Irregular inflections of nouns, verbs and adjectives are given in angle brackets

get <got, got *or* AM, CAN *usu* gotten> [get] …

fan·gen <fängt, fing, gefangen> ['faŋən] **I.** *vt* ① *(festnehmen)* ▪**jdn** ~ to catch [*or* apprehend] sb; **einen Dieb** ~ to catch a thief …

Unregelmäßige Pluralformen, Verb- und Steigerungsformen werden in spitzen Klammern angegeben

A swung dash substitutes headwords in examples

Danube ['dænju:b] *n no pl* ▪**the** ~ die Donau

groß·zü·gig I. *adj* ① *(generös)* generous; **ein** ~**es Trinkgeld** a generous [*or* handsome] tip
② *(nachsichtig)* lenient
③ *(in großem Stil)* grand; **ein** ~**er Plan** a large-scale plan …

Die Tilde dient als Wiederholungszeichen für das Stichwort in seiner unveränderten Form

Grammatical structuring of entries with Roman numerals

an·other [ə'nʌðəʳ, AM -ðɚ] **I.** *adj attr, inv* ① *(one more)* noch ein/eine; …
II. *pron no pl* ① *(additional)* noch eine/einer/ein[e]s; ***could I have ~ of those pastries?*** könnte ich noch ein[e]s von den Törtchen haben?; …

wäh·rend ['vɛ:rənt] **I.** *präp +gen* during
II. *konj* ① *(zur selben Zeit)* while
② *(wohingegen)* whereas; …

Grammatische Gliederung des Eintrags durch römische Ziffern

Arabic numerals indicate the different senses of the headword. Senses are clearly differentiated from each other

ice [aɪs] **I.** *n no pl* ① *(frozen water)* Eis *nt; (ice cubes)* Eis *nt*, Eiswürfel *m;* ***my hands are like ~*** meine Hände sind eiskalt
② BRIT *(ice cream)* Eis *nt*, Eiscreme *f*, Glace *f* SCHWEIZ
③ AM *(fam)* Diamant[en] *m[pl]* …

Ga·be <-, -n> ['ga:bə] *f* ① *(geh: Geschenk)* gift, present; REL offering; **eine milde** ~ alms *pl*, a small donation *hum*
② *(Begabung)* gift; **die ~ haben, etw zu tun** to have a [natural] gift of doing sth
③ *kein pl* MED *(das Verabreichen)* administering *no indef art, no pl*
④ SCHWEIZ *(Preis, Gewinn)* prize

Kennzeichnung und Erläuterung der unterschiedlichen Bedeutungen des Stichworts durch arabische Ziffern

Grammatical constructions are marked with a box

ex·peri·enced [ɪk'spɪəriən(t)st, ek-, AM -'spɪr-] *adj (approv)* erfahren; **an ~ eye** ein geschultes Auge; **someone ~** *applicant* jemand mit mehr Erfahrung; ▪**to be ~ at** [*or* **in**] **sth** Erfahrung in etw *dat* haben, in etw *dat* erfahren sein

jap·sen ['japsn̩] *vi (fam)* ▪[**nach etw** *dat*] ~ to gasp [for sth]; ***er tauchte aus dem Wasser und japste nach Luft*** he surfaced gasping for air

Kennzeichnung von grammatischen Konstruktionen mit Kästchensymbol

Separate phrase section for idioms. Guide words are underlined for ease of consultation

foot [fʊt] **I.** *n* <*pl* feet> [*pl* fi:t] ① *(limb)* Fuß *m;* ***what size are your feet?*** welche Schuhgröße haben Sie?; …
►PHRASES: **to be** [**caught**] **on the back** ~ unvorbereitet sein; **the boot** [*or* **shoe**] **is on the other** ~ die Situation ist umgekehrt; ***see, the boot is on the other ~ now*** siehst du, das Blatt hat sich gewendet; **to drag one's feet** herumtrödeln; **to fall** [*or* **land**] **on one's feet** Glück haben; **to get a ~ in the door** einen Fuß in die Tür kriegen *fam*, [mit einem Fuß] hineinkommen; …

Mund <-[e]s, Münder> ['mʊnt, *pl* 'mʏndɐ] *m* ① ANAT mouth; **etw in den ~ nehmen** to put sth in one's mouth; …
② ZOOL *(Maul)* mouth
►WENDUNGEN: **etw ist in aller ~e** sth is the talk of the town, everybody's talking about sth; **den ~ aufmachen** [*o* **auftun**] to speak up; **den ~ aufreißen** *(sl)* to talk big; **wie aus einem ~e** with one voice; **aus berufenem ~e** from an authoritative source; **jdm über den ~ fahren** *(fam)* to cut sb short; **sich** *dat* **den ~ fusselig reden** to talk till one is blue in the face; **nicht auf den ~ gefallen sein** *(fam)* to never be at a loss for words; **etw geht von ~ zu ~** sth is passed on from mouth to mouth [*or* person to person]; **einen großen ~ haben** to have a big mouth, …

Einleitung des Abschnitts mit den idiomatischen Wendungen, Redensarten und Sprichwörtern; die Unterstreichung dient als Orientierungshilfe

Indication of auxiliary verb used for forming compound tenses

ver·schlei·ßen <verschliss, verschlissen> **I.** *vi sein* to wear out
II. *vt* ① *(abnutzen)* ▪**etw** ~ to wear out sth *sep*
② *(jds Kräfte verzehren)* ▪**sich** *akk* ~ to wear oneself out, to get worn out; ▪**jdn** ~ to wear out sb *sep*, to go through sb

Angabe des Hilfsverbs, mit dem die zusammengesetzten Zeiten gebildet werden

Phrasal verb entries are marked with a diamond. The symbol ⊂⊃ shows that the sequence of object and complement can be reversed

eye [aɪ] **I.** *n* ① *(organ)* Auge *nt;* …
◆**eye up** *vt* ① *(look at carefully)* ▪**to ~ up ⊂⊃ sb/sth** jdn/etw beäugen [*o geh* in Augenschein nehmen]; **to ~ sb/sth up curiously/thoughtfully/warily** jdn/etw neugierig/nachdenklich/argwöhnisch betrachten
② *(look at with desire)* ▪**to ~ up ⊂⊃ sb/sth** jdn/etw mit begehrlichen Blicken betrachten *geh* …

***Phrasal verb* Einträge sind mit einer Raute markiert. Das Symbol ⊂⊃ gibt an, dass die Reihenfolge von Objekt und Ergänzung auch vertauscht werden kann**

H. Windrich

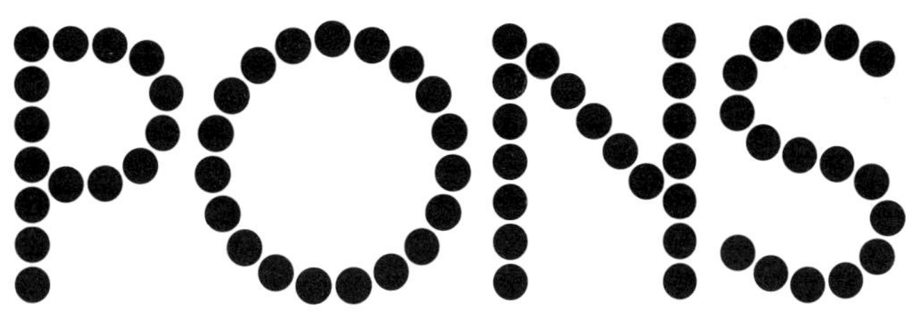

Großwörterbuch

Englisch – Deutsch
Deutsch – Englisch

PONS GmbH
Stuttgart

PONS Großwörterbuch
Englisch – Deutsch / Deutsch – Englisch

Bearbeitet von: Evelyn Agbaria, Sonia Aliaga López, Jeremy Berg, Stephen Curtis, Ian Dawson, Torsten Drever, Monika Finck, Peter Frank, Birgit Janka, Anke Kornmüller, Rupert Livesey, Lucia Michalcak, Andrea Rüttiger, Marieluise Schmitz, Michael Schümann, Trix Sonderegger, Irene Spreitzer, Ruth Urbom, Gregor Vetter, Dr. Michaela Wilke, Jill Williams, Alexandra Zemann

Landkarten: Klett-Perthes, Justus Perthes Verlag, Gotha

Bearbeitet auf der Basis des PONS Großwörterbuch Englisch, ISBN 3-12-517194-7

Einige der Beispiele und Wendungen in diesem Wörterbuch basieren auf Beispielen und Wendungen des Cambridge International Dictionary of English (Cambridge University Press 1995) (www.cambridge.org/elt/cide).
Dies ist mit Einwilligung von Cambridge University Press erfolgt.

Der deutsche Ausgangstext wurde validiert auf der Grundlage umfangreicher Textkorpora des Instituts für Deutsche Sprache in Mannheim. Der englische Ausgangstext wurde validiert auf der Grundlage des British National Corpus in Oxford.

1. Auflage 2008 (1,02)

PONS Produktinfos und Shop: www.pons.de
E-Mail: info@pons.de
PONS Sprachenportal: www.pons.eu

Projektleitung: Helen Blocksidge, Anette Dralle, Ursula Martini, Astrid Proctor
Sprachdatenverarbeitung: Andreas Lang, conTEXT AG
für Informatik und Kommunikation, Zürich
Einbandentwurf: Tanja Haller, Petra Hazer, Stuttgart
Logoentwurf: Erwin Poell, Heidelberg
Logoüberarbeitung: Sabine Redlin, Ludwigsburg
Satz: Dörr + Schiller GmbH, Stuttgart
Druck: L.E.G.O. S.p.A., Lavis
Printed in Italy

ISBN 978-3-12-517193-0

Inhalt/Contents

Using this dictionary

1. Headwords

In addition to words this dictionary lists letters of the alphabet, abbreviations, clippings, acronyms, multi-word units and proper nouns.

D <*pl* -'s>, **d** <*pl* 's *or* -s> [di:] *n* ① *(letter)* D *nt,* d *nt;* ~ **for David** [*or* AM **as in Dog**] D für Dora; *see also* **A 1**
② MUS D *nt,* d *nt;* ~ **flat** Des *nt,* des *nt;* ~ **sharp** Dis *nt,* dis *nt; see also* **A 2**
③ *(school mark)* ≈ Vier *f,* ≈ Vierer *m* ÖSTERR, SCHWEIZ, ≈ ausreichend, ≈ Genügend *nt* ÖSTERR, ≈ genügend SCHWEIZ; *see also* **A 3**
④ *(Roman numeral)* D *nt,* d *nt*
⑤ ECON **Schedule** ~ *zu versteuernde Einkünfte, die nicht aus Beschäftigungen kommen;* **Table** ~ *Mustersatzung im Gesetz über Aktiengesellschaften*
⑥ FIN *(debtor evaluation code)* D

BBC [ˌbi:bi:'si:] *n* BRIT *abbrev of* **British Broadcasting Corporation** BBC *f*

de·tox¹ [ˌdi:'tɒks, AM di:'tɑ:ks] **I.** *n no pl (fam) short for* **detoxification** Entzug *m;* ■ **to be in** ~ auf Entzug sein
II. *vi short for* **detoxify** einen Entzug machen
III. *vt short for* **detoxify**: ■ **to** ~ **sb** jdn einer Entziehungskur unterziehen

WYSIWYG ['wɪziwɪg] COMPUT *acr for* **what you see is what you get** WYSIWYG *(Ausdruck, der besagt, dass exakt der Inhalt eines Bildschirms ausgedruckt wird, so wie angezeigt)*

cafe au lait <*pl* -s> [ˌkæfeɪəʊ'leɪ, AM kæ'feɪoʊ-] *n* Milchkaffee *m,* SCHWEIZ *a.* Schale *f*

Dan·ube ['dænju:b] *n no pl* ■ **the** ~ die Donau

Benutzerhinweise

1. Die Stichwörter

Das Wörterbuch führt nicht nur Wörter, sondern auch einzelne Buchstaben und Abkürzungen als Stichwörter auf, ebenso Kurzwörter, Akronyme, Mehrwortausdrücke und Eigennamen.

B, b <-, - *o fam* -s, -s> [be:] *nt* ① *(Buchstabe)* B [*or* b]; ~ **wie Berta** BRIT *usu* B for Benjamin, AM *usu* B as in Baker
② MUS B flat; ■ **b** *(Erniedrigungszeichen)* flat

ABM <-, -s> [a:be:'ɛm] *f Abk von* **Arbeitsbeschaffungsmaßnahme** job creation scheme [*or* plan]

Re·ha <-> ['re:ha] *f kein pl* MED *kurz für* **Rehabilitation** rehab

AStA <-[s], -[s] *o* Asten> ['asta] *m* SCH *Akr von* **Allgemeiner Studentenausschuss** Student Union, NUS BRIT

Fa·ta Mor·ga·na <- -, - Morganen *o* -s> ['fa:ta mɔr'ga:na, *pl* -'ga:nən] *f* ① *(Luftspiegelung)* mirage, fata morgana
② *(Wahnvorstellung)* hallucination

Bo·den·see ['bo:dn̩ze:] *m* ■ **der** ~ Lake Constance

2. Organization of the Dictionary

Dictionaries, telephone directories and libraries follow differing systems for alphabetical organization. This dictionary uses the following principles:

When the spelling of two headwords is otherwise the same, lower case letters precede upper case letters.

abs *n* ANAT *(fam) pl short for* **abductors** Abduktionsmuskeln *pl*
ABS¹ [ˌeɪbi:'es] *n no pl* AUTO *abbrev of* **anti-lock braking system** ABS *nt*

2. Die alphabetische Anordnung

Da es kein einheitliches Alphabetisierungsprinzip gibt – Wörterbücher, Telefonbücher und Bibliothekskataloge sind alphabetisch unterschiedlich angeordnet –, ist es notwendig, das in diesem Wörterbuch gültige Alphabetisierungsprinzip zu erläutern:

Unterscheiden sich zwei Wörter nur durch Klein- und Großschreibung, so steht das kleingeschriebene Wort vor dem großgeschriebenen.

ver·mö·gen [fɛɐ̯'mø:gn̩] *vt irreg (geh)* ■ **etw** ~ to be capable of [doing] [*or* be able to do] sth; ■ ~, **etw zu tun** to be capable of doing [*or* be able to do] sth
Ver·mö·gen <-s, -> [fɛɐ̯'mø:gn̩] *nt* ① FIN assets *pl; (Geld)* capital *no art, no pl; (Eigentum)* property *no art, no pl,* fortune; *(Reichtum)* wealth; **bewegliches** ~ chattels *pl,* movable property; **flüssiges** ~ liquid assets; **gemeinschaftliches/persönliches** ~ common/private property; **öffentliches** ~ property owned by public authorities; **unbewegliches** ~ immovable property, real estate
② *kein pl (geh)* ■ **jds** ~ sb's ability [*or* capability]; **jds** ~ **übersteigen/über jds** ~ **gehen** to be/go beyond sb's abilities

ä, ö and ü are treated like their counterparts without umlaut. When two words have the same spelling except for the umlaut, the simple vowel comes first.

Die Umlaute ä, ö und ü werden wie Varianten der Vokale a, o und u behandelt und stehen bei diesen. Der einfache Vokal (ohne Trema) steht jeweils vor demjenigen mit Trema.

zah·len ['tsa:lən] **I.** *vt* ❶ *(bezahlen)* ■ **[jdm] etw [für etw** *akk***]** ~ to pay [sb] sth [for sth]; **seine Miete/Schulden** ~ to pay one's rent/debts; **das Hotelzimmer/Taxi** ~ *(fam)* to pay for a hotel room/taxi ...
zäh·len ['tsɛ:lən] **I.** *vt* ❶ *(addieren)* ■ **etw** ~ to count sth; **das Geld auf den Tisch** ~ to count the money on the table
❷ *(geh: Anzahl aufweisen)* ■ **etw** ~ to number sth *form,* to have sth; ***der Verein zählt 59 Mitglieder*** the club has [*or* numbers] 59 members ...

The letter **ß** is treated like **ss** and words spelled with **ß** come after words spelled with **ss**.

Der Buchstabe **ß** wird wie **ss** behandelt und steht nach dem Doppel-s.

floss[RR], **floß**[ALT] ['flɔs] *imp von* **fließen**
Floß <-es, Flöße> [flo:s, *pl* 'flø:sə] *nt* raft

Hyphens, slashes, full stops, commas and spaces between words are ignored in alphabetic organization.

Bindestriche, Schrägstriche, Punkte, Kommas und Wortzwischenräume zählen nicht als Buchstaben; sie werden bei der alphabetischen Einordnung ignoriert.

starchy ['stɑ:tʃi, AM 'stɑ:rtʃi] *adj* ❶ FOOD stärkehaltig
❷ FASHION gestärkt
❸ *(pej fam: formal)* *people* reserviert; ~ **image** angestaubtes Image *fam*
'star-crossed *adj inv (liter)* unheilvoll *liter;* ■ **to be** ~: ***this plan was ~ right from the beginning*** dieser Plan war von Anfang an zum Scheitern verurteilt; ~ **lovers** unglücklich Liebende
star·dom ['stɑ:dəm, AM 'stɑ:r-] *n no pl* Starruhm *m,* Leben *nt* als Star

ac·cus·tomed [ə'kʌstəmd] *adj* ❶ *pred (used)* ■ **to be ~ to sth** etw gewohnt [*o* ÖSTERR gewöhnt] sein; **to become** [*or* **get**] [*or* **grow**] ~ **to sth** sich *akk* an etw *akk* gewöhnen; ■ **to be ~ to doing sth** gewohnt [*o* ÖSTERR gewöhnt] sein, etw zu tun
❷ *attr, inv (usual)* gewohnt, üblich
ACD [eɪsi:'di:] *n* COMPUT *abbrev of* **automatic call distribution** automatische Anrufverteilung, ACD-System *nt*
AC/DC [,eɪsi:'di:si:] **I.** *n no pl* ELEC *abbrev of* **alternating current/direct current** WS/GS
II. *adj inv (fam: bisexual)* bi *fam*
ace [eɪs] **I.** *n* ❶ *(in cards)* Ass *nt;* ~ **of diamonds/clubs/hearts/spades** Karo-/Kreuz-/Herz-/Pikass *nt*
❷ *(fam: expert)* Ass *nt;* **to be an ~ at sth** ein Ass in etw *dat* sein ...

am [æm, əm] *vi 1st pers. sing of* **be**
a.m. [,eɪ'em] *inv abbrev of* **ante meridiem**: ***at 6 ~*** um sechs Uhr morgens
AM [,eɪ'em] *n no pl abbrev of* **amplitude modulation** AM *f*

tom·cat ['tɒmkæt, AM 'tɑ:m-] *n* Kater *m*
Tom, Dick and 'Harry, Tom, Dick or 'Harry *n no pl* Hinz und Kunz; **any** [*or* **every**] ~ jeder x-Beliebige
tome [təʊm, AM toʊm] *n (usu hum)* Schmöker *m fam;* **weighty** ~ dicker Wälzer *fam*

'air·head I. *n esp* AM *(pej sl)* Dussel *m pej fam,* Hohlkopf *m pej fam;* **a total** ~ ein Volltrottel *m pej fam,* SCHWEIZ, ÖSTERR *a.* Depp *m fam o pej* **II.** *n modifier remark, conversation* geistlos **'air hole** *n* Luftloch *nt* **'air hostess** *n* BRIT, AUS *(dated)* Stewardess *f,* Flugbegleiterin *f*
airi·ly ['eərɪli, AM 'er-] *adv* leichthin, abschätzig *pej,* wegwerfend *pej;* ***she waved her hand ~*** sie machte eine wegwerfende Handbewegung; **to dismiss sb/sth ~** jdn/etw [leichthin] abtun

Eck <-[e]s, -e> ['ɛk] *nt* ❶ SÜDD, ÖSTERR *(Ecke)* corner
❷ SPORT corner [of the goal]; **das kurze/lange** ~ the near/far corner [of the goal]
▶ WENDUNGEN: **über** ~ diagonally
EC-Kar·te *f* Eurocheque card
Eck·ball *m* SPORT corner; **einen ~ geben/schießen** to award [*or* give]/take a corner; **einen ~ verwandeln** to score from a corner **Eck·bank** *f* corner bench **Eck·da·ten** *pl s.* **Eckwert**

Adop·tiv·el·tern [adɔp'ti:f-] *pl* adoptive parents **Adop·tiv·kind** *nt* adopted [*or* adoptive] child
Adr. *f Abk von* **Adresse** addr.
ADR <-> [a:de:'ɛr] *nt kein pl Abk von* **Astra Digital Radio** ADR

Bil·li·on <-, -en> [bɪ'li̯o:n] *f* trillion
bim, bam! ['bɪm 'bam] *interj* ding, dong!
Bim·bam ['bɪmbam] *m* ▶ WENDUNGEN: **ach du heiliger ~!** *(fam)* good grief! *fam*

in·op·por·tun ['ɪnʔɔpɔrtu:n, ɪnʔɔpɔr'tu:n] *adj (geh)* inopportune, ill-timed; **es für ~ halten, etw zu tun** to consider it inappropriate to do sth
in pet·to [ɪn 'pɛto] *adv* **etw [gegen jdn] ~ haben** *(fam)* to have sth up one's sleeve [for sb] *fam*
in punc·to [ɪn 'pʊŋkto] *adv (fam)* concerning, with regard to; ■ ~ **einer S.** *gen* concerning [*or* with regard to] sth, in so far as sth is concerned
In·put <-s, -s> ['ɪnpʊt] *m* ❶ INFORM *(eingegebenes Material)* input
❷ *(Anregung)* stimulus; *(Einsatz)* commitment; ...

If spelling is otherwise the same, the form with a full stop, hyphen or space is listed after the one without.

bar·gain 'base·ment **I.** *n* AM *Untergeschoss (im Kaufhaus) mit Sonderangeboten*
II. *n modifier* ***I'm selling this at a ~ price*** ich verkaufe dies zu einem Sonderpreis; **~ prices** Dumpingpreise *pl* **'bar·gain-base·ment** *n modifier (prices, suit)* Billig- ...

Parentheses in headwords show that the word also occurs without the letters in parentheses. These headwords are organized as though the parentheses were not printed.

fledged [fledʒd] *adj inv* ❶ *(able to fly) bird* flügge *präd*, flugfähig; *insect* geflügelt
❷ *(fig: mature) child* flügge *fam; person* ausgebildet, fertig; **to be fully ~** [völlig] selbständig sein; **newly ~ dancer** frisch gebackener Tänzer/frisch gebackene Tänzerin
fledg(e)·ling ['fledʒlɪŋ] **I.** *n* ❶ *(bird)* Jungvogel *m*, [gerade] flügge gewordener Vogel ...
flee <fled, fled> [fli:] **I.** *vi* ❶ *(run away)* fliehen; *(seek safety)* flüchten; ***she fled from the room in tears*** sie rannte weinend aus dem Zimmer; ...

Arabic numerals within headwords are organized as they would be spelled out.

Brit·ish 'Sum·mer Time, BST *n no pl* britische Sommerzeit
B2B [,bi:tə'bi:] *n modifier abbrev of* **business to business** B2B; **~ transactions** *pl* Geschäftsverkehr *m*; **~ website** B2B-Website *f (für Aktionen zwischen Unternehmen)*
B2C [,bi:tə'si:] *n modifier abbrev of* **business to consumer** B2C; **~ website** B2C-Website *f (für Aktionen zwischen Unternehmen und Endverbrauchern)*
B2E [,bi:tə'i:] *n modifier abbrev of* **business to employee** B2E; **~ website** B2E-Website *f (für Aktionen zwischen Unternehmen und ihren Mitarbeitern)*
bub [bʌb] *n* AM *(dated fam)* Freundchen *nt meist hum fam*

Many nouns that designate occupations or particular characteristics have a masculine and feminine form.

The English-German part of the dictionary lists the masculine, feminine and gender-neutral forms of such words at their correct alphabetic position. If the German equivalent has a feminine form, this is indicated.

'chair·man *n* Vorsitzende(r) *m; (of a company)* Vorstand *m*
'chair·man·ship *n* Vorsitz *m*; ***his ~ of the commission lasted for two years*** er leitete die Kommission zwei Jahre lang; **to meet under the ~ of sb** unter jds Vorsitz [*o* dem Vorsitz von jdm] tagen
'chair·per·son *n* Vorsitzende(r) *f(m)* **'chair·wom·an** *n* Vorsitzende *f*

In the German-English part of the dictionary both forms are generally given in one entry. This is one instance in which strict alphabetic order may be interrupted.

Bei gleicher Schreibung wird die Form mit Punkt, Bindestrich oder Leerschlag nach der Form ohne eingeordnet.

Ab·szis·se <-, -n> [aps'tsɪsə] *f* MATH abscissa
Abt, Äb·tis·sin <-[e]s, Äbte> [apt, ɛp'tɪsɪn, *pl* 'ɛptə] *m, f* abbot *masc*, abbess *fem*
Abt. *f Abk von* **Abteilung** dept.
ab|ta·keln *vt* ❶ NAUT ■ **etw ~** to unrig sth
❷ *(heruntergekommen)* ■ **abgetakelt** seedy

Eingeklammerte Buchstaben werden bei der alphabetischen Einordnung berücksichtigt. Die Klammern zeigen an, dass das Wort auch in einer Variante ohne den betreffenden Buchstaben existiert.

Es·sen(s)·aus·ga·be *f* ❶ *(Schalter)* serving counter ❷ *kein pl (Verteilung einer Mahlzeit)* serving of meals; ***die ~ ist morgens um 7*** meals are served every morning at 7 **Es·sen(s)·mar·ke** *f* meal voucher [*or* ticket] **Es·sens·zeit** *f* mealtime

Kommt in einem Stichwort eine arabische Zahl vor, wird sie so angeordnet wie ihre ausgeschriebene Form.

drei·e·ckig, 3-e·ckig[RR] ['draiʔɛkɪç] *adj* triangular
Drei·ecks·ge·schäft *nt* ÖKON triangular transaction **Drei·ecks·han·del** *m* triangular transaction **Drei·ecks·tuch** *nt* ❶ MODE triangular shawl ❷ MED triangular bandage ...

Viele Substantive, die Tätigkeiten oder – im weitesten Sinne – Verhaltensweisen bezeichnen, existieren in männlicher und weiblicher Form; dasselbe gilt für Berufsbezeichnungen.

Im englisch-deutschen Teil werden beide Formen sowie ggf. ihre geschlechtsneutrale Variante an ihrer richtigen alphabetischen Stelle aufgeführt. In der deutschen Übersetzung wird die Femininform ggf. mitberücksichtigt.

Im deutsch-englischen Teil werden beide Formen in der Regel in einem gemeinsamen Eintrag aufgeführt und übersetzt. Hierbei steht die weibliche Form mitunter nicht an ihrer alphabetisch korrekten Stelle.

Fach <-[e]s, Fächer> [fax, *pl* fɛçɐ] *nt* ❶ *(Unterteilung) Tasche, Brieftasche, Portmonee* pocket; *Schrank, Regal* shelf; *(Ablegefach)* pigeonhole; *Automat* drawer ...
Fach·ar·bei·ter(in) *m(f)* skilled worker **Fach·ar·bei·ter·brief** *m* certificate of proficiency

Compound headwords with the same first component are nested.

de·'liv·ery ad·dress *n* Lieferungsanschrift *f* **de·'liv·ery boy** *n (of newspapers, brochures)* Austräger *m,* Verträger *m* SCHWEIZ **de·'liv·ery charges** *npl* Versandkosten *pl* **de·'liv·ery date** *n* Liefertermin *m,* Lieferdatum *nt* **de·'liv·ery man** *n* Ausfahrer *m,* Fahrer *m* **de·'liv·ery month** *n* ECON, FIN Liefermonat *m,* Kontraktmonat *m,* Fälligkeitsmonat *m* **de·'liv·ery note** *n* Lieferschein *m* **de·'liv·ery per·son** *n* Lieferant(in) *m(f),* Lieferer, Lieferin *m, f* **de·'liv·ery room, de·'liv·ery suite, de·'liv·ery unit** *n* Kreißsaal *m* **de·'liv·ery ser·vice** *n* Zustelldienst *m,* Lieferdienst *m* **de·'liv·ery time** *n* Lieferfrist *f;* LAW Erfüllungsfrist *f* **de·'liv·ery van** *n* Lieferwagen *m*

Zusammengesetzte Stichwörter, deren erster Wortteil gleich ist und die alphabetisch aufeinander folgen, werden in Gruppen zusammengefasst.

Duft·mar·ke *f* JAGD scent mark **Duft·mi·schung** *f* potpourri **Duft·no·te** *f* ❶ *(Duft von besonderer Prägung)* [a particular type of] scent [*or* fragrance]; **eine schwere/etwas herbe/süßliche ~** a strong/slightly acrid/sweet scent [*or* fragrance] ❷ *(pej: Ausdünstung)* smell, odour [*or* AM -or] **Duft·reis** *m* basmati rice **Duft·sen·sa·ti·on** *f* fragrant sensation **Duft·stoff** *m* ❶ CHEM aromatic substance ❷ BIOL scent, odour [*or* AM -or] ...

Spelling variants are listed on the same line, separated by a comma, when there is no other form between them in the alphabet.

ac·cu·rate·ly ['ækjərətli, AM -jɚ-] *adv* ❶ *(precisely)* genau, exakt
❷ *(correctly)* richtig
❸ *(without missing) hit* zielgenau
ac·cursed [ə'kɜːsɪd, AM ə'kɜːrst], **ac·curst** [ə'kɜːst, AM ə'kɜːrst] *adj (old)* ❶ *(liter: bewitched)* verflucht, verwünscht ...
ac·cu·sa·tion [ˌækjʊ'zeɪʃən] *n* ❶ *(charge)* Beschuldigung *f,* Anschuldigung *f;* LAW Anklage *f* (**of** wegen *+gen*); **to make an ~ against sb** jdn beschuldigen;
...

Verschiedene Schreibweisen eines Wortes erscheinen gemeinsam durch ein Komma getrennt, wenn im Alphabet kein anderes Stichwort dazwischen kommt.

mi·nu·ten·lang **I.** *adj attr* lasting [for] several minutes *pred;* **nach einer ~en Unterbrechung** after a break of several minutes **II.** *adv* for several minutes
Mi·nu·ten·takt *m kein pl* **im ~** every minute, at 60-second intervals **Mi·nu·ten·zei·ger** *m* minute hand
mi·nu·ti·ös, mi·nu·zi·ös [minu'tsi̯øːs] **I.** *adj (geh)* meticulously exact [*or* detailed]
II. *adv (geh)* meticulously
Min·ze <-, -n> ['mɪntsə] *f* BOT mint *no pl*

Less common spelling variants are cross-referred to more common ones.

es·pres·so [es'presəʊ, AM -soʊ] *n* ❶ *no pl (strong coffee)* Espresso *m*
❷ *(cup of coffee)* Espresso *m kein pl*
❸ *(coffee machine)* Espressomaschine *f*
...
ex·presso *n see* **espresso**

Andernfalls wird von der selteneren Variante auf die frequentere verwiesen.

bäu·e·risch ['bɔyərɪʃ] *adj s.* **bäurisch**
...
bäu·risch ['bɔyrɪʃ] *adj (pej)* boorish, oafish

Two exceptions to strict alphabetical order in the English-German part are American spellings and phrasal verbs.

Zwei Ausnahmen zu dem sonst konsequent durchgeführten strikt-alphabetischen Prinzip bilden im englisch-deutschen Teil die amerikanischen Schreibungen und die Phrasal Verbs.

American Spellings

American spellings appear in their correct alphabetic position with a cross-reference to the main entry in British spelling. They are repeated at the main entry where they interrupt alphabetic organization.

Amerikanische Schreibvarianten

Die amerikanische Schreibung wird zweimal aufgeführt, einmal an alphabetischer Stelle mit einem Verweis auf die britische Schreibung und einmal im Eintrag mit der britischen Schreibung. Die vollständige Behandlung des Stichworts findet dann im Eintrag mit der britischen Schreibung statt. Als Zusatzinformation wird hier die amerikanische Schreibung neben der britischen nochmals aufgeführt. Hierbei wird die alphabetische Anordnung durchbrochen.

'cen·ter *n, vt* AM *see* **centre**
...
cen·tre, AM **cen·ter** ['sentəʳ, AM -t̬ɚ] **I.** *n* ❶ *(middle)* Zentrum *nt,* Mitte *f;* ...

Phrasal Verbs

Phrasal verbs are listed in a block at the end of the entry for the base verb. For ease of consultation each phrasal verb entry is marked with a diamond and written out in full. Each phrasal verb entry begins on a new line. Within a phrasal verb entry the swung dash (~) stands for the base verb.

Phrasal Verbs

Feste Verbindungen von Verb und Adverb bzw. Präposition (sog. *phrasal verbs*) werden am Ende des Eintrags für das Grundverb in einer eigenen, in sich alphabetisch geordneten Kategorie zusammengefasst. Um ein Auffinden des jeweiligen *phrasal verb* zu erleichtern, ist jeder *phrasal verb* Eintrag mit einer Raute markiert und gänzlich ausgeschrieben. Jeder *phrasal verb* Eintrag fängt auf einer neuen Zeile an. In den Kontextangaben steht für das Verb eine Tilde (~), die Ergänzung wird wiederholt.

ask [ɑːsk, AM æsk] **I.** *vt* ① *(request information)* ▪ **to ~ [sb] sth** [*or form* **sth [of sb]**] [jdn] etw fragen; ...
◆ **ask after** *vi* ▪ **to ~ after sb** sich *akk* nach jdm erkundigen
◆ **ask around** *vi* herumfragen *fam;* ▪ **to ~ around for sb/sth** überall nach jdm/etw fragen
◆ **ask in** *vt* ▪ **to ~ sb in** jdn hereinbitten; **to ~ sb in for a coffee** jdn auf einen Kaffee hereinbitten [*o* einladen]
◆ **ask out** *vt* **to ~ sb out for dinner/to the cinema** jdn ins Restaurant/ins Kino einladen; ***I'd like to ~ her out*** ich würde gern mit ihr ausgehen
◆ **ask over**, BRIT *also* **ask round** *vt (fam)* ▪ **to ~ sb over** [*or* **round**] jdn [zu sich *dat*] einladen

3. Symbols and Markings

3.1 German Spelling Reform

This dictionary follows the German spelling reform as it was set out in July 1996 in Vienna as well as the „Guidelines in Cases of Doubt" (*Richtlinien bei Zweifelsfällen*) published by the Interstate Commission for German Spelling. This dictionary covers both old and new spellings so that users can always find the form they look up, be it old or new.

In order to save space, a cross-reference system refers you from the old to the new spelling (when old and new forms do not occur next to each other in the alphabet). Full headword treatment can be found under the new spelling.

Old spellings are marked with a superscript **ALT** symbol.

New spellings are marked with a superscript **RR** symbol.

Old spellings are given only in simple entries, not in compounds. E.g. the old spelling „Fluß" is a headword. But „Flußkrebs" and „Flußpferd" are not headwords. Only „Flusspferd" and „Flusskrebs" appear as headwords.

If you cannot find a compound because of a spelling change, search for the old spelling of its first component, e.g. Fluß. There you will find a cross-reference to the new spelling.

3. Besondere Zeichen in und an den Stichwörtern

3.1. Die Rechtschreibreform

Dieses Wörterbuch berücksichtigt die im Juli 1996 in Wien beschlossene Neuregelung der deutschen Rechtschreibung sowie die Richtlinien bei Zweifelsfällen von der Zwischenstaatlichen Kommission für deutsche Rechtschreibung.

Dieses Wörterbuch führt die von der Rechtschreibreform betroffenen Wörter sowohl in der alten als auch in der neuen Schreibung auf. Die Benutzer haben somit die Möglichkeit, die ihnen jeweils vorliegende Form eines Worts nachzuschlagen. Um zu vermeiden, dass sich das Wörterbuch durch diese notwendigen doppelten Nennungen zu sehr aufbläht, wurde ein umfassendes Verweissystem eingearbeitet, das die Benutzer von der alten zur neuen Schreibung führt (sofern alt und neu alphabetisch nicht unmittelbar aufeinander folgen). Bei der neuen Schreibung finden Sie dann die gesuchte Übersetzung.

Die alte Schreibung wird durch das hochgestellte Zeichen **ALT** kenntlich gemacht, die neue durch das hochgestellte Zeichen **RR** für Rechtschreibreform.

be·läm·mert[RR] [bəˈlɛmɐt] *adj (sl)* ① *(betreten)* sheepish, embarrassed
② *(scheußlich)* lousy; ***dieses ~ e Wetter!*** the stupid [*or fam* lousy] [*or sl* shitty] weather!
be·lem·mert[ALT] *adj (sl) s.* **belämmert**

Alte Schreibungen werden nur bei einfachen, nicht bei zusammengesetzten Wörtern (Komposita) aufgeführt. Die „alten" Komposita „Flußkrebs" und „Flußpferd" werden nicht mehr als Stichwörter aufgeführt, sondern nur die neuen Schreibungen „Flusskrebs" und „Flusspferd".

Fluss·krebs[RR] *m* crayfish
Fluss·pferd[RR] *nt* hippopotamus

Wenn die Benutzer Schwierigkeiten haben, ein zusammengesetztes Wort in seiner neuen Schreibung aufzufinden, können sie auf das Grundwort in seiner alten Schreibung (also „Fluß") zurückgehen; dort finden sie den Verweis auf die neue Schreibung.

Fluss[RR] <-es, Flüsse>, **Fluß**[ALT] <-sses, Flüsse> [flʊs, *pl* ˈflʏsə] *m* ① *(Wasserlauf)* river; **den ~ aufwärts/abwärts fahren** to travel upriver/downriver [*or* upstream/downstream]; ...

One of the most important changes that the German spelling reform has brought about concerns spelling as one or two words. In many cases a word that used to be written together is now written as two words. As a result, it loses its headword status and becomes a phrase within an entry. To simplify finding such elements a cross-reference system has been developed which directs you to the exact part of the entry in which the item is listed.

Eine der wichtigsten Veränderungen, die die Rechtschreibreform im Hinblick auf ein Wörterbuch bringt, betrifft die Zusammen- und Getrenntschreibung. In zahlreichen Fällen wird aus einem bisher zusammengeschriebenen Wort ein kleines Syntagma, d. h. eine Fügung aus mehreren Wörtern, die kein Stichwort mehr ist, sondern nun innerhalb eines Eintrags steht. Das Auffinden solch einer Fügung wird dadurch erleichtert, dass bei dem Stichwort alter Schreibung ein präziser Verweis die genaue Position der Fügung angibt.

all·ge·mein ['algə'main] **I.** *adj* ...
II. *adv* ...
❷ *(nicht spezifisch)* generally; ***der Vortrag war leider sehr ~ gehalten*** unfortunately the lecture was rather general [*or* lacked focus]; **eine ~ bildende Schule** *a school providing a general rather than specialized education;* **~ medizinisch** general medical *attr*
all·ge·mein·bil·dendALT *adj* SCH *s.* **allgemein II 2**
...

Similarly, some words that used to be written separately are now written together, and thus become new headwords. The „old" phrase is not highlighted because this marking is only applied to headwords.

Umgekehrt werden durch die Rechtschreibreform bisherige Syntagmen, also getrennt geschriebene Fügungen, in neue Stichwörter umgewandelt. Hier findet eine Verschmelzung statt. Die „alte" Fügung wird nicht durch **ALT** gekennzeichnet, weil diese Markierung, wie bereits gesagt, nur auf der Ebene der Stichwörter verwendet wird.

diens·tag·a·bendsRR *adv* [on] Tuesday evenings

3.2 Syllabification and intonation

Syllabification is given where relevant. The small dots in headwords indicate the points at which the word may be separated by a hyphen.

poly·un·satu·rat·ed [ˌpɒliʌn'sætʃ^əreɪtɪd, AM ˌpɑːliʌn'sætʃəreɪt̬-] *adj inv* CHEM mehrfach ungesättigt
trom·bone [trɒm'bəʊn, AM trɑːm'boʊn] **I.** *n* ❶ *(instrument)* Posaune *f*
❷ *(player)* Posaunist(in) *m(f)*
II. *n modifier (lessons, player, solo)* Posaunen-

3.2 Silbentrennung und Betonungszeichen

Die Silbentrennung wird im Stichwort angegeben. Die Worttrennung wird jeweils durch einen Trennungspunkt markiert.

Kau·der·welsch <-[s]> ['kaudevɛlʃ] *nt kein pl (pej)*
...
pri·ckeln ['prɪkl̩n] *vi* ❶ *(kribbeln)* to tingle, to prickle
...

Where no phonetic code is given, the main spoken emphasis of the German headword is indicated by a stress mark. When a diphthong (**ai, ei, eu, au, äu**) or long vowel in a German headword is underlined it indicates stress. A dot indicates a stressed short vowel.

Bei deutschen Stichwörtern ohne Phonetik wird die Betonung direkt im Stichwort markiert. Der tiefgestellte Strich kennzeichnet einen Diphthong (Zwielaut: **ai, ei, eu, au, äu**) oder einen langen Vokal (Selbstlaut), der tiefgestellte Punkt einen kurzen Vokal.

ver·knaut·schen* **I.** *vt* ■ **etw ~** to crease [*or* crumple] sth; *(unabsichtlich a.)* to get sth creased
II. *vi sein* to be/get creased [*or* crumpled [up]]
Ernst·fall *m* emergency; **den ~ proben** to practise [*or* AM *a.* -ice] for an emergency; **im ~** in an emergency, in case of emergency

Where no phonetic code is given, the main spoken emphasis of the English headword is indicated by a stress mark.

tropi·cal 'fruit *n* Tropenfrucht *f* **tropi·cal 'rain·for·est** *n* tropischer Regenwald

Bei englischen Stichwörtern ohne Phonetikangabe wird die Betonung direkt im Stichwort durch das Zeichen ' markiert.

3.3 Grammatical Symbols

A vertical line shows where a separable verb can be separated.

3.3. Grammatische Zeichen

Der feine Strich kennzeichnet den abtrennbaren Teil bei trennbaren Verben.

durch|bli·cken ['dʊrçblɪkn̩] *vi* ❶ *(hindurchsehen)* ■ [**durch etw** *akk*] ~ to look through [sth]
❷ *(geh: zum Vorschein kommen)* to show [*or* peep through] ...

A superscript star (*) shows that the perfect participle is formed without *ge-*

Das hochgestellte Sternchen (*) zeigt an, dass das Partizip Perfekt des Verbs ohne *ge-* gebildet wird.

ver·kraf·ten* [fɛɐ̯ˈkraftn̩] *vt* ▪ **etw** ~ ❶ *(innerlich bewältigen)* to cope with sth
❷ *(aushalten)* to cope with [*or* stand] sth; ***ich könnte ein Bier*** ~ *(hum)* I could do with a beer

Words with the same spelling but with significantly different meanings are distinguished from each other by a superscript Arabic numeral.

in·cense¹ [ˈɪnsen(t)s] *n no pl* ❶ *(substance)* Räuchermittel *nt;* ...
in·cense² [ɪnˈsen(t)s] *vt* ▪ **to** ~ **sb** jdn empören [*o* aufbringen]; ...

Hochgestellte arabische Ziffern machen gleich geschriebene Wörter mit unterschiedlichen Bedeutungen (Homographen) kenntlich.

Ka·bi·nett¹ <-s, -e> [kabiˈnɛt] *nt* ❶ POL *(Kollegium der Minister)* cabinet
❷ KUNST *(kleiner Raum im Museum)* gallery
Kabinett² <-s, -e> *m special quality German wine*

4. Other symbols within an entry

Irregular inflections of nouns, verbs and adjectives are given in angle brackets.

get <got, got *or* AM, CAN *usu* gotten> [get]

4. Besondere Zeichen im Eintrag

Unregelmäßige Pluralformen, Verb- und Steigerungsformen werden in spitzen Klammern angegeben

ver·schlei·ßen <verschliss, verschlissen> **I.** *vi sein* to wear out
II. *vt* ❶ *(abnutzen)* ▪ **etw** ~ to wear out sth *sep*
❷ *(jds Kräfte verzehren)* ▪ **sich** *akk* ~ to wear oneself out, to get worn out; ▪ **jdn** ~ to wear out sb *sep,* to go through sb

Grammatical constructions are marked with a box.

ex·peri·enced [ɪkˈspɪəriən(t)st, ek-, AM -ˈspɪr-] *adj (approv)* erfahren; **an** ~ **eye** ein geschultes Auge; **someone** ~ *applicant* jemand mit mehr Erfahrung; ▪ **to be** ~ **at** [*or* **in**] **sth** Erfahrung in etw *dat* haben, in etw *dat* erfahren sein

Grammatische Konstruktionen sind mit einem Kästchensymbol markiert.

jap·sen [ˈjapsn̩] *vi (fam)* ▪ [**nach etw** *dat*] ~ to gasp [for sth]; ***er tauchte aus dem Wasser und japste nach Luft*** he surfaced gasping for air

Phrasal verb entries are marked with a diamond. The symbol ⊂⊃ shows that the sequence of object and complement can be reversed. In the example below it is possible to say *to eye up sb* and *to eye sb up.*

eye [aɪ] **I.** *n* ❶ *(organ)* Auge *nt;* ...
◆ **eye up** *vt* ❶ *(look at carefully)* ▪ **to** ~ **up** ⊂⊃ **sb/sth** jdn/etw beäugen [*o geh* in Augenschein nehmen]; **to** ~ **sb/sth up curiously/thoughtfully/warily** jdn/etw neugierig/nachdenklich/argwöhnisch betrachten
❷ *(look at with desire)* ▪ **to** ~ **up** ⊂⊃ **sb/sth** jdn/etw mit begehrlichen Blicken betrachten *geh*
❸ *(look at covetously)* ▪ **to** ~ **up** ⊂⊃ **sb** jdn mit Blicken verschlingen

Phrasal verb Einträge im englisch-deutschen Teil sind durch eine Raute markiert. Das Symbol ⊂⊃ gibt an, dass die Reihenfolge von Objekt und Ergänzung auch vertauscht werden kann. Im Beispiel unten sind möglich: *to eye up sb/sth* und *to eye sb/sth up.*

A number of keyword entries have a special layout to help you find your way around the entry.

Einige besonders umfangreiche Einträge sind zur leichteren Orientierung besonders benutzerfreundlich dargestellt.

call [kɔːl, AM *esp* kɑːl]

I. NOUN II. TRANSITIVE VERB
III. INTRANSITIVE VERB

I. NOUN

❶ *(on the telephone)* Telefonat *nt,* [Telefon]anruf *m,* [Telefon]gespräch *nt;* ***were there any ~ s for me?*** hat jemand für mich angerufen?; **international/local ~** Auslands-/Ortsgespräch *nt;* **official/private ~** Dienst-/Privatgespräch *nt;* **to give sb a ~** jdn anrufen; **to make a ~** telefonieren; **to receive a ~** einen Anruf erhalten, angerufen werden; ***the radio station received a lot of ~ s*** bei dem Radiosender gingen viele Anrufe ein; **to return a ~** zurückrufen; **to return sb's ~** jdn zurückrufen; **to take a ~** ein Gespräch annehmen [*o* entgegennehmen]
❷ *(visit)* Besuch *m; of a doctor, nurse* Hausbesuch *m;* NAUT **port of ~** Anlaufhafen *m;* **sales ~** Vertreterbesuch *m;* **to make ~s** Hausbesuche machen; **to pay a ~ on sb** bei jdm vorbeischauen *fam*
❸ *(request to come)* **to be on ~** Bereitschaft [*o* Bereitschaftsdienst] haben; **to receive a ~** *firemen, police* zu einem Einsatz gerufen werden; *doctor, nurse* zu einem Hausbesuch gerufen werden
❹ *(shout)* Ruf *m; of an animal* Ruf *m,* Schrei *m; (to attract)* Lockruf *m;* ***the whale has a very distinctive ~*** Wale geben ganz charakteristische Laute von sich; **duck ~** Entenlockpfeife *f,* Entenlocke *f fachspr;* **a ~ for help** ein Hilferuf *m;* **to give sb a ~** jdn rufen; **within ~** in Rufweite [*o* Hörweite]

zie·hen ['tsiːən]

I. TRANSITIVES VERB II. INTRANSITIVES VERB
III. UNPERSÖNLICHES INTRANSITIVES VERB IV. UNPERSÖNLICHES TRANSITIVES VERB
V. REFLEXIVES VERB

I. TRANSITIVES VERB

❶ <zog, gezogen> *haben (hinter sich her schleppen)* ▪**etw ~** to pull sth; ***die Kutsche wurde von vier Pferden gezogen*** the coach was drawn by four horses
❷ <zog, gezogen> *haben (betätigen)* ▪**etw ~** to pull sth; ***kannst du nicht die Wasserspülung ~ ?*** can't you flush the toilet?; **den Choke/Starter ~** to pull out the choke/starter; **die Handbremse ~** to put on the handbrake
❸ <zog, gezogen> *haben (in eine bestimmte Richtung bewegen)* **den Hut ~** to raise [*or* to take off] one's hat; ▪**jdn/etw irgendwohin ~** to pull sb/sth somewhere; ***er zog das Auto in letzter Minute nach rechts*** at the last moment he pulled the car to the right; ***der Pilot zog das Flugzeug nach oben/unten*** the pilot put the plane into a climb/descent; ***sie zog das Kind an sich*** she pulled the child to[wards] her; ***er hatte den Hut tief ins Gesicht gezogen*** he had pulled his hat down over his eyes; ***sie zog den Mantel fest um sich*** she pulled her coat tight around her; ***zieh bitte die Vorhänge vor die Fenster*** please draw the curtains; *(fig)* ***musst du immer alles ins Ironische ~ ?*** must you always be so ironically?; **~ und ablegen** INFORM to drag and drop; **die Augenbrauen nach oben ~** to raise one's eyebrows; **jdn ins Gespräch ~** *(fig)* to draw sb into the conversation; **etw ins Komische ~** *(fig)* to ridicule sth; **die Mundwinkel nach unten ~** to pull down the corners of one's mouth; ...

5. Entry Structure

5.1 Roman Numerals

Parts of speech sections are divided by Roman numerals, e.g. adjectives and pronouns.

an·other [ə'nʌðəʳ, AM -ðɚ] **I.** *adj attr, inv* ❶ *(one more)* noch ein/eine; ...
II. *pron no pl* ❶ *(additional)* noch eine/einer/ein[e]s; ***could I have ~ of those pastries?*** könnte ich noch ein[e]s von den Törtchen haben?; ...

In verb entries Roman numerals separate transitive, intransitive and reflexive use.

◆**fly in I.** *vi* einfliegen; ***my wife's ~ ing in from New York tonight*** meine Frau kommt heute Abend mit dem Flugzeug aus New York
II. *vt* ▪**to ~ in** ↻ **sth** etw einfliegen; ***the restaurant flies its fish in daily from Scotland*** das Restaurant lässt seinen Fisch täglich aus Schottland einfliegen ...

The use of a headword as a noun modifier is also dealt with in a separate Roman numeral category.

'house·hold I. *n* Haushalt *m*
II. *n modifier (appliance, member)* Haushalts-; *(expense, task, waste)* häuslich; **~ chores** Hausarbeit *f;* **~ items** [*or* **goods**] Hausrat *m*

5. Aufbau der Einträge

5.1. Römische Ziffern

Mit Hilfe der römischen Ziffern wird ein Eintrag unter grammatischen Gesichtspunkten gegliedert. Die Ziffern zeigen also verschiedene grammatische Funktionen des Stichworts an:

Unterschiedliche Wortarten wie z. B. Adjektiv und Präposition werden mit römischen Ziffern voneinander unterschieden.

wäh·rend ['vɛːrənt] **I.** *präp +gen* during
II. *konj* ❶ *(zur selben Zeit)* while
❷ *(wohingegen)* whereas; ***er trainiert gerne im Fitnessstudio, ~ ich lieber laufen gehe*** he likes to work out in the gym, whereas I prefer to go for a run

Bei Verben wird zwischen transitiv, intransitiv und reflexiv unterschieden.

ver·schlei·ßen <verschliss, verschlissen> **I.** *vi sein* to wear out
II. *vt* ❶ *(abnutzen)* ▪**etw ~** to wear out sth *sep*
❷ *(jds Kräfte verzehren)* ▪**sich** *akk* **~** to wear oneself out, to get worn out; ▪**jdn ~** to wear out sb *sep,* to go through sb

Attributiv verwendete Substantiva, sog. *noun modifiers,* werden ebenfalls in einer separaten Kategorie behandelt.

In German-English entries Roman numerals separate adjectival use from adverbial use.

Bei den Adjektiven wird der adverbiale Gebrauch durch unterschiedliche römische Ziffern kenntlich gemacht.

groß·zü·gig **I.** *adj* ❶ *(generös)* generous; **ein ~es Trinkgeld** a generous [*or* handsome] tip
❷ *(nachsichtig)* lenient
❸ *(in großem Stil)* grand; **ein ~er Plan** a large-scale plan
II. *adv* ❶ *(generös)* generously …

5.2 Arabic Numerals

Arabic numerals indicate different meanings of the headword within a part of speech category. The elements in parentheses or subject labels show which sense is being dealt with in each category.

ice [aɪs] **I.** *n no pl* ❶ *(frozen water)* Eis *nt; (ice cubes)* Eis *nt,* Eiswürfel *m;* ***my hands are like ~*** meine Hände sind eiskalt
❷ BRIT *(ice cream)* Eis *nt,* Eiscreme *f,* Glace *f* SCHWEIZ
❸ AM *(fam)* Diamant[en] *m*[*pl*]
▶PHRASES: **to break the ~** das Eis zum Schmelzen bringen; **sth cuts no ~ with sb** etw lässt jdn ziemlich kalt; **to put sth on ~** etw auf Eis legen; …

5.2. Arabische Ziffern

Die arabischen Ziffern kennzeichnen die unterschiedlichen Bedeutungen des Stichworts innerhalb einer Wortart. Die eingeklammerten Angaben in kursiver Schrift (oder - in anderen Fällen - die abgekürzten Sachgebietshinweise) erläutern, welche Bedeutung jeweils vorliegt.

Ga·be <-, -n> [ˈga:bə] *f* ❶ *(geh: Geschenk)* gift, present; REL offering; **eine milde ~** alms *pl,* a small donation *hum*
❷ *(Begabung)* gift; **die ~ haben, etw zu tun** to have a [natural] gift of doing sth
❸ *kein pl* MED *(das Verabreichen)* administering *no indef art, no pl*
❹ SCHWEIZ *(Preis, Gewinn)* prize

5.3 Idiom Block

Idiom blocks are introduced by a black triangle. They consist of set idioms that cannot be attributed to a particular sense of the headword. They are alphabetically ordered according to the underlined guide words that help you find your way through the block.

foot [fʊt] **I.** *n* <*pl* feet> [*pl* fi:t] ❶ *(limb)* Fuß *m;* …
▶PHRASES: **to be [caught] on the back ~** unvorbereitet sein; **the boot [*or* shoe] is on the other ~** die Situation ist umgekehrt; ***see, the boot is on the other ~ now*** siehst du, das Blatt hat sich gewendet; **to drag one's feet** herumtrödeln; **to fall [*or* land] on one's feet** Glück haben; **to get a ~ in the door** einen Fuß in die Tür kriegen *fam,* [mit einem Fuß] hineinkommen; **to get one's feet under the table** BRIT sich etablieren; **to get off on the right/wrong foot** einen guten/schlechten Start haben; **to get one's feet wet** nasse Füße bekommen; **to have both feet on the ground** mit beiden Beinen fest auf der Erde stehen; **to have a ~ in both camps** auf beiden Seiten beteiligt sein; **to have feet of clay** auch nur ein Mensch sein, seine Schwächen haben; **to have the world at one's feet** die Welt in seiner Macht haben; **to have one ~ in the grave** mit einem Bein im Grab stehen; **my ~** *(dated)* so ein Quatsch! *fam;* **to put one's ~ down** *(insist)* ein Machtwort sprechen; …

5.3. Phraseologischer Block

Ein schwarzes Dreieck leitet den Block der festen Wendungen ein. Dies sind in der Regel bildhafte Redewendungen, die sich nur schwer oder gar nicht auf die Grundbedeutung (oder -bedeutungen) des Stichworts zurückführen lassen. Ihre Anordnung orientiert sich an den sogenannten Ordnungswörtern, die zur besseren Orientierung im Wendungsblock unterstrichen sind.

Mund <-[e]s, Münder> [ˈmʊnt, *pl* ˈmʏndɐ] *m* ❶ ANAT mouth; **etw in den ~ nehmen** to put sth in one's mouth; …
❷ ZOOL *(Maul)* mouth
▶WENDUNGEN: **etw ist in aller ~e** sth is the talk of the town, everybody's talking about sth; **den ~ aufmachen [*o* auftun]** to speak up; **den ~ aufreißen** *(sl)* to talk big; **wie aus einem ~e** with one voice; **aus berufenem ~e** from an authoritative source; **jdm über den ~ fahren** *(fam)* to cut sb short; **sich** *dat* **den ~ fusselig reden** to talk till one is blue in the face; **nicht auf den ~ gefallen sein** *(fam)* to never be at a loss for words; **etw geht von ~ zu ~** sth is passed on from mouth to mouth [*or* person to person]; **einen großen ~ haben** to have a big mouth, to be all talk [*or* mouth] [*or* BRIT *fam* all mouth and trousers]; **halt den ~!** *(fam)* shut up! *fam,* shut your mouth! [*or* face!] [*or* BRIT *sl* gob!]; **den/seinen ~ nicht halten können** *(fam)* to not be able to keep one's mouth [*or fam* trap] shut; …

6. Guides to the Correct Translation: Meaning Differentiation

Equivalents that are separated from each other only by commas are interchangeable.

> **fort·night** ['fɔ:tnaɪt, AM 'fɔ:rt-] *n usu sing esp* BRIT, AUS zwei Wochen, vierzehn Tage; …

6.1 Field Labels

Field labels indicate the field in which a particular usage is common.

> **cir·cuit** ['sɜ:kɪt, AM 'sɜ:r-] *n* ① *(closed system)* Kreis[lauf] *m;* ELEC Schaltsystem *nt;* ~ **arrangement** ELEC, PHYS Schaltungsanordnung *f;* ~ **voltage** Betriebsspannung *f*
> ② SPORTS Rennstrecke *f;* **to do a** ~ eine Runde drehen …

6.2 Sense glosses

When a headword has more than one sense, meaning discrimination is given. This information is given in parentheses and shows which sense of the headword is being treated.

> **hul·la·ba·loo** ['hʌləbəlu:] *n usu sing (dated)*
> ① *(noise)* Lärm *m;* **to make a** ~ einen Riesenlärm veranstalten *fam*
> ② *(commotion)* Trara *nt fam* (**about/over** um *+akk)*

6.3 Elements in Italics

Context elements, also called collocates, are given in italics. The following examples show how different types of collocates guide you to the sense you are looking for.

6.3.1 In Verb entries: typical subjects of the verb

> **fiz·zle** ['fɪzl] *vi* zischen
> ◆**fizzle out** *vi fireworks, enthusiasm* verpuffen; *attack, campaign, plan* im Sand verlaufen; *interest* stark nachlassen [*o* zurückgehen]; …

6.3.2 In Verb Entries: typical objects of the verb

> **dry** [draɪ] **I.** *adj* <-ier, -iest> …
> **III.** *vt* <-ie-> ■**to** ~ **sth** etw trocknen; *fruit, meat* etw dörren; *(dry out)* etw austrocknen; *(dry up)* etw abtrocknen; ~ ***your eyes!*** wisch dir die Tränen ab!; *(stop crying)* hör auf zu weinen!; **to** ~ **the dishes** [das Geschirr] abtrocknen; …

6. Wegweiser zur richtigen Übersetzung

Übersetzungen, die nur durch Kommas getrennt nebeneinander stehen, sind gleichbedeutend und somit austauschbar.

> **Ka·raf·fe** <-, -n> [ka'rafə] *f* decanter, carafe

6.1. Sachgebietsangaben

Sachgebietsangaben zeigen an, auf welchen Wissensbereich sich die vorliegende Wortbedeutung und ihre Übersetzung beziehen.

> **ab·bau·bar** *adj* ① BERGB *(sich fördern lassend)* workable
> ② CHEM, MED degradable; **biologisch** ~ biodegradable

6.2. Bedeutungshinweise

Bedeutungshinweise sind notwendig bei Stichwörtern, die mehr als eine Bedeutung – mit jeweils unterschiedlichen Übersetzungen – haben. Die Hinweise stehen hinter den arabischen Ziffern in runden Klammern. Sie geben an, für welche Bedeutung des Stichworts die Übersetzung gilt.

> **keck** [kɛk] *adj* ① *(vorlaut)* cheeky, saucy
> ② *(provokant)* bold

6.3. Kursive Angaben

Mitunter ist es nicht möglich, für das Stichwort eine einzige, allgemein gültige Übersetzung anzugeben, weil es je nach Kontext anders übersetzt werden muss. In diesem Fall werden die verschiedenen Übersetzungen des Stichworts aufgeführt, wobei kursive Wörter den jeweiligen Kontext angeben, von dem die einzelne Übersetzung abhängt. Diese kursiven, nicht übersetzten Wörter, nennt man Kollokatoren; darunter versteht man Wörter, die mit dem Stichwort eine enge, typische Verbindung eingehen und oft mit ihm zusammen vorkommen. Folgende Typen von Kollokatoren führen in diesem Werk zur richtigen Übersetzung.

6.3.1. In Verbeinträgen: typische Subjekte des Verbs oder des verbalen Ausdrucks

> **sprit·zen** ['ʃprɪtsn̩] **I.** *vi* ① *haben (in Tropfen auseinander stieben) Regen, Schlamm* to spray; *Fett* to spit
> ② *sein (im Strahl gelangen) Wasser* to spurt; *(aus einer Wasserpistole)* to squirt …

6.3.2. In Verbeinträgen: typische direkte Objekte des Verbs

> **ab|dros·seln** *vt* ■**etw** ~ AUTO *Motor* to throttle back sth *sep; (fig) Produktion* to cut back sth *sep*

6.3.3 In Adjective Entries: Nouns that are typically modified by the adjective

soft [sɒft, AM sɑːft] *adj* ❶ *(not hard)* weich; ***the ice cream had gone*** ~ das Eis war geschmolzen; ~ **contact lenses** weiche Kontaktlinsen; ~ **tissue** MED Weichteile *pl*
❷ *(smooth)* weich; *cheeks, skin* zart; *cloth, dress* weich; *leather* geschmeidig; ~ **hair** seidiges Haar…

6.3.3. In Adjektiveinträgen: Substantive, die typischerweise zusammen mit dem Adjektiv vorkommen

sta·che·lig, stach·lig [ˈʃtax(ə)lɪç] *adj Rosen* thorny; *Kakteen, Tier* spiny, spinous *spec; (mit kleineren Stacheln)* prickly

6.3.4 In Noun Entries: Typical "of"-Complements

hum [hʌm] **I.** *vi* <-mm-> …
III. *n* Summen *nt kein pl; of machinery* Brummen *nt kein pl; of insects* Summen *nt kein pl; of a conversation* Gemurmel *nt kein pl; of a small machine* Surren *nt kein pl;* ***I could hear the constant ~ of the traffic outside*** von draußen her konnte ich das stetige Brausen des Verkehrs hören

6.3.4. In Substantiveinträgen: typische Genitivanschlüsse

Stor·no <-s, Storni> [ˈʃtɔrno, *pl* ˈʃtɔrni] *m o nt einer Reise, eines Auftrags* cancellation; *einer Buchung* reversal

7. Source and Target Language Labels

7.1 Usage Labels

If a headword or a translation deviates from neutral style then it is marked. Usage labels given at the beginning of an entry or of a Roman or Arabic numeral section apply to the entire entry or section.

ago·ny ˈaunt *n* BRIT *(fam)* Briefkastentante *f hum fam,* Kummerkastentante *f hum fam*

7. Beschreibende Angaben zu Quell- und Zielsprache

7.1. Stilangaben

Weicht ein Stichwort von der neutralen Standardsprache ab, so wird dies grundsätzlich angegeben. Die Angaben erfolgen sowohl in der Quell- als auch in der Zielsprache. Stilangaben zu Beginn eines Eintrags oder einer Kategorie (d. h. eines römisch oder arabisch bezifferten Absatzes) beziehen sich auf den gesamten Eintrag oder auf den gesamten Absatz.

ab·ge·brannt *adj (fam)* broke *fam,* BRIT *sl a.* skint

indicates poetic usage, e.g. *o'er, morn, mead*	*poet*	bezeichnet poetischen Sprachgebrauch, wie er nur in der Lyrik vorkommt, z. B. *Antlitz, Lenz*
refers to literary language, e.g. *to beseech, to doff one's hat*	*liter*	bezeichnet literarischen Sprachgebrauch, wie er in Romanen zu finden ist, z. B. *Blendung*
designates spoken and written formal English usage, e.g. *peruse, mordacity*	*form*	bezeichnet im Englischen gehobenen Sprachgebrauch, wie er bei gewählter Ausdrucksweise üblich ist, z. B. *peruse, mordacity*
in German, designates official language as used in official correspondence, in forms or in official statements, e.g. *Bewirtung, Postwertzeichen, wohnhaft sein*	*form*	bezeichnet im Deutschen förmlichen Sprachgebrauch, wie er im amtlichen Schriftverkehr, auf Formularen oder in formellen Ansprachen üblich ist, z. B. *Bewirtung, Postwertzeichen, wohnhaft sein*
designates spoken and written formal German language, e.g. *eruieren, Diskrepanz*	*geh*	bezeichnet im Deutschen gehobenen Sprachgebrauch, sowohl in der gesprochenen als auch in der geschriebenen Sprache, wie er bei gewählter Ausdrucksweise üblich ist, z. B. *eruieren, Diskrepanz*
refers to informal language as it is used between family members and friends in a relaxed atmosphere and in private letters, e.g. *to shut up, to rip sb off; doof, jdn übers Ohr hauen, total*	*fam*	bezeichnet umgangssprachlichen Sprachgebrauch, wie er zwischen Familienmitgliedern und Freunden in zwangloser Unterhaltung und in privaten Briefen verwendet wird, z.B: *doof, jdn übers Ohr hauen, total; to shut up, to rip sb off*
designates English language that is very informal but not vulgar, e.g. *to take the piss out of sb*	*fam!*	bezeichnet im Englischen stark umgangssprachlichen, saloppen Sprachgebrauch, z. B. *take the piss out of sb*
in English, designates slang or jargon, e.g. *to sock sb one*	*sl*	bezeichnet im Englischen Slang oder Jargon, z. B. *to sock sb one*
in German, designates usage that is very informal but not vulgar as well as language of certain social groups, e.g. young people: *flennen; jdm eine ballern, Bruchbude*	*sl*	bezeichnet im Deutschen stark umgangssprachlichen, saloppen Sprachgebrauch oder die Ausdrucksweise bestimmter Gruppen, z. B. Jugendliche: *flennen, jdm eine ballern, Bruchbude*
in German, designates very informal language that is generally only used by young people amongst themselves. This style can appear flippant and can cause offence, e.g. *Fresse, krepieren*	*derb*	bezeichnet im Deutschen einen sehr saloppen Sprachgebrauch, der nur von meist jüngeren Sprechern untereinander verwendet wird. Dieser Stil wirkt leicht flapsig und kann daher Anstoß erregen, z. B. *Fresse, krepieren*
designates taboo language that is generally considered vulgar and that causes offence.	*vulg*	bezeichnet Wörter, die allgemein als vulgär gelten und daher tabu sind. Ihr Gebrauch erregt meist Anstoß.

7.2 Age labels

When a word no longer belongs to contemporary language this is indicated in both languages.

bal·der·dash [ˈbɔːldədæʃ, AM ˈbɔːldɚ-] *n no pl (dated)* Blödsinn *m pej fam,* Quatsch *m fam*

7.2. Altersangaben

Es wird in beiden Sprachen grundsätzlich angegeben, wenn ein Wort oder Ausdruck nicht mehr dem heutigen Sprachgebrauch entspricht.

An·geld <-[e]s, -er> *nt* FIN *(veraltet: Vorauszahlung)* deposit

in English, designates language as it might be used by 50–60 year-olds, e.g. a *brick* (for a helpful person). These are words that are still in use, but which sound old-fashioned.	*dated*	bezeichnet im Englischen einen Sprachgebrauch, wie er von der Altersgruppe der 50- bis 65-Jährigen benutzt wird, z.B. a *brick* (als Bezeichnung für eine hilfreiche Person). Es handelt sich um Wörter, die noch im Gebrauch sind, die aber etwas altmodisch klingen.
in German, designates language as it is used by 50–60 year-olds, e.g. *Biene (nice girl), Leibesübungen* (*physical education*). These are words that are still in use, but which sound somewhat old-fashioned.	*veraltend*	bezeichnet im Deutschen einen Sprachgebrauch, wie er von der Altersgruppe der 50- bis 65-Jährigen benutzt wird, z.B. *Biene (nettes Mädchen), Leibesübungen.* Es handelt sich um Wörter, die noch im Gebrauch sind, die aber etwas altmodisch klingen.
in English, designates a word or expression that is no longer in current use, but which is still understood, e.g. *brigand (bandit)*	*old*	bezeichnet im Englischen ein Wort oder einen Ausdruck, der heutzutage nicht benutzt, aber durchaus noch verstanden wird, z. B. *brigand (Bandit)*
in German, designates a word or expression that is no longer in current usage, but which is still understood, e.g. *Abort (toilet), Backfisch (teenage girl)*	*veraltet*	bezeichnet im Deutschen ein Wort oder einen Ausdruck, der heutzutage nicht benutzt, aber durchaus noch verstanden wird, e.g. *Abort, Backfisch*
for words that have completely disappeared from current usage. These often desginate things that are now referred to by a different name, e.g. *Ceylon, Ecu, Dienstleistungsabend*	*hist*	für Wörter, die gar nicht mehr im Gebrauch sind. Oft sind es Bezeichnungen für Dinge, die heute einen anderen Namen tragen, z. B. *Ceylon, Ecu, Dienstleistungsabend*

7.3 Rhetoric Labels

Many words and phrases carry a particular connotation. This is indicated in both source and target language. Rhetoric labels also indicate figurative usage and proverbs.

abode [ə'bəʊd, AM ə'boʊd] **I.** *n* ❶ *(form or hum: home)* Wohnung *f;* ***welcome to my humble* ~** willkommen in meiner bescheidenen Hütte *hum* …

7.3. Rhetorische Angaben

Viele Wörter und Wendungen können in einer bestimmten Sprechabsicht verwendet werden. In diesen Fällen wird bei der Quellsprache ein entsprechender Vermerk gemacht. Rhetorische Absichten in der Zielsprache werden ebenfalls kenntlich gemacht.

gaf·fen ['gafn̩] *vi (pej)* ■**[nach jdm/etw] ~** *(fam)* to gape [*or* BRIT *pej fam* gawp] [at sb/sth], to stare [at sb/sth]; ***was gaffst du so?*** what are you gawping [*or* gaping] at!

expresses the speaker's positive attitude	*approv*	drückt eine positive Sprecherhaltung aus
designates emphatic usage, e.g. *truly (very)*	*emph*	bezeichnet emphatischen Sprachgebrauch, z. B. *niemals (nie)*
designates euphemistic usage, i.e. words or expressions that are used to describe a word that the speaker wishes to avoid, e.g. *to pass away, das stille Örtchen (toilet)*	*euph*	bezeichnet verhüllenden Sprachgebrauch; statt des eigentlichen Worts wird stellvertretend dieser beschönigende Ausdruck gebraucht, z.B. *to pass away* (für *sterben), das stille Örtchen,*
designates figurative usage, e.g. *teething troubles – Kinderkrankheiten* (for *problems at the beginning of something*)	*fig*	bezeichnet übertragenen Sprachgebrauch. Das Wort oder die Wendung dient – im übertragenen Sinn- als Bild für das, was man ausdrücken will, z. B. *teething troubles – Kinderkrankheiten* (übertragen für *Anfangsprobleme*)
designates humorous usage, e.g. *egghead – Eierkopf*	*hum*	bezeichnet scherzhaften Sprachgebrauch, z.B. *egghead – Eierkopf*
designates ironic usage; the speaker really means the opposite of what he/she is saying, e.g. *very funny! – wirklich komisch!*	*iron*	bezeichnet ironischen Sprachgebrauch. Der Sprecher meint eigentlich das Gegenteil dessen, was er sagt, z. B. *very funny! – wirklich komisch!*
designates pejorative usage; the speaker expresses contempt or disapproval, e.g. *gab – Gequassel*	*pej*	bezeichnet einen abwertenden Sprachgebrauch. Der Sprecher drückt damit seine abschätzige Haltung aus, z. B. *gab – Gequassel*
designates offensive usage, e.g. *Chink*	*pej!*	bezeichnet einen beleidigenden Sprachgebrauch, z. B. *Chink* (für einen Chinesen)
designates a proverb, e.g. *nothing ventured, nothing gained – wer wagt, gewinnt*	*prov*	bezeichnet ein Sprichwort, z. B. *nothing ventured, nothing gained – wer wagt, gewinnt*

7.4 Regional Labels

Globalization has made international communication increasingly important. This dictionary takes this fact into consideration by supplying a number of regional varieties of English as well as German.

The „base“ languages and languages of description used in this dictionary are British English and German from Germany.

English-German Part

juice [dʒu:s] **I.** *n* ❶ *no pl (of fruit, vegetable)* Saft *m,* SCHWEIZ *a.* jus *m;* **lemon ~** Zitronensaft *m,* SCHWEIZ *a.* Zitronenjus *m*
❷ *(liquid in meat)* ■**~s** *pl* [Braten]saft *m kein pl*
❸ *(natural fluid)* ■**~s** *pl* Körpersäfte *pl;* **digestive/gastric ~s** Verdauungs-/Magensaft *m*
❹ AM *(sl: influence, power)* Einfluss *m,* Macht *f;* **to have [all] the ~** das [absolute] Sagen haben *fam*
❺ *(fig: energy)* **creative ~s** kreative Kräfte; **to get the creative ~s flowing** schöpferisch tätig [*o* kreativ] werden
❻ *(sl: electricity)* Saft *m sl; (petrol)* Sprit *m fam*
❼ *no pl* AM *(sl: steroids)* Steroide *pl*
II. *vt* ■**to ~ sth** *fruit, vegetables* etw entsaften

7.4. Regionale Angaben

Im Zuge der Globalisierung ist es heute wichtiger denn je, möglichst viele Menschen erreichen zu können. Daher berücksichtigt dieses Wörterbuch einige regionale Sprachvarianten sowohl des Englischen als auch des Deutschen.

Die im Wörterbuch verwendete „Grund-“ und Beschreibungssprache ist das britische Englisch bzw. das Deutsch aus Deutschland.

Englisch-deutscher Teil

American English is supplied systematically and on all levels: pronunciation, spelling, words and phrases. Whenever applicable the corresponding British word is supplied in parentheses (see e.g. at the entry *baloney* below)

Amerikanisches Englisch wird auf allen Ebenen systematisch berücksichtigt: Aussprache, Schreibung, Wörter und Wendungen. Wann immer zutreffend, wird die britische Entsprechung des amerikanischen Wortes in Klammern angegeben (wie z. B. beim Eintrag *baloney* unten links)

hearty ['hɑ:ti, AM 'hɑ:rţi] I. *adj* ...
ma·neu·ver *n, vi, vt* AM *see* **manoeuvre**
ba·lo·ney [bə'ləʊni, AM -'loʊni] I. *n no pl* ① AM *(Bologna sausage)* ≈ Fleischwurst *f*
② *(fam: nonsense)* Quatsch *m fam*, Blödsinn *m fam*, Schwachsinn *m fam*
II. *interj* AM Quatsch
nice [naɪs] I. *adj* ① *(approv: pleasant)* schön, angenehm; ...
② *(amiable)* nett, freundlich; ***it was very ~ of you to drive her home*** es war sehr nett von dir, sie nach Hause zu fahren; **a ~ chap**/AM *usu* **guy** ein netter Kerl; ...

Australian English is treated mainly on the lexical level.

Australisches Englisch wird hauptsächlich auf der Wortschatzebene aufgeführt.

arvo ['a:voʊ] *n* AUS Nachmittag *m*

The most important Canadianisms have also been included.

Die wichtigsten kanadischen Wörter wurden ebenfalls aufgenommen.

toonie ['tu:ni] *n* CAN *(fam)* Zweidollarmünze *f*

Besides German from Germany, German from Austria and Switzerland are shown in equivalents.

In der Zielsprache werden außer dem Binnendeutschen auch das Schweizerdeutsche und das österreichische Deutsch berücksichtigt.

'cell phone *n* Mobiltelefon *nt*, Handy *nt*, Natel *nt* SCHWEIZ; *(on ship)* Funktelefon *nt*
Janu·ary ['dʒænjuəri, AM -jueri] *n* Januar *m*, Jänner *m* SÜDD, ÖSTERR, SCHWEIZ; *see also* **February**
ac·ci·dent as·'sis·tance *n no pl* FIN Unfallzusatzversicherung *f*, Unfallassistance *f* ÖSTERR, SCHWEIZ

ac·ci·dent as·'sis·tance *n no pl* FIN Unfallzusatzversicherung *f*, Unfallassistance *f* ÖSTERR, SCHWEIZ

German-English Part

The German of Germany, Austria and Switzerland are included.

Deutsch-englischer Teil

Außer dem Deutschen Deutschlands werden das Deutsche von Österreich und der Schweiz besonders berücksichtigt.

Jän·ner <-s, -> ['jɛnɐ] *m* ÖSTERR January
Na·tel® <-s, -s> ['na:tel] *nt* SCHWEIZ *(Handy)* mobile phone BRIT, cellphone

American spellings, words and phrases are always given in equivalents.

Amerikanisches Englisch wird in der Zielsprache sowohl in der Schreibung als auch für Wörter und Wendungen systematisch angegeben.

Hu·mor[1] <-s, -e> [hu'mo:ɐ̯] *m pl selten* ① *(Laune)* good humour [*or* AM -or], cheerfulness; ...
Ein·kaufs·zen·trum *nt* [out-of-town] shopping centre [*or* AM -er] [*or* mall]
ein|bre·chen *irreg* I. *vi* ① *sein o haben (Einbruch verüben)* ■ **[bei jdm/in etw** *akk o dat*] ~ to break in[to sb's home/sth]; ...
⑥ *sein (Misserfolg haben)* to come a cropper BRIT *sl*, to suffer a setback
II. *vt haben* ■ **etw** ~ to break down sth *sep*

Table of Regional Labels Used in the Dictionary

Übersicht über die verwendeten regionalen Abkürzungen

item used only in the USA, e.g. *charley horse (muscle cramp)*	AM	nur in USA gebrauchter Ausdruck *charley horse (Muskelkrampf)*
item used only in Australia, e.g. *arvo (afternoon)*	AUS	nur in Australien gebrauchter Ausdruck, z. B. *arvo (Nachmittag)*
item used only in Great Britain, e.g. *ansaphone*	BRIT	nur in Großbritannien gebrauchter Ausdruck, z. B. *ansaphone (Anrufbeantworter)*
item used only in Canada, e.g. toonie (*two dollar coin*)	CAN	nur in Kanada gebrauchter Ausdruck, e.g. *toonie (Zweidollarmünze)*
regional item, e.g. *hisself* (for *himself*)	DIAL	regional begrenzt gebrauchter Ausdruck, z. B. *Schuhbänder (für Schnürsenkel)*
item used only in India	IND	nur in Indien gebrauchter Ausdruck
item used only in Northern England	NENG	nur in Nordengland gebrauchter Ausdruck
item used only in Ireland	IRISH	Ausdruck aus dem Irischen
item used only in New Zealand	NZ	nur in Neuseeland gebrauchter Ausdruck
item used only in South Africa	SA	nur in Südafrika gebrauchter Ausdruck
item used only in Scottish English	SCOT	nur im Schottischen gebrauchter Ausdruck
cultural item specific to Germany, e.g. *Bundesgrenzschutz, Bundestag*	BRD	v. a. typisch bundesrepublikanische Phänomene wie z. B. *Bundesgrenzschutz, Bundestag*
item used especially in Central Germany, e.g. *Karneval (carnival)*	MITTELD	besonders im mitteldeutschen Raum gebrauchter Ausdruck, z. B. *Karneval*
item used only in Northern Germany, e.g. *Feudel (floorcloth)*	NORDD	nur im Norden Deutschlands gebrauchter Ausdruck, z. B. *Feudel (Tuch zum Aufwischen)*
item used only in Austria, e.g. *Marille (apricot)*, *Jänner (January)*	ÖSTERR	nur in Österreich gebrauchter Ausdruck, z. B. *Marille* (Aprikose), *Jänner* (Januar)
item used only in Switzerland, e.g. *Natel (mobile phone)*	SCHWEIZ	Ausdruck, der nur in der Schweiz gebraucht wird, z. B. *Natel* (Handy)
word or expression used only in Southern Germany, e.g. *Bub (boy)*	SÜDD	nur im Süden Deutschlands gebrauchter Ausdruck, z. B. *Bub (Junge)*

7.5 Other Labels

Further markers are used in both languages to indicate restriction of an item to a certain age group, situation or frequency of use.

7.5. Sonstige Angaben

Weitere Angaben werden für beide Sprachrichtungen gemacht, wenn der Gebrauch eines Wortes auf eine bestimmte Altersgruppe, Sprechsituation oder Zeit beschränkt ist.

designates specialist language that lay people would generally not use, e.g. *tympanum (middle ear) – Tympanum (Mittelohr)*	*spec*	*fachspr*	bezeichnet einen von Laien nicht benutzten Fachausdruck. z. B. *tympanum (middle ear) – Tympanum (Mittelohr)*
designates a word or expression used mainly when speaking to children, e.g. *whoops a daisy – hopsala*	*childspeak*	*kindersprache*	bezeichnet einen Ausdruck, der nur im Gespräch mit kleinen Kindern benutzt wird, z. B. *wau wau*
designates language that is only rarely used, e.g. *educate* (in the sense *bring up*)	*rare*	*selten*	bezeichnet selten gebrauchte Sprache, z.B. *malade (krank)*

8.0 English and German Phonetics

Phonetics are given in IPA (International Phonetic Alphabet).

The reference used for English phonetics was PONS Daniel Jones English Pronouncing Dictionary, 16th edition (2003)

The reference used for German phonetics was Duden Aussprachewörterbuch, 5th fully revised and enlarged edition (2003).

8.0. Englische und deutsche Phonetik

Zur Bezeichnung der Aussprache wurden die phonetischen Zeichen des IPA (International Phonetic Alphabet) verwendet. Für die Umschrift der einzelnen Wörter haben wir für das Englische PONS Daniel Jones English Pronouncing Dictionary, 16th edition (2003) zugrunde gelegt.

Für das Deutsche diente Duden. Das Ausprachewörterbuch. 5. völlig neu bearb. und erw. Aufl. (2003) als Hilfsmittel.

Phonetic Symbols

	Zeichen der Lautschrift	
cat	[æ]	
	[a]	hat
	[aː]	Bahn
father, card	[ɑː]	
pot, bottom	[ɒ] (BRIT)	
	[ɐ]	bitter
	[ɐ̯]	Uhr
	[ã]	Chanson
	[ãː]	Gourmand
croissant	[ɑ̃ː]	
	[ai̯]	heiß
ride, my	[aɪ]	
	[au̯]	Haus
house, about	[aʊ]	
big	[b]	Ball
	[ç]	ich
dad	[d]	dicht
edge, juice	[dʒ]	Gin, Job
pet, best	[e]	Etage
	[eː]	Beet, Mehl
	[ɛ]	Nest, Wäsche
	[ɛː]	wählen
bird, cur, berth	[ɜː]	
	[ɛ̃]	timbrieren
fin de siècle	[ɛ̃ː]	Teint
Africa, potato	[ə]	halte
sudden	[ᵊ]	
bust, multi	[ʌ]	
rate	[eɪ]	
there, hair	[eə] (BRIT)	
fast	[f]	Fett, viel
gold	[g]	Geld
hello	[h]	Hut
sit	[ɪ]	Bitte
abbey	[i]	Vitamin
read, meet	[iː]	Bier
	[i̯]	Studie
here, beer	[ɪə] (BRIT)	
yellow	[j]	ja
cat, king	[k]	Kohl, Computer
	[kv]	Quadrat
queen	[kw]	
little	[l]	Last
little	[l̩]	Nebel
mom	[m]	Meister
	[m̩]	großem
nice	[n]	nett
	[n̩]	sprechen
ring, rink, bingo	[ŋ]	Ring, blinken
	[ɲ]	Gascogne

Lautschriftzeichen

	Zeichen der Lautschrift	
	[o]	Oase
	[oː]	Boot, drohen
	[o̯]	loyal
	[ɔ]	Post
caught, ought	[ɔː]	
boat, rode	[əʊ] (BRIT)	
boat, rode	[oʊ] (AM)	
	[õ]	Fondue
	[õː]	Fonds
restaurant	[ɔ̃ː]	
	[ø]	Ökonomie
	[øː]	Öl
	[œ]	Götter
	[œ̃]	Lundist
	[œ̃ː]	Parfum
boy, noise	[ɔɪ]	
	[ɔy]	Mäuse
pat	[p]	Papst
right	[r]	Rad
bitter	[ʳ] (BRIT)	
bitter	[ɚ] (AM)	
soft	[s]	Rast, besser, heiß
shift	[ʃ]	Schaum, sprechen, Chef
take	[t]	Test, treu
better	[t̬] (AM)	
chip, patch	[tʃ]	Matsch, Tschüss
think, bath	[θ]	
father, bathe	[ð]	
	[u]	zunächst
moose, lose	[uː]	Hut
	[u̯]	aktuell
book, put	[ʊ]	Mutter
allure	[ʊə] (BRIT)	
vitamin	[v]	wann
wish	[w]	
loch	[x] (SCOT)	Schlauch
fix	[ks]	Fix, Axt, Lachs
	[y]	Mykene
	[yː]	Typ
	[y̆]	Hyäne
	[ʏ]	füllen
	[ʏ̯]	Gelderland
zebra, jazz	[z]	Hase, sauer
pleasure	[ʒ]	Genie
glottal stop	ʔ	Knacklaut
primary stress	ˈ	Hauptbetonung
secondary stress	ˌ	Nebenbetonung

A

A <*pl* -s *or* -'s>, **a** <*pl* -'s *or* -s> [eɪ] *n* 1 *(letter)* a *nt,* A *nt;* **a capital A/small a** ein großes A/ein kleines a; ~ **for Andrew** [*or* AM **as in Abel**] A wie Anton
2 MUS A *nt,* a *nt;* ~ **flat** As *nt,* as *nt;* ~ **sharp** Ais *nt,* ais *nt;* ~ **major** A-Dur *nt;* ~ **minor** a-Moll *nt;* ~ **natural** A *nt,* a *nt;* **key of** ~ A-Schlüssel *m;* **to be in** [**the key of**] ~ **major/minor** in A-Dur/a-Moll geschrieben sein
3 *(school mark)* ≈ Eins *f,* ≈ Einser *m* ÖSTERR, ≈ Sechs *f* SCHWEIZ, ≈ sehr gut; ~ **minus/plus** Eins minus/plus; **to get straight** ~**s** nur Einser schreiben; **to be an** ~ **student** AM, AUS ein Einserschüler/eine Einserschülerin sein; **to get** [**an**] ~ eine Eins [*o* ÖSTERR einen Einser] schreiben; **to give sb an** ~ jdm eine Eins [*o* ÖSTERR einen Einser] geben
4 FIN ~ **share** BRIT Stammaktie *f;* **Schedule** ~ [*zu versteuernde*] *Einkünfte aus Vermietung und Verpachtung von Grundstücken und Gebäuden;* **Table** ~ *Mustersatzung des „Companies Act"*

A[1] <*pl* -'s *or* -s> [eɪ] *n* 1 *(hypothetical person, thing)* A; ***suppose*** ~ ***was B's sister*** angenommen A wäre die Schwester von B; [**to get**] **from** ~ **to B** von A nach B [kommen]
2 *(blood type)* A
3 LAW **category** ~ **prisoners** Häftlinge *pl* der höchsten Gefährlichkeitsstufe
▸PHRASES: **from** ~ **to Z** von A bis Z

A[2] *n abbrev of* **ampere** A

A[3] *n abbrev of* **answer** Antw.

A[4] *n* BRIT *abbrev of* **A level**

Å *n abbrev of* **angstrom** Å

a [eɪ, ə], *before vowel* **an** [æn, ən] **I.** *art indef* 1 *(undefined)* ein(e)
2 *after neg* ■**not** ~ kein(e); ***there was not*** ~ ***person to be seen*** es war niemand zu sehen; ***I haven't got*** ~ ***chance*** ich habe nicht die geringste Chance
3 *(one)* ein(e); ***can you pass me*** ~ ***slice of bread please?*** reichst du mir mal bitte eine Scheibe Brot?; ***I need*** ~ ***new pencil*** ich brauche einen neuen Bleistift
4 *before profession, nationality* ***she wants to be*** ~ ***doctor*** sie möchte Ärztin werden; ***she's*** ~ ***teacher*** sie ist Lehrerin; ***he's*** ~***n Englishman*** er ist Engländer
5 *introducing state* ein(e); ~ ***17th-century cottage*** ein Landhaus im Stil des 17. Jahrhunderts; ***this is*** ~ ***very mild cheese*** dieser Käse ist sehr mild
6 *(work of an artist)* ein(e); ***is that*** ~ ***Picasso?*** ist das ein Picasso?
7 *(quite)* ein(e); ***that's*** ~ ***thought!*** das ist ein guter Einfall!
8 *limiting uncountables* ein(e); ***I only have*** ~ ***limited knowledge of Spanish*** ich habe nur mäßige Spanischkenntnisse
9 *before unit* ***I'd love*** ~ ***coffee*** ich hätte gern einen Kaffee; ***can I have*** ~ ***knife and fork please?*** kann ich bitte Messer und Gabel haben?
10 *as multiplier* ein(e); ***you won't go far on*** ~ ***litre of petrol*** mit einem Liter Benzin wirst du nicht weit kommen; ***we walked for half*** ~ ***mile*** wir gingen eine halbe Meile weit; ~ **dozen** ein Dutzend; ~ **few** ein paar; ~ **hundred/**~ **thousand** hundert/tausend; ***count up to*** ~ ***thousand*** zähle bis tausend; ~ **million** eine Million; **one and** ~ **half** eineinhalb; **three-quarters of** ~**n hour** eine dreiviertel Stunde; **six tenths of** ~ **second** sechs Zehntelsekunden
11 *before unknown name* ein [gewisser] .../eine [gewisse] ...; ***there's*** ~ ***Ms Evans to see you*** eine [gewisse] Frau Evans möchte Sie sprechen
12 *(denoting likeness)* ein(e); ***she'll never be*** ~ ***Greta Garbo*** sie wird niemals eine Greta Garbo sein
13 *before family name* ein(e); ***I'd never have guessed he was*** ~ ***Wilson*** ich hätte nie gedacht, dass er ein Wilson ist
14 *before date* ein(e); ***my birthday is on*** ~ ***Friday this year*** mein Geburtstag fällt dieses Jahr auf einen Freitag
15 *before product* ein(e); ***she drives*** ~ ***Ford*** sie fährt einen Ford
II. *prep* ***he earns $100,000*** ~ ***year*** er verdient im Jahr 100.000 Dollar; **three times** ~ **day** dreimal täglich; **twice** ~ **week** zweimal die Woche; **once** ~ **month** einmal im Monat

AA[1] [ˌeɪ'eɪ] *n + sing/pl vb abbrev of* **Alcoholics Anonymous** AA, die Anonymen Alkoholiker

AA[2] [ˌeɪ'eɪ] *n + sing/pl vb* BRIT *abbrev of* **Automobile Association:** ■**the** ~ ≈ ADAC *m,* ≈ ÖAMTC *m* ÖSTERR, ≈ ARBÖ *m* ÖSTERR

AAA [ˌtrɪpl'eɪ] *n + sing/pl vb* AM *abbrev of* **American Automobile Association:** ■**the** ~ ≈ ADAC *m*

AAC [ˌeɪeɪ'siː] *n no pl abbrev of* **advanced audio coding** AAC

aard·vark ['ɑːdvɑːk, AM 'ɑːrdvɑːrk] *n* Erdferkel *nt*

AB [eɪ'biː] *n* AM *abbrev of* **Bachelor of Arts** Bakkalaureus *m* der philosophischen/naturwissenschaftlichen Fakultät *(unterster akademischer Grad in englischsprachigen Ländern)*

ABA[1] [ˌeɪbiː'eɪ] *n abbrev of* **American Bankers Association** ABA *f*

ABA[2] [ˌeɪbiː'eɪ] *n* LAW *abbrev of* **American Bar Association** US-Bundesanwaltskammer *f*

aback [ə'bæk] *adv* **to take sb** ~ jdn erstaunen [*o* verblüffen]; **to be taken** ~ überrascht [*o* erstaunt] sein; *(sad)* betroffen sein

aba·cus <*pl* -es> ['æbəkəs] *n* MATH Abakus *m fachspr;* **to operate** [*or* **use**] **an** ~ ein Rechenbrett benutzen

aban·don [ə'bændən] **I.** *vt* 1 *(leave)* ■**to** ~ **sth** *place, houses* etw verlassen; **to** ~ **ship** das Schiff verlassen
2 *(leave behind)* ■**to** ~ **sth** etw zurücklassen; ***she*** ~***ed her rucksack*** sie ließ ihren Rucksack [einfach] stehen; **to** ~ **one's car** sein Auto stehen lassen
3 *(give up)* ■**to** ~ **sth** etw aufgeben; ***they*** ~***ed their attempt to climb the mountain*** sie brachen den Versuch ab, den Berg zu besteigen; **to** ~ **a plan** einen Plan fallenlassen; **to** ~ **all pretence of doing sth** noch nicht mal mehr so tun, als würde man etw tun; ■**to be** ~**ed** *rescue, search* eingestellt werden; LAW **to** ~ **an action** eine Klage zurückziehen; **to** ~ **a claim** einen Anspruch aufgeben
4 SPORT **to** ~ **a game/match** ein Spiel/Match abbrechen; **to** ~ **play** das Spiel abbrechen
5 *(desert)* ■**to** ~ **sb** jdn verlassen; **to** ~ **a baby** ein Baby aussetzen; **to** ~ **sb to his/her fate** jdn seinem Schicksal überlassen; **to** ~ **one's husband/wife** seinen Ehemann/seine Ehefrau sitzenlassen *fam*
6 *(lose self-control)* ■**to** ~ **oneself to sth** sich *akk* etw *dat* hingeben; ***he*** ~***ed himself to his emotions*** er ließ seinen Gefühlen freien Lauf
II. *n no pl* Hingabe *f;* **with** ~ mit Leib und Seele; ***people were cavorting about with wild*** ~ die Leute tollten ausgelassen herum

aban·doned [ə'bændənd] *adj inv* 1 *(discarded)* verlassen; ~ **polluted areas** ECOL Altlasten *pl*
2 *(dissolute) person* verkommen
3 *(empty) building* leer stehend *attr;* ~ **property** herrenloses Gut
4 *(cast off) person* verlassen; ~ **baby** ausgesetztes Baby
5 *(carefree)* unbekümmert, sorglos
6 *(pej dated: wicked)* zügellos; ~ **behaviour** [*or* AM **behavior**] schamloses Benehmen

aban·don·ment [ə'bændənmənt] *n no pl* 1 *of a place* Verlassen *nt; of a land* [Land]flucht *f*
2 *of a person* Imstichlassen *nt*
3 *(cancellation)* Aufgabe *f*
4 *(self-abandon)* Hingabe *f*
5 FIN Abandon *m*

abase [ə'beɪs] *vt (form)* ■**to** ~ **sb** jdn erniedrigen; ■**to** ~ **oneself** [**before sb**] sich *akk* [vor jdm] erniedrigen

abase·ment [ə'beɪsmənt] *n* Demütigung *f,* Erniedrigung *f,* Entwürdigung *f*

abashed [ə'bæʃt] *adj* verlegen, beschämt; **to be** [*or* **feel**] ~ **at sth** sich *akk* [wegen] einer S. *gen* schämen; **to look** ~ verlegen aussehen

abate [ə'beɪt] *(form)* **I.** *vi rain* nachlassen; *storm, anger* abflauen, sich legen; *pain, fever, fear* abklingen
II. *vt* ■**to** ~ **sth** etw vermindern [*o* verringern]; *sth's intensity* etw abschwächen; **to** ~ **noise** Lärm dämpfen

abate·ment [ə'beɪtmənt] *n no pl (form)* 1 *(lessening)* Nachlassen *nt; of storm, anger also* Abflauen *nt*
2 *(reducing)* Verminderung *f; of tax* Senkung *f;* ~ **of noise** Lärmbekämpfung *f*

ab·at·toir ['æbətwɑːʳ] *n* BRIT Schlachthof *m*

ab·bess <*pl* -es> ['æbes, AM -əs] *n* Äbtissin *f*

ab·bey ['æbi] *n* Abtei[kirche] *f*

ab·bot ['æbət] *n* Abt *m*

abbr. **I.** *n abbrev of* **abbreviation** Abk.
II. *adj abbrev of* **abbreviated** abgek.

ab·bre·vi·ate [ə'briːvieɪt] *vt usu passive* ■**to** ~ **sth** etw abkürzen; *(less content)* etw kürzen; ■**to be** ~**d** abgekürzt werden; ***the name Susan is often*** ~***d to Sue*** Susan wird oft mit Sue abgekürzt; ~**d form** Kurzform *f;* ~**d version** Kurzfassung *f,* gekürzte Fassung

ab·bre·via·tion [əˌbriːvi'eɪʃən] *n* 1 *(short form)* Abkürzung *f* (**for** für +*akk*), Kürzel *nt* (**for** für +*akk*)
2 *(shorter version) of text* Kürzung *f*

ABC[1] [ˌeɪbiː'siː] *n* 1 *(alphabet)* Abc *nt;* **to be as easy** [*or* **simple**] **as** ~ kinderleicht sein
2 *(rudiments)* Abc *nt,* Einmaleins *nt;* ***the*** ~ ***of photography*** das Einmaleins des Fotografierens

ABC[2] [ˌeɪbiː'siː] *n* AUS TV *abbrev of* **Australian Broadcasting Corporation:** ■**the** ~ die ABC

ABC[3] [ˌeɪbiː'siː] *n* AM TV *abbrev of* **American Broadcasting Corporation:** ■**the** ~ die ABC

ABC[4] [ˌeɪbiː'siː] *n abbrev of* **Agricultural Bank of China** ABC; ■**the** ~ die ABC

ABCs [ˌeɪbiː'siːz] *npl* AM *(fam) see* **ABC**[1] **2**

ab·di·cate ['æbdɪkeɪt] **I.** *vi* 1 *monarch* abdanken
2 *(not fulfil)* **to** ~ **from one's duties** seine Pflicht[en] nicht einhalten; **to** ~ **from one's responsibilities** sich *akk* seiner Verantwortung entziehen
II. *vt* 1 *(resign)* **to** ~ **the throne** auf den Thron verzichten
2 *(renounce)* ■**to** ~ **sth** etw aufgeben, auf etw *akk* verzichten; *responsibility* etw ablehnen; **to** ~ **a right** auf ein Recht verzichten

ab·di·ca·tion [ˌæbdɪ'keɪʃən] *n* 1 *of a monarch* Abdankung *f;* ~ **of the throne** Verzicht *m* auf den Thron
2 *no pl (renunciation)* Aufgabe *f; of a right* Verzicht *m*

ab·do·men ['æbdəmən, æb'dəʊ-] *n* 1 MED Unterleib *m,* Abdomen *nt fachspr*
2 ZOOL *of insect* Hinterleib *m*

ab·domi·nal [æb'dɒmɪnəl, AM -'dɑːmə-] *adj inv* Unterleibs-, Bauch-, Abdominal- *fachspr;* ~ **operation** Unterleibsoperation *f;* ~ **pain** Unterleibsschmerzen *pl;* ~ **pregnancy** Bauchhöhlenschwangerschaft *f;* ~ **wall** Bauchdecke *f*

ab·duct [əb'dʌkt] *vt* ■**to** ~ **sb** [**from sth**] jdn [aus etw *dat*] entführen

ab·duc·tion [əb'dʌkʃən] *n* Entführung *f*

ab·duc·tor [əb'dʌktəʳ, AM -ɚ] *n* Entführer(in) *m(f)*

abed [ə'bed] *adv inv (old)* im Bett

abend ['æbend] *n* COMPUT *short for* **abnormal end** abnormales Ende; ~ **code** Abbruchcode *m;* ~ **recovery program** Wiederanlaufprogramm *nt* nach abnormalem Ende

Ab·er·do·nian [ˌæbə'dəʊniən, AM ɚ'doʊ] **I.** *adj inv* Aberdeener, aus Aberdeen *nach n*
II. *n* 1 *(person)* Aberdeener(in) *m(f)*
2 *(accent)* Aberdeenisch *nt*

ab·er·rant [æb'erənt] *adj (form)* anomal *geh,* abnorm *geh*

ab·er·ra·tion [ˌæbə'reɪʃən] *n* 1 *(deviation)* Abweichung *f* (**from** von +*dat*)
2 *(outside norm)* Anomalie *f*
3 ASTRON, BIOL, COMPUT, PHYS Aberration *f fachspr*

abet <-tt-> [ə'bet] *vt* ■**to** ~ **sb/sth** jdn/etw unterstützen [*o* begünstigen]; **to** ~ **a crime** Beihilfe zu einem Verbrechen leisten; **to ~ a criminal** einen Verbrecher/eine Verbrecherin unterstützen; **to aid and ~ sth** LAW etw begünstigen, etw *dat* Vorschub leisten; **to aid and ~ sb [in sth/in doing sth]** LAW jdm [bei etw *dat*] Beihilfe leisten

abet·tor [əˈbetəʳ, AM -t̬ɚ] *n esp* LAW Helfershelfer(in) *m(f)*

abey·ance [əˈbeɪən(t)s] *n no pl* ① *also* LAW *(temporary disuse)* **to be in ~** [vorübergehend] außer Kraft [gesetzt] sein; *hostilities* eingestellt sein; *issue* ruhen; **to be held in ~** auf Eis gelegt sein; **to hold sth in ~** etw ruhenlassen
② LAW *(without owner)* besitzloser Zustand

ABH [ˌeɪbiːˈeɪtʃ] *n* LAW *abbrev of* **actual bodily harm** Körperverletzung *f*

ab·hor <-rr-> [əbˈhɔːʳ, AM æbˈhɔːr] *vt (form)* ■**to ~ sb/sth** jdn/etw verabscheuen

ab·hor·rence [əbˈhɒrᵊn(t)s, AM æbˈhɔːr-] *n no pl* Abscheu *f* (**of** vor +*dat*/gegen +*akk*); ***she has an ~ of change*** sie hasst Veränderungen; **to look at [*or* to regard] sb/sth with ~** jdn/etw mit Abscheu betrachten

ab·hor·rent [əbˈhɒrᵊnt, AM æbˈhɔːr-] *adj* abscheulich; ***I find his cynicism ~*** sein Zynismus ist mir zuwider

abide [əˈbaɪd] **I.** *vt usu neg (not like)* ■**sb cannot ~ sth/sb** jd kann etw/jdn nicht ausstehen; *(not endure)* ■**sb cannot ~ sth** jd kann etw nicht ertragen
II. *vi* <abided *or old* abode, abided *or old* abode>
① *(old: stay)* verweilen *geh*
② *(continue)* fortbestehen; ***values that ~ unchanged*** Werte, die unverändert Bestand haben
◆**abide by** *vi* ■**to ~ by sth** *rule* etw befolgen [*o* [ein]halten]; **to ~ by a law** sich *akk* an ein Gesetz halten; **to ~ by a promise** sich *akk* an ein Versprechen halten

abid·ing [əˈbaɪdɪŋ] *adj attr* beständig, anhaltend *attr;* ~ **love** immer währende Liebe; ~ **values** bleibende Werte

abil·ity [əˈbɪləti, AM -ət̬i] *n* ① *no pl (capability)* Fähigkeit *f;* ***to the best of my abilities*** so gut [*o* soweit] ich kann; ***my ~ to help is restricted*** ich kann leider nur bedingt helfen; **to make use of one's abilities** seine Fähigkeiten einsetzen; **to have the ~ to do sth** etw können; **to have lost the ~ to do sth** nicht mehr fähig sein, etw zu tun; **~ to accept risks** Risikofähigkeit *f;* **~ to pay** Zahlungsbereitschaft *f;* **~ to pay interest** Zinszahlungsfähigkeit *f*
② *no pl (talent)* Talent *nt,* Begabung *f;* ***someone of her ~ is bound to succeed*** jemand mit ihrer Begabung wird es sicher weit bringen; **exceptional ~** außergewöhnliche Begabung; **a man/woman of ~** ein fähiger Mann/eine fähige Frau
③ *(skills)* ■**abilities** *pl* Fähigkeiten *pl;* ***she is a woman of considerable abilities*** sie ist eine sehr fähige Frau
④ *(intelligence)* [geistiges] Potenzial; **mixed abilities** SCH unterschiedliche Leistungsstufen

ab·ject [ˈæbdʒekt] *adj* ① *(extreme)* äußerste(r, s); ~ **coward** elender Feigling; ~ **failure** kompletter Fehlschlag; ~ **misery** tiefstes Elend; ~ **poverty** bittere Armut; **to live in ~ fear** in größter Angst leben
② *(degraded) conditions* erbärmlich
③ *(humble)* unterwürfig; *apology also* demütig; *failure* kläglich

ab·ject·ly [ˈæbdʒektli] *adv* unterwürfig, demütig; *fail* kläglich

ab·ject·ness [ˈæbdʒektnəs] *n no pl* ① *(degraded condition)* Erbärmlichkeit *f*
② *of person* Unterwürfigkeit *f; of an apology* Demut *f*

ab·ju·ra·tion [ˌæbdʒəˈreɪʃᵊn] *n* ① POL *(repudiation)* Lossagung *f fachspr* (**of** von +*dat*); **Act of A~** *(hist)* Lossagungsgesetz *nt hist;* ~ **of allegiance** Aufkündigung *f* der Gefolgschaft
② POL *(renouncement)* beeidete Verzichtleistung, [feierliche] Entsagung; **A~ of the Realm** *(hist)* beeideter Verzicht auf Landesrückkehr
③ *(retraction)* [beeidete] Widerrufung (**of** von +*dat*); ~ **of errors** Widerrufung *f* von Irrtümern
④ REL Abschwörung *f fachspr*

ab·jure [əbˈdʒʊəʳ, AM -ˈdʒʊr] *vt* ■**to ~ sth** ① *(form: renounce)* etw *dat* abschwören *geh*
② AM LAW auf die Treue gegenüber einem anderen Land verzichten

Ab·khaz [æbˈkɑːz] **I.** *n* ① <*pl* -> *(person)* Abchase, Abchasin *m, f*
② *no pl (language)* Abchasisch *nt*
II. *adj* abchasisch

Ab·kha·zia [æbˈkɑːziə] *n* Abchasien *nt*

ab·la·tion [əˈbleɪʃᵊn, AM ˌæbˈleɪ-] *n* COMPUT Ablation *f*

ab·la·tive [ˈæblətɪv, AM -t̬-] LING **I.** *n* ① *(word)* Ablativ *m*
② *no pl (case)* ■**the ~** der Ablativ
II. *adj* Ablativ-, im Ablativ

ab·laut [ˈæblaʊt] *n* LING Ablaut *m*

ablaze [əˈbleɪz] *adj pred* ① *(burning)* ■**to be ~** in Flammen stehen; **to set sth ~** etw in Brand stecken
② *(bright)* ***this painting is ~ with colour*** die Farben in diesem Bild explodieren geradezu; ***the ballroom was ~ with lights*** der Ballsaal war hell erleuchtet
③ *(fig: impassioned)* ***her eyes were ~ with excitement*** ihre Augen leuchteten vor Aufregung; ***his face was ~ with anger*** sein Gesicht glühte vor Zorn

able [ˈeɪbl̩] *adj* ① <more *or* better ~, most *or* best ~> *pred (can do)* ■**to [not] be ~ to do sth** etw [nicht] tun können; ***I'm afraid I won't be ~ to come tomorrow*** ich fürchte, ich kann morgen nicht kommen; ***the person best ~ to help you is the manager*** am ehesten kann Ihnen da wohl der Geschäftsführer weiterhelfen
② <abler *or* more ~, ablest *or* most ~> *(clever)* talentiert, fähig; ~ **mind** fähiger Kopf

able-bodied [ˌeɪbl̩ˈbɒdɪd, AM -ˈbɑːdɪd] *adj* gesund, kräftig; MIL [wehr]tauglich **able-bodied ˈsea·man, able ˈsea·man** *n* NAUT Vollmatrose *m*

abloom [əˈbluːm] *adj pred* ■**to be ~** blühen; *trees also* in [voller] Blüte stehen

ab·lu·tion [əˈbluːʃᵊn] *n* ① *no pl* REL Waschung *f*
② *(form or hum)* Waschung *f;* **to perform one's ~s** sich *akk* waschen; *(euph)* seine Notdurft verrichten *geh*
③ BRIT MIL *(sl)* ■**the ~s** *pl* die Nasszellen *pl*

ably [ˈeɪbli] *adv* geschickt, gekonnt

ABM [ˌeɪbiˈem] *n abbrev of* **Automated Banking Machine** Geldautomat *m,* Bankomat *m* SCHWEIZ

ab·ne·gate [ˈæbnɪgeɪt] *vt (form)* ■**to ~ sth** etw *dat* entsagen *geh*

ab·ne·ga·tion [ˌæbnɪˈgeɪʃᵊn] *n no pl (form)* ① *(rejection)* Verzicht *m* (**of** auf +*akk*), Entsagung *f* (**of** +*gen*)
② *(self-denial)* Selbstverleugnung *f*

ab·nor·mal [æbˈnɔːmᵊl, AM -ˈnɔːr-] *adj* anormal, abnorm; *weather also* ungewöhnlich, untypisch; ~ **heart rhythm** unregelmäßiger Herzschlag; **to be mentally ~** psychisch krank sein

ab·nor·mal·ity [ˌæbnɔːˈmæləti, AM -nɔːrˈmælət̬i] *n* ① MED *(anomaly)* Anomalie *f; of heart rhythm* Unregelmäßigkeit *f;* ***the X-rays showed no abnormalities*** die Röntgenaufnahmen zeigten keine Auffälligkeiten; **fetal** [*or* BRIT *also* **foetal**] **~** fetale Missbildung
② *no pl (unusualness)* Abnormität *f; of a situation* Außergewöhnlichkeit *f;* **~ of sb's behaviour** [*or* AM **behavior**] Verhaltensstörung *f*

ab·nor·mal·ly [æbˈnɔːmᵊli, AM -ˈnɔːr-] *adv* ungewöhnlich, abnorm, außergewöhnlich; ***the success rate was ~ high*** die Erfolgsquote war außerordentlich hoch; **to behave ~** sich *akk* auffällig verhalten

Abo <*pl* -s> [ˈæbəʊ] *n* AUS *(pej! fam) short for* **Aborigine**

aboard [əˈbɔːd, AM əˈbɔːrd] **I.** *adv inv* ① *(on plane, ship)* an Bord; *(on train)* im Zug; *(in car)* im Auto [*o* Wagen]; ***hop ~, I'll give you a lift*** spring rein, ich nehm' dich mit *fam;* ***all ~!*** *(on train, bus)* alles einsteigen!; *(on ship)* alle an Bord!; *(to crew)* alle Mann an Bord!; **to climb ~** *(in car, bus, train)* einsteigen; *(on boat, plane)* an Bord gehen
② *(new)* ■**to be ~** neu im Team sein
II. *prep* an Bord +*gen;* **to go [*or* get] ~ a bus/train** in einen Bus/Zug einsteigen; **to go [*or* get] ~ a plane/ship** an Bord eines Flugzeugs/Schiffes gehen

abode [əˈbəʊd, AM əˈboʊd] **I.** *n* ① *(form or hum: home)* Wohnung *f;* ***welcome to my humble ~*** willkommen in meiner bescheidenen Hütte *hum*
② *no pl (form: residence)* Wohnsitz *m,* Aufenthalt[sort] *m;* **right of ~** LAW Aufenthaltsrecht *nt;* **of [*or* with] no fixed ~** ohne festen Wohnsitz; **to be of [*or* with] no fixed ~** keinen festen Wohnsitz haben
II. *vi (old) pt, pp of* **abide**

abol·ish [əˈbɒlɪʃ, AM -ˈbɑːl-] *vt* ■**to ~ sth** etw abschaffen; **to ~ a law** ein Gesetz aufheben

abo·li·tion [ˌæbəˈlɪʃᵊn] *n no pl* Abschaffung *f;* LAW Abolition *f fachspr;* **the ~ of a law** die Aufhebung eines Gesetzes

abo·li·tion·ist [ˌæbəˈlɪʃᵊnɪst] **I.** *n* Abolitionist(in) *m(f) geh*
II. *adj inv* ***he has strong ~ views on capital punishment*** er ist entschiedener Gegner der Todesstrafe

A-bomb [ˈeɪˌbɒm, AM -ˌbɑːm] *n short for* **atom bomb** Atombombe *f*

abomi·nable [əˈbɒmɪnəbl̩, AM -ˈbɑːm-] *adj* furchtbar, schrecklich; ~ **noise** grässliches Geräusch; ~ **smell** widerwärtiger Geruch; ~ **weather** scheußliches Wetter; **to taste ~** abscheulich schmecken

abomi·nable ˈsnow·man *n* Yeti *m*

abomi·nably [əˈbɒmɪnəbli, AM -ˈbɑːm-] *adv* schrecklich, furchtbar; ***the play was ~ acted*** das Stück war sehr schlecht gespielt; ***she behaved ~*** sie benahm sich unmöglich; **to stink ~** abscheulich stinken

abomi·nate [əˈbɒmɪneɪt, AM -ˈbɑːm-] *vt (form or dated)* ■**to ~ sb/sth** jdn/etw verabscheuen

abomi·na·tion [əˌbɒmɪˈneɪʃᵊn, AM -ˌbɑːm-] *n (dated)* ① *no pl (loathing)* Abscheu *m* (**of** vor +*dat*); **to have an absolute ~ of sth** etw zutiefst verabscheuen
② *(detestable thing)* Abscheulichkeit *f;* ***this painting is an ~*** dieses Gemälde ist einfach scheußlich

abo·rigi·nal [ˌæbəˈrɪdʒᵊnᵊl] *adj inv* ursprünglich; ~ **forest** Urwald *m;* ~ **inhabitant** Ureinwohner(in) *m(f);* ~ **species** einheimische Spezies

Abo·rigi·nal [ˌæbəˈrɪdʒᵊnᵊl] **I.** *n* [australischer] Ureinwohner/[australische] Ureinwohnerin, Aborginal *m* ■**~s** *pl* Aboriginals *pl (dieser Ausdruck wird vor den Ureinwohnern Australiens vorgezogen)*
II. *adj* der Aboriginals *nach n*

Abo·rigi·ne [ˌæbəˈrɪdʒᵊni] *n* [australischer] Ureinwohner/[australische] Ureinwohnerin, Aborigine *m* ■**~s** *pl* Aborigines *pl*

abort [əˈbɔːt, AM əˈbɔːrt] **I.** *vt* ① *(prevent birth)* **to ~ a baby/fetus** [*or* BRIT *also* **foetus**] ein Baby/einen Fötus abtreiben; **to ~ a pregnancy** eine Schwangerschaft abbrechen; **to ~ a woman** bei einer Frau einen Schwangerschaftsabbruch durchführen; **to ~ oneself** [selbst] abtreiben
② *(stop)* ■**to ~ sth** etw abbrechen; **to ~ a flight/mission** einen Flug/eine Mission abbrechen
II. *vi* ① *(prevent birth)* die Schwangerschaft abbrechen *form,* abtreiben
② *(miscarry)* eine Fehlgeburt haben
③ *foetus* abgehen

abor·tion [əˈbɔːʃᵊn, AM əˈbɔːr-] *n* ① *(termination)* Schwangerschaftsabbruch *m form,* Abtreibung *f;* **to have [*or* get] an ~** einen Schwangerschaftsabbruch durchführen lassen, abtreiben *fam;* **to do [*or* perform] an ~ on sb** bei jdm einen Schwangerschaftsabbruch vornehmen; **to induce an ~** eine Abtreibung einleiten
② *(miscarriage)* Fehlgeburt *f*
③ *(sl: failure)* Reinfall *m fam*
④ *(pej: creature)* Missgeburt *f pej*

abor·tion·ist [əˈbɔːʃᵊnɪst, AM əˈbɔːr-] *n* Abtreibungsarzt, -ärztin *m, f;* **back-street ~** Engelmacher(in) *m(f) euph*

abor·tive [əˈbɔːtɪv, AM əˈbɔːrt̬-] *adj inv* ① *(form: not successful) attempt* gescheitert; *plan* misslungen
② MED abortiv *fachspr,* abtreibend *attr*

abound [əˈbaʊnd] *vi* ① *(be very numerous)* [sehr] zahlreich sein; ***wildlife ~s in these woods*** in

diesen Wäldern gibt es eine reichhaltige Tierwelt; ***rumours ~ that …*** es kursieren zahlreiche Gerüchte, dass …
② *(have many of)* ■**to ~ with** [*or* **in**] **sth** von etw *dat* [nur so] wimmeln; ***your manuscript ~s with typing errors*** in deinem Manuskript wimmelt es nur so von Tippfehlern; ***it is an area ~ing in wild plants*** dieses Gebiet ist reich an Wildpflanzen

about [əˈbaʊt] **I.** *prep* ① *(on the subject of, concerning)* über +*akk; **she had some misgivings ~ the talk*** sie hatte wegen des Gesprächs Bedenken; ***he often tells jokes ~ dumb blonds*** er erzählt oft Blondinenwitze; ***be quick ~ it!*** beeil dich [damit]!, mach schnell!; **anxiety ~ the future** Angst *f* vor der Zukunft, Zukunftsangst *f;* **a book/movie/programme ~ sth/sb** ein Buch/ein Film/eine Sendung über etw/jdn; ***what's that book ~?*** worum geht es in dem Buch?; ***the movie is ~ the American Civil War*** der Film handelt vom Amerikanischen Bürgerkrieg; **to have a discussion ~ how/who/why …** darüber diskutieren, wie/wer/warum …; **to have a phobia ~ spiders** eine Spinnenphobie haben; **to be happy ~ sth** sich *akk* über etw *akk* freuen; **to be sure** [*or* **certain**]**/unsure** [*or* **uncertain**] **~ sth** sich *dat* einer S. *gen* sicher/unsicher sein; ***he was still unsure ~ what he should do*** er war sich noch immer nicht sicher, was er tun sollte; ***we are now certain ~ our decision to move*** wir haben uns jetzt endgültig entschlossen umzuziehen; **to ask sb ~ sth/sb** jdn nach etw/jdm fragen; **to be on ~ sth** BRIT *(fam)* sich *akk* über etw *akk* auslassen; **to care ~ sth/sb** sich *akk* für etw/jdn interessieren; ***I don't care ~ your opinion!*** deine Meinung interessiert mich nicht!; **to dream ~ sth/sb** von etw/jdm träumen; ***she always dreams ~ winning the lottery*** sie träumt immer davon, im Lotto zu gewinnen; **to talk ~ sth** über etw *akk* sprechen; **all ~ sb/sth** alles über jdn/etw; ***he taught us all ~ biology*** wir haben von ihm alles über Biologie gelernt; ***it's all ~ having fun*** es geht einfach nur darum, Spaß zu haben
② *(affecting)* gegen +*akk;* **to do something ~ sth** etwas gegen etw *akk* unternehmen; ***will you please do something ~ the leaky tap?*** kümmerst du dich bitte mal um den tropfenden Wasserhahn?; ***I can't do anything ~ it*** ich kann nichts dagegen machen; **to do little/much/nothing ~ sth** wenig/viel/nichts gegen etw *akk* tun; ***there's nothing we can do ~ it*** dagegen können wir nichts machen; **to do nothing ~ a problem** ein Problem nicht anpacken, nicht gegen ein Problem vorgehen
③ *(surrounding)* um +*akk;* ***he takes little notice of the world ~ him*** er nimmt von seiner Umgebung kaum Notiz; **to put one's arms ~ sb** jdn umarmen
④ *after vb (expressing movement)* **to wander ~ the house** im Haus herumlaufen; **to look ~ the room** sich *akk* im Zimmer umsehen
⑤ *(expressing location)* ***she must be ~ the place somewhere*** sie muss hier irgendwo sein; BRIT *(form)* **do you have a pen ~ you**[**r person**]? haben Sie einen Kugelschreiber dabei?
⑥ *(being a feature, characteristic of)* an +*dat;* ***what exactly didn't you like ~ the play?*** was genau hat dir an der Aufführung nicht gefallen?; ***there is a deep sadness ~ him*** ihn umgibt eine tiefe Melancholie; ***he has a way ~ him that I don't like*** er hat etwas an sich, das mir nicht gefällt; ***there's something strange ~ him*** er hat etwas Merkwürdiges an sich
⑦ *(aimed at)* ■**to be ~ doing sth** beabsichtigen [*o* darauf abzielen], etw zu tun; ***the takeover was not ~ getting rid of competition*** die Übernahme sollte nicht die Konkurrenz ausschalten; BRIT *(fam)*
⑧ BRIT *(fam: in the process of)* **to be ~ it** gerade dabei sein; ***could you make me some coffee too while you're ~ it?*** wo Sie gerade dabei sind, könnten Sie mir auch einen Kaffee machen?
▶PHRASES: **to go ~ sth** *(continue)* mit etw *dat* fortfahren; *(tackle)* etw angehen; ***how shall go ~ solving this problem?*** wie sollen wir dieses Problem angehen?; ***how do you go ~ getting a fishing licence here?*** was muss man tun, wenn man hier einen Angelschein erwerben will?; **how ~ sth/sb?** wie wäre es mit jdm/etw?; ***how ~ a cup of tea?*** wie wäre es mit einer Tasse Tee?; **to know what one is ~** *(fam)* wissen, was man tut; **what ~ it?** was ist damit?; ***is that your car? — yes, what ~ it?*** ist das da Ihr Auto? – ja, was ist damit?; **and what ~ us?** und was ist mit uns?; **what ~ your job?** wie läuft es bei der Arbeit?; **what ~ going** [*or* **a trip**] **to the zoo?** wie wäre es mit einem Besuch im Zoo?
II. *adv inv* ① *(approximately)* ungefähr; ***he's ~ six feet tall*** er ist ungefähr 1,80 m groß; **~ eight** [**o'clock**] [so] gegen acht [Uhr]; **~ two days/months ago** vor etwa zwei Tagen/Monaten
② *(almost)* fast; ***I've had just ~ enough from you!*** ich habe allmählich genug von dir!; ***that's just ~ the limit!*** das ist ja so ziemlich das Letzte!
③ *(barely)* ***we just ~ made it*** wir haben es gerade noch [so] geschafft; ***he earns just ~ enough to live on*** er verdient gerade mal genug zum Leben
④ *esp* BRIT *(around)* herum; ***don't leave things ~ on the floor*** lass nichts auf dem Boden herumliegen; ***some people were standing ~*** ein paar Leute standen so herum; ***there's a lot of flu ~ at the moment*** im Moment geht die Grippe um; **to be up** [*or* **out**] **and ~** auf den Beinen sein; **to move ~** herumlaufen, umherlaufen; ***stop moving ~!*** bleib doch mal [ruhig] stehen!
⑤ *esp* BRIT *(in the area)* hier, in der Nähe; ***is Cathy ~?*** ist Cathy hier irgendwo?; ***she must be ~ somewhere*** sie muss hier irgendwo sein; ***have you seen Peter ~?*** hast du Peter irgendwo gesehen?; ***there was nobody ~*** es war keiner da
⑥ *(form: opposite)* andersherum; **to turn sth ~** etw herumdrehen; **~ turn** [*or* AM **face**]! MIL [Abteilung] kehrt!
⑦ *(intending)* ■**to be ~ to do sth** im Begriff sein [*o* gerade vorhaben], etw zu tun; ***she was*** [***just***] ***~ to leave when Mark arrived*** sie wollte gerade gehen, als Mark kam; ***he was ~ to burst into tears*** er wäre fast in Tränen ausgebrochen; ***we're just ~ to have supper*** wir wollen gerade zu Abend essen; ***I'm not ~ to beg for his apology*** ich werde ihn bestimmt nicht um eine Entschuldigung bitten
▶PHRASES: **that's ~ all** [*or* **it**] das wär's; ***anything else? — no, that's ~ it for now*** wünschen Sie noch etwas? – nein, das wäre erst einmal alles [*o* das wär's fürs Erste]

about-ˈface AM, AUS, **about-ˈturn** BRIT **I.** *n* ① *esp* MIL *(reversal)* Kehrtwendung *f;* **to do a quick ~** eine schnelle Kehrtwendung machen
② *(change of opinion)* Kehrtwendung *f* um 180 Grad *fam*
II. *vi* MIL kehrtmachen; ***~!*** kehrt!

above [əˈbʌv] **I.** *prep* ① *(over)* über +*dat;* ***the room ~ mine*** das Zimmer über mir; ■**up ~ sb/sth** hoch über jdm/etw
② *(more than)* über +*akk;* ***banquets ~ 50 people*** Bankette mit mehr als 50 Personen; **~ average/freezing** über dem Durchschnitt/Gefrierpunkt; **~** [**and beyond**] **all expectations** [weit] über allen Erwartungen
③ *(superior to)* ***he thinks he's ~ everyone else*** er hält sich für was Besseres; ■**to be ~ sth** *quality* über etw *akk* erhaben sein; *person also* über etw *dat* stehen; ***his behaviour is ~ criticism*** sein Verhalten ist über jede Kritik erhaben; ■**to feel ~ sth** sich *akk* über etw *akk* erhaben fühlen; **to get ~ oneself** größenwahnsinnig werden *pej fam;* **to have ideas ~ one's station** BRIT *(dated)* sich *akk* für etwas Besseres halten
④ *(more important)* ***she values her job ~ her family*** sie stellt ihre Arbeit über ihre Familie; ***they value freedom ~ all else*** für sie ist die Freiheit wichtiger als alles andere; **~ all** [**else**] vor allem
⑤ *(louder than)* ***we couldn't hear each other speak ~ the music*** die Musik war so laut, dass wir uns nicht mehr verstehen konnten; ***she couldn't speak ~ a whisper*** sie konnte nur noch flüstern
▶PHRASES: **to be ~ sb/one's head** jdm/einem zu hoch sein *fam;* **to not be ~ sth/doing sth** zu etw bereit sein/bereit sein, etw zu tun
II. *adv* ① *(higher)* oberhalb, darüber; ***the flat ~*** die Wohnung über uns; **from ~** von oben; ***the sky ~*** der Himmel über uns/ihnen etc.
② *(more)* darüber; ***planks of 1 m and ~*** Bretter von 1 Meter und länger
③ *(overhead)* **from ~** von oben; ***seen from ~*** von oben betrachtet
④ *(in the sky)* am Himmel; ***he looked up to the stars ~*** er blickte hinauf zu den Sternen
⑤ *(in heaven)* im Himmel; ***the Lord ~*** der Herr im Himmel; ***He came from ~*** Er stieg vom Himmel herab
⑥ *(higher ranks)* [**orders**] **from ~** [Anweisungen *pl*] von oben *fam*
⑦ *(in text)* oben; ***the address given ~*** die oben genannte Adresse; ***as mentioned ~*** wie oben erwähnt; **see ~** siehe oben
III. *adj attr, inv (form)* obige(r, s); ***the ~ address*** die oben genannte Adresse; ***in the ~ diagram/paragraph*** im obigen Diagramm/Absatz
IV. *n* ■**the ~** ① *(things)* das Obengenannte; *(person)* der/die Obengenannte; *(several)* die Obengenannten *pl*
② *(in text)* das Obenerwähnte [*o* Obige]

aˈbove av·er·age *adj pred,* **aˈbove-av·er·age** *adj attr, inv* überdurchschnittlich

above ˈboard *(fam)* **I.** *adj pred* einwandfrei; ***it's all ~!*** es ist alles korrekt!; **to be all** [*or* **completely**] **open and ~** völlig offen und ehrlich sein **II.** *adv* einwandfrei **above-ˈmen·tioned** *(form)* **I.** *adj inv* oben genannte(r, s) **II.** *n* ■**the ~** *(thing)* das Obenerwähnte; *(person)* der/die Obenerwähnte; *(several)* die Obenerwähnten **above-named** [əˌbʌvˈneɪmd] *adj inv (form)* oben genannt [*o* erwähnt] *geh* **aˈbove par** *adj pred,* **aˈbove-par** *adj attr, inv* ① FIN *asset* oberhalb der Parität *nach n*
② STOCKEX über pari *nach n;* **~ redemption** Über-pari-Rückzahlungskurs *m* **aˈbove the line** *adj pred,* **aˈbove-the-line** *adj attr, inv* über dem Strich *nach n*

ab·ra·ca·dab·ra [ˌæbrəkəˈdæbrə] **I.** *interj* Abrakadabra
II. *n* Abrakadabra *nt*

abrade [əˈbreɪd] *vt (form)* ■**to ~ sth** etw abschleifen; GEOL etw abtragen [*o fachspr* erodieren]; **to ~ skin** Haut abschürfen

abra·sion [əˈbreɪʒən] *n* ① *(injury)* Abschürfung *f*
② *no pl (abrading)* Abnutzung *f;* MECH Abrieb *m fachspr;* GEOL Erosion *f fachspr;* **to be resistant to ~** strapazierfähig sein

abra·sive [əˈbreɪsɪv] **I.** *adj* ① *(rubbing)* abreibend; **~ cleaner** Scheuermittel *nt;* **~ paper** Schmirgelpapier *nt;* **~ surface** raue Oberfläche
② *(unpleasant)* aggressiv; **~ criticism** scharfe [*o* harsche] Kritik
II. *n* ① *(detergent)* Scheuermittel *nt*
② MECH Schleifmittel *nt*

abra·sive·ly [əˈbreɪsɪvli] *adv* schroff, harsch

abra·sive·ness [əˈbreɪsɪvnəs] *n no pl* ① *of a detergent* Schärfe *f; of a surface* Rauheit *f*
② *(impoliteness)* Schroffheit *f,* Schärfe *f*

abreast [əˈbrest] *adv* ① *(side by side)* nebeneinander, Seite an Seite
② *(alongside)* auf gleicher Höhe; **to come** [*or* **draw**] **~ of sb/sth** mit jdm/etw gleichziehen
③ *(up to date)* ■**to be ~ of sth** über etw *akk* auf dem Laufenden sein; **to keep ~ of sth** sich *akk* über etw *akk* auf dem Laufenden halten; **to keep sb ~ of sth** jdn über etw *akk* auf dem Laufenden halten

abridge [əˈbrɪdʒ] *vt* ① *(shorten)* **to ~ a book/script** ein Buch/Manuskript kürzen
② *(curtail)* **to ~ sb's liberties** jds Freiheiten einschränken; **to ~ sb's rights** jds Rechte beschneiden

abridged [əˈbrɪdʒd] *adj* gekürzt; **~ edition** gekürzte Ausgabe; **~ version** Kurzfassung *f*

abridge·ment, *esp* AM **abridg·ment** [əˈbrɪdʒmənt] *n* ① *(version) of a book* gekürzte Ausgabe; *(summary)* Kurzfassung *f*
② *no pl (shortening)* Kürzung *f;* ***letters to the edi-***

tor are subject to ~ der Herausgeber behält sich vor, Leserbriefe zu kürzen

abroad [əˈbrɔːd, AM əˈbrɑːd] **I.** *adv inv* ❶ *(in foreign country)* im Ausland; ***he's currently ~ on business*** er ist momentan geschäftlich im Ausland; **to go ~** ins Ausland fahren
❷ *(form: current)* ■**to be ~** umgehen; ***there is a rumour ~ that ...*** es geht [*o* kursiert] das Gerücht, dass ...
❸ *(liter or old: outside)* ■**to be ~** [draußen] unterwegs [*o* SCHWEIZ *a.* auswärts] sein
II. *n no pl* [**to return** [*or* **come back**]] **from ~** aus dem Ausland [zurückkehren]

ab·ro·gate [ˈæbrə(ʊ)geɪt, AM -rəg-] *vt (form)* ■**to ~ sth** etw aufheben [*o fachspr* annullieren]; **to ~ a law/treaty** ein Gesetz/einen Vertrag außer Kraft setzen

ab·ro·ga·tion [ˌæbrə(ʊ)ˈgeɪʃən, AM -rəˈ-] *n no pl (form)* Aufhebung *f,* Annullierung *f fachspr; of a treaty* Außerkraftsetzung *f*

A'B roll *n* COMPUT AB-Ausblendung *f*

ab·rupt [əˈbrʌpt] *adj* ❶ *(sudden)* abrupt, plötzlich; **~ change of subject** abrupter Themenwechsel; **~ departure** plötzliche Abreise; **to come to an ~ end** ein jähes Ende finden; **to come to an ~ halt** *car* plötzlich anhalten
❷ *(brusque) manner, person, reply* schroff; ■**to be ~ with sb** zu jdm sehr schroff [*o* barsch] sein
❸ *(steep)* steil; *slope also* schroff

ab·rupt·ly [əˈbrʌptli] *adv* ❶ *(suddenly)* abrupt, unvermittelt, plötzlich
❷ *(brusquely)* schroff
❸ *(steeply)* steil, schroff

ab·rupt·ness [əˈbrʌptnəs] *n no pl* ❶ *(suddenness)* Plötzlichkeit *f,* Unvermitteltheit *f*
❷ *(brusqueness)* Schroffheit *f; of a person* schroffe Art
❸ *(steepness)* Steilheit *f,* Steile *f*

abs *n* ANAT *(fam) pl short for* **abductors** Abduktionsmuskeln *pl*

abs. *adj inv* CHEM *short for* **absolute** absolut; **~ dry** absolut trocken

ABS[1] [ˌeɪbiːˈes] *n no pl* AUTO *abbrev of* **anti-lock braking system** ABS *nt*

ABS[2] [ˌeɪbiːˈes] *n no pl* CHEM *abbrev of* **acrylonitrile butadiene styrene** ABS *nt;* **~ foam** ABS-Schaumstoff *m*

ab·scess <*pl* -es> [ˈæbses] *n* MED Abszess *m*

ab·scond [əbˈskɒnd, AM -ˈskɑːnd] *vi* ❶ *(run away)* sich *akk* davonmachen, abhauen *fam;* **to ~ abroad** sich *akk* ins Ausland absetzen; ■**to ~ with sb** mit jdm durchbrennen *fam*
❷ *(escape)* türmen *fam,* ausbrechen
❸ LAW *(depart unlawfully)* ■**to ~** [**from sth**] sich *akk* [etw *dat*] [durch Flucht] entziehen

ab·scond·er [əbˈskɒndəʳ, AM -ˈskɑːndɚ] *n* Ausreißer(in) *m(f) fam*

ab·seil [ˈæbseɪl] *esp* BRIT, AUS **I.** *vi (in rock climbing)* [sich *akk*] abseilen
II. *n* Abstieg *m (durch Abseilen)*

ab·seil·ing [ˈæbseɪlɪŋ] *n no pl esp* BRIT, AUS *(in rock climbing)* Abseilen *nt*

ab·sence [ˈæbsən(t)s] *n* ❶ *no pl (non-appearance)* Abwesenheit *f; (from school, work)* Fehlen *nt;* **in** [*or* **during**] **sb's ~** in [*o* während] jds Abwesenheit
❷ *(period away)* Abwesenheit *f,* Fehlen *nt; (from school)* Fehlzeit *f*
❸ *no pl (lack)* Fehlen *nt,* Nichtvorhandensein *nt;* ■**in the ~ of sth** in Ermangelung einer S. *gen;* ***in the ~ of any more suitable candidates ...*** da es keine weiteren geeigneten Kandidaten gab, ...
▸PHRASES: **~ makes the heart grow fonder** *(prov)* die Liebe wächst mit der Entfernung *prov*

ab·sent I. *adj* [ˈæbsənt] *inv* ❶ *(not there)* abwesend; **to be ~ from work/school** bei der Arbeit/in der Schule fehlen; **to mark sb as ~ in the register** [*or* AM **on the attendance sheet**] SCH jdn im Klassenbuch als fehlend eintragen
❷ *usu pred (lacking)* ■**to be ~** fehlen
❸ *(distracted)* [geistes]abwesend; **~ expression** geistesabwesender Gesichtsausdruck
II. *vt* [əbˈsent] *(form)* ❶ *(leave)* ■**to ~ oneself** sich *akk* zurückziehen; ***he ~ed himself from the room*** er verließ den Raum
❷ *(not appear)* **to ~ oneself** [**from work**] [von der Arbeit] fernbleiben

ab·sen·tee [ˌæbsənˈtiː] *n* Abwesende(r) *f(m),* Fehlende(r) *f(m);* ***there are many ~s from school this week*** diese Woche fehlen viele in der Schule

ab·sen·tee 'bal·lot *n* AM *(postal vote)* Briefwahl *f,* SCHWEIZ *a.* briefliche Wahl

ab·sen·tee·ism [ˌæbsənˈtiːɪzəm] *n no pl* häufiges Fernbleiben [*o* Fehlen], Krankfeiern *nt pej; (truancy also)* Schwänzen *nt fam*

ab·sen·tee 'land·lord *n nicht ortsansässiger Vermieter oder Verpächter* **ab·sen·'tee rate** *n* Fehlzeitenquote *f* **ab·sen·tee 'vote** *n* AM, AUS *(postal vote)* Briefwahl *f,* SCHWEIZ *a.* briefliche Wahl **ab·sen·tee 'vot·ing** *n* AM, AUS Briefwahl *f*

ab·sent·ly [ˈæbsəntli] *adv* [geistes]abwesend

absent-'minded *adj (momentarily)* geistesabwesend; *(habitually)* zerstreut; **~ professor** zerstreuter Professor

absent-'minded·ly *adv (momentarily)* geistesabwesend; *(habitually)* zerstreut

absent-'minded·ness *n no pl (moment)* Geistesabwesenheit *f; (trait)* Zerstreutheit *f*

ab·sinth(e) [ˈæbsɪnθ] *n no pl (liqueur)* Absinth *m*

ab·so·lute [ˌæbsəˈluːt] **I.** *adj inv* ❶ *(complete)* absolut, vollkommen; **with ~ certainty** mit hundertprozentiger Sicherheit; **to not be ~ proof** kein eindeutiger Beweis sein
❷ *attr (emphatic)* absolut, total; **an ~ angel** ein wahrer Engel; **an ~ disaster** eine einzige Katastrophe; **an ~ idiot** ein ausgemachter Idiot; **an ~ mess** ein einziges Durcheinander; **to talk ~ nonsense** kompletten Unsinn reden
❸ *(not relative)* absolut; **in ~ terms** absolut gesehen
❹ *also* LAW *(unlimited)* absolut, uneingeschränkt; **~ discharge** unbeschränkte Entlassung; **~ privilege** absoluter Rechtfertigungsgrund, absolute Immunität; **~ ruler** unumschränkter Herrscher/unumschränkte Herrscherin; **~ title** uneingeschränktes Eigentumsrecht
❺ LING absolut
❻ COMPUT **~ instruction** [*or* **code**] endgültiger Maschinenbefehl; **~ positioning** tatsächliche Position
❼ SCI **~ atomic mass** absolute Atommasse; **~ alcohol** CHEM reiner Alkohol
II. *n* PHILOS Absolutheit *f*

'ab·so·lute guar·an·ty *n* FIN, LAW selbstschuldnerische Bürgschaft

ab·so·lute·ly [ˌæbsəˈluːtli] *adv inv* ❶ *(completely)* absolut, völlig; ***you're ~ right*** Sie haben vollkommen [*o* völlig] Recht; ***you have ~ no idea*** du hast [ja] überhaupt keine Ahnung; **~ forbidden** strikt verboten; **sth is ~ true** etw stimmt hundertprozentig; **to ~ agree with sb** jdm vollkommen zustimmen; **to ~ believe in sth** etw bedingungslos glauben; **to trust sb ~** jdm bedingungslos vertrauen
❷ *(emphatic)* absolut; ***it's been ~ ages since we last met!*** wir haben uns ja Jahrhunderte nicht gesehen! *fam;* ***it was an excellent film — ~!*** das war ein toller Film – absolut! *sl;* ***~ not!*** nein, überhaupt nicht!; **~ delicious** einfach köstlich; **to be ~ determined to do sth** fest [*o fam* wild] entschlossen sein, etw zu tun; **~ nothing** überhaupt nichts; **to mean ~ everything to sb** jdm alles bedeuten; *person, animal also* jds Ein und Alles sein
❸ LING absolut

ab·so·lute ma·'jor·ity *n* POL absolute Mehrheit **ab·so·lute 'zero** *n no pl* PHYS absoluter Nullpunkt

ab·so·lu·tion [ˌæbsəˈluːʃən] *n no pl* REL Absolution *f;* **to give** [*or* **grant**] **sb ~** jdm [die] Absolution erteilen; **to give** [*or* **grant**] **sb ~ from** [*or* **of**] **his/her sins** jdn von seinen Sünden lossprechen

ab·so·lut·ism [ˌæbsəˈluːtɪzəm, AM -t̬ɪz-] *n no pl* POL Absolutismus *m*

ab·solve [əbˈzɒlv, AM -ˈzɑː(l)v] *vt (form)* ❶ *(exonerate)* ■**to ~ sb** [**of** [*or* **from**] **sth**] jdn [von etw *dat*] freisprechen; **to ~ sb from responsibility** jdn aus der Verantwortung entlassen; **to ~ sb of his/her vow** jdn von seinem Gelübde entbinden
❷ REL **to ~ sb of his/her sins** jdn von seiner Sünden lossprechen

ab·sorb [əbˈzɔːb, -ˈsɔːb, AM -ˈsɔːrb, -ˈzɔːrb] *vt* ❶ *(soak up)* ■**to ~ sth** etw aufnehmen [*o fachspr* absorbieren]; *liquids a.* etw aufsaugen; MED etw resorbieren; **to be ~ed into the bloodstream** *drug* in den Blutkreislauf gelangen
❷ *usu passive (become part)* ■**to be ~ed by** [*or* **into**] **sth** in etw *akk* integriert werden
❸ *(accommodate for)* ■**to ~ sth** *changes* etw auffangen
❹ *(reduce)* ■**to ~ sth** *blow* etw abfangen; **to ~ light** Licht absorbieren [*o fam* schlucken]; **to ~ noise** Schall dämpfen [*o fam* schlucken]
❺ *(understand)* ■**to ~ sth** *information, news* etw aufnehmen
❻ *(engross)* ■**to ~ sb** jdn beanspruchen [*o* in Anspruch nehmen]; **to ~ sb's attention/time** jds Aufmerksamkeit/Zeit beanspruchen; **to completely ~ sb's attention/time** jds ganze Aufmerksamkeit/Zeit in Anspruch nehmen

ab·sorbed [əbˈzɔːbd, -ˈsɔːbd, AM -ˈsɔːrbd, -ˈzɔːrbd] *adj usu pred* ■**to be ~** [**in sth**] [in etw *akk*] vertieft [*o* versunken] sein; **to be ~ in one's thoughts** [ganz] in Gedanken versunken sein

ab·sorb·en·cy [əbˈzɔːbən(t)si, -ˈsɔː-, AM -ˈsɔːrb-, -ˈzɔːr-] *n no pl* Absorptionsfähigkeit *f; of cotton, paper* Saugfähigkeit *f*

ab·sorb·ent [əbˈzɔːbənt, -ˈsɔː-, AM -ˈsɔːr-, -ˈzɔːr-] *adj* absorptionsfähig; *cotton, paper* saugfähig

ab·sorb·ing [əbˈzɔːbɪŋ, -ˈsɔː-, AM -ˈsɔːr-, -ˈzɔːr-] *adj* fesselnd, packend; **an ~ problem** ein kniffeliges Problem

ab·sorp·tion [əbˈzɔːpʃən, -ˈsɔːp-, AM -ˈsɔːrp-, -ˈzɔːrp-] *n no pl* ❶ *(absorbing)* Absorption *f fachspr,* Aufnahme *f;* **power of ~** Absorptionsfähigkeit *f*
❷ *(incorporation)* Aufnahme *f; of people also* Integration *f*
❸ *of a blow* Abfangen *nt,* Dämpfung *f*
❹ *(engrossment)* Vertieftsein *nt; (in a problem)* intensive Beschäftigung

ab·'sorp·tion curve *n* CHEM, PHYS Absorptionskurve *f* **ab·'sorp·tion edge** *n* CHEM, PHYS Absorptionskante *f* **ab·'sorp·tion fac·tor** *n* CHEM, PHYS Absorptionsgrad *m* **ab·'sorp·tion point** *n* ECON *of market* Sättigungsgrenze *f* **ab·'sorp·tion tow·er** *n* CHEM Trockenturm *m*

ab·sorp·tive ca·'pac·ity *n* ECON *of market* Absorptionsfähigkeit *f*

ab·stain [əbˈsteɪn] *vi* ❶ *(eschew)* ■**to ~** [**from sth**] sich *akk* [einer S. *gen*] enthalten *geh;* **to ~ from alcohol** keinen Alkohol trinken, ÖSTERR *a.* abstinent leben
❷ *(not vote)* sich *akk* der Stimme enthalten

ab·stain·er [əbˈsteɪnəʳ, AM -ɚ] *n* Abstinenzler(in) *m(f)*

ab·ste·mi·ous [æbˈstiːmiəs] *adj* **~ life/person** enthaltsames Leben/enthaltsamer Mensch; **~ meal** bescheidenes Essen

ab·sten·tion [əbˈsten(t)ʃən] *n* ❶ *no pl (eschewal)* Abstinenz *f* (**from** von +*dat*), Enthaltsamkeit *f*
❷ *no pl (not voting)* Stimmenthaltung *f*
❸ *(noncommittal vote)* [Stimm]enthaltung *f;* ***those in favour? those against? ~s?*** wer ist dafür? wer dagegen? Enthaltungen?
❹ AM LAW *(refusal)* Verweigerung *f,* Verzicht *f*

ab·sti·nence [ˈæbstɪnən(t)s] *n no pl* Abstinenz *f* (**from** von +*dat*), Verzicht *m* (**from** auf +*akk*)

ab·sti·nent [ˈæbstɪnənt] *adj* enthaltsam, abstinent

ab·stract I. *adj* [ˈæbstrækt] abstrakt; **~ art/painting** abstrakte Kunst/Malerei
II. *n* [ˈæbstrækt] ❶ *(summary)* Zusammenfassung *f*
❷ LAW **~ of title** Eigentumsnachweis *m*
❸ *(generalized form)* ■**the ~** das Abstrakte; **in the ~** abstrakt, theoretisch
❹ ART abstraktes Werk
❺ PHILOS Abstraktum *nt fachspr*
III. *vt* [æbˈstrækt] ❶ *(summarize)* ■**to ~ sth** etw zusammenfassen

② *(euph form: steal)* ▪**to ~ sth** etw entwenden *geh*
③ *(form: remove)* ▪**to ~ sth** [**from sth**] etw [aus etw *dat*] entnehmen
④ *(consider separately)* ▪**to ~ sth** [**from sth**] etw [von etw *dat*] trennen

ab·stract·ed [æbˈstræktɪd] *adj* gedankenverloren, [geistes]abwesend

ab·stract·ed·ly [æbˈstræktɪdli] *adv* gedankenverloren, [geistes]abwesend

ab·strac·tion [æbˈstrækʃən] *n* ① *(generalization)* Abstraktion *f*
② *(process)* Abstrahieren *nt*
③ *no pl (distraction)* [Geistes]abwesenheit *f*
④ *(form: removal)* Entnahme *f* (**from** von +*dat)*

ab·stract·ness [ˈæbstræktnəs] *n no pl* Abstraktheit *f*

ab·stract ˈnoun *n* LING Abstraktum *nt fachspr*

ab·struse [æbˈstruːs] *adj* abstrus

ab·surd [əbˈzɜːd, -ˈsɜːd, AM -ˈsɜːrd, -ˈzɜːrd] **I.** *adj* ① *(illogical)* absurd
② *(foolish)* töricht; ***don't be ~!*** sei nicht albern!
③ *(ridiculous)* lächerlich; **to look ~** lächerlich aussehen
II. *n* ▪**the ~** das Absurde; **the theatre of the ~** das absurde Theater

ab·surd·ist [ebˈsɜːdɪst, ˈzɜː, AM ˈsɜːr] *adj* LIT absurd *fachspr;* **~ theatre** absurdes Theater

ab·surd·ity [əbˈzɜːdəti, -ˈsɜː-, AM -ˈsɜːrdət̬i, -ˈzɜːr-] *n* ① *no pl (nature) of an idea, situation* Absurdität *f;* ***the ~ of the situation*** das Absurde an der Situation
② *(thing)* Absurdität *f;* **to be an ~** absurd sein

ab·surd·ly [əbˈzɜːdli, -ˈsɜːd-, AM -ˈsɜːrd-, -ˈzɜːrd-] *adv* absurd; **to behave ~** sich *akk* kindisch [*o* lächerlich] benehmen

abun·dance [əˈbʌndən(t)s] *n no pl* ① *(plentifulness)* Fülle *f* (**of** von +*dat*); ▪**an ~ of sth** eine Vielzahl von etw *dat;* **to have an ~ of sth** reich an etw *dat* sein; ***Canada has an ~ of wildlife*** Kanada hat eine sehr reiche Tierwelt; ***he had an ~ of good ideas*** er hatte jede Menge guter Ideen; **in ~** in Hülle und Fülle
② *(prosperity)* Reichtum (**of** an +*dat)*

aˈbun·dance ra·tio *n* NUCL Isotopenhäufigkeitsverhältnis *nt*

abun·dant [əˈbʌndənt] *adj* reichlich; ***there was food in ~ supply*** es gab Essen in Hülle und Fülle; ***there is ~ evidence that ...*** es gibt jede Menge Beweise dafür, dass ...; **in ~ detail** in aller Ausführlichkeit; **~ harvest** reiche Ernte; **~ vegetation** üppige Vegetation; ▪**to be ~ in sth** reich an etw *dat* sein

abun·dant·ly [əˈbʌndəntli] *adv* ① *(plentifully)* reichlich; **sth is ~ available** etw gibt es reichlich
② *(extremely)* **to be ~ clear that ...** mehr als klar sein, dass ...; **to make sth ~ clear** etw mehr als deutlich zu verstehen geben

ˈA-bus *n* COMPUT Hauptübertragungsweg *m*

abuse I. *n* [əˈbjuːs] ① *no pl (affront)* [**verbal**] **~** Beschimpfung[en] *f[pl]*; **a stream** [*or* **torrent**] **of ~** ein Schwall *m* von Beschimpfungen; **a term of ~** ein Schimpfwort *nt;* **to hurl ~ at sb** jdn beschimpfen; **to hurl a torrent of ~ at sb** jdm einen Schwall von Beschimpfungen entgegenschleudern
② *no pl (maltreatment)* Missbrauch *m;* **child ~** Kindesmissbrauch *m;* **to have been a victim of child ~** als Kind missbraucht worden sein; **mental/physical ~** psychische/körperliche Misshandlung; **sexual ~** sexueller Missbrauch
③ *no pl (misuse)* Missbrauch *m;* **~ of process** LAW Verfahrensmissbrauch *m;* **be open to ~** sich *akk* leicht missbrauchen lassen, leicht ausgenutzt werden; **alcohol/drug ~** Alkohol-/Drogenmissbrauch *m*
④ *(breach)* Verletzung *f;* **~ of human rights** Menschenrechtsverletzungen *pl*
⑤ *(corrupt practice)* ▪**~s** *pl* korrupte Machenschaften
II. *vt* [əˈbjuːz] ① *(verbally)* **to** [**verbally**] **~ sb** jdn beschimpfen
② *(maltreat)* ▪**to ~ sb/an animal** jdn/ein Tier missbrauchen; **to ~ sb emotionally/physically/sexually** jdn psychisch/körperlich/sexuell misshandeln
③ *(exploit)* ▪**to ~ sth** etw missbrauchen; **to ~ one's authority/position** seine Autorität/Stellung missbrauchen; **to ~ sb's kindness** jds Freundlichkeit ausnutzen; **to ~ sb's trust** jds Vertrauen missbrauchen
④ *(breach)* **to ~ sb's rights** jds Rechte verletzen

abus·er [əˈbjuːzəʳ, AM -ɚ] *n* **child ~** Kinderschänder(in) *m(f);* **drug ~** Drogenabhängige(r) *f(m)*

abu·sive [əˈbjuːsɪv] *adj* ① *(insulting)* beleidigend; **~ language** Beleidigungen *pl;* **~ phone call** obszöner Anruf; **to become ~** [**to sb**] [jdm gegenüber] ausfallend werden
② *(maltreating)* misshandelnd *attr;* **~ parents** Eltern, die ihre Kinder missbrauchen

abu·sive·ly [əˈbjuːsɪvli] *adv* beleidigend; ***they shouted ~ at each other*** sie riefen sich gegenseitig Beschimpfungen zu

abut <-tt-> [əˈbʌt] **I.** *vt no passive* ▪**to ~ sth** *land, house* an etw *akk* grenzen; **~ting owner** LAW Anlieger(in) *m(f)*
II. *vi* ▪**to ~ on sth** *land, house* an etw *akk* grenzen

abut·ment [əˈbʌtmənt] *n* ARCHIT Widerlager *nt fachspr; of an arch, vault* Strebepfeiler *m,* Stützpfeiler *m,* Gewölbepfeiler *m*

abut·ter [əˈbʌtəʳ, AM -t̬ɚ] *n* Anlieger(in) *m(f),* Anrainer(in) *m(f) bes* ÖSTERR, SCHWEIZ

abuzz [əˈbʌz] *adj pred* ① *(buzzing)* ***the city is ~*** in der Stadt ist ordentlich was los *fam*
② *(full of)* **to be ~ with excitement over sth** in heller Aufregung über etw *akk* sein

ABV [ˌeɪbiːˈviː] *n abbrev of* **alcohol by volume** Vol.-% Alk.

abys·mal [əˈbɪzməl] *adj* entsetzlich, katastrophal

abys·mal·ly [əˈbɪzməli] *adv* entsetzlich, katastrophal; ***the film was ~ bad*** der Film war eine einzige Katastrophe *fam;* ***they're ~ ignorant of politics*** sie haben erschreckend wenig Ahnung von Politik

abyss [əˈbɪs] *n (also fig)* Abgrund *m;* **on the edge** [*or* **brink**] **of an ~** am Rande eines Abgrunds

Ab·ys·sinia[1] [ˌæbɪˈsɪniə] *interj (dated rhyming sl)* **~!** bis bald! *fam*

Ab·ys·sinia[2] [ˌæbɪˈsɪniə] *n no pl* HIST Abessinien *nt*

Ab·ys·sin·ian [ˌæbɪˈsɪniən] HIST **I.** *adj inv* abessinisch
II. *n* Abessinier(in) *m(f)*

AC[1] [ˌeɪˈsiː] *n* AM *abbrev of* **air conditioner** Klimaanlage *f*

AC[2] [ˌeɪˈsiː] *n no pl* AM *abbrev of* **air conditioning**

AC[3] [ˌeɪˈsiː] *n no pl, no art* ELEC *abbrev of* **alternating current: 230 V ~** 230 V AC

a/c, AM *also* **A/C** *n no pl* ECON *abbrev of* **account current** Konto *nt;* **~ payee only** nur zur Verrechnung

aca·cia [əˈkeɪʃə] *n* Akazie *f;* **~ gum** Gummi arabicum *nt*

aca·deme [ˈækədiːm] *n no pl, no art* UNIV *(form or hum)* die akademische Welt; **the groves** [*or* **halls**] **of ~** die akademischen Gefilde

aca·demia [ˌækəˈdiːmiə] *n no pl, no art* die akademische Welt; *(more concrete)* die Universität

aca·dem·ic [ˌækəˈdemɪk] **I.** *adj* ① *usu attr, inv (university)* akademisch; **~ institution** Universitätseinrichtung *f;* **~ year** Studienjahr *nt*
② *(not vocational)* wissenschaftlich; **~ approach** wissenschaftlicher Ansatz
③ *(scholarly)* wissenschaftlich; **~ interests** geistige Interessen
④ *(pej: theoretical) question* akademisch
⑤ *(irrelevant)* hypothetisch
II. *n* Lehrkraft *f* an der Universität

aca·dem·ical·ly [ˌækəˈdemɪkli] *adv* wissenschaftlich; ***she's always done well ~*** sie war immer gut in der Schule; **to be ~ gifted** intellektuell begabt sein; **to be ~ inclined** eine wissenschaftliche Ader haben

acad·emi·cian [əˌkædəˈmɪʃən, AM ˌækədəˈ-] *n* ① *(member)* Akademiemitglied *nt*
② AM *(academic)* Lehrkraft *f* an der Universität

acad·emy [əˈkædəmi] *n* ① *(training)* Akademie *f;* **military ~** Militärakademie *f;* **police ~** Polizeischule *f*
② *(scholarly institution)* Akademie *f;* **the French A~** die Französische Akademie
③ *esp* AM, SCOT *(school)* [höhere] Schule

Acad·emy A'ward *n* FILM Academy Award *m,* Oscar *m (Filmpreis der Motion Picture Academy)*

Aca·dian [əˈkeɪdiən] **I.** *n* Akade, Akadin *m, f*
II. *adj* akadisch

acan·thus [əˈkænθəs] **I.** *n* ① BOT *(plant)* Bärenklau *m,* Akanthus *m fachspr*
② ARCHIT *(ornament)* Akanthus *m fachspr*
II. *n modifier* ARCHIT Akanthus- *fachspr;* **~ frieze** Akanthusfries *m*

a cap·pel·la [ˌækəˈpelə, AM ˌɑːk-] *inv* **I.** *adj* a cappella, A-cappella-
II. *adv* a cappella

ACAS [ˈeɪˌkæs] *n* BRIT *acr for* **Advisory, Conciliation and Arbitration Service** ≈ Schlichtungsstelle *f* für Arbeitskonflikte

ACC [eɪsiːˈsiː] *n abbrev of* **accumulator** Akkumulator[register] *m*

ac·cede [ækˈsiːd] *vi (form)* ① *(agree)* ▪**to ~ to sth** etw *dat* zustimmen; **to ~ to a demand/request** einer Forderung/Bitte nachgeben; **to ~ to a proposal** in einen Vorschlag einwilligen
② *(assume)* **to ~ to a position** einen Posten übernehmen; **to ~ to the throne** den Thron besteigen; **to ~ to sb's title** jds Titel übernehmen
③ *(become member)* ▪**to ~ to sth** etw *dat* beitreten

ac·cel·er·ate [əkˈseləreɪt] **I.** *vi* ① *(go faster)* beschleunigen; *driver* Gas geben *fam*
② *(increase)* zunehmen, [schnell] ansteigen; ***his heartbeat ~d*** sein Herzschlag beschleunigte sich
③ PHYS beschleunigen
II. *vt* ▪**to ~ sth** ① *vehicle* etw beschleunigen; **to ~ one's speed** die Geschwindigkeit erhöhen
② *(fig) decline, change* etw beschleunigen
③ CHEM, PHYS etw beschleunigen

ac·cel·er·at·ed *adj* **~ depreciation** FIN beschleunigte [Sonder]abschreibung

ac·cel·era·tion [əkˌseləˈreɪʃən] *n no pl* ① *of car* Beschleunigung *f;* **to have good/poor ~** gut/schlecht beschleunigen, eine gute/schlechte Beschleunigung haben; **~ of speed** Geschwindigkeitserhöhung *f*
② *(fig: quickening)* Beschleunigung *f*
③ PHYS Beschleunigungsrate *f*
④ COMM, FIN Forcierung *f*

ac·cel·e'ra·tion clause *n* AM FIN Fälligkeitsklausel *f*

ac·cel·era·tor [əkˈseləreɪtəʳ, AM -t̬ɚ] *n* ① *(in car)* Gaspedal *nt,* Gas *nt fam;* **to depress** [*or* **step on**] **the ~** aufs Gas treten [*o* ÖSTERR steigen] *fam;* **to ease** [*or* **let**] **up on the ~** vom Gas gehen *fam*
② PHYS [Teilchen]beschleuniger *m*

ac·ˈcel·era·tor board, ac·ˈcel·era·tor card *n* COMPUT Beschleunigerkarte *f* **ac·ˈcel·era·tor key** *n* COMPUT Schnelltaste *f,* Shortcut *m* **ac·ˈcel·era·tor pe·dal** *n* Gaspedal *nt*

ac·cent I. *n* [ˈæksənt, AM -sent] ① *(pronunciation)* Akzent *m;* **broad/pronounced ~** breiter/starker Akzent; **German/Scottish ~** deutscher/schottischer Akzent; **to get rid of one's ~** seinen Akzent verlieren; **to speak with an ~** einen Akzent haben, mit einem Akzent sprechen; **to speak without an ~** akzentfrei sprechen, keinen Akzent haben
② *(over letter)* Akzent *m*
③ *(stress)* Betonung *f,* Akzent *m*
④ *(focus)* Betonung *f,* Schwerpunkt *m;* **to put the ~ on sth** etw in den Mittelpunkt stellen
⑤ *(liter: tone)* ▪**~s** *pl* Stimme *f,* Tonfall *m*
⑥ *(visual emphasis)* [Farb]akzent *m*
II. *vt* [əkˈsent, AM ækˈ-] ▪**to ~ sth** etw betonen; **to ~ an aspect** einen Aspekt hervorheben

ac·cen·tu·ate [əkˈsentʃueɪt] *vt* ▪**to ~ sth** ① *(highlight) aspect, feature, quality* etw betonen [*o* hervorheben]
② MUS, LING etw akzentuieren

ac·cen·tua·tion [əkˌsentʃuˈeɪʃən] *n* ① LING, MUS *(stress)* Betonung *f,* Akzentuation *f fachspr,* Akzentuierung *f* SCHWEIZ, ÖSTERR
② *(emphasis)* Hervorhebung *f,* Herausstellung *f fig*

ac·cept [əkˈsept] **I.** *vt* ① *(take when offered)* ▪**to ~ sth** etw annehmen; **to ~ sb's advice/an**

apology/**a suggestion** jds Ratschlag/eine Entschuldigung/einen Vorschlag annehmen; **to ~ an award** eine Auszeichnung entgegennehmen; **to ~ a bribe** sich *akk* bestechen lassen; **to ~ a gift**/**an invitation**/**a job**/**an offer** ein Geschenk/eine Einladung/eine Stelle/ein Angebot annehmen; **to ~ sb as a member** jdn als Mitglied aufnehmen
② *(take in payment)* ■**to ~ sth** etw annehmen; ***do you ~ credit cards?*** kann man bei Ihnen mit Kreditkarte zahlen?; ***this telephone ~s only coins*** an diesem Telefon kann man nur mit Münzen telefonieren
③ *(believe)* ■**to ~ sth** etw glauben; *(more official)* etw *dat* Glauben schenken
④ *(acknowledge)* ■**to ~ sth** etw anerkennen; ***she refused to ~ all the blame*** sie weigerte sich, die ganze Schuld auf sich zu nehmen; **to ~ responsibility** Verantwortung übernehmen; ■**to ~** [**that**] ... akzeptieren, dass ...; ***I ~ that I've made a mistake*** ich sehe ein, dass ich einen Fehler gemacht habe
⑤ *(resign oneself to)* ■**to ~ sth** etw akzeptieren [*o* hinnehmen]; **to ~ sb's decision** jds Entscheidung akzeptieren; **to ~ one's fate**/**a situation** sich *akk* mit seinem Schicksal/einer Situation abfinden; ■**to ~** [**the fact**] **that ...** [die Tatsache] akzeptieren, dass ..., sich *akk* damit abfinden, dass ...
⑥ *(include socially)* ■**to ~ sb** jdn akzeptieren
II. *vi* zusagen, annehmen; ■**to ~ to do sth** einwilligen, etw zu tun

ac·cept·abil·ity [əkˌseptəˈbɪləti, AM -ət̬i] *n no pl* Annehmbarkeit *f,* Akzeptabilität *f geh*

ac·cept·able [əkˈseptəbl̩] *adj* ① *(satisfactory)* akzeptabel, hinnehmbar; ■**to not be ~** untragbar sein; ■**to be ~ to sb** für jdn akzeptabel [*o* annehmbar] sein; ***if these terms are ~ to you, ...*** wenn Sie mit diesen Bedingungen einverstanden sind, ...
② *(form: welcome)* recht, willkommen; ***chocolates make a very ~ gift*** Pralinen kommen als Mitbringsel immer gut an
③ *(enough)* ausreichend; ***anything over a pound would be quite ~*** alles, was mehr als ein Pfund ist, wäre O.K.

ac·cept·ably [əkˈseptəbli] *adv* ① *(satisfactorily)* angemessen, akzeptabel
② *(enough)* hinreichend
③ *(correctly)* korrekt

ac·cept·ance [əkˈseptən(t)s] *n* ① *no pl (accepting) of an invitation, offer, proposal, cheque* Annahme *f; of idea* Zustimmung *f*
② *(positive answer)* Zusage *f;* **letter of ~** schriftliche Zusage
③ *no pl (toleration)* Hinnahme *f*
④ *no pl (recognition)* Anerkennung *f,* Akzeptanz *f geh;* ***there is a general ~ that ...*** man ist sich allgemein einig, dass ...; **to gain ~** Anerkennung bekommen; **to meet with general ~** allgemeine Anerkennung finden
⑤ FIN Akzept *nt;* **clean** [*or* **general**] **~** uneingeschränktes [*o* reines] Akzept; **partial ~** Teilakzept *nt;* **qualified**/**uncovered ~** eingeschränktes/ungedecktes Akzept; **to procure ~** Akzept einholen
⑥ PHYS **~ angle** Einfangwinkel *m;* **~ test** [*or* **testing**] Annahmeprüfung *f*

ac·ˈcept·ance ac·count *n* FIN *(of bank)* Annahmekonto *nt; (of holder)* Wechselkonto *nt* **ac·ˈcept·ance ac·count·ing** *n no pl* FIN Annahmebuchhaltung *f* **ac·ˈcept·ance an·gle** *n* PHYS Öffnungswinkel *m* **ac·ˈcept·ance bank** *n* FIN Akzeptbank *f* **ac·ˈcept·ance cone** *n* PHYS Eintrittskegel *m* **ac·ˈcept·ance coun·try** *n* ECON Akzeptland *nt* **ac·ˈcept·ance cred·it** *n* FIN Akzeptkredit *m,* Wechselkredit *m* **ac·ˈcept·ance house** *n,* **ac·ˈcept·ing house** FIN Akzeptbank *f;* **Accepting Houses Committee** Akzeptbankkomitee *nt* **ac·ˈcept·ance lim·it** *n* ECON *of market* Akzeptanzgrenze *f* **ac·ˈcept·ance pe·ri·od** *n* LAW *of contract* Bindefrist *f* **ac·ˈcept·ance point** *n* ECON *(for credit card)* Akzeptanzstelle *f* **ac·ˈcept·ance speech** *n (by winner)* Dankesrede *f; (by elected)* Antrittsrede *f*

ac·ˈcept date *n* ECON Annahmedatum *nt*

ac·cept·ed [əkˈseptɪd] *adj* anerkannt; ***it is generally ~ that ...*** es ist eine allgemein anerkannte Tatsache, dass...

ac·ˈcept·ing bank *n* FIN Remboursbank *f*

ac·cept·or [əkˈseptəʳ, AM -ɚ] *n* FIN Akzeptant(in) *m(f),* Bezogene(r) *f(m),* Trassat(in) *m(f)*

ac·cess [ˈækses] **I.** *n no pl* ① *(entry)* Zugang *m; (to room, building)* Zutritt *m;* ***the only ~ to the village is by boat*** das Dorf ist nur mit dem Boot zu erreichen; ***no ~ to the top floor*** kein Durchgang zum obersten Stockwerk; BRIT ***"~ only"*** „Anlieger frei"; **main ~ to a building** Haupteingang *m* eines Gebäudes; **to be difficult of ~** BRIT *(form)* schwer zugänglich sein; **to deny sb ~** [**to sth**] jdm den Zugang [*o* Zutritt] [zu etw *dat*] verwehren; **to deny a vehicle ~ to a street** eine Straße für ein Fahrzeug sperren; **to gain ~** [**to sth**] sich *dat* Zugang [*o* Zutritt] [zu etw *dat*] verschaffen
② *(use)* Zugang *m;* **~ to children** LAW das Recht, die Kinder zu sehen; **~ to information** Zugriff *m* auf Informationen; **to give** [*or* **grant**]/**refuse** [*or* **deny**] **sb ~ to sth** jdm Zugang zu etw *dat* gewähren/verweigern; ***he was granted ~ to the family's private correspondence*** er durfte die Privatkorrespondenz der Familie einsehen
II. *vt* COMPUT **to ~ data** auf Daten zugreifen; **to ~ a file** eine Datei öffnen

ac·cess authori·ˈza·tion *n* Zugangsberechtigung *f; esp* COMPUT Zugriffsberechtigung *f* **ˈac·cess code** *n* COMPUT Zugangscode *m,* Zugriffscode *m* **ac·cess con·ˈtrol sys·tem** *n* Zugangsschutzverfahren *nt; esp* COMPUT Zugriffsschutzverfahren *nt* **ˈac·cess course** *n* BRIT *Kurs, der den Eintritt in den höheren Bildungsweg ermöglicht*

ac·ces·sibil·ity [əkˌsesəˈbɪləti, AM -ət̬i] *n no pl* ① *(entry)* Zugänglichkeit *f*
② *(reachability)* Erreichbarkeit *f*
③ *(fig) of literature, sb's work* Zugänglichkeit *f*

ac·ces·sible [əkˈsesəbl̩] *adj usu pred* ① *(approachable)* [leicht] erreichbar; ***the resort is easily ~ by car*** der Ort ist mit dem Auto leicht zu erreichen; ***the shelves aren't very ~*** man kommt nicht sehr gut an die Regale heran
② *(obtainable)* [leicht] verfügbar; ■**to be ~ to sb** jdm zugänglich sein
③ *(easy)* verständlich; ■**to be ~** [**to sb**] [jdm] [intellektuell] zugänglich sein
④ *person* zugänglich; ■**to be ~ to sb** für jdn ansprechbar sein

ac·ces·sion [əkˈseʃᵊn] *n no pl (form)* ① *(assumption)* Antritt *m;* **~ to a post** Amtsantritt *m;* **~ to power** Machtübernahme *f;* **~ to the throne** Thronbesteigung *f*
② *(membership)* Beitritt *m* (**to** zu *+dat*); **treaty of ~** EU Beitrittsabkommen *nt,* EG-Beitrittsvertrag *m;* **to seek ~ to sth** sich *akk* um die Mitgliedschaft in etw *dat* bemühen; **application for ~** Beitrittsgesuch *nt*
③ *to a treaty* Zustimmung *f*
④ COMPUT **~ number** Annahmezahl *f; (serial number)* Signatur *f*
⑤ FIN Vermögenszuwachs *m*

ac·ˈces·sion coun·try *n* EU Beitrittsland *nt*

ˈac·cess node *n* INET Zugangsknoten *m*

ac·ces·sor [əkˈsesəʳ, AM -ɚ] *n* COMPUT Datenbenutzer *m,* Zugriffsberechtigter *m*

ac·ces·sor·ize [əkˈsesᵊraɪz, AM -ər-] *vt usu passive* ■**to be ~d** mit Accessoires versehen sein; ■**to ~ sth** etw mit Accessoires versehen; **to ~ a car** [**with sth**] ein Auto [mit etw *dat*] ausstatten; **to ~ a room** [**with sth**] ein Zimmer [mit etw *dat*] dekorieren

ac·ces·so·ry [əkˈsesᵊri] *n* ① *usu pl* FASHION Accessoire *nt;* **matching accessories** passende Accessoires
② *usu pl (equipment)* Zubehör *nt*
③ *(tool)* Extra *nt*
④ *(criminal)* Helfershelfer(in) *m(f);* ***he became an ~ to the crime*** er machte sich am Verbrechen mitschuldig; LAW **~ after the fact** nach der Tat Beteiligte(r) *f(m);* **~ before the fact** Anstifter(in) *m(f);* **to be an ~ before the fact** sich *akk* der Beihilfe schuldig machen; **to be charged with being an ~ after the fact** der Beihilfe beschuldigt werden

ac·ˈces·sory min·er·al *n* GEOL Begleitmineral *nt* **ˈac·cess path** *n* COMPUT Zugriffspfad *m* **ˈac·cess pe·ri·od** *n (availability)* Ansprechzeit *f* **ˈac·cess road, ˈac·cess route** *n* ① *(to place)* Zufahrt[sstraße] *f*
② BRIT *(to motorway)* [Autobahn]zubringer *m,* [Autobahn]auffahrt *f* SCHWEIZ, ÖSTERR **ˈac·cess time** *n* COMPUT Zugriffszeit *f*

ac·ci·dence [ˈæksɪdᵊn(t)s] *n* LING Flexion *f fachspr*

ac·ci·dent [ˈæksɪdᵊnt] *n* ① *(with injury)* Unfall *m;* **road ~** Verkehrsunfall *m;* **train**/**plane ~** Zug-/Flugzeugunglück *nt;* **~ at work** Arbeitsunfall *m;* **to have an ~** einen Unfall haben; ***he had an ~ with the carving knife*** er hat sich mit dem Tranchiermesser verletzt; **without ~** gefahrlos
② *(without intention)* Versehen *nt;* ***sorry, it was an ~*** tut mir leid, es war keine Absicht; **by ~** aus Versehen
③ *(chance)* Zufall *m;* **by ~** zufällig; ***more by ~ than design*** eher zufällig als geplant; ***it is no/pure ~ that ...*** es ist kein/reiner Zufall, dass ...
④ *(mishap)* Missgeschick *nt;* ***I'm afraid I've had an ~*** mir ist leider ein Missgeschick passiert
⑤ *(euph: defecation)* Malheur *nt euph hum;* ***my son's just had an ~*** meinem Sohn ist gerade ein [kleines] Malheur passiert
⑥ *(euph: unplanned child)* Unfall *m fam*
▸PHRASES: **~s will happen** so was kommt vor; **~s will happen in the best regulated families** so etwas kommt in den besten Familien vor; **it was an ~ waiting to happen** es musste ja so kommen

ac·ci·den·tal [ˌæksɪˈdentᵊl, AM -t̬ᵊl] **I.** *adj* ① *(unintentional)* versehentlich, unbeabsichtigt; ***it was ~*** es war ein Versehen
② TRANSP Unfall-; **~ damage** Unfallschaden *m;* **~ death** LAW Unfalltod *m*
③ *(chance)* zufällig; **purely ~** rein zufällig
II. *n* MUS [Noten]vorzeichen *nt,* Akzidens *nt fachspr*

ac·ci·den·tal·ly [ˌæksɪˈdentᵊli, AM -t̬ᵊli] *adv* ① *(unintentionally)* versehentlich; **~ on purpose** *(hum)* rein zufällig *iron*
② *(by chance)* zufällig

ac·ci·dent and eˈmer·gen·cy unit *n* Notaufnahme *f,* Notfallstation *f* **ac·ci·dent as·ˈsis·tance** *n no pl* FIN Unfallzusatzversicherung *f,* Unfallassistance *f* ÖSTERR, SCHWEIZ **ac·ci·dent ˈblack spot** *n* BRIT neuralgischer Punkt *geh;* ***this junction is an ~*** das ist eine unfallträchtige Kreuzung **ˈac·ci·dent in·sur·ance** *n no pl* Unfallversicherung *f* **ˈac·ci·dent-prone** *adj usu pred* ■**to be ~** ein Pechvogel sein, vom Pech verfolgt sein

ac·claim [əˈkleɪm] **I.** *vt usu passive* ■**to be ~ed** [**as sth**] [als etw] gefeiert werden
II. *n no pl* ① *(applause)* Beifall *m*
② *(praise)* Anerkennung *f;* **critical ~** gute Kritiken; **to receive ~** Anerkennung erhalten

ac·cla·ma·tion [ˌækləˈmeɪʃᵊn] *n no pl (form)* Beifall *m,* Beifallsbekundung[en] *f[pl];* **to carry a motion by ~** einen Antrag durch [*o* per] Akklamation annehmen; **shouts of ~** Beifallsrufe *pl;* **elected by ~** durch [*o* per] Zuruf gewählt

ac·cli·mate [ˈækləmeɪt] *vt, vi* AM *see* **acclimatize**

ac·cli·ma·ti·za·tion [əˌklaɪmətaɪˈzeɪʃᵊn, AM -t̬ə-], AM **ac·cli·ma·tion** [ˌæklɪˈmeɪʃᵊn] *n no pl* Akklimatisation *f,* Akklimatisierung *f;* **~ to a new environment** Eingewöhnung *f* in eine neue Umgebung

ac·cli·ma·tize [əˈklaɪmətaɪz] **I.** *vi* sich *akk* akklimatisieren; **to ~ to new conditions**/**a new situation** sich *akk* an neue Bedingungen/eine neue Situation gewöhnen; **to ~ to a country** sich *akk* in einem Land einleben
II. *vt* ■**to ~ sb**/**oneself** [**to sth**] jdn/sich [an etw *akk*] gewöhnen; **to get** [*or* **become**] **~d** [**to sth**] sich *akk* [an etw *akk*] gewöhnen

ac·co·lade [ˈækəleɪd] *n usu sing* ① *(praise)* Anerkennung *f*
② *(prize)* Auszeichnung *f*

ac·com·mo·date [əˈkɒmədeɪt, AM əˈkɑːm-] **I.** *vt* ① *(offer lodging)* ■**to ~ sb** *person* jdn unterbringen; *building* jdn aufnehmen [*o geh* beherbergen]; ***the chalet ~s up to 6 people*** die Hütte bietet Platz für

bis zu 6 Personen
② *(form: store)* ■**to ~ sth** etw unterbringen
③ *(help)* ■**to ~ sb** jdm entgegenkommen
④ *(supply)* ■**to ~ sb with sth** jdn mit etw *dat* versorgen; ***should we be unable to ~ you with precisely the item you require, ...*** sollten wir Ihnen nicht genau den gewünschten Artikel beschaffen können, ...
⑤ *(adapt)* ■**to ~ oneself to sth** sich *akk* an etw *akk* anpassen
⑥ *(fit in with needs)* ■**to ~ sth** etw *dat* Rechnung tragen
II. *vi* ■**sb ~s to sth** jd stellt sich *akk* auf etw *akk* ein

ac·com·mo·dat·ing [əˈkɒmədeɪtɪŋ, AM əˈkɑːmədeɪt̬-] *adj* hilfsbereit, entgegenkommend

ac·com·mo·da·tion [əˌkɒməˈdeɪʃᵊn, AM əˌkɑːm-] *n* ① *no pl* BRIT, AUS *(lodging)* Unterkunft *f;* **"~ wanted"** „Zimmer gesucht"; **to find ~** eine Unterkunft finden; **~ for personal use** LAW selbst genutztes Wohneigentum *nt*
② AM *(lodging)* ■**~s** *pl* Unterkunft *f*
③ *no pl (space)* Platz *m;* ***the block provides ~ for 500 office workers*** der Komplex bietet Platz für 500 Büroangestellte
④ AM *(space)* ■**~s** *pl* [Sitz]plätze *pl*
⑤ *(seats)* Sitzplätze *pl*
⑥ *(form: compromise)* Einigung *f;* **to reach an ~ [with sb]** [mit jdm] eine Einigung erzielen [*o* zu einer Übereinkunft kommen]
⑦ AM FIN Überbrückungskredit *m*

ac·com·mo·ˈda·tion ad·dress *n* BRIT ECON *(forwarding)* Nachsendeadresse *f; (concealed)* Deckadresse *f* **ac·com·mo·ˈda·tion bill** *n* FIN Gefälligkeitswechsel *m* **ac·com·mo·ˈda·tion bu·reau** *n* Wohnungsvermittlung *f* **ac·com·mo·ˈda·tion mark·er** *n* LAW Aussteller(in) *m(f)* eines Gefälligkeitswechsels **ac·com·mo·ˈda·tion mar·ket** *n* ECON Wohnimmobilienmarkt *m*

ac·com·pa·ni·ment [əˈkʌmpᵊnɪmənt] *n* ① MUS Begleitung *f* (**to** zu *+dat*); ***he sang to a piano ~*** er sang und wurde dabei vom Klavier begleitet
② *(complement)* Begleitung *f;* ***a dry white wine is the perfect ~ to fish*** ein trockener Weißwein passt ideal zu Fisch; **to the ~ of boos/cheers** unter [*o* begleitet von] Buh-/Jubelrufen

ac·com·pa·nist [əˈkʌmpənɪst] *n* MUS Begleiter(in) *m(f)*

ac·com·pa·ny <-ie-> [əˈkʌmpəni] *vt* ① *(escort)* ■**to ~ sb** jdn begleiten
② *(complement)* ■**to ~ sth** etw begleiten; ***we chose a white Burgundy to ~ the main course*** zum Hauptgang wählten wir einen weißen Burgunder; ***the course books are accompanied by four cassettes*** den Kursbüchern liegen vier Kassetten bei
③ *usu passive (occur together)* ■**to be accompanied by sth** mit etw *dat* einhergehen
④ MUS ■**to ~ sb/oneself** jdn/sich selbst begleiten

ac·com·plice [əˈkʌmplɪs, AM *also* -ˈkɑːm-] *n* Komplize, Komplizin *m, f;* **~ in/to crime** Komplize, Komplizin *m, f* bei einem Verbrechen

ac·com·plish [əˈkʌmplɪʃ, AM *also* -ˈkɑːm-] *vt* ■**to ~ sth** etw schaffen *fam;* **to ~ a goal** ein Ziel erreichen; **to ~ a task** eine Aufgabe erledigen; **to ~ nothing/something** nichts/etwas erreichen

ac·com·plished [əˈkʌmplɪʃt, AM *also* -ˈkɑːm-] *adj* fähig; **to be an ~ actor/actress** ein versierter Schauspieler/eine versierte Schauspielerin sein; **~ performance/piece of work** gelungene Vorstellung/Arbeit; ***he is ~ in the art of painting*** er beherrscht die hohe Kunst des Malens

ac·com·plish·ment [əˈkʌmplɪʃmənt, AM *also* -ˈkɑːm-] *n* ① *no pl (completion)* Vollendung *f; of an aim* Erreichen *nt; of a task* [erfolgreiche] Beendigung
② *usu pl (skill)* Fähigkeit *f,* Fertigkeit *f*
③ *(achievement)* Leistung *f*

ac·cord [əˈkɔːd, AM -ˈkɔːrd] I. *n* ① *(treaty)* Vereinbarung *f;* POL Abkommen *nt;* **to reach an ~ with sb on sth** mit jdm eine Einigung über etw *akk* erzielen
② *no pl (agreement)* Übereinstimmung *f;* ■**to be in ~ with sb** mit jdm übereinstimmen; ■**to be in ~ with sth** sich *akk* mit etw *dat* in Einklang befinden; ■**to be in ~ with sb on sth** mit jdm in etw *dat* übereinstimmen; **with one ~** geschlossen
③ LAW, FIN *(payment)* **~ and satisfaction** vergleichsweise Erfüllung [einer Verbindlichkeit]
▸PHRASES: **of one's/its own ~** *(voluntarily)* aus eigenem Antrieb, von sich *dat* aus; *(without external cause)* von alleine [*o* selbst], ohne fremdes Zutun
II. *vt (form)* ■**to ~ [sb] sth** [jdm] etw gewähren; ***they ~ ed him a hero's welcome*** er wurde wie ein Held empfangen; **to ~ sb courtesy** jdm eine Höflichkeit erweisen; **to ~ sb a title** jdm einen Titel verleihen
III. *vi* sich *dat* entsprechen; ■**to ~ with sth** mit etw *dat* übereinstimmen

ac·cord·ance [əˈkɔːdᵊn(t)s, AM -ˈkɔːrd-] *n* **in ~ with sth** entsprechend einer S. *gen,* gemäß einer S. *gen,* in Übereinstimmung *f* mit etw *dat;* **in ~ with the model** modellkonform; **in ~ with the regulations** vorschriftsgemäß; **in ~ with the statutes** satzungsgemäß; **in ~ with usage** entsprechend der Nutzungsüberlassung

ac·cord·ing·ly [əˈkɔːdɪŋli, AM -ˈkɔːrd-] *adv inv* ① *(appropriately)* [dem]entsprechend
② *(thus)* folglich

ac·cord·ing to [əˈkɔːdɪŋ, AM -ˈkɔːrd-] *prep* ① *(as told by)* nach *a.* *nach n +dat,* zufolge *nach n +dat,* laut *form +gen*
② *(as basis)* gemäß *+dat,* nach *+dat;* **~ *the laws of physics*** nach den Regeln der Physik; **~ *one's own principles*** gemäß seinen eigenen Prinzipien
③ *(as instructed by)* nach *a.* *nach n +dat,* laut *form +gen;* ***did it all go ~ plan?*** verlief alles nach Plan?
④ *(depending on)* entsprechend *+dat;* **~ *season*** der Jahreszeit entsprechend

ac·cor·di·on [əˈkɔːdiən, AM -ˈkɔːr-] *n* Akkordeon *nt,* SCHWEIZ *a.* Handorgel *f*

ac·ˈcor·di·on file *n* AM Fächermappe *f*

ac·cor·di·on·ist [əˈkɔːdiənɪst, AM ˈkɔːr] *n* Akkordeonspieler(in) *m(f),* SCHWEIZ *a.* Handorgelspieler(in) *m(f)*

ac·ˈcor·di·on pleats *npl* Plisseefalten *pl*

ac·cost [əˈkɒst, AM -ˈkɑːst] *vt (form)* ■**to ~ sb** jdn ansprechen; *(more aggressively)* jdn anpöbeln [*o* ÖSTERR *a.* anstänkern] *pej*

ac·count [əˈkaʊnt] I. *n* ① *(description)* Bericht *m;* **by [*or* from] all ~s** nach allem, was man so hört; ***by his own ~*** eigenen Aussagen zufolge; **to give [*or form* render] an ~ of sth** Bericht über etw *akk* erstatten, etw schildern
② *(with a bank)* Konto *nt;* **bank/BRIT building society ~** Bank-/Bausparkassenkonto *nt;* **to have an ~ with a bank** ein Konto bei einer Bank haben; **to draw money out of [*or* withdraw money from] an ~** Geld von einem Konto abheben; **savings [*or* BRIT deposit] ~** Sparkonto *nt;* **current** BRIT [*or* AM **checking**] **~** *(personal)* Girokonto *nt; (business)* Kontokorrentkonto *nt fachspr;* **joint ~** Gemeinschaftskonto *nt;* **securities ~** Depot *nt;* **NOW ~** AM zinstragendes Konto; **statement of ~** Kontoauszug *m;* **to be on one's ~** *money* auf dem Konto sein; **to open/close an ~ [with sb]** ein Konto [bei jdm] eröffnen/auflösen; **to pay sth into [*or* AM, AUS **deposit sth in**] **an ~** etw auf ein Konto überweisen; *(in person)* etw auf ein Konto einzahlen
③ *(credit)* [Kunden]kredit *m;* ***will that be cash or ~?*** zahlen Sie bar oder geht das auf Rechnung?; **to buy sth on ~** BRIT etw auf Kredit kaufen; **to have an ~ with sb** bei jdm auf Rechnung kaufen; **to pay sth on ~** BRIT *(dated)* etw anzahlen, eine Anzahlung auf etw *akk* leisten; **to put sth on [*or* charge sth to] sb's ~** etw auf jds Rechnung setzen, jdm etw in Rechnung stellen
④ *(bill)* Rechnung *f;* **to settle [*or* pay] an ~** eine Rechnung bezahlen [*o geh* begleichen]
⑤ ECON *(records)* ■**~s** *pl* [Geschäfts]bücher *pl;* **~s payable** Kreditoren *pl,* Verbindlichkeiten *pl;* **~s receivable** Forderungen *pl,* Außenstände *pl;* **capital ~** Darstellung *f* des Kapitalverkehrs mit dem Ausland; **current ~ balance of payments** Saldo *m* der Leistungsbilanz; **period of ~** FIN, ECON Geschäftsjahr *nt;* **to keep the ~s** *esp* BRIT die Buchhaltung machen; **to keep an ~ of sth** über etw *akk* Buch führen
⑥ STOCKEX **trading [*or* dealing] for the ~ [*or* ~ trading]** *Wertpapiergeschäfte, bei denen Auslieferung und Abrechnung der Papiere am nächsten Abrechnungstermin erfolgt;* **rolling ~** *Erfüllung von Börsengeschäften zu einem späteren, entweder feststehenden oder vereinbarten Termin*
⑦ *(customer)* Kunde, Kundin *m, f,* [Kunden]vertrag *m*
⑧ *no pl (consideration)* **to take sth into ~ [*or* to take ~ of sth]** etw berücksichtigen [*o* in Betracht ziehen]; **to take into ~ that ...** berücksichtigen [*o* in Betracht ziehen], dass ...; **to take no ~ of sth [*or* to leave sth out of [the] ~]** etw nicht berücksichtigen, etw außer Acht lassen
⑨ *(reason)* ***on that ~ I think ...*** aus diesem Grund schlage ich vor, ...; ■**on ~ of sth** aufgrund einer S. *gen;* **on my/her/his ~** meinet-/ihret-/seinetwegen; **on no [*or* not on any] ~** auf keinen Fall, unter keinen Umständen
⑩ *no pl (form: importance)* **to be of little ~** von geringer Bedeutung sein; **to be of no ~** keinerlei Bedeutung haben
⑪ *no pl (responsibility)* **on one's own ~** auf eigenes Risiko
⑫ LAW Klage *f* auf Auskunft und Rechenschaftslegung; **action for an ~** Rechnungslegungklage *f*
▸PHRASES: **to be called [*or* brought] to ~ [for sth]** [für etw *akk*] zur Verantwortung [*o* Rechenschaft] gezogen werden; **to give a good ~ of oneself** eine gute Figur abgeben; *(in a fight, competition)* sich *akk* wacker schlagen; **to settle [*or* square] ~s with sb** mit jdm abrechnen; **to turn sth to [good] ~** *(form)* aus etw *dat* seinen Vorteil ziehen
II. *vt (form)* **to ~ oneself fortunate** sich *akk* glücklich schätzen; ***I would ~ it an honour if ...*** es wäre mir eine Ehre, ...
III. *vi* ① *(explain)* ■**to ~ for sth** etw erklären, über etw *akk* Rechenschaft ablegen; ***there's no ~ ing for taste[s]*** über Geschmack lässt sich streiten
② *(locate)* ■**to ~ for sth** den Verbleib einer S. *gen* erklären; ■**to ~ for sb** jds Verbleib klären
③ *(make up)* ■**to ~ for sth:** ***students ~ for the majority of our customers*** Studenten machen den größten Teil unserer Kundschaft aus
④ *(bill)* ■**to ~ for sth** etw mit einberechnen
⑤ *(dated: defeat)* ■**to ~ for sb** jdn zur Strecke bringen *geh*

ac·count·abil·ity [əˌkaʊntəˈbɪləti, AM -t̬əˈbɪlət̬i] *n no pl* Verantwortlichkeit *f* (**to** gegenüber *+dat*); COMM Rechenschaftspflicht *f*

ac·count·able [əˈkaʊntəbl, AM -t̬ə-] *adj usu pred* ① *(responsible)* verantwortlich; **to hold sb ~ [for sth]** jdn [für etw *akk*] verantwortlich machen; ■**to be ~ [to sb] [for sth]** [jdm gegenüber] [für etw *akk*] verantwortlich sein; ***she is ~ only to the managing director*** sie ist nur dem leitenden Geschäftsführer gegenüber Rechenschaft schuldig
② *(explicable)* nachvollziehbar

ac·ˈcount analy·sis *n* FIN Kontoanalyse *f*

ac·count·an·cy [əˈkaʊntən(t)si, AM -t̬ən(t)-] *n no pl* Buchhaltung *f,* Buchführung *f; (subject area)* Rechnungswesen *nt*

ac·count·ant [əˈkaʊntənt] *n* [Bilanz]buchhalter(in) *m(f);* **certified ~** ≈ geprüfter Buchhalter/geprüfte Buchhalterin; **cost ~** Kostenrechner(in) *m(f);* **financial ~** Finanzbuchhalter(in) *m(f);* **management ~** Fachmann, -frau *m, f* des entscheidungsorientierten Rechnungswesens *(für die Unternehmensleitung);* **~'s opinion** AM Bestätigungsvermerk *nt* des Abschlussprüfers

ac·ˈcount bal·ance *n* FIN *of holder* Kontostand *m; of bank* Kontenbestand *m; (sum)* Kontosaldo *m,* Buchsaldo *m* **ac·ˈcount bal·anc·ing** *n no pl* FIN Kontosaldierung *f* **ac·ˈcount book** *n* Kassenbuch *nt,* Bankbuch *nt* **ac·ˈcount day** *n* BRIT STOCKEX Liquidationstermin *m,* Liquidationstag *m* **ac·count ˈend** *n* ECON, FIN Ende *nt* des Buchungszeitraumes **ac·ˈcount ex·ecu·tive** *n* Kundenbetreuer(in) *m(f)* **ac·ˈcount his·to·ry** *n* Kontoverlauf *m*

ac'count hold·er *n* Kontoinhaber(in) *m(f)*

ac·count·ing [əˈkaʊntɪŋ, AM -t̬ɪŋ] *n no pl* ECON Buchführung *f*, Buchhaltung *f*; *(subject area)* Rechnungswesen *nt*; **A~ Standards Board** BRIT *mit den Vertretern der sechs größten Accountants-Verbände besetzter Ausschuss, der in Großbritannien die Bilanzierungsrichtlinien festlegt;* **~ methods** Rechnungslegungsmethoden *pl*, Buchungsmethoden *pl*; **~ system** Buchführungssystem *nt*; **~ and taxes** FIN *(in audit)* Bilanz und Steuern; **false ~** LAW vorsätzlich inkorrekte Buchführung

ac·'count·ing bal·ance *n* FIN Buchhaltungsbilanz *f*

ac·'count·ing loss *n* FIN Buchverlust *m* **ac·'count·ing meth·od** *n* FIN Bilanzierungsmethode *f*, Rechnungslegungsmethode *f* **ac·'count·ing pe·ri·od** *n* Abrechnungszeitraum *m*, Rechnungsperiode *f* **ac·'count·ing prin·ci·ple** *n* FIN Rechnungsgrundlage *f*, Bilanzierungsmethode *f*; *(official also)* Bilanzierungsgrundsatz *m*, Rechnungslegungsgrundsatz *m*, Bilanzierungsrichtlinien *pl* **ac·'count·ing state·ment** *n* FIN Finanzausweis *m*

ac·'count·ing sys·tem *n* FIN Buchungssystem *nt*

ac·'count·ing unit *n* FIN Kostenstelle *f*, Rechnungseinheit *f*

ac·'count num·ber *n* Kontonummer *f*

ac·'counts de·part·ment *n* Buchhaltung *f* **ac·counts 'pay·able** *n pl* FIN ① *(due)* ausstehende Zahlungen *pl*, Verbindlichkeiten *pl* ② *(creditors)* Kreditoren, Kreditorinnen *mpl, fpl* **ac·counts re·'ceiv·able** *n pl* FIN ① *(due)* Außenstände *pl*, Buchforderungen *pl* ② *(debtors)* Debitoren, Debitorinnen *mpl, fpl*

ac·'count state·ment *n* FIN ① *(report)* Rechnungsabschluss *m*; *(annual also)* Jahresabschluss *m*
② *(partial)* Kontoauszug *m*

ac·'count trans·ac·tion *n* COMM Kontotransaktion *f*

ac·cou·tre·ments [əˈku:t̬trəmənts], *esp* AM **ac·cou·ter·ments** [-t̬ɚ-] *npl (form or hum)*
① *(clothes)* Kleidung *f*, Outfit *nt fam*
② *(equipment)* Ausrüstung *f*

ac·cred·it [əˈkredɪt] *vt usu passive* ① *(credit)* ■**to be ~ed with sth** etw bestätigt bekommen; ***he is ~ed with being the world's best sprinter*** man sagt, dass er der beste Sprinter der Welt sei
② *(approve)* ■**to have been ~ed** *certificate* anerkannt worden sein
③ *(authorize)* ■**to be ~ed to sb/sth** *ambassador* bei jdm/etw akkreditiert sein
④ *(ascribe)* ■**to be ~ed to sb** jdm zugeschrieben werden

ac·credi·ta·tion [əˌkredɪˈteɪʃᵊn, AM -dəˈ-] *n no pl*
① *(approval)* Zustimmung *f*, Beifall *m*; **to receive full ~** volle Zustimmung erhalten
② *(authorization) of ambassador* Akkreditierung *f*

ac·cred·it·ed [əˈkredɪtɪd] *adj inv* akkreditiert *geh*; *organization, school* anerkannt; *person* zugelassen

ac·crete [əˈkri:t] *vt* ECON, FIN ■**to ~ sth** den Wert von etw *dat* steigern

ac·cre·tion [əˈkri:ʃᵊn] *n (form)* ① *no pl (increase)* Zuwachs *m*, Anwachsen *nt*; ECON, FIN Wertsteigerung *f*, Wertzuwachs *m*; **~ of capital** Kapitalzuwachs *m*
② *(layer)* Zuwachs *m*
③ GEOL Anlagerung *f*; *(sediment)* Ablagerung *f*, [Land]zuwachs *m*

ac·cru·al [əˈkru:əl] *n* ① *(addition)* Hinzukommen *nt*
② *(amount)* Zuwachs *m*
③ ECON, FIN ■**~s** *pl* antizipative Posten; **~s and deferrals** [*or* **deferred income**] Rechnungsabgrenzung *f*, Rechnungsabgrenzungsposten *pl*; **~ of interest** Zinszuwachs *m*, Zinsthesaurierung *f fachspr*; **~s accounting** Periodenrechnung *f*

ac·'cru·al ac·count *n* FIN Zuwachskonto *nt*

ac·crue [əˈkru:] *vi (form)* ① FIN zuwachsen; *interest* anfallen, auflaufen
② *(be due)* ■**to ~ to sb/sth** jdm/etw zukommen *geh*; ***little benefit will ~ to London from the new road scheme*** London wird wenig von dem neuen Straßenbauprojekt haben
③ *(increase)* sich ansammeln

ac·crued [əˈkru:d] *adj* FIN akkumuliert; *interest* abgegrenzt; **~ amount** Zuwachsbetrag *m*; **~ assets** antizipative Aktiva *pl*; **~ charges** antizipative Passiva *pl*; **~ dividend** aufgelaufene Dividende; **~ income** antizipative Erträge *pl*; **~ interest** Marchzins *m*, Stückzins *m*, aufgelaufene Zinsen *pl*; **~-interest paper** Aufzinsungspapier *nt*; **~ interest pot** Stückzinstopf *m*; **~ tax** Steuerzuwachs *m*

ac·cru·ing [əˈkru:ɪŋ] *adj* FIN anfallend; **~ interest** laufende Zinsen *pl*

ac·cu·mu·late [əˈkju:mjəleɪt] **I.** *vt* ■**to ~ sth** etw ansammeln; **to ~ evidence** Beweismaterial sammeln; **to ~ interest** Zinsen akkumulieren *fachspr*; **to ~ wealth** Reichtümer anhäufen; **to ~ capital** Kapital aufbauen
II. *vi* sich ansammeln; *debt* sich ansammeln, sich akkumulieren; *interest* aufzinsen *fachspr*; *evidence* sich häufen

ac·cu·mu·lat·ed re·'serves *npl* FIN aufgelaufene Reserven

ac·cu·mu·la·tion [əˌkju:mjəˈleɪʃᵊn] *n* ① *no pl (collecting)* [An]sammeln *nt*, Akkumulation *f geh*; *of wealth* Anhäufen *nt*; **~ of heat** TECH Wärmestau *m*; **~ layer** SCI Anreicherungsschicht *f*
② *no pl (growth)* Zuwachs *m* (**of** an +*dat*); *of interest* Aufzinsung *f*
③ *(quantity)* Ansammlung *f*; *of sand* Anhäufung *f*

ac·cu·mu·'la·tion unit *n* FIN *Fondsanteil mit wertsteigender Wiederanlage der Zinsen*

ac·cu·mu·la·tive [əˈkju:mjələtɪv, AM t̬ɪv] *adj* sich ansammelnd, [an]häufend, kumulativ *geh*; **~ effects** kumulative Wirkung[sweise]; **~ mud** sich ablagernder Schlamm

ac·cu·mu·la·tor [əˈkju:mjəleɪtəʳ] *n* BRIT, AUS ① *(battery)* Akkumulator *m*, Akku *m fam*; **~ acid** PHYS Akkumulatorsäure *f*
② *(bet) Art von Wette auf eine Serie von Pferderennen, bei der eventuelle Gewinne auf jeweils das nächste Rennen übertragen werden*

ac·cu·ra·cy [ˈækjərəsi, AM -jɚ-] *n no pl* Genauigkeit *f*; *of projectile* Zielgenauigkeit *f*; **unerring ~** Treffsicherheit *f*

ac·cu·rate [ˈækjərət, AM -jɚ-] *adj* ① *(precise)* genau, akkurat *geh*; **~ predictions** präzise Voraussagen; **~ to size** maßgenau
② *(correct)* richtig; ■**to not be ~** nicht stimmen; **to give an ~ report of sth** etw getreu wiedergeben
③ *aim* zielgenau

ac·cu·rate·ly [ˈækjərətli, AM -jɚ-] *adv* ① *(precisely)* genau, exakt
② *(correctly)* richtig
③ *(without missing) hit* zielgenau

ac·cursed [əˈkɜ:sɪd, AM əˈkɜ:rst], **ac·curst** [əˈkɜ:st, AM əˈkɜ:rst] *adj (old)* ① *(liter: bewitched)* verflucht, verwünscht
② *attr (damned)* verdammt *fam*, verflixt *fam*

ac·cu·sa·tion [ˌækjʊˈzeɪʃᵊn] *n* ① *(charge)* Beschuldigung *f*, Anschuldigung *f*; LAW Anklage *f* (**of** wegen +*gen*); **to make an ~ against sb** jdn beschuldigen; **unfounded** [*or* **wild**] **~** grundlose Anschuldigung
② *no pl (accusing)* Vorwurf *m*; ***with an air of ~*** vorwurfsvoll

ac·cu·sa·tive [əˈkju:zətɪv, AM -t̬ɪv] LING **I.** *n no pl* Akkusativ *m*; **in the ~** im Akkusativ
II. *n modifier (ending)* Akkusativ-; **~ case** Akkusativ *m*

ac·cu·sa·to·rial [əˌkju:zəˈtɔ:riəl] *adj* LAW **~ process** Akkusationsprozess *m*, Anklageprozess *m* SCHWEIZ

ac·cu·sa·tory [əˈkju:zətᵊri, AM -tɔ:ri] *adj look* anklagend; *tone* vorwurfsvoll

ac·cuse [əˈkju:z] *vt* ① *(charge)* ■**to ~ sb** [**of sth**] jdn [wegen einer S. *gen*] anklagen; **to be ~d of a crime** wegen eines Verbrechens unter Anklage stehen [*o* angeklagt sein]; **to stand ~d of sth** *(form)* einer S. *gen* angeklagt sein
② *(claim)* ■**to ~ sb of sth** jdn einer S. *gen* beschuldigen; ***are you accusing me of lying?*** willst du damit sagen, dass ich lüge?; ***I'm often ~d of being too abrasive with people*** mir wird oft vorgeworfen, dass ich zu harsch mit Leuten umgehe

ac·cused <*pl* -> [əˈkju:zd] *n* ■**the ~** *(single person)* die/der Angeklagte; *(several)* die Angeklagten *pl*

ac·cus·er [əˈkju:zəʳ, AM -ɚ] *n* Ankläger(in) *m(f)*, SCHWEIZ, ÖSTERR *a.* Kläger(in) *m(f)*

ac·cus·ing [əˈkju:zɪŋ] *adj look* anklagend *attr*; *tone* vorwurfsvoll

ac·cus·ing·ly [əˈkju:zɪŋli] *adv look* anklagend; *say* vorwurfsvoll

ac·cus·tom [əˈkʌstəm] *vt* ■**to ~ sb/oneself to sth** jdn/sich an etw *akk* gewöhnen; ■**to ~ sb/oneself to doing sth** jdn/sich daran gewöhnen, etw zu tun; *(teach sb/oneself)* jdn/sich angewöhnen, etw zu tun

ac·cus·tomed [əˈkʌstəmd] *adj* ① *pred (used)* ■**to be ~ to sth** etw gewohnt [*o* ÖSTERR gewöhnt] sein; **to become** [*or* **get**] [*or* **grow**] **~ to sth** sich *akk* an etw *akk* gewöhnen; ■**to be ~ to doing sth** gewohnt [*o* ÖSTERR gewöhnt] sein, etw zu tun
② *attr, inv (usual)* gewohnt, üblich

ACD [eɪsi:ˈdi:] *n* COMPUT *abbrev of* **automatic call distribution** automatische Anrufverteilung, ACD-System *nt*

AC/DC [ˌeɪsi:ˈdi:si:] **I.** *n no pl* ELEC *abbrev of* **alternating current/direct current** WS/GS
II. *adj inv (fam: bisexual)* bi *fam*

ace [eɪs] **I.** *n* ① *(in cards)* Ass *nt*; **~ of diamonds/clubs/hearts/spades** Karo-/Kreuz-/Herz-/Pikass *nt*
② *(fam: expert)* Ass *nt*; **to be an ~ at sth** ein Ass in etw *dat* sein
③ SPORT *(serve)* Ass *nt*; **to serve an ~** ein Ass schlagen, mit einem Ass punkten
▸ PHRASES: **to be** [*or* **come**] **within an ~ of death/losing/winning** um Haaresbreite [*o* um ein Haar] sterben/verlieren/gewinnen; **to have an ~ up one's sleeve** [*or* AM *also* **in the hole**] noch einen Trumpf in [*o* auf] der Hand haben; **to have** [*or* **hold**] **all the ~s** alle Trümpfe in der Hand haben [*o* halten]; **to play one's ~** seinen Trumpf ausspielen
II. *n modifier (dated sl)* Spitzen-; **~ footballer** Spitzenfußballer(in) *m(f)*; **~ pilot/reporter** Starpilot(in) *m(f)*/-reporter(in) *m(f)*
III. *adj inv (fam)* klasse *fam*, spitze *fam*
IV. *vt (fam)* ■**to ~ sb** jdn mit einem Ass schlagen
◆**ace out** *vt* AM *(in a competition)* ■**to ~ out** ○ **sb** jdn übertreffen

acer·bic [əˈsɜ:bɪk, AM əˈsɜ:r-] *adj* ① CHEM *(sour)* sauer; **~ taste** saurer Geschmack; *of wine* herbes Aroma
② *(form: harsh)* scharf; *remark* bissig; *wit* beißend

acer·bity [əˈsɜ:bəti, AM əˈsɜ:rbət̬i] *n no pl* ① CHEM *(sourness)* Säure *f*; *of wine* Herbheit *f*
② *(form: harshness)* Schärfe *f*; *of remark* Bissigkeit *f*

ac·etal [ˈæsɪtæl, AM ˈæsə-] *n inv* CHEM **~ resin** Acetalharz *nt*

ac·et·am·ino·phen <*pl* -s *or* -> [ˌæsɪt̬əˈmɪnəfən] *n* AM ① *no pl (substance)* Paracetamol *nt*
② *(pill)* Paracetamoltablette *f*

ac·etate [ˈæsɪteɪt] *n no pl* ① CHEM Acetat *nt fachspr*, Essigsäureester *m fachspr*; **~ of alumina** essigsaure Tonerde
② *(cloth)* Azetat *nt*; **~ silk** Acetatseide *f*

acetic [əˈsi:tɪk, AM -t̬ɪk] *adj* CHEM essigsauer; **~ fermentation** Essig[säure]gärung *f*

acetic 'acid *n no pl* Essigsäure *f*

aceto·acetic acid [ˌæsətəʊəˌsi:tɪkˈæsɪd, AM -toʊəˈsi:t̬ɪk-] *n no pl* CHEM Acetessigsäure *f*

ac·etone [ˈæsɪtəʊn, AM -toʊn] *n no pl* CHEM Aceton *nt fachspr*, Azeton *nt fachspr*; **~-soluble** acetonlöslich

acety·late [əˈsetɪleɪt, AM -ˈset̬ə-] *vt* CHEM ■**to ~ sth** etw acetylieren

ac·etyl 'cel·lu·lose *n no pl* CHEM Acetylcellulose *f*, Celuloseacetat *nt*

acety·lene [əˈsetɪli:n, AM -t̬ə-] *n no pl* CHEM Acetylen *nt fachspr*

'ace·tyl group *n* CHEM Acetylgruppe *f*

ACH [ˌeɪsi:ˈeɪtʃ] *n* AM FIN *abbrev of* **Automated Clearing House** computergestützte Clearingstelle

ache [eɪk] **I.** *n* ① *(pain)* Schmerz[en] *m[pl]*; ***I have a terrible ~ in my head*** ich habe fürchterliche Kopfschmerzen; **dull ~** dumpfer Schmerz; **~s and pains** Wehwehchen *pl hum*
② *(woe)* Schmerz *m*
II. *vi* ① *(feel pain)* schmerzen; ***I'm aching all over***

mir tut alles weh; ***my back ~s*** mein Rücken tut [mir] weh
② *(grieve)* schmerzen; ***my heart ~s for you*** das tut mir sehr leid für dich!
③ *(desire)* ■**to ~ for sb/sth** sich *akk* nach jdm/etw sehnen; ■**to ~ to do sth** sich *akk* danach sehnen, etw zu tun

achiev·able ['ə'tʃi:vəbl] *adj* erreichbar

achieve [ə'tʃi:v] **I.** *vt* ① *(accomplish)* ■**to ~ sth** etw erreichen; **to ~ nothing/something** nichts/etwas erreichen [*o* ausrichten]
② *(gain)* **to ~ an aim** ein Ziel erreichen; **to ~ fame** Ruhm erlangen; **to ~ success** Erfolg erzielen; **to ~ a victory** einen Sieg erringen; ***I'll never ~ anything*** ich werde es nie zu etwas bringen
II. *vi* erfolgreich sein

achieve·ment [ə'tʃi:vmənt] *n* ① *(feat)* Leistung *f* (**in** in *+dat*); **intellectual ~** geistige Errungenschaft; **~s in science** Leistungen *pl* [in] der Wissenschaft; **a great/remarkable ~** eine große/bemerkenswerte Leistung; **scientific ~** wissenschaftliche Errungenschaft
② *no pl (achieving)* Erreichen *nt*, Erlangen *nt*; **~ of an aim** Erreichen *nt* eines Ziels; **~ of a victory** Erringen *nt* eines Sieges
③ SCH *(progress)* Leistung *f*; **~ quotient** Leistungsquotient *m*; **~ test** Leistungstest *m*

achieve·ment-'ori·ent·ed *adj* leistungsorientiert

achiev·er [ə'tʃi:vəʳ, AM -ɚ] *n* Leistungsmensch *m*; **to be an ~** leistungsstark sein; **high/low ~** leistungsstarke Person [*o* Spitzenkraft *f*]/leistungsschwache Person

Achilles 'heel [ə,kɪli:z'-, AM ə'kɪli:z,-] *n usu sing (fig)* Achillesferse *f* **Achilles 'ten·don** *n* Achillessehne *f*

ach·ing ['eɪkɪŋ] *adj* ① *(painful)* schmerzend *attr*; **~ back/head/tooth** schmerzender Rücken/Kopf/Zahn
② *(woeful)* schmerzend *attr*; **with an ~ heart** mit wehem Herzen *poet*

ach·ing·ly ['eɪkɪŋli] *adv (liter)* unsagbar *geh*; **~ beautiful** unbeschreiblich schön; **~ funny** unsäglich komisch

achy ['eɪki] *adj (fam)* schmerzend; ***I feel ~ all over*** mir tut alles weh

acid ['æsɪd] **I.** *n* ① CHEM Säure *f*; **~ base equilibrium** Säure-Basen-Gleichgewicht *nt*; **~ carry over** Restsäure *f*; **~ cleavage** Säurespaltung *f*; **~ converter process** Bessemerverfahren *nt*; **~ determination** Säurebestimmung *f*, Acidimetrie *f*; **~ process** *(papermaking)* Sulfitverfahren *nt*
② *no pl (fig: criticism)* Kritik *f*
③ *no pl (sl: LSD)* Acid *nt sl*; **to drop ~** Acid nehmen *sl*
II. *adj* ① CHEM sauer; **~ soil** saurer Boden; **~ solution** CHEM saure Lösung; **~ stomach** übersäuerter Magen
② *(sour) taste* sauer
③ *(critical)* scharf; *remark* bissig

'acid bath *n* Säurebad *nt* **'acid drop** *n* BRIT saurer Drops, saures Bonbon **'acid head** *n (sl)* LSD-Abhängige(r) *f(m)* **'acid house** *n no pl* MUS Acid House *nt*

acid·ic [ə'sɪdɪk] *adj* ① CHEM säurehaltig
② *(sour) taste* sauer
③ *(critical)* scharf

acidi·fy <-ie-> [ə'sɪdɪfaɪ] **I.** *vt* ■**to ~ sth** *soil, water* etw übersäuern; **to ~ sth slightly** etw ansäuern
II. *vi water* sauer werden; *soil* versauern

acid·ity [ə'sɪdəti, AM -əṭi] *n no pl* ① CHEM Säuregehalt *m*, Acidität *f fachspr*
② *(sourness)* Säure *f*
③ *(criticism)* Schärfe *f*; *of remark* Bissigkeit *f*

acid·ly ['æsɪdli] *adv (fig)* bissig

'acid-proof *adj* säurebeständig

acid 'rain *n no pl* saurer Regen **'acid test** *n* ① CHEM Säureprobe *f* ② *(fig)* Feuerprobe *f* **'acid test ra·tio** *n* FIN Liquidität *f* ersten Grades **acid-'tongued** *adj person* scharfzüngig, bissig **'ac·id wash** *n* Acid-Wash *m*; **~ jeans** mit chlorgetränkten Bimssteinen gewaschene Jeans

ac·knowl·edge [ək'nɒlɪdʒ, AM -'nɑ:l-] *vt* ① *(admit)* ■**to ~ sth** etw zugeben; ■**to ~ having done sth** zugeben, etw getan zu haben; ■**to ~ that ...** zugeben, dass ...
② *(respect)* ■**to ~ sb/sth [as sth]** jdn/etw [als etw *akk*] anerkennen; ***he was generally ~d to be an expert on this subject*** er galt allgemein als Experte auf diesem Gebiet
③ *(reply to)* ■**to ~ sth** *signal* den Empfang von etw *dat* bestätigen; **to ~ sb's greeting** jds Gruß erwidern; **to ~ a letter** den Eingang eines Briefes bestätigen
④ *(thank for)* **to ~ sth** etw würdigen
⑤ *(notice)* ■**to ~ sb/sth** jdn/etw wahrnehmen [*o* bemerken]

ac·knowl·edged [ək'nɒlɪdʒd, AM -'nɑ:l-] *adj inv* anerkannt

ac·knowl·edg(e)·ment [ək'nɒlɪdʒmənt, AM -'nɑ:l-] *n*
① *no pl (admission)* Eingeständnis *nt* (**of** von *+dat*), Bekenntnis (**of** zu *+dat*); **~ of guilt** Schuldeingeständnis *nt*
② *no pl (respect)* Anerkennung *f*, Würdigung *f*; **in ~ of sth** in Anerkennung einer S. *gen*
③ *no pl (reply)* Erwiderung *f*
④ *no pl (gratefulness)* Zeichen *nt* [der Dankbarkeit]; ***she stood up and bowed in ~*** sie erhob sich und verbeugte sich zum Dank
⑤ *(confirmation)* [Empfangs]bestätigung *f*; ***I have received no ~*** ich habe keine Antwort erhalten
⑥ PUBL *(credits in book)* ■**~s** *pl* Danksagung *f*

ACL [,eɪsi:'el] *n* ANAT *abbrev of* **anterior cruciate ligament** vorderes Kreuzband

acme ['ækmi] *n no pl (liter)* Höhepunkt *m*; **to reach** [*or form* **attain**] **the ~ of sth** den Höhepunkt einer S. *gen* erreichen

acne ['ækni] *n no pl* Akne *f*

aco·lyte ['ækəlaɪt, AM -kə-] *n* ① REL Messdiener(in) *m(f)*; *(Catholic)* Ministrant(in) *m(f)*
② *(liter: follower)* Gefolgsmann, -frau *m, f*

aco·nite ['ækənaɪt] *n* BOT ① BOT Eisenhut *m*, Sturmhut *m*
② MED *(extract)* Aconitum *nt*, Aconitin *nt fachspr*

acorn [eɪ'kɔ:n, AM -'kɔ:rn] *n* Eichel *f*

acous·tic [ə'ku:stɪk] *adj inv* ① *(relating to sound)* akustisch; **~ attenuation** Schallschwächung *f*; **~ feedback** akustische Rückkopplung
② *(soundproof)* schalldämpfend

acous·tic·al [ə'ku:stɪkəl] *adj inv* PHYS akustisch; **~ indication** akustische Anzeige

acous·ti·cal·ly [ə'ku:stɪkəli, AM -kli] *adv* akustisch; **~ dead** PHYS schalltot, echofrei, reflexionsfrei

acous·tic 'cou·pler *n* COMPUT Akustikkoppler *m* **acous·tic gui·'tar** *n* Akustikgitarre *f* **acous·tic 'nerve** *n* [Ge]hörnerv *m* **acous·tic 'pres·sure** *n* PHYS Schalldruck *m*

acous·tics [ə'ku:stɪks] *n* ① *+ pl vb of hall* Akustik *f*; **the ~ of a room** die Raumakustik
② *+ sing vb* PHYS Akustik *f*

ACP [,eɪsi:'pi:] *adj attr, inv* POL *abbrev of* **African, Caribbean and Pacific** AKP-; **~ treaty** Lomé-Abkommen *nt*, AKP-Abkommen *nt*

ACP states [,eɪsi:'pi:-] *npl* AKP-Staaten *pl*

ac·quaint [ə'kweɪnt] *vt* ■**to ~ sb/oneself with sth** jdn/sich mit etw *dat* vertraut machen

ac·quaint·ance [ə'kweɪntən(t)s] *n* ① *(friend)* Bekannte(r) *f(m)*
② *no pl (form: relationship)* Bekanntschaft *f* (**with** mit *+dat*); **sb's ~s** jds Bekanntenkreis; **to make sb's ~** [*or* **the ~ of sb**] jds Bekanntschaft machen
③ *no pl (form: knowledge)* Kenntnis *f* (**with** *+gen*)

ac·'quaint·ance mis·sion *n* POL Sondierungsmission *f*

ac·quaint·ed [ə'kweɪntɪd, AM -ṭ-] *adj pred* ① *(with person)* ■**to be ~ [with sb]** [mit jdm] bekannt sein; **to become** [*or* **get**] **~ with sb** jdn kennenlernen, jds Bekanntschaft machen; **to get better ~** sich besser [*o* näher] kennenlernen
② *(with facts)* ■**to be ~ with sth** mit etw *dat* vertraut sein; **to become** [*or* **get**] **~ with sth** mit etw *dat* vertraut werden, sich *akk* mit etw *dat* vertraut machen

ac·quest [ə'kwest] *n* LAW Errungenschaft

ac·qui·esce [,ækwi'es] *vi (form)* ■**to ~ [in** [*or* **to**] **sth]** [in etw *akk*] einwilligen, sich *akk* [mit etw *dat*] einverstanden erklären

ac·qui·es·cence [,ækwi'esən(t)s] *n no pl* Einwilligung *f* (**in/to** in *+akk*), Zustimmung *f* (**in/to** zu *+dat*); **~ was the easier option** Nachgeben war die einfachere Lösung

ac·qui·es·cent [,ækwi'esənt] *adj* fügsam, nachgiebig

ac·quire [ə'kwaɪəʳ, AM -ɚ] *vt* ① *(obtain)* ■**to ~ sth** etw erwerben
② *(develop)* **to ~ a habit** eine Gewohnheit annehmen; **to ~ a taste for sth** Geschmack [*o* Gefallen] an etw *dat* finden; ***this wine is rather an ~d taste*** dieser Wein ist gewöhnungsbedürftig
③ *(learn)* ■**to ~ sth** *knowledge* sich *dat* etw aneignen
④ *(gain)* **to have ~d a reputation of being sth** in dem Ruf stehen, etw zu sein
⑤ COMM *customers* akquirieren

ac·quired char·ac·te'r·is·tics *npl* BIOL erworbene Eigenschaften **ac·quired im·mune de·fi·cien·cy syn·drome, AIDS** *n no pl* erworbene Immuninsuffizienz **ac·quired im·'mu·nity** *n no pl* MED erworbene Immunität

ac·quire·ment [ə'kwaɪəmənt, AM -ɚmənt] *n*
① *(skill)* Fertigkeit *f*
② *no pl (acquiring)* Erwerb *m*; *of firm* Übernahme *f*; *of habits* Annehmen *nt*; *of knowledge* Aneignung *f*

ac·quir·er [ə'kwaɪərəʳ, AM -ɚɚ] *n esp* AM FIN Erwerber(in) *m(f)*; **potential ~s** potenzielle Käufer

ac·qui·si·tion [,ækwɪ'zɪʃən] *n* ① *(purchase)* Anschaffung *f*, Ankauf *m*, Errungenschaft *f geh o hum*
② *no pl (acquiring)* Erwerb *m*; *of habits* Annehmen *nt*; *of knowledge* Aneignung *f*
③ ECON *(of firm)* Übernahme *f*, Erwerb *m*; *of customers* Akquise *f*, Akquisition *f* SCHWEIZ; **~** [*or* **purchase**] **accounting** AM Vollkonsolidierung *f*; **~ of new clients** COMM Neukundengewinnung *f*

ac·qui·'si·tion cost *n* ECON Anschaffungskosten *pl*, Erwerbskosten *pl* **ac·qui·'si·tion fi·nanc·ing** *n no pl* FIN Akquisitionsfinanzierung *f* **ac·qui·'si·tion price** *n* COMM Gestehungspreis *m*

ac·quisi·tive [ə'kwɪzɪtɪv, AM -əṭɪv] *adj (pej)* habgierig *pej*; **the ~ society** die erwerbssüchtige Gesellschaft

ac·quisi·tive·ness [ə'kwɪzɪtɪvnəs] *n no pl* Erwerbsstreben *nt*, Erwerbssinn *m*, Gewinnstreben *nt*; *(pej)* Gewinnsucht *f pej*, Raffgier *f pej*

ac·quit <-tt-> [ə'kwɪt] *vt* ① *usu passive (free)* ■**to ~ sb** jdn freisprechen; **to be ~ted on a charge** von einem Anklagepunkt freigesprochen werden
② *(perform)* **to ~ oneself badly/well** seine Sache schlecht/gut machen; **to ~ oneself like ...** sich *akk* wie ... verhalten

ac·quit·tal [ə'kwɪtəl, AM -ṭ-] *n* ① *(verdict)* Freispruch *m* (**on** von *+dat*)
② *(performance)* Erfüllung *f*

ACR [,eɪsi:'ɑ:] *n* COMPUT *abbrev of* **audio cassette recorder** Audiokassettenrecorder *m*; **~ interface** Schnittstelle *f* zu einem Kassettenrekorder

acre ['eɪkəʳ, AM -ɚ] *n* ① *(unit)* ≈ Morgen *m*; ■**~s** *pl* Grundbesitz *m*
② *(fam: lots)* ■**~s** *pl* ***there's ~s of room in here*** hier ist jede Menge Platz

acre·age ['eɪkərɪdʒ, AM -krɪdʒ] *n no pl* AGR ≈ Morgen *m*, Land *nt*

ac·rid ['ækrɪd] *adj* ① *(pungent) smell* stechend; *smoke* beißend; *taste* bitter
② *(cross)* scharf, bissig

ac·ri·mo·ni·ous [,ækrɪ'məʊniəs, AM -'moʊ-] *adj (form)* erbittert; *remark* bissig

ac·ri·mo·ni·ous·ly [,ækrɪ'məʊniəsli, AM -'moʊ-] *adv (form)* erbittert; ***he separated ~ from his wife*** er trennte sich im Streit von seiner Frau

ac·ri·mo·ny ['ækrɪməni, AM -moʊni] *n no pl (form)*
① *of person* Verbitterung *f*; ***we separated without ~*** wir trennten uns im Guten
② *of row* Schärfe *f*; *of remark* Bissigkeit *f*

ac·ro·bat ['ækrəbæt] *n* Akrobat(in) *m(f)*

ac·ro·bat·ic [,ækrə'bætɪk, AM -ṭ-] *adj* akrobatisch

ac·ro·bat·ics [,ækrə'bætɪks, AM -ṭ-] *n* ① *+ pl vb*

(movements) Akrobatik *f*
❷ + *sing vb (skill)* Akrobatik *f;* **mental ~** *pl* Gehirnakrobatik *f,* geistige Klimmzüge *hum*
ac·ro·branch·ing ['ækrə(ʊ)brɑ:ntʃɪŋ, AM -kroʊbræn-] *n no pl Extremsportart, bei der der am Baumstamm angeseilte Sportler über die Baumkrone läuft*
ac·ro·nym ['ækrə(ʊ)nɪm, AM -rənɪm] *n* Akronym *nt*
acropo·lis <*pl* -es> [ə'krɒpəlɪs, AM -'krɑ:p-] *n* HIST Stadtburg *f;* ■**the A~** die Akropolis
across [ə'krɒs, AM -'krɑ:s] **I.** *prep* ❶ *(on other side)* über +*dat;* ***her friend lives ~ town*** ihr Freund lebt am anderen Ende der Stadt; ***the old quarter is ~ the bridge*** die Altstadt liegt jenseits der Brücke; ***she lives ~ the street from him*** sie wohnt auf der ihm gegenüberliegenden Straßenseite
❷ *(from side to side)* über +*akk;* ***the German flag has three stripes ~ it*** die deutsche Fahne hat drei quer verlaufende Streifen; **~ country** querfeldein
❸ *(all over)* ***people ~ the globe*** die Menschen auf der ganzen Welt; ***small islands are scattered ~ the Pacific Ocean*** kleine Inseln sind im ganzen Pazifischen Ozean verstreut; **~ *the population*** in der ganzen Bevölkerung; **to spread ~ sb's face** sich über jds Gesicht ausbreiten
❹ *(unexpectedly)* ***she stumbled ~ her lost key*** sie fand ganz zufällig ihren verlorengegangenen Schlüssel wieder; ***I ran ~ Peter today*** ich habe heute ganz zufällig Peter getroffen
▶PHRASES: **~ the board** allgemein, generell; *cutbacks* pauschal
II. *adv inv* ❶ *(to other side)* hinüber; *(from other side)* herüber; *(on road)* ***let me help you ~*** lassen Sie mich Ihnen über die Straße helfen; **to look ~ at sb** zu jdm hinüber-/herübersehen; **to walk ~** hinüber-/herübergehen
❷ *(on other side)* drüben; **~ from sb/sth** jdm/etw gegenüber; ***he sat ~ from me at the table*** er saß mir am Tisch gegenüber
❸ *(wide)* ***two feet ~*** zwei Fuß breit; *circle* zwei Fuß im Durchmesser
❹ *(diagonal)* querdurch
❺ *(crossword)* ***17 ~*** 17 waagerecht
▶PHRASES: **to get one's point ~** sich *akk* verständlich machen; **to put one ~ [AM on] sb** *(fam)* jdn an der Nase herumführen
III. *adj attr, inv (crossword)* waagerecht, waagrecht ÖSTERR
a'cross-the-board *adj attr,* **across the board** *adj pred* allgemein; ***the initiative has ~ support*** die Initiative findet breite Unterstützung
acros·tic [ə'krɒstɪk, AM -'krɑ:s-] *n* LIT Akrostichon *nt fachspr*
acryl·ic [ə'krɪlɪk] **I.** *n* ❶ *no pl (fibre)* Acryl *nt*
❷ *(paint)* Acrylfarbe *f*
II. *n modifier (fibre, paint)* Acryl-; **~ pullover** Acrylpullover *m,* Pullover *m* aus Acryl
ac·ry·lo·ni·trile bu·ta·diene sty·rene [əkrɪləʊ,naɪtraɪl,bju:tədaɪ:n'staɪri:n, AM -loʊ'naɪtrəl-] *no pl,* **ABS** *n* CHEM Acrylnitril-Butadien-Styrol *nt;* **~ foam** ABS-Schaumstoff *m*
act [ækt] **I.** *n* ❶ *(deed)* Handlung *f,* Tat *f;* ***the simple ~ of telling her made me feel better*** schon allein, dass ich ihr davon erzählte, bewirkte, dass ich mich besser fühlte; **~ of aggression** Angriff *m;* **an ~ of charity/kindness** ein Akt *m* der Nächstenliebe/Güte; **to be an ~ of God** [*or* **nature**] höhere Gewalt sein; **~ of grace** Gnadenerlass *m,* Gnadenakt *m;* **to be an ~ of complete madness** *(fam)* der blanke Wahnsinn sein *fam;* **~ of mercy/terrorism** Gnaden-/Terrorakt *m;* ***a brave ~*** eine mutige Tat; **illegal/punishable ~** rechtswidrige/strafbare Handlung; **sexual ~** Geschlechtsakt *m;* **to be in the [very] ~ of doing sth** [gerade] dabei sein, etw zu tun; **to catch sb in the ~** jdn auf frischer Tat ertappen; **to catch sb in the ~ of doing sth** jdn [dabei] erwischen, wie er/sie etw tut
❷ *(of a play)* Akt *m;* **one ~ play** Einakter *m;* **a three ~ play** ein Stück *nt* in drei Akten; **~ One/Two** erster/zweiter Akt
❸ *no pl (fam: pretence)* Schau *f fam;* ***it's all an ~*** das ist alles nur Schau [*o* Theater] *fam;* ***don't take any notice, he's all an ~*** [*or* ***it's all an ~ with him***] *(fam)* ignorier ihn, er spielt nur Theater [*o* das ist alles nur Theater] *fam;* **to do one's 'kind uncle'/'proud father' ~** *(pej)* den netten Onkel/stolzen Vater spielen [*o fam* markieren]; **to put on an ~** *(fam)* Theater spielen *fig fam*
❹ *(performance)* Nummer *f;* **comedy ~** Lachnummer *f*
❺ *(performers)* Nummer *f fam*
❻ LAW Gesetz *nt;* **under the Education/Prevention of Terrorism A~** unter dem Bildungs-/Antiterrorgesetz; **~ of parliament** [Parlaments]gesetz *nt;* **to pass an ~ [of parliament]** ein Gesetz verabschieden
▶PHRASES: **to do a disappearing** [*or* **vanishing**] **~** *(fam)* verschwinden *fam,* sich *akk* aus dem Staub machen *fam;* **to get** [*or* **muscle**] **in on the ~** *(fam)* sich *akk* einmischen; **to get in on the** [*or* **into the**] **~** *(fam)* mitmischen *fam;* ***they all want to get in on the ~ of making money with shares*** alle wollen mitmischen, wenn es darum geht, mit Aktien Geld zu verdienen; **to get one's ~ together** *(fam)* sich *akk* am Riemen reißen *fam;* **to be a hard** [*or* **tough**] **~ to follow** *(fam)* schwer zu überbieten sein
II. *vi* ❶ *(take action)* handeln; *(proceed)* vorgehen; *(react)* ■**to ~ on sth** auf etw *akk* reagieren; **to ~ [up]on sb's advice/instructions** jds Rat/Anweisungen befolgen; **to ~ from** [*or* **out of**] **greed** aus Habgier handeln; **to ~ on impulse** unüberlegt handeln; **to ~ [up]on sb's warning** auf jds Warnung hören
❷ *(function)* ■**to ~ as sth** *person* als etw fungieren; *thing* als etw dienen; ***you'll have to ~ as chairman if he doesn't show up*** du musst als Vorsitzender einspringen, wenn er nicht auftaucht; ***she ~ed as guide for the group*** sie übernahm die Führung der Gruppe
❸ *(represent)* ■**to ~ for** [*or* **on behalf of**] **sb** jdn vertreten
❹ *(behave)* **~ *your age!*** benimm dich gefälligst deinem Alter entsprechend!; **to ~ like a child** sich *akk* wie ein kleines Kind benehmen; **to ~ like an idiot** sich *akk* wie ein Idiot aufführen *pej fam;* **to ~ foolishly/strangely** sich *akk* dämlich/seltsam benehmen; **to ~ normal/scared** sich *akk* normal/ängstlich verhalten; ■**to ~ as if ...** so tun, als ob ...
❺ *(play)* spielen; *(be an actor)* Schauspieler/Schauspielerin sein; ***she always wanted to ~*** sie wollte schon immer Schauspielerin werden
❻ *(sham)* schauspielern *pej fam;* ***she was simply ~ing*** sie tat nur so
❼ *(take effect)* ■**to ~ [on sth]** [auf etw *akk*] wirken
III. *vt* ❶ *(play)* **to ~ a part** eine Rolle spielen; **to ~ [the part of] Desdemona** den Desdemona spielen; **to ~ a play** ein Stück aufführen
❷ *(behave as)* **to ~ the fool/innocent/martyr** den Idioten/Unschuldigen/Märtyrer spielen
▶PHRASES: **to ~ a part** schauspielern *pej fam;* **to ~ the part** überzeugend sein
◆**act in** *vt* PSYCH ■**to ~ sth in** etw internalisieren *fachspr*
◆**act out** *vt* ❶ *(realize)* ■**to ~ out sth** etw ausleben; **to ~ out a fantasy** eine Fantasie ausleben
❷ *(perform)* ■**to ~ out sth** etw nachspielen
❸ PSYCH **to get ~ed out** *feelings* sich äußern
◆**act up** *vi (fam)* ❶ *person* Theater machen *fam; child* ungezogen sein
❷ *thing* Ärger machen *fam; computer* verrücktspielen *fam*
ACT I. *n* [,eɪsi:'ti:] ECON *abbrev of* **advance corporation tax** Körperschaftssteuervorauszahlung *f*
II. AUS *abbrev of* **Australian Capital Territory**
act·ing ['æktɪŋ] **I.** *adj attr, inv* stellvertretend; **~ manager** stellvertretender Geschäftsführer/stellvertretende Geschäftsführerin, kommissarischer Leiter/kommissarische Leiterin
II. *n no pl* ❶ *(activity)* Schauspielerei *f*
❷ *(performance)* Darstellung *f*
ac·tin·ic [æk'tɪnɪk] *adj inv* MED, PHYS *(spec)* aktinisch
ac·tin·ic 'light [æk'tɪnɪk-] *n* CHEM, PHOT aktinisches Licht
ac·tin·ium [æk'tɪniəm] *n no pl* CHEM Actinium *nt fachspr*
ac·tion ['ækʃᵊn] *n* ❶ *no pl (activeness)* Handeln *nt;* *(proceeding)* Vorgehen *nt;* *(measures)* Maßnahmen *pl;* ***what we need is ~*** wir brauchen Taten; ***we need firm ~*** wir müssen entschlossen vorgehen; ***only decisive ~ will stop the crisis from escalating*** nur ein entschlossenes Vorgehen wird eine Eskalation der Krise verhindern; ***so, what's the plan of ~?*** wie sieht also der Plan aus?; ***come on lazy things, let's see some ~*** [***around here***]! *(fam)* auf, ihr Faulpelze, legt euch ins Zeug! *fam;* ***what*** [***kind of***] ***~ is necessary to reduce unemployment?*** wie kann man die Arbeitslosigkeit senken?; **course of ~** Vorgehensweise *f;* ***could you tell me what the best course of ~ is?*** wie soll ich Ihrer Meinung nach am besten vorgehen?; **freedom of ~** Handlungsfreiheit *f;* **a man/woman of ~** ein Mann/eine Frau der Tat; **prompt ~** promptes Handeln; **to be out of ~** außer Gefecht sein; **~ to combat/increase/promote sth** Maßnahmen *pl* zur Bekämpfung/Erhöhung/Förderung einer S. *gen;* **to come into ~** in die Tat umgesetzt werden; **to go** [*or* **spring**] **into ~** in Aktion treten; **to prod** [*or* **spur**] **sb into ~** jdn dazu bringen, etwas zu tun; **to put sth into ~** etw in die Tat umsetzen; **to put sb out of ~** jdn außer Gefecht setzen; **to take ~** handeln, etwas unternehmen; ***no ~ was taken*** es wurde nichts unternommen; ***we must take ~ to deal with the problem*** wir müssen etwas unternehmen, um mit dem Problem fertig zu werden; **in ~** in Aktion
❷ *(act)* Handlung *f,* Tat *f;* ***you're responsible for your own ~s now*** du bist jetzt selbst für das, was du tust, verantwortlich; ***your ~ in releasing the caged animals was highly irresponsible*** es war höchst unverantwortlich von Ihnen, die eingesperrten Tiere freizulassen
❸ *no pl (plot)* **the [main] ~** die [Haupt]handlung
❹ *no pl* FILM Action *f fam;* ***lights, camera, ~!*** Beleuchtung, Kamera und Action!; ***his films have a lot of ~ and not much dialogue*** seine Filme sind voller Action und arm an Dialogen
❺ *no pl (combat)* Einsatz *m;* **to be missing in ~** vermisst sein; **to be in ~** im Einsatz sein; **to be destroyed by enemy ~** durch Feindeinwirkung zerstört werden; **to go into ~** ins Gefecht ziehen; **to be killed in ~** fallen; **to see ~** im Einsatz sein
❻ *(battle)* Gefecht *nt,* Kampf *m*
❼ *no pl* ■**the ~** *(excitement)* das Geschehen; *(fun also)* die Action *fam;* ***let's go where the ~ is*** lass uns hingehen, wo was los ist *fam;* **to get a piece of the ~** *(fam)* mitmischen *fam*
❽ *(movement)* Bewegung *f;* ***I'll say the words and you can mime the ~s*** ich spreche den Text und du kannst die Bewegungen dazu machen
❾ *no pl (effect)* Wirkung *f;* ***the fibres are broken down by chemical ~*** die Fasern werden durch chemische Vorgänge zersetzt
❿ *no pl (function)* Arbeitsweise *f,* Funktionsweise *f;* **to be out of ~** außer Betrieb sein; **to go** [*or* **spring**] **into ~** in Gang kommen; **to put sth out of ~** etw außer Betrieb setzen; **in ~** in Betrieb
⓫ *no pl (mechanism)* Mechanismus *m*
⓬ *(coordination)* Bewegungsablauf *m;* ***he's got a very awkward bowling ~*** er verfügt über einen eigenartigen Wurfstil
⓭ LAW Prozess *m,* Klage *f;* **class ~** Gruppenklage *f,* **court ~** Prozess *m;* **~s ex contractu/delicto** Ansprüche *pl* aus Vertrag/Delikt als Klagegrund *fachspr;* **~ for damages** Schadenersatzklage *f;* **~ for libel, libel ~** Verleumdungsklage *f;* **~ in personam/rem** obligatorische/dingliche Klage *fachspr;* **~ in tort** Schadenersatzklage *f;* **to bring an ~ [for sth] against sb** gegen jdn Klage [wegen einer S. *gen*] erheben, jdn [wegen einer S. *gen*] verklagen; **to bring an ~ for damages against sb** jdn auf Schadenersatz verklagen
⓮ *no pl (strike)* Streik *m;* **to take [industrial] ~** streiken
▶PHRASES: **~s speak louder than words** *(prov)*

Taten sagen mehr als Worte *prov;* **to want a piece** [*or* **slice**] **of the ~** *(fam)* ein Stück vom Kuchen abhaben wollen *fig;* **the wheels of bureaucracy creaked into ~** *esp* BRIT *(hum)* die Mühlen der Bürokratie setzten sich langsam in Bewegung

ac·tion·able ['ækʃᵊnəbl] *adj inv* LAW strafbar, gerichtlich verfolgbar; *statement* klagbar; *right* einklagbar; **torts which are ~ per se** Delikte, die selbstständig (ohne Schadensnachweis) einen Klagegrund bilden **'ac·tion bar** *n* COMPUT Aktionsleiste *f,* Menüleiste *f* **'ac·tion bar pull-down** *n* COMPUT Aktionsfenster *nt,* Menüfenster *nt,* Menüleiste [*o f* Menueleiste] SCHWEIZ **'ac·tion com·mit·tee** *n* Aktionskomitee *nt* **'ac·tion fig·ure** *n* Actionfigur *f* **'ac·tion film** *n* Actionfilm *m* **'ac·tion group** *n* Aktionskomitee *nt* **'ac·tion-packed** *adj story, film* spannungsgeladen, actiongeladen *fam* **'ac·tion paint·ing** *n no pl* Actionpainting *nt* **ac·tion 're·play** *n* BRIT, AUS TV Wiederholung *f (meist in Zeitlupe)* **'ac·tion sta·tions** *esp* BRIT **I.** *npl* MIL Stellung *f;* **"~!"** „Stellung [beziehen]!"; **to be at ~** in Stellung sein; *(fig also)* an seinem Platz sein **II.** *interj* aufgepasst!

ac·ti·vate ['æktɪveɪt] *vt* ■**to ~ sth** ❶ *(trigger)* etw aktivieren [*o* in Gang setzen]; **to ~ an alarm** einen Alarm auslösen

❷ CHEM, PHYS *(speed up)* etw aktivieren

ac·ti·va·ted 'car·bon, ac·tive 'car·bon *n no pl* Aktivkohle *f* **ac·ti·va·ted 'sludge** *n* Belebtschlamm *m*

ac·ti·va·tion [,æktɪ'veɪʃᵊn] *n no pl* Aktivierung *f; of alarm* Auslösen *nt*

ac·tive ['æktɪv] **I.** *adj* ❶ *(not idle)* aktiv; *children* lebhaft; **mentally ~** geistig rege; **physically ~** körperlich aktiv; **to keep ~** aktiv bleiben

❷ *(not passive)* aktiv; **to take an ~ interest** reges Interesse an etw *dat* zeigen; **to take** [*or* **play**] **an ~ part in sth** sich *akk* aktiv an etw *dat* beteiligen; **~ support** tatkräftige Unterstützung; **politically ~** politisch aktiv [*o* tätig]

❸ *inv (not inert)* aktiv; **~ volcano** aktiver Vulkan

❹ *(radioactive)* radioaktiv

❺ *inv* LING aktiv

❻ *pred (astir)* aktiv; **to be ~ during the day/at night** tag-/nachtaktiv sein

❼ FIN **~ account** aktives Konto; **~ partner** geschäftsführender Teilhaber/geschäftsführende Teilhaberin

II. *n no pl* LING **~** [**voice**] Aktiv *nt;* **in the ~** im Aktiv

ac·tive 'coun·try *n* ECON Aktivland *nt,* Kartenland *nt* **ac·tive 'funds** *n pl* FIN Aktivgelder *pl* **'ac·tive list** *n* MIL Liste *f* der Reserveoffiziere; **to be on the ~** zur ständigen Verfügung stehen

ac·tive·ly ['æktɪvli] *adv* aktiv; **to be ~ involved in sth** intensiv an etw *dat* beteiligt sein [*o* mitarbeiten]

ac·tive 'mar·ket *n* STOCKEX lebhafte Börse **ac·tive 'ser·vice,** AM **ac·tive 'duty** *n no pl* MIL aktiver Dienst; **on ~** im Einsatz **ac·tive·wear** ['æktɪvweəʳ, AM -wer] *n no pl* Activewear *f (Bekleidung für leistungsorientierten Sport)*

ac·tiv·ism ['æktɪvɪzᵊm] *n no pl* Aktivismus *m*

ac·tiv·ist ['æktɪvɪst] *n* Aktivist(in) *m(f)*

ac·tiv·ity [æk'tɪvəti, AM -əṭi] *n* ❶ *(activeness)* Aktivität *f;* **economic activities** wirtschaftliche Unternehmungen; **social activities** gesellschaftliche Aktivitäten

❷ *no pl (liveliness)* Lebhaftigkeit *f; in market, place etc.* geschäftiges Treiben; *in office* Geschäftigkeit *f;* **a flurry of ~** eine Hektik

❸ *usu pl (pastime)* Aktivität *f,* Veranstaltung *f; (mental)* Beschäftigung *f;* **outdoor activities** Aktivitäten *pl* im Freien

❹ *usu pl (undertakings)* Aktivitäten; **classroom activities** schulische Tätigkeiten; **criminal/terrorist activities** kriminelle/terroristische Tätigkeiten [*o* Aktivitäten]

❺ *(radioactivity)* Radioaktivität *f*

ac·'tiv·ity chart *n* ECON Arbeitsplanungsformular *nt*

ac·tor ['æktəʳ, AM -ɚ] *n* ❶ *(performer)* Schauspieler *m*

❷ *(pretender)* Schauspieler(in) *m(f)*

ac·tor-di·rec·tor [,æktədɪ'rektəʳ, AM -tɚdɪ'rektɚ] *n* Regie führender Schauspieler/Regie führende Schauspielerin

ac·tress <*pl* -es> ['æktrəs] *n* Schauspielerin *f*

ac·tual ['æktʃuəl] **I.** *adj attr, inv* ❶ *(real)* eigentlich, tatsächlich; *facts* konkret, tatsächlich

❷ *(genuine)* echt; **your ~ ...** BRIT *(fam)* der/die/das echte ...

❸ *(current)* derzeitig; **in the ~ situation** bei der derzeitigen Lage

❹ *(precise)* genau; ***and those are the ~ words he used?*** und das hat er *so* gesagt?; **in ~ fact** tatsächlich

❺ FIN **~ price** Istpreis *m;* **~ comparison/cost/percentage** Istvergleich *m*/-kosten *pl*/-prozentsatz *m;* **~ indebtedness** FIN Effektivverschuldung *f;* **~ interest yield** FIN effektiver Zinsertrag *m;* **~ payment amount** FIN Zahlungs-Istbetrag *m;* **~ reserve** FIN Reserve-Ist *nt;* **~ securities** FIN effektive Stücke *pl;* **~ value** Sollwert *m,* Istwert *m*

II. *n* FIN *(commodity)* effektiv vorhandene Ware *f,* Lokoware *f* BRD, Kassaware *f* BRD; ■**~s** *pl* FIN Istbestand *m*

ac·tu·al·ity [,æktʃu'æləti, AM -əṭi] *n (form)* ❶ *no pl (reality)* Wirklichkeit *f,* Realität *f;* **in ~** in Wirklichkeit

❷ *(conditions)* ■**actualities** *pl* tatsächliche Gegebenheiten; **the actualities of life** die Lebensbedingungen

ac·tu·al·ize [,æk(t)ʃuəlaɪz] *vt (form)* ■**to ~ sth** etw realisieren; **to ~ one's dream** seinen Traum verwirklichen

ac·tu·al·ly ['æktʃuəli] *adv inv* ❶ *(in fact)* eigentlich; ***so what ~ happened?*** was ist denn nun eigentlich passiert?; ***who ~ took this decision?*** wer hat [denn] eigentlich diese Entscheidung getroffen?; ***that isn't ~ what I meant*** das habe ich eigentlich nicht gemeint; ***I didn't ~ see her*** ich habe sie eigentlich gar nicht gesehen; ***I didn't ~ talk to him myself, but everybody says his English is perfect*** ich habe zwar selbst nicht mit ihm gesprochen, aber jeder sagt, sein Englisch sei perfekt; ***I only intended to be there for an hour, but I ~ ended up staying for a whole day*** ich wollte eigentlich nur für eine Stunde hin, bin dann aber letztendlich den ganzen Tag geblieben

❷ *(really)* wirklich; ***must you ~ go so soon?*** musst du jetzt wirklich schon gehen?; ***he's ~ independent*** er ist im Grunde unabhängig; ***I didn't ~ love him*** ich habe ihn nicht [*o* nie] wirklich geliebt; ***did you ~ say that?*** hast du das tatsächlich gesagt?

❸ *(surprisingly)* tatsächlich; ***I'm one of the few people who don't ~ like champagne*** ich gehöre zu den wenigen Leuten, die tatsächlich keinen Champagner mögen; ***they've ~ decided to get married*** sie haben tatsächlich beschlossen zu heiraten

❹ *(hum iron: unexpectedly)* tatsächlich *iron;* ***oh, you're ~ listening!*** na so was, du hast tatsächlich zugehört! *iron;* ***don't tell me he ~ agreed to pay for you!*** sag bloß, er hat dich tatsächlich eingeladen! *hum*

❺ *(polite)* eigentlich; ***do you mind if I smoke? — well, ~ I'd rather you didn't*** stört es Sie, wenn ich rauche? – nun ja, eigentlich [*o* im Grunde] schon; ***~, that's my seat you're sitting in*** ich glaube, Sie sitzen auf meinem Platz; ***I'm ~ rather busy at the moment*** ich bin im Augenblick leider ziemlich beschäftigt

❻ *(by the way)* übrigens; ***you were quite right ~*** Sie hatten übrigens völlig Recht

❼ *(correcting)* doch; ***I bet you haven't tidied up your room — ~ I have*** ich wette, du hast dein Zimmer nicht aufgeräumt – doch

ac·tu·arial [,æktʃu'eəriəl, AM -'eri-] *adj inv* FIN versicherungsmathematisch *fachspr;* **~ loan** Versicherungsdarlehen *nt;* **~ reserve** Deckungsrückstellung *f*

ac·tu·ary ['æktʃuəri] *n* FIN Versicherungsmathematiker(in) *m(f),* Aktuar(in) *m(f) fachspr;* **consulting ~** beratender Versicherungsmathematiker/beratende Versicherungsmathematikerin

ac·tu·ate ['æktʃueɪt] *vt* ❶ *(operate)* ■**to ~ sth** *device, mechanism* etw in Gang setzen

❷ TECH *(trigger)* ■**to ~ sth** etw auslösen

❸ *(form: motivate)* ■**to be ~d by sth** von etw *dat* angetrieben sein

ac·tua·tor ['æktʃueɪtəʳ, AM -ṭɚ] *n* COMPUT Bestätigungsschaltstück *nt*

actus reus [,æktəs'reɪəs] *n* LAW Tatbestand *m*

ACU [,eɪsiː'juː] *n abbrev of* **automatic calling unit** automatische Anrufeinrichtung

acu·ity [ə'kjuːəti, AM -əṭi] *n no pl (form)* Schärfe *f; of thought* Scharfsinn *m;* **visual ~** Sehschärfe *f*

acu·men ['ækjʊmən, AM ə'kjuː-] *n no pl* Scharfsinn *m;* **business ~** Geschäftssinn *m;* **political ~** politischer Weitblick; **to show ~ in doing sth** in etw *dat* Weitblick zeigen

acu·pres·sure ['ækjʊpreʃəʳ, AM -ɚ] *n no pl* Akupressur *f*

acu·punc·ture ['ækjʊpʌŋ(k)tʃəʳ, AM -ɚ] *n no pl* Akupunktur *f*

acut·ance [ə'kjuːtᵊn(t)s] *n* PHOT, PHYS Randschärfe *f*

acute [ə'kjuːt] **I.** *adj* ❶ *(serious)* akut; *difficulties* ernst, gravierend *geh;* ***the crisis is becoming ever more ~*** die Krise verschärft sich immer mehr; **~ anxiety** ernsthafte Sorge; **~ illness** akute Erkrankung; **~ pain** heftiger Schmerz; **~ shortage** akuter Mangel

❷ *(keen)* scharf; **~ hearing** feines Gehör; **~ sense of smell** ausgeprägter Geruchssinn

❸ *(shrewd)* scharfsinnig; **~ observation** genaue [*o* scharfe] Beobachtung

❹ *(sharp)* spitz; **~ angle** spitzer Winkel

II. *n* LING Akut *m fachspr*

acute 'ac·cent *n* LING Akut *m fachspr* **'acute-an·gled** *adj* spitzwinklig

acute·ly [ə'kjuːtli] *adv* ❶ *(extremely)* äußerst; **to be ~ ill** sehr krank sein; **to feel sth ~** etw intensiv fühlen [*o* empfinden]; **to be ~ aware of sth** sich *dat* einer S. *gen* sehr bewusst sein

❷ *(shrewdly)* scharfsinnig

acute·ness [ə'kjuːtnəs] *n no pl* ❶ *(severity)* Ernsthaftigkeit *f; of illness* Akutheit *f; of pain* Intensität *f*

❷ *(shrewdness)* Schärfe *f,* Scharfsinn *m; of sb's observations* Genauigkeit *f*

❸ *(keenness)* Feinheit *f*

A/D, A to D *abbrev of* **analogue to digital** Analog-Digital-Umwandlung *f;* **~ converter** Analog-Digital-Umsetzer *m*

ad [æd] *n (fam) short for* **advertisement** Anzeige *f,* Inserat *nt* SCHWEIZ; *(on TV)* Werbespot *m;* **precision-targeted ~** zielgruppenspezifische Werbung

AD [,eɪ'diː] *adj abbrev of* **Anno Domini** n. Chr.

ad·age ['ædɪdʒ] *n* Sprichwort *nt*

'ad agen·cy *n short for* **advertising agency** Werbeagentur *f*

ada·gio [ə'dɑː(d)ʒiəʊ, AM -(d)ʒoʊ] MUS **I.** *adv* adagio

II. *adj* adagio, langsam

III. *n* Adagio *nt fachspr*

Adam ['ædəm] *n no pl* Adam *m*

▶ PHRASES: **to not know sb from ~** jdn überhaupt nicht kennen; ***you don't know me from ~*** du hast doch gar keine Ahnung, wer ich bin

ada·mant ['ædəmənt] *adj* ❶ *pred person* ■**to be ~** unnachgiebig sein; ■**to be ~ about** [*or* **in**] **sth** auf etw *dat* beharren [*o* bestehen]; ■**to be ~ that ...** darauf beharren [*o* bestehen], dass ...

❷ *refusal* hartnäckig

ada·man·tine [,ædə'mæntaɪn] *adj* ❶ *(like diamond)* diamantartig, steinhart

❷ *(fig poet)* unerbittlich *geh,* unnachgiebig; **~ will** unbeugsamer Wille *geh*

ada·mant·ly ['ædəməntli] *adv* hartnäckig; **to be ~ opposed to sth** etw entschieden ablehnen

Ad·am's 'ap·ple *n* Adamsapfel *m*

adapt [ə'dæpt] **I.** *vt* ❶ *(modify)* ■**to ~ sth** etw anpassen; *machine* etw umstellen [*o* umbauen]; ■**to ~ sth to sth** etw an etw *akk* anpassen

❷ *(adjust)* ■**to ~ sth** [**to sth**] etw [an etw *akk*] anpassen; ***we had to ~ our lifestyle to the new circumstances*** wir mussten unseren Lebensstil an die neuen Verhältnisse anpassen; ■**to ~ oneself to sth** sich *akk* an etw *akk* gewöhnen

❸ *(rewrite)* ■**to ~ sth for sb/sth** etw für jdn/etw

bearbeiten [*o geh* adaptieren]; ***the play has been ~ed for children*** das Stück wurde für Kinder umgearbeitet
II. *vi* ▪**to ~ [to sth]** sich *akk* [etw *dat*] anpassen; BIOL sich *akk* [etw *dat*] adaptieren *fachspr;* ***children ~ very easily to new environments*** Kinder gewöhnen sich sehr leicht an eine neue Umgebung

adapt·abil·ity [əˌdæptəˈbɪləti, AM -əṭi] *n no pl* Anpassungsfähigkeit *f* (**to/for** an *+akk)*

adapt·able [əˈdæptəbl̩] *adj* anpassungsfähig, SCHWEIZ *a.* adaptierbar; *machine* vielseitig; **to be ~ to sth** *person* sich *akk* an etw *akk* anpassen können; *thing* sich *akk* an etw *akk* anpassen lassen

ad·ap·ta·tion [ˌædæpˈteɪʃᵊn] *n* ❶ *no pl (adapting)* Anpassung *f* (**to** an *+akk)*
❷ *no pl (modifying)* Umbau *m* (**to** *+gen)*; *of machine* Umstellung *f* (**to** auf *+akk)*
❸ *(work)* Bearbeitung *f,* Adaption *f geh*
❹ BIOL Adaptation *f fachspr*

adapt·ed [əˈdæptɪd] *adj inv* angepasst; **specially ~** an spezielle Bedürfnisse angepasst

adapt·er *n see* **adaptor**

adap·tion [əˈdæpʃᵊn] *n see* **adaptation**

adap·tive [əˈdæptɪv] *adj* BIOL anpassungsfähig

adap·tor [əˈdæptəʳ, AM -ɚ] *n* ❶ *(device)* Adapter *m*
❷ *(plug)* Adapter *m; (with several)* Mehrfachsteckdose *f,* Mehrfachstecker *m*
❸ *(writer)* Bearbeiter(in) *m(f)*

ADC¹ [ˌeɪdiːˈsiː] *n abbrev of* **aide-de-camp**

ADC² [ˌeɪdiːˈsiː] *n abbrev of* **analogue to digital converter** Analog-Digital-Umsetzer *m*

add [æd] **I.** *vt* ❶ *(mix)* ▪**to ~ sth [to sth]** *ingredients* etw [zu etw *dat*] hinzufügen [*o* dazugeben]
❷ *(include)* ▪**to ~ sth to sth** etw *dat* etw hinzufügen
❸ *(attach)* ▪**to ~ sth [to sth]** [etw *dat*] etw hinzufügen, etw an etw *akk* anfügen; ***I ~ed her name to the list*** ich habe ihren Namen mit auf die Liste gesetzt
❹ *(say)* ▪**to ~ sth [to sth]** [etw *dat*] etw hinzufügen
❺ *(sum)* ▪**to ~ sth [together]** etw addieren [*o* zusammenzählen]; ▪**to ~ sth to sth** etw zu etw *dat* [dazu]zählen
❻ *(contribute)* ▪**to ~ sth to sth** etw zu etw *dat* beitragen
▸PHRASES: **to ~ insult to injury ...** um die Sache noch schlimmer zu machen, ...
II. *vi* ❶ *(do sums)* addieren, zusammenzählen
❷ *(increase)* ▪**to ~ to sth** zu etw *dat* beitragen; ***these little extras all ~ to the cost*** all diese kleinen Extras erhöhen die Kosten
◆**add in** *vt* ▪**to ~ in** ⊂ **sth** etw hinzufügen [*o* einkalkulieren]
◆**add on** *vt* ▪**to ~ on** ⊂ **sth** ❶ *(include)* etw [mit] dazurechnen
❷ *(attach)* etw hinzufügen
❸ *(build)* etw anbauen
◆**add up I.** *vi* ❶ *(do sums)* addieren
❷ *(total)* ▪**to ~ up to sth** *bill* sich *akk* auf etw *akk* belaufen
❸ *(accumulate)* sich *akk* summieren; ▪**to ~ up to sth** *costs, expenses* sich *akk* auf etw *akk* belaufen
❹ *(fam: make sense)* ***it doesn't ~ up*** es macht [*o* ergibt] keinen Sinn; ***now it all ~s up!*** so passt alles zusammen!
❺ *(lead to)* ▪**to ~ up to sth** zu etw *dat* beitragen; ***various people made suggestions, but they didn't ~ up to much*** verschiedene Leute machten Vorschläge, doch letztlich kam nicht viel dabei heraus
II. *vt* ▪**to ~ up** ⊂ **sth** etw addieren [*o* zusammenzählen]

ADD [ˌeɪdiːˈdiː] *n no pl abbrev of* **attention deficit disorder** Aufmerksamkeitsdefizitssyndrom *nt*

add·ed [ˈædɪd] *adj inv* zusätzlich; **~ to which ...** *esp* BRIT hinzu kommt, dass ...

add·ed ˈvalue *n* FIN Mehrwert *m fachspr*

ad·den·da [əˈdendə] *n pl of* **addendum**

ad·den·dum <*pl* -da> [əˈdendəm, *pl* -də] *n* ❶ *(addition)* Nachtrag *m* (**to** zu *+dat)*
❷ *(appendix)* ▪**addenda** *pl* Anhang *m,* Addenda *pl fachspr*

ad·der [ˈædəʳ, AM -ɚ] *n* Otter *f,* Viper *f*

ad·dict [ˈædɪkt] *n* ❶ *(junkie)* Abhängige(r) *f(m),* Süchtige(r) *f(m);* **drug ~** Drogenabhängige(r) *f(m);* **to become an ~** süchtig werden
❷ *(hum: fan)* Süchtige(r) *f(m);* ***he's a chocolate ~*** er ist süchtig nach Schokolade

ad·dict·ed [əˈdɪktɪd] *adj usu pred* ❶ *(dependent)* ▪**to be ~ to sth** von etw *dat* abhängig sein, nach etw *dat* süchtig sein; **to be ~ to cocaine/heroin** kokain-/heroinsüchtig sein; **to be ~ to drugs** drogenabhängig [*o* drogensüchtig] sein; **to get sb ~** jdn abhängig [*o* süchtig] machen
❷ *(enthusiastic)* süchtig; ▪**to be ~ to sth** nach etw *dat* süchtig sein

ad·dic·tion [əˈdɪkʃᵊn] *n* ❶ *no pl (dependency)* Abhängigkeit *f* (**to** von *+dat)*, Sucht *f* (**to** nach *+dat)*; **alcohol/drug ~** Alkohol-/Drogenabhängigkeit *f,* Alkohol-/Drogensucht *f*
❷ *(craving)* Sucht *f;* ***shopping can become an ~*** Einkaufen kann zur Sucht werden

ad·dic·tive [əˈdɪktɪv] *adj* ❶ *(causing dependency)* ▪**to be ~** abhängig [*o* süchtig] machen; **to be highly ~** schnell süchtig machen; **~ drug/substance** Suchtdroge *f*/Suchtmittel *nt*
❷ *(enjoyable)* ▪**to be ~** süchtig machen; ***video games can be ~*** Videospiele können zur Sucht werden
❸ PSYCH **~ personality** Suchttyp *m*

ˈadd-in I. *n* Zusatz *m*
II. *adj* Zusatz-

ˈadd·ing ma·chine *n* Addiermaschine *f*

add·ing ˈup *n no pl* Addieren *nt*

Ad·dis Aba·ba [ˌædɪsˈæbəbə] *n* Addis Abeba *nt*

ad·di·tion [əˈdɪʃᵊn] *n* ❶ *no pl (adding)* Addition *f*
❷ *no pl (attaching)* Hinzufügen *nt* (**to** an *+akk)*; *of building* Anbau *m* (**to** an *+akk)*
❸ *no pl (including)* Aufnahme *f*
❹ *(extra)* Ergänzung *f* (**to** zu *+dat)*, Zusatz *m* (**to** zu *+dat)*; **~ to the family** *(hum)* [Familien]zuwachs *m*
❺ ▪**in ~** außerdem; ▪**in ~ to sth** zusätzlich zu etw *dat*

ad·di·tion·al [əˈdɪʃᵊnᵊl] *adj inv* ❶ *(extra)* zusätzlich; **~ charge** Aufpreis *m*
❷ FIN **~ voluntary contributions** freiwillige Sonderbeitragsleistung

ad·di·tion·al·ly [əˈdɪʃᵊnᵊli] *adv inv* außerdem, zusätzlich; ***and ~ he said that ...*** und ergänzend fügte er hinzu, dass ...

ad·di·tive [ˈædɪtɪv, AM -ṭɪv] **I.** *n* Zusatz *m;* **chemical ~s** chemische Zusätze
II. *adj* zusätzlich

ad·dle [ˈædl̩] **I.** *vt (hum)* **to ~ sb's brain** jds Verstand verwirren
II. *vi* verderben; *eggs* faulen

ad·dled [ˈædl̩d] *adj* ❶ *(hum: muddled)* verwirrt; **~ brain** benebeltes [Ge]hirn
❷ *(rotten)* verdorben; **~ eggs** faule Eier

add-on [ˈædɒn, AM -ɑːn] **I.** *n* COMPUT Zusatzgerät *f; (several)* Zubehör *nt,* Add-on *nt*
II. *adj attr, inv* zusätzlich, Zusatz-; **~ charge** Zusatzgebühr *f;* **~ charge value** Zuschlagwert *m;* **~ cost** Zusatzkosten *pl;* **~ discount** Zusatznachlass *m,* Zuschlagnachlass *m*

ad·dress I. *n* <*pl* -es> [əˈdres, AM ˈæd-] ❶ *(abode)* Adresse *f,* Anschrift *f;* ***she's not at that ~ any more*** sie wohnt nicht mehr dort; **business/home ~** Geschäfts-/Privatadresse *f;* **physical ~** Postanschrift *f;* **not known at this ~** Empfänger unbekannt
❷ *(form: skill)* Geschick *nt*
❸ COMPUT Adresse *f*
❹ *(speech)* Rede *f* (**to** an *+akk)*; *(for a particular occasion)* Ansprache *f* (**to** an *+akk)*
❺ *(title)* **form of ~** [Form *f* der] Anrede *f*
❻ *(liter: courtship)* **to pay one's ~es to sb** jdm den Hof machen *fam o veraltend*
II. *vt* [əˈdres] ❶ *(write address)* ▪**to ~ sth [to sb/sth]** etw [an jdn/etw] adressieren; **to ~ a letter/a parcel** einen Brief/ein Paket adressieren
❷ *(direct)* ▪**to ~ sth to sb:** ***he ~ed a few introductory remarks to the audience*** er richtete einige einführende Bemerkungen an die Zuhörer; ▪**to ~ oneself to sb/sth** sich *akk* an jdn/etw wenden [*o* SCHWEIZ, ÖSTERR *a.* richten]
❸ *(speak to)* ▪**to ~ sb** jdn ansprechen; ***were you ~ing me?*** haben Sie mit mir gesprochen?; ***he rose to ~ the meeting*** er erhob sich, um zu der Versammlung zu sprechen; ▪**to ~ oneself to sb** jdn ansprechen
❹ *(use title)* ▪**to ~ sb [as sth]** jdn [als etw *akk*] anreden
❺ *(deal with)* ▪**to ~ sth** *issue* etw ansprechen
❻ *(in golf)* **to ~ the ball** den Ball anvisieren

adˈdress book *n* Adressbuch *nt*

ad·dressee [ˌædresˈiː] *n* Empfänger(in) *m(f),* Adressat(in) *m(f) geh*

adˈdress·ing ma·chine *n* Adressiermaschine *f*

adˈdress la·bel *n* Adress[en]aufkleber *m*

ad·duce [əˈdjuːs, AM *esp* əˈduːs] *vt (form)* ▪**to ~ sth** *facts* etw anführen; **to ~ evidence** LAW Beweismaterial *nt* vorlegen, Beweise erbringen

adeem [əˈdiːm] *vt* LAW ▪**to ~ a legacy** ein Vermächtnis wegfallen lassen [*o* entziehen]

Adélie Coast [æˈdeɪliˈkəʊst, AM -ˈkoʊst] *n* Adelien-Küste

ademp·tion [əˈdem(p)ʃᵊn] *n* LAW Wegfall *m* [*o* Entziehung *f*] eines Vermächtnisses

Aden [ˈeɪdᵊn, AM ˈɑː-] *n* Aden

ad·enoi·dal [ˌædɪˈnɔɪdᵊl, AM -dᵊnˈ-] *adj inv* nasal; ***he sounds ~*** er näselt

ad·enoids [ˈædɪnɔɪdz, AM -dᵊn-] *npl (in throat)* Rachenmandelwucherungen *pl; (in nose)* Polypen *pl,* Adenoide *pl fachspr*

ad·eno·ma <*pl* -s *or* -ata> [ˌædɪˈnəʊmə, *pl* -mətə, AM -ˈnoʊ-, *pl* -məṭə] *n* MED Adenom *nt*

adept I. *adj* [əˈdept] geschickt; **~ performer** talentierter Darsteller/talentierte Darstellerin; ▪**to be ~ at** [*or* **in**] **[doing] sth** in etw *dat* geschickt sein; ***he was never very ~ in the finer arts of conversation*** er hatte noch nie ein Talent für gepflegte Unterhaltung
II. *n* [ˈædept] *(liter)* Meister(in) *m(f)* (**at** in *+dat)*

adept·ly [əˈdeptli] *adv* geschickt

ad·equa·cy [ˈædɪkwəsi] *n no pl* ❶ *(sufficiency)* Angemessenheit *f,* Zulänglichkeit *f*
❷ *(suitability)* Tauglichkeit *f,* Eignung *f*

ad·equate [ˈædɪkwət] *adj* ❶ *(sufficient)* ausreichend, genügend *attr; excuse* angemessen
❷ *(suitable)* angemessen, adäquat *geh;* **to find ~ words** die passenden Worte finden
❸ *(commensurate)* ▪**~ to sth** einer S. *dat* angemessen
❹ *(barely sufficient)* zulänglich; **to be ~** [aus]reichen

ad·equate·ly [ˈædɪkwətli] *adv* ❶ *(sufficiently)* ausreichend
❷ *(suitably)* angemessen
❸ *(barely sufficiently)* zulänglich; ***we shall do ~, but are unlikely to make a large profit*** wir werden gerade so auskommen, aber sicherlich keinen großen Gewinn machen

ADHD [ˌeɪdiːeɪtʃˈdiː] *n abbrev of* **attention deficient hyperactivity disorder** Aufmerksamkeitsdefizitsyndrom *nt*

ad·here [ədˈhɪəʳ, AM -ˈhɪr] *vi* ❶ *(form: stick)* ▪**to ~ [to sth]** [an etw *akk*] kleben [*o geh* haften]
❷ *(follow)* ▪**to ~ to sth** *rule* sich *akk* an etw *akk* halten
❸ *(support)* ▪**to ~ to sth** *a principle* an etw *dat* festhalten
❹ *(represent)* ▪**to ~ to sth** bei etw *dat* bleiben; ***the translator has ~d very strictly to the original text*** der Übersetzer hat sich strikt an den Originaltext gehalten

ad·her·ence [ədˈhɪərᵊn(t)s, AM -ˈhɪr-] *n no pl (form)* Festhalten *nt* (**to** an *+dat)*; *of rule* Befolgung *f* (**to** *+gen)*; *to regulations* Einhaltung *f* (**to** von *+dat)*

ad·her·ent [ədˈhɪərᵊnt, AM -ˈhɪr-] *(form)* **I.** *n* Anhänger(in) *m(f)*
II. *adj* klebend *attr,* haftend *attr*

ad·he·sion [ədˈhiːʒᵊn] *n no pl* ❶ *(sticking)* Haften *nt* (**to** an *+dat)*, Adhäsion *f fachspr* (**to** von *+dat)*
❷ *(stickiness)* Haftvermögen *nt*

❸ *(form) see* **adherence**

ad·he·sive [əd'hi:sɪv] **I.** *adj* haftend *attr,* klebend *attr*
II. *n no pl* Klebstoff *m,* Kleber *m fam*
III. *n modifier (label, tape)* Klebe-; ~ **plaster** Heftpflaster *nt*

ad hoc [,æd'hɒk, AM -'hɑ:k] *inv* **I.** *adj* Ad-hoc-; **an ~ committee** LAW ein Ad-hoc-Ausschuss *m;* **to do sth on an ~ basis** etw spontan tun
II. *adv* ad hoc

ad idem [,æd'ɪdəm, AM -'aɪ-] *adv* LAW in Übereinstimmung miteinander

adieu [ə'dju:, AM *esp* -'du:] **I.** *interj (liter or old)* adieu; **~, *then my friends*** lebt wohl, meine Freunde
II. *n* <*pl* -s *or* -x> *(liter or old)* Adieu *nt,* Lebewohl *nt;* **to bid sb/sth ~** [*or* **~ to sb/sth**] jdm/etw Lebewohl sagen

ad in·fi·ni·tum [,ædɪnfɪ'naɪtəm, AM -ţəm] *adv inv* ad infinitum *geh,* endlos

adi·os ['ædiɒs, AM ,ɑ:di'oʊs, 'ædi-] *interj esp* AM *(fam)* adios *sl*

adi·pose ['ædɪpəʊs, AM -əpoʊs] *adj attr, inv* MED fetthaltig *attr,* adipös *fachspr*

adi·pose 'tis·sue *n no pl* MED Fettgewebe *nt*

Adi·ron·dacks [,ædɪ'rɒndæks, AM -'rɑ:n-] *npl* ■**the ~** das Adirondack Gebirge

adj *n abbrev of* **adjective** Adj.

ad·ja·cent [ə'dʒeɪsᵊnt] *adj (form)* ❶ *(next to)* angrenzend; **the ~ building** das Gebäude nebenan; ***her room was ~ to mine*** ihr Zimmer lag neben meinem
❷ *(nearby)* nah[e]; **~ *to where I live*** in der Nähe meiner Wohnung

ad·jec·ti·val [,ædʒɪk'taɪvᵊl] *adj inv* adjektivisch; **~ ending** Adjektivendung *f*

ad·jec·ti·val·ly [,ædʒɪk'taɪvᵊli] *adv inv* adjektivisch

ad·jec·tive ['ædʒɪktɪv] *n* Adjektiv *nt,* Eigenschaftswort *nt*

'ad·jec·tive law *n* LAW Verfahrensrecht *nt,* formelles Recht

ad·join [ə'dʒɔɪn] **I.** *vt* ■**to ~ sth** an etw *akk* angrenzen; *building* an etw *akk* stoßen
II. *vi* aneinandergrenzen

ad·join·ing [ə'dʒɔɪnɪŋ] *adj attr, inv* angrenzend *attr,* nebeneinanderliegend *attr;* **~ room** Nebenzimmer *nt*

ad·journ [ə'dʒɜ:n, AM -ɜ:rn] **I.** *vt usu passive* ■**to ~ sth** *(interrupt)* etw unterbrechen; *(suspend)* etw verschieben [*o geh* vertagen]; LAW etw vertagen; **to ~ the court** die [Gerichts]verhandlung vertagen; **to ~ a trial** einen Prozess aussetzen
II. *vi* ❶ *(stop temporarily)* eine Pause einlegen [*o* machen], unterbrechen; *(end)* aufhören; ***shall we ~ for lunch?*** sollen wir eine Mittagspause einlegen?
❷ *(form or dated: move to)* **to ~ to the living** [*or* **sitting**] **room** sich *akk* ins Wohnzimmer begeben

ad·journ·ment [ə'dʒɜ:nmənt, AM -ɜ:rn-] *n* ❶ *(temporary stop)* Unterbrechung *f*
❷ *no pl (until another day)* Verschiebung *f*
❸ LAW *(until another day)* Vertagung *f* (**until** bis +*dat*); *(interruption)* Aussetzung *f*

ad·judge [ə'dʒʌdʒ] *vt usu passive (form)* ❶ *(evaluate as)* **to be ~d bankrupt** für bankrott erklärt werden; **to be ~d the winner** zum Sieger erklärt werden
❷ *(award)* ■**to ~ sth to sb** jdm etw zuerkennen

ad·ju·di·cate [ə'dʒu:dɪkeɪt] *(form)* **I.** *vi* ■**to ~** [**up**]**on sth** über etw *akk* entscheiden; LAW über etw *akk* ein Urteil fällen; **to ~ on a dispute** einen Streit entscheiden, ein Urteil in einem Streit[fall] fällen
II. *vt* LAW **to ~ a claim/dispute** über einen Anspruch/Streit entscheiden; ■**to be ~d sth** zu etw *dat* erklärt werden; ***he was ~d bankrupt*** über ihn wurde der Konkurs verhängt, er wurde für bankrott erklärt

ad·ju·di·ca·tion [ə,dʒu:dɪ'keɪʃᵊn] *n (form)* ❶ *also* LAW *(judgment)* Entscheidung *f,* Urteil *nt;* **~ order** [*or* **~ of bankruptcy**] Konkurseröffnungsbeschluss *m;* **~ tribunal** Schlichtungskommission *f*
❷ *no pl (consideration)* Beurteilung *f;* **to be under ~ in the courts** gerichtlich verhandelt werden

ad·ju·di·'ca·tion tri·bu·nal *n* Schiedsrichterkommission *f*

ad·ju·di·ca·tor [ə'dʒu:dɪkeɪtəʳ, AM -ţɚ] *n (form)* Schiedsrichter(in) *m(f),* Schlichter(in) *m(f); (in competition)* Preisrichter(in) *m(f)*

ad·junct ['ædʒʌŋ(k)t] **I.** *n* ❶ *(secondary item)* Zusatz *m,* Beigabe *f*
❷ *(assistant)* Assistent(in) *m(f)*
❸ LING Ergänzung *f;* **adverbial ~** adverbiale Ergänzung
II. *adj doctor, surgeon* Assistenz-; **~ professor** AM außerordentlicher Professor; **~ teacher** AM Hilfslehrer(in) *m(f)*

ad·jure [ə'dʒʊəʳ, AM -'dʒʊr] *vt (form)* ■**to ~ sb to do sth** jdn beschwören [*o* inständig bitten], etw zu tun

ad·just [ə'dʒʌst] **I.** *vt* ❶ *(set)* ■**to ~ sth** etw [richtig] einstellen [*o* regulieren]; **to ~ a lever** einen Hebel verstellen
❷ *(rearrange)* **to ~ one's clothing** seine Kleidung in Ordnung bringen
❸ *(tailor)* ■**to ~ sth** etw umändern; **to ~ a seam** *(take in)* einen Saum umnähen; *(let out)* einen Saum auslassen
❹ *(adapt)* ■**to ~ sth to sth** etw einer S. *dat* anpassen [*o* auf etw *akk* ausrichten]; **to ~ oneself to sth** sich *akk* auf etw *akk* einstellen
❺ *(in insurance)* **to ~ a claim** einen Anspruch berechnen; **to ~ a damage** einen Schaden regulieren
II. *vi (adapt)* ■**to ~ to sth** sich *akk* an etw *akk* anpassen; *(feel comfortable with)* sich *akk* an etw *akk* gewöhnen; ■**to ~ to doing sth** sich *akk* daran gewöhnen, etw zu tun

ad·just·able [ə'dʒʌstəbl̩] *adj* verstellbar, regulierbar, justierbar; **~ creature** anpassungsfähiges Lebewesen

ad·just·able 'peg *n* FIN limitierte Stufenflexibilität

ad·just·able rate 'mort·gage, ARM *n* AM FIN variabel verzinsliche Hypothek, variable Hypothek SCHWEIZ **ad·just·able rate pre·ferred 'stock, ARPS** *n* FIN *Vorzugsaktien, die mit einer variablen Dividende ausgestattet sind* **ad·just·able 'span·ner** *n* BRIT, AUS verstellbarer Schraubenschlüssel, Universalschlüssel *m,* Engländer *m*

ad·just·er [ə'dʒʌstəʳ, AM ɚ] *n* ❶ *(person)* [Schadens]sachverständige(r) *f(m)*
❷ *(device)* Justiervorrichtung *f*
❸ *(chemical)* Aufbereiter *m*

ad·just·ment [ə'dʒʌstmənt] *n* ❶ *(mental)* Anpassung *f,* Umstellung *f;* **to make an ~** [**from sth**] **to sth** sich *akk* [von etw *dat*] auf etw *akk* umstellen
❷ *(mechanical)* Einstellung *f,* Regulierung *f,* Justierung *f fachspr*
❸ *(alteration) of a knob, lever, settings* Verstellung *f; of clothing* Änderung *f*
❹ FIN Berichtigung *f; (change in exchange rate)* Wechselkursänderung *f* zur Berichtigung der Zahlungsbilanz; **~ of charges/prices** Gebühren-/Preisanpassung *f;* **~ of quotas** ECON Quotenänderung *f;* **average ~** Dispache *f;* **tax ~** Steuerausgleich *m;* **wage ~** Lohnausgleich *m;* **to make an ~ to salaries** eine Anpassung der Gehälter [*o* eine Gehaltsangleichung] vornehmen

ad·'just·ment cred·it *n* AM FIN *kurzfristiger Kredit der Zentralbank an eine Geschäftsbank* **ad·just·ment-re·'lat·ed** *adj inv* FIN bewertungsbedingt

ad·ju·tant ['ædjʊtᵊnt] *n* Adjutant *m;* **~ general** Generaladjutant *m*

ad lib [,æd'lɪb] **I.** *adv inv* ❶ *(without preparation)* aus dem Stegreif, spontan
❷ *(at one's desire)* nach Belieben
II. *adj inv (improvised)* improvisiert; *(spontaneous)* spontan

ad-lib <-bb-> [,æd'lɪb] **I.** *vi* improvisieren; ***just ~!*** lass dir etwas einfallen!
II. *vt* ■**to ~ sth** etw improvisieren

ad li·tem [,æd'laɪtem] *adj* LAW **guardian ~** Prozesspfleger(in) *m(f)*

'ad·man *n* Werbefachmann *m* **'ad-mass** *n esp* BRIT ■**the ~** + *sing/pl vb die durch Werbung manipulierbare Bevölkerungsgruppe*

ad·min ['ædmɪn] *n short for* **administration**

ad·min·is·ter [əd'mɪnɪstəʳ, AM -ɚ] *vt* ❶ *(manage)* ■**to ~ sth** etw verwalten; ***the country was ~ed by the British until recently*** das Land stand bis vor Kurzem unter britischer Verwaltung
❷ *(handle)* ■**to ~ sth** etw handhaben; ***the economy has been badly ~ed by the government*** die Regierung macht eine schlechte Wirtschaftspolitik
❸ LAW **to ~ an estate/a trust** einen Nachlass/eine Treuhandgesellschaft verwalten
❹ *(dispense)* ■**to ~ sth** [**to sb**] [jdm] etw geben; *(issue)* etw [an jdn] ausgeben; **to ~ aid** [*or* **relief**] **to sb** jdm Hilfe [*o* Unterstützung] zukommen lassen [*o* gewähren]; **to ~ first aid** [**to sb**] [bei jdm] Erste Hilfe leisten; **to ~ justice** [**to sb**] [über jdn] Recht sprechen; **to ~ medicine** [**to sb**] [jdm] Medizin verabreichen; **to ~ punishment** [**to sb**] [jdn be]strafen, [über jdn] eine Strafe verhängen; **to ~ a severe blow to sb** *(fig)* jdm einen schweren Schlag versetzen
❺ *(be official witness to)* **to ~ an oath to sb** jdm einen Eid abnehmen

ad·'min·is·tered ac·count *n* ECON Verwaltungskonto *nt*

ad·min·is·tered 'price *n* COMM Preisbindung *f* zweiter Hand, vertikale Preisbindung

ad·'min·is·ter·ing *n of real estate* Bewirtschaftung *f*

ad·min·is·trate [əd'mɪnɪstreɪt] *vt* ■**to ~ sth** etw verwalten; **to ~ the affairs of a company** ein Unternehmen leiten; **to ~ the company's business** die Firmengeschäfte leiten [*o* führen]

ad·min·is·tra·tion [əd,mɪnɪ'streɪʃᵊn] *n* ❶ *no pl (management)* Verwaltung *f;* ECON, ADMIN Verwaltungsangelegenheiten *pl;* LAW *of company affairs* gerichtlich angeordnete Insolvenzverwaltung; LAW **letters of ~** Nachlassverwaltungszeugnis *nt*
❷ *(managers)* ■**the ~** + *sing/pl vb* die Verwaltung
❸ *esp* AM *(term in office)* Amtszeit *f,* Amtsperiode *f (des amerikanischen Präsidenten)*
❹ *(government)* Regierung *f;* **the Clinton A~** die Regierung Clinton
❺ *no pl (dispensing) of a medicine* Verabreichung *f,* Gabe *f;* **~ of an oath** Vereidigung *f*

ad·min·is·'tra·tion chan·nel *n* Verwaltungsweg *m* **ad·min·is·'tra·tion charge, administration fee** *n* Verwaltungsgebühr *f,* Bearbeitungsgebühr *f* **ad·min·i's·tra·tion or·der** *n* LAW gerichtliche Verfügung der Schuldenrückzahlung auf Raten

ad·min·is·tra·tive [əd'mɪnɪstrətɪv] *adj attr, inv* administrativ, Verwaltungs-; **~ expenses/fee** Verwaltungskosten *pl*/-vergütung *f;* **~ officer** Mitarbeiter(in) *m(f)* für Verwaltungsangelegenheiten

ad·min·is·tra·tive 'agen·cy *n* AM Verwaltungsstelle *f,* Verwaltungsbehörde *f* **ad·min·is·tra·tive as·'sis·tant** *n* persönlicher Assistent/persönliche Assistentin, Chefsekretär(in) *m(f)* **ad·min·is·tra·tive 'body** *n* Verwaltungsorgan *nt,* Verwaltungsbehörde *f* **ad·min·is·tra·tive 'court** *n* LAW Verwaltungsgericht *nt* **ad·min·is·tra·tive 'dis·trict** *n* Verwaltungsbezirk *m*

ad·min·is·tra·tive·ly [əd'mɪnɪstrətɪvli] *adv* verwaltungstechnisch, in administrativer Hinsicht

ad·min·is·tra·tor [əd'mɪnɪstreɪtəʳ, AM -ţɚ] *n* ❶ *(person in charge)* Leiter(in) *m(f); (of a company)* Geschäftsführer(in) *m(f)*
❷ *(clerk)* Verwaltungsbeamte(r), -beamtin *m, f*
❸ LAW Verwalter(in) *m(f); of an inheritance* Nachlassverwalter *m*
❹ COMPUT **data ~** Datenverwalter *m*

ad·min·is·tra·trix [əd'mɪnɪstreɪtrɪks] *n* LAW Erbschaftsverwalterin *f*

ad·mi·rable ['ædmᵊrəbl] *adj* bewundernswert; **to do an ~ job** hervorragende [*o* ausgezeichnete] Arbeit leisten

ad·mi·rably ['ædmᵊrəbli] *adv* bewundernswert, erstaunlich; **to cope** [*or* **deal**] **~ with sth** etw großartig meistern; **to handle sb/sth ~** mit jdm/etw auf bewundernswerte Weise umgehen [*o fam* erstaunlich gut fertigwerden]

ad·mi·ral ['ædmᵊrəl] *n* Admiral(in) *m(f)*

Ad·mi·ral·ty ['ædmᵊrəlti] *n no pl* BRIT ■**the ~** ❶ *(hist: court)* die Admiralität
❷ *(naval department)* das Marineministerium

ad·mi·ral·ty 'court *n* BRIT LAW Seegericht *nt*

ad·mi·ral·ty ju·ris·'dic·tion *n* Seegerichtsbarkeit *f* **ad·mi·ral·ty 'law** *n* Seerecht *nt*

ad·mi·ra·tion [ˌædməˈreɪʃən] *n no pl* ❶ *(respect)* Bewunderung *f* (**for** für *+akk*), Hochachtung *f*, Respekt *m* (**for** vor *+dat*)
❷ *(wonderment)* Bewunderung *f*; **to be the object of sb's ~** von jdm bewundert werden
❸ *(object)* Gegenstand *m* der Bewunderung; **to be the ~ of everyone** von allen bewundert werden

ad·mire [ədˈmaɪəʳ, AM -ɚ] *vt* ❶ *(respect)* ■**to ~ sb/sth** jdn/etw bewundern; ■**to ~ sb for sth** jdn wegen einer S. *gen* bewundern
❷ *(find pleasing)* ■**to ~ sb/sth** jdn/etw bewundern; **to ~ oneself in the mirror** sich *akk* im Spiegel bewundern; **to ~ sb from afar** jdn aus der Ferne anhimmeln

ad·mir·er [ədˈmaɪərəʳ, AM -ˈmaɪrɚ] *n* ❶ *(with romantic interest)* Verehrer(in) *m(f)*, Bewunderer *m*, Bewunderin *f*; *(hum: suitor)* Verehrer(in) *m(f)*; **secret ~** anonymer [*o* heimlicher] Verehrer/anonyme [*o* heimliche] Verehrerin
❷ *(supporter)* Anhänger(in) *m(f)*

ad·mir·ing [ədˈmaɪərɪŋ, AM -ˈmaɪrɪŋ] *adj attr* bewundernd; **to get lots of ~ glances** [*or* **looks**] viele bewundernde Blicke auf sich *akk* ziehen

ad·mir·ing·ly [ədˈmaɪərɪŋli, AM -ˈmaɪr-] *adv* voller Bewunderung

ad·mis·sibil·ity [ədˌmɪsəˈbɪləti, AM -ət̬i] *n no pl* *(form)* Zulässigkeit *f*

ad·mis·sible [ədˈmɪsəbl̩] *adj (form)* zulässig, erlaubt; **~ evidence** LAW zulässiges Beweismaterial

ad·mis·sion [ədˈmɪʃən] *n* ❶ *no pl (entering)* Eintritt *m*; *(acceptance)* Zutritt *m*, Einlass *m*; *(into university)* Zulassung *f*, Aufnahme *f*; *(into hospital)* Einlieferung *f*
❷ *no pl (entrance fee)* Eintritt[spreis] *m*, Eintrittsgeld *nt*; **to charge ~** Eintritt verlangen
❸ *(acknowledgment)* Eingeständnis *nt*; **by his/her own ~** nach eigenem Eingeständnis, wie er/sie selbst zugibt

ad·'mis·sion charge, ad·'mis·sion fee *n* Eintritt *m kein pl*, Eintrittspreis *m*; *(membership fee)* Aufnahmegebühr *f*

ad·'mis·sions pro·cedure *n* Zulassungsverfahren *nt*

ad·mit <-tt-> [ədˈmɪt] **I.** *vt* ❶ *(acknowledge)* ■**to ~ sth** etw zugeben [*o* eingestehen]; **to ~ defeat** seine Niederlage eingestehen; **to ~ an error** [*or* **a mistake**]/**one's guilt** einen Irrtum [*o* Fehler]/seine Schuld zugeben [*o* einräumen]; **to freely ~ sth** etw ohne Umschweife zugeben
❷ *(allow entrance)* ■**to ~ sb/sth** jdn/etw hereinlassen/hineinlassen; ***this ticket ~s one person only*** diese Eintrittskarte ist nur für eine Person gültig; ***no minors*** [*or* ***minors not***] ***~ted*** Zutritt ab 18 Jahren; ■**to ~ sb to** [AM **the**] **hospital** jdn ins Krankenhaus einliefern
❸ *(allow)* ■**to ~ sth** etw zulassen; **to ~ evidence** LAW ein Beweismittel zulassen
❹ *(hold)* ■**to ~ sb** jdm Platz bieten; ***the theatre ~s 300 people*** das Theater fasst 300 Personen
II. *vi* ■**to ~ to sth** etw zugeben [*o* eingestehen]
◆**admit of** *vi (form)* ■**to ~ of sth** etw zulassen [*o* erlauben]

ad·mit·tance [ədˈmɪtən(t)s] *n no pl (entrance)* Zutritt *m*, Einlass *m*; *to club* Aufnahme *f*; ***"no ~ "*** „Betreten verboten"; **to deny** [*or* **refuse**] **sb ~ to sth** jdm den Zutritt zu etw *dat* verwehren; **to gain ~ to sth** sich *dat* zu etw *dat* Zutritt verschaffen

ad·mit·ted·ly [ədˈmɪtɪdli, AM -t̬ɪd-] *adv inv* zugegebenermaßen, anerkanntermaßen; **~, *I could have tried harder*** zugegeben, ich hätte mir mehr Mühe geben können

ad·mix·ture [ədˈmɪkstʃəʳ, AM -tʃɚ] *n usu sing* ❶ CHEM Beimischung *f*, Zusatz *m*
❷ *(form: additional element)* Zugabe *f*, Beigabe *f*

ad·mon·ish [ədˈmɒnɪʃ, AM -ˈmɑːnɪʃ] *vt (form)* ■**to ~ sb** [**for sth**] jdn [wegen einer S. *gen*] ermahnen; **to ~ sb gently** jdn freundlich ermahnen; ■**to ~ sb to do sth** jdm dringend raten, etw zu tun

ad·mon·ish·ment [ədˈmɒnɪʃmənt, AM -ˈmɑːnɪʃ-], **ad·mo·ni·tion** [ˌædməˈnɪʃən] *n (form)* Ermahnung *f*; *(warning)* Warnung *f*

ad·moni·tory [ədˈmɒnɪtəri, AM -ˈmɑːnətɔːri] *adj (form)* [er]mahnend *attr*, warnend *attr*

ad nau·seam [ˌædˈnɔːziæm, AM *esp* -ˈnɑː-] *adv inv* bis zum Überdruss

ado [əduː] *n no pl (commotion, delay)* großer Aufwand, Aufheben *nt*, Trara *nt fam*; **much ~ about nothing** viel Lärm um nichts; **with much ~** unter großem Aufwand, mit viel Trara *fam*; **without** [**further** [*or* **more**]] **~** ohne [weitere] Umstände [*o* Weiteres]

ado·be [əˈdəʊbi, AM -ˈdoʊbi] **I.** *n* ❶ *no pl (clay)* [luftgetrockneter] Lehmziegel, Luftziegel *m*, Adobe *m fachspr*
❷ *(house)* Haus *nt* aus Adobeziegeln
II. *n modifier (hut, vase, figurine)* Adobe-; **~ brick** luftgetrockneter Lehmziegel, Luftziegel *m*, Adobeziegel *m fachspr*; **~ house** Haus *nt* aus Adobeziegeln

ado·les·cence [ˌædəˈlesən(t)s] *n no pl (youth)* Jugend[zeit] *f*, Adoleszenz *f fachspr*; *(puberty)* Pubertät *f*; **to have a troubled ~** eine stürmische Jugend haben

ado·les·cent [ˌædəˈlesənt] **I.** *adj* ❶ *inv (of teenagers)* heranwachsend, jugendlich; **~ concerns/problems** die Sorgen/die Probleme Heranwachsender
❷ *(pej: immature)* pubertär *pej*, unreif *pej*
II. *n* Jugendliche(r) *f(m)*

Adonis <*pl* -es> [əˈdəʊnɪs, AM -ˈdɑː-] *n* Adonis *m*, Schönling *m iron*

adopt [əˈdɒpt, AM -ˈdɑːpt] *vt* ❶ *(raise)* ■**to ~ sb** jdn adoptieren; **to ~ a child** ein Kind adoptieren; **to have one's child ~ed** sein Kind zur Adoption freigeben; **to ~ sb into one's family** jdn in seine Familie aufnehmen
❷ *(sponsor)* **to ~ a child/refugee** die Patenschaft für ein Kind/einen Flüchtling übernehmen
❸ *(put into practice)* ■**to ~ sth** etw annehmen [*o* übernehmen]; **to ~ a cautious/pragmatic approach to sth** vorsichtig/pragmatisch an etw *dat* herangehen; **to ~ an attitude** eine Haltung annehmen; **to ~ a hard line** eine harte Linie vertreten; **to ~ a measure** eine Maßnahme ergreifen; **to ~ a policy/**[**different**] **strategy** eine Politik/[neue] Strategie verfolgen; **to ~ a stern tone** einen strengen Ton anschlagen
❹ *(take up)* ■**to ~ sth** etw annehmen; **to ~ an accent/a mannerism** einen Akzent/eine Eigenart annehmen; **to ~ a pose** eine Pose [*o* Haltung] einnehmen
❺ *(select)* **to ~ sb as a candidate** BRIT jdn als Kandidaten/Kandidatin auswählen; **to ~ sth as one's mascot** etw zu seinem Maskottchen machen; **to ~ sth as one's slogan** etw zu seinem Slogan erklären

adopt·ed [əˈdɒptɪd, AM -ˈdɑːpt-] *adj* ❶ *(into a family)* adoptiert, Adoptiv-; **~ child** Adoptivkind *nt*
❷ *(selected)* Wahl-; ***Rome is her ~ city*** sie ist Wahlrömerin; **to be sb's ~ country** jds Wahlheimat sein

adop·tion [əˈdɒpʃən, AM -ˈdɑːp-] *n* ❶ *no pl (act)* Adoption *f*, Annahme *f* [an Kindes statt]; **to offer** [*or* **put up**] **a child for ~** ein Kind zur Adoption freigeben
❷ *(instance)* Adoption *f*
❸ *no pl (taking on)* Annahme *f*; *of a technology* Übernahme *f*; *of a method* Aneignung *f*; *of a directive* Umsetzung *f*
❹ *no pl (choice)* **country of ~** Wahlheimat *f*

a'dop·tion agen·cy *n* Adoptionsagentur *f*

adop·tive [əˈdɒptɪv, AM -ˈdɑːp-] *adj attr, inv* ❶ *(through adoption)* Adoptiv-; **~ parents** Adoptiveltern *pl*; **~ siblings** Adoptivgeschwister *pl*
❷ *(selected)* Wahl-; **~ country** Wahlheimat *f*

ador·able [əˈdɔːrəbl̩] *adj* entzückend, bezaubernd, hinreißend; ***your nephew is just ~*** dein Neffe ist einfach süß

ado·ra·tion [ˌædəˈreɪʃən] *n no pl* ❶ *(respectful love)* Verehrung *f*; *(devotion)* grenzenlose Liebe, Hingabe *f*; **to look at sb with ~ in one's eyes** jdn hingebungsvoll anschauen; **complete ~** völlige [*o* bedingungslose] Hingabe
❷ REL Anbetung *f*; **the ~ of the Virgin Mary** die Marienverehrung

adore [əˈdɔːʳ, AM -ˈdɔːr] *vt* ❶ *(love)* ■**to ~ sb/sth** jdn/etw über alles [*o* abgöttisch] lieben; *(admire)* jdn/etw aufrichtig bewundern
❷ *(like very much)* ■**to ~ sb** für jdn schwärmen; **to** [**absolutely** [*or* **simply**]] **~ sth** etw [einfach] wunderbar finden [*o* lieben]; ***I ~ chocolate*** ich liebe Schokolade; ■**to ~ doing sth** etw liebend [*o* sehr] gern tun
❸ REL **to ~ God** Gott anbeten

ador·ing [əˈdɔːrɪŋ] *adj attr (loving)* liebend *attr*, *(devoted)* hingebungsvoll; **~ mother** liebevolle Mutter; **~ wife** liebende Ehefrau

ador·ing·ly [əˈdɔːrɪŋli] *adv* voller Bewunderung

adorn [əˈdɔːn, AM -ˈdɔːrn] *vt usu passive (liter)* ■**to ~ sth** [**with sth**] etw [mit etw *dat*] schmücken [*o geh* zieren]; ■**to ~ oneself** sich *akk* schön machen

adorn·ment [əˈdɔːnmənt, AM -ˈdɔːrn-] *n (liter)* ❶ *(ornament)* Schmuck *m*, Verzierung *f*
❷ *no pl (act)* Schmücken *nt*, Verschönerung *f*

ADP [ˌeɪdiːˈpiː] *n abbrev of* **automatic data processing** automatische Datenverarbeitung

ADR [ˌeɪdiːˈɑː] *n* FIN *abbrev of* **American depositary receipt** ADR *nt*

ad·re·nal *n* ■**the ~s** *pl* die Nebennieren [*o* Adrenaldrüsen] *pl*

ad·re·nal 'gland [əˈdriːnəl] *n* Nebenniere *f*

adrena·lin(e) [əˈdrenəlɪn] *n no pl* Adrenalin *nt*, **burst** [*or* **rush**] **of ~** Adrenalinstoß *m*; **to get sb's ~ going** jdn in Fahrt bringen; **to release ~** Adrenalin ausschütten

a'drena·line sport *n* Adrenalinsport *m*

a'drena·lin junkie *n (thrill seeker)* Adrenalinjunkie *m (jd, der den ständigen Nervenkitzel braucht)*

Adri·at·ic [ˌeɪdriˈætɪk, AM -ˈæt̬-] *n* ■**the ~** [**Sea**] Adria *f*

adrift [əˈdrɪft] **I.** *adv* ❶ *(not moored)* treibend *attr*, ***he spent three days ~ on the sea*** er trieb drei Tage lang auf dem Meer; **to cut a boat ~ from its moorings** ein Boot losmachen; **to float ~** treiben
❷ BRIT *(fam)* **to come** [*or* **go**] **~** *(become unfastened)* sich *akk* lösen, aufgehen *fam*
❸ *(fig)* **to go ~** *(fail)* fehlschlagen, danebengehen *fam*
▶PHRASES: **to cast** [*or* **turn**] **sb ~** jdn seinem Schicksal überlassen
II. *adj pred* ❶ *(not moored)* [umher]treibend *attr*; **to be ~** [**on the ocean**] [auf See] treiben
❷ *(fig: lost)* verloren, einsam; *(without purpose)* ziellos, haltlos
❸ BRIT SPORT *(fam)* ■**to be ~ of sth** hinter etw *dat* zurückliegen

adroit [əˈdrɔɪt] *adj (skilful)* geschickt, gewandt; *(mentally)* clever; ***he's very ~ as a debater*** er ist sehr redegewandt; **to be ~ at sth** geschickt in etw *dat* sein

adroit·ly [əˈdrɔɪtli] *adv (skilfully)* geschickt; *(cleverly)* clever

adroit·ness [əˈdrɔɪtnəs] *n no pl (skilfulness)* Geschicklichkeit *f*, Gewandtheit *f*, Geschick *nt*; *(mental)* Cleverness *f*

ad·sorb [ədˈzɔːb, AM ˈsɔːrb] *vt* SCI anlagern, anbinden, adsorbieren *fachspr*

ad·sorp·tion [ədˈzɔːpʃən, AM ˈsɔːrp] *n no pl* PHYS Anbindung *f*, Adsorption *f fachspr*

ad·'sorp·tion de·gree *n* Adsorptionsvermögen *nt*
ad·'sorp·tion lay·er *n* Adsorptionsschicht *f*

adu·la·tion [ˌædjʊˈleɪʃən, AM ˌædʒə-] *n no pl (admiration)* Vergötterung *f*, Verherrlichung *f*; *(flattery)* Schmeichelei *f*, Lobhudelei *f pej*

adu·la·tory [ˌædjʊˈleɪtəri, AM ˈædʒələtɔːri] *adj (flattering)* schmeichlerisch; *(idealizing)* verherrlichend

adult [ˈædʌlt, əˈdʌlt] **I.** *n* ❶ *(grown-up)* Erwachsene(r) *f(m)*; ■**to be an ~** erwachsen sein; **~*s only*** nur für Erwachsene
❷ *(animal)* ausgewachsenes Tier
II. *adj inv* ❶ *(grown-up) person* erwachsen; *animal* ausgewachsen
❷ *(relating to grown-ups) behaviour* reif, vernünf-

tig; ***his behaviour is not very*** ~ er benimmt sich ziemlich unreif; ***let's try to be*** ~ ***about this*** lass uns das wie erwachsene Leute regeln
③ *attr (sexually explicit)* [nur] für Erwachsene; *film* nicht jugendfrei; ~ **magazine** Pornomagazin *nt*
adult edu·'ca·tion I. *n no pl* Erwachsenenbildung *f*
II. *n modifier* ~ **courses** Kurse *pl* für Erwachsene; ~ **institute** [*or* **centre**] Erwachsenenbildungsstätte *f*, ≈ Volkshochschule *f*
adul·ter·ant [ə'dʌltᵊrənt, AM -t̬ᵊr-] *n* Verfälschungsmittel *nt*
adul·ter·ate [ə'dʌltᵊreɪt, AM -tәreɪt] *vt* ■**to** ~ **sth** ① *(use additives)* etw verfälschen; **to** ~ **wine with water** Wein panschen
② *(spoil)* etw verderben
adul·ter·at·ed [ə'dʌltᵊreɪtɪd, AM -təreɪt̬ɪd] *adj* ① *(with additives) drugs* unrein, verunreinigt; *food* verfälscht; *drink* gepanscht
② *(spoilt)* verdorben
③ *(changed)* verfälscht
adul·tera·tion [ə'dʌltᵊreɪʃᵊn, AM -təreɪ-] *n no pl* ① *(debasement)* Verunreinigung *f; of food* Verfälschung *f; of a drink* Panschen *nt;* ~ **of food** Nahrungsmittelfälschung *f*
② *(changing)* Verfälschung *f*, Verhunzung *f pej fam*
adul·ter·er [ə'dʌltᵊrəʳ, AM -tɚɚ] *n* Ehebrecher *m*
adul·ter·ess <*pl* -es> [ə'dʌltᵊrəs, AM -tɚ-] *n* Ehebrecherin *f*
adul·ter·ous [ə'dʌltᵊrəs, AM -tɚ-] *adj* ehebrecherisch; ~ **relationship** ehebrecherische Beziehung
adul·tery [ə'dʌltᵊri, AM -tɚi] *n* ① *no pl (infidelity)* Ehebruch *m;* **to commit** ~ Ehebruch begehen, die Ehe brechen *geh;* ***thou shalt not commit*** ~ du sollst nicht ehebrechen
② *(act)* Seitensprung *m*
'adult film *n* nicht jugendfreier Film
adult·hood ['ædʌlthʊd, AM *and Brit also* ə'dʌlt-] *n no pl (state)* Erwachsensein *nt; (period)* Erwachsenenalter *nt*, SCHWEIZ, ÖSTERR *a.* Volljährigkeit *f;* **to reach** ~ erwachsen werden; **to legally reach** ~ volljährig werden
ad·um·brate ['ædʌmbreɪt] *vt (form)* ■**to** ~ **sth** ① *(outline)* etw umreißen [*o* skizzieren]
② *(hint at)* etw andeuten, auf etw *akk* hinweisen; *(foreshadow)* etw erahnen lassen
ad·um·bra·tion [ˌædʌm'breɪʃᵊn] *n no pl (form)* ① *(outline)* [vager] Entwurf, Idee *f*
② *(foreshadowing)* Ankündigung *f*, Andeutung *f; (sign)* Anzeichen *nt*
ad va·lo·rem duty, ad va·lo·rem tax [ˌædvə'lɔːrəm] *n* ECON Wertzoll *m*, Wertsteuer *f* **ad va·lo·rem 'goods** *npl* ECON wertzollbare Waren *pl* **ad va·lo·rem 'tar·iff** *n* ECON Wertzolltarif *m* **ad va·lo·rem 'tax** *n* ECON Wertzoll *m*, Wertsteuer *f*
ad·vance [əd'vɑːn(t)s, AM -'væːn(t)s] **I.** *vi* ① *(make progress)* ■**to** ~ **[in sth]** [mit etw *dat*] Fortschritte machen [*o* vorankommen]
② *(be promoted)* aufsteigen, befördert werden
③ STOCKEX *(rise) share price* ansteigen, anziehen
④ *(move forward)* sich *akk* vorwärtsbewegen, vorwärtsgehen; MIL vorrücken; *(approach)* näher kommen, sich *akk* nähern; ***the troops*** ~***d on the city*** die Truppen marschierten auf die Stadt zu
II. *vt* ① *(develop)* ■**to** ~ **sth** etw voranbringen [*o* weiterbringen]; **to** ~ **one's career/a cause** seine Karriere/eine Sache vorantreiben
② *(make earlier)* ■**to** ~ **sth** etw vorverlegen; ■**to** ~ **sb sth** *money* jdm etw vorstrecken [*o* vorschießen]
③ *(postulate)* ■**to** ~ **sth** *plan, idea* etw vorbringen
④ *(increase)* **to** ~ **a price** einen Preis erhöhen
⑤ *(promote)* ■**to** ~ **sb** jdn befördern
III. *n* ① *no pl (forward movement)* Vorwärtsgehen *nt*, Vorrücken *nt;* ***nothing could stop the*** ~ ***of the flood waters*** nichts konnte die Wassermassen aufhalten
② *(progress)* Fortschritt *m;* COMM ~ **in trade** Handelsaufschwung *m;* ~ **in prices** Preissteigerung *f;* STOCKEX Kurssteigerung *f*
③ *(ahead of time)* **in** ~ im Voraus; ***please let me know in*** ~ sag mir bitte vorher Bescheid; ***she arrived in*** ~ ***of everyone else*** sie kam vor allen anderen an
④ FIN *(payment)* Vorschuss *m* (**on** auf *+akk*); **bank** ~ Bankdarlehen *nt;* **cash** ~ Barvorschuss *m;* ~ **on account** Kontokorrentkredit *m*, Überziehungskredit *m;* ~ **on collateral** FIN Beleihungskredit *m;* ~ **of costs** Kostenvorschuss *m;* ~ **on goods** COMM Warenlombard *m;* ~ **corporation tax** Körperschaftssteuervorauszahlung *f*
⑤ *(flirtation)* ■~**s** *pl* Annäherungsversuche *pl;* **unwelcome** ~**s** unerwünschte Annäherungsversuche *pl;* **to reject** [*or* **spurn**] **sb's** ~**s** jds Annäherungsversuche zurückweisen, jdm die kalte Schulter zeigen *fam*
IV. *adj attr* vorherig; ~ **copy** Vorausexemplar *nt*, Vorabdruck *m;* ~ **payment** Vorauszahlung *f;* **without** ~ **warning** ohne Vorwarnung, unangekündigt
ad·vance a'mount *n* FIN Vor[schuss]betrag *m*
ad·'vance bill *n* FIN Vorschusswechsel *m*, vor Lieferung gestellte Tratte, Vorausrechnung *f* SCHWEIZ, ÖSTERR **ad·vance 'book·ing** *n* Reservierung *f*, Reservation *f* SCHWEIZ; **to make an** ~ im Voraus reservieren **ad·vance 'claim** *n* LAW Vorweganspruch *m*
ad·vanced [əd'vɑːn(t)st, AM -'væːn(t)st] *adj* ① *(in skills)* fortgeschritten; ***he's a very*** ~ ***pupil for his age*** für sein Alter ist er ein sehr reifer Schüler; ~ **French** Französisch für Fortgeschrittene; **at an** ~ **level** auf einem höheren Niveau; ~ **mathematics** höhere Mathematik
② *(in development)* fortschrittlich; ~ **civilization** hoch entwickelte Zivilisation
③ *(in time)* fortgeschritten; ***his cancer is quite*** ~ der Krebs ist bei ihm schon weit fortgeschritten; ~ **age** vorgerücktes [*o* fortgeschrittenes] Alter; **a person of** ~ **years** eine Person vorgerückten Alters; ~ **in pregnancy** hochschwanger
ad·'vanced class, ad·'vanced course *n* Fortgeschrittenenkurs *m*
ad·vance di·'rec·tive *n* AM *(living will)* letztwillige Verfügung gegen Lebensverlängerung **ad·vance 'divi·dend** *n* FIN Vorabdividende *f*
ad·vanced 'pho·to sys·tem, APS *n* Advanced Photo System *nt* **ad·vanced tech·'nol·ogy** *n no pl* hoch entwickelte [*o* moderne] Technik **ad·vanced 'train·ing** *n no pl* Weiterbildung *f*
ad·vance fi·'nanc·ing *n no pl* Vorfinanzierungskredit *m*
ad·'vance guard *n* MIL Vorhut *f*
ad·vance·ment [əd'vɑːn(t)smənt, AM -'væːn(t)s-] *n* ① *no pl (movement forward)* Vorrücken *nt*, Vorankommen *nt*
② *(progress)* Fortschritt *m*
③ *no pl (improvement)* Verbesserung *f; (furtherance)* Förderung *f*
④ *no pl (in career)* Weiterkommen *nt*, Aufstieg *m; (promotion)* Beförderung *f geh;* **opportunity for** ~ Aufstiegsmöglichkeit *f*
ad·vance 'notice *n no pl* Vorankündigung *f*, Voranzeige *f;* **to give sb** ~ **of sth** jdm von etw vorher Bescheid geben; **two months'** ~ Ankündigung *f* zwei Monate im Voraus **ad·vance 'payment** *n* Vorauszahlung *f; (on a wage, salary)* Vorschuss *m;* ***they received an*** ~ ***of €300*** sie erhielten einen Abschlag von €300 **ad·vance 'warning** *n no pl* vorherige Warnung, Vorwarnung *f;* **to give sb** ~ jdn vorwarnen [*o* vorher warnen]
ad·van·tage [əd'vɑːntɪdʒ, AM -'væːnt̬ɪdʒ] *n* ① *(benefit)* Vorteil *m;* ***she had the twin*** ~***s of wealth and beauty*** sie war nicht nur reich, sondern auch schön; **to give sb an** ~ **over sb** jdm einen Vorteil gegenüber jdm verschaffen; **to have the** ~ **of sb** BRIT *(form)* jdm gegenüber im Vorteil [*o* überlegen] sein; **to take** ~ **of sb** *(pej)* jdn ausnutzen [*o* ÖSTERR ausnützen] *pej*, sich *dat* jdn zunutze machen; **to take** ~ **of sth** *(approv)* etw nutzen [*o* nützen] ÖSTERR; **to turn sth to [one's]** ~ etw zu seinem Vorteil wenden; ■**to be at an** ~ **over sb** gegenüber jdm im Vorteil sein; ■**to be to sb's** ~ für jdn von Vorteil sein, zu jds Vorteil sein
② *no pl* TENNIS Vorteil *m;* ~ ***Jackson!*** Vorteil Jackson!
ad·van·ta·geous [ˌædvəːn'teɪdʒəs, AM *esp* -væːn-] *adj* günstig, vorteilhaft, von Vorteil; ■**to be** ~ **to sb** für jdn vorteilhaft [*o* von Vorteil] sein; ***the lower tax rate is particularly*** ~ ***to poorer families*** von der Steuersenkung profitieren besonders einkommensschwache Familien
ad·van·ta·geous·ly [ˌædvəːn'teɪdʒəsli, AM *esp* -væːn-] *adv* günstig, vorteilhaft
ad·vent ['ædvent] *n no pl* ① *(coming)* Beginn *m*, Anfang *m;* **the** ~ **of an era** der Anbruch eines neuen Zeitalters
② REL ■**A**~ Advent *m*, Adventszeit *f;* **the second A**~ der zweite Advent
'Ad·vent cal·en·dar *n* Adventskalender *m*, Adventkalender *m* ÖSTERR
ad·vent·ist ['ædvəntɪst] *n* Adventist(in) *m(f);* **Seventh Day A**~**s** Adventisten *pl* des Siebenten Tages
ad·ven·ti·tious [ˌædvᵊn'tɪʃəs] *adj (form: by chance)* zufällig; *(unexpected)* unerwartet
ad·ven·ti·tious·ly [ˌædvᵊn'tɪʃəsli] *adv (form: by chance)* zufällig[erweise], durch Zufall; *(unexpectedly)* unerwarteterweise
ad·ven·ture [əd'ventʃəʳ, AM -tʃɚ] **I.** *n* ① *(thrilling experience)* Abenteuer *nt*, Erlebnis *nt;* **to be quite an** ~ ein ziemliches Abenteuer sein; **to have an** ~ ein Abenteuer erleben
② *no pl (excitement)* Aufregung *f;* **to live a life of** ~ ein abenteuerliches Leben führen; **to have a sense** [*or* **spirit**] **of** ~ abenteuerlustig sein; **to look for** [*or* **seek**] ~ Abenteuer suchen; ***she's always looking for*** ~ sie ist immer auf der Suche nach Abenteuern
II. *n modifier (book, film, tale)* Abenteuer-
ad·'ven·ture ad·dict *n* Abenteuersüchtige(r) *f(m)* **ad·'ven·ture game** *n* Abenteuerspiel *nt* **ad·ven·ture 'play·ground** *n* Abenteuerspielplatz *m*
ad·ven·tur·er [əd'ventʃᵊrəʳ, AM -tʃɚɚ] *n* ① *(seeker of excitement)* Abenteurer(in) *m(f);* **to be an** ~ abenteuerlustig sein
② *(pej: gambler)* Spieler(in) *m(f) pej*, Glücksritter(in) *m(f) a. pej*
ad·ven·tur·ess [əd'ventʃᵊres] *n* ① *(adventure-lover)* Frau *f* mit Lust auf Abenteuer *a. fig*, unternehmungslustige Frau *fig*
② *(opportunist)* Abenteu[r]erin *f pej*, Hochstaplerin *f*
ad·ven·tur·ism [əd'ventʃᵊrɪzᵊm] *n no pl* ① *(attitude)* Abenteurertum *nt*
② *(daring enterprise)* Abenteuer *nt pej*, gewagtes Spiel
③ *(recklessness)* Verwegenheit *f*, Bedenkenlosigkeit *f*
ad·ven·tur·ist [əd'ventʃᵊrɪst] POL **I.** *adj* abenteuerlich *pej*, [politisch] abwegig
II. *n* politischer Abenteurer/politische Abenteu[r]erin
ad·ven·tur·ous [əd'ventʃᵊrəs] *adj* ① *(filled with adventures)* abenteuerlich
② *(daring)* abenteuerlustig, risikofreudig; *(willing to experiment)* experimentierfreudig
ad·ven·tur·ous·ly [əd'ventʃᵊrəsli] *adv* ① *(filled with adventures)* abenteuerlich
② *(daringly)* abenteuerlustig, risikofreudig; *(willing to experiment)* experimentierfreudig
ad·ven·tur·ous·ness [əd'ventʃᵊrəsnəs] *n no pl* ① *(spirit of daring)* Risikofreude *f*, Wagemut *m*
② *(initiative)* Unternehmungslust *f*
③ *(quality of daring)* Gewagtheit *f*
ad·verb ['ædvɜːb, AM -vɜːrb] *n* Adverb *nt*
ad·ver·bial [əd'vɜːbiəl, AM -'vɜːrb-] **I.** *n* Adverbialbestimmung *f*, Adverbiale *nt fachspr*
II. *adj inv* adverbial; ~ **phrase** adverbiale Bestimmung, Adverbialsatz *m;* ~ **usage of an adjective** adverbialer Gebrauch eines Adjektivs
ad·ver·game *n* Advergame *nt (webbasiertes Computerspiel mit eingebauten Werbebotschaften)*
ad·ver·gam·ing *n no pl* Advergaming *nt*
ad·ver·sarial [ˌædvə'seəriəl, AM -vɚ'seri-] *adj* gegensätzlich, antagonistisch *geh;* **an** ~ **relationship** ein gespanntes Verhältnis
ad·ver·sary ['ædvəsᵊri, AM -vɚseri] **I.** *n* ① *(opponent)* Gegner(in) *m(f)*, Kontrahent(in) *m(f) geh;* **to**

come up against a powerful ~ SPORT auf einen starken Gegner treffen
2 (the Devil) ■ the A~ der Widersacher [o Teufel]
II. adj gegnerisch

ad·'ver·sary sys·tem n LAW Verhandlungsgrundsatz m, Parteienprozess m

ad·verse ['ædvɜːs, AM æd'vɜːrs] adj attr 1 (hostile) ablehnend; ~ **reaction** Ablehnung f
2 (unfavourable) ungünstig; criticism, effect negativ; ~ [**weather**] **conditions** widrige [Wetter]verhältnisse; **to have an ~ effect on sb/sth** sich akk nachteilig auf jdn/etw auswirken; ~ **impact** nachteilige Auswirkung; ~ **publicity** Negativschlagzeilen pl, Negativwerbung f
3 FIN ~ **balance** Unterbilanz f

ad·verse bal·ance of 'trade n COMM passive Handelsbilanz

ad·verse·ly ['ædvɜːsli, AM æd'vɜːrsli] adv 1 (hostilely) ablehnend
2 (unfavourably) ungünstig, negativ, nachteilig; **to affect sb/sth** ~ (damage) sich akk nachteilig auf jdn/etw auswirken; (influence) einen negativen Einfluss auf jdn/etw haben

ad·ver·sity [əd'vɜːsəti, AM -'vɜːrsəṭi] n 1 (difficulty) Unglück nt, Missgeschick nt
2 no pl (time of trouble) Not f; **in** ~ in [Zeiten] der Not [o Notzeiten]

ad·vert ['ædvɜːt] n BRIT (fam) short for **advertisement** (in a newspaper) Anzeige f, Inserat nt, Annonce f (**for** für +akk); (on a notice board) Aushang m; (on TV) Werbespot m; **display** ~ Großanzeige f

ad·ver·tise ['ædvətaɪz, AM -vɚ-] I. vt ■ **to ~ sth** 1 (publicize) für etw akk Werbung machen; **to ~ sth as energy-saving** etw als Energie sparend anpreisen
2 (in a newspaper) etw [in einer Zeitung] inserieren; (on a noticeboard) etw in einem Aushang anbieten
3 (announce) etw ankündigen [o bekanntgeben] [o bekanntmachen]; ***if you're applying for other jobs, I wouldn't ~ the fact at work*** dass du dich für andere Stellen bewirbst, würde ich auf der Arbeit nicht herumposaunen; **to ~ one's presence** sich akk auffällig verhalten; **to ~ one's willingness** seine Bereitschaft bekunden
II. vi 1 (publicize) werben, Werbung [o Reklame] machen
2 (in a newspaper) inserieren, SCHWEIZ a. annoncieren, eine Anzeige [o Annonce] [o ein Inserat] in die Zeitung setzen; (on a noticeboard) einen Aushang machen; ■ **to ~ for sb/sth** jdn/etw per Inserat suchen

ad·ver·tise·ment [əd'vɜːtɪsmənt, AM ˌædvɚ'taɪzmənt] n Werbung f kein pl, Reklame f kein pl (**for** für +akk); (in a newspaper) Anzeige f, Annonce f, Inserat nt (**for** für +akk); (on a noticeboard) Aushang m (**for** für +akk); **job** ~ Stellenanzeige f, Stelleninserat nt SCHWEIZ; **the property ~s in a newspaper** der Immobilienteil einer Zeitung; **television** ~ Werbespot m; (fig) Reklame f, Aushängeschild nt; ***he's not a very good ~ for his firm*** er ist keine gute Reklame für seine Firma

ad·ver·tis·er ['ædvətaɪzəʳ, AM -vɚtaɪzɚ] n 1 (general) Werbungtreibende(r) f(m); **~s** die Werbung
2 (professional) Werbefachmann, -frau m, f, SCHWEIZ a. Werber(in) m(f)
3 (agency) Werbeagentur f
4 (in a newspaper) Inserent(in) m(f)

ad·ver·tis·ing ['ædvətaɪzɪŋ, AM -vɚ-] n no pl 1 (commercials) Werbung f, Reklame f
2 (industry) Werbebranche f, Werbung f fam

'ad·ver·tis·ing ac·count n Kundenetat m, Werbebudget nt SCHWEIZ, ÖSTERR **'ad·ver·tis·ing agen·cy** n Werbeagentur f **'ad·ver·tis·ing cam·paign** n Werbekampagne f, Werbefeldzug m **'ad·ver·tis·ing in·dus·try** n no pl Werbebranche f, Werbewirtschaft f **'ad·ver·tis·ing me·dia** npl Werbeträger m **'ad·ver·tis·ing space** n no pl Werbefläche f, Reklamefläche f; (in newspaper) Anzeige[nfläche] f, Inseratenteil m SCHWEIZ **'ad·ver·tis·ing time** n no pl Werbezeit f; **a minute of** ~ eine Werbeminute [o Minute Werbung]

ad·ver·torial [ˌædvə'tɔːriəl, AM -vɚ-] n Textanzeige f, ÖSTERR a. redaktionelle Werbeeinschaltung

ad·vice [əd'vaɪs] n 1 no pl (recommendation) Rat m; ***my ~ is to give yourself up to the police*** ich würde dir raten, dich der Polizei zu stellen; **some** [or **a piece of**] ~ ein Rat[schlag] m, eine Empfehlung; **financial/legal** ~ Finanz-/Rechtsberatung f; **to take financial/legal/medical** ~ einen Finanzexperten/Rechtsanwalt/Arzt zurate ziehen, sich akk finanziell/rechtlich/medizinisch beraten lassen; **to ask** [sb] **for** ~ [jdn] um Rat fragen [o bitten]; **to give** [or **offer**] **sb** ~ jdm einen Rat geben [o erteilen]; **to give sb some good** ~ jdm einen guten Rat geben; **to ignore sb's** ~ nicht auf jds Rat hören; **to take sb's** ~ jds Rat[schlag] beherzigen [o befolgen]; ***take my ~!*** hör[e] auf mich [o meinen Rat]!; ■ **on sb's** ~ auf jds Rat hin
2 ECON (notification) Bescheid m, Mitteilung f, Avis m o nt fachspr; ~ **of delivery** Rückschein m; **as per** ~ laut Bericht [o fachspr Avis]

ad·'vice bank n FIN Avisbank f

ad·'vice col·umn n AM (agony column) Beratungsrubrik f, Briefkasten m, Kummerecke f fam **ad·'vice col·umn·ist** n AM Briefkastenonkel, Briefkastentante m, f hum fam; ■ **to be an** ~ Leserbriefe beantworten **ad·'vice note** n ECON Versandanzeige f, [Versand]avis m o nt fachspr

ad·vis·abil·ity [ədˌvaɪzə'bɪləti, AM -əṭi] n no pl Ratsamkeit f; ***they questioned the ~ of building so near the airport*** sie bezweifelten, dass es ratsam wäre, so nahe am Flughafen zu bauen

ad·vis·able [əd'vaɪzəbl̩] adj ratsam, empfehlenswert; ***a certain amount of caution is ~ at this point*** jetzt ist ein gewisses Maß an Vorsicht geboten

ad·vise [əd'vaɪz] I. vt ■ **to ~ sb** 1 (give council) jdn beraten; ***she ~d us when to come*** sie sagte uns, wann wir kommen sollten; **to be ill-/well-~d** schlecht/gut beraten sein; ■ **to ~ sb against sth** jdm von etw dat abraten, jdn vor etw dat warnen; ■ **to ~ sb to do sth** jdm [dazu] raten, etw zu tun
2 (inform) jdn informieren; ■ **to ~ sb of sth** jdm etw mitteilen, jdn über etw akk informieren; ***please ~ us of the expected time of arrival*** bitte geben Sie uns Bescheid, wann Sie voraussichtlich ankommen werden
II. vi (give council) raten; (comprehensively) sich akk beraten; ***I'd ~ waiting until tomorrow*** ich würde vorschlagen, bis morgen zu warten; ■ **to ~ against sth** von etw dat abraten, jdn vor etw dat warnen; ■ **to ~ on sth** bei etw dat beraten; ***she ~s on African policy*** sie ist Beraterin für afrikanische Politik; ■ **to ~ with sb** AM sich akk mit jdm beraten

ad·vis·ed·ly [əd'vaɪzɪdli] adv bewusst, absichtlich

ad·vis·er, ad·vis·or [əd'vaɪzəʳ, AM -zɚ] n Berater(in) m(f), Ratgeber(in) m(f); **chief** ~ enger Berater/enge Beraterin; (in politics) Mitglied nt des engsten Beraterstabs; **legal/military** ~ Rechts-/Militärberater(in) m(f); **spiritual** ~ geistlicher Berater/geistliche Beraterin

ad·'vis·ing bank n FIN avisierende Bank f

ad·vi·so·ry [əd'vaɪzəri] I. adj beratend; ~ **board** Beratungsstelle f; **in** ~ **capacity** in beratender Funktion [o Eigenschaft]; ~ **committee** Beratungsausschuss m, beratender Ausschuss; LAW Gutachterausschuss m
II. n <pl -ies> FIN Advisory f

ad·'vi·so·ry board n Beraterkreis m; of company Beirat m

Ad·vi·so·ry, Con·cili·ation and Ar·bi·'tra·tion Ser·vice, ACAS n ≈ Schlichtungsstelle f für Arbeitskonflikte **ad·'vi·so·ry funds** npl FIN Fremdkapital nt zur Investition ohne Mitwirkung des Kapitalgebers **ad·'vi·so·ry lock** n Sperrverhinderung f **ad·vi·so·ry re·'port** n ECON Gutachterbericht m **ad·vi·sory 'ser·vices** n pl Dienstleistungsressort nt, Beratung f **ad·'vi·so·ry sy·stem** n Beratungssystem nt

ad·vo·ca·cy ['ædvəkəsi] n no pl 1 (support) Befürwortung f (**of** +gen), Eintreten (**of** für +akk); **the ~ of human rights** das Eintreten für die Menschenrechte
2 LAW (eloquence) juristische Wortgewandtheit

'ad·vo·ca·cy group n POL Lobby f

ad·vo·cate I. vt ['ædvəkeɪt] 1 (support) ■ **to ~ sth** etw unterstützen [o befürworten]; ***she ~s taking a more long-term view*** sie ist dafür, eine langfristigere Perspektive einzunehmen
2 LAW (argue for, defend) ■ **to ~ sth** sich akk für etw akk einsetzen; **to ~ a cause** für eine Sache eintreten, sich akk für eine Sache einsetzen [o engagieren]
II. n ['ædvəkət, -keɪt] 1 POL Befürworter(in) m(f), Verfechter(in) m(f); **to be an ~ of environmentalism/women's rights** für den Umweltschutz/die Rechte der Frauen eintreten; **strong** ~ engagierter Befürworter/engagierte Befürworterin
2 LAW [Rechts]anwalt, -anwältin m, f; (defence lawyer) Verteidiger(in) m(f)
▸ PHRASES: **the devil's** ~ Advocatus m Diaboli

ad·vow·son [əd'vaʊzᵊn] n LAW Recht nt, eine Pfründe zu besitzen

'ad·ware INET I. n no pl Adware f
II. n modifier Adware-

'ad writ·er n Werbetexter(in) m(f)

adze, AM **adz** [ædz] n Dechsel f

AEC [ˌeɪiː'siː] n AM abbrev of **Atomic Energy Commission** Atomenergiekommission f

Aegean [iː'dʒiːən] n ■ **the** ~ [**Sea**] die Ägäis f, ~ **Islands** Ägäische Inseln pl

aegis ['iːdʒɪs] n no pl Ägide f geh, Schirmherrschaft f, **under the ~ of sb** [or **under sb's** ~] unter der Schirmherrschaft einer Person gen

Aene·id ['iːniɪd] n no pl ■ **the** [or **Virgil's**] ~ die Aenaeis [des Vergil]

aeon, AM **eon** ['iːən, AM 'iːɑːn] n Äon m geh, Äone f, SCHWEIZ, Ewigkeit f

aer·ate [eə'reɪt, AM er'eɪt] vt 1 (expose to air) ■ **to ~ sth** etw durchlüften; **to ~ the soil** den Erdboden auflockern
2 (carbonate) **to ~ a liquid** eine Flüssigkeit mit Kohlensäure versetzen [o anreichern]
3 MED **to ~ blood** Blut Sauerstoff zuführen

aer·at·ed [eə'reɪtɪd, AM er'eɪt-] adj 1 (with carbon dioxide) mit Kohlensäure versetzt
2 pred BRIT (fam) ■ **to get ~** [**about sth**] sich akk [über etw akk] aufregen; ***don't get so ~!*** reg dich ab! fam

aer·ial ['eəriəl, AM 'eri-] I. adj attr, inv aus der Luft, Luft-; ~ **bombardment** [or **bombing**]/**war**[**fare**] Luftangriff m/-krieg m; ~ **photograph** [or **view**] Luftaufnahme f, Luftbild nt
II. n Antenne f

aer·ial·ist ['eriəlɪst] n AM (trapeze artist) Trapezkünstler(in) m(f); (tightrope walker) Seiltänzer(in) m(f)

aer·ial 'lad·der n Drehleiter f **aer·ial 'rail·way** n Seilbahn f

aerie ['eri] n esp AM see **eyrie**

aero·bat·ic [ˌeərə(ʊ)'bætɪk, AM ˌeroʊ'bæṭ-] adj attr, inv Kunstflug-; ~ **display** Flugschau f

aero·bat·ics [ˌeərə(ʊ)'bætɪks, AM ˌeroʊ'bæṭ-] n + sing vb 1 (flying manoeuvres) Flugkunststücke pl; **display of** ~ Flugschau f
2 (stunt flying) Kunstflug m kein pl

aero·bic [eə'rəʊbɪk, AM e'roʊ-] adj inv aerob fachspr; ~ **exercise** Aerobicübung f

aero·bics [eə'rəʊbɪks, AM e'roʊ-] n no pl 1 (exercise) Aerobic nt; **high-/low-impact** ~ intensives/gemäßigtes Aerobic; **to do** ~ Aerobic machen
2 (exercise class) Aerobickurs m; **to go to** ~ zum Aerobic gehen

ae'ro·bics in·struc·tor, ae'ro·bics teach·er n Aerobiclehrer(in) m(f)

aero·drome ['eərədrəʊm], AM **air·drome** ['erdroʊm] n (dated) Flugplatz m, Flughafen m, Aerodrom nt veraltet

aero·dy·nam·ic [ˌeərə(ʊ)daɪ'næmɪk, AM ˌeroʊ-] adj aerodynamisch; ~ **law** Gesetz nt der Aerodynamik

aero·dy·nam·ical·ly [ˌeərə(ʊ)daɪ'næmɪkli, AM ˌeroʊ-] adv aerodynamisch

aero·dy·nam·ics [ˌeərə(ʊ)daɪ'næmɪks, AM ˌeroʊ-] n 1 no pl (subject) Aerodynamik f
2 pl (property) Aerodynamik f

aero-en·gine ['eərəʊˌendʒɪn, AM 'eroʊ] *n* AVIAT Flugzeugmotor *m*

aero·foil ['eərəʊfɔɪl, AM 'eroʊ] *n* ① AVIAT Tragflügel ② AUTO Spoiler

aero·gramme, AM, AUS **aero·gram** ['eərə(ʊ)græm, AM 'erəgræm] *n* Luftpostleichtbrief *m*, Luftpost *kein pl* SCHWEIZ *veraltend*, Aerogramm *nt*

aero·naut·ic [ˌeərə(ʊ)'nɔːtɪk, AM ˌerə'nɑːt̬ɪk] *adj inv* Luftfahrt-, aeronautisch; ~ **engineering** Luftfahrttechnik *f*

aero·naut·ics [ˌeərə(ʊ)'nɔːtɪks, AM ˌerə'nɑːt̬ɪks] *n + sing vb (science)* Luftfahrt *f*, Aeronautik *f veraltet; (aircraft construction)* Luftfahrttechnik *f*

aero·plane ['eərə(ʊ)pleɪn], AM **air·plane** ['erpleɪn] *n* Flugzeug *nt*

aero·sol ['eərəsɒl, AM 'erəsɑːl] **I.** *n* ① *(mixture)* Aerosol *nt* ② *(spray container)* Spraydose *f*, Sprühdose *f* **II.** *n modifier (can, paint)* Sprüh-, Aerosol- *fachspr;* ~ **cologne** Eau-de-Cologne-Spray *nt;* ~ **deodorant** Deospray *nt;* ~ **hairspray** Haarspray *nt;* ~ **spray** Aerosolspray *nt*

aero·sol·ize ['erəsɑːlaɪz] *vt* ■**to** ~ **sth** etw aerosolisieren; ***in an ~d form*** in Sprühform

aero·space ['eərə(ʊ)speɪs, AM 'eroʊ-] *n modifier (company, industry, technology)* Raumfahrt-; ~ **engineer** Luft- und Raumfahrtingenieur(in) *m(f);* ~ **industry** Raumfahrtindustrie *f;* ~ **lab** Weltraumlabor *nt;* ~ **research** Raumforschung *f*

Aeschylus ['iːskɪləs, AM 'eskə] *n no pl* LIT Aischylos *m*

aes·thete, AM *also* **es·thete** ['iːsθiːt, AM 'es-] *n* Ästhet(in) *m(f);* PHILOS Ästhetiker(in) *m(f)*

aes·thet·ic, AM *also* **es·thet·ic** [iːs'θetɪk, AM es'θet̬-] **I.** *adj* ästhetisch **II.** *n usu pl* Ästhetik *f*

aes·theti·cal·ly, AM *also* **es·theti·cal·ly** [iːs'θetɪkli, AM es'θet̬-] *adv* ästhetisch; ~ **pleasing** ästhetisch ansprechend; ~ **speaking** vom ästhetischen Standpunkt aus

aes·the·ti·cian, AM *also* **es·the·ti·cian** [ˌiːsθə'tɪʃən, AM ˌes-] *n* ① BRIT *(person who appreciates beauty)* Ästhetiker(in) *m(f)* ② AM *(beautician)* Kosmetiker(in) *m(f)*

aes·theti·cism, AM *also* **es·theti·cism** [iːs'θetɪsɪzəm, AM es'θet-] *n no pl* ART Ästhetizismus *m*

aes·thet·ics, AM *also* **es·thet·ics** [iːs'θetɪks, AM es'θet̬-] *n no pl* Ästhetik *f*

aeti·ol·ogy, AM *also* **eti·ol·ogy** [ˌiːti'ɒlədʒi, AM -t̬i'ɑːl-] *n* MED Ätiologie *f fachspr*

afar [ə'fɑːʳ, AM ə'fɑːr] *adv inv* weit [weg], fern; **from** ~ von weit her, aus der Ferne; **to admire sb from** ~ jdn aus der Ferne anhimmeln

AFDC [ˌeɪefdiː'siː] *n* AM *abbrev of* **aid to families with dependent children** Kindergeld *nt*, Familienbeihilfe *f* ÖSTERR

af·fabil·ity [ˌæfə'bɪləti, AM -ət̬i] *n no pl* Freundlichkeit *f*, Umgänglichkeit *f*

af·fable ['æfəbl̩] *adj* freundlich, umgänglich

af·fably ['æfəbli] *adv* freundlich; **to greet sb** ~ jdn freundlich grüßen; **to slap sb ~ on the back** jdm freundschaftlich auf den Rücken klopfen

af·fair [ə'feəʳ, AM -'fer] *n* ① *(matter)* Angelegenheit *f*, Sache *f;* ***that's my own ~*** das ist ganz allein meine Sache; ***he is an expert in South American ~s*** er ist ein Südamerikakenner; **~s of state** Staatsangelegenheiten *pl*, Staatsgeschäfte *pl;* **conduct of ~s** ADMIN Geschäftsführung *f;* **the state of ~s** die aktuelle Lage [*o* Situation], der Stand der Dinge; ***how's the state of ~s?*** wie sieht's aus? *fam;* **domestic ~s** häusliche Angelegenheiten; POL innenpolitische Angelegenheiten; **financial ~s** finanzielle Angelegenheiten, Finanzfragen *pl;* **foreign ~s** Außenpolitik *f*, auswärtige Angelegenheiten; **to handle an** ~ mit einer Angelegenheit umgehen; **to handle sb's ~s** jds Geschäfte besorgen; **to meddle in sb's ~s** sich *akk* in jds Angelegenheiten einmischen ② *(event, occasion)* Angelegenheit *f*, Sache *f fam*, Geschichte *f fam* ③ *(controversial situation)* Affäre *f;* **the Dreyfus** ~ die Dreyfusaffäre; *(scandal)* Skandal *m* ④ *(sexual relationship)* Affäre *f*, Verhältnis *nt;* **love** ~ Liebesaffäre *f;* **extramarital** ~ außereheliches Verhältnis; **to have an ~ [with sb]** [mit jdm] eine Affäre [*o* ein Verhältnis] haben ⑤ *(fam: object)* Ding *nt fam*, Teil *nt sl;* ***she wore a long black velvet ~*** sie trug ein langes Teil aus schwarzem Samt *sl*

af·fect [ə'fekt] *vt* ① *(have effect on)* ■**to ~ sb/sth** sich *akk* auf jdn/etw auswirken; *(influence)* jdn/etw beeinflussen; *(concern)* jdn/etw betreffen; ***the disease only ~s cattle*** die Krankheit befällt nur Rinder ② *(move)* ■**to be ~ed by sth** von etw *dat* bewegt [*o* ergriffen] sein; ***I was deeply ~ed by the film*** der Film hat mich tief bewegt ③ *(have negative effect on)* ■**to ~ sb/sth** auf jdn/etw negative Auswirkungen haben; **to ~ health** der Gesundheit schaden ④ *(esp pej: feign)* ■**to ~ sth** etw vortäuschen [*o* vorgeben] ⑤ *(like)* ■**to ~ sth** etw mögen, für etw *akk* eine Vorliebe haben; ***he ~s fancy outfits*** er trägt gern ausgefallene Klamotten

af·fec·ta·tion [ˌæfek'teɪʃən] *n (pej)* ① *(pretended quality)* Vortäuschung *f;* ***..., he said with an ~ of nonchalance ...***, sagte er mit gespielter Gleichgültigkeit ② *(pej: artificial behaviour)* Affektiertheit *f pej;* ***she has so many little ~s*** sie benimmt oft so affektiert ③ *no pl (pretence)* Verstellung *f*

af·fect·ed [ə'fektɪd] *adj* ① *(pej: insincere)* affektiert *pej*, geziert *pej; (fake)* unecht *pej*, gekünstelt *pej;* **to have a very ~ manner** sich *akk* sehr affektiert [*o* geziert] benehmen; ~ **smile** künstliches [*o* gezwungenes] Lächeln; ~ **style of writing** gekünstelter Stil ② *(influenced)* betroffen

af·fect·ed·ly [ə'fektɪdli] *adv (pej: artificially)* affektiert *pej*, geziert *pej*, gekünstelt *pej; (unnaturally)* auf unnatürliche Weise

af·fect·ing [ə'fektɪŋ] *adj* bewegend, ergreifend, rührend

af·fec·tion [ə'fekʃən] *n no pl (kindly feeling)* Zuneigung *f; (love)* Liebe *f;* ***she felt little ~ for the child*** sie fühlte wenig für das Kind; **display of ~** Ausdruck *m* von Zärtlichkeit; **to have a deep ~ for sb** zu jdm eine tiefe Zuneigung haben; **to show ~ for sb** seine Zuneigung zu jdm zeigen

af·fec·tion·ate [ə'fekʃənət] *adj* liebevoll, zärtlich; ***he is a very ~ boy*** er ist ein sehr liebebedürftiger Junge; **your ~ daughter** *(in a letter)* deine dich liebende Tochter

af·fec·tion·ate·ly [ə'fekʃənətli] *adv* liebevoll, zärtlich

af·fec·tions [ə'fekʃənz] *npl* Liebe *f kein pl*, Zuneigung *f kein pl;* **to win sb's ~** jds Zuneigung gewinnen

af·fi·da·vit [ˌæfɪ'deɪvɪt] *n* [schriftliche] eidesstattliche [*o* eidliche] Erklärung, Affidavit *nt fachspr;* **to swear an ~** eine eidliche [*o* ÖSTERR eidesstattliche] Erklärung abgeben

af·fili·ate **I.** *vt* [ə'fɪlieɪt] *usu passive* ① ECON ■**~d companies** assoziiert, [konzern]verbunden; ■**to be ~d with sth** mit etw *dat* assoziiert sein; *(in subordinate position)* etw *dat* angeschlossen [*o* angegliedert] sein; ■**to ~ oneself to sb/sth** sich *akk* jdm/etw anschließen ② *(admit)* ■**to ~ sb** jdn [als Mitglied] aufnehmen **II.** *n* [ə'fɪliət] *(related entity)* Konzernunternehmen *nt*, Schwestergesellschaft *f; (subsidiary)* Tochtergesellschaft *f; (branch)* Zweigfirma *f*, Zweigorganisation *f*

af·filia·tion [əˌfɪli'eɪʃən] *n* ① ECON Angliederung *f;* ***the group has ~s with several organizations abroad*** dem Konzern sind mehrere Organisationen im Ausland angegliedert; **lack of ~ [to sb/sth]** Unabhängigkeit *f* [von jdm/etw]; **political ~s** politische Zugehörigkeit ② *(admittance)* Aufnahme *f (als Mitglied)*

af·fili'a·tion or·der *n* BRIT Unterhaltsverfügung *f*

af·fin·ity [ə'fɪnəti, AM -ət̬i] *n* ① *(solidarity)* Verbundenheit *f kein pl;* **to feel an ~ for sb** sich *akk* jdm verbunden fühlen ② *(similarity)* Gemeinsamkeit *f*, Verwandtschaft *f kein pl*, Affinität *f geh*

af·'finity group *n* AM Interessenvertretung *f*

af·firm [ə'fɜːm, AM -'fɜːrm] *vt* ■**to ~ sth** ① *(state)* etw versichern [*o* beteuern] ② *(confirm)* etw bekräftigen ③ LAW *(uphold a ruling)* **to ~ a judgement** eine Entscheidung aufrechterhalten, ein Urteil bestätigen

af·fir·ma·tion [ˌæfə'meɪʃən, AM -fɚ'meɪ-] *n* ① *(positive assertion)* Bekräftigung *f*, Bestätigung *f;* ***the film is an ~ of life*** der Film bejaht das Leben ② *(declaration)* Versicherung *f*, Beteuerung *f* ③ LAW eidesstattliche Erklärung, Versicherung *f* an Eides statt

af·firma·tive [ə'fɜːmətɪv, AM -'fɜːrmət̬ɪv] **I.** *adj* zustimmend, positiv; ~ **answer** [*or* **response**] positive Antwort; ~ **gesture** zustimmende Geste; ~ **nod** zustimmendes Nicken; ~ **sentence** bejahender [*o* positiver] Satz **II.** *n* Zustimmung *f*, Bejahung *f*, SCHWEIZ *a.* Affirmation *f;* **to answer** [*or* **reply**] **in the ~** mit Ja antworten; ***she asked the question, expecting an ~*** sie stellte die Frage in Erwartung einer positiven Antwort **III.** *interj* ■**~!** *esp* AM jawohl!, richtig!

af·firma·tive 'ac·tion **I.** *n* AM *no pl (preferential treatment)* aktive Förderungsmaßnahmen zu Gunsten von Minderheiten, positive Diskriminierung *fachspr; (for a job)* Quotenregelung *f (zu Gunsten benachteiligter Minderheiten)* **II.** *n modifier* ~ **program** Chancengleichheitsprogramm *nt*

af·firma·tive·ly [ə'fɜːmətɪvli, AM -'fɜːrmət̬ɪv-] *adv* positiv, zustimmend, bejahend; **to answer** [*or* **reply**] ~ sich *akk* zustimmend äußern, eine positive Antwort geben

af·fix **I.** *vt* [ə'fɪks, 'æfɪks] ■**to ~ sth** *(attach)* etw befestigen [*o* anbringen]; *(stick on)* etw ankleben; *(clip on)* etw anheften; **to ~ one's signature to sth** seine Unterschrift unter etw *akk* setzen; **to ~ one's stamp upon sth** etw mit seinem Stempel versehen **II.** *n* <*pl* -es> ['æfɪks] LING Affix *nt fachspr*

af·flict [ə'flɪkt] *vt* ■**to ~ sb/sth** jdn/etw plagen [*o* heimsuchen]; ***he is ~ed with severe rheumatism*** er leidet an schwerem Rheumatismus

af·flic·tion [ə'flɪkʃən] *n* ① *(misfortune)* Elend *nt kein pl*, Not *f*, Plage *f* ② *(illness)* Leiden *nt*, Gebrechen *nt* ③ *no pl (distress)* Kummer *m*, Betrübnis *f*

af·flu·ence ['æfluən(t)s] *n no pl* ① *(abundance)* Überfluss *m* ② *(wealth)* Wohlstand *m*, Reichtum *m*

af·flu·ent ['æfluənt] **I.** *adj* wohlhabend, reich, vermögend; ~ **society** Wohlstandsgesellschaft *f*, Überflussgesellschaft *f;* ~ **way of life** Leben *nt* im Überfluss **II.** *n* ■**the ~** *pl* die Reichen *pl*

af·flu·en·za [ˌæflu:'enzə] *n no pl* Wohlstandssyndrom *nt (als psychische Störung bei Menschen, die im Wohlstand leben, jedoch unzufrieden sind)*

af·ford [ə'fɔːd, AM ə'fɔːrd] *vt* ① *(have money for)* ■**to ~ sth** sich *dat* etw leisten; ■**to be able to ~ sth** sich *dat* etw leisten können ② *(allow oneself)* ■**to ~ sth:** ***I simply can't ~ the time to come*** ich habe einfach nicht die Zeit zu kommen; ■**to be able to ~ to do sth** es sich *dat* leisten [*o* erlauben] können, etw zu tun; ***he can ill ~ to ...*** er kann es sich kaum leisten, ...; ***you can't ~ to miss this once-in-a-lifetime opportunity*** diese einmalige Gelegenheit darfst du dir nicht entgehen lassen ③ *(form: provide)* ■**to ~ [sb] sth** [jdm] etw bieten [*o* gewähren]; **to ~ little protection** kaum Schutz bieten

af·ford·able [ə'fɔːdəbl̩, AM -'fɔːrd-] *adj price* erschwinglich

af·for·est [ə'fɒrɪst, AM -'fɔːr-] *vt* **to ~ land** Land wieder aufforsten

af·for·esta·tion [əˌfɒrɪ'steɪʃən, AM -ˌfɔːrə'st-] *n no pl* [Wieder]aufforstung *f*

af·fray [ə'freɪ] *n esp* LAW *(form)* Schlägerei *f*, Rauferei *f*

af·front [ə'frʌnt] **I.** *n* Beleidigung *f*, Affront *m geh*

(to gegen +*akk*); ***their rejection was an ~ to his dignity*** ihre Zurückweisung verletzte ihn in seiner Würde
II. *vt usu passive* ■**to ~ sb/sth** jdn/etw beleidigen [*o* kränken]; ■**sb is ~ed by** [*or* **at**] **sth** etw hat jdn gekränkt; ***she was most ~ed by his sexist comments*** er hat sie mit seinen sexistischen Bemerkungen ziemlich vor den Kopf gestoßen

Af·ghan ['æfgæn] **I.** *n* ❶ *(person)* Afghane, Afghanin *m, f*
❷ *(wool covering)* Wolldecke *f; (shawl)* [breiter] Wollschal
❸ *(carpet)* Afghan *m*
❹ *(dog)* Afghane *m*
II. *adj* afghanisch; **the ~ situation** die Situation in Afghanistan

Af·ghan 'hound *n* Afghane *m*

Af·ghani·stan [æf'gænɪstæn, AM -nəstæn] *n* Afghanistan *nt*

afi·cio·na·do [ə,fɪʃiə'nɑːdəʊ, AM -doʊ] *n* Fan *m,* Liebhaber(in) *m(f)*

afield [ə'fiːld] *adv* ❶ *(distant)* entfernt; **far/further ~** weit/weiter entfernt [*o* weg]
❷ HUNT im Feld

afire [ə'faɪəʳ, AM 'faɪɚ] *adj inv, pred (liter)* ❶ *(burning)* in Flammen, entflammt *a. fig,* entbrannt *a. fig*
❷ *(in pain)* auf brennende Weise schmerzend
❸ *(illuminated)* [hell] erleuchtet

aflame [ə'fleɪm] *adj pred, inv (liter)* ❶ *(on fire)* in Flammen; ■**to be ~** in Flammen stehen
❷ *(fig: full of passion)* **~ with desire** voll heißem [*o* brennend vor] Verlangen
❸ *(fig: glowing)* glühend *attr,* leuchtend *attr;* **to be ~ with colour** in allen Farben leuchten; **to be ~ with embarrassment** vor Verlegenheit glühen

AFL-CIO *n* AM *abbrev of* **American Federation of Labor and Congress of Industrial Organizations** *Dachverband der amerikanischen Gewerkschaften*

afloat [ə'fləʊt, AM -'floʊt] *adj* ❶ *pred, inv (floating)* über Wasser; ■**to be ~** schwimmen; *boat* seetüchtig sein; ***she spent seven days ~ on a raft*** sie trieb sieben Tage auf einem Floß; **to keep** [*or* **stay**] **~** sich *akk* über Wasser halten, nicht untergehen
❷ *pred (fig: without debts)* schuldenfrei; **to keep** [*or* **stay**] **~** sich *akk* über Wasser halten *fig*
❸ *after n (in circulation)* ***there is a rumour ~ that ...*** es geht das Gerücht [um], dass ...

aflutter [ə'flʌtəʳ, AM -'flʌt̬ɚ] *adj pred (hum)* aufgeregt, nervös, unruhig; **to set sb's heart ~** jdm Herzklopfen verursachen

afoot [ə'fʊt] *inv* **I.** *adj pred* im Gange; ***I'm sure something's ~*** ich bin sicher, da ist was im Gange; ***the children are very quiet — I think there's mischief ~*** die Kinder sind so ruhig – ich glaube, sie hecken etwas aus *fam*
II. *adv esp* AM zu Fuß

afore [ə'fɔː, AM ə'fɔːr] *(old)* **I.** *adv inv* ❶ *(earlier)* vorher, früher
❷ *(ahead)* voraus, voran; *(in front)* vorne
II. *conj (old)* bevor

afore·men·tioned [ə'fɔːmen(t)ʃənd, AM ə'fɔːr-] *(form),* **afore·said** [ə'fɔːsed, AM ə'fɔːr-] *(form)* **I.** *adj inv, attr (in a text)* oben erwähnt [*o* genannt], obige(r, s); *(in a conversation)* besagte(r, s)
II. *n* <*pl* -> ■**the ~** *(in a text)* der/die/das [Oben]erwähnte [*o* [Oben]genannte]; *(in a conversation)* der/die/das Erwähnte

afore·thought [ə'fɔːθɔːt, AM -'fɔːrθɑːt] *adj inv, after n* LAW **with malice ~** vorsätzlich, mit Vorsatz, böswillig

a for·tio·ri [eɪ,fɔːti'ɔːraɪ, AM eɪ,fɔːrt̬i'ɑːri] *adv* LAW offensichtlich

A4 [,eɪ'fɔːʳ, AM -'fɔːr] **I.** *n no pl* [DIN-]A4
II. *n modifier (paper)* [DIN-]A4-; **~ pad** [DIN-]A4-Block *m*

afraid [ə'freɪd] *adj pred* ❶ *(frightened)* verängstigt; **to be** [*or* **feel**] **~** Angst haben, sich *akk* fürchten; **to be ~ that ...** befürchten, dass ...; **to make sb ~** jdm Angst machen, jdn verängstigen; ■**to be ~ for sb/sth** um jdn/etw Angst haben; ■**to** [**not**] **be ~ of sb/sth** vor jdm/etw [keine] Angst haben; **to be ~ of heights** Höhenangst haben; ■**to** [**not**] **be ~ to do sth** sich *akk* [nicht] scheuen, etw zu tun
❷ *inv (expressing regret)* ***I'm ~ not*** leider [*o* bedauerlicherweise] nicht; ***I'm ~ so*** leider ja, ich bedaure, ja *geh;* ***this is your room — it's rather small, I'm ~*** dies ist Ihr Zimmer – leider ist es sehr klein; ***I don't agree at all, I'm ~*** da kann ich Ihnen leider nicht zustimmen

A-frame ['eɪfreɪm] *n* ❶ ARCHIT Stützrahmen *m,* A-Rahmen *m fachspr*
❷ *esp* AM *(house)* Haus *nt* mit A-Rahmen

afresh [ə'freʃ] *adv inv* [noch einmal] von vorn [*o* von Neuem]; **to look at sth ~** etw noch einmal ansehen; **to start sth ~** etw noch einmal von vorn beginnen

Af·rica ['æfrɪkə] *n* Afrika *nt*

Af·ri·can ['æfrɪkən] **I.** *n* Afrikaner(in) *m(f)*
II. *adj* afrikanisch

Af·ri·can Ameri·can [,æfrɪkənə'merɪkən] **I.** *adj inv* afroamerikanisch **II.** *n* Afroamerikaner(in) *m(f)* **Af·ri·can 'vio·let** *n* Usambaraveilchen *nt*

Af·ri·kaans [,æfrɪ'kɑːn(t)s] *n no pl* Afrikaans *nt*

Af·ri·ka·ner [,æfrɪ'kɑːnəʳ, AM -nɚ] *n* Afrika[a]nder(in) *m(f)*

Afro ['æfrəʊ, AM -roʊ] *n* Afrolook *m*

Afro-Ameri·can [,æfrəʊə'merɪkən, AM -roʊ-] **I.** *n* Afroamerikaner(in) *m(f)* **II.** *adj* afroamerikanisch **Afro-Asian** [,æfrəʊ'eɪʒən, AM -roʊ'-] *adj inv* POL afroasiatisch **Afro-Asi'atic** *adj* afroasiatisch **Afro-Car·ib·bean** [,æfrəʊkærɪ'biːən, AM -roʊkerɪ'-] **I.** *n* Afrokaribe, -karibin *m, f* **II.** *adj* afrokaribisch

Afro·cen·trism [,æfrəʊ'sentrɪzəm, AM -roʊ-] *n* Afrozentrismus *m*

Afro·cen·trist [,æfrəʊ'sentrɪst, AM -roʊ-] *n* Afrozentrist(in) *m(f)*

aft [ɑːft, AM æft] *inv* NAUT **I.** *adv* achtern; **fore and ~** längsschiffs; *(fig)* über die gesamte Länge
II. *adj attr* Achter-; **~ deck** Achterdeck *nt*

af·ter ['ɑːftəʳ, AM 'æftɚ] **I.** *prep* ❶ *(later time)* nach +*dat;* ***~ two weeks of vacationing*** nach zwei Wochen Ferien; ***he always takes a nap ~ lunch*** er macht nach dem Mittagessen immer einen kurzen Mittagsschlaf; **the day ~ tomorrow** übermorgen; **~ hours** *(in pubs)* außerhalb der gesetzlich erlaubten Zeit, nach der Polizeistunde; *(in shops)* nach Ladenschluss; *(working hours)* nach Feierabend; [**a**] **quarter ~ six** AM [um] Viertel nach Sechs; **the week ~ next** übernächste Woche
❷ *(in pursuit of)* ■**to be ~ sb/sth** hinter jdm/etw her sein; ***you're chasing ~ sth you can't have*** du jagst etwas hinterher, was du nicht haben kannst; ***most of them are ~ money*** die meisten von ihnen sind nur hinter dem Geld her [*o* auf das Geld aus]
❸ *(following)* nach +*dat;* ***the letter C comes ~ B*** der Buchstabe C kommt nach B; ***~ you!*** nach Ihnen!; ***~ you with the butter!*** reichst du mir dann bitte auch die Butter?
❹ *(many in succession)* nach +*dat;* ***day ~ day*** Tag für Tag; ***hour ~ hour*** Stunde um Stunde; ***time ~ time*** immer wieder; ***she ate one piece of cake ~ another*** sie aß ein Stück Kuchen nach dem anderen
❺ *(behind)* nach +*dat;* ***can you lock up ~ you?*** können Sie zuschließen, wenn Sie gehen?; ***he shut the door ~ them*** er machte die Tür hinter ihnen zu; ***she stared ~ him in disbelief*** sie starrte ihm ungläubig nach
❻ *(result of)* nach +*dat;* ***~ what he did to me, I'll never talk to him again*** nach dem, was er mir angetan hat, werde ich nie wieder ein Wort mit ihm wechseln
❼ *(in honour of)* nach +*dat;* **to name sb/sth ~ sb/sth** jdn/etw nach jdm/etw [be]nennen; ***they named her Anne, ~ her father's sister*** sie haben sie Anne genannt, nach der Schwester ihres Vaters
❽ *(similar to)* nach +*dat;* ***a painting ~ Picasso*** ein Gemälde im Stil von Picasso; **to take ~ sb** jdm nachschlagen; ***she takes ~ her mother*** sie kommt nach ihrer Mutter
❾ *(about)* nach +*dat;* ***he inquired ~ his uncle's health*** er erkundigte sich nach dem Befinden seines Onkels
❿ *(in comparison to)* verglichen mit +*dat;* ***my children seem small ~ his*** meine Kinder wirken klein verglichen mit seinen
▸PHRASES: **~ all** *(in spite of)* trotz +*dat;* ***~ all his efforts, he still failed the driving test*** trotz all seiner Bemühungen fiel er durch die Führerscheinprüfung; ***he rang and told me that he couldn't come ~ all*** er hat angerufen und mir gesagt, dass er doch nicht kommen könne; *(giving reason)* schließlich; ***you are my husband, ~ all*** du bist schließlich mein Mann; ***she promised it, ~ all*** sie hat es immerhin versprochen; **to be ~ doing sth** IRISH *(going to do)* dabei sein, etw zu tun; *(just done)* gerade etw getan haben
II. *conj* nachdem; ***I'll call you ~ I take a shower*** ich rufe dich an, wenn ich geduscht habe; **right** [*or* **straight**] [*or* **immediately**] **~ sth** unmittelbar nachdem ...; ***I went to the post office straight ~ I left you*** ich bin direkt von dir zur Post gelaufen; **soon** [*or* **shortly**] [*or* **not long**] **~ sth** kurz nachdem ...; ***soon ~ we joined the motorway, the car started to make a strange noise*** wir waren noch nicht lange auf der Autobahn, da gab der Motor ein seltsames Geräusch von sich
III. *adv inv* ❶ *(at a later time)* danach; **the day/week ~** einen Tag/eine Woche danach [*o* darauf]; **shortly** [*or* **soon**] **~** kurz [*o* bald] darauf
❷ *(behind)* ***marriage, house, baby — and what comes ~?*** Hochzeit, Haus, Kinder – und was kommt dann?; ***a mouse ran into the bushes and the cat ran ~*** eine Maus rannte in die Büsche und die Katze hinterher
❸ *(fam: afterwards)* danach, nachher; ***what are you going to do ~?*** was hast du danach noch vor?
IV. *adj inv, attr (liter)* später; **in ~ years** in späteren Jahren

'after·birth *n* Nachgeburt *f* **'after·care** *n no pl* *(after hospital stay)* Nachbehandlung *f,* Nachsorge *f;* *(after prison sentence)* Resozialisierungshilfe *f,* Entlassenenfürsorge *f* **'after date** *n* FIN Datowechsel *m* **'after·deck** *n* NAUT Achterdeck *nt* **'after·din·ner** *adj attr, inv conversation* nach dem Mittagessen; **~ drink** Verdauungsschlückchen *nt;* **~ nap** Mittagsschläfchen *nt;* **~ speech** Tischrede *f*

'after-ef·fect *n* *(consequence)* Auswirkung *f;* *(after illness)* Nachwirkung *f; (of event)* Folge *f;* **to suffer from ~s** unter Nachwirkungen leiden

'after·glow *n no pl* ❶ *(of sun)* Abendrot *nt,* Abendleuchten *nt* ❷ *(good feeling)* angenehme [*o* schöne] Erinnerung; **to bask in the ~ of sth** in Erinnerungen an etw *akk* schwelgen **'after·growth** *n no pl* Schössling *m,* Nachtrieb *m* **'after-hours** *adj* STOCKEX **~ dealing** [*or* **trading**] [*or* **buying**] Nachbörse *f;* **~ market** Nachbörse *f,* Kerbhandel *m;* **~ price** nachbörslicher Kurs

'after-image *n* optische Nachwirkung, Nachbild *nt*
'after·life *n no pl* Leben *nt* nach dem Tod; **to believe in an ~** an ein Leben nach dem Tod glauben **'after-lunch** *adj attr, inv* nach dem Mittagessen *nach n,* nach Tisch *nach n;* **~ snooze** Mittagsschlaf *m* **'after·mar·ket** *n* ❶ COMM Verbrauchermarkt *m* ❷ STOCKEX Nachbörse *f*

'after·math [-mɑːθ, AM -mæθ] *n no pl* Folgen *pl,* Nachwirkungen *pl;* ■**in the ~ of sth** *(effects)* infolge einer S. *gen; (time)* im Anschluss an etw *akk*

after·noon [,ɑːftə'nuːn, AM ,æftɚ-] **I.** *n* Nachmittag *m;* ***good ~!*** guten Tag!; **all ~** den ganzen Nachmittag; **early/late ~** am frühen/späten Nachmittag; **mid-~** am Nachmittag; **this/tomorrow/yesterday ~** heute/morgen/gestern Nachmittag; **in the ~** am Nachmittag, nachmittags; **at 4.00 in the ~** um vier Uhr Nachmittag; **on the ~ of May 23rd** am Nachmittag des 23. Mai; **on Wednesday ~** [am] Mittwochnachmittag; **on Friday ~s** freitagnachmittags, am Freitagnachmittag
II. *adj attr* nachmittäglich, Nachmittags-; **~ nap** [Nach]mittagsschläfchen *nt*

after·noons [,ɑːftə'nuːnz, AM ,æftɚ-] *adv inv esp* AM nachmittags

after·noon 'tea *n no pl* BRIT [Nachmittags]tee *m*

'after·pains *npl* Nachwehen *pl*

af·ters ['ɑːftəz] *n no pl* BRIT *(fam)* Nachtisch *m,* Dessert *nt* SCHWEIZ, ÖSTERR, Nachspeise *f* ÖSTERR; **for ~** zum [*o* als] Nachtisch, als Nachspeise [*o* Dessert] ÖSTERR

after-sales 'ser·vice *n no pl* Kundendienst *m*

'after·shave *n no pl* Rasierwasser *nt*, Aftershave *nt*, Aftershavelotion *f* **'after·shock** *n usu pl* GEOL Nachbeben *nt*

'after-sight bill *n* FIN Nachsichtwechsel *m* **'after·taste** *n usu sing* Nachgeschmack *m kein pl a. fig; (fig)* Erinnerung *f*; **to leave a bad/bitter/an unpleasant ~** einen schlechten/bitteren/unangenehmen Nachgeschmack hinterlassen **'after-tax** *adj* FIN **~ profit** Gewinn *m* nach Abzug der Steuern

after 'taxes *adj after n, inv* FIN nach Steuerabzug *nach n*, nach Steuern *nach n*; **income ~** Gewinn *m* nach Steuern **'after·thought** *n usu sing* nachträglicher Einfall; **as an ~** im Nachhinein; ***she only asked me to her party as an ~*** es fiel ihr erst später ein, mich zu ihrer Party einzuladen

after·ward ['ɑ:ftəwəd, AM 'æftɚ-], **after·wards** ['ɑ:ftəwədz, AM 'æftɚ-] *adv inv (later)* später; *(after something)* danach, anschließend; **shortly** [*or* **soon**] **~** kurz danach [*o* darauf]

'after·word *n* Nachwort *nt* **'after·world** *n no pl* ■**the ~** das Jenseits

AG *n* AM *abbrev of* **Attorney General** Justizminister(in) *m(f)*

Aga®, **Aga**® **'cook·er** [ɑ:gə-] *n* BRIT [Aga-]Herd *m (mit Kohle, Gas oder Öl ständig betriebener Herd mit großen Kochplatten und mehreren Röhren für verschiedene Temperaturen)*

again [ə'gen, ə'geɪn] *adv inv* ① *(as a repetition)* wieder; *(one more time)* noch einmal, nochmal; ***don't do that ~!*** mach das ja nicht noch mal! *fam*; ***Deborah's late ~*** Deborah kommt [schon] wieder mal zu spät *fam*; **~ and ~** immer wieder; **never ~** nie wieder; **once ~** *(one more time)* noch einmal, einmal mehr *geh*; *(another time)* wieder einmal; **yet ~** schon wieder
② *(fam: after forgetting sth)* nochmal *fam*; ***what's her name ~?*** wie ist nochmal ihr Name?
③ *(twice as much)* noch [ein]mal; **as much ~** noch [ein]mal so viel, doppelt so viel
④ *(anew)* noch einmal, nochmals; **to do** [*or* **start**] **sth** [**all**] **over ~** mit etw *dat* noch einmal [von vorne] anfangen
▶ PHRASES: **come ~?** wie bitte?; **now and ~** von Zeit zu Zeit, dann und wann, gelegentlich; **then** [*or* **there**] **~** andererseits, auf der anderen Seite

against [ə'gen(t)st] **I.** *prep* ① *(opposing)* gegen +*akk*, wider *geh* +*akk*; ■**to be ~ sb/sth** gegen jdn/etw sein; ■**to be ~ sb's doing sth** dagegen sein, dass jd etw tut; **~ one's better judgement** wider besseren Wissen *geh*; **to have/say sth ~ sb** etw gegen jdn haben/sagen
② *(competing)* gegen +*akk*; **~ time/the clock** gegen die Zeit/die Uhr
③ *(unfavourable)* gegen +*akk*; [**the**] **odds are ~ sb/sth** die Chancen stehen gegen jdn/etw
④ *(protecting)* gegen +*akk*; **to guard oneself ~ sb/sth** sich *akk* gegen jdn/etw [*o* vor jdm/etw] schützen
⑤ *(comparing)* **~** ***her situation, we're doing okay*** im Vergleich zu ihrer Situation geht es uns gut; ***the dollar rose ~ the euro*** der Dollar stieg gegenüber dem Euro; **to weigh sth ~ sth** etw gegen etw *akk* abwägen
⑥ *(contrasting)* gegen +*akk*
⑦ *(contacting)* gegen +*akk*; ***his back was ~ the door*** er lehnte mit dem Rücken an der Tür
⑧ *(counter to)* gegen +*akk*; **~ the wind/current** gegen den Wind/die Strömung; **~ the light/sun** gegen das Licht/die Sonne
⑨ *(across)* **~ *the grain*** quer zur [*o* gegen die] Maserung
⑩ *(in exchange for)* gegen +*akk*
II. *adv inv* ***the odds are 2 to 1 ~*** die Chancen stehen 2 zu 1 dagegen; ***there was a majority with only 14 voting ~*** es gab eine Mehrheit bei nur 14 Gegenstimmen

agape [ə'geɪp] *adj pred* mit offenem Mund; ***the girls were ~ with excitement*** die Mädchen vergaßen vor lauter Aufregung, den Mund wieder zuzumachen; **to be ~ with wonder** [*or* **surprise**] erstaunt [*o fam* baff] sein

ag·ate ['ægət] **I.** *n* ① *(gem)* Achat *m*
② *no pl (type of stone)* Achat *m*
II. *n modifier (bracelet, jewellery, ring)* Achat-

aga·ve [ə'geɪvi, AM ə'gɑ:] *n* BOT Agave *f*

AGC [ˌeɪdʒi:'si:] *n abbrev of* **automatic gain control** automatische Verstärkungsregelung

age [eɪdʒ] **I.** *n* ① *(length of existence)* Alter *nt*; ***do you know the ~ of that building?*** wissen Sie, wie alt dieses Gebäude ist?; ***what ~ is your brother?*** wie alt ist dein Bruder?; ***he's about your ~*** er ist ungefähr so alt wie du; ***the club takes children of all/different ~s*** der Verein nimmt Kinder aller/verschiedener Altersstufen auf; **to be 45 years of ~** 45 [Jahre alt] sein; **old ~** [hohes] Alter; ***old ~ is no impediment for doing sport*** ein hohes Alter bedeutet nicht, dass man nicht Sport treiben kann; ***in my old ~ I will still love you*** auch wenn ich alt bin, werde ich dich immer noch lieben; **to live to an old ~** bis ins hohe Alter leben; **to act** [*or* **be**] **one's ~** sich *akk* seinem Alter entsprechend verhalten; ***be your age!*** sei nicht so kindisch!; **to feel one's ~** die Jahre spüren; **to improve with ~** mit zunehmendem Alter besser werden; **sb looks** [*or* **shows**] **their age** man sieht jdm sein Alter an; ***she's starting to look her age*** allmählich sieht man ihr ihr Alter an; ***you don't look*** [*or* ***show***] ***your ~*** man sieht dir dein Alter nicht an; **at the ~ of 80** mit achtzig [Jahren]; **at sb's ~** in jds Alter
② *no pl* LAW **~ of consent** Ehemündigkeitsalter *nt*; **~ of criminal capacity** Strafmündigkeit *f*; **~ of marriage** heiratsfähiges Alter; **voting ~** Wahlalter *nt*; **full ~** Volljährigkeit *f*; **to be/come of ~** volljährig sein/werden; *(fig)* ***her art has finally come of ~*** ihre Kunst ist endlich zu voller Blüte gelangt *geh*; **to be under ~** minderjährig sein
③ *no pl (old age)* Alter *nt*; ***the pages of the book had crumbled with ~*** die Seiten des Buches waren mit dem Alter zerfallen; ***her skin was wrinkled with ~*** ihre Haut war vom Alter runzlig; **~ before beauty** *(hum)* Alter vor Schönheit *hum*
④ *(life expectancy)* Lebenserwartung *f*; *of a star* Lebensdauer *f*; ***the ~ of a cat is up to twenty years*** eine Katze kann zwanzig Jahre alt werden
⑤ *(era)* Zeitalter *nt*, Ära *f*; **~ of the euro** Euro-Zeitalter *nt*; **the ~ of exploration** das Zeitalter der Entdeckungen; **in this day and ~** heutzutage; **the modern ~** die Moderne; **down** [*or* **through**] **the ~s** durch die Jahrhunderte
⑥ *usu pl (fam: long time)* ■**an ~**, ■**~s** ein Ewigkeit *fam*, Ewigkeiten *pl fam*, ewig *fam*; ***I haven't seen him for ~s*** ich habe ihn seit einer Ewigkeit nicht gesehen *fam*; ***he was an ~ washing his car*** er verbrachte eine Ewigkeit damit, sein Auto zu waschen *fam*; ***he took ~s over*** [*or* ***to do***] ***his homework*** er hat ewig für seine Hausaufgaben gebraucht *fam*; ***I took ~s looking for the right word*** ich habe ewig nach dem richtigen Wort gesucht *fam*; ***the meeting took ~s*** die Besprechung dauerte ewig [lang] *fam*
II. *vi* ① *(become older)* altern, alt werden; *(look older)* altern; ***loosing his wife has made him ~ years*** durch den Tod seiner Frau ist er um Jahre gealtert
② FOOD reifen
III. *vt* ① *usu passive* FOOD **to ~ cheese** Käse reifen lassen; **to ~ sherry/wine** Sherry/Wein ablagern lassen; ***brandy is ~d in oak*** Brandy lagert in Eichenfässern
② *(make sb look older)* ■**to ~ sb** *hairstyle, make-up, clothes* jdn älter machen; *strain, suffering* jdn altern lassen
③ *(treat)* **to ~ a painting/table** ein Gemälde/einen Tisch auf alt machen *fam*
④ *(determine the age of)* ■**to ~ sth** das Alter einer S. *gen* bestimmen

AGE [ˌeɪdʒi:'i:] *n* FOOD, MED *abbrev of* **advanced glycation end product** Endprodukt *nt* der fortgeschrittenen Glykation

'age-band·ing *n no pl* Altersklasseneinteilung *f*; **a product with no ~** ein Produkt, das nicht für eine bestimmte Altersgruppe konzipiert wurde

'age brack·et *n* Altersgruppe *f*, Altersklasse *f*

aged[1] ['eɪdʒd] *adj after n* **a boy ~ 12** ein zwölfjähriger [*o* zwölf Jahre alter] Junge; **children ~ 8 to 12** Kinder [im Alter] von 8 bis 12 Jahren

aged[2] ['eɪdʒɪd] **I.** *adj (old)* alt, betagt
II. *n* ■**the ~** *pl* die alten Menschen *pl*, die Alten *pl*

aged 'debt·or's analy·sis *n see* **ageing schedule**

'age gap *n* Altersunterschied *m*

age-gap ['eɪdʒgæp] *n modifier* BRIT *(fam: older) (friend)* viel älter; *(younger)* viel jünger **age-group** ['eɪdʒˌgru:p] *adj attr, inv* ① SPORT Altersklasse *f*; ***he won an ~ medal at the championship*** er gewann bei den Jahrgangsmeisterschaften eine Medaille ② SOCIOL Alterszugehörigkeit *f*

age·ing, AM, AUS **ag·ing** ['eɪdʒɪŋ] *adj attr, inv person* alternd; *machinery* veraltend *attr*

'age·ing sched·ule, AM **'ag·ing sched·ule** *n* FIN Fälligkeitstabelle *f*

age·ism, AM, AUS **ag·ism** ['eɪdʒɪzᵊm] *n no pl* Diskriminierung *f* älterer Menschen, Seniorenfeindlichkeit *f*

age·ist, AM, AUS **ag·ist** ['eɪdʒɪst] *adj* ■**to be ~** ältere Menschen diskriminieren, seniorenfeindlich sein

age·less ['eɪdʒləs] *adj inv beauty* zeitlos; **~ wisdom** ewig gültige Weisheit

'age lim·it *n* Altersgrenze *f* **'age-long** *adj attr, inv* unendlich lang, ewig *fam*; **~ process** sehr langwieriger Prozess

agen·cy ['eɪdʒᵊn(t)si] *n* ① *(private business)* Agentur *f*; **advertising ~** Werbeagentur *f*; **employment ~** Arbeitsvermittlungsbüro *nt*, Arbeitsvermittlungsagentur *f*; **estate/travel ~** Makler-/Reisebüro *nt*; **modelling ~** Modellagentur *f*; **news ~** Nachrichtenagentur *f*, Nachrichtendienst *m*
② *(subsidiary)* Geschäftsstelle *f*, ÖSTERR *bes* Geschäftsstelle *f*, Vertretung *f*; **sole ~** Alleinvertretung *f*
③ *(of government)* Behörde *f*; *(of public administration)* Dienststelle *f*; **government ~** Regierungsstelle *f*, Behörde *f*; **non-governmental ~** Nichtregierungsorganisation *f*
④ *no pl (form liter: force)* Wirkung *f*; **through** [*or* **by**] **the ~ of water** durch [*o* mit Hilfe von] Wasser; **through** [*or* **by**] **sb's ~** [*or* **the ~ of sb**] durch jds Vermittlung

'agen·cy ac·count *n* FIN Treuhandkonto *nt* **'agen·cy bank** *n* AM FIN Zweigniederlassung *f (die als Agent für eine andere Bank arbeitet)* **'agen·cy bill** *n* BRIT FIN *Wechsel, der auf die örtliche Niederlassung einer ausländischen Bank gezogen wird und von dieser akzeptiert wird* **'agen·cy bro·ker** *n* FIN *als Kommissionär für seine Kunden tätiger Effektenbroker* **'agen·cy sell·ing** *n* AM FIN Effektenemission *f* auf fremde Rechnung **'agen·cy shop** *n* AM FIN *Unternehmen, das auch von nicht organisierten Arbeitnehmern Gewerkschaftsbeiträge einzieht*

agen·da [ə'dʒendə] *n* ① *(for a meeting)* Tagesordnung *f*, Traktandenliste *f* SCHWEIZ; **to be on/high on** [*or* **at the top of**] **the ~** oben/ganz oben auf der Tagesordnung stehen; *(fig)* oberste Priorität haben
② *(for action)* Programm *nt*; **to set the election ~** das Wahlprogramm festlegen; **to be on the ~** auf dem Programm stehen; ***that's been on my ~ for three weeks*** das will ich jetzt schon seit drei Wochen machen; **to have a hidden ~** geheime Pläne haben; **to have an ~ for sb** etw mit jdm vorhaben

agent ['eɪdʒᵊnt] *n* ① *(representative)* [Stell]vertreter(in) *m(f)*; *(for artists)* Agent(in) *m(f)*; **insurance ~** Versicherungsvertreter(in) *m(f)*; ECON, FIN **managing ~** leitender Angestellter/leitende Angestellte eines Konsortiums von Lloyd's; **travel ~** Reisebürokaufmann, -frau *m, f*; *(of package tours)* Reiseveranstalter(in) *m(f)*
② *(of a secret service)* Agent(in) *m(f)*, Spion(in) *m(f)*; **enemy ~** feindlicher Agent/feindliche Agentin; **secret** [*or* **undercover**] **~** Geheimagent(in) *m(f) (der sich in die zu observierende Gruppe einschleust)*, Undercoveragent(in) *m(f)*

③ *(substance)* Mittel *nt*, Wirkstoff *m;* **cleaning ~** Reinigungsmittel *nt*
④ *(one that acts)* Handelnde(r) *f(m);* **to be a free ~** sein eigener Herr sein
⑤ *(force)* [Wirk]kraft *f*, Ursache *f;* ***his greed was the ~ of his own destruction*** durch seine Gier richtete er sich selbst zugrunde; **an ~ of change** ein Motor *m* der Veränderung
⑥ LAW **~ to receive process** Zustellungsbevollmächtigte(r) *f(m)*

agent 'bank *n* AM FIN Agent-Bank *f* **Agent 'Orange** *n no pl* CHEM Agent Orange *nt* **agent pro·vo·ca·teur** <*pl* agents provocateurs> [ˌæʒɑ̃ːprəvɒkəˈtɜːʳ, AM ˌɑːʒɑ̃ːproʊvɑːkəˈtɜːr] *n* Agent Provocateur *m*, Lockspitzel *m pej*

'age-old *adj inv* uralt **'age-re·lat·ed** *adj* altersbedingt; **~ disease** Alterskrankheit *f* **'age spot** *n* Altersfleck *m* **'age struc·ture** *n* ADMIN Altersstruktur *f*

ag·glom·er·ate [əˈglɒmᵊrət, AM -ˈglɑːmɚ-], **ag·glom·era·tion** [əˌglɒməˈreɪʃᵊn, AM -glɑːmə-] *n* Ansammlung *f*, Anhäufung *f*, Konglomerat *nt geh*

ag·glu·ti·nant [əˈgluːtɪnᵊnt, AM -tᵊn-] *n* Klebstoff *f*

ag·gran·dize·ment [əˈgrændɪzmənt] *n no pl (esp pej)* Vergrößerung *f*, Vermehrung *f; of power* Ausdehnung *f;* **personal** [*or* **self-**]**~** Erhöhung *f* des persönlichen Ansehens

ag·gra·vate [ˈægrəveɪt] *vt* ① *(worsen)* ■**to ~ sth** etw verschlechtern [*o* verschlimmern]
② *(fam: annoy)* ■**to ~ sb** jdm auf die Nerven gehen *fam;* ■**to be ~d by sth** von etw *dat* genervt sein *sl*

ag·gra·vat·ed as·'sault *n no pl* schwere Körperverletzung **ag·gra·vat·ed 'bur·gla·ry** *n no pl* BRIT schwerer Einbruch

ag·gra·vat·ing [ˈægrəveɪtɪŋ, AM -t̬-] *adj* ① *(fam: annoying)* unangenehm, ärgerlich, nervig *fam;* ***it is very ~ to have to wait so long*** dieses lange Warten ist total nervig *fam*
② LAW *(worsening)* erschwerend; **~ circumstances** erschwerende Umstände

ag·gra·va·tion [ˌægrəˈveɪʃᵊn] *n no pl* ① *(worsening)* Verschlimmerung *f*, Verschärfung *f*
② *(fam: annoyance)* Ärger *m;* ■**to be an ~ to sb** jdm Ärger machen *fam*

ag·gre·gate I. *n* [ˈægrɪgət] ① *(totality)* Gesamtheit *f*, [Gesamt]menge *f; (sum total)* Summe *f; (total value)* Gesamtwert *m;* **in the ~** alles in allem, insgesamt, im Ganzen
② SPORT Gesamtergebnis *nt*, Gesamtwertung *f*
③ *(cluster)* Anhäufung *f*, Ansammlung *f*, Aggregat *nt fachspr;* ***snowflakes are loose ~s of ice crystals*** Schneeflocken sind Gebilde aus locker verbundenen Eiskristallen
④ MATH mehrgliedriger Ausdruck *(dessen Glieder durch + oder - verbunden sind)*, Aggregat *nt fachspr*
⑤ COMPUT **data ~** Datenverbund *m;* **~ bandwidth** aggregierte Bandbreite; **~ function** Datenverbundfunktion *f;* **~ line speed** kumulative Übertragungsgeschwindigkeit
⑥ GEOL *(crushed stone)* Schotter; *no pl* Zuschlag *m*
II. *adj* [ˈægrɪgeɪt] *inv* FIN, ECON gesamte(r, s), Gesamt-
III. *vt* [ˈægrɪgət] ■**to ~ sth** ① *(add)* etw summieren
② *(amount to)* sich *akk* auf etw *akk* belaufen

ag·gre·gate 'out·put *adj* ADMIN Sozialprodukt *nt*

ag·gre·ga·tion [ˌægrɪˈgeɪʃᵊn] *n no pl (accumulation)* Ansammlung *f*, Anhäufung *f*, Aggregation *f geh; (bringing together)* Vereinigung *f;* ECON Zusammenschluss *m*, Fusion *f* (**into** zu +*dat*)

ag·gres·sion [əˈgreʃᵊn] *n no pl* ① *(violent feeling)* Aggression *f*, Aggressivität *f; (violent action)* Angriff *m;* **act of ~** aggressive Handlung, Angriff *m;* LAW Angriffshandlung *f;* **male ~** männliche Gewalt; **naked ~** nackte Gewalt; **to have a lot of ~ towards sb/sth** jdm/etw gegenüber eine Menge Aggressionen haben; **to work off** [*or* **out**] **one's ~ on sb/sth** seine Aggressionen an jdm/etw auslassen
② SPORT offensives Spiel

ag·gres·sive [əˈgresɪv] *adj* ① *(tending toward violence)* aggressiv; **~ fighter** angriffslustiger Kämpfer
② *(showing great energy)* energisch, forsch; SPORT offensiv
③ *(too confident) lover* ungestüm; *salesman* aufdringlich
④ *(causing damage) chemical, substance, atmosphere* aggressiv

ag·gres·sive·ly [əˈgresɪvli] *adv* ① *(in a violent way)* aggressiv, angriffslustig
② *(with great energy)* energisch, forsch; SPORT offensiv

ag·gres·sive·ness [əˈgresɪvnəs] *n no pl* ① *(hostility)* Aggressivität *f*, Angriffslust *f*
② *(active behaviour)* Forschheit *f;* SPORT Offensivspiel *nt*

ag·gres·sor [əˈgresəʳ, AM -ɚ] *n* Angreifer(in) *m(f);* MIL, POL Aggressor *m*

ag·grieved [əˈgriːvd] *adj* gekränkt, verletzt; ■**to be ~ at sth** wegen einer S. *gen* gekränkt sein

ag·gro [ˈægrəʊ] *n no pl* BRIT, AUS *(sl)* ① *(violence)* Zoff *m fam;* ***there was some ~ between rival football fans*** es kam zu Krawallen zwischen rivalisierenden Fußballfans
② *(trouble)* Ärger *m;* **the general ~ of life** die normalen Alltagsprobleme

aghast [əˈgɑːst, AM -ˈgæst] *adj pred* entsetzt, entgeistert; ■**to be ~ at sth** über etw *akk* entsetzt sein

ag·ile [ˈædʒaɪl, AM -ᵊl] *adj (nimble)* geschickt, beweglich; *fingers* flink; *(lithe)* geschmeidig; *(lively)* lebhaft; **to have an ~ mind** *(fig)* geistig beweglich [*o* flexibel] sein; **an ~ politician** *(fig)* ein geschickter Politiker/eine geschickte Politikerin

ag·il·ity [əˈdʒɪləti, AM -t̬i] *n no pl* Flinkheit *f*, Beweglichkeit *f; (litheness)* Geschmeidigkeit *f*, Behändigkeit *f;* **mental ~** geistige Beweglichkeit [*o* Flexibilität]

agin [əˈgɪn] *prep* DIAL *(fam: against)* dagegen

ag·ing *adj* AM, AUS *see* **ageing**

agio [ˈædʒɪəʊ, AM -oʊ] *n* FIN Agio *nt*, Aufgeld *nt;* STOCKEX Prämie *f*

agio·tage [ˈædʒətɪdʒ, AM -dʒiə-] *n* FIN Agiotage *f*, Devisenhandel *m*

agio·teur [ˈædʒətɜːʳ, AM -dʒiətɜːr] *n* Agioteur *m*, Börsenmakler(in) *m(f)*

ag·ism *n no pl* AM, AUS *see* **ageism**

ag·ist *adj* AM, AUS *see* **ageist**

agi·tate [ˈædʒɪteɪt] **I.** *vt* ① *(make nervous)* ■**to ~ sb** jdn aufregen; ■**to be ~d** sich *akk* aufregen; ***she is ~d by the least little thing!*** sie regt sich wegen jeder Kleinigkeit auf!
② *(shake)* ■**to ~ sth** etw schütteln; *(stir)* etw [um]rühren
II. *vi* ■**to ~ against/for sth** sich *akk* [öffentlich] gegen/für etw *akk* einsetzen

agi·tat·ed [ˈædʒɪteɪtɪd, AM -t̬ɪd] *adj* aufgeregt, beunruhigt

agi·tat·ed·ly [ˈædʒɪteɪtɪdli, AM -t̬ɪdli] *adv* aufgeregt, nervös

agi·ta·tion [ˌædʒɪˈteɪʃᵊn] *n no pl* ① *(nervousness)* Aufregung *f*, Erregung *f;* **in a state of** [**great**] **~** [sehr] aufgeregt
② *(activism)* Agitation *f;* ***in 1920 women in America got the vote, after 72 years of ~*** 1920 bekamen die Frauen in Amerika das Wahlrecht, nachdem sie 72 Jahre dafür gestritten hatten
③ *(of a liquid)* [Auf]rühren *nt*

agi·ta·tor [ˈædʒɪteɪtəʳ, AM -t̬ɚ] *n* ① *(person)* Agitator(in) *m(f) pej*
② *(device)* Rührapparat *m*

agit·prop [ˈædʒɪtprɒp, AM -prɑːp] *n no pl* propagandistische Kunst, Agitprop *m fachspr*

agleam [əˈgliːm] *adj pred* erleuchtet; *eyes* glänzend; ***the boy's eyes were ~*** die Augen des Jungen funkelten

aglow [əˈgləʊ, AM -ˈgloʊ] *adj pred (liter)* ■**to be ~** *fire, light* brennen; *face* glühen; *eyes* leuchten, strahlen; ***the city at night was ~ with lights*** in der Nacht war die Stadt hell erleuchtet

AGM [ˌeɪdʒiːˈem] *n* BRIT, AUS *abbrev of* **annual general meeting** Jahreshauptversammlung *f*, Generalversammlung *f* SCHWEIZ

ag·no·sia [ægˈnəʊsɪə, AM -ˈnoʊ-] *n no pl* MED Agnosie *f fachspr*

ag·nos·tic [ægˈnɒstɪk, AM -ˈnɑː-] **I.** *n* Agnostiker(in) *m(f)*
II. *adj* agnostisch; ■**to be ~ about** [*or* **on**] **sth** etw nicht glauben

ag·nos·ti·cism [ægˈnɒstɪsɪzᵊm, AM -ˈnɑː-] *n no pl* Agnostizismus *m*

ago [əˈgəʊ, AM əˈgoʊ] *adv inv* **a minute/a year ~** vor einer Minute/einem Jahr; **a long time ~** vor langer Zeit; **long ~** vor langer Zeit; ***that was long ~*** das ist schon lange her, lange ist es her; **long ~ and far away** vor langer Zeit; **as long ~ as 1924** schon 1924

agog [əˈgɒg, AM əˈgɑːg] *adj pred* gespannt; ***she was all ~ to hear what had happened*** sie brannte darauf zu hören, was geschehen war; **to be ~ with curiosity/excitement/expectation** sehr neugierig/aufgeregt/gespannt sein; ***the audience was ~ with curiosity*** das Publikum platzte fast vor Neugierde

ago·nize [ˈægənaɪz] **I.** *vt* ■**to ~ sb** jdn quälen
II. *vi* ① *(suffer)* sich *akk* [ab]quälen
② *(consider anxiously)* hin- und herüberlegen; ■**to ~ about** [*or* **over**] **sth** sich *dat* über etw *akk* den Kopf zermartern; ***she ~d for days about whether she should take the job*** sie rang tagelang mit sich, ob sie die Stelle annehmen sollte

ago·nized [ˈægənaɪzd] *adj* gequält; **~ cry** schmerzerfüllter Schrei

ago·niz·ing [ˈægənaɪzɪŋ] *adj* ① *(very painful)* qualvoll, quälend; **~ pain** unerträglicher Schmerz; **to die an ~ death** einen qualvollen Tod sterben
② *(very difficult)* schmerzlich, schlimm; **to go through an ~ time** eine schwere [*o* harte] Zeit durchmachen

ago·niz·ing·ly [ˈægənaɪzɪŋli] *adv* qualvoll, in kaum erträglicher Weise

ago·ny [ˈægəni] *n* ① *no pl (pain)* Todesqualen *pl*, unerträgliche Leiden *pl*, heftiger Schmerz; ***they lay screaming in ~*** sie lagen da und schrien vor Schmerzen; ***oh, the ~ of defeat!*** *(fig)* was für eine schmachvolle Niederlage!; ■**to be in ~** große Schmerzen [*o* Qualen] leiden; **sb is in an ~ of doubt** jdn quälen schlimme Zweifel; **to be in an ~ of indecision/suspense** von qualvoller Unentschlossenheit/Ungewissheit geplagt werden; **to prolong the ~** [**of sth**] sich *akk* noch länger [mit etw *dat*] [herum]quälen; **to put sb/an animal out of his/her/its ~** jdn/ein Tier von seinen Qualen erlösen; **to suffer agonies of sth** sich *akk* mit etw *dat* [herum]quälen, von etw *dat* geplagt werden
② *(struggle before death)* Agonie *f geh*, Todeskampf *m*
▸ PHRASES: **to pile** [*or* **put**] **on the ~** dick auftragen *fam*

ago·ny 'aunt *n* BRIT *(fam)* Briefkastentante *f hum fam*, Kummerkastentante *f hum fam* **'agon·y col·umn** *n* BRIT *(fam)* Kummerkasten *m fam*, Kummerecke *f fam*

ago·ra·pho·bia [ˌægᵊrəˈfəʊbiə, AM -ˈfoʊ-] *n no pl* Platzangst *f*, Agoraphobie *f fachspr*

ago·ra·pho·bic [ˌægᵊrəˈfəʊbɪk, AM -ˈfoʊ-] **I.** *adj* agoraphobisch *fachspr;* ■**to be ~** an Platzangst [*o fachspr* Agoraphobie] leiden
II. *n* ■**to be an ~** an Platzangst [*o fachspr* Agoraphobie] leiden

agrar·ian [əˈgreəriən, AM -ˈgreri-] *adj* landwirtschaftlich, agrarisch, Agrar-; **~ land** Agrarland *nt;* **~ production** landwirtschaftliche Produktion

agree [əˈgriː] **I.** *vi* ① *(have same opinion)* zustimmen; ***I don't ~*** ich bin anderer Meinung; ***I ~ about Francis*** was Francis anbetrifft, bin ich mit dir einer Meinung; ***experts seem unable to ~*** die Experten können sich anscheinend nicht einigen; ■**to ~ with sb** mit jdm übereinstimmen [*o* einer Meinung sein]; ***she couldn't ~ less with him*** sie ist ganz anderer Meinung als er; ***we couldn't ~ more with them*** wir stimmen mit ihnen absolut überein; ■**to ~ on sth** über etw *akk* einer Meinung sein; ***my father and I don't ~ on very much*** mein Vater und ich sind selten einer Meinung
② *(consent to)* zustimmen, einwilligen; ***~ d!*** einverstanden!; ***let's ~ to disagree*** [*or* ***differ***] ich fürchte,

wir können uns nicht einigen; ***I don't ~ with what you are saying*** ich sehe das [ganz] anders; ■**to ~ to sth** sich *akk* auf etw *akk* einigen; ■**to ~ with sb** jdm zustimmen
❸ *(endorse)* ■**to ~ with sth** für etw *akk* sein, etw befürworten *geh*
❹ *(be good for)* ■**to ~ with sb** *food* jdm [gut] bekommen
❺ *(get along)* miteinander auskommen, sich *akk* vertragen
❻ *(match up)* übereinstimmen, entsprechen; ■**to ~ with sth** mit etw *dat* übereinstimmen
❼ LING übereinstimmen, kongruieren *fachspr*
II. *vt* ❶ *esp* BRIT *(accept)* ■**to ~ sth** mit etw *dat* einverstanden sein; **to ~ a date** einen Termin vereinbaren; ■**to ~ whether/when/that ...** sich *akk* darauf einigen [*o* verständigen], ob/wann/dass ...
❷ *(admit)* ■**to ~ that ...** zugeben, dass ...

agree·able [əˈgriːəbl] *adj* ❶ *(pleasant)* angenehm; *weather* freundlich; ***he's quite an ~ guy*** er ist ein recht netter Bursche; **~ spot** hübsches Fleckchen [Erde] *fam*
❷ *(acceptable)* **mutually ~** für beide [Seiten] akzeptabel [*o* annehmbar]; ■**to be ~ to sb** für jdn akzeptabel [*o* annehmbar] sein
❸ *(consenting)* ■**to be ~ to sth** einer S. *dat* zustimmen, mit etw *dat* einverstanden sein; ***bring your wife too, if she's ~*** bring deine Frau mit, wenn sie einverstanden ist

agree·ably [əˈgriːəbli] *adv* angenehm; ***the waiter smiled ~*** der Kellner lächelte freundlich; **~ surprised** angenehm überrascht

agreed [əˈgriːd] *adj inv* ❶ *pred (of one opinion)* einig; ■**to be ~ [on sth]** sich *akk* [auf etw *akk*] geeinigt haben; ***are we all ~ on that?*** sind alle damit einverstanden?
❷ *(accepted)* akzeptiert; ***it's generally ~ that ...*** es ist eine allgemein anerkannte Tatsache, dass ...
❸ *(pre-arranged)* vereinbart; ***we must stick to our ~ policy*** wir müssen an unserer [einmal] vereinbarten Taktik festhalten

agreed ˈtake·over *n* BRIT COMM frei vereinbarte Übernahme

agree·ment [əˈgriːmənt] *n* ❶ *no pl (same opinion)* Übereinstimmung *f,* Einigkeit *f;* **mutual ~** gegenseitiges Einverständnis [*o* Einvernehmen]; **unanimous ~** Einmütigkeit *f;* **to reach an ~** zu einer Einigung kommen, sich *akk* einigen; ■**to be in ~ with sb** mit jdm übereinstimmen, sich *dat* mit jdm einig sein
❷ *(approval)* Zustimmung *f,* Einwilligung *f*
❸ *(arrangement)* Vereinbarung *f,* Übereinkunft *f,* Abmachung *f;* **to break an ~** sich *akk* nicht an eine Vereinbarung halten; **to keep** [*or fam* **stick to**] **an ~** sich *akk* an eine Vereinbarung halten; **to make an ~ with sb** mit jdm eine Vereinbarung treffen, sich *dat* mit jdm einigen; **to reach an ~** eine Vereinbarung treffen
❹ *(contract, pact)* Vertrag *m,* Abkommen *nt,* Vereinbarung *f;* **gentleman's** [*or* AM **gentlemen's**] **~** Übereinkunft *f* auf Treu und Glauben, Gentleman's Agreement *nt;* ECON, FIN **trade ~** Handelsabkommen *nt;* **~ in principle** Grundsatzvereinbarung *f;* **international ~ on trade** internationales Handelsabkommen; **collective wage ~** Lohntarifvertrag *m;* **to break/sign an ~** einen Vertrag [*o* ein Abkommen] brechen/unterzeichnen; **to break the terms of an ~** gegen ein Abkommen verstoßen, die Bestimmungen eines Vertrages verletzen; **to enter into an ~** einen Vertrag schließen, eine Vereinbarung treffen; **~ to repurchase** Rückkaufsvereinbarung *f;* EU **Lomé A~** Lomé-Abkommen *nt;* **Schengen A~** Schengener Abkommen
❺ FIN *(consistency)* Übereinstimmung *f*
❻ LING Übereinstimmung *f,* Kongruenz *f fachspr;* **to be in ~** übereinstimmen, kongruieren *fachspr*

agree·ment amongst ˈunder·writ·ers *n* AM FIN Emissionskonsortialvertrag *m* **aˈgree·ment pe·ri·od** *n* LAW Vereinbarungszeitraum *m*

ag·ri-bio·tech [ˌægriˈbaɪəʊtek, AM -ˈbaɪoʊ-] *adj inv (engineering biologically engineered food) company, firm* Gentechnik-

ag·ri·busi·ness [ˈægriˌbɪznɪs] *n no pl* Agroindustrie *f,* Landwirtschaft *f;* **the ~ sector** der Agrarsektor [*o* landwirtschaftliche Sektor]

ag·ri·cul·tur·al [ˌægrɪˈkʌltʃərəl] *adj* landwirtschaftlich, Landwirtschaft-, agrarisch, Agrar-; **~ land** Agrarland *nt,* Ackerland *nt,* landwirtschaftliche Nutzflächen *pl;* **~ science** Agrarwissenschaft *f;* **Common A~ Policy** EU gemeinsame Agrarpolitik [der EU]

ag·ri·cul·tur·al co·ˈopera·tive *n* landwirtschaftliche Genossenschaft **ag·ri·cul·tur·al eˈcono·mist** *n* Agrarökonom(in) *m(f),* Agrarwissenschaftler(in) *m(f)*

ag·ri·cul·tur·al·ist [ˌægrɪˈkʌltʃərəlɪst] *n* landwirtschaftliche Fachkraft

ag·ri·cul·tur·al·ly [ˌægrɪˈkʌltʃərəli] *adv inv* landwirtschaftlich

ag·ri·cul·ture [ˈægrɪˈkʌltʃəʳ, AM -tʃɚ] *n no pl* Landwirtschaft *f,* Ackerbau *m;* **subsistence ~** Landwirtschaft *f* zur Selbstversorgung

ag·ri·cul·tur·ist [ˌægrɪˈkʌltʃərɪst] *n* Landwirt(in) *m(f)*

agro·chemi·cal [ˌægrə(ʊ)ˈkemɪkəl, AM -roʊˈ-] *n* Agrarchemikalie *f*

agrono·mist [əˈgrɒnəmɪst, AM ˈgrɑːnə] *n* AGR [diplomierter] Landwirt/[diplomierte] Landwirtin

agrono·my [əˈgrɒnəmi, AM -ˈgrɑː-] **I.** *n no pl* Landwirtschaftswissenschaft *f,* Agronomie *f fachspr*
II. *n modifier (professor)* der Agronomie *nach n*

ag·ro·ˈter·ror·ism *n no pl* Agroterrorismus *m (die mutwillige Verbreitung tödlicher Bakterien in allen Bestandteilen der menschlichen Nahrungskette)*

ag·ro·ˈtour·ism *n no pl* Ferien *pl* auf dem Bauernhof

aground [əˈgraʊnd] **I.** *adv inv* NAUT auf Grund; **to go** [*or* **run**] **~** *(onto bottom or bank)* auf Grund laufen, auflaufen; *(onto shore)* stranden; *(fig)* scheitern
II. *adj pred (grounded)* auf Grund gelaufen, aufgelaufen; *(stranded)* gestrandet

ague [ˈeɪgjuː] *n* Schüttelfrost *m*

ah [ɑː] *interj (in realization)* ach so, SCHWEIZ, ÖSTERR *a.* aha; *(in happiness)* ah; *(in sympathy)* oh; *(in pain)* au[tsch], SCHWEIZ, ÖSTERR *a.* aua

aha [ɑːˈhɑː] *interj (in understanding)* aha; *(in glee)* haha

AHA [ˌeɪeɪtʃˈeɪ] *n abbrev of* **alpha-hydroxy acid** AHA *f*

ahchoo [əˈtʃuː] *interj* AM hatschi

ahead [əˈhed] *adv* ❶ *inv (in front)* vorn; ***the road ~ looks rather busy*** die Straße vor uns sieht ziemlich voll aus; ***we let the other cars get ~ of us*** wir ließen die anderen Autos überholen; **full speed ~** volle Kraft voraus; **straight ~** geradeaus
❷ *(more advanced)* **to be ~ of one's time** seiner Zeit voraus sein; **to be way ~ of sb/sth** jdm/etw um einiges voraus sein; **to be [years] ~ of sb/sth** jdm/etw [um Jahre] voraus sein; **to put sb/sth ~** jdn/etw nach vorne bringen
❸ *(in the future)* ***he has a lonely year ~*** es liegt ein einsames Jahr vor ihm; **to look ~** nach vorne sehen [*o* schauen] [*o* SCHWEIZ, ÖSTERR *a.* vorwärtsschauen] [*o* SCHWEIZ, ÖSTERR *a.* vorwärtssehen]; **to plan** [*or* **think**] **~** vorausschauend [*o* für die Zukunft] planen
❹ *(prior to)* **to go ~** *(in advance)* vor[aus]gehen; ***you go on ~, and I'll meet you at the cinema*** geh du schon mal vor, ich treffe dich dann am Kino; **to send sth on ~** etw vorausschicken
❺ *(proceed)* vorwärts; **to move ~** vorankommen; ***the project is moving ~ quickly*** mit dem Projekt geht es schnell voran

ahem [əˈhem] *interj (esp hum)* äh[e]m *bes hum*

ahis·tori·cal [ˌeɪhɪˈstɒrɪkəl, AM -ˈstɔːr-] *adj* ahistorisch *geh*

ahoy [əˈhɔɪ] *interj* ahoi; ***land ~!*** Land in Sicht!; ***ship ~!*** Schiff ahoi!

AI[1] [ˌeɪˈaɪ] *n no pl* COMPUT, SCI *abbrev of* **artificial intelligence** künstliche Intelligenz

AI[2] [ˌeɪˈaɪ] *n no pl* MED, BIOL *abbrev of* **artificial insemination** künstliche Befruchtung

aid [eɪd] **I.** *n* ❶ *no pl (assistance)* Hilfe *f;* *(support)* Unterstützung *f;* ***the concert was in ~ of famine relief*** das Konzert fand zu Gunsten der Hungerhilfe statt; ***he gets about with the ~ of a walking stick*** er benutzt einen Spazierstock zum Gehen; **to come/go to the ~ of sb** *(help)* jdm zu Hilfe kommen [*o* helfen]; *(support)* jdn unterstützen
❷ *no pl (governmental assistance)* Hilfe *f;* **emergency ~** Soforthilfe *f;* **financial ~** finanzielle Hilfe [*o* Unterstützung]; **foreign ~** Entwicklungshilfe *f*
❸ *(helpful tool)* [Hilfs]mittel *nt,* Gerät *nt;* **hearing ~** Hörgerät *nt;* **slimming ~** Schlankheitsmittel *nt,* Schlankmacher *m fam*
❹ AM *(assistant)* Berater(in) *m(f);* NAUT, MIL *(aide-de-camp)* Adjutant(in) *m(f)*
▸ PHRASES: **what's this in ~ of?** BRIT *(fam)* wofür soll das gut sein? *fam*
II. *vt (assist, help)* ■**to ~ sb/sth** jdm/etw helfen; *(support)* jdn/etw unterstützen
▸ PHRASES: **to ~ and abet sb** LAW jdn begünstigen; *(esp of murder)* jdm Beihilfe leisten; *(also hum)* mit jdm gemeinsame Sache machen

AID [ˌeɪaɪˈdiː] *n abbrev of* **artificial insemination by donor** künstliche Befruchtung [*o fachspr* artifizielle Insemination] durch Spendersperma

ˈaid con·voy *n* Hilfskonvoi *m*

aide [eɪd] *n* Berater(in) *m(f);* ■**an ~ to sb** jds Berater/Beraterin

aide-de-camp <*pl* aides-de-camp> [ˌeɪddəˈkɑ̃, AM -ˈkæmp], **ADC** *n* ❶ NAUT, MIL Adjutant(in) *m(f)*
❷ POL, MIL Berater(in) *m(f)* **aide-memoire** <*pl* aides-memoires *or* aides-memoire> [ˌeɪdmemˈwɑː, AM ˈwɑːr] *n* Gedächtnisstütze *f,* Merkhilfe *f,* Eselsbrücke *f* SCHWEIZ, ÖSTERR

aid·ing *n* LAW **~ and abetting** Beihilfe *f* [bei einer Straftat]

AIDS, Aids [eɪdz] *n no pl acr for* **acquired immune deficiency syndrome** Aids *nt;* **to have full-blown ~** an Aids im Endstadium erkrankt sein

AIDS-re·lat·ed [ˈeɪdzrɪleɪtɪd, AM t̬ɪd] *adj inv* Aids betreffend, in Sachen Aids *nach n*

Aid to Fami·lies with De·pend·ent Chil·dren *n* AM *Unterstützung bedürftiger Familien mit unterhaltsberechtigten Kindern*

AIFF [ˌeɪaɪefˈef] *n no pl abbrev of* **audio interchange file format** AIFF

ail [eɪl] **I.** *vi* kränkeln
II. *vt* ■**to ~ sb** ❶ *(liter or hum dated: hurt)* jdn plagen; ***what ~s you?*** was fehlt dir?
❷ *(cause problems)* jdm Probleme [*o* Schwierigkeiten] bereiten

ailer·on [ˈeɪlərɒn, AM -ərɑːn] *n* AVIAT Querruder *nt*

ail·ing [ˈeɪlɪŋ] *adj* ❶ *inv (ill)* krank; *(sickly)* kränkelnd *attr,* kränklich
❷ *(failing)* kränkelnd *attr;* **~ company** in Schwierigkeiten befindliches Unternehmen; **~ economy** kränkelnde Wirtschaft

ail·ment [ˈeɪlmənt] *n* Leiden *nt,* Krankheit *f;* **heart ~** Herzleiden *nt;* **little ~s** *(pej)* jds Wehwehchen; **minor ~s** leichte Beschwerden *pl*

aim [eɪm] **I.** *vi* ❶ *(point)* zielen; ■**to ~ at** [*or* **for**] **sb/sth** auf jdn/etw zielen
❷ *(head)* ■**to ~ for sb/sth** auf jdn/etw zugehen; ***let's ~ for Coventry first*** lass uns zuerst in Richtung Coventry fahren
❸ *(try for a time)* **to ~ for 7.30/next week/January** 7.30 Uhr/nächste Woche/Januar [*o* ÖSTERR Jänner] anpeilen *fam*
❹ *(try to achieve)* ■**to ~ at** [*or* **for**] **sth** etw zum Ziel haben [*o* anstreben]; **to ~ at perfection** nach Perfektion streben, perfekt sein wollen; ■**to ~ at doing** [*or* **to do**] **sth** sich *dat* vornehmen [*o* vorhaben], etw zu tun; **to ~ to please** gefallen wollen; ***at our store we ~ to please*** in unserem Laden ist der Kunde König
▸ PHRASES: **to ~ high** hoch hinaus wollen
II. *vt* ❶ *(point)* ■**to ~ sth at sb/sth** mit etw *dat* auf jdn/etw zielen; **to ~ a camera/weapons at sb/sth** eine Kamera/Waffen auf jdn/etw richten; **to ~ a kick/punch at sb** nach jdm treten/schlagen
❷ *(direct at)* **to ~ sth at sb** etw an jdn richten; ***I'm sure that comment was ~ed at hurting his feelings*** ich bin sicher, dieser Kommentar sollte seine Gefühle verletzen

III. *n* ① *no pl (skill)* Zielen *nt;* **sb's ~ is good/bad** jd kann gut/schlecht zielen; **to take ~ [at sb/sth]** [auf jdn/etw] zielen
② *(goal)* Ziel *nt,* Absicht *f;* ***I don't know what his ~s were in making such an accusation*** ich weiß nicht, was er mit dieser Beschuldigung bezwecken wollte; ■**with the ~ of doing sth** in der Absicht, etw zu tun; **sb's ~ in life** jds Lebensziel; **chief** [*or* **main**] ~ Hauptziel *nt;* **overriding ~** vorrangiges Ziel

aim·less ['eɪmləs] *adj (esp pej: without direction)* ziellos; *(without purpose)* sinnlos, planlos

aim·less·ly ['eɪmləsli] *adv (without direction)* ziellos; *(without purpose)* sinnlos, planlos; **to walk ~** ziellos umherirren

aim·less·ness ['eɪmləsnəs] *n no pl (esp pej: lack of direction)* Ziellosigkeit *f; (lack of purpose)* Sinnlosigkeit *f,* Planlosigkeit *f*

ain't¹ [eɪnt] *(sl)* = **has not, have not** *see* **have**

ain't² [eɪnt] *(sl)* = **am not, is not, are not** *see* **be**
▸PHRASES: **if it ~ broke, don't fix it** *(prov)* lass lieber die Finger davon, sonst wird es nur noch schlimmer

aioli [aɪ'əʊli, AM -'oʊli] *n* Aioli *f,* Knoblauchmayonnaise *f* SCHWEIZ

air [eəʳ, AM er] **I.** *n* ① *no pl (oxygen)* Luft *f;* **fresh/stale ~** frische/stickige Luft; ***let's [go] get [or go for] a breath of fresh ~*** lass uns ein bisschen frische Luft schnappen [gehen]
② *no pl (air conditioning)* Klimaanlage *f*
③ *no pl (space above, sky)* ■**the ~** die Luft; ***put your hands in the ~!*** Hände hoch!; **supremacy in the ~** Lufthoheit *f,* Luftherrschaft *f;* **to fire into the ~** in die Luft schießen; **by ~** mit dem Flugzeug; **to send/transport sth by ~** etw auf dem Luftweg versenden/befördern; **to travel by ~** fliegen
④ *no pl (in broadcasting)* Äther *m;* **to advertise over the ~** im Fernsehen/Radio Werbung machen; **to go** [*or* **to be taken**] **off the ~** *programme* abgesetzt werden; *station* den Sendebetrieb einstellen; **to go off the ~** *(for the day) programme* zu Ende sein; *station* sein Programm beenden; **on ~** auf Sendung; *(on the radio)* im Radio; *(on television)* im Fernsehen; **to be on the ~** *person, station* auf Sendung sein; *programme* gesendet werden; **to come/go on the ~** auf Sendung gehen
⑤ *no pl (facial expression)* Miene *f; (aura)* Ausstrahlung *f; (manner)* Auftreten *nt; (appearance)* Aussehen *nt;* ***she has an ~ of confidence [about her]*** sie strahlt eine gewisse Selbstsicherheit aus; ***there's an ~ of arrogance about him*** er wirkt irgendwie arrogant; ***there's an ~ of success about her*** sie strahlt irgendwie Erfolg aus; ***Venice in winter has an ~ of mystery and sadness*** Venedig hat im Winter etwas Geheimnisvolles und Trauriges an sich; ***the hat lends you an ~ of elegance*** mit diesem Hut siehst du wirklich elegant aus; **with an ~ of confusion** leicht verwirrt
⑥ *(affected manner)* ■**~s** *pl* Gehabe *nt kein pl pej,* Getue *nt kein pl pej fam;* **~s and graces** *(pej)* Allüren *pl pej;* **to give oneself** [*or* **put on**] **~s** [**and graces**] *(pej)* vornehm tun
⑦ MUS Melodie *f,* Air *nt fachspr*
▸PHRASES: **to be a breath of fresh ~ for sth** *(fam)* frischen Wind in etw *akk* bringen *fam;* **to clear the ~** die Situation klären; **to disappear** [*or* **vanish**] **into thin ~** sich *akk* in Luft auflösen *fam;* **to be floating** [*or* **walking**] **on ~** im siebten Himmel sein *fam;* **to give ~ to sth** AM etw zur Sprache bringen; **to go up in the ~** in die Luft gehen *fam;* **hot ~** *(pej)* heiße Luft *fig pej;* **to be in the ~** *(be present, unspoken)* in der Luft liegen; **to be [up] in the ~** *(be uncertain)* in der Schwebe sein; **out of thin ~** aus dem Nichts; **to be up in the ~ about sth** *(fam)* wegen einer S. *gen* ganz aus dem Häuschen sein *fam*
II. *n modifier* ① *(of the atmosphere) (quality, pollution, freshener)* Luft-; **~ bubble** Luftblase *f;* **~ intake** *(opening)* Lufteinlass *m,* Lufteintritt *m fachspr; (quantity)* Luftmenge *f,* Zuluft *f fachspr*
② *(of an aircraft)* Flug[zeug]-; **~ ambulance** Rettungshubschrauber *m;* **~ crash** Flugzeugabsturz *m;* **~ disaster** Flugzeugunglück *nt;* **~ passenger** Flugpassagier *m,* Fluggast *m*
③ *(in the sky) (attack, corridor)* Luft-; **~ defence** Luftabwehr *f;* **~ transportation** Beförderung *f* auf dem Luftweg
III. *vt* ■**to ~ sth** ① *(ventilate)* etw lüften; **to ~ clothes** Kleider auslüften [lassen]; **to ~ a room** einen Raum [durch]lüften
② *(dry)* etw [nach]trocknen [lassen]
③ *(express)* etw zum Ausdruck bringen; *(make known)* etw kundtun *geh;* **to ~ one's frustration/grievances** seinem Frust/Kummer Luft machen *fam;* **to ~ one's views** seine Ansichten äußern
④ AM *(broadcast)* etw senden; ***the game will be ~ed live on BBC 1*** das Spiel wird live auf BBC 1 übertragen
IV. *vi* ① AM TV, RADIO gesendet [*o* ausgestrahlt] werden
② *(ventilate)* auslüften, durchlüften
◆**air out** *vt* ■**to ~ out** ○ **sth** *room* etw [durch]lüften; *clothes* etw auslüften

'air-ac·ti·vat·ed *adj inv heat patch* durch Luftsauerstoff erwärmt **air 'am·bu·lance** *n* Rettungshubschrauber *m* **'air bag** *n* Airbag *m* **'air·base** *n* Luftwaffenstützpunkt *m* **'air bed** *n* BRIT, AUS Luftmatratze *f*

'air bill *n* COMM Luftfrachtbrief *m* **'air·borne** *adj inv* ① *(transported by air)* in der Luft befindlich; **~ bacteria/radioactivity** in der Luft vorhandene Bakterien/Radioaktivität; **~ disease** durch die Luft übertragene Krankheit ② MIL ■**to be ~** sich *akk* in der Luft befinden; **~ troops** Luftlandetruppen *pl,* Luftlandeeinheiten *pl* ③ *(flying)* ■**to be ~** fliegen, in der Luft sein; **to get ~** *plane* abheben, starten; *bird* losfliegen ④ *(fig: working)* ■**to be ~** funktionieren, laufen *fam* **'air brake** *n* AUTO Druckluftbremse *f;* AVIAT Landeklappe *f,* Luftbremse *f* **'air·brick** *n* BRIT, AUS *(ventilated brick)* Entlüftungsziegel *m,* Lüftungsstein *m; (adobe)* Luftziegel *m* **'air bridge** *n* BRIT ① AVIAT Fluggastbrücke *f,* Gangway *f* ② POL Luftbrücke *f*
'air·brush I. *n* ① *(device)* Spritzapparat *m,* Spritzpistole *f* ② *(technique)* Airbrushtechnik *f* **II.** *vt* ■**to ~ sth** etw aufsprühen; ■**to ~ sb/sth out** *(fig)* jede Spur von jdm/etw beseitigen; ***his former wife was ~ed out of the CV*** jede Spur seiner Ex-Frau wurde aus dem Lebenslauf beseitigt **'air·brushed** *adj (fig)* geschönt; **an ~ situation** eine beschönigt dargestellte Situation; **an ~ person** eine hochgestylte Person **'air bub·ble** *n* Luftblase *f* **air·bus** <*pl* -es *or* AM *also* -ses> ['eəbʌs, AM 'er-] *n* Airbus *m* **air 'car·go** *n no pl* Luftfracht *f*

'air con *n short for* **air conditioning**

air-con·'di·tioned *adj inv* klimatisiert, mit Klimaanlage **air con·'di·tion·er, AC** *n* Klimaanlage *f* **air con·'di·tion·ing, AC** *n no pl* ① *(process)* Klimatisierung *f*
② *(plant)* Klimaanlage *f;* **to have ~** mit einer Klimaanlage ausgestattet sein; **to turn the ~ down/up** die Klimaanlage schwächer/stärker einstellen

air con·'sign·ment note *n* COMM Luftfrachtbrief *m*
'air-cooled *adj inv engine* luftgekühlt, mit Luftkühlung *nach n* **air 'cor·ri·dor** *n* Luftkorridor *m*
'air cov·er *n no pl* Luftsicherung *f*

'air·craft <*pl* -> *n* Luftfahrzeug *nt,* Flugzeug *nt;* **commercial ~** Verkehrsflugzeug *nt;* **enemy ~** feindliches Flugzeug

'air·craft car·ri·er *n* Flugzeugträger *m* **'air·craft in·dus·try** *n no pl* Flugzeugindustrie *f* **air·craft(s)·man** ['eəkrɑːft(s)mən, AM 'erkræft-] *n* MIL Luftwaffensoldat(in) *m(f),* Flieger(in) *m(f)*
'air·crew *n + sing/pl vb* Crew *f,* Flugpersonal *nt* **'air cush·ion** *n* Luftkissen *nt,* Luftpolster *nt* **'air cush·ioned** *adj* luftgepolstert

air·drome ['erdroʊm] *n* AM *(dated) see* **aerodrome**
'air·drop ['eədrɒp, AM 'erdrɑːp] **I.** *n* Fallschirmabwurf *m* **II.** *vt* <-pp-> ■**to ~ sth** etw [aus der Luft] abwerfen **'air-dry** *vt* ■**to ~ sth** etw lufttrocknen

Aire·dale ['eədeɪl, AM 'er] *n* BIOL Airedale[terrier] *m*

air·er ['eərəʳ] *n* BRIT Wäscheständer *m,* Trockenständer *m,* SCHWEIZ *a.* Stewi *m*

'air·fare *n* Flugpreis *m* **'air·field** *n* Flugplatz *m* **'air fil·ter** *n* Luftfilter *m* **'air·flow** *n* Luftwiderstand *m* **'air force** *n* Luftwaffe *f,* Luftstreitkräfte *pl* **'air·frame** *n* AVIAT Flugzeuggerippe *nt* **'air freight** *n no pl (transport)* Luftfracht *f; (charge)* Luftfrachtgebühr *f* **'air fresh·en·er** *n* ① *no pl (substance)* Raumduft *m* ② *(device)* Duftspray *nt; (tree-shaped)* Duftbäumchen *nt* **'air gap** *n* COMPUT Luftspalt *m* **air gui·'tar** *n (fam)* Luftgitarre *f fam* **'air·gun** *n* Luftgewehr *nt* **'air·head I.** *n esp* AM *(pej sl)* Dussel *m pej fam,* Hohlkopf *m pej fam;* **a total ~** ein Volltrottel *m pej fam,* SCHWEIZ, ÖSTERR *a.* Depp *m fam o pej* **II.** *n modifier remark, conversation* geistlos **'air hole** *n* Luftloch *nt* **'air hostess** *n* BRIT, AUS *(dated)* Stewardess *f,* Flugbegleiterin *f*

airi·ly ['eərɪli, AM 'er-] *adv* leichthin, abschätzig *pej,* wegwerfend *pej;* ***she waved her hand ~*** sie machte eine wegwerfende Handbewegung; **to dismiss sb/sth ~** jdn/etw [leichthin] abtun

air·ing ['eərɪŋ, AM 'er-] *n* ① *(ventilation)* [Durch]lüften *nt,* Auslüften *nt;* **to give sth a good ~** etw gut [durch]lüften [*o* auslüften]
② *(public exposure)* **to have** [*or* **be given**] **a good ~** [in der Öffentlichkeit] ausgiebig diskutiert werden; **to give sth an ~** etw an die Öffentlichkeit bringen
'air·ing cup·board *n* BRIT [Wäsche]trockenschrank *m*

air·less ['eələs, AM 'er-] *adj inv* ① *(without oxygen)* luftleer, luftlos
② *(stuffy)* stickig
③ *(without breeze)* windstill

'air let·ter *n* Luftpostbrief *m* **'air·lift I.** *n* Luftbrücke *f* **II.** *vt* ■**to ~ sth** etw über eine Luftbrücke befördern; **to ~ sb out of somewhere** jdn per Flugzeug aus einem Ort evakuieren **'air·line** *n* Fluggesellschaft *f,* Fluglinie *f* **'air·lin·er** *n* Verkehrsflugzeug *nt,* Passagierflugzeug *nt,* Linienflugzeug *nt* **'air·lock** *n* ① AEROSP, NAUT Luftschleuse *f* ② *(bubble)* Luftsack *m,* Lufteinschluss *m,* Luftblase *f* **'air·mail I.** *n no pl* Luftpost *f;* **to send sth [by] ~** etw per Luftpost schicken **II.** *n modifier (letter, stamp, sticker)* Luftpost- **III.** *vt* **to ~ a letter/package** einen Brief/ein Paket per [*o* mit] Luftpost schicken **'air·man** *n* ① *(pilot)* Pilot *m; (crew member)* Flugbegleiter *m,* SCHWEIZ, ÖSTERR *a.* Steward *m* ② MIL Flieger *m* **'air mattress** *n* Luftmatratze *f*

'Air Miles *n pl* Flugmeilen *pl;* **to collect ~** Flugmeilen sammeln **'air pis·tol** *n* Luftpistole *f* **'air·plane** *n* AM *see* **aeroplane** **'air·play** *n no pl* RADIO Sendezeit *f;* **to get extensive ~** oft im Radio kommen **'air pock·et** *n* AVIAT Luftloch *nt;* **to hit an ~** in ein Luftloch geraten

'air pol·lut·ant *n* Luftschadstoff *m*
'air pol·lu·tion *n* Luftverschmutzung *f*
'air·port I. *n* Flughafen *m*
II. *n modifier (parking, restaurant, restroom, shop)* Flughafen-; **~ bus** Zubringerbus *m,* Flughafenbus *m;* **~ facilities and services** Flughafeneinrichtungen *pl;* **~ security** Sicherheitsmaßnahmen *pl* am Flughafen; **~ tax** Flughafengebühr *f*

air·port of 'en·try *n* COMM Zollflughafen *m*
'air pow·er *n no pl* Schlagkraft *f* der Luftwaffe; **superior ~** Luftüberlegenheit *f* **'air pres·sure** *n no pl* Luftdruck *m* **'air·proof** *adj inv* luftdicht **'air pump** *n* Luftpumpe *f* **'air qual·ity** *n* Luftqualität *f* **'air rage** *n no pl* Randale *f* im Flugzeug; ***instances of ~ are on the increase*** es gibt immer häufiger Fälle von randalierenden Fluggästen **'air raid** *n* Luftangriff *m* **'air raid shel·ter** *n* Luftschutzbunker *m,* Luftschutzraum *m* **'air raid si·ren** *n* Fliegeralarm *m* **'air ri·fle** *n* Luftgewehr *nt* **'air·ship** *n* Luftschiff *nt* **'air show** *n* Flugschau *f* **'air·sick** *adj* luftkrank, schlecht *(beim Fliegen)* **'air·sick·ness** *n no pl* Luftkrankheit *f* **'air·sick·ness bag** *n* Spucktüte *f* [*o* SCHWEIZ Spuckbeutel *m*] [*o* ÖSTERR Speibsackerl *nt*] für Luftkranke **'air·space** *n no pl* Luftraum *m*

'air spam *n (sl)* Spamming *nt* auf dem Handy *fachspr (unerwünschte Werbebotschaft auf dem Handy, die den potenziellen Käufer direkt zum Anbieter dirigieren soll)* **'air·speed** *n no pl* Fluggeschwindigkeit *f,* Eigengeschwindigkeit *f* **'air stew·ard, 'air stew·ard·ess** *n (dated)* Flugbegleiter(in) *m(f)*

'air·stream *n* METEO Luftstrom *m,* Luftströmung *f* **'air strike** *n* Luftangriff *m,* Luftschlag *m;* **to launch an ~** einen Luftangriff durchführen **'air·strip** *n* Start- und Landebahn *f* **'air ter·mi·nal** *n* [Air]terminal *nt* **'air tick·et** *n* Flugschein *m* **'air·tight** *adj inv* luftdicht, hermetisch abgedichtet; **~ alibi** *(fig)* wasserdichtes [*o* hieb- und stichfestes] Alibi; **~ excuse** *(fig)* glaubwürdige Entschuldigung; **~ raft** abgedichtetes Floß **'air·time I.** *n no pl* TV, RADIO Sendezeit *f* **II.** *adj attr, inv* **~ minute** Minutenkontingent *nt*

air-to-'air *adj inv* AVIAT Bord-Bord-; MIL Luft-Luft-; **~ combat** Luftkampf *m;* **~ refuelling** Auftanken *nt* in der Luft **air-to-'ground, air-to-'sur·face** *adj attr, inv* AVIAT Bord-Boden-; MIL Luft-Boden-; **~ attack** Luftangriff *m*

'air traf·fic *n no pl* ❶ *(transportation mode)* Flugverkehr *m,* Luftverkehr *m* ❷ *(volume)* Flugaufkommen *nt;* **high volume of ~** hohes Flugaufkommen **air traf·fic con·'trol** *n no pl* ❶ *(job)* Flugsicherung *f* ❷ *(facility)* Flugsicherungsdienst *m,* Flugleitung *f* **air traf·fic con·'trol·ler** *n* Fluglotse, -lotsin *m, f* **'air trav·el** *n no pl* Flug *m,* Flugreise *f* **air vice-'mar·shal** *n* BRIT, AUS Generalmajor(in) *m(f)* **'air·waves** *npl* ❶ *(signal)* Radiowellen *pl* ❷ *(radio programme)* Kanal *m fam;* ■**to be on the ~** gesendet werden, über den Äther gehen *fam* **'air·way** *n* ❶ ANAT Luftröhre *f* ❷ *(air corridor)* Luftkanal *m; (route)* Flugroute *f,* Flugstrecke *f,* Luftweg *m* ❸ *(airline company)* Fluggesellschaft *f,* Fluglinie *f* ❹ AM *(airwaves)* ■**~s** *pl* Äther *m kein pl* **air 'way·bill** *n* COMM Luftfrachtbrief *m* **'air·woman** *n* ❶ *(pilot)* Pilotin *f; (crew member)* Flugbegleiterin *f,* Stewardess *f* ❷ MIL Fliegerin *f*

'air·worthi·ness *n no pl* Flugtauglichkeit *f,* Flugtüchtigkeit *f;* **certificate of ~** Flugtauglichkeitszeugnis *nt*

'air·worthy *adj* flugtüchtig, flugtauglich

airy ['eəri, AM 'eri] *adj* ❶ ARCHIT luftig ❷ *(light)* leicht; *gauze, silk* hauchdünn ❸ *(graceful)* anmutig, graziös; **with an ~ step** leichtfüßig ❹ *(pej: lacking substance)* leichtfertig *pej,* windig *pej fam;* **~ promises** leere Versprechungen *pl*

airy-fairy [ˌeəri'feəri, AM ˌeri'feri] *adj esp* BRIT *(fam)* wirklichkeitsfremd, versponnen, abgehoben *sl*

aisle [aɪl] *n* Gang *m,* Korridor *m; of church* Seitenschiff *nt,* Seitenchor *m; (separating seating areas)* Mittelgang *m*

▸PHRASES: **to have sb rolling in the ~s** jdn dazu bringen, sich *akk* vor Lachen zu kugeln *fam;* ***with an act like that, you'll have them rolling in the ~s*** bei so einer Nummer werden sie Tränen lachen; **to take sb down the ~** jdn zum Traualtar führen

'aisle seat *n* Sitzplatz *m* am Gang

aitch <*pl* -es> [eɪtʃ] *n* BRIT h *nt,* H *nt;* **to drop one's ~es** das H nicht aussprechen

ajar [ə'dʒɑːʳ, AM -dʒɑːr] *inv* **I.** *adj pred* **to be** [*or* **stand**] **~** einen Spalt offen stehen, angelehnt sein **II.** *adv* angelehnt; **to leave sth ~** etw einen Spalt offen stehen lassen

Aj·man [ɑːdʒ'mɑːn] *n* Ajman, Adschman

aka [ˌeɪkeɪ'eɪ] *abbrev of* **also known as** alias

akim·bo [ə'kɪmbəʊ, AM -boʊ] *adj inv, attr* [**with**] **arms ~** die Arme in die Hüften [*o* Seite] gestemmt

akin [ə'kɪn] *adj pred* ähnlich; ■**to be ~ to sth** etw *dat* gleichen [*o* ähnlich sein]

Ala. AM *abbrev of* **Alabama**

Ala·bama [ˌælə'bæmə] *n* Alabama *nt*

Ala·bam·an [ˌælə'bæmən] **I.** *n* Alabamer(in) *m(f)* **II.** *adj* alabamisch

ala·bas·ter ['æləbæstəʳ, AM -ɚ] **I.** *n no pl* Alabaster *m* **II.** *n modifier (lamp, table, bowl)* alabastern, Alabaster-; *(liter) skin* Alabaster-, wie Alabaster

à la carte [ˌælə'kɑːt, AM ˌɑːlə'kɑːrt] *inv* **I.** *adv* à la carte, nach der [Speise]karte; **to order ~** à la carte [*o* nach der Karte] bestellen **II.** *adj* à la carte; **~ menu** Menü *nt* à la carte, nach der Tageskarte zusammengestelltes Menü

alack [ə'læk] *interj (old)* wehe *liter;* **alas and ~** wehe mir/uns *liter*

alac·rity [ə'lækrəti, AM -t̬i] *n no pl (form: speed)* Schnelligkeit *f; (eagerness)* Eifer *m,* Eilfertigkeit *f,* Bereitwilligkeit *f;* **with ~** *(speedily)* schnell; *(eagerly)* bereitwillig, eilfertig, eifrig; ***he acted with ~ and determination*** er hat schnell und entschlossen gehandelt; ***she accepted the money with ~*** sie nahm das Geld gerne an

Aladdin [ə'lædɪn] *n no pl* LIT Aladin; ■**~'s magic lamp** Aladins Wunderlampe

Aladdin's cave [əˌlædɪnz'keɪv] *n no pl* BRIT Fundgrube *f;* **to be a veritable ~ of sth** eine wahre Fundgrube für etw *akk* sein

à la mode [ˌælə'məʊd, AM ˌɑːlə'moʊd] **I.** *adv* ❶ *(stylish)* modisch, nach der neuesten Mode, à la mode *veraltet* ❷ AM FOOD *(with ice cream)* mit Eis, mit Glacé SCHWEIZ; ***would you like the apple pie with cream or ~?*** hätten Sie den Apfelkuchen gerne mit Sahne oder mit Vanilleeis? **II.** *adj* ❶ *(stylish)* modisch, in Mode ❷ *after n* AM *(with ice cream)* mit Eis, mit Glacé SCHWEIZ ❸ *(braised)* gespickt und geschmort; **beef ~** mit Gemüse zubereiteter Rinderschmorbraten [*o* ÖSTERR Rindsbraten], Bœuf à la mode *nt*

alarm [ə'lɑːm, AM -'lɑːrm] **I.** *n* ❶ *no pl (worry)* Angst *f,* Beunruhigung *f,* Besorgnis *f;* **to give sb cause for ~** jdm einen Grund zur Sorge geben; **to cause sb ~** *(fear)* jdn beunruhigen; *(fright)* jdn erschrecken ❷ *(signal)* Alarm *m;* **false ~** falscher [*o* blinder] Alarm, Fehlalarm *m;* **to give** [*or* **raise**] [*or* **sound**] **the ~** den Alarm auslösen, Alarm geben; *(fig)* Alarm schlagen ❸ *(device)* Alarmanlage *f,* Alarmvorrichtung *f;* **burglar ~** Alarmanlage *f,* Diebstahlsicherung *f;* **car ~** Autoalarmanlage *f,* Autodiebstahlsicherung *f;* **fire ~** *(warning)* Feueralarm *m; (apparatus)* Feuermelder *m;* **smoke ~** *(warning)* Rauchalarm *m; (apparatus)* Rauchmelder *m* ❹ *(clock)* Wecker *m*

▸PHRASES: **to ring ~ bells** die Alarmglocken läuten lassen

II. *vt* ■**to ~ sb** ❶ *(worry)* jdn beunruhigen, jdm Sorgen machen [*o* bereiten]; *(frighten)* jdn erschrecken [*o* ängstigen] ❷ *(warn of danger)* jdn alarmieren [*o* warnen]

'alarm call *n* Weck[an]ruf *m* **'alarm clock** *n* Wecker *m;* **to set the ~ for six o'clock** den Wecker auf sechs Uhr stellen

alarmed [ə'lɑːmd, AM -'lɑːrmd] *adj* ❶ *(worried)* beunruhigt, besorgt; *(frightened)* erschrocken; ***please don't be ~*** bitte erschrecken Sie nicht [*o* bleiben Sie ruhig]; ***I am ~ to hear this news*** diese Nachricht macht mir Angst ❷ *inv (with device)* **to be ~** eine Alarmanlage besitzen, mit einer Alarmanlage ausgerüstet sein

alarm·ing [ə'lɑːmɪŋ, AM -'lɑːrm-] *adj (worrying)* beunruhigend, Besorgnis erregend; *(frightening)* erschreckend, beängstigend

alarm·ing·ly [ə'lɑːmɪŋli, AM -'lɑːrm-] *adv (worryingly)* beunruhigend[erweise]; *(frighteningly)* erschreckend[erweise], beängstigend[erweise]

alarm·ism [ə'lɑːmɪzəm, AM -'lɑːr-] *n no pl* Schwarzmalerei *f fig*

alarm·ist [ə'lɑːmɪst, AM -'lɑːrm-] *(pej)* **I.** *adj* schwarzseherisch *pej fam* **II.** *n* Schwarzseher(in) *m(f) pej,* Panikmacher(in) *m(f) pej*

alas [ə'læs] *interj* ❶ *(dated)* leider [Gottes] ❷ *(old)* **~** [**and alack**] weh mir/uns *liter*

Alas. AM *abbrev of* **Alaska**

Alas·ka [ə'læskə] *n* Alaska *nt*

Alas·kan [ə'læskən] *adj inv* Alaska-

alb [ælb] *n* REL Albe *f,* Chorhemd *nt*

Albania [æl'beɪniə] *n* Albanien *nt*

Al·ba·nian [æl'beɪniən] **I.** *n* ❶ *(person)* Albaner(in) *m(f)* ❷ *(language)* Albanisch *nt* **II.** *adj* albanisch

al·ba·tross <*pl* -es> ['ælbətrɒs, AM -trɑːs] *n* ❶ *(bird)* Albatros *m* ❷ *(fig: encumbrance)* Last *f,* Belastung *f;* **to be an ~ around sb's neck** für jdn eine Belastung sein, jdm ein Klotz am Bein sein *fam*

al·be·it [ɔːl'biːɪt, AM *also* ɑːl-] *conj* wenn [*o* sei es] auch, obgleich *geh*

Al·ber·tan [æl'bɜːtən, AM -'bɜːr-] **I.** *n* Bewohner(in) *m(f)* Albertas **II.** *adj* albertanisch

al·bi·nism ['ælbɪnɪzəm] *n no pl* MED Albinismus *m fachspr*

al·bi·no [æl'biːnəʊ, AM -'baɪnoʊ] **I.** *adj inv* Albino-, albinotisch *fachspr* **II.** *n* Albino *m*

Al·bi·on ['ælbiən] *n no pl* HIST *(England)* Albion *poet;* ■**perfidious ~** das niederträchtige England

al·bum ['ælbəm] *n* ❶ *(of music)* [Musik]album *nt* ❷ *(book)* Album *nt;* **family/photo/stamp ~** Familien-/Foto-/Briefmarkenalbum *nt*

al·bu·men ['ælbjumən, AM æl'bjuːmən] *n no pl* BIOL Eiweiß *nt,* Eiklar *nt,* Albumen *nt fachspr*

'al·bu·men plate *n* PHOT Albumin *nt*

al·che·mist ['ælkəmɪst] *n* Alchimist(in) *m(f)*

al·che·my ['ælkəmi] *n no pl* ❶ *(chemistry)* Alchimie *f,* Alchemie *f* ❷ *(fig: magic)* Zauberei *f,* Magie *f;* **by ~** auf wundersame Weise

Al·cian blue [ˌælsɪən'bluː] *n no pl* CHEM Phthalocyaninblau *nt*

al·co·hol ['ælkəhɒl, AM -hɑːl] *n no pl* ❶ *(ethyl alcohol)* [Äthyl]alkohol *m;* **rubbing ~** Franzbranntwein *m* ❷ *(alcoholic drink)* Alkohol *m;* ***I could smell the ~ on his breath from ten feet away!*** ich konnte seine Fahne schon aus drei Metern Entfernung riechen! *fam;* **~-free** alkoholfrei; **to be off the ~** nicht [mehr] trinken

al·co·hol-free [ˌælkəhɒl'friː, AM hɑːl'] *adj inv* alkoholfrei

al·co·hol·ic [ˌælkə'hɒlɪk, AM -'hɑːlɪk] **I.** *n* Alkoholiker(in) *m(f),* Trinker(in) *m(f)* **II.** *adj (person)* alkoholsüchtig, trunksüchtig; *(drink)* alkoholisch, alkoholhaltig, ÖSTERR *a.* alkoholhältig; **an ~/a non-~ drink** [*or* **beverage**] ein alkoholhaltiges [*o* ÖSTERR alkoholhältiges]/ein alkoholfreies Getränk

Al·co·hol·ics A'nony·mous, AA *n* die Anonymen Alkoholiker *pl*

al·co·hol·ism ['ælkəhɒlɪzəm, AM -hɑːlɪ-] *n no pl* Alkoholismus *m,* Trunksucht *f*

al·co·pop ['ælkəʊpɒp] *n* BRIT *(fam)* alkoholhaltige [*o* ÖSTERR alkoholhältige] Limonade

al·cove ['ælkəʊv, AM -koʊv] *n (niche)* Nische *f; (for sleeping)* Alkoven *m*

al·de·hyde ['ældɪhaɪd] *n* CHEM Aldehyd *nt fachspr;* **~ resin** Aldehydharz *nt*

al den·te [æl'denteɪ] *adj inv* al dente

al·der ['ɔːldəʳ, AM -ɚ] *n* Erle *f*

al·der·man ['ɔːldəmən, AM -dɚ-, *pl* mən] *n* POL ❶ BRIT *(hist: appointed)* Alderman *m,* Ratsherr *m* ❷ AM, CAN, AUS *(elected)* Alderman *m,* Stadtrat, -rätin *m, f*

ale [eɪl] *n* Ale *nt*

alea·tory ['eɪliətəri, AM -tɔːrti] *adj* LAW aleatorisch *fachspr;* **~ contract** aleatorischer Vertrag

ale·house <*pl* -s> ['eɪlhaʊs] *n (dated)* Bierlokal *nt,* SCHWEIZ *a.* Bierkneipe *f,* ÖSTERR *a.* Bierbeisl *nt*

alert [ə'lɜːt, AM -'lɜːrt] **I.** *adj* ❶ *(wide awake)* munter, [hell]wach ❷ *(bright)* aufgeweckt; **to have an ~ mind** aufgeweckt sein ❸ *(watchful)* wachsam; *(attentive)* aufmerksam; *(conscious)* bewusst; **to keep** [*or* **stay**] **~** aufpassen; ■**to be ~ to sb/sth** vor jdm/etw auf der Hut sein; **to be ~ to the dangers of sth** sich *dat* der Gefahren einer S. *gen* bewusst sein **II.** *n* ❶ *(alarm)* Alarm *m; (warning signal)* Alarmsignal *nt;* ***if there is an ~, don't panic!*** bei Ertönen des Alarmsignals Ruhe bewahren!; **air-raid ~** Fliegeralarm *m;* **red ~** höchste Alarmstufe ❷ *no pl (period of watchfulness)* Alarmbereitschaft *f,* Alarmzustand *m;* **state of ~** Alarmbereitschaft *f,* Alarmzustand *m;* **to be put on full ~** in Einsatzbereitschaft versetzt werden; *army* in Gefechtsbereitschaft versetzt werden; ■**to be on the ~** [**for sth**] [vor etw *dat*] auf der Hut sein

III. *vt* ■**to ~ sb to sth** 1 *(notify)* jdn auf etw *akk* aufmerksam machen

2 *(warn)* jdn vor etw *dat* warnen

alert·ly [əˈlɜːtli, AM -ˈlɜːrt] *adv* aufgeweckt, geistesgegenwärtig

alert·ness [əˈlɜːtnəs, AM -lɜːrt-] *n no pl* 1 *(watchfulness)* Wachsamkeit *f; (attentiveness)* Aufmerksamkeit *f*

2 *(intelligence)* Aufgewecktheit *f*

Aletsch Glaci·er [ˈæletʃˌglæsiəʳ, AM -ˈgleɪʃɚ] *n* Aletschgletscher *m*

Al·eut [əˈljuːt, AM əˈluːt] *n* 1 *(person)* Aleut(in) *m(f)*

2 *(language)* Aleutisch *nt*

Aleu·tian [əˈljuːʃən, AM -ˈluː-] **I.** *n* 1 *(person)* Aleut(in) *m(f)*

2 *(language)* Aleutisch *nt*

II. *adj* aleutisch

Aleu·tian Is·lands [əˈljuːʃən-, AM -ˈluː-] *n* Aleuten *pl*

A lev·el [ˈeɪlevəl] *n* BRIT ■[**the/one's**] **~s** *pl* ≈ das Abitur *kein pl*, ≈ die Matur[a] SCHWEIZ, ≈ die Matura ÖSTERR; **to take one's ~s** das Abitur [*o* SCHWEIZ die Matur] [*o* ÖSTERR die Matura] machen

al·fal·fa [ˌælˈfælfə] *n no pl* Luzerne *f*, Alfalfa *f*

al·ˈfal·fa sprout *n* Luzernensprosse *f*

al·fres·co [ælˈfreskəʊ, AM -koʊ] **I.** *adv* **to eat** [*or* **dine**] **~** draußen [*o* im Freien] essen

II. *adj attr* im Freien; **~ lunch** Mittagessen *nt* im Freien

alga <*pl* -e> [ˈælgə, *pl* -dʒiː, -dʒaɪ] *n* Alge *f*

al·gae [ˈældʒiː] *n pl of* **alga**

al·gal bloom [ˌælgəlˈbluːm] *n* ECOL Algenbefall *m*

al·ge·bra [ˈældʒɪbrə] *n no pl* Algebra *f*

al·ge·bra·ic [ˌældʒɪˈbreɪɪk] *adj* algebraisch; **~ equation** algebraische Gleichung

Al·ge·ria [ælˈdʒɪəriə, AM -ˈdʒɪr-] *n* Algerien *nt*

Al·ge·rian [ælˈdʒɪəriən, AM -ˈdʒɪr-] **I.** *n* Algerier(in) *m(f)*

II. *adj* algerisch

Al·giers [ælˈdʒɪəz, AM -ˈdʒɪrz] *n* Algier *nt*

al·gin·ic acid [ælˌdʒɪnɪkˈæsɪd] *n no pl* CHEM Alginsäure *f*

Al·gon·quian [ælˈgɒŋkwiən, AM -ˈgɑːŋ-], **Al·gon·kian** [-kiən] **I.** *n* 1 *(American Indian)* Algonkier(in) *m(f)*

2 *(Indian language family)* Algonkisch *nt*

II. *adj* algonkisch

al·go·rithm [ˈælgərɪðəm] *n* Algorithmus *m*

ali·as [ˈeɪliəs] **I.** *n (code name)* Deckname *m; (different name)* falscher Name; **to give/use an ~** einen Decknamen/falschen Namen angeben/benutzen [*o* ÖSTERR benützen]; **to go under the ~ of Jim Beam** unter dem Decknamen/falschen Namen Jim Beam auftreten

II. *adv* alias; **Paul Sopworth, ~ Rupert Sharp** Paul Sopworth, alias Rupert Sharp

ali·bi [ˈælɪbaɪ] *n* Alibi *nt;* **cast-iron** [*or* **airtight**] **~** hieb- und stichfestes [*o* wasserdichtes] Alibi

Alice band [ˈælɪs-] *n* BRIT Haarband *nt*

al·ien [ˈeɪliən] **I.** *adj* 1 *(foreign)* ausländisch

2 *(strange)* fremd; *(pej)* seltsam; **to be ~ to sb** jdm fremd sein; **to be ~ to sb's nature/religion** jds Wesen/Religion fremd sein; **~ idea** abwegige Idee; COMPUT **~ disk** anders formatierte Diskette; **~ disk reader** Leser *m* für anders formatierte Disketten

II. *n* 1 *(form or pej: foreigner)* Ausländer(in) *m(f);* **illegal ~** *(form)* sich *akk* illegal im Land aufhaltender Ausländer; AM illegaler Einwanderer; **resident ~** *(form)* im Inland ansässiger Ausländer; AM sich *akk* legal im Land aufhaltender Ausländer, einbürgerungswilliger Ausländer; BRIT unbeschränkt steuerpflichtiger Ausländer *(bei mehr als sechs Monaten Aufenthalt);* **non-resident ~** *(form)* im Inland nichtansässiger Ausländer; BRIT beschränkt steuerpflichtiger Ausländer *(bei weniger als sechs Monaten Aufenthalt)*

2 *(from space)* Außerirdische(r) *f(m)*, außerirdisches Wesen

al·ien·ate [ˈeɪliəneɪt] *vt* 1 *(estrange)* ■**to ~ sb** jdn befremden [*o* vor den Kopf stoßen]; ■**to ~ sb from sb** jdn von jdm entfremden; **to ~ sb's affections** AM LAW jdn zum Ehebruch verleiten *(indem man ihn dem Ehepartner entfremdet)*

2 *(lose)* **to ~ sb's support** sich *dat* jds Unterstützung verscherzen

al·iena·tion [ˌeɪliəˈneɪʃən] *n no pl* 1 *(estrangement)* Entfremdung *f*

2 *(separateness)* Entfremdetsein *nt*, Isoliertheit *f*

al·ien cor·po·ˈra·tion *n* AM LAW Auslandsunternehmen *nt*

al·ieni ju·ris [ˌeɪlieniˈdʒʊərɪs, AM -ˈdʒʊr-] *adv* LAW unter fremdem Recht stehend

alight[1] [əˈlaɪt] *adj pred* 1 *(on fire)* **to be ~** in Flammen stehen, brennen; **to get a fire ~** ein Feuer in Gang bringen; **to set sth ~** etw in Brand stecken [*o* setzen]; *(fig)* **to set sb ~** jdn begeistern

2 *(shining brightly)* ■**to be ~** strahlen; ***her eyes were ~ with mischief*** ihre Augen blitzten schalkhaft

alight[2] [əˈlaɪt] *vi* 1 *(from train, bus etc.)* ■**to ~ from sth** aus etw *dat* aussteigen

2 *(land)* ■**to ~ on** [*or* **upon**] **sth** *bird, butterfly* auf etw *dat* landen, sich *akk* auf etw *dat* niederlassen *geh; (fig)* ***her eyes ~ed upon a painting*** ihr Blick fiel auf ein Gemälde

3 *(find)* ■**to ~ on sth** etw [zufällig] entdecken, auf etw *akk* [zufällig] stoßen

align [əˈlaɪn] *vt* 1 *(move into line)* ■**to ~ sth** [**with sth**] etw [auf etw *akk*] ausrichten; **to ~ the wheels of a vehicle** bei einem Fahrzeug die Spur einstellen

2 ARCHIT ■**to ~ sth** etw fluchten

3 *(fig: support)* ■**to ~ oneself with** [*or* **behind**] **sb/sth** sich *akk* hinter jdn/etw stellen; **to be ~ed with a group/plan on certain issues** mit einer Gruppe/einem Plan in bestimmten Punkten übereinstimmen

4 COMPUT ■**to ~ sth** etw bündig ausrichten; **to ~ text** spationieren

align·ment [əˈlaɪnmənt] *n* 1 *no pl (correct positioning)* Ausrichten *nt;* ***the wheels are out of ~*** die Spur ist falsch eingestellt

2 *no pl (fig)* **to be in/out of ~ with sb/sth** mit jdm/etw übereinstimmen [*o* konform gehen]/nicht übereinstimmen [*o* nicht konform gehen]; **to bring supply into ~ with demand** das Angebot der Nachfrage angleichen

3 *(of supporters)* Gruppierung *f*

alike [əˈlaɪk] **I.** *adj pred* 1 *(identical)* gleich, identisch

2 *(similar)* ähnlich

II. *adv* 1 *(similarly)* gleich; **to look ~** sich *dat* ähnlich sehen; **to think ~** gleicher Ansicht sein

2 *(equally)* gleich; **to treat sb ~** jdn gleich behandeln

3 *(both)* ***cars and motorbikes ~*** sowohl Autos als auch Motorräder; ***friends and family ~*** Freunde und Familienmitglieder gleichermaßen

▶PHRASES: **let's share and share ~!** teilen wir gerecht!

ali·men·ta·ry ca·nal [ælɪˌmentərikəˈ-] *n* Verdauungskanal *m*, Verdauungstrakt *m*

ali·mony [ˈælɪməni, AM -moʊ-] *n no pl* Unterhalt *m; (payment also)* Unterhaltszahlung *f*, Alimente *pl* SCHWEIZ, ÖSTERR; **~ pending suit** LAW vorläufige Unterhaltszahlung

A-line [ˈeɪlaɪn] *adj attr, inv* [unten] ausgestellt; **~ skirt** ausgestellter Rock

A-list [ˈeɪlɪst] **I.** *n* ■**to be on the ~** auf der In-Liste stehen

II. *n modifier (fam)* **~ party** Promi-Party *f fam*, Schickimickiparty *f fam*

A-lister [ˈeɪlɪstəʳ, AM -ɚ] *n* Promi *m fam*, Publikumsliebling *m;* ***they get ~s for the series*** für die Serie nehmen sie nur erste Garnitur *fam*

alive [əˈlaɪv] *adj pred, inv* 1 *(not dead)* lebendig, lebend *attr;* ■**to be ~** leben, am Leben sein; ***it's great*** [*or* ***good***] ***to be ~*** das Leben ist [wunder]schön; **to be ~ and well** [*or* **kicking**] gesund und munter [*o fam* putzmunter] sein; *(fig) industry* boomen *sl;* **dead or ~** tot oder lebendig; **to be more dead than ~** total erschöpft sein; **to be the happiest person ~** der glücklichste Mensch der Welt sein; **to be buried ~** lebendig begraben werden; **to be burnt ~** bei lebendigem Leib verbrannt werden; **to keep sb ~** jdn am Leben erhalten; **to keep hope ~** die Hoffnung aufrechterhalten; *(fig)* **to be eaten ~ by mosquitoes** von Mücken zerfressen werden

2 *(lively)* lebendig *fig;* ***look ~!*** beeil dich!; **to come ~** lebendig werden; **to bring sb/sth** [*or* **make sb/sth come**] **~** *characters, story* jdn/etw lebendig werden lassen

3 *(aware)* ■**to be ~ to sth** sich *dat* einer S. *gen* bewusst sein

4 *(swarming)* **to be ~ with ants/people** vor Ameisen/Menschen wimmeln

▶PHRASES: **to eat sb ~** aus jdm Hackfleisch machen *fig*

al·ka·li <*pl* -s *or* -es> [ˈælkəlaɪ] *n* Alkali *nt fachspr*, Lauge *f*, Base *f*

al·ka·line [ˈælkəlaɪn] *adj* alkalisch, basisch; **~ reaction** alkalische [*o* basische] Reaktion; **~ solution** alkalische Lösung, Lauge *f*, Laugenflüssigkeit *f*

al·ka·lin·ity <*pl* -ies> [ˌælkəˈlɪnɪti, AM ṭi] *n* CHEM Alkalität *f*, Basizität *f*

al·ka·loid [ˈælkəlɔɪd] *n* CHEM Alkaloid *nt*

alkie, alky [ˈælki] *n (sl)* Säufer(in) *m(f) fam*, SCHWEIZ *a.* Alkie *m fam*

all [ɔːl, AM *also* ɑːl] **I.** *adj attr, inv* 1 + *pl n (the whole number of, every one of)* alle; ***are those ~ the documents you can find?*** sind das alle Papiere, die du finden kannst?; ***~ my glasses are broken*** alle meine [*o* meine ganzen] Gläser sind kaputt, meine Gläser sind alle [*o fam* allesamt] kaputt; ***~ children should have a right to education*** alle Kinder sollten ein Recht auf Bildung haben; ***~ her children go to public school*** alle ihre Kinder besuchen eine Privatschule, ihre Kinder besuchen alle [*o fam* allesamt] ein Privatschule; ***20% of ~ items sold had been reduced*** 20 % aller verkauften Artikel waren reduziert; ***~ six*** [***of the***] ***men are electricians*** alle sechs [Männer] sind Elektriker; ***I had to use ~ my powers of persuasion*** ich musste meine ganze Überzeugungskraft aufbieten; ***I've locked myself out — of ~ the stupid things to do!*** ich habe mich ausgeschlossen! – wie kann man nur so blöd sein!; **on ~ fours** auf allen vieren; **from ~ directions** aus allen Richtungen; **~ the people** alle [Leute]; ***why did the take him, of ~ people?*** warum haben sie ausgerechnet ihn genommen?; **~ the others** alle anderen

2 + *sing n (the whole of)* der/die/das ganze ...; ***they lost ~ their money*** sie haben ihr ganzes Geld verloren; **~ day** [**long**] den ganzen Tag [lang]; **~ her life** ihr ganzes Leben; **for ~ the money** trotz des ganzen Geldes; **~ the time** die ganze Zeit; ***he was unemployed for ~ that time*** er war all die Zeit [*o* die ganze Zeit über] [*o* während der ganzen Zeit] arbeitslos; **~ the way** den ganzen [weiten] Weg; **~ week/year** die ganze Woche/das ganze Jahr

3 + *sing n (every type of)* jede(r, s); ***~ wood should be treated*** jedes Holz sollte [*o* alle Holzarten sollten] behandelt werden

4 *(the greatest possible)* all; **with ~ haste** [*or* **speed**] [*or* **dispatch**] *(form)* so schnell wie möglich; **in ~ honesty** [*or* **sincerity**] ganz ehrlich; **with ~ due respect, ...** bei allem Respekt, ..., mit Verlaub, ... *geh;* **with ~ speed** so schnell wie möglich; **in ~ probability** aller Wahrscheinlichkeit nach

5 *(any whatever)* jegliche(r, s); ***she denied ~ knowledge of the matter*** sie stritt ab, irgendetwas über die Sache zu wissen; **beyond ~ doubt** jenseits allen Zweifels

▶PHRASES: **for ~** trotz +*gen;* ***for ~ her money she is not happy*** trotz ihres ganzen Geldes ist sie nicht glücklich; **~ good things must come to an end** *(prov)* alles hat ein Ende; **... and ~ that jazz** [*or* *pej* **rubbish**] ... und das ganze Zeug *pej fam;* **not as ... as ~ that** ***he's not as rich as ~ that*** so reich ist er nun auch wieder nicht

II. *pron* 1 *(the total, everybody, every one)* alle; ***the best-looking of ~*** der Bestaussehende von allen;

we saw ~ of them wir haben [sie] alle gesehen; ***~ of them*** [*or* ***they ~***] ***liked the film*** der Film hat ihnen allen [*o* allen von ihnen] gefallen; ***the house has four bedrooms, ~ with balconies*** das Haus hat vier Schlafzimmer, alle mit Balkon; ***her last novel was*** [***the***] ***best of ~*** ihr letzter Roman war der beste von allen; ***~ but one of the pupils came to the outing*** bis auf einen Schüler nahmen alle am Ausflug teil; **~ and sundry** jedermann, Gott und die Welt; **one and ~** alle; ***let's sing now one and ~!*** lasst uns jetzt alle zusammen singen!; **~ but ...** alle außer ..., bis auf ...

❷ *(everything)* alles; ***it was ~ very strange*** es war alles sehr seltsam; ***~ is not lost yet*** noch ist nicht alles verloren; ***tell me ~ about it*** erzähl mir alles darüber; ***he's eaten ~ of it*** [*or* ***eaten it ~***] er hat alles aufgegessen; ***have you drunk ~ of the milk?*** hast du die ganze Milch getrunken?; **first of ~** zuerst; *(most importantly)* vor allem; **most of ~** am meisten; ***there are many professions which interest him, but most of ~, he'd like to be a zookeeper*** viele Berufe interessieren ihn, aber am liebsten wäre er Zoowärter; **~ in one** alles in einem; ***a corkscrew and bottle-opener ~ in one*** ein Korkenzieher und Flaschenöffner in einem; **to give** [*or* **put**] **one's ~** alles [*o* sein Letztes] geben; **and ~** *(fam)* und all dem; ***what with the fog and ~, I'd really not drive tonight*** *(fam)* bei dem Nebel und so möchte ich heute Nacht wirklich nicht fahren *fam*

❸ + *relative clause (the only thing)* alles; ***it was ~ that he had*** es war alles, was er hatte; ***it's ~*** [***that***] ***I can do for you*** mehr kann ich nicht für dich tun; ***~ I want is to be left alone*** ich will nur in Ruhe gelassen werden; ***the remark was so silly, it was ~ she could do not to laugh*** die Bemerkung war so dumm, dass sie sich sehr zusammenreißen musste, um nicht zu lachen; ***~*** [***that***] ***it takes is a little bit of luck*** man braucht nur etwas Glück; ***that's ~ I need right now*** *(iron)* das hat mir jetzt gerade noch gefehlt *pej;* **for ~ ...:** ***for ~ I care, ...*** von mir aus ...; ***for ~ I know, ...*** *(as far as I know)* soviel [*o* soweit] ich weiß ...; *(I don't know)* was weiß ich, ...; ***are the married? — for ~ I know they could be*** sind sie verheiratet? — was weiß ich, schon möglich!; ***where is she? — for ~ I know she could be on holidays*** wo ist sie? — was weiß ich, vielleicht [ist sie] im Urlaub!

❹ *(for emphasis)* **at ~** überhaupt; ***do you ever travel to the States at ~?*** fährst du überhaupt je in die Staaten?; **if at ~** wenn überhaupt; **nothing** [*or* **not anything**] **at ~** überhaupt nichts; **not at ~** überhaupt nicht; ***thanks very much for your help — not at ~, it was a pleasure*** vielen Dank für Ihre Hilfe — keine Ursache [*o* nichts zu danken], es war mir ein Vergnügen

▸PHRASES: **and ~** *(fam: as well)* auch; ***I'm cold — yeah, me and ~*** mir ist kalt – ja, mir auch; ***get one for me and ~*** bring mir auch einen; **~ for one, and one for ~** *(saying)* alle für einen, einer für alle; **in ~** insgesamt; ***that's £20 in ~*** das macht alles zusammen 20 Pfund; **~ in ~** alles in allem; **~ of ...** *(at least)* mindestens ...; *(as much as)* gut ...; *(as little as)* ganze ...; ***it's going to cost ~ of a million dollars*** das kostet mindestens eine Million Dollar; ***the book has sold ~ of 200/400,000 copies*** von dem Buch sind ganze 200/gut 400.000 Exemplare verkauft worden; **to be ~ one to sb** jdm egal [*o* gleich] sein; **~ told** insgesamt; ***they tried a dozen times ~ told*** sie versuchten es insgesamt ein Dutzend Mal; **~'s well that ends well** *(prov)* Ende gut, alles gut *prov*

III. *adv inv* ❶ *(entirely)* ganz, völlig; ***it's ~ about money these days*** heutzutage geht es nur ums Geld; ***she's been ~ round the world*** sie war schon überall auf der Welt; **to be ~ in favour of sth** ganz [*o* völlig] begeistert von etw *dat* sein; **~ in green** ganz in Grün; **to be ~ in one piece** heil [*o* unbeschädigt] sein; **to be ~ of a piece with sth** mit etw *dat* völlig übereinstimmen; **to spill sth ~ over the place/floor** etw überall/über den gesamten Boden verschütten; ***the baby got food ~ over its bib*** das Baby hatte sich sein ganzes Lätzchen vollgekleckert; **to be ~ over the place** [*or* BRIT **shop**] *(fam)* überall sein; **to be not ~ that happy** nicht gerade glücklich sein; **~ alone** ganz allein; **~ along** die ganze Zeit; ***she's been fooling us ~ along*** sie hat uns die ganze Zeit getäuscht; **to be ~ over** aus und vorbei sein; **to be ~ for doing sth** ganz dafür sein, etw zu tun; ***my son is ~ for spending the summer on the beach*** mein Sohn will den Sommer unbedingt am Strand verbringen

❷ *(totally, only)* ***the newspaper was ~ advertisements*** die Zeitung bestand fast nur aus Anzeigen; ***I was ~ the family she ever had*** ich war die einzige Familie, die sie je hatte; ***he was ~ smiles*** er strahlte über das ganze Gesicht; ***he's ~ talk*** [*or fam* ***mouth***] er ist nur ein Schwätzer *pej,* er schwingt nur große Worte; **to be ~ charm** seinen ganzen Charme spielenlassen; **to be ~ ears** ganz Ohr sein; **to be ~ eyes** gespannt zusehen; **to be ~ a flutter** ganz aus dem Häuschen sein *fam;* **to be ~ silk/wool** aus reiner Seide/Wolle sein

❸ ■ **~ the ...** *(even)* umso ...; *(much)* viel ...; ***~ the better*** [***for that***]! umso besser!; ***now that he's a star he'll be ~ the more difficult to work with*** jetzt wo er ein Star ist, wird die Zusammenarbeit mit ihm umso schwieriger sein; ***I feel ~ the better for your visit*** seit du da bist, geht es mir schon viel besser

❹ *(for emphasis)* äußerst, ausgesprochen; ***she was ~ excited*** sie war ganz aufgeregt; ***now don't get ~ upset about it*** nun reg dich doch nicht so [furchtbar] darüber auf; ***your proposal is ~ very well in theory, but ...*** in der Theorie ist dein Vorschlag ja schön und gut, aber ...; **~ too ...** nur zu ...; ***I'm ~ too aware of the problems*** die Probleme sind mir nur zu gegenwärtig; ***the end of the holiday came ~ too soon*** der Urlaub war nur viel zu schnell zu Ende

❺ SPORT *(to both sides)* ***the score is three ~*** es steht drei zu drei [unentschieden] [*o* drei beide]

❻ **to not do sth ~ that well** *(not really)* etw nicht gerade toll tun *fam;* ***she doesn't sing ~ that well*** sie kann nicht besonders toll singen *fam;* **to not be ~ that ...** *(not as much as thought)* so ... nun auch wieder nicht sein; ***he's not ~ that important*** so wichtig ist er nun auch wieder nicht

❼ *(nearly)* **~ but** fast; ***the party was ~ but over when we arrived*** die Party war schon fast vorbei, als wir ankamen; ***it was ~ but impossible to read his writing*** es war nahezu unmöglich, seine Handschrift zu entziffern

▸PHRASES: **to go ~ out for sth** alles für etw *akk* tun; **~ in** *(exhausted)* ***he felt ~ in*** er war völlig erledigt; BRIT *(including everything)* alles inklusive; ***the holiday cost £600 ~ in*** alles inklusive hat der Urlaub hat 600 Pfund gekostet; **to be ~ over sb** *(pej: excessively enthusiastic)* sich *akk* [geradezu] auf jdn stürzen; *(fam: harass)* jdn total anmachen *fam,* über jdn herfallen ÖSTERR *fam;* **that's sb ~ over** das sieht jdm ähnlich; ***he invited me out for dinner and then discovered he didn't have any money — that's Bill ~ over!*** er lud mich ein, mit ihm auswärts zu essen, und merkte dann, dass er kein Geld bei sich hatte – typisch Bill!; **to be ~ over the place** [*or* BRIT **shop**] *(fam: badly organised)* [völlig] chaotisch sein; *(confused)* völlig von der Rolle [*o* ÖSTERR daneben] sein *fam;* **~ round** [*or* **around**] AM *(in every way)* rundum; *(for each person)* für alle; ***that was a success/good performance ~ round*** das war ein voller Erfolg/eine rundum gelungene Vorstellung; ***he bought drinks ~ round*** er gab eine Runde Getränke aus; **to be not ~ there** *(fam)* nicht ganz richtig [im Kopf] sein *fam,* nicht alle Tassen im Schrank haben *fig fam;* **to be ~ up with sb** *(fam)* ***it looks as though it's ~ up with us now*** es sieht so aus, als seien wir nun endgültig am Ende *fam*

all- *in compounds* **~girl band** ausschließlich aus Mädchen bestehende Band, Mädchenband *f* ÖSTERR; **~glass/~steel building** Ganzglas-/Ganzstahlgebäude *nt;* **~male team** reine Männermannschaft

Allah ['ælə] *n no art* Allah

all-A'meri·can I. *adj* ❶ *(typically American)* typisch amerikanisch ❷ AM SPORT *(top-rated amateur)* **~ fullback** bester Verteidiger eines Jahres *(wird von der amerikanischen Sportpresse gewählt)* ❸ *(fully American)* **cars of ~ manufacture** ausschließlich in den USA hergestellte Autos; **an ~ negotiating team** ein rein amerikanisches [*o* nur mit Amerikanern besetztes] Verhandlungsteam **II.** *n* AM amerikanischer Nationalspieler/amerikanische Nationalspielerin **all-'around** *adj attr* AM *(all-round)* allgemein; ***he appears to be an ~ failure*** ihm scheint alles zu misslingen; **~ sportsman** Allroundsportler *m*

allay [ə'leɪ] *vt (form)* **to ~ sb's anger/fears** jds Zorn/Befürchtungen beschwichtigen; **to ~ sb's concern/doubts/suspicions** jds Bedenken/Zweifel/Argwohn zerstreuen; **to ~ sb's hunger/pain/thirst** jds Hunger/Schmerz/Durst stillen

all-'clear *n* Entwarnung *f;* **to give** [*or* **sound**] **the ~** Entwarnung geben **all 'com·ers** *npl (fam) alle möglichen Herausforderer/Konkurrenten;* **to take on ~** es mit jedem Herausforderer aufnehmen **all-con·quer·ing** [ˌɔ:l'kɒŋkərɪŋ, AM 'kɑ:ŋ] *adj inv* unschlagbar; **~ love** alles überwindende Liebe **all-con·sum·ing** [ˌɔ:lkən'sju:mɪŋ, AM 'su:m] *adj inv* überwältigend; ***they had an ~ emotional relationship*** sie führten eine sehr innige Beziehung **all-day** ['ɔ:ldeɪ] *adj attr, inv* Ganztags-, ganztägig; **~ lipstick** *Lippenstift, der den ganzen Tag hält*

al·le·ga·tion [ælə'geɪʃən] *n* Behauptung *f;* **to make an ~ about** [*or* **against**] **sb** jdn beschuldigen; **to make ~s of professional misconduct against sb** jdm Amtsmissbrauch vorwerfen

al·lege [ə'ledʒ] *vt* ❶ *(declare)* ■**to ~ that ...** behaupten, dass ...; ***it was ~d that Johnson struck Mr Rahim*** Johnson soll Mr. Rahim geschlagen haben; ***Mr Smythe is ~d to have been ...*** Mr. Smythe war angeblich ...

❷ LAW ■**to ~ sth** etw [bei Gericht] vorbringen

al·leged [ə'ledʒd, -dʒɪd] *adj inv* angeblich; *suspect, victim* mutmaßlich

al·leg·ed·ly [ə'ledʒɪdli] *adv inv* angeblich

Al·le·ghe·ny ['ælɪgeni, AM ˌælə'geɪni] **I.** *n* Allegheny Gebirge *nt*

II. *adj* aus dem Allgeheny Gebirge *nach n*

al·le·giance [ə'li:dʒən(t)s] *n usu sing* Loyalität *f,* Ergebenheit *f;* **oath of ~** Fahneneid *m;* **to pledge** [*or* **swear**] **~ to sb** jdm Treue geloben [*o* schwören]; **to pledge** [*or* **swear**] **~ to sth** ein Gelübde auf etw *akk* ablegen, einen Eid auf etw *akk* leisten; **to pledge ~ to the flag** AM den Fahneneid leisten

al·le·gori·cal [ælə'gɒrɪkəl, AM -'gɔ:r-] *adj* allegorisch, [sinn]bildlich, gleichnishaft; **~ representation** sinnbildliche Darstellung; **~ symbol** Sinnbild *nt*

al·le·gori·cal·ly [ælə'gɒrɪkəli, AM -'gɔ:r-] *adv* allegorisch; **to write ~** allegorisieren

al·le·go·ry ['ælɪgəri, AM -gɔ:ri] *n* LIT, ART ❶ *no pl (genre)* Allegorik *f*

❷ *(representation)* Allegorie *f*

Al·leg·ro <*pl* -s> [ə'legrəʊ, AM -roʊ] *n* MUS Allegro *nt*

al·le·luia [ˌælɪ'lu:jə] **I.** *interj* halleluja

II. *n* Halleluja *nt,* Loblied *nt*

Allen key ['ælən,-] *n* Inbusschlüssel *m,* Innensechskantschlüssel *m* **'Allen screw** *n* Inbusschraube *f,* Innensechskantschraube *f* **'Allen wrench** *n* Inbusschlüssel *m,* Innensechskantschlüssel *m*

al·ler·gen ['ælədʒen, AM -ə-] *n* Allergen *nt*

al·ler·gen·ic [ælə'dʒenɪk, AM -ə'-] *adj* allergen

al·ler·gic [ə'lɜ:dʒɪk, AM -'lɜ:r-] *adj* allergisch; ■**to be ~ to sth** auf etw *akk* allergisch reagieren, gegen etw *akk* allergisch sein *a. fig*

al·ler·gy ['ælədʒi, AM -ə-] *n* Allergie *f* (**to** gegen *+akk*)

al·le·vi·ate [ə'li:vieɪt] *vt* **to ~ deficiencies** Mängel beheben; **to ~ fears** Ängste abbauen; **to ~ pain/suffering** Schmerzen/Leiden lindern; **to ~ problems/stress** Probleme/Stress verringern

al·le·via·tion [əˌli:vi'eɪʃən] *n no pl* Reduzierung *f,* Verminderung *f; of pain, discomfort* Linderung *f*

al·ley ['æli] *n* ❶ *(between buildings)* Gasse *f,* schmaler Durchgang; **blind ~** *(also fig)* Sackgasse *f a. fig*

❷ *(in park)* Parkweg *m;* **~ of trees** Allee *f*

▸PHRASES: **this is right up my ~** AM, AUS *(enjoyable)* das ist ganz mein Fall; *(easy for me)* darin [*o* damit] kenne ich mich aus

'al·ley cat *n* streunende Katze; *(fig sl: person) jd mit lockerem Lebenswandel;* **to have the morals of an ~** eine lockere Moral haben **'alley·way** *n* Gasse *f*

All 'Fools' Day *n* der erste April **All 'Hallows** *n* Allerheiligen *nt*

al·li·ance ['ə'laɪən(t)s] *n* ❶ *(group)* Allianz *f,* Bündnis *nt,* Verbund *m;* **the Atlantic A~** das Atlantische Bündnis; **military ~** Militärbündnis *nt;* **to form** [*or* **forge**] **an ~ with sb** ein Bündnis mit jdm schließen, sich *akk* mit jdm verbünden
❷ *no pl (state)* Verbindung *f,* Zusammenschluss *m;* **to be in ~ with sb** [**against sb**] sich *akk* mit jdm [gegen jdn] verbündet haben

al·lied ['ælaɪd] *adj* ❶ *(united)* verbündet; MIL alliiert; **the A~ forces** die alliierten Streitkräfte
❷ *(related)* ähnlich; **~ subjects/trades** verwandte Gebiete/Berufe
❸ *(together with)* ■**~ with** [*or* **to**] **sth** gepaart mit etw *dat;* ***enthusiasm ~ with a love of children*** Enthusiasmus gepaart mit einer Liebe zu Kindern

Al·lies ['ælaɪz] *npl (hist)* ■**the ~** die Alliierten *pl*

al·li·ga·tor ['ælɪgeɪtəʳ, AM -t̬ɚ] *n* Alligator *m*
▸PHRASES: **see you later, ~** *(dated)* man sieht sich *fam,* also bis dann *fam*

all-im·'por·tant *adj inv* überaus wichtig, wesentlich; ***the ~ thing is to make a profit at the end*** es kommt vor allem darauf an, am Ende einen Gewinn zu erzielen **all 'in** *adj pred, inv (fam)* ■**to be ~** völlig alle [*o* ÖSTERR hin] sein *fam,* fix und fertig sein *fam* **all-'in** *adj attr* alles inbegriffen; **~ rate** Inklusivpreis *m,* Pauschalpreis *m* **all-in-'clu·sive** [ˌɔːlɪn'kluːsɪv] *adj inv holiday, fee* pauschal; *ideas* umfassend *attr; service* ganzheitlich **all-in-'one I.** *adj attr, inv* ❶ *(polyfunctional) cleaner* Allzweck-; **~ shampoo/conditioner** Shampoo *nt*/Pflege *m* für jeden Typ ❷ BRIT FASHION einteilig **II.** *n* BRIT Einteiler *m,* All-in-One *m; (overalls)* Overall *m*

al·lit·era·tion [əˌlɪtə'reɪʃən, AM -lɪt̬-] *n no pl* Alliteration *f,* Stabreim *m*

al·lit·era·tive [ə'lɪtərətɪv, AM ə'lɪt̬ərət̬ɪv] *adj inv* LIT alliterierend *attr fachspr*

'all-news *adj inv, attr channel* [reine(r, s)] Nachrichten- **all-night** ['ɔːlnaɪt] *adj attr, inv* die ganze Nacht dauernd *attr;* **~ shop** nachts durchgehend geöffneter Laden **all-night·er** [ɔːl'naɪtəʳ, AM -t̬ɚ] *n* ❶ *(all-night activity)* **to pull an ~** *(sl: to work)* [die Nacht] durcharbeiten; *(to party)* die Nacht durchfeiern ❷ COMPUT *(LAN party)* LAN-Nacht *f*

al·lo·cate ['æləkeɪt] *vt* ■**to ~ sth** [**to sb**] *flat, task* [jdm] etw zuteilen [*o* zuweisen]; **to ~ blame for sth to sb** jdm die Schuld an etw *dat* zuschieben; **to ~ funds** [**for sth**] [Geld]mittel [für etw *akk*] bereitstellen

al·lo·ca·tion [ˌælə'keɪʃən] *n usu sing (assignment)* Zuteilung *f,* Zuweisung *f; (distribution)* Verteilung *f;* **~ of equity** FIN Eigenkapitalallokation *f;* **~ of funds** Bereitstellung *f* von [Geld]mitteln, Mittelvergabe *f;* **~ of capital** FIN Kapitalbewilligung *f;* **~ of losses** FIN Verlustzuweisung *f;* **~ of powers** ADMIN Kompetenzverteilung *f;* **~ of profits** FIN Gewinnverwendung *f;* **~ of quotas** POL Quotenzuteilung *f;* **~ of resources** ECON Einsatz *m* von Ressourcen; COMPUT **~ routine** Zuteilungsroutine *f;* **~ unit** Zuordnungseinheit *f*

al·lo·cu·tion [ˌælə'kjuːʃən] *n* AM LAW Erteilung *f* des Schlussworts an den Angeklagten

al·longe [ə'lɔ̃ʒ] *n* FIN Allonge *f*

al·lo·path·ic [ˌælə(ʊ)'pæθɪk] *adj* allopathisch *fachspr,* schulmedizinisch

al·lopa·thy [ə'lɒpəθi, AM ə'lɑː-] *n no pl* Allopathie *f*

al·lo·phone ['æləfoʊn] *n* ❶ CAN *Person, deren Muttersprache weder Englisch noch Französisch ist* ❷ LING Allophon *nt*

All Ordinaries 'Index *n* FIN *Preisindex an der australischen Börse*

al·lot <-tt-> [ə'lɒt, AM -'lɑːt] *vt* **to ~ sb a job/a room** [*or* **a job/a room to sb**] jdm eine Arbeit/einen Raum zuteilen; ***three hours have been ~ted for this task*** für diese Aufgabe wurden drei Stunden angesetzt; **to ~ shares** ECON Aktien zuteilen

al·lot·ment [ə'lɒtmənt, AM -'lɑːt-] *n* ❶ *(assignment)* Zuteilung *f; (distribution)* Verteilung *f*
❷ STOCKEX *of shares* [Aktien]zuteilung *f;* **payment in full on ~** Zahlung *f* in voller Höhe bei Zuteilung; FIN **letter of ~** [*or* **~ letter**] Zuteilungsanzeige *f*
❸ BRIT *(plot of land)* Schrebergarten *m*

al·lot·ted [ə'lɒtɪd, AM -'lɑːt-] *adj* zugeteilt; ***the final speaker overran her ~ time*** die Schlusssprecherin hielt die [festgesetzte] Redezeit nicht ein; **the ~ space** die vorgesehene Fläche

all 'out *adv* ▸PHRASES: **to go ~** sich *akk* mächtig ins Zeug legen *fam;* **to go ~ to do sth** alles daransetzen, etw zu tun **all-'out** *adj attr* umfassend; **~ attack** Großangriff *m;* **~ commitment** voller Einsatz; **~ strike** Generalstreik *m;* **to launch an ~ campaign** eine massive Kampagne starten; **to make an ~ effort to do sth** nichts unversucht lassen, etw zu tun **all-'over** *adj attr* gleichmäßig, lückenlos; ***the material has an ~ pattern of grapevines*** der Stoff ist komplett mit Weinstöcken bedruckt; **~ tan** nahtlose Bräune

al·low [ə'laʊ] **I.** *vt* ❶ *(permit)* ■**to ~ sth** etw erlauben [*o* gestatten]; *(make possible)* etw ermöglichen; ***we must not ~ these problems to affect our plans*** wir dürfen nicht zulassen, dass diese Probleme unsere Pläne beeinflussen; ***why has the project been ~ed to continue if it's such a disaster?*** warum hat man das Projekt weiterlaufen lassen, wenn es so ein Desaster ist?; **to ~ access** Zugang gewähren; **to ~ a goal** ein Tor anerkennen; ■**to ~ sb to do sth** jdm erlauben, etw zu tun; ■**to ~ sb sth** jdm etw zugestehen; ***he didn't ~ us enough time to finish the test*** er hat uns nicht genug Zeit für den Test gelassen; ***she isn't ~ed any sweets*** sie darf keine Süßigkeiten essen; ***pets aren't ~ed in this hotel*** Haustiere sind in diesem Hotel nicht erlaubt; ***please ~ me through!*** lassen Sie mich bitte durch!; ■**to ~ oneself sth** sich *dat* etw gönnen
❷ LAW **to ~ a claim** einen Anspruch anerkennen; **to ~ an appeal** einer Berufung [*o* Revision] stattgeben
❸ *(allocate)* ■**to ~ sth** etw einplanen; **to ~ sb the benefit of the doubt** im Zweifelsfall zu jds Gunsten entscheiden
❹ *(concede)* ■**to ~ that ...** zugeben [*o* eingestehen], dass ...
▸PHRASES: **to ~ sb a free hand** jdm freie Hand lassen; **~ me** *(form)* erlauben Sie, Sie gestatten
II. *vi* ***we'll do it if time ~s*** wir machen es, wenn die Zeit es zulässt; *(form)* ■**to ~ of sth** etw zulassen; ***this rule ~s of no exceptions*** diese Regel gilt ohne Ausnahme
◆**allow for** *vi* ■**to ~ for sth** etw berücksichtigen [*o* in Betracht ziehen]; *error, delay* etw einkalkulieren; ***have these prices been adjusted to ~ for inflation?*** sind diese Preise inflationsgerecht angepasst worden?

al·low·able [ə'laʊəbl̩] *adj* zulässig; FIN **~ deduction** Freibetrag *m;* **~ expenses** abzugsfähige [*o* steuerlich absetzbare] Ausgaben

al·low·ance [ə'laʊən(t)s] *n* ❶ *(permitted amount)* Zuteilung *f,* zugeteilte Menge; **baggage ~** zulässiges Gepäck; **cost-of-living ~** Teuerungszulage *f;* **entertainment ~** Aufwandsentschädigung *f;* **mileage ~** Kilometerpauschale *f;* **travel ~** Reisekostenzuschuss *m*
❷ FIN *(tax-free amount)* **tax ~** Steuerfreibetrag *m;* **annual depreciation** [*or* **write-down**] **~** jährlicher Abschreibungsbetrag; **capital ~s** Abschreibungsbeträge *pl* aufgrund von Aufwendungen für Anlagegüter; **personal ~** persönlicher [Steuer]freibetrag
❸ *no pl (for student)* Ausbildungsbeihilfe *f; esp* AM Stipendium *nt* SCHWEIZ, ÖSTERR; *(pocket money)* Taschengeld *nt;* FIN *(provision)* **~ for bad debt** Zuschuss *m* für Not leidende Kredite, Kursverlustentschädigung *f*
❹ *(prepare for)* **to make** [**an**] **~ for sth** etw bedenken [*o* einkalkulieren]; **to make ~s for a fact** eine Tatsache berücksichtigen; **to make ~s for sb** mit jdm nachsichtig sein, jdn entschuldigen

al·'lowed time *n* ECON Erholungsspanne *f (bezahlte Arbeitszeit, während der der Arbeitnehmer essen, aufräumen und sich ausruhen darf)*

al·loy I. *n* ['ælɔɪ] Legierung *f;* **~ wheels** Leichtmetallräder *pl,* Alufelgen *pl*
II. *vt* [ə'lɔɪ] *(liter)* ■**to ~ sth** *pleasure* etw beeinträchtigen [*o* trüben]

all-'pow·er·ful *adj inv* allmächtig **all-'pur·pose** *adj attr kitchen knife, tool, vehicle* Allzweck-, Universal-; **~ glue** Alleskleber *m* **all-pur·pose 'flour** *n no pl* AM *(plain flour)* Haushaltsmehl *nt (entspricht Mehl des Typs 405)*

all right I. *adj inv* ❶ *(OK)* in Ordnung; *(approv fam: very good)* nicht schlecht *präd;* ***don't worry now, it's ~*** schon gut, es ist alles wieder in Ordnung; ***gosh, this wine's ~, isn't it?*** Mensch, dieser Wein ist aber nicht übel!; ***that's ~*** *(apologetically)* das macht nichts; *(you're welcome)* keine Ursache; ***what did you think of the film? — it was ~, nothing special*** wie fandest du den Film? — na ja, nichts Besonderes; ***would it be ~ if ...?*** wäre es dir recht, wenn ...?; ***it'll be ~ to leave your car here*** du kannst deinen Wagen ruhig hier lassen; **to be a bit of ~** BRIT *(fam)* nicht schlecht aussehen; **perfectly ~** völlig in Ordnung; **to be doing ~** ein angenehmes Leben führen; ■**to be ~ with sb** jdm recht sein
❷ *(healthy)* gesund; *(safe)* gut; ***are you ~?*** ist alles in Ordnung?, bist du okay?; ***well, we got as far as London ~, but then ...*** bis London sind wir ja noch gut gekommen, aber dann ...; **to get home ~** gut nach Hause kommen
II. *interj* ❶ *(in agreement)* o.k., in Ordnung
❷ *(approv sl: in approval)* bravo, super
❸ BRIT *(fam: greeting)* **~ ?** wie geht's?; **~, *John?*** na, wie geht's, John?
III. *adv inv* ❶ *(doubtless)* auf jeden Fall, zweifellos; ***are you sure it was him? — oh, it was him ~*** bist du sicher, dass er es war? – oh ja, eindeutig!
❷ *(quite well)* ganz gut; ***are you managing ~ in your new job?*** kommst du in deinem neuen Job gut zurecht?

all risks in·'sur·ance *n no pl* All-Risks-Versicherung *f*

all-risks 'poli·cy *n* ECON Universalversicherung *f*

all-'round *adj inv* Allround-; **~ sportsman** Allroundsportler *m;* **~ talent** Alleskönner(in) *m(f)* **all-round·er** [-'raʊndəʳ, AM -dɚ] *n* BRIT, AUS Alleskönner(in) *m(f),* Multitalent *nt;* SPORT Allroundsportler(in) *m(f)* **All 'Saints' Day** *n* Allerheiligen *nt* **All-Share 'In·dex** *n* FIN Aktienindex *m* der Financial Times **All 'Souls' Day** *n* Allerseelen *nt* **'all·spice** *n* Piment *m o nt,* Nelkenpfeffer *m* **'all-sports** *adj attr, inv* [reine(r)] Sport- **'all-star I.** *adj attr, inv musical, tournament* Star-, Gala-, Spitzen-; **~ cast** Starbesetzung *f;* **~ team** Auswahlmannschaft *f* **II.** *n* AM SPORT Auswahlspieler(in) *m(f)* **'all-time** *adj attr, inv* Rekord-, unübertroffen; **~ high/low** Höchststand *m* [*o* Allzeit-Hoch *nt*]/Tiefststand *m,* Rekordhoch *nt*/-tief *nt;* ***profits are at an ~ high*** die Gewinne waren noch nie so hoch; **to set an ~ best** eine absolute Bestmarke aufstellen **'all-too-brief** *adj inv* allzu [*o* viel zu] kurz **'all-too-real** *adj inv (highly likely)* realistisch; **~ consequences** reale Folgen; ***he has an ~ chance of losing*** es ist sehr gut möglich, dass er verliert

al·lude [ə'luːd] *vi* ■**to ~ to sth** auf etw *akk* anspielen

al·lure [ə'ljʊəʳ, AM -'lʊr] **I.** *n no pl (attractiveness)* Anziehungskraft *f,* Reiz *m; (enticing charm)* Verführungskraft *f;* ***the town lost much of its ~*** die Stadt büßte viel von ihrem Reiz ein; **sexual ~** erotische Ausstrahlung
II. *vt (form)* ■**to ~ sb to do sth** [*or* **into doing sth**] jdn dazu verführen, etw zu tun

al·lure·ment [ə'ljʊəmənt, AM 'lʊr] *n* Verlockung *f,* **sexual ~s** Reize *pl*

al·lur·ing [ə'ljʊərɪŋ, AM -'lʊr-] *adj (attractive)* attraktiv, anziehend; *(enticing)* verführerisch; **~ prospect** verlockende Aussicht

al·lur·ing·ly [ə'ljʊərɪŋli, AM -'lʊr-] *adv* verführerisch

al·lu·sion [ə'luːʒən] *n* Anspielung *f,* Andeutung *f;* **to**

make an ~ to sth eine Anspielung auf etw *akk* machen, auf etw *akk* anspielen
al·lu·sive [əˈlu:sɪv] *adj* voller Anspielungen
al·lu·sive·ness [əˈlu:sɪvnəs] *n no pl* Indirektheit *f*; ***I find his ~ rather irritating*** seine Art, in Andeutungen zu reden, geht mir auf die Nerven
al·lu·vial [əˈlu:viəl] *adj* GEOG angeschwemmt, alluvial *fachspr*; ~ **deposit** Anschwemmung *f*, Ablagerung *f*; ~ **land** Schwemmland *nt*; ~ **plain** Schwemmebene *f*
ˈall-weath·er *adj attr, inv coat, soccer pitch* Allwetter-, wetterfest; ~ **ice rink** wettergeschützte Eisbahn; ~ **jacket** Allwetterjacke *f*, Vierjahreszeitenjacke *f*; ~ **paint** wetterfeste Farbe; ~ **runner** Allwetterläufer(in) *m(f)*
ally [ˈælaɪ] **I.** *n* Verbündete(r) *f(m)*; **staunch** ~ zuverlässiger Verbündeter; HIST, POL Alliierte(r) *m*
II. *vt* <-ie-> ■**to** ~ **oneself with** [*or* **to**] **sb** sich *akk* mit jdm verbünden [*o* zusammentun]; ■**to** ~ **oneself with** [*or* **to**] **sth** sich *akk* etw *dat* anschließen
all-you-can-ˈdrink *adj attr, inv* All-you-can-drink-, Alkohol-satt- *fam (bezieht sich auf eine unbegrenzte Menge alkoholischer Getränke zum Festpreis)*
alma ma·ter [ˌælməˈmɑ:təʳ, AM -ˈmeɪt̬ɚ] *n usu sing* ❶ *(form or hum: place of study)* Alma Mater *f a. hum iron*
❷ AM *(college song)* Schulhymne *f*
al·ma·nac(k) [ˈɔ:lmənæk, ˈæl-] *n* Almanach *m*, Jahrbuch *nt*
al·mighty [ɔ:lˈmaɪti, AM -t̬i] **I.** *adj* ❶ REL allmächtig; **God** ~ Gott, der Allmächtige
❷ *(fam: huge) crash, fuss, roar, row* Riesen- *fam*, Mords- *fam*; ~ **bang** Mordsknall *m fam*; ~ **jam** Riesenstau *m fam*
II. *interj* ***God*** [*or* ***Christ***] ***~!*** beim Allmächtigen!
Al·mighty [ɔ:lˈmaɪti, AM -t̬i] *n* ■**the** ~ der Allmächtige
al·mond [ˈɑ:mənd, AM *also* ˈɑ:l-] **I.** *n* ❶ *(nut)* Mandel *f*; **blanched** ~**s** abgezogene Mandeln; **chopped/toasted** ~**s** gehackte/geröstete Mandeln; **slivered** ~**s** Mandelstifte *pl*
❷ *(tree)* Mandelbaum *m*
II. *n modifier (essence, cake, biscuits, oil, soap)* Mandel-
al·mond ˈpaste *n no pl* Marzipan *nt* **al·mond-shaped** [ˈɑ:məndʃeɪpt] *adj inv* mandelförmig
al·mon·er [ˈɑ:mənəʳ, AM ælmənɚ] *n* ❶ HIST Almosenier *m*
❷ ADMIN Sozialbetreuer(in) *m(f)* im Krankenhaus
al·most [ˈɔ:lməʊst, AM -moʊst] *adv* fast, beinahe; ***I ~ wish I hadn't invited him*** mir wäre es fast lieber, ich hätte ihn nicht eingeladen; ***we're ~ there*** wir sind gleich da; ***they'll ~ certainly forget to do it*** es ist so gut wie sicher, dass sie vergessen werden, es zu tun; ***I ~ died when I saw the damage*** mich traf fast der Schlag, als ich den Schaden sah; ~ **impossible** praktisch [*o* so gut wie] unmöglich
alms [ɑ:mz] *npl (old)* Almosen *pl veraltet*; ~ **to** [*or* **for**] **the poor** Almosen *pl* für [*o* an] die Armen
alms·house *n (old)* Armenhaus *nt veraltet*
aloe [ˈæləʊ, AM -oʊ] *n* ❶ *(plant)* Aloe *f*
❷ *(laxative)* [**bitter**] ~**s** [bitterer] Aloesaft, Bärengalle *f hum (Abführmittel, das aus dem Saft eingedickter Blätter besteht)*
aloe vera [ˌæləʊˈvɪərə, AM -oʊˈvɪrə] *n* Aloe vera *f*; HORT *also* echte Aloe
aloft [əˈlɒft, AM -ˈlɑ:ft] *adv inv* hoch; **to bear/hold sth** ~ *(form)* etw emporhalten/hoch halten *geh*
alone [əˈləʊn, AM -ˈloʊn] **I.** *adj* ❶ *pred, inv (without others)* allein; ~ ***among his colleagues, he ...*** er war der Einzige in seinem Kollegenkreis, der ...; ***am I ~ in thinking that he's guilty?*** bin ich als Einzige der Meinung, dass er schuldig ist?; ***they were never left ~ together*** man ließ sie nie miteinander allein; **to feel** ~ sich *akk* einsam fühlen; **to leave sb** ~ jdn in Ruhe lassen; ***he needs to be left ~*** er braucht seine Ruhe
❷ *after n, inv (only)* allein; ***it's Jane and Jane ~ I would like to talk to*** ich möchte nur mit Jane reden!; **let** ~ ganz zu schweigen von, geschweige denn
II. *adv* allein; **to live** ~ für sich [*o* allein] leben
▶PHRASES: **to go it** ~ *(fam: become self-employed)* sich *akk* selbstständig machen; *(act independently)* etw im Alleingang machen; **laugh and the world laughs with you, cry and you cry** ~ *(prov)* lache, und die Welt lacht mit dir, weine, und du weinst allein *prov*; **to leave well enough** ~ die Dinge lassen, wie sie sind, an etw *akk* nicht rühren; **time ~ will tell** *(prov)* die Zukunft wird es zeigen; ***time ~ will tell whether the operation was a success*** jetzt muss man einfach abwarten, ob die Operation ein Erfolg war
along [əˈlɒŋ, AM -ˈlɑ:ŋ] **I.** *adv inv* ❶ *(ahead)* vorwärts; ***the party was going ~ successfully until ...*** die Party war ein Erfolg, bis ...; ***how far ~ are you with your essay?*** wie weit bist du mit deinem Aufsatz?
❷ *(there)* ***go on ahead — I'll be ~ in a minute*** geh du vor – ich komme gleich nach; ***another bus will be ~ in ten minutes*** in zehn Minuten kommt der nächste Bus; ***a little girl came ~ and started talking to me*** da kam ein kleines Mädchen auf mich zu und sprach mich an; **to stroll** ~ dahinschlendern, einen Bummel machen, ÖSTERR *a.* bummeln gehen
❸ *(from outset)* **all** ~ die ganze Zeit, von Anfang an
❹ *(together)* ■~ **with sb/sth** zusammen mit jdm/etw; **to bring/take sb/sth** ~ [**with one**] jdn/etw mitbringen/mitnehmen
▶PHRASES: **to come ~ for the ride** nur so mitkommen *fam*
II. *prep* ❶ *(on)* entlang *nach n +akk*; ***she scattered salt ~ the path*** sie bestreute den Weg mit Salz; **all ~ sth** entlang etw *dat*
❷ *(during)* während *+gen*; ~ ***a train ride*** auf einer Zugfahrt; ~ **the way** unterwegs, auf dem Weg; ***I've picked up a good deal of experience ~ the way*** ich habe in dieser Zeit eine Menge Erfahrung gesammelt
❸ *(beside)* entlang *+dat*; ~ **a wall/road** entlang einer Wand/Straße
❹ *(across)* entlang *+dat*; ~ ***the top of the corridor*** oben entlang dem Gang
along·side [əˌlɒŋˈsaɪd, AM -ˈlɑ:ŋ-] **I.** *prep* ❶ *(beside)* parallel zu *+dat*, SCHWEIZ, ÖSTERR *a.* längs; NAUT längsseits *+gen*; ***the new pill will be used ~ existing medicines*** die neue Pille wird neben bereits vorhandenen Medikamenten Verwendung finden
❷ *(be of same standard)* **to rank ~ sth** den gleichen Standard wie etw haben, mit etw *dat* mithalten
II. *adv inv* daneben; ***the lorry pulled up ~*** der Laster fuhr heran; ***a tanker with a tugboat ~*** ein Tanker und ein Schleppboot Bord an Bord
aloof [əˈlu:f] **I.** *adj (reserved)* zurückhaltend; ~ **manner** reservierte [*o* distanzierte] Art
II. *adv* **to keep** [*or* **remain**] [*or* **stand**] ~ [**from sth**] sich *akk* [aus etw *dat*] heraushalten, sich *akk* [von etw *dat*] fernhalten
aloof·ness [əˈlu:fnəs] *n no pl* Zurückhaltung *f*, Distanziertheit *f*
aloud [əˈlaʊd] *adv inv laugh, read* laut; **to wonder ~ whether ...** laut darüber nachdenken, ob ...
al·paca [ælˈpækə] **I.** *n* ❶ *(llama)* Alpaka *nt*
❷ *no pl (wool)* Alpakawolle *f*, Alpaka *nt*
II. *n modifier (wool, coat, blanket)* Alpaka-; ~ **cardigan** Strickjacke *f* aus Alpaka
al·pha [ˈælfə] *n* ❶ *(of Greek alphabet)* Alpha *nt*
❷ BRIT UNIV *(mark)* Eins *f*, Einser *m* ÖSTERR; **to get an** ~ eine Eins [*o* ÖSTERR einen Einser] bekommen
▶PHRASES: **the ~ and omega** REL der Anfang und das Ende; *(fig)* das A und O *fig*
al·pha·bet [ˈælfəbet] *n* Alphabet *nt*
al·pha·beti·cal [ælfəˈbetɪkəl, AM -ˈbet̬-] *adj inv* alphabetisch; **in ~ order** in alphabetischer Reihenfolge
al·pha·beti·cal·ly [ælfəˈbetɪkəli, AM -ˈbet̬-] *adv* alphabetisch; **to arrange words** ~ Wörter alphabetisch ordnen
al·pha·bet·ize [ˈælfəbetaɪz, AM -ˈbət-] *vt* ■**to ~ sth** etw alphabetisieren [*o* alphabetisch ordnen]
al·pha·bet ˈsoup *n* Buchstabensuppe *f*; AM *(fig)* ***the names of these authorities are just ~*** die Namen dieser Behörden sind ein einziger Buchstabenwirrwarr
alpha-hy·droxy acid [ˌælfəhaɪˌdrɒksiˈæsɪd, AM -drɑ:k-] *n* CHEM AHA-Fruchtsäure *f*
al·pha ˈmale *n* Alpha-Männchen *nt*
al·pha·nu·mer·ic [ˌælfənju:ˈmerɪk, AM *also* -nu:-] *adj inv* alphanumerisch
ˈal·pha par·ti·cle *n* PHYS Alphateilchen *nt* **al·pha ra·diˈa·tion** *n* PHYS Alphastrahlen *pl* **ˈal·pha ray** *n* PHYS Alphastrahl *m* **ˈal·pha rhythm** *n no pl* MED Alpha-Rhythmus *m* **al·pha se·ˈcu·rities, ˈal·pha shares, ˈal·pha stocks** *npl* BRIT STOCKEX Alpha-Werte *pl* **ˈal·pha test** *n* ECON Alphatest *m* **ˈal·pha waves** *npl* PHYS Alphawellen *pl* **ˈal·pha wrap** *n* COMPUT Alphawindung *f*
al·pine [ˈælpaɪn] **I.** *adj climate, flowers* alpin, Gebirgs-, Hochgebirgs-; ~ **scene** [Hoch]gebirgslandschaft *f*; ~ **skiing** alpiner Skisport
II. *n* [Hoch]gebirgspflanze *f*
Al·pine [ˈælpaɪn] *adj ski resort, guide* alpine(r, s), Alpen-; ~ **flower** Alpenblume *f*; ~ **meadow** Alm *f*, Alp *f* SCHWEIZ
al·pine ˈplant *n* [Hoch]gebirgspflanze *f*
Alps [ælps] *npl* ■**the** ~ die Alpen *pl*; **the French/Swiss** ~ die Französischen/Schweizer Alpen
al-Qae·da, al Qae·da, al-Qai·da, al Qai·da [ˌalkɑ:ˈi:də, ælˈkaɪdə] **I.** *n no pl, no art* Al Qaida *kein art*
II. *n modifier* Al-Qaida-
al·ready [ɔ:lˈredi, AM *also* ɑ:l-] *adv inv* ❶ *(before now)* schon, bereits
❷ *(so soon)* jetzt schon; ***we're not there ~, are we?*** sind wir etwa schon da?
❸ AM *(indicating impatience)* endlich; ***turn the page ~!*** blätter endlich mal um!; ***all right ~!*** jetzt reicht's aber!
al·right [ɔ:lˈraɪt, AM *also* ɑ:l-] *adj, adv, interj see* **all right**
Al·sace [ælˈsæs] *n* Elsass *nt*
Al·sace-Lor·raine [ælˌsæslɒˈreɪn, AM -loʊˈ-] *n* Elsass-Lothringen *nt*
Al·sa·tian [ælˈseɪʃən] **I.** *n* ❶ BRIT *(dog)* [deutscher] Schäferhund
❷ *(rare: native of Alsace)* Elsässer(in) *m(f)*
❸ *(dialect)* Elsässisch *nt*
II. *adj* elsässisch
also [ˈɔ:lsəʊ, AM -soʊ] *adv inv* ❶ *(too)* auch, außerdem; ***not only ... but ~ ...*** nicht nur ..., sondern auch ...
❷ *(furthermore)* darüber hinaus
ˈalso-ran *n* ■**to be an** ~ unter ‚ferner liefen' landen; *(fig)* auf keinen grünen Zweig kommen *fam*
Alt, ALT [ælt] *n* COMPUT Alt *nt*, Alt-Taste *f*
Alta. CAN *abbrev of* **Alberta**
Al·ta·ic [ælˈteɪɪk] **I.** *n (language)* Altaisch *nt*, Altaische Sprache
II. *adj* altaisch
al·tar [ˈɔ:ltəʳ, AM -tɚ] *n* Altar *m*; **high** ~ Hochaltar *m*; *(fig)* **to lead sb to the** ~ jdn zum Altar führen; **to sacrifice sth on the ~ of sth** etw auf dem Altar einer S. *gen* opfern *geh*
ˈal·tar boy *n* Ministrant *m* **ˈaltar·piece** *n* Altarbild *nt*
alt-coun·try, alt.country [ˈɔ:ltkʌntri] *n* Alt.Country *f (Countrymusikstil, der vom Blues und Alternative Rock beeinflusst wird)*
al·ter [ˈɔ:ltəʳ, AM -t̬ɚ] **I.** *vt* ❶ *(change)* ■**to ~ sth** etw ändern; ***that doesn't ~ the fact that ...*** das ändert nichts an der Tatsache, dass ...; **to ~ clothes** Kleidungsstücke umarbeiten [*o* ändern]
❷ *esp* AM *(euph: castrate)* **to have an animal ~ed** ein Tier kastrieren lassen
▶PHRASES: **circumstances ~ cases** es kommt auf die Umstände an
II. *vi* sich *akk* ändern; ***things will soon ~ for the better*** die Dinge werden sich bald zum Besseren wenden
al·ter·able [ˈɔ:ltəʳəbl̩, AM -t̬ɚ-] *adj* veränderbar; ■**to be ~** sich ändern lassen
al·tera·tion [ˌɔ:ltəʳˈreɪʃən, AM ˌɔ:lt̬əˈreɪ-] *n* Änderung *f*; ***the house needed extensive ~s*** das Haus musste von Grund auf saniert werden; ***some ~s to our***

original plans are necessary einige unserer ursprünglichen Pläne müssen geändert werden

al·ter·ca·tion [ˌɔːltəˈkeɪʃᵊn, AM *also* ˈɑːl-] *n* heftige Auseinandersetzung, lautstarker Streit

al·ter ego *n* ① *(alternative personality)* anderes Ich, Alter Ego *nt*
② *(liter: intimate friend)* Alter Ego *nt*

al·ter·na-porn [ɔːlˈtɜːnəpɔːn, AM -ˈtɜːrnəpɔːrn] *n no pl short for* **alternative porn** *meist weicher Porno, oft aus der Punk- oder Rave-Szene*

al·ter·nate I. *vi* [ˈɔːltəneɪt, AM -t̬ɚ-] abwechseln; ***the children ~d between being excited and tired*** die Kinder waren mal müde und mal aufgedreht; ***her cheerfulness ~d with despair*** mal war sie ausgelassen, dann wieder verzweifelt
II. *vt* ■**to ~ sth with sth:** ***he ~d working in the office with working at home*** abwechselnd arbeitete er mal im Büro und mal zu Hause
III. *adj* [ɔːlˈtɜːnət, AM -ˈtɜːr-] *attr, inv* ① *(by turns)* abwechselnd; ***the soldiers were in a state of ~ panic and bravado*** mal herrschte zwischen den Soldaten panische Angst, dann wieder strahlten sie Tapferkeit aus; **on ~ days** jeden zweiten Tag
② *(different)* andere(r, s) *attr; (alternative)* alternativ

al·ter·nate 'ju·ror *n* LAW Ersatzgeschworene(r) *f(m)*

al·ter·nate·ly [ɔːlˈtɜːnətli, AM -tɜːr-] *adv* abwechselnd, im Wechsel

al·ter·nat·ing [ˈɔːltəneɪtɪŋ, AM -tɚneɪt̬-, ˈɑːl-] *adj inv* alternierend *attr,* abwechselnd aufeinanderfolgend *attr*

al·ter·nat·ing 'cur·rent *n no pl* Wechselstrom *m*

al·ter·na·tion [ˌɔːltəˈneɪʃᵊn, AM ˌɔːlt̬ɚ-] *n* Wechsel *m*

al·ter·na·tive [ɔːlˈtɜːnətɪv, AM -ˈtɜːrnet̬-] I. *n* Alternative *f* (**to** zu +*dat*); ***I'm afraid I have no ~ but to ask you to leave*** ich fürchte, wir müssen Sie bitten, zu gehen
II. *adj* ① *attr (offering choice)* alternativ, Ersatz-; **~ date** Ausweichtermin *m*
② *(unconventional) music, lifestyle* alternativ
③ LAW **~ dispute resolution** außergerichtliche Streitbeilegung

'al·ter·na·tive en·er·gy *n no pl* alternative Energie

al·ter·na·tive·ly [ɔːlˈtɜːnətɪvli, AM -ˈtɜːrnət̬-] *adv (instead of)* stattdessen; *(as a substitute)* ersatzweise

'al·ter·na·tive medi·cine *n* Alternativmedizin *f,* alternative Heilmethoden *pl* **al·ter·na·tive 'or·der** *n* ECON, FIN alternativer Auftrag; STOCKEX Zug-um-Zug-Order *f*

al·ter·na·tor [ˈɔːltəneɪtəʳ, AM -tɚneɪt̬ɚ, *also* ˈɑːl-] *n* Wechselstromgenerator *m;* AUTO Lichtmaschine *f*

al·though [ɔːlˈðəʊ, AM -ðoʊ, *also* ˈɑːl] *conj* obwohl, obgleich, obschon *geh;* ***~ it might not help, ...*** auch wenn es vielleicht nichts hilft, ...; ***I'm rather shy, ~ I'm not as bad as I used to be*** ich bin ziemlich schüchtern, allerdings nicht mehr so wie früher; ***she's very kind, ~ a bit bossy*** sie ist sehr lieb, wenn auch ein wenig bestimmend

al·time·ter [ˈæltɪmiːtəʳ, AM ælˈtɪmət̬ɚ] *n* Höhenmesser *m*

al·ti·tude [ˈæltɪtjuːd, AM -tətuːd] *n* Höhe *f* [über dem Meeresspiegel [*o* Normalnull]]; ***we are flying at an ~ of 15000 metres*** wir fliegen in einer Höhe von 15.000 Metern; **at high/low ~** in großer/niedriger Höhe

'al·ti·tude sick·ness *n no pl* Höhenkrankheit *f*

Alt key [ɔːlt-, AM *esp* ɑːlt-] *n* COMPUT Alt-Taste *f*

alto [ˈæltəʊ, AM -toʊ] I. *n* ① *(singer)* Altist(in) *m(f),* Altsänger(in) *m(f)*
② *(vocal range)* Altstimme *f;* **to sing ~** Alt singen
II. *adj attr, inv saxophone, flute* Alt-

al·to·geth·er [ˌɔːltəˈgeðəʳ, AM -ɚ, *also* ɑːl-] *adv* ① *(completely)* völlig, ganz; ***that's a different matter ~*** das ist etwas ganz anderes; ***I'm not ~ sure I want that*** ich bin gar nicht so sicher, ob ich das will; ***it is not ~ surprising that ...*** es kommt nicht ganz überraschend, dass ...
② *(in total)* insgesamt; ***that'll be £5 ~*** das macht dann insgesamt fünf Pfund
③ *(everything considered)* alles in allem; ***he is selfish and ~ an unpleasant man*** er ist egoistisch und überhaupt ein unangenehmer Mensch

al·tru·ism [ˈæltruɪzᵊm] *n no pl* Altruismus *m geh,* Uneigennützigkeit *f*

al·tru·ist [ˈæltruɪst] *n* Altruist(in) *m(f) geh*

al·tru·is·tic [ˌæltruˈɪstɪk] *adj* altruistisch *geh,* selbstlos; **~ motives** uneigennützige Motive

al·tru·is·ti·cal·ly [ˌæltruˈɪstɪkᵊli] *adv* selbstlos, uneigennützig

alum [ˈæləm] *n no pl* CHEM Alaun *m*

alu·mi·na [əˈluːmɪnə] *n no pl* CHEM Aluminiumoxid *nt,* Tonerde *f*

alu·min·ium [ˌæləˈmɪniəm, -jʊˈmɪnjəm], AM **alu·mi·num** [əˈluːmɪnəm] *n no pl* Aluminium *nt*

alu·min·ium 'ac·etate *n* CHEM **basic ~** essigsaure Tonerde **alu·min·ium 'foil** *n* Alufolie *f* **alu·min·ium 'ox·ide** *n* Aluminiumoxid *nt*

alu·mi·nize [əˈljuːmɪnaɪz, AM -ˈluː-] *vt* ■**to ~ sth** etw aluminieren [*o* mit Aluminium überziehen]

alum·na <*pl* -nae> [əˈlʌmnə, *pl* -niː] *n esp* AM Absolventin *f*

alum·nae [əˈlʌmniː] *n pl of* **alumna**

alum·ni [əˈlʌmnaɪ] *n pl of* **alumnus**

alum·nus <*pl* -ni> [əˈlʌmnəs, *pl* -naɪ] *n* Absolvent *m*

al·veo·lar [ˌælviˈəʊləʳ, AM ælˈviəlɚ] LING I. *adj inv* alveolar, Alveolar-; **~ ridge** Alveolarfortsatz *m*
II. *n* Alveolar *m*

al·ways [ˈɔːlweɪz, AM *also* ˈɑːl-] *adv inv* ① *(at all times)* immer, ständig; ***you're ~ complaining*** ständig beklagst du dich
② *(as last resort)* immer noch; ***if you miss this train you can ~ catch the next one*** wenn du diesen Zug verpasst, kannst du immer noch den nächsten nehmen; ***we could ~ ask for help*** wir könnten ja auch um Hilfe bitten
▸ PHRASES: **the customer is ~ right** der Kunde ist König; **the grass is ~ greener on the other side** [**of the fence**] die Kirschen in Nachbars Garten schmecken immer besser

Alzheimer's, Alzheimer's dis·ease [ˈæltshaɪməʳz-, AM ˈɑːltshaɪmɚz-] *n no pl* Alzheimerkrankheit *f,* Alzheimer *m*

am [æm, əm] *vi 1st pers. sing of* **be**

a.m. [ˌeɪˈem] *inv abbrev of* **ante meridiem:** ***at 6 ~*** um sechs Uhr morgens

AM [ˌeɪˈem] *n no pl abbrev of* **amplitude modulation** AM *f*

amal·gam [əˈmælgəm] *n* ① *(form: blend)* Mischung *f* (**of** aus +*dat*)
② MED Amalgam *nt*

amal·gam·ate [əˈmælgəmeɪt] I. *vt* ① *usu passive (unite)* ■**to be ~d with sth** *companies* mit etw *dat* fusioniert worden sein; *departments* mit etw *dat* zusammengelegt worden sein; ■**to be ~d as sth** zu etw *dat* zusammengeschlossen worden sein; *departments* mit etw *dat* zusammengelegt worden sein
② CHEM ■**to ~ sth with sth** *metals* etw mit etw *dat* verschmelzen
II. *vi union, company* sich *akk* zusammenschließen

amal·gama·tion [əˌmælgəˈmeɪʃᵊn] *n* ① *no pl (act of uniting)* Vereinigung *f,* Zusammenschluss *m*
② COMM *(merger)* Verschmelzung *f*
③ *(union)* Vereinigung *f,* Verband *m;* CHEM Amalgamation *f,* Amalgamierung *f*

amanu·en·ses [əˌmænjuˈen(t)siːz] *n pl of* **amanuensis**

amanu·en·sis <*pl* -ses> [əˌmænjuˈen(t)sɪs] *n (dated form)* Schreibgehilfe *m* [eines Gelehrten], Amanuensis *m veraltet*

ama·ranth [ˈæmᵊrænθ] *n* Amarant *m*

ama·ret·to [ˌæməˈretəʊ, AM -t̬oʊ] *n* Amaretto *m kein pl*

ama·ryl·lis [ˌæməˈrɪlɪs] *n* Amaryllis *f*

amass [əˈmæs] *vt* ■**to ~ sth** etw anhäufen; **to ~ evidence/information** Beweise/Informationen zusammentragen; **to ~ wealth** [*or* **a fortune**] ein Vermögen anhäufen

ama·teur [ˈæmətəʳ, AM -mətʃɚ] I. *n* ① *(non-professional)* Amateur(in) *m(f)*
② *(pej: novice)* Dilettant(in) *m(f)*
II. *adj attr, inv historian, astronomer, photographer, painter* Hobby-; *(non-professional) athlete, tennis player* Amateur-; **~ career** Amateurlaufbahn *f;* **~ dramatics** [*or* **theatrics**] Laienspiel *nt;* **to have an ~ interest in sth** sich *akk* für etw *akk* aus Liebhaberei interessieren; **~ sports** Amateursportarten *pl*

ama·teur·ish [ˈæmətᵊrɪʃ, AM *also* ˌæməˈtɜːrɪʃ] *adj (pej)* dilettantisch *pej*

ama·teur·ish·ly [ˈæmətᵊrɪʃli, AM *also* ˌæməˈtɜːrɪʃli] *adv (pej)* dilettantisch *pej*

ama·teur·ish·ness [ˈæmətᵊrɪʃnəs, AM *also* ˌæməˈtɜːrɪʃnəs] *n no pl (pej)* Dilettantismus *m pej*

ama·teur·ism [ˈæmətərɪzᵊm, AM -mətʃɚ-] *n no pl* ① *(non-professionalism)* Amateurstatus *m; (sport)* Amateursport *m*
② *(pej)* Amateurhaftigkeit *f,* Dilettantismus *m*

ama·tory [ˈæmətᵊri, AM -tɔːr-] *adj (liter)* amourös; **~ experience** amouröses Abenteuer

amaze [əˈmeɪz] *vt* ■**to ~ sb** jdn erstaunen [*o* verblüffen]; ***it never ceases*** [*or* ***fails***] ***to ~ me that ...*** es wundert mich immer wieder, dass ...; ***it ~s me how you can live in such a dirty house*** wie hältst du es nur in einem so dreckigen Haus aus?; ***it ~s me to think that ...*** ich kann kaum glauben, dass ...; ■**to be ~d that ...** erstaunt sein, dass ...; ■**to be ~d by** [*or* **at**] **sth** über etw *akk* erstaunt [*o* verblüfft] sein

amazed [əˈmeɪzd] *adj* erstaunt, verblüfft

amaze·ment [əˈmeɪzmənt] *n no pl* Erstaunen *nt,* Verwunderung *f;* **to sb's ~** zu jds Verwunderung [*o* Erstaunen]; **to shake one's head in ~** erstaunt den Kopf schütteln

amaz·ing [əˈmeɪzɪŋ] *adj* ① *(very surprising)* erstaunlich; ***that is going to cost an ~ amount of money*** das wird unglaublich teuer werden; ***it's ~ to think that ...*** man kann sich kaum vorstellen, dass ...; **to be truly ~** wirklich erstaunlich sein
② *(fam: excellent)* toll *fam;* ***he mixes the most ~ drinks*** er mixt die tollsten Drinks *fam;* ***you're ~*** du bist unglaublich

amaz·ing·ly [əˈmeɪzɪŋli] *adv* erstaunlich, unglaublich; ***now that was an ~ good idea!*** das war aber eine außergewöhnlich gute Idee!; **~ enough** erstaunlicherweise, überraschenderweise

Ama·zon [ˈæməzᵊn, AM -zɑːn] *n* ① *(female warrior)* Amazone *f*
② *(in South America)* ■**the** [**River**] **~** der Amazonas
③ *(hum, often pej)* Mannweib *nt pej*

Ama·zo·nian [ˌæməˈzəʊniən, AM -zoʊ-] *adj* ① *inv* Amazonas-; **~ rain forest** Regenwald *m* am Amazonas
② *(hum)* amazonenhaft

am·bas·sa·dor [æmˈbæsədəʳ, AM -ɚ] *n* ① *(of a country)* Botschafter(in) *m(f)* (**to** in +*dat*); **to appoint/name/recall an ~** einen Botschafter ernennen/nominieren/abberufen
② *(authorized messenger)* Gesandte(r) *f(m)*

am·bas·sa·dorial [æmˌbæsəˈdɔːriəl] *adj* Botschafts-, Botschafter-, eines Botschafters; **~ duties** Aufgaben *pl* eines Botschafters; **~ level** Botschafterebene *f;* **~ secretary** Botschaftssekretär(in) *m(f)*

am·bas·sa·dress <*pl* -es> [æmˈbæsədrəs] *n (dated)* ① *(female ambassador)* Botschafterin *f*
② *(wife of ambassador)* Gattin *f* eines Botschafters
③ *(messenger or representative)* Gesandte *f*

am·ber [ˈæmbəʳ, AM -ɚ] I. *n* ① *no pl (fossil)* Bernstein *m;* **preserved in ~** in Bernstein eingeschlossen
② *no pl (colour)* Bernsteingelb *nt;* BRIT *(traffic light)* Gelb *nt;* ***the lights turned to ~*** die Ampel schaltete auf Gelb
II. *n modifier (necklace)* Bernstein-
III. *adj* bernsteinfarben

Am·ber A'lert *n* AM *Aufruf im Rundfunk oder Fernsehen, bei der die Öffentlichkeit bei einer Kindesentführung um Mithilfe gebeten wird*

am·ber 'nec·tar *n* BRIT, AUS *(hum)* flüssiges Brot *hum*

am·bi·dex·trous [ˌæmbɪˈdekstrəs] *adj* ① *(in hands)* beidhändig [gleich geschickt]
② *(skilful)* ungewöhnlich geschickt
③ *(insincere)* doppelzüngig
④ *(sl: bisexual)* bi *fam*

am·bi·ence [ˈæmbiən(t)s, AM *also* ˌɑːmbiˈɑːn(t)s]

no pl Ambiente *nt,* Atmosphäre *f,* SCHWEIZ *a.* Ambience *f*

am·bi·ent ['æmbɪənt] **I.** *adj attr (form)* umgebend; ~ **noise** Hintergrundgeräusch *m;* ~ **sound** Nebengeräusch *nt;* ~ **temperature** Außentemperatur *f,* Umgebungstemperatur *f*
II. *n (techno style)* Ambiente *nt*

am·bi·gu·ity [,æmbɪ'gju:əti, AM -bə'gju:əṭi] *n* ❶ *no pl (manner)* Zweideutigkeit *f,* Doppeldeutigkeit *f,* Ambiguität *f*
❷ *(instance)* Unklarheit *f*

am·bigu·ous [æm'bɪgjuːəs] *adj (with double meaning)* zweideutig, mehrdeutig; *(unclear)* unklar; ~ **feelings** gemischte Gefühle; ~ **wording** missverständlicher Wortlaut; ~ **file name** COMPUT uneindeutiger Dateiname; **sexually** ~ *person* von zweifelhafter sexueller Identität *nach n; thing, concept, appearance* geschlechtsunspezifisch; ***a sexually ~ poseur*** ein metrosexueller Angeber; ***this perfume is sexually*** ~ dieses Parfüm ist für Männer und Frauen

am·bigu·ous·ly [æm'bɪgjuːəsli] *adv (with double meaning)* zweideutig; *(not clearly)* unklar; ~ **worded** missverständlich ausgedrückt; **to smile** ~ vieldeutig lächeln

am·bi·son·ics [,æmbɪ'sɒnɪks, AM -'sɑ:n-] *n* COMPUT umgebender Schall

am·bit ['æmbɪt] *n no pl (form)* Bereich *m;* **to fall** [*or* **come**] **within the ~ of sth** unter etw *akk* fallen, zu etw *dat* gehören; **to fall** [*or* **come**] **within the ~ of sb** in jds Zuständigkeit[sbereich] fallen

am·bi·tion [æm'bɪʃən] *n* ❶ *no pl (wish to succeed)* Ehrgeiz *m;* **a lack of** ~ mangelnder Ehrgeiz
❷ *(aim)* Ambition[en] *f[pl]*, [angestrebtes] Ziel; ***the leaders of both parties have presidential ~s*** die Führer beider Parteien streben die Präsidentschaft an; **sb's life's** ~ jds Lebenstraum; **burning** ~ brennender Wunsch; **territorial** ~ territoriales Ziel

am·bi·tious [æm'bɪʃəs] *adj* ❶ *(full of ambition)* ehrgeizig; ■ **to be ~ for sb** für jdn große Pläne haben; ■ **to be ~ to do sth** etw unbedingt tun wollen
❷ *(showing ambition)* ehrgeizig, ambitiös; ~ **aim** hochgestecktes Ziel; ~ **project** ehrgeiziges Projekt

am·bi·tious·ly [æm'bɪʃəsli] *adv* ehrgeizig

am·biva·lence [æm'bɪvələn(t)s] *n no pl* Ambivalenz *f geh,* Zwiespältigkeit *f*

am·biva·lent [æm'bɪvələnt] *adj* zwiespältig; **to be ~ about** [*or* **toward[s]**] **sth** zwiespältige [*o* gemischte] Gefühle gegenüber etw *dat* haben; ***I feel pretty ~ about whether ...*** ich bin mir etwas unsicher, ob ...; ~ **attitude** ambivalente Haltung; ~ **feelings** gemischte Gefühle

am·biva·lent·ly [æm'bɪvələntli] *adv* ambivalent *geh,* zwiespältig

am·ble ['æmbḷ] **I.** *vi* schlendern, bummeln; **to ~ along/off** dahin-/davonschlendern
II. *n no pl* ❶ *(stroll)* Schlendern *nt;* **leisurely** ~ gemächlicher Spaziergang
❷ *(of a horse)* Passgang *m*

am·bro·sia [æm'brəʊziə, AM -broʊʒə] *n no pl (liter)* Ambrosia *f geh,* Götterspeise *f; (fig)* Köstlichkeit *f*

am·bu·lance ['æmbjələn(t)s] *n* Krankenwagen *m,* Rettungswagen *m,* Unfallwagen *m;* MIL Feldlazarett *nt;* **air** ~ Rettungshubschrauber *m;* ~ **crew/service** Rettungsmannschaft *f*/-dienst *m;* ~ **siren** Krankenwagensirene *f*

'am·bu·lance chas·er *n* AM *(pej: journalist)* Sensationsreporter(in) *m(f); (lawyer) ein Rechtsanwalt, der aus Unfällen Kapital schlägt, indem er die Unfallopfer als Klienten zu gewinnen versucht* **'am·bu·lance-chas·ing** *adj journalist* sensationslüstern; **an ~ lawyer** *ein Rechtsanwalt, der aus Unfällen Kapital macht, indem er die Unfallopfer als Klienten zu gewinnen versucht* **am·bu·lance 'heli·cop·ter** *n* Rettungshubschrauber *m* **am·bu·lance·man** *n* BRIT, AUS *(driver)* Krankenwagenfahrer *m; (attendant)* Sanitäter *m* **am·bu·lance·wom·an** *n* BRIT, AUS *(driver)* Krankenwagenfahrerin *f; (attendant)* Sanitäterin *f*

am·bu·lant ['æmbjələnt] *adj inv* MED ambulant; ~ **patient** gehfähiger Patient

am·bu·la·tion [,æmbjə'leɪʃən, -bjʊ'-] *n no pl (form)* Gehen *nt*

am·bu·la·tory [,æmbjə'leɪtəri, AM 'æmbjələtɔ:ri] *adj* ambulant; ***we have an ~ medical service*** wir haben einen mobilen medizinischen Dienst; ~ **patient** ambulanter Patient

am·bush ['æmbʊʃ] **I.** *vt usu passive* ■ **to be ~ed** aus dem Hinterhalt überfallen werden
II. *n* ❶ *(attack)* Überfall *m* aus dem Hinterhalt; **to be caught in an ~** in einen Hinterhalt geraten
❷ *no pl (attack strategy)* Angreifen *nt* aus dem Hinterhalt; **to lie** [*or* **wait**] **in ~** im Hinterhalt lauern; **to lie** [*or* **wait**] **in ~ for sb** jdm auflauern

ame·ba <*pl* -s *or* -bae> *n esp* AM *see* **amoeba**

ame·bic *adj esp* AM *see* **amoebic**

ame·lio·rate [ə'mi:liəreɪt, AM -liə-] *vt (form)* ■ **to ~ sth** etw verbessern; **to ~ symptoms** Symptome lindern

ame·lio·ra·tion [ə,mi:liə'reɪʃən, AM -liə-] *n no pl (form)* Verbesserung *f*

amen [,ɑ:'men, ,eɪ-] *interj* ❶ REL Amen
❷ *(expressing agreement)* ~ ***to that!*** Gott sei's gedankt!; **to say ~ to sth** *(fig)* Ja und Amen zu etw *dat* sagen

ame·nable [ə'mi:nəbḷ] *adj* ❶ *(obedient)* gehorsam; ~ **child** braves Kind; ~ **dog** folgsamer Hund
❷ *(teachable) horse, pupil* gelehrig; ■ **to be ~ to sth** etw *dat* gegenüber aufgeschlossen sein
❸ *(susceptible)* ■ **to be ~ to sth** auf etw *akk* anschlagen; ***her kidney failure is not ~ to medical treatment*** ihr Nierenversagen lässt sich medizinisch nicht behandeln

amend [ə'mend] *vt* ■ **to ~ sth** *(change)* etw [ab]ändern; *(add to)* etw ergänzen; **to ~ the constitution/data/a law** die Verfassung/Daten/ein Gesetz ändern; **to ~ one's lifestyle/behaviour** *(form)* seinen Lebenswandel/sein Verhalten ändern

amend·ment [ə'men(d)mənt] *n* ❶ *(change)* Änderung *f; (addition)* Ergänzung *f;* ~ **to a bill** Abänderung *f* einer Gesetzesvorlage; ~ **to the constitution** Zusatzartikel *m* zur Verfassung; **the second/fifth ~** AM der Zweite/Fünfte Zusatzartikel [zur Verfassung]; **to take the fifth ~** wegen möglicher Selbstbezichtigung die Aussage verweigern; **constitutional ~** Verfassungsänderung *f;* **to propose/table an ~** einen Änderungsantrag stellen/einbringen
❷ *no pl (altering)* Änderung *f; (alteration)* Ergänzung *f*
❸ *(form: improvement)* Verbesserung *f*

a'mend·ment rec·ord *n* COMPUT Änderungssatz *m*

amends [ə'mendz] *npl* **to make ~** Schadenersatz [*o* SCHWEIZ Wiedergutmachung *f*] leisten; **to make ~ for sth** etw wiedergutmachen

amen·ity [ə'mi:nəti, AM ə'menəṭi] *n* ❶ *(facilities)* ■ **amenities** *pl* Freizeitzentren *pl,* Freizeiteinrichtungen *pl;* **accommodation with basic amenities** Unterkunft *f* mit einfachstem Komfort; **public amenities** öffentliche Einrichtungen
❷ *no pl (pleasantness)* **the ~ of modern civilization** die Annehmlichkeiten *pl* der modernen Zivilisation

amen·or·rhoea, AM **amen·or·rhea** [ə,menə'ri:ə, AM eɪ,men-] *n no pl* Amenorrhoe *f fachspr,* fehlende Menstruation

Ameri·ca [ə'merɪkə] *n* Amerika *nt;* ■ **the ~s** Nord-, Süd- und Mittelamerika *nt*

Ameri·can [ə'merɪkən] **I.** *adj* amerikanisch; **to be as ~ as apple pie** typisch amerikanisch sein; **the ~ dream** der amerikanische Traum; ~ **English** amerikanisches Englisch
II. *n* Amerikaner(in) *m(f)*

Ameri·can 'Bank·ers' As·so·cia·tion, ABA *n* FIN Amerikanische Bankenvereinigung **Ameri·can 'Bar As·so·cia·tion, ABA** *n* LAW US-Bundesanwaltskammer *f* **Ameri·can Civ·il War** *n* ■ **the ~** der amerikanische Bürgerkrieg **Ameri·can 'de·posi·tory re·ceipt** *n* AM FIN *Zertifikat, das von US-Banken für die bei ihnen hinterlegten ausländischen Dividendenwerte ausgegeben wird* **Ameri·can 'foot·ball** *n no pl* BRIT, AUS American Football *m* **Ameri·can 'In·dian** *n* Indianer(in) *m(f)*

Ameri·can·ism [ə'merɪkənɪzəm] *n* LING Amerikanismus *m*

Ameri·cani·za·tion [ə,merɪkənaɪ'zeɪʃən] *n* Amerikanisierung *f*

Ameri·ca·nize [ə'merɪkənaɪz] *vt* ■ **to ~ sth** etw amerikanisieren; **to become ~d** *person* Amerikaner/Amerikanerin werden

Ameri·can Stan·dard Code for In·for·ma·tion Inter·change, ASCII *n* COMPUT ASCII-Code *m*

Ameri·can 'Stock Ex·change, Amex *n* FIN *zweitgrößte amerikanische Börse*

Am·er·in·dian [,æmə'rɪndiən] **I.** *adj inv* indianisch, Indianer-; *(Inuit)* Inuit-; ~ **brave** Indianerkrieger *m;* ~ **languages** Indianersprachen *pl; (Inuit)* Sprachen *pl* der Inuit; ~ **tribe** Indianerstamm *m*
II. *n* Indianer(in) *m(f); (Inuit)* Inuit *m o f*

am·ethyst ['æməθɪst] **I.** *n* ❶ *(stone)* Amethyst *m*
❷ *(colour)* Amethyst[blau] *nt*
II. *n modifier (brooch, bracelet, pendant)* Amethyst-
III. *adj* amethystfarben

Amex ['æmeks] *n* ECON, FIN *acr for* **American Stock Exchange** *zweitgrößte amerikanische Börse*

Am·ha·ra [æm'hɑ:rə, AM -'hærə] *n* Amhara *m o f*

Am·har·ic [æm'hæ:rɪk] **I.** *n no pl* Amharisch *nt*
II. *adj* amharisch

ami·abil·ity [,eɪmiə'bɪləti, AM -ṭi] *n no pl* Freundlichkeit *f,* Liebenswürdigkeit *f*

ami·able ['eɪmiəbḷ] *adj* freundlich, liebenswürdig

ami·ably ['eɪmiəbḷi] *adv* freundlich, liebenswürdig; **to be ~ disposed towards sb** jdm wohlgesinnt sein

ami·cable ['æmikəbḷ] *adj* ❶ *(friendly)* freundlich; ~ **manner** freundliche [*o* liebenswürdige] Art
❷ *(mutual)* ~ **divorce** einvernehmliche [*o* einverständliche] Scheidung; ~ **settlement** gütliche Einigung, gütlicher Vergleich

ami·cably ['æmikəbḷi] *adv* freundlich; **to settle sth ~** etw freundschaftlich regeln; **to settle a dispute ~** einen Streit gütlich beilegen; **to share sth ~** etw brüderlich teilen

ami·cus cu·riae [ə,maɪkəs'kjʊərii:] BRIT LAW juristischer Berater des Gerichts

amid [ə'mɪd], **amidst** [ə'mɪdst] *prep (liter, poet)*
❶ *(surrounded by)* inmitten +*gen*
❷ *(together with)* inmitten +*gen*
❸ *(during)* bei +*dat,* mitten in +*dat;* ~ ***the dancing he proposed to her*** [mitten] beim Tanzen machte er ihr einen Heiratsantrag; ***the minister resigned ~ accusations of corruption*** als ihm Bestechlichkeit vorgeworfen wurde, trat der Minister zurück

Ami·da Bud·dhism [æ,mi:də'-] *n no pl* REL Amida-Buddhismus *m*

amid·ships [ə'mɪdʃɪps], AM *also* **amid·ship** *adv inv* NAUT mittschiffs

amidst [ə'mɪdst] *prep (liter form) see* **amid**

ami·no·acetic acid [ə,mi:nəʊə,si:tɪk'æsɪd, AM -noʊəsi:ṭɪk'-] *n* CHEM Aminoessigsäure *f* **ami·no acid** [ə,mi:nəʊ'-, AM -noʊ'-] *n* Aminosäure *f* **ami·no·ben·zene** [ə,mi:nəʊ'benzi:n, AM -noʊ'-] *n* CHEM Anilin *nt*

Amish ['ɑ:mɪʃ] **I.** *n* ■ **the ~** die Amischen
II. *adj inv* Amisch

amiss [ə'mɪs] **I.** *adj pred* verkehrt; ***I knew that something was*** ~ ich wusste, dass etwas nicht stimmte; ***we could find nothing*** ~ wir konnten keinen Fehler feststellen
II. *adv* ***a word of apology would not go*** ~ eine Entschuldigung könnte nicht schaden; **to take sth ~** etw übelnehmen

am·ity ['æmɪti, AM -əṭi] *n no pl (form)* Freundschaft *f,* Harmonie *f*

am·meter ['æmɪtəʳ, AM -ṭɚ] *n* Amperemeter *nt,* Strommesser *m*

ammo ['æməʊ, AM -oʊ] *n (fam) short for* **ammunition** Munition *f*

am·mo·nia [ə'məʊniə, AM -moʊnjə] *n no pl* ❶ *(gas)* Ammoniak *nt;* ~ **fertilizer** Ammoniakdünger *m,* Stickstoffdünger *m;* ~ **soda process** Solvay-Verfahren *nt*
❷ *(liquid)* Salmiakgeist *m*

am·mo·nium [ə'məʊniəm, AM -moʊn-] **I.** *n no pl*

Ammonium *nt*
II. *n modifier* Ammonium-; ~ **carbonate** Ammoniumkarbonat *nt,* Hirschhornsalz *nt;* ~ **chloride** Ammoniumchlorid *nt,* Salmiak *m;* ~ **sulphate** Ammoniumsulfat *nt,* schwefelsaures Ammonium

am·mu·ni·tion [,æmjəˈnɪʃᵊn] *n no pl* Munition *f;* **blank** ~ Platzpatronen *pl,* Manövermunition *f;* **live** ~ scharfe Munition; *(fig)* **to provide** ~ **for sb** [*or* **sb with** ~] jdn mit Munition versorgen *fig,* jdm Munition liefern *fig*

am·mu·ˈni·tion de·pot, am·mu·ˈni·tion dump *n* Munitionslager *nt*

am·ne·sia [æmˈni:zɪə, AM -ʒə] *n no pl* Amnesie *f,* Gedächtnisschwund *m*

am·nes·ty [ˈæmnəsti] *n* Amnestie *f geh,* [allgemeiner] Straferlass; **to declare an** ~ eine Amnestie erlassen *geh,* Straffreiheit gewähren

Am·nes·ty Inter·na·tion·al *n no art* Amnesty International

am·nio·cen·teses [,æmnɪəʊsenˈti:si:z, AM -oʊ-] *n* MED *pl of* **amniocentesis**

am·nio·cen·tesis <*pl* -teses> [,æmnɪəʊsenˈti:sɪs, AM -nɪoʊ- *pl* -si:z] *n* Amniozentese *f fachspr,* Fruchtwasseruntersuchung *f*

am·ni·ot·ic flu·id [,æmnɪɒtikˈ-, AM -ɑ:t̬ɪk-] *n* Fruchtwasser *nt*

amoe·ba <*pl* -s *or* -bae>, AM **ame·ba** [əˈmi:bə, *pl* -bi:] *n* Amöbe *f*

amoe·bic, AM **ame·bic** [əˈmi:bɪk] *adj inv* Amöben-; ~ **dysentery** MED Amöbenruhr *f*

amok [əˈmɒk, AM əˈmʌk] *adv* **to run** [*or* **go**] ~ Amok laufen

among [əˈmʌŋ], **amongst** [əˈmʌŋst] *prep* BRIT ① *(between)* unter +*dat;* ~ **friends** unter Freunden; ***talk about it*** ~ ***yourselves*** besprecht es mal unter euch; ***they discussed it*** ~ ***themselves*** sie besprachen es untereinander; **to divide up/distribute sth** ~ **sb/sth** etw unter jdm/etw aufteilen/verteilen
② *(as part of)* ~ ***her talents are singing and dancing*** zu ihren Talenten zählen Singen und Tanzen; [**just**] **one** ~ **many** [nur] eine(r, s) von vielen
③ *(in midst of)* zwischen +*akk/dat,* inmitten *gen;* ***a house*** ~ ***the hills*** ein Haus in den Bergen; **to hide** ~ **sth** sich *akk* in etw *dat* verstecken
④ *(in addition to)* zusätzlich zu +*dat;* ~ **other things** unter anderem; ~ **others** unter anderen
⑤ *(according to)* ~ **sb** unter jdm

amon·til·la·do [ə,mɒntɪˈlɑ:dəʊ, AM ə,mɑ:ntəˈlɑ:doʊ] *n* Amontillado *m*

amor·al [,eɪˈmɒrəl, AM -ˈmɔ:-] *adj* amoralisch

amo·ral·ity [eɪ,məˈræləti, AM -,mɔ:ˈrælət̬i] *n no pl* Amoralität *f*

amo·rous [ˈæmᵊrəs] *adj* ① *(relating to desire)* amourös; ~ **advances** [erotische] Annäherungsversuche; ~ **look** verliebter Blick
② *(feeling desire)* liebeshungrig

amo·rous·ly [ˈæmᵊrəsli] *adv* verliebt

amor·phous [əˈmɔ:fəs, AM -mɔ:r-] *adj* amorph *geh,* formlos, gestaltlos

amor·tiz·able [əˈmɔ:taɪzəbl̩, AM ,æmɔ:rˈtaɪ-] *adj* ECON *(form)* amortisierbar; ~ **assets** abschreibbare Vermögenswerte; ~ **mortgage** Tilgungshypothek *f*

amor·ti·za·tion [ə,mɔ:tɪˈzeɪʃᵊn, AM æ,mɔ:rˈt̬ə-] *n* ECON *(form)* Amortisation *f,* Amortisierung *f,* Abschreibung *f; of a mortgage* Tilgung *f;* ~ **period** Tilgungsdauer *f*

amor·tize [əˈmɔ:taɪz, AM æˈmɔ:r-] *vt* FIN *(form)* ■**to** ~ **sth** *(pay)* etw tilgen [*o fachspr* amortisieren]; *(write off)* etw abschreiben

amor·tized ˈcost *n* Restbuchwert *m* **amor·tized ˈmort·gage loan** *n* FIN Hypothekendarlehen *nt* mit regelmäßiger Tilgung

amount [əˈmaʊnt] **I.** *n* ① *(quantity)* Menge *f;* ***you wouldn't believe the*** ~ ***of trouble I've had with this car*** du glaubst gar nicht, wie viel Ärger ich mit diesem Auto schon hatte; ***I had a certain*** ~ ***of difficulty finding the house*** ich hatte gewisse Schwierigkeiten, das Haus zu finden; ***the new tax caused a huge*** ~ ***of public anger*** die neue Steuer hat einen öffentlichen Aufruhr verursacht; **with varying** ~**s of interest** mit unterschiedlich großem Interesse
② *of land* Fläche *f*
③ FIN *of money* Betrag *m,* Betragshöhe *f;* ***debts to the*** ~ ***of £50*** Schulden *pl* in Höhe von 50 Pfund; **small/large** ~ **of money** kleiner/großer Geldbetrag; **total** ~ Gesamtbetrag *m;* ~ **carried forward** Übertrag *m;* ~ **in controversy** LAW Streitwert *m;* ~ **deducted** abgezogener Betrag; ~ **owing** Forderung *f,* zu zahlender Betrag; ~ **written off** Abschreibungsbetrag *m*
II. *vi* ① *(add up to)* ■**to** ~ **to sth** sich *akk* auf etw *akk* belaufen; *(fig)* etw *dat* gleichkommen; ***keeping silent*** ~***s to supporting him*** jetzt zu schweigen heißt quasi, ihn zu unterstützen
② *(be successful)* ***he'll never*** ~ ***to much*** er wird es nie zu etwas bringen

amour [əˈmʊəʳ, AM -ˈmʊr] *n* ① *(lover)* Liebste(r) *f(m)*
② *(love affair)* Affäre *f*

amour propre [,æmʊəˈprɒprə, AM ,ɑ:mʊrˈproʊprə] *n no pl* Selbstachtung *f*

amp¹ [æmp] *short for* **ampere** Ampere *nt*

amp² [æmp] MUS *short for* **amplifier** Verstärker *m*

am·per·age [ˈæmpᵊrɪdʒ, AM -prɪdʒ] *n no pl* Amperezahl *f,* Stromstärke *f*

am·pere [ˈæmpeəʳ, AM -pɪr] *n (form)* Ampere *nt*

am·per·sand [ˈæmpəsænd, AM -pɚ-] *n* kaufmännisches Und-Zeichen, Et-Zeichen *nt (das Zeichen ‚&')*

am·pheta·mine [æmˈfetəmi:n, AM -fet̬-] *n* Amphetamin *nt*

am·phib·ian [æmˈfɪbiən] *n* ① *(animal)* Amphibie *f*
② *(vehicle)* Amphibienfahrzeug *nt*

am·phibi·ous [æmˈfɪbiəs] *adj inv* ① *animal* amphibisch; ~ **animal** amphibisches Lebewesen
② AUTO *(operating on land and water)* Amphibien-; MIL amphibisch; ~ **attack** amphibischer Angriff, Angriff *m* vom Meer her; ~ **vehicle** Amphibienfahrzeug *nt*

am·phi·thea·tre, AM **am·phi·thea·ter** [ˈæmfɪ,θɪətəʳ, AM ˈæmfə,θi:ət̬ɚ] *n* Amphitheater *nt*

am·pho·ra <*pl* -s *or* -rae> [ˈæm(p)fᵊrə, *pl* -ri:] *n* Amphore *f,* Amphora *f*

am·pho·rae [ˈæm(p)fᵊri:] *n pl of* **amphora**

am·ple <-r, -st> [ˈæmpl̩] *adj* ① *(plentiful)* reichlich; *(enough)* genügend *attr;* ~ **evidence** hinreichende Beweise
② *(hum: large)* groß; ~ **bosom** üppiger Busen; ~ **girth** stattlicher Umfang

am·pli·fi·ca·tion [,æmplɪfɪˈkeɪʃᵊn] *n no pl* ① *(making loud)* Verstärkung *f*
② *(system)* Verstärker *m*
③ *(form: detail)* Ausschmückung *f;* ***my colleague's statement needs no further*** ~ die Bemerkung meines Kollegen braucht nicht weiter ausgeführt werden

am·pli·fi·er [ˈæmplɪfaɪəʳ, AM -ɚ] *n* Verstärker *m*

am·pli·fy <-ie-> [ˈæmplɪfaɪ] *vt* ① *(make louder)* to ~ **the volume** lauter machen; ***they have amplified the volume to a point unusual even for rock concerts*** diese Lautstärke ist sogar für ein Rockkonzert außergewöhnlich
② *(form: intensify)* ■**to** ~ **sth** *a phenomenon* etw vertiefen
③ *(enlarge upon)* ■**to** ~ **sth** etw weiter ausführen [*o* ausführlicher erläutern]

am·pli·tude [ˈæmplɪtju:d, AM *also* -tu:d] *n* ① *no pl (breadth)* Weite *f; (range)* Umfang *m*
② PHYS Amplitude *f fachspr,* Schwingungsweite *f*

am·ply [ˈæmpli] *adv* reichlich; ***as yesterday's discussions*** ~ ***demonstrated,...*** bei der gestrigen Diskussion wurde zur Genüge deutlich, ...; ~ **justified** vollauf gerechtfertigt

am·poule [ˈæmpu:l], AM **am·pul(e)** [ˈæmpju:l] *n* Ampulle *f*

am·pul·la <*pl* -lae> [æmˈpʊlə, *pl* -li:] *n* Amphore *f*

am·pu·tate [ˈæmpjəteɪt] **I.** *vt* ■**to** ~ **sth** etw amputieren, SCHWEIZ, ÖSTERR *a.* abnehmen
II. *vi* amputieren

am·pu·ta·tion [,æmpjəˈteɪʃᵊn] *n* Amputation *f*

am·pu·tee [,æmpjəˈti:] *n* Amputierte(r) *f(m)*

AMS [,eɪemˈes] *n no pl abbrev of* **acute mountain sickness** akute Höhenkrankheit

AMT [,eɪemˈti:] *n no pl abbrev of* **alternative minimum tax** alternative Mindeststeuer

amuck *adv see* **amok**

amu·let [ˈæmjʊlət] *n* Amulett *nt*

Amundsen Gulf [,ɑ:mən(d)sᵊnˈgʌlf] *n* Amundsengolf *m*

amuse [əˈmju:z] **I.** *vt* ■**to** ~ **sb** jdn amüsieren [*o* belustigen]; ■**to** ~ **oneself** sich *akk* amüsieren; ■**to** ~ **oneself with sth** sich *dat* mit etw *dat* die Zeit vertreiben
II. *vi* unterhalten; ***these stories were meant to*** ~ diese Geschichten waren zur Unterhaltung gedacht

amused [əˈmju:zd] *adj look, smile* amüsiert; ***I told Helena about it and she was not*** ~ ich erzählte es Helena, und sie fand das gar nicht komisch; **to keep sb** ~ jdn bei Laune halten; **to keep oneself** ~ sich *dat* die Zeit vertreiben; ■**to be** ~ **at sth** sich *akk* über etw *akk* amüsieren

amused·ly [əˈmjʊ:zdli] *adv* schmunzelnd

amuse·ment [əˈmju:zmənt] *n* ① *no pl (state)* Belustigung *f;* ***she smiled in*** ~ sie lächelte vergnügt; ***they looked on in*** ~ ***as he searched desperately for his keys*** sie sahen belustigt zu, wie er verzweifelt seine Schlüssel suchte; [**much**] **to his/her** ~ [sehr] zu seinem/ihrem Vergnügen; **for one's own** ~ zu seinem eigenen Vergnügen; **to be a source of** ~ Freude bereiten
② *(entertainment)* Belustigung *f,* SCHWEIZ *a.* Zerstreuung *f;* ***what do you do for*** ~***?*** was machst du so in deiner Freizeit?
③ BRIT *(place)* Vergnügungsstätte[n] *f[pl]*; **fairground** ~**s** Rummelplatzattraktionen *pl,* Chilbi *f* SCHWEIZ *fam*

aˈmuse·ment ar·cade *n* BRIT Spielsalon *m,* Spielhalle *f* **aˈmuse·ment park** *n* AM, AUS Freizeitpark *m,* Vergnügungspark *m*

amus·ing [əˈmju:zɪŋ] *adj* amüsant, unterhaltsam; ***I don't find that very*** ~ ich finde das nicht sehr witzig!; ~ **situation** komische Situation

amus·ing·ly [əˈmju:zɪŋli] *adv* amüsant; *(funny)* komisch, lustig

an [æn, ᵊn] *art indef* ein[e] *(unbestimmter Artikel vor Vokalen oder stimmlosem h); see also* **a**

Ana·bap·tist [,ænəˈbæptɪst] *n* REL Wiedertäufer(in) *m(f),* Anabaptist(in) *m(f) fachspr*

ana·bol·ic ster·oid [,ænəbɒlɪkˈ-, AM -bɑ:l-] *n* anaboles Steroid; PHARM Anabolikum *nt*

anach·ron·ism [əˈnækrənɪzᵊm] *n* Anachronismus *m geh*

anach·ro·nis·tic [ə,nækrəˈnɪstɪk] *adj* anachronistisch *geh*

anach·ro·nis·ti·cal·ly [ə,nækrəˈnɪstɪkᵊli] *adv* anachronistisch *geh*

ana·con·da [,ænəˈkɒndə, AM -ˈkɑ:n-] *n* ZOOL Anakonda *f*

anaemia, AM **anemia** [əˈni:miə] *n no pl* Anämie *f fachspr,* Blutarmut *f;* **iron-deficiency** ~ Eisenmangelanämie *f*

anaemic, AM **anemic** [əˈni:mɪk] *adj* anämisch *fachspr,* blutarm; *(fig pej)* saft- und kraftlos *fam; performance* schwach

an·aes·the·sia, AM **an·es·the·sia** [,ænəsˈθi:ziə, AM -ˈθi:ʒə] *n no pl* Anästhesie *f fachspr,* Betäubung *f,* Narkose *f;* **general** ~ Vollnarkose *f;* **local** ~ örtliche Betäubung; **spinal** ~ Spinalanästhesie *f;* **to induce** ~ narkotisieren

an·aes·thet·ic, AM *also* **an·es·thet·ic** [,ænəsˈθetɪk, AM -ˈθet̬-] **I.** *n* Betäubungsmittel *nt,* Anästhetikum *nt fachspr;* **local** ~ *(anaesthesia)* örtliche Betäubung; *(substance)* Lokalanästhetikum *nt;* **spinal** ~ Spinalanästhetikum *nt;* **under** ~ in Narkose
II. *adj inv* betäubend

anaes·the·tist, AM **anes·the·tist** [əˈni:sθətɪst, AM əˈnesθət̬ɪst] *n* Anästhesist(in) *m(f) fachspr,* Narkosearzt, -ärztin *m, f*

anaes·the·tize, AM **anes·the·tize** [əˈni:sθətaɪz, AM -ˈnes-] *vt* ■**to** ~ **sb** jdn betäuben [*o fachspr* narkotisieren]; *(fig)* jdn lähmen; ***the shock had*** ~***d her*** sie war wie gelähmt vor Schreck

Ana·glyp·ta® [ænəˈglɪptə] *n* Prägetapete *f,* Raufasertapete *f*

ana·gram [ˈænəgræm] *n* LING Anagramm *nt*

anal [ˈeɪnᵊl] *adj inv* ① ANAT anal; ~ **intercourse** Analverkehr *m;* ~ **stage** PSYCH anale Phase
② *(fam)* hyperordentlich; ***don't be so ~!*** sei nicht so pingelig! *fam;* ~**-retentive** krankhaft ordnungsbedürftig

an·al·gesia [ˌænəlˈdʒiːziə, AM ʒə] *n no pl* MED
① *(medication)* Schmerztherapie *f*
② *(numbness)* Analgesie *f fachspr,* Analgie *f fachspr*

an·alge·sic [ˌænəlˈdʒiːzɪk] **I.** *adj* schmerzlindernd, schmerzstillend
II. *n* Analgetikum *nt fachspr,* Schmerzmittel *nt*

anal·ly [ˈeɪnᵊli] *adv* ① ANAT anal
② PSYCH ~ **retentive** krankhaft ordnungsbedürftig

ana·log *n, adj* AM *see* **analogue**

ana·log com'·pu·ter *n* COMPUT Analogcomputer *m*

ana·log·ic(al) [ˌænəˈlɒdʒɪk(ᵊl), AM -lɑː-] *adj* analog, entsprechend; *(parallel)* parallel

analo·gous [əˈnæləgəs] *adj* analog (**to** zu *+dat*); *(comparable)* ■**to be** ~ **to sth** etw *dat* entsprechen

analo·gous·ly [əˈnæləgəsli] *adv inv* analog

ana·logue, AM **ana·log** [ˈænəlɒg, AM -lɑːg] **I.** *n* Analogon *nt geh,* Entsprechung *f;* ***the European ~s of the British Parliament*** die europäischen Gegenstücke [*o geh* Pendants] zum britischen Parlament
II. *adj* analog; ~ **computer** Analogrechner *m;* ~ **read-out** Analoganzeige *f*

anal·ogy [əˈnælədʒi] *n* *(similarity)* Analogie *f geh,* Ähnlichkeit *f;* *(comparison)* Vergleich *m;* ***a group was set up on the ~ of a self-supporting community*** es wurde eine Gruppe analog zu einer selbstversorgenden Gemeinschaft gebildet; **to draw an** ~ eine Parallele ziehen; ■**by** ~ [**with sth**] in Analogie [zu etw *dat*]

ana·lyse, AM **ana·lyze** [ˈænᵊlaɪz] *vt* ■**to** ~ **sth** etw analysieren; CHEM etw untersuchen; ■**to** ~ **sb** PSYCH jdn analysieren

analy·sis <*pl* -ses> [əˈnæləsɪs, *pl* -siːz] *n* ① *(examination)* Analyse *f;* *(conclusions)* Beurteilung *f;* ***this theory will never withstand*** [*or* ***hold up under***] ~ diese Theorie wird sich niemals halten können, wenn man sie erstmal genauer unter die Lupe nimmt; **in the final** [*or* **last**] ~ letzten Endes
② PSYCH [Psycho]analyse *f;* ■**to be in** ~ AM zum Psychiater gehen
③ ECON **job/market/sales** ~ Arbeits-/Markt-/Umsatzanalyse *f*

ana·lyst [ˈænəlɪst] *n* Analytiker(in) *m(f) geh;* STOCKEX Analyst(in) *m(f) fachspr,* Börsenfachmann, -frau *m, f;* *(psychoanalyst)* Psychoanalytiker(in) *m(f);* **business** ~ Konjunkturanalytiker(in) *m(f);* **financial** ~ Finanzexperte, -expertin *m, f;* **food** ~ Lebensmittelchemiker(in) *m(f);* **investment** ~ Wertpapieranalytiker(in) *m(f);* **systems** ~ Systemanalytiker(in) *m(f)*

ana·lyti·cal [ˌænəˈlɪtɪkᵊl] *adj* analytisch *geh;* ~ **chemistry** analytische Chemie; ~ **mind** analytischer Verstand; ~ **procedure** Analyseverfahren *nt*

ana·lyti·cal·ly [ˌænəˈlɪtɪkᵊli, AM t̬ɪk] *adv* analytisch

ana·lyze *vt* AM *see* **analyse**

ana·lyz·er [ˈænəlaɪzɚ] *n* ① *see* **analyst**
② TECH Analysator *m*

an·am·ne·sis <*pl* anamneses> [ænæmˈniːsɪs, *pl* -siːz] *n* MED Krankenvorgeschichte *f,* Anamnese *f*

ana·mor·phic im·age [ˌænəˈmɔːfɪk, AM -ˈmɔːr-] *n* COMPUT Verzeichnung *f*

ana·paest, AM **ana·pest** [ˈænəpest] *n* LIT Anapäst *m*

ana·paes·tic, AM **ana·pes·tic** [ˈænəpestɪk] *adj* LIT Anapäst-, anapästisch; ~ **metre** Versmaß *nt* des Anapästs

ana·pest *n* AM *see* **anapaest**

ana·pes·tic *adj* AM *see* **anapaestic**

an·aph·ro·dis·i·ac [ˌænæfrə(ʊ)ˈdɪziæk, AM -froʊ'-] *adj* antiaphrodisisch; ***his observation of sensuality is ~*** seine Beschreibung von Sinnlichkeit entbehrt jeder Erotik

ANAPROP [ˈænəprɒp] *n* TV *abbrev of* **anomalous propagation** verzerrte Übertragung

an·ar·chic(al) [ænˈɑːkɪk(ᵊl), AM ænˈɑːr-] *adj* anarchisch

an·ar·chism [ˈænəkɪzᵊm, AM -ɚ-] *n no pl* Anarchismus *m*

an·ar·chist [ˈænəkɪst, AM -ɚ-] **I.** *n* Anarchist(in) *m(f)*
II. *adj* anarchistisch

an·ar·chis·tic [ˌænəˈkɪstɪk, AM -ɚ'-] *adj* anarchistisch

an·ar·chy [ˈænəki, AM -ɚ-] *n no pl* Anarchie *f;* *(social disorder also)* Chaos *nt;* **to be in a state of** ~ sich *akk* in einem Zustand der Anarchie befinden

an·as·tig·mat [əˈnæstɪgmæt] *n* PHYS anastigmatische Linse

anath·ema [əˈnæθəmə] *n no pl* REL Anathema *nt;* *(detested thing)* Gräuel *m;* ■**to be** ~ **to sb** jdm ein Dorn im Auge sein; **to declare** [*or* **pronounce**] **sth** ~ etw verdammen

anath·ema·tize [əˈnæθəmətaɪz] *vt* *(liter)* ■**to** ~ **sb**
① REL jdn mit dem Kirchenbann belegen, jdn anathematisieren *fachspr*
② *(fig: condemn)* jdn verdammen

ana·tomi·cal [ˌænəˈtɒmɪkᵊl, AM -tɑː-] *adj* anatomisch; ~ **drawings/specimen** anatomische Studien/anatomisches Präparat

ana·tomi·cal·ly [ˌænəˈtɒmɪkᵊli, AM -ˈtɑːm-] *adv inv* anatomisch

anato·mist [əˈnætəmɪst, AM -næt̬-] *n* Anatom(in) *m(f)*

anato·mize [əˈnætəmaɪz, AM -ˈnæt̬-] *vt* ■**to** ~ **sth**
① *(examine structure)* etw im Einzelnen darlegen
② *(dissect)* etw sezieren

anato·my [əˈnætəmi, AM -ˈnæt̬-] *n* ① *no pl* *(body structure)* Anatomie *f*
② *(hum: body)* Körperteil *nt*
③ *no pl* *(fig: analysis)* Analyse *f*

ANC [ˌeɪenˈsiː] *n no pl, + sing/pl vb abbrev of* **African National Congress:** ■**the** ~ der ANC

an·ces·tor [ˈænsestəʳ, AM -ɚ] *n* ① *(forebear)* Vorfahr[e], Vorfahrin *m, f,* Ahn[e], Ahnin *m, f geh;* ~ **worship** Ahnenkult *m*
② *(prototype)* Prototyp *m;* *(forerunner)* Vorläufer(in) *m(f)*

an·ces·tral [ænˈsestrᵊl] *adj attr, inv* Ahnen-, Vorfahren-; ~ **acres** Familienbesitz *m;* ~ **home** Stammsitz *m;* ***he returned to his ~ home*** er kehrte in das Land seiner Väter zurück *geh;* ~ **influences** Erbeinflüsse *pl;* ~ **rights** angestammte Rechte

an·ces·tress <*pl* -es> [ˈænsestrəs, AM -sestrɪs] *n* Ahnin *f,* Vorfahrin *f*

an·ces·try [ˈænsestri] *n* Abstammung *f;* ***she is of Polish/royal ~*** sie ist polnischer/königlicher Abstammung

an·chor [ˈæŋkəʳ, AM -kɚ] **I.** *n* ① NAUT Anker *m;* **to be** [*or* **lie**] [*or* **ride**] **at** ~ vor Anker liegen; **to drop** ~ Anker werfen, vor Anker gehen; **to weigh** ~ den Anker lichten
② *(fig: linchpin)* [Rettungs]anker *m;* ***she was my ~ when things were difficult for me*** sie war mein Halt, als ich in Schwierigkeiten war
II. *vt* ① NAUT **to** ~ **a boat/ship** ein Boot/Schiff verankern
② *(also fig: fix)* ■**to** ~ **sth** etw verankern
③ *esp* AM **to** ~ **a radio program/show** eine Radiosendung/eine Show moderieren
III. *vi* vor Anker gehen; *(alongside a quay)* anlegen

an·chor·age [ˈæŋkᵊrɪdʒ] *n* Ankerplatz *m,* SCHWEIZ *a.* Lände *f;* *(fig)* Halt *m kein pl;* *(attachment point)* Verankerung *f;* **to find safe** ~ **with sb** *(fig)* bei jdm festen Halt finden

'an·chor cell *n* COMPUT Ankerzelle *f*

an·cho·rite [ˈæŋkᵊraɪt] *n* *(hist)* Anachoret *m hist,* Klausner *m*

'an·chor·man *n* Moderator *m* **'an·chor·person** *n* Moderator(in) *m(f)* **'an·chor prin·ci·ple** *n* ECON Verankerungsprinzip *nt* **'an·chor·woman** *n* Moderatorin *f*

an·cho·vy [ˈæntʃəvi, AM -oʊvi] *n* An[s]chovis *f fachspr,* Sardelle *f;* ~ **butter** Sardellenbutter *f;* ~ **paste** An[s]chovispaste *f*

an·cien ré·gime <*pl* anciens régimes> [ˈɑ̃(nt)siænreɪˈʒiːm, AM ˌɑːn(t)-] *n* alte Werte *pl*

an·cient [ˈeɪn(t)ʃᵊnt] **I.** *adj* ① *(of long ago)* alt; **since** ~ **times** von alters her *geh;* *(fig fam: very old)* antik *hum,* uralt
② *(of antiquity)* antik; ~ **history** Alte Geschichte; ~ **Rome** das antike [*o* alte] Rom; **in** ~ **times** in der Antike, im Altertum; **the** ~ **world** die [Welt der] Antike
▸PHRASES: **to be** ~ **history** *(hum)* ein alter Hut sein *fam*
II. *n* ① *(people)* ■**the** ~**s** *pl* die Alten *pl* *(die alten Römer und Griechen)*
② *(hum: very old person)* Alte(r) *f(m),* Greis(in) *m(f)*

an·cient 'lights *npl* BRIT LAW Lichtrecht *nt*

an·cient·ly [ˈeɪnʃᵊntli] *adv* altertümlich

an·cil·lary [ænˈsɪlᵊri, AM ˈæntsəleri] *adj* ① *(additional)* zusätzlich; *(of secondary importance)* zweitrangig; ■**to be** ~ **to sth** im Vergleich zu etw *dat* [nur] an zweiter Stelle stehen
② *attr, inv* *(duties, equipment)* Zusatz-; ~ **agreement/obligation** LAW Nebenabrede/-pflicht *f;* ~ **industries** Zulieferindustrien *pl;* ~ **roads/role** Nebenstraßen *pl*/-rolle *f;* ~ **staff/workers** Hilfspersonal *nt*/-kräfte *pl*

and [ænd, ənd] *conj* ① *(jointly)* und; ***John, Mary[,] ~ also their two kids*** John, Mary sowie die beiden Kinder; ***a black ~ white cow*** eine schwarz[-]weiße Kuh; **both ... ~ ...** sowohl ... als [*o* wie] auch ...; ***both John ~ Annie agreed*** John und Annie waren beide einverstanden; ***she likes both vegetarian ~ meat-filled foods*** sie mag vegetarische Gerichte ebenso gern wie Fleischgerichte; ~/**or** und/oder
② *(plus)* ***6 ~ 5 is 11*** 6 und [*o* plus] 5 ist 11; *(in numbers)* ***a hundred ~ fifty-two dollars*** hundert[und]zweiundfünfzig Dollar
③ *(then)* und [dann]; ***let's go into town ~ have dinner out*** gehen wir doch in die Stadt etwas essen!; ***he sat down in the bathtub[,] ~ the phone began to ring*** er hatte sich gerade in die Badewanne gesetzt, als das Telefon zu klingeln anfing; ~ **then:** ***I got dressed and then had breakfast*** ich zog mich an[,] und anschließend [*o* dann] habe ich gefrühstückt
④ *(consequently)* ***one more slip ~ you're fired*** noch ein Fehler, und Sie fliegen; ***do that ~ you'll regret it*** wenn du das tust, wirst du es bereuen
⑤ *(fam: in order to)* ***come ~ see this!*** komm her, das musst du sehen!; ***come ~ see me tomorrow*** komm mich morgen besuchen!; ***let's wait ~ see*** warten wir mal ab; **to go** ~ **do sth** etw tun; ***go ~ ask your dad*** frag [doch] deinen Vater; **to try** ~ **do sth** etw versuchen, versuchen[,] etw zu tun
⑥ *(for emphasis)* ***I'll tell you when I'm good ~ ready*** ich sag's dir, wenn ich so weit bin; **nice** ~ **cold/hot** [so richtig] schön kalt/heiß
⑦ *(ever)* ***more ~ more*** immer mehr; ***faster ~ faster*** immer schneller; ***he talked ~ talked*** er redete andauernd; ***we laughed ~ laughed*** wir haben nur gelacht; **for hours** ~ **hours** stundenlang; **for miles** ~ **miles** meilenweit; **time** ~ **time again** immer wieder, andauernd
▸PHRASES: ~ **all** *(the rest)* mit allem Drum und Dran *fam;* ***the dog ate the fish, bones ~ all*** der Hund fraß den ganzen Fisch, sowohl die Gräten als auch sonst alles; *(fam: as well)* ***I was so mad ~ all that I ...*** ich war so sauer, dass ich ... *sl;* ***they were a great team ~ all*** sie waren ein echt tolles Team *fam;* ~ **all that** *(fam)* und dergleichen, und so was *fam;* ~ **how!** *(fam)* und wie! *fam;* ~ **so on** [*or* **forth**] [*or* ~ **so on** ~ **so forth**] und so weiter [und so fort]

An·da·lu·sia [ˈændəˈluːziə, AM -ˈluːʒə] *n* Andalusien *nt*

An·da·lu·sian [ˈændəˈluːziən, AM -ˈluːʒən] **I.** *n*
① *(person)* Andalusier(in) *m(f)*
② LING Andalusisch *nt*
II. *adj* andalusisch

An·da·man Sea [ˌændəmænˈsiː] *n* Andamansee *f*

An·dean [ænˈdiːən] *adj inv* Anden-, andin

An·dean Equa·'to·rial **I.** *n* *(language family)* Anden-Sprachen *pl*
II. *adj* der Anden-Sprachen *nach n*

An·des [ˈændiːz] *npl* ■**the** ~ die Anden *pl*

'AND gate *n* COMPUT UND-Gatter *nt*

and·iron ['ændaɪən, AM -daɪɚn] *n* Feuerbock *m,* Kaminbock *m* [*o* Chemineebock] *m* SCHWEIZ

An·dor·ra [æn'dɔːrə] *n* Andorra *nt*

An·dor·ran [æn'dɔːrən] **I.** *n* Andorraner(in) *m(f)* **II.** *adj inv* andorranisch

an·dro·gyne ['ændrə(ʊ)dʒaɪn, AM -droʊ-] *n* androgyner Mensch, Zwitter *m*

an·drogy·nous [æn'drɒdʒɪnəs, AM -'drɑːdʒən-] *adj* 1 *(sexually ambiguous)* androgyn 2 *(hermaphroditic)* zweigeschlechtig, zwittrig

an·drogy·ny [æn'drɒdʒɪni, AM -'drɑːdʒən-] *n no pl* 1 *(dual sexuality)* Androgynie *f* 2 BIOL Hermaphroditismus *m fachspr,* Zweigeschlechtigkeit *f,* Zwittrigkeit *f*

an·droid ['ændrɔɪd] *n* Androide *m*

an·drolo·gist [æn'drɒlədʒɪst, AM æn'droʊ-] *n* Androloge, Andrologin *m, f,* Männerarzt, -ärztin *m, f*

an·ec·do·tal [ænɪk'dəʊtəl, AM -'doʊt̬əl] *adj* anekdotisch, anekdotenhaft

an·ec·dote ['ænɪkdəʊt, AM -doʊt] *n* Anekdote *f*

an·echo·ic [ˌænɪ'kəʊɪk, AM -ə'koʊ-] *adj* COMPUT schalltot, echofrei

anemia *n* AM *see* **anaemia**

anemic *adj* AM *see* **anaemic**

anemo·ne [ə'neməni] *n* Anemone *f,* Buschwindröschen *nt*

an·es·thesia *n* AM *see* **anaesthesia**

an·es·thet·ic *n* AM *see* **anaesthetic**

an·es·the·tist *n* AM *see* **anaesthetist**

an·es·the·tize *vt* AM *see* **anaesthetize**

anew [ə'njuː, AM -'nuː] *adv inv (form)* noch einmal, von Neuem, aufs Neue; **to begin ~** einen neuen Anfang machen

an·gel ['eɪndʒəl] *n* 1 *(spiritual being)* Engel *m;* **~ of death** Todesengel *m;* **guardian ~** Schutzengel *m;* **fallen ~** gefallener Engel 2 *(person)* Engel *m;* ***be an ~ and help me with this*** sei so lieb und hilf mir dabei; **~ of mercy** rettender Engel; **a ministering ~** ein barmherziger Engel; **to be no ~** nicht gerade ein Engel sein *fam* 3 *(sponsor)* [edler] Spender/[edle] Spenderin; *(financial backer)* Geldgeber(in) *m(f)*
▶ PHRASES: **fools rush in where ~s fear to tread** *(prov)* törichte Leute mischen sich in Dinge ein, an die sich Klügere nicht heranwagen; **to be on the side of the ~s** sich *akk* tugendhaft verhalten

'an·gel cake, 'an·gel food cake *n* ≈ leichter Biskuitkuchen *(Kuchen ohne Eigelb und Butter)*

An·ge·leno [ændʒə'liːnəʊ, AM ændʒə'liːnoʊ] *n* Bewohner(in) *m(f)* von Los Angeles

angel·fish <*pl* - *or* -es> ['eɪndʒəlfɪʃ] *n* Meerengel *m,* Engelhai *m*

an·gel·ic [æn'dʒelɪk] *adj* engelhaft; **an ~ voice** eine Stimme wie ein Engel; **to have an ~ face** ein Engelsgesicht haben

an·gel·ica [æn'dʒelɪkə] *n no pl* Angelika *f,* Brustwurz *f,* Engelwurz *f*

an·geli·cal·ly [æn'dʒelɪkəli] *adv* engelgleich *geh,* wie ein Engel

an·ge·lus *n* 1 *(ringing of bells)* Angelusläuten *nt* 2 *usu sing (Roman Catholic devotion)* Angelus *m*

an·ger ['æŋgəʳ, AM -ɚ] **I.** *n no pl* Ärger *m* (**at/over** über +*akk*); *(fury)* Wut *f* (**at/over** auf +*akk*); *(wrath)* Zorn *m;* **to contain** [*or* **restrain**] [*or* **suppress**] **one's ~** seinen Ärger unterdrücken; *(fury)* seine Wut zügeln; *(wrath)* seinen Zorn im Zaum halten; **to feel ~ towards sb** auf jdn wütend sein; *(filled with wrath)* einen Groll gegen jdn hegen; **to show ~ at sth** über etw *akk* wütend sein
II. *vt* ■**to ~ sb** jdn ärgern; *(more violently)* jdn wütend machen; ■**to be ~ed by sth** sich *akk* über etw *akk* ärgern; *(more violently)* über etw *akk* wütend sein

'an·ger man·age·ment *n* Zornbewältigung *f* **'an·ger-man·age·ment** *n modifier (class, seminar, problem)* Zornbewältigungs-

an·gi·na, an·gi·na pec·to·ris [æn'dʒaɪnə'pektərɪs] *n* MED Angina Pectoris *f*

an·gio·plas·ty ['ændʒiə(ʊ)plæsti, AM -dʒiə-] *n* MED Angioplastik *f fachspr,* Gefäßplastik *f*

an·gle ['æŋgl] **I.** *n* 1 *(between two lines)* Winkel *m;* ***the picture was hanging at an ~*** das Bild hing schief; ***he wore his hat at a jaunty ~*** er trug den Hut keck über dem Ohr; **interior ~** Innenwinkel *m;* **right ~** rechter Winkel; **at an ~ of 20°** in einem Winkel von 20°, in einem 20°-Winkel 2 *(perspective)* Blickwinkel *m,* Perspektive *f;* ***what is the best news ~ for this story?*** wie zieht man diese Story am besten auf?; ***I realized I was looking at it from the wrong ~*** ich stellte fest, dass ich es von der falschen Seite betrachtete; **to consider sth from all ~s** etw von allen Seiten betrachten; *(opinion)* Standpunkt *m;* ***what's your ~ on this issue?*** wie stehst du zu diesem Problem?
II. *vt* 1 *(fig: slant)* ■**to ~ sth** *story, article* etw färben *fig* 2 *(fig: direct)* ■**to ~ sth at sb/sth** etw auf jdn/etw ausrichten; ***the comic is ~d at 8- to 12-year-olds*** Zielgruppe des Comics sind Acht- bis Zwölfjährige
◆**angle for** *vi* ■**to ~ for sth** 1 *(old: fish)* etw angeln 2 *(pej: be after)* auf etw *akk* aus sein

an·gled ['æŋgld] *adj* 1 *(positioned)* ■**to be ~ to sth** [winkelförmig] auf etw *akk* ausgerichtet sein; **~ shot** FBALL Flanke *f;* TENNIS Cross *m* 2 *(fig: slanted)* tendenziös *pej,* gefärbt

angle·poise®, angle·poise 'lamp® ['æŋglpɔɪz-] *n* BRIT Gelenkleuchte *f,* Gelenklampe *f,* Architektenlampe *f*

an·gler ['æŋgləʳ, AM -glɚ] *n* Angler(in) *m(f)*

An·gli·can ['æŋglɪkən] **I.** *adj* anglikanisch; **~ Church** anglikanische Kirche **II.** *n* Anglikaner(in) *m(f)*

An·gli·can·ism ['æŋglɪkənɪzəm] *n no pl* Anglikanismus *m*

an·gli·cism ['æŋglɪsɪzəm] *n* Anglizismus *m*

an·gli·cist ['æŋglɪsɪst] *n* Anglist(in) *m(f)*

an·gli·cize ['æŋglɪsaɪz] *vt* ■**to ~ sth** etw anglisieren

an·gling ['æŋglɪŋ] *n no pl (form)* Angeln *nt*

An·glo ['æŋgləʊ, AM -gloʊ] **I.** *n* 1 AM Angloamerikaner(in) *m(f)* 2 CAN Anglokanadier(in) *m(f)* 3 BRIT SPORT *(fam) jd, der für einen englischen Verein spielt, aber für die schottische, walisische oder nordirische Nationalmannschaft ausgewählt wurde* **II.** *adj* englisch, Anglo-

Anglo-A'merican **I.** *n* Angloamerikaner(in) *m(f)* **II.** *adj* angloamerikanisch **Anglo-'Catholic** **I.** *n* Anglokatholik(in) *m(f)* **II.** *adj* anglokatholisch **Anglo-'German** *adj inv* britisch-deutsch **Anglo-'Indian** **I.** *n* 1 *(of ancestry)* Angloinder(in) *m(f)* 2 *(dated: British person) in Indien geborene(r) o lebende(r) Engländer/Engländerin* **II.** *adj* angloindisch **Anglo-'Irish** [ˌæŋgləʊ'aɪərɪʃ, AM -gloʊ'aɪrɪʃ] **I.** *adj inv* angloirisch; **~ Agreement** Abkommen *nt* zwischen Großbritannien und der Republik Irland **II.** *n* ■**the ~** *pl* Menschen *pl* angloirischer Abstammung

an·glo·phile ['æŋglə(ʊ)faɪl, AM -glə-] **I.** *n* Englandliebhaber(in) *m(f),* Anglophile(r) *f(m);* **to be an ~** anglophil sein **II.** *adj* anglophil

an·glo·phobe ['æŋglə(ʊ)fəʊb, AM -gləfoʊb] **I.** *n* Englandhasser(in) *m(f)* **II.** *adj* anglophob, englandfeindlich

an·glo·pho·bia ['æŋglə(ʊ)fəʊbiə, AM -gləfoʊ-] *n no pl* Anglophobie *f*

an·glo·phone ['æŋglə(ʊ)fəʊn, AM -gləfoʊn] *esp* CAN **I.** *n* englischsprachige Person **II.** *adj* englischsprachig

Anglo-'Saxon **I.** *n* 1 *(hist: of English descent also)* Angelsachse, -sächsin *m, f* 2 *(language)* Angelsächsisch *nt* **II.** *adj* 1 *(hist: of English descent also)* angelsächsisch 2 AM *(of English heritage)* **White ~ Protestant** weißer angelsächsischer Protestant

An·go·la [æŋ'gəʊlə, AM -'goʊ-] *n* Angola *nt*

An·go·lan [æŋ'gəʊlən, AM -'goʊ-] **I.** *n* Angolaner(in) *m(f)* **II.** *adj inv* angolanisch

an·go·ra [æŋ'gɔːrə] **I.** *n no pl* Angorawolle *f;* *(mohair)* Mohär *m,* Mohair *m* SCHWEIZ **II.** *n modifier (cat, goat, rabbit, sweater)* Angora-

An·go·stu·ra bit·ters® [ˌæŋgə'stjʊərə-, AM -stʊrə-] *npl* Angostura® *m,* Angosturabitter *m*

an·gri·ly ['æŋgrɪli] *adv* verärgert; *(furious)* zornig; *(enraged)* wütend

an·gry ['æŋgri] *adj* 1 *(annoyed)* verärgert; *(stronger)* zornig; *(enraged)* wütend; ***don't worry, I'm not ~*** keine Sorge, ich bin dir nicht böse; **~ young man** LIT, THEAT *(dated)* Rebell *m,* Angry Young Man *m geh;* **to make sb ~** jdn verärgern; *(stronger)* jdn wütend machen; ■**to be ~ about** [*or* **at**] **sth** sich *akk* über etw *akk* ärgern; ■**to be ~ with** [*or* **at**] **sb/oneself** sich *akk* über jdn/sich selbst ärgern 2 *(showing anger)* zornig, erzürnt *geh;* **~ crowd** aufgebrachte Menge; **to exchange ~ words** einen heftigen Wortwechsel haben 3 *(stormy)* stürmisch; **~ clouds** bedrohliche Wolken; **~ sky** finsterer Himmel 4 MED entzündet; ***on her leg was an ~ sore*** sie hatte eine böse Wunde an ihrem Bein

angst [æŋ(k)st] **I.** *n no pl* [neurotische] Angst; PHILOS [Existenz]angst *f* **II.** *vi* ■**to ~ over** [*or* **about**] **sth** sich *dat* über etw *akk* allzu viele Gedanken machen

ang·strom ['æŋ(k)strəm] *n* PHYS Ångström *nt*

an·guish ['æŋgwɪʃ] *n no pl* Qual *f;* *(pain)* Schmerz *m;* ■**to be in ~** Qualen leiden; **to cause sb ~** jdm Leid zufügen

an·guished ['æŋgwɪʃt] *adj* qualvoll; *(worried)* sorgenvoll; **~ cry** schmerzerfüllter Schrei

an·gu·lar ['æŋgjʊləʳ, AM -lɚ] *adj features, face* kantig; *(bony)* knochig

an·gu·lar·ity [ˌæŋgjʊ'lærəti, AM -'lerət̬i] *n no pl of face, features* Kantigkeit *f;* *of body* Knochigkeit *f*

An·gus ['æŋgəs] AGR *short for* **Aberdeen Angus** **I.** *n* Aberdeen-Angus[-Rinder] *nt[pl]* **II.** *n modifier* Aberdeen-Angus-, von Aberdeen-Angus-Rindern *nach n*

an·hy·dric [æn'haɪdrɪk] *adj inv* CHEM wasserfrei

an·hy·dro·fer·rite [ænˌhaɪdrə(ʊ)'feraɪt, AM -drə-] *n* GEOL Roteisenstein *m*

an·hy·drous [æn'haɪdrəs] *adj* anhydrisch *fachspr,* wasserfrei

ANI [ˌeɪen'aɪ] *n* TELEC *abbrev of* **automatic number identification** ANI

ani·line ['ænɪliːn, AM -lɪn] *n* CHEM Anilin *nt;* **~ dye** Anilinfarbstoff *m;* **~ green** Malachitgrün *nt;* **~ leather** Anilinleder *nt;* **~ purple** Mauvein *nt*

ani·mal ['ænɪməl] **I.** *n* 1 *(creature)* Tier *nt;* **farm ~** Nutztier *nt;* **domestic ~** Haustier *nt* 2 *(fig: crude person)* Tier *nt*
▶ PHRASES: **to be different ~s** zwei Paar Schuhe sein; **to be a political ~** ein politisch engagierter Mensch sein, ein Zoon politikon *nt* sein *geh;* **to be that rare ~: ...** zu der seltenen Spezies ... gehören; ***she's that rare animal: an enormously successful and yet modest person*** sie gehört zu der seltenen Spezies von Menschen, die sowohl unglaublich erfolgreich und dennoch bescheiden sind; **there's** [*or sl* **there ain't**] **no such ~** so etwas gibt es nicht, so was gibt's nicht *fam*
II. *n modifier* 1 *doctor* Tier-; **~ droppings** Tierkot *m geh,* [Tier]mist *m;* **~ fat** tierisches Fett, tierische Fette *pl;* **~ instincts** animalische Instinkte; **~ trainer** Dompteur, Dompteuse *m, f;* **~ welfare** ≈ Tierschutz *m* 2 *(strong)* **~ attraction** [*or* **magnetism**] animalische Anziehungskraft; **~ spirits** Lebensgeister *pl,* Vitalität *f*

ani·mal 'hus·band·ry *n no pl* Viehzucht *f* **'ani·mal in·sur·ance** *n no pl* Tierversicherung *f*

ani·mal·is·tic [ˌænɪməl'ɪstɪk, AM -mə'lɪs-] *adj (pej)* tierisch *pej,* animalisch; *(instinctive)* triebhaft; **~ urge** animalischer Trieb

ani·mal·ity [ˌænɪ'mælɪti] *n no pl* Animalität *f*

ani·mal 'king·dom *n no pl* ■**the ~** das Tierreich **ani·mal 'rights** *npl das Recht der Tiere auf Leben und artgerechte Haltung;* **~ activist** Tierschützer(in) *m(f)*

ani·mate **I.** *adj* ['ænɪmət] *inv* lebend *attr,* belebt

II. *vt* ['ænɪmeɪt] ① *(bring to life)* ■ **to ~ sb/sth** jdn/etw zum Leben erwecken
② *(encourage, inspire)* ■ **to ~ sth** etw beleben [*o* SCHWEIZ animieren]
③ FILM ■ **to ~ sth** etw animieren
III. *vi* FILM Animation machen

ani·mat·ed ['ænɪmeɪtɪd, AM -t̬ɪd] *adj* ① *(lively) discussion* lebhaft; **to have an ~ conversation** sich *akk* angeregt unterhalten
② FILM **~ cartoon** [*or* **film**] [Zeichen]trickfilm *m*, Animationsfilm *m*

ani·mat·ed·ly ['ænɪmeɪtɪdli, AM -t̬idli] *adv* lebhaft; **to debate ~** sich *akk* angeregt unterhalten

ani·ma·teur [ˌænɪmə'tɜːʳ, AM -tɜːr] *n* BRIT ① *(promoter)* Animateur(in) *m(f)*
② *(teacher)* Lehrer(in) *m(f)* für künstlerische Darstellungsformen

ani·mat·ic [ænɪ'mætɪk] *n vorläufige Version einer Computeranimation*

ani·ma·tion [ænɪ'meɪʃᵊn] *n* ① *no pl (energy)* Lebhaftigkeit *f*
② FILM Animation *f*; **computer ~** Computeranimation *f*

ani·ma·tor ['ænɪmeɪtəʳ, AM -t̬ɚ] *n* Trickfilmzeichner(in) *m(f)*

ani·ma·tron·ic [ænɪmə'trɒnɪk, AM -'trɑːnɪk] *adj* computeranimiert

ani·ma·troni·cal·ly [ænɪmə'trɒnɪkli, AM -'trɑːnɪk-] *adv* wie ein Roboter

ani·ma·tron·ics [ˌænɪmə'trɒnɪks, AM -'trɑː-] *n + sing vb* Tricks *pl*; **~ technology** Tricktechnik *f*

ani·mism ['ænɪmɪzᵊm] *n no pl* REL Animismus *m*

ani·mist ['ænɪmɪst] *n* REL Animist(in) *m(f)*

ani·mos·ity [ˌænɪ'mɒsəti, AM -mɑːsət̬i] *n* ① *no pl (feeling)* Feindseligkeit *f* (**towards** gegenüber *+dat*); **to bear ~ towards sb** feindselige Gefühle gegen jdn hegen
② *(act)* feindselige Äußerung, Feindseligkeit *f*

ani·mus ['ænɪməs] *n no pl* ① *(hostility)* Feindseligkeit *f*; ■ **~ against sb/sth** Abneigung *f* gegen jdn/etw
② *(motivation)* Wille *m*

ani·mus can·cel·lan·di [ˌænɪməskæn(t)sə'lændaɪ] *n* LAW Kündigungsabsicht *f*, Stornierungsabsicht *f*

ani·mus fu·ran·di [ˌænɪməsfʊ'rændaɪ] *n* LAW Diebstahlsvorsatz *m* **ani·mus re·vo·can·di** [ˌænɪməsrevə(ʊ)'kændaɪ, AM -voʊ'-] *n* LAW Widerrufsabsicht *f*

an·ise ['ænɪs, AM æn'iːs] *n no pl* Anis *m*

ani·seed [ænɪsiːd] *n no pl* ① *(seed)* Anissamen *m*
② *(flavouring)* Anis *m*

an·kle ['æŋkl] *n* [Fuß]knöchel *m*; **to sprain** [*or* **twist**] **one's ~** sich *dat* den Knöchel [*o fam* Fuß] verstauchen

'an·kle-bit·er *n esp* AM, AUS *(hum)* Krabbelkind *nt* BRD *fam*, Balg *m o nt meist pej fam* **'an·kle bone** *n* Sprungbein *nt* **'an·kle boots** *npl* Halbstiefel *pl* **'an·kle-deep** *adj inv* knöcheltief, bis zu den Knöcheln; ***during the revolution, the streets were ~ in blood*** während der Revolution watete man auf den Straßen in Blut **'an·kle sock** *n* BRIT Söckchen *nt* **'an·kle strap** *n* Schuhriemen *m*

an·klet ['æŋklət] *n* ① *(chain)* Fußkettchen *nt*
② AM *(sock)* Söckchen *nt*

an·nal·ist ['ænᵊlɪst] *n* Chronist(in) *m(f)*

an·nals ['ænᵊlz] *npl* Annalen *pl*; **in the ~ of mankind** in der Geschichte der Menschheit; **to go down in the ~ of history** in die Annalen der Geschichte eingehen *geh*

an·neal [ə'niːl] *vt* ■ **to ~ sth** *metal* etw ausglühen; **to ~ glass** Glas kühlen

an·nex ['æneks] I. *vt* **to ~ a territory** ein Gebiet *nt* annektieren, sich *dat* ein Gebiet einverleiben
II. *n* <*pl* -es> AM *see* **annexe**

an·nexa·tion [ˌænek'seɪʃᵊn] *n* Annektierung *f*, Annexion *f*

an·nexe, AM **an·nex** ['æneks] *n of a building* Nebengebäude *nt*; *(extended part)* Anbau *m*; *(pej fig)* Anhängsel *nt*

an·ni·hi·late [ə'naɪəleɪt, AM -əleɪt] *vt* ■ **to ~ sth** etw vernichten [*o* [völlig] zerstören]; **to ~ a disease** eine Krankheit ausrotten; ■ **to ~ sb** *(fig)* jdn vernichtend schlagen

an·ni·hi·la·tion [əˌnaɪə'leɪʃᵊn, AM -ə'-] *n* Vernichtung *f*; *(fig)* vernichtende Niederlage

an·ni·ver·sa·ry [ænɪ'vɜːsᵊri, AM -'vɜːr-] *n* ① *(date)* Jubiläum *nt*, Jahrestag *m*; *(of a death)* Todestag *m*; ***tomorrow is the thirtieth ~ of the revolution*** morgen jährt sich die Revolution zum dreißigsten Mal; **wedding ~** Hochzeitstag *m*; **to celebrate one's golden/silver ~** goldene Hochzeit/Silberhochzeit feiern
② *(celebration)* Jubiläumsfeier *f*, Jahresfeier *f*; **~ party** Jubiläumsparty *f*

Anno Domi·ni [ˌænəʊ'dɒmɪnaɪ, AM -oʊ'dɑːməniː] *see* **AD**

an·no·tate ['ænə(ʊ)teɪt, AM -əteɪt] *vt* ■ **to ~ sth** etw kommentieren [*o* mit Anmerkungen versehen]; **~d edition/text** kommentierte Ausgabe/kommentierter Text

an·no·ta·tion [ˌænə(ʊ)'teɪʃᵊn, AM -nə'-] *n* ① *no pl (act)* Kommentierung *f*
② *(note)* Kommentar *m*; *(footnote)* Anmerkung *f*

an·no·ta·tor ['ænə(ʊ)teɪtəʳ, AM -əteɪt̬ɚ] *n* Kommentator(in) *m(f)*

an·nounce [ə'naʊn(t)s] *vt* ■ **to ~ sth** [**to sb**] [jdm] etw bekanntgeben [*o* anzeigen]; **to ~ a result** ein Ergebnis verkünden; ■ **to ~ that ...** bekanntgeben, dass ...

an·nounce·ment [ə'naʊn(t)smənt] *n* Bekanntmachung *f*, Mitteilung *f*; *(on train, at airport)* Durchsage *f*; *(on radio)* Ansage *f*; *(in newspaper)* Anzeige *f*; **to make an ~ to sb about sth** jdm etw mitteilen

an·nounc·er [ə'naʊn(t)səʳ, AM -sɚ] *n* [Radio-/Fernseh]sprecher(in) *m(f)*, Ansager(in) *m(f) veraltend*; **sports ~** AM *(commentator)* Kommentator(in) *m(f)*

an·noy [ə'nɔɪ] *vt* ■ **to ~ sb** jdn ärgern [*o* aufregen]; *(get on nerves)* jdn nerven *fam*; ***sorry, am I ~ing you?*** Entschuldigung, störe ich Sie?; ***it really ~s me when ...*** es regt mich echt auf, wenn ... *fam*

an·noy·ance [ə'nɔɪən(t)s] *n* ① *no pl (anger)* Ärger *m*; *(weaker)* Verärgerung *f*; **to hide one's ~** seinen Ärger verbergen; **much to his/her ~** sehr zu seinem/ihrem Ärger
② *(pest)* Ärgernis *nt*

an·noyed [ə'nɔɪd] *adj* verärgert; ***don't get so ~*** lass dich dadurch nicht ärgern; ■ **to be ~ at** [*or* **with**] **sb/sth** über jdn/etw verärgert sein; **to be ~ to discover/hear/see that ...** mit Verärgerung entdecken/hören/sehen, dass ...

an·noy·ing [ə'nɔɪɪŋ] *adj* ärgerlich; ***the ~ thing about it is that ...*** was mich daran ärgert [*o* das Ärgerliche an der Sache] ist, dass ...; **~ habit** lästige Angewohnheit

an·noy·ing·ly [ə'nɔɪɪŋli] *adv* ① *(irritatingly)* störend; ***she's so ~ sure of herself*** ihr Selbstbewusstsein geht mir so was von auf die Nerven *fam*
② *(to one's annoyance)* **~** [**enough**] ärgerlicherweise

an·nual ['ænjuəl] I. *adj inv* jährlich; *(for particular year)* Jahres-; **~ accounts** Jahresabschluss *m*; **~ check-up** jährliche Routineuntersuchung; **~ event** alljährliches [*o* alljährlich stattfindendes] Ereignis; **~ growth** Jahreswachstum *nt*; **~ income** Jahreseinkommen *nt*; **~ migration** alljährliche Migration; **~ rainfall** Niederschlagsmenge *f* pro Jahr; **~ report** Jahresbericht *m*; **~ sales** Jahresumsatz *m*
II. *n* ① *(publication)* Jahrbuch *nt*
② *(plant)* einjährige Pflanze

an·nual ac·'counts *n pl* Jahresabschluss *m*

an·nual 'av·er·age *n* FIN Jahresdurchschnitt *m* **an·nual 'bal·ance** *n* FIN Jahresbilanz *f* **an·nual 'ba·sis** *n* FIN Jahresbasis *f* **an·nual 'budg·et** *n* FIN Jahresbudget *nt* **an·nual fi·nan·cial 'state·ment** *n* Jahresabschluss *m*; *(document)* Bilanz *f* **an·nual ge·ne·ral 'meet·ing, AGM** *n* BRIT, AUS Jahreshauptversammlung *f*

an·nuali·za·tion [ˌænjuəlaɪ'zeɪʃᵊn, AM -lɪ'-] *n* FIN Annualisierung *f*

an·nual·ized ['ænjuᵊlaɪzd, AM -əlaɪzd] *adj* auf das Jahr umgerechnet

an·nual·ized per·'cent·age rate *n* Effektivzins *m*

an·nu·al·ly ['ænjuəli] *adv inv* [all]jährlich

an·nual 'meet·ing *n* AM Jahresversammlung *f* **an·nual per·'cent·age rate, APR** *n* FIN effektiver Jahreszins **an·nual re·'port** *n* FIN Geschäftsbericht *m*, Jahresbericht *m* **an·nual re·turn** *n* BRIT ECON *Jahresausweis einer britischen Aktiengesellschaft* **an·nual re·'view** *n* FIN Jahresbilanz *f* **an·nual sta·'tis·tics** *n* FIN Jahresstatistik *f*

an·nui·tant [ə'njuːətᵊnt, AM *esp* -'nuː-] *n* FIN Rentenempfänger(in) *m(f)*, Empfänger(in) *m(f)* einer Jahresrente

an·nu·ity [ə'njuːəti, AM -nuːət̬i] *n* ① *(sum of money)* Jahreszahlung *f*, Annuität *f*
② *(contract)* Jahresrente *f*, lebenslange Rente [*o* ÖSTERR Pension]; **reversionary ~** Überlebensrente *f*; **~ policy** Rentenversicherungspolice *f*, Pensionsversicherungspolizze *f* ÖSTERR; **to take out** [*or* **buy**] **an ~** eine Rentenversicherung [*o* ÖSTERR Pensionsversicherung] abschließen

an·'nu·ity bond *n* FIN Annuitätenanleihe *f*, Rentenanleihe *f* **an·nu·ity for 'life** *n* FIN Leibrente *f* **an·'nu·ity loan** *n* FIN Annuitätendarlehen *nt*

an·nul <-ll-> [ə'nʌl] *vt* ■ **to ~ sth** etw annullieren; **to ~ a contract** einen Vertrag auflösen; **to ~ a judgement** ein Urteil aufheben; **to ~ a marriage** eine Ehe annullieren [*o* für ungültig erklären]

an·nul·ling [ə'nʌlɪŋ] *adj* Annullierungs-, Nichtigkeits-, Ungültigkeits-, Aufhebungs-; **~ clause** Kündigungsklausel *f*

an·nul·ment [ə'nʌlmənt] *n* Annullierung *f geh*; *of a marriage, contract also* Auflösung *f*; *of a judgement* Aufhebung *f*

An·nun·cia·tion [əˌnʌn(t)si'eɪʃᵊn] *n* REL ■ **the ~**
① *(event)* die Verkündigung
② *(church festival)* Mariä Verkündigung

an·nun·cia·tor [ə'nʌn(t)sieɪtəʳ, AM -t̬ɚ] COMPUT I. *n* Anzeige *f*
II. *adj* Signal-

an·nus hor·ri·bi·lis [ˌænəshɒ'riːbɪlɪs, AM -hɔː'-] *n* Annus horribilis *nt*

an·nus mi·ra·bi·lis <*pl* anni mirabiles> [ˌænəsmɪ'rɑːbᵊlɪs, AM ˌɑːn-] *n (form)* denkwürdiges Jahr; ***this year has been Clare's ~*** dieses Jahr war für Clare sehr erfolgreich

an·ode ['ænəʊd, AM -oʊd] *n* ELEC Anode *f*

ano·dize ['ænə(ʊ)daɪz, AM -oʊd-] *vt* CHEM ■ **to ~ sth** etw eloxieren *fachspr*

ano·dyne ['ænə(ʊ)daɪn, AM -oʊd-] I. *adj* ① *(pej form: soothing)* einlullend *fam*; *(dull) music* unauffällig; *approach* neutral
② MED schmerzstillend *attr*
II. *n* MED Schmerzmittel *nt*

anoint [ə'nɔɪnt] *vt* ① *(with oil)* ■ **to ~ sb/sth** jdn/etw einölen
② REL ■ **to ~ sb** [**king**] jdn [zum König] salben; **to ~ sb as one's successor** *(fig)* jdn zu seinem Nachfolger/seiner Nachfolgerin auserwählen

anoint·ed [ə'nɔɪntɪd, AM -t̬ɪd] *adj* gesalbt; *(fig)* erwählt

a'noint·ing [ə'nɔɪntɪŋ, AM t̬] *n* Salbung *f*

anoint·ment [ə'nɔɪntmənt] *n* Salbung *f*; **~ as a priest** Priesterweihe *f*

anoma·lis·tic pe·ri·od [əˌnɒmə'lɪstɪk-, AM -ˌnɑː-] *n* AEROSP anomalistischer Zeitraum

anoma·lous [ə'nɒmələs, AM -'nɑː-] *adj* anomal, ungewöhnlich

anoma·lous·ly [ə'nɒmələsli, AM -'nɑː-] *adv (form)* anomal; ***the third judge awarded points rather ~*** der dritte Preisrichter wich bei der Punktevergabe ziemlich von den anderen ab

anoma·ly [ə'nɒməli, AM -'nɑː-] *n* ① *(irregularity)* Anomalie *f kein pl*, Abnormität *f*; **statistical ~** statistische Abweichung; **to be something of an ~** etwas seltsam sein
② *no pl (state)* Absonderlichkeit *f*

an·omie ['ænəmi] *n no pl* Anomie *f*

anon [ə'nɒn, AM -'nɑːn] *adv inv (old)* bald, alsogleich *veraltet geh*; ***see you ~*** *(hum)* bis demnächst

anon. *abbrev of* **anonymous**

ano·nym·ity [ˌænə'nɪməti, AM -ət̬i] *n no pl* Anonymität *f*; **to preserve one's ~** seine Anonymität wahren, anonym bleiben

anony·mous [əˈnɒnɪməs, AM -ˈnɑːnə-] *adj call* anonym; **to remain ~** anonym bleiben; *(fig)* ***he has a rather ~ face*** er hat ein ziemlich unauffälliges Gesicht

anony·mous·ly [əˈnɒnɪməsli, AM -ˈnɑːnə-] *adv* anonym

anophe·les <*pl* -> [əˈnɒfɪliːz, AM -ˈnɑːfə-] *n* ZOOL Anopheles *f fachspr*, Malariamücke *f*

ano·rak [ˈænəræk] *n* ❶ *(jacket)* Anorak *m*
❷ BRIT *(fam: person) Einzelgänger, der sich einem speziellen Hobby obsessiv hingibt*

ano·rec·tic [ˌænəˈrektɪk] *adj see* **anorexic**

ano·rexia, **ano·rexia ner·vo·sa** [ˌænəˈreksɪənɜːˈvəʊzə, AM -nɜːrˈvoʊ-] *n no pl* Magersucht *f*, Anorexia nervosa *f fachspr*, Anorexie *f fachspr*

ano·rex·ic [ˌænəˈreksɪk] **I.** *adj* MED *(also fig)* magersüchtig
II. *n* Magersüchtige(r) *f(m)*; ■**to be an ~** magersüchtig sein

an·other [əˈnʌðəʳ, AM -ðɚ] **I.** *adj attr, inv* ❶ *(one more)* noch ein/eine; *(several more)* weitere; ***~ beer, please*** noch ein Bier, bitte; ***yet ~ car accident!*** schon wieder ein Autounfall!; ***I won't say ~ word!*** ich sage nichts mehr!; **~ ten pounds/two weeks** weitere zehn Pfund/zwei Wochen
❷ *(similar to)* ein zweiter/ein zweites/eine zweite
❸ *(different)* ein anderer/ein anderes/eine andere; ***~ man would have denied the mistake*** ein anderer hätte den Fehler geleugnet; **that's ~ matter [entirely]** das ist etwas [ganz] anderes; **but that's ~ story** doch das ist eine andere Geschichte; **to be in ~ world** ganz woanders sein
▶ PHRASES: **to live to fight ~ day** es überleben [*o* überstehen]; **one man's meat is ~ man's poison** *(prov)* des einen Freud, des andern Leid *prov;* **to have ~ think coming** *(fam)* sich *akk* gewaltig irren *fam*, auf dem Holzweg sein; **tomorrow is ~ day** *(saying)* morgen ist auch noch ein Tag
II. *pron no pl* ❶ *(additional)* noch eine/einer/ein[e]s; ***could I have ~ of those pastries?*** könnte ich noch ein[e]s von den Törtchen haben?; ***he was eating one ice cream after ~*** er aß ein Eis nach dem anderen; ***I won't listen to ~ of your crazy ideas!*** ich höre mir nicht noch eine von deinen verrückten Ideen an!; **yet ~** noch eine/einer/ein[e]s
❷ *(different)* ein anderer/eine andere/ein anderes; ***moving from one place to ~*** das Umziehen von einem Ort zu einem anderen; ***talking is one thing, [but] acting is ~*** Reden ist eine Sache, Handeln eine ganz andere; **ask me ~** *(fam)* frag mich nicht; **one way or ~** irgendwie
❸ *(each other)* **one ~** einander

A. N. Other [ˌeɪˌenˈʌðəʳ] *n* BRIT *(hum)* N.N. *(Person, deren Namen [noch] unbekannt ist)*

an·sa·fone®, **an·sa·phone®** [ˈɑːn(t)səfəʊn] *n* BRIT Anrufbeantworter *m*, SCHWEIZ *a.* Telefonbeantworter *m*

an·swer [ˈɑːn(t)səʳ, AM ˈæn(t)sɚ] **I.** *n* ❶ *(reply)* Antwort *f* (**to** auf +*akk*); *(reaction also)* Reaktion *f*; *(fig: equivalent)* Pendant *nt geh* (**to** zu +*dat*), Gegenstück *nt* (**to** zu +*dat*); ***there was no ~*** *(telephone)* es ist keiner rangegangen; *(doorbell)* es hat keiner aufgemacht; ***he didn't give an ~*** er antwortete nicht; ***in ~ to your letter ...*** in Beantwortung Ihres Schreibens ... *geh;* **to be the ~ to sb's prayer(s)** *(hum iron)* ein Geschenk des Himmels sein; **~ to a question** Antwort *f* auf eine Frage; **a straight ~** eine direkte Antwort; **by way of an ~** als Antwort; **to get an/no ~** eine/keine Antwort bekommen
❷ *(solution)* Lösung *f;* MATH Ergebnis *nt;* ***there's no easy ~*** es gibt dafür keine Patentlösung; **~ to a problem** Lösung *f* eines Problems; **to know all the ~s** *(also iron: be well-informed)* alles wissen, die Antwort auf alle Fragen kennen; *(be big-headed)* [immer] alles besser wissen
❸ LAW *(defendant's response to complaint)* Klageerwiderung *f*, Replik *f*
▶ PHRASES: **a soft ~ [turneth away wrath]** *(saying)* mit ein bisschen Ruhe kann man so manchen Zorn besänftigen
II. *vt* ■**to ~ sth** ❶ *(respond to) question* etw beantworten, auf etw *akk* antworten; ***"why not?" he ~*** „warum nicht?" erwiderte er; ***not many people have ~ed our want ad so far*** bis jetzt haben sich noch nicht viele auf unsere Suchanzeige gemeldet; ***this ~s all our prayers*** unsere Gebete wurden erhört! *geh;* **to ~ the call of sb** jdm gehorchen; **to ~ the call to [do] sth** *(dated)* dem Ruf folgen, etw zu tun *geh;* **to ~ the call of nature** *(also hum)* dem Ruf der Natur folgen *a. hum;* **to ~ the call for volunteers** sich *akk* freiwillig melden; **to ~ the door[bell]** die Tür öffnen; **to ~ the telephone** ans Telefon gehen; ■**to ~ sb** jdm antworten; ***~ me!*** antworte [mir]!/antworten Sie!
❷ *(fit, suit)* etw *dat* entsprechen; *prayer* etw erhören; ***that ~ed our prayers*** das war wie ein Geschenk des Himmels; **to ~ a need** einem Bedürfnis entgegenkommen; **to ~ a purpose** einem Zweck dienen
❸ LAW **to ~ charges** sich wegen einer Klage verantworten
III. *vi* antworten, eine Antwort geben; ***nobody ~ed*** *(telephone)* es ist keiner rangegangen; *(doorbell)* es hat keiner aufgemacht
♦**answer back** *vi* widersprechen; *child* freche Antworten geben; ***don't ~ back!*** keine Widerrede!
♦**answer for** *vi* ■**to ~ for sb/sth** ❶ *(take responsibility)* für jdn/etw Verantwortung tragen; **to have a lot to ~ for** *(pej)* einiges auf dem Kerbholz haben *fam*
❷ *esp* BRIT *(approv: vouch for)* sich *akk* für jdn/etw verbürgen
♦**answer to** *vi* ❶ *(take orders)* ■**to ~ to sb** jdm Rede und Antwort stehen
❷ *(to fit)* **to ~ to a description** einer Beschreibung entsprechen
❸ *(form or hum)* **to ~ to the name of ...** auf den Namen ... hören *geh*

an·swer·able [ˈɑːn(t)sᵊrəbl, AM ˈæn(t)-] *adj pred* ❶ *(responsible)* verantwortlich; ■**to be ~ for sth** für etw *akk* verantwortlich sein
❷ *(accountable)* haftbar; ■**to be ~ to sb** jdm gegenüber zur Rechenschaft verpflichtet sein
❸ *question* ■**to [not] be ~** [nicht] zu beantworten sein

ˈan·swer·ing ma·chine *n* Anrufbeantworter *m*, SCHWEIZ *a.* Telefonbeantworter *m* **ˈan·swer·ing ser·vice** *n* Fernsprechauftragsdienst *m*

an·swer·phone [ˈɑːn(t)səfəʊn] *n* BRIT Anrufbeantworter *m*

ant [ænt] *n* Ameise *f*
▶ PHRASES: **to have ~s in one's pants** *(dated or hum)* Hummeln im Hintern haben *hum fam*

ant·acid [ˌæntˈæsɪd] *n* MED, PHARM Antazidum *nt*

an·tago·nism [ænˈtægᵊnɪzᵊm] *n* Antagonismus *m geh; (hostility)* Feindseligkeit *f* (**towards** gegenüber +*dat*)

an·tago·nist [ænˈtægənɪst] *n* Antagonist(in) *m(f)*, Gegner(in) *m(f)*, Widersacher(in) *m(f)*

an·tago·nis·tic [ænˌtægəˈnɪstɪk] *adj* antagonistisch; *(hostile)* feindlich; ■**to be ~ toward[s] sb/sth** jdm/etw gegenüber feindselig eingestellt sein

an·tago·nis·ti·cal·ly [ænˌtægəˈnɪstɪkᵊli] *adv* feindlich; **to react ~** feindselig reagieren

an·tago·nize [ænˈtægənaɪz] *vt* ■**to ~ sb** sich *dat* jdn zum Feind machen, jdn gegen sich *akk* aufbringen

Ant·arc·tic [ænˈtɑːktɪk, AM -ˈtɑːrk-] **I.** *n* ■**the ~** die Antarktis
II. *adj animal, flora and fauna* antarktisch; *expedition, explorer* Antarktis-; **~ Circle** südlicher Polarkreis; **~ Ocean** südliches Eismeer; **~ Peninsula** antarktische Halbinsel

Ant·arc·ti·ca [ænˈtɑːktɪkə, AM -ˈtɑːrkt̬ɪ-] *n* die Antarktis

ante [ˈænti, AM -t̬i] *n usu sing* Einsatz *m;* **to raise [***or* **up] the ~** *(fig)* den Einsatz erhöhen

ant·eater [ˈæntˌiːtəʳ, AM -t̬ɚ] *n* Ameisenbär *m*

ante·ced·ent [ˌæntɪˈsiːdᵊnt] **I.** *n* ❶ *(form: forerunner)* Vorläufer(in) *m(f);* ■**~s** *pl (past history)* Vorgeschichte *f kein pl; of a person* Vorleben *nt*
❷ LING Beziehungswort *nt*, Bezugswort *nt*, Antezedenz *nt fachspr*
II. *adj inv (form)* früher

ante·cham·ber [ˈæntɪˌtʃeɪmbəʳ, AM -t̬ɪˌtʃeɪmbɚ] *n (form)* Vorzimmer *nt; (waiting room)* Wartezimmer *nt*

ante·date [ˌæntɪˈdeɪt, AM ˈænt̬ɪdeɪt] *vt (form)* ■**to ~ sth** ❶ *(give earlier date)* etw vordatieren
❷ *(precede in time)* etw *dat* [zeitlich] vorangehen; ***these buildings ~ his reign*** diese Gebäude stammen aus der Zeit vor seiner Herrschaft

ante·di·lu·vian [ˌæntɪdɪˈluːviən, AM -t̬ɪdəˈ-] *adj inv (hum)* vorsintflutlich *fam; (dated)* altmodisch

ante·lope <*pl* -s *or* -> [ˈæntɪləʊp, AM -t̬loʊp] *n* Antilope *f*

ante·na·tal [ˌæntɪˈneɪtᵊl, AM -t̬ɪˈneɪt̬ᵊl] **I.** *adj attr, inv* pränatal, vorgeburtlich; **~ class** Geburtsvorbereitungskurs *m;* **~ clinic** Klinik *f* für Schwangere; **~ screening** pränatale Diagnostik
II. *n* Schwangerschaftsvorsorgeuntersuchung *f*

ante·na·tal·ly [ˌæntɪˈneɪtᵊli, AM -t̬ɪˈneɪt̬ᵊli] *adv inv* pränatal

an·ten·na [ænˈtenə] *n* ❶ <*pl* -nae> *of an insect* Fühler *m; (fig)* Gespür *nt kein pl;* **pair of ~e** Fühlerpaar *nt*
❷ <*pl* -s> *(aerial)* Antenne *f;* **radio ~** Radioantenne *f*

an·ten·nae [ænˈteniː] *n pl of* **antenna**

ante·penul·ti·mate [ˌæntɪpəˈnʌltɪmət, AM -t̬ɪpɪˈnʌltə-] **I.** *adj inv* drittletzte(r, s) *attr*
II. *n (form)* ■**the ~** der/die/das Drittletzte

ante-post [ˌæntɪˈpəʊst, AM t̬ɪˈpoʊst] BRIT **I.** *adj attr* vor dem Renntag gewettet *nach n*
II. *adv* vor dem Renntag

ante·ri·or [ænˈtɪəriəʳ, AM -ˈtɪrɪɚ] *adj inv* MED, BIOL vordere(r, s) *attr*, anterior *fachspr*

ante·room [ˈæntɪruːm, AM -t̬ɪruːm] *n* Vorzimmer *nt*, *(waiting room)* Wartezimmer *nt*

an·them [ˈæn(t)θəm] *n* Hymne *f;* REL Choral *m*, **national ~** Nationalhymne *f*

an·ther [ˈæn(t)θeʳ, AM -θɚ] *n* BOT Staubbeutel *m*

ant·hill [ˈænthɪl] *n (also fig)* Ameisenhaufen *m*

an·tholo·gist [ænˈθɒlədʒɪst, AM -θɑːlə-] *n* Herausgeber(in) *m(f)* einer Anthologie

an·tholo·gize [ænˈθɒlədʒaɪz, AM -θɑːlə-] *vt* ■**to be ~d** in eine Anthologie aufgenommen werden

an·thol·ogy [ænˈθɒlədʒi, AM -θɑːlə-] *n* ❶ *(of literature)* Anthologie *f;* **~ of short stories** Auswahl *f* von Kurzgeschichten; **~ of verse** Gedichtsammlung *f;* **~ of modern verse** Anthologie *f* moderner Lyrik
❷ *(of art/music)* Sammlung *f*

an·thra·cite [ˈæn(t)θrəsaɪt] **I.** *n* Anthrazit *m; (colour also)* Anthrazitgrau *nt*
II. *adj* anthrazit[farben]

an·thrax [ˈæn(t)θræks] *n no pl* MED Milzbrand *m*, Anthrax *m fachspr*

ˈan·thrax at·tack *n* Milzbrandattentat *nt*

an·thro·po·cen·tric [ˌæn(t)θrə(ʊ)pə(ʊ)ˈsentrɪk, AM -θrəpəˈ-] *adj* SOCIOL anthropozentrisch

an·thro·po·cen·tri·cal·ly [ˌæn(t)θrə(ʊ)pə(ʊ)ˈsentrɪkᵊli, AM -θrəpə-] *adv* SOCIOL anthropozentrisch

an·thro·po·cen·trism [ˌæn(t)θrə(ʊ)pə(ʊ)ˈsentrɪzᵊm, AM -θrəpə-] *n no pl* SOCIOL Anthropozentrismus *m*

an·thro·poid [ˈæn(t)θrə(ʊ)pɔɪd, AM -θrə-] **I.** *n* BIOL Menschenaffe *m*, Anthropoid[e] *m fachspr*
II. *adj* ❶ *inv (of primates)* Menschen-; **~ ape** Menschenaffe *m*
❷ *(fig hum: ape-like)* affenartig

an·thro·po·logi·cal [ˌæn(t)θrəpəˈlɒdʒɪkᵊl, AM -ˈlɑː-] *adj* SOCIOL anthropologisch

an·thro·po·logi·cal·ly [ˌæn(t)θrəpəˈlɒdʒɪkᵊli, AM -ˈlɑː-] *adv* SOCIOL anthropologisch

an·thro·polo·gist [ˌæn(t)θrəˈpɒlədʒɪst, AM -ˈpɑːlə-] *n* Anthropologe, Anthropologin *m, f*

an·thro·pology [ˌæn(t)θrəˈpɒlədʒi, AM -ˈpɑːlə-] *n no pl* Anthropologie *f*

an·thro·po·mor·phic [ˌæn(t)θrəpə(ʊ)ˈmɔːfɪk, AM -pəˈmɔːr-] *adj* SOCIOL anthropomorphisch; *(of human figure)* anthropomorph

an·thro·po·mor·phi·cal·ly [ˌæn(t)θrəpə(ʊ)ˈmɔːfɪkᵊli, AM -pəˈmɔːr-] *adv* SOCIOL anthropomorphisch; *(of human figure)* anthropomorph

an·thro·po·mor·phism [ˌæn(t)θrəpə(ʊ)'mɔːfɪzəm, AM -pə'mɔːr-] *n no pl* SOCIOL Anthropomorphismus *m*

an·thro·po·'mor·phiz·ing *n no pl* Anthropomorphisierung *f*

anti ['ænti, AM -t̬i, -taɪ] **I.** *n* Gegner(in) *m(f)*; ***are you a pro or an ~?*** bist du dafür oder dagegen?
II. *adj* ▪**to be ~** dagegen sein
III. *in compounds* Anti-/anti-
IV. *prep* gegen *+akk*; **to be ~ sb/sth** gegen jdn/etw sein

anti-a'bor·tion *adj* Antiabtreibungs-; ~ **activist** Abtreibungsgegner(in) *m(f)*; ~ **group** Gruppe *f* von Abtreibungsgegnern/-gegnerinnen **anti-a'bor·tion·ist I.** *n* Abtreibungsgegner(in) *m(f)* **II.** *adj* gegen Abtreibung eingestellt; ~ **activities** Aktionen *pl* von Abtreibungsgegnern; ~ **legislation** Gesetze *pl* gegen Abtreibung; ~ **movement** Abtreibungsgegnerbewegung *f* **anti-'age·ing**, AM **anti-'ag·ing** *adj inv* den Alterungsprozess aufhaltend *attr*; ▪**to be ~** den Alterungsprozess aufhalten **anti-'air·craft** *adj attr, inv* Flugabwehr-; ~ **emplacement** Flakstellung *f*; ~ **gun** Flak *f* **anti-A'meri·can·ism** *n no pl* Anti-Amerikanismus *m* **anti·bac·'te·rial** *adj inv* antibakteriell

anti·bi·ot·ic [-baɪ'ɒtɪk, AM -'ɑːt̬ɪk] **I.** *n usu pl* Antibiotikum *nt*
II. *adj inv* antibiotisch

anti·bi'·ot·ic-re·sist·ant *adj disease, infection, bacteria* Antibiotika-resistent

'anti·body *n* Antikörper *m*

an·tic ['æntɪk] *adj (liter)* bizarr; *(strange)* seltsam

anti-'cak·ing agent *n* Antiklumpmittel *nt*

anti-car·cino·gen·ic [ˌæntiˌkɑːsɪnə(ʊ)'dʒenɪk, AM -t̬ɪˌkɑːrsənoʊ'-] *adj inv* krebshemmend, antikarzinogen *fachspr* **anti-'choice** *adj* ▪**to be ~** *gegen das Recht der Frau sein, über eine Abtreibung selbst zu bestimmen;* ~ **activist** Gegner(in) *m(f)* des Selbstbestimmungsrechts der Frau

'Anti·christ *n* ▪**the ~** der Antichrist

an·tici·pate [æn'tɪsɪpeɪt, AM -'tɪsə-] *vt* ① *(expect)* ▪**to ~ sth** etw erwarten, mit etw *dat* rechnen; *(foresee)* etw vorhersehen [*o* vorausahnen]; *(predict)* etw prognostizieren
② *(act in advance)* ▪**to ~ sth** etw *dat* vorgreifen; ***she ~d his every wish*** sie kam all seinen Wünschen zuvor; **to ~ one's inheritance** sein Erbe im Voraus verbrauchen
③ *(be first)* ▪**to ~ sb/sth** jdm/etw vorausgehen; ***is it true that Eric the Red ~d Columbus in discovering America?*** stimmt es, dass Erich der Rote Amerika vor Kolumbus entdeckt hat?

an·tici·pat·ed 'bal·ance *n* ECON zu erwartender Saldo

an·tici·pa·tion [ænˌtɪsɪ'peɪʃən, AM -sə'-] *n no pl* ① *(expecting)* Erwartung *f*; *(pleasure in advance)* Vorfreude *f*; ***thank you in ~*** vielen Dank im Voraus; **eager ~** gespannte Erwartung; ▪**in ~ of sth** in [freudiger] Erwartung einer S. *gen*
② *(being first)* Vorwegnahme *f*
③ *(acting in advance)* Vorausberechnung *f*

an·tici·pa·tory [ænˌtɪsɪ'peɪtəri, AM æn'tɪsəpətɔːri] *adj* vorwegnehmend *attr*; ~ **breach** LAW vorweggenommene Vertragsverletzung; ~ **chill** bange Vorahnung; ~ **thrill** gespannte Erwartung

anti-'cleri·cal *adj* kirchenfeindlich **anti-'cleri·cal·ism** *n no pl* Antiklerikalismus *m*, Kirchenfeindlichkeit *f* **anti·cli·'mac·tic** *adj* enttäuschend **anti·'cli·max** *n* Enttäuschung *f*; LIT Antiklimax *m*; **to be a bit** [*or* **something**] **of an ~** etwas enttäuschend sein **anti-climb 'paint** *n* Anti-Kletter-Farbe *f*, nichttrocknende Farbe **anti-'clock·wise** *adv* BRIT, AUS gegen den Uhrzeigersinn **anti·co·agu·lant** [-kəʊ'ægjʊlənt, AM -koʊ'ægjə-] **I.** *n* MED Antikoagulans *nt fachspr* **II.** *adj inv* [blut]gerinnungshemmend *attr* **anti-'com·mun·ist I.** *adj* antikommunistisch **II.** *n* Antikommunist(in) *m(f)* **anti-con·'sum·er·ist I.** *adj* konsumfeindlich **II.** *n* Konsumfeind(in) *m(f)*, Konsumgegner(in) *m(f)* **anti-cor·'ro·sive** *n* Korrosionsschutz *m*

an·tics ['æntɪks] *npl* Kapriolen *pl*, Eskapaden *pl*; *(spontaneous ideas)* Launen *pl*

anti-'cyc·li·cal *adj* FIN antizyklisch; ~ **reserve fund** Konjunkturstabilisierungsfonds *m* **anti·'cy·clone** *n* METEO ① *(storm)* Gegenwirbelsturm *m* ② *(high-pressure area)* Hochdruckgebiet *nt* **anti·'dazzle** *adj* blendfrei **anti·de·'pres·sant I.** *n* Antidepressivum *nt* **II.** *adj* antidepressiv **anti-dis·crimi·'na·tion** *n modifier* Antidiskriminierungs-; **an ~ law** ein Antidiskriminierungsgesetz *nt*

anti·dote ['æntɪdəʊt, AM -t̬ɪdoʊt] *n* Gegengift *nt*, Gegenmittel *nt*; ▪**to be an ~ for** [*or* **to**] **sth** *(also fig)* ein Gegenmittel *nt* für etw *akk* sein

anti-'dump·ing *adj* COMM ~ **legislation** Antidumping-Gesetze *pl* **anti-'dump·ing duty** *n* COMM Dumpingbekämpfungszoll *m* **anti-'fraud meas·ures** *n pl* LAW Betrugsbekämpfung *f* **'anti·freeze** *n no pl* Frostschutzmittel *nt* **anti-'gay** *adj* homosexuellenfeindlich

anti·gen ['æntɪdʒən, AM -t̬ɪ-] *n* MED Antigen *nt*

anti-'glob·al·ist *n* Globalisierungsgegner(in) *m(f)*

An·ti·gua and Bar·bu·da [ænˌtiːgəəndbɑː'bjuːdə, AM -tiːgwəəndbɑːr'buː-] *n* Antigua und Barbuda *nt*

An·ti·guan [æn'tiːgən, AM -gwən] **I.** *n* Antiguaner und Barbuder *nt*
II. *adj* antiguanisch und barbudisch

anti-'hate group *n* Antihassgruppe *f* **'anti-hero** *n* Antiheld *m* **anti'his·ta·mine** *n* MED, PHARM ① *no pl (substance)* Antihistamin *nt* ② *(dosage)* Antihistaminikum *nt* **anti-'holi·day** *adj inv* urlaubsfeindlich eingestellt **anti-in·'flam·ma·tory I.** *n* entzündungshemmendes Mittel **II.** *adj inv* entzündungshemmend **anti-in·'fla·tion·ary** *adj* ECON ~ **measures** antiinflationäre Maßnahmen, Inflationsbekämpfungsmaßnahmen *pl* **anti-in·'fla·tion poli·cy** *n* Anti-Inflationspolitik *f* **'anti-knock I.** *n no pl* TECH Antiklopfmittel *nt* **II.** *n modifier* TECH Antiklopf-; ~ **agent** Antiklopfmittel *nt* **anti-'knock·ing** *adj attr, inv* TECH Antiklopf-

'anti let·ter *n* Protestbrief *m*

An·til·les [æn'tɪliːz] *npl* **the Greater ~** die Großen Antillen; **the Lesser ~** die Kleinen Antillen

'anti-lock *adj attr brakes* Antiblockier- **anti-lock 'brak·ing sys·tem, ABS** *n* AUTO Antiblockiersystem *nt* **anti·'loga·rithm** *n*, **'anti·log** *n* MATH *(fam)* Numerus *m*

anti·ma·cas·sar [ˌæntɪmə'kæsəʳ, AM -t̬ɪmə'kæsɚ] *n (dated)* Sesselschoner *m*; *(for sofas)* Sofaschoner *m*

anti·ma·'laria *adj attr, inv* Antimalaria-

'anti·mat·ter *n no pl* PHYS Antimaterie *f*

anti·mi·'cro·bial *adj inv* antimikrobiologisch

'anti-mine *adj attr, inv* Antiminen- **anti-'mis·sile** *adj attr, inv* Antiraketen-; ~ **defence** Raketenabwehr *f*

anti·mony ['æntɪməni, AM -t̬əmoʊ-] *n no pl* Antimon *nt*

anti-'noise *n no pl* Gegengeräusch *nt* **anti-'nu·clear** *adj* Antiatom-; ▪**to be ~** gegen Atomkraft sein, Atom[kraft]gegner/-gegnerin [*o* Kernkraftgegner/-gegnerin] sein **anti·'oxi·dant** *n* Antioxidationsmittel *nt*, Antioxidans *nt*

anti·pas·ti [ˌæntɪ'pæsti, AM -t̬ɪ'pɑːsti] *n pl of* **antipasto** Antipasti *pl*

anti·pas·to <*pl* -s *or pl* -ti> [ˌæntɪ'pæstəʊ, AM -t̬ɪ'pɑːstoʊ, *pl* -tiː] *n* Antipasto *m o nt*

anti·pa·thet·ic [ˌæntɪpə'θetɪk, AM -t̬ɪpə'θet̬ɪk] *adj attitude, reaction* unsympathisch; ▪**to be ~ to sb/sth** gegen jdn/etw eine Abneigung haben

an·tipa·thy [æn'tɪpəθi] *n usu sing* Antipathie *f geh*, Abneigung *f* [**for/to**[**wards**] gegen *+akk*]; **racial ~** Rassismus *m*

anti-per·son·'nel *adj attr, inv* gegen Menschen gerichtet; ~ **bomb** Splitterbombe *f*; ~ **mine** Tretmine *f* **anti·per·spi·rant** [ˌæntɪ'pɜːspərənt, AM -t̬ɪ'pɜːrspɚ-] **I.** *n* Antitranspirant *nt* **II.** *adj* antitranspiratorisch; **to have ~ qualities** eine schweißhemmende Wirkung haben

An·tipo·dean [ænˌtɪpə(ʊ)'diːən] **I.** *adj inv* BRIT *(Australian)* australisch; *(New Zealand)* neuseeländisch
II. *n (Australian)* Australier(in) *m(f)*; *(New Zealander)* Neuseeländer(in) *m(f)*

An·tipo·des [æn'tɪpədiːz] *npl* BRIT ▪**the ~** ① GEOG Australien *nt* und Neuseeland *nt*
② *(opposite directions)* entgegengesetzte Teile der Erde

anti·pope ['æntɪˌpəʊp, AM -t̬ɪˌpoʊp] *n* HIST Gegenpapst *m*

anti·quar·ian [ˌæntɪ'kweəriən, AM -t̬ə'kweri-] **I.** *n* ① *(antique dealer)* Antiquitätenhändler(in) *m(f)*; *(bookseller)* Antiquar(in) *m(f)*; ~ **bookshop** Antiquariat *nt*
② *(collector)* Antiquitätensammler(in) *m(f)*
③ *(student)* Altertumsforscher(in) *m(f)*
II. *adj* antiquarisch

anti·quari·an·ism [ˌæntɪ'kweəriənɪzəm, AM -t̬ə'kweri-] *n no pl* Interesse *nt* für Antiquitäten

anti·quary ['æntɪkwəri, AM -t̬əkweri-] *n (dated: dealer)* Antiquitätenhändler(in) *m(f)*; *(collector)* Antiquitätensammler(in) *m(f)*

anti·quat·ed ['æntɪkweɪtɪd, AM -t̬ə-] *adj (pej)* antiquiert *a. hum; industries, institutions* veraltet; *(fig)* ***now I'm thirty I feel positively ~!*** *(hum)* jetzt, wo ich dreißig bin, fühle ich mich wirklich uralt; ~ **attitude** altmodische Einstellung

an·tique [æn'tiːk] **I.** *n* ① *(collectable object)* Antiquität *f*; ~ **dealer** Antiquitätenhändler(in) *m(f)*; ~ **shop** Antiquitätengeschäft *nt*
② *(pej iron: object)* Antiquität *f hum*
II. *adj* antik
III. *vi (fam)* ▪**to ~** Antiquitäten kaufen

an·tiq·uity [æn'tɪkwəti, AM -t̬i] *n* ① *no pl (ancient times)* Altertum *nt*
② *no pl (great age)* hohes Alter; **to be of great ~** sehr alt sein
③ *(relics)* ▪**antiquities** *pl* Altertümer *pl*

anti-'rac·ist I. *adj* antirassistisch **II.** *n* Antirassist(in) *m(f)* **anti-'riot** *adj attr, inv* Unruhen bekämpfend *attr*; ~ **police** Bereitschaftspolizei *f kein pl* **anti-'roll bar** *n* AUTO Drehstabstabilisator *m*

an·tir·rhi·num [ˌæntɪ'raɪnəm, AM -t̬ə-] *n* BOT *(form)* Antirrhinum *nt fachspr*, Löwenmaul *nt kein pl*

anti-'rust *adj attr, inv* Rostschutz- **anti-'Se·mite** *n (pej)* Antisemit(in) *m(f)* **anti-'Se·mit·ic** *adj* antisemitisch **anti-'Se·mi·tism** *n no pl* Antisemitismus *m* **anti·'sep·tic I.** *n* Antiseptikum *nt*, antiseptisches Mittel **II.** *adj* antiseptisch, keimtötend; *(fig pej) buildings, apartments* steril *pej* **'anti-shat·ter** *adj attr glass, windows* mit Splitterschutz *nach n*; *coating* splitterfest **anti-'shock memo·ry, anti-skip tech·'nol·ogy** *n no pl (on CD players)* Antischocksystem *nt* **anti-'smok·ing** *adj* Nichtraucher- **anti·'so·cial** *adj* ① *(harmful to society)* unsozial; *(alienated from society)* asozial ② *(not sociable)* ungesellig, nicht gesellig **anti·so·cial be·'hav·iour** *n* Erregung *f* öffentlichen Ärgernisses; ~ **order** gerichtliche Verfügung wegen Erregung öffentlichen Ärgernisses **an·ti-'spam** *adj attr, inv* COMPUT, INET Antispam- **'anti-spy·ware** *adj attr, inv* Anti-Spyware-, Antispionageprogramm- **anti-'stat·ic** *adj* antistatisch **anti-'take·over meas·ure** *n* ECON Anti-Takeover-Maßnahme *f* **anti-'tank** *adj attr, inv* Panzerabwehr-

an·tith·esis <*pl* -ses> [æn'tɪθəsɪs, *pl* -siːz] *n* Gegenteil *nt*; *(contrast)* Gegensatz *m*; *(in rhetoric)* Antithese *f*; ▪**in ~ to sth** im Gegensatz zu etw *dat*

anti·thet·ic(al) [ˌæntɪ'θetɪk(əl), AM -t̬ɪθet̬-] *adj inv* antithetisch, gegensätzlich; ▪**to be ~ to sth** zu etw *dat* im Widerspruch stehen

anti-'tox·in *n* MED Gegengift *nt*, Antitoxin *nt fachspr*

anti-'trust *adj* AM FIN Antitrust-, Kartell-; ~ **laws** [*or* **legislation**] amerikanische Kartellgesetzgebung

anti-'trust law *n esp* AM Kartellgesetz *nt* **anti-'trust leg·is·la·tion** *n no pl* Kartellgesetzgebung *f*

anti-'vi·ral MED **I.** *adj* antiviral; ~ **drug** antivirales Arzneimittel **II.** *n* ▪**~s** *pl* Virostatika *pl fachspr* **anti-'vi·rus** *adj* COMPUT Antiviren-; **an ~ program** ein Virenschutzprogramm **anti-'war** *adj march, speech* Antikriegs- **anti-'wrin·kle** *adj inv* Antifalten-; ~ **cream** Faltencreme *f*

ant·ler ['æntləʳ, AM -ɚ] *n* Geweihstange *f*; **pair of ~s** Geweih *nt*

an·to·nym ['æntənɪm, AM -tən-] *n* LING Antonym *nt*

fachspr

an·tony·mous [æn'tɒnɪməs, AM -'tɑ:n-] *adj* antonym *fachspr;* ~ **word** Antonym *nt fachspr*

ant·sy ['æntsi] *adj* AM *(fam) child* zappelig *fam;* ■ **sb is** ~ jd ist kribbelig *fam;* ■ **to be** ~ **to do sth** *(very eager to do sth)* darauf brennen, etw zu tun

Ant·werp ['æntwɜ:p, AM -twɜ:rp] *n no pl* Antwerpen *nt*

anus ['eɪnəs] *n* Anus *m*

an·vil ['ænvɪl, AM -vəl] *n* Amboss *m; (in ear also)* Incus *m fachspr*

anxi·ety [æŋ'zaɪəti, AM -əṭi] *n* ① *no pl (feeling of concern)* Sorge *f,* Besorgnis *f;* **a source of** ~ ein Anlass *m* zur Sorge; **to feel** ~ [**about sth**] sich *dat* [um etw *akk*] Sorgen machen

② *(concern)* Angst *f*

③ *no pl (desire)* Verlangen *nt;* ***... hence his ~ to get his work finished ...*** daher ist er auch so bestrebt, seine Arbeit fertig zu bekommen

an'xi·ety at·tack *n* Panikattacke *f,* Angstanfall *m* **an'xi·ety com·plex** *n* Angstkomplex *m* **an'xi·ety dis·or·der** *n* Angststörung *f* **an'xi·ety neu·ro·sis** *n* Angstneurose *f*

anx·ious ['æŋ(k)ʃəs] *adj* ① *(concerned)* besorgt; ***she always gets ~ if we don't arrive when we say we will*** sie macht sich immer Sorgen, wenn wir nicht zur angegebenen Zeit zurückkommen; ~ **look** besorgter Blick; *(more serious)* sorgenvoller Blick; ■ **to be** ~ **about sth** sich *dat* um etw *akk* Sorgen machen, um etw *akk* besorgt sein; *(more serious)* um etw *akk* Angst haben

② *(eager)* bestrebt; ***I'm ~ that we get there on time*** ich hoffe [sehr], dass wir rechtzeitig dort ankommen; ■ **to be** ~ **to do sth** [eifrig] darauf bedacht sein, etw zu tun; ■ **to be** ~ **for sth** ungeduldig auf etw *akk* warten

anx·ious·ly ['æŋ(k)ʃəsli] *adv* ① *(with concern)* besorgt

② *(eagerly)* sehnsüchtig; ~ **awaited** sehnsüchtig erwartet; *(with excitement)* mit Spannung erwartet

any [eni, əni] **I.** *adj inv, attr* ① *(in questions)* [irgend]ein(e); *(with uncountables)* etwas; ***do you have ~ children/brothers and sisters?*** haben Sie Kinder/Geschwister?; ***did you notice ~ changes?*** hast du irgendwelche Veränderungen bemerkt?; ***do you have ~ problems?*** haben Sie [irgendwelche] Probleme?; ***do you have [or have you got] ~ basil?*** hätten Sie vielleicht etwas Basilikum?; ~ ***news about your application?*** hast du schon [irgend]etwas wegen deiner Bewerbung gehört?

② *(with negative)* ***I don't think there'll be ~ snow this Christmas*** ich glaube nicht, dass es dieses Jahr an Weihnachten schneien wird; ***there wasn't ~ butter in the house*** es war keine Butter im Haus; ***you mustn't do that on ~ account*** du darfst das auf gar keinen Fall tun

③ *(conditional)* [irgend]ein(e); *(with uncountables)* etwas; ***if you had ~ friends, you would know what I mean*** wenn du Freunde hättest, wüsstest du, was ich meine; ***if I had ~ money, I would not hesitate*** wenn ich [etwas] Geld hätte, würde ich nicht zögern; ***if she had ~ experience, I'd give her the job*** wenn sie wenigstens etwas Erfahrung hätte, würde ich sie einstellen; ***if you had ~ time to spare, you could join us*** wenn du Zeit hast, kannst du ja nachkommen; ~ [**at all**] [irgend]ein(e); ***if I had ~ plan at all, you'd be the first to know*** wenn ich auch nur irgendeinen Plan hätte, würdest du es als Erster erfahren; ***if there had been ~ pedestrians I could have asked, I wouldn't have got lost*** wenn da irgendwelche Passanten gewesen wären, die ich hätte fragen können, hätte ich mich nicht verirrt; ***very few people, if ~, still remember him*** es gibt, wenn überhaupt, nur noch sehr wenige Menschen, die sich an ihn erinnern; ***if it's of ~ help [at all] to you, I could talk to your boss*** wenn dir das irgendwie hilft, könnte ich ja mal mit deinem Chef sprechen

④ *(every)* jede(r, s); *(all)* alle; ***I love ~ form of chocolate*** ich liebe jede Art von Schokolade; ***absolutely ~ food would be better than nothing at all*** wirklich [*o* absolut] jedes Essen wäre besser als überhaupt nichts; ~ ***complaints should be addressed to the hotel manager*** jegliche [*o* alle] Beschwerden sind an den Hoteldirektor zu richten; ***ring me up ~ time*** du kannst mich jederzeit anrufen; **in** ~ **case, at** ~ **rate** *(fam: whatever happens)* auf jeden Fall; *(above and beyond that)* überhaupt; ***there's nothing on at the cinema and in ~ case it's far too cold*** es läuft nichts im Kino und außerdem ist es sowieso viel zu kalt; ~ **minute** jeden Augenblick; ~ ***minute now he's going to go crazy*** *(fam)* er wird jeden Augenblick ausflippen; ~ **day/moment** jeden Tag/Moment; ~ **time now** jederzeit; **at** ~ **one time** zu jeder Zeit

⑤ *(whichever you like)* jede(r, s) [beliebige]; *(with uncountables, pl n)* alle; *(not important which)* irgendein(e); *(with pl n)* irgendwelche; ***you could choose ~ three items of clothing [you liked]*** man konnte sich drei Kleidungsstücke nach Belieben aussuchen; ***you can borrow ~ books [you want]*** du kannst dir alle Bücher ausleihen, die du möchtest; ~ **number** beliebig viele; ***you can take ~ number of books [you want]*** du kannst beliebig viele Bücher mitnehmen; ***take ~ trousers from my wardrobe*** nimm einfach irgendeine Hose aus meinem Schrank; ~ **old** *(fam)* jede(r, s) x-beliebige *fam;* ***I can't wear just ~ old thing to my brother's wedding*** ich kann nicht jedes x-beliebige Teil zur Hochzeit meines Bruders tragen! *fam*

II. *pron* ① *(some of many)* welche; *(one of many)* eine(r, s); ***are ~ of those pictures over there yours?*** sind von den Bildern da drüben welche von dir?; ***have you seen ~ of his films?*** hast du schon einen seiner Filme gesehen?; ***do you have ~ [at all]?*** haben Sie [überhaupt] welche?; ***did ~ of you hear anything?*** hat jemand von euch etwas gehört?

② *(some of a quantity)* welche(r, s); ***do you have ~ basil? — I'm sorry, there isn't ~ left*** hast du Basilikum? – ich fürchte, es ist keines mehr da; ***if there's ~ left, throw it away*** wenn noch was übrig ist, wirf es weg; ~ **at all** überhaupt welche(r, s); **hardly** ~ kaum etwas; ■ ~ **of sth** etwas von etw *dat;* ***is there ~ of that lemon cake left?*** ist noch etwas von dem Zitronenkuchen übrig?

③ *(with negative)* ***we've got one copy here but we don't have ~ to sell*** wir haben hier ein Exemplar, aber zum Verkaufen haben wir keine; ***I haven't seen ~ of his films*** ich habe keinen seiner Filme gesehen; ***don't you have ~ at all*** haben Sie denn überhaupt keine?; **not** ~ **at all** überhaupt keine(r, s); ***you've eaten all the chocolate without leaving ~ for me!*** du hast die ganze Schokolade gegessen und mir nichts übrig gelassen!

④ *(each)* jede(r, s); *(all)* alle; ***we're happy to welcome each and ~ who wants to take part*** wir freuen uns über jeden Einzelnen, der mitmachen möchte; ~ **of the cars/dresses** jedes der Autos/Kleider; ***have you got some gloves for me? — ~ I have are torn*** hast du ein Paar Handschuhe für mich? – alle, die ich habe, sind zerschlissen

⑤ *(no important which)* irgendeine(r, s); *(replacing pl n)* irgendwelche; *(whichever you like)* jede(r, s) [beliebige]; *(replacing pl n)* alle; ***I need someone to give me a hand — ~ of you will do*** einer muss mir zur Hand gehen – egal wer von euch; ***which screws would you like? — ~ would do*** welche Schrauben möchtest du? – egal welche; ***which hat shall I wear? — ~ that's not too sporty*** welchen Hut soll ich tragen? – irgendeinen, der nicht zu sportlich ist; ***could I borrow a few of your books? — take ~*** kann ich mir ein paar deiner Bücher leihen? – nimm dir irgendwelche

▸PHRASES: **to not have** ~ [**of it**] nichts davon wissen wollen

III. *adv inv* ① *(emphasizing)* noch; *(a little)* etwas; *(at all)* überhaupt; ***he wasn't ~ good at acting*** Schauspielern lag ihm gar nicht; ***if I have to stay here ~ longer, ...*** wenn ich noch länger hierbleiben muss, ...; ***none of us is getting ~ younger*** wir werden alle nicht jünger; ***can't you drive ~ faster?*** können Sie nicht etwas schneller fahren?; ***are you feeling ~ better?*** fühlst du dich [denn] etwas besser?; ***I don't feel ~ better*** mir geht es überhaupt [*o* gar] nicht besser; ***that didn't help ~*** das hat überhaupt nichts genutzt; ***no one need be ~ the wiser*** kein muss davon erfahren; ~ **more** noch mehr; ~ ***more of those remarks and I'll thump you!*** noch eine solche Bemerkung und es knallt! *fam*

② *(expressing termination)* **not** ~ **longer/more** nicht mehr; ***I don't do yoga ~ more*** ich mache kein Yoga mehr; ***I can't tell you ~ more than that*** ich kann dir nicht mehr als das sagen; ***I don't expect we'll have ~ more trouble from him*** ich glaube nicht, dass er uns noch weiteren Ärger bereitet

any·body ['eni,bɒdi, AM -,bɑ:di], **any·one** ['eni,wʌn, -wən] *pron indef* ① *(any person)* jede(r, s); ~ ***could do it*** jeder könnte das machen; ***it was still ~'s game at half-time*** zur Halbzeit war das Spiel noch offen; **anybody and everybody, anyone and everyone** jeder Beliebige, alle Leute; **to be** ~**'s guess** völlig offen sein; ■ **not** ~ niemand; ***there wasn't ~ there/around*** es war niemand da

② *(someone)* [irgend]jemand; ***does ~ here look familiar?*** kennst du hier jemand[en]?; ~ ***else?*** noch jemand?; ~ ***else for coffee?*** möchte noch jemand Kaffee?

③ *(important person)* jemand, wer *fam;* ~ **who is** ~ jeder, der etwas auf sich hält

④ *(unimportant person)* ***he's not just ~*** er ist nicht irgendwer *fam*

▸PHRASES: **to be** ~**'s** *(fam)* leicht zu haben sein *sl*

any·how ['enihaʊ] *adv inv* ① *(in any case)* sowieso

② *(in a disorderly way)* irgendwie

any·more [,eni'mɔ:r] *adv inv* AM *see* **any III 2**

any·one ['eniwʌn] *pron indef see* **anybody**

any·place ['enipleɪs] *adv inv* AM *(anywhere)* irgendwo

any road ['enirəʊd] *adv inv* NENG *see* **anyway**

any·thing ['eniθɪŋ] *pron indef* ① *(one of any)* [irgend]etwas, [irgend]was *fam; (one of set also)* ein/eine; ~ ***you like*** alles, was du willst; ***nobody found/said ~*** keiner fand/sagte etwas; ~ **but!** von wegen! *fam;* ***he is ~ but racist*** er ist alles, nur kein Rassist!; ~ **and everything** absolut alles; **for** ~: ***ready for ~*** auf alles vorbereitet; ■ **not** ~ nichts; **not** ~ **like sb/sth** nicht annähernd wie jd/etw; ***it doesn't taste ~ like rum*** das schmeckt absolut nicht nach Rum; **or** ~ *(fam)* oder so was *fam;* ***you don't have to join up or ~*** du musst weder beitreten noch sonst was *fam*

② *(any range)* ~ **between sth and sth** [*or* **from sth to sth**] irgendwo zwischen etw *dat* und etw *dat;* ***she could be ~ between 30 and 40 [or from 30 to 40]*** sie könnte alles zwischen 30 und 40 sein

③ *(something)* ***is there ~ I can do to help?*** kann ich irgendwie helfen?; ***does it look ~ like an eagle?*** sieht das irgendwie wie ein Adler aus?; ~ **else?** sonst noch etwas?; *(in shop)* darf es noch was sein?; **hardly** ~ kaum etwas; **not** ~ **much** nicht viel

▸PHRASES: [**as**] ... **as** ~ *(fam)* ausgesprochen ...; **not for** ~ [**in the world**] um nichts in der Welt; ~ **goes** *(permitted)* erlaubt ist, was gefällt; *(unforeseeable)* alles kann passieren; **like** ~ *(fam)* wie verrückt *fam;* ~ **for a quiet life** Hauptsache Ruhe *fam*

any·time ['enitaɪm] **I.** *adv inv* jederzeit; ~ **soon** in nächster Zukunft

II. *adj attr, inv* TELEC, INET Anytime *nach n;* ***1000 ~ mobile to mobile minutes*** 1000 Minuten Anytime von Handy zu Handy *(hinsichtlich von der Tageszeit unabhängige Telefon- oder Internetgebühren)*

any·way ['eniweɪ], AM *also* **any·ways** ['eniweɪz] *adv inv (fam)* ① *(in any case)* sowieso; ***what's he doing there ~?*** was macht er dort überhaupt?

② *(well)* jedenfalls; ~! na ja!

any·where ['eni(h)weər, AM -(h)wer] *adv inv* ① *(in any place)* überall; ***you won't find a prettier village ~ in England*** nirgendwo in England werden Sie ein schöneres Dorf finden; ~ **else** irgendwo anders; ***there are a few words that you don't hear***

~ *else* es gibt einige Wörter, die man nirgendwo anders hört
② *(some place)* irgendwo; ***could you help me? I'm not getting ~*** könntest du mir helfen? ich komme einfach nicht weiter; ***I don't feel I'm getting ~*** ich habe nicht das Gefühl, dass ich irgendwie vorankomme; ***he isn't ~ near as popular as he used to be*** er ist nicht annähernd so populär wie früher; ***I should be arriving ~ between 9 and 10 pm*** ich müsste irgendwann zwischen 9 und 10 Uhr abends ankommen; ***are we ~ near finishing yet?*** kommen wir jetzt irgendwie zum Ende?; **to go ~** irgendwohin gehen; **miles from ~** *(fam)* am Ende der Welt *hum*

AOB [ˌeɪəʊ'biː] *n no pl* BRIT *abbrev of* **any other business** *(on meeting agenda)* Diverses

A-OK [ˌeɪoʊ'keɪ] AM **I.** *adj inv (perfectly okay)* topfit *fam; (very lively)* putzmunter *fam*
II. *adv inv (perfectly okay)* perfekt; *(extremely good)* astrein *sl;* ***the car is working ~!*** das Auto fährt wie geschmiert! *fam*

A1 [ˌeɪ'wʌn] *adj* erstklassig, eins a *fam*

aor·ta [eɪ'ɔːtə, AM -'ɔːrt̬ə] *n* Aorta *f*

AP [ˌeɪ'piː] *n* AM *abbrev of* **Advanced Placement** *Kurs an der High School für fortgeschrittene Schüler, deren bestandenes Endexamen sie dazu berechtigt, das erste Jahr am College zu überspringen; exam, test, course* AP-

apace [ə'peɪs] *adv (dated also liter)* zügig

Apache [ə'pætʃi] **I.** *n* <*pl* - *or* -s> Apache, Apachin *m, f*
II. *n modifier* Apachen-

apart [ə'pɑːt, AM -'pɑːrt] *adv* ① *(separated)* auseinander, getrennt; ***I can't tell them ~*** ich kann sie nicht auseinanderhalten; **to be far** [*or* **miles**] [*or* **wide**] **~** *(also fig)* weit auseinanderliegen; **to blow ~** [in der Luft] zerfetzen; **to come** [*or* **fall**] **~** auseinanderfallen; ***their marriage is falling ~*** ihre Ehe geht in die Brüche; **to move ~** *(also fig)* sich *akk* auseinanderbewegen; **to be set ~** sich *akk* abheben; **to take sth ~** etw auseinandernehmen [*o* [in seine Einzelteile] zerlegen]; *(fig fam)* etw auseinandernehmen *fam* [*o sl* verreißen]; **to take sb ~** *(fig fam)* jdn auseinandernehmen *fam* [*o fam* in der Luft zerreißen]
② *after n (to one side)* beiseite *after n;* **joking ~** *(fig)* Spaß beiseite; *(not including)* ausgenommen; ***the North coast ~, ...*** abgesehen von der nördlichen Küste ...; *(distinctive)* besonders; **a breed ~** eine besondere [*o* spezielle] Sorte; ***politicians are a breed ~*** Politiker/Politikerinnen sind eine Sache für sich; **sb is poles** [*or* **worlds**] **~** jdn trennen Welten *fig;* ***they're poles ~ in their way of thinking*** zwischen ihren Denkarten liegen Welten *fig;* **to be a race ~** eine Klasse für sich sein; ***she was a race ~ from all the other singers*** sie war um Klassen besser als alle anderen Sänger/Sängerinnen
③ *(in addition to)* außerdem, zusätzlich zu +*dat; (except for)* abgesehen von +*dat;* ***you and me ~*** abgesehen von dir und mir; ■**~ from sth/sb** von etw/jdm abgesehen

apart·heid [ə'pɑːteɪt, AM ə'pɑːrthaɪt, -heɪt] *n no pl* Apartheid *f,* Rassentrennung *f*

apart·ment [ə'pɑːtmənt, AM ə'pɑːr-] *n esp* AM Wohnung *f; (smaller)* Appartement *nt,* Apartment *nt;* **holiday** [*or* AM **vacation**] **~** Ferienwohnung *f;* **the Royal ~s** die königlichen Gemächer *geh*

a'part·ment build·ing, *esp* AM **a'part·ment house** *n* Wohnhaus *nt; (with smaller flats)* Appartementhaus *nt,* Apartmenthaus *nt,* Mehrfamilienhaus *nt*

apa·thet·ic [ˌæpə'θetɪk, AM -'θet̬-] *adj* apathisch, teilnahmslos; *(without drive)* antriebsarm; ■**to be ~ about** [*or* **towards**] **sth** gegenüber etw *dat* gleichgültig sein; ***you're so ~ about everything*** dir ist alles so egal *fam*

apa·theti·cal·ly [ˌæpə'θetɪkəli, AM 'θet̬] *adv* apathisch

apa·thy ['æpəθi] *n no pl* Apathie *f,* Teilnahmslosigkeit *f; (uninterestedness)* Gleichgültigkeit *f* (**about/towards** gegenüber +*dat)*

ape [eɪp] **I.** *n* ZOOL [Menschen]affe *m; (person)* ***you big ~!*** *(fig sl)* du Riesenbaby! *fam*
▸PHRASES: **to go ~** [*or* **~shit**] *esp* AM *(sl)* ausflippen *fam,* durchdrehen *fam; (be very angry)* fuchsteufelswild werden
II. *vt* ■**to ~ sb/sth** jdn/etw nachahmen [*o pej* nachäffen]

Ap·en·nines ['æpənaɪnz] *npl* Apennin *m*

ape·ri·tif [əˌperə'tiːf, AM ɑːˌperɪ'-] *n* Aperitif *m,* Apéro *m* SCHWEIZ

ap·er·ture ['æpətʃəʳ, AM -ɚtʃʊr] *n* [kleine] Öffnung; PHOT Blende *f*

ap·er·ture il·lu·mi·'na·tion *n* Ausleuchtung *f*

apex <*pl* -es *or* apices> ['eɪpeks, *pl* 'eɪpɪsiːz] *n* ① *(form: top)* Spitze *f; of the heart, lung* Apex *m fachspr; of a career* Höhepunkt *m; of an organization* Spitze *f; of a mountain* Gipfel *m; of a roof* First *m*
② MATH *(opposite base)* Spitze *f*

APEX ['eɪpeks] *n no pl acr for* **Advance Purchase Excursion: ~ ticket** APEX-Ticket *nt (reduziertes Flugticket bei Vorauszahlung)*

apha·sia [ə'feɪziə, AM -ʒə] *n* PSYCH, MED Aphasie *f fachspr*

apha·sic [ə'feɪzɪk] *adj inv* PSYCH, MED aphatisch *fachspr,* sprachgestört

aphid ['eɪfɪd, AM *also* 'æf-] *n* Blattlaus *f*

apho·rism ['æfərɪzəm, AM -ɚɪzəm] *n* LIT Aphorismus *m geh*

apho·ris·tic [ˌæfər'ɪstɪk] *adj* aphoristisch *geh,* prägnant-geistreich

apho·rize *vi* sich *akk* treffend ausdrücken

aph·ro·disi·ac [ˌæfrə(ʊ)'dɪziæk, AM -rə'-] *n* Aphrodisiakum *nt*

apia·rist ['eɪpiərɪst] *n (spec)* Imker(in) *m(f),* Bienenzüchter(in) *m(f)*

api·ary ['eɪpiəri, AM -eri] *n* Bienenhaus *nt,* Bienenstock *m*

api·cal ['æpɪkəl] *adj inv (form)* apikal *fachspr,* Spitzen-

api·ces ['eɪpɪsiːz] *n pl of* **apex**

api·cul·ture ['eɪpɪkʌltʃəʳ, AM -ɚ] *n no pl (spec)* Bienenzucht *f*

apiece [ə'piːs] *adv after n, inv* das Stück; ***for £500 ~*** für 500 Pfund das Stück; *(per person)* jeder; ***give them five ~*** gib ihnen je fünf

aplenty [ə'plenti, AM -t̬i] *adj after n, inv* in [Hülle und] Fülle, en masse *fam*

aplomb [ə'plɒm, AM -ɑːm] *n no pl* Aplomb *m geh,* [Selbst]sicherheit *f; (casual air)* Gelassenheit *f;* **to do sth with** [**one's usual**] **~** etw mit [der üblichen] Souveränität erledigen *geh;* ***she conducted the meeting with characteristic ~*** sie leitete das Treffen mit der für sie typischen Selbstverständlichkeit

ap·noea, AM **apnea** [æp'niːə] *n* MED Schlafapnoe *f*

apoB [æpəʊ'biː, AM -poʊ-] MED *short for* **apolipoprotein B I.** *n* Apolipoprotein B *nt*
II. *n modifier* Apolipoprotein-B-

apoca·lypse [ə'pɒkəlɪps, AM -'pɑːk-] *n no pl* ① *(catastrophic destruction)* Apokalypse *f geh;* **nuclear ~** nukleare Katastrophe
② REL *(end of the world)* ■**the A~** das Ende der Welt [*o* BRD Weltende], der Weltuntergang; *(book)* die Apokalypse

apoca·lyp·tic [əˌpɒkə'lɪptɪk, AM -ˌpɑːk-] *adj* apokalyptisch; *(fig)* **~ speech** Unheil [ver]kündende Rede *geh*

apo·chro·mat·ic lens [ˌæpəkrə(ʊ)'mætɪk-, AM -kroʊ'mæt̬-] *n* PHOT apochromatische Linse *(gegen Farbabweichungen)*

apoc·ry·pha [ə'pɒkrəfə, AM -'pɑːk-] *npl + sing/pl vb* ① REL ■**the A~** die Apokryphen *pl*
② *(writings)* apokryphe Schriften *geh*

apoc·ry·phal [ə'pɒkrɪfəl, AM -'pɑːkrə-] *adj (form)* ① *(doubtful)* apokryph[isch], zweifelhaft; **~ story** *(fig)* zweifelhafte Geschichte
② *(of Apocrypha)* apokryph

apo·gee ['æpə(ʊ)dʒiː, AM -ədʒi] *n no pl* ① *(form: zenith)* Höhepunkt *m*
② ASTRON Apogäum *nt fachspr,* Erdferne *f*

apo·liti·cal [ˌeɪpə'lɪtɪkəl, AM -'lɪt̬ə-] *adj* apolitisch *geh,* unpolitisch

Apollo [ə'pɒləʊ, AM 'pɑːloʊ] *n no pl* ① *(Greek god)* Apollo *m*
② *(US space programme)* Apollo *kein art*

apolo·get·ic [əˌpɒlə'dʒetɪk, AM əˌpɑːlə'dʒet̬ɪk] *adj* ① *(showing regret)* entschuldigend *attr;* ■**to be ~ about** [*or* **for**] **sth** etw bedauern, sich *akk* für etw *akk* entschuldigen
② *pred (pej: obsequious)* bescheiden; ***stop being so ~ about everything!*** spiel nur nicht immer den Untertan!

apolo·geti·cal·ly [əˌpɒlə'dʒetɪkli, AM əˌpɑːlə'dʒet̬ɪk-] *adv* entschuldigend; *(hesitantly)* **to laugh/smile ~** zaghaft lachen/lächeln

apolo·gia [ˌæpə'ləʊdʒə, AM -'loʊ-] *n (form liter)* Apologie *f geh,* Rechtfertigung *f; (written piece)* Rechtfertigungsschrift *f*

apolo·gist [ə'pɒlədʒɪst, AM -'pɑːl-] *n (form)* Verteidiger(in) *m(f),* Apologet(in) *m(f) geh; (fig: advocate)* Verfechter(in) *m(f)*

apolo·gize [ə'pɒlədʒaɪz, AM -'pɑːl-] *vi* sich *akk* entschuldigen (**to** bei +*dat,* **for** für +*akk);* ***he ~d for the fact that ...*** er entschuldigte sich dafür, dass ...; ***she ~d profusely*** sie bat vielmals um Verzeihung; *(form)* ***I do ~ if ...*** ich bitte Sie zu entschuldigen, wenn ...

apo·logy [ə'pɒlədʒi, AM -'pɑːl-] *n* ① *(statement of regret)* Entschuldigung *f;* **to be full of apologies** sich *akk* vielmals entschuldigen; **to make** [*or* **offer**] **an ~** um Entschuldigung bitten; ***she owes him an ~ for ...*** sie muss sich bei ihm dafür entschuldigen, dass ...
② *(regrets)* ■**apologies** *pl* Bedauern *nt kein pl;* ***please accept our apologies for the inconvenience we have caused*** wir bitten vielmals um Entschuldigung für die Unannehmlichkeiten, die wir Ihnen bereitet haben; **to make apologies** sich *akk* entschuldigen; **to send one's apologies** sich *akk* entschuldigen lassen
③ *(form: formal defence)* Verteidigung *f,* Apologie *f geh* (**for** für +*akk)*
④ *(esp hum fam: sorry sight)* ***what an ~ for a buffet!*** was soll denn das für ein armseliges Büfett sein!

apo·plec·tic [ˌæpə'plektɪk] *adj* ① MED apoplektisch *fachspr;* **~ stroke** apoplektischer Anfall *fachspr,* Schlaganfall *m*
② *(usu hum: very angry)* cholerisch; **to be ~ with fury** [*or* **rage**] vor Wut schäumen [*o* [fast] platzen]

apo·plexy ['æpəpleksi] *n no pl* ① MED *(spec)* Apoplexie *f fachspr,* Schlaganfall *m,* Gehirnschlag *m*
② *(rage)* Rage *f;* **a fit of ~** ein Wutanfall *m*

apos·tasy [ə'pɒstəsi, AM ə'pɑːs-] *n no pl (form)* Apostasie *f geh,* Abfall *m,* Lossagung *f*

apos·tate [ə'pɒsteɪt, AM -'pɑːs-] *n (form)* Apostat(in) *m(f) geh,* Abtrünnige(r) *f(m)*

a pos·terio·ri [ˌeɪpɒsˌteri'ɔːraɪ, AM ˌeɪpɑːˌstɪri] **I.** *adj* aposteriorisch *geh;* **~ argument** LAW Aposteriori-Argument *nt*
II. *adv* a posteriori *geh*

apos·tle [ə'pɒsl, AM ə'pɑːsl] *n* ① *(of Jesus Christ)* ■**A~** Apostel *m;* **the 12 A~s** die 12 Apostel
② *(advocate)* Apostel *m oft iron geh,* Verfechter(in) *m(f);* **~ of a belief** Glaubensbote, -botin *m, f geh;* **~ of peace** Friedensapostel *m oft iron geh*

ap·os·tol·ic [ˌæpə'stɒlɪk, AM -'stɑːl-] *adj* apostolisch

apos·tro·phe [ə'pɒstrəfi, AM -'pɑːs-] *n* LING Apostroph *m*

apos·tro·phize [ə'pɒstrəfaɪz, AM -'pɑːstrə-] *vt* ■**to ~ sb/sth** jdn/etw apostrophieren *geh*

apoth·ecary [ə'pɒθəkəri, AM -'pɑːθə-] *n (hist)* Provisor *m veraltet,* Apotheker(in) *m(f)*

apoth·eo·sis <*pl* -ses> [əˌpɒθi'əʊsɪs, AM -ˌpɑːθi'oʊ-, *pl* -siːz] *n (form liter)* ① *(culmination)* Höhepunkt *m;* **the ~ of a dream** die Erfüllung eines Traums; **to achieve** [*or* **reach**] **an ~** einen Höhepunkt erreichen
② *(deification)* Apotheose *f geh,* Vergöttlichung *f*

apoth·eo·size [ə'pɒθiə(ʊ)saɪz, AM -'pɑːθioʊ-] *vt* ■**to ~ sb/sth** jdn/etw verherrlichen

app [æp] *n* COMPUT *(sl) short for* **computer application** Anwendung *f*

ap·pal <-ll->, AM *usu* **ap·pall** [ə'pɔːl] *vt* ■**to ~ sb**

jdn entsetzen; ■**to be ~led at** [*or* **by**] **sth** über etw *akk* entsetzt sein

Appa·la·chian [ˌæpəˈleɪʃən, AM -ˈleɪtʃiən] **I.** *n* ■**the ~s** die Appalachen *pl*

II. *adj* aus den Appalachen *nach n;* **the ~ Mountains** die Appalachen *pl*

ap·pal·ling [əˈpɔːlɪŋ] *adj (shocking)* schockierend; **~ behaviour** unerträgliches Benehmen; **~ conditions** verheerende Zustände; *(terrible)* schrecklich *fam;* **~ headache** entsetzliche [*o* fürchterliche] Kopfschmerzen *fam*

ap·pal·ling·ly [əˈpɔːlɪŋli] *adv (shockingly)* schockierend; **~ high** erschreckend hoch; *(terribly)* schrecklich *fam,* entsetzlich *fam*

ap·pa·ra·tus [ˌæpəʳˈreɪtəs, AM -əˈrætəs] *n* ❶ *no pl (equipment)* Gerät *nt;* **breathing ~** Sauerstoffgerät *nt;* **climbing ~** Turngerät *nt;* **piece of ~** Gerät *nt,* Apparat *m*

❷ *(system)* System *nt,* Apparat *m;* **~ of communism** kommunistisches System

ap·par·el [əˈpærəl, AM *esp* -ˈper-] *n no pl (esp form)* ❶ *(clothing)* Kleidung *f;* **sports ~** *(collective)* Sportkleidung *f; (single piece)* Sportdress *m;* **women's ~** Damenmode *f;* **men's ~** Herrenmode *f*

❷ *(fig: covering)* Kleid *nt fig geh,* Gewand *nt* ÖSTERR *fig geh;* **to take on the ~ of sth** die Form einer S. *gen* annehmen

ap·par·ent [əˈpærənt, AM *esp* -ˈper-] *adj* ❶ *(obvious)* offensichtlich; **for no ~ reason** aus keinem ersichtlichen Grund

❷ *(seeming)* scheinbar; **~ contradiction** scheinbarer Widerspruch; **~ innocence** scheinbare Unschuld

ap·par·ent·ly [əˈpærəntli, AM *esp* -ˈper-] *adv (evidently)* offensichtlich; *(it seems)* anscheinend; **~, *we have to change all the labels*** es sieht so aus, als ob wir alle Etiketten ändern müssen

ap·pa·ri·tion [ˌæpəʳˈrɪʃən, AM -pəˈr-] *n* ❶ *(ghost)* Erscheinung *f*

❷ *no pl (dramatic appearance)* Erscheinen *nt*

ap·peal [əˈpiːl] **I.** *vi* ❶ *(attract)* ■**to ~ to sb/sth** jdn/etw reizen; *(aim to please)* jdn/etw ansprechen; **to ~ to the senses** die Sinne ansprechen

❷ *(protest formally)* Einspruch einlegen [*o* ÖSTERR erheben]

❸ LAW Berufung einlegen (**against** gegen *+akk*); **to ~ against a verdict** ein Urteil anfechten; ■**to ~ to sth** an etw *akk* appellieren; **to ~ to the High Court** den obersten Gerichtshof anrufen; **~ for damages** Schadenersatzklage *f;* **to ~ on points of law** BRIT in die Revision gehen; **to ~ on points of fact** BRIT in die Berufung gehen

❹ *(plead)* ■**to ~** [**to sb**] **for sth** [jdn] um etw *akk* bitten; **to ~ to sb's conscience/emotions** an jds Gewissen/Gefühle appellieren

II. *vt* LAW **to ~ a case/verdict** mit einem Fall/gegen ein Urteil in die Berufung gehen

III. *n* ❶ *(attraction)* Reiz *m,* Anziehungskraft *f;* **sex ~** Sexappeal *m;* **wide ~** Breitenwirkung *f;* **to have wide ~** weite Kreise ansprechen; **to have** [*or* **hold**] **an ~** einen Reiz ausüben; **to lose one's ~** seinen Reiz verlieren

❷ *(formal protest)* Einspruch *m;* LAW Berufung *f* (**against** gegen *+akk*); ***he won his ~*** seinem Einspruch wurde stattgegeben; **court of ~** Berufungsgericht *nt;* **to consider an ~** sich *akk* mit einem Einspruch befassen; **to lodge an ~** *(protest)* Einspruch einlegen; LAW in Berufung gehen; **to reject an ~** einen Einspruch ablehnen; **on ~** LAW in der Revision

❸ *(request)* Appell *m* (**for** für *+akk*); ***the note of ~ in her voice*** der bittende Unterton in ihrer Stimme; **~ for donations** Spendenaufruf *m;* **to issue** [*or* **make**] **an ~** sich *akk* [nachdrücklich] an jdn wenden, appellieren *geh;* ***the police have issued an ~ to the public to stay away from the centre of town*** die Polizei hat die Öffentlichkeit aufgerufen, dem Stadtzentrum fernzubleiben; **to launch** [*or* **make**] **an ~** einen Appell [*o* Aufruf] starten

ap·peal·ing [əˈpiːlɪŋ] *adj* ❶ *(attractive)* attraktiv; **~ idea** verlockende Idee; ■**to be ~** [**to sb**] [für jdn] verlockend sein; ***there is something quite ~ about his lifestyle*** sein Lebensstil hat was *fam;* *(charming)* reizend; **~ smile** gewinnendes Lächeln

❷ *(beseeching) eyes, look* flehend

ap·peal·ing·ly [əˈpiːlɪŋli] *adv* ❶ *(attractively)* reizvoll; **to dress ~** sich *akk* ansprechend kleiden

❷ *(beseechingly)* flehend *geh;* **to look ~** flehentlich schauen *geh;* **to speak ~** [**about sth**] [über etw *akk*] nachdrücklich sprechen

ap·pear [əˈpɪəʳ, AM əˈpɪr] *vi* ❶ *(become visible)* erscheinen; *(be seen also)* sich *dat* zeigen; *(arrive also)* auftauchen; *(come out also)* herauskommen; ***stains started ~ing on the wall*** auf der Wand kamen Flecken zum Vorschein

❷ *(come out) film* anlaufen; *newspaper, book* erscheinen; *(perform)* auftreten; ***she ~s briefly in his new film*** sie ist kurz in seinem neuen Film zu sehen

❸ *(present oneself)* auftreten; ***they will be ~ing before magistrates*** sie werden sich vor den Schiedsmännern verantworten müssen; **to ~ in court** vor Gericht erscheinen

❹ *(seem)* scheinen; ***there ~s to be some mistake*** da scheint ein Fehler vorzuliegen; ***it ~s*** [***to me***] ***that ...*** ich habe den Eindruck, dass ...; ***it would ~*** [***that***] ... es sieht ganz so aus, als ob ...; **to ~** [**to be**] **calm** ruhig erscheinen; **to ~** [**to be**] **unfriendly/tired** unfreundlich/müde wirken; **so it ~s, it would ~ so** sieht ganz so aus; **it ~s not** sieht nicht so aus

▸PHRASES: **speak of the devil** [**and he ~s**] *(prov)* wenn man vom Teufel spricht[, kommt er auch schon] *prov*

ap·pear·ance [əˈpɪərən(t)s, AM -ˈpɪr-] *n* ❶ *(instance of appearing)* Erscheinen *nt; (on TV, theatre)* Auftritt *m;* **stage ~** Bühnenauftritt *m;* **~ on television** Fernsehauftritt *m;* **to make** [*or* **put in**] **an ~** auftreten

❷ *(in a place)* Erscheinen *nt;* **court ~** Erscheinen *nt* vor Gericht

❸ *no pl (looks)* Aussehen *nt; of a room* Ambiente *nt; of wealth* Anstrich *m; (manner)* Auftreten *nt;* ***the large car gave an immediate ~ of wealth*** das große Auto vermittelte sofort den Eindruck von Reichtum; **her outward ~** ihr äußeres Erscheinungsbild; **neat/smart ~** gepflegtes/ansprechendes Äußeres; **at first ~** auf den ersten Blick

❹ *(outward aspect)* ■**~s** *pl* äußerer [An]schein; **to do sth for the sake of ~s** etw tun, um den Schein zu wahren

▸PHRASES: **to** [*or* AM **from**] **all ~s** allem Anschein nach; **~s can be deceptive** *(saying)* der Schein trügt *prov;* **to keep up ~s** den Schein wahren; **~s matter** *(saying)* Kleider machen Leute *prov*

ap·pease [əˈpiːz] *vt (form)* ❶ *(pacify)* ■**to ~ sb** jdn beruhigen [*o* besänftigen]; **to ~ a conflict** einen Konflikt beilegen [*o* schlichten]

❷ *(relieve)* **to ~ one's appetite/hunger** seinen Appetit/Hunger stillen; *(suppress)* seinen Appetit/Hunger zügeln; **to ~ sb's anger/curiosity** jds Zorn beschwichtigen *geh*/Neugier befriedigen

ap·pease·ment [əˈpiːzmənt] *n no pl* ❶ *(conciliation)* Versöhnung *f; of one's critics* Besänftigung *f*

❷ *(relief) of anger* Beschwichtigung *f geh; of hunger* Stillen *nt*

ap·ˈpease·ment poli·cy *n* Beschwichtigungspolitik *f*

ap·pel·lant [əˈpelənt] *n* LAW Berufungskläger(in) *m(f),* Revisionskläger(in) *m(f),* Revisionsführer(in) *m(f),* Appellant(in) *m(f) veraltet*

ap·pel·late [əˈpelət, AM -ɪt] *adj* LAW Berufungs-

ap·ˈpel·late court *n* AM LAW Revisionsgericht *nt;* BRIT *also* Berufungsgericht *nt,* Appellationsgericht *nt* SCHWEIZ **ap·pel·late ju·ris·dic·ˈtion** *n* LAW Zuständigkeit *f* in der Rechtsmittelinstanz

ap·pel·la·tion [ˌæpəˈleɪʃən] *n (form)* Bezeichnung *f;* *(address)* Anrede *f*

ap·pel·lee [ˌæpəˈliː] *n esp* AM LAW Revisionsbeklagte(r) *f(m),* Revisionsgegner(in) *m(f)*

ap·pend [əˈpend] *vt (form)* ■**to ~ sth to sth** etw *dat* etw hinzufügen

ap·pend·age [əˈpendɪdʒ] *n (form)* ❶ *(lesser part)* Anhang *m; (hum: partner)* Anhängsel *nt hum*

❷ *(limb)* Gliedmaße *f*

ap·pen·dec·to·my [ˌæpenˈdektəmi] *n* MED Blinddarmoperation *f*

ap·pen·di·ces [əˈpendɪsiːz] *n pl of* **appendix**

ap·pen·di·ci·tis [əˌpendɪˈsaɪtɪs, AM -t̬-] *n no pl* Blinddarmentzündung *f,* Appendizitis *f fachspr*

ap·pen·dix [əˈpendɪks, *pl* -dɪsiːz] *n* ❶ <*pl* -es> *(body part)* Blinddarm *m,* Appendix *m fachspr;* **to have one's ~ removed** [*or* [**taken**] **out**] sich *dat* den Blinddarm herausnehmen lassen

❷ <*pl* -dices *or* -es> *(in book or magazine)* Anhang *m,* Appendix *m fachspr*

ap·per·tain [ˌæpəˈteɪn, AM -əʳ-] *vi no passive* ■**to ~ to sth** *(form)* zu etw *dat* gehören

ap·pe·tite [ˈæpɪtaɪt, AM -pə-] *n* Appetit *m;* **to curb one's ~** seinen Appetit zügeln; **to give sb an ~** jdm Appetit machen; ***all that walking has given me an ~*** das Laufen hat mich hungrig gemacht; **to have an ~** Appetit haben; **to ruin** [*or* **spoil**] [*or* **take away**] **one's ~** sich *dat* den Appetit verderben; *(fig)* **~ for success** Erfolgshunger *m*

ap·pe·tite sup·ˈpres·sant *n* Appetitzügler *m*

ap·pe·tiz·er [ˈæpɪtaɪzəʳ, AM -pətaɪzɚ] *n* ❶ *(before meal)* Appetithappen *m,* Appetitanreger *m*

❷ *esp* AM *(first course)* Vorspeise *f*

ap·pe·tiz·ing [ˈæpɪtaɪzɪŋ, AM -pə-] *adj (enticing)* appetitlich; *(fig: attractive)* reizvoll; **an ~ prospect/thought** eine verlockende Aussicht/ein verlockender Gedanke

ap·plaud [əˈplɔːd, AM *esp* -ˈplɑːd] **I.** *vi* applaudieren, [Beifall] klatschen

II. *vt* ❶ *(clap)* ■**to ~ sb** jdm applaudieren [*o* Beifall spenden]

❷ *(form: praise)* ■**to ~ sb/sth** jdn/etw loben; **to ~ a decision** eine Entscheidung begrüßen

ap·plause [əˈplɔːz, AM *esp* -ˈplɑːz] *n no pl* [**a round of**] **~** Applaus *m;* ***so let's have a round of ~ for ...*** und jetzt bitte ich um Applaus für ...; **loud ~** tosender Applaus [*o* Beifall]; **to be greeted** [*or* **met**] **with ~** mit Beifall empfangen werden; *(fig)* begrüßt werden

ap·ple [ˈæpl] *n* Apfel *m;* **to peel an ~** einen Apfel schälen

▸PHRASES: **an ~ a day keeps the doctor away** *(saying)* ein Apfel pro Tag und man bleibt gesund; **the ~ of sb's eye** jds Augapfel [*o* Liebling]; **the ~ never falls far from the tree** *(prov)* der Apfel fällt nicht weit vom Stamm *prov;* **as sure as** [**God made**] **little ~s** *(fam)* so sicher wie das Amen in der Kirche *prov*

ap·ple ˈbut·ter *n* AM *(apple jelly)* Apfelgelee *m o nt* *(mennonitische Spezialität)* **ˈap·ple cart** *n*

▸PHRASES: **to upset the ~** alles über den Haufen werfen *fam* **ˈapple-cheeked** *adj* rotbäckig, rotwangig **ˈapple·jack** *n no pl esp* AM Apfelschnaps *m*

ˈap·ple juice *n* Apfelsaft *m,* [Apfel]most *m* SCHWEIZ **ˈap·ple or·chard** *n* [Obst]garten *m* mit Apfelbäumen **ap·ple ˈpie** *n* ❶ FOOD gedeckter Apfelkuchen ❷ AM *(approv: homeliness)* Heimische *nt;* **as American as ~** durch und durch amerikanisch

▸PHRASES: **an apple-pie bed** BRIT *ein Bett, in dem das Bettzeug zum Spaß so gefaltet ist, dass man sich nicht ausstrecken kann,* Schlupfbett *nt* SCHWEIZ; **apple-pie order** schönste Ordnung; ***their house is always in apple-pie order*** ihr Haus sieht immer tipptopp aus *fam* **ap·ple ˈsauce** *n no pl* Apfelmus *nt*

applet [ˈæplɪt] *n* COMPUT Hilfsprogramm *nt; (in Microsoft Windows)* Option *f* [der Systemsteuerung]

ap·ple ˈtart *n* [ungedeckter] Apfelkuchen **ˈap·ple tree** *n* Apfelbaum *m*

ap·pli·ance [əˈplaɪən(t)s] *n* ❶ *(for household)* Gerät *nt;* **household ~**[**s**] Haushaltsgerät[e] *nt*[*pl*]; **electric ~**[**s**] Elektrogerät[e] *nt*[*pl*]

❷ MED *(instrument)* Instrument *nt;* **surgical ~s** Stützapparate *pl; (artificial limbs)* Prothesen *pl*

❸ *(fire engine)* [Feuer]löschfahrzeug *nt*

❹ *no pl* BRIT *(action, process)* Anwendung *f*

ap·ˈpli·ance com·put·er *n* COMPUT gebrauchsfertiger Computer

ap·plic·abil·ity [əˌplɪkəˈbɪləti, AM -əṭi] *n no pl* Anwendbarkeit *f* (**to** auf +*akk)*

ap·pli·cable [əˈplɪkəbl] *adj pred* ▪**to be ~ [to sb/sth]** [auf jdn/etw] anwendbar sein; *(on form)* **not ~** nicht zutreffend, „n. z."

ap·pli·cant [ˈæplɪkənt] *n (for a job)* Bewerber(in) *m(f)* (**for** für +*akk)*; ***how many ~s did you have for the job?*** wie viele haben sich für die Stelle beworben?; *(for a grant, loan)* Antragsteller(in) *m(f)* (**for** für +*akk)*

ap·pli·cant for ˈshares *n* BRIT FIN Aktienzeichner(in) *m(f)* **ˈap·pli·cant rat·ing** *n* ADMIN Antragstellerbewertung *f*

ap·pli·ca·tion [ˌæplɪˈkeɪʃᵊn] *n* ❶ *(formal request) for a job* Bewerbung *f* (**for** um +*akk)*; *for a permit* Antrag *m* (**for** auf/für +*akk)*; *for a patent* Anmeldung *f* (**for** von +*dat)*; **~ for bankruptcy** Konkursantrag *m;* **~ for membership** Mitgliedschaftsantrag *m;* **~ for a permit** Bewilligungsgesuch *m;* **to put together/send off/submit an ~** eine Bewerbung anfertigen/abschicken/einreichen
❷ *no pl (process of requesting)* Anfordern *nt;* **on ~ to sb/sth** auf Anfrage bei jdm/etw; ***free information will be sent out on ~*** Gratisinformationen können angefordert werden
❸ *no pl (relevance)* Bedeutung *f* (**to** für +*akk)*
❹ *no pl (implementation)* Anwenden *nt;* **the ~ of a law/regulation** die Anwendung eines Gesetzes/einer Regelung
❺ *(coating)* Anstrich *m; of cream, ointment* Auftragen *nt*
❻ *(use)* Anwendung *f*
❼ *no pl (sustained effort)* Eifer *m*
❽ *(computer program)* Anwendung *f;* **spreadsheet ~** Tabellenkalkulationsprogramm *nt;* **word processing ~** Textverarbeitungsprogramm *nt*
❾ BRIT STOCKEX Aktienzeichnung *f;* **~ for admission** Zulassungsantrag *m;* **~ for quotation** Börsenzulassungsantrag *m;* **~ for shares** Aktienzeichnung *f;* **shares payable on ~** bei Zeichnung zahlbare Aktien

ap·pli·ˈca·tion form *n (for job)* Bewerbungsformular *nt; (for permit)* Antragsformular *nt; (for patent)* Anmeldungsformular *nt* **ap·pli·ˈca·tion pack·age** *n* COMPUT Anwendungssoftwarepaket *nt* **ap·pli·ˈca·tion pro·cess·ing** *n no pl* ADMIN Bewerberabwicklung *f* **ap·pli·ˈca·tion pro·gram** *n* COMPUT Anwendungsprogramm *nt*

ap·pli·ca·tor [ˈæplɪkeɪtəʳ, AM -t̬ɚ] *n* ❶ *(for applying sth)* Vorrichtung *f; (for applying cream)* [Creme]spatel *m; (to push)* [Creme]spender *m,* Spritzsack *m* ÖSTERR
❷ *(for inserting sth)* Einführhilfe *f,* ÖSTERR *a.* Applikator *m*

ap·plied [əˈplaɪd] **I.** *adj* anwendungsorientiert; **~ linguistics/mathematics** angewandte Linguistik/Mathematik
II. *pt of* **apply**

ap·pli·qué [æpˈliːkeɪ, AM ˈæplə-] **I.** *n no pl (way of decorating)* Applikation *f; (decorated cloth)* mit Applikationen versehenes Kleidungsstück
II. *vt usu passive* ▪**to be ~d [onto [***or* **with] sth]** [auf etw *akk*] appliziert sein

ap·ply <-ie-> [əˈplaɪ] **I.** *vi* ❶ *(formally request)* ▪**to ~ for sth** *(for a job)* sich *akk* um etw *akk* bewerben; *(for permission)* etw *akk* beantragen (**to** bei +*dat)*; ***Tim's applied to join the police*** Tim hat sich bei der Polizei beworben; **to ~ for a grant/job** sich *akk* um [*o* für] ein Stipendium/eine Stelle bewerben; **to ~ for a passport** einen Pass beantragen; **to ~ for a patent** ein Patent anmelden; **to ~ for shares** BRIT FIN Aktien zeichnen
❷ *(submit application)* **to ~ for a job** eine Bewerbung einreichen; **to ~ in writing** sich *akk* schriftlich bewerben; ***please ~ in writing to the address below*** bitte richten Sie Ihre schriftliche Bewerbung an unten stehende Adresse
❸ *(pertain)* gelten; ▪**to ~ to sb/sth** jdn/etw betreffen
II. *vt* ❶ *(put on)* ▪**to ~ sth [to sth]** etw [auf etw *akk*] anwenden; **to ~ a bandage** einen Verband anlegen; **to ~ cream/paint** Creme/Farbe auftragen; **to ~ make-up** Make-up auflegen; **to ~ a splint to sth** etw schienen
❷ *(use)* ▪**to ~ sth** etw gebrauchen; **to ~ the brakes** bremsen; **to ~ force** Gewalt anwenden; **to ~ pressure to sth** auf etw *akk* drücken; **to ~ sanctions** Sanktionen verhängen; **to ~ common sense** seinen gesunden Menschenverstand benutzen
❸ *(persevere)* ▪**to ~ oneself** sich *akk* anstrengen

ap·point [əˈpɔɪnt] *vt* ❶ *(select)* ▪**to ~ sb [to do sth]** jdn [dazu] berufen[, etw zu tun]; ▪**to ~ sb [as] sth** jdn zu etw *dat* ernennen [*o* bestellen]; **to ~ sb as heir** jdn als Erben einsetzen; **to ~ a commission** eine Kommission einrichten
❷ *usu passive (form: designate)* ▪**to have been ~ed** *date* festgesetzt worden sein
❸ LAW *(form)* ▪**to ~ sth [to sb/sth]** [jdm/etw] etw übertragen

ap·point·ed [əˈpɔɪntɪd, AM -t̬-] *adj* ❶ *inv (selected)* ernannt
❷ *inv (form: designated)* vereinbart; **at the ~ hour** zur vereinbarten [*o* verabredeten] Stunde; **the ~ place** die vereinbarte Stelle; **the ~ time** die vereinbarte [*o* verabredete] Zeit
❸ *(form: furnished)* eingerichtet; ***the room is well~*** der Raum ist gut ausgestattet; **fully ~** vollständig eingerichtet

ap·poin·tee [əˌpɔɪnˈtiː] *n* Ernannte(r) *f(m)*

ap·point·ment [əˈpɔɪntmənt] *n* ❶ *no pl (being selected)* Ernennung *f,* Bestellung (**as** zu +*dat)*
❷ *(selection)* Einstellung *f*
❸ *(official meeting)* Verabredung *f;* **dental ~** Zahnarzttermin *m;* **to cancel/miss an ~ [to see sb [*or* with sb]]** einen Termin [mit jdm] absagen/verpassen; **to have/keep an ~ [to see sb [*or* with sb]]** eine Verabredung [mit jdm] haben/einhalten; **to keep one's ~s** seine Termine einhalten; **to make an ~ [with sb]** [mit jdm] einen Termin ausmachen; **by ~ only** nur nach Absprache [*o* Vereinbarung]
❹ *usu pl* AUTO Ausstattung *f,* Zubehör *nt*
▶PHRASES: **by ~ to sb** auf jds Geheiß; ***Carter's Ltd, confectioners by ~ to the Queen*** Carter's Ltd, Königliche Hofkonditorei

ap·ˈpoint·ment book *n* Terminbuch *nt*

ap·por·tion [əˈpɔːʃᵊn, AM əˈpɔːr-] *vt (form)* ▪**to ~ sth** etw aufteilen; **to ~ blame to sb** jdm die Schuld zuweisen

ap·por·tion·ment [əˈpɔːʃᵊnmənt, AM -ˈpɔːr-] *n* Zuteilung *f*

ap·po·site [ˈæpəzɪt] *adj (form)* passend; **~ comparison** treffender Vergleich; **~ observation** richtige Beobachtung; **~ remark** treffende Bemerkung; ***his remarks were ~*** seine Bemerkungen waren angebracht

ap·po·si·tion [ˌæpəˈzɪʃᵊn] *n no pl (form)* ❶ LING Beifügung *f,* Apposition *f fachspr;* **to be in ~** appositionell [*o* appositiv] sein *fachspr*
❷ *(juxtaposition)* Nebeneinanderstellen *nt*

ap·prai·sal [əˈpreɪzᵊl] *n* ❶ *(evaluation)* Bewertung *f,* Beurteilung *f; (appreciation)* Würdigung *f; of performance* Kritik *f;* **job ~** Arbeitsbewertung *f;* **land ~** Bodengutachten *nt;* **to carry out/give an ~** eine Bewertung durchführen/Beurteilung abgeben
❷ *(estimation)* [Ab]schätzung *f;* **~ of damage[s]** Schätzung *f* des Schadens[ersatzes]

ap·praise [əˈpreɪz] *vt* ❶ *(evaluate)* ▪**to ~ sb/sth** jdn/etw bewerten [*o* einschätzen]; **to ~ evidence** Beweise *pl* prüfen; **to ~ sb's needs** jds Bedürfnisse einschätzen; **to ~ a performance** eine Aufführung besprechen [*o* rezensieren]; **to ~ a situation** eine Situation einschätzen [*o* abschätzen]; **to ~ sb's work** jds Arbeit bewerten
❷ *(estimate)* ▪**to ~ sth** *damage, price* etw schätzen

ap·praisee [əˌpreɪˈziː] *n* Beurteilte(r) *f(m)*

ap·prais·er [əˈpreɪzəʳ, AM -ɚ] *n* ❶ *(of student)* Tutor(in) *m(f),* Mentor(in) *m(f); (of employee)* Begutachter(in) *m(f)*
❷ *(of property)* Gutachter(in) *m(f),* Sachverständige(r) *f(m);* **antiques ~** *esp* AM Antiquitätenschätzer(in) *m(f);* **real-estate ~** *esp* AM Immobilienschätzer(in) *m(f)*

ap·pre·ci·able [əˈpriːʃəbl] *adj progress* beträchtlich, beachtlich; **~ change** tiefgreifende Veränderung; **~ difference** nennenswerter Unterschied

ap·pre·ci·ably [əˈpriːʃəbli] *adv* deutlich, beträchtlich; ***her health has improved ~*** ihr Gesundheitszustand hat sich deutlich gebessert

ap·pre·ci·ate [əˈpriːʃieɪt] **I.** *vt* ❶ *(value)* ▪**to ~ sb/sth** jdn/etw schätzen; *(be grateful for)* ▪**to ~ sth** etw zu schätzen wissen; ***I'd ~ it if ...*** könnten Sie ...; *(more formal)* ich wäre Ihnen sehr verbunden, wenn ... *geh*
❷ *(understand)* ▪**to ~ sth** für etw *akk* Verständnis haben; ***we ~ the need for immediate action*** wir sehen die Notwendigkeit sofortiger Hilfe ein; **to ~ the danger** sich *dat* der Gefahr bewusst sein; ▪**to ~ that ...** verstehen, dass ...
❸ FIN **to ~ a currency** eine Währung aufwerten
II. *vi* **to ~ in value** im Wert steigen; *currency* aufwerten

ap·pre·cia·tion [əˌpriːʃiˈeɪʃᵊn] *n no pl* ❶ *(gratitude)* Anerkennung *f;* ***the crowd cheered in ~*** die Menge jubelte begeistert; **a token of ~** ein Zeichen *nt* der Dankbarkeit
❷ *(understanding)* Verständnis *nt* (**of** für +*akk)*; *(insight)* Einsicht *f* (**of** in +*akk)*; **to have no ~ of sth** für etw *akk* keinen Sinn haben; *(not know)* sich *dat* einer S. *gen* nicht bewusst sein
❸ *(increase in value)* [Wert]steigerung *f; of a currency* Aufwertung *f*

ap·pre·cia·tive [əˈpriːʃiətɪv, AM -t̬ɪv] *adj* ❶ *(grateful)* ▪**to be ~ [of sth]** [für etw *akk*] dankbar sein
❷ *(show appreciation)* anerkennend *attr;* **~ audience** dankbares Publikum; ▪**to be ~ of sth** etw zu schätzen wissen

ap·pre·cia·tive·ly [əˈpriːʃiətɪvli, AM -t̬ɪv-] *adv (gratefully)* dankbar; *(with appreciation)* anerkennend

ap·pre·hend [ˌæprɪˈhend] *vt (form)* ❶ *(arrest)* ▪**to ~ sb** jdn festnehmen [*o* verhaften]
❷ *(comprehend)* ▪**to ~ sth** etw einsehen; *(understand)* etw verstehen
❸ *(old: await anxiously)* ▪**to ~ sth** etw befürchten; **to ~ danger** Gefahr wittern

ap·pre·hen·sion [ˌæprɪˈhen(t)ʃᵊn] *n no pl* ❶ *(form: arrest)* Festnahme *f,* Verhaftung *f*
❷ *(form: comprehension)* Verständnis *nt; (insight)* Einsicht *f;* **~ of reality** Realitätssinn *m;* ***Carl has no ~ of what the world's really like*** Carl hat keine Vorstellung davon, wie die Welt tatsächlich ist
❸ *(anxiety)* Besorgnis *f; (stronger)* Befürchtung *f* (**about** über +*akk)*; **in a state of ~** voller Befürchtungen; **with a feeling of ~** beklommen

ap·pre·hen·sive [ˌæprɪˈhen(t)sɪv] *adj* besorgt; *(scared)* ängstlich; ▪**to be ~ about [*or* for] sth** vor etw *dat* Angst haben; ***I'm very ~ about tomorrow's meeting*** das morgige Treffen liegt mir [schwer] im Magen *fam*

ap·pre·hen·sive·ly [ˌæprɪˈhen(t)sɪvli] *adv* besorgt

ap·pren·tice [əˈprentɪs, AM -t̬ɪs] **I.** *n* Auszubildende(r) *f(m) geh,* Lehrling *m;* **~ carpenter** Tischlerlehrling *m*
II. *vt usu passive* ▪**to be ~d to sb** bei jdm in die Lehre gehen

ap·pren·tice·ship [əˈprentɪsʃɪp, AM -t̬ɪs-] *n* ❶ *(training)* Ausbildung *f,* Lehre *f;* **to do an ~** eine Lehre machen
❷ *(period of training)* Lehrzeit *f*

ap·prise [əˈpraɪz] *vt (form)* ▪**to ~ sb of sth** jdn von etw *dat* in Kenntnis setzen

ap·proach [əˈprəʊtʃ, AM -ˈproʊ-] **I.** *vt* ❶ *(come closer)* ▪**to ~ sb/sth** sich *akk* jdm/etw nähern; *(come towards)* auf jdn/etw zukommen; ***you can only ~ this area by air*** dieses Gebiet kann man nur auf dem Luftweg erreichen
❷ *(of amount, time)* ▪**to ~ sth:** ***the total amount is ~ing $1000*** die Gesamtsumme nähert sich der 1000-Dollar-Marke; ***my grandfather is ~ing 80*** mein Großvater wird bald 80; ***it's ~ing lunchtime*** es geht auf Mittag zu
❸ *(of quality)* ▪**to ~ sb/sth** an jdn/etw heranreichen; ***the service here doesn't even ~ a decent standard*** der Service hier ist unter allem Standard

④ *(ask)* ■ **to ~ sb** an jdn herantreten; ***she hasn't ~ed him about it yet*** sie hat ihn noch nicht deswegen angesprochen; ■ **to ~ sb for sth** jdn um etw *akk* bitten
⑤ *(handle)* ■ **to ~ sth** etw in Angriff nehmen
II. *vi* sich *akk* nähern
III. *n* ① *(coming)* Nähern *nt kein pl;* **~ of dusk** Einbruch *m* der Dämmerung; ***at the ~ of winter ...*** wenn der Winter naht, ...
② *(preparation to land)* [Lande]anflug *m*
③ *(access)* Zugang *m;* ***the southern ~es to Manchester*** die südlichen Zufahrtsstraßen nach Manchester; ***the ~es to this island ...*** die Seewege zu dieser Insel ...; **~ road** Zufahrtsstraße *f*
④ *(appeal)* Herantreten *nt;* **to make an ~ to sb** an jdn herantreten
⑤ *(proposal)* Vorstoß *m;* **to make an ~ to sb** sich *akk* an jdn wenden
⑥ *usu pl (dated: sexual advance)* Annäherungsversuch *m;* **to make ~es to sb** bei jdm Annäherungsversuche machen
⑦ *(methodology)* Ansatz *m*
⑧ *(fig)* ***that was the closest ~ to an apology that you'll ever get!*** mehr als das wirst du als Entschuldigung nie [zu hören] bekommen

ap·proach·abil·ity [əˌprəʊtʃəˈbɪləti, AM əˌproʊtʃəˈbɪlət̬i] *n* Zugänglichkeit *f kein pl*

ap·proach·able [əˈprəʊtʃəbl̩, AM -ˈproʊ-] *adj person* umgänglich; *place* zugänglich, erreichbar; **~ building** betretbares Gebäude

ap·proach·ing [əˈprəʊtʃɪŋ, AM ˈproʊtʃ] *adj attr, inv* herannahend *a. fig*

ap·pro·ba·tion [ˌæprə(ʊ)ˈbeɪʃən, AM -prə'-] *n no pl (form)* ① *(praise)* Lob *nt;* **a word of ~** ein Wort *nt* des Lobes
② *(approval)* Zustimmung *f;* ***the council has finally indicated its ~ of the plans*** der Rat hat schließlich sein Einverständnis mit den Plänen angezeigt

ap·pro·pri·ate I. *adj* [əˈprəʊpriət, AM -proʊ-] ① *(suitable)* angemessen, angebracht, passend; ***it's difficult to find the ~ words*** es ist schwierig, die richtigen Worte zu finden; ***it wouldn't be ~ for me to comment*** es steht mir nicht zu, das zu kommentieren; ■ **to be ~ to sth** etw *dat* angemessen sein; **~ to the occasion** dem Anlass entsprechend
② *(relevant)* entsprechend; ***please complete the ~ part of this form*** bitte füllen Sie den zutreffenden Teil des Formulars aus
II. *vt* [əˈprəʊprieɪt, AM -ˈproʊ-] *(form)* ■ **to ~ sth** ① *(steal)* sich *dat* etw aneignen; *(embezzle)* etw unterschlagen
② *(set aside)* etw bereitstellen; **to ~ funds** einen Fonds zuteilen
③ LAW *(take control)* etw beschlagnahmen

ap·pro·pri·ate·ly [əˈprəʊpriətli, AM -ˈproʊ-] *adv* passend; **~ dressed** passend gekleidet; **to answer/speak ~** angemessen antworten/sprechen; **to comment ~** treffend kommentieren; *(in all justice)* gerechterweise

ap·pro·pri·ate·ness [əˈprəʊpriətnəs, AM -ˈproʊ-] *n no pl* Angemessenheit *f*

ap·pro·pria·tion [əˌprəʊpriˈeɪʃən, AM -ˌproʊ-] *n* ① *no pl (act of taking)* Aneignung *f;* *(embezzlement)* Unterschlagung *f*
② *(allotment)* Zuteilung *f;* *of grant, funds* Bewilligung *f*
③ *(implementation)* Verwendung *f*
④ FIN ■ **~s** *pl* Mittelzuweisungen *pl;* **~ of profits** Gewinnverwendung *f*

ap·pro·pri'a·tion com·mit·tee *n* LAW Bewilligungsausschuss *m*

ap·prov·al [əˈpruːvəl] *n no pl* ① *(praise)* Anerkennung *f;* *(benevolence)* Wohlwollen *nt;* **to meet with the ~ of sb** jds Beifall *m* [*o* Billigung *f*] finden; **to win sb's ~** jds Anerkennung gewinnen
② *(consent)* Zustimmung *f;* **a nod of ~** ein zustimmendes Nicken; **a stamp of ~** *(fig)* eine Absegnung *hum fam;* **subject to ~** von der Genehmigung abhängig
③ **on ~** ECON zur Ansicht; *(to try)* zur Probe

ap·prove [əˈpruːv] **I.** *vi* ① *(agree with)* ■ **to ~ of sth** etw *dat* zustimmen
② *(like)* ■ **to ~/not ~ of sb** etwas/nichts von jdm halten; ■ **to ~ of sth** etw gutheißen
II. *vt* ■ **to ~ sth** *(permit)* etw genehmigen; *(consent)* etw billigen; ***the minutes of the last meeting were ~d*** das Protokoll des letzten Treffens wurde angenommen; **to ~ expenses** Kosten [*o* Ausgaben] übernehmen; **to ~ the sale of sth** etw zum Verkauf freigeben

ap·proved [əˈpruːvd] *adj* ① *(agreed)* bewährt; ***what's the ~ way of dealing with this?*** wie geht man üblicherweise damit um?
② *(sanctioned)* [offiziell] anerkannt

ap·proved se·'cu·rities *n* AM FIN mündelsichere Wertpapiere

ap·prov·ing [əˈpruːvɪŋ] *adj* zustimmend *attr;* *(benevolent)* wohlwollend

ap·prov·ing·ly [əˈpruːvɪŋli] *adv* anerkennend; **to comment ~** beipflichtend kommentieren; **to laugh ~** zustimmend lachen; **to smile ~** wohlwollend lächeln

approx *adv abbrev of* **approximately** ca.

ap·proxi·mate I. *adj* [əˈprɒksɪmət, AM əˈprɑːk-] ungefähr; ***the ~ cost will be about $600*** die Kosten belaufen sich auf ca. 600 Dollar; ***the train's ~ time of arrival is 10.30*** der Zug wird voraussichtlich um 10:30 Uhr ankommen; **an ~ number** ein [An]näherungswert *m*
II. *vt* [əˈprɒksɪmeɪt, AM əˈprɑːk-] *(esp form)* ■ **to ~ sth** sich etw *dat* nähern; ■ **to ~ sth to sth** etw an etw *akk* annähern
III. *vi* [əˈprɒksɪmeɪt, AM əˈprɑːk-] *(esp form)* ■ **to ~ to sth** etw *dat* annähernd gleichkommen; **to ~ to the truth** der Wahrheit nahekommen

ap·proxi·mate·ly [əˈprɒksɪmətli, AM əˈprɑːk-] *adv* ungefähr, etwa; **~ *three weeks*** ca. drei Wochen

ap·proxi·ma·tion [əˌprɒksɪˈmeɪʃən, AM əˌprɑːk-] *n (form)* ① *(estimation)* Annäherung *f;* ***could you give me a rough ~ of ...*** können Sie mir ungefähr sagen, ...; ***that's only an ~, I can't give you an exact figure*** das ist nur eine grobe Schätzung, ich kann Ihnen die genaue Zahl nicht sagen
② *(semblance)* Annäherung *f* (**of/to** an *+akk*); ***what he said bore no ~ whatsoever to the truth*** was er sagte, wurde in keiner Weise der Wahrheit gerecht
③ EU Angleichung *f;* **~ of expenditure** Überschlag *m* der Ausgaben

ap·proxi·'ma·tion pro·cedure *n* Näherungsverfahren *nt*

ap·pur·te·nance [əˈpɜːtɪnən(t)s, AM əˈpɜːrtən-] *n usu pl* ① *(form: accessory)* Zubehör *nt,* Insignien *pl a. hum*
② LAW ■ **~s** *pl* Grundstücksbestandteile *pl*

ap·pur·te·nant [əˈpɜːtɪnənt, AM -ˈpɜːr-] *adj* LAW zugehörig

APR [ˌeɪpiːˈɑːʳ, AM -ˈɑːr] *n* FIN *abbrev of* **annual percentage rate** Jahreszinssatz *m*

Apr. *n abbrev of* **April** Apr.

après-ski [ˌæpreɪˈskiː, AM ˌɑːp-] **I.** *n no pl* Après-Ski *nt*
II. *adj bar, entertainment* Après-Ski-

apri·cot [ˈeɪprɪkɒt, AM -kɑːt, ˈæp-] **I.** *n* ① *(fruit)* Aprikose *f,* Marille *f* ÖSTERR
② *no pl (colour)* Apricot *nt,* Aprikosenfarbe *f* BRD
II. *n modifier (tree, jam, sauce)* Aprikosen-, Marillen- ÖSTERR; **~ preserves** eingeweckte [*o* SCHWEIZ sterilisierte] Aprikosen, Marillenkompott *nt* ÖSTERR
III. *adj* apricotfarben, aprikosenfarben BRD

April [ˈeɪprəl] *n* April *m;* **~ shower** Aprilschauer *m;* *see also* **February**

April 'Fool *n* ① *(trick)* Aprilscherz *m;* **to play an ~ on sb** jdn in den April schicken
② *(person)* Aprilnarr *m;* **~!** April, April!

April 'Fools' Day *n* der erste April

a prio·ri [ˌeɪpraɪˈɔːraɪ, AM ˌɑːpriːˈɔːri, -raɪ] *(form)* **I.** *adj* a priori *fachspr,* apriorisch *fachspr;* **~ argument** LAW Apriori-Argument *nt;* **~ reasoning** apriorisches Denken
II. *adv* a priori *fachspr;* **to reason ~** apriorisch denken

apron [ˈeɪprən] *n* ① *(clothing)* Schürze *f;* **kitchen ~** Küchenschürze *f*
② AVIAT **~** [**area**] Vorfeld *nt*
③ THEAT Vorbühne *f*

'apron stage *n* THEAT Vorbühne *f,* Proszenium *nt fachspr* **'apron strings** *npl* Schürzenbänder *pl* ▸ PHRASES: **to be tied to sb's ~** *(fig pej)* an jds Rockzipfel hängen *fam*

ap·ro·pos [ˌæprəˈpəʊ, AM -ˈpoʊ] **I.** *adj pred* passend; ***his remarks were hardly ~*** seine Bemerkungen waren wenig angebracht
II. *adv* ① *(relevantly)* apropos *geh*
② *(incidentally)* übrigens, apropos *geh,* da wir gerade davon sprechen
III. *prep (form)* apropos *+nom;* **~ of nothing** ganz nebenbei, übrigens

apro·tic [eɪˈprəʊtɪk, AM -proʊ-] *adj inv* NUCL protonenfrei

APS [ˌeɪpiːˈes] *n abbrev of* **advanced photo system** Advanced Photo System *nt*

apse [æps] *n* Apsis *f fachspr*

apt [æpt] *adj* ① *(appropriate)* passend; **~ description/remark** treffende Beschreibung/Bemerkung; **~ moment** geeigneter Moment
② *(clever)* geschickt; *(talented)* begabt; ***she is very ~ at repair work*** sie hat Talent im Umgang mit Werkzeug
③ *pred (likely)* ■ **to be ~ to do sth:** ***the kitchen roof is ~ to leak when it rains*** es kann sein, dass es durch das Küchendach tropft, wenn es regnet

APT [ˌeɪpiːˈtiː] *n abbrev of* **advanced passenger train** Hochgeschwindigkeitszug *m*

ap·ti·tude [ˈæptɪtjuːd, AM *esp* -tuːd] *n* Begabung *f,* Talent *nt;* **to have/show ~ at** [*or* **for**] **sth** für etw *akk* Talent haben/zeigen

'ap·ti·tude test *n* Eignungstest *m*

apt·ly [ˈæptli] *adv* passend

apt·ness [ˈæptnəs] *n no pl (form)* ① *(appropriateness)* Angemessenheit *f*
② *(dated: aptitude)* Begabung *f,* Talent *nt;* **~ for drawing** Zeichentalent *nt*

aqua·cul·ture [ˌækwəˈkʌltʃəʳ, AM ˌɑːkwəˈkʌltʃɚ] *n* Aquakultur *f*

aqua jog·ging [ˈækwədʒɒgɪŋ, AM ˈɑːkwədʒɑːg-] *n no pl* Aquajogging *nt*

aqua·lung [ˌækwəˈlʌŋ, AM ˌɑːk-] *n* Tauchgerät *nt*

aqua·marine [ˌækwəməˈriːn, AM ˌɑːk-] **I.** *n no pl* ① *(stone)* Aquamarin *m*
② *(colour)* Aquamarinblau *nt*
II. *adj* aquamarinblau, aquamarinfarben

aqua·plane [ˈækwəpleɪn, AM ˈɑːk-] **I.** *vi* ① BRIT *(slip)* ins Rutschen geraten; ***the wheels ~d across the water*** die Reifen schwammen auf dem Wasser auf *fachspr*
② *(ride on single board)* Monoski laufen
II. *n* Monoski *m*

aqua·plan·ing [ˈækwəpleɪnɪŋ, AM ˈɑːk-] *n* ① SPORT Skurfen *nt*
② AUTO Aquaplaning *nt*

aqua re·gia [ˌækwəˈriːdʒiə, AM ˌɑːkwə'-] *n no pl* CHEM Scheidewasser *nt,* Königswasser *nt*

aquaria [əˈkweəriə, AM əˈkwer-] *n pl of* **aquarium**

Aquar·ian [əˈkweəriən, AM əˈkwer-] **I.** *n* Wassermann *m;* **to be an ~** ein Wassermann *m* sein
II. *adj* ***the typical ~ personality*** der typische Wassermann

aqua·rist [ˈækwərɪst] *n* Aquariumpfleger(in) *m(f)*

aquar·ium <*pl* -s *or* -ria> [əˈkweəriəm, AM əˈkwer-, *pl* -riə] *n* Aquarium *nt*

Aquar·ius [əˈkweəriəs, AM -ˈkwer-] *n* ① *no art (zodiac sign)* Wassermann *m,* Aquarius *m;* ***he was born under ~*** er wurde im Sternzeichen Wassermann geboren
② *(person)* Wassermann *m;* ***I'm an ~*** ich bin [ein] Wassermann

aqua·ro·bics [ˌækwəˈrəʊbɪks, AM -ˈroʊ-] *npl* Aquarobic *nt*

aquat·ic [əˈkwætɪk, AM -t̬-] **I.** *adj inv* ① *(water-related)* aquatisch; **~ animal** Wassertier *nt;* **~ plant** Wasserpflanze *f*
② *(played in/on water) sports* Wasser-

II. *n* ① *(plant)* Wasserpflanze *f; (animal)* Wassertier *nt*
② SPORT ▪ **~s** Wassersportarten *pl*

aquati·cal·ly [əˈkwætɪkli, AM -t̬-] *adv inv* ***some plants can only be grown*** ~ manche Pflanzen können nur im Wasser gezogen werden

aqua·tint [ˈækwətɪnt, AM ˈɑːk-] *n* ART Aquatinta *f fachspr*

aqua·vit [ˈækwəvɪt, AM ˈɑːkwəviːt] *n* Aquavit *m*

aque·duct [ˈækwɪdʌkt] *n* Aquädukt *m o nt*

aque·ous [ˈeɪkwiəs] *adj (form)* ① *(containing water)* wäss[e]rig; *(damp)* feucht; ~ **environment** Feuchtbiotop *nt;* **to live in an ~ environment** am Wasser leben; **an ~ solution** eine wässrige Lösung
② *(like water)* wasserartig
③ GEOL ~ **rocks** Unterwassergestein *nt*
④ CHEM verdünnt; ~ **ammonia** Salmiakgeist *m*

aqui·fer [ˈækwɪfəʳ, AM ˈɑːkwəfɚ] *n* GEOG Aquifer *m,* Grundwasserleiter *m*

aqui·line [ˈækwɪlaɪn, AM -lən] *adj (esp liter)* adlerähnlich, Adler-; ~ **nose** Adlernase *f*

Arab [ˈærəb, AM *esp* ˈer-] I. *n* Araber(in) *m(f)*
II. *adj inv* arabisch; **the ~ countries** die arabischen Länder, Arabien *nt*

ara·besque [ˌærəˈbesk, AM *esp* ˌer-] *n* ① *(ballet position)* Arabeske *f*
② ART Arabeske *f*

Ara·bia [əˈreɪbiə] *n no pl* Arabien *nt*

Ara·bian [əˈreibiən] *adj inv* arabisch; **the ~ peninsula** die arabische Halbinsel

Ara·bic [ˈærəbɪk, AM *esp* ˈer-] I. *n no pl* Arabisch *nt*
II. *adj inv* arabisch; *(of language)* arabischsprachig

a'ra·bica *n no pl* Arabica *kein art*

Ara·bic 'nu·mer·al *n* arabische Ziffer

ar·able [ˈærəbl̩, AM *esp* ˈer-] *adj (cultivable)* anbaufähig, bebaubar; *(being used)* landwirtschaftlich nutzbar; ~ ***land is at a premium here*** Ackerland steht hier hoch im Kurs; ~ **area** landwirtschaftliche Nutzfläche

arach·nid [əˈræknɪd] ZOOL I. *n (spec)* Spinnentier *nt;* ▪ **~s** *pl* Arachn[o]iden *pl fachspr*
II. *adj (spec)* spinnenartig

arach·no·pho·bia [əˌræknə(ʊ)ˈfəʊbiə, AM -nəˈfoʊ-] *n no pl (spec)* Arachnophobie *f fachspr*

Aral Sea [ˈærəl-] *n* Aralsee *m*

Ara·ma·ic [ˌærəˈmeɪɪk, AM ˌerə-] *n* Aramäisch *nt*

Arapa·ho [əˈræpəhəʊ, AM -hoʊ] *n* ① *(Native American)* Arapaho *m o f*
② *(Indian tribe)* Arapaho *pl*
③ *(Indian language)* Arapaho-Sprache *f*

arb [ɑːb, AM ɑːrb] *n* FIN *(fam) short for* **arbitrageur** Arbitrageur *m*

ar·bi·ter [ˈɑːbɪtəʳ, AM ˈɑːrbɪt̬ɚ] *n* ① *(settler of dispute)* Vermittler(in) *m(f);* ***the government will be the final ~ in the dispute*** die Regierung wird im Streit das letzte Wort haben; ~ **of fashion** Modezar *m;* **moral ~** Moralapostel *m*
② *see* **arbitrator**

ar·bi·trage [ˌɑːbɪˈtrɑːʒ, AM ˈɑːrbɪtrɑːdʒ] *n no pl* FIN, STOCKEX Arbitrage *f fachspr;* ~ **in bullion** Goldarbitrage *f;* ~ **margin** internationales Zinsgefälle; **risk ~** AM Risikoarbitrage *f;* ~ **stocks** Arbitragewerte *pl;* ~ **syndicate** Arbitragekonsortium *nt;* **to assess [sth] by ~** LAW [etw] arbitrieren

'ar·bi·trage deal·ing *n* FIN Arbitragehandel *m* **'ar·bi·trage strat·egy** *n* FIN Arbitragestrategie *f* **'ar·bi·trage trans·ac·tion** *n* FIN Arbitrage-Geschäft *nt,* Arbitragetransaktion *f*

ar·bi·tra·geur [ˌɑːbɪtrɑːˈʒɜːʳ, AM ˈɑːrbɪtrɑːʒɚ] *n* FIN, STOCKEX Arbitrageur *m*

ar·bi·trari·ly [ˌɑːbɪˈtreəʳrəli, AM ˌɑːrbəˈtrer-] *adv* ① *(randomly)* arbiträr *geh*
② *(pej: despotically)* willkürlich

ar·bi·trari·ness [ˈɑːbɪtrəʳrɪnəs, AM ˈɑːrbətrer-] *n no pl* Willkür *f;* ***the ~ of his action infuriated me*** seine willkürliche Vorgehensweise ärgerte mich

ar·bi·trary [ˈɑːbɪtrəʳri, AM ˈɑːrbətreri] *adj* ① *(random)* arbiträr *geh;* ~ **decision** spontane Entscheidung
② *(pej: despotic)* willkürlich; ~ **ruler** despotischer Herrscher/despotische Herrscherin

ar·bi·trate [ˈɑːbɪtreɪt, AM ˈɑːrbə-] I. *vt* **to ~ an argument** [*or* **a dispute**] einen Streit schlichten
II. *vi (settle dispute)* als Vermittler/Vermittlerin fungieren; *(mediate)* vermitteln

ar·bi·tra·tion [ˌɑːbɪˈtreɪʃəʳn, AM ˌɑːrbəˈ-] *n no pl* ① LAW Schlichtung *f; (process)* Schlichtungsverfahren *nt;* **to avoid ~** Schlichtung *f* vermeiden; **to go to ~** einen Schlichter/eine Schlichterin anrufen; **to settle a dispute/strike by ~** einen Streit/Streik durch Schlichtung beilegen; **to submit** [*or* **take**] **a dispute to ~** einen Streitfall einem Schiedsgericht übergeben, einen Streitfall vor den Schlichter bringen; **to refer a question to ~** einen Streitfall an ein Schiedsgericht verweisen
② COMPUT **bus ~** Buszuteilung *f*

ar·bi·'tra·tion board, ar·bi·'tra·tion tri·bu·nal *n* ECON, LAW Schiedsgericht *nt,* Schlichtungskommission *f,* Schiedsstelle *f;* **industrial arbitration tribunal** Schiedsgericht *nt* für wirtschaftliche Streitigkeiten

ar·bi·tra·tor [ˈɑːbɪtreɪtəʳ, AM ˈɑːrbətreɪt̬ɚ] *n (to reach compromise)* Schlichter(in) *m(f);* **industrial ~** Schlichter(in) *m(f)* [*o* Schiedsrichter(in) *m(f)*] bei gewerblichen Streitigkeiten; *(to make decision)* Schiedsrichter(in) *m(f);* **expert ~** erfahrener Schlichter/erfahrene Schlichterin; **to appoint an ~** einen Schlichter/eine Schlichterin ernennen

ar·bor *n* AM, AUS *see* **arbour**

'Ar·bor Day *n* AM, AUS *traditioneller Baumpflanzungstag*

ar·bor·eal [ɑːˈbɔːriəl, AM ɑːrˈ-] *adj* auf Bäumen lebend *attr;* ***monkeys are ~ animals*** Affen leben auf Bäumen; ~ **studies** Baumlehrkunde *f*

ar·bo·retum <*pl* -s *or* -ta> [ˌɑːbəʳˈriːtəm, AM ˌɑːrbər] *n* Arboretum *nt*

ar·bori·cul·ture [ˈɑːbəʳrɪˌkʌltʃəʳ, AM ˈɑːrbɚɪˌkʌltʃɚ] *n* Baumzucht *f*

ar·bour, AM **ar·bor** [ˈɑːbəʳ, AM ˈɑːrbɚ] *n* Laube *f*

arc [ɑːk, AM ɑːrk] I. *n* ① *(curve)* Bogen *m*
② ELEC Lichtbogen *m*
II. *vi* ① *(curve)* einen Bogen beschreiben
② ELEC einen Lichtbogen bilden; ***a spark ~ed across when he attached the wire to the battery*** ein Funken sprang in hohem Bogen über, als er das Kabel an der Batterie anbrachte

ar·cade [ɑːˈkeɪd, AM ɑːrˈ-] *n* ① *(covered passageway)* Säulengang *m,* Arkade *f*
② *(galleria)* [**shopping**] ~ [Einkaufs]passage *f*

Ar·ca·dia [ɑːˈkeɪdiːə, AM ɑːrˈ-] *n (esp liter)* Arkadien *nt liter*

Ar·ca·dian [ɑːˈkeɪdiːən, AM ɑːrˈ-] *adj (esp liter)* arkadisch *fig liter*

ar·cane [ɑːˈkeɪn, AM ɑːrˈ-] *adj* geheimnisumwoben *geh*

arch[1] [ɑːtʃ, AM ɑːrtʃ] I. *n* Bogen *m;* ~ **of the foot** Fußgewölbe *nt*
II. *vi* sich *akk* wölben
III. *vt* **to ~ one's back** den Rücken krümmen; **to ~ one's eyebrows** die Augenbrauen heben

arch[2] [ɑːtʃ, AM ɑːrtʃ] *adj* verschmitzt; **to give sb an ~ look** jdn schelmisch anblicken; **an ~ smile** ein spitzbübisches Lächeln

arch- [ɑːtʃ, AM ɑːrtʃ] *in compounds* Erz-; **~rival** Erzrivale, -rivalin *m, f;* **~villain** Erzschurke *m,* Mordsschlingel *m hum*

ar·chaeo·a's·trono·my *n no pl* Archäoastronomie *f*

ar·chaeo·logi·cal, AM **ar·cheo·logi·cal** [ˌɑːkiəˈlɒdʒɪkəl, AM ˌɑːrkiəˈlɑː-] *adj* archäologisch; ~ **dig** [Aus]grabungsort *m;* ~ **find** archäologische Fundstätte; ~ **site** Ausgrabungsstätte *f*

ar·chaeo·logi·cal·ly, AM **ar·cheo·logi·cal·ly** [ˌɑːkiəˈlɒdʒɪkəli, AM ˌɑːrkiəˈlɑː-] *adv* archäologisch

ar·chae·olo·gist, AM **ar·che·olo·gist** [ˌɑːkiˈɒlədʒɪst, AM ˌɑːrkiˈɑːl-] *n* Archäologe, Archäologin *m, f*

ar·chae·ol·ogy, AM **ar·che·ol·ogy** [ˌɑːkiˈɒlədʒi, AM ˌɑːrkiˈɑːl-] *n no pl* Archäologie *f*

ar·chae·op·ter·yx [ˌɑːkiˈɒptəʳrɪks, AM ˌɑːrkiˈɑːp-] *n* ORN Archäopteryx *m*

ar·cha·ic [ɑːˈkeɪɪk, AM ɑːrˈ-] *adj* ① *(antiquated)* veraltet, archaisch *geh*
② *(hum fam: old-fashioned)* altmodisch

ar·chai·cal·ly [ɑːˈkeɪɪkəli, AM ɑːrˈ-] *adv* in archaischer Form

ar·cha·ism [ˈɑːkeɪɪzəm, AM ˈɑːrki-] *n* Archaismus *m geh*

arch·angel [ˈɑːkeɪndʒəl, AM ˈɑːr-] *n* Erzengel *m*

arch·'bishop *n* Erzbischof *m* **arch·'bishop·ric** *n* Erzbistum *nt* **arch·'deacon** *n* Erzdiakon *m,* Archidiakon *m* **arch·'deacon·ry** *n* Archidiakonat *nt* **arch·'dio·cese** *n* Erzdiözese *f* **arch·'duchess** *n* Erzherzogin *f* **arch'duke** *n* Erzherzog *m*

arched [ɑːtʃt, AM ɑːrtʃt] *adj* gewölbt; ~ **door** Bogenportal *nt;* ~ **roof** Tonnendach *nt;* ~ **window** Bogenfenster *nt*

arch-'en·emy *n* Erzfeind(in) *m(f)*

ar·cheo·logi·cal *adv* AM *see* **archaeological**

ar·cheo·logi·cal·ly *adv* AM *see* **archaeologically**

ar·che·olo·gist *n* AM *see* **archaeologist**

ar·che·ol·ogy *n no pl* AM *see* **archaeology**

arch·er [ˈɑːtʃəʳ, AM ˈɑːrtʃɚ] *n* Bogenschütze, -schützin *m, f*

'archer·fish *n* Schützenfisch *m*

ar·chery [ˈɑːtʃtəʳri, AM ˈɑːr-] *n no pl* Bogenschießen *nt*

ar·che·typ·al [ˌɑːkɪˈtaɪpəl, AM ˌɑːr-] *adj* urbildlich, archetypisch; **an ~ English gentleman** ein vorbildlicher englischer Gentleman

ar·che·type [ˈɑːkɪtaɪp, AM ˈɑːr-] *n* ① *(typical example)* Urform *f,* Ausgangsform *f*
② PSYCH Archetyp[us] *m*

ar·che·typi·cal [ˌɑːkɪˈtɪpɪkəl, AM ˌɑːrkəˈ-] *adj* archetypisch

Archi·medean screw [ˌɑːkɪmiːdiənˈskruː, AM ˌɑːrkə-] *n* MATH archimedische Spirale

Archimedes' prin·ci·ple [ˌɑːkɪmiːdiːzˈprɪn(t)səpl̩, AM ˌɑːrkə-] *n* das archimedische Prinzip

archi·pela·go <*pl* -s *or* -es> [ˌɑːkɪˈpeləgəʊ, AM ˌɑːrkəˈpeləgoʊ] *n* Archipel *m*

archi·tect [ˈɑːkɪtekt, AM ˈɑːrkə-] *n* ① ARCHIT Architekt(in) *m(f)*
② *(fig: creator)* Schöpfer(in) *m(f)*
►PHRASES: **every man is the ~ of his own fortune** *(prov)* jeder ist seines Glückes Schmied *prov*

archi·tect's 'plan *n* Bauplan *m*

archi·tec·tur·al [ˌɑːkɪˈtektʃəʳrəl, AM ˌɑːrkəˈ-] *adj* architektonisch; ~ **plan** Bauplan *m;* ~ **historian** Architekturhistoriker(in) *m(f)*

archi·tec·tur·al·ly [ˌɑːkɪˈtektʃəʳrəli, AM ˌɑːrkəˈ-] *adv* architektonisch

archi·tec·ture [ˈɑːkɪtektʃəʳ, AM ˈɑːrkətektʃɚ] *n no pl* ① *(subject)* Architektur *f,* Baukunst *f*
② *(style)* Architektur *f,* Baustil *m*

archi·trave [ˈɑːkɪtreɪv, AM ˈɑːrkə-] *n* ① ARCHIT Architrav *m*
② *(moulded frame)* Ziergebälk *nt (plastischer Zierrat um Türen und Fenster)*

ar·chiv·al [ɑːˈkaɪvəl, AM ɑːrˈ-] *adj inv* Archiv-; ~ **research** Forschung *f* in Archiven

ar·chive [ˈɑːkaɪv, AM ˈɑːr-] I. *n* Archiv *nt*
II. *n modifier (document, material, research)* Archiv-; ~ **footage** Archivmaterial *nt*

'ar·chive rec·ord *n* COMPUT Archivdatensatz *m*

ar·chi·vist [ˈɑːkɪvɪst, AM ˈɑːrkaɪ-] *n* Archivar(in) *m(f)*

arch·ly [ˈɑːtʃli, AM ˈɑːrtʃ-] *adv* schelmisch

'arch·way *n* Torbogen *m*

'arc lamp, 'arc light *n* Bogenlampe *f*

arc·tic [ˈɑːktɪk, AM ˈɑːrk-] *adj (fig)* eiskalt; ***the weather's really ~ today*** heute herrscht geradezu eine arktische Kälte; ~ **conditions** arktische [Wetter]verhältnisse

Arc·tic [ˈɑːktɪk, AM ˈɑːrk-] I. *n no pl* ▪ **the ~** die Arktis
II. *adj inv* arktisch; ~ **expedition** Nordpolexpedition *f*

Arc·tic 'Circle *n* nördlicher Polarkreis **Arc·tic 'fox** *n* Polarfuchs *m* **Arc·tic 'hare** *n* Polarhase *m* **Arc·tic 'Ocean** *n* Nördliches Eismeer **Arc·tic 'tern** *n* Küstenseeschwalbe *f*

arc 'weld·ing *n no pl* Lichtbogenschweißung *f; (act of welding)* Lichtbogenschweißen *nt*

Ar·dennes [ɑːˈden, AM ɑːrˈ-] *npl* Ardennen *pl*

ar·dent [ˈɑːdənt, AM ˈɑːr-] *adj* leidenschaftlich; ~ **admirer** glühender Verehrer/glühende Verehrerin; ~ **desire** brennender Wunsch; ~ **feminist** vehemente Feministin; ~ **plea** innige Bitte

ar·dent·ly ['ɑːdəntli, AM 'ɑːr-] *adv* leidenschaftlich, inbrünstig *geh*
ar·dour, AM, AUS **ar·dor** ['ɑːdəʳ, AM 'ɑːrdɚ] *n no pl* Leidenschaft *f*, Begeisterung *f* (**for** für +*akk*)
ar·du·ous ['ɑːdjuəs, AM 'ɑːrdʒuəs] *adj* anstrengend, beschwerlich; ~ **task** mühsame Aufgabe
ar·du·ous·ly ['ɑːdjuəsli, AM 'ɑːrdʒuəs-] *adv* angestrengt
ar·du·ous·ness ['ɑːdjuəsnəs, AM 'ɑːrdʒuəs-] *n no pl* Beschwerlichkeit *f*, Mühseligkeit *f*
are [ɑːʳ, AM ɑːr] *vt, vi see* **be**
area ['eəriə, AM 'eri-] *n* ❶ *(region)* Gebiet *nt*, Region *f*; ~ **of activity** Tätigkeitsgebiet *nt*, Tätigkeitsfeld *nt*; ~ **of the brain** Hirnregion *f*; ~ **of coverage** Reichweite *f*; **danger** ~ Gefahrenzone *f*; ~ **of the lung** Lungenbereich *m*; ~ **manager** Gebietsleiter(in) *m(f)*; ~ **of responsibility** Aufgabengebiet *nt*; **testing** ~ Testgelände *nt*
❷ COMM **commercial** ~ Gewerbegebiet *nt*; **sales** ~ Verkaufsfläche *f*; ECON **free trade** ~ Freihandelszone *f*; FIN **dollar/sterling** ~ Dollar-/Sterlingzone *f*
❸ *(subject field)* Gebiet *nt fig*; ~ **of competence/knowledge** Wissensgebiet *nt*
❹ *(surface measure)* Fläche *f*, Flächeninhalt *m*; ~ **of a circle** Kreisfläche *f*; ***50 square kilometres in*** ~ eine Fläche von 50 km²
❺ FBALL *(fam)* Strafraum *m*
❻ *(approximately)* ■**in the** ~ **of ...** ungefähr ...; **in the** ~ **of £200** etwa 200 Pfund
area 'bomb·ing *n* MIL Flächenbombardement *nt*
area 'code *n* AM, AUS *(dialling code)* Vorwahl *f*
arena [ə'riːnə] *n* ❶ *(for entertainment)* Arena *f*; *(sports stadium)* Stadion *nt*
❷ *(fig)* Arena *f fig*; **the political** ~ die politische Bühne; **to enter the** ~ die Bühne betreten *fig*
aren't [ɑːnt, AM ɑːrnt] = **are not** *see* **be**
are·ola [ə'riələ] *n* ANAT ❶ *(of nipple)* Warzenhof *m*
❷ *(of eye)* Augenringe *pl*
ar·gan oil ['ɑːgən-] *n no pl* Arganöl *nt*
ar·gen·tif·er·ous [,ɑːdʒən'tɪfərəs, AM 'ɑːr-] *adj* silberhaltig, silberhältig ÖSTERR
Ar·gen·ti·na [,ɑːdʒən'tiːnə, AM 'ɑːr-] *n* Argentinien *nt*
Ar·gen·tine ['ɑːdʒəntaɪn, AM 'ɑːr-], **Ar·gen·tin·ian** [,ɑːdʒən'tɪniən, AM ,ɑːr-] **I.** *adj* argentinisch; ~ **Republic** Argentinische Republik
II. *n* Argentinier(in) *m(f)*
ar·gon ['ɑːgɒn, AM 'ɑːrgɑːn] *n no pl* CHEM Argon *nt*
ar·go·naut ['ɑːgənɔːt, AM 'ɑːrgənɑːt] *n* ❶ ZOOL Papiernautilus *m*
❷ *(in Greek mythology)* ■**the A~s** *pl* die Argonauten
ar·got ['ɑːgeʊ, AM 'ɑːrgoʊ] *n* Argot *m o nt*, Jargon *m*
ar·gu·able ['ɑːgjuəbl̩, AM 'ɑːrg-] *adj* ❶ *(open to debate)* fragwürdig
❷ *(able to be maintained)* diskutabel; ***it is*** ~ ***that ...*** es ist durchaus vertretbar, dass ...
ar·gu·ably ['ɑːgjuəbli, AM 'ɑːrg-] *adv* wohl; ***he is*** ~ ***one of the world's finest football players*** er dürfte wohl zu den besten Fußballern der Welt gehören
ar·gue ['ɑːgjuː, AM 'ɑːrg-] **I.** *vi* ❶ *(disagree)* sich *akk* streiten; ■**to** ~ **with sb** mit jdm streiten; ■**to** ~ **about** [*or* **over**] **sth** sich wegen einer S. *gen* streiten
❷ *(reason)* argumentieren; ■**to** ~ **against/for** [*or* **in favour of**] **sth** sich *akk* gegen/für etw *akk* aussprechen
II. *vt* ❶ *(debate, reason)* ■**to** ~ **sth** etw erörtern; **a well-~d article** ein Artikel *m* mit Hand und Fuß; ■**to** ~ **sth away** etw wegdiskutieren; ■**to** ~ **that ...** dafür sprechen, dass ...
❷ *(persuade)* ■**to** ~ **sb into/out of doing sth** jdm etw ein-/ausreden
▶PHRASES: **to** ~ **the toss** *(fam)* gegen etw *akk* sein
◆**argue down** *vt esp* AM ■**to** ~ **sb down** jdn niederreden
◆**argue out** *vt* ■**to** ~ **out** ↻ **sth** etw ausdiskutieren
ar·gu·ment ['ɑːgjəmənt, AM 'ɑːrg-] *n* ❶ *(heated discussion)* Wortwechsel *m*, Auseinandersetzung *f*; **without any** ~ ohne weitere Diskussionen; **to be engaged in** ~ in eine Auseinandersetzung verwickelt sein; **to get into/have an** ~ [**with sb**] [mit jdm] streiten
❷ *(case)* Argument *nt* (**against/for** gegen/für +*akk*); ***there's a strong*** ~ ***for banning cars from the city centre*** es spricht einiges dafür, Autos aus der Innenstadt zu verbannen; ~ **of a book** These *f* eines Buches
❸ COMPUT Parameter *nt*; ~ **separator** Argumenttrennzeichen *nt*
ar·gu·men·ta·tion [,ɑːgjəmen'teɪʃən, AM ɑːr] *n no pl* Argumentation *f*
ar·gu·men·ta·tive [,ɑːgjə'mentətɪv, AM ,ɑːrgjə'mentəṭɪv] *adj (pej)* streitsüchtig
argy-bargy [,ɑːdʒi'bɑːdʒi] *n no pl* BRIT *(fam)* Geplänkel *nt fam*
aria ['ɑːriə] *n* Arie *f*
Arian ['eəriən, AM 'eriən] **I.** *n* ❶ REL Arianer(in) *m(f)*
❷ ASTROL Widder *m*
II. *adj* arianisch
arid ['ærɪd, AM 'er-] *adj* ❶ *(very dry)* dürr, ausgedörrt; ~ **climate** Trockenklima *nt*; ~ **zone** Trockenzone *f*
❷ *(fig: boring)* trocken *fig*; **an** ~ **book** ein langweiliges Buch; *(unproductive)* unergiebig; ***after several*** ~ ***years ...*** nach einer Durststrecke von mehreren Jahren ...
arid·ity [ə'rɪdɪti] *n no pl* Dürre *f sing*
Aries ['eəriːz, AM 'eriːz] *n* ❶ *no art* ASTROL, ASTRON *(star sign, formation)* Widder *m*
❷ ASTROL *(person)* Widder
aright [ə'raɪt] *adv (liter or dated)* richtig
arise <arose, arisen> [ə'raɪz] *vi* ❶ *(come about)* sich *akk* ergeben; ***should complications*** ~, ***...*** sollte es zu Schwierigkeiten kommen, ...; ***should doubt*** ~, ***...*** sollten Zweifel aufkommen, ...; ***should the need*** ~, ***...*** sollte es notwendig werden, ...
❷ *(form: get up)* aufstehen
❸ *(liter: rise)* sich *akk* erheben
arisen [ə'rɪzən] *pp of* **arise**
ar·is·to·cra·cy [,ærɪ'stɒkrəsi, AM ,erə'stɑː-] *n* + *sing/pl vb* ■**the** ~ ❶ *(nobility)* die Aristokratie
❷ *(fig: the highest-placed)* die Elite, die Crème de la Crème
aris·to·crat ['ærɪstəkræt, AM ə'rɪs-] *n* Aristokrat(in) *m(f)*
aris·to·crat·ic [,ærɪstə'krætɪk, AM ə,rɪstə'kræṭɪk] *adj* aristokratisch
Ar·is·to·telian [,ærɪstɒ'tiːliən, AM ,erɪstə'-] **I.** *adj inv* aristotelisch
II. *n* Aristoteliker(in) *m(f)*
arith·me·tic **I.** *n* [ə'rɪθmətɪk] *no pl* Arithmetik *f*; **to do some quick mental** ~ etw schnell im Kopf ausrechnen; **first rules** *pl* **of** ~ Grundrechenarten *pl*
II. *adj* [,ærɪθ'metɪk, AM ,erɪθ'meṭɪk] Rechen-; ~ **mean** arithmetisches Mittel; ~ **problem** Rechenaufgabe *f*; ~ **progression** arithmetische Folge
arith·meti·cal [,ærɪθ'metɪkəl, AM ,erɪθ'meṭɪk-] *adj* Rechen-
arith·meti·cal·ly [,ærɪθ'metɪkəli, AM ,erɪθ'meṭɪk-] *adv* arithmetisch; **to solve a problem** ~ ein Problem rechnerisch lösen
arith·met·ic 'mean *n* Durchschnitt *m*
Ariz. AM *abbrev of* **Arizona**
Ari·zo·na [,ærɪ'zəʊnə, AM ,erɪ'zoʊ-] *n* Arizona
Ari·zo·nan [,ærɪ'zəʊnən, AM ,erɪ'zoʊ-] **I.** *n* Bewohner(in) *m(f)* Arizonas
II. *adj* aus Arizona *nach n*
ark [ɑːk, AM ɑːrk] *n no pl* ❶ *(boat)* Arche *f*; **to look as if it came out of the** ~ *(fig fam)* äußerst altmodisch wirken
❷ *(box)* **the A~ of the Covenant** die Bundeslade
❸ AGR Unterstand *m* für Freilaufschweine
Ark. AM *abbrev of* **Arkansas**
Ar·kan·sas ['ɑːkənsɔː, AM ɑːr'kənsɑː] *n* Arkansas
Ar·kan·san [ɑː'kænzən, AM ɑːr'-] **I.** *n* Bewohner(in) *m(f)* Arkansas
II. *adj* aus Arkansas *nach n*
arm¹ [ɑːm, AM ɑːrm] *n* ❶ ANAT Arm *m*; **at** ~**'s length** mit [aus]gestreckten Armen; **to deal with sb at** ~**'s length** ECON mit jdm im Prinzip der rechtlichen Gleichstellung [*o* im Einklang mit den Wettbewerbsregeln] Geschäfte machen; **to keep sb at** ~**'s length** *(fig)* jdn auf Distanz halten; **to hold sb in one's** ~**s** jdn in den Armen halten; **to put** [*or* **throw**] **one's** ~**s round sb** den Arm um jdn legen; **to take sb in one's** ~**s** jdn in die Arme nehmen; ~ **in** ~ Arm in Arm; **on one's** ~ am Arm
❷ *(sleeve)* Ärmel *m*
❸ *(armrest)* Armlehne *f*
❹ GEOG Arm *m*; ~ **of land** Landzunge *f*; ~ **of a river/of the sea** Fluss-/Meeresarm *m*
❺ *(division)* Abteilung *f*
▶PHRASES: **to cost an** ~ **and a leg** *(fam)* Unsummen kosten
arm² [ɑːm, AM ɑːrm] **I.** *vt* ❶ *(supply with weapons)* ■**to** ~ **sb** [**with sth**] jdn [mit etw *dat*] bewaffnen; ■**to** ~ **oneself for sth** *(fig)* sich *akk* für etw *akk* wappnen
❷ *(prepare for detonation)* **to** ~ **a bomb** eine Bombe scharf machen; **to** ~ **a rocket** eine Rakete zündfertig machen
II. *n* ■~**s** *pl* ❶ *(weapons)* Waffen *pl*; **to lay down one's** ~**s** die Waffen niederlegen; **to take up** ~**s** [**against sb/sth**] den Kampf [gegen jdn/etw] aufnehmen; **under** ~**s** kampfbereit
❷ *(heraldic insignia)* Wappen *nt*; **the King's A~s** Zum König *(auf Wirtshaustafeln)*
▶PHRASES: **to be up in** ~**s about** [*or* **against**] [*or* **over**] **sth** über etw *akk* in Streit geraten
ARM [,eɪɑːr'em] *n* FIN *abbrev of* **adjustable rate mortgage** variabel verzinsliche Hypothek, variable Hypothek *f* SCHWEIZ
ar·ma·da [ɑː'mɑːdə, AM ɑːr'-] *n* Kriegsflotte *f*; **the Spanish A~** die spanische Armada
ar·ma·dil·lo [,ɑːmə'dɪləʊ, AM ,ɑːrmə'dɪloʊ] *n* Gürteltier *nt*
Ar·ma·ged·don [,ɑːmə'gedən, AM ,ɑːr-] *n no pl* ❶ REL Armageddon *nt*
❷ *(fig)* Katastrophe *f*
Ar·ma·lite® ['ɑːməlaɪt, AM 'ɑːr] *n sehr leichte, automatische Schnellfeuerwaffe*
ar·ma·ment ['ɑːməmənt, AM 'ɑːr-] *n* ❶ *usu pl (weapons)* Waffen *pl*
❷ *no pl (process of arming)* Bewaffnung *f*, Aufrüstung *f*
'ar·ma·ments pro·gramme *n* MIL Rüstungsprogramm *nt*
ar·ma·ture ['ɑːmətʃəʳ, AM 'ɑːrmətʃɚ] *n* ❶ *(dynamo's rotating coil)* Relais *nt*
❷ *(magnetically induced moving part)* Anker *m*
❸ *(animal armour)* Panzer *m*; *(plant armour)* Bewehrung *f*
❹ *(framework for a sculpture)* Innengerüst *nt*
'arm·band *n* ❶ *(on sleeve)* Armbinde *f* ❷ *(swimming aid)* Schwimmflügel *m* **'arm candy** *n (fam) gut aussehende(r) Begleiter(in) zum Vorzeigen bei gesellschaftlichen Anlässen* **'arm·chair** **I.** *n (chair)* Sessel *m* BRD, Lehnstuhl *m*, ÖSTERR *a.* Fauteuil *nt* **II.** *n modifier (fig)* Möchtegern- *fam*; ~ **politician** Stammtischpolitiker(in) *m(f)*
armed [ɑːmd, AM ɑːrmd] *adj inv* bewaffnet; ~ **resistance** bewaffneter Widerstand
armed 'forces *npl* ■**the** ~ die Streitkräfte *pl*
Ar·me·nia [ɑː'miːniə, AM ɑːr'-] *n* Armenien *nt*
Ar·me·nian [ɑː'miːniən, AM ɑːr'-] **I.** *adj* armenisch; ***she is*** ~ sie ist Armenierin
II. *n* ❶ *(person)* Armenier(in) *m(f)*
❷ *(language)* Armenisch *nt*
arm·ful *n* Arm voll, Ladung *f fam*
arm·hole *n* Armloch *nt*
arm·ing ['ɑːmɪŋ, AM 'ɑːrmɪŋ] *n* Bewaffnung *f*
ar·mi·stice ['ɑːmɪstɪs, AM 'ɑːrmə-] *n* Waffenstillstand *m*; **to declare an** ~ einen Waffenstillstand ausrufen
arm·let *n* Armband *nt (am Oberarm)*, Armbinde *f* ÖSTERR
'arm·lock *n* Fesselgriff *m (mittels Drehen des Arms auf den Rücken)*
ar·mor *n no pl* AM, AUS *see* **armour**
ar·mored *adj* AM *see* **armoured**
ar·mor·er *n* AM *see* **armourer**
ar·mo·ri·al [ɑː'mɔːriəl, AM ɑːr'-] *adj* heraldisch, Wappen-; ~ **bearings** Wappenschild *nt*; ~ **escutcheon**

Wappenschild *nt*

ar·mory *n* AM *see* **armoury**

ar·mour, AM **ar·mor** ['ɑːmə^r, AM 'ɑːrmɚ] *n no pl* ❶ HIST Rüstung *f;* **knights in** ~ Ritter in [voller] Rüstung; **suit of** ~ Panzerkleid *nt* ❷ MIL **body** ~ kugelsichere Weste; ~ **plate** Panzerplatte *f* ❸ MIL *(tanks)* Panzerfahrzeuge *pl* ❹ ZOOL Panzer *m*

ar·moured, AM **ar·mored** ['ɑːməd, AM 'ɑːrmɚd] *adj* ❶ *(furnished with armour)* gepanzert; ~ **car** Panzer[späh]wagen *m;* ~ **glass** Panzerglas *nt;* ~ **personnel carrier** gepanzerter Mannschaftswagen; ~ **train** Panzerzug *m* ❷ *(furnished with armoured vehicles)* bewaffnet; ~ **division** Panzerdivision *f*

ar·mour·er, AM **ar·mor·er** ['ɑːmərə^r, AM 'ɑːrmɚɚ] *n* Waffenmeister *m;* LAW *(sl)* illegaler Waffenhändler [*o* Beschaffer]/illegale Waffenhändlerin [*o* Beschafferin] von Waffen

'ar·mour-pierc·ing *adj* MIL panzerbrechend; ~ **bullet** Panzersprengkugel *f;* ~ **shell** Panzergranate *f*

ar·mour-'plat·ed *adj* gepanzert

ar·moury, AM **ar·mory** ['ɑːm^əri, AM 'ɑːr-] *n* ❶ *(weapons stockpile, depot)* Waffenarsenal *nt,* Waffenlager *nt,* Zeughaus *nt hist* ❷ *(fig)* Arsenal *nt fig; **the only weapon left in his ~ was indifference*** das Einzige, was er noch auf Lager hatte, war Gleichgültigkeit zu markieren *fam*

'arm·pit *n* ANAT Achselhöhle *f*

▸PHRASES: **the ~ of the** __**universe**__ [*or* __**world**__] das dreckigste Loch der Welt *pej sl*

'arm·rest *n* Armlehne *f*

'arms con·trol, arms 'limi·ta·tion *n* MIL Abrüstung *f* **'arms race** *n* ■**the** ~ das Wettrüsten **'arms re·duc·tion** *n* Rüstungsabbau *m*

'arm-twist·ing *n no pl, no indef art (fig)* Überredungskunst *f* **'arm-wres·tling** *n no pl* Armdrücken *nt*

army ['ɑːmi, AM 'ɑːrmi] *n* ❶ MIL Armee *f;* ■**the** ~ das Heer; [**to be**] **in the** ~ beim Militär [sein]; **to go into** [*or* **join**] **the** ~ zum Militär gehen ❷ *(fig)* Schwarm *m,* Heer *nt*

'army ant *n* Wanderameise *f* **'army base** *n* Militärlager *nt* **'army brat** *n (fam)* Militärsprössling *m fam o hum* **army 'dis·pos·als store** AUS, **army-'navy store** *n usu* AM Army Shop *m* **'army of·fic·er** *n* Armeeoffizier *m* **army regu·'la·tions** *n* Militärdienstvorschrift *f* **army 'sur·plus** I. *n* Militärüberschuss *m (überzählige Armeebestände an Kleidung etc., die von der Allgemeinheit erworben werden können)* II. *n modifier (boots, clothing, rucksacks, tents)* Militär-; ~ **store** Army Shop *m*

ar·ni·ca ['ɑːnɪkə, AM 'ɑːr-] *n* Arnika *f*

A-road ['eɪrəʊd] *n* ❶ *(road)* Straße *f* erster Ordnung, Bundesstraße *f,* Hauptverkehrsstraße *f* ❷ *(artery)* Verkehrsader *f,* Verkehrsschneise *f*

aro·ma [ə'rəʊmə, AM -'roʊ-] *n* ❶ *(smell)* Aroma *nt,* Duft *m;* **to give off an** ~ einen Duft verströmen ❷ *(fig)* **an ~ of nostalgia** ein Hauch *m* von Nostalgie

aroma·thera·pist [əˌrəʊmə'θerəpɪst, AM əˌroʊ-] *n* Aromatherapeut(in) *m(f)* **aroma·'thera·py** [əˌrəʊmə'θerəpi, AM -ˌroʊ-] I. *n no pl* Aromatherapie *f* II. *n modifier (bath, oil)* Aromatherapie-; ~ **massage** Massage *f* mit ätherischen Ölen

aro·mat·ic [ˌɑrə(ʊ)'mætɪk, AM ˌerə'mæt̬-] *adj* aromatisch; ~ **compounds** *pl* Aromaten *pl;* ~ **hydrocarbons** *pl* aromatische Kohlenwasserstoffe *pl*

aro·ma·ti·za·tion [ˌærəʊmətaɪ'zeɪʃ^ən, AM əˌroʊmətɪ-] *n* CHEM Ringbildung *f,* Ringschluss *m*

arose [ə'rəʊz, AM -'roʊz] *pt of* **arise**

around [ə'raʊnd] I. *adv inv* ❶ *(reversed)* herum; **the right/wrong way** ~ richtig/falsch herum; **to turn** ~ sich *akk* umdrehen ❷ *(circling)* in Kreisen; ***that tune has been going ~ and ~ in my head*** diese Melodie geht mir nicht aus dem Kopf ❸ *(along edge)* ***the tree measures ten metres*** ~ der Baum hat einen Umfang von zehn Metern ❹ *(on all sides)* rund[her]um, ringsherum; **all** ~ überall; **to come from miles** ~ von weit her [zusammen]kommen ❺ *(in all directions)* herum, umher *geh;* **to wave one's arms** ~ mit den Armen [herum]fuchteln *fam* ❻ *(to all places)* **to get** ~ herumkommen *fam;* ***word got ~ that ...*** es ging das Gerücht, dass ...; **to** [**have a**] **look** ~ sich *akk* umsehen; **to show sb** ~ jdn herumführen ❼ *(to sb's place)* **to come** ~ vorbeikommen ❽ *(aimlessly)* **to walk** ~ herumgehen, umhergehen ❾ *(ready)* **to get ~ to sth** endlich zu etw *dat* kommen; **to get ~ to doing sth** endlich dazu kommen, etw zu tun ❿ *(present)* in der Nähe; ***will you be ~ next week?*** bist du nächste Woche da?; ***there's a lot of flu ~ at the moment*** die Grippe grassiert im Augenblick; ***mobile phones have been ~ for quite a while*** Handys gibt es schon länger ⓫ STOCKEX *(over spot)* mit Report *fachspr; (under spot)* mit Deport *fachspr; **5 points*** ~ 5 % Report/Deport *fachspr*

▸PHRASES: **to have** __**been**__ ~ *(fam)* in der Welt herumgekommen sein; __**see**__ **you** ~ *(fam)* bis demnächst mal *fam*

II. *prep* ❶ *(surrounding)* um +*akk;* **all ~ sth** um etw *akk* herum; ***there are trees all ~ the house*** um das ganze Haus herum stehen Bäume ❷ *(circling)* um +*akk* ❸ *(bending)* um +*akk;* ~ **the back of sth** hinter etw *akk/dat* ❹ *(along edge)* ■~ **sth** um etw *akk* herum ❺ *(at all places)* um +*akk; **they've travelled all ~ the country*** sie haben das ganze Land bereist; ***she looked ~ the house*** sie sah sich im Haus um; ***we have branches ~ the world*** wir haben Filialen in der ganzen Welt; ***from all ~ the world*** aus aller Welt ❻ *(idly)* **to lie/sit/stand** ~ herumliegen/-sitzen/-stehen ❼ *(before number)* ungefähr; *(before clock time)* um ungefähr, gegen +*akk* ❽ *(based on)* **to centre/revolve ~ sth** sich *akk* um etw *akk* konzentrieren/drehen ❾ *(avoiding)* ***there seems to be no way ~ this problem*** es führt wohl kein Weg um dieses Problem herum; **to get ~ sth** um etw *akk* herumkommen *fam*

around-the-'clock I. *adj* 24-Stunden-, rund um die Uhr; ~ **bombing** Dauerbombardierung *f* II. *adv* durchgehend, ohne Unterbrechung

arous·al [ə'raʊz^əl] *n no pl* sexuelle Erregung; **to be in a state of** ~ sexuell erregt sein

arouse [ə'raʊz] *vt* ❶ *(stir)* ■**to ~ sth** etw erwecken *liter;* **to ~ anger** Zorn erregen; **to ~ concern** Bedenken hervorrufen; **to ~ controversy** zu Unstimmigkeiten führen; **to ~ opposition** auf Widerstand stoßen; **to ~ suspicion** Verdacht erregen ❷ *(sexually excite)* ■**to ~ sb** jdn erregen

aroused [ə'raʊzd] *adj* erregt

ar·peg·gio [ɑː'pedʒiəʊ, AM ɑːr'pedʒioʊ] *n* MUS Arpeggio *nt*

ARPS [ˌeɪɑːrpiː'es] *n* AM FIN *abbrev of* **adjustable rate preferred stock** *Vorzugsaktien, die mit einer variablen Dividende ausgestattet sind*

arr. I. *vi* TRANSP *abbrev of* **arrive 1** II. *n* TRANSP *abbrev of* **arrival** Ank. III. *adj* MUS *abbrev of* **arranged** arr.

ar·rack ['ærək, AM 'er-] *n* Arrak *m*

ar·raign [ə'reɪn] *vt* LAW ■**to ~ sb** jdn vor Gericht stellen; **to be ~ed on charges of sth** wegen einer S. *gen* angeklagt werden; **to ~ sb for murder** jdn des Mordes anklagen

ar·raign·ment [ə'reɪnmənt] *n* LAW Anklageerhebung *f*

ar·range [ə'reɪndʒ] I. *vt* ■**to ~ sth** ❶ *(organize)* etw arrangieren; **to ~ a date** einen Termin vereinbaren; **to ~ a marriage** eine Heirat zuwege bringen; **to ~ matters** die Angelegenheit regeln; **to ~ a meeting** ein Treffen in die Wege leiten ❷ *(put in order)* etw ordnen; ***they ~d themselves according to height*** sie stellten sich der Größe nach auf; **to ~ flowers** Blumen arrangieren ❸ MUS *(adapt)* etw arrangieren; **to ~ a piece for an instrument** ein Stück für ein Instrument einrichten II. *vi* festlegen; ■**to ~** [**with sb**] **to do sth** etw [mit jdm] vereinbaren; ■**to ~ for sb to do/have sth** etw für jdn organisieren; ***she's ~d for her son to have swimming lessons*** sie hat ihren Sohn zum Schwimmunterricht angemeldet

ar·ranged 'mar·riage *n* arrangierte Hochzeit

ar·range·ment [ə'reɪndʒmənt] *n* ❶ *(preparations)* ■**~s** *pl* Vorbereitungen *pl* ❷ *(agreement)* Abmachung *f;* **to have an ~ with sb** mit jdm eine Abmachung getroffen haben; **to come to an** ~ zu einer Übereinkunft kommen; ***by*** [***prior***] ***~ with the bank*** nach [vorheriger] Absprache mit der Bank ❸ *(method of organizing sth)* Vereinbarung *f; **what are your current working ~s?*** welche arbeitsmäßigen Verpflichtungen haben Sie momentan? ❹ *(ordering)* Arrangement *nt;* **an ~ of dried flowers** ein Gesteck *nt* von Trockenblumen; MUS ***an ~ for saxophone and piano*** ein für Saxophon und Klavier arrangiertes [Musik]stück

ar·'range·ment fee *n* FIN [Kredit]bereitstellungsprovision *f*

ar·rang·er [ə'reɪndʒə^r, AM -ɚ] *n* ❶ MUS Arrangeur(in) *m(f)* ❷ *(of flowers)* **flower** ~ Florist(in) *m(f)*

ar·rant ['ær^ənt, AM 'er-] *adj attr (liter or dated)* völlig; ~ **nonsense** absoluter Schwachsinn *fam*

ar·ras ['ærəs, AM 'er-] *n* Arazzo *m*

ar·ray [ə'reɪ] I. *n* ❶ *(display)* stattliche Reihe; **an ~ of people** eine Menschenmenge; **~ of services** COMM Leistungsspektrum *nt* ❷ *(form or liter: clothes)* Aufmachung *f,* Kleidung *f* ❸ MIL **in battle** ~ in Schlachtordnung ❹ LAW *(prospective jurors)* [Aufstellung *f* der] Geschworenenliste *f* II. *vt* ❶ *(display)* ■**to ~ sth** etw aufreihen ❷ MIL *(deploy)* ■**to be ~ed against sb/sth** gegen jdn/etw aufgestellt werden ❸ *(form or liter: clothe)* ■**to ~ oneself** sich *akk* herausputzen *hum*

ar·rears [ə'rɪəz, AM -'rɪrz] *npl* ❶ FIN *(overdue money)* Rückstände *pl,* Zahlungsrückstand *m;* **in** ~ in Verzug, nachschüssig; **to be paid in** ~ nachträglich beglichen werden; ~ **of interest** Zinsrückstände *pl;* **rent** ~ Mietrückstände *pl;* **payment of** ~ Nachzahlung *f* ❷ SPORT **to be two goals in** ~ zwei Tore zurückliegen

ar·rest [ə'rest] I. *vt* ❶ LAW *(apprehend)* ■**to ~ sb** jdn verhaften ❷ *(form: stop)* ■**to ~** [**the development of**] **sth** etw zum Stillstand bringen; ***the treatment has so far done little to ~ the spread of the cancer*** die Behandlung hat dem Krebs bis jetzt kaum Einhalt geboten ❸ *(attract)* **to ~ sb's attention** jds Aufmerksamkeit erregen II. *n* LAW Verhaftung *f;* **citizen's** ~ [jedermann zustehendes] vorläufiges Festnahmerecht; **house** ~ Hausarrest *m;* **to place** [*or* **put**] **sb under** ~ jdn in Haft nehmen; **under** ~ in Haft

ar·rest·ed de·'vel·op·ment *n* aufgehaltene Entwicklung

ar·rest·er [ə'restə^r, AM -ɚ] *n* ❶ *(preventive device)* **fire** ~ Brandverhüter *m* ❷ MIL Fangkabel *nt (Aufhaltevorrichtung für auf Flugzeugträgern landende Kampfflugzeuge)*

ar·rest·ing [ə'restɪŋ] *adj* ❶ *(striking)* faszinierend; ~ **account** fesselnde Geschichte; ~ **outfit** atemberaubendes Outfit; ~ **performance** eindrucksvolle Vorstellung ❷ LAW ~ **officer** Polizeibeamter/-beamtin, der/die eine Festnahme durchführt

ar·'rest war·rant *n* Haftbefehl *m*

ar·rhyth·mia [ə'rɪðmiə] *n* MED Herzrhythmusstörung *f,* Arrhythmie *f fachspr*

ar·ri·val [ə'raɪv^əl] *n* ❶ *(at a destination)* Ankunft *f;* ~ **of a baby** Geburt *f* eines Babys; ~ **of an inven-**

tion/a technology Einführung *f* einer Erfindung/Technologie; **time of ~** Ankunftszeit *f;* **~s hall** TRANSP Ankunftshalle *f;* ***"to await ~"*** „Nicht nachsenden"
② *(person)* Ankommende(r) *f(m);* ***their new ~ was keeping them busy*** *(fam)* ihr Baby hielt sie auf Trab; ***how's your latest ~?*** wie geht's dem Familienzuwachs? *fam*

ar·rive [ə'raɪv] *vi* ① *(come to a destination) bus, plane, train* ankommen; *mail, season* kommen; **to ~ at** [*or* **in**] **a place/a town** an einem Ort/in einer Stadt eintreffen; **to ~ at a conclusion/decision** *(fig)* zu einem Schluss/einer Entscheidung gelangen; **to ~ at a compromise** einen Kompromiss erzielen; **to ~ at a result** zu einem Ergebnis kommen
② *(fam or fig: establish one's reputation)* sein Ziel erreichen, es schaffen *fam*
③ *(be born)* kommen, geboren werden
④ ECON *(agree upon)* **to ~ at a price** sich *akk* auf einen Preis einigen

ar·ri·viste [ˌæriː'viːst, AM ˌer-] *n* Emporkömmling *m*

ar·ro·gance ['ærəgən(t)s, AM 'er-] *n no pl* Arroganz *f*

ar·ro·gant ['ærəgənt, AM 'er-] *adj* arrogant

ar·ro·gant·ly ['ærəgəntli, AM 'er-] *adv* arrogant

ar·ro·gate ['ærə(ʊ)geɪt, AM 'erə-] *vt (form)* ■**to ~ sth** [**to oneself**] sich *dat* etw anmaßen

ar·row ['ærəʊ, AM 'eroʊ] **I.** *n* ① *(missile)* Pfeil *m*
② *(pointer)* Pfeilzeichen *nt,* Pfeil *m*
II. *vi* ■**to ~ somewhere** *(point)* irgendwohin weisen; *(move)* irgendwohin rasen

'arrow·head *n* Pfeilspitze *f* **'ar·row keys** *npl* COMPUT Pfeiltasten *pl*

'arrow·root *n no pl* ① BOT *(plant)* Pfeilwurz *f*
② FOOD *(starch)* Pfeilwurzstärke *f*

arse [ɑːs] BRIT, AUS **I.** *n* ANAT *(vulg)* Arsch *m derb*
▸PHRASES: **~ about face** Hals über Kopf; **get your ~ in gear!**, **get off your ~!** setz deinen Hintern in Bewegung! *sl;* **to kick sb/sth's ~** jdn/etw übertrumpfen; **to not know one's ~ from one's elbow** völlig bescheuert sein *sl;* **move** [*or* **shift**] **your ~!** *(get moving)* beweg dich! *fam; (make room)* rutsch rüber! *fam;* **to work one's ~ off** sich *dat* den Arsch aufreißen *derb*
II. *n modifier* BRIT **the ~ end of a place** *(sl)* die Abbruchgegend eines Ortes *pej fam*
III. *vi (vulg)* ■**to ~ around** [*or* **about**] herumblödeln *fam*
IV. *vt* **sb cannot be ~d with sth** jd schert sich *akk* einen Dreck um etw *akk sl*

arse·hole *n* BRIT, AUS *(vulg)* Arschloch *nt vulg* **'arse-kiss·er**, **'arse-lick·er** *n* BRIT, AUS *(vulg)* Arschkriecher *m pej derb*

ar·senal ['ɑːsᵊnᵊl, AM 'ɑːr-] *n* [Waffen]arsenal *nt*

ar·senic ['ɑːsᵊnɪk, AM 'ɑːr-] *n no pl* Arsen *nt*

ar·sine ['ɑːsiːn, AM ɑːr'siːn] *n no pl* CHEM Arsenwasserstoff *m*

ar·son ['ɑːsᵊn, AM 'ɑːr-] *n no pl, no art* Brandstiftung *f*

ar·son·ist ['ɑːsᵊnɪst, AM 'ɑːr-] *n* Brandstifter(in) *m(f)*

art [ɑːt, AM ɑːrt] **I.** *n* ① *(drawing, painting, sculpture)* bildende Kunst
② *(creative activity)* Kunst *f,* Kunstform *f;* **~s and crafts** Kunsthandwerk *nt,* Kunstgewerbe *nt*
③ *(creative activity collectively)* ■**the ~s** *pl* die Kunst
④ *(high skill)* Geschick *nt,* Kunst *f;* **the ~ of cooking** die Kochkunst
⑤ *pl* UNIV *(area of study)* ■**the ~s** Geisteswissenschaften *pl*
II. *n modifier (collection, collector, critic, dealer)* Kunst-

art deco [ˌɑːt'dekəʊ, AM ˌɑːrt'dekoʊ] *n no art* Art déco *m o nt*

ar·te·fact ['ɑːtɪfækt, AM 'ɑːrt̬ə-] *n* Artefakt *nt*

ar·te·rial [ɑː'tɪəriəl, AM ɑːr'tɪri-] *adj* ① *inv* ANAT arteriell; **~ wall** Arterienwand *f*
② TRANSP Haupt-; **~ railway** Hauptstrecke *f;* **~ road** Hauptverkehrsstraße *f*

ar·te·rio·sclero·sis [ɑːˌtɪəriəʊsklə'rəʊsɪs, AM ɑːrˌtɪrioʊsklə'roʊsəs] *n* MED Arterienverkalkung *f,* Arteriosklerose *f fachspr*

ar·te·rio·sclerot·ic [ɑːˌtɪəriəʊsklə'rɒtɪk, AM ɑːrˌtɪrioʊsklə'rɑːt̬ɪk] *adj* arteriosklerotisch

ar·tery ['ɑːtᵊri, AM 'ɑːrt̬ɚi] *n* ① ANAT Arterie *f*
② TRANSP Hauptverkehrsader *f*

ar·te·sian well [ɑːˌtiːziən'wel, AM ɑrˌtiːʒᵊn] *n* artesischer Brunnen

'art form *n* ① *(conventionally established form)* Kunstgattung *f*
② *(imaginative or creative activity)* Kunstform *f*

art·ful ['ɑːtfᵊl, AM 'ɑːrt-] *adj* geschickt; **~ dodger** durchtriebenes Bürschchen

art·ful·ly ['ɑːtfᵊli, AM 'ɑːrt-] *adv* geschickt

art·ful·ness ['ɑːtfᵊlnəs, AM 'ɑːrt-] *n no pl* Geschick *nt;* **~ of speech** Redegewandtheit *f*

'art gal·lery *n (for public exhibitions)* Kunstgalerie *f,* Kunsthalle *f; (for sale of paintings)* [Kunst]galerie *f,* Kunsthandlung *f* **art his·'to·rian** *n* Kunsthistoriker(in) *m(f)* **art 'his·tory** *n* Kunstgeschichte *f* **art-house** ['ɑːthaʊs, AM 'ɑːrt] *adj attr, inv cinema* Programm-

ar·thrit·ic [ɑː'θrɪtɪk, AM ɑːr'θrɪt̬ɪk] MED **I.** *adj* arthritisch
II. *n* Arthritiker(in) *m(f)*

ar·thri·tis [ɑː'θraɪtɪs, AM ɑːr'θraɪt̬əs] *n no pl* MED Gelenkentzündung *f,* Arthritis *f fachspr*

ar·thro·pod ['ɑːθrəpɒd, AM 'ɑːrθrəpɑːd] *n* ZOOL Gliederfüßler *m;* **the ~s** die Arthropoden *pl fachspr*

Ar·thu·rian [ɑː'θjʊəriən, AM ɑːr'θʊ] *adj inv* Artus-

ar·tic [ɑː'tɪk] *n* BRIT *(fam) short for* **articulated lorry** Sattelschlepper *m*

ar·ti·choke ['ɑːtɪtʃəʊk, AM 'ɑːrt̬ətʃoʊk] *n* [**globe**] **~** Artischocke *f;* **~ bottom** Artischockenboden *m;* **~ heart** Artischockenherz *nt*

ar·ti·cle ['ɑːtɪkl, AM 'ɑːrt̬ɪ-] *n* ① *(object)* Gegenstand *m,* Artikel *m;* **~ of clothing/furniture** Kleidungs-/Möbelstück *nt;* **~ of value** Wertgegenstand *m*
② *(writing)* Artikel *m*
③ LING Artikel *m*
④ LAW Paragraf *m; (document)* Vertrag *m,* Urkunde *f;* **~s of agreement** Vertragsbestimmungen *pl;* **amended ~** neu gefasstes Übereinkommen *nt;* **~s of association** Vereinssatzung *f;* **~s of incorporation** AM Gründungsurkunde *f* [einer Kapitalgesellschaft]; **~s of partnership** Gesellschaftsvertrag *m* [einer Personengesellschaft]
⑤ REL **~ of faith** Glaubensartikel *m*
⑥ BRIT, AUS LAW **to be doing** [*or* **in**] **~s** eine Rechtsanwaltsausbildung machen; **~s of indenture** Ausbildungsvertrag *m;* **to serve ~s** seine Rechtsreferendarzeit ableisten

ar·ti·cled ['ɑːtɪkld, AM 'ɑːrt̬ɪ-] *adj inv* LAW ■**to be ~ to sb/sth** an jdn/etw vertraglich gebunden sein; **~ clerk** Anwärter(in) *m(f)* für die Rechtsanwaltslaufbahn

ar·ti·cled 'clerk *n* BRIT LAW Rechtsreferendar(in) *m(f),* Anwaltsreferendar(in) *m(f)*

ar·ticu·lacy [ɑː'tɪkjələsi, AM ɑːr'-] *n no pl* Ausdrucksfähigkeit *f*

ar·ticu·late I. *adj* [ɑː'tɪkjələt, AM ɑːr'-] ① *person* redegewandt
② *thing* verständlich
II. *vt* [ɑː'tɪkjəleɪt, AM ɑːr'-] *(form)* ① *(express clearly)* ■**to ~ sth** etw aussprechen; **to ~ an idea** eine Idee äußern; **to ~ one's opposition** sich *akk* gegen etw *akk* aussprechen
② *(pronounce clearly)* ■**to ~ sth** etw artikulieren; **to ~ a sound** einen Laut bilden
③ ANAT **to be ~d with sth** mit etw *dat* durch ein Gelenk verbunden sein

ar·'ticu·lat·ed lor·ry *n* BRIT Sattelschlepper *m*

ar·ticu·late·ly [ɑː'tɪkjələtli, AM ɑːr'-] *adv* verständlich

ar·ticu·late·ness [ɑː'tɪkjələtnəs, AM ɑːr'-] *n no pl* Ausdrucksfähigkeit *f*

ar·ticu·la·tion [ɑːˌtɪkjə'leɪʃᵊn, AM ɑːrˌ-] *n no pl* ① *(clear expression)* deutliche Formulierung
② *(clear pronunciation)* Artikulation *f*
③ ANAT Gelenkverbindung *f,* Gelenkaufhängung *f*

ar·ti·fact ['ɑːtɪfækt, AM 'ɑːrt̬ə-] *n* Artefakt *nt*

ar·ti·fice ['ɑːtɪfɪs, AM 'ɑːrt̬ə-] *n (form)* ① *no pl (guile)* List *f*
② *(trick)* Trick *m,* List *f*

ar·ti·fi·cial [ˌɑːtɪ'fɪʃᵊl, AM ˌɑːrt̬ə'-] *adj* ① *(not natural)* künstlich; **~ colour**[**ing**] Farbstoff *m;* **~ eye** künstliches Auge; **~ fertilizer** Kunstdünger *m;* **~ fibre** Kunstfaser *f;* **~ flavour** Geschmacksverstärker *m;* **~ kidney** künstliche Niere; **~ leg/teeth** Bein-/Zahnprothese *f;* **~ limb** Prothese *f;* **~ sweetener** Süßstoff *m;* **~ turf** Kunstrasen *m*
② *(pej: not genuine)* aufgesetzt; **an ~ smile** ein unechtes [*o* aufgesetztes] Lächeln

ar·ti·fi·cial in·semi·'na·tion, AI *n* künstliche Befruchtung **ar·ti·fi·cial in·'tel·li·gence, AI** *n* künstliche Intelligenz **ar·ti·fi·cial-in·tui·tion soft·ware** [ˌɑːtɪfɪʃᵊlɪntjuˈɪʃᵊn'sɒftweəʳ, AM ˌɑrt̬əfɪʃᵊlɪntuˈɪʃᵊn'sɑːftwer] *n* Artificial Intuition Software *f*

ar·ti·fi·ci·al·ity [ˌɑːtɪfɪʃi'æləti, AM ˌɑːrt̬əfɪʃi'æləṱi] *n no pl* Künstlichkeit *f*

ar·ti·fi·cial·ly [ˌɑːtɪ'fɪʃᵊli, AM ˌɑːrt̬ə'-] *adv* künstlich

ar·ti·fi·cial 'per·son *n* LAW juristische Person **ar·ti·fi·cial res·pi·'ra·tion** *n* künstliche Beatmung; **to give sb ~** jdn beatmen

ar·til·lery [ɑː'tɪlᵊri, AM ɑːr'-] *n no pl* MIL ① *(large guns)* Artillerie *f;* **~ fire** Artilleriefeuer *nt*
② *(branch of army)* ■**the ~** das Artilleriekorps

ar·'til·lery·man *n* Artillerist *m*

ar·ti·san ['ɑːtɪzæn, AM 'ɑːrt̬əzᵊn] *n* Handwerker(in) *m(f)*

art·ist ['ɑːtɪst, AM 'ɑːrt̬əst] *n* Künstler(in) *m(f)*

ar·tiste [ɑː'tiːst, AM ɑːr'-] *n* THEAT, TV Artist(in) *m(f); (pej)* Pseudokünstler(in) *m(f)*

ar·tis·tic [ɑː'tɪstɪk, AM ɑːr'-] *adj* ① *(skilled at art)* kreativ; **~ ability** künstlerische Fähigkeit; **~ arrangement** kunstvolles Arrangement; **~ style/taste** Kunststil *m*/-geschmack *m;* **~ temperament** künstlerische Veranlagung
② *(relating to art)* künstlerisch; **~ circles** Künstlerkreise *pl;* **~ director** künstlerischer Leiter/künstlerische Leiterin

ar·tis·ti·cal·ly [ɑː'tɪstɪkli, AM ɑːr'-] *adv* künstlerisch

art·ist·ry ['ɑːtɪstri, AM 'ɑːrt̬ə-] *n no pl* Kunstfertigkeit *f*

art·less ['ɑːtləs, AM 'ɑːrt-] *adj* ungekünstelt, ehrlich

art·less·ly ['ɑːtləsli, AM 'ɑːrt-] *adv* ehrlich, schlicht

art·less·ness ['ɑːtləsnəs, AM 'ɑːrt] *n no pl* Arglosigkeit *f*

art nou·veau [ˌɑːnuː'vəʊ, AM ˌɑːrnuː'voʊ] *n* Jugendstil *m*

'art pa·per *n* Kunstdruckpapier *nt* **'art stu·dio** *n* Atelier *nt*

artsy *adj* AM *(pej fam) see* **arty**

artsy-craftsy *adj* AM *(fam) see* **arty-crafty** **artsy-fartsy** *adj* AM *(pej fam) see* **arty-farty**

'art·work *n no pl* Illustrationen *pl*

arty ['ɑːti], AM **artsy** ['ɑːrtsi] *adj (usu pej fam)* gewollt bohemienhaft; **~ film** Film *m* mit künstlerischem Anspruch

arty-crafty [-'krɑːfti], AM **artsy-craftsy** [-'kræftsi] *adj (fam)* aufgesetzt künstlerisch **arty-farty** [-'fɑːti], AM **artsy-fartsy** [-'fɑːrtsi] *adj (pej fam)* gewollt bohemienhaft; **~ type** Künstlertyp *m fam*

Aru·ba [ə'ruːbə] *n* Aruba *nt*

arvo ['ɑːvoʊ] *n* AUS Nachmittag *m*

Aryan ['eəriən, AM 'eriən] **I.** *n* Arier(in) *m(f)*
II. *adj* arisch

as [æz, əz] **I.** *conj* ① *(while)* als; ***she sat watching him ~ he cooked the dinner*** sie saß da und schaute ihm dabei zu, wie er das Abendessen kochte; ***he gets more and more attractive ~ he gets older*** er wird mit zunehmendem Alter immer attraktiver; ***~ I was getting into the car, I noticed a piece of paper on the seat*** beim Einsteigen bemerkte ich ein Stück Papier auf dem Autositz
② *(in the way that, like)* wie; ***knowing him ~ I do, he won't do it*** wie ich ihn kenne, wird er es nicht tun; ***~ is often the case with children, ...*** wie das bei Kindern oft ist, ...; ***she is an actor, ~ is her brother*** sie ist Schauspielerin, wie ihr Bruder; ***all merchandise is sold ~ is*** *esp* AM alle Waren werden verkauft, wie sie sind; ***do ~ I say!*** mach, was ich sage!; ***..., ~ my mother puts it*** *(hum)* ..., wie meine Mutter [immer] zu sagen pflegt; ***I'd never seen him looking so miserable ~ he did that day*** ich habe ihn noch nie so traurig gesehen wie an dem Tag; **~ *things happened*** [*or* ***stood***] [*or*

turned out, ... wie sich zeigte, ...; ~ ***it is** [or **stands**], ..., ~ **things are** [or **stand**], ...* [so] wie die Dinge stehen, ...; ~ ***it stood at the time, ...*** so wie die Dinge damals standen, ...; **exactly** ~ genauso wie; **just** ~ so wie; ~ **it is** *(already)* sowieso schon; ***I've spent far too much money ~ it is*** ich habe sowieso schon zu viel Geld ausgegeben; ~ **it were** sozusagen; ***he's a little on the large side, ~ it were*** er ist, sagen wir [ein]mal, ein bisschen groß geraten; ~ **it happens** rein zufällig; ~ ***it happens, I met him this morning*** rein zufällig [*o* wie der Zufall will], habe ich ihn heute Morgen getroffen; ~ **you like** [*or* **prefer**] [*or* **wish**] *(form)* wie Sie wünschen; ~ **if** [*or* **though**] als ob; ***she looked at me ~ if she didn't understand a word*** sie schaute mich als, als würde sie kein Wort verstehen; ***it isn't ~ if she wasn't warned*** es ist ja nicht so, dass sie nicht gewarnt worden wäre, schließlich war sie ja gewarnt; ~ ***if I care[d]!*** als ob mich das interessieren würde!

❸ *(because)* weil, da *geh;* ~ ***you were out, I left a message*** weil du nicht da warst, habe ich eine Nachricht hinterlassen; ***he may need some help ~ he's new*** er braucht vielleicht Hilfe, weil er neu ist
❹ *(used to add a comment)* wie; ~ ***already mentioned, ...*** wie bereits erwähnt, ...; ~ ***you know, ...*** wie du weißt, ...; ***she smiled and I smiled back, ~ you do*** sie lächelte und ich lächelte zurück, du weißt schon; ~ ***if!*** *(iron)* wohl kaum!, das denkst du aber auch nur! *iron*
❺ *(though)* ***such riches ~ he has, he is still not happy*** so reich er auch ist, glücklich ist er noch immer nicht; ***angry ~ he was, ...*** so verärgert er auch war, ...; ***sweet ~ he is, ...*** so süß er auch ist, ...; ***try ~ he might, ...*** so sehr er es auch versucht, ...

▶PHRASES: ~ **for** ... was ... betrifft; ***he wasn't thrilled, ~ for me, I thought it a good idea*** er war nicht begeistert, ich dagegen hielt es für eine gute Idee; ~ **from** [*or* **of**] ab; ~ ***from** [or **of**] **her 18th birthday, she is free to use the money*** nach der Vollendung des 18. Lebensjahres kann sie frei über das Geld verfügen; ~ ***of** [or **from**] **tomorrow/the first/next Monday*** ab morgen/dem Ersten/nächsten [*o* nächstem] Monat; ~ **of** [*or* **from**] **now/today** von jetzt/heute an, ab jetzt/heute; ~ **to ...** was ... angeht; ~ ***to her manual skills, we'll have to work on them*** was ihre handwerklichen Fähigkeiten angeht, daran müssen wir noch arbeiten; ~ ***to where we'll get the money from, we'll talk about that later*** wir müssen später noch besprechen, wo wir das Geld hernehmen; ***he was uncertain ~ to which road to take*** er war sich nicht sicher, welche Straße er nehmen sollte; ~ **and when** BRIT sobald; ***you can revise them ~ and when I send them to you*** du kannst sie redigieren, sobald ich sie dir schicke

II. *prep* ❶ *(in the past, being)* als; ***he was often ill ~ a child*** als Kind war er oft krank
❷ *(in the capacity, function of)* als; ***she was praised ~ an actress, but less so ~ a director*** als Schauspielerin wurde sie sehr gelobt, aber als Regisseurin weitaus weniger; ***speaking ~ a mother, I cannot accept that*** als Mutter kann ich das nicht akzeptieren; ***what do you think of his book ~ a basis for a film?*** was hältst du von seinem Buch als Grundlage für einen Film?
❸ *(like, being)* als; ***he went to the fancy-dress party dressed ~ a banana*** er kam als Banane verkleidet zum Kostümfest; ***the news came ~ no surprise*** die Nachricht war keine Überraschung; ***use your coat ~ a blanket*** nimm deinen Mantel als Decke; ***such big names ~ ...*** so große Namen wie ...; ***such agricultural states ~ Kansas and Oklahoma*** Agrarstaaten wie Kansas und Oklahoma; ***the necklace was reported ~ having been stolen*** die Kette war als gestohlen gemeldet; ***I always thought of myself ~ a good mother*** ich habe mich immer für eine gute Mutter gehalten; ***do you regard punishment ~ being essential in education?*** hältst du Strafen für unerlässlich in der Erziehung?; ~ **a matter of principle** aus Prinzip

III. *adv inv* ❶ *(in comparisons)* wie; ***they live in the same town ~ my parents*** sie wohnen in derselben Stadt wie meine Eltern; ■[**just**] ~ **...** ~ **...** [genau]so ... wie ...; ***he's ~ tall ~ Peter*** er ist so groß wie Peter; ***I can run just ~ fast ~ you*** ich kann genauso schnell laufen wie du; **half ~ ... ~ ...** halb so ... wie ...; ***she's not half ~ self-confident ~ people think*** sie ist bei Weitem nicht so selbstbewusst, wie alle denken; ~ **much** ~ so viel wie; ***I don't earn ~ much ~ Paul*** ich verdiene nicht so viel wie Paul; **twice/three times ~ much** [~] zweimal/dreimal so viel [wie]; ~ **usual** wie gewöhnlich; ***you're late, ~ usual*** du bist wie immer zu spät; ~ **... ~ that** so ...; ***if you play ~ well ~ that, ...*** wenn du so gut spielst, ...; ***he's not ~ handsome ~ that!*** so gut sieht er nun auch wieder nicht aus!
❷ *(indicating an extreme)* ***these sunflowers can grow ~ tall ~ 8 ft*** diese Sonnenblumen können bis zu 8 Fuß hoch werden; ~ **many/much** ~ immerhin; *(even)* sogar; ***the decision could affect ~ many ~ 2 million people*** die Entscheidung könnte immerhin 2 Millionen Menschen betreffen; ***prices have risen by ~ much ~ 50%*** die Preise sind um ganze [*o* beachtliche] 50 % gestiegen; ~ **little** ~ nur; ***you can pick up a second-hand machine for ~ little ~ £20*** ein gebrauchtes Gerät kriegt man schon für 20 Pfund

asa·foeti·da [ˌæsəˈfetɪdə, AM -ˈfet̬ə-] *n no pl* BOT, FOOD Asant *m*

asap [ˌeɪeseɪˈpiː, ˈeisæp] *adv abbrev of* **as soon as possible** baldmöglichst

as·bes·tos [æsˈbestɒs, AM -təs] **I.** *n no pl* Asbest *m*
II. *n modifier (suit)* Asbest-

as·bes·to·sis [ˌæsbesˈtəʊsɪs, AM -ˈtoʊ-] *n no pl* MED Asbestose *f fachspr,* Asbeststaublunge *f*

ASBO, asbo [ˈæzbəʊ] *n acr for* **antisocial behaviour order** gerichtliche Verfügung wegen Erregung öffentlichen Ärgernisses

as·cend [əˈsend] **I.** *vt (form)* ■**to ~ sth** etw emporsteigen *geh;* **to ~ the stairs** die Treppe hinaufsteigen; **to ~ the throne** den Thron besteigen
II. *vi* ❶ *(move upwards)* aufsteigen; *lift* hinauffahren; ***Christ ~ed into heaven*** Christus ist in den Himmel aufgefahren; **in ~ing order** in aufsteigender Reihenfolge; **in ~ing order of importance** nach zunehmender Wichtigkeit
❷ *(lead up)* emporführen *geh; path* hinaufführen
❸ *(fig form: rise in position)* aufsteigen; ***she hoped in time to ~ to the status of head of department*** sie hoffte, möglichst schnell Abteilungsleiterin zu werden

as·cend·ancy, as·cend·ency [əˈsendən(t)si] *n no pl* Vormachtstellung *f;* **to be in the ~ [over sb]** [jdm] überlegen sein

as·cend·ant, as·cend·ent [əˈsendənt] **I.** *n no pl* ❶ *(form)* **to be in the ~** *(be gaining influence)* im Kommen sein; *(have supremacy)* beherrschenden Einfluss haben
❷ ASTROL Aszendent *m;* **to be in the ~** im Aszendenten stehen
II. *adj* ASTROL aszendierend *fachspr*

as·cend·ing 'tops *n* FIN aufsteigende Gipfelwerte

as·cen·sion [əˈsen(t)ʃən] *n* ❶ *(going up)* Aufstieg *m*
❷ REL ■**the A~** Christi Himmelfahrt *f,* Auffahrt *f* SCHWEIZ

As·'cen·sion Day *n* Himmelfahrt *f,* Auffahrt *f* SCHWEIZ, Himmelfahrtstag *m*

as·cent [əˈsent] *n* ❶ *(upward movement)* Aufstieg *m; of a mountain* Besteigung *f;* ~ **to power** *(fig)* Aufstieg *m* zur Macht
❷ *(slope)* Anstieg *m*

as·cer·tain [ˌæsəˈteɪn, AM -ɚˈ-] *vt (form)* ❶ *(find out)* ■**to ~ sth** etw feststellen; **to ~ the etymology of a word** die Etymologie eines Wortes sichern; **to ~ the truth** die Wahrheit herausfinden
❷ *(make sure)* ■**to ~ that ...** sicherstellen [*o* dafür sorgen], dass ...

as·cer·tain·able [ˌæsəˈteɪnəbl̩, AM ˌæsɚˈ] *adj* feststellbar, nachweisbar; *price, rent* ermittelbar; **to be statistically ~** statistisch erfassbar sein

as·cet·ic [əˈsetɪk, AM -t̬ɪk] **I.** *n* Asket(in) *m(f)*
II. *adj* asketisch

as·ceti·cal·ly [əˈsetɪkəli, AM -t̬ɪkli] *adv* asketisch

as·ceti·cism [əˈsetɪsɪzəm, AM əˈset̬ə-] *n no pl* Askese *f*

ASCII [ˈæski:] **I.** *n no pl acr for* **American Standard Code for Information Interchange** ASCII *m*
II. *n modifier (file, format)* ASCII-; ~ **code** ASCII-Code *m*

ascor·bic acid [əˌskɔːbɪkˈ-, AM əˌskɔːr-] *n no pl* Askorbinsäure *f*

as·cot [ˈæskət, AM -kɑːt] *n modisch gewickeltes Herrenhalstuch*

As·cot 'heat·er® *n* BRIT ≈Warmwasserboiler *m*

as·crib·able [əˈskraɪbəbl̩] *adj* ■**to be ~ to sb/sth** jdm/etw zuzuschreiben sein; *(due to)* auf jdn/etw zurückzuführen sein

as·cribe [əˈskraɪb] *vt* ■**to ~ sth to sb/sth** etw auf jdn/etw zurückführen, etw jdm zurechnen; **to ~ the blame to sb** jdm die Schuld zuschieben; **to ~ a play to an author** ein Bühnenstück einem Autor zuschreiben

as·crip·tion [əˈskrɪpʃən] *n* ❶ *no pl (form: ascribing)* Zuschreibung *f;* ***the ~ of human feelings to animals is quite common*** Tieren werden häufig menschliche Gefühle zugeschrieben
❷ REL *Lobpreisung am Ende einer Predigt*

ASEAN [ˈæsɪən] *n acr for* **Association of South-East Asian Nations** ASEAN; ~ **countries** ASEAN-Staaten

asep·sis [ˌeɪˈsepsɪs] *n no pl* Asepsis *f fachspr,* Keimfreiheit *f*

asep·tic [ˌeɪˈseptɪk] *adj* aseptisch *fachspr,* steril; ~ **dressing** steriler Verband; ~ **wound** keimfreie Wunde

asexu·al [ˌeɪˈsekʃʊəl, AM -ʃuəl] *adj* ❶ *(without intercourse)* ungeschlechtlich; ~ **reproduction** ungeschlechtliche Fortpflanzung
❷ *(without sex organs)* geschlechtslos; *(lacking sexuality)* asexuell; ~ **relationship** platonische Beziehung

asexu·al·ity [ˌeɪsekʃʊˈælɪti, AM -ʃuˈælət̬i] *n no pl* Geschlechtslosigkeit *f,* Asexualität *f*

asexu·al·ly [ˌeɪˈsekʃʊəli, AM -ʃuəli] *adv* ungeschlechtlich; **to reproduce ~** sich *akk* ungeschlechtlich fortpflanzen

ash¹ [æʃ] **I.** *n* ❶ *no pl (from burning)* Asche *f*
❷ *(remains)* ■**~es** *pl* Asche *f kein pl; of person also* verkohlte Überreste; ***the ~es of Dresden*** Dresden *nt* nach dem Feuersturm; ***they didn't rescue much from the ~es of their former home*** sie konnten nur wenig aus den Flammen retten; **to be in ~es** völlig zerstört sein; **to lay sth in ~es** etw in Schutt und Asche legen; **to reduce a city to ~es** eine Stadt in Schutt und Asche legen; **~es to ~es** Erde zu Erde
❸ SPORT ■**the A~es** *pl eine Krickettrophäe in Form einer kleinen Urne, um die zwischen England und Australien gespielt wird*
▶PHRASES: **to rise [like a phoenix] from the ~es** wie Phönix aus der Asche auferstehen; **sth turns to ~es in one's mouth** etw wird für jdn zur großen Enttäuschung
II. *vt* CHEM ■**to ~ sth** etw veraschen

ash² [æʃ] *n (tree)* Esche *f; (wood also)* Eschenholz *nt*

ashamed [əˈʃeɪmd] *adj pred* ■**to be ~ [of sb/sth]** sich *akk* [für jdn/etw] schämen; ***owning an old car is nothing to be ~ of*** ein älteres Auto zu besitzen ist keine Schande; ***that's nothing to be ~ of!*** dafür [*o* deswegen] brauchst du dich [doch] nicht zu schämen!; ***I'm ~ to be seen with you*** es ist mir peinlich, mit dir gesehen zu werden; ■**to be ~ of oneself** [*or* **feel ~**] sich *akk* schämen; ***you ought to be ~ of yourself!*** du solltest dich schämen!, schäm dich!

Ashan·ti [əˈʃænti], **Asante** <*pl* - *or* -s> [əˈsænteɪ]
I. *n* ❶ *(region)* Ashanti *nt*
❷ *(person)* Ashanti *m o f*
❸ *(language)* Ashanti *nt*
II. *adj* ashanti

'ash bin *n* BRIT Mülleimer *m,* SCHWEIZ *a.* Kehrichteimer *m,* ÖSTERR *a.* Mistkübel *m* **ash 'blond(e) I.** *n* **to be an ~ woman** aschblondes Haar haben **II.** *adj* aschblond **'ash·can** *n* AM *(dated)* Mülleimer *m*, SCHWEIZ *a.* Kehrichteimer *m*, ÖSTERR *a.* Mistkübel *m*

ash·en ['æʃən] *adj* aschgrau; *face* kreidebleich

ash·en-faced [,æʃən'feɪst] *adj* aschfahl, aschgrau, kreidebleich

ash·lar ['æʃlə^r, AM lɚ] **I.** *n* **1** *no pl (masonry)* Quader[-stein] *m*, Werkstein *m*, behauener Bruchstein **2** *(ashlar block)* Steinquader *m*
II. *n modifier* Quader-, Werkstein-; ~ **facing** Werksteinverblendung *f;* ~ **lime** Quaderkalk *m*

ashore [ə'ʃɔː^r, AM -'ʃɔːr] *adv inv* **1** *(on land)* an Land; **to be/go** ~ an Land sein/gehen; **life** ~ Leben *nt* auf dem Festland
2 *(to land)* **to run** ~ *ship* stranden; **to swim/wade** ~ ans Ufer schwimmen/waten; **to wash** ~ an Land gespült werden

'ash pan *n* Aschenkasten *m*, Ascheneimer *m* SCHWEIZ

ash·ram ['æʃrəm] *n* REL Aschram *m (religiöses Zentrum in Indien)*

'ash·tray *n* Aschenbecher *m* **Ash 'Wednes·day** *n* Aschermittwoch *m*

ashy ['æʃi] *adj (consisting of)* aus Asche, aschig; *(covered with)* mit Asche bedeckt; *(resembling ash)* aschenähnlich, aschig

Asia ['eɪʃə, AM 'eɪʒə] *n no pl* Asien *nt*

Asia 'Mi·nor *n* Kleinasien *nt*

Asian ['eɪʃən, AM 'eɪʒən] **I.** *n* Asiat[e], Asiatin *m, f;* BRIT *(from Indian subcontinent) Abkömmling des indischen Subkontinents;* AM *(from Far East) Asiate fernöstlicher Herkunft*
II. *adj* asiatisch; FIN ~ **currency unit** asiatische Währungseinheit; ~ **monetary unit** asiatische Geldeinheit

Asian A'meri·can **I.** *n* Amerikaner(in) *m(f)* ostasiatischer Abstammung **II.** *adj* amerikanisch-[ost]asiatisch; **the** ~ **community** die Gemeinschaft der Amerikaner ostasiatischer Abstammung **Asian 'dol·lar** *n* Asien-Dollar *m* **Asian dol·lar 'bonds** *npl* Asien-Dollar-Bonds *pl* **Asian 'flu** *n* asiatische Grippe

Asi·at·ic [,eɪʃi'ætɪk, AM -ʒi'æt̬ɪk] *(esp pej)* **I.** *n* Asiate, Asiatin *m, f*
II. *adj* asiatisch

ASIC *n abbrev of* **application specific integrated circuits** integrierte Schaltkreise für bestimmte Funktionen

A-side ['eɪsaɪd] *n* A-Seite *f*

aside [ə'saɪd] **I.** *adv inv* **1** *(to one side)* auf die Seite; **to draw** [*or* **pull**] **the curtain** ~ den Vorhang aufziehen; **to stand** ~ zur Seite treten; **to turn** ~ sich *akk* zur Seite drehen
2 *(away from other people)* abseits; **to take sb** ~ jdn beiseitenehmen
3 *(for later use)* **to lay sth** ~ etw zur Seite legen [*o* beiseitelegen]; **to leave sth** ~ [**for now**] etw [erst einmal] [weg]lassen; **to put** [*or* **set**] **sth** ~ *(stop thinking about)* etw aufschieben [*o* auf später verschieben]; *(hold in reserve)* etw zurücklegen; **to put** ~ **some money** etwas Geld beiseitelegen
4 *esp* AM *(except)* [**all**] **joking** ~ Spaß beiseite
5 THEAT **to say sth** ~ etw beiseitesprechen *(als Regieanweisung)*
II. *n* **1** *(whispered)* geflüsterte Bemerkung *f;* THEAT Aparte *f*
2 *(incidental)* Nebenbemerkung *f*

aside from *prep* **1** *(except for)* ■~ **sth** abgesehen von etw *dat;* ***I hardly watch any television,*** ~ ***news*** ich sehe kaum Fernsehen, von den Nachrichten mal abgesehen
2 *(away from)* ***please step*** ~ ***the door*** bitte treten Sie von der Tür zurück

asi·nine ['æsɪnaɪn] *adj* dumm; ~ **comment** [*or* **remark**] törichte Bemerkung

ask [ɑːsk, AM æsk] **I.** *vt* **1** *(request information)* ■**to** ~ [**sb**] **sth** [*or form* **sth** [**of sb**]] [jdn] etw fragen; ***she*** ~ ***ed me about Welsh history*** sie fragte mich was zur Geschichte von Wales; ~ ***him why he did it!*** frag ihn, warum er es getan hat!; **to** ~ **a question** [**about sth**] [zu etw *dat*] eine Frage stellen; ***may I*** ~ ***you a question?*** darf ich Sie etwas fragen?; **to** ~ **sb a riddle** jdm ein Rätsel stellen
2 *(request)* ■**to** ~ **sth** um etw *akk* bitten; ***the solicitor*** ~ ***ed that her client should be allowed to make a telephone call*** die Anwältin bat darum, dass ihr Klient telefonieren dürfe; ***and you're*** ~ ***ing me to believe that?!*** und das soll ich glauben?!; **to** ~ [**sb**] **advice/a favour** [jdn] um Rat/einen Gefallen bitten; **to** ~ **sb's opinion** jdn um seine Meinung bitten; ■**to** ~ **sb for sth** [*or form* **sth of sb**] jdn um etw *akk* bitten; ***she*** ~ ***ed me for help*** sie bat mich, ihr zu helfen
3 *(invite)* ■**to** ~ **sb** [**to sth**] jdn [zu etw *dat*] einladen
4 *(demand a price)* **to** ~ **£50** [**for sth**] 50 Pfund [für etw *akk*] verlangen; ***how much are they*** ~ ***ing for the car?*** was wollen sie für das Auto haben?
5 *(expect)* **to** ~ **too much of sb** zu viel von jdm verlangen; ***that's*** ~ ***ing a lot!*** Sie verlangen eine ganze Menge!
▸PHRASES: **don't** ~ **me** mich brauchst du nicht zu fragen; **I** ~ **you!** ich bitte dich!; **if you** ~ **me** wenn du mich fragst
II. *vi* **1** *(request information)* fragen; **you may well** ~, **well may you** ~ BRIT *(hum)* gute Frage; ■**to** ~ **about sb/sth** nach jdm/etw fragen, sich *akk* nach jdm/etw erkundigen; ***how did the meeting go? — don't*** ~***!*** wie war das Treffen? — frag bloß nicht!; ***I was only*** ~ ***ing!*** war ja nur 'ne Frage! *fam*
2 *(make a request)* bitten; ***if you need help, don't hesitate to*** ~ [*or* ***you only have to*** ~] wenn Sie Hilfe brauchen, sagen Sie es nur; ***I*** ~ ***ed to see my accountant*** ich bat um einen Termin mit meinem Steuerberater
3 *(wish)* ■**to** ~ **for sth** sich *dat* etw wünschen; ***who could*** ~ ***for anything more?*** was kann man sich Besseres wünschen?
4 *(fig: take a risk)* ■**to be** ~ **ing for sth** etw geradezu herausfordern; ***if you leave your car unlocked, you're simply*** ~ ***ing to have it stolen*** wenn Sie Ihren Wagen nicht abschließen, laden Sie die Autodiebe ja förmlich ein; ***you're*** ~ ***ing for trouble*** du willst wohl Ärger haben!; ***he's always*** ~ ***ing for trouble*** er macht immer Ärger; ***you're*** ~ ***ing for it*** du willst es ja nicht anders
▸PHRASES: **don't** ~**, don't tell policy** MIL Politik *f* des Stillschweigens *(über sexuelle Orientierung)*
III. *n* STOCKEX Angebotskurs *m*, Ask *m*, Brief *m*
◆**ask after** *vi* ■**to** ~ **after sb** sich *akk* nach jdm erkundigen
◆**ask around** *vi* herumfragen *fam;* ■**to** ~ **around for sb/sth** überall nach jdm/etw fragen
◆**ask in** *vt* ■**to** ~ **sb in** jdn hereinbitten; **to** ~ **sb in for a coffee** jdn auf einen Kaffee hereinbitten [*o* einladen]
◆**ask out** *vt* **to** ~ **sb out for dinner/to the cinema** jdn ins Restaurant/ins Kino einladen; ***I'd like to*** ~ ***her out*** ich würde gern mit ihr ausgehen
◆**ask over**, BRIT *also* **ask round** *vt (fam)* ■**to** ~ **sb over** [*or* **round**] jdn [zu sich *dat*] einladen

askance [ə'skæn(t)s] *adv* **1** *(distrustfully)* misstrauisch; **to look** ~ **at sb/sth** jdn/etw misstrauisch anschauen
2 *(disapprovingly)* missbilligend; **to look** ~ **at sb** jdn schief ansehen *fam*
3 *(sideways)* seitwärts; **to glance at sb** ~ jdn von der Seite anblicken

'asked price *n* STOCKEX Briefkurs *m*

askew [ə'skjuː] **I.** *adj pred* **1** *(not level)* schief
2 *(fig: erroneous)* schief *fig*, daneben *fig*
3 *(fig: unbalanced) balance* unausgewogen
II. *adv* **1** *(not level) hang* schief
2 *(wrong)* **to go** ~ schieflaufen; ***our original plan went somewhat*** ~ es lief nicht so, wie ursprünglich geplant

ask·ing ['ɑːskɪŋ, AM 'æsk-] *n no pl* ***if you want it, it's yours for the*** ~ wenn du es willst, kannst du es gerne haben; ***the promotion was Kate's for the*** ~ Kate war die Beförderung sicher; ***plastic watches are to be had for the*** ~ Plastikarmbanduhren kriegt man an jeder Ecke

'ask·ing price *n (fam)* Angebotspreis *m;* COMM geforderter Preis *m*

'ask price *n* **1** STOCKEX Briefkurs *m*
2 COMM Nachfragepreis *m*

aslant [ə'slɑːnt, AM -'slænt] **I.** *prep* quer [*o* schräg] über +*akk/dat*
II. *adv* schief

asleep [ə'sliːp] *adj pred, inv* **1** *(sleeping)* schlafen[d] *attr;* ■**to be** ~ schlafen; *(fig)* **to be fast** [*or* **sound**] ~ tief und fest schlafen; **to be half** ~ am Einschlafen sein; **to fall** ~ einschlafen
2 *(numb)* ***my foot/arm is*** ~ mein Fuß/Arm ist eingeschlafen

ASM [,eɪes'em] *n abbrev of* **assistant stage manager** Assistent(in) *m(f)* des Inspizienten

aso·cial [,eɪ'səʊʃəl] *adj* **1** *(unsociable)* ungesellig, kontaktscheu, einzelgängerisch
2 *(selfish)* egoistisch, selbstisch
3 *(inconsiderate)* unsozial, asozial
4 *inv* SOCIOL *(unassimilative)* integrationsunwillig

as of *prep* ~ ***1/1/1950*** Stand 01.01.1950; ~ **date** Stand gemäß Datum

asp [æsp] *n* Natter *f*

as·para·gus [ə'spærəgəs, AM -'sper-] **I.** *n no pl* Spargel *m*
II. *n modifier (soup)* Spargel-

a's·para·gus fern *n* Asparagus *m* **a's·para·gus spear** *n* Spargelstange *f* **a's·para·gus tip** *n* Spargelspitze *f*

as·par·tame [ə'spɑːteɪm, AM 'æspɚ-] *n no pl* PHARM *diätetischer Süßstoff*

ASPCA [,eɪespiːsiː'eɪ] *n abbrev of* **American Society for Prevention of Cruelty to Animals** ≈ Tierschutzverein *m*

as·pect ['æspekt] *n* **1** *(point of view)* Aspekt *m*, Gesichtspunkt *m*, Blickwinkel *m;* ***have you really thought about it from every*** ~***?*** hast du wirklich jeden Aspekt bedacht?
2 *(feature)* Aspekt *m*, Seite *f*
3 *(outlook)* Lage *f*, Ausrichtung *f;* **southern** ~ Südlage *f;* ***the dining room has a southern*** ~ das Esszimmer liegt nach Süden
4 *(form: appearance)* Erscheinung *f*
5 *no pl (countenance)* Miene *f*, Gesichtsausdruck *m*
6 LING Aspekt *m*
7 ASTROL Aspekt *m*, Planetenstellung *f*

as·pec·tual [əs'pektʃuəl] *adj* LING die Aktionsart betreffend, aspektisch, Aspekt-; ~ **differences** Aspektunterschiede *pl*

as·pen ['æspən] *n* Espe *f*, Zitterpappel *f;* **to shiver/tremble like an** ~ **leaf** wie Espenlaub zittern

as·per·ity [æs'perəti, AM -əti] *n (form)* **1** *no pl (severity)* Schroffheit *f; of winter* Strenge *f;* **with** ~ streng
2 *(form: hardships)* ■**asperities** *pl* Mühsal *f*, Strapazen *pl*

as·per·sion [ə'spɜːʃən, AM ə'spɜːrʒən] *n (form)* Verleumdung *f;* ~ **on sb's character** moralische Verunglimpfung einer Person *gen;* **to cast** ~**s on sb** jdn verleumden

as·phalt ['æsfælt, AM -fɑːlt] **I.** *n* Asphalt *m*
II. *vt* ■**to** ~ **sth** etw asphaltieren
III. *n modifier (road, square)* asphaltiert; ~ **drive** asphaltierte Auffahrt

as·phalt 'jun·gle *n* AM *(fam)* Asphaltdschungel *m*

as·phyxia [əs'fɪksiə] *n no pl* Asphyxie *f fachspr geh*, Erstickungstod *m*

as·phyxi·ate [əs'fɪksieɪt] **I.** *vi (form)* ersticken
II. *vt* ■**to** ~ **sb** jdn ersticken

as·phyxia·tion [əs,fɪksi'eɪʃən] *n no pl (lack of oxygen)* Sauerstoffmangel *m; (suffocation)* Erstickung *f;* **to die from** ~ ersticken

as·pic ['æspɪk] *n no pl* FOOD Aspik *m o* ÖSTERR *bes nt*, Sulz *nt* SCHWEIZ

as·pi·dis·tra [,æspɪ'dɪstrə, AM -pə'-] *n* Aspidistra *f fachspr*, Schildblume *f*

as·pir·ant ['æspɪrənt, AM -pɚ-] **I.** *n (form)* Aspirant *m geh*, Bewerber(in) *m(f);* ~ **to fame/power** Anwärter(in) *m(f)* auf Ruhm/die Macht
II. *adj attr* aufstrebend

as·pi·rate LING **I.** *n* ['æspərət] LING Aspirata *f fachspr*, Hauchlaut *m*

II. *vt* ['æspᵊreɪt, AM -pəreɪt] LING ■to ~ sth etw hauchen [*o fachspr* aspirieren]
III. *vi* ['æspᵊreɪt, AM -pəreɪt] LING aspirieren *fachspr*

as·pi·ra·tion [ˌæspᵊr'eɪʃᵊn, AM -pə'reɪ-] *n* ❶ *(hope)* Ambition *f geh,* Bestreben *nt; (aim)* Ziel *nt;* ***she has ~s to a career in politics*** sie strebt eine politische Laufbahn an
❷ LING Aspiration *f fachspr,* Behauchung *f*

as·pi·ra·tion·al [ˌæspə'reɪʃᵊnᵊl] *adj* ❶ *(ambitious) person* aufstiegsorientiert, karrierebewusst; *goal, plan* ehrgeizig; *product* Aufsteiger-
❷ *(particular)* wählerisch, anspruchsvoll
❸ *(trendsetting)* richtungsweisend

as·pire [ə'spaɪəʳ, AM -ɚ] *vi* ■**to ~ to** [*or* **after**] **sth** etw anstreben, nach etw *dat* streben; **to ~ to be president/the best** danach trachten, Präsident/der Beste zu werden

as·pi·rin ['æspᵊrɪn] *n* Aspirin® *nt*

as·pir·ing [ə'spaɪərɪŋ, AM -ɚɪŋ] *adj* aufstrebend; *(ambitious)* ambitioniert, ehrgeizig

A-spot *n* ANAT A-Punkt *m*

ass¹ <*pl* -es> [æs] *n* ❶ *(donkey)* Esel *m*
❷ *(stupid person)* Esel *m pej fam,* Dummkopf *m pej;* **pompous ~** Wichtigtuer(in) *m(f) pej fam;* **to make an ~ of oneself** sich *akk* lächerlich machen
▸PHRASES: **the law is an ~** BRIT das Gesetz macht keinen Sinn; **to not be within an ~'s roar of doing sth** IRISH nicht die geringste Chance haben, etw zu tun

ass² <*pl* -es> [æs] *n esp* AM ❶ *(fam!: arse)* Arsch *m derb*
❷ *no pl (vulg: sex)* Sex *m*
▸PHRASES: **to be on sb's ~** ständig hinter jdm her sein; **to be up sb's ~** jdm auf den Fersen sein; **to bore sb's ~ off** [*or* **the ~ off sb**] jdn zu Tode langweilen *fam;* **to get one's ~ somewhere** seinen Arsch irgendwohin bewegen *derb;* **to get sb's ~** sich *dat* jdn vorknöpfen *fam;* **to not give an ~ about sb/sth** *(fam!)* sich *akk* einen Dreck um jdn/etw scheren *sl;* **to kiss sb's ~** jdm in den Arsch kriechen *derb;* **kiss my ~!** du kannst mich mal! *derb;* **to be a pain in the ~** eine Nervensäge sein *fam;* **to be a piece of ~** zum Vernaschen sein *sl;* **to ram** [*or* **shove**] [*or* **stick**] **sth up one's ~** *(fam!)* sich *dat* etw in den Hintern stecken *derb;* **to talk sb's ~ off** jdn vollquasseln *fam;* **to talk one's ~ off** endlos reden [*o fam* labern]; **to work the ~ off sb** [*or* **sb's ~ off**] jdn triezen; **to work one's ~ off** sich *dat* den Arsch aufreißen *derb*
◆**ass about, ass around** *vi* AM *(arse about)* herumblödeln *fam*

as·sail [ə'seɪl] *vt (form)* ❶ *(attack)* ■**to ~ sb** jdn angreifen [*o* überfallen]
❷ *(attack verbally)* ■**to ~ sb** jdn anfeinden; **to ~ sb with insults** jdn beschimpfen
❸ *usu passive (torment)* **to be ~ed by doubts/worries** von Zweifeln/Ängsten geplagt werden
❹ *(overwhelm)* **to be ~ed with problems/questions** mit Problemen/Fragen bombardiert werden; **to be ~ed with letters** massenweise Briefe bekommen *fam*

as·sail·able [ə'seɪləbl] *adj* angreifbar

as·sail·ant [ə'seɪlənt] *n* Angreifer(in) *m(f)*

as·sas·sin [ə'sæsɪn, AM -ən] *n* Mörder(in) *m(f); (esp political)* Attentäter(in) *m(f)*

as·sas·si·nate [ə'sæsɪneɪt, AM -əneɪt] *vt* ■**to ~ sb** ein Attentat auf jdn verüben

as·sas·si·na·tion [əˌsæsɪ'neɪʃᵊn] *n* ❶ *(of important person)* Attentat *nt* (**of** auf +*akk*)
❷ *no pl (murdering)* Ermordung *f;* **character ~** *(fig)* Rufmord *m*

as·sas·si·'na·tion at·tempt *n* Attentat *nt,* Mordanschlag *m*

as·sault [ə'sɔ:lt] **I.** *n* ❶ MIL Angriff *m* (**on** auf +*akk*); **to launch an ~ on sb/sth** jdn/etw angreifen
❷ *(physical attack)* Überfall *m;* LAW tätlicher Angriff, Körperverletzung *f;* **~ with intent to do grievous bodily injury** vorsätzliche schwere Körperverletzung; **aggravated ~** AM schwere Körperverletzung; BRIT gewalttätiger Angriff auf Frauen oder Kinder; **indecent ~** unzüchtige Handlung; *(rape)* [versuchte] Vergewaltigung [*o* Notzucht]; **sexual ~** AM Vergewaltigung *f,* Notzucht *f;* **verbal ~** *(fig)* verbale Attacke
❸ *(fig: attempted climb)* Bestürmung *f fig;* ***an ~ on the north face of the Eiger*** ein Versuch, die Eiger-Nordwand zu bezwingen
❹ *(fig: attempt to eradicate)* Bekämpfung *f;* **an ~ on racism/sexism** ein Feldzug *m* gegen Rassismus/Sexismus
❺ *(attempt to deal with)* **to make an ~ on sth** gegen etw *akk* angehen; ***she decided to make a determined ~ on the paperwork*** sie entschloss sich, endlich den Papierkram aufzuräumen
II. *vt* ■**to ~ sb** jdn [tätlich] angreifen; **to indecently** [*or* **sexually**] **~ sb** jdn vergewaltigen

as·sault and 'bat·tery *n no pl* LAW tätlicher Angriff

as·'sault boat *n* Sturmboot *nt* **as·'sault course** *n* BRIT MIL Übungsgelände *nt* **as·'sault craft** <*pl* ->, **as·'sault boat** *n* Sturmboot *nt*

as·say [ə'seɪ] **I.** *vt* ■**to ~ sth** *precious metal* etw prüfen
II. *n* CHEM chemisches Prüfverfahren

as·'say mark *n (on gold and silver)* Feinheitsstempel *m,* Feingehaltsstempel *m*

as·sem·blage [ə'semblɪdʒ] *n* ❶ *(collection)* Ansammlung *f; of birds* Schar *f*
❷ *no pl* TECH Montage *f*
❸ ART Assemblage *f fachspr*

as·sem·blag·ist [ə'semblɪdʒɪst] *n* ART Assemblagist(in) *m(f) fachspr*

as·sem·ble [ə'sembl] **I.** *vi* sich *akk* versammeln
II. *vt* ❶ *(collect)* ■**to ~ sth** etw sammeln
❷ TECH ■**to ~ sth** etw montieren [*o* zusammenbauen]; **to ~ parts of a model plane** Teile eines Modellflugzeugs zusammensetzen
❸ *(bring together)* **to ~ people** Menschen zusammenkommen lassen; **to ~ troops** Truppen zusammenziehen

as·sem·bler [ə'semblə^r, AM -blɚ] *n* ❶ *(person)* Montagearbeiter(in) *m(f)*
❷ *(machine)* Assembler *m fachspr*
❸ COMPUT Assembler *m fachspr; (program)* Assemblerprogramm *nt*

as·sem·bly [ə'sembli] *n* ❶ *(gathering)* Versammlung *f;* AM Unterhaus *nt;* **the United Nations General A~** die Generalversammlung der Vereinten Nationen; **national ~** Nationalversammlung *f*
❷ SCH Schülerversammlung *f*
❸ *no pl (action)* **freedom of ~** Versammlungsfreiheit *f;* **the right of free ~** das Recht auf Versammlungsfreiheit; **unlawful ~** Zusammenrottung *f*
❹ *no pl* TECH Montage *f*
❺ TECH *(assembled structure)* Baueinheit *f,* Baugruppe *f*

as·'sem·bly hall *n* Saal *m (der für Versammlungen genutzt wird);* SCH Aula *f* **as·'sem·bly lan·guage** *n* COMPUT Assemblersprache *f fachspr*

as·'sem·bly line *n* Montageband *nt,* Fließband *nt a. fig* **as·'sem·bly line sys·tem** *n* Fließbandsystem *nt* **as·'sem·bly line work·er** *n* Fließbandarbeiter(in) *m(f)*

as·'sem·bly·man *n* AM Abgeordneter *m* **as·'sem·bly plant** *n* Montagewerk *nt* **as·'sem·bly point** *n* Sammelplatz *m* **as·'sem·bly room** *n* Versammlungsraum *m,* Saal *m* **as·'sem·bly·wom·an** *n* AM Abgeordnete *f*

as·sent [ə'sent] *n no pl (form)* Zustimmung *f;* ***it was, by general ~, the high spot of the evening*** das war, und darüber sind sich alle einig, eindeutig der Höhepunkt des Abends; **royal ~** BRIT königliche Genehmigung; **to give one's ~ to sth** seine Zustimmung zu etw *dat* geben; **to nod one's ~** zustimmend nicken

as·sert [ə'sɜ:t, AM -'sɜ:rt] *vt* ❶ *(state firmly)* ■**to ~ sth** auf etw *akk* bestehen; *(insist on)* etw beteuern; **to ~ one's innocence** seine Unschuld beteuern
❷ *(demand)* ■**to ~ sth** etw geltend machen [*o* einfordern]; **to ~ one's authority** sich *akk* durchsetzen; **to ~ control over sb** Kontrolle über jdn ausüben; **to ~ one's independence** seine Unabhängigkeit behaupten; **to ~ one's right to do sth** auf seinem Recht bestehen, etw zu tun, sein Recht geltend machen, etw zu tun
❸ *(act confidently)* ■**to ~ oneself** sich *akk* durchsetzen [*o* behaupten]
❹ LAW **to ~ jurisdiction** die eigene Zuständigkeit annehmen

as·ser·tion [ə'sɜ:ʃᵊn, AM -'sɜ:r-] *n* ❶ *(claim)* Behauptung *f;* *of innocence* Beteuerung *f*
❷ *no pl of authority, control* Geltendmachung *f,* Beanspruchung *f*

as·ser·tive [ə'sɜ:tɪv, AM -'sɜ:rt̬ɪv] *adj* ❶ *(self-confident)* durchsetzungsfähig; ■**to be ~** Durchsetzungsvermögen zeigen
❷ *(conspicuous)* auffallend

as·ser·tive·ly [ə'sɜ:tɪvli, AM -'sɜ:rt̬ɪv-] *adv* ❶ *(confidently)* selbstsicher
❷ *(distinctively)* betont

as·ser·tive·ness [ə'sɜ:tɪvnəs, AM -'sɜ:rt̬ɪv-] *n no pl* Durchsetzungsvermögen *nt,* Bestimmtheit *f*

as·ser·tive·ness train·ing *n no pl psychologische Schulung im selbstbewussten Umgang mit Menschen zur alltäglichen Selbstbehauptung*

as·sess [ə'ses] *vt* ■**to ~ sth** ❶ *(evaluate)* etw einschätzen [*o* beurteilen]; ***it's difficult to ~ how they'll react to our suggestions*** man kann nicht voraussagen, wie sie unsere Vorschläge aufnehmen werden; **to ~ the cost of sth** die Kosten für etw *akk* veranschlagen; **to ~ damage** einen Schaden schätzen; ***to ~ damages at €1,000*** die Schäden auf €1.000 schätzen
❷ *usu passive (tax)* ■**to be ~ed** *person* steuerlich geschätzt [*o* veranlagt] [*o* ÖSTERR *a.* eingestuft] werden; *property* besteuert werden; **to be ~ed for tax** für steuerpflichtig erklärt werden

as·sess·able [ə'sesəbl] *adj* BRIT besteuerbar; ■**to be ~** versteuert werden müssen; **~ income** steuerpflichtiges Einkommen

as·sess·ment [ə'sesmənt] *n* ❶ *of damage* Schätzung *f*
❷ *(evaluation)* Beurteilung *f,* Bewertung *f,* Einschätzung *f; (insurance)* **~ of damages** Schadenfeststellung *f,* Schadensbemessung *f;* FIN **~ of property** [Grund]vermögensbewertung *f*
❸ *(taxation)* **tax ~** *(action)* Steuerveranlagung *f; (result)* Steuerbescheid *m*
❹ *(judgement)* SCH, UNIV Einstufung *f;* ADMIN **staff ~** Personalbeurteilung *f*

as·'sess·ment cen·tre *n* Assessmentcenter *nt*

as·ses·sor [ə'sesə^r, AM -ɚ] *n* ❶ *(insurance, tax)* Taxator(in) *m(f) fachspr,* Schätzer(in) *m(f) (von Steuern oder Beitragsabgaben)*
❷ *(legal advisor)* Sachverständige(r) *f(m);* **legal ~** sachverständiger Beisitzer/sachverständige Beisitzerin
❸ *(for insurance)* Gutachter(in) *m(f)*

as·set ['æset] *n* ❶ *(good quality)* Pluspunkt *m,* Vorzug *m;* ***his eyes are his best ~*** seine Augen sind das Beste an ihm
❷ *(valuable person)* Bereicherung *f; (useful thing)* Vorteil *m;* ***she's a tremendous ~ to the club*** sie ist ein Riesengewinn für den Klub; ***a reliable car is a great ~*** ein zuverlässiger Wagen ist Gold wert
❸ COMM *(property)* ■**~s** *pl* Vermögenswerte *pl,* Vermögensgegenstände *pl,* Aktivposten *pl,* Aktivum *nt;* **concealment of ~s** Vermögensverschleierung *f;* **capital** [*or* **fixed**] **~s** Anlagevermögen *nt;* **current ~s** Umlaufvermögen *nt;* **fictitious ~s** Scheinaktiva *pl;* **intangible/tangible ~s** immaterielle/materielle Vermögenswerte; **liquid ~s** flüssige Mittel; **net ~s** Nettovermögen *nt;* **personal ~s** Privatvermögen *nt*

'as·set analy·sis *n* FIN Vermögensanalyse *f*

as·set and lia·'bil·ity man·age·ment *n no pl* FIN Aktiv- und Passivsteuerung *f,* Aktiv-Passiv-Management *nt,* Asset & Liability Management *nt* **'as·set-backed** *adj* FIN durch Vermögenswerte gesichert; **~ loan** besichertes Darlehen **asset-backed se·'cu·rities** *n* FIN ABS-Anleihen *pl,* Asset Backed Securities *pl* **'as·set back·ing** *n* FIN Stützung *f* durch Vermögenswerte **'as·set item** *n* FIN Aktivposition *f,* Vermögensposition *f*

as·set 'man·age·ment *n no pl* FIN *(process)* Aktivsteuerung *f; (department also)* Vermögensmanagement *nt*, Vermögensverwaltung *f* **as·set 'man·ag·er** *n* Vermögensverwalter(in) *m(f)*, Asset-Manager(in) *m(f)* **'as·set-rich** *adj* FIN ~ **company** Unternehmen *nt* mit Vermögensreichtum **'asset-side** *adj attr, inv* FIN aktiv

'as·sets re·port *n* Vermögensbericht *m* **'as·sets side** *n* FIN Aktivseite *f*, Vermögensseite *f*; **to enter sth on the ~** etw aktivieren

'as·set-strip·per *n (pej) jd, der eine Firma aufkauft, um sie anschließend ohne Rücksicht auf diese selbst und ihre Zukunft Gewinn bringend auszuschlachten* **'as·set-strip·ping** *n no pl (pej) Aufkauf einer Firma zum alleinigen Zweck ihrer anschließenden, Gewinn bringenden Verwertung*

'as·set value *n* Substanzwert *m*, Sachwert *m*

ass·hole ['æshoʊl] *n* AM *(vulg: arsehole)* Arschloch *nt vulg*

as·si·du·ity [,æsɪ'djuːəti, AM -'uːət̬i] *n no pl* ❶ *(diligence)* Fleiß *m*
❷ *(perseverance)* Ausdauer *f*, Beharrlichkeit *f*

as·sidu·ous [ə'sɪdjuəs, AM -'sɪdʒu-] *adj* ❶ *(diligent)* gewissenhaft; ***the government has been ~ in the fight against inflation*** die Bekämpfung der Inflation steht bei der Regierung an erster Stelle; ~ **investigation** gründliche Untersuchung; *(careful)* genau; ***he displays an ~ attention to detail*** er achtet auf jedes Detail
❷ *(regular and dedicated)* eifrig; ▪**to be ~** beharrlich sein

as·sidu·ous·ly [ə'sɪdjuəsli, AM -'sɪdʒu-] *adv* ❶ *(painstakingly)* beharrlich, gewissenhaft; *(carefully)* sorgfältig; **to ~ avoid sth** etw um jeden Preis vermeiden
❷ *(regularly)* eifrig

as·sidu·ous·ness [ə'sɪdjuəsnəs, AM -'sɪdʒu-] *n no pl* ❶ *(diligence)* Fleiß *m*, Gewissenhaftigkeit *f*; *(care)* Sorgfalt *f*
❷ *(regularity)* Eifer *m*

as·sign [ə'saɪn] *vt* ❶ *(allocate)* ▪**to ~ sth to sb** [*or* **sb sth**] *place, room* jdm etw zuweisen; ***these contracts are ~ed to the firm making the lowest offer*** die Firma, die das günstigste Angebot macht, bekommt den Zuschlag für den Auftrag; **to ~ a task/role to sb** jdm eine Aufgabe/Rolle zuteilen; LAW **to ~ a right to sb** jdm ein Recht abtreten; ECON **to ~ shares to sb** jdm Aktien übertragen
❷ *(appoint)* ▪**to ~ sb to sth** *a task* jdm etw übertragen; ***I've been ~ed to interview the candidates*** ich wurde damit betraut, die Kandidaten zu interviewen; *(set aside)* **to ~ a day/time for sth** einen Tag/Zeitpunkt für etw *akk* festlegen
❸ *(send elsewhere)* ▪**to be ~ed to a place** an einen Ort versetzt werden; ***Mr Taylor will be ~ed to your staff*** Herr Taylor wird Ihrem Personal zugeteilt
❹ *(attribute)* **to ~ the blame for sth to sb/sth** jdm/etw die Schuld an etw *dat* geben; **to ~ importance to sth** etw *dat* Bedeutung beimessen; **to ~ a motive for a murder** ein Motiv für einen Mord finden; COMPUT **to ~ a function to a key** eine Taste mit einer Funktion belegen
❺ LAW ▪**to ~ sth** [**to sb**] *a business* [jdm] etw übertragen, etw [an jdn] abtreten

as·sig·na·tion [,æsɪg'neɪʃᵊn] *n (form or hum)* Stelldichein *nt veraltend o hum*

as·signee [,æsaɪ'niː, AM ə,saɪ'-] *n* LAW Rechtsnachfolger(in) *m(f)*, Bevollmächtigte(r) *f(m)*

as·sign·er, as·sign·or [ə'saɪnəʳ, AM -ɚ] *n* LAW Zedent(in) *m(f)*

as·sign·ment [ə'saɪnmənt] *n* ❶ *(task)* Aufgabe *f*; *(job)* Auftrag *m*; **diplomatic ~** diplomatische Mission; **foreign ~** Auslandsauftrag *m*; **homework ~** Hausaufgabe *f*; **to send sb on an ~** jdm einen Auftrag erteilen; **to be on ~ somewhere** irgendwo im Einsatz sein [*o* einem Auftrag nachgehen]
❷ *(mission)* Mission *f*
❸ *no pl (attribution)* Übertragung *f*; *of a right also* Abtretung *f*; **~ of blame** Schuldzuweisung *f*; LAW, ECON **~ of a patent/copyright** Patentübertragung *f*/Übertragung *f* eines Urheberrechts
❹ *pl* LAW **his heirs and ~s** seine Erben und Rechtsnachfolger

as·simi·lable [ə'sɪmᵊləbl̩] *adj* ❶ *(integrable)* integrierbar
❷ *(comprehensible)* verständlich

as·simi·late [ə'sɪmɪleɪt, AM -əleɪt] **I.** *vt* ❶ *(integrate)* ▪**to ~ sb** jdn integrieren; **to ~ immigrants into the community** Einwanderer in die Gesellschaft eingliedern; **to ~ information** Informationen aufnehmen
❷ *(comprehend fully)* **to be easily ~d by sb** für jdn leicht verständlich sein
❸ *(form: make similar)* ▪**to ~ sth to sth** etw mit etw *dat* in Einklang bringen
❹ *(take in)* **to ~ food/information** Nahrung/Informationen aufnehmen
II. *vi* ▪**to ~ into sth** *immigrants* sich *akk* in etw *akk* eingliedern

as·simi·la·tion [ə,sɪmɪ'leɪʃᵊn, AM -ə'leɪ-] *n no pl* ❶ *(integration)* Integration *f*, Eingliederung *f*; **problems of ~** Anpassungsschwierigkeiten *pl*
❷ *(understanding)* Aneignung *f (von Lerninhalten)*
❸ *of food* Aufnahme *f*

as·sist [ə'sɪst] **I.** *vt* ▪**to ~ sb** jdm helfen (**with** bei +*dat*); **to ~ the police in** [*or* **with**] **their inquiries** die Polizei bei ihren Nachforschungen unterstützen; ▪**to ~ sth** *process* etw vorantreiben
II. *vi* helfen (**with** bei +*dat*); **to ~ in an operation** bei einer Operation assistieren
III. *n* SPORT Vorlage *f*

as·sist·ance [ə'sɪstᵊn(t)s] *n no pl* Hilfe *f*; ***can I be of any ~?*** kann ich Ihnen irgendwie behilflich sein?; **financial ~** finanzielle Unterstützung; **to come to sb's ~** jdm zu Hilfe kommen; **to give sb ~** jdm helfen, jdm Hilfe leisten *geh*

as·sis·tant [ə'sɪstᵊnt] *n* ❶ *(helper)* Assistent(in) *m(f)*
❷ *esp* BRIT *(in shop)* Verkäufer(in) *m(f)*; [**foreign language**] **~** SCH, UNIV *muttersprachliche Hilfskraft im fremdsprachl. Unterricht*, Beiwagerl *nt* ÖSTERR *fam*

as·sis·tant 'cam·era op·era·tor *n* zweiter Kameramann/zweite Kamerafrau **as·sis·tant head·'master** *n* SCH Konrektor *m*, stellvertretender Direktor/stellvertretende Direktorin ÖSTERR **as·sis·tant 'man·ag·er** *n* stellvertretender Direktor/stellvertretende Direktorin; *(in shop)* stellvertretender Filialleiter/stellvertretende Filialleiterin **as·sis·tant pro·'fes·sor** *n* AM UNIV *habilitierte(r) Dozent(in) mit regulärem Lehrauftrag und Anwartschaft auf eine volle Professorenstelle* **as·sis·tant sales 'man·ag·er** *n* stellvertretender Verkaufsleiter/stellvertretende Verkaufsleiterin

as·sist·ed [ə'sɪstɪd] *adj inv* ❶ *(aided)* **~ conception** Empfängnishilfe *f*; **~ respiration** assistierte Beatmung; **~ suicide** aktive Sterbehilfe
❷ POL, UNIV [staatlich] gefördert [*o* finanziert] [*o* bezuschusst] [*o* ÖSTERR *a.* subventioniert]; **~ place** staatlich finanzierter Platz [an einer Privatschule]
❸ FIN, LAW unterstützungsberechtigt *fachspr*

as·sist·ed 'liv·ing I. *n* betreutes Wohnen **II.** *n modifier (facility, residence, services)* mit Heimhilfe *nach n* **as·sist·ed-liv·ing 'com·mu·nity** *n Siedlung, in der Menschen betreut wohnen* **as·sist·ed 'per·son** *n* LAW Empfänger(in) *m(f)* von Beratungs- und Prozesskostenhilfe **as·sist·ed 'places scheme** *n* BRIT *jetzt abgeschafftes Programm der Beitragsübernahme durch lokale Behörden mit dem Zweck, Kindern unvermögender Eltern die Teilnahme am Unterricht nichtstaatlicher Schulen zu ermöglichen*

as·size courts [ə'saɪz-] *npl*, **assizes** *npl* BRIT LAW Assisen *pl*, Assisengericht *nt (vierteljährliche* [*Schwur*]*gerichtssitzungen in Grafschaften)*

assn *n abbrev of* **association**

assoc. *n abbrev of* **association** Verband *m*

as·so·ci·ate I. *n* [ə'səʊʃiət, AM -'soʊ-] ❶ *(friend)* Gefährte, Gefährtin *m, f*; *(colleague)* Kollege, Kollegin *m, f*; *(of criminals)* Kumpan(in) *m(f) hum*, Komplize, Komplizin *m, f*; ***he's a known ~ of the Mafia boss*** er gehört zu dem Dunstkreis vom Mafiaboss; **business ~** Geschäftspartner(in) *m(f)*; **close ~** enger Vertrauter/enge Vertraute
❷ ECON, FIN Teilhaber(in) *m(f)*, Gesellschafter(in) *m(f)*, Partner(in) *m(f)*
II. *vt* [ə'səʊʃieɪt, AM -'soʊ-] ▪**to ~ sb/sth with sth** jdn/etw mit etw *dat* in Verbindung bringen; ***they ~ enjoying themselves with getting drunk*** für sie heißt Spaßhaben sich betrinken; ▪**to be ~d with sth** *cause and effect* in Zusammenhang mit etw *da* stehen; ▪**to ~ oneself with sth** sich *akk* etw *dat* anschließen
III. *vi* [ə'səʊʃieɪt, AM -'soʊ-] ▪**to ~ with sb** mit jdm verkehren

As·so·ci·ate [ə'soʊʃiət] *n* AM UNIV *Grad, der nach Abschluss von 2 Jahren an einem Juniorencollege verliehen wird*

as·so·ci·ate(d) 'com·pa·ny *n* BRIT ECON Beteiligungsgesellschaft *f*

as·so·ci·ate di·'rec·tor *n* THEAT Spielleiter(in) *m(f)*, FILM Aufnahmeleiter(in) *m(f)*

as·so·ci·at·ed 'part·ner *n* Verbundpartner(in) *m(f)*

as·so·ci·ate 'jus·tice *n* AM LAW *einer der acht Bundesrichter am Supreme Court of the USA* **as·so·ci·ate 'mem·ber** *n* assoziiertes [*o* außerordentliches] Mitglied **as·so·ci·ate pro·'fes·sor** *n* AM außerordentlicher Professor

as·so·ci·ate's de·'gree *n* AM UNIV *Grad, der nach Abschluss von 2 Jahren an einem Juniorencollege verliehen wird*

as·so·cia·tion [ə,səʊʃi'eɪʃᵊn, AM -,soʊ-] *n* ❶ *(organization)* Vereinigung *f*, Verein *m*; *(corporation)* Verband *m*; **medical ~** Ärztekammer *f*; *(romantic relationship)* Verhältnis *nt*; **memorandum of ~** BRIT FIN Gründungsurkunde *f*
❷ *no pl (involvement)* Verbundenheit *f*, Zugehörigkeit *f*; ***our ~ with the feminist movement began at university*** wir engagieren uns seit unserer Studienzeit in der feministischen Bewegung; **in ~ with sb/sth** in Verbindung mit jdm/etw; **to seek ~ with sth** Assoziierung *f* mit etw *dat* beantragen, in etw *dat* assoziierte Mitgliedschaft beantragen
❸ *(mental connection)* Assoziation *f*
❹ *no pl (combination)* Verknüpfung *f*

as·so·cia·tion·al edit·ing [ə,səʊʃi'eɪʃᵊnᵊl, AM -,soʊ-] *n* FILM Assoziativschnitt *m*

as·so·cia·tion 'foot·ball *n no pl* BRIT FBALL *(form)* Verbandsfußball *m* **As·so·cia·tion of Fu·tures Bro·kers and 'Deal·ers** *n für die Zulassung an den Terminkontrakt- und Optionsmärkten tätige Broker und Institute zuständige Selbstüberwachungsorganisation*

as·so·cia·tive [ə'səʊʃiətɪv, AM 'soʊ] *adj* assoziativ; COMPUT **~ addressing** Assoziativadressierung *f*

as·so·nance ['æsᵊnən(t)s] *n no pl* LIT Assonanz *f*

as·sort·ed [ə'sɔːtɪd, AM -'sɔːrt̬ɪd] *adj* ❶ *attr (mixed)* gemischt, assortiert SCHWEIZ, sortiert ÖSTERR; **~ colours** *(for pencils, etc.)* verschiedene Farben; **~ flavours** Gewürzmischung *f*; **~ goods** Gemischtwaren *pl*; **~ sweets** Süßigkeitenmischung *f*, Konfekt *n*
❷ *(going well together)* **to be well/poorly ~** gut/schlecht zusammenpassen

as·sort·ment [ə'sɔːtmənt, AM -'sɔːrt-] *n usu sing* Sortiment *nt*, Auswahl *f* (**of** an +*dat*); **motley ~** bunte Mischung; **rich ~** reichhaltiges Sortiment

asst *n, adj abbrev of* **assistant**

as·suage [ə'sweɪdʒ] *vt (liter)* ❶ *(relieve)* **to ~ sb's anger** jds Zorn beschwichtigen; **to ~ one's conscience** sein Gewissen erleichtern; **to ~ sb's grief** jds Kummer besänftigen; **to ~ pain** Schmerzen lindern
❷ *(satisfy)* **to ~ sb's desire** jds Verlangen befriedigen; **to ~ one's hunger/thirst** seinen Hunger/Durst stillen

as·sum·able 'mort·gage *n* AM FIN übernehmbare Hypothek

as·sume [ə'sjuːm, AM -suːm] *vt* ❶ *(regard as true)* ▪**to ~ sth** etw annehmen; **to ~ sb's guilt** jdn für schuldig halten; ▪**to ~** [**that**] ... annehmen, dass ... davon ausgehen, dass ...; ***let's ~ that ...*** angenommen, ...
❷ *(adopt)* ▪**to ~ sth** etw annehmen; **to ~ an air of indifference** gleichgültig tun; **to ~ an air of so-**

phistication sich *akk* kultiviert geben; **to ~ a pose** eine Haltung annehmen; **to ~ a role** eine Rolle übernehmen
③ *(take on)* **to ~ the obligation to ...** die Verpflichtung eingehen [*o* übernehmen], ...; **to ~ office/the mantle of presidency** sein Amt/die Präsidentschaft antreten; **to ~ power** die Macht ergreifen; **to ~ huge/frightening proportions** gewaltige/beängstigende Ausmaße annehmen; **to ~ full responsibility for sth** die volle Verantwortung für etw *akk* übernehmen; **to ~ a risk** ein Risiko übernehmen

as·sumed [əˈsjuːmd, AM -suːmd] *adj attr* vorgeblich; **~ identity/name** angenommene Identität/angenommener Name; **under an ~ name** unter einem Deckmantel

as·ˈsumed bonds *n* AM FIN übernommene Schuldverschreibungen

as·sum·ing [əˈsjuːmɪŋ, AM -suːm-] *adj* anmaßend

as·sump·sit [əˈsʌm(p)sɪt] *n* LAW Klage *f* auf Schadenersatz wegen Nichterfüllung

as·sump·tion [əˈsʌm(p)ʃᵊn] *n* ① *(supposition)* Annahme *f; (presupposition)* Voraussetzung *f;* **on the ~ that ...** wenn man davon ausgeht, dass ...; ***I acted on the ~ that ...*** ich ging davon aus, dass ...
② *no pl (hypothesizing)* Vermutung *f,* Annahme *f*
③ *no pl (taking over)* Übernahme *f;* **~ of debt/loss** Schuld-/Verlustübernahme *f;* **~ of power** Machtübernahme *f*

As·sump·tion [əˈsʌm(p)ʃᵊn] *n* REL ■**the ~** Mariä Himmelfahrt *f*

as·sur·ance [əˈʃʊərᵊn(t)s, AM -ˈʃʊr-] *n* ① *(self-confidence)* Selbstsicherheit *f,* Selbstvertrauen *nt;* **to have ~** sicher auftreten
② *(promise)* Zusicherung *f;* ***despite repeated ~s that ...*** ungeachtet der Tatsache, dass man wiederholt beteuert hatte, dass ...; **~ to the contrary** gegenteilige Zusicherung; **to give an ~ of sth** etw zusichern
③ BRIT *(insurance)* [Lebens]versicherung *f*

as·ˈsur·ance com·pa·ny *n* BRIT ECON [Lebens]versicherungsgesellschaft *f* **as·ˈsur·ance poli·cy** *n* BRIT ECON Lebensversicherungspolice *f,* Lebensversicherungspolizze *f* ÖSTERR

as·sure [əˈʃʊəʳ, AM -ˈʃʊr] *vt* ① *(confirm certainty)* ■**to ~ sb [that] ...** jdm zusichern, dass ...; ■**to ~ sb of sth** jdm etw zusichern
② *(promise)* ■**to ~ sb of sth** jdm etw zusichern; ***assuring you of our best possible service at all times*** für die bestmögliche Ausführung unserer Dienstleistungen stehen wir jederzeit ein
③ *(ensure)* ■**to ~ sth** etw sicherstellen; **to ~ sb's safety** jds Sicherheit gewährleisten; **to ~ the survival of sth** das Überleben einer S. *gen* sichern; ■**to ~ oneself of sth** sich *dat* etw sichern
④ BRIT *(form: insure)* **to ~ one's life** eine Lebensversicherung abschließen

as·sured [əˈʃʊəʳd, AM -ˈʃʊrd] **I.** *n esp* BRIT FIN Versicherte(r) *f(m)*
II. *adj* ① *(confident)* selbstsicher; **to appear** [*or* **be**] **~** selbstsicher auftreten
② *(certain)* sicher, gesichert; **to rest ~** sicher [*o* beruhigt] sein

as·sur·ed·ly [əˈʃʊəʳɪdli, AM -ˈʃʊr-] *adv* ① *(confidently)* selbstsicher
② *(certainly)* sicher[lich]

as·sur·er *n* BRIT ECON Lebensversicherungsgesellschaft *f*

As·syr·ian [əˈsɪriən] **I.** *adj inv* assyrisch
II. *n* ① *(person)* Assyr[i]er(in) *m(f)*
② *(language)* Assyrisch *nt*

AST [ˌeɪesˈtiː] *n* STOCKEX *abbrev of* **automated screen trading** *automatisiertes, computergestütztes Börsenhandelssystem*

ast·able multi·vi·bra·tor [əˈsteɪbᵊlˌmʌltɪˈvaɪbreɪtəʳ, AM -t̬ɚ] *n* COMPUT astabiler [*o* instabiler] Multivibrator

as·ta·tine [ˈæstətiːn] *n no pl* CHEM *(At)* Astat *m*

as·ter [ˈæstəʳ, AM -tɚ] *n* BOT Aster *f*

as·ter·isk [ˈæstᵊrɪsk] **I.** *n* Sternchen *nt,* Asteriskus *m fachspr;* **marked with an ~** mit einem Sternchen gekennzeichnet
II. *vt* ■**to ~ sth** etw mit einem Sternchen versehen

astern [əˈstɜːn, AM -ˈstɜːrn] *adv* ① NAUT *(aft)* achtern; ***full steam ~!*** volle Kraft zurück!; **to go ~** achteraus fahren
② *(behind)* hinter; ■**to be ~ of sb** hinter jdm zurückliegen

as·ter·oid [ˈæstᵊrɔɪd, AM -tər-] *n* ASTRON Asteroid *m*

asth·ma [ˈæsθmə, AM ˈæzmə] *n no pl* Asthma *nt*

ˈasth·ma at·tack *n* Asthmaanfall *m*

asth·mat·ic [æsθˈmætɪk, AM æzˈmæt̬ɪk] **I.** *n* Asthmatiker(in) *m(f)*
II. *adj* asthmatisch; ■**to be ~** an Asthma leiden, Asthma haben *fam;* **~ attack** Asthmaanfall *m;* **~ wheeze** asthmatisches Keuchen

asth·mati·cal·ly [æsθˈmætɪkᵊli, AM æzˈmæt̬ɪk-] *adv* MED asthmatisch

as·tig·mat·ic [ˌæstɪgˈmætɪk, AM -ˈmæt̬ɪk] *adj* MED astigmatisch *fachspr*

as·tig·ma·tism [əˈstɪgmətɪzᵊm] *n no pl* MED Astigmatismus *m fachspr,* Zerrsichtigkeit *f*

astir [əˈstɜːʳ, AM -ˈstɜːr] *adj pred (liter or dated)* ① *(out of bed)* ■**to be ~** auf [den Beinen] sein
② *(full of activity)* ■**to be ~** von emsigem Treiben erfüllt sein; ***the station is ~ with commuters hurrying off to work*** im Bahnhof herrscht durch die Berufspendler hektisches Treiben

aston·ish [əˈstɒnɪʃ, AM -ˈstɑːn-] *vt* ■**to ~ sb** jdn erstaunen [*o* überraschen]; ***you ~ me!*** *(iron)* was du nicht sagst! *fam*

aston·ished [əˈstɒnɪʃt, AM -ˈstɑːn-] *adj* erstaunt; ■**to be ~ at sth** über etw *akk* erstaunt sein; ***we were ~ to hear that ...*** wir waren erstaunt, dass ...

aston·ish·ing [əˈstɒnɪʃɪŋ, AM -ˈstɑːn-] *adj* erstaunlich; ■**it's ~ that ...** es ist erstaunlich, dass ...; ***it's ~ to think that ...*** man kann sich gar nicht mehr vorstellen, dass ...; **~ beauty** unglaubliche Schönheit

aston·ish·ing·ly [əˈstɒnɪʃɪŋli, AM -ˈstɑːnɪʃ-] *adv* erstaunlich; **~ enough, ...** erstaunlicherweise ...

aston·ish·ment [əˈstɒnɪʃmənt, AM -ˈstɑːnɪʃ-] *n no pl* Erstaunen *nt,* Verwunderung *f;* ***everyone expressed their ~ at his sudden death*** alle waren erstaunt über seinen plötzlichen Tod; **to the ~ of sb, to sb's ~** zu jds Verwunderung [*o* Erstaunen]; **to scream in ~** vor Verblüffung schreien; **to stare in ~** verblüfft starren

astound [əˈstaʊnd] *vt* ■**to ~ sb** jdn sehr erstaunen [*o* verblüffen]

astound·ed [əˈstaʊndɪd] *adj pred* ■**to be ~** verblüfft [*o* bestürzt] sein; **to be ~ to discover that ...** bestürzt [*o* mit Bestürzung] feststellen, dass ...

astound·ing [əˈstaʊndɪŋ] *adj* ① *(amazing)* erstaunlich; ***I find it ~ that ...*** ich kann es kaum fassen, dass ...; **~ fact** verblüffende Tatsache; **~ revelations** schockierende Enthüllungen
② *(very great)* erstaunlich, außerordentlich

astound·ing·ly [əˈstaʊndɪŋli] *adv* ① *(surprisingly)* erstaunlich, verblüffend
② *(extremely)* erstaunlich, außerordentlich

astrad·dle [əˈstrædl] *prep* rittlings

as·tra·khan [ˌæstrəˈkæn] **I.** *n no pl* Astrachan *m*
II. *n modifier (coat)* Astrachan-; **an ~ jacket** eine Jacke aus Astrachan

as·tral [ˈæstrᵊl] *adj attr* ASTRON Astral- *fachspr,* Sternen-

as·tral ˈbody *n* PHILOS Astralleib *m* **as·tral ˈplane** *n* PHILOS Astralzustand *m* **as·tral pro·ˈjec·tion** *n* PHILOS *Trennung von Körper und Seele*

astray [əˈstreɪ] *adv* verloren; **to go ~** *letter* verlorengehen; *person* vom Weg abkommen; *(fig)* auf Abwege geraten; **to lead sb ~** jdn irreleiten; *(fig)* jdn auf Abwege bringen

astride [əˈstraɪd] **I.** *prep* ① *(on top)* rittlings auf +*dat*
② *(even pace)* **to keep ~ with sb/sth** gleichauf mit jdm/etw bleiben
③ *(leading)* an der Spitze +*gen;* ***she sat ~ a global group*** sie saß an der Spitze eines Weltkonzerns
④ *(on both sides)* zu beiden Seiten +*gen*
II. *adv inv* rittlings; **with one's legs ~** breitbeinig; *(akimbo)* mit gespreizten Beinen

as·trin·gen·cy [əˈstrɪndʒən(t)si] *n no pl* ① *of lotion* zusammenziehende Wirkung
② *of vinegar* Säure *f*
③ *(fig: severity)* Schärfe *f fig*

as·trin·gent [əˈstrɪndʒənt] **I.** *n* MED Adstringens *nt fachspr*
II. *adj* adstringierend; *(fig)* scharf *fig*

as·trin·gent·ly [əˈstrɪndʒəntli] *adv* scharf *fig;* **to speak ~ of sb** bissige Bemerkungen über jdn machen

as·tro·bi·ol·ogy [ˌæstrə(ʊ)baɪˈɒlədʒi, AM -troʊbaɪˈɑːl-] *n no pl* Astrobiologie *f*

as·tro·bleme [ˈæstrə(ʊ)bliːm, AM -troʊ-] *n* Astroblem *nt,* fossiler Meteoritenkrater

as·tro·labe [ˈæstrə(ʊ)leɪb, AM -trə-] *n* NAUT Astrolabium *nt fachspr*

as·trolo·ger [əˈstrɒlədʒəʳ, AM əˈstrɑːlədʒɚ] *n* Astrologe, Astrologin *m, f*

as·tro·logi·cal [ˌæstrəˈlɒdʒɪkᵊl, AM -ˈlɑːdʒɪk-] *adj* astrologisch; **~ book** Buch *nt* über Astrologie

as·trolo·gist [əˈstrɒlədʒɪst, AM əˈstrɑːlə-] *n* Astrologe, Astrologin *m, f*

as·trol·ogy [əˈstrɒlədʒi, AM əˈstrɑːlə-] *n no pl* Astrologie *f*

as·tro·naut [ˈæstrənɔːt, AM *also* -nɑːt] *n* Astronaut(in) *m(f)*

as·tro·naut·ics [ˌæstrə(ʊ)nɔːtɪks, AM -trəˈnɑːt̬ɪks] **I.** *n + sing vb* Raumfahrt *f,* Raumfahrttechnologie *f*
II. *n modifier (expert)* Raumfahrt-

as·trono·mer [əˈstrɒnəməʳ, AM əˈstrɑːnəmɚ] *n* Astronom(in) *m(f)*

as·tro·nom·ic [ˌæstrəˈnɒmɪk, AM -ˈnɑːmɪk] *adj prices* astronomisch *fam*

as·tro·nomi·cal [ˌæstrəˈnɒmɪkᵊl, AM -ˈnɑːm-] *adj* ① *attr* ASTRON *(findings, observations)* astronomisch; *(laboratory, projects)* Astronomie-
② *(fig: enormous)* astronomisch *fam,* riesig; **~ price** astronomischer Preis; **to be ~** *prices* ins Unermessliche gehen

as·tro·nomi·cal·ly [ˌæstrəˈnɒmɪkᵊli, AM -ˈnɑːm-] *adv (also fig)* astronomisch *a. fig;* **to be ~ different** extrem unterschiedlich sein; **to be ~ expensive** unerschwinglich teuer sein

as·trono·my [əˈstrɒnəmi, AM əˈstrɑːnə-] *n no pl* Astronomie *f*

as·tro·physi·cal [ˌæstrə(ʊ)ˈfɪzɪkᵊl, AM -troʊˈ-] *adj* astrophysikalisch

as·tro·physi·cist [ˌæstrə(ʊ)ˈfɪzɪsɪst, AM -troʊˈ-] *n* Astrophysiker(in) *m(f)*

as·tro·phys·ics [ˌæstrə(ʊ)ˈfɪzɪks, AM -troʊˈ-] *n + sing vb* Astrophysik *f*

AstroTurf® [ˈæstrə(ʊ)tɜːf, AM -troʊtɜːrf] *n no pl* künstlicher Rasen

As·tu·rian [æsˈtjʊəriən, AM əˈstʊri-] **I.** *n* Asturier(in) *m(f)*
II. *adj* asturisch

as·tute [əˈstjuːt, AM əˈstuːt] *adj* schlau, clever *fam,* scharfsinnig

as·tute·ly [əˈstjuːtli, AM *esp* əˈstuːt-] *adv* schlau

as·tute·ness [əˈstjuːtnəs, AM əˈstuːt-] *n no pl* Scharfsinn *m,* Scharfsinnigkeit *f; of mind* Schärfe *f*

asun·der [əˈsʌndəʳ, AM -dɚ] *adv (form liter: apart)* entzwei, auseinander; *(in pieces)* in Stücke; ***those whom God hath joined together let no man put ~*** was Gott zusammengefügt hat, soll der Mensch nicht scheiden; **to split sth ~** etw spalten; **to tear sth ~** etw auseinanderreißen

ASX [ˌeɪesˈeks] *n* STOCKEX *abbrev of* **Australian Stock Exchange** australische Börse

Asy·lo [əˈsaɪləʊ, AM -loʊ] *n* Gutschein *m* für Asylanten *(um Haushaltsartikel und Lebensmittel zu kaufen)*

asy·lum [əˈsaɪləm] *n* ① *(protection)* Asyl *nt; (fig)* Zuflucht *f;* **political ~** politisches Asyl; **to apply for/grant/seek ~** Asyl beantragen/gewähren/suchen
② *(dated: institution)* Heim *nt;* **lunatic ~** *(pej dated)* Irrenanstalt *f pej;* **mental ~** *(dated)* Nervenheilanstalt *f*

aˈsy·lum seek·er *n* Asylsuchende(r) *f(m),* Asylbewerber(in) *m(f),* Asylwerber(in) *m(f)* ÖSTERR

asym·met·ric(al) [ˌeɪsɪˈmetrɪk(ᵊl)] *adj* asymmetrisch; *(fig)* unausgewogen

asym·met·ri·cal·ly [ˌeɪsɪ'metrɪkᵊli] *adv* asymmetrisch
asym·met·ric trans·'mis·sion *n* COMPUT asymmetrische Übertragung **asym·met·ric video com·'pres·sion** *n* COMPUT asymmetrische Videokompression
asym·me·try [eɪ'sɪmətri] *n* ❶ *(lack of regularity)* Asymmetrie *f*
❷ *no pl (imbalance)* Unausgewogenheit *f*
asymp·to'·mat·ic [ˌeɪsɪm(p)tə'mætɪk] *adj inv* asymptomatisch
at [æt, ət] *prep* ❶ *(in location of)* ***she's standing ~ the bar*** sie steht an der Theke; ***my number ~ the office is 2154949*** meine Nummer im Büro lautet 2154949; ***she lives ~ number 12, Darlington Road*** sie wohnt in der Darlington Road Nummer 12; ***there's somebody ~ the door*** da ist jemand an der Tür; ***he was standing ~ the top of the stairs*** er stand oben an der Treppe; ~ **Anna's** bei Anna; ~ **the airport/station** am Flughafen/Bahnhof; ~ **the baker's/doctor's** beim Bäcker/Arzt; ~ **home** zu Hause; ~ **a hotel** in einem Hotel; ~ **the table** am Tisch; ~ **the window** am Fenster; ~ **the zoo** im Zoo
❷ *(attending)* ***we spent the afternoon ~ the museum*** wir verbrachten den Nachmittag im Museum; ***while he was ~ his last job, he learned a lot*** in seiner letzten Stelle hat er viel gelernt; ~ **the institute** am Institut; ~ **the party/festival** auf [*o* bei] der Party/dem Festival; ~ **school** in der Schule; ~ **university** auf [*o* an] der Universität; ~ **work** auf [*o* bei] der Arbeit; ***he's ~ work at the moment*** er arbeitet gerade
❸ *(expressing point of time)* ***he was defeated ~ the election*** er wurde bei der Wahl geschlagen; ***what are you doing ~ Christmas?*** was macht ihr an Weihnachten?; ***our train leaves ~ 2 o'clock*** unser Zug fährt um 2:00 Uhr; ***I'm busy ~ present*** [*or* ***the moment***] ich bin gerade beschäftigt; ***I can't come to the phone ~ the moment*** ich kann gerade nicht ans Telefon kommen; ***we always read the kids a story ~ bedtime*** wir lesen den Kindern zum Schlafengehen immer eine Geschichte vor; ***I can't do ten things ~ a time*** ich kann nicht tausend Sachen auf einmal machen; ***his death came ~ a time when ...*** sein Tod kam zu einem Zeitpunkt, als ...; ***the bells ring ~ regular intervals*** die Glocken läuten in regelmäßigen Abständen; ~ **the age of 60** im Alter von 60; ***most people retire ~ 65*** die meisten Leute gehen mit 65 in Rente; ~ **the beginning/end** am Anfang/Ende; ~ **daybreak/dawn** im Morgengrauen; ~ **lunch** beim Mittagessen; ~ **lunchtime** in der Mittagspause; ~ **midnight** um Mitternacht; ~ **night** nachts; ~ **nightfall** bei Einbruch der Nacht; ~ **this stage of research** beim derzeitigen Stand der Forschung; **five ~ a time** fünf auf einmal; ~ **the time** zu diesem Zeitpunkt; ~ ***the time, nobody knew*** damals wusste keiner Bescheid; ~ **no time** [*or* **point**] [*or* **stage**] nie[mals]; ~ **the same time** *(simultaneously)* gleichzeitig; *(on the other hand)* ***I love snow — ~ the same time, however, I hate the cold*** ich liebe Schnee – andererseits hasse ich jedoch die Kälte; ~ **the weekend** am Wochenende
❹ *(denoting amount, degree of)* ***he can see clearly ~ a distance of 50 metres*** er kann auf eine Entfernung von 50 Metern noch alles erkennen; ***learners of English ~ advanced levels*** Englischlernende mit fortgeschrittenen Kenntnissen; ***he drives ~ any speed he likes*** er fährt so schnell wie er will; ***the horse raced to the fence ~ a gallop*** das Pferd raste im Galopp auf den Zaun zu; ***the children came ~ a run*** die Kinder kamen angerannt; ***I'm not going to buy those shoes ~ $150!*** ich zahle keine 150 Dollar für diese Schuhe!; ~ ***that price, I can't afford it*** zu diesem Preis kann ich es mir nicht leisten; ***inflation is running ~ 5%*** die Inflation liegt im Moment bei 5 %; ~ **£20 apiece** für 20 Pfund das Stück; ~ **50 kilometres per hour** mit [*o* bei] 50 km/h; ***he denied driving ~ 120 km per hour*** er leugnete, 120 Stundenkilometer gefahren zu sein
❺ *(in state, condition of)* ***the country was ~ war*** das Land befand sich im Krieg; ***there was a murderer ~ large*** ein Mörder war auf freiem Fuß; **to be ~ an advantage/a disadvantage** im Vorteil/Nachteil sein; **to be ~ ease with oneself** sich *akk* in seiner Haut wohl fühlen; **to be ~ ease with sb** sich *akk* mit jdm zusammen wohl fühlen; **to be ~ fault** im Unrecht sein; ~ **a loss/profit** mit Verlust/Gewinn; **to be ~ peace** *(euph)* in Frieden ruhen; ~ **play** beim Spielen; ~ **one's own risk** auf eigene Gefahr; **to put sb/sth ~ risk** jdn/etw gefährden; ***to be ~ a standstill*** stillstehen
❻ + *superl* ***she's ~ her best when she's under stress*** sie ist am besten, wenn sie unter Druck steht; ***he's been ~ his worst recently*** zurzeit übertrifft er sich echt selbst! *fam;* ***he was ~ his happiest while he was still in school*** in der Schule war er am glücklichsten; ~ **least** *(at minimum)* mindestens; *(if nothing else)* zumindest; ~ [**the**] **most** [aller]höchstens
❼ *after adj* ***I was so depressed ~ the news*** die Nachricht hat mich sehr deprimiert; ***we are unhappy ~ the current circumstances*** über die gegenwärtigen Umstände sind wir sehr unglücklich; ***don't be angry ~ her!*** *(fam)* sei nicht sauer auf sie!; ***I'm amazed ~ the way you can talk*** ich bin erstaunt, wie du reden kannst; **to be annoyed ~ sth** sich *akk* über etw *akk* ärgern; **to be good/poor ~ sth** etw gut/schlecht können; **to be good ~ math** gut in Mathematik sein
❽ *after vb* ***she shuddered ~ the thought of having to fly in an airplane*** sie erschauderte bei dem Gedanken, mit einem Flugzeug fliegen zu müssen; ***he excels ~ diving*** er ist ein hervorragender Taucher; ***the dog gnawed ~ the bone*** der Hund knabberte an dem Knochen herum; ***she clutched ~ the thin gown*** sie klammerte sich an den dünnen Morgenmantel; ***if you persevere ~ a skill long enough, ...*** wenn man eine Fertigkeit lange genug trainiert, ...; ***some dogs howl ~ the moon*** manche Hunde heulen den Mond an; **to aim ~ sb** auf jdn zielen; **to aim ~ sth** etw zum Ziel haben; **to go ~ sb** jdn angreifen; **to hint ~ sth** etw andeuten; **to laugh ~ sth** über etw *akk* lachen; **to look ~ sb** jdn anschauen; **to rush ~ sb** auf jdn zurennen; **to wave ~ sb** jdm zuwinken
❾ *after n* ***her pleasure ~ the bouquet was plain to see*** ihre Freude über den Blumenstrauß war unübersehbar; **to be an expert ~ sth** ein Experte für etw *akk* sein; **to be a failure ~ sth** eine Niete in etw *dat* sein
❿ *(in response to)* ***I'm here ~ his invitation*** ich bin hier, da er mich eingeladen hat; ~ ***your request ...*** auf Ihre Bitte hin ...; ~ ***her death, we all moved away*** nach ihrem Tod zogen wir alle weg; ~ **this** [*or* **that**] **...** daraufhin ...
⓫ *(repeatedly do)* **to be ~ sth** mit etw *dat* beschäftigt sein; ***he's been ~ it for at least 15 years*** er macht das jetzt schon seit mindestens 15 Jahren
▶PHRASES: ~ **all** ***she barely made a sound ~ all*** sie gab fast überhaupt keinen Laut von sich; ***I haven't been well ~ all recently*** in letzter Zeit ging es mir gar nicht gut; ***did she suffer ~ all?*** hat sie denn gelitten?; **nothing/nobody ~ all** gar [*o* überhaupt] nichts/niemand; **not ~ all** *(polite response)* gern geschehen, keine Ursache, da nicht für NORDD; *(definitely not)* keineswegs; ***I'm not ~ all in a hurry*** ich habe es wirklich nicht eilig; **to be ~ sb** jdm zusetzen; ~ **first** zuerst, am Anfang; **to be ~ it** ***while we're ~ it ...*** wo wir gerade dabei sind, ...; ~ **last** endlich, schließlich; ~ **that** ***she's got a new boyfriend, and a nice one ~ that*** sie hat einen neuen Freund, und sogar einen netten; **where it's ~** *(fam)* ***London is where it's ~*** in London steppt der Bär! *sl;* **where sb's ~** *(fam)* ***she really doesn't know where she's ~*** sie weiß wirklich nicht, wo ihr der Kopf steht
at 'all *adv* ❶ *(of any kind)* irgendein; ***is there any doubt ~ in your mind?*** haben Sie auch nur den geringsten Zweifel?
❷ *(any degree)* irgendwie; ***are you ~ worried about the outcome?*** machen Sie sich gar keine Gedanken, wie es ausgehen könnte?
❸ *(emphasizing the negative)* ■**not ~** überhaupt [*o* gar] nicht; ***he's had no food ~*** er hatte überhaupt nichts gegessen; **to have no money ~** überhaupt kein Geld haben; **nobody/nothing ~** überhaupt niemand/nichts; **nowhere ~** nirgends, nirgendwo
❹ *(even)* überhaupt; ***why bother getting up ~*** warum soll man sich überhaupt die Mühe machen aufzustehen?
ata·vism ['ætəvɪzᵊm, AM 'æt̬-] *n no pl* ❶ BIOL Atavismus *m fachspr*
❷ *(reversion)* Rückschritt *m* in der Entwicklung
ata·vis·tic [ˌætə'vɪstɪk, AM ˌæt̬ə'-] *adj* BIOL atavistisch *fachspr*
ATB [ˌeɪtiː'biː] *n abbrev of* **all-terrain bike** Geländefahrrad *nt,* Mountainbike *nt* ÖSTERR
at bat ['ætˌbæt] *n* Chance *f* zu schlagen
ATC¹ [ˌeɪtiː'siː] *n abbrev of* **authorization to copy** Kopiergenehmigung *f*
ATC² [ˌeɪtiː'siː] *n* BRIT *abbrev of* **Air Training Corps** *fliegerische Ausbildung der Royal Air Force*
at 'call FIN sofort verfügbar; **money ~** täglich fällige Gelder
AT com·'mand set *n* COMPUT AT-Befehlssatz *m*
ATE [ˌeɪtiː'iː] *n abbrev of* **automatic test equipment** automatische Prüfeinrichtung
ate [et, eɪt, AM eɪt] *pt of* **eat**
A-team ['eɪˌtiːm] *n* Spitzengruppe *f,* Spitzenmannschaft *f*
at·el·ier [ə'teljeɪ, 'ætel-, AM ˌæt̬ᵊl'jeɪ] *n* Atelier *nt*
Atha·bas·kan, Atha·pas·kan [ˌæθə'bæskən, -'pæskən] **I.** *n* ❶ *(person)* Athapaske, Athapaskin *m, f*
❷ *no pl (language)* Athapaskisch *nt*
II. *adj* athapaskisch
Atha·pas·can [ˌæθə'pæskᵊn] **I.** *n* ❶ *(Native American)* Athapasker(in) *m(f)*
❷ *(language family)* Athapaskische Sprachen *pl*
II. *adj* athapaskisch
athe·ism ['eɪθiɪzᵊm] *n no pl* Atheismus *m*
athe·ist ['eɪθiɪst] **I.** *n* Atheist(in) *m(f)*
II. *adj* atheistisch
athe·is·tic(al) [ˌeɪθi'ɪstɪk(ᵊl)] *adj* atheistisch
ath·enaeum <*pl* -naea>, AM *also* **ath·eneum** <*pl* -nea> [ˌæθə'niəm] *n* Athenäum *nt*
Athe·nian [ə'θiːniən] **I.** *adj* athenisch
II. *n* Athener(in) *m(f)*
Ath·ens ['æθᵊnz] *n* Athen *nt*
ath·ero·scle·ro·sis [ˌæθərəʊsklə'rəʊsɪs, AM -roʊsklə'roʊsəs] *n no pl* MED Atherosklerose *f* ÖSTERR *a.* Arteriosklerose *f*
ath·lete ['æθliːt] *n* Athlet(in) *m(f);* **to be a sexual ~** sexuell sehr aktiv sein
ath·lete's 'foot *n no pl* Fußpilz *m*
ath·let·ic [æθ'letɪk, AM -'let̬ɪk] *adj* ❶ SPORT sportlich ~ **club** Sportklub *m;* ~ **events** sportliche Ereignisse ~ **shorts** kurze Sporthose; ~ **socks** Sportstrümpfe *pl,* Sportsocken *pl* ÖSTERR
❷ *(physically fit)* athletisch, sportlich; ~ **body** durchtrainierter Körper
ath·leti·cal·ly [æθ'letɪkᵊli, AM t̬ɪk] *adv* athletisch sportlich
ath·leti·cism [æθ'letɪsɪzᵊm, AM -'let̬ə-] *n no pl* Sportlichkeit *f*
ath·let·ics [æθ'letɪks, AM -'let̬-] *n no pl* Leichtathletik
ath·let·ic sup·'port, ath·let·ic sup·'port·er *n* AM *(form: jockstrap)* Genitalschutz *m*
at-'home *n zwangloser Empfang bei sich zu Hause* ***we are going to have an ~*** wir geben eine kleine Party bei uns zu Hause
athwart [ə'θwɔːt, AM 'θwɔːrt] **I.** *adv inv* quer, schräg NAUT dwars *fachspr*
II. *prep* ❶ *(across)* querüber, schräg über; NAUT dwars *fachspr*
❷ *(contrary to)* gegen, zuwider
atishoo [ə'tɪʃuː] *interj* BRIT hatschi
At·ki·nite ['ætkɪnaɪt] *n* AM *(fam)* Befolger(in) *m(f)* der Atkinsdiät
At·lan·tan [ət'læntᵊn, AM -t̬ᵊn] *n* Bewohner(in) *m(f)* Atlantas

At·lan·tic [ət'læntɪk, AM -t̬ɪk] **I.** *n no pl* ■**the ~ [Ocean]** der Atlantik
II. *adj (current, coast)* Atlantik-; **the ~ Provinces** CAN *die atlantischen Provinzen Kanadas (Neubraunschweig, Neufundland, Neuschottland, Prinz-Eduard-Insel)*

At·lan·tis [ət'læntɪs, AM -t̬ɪs] *n no pl* Atlantis *nt*

at·las <*pl* -es> ['ætləs] *n* ❶ *(book of maps)* Atlas *m;* **road ~** Straßenatlas *m;* **~ of the world** Weltatlas *m*
❷ *(guide with maps)* Führer *m;* **~ of plants/wines, plant/wine ~** Pflanzen-/Weinführer *m*

At·las Moun·tains [ˌætləs'maʊntɪnz] *npl* Atlasgebirge *nt,* Atlas *m*

atm *n* PHYS *abbrev of* **atmosphere** atm

ATM [ˌeɪti:'em] *n abbrev of* **automated teller machine** Geldautomat *m,* SCHWEIZ, ÖSTERR *bes* Bankomat *m*

at·mos·phere ['ætməsfɪəʳ, AM -fɪr] *n* ❶ *(of Earth)* Atmosphäre *f; (of a planet also)* Lufthülle *f*
❷ PHYS Atmosphäre *f*
❸ *no pl (air)* ***the ~ in the room was so stuffy I could hardly breathe*** in dem Zimmer war es so stickig, dass ich kaum atmen konnte
❹ *(fig: mood)* Atmosphäre *f,* Stimmung *f;* **~ of gloom/happiness** düstere/fröhliche Stimmung; **to have ~** *restaurant* Atmosphäre haben, stimmungsvoll sein

at·mos·pher·ic [ˌætməs'ferɪk] *adj* ❶ *(in atmosphere)* atmosphärisch; **~ oxygen** Luftsauerstoff *m*
❷ *(setting a mood)* stimmungsvoll

at·mos·pher·ic 'pres·sure *n no pl* Luftdruck *m*

at·mos·pher·ics [ˌætməs'ferɪks] *npl* RADIO atmosphärische Störungen

A to 'D *abbrev of* **analogue to digital** *see* **A/D**

at·oll ['ætɒl, AM 'æta:l] *n* Atoll *nt*

atom ['ætəm, AM 'æt̬-] *n* PHYS Atom *nt; (fig)* Bisschen *nt;* ***he hasn't an ~ of sense*** er besitzt keinen Funken Vernunft; ***if you had an ~ of feeling ...*** wenn du auch nur einen Hauch von Gefühl hättest, ...

atom bomb *n* Atombombe *f*

atom·ic [ə'tɒmɪk, AM -'a:m-] *adj inv* PHYS *energy, structure, weapon* Atom-; *explosion, pollution, catastrophe* atomar; **~ bond** Atombindung *f,* kovalente Bindung; **~ mass** atomare Masseneinheit; **~ warfare** atomare Kriegsführung

atomi·cal·ly [ə'tɒmɪkᵊli, AM -'a:m-] *adv inv* atomar; **~ powered** atombetrieben; **~ powered weapons** Atomwaffen *pl*

atom·ic 'bomb *n* Atombombe *f* **atom·ic 'mass** *n* NUCL Atommasse *f* **atom·ic 'pow·er** *n no pl* Atomkraft *f* **atom·ic 'pow·er sta·tion** *n* Atomkraftwerk *nt* **atom·ic re·'ac·tor** *n* Atomreaktor *m* **atom·ic 'war·fare** *n no pl* Atomkrieg *m* **atom·ic 'weight** *n* NUCL Atomgewicht *nt*

at·om·ize ['ætəmaɪz, AM 'æt̬-] *vt* ■**to ~ sth** *liquids* etw zerstäuben; *(fig)* etw auflösen

at·om·iz·er ['ætəmaɪzəʳ, AM 'æt̬əmaɪzɚ] *n* Zerstäuber *m*

aton·al [eɪ'təʊnᵊl, AM -'toʊ-] *adj* MUS atonal

atone [ə'təʊn, AM ə'toʊn] **I.** *vi* ■**to ~ for sth** etw wiedergutmachen; **to ~ for a sin** für eine Sünde Buße tun
II. *vt* **to ~ one's sins** für seine Sünden büßen

atone·ment [ə'təʊnmənt, AM ə'toʊn-] *n no pl (form)* Buße *f;* **Day of A~** *(Christian)* Buß- und Bettag *m; (Jewish)* Versöhnungstag *m*

atop [ə'tɒp, AM ə'ta:p] *prep (old liter)* ■**~ sth** [oben] auf etw *dat*

at par *adj* FIN **issue ~** Pari-Emission *f*

at-risk [ˌæt'rɪsk] *adj attr* Gefahren-, gefährdet

atrium ['eɪtriəm] *n* HIST Atrium *nt;* ARCHIT *also* Innenhof *m;* MED Vorhof *m (des Herzens)*

atro·cious [ə'trəʊʃəs, AM -troʊ-] *adj* grässlich; *weather, food* scheußlich; **~ conditions** grauenhafte Zustände; **~ crime** scheußliches Verbrechen

atro·cious·ly [ə'trəʊʃəsli, AM -troʊ-] *adv* grässlich, schrecklich, grauenhaft

atroc·ity [ə'trɒsəti, AM ə'tra:sət̬i] *n* ❶ *(cruel deed)* Gräueltat *f;* **war-time ~** Kriegsverbrechen *nt*
❷ *no pl (shocking cruelty)* Grausamkeit *f;* **an act of ~** eine grausame Tat

at·ro·phy ['ætrəfi] **I.** *n no pl* Atrophie *f fachspr;* **~ of the muscles** Muskelschwund *m*
II. *vi* <-ie-> ❶ MED atrophieren *fachspr,* verkümmern
❷ *(fig: diminish)* nachlassen, schwinden

at·tach [ə'tætʃ] **I.** *vt* ❶ *(fix)* ■**to ~ sth [to sth]** etw [an etw *dat*] befestigen; **to ~ a label** ein Schild anbringen; *(sticker)* einen Aufkleber aufkleben
❷ *(connect)* ■**to ~ sth to sth** etw mit etw *dat* verbinden
❸ *(form: send as enclosure)* ■**to ~ sth [to sth]** *report, copy* etw [etw *dat*] beilegen
❹ *(join)* ■**to ~ oneself to sb** sich *akk* jdm anschließen
❺ *(assign)* ■**to be ~ed to sth** etw *dat* zugeteilt sein; ***she was ~ed to the Nigerian government as an advisor*** sie stand der nigerianischen Regierung als Beraterin zur Seite
❻ *(attribute)* **to ~ importance [*or* significance] to sth** etw *dat* Bedeutung beimessen; **to ~ value to sth** auf etw *akk* Wert legen; ***I don't ~ much weight to his opinions*** mir ist es relativ egal, was er denkt
❼ *(associate)* **to ~ certain conditions to sth** bestimmte Bedingungen an etw *akk* knüpfen
II. *vi (form)* ***no blame ~es to you*** dich trifft keine Schuld; ***great honour ~es to winning this award*** es ist eine große Ehre, diese Auszeichnung verliehen zu bekommen

at·tach·able [ə'tætʃəbl̩] *adj inv* LAW pfändbar

at·ta·ché [ə'tæʃeɪ, AM *also* ˌæt̬ə'ʃeɪ] *n* Attaché *m;* **cultural ~** Kulturattaché *m;* **commercial ~** Handelsattaché *m*

at·'ta·ché case *n* Aktenkoffer *m,* Diplomatenkoffer *m*

at·tached [ə'tætʃt] *adj* ■**to be ~ to sb/sth** an jdm/etw hängen *fig*

at·tached 'pro·ces·sor *n* COMPUT Anschlussprozessor *m*

at·tach·ment [ə'tætʃmənt] *n* ❶ *(fondness)* Sympathie *f;* **to form an ~ to sb** sich *akk* mit jdm anfreunden
❷ *no pl (support)* Unterstützung *f*
❸ *no pl (assignment)* ***he spent a year on ~ to the War Office*** er war ein Jahr dem Kriegsministerium unterstellt; **on ~ to a department/foreign government** zur besonderen Verwendung in einer Abteilung/bei einer fremden Regierung
❹ *(for appliances)* Zusatzgerät *nt*
❺ LAW *(legal possession)* Pfändung *f*
❻ COMPUT Anhang *m,* Attachment *nt*
❼ *to a letter, report* Anlage *f,* SCHWEIZ, ÖSTERR *a.* Beilage *f*

at·'tach·ment or·der *n* ECON Pfändungsanordnung *f*

at·tack [ə'tæk] **I.** *n* ❶ *(assault)* Angriff *m;* **all-out ~** Großangriff *m;* **to launch [*or* make] an ~ against [*or* on] sb/sth** einen Angriff auf jdn/etw unternehmen [*o* starten], jdn/etw angreifen; **to be [*or* go] on the ~** zum Angriff übergehen; **to be [*or* come] under ~** angegriffen werden
❷ *(bout)* Anfall *m;* ***he is embarrassed by his ~s of shyness*** es ist ihm peinlich, dass ihn immer wieder die Schüchternheit überkommt; **asthma ~** Asthmaanfall *m;* **~ of the giggles** Lachanfall *m;* **~ of hysteria** hysterischer Anfall
❸ *no pl (severe criticism)* Angriff *m;* **to come under ~** unter Beschuss geraten *fig*
❹ *(in team sports)* Angriff *m;* ***the team has a strong ~*** die Mannschaft ist sehr angriffsstark; **to be strong in [*or* AM on] ~** angriffsstark sein
▸PHRASES: **the best method of defence is ~** *(prov)* Angriff ist die beste Verteidigung *prov*
II. *vt* ❶ *(physically, verbally)* ■**to ~ sb/sth** jdn/etw angreifen; ■**to ~ sb** *dog* jdn anfallen; *criminal* jdn überfallen
❷ *(cause damage)* ■**to ~ sb/sth** *illness, pest, insects* jdn/etw angreifen; ***these rose bushes are being ~ed by greenfly*** diese Rosensträucher sind vollkommen verlaust
❸ SPORT *(try to score)* **to ~ the ball/goal** den Ball/das Tor angreifen
❹ *(fig: tackle)* **to ~ a problem** ein Problem anpacken [*o* angehen] [*o* in Angriff nehmen]
❺ *(fig: eat greedily)* ■**to ~ sth** sich *akk* über etw *akk* hermachen, über etw *akk* herfallen; **to ~ the fridge** den Kühlschrank plündern
III. *vi* angreifen

at·'tack-dog [ə'tækdɒg, AM -da:g] *adj attr, inv (fig fam)* hinterlistig

at·tack·er [ə'tækəʳ, AM -ɚ] *n* Angreifer(in) *m(f);* ***the old lady never saw her ~*** die alte Dame hat nicht gesehen, wer sie überfallen hatte; *(fig)* Kritiker(in) *m(f)*

at·tain [ə'teɪn] *vt* ■**to ~ sth** etw erreichen; **to ~ a grade** eine Note erhalten; **to ~ independence** die Unabhängigkeit erlangen, unabhängig werden; **to ~ one's majority** volljährig werden

at·tain·able [ə'teɪnəbl̩] *adj* erreichbar

at·tain·der [ə'teɪndəʳ] *n* BRIT LAW **bill of ~** Bestreitung *f* durch Dekret ohne Gerichtsverhandlung *(durch das Ehrverlust, Vermögenseinziehung und Todesurteil ausgesprochen werden)*

at·tain·ment [ə'teɪnmənt] *n* ❶ *no pl (achieving)* Erreichen *nt; of academic qualifications* Erlangen *nt*
❷ *no pl (achievement)* Errungenschaft *f,* Leistung *f;* ***the standards of ~ are low*** der Leistungsstandard ist niedrig
❸ *(accomplishments)* ■**~s** *pl* Fertigkeiten *pl,* Kenntnisse *pl*

at·tempt [ə'tem(p)t] **I.** *n* ❶ *(try)* Versuch *m;* **to make an ~ at doing sth** versuchen, etw zu tun; ***she made an ~ at a smile*** sie versuchte, ein Lächeln zustande zu bringen; **brave/doomed/half-hearted ~** tapferer/aussichtsloser/halbherziger Versuch; **at the first/second ~** beim ersten/zweiten Versuch
❷ *(murder)* **an ~ on sb's life** ein Anschlag *m* auf jds Leben
II. *vt* ■**to ~ sth** etw versuchen; ***he ~ed a joke*** er versuchte, einen Witz zu machen
III. *vi* ■**to ~ to do sth** versuchen, etw zu tun

at·tempt·ed [ə'tem(p)tɪd] *adj attr, inv* **~ murder/robbery** versuchter Mord/Raub

at·tend [ə'tend] **I.** *vt (form)* ❶ *(be present at)* ■**to ~ sth** etw besuchen; ***the concert was well-~ed*** das Konzert war gut besucht; **to ~ church/school** in die Kirche/Schule gehen; **to ~ a conference** auf einer Konferenz sein; *(in future)* auf eine Konferenz gehen; **to ~ a course** einen Kurs besuchen [*o* machen]; **to ~ a funeral/wedding** zu einer Beerdigung/Hochzeit gehen
❷ *(accompany)* ■**to ~ sb** jdn begleiten
❸ MED *(care for)* ■**to ~ sb** jdn [ärztlich] behandeln
❹ *(form: be a part of)* ■**to ~ sth** mit etw *dat* verbunden sein [*o* einhergehen]; ***this job is ~ed by a certain amount of danger*** dieser Einsatz birgt gewisse Gefahren in sich
II. *vi* ❶ *(be present)* teilnehmen; ***I regret that I will be unable to ~*** leider kann ich nicht kommen; ■**to ~ at sth** bei etw *dat* anwesend sein; **to ~ at church** den Gottesdienst besuchen
❷ *(listen carefully)* aufpassen
❸ *(old)* ■**to ~ on sb** jdm aufwarten *veraltet geh*
◆**attend to** *vi* ❶ *(take care of)* ■**to ~ to sb/sth** sich *akk* um jdn/etw kümmern
❷ *(deal with)* ■**to ~ to sth** etw erledigen
❸ *(take notice of)* ■**to ~ to sth** auf etw *akk* achten; ***you must ~ to what I am saying!*** du musst mir zuhören!

at·tend·ance [ə'tendᵊn(t)s] *n* ❶ *no pl (being present)* Anwesenheit *f;* ***~ at lectures is compulsory*** bei Vorlesungen besteht Anwesenheitspflicht
❷ *(number of people present)* Besucher *pl,* Besucherzahl *f*
❸ *(care)* **to be in ~ [on sb]** [jdm] zur Verfügung stehen; ***the singer never goes out without his security men in ~*** der Sänger verlässt das Haus niemals ohne seine Bodyguards an seiner Seite
▸PHRASES: **to dance ~ on sb** um jdn herumscharwenzeln *pej fam*

at·'tend·ance cen·tre *n* BRIT LAW Jugendarrestanstalt *f,* Jugendhaftanstalt *f* ÖSTERR

at·tend·ant [ə'tendᵊnt] **I.** *n* ❶ *(guide, helper)* Aufse-

A

her(in) *m(f)*, Wärter(in) *m(f)*; *(in swimming pool)* Bademeister(in) *m(f)*; **car park** ~ Parkwächter(in) *m(f)*; **museum** ~ Museumswärter(in) *m(f)*; **petrol** [*or* **gas**] **station** ~ Tankwart(in) *m(f)*
2 *(servant)* Diener(in) *m(f)*, Bedienstete(r) *f(m)*
II. *adj (form)* ~ **circumstances** Begleitumstände *pl*; ■**to be ~ on sth** mit etw *dat* verbunden sein

at·tend·ed op·e'ra·tion *n* COMPUT überwachter Ablauf

at·tendee [ətenˈdiː] *n* AM Teilnehmer(in) *m(f)*

at·tend·ing phy·'si·cian *n* behandelnder Arzt/behandelnde Ärztin

at·ten·tion [əˈten(t)ʃᵊn] *n no pl* 1 *(notice)* Aufmerksamkeit *m*; **~!** Achtung!; ***could I have your ~, please?*** dürfte ich um Ihre Aufmerksamkeit bitten?; ***he tried to escape the ~ of the police*** er versuchte, bei der Polizei nicht aufzufallen; ***your ~ seems to be wandering*** Sie scheinen nicht bei der Sache zu sein; **to be the centre of ~** im Mittelpunkt des Interesses stehen; **to pay ~ to detail** auf Details achten; **to attract** [*or* **catch**] [*or* **get**] **sb's ~** jdn auf sich *akk* aufmerksam machen; **to call** [*or* **draw**] **~ to sth** die Aufmerksamkeit auf etw *akk* lenken; **to give sth one's undivided** [*or* **full**] **~** etw *dat* seine ungeteilte [*o* ganze] Aufmerksamkeit schenken; **to pay ~** Acht geben, aufpassen; **to pay ~ to sb/sth** jdm/etw Aufmerksamkeit schenken; **to turn one's ~ to sth** seine Aufmerksamkeit auf etw *akk* richten
2 *(maintenance)* Wartung *f*, Instandhaltung *f*; ***my washing machine needs ~*** meine Waschmaschine muss überholt werden
3 *(care)* Pflege *f*; ***my fingernails need ~*** ich muss mich mal wieder um meine Fingernägel kümmern; **medical ~** ärztliche Behandlung; ***you should seek medical ~ for that cut*** du solltest diese Schnittwunde ärztlich behandeln lassen
4 *(in letters)* **for the ~ of Mr Miller**, **~: Mr Miller** zu Händen von Mr. Miller
5 *no pl esp* MIL *(stiff stance)* Stillstand *m*; **~!** stillgestanden!; **to stand at ~** stillstehen; **to stand to ~** Haltung annehmen
6 *(interests)* ■**~s** *pl* Aufmerksamkeit *f kein pl*, Interesse *nt kein pl*; **to turn one's ~s to sth** seine Aufmerksamkeit etw *dat* zuwenden; *(courting)* **to pay one's ~s to sb** jdm den Hof machen

at·ten·tion de·fi·cient hyper·ac·'tiv·ity dis·or·der, ADHD, at·ten·tion 'defi·cit dis·or·der, ADD *n* Aufmerksamkeitsdefizitsyndrom *nt* **at·ten·tion-seek·ing** [əˈtenʃᵊnsiːkɪŋ] I. *n no pl* Wunsch *m* nach Beachtung, Bedürfnis *nt* nach Aufmerksamkeit
II. *adj inv* auf Beachtung bedacht, aufmerksamkeitsbedürftig **at·'ten·tion span** *n* Konzentrationsvermögen *f*; **to have a long/short ~** sich *akk* lang/nur kurz auf etw *akk* konzentrieren können

at·ten·tive [əˈtentɪv, AM -t̬ɪv] *adj* 1 *(caring)* fürsorglich; ■**to be ~ to sb/sth** sich *akk* fürsorglich um jdn/etw kümmern; **to be ~ to sb's needs** jds Bedürfnisse berücksichtigen
2 *(listening)* aufmerksam

at·ten·tive·ly [əˈtentɪvli, AM -t̬ɪv-] *adv* 1 *(caringly)* fürsorglich
2 *(taking notice)* aufmerksam; **to listen ~** aufmerksam zuhören

at·ten·tive·ness [əˈtentɪvnəs, AM -t̬ɪv-] *n no pl*
1 *(care)* Fürsorglichkeit *f*
2 *(listening)* Aufmerksamkeit *f*

at·tenu·ate [əˈtenjueɪt] *vt (form)* ■**to ~ sth** etw abschwächen

at·tenu·at·ed [əˈtenjueɪtɪd, AM -eɪt̬ɪd] *adj (form)* abgeschwächt; *person* geschwächt

at·tenua·tion [əˌtenjuˈeɪʃᵊn] *n no pl (form)*
1 *(weakening)* Schwächung *f*
2 RADIO Abschwächung *f*, Dämpfung *f*

at·test [əˈtest] I. *vt* ■**to ~ sth** 1 *(demonstrate) support, excellence* etw beweisen [*o* zeigen]
2 LAW etw bestätigen [*o* beglaubigen]; *(on oath)* etw beschwören [*o* SCHWEIZ attestieren]
II. *vi* ■**to ~ to sth** *competence, fact* etw beweisen

at·tes·ta·tion [ˌætesˈteɪʃᵊn, AM ˌæt̬-] *n* 1 *(formal declaration)* Bescheinigung *f*, Beglaubigung *f*; **~ clause** LAW Beglaubigungsvermerk *m*
2 *(proof)* Beweis *m*

at·tic [ˈætɪk, AM ˈæt̬-] *n* Dachboden *m*, Speicher *m*, Estrich *m* SCHWEIZ; **in the ~** auf dem Dachboden

At·ti·ca [ˈætɪkə, AM ˈæt̬] *n no pl* Attika *nt*

Attila [əˈtɪlə] *n no pl* Attila *m*

at·tire [əˈtaɪəʳ, AM -ˈtaɪɚ] *n no pl (form)* Ornat *m*, Staat *m hum*; *(hum)* Aufputz *m hum veraltet*

at·tired [əˈtaɪəʳd, AM -ˈtaɪɚd] *adj pred, inv (form)* ■**to be ~ in sth** in etw *akk* gehüllt [*o veraltet* gewandet] sein *hum*

at·ti·tude [ˈætɪtjuːd, AM ˈæt̬ətuːd, *also* -tjuːd] *n*
1 *(way of thinking)* Haltung *f*, Einstellung *f*; ***the government's ~ to*[*wards*] *the refugees is not sympathetic*** die Regierung steht den Flüchtlingen nicht wohlwollend gegenüber; ***I don't like your ~*** deine Haltung gefällt mir nicht; **to undergo a change of** [*or* **in**] **~** seine Meinung ändern; **to have an ~ problem** *esp* AM eine falsche Einstellung haben; **to have** [*or* **take**] **the ~ that ...** die Meinung vertreten, dass ...
2 *(body position, also in ballet)* Stellung *f*; *(facial expression)* Miene *f*; ***she lay sprawled across the sofa in an ~ of complete abandon*** sie lümmelte völlig selbstvergessen auf dem Sofa rum

at·torn [əˈtɜːn, AM -ˈtɜːrn] *vt* LAW ■**to ~ sth** etw übertragen

at·tor·ney [əˈtɜːrni] *n* AM *(lawyer)* Anwalt, Anwältin *m, f*; **civil/criminal ~** Zivil-/Strafverteidiger(in) *m(f)*; **defense ~** Verteidiger(in) *m(f)*; **~ for the plaintiff** Anwalt *m*/Anwältin *f* des Klägers; **power of ~** Handlungsvollmacht *f*

at·tor·ney-at-'law <*pl* attorneys-at-law> *n* AM *(lawyer)* Anwalt, Anwältin *m, f* **At·tor·ney-'Gen·er·al** <*pl* Attornies General> *n (in UK)* Generalstaatsanwalt, -anwältin *m, f*, Kronanwalt, -anwältin *m*; *(in USA)* Justizminister [und Generalstaatsanwalt], Justizministerin [und Generalstaatsanwältin] *m, f*

at·tract [əˈtrækt] *vt* ■**to ~ sb/sth** jdn/etw anziehen; ***her ideas have ~ed a lot of support*** ihre Ideen wurden sehr positiv aufgenommen; **to ~ sb's attention** jds Aufmerksamkeit erregen; **to ~ criticism** auf Kritik stoßen; **to ~ sb's notice** jds Aufmerksamkeit auf sich *akk* ziehen, jdn auf sich *akk* aufmerksam machen; **to ~ sb physically** jdn körperlich anziehen; ■**to be ~ed by** [*or* **to**] **sb/sth** jdn/etw attraktiv finden

at·trac·tion [əˈtrækʃᵊn] *n* 1 *no pl* PHYS Anziehungskraft *f*
2 *no pl (between people)* Anziehung *f*; ***she felt an immediate ~ to him*** sie fühlte sich sofort zu ihm hingezogen
3 *(entertainment)* Attraktion *f*; **main ~** Hauptattraktion *f*; **tourist ~** Touristenattraktion *f*
4 *(appeal)* Reiz *m*; ***I don't understand the ~ of ...*** ich weiß nicht, was so toll daran sein soll, ...; **to hold no ~ for sb** für jdn nicht attraktiv sein

at·trac·tive [əˈtræktɪv] *adj* 1 *(good-looking)* attraktiv; **physically/sexually ~** körperlich/sexuell anziehend
2 *(pleasant) countryside, scenery* reizvoll
3 *(interesting)* verlockend; **~ price** attraktiver [*o* günstiger] Preis; **~ salary** anständiges Gehalt

at·trac·tive·ly [əˈtræktɪvli] *adv* attraktiv, reizvoll

at·trac·tive·ness [əˈtræktɪvnəs] *n no pl* Attraktivität *f*; *of view, countryside* Reiz *m*; **the ~ of an offer/a proposition** das Verlockende eines Angebots/eines Vorschlags; **physical/sexual ~** körperliche/sexuelle Anziehungskraft

at·trib·ut·able [əˈtrɪbjətəbl̩, AM -jət̬ə-] *adj pred* ■**to be ~ to sb/sth** jdm/etw zuzuschreiben sein

at·trib·ut·able 'prof·it *n* COMM zurechenbarer Gewinn

at·tri·bute I. *vt* [əˈtrɪbjuːt] 1 *(ascribe)* ■**to ~ sth to sth** etw auf etw *akk* zurückführen; **to ~ the blame to sb** jdm die Schuld geben; **to ~ importance to sth** etw *dat* Bedeutung beimessen
2 *(give credit for)* ■**to ~ sth to sb** jdm etw zuschreiben
II. *n* [ˈætrɪbjuːt] 1 *(characteristic)* Eigenschaft *f*, Merkmal *nt*
2 LING Beifügung *f*, Attribut *nt fachspr*

at·tribu·tion *n* 1 *no pl (ascription)* Zuschreibung *f*, Zuerkennung *f*; ***the ~ of this painting to Picasso has never been questioned*** dass man dieses Bild Picasso zuschreibt, ist nie in Zweifel gezogen worden
2 *(something attributed)* Attribut *nt*, beigelegte Eigenschaft
3 *(classification)* Zuweisung *f*
4 LAW *(authorization)* Bevollmächtigung *f fachspr*

at·tribu·tive [əˈtrɪbjətɪv, AM -jət̬-] *adj inv* LING attributiv, Attributiv-

at·tribu·tive·ly [əˈtrɪbjətɪvli, AM -jət̬ɪv-] *adv inv* LING attributiv

at·tri·tion [əˈtrɪʃᵊn] *n no pl* 1 *(wearing down)* Abrieb *m*, Abnutzung *f*, Verschleiß *m*
2 *(gradual weakening)* Zermürbung *f*; **war of ~** Zermürbungskrieg *m*
3 AM, AUS *(personnel reduction) Personalabbau durch Weggang von Angestellten, die dann nicht mehr ersetzt werden*
4 REL *(false contrition)* Attrition *f fachspr*, unvollkommene Reue

at·tune [əˈtjuːn, AM *esp* əˈtuːn] *vt* 1 *(adjust)* ■**to be ~d to sth** auf etw *akk* eingestellt sein; **to become ~d to sth** sich *akk* an etw *akk* gewöhnen; ■**to ~ sth to sth** etw auf etw *akk* abstimmen; ■**to ~ oneself to sth** sich *akk* auf etw *akk* einstellen, sich *akk* an etw *akk* gewöhnen; **to be well ~d to one another** gut aufeinander eingespielt sein
2 MUS *(old)* **to ~ an instrument** ein Instrument stimmen

at·tuned [əˈtjuːnd, AM *esp* əˈtuːnd] *adj pred* **to be ~ politically** politisch interessiert sein

ATV [ˌeɪtiːˈviː] *n* AUTO *abbrev of* **all-terrain vehicle** Geländefahrzeug *nt*

at-'will *adj attr, inv* LAW *contract, basis* jederzeit beliebig kündbar; *employee, employment* ohne Kündigungsschutz *nach n*

atypi·cal [ˌeɪˈtɪpɪkᵊl] *adj* atypisch, untypisch; ■**to be ~ of sb/sth** untypisch für jdn/etw sein, für jdn/etw nicht typisch sein

atypi·cal·ly [ˌeɪˈtɪpɪkᵊli] *adv* atypisch, untypisch, ungewöhnlich

auber·gine [ˈəʊbəʒiːn, AM ˈoʊbɚ-] I. *n* 1 BRIT *(vegetable)* Aubergine *f*, ÖSTERR *a.* Melanzani *f*
2 *no pl (colour)* Aubergine *nt*
II. *adj* aubergine[farben]

aubrie·tia [ɔːˈbriːʃə, AM ɑː-] *n* BOT Blaukissen *nt*, Aubrietie *f fachspr*

auburn [ˈɔːbən, AM ˈɑːbɚn] I. *n no pl* Rotbraun *nt*, Rostrot *nt*
II. *adj* rotbraun, rostrot

'auburn-haired *adj* mit rotbraunen Haaren; ■**to be ~** rotbraune Haare haben

au cou·rant [ˌəʊkʊˈrɑ̃, AM ˌoʊkuːˈrɑːn] *adj* up to date *sl*

auc·tion [ˈɔːkʃᵊn, AM *esp* ˈɑːk-] I. *n* Auktion *f*, Versteigerung *f*, SCHWEIZ *a.* Gant *f*; **~ of furniture** Möbelauktion *f*; **~ of jewellery** Schmuckauktion *f*; **sale by ~** Versteigerung *f*; **to hold an ~** eine Auktion veranstalten; **to put sth up for ~** etw zur Versteigerung anbieten; **to sell sth by** [*or* **at**] **~** etw versteigern; **to be sold at** [*or* BRIT **by**] **~** versteigert werden
II. *vt* ■**to ~ sth** [**off**] etw versteigern [*o* SCHWEIZ *veraltend* verganten]

auc·tion 'bridge *n (old)* Auktionsbridge *nt*

auc·tion·eer [ˌɔːkʃᵊnˈɪəʳ, AM ˌɑːkʃᵊnˈɪr] *n* Auktionator(in) *m(f)*

auda·cious [ɔːˈdeɪʃəs, AM ɑː-] *adj* 1 *(bold)* kühn, wagemutig, verwegen
2 *(rude)* dreist, unverfroren

auda·cious·ly [ɔːˈdeɪʃəsli, AM ɑː-] *adv* 1 *(boldly)* kühn, wagemutig, verwegen
2 *(rudely)* dreist, unverfroren

auda·cious·ness [ɔːˈdeɪʃəsnəs, AM ɑː-], **audac·ity** [ɔːˈdæsəti, AM ɑːˈdæsət̬i] *n no pl* 1 *(boldness)* Kühnheit *f*, Wagemut *m*, Verwegenheit *f*
2 *(impertinence)* Dreistigkeit *f*, Unverfrorenheit *f*; **to have the ~ to do sth** die Unverfrorenheit

[*o* Dreistigkeit] besitzen, etw zu tun
audi alteram partem [ɔːdiˌæltərəmˈpɑːtem, AM -ˈpɑːr-] *n* LAW Grundsatz *m* des rechtlichen Gehörs
audibil·ity [ˌɔːdɪˈbɪləti, AM ˌɑːdɪˈbɪləṭi] *n no pl* Hörbarkeit *f*
audible [ˈɔːdəbl̩, AM ˈɑː-] *adj* hörbar, [deutlich] vernehmbar
audib·ly [ˈɔːdəbli, AM ˈɑː-] *adv* hörbar, vernehmlich
audi·ence [ˈɔːdiən(t)s, AM ˈɑː-] *n* ❶ + *sing/pl vb (at performance)* Publikum *nt kein pl;* THEAT *also* Besucher *pl;* TV Zuschauer *pl;* RADIO [Zu]hörer *pl; (readership)* Leserschaft *f kein pl,* Leserkreis *m;* **to appeal to a large ~** ein breites Publikum ansprechen
❷ *(formal interview)* Audienz *f;* **private ~** Privataudienz *f;* **to have an ~ with sb** eine Audienz bei jdm haben
audi·ence par·tici·ˈpa·tion *n no pl* Publikumsbeteiligung *f*
audio [ˈɔːdiəʊ, AM ˈɑːdioʊ] *adj inv* Audio-; **~ book** Hörbuch *nt;* **~ cassette** [Hör]kassette *f;* **~ frequency** Tonfrequenz *f,* Hörfrequenz *f;* **~ tape** Tonband *nt*
audio cas·ˈsette *n* [Audio]kassette *f,* [Tonband]kassette *f*
audi·olo·gist [ˌɔːdiˈɒlədʒɪst, AM ˌɑːdiˈɑːlə-] *n* Audiologe, -login *m, f*
audio-ˈtyp·ing *n* Tippen *nt* nach Fonodiktat
audio-ˈvisual, AV *adj inv* audiovisuell
audit [ˈɔːdɪt, AM ˈɑː-] **I.** *n* FIN Rechnungsprüfung *f,* Buchprüfung *f,* Wirtschaftsprüfung *f;* **external** [*or* **independent**] **~** externe [*o* außerbetriebliche] Revision; **general ~** ordentliche Buchprüfung
II. *vt* ❶ FIN ■**to ~ sth** etw [amtlich] prüfen
❷ LAW etw revidieren
❸ AM, AUS UNIV **to ~ a class** einen Kurs [nur] als Gasthörer besuchen
ˈaudit cer·tifi·cate *n* FIN *of accountant* Prüfungsbescheinigung *f; of final auditor* Bestätigungsvermerk *m* **ˈaudit com·mit·tee** *n* FIN Rechnungsprüfungsausschuss *m*
ˈaudit·ing *n no pl* FIN ❶ *(process)* Revision *f,* Rechnungsprüfung *f*
❷ *(department)* Prüfungswesen *nt*
ˈaudit·ing com·mit·tee *n* FIN Prüfungskommission *f*
audi·tion [ɔːˈdɪʃən, AM ɑː-] **I.** *n (for actor)* Vorsprechen *nt; (for singer)* Vorsingen *nt; (for dancer)* Vortanzen *nt; (for instrumentalist)* Vorspielen *nt;* **to hold an ~** [*or* **~s**] *(for actor)* vorsprechen lassen; *(for singer)* vorsingen lassen; *(for dancer)* vortanzen lassen; *(for instrumentalist)* vorspielen lassen
II. *vi actor* vorsprechen; *singer* vorsingen; *instrumentalist* vorspielen; *dancer* vortanzen (**for** für +*akk)*
III. *vt* ■**to ~ sb** jdn vorsprechen/vorsingen/vortanzen/vorspielen lassen
audi·tor [ˈɔːdɪtəʳ, AM ˈɑːdɪṭɚ] *n* Rechnungsprüfer(in) *m(f),* Buchprüfer(in) *m(f),* Wirtschaftsprüfer(in) *m(f);* **external ~** außerbetrieblicher Rechnungsprüfer [*o* Buchprüfer]/außerbetriebliche Rechnungsprüferin [*o* Buchprüferin]; **senior ~** erster Rechnungsprüfer/erste Rechnungsprüferin; **~s' fees** Revisorengebühren *pl*
audi·to·ria [ˌɔːdɪˈtɔːriə, AM ˌɑːdəˈ-] *n pl of* **auditorium**
audi·to·rium <*pl* -s *or* -ria> [ˌɔːdɪˈtɔːriəm, AM ˌɑːdəˈ-, *pl* -riə] *n* ❶ THEAT Zuschauerraum *m*
❷ *esp* AM *(hall for listeners)* Zuhörersaal *m,* Vortragssaal *m; (for spectators)* Vorführungsraum *m,* Hörsaal *m* SCHWEIZ
❸ AM *(building)* Festhalle *f; (for concerts)* Konzerthalle *f*
audi·tor's cer·ˈtifi·cate *n* FIN Prüfungsbescheinigung *f* **audi·tor's re·ˈport** *n* FIN Abschlussprüferbericht *m*
audi·tory [ˈɔːdɪtəri, AM ˈɑːdətɔːri] *adj inv* ❶ *(connected with hearing)* Hör-; MED Gehör-
❷ *(received by ear)* akustisch; MED auditiv
audi·tory ca·ˈnal *n* Gehörgang *m* **audi·tory ˈnerve** *n* Gehörnerv *m*
ˈaudit trail *n* ECON, FIN ❶ *(list of checks)* Aufschlüsselung *f* der Posten einer Buchprüfung
❷ *(check for irregularities)* Überprüfung *f* auf Unstimmigkeiten

au fait [ˌəʊˈfeɪ, AM ˌoʊ-] *adj pred* vertraut; ■**to be ~ with sth** mit etw *dat* vertraut sein; *(informed)* über etw *akk* auf dem Laufenden sein
Aug. *n abbrev of* **August** Aug.
auger [ˈɔːgəʳ, AM ˈɑːgɚ] *n (for wood)* Handbohrer *m,* Schlangenbohrer *m fachspr; (for ground)* Erdbohrer *m,* Schlangenbohrer *m fachspr; (in agriculture)* Schnecke *f*
aught [ɔːt, AM ɑːt] *pron (old liter)* irgendetwas; ***they might have left already, for ~ I know!*** was weiß ich, vielleicht sind sie ja längst weg!
augh·ties [ˈɔːtiz, AM ˈɑːṭiz] *npl die Jahre 2000 bis 2009*
aug·ment I. *vt* [ɔːgˈment, AM ɑːgˈ-] *(form)* ■**to ~ sth** etw vergrößern; **to ~ a fund** einen Fonds aufstocken; **to ~ one's income** sein Einkommen verbessern
II. *vi* [ɔːgˈment, AM ɑːgˈ-] *(form)* zunehmen; *income* steigen
III. *n* [ˈɔːgmənt, AM ˈɑːg-] LING Augment *nt fachspr*
aug·men·ta·tion [ˌɔːgmənˈteɪʃən, AM ˌɑːg-] *n (form)* ❶ *no pl (increase)* Vermehrung *f; of income* Erhöhung *f,* Steigerung *f*
❷ *(addition)* Zunahme *f,* Zuwachs *m;* **breast ~** Brustvergrößerung *f;* **~s to one's income** zusätzliche Einkünfte
❸ MUS Augmentation *f fachspr*
aug·ment·ed [ɔːgˈmentɪd, AM ɑːgˈ] *adj attr, inv* vergrößert, erweitert; MUS übermäßig; **~ fourth** übermäßige Quarte, ÖSTERR Quart
au gra·tin [ˌəʊˈgrætɛ̃(ŋ), AM oʊˈgrɑːtən] *adj after n, inv* überbacken, au gratin; **potatoes ~** überbackene Kartoffeln
augur [ˈɔːgəʳ, AM ˈɑːgɚ] **I.** *vi* **to ~ ill/well for sb/sth** ein schlechtes/gutes Zeichen [*o* Omen] für jdn/etw sein
II. *vt* ■**to ~ sth** etw verheißen
III. *n (hist)* Wahrsager(in) *m(f),* Augur(in) *m(f) geh*
augu·ry [ˈɔːgjʊri, AM ˈɑːgjɚi] *n* ❶ *(form: omen)* [Vor]zeichen *nt,* Omen *nt* (**for** für +*akk)*
❷ *no pl (soothsaying)* Weissagung *f,* Prophezeiung *f*
august [ɔːˈgʌst, AM ɑː-] *adj (liter)* erhaben, hoheitsvoll, majestätisch
August [ˈɔːgəst, AM ˈɑː-] *n* August *m; see also* **February**
Augus·tan [ɔːˈgʌstən, AM əˈ] *adj inv* ❶ ART, LIT, POL *(of Augustus Caesar)* augusteisch *fachspr;* **~ age** Augusteisches Zeitalter
❷ ART, LIT *(neoclassic)* neoklassizistisch *fachspr*
Augus·tin·ian [ˌɔːgəˈstɪniən, AM ˌɑː] **I.** *adj inv* ❶ *(of St Augustine of Hippo)* augustinisch
❷ *(of religious orders)* Augustiner-
II. *n* ❶ *(monk)* Augustinermönch *m*
❷ *(adherent)* Anhänger(in) *m(f)* der augustinischen Lehre
AUI con·ˈnect·or *n* COMPUT AUI-Anschluss *m*
auk [ɔːk, AM ɑːk] *n* Alk *m;* **great ~** Toralk *m,* Riesenalk *m*
auld [ɔːld] *adj* SCOT *see* **old** alt; **~ lang syne** die gute alte Zeit
aunt [ɑːnt, AM ænt] *n* Tante *f;* **honorary ~** Nenntante *f,* Wahltante *f* ÖSTERR
auntie, aunty [ɑːnti, AM ænṭi] *n (fam)* ❶ *(also childspeak: aunt)* Tantchen *nt*
❷ BRIT *(hum: the BBC) scherzhafte Bezeichnung für die BBC;* AUS *(hum: the ABC) scherzhafte Bezeichnung für die australische Rundfunkgesellschaft*
au pair [ˌəʊˈpeəʳ, AM oʊˈper] *n* Aupair *nt;* **to work as an ~** als Aupair arbeiten; **~ girl** Au-pair-Mädchen *nt*
aura [ˈɔːrə] *n* ❶ *(quality)* Aura *f;* ***there's an ~ of sadness about him*** er strahlt eine gewisse Traurigkeit aus; ***the woods have an ~ of mystery*** die Wälder haben so etwas Geheimnisvolles an sich
❷ *(surrounding light)* Aura *f*
aural [ˈɔːrəl] *adj inv* akustisch; MED aural, Gehör-; **~ delight** Ohrenschmaus *m;* **~ material** Tonmaterial *nt*
aural·ly [ˈɔːrəli] *adv* akustisch; MED aural *fachspr*
aure·ole [ˈɔːriəʊl, AM -oʊl] *n* ❶ *(liter: halo)* Aureole *f geh,* Heiligenschein *m; esp* ART Strahlenkranz *m fachspr*

❷ ASTRON Korona *f*
auri·cle [ˈɔːrɪkl̩] *n* ❶ *(of heart)* Herzohr *nt,* Herzvorhof *m*
❷ *(of ear)* Ohrmuschel *f,* Auricula *f fachspr*
auricu·lar [ɔːˈrɪkjʊləʳ, AM -jəlɚ] *adj* ❶ *(form: relating to hearing)* Hör-, Gehör-, aurikulär *fachspr*
❷ *(form: of/through the ear)* Ohren-; MED aurikulär *fachspr; (by the ear)* akustisch; **~ witness** Ohrenzeuge, -zeugin *m, f*
❸ *(relating to heart)* die Herzohren betreffend, zu den Herzohren gehörig, aurikulär *fachspr,* Aurikular- *fachspr*
auro·ra [ɔːˈrɔːrə] *n* ❶ *(polar light)* Polarlicht *nt*
❷ *(poet: rosy dawn)* Morgenröte *f,* Aurora *f poet*
auro·ra aus·tra·lis [-ɒsˈtreɪlɪs, AM -ɔːˈstreɪ-] *n no pl* Südlicht *nt* **auro·ra bo·real·is** [-bɒriˈeɪlɪs, AM -bɔːriælɪs] *n no pl* Nordlicht *nt*
aus·pices [ˈɔːspɪsɪz, AM ˈɑː-] *npl* ❶ *(backing)* Schirmherrschaft *f,* Auspizien *pl geh;* **under the ~ of ...** unter der Schirmherrschaft des/der ...
❷ *(auguries)* Vorzeichen *pl,* Auspizien *pl geh*
aus·pi·cious [ɔːˈspɪʃəs, AM ɑːˈ-] *adj (form)* viel versprechend, günstig; **~ occasion** feierlicher Anlass
aus·pi·cious·ly [ɔːˈspɪʃəsli, AM ɑːˈ-] *adv* viel versprechend, günstig
Aus·sie [ˈɒzi, AM ˈɑːzi] *(fam)* **I.** *n* Australier(in) *m(f)*
II. *adj inv* australisch
aus·tere [ɒsˈtɪəʳ, AM ɑːˈstɪr] *adj* ❶ *(without comfort)* karg; *(severely plain)* nüchtern; *room* schmucklos; *(ascetic)* asketisch, enthaltsam
❷ *(joyless and strict)* ernst, streng; **~ attitude** unbeugsame Haltung
aus·tere·ly [ɒsˈtɪəʳli, AM ɑːˈstɪr-] *adv* streng; **~ beautiful** von herber Schönheit; **~ elegant** von schlichter Eleganz; **~ simple** karg und schlicht; **to live ~** asketisch leben
aus·ter·ity [ɒsˈterəti, AM ˈɑːsterəṭi] **I.** *n* ❶ *no pl (absence of comfort)* Rauheit *f,* Härte *f*
❷ *no pl (plainness)* Einfachheit *f; (with not much)* Kargheit *f; (asceticism)* Askese *f,* Enthaltung *f*
❸ *no pl (strictness)* Ernstheit *f,* Strenge *f*
❹ ■**austerities** *pl* Entbehrungen *pl,* Entsagungen *pl*
II. *n modifier* ECON **~ budget** Sparhaushalt *m;* **~ measures** Sparmaßnahmen *pl*
aus·ˈter·ity pro·gramme, AM **aus·ˈter·ity pro·gram** *n* Sparprogramm *nt*
Aus·tral·asia [ˌɒstrəˈleɪʒə, AM ˌɑːstrəˈ-] *n* Australien *nt* und Ozeanien *nt*
Aus·tral·asian [ˌɒstrəˈleɪʒən, AM ˌɑːstrəˈ-] **I.** *n* Ozeanier(in) *m(f)*
II. *adj* ozeanisch, südwestpazifisch
Aus·tralia [ɒsˈtreɪliə, AM ɑːˈstreɪljə] *n* Australien *nt*
Aus·ˈtralia Day *n australischer Nationalfeiertag, an dem die Gründung der Kolonie New South Wales am 26. Januar 1788 gefeiert wird*
Aus·tral·ian [ɒsˈtreɪliən, AM ɑːˈstreɪljən] **I.** *n* ❶ *(person)* Australier(in) *m(f)*
❷ *(language)* australisches Englisch
II. *adj* australisch
Aus·tral·ian ˈCa·pi·tal Ter·ri·tory *n* Australian Capital Territory *nt (von der australischen Bundesregierung unmittelbar verwaltetes Territorium, das die Bundeshauptstadt Canberra umfasst)* **Aus·tral·ian ˈdol·lar** *n* Australischer Dollar *m* **Aus·tra·lian Ex·ter·nal ˈTer·ri·tories** *npl* Australiens externe Territorien **Aus·ˈtral·ian Rules** *n + sing vb* SPORT **~ football** *australische Art des Football mit 18 Spielern* **Aus·ˈtral·ian Stock Ex·change, ASX** *n* australische Börse
Aus·tral Is·lands [ˈɒːstrəl-] *npl* Australinseln *pl*
Aus·tra·lo·pithe·cus [ˌɒstrələ(ʊ)ˈpɪθɪkəs, AM ˌɑːstrəloʊ-] *n* ARCHEOL Australopithecus *m*
Aus·tria [ˈɒstriə, AM ˈɑː-] *n* Österreich *nt*
Aus·trian [ˈɒstriən, AM ˈɑː-] **I.** *n* ❶ *(person)* Österreicher(in) *m(f)*
❷ *(language)* Österreichisch *nt*
II. *adj* österreichisch
Aus·tro·nesian [ˌɒstrə(ʊ)ˈniːʒən, AM ˌɑːstroʊ-] *n* Austronesier(in) *m(f)*
AUT [ˌeɪjuːˈtiː] *n* BRIT *abbrev of* **Association of Uni-**

versity Teachers ≈ Verband *m* der Hochschullehrer

auteur [əʊ'tɜː, AM oʊ'tɜːr] *n* Filmregisseur(in) *m(f)* mit einem ausgeprägten Stil

authen·tic [ɔː'θentɪk, AM ɑː'θent̬ɪk] *adj* ❶ *(genuine) manuscript, document* authentisch; ***this is an ~ 1920s dress*** dieses Kleid stammt original aus den Zwanzigern; ***is this painting ~ ?*** ist dieses Gemälde ein Original?; ~ **Scottish accent** unverfälschter schottischer Akzent
❷ *(reliable) account* authentisch
❸ *(legitimate)* berechtigt

authen·ti·cal·ly [ɔː'θentikəli, AM ɑː'] *adv* echt, original, unverfälscht, authentisch

authen·ti·cate [ɔː'θentɪkeɪt, AM ɑː'θent̬ɪ-] *vt* ■**to ~ sth** etw bestätigen; LAW etw beglaubigen; **to ~ a painting/document** die Echtheit eines Gemäldes/Dokuments bescheinigen

authen·ti·ca·tion [ɔːˌθentɪ'keɪʃən, AM ɑːˌθent̬ɪ'-] *n no pl (confirmation)* Bestätigung *f;* LAW Beglaubigung *f; (documentary evidence)* Beurkundung *f; of a painting, document* Echtheitserklärung *f*

authen·ti·'ca·tion fea·ture *n* COMM Echtheitsmerkmal *nt*

au·then·tic·ity [ˌɔːθen'tɪsəti, AM ˌɑːθentɪsət̬i] *n no pl*
❶ *(genuineness)* Echtheit *f,* Authentizität *f geh*
❷ *(legitimacy) of a claim* Berechtigung *f*

author ['ɔːθəʳ, AM 'ɑːθɚ] **I.** *n* ❶ *(profession)* Schriftsteller(in) *m(f); of particular book, article* Verfasser(in) *m(f),* Autor(in) *m(f);* **a book with the ~'s compliments** ein Buch *nt* mit einer Widmung des Autors/der Autorin; **~'s copy** Autorenexemplar *nt;* **~'s royalties** Tantiemen *pl*
❷ *(fig form: causer)* Urheber(in) *m(f),* Verursacher(in) *m(f)*
II. *vt* ■**to ~ sth** ❶ *(write)* etw schreiben [*o* verfassen]
❷ *esp* AM *(fig)* etw zustande bringen [*o* arrangieren]; **to ~ a deal** ein Geschäft in die Wege leiten

author·ess <*pl* -es> ['ɔːθəres, AM 'ɑːθɚɪs] *n (dated: profession)* Schriftstellerin *f; (writer)* Verfasserin *f,* Autorin *f*

autho·rial [ɔː'θɔːriəl, AM ɑː'-] *adj inv* Autoren-, eines/des Autors; ~ **intention** Absicht *f* des Autors/der Autorin; ~ **voice** Stimme *f* des Autors/der Autorin

authori·tar·ian [ɔːˌθɒrɪ'teəriən, AM əˌθɔːrə'teri-] **I.** *adj* autoritär; ~ **state** autoritärer Staat
II. *n* autoritärer Mensch; ■**to be an ~** autoritär sein

authori·tar·ian·ism [ɔːˌθɒrɪ'teəriənɪzəm, AM əˌθɔːrə'teriən-] *n* ❶ POL *(system)* autoritäres System
❷ *(quality)* autoritäre Einstellung; POL, PSYCH Autoritarismus *m fachspr*

authori·ta·tive [ɔː'θɒrɪtətɪv, AM ə'θɔːrəteɪt̬ɪv] *adj*
❶ *(reliable)* zuverlässig, verlässlich; *(official)* amtlich
❷ *(definitive)* maßgebend, maßgeblich
❸ *(commanding)* gebieterisch, Respekt einflößend

authori·ta·tive·ly [ɔː'θɒrɪtətɪvli, AM ə'θɔːrəteɪt̬ɪvli] *adv* ❶ *(with authority)* zuverlässig
❷ *(definitively)* maßgeblich, maßgebend
❸ *(commandingly)* gebieterisch, bestimmt

author·ity [ɔː'θɒrəti, AM ə'θɔːrət̬i] *n* ❶ *no pl (right of control)* Autorität *f;* ADMIN Amtsgewalt *f,* Weisungsbefugnis *f;* MIL Befehlsgewalt *f;* **parental ~** elterliche Autorität; LAW elterliche Gewalt *fachspr;* **to be in ~** verantwortlich [*o* zuständig sein] sein; ***we need to get the support of someone in ~*** wir brauchen die Unterstützung eines Verantwortlichen; **person in ~** Verantwortliche(r) *f(m);* ***who is [the person] in ~ here?*** wer ist hier verantwortlich [*o* zuständig]?; **to be in** [*or* **have**] **~ over sb** *(empowered to give orders)* jdm gegenüber weisungsbefugt sein; *(be above in hierarchy)* jdm übergeordnet sein; **to be under sb's ~** *(be answerable to)* jdm gegenüber verantwortlich sein; *(be below in hierarchy)* jdm unterstehen; **to exercise** [*or* **exert**] [*or* **use**] **~** Autorität ausüben; **to exercise** [*or* **exert**] [*or* **use**] **one's ~ over sb** jdm gegenüber seine Autorität geltend machen
❷ *no pl (permission)* Befugnis *f; (to act on sb's behalf)* Vollmacht *f;* **~ to purchase** ECON, LAW Ankaufsermächtigung *f;* **to give sb ~ to do sth** jdn [dazu] befugen, etw zu tun; *(to act on one's behalf)* jdn [dazu] bevollmächtigen, etw zu tun; **to have the ~ to do sth** befugt sein, etw zu tun; *(to act on sb's behalf)* bevollmächtigt sein, etw zu tun; **by ~** ADMIN, LAW mit [amtlicher] Genehmigung; **on the ~ of sb** im Auftrag [*o* mit Genehmigung] einer Person; **on one's own ~** in eigener Verantwortung; **without ~** unbefugt; **to act without ~** unbefugt handeln; **to act without** [*or* **to exceed one's**] **~** seine Befugnisse überschreiten
❸ *no pl (strength of personality)* Autorität *f;* **to have ~ over/with sb** [große] Autorität bei jdm genießen [*o* besitzen]; ***he's got no ~ over his students*** er besitzt [*o* genießt] bei seinen Studenten keine Autorität
❹ *no pl (knowledge)* Sachverstand *m,* Kompetenz *f;* **to speak with ~ on sth** sich *akk* [sehr] kompetent zu etw *dat* äußern
❺ *(expert)* Autorität *f,* Kapazität *f,* Experte, Expertin *m, f;* **world ~** international anerkannte Autorität; **to be an ~ for/on sth** ein Experte/eine Expertin für etw *akk* sein; **to be an ~ on microbiology** eine Autorität [*o* Kapazität] auf dem Gebiet der Mikrobiologie sein
❻ *(organization)* Behörde *f,* Amt *nt;* **education ~** Schulamt *nt;* **health ~** Gesundheitsbehörde *f*
❼ *(bodies having power)* ■**the authorities** *pl* die Behörden *pl;* **local authorities** Kommunalbehörden *pl;* **to report sb/sth to the authorities** jdn/etw den Behörden melden
❽ *no pl (source)* Quelle; ***I have it on my bosses ~ that ...*** ich weiß von meinem Chef, dass ...; **to have sth on good ~** etw aus zuverlässiger Quelle wissen; ***I have it on good ~ that ...*** ich weiß aus zuverlässiger Quelle, dass ...
❾ LAW **legal ~** *(statement)* Rechtsmeinung *f; (judgement)* Präzedenzentscheidung *f*
❿ LAW [**level of**] **~** Instanz *f;* **proper ~** zuständige Instanz

authori·za·tion [ˌɔːθəraɪ'zeɪʃən, AM ˌɑːθɚɪ'-] *n no pl (approval)* Genehmigung *f,* Erlaubnis *f; (delegation of power)* Bevollmächtigung *f,* Ermächtigung *f,* Autorisierung *f;* **~ to draw** FIN Verfügungsberechtigung *f*

author·ize ['ɔːθəraɪz, AM 'ɑː-] *vt* ■**to ~ sth** etw genehmigen [*o* bewilligen]; ■**to ~ sb to do sth** jdn bevollmächtigen [*o* ermächtigen], etw zu tun

author·ized ['ɔːθəraɪzd, AM 'ɑː-] *adj inv* bevollmächtigt, autorisiert; ■**to be ~ to do sth** berechtigt sein, etw zu tun; ***"entry is permitted only to ~ personnel"*** „Unbefugten ist der Zutritt verboten"; ***"~ personnel only"*** „Zutritt nur für Befugte"; **~ biography** autorisierte Biografie

author·ized 'bank *n* autorisierte Bank *f* **author·ized 'capi·tal** *n* Grundkapital *nt,* genehmigtes Kapital *nt,* autorisiertes [Aktien]kapital **author·ized 'per·son** *n* Bevollmächtigte(r) *f(m)* **'Author·ized Ver·sion** *n esp* BRIT ■**the ~** *offizielle englische Bibelübersetzung von 1611*

author·ship ['ɔːθəʃɪp, AM 'ɑːθɚ-] *n no pl* ❶ *(being the writer)* Urheberschaft *f,* Autorschaft *f;* **of unknown ~** eines unbekannten Autors [*o* Verfassers]
❷ *(as profession)* Schriftstellerei *f,* Schriftstellerberuf *m*

autism ['ɔːtɪzəm, AM 'ɑː-] *n no pl* Autismus *m*

autis·tic [ɔː'tɪstɪk, AM ɑː'-] *adj* autistisch

auto ['ɔːtəʊ, AM 'ɑːt̬oʊ] **I.** *n* AM *(dated)* Auto *nt*
II. *n modifier esp* AM *(concerning cars) dealer, industry, maker* Auto-; *(automatic)* automatische(r, s); **~ store** COMPUT automatische Zwischenspeicherung; **~ restart** COMPUT Selbstanlauf *m*

auto·bi·og·ra·pher [ˌɔːtəbaɪ'ɒgrəfəʳ, AM ˌɑːt̬əbaɪ'ɑːgrəfɚ] *n* Autobiograf(in) *m(f)*

auto·bio·gra·phi·cal [ˌɔːtəˌbaɪə(ʊ)'græfɪkəl, AM ˌɑːt̬əˌbaɪə'-] *adj* autobiografisch

auto·bi·og·ra·phy [ˌɔːtəbaɪ'ɒgrəfi, AM ˌɑːt̬əbaɪ'ɑː-] *n* Autobiografie *f*

auto-'bronz·er, auto-'bronz·ing cream *n* BRIT Selbstbräuner *m,* Selbstbräunungscreme *f*

auto·cade ['ɑːt̬oʊkeɪd] *n* AM Fahrzeugkolonne *f,* Wagenkolonne *f,* Konvoi *m*

autoc·ra·cy [ɔː'tɒkrəsi, AM ɑː'tɑːk-] *n* ❶ *(society)* Autokratie *f geh*
❷ *no pl (form of government)* Absolutismus *m*
❸ *no pl (fig)* Alleinherrschaft *f*

auto·crat ['ɔːtəkræt, AM 'ɑːt̬ə-] *n* Autokrat(in) *m(f) geh*

auto·crat·ic [ˌɔːtə'krætɪk, AM ˌɑːt̬ə'kræt̬-] *adj* autokratisch *geh;* **~ rule** Alleinherrschaft *f*

auto·crati·cal·ly [ˌɔːtə'krætɪkəli, AM ˌɑːt̬ə'kræt̬-] *adv* autokratisch *geh*

auto·cross ['ɔːtə(ʊ)krɒs, AM 'ɑːt̬oʊkrɑːs] *n no pl* Autocross *nt*

auto·cue® ['ɔːtə(ʊ)kjuː] *n* BRIT TV Teleprompter® *m*

auto-erot·ic [ˌɔːtəʊɪ'rɒtɪk, AM ˌɑːt̬oʊɪ'rɑːt̬ɪk] *adj* autoerotisch

auto-eroti·cism [ˌɔːtəʊɪ'rɒtɪsɪzəm, AM ˌɑːt̬oʊɪ'rɑːt̬ɪ-] *n no pl* Autoerotik *f*

auto-eroti·cist [ˌɔːtəʊɪ'rɒtɪsɪst, AM ˌɑːtoʊɪ'rɑː-] *n* Autoerotiker(in) *m(f)*

auto·fo·cus ['ɔːtəʊfəʊkəs, AM 'ɑːt̬oʊfoʊ-] *n* PHOT Autofokus *m*

auto·gi·ro [ˌɔːtə(ʊ)'dʒaɪ(ə)rəʊ, AM ˌɑːt̬oʊ'dʒaɪroʊ] *n* AEROSP Autogiro *m fachspr,* Tragschrauber *m fachspr*

auto·graph ['ɔːtəgrɑːf, AM 'ɑːt̬əgræf] **I.** *n* ❶ *(signature)* Autogramm *nt;* **to ask sb for his/her ~** jdn um ein Autogramm bitten
❷ *(manuscript)* Urschrift *f,* Autograf *nt geh*
II. *vt* ■**to ~ sth** etw signieren

auto·gy·ro *n see* **autogiro**

auto·im·mune [ˌɔːtəʊɪ'mjuːn, AM 'ɑːtoʊ-] *adj inv* autoimmun, Autoimmun-; **~ disease/system** Autoimmunkrankheit *f*/-system *nt*

auto·mat ['ɑːt̬əmæt] *n* AM Automatenrestaurant *nt*

automa·ta [ɔː'tɒmətə, AM ɑː'tɑːmə-] *n pl of* **automaton**

auto·mate ['ɔːtəmeɪt, AM 'ɑːt̬ə-] *vt* ■**to ~ sth** etw automatisieren

auto·mat·ed ['ɔːtəmeɪtɪd, AM 'ɑːt̬ə-] *adj* automatisiert; **fully ~** vollautomatisiert

auto·mat·ed 'clear·ing house, ACH *n* AM computergestützte Clearingstelle **auto·mat·ed 'docu·ment han·dling** *n no pl* FIN automatisierte Belegverarbeitung *f* **auto·mat·ed ex·'change** *n* STOCKEX elektronische Börse *f* **auto·mat·ed 'screen trad·ing, AST** *n* STOCKEX *automatisiertes, computergestütztes Börsenhandelssystem* **auto·mat·ed 'tell·er ma·chine, ATM** *n* Geldautomat *m,* Bankomat *m* SCHWEIZ, ÖSTERR

auto·mat·ic [ˌɔːtə'mætɪk, AM ˌɑːt̬ə'mæt̬ɪk] **I.** *adj*
❶ *(operating independently)* automatisch; **fully ~** vollautomatisch; **~ pistol** Selbstladepistole *f;* **~ rifle** Selbstladegewehr *nt;* **~ washing machine** Waschautomat *m*
❷ *(involuntary)* automatisch; **~ driving** mechanisches Fahren; **~ reaction** mechanische [*o* automatische] Reaktion
❸ *(immediate)* automatisch
II. *n* ❶ *(non-manual machine)* Automat *m*
❷ *(car)* Automatikwagen *m*
❸ *(pistol)* Selbstladepistole *f; (rifle)* Selbstladegewehr *nt*
❹ *(washing machine)* Waschautomat *m,* Waschmaschine *f* SCHWEIZ, ÖSTERR

auto·mati·cal·ly [ˌɔːtə'mætɪkəli, AM ˌɑːt̬ə'mæt̬ɪk-] *adv*
❶ *(without human control)* automatisch; *(train doors)* selbsttätig
❷ *(without thinking)* mechanisch
❸ *(inevitably)* automatisch, zwangsläufig

auto·mat·ic 'an·swer·ing ma·chine *n (dated)* automatischer Anrufbeantworter **auto·mat·ic 'deb·it trans·fer** *n* Einzugsverfahren *nt* **auto·mat·ic ·pi·lot** *n* Autopilot *m* **auto·mat·ic 'tell·er** *n* AM Geldautomat *m,* Bankomat *m* SCHWEIZ, ÖSTERR **auto·mat·ic trans·'mis·sion** *n* Automatikgetriebe *nt*

auto·ma·tion [ˌɔːtə'meɪʃən, AM ˌɑːt̬ə'-] *n no pl* Automatisierung *f;* **factory/office ~** Automatisierung *f* in einer Fabrik/der Büroarbeit

automa·tism [ɔː'tɒmətɪzəm] *n* LAW Schuldunfähigkeit *f*

automa·ton <*pl* -mata *or* -s> [ɔːˈtɒmətᵊn, AM ɑːˈtɑːmə-, *pl* -mətə] *n* Automat *m*, Roboter *m a. fig*

auto·mo·bile [ˈɔːtəmə(ʊ)biːl, AM ˈɑːt̬əmoʊ-] *esp* AM I. *n* Auto *nt*, Kraftfahrzeug *nt*
II. *n modifier (parts, manufacturer, industry, mechanic)* Auto-; *club* Automobil-; ~ **accident** Autounfall *m;* ~ **industry** Auto[mobil]industrie *f;* ~ **insurance** Kraftfahrzeugversicherung *f*, Motorfahrzeugversicherung *f* SCHWEIZ, ÖSTERR

'Auto·mo·bile As·so·cia·tion *n*, **AA** *n* BRIT ≈Allgemeiner Deutscher Automobilclub **'auto·mo·bile in·sur·ance** *n no pl* Kraftfahrzeugversicherung *f* **'auto·mo·bile sec·tor** *n* Kraftfahrzeugbereich *m*

auto·mo·tive [ˌɔːtəˈməʊtɪv, AM ˌɑːt̬əˈmoʊt̬ɪv] *adj attr, inv industry, trade, manufacturing* Auto-; *vehicle* selbstfahrend

auto·nom·ic ner·vous sys·tem [ˌɔːtənɒmɪk-, AM ˌɑːt̬ənɑːmɪk-] *n* ANAT vegetatives [*o* autonomes] Nervensystem **auto·nom·ic 're·flex** *n* ANAT unbedingter Reflex

autono·mous [ɔːˈtɒnəməs, AM ɑːˈtɑːnə-] *adj* autonom, unabhängig, selbstständig; ■**to be ~ of sth** von etw *dat* unabhängig sein

autono·mous·ly [ɔːˈtɒnəməsli, AM ɑːˈtɑːnə] *adv* selbstständig, unabhängig, autonom

autono·my [ɔːˈtɒnəmi, AM ɑːˈtɑː-] *n no pl* Autonomie *f*, Unabhängigkeit *f* (**from** von +*dat)*

auto·pi·lot [ˈɔːtəʊpaɪlət, AM ˈɑːt̬oʊ-] *n* ❶ *(on aircraft)* Autopilot *m;* **to be on ~** mit Autopilot fliegen
❷ *no pl (fig)* **to be on ~** etw [nur noch ganz] automatisch machen, etw automatisch abspulen

auto·posi·tive [ˌɔːtəʊˈpɒzətɪv, AM ˌɑːt̬oʊˈpɑːzət̬-] *n* PHOT Umkehrentwicklung *f*

autop·sy [ˈɔːtɒpsi, AM ˈɑːtɑːp-] *n* ❶ *(post-mortem)* Autopsie *f* (**on** +*gen)*; **to carry out** [*or* **perform**] **an ~ on sb** an jdm eine Autopsie durchführen [*o* vornehmen]
❷ *(examination process)* Obduktion *f geh*, Leichenöffnung *f;* **to conduct an ~ upon sb** bei jdm eine Obduktion vornehmen

auto·route [ˈɔːt̬əruːt] *n* CAN Autobahn *f (in Quebec)*

auto-sug·ges·tion [ˌɔːtə(ʊ)səˈdʒestʃᵊn, AM ˌɑːt̬oʊ-] *n no pl* Autosuggestion *f* **auto-sug·ges·tive** [ˌɔːtə(ʊ)səˈdʒestɪv, AM ˌɑːt̬oʊ-] *adj* autosuggestiv

'auto·tune *n* Autotuner-System *nt (bei [Auto]radios)*

autre·fois ac·quit [əʊtrəfwɑːæˈkiː, AM oʊ-] *n* LAW Einspruch *m* des Freispruchs in gleicher Sache **autre·fois con·vict** [əʊtrəfwɑːkɔ̃ˈviː, AM oʊ-] *n* LAW Einrede *f* der Verurteilung in gleicher Sache

autumn [ˈɔːtəm, AM ˈɑːt̬ᵊm] *esp* BRIT I. *n* Herbst *m;* **in** [**the**] **~** im Herbst; [**in**] **late ~** [im] Spätherbst
II. *n modifier (day, festival, weather)* Herbst-; **~ leaves** Herbstlaub *nt;* **~ term** Wintersemester *nt*

autum·nal [ɔːˈtʌmnᵊl, AM ɑː'-] *adj esp* BRIT Herbst-, herbstlich; **~ colours** Herbstfarben *pl;* BOT Herbstfärbung *f;* **~ equinox** Herbst-Tagundnachtgleiche *f;* **~ hues** Herbsttöne *pl*

autumn 'cro·cus *n* Herbstzeitlose *f*

aux·ilia·ry [ɔːgˈzɪliᵊri, AM ɑːgˈzɪljᵊ-] I. *n* ❶ *(soldier)* Soldat(in) *m(f)* der Hilfstruppen
❷ BRIT *(assistant nurse)* Hilfsschwester *f;* **medical ~** ärztliches Hilfspersonal
❸ LING Hilfsverb *nt*, Auxiliar *nt fachspr*
❹ *(assistant)* Hilfskraft *f*
II. *adj* Hilfs-; *(additional)* Zusatz-; **~ staff** Aushilfspersonal *nt*

aux·ilia·ry 'ledg·er *n* FIN Skontro *nt* **aux·'ilia·ry nurse** *n* BRIT Schwesternhelferin *f*, Hilfsschwester *f* ÖSTERR **aux·'ilia·ry verb** *n* LING Hilfsverb *nt*, Auxiliar *nt fachspr*

av[1] *adj inv abbrev of* **average** durchschn.

av[2] [æv] *n (sl) short for* **avatar**

Av. AM *abbrev of* **avenue** Ave.

AV [ˌeɪˈviː] *adj* AM *abbrev of* **audio-visual** audiovisuell

avail [əˈveɪl] I. *n* Nutzen *m;* **to** [*or* **of**] **no ~** vergeblich; ***of what ~ is it ...?*** was nutzt [*o* ÖSTERR nützt] es denn, ...?; **to little or no ~** mehr oder weniger erfolglos
II. *vt (old)* ***it ~ed her nothing to complain*** ihre Beschwerde hatte nichts genutzt
III. *vt (form)* ■**to ~ oneself of sth** von etw *dat* Gebrauch machen; **to ~ oneself of the opportunity to do sth** die Gelegenheit nutzen [*o* ÖSTERR nützen], etw zu tun

avail·abil·ity [əˌveɪləˈbɪləti, AM -ət̬i] *n no pl* Verfügbarkeit *f*, Erhältlichkeit *f;* ECON Lieferbarkeit *f;* STOCKEX Fälligkeit *f*, Disposition *f;* COMM ***the offer is subject to ~*** das Angebot gilt, solange der Vorrat reicht; **~ for sale** Veräußerbarkeit *f;* **~ of jobs** Stellenmarkt *m*

avail·a'bil·ity clause *n* LAW Verfügbarkeitsklausel *f*

avail·able [əˈveɪləbl] *adj* ❶ *(free for use)* verfügbar, zur Verfügung stehend *attr;* ***can we finish the project in the time ~?*** können wir das Projekt in der vorhandenen Zeit abschließen?; ***this is the best software ~*** das ist die beste Software, die es gibt; ***he took the next ~ train to Rome*** er nahm den nächstmöglichen Zug nach Rom; **to make sth ~** [**to sb**] [jdm] etw zur Verfügung stellen, [jdm] etw bereitstellen
❷ *usu pred (not busy)* ■**to be ~** abkömmlich [*o* frei] [*o* verfügbar] sein; ***sorry, Mr Paul's not ~ at present*** tut mir leid, Mr Paul ist im Moment leider verhindert; ***I'm afraid I won't be ~ on the 19th*** ich befürchte, ich habe am 19. keine Zeit; ***are you ~ for dinner tonight?*** kannst du heute Abend zum Essen kommen?
❸ *usu pred* ECON ■**to be ~** erhältlich [*o* vorrätig] sein; *(in stock)* lieferbar sein; **~ capital** verfügbares Kapital; **~ goods** lieferbare Waren; **~ size** vorrätige Größe; **"not available"** „nicht verfügbar", „n. v."; **~ for distribution** [*or* **payout**] FIN ausschüttungsfähig; **~ for sale** COMM veräußerbar
❹ *usu pred (romantically unattached)* ■**to be ~** frei [*o* ungebunden] sein

ava·lanche [ˈævᵊlɑːn(t)ʃ, AM -æntʃ] *n* ❶ *(snow slide)* Lawine *f;* **risk of ~s** Lawinengefahr *f*
❷ *(fig: large influx)* Lawine *f fig*, Flut *f fig;* **to receive an ~ of letters/complaints** eine wahre Lawine an Briefen/Beschwerden bekommen

avant-garde [ˌævɑ̃ː(ŋ)ˈgɑːd, AM ˌɑːvɑːntˈgɑːrd] I. *n* + *sing/pl vb* Avantgarde *f*
II. *adj* avantgardistisch

ava·rice [ˈævᵊrɪs] *n no pl* [Hab]gier *f*, Habsucht *f;* **to be rich beyond the dreams of ~** unvorstellbar reich sein; **to earn wealth beyond the dreams of ~** märchenhaft viel verdienen

ava·ri·cious [ˌævᵊrˈɪʃəs, AM -əˈrɪ-] *adj (form)* habgierig, habsüchtig

ava·ri·cious·ly [ˌævᵊrˈɪʃəsli, AM -əˈrɪʃ-] *adv (form)* habgierig, habsüchtig

ava·tar [ˈævətɑːʳ, AM -tɑːr] *n* ❶ REL *(manifestation)* Inkarnation *f*, Herabkunft *f*, Avatara *m fachspr*
❷ *(fig: personification)* Verkörperung *f*, [charakteristisches] Merkmal
❸ INET, COMPUT Avatar *m*

AVC [ˌeɪviːˈsiː] *n* ECON *abbrev of* **additional voluntary contribution** freiwillige Sonderbeitragsleistung

Ave [ˈɑːveɪ] *n short for* **Ave Maria** Ave *nt*

Ave. *n abbrev of* **Avenue** Ave.

avenge [əˈvendʒ] *vt* ■**to ~ sb/sth** jdn/etw rächen; ■**to ~ oneself on sb** [**for sth**] sich *akk* an jdm [für etw *akk*] rächen

aveng·er [əˈvendʒəʳ, AM -ɚ] *n* Rächer(in) *m(f)*

av·enue [ˈævənjuː, AM *esp* -nuː] *n* ❶ *(broad street)* Avenue *f*, Boulevard *m; (tree-lined)* Allee *f;* BRIT *(leading to house)* Allee *f;* **an ~ of lime trees** eine Lindenallee
❷ *(fig: possibility)* Weg *m;* **to explore every ~** alle möglichen Wege prüfen

av·enue of ap·'peal *n* LAW Rechtsweg *m*

aver <-rr-> [əˈvɜːʳ, AM -ˈvɜːr] *vt* ■**to ~ sth** ❶ *(form: assert)* etw beteuern
❷ LAW *(claim)* etw behaupten

av·er·age [ˈævᵊrɪdʒ] I. *n* ❶ *(mean value)* Durchschnitt *m;* **to have risen by an ~ of 4%** durchschnittlich um 4 % gestiegen sein; **on ~** im Durchschnitt
❷ *no pl (usual standard)* Durchschnitt *m;* **to be about the ~** dem Durchschnitt entsprechen; [**to be**] [**well**] **above/below ~** [weit] über/unter dem Durchschnitt [liegen]
❸ MATH Durchschnitt *m*, Mittelwert *m;* **law of ~s** Gesetz *nt* der Durchschnittsbildung
❹ *(in marine insurance)* Havarie *f*
II. *adj inv* ❶ *(arithmetic)* durchschnittlich; *income, age* Durchschnitts-; **sb on an ~ income** jd mit einem Durchschnittseinkommen; **~ rainfall** durchschnittliche Niederschlagsmenge
❷ *(typical)* durchschnittlich, Durchschnitts-; **of ~ ability** mit durchschnittlichen Fähigkeiten; **the ~ man** der Durchschnittsbürger; **~ person** Otto Normalverbraucher; **above/below ~** über-/unterdurchschnittlich
III. *vt* ❶ *(have in general)* ■**to ~ sth** im Durchschnitt [*o* durchschnittlich] etw betragen; **to ~ 70 hours a week** durchschnittlich 70 Stunden pro Woche arbeiten; **to ~ £12,000 per year** durchschnittlich 12.000 Pfund im Jahr verdienen
❷ *(find average)* ■**to ~ sth** von etw *dat* den Durchschnitt ermitteln

◆**average out** I. *vt* ■**to ~ out** ⊂ **sth** den Durchschnitt einer S. *gen* berechnen [*o* ermitteln]; **to ~ out a column of figures** den Durchschnitt einer Zahlenkolonne ermitteln
II. *vi* ❶ *(have as average)* ■**to ~ out at sth** im Durchschnitt etw betragen, sich *akk* im Durchschnitt auf etw *akk* belaufen
❷ *(even out)* sich *akk* ausgleichen

'av·er·age ad·just·er *n* Schadenregulierer *m; (in marine insurance)* [Havarie]dispacheur *m*

av·er·age·ly [ˈævᵊrɪdʒli] *adv* durchschnittlich, im Durchschnitt

av·er·ag·er [ˈævᵊrɪdʒəʳ, AM -ɚ] *n* FIN *Kapitalanleger(in), der nach dem Prinzip des Averaging vorgeht*

av·er·age 'rate meth·od *n* ECON Durchschnittskursmethode *f*

av·er·ag·ing *n* FIN An- und Verkauf von Wertpapieren nach der Durchschnittskostenmethode; **pound-cost ~** Averaging *nt;* **~ down/up** Aktiennachkauf *m* bei fallenden/steigenden Kursen

aver·ment [əˈvɜːmənt, AM -ˈvɜːr-] *n* LAW Beteuerung *f*, Versicherung *f*, Behauptung *f*

averse [əˈvɜːs, AM -ˈvɜːrs] *adj pred* ■**to be ~ to sth** etw *dat* abgeneigt sein; ■**to not be ~ to sth** etw *dat* nicht abgeneigt sein, nichts gegen etw *akk* haben

aver·sion [əˈvɜːʃᵊn, AM -ˈvɜːrʒᵊn] *n* ❶ *(intense dislike)* Abneigung *f*, Aversion *f geh;* **to have an ~ to sb/sth** eine Abneigung [*o* Aversion *geh*] gegen jdn/etw haben
❷ *(hated thing)* Gräuel *m;* ***greed is my pet ~*** Habgier ist mir ein besonderer Gräuel

a'ver·sion thera·py *n no pl* PSYCH Aversionstherapie *f*

avert [əˈvɜːt, AM -ˈvɜːrt] *vt* ❶ *(turn away)* **to ~ one's eyes/gaze** [**from sth**] seine Augen/seinen Blick [von etw *dat*] abwenden; **to ~ one's thoughts from sth** seine Gedanken von etw *dat* abwenden
❷ *(prevent)* ■**to ~ sth** etw verhindern; **to ~ an accident** einen Unfall verhüten; **to ~ a blow** einen Schlag abwehren; **to ~ a conflict/crisis** einen Konflikt/eine Krise abwenden

avian *adj* Vogel-; **~ flu** Vogelgrippe *f*

aviary [ˈeɪviᵊri, AM -eri] *n* Vogelhaus *nt*, Voliere *f geh*

avia·tion [ˌeɪviˈeɪʃᵊn] *n no pl* ❶ *(operating of aircraft)* Fliegerei *f*, Fliegen *nt; (aeronautics)* Luftfahrt *f;* **the British Civil A~ Authority** die britische Luftfahrtbehörde; **the US A~ Administration** das Luftfahrtministerium der USA
❷ *(aircraft manufacture)* Flugzeugbau *m*, Flugzeugtechnik *f*

avi'a·tion fuel *n no pl* Flugbenzin *nt* **avi'a·tion in·dus·try** *n* Flugzeugindustrie *f*

avia·tor [ˈeɪvieɪtəʳ, AM -t̬ɚ] *n (dated)* Flieger(in) *m(f)*

avid [ˈævɪd] *adj* ❶ *(eager)* eifrig, begeistert, leidenschaftlich; **~ desire** sehnlicher Wunsch
❷ *(greedy)* gierig; ■**to be ~ for sth** gierig nach etw *dat* sein

avid·ity [əˈvɪdəti, AM -ət̬i] *n no pl (enthusiasm)* Begeisterung *f* (**for** für +*akk)*, Leidenschaftlichkeit *f* (**for** für +*akk*); *(greed)* Begierde *f* (**for** nach +*dat*), Gier *f* (**for** nach +*dat*)

avid·ly ['ævɪdli] *adv (very enthusiastically)* begeistert, leidenschaftlich; *(greedily)* begierig, gierig

avi·on·ics [ˌeɪvi'ɒnɪks, AM -ɑ:nɪks] *n* ❶ + *sing vb* AVIAT *(technology)* Luftfahrtelektronik *f,* Avionik *f fachspr*
❷ + *pl vb* AVIAT *(devices)* Bordelektronik *f,* Avionik *f fachspr*

avo·ca·do <*pl* -s *or* -es> [ˌævə'kɑ:dəʊ, AM -doʊ] *n* Avocado *f*

avo·ca·tion [ˌævə'keɪʃən] *n* Berufung *f*

avo·cet ['ævə(ʊ)set, AM -əset] *n* ORN Säbelschnäbler *m*

avoid [ə'vɔɪd] *vt* ❶ *(stay away from)* ■**to ~ sb/sth** jdn/etw meiden [*o* aus dem Weg gehen]; **to ~ sb's eyes** jds Blicken ausweichen; **to ~ sb/sth like the plague** jdn/etw wie die Pest meiden *fam*
❷ *(prevent sth happening)* ■**to ~ sth** etw vermeiden [*o* umgehen]; ***I'm not going if I can possibly ~ it*** wenn ich es irgendwie vermeiden kann, werde ich nicht [hin]gehen; **to ~ the danger** die Gefahr meiden; *(specific occasion)* der Gefahr entgehen; **to narrowly ~ sth** etw *dat* knapp entgehen; **to studiously ~ sth** etw sorgfältig vermeiden
❸ *(not hit)* ■**to ~ sth** *obstacle* etw *dat* ausweichen

avoid·able [ə'vɔɪdəbl̩] *adj* vermeidbar

avoid·ance [ə'vɔɪdən(t)s] *n no pl* Vermeidung *f; of taxes* Umgehung *f;* **tax ~** Steuerumgehung *f*

av·oir·du·pois, av·oir·du·'pois weights [ˌævədə'pɔɪz-, AM ˌævə-] *npl* Avoirdupoissystem *nt (angloamerikanisches Gewichtssystem vor der Umstellung auf das metrische System);* **~ pound** Pfund *nt*

avow [ə'vaʊ] *vt (form)* ■**to ~ sth** etw bekennen; ■**to ~ that ...** eingestehen, dass ...; ■**to ~ oneself to sth** sich *akk* zu etw *dat* bekennen; **to ~ one's love to sb** jdm seine Liebe erklären *liter;* **an ~ed opponent** ein erklärter Gegner

avow·al [ə'vaʊəl] *n no pl (form)* Bekenntnis *nt; of beliefs* Bekundung; **to make an ~ of one's love** seine Liebe gestehen

avowed [ə'vaʊd] *adj attr* erklärte(r, s) *attr,* ausgesprochene(r, s) *attr*

avow·ed·ly [ə'vaʊɪdli] *adv* erklärtermaßen, eingestandenermaßen

avun·cu·lar [ə'vʌŋkjələʳ, AM -lə-] *adj* onkelhaft

avun·cu·lar·ly [ə'vʌŋkjələʳli, AM -lə-] *adv* onkelhaft, wie ein [lieber] Onkel

AWACS ['eɪwæks] *n acr for* **airborne warning and control system** AWACS *nt*

await [ə'weɪt] *vt* ■**to ~ sb/sth** jdn/etw erwarten; **a prisoner ~ing trial** ein Gefangener/eine Gefangene, dessen/deren Fall noch zur Verhandlung ansteht; **eagerly ~ed** sehnlichst erwartet; **long ~ed** lang ersehnt

awake [ə'weɪk] **I.** *vi* <awoke *or* AM *also* awaked, awoken *or* AM *also* awaked> ❶ *(stop sleeping)* aufwachen, erwachen
❷ *(fig)* ■**to ~ to sth** sich *dat* einer S. *gen* bewusst werden
II. *vt* <awoke *or* AM *also* awaked, awoken *or* AM *also* awaked> ❶ *(from sleep)* ■**to ~ sb** jdn [auf]wecken
❷ *(fig: rekindle)* ■**to ~ sth** etw wiedererwecken
❸ *(cause to realize)* ■**to ~ sb to sth** jdm etw bewusst machen; *(make interested)* jds Interesse für etw *akk* wecken
III. *adj pred* ❶ *(not asleep)* wach; **wide ~** hellwach; **to keep** [*or* **stay**] **~** wach bleiben; **to keep sb ~** jdn wach halten; **to lie ~** wachliegen
❷ *(fig)* ■**to be ~ to sth** sich *dat* einer S. *gen* bewusst sein

awak·en [ə'weɪkən] **I.** *vt (liter)* ❶ *usu passive (wake up)* ■**to be ~ed** [**by sb/sth**] [von jdm/etw] geweckt werden
❷ *(fig: start)* ■**to ~ sth** etw [er]wecken
❸ *(fig: make aware)* ■**to ~ sb to sth** jdm etw bewusst machen
II. *vi* erwachen, aufwachen

awak·en·ing [ə'weɪkənɪŋ] *n usu no pl* Erwachen *nt;* **rude ~** böses Erwachen; **sudden ~** plötzliche Erkenntnis

award [ə'wɔ:d, AM -'wɔ:rd] **I.** *vt* **to be ~ed damages** Schadenersatz zugesprochen bekommen; **to ~ sb a grant** jdm ein Stipendium gewähren; **to ~ sb a medal/prize** jdm eine Medaille/einen Preis verleihen
II. *n* ❶ *(prize)* Preis *m,* Auszeichnung *f* (**for** für +*akk*); **to be presented with an ~** eine Auszeichnung [verliehen] bekommen, einen Preis bekommen
❷ *(compensation)* Entschädigung *f;* **~ of damages** Zubilligung *f* von Schadenersatz
❸ LAW Zuerkennung *f; (judicial decision)* Schiedsspruch *m*

award-win·ning [ə'wɔ:dwɪnɪŋ, AM -'wɔ:rd-] *adj attr, inv* preisgekrönt

aware [ə'weəʳ, AM -'wer] *adj* ❶ *pred (knowing)* ■**to be ~ of sth** sich *dat* einer S. *gen* bewusst sein; ***as far as I'm ~*** soviel [*o* soweit] ich weiß; ***not that I'm ~ of*** nicht, dass ich wüsste; **to be well/perfectly** [*or* **acutely**] **~ of sth** sich *dat* einer S. *gen* wohl/sehr wohl bewusst sein; ■**to be ~ that ...** sich *dat* bewusst sein, dass ..., sich *dat* darüber im Klaren sein, dass ...; ■**to make sb ~ of sth** jdm etw bewusst machen
❷ *pred (physically sensing)* ■**to be ~ of sb/sth** jdn/etw bemerken; ***he was ~ of a pain in his left arm*** er spürte einen Schmerz in seinem linken Arm
❸ *(well informed)* unterrichtet, informiert; **ecologically ~** umweltbewusst; **to act politically ~** politisch bewusst handeln
❹ *child* aufgeweckt

aware·ness [ə'weəʳnəs, AM -'wer-] *n no pl* Bewusstsein *nt;* **environmental ~** Umweltbewusstsein *nt*

a'ware·ness course *n* Selbstbewusstseinstraining *nt*

awash [ə'wɒʃ, AM -'wɑ:ʃ] *adj pred* ❶ *(with water)* unter Wasser, überflutet; ■**to be ~** unter Wasser stehen, überschwemmt sein
❷ *(fig: overwhelmed)* ■**to be ~ with sth** voll von etw *dat* sein; ***Parliament is ~ with rumours*** im ganzen Parlament brodelt die Gerüchteküche; **to be ~ with money** im Geld schwimmen

away [ə'weɪ] **I.** *adv inv* ❶ *(elsewhere)* weg; **to be ~ on business** geschäftlich unterwegs sein; **to go ~** weggehen, fortgehen; **to move ~** wegziehen; ***she's ~ from work with a cold*** sie ist heute nicht bei der Arbeit, da sie erkältet ist
❷ *(distant)* weg; ***oh, but it's miles ~*** aber das ist ja ewig weit weg von hier! *fam;* **to move ~ from somewhere** sich von etw *dat* entfernen; **five miles ~** [**from here**] fünf Meilen [von hier] entfernt; **as far ~ as possible** so weit weg wie möglich; **~ from the city** außerhalb der Stadt; **~ from each other** voneinander entfernt; **to keep** [*or* **stay**] **~ from sb/sth** sich *akk* von jdm/etw fernhalten
❸ *(in another direction)* weg; **to look ~** wegsehen; **to turn ~** sich *akk* abwenden; AM STOCKEX ***the bid is ~ from the market*** das Angebot liegt unter dem Kursniveau
❹ *(fig: from subject, trouble)* **to move a discussion ~ from sth** das Gespräch auf ein anderes Thema bringen
❺ *(in future time)* **to be two days/six months ~** *event* in zwei Tagen/sechs Monaten sein; **to be still/only a week ~** erst/schon in einer Woche sein; ***summer still seems a long time ~*** der Sommer scheint noch weit entfernt
❻ *(through entire period of time)* ***we danced the night ~*** wir tanzten die ganze Nacht durch; ***you're dreaming your life ~*** du verträumst noch dein ganzes Leben
❼ *(continuously)* dahin-; **to drink the night ~** die ganze Nacht über trinken; **to be laughing ~** ständig am Lachen sein; **to write ~** drauflosschreiben *fam*
❽ SPORT *(at opponents' ground)* **to play ~** auswärts spielen
❾ *(old liter)* **~!** hinweg! *veraltet liter*
II. *adj inv, attr* SPORT auswärts, Auswärts-; **~ game** [*or* **fixture**] [*or* **match**] Auswärtsspiel *nt;* **~ team** Gastmannschaft *f;* **~ win** Auswärtssieg *m*

awe [ɔ:, AM ɑ:] **I.** *n no pl* Ehrfurcht *f;* **to fill sb with ~** jdn mit Ehrfurcht erfüllen; **to hold sb in ~** großen Respekt vor jdm haben, jdn sehr bewundern; **to stand in ~ of sb** vor jdm gewaltigen Respekt haben
II. *vt* <BRIT aweing *or* AM awing> ■**to ~ sb** jdm Ehrfurcht einflößen; *(intimidate)* jdn einschüchtern; **to be ~d into silence** beeindruckt schweigen

awed [ɔ:d, AM ɑ:d] *adj* ehrfurchtsvoll, ehrfürchtig

awe-in·spir·ing *adj* Ehrfurcht gebietend; **an ~ sight** ein erhabener Anblick

awe·some ['ɔ:səm, AM 'ɑ:-] *adj* ❶ *(impressive)* beeindruckend, eindrucksvoll
❷ *(intimidating)* beängstigend
❸ AM *(sl: very good)* spitze *sl,* super *sl;* **to look ~** spitze aussehen *fam*

awe·some·ly ['ɔ:səmli, AM 'ɑ:] *adv* ❶ *(inspiring apprehension)* beängstigend, erschreckend
❷ *(inspiring admiration)* ungemein, verblüffend
❸ *(fam: impressively)* unwahrscheinlich, beeindruckend

awe·strick·en ['ɔ:ˌstrɪkən, AM 'ɑ:-], **awe·struck** ['ɔ:ˌstrʌk, AM 'ɑ:-] *adj* [von Ehrfurcht] ergriffen; **~ expression** ehrfurchtsvoller Ausdruck

aw·ful ['ɔ:fəl, AM 'ɑ:-] *adj* ❶ *(extremely bad)* furchtbar, schrecklich, scheußlich; ***what an ~ thing to say!*** das war aber gemein von dir!; ***you're really ~*** du bist wirklich schlimm!; **~ quarrel** schlimmer Streit; **to be too ~ for words** unbeschreiblich schlecht sein; **to look ~** schrecklich [*o* fürchterlich] aussehen; **to smell ~** fürchterlich stinken
❷ *attr (great)* außerordentlich, eindrucksvoll; **an ~ lot** eine riesige Menge

aw·ful·ly ['ɔ:fəli, AM 'ɑ:-] *adv* furchtbar *fam,* entsetzlich *fam;* ***I'm ~ sorry*** es tut mir unheimlich [*o* furchtbar] leid; ***I'm not ~ good at skiing*** ich kann nicht besonders gut Ski fahren; *(dated)* ***would you mind ~ if ...*** würde es dir viel ausmachen, wenn ...; ***it's not ~ important*** es ist nicht so wichtig; **an ~ long way** ein schrecklich weiter Weg; **~ kind** furchtbar nett

aw·ful·ness ['ɔ:fəlnəs, AM 'ɑ:-] *n no pl* Furchtbarkeit *f,* Schrecklichkeit *f;* **in all its ~** in seinem ganzen schrecklichen Ausmaß

awhile [ə'(h)waɪl] *adv inv* eine Weile; ***not yet ~*** so bald nicht!; **to rest ~** sich *akk* eine Weile ausruhen

awk·ward ['ɔ:kwəd, AM 'ɑ:kwəd] *adj* ❶ *(difficult)* schwierig; **to be at an ~ age** in einem schwierigen Alter sein; **an ~ customer** *(fig)* ein schwieriger Mensch, ein unangenehmer Zeitgenosse; **the ~ squad** die Querulantenriege; **to make things ~ for sb** es jdm schwermachen
❷ *(embarrassing)* unangenehm, peinlich; **~ question** peinliche Frage; **~ silence** betretenes Schweigen, peinliche Stille; **to feel ~** sich *akk* unbehaglich fühlen; ***I feel quite ~ about that*** das ist mir ziemlich unangenehm
❸ *(inconvenient)* ungünstig; ***tomorrow morning is a bit ~ for me*** morgen früh passt es mir nicht so gut; **an ~ time** unpassende [*o* ungünstige] Zeit
❹ *(clumsy)* unbeholfen, linkisch *pej*
❺ BRIT *(uncooperative)* faul, unnütz

awk·ward·ly ['ɔ:kwədli, AM 'ɑ:kwədli] *adv* ❶ *(inconveniently)* ungünstig, unpassend; **~ timed** zu einem ungünstigen Zeitpunkt; **~ placed** an einem ungünstigen Ort
❷ *(feeling embarrassed)* verlegen, betreten
❸ *(clumsily)* unbeholfen, ungeschickt; *(inelegantly)* linkisch *pej;* **to fall ~** unglücklich hinfallen
❹ *(unskilfully)* ungeschickt
❺ BRIT *(contrarily)* eigensinnig

awk·ward·ness ['ɔ:kwədnəs, AM 'ɑ:kwəd-] *n no pl* ❶ *(embarrassed feeling)* Betretenheit *f,* Verlegenheit *f*
❷ *(embarrassing nature)* Peinlichkeit *f*
❸ *(lack of grace)* Unbeholfenheit *f,* Ungeschicklichkeit *f*
❹ *(difficulty)* Schwierigkeit *f*
❺ *(lack of skill)* Ungeschicktheit *f*
❻ BRIT *(uncooperativeness)* mangelnde Hilfsbereitschaft

awn·ing ['ɔ:nɪŋ, AM 'ɑ:-] *n (on house)* Markise *f; (of caravan)* Vorzelt *nt,* Vordach *nt; (on wagon)* Plane *f;*

(on ship) Sonnensegel *nt*

awoke [əˈwəʊk, AM -ˈwoʊk] *pt of* **awake**

awok·en [əˈwəʊkᵊn, AM -ˈwoʊk-] *pp of* **awake**

AWOL [ˈeɪwɒl, AM -wɑːl] *adj pred* MIL *acr for* **absent without leave**: **to go ~** sich *akk* unentschuldigt von der Truppe entfernen; *(hum or fig)* verschwinden

awry [əˈraɪ] *adj pred* ① *(wrong)* verkehrt; **to go ~** schiefgehen, fehlschlagen
② *(untidy)* unordentlich
③ *(askew) picture* schief

aw-shucks [ˌɑːˈʃʌks] *adj attr* AM *(fam)* bescheiden, unaufdringlich; **~ smile** sprödes Lächeln

axe, AM **ax** [æks] **I.** *n* Axt *f*, Beil *nt*
▸PHRASES: **to get the ~** *(fam) workers* entlassen werden; *projects* gestrichen werden; **to have an ~ to grind** *(have a personal grievance)* ein persönliches Interesse haben; *(have reason for complaint)* Grund zur Klage haben; **to wield the ~ on sth** etw radikal kürzen
II. *vt* ■ **to ~ sth** *(reduce) budget* etw radikal kürzen; *(eliminate) project* etw [radikal] streichen; **to ~ jobs** Stellen [zusammen]streichen; ■ **to ~ sb** jdn entlassen

axi·om [ˈæksiəm] *n* Axiom *nt geh*, Grundsatz *m*; **a widely held ~** ein allgemein anerkannter Grundsatz

axio·mat·ic [ˌæksiəˈmætɪk, AM -ˈmæt̬-] *adj* axiomatisch *geh*; ***it is ~ that ...*** es liegt auf der Hand, dass ...

axio·mati·cal·ly [ˌæksiəˈmætɪkᵊli, AM -ˈmæt̬-] *adv* selbstverständlich

axis <*pl* axes> [ˈæksɪs, *pl* -siːz] *n* ① *(of spinning object)* [Dreh]achse *f*
② MATH Achse *f*
③ *(hist)* ■ **the A~** die Achse

ˈAxis Pow·ers *n (hist)* ■ **the ~** *pl* die Achsenmächte *pl*

axle [ˈæksl̩] *n* Achse *f*; **back/front ~** Hinter-/Vorderachse *f*

aya·tol·lah [ˌaɪəˈtɒlə, AM -ˈtoʊlə] *n* Ayatollah *m*

aye [aɪ] **I.** *interj* ① SCOT, NENG *(yes)* ja
② NAUT zu Befehl, jawohl; ***~, ~, sir!*** zu Befehl, Herr Kapitän!
II. *n* POL Jastimme *f*; ***the ~s have it*** die Mehrheit ist dafür

Ay·ma·ra <*pl* - *or* -s> [ˌaɪməˈrɑː] *n* ① *(person)* Aymara *m o f*
② *no pl (language)* Aymara *nt*

Ayur·veda [aɪʊəˈveɪdə, AM ˌɑːjʊr-] *n no pl* Ayurveda *m*

azalea [əˈzeɪliə, AM əˈzeɪljə] *n* Azalee *f*

Azer·bai·jan [ˌæzəbaɪˈdʒɑːn, AM ˌɑːzɚ-] *n no pl* Aserbaidschan *nt*

Azer·bai·ja·ni [ˌæzəbaɪˈdʒɑːni, AM ˌɑːzɚ-] **I.** *n* <*pl* -s>
① *(person)* Aserbaidschaner(in) *m(f)*
② *no pl (language)* Aserbaidschanisch *nt*
II. *adj inv* aserbaidschanisch; **~ Republic** Republik *f* Aserbaidschan

az·ido·thy·mi·dine [əˈzaɪdɔˌθɪmɪdən], **AZT** *n no pl* MED Azidothymidin *nt*

azi·muth [ˈæzɪməθ] *n* ASTRON Azimut *m o nt fachspr*, Scheitelkreis *m*

azo·ben·zene [ˌeɪzəʊˈbenziːn, AM -zoʊ-] *n no pl* CHEM Azobenzol *nt*

azo dye [ˈeɪzəʊdaɪ, AM -zoʊ-] *n* CHEM Azofarbstoff *m*

Azorean [əˈzɔːriən] **I.** *n* Azorer(in) *m(f)*
II. *adj* azorisch

Azores [əˈzɔːz, AM eɪˈzɔːrz] *npl* ■ **the ~** die Azoren

AZT [ˌeɪzedˈtiː, AM -ziː-] *n no pl abbrev of* **azidothymidine** AZT *nt*

Az·tec [ˈæztek] **I.** *n* Azteke, Aztekin *m, f*
II. *adj inv* aztekisch, Azteken-; **~ language** Aztekisch *nt*

az·ure [ˈæʒəʳ, AM ˈæʒɚ] **I.** *n no pl* Azur[blau] *nt*
II. *adj* azur[blau]; *eyes* tiefblau

B

B <*pl* -'s>, **b** <*pl* -'s *or* -s> [biː] *n* ① *(letter)* B *nt*, b *nt*; **~ for Benjamin** [*or* AM **as in Baker**] B für Berta; *see also* **A 1**
② MUS H *nt*, h *nt*; **~ flat** B *nt*, b *nt*; **~ sharp** His *nt*, his *nt*; *see also* **A 2**
③ *(mark)* ≈ Zwei *f*, ≈ gut; *see also* **A 3**

b¹ *n* AM *abbrev of* **billion** Mrd.

b² *n abbrev of* **born** geb.

b³ *n* COMPUT *abbrev of* **bit** b, bt

B¹ <*pl* -'s *or* -s> [biː] *n* ① *(hypothetical person, thing)* B; *see also* **A¹ 1**
② *(blood type)* B

B² [biː] *n abbrev of* **black lead** B; **~ pencil** Bleistift *m* mit der Härte B

B³ [biː] *n abbrev of* **bishop** *(in chess)* L

B⁴ [biː] *n* COMPUT *abbrev of* **byte** B

BA¹ [ˌbiːˈeɪ] *n abbrev of* **Bachelor of Arts** Bakkalaureus *m* der philosophischen Fakultät

BA² [ˌbiːˈeɪ] *n abbrev of* **British Airways** BA *f*

baa [bɑː] **I.** *n no pl* Blöken *nt*, Geblöke *nt*
II. *vi* blöken, mähen, mäh machen *fam*

baa·ing [ˈbɑːɪŋ] *n no pl* Blöken *nt*, Geblöke *nt*

baas [bɑːs] *n* SA Herr *m*

bab·bitt met·al [ˈbæbɪt ˈmetᵊl] *n no pl* Weißmetall *nt*

bab·ble [ˈbæbl̩] **I.** *n no pl* ① *(confused speech)* Geplapper *nt pej fam*, Gebabbel *nt* DIAL *pej fam*, Gebrabbel *nt* SCHWEIZ *pej fam*; **~ of voices** Stimmengewirr *nt*
② *(murmuring sound)* Murmeln *nt*; *of water* Geplätscher *nt*; *of a brook* Plätschern *nt*
③ *(pej: jargon)* **internet ~** Internetjargon *m*
II. *vi* ① *(talk incoherently)* plappern, brabbeln *fam*, quasseln *fam*; *baby* babbeln *fam*, lallen
② *water* plätschern
III. *vt* ■ **to ~ sth** *(incoherently)* etw stammeln; *(tell a secret)* etw ausplaudern; **to ~ an excuse** eine Entschuldigung stottern
◆**babble out** *vt* ■ **to ~ out** ⊂ **sth** etw ausplaudern

bab·bling [ˈbæblɪŋ] **I.** *adj, attr, inv* ① *(muttering nonsense)* stammelnd, plappernd
② *(of water)* plätschernd, murmelnd
II. *n* ① *(muttering of nonsense)* Gestammel *nt*, Geplapper *nt*
② LING *infant* Geplapper *nt*, Geb[r]abbel *nt*

babe [beɪb] *n* ① *(liter: baby)* Kindlein *nt liter*; **~ in arms** Säugling *m*; **newborn ~** Neugeborenes *nt*
② *(inexperienced person)* Neuling *m*, Anfänger(in) *m(f)*
③ *(fam: form of address)* Schatz *m fam*, Baby *nt fam*
④ *(fam: attractive woman)* Süße *f*, Puppe *f sl*; AM *(attractive man)* Baby *nt*, Süßer *m*

ba·bel [ˈbeɪbᵊl] *n* ① *no pl (confusion)* Gewirr *nt*
② *of languages* babylonisches Sprachengewirr
③ **the Tower of B~** REL der Turmbau zu Babel; *(fig)* der Babylonische Turm

ba·boon [bəˈbuːn, AM *also* bæ-] *n* ① *(monkey)* Pavian *m*
② *(pej: person)* Neandertaler *m fig pej*

baby [ˈbeɪbi] **I.** *n* ① *(child)* Baby *nt*; *of animals* Junges *nt*; *(nursing child)* Säugling *m*; **to expect/have a ~** ein Baby [*o* Kind] erwarten/bekommen
② *(youngest person)* Jüngste(r) *f(m)*; **the ~ of the family** das Nesthäkchen
③ *(childish person)* Kindskopf *m*; ***don't be such a ~ — this won't hurt a bit*** stell dich nicht so an – es wird nicht weh tun!
④ *esp* AM *(fam: affectionate address)* Baby *nt*, Schatz *m*, Liebling *m*
⑤ *(responsibility)* ***ask Philip, it's his ~*** frag Philip, es ist sein Ding
▸PHRASES: **to be left holding the ~** etw ausbaden müssen; **to throw the ~ out with the bath water** das Kind mit dem Bade ausschütten
II. *n modifier* ① *(very young) (bird, elephant)* klein; **~ boy/girl** kleiner Sohn/kleines Töchterchen; **a ~ dog** ein Hündchen *nt*
② *(small variety)* Mini-; **~ car** Kleinwagen *m*; **~ carrots** Babymöhren *pl*, Babyrüebli *pl* SCHWEIZ; **~ vegetables** junges Gemüse
③ *(for babies) (bath, equipment, shoes, things, toys)* Baby-; **~ clothes** Babywäsche *f*
III. *vt* <-ie-> ■ **to ~ sb** jdn wie ein kleines Kind behandeln

ˈbaby bat·ter·ing *n no pl* Kindesmisshandlung *f*

ˈBaby Bell *n* AM TELEC *(fam) eine der sieben Firmen, die nach der Zerschlagung des AT&T-Monopols entstand* **ˈbaby blue I.** *n no pl* Bleu *nt* **II.** *adj pred* himmelblau, bleu *präd* **ˈbaby-blue** *adj attr* bleu *präd* **ˈbaby blues** *npl* ① *(fam: blue eyes)* blaue Augen ② *(fam: post-natal depression)* postnatale Depression **ˈbaby bonds** *npl* AM FIN Baby Bonds *pl* **ˈbaby boom** *n* Babyboom *m fam* **ˈbaby boom·er** *n* ① *(person)* ■ **to be a ~** einem geburtenstarken Jahrgang angehören ② *(generation)* ■ **the ~s** *pl* ≈ die Nachkriegsgeneration *kein pl* **ˈbaby bug·gy®** *n esp* BRIT Buggy *m*; *(more robust version)* Sportwagen *m* **ˈbaby car·riage** *n* AM *(pram)* Kinderwagen *m* **baby-faced** [ˈbeɪbifeɪst] *adj* mit kindlichen Gesichtszügen *nach n* **ˈbaby food** *n no pl* Babynahrung *f*

baby ˈgrand *n* MUS Stutzflügel *m*

Baby·gro® [ˈbeɪbigrəʊ, AM -groʊ] *n* Strampler *m*, SCHWEIZ *a.* Strampelanzug *m*

ba·by·hood [ˈbeɪbihʊd] *n no pl* Säuglingsalter *nt*

ba·by·ish [ˈbeɪbiɪʃ] *adj (pej)* kindisch *pej*

ba·by·ish·ly [ˈbeɪbiɪʃli] *adv* wie ein kleines Kind

ba·by·ish·ness [ˈbeɪbiɪʃnəs] *n no pl* Kindsköpfigkeit *f*

Baby·lon [ˈbæbɪlɒn, AM lɑːn] *n no pl* HIST, REL Babylon *nt*

Baby·lo·nian [ˌbæbɪˈləʊniən, AM ˈloʊ] **I.** *adj inv* babylonisch
II. *n* Babylonier(in) *m(f)*

ˈbaby milk *n no pl* Babymilch *f* **ˈbaby-mind·er** *n* BRIT Tagesmutter *f*; *(profession)* Kinderpfleger(in) *m(f)* **ˈbaby oil** *n* Babyöl *nt*

ˈbaby's breath *n no pl* Schleierkraut *nt*

ˈbaby sign·ing *n no pl, no art* SOCIOL, PSYCH Gebärdensprache *f* für Kleinkinder **ˈbaby·sit** <-tt-, -sat, -sat> **I.** *vi* babysitten *fam*; ■ **to ~ for sb** bei jdm babysitten *fam* **II.** *vt* ■ **to ~ sb** auf jdn aufpassen **ˈbaby·sit·ter** *n* Babysitter(in) *m(f)* **ˈbaby·sit·ting** *n* Babysitting *nt*, Babysitten *nt* **ˈbaby talk** *n no pl* Babysprache *f* **ˈbaby tooth** *n* Milchzahn *m* **ˈbaby walk·er** *n* Laufstuhl *m* **ˈbaby wipe** *n* [Baby-]feuchttüchlein *nt*

BAC [ˌbiːeɪˈsiː] *n abbrev of* **blood alcohol concentration** Blutalkoholkonzentration *f*

bac·ca·rat [ˈbækərɑː, AM ˌbækəˈrɑː] *n no pl* Bakkarat *nt*

bac·cha·nal [ˈbækənᵊl, AM ˌbækəˈnɑːl] *n (liter)* Bacchanal *nt geh*

bac·cha·na·lian [ˌbækəˈneɪːlɪən] *adj (liter)* bacchantisch *geh*

Bacchus [ˈbækəs] *n no pl* MYTH Bacchus *m*

bac·cy [ˈbæki] *n no pl* BRIT, AUS *(dated sl)* Tabak *m*

bach·elor [ˈbætʃᵊləʳ, AM -ᵊlɚ] *n* ① *(unmarried man)* Junggeselle *m*; **a confirmed ~** ein eingefleischter Junggeselle; **an eligible ~** ein begehrter Junggeselle
② UNIV **B~ of Arts/Science** Bakkalaureus *m* der philosophischen/naturwissenschaftlichen Fakultät *(unterster akademischer Grad in englischsprachigen Ländern)*

ˈbach·elor flat, AM **bach·elor aˈpart·ment** *n* Junggesellenwohnung *f*; CAN *(one-room)* Einzimmerwohnung *f*

bach·elor·hood [ˈbætʃᵊləhʊd, AM ᵊlɚ] *n no pl* Junggesellentum *nt*, Junggesellenstand *m*

ˈbach·elor pad *n (fam)* Junggesellenwohnung *f*

ˈbach·elor par·ty *n* AM Junggesellenabschiedsparty *f*

ˈBach·elor's de·gree *n* Bakkalaureat *nt*, BA *(niedrigster akademischer Grad in englischsprachigen Ländern)*; **to have a ~ [in sth]** ein BA [in etw *dat*] haben

Bach flow·er rem·edies [bætʃ ˈflaʊəʳ ˌremədɪz] *npl*

B

NATURMED Bachblüten *pl*

ba·cil·lus <*pl* bacilli> [bəˈsɪləs, *pl* bəˈsɪlaɪ] *n* Bazillus *m*

back [bæk] **I.** *n* ❶ *(of body)* Rücken *m;* **to be on one's ~** *(be ill)* daniederliegen *geh,* flachliegen *sl;* **behind sb's ~** *(fig)* hinter jds Rücken; **to lie on one's ~** auf dem Rücken liegen; **to put** [*or* **throw**] **one's ~ out** sich *akk* verheben [*o* ÖSTERR verreißen] [*o* SCHWEIZ überlüpfen]; **to slap sb on the ~** jdm auf den Rücken klopfen; **~ to ~** Rücken an Rücken

❷ *(not front) of building, page* Rückseite *f; of car* Heck *nt; of chair* Lehne *f; (in car)* Rücksitz[e] *m[pl]*, Fond *m fachspr;* ***we sat at the ~ of the theatre*** wir saßen ganz hinten im Theater; ***Ted is out*** [*or* BRIT, AUS ***round***] ***the ~*** [*or* AM ***out ~***] Ted ist draußen hinter dem [*o fam* hinterm] Haus; **at** [*or* **in**] **the ~** [**of the bus/book**] hinten [im Bus/Buch]; ***in the ~ of the car*** auf dem Rücksitz [*o fachspr* im Fond]; **~ to front** verkehrt herum; **~ of the hand/head/leg** Handrücken *m*/Hinterkopf *m*/Wade *f*

❸ SPORT *(player)* Verteidiger(in) *m(f)*

▶PHRASES: **at sb's ~** *(supporting)* hinter jdm; *(pursuing)* hinter jdm her *fam;* **at the ~ of beyond** am Ende der Welt *hum,* jwd *hum fam;* **to do sth on the ~ of sth** etw auf der Basis [*o* aufgrund] einer S. *gen* tun; **to get off sb's ~** jdn in Ruhe lassen; **to get** [*or* **put**] **sb's ~ up** jdn in Rage bringen [*o* versetzen], jdn wütend machen; **to be glad to see the ~ of sb** froh sein, jdn los zu sein; **to have one's ~ against the wall** mit dem Rücken zur [*o* an der] Wand stehen; **to know sth ~ to front** etw im Schlaf [*o fam* vorwärts und rückwärts] können; **to know sth like the ~ of one's hand** etw in- und auswendig [*o* wie seine Westentasche] kennen *fam;* **in** [*or* **at**] **the ~ of one's mind** im Hinterkopf; **to have sb/sth on one's ~** jdn/etw am [*o* auf dem] Hals haben *fam;* ***the cops are on my ~*** ich habe die Bullen am Hals *fam;* **to put sb on sb's ~** jdm jdn auf den Hals schicken [*o* hetzen] *fam;* **to put one's ~ into sth** sich *akk* in etw *akk* hineinknien *fam;* **to ride on the ~ of sth** im Fahrwasser einer S. *gen* mitschwimmen *fam;* **to stab sb in the ~** jdm in den Rücken fallen; **to turn one's ~ on sb** *(reject)* sich *akk* von jdm abwenden; *(ignore)* jdm den Rücken [zu]kehren; *(let down)* jdn im Stich lassen

II. *adj attr, inv* ❶ <backmost> *(rear)* Hinter-; **~ door** Hintertür *f;* **~ entrance** Hintereingang *m;* **~ leg** Hinterbein *nt;* **~ pocket** Gesäßtasche *f;* **~ seat** Rücksitz *m;* **~ tooth** Backenzahn *m*

❷ *(of body) pain, problems* Rücken-

❸ *(old)* alt; **~ issue** alte Ausgabe; **~ orders** Auftragsrückstand *m*

▶PHRASES: **to be on the ~ burner** *(fam)* auf Eis liegen *fam;* **to put sth on the ~ burner** *(fam)* etw auf Eis legen *fam*

III. *adv inv* ❶ *(to previous place)* [wieder] zurück, SCHWEIZ *a.* [wieder] retour; **there and ~** hin und zurück; **to be ~** [wieder] zurück [*o* wieder da] sein; ***I'll be ~*** ich komme wieder; **to bring ~ memories** Erinnerungen wecken; **to come ~** zurückkommen, SCHWEIZ *a.* retour kommen; **to come ~** [**into fashion**] wieder in Mode kommen; **to put sth ~** etw zurücklegen; **to want sb/sth ~** jdn/etw zurück[haben] [*o* SCHWEIZ *a.* retour [haben]] wollen *fam*

❷ *(to rear)* **~ and forth** hin und her; **to hold sb ~** *(fig)* jdn zurückhalten; ***don't let anything hold you ~*** lass dich durch nichts aufhalten; **to lie ~** sich *akk* zurücklegen; **to look ~** zurückblicken *a. fig;* **to sit ~** sich *akk* zurücklehnen; **to stand** [**well**] **~** zurücktreten, Abstand halten; **to throw ~ one's head** den Kopf zurückwerfen; ■**~ of sb/sth** AM *(to rear)* hinter jdn/etw; *(at rear)* hinter jdm/etw

❸ *(in return)* **to call ~** zurückrufen; **to fight** [*or* **hit**] **~** zurückschlagen; **to pay sth ~** etw zurückzahlen; **to write ~** zurückschreiben

❹ *(to past)* ***as far ~ as I can remember*** so weit ich zurückdenken kann; ***that was ~ in 1950*** das war [schon] 1950; **two months/years ~** vor zwei Monaten/Jahren

❺ AM *(losing)* ***we were two points ~*** wir waren zwei Punkte hinter dem Gegner

▶PHRASES: **to get** [*or* **pay**] **sb ~** [*or* **get ~ at sb**] [**for sth**] jdm etw heimzahlen

IV. *vt* ❶ *(support)* ■**to ~ sth** *idea, plan, proposal* etw unterstützen [*o* befürworten]; ■**to ~ sb** jdn unterstützen; *(encourage)* jdm den Rücken stärken; **to ~ a bill** FIN [als Dritter] einen Wechsel unterzeichnen; LAW einen Gesetzesentwurf unterstützen; **to ~ a horse** auf ein Pferd setzen

❷ *(drive)* ***she ~ed the car into the garage*** sie fuhr rückwärts in die Garage

❸ *(accompany)* ■**to ~ sb/sth** *concert, band* jdn/etw begleiten

❹ TECH *(line)* ■**to ~ sth** etw mit einem Rücken versehen

▶PHRASES: **to ~ the wrong horse** aufs falsche Pferd setzen *fam*

V. *vi car* zurücksetzen; ***the car ~ed down the hill*** das Auto fuhr rückwärts den Berg hinunter

◆**back away** *vi* ■**to ~ away from sb/sth** vor jdm/etw zurückweichen

◆**back down** *vi* nachgeben, einen Rückzieher machen *fam;* **to ~ down from** [*or* **on**] **an opinion/a plan** von einem Plan/einem Standpunkt abkommen

◆**back into** *vi* ■**to ~ into sb** *person* mit jdm zusammenstoßen; ■**to ~ into sth** *vehicle* rückwärts [*o* SCHWEIZ *a.* retour] gegen/in etw *akk* fahren

◆**back off** *vi* ❶ *(go away)* sich *akk* zurückziehen; *(stop)* stocken; *(leave alone)* **~ *off!*** lass mich in Ruhe!

❷ *car* zurücksetzen

◆**back onto** *vi* ■**to ~ onto sth** hinten an etw *akk* [an]grenzen

◆**back out** *vi* einen Rückzieher machen *fam;* **to ~ out from** [*or* **of**] **a contract** von einem Vertrag zurücktreten, aus einem Vertrag aussteigen *fam*

◆**back up I.** *vi* sich *akk* stauen; *sink* verstopfen; **to ~ up for ... kilometres** sich *akk* über ... Kilometer stauen

II. *vt* ❶ *(support)* ■**to ~ up** ⊂ **sb/sth** jdn/etw unterstützen; *(confirm)* ■**to ~ up** ⊂ **sth** etw bestätigen

❷ COMPUT **to ~ up** ⊂ **data/files to disk/tape** Daten/Dateien auf Diskette/Band sichern

❸ *(reverse)* **to ~ up** ⊂ **a car/lorry** einen Wagen/Lkw zurücksetzen

❹ STOCKEX **to ~ up** ⊂ **a portfolio** ein Portefeuille umschichten, auf Papiere mit kürzerer Laufzeit umsteigen

ˈback·ache *n no pl* Rückenschmerzen *pl,* SCHWEIZ *a.* Rückenweh *kein pl* **back and ˈfill·ing** *adj* ECON *market* mit geringen Preisschwankungen **back ˈba·con** *n* CAN ≈ gekochter Schinkenspeck

ˈback·bench *n* BRIT POL *hintere Sitzreihe im Unterhaus;* ■**the ~es** *pl* das Plenum

back·ˈbench·er *n* BRIT POL *einfaches Mitglied des Unterhauses* **ˈback·biting** *n no pl* Lästern *nt*

ˈback·board *vt* MED ■**to ~ sb** jdn auf einer Schaufeltrage transportieren *(bei einer Rückenverletzung)* **ˈback bond** *n* FIN Rückbürgschaft *f* **ˈback·bone** *n* ❶ *(spine)* Rückgrat *nt a. fig,* Wirbelsäule *f* ❷ *(important part)* Pfeiler *m fig,* Herz *nt fig* ❸ *no pl (character)* Rückgrat *nt fig* ❹ COMPUT Backbone *m* **ˈback·break·ing** *adj* anstrengend, erschöpfend; **~ work** Knochenarbeit *f* **ˈback-burn·er** *vt usu passive* AM ■**to have been ~ed** zurückgestellt worden sein; *project* verschoben worden sein **back ˈburn·er** *n* hintere Kochplatte ▶PHRASES: **to put sth on the ~** etw auf Eis legen **ˈback cata·logue** *n (of an artist)* Repertoire *nt* **ˈback·chat** *n no pl* BRIT *(fam)* Widerrede *f;* ***that's enough of that ~!*** Schluss jetzt! **ˈback·cloth** *n esp* BRIT THEAT Prospekt *m* **ˈback·comb** *vt esp* BRIT **to ~ one's hair** sich *dat* das Haar toupieren **ˈback·coun·try** *n no pl (pej)* Hinterland *nt* **back ˈcov·er** *n* Rückseite *f;* PUBL U4-Seite *f*

back·ˈdate *vt* ❶ *(affix earlier date)* **to ~ a cheque/contract** einen Scheck/Vertrag zurückdatieren [*o* SCHWEIZ rückdatieren]

❷ *usu passive (make retroactive)* ■**to be ~d:** ***a pay rise in March ~d to January*** eine Gehaltserhöhung im März rückwirkend ab Januar

ˈback dif·fu·sion *n* PHYS Rückdiffusion *f* **back·ˈdoor** *n* STOCKEX **~ financing** AM *Finanzierung unter Umgehung der gesetzgebenden Körperschaften;* **~ selling** *Verkauf unter Umgehung der festgelegten Absatzwege* **back ˈdoor** *n* Hintertür *f;* **through the ~** *(also fig)* durch die Hintertür *a. fig* **back·door op·eˈra·tion** *n* BRIT FIN Stützung *f* des britischen Geldmarktes **ˈback·drop** *n* THEAT Prospekt *m,* Hintergrund *m a. fig*

backed [bækt] *adj* FIN *(covered, guaranteed)* unterlegt

backed ˈbill *n* FIN avalierter Wechsel

back-end ˈloaded *adj* FIN mit Provisionszahlung bei Rücktritt **back-end ˈnet·work** *n* COMPUT Hostnetzwerk *nt* **back-end ˈpro·ces·sor** *n* COMPUT Nachschaltrechner *m* **back-end ˈserv·er** *n* COMPUT nachgeschalteter Server

back·er [ˈbækəʳ, AM -ɚ] *n* Förderer, Förderin *m, f;* **~ of a bill** Wechselgarant(in) *m(f);* **financial ~s** Geldgeber *pl,* Sponsor(in) *m(f)*

ˈback·fire *vi* ❶ AUTO frühzünden ❷ *(go wrong)* fehlschlagen; ***it ~d on us*** es erwies sich als Eigentor ❸ *gun* nach hinten losgehen **ˈback·flip** *n* Salto *m* [*o* Rolle *f*] rückwärts **ˈback·gam·mon** *n no pl* Backgammon *nt*

back·ground [ˈbækgraʊnd] **I.** *n* ❶ *(rear view) also* PHOT, FILM Hintergrund *m;* THEAT Kulisse *f;* ***white lettering on a blue ~*** weiße Schrift auf blauem Grund

❷ *(inconspicuous position)* **to fade into the ~** in den Hintergrund treten; **to stay in the ~** im Hintergrund bleiben

❸ SOCIOL Herkunft *f,* Verhältnisse *pl,* Background *m;* **to be** [*or* **come**] **from a poor ~** aus armen Verhältnissen stammen

❹ **to have a ~ in sth** *(experience)* Erfahrung in etw *dat* haben; *(training)* eine Ausbildung in etw *dat* haben; **with a ~ in ...** mit Erfahrung in ...

❺ *(explanatory circumstances)* Umstände *pl,* Hintergründe *pl;* **against a ~ of high unemployment** vor dem Hintergrund [*o* angesichts] einer hohen Arbeitslosenquote

II. *n modifier* ❶ *(from surroundings) (music)* Hintergrund-; **~ lighting** indirekte Beleuchtung; **~ noise** Geräuschkulisse *f*

❷ *(concerning origins) (information, knowledge)* Hintergrund-; **to do a ~ check on sb** jdn polizeilich überprüfen

❸ COMPUT **~ processing** *(low priority job)* nachrangige Verarbeitung; *(process)* Hintergrundverarbeitung *f*

ˈback·ground check *n* Überprüfung *f* der Vergangenheit, Nachforschungen *pl* **ˈback·ground pa·per** *n* FIN Hintergrundpapier *nt*

ˈback·hand *n no pl* SPORT Rückhand *f;* **to have a strong ~** eine starke Rückhand haben

ˈback·hand·ed *adj* ❶ *(insincere) action* unredlich; *manner* zweideutig; **a ~ compliment** ein zweifelhaftes Kompliment

❷ *(indirect) manner, way* indirekt

❸ *(handwriting)* **~ writing** nach links geneigte Schrift

ˈback·hand·er *n* ❶ SPORT Rückhandschlag *m*

❷ BRIT *(fam: bribe)* Bestechungsgeld *nt,* Schmiergeld *nt pej fam;* **to take a ~ from sb** sich *akk* von jdm schmieren lassen *pej fam*

ˈback·hoe *n* Tieflöffel[bagger] *m,* Löffeltiefbagger *m*

back·ing [ˈbækɪŋ] *n no pl* ❶ *(support)* Rückhalt *m,* Unterstützung *f; (aid)* Hilfe *f*

❷ FIN **asset ~** Stützung *f* durch Vermögenswerte

❸ *(stiffener)* Verstärkung *f;* FASHION *also* Vlies *nt*

❹ MUS Begleitung *f*

❺ COMPUT **~ store** [*or* **storage**] [*or* **memory**] Hilfsspeicher *m,* Zusatzspeicher *m*

back ˈin·ter·est *n* FIN Zinsrückstand *m* **back ˈis·sue** *n* JOURN alte Ausgabe

ˈback·lash *n* ❶ *(adverse reaction)* Gegenreaktion *f;* **to provoke a ~** eine Gegenreaktion heraufbeschwören

❷ TECH [Zahn]spiel *nt*

ˈback·less *adj inv dress* rückenfrei

ˈback-lev·el *n* COMPUT Backlevel *m,* Vorgängerversion *f* **ˈback·light** *n* COMPUT Hintergrundbeleuchtung *f* '**back·list** *n* Backlist *f fachspr (Verzeichnis der lieferbaren Bücher ohne Neuerscheinungen)* **back·lit** ['bæklɪt] *adj attr, inv see* **backlighted** von hinten beleuchtet **back·lit dis·'play** *n* COMPUT hinterleuchtete Anzeige '**back·load** *vi* ECON *Werbebudget für die letzte Hälfte einer Planperiode aufbewahren*

'**back·log** *n usu sing* Rückstand *m;* **to have a ~ of work** mit der Arbeit im Rückstand sein

back 'num·ber *n* PUBL alte Ausgabe **back 'of·fice** *n* STOCKEX, FIN Abwicklungsstelle *f* **back 'or·der** *n* COMM Rückauftrag *m* '**back·out** *vt* COMPUT zurücksetzen '**back·pack I.** *n esp* AM *(rucksack)* Rucksack *m* **II.** *vi* mit dem Rucksack reisen; **to ~ around Spain** mit dem Rucksack durch Spanien reisen '**back·pack·er** *n (traveller)* Rucksackreisende(r) *f(m); (hiker)* Wanderer, Wanderin *m, f* '**back·pack·ing** *n no pl (travelling)* Rucksackreisen *nt; (hiking)* Wandern *nt* **back 'pas·sage** *n* BRIT *(euph)* Mastdarm *m,* Enddarm *m* '**back pay** *n no pl (of wages)* Lohnnachzahlung *f; (of salaries)* Gehaltsnachzahlung *f* **back 'pay·ment** *n* Nachzahlung *f;* **~ of premiums** Prämiennachzahlung *f* '**back·ped·al** *vi* ❶ *(pedal backwards)* rückwärtstreten ❷ *(fig: reverse opinion, action)* einen Rückzieher machen *fam* (**on** bei *+dat)* '**back·plane** *n* COMPUT gedruckte Rückwandverdrahtung, Rückwandplatine *f* '**back point·er** *n* COMPUT Rückwärtszeiger *m* '**back road** *n* Nebenstraße *f,* Seitenstraße *f* '**back room I.** *n* Hinterzimmer *nt a. fig* **II.** *n modifier (secret)* **~ politics** Hintertreppenpolitik *f; (behind the scenes) (staff, worker)* im Hintergrund; **the ~ boys** *(scientists)* die Hintermänner *pl;* AM *(politicians)* die Drahtzieher *pl* '**back·scat·ter** *n* RADIO Rückstreuung *f* '**back-scratch·er** *n* ❶ *(instrument)* Rückenkratzer *m* ❷ *(pej) jd, der jdm einen Gefallen tut, nur um selbst davon zu profitieren* '**back·scratch·ing** *n no pl* Klüngelei *f fam,* Gekungel *nt fam,* Freunderlwirtschaft *f* ÖSTERR *fam* '**back seat** *n* ❶ *(in car)* Rücksitz *m* ❷ *(fig pej: inferior position)* untergeordnete Stellung; **to take a ~** in den Hintergrund treten **back-seat 'driv·er** *n (pej)* ❶ *(passenger)* besserwisserischer Beifahrer/besserwisserische Beifahrerin ❷ *(fig: unwanted advisor)* Besserwisser(in) *m(f) pej,* Wichtigtuer(in) *m(f) pej fam* '**back·sheet** *n* LAW Umschlagseite *f* '**back·side** *n (fam)* Hinterteil *nt fam,* Hintern *m fam* ▸PHRASES: **to <u>get</u> <u>off</u> one's ~** seinen Hintern in Bewegung setzen *fam;* **sb <u>needs</u> a boot** [*or* **kick**] **up the ~** jdm muss man [mal wieder] in den Hintern treten *fam;* **to <u>sit</u>** [**<u>around</u>**] **on one's ~** keinen Finger rühren

backslapper ['bækslæpəʳ, AM -ɚ] *n (fam)* leutseliger Mensch

'**back·slap·ping I.** *n no pl* Schulterklopfen *nt* **II.** *adj* ❶ *(hearty)* jovial ❷ *(rowdy)* laut '**back·slash** *n esp* COMPUT Backslash *m* '**back·slid** *vi pt of* **backslide** '**back·slide** <-slid, -slid> *vi* rückläufig sein; **a backsliding development/tendency** eine rückläufige Entwicklung/Tendenz; *person* rückfällig werden; *religious believer* abtrünnig werden '**back·slid·er** ['bækslaɪdəʳ, AM ɚ] *n* Abtrünnige(r) *f(m),* Rückfällige(r) *f(m)* '**back·space,** '**back·space key** *n* Backspace-Taste *f* '**back-stab·ber** *n (pej fam: woman)* falsche Schlange *pej; (man)* falscher Fuffziger *fam* '**back·stage I.** *n* THEAT Garderobe *f* **II.** *adj* ❶ *(behind the stage)* hinter der Bühne; **~ worker** Bühnenarbeiter(in) *m(f)* ❷ *(secret)* Geheim- **III.** *adv* hinter der Bühne [*o fig a.* den Kulissen] '**back·stairs I.** *npl* Hintertreppe *f* **II.** *n modifier (gossip)* Hintertreppen-; **~ deal** undurchsichtiges Geschäft **III.** *adv* **to do sth ~** etw unter der Hand tun '**back·stitch I.** *vt* ■**to ~ sth** etw mit Steppstich nähen **II.** *vi* mit Steppstich nähen **III.** *n no pl* Steppstich *m* '**back·stop** *n* ❶ BRIT SPORT *(in rounders) Position beim Schlagball* ❷ AM SPORT *(fam: baseball catcher)* Fänger(in) *m(f)* ❸ *(fig: protection)* Schutz *m* (**against** gegen *+akk)* '**back·street I.** *n* kleine Seitenstraße **II.** *n modifier (fig)* Hinterhof-; **~ abortion** *(fig)* illegale Abtreibung; **~ abortionist** *(fig)* Engelmacher(in) *m(f);* **~ atmosphere** Hinterhofatmosphäre *f;* **~ loanshark** Kredithai *m pej,* Wucherer, Wucherin *m, f* ÖSTERR, SCHWEIZ *pej* '**back·stroke** *n no pl* Rückenschwimmen *nt;* **to swim ~** rückenschwimmen '**back·tab** *vi* COMPUT mit dem Tabulator zurückspringen, den Tabulator zurücksetzen '**back talk** *n no pl* AM *(fam)* Widerrede *f,* unverschämte Antwort[en] *f[pl]* '**back tax** *n* FIN Steuerschuld *f*

back-'test·ing *n no pl* COMM Backtesting *nt*

back-to-back [ˌbæktə'bæk] **I.** *adj attr, inv* ❶ *(of houses)* sich *akk* rückseitig berührend, rückseitig aneinandergrenzend ❷ FIN **~ credit** Gegenakkreditiv *nt;* **~ loan** Parallelkredit *m;* LAW **~ guaranty** Rückbürgschaft *f* ❸ *(consecutive)* [unmittelbar] aufeinanderfolgend **II.** *adv inv* in Folge **back-to-front** [ˌbæktə'frʌnt] **I.** *adj* verkehrt, falsch **II.** *adv* verkehrt [herum], falsch [herum] **back-to-'school** *adj inv shopping, spending, merchandise* zum Schulbeginn *nach n* '**back·track** *vi* ❶ *(go back)* wieder zurückgehen ❷ *(change opinion)* einlenken; **to ~ on one's demands** seine Forderungen zurücknehmen; **to ~ on one's statements** seinen Standpunkt aufgeben

'**back·up** ['bækʌp] **I.** *n* ❶ *(support)* Unterstützung *f,* Hilfe *f*
❷ COMPUT Sicherung *f,* Backup *nt*
II. *n modifier* ❶ *(emergency) (equipment)* Hilfs-; **~ generator** Notstromaggregat *nt;* **~ method** *Maßnahmen, um ein vorheriges Versäumnis wiedergutzumachen;* **~ plan** Notplan, m; **~ staff** Reservepersonal *nt*
❷ FIN **~ credit** Stützungskredit *m;* **~ line** Stützungslinie *f,* Auffangkreditlinie *f*
❸ *(in marketing)* **~ ad** textanschließende Anzeige
❹ COMPUT **~ file** Sicherungskopie *f;* **~ path** Ausweichpfad *m;* **~ procedure** Datensicherungsprozedur *f;* **~ server** Ausweichserver *m*

'**back·up copy** *n* COMPUT Sicherungskopie *f* '**back·up disk** *n* COMPUT Sicherungsdiskette *f* '**back·up light** *n* AM AUTO Rückfahrscheinwerfer *m* '**back·up sing·er** *n* AM Backgroundsänger(in) *m(f)* '**back·up sys·tem** *n* ❶ TECH *(reserve system)* Sicherheitssystem *nt,* Notsystem *nt* ❷ *(fig)* ***your colleagues are your ~ when things go wrong*** wenn etwas schiefgeht, kannst du auf deine Kollegen zählen

back·ward ['bækwəd, AM -wɚd] **I.** *adj* ❶ *(facing rear)* rückwärtsgewandt, rückwärtsgerichtet; *(reversed)* Rück[wärts]-; **in a ~ direction** rückwärts; **a ~ step** ein Schritt nach hinten; ***she left without so much as a ~ glance*** sie ging, ohne sich auch nur noch einmal umzuschauen
❷ *(slow in development) children* zurückgeblieben
❸ *(underdeveloped) region, area, state* unterentwickelt, rückständig
▸PHRASES: **to not be ~ in <u>coming</u> forward** nicht zimperlich sein
II. *adv inv see* **backwards**

back·warda·tion [ˌbækwə'deɪʃᵊn, AM -wɚ'-] *n* STOCKEX Situation *f,* in der der Kassapreis höher als der Preis für die Terminware ist; BRIT Deport *m,* inverser Markt *m,* Terminabschlag *m*

back·ward in·te·'gra·tion *n* ECON Rückwärtsintegration *f* '**back·ward-look·ing** *adj* rückständig; **~ ideas** altmodische Vorstellungen

back·ward·ness ['bækwədnəs, AM -wɚd-] *n no pl* Rückständigkeit *f*

back·wards ['bækwədz, AM -wɚdz] *adv* ❶ *(towards the back)* rückwärts, nach hinten; **to walk ~ and forwards** hin- und hergehen
❷ *(in reverse)* **to count ~** rückwärtszählen; **to know sth ~** [**and forwards**] etw in- und auswendig kennen
❸ *(downhill)* zurück; ***the ball rolled ~*** der Ball rollte zurück
❹ *(into past)* zurück; **to look ~** zurückblicken
▸PHRASES: **to <u>bend</u>** [*or* **<u>lean</u>**] **over ~** alles versuchen, sich *dat* einen abbrechen, sich *dat* ein Bein ausreißen [*o* ÖSTERR Haxen ausreißen] SCHWEIZ *fam*

back·wards com·pat·i'bil·ity *n* Backwards-Kompatibilität *f*

'**back·wash** *n* ❶ *(receding waves)* Rückströmung *f* ❷ *(fig: effects)* [Aus]wirkung *f,* Nachwirkung *f;* **the ~ of the war** die Nachwehen *pl* des Kriegs; *(repercussions)* Rückwirkung *f,* Nachspiel *nt* '**back·water** *n* ❶ *(of river)* stehendes Gewässer, totes Wasser ❷ *(isolated place) Ort, an dem die Uhren stillstehen; (pej)* rückständiger Ort, toter Fleck *pej fam;* **rural ~** ländliche Einöde *pej,* tiefste Provinz *pej* '**back·woods I.** *npl* ■**the ~** *weit abgelegene Waldgebiete;* **in the ~** in der hintersten Provinz **II.** *n modifier* ❶ *(of backwoods) (road, town)* hinterwäldlerisch ❷ *(crude, rough)* ungeschliffen; **~ manners** ungehobelte Manieren '**back·woodsman** *n* ❶ *(pej: living in backwoods)* Waldbewohner(in) *m(f)* ❷ *(pej: crude person)* Hinterwäldler(in) *m(f) iron* ❸ BRIT *(fam) ehemaliges Mitglied des britischen Oberhauses, das nur selten zu den Sitzungen erschien; heute vom Oberhaus ausgeschlossen* **back·'yard** *n* ❶ BRIT *(courtyard)* Hinterhof *m* ❷ AM *(back garden)* Garten *m* hinter dem Haus ▸PHRASES: **to <u>have</u> sth in one's ~** etw in nächster Nähe [*o* vor der Haustür] haben; **in <u>one's</u> own ~** vor der eigenen Haustür *fig*

ba·con ['beɪkᵊn] *n* [Schinken]speck *m;* **a rasher of ~** eine Scheibe [Schinken]speck; **~ and eggs** Eier *pl* mit Speck [*o* Schinken]
▸PHRASES: **to <u>bring</u> home the ~** *(earn support)* die Brötchen verdienen *fam; (succeed)* erfolgreich sein; SPORT das Rennen machen

BACS *n (Bank Automated Clearing Service)* automatisierter Clearingservice der Banken *m*

bac·te·ria [bæk'tɪəriə, AM -'tɪr-] *n pl of* **bacterium** Bakterien *pl*

bac·te·rial [bæk'tɪəriᵊl, AM -'tɪr-] *adj inv* bakteriell, Bakterien-

bac·te·ri·cid·al [bækˌtɪərɪ'saɪdᵊl, AM -ˌtɪr-] *adj* BIOL bakterizid

bac·te·ri·cide [bæk'tɪərɪsaɪd, AM -'tɪr-] *n* BIOL Bakterizid *nt*

bac·te·rio·logi·cal [bækˌtɪəriə'lɒdʒɪkᵊl, AM -ˌtɪriə-'lɑːdʒɪ-] *adj* bakteriologisch

bac·te·ri·olo·gist [bækˌtɪəri'ɒlədʒɪst, AM -ˌtɪriə'ɑːlə-] *n* Bakteriologe, Bakteriologin *m, f*

bac·te·ri·ol·ogy [bækˌtɪəri'ɒlədʒi, AM -ˌtɪriə'ɑːlə-] *n no pl* Bakteriologie *f*

bac·te·rio·phage [bæk'tɪəriəʊfeɪdʒ, AM -'tɪriə-] *n* Bakteriophage *m*

bac·te·rium <*pl* -ria> [bæk'tɪəriəm, AM -'tɪriəm] *n* Bakterie *f*

bad <worse, worst> [bæd] **I.** *adj* ❶ *(inferior, of low quality)* schlecht; ***not ~!*** nicht schlecht!; ***not half ~!*** *(fam)* [gar] nicht übel! *fam;* **to have ~ taste** einen schlechten Geschmack haben
❷ *(incompetent)* schlecht; ■**to be ~ at sth** etw nicht gut können; ***he's ~ at flirting*** er kann nicht gut flirten; **to be very ~ at football** sehr schlecht Fußball spielen; **to be ~ at German/maths** schlecht in Deutsch/Mathe sein
❸ *(unpleasant, unfavourable)* schlecht; *(difficult)* schwierig; ***they have a ~ marriage*** sie führen keine gute Ehe; ***things are looking ~*** [***for him***] es sieht nicht gut [für ihn] aus; ***things look ~ in this company*** es sieht nicht gut für die Firma aus; ***if it's ~ weather, we won't play*** bei schlechtem Wetter spielen wir nicht; ***things are*** [*or* ***it is***] ***going from ~ to worse*** es wird immer schlimmer; ***this year their situation has gone from ~ to worse*** ihre Situation hat sich in diesem Jahr zunehmend verschlechtert [*o* verschlimmert]; **a ~ dream** ein böser Traum; **~ news** schlechte Nachrichten; **a ~ situation** eine schlimme Situation; **a ~ smell** ein übler Geruch; **~ times** schwere Zeiten
❹ *(objectionable) person, character, manners* schlecht; ***it was ~ of you to laugh at her in front of everybody*** es war gemein von dir, sie vor allen auszulachen; **to fall in with a ~ crowd** in eine üble Bande geraten; **a ~ egg** *(fig fam)* eine ziemlich üble Person; **a ~ habit** eine schlechte Angewohnheit; **to use ~ language** Kraftausdrücke benutzen; **a ~ neighbourhood** eine verkommene [Wohn]gegend; **to have a ~ personality** eine unangenehme

Art haben; **sb's ~ points** jds schlechte Seiten; **to be a ~ sport** ein schlechter Verlierer/eine schlechte Verliererin sein; **to have a ~ temper** schlecht gelaunt sein
❺ *(naughty)* ungezogen; *(wicked, aggressive)* böse; **~ blood** böses Blut; [**to act**] **in ~ faith** in böser Absicht [handeln]
❻ *(pity)* schade; ***too*** ~ zu schade [*o fam* dumm]
❼ *(regretful)* **to feel ~ about sth** sich *akk* wegen einer S. *gen* schlecht fühlen
❽ *(unfortunate)* *decision* schlecht, unglücklich; **~ luck** Pech *nt*
❾ *(harmful)* schlecht, schädlich; ■**to be ~ for sb** schlecht für jdn sein; **to be ~ for sb's health** jds Gesundheit schaden; **to be ~ for one's teeth** schlecht für die Zähne sein
❿ *(spoiled)* *food* verdorben, schlecht; *(fig)* *atmosphere, reputation* schlecht; **to have a ~ name** einen schlechten Ruf haben; **to go ~** verderben, schlecht werden
⓫ *(serious)* schlimm; **to have a ~ cold** eine schlimme Erkältung haben; **a ~ crime** ein schweres Verbrechen; **a ~ debt** eine uneinbringliche Schuld; **a ~ storm** ein heftiger Sturm; **to be nowhere near as ~ as ...** nicht halb [*o* annähernd] so schlimm sein wie ...
⓬ MED schlecht; ***I feel*** ~ mir geht es nicht gut; **to have a ~ leg** ein schlimmes Bein haben; **to have ~ skin** [*or* **a bad complexion**] schlechte Haut haben
⓭ *(not valid)* *cheque* falsch
⓮ AM *(sl: cool)* fabelhaft, super
▸PHRASES: **to give sth up as a ~ job** BRIT etw abschreiben *fig fam;* **sb has it ~** *(sl)* jdn hat es schwer erwischt *hum fam;* ***he's got it ~ for Lucy*** er ist total verknallt in Lucy *fam;* **to make the best of a ~ job** das Beste aus einer schlechten Situation machen
II. *adv (fam)* sehr; **to need sth** [**real**] **~** etw dringend brauchen; **to want sth ~** etw unbedingt haben wollen
III. *n no pl* ❶ *(ill luck)* **to take the ~ with the good** auch das Schlechte [*o* die schlechten Seiten] in Kauf nehmen
❷ *(evil)* Schlechte(s) *nt;* ■**the ~** das Böse; *(people)* die Bösen *pl;* ***there is good and ~ in everybody*** jeder hat seine guten und schlechten Seiten
❸ *(immoral state)* **to go to the ~** auf die schiefe Bahn geraten
❹ *(debt)* **to be in the ~** im Minus sein
❺ *(mistake)* Fehler *m*
❻ *(disfavour)* **to be in ~ with sb** bei jdm in Ungnade sein

ba·da bing [bædə'bɪŋ] *interj* AM *(sl)* zack!

'bad boy *n (rebel)* ■**the ~ of sth** das Enfant terrible einer S. *gen geh* **bad 'break** *n* LING Silbentrennfehler *m* **bad 'cheque** *n* FIN ungültiger [*o* ungedeckter] Scheck **'bad debt provision** *n* Rückstellungen für Risikokredite

bad·die, bad·dy ['bædi] *n (fam)* Bösewicht *m,* Schurke, Schurkin *m, f pej*

bade [bæd, beɪd] *vt (old) pt of* **bid**

badge [bædʒ] *n* Abzeichen *nt; (sticker)* Aufkleber *m; (made of metal)* Button *m; (on car)* Plakette *f,* Markenemblem *nt;* **membership ~** Mitgliedsabzeichen *nt;* **police ~** Polizeimarke *f*

badg·er ['bædʒəʳ, AM -ɚ] **I.** *n* Dachs *m*
II. *vt* ■**to ~ sb** jdn bedrängen; ***stop ~ing me*** lass mich endlich in Ruhe; ■**to ~ sb into** [**doing**] **sth** [*or* **to do sth**] jdn in den Ohren liegen, damit er/sie etw tut

badg·ing ['bædʒɪŋ] *n no pl of cars* Emblem *nt*

badi·nage ['bædɪnɑːʒ] *n no pl (hum liter)* Frotzeleien *pl,* Spötteleien *pl*

Ba·disch·er pro·cess ['bɑːdɪʃə, AM -ʃɚ] *n no pl* CHEM Schwefelsäurekontaktprozess *m*

bad·lands ['bædlændz] *npl* unfruchtbares Land, Ödland *nt kein pl*

bad·ly <worse, worst> ['bædli] *adv* ❶ *(poorly)* schlecht; **to do ~** *in exam* schlecht abschneiden; FIN schlechtstehen; **to be ~ made** schlecht verarbeitet sein; ***she came out of the affair rather ~*** sie kam ziemlich angeschlagen aus der Sache heraus
❷ *(negatively)* schlecht; **to think ~ of sb** [*or* **to think of sb ~**] schlecht von jdm denken
❸ *(very much)* sehr, dringend; **to be ~ in need of sth** etw dringend benötigen; **to want sth ~** etw unbedingt wollen
❹ *(severely)* schwer; **~ defeated** vernichtend geschlagen; **~ hurt** schwer verletzt

bad·ly 'off *adj pred* ❶ *(poor)* arm; ***they were rather ~*** es ging ihnen finanziell ziemlich schlecht
❷ *(lacking)* **to be ~ for sth** etw dringend brauchen

bad·min·ton ['bædmɪntən] *n no pl* Badminton *nt,* ≈ Federball *m*

'bad·mouth *vt esp* AM *(fam)* ■**to ~ sb** über jdn herziehen *fam* [*o pej* lästern] [*o* ÖSTERR *pej* ausrichten]

bad·ness ['bædnəs] *n no pl (moral)* Schlechte *nt; (inferior quality)* mindere Qualität

bad-'tem·pered *adj (easily irritated)* leicht aufbrausend, cholerisch; *(in a bad mood)* schlecht gelaunt, übellaunig, ÖSTERR *a.* grantig *fam; (restless)* unruhig; **a ~ horse** ein nervöses Pferd

BAe *abbrev of* **British Aerospace** ≈ DASA *f*

baf·fle ['bæfḷ] **I.** *vt* ❶ *(confuse)* ■**to ~ sb** jdn verwirren [*o* vor ein Rätsel stellen]; *(amaze)* jdn verblüffen; ***she was completely ~d by his strange behaviour*** durch sein seltsames Verhalten war sie ganz vor den Kopf gestoßen
❷ *(hinder)* ■**to ~ sth** etw verhindern; **to ~ a plan** einen Plan vereiteln [*o* durchkreuzen]
❸ *(restrain)* **to ~ the noise** den Lärm dämpfen
II. *n* TECH Umlenkblech *nt,* Ablenkplatte *f;* COMPUT Resonanzwand *f*

baf·fle·ment ['bæfḷmənt] *n no pl* Verblüffung *f*

'baf·fle plate *n* TECH Umlenkblech *nt,* Ablenkplatte *f*

baf·fling ['bæflɪŋ] *adj (confusing)* verwirrend; *(mysterious)* rätselhaft; *(amazing)* verblüffend

BAFTA ['bæftə] *n see* **British Academy of Film and Television Arts** ❶ *(institution)* britische Film- und Fernsehakademie
❷ *(award)* Auszeichnung der britischen Film- und Fernsehakademie

bag [bæg] **I.** *n* ❶ *(container)* Tasche *f; (drawstring bag)* Beutel *m; (sack)* Sack *m;* **a ~ of flour** *(small)* ein Paket *nt* [*o* ÖSTERR Sackerl *nt*] Mehl; *(big)* ein Sack *m* Mehl; **a ~ of potatoes** *(small)* ein Beutel *m* Kartoffeln; *(big)* ein Sack *m* Kartoffeln; **paper/plastic ~** Papier-/Plastiktüte *f,* Papier-/Plastiksackerl *nt* ÖSTERR, Papier-/Plastiksack *m* SCHWEIZ; **a ~ of crisps/sweets** eine Tüte [*o* ÖSTERR ein Sackerl] Chips/Bonbons
❷ *(handbag)* Handtasche *f; (travelling bag)* Reisetasche *f;* **to pack one's ~s** die Koffer packen
❸ *(baggy skin)* **to have ~s under one's eyes** Ringe unter den Augen haben
❹ BRIT, AUS *(fam)* ■**~s of ...** *pl* jede Menge ...; **~s of money/time/space** jede Menge Geld/Zeit/Platz
❺ *(pej: dumpy woman)* fette Kuh *pej; (grumpy woman)* Schreckschraube *f pej fam;* **an old ~** *(pej sl)* eine [alte] Schachtel *pej fam*
❻ HUNT *(game caught)* Beute *f,* Strecke *f fachspr*
▸PHRASES: **to be a ~ of bones** nur Haut und Knochen sein *fig fam;* **sth is in the ~** jd hat etw in der Tasche *fam;* **to throw sb out ~ and baggage** jdn in hohem Bogen hinauswerfen; **sth isn't really sb's ~** *(dated sl)* etw ist nicht jds Bier *fam;* **the whole ~ of tricks** *(everything)* das ganze Zeug *fam,* die ganze Chose *fam; (set of ingenious plans etc.)* die ganze Trickkiste *fam*
II. *vt* <-gg-> ❶ *(put in bag)* **to ~ sth** *fruit, groceries* etw eintüten, etw in eine Tüte [*o* ÖSTERR ein Sackerl] [*o* SCHWEIZ einen Sack] einpacken
❷ *(fam: secure)* ■**to ~** [**sb**] **sth** [*or* **to ~ sth** [**for sb**]] etw [für jdn] ergattern [*o* erbeuten]; ***he ~ged himself a trophy wife*** er hat eine tolle Eroberung gemacht *fam*
❸ *(hunt and kill)* **to ~ an animal** ein Tier erlegen [*o* zur Strecke bringen]

◆**bag out** *vt* AUS *(fam: criticize)* ■**to ~ sb out** an jdm herummäkeln *fam*

◆**bag up** *vt* ■**to ~ up** ○ **sth** *fruit, groceries* etw in eine Tüte [*o* ÖSTERR ein Sackerl] [*o* SCHWEIZ einen Sack] [ein]packen; **to ~ up** ○ **flour** Mehl eintüten; **to ~ up** ○ **grain** Getreide abfüllen; **to ~ up** ○ **potatoes** Kartoffeln einsacken

ba·gasse [bə'gæs] *n no pl* Bagasse *m*

baga·telle [bægətel] *n (liter or form)* Bagatelle *f*

ba·gel ['beɪgəl] *n* Bagel *m (weiches, ringförmiges Brötchen)*

bag·ful <*pl* bagfuls *or* bagsful> ['bægfʊl] *n* **a ~ of apples** eine Tasche [*o* SCHWEIZ ein Sack] voller Äpfel; **a ~ of goodies** eine Wundertüte; **a ~ of dreams** *(fig)* ein Meer *nt* aus Träumen; **a ~ of memories** *(fig)* eine Flut von Erinnerungen; **a ~ of votes** *(fig)* unzählige Stimmen

bag·gage ['bægɪdʒ] *n no pl* ❶ *(luggage)* Gepäck *nt;* **pieces of ~** Gepäckstücke *pl;* **excess ~** Übergepäck *nt*
❷ *(army equipment)* [Marsch]gepäck *nt*
❸ *(pej hum: woman)* Miststück *nt pej fam,* Biest *nt pej fam*
❹ *(burden)* **ideological ~** ideologischer Ballast; **to carry emotional/childhood ~ with one** seelischen Ballast/Ballast aus der Kindheit mit sich *dat* herumtragen

'bag·gage al·low·ance *n* Freigepäck *nt* **'bag·gage car** *n* AM, AUS Gepäckwagen *m* **'bag·gage check** *n* Gepäckkontrolle *f* **'bag·gage claim** *n* Gepäckausgabe *f* **'bag·gage handler** *n* Gepäckträger(in) *m(f)* **'bag·gage in·sur·ance** *n no pl* Reisegepäckversicherung *f* **'bag·gage rack** *n* Gepäckablage *f; (net)* Gepäcknetz *nt* **'bag·gage re·claim area** *n* Gepäckausgabe *f* **'bag·gage room** *n* Gepäckaufbewahrung[sstelle] *f* **'bag·gage van** *n* Gepäcktransporter *m*

bag·gin' ['bægɪn] *n* AM *(sl: taunting)* Verhöhnung *f,* Verspottung *f*

bag·ging ['bægɪŋ] *n no pl* Abpacken *nt*

bag·gy ['bægi] *adj* zu weit; **~ clothes** weite [*o* weit geschnittene] Kleidung; **~ shirt** ausgeleiertes [*o* sackartiges] T-Shirt; **~ trousers** ausgebeulte Hose

Bagh·dad [bæg'dæd] *n* Bag[h]dad *nt*

'bag lady *n* Obdachlose *f (die ihr gesamtes Hab und Gut in Einkaufstüten mit sich führt)*

'bag·less *adj vacuum cleaner* beutellos, ohne Staubbeutel *nach n*

'bag·man *n* ❶ BRIT *(old sl: travelling salesman)* Handlungsreisende(r) *f(m) veraltend,* Vertreter(in) *m(f)* ❷ AUS *(tramp)* Landstreicher(in) *m(f),* Tramp *m; (in town)* Stadtstreicher(in) *m(f),* Sandler(in) *m(f)* ÖSTERR ❸ CAN *(political fund-raiser)* *jd, der Parteispenden sammelt* **'bag·pipe** *n modifier (music, playing)* Dudelsack- **'bag·pip·er** *n* Dudelsackspieler(in) *m(f),* Dudelsackpfeifer(in) *m(f)* **'bag·pipes** *npl* Dudelsack *m*

bags [bægz] *vt* BRIT, AUS *(esp childspeak)* ***I ~ ed it first!*** ich zuerst!; **~ *that chair!*** *den* Stuhl krieg ich!; **~ *I sit in the front seat!*** *ich* will vorne sitzen!

ba·guette [bæ'get] *n* Baguette *nt o f,* Stangenweißbrot *nt*

'bag·worm *n* ZOOL Raupe *f* des Sackträgers

bah [bɑː] *interj* bah

Ba·ha'i, Ba·hai [bə'haɪ] REL **I.** *n* Bahai *m o f*
II. *adj* Bahai

Ba·ha·'ism [bə'haɪɪzəm] *n no pl* REL Bahaiismus *m*

Ba·ha·mas [bə'hɑːməz] *npl* ■**the ~** die Bahamas *pl*

Ba·ha·mian [bə'heɪmiən] **I.** *n* Baham[a]er(in) *m(f)*
II. *adj attr* baham[a]isch

Bah·rain [bɑː'reɪn] *n no pl* Bahrain *nt*

Bah·rai·ni [bɑː'reɪni] **I.** *n* Bahrainer(in) *m(f)*
II. *adj* bahrainisch

baht [bɑːt] *n (Währung Thailands)* Baht *m*

bail [beɪl] **I.** *n* ❶ *(money)* Kaution *f;* **police ~** gegen Sicherheitsleistung von der Polizei gewährte Haftverschonung; **~ bond** BRIT Kautionsurkunde *f;* **to grant ~** die Freilassung gegen Kaution gewähren; **to jump ~** die Kaution verfallen lassen und fliehen; **to put up** [*or* **post**] [*or* **stand**] **~ for sb** für jdn [die] Kaution stellen; **to release** [*or* **remand**] **sb on ~** jdn gegen [eine] Kaution freilassen; **to set ~ at ...** die Kaution auf ... festsetzen
❷ *(printer, typewriter bar)* Papierhalter *m*
❸ *(for horses)* Trennstange *f*

II. *vi* [Wasser] [aus]schöpfen
III. *vt* ❶ *(remove)* **to ~ water** Wasser [aus]schöpfen
❷ *(release)* ■ **to ~ sb** jdn gegen Kaution freilassen
❸ AUS *(rob)* ■ **to ~ sb** jdn überfallen
◆ **bail out** I. *vt* ❶ *(pay to release)* ■ **to ~ out ⊂ sb** für jdn [die] Kaution stellen
❷ *(help)* ■ **to ~ sb out** jdm aus der Klemme [*o* Patsche] helfen *fam,* jdn retten
II. *vi* ❶ *(jump out)* [mit dem Fallschirm] abspringen, aussteigen *fachspr*
❷ *(discontinue)* aufhören, aussteigen *fam,* sich *akk* ausklinken *hum fam*
❸ ECON *(fam: sell)* aussteigen
bailee [ˌbeɪˈliː] *n* LAW Verwahrer(in) *m(f),* Treuhänder(in) *m(f)*
Bailey [ˈbeɪli] *n see* **Old Bailey**
Bailey bridge [ˈbeɪlibrɪdʒ] *n* MIL Behelfsbrücke *f*
bail·iff [ˈbeɪlɪf] *n* ❶ BRIT *(for buildings)* Verwalter(in) *m(f); (for land)* [Guts]verwalter(in) *m(f);* **to call** [*or* **send**] **in the ~s** den Verwalter/die Verwalterin einschalten
❷ BRIT LAW *(person employed by court)* Gerichtsdiener *m,* Gerichtsvollzieher *m*
❸ AM LAW *(deputy to sheriff)* Stellvertreter *m* des Sheriffs, Justizwachtmeister(in) *m(f)*
baili·wick [ˈbeɪlɪwɪk] *n* ❶ *(district or jurisdiction of a bailiff)* Amtsbezirk *m*
❷ *(fam: interest)* Steckenpferd *nt*
bail·ment [ˈbeɪlmənt] *n* AM ECON Verwahrung *f; (item)* hinterlegte Sache
bail·or [ˈbeɪləʳ, AM -ɚ] *n* LAW Hinterleger(in) *m(f),* Übergeber(in) *m(f)*
ˈbail·out *n* COMM *(fam)* ❶ *(sell-off)* Notverkauf *m*
❷ *(assistance)* Rettungsaktion *f*
bails [beɪlz] *npl (in cricket)* Querholz *nt kein pl*
bairn [beən] *n* SCOT, NENG Kind *nt*
bait [beɪt] I. *n* Köder *m a. fig;* **to swallow the ~** anbeißen; *(fig)* **to rise to** [**swallow** [*or* **take**]] **the ~** sich *akk* ködern lassen *fig,* anbeißen *fig,* in die Falle gehen *fig*
II. *vt* ❶ *(put bait on)* ■ **to ~ sth** etw mit einem Köder versehen
❷ *(tease)* ■ **to ~ sb** [**about sth**] jdn [mit etw *dat*] aufziehen; *(harass)* jdn [wegen einer S. *gen*] schikanieren
❸ *(torment)* ■ **to ~ sb** jdn quälen; *(with dogs)* ■ **to ~ an animal** die Hunde auf ein Tier hetzen
baize [beɪz] *n no pl* Fries *m; (for billiard table)* [grüner] Fries
bake [beɪk] I. *vi* ❶ *(cook)* backen
❷ *(fam: be hot)* kochen *fam,* glühend heiß sein; *impers;* ***it's baking outside*** draußen ist es wie im Backofen *fam;* ***I'm baking*** ich komme fast um vor Hitze
II. *vt* ❶ *(cook)* ■ **to ~ sth** etw [im Ofen] backen; **to ~ bread/cake/fish** Brot/Kuchen/Fisch backen; **to ~ potatoes** Kartoffeln im Ofen backen
❷ *(pottery)* ■ **to ~ sth** etw brennen
III. *n* ❶ *(dish)* **fish/vegetable ~** Fisch-/Gemüseauflauf *m*
❷ AM *(social event)* gesellige Zusammenkunft *(mit bestimmten Speisen);* **lobster ~** Hummerparty *f*
baked [beɪkt] *adj attr* gebraten; *bread, cake, biscuits* gebacken; **~ apple** Bratapfel *m;* **~ potatoes** Ofenkartoffeln *pl (in der Schale)*
baked Aˈlas·ka *n* Omelette surprise *f* **baked ˈbeans** *n* Baked Beans *pl,* Bohnen *pl* in Tomatensoße; **Boston ~** *im Ofen gegarte Bohnen mit Speck und Zuckerrübensirup*
Ba·ke·lite® [ˈbeɪkəlaɪt] *n no pl* Bakelit® *nt*
bak·er [ˈbeɪkəʳ, AM -kɚ] *n* Bäcker(in) *m(f);* **at the ~'s** in der Bäckerei, beim Bäcker
bak·er's ˈdoz·en *n* dreizehn [Stück] **bak·er's ˈyeast** *n no pl* BIOL Backhefe *f*
bak·ery [ˈbeɪkᵊri] *n (selling bread)* Bäckerei *f; (selling bread and cakes)* Bäcker- und Konditorei *f;* **to go to the ~** zum Bäcker gehen
bake·ware [ˈbeɪkweəʳ, AM -wer] *n no pl* FOOD Backgeschirr *nt,* Backblech *nt* SCHWEIZ
Bake·well tart [ˌbeɪkwelˈtɑːt] *n* BRIT *Törtchen mit Mandel- und Marmeladenfüllung*

BAK ˈfile ex·ten·sion *n* COMPUT Dateinamenerweiterung *f* BAK
bak·ing [ˈbeɪkɪŋ] I. *adj (fam: very hot)* **~ hot weather** Affenhitze *f fam*
II. *n no pl* Backen *nt; (pottery)* Brennen *nt*
ˈbak·ing dish *n* Auflaufform *f; (for cakes, bread)* Backform *f* **ˈbak·ing pow·der** *n no pl* Backpulver *nt* **ˈbak·ing sheet** *n* Backblech *nt* **ˈbak·ing soda** *n no pl* Natron *nt,* ÖSTERR *meist* Backpulver *nt* **ˈbak·ing tin** *n* Backform *f*
bala·cla·va [ˌbæləˈklɑːvə] *n* Kapuzenmütze *f*
bala·lai·ka [ˌbæləˈlaɪkə] *n* Balalaika *f*
bal·ance [ˈbælən(t)s] I. *n* ❶ *no pl (also fig: equilibrium)* Balance *f a. fig,* Gleichgewicht *nt a. fig;* **the ~ of nature** das Gleichgewicht der Natur; **sense of ~** Gleichgewichtssinn *m;* **the natural ~** das ökologische Gleichgewicht; **personal ~** innere Ausgeglichenheit, seelisches Gleichgewicht; **to keep one's ~** das Gleichgewicht [be]halten; **to hang** [*or* **be**] **in the ~** *(fig)* in der Schwebe sein *fig;* ***his life hung in the ~*** sein Leben hing an einem seidenen Faden; **to lose one's ~** das Gleichgewicht verlieren; *(fig)* die Fassung verlieren; **to regain one's ~** *(fig)* wieder ins Lot kommen, sein Gleichgewicht wiederfinden; **to throw** [*or* **catch**] **sb off ~** *(also fig)* jdn aus dem Gleichgewicht bringen *a. fig;* **on ~** alles in allem
❷ *no pl (equality)* Gleichgewicht *nt,* Ausgewogenheit *f;* ***I try to keep a ~ between work and relaxation*** ich versuche, mein Leben so zu gestalten, dass sich Arbeit und Entspannung die Waage halten; ***this newspaper maintains a good ~ in its presentation of different opinions*** die Zeitung gibt die verschiedenen Meinungen in einem ausgewogenen Verhältnis wieder; **to hold the ~ of power** das Gleichgewicht der Kräfte aufrechterhalten; **to redress the ~** das Gleichgewicht wiederherstellen; **to strike a ~ between two things** den goldenen Mittelweg zwischen zwei Dingen finden; **to upset** [*or* **disturb**] **the** [**delicate**] **~ between two things** das [empfindliche] Gleichgewicht zwischen zwei Dingen durcheinanderbringen
❸ *(counteracting force)* Gegengewicht *nt,* Ausgleich *m* (**to** zu *+dat)*
❹ *no pl (predominating weight)* Hauptgewicht *nt;* ***the ~ of opinion is that ...*** es herrscht die Meinung vor, dass ...; ***the ~ of evidence suggests that ...*** es überwiegen die Beweise dafür, dass ...
❺ FIN Saldo *m,* Kontostand *m; (credit also)* Guthaben *nt;* ***what is the ~ in my account?*** wie ist mein Kontostand?; [**annual**] **~ sheet** [Jahres]bilanz *f;* **~ amount** Saldobetrag *m;* **~ carried forward** Saldovortrag *m;* **~ in cash** Barguthaben *nt;* **to check one's bank ~** seinen Kontostand überprüfen; **~ on hand** Kasse *f,* verfügbarer Saldo *m;* **~ brought down** [*or* **forward**] Saldoübertrag *m,* Saldovortrag *m;* **on ~** per Saldo *fachspr*
❻ FIN *(amount left to pay)* Rest[betrag] *m;* ***the ~ of 600 euros must be paid within 30 days*** der Restbetrag von Euro 600 muss innerhalb von 30 Tagen gezahlt werden; **~ due** [**to us**] fälliger Rechnungsbetrag
❼ ECON **~ of payments, BOP** Zahlungsbilanz *f;* **capital account ~ of payments** Kapitalbilanz *f (Teil der Zahlungsbilanz);* **current account ~ of payments** Zahlungsbilanz *f* der laufenden Posten; **long-term ~ of payments** langfristige Zahlungsbilanz; **overall ~ of payments** Gesamtzahlungsbilanz *f;* **~ of payments adjustment** Zahlungsbilanzausgleich *m;* **~ of payments deficit** Zahlungsbilanzdefizit *nt;* **~ of payments imbalance** Zahlungsbilanzungleichgewicht *nt;* **~ of payments surplus** Zahlungsbilanzüberschuss *m;* **~ of trade** Handelsbilanz *f;* **adverse** [*or* **unfavourable**] **~ of trade** passive Handelsbilanz; **favourable ~ of trade** aktive Handelsbilanz
❽ *(scales)* Waage *f*
❾ ART *(harmony)* Ausgewogenheit *f*
❿ TECH, MUS Balance *f,* Aussteuerung *f*
⓫ NAUT *of a boat* Balance *f*
⓬ ASTROL, ASTRON ■ **the ~** die Waage
⓭ TECH *(in a clock or watch)* Unruh *f*

II. *vt* ❶ *(compare)* ■ **to ~ sth with** [*or* **against**] **sth** etw gegen etw *akk* abwägen
❷ *(keep steady)* ■ **to ~ sth** etw balancieren; ***he ~d the basket on his head*** er balancierte den Korb auf seinem Kopf
❸ *(achieve equilibrium)* ■ **to ~ sth and sth** ein Gleichgewicht zwischen etw *dat* und etw *dat* herstellen
❹ FIN **to ~ an account** ein Konto ausgleichen [*o fachspr* saldieren]; **to ~ the books** die Bücher abschließen, die Bilanz aufstellen
❺ ECON **to ~ the economy** [*or* **budget**] den Haushalt ausgleichen
❻ *(neutralize)* ■ **to ~ sth** etw ausgleichen
❼ TECH **to ~ wheels** Räder auswuchten
III. *vi* ❶ *(also fig: keep steady)* das Gleichgewicht halten; ***she ~d on one foot*** sie balancierte auf einem Fuß
❷ FIN *account* ausgeglichen sein
◆ **balance off** *vt* **to ~ off the accounts** die Konten ausgleichen
◆ **balance out** I. *vt* ■ **to ~ out ⊂ sth** *advantages, faults* etw aufwiegen; **to ~ out each other** sich aufwiegen [*o* die Waage halten]
II. *vi* ❶ FIN *accounts* [aus]balancieren, bilanzieren *fachspr*
❷ *(be eqal)* sich aufwiegen [*o* die Waage halten]
bal·anced [ˈbæləntst] *adj* ausgewogen; **~ budget** FIN ausgeglichenes Budget; **a ~ diet** eine ausgewogene Ernährung; **~ judgement** objektives Urteil; **a ~ personality** eine ausgeglichene Persönlichkeit
bal·ance-of-ˈpay·ment defi·cit *n* Zahlungsbilanzdefizit *nt* **ˈbal·ance re·ac·tion** *n* CHEM Gleichgewichtsreaktion *f* **ˈbal·ance sheet** *n* Bilanz *f;* **~ analysis** Bilanzanalyse *f;* **~ item** Bilanzposition *f,* Bilanzposten *m;* **~ total** Bilanzsumme *f;* **~ transactions** *pl* bilanzwirksame Geschäfte *pl*
ˈbal·ancing act *n* Balanceakt *m a. fig;* ***I had to do a ~ between work and family*** ich musste Arbeit und Familie irgendwie miteinander vereinbaren
ˈbal·anc·ing en·try *n* FIN Gegenbuchung *f* **ˈbal·anc·ing item, ˈbal·anc·ing fig·ure** *n* ECON Ausgleichsposten *m;* FIN Restposten *m*
bal·con·net [ˈbælkənet] *n* Balcon[n]et-BH *m (trägerloser Halbschalen-BH)*
bal·co·ny [ˈbælkəni] *n* ❶ *(on a building)* Balkon *m*
❷ THEAT ■ **the ~** der Balkon [*o* erste Rang]
bald [bɔːld] *adj* ❶ *(lacking hair)* glatzköpfig, kahl; **~ spot** [*or* **patch**] kahle Stelle; **to be** [**as**] **~ as a coot** völlig kahl sein; **to go ~** eine Glatze bekommen, kahl werden
❷ AUTO **a ~ tyre** ein abgefahrener Reifen
❸ *(blunt)* unverblümt
❹ *(unadorned)* **~ speech** knappe Rede; **~ style** schlichter [*o* schmuckloser] Stil
bald ˈeagle *n* weißköpfiger Seeadler
bal·der·dash [ˈbɔːldədæʃ, AM ˈbɔːldɚ-] *n no pl (dated)* Blödsinn *m pej fam,* Quatsch *m fam*
bald-ˈhead·ed *adj* glatzköpfig *attr,* kahlköpfig *attr;* **a ~ man** ein Glatzkopf *m*
baldie [ˈbɔːldi] *n (pej fam)* Glatzkopf *m fam*
bald·ing [ˈbɔːldɪŋ] *adj* **a ~ man** ein Mann mit schütterem Haar; ■ **to be ~** eine Glatze bekommen
bald·ly [ˈbɔːldli] *adv* unumwunden, unverblümt; ***to put it ~, ...*** um es geradeheraus zu sagen, ...
bald·ness [ˈbɔːldnəs] *n no pl* ❶ *(lacking hair)* Kahlheit *f*
❷ *of style* Knappheit *f,* Schlichtheit *f*
❸ *(bluntness)* Unverblümtheit *f*
baldy [ˈbɔːldi] I. *n (pej fam)* Glatzkopf *m fam*
II. *adj* SCOT, IRISH kahl
bale [beɪl] I. *n* ❶ *(bundle)* Ballen *m*
❷ BRIT, AUS *(rare) see* **bail**
II. *vt* ❶ *hay, paper, cotton* ■ **to ~ sth** etw bündeln
❷ BRIT, AUS *(rare) see* **bail**
Bal·ear·ic [ˌbæliˈærɪk, AM ˌbɑːli] GEOG I. *adj inv* Balearen-; **the ~ Islands** *pl* die Balearen *pl*
II. *n* **the ~s** *pl* die Balearen *pl,* die Balearischen Inseln *pl*
ba·leen whale [bəˈliːn] *n* Bartenwal *m*
bale·ful [ˈbeɪlfəl] *adj* ❶ *(menacing)* böse, bedrohlich;

to give sb a ~ glance jdm einen bösen Blick zuwerfen
❷ *(fig)* folgenschwer

bale·fully ['beɪlfəli] *adv* böse, bedrohlich

Bali ['bɑ:li] *n* Bali *nt*

Ba·li·nese [ˌbɑ:lɪ'ni:z, AM -lə'-] **I.** *n* ❶ *(person)* Balinese, Balinesin *m, f*
❷ *(language)* Balinesisch *nt*
II. *adj* balinesisch

balk [bɔ:k, BRIT *also* bɔ:lk] **I.** *n* Balken *m*
II. *vi* ❶ *(stop short) horse* scheuen
❷ *(be unwilling)* ■**to ~ at sth** vor etw *dat* zurückschrecken

Bal·kan Moun·tains [ˌbɔ:lkən'maʊntɪnz] *npl* Balkan *m*, Balkangebirge *nt*

Bal·kans ['bɔ:lkənz] *npl* ■**the ~** der Balkan

Bal·kan States [ˌbɔ:lkən'steɪts] *npl* Balkanstaaten *pl*

ball [bɔ:l] **I.** *n* ❶ *(for play)* Ball *m;* **to bounce the ~** den Ball aufspringen lassen; **to hit the ~** den Ball treffen
❷ *(sth ball-shaped) of wool, string* Knäuel *m o nt; of dough* Kugel *f;* **to crush paper into a ~** Papier zusammenknüllen; **to curl oneself into a ~** sich *akk* [zu einem Knäuel] zusammenrollen
❸ *(body part)* Ballen *m;* **~ of the hand/foot** Hand-/Fußballen *m*
❹ *(formal dance)* Ball *m;* **summer ~** Sommerball *m*
❺ *(root ball of tree)* [Wurzel]ballen *m*
❻ *(fam!: testicles)* ■**~s** *pl see* **balls**
▶PHRASES: **the ~ is in your court** du bist am Ball *fam;* **to get** [*or* **set**] [*or* **start**] **the ~ rolling** den Stein ins Rollen bringen *fig;* **to have a ~** Spaß haben, sich *akk* bestens amüsieren *fam;* **to be on the ~** auf Zack sein *fam;* **to play ~** *(be active)* spuren *fam; (cooperate)* mitmachen; **to take one's eye off the ~** nicht am Ball bleiben, unaufmerksam werden
II. *vt* ❶ **to ~ one's fist** die Faust ballen
❷ AM *(sl: have sex with)* ■**to ~ sb** jdn bumsen *vulg*
◆**ball up** *vt, vi* AM *see* **balls up**

bal·lad ['bæləd] *n* Ballade *f*

bal·lad·eer [ˌbælə'dɪəʳ, AM -dɪr] *n* Liedermacher(in) *m(f)*

ball-and-'sock·et joint *n* ANAT Kugelgelenk *nt*

bal·last ['bæləst] *n no pl* ❶ *(for ship, balloon)* Ballast *m;* **to take in/discharge ~** Ballast aufnehmen/abwerfen
❷ RAIL *(for rail track or road)* Schotter *m*
❸ ELEC Ballast *m (Stabilisator, um Spannungen auszugleichen)*

ball 'bear·ing *n (bearing)* Kugellager *nt; (ball)* Kugellagerkugel *f*

'ball boy *n* Balljunge *m*

'ball-break·er *n (fam) Frau, die sexuell hohe Forderungen stellt, aber dabei gleichzeitig ihren Partnern suggeriert, sexuelle Versager zu sein*

'ball·cock *n* MECH Schwimmerhahn *m*

bal·le·ri·na [bæləˈri:nə] *n* Ballerina *f;* **prima ~** Primaballerina *f*

bal·let ['bæleɪ, AM bæ'leɪ] **I.** *n no pl* Ballett *nt;* **the Bolshoi B~** das Bolschoi Ballett
II. *n modifier (of ballet) (teacher, school, shoes)* Ballett-; **~ company** Ballett *nt;* **~ class** Ballettunterricht *m*

'bal·let danc·er *n* Balletttänzer(in) *m(f)*

bal·let·ic [bə'letɪk] *adj* graziös, anmutig

'bal·let mas·ter *n* Ballettmeister(in) *m(f)*

'ball field *n* AM Spielfeld *nt* **'ball game** *n* AM Baseballspiel *nt* ▶PHRASES: **that's a whole new ~** das ist eine ganz andere Sache **'ball girl** *n* Ballmädchen *nt*

'ball·gown *n* Ballkleid *nt*

bal·lis·tic [bə'lɪstɪk] *adj* ❶ *(relating to projectiles)* ballistisch
❷ *(huge, extreme)* ungeheuer
▶PHRASES: **to go ~** *(fam)* ausflippen *fam*, durchdrehen *fam*

bal·lis·tic 'mis·sile *n* Raketengeschoss *nt*

bal·lis·tics [bə'lɪstɪks] *n + sing vb* Ballistik *f*

bal·loon [bə'lu:n] **I.** *n* ❶ *(toy)* [Luft]ballon *m*
❷ SPORT, TRANSP [Heißluft]ballon *m*, Freiballon *m;* METEO Wetterballon *m*
❸ *(in comics)* Sprechblase *f*
❹ *(glass)* **~ [glass]** Cognacschwenker *m*
❺ FIN hohe Kreditrestschuld
II. *vi* ❶ *(escalate)* ***the rumours soon ~ed into a full-grown scandal*** was als Gerücht anfing, wurde schon bald ein handfester Skandal
❷ ECON *deficit* rasch steigen
III. *vt* ECON **to ~ prices** Preise [künstlich] hinauftreiben
◆**balloon out** *vi dress, trousers, sail* sich *akk* aufblähen

bal·loon·ing [bə'lu:nɪŋ] *n no pl* Ballonfahren *nt;* STOCKEX Kurstreiberei *f*

bal·loon·ist [bə'lu:nɪst] *n* Ballonfahrer(in) *m(f)*

bal·'loon mort·gage *n* AM Balloon-Hypothek *f, Hypothek, die sich während der Laufzeit nicht vollkommen amortisiert - bei Laufzeitende wird der ausstehende Tilgungsanteil gesamtfällig* **bal·'loon note** *n* FIN Schuldschein *m* mit hoher Resttilgung vor Fälligkeit **bal·'loon pay·ment** *n* FIN hohe Abschlusszahlung

bal·lot ['bælət] **I.** *n* ❶ *(process)* [geheime] Abstimmung; *(election)* Geheimwahl *f;* ***voting is by ~*** die Abstimmung ist geheim; **first/second ~** erster/zweiter Wahlgang; **secret ~** Geheimwahl *f;* **to hold a ~** abstimmen; *(elect)* wählen; **to put sth to the ~** über etw *akk* [geheim] abstimmen
❷ *(vote)* ■**the ~** die abgegebenen Stimmen
❸ *(paper)* Stimmzettel *m*, Wahlzettel *m*
II. *vi* abstimmen; ***they ~ed unanimously to accept the deal*** der Vorschlag wurde einstimmig angenommen
III. *vt* ■**to ~ sb [on sth]** jdn [über etw *akk*] abstimmen lassen

'bal·lot box *n* Wahlurne *f* **'bal·lot pa·per** *n* Stimmzettel *m* **'bal·lot-rig·ging** *n no pl* Wahlfälschung *f*, Wahlmanipulation *f*

'ball·park *n* AM Baseballstadion *nt* ▶PHRASES: **in the ~** in der Größenordnung **'ball·park fig·ure** *n esp* AM *(fam)* ❶ *(rough estimate)* Richtwert *m;* ***the ~ is £2,000*** das wird schätzungsweise 2.000 Pfund kosten ❷ *(unrealistic estimate)* grobe [oft zu optimistische] Schätzung **'ball play·er** *n* Baseballspieler(in) *m(f)* **'ball·point, ball·point 'pen** *n* Kugelschreiber *m*, Kuli *m fam* **'ball print·er** *n* COMPUT Kugelkopfdrucker *m*

'ball·room *n* Ballsaal *m*

ball·room 'danc·ing *n no pl* Gesellschaftstanz *m*

balls ['bɔ:lz] *n pl (fam!)* Eier *pl derb*
▶PHRASES: **to break sb's ~** jdn hart rannehmen; **to have sb by the ~** jdn in der Tasche haben *fam;* **to have the ~ to do sth** genug Mumm [in den Knochen] haben, etw zu tun; **to be [a load of] ~** [völliger] Mist [*o* Quatsch] sein *pej fam;* **it takes [a lot of] ~ to do sth** es gehört schon eine Menge Mut dazu, etw zu tun
◆**balls up I.** *vi* BRIT, AUS Mist *fam* [*o derb* Scheiße] bauen
II. *vt* ■**to ~ up ⊂ sth** etw vermasseln *fam*

'balls-up *n no pl* BRIT *(fam!)* Scheiß *m derb; (confusion)* Durcheinander *nt*

ballsy ['bɔ:lzi] *adj* AM *(fam!)* mutig, unerschrocken

'ball valve *n* MECH Kugelventil *nt*

bal·ly ['bæli] *adj inv (dated fam)* verdammt *fam*

bal·ly·hoo [ˌbæli'hu:, AM 'bæli-] *n no pl (dated fam)* Tamtam *nt pej fam*, Tara *nt pej fam*

bal·ly·rag <-gg-> ['bæliræg] *vt (sl)* ■**to ~ sb [about doing sth]** jdn [wegen einer S. *gen*] schikanieren

balm [bɑ:m] *n* ❶ *(ointment)* Salbe *f; no pl (fig: relief)* Balsam *m;* **to be ~ to sb** Balsam für jdn [*o* jds Seele] sein
❷ *(tree)* Balsambaum *m; (resin)* [aromatischer] Duft; **tiger ~** Tigerbalsam *m*
❸ *(lemon balm)* Zitronenmelisse *f*

balmy ['bɑ:mi] *adj* ❶ *(soothing)* wohltuend, lindernd
❷ *(mild, gentle) air, breeze, weather* mild
❸ *fragrance* wohl riechend

ba·lo·ney [bə'ləʊni, AM -'loʊni] **I.** *n no pl* ❶ AM *(Bologna sausage)* ≈ Fleischwurst *f*
❷ *(fam: nonsense)* Quatsch *m fam*, Blödsinn *m fam*, Schwachsinn *m fam*
II. *interj* AM Quatsch

bal·sa ['bɔ:lsə] *n* ❶ *(tree)* Balsabaum *m*
❷ *no pl (wood)* Balsaholz *nt*

bal·sam ['bɔ:lsəm] **I.** *n no pl* ❶ *(resin)* Balsam *m*
❷ *(soothing substance)* Balsam *m*
❸ *(fig: soothing influence)* Balsam *m geh*
❹ *(tree)* Balsambaum *m*
II. *adj attr* wohltuend

bal·sam·ic 'vin·egar *n no pl* Balsamessig *m*

'bal·sa wood *n no pl* Balsaholz *nt*

bal·ti ['bɔ:lti] *n no pl pakistanische Art des Kochens*

Bal·ti ['bɔ:lti] **I.** *n* ❶ *(person)* Balti *m o f*
❷ *no pl (language)* Balti *nt*
II. *adj* aus Baltistan

Bal·tic ['bɔ:ltɪk] **I.** *adj attr* baltisch; **the ~ Sea** die Ostsee; ■**the ~ States** die baltischen Staaten *pl*, das Baltikum
II. *n* ■**the ~** die Ostsee

Bal·tic 'Fu·tures Ex·change *n* STOCKEX Baltische Terminbörse

bal·un ['bælən] *n* ELEC Impedanzwandler *m*

bal·us·ter ['bæləstəʳ, AM -ɚ] **I.** *n* ARCHIT Baluster *m*, Geländersäule *f*
II. *n modifier* Baluster-

bal·us·trade [ˌbælə'streɪd, AM 'bæl-] *n* Balustrade *f*, Geländer *nt*, Brüstung *f*

Bam·ba·ra [bæm'bɑ:rə] *n* Bambara *nt*

bam·boo [bæm'bu:] *n no pl* Bambus *m*

bam·boo 'cane *n* Bambusrohr *nt*, Bambusstock *m*

bam·'boo shoot *n* Bambussprosse *f*

bam·boo·zle [bæm'bu:zl̩] *vt* ❶ *(confuse)* ■**to ~ sb** jdn verwirren [*o* aus dem Konzept bringen]; ■**to be ~d by sth** von etw *dat* verwirrt sein
❷ *(fam: trick)* ■**to ~ sb** jdn übers Ohr hauen *fam;* ***she was ~d into telling him her credit card number*** sie ließ sich von ihm ihre Kreditkartennummer abluchsen

ban [bæn] **I.** *n* Verbot *nt;* **~ on smoking/talking** Rauch-/Redeverbot *nt;* **to lift a ~ on sth** das Verbot einer S. *gen* aufheben; **to place [***or* **put] a ~ on sth** etw verbieten [*o* untersagen]
II. *vt* <-nn-> ■**to ~ sth** etw verbieten; ■**to ~ sb** jdn ausschließen; ■**to be ~ned from sth** von etw *dat* ausgeschlossen werden; ***she was ~ned from driving for two years*** sie erhielt zwei Jahre Fahrverbot

ba·nal [bə'nɑ:l] *adj* banal, trivial

ba·nal·ity [bə'næləti, AM -t̬i] *n* Banalität *f*

ba·na·na [bə'nɑ:nə, AM -'nænə] **I.** *n* Banane *f;* **a bunch of ~s** eine Staude Bananen
II. *n modifier (ice cream, cake)* Bananen-; **~ yoghurt** Bananenjoghurt *m o nt*, Joghurt *m o nt* mit Bananengeschmack

ba·'na·na peel *n* Bananenschale *f* **ba·na·na re·'pub·lic** *n (pej)* Bananenrepublik *f oft pej*

ba·na·nas [bə'nɑ:nəz, AM -'nænəz] *adj pred* ■**to be ~** *(fam)* verrückt sein, ein Rad abhaben BRD *fam;* **to go ~** durchknallen *sl;* **to drive sb ~** jdn verrückt machen

ba·'na·na skin *n* ❶ *(peel)* Bananenschale *f* ❷ BRIT *(fam)* unerwartetes Problem **ba·na·na 'split** *n* Bananensplit *nt* **ba·'na·na tree** *n* Bananenstaude *f*

banc·as·sur·ance [ˌbæŋkə'ʃɔ:rən(t)s] *n no pl* BRIT *von einer Bank vermittelte Versicherung*

band[1] [bænd] **I.** *n* ❶ *of metal, cloth* Band *nt;* **rubber [***or* **elastic] ~** Gummiband *nt*
❷ *of colour* Streifen *m; (section also)* Abschnitt *m;* **~ of grass** Grasstreifen *m;* METEO **~ of cloud** Wolkenband *nt;* **a ~ of light rain and showers** ein zerrissenes [Wolken]band mit Regenschauern
❸ *(in clothing)* Band *nt;* **hat ~** Hutband *nt;* **head ~** Stirnband *nt;* **waist ~** Bund *m; (for trousers also)* Hosenbund *m*
❹ *(range)* Bereich *m*, Kategorie *f;* TELEC Frequenzband *nt;* **UHF ~** UHF-Band *nt;* **in the 30-40 age ~** in der Altersgruppe von 30-40 [Jahren]; **tax ~** Steuerklasse *f*
❺ STOCKEX *(fluctuations)* Band *nt*, Bandbreite *f*
❻ *(ring)* Ring *m;* **wedding ~** Trauring *m*, Ehering *m*
II. *vt* ❶ *(put band on)* ■**to ~ sth** ein Band um etw *akk* wickeln; ■**to ~ sth together [with sth]** etw

[mit etw *dat*] zusammenbinden
② BRIT SCH ■ **to ~ sb** jdn einstufen

band[2] [bænd] **I.** *n* ① MUS *(modern)* Band *f*, Gruppe *f*; *(traditional)* Kapelle *f*, Orchester *nt*; **brass ~** Blaskapelle *f*, Blasorchester *nt*; **~ practice** Probe *f*
② *of robbers* Bande *f*, Gang *f*
③ AM *of animals* Herde *f*; **~ of birds** Vogelschwarm *m*; **a ~ of wild dogs** ein Rudel *nt* wilder Hunde
II. *vi* sich *akk* zusammentun *fam*
◆ **band together** *vi* ■ **to ~ together with sb** sich *akk* mit jdm vereinigen [*o* zusammenschließen]

band·age ['bændɪdʒ] **I.** *n* Verband *m*; *(of cloth)* Binde *f*; *(for support)* Bandage *f*
II. *vt* ■ **to ~ sth** *(limb)* etw bandagieren; ***she had her hand ~d*** sie hatte einen Verband um ihre Hand; **to ~ a wound** eine Wunde verbinden

'Band-Aid® *n* Hansaplast® *nt*, Heftpflaster *nt*

'band-aid so·lu·tion *n* AM Übergangslösung *f*, Notbehelf *m*

ban·dan·na [bæn'dænə] *n* [großes buntes oder weißgeflecktes] Halstuch; *(handkerchief)* großes Taschentuch

B and B [,bi:ən(d)'bi:] *n* BRIT *abbrev of* **bed and breakfast**

band·ed ['bændɪd] *adj* ECON **~ offer** *(type of sales promotion)* Kombipack-Angebot *nt*; **~ pack** Verbundpackung *f*

ban·de·role ['bændərəʊl, AM -roʊl] *n* Wimpel *m*, [Lanzen]fähnchen *nt*

ban·di·coot ['bændɪku:t] *n* ① AUS *(marsupial)* Beuteldachs *m*, Bandikut *m fachspr*
② IND *(rat)* Malabarratte *f*, Bandikutratte *f*

band·ing ['bændɪŋ] *n* ① FASHION Borte *f*
② *(division)* **tax ~** Steuerklassifizierung *f*, Einstufung *f* in eine Steuerklasse
③ *(labelling of animals)* Kennzeichnung *f* [von Tieren]; **~ of birds** [Vogel]beringung *f*
④ BRIT SCH Einstufung *f (nach Fähigkeit)*
⑤ COMPUT **elastic ~** elastische Grenzen

bandit ['bændɪt] *n* ① *(robber, murderer)* Gangster *m*, Bandit(in) *m(f)*
② *(swindler)* Gauner(in) *m(f)*, Betrüger(in) *m(f)*

ban·dit·ry ['bændɪtri] *n no pl* Räuberunwesen *nt*, Banditentum *nt*

'band·lead·er *n (dated)* Bandleader(in) *m(f)*

band·'lim·it·ed *adj* COMPUT bandbegrenzt

'band·mas·ter *n of a military band* Leiter(in) *m(f)* des Musikkorps, Musikmeister(in) *m(f)*; *of a brass band* Kapellmeister(in) *m(f)* **'band mem·ber, 'bands·man** *n (modern music)* Bandmitglied *nt*; *(traditional music)* Mitglied *nt* einer Kapelle

ban·do·lier [,bændəl'ɪəʳ, AM -də'lɪr] *n* Schulterpatronengurt *m*

'band·pass fil·ter *n* ELEC Bandpassfilter *m*

'band·stand *n* Musikpavillon *m*, Orchesterpavillon *m* **'band·wagon** *n* AM *(old)* Musikantenwagen *m*, [Fest]wagen *m* mit einer Musikkapelle ▸ PHRASES: **to climb** [*or* **jump**] [*or* **get**] **on the ~** auf den fahrenden Zug aufspringen *fig*, Mitläufer(in) *m(f)* einer S. *gen* werden **'band·wagon ef·fect** *n* COMM Nachahmungseffekt *m*

band·width ['bændwɪtθ] *n* TELEC Bandbreite *f*

ban·dy[1] ['bændi] *adj* krumm; **~ legs** O-Beine *pl*

ban·dy[2] <-ie-> ['bændi] *vt usu passive* ■ **to be bandied about** [*or* **around**] verbreitet werden, in Umlauf gesetzt werden; ***large figures were banded about*** man warf mit großen Zahlen um sich; ***I won't ~ words with you*** *(dated)* ich möchte mich nicht mit dir herumstreiten; **to ~ rumours about** [wilde] Gerüchte verbreiten

ban·dy-leg·ged [,bændi'legɪd, -'legd] *adj* o-beinig *attr*; ■ **to be ~** O-Beine haben

bane [beɪn] *n no pl* Ruin *m*, Verderben *nt*; ***he's the ~ of my life!*** er bringt mich noch mal ins Grab! *fam*; **to be more of a ~ than a boon** eher ein Fluch als ein Segen sein

bane·ful ['beɪnfəl] *adj (old)* schädlich, verderblich *geh*

bang [bæŋ] **I.** *n* ① *(loud sound)* Knall *m*; **to go off with a ~** *gun, fireworks* krachend [*o* mit einem Knall] losgehen
② *(blow)* Schlag *m*; ***there was a loud ~ on the door*** jemand hämmerte gegen die Tür; **a ~ on the head** ein Schlag *m* auf den Kopf
③ AM *(fringe)* ■ **~s** *pl* [kurzer] Pony, [kurze] Fransen SCHWEIZ
④ *(vulg: sexual intercourse)* Fick *m vulg*
⑤ *(drug dose)* Schuss *m sl*
▸ PHRASES: **to go** [AM **over**] **with a ~** *(fam)* ein [Bomben]erfolg [*o* echter Knaller] sein *fam*
II. *adv* ① *(precisely)* genau, exakt; **to walk slap ~ into sb/sth** geradewegs mit jdm/etw *dat* zusammenstoßen; **~ in the middle of the road/of dinner** mitten auf der Straße/beim Essen; **~ on** BRIT *(fam)* absolut korrekt, genau richtig; **~ up-to-date** topaktuell, hochaktuell
② *(make loud noise)* **to go ~** [mit einem lauten Knall] explodieren; *balloon* [laut] knallend zerplatzen
▸ PHRASES: **~ goes sth** *(fig)* etw geht dahin *fig*, mit etw *dat* ist es aus; **~ *goes my pay rise*** das war's dann wohl mit meiner Gehaltserhöhung *fam*
III. *interj* ■ **~!** *gun* Peng!; *explosion* Krawumm!
IV. *vi* Krach machen; *door, shutters* knallen, schlagen; **to ~ at the door** an [*o* gegen] die Tür hämmern [*o* schlagen]
V. *vt* ① *(hit)* **to ~ the door** die Tür zuschlagen; **to ~ one's fist on the table** mit der Faust auf den Tisch hauen; **to ~ one's head on sth** sich *dat* den Kopf an etw *dat* anschlagen; **to ~ the phone down** den Hörer auf die Gabel knallen
② AM *(cut hair)* **to ~ one's hair** sich *dat* einen Pony [*o* SCHWEIZ Fransen] schneiden
③ *(vulg: have sex)* **to ~ a woman** eine Frau bumsen [*o* vögeln] *vulg*
▸ PHRASES: **to ~ the drum** die Werbetrommel rühren *fig*
◆ **bang about** *vi (fam)* Krach machen
◆ **bang away** *vi* ① *(make noise) gun* drauflosknallen *fam*; *person* [herum]ballern *fam*; *(work loudly)* herumhämmern *fam*, herumknallen *fam*
② *(fig: work hard)* ■ **to ~ away at sth** sich *akk* hinter etw *akk* klemmen
③ *(vulg: have sex)* [herum]bumsen *vulg*, [herum]vögeln *vulg*
◆ **bang in** *vt* **to ~ in** ↔ **a nail/peg** einen Nagel/einen Stift einschlagen
◆ **bang on** *vi* ■ **to ~ on about sth** BRIT *(pej sl)* etw breittreten *fig*
◆ **bang out** *vt (fam)* ■ **to ~ out** ↔ **sth** etw [in großem Umfang] in aller Schnelle produzieren
◆ **bang up** *vt (fam)* ■ **to ~ up** ↔ **sb** jdn einbuchten *fam*

bang·er ['bæŋəʳ, AM -ɚ] *n* ① BRIT *(old car)* Klapperkiste *f fam*, Rostlaube *f fam*
② *(firework)* Knaller *m*, Kracher *m*
③ BRIT *(fam: sausage)* [Brat]wurst *f*; **~s and mash** Würstchen *pl* mit Kartoffelbrei [*o* SCHWEIZ Kartoffelstock]

bangin' ['bæŋɪn] *adj (fam) idea, plan, date* toll *fam*

Bang·la·desh [,bæŋglə'deʃ] *n* Bangladesh *nt*

Ban·gla·deshi [,bæŋglə'deʃi] **I.** *n* Bangale, Bangalin *m, f*, Bangladeshi *m o f*
II. *adj* bangalisch

ban·gle ['bæŋgl̩] *n (for arm)* Armreif[en] *m*; *(for ankle)* Fußreif *m*, Fußring *m*

bang-up ['bæŋʌp] *adj* AM *(sl)* bombig *fam*, prima *fam*, klasse *fam*; **to do a ~ job on sth** etw toll hinkriegen *sl*

ban·ish ['bænɪʃ] *vt* ■ **to ~ sb from sth** jdn aus etw *dat* verbannen *fig*; **to ~ sb from a country** jdn des Landes verweisen, jdn aus einem Land ausweisen; **to ~ sth from one's mind** sich *dat* etw aus dem Kopf schlagen; **to ~ all sad thoughts** alle traurigen Gedanken verbannen

ban·ished ['bænɪʃt] *adj inv, attr* verbannt

ban·ish·ment ['bænɪʃmənt] *n no pl (form)* Verbannung *f*

ban·is·ter ['bænɪstəʳ, AM -əstɚ] *n usu pl* [Treppen]geländer *nt*

ban·jo ['bændʒəʊ, AM -dʒoʊ] *n* <*pl* -s *or* -es> Banjo *nt*

bank[1] [bæŋk] **I.** *n* ① *of a river* Ufer *nt*; *(sloping)* Böschung *f*; *(elevated area)* Abhang *m*; RAIL Bahndamm *m*; **~ of fog** Nebelbank *f*, Nebelwand *f*; **grassy ~s** grüne Hänge
② *of a road, railway* [Kurven]überhöhung *f*
③ *(of aircraft)* Querlage *f*, Schräglage *f*
④ *(row of objects)* Reihe *f*
⑤ *(oar tier)* Ruderbank *f*
II. *vi* AVIAT in die Querlage [*o* in den Kurvenflug] gehen, den Kurvenflug einleiten
III. *vt* ① *(heap)* ■ **to ~ sth** etw anhäufen [*o* aufschichten]; **to ~ a fire** ein Feuer mit Asche bedecken
② AVIAT **to ~ an aircraft** ein Flugzeug in die Querlage bringen [*o* in die Kurve legen]
③ *(confine)* ■ **to ~ sth** *water* etw eindämmen [*o* eingrenzen]

bank[2] [bæŋk] **I.** *n* ① *(financial institution)* Bank *f*; **central ~** Zentralbank *f*, Notenbank *f*; **Hight Street B~s** BRIT *die größten öffentlichen Bankinstitute in Großbritannien*; **merchant ~** BRIT Merchant Bank *f (Spezialinstitut für verschiedenste Finanzierungsleistungen: Groß- und Überseehandel und Emissionsgeschäfte)*; **national ~** AM von der Bundesregierung zugelassene Bank; **state ~** staatliche Bank; AM einzelstaatlich konzessionierte Bank; **World B~** Weltbank *f*; **B~ of England** Bank von England *f (englische Zentralbank)*; **~ for international payments** internationale Zahlungsverkehrsbank *f*; **B~ for International Settlements** [*or* **BIZ**] Bank *f* für internationalen Zahlungsausgleich; **to break the ~** die Bank sprengen; **to keep sth in a ~** etw auf [*o* bei] der Bank deponieren [*o* hinterlegen]; **to pay sth into a ~** etw bei einer Bank einzahlen; **to have money at** [*or* **in**] **a ~** Geld auf der Bank haben
② *(banker in gambling)* [Spiel]bank *f*, Bankhalter(in) *m(f)*; **to play ~** die Bank halten
③ *(storage place)* Bank *f*
II. *vi* ① *(have an account)* ein Bankkonto haben; *(transact)* Bankgeschäfte machen; ■ **to ~ with** [*or* **at**] **sb** bei jdm ein Konto haben; ***where do you ~?*** bei welcher Bank sind Sie?
② AM *(work in banking)* in [*o* bei] einer Bank arbeiten
③ *(in gambling)* die Bank halten
III. *vt* **to ~ money** Geld [auf [*o* bei] der Bank] einzahlen; **to ~ valuables** Wertsachen [in [*o* bei] einer Bank] deponieren
◆ **bank on** *vi* ■ **to ~ on sth** *(rely on)* sich *akk* auf etw *akk* verlassen, auf etw *akk* zählen; *(expect)* mit etw *dat* rechnen; ***can I ~ on your support?*** kann ich auf dich zählen?; ■ **to ~ on sb doing sth** sich *akk* darauf verlassen, dass jd etw tut
◆ **bank up I.** *vi* sich *akk* anhäufen
II. *vt* ■ **to ~ sth up** ① *earth* aufschütten; *tracks, mountainside* mit einer Böschung versehen
② *money* ansammeln

bank·abil·ity [,bæŋkə'bɪləti, AM -ti] *n* Ertragsfähigkeit *f*, Marktwert *m*

bank·able ['bæŋkəbl̩] *adj* ① FIN bankfähig, diskontierbar *fachspr*; **~ assets** bankfähige Vermögenswerte
② *(successful)* Gewinn bringend, einträglich

bank ac·'cept·ance *n* FIN Bankakzept *nt* **'bank ac·count** *n* Bankkonto *nt* **bank ac·'count·ing** *n no pl* Bankrechnungswesen *nt* **'bank ad·dress** *n* Bankadresse *f* **bank a'gree·ment** *n* Bankabkommen *nt* **bank 'audi·tor** *n* ECON Bankprüfer(in) *m(f)* **'bank bal·ance** *n no pl* Bankguthaben *nt*, Kontostand *m*; **~ sheet** Bankbilanz *f* **bank 'base rate** *n* FIN Eckzins *m* **'bank bill** *n* FIN Bankakzept *nt*, Bankwechsel *m* **'bank bond** *n* FIN Bankschuldverschreibung *f*, Bankobligation *f* **'bank book** *n* Sparbuch *nt*, Bankbuch *nt*

bank 'bor·row·ing *n* Kreditaufnahme *f* bei Banken; ***the new factory was financed by ~*** die neue Fabrik wurde durch Bankkredite finanziert; ***~ has increased*** Kreditaufnahmen bei Banken haben zugenommen

'bank branch *n* Filialbank *f* **'bank-break·ing** *adj inv (fam)* sündhaft teuer **'bank card** *n* AM Bankkarte *f*, Scheckkarte *f*; AUS Kreditkarte *f*

'bank charges *npl* Kontoführungsgebühren *pl,* Kontoführungskosten *pl,* Bankgebühren *pl* **'bank check** *n* AM FIN Bankscheck *m* **'bank cheque** *n* Bankscheck *m,* Kassenscheck *m* **'bank clerk** *n* Bankangestellte(r) *f(m),* SCHWEIZ *a.* Banker(in) *m(f)* **'bank code** *n* BRIT FIN Bankleitzahl *f,* BLZ *f* **bank com·'mis·sion** *n* Bankenkommission *f* **'bank count·er** *n* Bankschalter *m* **'bank cred·it** *n* Bankdarlehen *nt,* Bankkredit *m* **'bank debts** *n pl* Bankschulden *pl* **'bank de·pos·it in·sur·ance** *n* FIN Depositenversicherung *f* **'bank de·pos·its** *npl* Bankeinlagen *pl,* Bankguthaben *nt,* Giralgeld *nt* **bank 'dis·count** *n* FIN Wechseldiskont *m* **'bank draft** *n* AM FIN Bankwechsel *m,* Bankscheck *m*

bank·er ['bæŋkəʳ, AM -kɚ] *n* ① *(in bank)* Banker(in) *m(f) fam*
② *(in gambling)* Bankhalter(in) *m(f)*

bank·ers' ac·'cept·ance *n* Bankwechsel *m* **bank·ers ac·'cept·ances** *npl* AM FIN Bankakzepte *pl,* Privatdiskonten *nt* **'bank·ers' bank** *n* Bank *f* der Banken **'bank·er's card** *n* Scheckkarte *f* **'bank·er's draft** *n* Bankscheck *m,* Bankwechsel *m* **'bank·er's or·der** *n* Dauerauftrag *m*

'bank giro *n* FIN Bankgiro *nt* **bank guar·an·'tee** *n* FIN Bankgarantie *f,* Bankbürgschaft *f,* Aval *m* **'bank hold·ing** *n* FIN Banken-Holding *f;* ~ **company** Bank-Holdinggesellschaft *f* **bank 'holi·day** *n* ① BRIT gesetzlicher Feiertag ② AM Bankfeiertag *m* **bank iden·ti·fi·'ca·tion** *n* FIN Bankleitzahl *f* **bank iden·ti·fi·'ca·tion num·ber, BIN** *n* Bankkennzahl *f*

'bank in·dex *n* FIN Bankenindex *m*

bank·ing ['bæŋkɪŋ] **I.** *n* Bankwesen *nt,* Bankgeschäft *nt,* Bankgewerbe *nt;* **to be in** ~ bei einer Bank arbeiten
II. *n modifier (business, facilities)* Bank-

'bank·ing as·so·cia·tion *n* Bankenverband *m* **'bank·ing busi·ness** *n* Kreditgewerbe *nt,* Bankgeschäft *nt* **'bank·ing con·nec·tion** *n* Bankverbindung *f* **'bank·ing es·tab·lish·ment** *n* Bankinstitut *nt* **'bank·ing group** *n* Bankengruppe *f* **'bank·ing hours** *npl* Schalterstunden *pl,* Öffnungszeiten *pl* [einer Bank] **'bank·ing in·dus·try** *n* Bankwesen *nt,* Bankwirtschaft *f,* Bankenlandschaft *f* **'bank·ing in·sti·tu·tion** *n* Bankinstitut *nt* **'bank·ing law** *n* Bankrecht *nt; (act also)* Bankengesetz *nt*

Bank·ing 'Om·buds·man *n* ECON ~ Ombudsfrau *f,* Ombudsmann *m*

'bank·ing part·ner *n* Bankpartner(in) *m(f)* **'bank·ing prac·tice** *n* Bankpraxis *f* **'bank·ing se·cret** *n* Bankgeheimnis *nt* **'bank·ing sec·tor** *n* Bankensektor *m,* Bankgewerbe *nt,* Bankwirtschaft *f* **'bank·ing ser·vice** *n* Bankdienstleistung *f* **bank·ing super·vi·sory au'thor·ity** *n* Bankenaufsicht *f* **'bank·ing sys·tem** *n* ① *(network)* Bankensystem *nt* ② *(software)* Banksystem *nt*

bank in·'sur·ance fund *n* Bank Insurance Fund *m* **'bank law** *n* Bankgesetz *nt* **bank 'lend·ing** *n no pl* Bankkredit *m* **'bank loan** *n* Bankkredit *m* **'bank ma·chine** *n* Geldautomat *m,* Bankomat *m* SCHWEIZ **bank 'man·ag·er** *n* Zweigstellenleiter(in) *m(f)* einer Bank, Filialleiter(in) *m(f)* einer Bank **'bank money** *n* FIN Buchgeld *nt* **'bank·note** *n* ① *(money)* Banknote *f,* Geldschein *m* ② AM FIN Bankschuldschein *m* **'ban·knote-accept·ing ma·chine** *n* Banknotenakzeptor *m* **bank of 'is·sue** *n* ① *(shares)* Emissionsbank *f* ② *(money)* Notenbank *f* **bank 'poli·cy** *n* Bankunternehmenspolitik *f* **'bank rate** *n* Diskontsatz *m,* amtlicher Diskont **'bank rat·ing** *n* Banken-Rating *nt*

bank regu·'la·tion *n* Bankenregulierung *f;* ~ **by the state** staatliche Bankenaufsicht *f* **bank-regu'·la·tory** *adj attr, inv* bankenaufsichtsrechtlich **bank re·'mit·tance** *n* FIN Banküberweisung *f* **'bank re·turn** *n* BRIT FIN Notenbankausweis *m* **'bank rob·ber** *n* Bankräuber(in) *m(f)* **'bank rob·bery** *n* Bankraub *m,* Banküberfall *m*

'bank·roll I. *n (bank notes)* Banknotenrolle *f,* Banknotenbündel *nt,* Bündel *nt* Geldscheine; *(fig fam)* finanzielle Mittel, Geldmittel *pl*
II. *vt (fam)* ■**to** ~ **sb** jdm finanziell unter die Arme greifen *fam;* **to** ~ **a project** ein Projekt finanzieren; ■**to** ~ **sth** etw finanzieren

'bank run *n* FIN Bank Run *m*

bank·rupt ['bæŋkrʌpt] **I.** *adj* ① *(insolvent)* bankrott, zahlungsunfähig; ~ **estate** Konkursmasse *f;* **certificated** ~ rehabilitierter Konkursschuldner/rehabilitierte Konkursschuldnerin; **declared** ~ Gemeinschuldner(in) *m(f);* **discharged** ~ entlasteter Konkursschuldner/entlastete Konkursschuldnerin; **undischarged** ~ nicht entlasteter Konkursschuldner/nicht entlastete Konkursschuldnerin; **to adjudicate** [*or* **declare**] **sb** ~ jdn für zahlungsunfähig [*o* bankrott] erklären; **to go** ~ in Konkurs gehen, Bankrott machen *fam*
② *(deficient)* arm; ***this book is ~ of plot*** in diesem Buch gibt es keine Handlung; **to be ~ of ideas** keine Ideen haben; **to be morally** ~ *(fig)* moralisch verarmt sein; **to be politically** ~ politisch erledigt [*o* ruiniert] sein; **spiritually** ~ *person* geistig-seelisch bankrott
II. *vt* ■**to** ~ **sb/sth** *person, company* jdn/etw [finanziell] ruinieren [*o* in den Konkurs treiben]
III. *n* Konkursschuldner *m,* Gemeinschuldner *m,* Bankrotteur *m;* **to declare sb a** ~ jdn für zahlungsunfähig [*o* zum Gemeinschuldner] erklären

bank·rupt·cy ['bæŋkrʌp(t)si] *n* ① *no pl (insolvency)* Bankrott *m,* Konkurs *m;* ~ **trustee** LAW Konkursverwalter(in) *m(f);* **adjudication** [*or* **declaration**] **of** ~ Konkurseröffnungsbeschluss *m;* **criminal** ~ Konkurs *m* durch verurteilte Straftaten; **criminal** ~ **order** Verfügung *f* einer Konkursforderung im Strafverfahren gegen Schädiger; **discharge in** ~ Entlastung *f* des Konkursschuldners; **to file a petition in** ~ Konkurs anmelden, Antrag auf Konkurseröffnung stellen; **to be forced into** ~ in den Bankrott [*o* Konkurs] getrieben werden
② *(individual case)* Konkursfall *m*
③ *no pl (fig)* **moral** ~ moralische Verarmung

'Bank·rupt·cy Court *n* LAW Konkursgericht *nt* **'bank·rupt·cy notice** *n* Konkursanzeige *f* **'bank·rupt·cy pro·ceed·ings** *npl* Konkursverfahren *nt* **'bank·rupt·cy trus·tee** *n* ~ **trustee** LAW Konkursverwalter(in) *m(f)*

bank 'sav·ings bond *n* FIN Sparbrief *m* **'bank share** *n* STOCKEX Bankwert *m* **bank's night safe-de·pos·it box** *n* Nachttresor *m* **bank 'sort code** *n* BRIT Bankleitzahl *f* **'bank staff** *n* Bankpersonal *nt* **'bank state·ment** *n* Kontoauszug *m,* Bankauszug *m* **bank super·'vi·sion** *n no pl* Bankenaufsicht *f* **bank tech·nol·ogy** *n* Banktechnik *f* **bank trans·'ac·tions** *n pl* Bankzahlungsverkehr *m* **'bank trans·fer** *n* Überweisung *f* **bank 'trans·fer pay·ments** *n pl* Überweisungsverkehr *m*

ban·ner ['bænəʳ, AM -ɚ] **I.** *n* ① *(sign)* Transparent *nt,* Spruchband *nt*
② *(flag)* Banner *nt,* Fahne *f;* **to carry the ~ of sth** *(fig)* sich *dat* etw auf seine Fahne geschrieben haben *fig;* **to carry the ~ of freedom** *(fig)* die Fahne des Friedens hochhalten *fig;* **under the ~ of sth** *(fig)* unter dem Banner einer S. *gen*
③ *(on a website)* Banner *nt*
II. *adj attr* AM *year* überragend, ausgezeichnet, erstklassig

ban·ner 'ad·vert *n* INET Bannerwerbung *f* **ban·ner 'head·line** *n* Schlagzeile *f,* Balkenüberschrift *f*

ban·nis·ter *n see* **banister**

ban·nock ['bænək] *n runder, flacher und ungesäuerter Kuchen aus Hafer- oder Gerstenmehl*

banns [bænz] *npl* Aufgebot *nt;* **to forbid the** ~ Einspruch gegen die Eheschließung erheben; **to publish the** ~ das Aufgebot verkünden [*o* aushängen]

ban·quet ['bæŋkwɪt] **I.** *n* Bankett *nt,* [offizielles] Festessen
II. *vi* festlich speisen, tafeln
III. *vt* **to ~ sb on fine food and drink** jdn festlich bewirten

'ban·quet hall, ban·quet·ing hall ['bæŋkwɪtɪŋ,-, AM -t̬ɪŋ,-] *n* Bankettsaal *m,* Festsaal *m*

ban·quette [ˌbæŋ'ket] *n* gepolsterte Sitzbank

ban·shee ['bænʃi] *n* IRISH Todesfee *f,* Banshee *f;* **to wail** [*or* **howl**] **like a** ~ gespenstisch heulen

ban·tam ['bæntəm, AM -t̬əm] **I.** *n* ① *(chicken)* Bantamhuhn *nt,* Zwerghuhn *nt*
② *(fig: person)* energische, aggressive kleine Person
③ CAN SPORT *(player under 15)* Bantam *m o f*
II. *n modifier (for players under 15)* Bantam-; ~ **hockey league** Bantam-Hockeyliga *f*

ban·tam·weight *n* ① *(sportsman)* Boxer(in) *m(f)* im Bantamgewicht, Bantamgewichtler(in) *m(f)*
② *(weight class)* Bantamgewicht *nt (bis 54 kg)*

ban·ter ['bæntəʳ, AM -t̬ɚ] **I.** *n no pl* scherzhaftes Gerede, heitere Neckerei
II. *vi* herumscherzen, Späße machen; ■**to ~ with sb** mit jdm herumscherzen

ban·ter·ing ['bæntᵊrɪŋ] *adj* scherzhaft, neckend

Ban·tu <*pl* - *or* -s> ['bæntu:] *n* ① *(African)* Bantu *m o f;* SA *(dated or pej!: offensive term)* Bantuneger(in) *m(f) pej*
② *(language)* Bantu *nt*

ban·yan ['bænjæn, AM -jən] *n* Banyanbaum *m,* indischer Feigenbaum

ban·zai ['bænzaɪ, AM bɑ:nz-] *interj japanischer Schlachtruf/Hochruf*

bao·bab ['beɪəʊbæb, AM -oʊ-] *n* Baobab *m,* Affenbrotbaum *m*

BAOR *n (hist) abbrev of* **British Army of the Rhine** Britische Rheinarmee

bap [bæp] *n* BRIT *weiches rundes Brötchen [für Sandwich]*

bap·tism ['bæptɪzᵊm] *n* Taufe *f;* ~ **of fire** Feuertaufe *f fig*

bap·tis·mal [bæp'tɪzmᵊl] *adj* Tauf-; ~ **certificate** Taufschein *m;* ~ **font** Taufstein *m,* Taufbecken *nt*

bap·tist ['bæptɪst] *n* Täufer *m;* **John the B~** Johannes der Täufer

Bap·tist ['bæptɪst] **I.** *n* Baptist(in) *m(f)*
II. *n modifier (minister, congregation)* Baptisten-; **the B~ Church** die Kirche der Baptisten, die Baptistengemeinde

bap·tist·(e)ry ['bæptɪstᵊri] *n* ① *(building)* Baptisterium *nt fachspr,* Taufkapelle *f*
② *(basin)* Taufbecken *nt,* Taufstein *m*

bap·tize [bæp'taɪz, AM 'bæp-] *vt* ■**to ~ sb** jdn taufen; ***I was ~d Elizabeth*** ich wurde [auf den Namen] Elisabeth getauft; **to be ~d a Protestant/Catholic** protestantisch/katholisch getauft werden

bar [bɑ:ʳ, AM bɑ:r] **I.** *n* ① *(long rigid object)* Stange *f,* Stab *m; of a cage, cell* Gitterstab *m;* **to be behind ~s** hinter Schloss und Riegel sein
② *(in shape of bar)* **a ~ of chocolate** ein Riegel *m* Schokolade; **a ~ of gold** ein Goldbarren *m;* **a ~ of soap** ein Stück *nt* Seife
③ *(band of colour)* Streifen *m,* Band *nt;* **~ of light** Lichtstrahl *m*
④ BRIT *(heating element) Heizelement in künstlichen Kaminen*
⑤ MIL *Querstreifen eines Rangabzeichens*
⑥ BRIT *(marking end) Schranke od. Grenzlinie im House of Commons*
⑦ *(sandbank)* Barre *f,* Sandbank *f*
⑧ *(obstacle)* Hemmnis *nt,* Hindernis *nt;* **to be a ~ to sth** einer S. *dat* im Wege stehen
⑨ *(for drinking)* Lokal *nt,* Bar *f; (counter)* Bar *f,* Theke *f;* **the man behind the** ~ der Mann hinter dem Tresen *fam*
⑩ *(small shop)* Imbiss *m*
⑪ LAW *(court)* Gerichtshof *m;* **case at** ~ [dem Gericht] vorliegender Fall; **prisoner at the** ~ Angeklagte(r) *f(m);* **to be called to the** ~ als Anwalt zugelassen werden; **to plead at the** ~ vor Gericht plädieren; **at the** ~ vor Gericht
⑫ MUS Takt *m;* **three-four** ~ Dreivierteltakt *m*
II. *vt* <-rr-> ① *(fasten)* ■**to ~ sth** *door, window* etw verriegeln [*o* versperren]
② *(obstruct, hinder)* ■**to ~ sth** *road* etw blockieren; ***the centre of the town was ~ red off to football supporters*** das Stadtzentrum war für Fußballfans gesperrt; **to ~ sb's way/path** jdm den Weg verstellen [*o* versperren]
③ *(prohibit)* ■**to ~ sth** etw verbieten [*o* untersa

gen]; ■ **to ~ sb from sth** jdn von etw *dat* ausschließen; ■ **to be ~red** LAW ausgeschlossen sein; ■ **to be ~red from doing sth** bei etw *dat* nicht zugelassen werden; ***he was ~ red from playing for England*** er durfte nicht für England antreten; **to ~ a right** LAW ein Recht ausschließen
III. *prep* außer, ausgenommen, abgesehen von; **~ one** außer einem; **~ none** [alle] ohne Ausnahme, ohne Einschränkung, ausnahmslos
Bar [bɑːʳ, AM bɑːr] *n* LAW ■ **the ~** ① BRIT, AUS *(in higher courts)* die höhere Anwaltschaft; **to be called to the ~** als Anwalt/Anwältin vor höheren Gerichten zugelassen werden
② *(ruling body)* die Anwaltschaft; **the Bench and the ~** Richter und Anwälte; **the ~ Council** BRIT Anwaltskammer *f;* **the [American] ~ Association** die US-Bundesanwaltskammer; **to be admitted to the ~** AM als Anwalt/Anwältin [vor Gericht] zugelassen werden; **to read for the ~** BRIT Jura studieren [um Anwalt zu werden]
barb [bɑːb, AM bɑːrb] *n* ① *of hook, arrow* Widerhaken *m,* Stachel *m*
② *(insult)* Gehässigkeit *f,* Spitze *f,* bissige [*o* spitze] Bemerkung
Bar·ba·dian [bɑːˈbeɪdiən, AM bɑːr-] **I.** *n* Barbadier(in) *m(f)*
II. *adj* barbadisch
Bar·ba·dos [bɑːˈbeɪdɒs, AM bɑːrˈbeɪdoʊs] *n* Barbados *nt*
bar·bar·ian [bɑːˈbeəriən, AM bɑːrˈber-] *n* ① HIST Barbar(in) *m(f)*
② *(fig pej: uncultured person)* Barbar(in) *m(f) fig pej*
bar·bar·ic [bɑːˈbærɪk, AM bɑːrˈber-] *adj* ① *(cruel)* barbarisch, grausam
② *(fig: uncultured)* unkultiviert, ungesittet, primitiv
bar·bari·cal·ly [bɑːˈbærɪkᵊli, AM bɑːrˈber-] *adv* barbarisch, grausam
bar·bar·ism [ˈbɑːbᵊrɪzᵊm, AM ˈbɑːr-] *n no pl* ① *(unculturedness)* Barbarei *f,* Unkultiviertheit *f*
② *(cruelty)* Barbarei *f,* Grausamkeit *f;* **acts of ~** Gräueltaten *pl,* Grausamkeiten *pl*
③ LING [Sprach]barbarismus *m*
bar·bar·ity [bɑːˈbærəti, AM bɑːrˈbærət̬i] *n* Barbarei *f,* Grausamkeit *f*
bar·ba·ri·za·tion [ˌbɑːbəraɪˈzeɪʃᵊn, AM ˌbɑːr-] *n no pl* Verrohung *f,* Entmenschlichung *f*
bar·ba·rize [ˈbɑːbəraɪz, AM ˈbɑːr-] **I.** *vt* ■ **to ~ sth** etw verrohen [*o* verwildern] lassen
II. *vi* verrohen, verwildern
bar·ba·rous [ˈbɑːbᵊrəs, AM ˈbɑːr-] *adj (form liter) act, treatment* grausam, roh, barbarisch
bar·ba·rous·ly [ˈbɑːbᵊrəsli, AM ˈbɑːr-] *adv* auf barbarische Weise, barbarisch
bar·ba·rous·ness [ˈbɑːbᵊrəsnəs, AM ˈbɑːr-] *n no pl* Rohheit *f,* Grausamkeit *f,* Barbarei *f*
Bar·ba·ry [ˈbɑːbᵊri, AM ˈbɑːr] *(hist)* **I.** *n no pl* Barbarei *f hist*
II. *adj attr, inv pirate* in maurischen Gewässern *nach n hist*
Bar·ba·ry ˈape *n* ZOOL Berberaffe *m,* Magot *m* **Bar·ba·ry ˈCoast** *n no pl (hist)* ■ **the ~** die Barbarenküste *hist* **Bar·ba·ry ˈStates** *npl (hist) see* **Barbary** Länder *pl* der Barbarei *hist*
bar·be·cue [ˈbɑːbɪkjuː, AM ˈbɑːr-] **I.** *n* ① *(utensil)* Grill *m,* Bratrost *m*
② *(event)* Grillparty *f;* **to have a ~** grillen, grillieren SCHWEIZ
II. *vt* ■ **to ~ sth** etw grillen, etw *akk* grillieren SCHWEIZ
bar·be·cue ˈsauce *n* Barbecue-Soße *f,* Grillsoße *f*
barbed [bɑːbd, AM bɑːrbd] *adj attr* ① *hook, arrow* mit Widerhaken [*o* Stacheln]
② *(fig: hurtful, unkind)* scharf *fig,* verletzend *fig;* **~ wit** beißender Humor; **~ joke** boshafter Witz; **~ comment** bissiger Kommentar; **~ remark** bissige [*o* spitze] Bemerkung
barbed ˈwire *n* Stacheldraht *m*
bar·bel [ˈbɑːbᵊl, AM ˈbɑːr] *n* ZOOL ① <*pl* -s *or* -> *(fish)* Barbe *f*
② *(fleshy filament)* Bartfaden *m*

ˈbar-bell *n* AM STOCKEX Portefeuille *nt,* das aus Wertpapieren mit sehr langer und solchen mit sehr kurzer Laufzeit zusammengesetzt ist
barbell [ˈbɑːbel, AM ˈbɑːr-] *n* Hantel *f*
bar·ber [ˈbɑːbəʳ, AM ˈbɑːrbɚ] *n* [Herren]friseur *m,* [Herren]coiffeur *m* SCHWEIZ; **to go to the ~'s** zum Friseur gehen
ˈbar·ber·shop *n* AM Friseurgeschäft *nt,* Friseurladen *m,* Coiffeur *m* SCHWEIZ *(für Herren)* **bar·ber·shop quar·ˈtet** *n* MUS Barbershop-Quartett *nt*
bar·bi·can [ˈbɑːbɪkən, AM ˈbɑːr-] *n* Außenwerk *nt,* [mit Wachtürmen versehene] Verteidigungsanlage
bar·bie [ˈbɑːbi, AM ˈbɑːr-] *n* AUS *(fam) short for* **barbecue** *(utensil)* Grill *m; (event)* Grillparty *f*
Bar·bie doll® [ˈbɑːbi, AM ˈbɑːr-] *n* Barbie[-Puppe]® *f*
bar·bi·tone [ˈbɑːbɪtəʊn, AM ˈbɑːrbətoʊn], AM **bar·bi·tal** [ˈbɑːrbɪt̬ᵊl] *n no pl* PHARM Barbital *nt fachspr*
bar·bi·tu·rate [ˈbɑːbɪtʃᵊrət, AM ˈbɑːr-] *n* Barbiturat *nt fachspr,* Schlafmittel *nt*
bar·bo·tine [ˈbɑːbətɪn, AM ˈbɑːr-] *n modifier* Töpferkitt-
Bar·bour jack·et® [ˈbɑːbəʳ, AM ˈbɑːrbɚ-] *n* Barbour-Jacke® *f (gewachste Allwetterjacke)*
Bar-B-Q [ˈbɑːbɪkjuː, AM ˈbɑːr-] *n (fam) see* **barbecue**
barb·wire [ˈbɑːrbwaɪɚ] *n no pl* AM *see* **barbed wire**
ˈbar chart *n* Histogramm *nt,* Säulendiagramm *nt,* Balkendiagramm *nt*
Barclays In·dex [ˈbɑːkliz-] *n* STOCKEX Preisindex *m* der Börse in Neuseeland **ˈbar code** *n* Strichcode *m,* EAN-Code *m,* Balkencode *m* **ˈbar cod·ed** *adj* mit Strichkodierung *nach n* **ˈbar code read·er, ˈbar code scan·ner** *n* Strichcodeleser *m,* Strichcodescanner *m*
bard [bɑːd, AM bɑːrd] *n (liter)* Barde *m poet,* Sänger *m poet o iron,* Dichter *m;* **the B~ of Avon** Shakespeare
bard·ic [ˈbɑːdɪk, AM ˈbɑːr] *adj inv* Barden-
bare [beəʳ, AM ber] **I.** *adj* ① *(unclothed)* nackt, bloß, SCHWEIZ *a.* blutt *fam;* **in ~ feet** barfuß; **to do sth with one's ~ hands** *(fig)* etw mit seinen bloßen Händen tun; **with ~ midriff** nabelfrei; **to be ~ to the waist** einen nackten Oberkörper haben
② *(uncovered)* **~ branch** kahler Ast; **~ landscape** karge Landschaft
③ *(empty) cupboard* leer; ***the room was ~ of furniture*** in dem Zimmer standen keinerlei Möbel
④ *(unadorned)* bloß, nackt, schlicht; **the ~ facts** die nackten Tatsachen; **the ~ truth** die ungeschminkte [*o* nackte] Wahrheit; **to lay sth ~** etw frei legen; **to lay ~ the truth** *(fig)* die Wahrheit ans Licht bringen
⑤ *(basic)* **the ~ minimum** das absolute Minimum; **the ~ necessities** [*or* **essentials**] [**of life**] das [zum Leben] Allernotwendigste
▶PHRASES: **the ~ <u>bones</u>** [**of a story**] die Grundzüge [einer Geschichte]
II. *vt* ■ **to ~ sth** etw entblößen; **to ~ one's head** den Hut abnehmen [*o* ziehen]; **to ~ one's heart/soul to sb** jdm sein Herz ausschütten, sich *akk* jdm anvertrauen; **to ~ one's teeth** die Zähne zeigen [*o* fletschen]
ˈbare·back I. *adj inv* ohne Sattel, ungesattelt; **~ rider** *Reiter auf einem ungesattelten Pferd*
II. *adv inv* **to ride ~** *(without a saddle)* ohne Sattel reiten; *(sl: have unprotected sex)* ungeschützten Sex haben
bare ˈboard *n* COMPUT unbestückte Leiterplatine
ˈbare·faced *adj (pej)* unverhüllt, schamlos, unverfroren; **~ lie** unverschämte Lüge **ˈbare·foot, bare·ˈfoot·ed I.** *adj inv* barfüßig, barfuß
II. *adv inv* barfuß **bare·ˈhead·ed I.** *adj inv* barhäuptig, ohne Kopfbedeckung **II.** *adv inv* ohne Kopfbedeckung **bare in·ˈfini·tive** *n* LING einfache Infinitivform **bare-ˈknuck·le** *adj attr* ① *(without gloves)* ohne Boxhandschuhe ② *(fig)* brutal **bare-ˈknuck·led** *adj attr* brutal **bare-ˈleg·ged** *adj inv* ohne Strümpfe *nach n,* unbestrumpft
bare·ly [ˈbeəli, AM ˈber-] *adv inv* ① *(hardly)* kaum; ***we ~ made it on time*** wir haben es gerade noch rechtzeitig geschafft; ***he looked at us with ~ concealed hostility*** er machte kaum Anstrengungen, seine Feindseligkeit vor uns zu verbergen
② *(scantily)* karg, spärlich, dürftig; **~ furnished** spärlich möbliert
bare·ness [ˈbeənəs, AM ˈber-] *n of a person* Nacktheit *f,* Blöße *f; of a landscape* Kargheit *f,* Kahlheit *f; of a room* Leere *f*
Bar·ents Sea [ˌbærəntsˈsiː] *n* Barentssee *f*
barf [bɑːf, AM bɑːrf] **I.** *vi esp* AM *(fam!)* kotzen *derb*
II. *n no pl* Kotze *f derb*
ˈbarf bag *n* AM *(fam!)* Kotztüte *f derb*
bar·fly [ˈbɑːflaɪ, AM ˈbɑːr-] *n (fam)* Kneipenhocker(in) *m(f) fam,* Lokalgeher(in) *m(f)* ÖSTERR *fam*
bar·gain [ˈbɑːgɪn, AM ˈbɑːr-] **I.** *n* ① *(agreement)* Handel *m,* Geschäft *nt;* **to drive a hard ~** hart verhandeln, einen harten Verhandlungskurs fahren; **to keep one's side of the ~** seinen Anteil [des Abkommens] erfüllen; **to strike** [*or* **make**] **a ~** einen Handel machen; *(reach an agreement)* eine Übereinkunft [*o* Verabredung] treffen
② *(good buy)* guter Kauf; ***what a ~!*** das ist aber günstig! [*o* ja geschenkt!]; **a real ~** ein echtes Schnäppchen *fam*
③ STOCKEX *(good offer)* Börsengeschäft *nt,* Abschluss *m;* **~s done** Anzahl der Abschlüsse [*o* Börsengeschäfte]
▶PHRASES: **<u>into</u> the ~** darüber hinaus, obendrein, noch dazu
II. *n modifier* **~ buy** Preisschlager *m;* **~ counter** Sonderangebotstisch *m,* Theke *f* für Sonderangebote; **~ offer** Sonderangebot *nt;* **~ rate** Sonderpreis *m;* **~ table** Tisch *m* mit Sonderangeboten
III. *vi* ① *(negotiate)* ■ **to ~** [**with sb**] [mit jdm] [ver]handeln; ■ **to ~ for sth** um etw *akk* feilschen
② *(expect)* ■ **to ~ that ...** damit rechnen [*o* davon ausgehen], dass ...
◆**bargain away** *vt* ■ **to ~ away** ⊃ **sth** sich *dat* etw abhandeln lassen; ***I've ~ed away my freedom*** ich habe meine Freiheit geopfert
◆**bargain for** *vi* ■ **to ~ for sth** ① *(negotiate for)* um etw *akk* verhandeln; *(at the market)* um etw *akk* feilschen
② *(reckon with)* etw erwarten, mit etw *dat* rechnen; **to get more than one ~ed for** eine unangenehme Überraschung erleben
◆**bargain on** *vi* ■ **to ~ on sth** auf etw *akk* zählen, sich *akk* auf etw *akk* verlassen
bar·gain ˈbase·ment I. *n* AM *Untergeschoss (im Kaufhaus) mit Sonderangeboten* **II.** *n modifier* ***I'm selling this at a ~ price*** ich verkaufe dies zu einem Sonderpreis; **~ prices** Dumpingpreise *pl* **ˈbar·gain-base·ment** *n modifier (prices, suit)* Billig- **ˈbar·gain bin** *n* Wühlkorb *m* **ˈbar·gain-bin** *n modifier (sweater)* Ausverkaufs-, reduziert **bar·gain ˈbuy** *n* Kaufgelegenheit *f*
bar·gain·er [ˈbɑːgɪnəʳ, AM ˈbɑːrgɪnɚ] *n* Verhandlungspartner(in) *m(f)*
ˈbar·gain hunt·er *n* Schnäppchenjäger(in) *m(f) fam* **ˈbar·gain hunt·ing** *n no pl* Aufstöbern *nt* günstiger Gelegenheitskäufe, Schnäppchenjagd *f*
bar·gain·ing [ˈbɑːgɪnɪŋ, AM ˈbɑːr-] **I.** *n no pl* [Ver]handeln *nt;* **plea ~** LAW Absprache *f* zwischen Anklage und Verteidigung *(hinsichtlich der Beschränkung der Anklage auf einzelne Punkte oder des Strafmaßes);* [**free**] **collective ~** ECON [autonome] Tarifverhandlungen
II. *n modifier (framework, position)* Verhandlungs-
ˈbar·gain·ing chip, ˈbar·gain·ing counter *n* BRIT Trumpfkarte *f* [bei Verhandlungen] *fig* **ˈbar·gain·ing place** *n* COMM Börsenraum *m* **ˈbar·gain·ing power** *n* Verhandlungsstärke *f,* Verhandlungsmacht *f* **ˈbar·gain·ing table** *n* **to let sb sit at the ~** jdn an den Verhandlungstisch bitten
ˈbar·gain price *n* Sonderpreis *m,* Spottpreis *m fam* **ˈbar·gain-priced** *adj inv* stark reduziert, zum Schleuderpreis *nach n* **ˈbar·gain sale** *n* Verkauf *m* zu herabgesetzten Preisen, Ausverkauf *m* **ˈbar·gain ta·ble** *n* Wühltisch *m*
barge [bɑːdʒ, AM bɑːrdʒ] **I.** *n (for cargo)* Lastschiff *nt,* Lastkahn *m; (for pleasure)* Prunkschiff *nt,* Galaboot *nt*
II. *vi* ① *(dash)* rempeln; ***they ~d through the***

crowd sie drängten sich durch die Menge; ■**to ~ into sb** in jdn hineinlaufen, jdn anrempeln
② *(push)* drängeln, schieben
III. *vt* **to ~ one's way through sth** sich *dat* seinen Weg durch etw *akk* bahnen, sich *akk* durch etw *akk* durchkämpfen; **to ~ one's way to the front** sich *akk* nach vorne drängeln
◆**barge in** *vi (enter)* hereinplatzen *fam*, hereinstürmen *fam; (interrupt)* ins Wort fallen; ***sorry to ~ in ...*** entschuldigen Sie, wenn ich Sie unterbreche ...; **to ~ in on a meeting** in ein Treffen hineinplatzen

bargee [bɑːˈdʒiː, AM bɑːrˈ] *n* BRIT Kahnführer(in) *m(f)*

barge·pole [ˈbɑːdʒpəʊl, AM ˈbɑːrdʒpoʊl] *n* Bootsstange *f*
▶PHRASES: **sb wouldn't touch sb/sth with a ~** *(fam)* ***she would not touch him with a ~*** sie würde ihn nicht mal mit einer Pinzette anfassen

ˈbar graph *n* Histogramm *nt*, Säulendiagramm *nt*, Balkendiagramm *nt* **bar ˈgraph·ics** *n* AM COMPUT Streifencode *m*

ˈbar·hop·ping *n esp* AM *no pl* Kneipentour *f*, Sauftour *f fam*, Lokaltour *f* ÖSTERR *fam;* **to go ~** von einer Kneipe in die nächste ziehen, eine Kneipentour machen, ÖSTERR *a.* einen Zieher machen *fam*

bari·tone [ˈbærɪtəʊn, AM ˈberətoʊn] **I.** *n* Bariton *m*, Baritonstimme *f*
II. *n modifier (voice, sax)* Bariton-

bar·ium [beəriəm, AM beri] CHEM **I.** *n no pl* Barium *nt*
II. *n modifier* Barium-

ˈbar·ium meal BRIT, AUS, AM **bar·ium ˈsul·fate** *n Kontrastflüssigkeit [mit Bariumsulfat]*

bark¹ [bɑːk, AM bɑːrk] *n no pl (part of tree)* [Baum]rinde *f*, Borke *f*

bark² [bɑːk, AM bɑːrk] **I.** *n (animal cry)* Bellen *nt; (fig)* Anblaffen *nt fam*, Anschnauzen *nt fam;* **to give a ~** bellen
▶PHRASES: **sb's ~ is worse than his/her bite** Hunde, die bellen, beißen nicht
II. *vi (give a bark)* bellen
▶PHRASES: **to ~ at one's shoes** AM *(sl)* kotzen *sl;* **to ~ up the wrong tree** auf dem Holzweg sein *fig*
◆**bark out** *vt* ■**to ~ out** ⊂ **sth** etw [barsch] bellen

ˈbar·keep·er, AM **ˈbar·keep** *n* ① *(bar owner)* Barbesitzer(in) *m(f)*, [Gast]wirt(in) *m(f)*
② *(server of drinks)* Barkeeper(in) *m(f)*, Barmixer(in) *m(f)*, Barmann *m*

bark·er [ˈbɑːkəʳ, AM ˈbɑːrkɚ] *n (fam)* Marktschreier *m; (outside nightclub, shop)* Anreißer *m*, Türlsteher *m* ÖSTERR

bark·ing [ˈbɑːkɪŋ] *adv* BRIT *(fam)* verrückt; **to be ~ mad** total durchgeknallt sein *fam*, einen Hau [*o* ÖSTERR *oft* Hieb] [*o* SCHWEIZ Sprung] haben *sl*

bar·ley [ˈbɑːli, AM ˈbɑːr-] *n no pl* Gerste *f;* **pearl ~** Gerstengraupen *pl*, Perlgraupen *pl*

ˈbar·ley sug·ar *n hartes, beigefarbenes Zuckerbonbon* **ˈbar·ley wa·ter** *n Gerstenwasser mit Zitronen- oder Orangengeschmack*

ˈbar line *n* MUS Taktstrich *m*

ˈbar mag·net *n* PHYS Stabmagnet *m*

ˈbar·maid *n* Bardame *f* **ˈbar·man** *n* Barmann *m*, Barkeeper *m*, Barmixer *m*

bar mitz·vah [bɑːˈmɪtsvə, AM bɑːr-] *n* ① *(ritual)* Bar-Mizwa *f*
② *(boy)* Bar-Mizwa *m*

bar·my [ˈbɑːmi, AM ˈbɑːr-] *adj esp* BRIT *(fam) idea* blödsinnig *fam*, bescheuert *fam*, bekloppt BRD *fam; person* bekloppt BRD *fam*, bescheuert *fam*, plemplem *präd fam*

barn [bɑːn, AM bɑːrn] *n* Scheune *f*, Scheuer *f* DIAL; *(for animals only)* [Vieh]stall *m*

bar·na·cle [ˈbɑːnəkl, AM ˈbɑːrn-] *n* ZOOL Rankenfußkrebs *m*, Rankenfüßer *m*

ˈbarn dance *n Tanzveranstaltung mit ländlicher Musik* **ˈbarn eggs** *npl* Eier *pl* von Hühnern in Bodenhaltung

bar·net [ˈbɑːnɪt] *n* BRIT *(rhyming sl: a person's hair)* Haare *pl*

Barney [ˈbɑːni, AM ˈbɑːr-] *n (sl) jd, der eine tolle [Surf]ausrüstung hat, die Sportart aber nicht beherrscht*

bar·ney [ˈbɑːni] *n* BRIT Krach *m fam*, Streit *m;* **to have a ~ with sb** mit jdm Krach haben *fam*

ˈbarn owl *n* ORN Schleiereule *f* **ˈbarn·storm I.** *vi esp* AM [Wahl]reden haltend durch die Provinz ziehen **II.** *vt esp* AM **to ~ the country** im Wahlkampf [*o* wahlkämpfend] durchs Land ziehen **ˈbarn·storm·ing** *adj* mitreißend, überwältigend **ˈbarn·yard** *n esp* AM [Bauern]hof *m*

ba·rom·eter [bəˈrɒmɪtəʳ, AM -ˈrɑːmət̬ɚ] *n* Barometer *nt; (fig)* [Stimmungs]barometer *nt*, Stimmungsmesser *m*

baro·met·ric(al) [ˌbærə(ʊ)ˈmetrɪk(ᵊl), AM ˌberə-] *adj* barometrisch, Barometer-; **~ pressure** Luftdruck *m*, atmosphärischer Druck

bar·on [ˈbærən, AM ˈber-] *n* Baron *m*, Freiherr *m;* LAW *(or sl)* Pate *m; (fig)* Magnat *m*, Baron *m fig;* **drug ~** Drogenbaron *m sl;* **oil ~** Ölmagnat *m;* **press ~** Pressezar *m*

Bar·on [ˈbærən, AM ˈber-] *n* Baron *m (als Anrede)*

bar·on·ess [ˈbærᵊnəs, AM ˈber-] *n* Baronin *f*, Baronesse *f*, Freifrau *f*

Bar·on·ess [ˈbærᵊnəs, AM ˈber-] *n* Baronin *f (als Anrede)*

bar·on·et [ˈbærᵊnɪt, AM ˈber-] *n* Baronet *m*

bar·on·et·cy [ˈbærᵊnɪtsi, AM ˈber-] *n* Baronetstand *m*, Baronetswürde *f*

ba·ro·nial [bəˈrəʊniəl, AM -ˈroʊ-] *adj* ① *(great)* fürstlich, herrschaftlich, großartig
② *(of a baron) (insignia, crest)* Barons-

baro·ny [ˈbærᵊni, AM ˈber-] *n* Baronie *f*, Machtbereich *m* eines Barons/einer Baronin

ba·roque [bəˈrɒk, AM -ˈroʊk] **I.** *adj* barock, Barock-
II. *n no pl* ■**the ~** der/das Barock

ˈbar print·er *n* COMPUT Stabdrucker *m*

barque [bɑːk, AM bɑːrk] *n* ① *(sailing ship)* Bark *f*
② *(poet liter: boat)* Barke *f*

bar·rack [ˈbærək] *vt* BRIT ■**to ~ sb** jdn ausbuhen

bar·rack·ing [ˈbærəkɪŋ] *n no pl* Pfeifen *nt*, Buhrufe *pl*, Gejohle *nt fam*

ˈbar·rack-room *adj attr, inv* ① *(of a barrack room)* im Kasernenton *nach n; (fig)* Kasernen- *fig*
② *(unqualified)* schwadronierend, sich *akk* mausig machend BRD; *lawyer* als lautstarker Besserwisser auftretend

bar·racks [ˈbærəks, AM ˈber-] *npl + sing/pl vb* ■**the ~** die Kaserne

bar·rack ˈsquare *n* Kasernenhof *m*

bar·ra·cou·ta <*pl - or -s*> [ˌbærəˈkuːtə, AM ˌberəˈkuːt̬ə] *n* ① *(fish)* Hechtmakrele *f*
② NZ *(fam) längliches Brot*

bar·ra·cu·da <*pl - or -s*> [ˌbærəˈkuːdə, AM ˌber-] *n*
① *(fish)* Barrakuda *m*, Pfeilhecht *m*
② AM *(fig)* Finanzhyäne *f*, Geldhai *m*

bar·rage [ˈbærɑː(d)ʒ, AM bəˈrɑː(d)ʒ] **I.** *n* ① MIL Sperrfeuer *nt*
② *(rapid succession)* Hagel *m fig*, Flut *f fig;* ***they received a ~ of criticism*** es hagelte nur so an Kritik; **a ~ of complaints** eine Beschwerdeflut; **a ~ of questions** ein Schwall *m* von Fragen
③ BRIT *(barrier)* Wehr *nt*, Staustufe *f*, Talsperre *f*
II. *vt* **to be ~d with complaints/questions** mit Beschwerden/Fragen bombardiert werden

bar·rage bal·ˈloon *n* MIL Sperrballon *m*

bar·ra·tor [ˈbærətəʳ, AM ˈberət̬ɚ] *n (pej)* Querulant(in) *m(f)*

bar·ra·try [ˈbærətri, AM ˈber-] *n* LAW ① *(damaging ship)* Barraterie *f (betrügerische Handlungen eines Schiffskapitäns oder seiner Mannschaft)*
② AM *(starting lawsuit without grounds)* mutwilliges Prozessieren

barre [bɑːʳ, AM bɑːr] *n* [Ballett]stange *f*

barred [bɑːd, AM bɑːrd] *adj inv* [ab]gesperrt; *window* vergittert

bar·rel [ˈbærᵊl, AM *also* ˈber-] **I.** *n* ① *(container)* Fass *nt*, Tonne *f*
② *(measure for beer and oil)* Barrel *nt*
③ *of an animal* Rumpf *m*, Leib *m*
④ *of a gun* Lauf *m*, Schaft *m; of a cannon* Rohr *nt*
⑤ *of a pen* Tank *m*
▶PHRASES: **to be a ~ of fun** [*or* **laughs**] ein [echter] Spaßvogel sein *fam;* ***I wouldn't say he's a ~ of laughs*** er ist nicht gerade eine Stimmungskanone; **to have sb over a ~** jdn in der Hand haben *fam*
II. *vi* <BRIT -ll- *or* AM *usu* -l-> *(fam)* rasen *fam*
III. *vt* <BRIT -ll- *or* AM *usu* -l-> ■**to ~ sth** etw in Fässer [ab]füllen

bar·rel-ˈchest·ed *adj* ■**to be ~** einen breiten Brustkorb haben **bar·rel dis·ˈtor·tion** *n* PHYS Tonnenverzeichnung *f* **ˈbar·rel or·gan** *n* MUS Drehorgel *f*, Leierkasten *m* **ˈbar·rel print·er** *n* COMPUT Typenwalzendrucker *m* **ˈbar·rel roll** *n* AVIAT Rolle *f (im Kunstflug)* **ˈbar·rel vault** *n* ARCHIT Tonnengewölbe *nt*

bar·ren [ˈbærᵊn, AM *esp* ˈber-] *adj* ① *man, animal, plant* unfruchtbar, steril; *(old) woman* kinderlos; **a ~ landscape** eine karge [*o* öde] [*o* kahle] Landschaft
② *(producing no results)* nutzlos, zwecklos; FIN **~ money** totes Kapital
③ *(fig: unproductive)* unproduktiv, unergiebig, dürftig; **to be ~ of results** kaum Erfolg haben; **~ years** magere Jahre

bar·ren·ness [ˈbærᵊnnəs, AM *esp* ˈber-] *n of a plant, soil* Unfruchtbarkeit *f*, Sterilität *f; of a landscape* Kargheit *f*, Unergiebigkeit *f; (old) of a woman* Kinderlosigkeit *f*

bar·rette [bəˈret] *n* AM *(hair slide)* [Haar]spange *f*

bar·ri·cade [ˈbærɪkeɪd, ˌbærəˈkeɪd, AM ˈberə-] **I.** *n* Barrikade *f*
II. *vt* ■**to ~ sth** etw verbarrikadieren [*o* verrammeln]; ■**to ~ oneself into sth** sich *akk* in etw *dat* verschanzen [*o* verbarrikadieren]

bar·ri·er [ˈbæriəʳ, AM ˈberiɚ] *n* ① *(obstacle)* Barriere *f*, Hindernis *nt; (man-made)* Absperrung *f; (at railway station)* Schranke *f*
② *(preventing communication)* Barriere *f*, Hindernis *nt;* **language ~** Sprachbarriere *f*

ˈbar·ri·er box *n* ELEC Isoliersteg *m* **ˈbar·ri·er cream** *n* BRIT Hautschutzcreme *f* **ˈbar·ri·er ef·fect** *n* TECH Sperrwirkung *f* **ˈbar·ri·er grid** *n* TECH Sperrgitter *nt* **ˈbar·ri·er lay·er** *n* PHYS, CHEM Sperrschicht *f* **ˈbar·ri·er reef** *n* Wallriff *nt*, vorgelagertes Riff; ■**the Great Barrier Reef** das Große Barriereriff

bar·ring [ˈbɑːrɪŋ] *prep* ausgenommen, außer, abgesehen von; ***we should arrive at ten o'clock ~ any unexpected delays*** wenn es keine unerwarteten Verspätungen gibt, werden wir so um zehn ankommen

bar·rio [bɑːrioʊ] *n* AM Barrio *m (vorwiegend spanischsprachiges Viertel in amerikanischen Städten)*

bar·ris·ter [ˈbærɪstəʳ], **bar·ris·ter-at-law** [ˌbærɪstəʳətˈlɔː] *n* BRIT, AUS Barrister *m*, Rechtsanwalt *m/* Rechtsanwältin *f* [bei höheren Gerichten]

barrister *n* Rechtsanwalt *m*

bar·row [ˈbærəʊ, AM ˈberoʊ] *n* ① *(wheelbarrow)* Schubkarren *m*, ÖSTERR *oft* Scheibtruhe *f*, Garette *f* SCHWEIZ
② *(cart)* Wagen *m*, Karren *m*

ˈbar·row boy *n* Straßenverkäufer *m*, Straßenhändler *m (mit Karren)*

bar·ry [bɑːri] *adv* SCOT *(good)* großartig

ˈbar snack *n* [kleiner] Imbiss, Snack *m* **ˈbar stool** *n* Barhocker *m* **bar·tend·er** [ˈbɑːˌtendəʳ, AM ˈbɑːrˌtendɚ] *n esp* AM Barkeeper *m*, Barmixer *m*

bar·ter [ˈbɑːtəʳ, AM ˈbɑːrt̬ɚ] **I.** *n no pl* Tausch[handel] *m*, Tauschgeschäft *nt*
II. *vi* ① *(exchange of goods)* Tauschhandel [be]treiben; **to ~ for sth** um etw *akk* handeln [*o* feilschen]; ■**to ~ for sth with sth** etw gegen etw *akk* tauschen
② *(bargain)* [ver]handeln
III. *vt* ■**to ~ sth for sth** etw gegen etw *akk* tauschen

bar·ter eˈcono·my *n* Tauschwirtschaft *f*

ˈbar·ter·ing *n no pl* Tauschhandel *m*, Tauschverkehr *m*

bary·on [ˈbærɪɒn] *n* PHYS Baryon *nt*

ba·ryte, AM **bar·ite** *n* [ˈbɑːraɪt] *no pl* CHEM, GEOL Baryt *m fachspr*, Schwerspat *m*, Bariumsulfat *nt*

ba·sal [ˈbeɪsᵊl] *adj inv* an der Basis befindlich; *(fig)* grundlegend *fig;* SCI basal *fachspr*

bas·alt [ˈbæsɔːlt, AM bəˈsɔːlt] *n no pl* GEOL Basalt *m*

bas·cule [ˈbæskjuːl] *n* ① *(bridge)* Klappbrücke *f*
② *(road)* Brückenklappe *f*

base[1] [beɪs] **I.** *n* ❶ *(bottom) of mountain, tree, lamp* Fuß *m; of vase, glass* Boden *m; of statue, sculpture, column* Sockel *m,* Fuß *m;* ANAT *of spine* Basis *f,* Unterteil *nt;* ~ **of the brain** Gehirnbasis *f*
❷ *(basis) of opinion* Grundlage *f; of research* Ausgangspunkt *m,* Basis *f*
❸ *(foundation)* Grundlage *f,* Basis *f,* Ausgangspunkt *m; (of paint)* Substrat *nt,* Grundstoff *m*
❹ *(main location)* Hauptsitz *m;* MIL Basis *f,* Stützpunkt *m,* Standort *m*
❺ *(main ingredient)* Hauptbestandteil *m,* Grundstoff *m*
❻ *(first ingredient used)* Grundlage *f,* Untergrund *m; (for painting)* Grundierung *f*
❼ CHEM Base *f,* Lauge *f*
❽ BIOL [Purin]base *f*
❾ MATH *(number)* Grundzahl *f,* Basis *f; (of triangle)* Basis *f,* Grundlinie *f,* Grundseite *f; (for solids)* Grundfläche *f*
❿ ELEC *(middle of transistor)* Basis[zone] *f*
⓫ LING *(primary morpheme)* [Wort]stamm *m; (root)* Wurzel *f*
⓬ SPORT *(in baseball)* Mal *nt,* Base *f;* **to touch second** ~ bis zur zweiten Base kommen
▶PHRASES: **to get to first** ~ *esp* AM *(fig fam)* etw erreichen, einen Schritt nach vorn machen; **to get to first** ~ **with sb** *esp* AM *(fam)* bei jdm landen können *fam;* **to be off** ~ AM *(fam: be mistaken)* falschliegen; *(be surprised)* völlig überrascht sein; **to touch** ~ *esp* AM sich *akk* mit jdm in Verbindung setzen, sich *akk* bei jdm melden
II. *vt* ❶ ■**to be** ~**d** *firm* seinen Sitz haben; *soldier* stationiert sein
❷ *(taken from)* ■**to be** ~**d on sth** auf etw *dat* basieren [*o* beruhen]
❸ *(prove)* ■**to** ~ **sth on sth** *speculation* etw auf etw *akk* stützen [*o* gründen]

base[2] [beɪs] *adj* ❶ *(liter: immoral)* niederträchtig, gemein, feige, niedrig; ~ **crime** niederträchtiges [*o* feiges] Verbrechen; ~ **motives** niedere Beweggründe
❷ *(menial) work, job* niedrig, geringwertig, untergeordnet, minderwertig

base a'mount *n* FIN Grundbetrag *m*

'base·ball *n* ❶ *no pl (game)* Baseball *m o nt*
❷ *(ball)* Baseball *m*

'base·ball cap *n* Baseballkappe *f,* Baseballmütze *f*
base·ball 'dia·mond *n Spielfeld beim Baseball*
'base·ball jack·et *n* Baseballjacke *f*

'base·board *n* AM Fußleiste *f,* Wandleiste *f* **'base camp** *n* Basislager *nt,* Versorgungslager *nt* **base 'costs** *n pl* Basiskosten *pl* **'base cur·ren·cy** *n* FIN Währungsgrundlage *f*

-based [beɪst] *in compounds* ❶ *(concentrating on)* -gestützt, -basiert; **computer**~ **learning** computergestütztes Lernen
❷ *(located at or in)* ansässig [in/an/auf *dat*]; **London**~ mit Sitz in London

'base date *n* FIN Basiszeitpunkt *m* **base ex·'change rate** *n* FIN Basiswechselkurs *m* **'base form** *n* LING Stammform *f,* Grundform *f* **base 'in·ter·est rate** *n* ❶ *of bank* Leitzins[satz] *m* ❷ *of investments* Basiszinsfuß *m*

Ba·sel ['bɑːzᵊl] *n* Basel *nt*

'base·less *adj* unbegründet, grundlos, aus der Luft gegriffen; ~ **accusations/allegations** haltlose Anschuldigungen/Behauptungen; **to be completely** ~ *accusations* jeglicher Grundlage entbehren

'base·line *n* SPORT ❶ *(in tennis, volleyball)* Grundlinie *f*
❷ *(in baseball) Verbindungslinie von einer Base zur nächsten*
❸ *(starting point)* ~ **scenario** Grundszenario *nt*

base·ly ['beɪsli] *adv* niederträchtig, gemein, niedrig

'base·man *n (in baseball)* Baseman *m,* Spieler *m* an einer Base; **first/second/third** ~ Spieler *m* an der ersten/zweiten/dritten Base

base·ment ['beɪsmənt] *n (living area)* Untergeschoss *nt,* Tiefgeschoss *nt,* Souterrain *nt; (cellar)* Keller *m,* Kellergeschoss *nt;* ~ **flat** Souterrainwohnung *f*

base 'met·al *n* unedles Metall **'base mon·ey** *n* FIN Geldbasis *f*

base·ness ['beɪsnəs] *n no pl* ❶ *(liter) of a person* Niederträchtigkeit *f,* Gemeinheit *f; of a motive* Niedrigkeit *f*
❷ *of a task* Minderwertigkeit *f,* Unzulänglichkeit *f*

'base pay *n* ECON Grundlohn *m* **'base rate** *n* BRIT FIN Leitzins *m,* Eckzins *m*

bases[1] ['beɪsɪz] *n pl of* **base**
bases[2] ['beɪsiːz] *n pl of* **basis**

base-weight·ed 'in·dex *n* FIN auf ein Basisjahr bezogener Index

bash [bæʃ] **I.** *n* <*pl* -es> ❶ *(blow)* [heftiger] Schlag
❷ BRIT *(sl)* Versuch *m;* **to have a** ~ **at sth** etw [einmal] probieren, sein Glück mit etw *dat* versuchen
❸ *(sl: party)* Party *f,* Fete *f sl*
II. *vi* ■**to** ~ **into sb/sth** mit jdm/etw zusammenstoßen
III. *vt* ❶ *(hit hard)* ■**to** ~ **sb** jdn verhauen [*o* verprügeln]; **to** ~ **one's head/knee on sth** mit dem Kopf/Knie gegen etw *akk* knallen
❷ *(fam: criticize)* ■**to** ~ **sb** jdn [verbal] niedermachen; ***you can** ~ **them all you want, but ...*** du kannst über sie sagen, was du willst, aber ...
◆**bash on** *vi* BRIT *(fam)* ■**to** ~ **on [with sth]** [mit etw *dat*] weitermachen
◆**bash out** *vt* **to** ~ **out a report** schnell mal einen Bericht zusammenschreiben *fam;* **to** ~ **out a tune on the piano** ein bisschen auf dem Klavier herumklimpern

bash·ful ['bæʃfᵊl] *adj (in general)* schüchtern, verschämt, scheu; *(on particular occasion)* verlegen; **to feel** ~ **about doing sth** sich *akk* schämen [*o* genieren], etw zu tun

bash·ful·ly ['bæʃfᵊli] *adv (in general)* schüchtern, verschämt; *(on particular occasion)* verlegen

bash·ful·ness ['bæʃfᵊlnəs] *n no pl (in general)* Schüchternheit *f,* Verschämtheit *f; (on particular occasion)* Verlegenheit *f*

bash·ing ['bæʃɪŋ] *n no pl (fam)* Prügel *f,* Senge *f fam;* **to come in for a** ~ Prügel beziehen

ba·sic ['beɪsɪk] *adj* ❶ *(fundamental)* grundlegend, fundamental; ■**to be** ~ **to sth** grundlegend [*o* wesentlich] für etw *akk* sein; **to have a** ~ **command of sth** [nur] Grundkenntnisse in etw *dat* besitzen; **the** ~ **facts** das Wesentliche; ~ **needs** elementare Bedürfnisse, Grundbedürfnisse *pl;* ~ **rate of income tax** Regeleinkommensteuersatz *m;* ~ **requirements** Grundvoraussetzungen *pl*
❷ *(elementary) terminology, ingredients* Grund-; ~ **vocabulary** Grundwortschatz *m;* ■**the** ~**s** *pl* die Grundlagen; **to go back to the** ~**s** zum Wesentlichen zurückkehren
❸ *(very simple) accommodation, food* [sehr] einfach; *car* ohne viele Extras *präd*
❹ CHEM basisch
❺ GEOL basisch

BASIC ['beɪsɪk] *n no pl, no art* COMPUT *see* **Beginner's All-purpose Symbolic Instruction Code** BASIC *nt*

ba·si·cal·ly ['beɪsɪkᵊli] *adv* ❶ *(fundamentally)* im Wesentlichen, im Grunde, hauptsächlich
❷ *(fam: actually)* eigentlich, im Grunde; ***this is** ~ **your best brand of speakers*** dies ist im Grunde die beste Lautsprechermarke
❸ *(very)* ***I was** ~ **furious*** ich war richtig [*o fam* echt] wütend

ba·sic 'bal·ance *n* ECON Grundbilanz *f* **ba·sic col·lec·tive a'gree·ment** *n* ADMIN Manteltarifvertrag *m* **Ba·sic 'Eng·lish** *n no pl auf 850 Wörter begrenzter englischer Wortschatz für die internationale Kommunikation* **ba·sic i'dea** *n* Grundidee *f* **ba·sic 'in·come** *n no pl* FIN Basisgewinn *m*

ba·sic·ity [bə'sɪsəti, AM -əṭi] *n no pl* CHEM Basizität *f,* basische Eigenschaft **ba·sic 'pay** *n (for blue-collar workers)* Grundlohn *m; (for white-collar workers)* Grundgehalt *nt* **ba·sic 'price** *n* STOCKEX Ausübungspreis *m* **ba·sic 'sala·ry** *n* Grundgehalt *nt* **ba·sic vo·'cabu·lary** *n* Grundwortschatz *m* **ba·sic 'wage(s)** *n* Grundlohn *m*

basi·fi·ca·tion [ˌbeɪsɪfɪ'keɪʃᵊn] *n* CHEM Basenbildung *f*

bas·il ['bæzᵊl, AM 'beɪzᵊl] *n no pl* Basilikum *nt*

ba·sili·ca [bə'zɪlɪkə, AM -sɪl-] *n* ARCHIT, REL Basilika *f*

basi·lisk ['bæzəlɪsk, AM 'bæs-] *n* MYTH Basilisk *m*

ba·sin ['beɪsᵊn] *n* ❶ *(for cooking, washing)* Schüssel *f; (for mixing)* Rührschüssel *f; (washbasin)* Waschbecken *nt,* Lavabo *nt* SCHWEIZ
❷ *(round valley)* [Tal]kessel *m,* [Tal]mulde *f,* Becken *nt*
❸ *(for mooring boats)* [Hafen]becken *nt*
❹ *(for swimming)* Schwimmbecken *nt,* Bassin *nt*

ba·sis <*pl* bases> ['beɪsɪs, *pl* -siːz] *n* ❶ *(foundation)* Grundlage *f,* Basis *f,* Fundament *nt;* ~ **of assessment** FIN Bemessungsgrundlage *f;* ~ **of valuation** FIN Bewertungsgrundlage *f;* ■**to be the** ~ **for sth** als Grundlage für etw *akk* dienen; ■**on the** ~ **of sth** auf der Grundlage [*o* Basis] einer S. *gen;* **to do sth on a regular** ~ etw regelmäßig tun; **to do sth on a voluntary** ~ etw auf freiwilliger Basis tun
❷ STOCKEX Basis *f;* AM Differenz *f* zwischen dem Kassakurs und dem korrespondierenden Terminkontraktkurs eines Finanztitels

'ba·sis point *n* FIN Basispunkt *m* **'ba·sis price** *n* ECON Grundpreis *m,* Basispreis *m;* FIN *bond* Erwerbskurs *m* **'ba·sis rate swap** *n* Basis-Rate-Swap *m*

bask [bɑːsk, AM bæsk] *vi* ❶ *(sit in the sun)* **to** ~ **in the sun** sich *akk* in der Sonne aalen *fam,* ein Sonnenbad nehmen
❷ *(fig)* ■**to** ~ **in sth** *approval, success* sich *akk* in etw *dat* sonnen *fig*

bas·ket ['bɑːskɪt, AM 'bæskət] *n* ❶ *(container)* Korb *m*
❷ *(amount in basket)* Korb[inhalt] *m;* ***two** ~**s of ...*** zwei Körbe voll ...
❸ FIN ~ **of currencies** Währungskorb *m*
❹ SPORT *(net)* [Basketball]korb *m*
❺ SPORT *(goal)* Korb *m;* **to score** [*or* **make**] **a** ~ einen Korb werfen
▶PHRASES: **to be a** ~ **case** *(pej)* ein hoffnungsloser Fall sein

'bas·ket·ball I. *n* Basketball *m*
II. *n modifier (coach, shoes, star, team)* Basketball-

'bas·ket·ful *n* **a** [**whole**] ~ **of fruits/vegetables** ein [ganzer] Korb voll[er] Obst/Gemüse

'bas·ket·mak·ing *n no pl* Korbflechterei *f,* Korbflechten *nt* **bas·ket of 'cur·ren·cies** *n no pl* FIN Währungskorb *m* **bas·ket of 'goods** *n* ECON Warenkorb *m* **'bas·ket peg** *n* FIN Korbbindung *f* **bas·ket 'peg·ging** *n no pl* FIN Korbbindung *f*

'bas·ketry ['bɑːskɪtri, AM 'bæskət-] *n* ❶ *(craft)* Korbflechterei *f*
❷ *(baskets)* Korbwaren *pl*

bas·ket 'trad·ing *n no pl* FIN Baskethandel *m* **'bas·ket weave** *n no pl* Leinenbindung *f* **'bas·ket·work** *n* ❶ *(making baskets)* Korbflechten *nt,* Korbflechterei *f* ❷ *(objects produced)* Korbwaren *pl,* Korbarbeiten *pl*

bask·ing shark ['bɑːskɪŋʃɑːk, AM 'bæskɪŋʃɑːrk] *n* Riesenhai *m*

Basle ['bɑːzᵊl] *n* GEOG Basel *nt*

bas·ma·ti [bæs'mɑːti], **bas·ma·ti 'rice** *n no pl* Basmatireis *m*

basque [bæsk] *n* Schößchenjacke *f*

Basque [bæsk] **I.** *n* ❶ *(person)* Baske, Baskin *m, f*
❷ *(language)* Baskisch *nt*
II. *adj* baskisch; ~ **Provinces** Baskenland *nt*

bas-relief [ˌbɑːrɪ'liːf] *n no pl* Basrelief *nt;* **to profile in** ~ das Profil eines Basreliefs anfertigen

bass[1] [beɪs] **I.** *n* ❶ *(voice)* Bass *m,* Bassstimme *f;* **to sing** ~ Bass singen
❷ *(singer)* Bass[sänger] *m,* Bassist *m*
❸ *(on amplifier)* Bass *m*
II. *n modifier (guitar, clarinet)* Bass-; ~ **drum** große Trommel, Basstrommel *f;* ~ **fiddle** Bassgeige *f;* ~ **viol** Gambe *f*

bass[2] [bæs] *n (fish)* Barsch *m*

bass 'clef [beɪs] *n* Bassschlüssel *m*

bas·set, **'bas·set hound** ['bæsɪt-] *n* Basset *m*

bas·si·net [ˌbæsɪ'net] *n (baby basket)* Babykorb *m; (with wheels)* Stubenwagen *m*

bass·ist ['beɪsɪst] *n* Bassist(in) *m(f)*

bas·soon [bə'suːn] *n* Fagott *nt*

bas·soon·ist [bə'su:nɪst] *n* MUS Fagottist(in) *m(f)*

bas·so pro·fun·do <*pl* bassos profundos *or* bassi profundi> [,bæsəʊprə'fʊndəʊ, AM ,bɑ:soʊ] *n* MUS tiefste Bassstimme

bas·tard ['bɑ:stəd, AM 'bæstɚd] *n* ❶ *(pej: as abuse)* Dreckskerl *m pej derb,* Schweinehund *m pej derb,* Scheißkerl *m pej derb,* SCHWEIZ *a.* Bastard *m pej derb;* ■**to be a [real] ~ to sb** sich *akk* jdm gegenüber wie ein [echtes] Schwein verhalten *derb; **you ~!*** du Hund! *pej fam;* **to be a lucky** [*or* BRIT **jammy**] *~ (hum)* ein verdammter Glückspilz sein *fam*
❷ *(sl: difficult)* ***this crossword's a ~*** das Kreuzworträtsel hier ist eine verdammt harte Nuss *fam*
❸ *(pej old: illegitimate child)* Bastard *m veraltet,* uneheliches Kind; **~ son/daughter** unehelicher Sohn/uneheliche Tochter; **to be born a ~** ein uneheliches Kind sein

bas·tardi·za·tion [,bɑ:stədaɪzeɪʃən, AM ,bæstɚ-] *n no pl (of culture, language, tradition)* Verfälschung *f*

bas·tard·ize ['bɑ:stədaɪz, AM 'bæstɚ-] *vt* ■**to ~ sth** *language, art* etw verfälschen

bas·tard·ized ['bɑ:stədaɪzd, AM 'bæstɚ-] *adj* verfälscht, verhunzt *fam,* verschandelt *fam*

bas·tardy ['bɑ:stədi, AM 'bæstɚdi] *n no pl (pej old)* uneheliche Geburt

baste [beɪst] *vt* ■**to ~ sth** ❶ FOOD *roast, turkey* etw mit [Braten]saft beträufeln [*o* begießen] [*o* SCHWEIZ *a.* übergiessen]
❷ *(tack)* etw [an]heften

bas·ti·on ['bæstiən, AM -tʃən] *n* ❶ *(in fortification)* Bastion *f,* Bollwerk *nt,* Festung *f*
❷ *(sth which protects)* Bollwerk *nt fig,* Bastion *f fig,* Säule *f fig,* Stütze *f fig;* **a ~ of freedom** ein Bollwerk *nt* des Friedens

Ba·su·to·land [bə'su:tə(ʊ)lænd, AM -toʊ-] *n (hist: Lesotho)* Basutoland *nt*

bat¹ [bæt] *n* ❶ *(animal)* Fledermaus *f*
❷ *(pej)* **an old ~** eine alte Schrulle *fam o pej*
▸ PHRASES: **to be [as] blind as a ~** blind wie ein Maulwurf sein; **to have ~s in the belfry** eine Meise [*o* einen Vogel] haben *fam;* **like a ~ out of hell** als wäre der Teufel hinter einem her

bat² [bæt] *vt (of eyelashes)* **to ~ one's eyelashes** mit den Wimpern klimpern; **to ~ one's eyelashes at sb** jdm zuzwinkern; **to not ~ an eyelid** *(fig)* nicht mal mit der Wimper zucken

bat³ [bæt] I. *n (in baseball, cricket)* Schläger *m,* Schlagholz *nt*
▸ PHRASES: **to do sth off one's own ~** BRIT *(fam)* etw auf eigene Faust tun *fam;* **[right] off the ~** AM *(immediately)* prompt, auf Anhieb, sofort
II. *vi* <-tt-> SPORT schlagen
III. *vt* <-tt-> **to ~ the ball** den Ball schlagen
◆**bat around** <-tt-> *vt* AM *(fam)* **to ~ around ↔ the idea [of doing sth]** eine Idee ausführlich bequatschen *fam,* lange über einen Plan diskutieren

batch [bætʃ] I. *n* <*pl* -es> Schwung *m,* Stapel *m,* Stoß *m; of cookies, muffins, bread* Schub *m,* Ladung *f; of persons* Gruppe *f; of rules, regulations* Bündel *nt;* **~ of commodities** COMM Warenkorb *m*
II. *vt* ■**to ~ sth together** etw bündelweise zusammenfassen; COMPUT ■**to ~ sth** etw stapelweise [*o* als Stapel] verarbeiten

'batch-bake *vt* ■**to ~ sth:** ***we ~d twenty-five chocolate cakes*** wir haben gleich 25 Schokoladenkuchen auf einmal gebacken **'batch con·trol** *n no pl* COMPUT Stapelkontrolle *f*

batched in·voice [bætʃt'ɪnvɔɪs] *n* FIN Stapelrechnung *f*

'batch file *n* COMPUT Batchdatei *f* **'batch mode** *n* COMPUT Stapelbetrieb *m* **'batch num·ber** *n* COMPUT Stapelnummer *f;* TECH Chargennummer *f* **'batch op·era·tion** *n* TECH diskontinuierliche Arbeitsweise **batch 'pro·cess·ing** *n* COMPUT Stapelverarbeitung *f,* Batchverarbeitung *f* **batch 'pro·ces·sor** *n* COMPUT Stapelverarbeiter *m* **batch pro·'duc·tion** *n* ECON Serienfertigung *f* **'batch re·lease** *n* COMPUT Stapelfreigabe *f*

bat·ed ['beɪtɪd, AM -ţɪd] *adj* **with ~ breath** mit angehaltenem Atem

BAT 'file ex·ten·sion *n* COMPUT Dateinameerweiterung *f* BAT

bath [bɑ:θ, AM bæθ] I. *n* ❶ *(tub)* [Bade]wanne *f; (room)* Bad[ezimmer] *nt*
❷ *(water)* Bad[ewasser] *nt;* ***sorry, I'm in the ~*** tut mir leid, ich sitze gerade in der Badewanne; **to run [sb/oneself] a ~** [jdm/sich] ein Bad einlassen [*o* einlaufen lassen]
❸ *(washing)* Bad *nt;* **to give sb/sth a ~** jdn/etw baden; **to have** [*or esp* AM **take**] **a ~** ein Bad nehmen, baden
❹ MED ■**~s** *pl* Bäder *pl; (spa town)* Heilbad *nt,* Kurbad *nt*
❺ BRIT, AUS *(dated: pool)* ■**~s** *pl,* + *sing/pl vb* [Schwimm]bad *nt,* Badeanstalt *f*
❻ CHEM *(liquid)* Bad *nt; (container)* Behälter *m*
II. *n modifier (oil, water)* Bade-; **~ essence** Badezusatz *m;* **~ pillow** Kopfpolster *nt* für die Badewanne; **~ rack** Badewannenablage *f;* **~ rail** Badewannengriff *m;* **~ scales** Personenwaage *f;* **~ toys** Spielzeug *nt* für die Badewanne; **~ window** Bad[ezimmer]fenster *nt*
III. *vi* [sich *akk*] baden
IV. *vt* **to ~ sb/a baby** jdn/ein Baby baden

'bath cube *n* BRIT Würfel *m* Badesalz

bathe [beɪð] I. *vi* ❶ BRIT *(swim)* schwimmen; **to ~ in sea water** in Meerwasser baden
❷ AM *(bath)* ein Bad nehmen, [sich *akk*] baden
II. *vt* ❶ MED ■**to ~ sth** etw baden; **to ~ one's eyes** ein Augenbad machen; **to ~ one's feet** ein Fußbad nehmen
❷ *(fig: cover)* **to be ~d in sweat** schweißgebadet sein; **to be ~d in tears** in Tränen aufgelöst sein; ***the sun ~d the city in shades of gold*** die Sonne tauchte die Stadt in goldenes Licht
❸ *(fig: surround)* ■**to be ~d in sth:** ***he returned home ~d in the glory of his success*** er kehrte heim und schwelgte im Glanz seines Erfolgs
❹ AM *(bath)* ■**to ~ sb/a baby** jdn/ein Baby baden
III. *n no pl (dated)* Bad *nt*

bath·er ['beɪðəʳ, AM -ðɚ] *n (dated)* Badende(r) *f(m)*

bath·house ['bɑ:θhaʊs, AM 'bæθ-] *n* Badehaus *nt*

bath·ing ['beɪðɪŋ] *n no pl* Baden *nt;* **to go ~** baden gehen

'bath·ing beach *n* Badestrand *m* **'bath·ing cap** *n* Bademütze *f,* Badekappe *f* **'bath·ing cos·tume** BRIT, AUS *(dated),* AM **'bath·ing suit** *n* Badeanzug *m,* Badkleid *nt* SCHWEIZ **'bath·ing trunks** *npl* Badehose *f*

'bath mat *n (beside bath)* Wannenvorleger *m,* Badematte *f; (beside shower)* Duschvorleger *m; (inside bath)* Badewanneneinlage *f; (inside shower)* Duscheinlage *f*

ba·thos ['beɪθɒs, AM -θɑ:s] *n no pl (liter)* Umschlag *m* ins Triviale, Bathos *nt fachspr,* Antiklimax *f fachspr*

'bath·robe *n* Bademantel *m*

'bath·room *n* ❶ *(room)* Bad[ezimmer] *nt;* **~ en suite** [*or* **en suite ~**] an das Schlafzimmer angrenzendes Bad
❷ AM, AUS *(lavatory)* Toilette *f;* **to go to the ~** auf die Toilette gehen

bath·room 'fit·tings *npl* BRIT Badezimmerausstattung *f* **bath·room 'scales** *npl* [Personen]waage *f* **bath·room 'sink** *n* Waschbecken *nt,* Lavabo *nt* SCHWEIZ **bath·room 'tissue** *n (form)* Toilettenpapier *nt*

'bath salts *npl* Badesalz *nt kein pl* **'bath·time** *n* Badezeit *f* **'bath tow·el** *n* Bade[hand]tuch *nt* **'bath·tub** *n esp* AM *(bath)* Badewanne *f*

ba·tik [bæt'i:k, AM bə'ti:k] I. *n no pl* Batik *m o f*
II. *adj attr, inv* Batik-

bat·man ['bætmən] *n esp* BRIT Offiziersbursche *m veraltet*

ba·ton ['bætᵊn, AM bə'tɑ:n] *n* ❶ *(in conducting)* Taktstock *m,* Dirigentenstab *m*
❷ *(majorette)* [Kommando]stab *m;* **under the ~ of sb** unter der [Stab]führung einer Person *gen*
❸ *(in relay races)* Staffelholz *nt,* Stab *m;* **~ change** Stabwechsel *m*
❹ *(truncheon)* Schlagstock *m,* [Polizei]knüppel *m*

'ba·ton charge *n* BRIT Schlagstockeinsatz *m*

bats [bæts] *adj pred (pej fam)* ❶ *(confused)* bekloppt *fam;* ■**to be ~** nicht [mehr] alle Tassen im Schrank haben *fam;* **to go ~** überschnappen *fam*
❷ *(iron: enthusiastic)* ■**to be ~** aus dem Häuschen sein *fam;* ***I wasn't exactly ~ about that*** ich war nicht gerade entzückt darüber

bats·man *n* SPORT Schlagmann *m,* Schläger *m* **bats·wom·an** *n* SPORT Schlagfrau *f,* Schlägerin *f*

bat·tal·ion [bə'tæliən, AM -ljən] *n* Bataillon *nt*

bat·ten ['bætᵊn] I. *n* Latte *f,* Leiste *f;* ***the sailors nailed ~s over the hatches*** die Matrosen vernagelten die Lukendeckel mit Brettern
II. *vt* ■**to ~ sth** etw mit Latten [*o* Brettern] befestigen
III. *vi* ■**to ~ on sb** es sich *akk* auf jds Kosten gutgehen lassen; ■**to ~ on sth** sich *akk* an etw *dat* gütlich tun *geh; (fig)* sich *akk* an etw *dat* weiden
◆**batten down** *vt* ■**to ~ sth ↔ down** etw mit Latten befestigen; NAUT etw verschalken *fachspr;* **to ~ down the hatches** die Luken dicht machen; *(fig fam)* sich *akk* auf etwas gefasst machen

bat·ter¹ ['bætəʳ, AM 'bæţɚ] I. *n* [Back]teig *m*
II. *vt* FOOD ■**to ~ sth** etw panieren

bat·ter² ['bætəʳ, AM 'bæţɚ] I. *n* SPORT Schlagmann *m*
II. *vt* ❶ *(assault)* ■**to ~ sb** jdn verprügeln; ■**to ~ sth** auf etw *akk* einschlagen
❷ *(bruise or damage)* ■**to ~ sb** jdn böse [*o* übel] zurichten; ■**to ~ sth** *car* etw verbeulen
III. *vi* schlagen; *(with fists)* hämmern; ***the waves ~ed against the rocks*** die Wellen schlugen gegen die Felsen
◆**batter down** *vt* ■**to ~ down ↔ sth** *door* etw einschlagen; **to ~ down a wall** eine Wand niederreißen
◆**batter in** *vt* ■**to ~ in ↔ sth** etw einschlagen

bat·tered ['bætəd, AM 'bæţɚd] *adj* ❶ *(beaten, injured)* misshandelt, geschlagen; **~ wife house** Frauenhaus *nt*
❷ *(damaged)* böse zugerichtet; *car* verbeult; *clothes* abgetragen; *equipment* schadhaft; *furniture* ramponiert; *hat* zerbeult; *toys* beschädigt; *(fig)* **~ economy** angeschlagene Wirtschaft; **~ image** ramponiertes Image
❸ *(covered in batter)* in Teig gehüllt, paniert; **~ fish** panierter Fisch

bat·tered 'child *n* misshandeltes Kind **bat·tered child 'syn·drome** *n* Kindesmisshandlung *f* **bat·tered 'wife** *n* misshandelte Ehefrau

bat·ter·er ['bætᵊrəʳ, AM 'bæţɚɚ] *n* gewalttätiger Mensch, Schläger[typ] *m;* **wife/child ~** Mann *m,* der seine Frau/sein Kind schlägt

bat·ter·ing ['bætᵊrɪŋ, AM 'bæţ-] *n* ❶ *(attack)* Prügel *pl,* Schläge *pl;* **to give sb a ~** jdn verprügeln; ***she'd been given many a ~ by her man*** sie wurde oft von ihrem Mann misshandelt
❷ *(fam: defeat)* Niederlage *f;* **to take a ~** eine Niederlage einstecken *fam*

'bat·ter·ing ram *n* Rammbock *m;* MIL *(hist)* Sturmbock *m hist,* Belagerungswidder *m hist*

bat·tery ['bætᵊri, AM 'bæţ-] *n* ❶ *(power)* Batterie *f;* ***the ~ is*** [*or* ***has gone***] ***dead*** die Batterie ist leer; ***batteries not included*** ohne Batterien; **rechargeable ~** Akku *m,* Akkubatterie *f;* **solar ~** Solarbatterie *f;* **~-operated** [*or* **-powered**] batteriebetrieben
❷ *(large number)* Unmenge *f;* **a ~ of experts** eine [ganze] Reihe von Experten; **a ~ of questions** eine Unmenge [an [*o* von]] Fragen; **a ~ of criticism** eine Flut von Kritik
❸ *(weapons)* Batterie *f*
❹ *no pl* **assault and ~** *(aggression)* Bedrohung *f* mit tätlichem Angriff, tätliche Bedrohung; *(harming)* Körperverletzung *f;* **aggravated ~** LAW ≈ gefährliche Körperverletzung

bat·tery acid *n* CHEM Akkumulatorsäure *f*

'bat·tery charg·er *n* [Batterie]ladegerät *nt*

'bat·tery farm·ing *n* BRIT, AUS Legebatterien *pl*

'bat·tery hen *n* BRIT, AUS Batteriehuhn *nt*

bat·tery-op·er·at·ed ['bætᵊri,ɒpᵊreɪtɪd, AM 'bæţᵊri,ɑ:pᵊr-], **bat·tery-pow·ered** ['bætᵊri,paʊəd, AM 'bæţᵊri,paʊɚd] *adj* batteriebetrieben

bat·ting ['bætɪŋ, AM -ţ-] *n no pl* SPORT Schlagen *nt;* **to**

be good at ~ gut schlagen können

'bat·ting cage *n* [Baseball]schlagkäfig *m*

bat·tle ['bætl̩, AM 'bæt̬l̩] **I.** *n* ① MIL Kampf *m,* Gefecht *nt,* Schlacht *f;* **to join ~ with sb** sich *dat* mit jdm eine Schlacht liefern; **to have been killed in ~** [im Kampf] gefallen sein ② *(fig: struggle)* Kampf *m fig* (**against** gegen +*akk,* **for** für/um +*akk*); **courtroom ~s** LAW Auseinandersetzungen *pl* zwischen Anwälten im Gerichtssaal; **~ of wills** Machtkampf *m;* **~ of wits** geistiger Wettstreit; **~ of words** Wortgefecht *nt;* **to do ~** kämpfen; **to fight a ~** einen Kampf führen
▸PHRASES: **to fight a losing ~** auf verlorenem Posten kämpfen; **that is half the ~** damit ist die Sache schon halb gewonnen; **to lose the ~ but win the war** ein Gefecht verlieren, aber den Krieg gewinnen; **to win the ~ but lose the war** ein Gefecht gewinnen, aber den Krieg verlieren
II. *vi (also fig: fight)* kämpfen *a. fig;* ■**to ~ against sth** gegen etw *akk* kämpfen; **to ~ against prejudice** gegen Vorurteile ankämpfen; ■**to ~ for sth** um etw *akk* kämpfen; ■**to ~ over sth** um etw *akk* kämpfen; ■**to ~ with sb/sth** mit jdm/etw kämpfen
III. *vt* AM ■**to ~ sth** gegen etw *akk* [an]kämpfen; **to ~ one's way to the top** sich *akk* nach oben [durch]kämpfen [*o* an die Spitze kämpfen]
◆**battle out** *vt* ■**to ~ out** ⊂ **sth** etw bis zum Ende durchstehen

'bat·tle·axe, AM **'bat·tle·ax** *n* ① *(hist: weapon)* Streitaxt *f hist* ② *(fig pej sl: woman)* Schreckschraube *f pej fam,* [alter] Drachen *m pej fam*

'bat·tle cruis·er *n* Schlachtkreuzer *m*

'bat·tle cry *n* Schlachtruf *m*

bat·tle·dore ['bætl̩dɔːʳ, AM 'bæt̬l̩dɔːr] *n* HIST ① *no pl (sport)* **~ and shuttlecock** Federballspiel *nt* ② *(paddle-shaped tool)* Waschschlägel *m*

'bat·tle·dress *n no pl* Kampfanzug *m*

'bat·tle fa·tigue *n* Kriegsneurose *f,* Frontkoller *m fam*

'bat·tle·field *n* ① *(site)* Schlachtfeld *nt;* ***Naseby was one of the famous Civil War ~s*** Naseby war einer der berühmten Schauplätze des Bürgerkriegs; ***the fracas turned the restaurant into a ~*** nach dem Aufstand glich das Restaurant einem Schlachtfeld ② ECON [hart] umkämpftes Geschäft ③ *(fig: topic)* Reizthema *nt*

'bat·tle·ground *n* ① *(site)* Schlachtfeld *nt* ② *(fig: subject of dispute)* Reizthema *nt*

'bat·tle-hard·ened *adj attr, inv (fig)* erfahren, abgehärtet

'bat·tle line *n* Kriegsfront *f,* Kampflinie *f; (fig)* ***the ~s are drawn*** die Fronten sind geklärt

bat·tle·ments ['bætl̩mənts, AM 'bæt̬l̩-] *npl* Zinnen *pl*

bat·tler ['bætləʳ, AM -lɚ] *n* Kämpfernatur *f,* Kämpfer(in) *m(f) fig*

'bat·tle-scarred *adj* ① *(damaged by war)* kriegsbeschädigt, vom Krieg gezeichnet *geh* ② *(fig: marked by experiences)* mitgenommen, gezeichnet *geh*

'bat·tle·ship *n* Schlachtschiff *nt*

'bat·tle zone *n* Kriegsschauplatz *m,* Kampfgebiet *nt*

bat·ty ['bæti, AM -t̬i] *adj (fam)* bekloppt *fam,* plemplem *fam,* daneben ÖSTERR, SCHWEIZ *fam*

bauble ['bɔːbl̩, AM 'bɑː-] *n* ① *(ornament)* ■**~s** *pl* Flitterzeug *nt kein pl fam;* *(trinket)* Nippes *pl;* *(toy)* [Kinder]spielzeug *nt kein pl*

baud, baud rate [bɔːd-] *n* COMPUT Baudrate *f*

baulk [bɔːk, AM *also* bɑːk] *vi see* **balk**

baux·ite ['bɔːksaɪt, AM *also* 'bɑːk-] *n no pl* Bauxit *m*

Ba·varia [bə'veəriə, AM 'veriə] *n no pl* GEOG Bayern *nt*

Ba·var·ian [bə'veəriən, AM -'veri-] **I.** *adj* bay[e]risch **II.** *n* Bayer(in) *m(f)*

bawd [bɔːd, AM bɑːd] *n (old)* Kupplerin *f,* Puffmutter *f derb*

bawdi·ly ['bɔːdɪli, AM *also* 'bɑː-] *adv* obszön, vulgär, unanständig; **to talk ~** unanständige Sachen erzählen

bawdi·ness ['bɔːdɪnəs, AM 'bɑː-] *n no pl* Obszönität *f,* Derbheit *f*

bawdy ['bɔːdi, AM *also* 'bɑː-] *adj* derb, obszön, unanständig, schlüpfrig

bawl [bɔːl, AM bɑːl] **I.** *vi* ① *(bellow)* brüllen, schreien; ■**to ~ at sb** jdn anbrüllen [*o* anschreien] ② *(weep)* heulen, flennen *fam,* plärren ÖSTERR, SCHWEIZ *sl*
II. *vt* ■**to ~ sth** etw schreien [*o* brüllen]; **to ~ one's eyes out** sich *dat* die Seele aus dem Leib schreien *fam;* **to ~ a song** ein Lied grölen
◆**bawl out** *vt* ① *(fam: reprimand)* ■**to ~ out** ⊂ **sb** jdn zusammenstauchen *fam* ② *(bellow)* ■**to ~ out** ⊂ **sth** etw herausbrüllen [*o* herausschreien]

bawl·ing ['bɔːlɪŋ, AM *also* 'bɑːl-] *n* Brüllen *nt,* Schreien *nt*

bawl·ing 'out *n* Anschiss *m sl;* **to give sb a real ~** jdn zur Schnecke machen *fam*

bay[1] [beɪ] *n* ① *(in building)* Abteilung *f* ② *(for parking)* Parkbucht *f; (for unloading)* Ladeplatz *m,* Ladebereich *m* ③ *(window)* Erker *m* ④ *(body of water)* Bai *f,* Bucht *f;* **B~ of Bengal** Bucht *f* von Bengal; **B~ of Biscay** Golf *m* von Biskaya, Biskaya Bucht *f* ⑤ *(tree)* Lorbeer[baum] *m*

bay[2] [beɪ] **I.** *n* Braune(r) *m* **II.** *adj* braun; **~ horse** Braune(r) *m*

bay[3] [beɪ] **I.** *vi* bellen, anschlagen; HUNT melden; ***the mastiffs ~ed around the dead fox*** die Doggen verbellten den toten Fuchs; **to ~ for blood** *(fig)* nach Blut lechzen *fig*
II. *n no pl* ① *(bark)* Bellen *nt,* Gebell *nt* ② *(driven into corner)* ■**at ~** *cornered animal* gestellt; **animal at ~** in die Enge getriebenes Tier; **to hold** [*or* **keep**] **sb/sth at ~** *(fig)* sich *dat* jdn/etw vom Leib halten; **to keep one's fears at ~** seine Ängste unter Kontrolle halten

'bay leaf *n* Lorbeerblatt *nt*

bayo·net ['beɪənət, AM ˌbeɪə'net] **I.** *n* Bajonett *nt,* Seitengewehr *nt;* ***fix ~s!*** Bajonette aufgepflanzt! **II.** *vt* ■**to ~ sb** jdn mit dem Bajonett aufspießen

'bayo·net charge *n* Bajonettangriff *m*

bayou ['baɪ(j)uː] *n* AM sumpfiger Flussnebenarm

Bay Stat·er [-'steɪtəʳ, AM -'steɪt̬ɚ] *n* Bewohner(in) *m(f)* Massachusetts

bay 'win·dow *n* Erkerfenster *nt*

ba·zaar [bə'zɑːʳ, AM -'zɑːr] *n* ① *(oriental market)* Basar *m;* *(shopping area)* Einkaufsviertel *nt;* *(group of shops)* Ladenstraße *f,* Einkaufsstraße *f;* *(market)* Markt *m* ② *(fund-raiser)* [Wohltätigkeits]basar *m;* **Christmas ~** Weihnachtsbasar *m*

ba·zil·lion [bə'zɪljən] *n* AM *(fam)* jede Menge

ba·zoo·ka [bə'zuːkə] *n* Bazooka *f*

BBC [ˌbiːbiː'siː] *n* BRIT *abbrev of* **British Broadcasting Corporation** BBC *f*

BBC 'Eng·lish *n* BRIT ≈ Standard-Englisch *nt*

BBC Pro·nun·ci'a·tion *n* BRIT BBC-Aussprache *f*

'B box *n* COMPUT B-Register *m,* Indexregister *m*

BC[1] [biː'siː] *adv abbrev of* **before Christ** v. Chr.

BC[2] [biː'siː] CAN *abbrev of* **British Columbia**

BCC [biːsiː'siː] *n* COMPUT, INET *abbrev of* **blind carbon copy** verdeckte Kopie

BCG [ˌbiːsiː'dʒiː] *n abbrev of* **Bacillus Calmette-Guérin** BCG *m*

be <was, been> [biː, bi] *vi* + *n/adj* ① *(describes)* sein; ***she's quite rich/ugly*** sie ist ziemlich reich/hässlich; ***what is that?*** was ist das?; ***she's a doctor*** sie ist Ärztin; ***what do you want to ~ when you grow up?*** was willst du einmal werden, wenn du erwachsen bist?; ***you need to ~ certain before you make an accusation like that*** du musst dir ganz sicher sein, bevor du so eine Anschuldigung vorbringst; ***"may I ~ of service Madam?" the waiter asked*** „kann ich Ihnen behilflich sein, gnädige Frau?" fragte der Kellner; **to ~ on the same wavelength** auf der gleichen Wellenlänge liegen *fam;* **to ~ able to do sth** etw tun können, in der Lage sein, etw zu tun; **to ~ from a country/a town** aus einem Land/einer Stadt kommen ② *(composition)* sein, bestehen aus; ***is this plate pure gold?*** ist dieser Teller aus reinem Gold? ③ *(opinion)* ■**to ~ for/against sth** für/gegen etw *akk* sein; **to ~ all for sth** ganz [*o* sehr] für etw *akk* sein ④ *(calculation)* sein, machen, kosten; ***two and two is four*** zwei und zwei ist vier; ***these books are 50p each*** diese Bücher kosten jeweils 50p ⑤ *(timing)* **to ~ late/**[**right**] **on time** zu spät/[genau] rechtzeitig kommen ⑥ *(location)* sein; *town, country* liegen; ***the keys are in that box*** die Schlüssel befinden sich in der Schachtel; ***the food was on the table*** das Essen stand auf dem Tisch; ***he's not here*** er ist nicht da; **to ~ in a fix** [*or* **jam**] *(fam)* in der Klemme stecken *fam;* **to ~ in a bad situation/trouble** in einer schwierigen Situation/Schwierigkeiten sein ⑦ *in pp (visit)* sein; ***the postman hasn't been yet*** der Briefträger war noch nicht da; ***I've never been to Kenya*** ich bin noch nie in Kenia gewesen ⑧ *(take place)* stattfinden; ***the meeting is next Tuesday*** die Konferenz findet am nächsten Montag statt ⑨ *(do)* sein; **to ~ on benefit** [*or* AM **welfare**] Sozialhilfe bekommen [*o* SCHWEIZ beziehen], Sozialhilfeempfänger/Sozialhilfeempfängerin sein; **to ~ on a diet** auf Diät sein; **to ~ on the pill** die Pille nehmen; **to ~ on standby/on holiday** in [Ruf]bereitschaft/im Urlaub sein; ■**to ~ up to sth** etw im Schild[e] führen ⑩ *(exist)* existieren, vorhanden sein; *(old liter: live)* leben, sein; ***let her ~!*** lass sie in Ruhe!; ***to ~ or not to ~, that is the question*** Sein oder Nichtsein, das ist die Frage; **there is/are ...** es gibt ... ⑪ *(expresses possibility)* **can it** [**really**] **~ that ...?** *(form)* ist es [tatsächlich] möglich, dass ...?; **is it that ...?** *(form)* kann es sein, dass ...? ⑫ *(expresses ability)* **sth is to ~ done** etw kann getan werden; ***the exhibition is currently to ~ seen at the City Gallery*** die Ausstellung ist zurzeit in der Stadtgalerie zu besichtigen ⑬ ■**to ~ to do sth** *(expresses allowance)* etw dürfen; *(expresses obligation)* etw sollen; ■**to not ~ to do sth** etw nicht dürfen; ***what are we to do?*** was sollen wir tun?; ***you're to sit in the corner and keep quiet*** du sollst dich in die Ecke setzen und ruhig sein ⑭ ■**to ~ to do sth** *(expresses future)* etw tun werden; ***we are to visit Australia in the spring*** im Frühling reisen wir nach Australien; *(expresses future in past)* ***she was never to see her brother again*** sie sollte ihren Bruder nie mehr wiedersehen; *(in conditionals)* ***if I were you, I'd ...*** an deiner Stelle würde ich ...; **if sb was** [*or* **were**] **to do sth, ...** wenn jd etw tun würde, ...; ***if he was to work harder, he'd get better grades*** wenn er härter arbeiten würde, bekäme er bessere Noten; **were sb to do sth, ...** *(form)* würde jd etw tun, ...; ***were I to refuse, they'd be very annoyed*** würde ich mich weigern, wären sie äußerst verärgert ⑮ *(impersonal use)* ***what is it?*** was ist?; ***what's it to ~?*** *(what are you drinking)* was möchten Sie trinken?; *(please decide now)* was soll es denn [nun] sein?; ***it is only fair for me*** es erscheint mir nur fair; ***is it true that you were asked to resign?*** stimmt es, dass man dir nahegelegt hat, dein Amt niederzulegen?; ***it's not that I don't like her — it's just that we rarely agree on anything*** es ist nicht so, dass ich sie nicht mag – wir sind nur selten einer Meinung; **as it were** sozusagen, gleichsam ⑯ *(expresses imperatives)* **~** ***quiet or I'll ...!*** sei still oder ich ...!; **~** ***seated!*** *(form)* setzen Sie sich!, nehmen Sie Platz! *geh;* **~** ***yourself!*** sei du selbst! [*o* ganz natürlich!] ⑰ *(expresses continuation)* ■**to ~ doing sth** gerade etw tun; ***don't talk about that while I'm eating*** sprich nicht davon, während ich beim Essen bin; ***she's studying to be a lawyer*** sie studiert, um Rechtsanwältin zu werden; ***it's raining*** es regnet; ***you're always complaining*** du beklagst dich dauernd ⑱ *(expresses passive)* **to ~ asked/pushed** gefragt/gestoßen werden; **to ~ discovered by sb** von jdm gefunden werden; **to ~ left an orphan** als Waise zurückbleiben; **to ~ left speechless** sprachlos sein
▸PHRASES: **the ~-all and end-all** das Ein und Alles [*o* A und O]; **far ~ it from sb to do sth** nichts liegt jdm

B

ferner, als etw zu tun; **to ~ off form** nicht in Form sein; **the joke is on sb** jd ist der Dumme; **~ that as it may** wie dem auch sei; **to ~ off** *(go away, leave)* weggehen; *(begin spoiling)* schlecht sein; ***~ off with you! go away!*** geh! hau ab! *fam;* **so ~ it** so sei es, sei's drum *fam*

beach [biːtʃ] **I.** *n* <*pl* -es> Strand *m;* **pebble** [*or* BRIT **shingle**] **~** Kieselstrand *m;* **on the ~** am Strand
▸PHRASES: **to be not the only pebble on the ~** nicht der/die Einzige sein; ***you're not the only pebble on the ~*** ich komme auch ohne dich zurecht
II. *vt* **to ~ a boat** ein Boot auf [den] Strand setzen; ***they ~ed the boat on the shore*** sie zogen das Boot an den Strand; **~ed dolphin/whale** gestrandeter Delfin/Wal

'beach bag *n* Strandtasche *f* **'beach ball** *n* Wasserball *m* **'beach bug·gy** *n* Strandbuggy *m,* Strandwagen *m* **'beach bum** *n (fam)* Strandliebhaber(in) *m(f)*

beach·comber ['biːtʃ,kəʊmə^{r}, AM -,koʊmɚ] *n* Strandgutsammler(in) *m(f)*

'beach·front *esp* AM **I.** *n* Strandpromenade *f* **II.** *n modifier (location, house, property)* am Strand; **~ party** Strandparty *f* **'beach·head** *n* Brückenkopf *m* **'beach hut** *n* Strandhäuschen *nt* **'beach re·sort** *n* Badeort *m* **'beach·wear** *n no pl (clothing)* Strandkleidung *f;* FASHION Strandmode *f*

bea·con ['biːkən] *n* ① *(signal)* Leuchtfeuer *nt,* Signalfeuer *nt;* **chain of ~s** BRIT Lichterkette *f; (fig)* ***honesty shone from him like a ~*** er strahlte eine unglaubliche Aufrichtigkeit aus
② *(fig: inspiration)* Leitstern *m fig geh;* **to light a ~ of hope/love** ein Zeichen der Hoffnung/Liebe setzen

'bea·con frame *n* COMPUT Beacon-Rahmen *m*

bead [biːd] *n* ① *(for jewellery)* Perle *f;* **glass/wooden ~** Glas-/Holzperle *f*
② *(fig: droplet)* Tropfen *m,* Perle *f fig;* **~s of perspiration** [*or* **sweat**] Schweißtropfen *pl,* Schweißperlen *pl*
③ REL ■**~s** *pl* Rosenkranz *m;* **to count** [*or* **say**] [*or* **tell**] **one's ~s** den Rosenkranz beten
▸PHRASES: **to draw** [*or* **take**] **a ~ on sb/sth** auf jdn/etw zielen

bead·ed ['biːdɪd] *adj* ① *(decorated)* mit Perlen besetzt [*o* verziert]
② *(with drops)* ***after an hour of aerobics your face will be ~ with sweat*** nach einer Stunde Aerobik läuft dir der Schweiß übers Gesicht

bead·ing ['biːdɪŋ] *n* Perlstab *m,* Perlstabverzierung *f;* TECH Bördelrand *m,* Sicke *f fachspr*

bea·dle ['biːdl] *n* ① *(ceremonial officer)* Herold *m*
② SCOT *(church officer)* Kirchendiener *m,* Küster *m,* Sigrist(in) *m(f)* SCHWEIZ
③ HIST *(minor parish officer)* Büttel *m*

'bead mill *n* TECH Perlmühle *f*

beady ['biːdi] *adj (pej)* **~ eye** waches Auge; **~ eyes** [glänzende] Knopfaugen; ***she's always got her ~ eyes on me*** sie lässt mich nicht aus den Augen

bea·gle ['biːgl] *n* Beagle *m*

beak [biːk] *n* ① *(bird mouth)* Schnabel *m; (fam: person's nose)* große Nase, Zinken *m hum fam*
② BRIT *(dated fam: judge)* Kadi *m fam*

beak·er ['biːkə^{r}, AM -ɚ] *n* ① *(drinking vessel)* Becher *m*
② SCI, TECH Becherglas *nt*

'Beak·er cup *n Tonschale aus dem Neolithikum*

be-all ['biːɔːl] *n* ▸PHRASES: **the ~ and end-all** [**of sth**] *(fam)* das Ein und Alles [einer Sache] *fam,* der Inbegriff [einer Sache]

beam [biːm] **I.** *n* ① *(light)* [Licht]strahl *m,* Strahlenbündel *nt;* **electron ~** Elektronenstrahl *m;* **full ~** AM AUTO Fernlicht *nt;* **laser ~** Laserstrahl *m; (fig)* **to be off ~** danebenliegen *fam,* auf dem falschen Dampfer sein *fam*
② *(baulk)* Balken *m;* **exposed wooden ~s** frei liegende Holzbalken
③ SPORT Schwebebalken *m*
▸PHRASES: **to be broad in the ~** breite Hüften haben
II. *vt* ① *(transmit)* ■**to ~ sth** etw ausstrahlen [*o* senden]; **to ~ a broadcast** eine Sendung ausstrahlen; *(fig)* etw [ver]senden [*o* schicken]
② *(give)* **to ~ a smile at sb** jdm ein Lächeln zuwerfen; ***"I'm so pleased to see you," he ~ed*** mit seinem Lächeln signalisierte er: „ich freue mich so, dich zu sehen“
III. *vi* ① *(glow)* strahlen
② *(smile)* strahlen; ***she ~ed with delight*** sie strahlte vor Freude; ■**to ~ at sb** jdn anstrahlen [*o* anlächeln]

◆**beam down I.** *vi* niederstrahlen; *sun* scheinen; ***the hot summer sun ~ed down on them*** die heiße Sommersonne brannte auf sie herunter
II. *vt (in Star Trek)* ■**to ~ down** ↔ **sb/sth** jdn/etw [herunter]beamen

◆**beam up** *vt (in Star Trek)* ■**to ~ up** ↔ **sb/sth** jdn/etw hochbeamen

'beam an·gle *n* PHYS Strahlungswinkel *m* **'beam cur·rent** *n* PHYS Strahlenstrom *m* **beam-'ends** *npl* NAUT Ende *nt* der Decksbalken; ***the ship was on her*** [*or* ***the***] **~** das Schiff hatte Schlagseite; **to be on one's ~** BRIT *(dated fam)* [finanziell] am Ende [*o fam* pleite] sein

beam·ing ['biːmɪŋ] *adj* strahlend; **~ smile** freudestrahlendes Lächeln; ■**to be ~** strahlen

'beam path *n* PHYS Strahlengang *m* **'beam po·ten·tial**, **'beam volt·age** *n* PHYS *of CRO* Beschleunigungsspannung *f*

bean [biːn] *n (seed)* Bohne *f; (pod)* [Bohnen]hülse *f;* **baked ~s** Baked Beans *pl;* **coffee ~s** Kaffeebohnen *pl;* **French** [*or* **green**] **~s** grüne Bohnen, ÖSTERR *a.* Fisolen; **runner ~s** Stangenbohnen *pl; (fig)* **to not have a ~** *(fam)* keinen Pfennig in der Tasche haben *fam;* **old ~** BRIT *(dated)* altes Haus *hum fam*
▸PHRASES: **to be full of ~s** putzmunter [*o* quicklebendig] sein *fam;* **to spill the ~s** aus der Schule plaudern; **to spill the ~s to sb about sth** jdm etw verraten

'bean·bag *n* ① *(chair)* Sitzsack *m,* Knautschsessel *m*
② *(child's toy)* Bohnensäckchen *nt* **bean·bag 'chair** *n* AM Sitzsack *m,* Knautschsessel *m* **'bean count·er** *n* AM, AUS *(pej sl)* Erbsenzähler(in) *m(f) pej fam,* Pedant(in) *m(f) pej* **'bean curd** *n* Bohnengallerte *f (Ausgangsprodukt für die Tofuherstellung)* **'bean feast** *n* BRIT, AUS *(fam)* Riesenfete *f fam,* Gelage *nt*

beanie ['biːni] *n* Beanie-Mütze *f*

beano <*pl* -s> ['biːnəʊ, AM -noʊ] *n* BRIT *(fam)* Party *f*

'bean·pole *n (hum fam)* Bohnenstange *f hum fam,* lange Latte *hum fam* **'bean sprouts** *npl* Sojabohnensprossen *pl,* Sojabohnenkeimlinge *pl*

bear[1] [beə^{r}, AM ber] **I.** *n* ① *(animal)* Bär *m;* **black/brown ~** Schwarz-/Braunbär *m;* **she-~** Bärin *f;* **to be like a ~ with a sore head** [*or* AM **like a real ~**] *(fig fam)* ein richtiger Brummbär sein *fam*
② STOCKEX *(sb calculatedly selling stocks)* Baissier *m,* Baissespekulant(in) *m(f),* Bär(in) *m(f),* Bear *m;* **covered ~** gedeckter Baissier; **uncovered ~** Baissier *m,* der seine Position noch nicht glattstellen konnte
▸PHRASES: **it's a ~ to do sth** es ist kompliziert, etw zu tun
II. *vi* STOCKEX auf Baisse [*o* à la Baisse] spekulieren

bear[2] <bore, borne *or* AM *also* born> [beə^{r}, AM ber]
I. *vt* ① *(carry)* ■**to ~ sth** etw tragen; *(liter)* ***he was borne backwards by a large wave*** er wurde von einer großen Welle zurückgerissen; **to ~ arms** *(form)* Waffen tragen; **to ~ gifts** *(form)* Geschenke mitbringen; **to ~ tidings** *(old liter)* Neuigkeiten überbringen
② *(display)* **to ~ a date/an imprint/an inscription** ein Datum/einen Aufdruck/eine Aufschrift tragen
③ *(be identified by)* **to ~ sb's name** jds Namen tragen [*o geh* führen]
④ *(behave)* ■**to ~ oneself**: ***he bore himself with dignity*** er zeigte Würde
⑤ *(support)* **to ~ the load/the weight** die Last/das Gewicht tragen; *(fig)* **to ~ the cost** die Kosten tragen
⑥ *(endure, shoulder)* ■**to ~ sth** etw ertragen [*o* erdulden]; ***what might have happened doesn't ~ thinking about*** man darf gar nicht daran denken, was hätte passieren können; ***he said something so awful that it doesn't ~ repeating*** er sagte so etwas Schreckliches, dass ich es gar nicht wiederholen möchte; **to ~ the blame** die Schuld auf sich *akk* nehmen; **to ~ the** [**burden of**] **responsibility** die [Last der] Verantwortung tragen; **to ~ one's cross** sein Kreuz tragen *fig;* **to ~ the discomfort/hardship** die Unbequemlichkeit/Mühe auf sich *akk* nehmen; **to ~ the pain/tribulation** den Schmerz/Kummer ertragen
⑦ *(tolerate)* ■**to not be able to ~ sb/sth** jdn/etw nicht ertragen [*o* ausstehen] können; ■**to not be able to ~ the boredom/suspense** Langeweile/Spannung nicht aushalten; ■**to not be able to ~ jokes/criticism** Spaß/Kritik nicht vertragen; ■**to not ~ to do sth** es nicht ertragen können, etw zu tun
⑧ *(harbour resentments)* **to ~ sb a grudge** einen Groll gegen jdn hegen *geh;* **to ~ sb ill-feeling** auf jdn nicht gut zu sprechen sein; **to not ~ any ill-feeling against sb** nichts gegen jdn haben; **to ~ sb ill-will** jdm gegenüber nachtragend sein; **to ~ no ill-will** keine Feindschaft empfinden
⑨ *(possess)* **to ~ an** [**uncanny**] **likeness** [*or* **similarity**] **to sb** [unheimliche] Ähnlichkeit mit jdm haben; **to ~ a** [**strong**] **resemblance to sb** [große] Ähnlichkeit mit jdm haben, jdm sehr ähnlich sehen; **to ~ the** [*or* **a**] **scar** eine Narbe davontragen *fig,* gezeichnet sein *geh*
⑩ *(keep)* ***I'll ~ that in mind*** ich werde das mit berücksichtigen
⑪ *(give birth to)* **to ~ a baby** ein Kind gebären [*o* zur Welt bringen]; **to ~ sb a child** jdm ein Kind gebären; ***his wife bore him a son*** seine Frau schenkte ihm einen Sohn; ***I was born in April*** ich bin im April geboren; **to ~ cubs/foals/young** ZOOL Welpen/Fohlen/Junge bekommen
⑫ AGR, BOT **to ~ fruit** *(also fig)* Früchte tragen *a. fig;* FIN, ECON **to ~ interest at 8%** 8 % Zinsen bringen, mit 8 % verzinst sein
⑬ **to ~ testimony** [*or* **witness**] Zeugnis ablegen; **to ~ witness to sth** von etw *dat* Zeugnis ablegen, etw bezeugen; **to ~ false witness** *(old)* falsches Zeugnis ablegen *veraltend*
II. *vi* ① *(tend)* **to ~ left/right** sich *akk* links/rechts halten
② *(be patient)* ■**to ~ with sb** mit jdm Geduld [*o* Nachsicht] haben
③ *(press)* drücken; **to ~ on a lever** einen Hebel betätigen
④ *(approach)* ■**to ~ down on** [*or* **upon**] **sb/sth** auf jdn/etw zusteuern
⑤ *(be relevant)* ■**to ~ on sth** etw betreffen; *(have affect on)* etw beeinflussen
⑥ *(put pressure on)* **to bring pressure to ~ on sb/sth** Druck *m* auf jdn/etw ausüben

◆**bear off** *vt* ■**to ~ sth off** *(defend against)* etw abwehren; *(carry away)* etw wegtragen

◆**bear out** *vt* ■**to ~ out** ↔ **sb/sth** jdn/etw bestätigen; **to ~ sb out in sth** jdn in etw *dat* bestätigen, jdm in etw *dat* Recht geben; ■**to ~ sb out on sth** jdm bei etw *dat* den Rücken stärken

◆**bear up** *vi* standhalten, durchhalten; ***how is she? — oh she's ~ing up*** wie geht es ihr? – nun ja, sie lässt sich nicht unterkriegen; **to** [**not**] **~ up under questioning** einer Befragung [nicht] standhalten

bear·able ['beərəbl, AM 'berə-] *adj* erträglich

'bear bond *n* FIN Bear-Bond *m* **'bear cov·er·ing** *n* STOCKEX Deckungskauf *m* eines Baissespekulanten

beard [bɪəd, AM bɪrd] **I.** *n* Bart *m;* ZOOL [Ziegen]bart *m;* **full ~** Vollbart *m;* **to grow a ~** sich *dat* einen Bart wachsen [*o* stehen] lassen; **to have** [*or* **sport**] **a ~** einen Bart tragen [*o* haben]
II. *vt (dated liter)* ■**to ~ sb** jdm trotzen [*o* die Stirn bieten]; **to ~ sb in his/her den** [*or* **lair**] jdn in seiner/ihrer Zufluchtsstätte stellen
▸PHRASES: **to ~ the lion in his den** sich *akk* in die Höhle des Löwen wagen *fig*

beard·ed ['bɪədɪd, AM 'bɪrd-] *adj inv* bärtig; ■**to be ~** einen Bart haben

beard·less ['bɪədləs, AM 'bɪrd-] *adj inv* bartlos, ohne Bart; ■**to be ~** keinen Bart haben

bear·er ['beərəʳ, AM 'berə-] *n* ① *(conveyor, messenger)* Überbringer(in) *m(f)*; ***why are you always the ~ of bad news?*** warum bringst du immer schlechte Nachrichten?
② *(form: of financial document)* Inhaber(in) *m(f)*; **~ of shares** Aktionär(in) *m(f)*
③ *(pallbearer)* Sargträger *m*

'bear·er bond *n* FIN Inhaberschuldverschreibung *f*
'bear·er cheque, AM **'bear·er check** *n* Überbringerscheck *m*, Inhaberscheck *m* **'bear·er clause** *n* ECON Überbringerklausel *f*, Inhaberklausel *f* **bear·er 'in·stru·ment, bear·er se·'cu·rity** *n* ECON Inhaberpapier *nt* **'bear·er share** *n* ECON Inhaberaktie *f*, Stückaktie *f*

'bear hug *n* ① *(in wrestling)* Umklammerung *f*, Klammer *f*
② *(embrace)* heftige Umarmung; *(fig)* **to be in the ~ of a sect** in die Fänge einer Sekte geraten sein

bear·ing ['beəʳɪŋ, AM 'ber-] *n* ① GEOG, NAUT Peilung *f*; **to take a ~ on sth** etw anpeilen, sich *akk* an etw *dat* orientieren; ■**~s** *pl (position)* Lage *f kein pl*, Position *f*; *(direction)* Kurs *m kein pl*, Richtung *f*; **to get** [*or* **find**] **one's ~s** *(fig)* sich *akk* zurechtfinden [*o fig* orientieren], zurechtkommen; **to lose one's ~s** die Orientierung verlieren; **to plot one's ~s** *(position)* die Position feststellen; *(direction)* den Kurs ermitteln
② *(deportment)* Benehmen *nt kein pl*, Betragen *nt kein pl*, Verhalten *nt kein pl*; *(posture)* Haltung *f*; ***she had a proud, distinguished ~*** sie hatte eine stolze, vornehme Art; **dignified ~** würdige Haltung
③ TECH Lager *nt*
④ *(relevance)* Tragweite *f kein pl*, Bedeutung *f kein pl*; **to have some ~ on sth** für etw *akk* von Belang [*o* relevant] sein; **to have no ~ on sth** zu etw *akk* keinen Bezug haben, für etw *akk* belanglos sein

bear·ish ['beərɪʃ, AM 'ber-] *adj* ① STOCKEX baissierend, zur Baisse tendierend; ■**to be ~** auf Baisse spekulieren
② *(grumpy)* brummig

'bear mar·ket *n* STOCKEX Baisse *f*, Baissemarkt *m*
'bear po·si·tion *n* STOCKEX Baisseposition *f*; **taking a ~** auf fallende Kurstendenz spekulierend **'bear sale** *n* STOCKEX Leerverkauf *m*

'bear·skin *n* ① *(bear fur)* Bärenfell *nt*
② *(military hat)* Bärenfellmütze *f*

'bear spread *n* STOCKEX Baisse-Spread *m* **'bear squeeze** *n* STOCKEX Herbeiführen *nt* einer Schwänze im Devisengeschäft/Effektenhandel

beast [bi:st] *n* ① *(animal)* Tier *nt*; **~ of burden** *(liter)* Lasttier *nt*; **the king of the ~s** der König der Tiere
② *(fam: nasty person)* Biest *nt pej fam*, Ekel *nt pej fam*; *(cruel person)* Bestie *f pej*; **to be a ~ to sb** zu jdm biestig sein *fam*; **to bring out the ~ in sb** das Tier in jdm zum Vorschein bringen; **a ~ of a day** BRIT ein scheußlicher Tag

beastie ['bi:sti] *n* SCOT *(hum: animal)* Tier *nt*; *(fam: insect)* Insekt *nt*, Tierchen *nt fam*

beast·li·ness ['bi:stlɪnəs] *n no pl* ① BRIT *(fam: unpleasantness)* Widerwärtigkeit *f*, Scheußlichkeit *f*
② *(maliciousness)* Gemeinheit *f*, Niedertracht *f*
③ *(old: cruelty, unrestrainedness)* viehische Rohheit, völlige Hemmungslosigkeit

beast·ly ['bi:s(t)li] *adj (fam)* ① *(disappointing, nasty)* scheußlich, garstig, ekelhaft; **~ weather** BRIT Mistwetter *nt fam*
② *(unfair, unpleasant)* gemein, fies *fam*, eklig *fam*

beat [bi:t] **I.** *n* ① *(throb)* Schlag *m*
② *no pl (act)* Schlagen *nt kein pl*, Pochen *nt kein pl*; *of the heart also* Klopfen *nt*; ***her heart skipped a ~*** ihr stockte das Herz
③ *no pl* MUS Takt *m*; **to have a strong ~** einen ausgeprägten Rhythmus haben; **to the ~ of the music** im Takt der Musik
④ *usu sing (patrol)* Revier *nt*; **to be on** [*or* **to walk**] **the ~** seine Runde machen
▶PHRASES: **to be <u>off</u> sb's ~** nicht jds Fach sein
II. *adj inv, pred (fam)* ① *(exhausted)* erschlagen *fam*, fix und fertig *fam*; *(tired)* todmüde *fam*; **to be dead ~** *esp* BRIT *(exhausted)* total geschafft sein *fam*; *(tired)* todmüde sein *fam*
② *(defeated)* geschlagen, besiegt; **to have sb ~** CHESS jdn schachmatt gesetzt haben
III. *vt* <beat, beaten *or fam* beat> ① *(hit)* ■**to ~ sth** gegen etw *akk* schlagen; *(on top of sth)* auf etw *akk* schlagen; **to ~ a carpet** einen Teppich [aus]klopfen; ***he ~ the door/table with his fist*** er schlug mit der Faust gegen die Tür/auf den Tisch
② *(strike)* ■**to ~ sth against sth** mit etw *dat* gegen etw *akk* schlagen; **to ~ one's fists against the door/ground/table** mit den Fäusten gegen die Tür/auf den Boden/auf den Tisch schlagen; **to ~ sb's head against the wall/floor** jds Kopf gegen die Wand/den Boden schlagen
③ *(hurt)* ■**to ~ sb** [**with sth**] jdn [mit etw *dat*] schlagen; **to ~ one's child/wife** sein Kind/seine Frau [ver]prügeln [*o* schlagen]; **to ~ sb to death** jdn totschlagen [*o* zu Tode prügeln]; **to ~ sb black and blue** jdn grün und blau schlagen *fam*; **to brutally** [*or* **savagely**] **~ sb** jdn brutal zusammenschlagen
④ *(drum)* ■**to ~ sth** auf etw *akk* trommeln; **to ~ a drum** trommeln; **to ~ time** den Takt schlagen
⑤ *(mix)* **to ~ cream/eggs** Sahne [*o* SCHWEIZ Rahm]/Eier schlagen [*o* SCHWEIZ rühren]; **~** [***the***] ***butter*** [***until light and fluffy***] [die] Butter schaumig schlagen; **~ *eggs and sugar*** [***together***] die Eier mit dem Zucker [*o* Eier und Zucker] schaumig schlagen
⑥ *(force)* **to ~ a confession out of sb** ein Geständnis aus jdm herausprügeln; **to ~ one's path through sth** sich *dat* einen Weg durch etw *akk* bahnen
⑦ *(defeat)* ■**to ~ sb/sth** jdn/etw schlagen [*o* besiegen]; *(score better)* jdn/etw übertreffen; ***they were ~en*** [***by***] ***three goals to one*** sie wurden mit 3 zu 0 geschlagen; **to ~ a record** einen Rekord brechen; **to be hard to ~** schwer zu schlagen sein; ■**to ~ sb to sth** jdm bei etw *dat* zuvorkommen; **to ~ sb to the draw** schneller ziehen als jd; *(fig)* schlagfertiger als jd sein
⑧ *(fam)* ■**to ~ sb/sth** *(surpass, outdo)* jdn/etw schlagen [*o* übertreffen]; *(be better than)* besser als jd/etw sein; ***you can't ~ our local Italian restaurant for a good pizza*** eine bessere Pizza als bei unserem Italiener findest du nirgends; ***you can't ~ a cool beer on a hot day*** es geht [doch] nichts über ein kühles Bier an einem heißen Tag; ***you simply can't ~ their prices*** ihre Preise sind schlichtweg nicht zu unterbieten
⑨ *(avoid)* ■**to ~ sth** etw umgehen
⑩ *(fam: baffle)* ■**to ~ sb** jdm [*o* für jdn] zu hoch *fam*; ***it ~s me*** das ist mir zu hoch *fam*; **it ~s me** [*or* **what ~s me is**] **how/why ...** es ist mir ein Rätsel, wie/warum ...
▶PHRASES: **to ~ one's <u>breast</u>** [*or* **<u>chest</u>**] sich *dat* an die Brust schlagen *fig*; **if you <u>can't</u> ~ 'em, join 'em** *(saying)* verbünde dich mit ihnen, wenn du sie nicht besiegen kannst; **to ~ the** [**living**] **<u>daylights</u>** [*or fam!* **the <u>shit</u>**] **out of sb** *(fam)* jdn windelweich schlagen *fam*; **that ~s <u>everything</u>** [*or* AM *also* **<u>all</u>**] *(fam)* das schlägt dem Fass den Boden aus; **to ~ sb at their own <u>game</u>** jdn mit seinen eigenen Waffen schlagen *fig*; **to ~ the <u>hell</u> out of sb** *(fam)* jdn fürchterlich verdreschen *fam*; **to ~ sb <u>hollow</u>** BRIT *(fam)* jdn vernichtend schlagen; **to ~ <u>it</u>** *(fam)* die Beine unter die Arme nehmen *fam*; **~ *it!*** hau ab! *fam*; **to ~ the <u>pants</u> off sb** *(fam)* jdn vernichtend schlagen; **to ~ a <u>path</u> to sb's door** jdm die Bude einrennen *fam*; **to ~ sb to the <u>punch</u>** *(fam)* jdm zuvorkommen; **to ~ the <u>rap</u>** AM *(fam)* sich *akk* herauswinden; **to ~ a** [**hasty**] **<u>retreat</u>** [schnell] einen Rückzieher machen
IV. *vi* <beat, beaten *or fam* beat> ① *(throb,)* schlagen; *heart also* klopfen, pochen; *drum* dröhnen; ***the doctor could feel no pulse ~ing*** der Arzt konnte keinen Puls[schlag] feststellen
② *(strike)* ■**to ~ against/on sth** gegen etw *akk* schlagen; *(continously)* gegen etw *akk* hämmern
③ *(fig) sun* ■**to ~ on sth** auf etw [nieder]brennen; *rain, hail;* **to ~ against the window/on the roof** gegen das Fenster peitschen /auf das Dach prasseln; *waves;* **to ~ against the rocks/ship** gegen die Felsen/das Schiff schlagen [*o* peitschen]
④ AM *(hurt)* ■**to ~ on sb** auf jdn einschlagen
▶PHRASES: **to ~ about** [*or* AM **around**] **the <u>bush</u>** um den heißen Brei herumreden *fam*

◆**beat back** *vt* ■**to ~ back** ↔ **sb/sth** jdn/etw abwehren; MIL jdn/etw zurückschlagen; ***we were ~en back by the flames*** wir mussten vor den Flammen zurückweichen

◆**beat down I.** *vi hail, rain* [her]niederprasseln *akk*; *sun* [her]niederbrennen *akk*; ***the rain was beating down on the roof*** der Regen prasselte auf das Dach [hernieder]; ***the sun was ~ing down on my back*** die Sonne brannte auf meinen Rücken [hernieder]
II. *vt* ① *(suppress)* ■**to ~ down** ↔ **sth** etw unterdrücken; *emotions also* etw niederkämpfen
② *(haggle)* ■**to ~ down** ↔ **sb** [**to sth**] jdn [auf etw +*akk*] herunterhandeln

◆**beat off I.** *vt* ■**to ~ off** ↔ **sb/sth** jdn/etw abwehren; MIL jdn/etw zurückschlagen
II. *vi (vulg sl: masturbate)* sich *dat* einen runterholen *derb*

◆**beat out** *vt* ① *(stifle)* **to ~ out the fire** das Feuer ausschlagen
② *(drum)* ■**to ~ out** ↔ **sth** etw schlagen [*o* trommeln]
③ *(flatten)* ■**to ~ out** ↔ **sth** *metal* etw aushämmern
④ AM *(defeat)* ■**to ~ sb out** jdn aus dem Rennen werfen [*o* aus dem Feld schlagen] *fig*
▶PHRASES: **to ~ one's <u>brains</u> out** sich *dat* den Kopf zerbrechen *fam*; **to ~ sb's <u>brains</u> out** *(fam)* jdm den Schädel einschlagen *fam*

◆**beat up I.** *vt* ■**to ~ up** ↔ **sb** jdn verprügeln [*o fam* zusammenschlagen]; ■**to ~ oneself up** *(fig)* sich *akk* quälen
II. *vi* AM ■**to ~ up on sb** jdn verprügeln [*o fam* zusammenschlagen]

beat·en ['bi:tᵊn, AM -t̬ᵊn] *adj inv* geschlagen; *earth* festgetreten; *metal* gehämmert, getrieben; **~ gold** Blattgold *nt*; **~ track** Trampelpfad *m*; **to be off the ~ track** abgelegen sein, abseits vom Weg liegen

beat·en-'up *adj* ramponiert *fam*

beat·er ['bi:təʳ, AM -t̬ə-] *n* ① *(stick for hitting)* Schläger *m*, Knüppel *m*; *(for cookery)* Rührbesen *m*; *(for carpets)* [Teppich]klopfer *m*; **electric ~** Mixer *m*
② *(person rousing game)* Treiber(in) *m(f)*

'beat·er bar *n* Turbobürste *f*, Bürstwalze *f*

'beat fre·quen·cy *n* PHYS Schwebungsfrequenz *f*, Überlagerungsfrequenz *f*

'beat gen·era·tion *n* Beatgeneration *f*

bea·tif·ic [ˌbi:əˈtɪfɪk] *adj (liter)* [glück]selig, beglückt; **~ smile** seliges Lächeln

bea·tifi·cal·ly [ˌbi:əˈtɪfɪkᵊli] *adv (liter)* [glück]selig

be·ati·fi·ca·tion [biˌætɪfɪˈkeɪʃᵊn, AM -ˌæt̬ə-] *n* Seligsprechung *f*, Beatifikation *f fachspr*

be·ati·fy [biˈætɪfaɪ, AM -ˈæt̬ə-] *vt* REL ■**to ~ sb** jdn seligsprechen [*o fachspr* beatifizieren]

beat·ing ['bi:tɪŋ, AM -t̬-] *n* ① *(smacking)* Prügel *pl*, Schläge *pl*
② *(defeat)* Niederlage *f*; **to take a ~** *(be defeated)* eine Niederlage [*o* Schlappe] einstecken *fam*
③ *(hard to better)* ***it will take some ~ to make a cake better than mom's*** Mutters Kuchen ist kaum zu übertreffen

beat·ing-'up *n* Abreibung *f fam*

Be·ati·tudes [biˈætɪtju:dz, AM -ˈæt̬ətu:dz, *also* -ju:dz] *npl* ■**the ~** die Seligpreisungen

beat·nik ['bi:tnɪk] *n* Beatnik *m*

'beat poet *n* Beatpoet(in) *m(f)* **beat 'po·et·ry** *n* Beatlyrik *f*, Beatdichtung *f*

'beat-up *adj (fam)* ramponiert *fam*

beau <*pl* -s *or* -x> [bəʊ, AM boʊ] *n (boyfriend)* Liebhaber *m*, Freund *m*; *(dated: male suitor/wooer/admirer)* Galan *m veraltet*, Verehrer *m veraltend o hum*

Beau·fort scale ['bəʊfɔ:tˌskeɪl, AM 'boʊfət-] *n* METEO Beaufortskala *f*

Beau·fort 'Sea *n* Beaufort See *f*

B

beau monde [bəʊ'mɒnd, AM ˌboʊ'mɑːnd] *n no pl (dated)* ▪ **the ~** ≈ die Schickeria *fam*

beaut [bjuːt] I. *n (fam or dated: thing)* Prachtstück *nt*, Prachtexemplar *nt; (woman)* Schönheit *f*
II. *adj* AUS *(fam)* klasse *fam*, toll *fam*

beau·te·ous ['bjuːtiəs, AM -t̬-] *adj (poet)* wunderschön, herrlich, prachtvoll

beau·ti·cian [bjuː'tɪʃən] *n* Kosmetiker(in) *m(f)*

beau·ti·fi·ca·tion [ˌbjuːtɪfɪ'keɪʃən, AM -t̬ə-] *n no pl* Verschönerung *f*

beau·ti·ful ['bjuːtɪfəl, AM -t̬ə-] I. *adj* ① *(very attractive)* schön; **extremely ~** wunderschön
② *(uplifting, inspiring) time, music* herrlich, großartig; *(very good, excellent) cake* wunderbar, exzellent; *sight, weather* herrlich; *(very caring, kind-hearted) person* großartig, wunderbar; *deed* großartig
③ **the ~ people** *(dated: hippies)* die Hippies *pl; (trendy affluent set)* die Schickeria *meist pej fam*
④ *(soccer)* **the ~ game** der Fußball
II. *n (fam: form of adress)* **hello, ~** hallo, schönes Kind *fam*

beau·ti·ful·ly ['bjuːtɪfəli, AM -t̬ə-] *adv* schön; *(very well)* wunderbar; *(excellently, faultlessly)* ausgezeichnet, hervorragend

beau·ti·fy ['bjuːtɪfaɪ, AM -t̬ə-] *vt* ▪ **to ~ sb/sth** jdn/etw verschönern; *(esp hum)* **to ~ oneself** sich *akk* schön machen *a. hum fam*

beau·ty ['bjuːti, AM -t̬i] *n* ① *no pl (attractiveness)* Schönheit *f;* **haunting ~** betörende Schönheit; **natural** [*or* **scenic**] **~** landschaftliche Schönheit
② *(very attractive woman)* Schönheit *f*, schöne Frau
③ *(fam: outstanding specimen)* Prachtstück *nt*, Prachtexemplar *nt*
④ *no pl (attraction)* ***the ~ of our plan ...*** das Schöne an unserem Plan ...
⑤ *(iron fam: strong punch)* Haken *m*
▸PHRASES: **~ is in the eye of the beholder** *(prov)* über Geschmack lässt sich [bekanntlich] streiten *fam*, die Geschmäcker sind verschieden; **~ is only skin deep** *(prov)* es ist nicht alles Gold, was glänzt *prov;* **~ is truth, truth ~** Schönheit ist Wahrheit und Wahrheit ist Schönheit

'beau·ty con·test, 'beau·ty pag·eant *n* Schönheitswettbewerb *m* **'beau·ty par·lour,** AM **'beau·ty par·lor** *n* Schönheitssalon *m*, Kosmetiksalon *m* **'beau·ty queen** *n* Schönheitskönigin *f* **'beau·ty sa·lon,** AM **'beau·ty shop** *n* Schönheitssalon *m*, Kosmetiksalon *m* **'beau·ty sleep** *n no pl (hum)* Schlaf *m* vor Mitternacht, Schönheitsschlaf *m hum* **'beau·ty spot** *n* ① *(in countryside)* schönes [*o* hübsches] Fleckchen [Erde] ② *(on face)* Schönheitsfleck *m*

bea·ver ['biːvəʳ, AM -vɚ] I. *n* ① *(animal)* Biber *m; (fig)* Arbeitstier *nt fig*
② *(fur)* Biber[pelz] *m*
③ AM *(vulg: female genitals)* Muschi *f vulg*
④ *(Beaver Scout) Neuling bei den Pfadfindern*
II. *vi (fam)* **to ~ away** schuften *fam*

'Bea·ver Scout *n Neuling bei den Pfadfindern*

bea·ver·tail ['biːvəteɪl] *n* CAN FOOD *in Öl ausgebackenes süßes Stückchen in Form eines Biberschwanzes*

be·bop ['biːbɒp, AM -bɑːp] *n* MUS Bebop *m*

be·calmed [bɪ'kɑːmd] *adj* ① NAUT ▪ **to be ~** in eine Flaute geraten sein
② *(fig)* **~ state** Stagnation *f*

be·came [bɪ'keɪm] *pt of* **become**

be·cause [bɪ'kɒz, AM -'kɑːz] I. *conj* ① *(for reason that)* weil, da; ***he's trusted ~ honest*** man vertraut ihm, weil er ehrlich ist, man vertraut ihm wegen seiner Ehrlichkeit; **all the more ... ~ ...** umso mehr ..., weil ...; ***he was all the more hurt ~ he had trusted her*** er war umso gekränkter, hatte er ihr doch vertraut; **just ~ ...** bloß [*o* nur] weil ...; **that's ~ ...** es liegt daran, dass ...
② *(fam: for)* denn; ***have you been away, ~ we haven't seen you recently?*** waren Sie weg? wir haben Sie nämlich in letzter Zeit gar nicht gesehen
▸PHRASES: **just ~!** [einfach] nur so!; ***why not?—just ~!*** warum nicht? – darum!
II. *prep* ▪ **~ of** wegen *+gen;* **~ of me/you/them** meinetwegen/deinetwegen/ihretwegen; **~ of which ...** weshalb [*o* weswegen] ...

Bechua·na·land [ˌbetʃuː'ɑːnəlænd] *n* Bechuanaland *nt*

beck [bek] *n* ① BRIT *(little stream)* [Wild]bach *m*
② *no pl (hand gesture)* Wink *m*, Zeichen *nt; (nod)* Nicken *nt; (fig)* **to be at sb's ~ and call** jdm voll und ganz zur Verfügung stehen, nach jds Pfeife tanzen

beck·on ['bekən] I. *vt* ▪ **to ~ sb** jdm ein Zeichen geben; ***he ~ed me to join them*** er gab mir ein Zeichen, dass ich mich zu ihnen gesellen solle; ▪ **to ~ sb over** jdn herüberwinken
II. *vi* ① *(signal)* winken; ▪ **to ~ to sb** jdm [zu]winken [*o* ein Zeichen geben]
② *(fig: call)* locken *fig*, rufen *fig;* ***I have to go because work ~s*** ich muss gehen, die Arbeit ruft
③ *(fig: appear probable) future* winken *fig*

be·come <became, become> [bɪ'kʌm] I. *vi + adj/n* werden; ***this species almost became extinct*** diese Art wäre fast ausgestorben; ***what ever became of Moe Lester?*** was ist wohl aus Moe Lester geworden?; ***what has become of my jacket?*** wo ist nur meine Jacke hingekommen?; **to ~ angry** ärgerlich [*o* böse] werden; **to ~ convinced that ...** zu der Überzeugung kommen [*o geh* gelangen], dass ...; **to ~ interested in sb/sth** anfangen, sich *akk* für jdn/etw zu interessieren
II. *vt* ① *(change into)* ▪ **to ~ sth** etw werden; ***she wants to ~ an actress*** sie will Schauspielerin werden; **to ~ a legend in one's own time** [*or* **lifetime**] schon zu Lebzeiten zur Legende werden
② *(dated: look good)* ▪ **sth ~s sb** etw steht jdm
③ *(befit)* ▪ **to ~ sb** sich *akk* für jdn schicken

become apparent *vi (deutlich werden)* sich abzeichnen

be·com·ing [bɪ'kʌmɪŋ] *adj (dated)* ① *(attractive, neat, tasteful)* vorteilhaft, geschmackvoll; ***that dress is very ~*** das Kleid steht dir sehr gut
② *(appropriate)* schicklich; ▪ **to be ~** sich *akk* ziemen *veraltend geh*

bec·que·rel [ˌbekə'rel] *n* Becquerel *nt*

bed [bed] I. *n* ① *(furniture)* Bett *nt;* **to get out of ~** aufstehen; **to go to ~** zu [*o* ins] Bett gehen; **to make the ~** das Bett machen; **to put sb to ~** jdn ins [*o* zu] Bett bringen; **in ~** im Bett
② *(related to sexuality)* **to be good in ~** gut im Bett sein *fam;* **to go to ~ with sb** mit jdm ins Bett gehen *fam*
③ TOURIST [Hotel]bett *nt*
④ TYPO **to put sth to ~** etw in Druck geben
⑤ *(flower patch)* Beet *nt;* **~ of flowers** Blumenbeet *nt*
⑥ *(foundation substratum)* Unterlage *f*, Bett *nt fig;* **~ of clay/rock/sand** Lehm-/Gesteins-/Sandschicht *f;* **sea ~** Meeresgrund *m*, Meeresboden *m*
⑦ FOOD Beilage *f;* ***the chicken was served on a ~ of rice*** das Hähnchen wurde auf Reis serviert
▸PHRASES: **to get out of** [*or* AM *also* **up** **on**] **the wrong side of the ~** mit dem linken Fuß [zuerst] aufstehen *fig;* **to be in ~ with sb** *(pej)* mit jdm unter einer Decke stecken *pej;* **to be in ~ with sth** *(pej)* etw unterstützen; **I wouldn't kick her out of ~** *(hum sl)* ich würde sie nicht von der Bettkante stoßen *hum fam;* **his life was a ~ of nails** er musste in seinem Leben viel Schweres durchmachen; **as you make your ~ so you must lie on it,** AM **you made your ~, now lie in it** *(prov)* wie man sich bettet, so liegt man *prov;* **this is no ~ of roses** das ist kein Zuckerschlecken *fam*
II. *vt* <-dd-> *(dated)* ▪ **to ~ sb** jdm beiwohnen *euph veraltend geh*
◆**bed down** *vi* ① *(slumber, sleep)* sein Lager aufschlagen; **to ~ down on the couch** auf dem Sofa kampieren *fam*
② *(have sexual intercourse)* ▪ **to ~ down with sb** mit jdm schlafen [*o* ins Bett gehen] *fam*
③ *(reach state of normality)* sich *akk* legen [*o* normalisieren]
◆**bed out** *vt* HORT ▪ **to ~ out** ↻ **sth** *plants* etw auspflanzen

BEd [biː'ed] *n* BRIT *abbrev of* **Bachelor of Education** Bakkalaureus *m* der Erziehungswissenschaften

bed and 'board *n esp* BRIT Unterkunft *f* und Verpflegung *f* **bed and 'break·fast, B & 'B** *n* ① *(type of accommodation)* Übernachtung *f* mit Frühstück; *(hotel)* Frühstückspension *f;* **~ place** Frühstückspension *f*, Hotel Garni *nt* SCHWEIZ; **to do ~** Übernachtung *f* mit Frühstück anbieten
② BRIT FIN *kurzfristiger Kauf und Verkauf von Wertpapieren, um die Kapitalertragssteuer zu minimieren*

be·daub [bɪ'dɔːb, AM -'dɑːb] *vt usu passive* ▪ **to be ~ed with sth** mit etw *dat* beschmiert sein; **~ed with clay** lehmbeschmiert

'bed-bath *n* BRIT Krankenwäsche *f* im Bett; **to be given a ~ by sb** von jdm im Bett gewaschen werden **'bed·bug** *n* [Bett]wanze *f* **bed·cham·ber** ['bedˌtʃeɪmbəʳ, AM -bɚ] *n (old: bedroom)* Schlafkammer *f*, Schlafgemach *nt veraltet;* **Lady of the B~** königliche Leibzofe **'bed·clothes** *npl* Bettzeug *nt kein pl*

bed·der ['bedəʳ, AM -ɚ] *n* HORT Setzling *m*

bed·ding ['bedɪŋ] I. *n no pl* ① *(bedclothes)* Bettzeug *nt; (straw for animals)* [Ein]streu *f*
② GEOL Schichtung *f*, Lagerung *f*
II. *adj attr, inv* Freiland-, Beet-; **~ plant** Gartenpflanze *f*, Freilandpflanze *f*

'bed·ding lay·er *n* TECH Bettungsschicht *f* **'bed·ding put·ty** *n* TECH Glaserkitt *m*, Fensterkitt *m*

be·deck [bɪ'dek] *vt usu passive* ▪ **to ~ sth** etw schmücken [*o* zieren]; ▪ **to be ~ed with sth** mit etw *dat* geschmückt sein

be·dev·il <BRIT -ll- *or* AM *usu* -l-> [bɪ'devəl] *vt* ① *(distress, worry)* ▪ **to ~ sb/sth** jdn/etw belasten [*o* bedrücken]; ▪ **to be ~ed by sth** von etw *dat* geplagt [*o* gequält] werden
② *(complicate)* ▪ **to ~ sth** etw verkomplizieren [*o* erschweren]

'bed·fel·low *n (fig)* Verbündete(r) *f(m)*, Genosse, Genossin *m, f hum;* ***the priest and the politician made strange ~s*** der Pfarrer und der Politiker gaben ein merkwürdiges Gespann ab **'bed·head** *n* BRIT Kopfende *nt* [am Bett] **'bed·jack·et** *n* Bettjacke *f*, Bettwams *nt veraltet*

bed·lam ['bedləm] *n no pl* Chaos *nt*, Tumult *m;* ***it was absolute ~ at the football ground*** auf dem Fußballplatz ging es zu wie im Irrenhaus *fam*

'bed lin·en *n* Bettwäsche *f kein pl*

Bedou·in ['beduɪn] I. *adj attr, inv* Beduinen-
II. *n* <*pl* -s *or* -> Beduine, Beduinin *m, f*

'bed·pan *n* Bettpfanne *f*, Bettschüssel *f* **'bed·post** *n* Bettpfosten *m* ▸PHRASES: **between you, me and the ~** *(fam)* unter uns gesagt

be·drag·gled [bɪ'drægld] *adj* ① *(wet)* durchnässt, tropfnass
② *(untidy)* verdreckt, ungepflegt

'bed rest *n no pl* Bettruhe *f* **'bed·rid·den** *adj* bettlägerig **'bed·rock** *n no pl* Grundgestein *nt*, Felssohle *f*, Felsgrund *m; (fig)* Basis *f*, Fundament *nt fig*, Grundlage *f*

'bed·room I. *n* Schlafzimmer *nt;* **guest** [*or* **spare**] **~** Gästeschlafzimmer *nt;* **master ~** großes Schlafzimmer; **parents' ~** Elternschlafzimmer *nt*
II. *n modifier (window, mirror, wall)* Schlafzimmer-; **~ eyes** Schlafzimmerblick *m fam;* **~ suburb** [*or* **town**] Schlafstadt *f fam*

-bedroom *in compounds with numbers* **a three~ house** ein Haus *nt* mit drei Schlafzimmern

bed·room com·'mu·nity *n* AM Schlafstadt *f fam* **bed·room 'farce** *n* Schlafzimmerkomödie *f* **'bed·room scene** *n* Bettszene *f* **bed·room 'suite** *n* Schlafzimmergarnitur *f*, Schlafzimmereinrichtung *f*

Beds BRIT *abbrev of* **Bedfordshire**

'bed·side *n no pl* Seite *f* des Bettes; **to be at sb's ~** an jds Bett sitzen **bed·side 'lamp** *n* Nachttischlampe *f* **bed·side 'man·ner** *n* **to have a good ~** gut mit Kranken umgehen können **bed·side 'rug** *n* Bettvorleger *m* **bed·side 'table** *n* Nachttisch *m*

'bed·sit *n* BRIT *short for* **bedsitter** Einzimmerappartement *nt,* Einzimmerwohnung *f* SCHWEIZ **bed·'sit·ter,** *form* **bed-'sit·ting room** *n esp* BRIT *(small flat)* Einzimmerappartement *nt; (room)* Wohnschlafzimmer *nt* **'bed·sore** *n* wund gelegene Stelle **'bed·spread** *n* Tagesdecke *f* **'bed·stead** *n* Bettgestell *nt* **'bed·straw** *n* BOT Labkraut *nt* **'bed·time** *n no pl* Schlafenszeit *f;* ***it's*** ~ Zeit fürs Bett!; ***it's long*** [*or* ***way***] ***past your*** ~ du solltest schon längst im Bett sein; **at** ~ vor dem Schlafengehen **bed·time 'sto·ry** *n* Gutenachtgeschichte *f*

'Bedu·in *n, adj see* **Bedouin**

bed-wet·ter ['bedwetəʳ, AM -ɚ] *n* PSYCH Bettnässer(in) *m(f)* **bed-wet·ting** ['bedwetɪŋ] *n no pl* Bettnässen *nt*

bee [bi:] *n* ❶ *(insect)* Biene *f;* **swarm of** ~**s** Bienenschwarm *m;* **worker** ~ Arbeitsbiene *f,* Arbeiterin *f* ❷ AM, AUS *(meet)* Treffen *nt,* Kränzchen *nt;* **sewing** ~ Nähkränzchen *nt* ❸ *(competition)* Wettbewerb *m*
▸PHRASES: **to be a busy** [*or* **busy as a**] ~ *(hum)* fleißig wie eine Biene sein; **to have a** ~ **in one's bonnet** einen Tick haben *fam;* **he thinks he's the** ~**s' knees** *esp* BRIT *(fam)* er hält sich für den Größten *fam*

Beeb [bi:b] *n no pl* BRIT *(fam)* BBC *f (scherzhafte Bezeichnung für die englische Fernsehanstalt)*

beech [bi:tʃ] I. *n* ❶ *(tree)* Buche *f* ❷ *(wood)* Buchenholz *nt,* Buche *f;* **made of** ~ aus Buchenholz
II. *n modifier (cabinet, chair, table)* Buchen-; ~ **marten** Steinmarder *m*

'beech·nut *n* Buchecker *f*

bee-eater ['bi:,i:təʳ, AM -t̬ɚ] *n* ORN Bienenfresser *m*

beef [bi:f] I. *n no pl* ❶ *(meat)* Rindfleisch *nt;* **minced** [*or* AM **ground**] ~ Rinderhack[fleisch] *nt,* ÖSTERR *meist* faschiertes Rindfleisch, Rindshackfleisch *nt* SCHWEIZ; **roast** ~ Roastbeef *nt* ❷ *(forcefulness, vigour)* [Muskel]kraft *f,* Mumm *m fam,* Schmalz *nt hum fam; (fig)* ***the government report didn't have much*** ~ ***in it*** dem Regierungsbericht fehlte es an Biss ❸ *(complaint)* Beschwerde *f,* Meckerei *f pej fam;* ***my main*** ~ ***about the job is that ...*** an der Arbeit passt mir vor allem nicht, dass ...
II. *vi* nörgeln *pej,* meckern *pej fam;* ■**to** ~ **about sth** sich *akk* über etw *akk* beschweren
◆**beef up** *vt (fam)* ■**to** ~ **up** ↔ **sth** etw aufmöbeln *fam;* **to** ~ **up a team** ein Team verstärken; ■**to** ~ **sth up with sth** etw mit etw *dat* aufmöbeln [*o* aufpeppen] *fam*

'beef·bur·ger *n* Beefburger *m,* Hamburger *m*

'beef·cake *n (sl)* ❶ *(strong man)* Muskelpaket *nt fam,* Muskelprotz *m fam* ❷ *(muscles)* Muskeln *pl*

'beef cat·tle *npl* Schlachtrinder *pl,* Mastrinder *pl*

'Beef·eater *n* BRIT Beefeater *m,* Tower-Wächter *m*

'beef·steak *n* Beefsteak *nt* **beef·steak to·'ma·to, 'beef to·ma·to** *n* Fleischtomate *f* **beef 'Wel·ling·ton** *n no pl* FOOD *mit Leberpastete bedeckter und mit Blätterteig umhüllter Rinderbraten*

beefy ['bi:fi] *adj (fam)* ❶ *(muscular)* muskulös, bullig *fam* ❷ *(high-powered, efficient)* leistungsstark, effizient ❸ *(like beef)* fleischig, Rindfleisch-

'bee·hive *n* ❶ *(of bees)* Bienenstock *m; (rounded)* Bienenkorb *m* ❷ *(hairstyle)* toupierte Hochfrisur

'bee-keep·er *n* Imker(in) *m(f),* Bienenzüchter(in) *m(f)* **'bee-keep·ing** *n no pl* Bienenhaltung *f,* Bienenzucht *f,* Imkerei *f* **'bee·line** *n no pl* **to make a** ~ **for sb/sth** schnurstracks auf jdn/etw zugehen

been [bi:n, AM bɪn] *pp of* **be**

beep [bi:p] I. *vt* ❶ *(make brief noise)* **to** ~ **one's horn** hupen ❷ *(fam: on pager)* ■**to** ~ **sb** jdn anpiepen *fam;* ■**to be** ~**ed** angepiept werden *fam*
II. *vi* piepen; *(on ship)* tuten; *(in car)* hupen; ■**to** ~ **at sb** jdn anhupen
III. *n* Piep[s]ton *m; of a car* Hupen *nt kein pl; of a ship* Tuten *nt kein pl*

beep·er ['bi:pəʳ, AM -pɚ] *n (fam)* Signalgeber *m,* Piepser *m fam*

beep·ing ['bi:pɪŋ] *n* Piepsen *nt kein pl; of a car* Hupen *nt kein pl; of a ship* Tuten *nt kein pl*

beer [bɪəʳ, AM bɪr] *n* ❶ *no pl (drink)* Bier *nt;* **half-pint/pint of** ~ viertel/halber Liter Bier ❷ *(bottle)* Bier *nt,* Flasche *f* Bier; *(glass)* Bier *nt,* Glas *nt* Bier
▸PHRASES: **life's not all** ~ **and skittles** BRIT *(prov)* das Leben ist nicht nur eitel Sonnenschein *veraltend o hum*

'beer bel·ly *n (fam)* Bierbauch *m fam* **'beer gar·den** *n* Biergarten *m* **'beer gut** *n (fam)* Bierbauch *m fam* **'beer mat** *n* Bierdeckel *m,* Bierfilz *m* **'beer store** *n* CAN *von der Provinzregierung Ontario geführter Bierladen* **beer-swill·ing** ['bɪəswɪlɪŋ, AM 'bɪr] *adj attr, inv (also pej)* bierselig *iron,* Bier saufend *pej* **'beer tent** *n* Bierzelt *nt*

beery ['bɪəri, AM 'bɪri] *adj* ❶ *(of beer)* Bier-; ~ **breath** Bierfahne *f fam* ❷ *(tipsy)* bierselig

'bee sting *n* Bienenstich *m*

'bees·wax *n no pl* Bienenwachs *nt*

beet [bi:t] *n* ❶ *(edible plant root)* [Runkel]rübe *f;* ~ **sugar** Rübenzucker *m* ❷ AM *(beetroot)* Rote Bete [*o* Rübe], Rande *f* SCHWEIZ

bee·tle ['bi:tl̩, AM -t̬l̩] I. *n* Käfer *m*
II. *adj* buschig; ~ **brows** buschige Augenbrauen
III. *vi* BRIT ■**to** ~ **along** entlangpesen *fam; person also* entlangsausen *fam,* im Laufschritt entlangeilen
◆**beetle away** *vi* BRIT **to** ~ **away at** [**doing**] **a job** emsig mit einer Arbeit beschäftigt [*o* zugange] sein
◆**beetle off** *vi* BRIT abschwirren *fam,* abziehen *fam,* verschwinden

bee·tle-browed [-,braʊd] *adj* mit buschigen Augenbrauen; ■**to be** ~ buschige Augenbrauen haben

bee·tling ['bi:tl̩ɪŋ] *adj attr, inv brow, eyebrows* buschig

beet·root ['bi:tru:t] *n* BRIT Rote Bete, Rande *f* SCHWEIZ; **to go** [*or* **turn**] **as red as a** ~ knallrot werden *fam,* rot werden wie eine Tomate *hum fam*

be·fall <befell, befallen> [bɪ'fɔ:l] *(old)* I. *vt* ■**to** ~ **sb** *calamity* jdm zustoßen [*o geh* widerfahren]
II. *vi* sich *akk* ereignen

be·fell [bɪ'fel] *pt of* **befall**

be·fit <-tt-> [bɪ'fɪt] *vt (form)* ■**to** ~ **sb** jdm geziemen *geh o veraltend;* ***..., as*** ~***s someone of her position*** ..., wie es jemandem in ihrer Stellung geziemt

be·fit·ting [bɪ'fɪtɪŋ, AM -t̬ɪŋ] *adj (form)* schicklich, geziemend *veraltend;* ***that behaviour is not*** ~ ***of a man his age*** dieses Verhalten schickt sich nicht für einen Mann seines Alters

be·fore [bɪ'fɔ:ʳ, AM -'fɔ:r] I. *prep* ❶ *(at previous time to)* vor +*dat;* ***I need to go*** ~ ***2 pm*** ich muss vor 2 Uhr gehen; ***wash your hands*** ~ ***the meal*** wasch dir vor dem Essen die Hände; ~ ***leaving he said goodbye to each of them*** vor seiner Abfahrt verabschiedete er sich von jedem Einzelnen; ~ **everything else** zuallererst; ~ **long** in Kürze; ~ **now** schon früher; ~ **the time** zu früh; ~ **one's time** vorzeitig; ***she has grown old*** ~ ***her time*** sie ist vorzeitig gealtert; **to be** ~ **one's time** seiner Zeit voraus sein; **the day** ~ **yesterday** vorgestern; **the year** ~ **last/this** vorletztes/letztes Jahr; **just** ~ **sth** kurz vor etw *dat;* ***she always buys her Christmas presents just*** ~ ***Christmas*** sie kauft ihre Weihnachtsgeschenke immer erst kurz vor Weihnachten ❷ *(in front of)* vor +*dat; with verbs of motion* vor +*akk; (encountered first)* vor +*dat;* ***the letter K comes*** ~ ***L*** der Buchstabe K kommt vor dem L; ***the patterns swam*** ~ ***her eyes*** die Zeichen verschwammen vor ihren Augen; ***there is a large sign*** ~ ***the house*** vor dem Haus ist ein großes Schild; ***the bus stop is just*** ~ ***the school*** die Bushaltestelle befindet sich direkt vor der Schule ❸ *(higher ranking)* vor +*dat;* ***many mothers put their children's needs*** ~ ***their own*** viele Mütter stellen die Bedürfnisse ihrer Kinder über ihre eigenen; ***I'd go to prison*** ~ ***asking her for money*** ich würde eher ins Gefängnis gehen, als sie um Geld zu bitten; ***for me family is*** ~ ***everything*** die Familie geht mir über alles ❹ *(in presence of)* vor +*dat;* ***he stood up*** ~ ***the audience*** er stand vor dem Publikum auf; ***it happened*** ~ ***her very eyes*** es geschah vor ihren Augen ❺ *(for examination, consideration)* vor +*dat;* ***our case is coming*** ~ ***the court this week*** unser Fall kommt diese Woche vor Gericht ❻ *(in future)* vor +*dat;* ***the task*** ~ ***us*** die Aufgabe, vor der wir stehen; **to lie** ~ **one** vor jdm liegen; **to have sth** ~ **one** etw vor sich *dat* haben; ***you have your whole future*** ~ ***you*** du hast noch deine ganze Zukunft vor dir
II. *conj* ❶ *(at previous time)* bevor; ~ ***you criticize me, ...*** bevor du mich kritisierst, ...; ***she was waiting long*** ~ ***it was time*** sie wartete schon lange, bevor es soweit war; **right** [*or* **just**] ~ ... kurz bevor ...; ***just*** ~ ***she left the house, ...*** als sie gerade das Haus verlassen wollte, ...; ***but*** ~ ***I knew it, she was gone*** doch ehe ich mich versah, war sie schon verschwunden ❷ *(rather than)* bevor, ehe; ~ ***they testified against their friends, they said they'd go to jail*** sie würden eher ins Gefängnis gehen, als gegen ihre Freunde auszusagen, meinten sie; ***they would die*** ~ ***they would cooperate with each other*** sie würden lieber sterben als miteinander zusammenzuarbeiten ❸ *(until)* bis; ***it was an hour*** ~ ***the police arrived*** es dauerte eine Stunde, bis die Polizei eintraf; ~ ***we got the test results back, a month had gone by*** wir warteten einen Monat auf die Testergebnisse; ***it will be two weeks*** ~ ***he arrives*** er wird erst in zwei Wochen eintreffen; ■**not** ~ erst wenn, nicht eher als bis; ***you can't go*** ~ ***you've finished*** du kannst erst gehen, wenn du fertig bist ❹ *(so that)* damit; ***you must say the password at the door*** ~ ***they'll let you in*** du musst an der Tür das Kennwort sagen, damit sie dich hineinlassen
III. *adv inv* ❶ *(earlier, previously)* zuvor, vorher; ***I have never seen that*** ~ das habe ich noch nie gesehen; ***have you been to Cologne*** ~***?*** waren Sie schon einmal in Köln?; ***haven't we met*** ~***?*** haben wir uns nicht schon einmal gesehen?; ***that has never happened*** ~ das ist [bisher] noch nie passiert; ***she has seen it all*** ~ sie kennt das alles schon; **to be as** ~ wie früher sein; ***life went on as*** ~ das Leben ging wieder seinen gewohnten Gang; ~ **and after** davor und danach ❷ *(in front)* vorn; ~ **and behind** vorn und hinten
IV. *adj after n* zuvor; ***the day*** ~***, it had rained*** tags zuvor hatte es geregnet; ***the year*** ~ ***it had been rather quiet*** das Vorjahr war ganz ruhig verlaufen; ***read this line and the one*** ~ lies diese Zeile und die vorhergehende [*o* davor]

before·hand [bɪ'fɔ:hænd, AM -'fɔ:r-] *adv inv* vorher, im Voraus; ***we were informed*** ~ wir wurden zuvor informiert

be'fore-hour *adj attr, inv* FIN ~ **dealings** *pl* Vorbörse *f*

be·'fore-tax *adj attr, inv* Brutto-; ~ **income** Bruttoeinkommen *nt* **be·fore 'taxes** *adj after n, inv* **amount** ~ Vorsteuerbetrag *m;* **income** ~ Gewinn *m* vor Steuern

be·friend [bɪ'frend] *vt* ■**to** ~ **sb** ❶ *(become friends with)* sich *akk* mit jdm anfreunden ❷ *(look after)* sich *akk* einer Person *gen* annehmen *geh;* ■**to be** ~**ed by sb** von jdm Beistand erhalten

be·fuddled [bɪ'fʌdl̩d] *adj* ❶ *(muddled)* verwirrt ❷ *(intoxicated)* benebelt; **to be** ~ **by drink** benebelt sein

beg <-gg-> [beg] I. *vt* ❶ *(ask for charity)* ■**to** ~ **sth** um etw *akk* betteln; ■**to** ~ **sth from** [*or fam* **off**] **sb** etw von jdm schnorren *fam* ❷ *(request)* **to** ~ **leave to do sth** *(form)* um Erlaubnis bitten etw tun zu dürfen; ***stop it, I*** ~ ***you*** hör auf, ich bitte dich; ■**to** ~ **sb to do sth** jdn bitten, etw zu tun; ■**to** ~ **that ...** darum bitten, dass ...; **to** ~ **sb's forgiveness** jdn um Entschuldigung [*o* Verzeihung] bitten; ***I*** ~ ***your pardon*** entschuldigen Sie bitte ❸ *(leave unresolved)* **to** ~ **the question** keine Antwort auf die [eigentliche] Frage geben; ***you're***

always ~ging the question du weichst immer nur aus; ***this crisis ~s the question of his leadership*** diese Krise wirft die Frage nach seinen Führungsqualitäten auf

▸PHRASES: **to go ~ging** noch zu haben sein, keinen Abnehmer/keine Abnehmerin finden

II. *vi* ① *(seek charity)* betteln; ■**to ~ for sth** um etw *akk* betteln, um etw *akk* bitten

② *(request)* ■**to ~ of sb:** ***don't give up, I ~ of you*** *(form)* ich flehe Sie an, geben Sie nicht auf! *geh;* **to ~ for clemency** [*or* **mercy**] um Gnade flehen *geh;* ***I ~ to inform you that ...*** *(form)* ich erlaube mir, Sie davon in Kenntnis zu setzen, dass ... *geh,* ich möchte Ihnen mitteilen, dass ...; ***I ~ to differ*** *(form)* ich erlaube mir, anderer Meinung zu sein *geh*

③ *(request) dog* Männchen machen

◆**beg off** *vi* ■**to ~ off** [**from**] **sth** *(fam)* sich *akk* [bei etw *dat*] entschuldigen lassen; ***we ~ged off the meeting*** wir sagten das Treffen ab; **to ~ off work** sich *dat* freigeben lassen

be·gan [bɪˈgæn] *pt of* **begin**

be·gat [bɪˈgæt] *pt of* **beget**

be·get <-tt-, begot *or esp old* begat, begotten> [bɪˈget] *vt* ① *(liter or old: father)* **to ~ a child** ein Kind zeugen

② *(fig form: bring about)* ■**to ~ sth** etw gebieten *liter;* ***crime ~s crime*** Gewalt erzeugt Gegengewalt

be·get·ter [bɪˈgetəʳ, AM ˈgeţɚ] *n (liter)* ① *(parent)* [leiblicher] Vater, Erzeuger *veraltet o hum*

② *(creator)* Urheber *m,* Schöpfer *m*

beg·gar [ˈbegəʳ, AM -ɚ] **I.** *n* ① *(poor person)* Bettler(in) *m(f)*

② + *adj esp* BRIT **little ~** kleiner Schlingel *hum,* Racker *m hum,* Lausbub *m* SCHWEIZ; **lucky ~** Glückspilz *m;* ***you lucky ~!*** du Glücklicher/du Glückliche!

▸PHRASES: **~s can't be choosers** *(saying)* in der Not darf man nicht wählerisch sein, in der Not frisst der Teufel Fliegen *prov;* **if wishes were horses,** [**then**] **~s would ride** *(prov)* vom Wünschen allein ist noch niemand reich geworden

II. *vt* ■**to ~ sb** jdn an den Bettelstab bringen; **to ~ a company** eine Firma herunterwirtschaften [*o* in den Ruin treiben]; ■**to ~ oneself** sich *akk* ruinieren

▸PHRASES: **to ~ belief** [einfach] unglaublich sein; **to ~ description** jeder Beschreibung spotten, [einfach] unbeschreiblich sein

beg·gar·ly [ˈbegəˡli, AM -ɚli] *adj usu attr (dated)* erbärmlich; **a ~ amount of money** ein lumpiger Geldbetrag; **a ~ existence** eine kümmerliche Existenz; **a ~ meal** ein kärgliches Mahl; **a ~ pay** eine armselige Bezahlung

beg·gar-my-ˈneigh·bour *n* BRIT Bettelmann *m (Kartenspiel für zwei, bei dem der Gewinner am Ende alle Karten hat)*

beg·ging [ˈbegɪŋ] *n no pl* Betteln *nt*

ˈbeg·ging let·ter *n (fam)* Bittbrief *m*

be·gin <-nn-, began, begun> [bɪˈgɪn] **I.** *vt* ① *(commence)* ■**to ~ sth** etw anfangen [*o* beginnen]; ***he began his career as a humble office worker*** er hat als kleiner Büroangestellter angefangen; ***I began this book two months ago*** ich habe mit diesem Buch vor zwei Monaten angefangen; **to ~ a conversation** ein Gespräch beginnen; **to ~ school** in die Schule kommen; **to ~ work** mit der Arbeit beginnen; ■**to ~ doing** [*or* **to do**] **sth** beginnen [*o* anfangen], etw zu tun; ***she began acting at fifteen*** sie fing mit fünfzehn mit der Schauspielerei an; ***I began to think he'd never come*** ich dachte schon, er würde nie kommen; ***he didn't even ~ to answer my questions*** er hat keinerlei Anstalten gemacht, meine Fragen zu beantworten; ***he does not even ~ to try*** er versucht es nicht einmal; ***it doesn't ~ to do him justice*** es wird ihm nicht [einmal] annähernd gerecht; ***I can't ~ to explain how this could happen*** es ist mir selbst unerklärlich, wie das passieren konnte; ***she was ~ning to get angry*** sie wurde allmählich [*o* langsam] wütend; ***it's ~ning to rain/snow*** *impers* es fängt an zu regnen/schneien; **to ~ to roll/stutter** ins Rollen/Stottern kommen

② *(start using)* ■**to ~ sth** mit etw *dat* beginnen [*o* anfangen]; **to ~ a bottle** eine Flasche anbrechen; **to ~ a new loaf of bread** ein neues Brot anschneiden; **to ~ a new page** eine neue Seite anfangen

③ *(originate)* ■**to ~ sth** mit etw *dat* beginnen [*o* anfangen]; **to ~ a fashion/trend** eine Mode/einen Trend ins Leben rufen

④ *(start by saying)* ■**to ~ sth:** ***"let me introduce myself," she began*** „darf ich mich vorstellen?" begann sie

II. *vi* ① *(commence)* anfangen, beginnen; ***let's ~*** fangen wir an!; ***I'll ~ by welcoming our guests*** zuerst werde ich unsere Gäste begrüßen; ***she began on the piano at five*** sie hat mit fünf angefangen Klavier zu spielen; ***it all began when she left us*** alles fing damit an, dass sie uns verließ; ***I don't know where to ~*** ich weiß nicht, wo ich anfangen soll!; ***before school ~s*** vor Schulanfang; ***the play ~s with the sisters in the kitchen together*** am Anfang des Stücks sitzen die Schwestern zusammen in der Küche; ***~ning from September 1*** ab dem ersten September; **to ~ again** neu anfangen; ■**to ~ with** *(before anything)* ***to ~ with, I want to thank you for everything*** zunächst einmal möchte ich mich für alles bedanken; *(initially)* ***there were six of us to ~ with*** anfangs waren wir noch zu sechst; *(for one)* ***to ~ with, the room is too small, then it faces a busy road*** erstens ist das Zimmer zu klein, [und] dann liegt es auch noch an einer verkehrsreichen Straße; ■**to ~ on sth** mit etw *dat* beginnen [*o* anfangen]

② *(open speech act)* beginnen, anfangen; ***he began by saying ...*** zunächst einmal sagte er ...

③ *(originate)* beginnen, anfangen; *river* entspringen; ***where does this road ~?*** wo fängt diese Straße an?

▸PHRASES: **life ~s at forty** *(saying)* mit vierzig fängt das Leben erst [richtig] an

be·gin·ner [bɪˈgɪnəʳ, AM -nɚ] *n* Anfänger(in) *m(f);* **German for ~s** Deutsch für Anfänger; **~'s luck** Anfängerglück *nt;* **false ~** Einsteiger(in) *m(f)* mit Vorkenntnissen

Be·gin·ner's All-Pur·pose Sym·bol·ic In·ˈstruc·tion Code *n* COMPUT BASIC [Programmiersprache *f*]

be·ˈgin·ners' slope *n* AM, AUS *(nursery slope)* Anfängerhügel *m fam,* Idiotenhügel *m hum fam*

be·gin·ning [bɪˈgɪnɪŋ] **I.** *n* ① *(starting point)* Anfang *m; (in time)* Beginn *m;* **at** [*or* **in**] **the ~** am Anfang, zu Beginn; **the ~ of the end** der Anfang vom Ende; **from ~ to end** *(place)* von vorn bis hinten; *(temporal)* von Anfang bis Ende, von der ersten bis zur letzten Minute; **at the ~ of the month** am Monatsanfang; ***we will meet at the ~ of the month*** wir treffen uns Anfang des Monats; **promising** [*or form* **auspicious**] **~** viel versprechender Anfang

② *(origin)* ■**~s** *pl* Anfänge *pl,* Ursprung *m;* **the ~s of civilization** die Anfänge [*o* der Ursprung] der Zivilisation; **to rise from humble ~s** sich *akk* aus kleinen Verhältnissen hocharbeiten

③ *(start)* ■**~s** *pl* erste Anzeichen; ***I've got the ~s of a headache*** ich glaube, ich bekomme Kopfschmerzen

▸PHRASES: **in the ~ was the Word** REL *(prov)* am Anfang war das Wort

II. *adj attr, inv* Anfangs-; **~ course** Anfängerkurs *m;* **~ stage** Anfangsstadium *nt;* **~ student** Studienanfänger(in) *m(f)*

be·gone [bɪˈgɒn, AM -ˈgɑːn] *interj (liter or old)* **~!** fort [*o* hinweg] [mit dir]! *geh*

be·gonia [bɪˈgəʊniə, AM -ˈgoʊnjə] *n* Begonie *f*

be·got [bɪˈgɒt, AM -ˈgɑːt] *pt, pp of* **beget**

be·got·ten [bɪˈgɒtᵊn, AM -ˈgɑːţ-] *pp of* **beget**

be·grudge [bɪˈgrʌdʒ] *vt* ① *(allow unwillingly)* ■**to ~ sb sth** jdm etw missgönnen; ***I don't ~ him his freedom*** ich gönne ihm seine Freiheit

② *(resent)* ■**sb ~s sth** jdm tut es um etw *akk* leid

③ *(be reluctant)* ■**to ~ doing sth** etw widerwillig [*o* ungern] tun; ***I ~ getting up early*** ich stehe ungern früh auf

④ *(regret)* ■**to ~ having done sth** etw bereuen, bereuen, dass man etw getan hat

be·grudg·ing·ly [bɪˈgrʌdʒɪŋli] *adv* widerwillig, ungern

be·guile [bɪˈgaɪl] *vt (liter)* ① *(charm)* ■**to ~ sb** jdn betören *geh;* ■**to be ~d** [**by sth**] [von etw *dat*] betört sein *geh*

② *(delight)* ■**to ~ sb** [**with sth**] jdn [mit etw *dat*] in seinen Bann ziehen *geh*

③ *(mislead)* ■**to ~ sb** [**with sth**] jdn [mit etw *dat*] täuschen; ■**to ~ sb into doing sth** jdn dazu verlocken [*o* verleiten], etw zu tun

④ *(wile away)* **to ~ the tedium** sich *dat* die Langeweile vertreiben

be·guil·ing [bɪˈgaɪlɪŋ] *adj* ① *(charming)* betörend *geh,* verführerisch

② *(intriguing)* faszinierend; ***that's a ~ argument, but I'm not convinced by it*** das Argument hat was, aber überzeugen tut es mich nicht

be·guil·ing·ly [bɪˈgaɪlɪŋli] *adv* betörend *geh,* verführerisch

be·gun [bɪˈgʌn] *pp of* **begin**

be·half [bɪˈhɑːf, AM -ˈhæf] *n no pl* **on ~ of sb/sth** [*or* **on sb's/sth's ~**] *(speaking for)* im Namen einer Person/einer S. *gen; (as authorized by)* im Auftrag von jdm/etw; ***I'm writing to you on ~ of Mr Smith*** ich schreibe Ihnen in Vertretung von Mr. Smith; **on my/her ~ ...** meinetwegen/ihretwegen ...; ***when I heard people talking about him behind his back, I got angry on his ~*** als ich die Leute hinter seinem Rücken reden hörte, wurde ich in seinem Namen wütend

be·have [bɪˈheɪv] **I.** *vi* ① *people* ***how did he ~ towards you?*** wie hat er sich dir gegenüber verhalten?; **to ~ badly/well** sich *akk* schlecht/gut benehmen; **to ~ strangely** sich *akk* merkwürdig verhalten [*o* benehmen]; *(act properly)* sich *akk* benehmen; **~!** benimm dich!

② *object, substance* sich verhalten; *appliance* funktionieren

II. *vt* ■**to ~ oneself** sich *akk* [anständig] benehmen

be·haved [bɪˈheɪvd] *adj pred, inv, with adv* **to be badly ~** unartig [*o* ungezogen] sein, ein schlechtes Benehmen haben; **to be well-~** artig [*o* brav] [*o* gut erzogen] sein

be·ˈhav·ior *n* AM *see* **behaviour**

be·ˈhav·ior·al *adj* AM *see* **behavioural**

be·ˈhav·ior·ism *n* AM *see* **behaviourism**

be·ˈhav·ior·ist *n* AM *see* **behaviourist**

be·hav·iour, AM **be·hav·ior** [bɪˈheɪvjəʳ, AM -vjɚ] **I.** *n no pl* ① *of a person* Benehmen *nt,* Verhalten *nt,* Betragen *nt;* **to be on one's best ~** sich *akk* von seiner besten Seite zeigen

② *of a car* [Fahr]verhalten *nt; of an engine* [Betriebs]verhalten *nt*

II. *n modifier (pattern)* Verhaltens-

be·hav·iour·al, AM **be·hav·ior·al** [bɪˈheɪvjəˡrəl, AM -vjɚ-] *adj inv* Verhaltens-; **~ psychology/science** Verhaltenspsychologie *f*/-forschung *f*

be·hav·iour·al seg·men·ˈta·tion *n no pl* ECON Marktsegmentierung *f* aufgrund von Verhaltensmerkmalen

be·ˈhav·iour-based, AM **be·ˈhav·ior-based** *adj attr, inv* **~ protection** verhaltensbasierendes Schutzprogramm

be·hav·iour·ism, AM **be·hav·ior·ism** [bɪˈheɪvjəˡrɪzᵊm, AM -vjɚ-] *n no pl* PSYCH Behaviorismus *m fachspr*

be·hav·iour·ist, AM **behaviorist** [bɪˈheɪvjəˡrɪst, AM -vjɚ-] **I.** *n* PSYCH Behaviorist(in) *m(f) fachspr*

II. *adj* PSYCH behavioristisch *fachspr*

be·ˈhav·iour pat·tern *n* Verhaltensmuster *nt* **be·ˈhav·iour thera·py** *n* Verhaltenstherapie *f*

be·head [bɪˈhed] *vt* ■**to ~ sb** jdn köpfen [*o geh* enthaupten]

be·held [bɪˈheld] *pt of* **behold**

be·he·moth [bɪˈhiːmɒθ, AM mɑːθ] *n* ① *(monster)* Ungetüm *nt,* Monstrum *nt*

② *(fig: big and powerful person)* Große(r) *f(m),* Größe *f,* Gigant *m*

be·hest [bɪˈhest] *n no pl (form)* ■**at sb's ~** [*or* **the ~ of sb**] auf jds Geheiß *geh;* ***the budget proposal was adopted at the President's ~*** der Haushaltsentwurf wurde auf Weisung des Präsidenten angenommen

be·hind [bɪ'haɪnd] **I.** *prep* ❶ *(at back)* hinter +*dat;* *(to back)* hinter +*akk;* **to fall ~ sb** hinter jdn zurückfallen; **~ the wheel** *driver* hinterm Lenkrad [*o* Steuer]
❷ *(hidden by)* hinter +*dat;* ***the town lay ~ the mountain*** die Stadt lag hinter dem Berg
❸ *(as basis for)* hinter +*dat;* ***the motivating factor ~ his sudden enthusiasm*** der ausschlaggebende Faktor für seinen plötzlichen Enthusiasmus
❹ *(supporting)* hinter +*dat;* ***I'm ~ you all the way*** ich stehe voll hinter dir
❺ *(in past)* hinter +*dat;* **to have sth ~ one** etw hinter sich *dat* haben; **to put sth ~ one** etw hinter sich *dat* lassen, etw vergessen; **long ~ sb** weit zurück
❻ *(responsible for)* hinter +*dat;* ***who's ~ this?*** wer ist dafür verantwortlich?, wer steckt dahinter? *fam*
❼ *(late for)* hinter +*dat;* **to be/get ~ schedule** in Verzug sein/geraten
❽ *(less advanced)* **to be ~ sb in sth** jdm in etw *dat* hinterher sein *fam*
▸PHRASES: **~ sb's back** hinter jds Rücken; **to go ~ sb's back** jdn hintergehen; **~ every great man there stands a great woman** *(prov)* hinter jedem starken Mann steht eine starke Frau; **~ the scenes** hinter den Kulissen; **to be ~ the times** hinter der Zeit zurück[geblieben] sein
II. *adv (at back)* hinten; *(to back)* nach hinten; **to attack from ~** von hinten [*o pej* hinterrücks] angreifen; **the boat/car/person/ship ~** der Hintermann; **to come from ~** *(fig)* wieder zur Spitze aufschließen; **to fall ~** zurückfallen; **to leave sb/sth ~** jdn/etw zurücklassen; **to leave sth ~** *(not take)* etw [versehentlich] stehen/liegen lassen; *(as sign)* etw zurücklassen [*o* hinterlassen]; **to leave ~ a stain/a scar/a trail of destruction** einen Fleck/eine Narbe/eine Spur der Verwüstung hinterlassen; **to stay ~** noch dableiben; *pupil* nachsitzen; **to walk ~** hinterhergehen
III. *adj pred* ❶ *(in arrears)* ■**to be ~ with sth** mit etw *dat* im Rückstand [*o* Verzug] sein
❷ *(overdue)* ■**to be ~ sb** hinter jdm zurückliegen; **to be ~ with one's work** mit seiner Arbeit im Rückstand sein
❸ *(mentally)* **to be** [**a long way**] **~** [weit] zurück sein *fam;* **to be ~ in a subject** in einem Fach hinterherhinken
IV. *n (fam)* Hintern *m fam;* ***get off your ~ and do something!*** nun beweg deinen Hintern und tu was! *fam*

be·hind·hand [bɪ'haɪndhænd] *adj pred* ■**to be ~ with sth** mit etw *dat* im Rückstand [*o* Verzug] sein

be·hind the 'scenes *adv* hinter den Kulissen; **to act/work ~** hinter den Kulissen agieren/arbeiten

be·'hind-the-scenes *adj attr, inv* hinter den Kulissen; **~ activity** Hintergrundaktivität *f;* **~ person** Person *f* im Hintergrund; **~ work** Arbeit *f* im Verborgenen

be·hold <beheld, beheld> [bɪ'həʊld, AM -'hoʊld] **I.** *vt (liter or esp old)* ■**to ~ sth** etw erblicken *geh;* ***the landscape was beautiful to ~*** die Landschaft war schön anzuschauen
II. *interj* **~!** *(old liter)* siehe! *veraltet geh;* **lo and ~** siehe da *veraltet geh*

be·hold·en [bɪ'həʊldᵊn, AM -'hoʊld-] *adj pred (form)* ■**to be ~ to sb** [**for sth**] jdm [wegen einer S. *gen*] verpflichtet [*o* verbunden] sein

be·hold·er [bɪ'həʊldəʳ, AM -'hoʊldɚ] *n (liter or old)* Betrachter(in) *m(f),* Beschauer(in) *m(f) geh*
▸PHRASES: **beauty is in the eye of the ~** schön ist, was [den Leuten] gefällt *prov*

be·hookie [bɪ'hʊki] *n* AM *(fam)* Hintern *m*

behove [bɪ'həʊv], AM **behoove** [bɪ'hu:v] *vt (form or dated)* ■**it ~s sb to do sth** es [ge]ziemt jdm, etw zu tun *veraltet geh;* ***it ill ~s us to do nothing*** es steht uns schlecht an, untätig zu bleiben *veraltend geh*

beige [beɪʒ] *adj* beige[farben]

'Beige Book *n* AM FIN das beige Buch *nt*

beigel *n see* **bagel**

be·ing ['bi:ɪŋ] **I.** *n* ❶ *(creature)* Wesen *nt;* **~ from another planet** Wesen *nt* von einem anderen Stern
❷ *(existence)* Dasein *nt;* **to bring** [*or* **call**] **sth into ~** etw ins Leben rufen; **to come into ~** entstehen
❸ *(soul)* Wesen *nt,* Sein *nt;* ***she hated him with all her ~*** sie hasste ihn aus tiefster Seele
II. *adj after n* **for the time ~** vorerst, vorläufig, einstweilen
III. *see* **be**

be·je·sus, be·jee·sus [bə'dʒi:zəs] **I.** *interj* ■**~!** *(exclamation expressing surprise)* na, so was! *fam*
II. *n no pl (sl)* **to beat the ~ out of sb** *(give sb a sound beating)* jdn windelweich schlagen; **to scare the ~ out of sb** jdn zu Tode erschrecken

be·jewell·ed, *esp* AM **be·jewel·ed** [bɪ'dʒu:əld] *adj* mit Juwelen geschmückt [*o pej fam* behängt]; *(fig)* ***the sky was ~ with stars*** der Himmel war mit Sternen übersät *geh*

be·la·bour, AM **be·la·bor** [bɪ'leɪbəʳ, AM -bɚ] *vt* ❶ *(overdo)* **to ~ a subject** ein Thema zu Tode reiten; **to ~ a point** auf einem Punkt herumhacken *fam*
❷ *(dated: beat soundly)* ■**to ~ sb** [**with sth**] auf jdn [mit etw *dat*] einschlagen [*o* eindreschen]; *(attack verbally)* **to ~ sb with insults/abuse** jdn [mit Beleidigungen/Beschimpfungen] attackieren [*o* traktieren]

Be·la·rus [belə'ru:s] *n* Belarus *nt,* Weißrussland *nt*

Be·la·ru·sian [ˌbelə'rʌʃᵊn] **I.** *n* Belarusse, Belarussin *m, f*
II. *adj* belarussisch

be·lat·ed [bɪ'leɪtɪd, AM -t̬ɪd] *adj* verspätet; **~ birthday greetings** nachträgliche Geburtstagsgrüße

be·lat·ed·ly [bɪ'leɪtɪdli, AM -t̬ɪd-] *adv* verspätet, nachträglich

be·lay [bɪ'leɪ] **I.** *vi* festmachen, sichern
II. *vt* ■**to ~ sb** jdn anseilen
III. *n (in mountaineering)* Sicherungsschlinge *f*

belch [beltʃ] **I.** *n* <*pl* -es> Rülpser *m fam*
II. *vi* aufstoßen, rülpsen *fam,* gorbsen SCHWEIZ *fam*
III. *vt* ■**to ~ sth** etw ausstoßen; *volcano* etw ausspeien
◆**belch out, belch forth** *vt* ■**to ~ sth** ⊂ **out** [*or* **forth**] *ash, fumes* etw ausstoßen

be·lea·guered [bɪ'li:gəd, AM -gɚd] *adj* ❶ *(besieged)* belagert; **to be ~ by an army/reporters** von einer Armee/Reportern belagert werden
❷ *(fig: overburdened)* überlastet; **sb is ~ with work** jdm wächst die Arbeit über den Kopf
❸ *(fig: beset)* bedrängt; ***the fields were ~ by pests*** die Felder wurden von Schädlingen heimgesucht; **~ parents** geplagte Eltern; **to be ~ by problems** von Problemen geplagt werden

Bel·fast ['belfɑ:st] *n* Belfast *nt*

Bel·fast 'sink *n* BRIT *altmodisches Keramikspülbecken*

bel·fry ['belfri:] *n* Glockenturm *m*
▸PHRASES: **to have bats in the ~** einen Vogel haben *fam*

Bel·gian ['beldʒən] **I.** *n* Belgier(in) *m(f)*
II. *adj* belgisch

Bel·gium ['beldʒəm] *n* Belgien *nt*

Bel·grade [bel'greɪd, AM 'belgreɪd] *n* Belgrad *nt*

be·lie <-y-> [bɪ'laɪ] *vt* ■**to ~ sth** ❶ *(disprove)* etw widerlegen [*o geh* Lügen strafen]
❷ *(cover up)* etw verbergen, über etw *akk* hinwegtäuschen

be·lief [bɪ'li:f] *n* ❶ *(faith)* Glaube *m kein pl;* **political/religious ~s** politische/religiöse Überzeugungen; **to be beyond** [*or* BRIT *also* **beggar**] **~** [einfach] unglaublich sein; **to shake sb's ~ in sth** jds Glauben an etw *akk* erschüttern
❷ *(view)* Überzeugung *f,* Ansicht *f;* ***it is my firm ~ that ...*** ich bin der festen Überzeugung, dass ...; **in the ~ that ...** im Glauben, dass ...; **to the best of my ~** nach bestem Wissen und Gewissen; **contrary to popular ~** entgegen der allgemeinen Auffassung

be·liev·able [bɪ'li:vəbl̩] *adj* glaubwürdig, glaubhaft

be·lieve [bɪ'li:v] **I.** *vt* ❶ *(presume true)* ■**to ~ sth** etw glauben; **~** [***you***] ***me!*** du kannst mir glauben!; ***would you ~ it?*** kannst du dir das vorstellen?, also unglaublich! *fam;* ***I wouldn't have ~d it of them*** das hätte ich nicht von ihnen gedacht; ***she couldn't*** [*or* ***could hardly***] ***~ her ears/eyes*** sie traute ihren Ohren/Augen nicht; ***I couldn't ~ my luck*** ich konnte mein Glück [gar] nicht fassen; ***I'll ~ it when I see it!*** das glaube ich erst, wenn ich es sehe!; ***I can't ~ how ...*** ich kann gar nicht verstehen, wie ...; **~ *it or not*** ob du es glaubst oder nicht *fam;* **to not ~ a word of sth** kein Wort von etw *dat* glauben; ■**to ~ sb to be sth** jdn für etw *akk* halten; ■**to ~ that ...** glauben, dass ...; **to find sth hard to ~** etw kaum glauben [*o* fassen] können; ***she found it hard to ~ that ...*** es fiel ihr schwer zu glauben, dass ...
❷ *(pretend)* **to make ~** [**that**] ... so tun, als ob ...; ***the boys made ~ to be*** [*or* ***that they were***] ***pirates*** die Jungen taten so, als wären sie Piraten
▸PHRASES: **seeing is believing** *(saying)* was ich sehe, glaube ich
II. *vi* ❶ *(be certain of)* ■**to ~ in sth** *UFOs, God* an etw *akk* glauben
❷ *(have confidence)* ■**to ~ in sb/sth** auf jdn/etw vertrauen
❸ *(support sincerely)* ■**to ~ in sth** für etw *akk* sein, viel von etw *dat* halten; ***I ~ in going for a run every morning*** ich bin fest davon überzeugt, dass man täglich morgens joggen sollte
❹ *(think)* glauben, denken; ***Jane Roberts, I ~?*** sind Sie nicht Jane Roberts?; ***the robbers are ~d to have escaped via Heathrow Airport*** man nimmt an, dass die Räuber über den Flughafen Heathrow entkommen sind; ***we have*** [***every***] ***reason to ~ that ...*** wir haben [allen] Grund zu der Annahme, dass ... *geh;* **I ~ not/so** ich glaube nicht/schon

be·liev·er [bɪ'li:vəʳ, AM -ɚ] *n* ❶ *(religous follower)* Gläubige(r) *f(m)*
❷ *(enthusiast)* [überzeugter] Anhänger/[überzeugte] Anhängerin; ***I'm a ~ in health food*** ich glaube an gesunde Ernährung; **to be a** [**great**] **~ in doing sth** [sehr] für etw *akk* sein, [sehr] viel von etw *dat* halten

Belisha bea·con [bɪˌli:ʃə'-] *n* BRIT [*gelbes*] *Blinklicht an brit. Zebrastreifen*

be·lit·tle [bɪ'lɪtl, AM -t̬l] *vt* ■**to ~ sth** etw herabsetzen [*o* schlechtmachen]; *one's successes, achievements* etw schmälern; ***she tends to ~ her own efforts*** sie neigt dazu, ihre eigenen Bemühungen runterzuspielen; ■**to ~ oneself** sich *akk* schlechtermachen, als man ist

Be·lize [bə'li:z] *n* Belize *nt*

Be·lizean [bə'li:ziən] **I.** *n* Belizer(in) *m(f)*
II. *adj* belizisch

bell [bel] **I.** *n* ❶ *(for ringing)* Glocke *f;* *(small one)* Glöckchen *nt;* ***the ~s were ringing out*** die Glocken läuteten; **bicycle/door ~** Fahrrad-/Türklingel *f;* [**as**] **clear as a ~** *(pure)* glasklar; *(obvious)* völlig klar; ***a sound as clear as a ~*** ein glockenreiner Ton; ***the whole thing is as clear as a ~ to me*** das Ganze ist sonnenklar für mich; **sth rings a ~** [**with sb**] *(fig)* etw kommt jdm bekannt vor; ***she showed me the list of names but none of them rang any ~s*** sie zeigte mir die Namensliste, aber mit keinem von ihnen konnte ich [irgend]etwas anfangen; ***does this song ring any ~s with you?*** erinnert dich dieses Lied an [irgend]etwas?
❷ *(signal)* Läuten *nt kein pl,* Klingeln *nt kein pl;* ***there's the ~ for lunch/school*** es läutet zur Mittagspause/zum Unterricht; **to give sb a ~** BRIT *(fam)* jdn anrufen
▸PHRASES: **to be** [**as**] **sound as a ~** völlig in Ordnung sein; ***you're looking as sound as a ~*** du siehst kerngesund aus; **hell's ~s** *(surprised)* heidenei! BRD *sl,* Mensch [Meier]!; *(angry)* zum Donnerwetter!; [**to be**] **saved by the ~** [gerade] noch einmal davon[ge]kommen [sein] *fam;* **with ~s on** AM, AUS *(fam)* mit Vergnügen; ***everybody's waiting for you with ~s on*** alle sind schon ganz gespannt auf dich; ***she was there on time with ~s on*** pünktlich war sie da und stand schon in den Startlöchern
II. *vt* **to ~ a cow/a goat/a sheep** einer Kuh/einer

Ziege/einem Schaf eine Glocke umhängen
▶PHRASES: **to ~ the cat** der Katze die Schelle umhängen *fig*

bel·la·don·na [ˌbelə'dɒnə, AM -'dɑ:nə] *n no pl* PHARM Belladonna *f*, Atropin *nt;* BOT Tollkirsche *f*

'bell-bot·toms *npl* Schlaghose[n] *f[pl]*, Glockenhose[n] *f[pl]* ÖSTERR, SCHWEIZ **'bell·boy** *n* [Hotel]page *m*, Hoteljunge *m*

belle [bel] *n (dated)* Schöne *f*, Schönheit *f;* **the ~ of the ball** die Ballkönigin

'bell-flow·er *n* Glockenblume *f* **'bell·hop** *n* AM *(bellboy)* [Hotel]page *m*, Hoteldiener *m*

bel·li *see* **casus belli**

bel·li·cose ['belɪkəʊs, AM -koʊs] *adj (pej form)* kriegerisch; *person* streitsüchtig; **to be in a ~ mood** in kriegerischer Stimmung sein, zum Streiten aufgelegt sein

bel·li·cos·ity [ˌbelɪ'kɒsəti, AM -ə'kɑ:səṭi] *n no pl* kriegerisches Wesen, Kampf(es)lust *f*

bel·lied ['belid] *adj* bauchig, konvex, gewölbt

bel·lig·er·ence [bə'lɪdʒərən(t)s], **bel·lig·er·en·cy** [bə'lɪdʒərən(t)si] *n no pl* Kampf[es]lust *f*, Kriegslust *f; person* Streitlust *f*

bel·lig·er·ent [bə'lɪdʒərənt] *adj (pej)* kampflustig, kriegerisch; *person also* streitlustig, streitbar, aggressiv; **~ behaviour** aggressives Verhalten; **~ nation** Krieg führende Nation; **~ people** kriegerisches [*o* kampflustiges] Volk

bel·lig·er·ent·ly [bə'lɪdʒərəntli] *adv nation* kämpferisch; *person* aggressiv, streitlustig; **to behave ~** sich *akk* aggressiv verhalten

'bell jar *n* Glasglocke *f* **'bell·man** *n* LAW Alarmanlagenspezialist *m*

bel·low ['beləʊ, AM -loʊ] **I.** *vt* **to ~ orders** Befehle brüllen; **to ~ a song** ein Lied grölen
II. *vi bull, cannon, surf* brüllen; ■**to ~ [that ...]** *person* [lauthals] schreien [*o* brüllen] [, dass ...]
III. *n* Gebrüll *nt;* **to give a ~ of pain** einen Schmerzensschrei ausstoßen [*o fam* loslassen]; **to give a ~ of rage** voller Wut schreien

bel·lows ['beləʊz, AM -loʊz] *npl* Blasebalg *m;* **a pair of ~** ein Blasebalg *m*

'bell pep·per *n* AM *(sweet pepper)* Paprika *m*

'bell-pull *n* Klingelzug *m* **'bell-push** *n* BRIT Klingel *f*, SCHWEIZ *a.* Glocke *f*, Klingelknopf *m* **'bell-ring·er** *n* Glöckner *m* **bell-ring·ing** ['belrɪŋɪŋ] *n no pl* Glockenläuten *nt* **'bell rope** *n* Glockenstrang *m;* **to pull the ~** den Klingelzug betätigen **'bell tower** *n* Glockenturm *m*

bell·wether bond, bell·wether is·sue ['belˌweðər-, AM -ɚ-] *n* FIN Leitemission *f*

bel·ly ['beli] **I.** *n (fam)* Bauch *m; of a person also* Magen *m; of ship, plane also* Unterseite *f; of a string instrument* Resonanzboden *m*, Decke *f*
▶PHRASES: **sb's eyes are bigger than his/her ~** bei jdm sind die Augen größer als der Magen *prov;* **to go** [*or* AM *also* **turn**] **~ up** *(fam)* bankrottgehen *fam*, pleitegehen *fam;* **to have fire in one's ~** voller Enthusiasmus sein, Feuer im Hintern haben *fam;* **the way to a man's heart is through his ~** *(prov)* die Liebe geht durch den Magen *prov*
II. *n modifier* Bauch-; **~ pork** Schweinebauch *m*
III. *vi* <-ie-> *(swell)* überhängen, sich *akk* bauchen; NAUT ■**to ~ out** *sails* sich *akk* [auf]blähen; ■**to ~ up to sth** AM *(fam) table, bar* näher an etw *akk* heranrücken

'bel·ly·ache I. *n (fam)* Bauchschmerzen *pl*, Bauchweh *nt kein pl fam* **II.** *vi (fam)* jammern; *(complain)* meckern (**about** über +*akk)* **'bel·ly·ach·ing** *n (fam)* Gejammer *nt pej; (complaining)* Gequengel *nt pej fam*, Nörgelei *f pej;* ***stop that ~!*** hör endlich auf zu jammern!; **constant/continual ~** ständiges Gejammer *pej fam* **'bel·ly band** *n* PUBL Bauchbinde *f* **'bel·ly bar** *n* Nabelstecker *m*, Banane *f* **'bel·ly but·ton** *n (fam)* [Bauch]nabel *m* **'bel·ly dance** *n* Bauchtanz *m* **'bel·ly-danc·er** *n* Bauchtänzerin *f* **'bel·ly danc·ing** *n no pl* Bauchtanz *m* **'bel·ly flop I.** *n* Bauchklatscher *m fam*, Bauchfleck *m* ÖSTERR *fam*, Ränzler *m* SCHWEIZ *fam* **II.** *vi* <-pp-> ❶ *(dive)* einen Bauchklatscher machen ❷ AVIAT eine Bauchlandung machen

bel·ly·ful ['belɪfʊl] *n no pl (fam)* **to have a ~** einen vollen [*o* vollgeschlagenen] Bauch haben *fam; (fig)* **to have a ~ of sth** genug von etw *dat* haben, die Nase von etw *dat* voll haben *fam*

'bel·ly land·ing *n* AVIAT Bauchlandung *f* **'bel·ly laugh** *n (fam)* dröhnendes Lachen; **to let out a real ~** lauthals lachen

be·long [bɪ'lɒŋ, AM -'lɑ:ŋ] *vi* ❶ *(have right place)* gehören; **to ~ together** zusammengehören; *(be in right place)* hingehören; ***where do these spoons ~?*** wohin gehören diese Löffel?; **to put sth back where it ~s** etw dahin zurücklegen, wo es hingehört; *(should be)* ***that sort of person ~s in jail*** so jemand gehört ins Gefängnis; ***you don't ~ here*** Sie haben hier nichts zu suchen
❷ *(be a member)* [dazu]gehören; **to ~ nowhere** nirgends dazugehören; ***they told him to his face that he didn't ~ there*** sie haben ihm ins Gesicht gesagt, dass er hier nicht hergehöre; ***she didn't feel as if she ~ed in her job anymore*** sie fühlte sich an ihrem Arbeitsplatz einfach nicht mehr am richtigen Platz
❸ *(fit in)* ■**to ~ somewhere** irgendwo hinpassen; ***she doesn't really ~ here*** sie passt eigentlich nicht hierher; ***everybody wants to ~*** jeder will dazugehören

◆**belong to** *vi* ❶ *(be owned)* ■**to ~ to sb** jdm gehören
❷ *(be member of)* ■**to ~ to sth** zu etw *dat* gehören, etw *dat* angehören
❸ *(in category)* ■**to ~ to sth** zu etw *dat* gehören
❹ *(be due)* ■**to ~ to sb** jdm zustehen [*o geh* gebühren]; ***the honour ~s to the rescue team*** die Ehre gebührt der Rettungsmannschaft

be·long·ing [bɪ'lɒŋɪŋ, AM -'lɑ:ŋ-] *n no pl* Zugehörigkeit *f;* **to feel** [*or* **have**] **a sense of ~** sich *akk* dazugehörig fühlen

be·long·ings [bɪ'lɒŋɪŋz, AM -'lɑ:ŋ-] *npl* Hab und Gut *nt kein pl*, Habseligkeiten *pl;* **personal ~** persönliche Sachen; *(on a train etc.)* ***"please make sure you collect all your personal ~"*** „bitte vergewissern Sie sich, dass Sie nichts [im Zug etc.] vergessen haben"

Be·lo·rus·sia [ˌbelə(ʊ)'rʌʃə, AM -loʊ'-] *n (hist: Belarus)* Weißrussland *nt*

Be·lo·'rus·sian I. *n* ❶ *(person)* Belarusse, -russin *m, f*, Weißrusse, -russin *m, f*
❷ *no pl* LING Belarussisch *nt*, Weißrussisch *nt*
II. *adj* belarussisch, weißrussisch

be·loved [bɪ'lʌvɪd] **I.** *n no pl* Geliebte(r) *f(m)*, Liebling *m*
II. *adj* geliebt, teuer *fig geh;* **to be ~ by/of all** von allen geliebt werden; **dearly ~, ...** *(at weddings, funerals)* liebe Brüder und Schwestern im Herrn, ...

be·low [bɪ'ləʊ, AM -'loʊ] **I.** *adv* ❶ *(at low)* unten; *(to low)* nach unten, herunter/hinunter; *(lower)* darunter; ***the flat ~*** die Wohnung unter uns/ihnen etc.; ***on the floor ~*** eine Etage tiefer; ***I listened to the voices ~*** ich horchte auf die Stimmen, die von unten heraufklangen; **down ~** NAUT unter Deck; **the fiends of ~** *(liter)* die bösen Geister der Hölle [*o* Unterwelt]; **here ~** *(hum, iron)* auf Erden *geh*
❷ *(on page)* unten; ***the information ~ is strictly confidential*** die nachstehenden Hinweise sind streng vertraulich; **~ left/right** unten links/rechts, links/rechts unten; **see ~** siehe unten
❸ *(inferior)* **an officer ~** ein Rangniederer *m*, ein rangniederer Offizier
❹ *temperature* **5°/10° ~** 5/10 Grad minus [*o* unter Null]
II. *prep* ❶ *(at lower)* unter +*dat; (to lower)* unter +*akk;* ***the sun had sunk ~ the horizon*** die Sonne war hinter dem Horizont versunken
❷ *(south)* unterhalb +*gen;* ***Washington D.C. is ~ New York*** Washington D.C. liegt unterhalb von New York
❸ *(less than)* unter +*dat;* ***10° ~ zero*** 10° unter Null; **to be ~ average in sth** in etw *dat* unter dem Durchschnitt sein [*o* liegen]
❹ *(quieter)* unter +*dat;* ***they spoke ~ a whisper*** sie flüsterten leise
❺ *rank* ■**to be ~ sb** unter jdm stehen
❻ *(unworthy)* **to marry ~ oneself** unterhalb seines Standes heiraten; **to sink ~ oneself** unter seine Würde sinken; ■**to be ~ sb** unter jds Würde sein

below-average *adj* unterdurchschnittlich **below par** *adj* FIN *after n, inv* FIN unter pari *nach n;* **issue ~** Unter-pari-Emission *f* **below-the-'line** *adj attr, inv* COMM, ECON **~ advertising** vergütungsunfähige Werbung; **~ expenditure** außerordentliche Aufwendungen; FIN **~ item** bilanzunwirksamer Posten *m*, Posten *m* unter dem Strich

Belshazzar [bel'ʃæzər, AM ɚ] *n no pl* HIST Belsazar *m*

belt [belt] **I.** *n* ❶ *(for waist)* Gürtel *m;* **to hit sb below the ~** jdn unter der Gürtellinie treffen; *(fig)* ***their comments were really below the ~*** ihre Kommentare gingen wirklich unter die Gürtellinie
❷ *(in martial arts)* Gürtel *m;* **the black/brown ~** der schwarze/braune Gürtel; ***she's a black ~*** sie hat den schwarzen Gürtel
❸ *(conveyor)* Band *nt;* **conveyor ~** Förderband *nt;* AM *(highway)* Umgehungsstraße *f*
❹ *(area)* Gebiet *nt*, Bezirk *m*, Quartier *nt* SCHWEIZ; **agricultural ~** landwirtschaftliche Zone, Anbaugebiet *nt;* **commuter ~** Einzugsbereich *m* [einer Großstadt]; **green ~** [**of a city**] Grüngürtel *m* [einer Stadt]; **industrial ~** Industriegebiet *nt*, Industrierevier *nt;* **wheat ~** Weizengürtel *m*
❺ *(fam: a punch)* Schlag *m; (drink from bottle)* Schluck *m*
▶PHRASES: **~ and braces** BRIT *(fam)* doppelt und dreifach *fam;* [**to have sth**] **under one's ~** [etw] hinter sich *dat* [haben]; ***that typing course is a good thing to have under your ~*** es ist gut, wenn man diesen Schreibmaschinenkurs gemacht hat; ***she had a few years work under her ~ as a probation officer*** sie hat einige Jahre Praxis als Bewährungshelferin; **to have a couple of drinks under one's ~** *(sl)* sich *dat* einige Drinks hinter die Binde gegossen haben *sl;* **to tighten one's ~** den Gürtel enger schnallen *fig fam*
II. *vt* ❶ *(fasten)* **to ~ a coat** den Gürtel eines Mantels zumachen
❷ *(fam: hit)* ■**to ~ sb** jdn [mit einem Riemen] verprügeln; ***he ~ed her on the jaw*** er haute ihr eine aufs Maul *derb;* **to ~ a ball at the goal** einen Ball aufs Tor knallen *fam*
III. *vi (fam)* rasen *fam;* **to ~ along** [*or* **down**] entlangrasen *fam*

◆**belt out** *vt (fam)* **to ~ out a song** ein Lied schmettern

◆**belt up** *vi* ❶ *esp* BRIT, AUS *(sl: be quiet)* die Klappe [*o* den Rand] halten *fam*
❷ AUTO sich *akk* anschnallen

belt·er ['beltər, AM -ɚ] *n (sl)* **to be a ~** ein [tolles] Ding sein *fam*, der [helle] Wahnsinn sein *fam;* ***that was a ~ of a goal*** das war ja ein Wahnsinnstor! *fam*

belt·ing ['beltɪŋ] *n* ❶ *(beating)* Schläge *pl* mit dem Lederriemen
❷ *no pl (belts)* Treibriemenanlage *f*

'belt·way *n* AM *(ring road)* Umgehungsstraße *f*, Ringstrasse *f* SCHWEIZ

be·ly·ing [bɪ'laɪɪŋ] *present progressive of* **belie**

be·moan [bɪ'məʊn, AM -'moʊn] *vt (form)* ■**to ~ sth** etw beklagen; **to ~ one's fate** sein Schicksal beklagen [*o* beweinen]

be·mused [bɪ'mju:zd] *adj* verwirrt; **to give sb a ~ look** jdn verständnislos ansehen

be·mused·ly [bɪ'mju:zɪdli] *adv* verwundert, seltsam berührt

bench <*pl* -es> [bentʃ] *n* ❶ *(public seat)* Bank *f*, ■**the ~** SPORT die [Auswechsel]bank
❷ LAW ■**the ~** die [Richter]bank, das Gericht; **~ of magistrates** Richterschaft *f;* **Queen's B~ Division** BRIT Abteilung *f* des High Court; **Masters of the B~** BRIT Ältere Mitglieder der Rechtsanwaltskammer [in London]; **~ warrant** [richterlicher] Haftbefehl; **to be on the ~** Richter sein; **to serve** [*or* **sit**] **on the ~** als Richter/Richterin tätig sein, auf dem Richterstuhl sitzen; **to take the ~** AM *(become judge/magistrate)* Richter/Richterin werden; AM *(open court proceedings)* die Verhandlung eröffnen

③ ■**the ~es** *pl* BRIT *(where MPs sit)* die Regierungsbank; **the government front ~es** die Regierungsbank; **the Opposition front ~es** die Sitze des Schattenkabinetts; *(members)* die Mitglieder des Schattenkabinetts; **the Treasury ~es** die Mitglieder des Kabinetts; **the back ~es** *hintere Bänke im Unterhaus für weniger wichtige Abgeordnete der Regierung und Opposition;* **the front ~es** *vordere Bänke im Unterhaus für Minister und führende Oppositionspolitiker*
④ TECH *(worktop)* **work ~** Werkbank *f;* CHEM *(in lab)* Arbeitstisch *m*

Bench·er ['bentʃəʳ] *n* LAW vorsitzender Richter/vorsitzende Richterin

'bench·mark I. *n usu sing* ① *(in surveying)* Höhenmarke *f,* Abrisspunkt *m,* Festpunkt *m*
② *(standard)* Maßstab *m,* Bezugspunkt *m; (fig)* **to set a ~** einen Maßstab setzen; *(value, figure)* Vergleichswert *m,* Vergleichsgröße *f*
③ COMPUT *(programme)* Bewertungsprogramm *nt,* Testprogramm *nt*
④ FIN ■**~s** *pl* Eckdaten *pl*
II. *n modifier* **~ case** Modellfall *m;* COMPUT **~ run/test** Vergleichslauf *m*/-test *m*
III. *vt* benchmarken; ■**to ~ sth** *performance, standards* etw einem Benchmark unterziehen, etw anhand eines bestimmten Standards bewerten, etw vergleichen

'bench·mark bond *n* FIN Benchmarkanleihe *f*

'bench·mark·ing *n no pl* ADMIN Benchmarking *nt*

'bench press *n* SPORT Drücken *nt* in Rückenlage

bench 'seat *n* AUTO Sitzbank *f* **'bench top** *n* AUS Arbeitsfläche *f* **'bench trial** *n* LAW Verhandlung *f* ohne Jury **'bench·warm·er** *n* AM SPORT *(substitute)* Ersatzspieler(in) *m(f) (der/die kaum eingesetzt wird)*

bend [bend] **I.** *n* ① *(in a road)* Kurve *f; (in a pipe)* Krümmung *f; (in a river)* Biegung *f;* **to take a ~** um die Kurve fahren
② MED *(or fam)* ■**the ~s** *pl* die Caissonkrankheit *kein pl fachspr,* die Taucherkrankheit *kein pl*
▸PHRASES: **to go round the ~** durchdrehen *fig fam,* durchknallen *sl,* überschnappen *fam;* **to drive** [*or* **send**] **sb round the ~** jdn zum Wahnsinn treiben *fam*
II. *vi* <bent, bent> ① *(turn)* *road* biegen, eine Biegung [*o* Kurve] machen; ***the road ~s round to the left*** die Straße biegt nach links; **to ~ forwards/backwards** sich *akk* vor-/zurückbeugen; **to be bent double** sich *akk* krümmen [*o* biegen]; ■**to ~ to sth/sb** *(fig)* sich *akk* etw/jdm beugen, etw/jdm nachgeben
② *(be flexible)* *wire, metal* sich leicht biegen lassen; ***be careful, that wire ~s easily*** Vorsicht, der Draht verbiegt sich leicht; *(fig)* **to ~ to sb's will** *person* sich *akk* jdm fügen
III. *vt* ■**to ~ sth** etw biegen; *(deform)* etw verbiegen; **to ~ one's arms/legs/knees** seine Arme/Beine/Knie beugen; **to ~ the law** das Gesetz zu seinen Gunsten auslegen; **to ~ the rules** *(fig)* sich *akk* nicht ganz an die Regeln halten, ein Auge zudrücken; **to ~ the truth** *(fig)* die Wahrheit verdrehen; **to ~ sb's will** sich *dat* jdn gefügig machen *geh,* sich *akk* jds Willen beugen *geh*
▸PHRASES: **to ~ sb's ear** *(fig)* jdm in den Ohren liegen *fig,* jdn ein Ohr abschwatzen *fam;* **to ~ one's elbow** AM einen zur Brust nehmen *fam;* **to ~ before the wind** dem Druck nachgeben
◆**bend back I.** *vt* ■**to ~ back ⊂ sth** *a branch* etw zurückbiegen; **to ~ sth back into shape** etw wieder in [die ursprüngliche] Form bringen
II. *vi* sich *akk* nach hinten beugen
◆**bend down** *vi* sich *akk* niederbeugen [*o* bücken]
◆**bend over, bend forward** *vi* sich *akk* vorbeugen
▸PHRASES: **to ~ over backwards** sich *dat* die allergrößte Mühe geben, sich *akk* überschlagen *fig fam,* sich die Haxen ausreißen ÖSTERR *fam,* sich ein Bein ausreissen SCHWEIZ *fam*

bend·able ['bendəbl] *adj* biegbar

bend·ed ['bendɪd] *adj (form)* **on ~ knee[s]** auf Knien *a. fig,* inständig *geh;* **to go down on ~ knees to sb** *(fig)* vor jdm in die Knie gehen [*o geh* auf die Knie fallen] *meist fig,* vor jdm einen Kniefall tun [*o* SCHWEIZ machen] *meist fig liter*

bend·er ['bendəʳ, AM -dɚ] *n (fam)* Sauftour *f sl,* Zechtour *f fam;* **to go on a ~** auf [eine] Sauftour gehen *sl,* eine Zechtour unternehmen *fam,* ÖSTERR *oft* einen Zieher machen *fam*

bend·ing ['bendɪŋ] *n no pl* Bücken *nt*

bendy ['bendi] *adj* ① *road* kurvig, kurvenreich; *river, path* gewunden; ***the river is very ~ at this point*** der Fluss macht hier viele Biegungen
② *(easily bendable)* biegsam

be·neath [bɪ'ni:θ] **I.** *prep* ① *(at lower)* unter +*dat; (to lower)* unter +*akk;* ***the sun had sunk ~ the horizon*** die Sonne war hinter dem Horizont versunken
② *(quieter)* unter +*dat;* ***they spoke ~ a whisper*** sie flüsterten leise
③ *(rank)* ■**to be ~ sb** unter jdm stehen
④ *(unworthy)* ■**to be ~ sb** unter jds Würde sein; **~ contempt** verachtenswert; **to marry ~ oneself** unter seinem Stand heiraten
II. *adv inv (at low)* unten; *(to low)* nach unten; *(lower)* darunter

Ben·edic·tine [ˌbenɪ'dɪktɪn] *n* ① *(monk)* Benediktiner(in) *m(f)*
② *no pl (liqueur)* Benediktiner *m (Kräuterlikör)*

ben·edic·tion [ˌbenɪ'dɪkʃᵊn] *n (form)* Segnung *f; (after meal)* Dankgebet *nt,* Danksagung *f*

ben·efac·tion [ˌbenɪ'fækʃᵊn, AM -nə'-] *n* ① *(form: gift)* Spende *f,* Stiftung *f*
② *no pl (form: act)* Wohltätigkeit *f*

ben·efac·tor ['benɪfæktəʳ, 'benə-, AM -tɚ] *n (philanthropist)* Wohltäter *m; (patron)* Gönner *m,* Stifter *m*

ben·efac·tress <*pl* -es> ['benɪfæktrəs, 'benə-, AM 'benə-] *n (philanthropist)* Wohltäterin *f; (patroness)* Gönnerin *f,* Stifterin *f*

ben·efice ['benɪfɪs] *n* REL, HIST Pfründe *f*

be·nefi·cence [bɪ'nefɪsᵊn(t)s] *n* ① *(form: endowment)* Stiftung *f*
② *no pl (kindness)* Wohltätigkeit *f,* Mildtätigkeit *f*

be·nefi·cent [bɪ'nefɪsᵊnt] *adj (form: kindly)* gütig; *(charitable)* wohltätig, mildtätig

ben·efi·cial [ˌbenɪ'fɪʃᵊl] *adj (approv)* nützlich; **~ effect** [*or* **influence**] positive Auswirkung, Nutzen *m;* ■**to be ~ to sth** für etw *akk* nützlich [*o* vorteilhaft] sein

ben·efi·cial 'in·ter·est *n* ECON Nießbrauch *m* **ben·efi·cial 'oc·cu·pi·er** *n* Nießbrauchberechtigte(r) *f(m)* **ben·efi·cial 'own·er** *n* LAW wirtschaftlicher Eigentümer/wirtschaftliche Eigentümerin **ben·efi·cial 'use** *n* LAW unbeschränktes Nutzungsrecht

bene·fi·ciary [ˌbenɪ'fɪʃᵊri, AM *also* -'fɪʃieri] *n* LAW Nutznießer(in) *m(f),* Berechtigte(r) *f(m);* **~ of a judgement/will** Begünstigte(r) *f(m)* eines Urteils/Testaments; **~ of a law/ruling** Nutznießer(in) *m(f)* eines Gesetzes/einer Regelung

bene·'fi·ciary clause *n* Begünstigungsklausel *f*

ben·efit ['benɪfɪt] **I.** *n* ① *(advantage)* Vorteil *m; (profit)* Nutzen *m;* ***the lecture was of great ~*** der Vortrag hat viel gebracht *fam;* ***the ~s of this plan must be clear to everyone*** die Vorzüge dieses Plans müssen jedem klar sein; ***I offered her the ~s of my experience*** ich bot ihr an, von meiner Erfahrung zu profitieren; ***she drinks a lot less now to the ~ of her health*** sie trinkt jetzt sehr viel weniger, was ihrer Gesundheit zugutekommt; **~ of education** Bildungsprivileg *nt;* **with the ~ of hindsight** im Nachhinein; **to derive** [*or* **get**] [**much**] **~ from sth** einen [großen] Nutzen aus etw *dat* ziehen; ***I didn't derive much ~ from school*** die Schule hat mir nicht viel gebracht *fam;* **to give sb the ~ of the doubt** im Zweifelsfall zu jds Gunsten entscheiden; **for the ~ of sb** zu jds Nutzen [*o* Gunsten]; ***for the ~ of those who weren't listening the first time, ...*** für all diejenigen, die beim ersten Mal nicht zugehört haben, ...
② BRIT *(welfare payment)* Beihilfe *f,* Unterstützung *f;* **family/housing/maternity ~** Kinder-/Wohn-/Mutterschaftsgeld *nt;* **sickness/unemployment ~** Kranken-/Arbeitslosengeld *nt;* **social security ~** BRIT Sozialhilfe *f;* **to be on ~** Sozialhilfe bekommen [*o* beziehen]
II. *vi* <-t- *or* -tt-> ■**to ~ from sth** von etw *dat* profitieren, aus etw *dat* Nutzen ziehen; ***who do you think ~s from her death?*** wer, glaubst du, hat etwas von ihrem Tod?; ***he'd ~ from a few days off*** ein paar freie Tage würden ihm gut tun
III. *vt* <-t- *or* -tt-> ■**to ~ sb/sth** jdm/etw nützen

'ben·efit con·cert *n* Benefizkonzert *nt,* Wohltätigkeitskonzert *nt* **'ben·efit cri·teri·on** *n* Erfüllungskriterium *nt* **ben·efit en·'ti·tle·ment** *n* Versorgungsanspruch *m* **'ben·efit fund** *n* Versorgungsfonds *m*

'ben·efit·ing ['benɪfɪtɪŋ, AM t̬] *n no pl* INET *(from adverts)* Benefiting *nt*

'ben·efit match *n* Benefizspiel *nt* **'ben·efit per·for·mance** *n* Wohltätigkeitsveranstaltung *f* **'ben·efit scheme** *n* Versorgungsplan *m* **ben·efit seg·men·'ta·tion** *n* ECON Marktsegmentierung *f* aufgrund von Nutzen

'ben·efits plan *n* Leistungsplan *m*

Bene·lux ['benəlʌks] *n no pl* ■**the ~ countries** die Beneluxstaaten *pl*

be·nevo·lence [bɪ'nevᵊlən(t)s] *n no pl (approv)* Wohlwollen *nt; (kindness)* Güte *f; of a judge etc.* Milde *f*

be·nevo·lent [bɪ'nevᵊlənt] *adj (approv: warm-hearted)* gütig, mild, wohlwollend; *(generous)* wohltätig

be·'nevo·lent fund *n* Wohltätigkeitsfond *m*

be·nevo·lent·ly [bɪ'nevᵊləntli] *adv* wohlwollend, gütig

be·'nevo·lent so·ci·ety *n* Wohltätigkeitsverein *m*

Ben·gal [ˌbeŋ'gɔ:l] *n* Bengalen *nt*

Ben·ga·li [ˌbeŋ'gɔ:li] **I.** *adj* bengalisch; **~ tiger** bengalischer Tiger
II. *n* ① *(person)* Bengale, Bengalin *m, f*
② *(language)* Bengali *nt,* das Bengalische

be·night·ed [bɪ'naɪtɪd, AM -t̬ɪd] *adj (pej)* hirnrissig *pej fam,* völlig unbedarft [*o* ahnungslos]; *country, region* gottverlassen; **a ~ idea** eine hirnrissige Idee

be·nign [bɪ'naɪn] *adj* ① *(approv: kind)* gütig; **~ climate** mildes Klima
② MED **~ polyp/tumour** gutartiger Polyp/Tumor

be·nign·ly [bɪ'naɪnli] *adv* wohlwollend

Be·nin [ben'i:n] *n* Benin *nt*

Be·ni·nese [ˌbenɪ'ni:z] **I.** *n* Beniner(in) *m(f)*
II. *adj* beninisch

ben·ne oil ['benɪ] *n* AM Sesamöl *nt*

bent [bent] **I.** *pt, pp of* **bend**
II. *n (inclination)* Neigung *f;* **to follow one's ~** seiner Neigung folgen; ■**to have a** [**natural**] **~ for sth** einen [natürlichen] Hang zu etw *dat* haben; *(character)* Schlag *m*
III. *adj* ① *esp* BRIT *(sl: corrupt)* *the police* korrupt; **~ copper** korrupter Polizist; **~ job** krummes Ding
② *usu pred (pej dated: homosexual)* schwul *fam*
③ *(determined)* ■**to be** [**hell**] **~ on** [*or* **upon**] [**doing**] **sth** zu etw *dat* [wild] entschlossen sein, etw auf Teufel komm raus wollen *sl*
④ *(curved)* umgebogen; *wire* verbogen; *person* gekrümmt

Benue-Congo [ˌbenʊeɪ'kɒŋgəʊ, AM -'kɑ:ŋgoʊ] **I.** *n* Benué-Kongo *nt*
II. *adj* benué-kongolesisch

be·numbed [bɪ'nʌmd] *adj (form: with shock, sadness)* benommen, betäubt; **~ with cold** taub vor Kälte; **~ with horror** starr vor Entsetzen

ben·zal·de·hyde [ben'zældəhaɪd] *n no pl* CHEM Benzaldehyd *m*

ben·zal green [ˌbenzæl'gri:n] *n no pl* CHEM Malachitgrün *nt*

ben·za·zol ['benzəzəʊl, AM -zoʊl] *n no pl* CHEM Indol *nt*

ben·zene ['benzi:n] *n no pl* Benzol *nt*

ben·zene car·box·yl·ic 'acid *n no pl* CHEM Benzoesäure *f*

ben·zine ['benzi:n] *n* Benzin *nt*

ben·zo·di·aze·pine [ˌbenzəʊdaɪ'æzəpi:n, AM ˌbenzoʊ-] *n* Benzodiazepine *pl*

ben·zo·pur·pu·rin [ˌbenzəʊˈpɜːpjʊrɪn, AM -zoʊˈpɜːrpɚ-] *n no pl* CHEM Diaminrot *nt,* Baumwollrot *nt*
be·queath [bɪˈkwiːð] *vt* ■**to ~ sth to sb** jdm etw hinterlassen *a. fig;* **to ~ a fortune to sb** jdm ein Vermögen hinterlassen [*o* vermachen]
be·quest [bɪˈkwest] *n* Vermächtnis *nt,* Hinterlassenschaft *f;* LAW *(form)* **to make a ~ to sb** jdm ein Vermächtnis aussetzen *geh*
bequest *n* Vermächtnis *nt*
be·rate [bɪˈreɪt] *vt (form)* ■**to ~ sb** jdn ausschelten *veraltend geh*
Ber·ber [ˈbɜːbəʳ, AM ˈbɜːrbɚ] **I.** *n* ❶ *no pl (language)* Berbersprache *f*
❷ *(person)* Berber(in) *m(f)*
II. *adj inv* berberisch, Berber-
be·reave [bɪˈriːv] *vt usu passive* ■**to have been ~d of sb** *(form)* jdn verloren haben
be·reaved [bɪˈriːvd] **I.** *adj inv* **~ children/parents** trauernde Kinder/Eltern
II. *n* ■**the ~** *pl* die Hinterbliebenen *pl*
be·reave·ment [bɪˈriːvmənt] *n (death)* Trauerfall *m,* Todesfall *m; (loss)* schmerzlicher Verlust; **to suffer a ~** einen [schmerzlichen] Verlust erleiden
be reduced *vi (Preise)* sich ermäßigen
be·reft [bɪˈreft] *adj pred (form)* ■**to be ~ of sth** einer S. *gen* beraubt sein; **to feel [utterly] ~** sich *akk* [völlig] verlassen fühlen
be responsible for *vi* obliegen
be·ret [ˈbereɪ, AM bəˈreɪ] *n* Baskenmütze *f,* Beret *nt* SCHWEIZ; MIL Barett *nt*
ber·ga·mot [ˈbɜːgəmɒt, AM ˈbɜːrgəmɑːt] *n* Bergamotte *f; (tree also)* Bergamottenbaum *m; (fruit also)* Herrenbirne *f;* **~ oil** Bergamottöl *nt*
be·rib·boned [bɪˈrɪbᵊnd] *adj inv* mit Bändern versehen, bebändert
Bering Sea [ˌbeərɪŋˈ-, AM ˌberɪŋ-] *n* Beringmeer *nt*
Bering ˈStrait [ˌbeərɪŋˈ-, AM ˌberɪŋ-] *n* Beringstraße *f*
berk [bɜːk] *n* BRIT, AUS *(sl: fool)* Spinner(in) *m(f) pej fam; (oaf)* Blödmann *m pej fam,* Dussel *m fam;* **right ~** ausgemachter Trottel *pej fam;* ***I felt a right ~ when ...*** ich kam mir total blöd vor, als ...
Berks BRIT *abbrev of* **Berkshire**
Ber·lin·er [bɜːˈlɪnəʳ, AM bɚˈlɪnɚ] *n* Berliner(in) *m(f)*
Ber·mu·da [bəˈmjuːdə, AM bɚˈ-] *n* Bermuda *nt*
Ber·mu·da shorts [bəˌmjuːdəˈʃɔːts, AM bɚˌmjuːdəˈʃɔːrts] *npl* Bermudas *pl,* Bermudashorts *pl*
Ber·mu·dian [bəˈmjuːdiən, AM bɚˈ-] **I.** *n* Bermuder(in) *m(f)*
II. *adj* bermudisch
Berne [bɜːn, AM bɜːrn] *n* Bern *nt*
Ber·nese [bɜːˈniːz, AM bɜːrˈ-] **I.** *n* Berner(in) *m(f)*
II. *adj* Berner; **~ Alps** Berner Alpen *pl*
ber·ry [ˈberi] *n* Beere *f;* **wheat berries** Weizenkörner *pl;* **to go ~-picking** Beeren sammeln [*o* pflücken] gehen
▸PHRASES: **to be as brown as a ~** schokoladenbraun sein *fam*
ber·serk [bəˈzɜːk, AM bɚˈzɜːrk] *adj pred* ■**to be ~** außer sich *dat* sein; **to go ~** [fuchsteufels]wild werden *fam,* [vor Wut] außer sich *dat* geraten *geh,* ausrasten *fam*
berth [bɜːθ, AM bɜːrθ] **I.** *n* ❶ *(bed)* NAUT [Schlaf]koje *f;* RAIL Schlafwagenbett *nt,* Couchette *nt* SCHWEIZ
❷ *(for ship)* Liegeplatz *m*
❸ NAUT *(distance)* Seeraum *m;* **to give a ship a wide ~** ein Schiff auf guten Abstand [von Land] halten; **to give sb a wide ~** *(fig)* um jdn einen großen Bogen machen *fig*
II. *vt* **to ~ a ship** ein Schiff am Kai festmachen
III. *vi* [am Kai] anlegen [*o* festmachen]
ˈberth car·go *n* COMM Auffüllladung *f*
be·seech <beseeched *or* besought, beseeched *or* besought> [bɪˈsiːtʃ] *vt (form)* ■**to ~ sb to do sth** jdn anflehen, etw zu tun
be·seech·ing [bɪˈsiːtʃɪŋ] *adj* flehentlich *geh,* flehend
be·seech·ing·ly [bɪˈsiːtʃɪŋli] *adv* flehentlich
be·set <-tt-, beset, beset> [bɪˈset] *vt usu passive*
❶ *(surrounded)* ■**to be ~ by sth** *midges, flies* von etw *dat* bedrängt [*o* verfolgt] werden
❷ *(affect)* ■**to be ~ by** [*or* **with**] **sth** von etw *dat* heimgesucht [*o* geplagt] werden; **~ by worries** von Sorgen geplagt
be·set·ting [bɪˈsetɪŋ, AM -t̬ɪŋ] *adj* hartnäckig; **~ sin** Gewohnheitslaster *nt*
be·side [bɪˈsaɪd] *prep* ❶ *(at side)* neben +*dat; (to side)* neben +*akk;* **~ the sea/seaside** am Meer/Strand; **to walk/drive ~ sth** an etw *dat* entlanggehen/entlangfahren
❷ *(in addition to)* außer +*dat*
❸ *(except for)* abgesehen von +*dat*
❹ *(compared with)* neben +*dat*
❺ *(overcome)* ■**to be ~ oneself with sth** wegen etw *gen* [völlig] außer sich *dat* sein; **~ oneself with joy/sorrow** außer sich *dat* vor Freude/Kummer
❻ *(irrelevant)* **to be ~ the point** nebensächlich sein; *(not an option)* **to be ~ the question** ausgeschlossen sein
be·sides [bɪˈsaɪdz] **I.** *adv inv* außerdem, überdies; ***she could play guitar ~*** sie konnte außerdem [*o* überdies] noch Gitarre spielen; ***I can't pay — ~, I won't*** ich kann nicht zahlen – [und] außerdem will ich nicht; **many more ~** noch viele mehr; ***I've had job offers from two firms and many more ~*** ich hatte Stellenangebote von zwei Firmen und daneben noch von zahlreichen anderen
II. *prep* ❶ *(in addition to)* außer +*dat*
❷ *(except for)* abgesehen von +*dat*
be·siege [bɪˈsiːdʒ] *vt* ❶ MIL *(surround)* ■**to ~ sth** *a town* etw belagern; ■**to ~ sb** jdn umzingeln [*o fig* belagern]
❷ *(overwhelm)* ■**to ~ sb with sth** jdn mit etw *dat* überschütten; **to be ~d with letters** mit Briefen überhäuft werden; **to be ~d with requests** mit Bitten bedrängt werden
be·sieger [bɪˈsiːdʒəʳ, AM ɚ] *n usu pl* Belagerer *m*
be·smear [bɪˈsmɪəʳ, AM -ˈsmɪr] *vt (liter or form)* ■**to ~ sb/sth** jdn/etw beschmutzen [*o* beschmieren]
be·smeared [bɪˈsmɪəʳd, AM -ˈsmɪrd] *adj pred (form)* beschmiert *a. fig,* beschmutzt *a. fig;* ***his face was ~ with chocolate*** sein Gesicht war voller Schokolade
be·smirch [bɪˈsmɜːtʃ, AM -ˈsmɜːrtʃ] *vt (liter)* ■**to ~ sth** etw besudeln *geh o veraltet o a. fig;* **to ~ sb's good name** jds guten Namen beschmutzen; ■**to ~ sb** jdn schlechtmachen
be·som [ˈbiːsəm] *n* ❶ *(broom)* [Reisig]besen *m*
❷ SCOT, NENG *(pej: woman, girl)* Besen *m pej*
be·sot·ted [bɪˈsɒtɪd, AM -ˈsɑːt̬ɪd] *adj* ■**to be ~ with sb/sth** in jdn/etw völlig vernarrt sein; **to be ~ with an idea** von einer Idee besessen sein
be·sought [bɪˈsɔːt, AM -ˈsɑːt] *pt, pp of* **beseech**
be·spat·ter [bɪˈspætəʳ, AM -ˈspæt̬ɚ] *vt* ■**to ~ sb/sth** jdn/etw bespritzen
be·spat·tered [bɪˈspætəd, AM -ˈspæt̬ɚd] *adj pred shoes* bespritzt
be·speak <bespoke, bespoken> [bɪˈspiːk] *vt (old form)* ■**to ~ sth** von etw *dat* zeugen *geh*
be·spec·ta·cled [bɪˈspektəkl̩d] *adj inv, attr* bebrillt
be·spoke [bɪˈspəʊk, AM -ˈspoʊk] **I.** *adj inv* BRIT *(form)* nach Maß, Maß-; **~ tailor** Maßschneider(in) *m(f);* **~ tailoring** Maßkonfektion *f,* maßgeschneiderte Kleidung
II. *pt of* **bespeak**
be·spo·ken [bɪˈspəʊkᵊn, AM -ˈspoʊ-] *pp of* **bespeak**
be·sprin·kle [bɪsprɪŋkl̩] *vt (liter)* ■**to ~ sth** etw besprühen
Bes·se·mer pro·cess [ˈbesɪmə-, AM -mɚ-] *n no pl* CHEM Bessemer-Verfahren *nt*
best [best] **I.** *adj superl of* **good** ❶ *(finest, most excellent)* ■**the ~ ...** der/die/das beste ...; ***those were the ~ days of my life*** das war die schönste Zeit meines Lebens; **to be on one's ~ behaviour** sich *akk* von seiner besten Seite zeigen; **~ friend** bester Freund/beste Freundin; **~ regards** [*or* **wishes**] viele [*o* herzliche] Grüße; ***give my ~ wishes to your wife*** richten Sie Ihrer Frau herzliche Grüße von mir aus; ■**to be ~** am besten sein; ***what are you ~ at in school?*** in welchem Fach bist du am besten?
❷ *(most favourable)* ■**the ~ ...** der/die/das beste ...; ***he is acting in her ~ interests*** er handelt nur zu ihrem Besten; ***the ~ thing she can do is forget him*** am besten vergisst sie ihn möglichst schnell!; ***what's the ~ way to the station?*** wie komme ich am besten zum Bahnhof?; ■**to be ~** am besten sein; ***it is ~ to try and get to the supermarket before the rush starts*** am besten erledigt man seine Einkäufe im Supermarkt, bevor der Ansturm einsetzt; ***your parents only want what is ~ for you*** deine Eltern wollen nur dein Bestes; ***it would be ~ if ...*** am besten wäre es, wenn ...; **to do as one thinks ~** tun, was man für richtig hält
❸ *(most)* **the ~ part of sth** der Großteil [*o* größte Teil] einer S. *gen;* ***the meeting took the ~ part of an hour*** die Besprechung dauerte fast eine Stunde; ***she spent the ~ part of the summer at her grandparents*** sie hat den Sommer größtenteils [*o* den Großteil des Sommers] bei ihren Großeltern verbracht; **for the ~ part of two decades** fast zwei Jahrzehnte lang
▸PHRASES: **sb's ~ bet** *(fam)* das Beste, was jd tun kann; ***if you want to get to the station before 10 o'clock, your ~ bet would be to take a taxi*** wenn Sie vor 10 Uhr am Bahnhof sein wollen, nehmen Sie am besten ein Taxi; **may the ~ man win** möge der/die Beste gewinnen; **put your ~ foot forward** *(do your utmost)* streng dich an; *(hurry up)* mach so schnell du kannst; **the ~ thing since sliced bread** *(fam)* das [absolute] Nonplusultra *oft hum o iron;* **the ~ things in life are free** *(saying)* die schönsten Dinge im Leben kosten nichts; **the ~ things come in small packages** [*or* **parcels**] *(prov)* die Größe sagt noch nichts über den Wert aus
II. *adv superl of* **well** am besten; ***which evening would suit you ~ for the party?*** welcher Abend würde dir für die Party am besten passen?; ***Ayers Rock is ~ seen at sunset*** Ayers Rock besucht man am besten bei Sonnenuntergang; ***you had ~ tell him*** es wäre das Beste, du würdest es ihm sagen, du solltest es ihm am besten sagen; ***we'd ~ be going now*** wir gehen jetzt am besten; ***try as ~ you can*** versuch es so gut du kannst; **~ of all** am allerbesten; **to like sth/sb ~ [of all]** etw/jdn am [aller]liebsten [*o* am [aller]meisten] mögen
III. *n no pl* ❶ *(finest person, thing)* ■**the ~** der/die/das Beste; ***he can dance with the ~ of them*** was das Tanzen betrifft, kann er es mit jedem aufnehmen; **and ~ of all** und allem voran; *people* und allen voran; ***there was wonderful food, interesting people, and ~ of all a jazz band*** es gab ausgezeichnetes Essen, interessante Leute, und, was das Beste war, eine Jazzband; ***they all did well: John, Daniel and ~ of all, Tom*** wie schnitten alle gut ab: John, Daniel, und allen voran Tom
❷ *(highest quality)* ■**the ~** das Beste; ***this is journalism at it's ~*** das ist Journalismus vom Feinsten; ***just do the work to the ~ of your ability*** machen Sie die Arbeit einfach so gut Sie können; **to be the ~ of friends** die besten Freunde sein; **to be in the ~ of health** bei bester Gesundheit sein; **to the ~ of my knowledge** meines Wissens; **to the ~ of my memory** soweit ich mich erinnern kann; **to do/try one's [level** [*or* **very**]] **~** sein Bestes tun/versuchen; **to bring out the ~ in sb** das Beste in jdm zum Vorschein bringen; **to get the ~ out of sb** das Beste aus jdm herausholen; **to be at one's ~** *(performance)* in Höchstform sein; *(condition)* in bester Verfassung sein
❸ *(most favourable)* ***all the ~!*** *(fam)* alles Gute!; ***~ of luck!*** viel Glück!; ***and the ~ of British [luck] to you!*** *(iron hum)* na, dann mal viel Glück!; ***please give her my ~*** bitte richten Sie ihr meine Grüße [*o* viele Grüße von mir] aus; **at the ~ of times** in den besten Zeiten; **to send one's ~** AM seine besten [Glück]wünsche senden; **to be [all] for the ~** besser so sein; ***I know it's hard for you to leave Michael, but it's for the ~*** ich weiß, es fällt dir schwer, Michael zu verlassen, aber es ist besser so; **to turn out for the ~** sich als das Beste herausstellen; **at ~** bestenfalls
❹ *(greatest part)* **the ~ of the day/summer** der größte Teil des Tages/Sommers; ***we've already had the ~ of the hot weather this summer*** diesen

Sommer ist es nun wohl vorbei mit den heißen Tagen
⑤ *(superiority)* **to get** [*or* **have**] **the ~ of sb** *(also fig)* über jdn die Oberhand gewinnen *a. fig;* ***his illness got the ~ of him*** er erlag seiner Krankheit; **to give sb the ~** jds Überlegenheit anerkennen
⑥ SPORT **to get** [*or* **have**] **the ~ of a game** ein Spiel gewinnen; **to play the ~ of three/five** spielen, bis eine Seite zweimal/dreimal gewonnen hat
▸PHRASES: **to get the ~ of the bargain** [*or* **it**] am besten dabei wegkommen; **to make the ~ of a bad situation** [*or* BRIT *also* **job**], **to make the ~ of things** [*or* **it**] das Beste daraus machen; **six of the ~** BRIT SCH *(euph dated)* sechs Schläge *(mit dem Rohrstock);* **to wear one's Sunday ~** seine Sonntagskleider [*o hum* seinen Sonntagsstaat] tragen; **the ~ of both worlds** das Beste von beidem
IV. *vt* ■**to ~ sb** jdn schlagen [*o* besiegen]

best- [ˌbest] *in compounds* best-; **~dressed** bestgekleidet *attr;* **~kept secret** bestgehütetes Geheimnis; **~looking** am besten aussehend
▸PHRASES: **the ~laid schemes of mice and men gang oft agley** *(prov)* selbst Pläne, die bestens durchdacht sind, scheitern oft

best be·'fore date *n* Mindesthaltbarkeitsdatum *nt* **best 'boy** *n Assistent des Elektrikers beim Film* **best-dressed** ['bestˌdrest] *adj attr, inv superl of* **well-dressed** bestgekleidet **best 'evi·dence** *n* LAW primäres Beweismaterial **best 'evi·dence rule** *n* LAW *Unzulässigkeit sekundärer Beweismittel, wenn primäre Beweismittel vorhanden sind*

bes·tial ['bestiəl, AM 'bestʃəl] *adj* bestialisch, tierisch

bes·ti·al·ity [ˌbesti'æləti, AM ˌbestʃi'ælət̬i] *n no pl* ① *(brutality)* Bestialität *f; of person a.* Brutalität *f* ② *(sexual behaviour)* Sodomie *f*

bes·ti·ary ['bestiəri, AM -tʃieri] *n* LIT *(hist)* Bestiaire *nt,* Bestiarium *nt*

best-in-'class *adj inv* erstklassig, Spitzen-; ***this car has a ~ engine*** dieses Auto hat einen für seine Klasse Spitzenmotor

be·stir <-rr-> [bɪ'stɜːʳ, AM -'stɜːr] *vt (form)* ■**to ~ sb to do** [*or* **into doing**] **sth** jdn dazu bringen, etw zu tun; ■**to ~ oneself to do sth** *(hum)* sich *akk* dazu aufraffen, etw zu tun; ■**to ~ sth** *(fig)* etw in Bewegung bringen

best-laid ['bestˌleɪd] *adj attr, inv* ausgeklügeltste(r, s), am meisten durchdacht **best 'man** *n* Trauzeuge *m (des Bräutigams)*

be·stow [bɪ'stəʊ, AM -'stoʊ] *vt (form)* ■**to ~ sth** [**up**]**on sb** jdm etw verleihen; *(in a will)* jdn etw hinterlassen; **to ~ a favour on sb** jdm eine Gunst erweisen; **to ~ a gift on sb** jdm etw schenken; **to ~ an office** [**up**]**on sb** jdm ein Amt übertragen; **to ~ a title** [**up**]**on sb** jdm einen Titel verleihen

be·stow·al [bɪ'stəʊəl, AM -'stoʊ-] *n no pl (form)* Verleihung *f;* **~ of consent** feierliche Zustimmung; **~ of honour** Ehrerweisung *f*

be·strew <bestrewed, bestrewn *or* bestrewed> [bɪ'struː] *vt (liter)* ■**to ~ sth** etw verstreuen; ***autumn leaves ~ed the lawn*** Herbstblätter lagen verstreut auf dem Rasen; ■**to ~ sth with sth** etw mit etw *dat* übersäen

be·strewn [bɪ'struːn] *vt (liter) pp of* **bestrew**

be·strid·den [bɪ'strɪdən] *vt (form) pp of* **bestride**

be·stride <bestrode, bestridden> [bɪ'straɪd] *vt (form liter)* **to ~ a chair** sich *akk* rittlings auf einen Stuhl setzen; **to ~ a horse** sich *akk* auf ein Pferd schwingen

be·strode [bɪ'strəʊd, AM -'stroʊd] *pt of* **bestride**

best-'sell·er *n* Bestseller *m* **best-'sell·er list** *n* Bestsellerliste *f* **best-'sell·ing** *adj inv* Bestseller-; **~ author** Erfolgsautor(in) *m(f)*

bet [bet] I. *n* ① *(gamble)* Wette *f;* **to lay** [*or* **make**] [*or* **place**] **a ~ on sth** wetten, dass etw passiert, auf etw *akk* wetten; **to make a ~ with sb** mit jdm wetten
② *(fig: guess)* Tipp *m;* ***all ~s are off*** alles ist möglich; ***it's a safe ~ that he won't remember my birthday tomorrow*** ich könnte wetten, dass er morgen meinen Geburtstag vergisst; **to be a good ~** ein guter Tipp sein
II. *vt* <-tt-, bet *or* -ted, bet *or* -ted> **to ~ £10/$20 on sb/sth** auf jdn/etw 10 Pfund/20 Dollar setzen [*o* wetten]; ***I ~ you £25 that ...*** ich wette mit dir um 25 Pfund, dass ...; ***I'll ~ him anything he likes that he won't pass the exams*** ich gehe jede Wette mit ihm [darauf] ein, dass er die Prüfungen nicht bestehen wird; **to ~ two to one on sb/sth** zwei zu eins auf jdn/etw wetten
▸PHRASES: **you can ~ your boots** [*or* **bottom dollar**] [*or* **shirt**] [*or* AM *fam!* **ass**] **that ...** du kannst deinen Kopf [*o* dein Hemd] darauf verwetten, dass ...; **you ~!** *(fam)* das kannst du mir aber glauben!, aber sicher!
III. *vi* wetten; ■**to ~ on sb/sth** *(fam)* auf jdn/etw wetten [*o* setzen]; ***I wouldn't ~ on it*** ich würde nicht darauf wetten; ***do you want to ~?*** wollen wir wetten?; ***I'll ~!*** *(as a reply)* und ob!; **to ~ heavily** hoch wetten

beta ['biːtə, AM 'beɪt̬ə] *n* Beta *nt;* BRIT SCH, UNIV gut

'beta-block·er *n* PHARM Betablocker *m* **beta·caro·tene** *n* Betakarotin *nt*

be·take <betook, betaken> [bɪ'teɪk] *vt (liter)* ① *(go somewhere)* ■**to ~ oneself somewhere** sich *akk* irgendwohin begeben
② *(dedicate oneself)* ■**to ~ oneself to sth** sich *akk* etw *dat* widmen; *(fig)* sich *akk* einer S. *gen* bedienen

'beta shares, beta se·'cu·rities, beta stocks *npl* BRIT FIN weniger umsatzstarke Werte **'beta test·ing** *n* COMPUT Beta-Testing *nt* **'beta ver·sion** *n* COMPUT Betaversion *f*

be·tel ['biːtəl, AM -t̬əl] *n no pl* Betel *m*

bête noire <*pl* bêtes noires> [ˌbet'nwɑːʳ, AM -'nwɑːr] *n* Gräuel *m;* ■**to be sb's ~** jdm ein Gräuel sein

be·think <bethought, bethought> [bɪ'θɪŋk] *vt (form or old)* ■**to ~ oneself of sth** sich *akk* auf etw *akk* besinnen; ■**to ~ oneself how ...** sich *akk* überlegen, wie ...

Beth·le·hem ['beθləhem] *n no pl (bible)* Bethlehem; *(city in Israel)* Bet[h]lehem

be·tide [bɪ'taɪd] *(liter)* I. *vt* ■**to ~ sb** jdm geschehen; **woe ~ you/him if ...** wehe dir/ihm, wenn ...
II. *vi* geschehen; **woe ~** wehe

be·times [bɪ'taɪmz] *adv inv (liter)* beizeiten

be·to·ken [bɪ'təʊkən, AM -'toʊ-] *vt (old)* ■**to ~ sth** etw bedeuten; *(suggest)* auf etw *akk* hindeuten; ***he gave her a gift to ~ his gratitude*** er gab ihr ein Geschenk als Zeichen seiner Dankbarkeit

be·tray [bɪ'treɪ] *vt* ① *(be disloyal)* ■**to ~ sth** etw verraten; **to ~ a promise** sich *akk* nicht an ein Versprechen halten; **to ~ a secret to sb** jdm ein Geheimnis verraten; **to ~ sb's trust** jds Vertrauen missbrauchen; ■**to ~ sb** *(be unfaithful)* jdm untreu sein; *(deceive)* jdn betrügen [*o geh* hintergehen]
② *(reveal feelings)* ■**to ~ sth** etw zeigen [*o* erkennen lassen]; **to ~ one's ignorance** seine Unkenntnis verraten

be·tray·al [bɪ'treɪəl] *n* ① *no pl (treachery)* Verrat *m; of trust* Enttäuschung *f;* ***this was an act of ~*** das war Verrat
② *(act of treachery)* verräterische Handlung

be·tray·er [bɪ'treɪəʳ, AM ɚ] *n* Verräter(in) *m(f)*

be·troth [bɪ'trəʊð, AM -'troʊð] *vt usu passive (form or old)* ■**to be ~ed to sb** jdm versprochen sein *veraltet*

be·troth·al [bɪ'trəʊðəl, AM -'troʊ-] *n (form or old)* Verlobung *f*

be·trothed <*pl* -> [bɪ'trəʊðd, AM -'troʊðd] *n (form or old)* Anverlobte(r) *f(m) veraltet,* Verlobte(r) *f(m)*

bet·ter[1] ['betəʳ, AM 'bet̬ɚ] I. *adj inv comp of* **good** ① *(superior)* besser; ***~ luck next time*** vielleicht klappt's ja beim nächsten Mal *fam;* ***~ than nothing*** besser als nichts; ***it's ~ that way*** es ist besser so; ***she is much ~ at tennis than I am*** sie spielt viel besser Tennis als ich; **far ~** weit besser; ■**to be ~ for sb/sth** für jdn/etw besser sein; **to be no ~ than one should be** kein Heiliger/keine Heilige sein
② *(healthier)* besser; ***I'm much ~ now*** mir geht's schon viel besser; ***he's no ~*** sein Zustand hat sich [noch immer] nicht gebessert; **to get ~** sich *akk* erholen
③ *(most)* **the ~ part** der größte Teil; **the ~ part of an hour** fast eine Stunde [lang]
▸PHRASES: **~ the devil you know than the devil you don't know** *(prov)* von zwei Übeln wählt man besser dasjenige, das man bereits kennt; **discretion is the ~ part of valour** *(prov)* Vorsicht ist die Mutter der Porzellankiste *prov fam;* **to go one ~** noch einen draufsetzen *fam;* **~ late than never** *(saying)* besser spät als nie; **~ safe than sorry** *(saying)* Vorsicht ist besser als Nachsicht *prov*
II. *adv comp of* **well** ① *(in superior manner)* besser; *like* lieber, mehr; ***she did much ~ in her second exam*** sie schnitt in ihrer zweiten Prüfung viel besser ab; ***there is nothing I like ~ than lying in bed on a Sunday morning*** ich mag nichts lieber als an einem Sonntagmorgen im Bett zu liegen; ***some questions are ~ left unanswered*** manche Fragen sollten besser unbeantwortet bleiben; ***or ~ still ...*** oder noch besser ...
② *(to a greater degree)* mehr; ***she is much ~-looking than her brother*** sie sieht viel besser aus als ihr Bruder aus; ***you had ~ go home now*** es wäre besser, wenn Sie jetzt nach Hause gingen; **to think ~ of sth** sich *dat* etw anders überlegen; ***I think ~ of him*** ich habe jetzt eine bessere Meinung von ihm
III. *n no pl* ① *(improvement)* Bessere *nt;* ***I have not seen ~ this year*** ich habe dieses Jahr nichts Besseres gesehen; **to change for the ~** sich *akk* zum Guten wenden; **to expect ~ of sb** was Besseres von jdm erwarten; **all** [*or* **so much**] **the ~** umso besser; ***you'll be all the ~ for a good holiday*** ein schöner Urlaub wird dir [richtig] gut tun
② *(hum old)* ■**one's ~s** *pl Leute, die über einem stehen;* **our elders and ~s** *ältere Leute mit mehr [Lebens]erfahrung*
▸PHRASES: **to do sth for ~ or** [**for**] **worse** etw ungeachtet seiner möglichen Folgen tun; **for ~, for worse** *(in marriage ceremony)* in Freud und Leid; **to get the ~ of sb** über jdn die Oberhand gewinnen
IV. *vt* ■**to ~ sth** etw verbessern; ■**to ~ oneself** *(improve social position)* sich *akk* verbessern; *(further one's knowledge)* sich *akk* weiterbilden

bet·ter[2] ['betəʳ, AM 'bet̬ɚ] *n jd, der eine Wette abschließt*

bet·ter 'half *n (hum fam)* bessere Hälfte *hum fam*

bet·ter·ment ['betəmənt, AM 'bet̬ɚ-] *n no pl* Verbesserung *f;* ECON Wertsteigerung *f;* **self-~** [berufliches] Vorwärtskommen

bet·ter-'off I. *adj* besser dran *präd fam; (financially)* bessergestellt *präd,* wohlhabender *präd*
II. *n + pl vb* ■**the ~** die Bessergestellten [*o geh* Bessersituierten] *pl; (earning more money)* die Besserverdienenden *pl*

bet·ting ['betɪŋ, AM 'bet̬-] I. *n no pl* ① *(gambling)* Wetten *nt;* **~ on horses** Pferdewetten *pl;* ***what's the ~ that ... ?*** *(fig fam)* um was wetten wir, dass ... ?
② *(stake)* Wetteinsatz *m;* ***the ~ is running high*** die Wetteinsätze sind hoch
II. *adj* Wett-; ***if I were a ~ person, ...*** wenn ich darum wetten müsste, ...

'bet·ting duty *n* Wettsteuer *f* **'bet·ting of·fice, 'bet·ting shop** *n* BRIT Wettbüro *nt* **'bet·ting tax** *n* Wettsteuer *f*

bet·tor ['betəʳ, AM 'bet̬ɚ] *n esp* AM *jd, der eine Wette abschließt*

be·tween [bɪ'twiːn] I. *prep* ① *(at middle)* zwischen *+dat; (to middle)* zwischen *+akk;* ***halfway ~ Rome and Florence*** auf halbem Weg zwischen Rom und Florenz
② *(among)* zwischen *+akk/dat;* **to divide sth ~ sb** etw zwischen jdm aufteilen
③ *(to and fro)* zwischen *+dat*
④ *(inside)* zwischen *+dat;* **to have nothing ~ one's ears** *(fam)* nichts zwischen den Ohren haben *fam*
⑤ *(in range)* zwischen *+dat;* **~ meals** zwischen den Mahlzeiten; **~ times** [*or* **whiles**] in der Zwischenzeit
⑥ *(connecting)* zwischen *+dat;* **~ friends** unter Freunden; [**just**] **~ you and me** [*or* **ourselves**] unter uns gesagt, im Vertrauen gesagt; ***that's just ~***

B

ourselves das bleibt aber unter uns
❼ *(suffered by)* zwischen *+dat*
❽ *(separating)* zwischen *+akk/dat;* **to stand/come ~ sb/sth** [**and sb/sth**] zwischen jdm/etw [und jdm/etw] stehen/zwischen jdn/etw [und jdn/etw] geraten [*o* kommen]
❾ *(combining)* zwischen *+dat;* ***~ us we have collected £1,000*** zusammen [*o* gemeinsam] haben wir 1.000 Pfund gesammelt; ***we carried it ~ the four of us*** wir haben es zu viert getragen; **something/a cross/a mixture ~ a goat and a sheep** etwas/ein Mittelding/eine Mischung zwischen einer Ziege und einem Schaf
❿ *(choosing)* zwischen *+dat;* **to be torn ~ sth** [**and sth**] zwischen etw *dat* [und etw *dat*] hin- und hergerissen sein
⓫ *(sharing)* ***we drank the bottle ~ us*** wir haben zusammen die Flasche ausgetrunken
▸PHRASES: **to read ~ the lines** zwischen den Zeilen lesen
II. *adv inv* dazwischen; **in ~** dazwischen; *(time also)* zwischendurch; **the layer ~** die Zwischenlage; **~-meal snack** Zwischenmahlzeit *f*

be·twixt [bɪ'twɪkst] I. *adv inv* **~ and between** dazwischen
II. *prep (dated) (between)* zwischen *+dat; with verbs of motion* zwischen *+akk*
▸PHRASES: **there's many a slip ~ cup and lip** *(prov)* man soll den Tag nicht vor dem Abend loben

BeV <*pl* -> [biːiː'viː] *n* TECH *abbrev of* **billion electron volt** GeV *nt*

bev·el ['bevᵊl] I. *vt* <BRIT -ll- *or* AM *usu* -l-> ■**to ~ sth** *piece of metal* etw abschrägen
II. *n (angle)* Abschrägung *f; (sloping surface)* Schräge *f*

bev·eled, BRIT *esp* **bev·elled** ['bevᵊld] *adj* abgeschrägt; **~ edge** Schrägkante *f*

bev·er·age ['bevᵊrɪdʒ] *n* Getränk *nt;* **hot ~** warmes Getränk; **alcoholic ~s** alkoholische Getränke, Alkoholika *pl*

bev·vy ['bevi] *n* BRIT *(sl)* [alkoholisches] Getränk, Drink *m fam;* ***do you fancy a ~?*** hättest du Lust, einen trinken zu gehen?

bevy ['bevi] *n* ❶ *(people)* Schar *f*
❷ *(birds)* Schar *f*, Schwarm *m*
❸ *(pej: items)* Wust *m kein pl*

be·wail [bɪ'weɪl] *vt (form liter)* ■**to ~ sth** etw beklagen

be·ware [bɪ'weəʳ, AM -'wer] I. *vi* sich *akk* in Acht nehmen; **~!** Vorsicht!; ■**to ~ of sb/sth** sich *akk* vor jdm/etw hüten [*o* in Acht nehmen]; ***"~ of pickpockets!"*** „vor Taschendieben wird gewarnt!“; ***"~ of the dog"*** „Vorsicht, bissiger Hund!“; ■**to ~ of doing sth** sich *akk* davor hüten, etw zu tun
II. *vt* ■**to ~ sb** sich *akk* vor jdm in Acht nehmen, vor jdm auf der Hut sein

be·whisk·ered [bɪ'(h)wɪskəd, AM -kɚd] *adj (liter)* mit Schnurrbart; **a ~ gentleman** ein Herr mit einem Schnurrbart; ■**to be ~** einen Schnurrbart tragen

be·wigged [bɪ'wɪgd] *adj inv (liter)* mit Perücke; ■**to be ~** eine Perücke tragen

be·wil·der [bɪ'wɪldəʳ, AM -dɚ] *vt* ■**to ~ sb** ❶ *(baffle)* jdn verwirren
❷ *(surprise)* jdn verblüffen

be·wil·dered [bɪ'wɪldəd, AM -ɚd] *adj (baffled)* verwirrt, verdutzt *fam; (surprised)* verblüfft, perplex

be·wil·der·ing [bɪ'wɪldᵊrɪŋ, AM -ɚɪŋ] *adj* verwirrend; *(surprising)* verblüffend

be·wil·der·ing·ly [bɪ'wɪldᵊrɪŋli] *adv* verwirrend

be·wil·der·ment [bɪ'wɪldəmənt, AM -ɚmənt] *n no pl* Verwirrung *f; (surprise)* Verblüffung *f*, Erstaunen *nt*

be·witch [bɪ'wɪtʃ] *vt* ❶ *(put under spell)* ■**to ~ sb/sth** jdn/etw verzaubern [*o* verhexen]
❷ *(enchant)* ■**to ~ sb** jdn bezaubern

be·witch·ing [bɪ'wɪtʃɪŋ] *adj* bezaubernd, hinreißend

be·yond [bi'ɒnd, AM -'(j)ɑːnd] I. *prep* ❶ *(further)* über *+akk*, jenseits *+gen;* ***~ the river was a small town*** jenseits des Flusses gab es eine kleine Stadt; ***if you look just ~ the lake*** wenn du gerade über den See hinausschaust
❷ *(after)* nach *+dat;* ***~ 7:00/1999*** nach 7:00 Uhr/1999; ***just ~ 6:00*** kurz nach 6:00 Uhr; ***my kids are way ~ 18*** meine Kinder sind weit über 18
❸ *(too much)* über *+akk;* **to go ~ a joke** über einen Witz hinausgehen; **~ one's means** über seine Verhältnisse; **to be ~ the pale** indiskutabel sein *pej form;* **to be ~ the reach of sb** außerhalb jds Reichweite sein [*o* liegen]
❹ *(too late)* ■**~ sth** über etw *akk* hinaus
❺ *(too difficult)* jenseits *+gen;* ***this is ~ my comprehension*** das liegt über meinem Verständnis; ■**to be ~ sb** jdm zu hoch sein *fam;* ***that's way ~ me*** das ist mir viel zu hoch *fam*
❻ *(more than)* mehr als; [**above and**] **~ all expectations** [weit] über allen Erwartungen; **to go ~ sth** über etw *akk* hinausgehen, etw übersteigen; **to see ~ sth** über etw *akk* hinaussehen; **~ that** darüber hinaus; **~ sb's wildest dreams** jenseits jds wildester Träume
❼ *(higher than)* höher als
❽ *(except for)* außer *+dat;* ***~ getting up a petition, we can do nothing*** außer Unterschriften sammeln, können wir nichts machen
❾ *(surpassing)* jenseits *+gen;* **to have changed ~ recognition** nicht mehr zu erkennen sein; **damaged ~ repair** irreparabel beschädigt; **to be ~ help** nicht mehr zu helfen sein; **to be ~ question** außer Frage stehen
II. *adv inv* ❶ *(in space)* jenseits; *(on other side)* dahinter; ***a painting of Cape Town harbour with Table Mountain ~*** ein Gemälde vom Hafen Kapstadts mit dem Tafelberg im Hintergrund
❷ *+ adj (more than, exceeding)* äußerst, mehr als; *(no longer)* nicht mehr; ***paying £3,000 for a new computer is really ~ rational*** 3.000 Pfund für einen neuen Computer auszugeben ist einfach nicht mehr normal
❸ *(in time)* darüber hinaus
❹ *(in addition)* darüber hinaus
III. *n* ■**the ~** das Jenseits; **from the ~** aus dem Jenseits
▸PHRASES: **at the back of ~** *esp* BRIT am Ende der Welt *hum*

bez·el ['bezᵊl] *n* COMPUT Frontblende *f*

b/f ECON *abbrev of* **brought forward** vorgetragen

BFP [ˌbiːef'piː] *n* AM LAW *abbrev of* **bona fide purchaser** gutgläubiger Erwerber

BFPO [ˌbiːefpiː'əʊ] *n no pl, no art* BRIT *abbrev of* **British Forces Post Office** *Poststelle der britischen Streitkräfte*

bhan·gra ['bæŋgrə] *n* MUS *Musikstil, der Bestandteile der indischen und der westlichen Musik in sich vereint*

bhp [ˌbiːeɪtʃ'piː] *n no pl abbrev of* **brake horsepower** Bremsleistung *f*, Nutzleistung *f*

Bhu·tan [buː'tɑːn] *n* Bhutan *nt*

Bhu·tan·ese [ˌbuːtə'niːz] I. *n* Bhutaner(in) *m(f)*
II. *adj* bhutanisch

bi [baɪ] *(sl)* I. *adj* bi *sl*
II. *n* Bisexuelle(r) *f(m)*

bi- [baɪ] *in compounds* ❶ *(two times per)* **~weekly/yearly** zweimal wöchentlich [*o* die Woche]/jährlich [*o* zweimal im Jahr]; *(once every two)* **~weekly** vierzehntägig, alle zwei Wochen; **~yearly** halbjährlich, alle sechs Monate
❷ *(with two)* zwei-; **~coloured** zweifarbig

bi·an·nual [baɪ'ænjuəl] *adj attr, inv (twice a year)* zweimal jährlich; *(half-yearly)* halbjährlich; **~ report** Halbjahresbericht *m*

bias ['baɪəs] I. *n usu sing* ❶ *(prejudice)* Vorurteil *nt*, Voreingenommenheit *f;* **likelihood of ~** LAW Besorgnis *f* der Befangenheit; **to have a ~ against sth** gegen etw *akk* eine Abneigung haben; **upward ~** positive Verzerrung
❷ *no pl (one-sidedness)* Einseitigkeit *f; of interest* Befangenheit *f* (**against** gegenüber *+dat*); **to accuse sb of ~** jdm Befangenheit vorwerfen
❸ *(predisposition)* Neigung *f; (nature)* Veranlagung *f*, Vorliebe *f* (**in favour of, towards** für *+akk*)
❹ *no pl* FASHION schräger Schnitt; **~-cut** schräg geschnitten; **~-cutting** Schrägschnitt *m;* **on the ~** diagonal [*o* schräg] zum Fadenlauf
II. *vt* <BRIT -ss- *or* AM *usu* -s-> ■**to ~ sth** etw einseitig darstellen; ■**to ~ sb** jdn beeinflussen; ■**to ~ sb against sth** jdn gegen etw *akk* einnehmen

bi·ased ['baɪəst] *adj* voreingenommen; **~ account** [*or* **report**] tendenziöser Bericht; **to be ~ in sb's favour** für jdn voreingenommen sein; **~ opinions** vorgefasste Meinungen

bi·ath·lon [baɪ'æθlən, AM -lɑːn] *n* Biathlon *nt*

bib [bɪb] *n* Lätzchen *nt*, ÖSTERR *oft* Barterl *nt*
▸PHRASES: **to wear one's best ~ and tucker** sich *akk* in Schale werfen *fam*

bi·ble ['baɪbl] *n* Bibel *f*

Bi·ble ['baɪbl] *n* Bibel *f;* **~-reading class** Bibelstunde *f*

Bi·ble-bash·er [-ˌbæʃəʳ, AM -ɚ] *n (pej fam)* Bibelfanatiker(in) *m(f)*, christlicher Eiferer **'Bi·ble-bash·ing** *n (fam) fanatisches Predigen der Bibel* **'Bi·ble belt** *n* AM *sehr christliche Gebiete der USA* **'Bi·ble-thump·ing** *n esp* AM *(fam) fanatisches Predigen der Bibel*

bib·li·cal ['bɪblɪkᵊl] *adj inv* biblisch; **~ research** Bibelforschung *f;* **in the ~ sense** im biblischen Sinne; **~ times** biblisches Zeitalter

bib·li·og·ra·pher [ˌbɪbli'ɒgrəfəʳ, AM -ɚ] *n* Bibliograf(in) *m(f)*

bib·lio·graph·ic [ˌbɪbliə(ʊ)'græfɪk, AM -oʊ'-], **bib·lio·graphi·cal** [ˌbɪbliə(ʊ)'græfɪkəl, AM -oʊ'-] *adj* bibliografisch

bib·li·og·ra·phy [ˌbɪbli'ɒgrəfi, AM -'ɑːgrə-] *n* Bibliografie *f*

bib·lio·phile ['bɪbliə(ʊ)faɪl, AM -əfaɪl] *n (form)* Bibliophile(r) *f(m)*, Bücherliebhaber(in) *m(f)*

bi·cam·er·al [ˌbaɪ'kæmᵊrᵊl] *adj inv* POL, ADMIN Zweikammer-, mit zwei Kammern; **~ system** Zweikammersystem *nt*

bi·cam·er·al·ism [ˌbaɪ'kæmᵊrᵊlɪzᵊm] *n* LAW Zweikammersystem *nt*

bicarb ['baɪkɑːb, AM baɪ'kɑːrb] *n (fam) short for* **bicarbonate of soda** Natron *nt*

bi·car·bo·nate, bi·car·bo·nate of 'so·da [ˌbaɪ'kɑːbᵊnət-, AM -'kɑːr-] *n* CHEM doppelt kohlensaures Natrium *fachspr*, Natriumbikarbonat *nt fachspr; (in cookery)* Natron *nt*

bi·cen·tenary [ˌbaɪsen'tiːnᵊri], AM **bi·cen·ten·nial** [ˌbaɪsen'teniəl] I. *n* zweihundertjähriges Jubiläum; **the ~ of Goethe's birth/death** Goethes zweihundertster Geburtstag/Todestag
II. *adj attr* Zweihundertjahr-; **~ celebration** Zweihundertjahrfeier *f*

bi·ceps <*pl* -> ['baɪseps] *n* Bizeps *m*

bick·er ['bɪkəʳ, AM -ɚ] *vi* sich zanken, aneinandergeraten, sich *akk* in den Haaren liegen

bick·er·ing ['bɪkᵊrɪŋ] *n no pl* Gezänk *nt*

bickie ['bɪki] *n* BRIT, AUS *(fam)* Keks *m*

bi·coast·al [baɪ'kəʊstᵊl, AM -'koʊ-] *adj inv* AM ❶ *(on both coasts)* an der Ost- und Westküste [der USA] *nach n;* **~ airline commuter** *jd, der geschäftlich häufig von Küste zu Küste fliegt;* **to go ~** *(fam)* an beiden Küsten tätig werden
❷ *(from coast to coast) telephone call* von der Ostküste zur Westküste *nach n*

bi·cy·cle ['baɪsɪkl] *n* Fahrrad *nt*, Velo *nt* SCHWEIZ; **to get on one's ~** aufs Fahrrad steigen; **to ride a ~** Fahrrad fahren, Rad fahren; **by ~** mit dem Fahrrad **'bi·cy·cle chain** *n* Fahrradkette *f* **'bi·cy·cle clip** *n* Hosenklammer *f*, Veloklammer *f* SCHWEIZ **'bi·cy·cle lane** *n* Fahrradweg *m* **'bi·cy·cle pump** *n* Fahrradpumpe *f*, Luftpumpe *f* **'bi·cy·cle tour** *n* Fahrradtour *f*

bi·cy·clist ['baɪsɪklɪst] *n see* **cyclist** Radfahrer(in) *m(f)*, Velofahrer(in) *m(f)* SCHWEIZ

bid[1] <-dd-, bid *or* bade, bid *or* bidden> [bɪd] *vt (form)* ❶ *(greet sb)* ■**to ~ sb sth** jdm etw wünschen; **to ~ sb farewell** jdm Lebewohl sagen *geh;* **to ~ one's hopes farewell** *(liter)* seine Hoffnungen aufgeben [*o geh* begraben]; **to ~ sb good morning** jdm einen guten Morgen wünschen; **to ~ sb welcome** jdn willkommen heißen
❷ *(old: command)* ■**to ~ sb** [**to**] **do sth** jdn etw tun heißen *geh;* ***he ~ them leave at once*** er hieß sie

sofort gehen *geh*
③ *(old: invite)* ■ **to ~ sb to sth** jdn zu etw *dat* laden *geh*
bid² [bɪd] **I.** *n* ① *(offer)* Angebot *nt; (at an auction)* Gebot *nt;* COMM Kaufangebot *nt;* [**hostile**] **takeover ~** [feindliches] Übernahmeangebot; **to make a ~ for sth** für etw *akk* ein Angebot machen; **to put in a ~** ein Angebot vorlegen
② *(attempt)* Versuch *m;* ***her ~ for re-election was unsuccessful*** ihr Bemühen um eine Wiederwahl war erfolglos; **to make a ~ for fame** versuchen Ruhm zu erlangen; **to make a ~ for power** nach der Macht greifen
③ CARDS Ansage *f*
II. *vi* <-dd-, bid, bid> ① *(offer money)* bieten
② *(tender)* ein Angebot unterbreiten; **to ~ for a contract** sich *akk* um einen Auftrag bewerben
③ CARDS reizen
④ COMPUT ein Senderecht anfordern
III. *vt* <-dd-, bid, bid> ■ **to ~ sth** etw bieten
◆**bid up** *vt (at auctions)* **to ~ up** ⊂ **the prices** die Preise durch Bieten in die Höhe treiben
'bid award *n* COMM Zuschlag *m*
'bid ba·sis *n* ECON unter pari
'bid bond *n* FIN Bid Bond *m*
bid·dable ['bɪdəbl̩] *adj* fügsam
bid·der ['bɪdəʳ, AM -ɚ] *n* Bieter(in) *m(f)*, Bietende(r) *f(m);* **highest ~** Meistbietende(r) *f(m)*
bid·ding ['bɪdɪŋ] *n no pl* ① *(making of bids)* Bieten *nt; (at an auction)* Steigern *nt;* **to open** [*or* **start**] **the ~** das erste Gebot machen; ***the ~ started/stopped at 5,000 dollars*** 5.000 Dollar war das Mindestgebot/Höchstgebot
② *(form or old or hum: command)* Geheiß *nt;* ***you must do your father's ~, young man*** du musst tun, was dein Vater dir sagt, junger Mann; **at sb's ~** auf jds Geheiß *geh*
③ CARDS Reizen *nt*
bid·dy ['bɪdi] *n (pej fam)* Oma *f pej sl,* Muttchen *nt pej fam;* **old ~** *(pej)* alte Schachtel *pej fam*
bide [baɪd] *vt* ① **to ~ one's time** den rechten Augenblick [*o* Moment] abwarten
② *(dated)* **to ~ awhile** verweilen *geh*
bi·det ['biːdeɪ, AM bɪ'deɪ] *n* Bidet *nt*
bi·di·rec·tion·al [ˌbaɪdɪ'rekʃᵊnᵊl] *adj* COMPUT zweiseitig gerichtet, in beiden Richtungen; **~ bus** zweiseitig gerichteter Übertragungsweg; **~ printer** Zweirichtungsdrucker *m*
'bid mar·ket *n* ECON Markt *m* mit Unterangebot
'bid price *n* ① STOCKEX Kaufgebot *nt,* Geldkurs *m*
② BRIT *(buying price)* Rücknahmepreis *m* **'bid rate** *n* Ankaufszinssatz *m,* Ankaufskurs *m,* Geldkurs *m*
'bid re·sponse *n* FIN Angebotsreaktion *f*
bi·en·na·le [biːɜ'nɑːleɪ] *n* Biennale *f*
bi·en·nial [baɪ'eniəl] **I.** *adj inv* alle zwei Jahre stattfindend, zweijährlich; **~ plant** zweijährige Pflanze
II. *n* BOT zweijährige Pflanze
bi·en·ni·al·ly [baɪ'eniəli] *adv inv* alle zwei Jahre
bier [bɪəʳ, AM bɪr] *n* Bahre *f*
biff [bɪf] *(fam)* **I.** *n* Schlag *m,* Hieb *m*
II. *vt* ■ **to ~ sb** jdn hauen *fam;* **to ~ sb on the nose** jdm eins auf die Nase geben *fam*
bi·fo·cal [baɪ'fəʊkᵊl, AM 'baɪˌfoʊ-] *adj inv* Bifokal-; **~ spectacles** Bifokalbrille *f*
bi·fo·cals [baɪ'fəʊkᵊlz, AM 'baɪˌfoʊ-] *npl* Bifokalbrille *f*
bi·fur·cate ['baɪfəkeɪt, AM -fɚ-] *(form)* **I.** *vi river* sich gabeln
II. *vt* ■ **to ~ sth** etw aufteilen; **to ~ responsibility** Verantwortung teilen
bi·fur·ca·tion [ˌbaɪfə'keɪʃᵊn, AM -fɚ'-] *n* Aufspaltung *f; (point of division)* Gabelung *f; (branch)* Zweig *m*
big <-gg-> [bɪg] *adj* ① *(of size, amount)* groß; ***the ~ger the better*** je größer desto besser; **to receive a ~ boost** starken Auftrieb erhalten; **a ~ drop in prices** ein starker Preisrückgang; **~ eater** *(fam)* großer Esser/große Esserin; **~ meal** üppiges Mahl; **~ screen** [Groß]leinwand *f;* **to be a ~ spender** *(fam)* auf großem Fuß leben; **~ stake** hoher Spieleinsatz; **~ tip** großzügiges Trinkgeld; **~ toe** großer Zeh; **~ turnout** großes Zuschaueraufgebot; **the ~gest-ever ...** der/die/das Größte ... aller Zeiten
② *(of maturity)* groß, erwachsen; **~ boy/girl** großer Junge/großes Mädchen; **~ brother/sister** großer Bruder/große Schwester; **~ enough** groß [*o* alt] genug
③ *(significant)* bedeutend, wichtig; ***she's ~ in marketing*** sie ist ganz groß im Bereich Marketing vertreten; **~-budget film** Film *m* mit großem Budget; **~ day** großer [*o* bedeutender] Tag; ***it's the ~ day then?*** *(fam: wedding day)* heute ist also der große Tag?; **~ decision** schwerwiegende Entscheidung; **to have ~ ideas** *(fam)* Rosinen im Kopf haben *fam;* **~ words** *(fam)* große Worte
④ *(fam: to express emphasis)* groß; *(on a large scale)* in großem Stil; ***he fell for her in a ~ way*** er verliebte sich bis über beide Ohren in sie; ■ **to be ~ on sth** auf etw *akk* stehen *fam*
⑤ *(pej iron fam: generous)* großzügig, nobel *fam;* ***that was very ~ of you*** das war aber nobel von dir
▸ PHRASES: **to be/get too ~ for one's <u>boots</u>** *(pej fam: craving for admiration)* größenwahnsinnig sein/werden; *(feeling superior)* eingebildet sein/werden; **the ~ <u>boys</u>** die Großen; **~ <u>deal</u>!** *(fam)* na und! *fam;* **no ~ <u>deal</u>** *(fam)* nicht der Rede wert; **sb's <u>eyes</u> are ~ger than their stomach** jds Augen sind größer als sein Magen; **to be a ~ <u>fish</u> in a little** [*or* **small**] **pond** der Hecht im Karpfenteich sein; **to have ~ger <u>fish</u> to fry** Wichtigeres zu tun haben; **to <u>give</u> sb a ~ hand** *(fam)* jdm begeistert Applaus spenden; **what's the ~ <u>idea</u>?** *(iron fam)* was soll [denn] das? *fam;* **the ~ger they are, the <u>harder</u> they fall** *(prov)* wer hoch steigt, fällt tief *prov;* **to <u>make</u> it ~** *(fam)* großen Erfolg haben, groß einschlagen *fam;* **~ <u>oaks</u> from little acorns grow** *esp* BRIT *(prov)* alles Große hat [einmal] klein angefangen
◆**big up** *vt (sl)* ■ **to ~ up** ⊂ **sb/th** jdn/etw groß herausbringen
biga·mist ['bɪgəmɪst] *n* Bigamist(in) *m(f)*
biga·mous ['bɪgəməs] *adj inv* bigamistisch
biga·mous·ly ['bɪgəməsli] *adv inv* bigamistisch
biga·my ['bɪgəmi] *n no pl* Bigamie *f;* **to commit ~** Bigamie begehen
Big 'Ap·ple *n (fam)* ■ **the ~** New York *nt;* **to take a bite of the ~** AM New York besuchen
'big-ass *adj attr, inv* AM *(fig sl)* Riesen- *fam* **'big band** *n* Bigband *f* **Big 'Bang** *n* BRIT FIN *Neuordnung des britischen Wertpapiersektors am 27.10.86* **big 'bang** *n* Urknall *m* **big 'bang theo·ry** *n* Urknalltheorie *f* **'big bank** *n* Großbank *f*
big 'bickies *npl* AUS *(fam)* ▸ PHRASES: **to <u>make</u> ~** das große Geld [*o fam* die große Kohle] machen **Big 'Board** *n* AM *(fam)* New Yorker Börse *f* **big-boned** ['bɪgbəʊnd, AM boʊnd] *adj inv* stämmig **Big 'Broth·er** *n no pl* der Große Bruder, Big Brother *m;* **~ society** totalitärer Staat, Überwachungsstaat *m*
big 'bucks *npl esp* AM *(fam)* das große Geld, die große Kohle *fam,* ein Haufen Kies *sl;* **~ prize money** hohe Siegesprämie **'big-bucks** *adj inv* AM *(fam)* teuer **big 'busi·ness** *n no pl* ① *(large-scale financial activity)* ■ **to be ~** ein lukratives Geschäft sein ② *(high finance)* Großkapital *nt; (major industry)* Großindustrie *f* **big 'cat** *n* Großkatze *f,* Raubkatze *f* **big 'cheese** *n (fam)* hohes Tier *fam* **Big 'Chief, Big 'Dad·dy** *n* [Familien-/Firmen]oberhaupt *nt* **big 'deal** *n (iron)* **~!** na und! *fam;* ***what's the ~?*** ja und – was ist da jetzt so toll daran?; ***that's no ~*** *(sl)* das ist nichts Besonderes; **to make a ~ out of sth** ein großes Theater um etw *akk* machen *fam*
big 'dip·per *n* BRIT Achterbahn *f,* Berg- und Talbahn *f* **Big 'Dip·per** *n* AM ASTRON Großer Bär [*o* Wagen] **Big 'Easy** *n* ■ **the ~** New Orleans *nt*
big 'end *n* TECH Pleuelfuß *m,* Schubstangenkopf *m*
big 'fish *n (fam)* toller Hecht *fam*
'Big·foot *n großes, behaartes menschenähnliches Wesen, das im Nordwesten der USA und in Nordkanada vorkommen soll*
Big 'Four *n* BRIT FIN ■ **the ~** die vier größten britischen Geschäftsbanken **big 'game** *n no pl* Großwild *nt* **big 'game hunt·er** *n* Großwildjäger(in) *m(f)*
big·gie ['bɪgi] *n (fam)* Knüller *m fam*
big 'gov·ern·ment *n no pl* die übermächtige Regierung
big 'gun *n (fam)* große Nummer *fam* **'big-head** *n (pej fam)* Angeber(in) *m(f) pej* **big-'head·ed** *adj (pej fam)* eingebildet **big-'heart·ed** *adj (approv: generous)* großherzig; *(noble-minded)* großmütig
bight [baɪt] *n* ① *(curve or recess in a coastline)* Bucht *f; (in a river)* Krümmung *f,* Schleife *f*
② *(loop of rope)* Schlaufe *f*
'big league *(fam)* **I.** *n* Spitze *f;* **to join the ~ of Formula 1** in die Spitzengruppe der Formel 1 aufsteigen **II.** *adj* hochrangig **Big 'Mo** *n* AM *(fam)* Schwungkraft *f;* **to keep up the ~** den Schwung nicht verlieren **big 'money** *n (fam)* ein Haufen *m* Geld *fam;* **to cost ~** eine [ganze] Stange Geld kosten *fam* **'big mouth** *n (pej fam: conceited person)* Großmaul *nt pej fam; (indiscreet person)* Schwätzer(in) *m(f) pej,* Plaudertasche *f hum pej,* Klatschbase *f pej fam;* ***keep your ~ shut!*** halt die Klappe! *fam;* **to have a ~** eine große Klappe haben *fam;* **to open one's ~** alles ausplaudern *fam* **big 'name** *n (fam)* Größe *f,* berühmte [*o* namhafte] Persönlichkeit
big 'noise *n (fam)* hohes Tier *fam*
big·ot ['bɪgət] *n* Eiferer *m;* **religious ~** religiöser Eiferer
big·ot·ed ['bɪgətɪd, AM -t̬ɪd] *adj (pej)* fanatisch; REL bigott *geh*
big·ot·ry ['bɪgətri] *n no pl (pej)* Fanatismus *m;* REL Bigotterie *f*
big-screen T'V *n* Großbildfernseher *m* **'big shot** *n (fam)* hohes Tier *fam* **big 'smoke** *n* ■ **the ~** BRIT *(fam)* London *nt; esp* AUS *(fam)* die Großstadt **big-'tick·et** *adj attr* AM kostspielig **'big time** *n (fam)* **to be in the ~** eine große Nummer sein *fam;* **to hit** [*or* **make**] **the ~** den großen Durchbruch schaffen **'big-time I.** *adv inv (fam: in a big way)* großartig **II.** *adj attr criminal* berühmt-berüchtigt; *capitalist, company, manufacturer* im großen Stil *nach n;* **~ boy** große Nummer *fam;* **~ comedian** erstklassiger Komiker/erstklassige Komikerin; **~ politician** Spitzenpolitiker(in) *m(f);* **~ racketeer** Obergauner(in) *m(f) fam* **big 'top** *n* großes Zirkuszelt **big 'wheel** *n* BRIT Riesenrad *nt*
'big·wig *n (fam)* hohes Tier *fam;* **local ~** Lokalmatador(in) *m(f) oft hum;* **party ~** Parteigröße *f*
bi·jou ['biːʒuː] *adj attr (approv)* schmucke(r, s) *attr geh;* **a ~ flat** eine nette kleine Wohnung; **a ~ residence** ein schnuckliges kleines Haus *fam*
bika·thon ['baɪkəθɒn, AM -θɑːn] *n* Fahrradrennen *nt* für einen wohltätigen Zweck
bike [baɪk] **I.** *n* ① *(fam: bicycle)* [Fahr]rad *nt,* Velo *nt* SCHWEIZ; **child's ~** Kinder[fahr]rad *nt;* **to get on a ~** auf ein Fahrrad steigen; **to learn how to ride a ~** Rad fahren lernen; **to ride a ~** Rad fahren; **by ~** mit dem [Fahr]rad
② *(motorcycle)* Motorrad *nt,* Maschine *f fam,* Töff *m* SCHWEIZ *fam*
▸ PHRASES: **<u>on</u> your** [*or* **yer**] **~!** BRIT *(sl)* hau ab! *fam*
II. *vi (fam: ride bicycle)* mit dem Fahrrad fahren, radeln *fam; (ride motorcycle)* mit dem Motorrad fahren
'bike lane, 'bike·way *n* [Fahr]radweg *m,* Veloweg *m* SCHWEIZ
bik·er ['baɪkəʳ, AM -kɚ] *n (fam)* ① *(on bicycle)* [Fahr]radfahrer(in) *m(f),* Radler(in) *m(f),* Velofahrer(in) *m(f)* SCHWEIZ
② *(on motorbike)* Motorradfahrer(in) *m(f)*
③ *(in motorcyclists' gang)* Rocker(in) *m(f)*
'bik·er boots *n pl* Bikerstiefel *pl*
'bike shed *n esp* BRIT *(walled-in)* Fahrradschuppen *m; (open)* Fahrradstand *m,* Veloständer *m* SCHWEIZ
bikie ['baɪki] *n* AUS *(fam)* Rocker(in) *m(f)*
bi·ki·ni [bɪ'kiːni] *n* Bikini *m;* **~ bottoms** Bikinihose *f,* Bikiniunterteil *nt;* **~ top** Bikinioberteil *nt;* **a ~-clad woman** eine Frau im Bikini
bi·'ki·ni line *n* Bikinizone *f;* ■ **to do one's ~** die Bikinizone enthaaren
'bikkie, 'bikky *n* AUS *see* **bickie**
bi·la·bial [baɪ'leɪbiəl] *adj inv* bilabial *geh*
bi·lat·er·al [baɪ'lætᵊrᵊl, AM -'læt̬ɚ-] *adj inv* bilateral *geh*

bi·lat·er·al 'clear·ing *n* ECON bilaterales Clearing **bi·lat·er·al 'con·tract** *n* LAW bilateraler Vertrag **bi·lat·er·al 'cred·it** *n* ECON bilateraler Kredit

bi·lat·er·al·ly [baɪ'lætᵊrᵊli, AM -læt̬ɚᵊli] *adv inv* bilateral, beidseitig

bil·berry ['bɪlbᵊri, AM -ber-] *n* ❶ *(shrub)* Heidelbeerstrauch *m,* Blaubeerstrauch *m*
❷ *(berry)* Heidelbeere *f,* Blaubeere *f*

bil·by ['bɪlbi] *n australische Rattenart*

bile [baɪl] *n no pl* Galle *f; (fig: rancour)* Bitterkeit *f; (anger)* Ärger *m;* ~ **acid** Gallensäure *f;* ~ **duct** Gallengang *m meist pl,* Gallenwege *pl*

'bile soap *n* CHEM Gallseife *f*

bilge [bɪldʒ] *n* ❶ *no pl (sl or dated: nonsense)* Unsinn *m;* ***don't talk*** ~ erzähl keinen Quatsch *fam*
❷ NAUT Bilge *f;* ~ **water** Bilgenwasser *nt*

bil·har·zia [bɪl'hɑːziə, AM -'hɑːrziə] *n* MED Bilharziose *f*

bi·lin·gual [baɪ'lɪŋgwᵊl] *adj inv* zweisprachig, bilingual *fachspr;* ~ **secretary** Fremdsprachensekretär(in) *m(f)*

bi·lin·gual·ism [baɪ'lɪŋgwᵊlɪzᵊm] *n no pl* Zweisprachigkeit *f,* Bilingualismus *m fachspr*

bili·ous ['bɪliəs, AM -jəs] *adj* ❶ MED Gallen-; *(fig: bad-tempered)* übellaunig, grantig ÖSTERR *fam; (irritable)* reizbar; ~ **attack** MED Gallenkolik *f;* ~ **mood** üble Laune; **sb is very** ~ jdm läuft immer gleich die Galle über
❷ *(nasty)* widerlich, scheußlich, grauslich ÖSTERR *fam*

bilk [bɪlk] *vt (fam)* ■**to** ~ **sb [of sth]** jdn [um etw *akk*] bringen [*o fam* bringen]

bilk·ing ['bɪlkɪŋ] *n* LAW Prellerei *f*

bill¹ [bɪl] **I.** *n* ❶ *(invoice)* Rechnung *f;* ***could we have the ~, please?*** wir möchten bitte zahlen, zahlen bitte!; ***put it on my*** ~ setzen Sie das auf meine Rechnung; **to foot the** ~ die Rechnung bezahlen [*o geh* begleichen]
❷ AM *(bank note)* Geldschein *m,* Banknote *f;* **[one-] dollar** ~ Dollarschein *m,* Dollarnote *f*
❸ FIN ~**s payable** Wechselverbindlichkeiten *pl;* ~**s receivable** Wechselforderungen *pl;* **commercial** ~ Handelswechsel *m,* Warenwechsel *m;* **domestic** ~ Inlandswechsel *m;* **domiciled** ~ Domizilwechsel *m;* **due** ~ FIN fälliger Wechsel; **foreign** ~ Auslandswechsel *m;* **trade** ~ Warenwechsel *m,* Handelswechsel *m;* **Treasury** [*or* AM **T**] ~ Schatzwechsel *m;* **long-dated** ~ langfristiger Wechsel; **short-dated** ~ kurzfristiger Wechsel; **to accept a** ~ einen Wechsel akzeptieren; **to discount a** ~ einen Wechsel diskontieren; AM STOCKEX Verpflichtungserklärung *f* über Lieferung von Wertpapieren
❹ *(proposed law)* Gesetzentwurf *m,* Gesetzesvorlage *f;* **private member's** ~ Gesetzesvorlage *f* eines Abgeordneten; **private** ~ Gesetzesvorlage *f* für ein Einzelfallgesetz; **public** ~ Gesetzesvorlage *f* für ein allgemeines Gesetz; **to amend a** ~ *(change)* eine Gesetzesvorlage [*o* einen Gesetzentwurf] abändern; *(add)* eine Gesetzesvorlage [*o* einen Gesetzentwurf] ergänzen; **to pass a** ~ ein Gesetz verabschieden; **to throw out a** ~ *(fam)* ein Gesetz ablehnen
❺ *(placard)* Plakat *nt;* ***"no ~s"*** [*or* AM ***"post no ~s"***] „Plakate ankleben verboten"
❻ *(list of celebrities)* Besetzungsliste *f;* **to top** [*or* **head**] **the** ~ der Star des Abends sein
❼ LAW *(written statement)* ~ **of indictment** Anklageschrift *f*
▸ PHRASES: **to fit the** ~ der/die/das Richtige [*o* Passende] sein
II. *vt* ❶ *(invoice)* ■**to** ~ **sb** jdm eine Rechnung ausstellen; ■**to** ~ **sb for sth** jdm etw in Rechnung stellen, jdm etw berechnen
❷ *usu passive (listed)* ■**to be** ~**ed** angekündigt werden

bill² [bɪl] **I.** *n of bird* Schnabel *m*
II. *vi* **to** ~ **and coo** *(hum)* [miteinander] turteln

Bill [bɪl] *n no pl* BRIT *(sl)* **the [old]** ~ die Polente *sl*

bil·la·bong ['bɪləbɒŋ] *n* AUS toter Flussarm

'bill·board *n* Reklamefläche *f,* Reklametafel *f; (wall)* Plakatwand *f*

'bill bro·ker *n* BRIT FIN Wechselmakler *m,* Wechselfirma *f* **'bill busi·ness** *n* Wechselgeschäft *nt* **'bill day** *n* Abrechnungstag *m*

billed amount [bɪldə'maʊnt] *n* Abrechnungsbetrag *m*

bil·let ['bɪlɪt, AM -ət] **I.** *n* MIL Quartier *nt*
II. *vt usu passive* ■**to be** ~**ed** untergebracht werden; *(soldiers)* einquartiert werden

billet-doux <*pl* billets-doux> [ˌbɪleɪ'duː] *n (liter or usu hum)* Liebesbrief *m,* Billetdoux *nt veraltet*

'bill·fold *n* AM Brieftasche *f* **bill for col·'lec·tion** *n* FIN Inkassowechsel *m* **'bill·hook** *n* Hippe *f*

bil·liard ['bɪliəd, AM -jɚd] *n modifier* Billard-; ~ **ball** Billardkugel *f*

bil·liards ['bɪliədz, AM -jɚdz] *n no pl* Billard *nt*

bill·ing ['bɪlɪŋ] *n no pl* ❶ *(list)* Programm *nt; (advance notice)* Ankündigung *f;* **to get** [*or* **have**] **top** ~ an oberster Stelle auf dem Programm stehen
❷ *(publicity)* **advance** ~ Reklame *f;* **to live up to one's** ~ halten, was man verspricht
❸ *(invoicing)* Rechnungsschreiben *nt,* Rechnungsstellung *f,* Fakturierung *f*
❹ *(turnover of advertising agency)* Umsatz *m*

'bill·ing ad·dress *n* Rechnungsadresse *f* **'bill·ing amount** *n* Rechnungsbetrag *m* **'bill·ing cur·ren·cy** *n* Rechnungswährung *f* **'bill·ing date** *n* Rechnungsdatum *nt* **'bill·ing er·ror** *n* Abrechnungsfehler *m* bei Kreditkarten **'bill·ing rate** *n* FIN Rechnungskurs *m,* Rechnungssatz *m*

bil·lion ['bɪliən, AM -jən] *n* Milliarde *f;* BRIT *(old)* Billion *f;* ~ **dollar industry** Milliardengeschäft *nt;* **to spend** ~**s on sth** *(fam)* Unsummen für etw *akk* ausgeben *fam*

bil·lion·aire [ˌbɪliə'neəʳ, AM -jə'ner] *n esp* AM Milliardär(in) *m(f)*

bill of ac·'cept·ance *n* FIN Akzept *nt* **bill of 'costs** *n* Kostenrechnung *f* **bill of ex·'change** *n* Wechsel *m,* Tratte *f fachspr;* **to discount a** ~ einen Wechsel diskontieren **bill of 'fare** *n* Speisekarte *f* **bill of 'goods** *n* AM Frachtbrief *m;* **to sell sb a** ~ *(fig)* jdn verschaukeln *fam* **bill of 'health** *n* [mündliche] Gesundheitsattestierung [*o* Gesundheitsbestätigung] **bill of 'lad·ing** *n* Seefrachtbrief *m,* Konnossement *nt fachspr; inland waterway* Ladeschein *m;* **clean** ~ reines Konnossement; **foul** ~ unreines Konossement; **ocean** ~ COMM Seefrachtbrief *m;* **railroad** ~ AM Eisenbahnfrachtbrief *m;* **received** ~ Übernahmekonnossement *nt;* **through** ~ COMM Durchkonnossement *nt* **Bill of 'Rights** *n* BRIT Bill of Rights *f (britisches Staatsgrundgesetz);* ■**the** ~ AM *Zusatzklauseln 1 bis 10 zu den Grundrechten* **bill on de·'mand** *n* FIN Sichtwechsel *m*

bil·low ['bɪləʊ, AM -oʊ] **I.** *vi* ❶ *(surge)* wogen *geh*
❷ *(bulge) cloth* sich blähen; *smoke* in Schwaden aufsteigen; *skirt* sich bauschen; *(fig)* sich *akk* aufblähen [*o* ausweiten]; ~**ing corruption** schnell anwachsende Korruption
II. *n usu pl* ❶ *(wave)* Woge *f geh*
❷ *of cloud, steam* Schwaden *m;* ~**s of smoke** Rauchschwaden *pl*

bil·lowy ['bɪləʊi, AM -oʊi] *adj (liter)* ❶ *(rolling in waves)* wogend *geh*
❷ *(swelling out)* in Schwaden aufsteigend; ***the steam left the top of the water tower in a ~ cloud*** der Dampf stieg in Schwaden vom Wasserturm auf

'bill post·er *n* Plakat[an]kleber(in) *m(f);* ***"~s will be prosecuted"*** „das Ankleben von Plakaten wird strafrechtlich verfolgt" **'bill post·ing** *n no pl* Plakatkleben *nt* **'bill rate** *n* FIN Rechnungskurs *m*

bills 'pay·able *n* Wechselverbindlichkeiten *pl* **bills re·'ceiv·able** *n pl* FIN Wechselforderungen *pl*

'bill stick·er *n* Plakat[an]kleber(in) *m(f)*

bil·ly ['bɪli] *n* ❶ BRIT, AUS *(for camping)* Kochgeschirr *nt (zum Campen)*
❷ AM *(truncheon)* Knüppel *m*
❸ *(male goat)* Ziegenbock *m,* Geissbock *m* SCHWEIZ

'bil·ly·can *n* BRIT, AUS Kochgeschirr *nt (zum Campen)* **'bil·ly goat** *n* Ziegenbock *m,* Geissbock *m* SCHWEIZ

billy-o ['bɪliəʊ] *n no pl* BRIT, AUS *(dated sl)* **like** ~ wie verrückt *fam*

bim·bo <*pl* -es *or* -s> ['bɪmbəʊ, AM -boʊ] *n (pej sl)* Häschen *nt fam,* Puppe *f pej fam;* **blonde** ~ blondes Dummchen *pej fam*

Bim·mer ['bɪməʳ, AM -mɚ] *n (sl)* BMW *m*

bi-'month·ly **I.** *adj inv* ❶ *(twice a month)* zweimal im Monat; **to have a** ~ **meeting** sich *akk* zweimal im Monat treffen
❷ *(every two months)* zweimonatlich, alle zwei Monate; ~ **magazine** zweimonatlich erscheinende Zeitschrift
II. *adv* ❶ *(twice a month)* zweimal im Monat
❷ *(once every two months)* alle zwei Monate, zweimonatlich

bin [bɪn] **I.** *n* ❶ BRIT, AUS *(for waste)* Mülleimer *m,* Abfall-/Kehrichteimer *m* SCHWEIZ, Mülltonne *f;* **to consign sth to** [*or* **throw sth in**] **the** ~ etw wegwerfen; **to consign a plan to the** ~ *(fig)* einen Plan verwerfen
❷ *(for storage)* Behälter *m;* **bread** ~ Brotkasten *m,* **corn** ~ Getreidesilo *m;* **wine** ~ Weinregal *nt*
II. *vt* BRIT ■**to** ~ **sth** etw wegwerfen; *(fig)* etw bleibenlassen

BIN [biːaɪ'en] *n abbrev of* **bank identification number** Bankkennzahl *f*

bi·na·ry ['baɪnᵊri] *adj inv* binär; ~ **fission** Zellteilung *f;* ~ **numbers** binäre Zahlen

bi·na·ry 'code, bi·na·ry sys·'tem *n* binäres System **bi·na·ry no·'ta·tion** *n* COMPUT Binärschreibweise *f*

'bin bag *n* BRIT Müllbeutel *m,* Mülltüte *f,* Mistsackerl *nt* ÖSTERR *fam,* Abfall-/Kehrichtsack *m* SCHWEIZ

bind [baɪnd] **I.** *n (fam: obligation)* Verpflichtung *f, (burden)* Belastung *f;* **to be a bit of a** ~ ziemlich lästig sein; **to be in a bit of a** ~ in der Klemme stecken [*o* sitzen] *fam*
II. *vi* <bound, bound> binden; *clay, soil* fest werden
III. *vt* <bound, bound> ❶ *(fasten)* ■**to** ~ **sb to sth** jdn an etw *akk* fesseln; ■**to** ~ **sth to sth** etw an etw *akk* festbinden; **to be bound hand and foot** an Händen und Füßen gefesselt sein; ■**to be bound to sb** *(fig)* eine starke Bindung zu jdm haben
❷ *(cause to congeal)* ■**to** ~ **together** ↔ **sth** etw zusammenbinden; ■**to** ~ **together** ↔ **sb** *(fig)* jdn verbinden
❸ *(commit)* ■**to** ~ **sb** jdn binden [*o* verpflichten]; ■**to** ~ **sb to sth** jdn zu etw *dat* verpflichten, jdn an etw *akk* binden; **to** ~ **sb to secrecy** jdn zum Stillschweigen verpflichten; **to** ~ **oneself under oath** LAW sich *akk* eidlich verpflichten
❹ *usu passive* ■**to** ~ **sth** *(attach)* etw anbringen; *cloth* etw annähen; **to** ~ **one's feet** seine Füße einschnüren; **to** ~ **one's hair** seine Haare zusammenbinden
❺ TYPO **to** ~ **a book** ein Buch binden
◆**bind over** *vt usu passive* LAW ■**to be bound over** verwarnt werden; ***he was bound over to keep the peace*** es wurde ihm zur Auflage gemacht, die öffentliche Ordnung zu wahren; ■**to** ~ **sb over** BRIT ≈ jdm eine Bewährungsfrist geben; AM Untersuchungshaft *f* gegen jdn anordnen
◆**bind up** *vt* ❶ *(bandage)* ■**to** ~ **up** ↔ **sb/sth** jdn/etw verbinden; **to** ~ **up one's hair** sich *dat* die Haare hochbinden; **to** ~ **up a prisoner** einen Gefangenen fesseln
❷ *usu passive (connect)* ■**to be bound up with sth** mit etw *dat* zusammenhängen [*o* in Zusammenhang stehen]; ■**to be bound up together** *events* etwas miteinander zu tun haben; *people* einander verbunden sein *geh*

bind·er ['baɪndəʳ, AM -dɚ] *n* ❶ *(cover)* Einband *m, (notebook)* Hefter *m,* Ordner *m* SCHWEIZ
❷ *(sb who covers books)* Buchbinder(in) *m(f)*
❸ *(substance)* Bindemittel *nt*
❹ AGR [Mäh]binder *m*
❺ AM ECON *(cover note)* Versicherungsschein *m, (deposit)* Anzahlung *f*

bind·ery ['baɪndᵊri, AM -dɚi] *n* Buchbinderei *f*

bindhi ['bɪndi] *n* Bindi *nt (Schmuck, der auf die Stirnmitte aufgeklebt wird)*

bind·ing ['baɪndɪŋ] **I.** *n no pl* ❶ *(covering)* Einband

m; **embossed leather** ~ Ledereinband *m* mit Prägedruck
❷ *(act)* Binden *nt*
❸ *(textile strip)* [Naht]band *nt*
❹ *(on ski)* Bindung *f*
II. *adj* ❶ *attr* verbindlich, verpflichtend; ~ **agreement** verbindlicher [*o* bindender] [*o* unkündbarer] Vertrag; ~ **precedent** LAW bindender Präzedenzfall; **legally** ~ rechtsverbindlich
❷ MED stopfend

'bin div·er *n (fam) jd, der Abfall nach Informationen (wie z.B. auf Kreditkartenquittungen) durchsucht*

'bind-over or·der *n* LAW gerichtliche Verwarnung mit Strafvorbehalt

bind·weed ['baɪndwi:d] *n no pl* BOT Winde *f*

binge [bɪndʒ] *(fam)* **I.** *n* Gelage *nt; (orgy)* Orgie *f;* **drinking** ~ Saufgelage *nt fam;* ~ **eating** Fressgelage *nt; (greed)* Esssucht *f;* **shopping** ~ Kaufrausch *m;* **to go on a** ~ auf Sauftour gehen *fam; (shopping)* groß shoppen gehen *fam; (eating)* ein Fressgelage abhalten *fam*
II. *vi* heißhungrig essen; ■ **to** ~ **on sth** sich *akk* mit etw *dat* vollstopfen *fam*

'binge drink·ing *n* häufiger, exzessiver Alkoholgenuss

binger ['bɪndʒəʳ] *n jd, der etw bis zum Exzess tut*

bin·go ['bɪŋgəʊ, AM -goʊ] **I.** *n no pl* Bingo *nt*
II. *interj (fam)* ■ ~**!** bingo! *sl (drückt positives Erstaunen, Überraschung aus; wird auch verwendet nach gefundener Lösung)*

'bin lin·er *n* BRIT Müllbeutel *m,* Mülltüte *f,* Mistsackerl *nt* ÖSTERR *fam,* Abfall-/Kehrichtsack *m* SCHWEIZ

'bin man *n* BRIT *(fam)* Müllmann *m,* Kehrichtmann *m* SCHWEIZ

bin·na·cle ['bɪnəkl] *n* NAUT Kompasshaus *nt*

bin·ocu·lars [bɪ'nɒkjələz, AM -'nɑ:kjələ˞z] *npl* Fernglas *nt;* **a pair of** ~ ein Fernglas *nt;* **to look through** ~ durch ein Fernglas schauen

bi·no·mial [baɪ'nəʊmiəl, AM -'noʊ-] MATH **I.** *n* Binom *nt*
II. *adj* binomisch

bio- [baɪə(ʊ)-, AM baɪoʊ-] *in compounds* Bio- **bio·aera·tion** [ˌbaɪəʊeə'reɪʃᵊn, AM ˌbaɪoʊer'eɪʃᵊn] *n* Belebtschlammverfahren *nt (biologische Abwasserreinigung)* **bio·as'·say** *n* BIOL biologische Prüfung **'bio-attack** *n* Bioangriff *m* **bio·a'vail·able** *adj pred, inv* bioverfügbar **bio·'cata·lyst** *n* BIOL, CHEM Biokatalysator *m* **'bio-chem** *adj inv short for* **biological-chemical** biochemisch **bio·'chemi·cal** *adj* biochemisch **bio·'chemi·cal·ly** *adv* biochemisch **bio·'chem·ist** *n* Biochemiker(in) *m(f)* **bio·'chem·is·try** *n no pl* Biochemie *f* **'bio·chip** *n (chip loaded with DNA)* Biochip *m* **'bio·de·fence,** AM **bio·de·fense** *n* Gegenwehr *f* gegen Biowaffen **bio·de'·grad·able** *adj* biologisch abbaubar **bio·de'·grade** *vi* sich zersetzen **bio·de·'ter·gent** *n* biologisches Reinigungsmittel; *(washing powder)* biologisches Waschmittel **bio·'die·sel** *n no pl* Biodiesel *m* **bio·di·'ver·sity** *n no pl* Artenvielfalt *f* **bio-docu·'men·tary** *n* biografische Dokumentation **bio·dy·'nam·ic** *adj* biodynamisch **bio·en·gi·'neered** *adj inv* genmanipuliert **bio·en·gi·'neer·ing** *n no pl* Biotechnik *f* **bio·ethi·cist** [ˌbaɪəʊ'eθəsɪst, AM ˌbaɪoʊ-] *n* Bioethiker(in) *m(f)* **bio·'eth·ics** *n + sing vb* Bioethik *f* **bio·'feed·back** *n no pl* Biofeedback *nt* **bio·fla·vo·noid** [-'fleɪvənɔɪd, AM -oʊ'] *n* Bioflavonoid *nt* **'bio·fuel** *n no pl* Biotreibstoff *m,* biologischer Treibstoff

biog [baɪ'ɒg, AM baɪ'ɑ:g] *n (fam) see* **biography** Bio *f fam*

'bio·gas *n* Biogas *nt*

bi·og·raph·er [baɪ'ɒgrəfəʳ, AM -'ɑ:grəfə˞] *n* Biograf(in) *m(f)*

bio·graphi·cal [ˌbaɪəʊ'græfɪkᵊl] *adj* biografisch

bi·og·ra·phy [baɪ'ɒgrəfi, AM -'ɑ:grəfi] *n* ❶ *(account of life)* Biografie *f*
❷ *no pl (genre)* Biografie *f,* biografische Literatur

bio·in·for·mat·ics [ˌbaɪə(ʊ)ɪnfə'mætɪks, AM ˌbaɪoʊɪnfə˞'mæṭ-] *n + sing vb* Bioinformatik *f kein pl*

bio·in·'sec·ti·cide *n* Bioinsektizid *nt fachspr,* biologisches Insektenbekämpfungsmittel

bio·logi·cal [ˌbaɪə'lɒdʒɪkᵊl, AM -'lɑ:dʒɪkᵊl] *adj* biologisch

bio·logi·cal 'clock *n (fam)* biologische Uhr **bio·logi·cal con·'trol** *n* biologische Schädlingsbekämpfung **bio·logi·cal e'vent** *n* biologischer Anschlag, Anschlag *m* mit biologischen Waffen **bio·logi·cal 'in·di·ca·tor** *n* biologischer Indikator

bio·logi·cal·ly [ˌbaɪə'lɒdʒɪkᵊli, AM -'lɑ:dʒɪ-] *adv* biologisch; ~ **active chemicals** biologisch wirksame Chemikalien; **to be** ~ **based** [*or* **determined**] auf biologischer Grundlage basieren

bio·logi·cal 'war·fare *n* biologische Krieg[s]führung **bio·logi·cal 'weap·ons** *npl* biologische Waffen

bi·olo·gist [baɪ'ɒlədʒɪst, AM -'ɑ:lə-] *n* Biologe, Biologin *m, f*

bi·ol·ogy [baɪ'ɒlədʒi, AM -'ɑ:lə-] **I.** *n no pl* Biologie *f;* **human** ~ Humanbiologie *f;* **marine** ~ Meeresbiologie *f*
II. *n modifier (book, department, lecture)* Biologie-

bio·mass [ˌbaɪəʊ'mæs, AM ˌbaɪoʊ-] *n* Biomasse *f*

bio·me·'chan·ics *npl + sing vb* Biomechanik *f*

bio·mecha·nist [ˌbaɪə(ʊ)'mekənɪst, AM -oʊ'-] *n* Biomechaniker(in) *m(f)*

bio·medi·cal [ˌbaɪəʊ'medɪkᵊl, AM oʊ'] *adj inv* biomedizinisch **bio·medi·cine** [ˌbaɪəʊ'medɪsᵊn, AM ˌbaɪoʊ'medɪsən] *n* Biomedizin *f* **bio·met·ric** [baɪə(ʊ)'metrɪk] **I.** *n* ■ ~**s** *+ sing vb* Biometrie *f*
II. *adj inv* biometrisch **bio·met·rics** [baɪə(ʊ)'metrɪks] *n no pl* Biometrie *f* **bio·mor·phic** [ˌbaɪəʊ'mɔ:fɪk, AM ˌbaɪoʊ'mɔ:r-] *adj* biomorph

'bio movie *n* AM *(fam)* biografischer Film

bi·on·ic [baɪ'ɒnɪk, AM -'ɑ:nɪk] *adj* ❶ MED bionisch
❷ *(fam: extremely active)* hyperaktiv

bio·'pes·ti·cide *n* biologisches Schädlingsbekämpfungsmittel **bio·'physi·cal** *adj inv* biophysikalisch **bio·'physi·cist** *n* Biophysiker(in) *m(f)* **bio·'phys·ics** *n + sing vb* Biophysik *f*

biopic ['baɪəʊpɪk, AM ˌbaɪoʊ-] *n (sl)* Filmbiografie *f*

bi·op·sy ['baɪɒpsi, AM -ɑ:psi] *n* Biopsie *f*

'bio·rhythm *n* Biorhythmus *m* **bio·se·'cu·rity** *n no pl* Sicherheitsvorkehrungen *pl* gegen Bioangriffe **'bio·sen·sor** *n* Biosensor *m* **'bio·sphere** *n no pl* Biosphäre *f* **bio·'stat·ic** *adj product, substance* biostatisch **'bio·tech** *adj attr, inv* biotechnisch, Biotechnik-; **the** ~ **industry** die Biotechnik-Industrie **bio·tech·'nol·ogy** *n no pl (science, research)* Biotechnologie *f; (process)* Biotechnik *f* **'bio·ter·ror·ism** *n* Bioterrorismus *m* **bio·'ter·ror·ist** *n* Bioterrorist(in) *m(f)*

bio·tope ['baɪə(ʊ)təʊp, AM ˌbaɪoʊtoʊp] *n* Biotop *m o nt*

bio·'vil·lage *n* Biovillage *nt (Kombination von neuster biologischer Technologie mit traditionellen Methoden für die Landbevölkerung)* **bio·'war·fare** *n no pl* biologische Kriegsführung **'bio·weap·on** *n* biologische Waffe

bi·par·ti·san [ˌbaɪpɑ:tɪ'zæn, AM baɪ'pɑ:rṭəzən] *adj inv* ❶ *(of two political parties)* Zweiparteien-
❷ *(backed by two political parties)* von zwei Parteien getragen; **a** ~ **agreement** von beiden Parteien erzielte Übereinkunft

bi·par·tite [baɪ'pɑ:taɪt, AM -'pɑ:r-] *adj inv* zweiteilig, zweiseitig

bi·ped ['baɪped] *n* Zweifüß[l]er *m*

bi·plane [baɪpleɪn] *n* Doppeldecker *m*

bi·po·lar [baɪ'pəʊləʳ, AM -'poʊlə˞] *adj* bipolar, zweipolig; ~ **psychosis** bipolare Psychose

bi·po·lar de·'pres·sion *n no pl* PSYCH bipolare Depression

bi·qui·na·ry code [baɪ'kwaɪnᵊri-] *n* MATH Biquinärcode *m*

bi·ra·cial [baɪ'reɪʃᵊl] *adj inv* gemischtrassig

birch [bɜ:tʃ, AM bɜ:rtʃ] **I.** *n <pl -es>* ❶ *(tree)* Birke *f*
❷ *no pl (hist: type of punishment)* ■ **the** ~ *Züchtigung mit der Rute;* **to bring back the** ~ die Prügelstrafe wieder einführen
❸ *(hist: stick)* Rute *f*
II. *vt (hist)* ■ **to** ~ **sb** jdn mit der Rute züchtigen *geh*

bird [bɜ:d, AM bɜ:rd] **I.** *n* ❶ *(creature)* Vogel *m;* **a flock of** ~**s** ein Vogelschwarm *m;* **caged** ~ Käfigvogel *m;* **migrating** [*or* **migratory**] ~ Zugvogel *m;* **wading** ~ Stelzvogel *m;* **to feel free as a** ~ sich *akk* frei wie ein Vogel fühlen
❷ *(fam: person)* **home** ~ Nesthocker *m fam;* **odd** [*or* **rare**] ~ *(fam)* seltener Vogel *fam;* **strange** ~ komischer Kauz [*o fam* Vogel]
❸ *(dated sl: young female)* Puppe *f fam,* Biene *f;* **game old** ~ BRIT, AUS *(approv)* flotte Alte *fam;* **old** ~ *(fam)* alte Schachtel *fam;* **to pick up** [*or* **pull**] **a** ~ BRIT, AUS *(sl or dated)* 'ne Mieze aufreißen *sl*
❹ BRIT, AUS *(dated sl: be in prison)* **to do** ~ sitzen *fam,* hinter Gittern sitzen
▸PHRASES: **the early** ~ **catches the worm** *(prov)* Morgenstund' hat Gold im Mund *prov;* ~**s of a feather flock together** *(prov)* Gleich und Gleich gesellt sich gern *prov;* **the** ~ **has flown** der Vogel ist ausgeflogen *fam;* **to be a** ~ **in a gilded cage** in einem goldenen Käfig sitzen; **to give sb the** ~ jdn auspfeifen; **to kill two** ~**s with one stone** zwei Fliegen mit einer Klappe schlagen *fam;* **to know about the** ~**s and bees** *(euph)* aufgeklärt sein; **a** ~ **in the hand is worth two in the bush** *(prov)* besser ein Spatz in der Hand als eine Taube auf dem Dach *prov;* **a little** ~ **told me** das sagt mir mein kleiner Finger; **a little** ~ **told me that ...** ein kleines Vögelchen hat mir gezwitschert, dass ...; **to see a** ~**'s-eye view of sth** etw aus der Vogelperspektive betrachten; [**strictly**] **for the** ~**s** AM, AUS *(fam)* für die Katz *fam*
II. *n modifier* ~ **call** Vogelruf *m;* ~ **droppings** Vogelmist *m,* Vogeldreck *m fam;* ~ **life** Vogelwelt *f;* ~ **sanctuary** Vogelreservat *nt,* Vogelschutzgebiet *nt*

'bird bath *n* Vogelbad *nt* **'bird·brain** *n (fam)* Hohlkopf *m pej* **'bird·brained** *adj (fam)* gehirnamputiert *sl;* ■ **to be** ~ ein Spatzenhirn haben *sl* **'bird·cage** *n* Vogelkäfig *m* **'bird course** *n* CAN *sehr einfacher Kurs an der Universität* **'bird dog** *n* AM *(gun dog)* Hühnerhund *m*

bird·er ['bɜ:dəʳ, AM -ə˞] *n* Vogelbeobachter(in) *m(f)*

'bird flu *n no pl* Vogelgrippe *f*

'bird-friend·ly *adj attr, inv* ~ **conditions** den Vogelschutz beachtende Bedingungen **'bird·house** *n* Vogelhaus *nt; (big one)* Voliere *f*

birdie ['bɜ:di, AM 'bɜ:rdi] **I.** *n* ❶ *(esp childspeak: small bird)* Piepmatz *m Kindersprache*
❷ *(golf)* Birdie *nt*
❸ AM *(shuttlecock)* Federball *m*
▸PHRASES: **watch the** ~ gleich kommt's Vögelchen *(beim Fotografen)*
II. *vt (in golf)* **to** ~ **a hole** einen Schlag unter Par spielen

'birdie dance *n* BRIT ■ **the** ~ der Ententanz, der Vogerltanz ÖSTERR

'bird·like *adj* vogelähnlich, vogelartig **bird of 'para·dise** *<pl birds of paradise>* *n* Paradiesvogel *m* **bird of 'pas·sage** *<pl birds of passage>* *n* Zugvogel *m; (fig also)* unsteter Mensch **bird of 'prey** *<pl birds of prey>* *n* Raubvogel *m* **'bird·seed** *n no pl* Vogelfutter *nt* **bird's-eye 'view** *n* Vogelperspektive *f* **'bird's nest** *n* Vogelnest *nt* **'bird·song** *n no pl* Vogelgesang *m* **'bird ta·ble** *n* BRIT Futterplatz *m (für Vögel)* **'bird·watch·er** *n* Vogelbeobachter(in) *m(f)* **'bird·watch·ing** *n no pl* Beobachten *nt* von Vögeln

bi·ret·ta [bɪ'retə, AM 'reṭə] *n* Birett *nt*

Biro®, biro® ['baɪ(ə)rəʊ] *n* BRIT Kugelschreiber *m,* Kuli *m fam*

birth [bɜ:θ, AM bɜ:rθ] *n* ❶ *(event of being born)* Geburt *f;* **from** ~ von Geburt an; **country/date/place of** ~ Geburtsland *nt*/-datum *nt*/-ort *m;* **concealment of** ~ LAW Personenstandsunterdrückung *f,* Verletzung *f* der Anzeigepflicht *(bei Geburt eines Kindes);* ~**s and deaths** Geburten und Todesfälle; ~ **defect** Geburtsfehler *m,* konnataler Defekt *fachspr;* ~ **pangs** Geburtswehen *pl;* **difficult** ~ schwierige Geburt *a. fig;* **live** ~ Lebendgeburt *f;* **to be present at the** ~ bei der Geburt [mit] dabei sein; **to give** ~ entbinden; **to give** ~ **to a child** ein Kind zur Welt bringen [*o* gebären] *liter;* **to give** ~ **to sth** *(fig)* etw hervorbringen [*o* schaffen]

② *no pl (family)* Abstammung *f,* Herkunft *f;* **of illegitimate/legitimate ~** unehelicher/ehelicher Abstammung; **by ~** von Geburt; **to be English by ~** gebürtiger Engländer/gebürtige Engländerin sein; **to be of low/noble ~** niedriger/adliger Abstammung sein

'birth cer·tifi·cate *n* Geburtsurkunde *f* **'birth con·trol** *n* Geburtenkontrolle *f,* Geburtenregelung *f;* **~ pill** Antibabypille *f,* orales Kontrazeptivum

birth·day ['bɜ:θeɪ, AM 'bɜ:r-] **I.** *n* Geburtstag *m;* ***happy ~*** **[*to you*]!** alles Gute zum Geburtstag!
II. *n modifier* **~ boy/girl** *(fam)* Geburtstagskind *nt hum;* **~ cake** Geburtstagstorte *f,* Geburtstagskuchen *m;* **~ card** Geburtstagskarte *f*

Birth·day 'Hon·ours *npl* BRIT *Titel- und Ordensverleihungen am offiziellen Geburtstag des britischen Monarchen/der britischen Monarchin;* **~ list** *Liste der von der Königin auf Vorschlag der Regierung zu ehrenden britischen Bürger* **'birth·day par·ty** *n* Geburtstagsparty *f,* Geburtstagsfeier *f* **'birth·day pres·ent** *n* Geburtstagsgeschenk *nt* **'birth·day suit** *n* ▸PHRASES: **to appear in one's ~** *(euph)* im Adams-/Evaskostüm erscheinen *hum fam;* **to wear** [*or* **be in**] **one's ~** *(fam or hum euph)* im Adamskostüm herumlaufen *hum fam*

birth·ing ['bɜ:θɪŋ, AM 'bɜ:rd] **I.** *n no pl* Geburt *f*
II. *n modifier (method, position, pool)* Gebär-

'birth·ing cen·ter *n* AM Geburtshaus *nt*

'birth·mark *n* Muttermal *nt,* Geburtsmal *nt* **'birth moth·er** *n* biologische Mutter **'birth·place** *n* Geburtsort *m* **'birth rate** *n* Geburtenrate *f*

'birth·right *n* Geburtsrecht *nt,* angestammtes Recht; **to drive sb out of his ~** jdn seines Geburtsrechts berauben; *(right of first born)* Erstgeburtsrecht *nt;* **to sell one's ~** *(fig)* sein Erstgeburtsrecht verkaufen *fig*

'birth·stone *n* Monatsstein *m* **'birth·weight** *n* Geburtsgewicht *nt*

BIS [ˌbi:aɪ'es] *n* FIN *abbrev of* **Bank for International Settlements** BIZ *f*

Bis·cay ['bɪskeɪ] *n* Biskaya *f*

bis·cuit ['bɪskɪt] *n* ① BRIT, AUS Keks *m,* Biskuit *nt* SCHWEIZ; **cheese and ~s** Käsekräcker *pl;* **dog ~** Hundekuchen *m;* **a packet of ~s** eine Packung Kekse
② AM *(bread type)* Brötchen *nt*
▸PHRASES: **that [really] takes the ~** BRIT *(fam: sth astonishing)* das schlägt dem Fass den Boden aus; *(sth irritating)* das ist die Höhe

bi·sect [baɪ'sekt, AM 'baɪsekt] *vt* ■ **to ~ sth** *(split in two)* etw zweiteilen; *(divide equally)* etw in der Mitte durchschneiden

bi·sec·tion [baɪ'sekʃᵊn] *n (in two parts)* Zweiteilung *f; (in two halves)* Halbierung *f*

bi·sex·ual [baɪ'sekʃuəl] **I.** *n* Bisexuelle(r) *f(m);* ■ **to be a ~** bisexuell sein
II. *adj inv* bisexuell

bi·sexu·al·ity [ˌbaɪsekʃu'ælɪti, AM 'ælət̬i] *n no pl* Bisexualität *f*

bish·op ['bɪʃəp] *n* ① *(priest)* Bischof *m*
② CHESS Läufer *m*

bish·op·ric ['bɪʃəprɪk] *n* ① *(term)* Amtszeit *f (eines Bischofs)*
② *(diocese)* Bistum *nt,* Diözese *f*
③ *(function)* Bischofsamt *nt*

bis·muth ['bɪzməθ] *n no pl* CHEM *(Bi)* Wismut *nt,* Bismut *nt fachspr*

bi·son <*pl* -s *or* -> ['baɪsᵊn, -zᵊn] *n (buffalo)* Bison *m; (European buffalo)* Wisent *m;* **herds of ~** Bisonherden *pl*

bisque [bi:sk, AM bɪsk] *n no pl (of fish)* Fischcremesuppe *f,* Schellfischsuppe *f; (of vegetable)* Gemüsesuppe *f*

bi·sta·ble [ˌbaɪ'steɪbl̩] *adj* COMPUT bistabil; **~ circuit** [*or* **multivibrator**] bistabile Kippschaltung

bis·tro ['bi:strəʊ, AM -troʊ] *n* Bistro *nt*

bi·sul·fide [baɪ'sʌlfaɪd] *n* AM CHEM *see* **bisulphide**

bi·sul·fite [baɪ'sʌlfaɪt] *n no pl* AM *see* **bisulphite**

bi·sul·phide [baɪ'sʌlfaɪd] *n* BRIT CHEM Disulfit *nt;* **~ of carbon** Schwefelkohlenstoff *m*

bi·sul·phite [baɪ'sʌlfaɪt] *n no pl* BRIT CHEM Hydrogensulfit *nt*

bit¹ [bɪt] *n (fam)* ① *(piece)* Stück *nt; (fig: some)* **a ~ of advice** ein Rat *m;* **a ~ of news** eine Neuigkeit *f;* **~s of glass** Glasscherben *pl;* **~s of paper** Papierfetzen *pl;* **little ~s [of metal]** [Metall]stückchen *pl;* **to blow sth to ~s** etw zerfetzen; **to come** [*or* **fall**] **to ~s** kaputtgehen *fam;* **to smash sth to ~s** etw zerschmettern [*o* zertrümmern]; **to tear sth to ~s** etw zerfetzen [*o* in Stücke reißen]
② *(part)* Teil *m; of a story, film* Stelle *f;* **to do one's ~** seinen Teil beitragen, das Seinige tun; **~ by ~** Stück für Stück, nach und nach; ***I saved up the money ~ by ~*** ich habe mir das Geld Groschen für Groschen zusammengespart; ***we rebuilt the house over years ~ by ~*** wir haben das Haus über die Jahre Stein für Stein wieder aufgebaut
③ *(a little)* ■ **a ~** ein bisschen [*o* wenig]; **to hear a ~ of news about sb/sth** Neuigkeiten über jdn/etw erfahren; **to have a ~ put away** einiges auf der hohen Kante haben; **a [little] ~ of cake/affection** ein [kleines] bisschen [*o* ein [klein] wenig] Kuchen/Zuneigung; ***I'll have to do a ~ of shopping*** ich muss noch ein paar Kleinigkeiten einkaufen; **to be a ~ tired** ein bisschen müde sein; **just a ~** ein klein bisschen [*o* wenig]
④ *(rather)* ■ **a ~** ziemlich; ***he's put on a ~ of weight*** er hat ziemlich zugenommen; ***he's a ~ of a bore*** er ist ein ziemlicher Langweiler; ***he's a ~ of a poet*** er ist gar kein so schlechter Dichter; ***the house is a ~ like a Swiss chalet*** das Haus sieht ein bisschen wie ein Schweizer Chalet aus; ***that was a ~ much*** das war ein starkes Stück; ***that was a ~ too much of a coincidence*** das konnte kein Zufall mehr sein; **to be a ~ of an artist** künstlerisch ziemlich begabt sein; **to be a ~ of a nuisance/problem** ziemlich lästig/problematisch sein
⑤ **a [fair] ~** [*or* **[quite] a ~**] *(very)* ziemlich, ganz schön *fam; (a lot)* ziemlich [*o fam* ganz schön] viel; ***he's a good ~ older than his wife*** er ist um einiges älter als seine Frau; **[quite] a ~ of money/rain/time** ziemlich [*o fam* ganz schön viel] viel Geld/Regen/Zeit; **[quite] a ~ late/expensive** ziemlich [*o fam* ganz schön] spät/teuer
⑥ *(while)* ■ **a ~** ein Weilchen; ***I'm just going out for a ~*** ich gehe mal kurz raus *fam;* ***I'll come along in a ~*** ich komme gleich nach; **hold on** [*or* **wait**] **a ~** warte mal [kurz]
⑦ *(in negations)* ■ **not a ~** kein bisschen; **not the least** [*or* **slightest**] **~** kein bisschen; ***but not a ~ of it!*** BRIT aber nicht die Spur! *fam;* **to be not a ~ of help/use** kein bisschen helfen/nützen; **to be not the slightest** [*or* ***not a***] **~ tired** kein bisschen müde sein
⑧ *pl* BRIT **~s and pieces** [*or* BRIT *also* **bobs**] *(odds and ends)* Krimskrams *m fam;* **~s and pieces** *(belongings)* [Sieben]sachen *pl; (affairs)* Sachen *pl;* **sewing ~s and pieces** Nähutensilien *pl*
⑨ *(coin)* **threepenny/sixpenny ~** BRIT *(hist)* Dreipence-/Sixpencestück *nt;* **two ~s** AM *(dated)* 25 Cents
▸PHRASES: **to be a ~ of all right** BRIT *(dated sl)* große Klasse sein *fam;* **every ~ as ... as ...** genauso ... wie ...; **to be every ~ as clever as sb/difficult as sth** genauso klug wie jd/schwierig wie etw sein; **to be every ~ a gentleman/politician** durch und durch ein Gentleman/Politiker sein; **to be a ~ of fluff** [*or* **skirt**] [*or* **stuff**] BRIT *(dated sl)* eine dufte Biene sein *veraltend fam;* **to go to ~s** [völlig] zusammenbrechen; **she was his ~ on the side for several years** BRIT *(sl)* sie war jahrelang seine heimliche Geliebte; **to be thrilled to ~s** ganz aus dem Häuschen sein *fam*

bit² [bɪt] *vt, vi pt of* **bite**

bit³ [bɪt] *n* Trense *f; (fig)* ***she was chafing at the ~ waiting for the moment when she could visit her boyfriend*** sie konnte es kaum erwarten, ihren Freund besuchen zu dürfen
▸PHRASES: **to have** [*or* **get**] [*or* **take**] **the ~ between one's teeth** *(start working)* sich *akk* an die Arbeit machen; *(become rebellious)* aufmüpfig werden; *(try hard)* sich *akk* mächtig anstrengen [*o* SCHWEIZ *a.* in's Zeug legen] *fam*

bit⁴ [bɪt] *n (drill)* [Bohrer]einsatz *m; (chisel)* Meißel *m*

bit⁵ [bɪt] *n* COMPUT Bit *nt*

bitch [bɪtʃ] **I.** *n* <*pl* -es> ① *(female dog)* Hündin *f*
② *(fam: complaint)* **to have a good ~** mal richtig lästern *fam;* **to get into a ~ about sth** gemeinsam über etw *akk* schimpfen, sich *akk* gemeinsam über etw *akk* auslassen
③ *(fam: mean woman)* Drachen *m fam,* Hexe *f,* Bissgurn *f* SÜDD, ÖSTERR *fam;* ***you ~!*** du Miststück! *derb*
④ *(fig sl: bad situation)* Mist *m fig fam;* ***what a ~!*** so ein Mist! *fam;* ***life's a ~*** das Leben ist ungerecht; **a ~ of a job** ein Scheißjob *m sl*
II. *vi (fam!)* ■ **to ~ about sb/sth** über jdn/etw lästern

◆**bitch out** *vt* AM *(fam!)* ■ **to ~ sb out** jdn zur Schnecke machen *fam*

◆**bitch up** *vt* AM *(fam!)* ■ **to ~ sth ↔ up** etw versauen *sl*

bitchi·ness ['bɪtʃɪnəs] *n no pl (fam!)* Gemeinheit *f,* Gehässigkeit *f*

bitchy ['bɪtʃi] *adj (fam!)* gemein, gehässig

bite [baɪt] **I.** *n* ① *(using teeth)* Biss *m; of an insect* Stich *m;* **~ mark** Bisswunde *f;* **snake/dog ~** Schlangen-/Hundebiss *m;* **to give sb a ~** jdn beißen; **to have a ~ to eat** *(fam)* eine Kleinigkeit [*o fam* einen Happen] essen; **to take a ~ of a pizza** von einer Pizza abbeißen; *(fig: portion)* ***the legal costs took a big ~ out of their money*** ein großer Teil ihres Geldes ging für die Rechtskosten drauf *fam*
② *(fig: sharpness)* Biss *m fig fam,* Schärfe *f fig;* **to give sth more ~** *report, critique* etw schärfer formulieren; **to have [real] ~** [echten] Biss haben *fam*
③ *(fish)* Anbeißen *nt;* ***at last I've got a ~*** endlich hat etwas angebissen
④ *no pl (pungency)* Schärfe *f*
▸PHRASES: **another** [*or* **a second**] [*or* **a double**] **~ of the cherry** *esp* BRIT eine zweite Chance
II. *vt* <bit, bitten> ① *(cut with teeth)* ■ **to ~ sb** jdn beißen; *insect* jdn stechen; **to ~ one's lips** sich *dat* auf die Lippen beißen; *(fig)* sich *dat* das Lachen verbeißen; **to ~ one's nails** an seinen Nägeln kauen
② *(grip road)* **to ~ the road** *tyres* greifen
③ *(affect people)* ■ **to ~ sth** sich *akk* auf etw *akk* auswirken; ***the laws ~ him hard*** die Gesetze treffen ihn hart
▸PHRASES: **to ~ the bullet** in den sauren Apfel beißen; **to be badly bitten by sth** von etw *dat* schwer erwischt worden sein *fam;* ***the racing bug bit him badly*** das Rennfieber hat ihn schwer mitgenommen; **what's biting you?** *(fam)* was ist mit dir los?; **to ~ the dust** *(esp hum: crash)* stürzen; *(die)* ins Gras beißen *sl; (fig)* scheitern; **to ~ the hand that feeds one** die Hand beißen, die einen füttert; **~ me!** AM *(vulg)* leck mich am Arsch! *derb;* **to ~ one's tongue** sich *dat* auf die Zunge beißen
III. *vi* <bit, bitten> ① *(with teeth) dog, snake* beißen; *insect* stechen; ***just go and ask her — she won't ~*** *(hum)* frag sie mal – sie beißt [dich] schon nicht; ■ **to ~ into sth** in etw *akk* beißen
② *(also fig: take bait)* anbeißen; **to ~ at bait** anbeißen *a. fig*
③ *(grip road)* ***these tyres are biting very well*** diese Reifen haben ein sehr griffiges Profil
④ *(affect adversely)* einschneidende Wirkung haben; ***the recession was beginning to ~*** die Rezession machte sich langsam bemerkbar
⑤ *(reduce)* ■ **to ~ into sth** etw reduzieren; ***her job began to ~ into her free time*** ihr Job nahm immer mehr ihrer Freizeit in Anspruch
⑥ *(attack)* ■ **to ~ into sth:** ***the rope bit into his flesh*** das Seil schnitt in sein Fleisch ein; *(fig)* ***the cold began to ~ into their bones*** die Kälte begann ihnen in die Knochen zu kriechen
▸PHRASES: **once bitten, twice shy** *(prov)* ein gebranntes Kind scheut das Feuer *prov;* **that ~s!** *(fam)* so ein Mist! *fam*

◆**bite back** *vt* ■ **to ~ sth ↔ back** *one's anger* etw hinunterschlucken *fig*

◆**bite off I.** *vt* ■ **to ~ sth ↔ off** etw abbeißen
▸PHRASES: **to ~ sb's head off** *(fam)* jdm den Kopf ab-

reißen *fig;* **to ~ off too much** [*or* **more than one can chew**] sich *akk* übernehmen, sich *dat* zu viel zumuten
II. *vi (sl: imitate)* ■**to ~ off of sb** sich *dat* etw von jdm abschauen *fam*
bit·er ['baɪtəʳ, AM -t̬ɚ] *n* ▶PHRASES: **the ~ is bit** wer andern eine Grube gräbt, fällt selbst hinein *prov;* ***this is a case of the ~ being bit*** diesmal ging der Schuss nach hinten los
bite-sized *adj* mundgerecht; *(fig fam: small)* winzig
bit·ing ['baɪtɪŋ, AM -t̬-] *adj* beißend *attr a. fig; (fig)* scharf; **~ criticism** scharfe Kritik; **~ sarcasm/satire** beißender Sarkasmus/Spott; **~ wind** schneidender Wind
bit·map ['bɪtmæp] *n* COMPUT Bitmap *f fachspr*
bit part *n* FILM kleine Nebenrolle **'bit play·er** *n* FILM, TV, THEAT Charge *f,* Chargenspieler(in) *m(f)*
bit·ten ['bɪtᵊn] *vt, vi pp of* **bite**
bit·ter ['bɪtəʳ, AM -t̬ɚ] **I.** *adj* <-er, -est *or* most ~>
① *(sour) flavour, taste* bitter; **~ almonds** Bittermandeln *pl;* **~ chocolate** BRIT Zartbitterschokolade *f;* **~ lemon** Bitter Lemon *nt*
② *(fig: painful)* bitter, schmerzlich; **~ disappointment** bittere [*o* herbe] Enttäuschung; ***I pursued my claims to the ~ end*** ich kämpfte bis zum bitteren Ende um mein Geld; **~ experience/truth** bittere [*o* schmerzliche] Erfahrung/Wahrheit; **~ fruits** bittere Früchte; **to taste the ~ fruits of sth** die negativen Auswirkungen einer S. *gen* zu spüren bekommen; **~ irony** bittere [*o* grausame] Ironie; **to sweeten the ~ medicine** [*or* **pill**] die bittere Pille versüßen; **to be a ~ pill to swallow** ein harter Schlag [*o* Wermutstropfen] sein; **a ~ memory** eine quälende Erinnerung; **a ~ reminder** ein trauriges Andenken; **~ remorse** bittere [*o* tiefe] Reue
③ *(resentful)* ■**to be ~ [about sth]** [über etw *akk*] verbittert sein; **~ expression** verbitterter Gesichtsausdruck; **~ glance** [*or* **look**] beleidigter [*o* gekränkter] Blick; **~ humour** [*or* AM **humor**] Zynismus *m;* **~ and twisted** kauzig und verbittert
④ *(harsh)* erbittert; **~ dispute** heftiger Streit; **~ grudge** tiefer Groll
⑤ *(stinging)* bitterkalt; **~ cold** bittere Kälte; **~ wind** schneidender [*o* eisiger] Wind; **~ winter** strenger Winter
II. *n* BRIT, AUS **a glass of ~** ein Glas *nt* Bitter; **half a ~** ein kleines Bitter
bit·ter·ly ['bɪtəli, AM -t̬ɚli] *adv* ① *(painfully)* bitter; **~ disappointed** schwer [*o* tief] enttäuscht; **to resent sth ~** etw bitter bereuen; **to weep ~** bitterlich weinen
② *(intensely)* sehr; **~ contested** heftig umstritten; **~ jealous** krankhaft eifersüchtig; **to condemn ~** vehement verurteilen
③ *(bitingly)* **~ cold** bitterkalt
bit·tern ['bɪtən, AM -t̬ɚn] *n* Rohrdommel *f*
bit·ter·ness ['bɪtənəs, AM -t̬ɚ-] *n no pl* ① *(rancour)* Groll *m,* Verbitterung *f* (**towards** gegenüber +*dat*); *of an answer* Heftigkeit *f;* **feeling of ~** Vorbehalte *pl,* Ressentiments *pl*
② FOOD *(acidity)* Bitterkeit *f,* bitterer Geschmack
bit·ters ['bɪtəz, AM -t̬ɚz] *n + sing vb* Magenbitter *m*
'bit·ter·sweet *adj* bittersüß *a. fig;* **~ chocolate** AM Zartbitterschokolade *f*
bit·ty ['bɪti] *adj* BRIT, AUS *(pej fam)* zusammengestückelt *fam o fig,* zusammengestoppelt *fam o pej*
bi·tu·men ['bɪtʃəmɪn, AM bɪ'tu:mən] *n no pl* Asphalt *m,* Bitumen *nt fachspr*
bi·tu·mi·nous [bɪ'tʃu:mɪnəs, AM -'tu:m-] *adj* asphalthaltig, bitumenhaltig, bituminös *fachspr;* **~ coal** Steinkohle *f,* Fettkohle *f*
bi·va·can·cy [baɪ'veɪkən(t)si] *n* CHEM Doppelleerstelle *f*
bi·valve ['baɪvælv] **I.** *n* zweischalige Muschel
II. *adj* zweischalig
bivou·ac ['bɪvuæk] **I.** *n* Biwak *nt,* Lager *nt;* **~ tent** Biwakzelt *nt*
II. *vi* <-ck-> biwakieren
bi·week·ly [baɪ'wi:kli] **I.** *adj inv* ① *(every two weeks)* zweiwöchentlich, vierzehntägig; *(magazine)* Zeitschrift, die vierzehntäglich erscheint
② *(twice a week)* zweimal wöchentlich [*o* in der Woche]
II. *adv inv* ① *(every two weeks)* zweiwöchentlich, vierzehntägig
② *(twice a week)* zweimal wöchentlich [*o* in der Woche]
biz [bɪz] *n (sl) short for* **business: the music ~** das Musikgeschäft *nt*
bi·zarre [bɪ'zɑ:ʳ, AM -'zɑ:r] **I.** *adj* bizarr, seltsam; **~ behaviour** [*or* AM **behavior**] seltsames [*o* absonderliches] Verhalten; **~ twist** seltsame Wendung
II. *n* ■**the ~** das Bizarre
bi·zarre·ly [bɪ'zɑ:li, AM -'zɑ:rli] *adv* bizarr; **to behave ~** sich *akk* merkwürdig verhalten
bi·zarre·ness [bɪ'zɑ:nəs, AM -'zɑ:r-] *n no pl* Bizarrheit *f,* Skurrilität *f*
bi·zar·ro [bɪ'zɑ:rəʊ, AM -oʊ] *adj inv* AM *(fam)* bizarr
BL [,bi:'el] *n abbrev of* **Bachelor of Law** Bakkalaureus *m* der Rechtswissenschaften
blab <-bb-> [blæb] *(fam)* **I.** *vt* ■**to ~ sth** etw ausplaudern *fam;* ■**to ~ sth to sb** jdm etw verraten
II. *vi* plaudern; ■**to ~ to sb** jdm gegenüber nicht dichthalten *fam*
blab·ber ['blæbəʳ, AM -ɚ] *(fam)* **I.** *vi* plappern; ■**to ~ on about sth** ständig über etw *akk* quasseln *fam*
II. *n* Plappermaul *nt fam*
'blab·ber·mouth *n (fam)* Plappermaul *nt fam*
black [blæk] **I.** *adj* ① *(colour)* schwarz; **~ bear** Schwarzbär *m;* **as ~ as night** so schwarz wie die Nacht; **to be beaten ~ and blue** grün und blau geschlagen werden
② *(dismal)* schwarz *fig,* düster; **~ despair** tiefste Verzweiflung; **to look as ~ as thunder** ein finsteres Gesicht machen; STOCKEX **B~ Friday/Monday/Tuesday** Schwarzer Freitag/Montag/Dienstag
③ *(filthy)* schwarz, schmutzig
④ *(people)* schwarz; ■**to be ~** Schwarze(r) *f(m)* sein; **the ~ vote** die Stimmen *pl* der Schwarzen
▶PHRASES: **to paint a [very] ~ picture** ein düsteres Bild malen; **to be not as ~ as one is painted** nicht so schlecht wie sein Ruf sein
II. *n* ① *(person)* Schwarze(r) *f(m)*
② *no pl (wearing black clothes)* **to be dressed in ~** in Schwarz gekleidet sein
③ *(not in debt)* **to be in the ~** in den schwarzen Zahlen sein
III. *vt* ■**to ~ sth** ① *(darken)* etw schwarz färben; **to ~ sb's eye** *(dated)* jdm ein blaues Auge schlagen; **to ~ one's face** sein Gesicht schwärzen [*o* schwarz anmalen]; **to ~ shoes** Schuhe wichsen
② BRIT *(boycott)* etw boykottieren
◆**black out I.** *vi* [für einen Moment] bewusstlos [*o* ohnmächtig] werden, [kurz] das Bewusstsein verlieren
II. *vt* ■**to ~ out** ⊂ **sth** ① *(not show light)* etw verdunkeln [*o* abdunkeln]
② *(fig: censure)* etw unterschlagen; *(keep secret)* etw geheim halten; **to ~ out a TV programme** die Ausstrahlung einer Fernsehsendung verhindern
③ *(block out)* etw verdrängen [*o* unterdrücken]
Black 'Af·ri·ca *n* Schwarzafrika *nt*
blacka·moor ['blækəmɔ:ʳ, AM -mʊr] *n (old)* Mohr *m veraltet*
black and 'white I. *adj* ① *(documented)* **[down] in ~** schwarz auf weiß ② *(not in colour)* schwarzweiß; **~ television** Schwarzweißfernsehen *nt* ③ *(clear-cut)* sehr einfach [*o* klar]; **a ~ issue** kein Entweder-Oder-Thema *nt* **II.** *n* ① *(in film, photography)* Schwarzweißtechnik *f;* ***he likes working with ~*** er arbeitet gern mit Schwarzweißfotografie; ***they made the film in ~*** der Film wurde in Schwarzweiß gedreht ② *(oversimplified view)* Vereinfachung *f;* **to see things in ~** die Dinge schwarzweiß sehen **'black·ball** *vt* ■**to ~ sb** *(vote against)* gegen jdn stimmen; *(reject)* jdn ausschließen **black 'belt** *n* ADMIN Zone *f* mit überwiegend schwarzer Bevölkerung; GEOL Gegend *f* mit schwarzerdigem Boden; SPORT schwarzer Gürtel; ■**to be a ~** ADMIN überwiegend von Schwarzen bewohnt werden; GEOL aus schwarzerdigem Boden bestehen; SPORT ein Schwarzgürtel sein **black·berry** ['blækbᵊri, AM -,beri] **I.** *n* Brombeere *f;* **~ and apple pie** Brombeerapfelkuchen *m* **II.** *n modifier (ice cream, jam, pie, yogurt)* Brombeer-; **~ bush** Brombeerstrauch *m;* **~ tart** Brombeerkuchen *m* **Black·berry** ['blækbᵊri, AM -,beri] *n* COMPUT Blackberry *m (Handheldcomputer, der überall E-Mails empfangen und senden kann)* **black·berry·ing** ['blækbᵊrɪɪŋ, AM -,beri-] *n no pl* Brombeersammeln *nt,* Brombeerpflücken *nt;* **to go ~** in die Brombeeren gehen *fam* **'black·bird** *n* Amsel *f* **'black·board** *n* Tafel *f;* **~ eraser** Tafelschwamm *m* **'black book** *n (fig)* schwarze Liste; **to be in sb's ~s** bei jdm schlecht angeschrieben sein **black 'box** *n* AEROSP Flugschreiber *m;* SCI Blackbox *f* **'black·boy** *n* AUS Yucca *f* **'black·cap** *n* ORN Mönchsgrasmücke *f* **black 'cof·fee** *n* schwarzer Kaffee **black 'com·edy** *n* schwarze Komödie **'Black Count·ry** *n* BRIT *Industriegebiet in den englischen Midlands* **black·cur·rant** [,blæk'kʌrᵊnt, AM 'blæk,kɜ:r-] **I.** *n* schwarze Johannisbeere, ÖSTERR *meist* schwarze Ribisel, Cassis *pl* SCHWEIZ **II.** *n modifier (jelly, juice)* schwarze(r, s) Johannisbeer-; **~ bush** schwarzer Johannisbeerstrauch **Black 'Death** *n* HIST ■**the ~** der Schwarze Tod **black e'cono·my** *n* Schattenwirtschaft *f,* Untergrundwirtschaft *f*
black·en ['blækᵊn] **I.** *vt* ① *(make black)* ■**to ~ sth** etw schwärzen; **smoke-~ed** rauchgeschwärzt
② *(malign)* ■**to ~ sb** jdn anschwärzen *fam;* **to ~ sb's name** [*or* **image**] [*or* **reputation**] dem Ruf einer Person schaden
II. *vi* schwarz [*o* dunkel] werden, sich *akk* verdunkeln
black Eng·'lish, Black Eng·'lish *n* schwarzes Englisch *(das Englisch der Schwarzen)* **black 'eye** *n* blaues Auge, Veilchen *nt fam* **black-eyed 'bean, black-eyed 'pea** *n* AM Schwarzaugenbohne *f* **'black·fly** *n* Blattlaus *f;* **to suffer from ~** von Blattläusen befallen sein **Black·foot** ['blækfʊt] **I.** *n* ① *(Native Americans)* Blackfoot *m o f,* Blackfoot-Indianer(in) *m(f)* ② *(Indian tribe)* Blackfeet *pl* ③ *(Indian language)* Blackfeet *nt* **II.** *adj* der Blackfeet *nach n* **Black 'Fri·day** *n no art, no pl* ① *(day of disaster)* Schwarzer Freitag ② AM *(busy shopping day) Tag nach dem Thanksgiving-Feiertag, der als einer der umsatzstärksten Tage des Jahres gilt*
black·guard ['blægɑ:d, AM -gɑ:rd] *n (pej dated)* Bösewicht *m,* Schuft *m,* Lump *m fam* **'black·head** *n* MED Mitesser *m* **black-heart·ed** ['blækhɑ:tɪd, AM hɑ:rtɪd] *adj (dated)* niederträchtig **black 'hole** *n* PHYS schwarzes Loch *a. fig* **Black Hole of Cal'cut·ta** *n* ■**the ~** *berüchtigtes Gefängnis in Indien* **black 'hu·mour,** AM **black 'hu·mor** *n* schwarzer Humor **black 'ice** *n* Glatteis *nt*
black·ing ['blækɪŋ] *n* ① *(for shoes)* schwarze Schuhcreme [*o* Schuhwichse] [*o* ÖSTERR Schuhpaste]
② BRIT *(industrial action) of goods* Boykott *m; (by trade union)* Bestreiken *nt*
black·ish ['blækɪʃ] *adj* schwärzlich
black·jack ['blækdʒæk] *n* ① CARDS Siebzehnundvier *nt* ② AM *(cosh)* Totschläger *m* **black 'lead** *n* Grafit *m* **'black·leg** *n* BRIT *(pej)* Streikbrecher(in) *m(f)* **'black·list I.** *vt* ■**to ~ sb** jdn auf die schwarze Liste setzen **II.** *n* schwarze Liste **black 'look** *n* finstere Miene *fam;* **to give sb a ~** jdm einen finsteren Blick zuwerfen
black·ly ['blækli] *adv* ① *(of colour black)* schwarz
② *(gloomily)* finster, düster
③ *(harrowingly)* schwarz
black 'mag·ic *n* schwarze Magie
'black·mail I. *n* LAW *(act)* Erpressung *f;* **to use emotional ~ on sb** jdn emotionell unter Druck setzen; *(money)* Erpressungsgeld *nt;* **open to ~** erpressbar
II. *vt* ■**to ~ sb** jdn erpressen; **to ~ money out of sb** Geld von jdm erpressen; ***they tried to ~ me into giving them money*** sie versuchten mich durch Erpressung zur Herausgabe des Geldes zu zwingen
'black·mail·er *n* Erpresser(in) *m(f)*
Black Ma·'ria *n (dated)* grüne Minna *fam o veraltend* **black 'mark** *n* Tadel *m;* SCH Verweis *m; (reprimand)* Minuspunkt *m fig* **black 'mar·ket** *n* Schwarzmarkt *m;* ***there was a thriving ~ in ciga-***

rettes during the war während des Krieges blühte der Schwarzhandel mit Zigaretten **black mar·ke·'teer** *n* Schwarzhändler(in) *m(f)* **black mar·ket 'prices** *npl* Schwarzmarktpreise *m* **Black 'Mass** *n* schwarze Messe **Black 'Mon·day** *n no art, no pl* FIN der Schwarze Montag **black 'mood** *n* Depression *f;* **to be in a ~** eine Depression haben **Black 'Moun·tains** *npl* Black Mountains *pl* **Black 'Mus·lim** *n* Black Moslem *m*

black·ness ['blæknəs] *n no pl* Schwärze *f,* Dunkelheit *f,* Finsternis *f*

black·out ['blækaʊt] *n* ① *(unconsciousness)* Ohnmachtsanfall *m;* **to suffer from ~s** unter Ohnmachtsanfällen leiden
② *(in broadcasting)* [Strom]ausfall *m; (loss of picture)* Bildausfall *m; (loss of sound)* Tonausfall *m*
③ *(censor)* Sperre *f;* **to impose a news ~** eine Nachrichtensperre verhängen
④ *(covering of lights)* Verdunkelung *f*

black 'pep·per *n* schwarzer Pfeffer **black 'pud·ding** *n* BRIT Blutwurst *f* **Black 'Rod** *n* LAW [**Gentleman Usher of the**] **~** Zeremonienmeister *m* des britischen Oberhauses **Black 'Sea** *n* Schwarzes Meer **black 'sheep** *n (fig)* schwarzes Schaf *fig* **'blackshirt I.** *n* Schwarzhemd *nt* **II.** *n modifier (uniform, stewards)* Schwarzhemd-; **~ violence** Gewalt *f* der Schwarzhemden **'black·smith** *n* [Huf]schmied *m* **'black spot** *n* ① *(dangerous spot)* Gefahrenstelle *f;* **accident ~** [Unfall]gefahrenstelle *f* ② *(problem region)* Problemgebiet *nt;* **a ~ for unemployment** ein Gebiet *nt* mit hoher Arbeitslosigkeit **'Black stud·ies** *n + sing vb Studienfach, das sich mit der Geschichte der Schwarzen in den USA befasst* **'black·thorn** *n* BOT Schwarzdorn *m,* Schlehdorn *m* **black 'tie** *n* Smoking *m;* **~ event** Veranstaltung *f* mit Smokingzwang; ***is it ~?*** muss man mit Smoking kommen? **'black·top** AM **I.** *n* ① *no pl (road surfacing material)* Schwarzdecke *f* ② *(road)* geteerte Straße **II.** *n modifier (highway)* geteert **black 'trea·cle** *n* BRIT FOOD Melasse *f,* Sirup *m* **black 'wid·ow** *n* ZOOL Schwarze Witwe **'black writ·er** *n* COMPUT spezieller Laserdrucker

blad·der ['blædəʳ, AM -ɚ] *n* ANAT [Harn]blase *f;* **full ~** volle Blase; **to empty one's ~** die Blase entleeren

blade [bleɪd] **I.** *n* ① *(flat part)* Klinge *f;* **~ of grass** Grashalm *m;* **~ of an oar** Ruderblatt *nt;* **~ of a turbine** Turbinenschaufel *f,* Turbinenblatt *nt;* **shoulder ~** Schulterblatt *nt*
② *(liter or dated: man)* Draufgänger *m;* **a dashing young ~** ein verwegener junger Bursche *veraltend*
II. *vi* SPORT *(fam)* Inliners fahren *fam,* bladen *fam,* inlinen *fam*

blad·ed ['bleɪdɪd] *adj inv* mit Schneide *nach n; (of corn)* mit Spreite *nach n;* **double-~ paddle** Paddel *nt* mit zwei Blättern

blag [blæg] *(sl)* **I.** *n* BRIT *(robbery)* bewaffneter Raubüberfall; *(fam: a bluff)* Bluff *m*
II. *vt* <-gg-> BRIT *(rob)* ■**to ~ sb** jdn berauben; **to ~ a bank** eine Bank ausrauben; *(fig)* ■**to ~ sth** etw schnorren *fam;* **to ~ one's way into/out of sth** sich *akk* in etw *akk* hineinmanövrieren/aus etw *dat* herausreden
III. *vi (fam)* bluffen; ■**to ~ about sth** sich *akk* über etw *akk* lustig machen

blah blah ['blɑ:blɑ:] *interj (fam)* blabla *fam*

blame [bleɪm] **I.** *vt* ■**to ~ sb/sth for sth** [*or* **sth on sb/sth**] jdm/etw die Schuld an etw *dat* geben, jdn/etw für etw *akk* verantwortlich machen; ***he has only himself to ~*** er hat es sich selbst zuzuschreiben; ■**to ~ sb for doing sth** jdn beschuldigen, etw getan zu haben; ■**to not ~ sb for sth** jdm etw nicht verübeln
▸PHRASES: **a bad workman ~s his tools** *(prov)* ein schlechter Handwerker schimpft über sein Werkzeug
II. *n no pl* ① *(guilt)* Schuld *f;* ***where does the ~ lie?*** wer hat Schuld?; **to lay** [*or* **apportion**] **the ~ on sb/sth for sth** jdm/etw die Schuld an etw *dat* zuschieben [*o* geben]; **to pin the ~ for sth on sb** jdm etw anhängen *fam;* **to put the ~ on sb/sth** jdm/etw die Schuld geben; **to shift the ~ onto sb** jdm die Schuld zuschieben; **to take the ~** die Schuld auf sich *akk* nehmen
② *(fault)* Tadel *m*

blame·less ['bleɪmləs] *adj* schuldlos; **~ life** untadeliges Leben

blame·less·ly ['bleɪmləsli] *adv* untadelig

'blame·worthy *adj (form)* schuldig; *(neglect)* tadelnswert

blanch [blɑ:n(t)ʃ, AM blæn(t)ʃ] **I.** *vi* erblassen, erbleichen, blass [*o* bleich] werden
II. *vt* ① *(cause to whiten)* ■**to ~ sth** etw bleichen
② *(parboil)* **to ~ vegetables** Gemüse blanchieren; **~ed almonds** blanchierte Mandeln

blanc·mange [blə'mɒn(d)ʒ, AM -'mɑ:n(d)ʒ] *n no pl* Pudding *m*

bland [blænd] *adj* ① *(usu pej: lacking flavour)* fade; *(fig)* nichtssagend, vage
② MED *(easily digested)* mild, beruhigend; **~ diet** Schonkost *f*
③ *(mild)* sanft, mild; **~ disposition** nüchterne [*o* kühle] Veranlagung; **~ manner** ruhige Art

blan·dish·ments ['blændɪʃmᵊnts] *npl (cajoleries)* Überredungskünste *pl; (flatteries)* Schmeicheleien *pl*

bland·ly ['blændli] *adv* farblos; *(not distinctive)* nichtssagend; **~ polite** ausdruckslos höflich

'bland·mo·bile *n* AM *(fam)* Nullachtfünfzehnauto *nt fam*

bland·ness ['blændnəs] *n no pl* ① *(flatness)* Fadheit *f*
② *(mild-mannered)* Sanftheit *f,* Milde *f*

blank [blæŋk] **I.** *adj* ① *(empty)* leer; **~ page** [*or* **paper**] [*or* **sheet**] leeres [*o* unbeschriebenes] Blatt, Leerseite *f;* **~ space** Leerraum *m,* Lücke *f;* **~ tape** Leerband *nt;* *(fig)* **to go ~** eine Mattscheibe haben *fam;* ***my mind went ~*** ich hatte ein Brett vor dem Kopf *fam;* ***the screen went ~*** COMPUT der Rechner stürzte ab; TV das Bild fiel aus
② *(without emotion)* **~ expression** ausdruckslose Miene; *(without comprehension)* **~ look** verständnisloser Blick; ***my inquiries drew only ~ stares*** auf meine Fragen machten alle nur ein verdutztes Gesicht
③ *(complete)* völlig; **~ despair** schiere Verzweiflung; **~ refusal** glatte Ablehnung
II. *n* ① *(empty space)* Leerstelle *f,* Lücke *f*
② *(mental void)* Gedächtnislücke *f;* ***I've no idea — my mind is a complete ~*** ich habe keine Ahnung – ich habe eine totale Mattscheibe *fam;* ***the rest is a ~*** an den Rest kann ich mich nicht erinnern
③ *(non-lethal cartridge)* Platzpatrone *f;* **~ cartridge** [*or* **ammunition**] Platzpatrone *f;* **to fire a ~** eine Platzpatrone abfeuern
▸PHRASES: **to draw a ~** *(non-winner)* eine Niete ziehen; *(fig)* kein Glück haben; *(not remember)* keine Ahnung haben; ***his name draws a ~*** zu seinem Namen fällt mir nichts ein
III. *vt* ■**to ~ sth** ↔ **out** *(blot out)* etw ausstreichen; ***some names in the report have been ~ed out*** manche Namen wurden aus dem Bericht gestrichen; *(repress memory)* etw aus dem Gedächtnis streichen, etw verdrängen

blank 'cheque, AM **blank 'check** *n* Blankoscheck *m; (fig)* Freibrief *m;* **to give sb a ~** jdm freie Hand geben

blan·ket ['blæŋkɪt] **I.** *n* [Bett]decke *f; (fig)* SCHWEIZ *a.* Duvet *nt,* Decke *f,* Hülle *f;* ***a ~ of gloom enveloped the losing team*** eine düstere Stimmung umgab die Verlierermannschaft; **~ of snow** Schneedecke *f*
II. *vt* ■**to ~ sth** etw bedecken [*o* zudecken]; **to be ~ed in fog** von Nebel umgeben sein
III. *n modifier* umfassend, ausgedehnt; **~ condemnation** generelle [*o* pauschale] Verurteilung; **~ coverage** JOURN ausführliche Berichterstattung; FIN Pauschaldeckung *f;* **~ term** Allerweltswort *nt*

blan·ket a'gree·ment *n* Gesamtvereinbarung *f* **blan·ket 'bomb·ing** *n* Flächenbombardement *nt* **blan·ket 'brand·ing** *n no pl* Schöpfung *f* einer Markenfamilie **blan·ket 'cov·er·age** *n no pl (insurance)* Pauschaldeckung *f* **blan·ket in·'sur·ance poli·cy** *n* Generalpolice *f,* Generalpolizze *f* ÖSTERR **blan·ket 'lien** *n* AM ECON generelles Sicherungspfandrecht **'blank·et or·der** *n* COMM Rahmenauftrag *m,* Rahmenbestellung *f* **'blan·ket weed** *n no pl* Fadenalge[n] *f[pl]*

blank·ing ['blæŋkɪŋ] *n* TV **~ interval** Austastlücke *f;* **~ pulse** Leerimpuls *m*

blank·ly ['blæŋkli] *adv (without expression)* ausdruckslos; *(without comprehension)* verständnislos; *(surprised)* verdutzt

blank·ness ['blæŋknəs] *n no pl* ① *(bareness, plainness, emptiness)* Leere *f*
② *(lack of reaction)* Ausdruckslosigkeit *f*
③ *(incomprehension)* Verständnislosigkeit *f*

blank 'verse *n* LIT Blankvers *m*

blare [bleəʳ, AM bler] **I.** *n no pl* Geplärr *nt pej fam;* **a ~ of trumpets** Trompetengeschmetter *nt*
II. *vi radio* plärren; *music* dröhnen; *trumpets* schmettern
◆**blare out I.** *vt* ■**to ~ out** ↔ **sth** *words* etw hinausplärren; ***the radio was blaring out loud music*** aus dem Radio dröhnte laute Musik; **to ~ out a melody** eine Melodie hinausschmettern; **to ~ out an order** einen Befehl hinausbrüllen
II. *vi music* schmettern; *words* plärren; *order* brüllen

blar·ney ['blɑ:ni, AM 'blɑ:rni] *n no pl* [plumpe] Schmeichelei; **to have kissed the B~ Stone** *(fig)* Leute beschwatzen können *fam*

bla·sé ['blɑ:zeɪ, AM blɑ:'zeɪ] *adj* gelangweilt, gleichgültig, blasiert SCHWEIZ; ■**to be ~ about sth** etw *dat* gleichgültig gegenüberstehen

blas·pheme [ˌblæs'fi:m, AM 'blæsfi:m] *vi* [Gott] lästern; **to ~ against sb/sth** jdn/etw schmähen *liter*

blas·phem·er [ˌblæs'fi:məʳ, AM 'blæsfi:mɚ] *n* Gotteslästerer *m*

blas·phe·mous ['blæsfəməs] *adj* blasphemisch *geh,* [gottes]lästerlich

blas·phe·mous·ly ['blæsfəməsli] *adv* blasphemisch *geh,* [gottes]lästerlich

blas·phe·my ['blæsfəmi] *n no pl* Blasphemie *f geh,* Gotteslästerung *f; (iron)* Majestätsbeleidigung *f iron*

blast [blɑ:st, AM blæst] **I.** *n* ① *(explosion)* Explosion *f,* Detonation *f*
② *(air)* Stoß *m,* Druckwelle *f;* **a ~ of air** ein Luftstoß *m*
③ *(noise)* Schmettern *nt;* ***a sudden ~ of music*** ein plötzlicher Schwall Musik; **a ~ from the past** *(hum)* eine Begegnung mit der Vergangenheit; **~ of a trumpet** Trompetenstoß *m;* **to blow a ~ on a trumpet** in eine Trompete stoßen; **~ of a whistle** Pfeifton *m;* **at full ~** *radio* in voller Lautstärke
④ AM *(fam: lot of fun)* tolle Zeit *fam;* ***we had a ~ last night!*** das war schon toll gestern Nacht! *fam*
II. *interj (fam! or dated)* verdammt! *sl;* **~ *it!*** so ein Mist! *pej fam*
III. *vt* ① *(explode)* ■**to ~ sth** etw sprengen; *(fig)* ■**to ~ sth/sb** etw/jdn heftig angreifen [*o* unter Beschuss nehmen] *fig;* ***he ~ed his way up the charts*** er hat die Charts erobert
② *(fam: hit)* **to ~ the ball** mit Wucht schießen, einen Gewaltschuss machen *fam*
IV. *vi* fluchen
◆**blast away** *vi* ① *(fire continously)* drauflos ballern *fam*
② MUS losplärren *fam,* losdröhnen
◆**blast off** *vi* ASTRON, AEROSP abheben, starten
◆**blast out I.** *vt* ■**to ~ sth** ↔ **out** etw hinausschmettern; ***loudspeakers were ~ing out the latest hits*** aus den Lautsprechern dröhnten die neuesten Hits
II. *vi* dröhnen, plärren

blast·ed ['blɑ:stɪd, AM 'blæst-] *adj* ① *(liter: ruined)* verwüstet, in Schutt und Asche; **~ heath** BRIT verdorrte [*o* verbrannte] Heidelandschaft
② *attr, inv (fam!: damned)* verdammt *sl,* verflucht *sl*
③ *pred* AM *(sl: very drunk)* sturzbesoffen *fam,* stockbesoffen ÖSTERR, SCHWEIZ, total blau *fam;* **to get ~** sich *akk* total volllaufen lassen *sl*

'blast fur·nace *n* Hochofen *m*

blast·ing ['blɑ:stɪŋ, AM 'blæst-] *n no pl* ① *(blowing up)* Sprengung *f,* Detonation *f*

❷ *(fig: reprimand)* Verweis *m*
❸ *(fig: criticism)* Verriss *m,* vernichtende Kritik
blast-off ['blɑːstɒf, AM 'blæstɑːf] *n* [Raketen]start *m,* Abschuss *m* **'blast wave** *n* Detonationswelle *f,* Druckwelle *f,* Stoßwelle *f*
blat [blæt] *vi esp* AM blöken
bla·tancy ['bleɪtᵊnsi] *n no pl* Unverhohlenheit *f,* Krassheit *f; (impertinence)* Unverfrorenheit *f,* Eklatanz *f*
bla·tant ['bleɪtᵊnt] *adj* offensichtlich, eklatant *geh;* ~ **attempt** offensichtlicher Versuch; ~ **ignorance** offenkundige Unwissenheit; ~ **lie** unverfrorene [*o* unverschämte] Lüge; ~ **racism** unverhohlener [*o* offener] Rassismus
bla·tant·ly ['bleɪtᵊntli] *adv* eklatant *geh,* offensichtlich; ~ **obvious** überdeutlich
blath·er ['blæðəʳ, AM -ɚ] **I.** *n no pl* Geschwätz *nt,* Gefasel *nt fam*
II. *vi* faseln *fam,* quatschen *fam;* ***he does rather ~*** er redet einen ziemlichen Unsinn daher
◆**blather on** *vi (pej)* dumm daherreden, herumfaseln *fam*
blax·ploi·ta·tion [ˌblæksplɔɪ'teɪʃᵊn] *n no pl esp* AM *(fam)* Blaxploitation *f (Darstellung von Schwarzen in stereotypen Rollen)*
blaze [bleɪz] **I.** *n* ❶ *(fire)* Brand *m,* Feuer *nt*
❷ *(light)* Glanz *m,* Leuchten *nt; (fig)* ~ **of colour** [*or* AM **color**] Farbenpracht *f;* ~ **of glory** Ruhmesglanz *m;* **in a ~ of glory** mit Glanz und Gloria; **to be surrounded by a ~ of publicity** im Rampenlicht der Öffentlichkeit stehen
❸ *(sudden attack)* Anfall *m,* Ausbruch *m;* ~ **of anger** Wutanfall *m*
❹ ZOOL *(on a horse)* Blesse *f*
II. *vi* glühen, leuchten, strahlen; *eyes* glänzen; *fire* [hell] lodern; *sun* brennen; **to ~ with anger/passion** *(fig liter)* vor Zorn/Leidenschaft glühen *liter*
III. *vt* **to ~ a trail** [*or* **path**] einen Weg markieren; *(fig)* neue Wege beschreiten *fig,* Pionierarbeit leisten; **to ~ the way for sb/sth** jdm/etw den Weg bahnen
◆**blaze away** *vi* ❶ *(burn)* [dahin]brennen, lodern
❷ *(shine)* [nicht aufhören zu] strahlen
❸ *(shoot)* losschießen, drauflosfeuern *fam; (fig)* pausenlos reden
◆**blaze down** *vi sun* sengen, herunterbrennen; *lamps* herabstrahlen
◆**blaze up** *vi* aufflammen, auflodern; *(fig)* aufbrausen; **to ~ up at sth** bei etw *dat* [wütend] auffahren
blaz·er ['bleɪzəʳ, AM -ɚ] *n* Blazer *m,* [Sport]jacke *f;* **school ~** Jacke *f* der Schuluniform
blazes ['bleɪzɪz] *npl (fam or dated)* [***what***] ***the ~ ...?*** was zum Teufel ...? *fam;* ***go to ~!*** scher dich zum Teufel! *fam*
blaz·ing ['bleɪzɪŋ] *adj* glühend heiß; *(fig)* erbittert; ~ **fire** loderndes Feuer; ~ **headlights** grelle Scheinwerfer; ~ **heat** sengende Hitze; ~ **inferno** flammendes Inferno; ~ **lie** unverfrorene Lüge; ~ **row** heftiger Streit; ~ **sunshine** [*or* **sun**] grelles Sonnenlicht
blaz·on ['bleɪzᵊn] *vt usu passive* ❶ *(proclaim)* ■**to be ~ed** verbreitet [*o* verkündet] werden
❷ *(display)* ■**to be ~ed** gezeigt werden; *on clothing* abgebildet sein; ***her name was ~ed across the front of the theatre*** ihr Name prangte an der Vorderseite des Theaters; ■**to ~ sth with sth** etw mit etw *dat* versehen
bleach [bliːtʃ] **I.** *vt* ■**to ~ sth** etw bleichen
II. *n* <*pl* -es> ❶ *(chemical)* Bleichmittel *nt; (for hair)* Blondierungsmittel *nt*
❷ *no pl (cleaning agent)* Reinigungsmittel *nt,* SCHWEIZ *a.* Javel *nt*
bleach·ers ['bliːtʃɚz] *npl* AM unüberdachte [Zuschauer]tribüne
bleach·ing ['bliːtʃɪŋ] **I.** *n no pl (colour loss)* Bleichen *nt; (hair)* Blondieren *nt; (disinfecting)* Desinfektion *f*
II. *adj attr, inv* ~ **agent** Bleichmittel *nt;* ~ **powder** Bleichpulver *nt,* Chlorkalk *m,* Bleichkalk *m*
bleak [bliːk] *adj* kahl, öde; ~ **landscape** trostlose [*o* karge] Landschaft; ~ **weather** raues [*o* kaltes] Wetter; *(fig)* trostlos, düster *fig*
bleak·ly ['bliːkli] *adv* ❶ *(hopelessly)* mit dumpfem Gefühl *nach n; (of voice)* tonlos
❷ *(forbiddingly)* düster
bleak·ness ['bliːknəs] *n no pl* ❶ *(dreariness)* Kargheit *f*
❷ *(forbiddingness)* Gefühllosigkeit *f,* Kälte *f*
❸ *(hopelessness)* Hoffnungslosigkeit *f,* Trostlosigkeit *f*
bleari·ly ['blɪərᵊli, AM 'blɪr-] *adv* müde, unausgeschlafen
bleary ['blɪəri, AM 'blɪri] *adj (sleepy)* verschlafen; ~ **eyes** müde [*o* trübe] Augen; *(blurred)* verschwommen
bleary-'eyed *adj* mit müden [*o* trüben] Augen; **to look ~** verschlafen aussehen
bleat [bliːt] **I.** *vi sheep* blöken; *goat* meckern; *calf* muhen; *(fig pej) person* in weinerlichem Ton reden, jammern
II. *n of sheep* Blöken *nt,* Geblök *nt; of goat* Meckern *nt; of calf* Muhen *nt; (fig) of a person* Gejammer *nt,* Gemecker *nt*
bled [bled] *pt, pp of* **bleed**
bleed [bliːd] **I.** *vi* <bled, bled> bluten; **to ~ heavily** stark bluten
▶PHRASES: **my heart ~s** *(iron)* mir blutet das Herz
II. *vt* <bled, bled> ❶ *(hist: take blood)* ■**to ~ sb** jdn zur Ader lassen [*o* schröpfen]; **to ~ sb dry** [*or* **white**] *(fig fam)* jdn [finanziell] bluten lassen *fam,* jdn schröpfen *fig fam*
❷ TECH, AUTO **to ~ brakes** Bremsen entlüften; **to ~ liquid** Flüssigkeit ablassen
bleed·er ['bliːdəʳ, AM -ɚ] *n* ❶ BRIT *(vulg)* Scheißkerl *m sl,* Arschloch *nt sl;* **little ~s** kleine Biester *fam; (fam)* ***the poor ~!*** die/der Ärmste!; ***you lucky ~!*** du Glückspilz!
❷ *(haemophiliac)* Bluter(in) *m(f)*
bleed·ing ['bliːdɪŋ] **I.** *adj attr, inv* BRIT *(fam!)* verdammt *sl*
II. *adv inv* BRIT *(fam!)* verdammt *sl*
bleed·ing heart 'lib·er·al *n (pej fam)* Liberale(r), *der/die auf die Tränendrüse drückt*
bleep [bliːp] BRIT **I.** *n* TECH Piepton *m,* Piep[s]en *nt*
II. *vi* piepsen
III. *vt* ■**to ~ sb** jdn über einen Piepser rufen
bleep·er ['bliːpəʳ, AM -ɚ] *n* BRIT TECH Piepser *m,* Funkrufempfänger *m*
blem·ish ['blemɪʃ] **I.** *n* <*pl* -es> Makel *m,* Schönheitsfehler *m;* **skin ~** Hautunreinheiten *pl;* **without ~** makellos; *(fig)* untadelig; ***there was not a ~ on his character*** er war völlig unbescholten; **a reputation without ~** ein tadelloser Ruf; **~-free** ohne Makel; *(fig)* untadelig
II. *vt* ■**to ~ sth** etw verunzieren [*o* verunstalten]; **to ~ sb's reputation** *(fig)* jds Ruf schaden [*o* schädigen]
blench [blen(t)ʃ] *vi* bleich werden, erbleichen; *(fig)* **to ~ at a thought** vor einem Gedanken zurückschrecken
blend [blend] **I.** *n* Mischung *f,* Zusammensetzung *f; of food* Mischung *f,* Zusammenstellung *f; of wine* Verschnitt *m a. pej*
II. *vt* ■**to ~ sth** etw [miteinander] vermischen
III. *vi* ❶ *(match)* ■**to ~ with sb/sth** zu jdm/etw passen; MUS mit jdm/etw harmonisieren
❷ *(not be noticeable)* ■**to ~ into sth** mit etw *dat* verschmelzen; ***the thief tried to ~ into the crowd*** der Dieb versuchte in der Menge zu entkommen
◆**blend in** *vi* sich *akk* vermischen [*o* verbinden]; ■**to ~ in with sth** [gut] zu etw *dat* passen, mit etw *dat* harmonieren
blend·ed ['blendɪd] *adj* FOOD zusammengemischt, gemixt; *coffee* aus verschiedenen Sorten zusammengestellt; *alcohol* verschnitten
blend·er ['blendəʳ, AM -ɚ] *n (person)* Mischer(in) *m(f); (apparatus)* Mixer *m,* Mixgerät *nt*
bless <-ed *or liter* blest, -ed *or liter* blest> [bles] *vt* ■**to ~ sb/sth** jdn/etw segnen; **to ~ God** *(praise)* Gott rühmen [*o* preisen]; *(thank)* Gott danken; ■**to be ~ed with sth** mit etw *dat* gesegnet sein
▶PHRASES: **~ your** [**little**] **cotton socks!** BRIT du bist ein Schatz!; **~ him/her!** der/die Gute!; **~ my soul!** *(dated)* du meine Güte!; **~ you!** [*or* **your heart**] Gott segne dich!; **~ you!** *(after a sneeze)* Gesundheit!; *(as thanks)* das ist lieb von dir!
bless·ed ['blesɪd] *adj* gesegnet, selig; *(euph)* dumm, verdammt *sl;* ~ **ground** gesegnete Erde; **not a ~ soul** keine Menschenseele; **the B~ Virgin** die heilige Jungfrau [Maria]
▶PHRASES: **~ are the meek ...** *(prov)* selig sind die Sanftmütigen, ...
bless·ed·ly ['blesɪdli] *adv* glücklicherweise
bless·ing ['blesɪŋ] *n* ❶ *(benediction)* Segen *m,* feierliche Zustimmung; **to give one's ~ to sth** zu etw *dat* seinen Segen geben
❷ *(good fortune)* Segen *m,* Geschenk *nt* Gottes *geh*
❸ *(approv: boon)* Segnung *f,* Wohltat *f*
▶PHRASES: **to count one's ~s** für das dankbar sein, was man hat; **to be a ~ in disguise** sich *akk* im Nachhinein als Segen erweisen
blest [blest] *pt, pp of* **bless**
bleth·er ['bleðəʳ, AM -ɚ] *vi esp* BRIT faseln *fam,* schwafeln *fam*
blew [bluː] *pt of* **blow**
blight [blaɪt] **I.** *vt* ■**to ~ sth** etw vernichten; *(fig)* etw zunichtemachen [*o* ruinieren]; **to ~ sb's chances** jds Chancen zunichtemachen
II. *n* Pflanzenkrankheit *f;* **potato ~** Kartoffelfäule *f;* *(fig)* Plage *f;* **to cast a ~ on sth** einen Schatten auf etw *akk* werfen *fig,* etw verderben *fig*
blight·er ['blaɪtəʳ] *n* BRIT *(fam: girl)* Luder *nt sl,* Mistding *nt fam; (boy)* Lümmel *m fam,* Mistkerl *m fam*
blight-rid·den ['blaɪtrɪdᵊn] *adj (fam)* schrecklich, trostlos
bli·mey ['blaɪmi] *interj* BRIT *(dated fam)* [ach] du liebe Zeit! *fam,* du meine Güte! *fam*
blimp [blɪmp] *n* ❶ AVIAT Parsevalluftschiff *nt (kleines, Zeppelin ähnliches Prallluftschiff)*
❷ BRIT *(pej: pompous, conservative)* Reaktionär(in) *m(f) pej,* Ultrakonservative(r) *f(m) pej fam; (militarist)* Militarist(in) *m(f) pej;* **Colonel B~** *(dated)* Betonkopf *m pej*
❸ AM *(fam: fat person)* Fettsack *m pej fam*
❹ FILM Schallschutzhaube *f (für eine Kamera)*
blimp·ish ['blɪmpɪʃ] *adj* BRIT *(pej fam)* ❶ *(ultraconservative)* reaktionär *pej,* stockkonservativ *pej fam*
❷ *(old: militarist)* militaristisch *pej*
blind [blaɪnd] **I.** *n* ❶ BRIT *(awning)* Markise *f*
❷ *(indoor window shade)* [Lamellen]vorhang *m,* Jalousie *f;* **roller ~** Jalousie *f,* Rollo *nt,* Rollladen *m* SCHWEIZ; **Venetian ~** [Stab]jalousie *f*
❸ *(cloaking)* Tarnung *f*
❹ *(pretext)* Vorwand *m,* Alibi *nt; (to mask emotion)* Fassade *f; (for illegal activities)* Vertuschung *f*
❺ *(people who can't see)* ■**the ~** *pl* die Blinden *pl;* **a newspaper for the ~** eine Zeitung für Blinde
▶PHRASES: **it's a case of the ~ leading the ~** *(prov)* der Blinde will den Lahmen führen; **the one-eyed man is king in the country of the ~** *esp* BRIT *(prov)* unter Blinden ist der Einäugige König *prov*
II. *vt* ❶ *(permanently)* ■**to ~ sb** jdn blind machen; *(temporarily) sun, light* jdn blenden; **to be ~ed by** [*or* **with**] **tears** blind vor Tränen sein
❷ *(fig: impress)* ■**to ~ sb** jdn blenden; **to ~ sb with science** jdn mit seinem Wissen beeindrucken
❸ *usu passive (fig: deceive)* ■**to be ~ed by sb/sth** sich *akk* von jdm/etw blenden lassen; ***his prejudices ~ed him to the fact that he was being illogical*** seine Vorurteile täuschten ihn über seinen Mangel an Logik hinweg; **to be ~ed by love** blind vor Liebe sein
III. *adj* ❶ *(sightless)* blind; **to go ~** erblinden, blind werden; **to be ~ in one eye** auf einem Auge blind sein; **to be ~ to a colour** eine Farbe nicht richtig wahrnehmen können
❷ *(fig: unable to perceive)* blind; ■**to be ~ to sth** etw nicht bemerken
❸ *pred (fig: unprepared)* auf gut Glück; ***he went into the interview ~*** er ging unvorbereitet ins Interview
❹ *pred esp* BRIT *(fig: without reserve)* rückhaltlos; ***he swore ~ that he had locked the door*** er ver-

sicherte hoch und heilig, die Tür verschlossen zu haben
⑤ *(fig: lack judgement)* blind; ~ **acceptance/devotion** bedingungslose Akzeptanz/Hingabe; ~ **anger** [*or* **rage**]/**jealousy** blinde Wut/Eifersucht; ~ **obedience** blinder Gehorsam
⑥ *(concealed)* verborgen, versteckt; ~ **curve** schwer einsehbare Kurve
⑦ *(closed) pipe* blind; *(walled up) door, window* blind
⑧ *attr esp* BRIT *(fam: any, the least)* ***he hasn't done a ~ bit of work since lunch*** er hat seit dem Mittagessen noch keinen Handschlag getan [*o* Finger gerührt]; **to not take a ~** [*or* **the ~est**] **bit of notice of sth** etw überhaupt nicht beachten; ***it doesn't matter what I say, she doesn't take a ~ bit of notice*** egal, was ich sage, sie hört überhaupt nicht zu; **not a ~ bit of it** kein bisschen, keine Spur *fam*
▸PHRASES: **to be as ~ as a bat** *(fam)* so blind wie ein Maulwurf sein; **love is ~** Liebe macht blind; **to turn a ~ eye to sth** etw ignorieren, vor etw *dat* die Augen verschließen
IV. *adv* ① *(without sight)* blind; **to fly ~** blind fliegen; **to taste wines ~** Weine kosten, ohne aufs Etikett zu schauen
② FOOD **to bake sth ~** etw blind [*o* ohne Füllung] backen
③ **to be ~ drunk** stockbetrunken sein *fam*

blind 'al·ley *n (also fig)* Sackgasse *f a. fig;* **to lead sb down** [*or* **up**] **a ~** *plan, idea* jdm nicht weiterbringen **blind copy re·'ceipt** *n* COMPUT verdeckte Kopie **blind 'date** *n* Blind Date *nt,* Verabredung *f* mit einem/einer Unbekannten; **to go** [**out**] **on a ~** ein Blind Date haben

blind·er ['blaɪndəʳ, AM -ɚ] *n (fam)* ① BRIT SPORT **to have/play a ~ of a game** ein Superspiel hinlegen *fam;* **a ~ of a goal** ein wunderschönes Tor, ein Traumtor *nt fam*
② BRIT *(excessive drinking)* Kneipentour *f fam,* Sauftour *f fam;* **to go out on a ~** eine Sauftour machen *fam,* auf Sauftour gehen *fam*
③ AM *(blinkers)* ■**~s** *pl* Scheuklappen *pl*

blind·fold ['blaɪn(d)fəʊld, AM -foʊld] **I.** *n* Augenbinde *f*
II. *vt* ■**to ~ sb** ① *(cover eyes)* jdm die Augen verbinden
② *(fig: impede)* jdn blenden; ***hate ~s the mind*** Hass macht blind
III. *adv inv* ① *(eyes covered)* **to do sth ~** etw mit verbundenen Augen tun
② *(without thinking)* blind[lings]; **to sign a contract ~** einen Vertrag ohne Weiteres unterschreiben
③ *(with ease)* ■**to be able to do sth ~** etw im Schlaf tun können; ***she passed her exams practically ~*** sie bestand ihre Prüfungen spielend

blind·fold·ed ['blaɪn(d)fəʊldɪd, AM -foʊld-] *inv* **I.** *adj* ■**to be ~** die Augen verbunden haben
II. *adv (fig)* **to do sth ~** etw mit verbundenen Augen tun

blind·ing ['blaɪndɪŋ] *adj* ① *(bright) flash* blendend *attr; light also* grell
② *(obstructing vision)* ■**to be ~** die Sicht rauben; ***he struggled through the ~ snowstorm*** er kämpfte sich durch den Schneesturm, wobei er kaum die Hand vor den Augen sah; **to have a ~ headache** solche Kopfschmerzen haben, dass einem der Schädel platzt
③ BRIT *(fam: skilful)* brillant
▸PHRASES: **to come to sb in a ~ flash** jdm blitzartig klar werden

blind·ing·ly ['blaɪndɪŋli] *adv* ① *(dazzlingly)* blendend
② *(overwhelmingly)* überwältigend

blind 'land·ing *n* AVIAT Blindlandung *f*

blind·ly ['blaɪndli] *adv* ① *inv (without seeing)* blind
② *(fig: without thinking)* blindlings; *(without plan)* ziellos; *(without purpose)* sinnlos

blind man's 'buff, AM *also* **blind man's 'bluff** *n* Blindekuh

blind·ness ['blaɪndnəs] *n no pl* ① *(inability to see)* Blindheit *f*
② *(fig: lacking perception)* **to have a ~ to sth** etw nicht sehen [*o* bemerken], für etw *akk* blind sein

'blind side *n* toter Winkel; SPORT ungeschützte Seite **'blind·side** *vt usu passive* AM ■**to ~ sb** jdn überrumpeln; ■**to be ~d** unliebsam überrascht werden **'blind-sniff** *vt* ■**to ~ sth** etw einem [blinden] Riechtest unterziehen **'blind spot** *n* ① MED blinder Fleck ② TRANSP toter Winkel ③ *(difficulty, weakness)* schwacher Punkt, Schwachpunkt *m;* ***she has a bit of a ~ about maths*** Mathematik ist nicht gerade ihre Stärke **blind 'trust** *n* FIN blindes Vertrauen **'blind·worm** *n* Blindschleiche *f*

bling [blɪŋ] **I.** *adj pred look* glamourös; *person* aufgedonnert *fam,* goldbehängt; *outfit* protzig
II. *vt* ■**to ~ out** ◌ **sth** etw schmücken

bling-bling ['blɪŋblɪŋ] *n (fam)* Klunker *m fam,* Brillies *pl fam*

blink [blɪŋk] **I.** *vt* **to ~ one's eyes** mit den Augen zwinkern [*o* blinzeln]; **to not ~ an eye** *(fig)* nicht mit der Wimper zucken; **without ~ing an eye** ohne mit der Wimper zu zucken; **to ~ back tears** die Tränen zurückhalten
II. *vi* ① *(as protective reflex)* blinzeln; *(intentionally)* zwinkern
② *(ignore)* ■**to ~ at sth** über etw *akk* hinwegsehen
③ *(of a light)* blinken; **to ~ left/right** links/rechts anzeigen
III. *n* ① *(eye reflex)* Blinzeln *nt kein pl; (intentionally)* Zwinkern *nt kein pl;* **in the ~ of an eye** *(fig)* blitzschnell, im Handumdrehen
② *(without hesitation)* **to do sth without a ~** etw ohne Weiteres tun
▸PHRASES: **to be on the ~** *(fam)* kaputt sein *fam*

blink·er ['blɪŋkəʳ, AM -ɚ] *n* ① AUTO Blinker *m*
② *esp* BRIT *(also fig: for horses)* ■**~s** *pl* Scheuklappen *pl a. fig*

blink·ered ['blɪŋkəd, AM -ɚd] *adj esp* BRIT ■**to be ~** ① *inv (wearing blinkers)* Scheuklappen tragen
② *(fig: narrow-minded)* engstirnig [*o* borniert] sein, Scheuklappen aufhaben; **to have a ~ attitude** sich *akk* Neuerungen verschließen

blink·ers ['blɪŋkəz, AM -ɚz] *npl esp* BRIT Scheuklappen *pl;* **to wear ~** Scheuklappen tragen; *(fig)* **to have ~ on** engstirnig [*o* borniert] sein, Scheuklappen tragen

blink·ing ['blɪŋkɪŋ] *adj attr, inv esp* BRIT *(fam)* verflixt *fam,* verdammt *fam;* ***I'll do whatever I ~ well like!*** ich tue verdammt noch mal das, was mir passt! *sl;* **~ idiot** verdammter Idiot/verdammte Idiotin *fam*

blip [blɪp] *n* ① *(on radar screen)* Echoimpuls *m,* Echoanzeige *f*
② *(short sound)* [elektronischer] Signalton
③ *(fig: deviation)* Abweichung *f,* Ausreißer *m fam;* ECON kurzfristiger Einbruch
④ FILM Markierung *f*

bliss [blɪs] *n no pl* [Glück]seligkeit *f,* Entzücken *nt;* ***what ~!*** herrlich!; **domestic ~** häusliches Idyll; **pure** [*or* **sheer**] **~** die reine Wonne; **wedded** [*or* **marital**] **~** Eheglück *nt*
▸PHRASES: **ignorance is ~** *(prov)* selig die Armen im Geiste! *iron*

bliss·ful ['blɪsfᵊl] *adj* glückselig; *couple* glücklich; *smile* selig; *memories* wunderschön; ***don't tell them, it's better to leave them in ~ ignorance*** sag ihnen besser nichts, nach dem Motto: was ich nicht weiß, macht mich nicht heiß

bliss·ful·ly ['blɪsfᵊli] *adv* glücklich; **to be ~ happy** überglücklich sein; **to be ~ ignorant** aus Unwissenheit glücklich sein; **to be ~ unaware of sth** sich *dat* einer S. *gen* zum Glück nicht bewusst sein; **to smile ~** verzückt [*o* selig] lächeln

blis·ter ['blɪstəʳ, AM -ɚ] **I.** *n* ① *(on feet, skin)* Blase *f*
② *(bubble)* Blase *f*
II. *vt* ■**to ~ sth** Blasen auf etw *dat* hervorrufen; ***the elements have ~ed the paintwork*** aufgrund der Witterungseinflüsse wirft die Farbe Blasen; ***the sun ~ed his back quite badly*** er hat sich in der Sonne schlimme Blasen auf dem Rücken geholt
III. *vi paint, metal* Blasen werfen; *skin* Blasen bekommen

blis·tered ['blɪstəd, AM -ɚd] *adj* ■**to be ~** *feet* Blasen haben; **~ white paint** weiße Farbe, die Blasen geworfen hat

blis·ter·ing ['blɪstᵊrɪŋ, AM -ɚ-] *adj* ① *(intense)* Wahnsinns- *fam;* **~ attack** massiver Angriff; **~ heat** brütende Hitze; **to set a ~ pace** ein mörderisches Tempo vorlegen *fam*
② *(scathing)* verletzend, scharf; **~ remarks** kränkende Bemerkungen; **~ sarcasm** beißender Sarkasmus

'blis·ter pack *n esp* BRIT Klarsichtpackung *f*

blithe [blaɪð] *adj* ① *(liter: joyous)* fröhlich; **~ spirit** Frohnatur *f*
② *(careless)* unbekümmert; **to have a ~ disregard for rules** sich *akk* nonchalant über Regeln hinwegsetzen *geh;* **to work with ~ indifference** schlampig arbeiten *pej fam*

blithe·ly ['blaɪðli] *adv* unbekümmert; ***she ~ agreed to the contract*** vertrauensselig willigte sie in den Vertrag ein; **to be ~ indifferent to sth** sich *akk* um etw *akk* nicht scheren *fam;* **to be ~ unaware of sth** sich *akk* über etw *akk* einer frommen Täuschung hingeben *geh*

blith·er·ing ['blɪðᵊrɪŋ, AM -ɚ-] *adj attr* total *fam;* **~ idiot** [Voll]idiot(in) *m(f) pej fam,* [Voll]trottel *m pej fam*

blitz [blɪts] **I.** *n no pl* ① *(air attack)* [plötzlicher] Luftangriff *m;* **to carry out a ~ on sth** einen Luftangriff auf etw *akk* fliegen
② BRIT *(in WW II)* ■**the B~** *deutsche Luftangriffe auf britische Städte im Zweiten Weltkrieg*
③ *(fig fam: attack)* **to have a ~ on sth** etw in Angriff nehmen; ***the President is to launch a ~ on teenage crime*** der Präsident wird eine Kampagne zur Bekämpfung der Jugendkriminalität starten
④ *(of marketing campaign)* intensive [*o* explosionsartige] Werbekampagne
II. *vt* ① *(attack)* **to ~ a city** Luftangriffe auf eine Stadt fliegen
② *(fig: attack)* ■**to ~ sth** etw in Angriff nehmen

blitz·krieg ['blɪtskri:g] *n no pl* Blitzkrieg *m*

bliz·zard ['blɪzəd, AM -ɚd] *n* ① *(snowstorm)* Schneesturm *m,* Blizzard *m*
② *(fig: pile)* Unmasse *f; (large quantity)* Flut *f* (**of** von +*dat*)

bloat·ed ['bləʊtɪd, AM 'bloʊt̬-] *adj* ① *(swollen)* aufgedunsen
② *(overindulgence)* vollgestopft *fam;* **~ feeling** Völlegefühl *nt*
③ *(fig: excessive)* **~ bureaucracy** aufgeblähter Verwaltungsapparat *pej,* bürokratischer Wasserkopf *pej*

bloat·er ['bləʊtəʳ, AM 'bloʊt̬ɚ] *n* Räucherhering *m*

blob [blɒb, AM blɑ:b] *n* ① *(spot)* Klecks *m;* **~ of ink** Tintenklecks *m;* **~ of paint** Farbfleck *m*
② *(vague mass)* Klümpchen *nt; (vague spot)* [diffuser] Fleck
③ *(pej fam!: person)* **fat ~** Fettsack *m pej fam*

bloc [blɒk, AM blɑ:k] *n* POL ① *(group of countries)* Block *m;* **the Eastern ~** *(hist)* der Ostblock; **trading ~** Handelsgemeinschaft *f*
② *(group of people)* [Interessen]gruppe *f,* Lobby *f*

block [blɒk, AM blɑ:k] **I.** *n* ① *(solid lump) of metal, stone, wood* Block *m;* **~ of wood** Holzklotz *m*
② *(toy)* **building ~** Bauklötzchen *nt,* Bauklotz *m*
③ *(for executions)* ■**the ~** der Richtblock; **to go** [*or* **be sent**] **to the ~** hingerichtet werden
④ SPORT Startblock *m;* **to be first off the** [**starting**] **~s** als Erster vom Start wegkommen
⑤ BRIT *(commercial package) butter, ice cream* Packung *f;* **~ of chocolate** Block *m* [*o* [dicke] Tafel] Schokolade
⑥ AUTO **engine ~** Motorblock *m*
⑦ *(set)* Paket *nt; esp* BRIT *(pad of paper)* Block *m;* **~ of shares** Aktienpaket *nt;* **~ of tickets** [Eintritts]karten *pl* in fortlaufender Reihe; **sketch ~** Zeichenblock *m*
⑧ *(unit) of time, exams, seats* Block *m*
⑨ BRIT *(building)* Hochhaus *nt,* Klotz *m pej;* **~ of flats** Mehrfamilienhaus *nt,* Wohnblock *m,* Geschosswohnungsbau *m fachspr;* **high-rise office** [*or* **tower**] **~** Bürohochhaus *nt;* **hospital ~** *in prison* Krankenhaustrakt *m;* **shower ~** Duschraum *m;*

H-~ *in prison* H-Block *m*, H-Trakt *m*

⑩ *esp* AM, AUS *(part of neighbourhood)* [Häuser]block *m;* **to go** [*or* **walk**] **around the ~** eine Runde um den Block drehen

⑪ *usu sing (obstruction)* Verstopfung *f*

⑫ *(impediment)* Hemmung *f,* Blockierung *f;* ***his attitude is a ~ to progress*** seine Einstellung hemmt den Fortschritt; **to have a mental ~** eine geistige Sperre haben; *(in exam)* einen Black-out haben; ***the workers in this company have got a mental ~ about change*** die Arbeiter dieser Firma sperren sich innerlich gegen jede Veränderung

⑬ FIN **to put a ~ on an account** ein Konto sperren lassen

⑭ *(ballet shoe)* Ballettschuh *m (mit Zehenverstärkung)*

⑮ *(pulley)* Block *m,* Rolle *f*

⑯ COMPUT [Text]block *m*

⑰ TYPO Druckstock *m,* Klischee *nt fachspr*

▸PHRASES: **to be/sit/stand like a ~ of stone** wie versteinert sein/dasitzen/dastehen; **to be a chip off the old ~** ganz der Vater sein; **to knock sb's ~ off** *(fam)* jdm eins aufs Maul geben *sl;* **to be like a ~ of ice** [gefühls]kalt sein; **to be the new kid on the ~** der/die Neue sein; **to put one's head on the ~ for sb** für jdn durchs Feuer gehen

II. *adj attr, inv* **to make ~ bookings** blockweise reservieren

III. *vt* ① *(hinder passage)* ■**to ~ sth** etw blockieren; **to ~ an artery/a pore/a pipeline** eine Arterie/Pore/Pipeline verstopfen; **to ~ an exit/a passage** einen Ausgang/Durchgang verstellen [*o* versperren]; **to ~ the traffic** den Verkehr blockieren [*o* aufhalten]

② *(stop, prevent)* ■**to ~ sth** etw blockieren; **to ~ progress** den Fortschritt aufhalten [*o* hemmen]; **to ~ a project** ein Vorhaben durchkreuzen; **to ~ a proposal** einen Vorschlag blockieren; **to ~ sb's view/way** jdm die Sicht/den Weg versperren; ■**to ~ sb** jdm im Weg stehen

③ FIN **to ~ an account** ein Konto sperren; **to ~ payment** die Zahlung verweigern

④ SPORT **to ~ the ball** den Ball abblocken; **to ~ one's opponent** den Gegner blockieren

◆**block in** *vt* ① *(hem in)* ■**to ~ sb/sth** ↔ **in** jdn/etw einkeilen; *(with car)* jdn zuparken

② ART ■**to ~ sth** ↔ **in** etw ausmalen

③ *(add a unit)* ■**to ~ sth** ↔ **in** etw [zusätzlich] einplanen

◆**block off** *vt* ■**to ~ sth** ↔ **off** ① *(prevent entry)* etw blockieren [*o* versperren]; **to ~ off a street** eine Straße sperren; **to ~ off a part of town** einen Stadtteil abriegeln

② *(prevent use) fireplace, room, window* etw versiegeln

◆**block out** *vt* ■**to ~ out** ↔ **sth** ① *(ignore)* **to ~ out emotions/the past/thoughts** Gefühle/die Vergangenheit/Gedanken verdrängen; **to ~ out noise/pain** Lärm/Schmerzen ausschalten

② *(obscure)* **to ~ out the light** das Licht nicht durchlassen [*o* abhalten]; ***that building ~s out the sunlight from this room*** das Gebäude nimmt diesem Raum das Sonnenlicht

③ *(sketch)* etw in Umrissen entwerfen

④ *(suppress)* etw unterdrücken

⑤ PHOT etw [weg]retouchieren

◆**block up** I. *vt* ■**to ~ sth** ↔ **up** ① *(obstruct)* etw blockieren; *(clog)* etw verstopfen; ***my nose is*** [*or* ***I'm***] ***all ~ed up*** meine Nase ist total zu *fam*

② *(fill in) hole, window, entrance, room* etw zumauern

II. *vi* ■**to be ~ed up** *nose, pipe* verstopft sein

block·ade [blɒk'eɪd, AM blɑː'keɪd] I. *n* Blockade *f;* **economic ~** Wirtschaftsblockade *f,* Embargo *nt;* **naval ~** Seeblockade *f;* **to break** [*or* **run**] **a ~** eine Blockade durchbrechen; **to impose a ~** eine Blockade errichten [*o* verhängen]; **to lift** [*or* **raise**] **a ~** eine Blockade aufheben

II. *vt* ■**to ~ sth** eine Blockade gegen etw *akk* verhängen, etw belagern; **to ~ a harbour** [*or* AM **harbor**] einen Hafen abriegeln [*o* sperren]

block·age ['blɒkɪdʒ, AM 'blɑː-] *n* Verstopfung *f*

block and 'tack·le *n* Flaschenzug *m*

'block·bust·er I. *n* ① *(book)* Bestseller *m;* *(film)* Kassenschlager *m fam*

② *(bomb)* Fliegerbombe *f*

II. *adj* sehr erfolgreich; **~ film** [*or* AM **movie**] Kassenschlager *m fam,* Kinohit *m*

block 'capi·tals *npl* Blockbuchstaben *pl;* **in ~** in Blockschrift

blocked [blɒkt, AM blɑːkt] *adj* ① *(no way through) passage, entrance, road* blockiert, gesperrt; *pipe, nose, pore* verstopft; **~ artery** Arterienverschluss *m*

② *(prevented)* ■**to be ~** verhindert [*o* abgeblockt] werden

blocked ac·'count *n* FIN Sperrkonto *nt,* gesperrtes Konto **blocked 'cur·ren·cy** *n* blockierte Währung; ***the company has a large account in ~ currencies*** das Unternehmen hat ein hohes Guthaben an nicht frei konvertierbaren Devisen

'block float·ing *n no pl* STOCKEX Block-Floating *nt*

'block·head *n (pej fam)* Strohkopf *m pej fam,* Trottel *m pej fam* **'block·house** *n* Blockhaus *nt*

block·ing mi·'nor·ity *n* ADMIN Sperrminorität *f* **'block·ing pe·ri·od** *n* STOCKEX Sperrfrist *f* **'block·ing stake** *n* ADMIN Sperrminorität *f*

block 'let·ters *npl* Blockbuchstaben *pl* **block 'trad·ing** *n* STOCKEX Pakethandel *m,* Blockhandel *m* **'block vote** *n* POL Sammelstimme *f*

Bloc Qué·bé·cois [blɑːk,keɪbeɪ'kwɑː] *n* CAN *Bundespartei, die die Selbstständigkeit Quebecs favorisiert*

blog [blɒg, AM blɑːg] *n* INET Blog *nt,* Internettagebuch *nt*

blog·ging ['blɒgɪŋ, AM 'blɑːg-] *n no pl, no art* INET Blogging *nt (das Schreiben von Internet-Tagebüchern)*

blogo·sphere ['blɒgə(ʊ)sfɪəʳ, AM 'blɑːgoʊsfɪr] *n* INET Blogwelt *f*

bloke [bləʊk] *n* BRIT *(fam)* Typ *m fam,* Kerl *m fam*

blok·(e)ish ['bləʊkɪʃ, AM -oʊ-], **blo·key** ['bləʊki, AM -oʊ-] *adj* BRIT typisch männlich; **a ~** [**kind of**] **man** ein typischer Mann

blond(e) [blɒnd, AM blɑːnd] I. *adj hair* blond; *complexion* hell

II. *n (person)* Blonde(r) *f(m);* *(woman)* Blondine *f;* **dumb ~** *(pej)* dümmliche Blondine *pej;* **to be a** [**natural**] **~** [von Natur aus] blond sein

blood [blʌd] I. *n no pl* ① ANAT Blut *nt;* ***getting information out of you is like trying to get ~ out of a stone*** dir muss man ja alles aus der Nase ziehen *fam;* **to give** [*or* **donate**] **~** Blut spenden; **to spill** [*or* **shed**] **~** Blut vergießen

② *(fig: violence)* Blut *nt;* **~ and guts** [*or* AM *usu* **gore**] viel Gewalt; ***there was so much ~ and guts in the film*** der Film strotzte von gewalttätigen Szenen

③ *(fig: lineage)* Blut *nt;* *(ancestors)* Vorfahren *pl;* **one's own flesh and ~** sein eigen[es] Fleisch und Blut *geh,* seine eigenen Kinder; **to have blue ~** blaublütig [*o* adelig] sein; ***she's got blue ~*** in ihren Adern fließt blaues Blut *geh;* **to be of the ~** [**royal**] von königlichem Geblüt sein *geh;* **to be of the same ~** gleicher Abstammung sein, zur selben Familie gehören

④ *(fig: temperament)* Temperament *nt;* **young ~** junges Blut

⑤ BRIT *(dated: fashionable man)* Stutzer *m veraltet,* Geck *m veraltend*

▸PHRASES: **to be after** [*or* **out for**] **sb's ~** es jdm heimzahlen wollen; **bad ~** böses Blut; **in cold ~** kaltblütig; **to draw first ~** *(fight)* den ersten Hieb platzieren; *(advantage)* als Erster erfolgreich sein; ***we scored in the third minute so it was first ~ to us*** wir machten in der dritten Minute ein Tor, damit lagen wir erst einmal vorn; **fresh** [*or* **new**] **~** frisches Blut; **to have ~ on one's hands** Blut an den Händen [kleben] haben; **sth is in one's ~** etw liegt jdm im Blut; **~, sweat and tears** Blut, Schweiß und Tränen; **sth makes sb's ~ boil** etw macht jdn rasend [*o* bringt jdn auf die Palme] *fam;* **to make sb's ~ run cold** jdm das Blut in den Adern gefrieren lassen; **to taste ~** Blut lecken; **~ is thicker than water** *(prov)* Blut ist dicker als Wasser *prov;* **~ and thunder** Mord und Totschlag; ***this newspaper is all ~ and thunder*** diese Zeitung ist das reinste Revolverblatt; **sb's ~ is up** [*or* AM **boiling**] jd ist wütend [*o fam* auf hundertachtzig]

II. *vt* ① HUNT **to ~ a hound** einen Jagdhund an Blut gewöhnen; **to ~ a novice** BRIT einen [Jagd]neuling mit Blut taufen

② *(fig: initiate)* ■**to ~ sb** jdn [neu] einführen; ***the club had to ~ two young players*** der Klub musste zwei unerfahrene Spieler auf den Platz schicken

blood 'al·co·hol *n no pl* Blutalkohol *m* **'blood bank** *n* MED Blutbank *f* **'blood·bath** *n* Blutbad *nt* **'blood broth·er** *n* leiblicher Bruder; *(by ceremony)* Blutsbruder *m* **'blood clot** *n* Blutgerinnsel *nt* **'blood count** *n* MED *(procedure)* Blutbild *nt;* *(results)* Anteil *m* der roten Blutkörperchen; ***her ~ is much too low*** sie hat viel zu wenig rote Blutkörperchen

'blood·curd·ling *adj novel, film* gruselig; **~ scream** [*or* **shriek**] markerschütternder [*o* durchdringender] Schrei

'blood do·nor *n* Blutspender(in) *m(f)* **'blood group** *n* Blutgruppe *f* **'blood group·ing test** *n* Blut[gruppen]untersuchung *f,* Vaterschaftstest *m* **'blood·hound** *n* ① *(dog)* Bluthund *m* ② *(fig pej fam: detective)* Schnüffler(in) *m(f) pej;* *(in pursuit)* Spürhund *m pej fig*

blood·ied ['blʌdid] *adj (liter)* blutbefleckt, blutbeschmiert

bloodi·ly ['blʌdɪli] *adv* blutig

bloodless ['blʌdləs] *adj* ① *inv (without violence)* unblutig, friedlich

② *(pale) face* blutleer, leichenblass

③ *(emotionless)* blutleer *fig,* leidenschaftslos

'blood·let·ting *n no pl* ① *(bloodshed)* Blutvergießen *nt* ② *(fig: quarrelling)* Hickhack *m o nt fam* ③ MED *(hist or also fig)* Aderlass *m a. fig* **'blood·line** *n* ① *(ancestry)* Linie *f* ② ZOOL Stammbaum *m* **'blood lust** *n no pl (desire to see violence)* Blutrünstigkeit *f;* *(desire to kill)* Lust *f* zu töten, Blutdurst *m;* *(uncontrollable)* Blutrausch *m* **'blood mon·ey** *n no pl* ① *(pej: payment for killing)* Mörderlohn *m* ② *(compensation for killed person)* Blutgeld *nt* **blood 'or·ange** *n* Blutorange *f* **'blood plas·ma** *n no pl* Blutplasma *nt* **'blood poi·son·ing** *n no pl* Blutvergiftung *f* **'blood pres·sure** *n no pl* Blutdruck *m;* **to have high/low ~** hohen/niedrigen Blutdruck haben; **to put up sb's ~** [*or* **make sb's ~ rise**] *(fig)* jds Blutdruck in die Höhe treiben, jdn wütend machen **'blood prod·uct** *n* MED Blutprodukt *nt* **blood 'pud·ding** *n* BRIT Blutwurst *f* **blood-red** *adj* blutrot **blood re·'la·tion, blood relative** *n* Blutsverwandte(r) *f(m)* **blood re·'la·tion·ship** *n* Blutsverwandtschaft *f*

'blood·shed *n no pl* Blutvergießen *nt*

'blood·shot *adj* blutunterlaufen

'blood sport *n usu pl Sportarten, bei denen Tiere getötet werden, z.B. Hetzjagden und Hahnenkämpfe* **'blood·stain** *n* Blutfleck *m* **'blood·stained** *adj* blutbefleckt, blutbeschmiert **'blood·stock** *n + sing/pl vb* Vollblutpferde *pl;* **a horse of Arab ~** ein reinrassiger Araber **'blood·stream** *n* Blutkreislauf *m* **'blood·suck·er** *n (leech)* Blutegel *m;* *(fig)* Blutsauger *m* **'blood sug·ar** *n no pl* MED Blutzucker *m;* **~ level** Blutzuckerspiegel *m* **'blood test** *n* Bluttest *m* **'blood·thirsty** *adj* blutrünstig, blutdürstig *geh* **'blood transfusion** *n* [Blut]transfusion *f,* Blutübertragung *f* **'blood type** *n* Blutgruppe *f* **'blood ves·sel** *n* Blutgefäß *nt;* *(fig fam)* **to burst a ~** ausflippen *sl;* ***he almost burst a ~ when he saw the telephone bill*** als er die Telefonrechnung sah, hätte ihn fast der Schlag getroffen *fam*

bloody ['blʌdi] I. *adj* ① *(with blood)* blutig; **to have a ~ nose** aus der Nase bluten; **to give sb a ~ nose** *(fight)* jdm die Nase blutig schlagen; *(fig: defeat)* jdm zeigen, wer der Stärkere ist

② *attr (violent)* gewalttätig, grausam; *war* blutig

③ *attr, inv* BRIT, AUS *(fam!: emphasis)* verdammt *sl;* ***you took your ~ time!*** du hast dir verdammt lange Zeit gelassen!; ***you're a ~ genius*** du bist [mir] vielleicht ein Genie!; [***what the***] ~ ***hell!*** *(in surprise)* Wahnsinn! *fam; (in anger)* verdammt [nochmal] *sl;* ***what the ~ hell do you think you're doing in my office?*** was zum Teufel haben Sie hier in meinem Büro verloren? *sl;* **not a ~ thing** überhaupt nichts

▸PHRASES: **to scream ~ murder** *esp* AM brüllen wie am Spieß

II. *adv inv* BRIT, AUS *(fam!)* total *fam,* verdammt *fam;* **to be ~ awful** schrecklich [*o sl* zum Kotzen] sein; **not ~ likely!** kommt nicht infrage!; **~ marvellous** [*or* **terrific**] *(also iron)* großartig *a. iron;* **~ stupid** total bescheuert *sl;* **to be ~ useless** zu gar nichts taugen; **to ~ well do sth** einfach etw tun; ***I wish you'd stop complaining and ~ well get on with your job*** ich wünschte, du würdest aufhören zu jammern und einfach deine Arbeit weitermachen

III. *vt* <-ie-> *usu passive* ■**to ~ sth** etw mit Blut besudeln

Bloody 'Mary *n* Bloody Mary *f*

bloody-'mind·ed *adj* ❶ *(malicious)* boshaft ❷ BRIT *(uncooperative)* stur; ■**to be ~** immer Schwierigkeiten machen

bloody-'mind·ed·ness *n* ❶ *(maliciousness)* Boshaftigkeit *f* ❷ BRIT *(stubbornness)* Sturheit *f*

bloom [blu:m] **I.** *n no pl* ❶ BOT Blüte *f; (of trees)* [Baum]blüte *f,* Blust *m* SCHWEIZ; **to be in** [**full**] **~** in [voller] Blüte stehen; **to come into ~** aufblühen
❷ *(complexion)* Duftigkeit *f; of a face* Rosigkeit *f*
❸ *(von Wasser)* [Kalk]belag *m* [auf Glas]

▸PHRASES: **in the ~ of youth** *(liter)* in der Blüte der Jugend *liter*

II. *vi* ❶ *(produce flowers)* blühen
❷ *(fig: flourish)* seinen Höhepunkt erreichen, zu voller Blüte gelangen *geh*
❸ *(of person)* **to ~ late** spät erblühen; *(of artist)* zu spätem Ruhm gelangen

bloom·er ['blu:mə^r, AM -ɚ] *n* ❶ *(flowering plant)* Blühpflanze *f;* **an early spring ~** ein Frühblüher
❷ AM *(developing person)* **to be a late ~** ein Spätentwickler sein
❸ BRIT *(dated fam: blunder)* Fehler *m;* **to make a ~** einen Bock schießen *fam*

bloom·ers ['blu:məz, AM -ɚz] *npl* ❶ *(knickers)* Schlüpfer *m,* [lange] Unterhose, Liebestöter *pl hum fam*
❷ *(hist: trousers)* [Damen]pumphose *f*

bloom·ery hearth [blu:məri'hɑ:θ, AM -'hɑ:rθ] *n* CHEM Rennofen *m*

bloom·ery 'slag *n no pl* CHEM Rennofenschlacke *f*

bloom·ery 'steel *n* CHEM Rennofenstahl *m*

bloom·ing[1] ['blu:mɪŋ] *adj inv* blühend; **to look ~** *(healthy)* blühend [*o* wie das blühende Leben] aussehen; *(relaxed)* [gut] erholt aussehen

bloom·ing[2] ['blu:mɪŋ], **bloomin'** ['blu:mɪn] *inv* **I.** *adj attr* BRIT *(fam: damned)* verdammt *sl,* verflixt *fam*
II. *adv* BRIT *(fam)* verdammt *fam*

bloop [blu:p] *vi* COMPUT Fehler *pl* löschen

bloop·er ['blu:pə^r, AM -ɚ] *n esp* AM Panne *f,* Missgeschick *nt*

Bloquiste [blɑ:'ki:st] *n* CAN *Mitglied der Bloc Québécois*

blos·som ['blɒs^əm, AM 'blɑ:s-] **I.** *n no pl* ❶ *(on a tree)* [Baum]blüte *f,* Blust *m* SCHWEIZ; **the apple ~** die Apfelblüte
❷ BRIT *(fam: affectionate name)* Süße *f fam,* Kleine *f fam*

II. *vi* ❶ *(flower)* blühen
❷ *(mature)* [heran]reifen; *trade* gedeihen; *friendship, relationship* blühen und gedeihen; ■**to ~** [**out**] *person* aufblühen; ■**to ~ into sth** zu etw *dat* erblühen
❸ *(seem to grow)* Gestalt annehmen; ***a smile ~ed on her lips*** auf ihren Lippen zeigte sich ein Lächeln

blot [blɒt, AM blɑ:t] **I.** *n* ❶ *(mark)* Klecks *m;* **ink ~** Tintenklecks *m*
❷ *(ugly feature)* Schandfleck *m;* **a ~ on the landscape** ein Schandfleck in der Landschaft
❸ *no pl (flaw)* Makel *m,* Schandfleck *m;* **to be a ~ on sb's character** ein schlechtes Licht auf jds Charakter werfen; **to be a ~ on sb's reputation** ein schwarzer Fleck auf jds weißer Weste sein

II. *vt* <-tt-> ❶ *(mark)* ■**to ~ sth over sth** etw mit etw *dat* beklecksen BRD
❷ *(dry)* ■**to ~ sth** etw abtupfen; **to ~ a page** eine Seite [mit Löschpapier] ablöschen

▸PHRASES: **to ~ one's copybook** BRIT sich *akk* unmöglich machen, seinen [guten] Ruf ruinieren

◆**blot out** *vt* ❶ *(erase)* **to ~ out the memory/thought of sb/sth** die Erinnerung/den Gedanken an jdn/etw auslöschen; **to ~ out a pain** einen Schmerz unterdrücken
❷ *(cover over)* **sth ~s out the sun** etw verdeckt die Sonne; ***a dark cloud suddenly ~ted out the sun*** eine dunkle Wolke schob sich plötzlich vor die Sonne

blotch [blɒtʃ, AM blɑ:tʃ] **I.** *n* <*pl* -es> *(unsightly mark)* Fleck *m; (on face)* Pustel *f,* Ausschlag *m; of ink, paint, colour* Klecks *m,* Fleck *m;* **to be covered with ~es** mit Flecken übersät sein
II. *vt usu passive* ■**to be ~ed** bekleckst [*o* SCHWEIZ fleckig] sein; **~ed with ink** voller Tintenkleckse

blotchi·ness ['blɒtʃinəs, AM 'blɑ:tʃi-] *n no pl* Fleckigkeit *f*

blotchy ['blɒtʃi, AM 'blɑ:tʃi] *adj* fleckig

blot·ter ['blɒtə^r, AM 'blɑ:t̬ɚ] *n* ❶ *(blotting paper)* [Tinten]löscher *m*
❷ AM LAW *(recording book)* Tagebuch *nt*

'blot·ting pa·per *n no pl* Löschpapier *nt*

blot·to ['blɒtəʊ, AM 'blɑ:t̬oʊ] *adj pred (dated sl)* stinkbesoffen *sl,* stockbesoffen ÖSTERR, SCHWEIZ *fam;* **to get** [**completely**] **~** sich *akk* vollkommen zusaufen *sl*

blouse [blaʊz, AM *esp* blaʊs] *n* Bluse *f*

blou·son ['blu:zɒn, AM *also* blaʊsɑ:n] *n* Blouson *m o nt*

blow[1] [bləʊ, AM bloʊ] **I.** *vi* <blew, blown> ❶ *wind* wehen, blasen; ***an icy wind began to ~*** ein eisiger Wind kam auf
❷ *(be moved)* wehen; ***the window blew open/shut*** das Fenster wurde auf-/zugeweht
❸ *(make a sound)* ertönen; ***he scored just before the whistle blew*** er schoss kurz vor dem Schlusspfiff ein Tor
❹ *(exhale)* blasen, pusten *fam*
❺ *esp* BRIT *(pant)* keuchen; **to puff and ~** schnaufen und keuchen
❻ *whale* spritzen, blasen; ***there she ~s!*** Wal in Sicht!
❼ *(break, go off) fuse, light bulb* durchbrennen; *gasket* undicht werden; *circuit-breaker* herausspringen; *tyre* platzen
❽ *(fam: leave)* abhauen *fam;* ***OK folks, I've got to ~*** so Leute, ich muss dann mal los *fam*

▸PHRASES: **sb ~s hot and cold** *(fam)* jd kann sich *akk* nicht entscheiden

II. *vt* <blew, blown> ❶ *(propel)* ■**to ~ sth in/off sth** etw in/von etw *akk* blasen; *wind;* ■**to ~ sth across/in/onto sth** etw über/in/auf etw *akk* wehen; ***the gale blew the ship onto the rocks*** der Sturm trieb das Schiff auf die Felsen; ■**to ~ sth off sth** etw von etw *dat* wehen
❷ *(send)* **to ~ sb a kiss** [*or* **a kiss at sb**] jdm ein Küsschen zuwerfen, jdm ein Bussi schicken ÖSTERR *fam*
❸ *(play)* ■**to ~ sth** etw blasen; **to ~ a horn** MIL ein Hornsignal geben; **to ~ the trumpet** Trompete spielen; **to ~ the whistle** *(start a match)* [das Spiel] anpfeifen; *(stop, end a match)* [das Spiel] abpfeifen
❹ *(evacuate)* **to ~ an egg** ein Ei ausblasen; **to ~ one's nose** sich *dat* die Nase putzen
❺ *(create)* **to ~ bubbles** [Seifen]blasen machen; **to ~ a fire** ein Feuer anfachen; **to ~ glass** Glas blasen; **to ~ smoke rings** [Rauch]ringe [in die Luft] blasen
❻ *(destroy)* ■**to ~ sth** etw zerstören [*o fam* kaputt machen]; *(by bombing)* etw in die Luft sprengen [*o fam* jagen]; ***we blew a tyre*** uns ist ein Reifen geplatzt; ***I've ~n a fuse/light bulb*** mir ist eine Sicherung/Glühbirne durchgebrannt; **to be ~n to pieces** in die Luft gesprengt werden; *body* zerfetzt werden; **to ~ a safe open** einen Safe [auf]sprengen
❼ *(fam: squander)* **to ~ money** Geld verpulvern *fam*
❽ *(fam: expose)* ■**to ~ sth** etw auffliegen lassen *fam;* **to ~ sb's cover** jdn [*o* jds Tarnung] auffliegen lassen *fam;* ***I got some useful information before my cover was ~n*** bevor ich aufflog sammelte ich wertvolle Informationen; ■**to be ~n** auffliegen *fam*
❾ <blowed, blowed> BRIT *(fam: damn)* ~ [***it***]! verflixt! *fam;* ~ ***the expense, we'll take it!*** scheiß auf die Kosten, wir nehmen es! *derb;* ***I'll be ~ed!*** *(surprised)* ich glaub, mich tritt ein Pferd! *fam, (angered)* das werden wir ja sehen!; ***I'm ~ed if ...!*** das wollen wir doch mal sehen, ob ...!
❿ *(fam: bungle)* ■**to ~ sth** etw vermasseln *sl;* ***you've ~n it/your chance!*** du hast es vermasselt! *sl*
⓫ *(vulg sl: fellate)* ■**to ~ sb** jdm einen blasen *vulg*

▸PHRASES: **to ~ one's cool** *esp* AM *(fam)* die Fassung verlieren, sich *akk* aufregen; **to ~ a fuse** [*or* **gasket**] in die Luft gehen *fig fam,* explodieren *fig;* **to ~ the gaff** BRIT *(fam)* nicht dichthalten *fam;* **to ~ the gaff on sb** BRIT *(fam)* jdn verpfeifen *fam;* ***don't ~ the gaff on us about putting the rat in his desk*** kein Wort darüber, dass wir die Ratte in seinem Tisch versteckt haben; **to ~ one's own horn** [*or* **trumpet**] sich *akk* selbst loben; **to ~ one's lid** [*or* **stack**] [*or* **top**] *(fam)* explodieren *fig,* in die Luft gehen *fig fam,* **to ~ the lid off sth** etw aufdecken; **to ~ sb's mind** *(fam)* jdn umhauen *fig fam;* **to ~ smoke** übertreiben; ***he's just ~ing smoke*** das ist doch nur heiße Luft *fam;* **to ~ sb/sth out of the water** *(abandon)* jdn/etw fallenlassen; *(destroy credibility of)* jdn/etw diskreditieren; **to ~ sb out of the water** *(surprise)* jdn umhauen; **to ~ the whistle on sb** *(fam)* über jdn auspacken *fam*

III. *n no pl* ❶ *(exhalation)* Blasen *nt;* ***let me have a ~ of your trumpet*** lass mich mal deine Trompete spielen!
❷ *(with nose)* **to have a** [**good**] **~** sich *dat* [gründlich] die Nase putzen
❸ BRIT *(dated: fresh air)* **to go for a ~** einen [ausgedehnten] Spaziergang machen
❹ *(fam: marijuana)* Pot *nt sl*

◆**blow about, blow around I.** *vi* herumfliegen, herumgewirbelt werden
II. *vt* ■**to ~ about** [*or* **around**] ◌ **sb/sth** jdn/etw herumwirbeln; ***they got very ~n about by the gale*** sie konnten dem Sturm kaum standhalten

◆**blow away I.** *vt* ❶ *wind* ■**to ~ away** ◌ **sth** etw wegwehen
❷ *(fam: kill)* ■**to ~ away** ◌ **sb** jdn wegpusten [*o* umlegen] *sl*
❸ *(fig fam: shock)* ■**to ~ away** ◌ **sb** jdn [fast] umhauen *fig fam*

▸PHRASES: **to ~ the cobwebs away** BRIT jdn [wieder] munter machen

II. *vi* wegwehen, davonwehen

◆**blow back I.** *vi* zurückwehen
II. *vt* ■**to ~ back** ◌ **sth** etw zurückwehen

◆**blow down I.** *vi* umgeweht werden
II. *vt* ■**to ~ down** ◌ **sth** etw umwehen

◆**blow in I.** *vi* ❶ *window* eingedrückt werden
❷ *dust, sand* hineinwehen
❸ *(fam: arrive)* hereinschneien *fam*
II. *vt* **to ~ in** ◌ **a window** ein Fenster eindrücken

◆**blow off I.** *vt* ❶ *(remove)* ■**to ~ off** ◌ **sth** etw wegblasen [*o* herunterblasen]; *wind* etw wegwehen [*o* herunterwehen]
❷ *(rip off)* **to ~ off** ◌ **sb's arm/a leg** jdm den Arm/das Bein wegreißen [*o* abreißen]; ***the strength of the explosion blew her leg off*** die Explosion war so stark, dass ihr ein Bein abgerissen [*o* weggerissen] wurde
❸ AM *(fam)* ■**to ~ off** ◌ **sth** *(ignore)* etw nicht ernst nehmen; *(neglect)* etw sausenlassen *fam*

▸PHRASES: **to ~ off steam** *(fam)* sich *akk* abreagieren, Dampf ablassen *fig fam*

II. *vi* ❶ *(blow away)* weggeweht werden, wegfliegen
❷ BRIT *(usu childspeak fam)* pup[s]en *fam*
❸ *(fam: rage)* herumbrüllen *fam,* ausflippen *fam*

◆**blow out I.** *vt* ❶ *(extinguish)* **to ~ out** ◌ **a candle** eine Kerze ausblasen

❷ *(stop)* ***the storm had ~n itself out*** der Sturm hatte sich ausgetobt
❸ *(burst)* **to ~ out ◌ a tyre** [*or* AM **tire**] einen Reifen zum Platzen bringen
❹ *(kill)* **to ~ out ◌ one's/sb's brains** sich/jdm eine Kugel durch den Kopf jagen *fam*
❺ *(fill)* **to ~ out ◌ one's cheeks** die Backen aufblasen
II. *vi* ❶ *candle, fire* verlöschen
❷ *tyre* platzen
❸ *oil well* eruptieren *fachspr*
◆**blow over I.** *vi* ❶ *(fall)* umstürzen
❷ *(stop) storm* sich legen
❸ *(fig: pass)* vorbeigehen; *argument, trouble* sich beruhigen [*o* legen]
II. *vt* ■**to ~ over ◌ sb/sth** jdn/etw umwerfen
◆**blow through** *vt (sl)* **to ~ through money** Geld verpulvern *fam*
◆**blow up I.** *vi* ❶ *(come up) storm* [her]aufziehen; *scandal* sich zusammenbrauen; *(develop)* **to ~ up out of all proportion** grotesk übersteigerte Formen annehmen
❷ *(explode)* explodieren, hochgehen *fam; (fig fam: become angry)* an die Decke gehen *fam*
▸PHRASES: **to ~ up in sb's face** *(fig)* ins Auge gehen *fig fam*
II. *vt* ❶ *(inflate)* ■**to ~ up ◌ sth** etw aufblasen
❷ *(fig: exaggerate)* ■**to ~ up ◌ sth** etw hochspielen [*o* hochstilisieren]
❸ *(enlarge)* **to ~ up a photo/picture** ein Foto/Bild vergrößern
❹ *(destroy)* ■**to ~ up ◌ sth** etw [in die Luft] sprengen, etw in die Luft jagen *fam*

blow[2] [bləʊ, AM bloʊ] *n* ❶ *(hit)* Schlag *m; (with the fist also)* Faustschieb *m;* **a ~ to the face/head** ein Schlag *m* ins Gesicht/auf den Kopf; **to come to ~s over sth** sich *akk* wegen einer S. *gen* prügeln
❷ *(misfortune)* [Schicksals]schlag *m* (**to/for** für +*akk*); *(shock)* Schlag *m* (**to/for** für +*akk*); **to be** [*or* **come as**] **a** [**terrible**] **~** ein schwerer Schlag sein; **to cushion** [*or* **soften**] **the ~** den Schock mildern
▸PHRASES: **~ <u>for</u> ~** in allen Einzelheiten; **at <u>one</u> ~** auf einen Schlag; **to <u>strike</u> a ~ against sb/sth** jdm/etw einen [schweren] Schlag versetzen; **to <u>strike</u> a ~ for sth** viel für etw *akk* bewirken

blow·back ['bləʊbæk, AM 'bloʊ-] *n (backlash)* [unerwarteter] Rückschlag **blow-by-'blow** *adj* detailgenau; **to give sb a ~ account** jdm haarklein Bericht erstatten **'blow-dry I.** *vt* <-ie-> **to ~ sb's/one's hair** jdm/sich die Haare fönen **II.** *n no pl* Fönen *nt*

blow·er ['bləʊəʳ] *n* BRIT, AUS *(fam)* Telefon *nt*

'blow·fly *n* Schmeißfliege *f* **'blow·gun** *n* Blasrohr *nt*

'blow·hard *n* AM *(pej fam)* Wichtigtuer(in) *m(f) pej,* Renommist(in) *m(f) pej geh;* **to be a ~** sehr von sich *dat* eingenommen sein

'blow·hole *n* Atemloch *nt* **'blow job** *n (vulg)* **to give sb a ~** jdm einen blasen *vulg* **'blow·lamp** *n* Lötlampe *f*

blown [bləʊn, AM bloʊn] *vt, vi pp of* **blow**

blown 'film *n* TECH Schlauchfolie *f*

blow·out ['bləʊaʊt, AM 'bloʊ-] *n* ❶ BRIT *(fam: huge meal)* Schlemmerei *f,* Gelage *nt* ❷ AM *(party)* Fete *f fam,* Party *f* ❸ *(eruption) oil, gas* Eruption *f* ❹ *esp* AM *(bursting of tyre)* Platzen *nt* [eines Reifens] ❺ AM STOCKEX reißender Absatz **'blow·pipe** *n* ❶ *(weapon)* Blasrohr *nt* ❷ CHEM Lötrohr *nt* ❸ *(glass-making)* Glasbläserpfeife *f*

blowsy ['blaʊzi] *adj (pej)* ungeschlacht; **~ woman** ordinäres Weibsbild *pej fam,* Schlampe *f pej fam*

'blow·torch *n* Lötlampe *f* **'blow-up I.** *n* ❶ PHOT Vergrößerung *f* ❷ *(explosion)* Explosion *f* ❸ *(fam: quarrel)* Streit *m,* Krach *m fam* **II.** *adj attr pillow* aufblasbar

blowy ['bləʊi, AM 'bloʊi] *adj* windig

blowzy *adj see* **blowsy**

BLT [,bi:el'ti:] *n esp* AM *abbrev of* **bacon, lettuce and tomato sandwich** *Sandwich mit gebratenem Speck, Salat und Tomate*

blub <-bb-> [blʌb] *vi* BRIT *(fam)* plärren *fam,* flennen *fam*

blub·ber[1] ['blʌbəʳ, AM -ɚ] *vi (fam)* flennen *fam,* heulen *fam*

blub·ber[2] ['blʌbəʳ, AM -ɚ] *n no pl* ❶ *(of sea mammals)* Speck *m*
❷ *(pej fam: fat)* Speck *m fam*

blub·bery ['blʌbᵊri] *adj (pej fam)* wabbelig *fam*

bludg·eon ['blʌdʒᵊn] **I.** *n (dated)* Knüppel *m,* Keule *f*
II. *vt* ❶ *(beat)* ■**to ~ sb** jdn verprügeln; **to ~ sb to death** jdn zu Tode prügeln
❷ *(fig: coerce)* ■**to ~ sb into doing sth** jdn zwingen, etw zu tun

blue [blu:] **I.** *adj* <-r, -st> ❶ *(colour)* blau; **to be ~ with cold** blau gefroren [*o* blau vor Kälte] sein; **dark/greeny/light ~** dunkel-/grün-/hellblau; **to go ~** blau anlaufen
❷ *(depressed)* traurig, melancholisch gestimmt
❸ *(fam: pornographic) joke* schweinisch *fam,* ordinär; **~ movie** Pornofilm *m*
❹ AM *(fam)* der Demokratischen Partei *nach n*
▸PHRASES: **to <u>do</u> sth until one is ~ in the face** etw tun, bis man schwarz wird; **once in a ~ <u>moon</u>** alle Jubeljahre einmal *fam;* **to <u>scream</u> ~ murder** BRIT *(scream loudly)* brüllen wie am Spieß; *(complain)* Zeter und Mordio schreien
II. *n* ❶ *(colour)* Blau *nt;* **to be dressed all in ~** ganz in Blau [gekleidet] sein; **the boys in ~** *(hum fam)* die Gesetzeshüter *pl hum*
❷ BRIT SPORT **a Cambridge/an Oxford ~** *Student/Studentin der Universität Cambridge bzw. Oxford, der/die seine/ihre Universität in einem sportlichen Wettkampf vertritt bzw. vertreten hat;* ***he was awarded a cricket ~*** er durfte seine Universität in einem Kricketspiel vertreten
❸ *(snooker ball)* blaue Billardkugel
▸PHRASES: **<u>out</u> of the ~** aus heiterem Himmel, ohne Vorwarnung
III. *vt* <blu[e]ing, -d> BRIT *(sl)* **to ~ money** [sein] Geld rauswerfen *fam*

blue 'baby *n* blausüchtiger Säugling **'blue bag** *n* AM LAW Tasche *f* des Barristers für seinen Talar **'blue balls** *n + sing vb Gefühl in den Hoden bei sexueller Erregung ohne folgende Ejakulation*

'Blue·beard *n* ❶ *no pl* LIT *(character by Charles Perrault)* Blaubart *m*
❷ *(wife murderer)* Blaubart *m,* Frauenmörder *m*

'blue·bell *n* [blaue Wiesen]glockenblume **'blue·berry** ['blu:bᵊri, AM -,beri] *n* Heidelbeere *f,* Blaubeere *f meist* NORDD, Schwarzbeere *f* SÜDD **'blue·bird** *n* *(in N America)* Rotkehlhüttensänger *m; (in S Asia)* Elfenblauvogel *m* **blue-black** *adj* schwarzblau **blue-'blood·ed** *adj* ad[e]lig, blaublütig *oft iron* **'Blue Book** *n* ECON, FIN Blaubuch *nt* **'blue·bot·tle** *n* Schmeißfliege *f* **blue 'cheese** *n* [Blau]schimmelkäse *m*

'blue chip *n* STOCKEX erstklassige Aktie **blue-chip 'com·pa·ny** *n* finanziell abgesichertes Unternehmen **blue-chip 'cus·tom·er** *n* Kunde höchster Bonität **blue-chip se·'cu·rity** *n* Spitzenpapier *nt,* erstklassiges Wertpapier **blue-chip 'share** *n* Standardaktie *f,* Bluechip *m*

blue-'col·lar *adj attr, inv* **~ job** wenig qualifizierte Arbeit; **~ worker** Arbeiter(in) *m(f)* **'blue-eyed** *adj* mit blauen Augen *nach n,* blauäugig *attr; (fig)* **~ boy** BRIT, AUS *(pej fam)* Liebling *m* **Blue 'Flag** *n* Blaue Flagge *(Abfahrtssignalflagge, Flagge P des internationalen Signalbuches)* **blue 'funk** *n (sl)* **to be in a ~** in heller Panik sein, sich *dat* vor Angst in die Hosen machen *sl*

'blue·grass *n no pl Art Countrymusik aus dem Süden der USA*

blue·ish ['blu:ɪʃ] *adj* bläulich

'blue·jay *n* ORN Blauhäher *m* **'blue jeans** *npl* [Blue]jeans *pl* **'blue law** *n* AM *(fam) puritanisches Gesetz, das bestimmte Aktivitäten aus religiösen Gründen verbietet* **'blue laws** *n* AM Sittengesetze *pl (besonders gegen die Entheiligung von Sonn- und Feiertagen)* **'blue list** *n* AM STOCKEX *Verzeichnis der zum Verkauf angebotenen Wertpapiere der US-Bundesstaaten und -Kommunen*

blue·ness ['blu:nəs] *n no pl* Bläue *f*

blue-'pen·cil *esp* BRIT **I.** *n* Rotstift *m;* **to go over a manuscript/a text with a ~** ein Manuskript/einen Text korrigieren **II.** *vt* <BRIT -ll- *or* AM *usu* -l-> ■**to ~ sth** etw korrigieren **'blue·print** *n* Blaupause *f; (fig)* Plan *m,* Entwurf *m* **blue 'rib·and, blue 'rib·bon** *n* ❶ *(hist)* **the ~** das Blaue Band *(Auszeichnung für Rekordleistung)*
❷ AM *esp* SCH *(prize)* erster Preis, höchste Auszeichnung; ***a ~ of excellence*** das blaue Band für hervorragende Leistungen **'blue-rib·bon** *adj attr, inv* hochrangig, führend **blue-rib·bon 'pro·gram** *n* COMPUT erstklassiges Programm

blue-rinse bri·gade [,blu:'rɪn(t)s-] *n (fam or pej: elderly and conservative women)* Omis *f[pl] fam*

blues [blu:z] *npl* ❶ *(fam)* **to have the ~** melancholisch gestimmt [*o fam* schlecht drauf] sein
❷ *(music)* Blues *m*

'blue-sky *adj* ❶ *(impractical)* nicht ausführbar
❷ *(creative)* **~ thinking** zukunftorientiertes Denken
❸ AM STOCKEX **~ laws** Luftschlossgesetze *pl;* **~ securities** wertlose Wertpapiere

'blues·man *n* Bluesmusiker *m*

'blue·stock·ing *n (old or pej)* Blaustrumpf *m veraltend o pej*

'blues·wom·an *n* Bluesmusikerin *f*

bluesy ['blu:zi] *adj* bluesig *sl*

'blue tit *n* Blaumeise *f*

'Blue·tooth I. *n* TECH Bluetooth-Technologie *f (drahtlose Verbindung elektronischer Geräte)*
II. *n modifier (device, chip)* Bluetooth- *fachspr,* drahtlos

Blue·tooth-com·'pat·ible *adj inv* Bluetooth-kompatibel

blue 'whale *n* Blauwal *m*

bluff[1] [blʌf] **I.** *vi* bluffen *fam*
II. *vt* ❶ *(deceive)* ■**to ~ sb** jdn täuschen [*o fam* bluffen]; ***she ~ed the doorman into thinking she was a reporter*** sie machte den Türsteher glauben, dass sie eine Reporterin sei
❷ *(pretend)* **to ~ one's way into/out of sth** sich *akk* in etw *akk* hinein-/aus etw *dat* herausmogeln; ***he's very good at ~ing his way out of trouble*** er versteht es, sich aus der Affäre zu ziehen; ***she ~ed her way into that job*** sie hat sich den Job regelrecht erschwindelt
III. *n (pretence)* Bluff *m fam;* **to call sb's ~** *(challenge sb)* jdn auffordern, Farbe zu bekennen; *(expose sb)* jdn bloßstellen

bluff[2] [blʌf] **I.** *n (steep bank)* Steilhang *m; (shore)* Kliff *nt,* Steilküste *f*
II. *adj (direct, outspoken) manner* direkt, schroff, rau

bluff·er ['blʌfəʳ, AM -ɚ] *n* Bluffer(in) *m(f);* ***he's an old ~*** er blufft gerne

bluff·er's guide [blʌfəz'gaɪd, AM -fɚz-] *n* Ratgeber *m* für Bluffer

blu·ish ['blu:ɪʃ] *adj* bläulich

blun·der ['blʌndəʳ, AM -ɚ] **I.** *n* schwer[wiegend]er [*o* grober] Fehler, grober Schnitzer *fam;* **to commit** [*or* **make**] **a ~** *(by doing sth)* einen schweren Fehler begehen [*o* machen], Mist bauen *fam; (by saying sth)* ins Fettnäpfchen treten
II. *vi* ❶ *(make a bad mistake)* einen groben Fehler [*o* Schnitzer] machen [*o* begehen]
❷ *(act clumsily)* ■**to ~** [**about** [*or* **around**]] [herum]tappen; *(fig fam)* ■**to ~ into sth** in etw *akk* hineinplatzen
❸ *(fig: talk clumsily)* ■**to ~ about** herumstottern, herumstammeln
III. *vt* ■**to ~ sth** ❶ *(do wrongly)* bei etw *dat* einen groben Fehler machen, etw verpatzen *fam*
❷ *(say clumsily)* etw stammeln

blun·der·buss <*pl* -es> ['blʌndəbʌs, AM -dɚ-] *n* ❶ *(hist: gun)* Donnerbüchse *f hum veraltend*
❷ AM **to be a ~** ungeschickt sein

blun·der·er ['blʌndᵊrəʳ, AM -ɚɚ] *n* Tollpatsch *m;* **to be a ~** ungeschickt sein

blun·der·ing ['blʌndᵊrɪŋ, AM -ɚ-] *adj attr, inv (pej fam)* ungeschickt, tollpatschig, trottelig *pej fam;* ***you ~ idiot!*** du Vollidiot! *pej sl*

blunt [blʌnt] **I.** *adj* ❶ *(not sharp)* stumpf; **~ instrument** stumpfer Gegenstand

B

② *(thick, unrefined) finger* plump
③ *(fig: direct, outspoken)* direkt; *(unfriendly)* ungehobelt, schroff; ***I'll be ~*** ich sage es Ihnen ganz unverblümt
II. *vt* ① *(make less sharp)* ■**to ~ sth** etw stumpf machen
② *(fig: dampen)* **to ~ sb's enthusiasm/interest** jds Begeisterung/Interesse dämpfen [*o* einen Dämpfer versetzen]

blunt·ly ['blʌntli] *adv* direkt, unverblümt; **to put sth ~** etw ganz offen sagen

blunt·ness ['blʌntnəs] *n no pl* Direktheit *f*

blur [blɜː', AM blɜːr] I. *vi* <-rr-> verschwimmen
II. *vt* <-rr-> ■**to ~ sth** etw verschwimmen lassen; ***alcohol ~s your brain*** Alkohol benebelt den Verstand; **to ~ a picture** die Konturen eines Bildes verschwimmen lassen
III. *n no pl* undeutliches Bild; ■**to be a ~** verschwimmen; *(fig)* ***it's all just a ~ to me now*** ich erinnere mich nur noch vage daran; ***the last few days have gone by in a ~*** die letzten Tage sind einfach an mir vorbeigerauscht

blurb [blɜːb, AM blɜːrb] *n (fam)* Klappentext *m*

'blur-fast *adj inv (fig)* superschnell

blurred [blɜːd, AM blɜːrd] *adj* ① *(vague)* verschwommen, undeutlich; *photograph, picture* unscharf
② *(not clearly separated)* nicht klar voneinander getrennt, verwischt; ***male and female roles are becoming ~*** die Rollen von Mann und Frau lassen sich immer weniger klar voneinander abgrenzen

blur·ry ['blɜːri] *adj* undeutlich, verschwommen; *photograph, picture* unscharf; **to have ~ eyesight** schlechte Augen haben

blurt [blɜːt, AM blɜːrt] *vt* ■**to ~ out** ⊃ **sth** mit etw *dat* herausplatzen *fam*

blush [blʌʃ] I. *vi* erröten, rot werden
II. *n* ① *(red face)* Erröten *nt kein pl;* ***a ~ of shame crept up his face*** er wurde rot vor Scham; ***the dawn came with a ~ of red*** *(fig poet)* die Morgendämmerung überzog den Himmel rot; **to spare sb's ~es** jdn nicht verlegen machen
② AM *(blusher)* Rouge *nt*
▸PHRASES: **at first ~** auf den ersten Blick

blush·er ['blʌʃə', AM -ɚ] *n* Rouge *nt*

'blush·er brush *n* Rougepinsel *m*

blush·ing ['blʌʃɪŋ] *adj attr* errötend

blus·ter ['blʌstə', AM -ɚ] I. *vi* ① *(speak angrily)* poltern, sich *akk* ereifern; ***he ~ed and shouted at everyone*** er überschüttete jeden mit Schimpfreden
② METEO *wind, gale* toben, tosen
II. *n no pl* Theater *nt pej*

blus·ter·ing ['blʌstərɪŋ] *adj inv* ① *(talking with little effect)* dröhnend
② *(blowing noisily)* heulend

blus·tery ['blʌstəri, AM -ɚi] *adj weather* stürmisch

Blu-Tack® ['bluːtæk] *n no pl* Posterstrip[s] *m[pl]* *(blaue Masse, mit der man Poster ohne sichtbare Klebestreifen an der Wand anbringen kann)*

BM¹ [ˌbiː'em] *n* AM UNIV *abbrev of* **Bachelor of Medicine** Bakkalaureus *m* der Medizin

BM² [ˌbiː'em] *n* AM MED *(euph fam) abbrev of* **bowel movement** Stuhl[gang] *m*

BMA [ˌbiːem'eɪ] *n no pl abbrev of* **British Medical Association:** ■**the ~** die BMA

B-movie ['biːmuːvi] *adj attr, inv* B-Movie *m*, zweitklassiger Film *a. pej*

BMP *n* COMPUT BMP

BMus [ˌbiː'mʌz] *n abbrev of* **Bachelor of Music** Bakkalaureus *m* der Musik

BMXer [ˌbiːem'eksə', AM -ɚ] *n* BMX-Radsportler(in) *m(f)*

bn *n abbrev of* **billion**

BNC connector *n* COMPUT BNC-Stecker *m*

BNP [ˌbiːen'piː] *n* POL *abbrev of* **British National Party** Britische Nationalpartei

BO [ˌbiː'əʊ, AM -'oʊ] *n no pl (esp fam) abbrev of* **body odour** Körpergeruch *m*

boa ['bəʊə, AM 'boʊə] *n* ① *(scarf)* Boa *f;* **feather ~** Federboa *f*
② *(snake)* Boa *f*

boa con·'stric·tor *n* Boa constrictor *f*

boar [bɔː', AM bɔːr] *n* ① *(pig)* Eber *m;* **wild ~** Wildschwein *nt; (male)* Keiler *m*
② *(meat)* Wildschwein[fleisch] *nt*

board [bɔːd, AM bɔːrd] I. *n* ① *(plank)* Brett *nt; (blackboard)* Tafel *f; (notice board)* Schwarzes Brett; *(signboard)* [Aushänge]schild *nt;* STOCKEX *(screen)* Anzeigetafel *f; (floorboard)* Diele *f*
② + *sing/pl vb* ADMIN, POL Behörde *f*, Amt *nt; (committee)* Ausschuss *m*, Kommission *f;* BRIT *(ministry)* Ministerium *nt;* **B~ of Education** AM Bildungsausschuss *m;* **~ of examiners** Prüfungskommission *f;* **~ of governors** [*or* **trustees**] Kuratorium *nt*, Aufsichtsgremium *nt;* **~ of inquiry** Untersuchungsausschuss *m;* **the Scottish Tourist B~** das schottische Fremdenverkehrsamt; **B~ of Trade** BRIT Handelsministerium *nt;* AM Handelskammer *f;* **parole ~** LAW Ausschuss *m* zur Gewährung der bedingten Haftentlassung; **~ of visitors** LAW Inspektionskomitee *nt*
③ + *sing/pl vb (group of interviewers)* Kommission *f (zur Auswahl von Bewerbern);* **to be on a ~** einer Auswahlkommission angehören; **to go on a ~** *interviewer* als Prüfer an einem Auswahlverfahren teilnehmen; *candidate* sich *akk* einem Auswahlgespräch unterziehen
④ + *sing/pl vb* ECON **~ of directors** Vorstand *m*, Unternehmensführung *f (bestehend aus Vorstand und Verwaltungsrat);* **chair of the ~ of directors** Vorstandsvorsitzende(r) *f(m);* **~ of managing directors** Vorstand *m;* **meeting of the ~ of managing directors** Vorstandssitzung *f;* **member of the ~ of managing directors** Vorstandsmitglied *nt;* **supervisory ~** Aufsichtsrat *m*
⑤ + *sing/pl vb* BRIT *(public facility)* **coal/electricity/gas/water ~** Versorgungsunternehmen *nt* für Kohle/Strom/Gas/Wasser
⑥ AM **Big ~** New Yorker Börse; **Little ~** *(sl)* amerikanische Börse
⑦ *no pl* TOURIST **bed and ~** [*or esp* BRIT **~ and lodging**] [*or* AM **room and ~**] Kost und Logis, Vollpension *f;* **full ~** Vollpension *f;* **half ~** Übernachtung *f* mit Frühstück, Halbpension *f*
⑧ THEAT ■**the ~s** *pl* die Bretter *pl*, die die Welt bedeuten; **to tread the ~s** auf der Bühne stehen
⑨ *(in [ice]hockey)* ■**the ~s** *pl* die Bande; ***he crashed into the ~s*** er krachte an die Bande; **to be on the ~s** an die Bande gedrängt werden
⑩ AM *(examination)* ■**the ~s** *pl* [Abschluss]prüfung *f;* **the medical ~s** die Prüfungen in Medizin
⑪ TRANSP **on ~** *(also fig)* an Bord *a. fig;* ***as soon as I was on ~, I began to have second thoughts*** sobald ich zugestiegen war, kamen mir Bedenken; **to be on ~ an aircraft/a train** im Flugzeug/Zug sitzen; **to go on ~ a bus/train** in einen Bus/Zug einsteigen; **to go on ~ a plane** ein Flugzeug besteigen; **to be on ~ a ship** sich *akk* an Bord eines Schiffes befinden
▸PHRASES: **across the ~** *(all things included)* alles in allem; *(completely)* rundum, auf der ganzen Linie; ***this project needs radical reorganization across the ~*** dieses Projekt muss ganz generell von Grund auf neu organisiert werden; **to bring** [*or* **take**] **sb on ~** [**for sth**] jdn [an etw *dat*] beteiligen [*o* [bei etw *dat*] mitmachen] lassen; **to let sth go by the ~** etw unter den Tisch fallen lassen; **to sweep the ~** alles gewinnen, alle Preise abräumen *fam;* **to take on ~ sth** *(take into consideration)* etw bedenken; *(agree to do)* etw übernehmen
II. *vt* ① *(cover with wood)* ■**to ~ sth** ⊃ **up** [*or* **over**] etw mit Brettern vernageln
② *(accommodation)* ■**to ~ sb/an animal** jdn/ein Tier unterbringen; **to ~ a lodger** einem Pensionsgast Kost und Logis bieten; **to ~ sb in a school** jdn in einem Internat unterbringen
③ TRANSP **to ~ a plane/ship** ein Flugzeug/Schiff besteigen; ***attention, we are now ~ing flight 701*** Achtung, die Passagiere des Flugs 701 können jetzt an Bord gehen
④ NAUT **to ~ a ship** ein Schiff entern
III. *vi* ① TOURIST logieren *veraltend;* **to ~ with sb** bei jdm wohnen *(als Pensionsgast)*
② *(at a school)* im Internat wohnen
③ AVIAT [Passagiere] einlassen; ***flight BA345 is now ~ing at Gate 2*** die Passagiere für Flug BA345 können jetzt über Gate 2 zusteigen
◆**board up** *vt* ■**to ~ up** ⊃ **sth** etw mit Brettern zunageln

board·er ['bɔːdə', AM 'bɔːrdɚ] *n* ① SCH Internatsschüler(in) *m(f)*
② *(lodger)* Pensionsgast *m; (regular diner)* Kostgänger(in) *m(f) veraltend;* **to take in ~s** Pensionsgäste aufnehmen
③ SPORT Boarder(in) *m(f)*

'board·er·cross *n no pl* SPORT Boardercross *nt*

'board game *n* Brettspiel *nt*

board·ing ['bɔːdɪŋ, AM 'bɔːrd-] *n* ① SCH Unterbringung *f* in einem Internat
② *no pl* SPORT *(snowboarding, skateboarding)* Boarding *nt*, Boarden *nt*

'board·ing card *n* BRIT Bordkarte *f* **'board·ing fees** *npl* Internatsgebühren *pl* **'board·ing house** *n* ① *(small hotel)* Pension *f* ② SCH Internatstrakt *m* **'board·ing ken·nels** *npl* Tierpension *f*

'board·ing pass *n* AM *(boarding card)* Bordkarte *f*

'board·ing school *n* Internat *nt*

'board meet·ing *n of executives* Vorstandssitzung *f; of owners' representatives* Aufsichtsratssitzung *f*

'board or·der *n* Order *m* zu einem bestimmten Kurs **'board·room** *n* ① *(conference room)* Sitzungssaal *m* ② + *sing/pl vb (fig: decision-makers)* Vorstand *m*, Chefetage *f*

boards [bɔːdz, AM 'bɔːrdz] *npl see* **board I 8, 9, 10**

'board shorts *npl* AUS Badehose *f*

'board·walk *n* AM Steg *m*, Uferpromenade *f (aus Holz)*

boast [bəʊst, AM boʊst] I. *vi (pej)* prahlen *pej*, angeben *pej fam;* ■**to ~ about** [*or* **of**] **sth** mit etw *dat* angeben, sich *akk* mit etw *dat* brüsten *geh;* ■**to ~ that ...** damit angeben, dass ...
II. *vt* ■**to ~ sth** ① *(say boastfully)* etw prahlerisch verkünden
② *(possess)* sich *akk* einer S. *gen* rühmen
III. *n (pej)* großspurige Behauptung *pej;* **to be an empty ~** reine Angeberei sein *fam;* **it is sb's proud ~ that ...** jd tut sich *dat* viel darauf zugute, dass ... *geh*

boast·er ['bəʊstə', AM 'boʊstɚ] *n (pej)* Aufschneider(in) *m(f) pej fam*, Gernegroß *m hum fam*, Angeber(in) *m(f) pej fam*

boast·ful ['bəʊstfəl, AM 'boʊst-] *adj (pej)* großspurig *pej*, angeberisch *pej fam;* **~ talk** Prahlerei *f pej*, Angeberei *f pej fam;* ■**to be ~** prahlen *pej*, angeben *pej fam;* ***without wanting to be ~, ...*** ohne mich selbst loben zu wollen, ...

boast·ful·ly ['bəʊstfəli, AM 'boʊst-] *adv (pej)* großspurig *pej*, angeberisch *pej fam;* ***I don't want to speak ~ about my own achievements*** ich möchte nicht in Eigenlob verfallen

boast·ful·ness ['bəʊstfəlnəs, AM 'boʊst-] *n no pl (pej)* Prahlerei *f pej*, Angeberei *f pej fam*

boat [bəʊt, AM boʊt] I. *n* ① *(on river, canal, lake)* Boot *nt; (on sea)* Schiff *nt;* **to miss the ~** das Schiff verpassen; *(fig fam)* den Anschluss verpassen; **to take the ~** das Schiff nehmen; **to travel by ~** mit dem Schiff fahren
② *(for gravy)* Soßenschüssel *f*, Sauciere *f*
▸PHRASES: **to float sb's ~** *(fam)* jdn anregen [*o sl* anmachen]; **to push the ~ out** BRIT ganz groß feiern, ein Fass aufmachen *fam;* **to be in the same ~** im selben Boot sitzen
II. *vi* Boot fahren
III. *vt* ■**to ~ sth somewhere** etw irgendwohin verschiffen

'boat·build·er *n* Bootsbauer *m* **'boat·build·ing** *n no pl* Bootsbau *m*

boat·er ['bəʊtə', AM 'boʊt̬ɚ] *n* Kreissäge *f hum fam (flacher, runder Strohhut)*

'boat hook *n* Bootshaken *m* **'boat house** *n* Bootshaus *nt*

boating ['bəʊtɪŋ, AM 'boʊt̬-] I. *n no pl* Bootfahren *nt;* **to go ~** Bootfahren gehen, eine Bootsfahrt machen; *(go rowing)* rudern gehen
II. *adj attr, inv* Boots-; **~ lake** See *m* mit Wasser-

sportmöglichkeiten

boat·load *n* Schiffsladung *f;* **in ~s, by the ~** *(fig)* in Scharen **'boat·man** *n* ❶ *(hirer of boats)* Bootsverleiher *m; (provider of transport)* Bootsführer *m; (of rowing boat)* Ruderer *m* ❷ NAUT *(naval rank)* Bootsmann *m* **'boat peo·ple** *npl* Boatpeople *pl* **'boat race** *n* Bootsrennen *nt,* Regatta *f; (of rowing boats)* Ruderregatta *f;* ■ **the Boat Race** BRIT die Oxford-Cambridge-Regatta **'boat-sit** *vi* auf ein Boot aufpassen

boat·swain ['bəʊsᵊn, 'bəʊtsweɪn, AM 'boʊsᵊn] *n* NAUT [Hoch]bootsmann *m*

boat train *n* Zug *m* mit Fährenanschluss **'boat trip** *n* Bootsfahrt *f* **'boat·yard** *n* [Boots]werft *f; (dry dock)* Liegeplatz *m*

bob[1] [bɒb, AM bɑːb] *n* Bubikopf *m,* Bobfrisur *f*

bob[2] <-bb-> [bɒb, AM bɑːb] **I.** *vi* ❶ *(move)* ■ **to ~ [up and down]** sich *akk* auf und ab bewegen, auf und ab hüpfen; *boxer* [rasch] ausweichen; *bird's tail* wippen; *rabbit* hoppeln; *boat* schaukeln; ***don't ~ up and down so*** sei nicht so zappelig *fam,* zappel nicht so herum *fam;* ■ **to ~ [up]** [plötzlich] auftauchen *a. fig;* **to ~ out of sight** abtauchen *fam* ❷ *(curtsy)* knicksen
II. *vt* **to ~ one's head** nicken; **to ~ a curtsy [to sb]** [vor jdm] knicksen
III. *n (nod)* Nicken *nt kein pl;* **with a ~ of one's head** mit einem Kopfnicken; *(curtsy)* [angedeuteter] Knicks

bob[3] [bɒb, AM bɑːb] *vt (sl: fix with plastic surgery)* ■ **to ~ sth** *nose* etw richten *fam*

bob[4] [bɒb, AM bɑːb] *n* BRIT *(shilling)* fünf Pence; *(hist)* Schilling *m;* **to not be short of a ~ or two** *(iron)* das nötige Kleingeld haben *iron*

bob[5] [bɒb, AM bɑːb] *n (fam) short for* **bobsleigh** Bob *m*

Bob [bɒb] *n no pl* ▶PHRASES: **~'s your uncle** BRIT *(fam)* die Sache ist erledigt, und fertig ist der Lack *fam;* ***just tell them you're a friend of mine and ~'s your uncle, you'll get the job*** sag ihnen einfach, dass du ein Freund von mir bist, dann hast du den Job schon in der Tasche *fam*

bobbed [bɒbd, AM bɑːbd] *adj* **to have ~ hair** einen Bubikopf [*o* eine Bobfrisur] haben

bob·bin ['bɒbɪn, AM 'bɑːb-] *n* Spule *f*

bob·ble ['bɒbl] *n* BRIT Pompon *m,* Bommel *f o m bes* NORDD

bob·ble hat *n* BRIT Pudelmütze *f*

bob·ble·head 'doll *n* Wackelkopffigur *f*

bob·by ['bɒbi] *n* BRIT *(dated fam)* Polizist(in) *m(f),* Bobby *m fam;* **~ on the beat** Streifenpolizist *m (der zu Fuß oder mit dem Fahrrad unterwegs ist)*

bob·by pin ['bɒbi,pɪn, AM 'bɑːbi,-] *n* AM, AUS Haarklammer *f*

bobs [bɒbz, AM bɑːbz] *npl* Krimskrams *m kein pl*

bob·sled *n* Bob[schlitten] *m* **'bob·sleigh** *n* Bob[sleigh] *m* **'bob·tail** *n* ❶ *(docked tail)* kupierter Schwanz ❷ *(dog)* kupierter Hund; *(horse)* Pferd *nt* mit gestutztem [*o* kupiertem] Schwanz

Boche [bɒʃ, AM bɑːʃ] *n (dated or pej)* Boche *m*

bod [bɒd, AM bɑːd] *n* ❶ BRIT, AUS *(fam: person)* Type *f fam; (man)* Typ *m fam; (woman)* Tussi *f pej sl;* **to be [a bit of] an odd ~** ein komischer [*o* seltsamer] Vogel sein *fam*
❷ AM *(fam: body)* Körper *m,* Body *m fam;* ***that guy has a great ~*** der Typ hat einen Superbody *sl*

bo·da·cious [boʊ'deɪʃəs] *adj* AM *(sl)* super *fam,* geil *sl*

bode [bəʊd, AM boʊd] **I.** *vi* **to ~ well/ill** etwas Gutes/Schlechtes bedeuten [*o geh* verheißen], ein gutes/schlechtes [Vor]zeichen sein
II. *vt* ■ **to ~ sth** etw ahnen lassen [*o geh* verheißen]

bo·dega [boʊ'deɪgə] *n* AM Bodega *f*

bodge [bɒdʒ, AM bɑːdʒ] *vt* BRIT *see* **botch**

bodh·ran ['baʊrɑːn] *n* BRIT *schottisch-irische Trommel*

bod·ice ['bɒdɪs, AM 'bɑːd-] *n (part of dress)* Oberteil *nt; (underwear)* Mieder *nt*

bod·ice-rip·per *n* AM *Roman, in dem der Heldin sexuelle Gewalt angetan wird*

bodi·less ['bɒdɪləs, AM 'bɑːd] *adj inv* ❶ *(lacking a body)* körperlos
❷ *(incorporeal, insubstantial)* unkörperlich, wesenlos

bodi·ly ['bɒdɪli, AM 'bɑːdᵊli] **I.** *adj attr, inv* körperlich; **~ fluids** Körperflüssigkeiten *pl;* **~ functions** Körperfunktionen *pl;* ***he has lost control of his ~ functions*** er hat die Kontrolle über seinen Körper verloren; **~ harm** [*or* **injury**] Körperverletzung *f;* ***I was afraid they were going to cause me ~ harm*** ich hatte Angst, dass sie mir etwas antun würden; **actual ~ harm** LAW Körperverletzung *f;* **grievous ~ harm** LAW schwere Körperverletzung; **~ needs** leibliche Bedürfnisse
II. *adv inv* ❶ *(with force)* gewaltsam, mit Gewalt
❷ *(as a whole)* als Ganzes; ***the whole house was moved ~ to a new site*** das ganze Haus wurde, so wie es war, an einen neuen Standort versetzt

bod·kin ['bɒdkɪn, AM 'bɑːd-] *n* Durchziehnadel *f*

body ['bɒdi, AM 'bɑːdi] *n* ❶ *(physical structure)* Körper *m,* Leib *m liter;* ***she's just after his ~*** *(fig)* ihr Interesse an ihm ist rein körperlich [*o* sexuell]; **the ~ of Christ** der Leib Christi; **~ and soul** ganz und gar, mit Leib und Seele; ***she put ~ and soul into her work*** sie hatte sich völlig ihrer Arbeit verschrieben
❷ *(trunk)* Rumpf *m*
❸ *(dated: person)* Mensch *m;* ***how is a ~ supposed to live in these conditions?*** wie soll jemand unter diesen Bedingungen leben?; ***she's a cheerful old ~*** sie ist ein fröhliches Haus *fam*
❹ + *sing/pl vb (organized group)* Körperschaft *f,* Organisation *f,* Organ *nt,* Gremium *nt,* Komitee *nt;* **advisory ~** beratendes Gremium, beratender Ausschuss; **controlling ~** Aufsichtsgremium *nt;* **governing ~** Leitung *f;* **legislative ~** gesetzgebendes Organ
❺ + *sing/pl vb (group)* Gruppe *f;* **student ~** Studentenschaft *f;* **~ of opinion** viele Menschen gleicher Meinung; **in a ~** gemeinsam
❻ *(quantity)* Masse *f,* Menge *f,* Haufen *m fam;* ***a substantial ~ of opinion opposes change*** es gibt eine große Gruppe, die einmütig gegen Veränderungen ist; **~ of evidence/information** Sammlung *f* von Beweis-/Informationsmaterial
❼ *(central part)* Hauptteil *m,* Wesentliche(s) *nt; of an army* Kerntruppe *f; of a church* Hauptschiff *nt; of a plane, ship* Rumpf *m; of a string instrument* Schallkörper *m;* **in the ~ of the House** BRIT *(Parliament)* im Plenum [des Parlaments]
❽ AUTO Karosserie *f*
❾ *(corpse)* Leiche *f; (of an animal)* Kadaver *m,* [Tier]leiche *f;* ***the dog's ~ lay on the rubbish heap*** der tote Hund lag auf dem Abfallhaufen
❿ *(material object)* Gegenstand *m;* SCI Körper *m;* **celestial** [*or* **heavenly**] **~** Himmelskörper *m;* **foreign ~** Fremdkörper *m*
⓫ *(substance, thickness) of hair* Fülle *f,* Volumen *nt; of paper* Stärke *f; of wine* Gehalt *m;* **to have a full ~** *wine* vollmundig sein
⓬ *(lake, sea)* **~ of water** Gewässer *nt*
⓭ FASHION Body *m*
▶PHRASES: **over my <u>dead</u> ~** nur über meine Leiche; **to <u>keep</u> ~ and soul together** Leib und Seele zusammenhalten; ***his wages are barely enough to keep ~ and soul together*** sein Lohn ist zum Leben zu wenig und zum Sterben zu viel

'body bag *n* Leichensack *m* **'body blow** *n (also fig)* schwerer Schlag; **to come as a ~ to sb** jdn hart treffen **'body build·er** *n* Bodybuilder(in) *m(f)* **'body-build·ing** *n no pl* Bodybuilding *nt* **'body clock** *n* innere [*o* biologische] Uhr **'body·guard** *n* ❶ *(person)* Bodyguard *m* ❷ + *sing/pl vb (group)* Leibwache *f* **'body im·age** *n* Körperwahrnehmung *f* **'body jew·el·lery** *n* Körperschmuck *m* **'body lan·guage** *n no pl* Körpersprache *f* **'body lo·tion** *n* Körperlotion *f* **'body odour,** AM **'body odor, BO** *n no pl* Körpergeruch *m*

body of rules *n* Regelwerk *nt*

body 'poli·tic *n no pl,* + *sing/pl vb* POL [staatliches] Gemeinwesen

body psycho·'thera·py *n* Körperpsychotherapie *f*

'body sculpt·ing [-skʌlptɪŋ, AM -skʌlpţɪŋ] *n no pl* Bodysculpting *nt* **'body search** *n* Leibesvisitation *f* **'body·shell** *n* AUTO, RAIL Karosserie *f* **'body snatch·er** *n (old)* Leichenräuber(in) *m(f)* **'body stock·ing** *n* FASHION Body[stocking] *m* **'body·suit** *n* FASHION Body[suit] *m* **'body·surf** *vi* sich *akk* von den Wellen tragen lassen **'body·warm·er** *n* BRIT Thermoweste *f,* gefütterte Weste

'body·work *n no pl* AUTO Karosserie *f;* NATURMED Körperarbeit *f*

body wrap ['bɒdiræp, AM 'bɑːdi-] *n* Ganzkörperpackung *f*

Boer ['bəʊəʳ, AM bɔːr] *n* Bure, Burin *m, f*

Boer 'War *n* ■ **the ~** der Burenkrieg

boff [bɑːf] *vt* AM *(sl)* ■ **to ~ sb** mit jdm schlafen *fam*

bof·fin ['bɒfɪn] *n* BRIT, AUS *(fam: scientist)* Wissenschaftler(in) *m(f); (one interest)* Fachidiot(in) *m(f) pej fam*

bof·fo ['bɑːfoʊ], **bof·fo·la** [bɑː'foʊlə] *adj* AM *(fam)* herausragend, Super-

bog [bɒg, AM bɑːg] **I.** *n* ❶ *(wet ground)* Sumpf *m;* **peat ~** [Torf]moor *nt*
❷ BRIT, AUS *(sl)* Klo *nt fam,* Scheißhaus *nt derb;* **~ paper** *(sl)* Klopapier *nt fam*
II. *vt* <-gg-> ■ **to be ~ged down** steckenbleiben; **to get ~ged down** sich *akk* verheddern [*o* verzetteln]; **to be ~ged down with work** *(fig fam)* viel zu tun [*o fam* einen Haufen Arbeit] haben
III. *vi* <-gg-> ❶ *esp* AM *(stand still)* zum Stillstand kommen
❷ *(get stuck)* stecken bleiben; *(fig)* sich *akk* festfahren, sich *akk* verheddern
◆ **bog off** *vi* BRIT *(sl)* abhauen *sl*

bo·gey ['bəʊgi, AM 'boʊ-] *n* ❶ *(fear)* Schreckgespenst *nt;* ***her biggest ~ is being left alone*** es ist ihr Albtraum, allein gelassen zu werden
❷ BRIT *(sl: nasal mucus)* Popel *m fam,* Rotz *m* ÖSTERR *fam*
❸ SPORT *(golf score)* Bogey *nt fachspr*

'bo·gey·man *n (fam)* Butzemann *m Kindersprache,* schwarzer Mann *Kindersprache*

bog·gle ['bɒgl, AM 'bɑː-] **I.** *vi* sprachlos sein; ***he ~d at the suggestion*** der Vorschlag verschlug ihm die Sprache; ***what she said made the imagination ~*** was sie sagte, war kaum vorstellbar; ***the mind ~s at how much they spend on food*** man fasst sich an den Kopf, wenn man hört, wie viel sie für Essen ausgeben
II. *vt* **to ~ the mind** unglaublich sein, die Vorstellungskraft übersteigen; ***it rather ~s the mind, doesn't it?*** da bleibt einem doch der Mund offen stehen! *fam*

bog·gy ['bɒgi, AM 'bɑːgi] *adj* schlammig, matschig *fam; ground* morastig

bo·gie *n* AM *see* **bogey**

'bog stand·ard *adj* BRIT *(fam)* Nullachtfünfzehn-*fam,* stinknormal *sl*

bo·gus ['bəʊgəs, AM 'boʊ-] *adj* unecht, vorgetäuscht; *name, doctor* falsch; *documents* falsch, gefälscht; *transaction, claim* Schein-; **a ~ argument** ein aus der Luft gegriffenes Argument; **~ company** Scheinfirma *f*

bogy *n see* **bogey**

Bo·he·mia [bəʊ'hiːmiə, AM boʊ'-] *n no pl* Böhmen *nt*

Bo·he·mian [bə(ʊ)'hiːmiən, AM boʊ'-] **I.** *n* ❶ *(unconventional person)* Bohemien *m*
❷ *(inhabitant of Bohemia)* Böhme, Böhmin *m, f*
II. *adj* **~ life** Künstlerleben *nt;* **to lead a ~ way of life** wie ein Bohemien leben, ein Künstlerleben führen; ■ **to be ~** nach Art der Boheme sein *geh*

bo·he·mian·ism [bəʊ'hiːmiənɪzᵊm, AM boʊ-] *n no pl* Boheme *f*

Bo·he·mian-Mo·rav·ian High·lands [-mə'reɪviən-, AM -mɔː'-] *npl* Böhmisch-Mährische Höhe *f*

boho ['bəʊ,həʊ, AM 'boʊ,hoʊ] *adj attr (sl) short for* **Bohemian I 1**

boil [bɔɪl] **I.** *n* ❶ *no pl (heat a liquid)* **to be on the** [*or* AM **at a**] **~** kochen; **to bring sth to the** [*or* AM **a**] **~, to come to the** [*or* AM **a**] **~** anfangen zu kochen; **to let sth come to the** [*or* AM **a**] **~** etw aufkochen lassen [*o* zum Kochen [*o* SCHWEIZ *a.* Sieden] bringen];

to give sth a ~ etw kochen; **to go off the ~** BRIT aufhören zu kochen
② MED Furunkel *m o nt*
▸PHRASES: **to go off the ~** BRIT *(stop doing sth)* abspringen; *(lose interest)* das Interesse verlieren
II. *vi* ① FOOD kochen, SCHWEIZ *a.* sieden; ***the potatoes have ~ed dry*** das ganze Kartoffelwasser ist verkocht
② CHEM den Siedepunkt erreichen
③ *(fig) sea, river* brodeln, schäumen
④ *(fig fam: anger)* **to ~** [*or* **be ~ing**] **with rage** vor Wut kochen *fam*
⑤ *(fig fam: be hot)* stark schwitzen; ***you'll ~ if you wear that jumper*** in dem Pullover wirst du dich zu Tode schwitzen *fam*
▸PHRASES: **to make sb's blood ~** jdn aufregen
III. *vt* ■**to ~ sth** ① *(heat)* etw kochen; ***~ the water before you drink it*** koch das Wasser ab, bevor du es trinkst; *(fig)* ***Jane can't ~ an egg*** Jane kann gerade mal ein Spiegelei in die Pfanne hauen *fam*
② *(bring to boil)* etw zum Kochen [*o* SCHWEIZ *a.* Sieden] bringen; **to ~ the kettle** den Kessel heiß machen
③ *(wash)* etw [aus]kochen
◆**boil away** *vi* verkochen
◆**boil down I.** *vi (reduce) sauce* einkochen
▸PHRASES: **sth all ~s down to sth** etw läuft auf etw *akk* hinaus
II. *vt* ■**to ~ down ↻ sth** ① FOOD *(reduce)* etw einkochen
② *(fig: condense)* etw zusammenfassen [*o* komprimieren]; *(edit down)* etw kürzen
◆**boil over** *vi* ① *(flow over)* überkochen
② *(fig: go out of control) situation* außer Kontrolle geraten, eskalieren; *person* die Geduld verlieren, ausrasten *fam*
◆**boil up I.** *vt* ■**to ~ up ↻ sth** etw aufkochen
II. *vi trouble* sich *akk* anstauen [*o* zusammenbrauen]
boiled [bɔɪld] *adj attr, inv bacon, ham* gekocht, SCHWEIZ *a.* gesotten; **hard-/soft-~ egg** hart/weich gekochtes Ei; **~ potatoes** Salzkartoffeln *pl*
boiled-down ['bɔɪlddaʊn] *adj inv* gekürzt **boiled 'sweet** *n* BRIT Bonbon *nt*
boil·er ['bɔɪləʳ, AM -ɚ] *n* ① *(in house)* Boiler *m*, Heißwasserspeicher *m*
② RAIL, TECH [Dampf]kessel *m*
③ BRIT *(fam: chicken)* Suppenhuhn *nt*
④ BRIT *(fam: woman)* Trine *f pej fam*, Spinatwachtel *f pej fam*
'boiler·house *n* Kesselhaus *nt* **'boiler·mak·er** *n* ① *(for ships, trains)* Kesselschmied(in) *m(f)* ② *(of heating)* Heizungsbauer(in) *m(f)* ③ *(drink) Krug mit Bier und Whisky, der auf einen Zug geleert wird* **'boiler·man** *n* Heizungsinstallateur *m*
'boiler·plate I. *adj attr, inv* Standard- **II.** *n no pl* AM ① POL *(language)* klischeebehaftete Sprache ② COMPUT Schriftsatz *m* [aus Standardtexten] ③ LAW *(form)* Vordruck *m*, Standardvertrag *m* **'boiler·plating** *n* COMPUT Herstellung *f* eines Schriftsatzes [aus Standardtexten]
'boil·er room *n* ① *(in a building)* Kesselraum *m* ② AM FIN illegale Organisation für den Vertrieb zweifelhafter Wertpapiere **'boil·er suit** *n* BRIT, AUS Overall *m*
boil·ing ['bɔɪlɪŋ] **I.** *adj* ① *inv (100 °C)* kochend, SCHWEIZ *a.* siedend
② *(fam: extremely hot)* sehr heiß; ***I'm ~*** ich komme um vor Hitze; **~ [hot] weather** Affenhitze *f fam*
II. *n no pl* BRIT *(sl)* **the whole ~** das ganze Zeug *fam*
'boil·ing chip *n* CHEM Siedestein *m* **boil·ing 'heat** *n no pl* CHEM Siedehitze *f* **'boil·ing point** *n* Siedepunkt *m*; **to reach ~** *(start to boil)* den Siedepunkt erreichen; *(fig: become instable)* eskalieren, sich *akk* immer mehr aufheizen; ***when the sauce reaches ~, lower the heat*** wenn die Soße anfängt zu kochen, die Flamme kleiner drehen
bois·ter·ous ['bɔɪstᵊrəs] *adj* ① *(rough)* wild; *(noisy)* laut
② *(exuberant)* übermütig, ausgelassen; **to be in ~ spirits** in ausgelassener Stimmung sein
bois·ter·ous·ly ['bɔɪstᵊrəsli] *adv* ① *(noisily)* laut
② *(exuberantly)* übermütig, ausgelassen
BOJ [,bi:əʊ'dʒeɪ, AM -oʊ'-] *n* ECON, FIN *abbrev of* **Bank of Japan** japanische Zentralbank
bold [bəʊld, AM boʊld] *adj* ① *(brave)* mutig; **to put on a ~ front** sich *akk* zusammennehmen, beherrscht auftreten; **to make a ~ move** Mut zeigen; **to take a ~ step** ein Wagnis eingehen
② *(strong)* kräftig; *pattern* auffällig; *handwriting* schwungvoll; **~ brush strokes** kühne Pinselstriche; **~ colours** [*or* AM **colors**] kräftige Farben; **in ~ type** in fetten Buchstaben; ***printed in ~ type*** fett gedruckt
③ *(not shy)* mutig, forsch; *(cheeky)* keck, frech; **as ~ as brass** frech wie Oskar *fam*; **if I may be** [*or* **make**] **so ~** *(form)* wenn ich mir eine Bemerkung erlauben darf; *(in questions)* wenn Sie mir die Frage gestatten
'bold face *n* TYPO Fettdruck *m*
bold·ly ['bəʊldli, AM 'boʊld-] *adv* ① *(bravely)* mutig
② *(defiantly)* keck, frech, unverschämt *pej*
bold·ness ['bəʊldnəs, AM 'boʊld-] *n* ① *(bravery)* Mut *m*, Beherztheit *f*; *(cheekiness)* Unverfrorenheit *f*
② *(willingness to take risks)* Risikobereitschaft *f*
③ *(strongness) colours* Kräftigkeit *f*; *pattern* Auffälligkeit *f*
bole [bəʊl, AM boʊl] *n* Baumstamm *m*
bo·lero¹ ['bɒlərəʊ, AM bə'leroʊ] *n (jacket)* Bolero *m*, Bolerojäckchen *nt*
bo·lero² [bə'leərəʊ, AM bə'leroʊ] *n* MUS Bolero *m*
boli·var ['bɒlɪvɑ:ʳ, AM 'bɑ:lɪvɚ] *n (Währung Venezuelas)* Bolivar *m*
Bo·livia [bə'lɪviə] *n* Bolivien *nt*
Bo·liv·ian [bə'lɪviən] **I.** *n* Bolivianer(in) *m(f)*
II. *adj inv* bolivianisch
bo·li·via·no [bə(ʊ),lɪvi'ɑ:nəʊ, AM bə,lɪvi'ɑ:noʊ] *n (Währung Boliviens)* Boliviano *m*
boll [bəʊl, bɒl, AM boʊl] *n* Samenkapsel *f*
bol·lard ['bɒlɑ:d, AM 'bɑ:lɚd] *n* NAUT, TRANSP Poller *m*
bollix up *vt (vulg sl) see* **bollocks II**
bol·locking ['bɒləkɪŋ] *n* BRIT *(vulg)* Standpauke *f fam*, Strafpredigt *fam*; **to get a good** [*or* **right**] **~** Klartext zu hören kriegen *sl*; **to give sb a good** [*or* **right**] **~** jdn zur Sau machen *derb* [*o fam* gehörig zusammenstauchen]
bol·locks ['bɒləks] BRIT, AUS **I.** *n (vulg)* ① *(testicles)* Eier *pl derb*
② *(rubbish)* totaler Quatsch [*o* Schwachsinn] *fam*; ***you're talking ~!*** du redest Stuss! *sl*; ***what a load of ~!*** du hast wohl den Arsch auf! *derb*; ***~ to that!*** scheiß drauf! *derb*; ***well, ~ to that, you can get stuffed*** ach ja, du kannst mich am Arsch lecken! *vulg*
II. *vt (vulg)* ■**to ~ up ↻ sth** etw vermasseln *fam*
Bol·ly·wood ['bɒliwʊd, AM 'bɑ:li-] *n (fam)* Bollywood *nt (in Bombay angesiedelte Unterhaltungsfilmindustrie)*
bo·lo·gna [bə'ləʊni, AM -'loʊ-] *n no pl* AM, AUS Lyoner[wurst] *f*
bo·lo·ney *n see* **baloney**
Bol·she·vik ['bɒlʃəvɪk, AM 'boʊl-] *n* ① POL *(hist)* Bolschewik *m*
② *(pej fam: radical socialist)* Bolschewik *m pej veraltend*, Kommunist(in) *m(f)*
Bol·she·vism ['bɒlʃəvɪzᵊm, AM 'boʊl-] *n no pl* Bolschewismus *m*
bol·shie <-r, -st>, **bol·shy** ['bɒlʃi] *adj* BRIT *(fam)* patzig *pej fam*
bol·ster ['bəʊlstəʳ, AM 'boʊlstɚ] **I.** *n* Nackenrolle *f*
II. *vt* ① *(prop up)* ■**to ~ sth** etw stützen; ***they had to ~ the roof*** sie mussten das Dach abstützen
② *(encourage)* ■**to ~ sb up** jdn unterstützen, jdm die Stange halten *fam*; **to ~ sb's confidence** [*or* **morale**] jdn moralisch unterstützen [*o* aufbauen]; **to ~ one's image** etw für sein Image tun
③ *(increase)* ■**to ~ sth up** etw erhöhen; ***I need to ~ my earnings somehow*** irgendwie muss ich mein Einkommen aufbessern; **to ~ fears** Ängste schüren
bolster *vt (Bemühungen, Maßnahmen)* verstärken
bolt [bəʊlt, AM boʊlt] **I.** *vi* ① *(move quickly)* [schnell] rennen, rasen *fam*, flitzen *fam*; ***she ~ed to the phone*** sie stürzte ans Telefon
② *(run away)* weglaufen, ausreißen *fam*, durchbrennen *fam*; *horse* durchgehen; ***the horse has ~ed*** *(fig)* der Zug ist schon abgefahren; ***the rabbits ~ed away*** die Kaninchen schossen [*o geh* stoben] davon
③ *(lock)* schließen; *door* verriegeln
④ HORT *plant* ins Kraut schießen
II. *vt* ① *(gulp down)* ■**to ~ sth ↻ [down]** etw hinunterschlingen
② *(lock)* **to ~ a door/window** eine Tür/ein Fenster verriegeln
③ *(fix)* ■**to ~ sth on[to] sth** etw mit etw *dat* verbolzen
III. *n* ① *(rapid move)* Sprung *m*, Satz *m*; **to make a ~ for freedom** das Weite suchen, flüchten
② *(lightning)* **~ of lightning** Blitz[schlag] *m*
③ *(on a door)* Riegel *m*; **to draw the ~** den Riegel vorschieben
④ *(screw)* Schraubenbolzen *m*
⑤ *(of a crossbow)* Bolzen *m*
⑥ *(of a gun)* Schlagbolzen *m*
⑦ *(roll of wallpaper)* Rolle *f*; *(roll of cloth)* [Stoff]ballen *m*
▸PHRASES: **to be a ~ from** [*or* **out of**] **the blue** aus heiterem Himmel [*o* völlig unerwartet] kommen; **the nuts and ~s of sth** die praktischen Details; **to have shot one's ~** *(fam)* sein Pulver verschossen haben *fig*
'bolt-hole *n esp* BRIT, AUS Unterschlupf *m*; **to find a ~** Unterschlupf finden **bolt 'up·right** *adv inv* aufrecht; ***she sat ~ in bed, listening carefully*** sie saß kerzengerade im Bett und hörte aufmerksam zu
bo·lus <*pl* -es> ['bəʊləs, AM 'boʊ-] *n* MED Bolus *fachspr*
bomb [bɒm, AM bɑ:m] **I.** *n* ① *(explosive)* Bombe *f*; **letter/parcel ~** Brief-/Paketbombe *f*; **unexploded ~** Blindgänger *m*; **laser-guided ~** lasergesteuerte Bombe; **to drop a ~ on sth** eine Bombe auf etw *akk* werfen; **to go like a ~** abgehen wie ein geölter Blitz *sl*; **sth looks as if** [*or* **though**] **a ~ has hit it** etw sieht aus, als hätte eine Bombe eingeschlagen; **to plant a ~** eine Bombe legen; **to put a ~ under sb/sth** *(fig fam)* jdn/etw völlig umkrempeln; **to throw a ~** eine Bombe werfen
② *(atom bomb)* ■**the ~** die [Atom]bombe
③ BRIT *(fam: lot of money)* Unsumme[n] *f[pl]*
④ BRIT *(fig fam: success)* **to go [like** [*or* **down**]**] a ~** ein Bombenerfolg sein *fam*; *party* gut abgehen *sl*
⑤ AM *(sl: the best, coolest)* ■**the** [*or* **da**] **~** *no pl* das Coolste *sl*, der Hit *sl*
⑥ AM *(fam: flop)* **to be a ~** ein Misserfolg [*o fam* Flop] sein
II. *vt* ■**to ~ sth** etw bombardieren; ***this pub was ~ed a few years ago*** in dieser Kneipe ging vor ein paar Jahren eine Bombe hoch *fam*
III. *vi (fam)* [völlig] danebengehen *fam*
◆**bomb out I.** *vi* ■**to ~ out on sth** bei etw dakläglich scheitern; **to ~ out on an exam** mit Pauken und Trompeten durch eine Prüfung fallen
II. *vt* ■**to ~ sth ↻ out** etw zerbomben; **to ~ sb out [of his/her home]** jdn ausbomben
bom·bard [bɒm'bɑ:d, AM bɑ:m'bɑ:rd] *vt* ① *(attack)* ■**to ~ sth** etw bombardieren
② *(fig: overwhelm)* ■**to ~ sb with sth** jdn mit etw *dat* überhäufen; **to ~ sb with questions** jdn mit Fragen bombardieren *fam*
bom·bar·dier [,bɒmbə'dɪəʳ, AM ,bɑ:mbə'dɪr] *n* ① *(soldier)* Artillerieunteroffizier(in) *m(f)*
② *(aircraft personnel)* Bombenschütze, -schützin *m, f*
bom·bard·ment [bɒm'bɑ:dmənt, AM bɑ:m'bɑ:rd-] *n* ① *(attack)* Bombardierung *f*, Bombardement *nt*; **aerial ~** Bombardierung *f* [aus der Luft]
② *(fig)* **a ~ of questions** ein Kreuzfeuer *nt* von Fragen
bom·bast ['bɒmbæst, AM 'bɑ:m-] *n no pl* Schwulst *m pej*, Bombast *m pej*
bom·bas·tic [bɒm'bæstɪk, AM bɑ:m'-] *adj (pompous)* bombastisch, pathetisch *oft pej*; *statement, speech* hochtrabend *pej*; *(sentimental)* schwülstig *pej*

'bomb at·tack *n (by plane)* Bombenangriff *m; (by terrorists)* Bombenattentat *nt* **'bomb cra·ter** *n* Bombentrichter *m* **'bomb dis·pos·al unit** *n* BRIT Bombenräumkommando *nt*

bombed [bɑ:md] *adj pred* AM *(fam: on drugs)* total zu *sl; (on alcohol)* voll *fam,* hinüber *fam*

bomb·er ['bɒməʳ, AM 'bɑ:mɚ] *n* ① *(plane)* Bombenflugzeug *nt,* Bomber *m fam*
② *(person)* Bombenleger(in) *m(f)*

'bomb·er jack·et *n* Bomberjacke *f*

bomb·ing ['bɒmɪŋ, AM 'bɑ:m-] *n* MIL Bombardierung *f; (terrorist attack)* Bombenanschlag *m*

'bomb-mak·ing *adj inv* zur Herstellung von Bomben *nach n*

'bomb·proof *adj* bombensicher **'bomb scare** *n* Bombenwarnung *f* **'bomb·shell** *n* ① *(also fig: bomb)* Bombe *f a. fig;* ***her decision came as a ~*** ihr Entschluss schlug wie eine Bombe ein; **to drop a ~** *(fig)* die Bombe platzen lassen ② *(woman)* Sexbombe *f sl* **'bomb site** *n* Trümmerfeld *nt* **'bomb squad** *n* AM *(bomb disposal unit)* Bombenräumkommando *nt*

bona fide [ˌbəʊnə'faɪdi, -deɪ, AM ˌboʊnə'-] **I.** *adj* ① *(genuine)* echt; LAW **~ agreement** Bona-fide-Abkommen *nt,* Abkommen, das in gutem Glauben geschlossen wurde; **~ alibi** hieb- und stichfestes Alibi; **~ purchaser** gutgläubiger Erwerber; **to act ~** in gutem Glauben handeln
② *(serious)* ehrlich; **~ offer** seriöses Angebot
II. *adv* in gutem Glauben, gutgläubig

bona fi·des [ˌbəʊnə'faɪdi:z, AM ˌboʊ-] *n* ① *no pl (sincere intention)* guter Glaube
② + *pl vb (credentials)* Referenzen *pl*

bo·nan·za [bə'nænzə] **I.** *n* ① *(source of prosperity)* Goldgrube *f fig fam;* **to enjoy a ~** hohe Gewinne machen
② *(event)* Event *nt;* **a fashion ~** ein Modetreff *m*
③ MIN Goldader *f;* **to strike a ~** auf eine Goldader stoßen
II. *n modifier* einträglich, lukrativ *geh;* **a ~ month** ein lukrativer Monat

bona va·can·tia [ˌbəʊnəvə'kæntiə, AM ˌboʊnə-] *n* LAW 'herrenlose' Sachen

bon·bon ['bɒnbɒn, AM 'bɑ:nbɑ:n] *n* Bonbon *m o nt*

bonce [bɒn(t)s] *n* BRIT *(sl: head)* Birne *f hum sl*

bond [bɒnd, AM bɑ:nd] **I.** *n* ① *(emotional connection)* Bindung *f;* **~ between mother and child** Bindung *f* zwischen Mutter und Kind; **family ~s** Familienbande *pl geh;* **~[s] of friendship/love** Bande *pl* der Freundschaft/Liebe *geh;* **a close ~** eine enge Bindung; **to break a ~** die Verbindung lösen
② *(obligation)* Verpflichtung *f;* **the ~s of marriage** das Band der Ehe
③ STOCKEX *(fixed-interest security)* Rentenfondsanteil *m;* FIN Schuldverschreibung *f;* ■ **~s** *pl* Rentenwerte *pl,* Rentenpapiere *pl*
④ LAW *(agreement)* schriftliche Verpflichtung; **bail ~** BRIT Kautionsurkunde *f;* **to enter into a ~** [durch Urkunde] eine Verpflichtung eingehen
⑤ AM LAW *(bail)* Kaution *f*
⑥ *(poet: shackles)* ■ **~s** *pl* Fesseln *pl;* **the ~s of oppression/tyranny** *(fig)* die Fesseln der Unterdrückung/Tyrannei *fig*
⑦ CHEM Bindung *f*
⑧ ECON *(in warehouse)* Zollverschluss *m,* Plombierung *f;* **entry of goods under ~** Einfuhr *f* von Waren unter Zollverschluss; **to place goods in ~** Waren unter Zollverschluss nehmen; **to take goods out of ~** Waren aus dem Zollverschluss nehmen
▶ PHRASES: **my word is [as good as] my ~** *(saying)* auf meine Zusage ist Verlass
II. *vt* ① *(unite emotionally)* ■ **to ~ sb** jdn verbinden [*o* zusammenschweißen]
② *(stick together)* ■ **to ~ sth together** etw zusammenfügen; ■ **to ~ sth to sth** etw mit etw *dat* [fest] verbinden
③ ECON ■ **to ~ sth** etw in Zollverschluss nehmen
III. *vi* haften

bond·age ['bɒndɪdʒ, AM 'bɑ:n-] *n no pl* ① *(liter: slavery)* Sklaverei *f;* **to be in ~** [to sb] [bei jdm] in Sklaverei sein; **to be in ~ to superstitious beliefs** *(fig)* dem Aberglauben verfallen sein
② *(sexual act)* Fesseln *nt;* **to be into ~** Fesselung mögen

'bond an·gle *n* CHEM Bindungswinkel *m* **'bond base** *n* FIN Obligationenbasis *f* **'bond busi·ness** *n* FIN Anleihegeschäft *nt* **'bond deal·ing** *n no pl* FIN Rentenhandel *m*

bond·ed ['bɒndɪd, AM 'bɑ:n-] *adj* ① ECON *(put into a warehouse)* *goods* unter Zollverschluss; **~ goods** Waren unter Zollverschluss; **~ warehouse** Zolllager *nt,* Zollgutlager *nt*
② FIN durch Obligationen gesichert; **~ debt** Obligationsschuld *f*
③ BRIT **a ~ travel agent/tour operator** *Reisebüro/Reiseunternehmen, das sich im Interesse seiner Kunden gegen den eigenen Bankrott versichert hat*

bond·ed 'goods *n pl* COMM Zolllagergut *nt,* zollpflichtige Ware *f* **bond·ed 'ware·house** *n* COMM Zolllager *nt*

'bond en·er·gy *n no pl* CHEM, PHYS Bindungsenergie *f* **'bond fund** *n* FIN Rentenfonds *m* **'bond-hold·er** *n* FIN Obligationsinhaber(in) *m(f),* Obligationär(in) *m(f),* Anleihegläubiger(in) *m(f)* **'bond hold·ings** *n pl* FIN Anleihebestand *m*

bond·ing ['bɒndɪŋ, AM 'bɑ:n-] *n no pl* Bindung *f;* PSYCH Bonding *nt*

bond in·sti·'tu·tion *n* FIN Bondhaus *nt* **'bond is·sue** *n* FIN Anleiheemission *f;* **~ price** Anleiheemissionskurs *m*

bond·ized ['bɒndaɪzd, AM 'bɑ:-] *adj* ECON thesauriert

'bond·man *n* Leibeigene(r) *m; (slave)* Sklave *m* **'bond mar·ket** *n* STOCKEX Rentenmarkt *m,* Bondmarkt *m,* Obligationenmarkt *m* **'bond note** *n* COMM Zollbegleitschein *m* **'bond pa·per** *n no pl* *qualitätsvolles Schreib- und Druckpapier* **'bond pool** *n* FIN Korb *m* lieferbarer Anleihen **bond port·'fo·lio** *n* FIN Obligationen-Portfolio *nt,* Anleiheportfolio *nt* **'bond price** *n* FIN Anleihekurs *m* **'bond rat·ing** *n* FIN Anleihen-Rating *nt* **'bond rat·ings** *npl* AM FIN Anleihebewertung *f* **bond re·'demp·tion** *n no pl* FIN Anleiherückzahlung *f*

'bonds·man *n* ① *(person in thrall)* Leibeigene(r) *m; (slave)* Sklave *m*
② LAW *(surety)* Bürge *m*

'bond·stone *n* ARCHIT Binderstein *m*

'bond strip·ping *n no pl* FIN Bond-Stripping *nt,* Anleihe-Stripping *nt*

'bonds·wom·an, 'bond·wom·an *n* Leibeigene *f; (slave)* Sklavin *f*

'bond trad·ing *n no pl* FIN Renten[offerten]handel *m;* **~ institution** Bond-Handelshaus *nt;* **~ system** Rentenhandelssystem *nt* **'bond-wash·ing** *n* An- und Verkauf *m* von Wertpapieren zur Steuerausweichung **'bond yield** *n* FIN *(proceeds)* Anleiheerlös *m; (loan yield)* Anleiherendite *f,* Obligationenrendite *f*

bone [bəʊn, AM boʊn] **I.** *n* ① ANAT Knochen *m; of fish* Gräte *f;* FOOD **off the ~** *fish* entgrätet; *meat* entbeint
② *no pl (material)* Bein *nt;* **made of ~** aus Bein
▶ PHRASES: **to be a bag of ~s** nur noch Haut und Knochen sein; **to be close to the ~** unter die Haut gehen; **~ of contention** Zankapfel *m;* **to cut** [*or* **pare**] **sth to the ~** etw drastisch einschränken; **to feel sth in one's ~s** etw instinktiv fühlen; **to be frozen** [*or* **chilled**] **to the ~** völlig durchgefroren sein *fig;* **to make no ~s about sth** kein Geheimnis aus etw *dat* machen; **to have a ~ to pick with sb** mit jdm ein Hühnchen zu rupfen haben *fam;* **to be all skin and ~[s]** aus Haut und Knochen bestehen; **to work one's fingers to the ~** sich *akk* abrackern *sl*
II. *n modifier* ① ANAT *(graft, structure)* Knochen-
② *(made of bone)* Bein-; **~-handled knife** Messer *nt* mit Beingriff
III. *vt* ① *(remove bones)* **to ~ a fish** einen Fisch entgräten; **to ~ a piece of meat** Fleisch ausbeinen
② *(sl: of a man: have sex)* ■ **to ~ sb** jdn bumsen *sl,* jdn ficken *derb sl*
◆ **bone up** *vi (fam)* ■ **to ~ up on sth** etw büffeln [*o* pauken] *fam*

bone 'chi·na *n* feines Porzellan

boned [bəʊnd, AM boʊnd] *adj* **~ fish** entgräteter Fisch; **~ meat** ausgebeintes Fleisch

'bone den·sity *n* MED Knochendichte *f*

bone 'dry *adj inv* staubtrocken

'bone·fish *n* Frauenfisch *m* **'bone frac·ture** *n* Knochenbruch *m* **'bone·head** *n (pej sl)* Holzkopf *m pej sl,* Dummkopf *m pej* **bone·headed** [ˌbəʊn'hedɪd, AM ˌboʊn-] *adj (sl)* schwachsinnig *pej fam,* blöd *fam* **'bone idle, bone lazy** *adj (pej)* ■ **to be ~** stinkfaul sein *sl*

'bone-in *adj joint of meat* mit Knochen *nach n,* nicht entbeint

bone·less ['bəʊnləs, AM 'boʊn-] *adj inv* **~ chicken** Hühnerfleisch *nt* ohne Knochen; **~ fish** entgräteter Fisch; **~ meat** ausgebeintes Fleisch

'bone mar·row *n no pl* Knochenmark *nt* **'bone meal** *n no pl* Knochenmehl *nt*

bon·er ['bəʊnəʳ, AM 'boʊnɚ] *n* ① *esp* AM *(vulg: erect penis)* Ständer *m sl*
② *(sl: blunder)* Schnitzer *m fam;* **to pull a ~** einen Schnitzer machen *fam*

'bone·shak·er *n* BRIT *(hum fam)* Klapperkiste *f fam*

'bone·yard ['bəʊnjɑ:d, AM 'boʊnjɑ:rd] *n (sl)* Friedhof *m*

bon·fire ['bɒnfaɪəʳ, AM 'bɑ:nfaɪɚ] *n* Freudenfeuer *nt;* **to build a ~** einen Scheiterhaufen machen

'Bon·fire Night *n* BRIT *in der 'Bonfire Night' am 5. November wird in Großbritannien mit Feuerwerk und der feierlichen Verbrennung einer Guy Fawkes-Puppe der missglückten Pulververschwörung aus dem Jahr 1605 gedacht*

bong [bɒŋ, AM bɑ:ŋ] *n* Gongschlag *m*

bon·go <*pl* -s *or* -es>, **bon·go drum** ['bɒŋgəʊ-, AM 'bɑ:ŋgoʊ-] *n* MUS Bongo *nt o f*

bon·ho·mie ['bɒnɒmi, AM ˌbɑ:nə'mi:] *n no pl* gute Laune; **to be full of ~** vor guter Laune sprühen

Bon·ism ['bɔ̃(ŋ)ɪzᵊm, AM 'bɔ̃n-] *n no pl* REL Bön-Religion *f*

bonk [bɒŋk, AM bɑ:ŋk] **I.** *n* ① BRIT *(vulg: sexual intercourse)* Nummer *f derb;* ■ **to have a ~** eine Nummer schieben *sl*
② *(hum fam: hit)* Klaps *m fam*
II. *vt* ① BRIT *(vulg: have sex with)* ■ **to ~ sb** mit jdm vögeln *vulg*
② *(hum fam: hit)* ■ **to ~ sb/sth** jdn/etw schlagen
III. *vi* BRIT *(vulg)* vögeln *vulg*

bonk·ers ['bɒŋkəz, AM 'bɑ:ŋkɚz] *adj pred (hum fam)* verrückt, übergeschnappt *fam*

bon mot <*pl* bons mots> [ˌbɔ̃:(m)'məʊ, AM ˌbɔ̃:n'moʊ] *n* Bonmot *nt geh*

bon·net ['bɒnɪt, AM 'bɑ:n-] *n* ① *(hat)* Mütze *f; (worn by women)* Haube *f* ÖSTERR, SÜDD, SCHWEIZ *veraltet;* **baby's ~** Babymütze *f,* Babyhaube *f* ÖSTERR, SÜDD, SCHWEIZ
② BRIT, AUS AUTO Motorhaube *f*

bon·ny ['bɒni] *adj* BRIT strahlend gesund; **~ baby** prächtiges Baby; **~ lass** hübsches Mädchen; **to look ~** prächtig aussehen

Bon priest [bɔ̃(ŋ)'-, AM bɔ̃n'-] *n* REL Bön-Priester(in) *m(f)*

bon·sai ['bɒnsaɪ, AM ˌbɑ:n'saɪ] *n* ① *no pl (method)* Bonsai *nt*
② *(tree)* Bonsai *m;* **~ tree** Bonsaibaum *m*

bons mots [ˌbɔ̃:(m)'məʊ, AM ˌbɔ̃:n'moʊ] *n pl of* **bon mot**

bon·spiel ['bɒnspi:l] *n* SCOT Eischießen *nt*

bons vi·vants [ˌbɔ̃:(ŋ)vi'vɑ̃(ŋ), AM ˌbɑ:nvi:'vɑ:nt] *n pl of* **bon vivant**

bo·nus ['bəʊnəs, AM 'boʊ-] *n* ① FIN Prämie *f,* Bonifikation *f;* **capital ~** Kapitalprämie *f,* Sonderdividende *f;* **Christmas ~** Weihnachtsgratifikation *f;* **cost-of-living ~** Teuerungszulage *f,* Lebenshaltungskostenzuschuss *m;* **merit ~** Leistungszulage *f;* **productivity ~** Ertragszulage *f;* **a ~ issue** eine Emission von Gratisaktien; **~ share** Gratisaktie *f*
② *(fig: sth extra)* Bonus *m*

'bo·nus is·sue *n* BRIT ECON, FIN Emission *f* von Gratisaktien **'bo·nus share** *n* BRIT FIN Genussaktie *f,* Bonusaktie *f,* Berichtigungsaktie *f,* Zusatzaktie *f*

bon vi·vant <*pl* bons vivants> [ˌbɔ̃:(ŋ)vi'vɑ̃(ŋ), AM ˌbɑ:nvi:'vɑ:nt], **bon vi·veur** <*pl* bons viveurs>

[ˌbɔ̃:(ŋ)vi'vɜːʳ] *n* BRIT Bonvivant *m*

bon vo·yage [ˌbɔ̃:(ŋ)vɔɪ'ɑ:ʒ, AM ˌbɑ:nvwaɪ'-] *interj* gute Reise!

bony ['bəʊni, AM 'boʊ-] *adj* ❶ *(with prominent bones)* knochig
❷ *(full of bones) fish* voller Gräten; *meat* knochig

bonze [bɒnz, AM bɑ:nz] *n* REL Bonze *m*

bon·zer ['bɒnzəʳ] *adj* AUS *(dated fam)* wunderbar, super *sl*

boo [bu:] **I.** *interj (fam)* ❶ *(to surprise)* huh
❷ *(to show disapproval)* buh
▸ PHRASES: **she wouldn't say ~ to a goose** sie ist ein schüchternes Pflänzchen
II. *vi* buhen *fam*
III. *vt* ■**to ~ sb** jdn ausbuhen *fam;* **to ~ sb off the stage** jdn von der Bühne wegbuhen *fam*
IV. *n* Buhruf *m*

boob [bu:b] **I.** *n* ❶ *usu pl (sl: breast)* **big ~s** große Titten *derb*
❷ *(fam: blunder)* Schnitzer *m fam*
❸ AM *(person)* Trottel *m pej*
II. *vi (fam)* einen Schnitzer machen *fam*

'boob job *n (sl)* Brustkorrektur *f*

boo-boo ['bu:bu:] *n* ❶ *(fam: mistake, blunder)* Schnitzer *m fam*
❷ AM *(fam: small injury)* Wehweh *nt Kindersprache,* Aua *nt Kindersprache*

'boob tube *n (fam)* ❶ FASHION *trägerloses, bauchfreies Top*
❷ AM *(fam: television)* Glotze *f fam*

boo·by ['bu:bi] *n* Trottel *m pej*

'boo·by prize *n* Trostpreis *m* **'boo·by trap** *n* ❶ *(practical joke)* Streich *m* ❷ *(bomb)* getarnte Bombe **'boo·by-trap I.** *vt* ❶ *(as a joke)* ■**to ~ sth** etw präparieren; ***she had ~ped the door with a bag of flour*** sie hatte oben an der angelehnten Tür eine Tüte Mehl platziert ❷ *(as a bomb)* **to ~ a car** eine Bombe in einem Auto installieren **II.** *n modifier* **a ~ bomb** eine harmlos getarnte Bombe **'boo·by-trapped** *adj* ❶ *(as a joke) chair, desk, door* präpariert ❷ *(with a bomb)* mit einem Sprengsatz versehen

boo·dle ['bu:dl] *n no pl (fam)* Zaster *m fam;* **oodles of ~** *(sl)* jede Menge Zaster *fam*

boog·er ['bʊgəʳ] *n* AM *(bogey)* Popel *m fam*

'boo·gey·man *n* AM *see* **bogeyman**

boo·gie ['bu:gi, AM 'bʊgi] *(dated)* **I.** *vi (fam)* shaken *fam*
II. *n (fam)* Schwof *m* BRD *sl;* ***I enjoy a good ~ from time to time*** ich schwinge immer mal wieder gern das Tanzbein

'boo·gie board *n* Surfbrett *nt* zum Drauflegen **'boo·gie-board·er** *n* SPORT, NAUT Boogie-Boarder(in) *m(f)* **boo·gie-woo·gie** [ˌbu:gi'wugi] *n* Boogie-Woogie *m*

boo·hoo [ˌbu:'hu:] *interj* bäh!; *(iron)* schluchz! *iron*

book [bʊk] **I.** *n* ❶ *(for reading)* Buch *nt;* **the ~ of Genesis/Exodus** das Buch Genesis/Exodus; **the good ~** die Bibel; **to be in the ~** im Telefonbuch stehen; **to look sth up in a ~** etw in einem Buch nachschlagen; ***look up the number in the ~*** sieh die Nummer im Telefonbuch nach!; **to write a ~ [on sth]** ein Buch [über etw *akk*] schreiben
❷ *(set)* Heftchen *nt;* **~ of samples** Musterbuch *nt;* **a ~ of stamps/tickets** ein Briefmarken-/Fahrkartenheftchen *nt*
❸ *(for bets)* **to open** [*or* **start**] [*or* **keep**] **a ~ on sth** Wetten über etw *akk* annehmen
❹ STOCKEX **to make a ~** *market-maker* eine Aufstellung von Aktien usw. machen, für die Kaufs- oder Verkaufsaufträge entgegengenommen werden
❺ *pl (financial records)* ■**the ~s** die [Geschäfts]bücher *pl;* **to do the ~s** die Abrechnung machen; **to go over the ~s** die [Geschäfts]bücher überprüfen; **on the ~s** eingetragen; ***we've only got 22 members on our ~s*** wir haben nur 22 eingetragene Mitglieder
❻ LAW **to bring sb to ~** jdn zur Rechenschaft ziehen
▸ PHRASES: **to be able to read sb like a ~** jdn völlig durchschauen; **to buy by the ~** strikt nach Anleitung kaufen; **to be a closed ~ [to sb]** für jdn ein Buch mit sieben Siegeln sein; **to do sth by the ~** etw nach Vorschrift machen; **to be in sb's good/bad ~s** bei jdm gut/schlecht angeschrieben sein; **little black ~** *(fam) Adressbuch mit Adressen von Geliebten/Liebhabern;* **in my ~** meiner Meinung nach; **to suit one's ~** jdm gelegen kommen; **to take a leaf out of sb's ~** sich *dat* an jdm ein Beispiel nehmen; **to throw the ~ at sb** jdm gehörig den Kopf waschen *fam*
II. *vt* ❶ *(reserve)* ■**to ~ sth** etw buchen; ■**to ~ sb sth** [*or* **sth for sb**] etw für jdn reservieren
❷ *(by policeman)* ■**to ~ sb** jdn verwarnen; **to be ~ed for speeding** eine Verwarnung wegen erhöhter Geschwindigkeit bekommen
III. *vi* reservieren; ***it's advisable to ~ early*** es empfiehlt sich, frühzeitig zu buchen; ■**to ~ to do sth** sich *akk* für etw *akk* vormerken lassen; ***we've ~ed to fly to Morocco on Friday*** wir haben für Freitag einen Flug nach Marokko reserviert; **to ~ into a hotel** in ein Hotel einchecken; **to be fully ~ed** ausgebucht sein

◆**book in I.** *vi esp* BRIT einchecken
II. *vt* ■**to ~ sb ⟷ in** für jdn ein Hotel buchen

◆**book out** *esp* BRIT **I.** *vi* ■**to ~ out [of a hotel]** [aus einem Hotel] auschecken
II. *vt* ■**to be ~ed out** ausgebucht sein; **to ~ sb ⟷ out** *of a hotel* jdn auschecken

◆**book through** *vt* ■**to ~ sb through**: ***she's ~ed through to Sydney via Singapore*** sie hat für Sydney mit einem Zwischenstopp in Singapur gebucht

◆**book up** *vi* buchen; **to ~ up a course** einen Kurs buchen; **to ~ up for a holiday** [*or* AM **vacation**] einen Urlaub buchen; ■**to be ~ed up** ausgebucht sein

book·able ['bʊkəbl] *adj inv* ❶ *(able to be reserved)* erhältlich; **~ in advance** im Vorverkauf erhältlich
❷ SPORT **a ~ offence** ein Regelverstoß, der zu ahnden ist

'book·bind·er *n* Buchbinder(in) *m(f)* **'book·bind·er's** *n* Buchbinderei *f* **'book·bind·ing** *n no pl* Buchbinderhandwerk *nt*

'book·build·ing *n no pl* STOCKEX Bookbuilding *nt*

'book·case *n* Bücherschrank *m* **'book club** *n* Buchgemeinschaft *f,* Buchklub *m*

book 'cred·it *n no pl* FIN Buchkredit *m*

'book·end *n* Buchstütze *f*

'book en·try *n* FIN Buchung *f;* **by ~** stückelos

book·er ['bʊkəʳ, AM -ɚ] *n* Angestellte(r) *f(m)* einer [Schauspiel/Modell]agentur

Booker Prize ['bʊkəpraɪz, AM -ɚ-] *n* Booker Prize *m*

'book fair *n* Buchmesse *f*

book 'gain *n* FIN Buchgewinn *m*

bookie ['bʊki] *n (fam) short for* **bookmaker** Buchmacher(in) *m(f)*

book·ing ['bʊkɪŋ] *n* ❶ *(reservation)* Reservierung *f;* **advance ~s** Vorreservierung[en] *f;* **a block ~** eine Gruppenreservierung; **to cancel a ~** eine Buchung stornieren; **to make a ~** etw buchen
❷ SPORT Verwarnung *f*

'book·ing clerk *n* Schalterbeamte(r), -beamtin *m, f* **'book·ing of·fice** *n* ❶ THEAT Theaterkasse *f* ❷ RAIL *(dated)* Fahrkartenschalter *m* **'book·ing sys·tem** *n* FIN Buchungssystem *nt*

book·ish ['bʊkɪʃ] *adj (esp pej)* ❶ *(studious)* streberhaft
❷ *(unworldly)* weltfremd

'book·keep·er *n* Buchhalter(in) *m(f)* **'book·keep·ing** *n no pl* Buchhaltung *f;* **single-entry ~** einfache Buchführung; **double-entry ~** doppelte Buchführung **'book·keep·ing trans·ac·tion** *n* bilanzielle Transaktion

'book-learn·ing *n no pl* Bücherweisheit *f*

book·let ['bʊklət] *n* Broschüre *f*

'book·mak·er *n* Buchmacher(in) *m(f)* **'book·mak·er's** *n* Wettannahme[stelle] *f,* Wettbüro *nt* **book·mak·ing** ['bʊkmeɪkɪŋ] *n modifier* Buchmacher-

'book·mark I. *n* Lesezeichen *nt*
II. *vt* INET **to ~ a website** bei einer Webseite ein Lesezeichen setzen, eine Webseite zu seinen Favoriten hinzufügen

'book·mark·er *n* Lesezeichen *nt* **'book·mo·bile** *n* AM *(mobile library)* Bücherbus *m* **book of 'hours** *n* REL Stundenbuch *nt* **book on 'tape** *n* Hörbuch *nt* **'book·plate** *n* Exlibris *nt fachspr*

book 'prof·it *n* FIN Buchgewinn *m*

'book·rest *n* Lesepult *nt (zum Lesen am Tisch)* **'book re·view** *n* Buchbesprechung *f* **'book re·view·er** *n* Buchkritiker(in) *m(f)* **'book·seller** *n* Buchhändler(in) *m(f)* **'book·shelf** *n* Bücherregal *nt* **'book·shop** *n* Buchgeschäft *nt*

'book-squar·ing *n* STOCKEX Glattstellen *nt* von Positionen

'book·stall *n* Bücherstand *m* **'book·store** *n* AM Buchgeschäft *nt,* Buchhandlung *f* **'book to·ken** *n* Büchergutschein *m* **'book trade** *n* Buchhandel *m;* **to be in the ~** im Buchhandel arbeiten

'book value *n* FIN Buchwert *m*

'book·work *n* ❶ FIN Buchführung[sarbeit] *f*
❷ SCH Bücherstudium *nt*

'book·worm *n* Bücherwurm *m hum*

Bool·ean ['bu:liən] **I.** *adj attr, inv* MATH **~ algebra** boolesche Algebra; **~ search** boolesche Suche
II. *n* **simple ~** einfacher boolescher Ausdruck

Bool·ean 'data type, Bool·ean 'vari·able *n* MATH boolesche Variable

boom[1] [bu:m] ECON **I.** *vi* florieren, boomen *fam*
II. *n* Boom *m,* Aufschwung *m,* Hochkonjunktur *f;* STOCKEX Hausse *f;* **~ and bust** *rascher Aufschwung, dem der Zusammenbruch folgt;* **a consumer/property ~** ein Konsum-/Immobilienboom *m;* **a ~ in the sale of property** [*or* **in the property market**] ein Immobilienboom *m;* **~ phase** Haussephase *f;* **~ share** steigende Aktie
III. *n modifier* florierend; **a ~ time** Hochkonjunktur *f;* **a ~ town** eine aufstrebende Stadt; **a ~ year** ein Jahr *nt* des Aufschwungs; **the ~ years** die Jahre wirtschaftlichen Aufschwungs

boom[2] [bu:m] **I.** *n* Dröhnen *nt kein pl*
II. *vi* ■**to ~ [out]** dröhnen
III. *vt* ■**to ~ [out] sth** etw mit dröhnender Stimme befehlen

boom[3] [bu:m] *n* ❶ *(floating barrier)* Baum *m*
❷ NAUT Baum *m*
❸ FILM, TV Galgen *m*

'boom box *n* AM *(sl)* Ghettoblaster *m fam*

boom·er[1] ['bu:məʳ] *n* AUS ❶ *(kangaroo) ausgewachsenes männliches Känguru*
❷ *(wave)* große Welle

boom·er[2] *n esp* AM *(fam) short for* **baby boomer** Angehörige(r) *f(m)* der Nachkriegsgeneration

boom·er·ang ['bu:mᵊræŋ, AM -mər-] **I.** *n* Bumerang *m*
II. *vi (fig)* ■**to ~ on sb** *scheme, plan* sich *akk* für jdn als Bumerang erweisen *fig*

boom·ing ['bu:mɪŋ] *inv* **I.** *adj attr* dröhnend; **a ~ voice** eine dröhnende Stimme
II. *n no pl* Dröhnen *nt;* **the ~ of thunder** das dröhnende Grollen des Donners *liter*

boom·let ['bu:mlɪt] *n* kurzer Aufschwung [*o* Boom]

boon [bu:n] *n usu sing* Segen *m fig;* **a ~ companion** *(liter)* ein wunderbarer Begleiter/eine wunderbare Begleiterin; **to be** [*or* **prove**] **a ~ [to sb]** sich *akk* [für jdn] als Segen erweisen

boon·docks ['bu:ndɒks, AM -dɑ:ks] *npl* AM, AUS *(pej sl)* ■**the ~** die tiefste Provinz

boor [bɔ:ʳ, AM bʊr] *n (pej)* Rüpel *m pej*

boor·ish ['bɔ:rɪʃ, AM 'bʊr-] *adj (pej)* rüpelhaft *pej*

boost [bu:st] **I.** *n* Auftrieb *m;* **to give a ~ to sth** etw *dat* Auftrieb geben [*o* verleihen]; **to give a ~ to the economy** die Wirtschaft ankurbeln
II. *vt* ■**to ~ sth** ❶ *(improve, increase)* etw ansteigen lassen; ***the theatre managed to ~ its audiences by cutting the price of tickets*** der ermäßigte Eintritt brachte dem Theater vermehrten Zulauf; **to ~ sb's ego** jds Selbstvertrauen steigern; **to ~ sb's image** jds Image aufmöbeln *fam;* **to ~ morale** die Stimmung heben
❷ *(fam: promote)* für etw *akk* die Werbetrommel rühren
❸ ELEC etw verstärken

boost·er ['bu:stəʳ, AM -ɚ] *n* ❶ *(improvement)* Verbesserung *f;* **to be a confidence/morale ~** das Selbst-

vertrauen/die Stimmung heben
❷ MED zusätzliche Dosis, Boosterdosis *f fachspr;* **a ~ vaccination** [*or fam* **shot**] eine Auffrischungsimpfung

boost·er rock·et *n* Trägerrakete *f* **'boost·er seat** *n* AUTO Kindersitz *m*

boot [bu:t] **I.** *n* ❶ *(footwear)* Stiefel *m;* **ankle ~** Stiefelette *f;* **walking ~** Wanderschuh *m;* **wellington ~**, AM **rubber ~** Gummistiefel *m*
❷ *(fam: kick)* Stoß *m;* **to get the ~** *(fig)* hinausfliegen *fam;* **to give sb the ~** *(fig)* jdn hinauswerfen *fam;* **to put the ~ in** BRIT *(kick sb brutally)* jdn mit Fußtritten fertigmachen; *(fig: make a situation worse)* einer Sache die Krone aufsetzen
❸ BRIT AUTO *(for luggage)* Kofferraum *m;* AM *(wheel clamp)* Wegfahrsperre *f*
❹ BRIT *(also hum fam: woman)* **old ~** Schreckschraube *f fam*
❺ *(moreover)* **to ~** obendrein, überdies
▸PHRASES: **to bet one's ~s that ...** *(fam)* darauf wetten, dass ...; **to be/get too big for one's ~s** hochnäsig sein/werden; **to die with one's ~s on** [*or* **in one's ~s**] in den Sielen sterben; **to feel one's heart drop into one's ~s** merken, wie einem der Arsch auf Grundeis geht *sl;* **the ~'s on the other foot** BRIT die Lage sieht anders aus; **to have one's heart in one's ~s** das Herz in der Hose haben; **to lick sb's ~s** jdm die Füße küssen *fig*
II. *adj* COMPUT **~ block** [*or* **record**] Urladeprogrammblock *m;* **~ disk** Startdiskette *f;* **~ partition** Bootpartition *f,* Startpartition *f*
III. *vt (fam)* ■**to ~ sth** etw *dat* einen Tritt versetzen [*o* geben]; ■**to be ~ed off sth** achtkantig aus etw *dat* fliegen *sl*
IV. *vi* COMPUT laden
◆**boot out** *vt (fam)* ■**to ~ sb out** jdn hinauswerfen; **to ~ sb out of a company** jdn rausschmeißen [*o* feuern] *fam;* **to ~ sb out of the house** jdn aus der Wohnung/aus dem Haus rausschmeißen *fam*
◆**boot up** *vt* **to ~ up** ⊂ **the computer** den Computer hochfahren

'boot·black *n esp* AM *(dated)* Schuhputzer(in) *m(f)*

'boot camp *n* AM Ausbildungslager *nt*

bootee ['bu:ti, AM -ṭi] *n* gestrickter Babyschuh

booth [bu:ð, bu:θ, AM bu:θ] *n* ❶ *(cubicle)* Kabine *f;* *(in a restaurant)* Sitzecke *f;* **polling ~** Wahlkabine *f;* **telephone ~** Telefonzelle *f*
❷ *(at a fair)* Stand *m*

bootie *n see* **bootee**

'boot·jack *n* Stiefelknecht *m* **'boot·lace** *n* Schnürsenkel *m,* Schuhband *nt* ÖSTERR, Schuhbändel *m* SCHWEIZ **'boot·leg I.** *n* COMPUT Raubkopie *f* **II.** *adj attr, inv* ❶ *(sold illegally)* geschmuggelt ❷ *(illegally made)* illegal hergestellt; **~ alcohol** schwarzgebrannter Alkohol; **~ CDs** Raubpressungen *pl;* **~ tapes** Raubkopien *pl* **III.** *vt* <-gg-> ■**to ~ sth** ❶ *(sell illegally)* etw schmuggeln ❷ *(make illegally)* etw illegal herstellen; **to ~ alcohol** Alkohol schwarzbrennen **IV.** *vi* <-gg-> Schwarzhandel betreiben **'boot·leg·ger** *n* ❶ *(seller)* Schwarzhändler(in) *m(f)* ❷ *(manufacturer)* illegaler Hersteller/illegale Herstellerin; *(of alcohol)* Schwarzbrenner(in) *m(f)* **'boot·leg·ging** *n* LAW ❶ *(making illicit alcohol)* Schwarzbrennerei *f,* Schwarzbrennen *nt* ❷ *(making illegal copies)* Aufnehmen *nt* von Raubdrucken **'boot·lick·er** *n (pej)* Kriecher(in) *m(f) pej,* Schleimer(in) *m(f) pej* **'boot·mak·er** *n* Schuhmacher(in) *m(f)* **'boot·strap**[1] *n* Stiefelschlaufe *f*
▸PHRASES: **to pull** [*or* **haul**] **oneself up by one's ~s** sich *akk* aus eigener Kraft hochrappeln **'boot·strap**[2], **'boot·strap load·er** *n* COMPUT Urlader *m*

'boot·strap·ping *n no pl* FIN Bootstrapping *nt*

boo·ty[1] ['bu:ti, AM -ṭi] *n* Beutegut *nt*

boo·ty[2] ['bu:ti, AM -ṭi] *n* AM *(fam)* Hintern *m*

'booty call *n* AM *(sl) überraschender Besuch bei jdm mit sexuellen Absichten*

boo·ty·li·cious [ˌbu:ti'lɪʃəs, AM ˌbu:ṭi-] *adj inv* AM *(sl)* zum Reinbeißen *nach n fam;* **a ~ butt** ein knackiger Hintern

boo-yah [bu:'ja:] *interj* AM *(fam)* ■**~!** haha!

booze [bu:z] **I.** *n (fam)* ❶ *no pl (alcohol)* Alk *m fam;* **to be off the ~** nicht mehr trinken; **to be on the ~** saufen *derb*
❷ *(activity)* Sauferei *f derb;* **to go out on the ~** auf Sauftour gehen *fam*
II. *vi (fam)* saufen *derb;* **to have been boozing all night** die ganze Nacht durchgezecht haben

'booze bus *n* AUS Polizeiwagen *m* mit Alkomat

booze·fest ['bu:zfest] *n* Besäufnis *nt*

booz·er ['bu:zəʳ, AM -ɚ] *n (fam)* ❶ BRIT *(pub)* Kneipe *f,* ÖSTERR *oft* Beisel *nt*
❷ *(person)* Säufer(in) *m(f) pej derb*

booze-up ['bu:zʌp] *n (fam)* Besäufnis *nt sl*

booz·ing ['bu:zɪŋ] *n no pl* Trinken *nt* **boozy** ['bu:zi] *adj (fam)* versoffen *sl;* **~ breath** Fahne *f fig fam*

bop [bɒp, AM ba:p] **I.** *vi (fam or dated)* tanzen
II. *vt (fam)* ■**to ~ sb** [**on the head**] jdm eine auf den Kopf geben *fam*
III. *n* ❶ *(fam: dance)* Tanz *m*
❷ *(type of jazz)* Bop *m*

BOP [ˌbi:əʊ'pi:, AM -oʊ'-] *n* ECON *abbrev of* **balance of payments** Zahlungsbilanz *f*

bop·py ['bɒpi, AM 'ba:pi] *adj* tanzbar; **~ music** flotte Musik

bora ['bɔ:rə] *n* ❶ *(wind)* Bora *f*
❷ AUS SOCIOL *Initiationsritual der Aborigines*

bor·age ['bɒrɪdʒ, AM 'bɔ:r-] *n* BOT, FOOD Borretsch *m*

bo·rane ['bɔ:reɪn] *n no pl* CHEM Boran *nt,* Borwasserstoff *m*

bo·rax ['bɔ:ræks] *n* CHEM Borax *m*

Bor·deaux [bɔ:'dəʊ, AM bɔ:r'doʊ] *n* ❶ *(region)* Bordelais *nt*
❷ *(town)* Bordeaux *nt*
❸ *(wine)* Bordeaux *m*

bor·del·lo [bɔ:'deləʊ, AM bɔ:r'deloʊ] *n* Bordell *nt*

bor·der ['bɔ:dəʳ, AM 'bɔ:rdɚ] **I.** *n* ❶ *(frontier)* Grenze *f*
❷ *(edge)* Begrenzung *f;* *of picture* Umrahmung *f*
❸ *(in garden)* Rabatte *f;* **a herbaceous ~** ein Blumenbeet *nt*
❹ FASHION Borte *f;* **an embroidered ~** eine gestickte Borte
II. *adj attr, inv* Grenz-; **~ dispute** Grenzstreit *m*
III. *vt* ■**to ~ sth** ❶ *(be or act as frontier)* an etw *akk* grenzen
❷ *(bound)* etw begrenzen
IV. *vi* ■**to ~ on sth** an etw *akk* grenzen *a. fig*

bor·der ad·just·ment for in·ter·nal 'taxes *n* EU [steuerlicher] Grenzausgleich *m*

bor·der·er ['bɔ:dᵊrəʳ, AM 'bɔ:rdɚɚ] *n* Grenzbewohner(in) *m(f)*

bor·der·ing ['bɔ:dᵊrɪŋ, AM 'bɔ:rdɚ-] *adj attr, inv* angrenzend; **~ country** Nachbarland *nt*

bor·der·land ['bɔ:dᵊlænd, AM 'bɔ:rdɚ-] *n* ❶ GEOG Grenzgebiet *nt* ❷ *(fig)* Grenzbereich *m fig* **bor·der·line** ['bɔ:dᵊlaɪn, AM 'bɔ:rdɚ-] **I.** *n usu sing* Grenze *f fig* **II.** *adj usu attr* Grenz-; **~ case** Grenzfall *m;* **to be a ~ candidate** gerade noch als Kandidat/Kandidatin akzeptiert werden; **to be a ~ failure/pass** knapp durchfallen/durchkommen **'bor·der trade** *n no pl* Grenzhandel *m*

bore[1] [bɔ:ʳ, AM bɔ:r] *n* Flutwelle *f;* **the Severn ~** die Severn-Flutwelle

bore[2] [bɔ:ʳ, AM bɔ:r] *pt of* **bear**

bore[3] [bɔ:ʳ, AM bɔ:r] **I.** *n* ❶ *(thing)* langweilige Sache; **what a ~** wie langweilig
❷ *(person)* Langweiler(in) *m(f);* **a crashing ~** BRIT ein furchtbarer Langweiler/eine furchtbare Langweilerin
II. *vt* ■**to ~ sb** [**with sth**] jdn [mit etw *dat*] langweilen; **to ~ sb to death** [*or* **to tears**] *(fig)* jdn zu Tode langweilen

bore[4] [bɔ:ʳ, AM bɔ:r] **I.** *n* ❶ *(spec: of pipe)* Innendurchmesser *m*
❷ *(calibre)* Kaliber *nt;* **a small-~ shotgun** ein kleinkalibriges Gewehr
❸ *(hole)* Bohrloch *nt*
II. *vt* ■**to ~ sth** etw bohren; **to ~ a hole in sth** ein Loch in etw *akk* bohren
III. *vi* ■**to ~ through** [*or* **into**] **sth** etw durchbohren; *(fig)* ***her eyes ~d into me*** ihre Augen durchbohrten mich

bo·real ['bɔ:riəl] *adj* ❶ GEOL boreal
❷ GEOG **northern ~ forest** winterkalte Waldzone

bored [bɔ:d, AM bɔ:rd] *adj* gelangweilt; ***I'm ~!*** mir langt's! *fam;* **to be ~ with doing sth** es satthaben, etw zu tun; **to be ~ stiff** [*or* BRIT **rigid**] [*or* **to death**] [*or* **to tears**] *(fig)* zu Tode gelangweilt sein

bore·dom ['bɔ:dəm, AM 'bɔ:r-] *n no pl* Langeweile *f;* **out of** [**sheer**] **~** aus [reiner] Langeweile

'bore·hole *n* Bohrloch *nt;* **to sink a ~** ein Bohrloch [in die Erde] treiben

bor·er ['bɔ:rəʳ, AM 'bɔ:rɚ] *n* ❶ ZOOL *(worm)* Bohrwurm *m;* *(mollusc)* Bohrmuschel *f;* *(insect)* Bohrfliege *f*
❷ *(tool)* Bohrer *m*

bo·ric ['bɔ:rɪk] *adj attr, inv* CHEM Bor-; **~ acid** Borsäure *f*

bor·ing ['bɔ:rɪŋ] *adj* langweilig; **to find sth ~** etw langweilig finden

bor·ing·ly ['bɔ:rɪŋli] *adv* langweilig

born [bɔ:n, AM bɔ:rn] *adj inv* ❶ *(brought into life)* geboren; *(form)* ***she's a Dubliner ~ and bred*** sie ist eine waschechte Dublinerin; *(fig) concept, idea* entstanden, hervorgegangen; **English-~** in England geboren; **to be ~ into a poor/wealthy family** in eine arme/reiche Familie geboren werden; **still-~** tot geboren
❷ *(with natural ability)* geboren; **a ~ leader** eine geborene Führerpersönlichkeit; ■**to be ~ to do sth** dazu bestimmt sein, etw zu tun
▸PHRASES: **to be ~ with a silver spoon in one's mouth** mit einem silbernen Löffel im Mund geboren werden; **I wasn't ~ yesterday** ich bin schließlich nicht von gestern

'born-again *adj attr, inv* überzeugt; **~ Christian** überzeugter Christ/überzeugte Christin

borne [bɔ:n, AM bɔ:rn] *vi* ❶ *pt of* **bear**
❷ BRIT *(form: understand)* **to be ~ in on/upon sb** jdm klarwerden, jdm dämmern *fam*

Bor·neo ['bɔ:niəʊ, AM 'bɔ:rnioʊ] *n no pl* Borneo *nt*

bo·ron ['bɔ:rɒn, AM -ra:n] *n no pl* CHEM Bor *nt*

bor·ough ['bʌrə, AM 'bɜ:roʊ] *n* Verwaltungsbezirk *m;* **the London ~ of Westminster** die Londoner Stadtgemeinde Westminster

bor·row ['bɒrəʊ, AM 'ba:roʊ] **I.** *vt* ❶ *(take temporarily)* ■**to ~ sth** [**from sb**] etw [von jdm] leihen; **to ~ a book from a** [**lending**] **library** ein Buch aus einer Bibliothek ausleihen; FIN **to ~ short/long** einen kurzfristigen/langfristigen Kredit aufnehmen; **~ed capital** Fremdkapital *nt*
❷ *(fig)* **to ~ sth from another language** etw aus einer anderen Sprache entlehnen
❸ MATH **to ~ a number** eine Zahl borgen
❹ STOCKEX ■**to ~ sth** etw an der Warenbörse zum Lokopreis kaufen und sofort zum Terminpreis verkaufen
II. *vi* Geld leihen; **to ~ heavily** Geld pumpen, wo es nur geht *fam*

bor·rowed ['bɒrəʊd, AM 'ba:roʊd] *adj inv* ausgeliehen; ***he lives on ~ time*** seine Tage sind gezählt

bor·rowed 'funds *n pl* FIN Fremdkapital *nt,* Kreditmittel *pl*

bor·row·er ['bɒrəʊəʳ, AM 'ba:roʊɚ] *n* ❶ *(from a bank)* Kreditnehmer(in) *m(f),* Darlehensnehmer(in) *m(f)*
❷ *(from a library)* Entleiher(in) *m(f)*

'bor·row·er coun·try *n* Kreditnehmerland *nt*

bor·row·ing ['bɒrəʊɪŋ, AM 'ba:roʊ-] *n* ❶ *(take temporarily)* Ausleihen *nt;* **~ from another language** Entlehnen *nt* aus einer Fremdsprache
❷ FIN *(of money)* Darlehen *nt,* Kreditaufnahme *f;* **~ costs** [*or* **cost of ~**] Kreditkosten *pl;* **public ~** Staatsverschuldung *f;* ■**~s** *pl* aufgenommene Schulden, Darlehensverbindlichkeiten *pl,* Direktkredite *pl;* ***the company's ~ have doubled*** die Kreditlasten des Unternehmens haben sich verdoppelt; **gross/net ~** Brutto-/Nettokreditaufnahme *f;* *(debts)* Darlehenssumme[n] *f*[*pl*]; *from bank* Kredit aufnehmen

'bor·row·ing ar·range·ment *n* FIN Kreditvereinbarung *f* **'bor·row·ing ca·pac·ity** *n* FIN Verschuldungskapazität *f* **'bor·row·ing costs** *n pl* FIN Kreditkosten *pl*, Fremdkapitalkosten *pl* **'bor·row·ing pow·er** *n no pl* FIN Kreditfähigkeit *f* **'bor·row·ing rate** *n no pl* FIN Sollzins *m*

'bor·row·ings *npl* FIN aufgenommene Schulden, Fremdkapital *nt*, Passivgelder *pl*

borsch(t) [bɔːʃ(t), AM bɔːr-] *n no pl* FOOD Borschtsch *m*

bor·stal ['bɔːstəl, AM 'bɔːr-] *n* BRIT *(hist)* Jugendstrafanstalt *f*

bor·zoi ['bɔːzɔɪ, AM 'bɔːr-] *n* ZOOL Barsoi *m*

bosh [bɒʃ, AM bɑːʃ] *n (dated)* Schwachsinn *m fam*, Quatsch *m sl*

bo's'n ['bəʊsən, AM 'boʊ-] *n* NAUT *(or fam)* Hochbootsmann *m*

Bos·nia ['bɒzniə, AM 'bɑːz-] *n* Bosnien *nt*

Bos·nia-Her·ze·'go·vi·na [ˌbɒzniəˌhɜːzə'gɒvɪnə, AM ˌbɑːzniəˌhertsəgoʊ'viːnə] *n* Bosnien-Herzegowina *nt*

Bos·nian ['bɒzniən, AM 'bɑːz] **I.** *adj inv* bosnisch
II. *n* Bosnier(in) *m(f)*

bos·om ['bʊzəm] *n usu sing (form or liter)* ❶ *(breasts)* Busen *m*; **to hold sb to one's ~** jdn an die Brust drücken
❷ *(centre of emotions)* das Innere; **in the ~ of one's family** *(esp hum)* im Schoß der Familie

'bos·om friend, 'bos·om pal, AM **bos·om 'bud·dy** *n* Busenfreund(in) *m(f)*

bos·omy ['bʊzəmi] *adj* vollbusig

Bos·po·rus ['bɒspərəs, AM 'bɑːspɚ-], **Bos·pho·rus** ['bɒsfə-, AM 'bɑːsfɚ-] *n* ■**the ~** der Bosporus

boss¹ [bɒs, AM bɑːs] **I.** *n (person in charge)* Chef(in) *m(f)*, Boss *m fam*; ***who's the ~ here?*** *(usu hum fam)* wer hat hier das Sagen?; **to be one's own ~** sein eigener Herr sein
II. *vt (fam)* ■**to ~ sb [about [***or* **around]]** jdn herumkommandieren *fam*

boss² [bɒs, AM bɑːs] *n* ❶ *(on shield)* Buckel *m*
❷ ARCHIT [Gewölbe]kappe *f*

boss³ [bɑːs] *adj* AM *(fam: excellent)* erstklassig, spitzenmäßig *fam*

boss-'eyed *adj* BRIT *(sl)* schielend *attr*; ■**to be ~** einen Silberblick haben *fam o hum*

bossi·ness ['bɒsɪnəs, AM 'bɑːs-] *n no pl* Herrschsucht *f*

bossy ['bɒsi, AM 'bɑːsi] *adj (pej)* herrschsüchtig, herrisch; **~ boots** BRIT *(childspeak)* rechthaberischer Kerl

Bos·to·nian [bɒs'təʊniən, AM bɑː'stoʊ-] **I.** *n* Bostoner(in) *m(f)*
II. *adj* aus Boston *nach n*

Bos·ton ma·trix *n* ECON Vierfelder-Portfolio-Matrix *f*

bosun ['bəʊsən, AM 'boʊ-] *n* NAUT *(or fam)* Hochbootsmann *m*

bot [bɒt, AM bɑːt] *n* COMPUT, INET *short for* **robot** Bot *nt*; **shopping ~** Shoppingbot *m*

bo·tani·cal [bə'tænɪkəl] *adj inv* botanisch; **~ species** Pflanzenarten *pl*

bo·tan·ic(al) 'gar·den *n* botanischer Garten

bota·nist ['bɒtənɪst, AM 'bɑːt-] *n* Botaniker(in) *m(f)*

bota·ny ['bɒtəni, AM 'bɑːt-] *n* Botanik *f*

botch [bɒtʃ, AM bɑːtʃ] **I.** *n* Pfusch *m kein pl fam*; **to make a ~ of sth** etw verpfuschen *fam*
II. *vt* ■**to ~ sth [up]** etw verpfuschen [*o* verpatzen] *fam*

botched [bɒtʃt, AM bɑːtʃt] *adj attr* stümperhaft; **~ suicide attempt** misslungener Selbstmordversuch

botch·er ['bɒtʃəʳ, AM 'bɑːtʃɚ] *n* Stümper(in) *m(f)*

botch-up ['bɒtʃʌp, AM 'bɑːtʃ-] *n* Pfusch *m kein pl fam*; **to make a ~ of sth** etw verpfuschen *fam*

bot·fly ['bɒtflaɪ, AM 'bɑːt-] *n* Dasselfliege *f*

both [bəʊθ, AM boʊθ] **I.** *adj attr, inv* ❶ *predeterminer* beide; **~ *their teams played well*** ihre beiden Mannschaften spielten gut; **~ *my parents are journalists*** meine Eltern sind beide Journalisten
❷ *determiner* beide; ***blind in ~ eyes*** auf beiden Augen blind; **in ~ cases** in beiden Fällen; **at ~ ends** an beiden Enden; **~ sexes** Männer und Frauen; **on ~ sides of the Atlantic** auf beiden Seiten des Atlantiks
▸PHRASES: **to burn the candle at ~ ends** Raubbau mit seiner Gesundheit betreiben; **to have [***or* **want] things [***or* **it] ~ ways** alles haben wollen
II. *pron* beide; **~ *of you/us*** ihr beiden/wir beide; ***Mike and Jim ~ have red hair*** Mike und Jim haben beide rote Haare; ***would you like milk or sugar or ~?*** möchtest du Milch oder Zucker oder beides?; **~ *of these pictures are fine*** beide Bilder sind schön; ***I've got 2 children, ~ of whom are good at maths*** *(form)* ich habe 2 Kinder, die beide gut in Mathe sind
III. *adv* ■**~ ... and ...** sowohl ... als [*o* wie] auch ...; **~ *you and I*** wir beide; ***I felt ~ happy and sad at the same time*** ich war glücklich und traurig zugleich; **~ *Mike and Jim have red hair*** Mike und Jim haben beide rote Haare; ***it has won favour with ~ young and old*** es hat Zustimmung bei Jung und Alt gefunden

both·er ['bɒðəʳ, AM 'bɑːðɚ] **I.** *n no pl* ❶ *(effort)* Mühe *f*; *(work)* Aufwand *m*; *(problem)* Problem *nt*; *(difficulty)* Schwierigkeiten *pl*; *(inconvenience)* Umstände *pl*; ***it is no ~ [at all]!*** [überhaupt] kein Problem!; ***you really shouldn't have — it was no ~*** das wäre wirklich nicht nötig gewesen – keine Ursache; ***they don't have a church wedding because they don't want the ~*** sie lassen sich nicht kirchlich trauen, weil Ihnen das zu aufwändig ist; ***it's no ~, it's on my way home*** das macht keine Umstände, es liegt auf meinem Nachhauseweg; ***I don't want to put you to any ~*** ich will dir keine Umstände machen; ***it's too much ~ to cook just for myself*** es lohnt sich nicht, für mich allein zu kochen; ***I had a bit of ~ understanding what he said*** ich hatte Schwierigkeiten [*o* etwas Mühe] zu verstehen, was er sagte; **to not be worth the ~** kaum der Mühe wert sein; **to go to [all] the ~ of doing sth** sich *dat* die Mühe machen, etw zu tun; **to save oneself the ~ [of doing sth]** sich *dat* die Mühe sparen[, etw zu tun]
❷ *(trouble)* Ärger *m*; *(difficulties)* Schwierigkeiten *pl*; *(problem)* Problem[e] *nt[pl]*; ***there was a spot of ~ in town last night*** letzte Nacht gab es in der Stadt eine Schlägerei; ***I had a bit of a ~ with the police*** ich hatte Ärger [*o* Probleme] mit der Polizei; ***I'm afraid there's been a bit of ~*** *(fight)* ich fürchte, es gab Ärger; *(problem)* ich fürchte, es gab da ein kleines Problem; *(difficulties)* ich fürchte, es gab da ein paar Schwierigkeiten; **to get into a spot of ~** Schwierigkeiten bekommen; **to get oneself into a spot of ~** sich *akk* in Schwierigkeiten bringen
❸ BRIT *(nuisance)* **to be a ~** lästig sein; ***I hope she hasn't been a ~*** ich hoffe, sie ist dir nicht zur Last gefallen; ***I don't want to be [or sorry to be] a ~, but ...*** ich will nicht lästig sein [*o fam* nicht nerven], aber ...
II. *interj esp* BRIT **[oh] ~!** [so ein] Mist! *fam*; ***oh, ~ him! he's never around when you need him*** dieser verflixte Kerl! nie ist er da, wenn man ihn braucht *fam*
III. *vi* ❶ *(make an effort)* ***don't ~!*** lass nur!; ***shall I wait? — no, don't ~*** soll ich warten? – nein, nicht nötig; ***why ~?*** warum sich die Mühe machen?; ***you needn't have ~ed*** du hättest dir die Mühe sparen können; ***she should have phoned him, but she just didn't ~*** sie hätte ihn anrufen sollen, aber sie hat es einfach nicht gemacht; ■**to [not] ~ about [***or* **with] sb/sth** sich *akk* [nicht] um jdn/etw kümmern [*o fam* scheren]; ***it's not worth ~ing with an umbrella, the car's just outside*** ein Schirm ist nicht nötig, das Auto steht direkt vor der Tür; ***I don't know why you ~ with that crowd*** ich weiß nicht, warum du dich mit denen überhaupt abgibst; ***don't ~ about me, I'll find my way home*** mach dir keine Gedanken um mich, ich finde schon nach Hause; ■**to [not] ~ about [***or* **with] doing sth** sich *akk* [nicht] um etw *akk* kümmern; ***don't ~ about [or with] doing the laundry*** um die Wäsche brauchst du dich nicht zu kümmern; ■**to [not] ~ doing [***or* **to do] sth** sich *dat* [nicht] die Mühe machen, etw zu tun; ***he hasn't even ~ed to write*** er hat sich nicht mal die Mühe gemacht zu schreiben; ***you'd have found it if you'd ~ed looking [or to look]*** hättest du wirklich danach gesucht, dann hättest du es auch gefunden; ***why ~ asking if you're not really interested?*** warum fragst du überhaupt, wenn es dich nicht wirklich interessiert?; ***you needn't have ~ed to do it now, it could have waited*** damit hätten Sie sich Zeit lassen können; ***he walked out of the office without ~ing to say goodbye*** er ging aus dem Büro, ohne auch nur auf Wiedersehen zu sagen; ***why did nobody ~ to tell me something was wrong?*** warum hat mir eigentlich keiner gesagt, dass etwas nicht stimmte?; ***she didn't even ~ to let me know she was leaving the company*** sie hat es nicht einmal für nötig gehalten, mir zu sagen, dass sie die Firma verlässt
❷ *esp* BRIT *(think important)* ■**to ~ about sth** auf etw *akk* achten; ***do they ~ about punctuality in your job?*** wird bei deiner Arbeit Wert auf Pünktlichkeit gelegt?
IV. *vt* ❶ *(worry)* ■**to ~ sb** jdn beunruhigen, jdm Sorgen machen; ***the thing that ~s me is that ...*** was mich beunruhigt [*o* was mir Sorgen macht] ist, dass ...; ***it ~s me to think of her alone in that big house*** der Gedanke, dass sie allein ist in dem großen Haus, beunruhigt mich; ***it ~ed me that I hadn't done anything*** es ließ mir keine Ruhe, dass ich nichts getan hatte; ***what's ~ing you?*** was hast du?, wo drückt der Schuh? *fam*; ***you shouldn't let that ~ you*** du solltest dir darüber keine Gedanken [*o* Sorgen] machen
❷ *(upset, be of concern)* ■**to ~ sb** jdm etwas ausmachen; ■**sth does not ~ sb** etw ist jdm egal [*o* macht jdm nichts aus]; ***I'm sorry he was so rude to you — it doesn't ~ me*** es tut mir leid, dass er so grob zu dir war – das macht mir nichts aus; ***it doesn't ~ me if he doesn't turn up*** es schert mich wenig, wenn er nicht kommt *fam*; ***I hardly ever see my parents — doesn't that ~ you at all?*** ich sehe meine Eltern nur sehr selten – und das ist dir ganz egal?; ■**sb is not ~ed about sth/sb** etw/jd ist jdm egal; ***I'm not ~ed about what he thinks*** es ist mir egal, was er denkt; ***where shall we eat? — I'm not ~ed*** wo sollen wir essen? – [ist] mir egal; ***I'm not particularly ~ed about how I look*** mir ist es ziemlich egal, wie ich aussehe
❸ *(trouble)* **to ~ oneself [***or* **one's head] with [***or* **about] sth** sich *dat* wegen einer S. *gen* Gedanken [*o* einen Kopf] machen; ***he wasn't to ~ himself with day-to-day things*** er hatte keine Lust, sich mit Alltagskram zu beschäftigen *fam*; ***don't ~ yourself about that*** mach dir darüber mal keine Gedanken [*o* Sorgen]
❹ *(disturb)* ■**to ~ sb** jdn stören; ***stop ~ing me with your questions!*** verschone mich mit deinen Fragen!; ***don't ~ me [with that]!*** verschone mich damit!; ***stop ~ing me when I'm working*** stör mich doch nicht immer, wenn ich arbeite; ***I'm sorry to ~ you, but could you direct me to the station?*** entschuldigen Sie bitte, aber könnten sie mir sagen, wo der Bahnhof ist?; ***sorry to ~ you, but there's a call for you*** entschuldigen Sie bitte die Störung, aber da ist ein Anruf für Sie; ***I'm sorry to ~ you at this time of night*** tut mir leid, wenn ich dich so spät am Abend noch störe
❺ *(annoy)* ■**to ~ sb [about [***or* **with] sth]** jdn [mit etw *dat*] belästigen; ***quit ~ing me!*** lass mich in Ruhe!; ***my tooth/the heat is ~ing me*** mein Zahn/die Hitze macht mir Probleme [*o* macht mir zu schaffen]; ***the villagers don't seem to be ~ed by all the tourists*** anscheinend stören sich die Dorfbewohner gar nicht an den ganzen Touristen; ***I don't want to ~ her with my problems at the moment*** ich möchte ihr mit meinen Problemen jetzt nicht auf die Nerven gehen *fam*; ■**it ~s sb that ...** es stört jdn, dass ...; ***does it ~ you that she earns more than you?*** stört es dich, dass sie mehr verdient als du?
❻ *usu passive (not make the effort)* ■**sb can't be ~ed [to do sth]** jd hat keine Lust[, etw zu tun]; ***I just couldn't be ~ed to answer the phone*** ich hatte einfach keine Lust, ans Telefon zu gehen; ***I can't be ~ed with guys like you*** *(fam)* ich habe einfach keine Lust auf Typen wie dich *fam*

both·era·tion [ˌbɒðᵊr'eɪʃᵊn, AM ˌbɑːðə'reɪ-] *interj (dated)* verflixt! *fam*

both·ered ['bɒðəd, AM 'bɑːðɚd] *adj* beeinträchtigt; ***I'm not*** ~ es stört mich nicht; **to feel** [*or* **be**] **hot and** ~ sich *akk* unbehaglich fühlen

both·er·some ['bɒðəsᵊm, AM 'bɑːðɚ-] *adj* lästig; **a ~ little man** ein kleiner Quälgeist; **~ noise** schrecklicher Lärm

bothie *n see* **bothy**

bothy <*pl* -ies> ['bɒθi] *n* Schutzhütte *f*

Bo·tox® ['bəʊtɒks, AM 'boʊtɑːks] *n* Botox *nt*

Bo·toxed ['bəʊtɒkst, AM 'boʊtɑːkst] *adj inv* Botox-gespritzt

bo·try·tis [bɒt'raɪtɪs, AM boʊ'traɪt̬əs] *n* BOT Botrytis *f*

Bot·swa·na [bɒt'swɑːnə, AM bɑːt'-] *n* Botsuana *nt*

Bot·swa·nan [bɒt'swɑːnən, AM bɑːt'-] **I.** *n* Botsuaner, er *m, f*
II. *adj* botsuanisch

bot·tle ['bɒtl̩, AM 'bɑːt̬l̩] **I.** *n* ❶ *(container)* Flasche *f*; **baby's** ~ Fläschchen *nt;* **a one-/two-litre ~ of lemonade** eine Ein-/Zweiliterflasche Limonade; **milk** ~ Milchflasche *f;* **a ~ of milk** eine Flasche Milch; **~ for oxygen** CHEM Sauerstoffflasche *f;* **to fill a ~** [**with sth**] eine Flasche [mit etw *dat*] abfüllen
❷ *(fam: alcohol)* **to be on the** ~ [Alkohol] trinken; **to be back on the** ~ wieder zu trinken beginnen; **to hit the** ~ saufen *derb;* **to take to the** ~ zur Flasche greifen
❸ BRIT *(sl: courage, confidence)* Mumm *m fam;* **to have a lot of** ~ Mumm haben *fam;* **to lose one's** ~ kalte Füße kriegen *fig fam*
II. *vt* ■**to ~ sth** ❶ BRIT *(preserve in jars)* etw einmachen [*o* ÖSTERR, SÜDD einrexen]
❷ *(put into bottles or jars)* etw abfüllen
◆**bottle out** *vi* BRIT *(sl)* kneifen *fam*
◆**bottle up** *vt* ❶ *(repress)* ■**to ~ sth** ↻ **up** *feelings, anger* etw unterdrücken
❷ *(entrap)* ■**to ~ sb/sth** ↻ **up** jdn/etw einschließen

'bot·tle bank *n* BRIT Altglascontainer *m* **'bot·tle brush** *n* Flaschenbürste *f* **'bot·tle cap** *n* AM Flaschenverschluss *m*

bottled ['bɒtl̩d, AM 'bɑːt̬l̩d] *adj inv* ❶ *(sold in bottles)* in Flaschen abgefüllt; **~ beer** Flaschenbier *nt;* **~ gas** Flaschengas *nt*
❷ BRIT *(preserved in jars or bottles)* eingemacht

bot·tle-end 'glasses *npl* AM Aschenbecher *m fig* **'bot·tle-fed** *adj* mit der Flasche gefüttert; **a ~ baby** ein Flaschenkind *nt* **'bot·tle-feed** *vt* **to ~ a baby** ein Baby mit der Flasche füttern **'bottle-feeding** *n no pl* Fütterung *f* mit der Flasche **bot·tle fer·men·'ta·tion** *n* TECH Flaschengärung *f* **'bot·tle-green** *adj inv* flaschengrün **'bot·tle heat·er** *n* Fläschchenwärmer *m* **'bot·tle·neck** *n* ❶ TRANSP verengte Fahrbahn ❷ *(fig)* Engpass *m fig* ❸ MUS **~ guitar** mit Bottleneck[s] gespielte Gitarre **bottle·neck in·'fla·tion** *n no pl* ECON nichtmonetäre Nachfrageinflation *f* **'bot·tle-nose I.** *n* Knollennase *f* **II.** *adj inv* **~[d] dolphin** Großer Tümmler; **~[d] whale** Entenwal *m* **'bot·tle open·er** *n* Flaschenöffner *m* **'bot·tle par·ty** *n* BRIT Bottleparty *f* **'bot·tle screw** *n* Spannschraube *f* **'bot·tle store**, AUS, NZ, SA **'bot·tle shop** *n (off-licence)* Getränkeladen *m (inkl. Spirituosen)* **'bot·tle top** *n* Flaschenverschluss *m* **'bot·tle tree** *n* BOT Flaschenbaum *m*

bot·tom ['bɒtəm, AM 'bɑːt̬-] **I.** *n* ❶ *(lowest part)* Boden *m; on chair* Sitz *m; in valley* Talsohle *f,* unteres Ende; ***the boat was floating ~ up*** das Boot trieb kieloben; **bikini/pyjama ~s** Bikini-/Pyjamahose *f;* **at the ~ of the page** am Seitenende; **rock ~** *(fig)* Tiefststand *m;* ***the ~ dropped out of her world*** *(fig)* ihre Welt brach zusammen; **the ~ of the sea** der Meeresgrund; **at the ~ of the stairs** am Fuß der Treppe; **from top to ~** von oben bis unten; **to be at the ~** *(fig)* am Boden sein *fig;* **to sink to the ~** auf den Grund sinken; **to start at the ~** ganz unten anfangen
❷ *(end)* Ende *nt;* **to be** [**at the**] **~ of one's class** Klassenletzte(r) sein; **at the ~ of the garden** im hinteren Teil des Gartens; **at the ~ of the street** am Ende der Straße
❸ ANAT Hinterteil *nt*
▶PHRASES: **at ~** im Grunde [genommen]; **to be at the ~ of sth** einer Sache zugrunde liegen; **to get to the ~ of sth** einer Sache auf den Grund gehen; **to mean sth from the ~ of one's heart** etw aus tiefster Seele meinen; **~s up!** *(fam)* ex! *fam*
II. *adj inv* untere(r, s); **the ~ end of the table** das Tischende; **in ~ gear** BRIT im ersten Gang; **~ half of a bikini/pair of pyjamas** Bikini-/Pyjamahose *f;* **the ~ half of society** die Unterschicht der Gesellschaft; **the ~ shelf** das unterste Regal
▶PHRASES: **you can bet your ~ dollar that ...** du kannst darauf wetten, dass ...
III. *vi* ECON ■**to ~ out** seinen Tiefstand erreichen

bot·tom 'drawer *n* BRIT **to put sth away in one's ~** etw für die Aussteuer beiseitelegen **'bot·tom fish·ing** *n no pl* STOCKEX Bottom Fishing *nt*

bot·tom·ing 'out *n* STOCKEX *of share prices* Erreichen *nt* des Tiefstandes

bot·tom·less ['bɒtəmləs, AM 'bɑːt̬-] *adj inv* ❶ *(without limit)* unerschöpflich
❷ *(fig: very deep)* unendlich *fig;* **a ~ pit** ein Fass ohne Boden *fig;* **to be a ~ pit** unersättlich sein

bot·tom 'line *n usu sing* ❶ FIN Bilanz *f,* Abschluss *m;* ***the boss is interested only in the ~*** den Chef interessiert nur, was unterm Strich herauskommt
❷ *(fig: main point)* Wahrheit *f;* ***the ~ is we need more customers*** mit einem Wort: wir brauchen mehr Kundschaft **bot·tom-of-the-'range** *adj* **a ~ product** ein billiges Produkt

bot·tom·ry ['bɒtəmri, AM 'bɑːt̬-] *n* ECON, NAUT Schiffsverpfändung *f,* Bodmerei *f*

bot·tom 'space *n* COMPUT Fußsteg *m* **bot·tom-up** [ˌbɒtəm'ʌp, AM ˌbɑːt̬əm] **I.** *adj* von unten nach oben *nach n* **II.** *adv* von unten nach oben **bot·tom-up 'meth·od** *n* COMPUT Bottom-Up-Verfahren *nt*

bot·ty ['bɒti] *n* BRIT *(childspeak) short for* **bottom** Popo *m fam*

botu·lism ['bɒtjʊlɪzᵊm, AM ˌbɑːtʃə-] *n no pl* MED Nahrungsmittelvergiftung *f,* Botulismus *m fachspr*

bou·doir ['buːdwɑːʳ, AM -wɑːr] *n (old)* Boudoir *nt,* Damenzimmer *nt*

bouf·fant ['buːfɑ̃(ŋ), AM buː'fɑːnt] **I.** *adj* toupiert; **~ hairstyle** Toupierfrisur *f*
II. *n* toupierte Haare

bou·gain·vil·lea [ˌbuːgᵊn'vɪliə] *n* Bougainvillea *f*

bough [baʊ] *n (esp liter)* Ast *m*

bought [bɔːt, AM *esp* bɑːt] *vt pt of* **buy**

'bought deal *n* STOCKEX *Emissionsverfahren, bei dem eine Bank dem Emittenten ein festes Angebot für die Übernahme der Anleihe macht* **'bought led·ger clerk** *n* Kreditorenbuchhalter(in) *m(f)*

bou·gie ['buː(d)ʒi] *n* MED Bougie *f*

bouil·la·baisse [ˌbuːjə'bes, -'beɪs] *n* FOOD Bouillabaisse *f*

bouil·lon ['buːjɔ̃(ŋ), AM 'bʊljɑːn] *n* FOOD Bouillon *f;* **~ cube** Suppenwürfel *m*

boul·der ['bəʊldəʳ, AM 'boʊldɚ] *n* Felsbrocken *m,* Felsblock *m;* **erratic ~** erratischer Block

'boul·der clay *n no pl* GEOL [eiszeitlicher] Geschiebelehm

boules [buːl] *n* SPORT Boule *nt,* Boccia *nt*

boule·vard ['buːləvɑːd, AM 'bʊləvɑːrd] *n* Boulevard *m,* Prachtstraße *f*

bounce [baʊn(t)s] **I.** *n* ❶ *(rebound)* Aufspringen *nt kein pl; esp* BRIT SPORT *ball* Aufprall; **a bad ~** ungünstig abgeschlagener Ball; **to be beaten by the ~** nicht mehr an den Ball kommen
❷ *no pl (spring)* Sprungkraft *f; hair, rubber* Elastizität
❸ *(fig: vitality)* Energie *f,* Schwung *m*
❹ AM *(fam: eject, sack)* **to give sb the ~** jdn hinauswerfen *fam*
❺ ECON *(sharp rise) in prices* scharfer Anstieg
II. *vi* ❶ *(rebound)* springen; SPORT *ball* aufspringen
❷ *(jump up and down)* hüpfen; ***the car ~d down the bumpy track*** der Wagen holperte den unebenen Fahrweg entlang; **to ~ into the room** *(fig)* ins Zimmer stürzen
❸ FIN *(fam) cheque* platzen *fam*
❹ *(work as bouncer)* als Türsteher arbeiten
▶PHRASES: **to be bouncing off the walls** AM *(fam) children* total aufgedreht sein
❻ INET *e-mail* bouncen
III. *vt* ❶ *(cause to rebound)* ■**to ~ sth** etw aufspringen lassen; **to ~ a baby** ein Baby schaukeln
❷ FIN *(fam)* **to ~ a cheque** [*or* AM **check**] einen Scheck platzen lassen
❸ AM *(throw out)* ■**to ~ sb** jdn hinauswerfen *fam (aus einer Kneipe)*
◆**bounce around** *vi (be unfocused) person* abschweifen
◆**bounce back I.** *vi* ❶ *(rebound)* zurückspringen
❷ *(fig: recover)* wieder auf die Beine kommen
II. *vt* **to ~ the ball back** [**to sb**] den Ball [zu jdm] zurückwerfen
◆**bounce off I.** *vi* abprallen, abspringen *a. fig; echo, sound* widerhallen; *radio waves* reflektieren; **to ~ off at an angle** schräg abprallen; ***after the meeting, he ~d off back to the office*** nach dem Meeting düste er ins Büro zurück *fam*
II. *vt* ■**to ~ sth off sth** etw von etw *dat* abprallen lassen; *radio waves* reflektieren; ***criticism just ~s off her*** Kritik prallt einfach an ihr ab

bounc·er ['baʊn(t)səʳ, AM -ɚ] *n* ❶ *(person)* Rausschmeißer *m fam*
❷ *(sl: cheque)* geplatzter Scheck *fam*
❸ *(in cricket)* stark aufsteigender Ball

bounc·ing ['baʊn(t)sɪŋ] *adj* lebhaft; **a ~ baby boy/girl** ein strammer Junge/ein strammes Mädchen; **to be ~ with happiness** vor Glück strahlen

bouncy ['baʊn(t)si] *adj* ❶ *mattress* federnd; **a ~ ball** ein Ball, der gut springt; **~ castle** Hüpfburg *f*
❷ *(fig: cheerful and lively)* frisch und munter

bound¹ [baʊnd] **I.** *vi (leap)* springen; *kangaroo* hüpfen; **to ~ out of bed** aus dem Bett springen
II. *n (leap)* Sprung *m,* Satz *m;* **with one** [*or* **a single**] **~** mit einem Satz
▶PHRASES: **by leaps and ~s** sprunghaft

bound² [baʊnd] **I.** *vt usu passive (border)* ■**to be ~ed by sth** von etw *dat* [*o* durch etw *akk*] begrenzt werden
II. *n* ■**~s** *pl* Grenze *f;* **to be out of ~s** *ball* im Aus sein; *area* Sperrgebiet sein; **to be outside the ~s of acceptable behaviour** die Grenze akzeptablen Verhaltens überschritten haben; **to be within the ~s of the law** sich *akk* im Rahmen des Gesetzes bewegen; **to go beyond the ~s of possibility** die Grenzen des Möglichen überschreiten; **to keep sth within ~s** etw in [vernünftigen] Grenzen halten; **to know no ~s** keine Grenzen kennen
III. *adj pred (immersed in)* ■**to be ~ up in sth** von etw *dat* in Anspruch genommen sein; ■**to be ~ with sth** mit etw *dat* in [engem] Zusammenhang stehen; ***Britain's fate is inextricably ~ with Europe's*** das Schicksal Großbritanniens ist eng mit dem Schicksal Europas verbunden

bound³ [baʊnd] *adj inv* ■**to be ~ for X** unterwegs nach X sein; ***where is this ship ~ for?*** wohin fährt dieses Schiff?; **to be ~ for success** *(fig)* auf dem besten Weg sein, erfolgreich zu sein

bound⁴ [baʊnd] **I.** *pt, pp of* **bind**
II. *adj pred, inv* ❶ *(certain)* ***she's ~ to come*** sie kommt ganz bestimmt; ***you're ~ to forget people's names occasionally*** man vergisst zwangsläufig ab und zu die Namen anderer Leute; ***I'm ~ to say that ...*** *(form)* ich muss sagen, ...; ***he's in the pub, I'll be ~*** *(dated or also hum)* ich möchte wetten, er ist im Pub; **to be ~ to happen** zwangsläufig geschehen; ***it was ~ to happen*** das musste so kommen
❷ *(obliged)* verpflichtet; ■**to be ~ to do sth** verpflichtet sein, etw zu tun
▶PHRASES: **to be ~ and determined** AM [fest] entschlossen sein

-bound *in compounds (going to)* in Richtung ...; **Berlin/London~** nach Berlin/London

bounda·ry ['baʊndᵊri] *n* ❶ *(limit)* Grenze *f;* **to transgress the boundaries of good taste** die Grenzen des guten Geschmacks überschreiten; **to cross a ~** eine Grenze überqueren; **to draw/mark a ~** [**between two places**] eine Grenze [zwischen

zwei Orten] ziehen/darstellen; **to expand beyond a ~** sich *akk* über eine Grenze hinaus ausdehnen
2 SPORT *(in cricket)* Spielfeldgrenze *f (beim Kricket);* **to hit** [*or* **score**] **a ~** [den Ball] über die Spielfeldgrenze hinaus schlagen

'Bound·ary Com·mis·sion *n* LAW Grenzkommission *f* **'bounda·ry con·di·tion** *n* SCI Randbedingung *f* **'bounda·ry lay·er** *n* PHYS Grenzschicht *f*

bound·en duty [ˌbaʊndən'-] *n no pl (dated or also hum)* Pflicht *f* und Schuldigkeit *f geh*

bound·er ['baʊndəʳ, AM -ɚ] *n (dated)* Schuft *m fam,* Lump *m oft pej fam*

bound·less ['baʊndləs] *adj* grenzenlos, unbegrenzt

boun·te·ous ['baʊntiəs, AM -t̬iəs] *adj (old liter)*
1 *(abundant)* reichlich; **a ~ harvest** eine reiche Ernte
2 *(generous)* freigebig, großzügig
3 *(lavish)* überschwänglich; ***she was always a woman of ~ affection*** sie zeigte immer überströmende Liebenswürdigkeit

boun·ti·ful ['baʊntɪfəl, AM -t̬ə-] *adj (liter)* 1 *(generous)* freigebig, großzügig; **Lady B~** die gute Fee
2 *(abundant)* reichlich; **a ~ crop** [*or* **harvest**] eine reiche Ernte

boun·ty ['baʊnti, AM -t̬i] *n* 1 *(reward)* Belohnung *f; (for capturing sb)* Kopfgeld *nt;* **to place a ~ of $10,000 on sb's head** eine Belohnung in Höhe von 10.000 Dollar auf jdn aussetzen
2 *no pl (liter: generosity)* Freigebigkeit *f,* Großzügigkeit *f*
3 *(great amount)* Fülle *f*

boun·ty hunt·er *n* 1 *(hunter of criminals)* Kopfgeldjäger(in) *m(f)*
2 *(animal tracker)* Fährtensucher(in) *m(f)*

bou·quet [bʊ'keɪ, AM boʊ'-] *n* 1 *(of flowers)* Bukett *nt, bes* SCHWEIZ Bouquet *nt geh,* [Blumen]strauß *m*
2 *(aroma)* Bukett *nt, bes* SCHWEIZ Bouquet *nt; of wine* Blume *f,* Bukett *mt, bes* SCHWEIZ Bouquet *nt*

bour·bon ['bɜːbən, AM 'bɜːr-] *n* Bourbon *m*

bour·geois ['bɔːʒwɑː, AM 'bʊrʒ-] **I.** *adj* 1 *(middle-class)* bürgerlich
2 *(pej: philistine)* spießbürgerlich, spießig *pej*
3 *(capitalistic)* bourgeois *veraltet*
II. *n* 1 *(person of middle class)* Bürger(in) *m(f)*
2 *(pej: philistine)* Spießbürger(in) *m(f),* Spießer(in) *m(f)*
3 *(in communist writing)* Bourgeois *m geh*

bour·geoi·sie [ˌbɔːʒwɑː'ziː, AM ˌbʊrʒ-] *n + sing/pl vb*
1 *(middle class)* Bürgertum *nt;* **petty ~** Kleinbürgertum *nt*
2 *(capitalist class)* ■**the ~** die Bourgeoisie

bout [baʊt] *n* 1 *(short attack)* Anfall *m;* **a ~ of coughing** ein Hustenanfall *m;* **a ~ of insanity** ein Anfall *m* von Wahnsinn; **drinking ~** Trinkgelage *nt oft hum; (going out)* Sauftour *f fam*
2 *(in boxing)* Boxkampf *m; (in wrestling)* Ringkampf *m*

bou·tique [buː'tiːk] *n* Boutique *f*

bou·tique ho·'tel *n* Boutique Hotel *nt*

Bou·vet Is·land ['buːveɪ-] *n* Bouvetinsel *f*

bo·vine ['bəʊvaɪn, AM 'boʊ-] *adj* 1 *(of cows)* Rinder-; **~ growth hormone** Rinderwachstumshormon *nt*
2 *(fig: stupid)* einfältig; *(limited)* beschränkt; *(sluggish)* träge

bov·ver ['bɒvəʳ] *n no pl* BRIT *(sl)* Straßenkämpfe *pl; (between gangs)* Bandenkämpfe *pl;* **to go out looking for ~** auf eine Schlägerei aus sein *fam*

'bov·ver boots *npl* BRIT *(sl)* Springerstiefel *pl,* Rockerstiefel *pl* **'bov·ver boy** *n* BRIT *(sl)* Rocker *m; (misbehaving)* Rowdy *m*

bov·ver·ed ['bɒvəd] *adj (sl)* **am I ~?** na, und?, wen interessiert's? *fam*

bow¹ [bəʊ, AM boʊ] *n* 1 *(weapon)* Bogen *m;* **~ and arrows** Pfeil und Bogen *pl;* **to draw one's ~** den Bogen spannen
2 *(for an instrument)* Bogen *m*
3 *(knot)* Schleife *f,* Masche *f* ÖSTERR, SCHWEIZ
▸PHRASES: **to <u>have</u> many/two strings to one's ~** mehrere/zwei Eisen im Feuer haben *fam*

bow² [baʊ] **I.** *vi* ■**to ~** [**to sb/sth**] sich *akk* [vor jdm/etw] verbeugen [*o geh* verneigen]; **to ~ to public pressure** *(fig)* sich öffentlichem Druck beugen
▸PHRASES: **to ~ and <u>scrape</u>** *(pej)* katzbuckeln
II. *vt* **to ~ one's head** den Kopf senken [*o geh* neigen]
III. *n* 1 *(bending over)* Verbeugung *f,* Verneigung *f geh;* **to give** [*or* **make**] **a ~** [**to sb**] [vor jdm] eine Verbeugung machen; **to make one's ~** *(fig)* sein Debüt geben; **to take a ~** sich *akk* [unter Applaus] verbeugen; **to take one's final ~** *(fig)* seine letzte Vorstellung geben, zum letzten Mal auftreten
2 NAUT Bug *m*
▸PHRASES: **to <u>fire</u> a warning shot across sb's ~s** einen Warnschuss vor jds Bug abfeuern
◆**bow down** *vi* 1 *(to show reverence)* ■**to ~ down** [**before sb**] sich *akk* [vor jdm] verbeugen [*o geh* verneigen]
2 *(obey sb)* ■**to ~ down to sb** sich *akk* jdm fügen
◆**bow out I.** *vi (stop taking part)* sich *akk* verabschieden; *(retire from job)* sich *akk* ins Privatleben zurückziehen; **to ~ out of a project** aus einem Projekt aussteigen *fam*
II. *vt* ■**to ~ sb out** jdn hinauskomplimentieren *euph geh*

bowd·ler·ize ['baʊdləraɪz] *vt (pej)* ■**to ~ sth** etw zensieren; **to ~ a film** anstößige Stellen aus einem Film herausschneiden

bow 'door *n* NAUT Bugklappe *f*

bowed¹ [baʊd] *adj (bent over)* gebeugt; **~ down** [*or* **under**] niedergebeugt; ***the roses were ~ under with blossoms*** die Rosen waren über und über mit Blüten beladen

bowed² [bəʊd, AM boʊd] *adj (curved)* bogenförmig, gebogen

bow·el ['baʊəl] *n* 1 *usu pl* MED *(intestine)* Darm *m,* Gedärm *nt,* Eingeweide *pl;* **to move one's ~s** Stuhl[gang] haben
2 *(liter: depths)* ■**~s** *pl* Innere *nt kein pl;* **the ~s of the Earth** das Erdinnere, das Innere der Erde

'bow·el move·ment, BM *n* Stuhl[gang] *m*

bow·er ['baʊəʳ, AM -ɚ] *n (liter)* schattiges Plätzchen; *(enclosed by foliage)* [Garten]laube *f;* **to sit under a leafy ~** an einem schattigen Plätzchen sitzen

bow·head whale ['bəʊhed,-, AM 'boʊ-] *n* Grönlandwal *m*

bowie knife ['bəʊi-, AM 'boʊi-] *n* Bowiemesser *nt*

bowl¹ [bəʊl, AM boʊl] *n* 1 *(dish)* Schüssel *f; (shallower)* Schale *f;* **a ~ of cornflakes** eine Schüssel Cornflakes; **a ~ of rice** eine Schale Reis; **a ~ of soup** eine Tasse Suppe
2 *esp* AM *(bowl-shaped building)* ■**the B~** das Stadion
▸PHRASES: **<u>life</u> is just a ~ of cherries** das Leben ist einfach wunderbar; ***she's so rich that life's just a ~ of cherries for her*** sie ist so reich, dass das Leben für sie das reinste Zuckerschlecken ist *fam*

bowl² [bəʊl, AM boʊl] SPORT **I.** *vi* 1 *(in cricket)* werfen
2 *(play tenpins)* bowlen, Bowling spielen; *(play skittles)* kegeln; *(play bowls)* Bowls spielen
II. *vt* 1 *(dismiss)* ■**to ~ sb** jdn ausschlagen
2 *(roll a ball)* **to ~ a ball** einen Ball rollen; **to ~ a bowling ball** eine Bowlingkugel werfen
III. *n* 1 *(in bowls)* Kugel *f; (in bowling)* Bowlingkugel *f*
2 BRIT ■**~s** *+ sing vb* Bowling *nt;* **to play** [**at**] **~s** Bowling spielen
◆**bowl along** *vi* dahinrollen; ***they ~ed along the road*** sie rauschten die Straße entlang
◆**bowl out** *vt usu passive* SPORT **to ~ sb ○ out for a number of runs** jdn für eine bestimmte Anzahl von Läufen ausschlagen
◆**bowl over** *vt usu passive* ■**to ~ over ○ sb**
1 *(knock over)* jdn über den Haufen rennen *fam; (by car)* jdn über den Haufen fahren *fam; (hit with a ball)* jdn umwerfen
2 *(fig: astonish)* jdn umwerfen *fam,* jdn umhauen *fam;* ■**to be ~ed over** sprachlos sein; ***she was ~ed over when she heard she'd won the competition*** es verschlug ihr die Sprache, als sie hörte, dass sie den Wettbewerb gewonnen hatte

bow-leg·ged [bəʊ'legɪd, AM boʊ-] *adj* o-beinig *attr fam* **bow·legs** [bəʊ'legz, AM boʊ-] *npl* O-Beine *pl fam*

bowl·er ['bəʊləʳ, AM 'boʊlɚ] *n* 1 *(in cricket)* Werfer *m*
2 *(at bowls)* Bowlsspieler(in) *m(f); (at bowling)* Bowlingspieler(in) *m(f)*
3 *(hat)* Bowler *m,* Melone *f hum fam*

bowl·er 'hat *n* Bowler *m,* Melone *f hum fam*

'bowl game *n* AM *eins von mehreren Footballspielen, die nach der eigentlichen Saison zwischen besonders ausgewählten Mannschaften ausgetragen werden*

bow·line ['bəʊlɪn, AM 'boʊ-] *n* NAUT Palstek *m*

bowl·ing ['bəʊlɪŋ, AM 'boʊ-] *n no pl* 1 *(tenpins)* Bowling *nt; (skittles)* Kegeln *nt*
2 *(in cricket)* Werfen *nt;* **to open the ~** den ersten Wurf machen

'bowl·ing al·ley *n (for tenpins)* Bowlingbahn *f; (for skittles)* Kegelbahn *f* **'bowl·ing green** *n* Rasenfläche *f* für Bowls

bow·man¹ ['bəʊmən, AM 'boʊ-] *n (archer)* Bogenschütze, -schützin *m, f*

bow·man² [ˌbaʊmən] *n (rower)* Bugmann *m*

bow·sprit ['bəʊsprɪt, AM 'boʊ] *n* NAUT Bugspriet *m*

'bow·string I. *n* Bogensehne *f*
II. *vt (hist)* ■**to ~ sb** jdn erdrosseln

bow 'tie *n* FASHION Fliege *f;* **to tie a ~** eine Fliege binden

'bow wave *n* Bugwelle[n] *f[pl];* ***the judgement will be followed by a ~ of lawsuits*** *(fig)* das Urteil wird einen Rattenschwanz von Prozessen im Gefolge haben *fig*

bow 'win·dow *n* Erkerfenster *nt*

bow-wow I. *interj* [ˌbaʊ'waʊ] wauwau
II. *n* ['baʊˌwaʊ] *(childspeak: dog)* Wauwau *m Kindersprache*

box¹ [bɒks, AM bɑːks] **I.** *vi* boxen; ■**to ~ against sb** gegen jdn boxen
II. *vt* 1 *(in match)* ■**to ~ sb** gegen jdn boxen
2 *(slap)* **to ~ sb's ears** jdn ohrfeigen
III. *n* Schlag *m;* **to give sb a ~ on the ears** jdm eine Ohrfeige geben

box² [bɒks, AM bɑːks] **I.** *n* 1 *(container)* Kiste *f;* **ballot ~** Wahlurne *f;* **cardboard ~** Karton *m;* **chocolate ~** Pralinenschachtel *f;* **~ of cigars** Schachtel *f* Zigarren; **a ~ of cookies** eine Dose Kekse; **~ of matches** Streichholzschachtel *f,* Zündholzschachtel *f* SCHWEIZ; **tool ~** Werkzeugkasten *m;* **witness ~** BRIT LAW Zeugenstand *m;* **wooden ~** Holzkiste *f*
2 *(rectangular space)* Kästchen *nt,* Feld *nt*
3 *(small space)* **telephone ~** Telefonzelle *f;* ***their new house is just a ~*** ihr neues Haus ist eigentlich nur so groß wie ein Schuhkarton
4 *(in theatre)* Loge *f*
5 BRIT, AUS SPORT *(protective equipment)* Suspensorium *nt*
6 *(fam: television)* ■**the ~** die [Flimmer]kiste *fam,* der Kasten *fam,* die Glotze *sl*
▸PHRASES: **to <u>go</u> outside the ~** AM einen neuen Weg einschlagen; **to <u>think</u> outside the ~** nicht nach Schema F denken, unkonventionell sein [*o* denken]
II. *vt* 1 *(place in box)* ■**to ~ sth** [**up**] etw in einen Karton legen; *(wrap)* etw [in einen Karton/eine Schachtel] verpacken
2 NAUT **to ~ the compass** *alle Kompasspunkte der Reihe nach aufzählen; (change direction)* eine Kehrtwendung machen
◆**box in** *vt* ■**to ~ in ○ sth** etw einklemmen; **to ~ in a car** ein Auto einparken; **to feel ~ed in** *(fig)* sich *akk* eingeengt fühlen
◆**box off** *vt* ■**to ~ off ○ sth** etw abteilen [*o* abtrennen]; **to ~ an area off** einen Bereich abtrennen
◆**box up** *vt* ■**to ~ up ○ sth** etw [in Kartons] einpacken

box³ [bɒks, AM bɑːks] *n no pl (tree)* Buchsbaum *m*

'box calf *n* Boxkalf *nt* **box 'cam·era** *n* Box[kamera] *f* **box 'can·dy** *n* AM *in einer Schachtel verpackte Süßigkeiten* **'box·car** *n* AM 1 *(freight car)* [geschlossener] Güterwagen 2 *(sl: pair of sixes)* ■**~s** *pl* Sechserpasch *m kein pl*

boxed 'set *n Sortiment in einer Box*

box·er ['bɒksəʳ, AM 'bɑːksɚ] *n* 1 *(dog)* Boxer *m*
2 *(person)* Boxer(in) *m(f)*

box·ers ['bɒksəz, AM 'bɑ:ksɚz] *npl*, **'box·er shorts** *npl* Boxershorts *pl*

box·ing ['bɒksɪŋ, AM 'bɑ:ks-] **I.** *n no pl* Boxen *nt* **II.** *n modifier (champion)* Box-

'box·ing card *n* Boxprogramm *nt*

'Box·ing Day *n* BRIT, CAN zweiter Weihnachtsfeiertag, der 26. Dezember

'box·ing gloves *npl* Boxhandschuhe *pl* **'box·ing match** *n* Boxkampf *m* **'box·ing ring** *n* Boxring *m*

box 'junc·tion *n markierter Kreuzungsbereich, der bei Stau nicht befahren werden darf* **box 'lunch** *n* AM *(packed lunch)* Lunchpaket *nt* **'box num·ber** *n* Chiffre[nummer] *f*

'box of·fice *n* Kasse *f (im Kino, Theater)*

box of·fice ap·'peal *n* **to have great ~** ein [echter] Kassenschlager sein *fam* **box of·fice at·'trac·tion**, **box of·fice 'draw** *n* **to be a huge** [*or* **great**] **~** ein [riesiger [*o* gewaltiger]] Kassenschlager sein *fam* **box of·fice 'fail·ure** *n* Flop *m*, Pleite *f fam* **box of·fice 'hit** *n* Kassenschlager *m fam* **box of·fice re·'ceipts** *npl* verkaufte Eintrittskarten *pl* **box of·fice 'star** *n* [Kassen]star *m* **box of·fice suc·'cess** *n* Kassenerfolg *m* **box of·fice 'tak·ings** *npl* verkaufte Eintrittskarten *pl*

'box·room *n* BRIT Abstellraum *m*, Abstellkammer *f*

'box score *n* AM SPORT tabellarischer Spielbericht *(Ergebnis- und Spielbericht eines Sportereignisses)*

'box seat *n* ❶ THEAT *(seat in a box)* Logenplatz *m* ❷ SPORT *(seat closest to action) Platz auf den vordersten Rängen* **'box span·ner** *n esp* BRIT, AUS Steckschlüssel *m* **'box spring** *n* Sprungfeder *f* **box spring 'mat·tress** *n* Sprungfedermatratze *f* **'box store** *n* AM [Verbraucher-]Abholmarkt *m* **'box top** *n* Kartondeckel *m (einer Kartonpackung)* **'box·wood** *n no pl* Buchsbaumholz *nt* **'box wrench** *n* AM *(box spanner)* Steckschlüssel *m*

boxy ['bɒksi, AM 'bɑ:ksi] *adj* kastenförmig, kistenförmig; **~ shape** Kastenform *f*

boy [bɔɪ] **I.** *n* ❶ *(male child)* Junge *m*, Bub *m* SÜDD, ÖSTERR, SCHWEIZ
❷ *(friends)* ■**the ~s** *pl* ***he always spends Friday nights with the ~s*** er verbringt Freitagnacht immer mit seinen Kumpels; **one of the ~s** ein richtiger Mann [*o fam* echter Kerl]
❸ *(in office, shop)* Laufbursche *m*; *(in hotel, lift)* Boy *m*
❹ AM *(sl: testicles)* ■**~s** *pl* Eier *pl sl*
▸ PHRASES: **~s will be ~s** *(saying)* Jungs sind nun mal so; **the big ~s** die Großen; **the ~s in blue** *(fam)* die Polizei *f*, die Jungs in Grün BRD *hum fam*; **to be a local ~ made good** ein erfolgreicher junger Mann von hier sein; **my ~** *(dated)* mein Junge; **our/the ~s** MIL unsere Jungs; **~s' toys** *(hum, pej)* Männerspielzeug *nt*
II. *interj* [**oh**] **~, *that was good!*** Junge, Junge, war das gut! *fam*

'boy band *n* Boygroup *f*

boy·cott ['bɔɪkɒt, AM -kɑ:t] **I.** *vt* ■**to ~ sth** etw boykottieren
II. *n* Boykott *m*; **to lift a ~** einen Boykott aufheben; **to put a ~ on sb/sth** [*or* **sb/sth under a ~**] über jdn/etw einen Boykott verhängen

boy-'crazy *adj inv (fam)* versessen auf Jungs *präd*

'boy·friend *n* Freund *m*

boy·hood ['bɔɪhʊd] **I.** *n no pl (as a child)* Kindheit *f*; *(as a teenager)* Jugend *f*
II. *n modifier (as a child)* Kindheits-; *(as a teenager)* Jugend-

boy·ish ['bɔɪɪʃ] *adj* jungenhaft; *(of woman)* knabenhaft *geh*; **~ enthusiasm** kindlicher Enthusiasmus

boy·ish·ly ['bɔɪɪʃli] *adv* jungenhaft; *(of woman)* knabenhaft; **~ enthusiastic** kindlich begeistert

boy-meets-'girl *adj* Liebes-; **~ story** Liebesgeschichte *f*

boyo <*pl* -s> ['bɔɪjəʊ] *n* DIAL *(fam: boy, man)* Bursche *m*

boy 'scout *n (dated)* Pfadfinder *m* **boy scout jam·bo·'ree** *n* Pfadfindertreffen *nt* **boy scout 'troop** *n* Pfadfindervereinigung *f*, Pfadfindergruppe *f*

boy-shorts *npl* Schlüpfer *m* mit angeschnittenem Bein **'boy toy** *n* AM *(toy boy)* jugendlicher Liebhaber, Gespiele *m veraltet o hum* **boy 'won·der** *n* Wunderknabe *m*, Wunderkind *nt*

bozo ['bəʊzəʊ, AM 'boʊzoʊ] *n esp* AM *(sl)* dummer Kerl *fam*, Depp *m pej*

B/P *abbrev of* **bills payable** *see* **bill I 3**

BP [,bi:'pi:] *n* MED *abbrev of* **blood pressure** Blutdruck *m*

BPI, bpi [,bi:pi:'aɪ] *n* COMPUT *abbrev of* **bits pro inch** Bits *pl* pro Inch

BPP [,bi:pi:'pi:] *n* COMPUT *abbrev of* **bits per pixel** BPP

bps [,bi:pi:'es] *n* COMPUT *abbrev of* **bits per second** bps; **~ rate adjust** bps-Anpassung *f*

Bq *abbrev of* **becquerel** Bq

BR [,bi:'ɑ:ʳ] *n no pl abbrev of* **British Rail** *britische Eisenbahngesellschaft*

B/R *abbrev of* **bills receivable** *see* **bill I 3**

bra [brɑ:] *n* ❶ *(for woman)* BH *m fam*
❷ AM *(for car) Lederüberzug für die Schnauze eines Autos als Schutz vor Steinchen*

braai [braɪ] SA **I.** *n* Grillfest *nt*
II. *vt* ■**to ~ sth** etw grillen [*o* SCHWEIZ grillieren]
III. *vi* grillen, grillieren SCHWEIZ

brace [breɪs] **I.** *n* ❶ *esp* BRIT MED ■**~** [*or esp* AM, AUS **~s**] *(for teeth)* Zahnklammer *f*, Zahnspange *f*; *(for back)* Stützapparat *m*
❷ BRIT, AUS *(for trousers)* ■**~s** *pl* Hosenträger *pl*
❸ *esp* AM *(callipers)* ■**~s** *pl* Stützapparat *m*
❹ *(pair of birds)* [Federwild]paar *nt*; **~ of partridges** Rebhuhnpaar *nt*
II. *vt* ❶ *(prepare for)* ■**to ~ oneself for sth** *(mentally)* sich *akk* auf etw *akk* gefasst machen; *(physically)* sich *akk* auf etw *akk* vorbereiten
❷ *(support)* ■**to ~ sth** [**with sth**] etw [mit etw *dat*] [ab]stützen; *(horizontally)* etw [mit etw *dat*] verstreben
◆**brace up** *vi* sich *akk* zusammenreißen

brace and 'bit *n* Bohrwinde *f*

brace·let ['breɪslət] *n* ❶ *(jewellery)* Armband *nt*, Armreif *m*
❷ *(fam: handcuffs)* Handschelle[n] *f[pl]*

braces ['breɪsɪz] *npl* COMPUT geschweifte Klammern

brac·ing ['breɪsɪŋ] *adj* erfrischend, belebend, anregend; **~ climate** Reizklima *nt*

brack·en ['brækᵊn] *n no pl* Adlerfarn *m*

brack·et ['brækɪt] **I.** *n* ❶ *usu pl (in writing)* Klammer *f*; **in** [**round/square**] **~s** in [runden/eckigen] Klammern; **to be included in ~s** in Klammern stehen
❷ AM, AUS *(square writing symbols)* ■**~s** *pl* eckige Klammern
❸ *(category)* Klasse *f*, Gruppe *f*; COMM *also* Stufe *f*, Intervall *nt*; **age ~** Altersgruppe *f*; FIN **income ~** Einkommensstufe *f*; **middle-income ~** mittlere Einkommensstufe; **salary ~** Gehaltsklasse *f*; **tax ~** Steuerklasse *f*
❹ *(L-shaped support)* Konsole *f*, [Winkel]stütze *f*
II. *vt* ❶ *(put into brackets)* ■**to ~ sth** etw einklammern [*o* in Klammern setzen]
❷ *(include in one group)* ■**to ~ sb with sb** jdn mit jdm in einen Topf werfen *fam*; **to ~ sth together** etw in einen Topf schmeißen *fam*

'brack·et creep *n no pl* FIN heimliche Steuererhöhung

brack·ish ['brækɪʃ] *adj* leicht salzig; *water* brackig; **~ water** Brackwasser *nt*

bract [brækt] *n* BOT Deckblatt *nt*, Hüllblatt *nt*

brad·awl ['brædɔ:l, AM -ɑ:l] *n* [flache] Ahle *f*, Pfriem *m*

Brady plan ['breɪdi-] *n* COMM Brady-Plan *m*

brae [breɪ] *n* SCOT Abhang *m*, Böschung *f*

brag <-gg-> [bræg] **I.** *vi* ■**to ~** [**about sth**] [mit etw *dat*] prahlen [*o* angeben]
II. *vt* ■**to ~ that …** damit prahlen [*o* angeben], dass …

brag·gart ['brægət, AM -ɚt] *n (pej dated)* Prahler(in) *m(f)*, Aufschneider(in) *m(f)* ÖSTERR, SCHWEIZ *fam*

brah·man ['brɑ:mən], **brah·min** ['brɑ:mɪn] *n* Brahmane *m*

Brah·man·ism ['brɑ:mənɪzᵊm] *n no pl* Brahmanismus *m*

Brah·man·ist ['brɑ:mənɪst] *adj* brahmanistisch

braid [breɪd] **I.** *n* ❶ *no pl (on cloth)* Borte *f*; *(on uniform)* Litze *f*; *(with metal threads)* Tresse[n] *f[pl]*
❷ *esp* AM *(plait)* Zopf *m*, Flechte *f geh*
II. *vt esp* AM ■**to ~ sth** etw flechten
III. *vi esp* AM flechten

braid·ing ['breɪdɪŋ] *n see* **braid I 1**

Braille [breɪl] *n no pl* Blindenschrift *f*, Brailleschrift *f*

brain [breɪn] **I.** *n* ❶ *(organ)* Gehirn *nt*; ■**~s** *pl* [Ge]hirn *nt*
❷ *(intelligence)* Verstand *m*; **to have a good ~** einen scharfen Verstand haben; ■**~s** *pl (intelligence)* Intelligenz *f kein pl*, Grips *m fam*, Köpfchen *nt fam*; *(imagination)* Einbildung *f kein pl*, Fantasie *f kein pl*; **to have ~s** *(fam)* Köpfchen [*o* Grips] haben *fam*; **to use one's ~s** seinen Kopf [*o fam* sein Hirn] anstrengen
❸ *(fam: intelligent person)* heller Kopf *fam*; **the best ~s** die fähigsten Köpfe
❹ *(smartest of a group)* ■**the ~s** + *sing vb* der [hellste] Kopf
▸ PHRASES: **to blow sb's ~s out** *(fam)* jdm eine Kugel durch den Kopf jagen *fam*, jdm das [Ge]hirn rauspusten *sl*; **to have sth on the ~** *(pej fam)* immer nur an etw *akk* denken; **to pick sb's ~[s]** jdm ein Loch in den Bauch fragen *fam*, jdn löchern *fam*
II. *vt (fam)* ■**to ~ sb** jdm den Schädel einschlagen *fam*; ■**to ~ oneself** sich *dat* den Kopf [an]stoßen
III. *adj* Gehirn-

'brain buck·et *n* AM *(sl)* Helm *m* **'brain cell** *n* Gehirn[gewebe]zelle *f* **'brain·child** *n* genialer Einfall, Geistesprodukt *nt* **'brain dam·age** *n* [Ge]hirnschaden *m* **brain-dam·aged** ['breɪndæmɪdʒd] *adj inv* hirngeschädigt **'brain dead** *adj* [ge]hirntot; **to declare sb ~** jdn für [ge]hirntot erklären **'brain death** *n* [Ge]hirntod *m* **'brain dis·or·der** *n* [Ge]hirnerkrankung *f*, [Ge]hirnstörung *f* **'brain drain** *n* Braindrain *m*, Abwanderung *f* von Wissenschaftlern/Wissenschaftlerinnen ins Ausland **'brain-drain·ing** *adj inv (fig: mentally exhausting)* nervig, stressig **'brain fe·ver** *n (dated)* Hirnhautentzündung *f*

brain·less ['breɪnləs] *adj* hirnlos *pej*; **~ idiot** Vollidiot *m pej*

'brain·pan *n (fam)* Schädel *m fam* **'brain pow·er** *n (fam)* Intelligenz *f*; **to have ~** eine Leuchte sein *fam* **'brain scan** *n* Computertomografie *f* des Schädels **'brain·storm I.** *vi* ein Brainstorming machen **II.** *vt* **to ~ a project** zu einem Projekt ein Brainstorming machen **III.** *n* ❶ BRIT *(fam: brain shutdown)* Anfall *m* geistiger Umnachtung; **to have a ~** geistig weggetreten sein *fam* ❷ AM *(brainwave)* Geistesblitz *m fam* **'brain·storm·ing** *n no pl* Brainstorming *nt*, gemeinsame Problembewältigung **'brain·storm·ing ses·sion** *n* Brainstorming *nt*; **to have a ~** ein Brainstorming abhalten [*o* durchführen]

'brains trust *n* AM Braintrust *m*, politische/wirtschaftliche Beratergruppe

'brain teas·er *n (sth puzzling)* Rätsel *nt*; *(puzzle)* Denksportaufgabe *f* **'brain tis·sue** *n* Gehirngewebe *nt* **'brain tu·mour** *n* [Ge]hirntumor *m* **'brain·wash** *vt (pej)* ■**to ~ sb** jdn einer Gehirnwäsche unterziehen **'brain·wash·ing** *n* Gehirnwäsche *f* **'brain wave** *n* MED Hirn[strom]welle *f* **'brain·wave** *n (fam)* Geistesblitz *m fam* **'brain·work** *n no pl* Kopfarbeit *f*

brainy ['breɪni] *adj (intelligent)* gescheit; *(rapid mental grasp)* aufgeweckt

braise [breɪz] *vt* FOOD ■**to ~ sth** etw schmoren

brake[1] [breɪk] **I.** *n* Bremse *f*; **anti-lock ~** Antiblockierbremse *f*; **to apply** [*or* **put on**] **the ~s** bremsen; **to release the ~[s]** *(by hand)* die Bremse lösen; *(by foot)* den Fuß von der Bremse nehmen; **to slam on the ~[s]** *(fam)* in die Eisen steigen *fam*, auf die Bremse latschen, auf die Klötze stehen SCHWEIZ *fam*
II. *vi* bremsen; **to ~ sharply** [*or* **hard**] scharf bremsen

brake[2] [breɪk] *n* BOT [Adler]farn *m*

'brake band *n* AUTO Bremsband *nt* **'brake block** *n (on bike)* Bremsklotz *m*, Bremsbacke *f fachspr* **'brake cable** *n* Bremszug *m*, Bremsseil *nt* **'brake drum** *n* Bremstrommel *f* **'brake fluid** *n* Bremsflüssigkeit *f* **'brake lights** *npl* Bremslichter *pl*

'**brake lin·ing** *n* Bremsbelag *m* '**brake pads** *npl* Bremsbeläge *pl* '**brake ped·al** *n* Bremspedal *nt* '**brake shoe** *n* Bremsklotz *f,* Bremsbacke *f fachspr* '**brake van** *n* BRIT RAIL Bremswagen *m*

brak·ing ['breɪkɪŋ] *n no pl* Bremsen *nt*

'**brak·ing dis·tance** *n* Bremsweg *m*

bram·ble ['bræmbl̩] *n* ❶ *(bush)* Brombeerstrauch *m* ❷ *(berry)* Brombeere *f* ❸ *esp* AM *(thorny bush)* Dornenstrauch *m,* Dornengestrüpp *nt*

bran [bræn] *n no pl* Kleie *f*

branch [brɑːn(t)ʃ, AM bræn(t)ʃ] **I.** *n* ❶ *(of a bough)* Zweig *m; (of the trunk)* Ast *m* ❷ *esp* AM *(fork)* ~ **of a river** Flussarm *m;* ~ **of a road** Abzweigung *f* ❸ *(local office)* Zweigstelle *f,* Filiale *f* ❹ *(subdivision)* Zweig *m* **II.** *vi* ❶ *(form branches)* Zweige treiben ❷ *(fig: fork)* sich gabeln

◆**branch off I.** *vi* sich verzweigen [*o* gabeln]; *(into other direction)* abzweigen **II.** *vt* **to ~ off a subject** [*or* **topic**] vom Thema abkommen

◆**branch out** *vi* ❶ *(enter a new field)* seine Aktivitäten ausdehnen [*o* erweitern]; ***the manufacturer recently ~ed out into children's wear*** das Angebot des Herstellers umfasst seit Kurzem auch Kinderkleidung; **to ~ out on one's own** sich *akk* selbstständig machen; ■**to ~ out** [**to sth**] [auf etw *akk*] umsatteln *fam* ❷ *(get active)* aktiv werden; **to ~ socially** gesellschaftlich mehr unternehmen

'**branch busi·ness** *n* Filialgeschäft *nt*

branched '**chain** *n* CHEM *of carbon atoms* verzweigte Kette

'**branch line** *n* Nebenstrecke *f,* Zweiglinie *f* **branch** '**man·ag·er** *n* Filialleiter(in) *m(f),* Zweigstellenleiter(in) *m(f)* '**branch net·work** *n* Filialnetz *nt,* Zweigstellennetz *nt* '**branch of·fice** *n* Filiale *f,* Zweigstelle *f,* [Zweig]niederlassung *f* '**branch open·ing** *n* ADMIN Filialeröffnung *f*

brand [brænd] **I.** *n* ❶ *(product)* Marke *f;* **own** [*or* AM **store**] [*or* AUS **generic**] ~ Hausmarke *f;* ~ **image** Markenimage *nt;* ~ **leader** Markenführer *m;* ~ **manager** Marketingleiter(in) *m(f)* eines Markenproduktes; ~ **recognition** Markenwiedererkennung *f;* ~ **switching** Markenwechsel *m* ❷ *(fig: type)* Art *f;* ***do you like his ~ of humour?*** magst du seinen Humor? ❸ *(mark)* Brandmal *nt geh; (on animals)* Brandzeichen *nt* ❹ *(liter: flame)* Feuer *nt,* Brand *m* **II.** *vt* ❶ *usu passive (fig pej: label)* ■**to be ~ed** [**as**] **sth** als etw gebrandmarkt sein ❷ *(mark with hot iron)* ■**to ~ an animal** ein Tier mit einem Brandzeichen versehen ❸ COMM ■**to ~ sth** etw mit dem Markennamen versehen

brand a'ware·ness *n* Markenbewusstsein *nt* **brand i'den·tity** *n* COMM Markenidentität *f*

brand·ing ['brændɪŋ,] *n* Branding *nt,* Markenaufbau *m*

'**brand·ing iron** *n* Brandeisen *nt*

bran·dish ['brændɪʃ] *vt* ■**to ~ sth** etw [drohend] schwingen; **to ~ a gun** mit einer Pistole [herum]fuchteln *fam;* **to ~ a letter** aufgeregt mit einem Brief wedeln

brand '**loy·al·ty** *n* Markentreue *f* **brand** '**man·age·ment** *n* Markenpositionierung *f* '**brand name** *n* Markenname *m*

brand '**new** *adj inv* [funkel]nagelneu *fam,* brandneu *fam;* ~ **car** fabrikneues Auto; ~ **baby** neugeborenes Baby

brand po·'si·tion·ing *n* Markenpositionierung *f* **brand** '**pres·ence** *n* COMM Markenpräsenz *f* **brand** '**re·inforce·ment** *n* Markenpflege *f*

bran·dy ['brændi] *n* Weinbrand *m,* Brandy *m*

'**bran·dy but·ter** *n* Weinbrandbutter *f (Creme aus Butter, Zucker und Weinbrand, die gewöhnlich an Weihnachten zum 'Christmas pudding' gegessen wird)* '**bran·dy snap** *n dünnes, oft mit Schlagsahne gefülltes Ingwerteigröllchen, das als Nachspeise gegessen wird*

brash [bræʃ] *adj (pej)* ❶ *(cocky)* dreist, unverfroren; ~ **manner** aufdringliche Art ❷ *(gaudy)* grell

brash·ly ['bræʃli] *adv* dreist, unverfroren

brash·ness ['bræʃnəs] *n no pl* Dreistigkeit *f,* Unverfrorenheit *f*

brass [brɑːs, AM bræs] **I.** *n* ❶ *(metal)* Messing *nt;* **made of ~** aus Messing ❷ *(brass engraving)* Gedenktafel *f (aus Messing)* ❸ + *sing/pl vb* MUS *(brass instrument section)* ■**the ~** die Blechinstrumente *pl,* das Blech ❹ *no pl (approv fam: cheek)* Frechheit *f;* **to have ~** kess [*o* frech] sein; *(be bumptious)* vorwitzig sein; **to have the ~ to do sth** *(audacity)* die Frechheit besitzen, etw zu tun ❺ *no pl* BRIT *(dated fam: money)* Kies *m* BRD *sl,* Kohle *f fam,* SCHWEIZ *a.* Stutz *pl fam*

▸PHRASES: **where there's muck there's ~** BRIT *(saying)* Dreck und Geld liegen eng beisammen **II.** *n modifier* ❶ *(made of brass) (handle, plaque)* Messing- ❷ MUS **the ~ section** die Blechbläsern; ~ **instrument** Blechinstrument *nt*

brass '**balls** *npl* AM *(vulg: brass neck)* Schneid *m fam,* Mumm *m fam* **brass** '**band** *n* Blaskapelle *f*

brassed '**off** *adj pred* BRIT *(fam)* ■**to be ~ with sth/sb** von etw/jdm die Nase voll haben *fam,* etw satthaben *fam;* ■**to be ~ with doing sth** es satthaben, etw zu tun *fam*

bras·se·rie ['bræsəri, AM ˌbræsə'ri] *n* Brasserie *f*

brass '**far·thing** *n (fam)* **to be not worth a ~** keinen Pfifferling [*o fam* roten Heller] wert sein; **to not care a ~ about sth** sich *akk* einen Dreck für etw *akk* interessieren *fam;* **to not have a ~** keinen Pfifferling [*o fam* roten Heller] haben '**brass hat** *n* MIL *(sl)* hohes Tier *fam*

bras·siere ['bræsɪəʳ, AM brə'zɪr] *n (dated form)* Büstenhalter *m*

brassi·ness ['brɑːsinəs] *n no pl* kitschiger Glamour; *von Personen* aufgetakeltes Aussehen, Aufgemotztheit *f fam*

brass '**knuck·les** *npl* Schlagring *m* **brass** '**mon·key weath·er** *n no pl* Hundewetter *nt fam; (cold)* Saukälte *f fam;* ***it's ~ today*** es ist arschkalt heute *sl* **brass** '**neck** *n* BRIT *(pej)* **to have the ~ to do sth** die Stirn [*o fam* den Nerv] haben, etw zu tun **brass** '**plate** *n* Messingschild *nt* '**brass-rub·bing** *n* ❶ *no pl (activity)* Durchpausen *nt (eines Bildes auf einer Messingtafel)* ❷ *(impression made)* Pausezeichnung *f (eines Bildes auf einer Messingtafel)* **brass** '**tacks** *npl (fam)* **to get down to ~** zur Sache kommen '**brass·ware** *n no pl* Messinggegenstände *pl,* Messingware *f*

brassy ['brɑːsi, AM 'bræsi] *adj* ❶ *(like brass)* messingartig; *(colour)* messingfarben, messingfarbig ❷ MUS *(of brass instrument)* ~ **sound** blecherner Klang ❸ *(pej: loud and harsh)* ~ **voice** dröhnende Stimme ❹ *(pej: cocky)* frech, unverschämt, dreist

brat[1] [bræt] *n (pej fam)* Balg *m o nt fam,* Gör *nt* NORDD, Göre *f* NORDD, Gog *m o nt* SCHWEIZ *fam;* **a spoilt ~** ein verzogenes Balg *fam,* ein verzogener Fratz *bes* SÜDD, ÖSTERR; ~ **pack** *(fam) Gruppe junger, berühmt-berüchtigter* [*Film*] *leute*

brat[2] [bræt] *n* AM *(fam) short for* **bratwurst** Bratwurst *f*

B-rated ['biːreɪtɪd] *adj inv* B-rated-

brat·tish·ness ['brætɪʃnəs] *n* kindisches Getue

Braun tube ['braʊn-] *n* PHYS Braunsche Röhre

bra·va·do [brə'vɑːdəʊ, AM -doʊ] *n no pl* Draufgängertum *nt,* [prahlerischer] Wagemut *m*

brave [breɪv] **I.** *adj* ❶ *(fearless)* mutig, unerschrocken, kühn; ***the government revealed its ~ new approach to homelessness*** die Regierung gab ihren entschlossenen Neuansatz zur Bekämpfung der Obdachlosigkeit bekannt; **to put up a ~ fight** sich tapfer schlagen, tapfer kämpfen ❷ *(stoical)* tapfer; ~ **smile** tapferes Lächeln

▸PHRASES: **to put on a ~ face** sich *dat* nichts anmerken lassen **II.** *n (dated)* [indianischer] Krieger **III.** *vt* ■**to ~ sth** etw *dat* die Stirn bieten; **to ~ the danger/weather** der Gefahr/dem Wetter trotzen

◆**brave out** *vt* ■**to ~ out** ↻ **sth** etw [tapfer] durchstehen

brave·ly ['breɪvli] *adv* tapfer, mutig

brav·ery ['breɪvəri] *n no pl* Tapferkeit *f,* Mut *m*

bra·vo [brɑː'vəʊ, AM 'brɑːvoʊ] *interj (dated or also hum)* **~, ~!** bravo, bravo!

bra·vu·ra [brə'vjʊərə, AM -'vjʊrə] **I.** *n no pl* Bravour *f* **II.** *adj* Bravour-, bravourös

brawl [brɔːl, AM *esp* brɑːl] **I.** *n* [lautstarke] Schlägerei **II.** *vi* sich *akk* [lautstark] schlagen

brawl·ing ['brɔːlɪŋ, AM *esp* 'brɑː-] *n no pl* Schlägereien *pl*

brawn [brɔːn, AM *esp* brɑːn] *n no pl* ❶ *(strength)* Muskelkraft *f,* Stärke *f;* ***I prefer ~ to brains*** für mich sind Muskeln wichtiger als Hirn ❷ BRIT, AUS FOOD Schweinskopfsülze *f*

brawny ['brɔːni, AM *esp* 'brɑː-] *adj (muscular)* muskulös; *(strong)* kräftig, stark

bray [breɪ] **I.** *vi donkey, mule* schreien; *(pej) person* kreischen; **~ing laugh** *(pej)* wieherndes Lachen; **to ~ with laughter** *(pej)* vor Lachen schreien *fam* **II.** *n* [Esels]schrei *m*

braze [breɪz] **I.** *vt* ■**to ~ sth** etw hartlöten **II.** *n* [Hart]lötstelle *f*

bra·zen ['breɪzən] **I.** *adj* unverschämt, schamlos, frech; ~ **hussy** frecher Fratz *hum;* ~ **lie** schamlose Lüge *hum* **II.** *vt* ■**to ~ it out** ❶ *(pretend there is no problem)* es durchhalten ❷ *(show no remorse)* es eisern verfechten

bra·zen·ly ['breɪzənli] *adv* unverschämt, schamlos, dreist; **to lie ~** schamlos lügen

bra·zen·ness ['breɪzənnəs] *n no pl* Dreistigkeit *f,* Unverfrorenheit *f*

bra·zi·er ['breɪziəʳ, AM -ʒɚ] *n* ❶ *(heater)* [große, flache] Kohlenpfanne ❷ AM *(barbecue)* [Grill]rost *m*

Bra·zil [brə'zɪl] *n* Brasilien *nt*

Bra·zil·ian [brə'zɪliən, AM -'ziljən] **I.** *n* ❶ *(inhabitant of Brazil)* Brasilianer(in) *m(f)* ❷ *(pubic waxing) Wachsbehandlung zur Enthaarung der Bikinizone* **II.** *adj* brasilianisch

Bra·'zil nut *n* ❶ *(tree)* Juvia-Nussbaum *m* ❷ *(nut)* Paranuss *f*

braz·ing ['breɪzɪŋ] *n no pl* Hartlöten *nt*

breach [briːtʃ] **I.** *n* ❶ *(infringement)* Verletzung *f,* Verstoß *m; (failure to obey law)* Vergehen *nt,* Übertretung *f;* ~ **in/of an agreement** Verletzung *f* einer Vereinbarung; ~ **of confidence** [*or* **faith**] Vertrauensbruch *m;* ~ **of contract** Vertragsbruch *m;* ~ **of duty** Pflichtverletzung *f;* ~ **of** [**the**] **law** Gesetzesverletzung *f,* Rechtsbruch *m;* ~ **of the peace** Störung der öffentlichen Ruhe und Ordnung; ~ **of promise** Wortbruch *m,* Wortbrüchigkeit *f;* ~ **of trust** LAW Verletzung *f* von Treuhänderpflichten; **security ~** Verstoß *m* gegen die Sicherheitsbestimmungen; **fundamental ~** [zum Vertragsrücktritt berechtigender] schwerer Vertragsbruch ❷ *(estrangement)* Bruch *m,* Riss *m; (discord)* Zwist *m geh* ❸ *(gap)* Bresche *f veraltend,* Lücke *f;* **to make a ~** [**in the enemy's lines**] MIL eine Bresche [in die feindlichen Linien] schlagen, [die feindlichen Linien] durchbrechen; **to step into the ~** *(fig)* einspringen, in die Bresche springen *geh,* aushelfen **II.** *vt* ❶ *(break)* **to ~ an agreement** eine Vereinbarung verletzen; **to ~ a contract** einen Vertrag brechen ❷ *(infiltrate)* ■**to ~ sth** *a defence, the enemy lines* etw durchbrechen **III.** *vi* an die Oberfläche kommen; *whale* auftauchen

breach of the '**peace** *n* BRIT öffentliche Ruhestörung **breach of** '**war·ran·ty** *n* LAW Verletzung *f* einer Gewährleistungspflicht

bread [bred] *n no pl* ❶ *(food)* Brot *nt; (type of bread)* Brotsorte *f;* **crust of ~** Brotrinde *f,* Brotkruste

f; **a loaf of ~** ein Brot *nt; (unsliced)* ein Laib *m* Brot; **a slice of ~** eine Scheibe [*o* SCHWEIZ ein Stück] Brot; **~ and water** *(fig: diet of poverty)* Brot und Wasser; *(chosen abstinence)* Luft und Ideale; **to bake ~** Brot backen
② REL Hostie *f;* **to break the ~** das Brot brechen
③ *(dated sl: money)* Kies *m sl,* Moos *f sl,* Kohle *f fam,* Stutz *pl* SCHWEIZ *fam*
▸PHRASES: **the best thing since sliced ~** die beste Sache seit Menschengedenken; ***he thinks his new secretary's the best thing since sliced ~*** er hält seine neue Sekretärin für absolut Spitze *fam;* **to cast one's ~ upon the waters** etw ohne eine Dankeserwartung tun; **~ and circuses** Brot und Spiele; **to earn one's [daily] ~** *(form)* sein Brot verdienen, sich *dat* seine Brötchen verdienen *fam;* **to know which side one's ~ is buttered** *(fam)* seinen Vorteil kennen; **the ~ of life** das Brot des Lebens; ***for her, music was the ~ of life*** für sie war die Musik wie ein Lebenselixier; **man/one cannot live by ~ alone** *(saying)* der Mensch lebt nicht vom Brot allein *prov;* **to take the ~ out of sb's mouth** jdm das Wasser abgraben; **to want one's ~ buttered on both sides** *(fam)* das Unmögliche wollen

bread and 'but·ter I. *n (food)* Butterbrot *nt; (fig: income)* Lebensunterhalt *m; (job)* Broterwerb *m;* ***this is my ~*** damit verdiene ich mir meinen Lebensunterhalt **II.** *n modifier* alltäglich, gewöhnlich; **~ letter** Dankesbrief *m (für Gastfreundschaft);* **~ pudding** Brotauflauf *m* **'bread bas·ket** *n* ① *(container)* Brotkorb *m* ② *(region)* Kornkammer *f* ③ *(fam)* Bauch *m* **'bread bin** *n* BRIT, AUS Brotkasten *m* **'bread·board** *n* Brotschneidebrett *nt;* ELEC Brettschaltung *f,* Laborplatine *f* **'bread box** *n esp* AM *(bread bin)* Brotkasten *m* **'bread·crumb** *n* Brotkrume *f,* Brotkrümel *m,* SCHWEIZ *a.* Brotbrösmeli *nt fam; (for coating food)* ■**~s** *pl* Paniermehl *nt kein pl,* Semmelbrösel *pl;* **to coat [*or* cover] sth with ~s** etw panieren

bread·ed ['bredɪd] *adj inv* paniert

'bread·fruit *<pl -s or ->* *n* Brotfrucht *f* **'bread knife** *n* Brotmesser *nt* **'bread·line** *n* ① *no pl* BRIT *(not enough to live on)* Existenzminimum *nt;* **to be [*or* live] on the ~** am Existenzminimum leben
② AM *(queue) Schlange vor einer Essensausgabestelle* **'bread·mak·er** *n* Brotbackautomat *m* **'bread·stick** *n* [knuspriges] Stangenbrot

breadth [bretθ, bredθ] *n no pl* ① *(broadness)* Breite *f; (width)* Weite *f*
② *(fig: multidimensionality)* Ausdehnung *f,* Weite *f;* **~ of learning** umfassende Bildung; **~ of mind** große [geistige] Aufgeschlossenheit

'bread·win·ner *n* Hauptverdiener(in) *m(f),* Ernährer(in) *m(f),* Geldverdiener(in) *m(f);* **to be the ~** die Brötchen verdienen *fam*

break [breɪk]

I. NOUN **II.** TRANSITIVE VERB
III. INTRANSITIVE VERB

I. NOUN

① *(fracture)* Bruch *m; (in glass, pottery)* Sprung *m; (in rock, wood)* Riss *m;* MED Bruch *m*
② *(gap)* Lücke *f; (in rock)* Spalt *m; (in line)* Unterbrechung *f*
③ *(escape)* Ausbruch *m;* **to make a ~** ausbrechen
④ *(interruption)* Unterbrechung *f,* Pause *f; esp* BRIT SCH *(during classes)* Pause *f; (holiday)* Ferien *pl;* **coffee/lunch ~** Kaffee-/Mittagspause *f;* **Easter/Christmas ~** TV Oster-/Weihnachtsferien *pl;* **commercial ~** TV, RADIO Werbung *f;* **to have [*or* take] a ~** eine Pause machen; ***we decided to have a short ~ in Paris*** wir beschlossen, einen Kurzurlaub in Paris zu verbringen; **to need a ~ from sth** eine Pause von etw *dat* brauchen
⑤ METEO **~ of day** Tagesanbruch *m;* **a ~ in the weather** *(liter)* ein Wetterumschwung *m*
⑥ *(divergence)* Bruch *m;* **a ~ with family tradition** ein Bruch mit der Familientradition
⑦ *(end of relationship)* Abbruch *m;* **to make a clean/complete ~** einen sauberen/endgültigen Schlussstrich ziehen; **to make the ~ [from sb/sth]** die Beziehung [zu jdm/etw] abbrechen
⑧ *(opportunity)* Chance *f,* Gelegenheit *f;* ***she got her main ~ as an actress in a Spielberg film*** sie hatte ihre größte Chance als Schauspielerin in einem Spielbergfilm
⑨ SPORT *(in tennis)* **~ [of serve]** Break *m o nt; (in snooker, billiards)* Anstoß *m*
⑩ COMM *(fam: sharp fall)* plötzlicher und starker Einbruch von Preisen und Kursen
⑪ COMPUT **~ key** Pause-Taste *f*
▸PHRASES: **give me a ~!** *(fam: knock it off!)* hör auf [damit]!; *(give me a chance)* gib mir eine Chance!

II. TRANSITIVE VERB

<broke, broken> ① *(shatter)* ■**to ~ sth** etw zerbrechen; *(in two pieces)* etw entzweibrechen; *(force open)* etw aufbrechen; *(damage)* etw kaputt machen *fam; (fracture)* etw brechen; ***we heard the sound of ~ing glass*** wir hörten das Geräusch von zerberstendem Glas; **to ~ an alibi** *(fig)* ein Alibi entkräften; **to ~ one's arm** sich *dat* den Arm brechen; **to ~ one's back [*or* AM ass]** *(fig fam)* sich *akk* abrackern [*o* abstrampeln] *fam;* **to ~ sb's back** *(fig)* jdm das Kreuz brechen *fig;* **to ~ a bottle/a glass** eine Flasche/ein Glas zerbrechen; **to ~ an egg** ein Ei aufschlagen; **to ~ sb's heart** *(fig)* jdm das Herz brechen *geh;* **to ~ a nail/tooth** sich *dat* einen Nagel/Zahn abbrechen; **to ~ sb's nose** jdm die Nase brechen; **to ~ sth into smithereens** etw in [tausend] Stücke schlagen; **to ~ the sonic [*or* sound] barrier** die Schallmauer durchbrechen; **to ~ a window** ein Fenster einschlagen
② *(momentarily interrupt)* ■**to ~ sth** etw unterbrechen; ***I need something to ~ the monotony of my typing job*** ich brauche etwas, das etwas Abwechslung in meine eintönige Schreibarbeit bringt; **to ~ sb's fall** jds Fall abfangen; **to ~ a circuit** ELEC einen Stromkreis unterbrechen; **to ~ step [*or* stride]** aus dem Gleichschritt kommen; MIL aus dem Schritt fallen
③ *(put an end to)* ■**to ~ sth** etw zerstören; **to ~ the back of sth** BRIT, AUS das Schlimmste einer S. *gen* hinter sich *akk* bringen; ***we can ~ the back of this work today if we really try*** wenn wir uns ernsthaft bemühen, können wir diese Arbeit heute zum größten Teil erledigen; **to ~ camp** das Lager abbrechen; **to ~ a deadlock** einen toten Punkt überwinden, etw wieder in Gang bringen; **to ~ a habit** eine Gewohnheit aufgeben; **to ~ sb of a habit** jdm eine Angewohnheit abgewöhnen; **to ~ an impasse [*or* a stalemate]** aus einer Sackgasse herauskommen; **to ~ a romantic mood** eine romantische Stimmung kaputt machen *fam;* **to ~ the peace/a record/the silence** den Frieden/einen Rekord/das Schweigen brechen; **to ~ a spell** einen Bann brechen; **to ~ sb's spirit** jdn mutlos machen; **to ~ a strike** einen Streik brechen; **to ~ the suspense [*or* tension]** die Spannung lösen
④ SPORT **to ~ a tie** in Führung gehen, einen Führungstreffer erzielen; ■**to ~ sb** TENNIS jdm das Aufschlagspiel abnehmen
⑤ *(violate)* ■**to ~ sth** etw brechen; **to ~ an agreement** eine Vereinbarung verletzen; **to ~ a date** eine Verabredung nicht einhalten; **to ~ a/the law** ein/das Gesetz übertreten; **to ~ a treaty** gegen einen Vertrag verstoßen; **to ~ one's word** sein Wort brechen
⑥ *(forcefully end)* ■**to ~ sth** etw durchbrechen; **to ~ sb's hold** sich *akk* aus jds Griff befreien
⑦ *(decipher)* **to ~ a cipher/a code** eine Geheimschrift/einen Code entschlüsseln
⑧ *(make public)* ■**to ~ sth** etw bekanntgeben; JOURN etw veröffentlichen; ■**to ~ sth to sb** jdm etw mitteilen [*o* sagen]; **~ *it to me gently!*** *(hum)* bring's mir schonend bei!; ***how will we ever ~ it to her?*** wie sollen wir es ihr nur sagen?; **to ~ the news to sb** jdm die Nachricht beibringen
⑨ *(separate into parts)* ■**to ~ sth** etw auseinanderreißen; **to ~ bread** REL das [heilige] Abendmahl empfangen; **to ~ bread [with sb]** *(dated liter)* [mit jdm] das Brot brechen *veraltet* [*o* sein Brot teilen]; **to ~ a collection [*or* set]** eine Sammlung auseinanderreißen
⑩ *(make change for)* **to ~ a note [*or* AM bill]** einen Geldschein wechseln [*o fam* kleinmachen]
⑪ *(crush spirit)* ■**to ~ sb** jdn brechen [*o fam* kleinkriegen]; ***her spirit had been broken by the regime in the home*** das in dem Heim herrschende System hatte sie seelisch gebrochen; ■**to ~ an animal** *(tame)* ein Tier zähmen; *(train)* ein Tier abrichten; **to ~ sb's will** jds Willen brechen
⑫ *(leave)* **to ~ cover** MIL aus der Deckung hervorbrechen; *(from hiding place)* aus dem Versteck herauskommen; **to ~ formation** MIL aus der Aufstellung heraustreten; **to ~ rank** MIL aus dem Glied treten; **to ~ rank[s]** *(fig)* die eigenen Reihen verraten; **to ~ ship** sich *akk* beim Landgang absetzen
⑬ *(open up)* **to ~ ground** den ersten Spatenstich machen; **to ~ fresh [*or* new] ground** *(fig)* Neuland [*o* neue Gebiete] erschließen
▸PHRASES: **to ~ the bank** *(hum)* die Bank sprengen; **to ~ the ice** *(fam)* das Eis brechen; **~ a leg!** *(fam)* Hals- und Beinbruch! *fam;* **you can't make an omelette without ~ing eggs** *(saying)* wo gehobelt wird, da fallen Späne *prov;* **to ~ the mould** innovativ sein; **sticks and stones may ~ my bones [but names will never hurt me]** *(saying)* Beschimpfungen können mir nichts anhaben; **to ~ wind** einen fahrenlassen *fam*

III. INTRANSITIVE VERB

<broke, broken> ① *(shatter)* zerbrechen; *(stop working)* kaputtgehen *fam; (fall apart)* auseinanderbrechen
② *(interrupt)* Pause machen; ***shall we ~ [off] for lunch?*** machen wir Mittagspause?
③ *wave* sich *akk* brechen; ***a wave broke over the boat*** eine Welle brach über dem Boot zusammen
④ *(change in voice)* ***her voice was ~ing with emotion*** vor Rührung versagte ihr die Stimme; ***the boy's voice is ~ing*** der Junge ist [gerade] im Stimmbruch
⑤ METEO *weather* umschlagen; *dawn, day* anbrechen; *storm* losbrechen
⑥ *(collapse under strain)* zusammenbrechen
⑦ *(become public) news, scandal* bekannt werden, publikwerden, ans Licht kommen
⑧ *(in billiards, snooker)* anstoßen
⑨ BOXING sich *akk* trennen
⑩ *(move out of formation) clouds* aufreißen; *crowd* sich *akk* teilen; MIL, SPORT sich *akk* auflösen
⑪ MED [auf]platzen; ***the waters have broken*** die Fruchtblase ist geplatzt
▸PHRASES: **to ~ even** kostendeckend arbeiten; **to ~ free** ausbrechen, sich *akk* befreien; **to ~ loose** sich *akk* losreißen; **it's make or ~!** es geht um alles oder nichts!

◆**break away** *vi* ① *(move away forcibly)* ■**to ~ away from sb/sth** sich *akk* von jdm/etw losreißen
② *(split off)* sich *akk* absetzen; ***one or two of the tourists broke away [from the tour group]*** einige Touristen trennten sich von der Reisegruppe
③ *(separate and move away)* abbrechen; ***huge chunks of ice are ~ing away from the iceberg*** von dem Eisberg brechen riesige Eisbrocken ab
④ *(shun)* sich *akk* lossagen *geh;* ■**to ~ away from sth** sich *akk* von etw *dat* lossagen *geh; (turn away)* sich *akk* von etw *dat* abkehren

◆**break down I.** *vi* ① *(stop working)* stehen bleiben; *engine* versagen; ***my car broke down at the traffic lights*** mein Auto blieb an der Ampel liegen
② *(dissolve)* sich *akk* auflösen; *marriage* scheitern, in die Brüche gehen
③ *(emotionally)* zusammenbrechen
II. *vt* ■**to ~ down** ⊂ **sth** ① *(force open)* etw aufbrechen; *(with foot)* etw eintreten
② *(overcome)* etw niederreißen; **to ~ down a barrier** eine Schranke niederreißen; **to ~ down prejudices against sb** Vorurteile gegen jdn abbauen; **to**

~ **down sb's reserve** jds Zurückhaltung überwinden; **to ~ down sb's resistance** jds Widerstand brechen
3 CHEM etw aufspalten
4 *(separate into parts)* etw aufgliedern; ***can you please ~ down these figures so I can understand them better?*** können Sie diese Zahlen bitte aufschlüsseln, damit ich sie besser verstehen kann?
◆**break forth** *vi* **to ~ forth into song** ein Lied anstimmen, plötzlich zu singen anfangen
◆**break in** I. *vi* 1 *(enter by force)* einbrechen
2 *(interrupt)* unterbrechen
II. *vt* 1 *(condition)* **to ~ in ○ one's shoes** seine Schuhe einlaufen; **to ~ in ○ a car/an engine** AM ein Auto/einen Motor einfahren
2 *(tame)* ■**to ~ an animal ○ in** ein Tier zähmen; *(train)* ein Tier abrichten; **to ~ in a horse** ein Pferd zureiten; **to ~ in one's staff** *(fig)* das Personal einarbeiten
3 *(interrupt)* ■**to ~ in on sth** in etw *akk* hineinplatzen *fam*
◆**break into** *vi* 1 *(forcefully enter)* ■**to ~ into sth** in etw *akk* einbrechen; **to ~ into a car** ein Auto aufbrechen
2 *(start doing sth)* **to ~ into applause/laughter/tears** in Beifall/Gelächter/Tränen ausbrechen; **to ~ into a run** [plötzlich] zu laufen anfangen
3 *(divide up)* **to ~ into pieces** [in Stücke] zerbrechen
4 *(get involved in)* ■**to ~ into sth** sich *akk* an etw *dat* beteiligen; **to ~ into a business** in ein Geschäft einsteigen
◆**break off** I. *vt* ■**to ~ off ○ sth** 1 *(separate forcefully)* etw abbrechen
2 *(terminate)* etw beenden; **to ~ off an engagement** eine Verlobung lösen; **to ~ off one's friendship with sb** jdm die Freundschaft aufkündigen *geh;* **to ~ off a relationship** eine Beziehung beenden; ***he tried to ~ it off with her*** er versuchte, mit ihr Schluss zu machen; **to ~ off talks** Gespräche abbrechen
II. *vi* 1 *(separate)* abbrechen
2 *(stop speaking)* abbrechen; *(temporarily)* innehalten *geh*
◆**break open** *vt* ■**to ~ open ○ sth** etw aufbrechen; **to ~ a safe open** einen Safe knacken *fam*
◆**break out** *vi* 1 *(escape)* ausbrechen; **to ~ out of jail** aus dem Gefängnis ausbrechen
2 *(begin)* ausbrechen; *storm* losbrechen; **to ~ out laughing** in Gelächter ausbrechen; **to ~ out singing** [plötzlich] zu singen anfangen
3 *(suddenly say)* herausplatzen *fam*
4 *(become covered with)* **to ~ out in a rash/in spots** einen Ausschlag/Pickel bekommen; **to ~ out in [a] sweat** ins Schwitzen kommen; ***when I heard the noise I broke out in a cold sweat*** als ich das Geräusch hörte, brach mir der kalte Schweiß aus
◆**break through** *vi* 1 *(make one's way)* sich *akk* durchdrängen; ■**to ~ through sth:** ***I tried to ~ through the crowd*** ich versuchte, mir einen Weg durch die Menge zu bahnen; ***the sun broke through the clouds*** die Sonne brach durch die Wolken; **to ~ through a barrier** eine Barriere überwinden
2 *(be successful)* einschlagen *fam,* groß rauskommen *fam*
◆**break up** I. *vt* 1 *(end)* **to ~ up one's friendship with sb** seine Freundschaft mit jdm beenden; **to ~ up a marriage** eine Ehe zerstören; **to ~ up a meeting** eine Versammlung auflösen [*o* Sitzung aufheben]; **to ~ up a strike** einen Streik abbrechen
2 *(forcefully end)* ■**to ~ up ○ sth** etw [gewaltsam] beenden; *(dissolve)* etw auflösen
3 *(split up)* ■**to ~ up ○ sth** etw aufspalten; **to ~ up a cartel/a gang/a monopoly** ein Kartell/eine Bande/ein Monopol zerschlagen; **to ~ up a coalition/a union** eine Koalition/einen Zusammenschluss auflösen; **to ~ up a collection** [*or* **set**]/**family** eine Sammlung/Familie auseinanderreißen; **~ it up, you two!** *(fam)* auseinander, ihr beiden!
4 *(dig up)* ■**to ~ up sth** etw aufbrechen; **to ~ up the ground** [*or* **soil**] den Boden umgraben
5 *(fam)* **to ~ sb up** *(cause laughter)* jdn zum Lachen bringen; ***that show really broke me up*** bei der Show hab ich mich wirklich totgelacht *fam; esp* AM *(upset emotionally)* jdn aus der Fassung bringen; ***his wife's sudden departure broke him up completely*** als ihn seine Frau plötzlich verließ, ist er total zusammengebrochen
II. *vi* 1 *(end relationship)* sich *akk* trennen, Schluss machen *fam*
2 *(come to an end)* enden; *meeting* sich *akk* auflösen; *marriage* scheitern, in die Brüche gehen
3 *(fall apart)* auseinandergehen; *coalition* auseinanderbrechen; *aircraft, ship* zerschellen; *(in air)* zerbersten
4 SCH schließen, aufhören; ***when do you ~ up?*** wann beginnen bei euch die Ferien?
5 *(laugh)* loslachen *fam; esp* AM *(be upset)* die Fassung verlieren; ***he broke up completely when his brother died*** er brach völlig zusammen, als sein Bruder starb
◆**break with** *vi* 1 *(end relationship)* ■**to ~ with sb** mit jdm brechen
2 *(not follow)* ■**to ~ with sth** mit etw *dat* brechen; **to ~ with precedent** sich *akk* nicht an die herkömmliche Praxis halten

break·able ['breɪkəbl̩] I. *adj* zerbrechlich
II. *n* ■**~s** *pl* zerbrechliche Ware
break·age ['breɪkɪdʒ] *n* 1 *(sth broken)* Bruch *m;* ***the customer must pay for any ~s*** zerbrochene Ware muss vom Kunden bezahlt werden
2 *no pl (action of breaking)* Zerbrechen *nt;* ***there was some ~ of valuable goods during the removal*** während des Umzugs ging wertvolle Ware in die Brüche
'break·away I. *n* Lossagung *f,* Abfall *m veraltend; (splitting off)* Absplitterung *f*
II. *n modifier (group)* Splitter-
'break-dance *vi* Breakdance tanzen **'break danc·er** *n* Breakdancer(in) *m(f)* **'break-danc·ing** *n no pl* Breakdance *m*
'break·down *n* 1 *(collapse)* Zusammenbruch *m; (failure)* Scheitern *nt;* **a ~ in communication[s]** *(between people)* ein Kommunikationsverlust; **~ of a marriage** LAW Zerrüttung *f* [*o* Scheitern *nt*] einer Ehe 2 *(engine failure)* Motorschaden *m; (car defect)* Panne *f* 3 *(list)* Aufgliederung *f,* Aufschlüsselung *f;* **~ breakdown** FIN *(for taxes)* Domizilprinzip *nt* 4 *(subdivision)* Verteilung *f* 5 *(decomposition)* Zersetzung *f* 6 PSYCH [Nerven]zusammenbruch *m*
'break·down lor·ry *n* BRIT Abschleppwagen *m*
'break·down ser·vice *n* Abschleppdienst *m*
'break·down truck, 'break·down van *n* BRIT Abschleppwagen *m*
break·er ['breɪkəʳ, AM -ɚ] *n (wave)* Brecher *m;* ELEC **circuit ~** Stromkreisunterbrecher *m*
'break·er's yard *n* Autofriedhof *m fam*
break-even *n* FIN Break-even *nt*
break·'even point *n* FIN Kostendeckungspunkt *m,* Break-even-Punkt *m,* Gewinnschwelle *f;* AM STOCKEX Kompensationspunkt *m* **'break·even price** *n* FIN Break-even-Preis *m*
break·fast ['brekfəst] I. *n* Frühstück *nt;* **to have ~** frühstücken
II. *vi (form)* frühstücken; **to ~ on bacon and eggs** Eier mit Speck zum Frühstück essen
'break·fast bar *n* Frühstückstheke *f* **'break·fast menu** *n* Frühstückskarte *f* **'break·fast ta·ble** *n* Frühstückstisch *m* **break·fast 'tele·vi·sion** *n* Frühstücksfernsehen *nt*
'break-in *n* Einbruch *m*
break·ing and 'en·ter·ing *n* LAW Einbruch *m;* **to charge sb with ~** jdn des Einbruchs anklagen **'break·ing ball, 'break·ing pitch** *n* SPORT gezielter Wurfball **'break·ing point** *n* Tiefpunkt *m; **her nerves were at ~*** sie war nervlich völlig am Ende
'break·neck *adj attr* **at ~ speed** *of vehicle* mit halsbrecherischer Geschwindigkeit; *evolution, progress* rasend schnell

'break·out *n* 1 *(escape)* Ausbruch *m*
2 *(outbreak of acne)* Pickel *pl*
'break-out *n* STOCKEX Kursausschlag *m*
'break point *n* 1 SPORT Breakpunkt *m;* **to win a ~** einen Breakpunkt machen 2 COMPUT bedingter Programmstop; **~ instruction** [*or* **halt**] Stoppbefehl *m;* **~ symbol** Programmstopsignal *nt* **'break·through** *n* Durchbruch *m* (**in** bei +*dat*) **'break·up** *n* Auseinanderbrechen *nt; (on rocks)* Zerschellen *nt; (in air)* Zerbersten *nt; (of a marriage)* Scheitern *nt;* **~ of an empire** Zerfall *m* eines Imperiums [*o* Reiches]; **~ of a group** Auflösung *f* einer Gruppe; COMPUT Verlust *m* **'break-up** *adj* FIN **~ value** Liquidationswert *m* **'break·wa·ter** *n* Wellenbrecher *m* **'break·wind** *n* AUS *see* **windbreak**
bream <*pl* -s *or* -> [bri:m] *n* Brachsen *m,* Brachse *f,* Brasse *f* NORDD, MITTELD
breast [brest] I. *n* 1 *(mammary gland)* Brust *f; (bust)* Busen *m*
2 *(of bird)* Brust *f*
3 *(liter: chest)* Brust *f; (heart)* Herz *nt*
▸PHRASES: **to beat one's ~** sich *dat* an die Brust schlagen; **~ is best** *(saying)* Muttermilch ist immer noch das Beste; **to make a clean ~ of sth** etw gestehen; **to soothe the savage ~** einen aufgebrachten Menschen beruhigen
II. *vt* **to ~ a hill** einen Berg ersteigen [*o geh* erklimmen]; **to ~ the waves** gegen die Wellen ankämpfen
'breast·bone *n* Brustbein *nt* **'breast can·cer** *n* Brustkrebs *m* **'breast-feed** <-fed, -fed> I. *vi* stillen, die Brust geben II. *vt* **to ~ one's baby** sein Baby stillen, seinem Baby die Brust geben **'breast-feed·ing** *n* Stillen *nt* **'breast im·plant** *n* Brustimplantat *nt* **'breast·plate** *n* MIL Brustharnisch *m* **breast 'pock·et** *n* Brusttasche *f* **'breast screen·ing** *n no pl* Brustuntersuchung *f* **'breast·stroke** *n no pl* Brustschwimmen *nt;* **to do [the] ~** brustschwimmen
breath [breθ] *n* 1 *(air)* Atem *m; (act of breathing in)* Atemzug *m;* **bad ~** Mundgeruch *m;* **with bated ~** mit angehaltenem Atem; **to take a deep ~** tief Luft holen; **in the next/same ~** *(fig)* im nächsten/gleichen Atemzug; **to be out** [*or* **short**] **of ~** atemlos [*o* außer Atem] sein; **to catch one's ~** [*or* **get one's ~ back**] verschnaufen; **to draw ~** Luft [*o* Atem] holen *fam;* **to gasp for ~** nach Atem ringen; **to hold one's ~** die Luft anhalten; *(fig: wait anxiously)* den Atem anhalten; **don't hold your ~** *(fam)* rechne nicht heute oder morgen damit; **to mutter [sth] under one's ~** [etw] leise vor sich *akk* hin murmeln; **to take sb's ~ away** jdm den Atem rauben; **to waste one's ~** in den Wind reden
2 *no pl (wind)* **a ~ of air** ein Hauch *m,* ein Lüftchen *nt;* ***it's like a ~ of fresh air when she visits*** *(fig)* es ist so erfrischend, wenn sie zu Besuch kommt; **to go out for a ~ of fresh air** an die frische Luft gehen, frische Luft schnappen gehen
▸PHRASES: **to be the ~ of life [to sb]** für jdn so wichtig sein wie die Luft zum Atmen; **to save one's ~** [BRIT **to cool one's porridge**] sich *dat* die Worte sparen
breath·able ['bri:ðəbl̩] *adj* 1 *(of air)* das Atmen zulassend
2 *(of clothes)* luftdurchlässig
breatha·lyse, *esp* AM **breathalyze** ['breθəlaɪz] *vt* ■**to ~ sb** jdn blasen [*o fam* pusten] lassen *(in ein Röhrchen zum Nachweis des Atemalkohols)*
breatha·lys·er®, *esp* AM **Breatha·lyz·er®** ['breθəlaɪzəʳ, AM -ɚ] *n* Alcotest® *m,* Alkoholtestgerät *nt*
breathe [bri:ð] I. *vi* atmen; **to ~ through one's nose** durch die Nase atmen; **to let wine ~** Wein atmen lassen; **to ~ again/more easily** *(fig)* [erleichtert] aufatmen
▸PHRASES: **to ~ down sb's neck** jdm im Nacken sitzen
II. *vt* 1 *(exhale)* ■**to ~ sth** etw [aus]atmen; **to ~ garlic fumes** nach Knoblauch riechen
2 *(whisper)* ■**to ~ sth** etw flüstern [*o geh* hauchen]
3 *(let out)* **to ~ a sigh of relief** erleichtert aufatmen
4 *(blow air into)* **to ~ sth into sth** Luft in etw *akk* blasen; ***we had to ~ air into the baby's lungs*** wir mussten das Baby beatmen

▶PHRASES: to ~ one's <u>last</u> *(liter)* seinen letzten Atemzug tun *geh;* to ~ [new] <u>life</u> into sth [neues] Leben in etw *akk* bringen; to not ~ a <u>word</u> kein Sterbenswörtchen sagen

◆**breathe in** I. *vi* einatmen
II. *vt* ■to ~ in ↔ sth etw einatmen; to ~ in fresh air frische Luft schnappen

◆**breathe out** I. *vi* ausatmen
II. *vt* ■to ~ out ↔ sth etw ausatmen

breath·er ['bri:ðəʳ, AM -ɚ] *n* ❶ *(brief rest)* Atempause *f*, Verschnaufpause *f;* to need/take a ~ eine Verschnaufpause brauchen/machen
❷ AM *(break)* ***let's take a ~*** lass uns mal 'ne Pause machen *fam*

'breath fresh·en·er *n* ***people often suck a peppermint as a ~*** viele lutschen Pfefferminz, um ihren Atem zu erfrischen

breath·ing ['bri:ðɪŋ] *n no pl (respiration)* Atmung *f; (process)* Atmen *nt;* steady ~ gleichmäßige Atemzüge

'breath·ing ap·pa·rat·us *n* Sauerstoffgerät *nt*

'breath·ing room, 'breath·ing space *n* ❶ *(break)* Atempause *f*, Verschnaufpause *f fam*
❷ *(fig: for moving freely)* Bewegungsfreiheit *f;* ***I need some ~ to decide what to do!*** ich brauche etwas Luft, um zu entscheiden, was zu tun ist

breath·less ['breθləs] *adj* atemlos, außer Atem; to leave sb ~ *(physically)* jdm den Atem rauben; *(with excitement)* jdm den Atem verschlagen

breath·less·ly ['breθləsli] *adv* außer Atem, atemlos; *(holding one's breath)* mit angehaltenem Atem

breath·less·ness ['breθləsnəs] *n no pl* Atemlosigkeit *f a. fig*

'breath·tak·ing *adj* atemberaubend

'breath·tak·ing·ly *adv (remarkably)* atemberaubend; *(incredibly)* unglaublich

'breath test *n* Alkoholtest *m*

breathy ['breθi] *adj* rauchig, hauchig

bred [bred] I. *pt, pp of* breed
II. *adj pred* aufgezogen; ***she's a New Zealander born and ~*** sie ist Neuseeländerin durch und durch; a country-~ boy ein Junge *m* vom Land

breech [bri:tʃ] I. *n* ❶ *(of gun barrel)* Verschluss *m*
❷ *(hist: buttocks)* Gesäß *nt*
II. *vt (hist)* to ~ a boy einem Jungen Kniehosen anziehen

breech 'birth, breech de·'liv·ery *n* Steißgeburt *f*

breeches ['brɪtʃɪz, 'bri:-] *npl* Kniehose *f;* riding ~ Reithose *f;* to wear the ~ [in the family] BRIT *(fig)* die Hosen [in der Familie] anhaben *fam*

breech pres·en·'ta·tion *n* Steißlage *f*

breed [bri:d] I. *vt* <bred, bred> *(grow)* to ~ dogs/plants Hunde/Pflanzen züchten; *(fig)* to ~ crime Verbrechen *nt* hervorbringen; to ~ poverty Armut *f* verursachen; to ~ resentment Ärger hervorrufen
▶PHRASES: what's <u>bred</u> in the bone will come out in the flesh [*or* blood] *(prov)* was angeboren ist, setzt sich eines Tages auch durch; <u>familiarity</u> ~s contempt *(saying)* zu große Vertrautheit führt zu Verachtung
II. *vi* <bred, bred> sich *akk* fortpflanzen, sich *akk* paaren; *birds* brüten; *rabbits* sich *akk* vermehren
III. *n* ❶ *(of animal)* Rasse *f; (of plant)* Sorte *f;* ~s of animal Tierarten *pl*
❷ *(fam: of person)* Art *f*, Sorte *f*, Schlag *m;* to be a dying ~ einer aussterbenden Gattung angehören; a ~ apart eine Sorte für sich *fam*

breed·er ['bri:dəʳ, AM -ɚ] *n* Züchter(in) *m(f)*

breed·er re·'ac·tor *n* NUCL Brüter *m*, Brutreaktor *m*

breed·ing ['bri:dɪŋ] *n no pl* ❶ *(of animals)* Zucht *f*
❷ *(dated: of people)* Erziehung *f;* [good] ~ [gute] Kinderstube [*o* Erziehung]

'breed·ing ground *n* ❶ *(place)* Brutstätte *f; (for birds)* Brutplatz *m* ❷ *(fig: contributing factor)* Brutstätte *f* **'breed·ing sea·son** *n* Zeit *f* der Fortpflanzung und Aufzucht der Jungen; *(for birds)* Brutzeit *f*

breeze [bri:z] I. *n* ❶ *(light wind)* Brise *f*
❷ *(fam: sth very easy)* Kinderspiel *nt fam*
❸ *no pl (small cinders)* Kohlenlösche *f*
II. *vi* ■to ~ through sth etw mühelos tun [*o* spielend schaffen]; *esp* AM to ~ to victory spielend siegen

◆**breeze in** *vi* [fröhlich] hereinschneien *fam*

◆**breeze out** *vi* to ~ out of a room unbekümmert aus einem Zimmer herausschlendern

'breeze block *n* Bimsstein *m*

'breeze·way *n* TV getrenntes Schalten von Ton und Bild

breezi·ly ['bri:zɪli] *adv* flott, [ganz] munter

breezy ['bri:zi] *adj* ❶ *(pleasantly windy)* windig; *(airy)* luftig
❷ *(jovial)* unbeschwert, heiter

'B reg·is·ter *n* COMPUT Zusatzadressregister *m; (in multiplication and division)* B-Register *m*

Bren gun ['brengʌn] *n* leichtes Maschinengewehr

breth·ren ['breðrən] *npl* REL *(dated)* Brüder *pl*

Bret·on ['bretᵊn] I. *n* ❶ *no pl (language)* Bretonisch *nt*
❷ *(person)* Bretone, Bretonin *m, f*
II. *adj inv* bretonisch

Bret·ton Woods A'gree·ment [ˌbretᵊnwʊdz-] *n* ECON Bretton-Woods-Übereinkommen *nt*

breve [bri:v] *n* ❶ LING *(accent)* Kürzezeichen *nt*
❷ MUS *(note)* Brevis *f*

brevia·ry ['bri:viəri, AM -eri] *n* REL Brevier *nt*

brev·ity ['brevəti, AM -ət̬i] *n no pl (shortness)* Kürze *f; (conciseness)* Prägnanz *f*

brew [bru:] I. *n* ❶ *(brewed drink)* Gebräu *nt; (beer)* Bräu *nt*
❷ *(concoction)* Gebräu *nt;* witch's ~ Zaubertrank *m; (fig)* Mischung *f*
II. *vi* ❶ *(prepare drink)* to let the tea ~ den Tee ziehen lassen
❷ *(fig: be about to begin) storm, trouble* sich *akk* zusammenbrauen
III. *vt* to ~ beer Bier brauen; to ~ coffee/tea [for sb] [jdm] Kaffee/Tee kochen; to ~ a potion ein Trank zusammenbrauen

◆**brew up** I. *vi* ❶ BRIT *(fam: brew tea)* sich *dat* einen Tee machen
❷ *(develop) storm, trouble* sich zusammenbrauen
II. *vt (fam)* ***would you mind ~ing up a cuppa, love?*** könntest du mir vielleicht eine Tasse Tee machen, Liebling?

brew·er ['bru:əʳ, AM -ɚ] *n* [Bier]brauer(in) *m(f)*

brew·er's 'yeast *n* Bierhefe *f*

brew·ery ['bru:ᵊri, AM -ɚi] *n (company)* Brauerei *f; (for production)* Brauhaus *nt*

'brew·house *n* Brauhaus *nt*

'brew·mas·ter *n* Braumeister(in) *m(f)*

brew-up ['bru:ˌʌp] *n* BRIT *(fam)* Teepause *f*

bri·ar ['braɪəʳ, AM 'braɪɚ] *n* ❶ BOT *(thorny plant)* Dornbusch *m*
❷ *(pipe)* Bruyèrepfeife *f*

bribe [braɪb] I. *vt* ■to ~ sb [with sth] jdn [mit etw *dat*] bestechen; to ~ a witness einen Zeugen/eine Zeugin kaufen; ■to ~ sb into doing sth jdn bestechen, etw zu tun
II. *n* Bestechung *f;* to accept [*or* take] a ~ sich *akk* bestechen lassen; to offer sb a ~ jdn bestechen wollen

brib·ery ['braɪbᵊri] *n no pl* Bestechung *f*

bric-a-brac ['brɪkəˌbræk] *n no pl* Nippes *pl*, Nippsachen *pl*

brick [brɪk] *n* ❶ *(building block)* Ziegel[stein] *m*, Backstein *m;* to invest in ~s and mortar in Immobilien investieren; *(buy a house)* ein Haus kaufen
❷ *usu sing (dated or also hum: loyal person)* prima Kumpel *m sl*, feiner Kerl *fam*
▶PHRASES: to <u>come</u> <u>down</u> on sb like a ton of ~s *(fam)* jdn [richtig] fertigmachen *fam;* you can't <u>make</u> ~s without straw *(prov)* wo nichts ist, kann auch nichts werden *prov*

◆**brick in** *vt* ■to ~ in ↔ sth etw einmauern

◆**brick off** *vt* ■to ~ off ↔ sth etw durch eine Mauer [ab]trennen

◆**brick up** *vt* to ~ up ↔ a window ein Fenster zumauern

'brick·bat *n* ❶ *(missile)* Backsteinbrocken *m*
❷ *(criticism)* heftige Kritik; *(insulting)* beleidigende Kritik

'brick·lay·er *n, esp* BRIT, AUS *fam* **brickie** ['brɪki] *n* Maurer(in) *m(f)* **'brick·lay·ing** *n no pl* Mauern *nt; (trade)* Maurerhandwerk *nt*, Maurerarbeit *f* **'brick-red** *adj* ziegelrot

bricks and 'mor·tar re·tail·er *n* konventioneller Einzelhändler *(im Gegensatz zu Internethändlern)*

brick 'wall *n* [Ziegelstein]mauer *f*, [Backstein]mauer *f* ▶PHRASES: to <u>come</u> up against a ~ gegen eine Mauer rennen; to be <u>talking</u> to a ~ gegen eine Wand reden **'brick·work** *n no pl* Mauerwerk *nt (aus Ziegeln o Backstein)* **'brick·works** *n + sing/pl vb*, **'brick·yard** *n* Ziegelei *f*

brid·al ['braɪdᵊl] *adj (of a wedding)* Hochzeits-; *(of the bride)* Braut-

'brid·al show·er *n* AM Brautparty *f (bei der die Brautgeschenke überreicht werden)* **'brid·al suite** *n* Hochzeitssuite *f* **'brid·al veil** *n* Brautschleier *m* **'brid·al wear** *n* Brautkleider *pl* **'brid·al wreath** *n* ❶ *(for the bride)* Brautkranz *m* ❷ *(shrub)* Spierstrauch *m*

bride [braɪd] *n* Braut *f;* ***may I kiss the blushing ~?*** *(hum)* darf ich die [sittsame] Braut küssen? *veraltend;* child ~ *Braut, die noch im Kindesalter ist;* father of the ~ Brautvater *m;* mother of the ~ Brautmutter *f*

bride·groom ['braɪdgrʊm, -gru:m] *n* Bräutigam *m*

'brides·maid *n* Brautjungfer *f* **bride-to-'be** *n* zukünftige Braut

bride·well ['braɪdwel] *n* LAW *(sl)* Zellen *pl*, Strafanstalt *f*, Zuchthaus *nt*

bridge [brɪdʒ] I. *n* ❶ *(over gap)* Brücke *f;* suspension ~ Hängebrücke *f; (fig)* Überbrückung *f*
❷ *(dental structure)* [Zahn]brücke *f*
❸ *usu sing (of nose)* Nasenrücken *m*
❹ *(of glasses)* Brillensteg *m*
❺ MUS *(of instrument)* Steg *m*
❻ *(on ship)* Kommandobrücke *f*
❼ *no pl (card game)* Bridge *nt*
▶PHRASES: let's <u>cross</u> that ~ when we come to it alles zu seiner Zeit; to be <u>water</u> under the ~ der Vergangenheit angehören; a lot of <u>water</u> has gone under the ~ since then seit damals ist viel Wasser den Rhein hinuntergeflossen
II. *vt* ■to ~ sth über etw *akk* eine Brücke schlagen; *(fig)* etw überbrücken; to ~ a gap eine Kluft überwinden
III. *vi (in advertising)* im Bundsteg angeschnittene Anzeige

bridge-build·ing ['brɪdʒbɪldɪŋ] *n no pl* ❶ *(construction work)* Brückenbau *m*
❷ *(fig: promotion of relations)* Aufbau *m* von [guten] Beziehungen, Beziehungspflege *f*

'bridge cred·it *n no pl* FIN Überbrückungskredit *m*

bridge fi·'nanc·ing *n no pl* FIN Überbrückungsfinanzierung *f*

'bridge·head *n* MIL Brückenkopf *m; (fig)* Stützpunkt *m*, Ausgangspunkt *m;* to establish a ~ einen Brückenkopf bilden [*o* errichten]

'bridge loan *n* AM *(bridging loan)* Überbrückungskredit *m* **'bridge-over loan** *n* FIN Vorschaltdarlehen *nt*

'bridge toll *n* Brückenzoll *m*, Brückenmaut *f bes* ÖSTERR

'bridge tour·na·ment *n* Bridgeturnier *nt*

'bridge·work *n no pl esp* AM MED Brücke *f*

'bridg·ing cred·it *n no pl see* **bridging loan**

bridg·ing fi·nance ['brɪdʒɪŋ-] *n* FIN Zwischenfinanzierung *f*, Zwischenfinanzierungsmittel *pl*

'bridg·ing loan *n* BRIT, AUS Überbrückungskredit *m*, Zwischenkredit *m*

bri·dle ['braɪdḷ] I. *n* Zaumzeug *nt*, Zaum *m*
II. *vt* ❶ *(put a bridle on)* to ~ a horse ein Pferd aufzäumen, einem Pferd das Zaumzeug anlegen
❷ *(fig: curb)* ■to ~ one's tongue seine Zunge im Zaum halten
III. *vi* ■to ~ at sth sich *akk* über etw *akk* entrüsten

'bri·dle path, 'bri·dle·way *n* Reitweg *m*

Brie [bri:] *n* Brie *m*

brief [bri:f] I. *adj* ❶ *(lasting short time)* kurz; ~ delay/interval kurze Verzögerung/Pause
❷ *(concise) account, description, summary* knapp,

kurz; ■ **to be ~** sich *akk* kurzfassen; **in ~** kurz gesagt
❸ *(short in length) shorts, skirt* kurz
II. *n* ❶ BRIT, AUS *(instructions)* Anweisungen *pl,* Instruktionen *pl; **it was my ~ to make sure that ...*** ich hatte die Aufgabe, sicherzustellen, dass ...
❷ LAW Unterlagen *pl* zu einer Rechtssache; *(document of argumentation)* Revisionsbegründung *f;* **to hold a ~ for sb** jdn vor Gericht anwaltlich vertreten; **to prepare a ~** eine Rechtssache [für die Verhandlung] vorbereiten
❸ BRIT *(sl: lawyer)* Rechtsverdreher(in) *m(f); (pej)* Winkeladvokat(in) *m(f) pej,* Anwalt, Anwältin *m, f*
❹ *(underpants)* ■ **~s** *pl* Slip *m,* Unterhose *f*
▸PHRASES: **to hold no ~ for sb/sth** von jdm/etw nichts halten
III. *vt (form)* ❶ *(inform)* ■ **to ~ sb [about** [*or* **on**] **sth]** jdn [über etw *akk*] informieren [*o sl* briefen]
❷ BRIT LAW **to ~ a barrister** einem Anwalt eine Darstellung des Sachverhalts geben; **to ~ counsel** einen Anwalt mit der Vertretung eines Falles beauftragen
brief·case ['bri:fkeɪs] *n* Aktentasche *f,* Aktenmappe *f*
brief·ing ['bri:fɪŋ] *n* ❶ *(meeting)* [Einsatz]besprechung *f,* Briefing *nt geh;* **to conduct a ~** eine Besprechung abhalten; **preflight ~** Flugvorbesprechung *f*
❷ *(information)* Anweisung[en] *f*[*pl*], Instruktion[en] *f*[*pl*]; **to receive a thorough ~** genaue Anweisungen erhalten
brief·ly ['bri:fli] *adv* ❶ *(for a short time) chat, speak, talk* kurz
❷ *(concisely) answer* knapp
❸ *(in short)* kurz [gesagt], kurzum
brief·ness ['bri:fnəs] *n no pl* Kürze *f*
bri·er [braɪəʳ, AM braɪɚ] *n see* **briar**
brig[1] [brɪg] *n* NAUT Brigg *f fachspr,* zweimastiges Segelschiff
brig[2] [brɪg] *n* AM [Militär]gefängnis *nt*
Brig. *n* BRIT, AUS *abbrev of* **Brigadier** Brig.
bri·gade *n* [brɪ'geɪd] MIL Brigade *f; (fig hum)* **the anti-smoking/animal rights ~** die Antiraucherfront/Tierschutzbewegung
briga·dier [ˌbrɪgə'dɪəʳ, AM -'dɪr] *n* BRIT MIL Brigadegeneral *m,* Brigadier *m*
briga·dier 'ge·ne·ral *n* MIL Brigadegeneral *m,* Brigadier *m*
brig·and ['brɪgᵊnd] *n (liter: bandit)* Bandit(in) *m(f); (robber)* Räuber(in) *m(f)*
brig·an·tine ['brɪgᵊnti:n] *n* NAUT Brigantine *f fachspr,* Brigg *f fachspr*
bright [braɪt] **I.** *adj* ❶ *(shining) light* hell; *(blinding)* grell; *star also* leuchtend *attr; sunlight, sunshine* strahlend *attr; **his eyes were ~ with tears*** in seinen Augen glänzten Tränen
❷ *(vivid)* leuchtend *attr,* strahlend *attr;* **~ blue** strahlend blau; **~ red** leuchtend rot; **a ~ red face** ein knallrotes Gesicht
❸ *(full of light)* hell; **a ~ day** ein heiterer Tag; **a ~ room** ein [freundlicher,] heller Raum
❹ *(intelligent)* intelligent, gescheit *fam;* **~ child** aufgewecktes Kind; **~ idea** glänzende Idee
❺ *(cheerful)* fröhlich, heiter; ***that was the one ~ spot in a pretty awful day*** das war der einzige Lichtblick an diesem grässlichen Tag; **a ~ smile** ein strahlendes Lächeln
❻ *(promising)* viel versprechend; *(favourable)* günstig; *future* rosig
▸PHRASES: **~-eyed and bushy-tailed** voller Schwung und Elan, frisch und munter; **~ and early** in aller Frühe; **to look on the ~ side [of sth]** etw positiv sehen
II. *n* AM AUTO ■ **~s** *pl* Fernlicht *nt*
bright·en ['braɪtᵊn] **I.** *vt* ■ **to ~ [up]** ◯ **sth** ❶ *(make brighter)* etw heller machen [*o* aufhellen]
❷ *(make look more cheerful)* etw auflockern; **to ~ up a room** einen Raum freundlicher machen
❸ *(make more promising)* etw verbessern; **to ~ sb's life** Freude in jds Leben bringen
II. *vi* ■ **to ~ [up]** ❶ *(become cheerful)* fröhlicher werden; *eyes* aufleuchten; *face* sich *akk* aufhellen [*o* aufheitern]
❷ *(become more promising) future* rosiger aussehen; *prospects* besser werden; *weather* sich *akk* aufklären, aufheitern
bright·en·er ['braɪtᵊnəʳ, AM -nɚ] *n* CHEM Glanzzusatz *m*
bright·en·ing agent ['braɪtᵊnɪŋ-] *n* CHEM optischer Aufheller
bright-eyed ['braɪtaɪd] *adj inv* ❶ *(having bright eyes)* mit glänzenden Augen *nach n*
❷ *(fig: alert and lively)* rege, unternehmungslustig; *(hum fam)* quicklebendig *fam,* putzmunter *fam*
bright·ly ['braɪtli] *adv* ❶ *(not dimly)* hell; ***the sun is shining ~*** die Sonne strahlt; **~ lit** hell erleuchtend
❷ *(vividly)* leuchtend; **~ coloured** knallbunt
❸ *(cheerfully)* fröhlich, heiter
bright·ness ['braɪtnəs] *n no pl* ❶ *of light* Helligkeit *f; of the sun, a face* Strahlen *nt; of eyes* Leuchten *nt; of metal* Glanz *m*
❷ TV Helligkeit *m;* **to adjust the ~** die Helligkeit einstellen
bright spark *n* BRIT *(iron)* Intelligenzbolzen *m pej fam*
'bright·work *n no pl* AUTO blanke Teile *pl*
brill [brɪl] BRIT, AUS **I.** *adj (brilliant)* toll *fam,* cool *sl*
II. *interj (brilliant)* brillant!, klasse! *fam,* toll! *fam*
bril·liance ['brɪliən(t)s], **bril·lian·cy** ['brɪliən(t)si] *n no pl* ❶ *(great ability)* Brillanz *f,* große Begabung, großes Talent; *(cleverness)* Scharfsinn *m; of an idea, a plan* Genialität *f*
❷ *(great brightness) of hair, metal* strahlender Glanz; *of the sun, a face* Strahlen *nt; of stars, eyes* Funkeln *nt; of snow, water* Glitzern *nt*
bril·liant ['brɪliənt] **I.** *adj* ❶ *(brightly shining) eyes* leuchtend *attr; face, sun* strahlend *attr;* **~ colours** leuchtende [*o* brillante] Farben; **a ~ smile** ein strahlendes Lächeln; **~ sunlight** strahlender Sonnenschein; **~ blue** leuchtend blau; **~ white** strahlend weiß
❷ *(clever) person* hoch begabt, genial; *plan* brillant; **~ idea** glänzende Idee; **a ~ actor** ein brillanter Schauspieler/eine brillante Schauspielerin
❸ BRIT *(fam: excellent)* hervorragend; ***we had a ~ time*** wir hatten eine tolle Zeit
II. *interj* BRIT *(fam)* toll! *fam,* klasse! *fam*
bril·lian·tine ['brɪliənti:n] **I.** *n no pl* Brillantine *f veraltend,* Haarpomade *f veraltend,* Haargel *nt*
II. *vt* **to ~ one's hair** sein Haar mit Gel [*o veraltend* Pomade] frisieren; **~d hair** pomadeglänzendes Haar
bril·liant·ly ['brɪliəntli] *adv* ❶ *(with great skill)* brillant, meisterhaft, erstklassig
❷ *(extremely brightly)* leuchtend *attr,* glänzend *attr;* **~ lit** hell erleuchtet; **to shine ~** strahlen
brim [brɪm] **I.** *n* ❶ *(of hat)* Krempe *f*
❷ *(top)* Rand *m;* **to fill sth to the ~** etw bis an den Rand füllen; **filled** [*or* **full**] **to the ~ with sth** randvoll mit etw *dat* sein
II. *vi* <-mm-> ■ **to ~ with sth** voll von etw *dat* sein; ***her eyes ~med with tears*** ihr standen die Tränen in den Augen; ***his eyes are ~ming with humour*** aus seinen Augen lacht der Schalk; **to ~ with ideas** vor [*o* von] Ideen übersprudeln
◆ **brim over** *vi* ❶ *(overflow)* überlaufen, überfließen, überschwappen *fam*
❷ *(be full of)* ■ **to ~ over with sth** voll von etw *dat* sein; **to be ~ming over with confidence** vor Selbstbewusstsein nur so strotzen; **to be ~ming over with energy/ideas** vor Energie/Einfällen sprühen; **to be ~ming over with health** vor/von Gesundheit strotzen
brim·ful ['brɪmfʊl] *adj inv, pred* randvoll; **to be ~ of ideas/life/surprises** *(fig)* voller Ideen/Leben/Überraschungen sein; **~ of soup** bis zum Rand mit Suppe gefüllt
brim·stone ['brɪmstə(ʊ)n, AM -stoʊn] *n no pl (old)* Schwefel *m*
brine [braɪn] *n* ❶ *no pl (salty water)* Sole *f; (seawater)* Salzwasser *nt*
❷ *(for food)* [Salz]lake *f;* **olives/tuna in ~** Oliven *pl*/Thunfisch *m* in Salzlake
bring <brought, brought> [brɪŋ] *vt* ❶ *(convey)* ■ **to ~ sb/sth** jdn/etw mitbringen; ***shall I ~ anything to the party?*** soll ich etwas zur Party mitbringen?; ***I've brought my sister with me*** ich habe meine Schwester mitgebracht; ***I didn't ~ my keys with me*** ich habe meine Schlüssel nicht mitgenommen; ■ **to ~ sb sth** [*or* **sth to sb**] jdm etw bringen; ***I've brought you a present*** ich habe dir ein Geschenk mitgebracht; **to ~ sth to sb's attention** jdn auf etw *akk* aufmerksam machen; **to ~ sth to sb's knowledge** jdn von etw *dat* in Kenntnis setzen; **to ~ news** Nachrichten überbringen; **to ~ word** Nachricht geben
❷ *(cause to come)* ■ **to ~ sb [to a place]** jdn [an einen Ort] verschlagen; ***so what ~s you here to London?*** was hat dich hier nach London verschlagen?; ***the walk brought us to a river*** der Spaziergang führte uns an einen Fluss; ***her screams brought everyone running*** durch ihre Schreie kamen alle zu ihr gerannt; *(fig)* ***this ~s me to the second part of my talk*** damit komme ich zum zweiten Teil meiner Rede; **to ~ sth to the** [*or* AM **a**] **boil** etw zum Kochen bringen; **to ~ sth to a close** [*or* **a conclusion**] [*or* **an end**] etw zum Abschluss bringen; **to ~ an issue into focus** ein Thema in den Brennpunkt rücken; **to ~ a picture into focus** ein Bild scharf einstellen; **to ~ salaries in line with sth** Gehälter an etw *akk* angleichen
❸ *(cause to befall)* ■ **to ~ [sb] sth** [*or* **sth** [**to** [*or* **for**] **sb**]] [jdm] etw bringen; ***this has brought me nothing but trouble*** das hat mir nichts als Probleme eingebracht; ***what will the future ~ for us?*** was wird uns die Zukunft bringen?; ***the explosion brought the whole building crashing to the ground*** durch die Explosion stürzte das gesamte Gebäude ein; **to ~ happiness/misery** Glück/Unglück bringen; **to ~ sb luck** jdm Glück bringen; **to ~ peace to a region** einer Region den Frieden bringen; **to ~ sb to a state of near despair** jdn an den Rand der Verzweiflung bringen; **to ~ sb to the verge of bankruptcy** jdn an den Rand des Bankrotts bringen
❹ LAW *(lodge)* ■ **to ~ sth [against sb]** etw [gegen jdn] vorbringen; **to ~ an action/charges against sb** Klage/Anklage gegen jdn erheben; **to ~ a complaint against sb** eine Beschwerde gegen jdn vorbringen; **to ~ a lawsuit** [*or* **proceedings**] **against sb** jdn verklagen, ein gerichtliches Verfahren gegen jdn einleiten; **to ~ sb to trial** jdn anklagen
❺ *(force)* ■ **to ~ oneself to do sth** sich *akk* [dazu] durchringen, etw zu tun
❻ *(sell for)* ■ **to ~ sth** etw [ein]bringen; **to ~ a price** einen Preis erzielen; **to ~ a profit** Profit bringen
❼ RADIO, TV *(broadcast)* ■ **to ~ sb sth** [*or* **sth to sb**] ***next week we'll be ~ing you part 2 of this exciting serial*** den zweiten Teil dieser spannenden Serie sehen Sie nächste Woche; ***unfortunately we can't ~ you that report from Timbuktu right now*** leider können wir den Bericht aus Timbuktu im Moment nicht senden
▸PHRASES: **to ~ sb to bay** jdn in die Enge treiben; **to ~ an animal to bay** ein Tier stellen; **to ~ sb to book** jdn zur Rechenschaft ziehen; **to ~ sth home to sb** jdm etw vor Augen führen [*o* klarmachen]; **to ~ influence to bear on sb/sth** jdn/etw beeinflussen; **to ~ sth to life** etw zum Leben erwecken; **to ~ sth to light** etw ans Licht bringen, etw aufdecken; **to ~ sth to mind** etw in Erinnerung rufen, an etw *akk* erinnern; **to ~ pressure to bear on sb/sth** auf jdn/etw Druck ausüben; **to ~ tears to sb's eyes** jdm Tränen in die Augen treiben; **to ~ sb to trial** jdn vor Gericht bringen
◆ **bring about** *vt* ■ **to ~ about** ◯ **sth** ❶ *(cause to happen)* etw verursachen [*o* herbeiführen]
❷ *(achieve)* ■ **to have been brought about by sth** durch etw *akk* zustande gekommen sein
◆ **bring along** *vt* ■ **to ~ along** ◯ **sth/sb** etw/jdn mitbringen
◆ **bring around** *vt esp* AM ❶ *(fetch around)* ■ **to ~ around** ◯ **sth/sb** etw/jdn mitbringen
❷ *(make conscious)* ■ **to ~ sb around** jdn wieder zu Bewusstsein bringen
❸ *(persuade)* ■ **to ~ sb around** jdn umstimmen; ■ **to ~ sb around to sth** jdn zu etw *dat* überreden;

to a point of view jdn von etw *dat* überzeugen

◆**bring back** *vt* ① *(return)* ■**to ~ back** ○ **sth/sb** etw/jdn zurückbringen; **to ~ back the colour to sb's cheeks** jdn wieder munter machen; **to ~ life back to a town** eine Stadt mit neuem Leben erfüllen

② *(reintroduce)* ■**to ~ back** ○ **sth** etw zurückbringen [*o* wiederbringen]; **to ~ back the death penalty** die Todesstrafe wieder einführen

③ *(call to mind)* **to ~ back memories** [**to sb**] Erinnerungen [bei jdm] wecken; ***these photographs ~ it all back to me*** wenn ich diese Fotos ansehe, sehe ich alles wieder vor mir

◆**bring down** *vt* ① *(fetch down)* ■**to ~ down** ○ **sth/sb** etw/jdn herunterbringen

② *(make fall over)* ■**to ~ down** ○ **sb** jdn zu Fall bringen; ■**to ~ down** ○ **sth** etw umstoßen

③ *(shoot down)* **to ~ down a plane** ein Flugzeug abschießen

④ *(depose)* ■**to ~ down** ○ **sb/sth** jdn/etw zu Fall bringen; **to ~ down a government** eine Regierung stürzen

⑤ *(reduce)* ■**to ~ down** ○ **sth** etw senken [*o* herabsetzen]; **to ~ down inflation/prices** die Inflation/Preise senken

⑥ *(make depressed)* ■**to ~ down** ○ **sb** jdn deprimieren

▸PHRASES: **to ~ the house down** einen Beifallssturm auslösen; **to ~ sb down a peg** [**or two**] jdm einen Dämpfer versetzen

◆**bring forth** *vt (form)* ■**to ~ forth** ○ **sth** etw hervorbringen

◆**bring forward** *vt* ■**to ~ forward** ○ **sth** ① *(reschedule earlier)* **to ~ forward an election/a meeting** Wahlen/eine Sitzung vorverlegen

② *(present for discussion)* etw vorbringen; **to ~ an issue forward for debate** ein Thema zur Diskussion stellen; **to ~ forward a proposal** einen Vorschlag machen

③ FIN *(carry over)* etw übertragen

◆**bring in** *vt* ① *(fetch in)* ■**to ~ in** ○ **sb/sth** jdn/etw hereinbringen; **to ~ in the harvest** die Ernte einbringen

② *(introduce)* ■**to ~ in** ○ **sth** etw einführen; **to ~ in a bill** einen Gesetzentwurf einbringen; **to ~ in a rule** eine Regel einführen; **to ~ in a topic** [*or* **subject**] ein Thema zur Sprache bringen

③ *(ask to participate)* ■**to ~ in** ○ **sb** jdn einschalten [*o* hinzuziehen]

④ FIN *(earn)* ■**to ~ in** ○ **sth** *money* etw [ein]bringen; **to ~ in a profit of £1,000** einen Profit von 1.000 Pfund machen

⑤ LAW *(produce)* **to ~ in a verdict of guilty/not guilty** einen Schuldspruch/Freispruch fällen

◆**bring into** *vt* ① *(ask to join)* ■**to ~ sb into sth** jdn zu etw *dat* hinzuziehen; ***this initiative will ~ new recruits into the fire service*** diese Initiative wird der Feuerwehr neue Leute bringen

② *(introduce into discussion)* ■**to ~ sth into sth** etw [in etw *akk*] einbringen; ***why do they always ~ sex into their advertisements?*** warum enthalten ihre Werbungen immer Sex?

◆**bring off** *vt (fam)* ■**to ~ off** ○ **sth** etw zustande bringen; ***she managed to ~ off the biggest cheque fraud in history*** ihr gelang der größte Scheckbetrug aller Zeiten

◆**bring on** *vt* ① *(cause to occur)* ■**to ~ on** ○ **sth** etw herbeiführen; MED etw verursachen [*o* auslösen]

② *(cause to experience)* ■**to ~ sth on sb**: ***she brought disgrace on the whole family*** sie brachte Schande über die ganze Familie; ***you brought it on yourself*** du bist selbst schuld

③ *(improve)* ■**to ~ on** ○ **sb** jdn weiterbringen

◆**bring out** *vt* ① *(fetch out)* ■**to ~ out** ○ **sth** etw herausbringen; **to ~ sth out of one's pocket** etw aus seiner Tasche ziehen

② BRIT, AUS *(encourage to be less shy)* ■**to ~ sb out** jdm die Hemmungen nehmen

③ *(introduce to market)* ■**to ~ out** ○ **sth** etw auf den Markt bringen; *book, CD* etw herausbringen

④ *(reveal)* ■**to ~ out** ○ **sth** etw zum Vorschein bringen

⑤ *(utter)* **to ~ out a few words** ein paar Worte herausbringen

⑥ *(cause rash)* **sth ~s sb out in a rash** jd bekommt von etw *dat* einen Ausschlag

◆**bring over** *vt* ① *(fetch over)* ■**to ~ over** ○ **sb/sth** etw/jdn herbeibringen

② *(persuade)* **to ~ sb over to one's side** jdn auf seine Seite bringen; **to ~ sb over to one's point of view** jdn von seiner Meinung überzeugen

◆**bring round** *vt esp* BRIT ① *(fetch round)* ■**to ~ round** ○ **sth/sb** etw/jdn mitbringen

② *(bring back to consciousness)* ■**to ~ sb round** jdn wieder zu Bewusstsein bringen

③ *(persuade)* ■**to ~ sb round** [**to sth**] jdn [zu etw *dat*] überreden

◆**bring through** *vt* ■**to ~ sb through sth** *bad times* jdn durch etw *akk* bringen; ***their faith brought them through*** ihr Glaube half ihnen weiter

◆**bring to** *vt* ■**to ~ sb to** jdn wieder zu Bewusstsein bringen

◆**bring together** *vt* **to ~ together** ○ **people** Menschen zusammenbringen; *(in crisis)* Menschen zusammenschweißen; *(introduce)* Menschen miteinander bekanntmachen

◆**bring up** *vt* ① *(carry up)* ■**to ~ up** ○ **sth/sb** etw/jdn heraufbringen

② *(rear)* ■**to ~ up** ○ **sb** jdn großziehen [*o* aufziehen]; ***we brought them up to respect other people's rights*** wir erzogen sie dazu, die Rechte anderer Menschen zu respektieren; **to be brought up a Catholic** katholisch erzogen werden; **a well/badly brought-up child** ein gut/schlecht erzogenes Kind

③ *(mention)* ■**to ~ up** ○ **sth** etw zur Sprache bringen; ***don't ~ up that old subject again*** fang nicht wieder mit diesem alten Thema an; **to ~ up sth for discussion** etw zur Diskussion stellen

④ *(fam: vomit)* **to ~ up one's breakfast/lunch** das Frühstück/Mittagessen ausspucken *fam*

⑤ MIL *(convey)* **to ~ up reinforcements/supplies** die Front mit Verstärkung/Vorräten versorgen

⑥ COMPUT *(make appear on screen)* **to ~ up a menu/dialog box** ein Menü/Dialogfenster aufrufen

▸PHRASES: **to ~ up the rear** das Schlusslicht bilden; **to ~ sb up short** jdn plötzlich zum Anhalten bringen

bring and 'buy sale *n* BRIT, AUS [Wohltätigkeits]basar *m (bei dem mitgebrachte Sachen verkauft werden)*

brink [brɪŋk] *n no pl* ① *(edge) of a cliff, gorge, pond* Rand *m*

② *(fig: verge)* Rand *m*, Grenze *f*; ■**to be on the ~ of sth** kurz vor etw *dat* stehen; **to be on the ~ of bankruptcy** [*or* **ruin**] kurz vor dem Bankrott stehen; **to drive sb to the ~ of a nervous breakdown** jdn an den Rand eines Nervenzusammenbruchs bringen; **to be on the ~ of extinction** vom Aussterben bedroht sein; **to be on the ~ of war** kurz vor Kriegsausbruch stehen

brink·man·ship ['brɪŋkmənʃɪp] *n no pl* Spiel *nt* mit dem Feuer

briny ['braɪni] I. *adj* salzig

II. *n no pl* BRIT *(hum dated)* ■**the ~** die See

brio ['bri:əʊ, AM -oʊ] *n no pl* Schwung *m*

bri·oche [bri:'ɒʃ, AM *also* -'oʊʃ] *n* Brioche *f o* ÖSTERR, SCHWEIZ *nt*

bri·quet(te) [brɪ'ket] *n* Brikett *nt*

brisk [brɪsk] *adj* ① *(quick)* zügig, flott; **to give sth a ~ flick with a duster** etw schnell mit einem Staubtuch abwischen; **~ pace** flottes Tempo; **to walk at a ~ pace** zügig marschieren; **~ walk** strammer Spaziergang

② *(sharp) tone* energisch

③ *(busy) sales, trade* lebhaft, rege

④ *(cool) weather, wind* frisch

bris·ket ['brɪskɪt] *n no pl* FOOD Bruststück *nt*

brisk·ly ['brɪskli] *adv* ① *(quickly)* zügig, flott; **to walk ~** eiligen Schrittes laufen

② *(sharply)* energisch; **to say sth ~** etw energisch sagen

③ *(busily)* lebhaft, rege; **to sell ~** sich wie warme Semmeln verkaufen

brisk·ness ['brɪsknəs] *n no pl of a pace* Zügigkeit *f*, Flottheit *f*; *of manner, tone* Nachdruck *m*; *of trade* Lebhaftigkeit *f*

bris·tle ['brɪsl] I. *n* Borste *f*; *(on a man's face)* [Bart]stoppel *f meist pl*; **badger ~** Dachshaar *nt*; **brush ~s** Pinselborsten *pl*; **natural ~[s]** Naturborsten *pl*

II. *vi* ① *(become erect) fur* sich *akk* sträuben; *hair* sich *akk* aufstellen

② *(fig: react angrily)* ■**to ~** [**at sth**] sich *akk* [über etw *akk*] empören

◆**bristle with** *vt* ■**to ~ with sth** vor etw *dat* strotzen, von etw *dat* voll sein; **to ~ with anger** vor Zorn beben; **to ~ with mistakes/people/police** von Fehlern/Menschen/Polizei wimmeln

brist·ly ['brɪsli] *adj* borstig, stoppelig, stachelig; **~ chin** stoppeliges Kinn; **~ hair** borstige Haare

Bris·to·lian [brɪs'təʊliən, AM -toʊ-] I. *n* Bewohner(in) *m(f)* von Bristol

II. *adj* aus Bristol *nach n*

Brit [brɪt] *n (fam)* ① *(person)* Brite, Britin *m, f*

② MUS Brit-Award *m*

Brit·ain ['brɪtᵊn] *n* Großbritannien *nt*

Bri·tan·nia [brɪ'tænjə] *n no pl* [allegorische] Britannia; *(fig)* Britannien *nt*

Bri·tan·nic [brɪ'tænɪk] *adj inv (dated)* britannisch

Bri·tan·nic Maj·es·ty [brɪ,tænɪk'mædʒəsti] *n* **His/Her ~** Seine/Ihre Britannische Majestät

britches ['brɪtʃɪz] *npl esp* AM Kniehose *f*; [**riding**] **~** Reithose *f*

▸PHRASES: **to be too big for one's ~** größenwahnsinnig sein

Brit·ish ['brɪtɪʃ, AM -t̬-] I. *adj* britisch

II. *n* ■**the ~** *pl* die Briten *pl*

Brit·ish 'Broad·cast·ing Cor·po·ra·tion, BBC *n no pl, + sing/pl vb* ■**the ~** die BBC *(britische Rundfunkgesellschaft)* **Brit·ish Co·'lum·bia** *n* Britisch Kolumbien *nt* **British-Columbian** [kə'lʌmbiən] I. *n* Britisch-Kolumbianer(in) *m(f)* II. *adj* britisch-kolumbianisch **Brit·ish 'Eng·lish** *n no pl* britisches Englisch

Brit·ish·er ['brɪt̬ɪʃər] *n* AM *(fam)* Brite, Britin *m, f*

Brit·ish Gui·ana [-gi'ɑ:nə, AM -'ænə] *n* Britisch-Guayana *nt* **Brit·ish 'Isles** *npl* **the ~** die Britischen Inseln **Brit·ish 'Na·tion·al Par·ty, BNP** *n* POL Britische Nationalpartei **Brit·ish 'Solo·mon Is·lands** *npl* Solomon Inseln *pl* **Brit·ish 'Sum·mer Time, BST** *n no pl* britische Sommerzeit **Brit·ish 'Vir·gin Is·lands** *npl* Britische Jungferninseln [*o* Jungfraueninseln] *pl*

Brit·on ['brɪtᵊn] *n* Brite, Britin *m, f*; HIST Bretone, Bretonin *m, f*

Brit·ta·ny ['brɪtᵊni] *n* die Bretagne *f*

brit·tle ['brɪtl, AM -t̬-] I. *adj* ① *(fragile)* zerbrechlich, spröde; **~ bones** brüchige Knochen; **a ~ layer of ice** eine dünne Eisschicht

② *(fig: unpleasantly sharp) laugh, voice* schrill; *behaviour, person* laut, aber unsicher

II. *n* [Nuss]krokant *nt*

brit·tle·ness ['brɪtlnəs] *n no pl* ① *(fragility)* Brüchigkeit *f*, Zerbrechlichkeit *f*

② *(aggressiveness)* Reizbarkeit

bro [broʊ] *n esp* AM *(fam) short for* **brother** Bruder *m*; *usu sing (form of address)* Bruderherz *nt fam*

broach [brəʊtʃ, AM broʊtʃ] I. *vt* ■**to ~ sth** ① *(begin to discuss) subject* etw anschneiden

② *(open)* etw öffnen; **to ~ a barrel** [*or* **cask**] ein Fass anstechen; *(containing beer also)* ein Fass anzapfen

II. *n* <*pl* -es> AM *(brooch)* Brosche *f*

B-road ['bi:rəʊd, AM -roʊd] *n* BRIT ≈ Landesstraße *f*

broad [brɔ:d, AM *also* brɑ:d] I. *adj* ① *(wide) street, river* breit; **~ shoulders** breite Schultern

② *(spacious)* weit; **a ~ expanse** eine weite Ausdehnung

③ *(obvious)* deutlich, klar; **to drop** [*or* **give**] **a ~ hint** einen Wink mit dem Zaunpfahl geben

④ *(general)* allgemein; **to be in ~ agreement** weitgehend übereinstimmen [*o* einer Meinung sein]; **a ~ description/generalization** eine grobe Beschreibung/Verallgemeinerung; **to give a ~ outline of sth** etw in groben Zügen darstellen; **a ~ range/spectrum** eine breite Palette/ein breites Spektrum
⑤ *(wide-ranging)* weitreichend, ausgedehnt; *education* umfassend; *interests* vielseitig; **to have a ~ appeal** sich allgemeiner Beliebtheit erfreuen; **a ~ cross section of the population** weite Teile der Bevölkerung
⑥ *(liberal) idea, view* tolerant; *outlook* großzügig
⑦ *(strong)* stark, ausgeprägt; **a ~ accent/grin** ein breiter Akzent/ein breites Grinsen
⑧ *(coarse)* derb; **~ comedy/humour** derbe Komödie/derber Humor
▸PHRASES: **~ in the beam** *(hum dated)* breit gebaut; **in ~ daylight** am helllichten Tag[e]
II. *n esp* AM *(pej! sl)* Tussi *f pej fam*

'broad·band *n* COMPUT Breitband *m;* **~ radio** Breitbandradio *nt* **'broad bean** *n* Saubohne *f,* dicke Bohne **'broad-brim·med** *adj hat* breitkrempig, mit breitem Band

broad·cast ['brɔ:dkɑ:st, AM 'brɑ:dkæst] **I.** *n* Übertragung *f; (programme)* Sendung *f;* **a live ~ of the concert** eine Liveübertragung des Konzerts; **a live television/radio ~** eine Livesendung im Fernsehen/Radio
II. *vi* <broadcast *or* AM broadcasted, broadcast *or* AM broadcasted> senden; **to ~ on long wave** auf Langwelle senden
III. *vt* <broadcast *or* AM broadcasted, broadcast *or* AM broadcasted> ■**to ~ sth** ① *(transmit)* etw senden [*o* ausstrahlen]; **to ~ a match** ein Spiel übertragen; **to ~ a programme** ein Programm senden [*o* ausstrahlen]; **to ~ an SOS** ein SOS funken; **to be ~ live** live ausgestrahlt werden
② *(fam: spread widely)* etw an die große Glocke hängen; **to ~ a rumour** ein Gerücht [überall] verbreiten

broad·cast·er ['brɔ:dkɑ:stəʳ, AM 'brɑ:dkæstɚ] *n* Medienstar *m; (announcer)* Sprecher(in) *m(f); (presenter)* Moderator(in) *m(f)*

broad·cast·ing ['brɔ:dkɑ:stɪŋ, AM 'brɑ:dkæst-] *n no pl (radio)* Rundfunk *m; (TV)* Fernsehen *nt;* **educational/news ~** Bildungs-/Nachrichtensendungen *pl;* **satellite ~** Satellitenübertragungen *pl;* **sports ~** Sportsendungen *pl*

'broad·cast·ing sta·tion *n* Fernsehstation *f,* Rundfunkstation *f*

broad·cloth ['brɔ:dklɒθ, AM 'brɑ:dklɑ:θ] *n no pl* feines schwarzes Tuch

broad·en ['brɔ:dᵊn, AM *also* 'brɑ:d-] **I.** *vi* ① *(become wider)* sich *akk* verbreitern, breiter werden
② *(become more inclusive)* breiter werden, sich ausdehnen; *horizon* sich erweitern
II. *vt* ■**to ~ sth** ① *(make wider)* etw verbreitern [*o* breiter machen]
② *(fig: expand)* etw vergrößern; *competence, knowledge* etw ausweiten; ***living in India ~ed my outlook on life*** durch das Leben in Indien habe ich ein viel offeneres Weltbild bekommen; **to ~ one's horizons/one's mind** seinen Horizont erweitern; **to ~ the scope of a discussion** eine Diskussion ausweiten
◆**broaden out I.** *vi see* **broaden I**
II. *vt (make more general)* ■**to ~ out** ○ **sth** etw ausdehnen; **to ~ out a definition/an interpretation** eine Definition/Interpretation allgemeiner fassen

'broad gauge *n no pl* Breitspur *f* **'broad jump** *n no pl* AM *(long jump)* ■**the ~** der Weitsprung **'broad·leaf** BOT **I.** *n* breitblättrige Pflanze **II.** *adj attr, inv* breitblättrig; **~ forest** *Wald, in dem Bäume mit breitblättrigem Laub wachsen* **'broad-leaved** *adj* breitblättrig; **~ endive** Breitblattendivie *f;* **~ plant** breitblättrige Pflanze; **~ tree** Baum *m* mit breitblättrigem Laub

broad·ly ['brɔ:dli, AM *also* 'brɑ:dli] *adv* ① *(generally)* allgemein, in groben Zügen; ***I ~ agree with you*** ich stimme weitgehend mit dir überein; **~ speaking, ...** ganz allgemein gesehen, ...
② *(widely)* breit; ***when Ann saw all the presents she smiled ~*** als Ann die ganzen Geschenke sah, lachte sie über das ganze Gesicht; **to grin ~** breit grinsen

broad-'mind·ed *adj (approv)* tolerant

broad-'mind·ed·ness *n no pl (approv)* Toleranz *f*

broad·ness ['brɔ:dnəs, AM *also* 'brɑ:d-] *n no pl* Weite *f; of accent, grin* Breite *f*

'broad·sheet *n* BRIT, AUS ① *(newspaper)* seriöse Zeitung ② *(advertisement)* Plakat *nt* ③ TYPO einseitig bedrucktes Blatt, Einblattdruck *m* **broad-'shoul·dered** *adj* breitschultrig **'broad·side** *n* ① *(attack)* **to fire a ~ [at sb]** [auf jdn] eine Breitseite abfeuern *a. fig* ② AM *(publicity leaflet)* Prospekt *m,* Werbeflyer *m* **broad-'spec·trum** *adj* MED Breitband-; **~ antibiotic** Breitbandantibiotikum *nt* **'broad tape** *n* AM ECON Informationsdienst *m* zum Wertpapier- und Warenterminhandel

bro·cade [brə(ʊ)'keɪd, AM broʊ'-] **I.** *n no pl* Brokat *m*
II. *n modifier (gown, jacket, skirt)* Brokat-, brokaten *geh*

bro·cad·ed [brə'keɪdɪd] *adj inv* brokatartig

broc·co·li ['brɒkᵊli, AM 'brɑ:-] *n no pl* Broccoli *m,* Brokkoli *m*

bro·chure ['brəʊʃəʳ, AM broʊ'ʃʊr] *n* Broschüre *f;* **travel ~** Reisekatalog *m*

brogue[1] [brəʊg, AM broʊg] *n usu sing irischer oder schottischer Akzent*

brogue[2] [brəʊg, AM broʊg] *n* Brogue *m fachspr (Herrenschuh mit zierenden Lochornamenten und Flügelkappe)*

broil [brɔɪl] *vt esp* AM *(grill)* ■**to ~ sth** etw grillen

broil·er ['brɔɪləʳ, AM -ɚ] *n* ① *(chicken)* [Brat]hähnchen *nt,* [Brat]hendel *nt* SÜDD, ÖSTERR, [Grill]poulet *nt* SCHWEIZ
② *esp* AM *(grill)* Grill[rost] *m*

'broil·er pan *n esp* AM *(grill pan)* Grillpfanne *f*

broil·ing ['brɔɪlɪŋ] *adj inv* AM *(fam)* glühend heiß

broke [brəʊk, AM broʊk] **I.** *pt of* **break**
II. *adj pred (fam)* abgebrannt *fam,* pleite *fam,* blank *fam;* **to go ~** bankrottgehen *fam,* pleitegehen *fam*
▸PHRASES: **if it ain't ~ don't fix it** *(iron fam)* verändre nichts, das funktioniert; **to go for ~** *(fam)* alles auf eine Karte setzen

bro·ken ['brəʊkᵊn, AM 'broʊk-] **I.** *pp of* **break**
II. *adj inv* ① *(shattered)* zerbrochen; **~ arm/finger** gebrochener Arm/Finger; **~ bottle** zerbrochene Flasche; **~ filling** herausgebrochene Füllung; **~ glass** Glasscherben *pl*
② *(not functioning) watch* kaputt
③ *(defeated) man, woman* gebrochen
④ *(not fluent)* **in ~ English** in gebrochenem Englisch
⑤ *(interrupted)* unterbrochen
⑥ *(dotted)* gestrichelt; **a ~ line** eine gestrichelte Linie
⑦ *attr (not adhered to) contract, promise* gebrochen; **a ~ engagement** eine gelöste Verlobung; **a ~ marriage** eine zerbrochene Ehe

'bro·ken-down *adj attr* ① *(not working)* kaputt
② *(dilapidated)* verfallen, baufällig; **~ furniture** abgewohnte Möbel

bro·ken down *adj pred* aufgegliedert

bro·ken 'fami·ly <*pl* -lies> *n* zerbrochene Familie **bro·ken-'heart·ed** *adj* untröstlich **bro·ken 'home** *n* zerrüttete Familienverhältnisse **bro·ken 'lot** *n* ECON *(incomplete set of goods)* unvollständiger Satz

bro·ken 'up *adj pred (fam)* ■**to be ~** aus der Fassung geraten sein, aufgebracht [*o* aufgelöst] sein

bro·ker ['brəʊkəʳ, AM 'broʊkɚ] **I.** *n* ① COMM *(agent)* Makler(in) *m(f); (on the Stock Exchange)* Börsenmakler(in) *m(f),* Broker(in) *m(f) fachspr;* **agency ~** FIN Effektenbroker(in) *m(f);* **independent** [*or* **outside**] **~** Freimakler(in) *m(f);* **official ~** amtlicher Broker/amtliche Brokerin; **outside ~** STOCKEX Freimakler(in) *m(f)*
② *(negotiator)* Vermittler(in) *m(f),* Unterhändler(in) *m(f)*
II. *vt* ■**to ~ sth** etw aushandeln; **to ~ a ceasefire/deal** einen Waffenstillstand/ein Geschäft aushandeln

bro·ker·age ['brəʊkərɪdʒ, AM 'broʊ-] *n no pl* ECON ① *(activity)* Maklergeschäft *nt*
② COMM *(fee)* Maklergebühr *f,* Courtage *f,* Brokerage *nt;* **~ fee** Maklergebühr *f*

'bro·ker·age firm *n* Maklerfirma *f,* Brokerage-Gesellschaft *f* **'bro·ker·age house** *n* STOCKEX Brokerfirma *f*

'bro·ker com·pa·ny *n* FIN Brokerfirma *f* **bro·ker-'deal·er** *n* STOCKEX Börsenmakler(in) *m(f),* Broker(in) *m(f) fachspr*

brok·ing ['brəʊkɪŋ, AM 'broʊ-] *n* STOCKEX Maklergeschäft *nt*

brol·ly ['brɒli] *n esp* BRIT, AUS *(fam)* Schirm *m*

brom·eo·sin [breʊ'mi:əsɪn, AM broʊ-] *n no pl* CHEM Eosin *nt*

bro·mide ['brəʊmaɪd, AM 'broʊ-] *n* ① CHEM Bromid *nt*
② MED Beruhigungsmittel *nt*
③ *(platitude)* Gemeinplatz *m,* Platitüde *f geh*

bro·mi·fi·ca·tion [ˌbrəʊmɪfɪ'keɪʃᵊn, AM ˌbroʊmɪfə'-] *n* CHEM Bromierung *f*

bro·mine ['brəʊmi:n, AM 'broʊ-] *n no pl* CHEM Brom *nt*

bron·chi ['brɒŋki:, AM 'brɑ:ŋ-] *n pl of* **bronchus**

bron·chial ['brɒŋki:əl, AM 'brɑ:ŋ-] *adj inv* Bronchial-

bron·chial pneu·'mo·nia *n no pl* Bronchopneumonie *f fachspr* **'bron·chial tubes** *npl* Bronchien *pl*

bron·chi·tis [brɒŋ'kaɪtɪs, AM brɑ:ŋ'kaɪt̬ɪs] *n no pl* Bronchitis *f*

bron·cho·pneu·mo·nia [ˌbrɒŋkə(ʊ)nju:'məʊniə, AM ˌbrɑ:ŋkoʊnu:'moʊnjə] *n no pl* MED Bronchopneumonie *f fachspr*

bron·chus <*pl* -chi> ['brɒŋkəs, AM 'brɑ:ŋ-, *pl* ki:] *n* MED Bronchus *m fachspr*

bron·co <*pl* -os> ['brɒŋkəʊ, AM 'brɑ:ŋkoʊ] *n wildes Pferd im Westen der USA*

bron·to·sau·rus <*pl* -ruses *or* -ri> [ˌbrɒntə'sɔ:rəs, AM ˌbrɑ:nt̬ə'-] *n* Brontosaurus *m*

Bronx cheer [ˌbrɑ:ŋks'tʃɪr] *n esp* AM *(fam: raspberry)* verächtliches Zischen; **to give sb a ~** jdn auspfeifen

bronze [brɒnz, AM brɑ:nz] **I.** *n* ① *no pl (metal)* Bronze *f*
② ART Bronzeobjekt *nt*
③ *(medal)* Bronzemedaille *f*
II. *n modifier (urn, sculpture, plate, figure)* Bronze-
III. *adj inv* bronzefarben; *(made of bronze)* Bronze-

'Bronze Age I. *n no pl* HIST ■**the ~** die Bronzezeit
II. *adj attr, inv* Bronzezeit-; **~ civilizations** Kulturen *pl* der Bronzezeit

bronzed [brɒnzd, AM brɑ:nzd] *adj skin* [sonnen]gebräunt, braun

bronze 'med·al *n* Bronzemedaille *f;* **to get** [*or* **win**] **a ~** Bronze [*o* eine Bronzemedaille] gewinnen

bronz·er ['brɒnzəʳ, AM 'brɑ:nzɚ] *n* Bräunungsmittel *nt*

brooch <*pl* -es> [brəʊtʃ, AM broʊtʃ] *n* Brosche *f*

brood [bru:d] **I.** *n* ① *(hatch)* Brut *f*
② *(hum: young children)* Brut *f kein pl hum,* Nachwuchs *m kein pl*
II. *vi* ① *(mope)* Trübsal blasen; *(worry at length)* grübeln; ■**to ~ on** [*or* **over**] **sth** über etw *dat* brüten, über etw *akk* [nach]grübeln
② ZOOL *(sit on eggs)* brüten
III. *vt* **to ~ eggs** Eier ausbrüten

broodi·ness ['bru:dinəs] *n no pl* ① *(fam)* Kinderwunsch *m*
② *(pensiveness)* Nachdenklichkeit *f*

brood·ing ['bru:dɪŋ] *adj* beunruhigend; **dark ~ clouds** dunkle, schwere Wolken; **a ~ expanse of marshland** ein unheimliches Moorgebiet; **a ~ silence** eine drückende Stille

'brood mare *n* Zuchtstute *f*

broody ['bru:di] *adj* ① ZOOL brütig
② *(fam: ready to have children)* **to feel ~** den Wunsch nach einem Kind haben
③ *(mopey)* grüblerisch

brook[1] [brʊk] *n* Bach *m*

brook² [brʊk] *vt (form: tolerate)* ■ **to ~ sth** etw dulden

broom [bru:m, brʊm] *n* ① *(brush)* Besen *m*
② *no pl* BOT Ginster *m*

'broom·ball *n no pl* AM *eine Art Eishockey, bei dem die Spieler anstatt Schlittschuhe Gummischuhe tragen und anstatt einem Schläger einen Besen verwenden* **'broom han·dle, 'broom·stick** ['bru:mstɪk, 'brʊm-] *n* Besenstiel *m*

Bros. [*usu* 'brʌðəz, *hum fam* brɒs] *npl* ECON *abbrev of* **brothers** Gebr.

broth [brɒθ, AM brɑ:θ] *n no pl* FOOD Brühe *f*, Fond *m*

brotha ['brʌðə] *n* AM *(sl)* Digger *m (hauptsächlich von Schwarzafrikanern gebrauchte Anrede für einen Mann)*

broth·el ['brɒθəl, AM 'brɑ:θ-] *n* Bordell *nt*

'broth·el-keep·er *n* Bordellinhaber(in) *m(f)*

broth·er ['brʌðəʳ, AM -ɚ] **I.** *n* ① *(son of same parents)* Bruder *m;* **~s and sisters** Geschwister *pl*
② *(comrade)* ■ **~s!** *pl* Kameraden!, Brüder!; **~s in arms** Waffenbrüder *pl*
③ REL *(monk)* Bruder *m;* ***B~ Michael*** Bruder *m* Michael
④ *esp* AM *(fam: male friend)* Kumpel *m*
▸ PHRASES: **I am not my ~'s keeper** ich bin nicht der Hüter meines Bruders *geh*
II. *interj (fam)* Mann! *fam*, Mannomann! *fam*

broth·er·hood ['brʌðəhʊd, AM -ɚ-] *n* ① + *sing/pl vb (male group)* Bruderschaft *f*
② *no pl (feeling)* Brüderlichkeit *f*

'broth·er-in-law <*pl* brothers-in-law> *n* Schwager *m*

broth·er·ly ['brʌðəli, AM -ɚli] *adj (amongst brothers)* brüderlich; *(amongst friends)* freundschaftlich; **some ~ advice** ein freundschaftlicher Rat; **~ love** Bruderliebe *f*

'broth·ers-in-law *n pl of* **brother-in-law**

brough·am ['bru:əm, AM broʊm] *n* Brougham *m fachspr (Einspänner oder Auto mit offenem Fahrersitz)*

brought [brɔ:t, AM brɑ:t] *pp, pt of* **bring**

brou·ha·ha ['bru:hɑ:hɑ:] *n usu sing (fam)* Wirbel *m* (**over** um +*akk*)

brout·er ['braʊtəʳ, AM -ɚ] *n* COMPUT Brouter *m*

brow [braʊ] *n* ① *usu sing (forehead)* Stirn *f;* **to mop** [*or* **wipe**] **one's ~** sich *dat* den Schweiß von der Stirn wischen; **to wrinkle one's ~** die Stirn runzeln
② *(eyebrow)* Augenbraue *f*
③ *usu sing (fig)* **~ of a hill** Bergkuppe *f*

brow·beat <-beat, -beaten> ['braʊbi:t] *vt* ■ **to ~ sb** jdn einschüchtern; ■ **to ~ sb into doing sth** jdn unter Druck setzen, dass er etw tut

brown [braʊn] **I.** *n* Braun *nt*
II. *adj* ① *(chocolate-coloured)* braun
② *(tanned) skin* braun; **~ from the sun** sonnengebräunt; **to go ~** braun werden, bräunen
III. *vt* FOOD ■ **to ~ sth** *onion* etw [an]bräunen; *meat* etw anbraten
IV. *vi* FOOD braun werden
◆ **brown off** *vt* BRIT, AUS *(dated fam)* ■ **to be ~ed off with sth** etw satthaben *fam;* **to become** [*or* **get**] **~ed off with sth** etw [so langsam] satthaben *fam*

brown 'ale *n no pl* BRIT dunkles Bier **'brown bag** *n* AM *braune Papiertüte für Eingekauftes im Supermarkt* **'brown-bag** <-gg-> *vt* AM **to ~ one's lunch** [*or* **food**] sein [Mittag]essen [von zu Hause] mitbringen **brown 'bag·ger** *n* AM *jd, der sein Essen von zu Hause mitbringt* **brown-bag 'lunch** *n* AM *von zu Hause mitgebrachtes Mittagessen;* **to have a ~** *von zu Hause mitgebrachte Sachen zu Mittag essen* **brown-bag 'semi·nar** *n* AM *Treffen, bei dem Essen von zu Hause mitgebracht wird* **'brown bear** *n* Braunbär *m* **'brown belt** *n* SPORT ① *(belt)* brauner Gürtel ② *(person)* Träger(in) *m(f)* des braunen Gürtels **brown 'bread** *n no pl locker gebackenes Brot aus dunklerem Mehl, etwa wie Mischbrot* **'brown coal** *n no pl* Braunkohle *f* **brown elec'·tric·ity** *n no pl* Strom *m* aus Kohle oder Ölkraftwerken **'brown·field** *adj attr* **~ site** aus gewerblichen Brachflächen hervorgegangenes Bauland **'brown goods** *npl* Unterhaltungselektronik *f kein pl* **brown hy·'ena** *n* Schabrackenhyäne *f*

brownie ['braʊni] *n esp* AM *kleiner Schokoladenkuchen mit Nüssen*

Brownie, BRIT *also* **'Brownie Guide** ['braʊni-] *n* junge Pfadfinderin

'Brownie pack *n* + *sing/pl vb Gruppe junger Pfadfinderinnen* **'brownie point** *n (hum fam)* Pluspunkt *m;* **to get** [*or* **score**] [*or* **win**] **~s** Pluspunkte machen

brown·ing ['braʊnɪŋ] *n no pl* BRIT FOOD Bratensatz *m*

brown·ish ['braʊnɪʃ] *adj* bräunlich

'brown-nose *vi esp* AM *(pej sl)* katzbuckeln *pej fam*, arschkriechen *pej derb* **'brown-nos·er** *n esp* AM *(pej sl)* Arschkriecher(in) *m(f) pej derb* **'brown-out** *n* AM *(during war)* partielle Verdunkelung; *(due to electricity failure)* partieller Stromausfall **brown 'pa·per** *n no pl* Packpapier *nt* **'brown rat** *n* Wanderratte *f* **brown 'rice** *n no pl* ungeschälter Reis, Naturreis *m* **'brown·stone** *n esp* AM ① *no pl (stone)* rötlich brauner Sandstein ② *(house)* [rotbraunes] Sandsteinhaus **brown 'sug·ar** *n no pl* brauner Zucker

browse [braʊz] **I.** *vi* ① *(skim)* **to ~ through a book/magazine** ein Buch/eine Zeitschrift durchblättern, in einem Buch/einer Zeitschrift [herum]blättern
② *(look around)* **to ~** [**around a shop**] sich *akk* in einem Geschäft umsehen, in einem Laden [herum]stöbern
③ INET browsen, surfen
④ *(graze)* ■ **to ~** [**on sth**] [auf etw *dat*] grasen [*o* weiden]
II. *vt* ■ **to ~ sth** ① ZOOL etw abfressen
② COMPUT etw durchsehen; **to ~ the internet/the World Wide Web** im Internet/World Wide Web surfen
III. *n no pl* ① *(look-around)* **to go for** [*or* **take**] **a ~ around** [*or* **in**] **a shop** sich *akk* in einem Geschäft umsehen, in einem Laden [herum]stöbern
② *(look-through)* **to have a ~ through a book/magazine** ein Buch/eine Zeitschrift durchblättern, in einem Buch/einer Zeitschrift [herum]blättern

brows·er ['braʊzəʳ, AM -ɚ] **I.** *n* ① *(in shop) jd, der im Geschäft [herum]stöbert; (in books) jd, der in einem Buch schmökert, herumblättert*
② INET Browser *m*
II. *n modifier* INET Browser-; **~ history** Liste *f* der besuchten Websites

bruise [bru:z] **I.** *n* ① MED Bluterguss *m*, blauer Fleck; *(contusion)* Prellung *f;* **to be covered in ~s** überall blaue Flecken haben
② *(on fruit)* Druckstelle *f*
II. *vt* ① *(injure)* ■ **to ~ sb** jdm blaue Flecken zufügen; **to ~ one's arm/leg** sich *akk* am Arm/Bein stoßen
② *(fig: hurt)* **to ~ sb's ego/feelings/pride** jds Ego/Gefühle/Stolz verletzen
III. *vi* einen blauen Fleck bekommen, sich *akk* stoßen; *fruit* Druckstellen bekommen

bruised [bru:zd] *adj* ① *(injured)* geprellt; **to be badly ~** eine schwere Prellung haben; **to be battered and ~** grün und blau sein
② *(fig: emotionally hurt)* verletzt

bruis·er ['bru:zəʳ, AM -zɚ] *n (hum fam)* ① *(brute)* Schläger[typ] *m fam*
② *(boxer)* Boxer(in) *m(f)*
③ *(big baby)* Pummel *m fam*, Dickerchen *nt fam*

bruis·ing ['bru:zɪŋ] **I.** *n no pl* MED Bluterguss *m*
II. *adj usu attr* verletzend *a. fig;* **~ contest** aufreibender Wettkampf; **~ encounter** unerfreuliches Treffen

bruit [bru:t] *vt usu passive (form or hum)* ■ **to ~ sth abroad** [*or* **around**] [*or* **about**] etw überall herumerzählen

brum·by, brum·bie ['brʌmbi] *n* AUS Brumby *nt fachspr*, australisches Wildpferd

Brum·mie, Brum·my ['brʌmi] **I.** *n* Bewohner(in) *m(f)* von Birmingham
II. *adj* BRIT *(fam)* aus Birmingham *nach n;* ***~ culture*** die für Birmingham typische Kultur

brunch <*pl* -es> [brʌntʃ] *n* Brunch *m*

Bru·nei [bru:'naɪ] *n* Brunei *nt*

bru·nette [bru:'net] **I.** *n* Brünette *f*
II. *adj inv* brünett

brunt [brʌnt] *n no pl* Wucht *f;* **to bear** [*or* **take**] **the ~ of sth** etw am stärksten zu spüren bekommen

brush [brʌʃ] **I.** *n* <*pl* -es> ① *(for hair, cleaning)* Bürste *f; (broom)* Besen *m; (for painting)* Pinsel *m*
② *no pl (act of brushing)* Bürsten *nt;* **to give sth a ~** etw abbürsten; **to give one's teeth a ~** sich *dat* die Zähne putzen
③ *usu sing (stroke)* leichte Berührung
④ *(encounter)* Zusammenstoß *m;* **to have a ~ with sb** mit jdm aneinandergeraten; **to have a ~ with death** dem Tode knapp entronnen sein; **to have a ~ with the law** mit dem Gesetz in Konflikt geraten
⑤ *no pl* AM, AUS *(brushwood)* Unterholz *nt*, Gestrüpp *nt*
⑥ *(fox's tail)* Fuchsschwanz *m*, Lunte *f fachspr*
II. *vt* ① *(clean)* ■ **to ~ sth** etw abbürsten; *(rub)* etw bürsten; **to ~ one's hair** sich *dat* die Haare bürsten; ***Jackie ~ ed her hair out of her eyes*** Jackie strich sich die Haare aus dem Gesicht; **to ~ one's teeth** sich *dat* die Zähne putzen
② *(touch lightly)* **to ~ sb's cheek** jds Wange leicht berühren
③ *(apply a substance)* ■ **to ~ sth with sth** etw mit etw *dat* bestreichen
III. *vi (touch lightly)* ■ **to ~ against sth/sb** etw/jdn streifen; ■ **to ~ by sb** an jdm vorbeieilen
◆ **brush aside** *vt* ① *(move aside)* ■ **to ~ aside** ○ **sth/sb** etw/jdn wegschieben
② *(dismiss)* ■ **to ~ aside** ○ **sth** etw abtun; ■ **to ~ aside** ○ **sb** jdn ignorieren
◆ **brush away** *vt* ■ **to ~ away** ○ **sth** ① *(wipe)* etw wegwischen; **to ~ away a fly** eine Fliege verscheuchen; **to ~ away one's tears** sich *dat* die Tränen abwischen
② *(dismiss)* etw [aus seinen Gedanken] verbannen
◆ **brush down** *vt* ■ **to ~ down** ○ **sb/sth** jdn/etw abbürsten; ■ **to ~ oneself down** sich *akk* zurechtmachen [*o* herrichten]
◆ **brush off** *vt* ① *(remove with brush)* ■ **to ~ off** ○ **sth** etw abbürsten
② *(ignore)* ■ **to ~ off** ○ **sb** jdn abblitzen lassen *fam;* ■ **to ~ off** ○ **sth** etw zurückweisen
◆ **brush out** *vt* ■ **to ~ out** ○ **sth** etw [her]ausbürsten; **to ~ out one's hair** sich *akk* die Haare ausbürsten; **to ~ out knots in one's hair** Knoten aus seinem Haar herausbürsten
◆ **brush past** *vt* ■ **to ~ past sb** jdn streifen
◆ **brush up I.** *vi* ■ **to ~ up on sth** *one's knowledge* etw auffrischen
II. *vt* ■ **to ~ up sth** *one's knowledge* etw auffrischen

brushed [brʌʃt] *adj inv* aufgeraut; **~ aluminium** mattes Aluminium; **~ cotton** Baumwollvelours *m*

'brush fire *n* AM, AUS Buschfeuer *nt* **'brush-off** *n no pl* Abfuhr *f;* **to get the ~ from sb** von jdm einen Korb bekommen *fam;* **to give sb the ~** jdm eine Abfuhr erteilen, jdn abblitzen lassen *fam* **'brush·stroke** *n usu pl* Pinselstrich *m* **'brush-up** ['brʌʃʌp] **I.** *n* BRIT Auffrischung *f a. fig* **II.** *n modifier course* Auffrischungs- **'brush·wood** *n no pl* Reisig *nt;* **to gather ~** Reisig sammeln

'brush·work *n no pl* Pinselführung *f*

brusque [bru:sk, AM brʌsk] *adj manner, tone* schroff, brüsk; *behaviour* rüde; ■ **to be ~ with sb** schroff zu jdm sein

brusque·ly ['bru:skli, AM 'brʌsk-] *adv answer, say* schroff, brüsk; **to behave ~** sich ungehobelt [*o* rüde] benehmen

brusque·ness ['bru:sknəs, AM 'brʌsk-] *n no pl* Schroffheit *f*, rüdes Benehmen

Brus·sels ['brʌsəlz] *n* Brüssel *nt*

Brus·sel(s) 'sprout *n* ① *(plant)* ■ **~s** *pl* Rosenkohl *m kein pl*, Kohlsprossen *pl* ÖSTERR
② *(bud)* Rosenkohlröschen *nt*, Kohlsprosse *f* ÖSTERR

bru·tal ['bru:təl, AM -t̬-] *adj* brutal *a. fig;* **with ~ honesty** mit schonungsloser Offenheit; **the ~ truth** die ungeschminkte Wahrheit

bru·tal·ism ['bru:təlɪzəm, AM t̬əl] *n* Brutalität *f*, brutale

Art; *(fig)* direkte [*o* unverblümte] Art

bru·tal·ity [bruːˈtæləti, AM -ət̬i] *n no pl* Brutalität *f*

bru·tal·ize [ˈbruːtᵊlaɪz, AM -t̬-] *vt* ■**to ~ sb** ❶ *(treat cruelly)* jdn brutal behandeln

❷ *(make brutal)* jdn verrohen lassen, jdn brutalisieren

bru·tal·ly [ˈbruːtᵊli, AM -t̬-] *adv* brutal *a. fig;* **to be ~ honest** [*or* **frank**] **with sb** jdm die ungeschminkte Wahrheit sagen, zu jdm schonungslos offen sein

brute [bruːt] **I.** *n* ❶ *(savage)* Bestie *f*

❷ *(brutal person)* brutaler Kerl, Brutalo *m,* Rohling *m*

❸ *(animal)* Vieh *nt meist pej,* Tier *nt*

II. *adj attr, inv* brutal, roh, grausam; **~ force** rohe Gewalt

brut·ish [ˈbruːtɪʃ, AM -t̬-] *adj* brutal, roh, grausam

bruv [brʌv] *n usu sing* BRIT *(hum fam)* Bruderherz *nt hum*

BS¹ [ˌbiːˈes] **I.** *n no pl abbrev of* **bullshit I**

II. *vt, vi abbrev of* **bullshit IV, V**

BS² [ˌbiːˈes] *n* AM *abbrev of* **Bachelor of Science** Bakkalaureus *m* der Naturwissenschaften

BSc [ˌbiːesˈsiː] *n abbrev of* **Bachelor of Science** Bakkalaureus *m* der Naturwissenschaften

B-school [ˈbiskuːl] *n* AM *(fam)* Wirtschaftskurs *m* an einer Universität; ***she goes to ~*** sie studiert Betriebswirtschaft

BSE [ˌbiːesˈiː] *n no pl* BRIT *abbrev of* **bovine spongiform encephalopathy** BSE *f*

BSE In·dex [ˌbiːesˈiː] *n* STOCKEX *abbrev of* **Bombay Stock Exchange Index** Preisindex *m* der Börse in Bombay

BSI [ˌbiːesˈaɪ] *n no pl abbrev of* **British Standards Institution** Britischer Normenausschuss

B-side [ˈbiːsaɪd] **I.** *n* B-Seite *f*

II. *n modifier* B-Seiten-

BST [ˌbiːesˈtiː] *n no pl abbrev of* **British Summer Time** britische Sommerzeit

B2B [ˌbiːtəˈbiː] *n modifier abbrev of* **business to business** B2B; **~ transactions** *pl* Geschäftsverkehr *m;* **~ website** B2B-Website *f (für Aktionen zwischen Unternehmen)*

B2C [ˌbiːtəˈsiː] *n modifier abbrev of* **business to consumer** B2C; **~ website** B2C-Website *f (für Aktionen zwischen Unternehmen und Endverbrauchern)*

B2E [ˌbiːtəˈiː] *n modifier abbrev of* **business to employee** B2E; **~ website** B2E-Website *f (für Aktionen zwischen Unternehmen und ihren Mitarbeitern)*

BTX banking [ˌbiːtiːeksˈbæŋkɪŋ] *n no pl* COMPUT BTX-Banking *nt*

bub [bʌb] *n* AM *(dated fam)* Freundchen *nt meist hum fam*

bub·ble [ˈbʌbl] **I.** *n (ball of air)* Blase *f; (utopian state)* Seifenblase *f;* ***suddenly the ~ burst*** auf einmal ist alles wie eine Seifenblase geplatzt; **to blow a ~** eine Seifenblase machen; **to burst sb's ~** *(fig)* jds Illusionen zerstören; COMM *(deceptive scheme)* Seifenblase *f fig*

II. *vi* kochen; *coffee, stew* brodeln; *boiling water, fountain* sprudeln; *champagne* perlen; *(make bubbling sound)* blubbern; *(fig) anger* kochen

◆**bubble over** *vi* ■**to ~ over with sth** vor etw *dat* [über]sprudeln; **to ~ over with ideas** vor Ideen sprühen

◆**bubble up** *vi rage* [auf]steigen; *gas* in Blasen aufsteigen; *liquid* aufsprudeln

bub·ble and ˈsqueak *n no pl esp* BRIT *‚Reste-Essen' aus Grünkohl, Kartoffeln und ggf. Fleisch* **ˈbub·ble bath** *n* ❶ *(bath)* Schaumbad *nt* ❷ *no pl (liquid)* Schaumbad *nt,* Badeschaum *m* **ˈbub·ble col·umn** *n* CHEM Blasensäule *f* **ˈbub·ble count·er** *n* TECH Blasenzähler *m* **ˈbub·ble econo·my** *n* Bubble Economy *f* **ˈbub·ble gum** *n* Bubble Gum® *m (Kaugummi, mit dem man Blasen machen kann)* **ˈbub·ble·gum** *adj (pej) music* Bubblegum- *fam o pej,* seicht, oberflächlich, einfallslos **bub·ble-jet print·er** [ˌbʌbldʒetˈprɪntəʳ, AM -t̬ɚ] *n* COMPUT Bubblejet-Drucker *m fachspr (Tintenstrahldrucker, bei dem eine Luftblase den Austritt der Tinte aus den Düsen bewirkt)* **bub·ble-jet ˈprint·ing** *n no pl* COMPUT Drucken *nt* mit einem Bubblejet-Drucker **bub·ble ˈmemo·ry** *n* COMPUT Blasenspeicher *m;* **~ cassette** Blasenspeicherkassette *f* **ˈbub·ble plate** *n* TECH Rektifizierboden *m*

bub·bler [ˈbʌbləʳ, AM -lɚ] *n* ❶ AM *(drinking fountain)* Trink[wasser]brunnen *m*

❷ *(old: swindler)* Schwindler(in) *m(f),* Betrüger(in) *m(f)*

ˈBub·ble Wrap® *n no pl* Luftpolsterfolie *f*

bub·bly [ˈbʌbli] **I.** *n no pl (fam)* Schampus *m fam*

II. *adj* ❶ *(full of bubbles) drink* sprudelnd; *melted cheese* Blasen werfend

❷ *(lively)* temperamentvoll, lebhaft

bu·bon·ic plague [bjuːˌbɒnɪkˈpleɪg, AM -ˌbɑː-] *n no pl* Beulenpest *f*

buc·ca·neer [ˌbʌkəˈnɪəʳ, AM -ˈnɪr] *n* Seeräuber(in) *m(f),* Freibeuter(in) *m(f),* Pirat(in) *m(f)*

buck¹ [bʌk] *n esp* AM, AUS *(fam: dollar)* Dollar *m;* **to make a fast** [*or* **a quick**] [*or* **an easy**] **~** eine schnelle Mark machen

buck² [bʌk] **I.** *n* <*pl* - *or* -s> ❶ *(male deer)* Bock *m; (male rabbit)* Rammler *m; (antelope)* Antilope *f*

❷ *(liter: stylish young man)* Dandy *m*

II. *n modifier* **~ rabbit** Rammler *m*

III. *vi* bocken

IV. *vt* ❶ *(of horse)* ■**to ~ sb** jdn abwerfen

❷ *(oppose)* **to ~ the odds** die Statistiken sprengen; **to ~ the trend** [*or* **tide**] sich dem Trend widersetzen

buck³ [bʌk] *n no pl (fam)* ***the ~ stops here!*** auf meine Verantwortung!; **to pass the ~** [**to sb**] die Verantwortung [auf jdn] abwälzen

◆**buck up I.** *vi (fam)* ❶ *(cheer up)* [wieder] Mut fassen [*o* guter Dinge sein]; **~ *up!*** Kopf hoch!

❷ *(hurry up)* sich *akk* beeilen [*o fam* ranhalten]

II. *vt* ■**to ~ sb up** jdn aufmuntern [*o* aufheitern]

▸PHRASES: **to ~ one's ideas up** sich *akk* zusammenreißen

buck·et [ˈbʌkɪt] **I.** *n* ❶ *(pail)* Eimer *m,* Kübel *m,* SCHWEIZ *a.* Kessel *m;* **champagne ~** Sektkübel *m;* **a ~ of water** ein Eimer *m* Wasser

❷ *(fam: large amounts)* ■**~s** *pl* Unmengen *pl;* **to weep** [*or* **cry**] **~s** wie ein Schlosshund heulen; **in ~s** einerweise; ***the rain came down in ~s*** es goss wie aus Kübeln

❸ COMPUT Sammelfeld *m*

▸PHRASES: **to kick the ~** *(sl)* ins Gras beißen *fam*

II. *vi (fam)* ❶ BRIT, AUS *(rain heavily)* ■**to ~ down** wie aus Eimern gießen

❷ *(career)* rasen; **to ~** [*or* **go ~ing**] **along the road** die Straße entlangrasen; **to ~** [*or* **go ~ing**] **down the hill** den Hügel hinunterrasen

ˈbuck·et bri·gade *n + sing/pl vb* Feuerwehr *f*

ˈbuck·et·ful <*pl* -s *or* bucketsful> *n* ❶ *(amount bucket holds)* Eimer *m*

❷ *(a lot)* **~s of cash** Geld wie Heu; **~s of water** eimerweise Wasser; ***we're getting ~s of rain*** bei uns schüttet es wie aus Eimern

ˈbuck·et hat *n* Bucket-Hat *m (weicher Hut, der die Form eines flachen, umgestülpten Eimers hat)*

ˈbuck·et-loads *npl (fam)* ■**~ of ...** jede Menge ... *fam* **ˈbuck·et seat** *n* AUTO, AVIAT Schalensitz *m* **ˈbuck·et shop** *n* ❶ BRIT *(fam: travel agency)* Billigreisebüro *nt,* Diskontreisebüro *nt* ❷ AM *(brokerage firm)* Maklerfirma, die mit betrügerischen Mitteln arbeitet

buck·eye [ˈbʌkaɪ] *n* ❶ RAIL [automatische] Waggonkupplung

❷ *(tree)* Rosskastanie *f*

❸ AM *(fam: native of Ohio)* ■**B~** Einwohner(in) *m(f)* Ohios

buck·le [ˈbʌkl] **I.** *n* Schnalle *f*

II. *vt* ❶ *(fasten)* ***I ~d myself into my seat*** ich schnallte mich an; **to ~ one's belt** seinen Gürtel [zu]schnallen; **to ~ one's seat belt** sich *akk* anschnallen; **to ~ one's shoes** sich *dat* die Schuhe zumachen

❷ *(bend out of shape)* ■**to ~ sth** etw verbeulen; *(bend)* etw verbiegen

III. *vi roof, pavement* nachgeben; ***my knees began to ~*** ich bekam weiche Knie

◆**buckle down** *vi* sich *akk* dahinter klemmen *fam*

◆**buckle in** *vt* ■**to ~ in** ↻ **sb/sth** jdn/etw anschnallen

◆**buckle on** *vt* ■**to ~ on** ↻ **sth** sich *dat* etw anschnallen; **to ~ on one's backpack** sich *dat* den Rucksack aufschnallen

◆**buckle under** *vi* ■**to ~ under** [**to sb/sth**] [jdm/etw] nachgeben; **to ~ under to pressure/sb's demands** dem Druck/jds Forderungen nachgeben

buck·led [ˈbʌkld] *adj* ❶ *inv (fastened)* zugeschnallt; *(with a buckle)* mit einer Schnalle; **~ leather shoes** lederne Schnallenschuhe

❷ *(twisted)* verformt; **~ metal/a ~ girder** verzogenes Metall/ein verzogener Balken; **to have a ~ wheel** *bike* einen Achter haben

buck·ling [ˈbʌklɪŋ] *n* PHOT Wölbung *f*

buck ˈna·ked *adj inv* AM *(fam)* splitter[faser]nackt *fam*

ˈbuck-pass·ing *n no pl* ***"the time for ~ has passed," said the politician*** „es ist damit vorbei, dass die Verantwortung auf andere abgewälzt werden kann", sagte der Politiker

buck ˈpri·vate *n* AM rangniedrigster Soldat

buck·ram [ˈbʌkrəm] *n no pl* Steifleinen *nt*

Bucks BRIT *abbrev of* **Buckinghamshire**

buck ˈser·geant *n* AM rangniedrigster Feldwebel

Buck's Fizz [bʌksˈfɪz] *n* Orangensaft *m* mit Sekt [*o* Champagner *m*]

buck·shee [bʌkˈʃiː] *adj inv esp* BRIT *(fam)* gratis, umsonst

buck·shot *n no pl* grobkörniger Schrot, Rehposten *m fachspr*

buck·skin [ˈbʌkskɪn] **I.** *n* ❶ *no pl* Wildleder *nt*

❷ *(clothes)* ■**~s** *pl* Wildlederkleidung *f kein pl; (shoes)* Wildlederschuhe *pl*

II. *n modifier (jacket, pouch, hat, gloves)* Wildleder-

ˈbucks par·ty *n* AUS *(fam: stag party) Saufabend des Bräutigams mit seinen Kumpeln am Vorabend der Hochzeit*

ˈbuck·tooth *n (fam)* vorstehender Zahn

ˈbuck·wheat *n no pl* Buchweizen *m*

buck·wheat ˈcake *n* Buchweizenpfannkuchen *m,* Blini *pl,* Buchweizenpalatschinke *f* ÖSTERR, Buchweizenomelette *f* SCHWEIZ **buck·wheat ˈflour** *n no pl* Buchweizenmehl *nt*

bu·col·ic [bjuːˈkɒlɪk, AM -ˈkɑːlɪk] *adj (liter)* ländlich idyllisch, bukolisch *liter*

bud¹ [bʌd] BOT **I.** *n* Knospe *f;* **to be in ~** Knospen haben

II. *vi* <-dd-> knospen, Knospen treiben

bud² [bʌd] *n* AM *(fam)* Freundchen *nt meist hum fam*

Buddha [ˈbʊdə, AM ˈbuːdə] *n* ❶ *no pl (founder of Buddhism)* ■[**the**] **~** [der] Buddha

❷ *(fully enlightened person)* Buddha *m,* Erleuchtete(r) *f(m)*

❸ *(statue)* Buddhastatue *f*

Bud·dhism [ˈbʊdɪzᵊm, AM ˈbuː-] *n no pl* Buddhismus *m;* **~ of Wisdom and Faith** Weisheitsbuddhismus *m*

Bud·dhist [ˈbʊdɪst, AM ˈbuː-] **I.** *n* Buddhist(in) *m(f)*

II. *adj inv* buddhistisch

bud·ding [ˈbʌdɪŋ] *adj attr, inv (fig)* angehend; **~ journalist** begabte(r) Nachwuchsjournalist(in)

bud·dy [ˈbʌdi] *n* AM *(fam)* Kumpel *m fam*

bud·dy-bud·dy [ˈbʌdibʌdi] *adj (esp pej fam)* kumpelhaft, auf Du und Du verkehrend **ˈbud·dy list** *n* INET Buddyliste *f,* Adressliste *f* **ˈbud·dy sys·tem** *n Sicherheitsmaßnahme, bei der, z.B. bei Ausflügen mit Kindern, die Teilnehmer sich in Paaren zusammenschließen, damit sie aufeinander gegenseitig aufpassen/sich gegenseitig helfen*

budge [bʌdʒ] **I.** *vi* ❶ *(move)* sich *akk* [vom Fleck] rühren, sich *akk* [von der Stelle] bewegen

❷ *(change mind)* nachgeben; ■**to ~ from sth** von etw *dat* abrücken; **to ~ from one's original story** von seiner ursprünglichen Geschichte abweichen

II. *vt* ❶ *(move)* ■**to ~ sth** etw [von der Stelle] bewegen

❷ *(cause to change mind)* ■**to ~ sb** jdn umstimmen

◆**budge up** *vi* BRIT *(fam)* zusammenrücken
budg·eri·gar ['bʌdʒᵊrɪgɑːʳ, AM -gɑːr] *n (form)* Wellensittich *m*
budg·et ['bʌdʒɪt] **I.** *n* ❶ *(financial plan)* Budget *nt*, Etat *m;* **publicity** ~ Werbeetat *m;* **to draw up a** ~ ein Budget erstellen
❷ *(government)* ■**the B~** der öffentliche Haushalt[splan]; **director of the B~** Vorsitzender *m*/Vorsitzende *f* des Haushaltsausschusses
❸ *(amount available)* Budget *nt;* **to be on a tight** ~ ein knappes Budget haben; **to overspend one's** ~ sein Budget überziehen; **to remain within [one's]** ~ im Budgetrahmen bleiben; **on** ~ wie im Budget vorgesehen
II. *vt* ❶ *(allow)* **to** ~ **£200,000** ein Budget von 200.000 Pfund veranschlagen
❷ *(use carefully)* **to** ~ **one's time/one's wages** sich *dat* die Zeit/seinen Lohn einteilen
III. *vi* ein Budget aufstellen; ■**to** ~ **for sth** etw [im Budget] vorsehen
IV. *adj attr, inv* preiswert; ~ **travel** Billigreisen *pl;* ~ **prices** Tiefpreise *pl*
budg·et·ary ['bʌdʒɪtᵊri, AM -teri] *adj inv* Etat-, Budget-, Haushalts-
bud·get·ary ac·'count *n* Haushaltskonto *nt* **bud·get·ary 'bal·ance** *n* Haushaltssaldo *m*
'bud·get bill *n* Haushaltsentwurf *m*, Haushaltsvorlage *f* **bud·get 'cap** *n* Budget Cap *nt* **'budg·et com·mit·tee** *n + sing/pl vb* Haushaltsausschuss *m* **'budg·et cut** *n* Budgetkürzung *f*, Haushaltskürzung *f*, Etatkürzung *f* **budg·et 'defi·cit** *n* ECON Haushaltsdefizit *m*, Budgetdefizit *nt* **bud·get 'defi·cit ra·tio** *n* ECON Defizitquote *f*
budgeted ['bʌdʒɪtɪd] *adj inv* budgetiert
bud·get 'es·ti·mate *n* Haushaltsansatz *m* **bud·get 'fore·cast** *n* Haushaltsansatz *m* **'bud·get gap** *n* Haushaltsdefizit *nt*
budg·et·ing ['bʌdʒɪtɪŋ, AM ɪţɪŋ] *n no pl* Erstellen *nt* eines Finanzplan[e]s, Budgetaufstellung *f*, Budgetierung *f geh*
'bud·get·ing poli·cy *n* Budgetkurs *m*
bud·geti·za·tion [ˌbʌdʒɪtaɪ'zeɪʃᵊn, AM -ɪ'-] *n* Budgetierung *f*, Budgetaufstellung *f*
'bud·get law *n* Haushaltsgesetz *nt* **bud·get 'sav·ings** *n pl* Haushaltsüberschuss *m* **'bud·get year** *n* Haushaltsjahr *nt*
budgie ['bʌdʒi] *n (fam)* Wellensittich *m*
buff[1] [bʌf] **I.** *n no pl* ❶ *(colour)* Gelbbraun *nt*
❷ *(leather)* [festes, weiches] Leder
▸PHRASES: in the ~ nackt, im Adams- und Evaskostüm *hum fam*
II. *adj* gelbbraun
III. *vt* ■**to** ~ **[up] sth** etw polieren
buff[2] [bʌf] *n (fam)* Fan *m;* **computer** ~ Computerfreak *m fam*
buf·fa·lo <*pl* - *or* -oes> ['bʌfᵊləʊ, AM -əloʊ] *n* Büffel *m*
buff·er[1] ['bʌfəʳ, AM -ɚ] **I.** *n* Puffer *m; (on railway track)* Prellbock *m*
II. *vt* ❶ *(protect)* ■**to** ~ **sb [against sth]** jdn [vor etw *dat*] schützen [*o* bewahren]
❷ *(moderate)* **to** ~ **the impact/shock/strain** den Aufprall/den Schock/die Belastung auffangen [*o* dämpfen]
❸ CHEM, COMPUT, TECH ■**to** ~ **sth** etw puffern
buff·er[2] ['bʌfəʳ, AM -ɚ] *n* BRIT *(fam)* **an old** ~ ein alter Knacker *pej fam*
'buff·er ac·tion *n no pl* CHEM Pufferung *f* **'buff·er so·lu·tion** *n* CHEM Pufferlösung *f* **'buff·er state** *n* POL Pufferstaat *m* **'buff·er stocks** *npl* ECON Ausgleichslager *pl* für Rohstoffe, Pufferbestände *pl*
'buff·er zone *n* POL Pufferzone *f*
buf·fet[1] ['bʊfeɪ, 'bʌ-, AM bə'feɪ] **I.** *n* ❶ *(food)* Büfett *nt;* **cold** ~ kaltes Büfett
❷ BRIT *(restaurant)* [Bahnhofs]imbiss *m*
II. *n modifier (dinner, meal, supper)* mit Büfett
buf·fet[2] ['bʌfɪt] *vt usu passive* ■**to** ~ **sth** etw [heftig] hin und her bewegen
'buf·fet car *n esp* BRIT ≈ Speisewagen *m*
buf·fet·ing ['bʊfɪtɪŋ] *n no pl wind, water* [Hin- und Her]schaukeln *nt*, Stöße *pl; plane* Rütteln *nt; treatment* Schläge *pl; (fig)* Turbulenzen *pl*
buf·foon [bə'fuːn] *n* Clown *m*, Kasper *m;* **to play the** ~ den Clown spielen
buf·foon·ery [bə'fuːnᵊri] *n no pl* Herumgealbere *nt*
bug [bʌg] **I.** *n* ❶ *(insect)* ■~**s** *pl* Ungeziefer *nt kein pl; (true bug)* Wanze *f;* **bed** ~ Bettwanze *f*
❷ MED *(fam)* Bazillus *m;* **to have a** ~ einen Bazillus haben
❸ COMPUT *(fault)* Bug *m fachspr*, Fehler *m*
❹ *(listening device)* Wanze *f;* **to plant** [*or* **install**] **a** ~ eine Wanze installieren
❺ *(fam: enthusiasm)* Fieber *nt;* **to be bitten by** [*or* **to catch**] [*or* **to get**] **the sailing/internet-surfing** ~ vom Segel-/Internetfieber gepackt werden
II. *vt* <-gg-> ❶ *(install bugs)* ■**to** ~ **sth** etw verwanzen; **to** ~ **a telephone** ein Telefon abhören
❷ *(eavesdrop on)* ■**to** ~ **sth** *conversation* etw abhören
❸ *(fam: annoy)* ■**to** ~ **sb [about sth]** jdm [mit etw *dat*] auf die Nerven gehen; ***stop ~ging me!*** hör auf zu nerven! *fam*
❹ *(fam: worry)* ■**to** ~ **sb** jdm Sorgen bereiten
buga·boo ['bʌgəbuː] *n (fam)* Schreckgespenst *nt*
'bug·bear *n* Schreckgespenst *nt* **bug-'eyed** *adj inv* mit hervorquellenden Augen; ■**to be** ~ hervorquellende Augen haben; **to go** ~ Glupschaugen [*o* Stielaugen] bekommen **bug 'eyes** *npl* Glupschaugen *pl*, Stielaugen *pl*
bug·ger ['bʌgəʳ, AM -ɚ] **I.** *n* ❶ BRIT, AUS *(vulg: contemptible person)* Scheißkerl *m derb*, Arschloch *nt derb*
❷ BRIT, AUS *(vulg: pitied person)* armes Schwein *fam*
❸ BRIT, AUS *(vulg: annoying thing)* Scheißding *nt pej derb*
❹ *(pej vulg: practising anal intercourse)* Arschficker *m vulg*
❺ *(lucky)* ***you lucky ~!*** du hast vielleicht ein Schwein! *sl*
▸PHRASES: **it's got** ~ **all to do with you!** BRIT, AUS *(sl)* das geht dich einen Dreck an! *derb;* **he knows** ~ **all about computers** BRIT, AUS *(sl)* er hat keinen blassen Schimmer von Computern *fam*
II. *interj esp* BRIT, AUS *(vulg)* ~**!** Scheiße! *derb;* ~ ***it!*** Scheiß drauf! *derb*, zum Teufel damit! *fam;* ~ ***me!*** [ach] du meine Fresse! *sl*
III. *vt* ❶ BRIT, AUS *(sl: cause serious damage)* ■**to** ~ **sth/sb** etw/jdn ruinieren
❷ LAW *(have anal intercourse)* ■**to** ~ **sb** mit jdm Analverkehr haben
❸ *(vulg: have anal intercourse)* ■**to** ~ **sb** jdn in den Arsch ficken *vulg*
◆**bugger about, bugger around I.** *vi* BRIT, AUS *(sl)* herumkaspern; **to** ~ **about** [*or* **around**] **with the radio/stereo player** am Radio/an der Stereoanlage herumfummeln *fam*
II. *vt* BRIT, AUS *(sl)* ■**to** ~ **sb about** [*or* **around**] jdn verarschen *derb*
◆**bugger off** *vi (sl)* abhauen *fam;* ~ ***off!*** hau ab! *fam*
◆**bugger up** *vt (sl)* ■**to** ~ **up** ○ **sth** etw versauen *sl;* ***he's ~ed up the computer*** er hat den Computer geschrottet *sl;* **to** ~ **up one's chances** sich *dat* die Chancen vermasseln *fam*
bug·gered ['bʌgəd] *adj pred* BRIT, AUS *(vulg)* am Arsch *derb; (exhausted also)* fix und fertig *fam;* ***I'll be ~ if I'll say sorry to her*** ich werde einen Teufel tun und mich bei ihr entschuldigen *fam*
bug·gery ['bʌgᵊri] *n no pl* ❶ LAW Analverkehr *m; (bestiality)* Sodomie *f*
❷ *(vulg)* Arschfickerei *f vulg*
bug·ging ['bʌgɪŋ] *n no pl* Verwanzen *nt;* **the** ~ **of a telephone** das Einbauen von Wanzen in ein Telefon
'bug·ging de·vice *n* Wanze *f*, Abhörgerät *nt;* **to plant** [*or* **install**] **a** ~ eine Wanze installieren
bug·gy[1] ['bʌgi] *n* ❶ BRIT *(pushchair)* Buggy *m*
❷ AM *(pram)* Kinderwagen *m*
❸ *(small vehicle)* Buggy *m*
❹ *(carriage)* Kutsche *f;* **horse-drawn** ~ Pferdekutsche *f*
bug·gy[2] ['bʌgi] *adj* ❶ *(infested with bugs)* verlaust
❷ COMPUT fehlerhaft
❸ AM *(insane)* gestört, verrückt
bu·gle ['bjuːgl] *n* Horn *nt*
'bu·gle boy *n* Hornist *m* **'bu·gle call** *n* Hornsignal *nt;* **to give** [*or* **sound**] **a** ~ ein Hornsignal blasen
bu·gler ['bjuːgləʳ, AM -glɚ] *n* Hornist(in) *m(f)*
build [bɪld] **I.** *n no pl* Körperbau *m*, Figur *f*
II. *vt* <built, built> ❶ *(construct)* ■**to** ~ **sth** etw bauen; ***the church is built of*** [*or* ***out of***] [*or* ***from***] ***brick*** die Kirche ist aus Backstein; **to** ~ **a [bon]fire** ein [Freuden]feuer machen; **to** ~ **a memorial** [*or* **monument**] ein Denkmal errichten; **to** ~ **a nest** ein Nest bauen; **to** ~ **an office block** ein Bürogebäude errichten; **to** ~ **a wall** eine Mauer ziehen
❷ *(fig)* ■**to** ~ **sth** etw aufbauen; **to** ~ **a more democratic society/a new career** eine demokratischere Gesellschaft/eine neue Laufbahn aufbauen; **to** ~ **a better future [for sb]** [jdm [*o* für jdn]] eine bessere Zukunft schaffen; **to** ~ **one's vocabulary** sein Vokabular ausbauen
▸PHRASES: **Rome wasn't built in a day** *(prov)* Rom wurde nicht an einem Tag erbaut *prov*
III. *vi* <built, built> ❶ *(construct)* bauen
❷ *(increase)* zunehmen, wachsen; *tension* steigen
◆**build in** *vt* ■**to** ~ **in** ○ **sth** ❶ ARCHIT etw einbauen; ***the wardrobes in the bedrooms are all built in*** alle Schränke in den Schlafzimmern sind Einbauschränke
❷ *(incorporate) safeguards* etw einbauen
◆**build into** *vt* ■**to** ~ **sth into sth** ❶ ARCHIT etw in etw *akk* einbauen; ***the hotel had been built into the rock*** das Hotel wurde in den Felsen hineingebaut
❷ *(incorporate)* etw in etw *akk* integrieren
◆**build on I.** *vi* ❶ *(take advantage of)* ■**to** ~ **on sth** auf etw *akk* bauen [*o* setzen]; **to** ~ **on one's reputation** auf seinen Ruf setzen
❷ *(add extension)* ■**to** ~ **on** ○ **sth** etw anbauen
II. *vt* ❶ ARCHIT **to** ~ **sth on rock/solid foundations** etw auf Fels/soliden Grundfesten errichten
❷ *(base)* ■**to be built on sth** auf etw *akk* basieren
◆**build up I.** *vt* ❶ *(strengthen)* ■**to** ~ **up** ○ **sth/sb** etw/jdn aufbauen; **to** ~ **up one's body** Krafttraining machen; **to** ~ **up muscles** Muskeln aufbauen
❷ *(develop)* ■**to** ~ **up** ○ **sth/sb** etw/jdn aufbauen; ***police have built up a profile of the serial killer*** die Polizei hat ein Profil des Serienmörders erstellt; **to** ~ **up a business/library** eine Firma/Bibliothek aufbauen; **to** ~ **up one's lead** seinen Vorsprung ausbauen; **to** ~ **up speed** die Geschwindigkeit erhöhen
❸ *(hype)* **to** ~ **sth up into a crisis** etw zu einer Krise hochspielen; **to** ~ **up a sportsman/team** einen Sportler/eine Mannschaft hochjubeln
II. *vi (increase)* zunehmen; *traffic* sich *akk* verdichten; *backlog* größer werden; *pressure* sich *akk* erhöhen
build·er ['bɪldəʳ, AM -ɚ] *n (worker)* Bauarbeiter(in) *m(f); (contractor)* Bauherr(in) *m(f)*
build·ing ['bɪldɪŋ] *n* Gebäude *nt*, Bau *m*
build·ing and 'loan as·so·cia·tion *n* AM *(dated) see* **savings and loan association**
'build·ing block *n* ❶ *(element)* Baustein *m*
❷ *(child's toy)* Bauklotz *m* **'build·ing code** *n* Bauvorschrift[en] *f[pl]* **'build·ing con·trac·tor** *n* Bauunternehmer(in) *m(f)* **'build·ing costs** *n pl* Baukosten *pl* **'build·ing de·pos·it** *n* FIN Bauspareinlage *f* **'build·ing in·sur·ance** *n no pl* Gebäudeversicherung *f* **'build·ing land** *n no pl* Bauland *nt* **'build·ing li·cence** *n* Baubewilligung *f* **'build·ing loan** *n* Baudarlehen *nt*, Baukredit *m* **'build·ing loans busi·ness** *n* Baudarlehensgeschäft *nt* **'build·ing ma·terial** *n* Baumaterial[ien] *nt[pl]*, Baustoffe *pl* **'build·ing meas·ure** *n* Baumaßnahme *f* **'build·ing per·mit** *n* Baugenehmigung *f* **'build·ing regu·la·tions** *npl* Baugesetze *pl* **'build·ing site** *n* Baustelle *f*, Baugelände *nt;* ***the ~ is off-limits*** der Zutritt zur Baustelle ist verboten **'build·ing so·ci·ety** *n* BRIT, AUS Bausparkasse *f* **build·ing so·ci·ety 'sav·ings de·pos·it** *n* Bauspareinlage *f*
'build·ing speci·fi·ca·tion *n* Baubeschreibung *f*

'build·ing super·in·ten·dent *n* Hausverwalter(in) *m(f)* **'build·ing trade** *n no pl* Baugewerbe *nt*

'build qual·ity *n no pl of car, computer* Verarbeitungsqualität *f*

'build-up *n* 1 *(increase)* Zunahme *f;* ~ **of pressure** Druckanstieg *m;* ~ **of traffic** Verkehrsverdichtung *f;* ~ **of troops** Truppenaufmarsch *m,* Truppenmassierung *f geh*
2 *(hype)* Werbung *f*
3 *(preparations)* Vorbereitung *f*

built [bɪlt] I. *pp, pt of* **build**
II. *adj inv* gebaut; **heavily/well** ~ kräftig/gut gebaut; **slightly** ~ zierlich

built-in ['bɪltɪn] *adj inv* 1 *(attached)* eingebaut, Einbau-; ~ **cupboard** Einbauschrank *m;* ~ **wardrobe** Einbaukleiderschrank *m* 2 *(integrated)* integriert, eingebaut; ~ **homing device** MIL integriertes Zielfluggerät 3 *(inherent)* eingebaut **built-up** ['bɪltʌp] *adj* 1 *(having many buildings) area* verbaut 2 *(raised)* erhöht; ~ **heels/shoes** erhöhte Absätze/Schuhe

bulb [bʌlb] *n* 1 BOT Zwiebel *f,* Knolle *f,* Bulbus *m fachspr*
2 *(round part) of a bow* Wulst *m o f; of a breast pump, test tube* Kolben *m; of a dropper, horn* Ballon *m; of a thermometer* Kugel *f*
3 ELEC Glühlampe *f,* [Glüh]birne *f fam*
4 ANAT knollenförmiges Organ, Bulbus *m fachspr*

bulb·ous ['bʌlbəs] *adj* knollig, Knollen-; ~ **nose** Knollennase *f;* ~ **plant** Knollenpflanze *f*

Bul·garia [bʌl'geəriə, AM -'geri-] *n* Bulgarien *nt*

Bul·gar·ian [bʌl'geəriən, AM -'geri-] I. *adj* bulgarisch
II. *n* 1 *(person)* Bulgare, Bulgarin *m, f*
2 *(language)* Bulgarisch *nt*

bulge [bʌldʒ] I. *n* 1 *(protrusion)* Wölbung *f,* Rundung *f; (in driveway, road)* Unebenheit *f; (in metal, pipe)* Ausbeulung *f,* Beule *f; (in tyre)* Wulst *m;* ARCHIT Wulst *m,* Ausbauchung *f,* Vorsprung *m;* MIL [Front]ausbuchtung *f;* NAUT Kielraum *m,* Bilge *f fachspr*
2 *(increase)* Anschwellen *nt,* Zunahme *f;* STOCKEX [plötzlicher] [Kurs]anstieg
3 MIL **the Battle of the B~** die Ardennenschlacht
▸ PHRASES: **the battle of the** ~ *(hum)* der Kampf gegen die Pfunde
II. *vi* 1 *(swell)* sich runden [*o* wölben]; *eyes* hervortreten, hervorquellen; ***he chewed the toffee, his cheeks bulging*** er kaute das Karamellbonbon mit vollen Backen; ***her eyes ~d in surprise*** vor Überraschung fielen ihr die Augen fast aus dem Kopf *fam*
2 *(be full)* ■ **to be bulging with sth** *bag, briefcase, wallet* prall mit etw *dat* gefüllt sein, mit etw *dat* vollgestopft sein
3 *(protrude)* ■ **to ~ over sth** über etw *akk* hängen
▸ PHRASES: **to be bulging at the seams** *(fam)* aus allen Nähten platzen *fam,* brechend voll sein *fam*
◆ **bulge out** *vi* sich wölben; *eyes* hervorquellen

bulg·ing ['bʌldʒɪŋ] *adj attr* 1 *(full) container* zum Bersten voll; *stomach, wallet* prall gefüllt
2 *(protruding) eyes* hervorquellend

bul·gur, bul·gur 'wheat ['bʌlgəʳ-, AM -gɚ-] *n no pl* Bulgur *m,* Weizengrütze *f*

bu·limia, bu·limia ner·vo·sa [bʊ,lɪmiənɜː'vəʊsə, -liː-, AM bjuː,lɪmiənɜːr'voʊsə, buː-] *n no pl* Bulimie *f*

bu·lim·ic [bʊ'lɪmik, AM bjuː'liː-, -lɪ-] I. *adj* bulimisch
II. *n* Bulimiker(in) *m(f)*

bulk [bʌlk] I. *n* 1 *no pl (mass)* Masse *f;* **to be of tremendous** ~ sehr massig sein
2 *(size)* Ausmaß *nt; of a book, work* Umfang; *of a problem* Größe *f*
3 *(quantity)* **in** ~ in großen Mengen; ECON en gros
4 *(large body)* massiger Körper
5 *no pl (largest part)* Großteil *m,* größter Teil; **the ~ of the work** die meiste Arbeit
6 *no pl (in port)* **to break** ~ Stückgut aufteilen; NAUT mit dem Löschen der Ladung beginnen
II. *n modifier (coffee, paper)* in großen Mengen; ECON en gros; ~ **goods** Massengüter *pl;* ECON Schüttgut *nt kein pl;* ~ **haulage** Massengutverkehr *m;* ~ **order** Großauftrag *m;* ~ **store** AM Großhändler *m,* Grossist *m*
III. *vi (liter)* **to ~ large** einen großen Raum einnehmen; **to ~ large in sb's thoughts** [*or* **on sb's mind**] eine große Rolle in jds Denken spielen
◆ **bulk out** *vt* ■ **to ~ sb out** jdn fülliger machen; ■ **to ~ sth out** etw voluminöser machen; *food* etw strecken

'bulk buy *vi* in großen Mengen [*o* en gros] [ein]kaufen **bulk 'buy·ing** *n no pl* Großeinkauf *m,* Einkauf *m* en gros **bulk 'car·ri·er** *n* Massengutfrachter *m*

bulked-up [bʌlkt'ʌp] *adj* gestärkt

bulk en·thal·py ['enθ(ə)lpi] *n* CHEM mittlere Enthalpie

'bulk·head *n* MECH Trennwand *f;* AEROSP, AVIAT [Brand]schott *nt;* NAUT Schott *nt* **bulk·head 'seat** *n* AVIAT Trennwandsitz *m,* Bulkheadsitz *m fachspr*

bulk ma·'terial *n* TECH Grundmaterial *nt* **'bulk or·der** *n* COMM Sammelauftrag *m* **bulk 'pur·chase** *n* Mengeneinkauf *m,* Posteinkauf *m* **'bulk rate** *n* Mengenrabatt *m* **bulk 'ship·ments** *npl* Massengütertransport *m*

bulky ['bʌlki] *adj* 1 *(person)* massig, unförmig
2 *(unwieldy) goods, luggage* sperrig

bull [bʊl] I. *n* 1 *(male bovine)* Stier *m,* Bulle *m*
2 *(male elephant, walrus)* Bulle *m*
3 *(fig: strong man)* Bulle *m fam;* **a ~ of a man** ein Bulle *m* von Mann
4 *no pl* ASTROL Stier *m*
5 *no pl (fam: nonsense)* Quatsch *m fam,* Blödsinn *m fam,* Quark *m* BRD *sl;* ***that's a bunch of*** ~ das ist doch alles Quatsch *fam*
6 STOCKEX Haussier *m,* [Hausse]spekulant(in) *m(f)*
7 *no pl* BRIT *(centre of target)* **to hit the** ~ *(also fig)* ins Schwarze treffen, einen Volltreffer landen
▸ PHRASES: **like a ~ in a china shop** wie ein Elefant im Porzellanladen; **like a ~ at a gate** wie ein wild gewordener Stier [*o* ein Wilder]; **to be** [**like**] **a red rag to a** ~ [wie] ein rotes Tuch sein; **to take the ~ by the horns** den Stier bei den Hörnern packen
II. *n modifier (elephant, moose, whale)* -bulle *m;* ~ **calf** Bullenkalb *nt,* Stierkalb *nt*
III. *vi* sich *dat* rücksichtslos seinen Weg bahnen; ***he ~ed through the crowd*** er drängte sich rücksichtslos durch die Menge

bull-and-'bear bond *n* BRIT FIN Aktienindexanleihe *f,* Bull- und Bear-Anleihe *f* **'bull bond** *n* FIN Bull-Anleihe *f,* Bull Bond *m*

'bull·dog I. *n* Bulldogge *f; (fig)* zäher Bursche *fam*
II. *n modifier* stur **'bull·dog bonds** *npl* BRIT FIN Auslandsanleihe *f (in Großbritannien begeben)* **'bull·dog clip** *n* BRIT, AUS Flügelklammer *f* [*o* Halteklammer *f*] [mit Feder]; MED Verbandsklammer *f*

bull·doze ['bʊldəʊz, AM -doʊz] *vt* 1 ■ **to ~ sth** [**flat**] *(level off)* etw einebnen [*o* planieren]; *(clear)* etw räumen; *(tear down)* etw abreißen
2 *(fig: force)* ■ **to ~ sb into doing sth** jdn so einschüchtern, dass er etw tut; **to ~ sth through a committee/parliament** etw in einem Ausschuss/im Parlament durchboxen *fam*

bull·doz·er ['bʊldəʊzəʳ, AM -doʊzɚ] I. *n* Bulldozer *m,* Planierraupe *f*
II. *n modifier (methods, tactics)* Einschüchterungs-; ~ **type** Gewaltmensch *m,* brutaler Kerl *fam*

bul·let ['bʊlɪt] I. *n* 1 MIL Kugel *f;* **to fire a** ~ einen Schuss abfeuern; **to fire ~s** schießen, feuern; **to run like a** ~ blitzschnell rennen
2 TYPO großer Punkt, Spiegelstrich *m*
3 AM FIN *see* **bullet bond**
▸ PHRASES: **to bite the** ~ in den sauren Apfel beißen, die Kröte [*o* bittere Pille] schlucken; **to give sb the** ~ jdn feuern *fam*
II. *n modifier (wound)* Schuss-; ~ **hole** Einschussloch *nt;* ~ **shot** Pistolenschuss *m,* Gewehrschuss *m*

'bul·let bond *n* AM FIN endfällige Anleihe **bul·let-'head·ed** *adj* 1 *(having a round head)* rundköpfig; ■ **to be** ~ einen runden Kopf haben 2 *(pej: stubborn)* dickköpfig *pej* **'bul·let hole** *n* [Ein]schussloch *nt*

bul·letin ['bʊlətɪn, AM -ət̬ɪn] *n* 1 *(public notice)* Bulletin *nt,* Verlautbarung *f; (update)* [kurzer] Lagebericht, Meldung *f;* [**news**] ~ MEDIA [Kurz]nachrichten *pl*
2 *(newsletter)* Mitteilungsblatt *nt,* Rundschreiben *nt;* **church** ~ Gemeindebrief *m*

'bul·letin board *n* 1 AM *(notice board)* Schwarzes Brett, Anzeigenbrett *nt,* Anschlagtafel *f*
2 COMPUT Schwarzes Brett, [elektronisches] Anzeigenbrett, Mailbox *f*

'bul·let loan *n* FIN Kredit *m,* der in einem Betrag zurückgezahlt wird

bul·let ma·'tur·ity *n* FIN Endfälligkeit *f*

'bul·let·proof I. *adj* kugelsicher, schusssicher
II. *vt* ■ **to ~ sth** etw kugelsicher machen

bul·let·proof 'vest *n* kugelsichere Weste

'bul·let train *n (fam)* Superexpress *m,* [japanischer] Hochgeschwindigkeitszug

'bull·fight *n* Stierkampf *m*

'bull·fight·er *n* Stierkämpfer(in) *m(f)*

'bull·fight·ing *n no pl* Stierkampf *m*

'bull·finch *n* 1 *(bird)* Dompfaff *m,* Gimpel *m* 2 BRIT *(obstacle)* hohe Hecke, Bullfinch *m fachspr* **'bull·frog** *n* Ochsenfrosch *m* **bull·'head·ed** *adj (pej)* dickköpfig *pej fam,* eigensinnig *pej* **'bull·horn** *n* AM Megaphon *nt*

bul·lion ['bʊliən, AM *and Brit also* -jən] *n no pl* ungemünztes Edelmetall, Gold-/Silberbarren *pl,* Bullion *nt fachspr;* **gold/silver** ~ Gold-/Silberbarren *pl*

'bul·lion coin *n* ECON Bullion Coin *m*

'bul·lions trade *n* COMM Edelmetallhandel *m*

bul·lish ['bʊlɪʃ] *adj* 1 *(aggressive)* draufgängerisch, ungestüm
2 *(obstinate)* dickköpfig, eigensinnig
3 ECON steigend *attr;* STOCKEX haussierend *attr; (fig)* optimistisch; ~ **market** Haussemarkt *m;* ~ **mood** Haussestimmung *f*

'bull market *n* STOCKEX Haussemarkt *m,* Markt *m* mit steigenden Kursen **'bull-neck** *n* Stiernacken *m* **'bull-necked** [-nekt] *adj* stiernackig

bull·ock ['bʊlək] I. *n* Ochse *m*
II. *vi* AUS, NZ *(fam)* sich *akk* abrackern [*o* schinden] *fam*

'bull op·era·tor *n* STOCKEX Haussier *m* **'bull po·si·tion** *n* STOCKEX Hausseposition *f* **'bull·ring** *n* Stierkampfarena *f*

bull·rush ['bʊlrʌʃ] *n see* **bulrush**

'bull's eye I. *n* 1 *(target centre)* Zentrum *nt* der Zielscheibe; *(in darts)* Bull's eye *nt;* **to hit the** [*or* **get a**] ~ *(also fig)* ins Schwarze treffen *a. fig,* einen Volltreffer landen *a. fig*
2 *(shot)* Volltreffer *m*
3 *(circular pane)* Butzenscheibe *f;* NAUT Bullauge *nt*
4 FOOD [großes, rundes] Pfefferminzbonbon
II. *interj (fig)* völlig richtig!

'bull·shit *(fam!)* I. *n no pl* Schwachsinn *m fam,* Blödsinn *m fam,* Quatsch *m fam;* ***don't give me that*** ~ komm mir nicht mit so 'nem Scheiß *sl;* **a load** [*or* **bunch**] **of** ~ völliger Quatsch *fam,* kompletter Schwachsinn *fam*
II. *interj* **~!** [so ein] Blödsinn! *fam,* [so ein] Quatsch! *fam*
III. *adj excuse* windige(r, s) *pej fam*
IV. *vt* <-tt-> 1 *(deceive)* ■ **to ~ sb** jdn verscheißern [*o* verarschen] *sl*
2 *(convince)* ■ **to ~ sb into doing sth** jdn dazu bequatschen, etw zu tun *pej fam*
3 *(make excuses)* **to ~ one's way out of doing sth** sich *akk* mit windigen Ausreden vor etw *dat* drücken
V. *vi* <-tt-> Quatsch reden *fam,* Scheiß erzählen *s*

'bull·shit·ter *n (pej fam!)* Großmaul *nt pej fam,* Schwätzer *m pej fam,* Aufschneider *m* ÖSTERR *pej fam*

'bull·ter·ri·er *n* Bullterrier *m*

bul·ly ['bʊli] I. *n* 1 *(in school)* Rüpel *m,* Rabauke *m fam; (intimidator)* brutaler [*o* gemeiner] Kerl, Schläger *m fam;* ***you're just a big*** ~ du bist ein ganz gemeiner Kerl; **the class** ~ der Schlimmste [*o* größte Rabauke] in der Klasse
2 FOOD Cornedbeef *nt,* Rinderpökelfleisch *nt*
II. *vt* <-ie-> ■ **to ~ sb** jdn tyrannisieren [*o* drangsalieren]; ■ **to ~ sb into doing sth** jdn soweit einschüchtern, dass er etw tut

III. *adj* ▶PHRASES: ~ **for you** *(hum, also iron fam)* gratuliere! *hum, a. iron,* na prima! *hum, a. iron fam;* ~ **for him/her** *(hum, also iron fam)* echt toll, wie er/sie das macht *hum, a. iron*
IV. *interj* AM *(fam)* prima! *fam,* klasse! *fam,* gut gemacht!
'bul·ly beef *n no pl* Cornedbeef *nt,* Rinderpökelfleisch *nt* **'bul·ly boy** *n (dated fam)* Gorilla *m pej fam,* [angeheuerter] Schläger *fam* **bul·ly 'pul·pit** *n* AM [Macht]tribüne *f,* Einflusssphäre *f*
bul·rush <*pl* -es> ['bʊlrʌʃ] *n* [große] Binse
bul·wark ['bʊlwək, AM -wɚk] *n* ❶ *(protective wall)* Bollwerk *nt; (in port)* Hafendamm *m*
❷ *(fig)* Wall *m,* Bollwerk *nt,* Schutz *m* (**against** vor +*dat)*
❸ NAUT ■ ~**s** *pl* Schiffswand *f,* Schanzkleid *nt kein pl fachspr*
bum [bʌm] I. *n* ❶ *(pej: good-for-nothing)* Penner *m pej sl,* Sandler *m* ÖSTERR *pej fam*
❷ AM *(tramp)* Landstreicher *m,* Tippelbruder *m meist hum,* Penner *m pej sl*
❸ *esp* BRIT, AUS *(fam: bottom)* Hintern *m fam;* **to give sb a kick up the** ~ jdn in den Hintern treten *fam*
❹ *(avid practitioner)* **ski/tennis** ~ Ski-/Tennisfreak *m*
▶PHRASES: **to get the ~'s rush** AM *(fam)* rausgeschmissen werden *fam;* **to give sb the ~'s rush** AM *(fam)* jdn rausschmeißen *fam;* **to be on the** ~ AM *(sl: broken)* kaputt [*o derb* im Arsch] sein; *(sl: be a vagrant)* ein Penner sein *sl*
II. *adj attr, inv (pej fam)* ❶ *(inadequate)* miserabel, mies *fam,* Scheiß- *derb; (not working) fuse, plug* defekt; **to do a ~ job of doing sth** etw völlig vermasseln *fam;* ~ **steer** AM, AUS Irreführung *f,* Verschaukelung *f fam,* Verarschung *derb;* **to give sb a ~ steer** jdn irreführen [*o fam* verschaukeln] [*o derb* verarschen]
❷ *(unpleasant)* bescheuert *fam,* beschissen *sl*
❸ *(unfair)* mies *fam;* ~ **rap** AM *(unfair punishment)* ungerechte Strafe; *(false criminal charge)* zu Unrecht erhobene Anklage; *(unfair treatment)* ungerechte Behandlung; ***the book review was a ~ rap*** der Verriss des Buches war ungerechtfertigt; **to get the ~ rap** AM der/die Gelackmeierte sein *fam,* die Arschkarte kriegen *derb;* **to give sb a ~ rap** jdn ungerecht behandeln
❹ *(unhealthy)* ~ **knee/leg** schlimmes [*o fam* kaputtes] Knie/Bein
III. *vt* <-mm-> *(fam)* ■**to ~ sth off sb** etw von jdm schnorren *fam*
◆**bum about, bum around** *vi (fam)* ❶ *(do nothing)* herumgammeln *fam,* herumlungern *fam;* **to ~ around the house/town/the university** zu Hause/in der Stadt/an der Universität herumhängen *fam*
❷ *(travel)* **to ~ around Europe** [kreuz und quer] durch Europa ziehen [*o* trampen] [*o* SCHWEIZ *a.* gondeln]
◆**bum out** *vt* AM *(fam)* ■**to ~ sb out** jdm die Stimmung vermiesen *fam;* ■**to be ~med out** *(depressed)* [völlig] am Boden zerstört sein *fam; (angry)* stinksauer [*o fam* angefressen] sein; **to get ~med out** *(depressed)* depressiv werden; *(angry)* stinksauer werden *fam*
'bum·bag *n* BRIT, AUS Gürteltasche *f*
bum·ble ['bʌmbl] *vi* ❶ *(fam: go awkwardly)* torkeln, dahinstolpern
❷ *(fig fam: muddle through)* ■**to ~ through sth** sich *akk* durch etw *akk* wursteln *fam*
❸ AM *(fam: make mistake)* sich *akk* irren
❹ *(mumble)* stockend reden, stammeln; **to ~ through a speech** stockend eine Rede halten
❺ *(buzz) bees* summen
◆**bumble around** *vt* BRIT *(fam)* ■**to ~ around a place** irgendwo herumfuhrwerken [*o* herumwursteln] *fam*
◆**bumble up** *vt* AM ■**to ~ up** ↻ **sth** *deal, project* etw vermasseln [*o* verbocken] *fam*
bum·ble·bee ['bʌmblbi:] *n* Hummel *f*
bum·bling ['bʌmblɪŋ] *adj attr* ❶ *(confused)* schusselig *fam,* zerstreut
❷ *(clumsy)* tollpatschig; ~ **idiot** ausgemachter Volltrottel *fam;* ~ **incompetence** Stümperhaftigkeit *f fam*
bum·boy ['bʌmbɔɪ] *n (vulg sl)* Stricher *sl*
bumf [bʌm(p)f] *n no pl esp* BRIT, AUS *(fam)*
❶ *(printed matter)* Papierkram *m fam*
❷ *(paperwork)* [leidiger] Papierkram *fam*
bummed [bʌmd] *adj (fam)* angefressen *fig fam;* ■**to be ~ that ...** angefressen sein, dass ... *fig fam*
bum·mer ['bʌməʳ, AM -ɚ] *(fam)* I. *n* Mist *m fam;* ■**to be a ~** saublöd sein *sl;* ***what a ~!*** so ein Mist! *fam*
II. *interj* verdammt *fam,* Mist *fam,* Scheiße *derb*
bump [bʌmp] I. *n* ❶ *(on head)* Beule *f; (in road)* Unebenheit *f,* [kleine] Erhebung, Hubbel *m fam;* **speed** ~ Bodenschwelle *f (zur Verkehrsberuhigung)*
❷ AVIAT [Wind]bö *f,* [Steig]bö *f*
❸ AM *(fam: in price)* Erhöhung *f; (in salary)* Erhöhung *f,* Aufbesserung *f; (promotion)* Beförderung *f;* ***he got a ~ to manager*** er wurde zum Geschäftsführer befördert
❹ *(fam: light blow)* leichter Schlag [*o* Stoß]; AUTO [leichter] Zusammenstoß [mit Blechschaden]; **to get a ~ on one's head** sich *dat* den Kopf anschlagen
❺ *(thud)* dumpfer Schlag, Bums *m fam,* Rumsen *nt;* **to go ~** rumsen *fam,* poltern
❻ BRIT *(hum: pregnant belly)* dicker Bauch *hum*
❼ BRIT *(fam)* **to give sb the ~s** *jdn an Armen und Beinen festhalten und dann mehrmals hintereinander hochwerfen*
II. *vt* ❶ *(have accident)* **to ~ a vehicle** mit einem Fahrzeug zusammenstoßen, ein Fahrzeug anfahren; ■**to ~ oneself** sich *akk* [an]stoßen
❷ AM *(replace)* ■**to ~ sb** jdn abservieren *fam*
❸ *usu passive* AM AVIAT *(fam)* **to get ~ed from a flight** von der Passagierliste gestrichen werden, aus einem Flug ausgebucht werden
III. *vi* ■**to ~ along** *(vehicle)* dahinrumpeln; *(passenger)* durchgeschüttelt werden, eine unruhige Fahrt haben; *(air passenger)* einen unruhigen Flug haben; **to ~ along a road/track** eine Straße/die Schienen entlangrumpeln [*o* entlangholpern] *fam*
◆**bump into** *vi* ■**to ~ into sb** ❶ *(knock against)* mit jdm zusammenstoßen; ■**to ~ into sth** gegen etw *akk* stoßen
❷ *(fig: meet by chance)* jdm [zufällig] in die Arme laufen
◆**bump off** *vt (sl)* ■**to ~ sb** ↻ **off** jdn umlegen *fam,* jdn um die Ecke bringen *fam*
◆**bump up** I. *vt (fam)* ■**to ~ sth** ↻ **up** etw erhöhen [*o* anheben]; **to ~ up prices/taxes** die Preise/Steuern erhöhen; **to ~ up productivity** die Produktivität steigern
II. *vi* AM ■**to ~ up against sb** jdn zufällig treffen
bump·er ['bʌmpəʳ, AM -ɚ] *n* Stoßstange *f;* **back/front** ~ vordere/hintere Stoßstange
'bump·er car *n* [Auto]skooter *m;* **to drive ~s** Autoskooter fahren
bump·er 'crop *n* Rekordernte *f*
'bump·er stick·er *n* Autoaufkleber *m* **bumper-to-'bumper** *adv attr, inv* Stoßstange an Stoßzange; ~ **traffic** Stop-and-go-Verkehr *m*
bumph [bʌm(p)f] *n no pl see* **bumf**
bump·ing ['bʌmpɪŋ] *n* AM *Verdrängung eines untergeordneten Angestellten vom Tisch im [Betriebs]restaurant*
bump·kin ['bʌmpkɪn] *n (pej fam)* Hinterwäldler(in) *m(f) pej;* **country** ~ *(man)* Bauerntölpel *m pej,* Landei *nt* SCHWEIZ; *(woman)* Landpomeranze *f hum, a. pej fam,* Gescherte *m o f* ÖSTERR *pej fam*
bump 'start I. *n* AUTO Anschieben *nt;* **to give sb a ~** jds Auto anschieben
II. *vt* **to ~ a car** ein Auto anschieben
bump·tious ['bʌmpʃəs] *adj (pej)* überheblich, aufgeblasen, wichtigtuerisch
bump·tious·ness ['bʌmpʃəsnəs] *n no pl* Überheblichkeit *f,* Aufgeblasenheit *f,* Wichtigtuerei *f*
bumpy ['bʌmpi] *adj* ❶ *(uneven)* uneben, holp[e]rig
❷ *(jarring)* unruhig; ~ **air** böiger Wind; ~ **flight** unruhiger Flug; ~ **ride** *(in a car)* unruhige Fahrt; *(on a boat)* stürmische Überfahrt
❸ *(fig)* bewegt, mit Höhen und Tiefen; **a ~ career** eine Karriere mit manchen Rückschlägen
bum 'rap *n* **to take a ~** *esp* AM *(unfair criticism)* unfairer Kritik ausgesetzt sein
bun [bʌn] *n* ❶ *(pastry)* [rundes] Gebäckstück [*o* Teilchen]; **currant** ~ Rosinenbrötchen *nt*
❷ *esp* AM *(bread roll)* Brötchen *nt,* Semmel *f bes* SÜDD, ÖSTERR, Weck[en] *m* SÜDD, ÖSTERR, Weggli *nt* SCHWEIZ
❸ *(hairstyle)* [Haar]knoten *m,* Dutt *m* NORDD; ***she wears her hair in a ~*** sie trägt einen Knoten
❹ *esp* AM, AUS *(fam: buttocks)* ■ ~**s** *pl* Po *m kein pl fam,* Hintern *m kein pl fam*
▶PHRASES: **she has a ~ in the oven** *(usu hum fam)* sie kriegt ein Kind *fam*
bunch <*pl* -es> [bʌn(t)ʃ] I. *n* ❶ *(group) of bananas* Büschel *m; of carrots, parsley, radishes* Bund *m; of files, measures, newspapers* Bündel *nt; of flowers* Strauß *m;* ~ **of grapes** Weintraube *f;* ~ **of keys** Schlüsselbund *m*
❷ *(fam: group) of people* Gruppe *f,* Haufen *m fam;* **a ~ of idiots** ein Haufen *m* [von] Idioten; ~ **of thieves** Diebespack *nt*
❸ *esp* AM *(fam: lot)* Menge *f,* Haufen *m fam;* ***thanks a ~!*** tausend Dank!; **a whole ~ of problems** jede Menge Probleme
❹ *(wad)* **in a ~** *cloth* aufgebauscht, bauschig
❺ *pl* BRIT ***to wear one's hair in ~es*** Zöpfe [*o fam* Rattenschwänzchen] tragen
▶PHRASES: **to be the best** [*or* **pick**] **of the** ~ der/die/das Beste von allen sein; **to be the best of a bad** ~ *(person)* noch der/die Beste von allen sein; *(thing)* noch das Beste von allem sein; **to give sb a ~ of fives** BRIT *(hum sl)* jdm eine [mit der Faust] reinhauen *sl*
II. *vt* ❶ *(put in bunches)* **to ~ carrots/parsley/radishes** Karotten/Petersilie/Radieschen bündeln
❷ *(flex)* **to ~ one's muscles** seine Muskeln spielenlassen
III. *vi* sich bauschen
◆**bunch together** I. *vi people, animals* sich *akk* zusammendrängen, ein [dicht gedrängtes] Häufchen bilden; *cloth* sich bauschen
II. *vt* ■**to ~ sth together** etw zu einem Bündel zusammenfassen
◆**bunch up** I. *vt* ■**to ~ up** ↻ **sth** etw zusammenknüllen; *cloth* etw [zusammen]raffen
II. *vi people, animals* sich *akk* [zusammen]drängen; *cloth* sich bauschen
bun·co ['bʌŋkəʊ, AM -koʊ] *n* LAW *(sl)* Trickbetrügerei *f,* Betrug *m,* Schwindel *m*
bun·dle ['bʌndl] I. *n of bank notes, clothes, sticks* Bündel *nt*
▶PHRASES: **to go a ~ on sth** BRIT *(fam)* auf etw *akk* stehen *fam;* **a** [**precious**] ~ **of joy** *(fam)* ein Wonneproppen *m;* **a ~ of laughs** [*or* **fun**] eine Frohnatur, ein Spaßvogel *m;* **to make a ~** [**on sth**] *(fam)* [mit etw *dat*] einen Haufen Geld verdienen *fam;* **a ~ of mischief** *(child)* ein [kleiner] Racker [*o* Schlingel] *fam;* **a ~ of nerves** ein Nervenbündel
II. *vt* ■**to ~ sth into sth** etw in etw *akk* hineinquetschen [*o* hineinstopfen] *fam;* ■**to ~ sb into sth** jdn irgendwohin verfrachten *fam*
III. *vi* ■**to ~ into sth** ❶ *(cram)* sich *akk* in etw *akk* hineinzwängen [*o fam* hineinquetschen]
❷ *(move quickly)* in etw *akk* eilen; ***we ~d into the bus*** wir sprangen in den Bus
◆**bundle off** *vt* ■**to ~ sb off** jdn wegschaffen; ***the children were ~d off to school*** die Kinder wurden in aller Eile zur Schule geschickt
◆**bundle up** I. *vi* sich *akk* warm anziehen [*o fam* einpacken]
II. *vt* ❶ *(dress warmly)* ■**to ~ sb up** jdn warm anziehen [*o fam* einpacken]
❷ *(bunch together)* **to ~ up papers/sticks** Papiere/Stöcke bündeln
'bun·dling *n no pl* COMPUT Bundling *nt*
bundt cake ['bʊndkeɪk] *n* Napfkuchen *m*
bun·fight ['bʌnfaɪt] *n* BRIT *(hum fam)* ❶ *(official party)* Festivität *f,* Fete *f fam*
❷ *(argument)* Streiterei *f,* Strauß *m hum geh*

bung [bʌŋ] **I.** *n* ① *esp* BRIT [Flaschen]verschluss *m,* Pfropfen *m,* Stöpsel *m; (of cork)* Korken *m; (of wood)* Spund *m*
② *(underhand payment)* Schmiergeld *nt pej fam*
II. *vt* ① *esp* BRIT *(close)* ■**to ~ sth** etw verschließen
② *esp* BRIT, AUS *(fam: toss)* ■**to ~ sth somewhere** etw irgendwohin schmeißen *fam*
◆**bung up** *vt* ■**to ~ up** ⇔ **sth** *(intentionally)* etw zustopfen [*o* verschließen]; *(unintentionally)* etw verstopfen; ■**to be ~ed up** *nose* verstopft sein
bun·ga·low [ˈbʌŋgəˈləʊ, AM -oʊ] *n* Bungalow *m*
bun·gee [bʌnˈdʒiː] **I.** *n* Gurt *m*
II. *vi* Bungee springen
ˈ**bun·gee cord** *n* Gurt *m* [mit Haken] ˈ**bun·gee jump·ing** *n no pl* Bungeespringen *nt,* Bungeejumping *nt* ˈ**bun·gee rope** *n* Bungeeseil *nt*
ˈ**bung·hole** *n* Spundloch *nt,* Zapfloch *nt*
bun·gle [ˈbʌŋgl̩] **I.** *vt* ■**to ~ sth** [**up**] etw verpfuschen [*o* vermasseln] *fam*
II. *vi* pfuschen *fam,* Mist bauen *fam*
III. *n* Pfusch *m kein pl fam,* Pfuscherei *f fam;* **to make a ~ of sth** etw verpfuschen *fam*
bun·gler [ˈbʌŋgləʳ, AM -ɚ] *n (pej)* Pfuscher(in) *m(f) pej fam,* Stümper(in) *m(f) pej*
bun·gling [ˈbʌŋglɪŋ] **I.** *n no pl* Stümperei *f,* Pfuscherei *f fam*
II. *adj attr, inv* ungeschickt; **~ fool** [*or* **idiot**] ausgemachter Trottel
ˈ**bun·gy jump·ing** *n no pl see* **bungee jumping**
bun·ion [ˈbʌnjən] *n* Fußballenentzündung *f*
bunk [bʌŋk] **I.** *n* ① *(in boat)* Koje *f; (in driver's cabin)* Schlafstelle *f,* Schlafkoje *f; (in train)* Bett *nt,* Liege *f,* Couchette *f* SCHWEIZ
② *(part of bed)* **bottom/top ~** unteres/oberes Bett *(eines Etagenbetts)*
③ *no pl (fam)* völliger Blödsinn *fam*
▶PHRASES: **to do a ~** BRIT, AUS *(fam)* [heimlich] abhauen *fam,* sich *akk* aus dem Staub machen *fam*
II. *vi (fam)* ■**to ~** [**down**] sich *akk* aufs Ohr legen *fam* [*o sl* hauen]; **to ~ together** AM sich *dat* eine Bude teilen *fam,* Zimmergenossen sein *(in einem College)*
◆**bunk off** *vi* BRIT *(sl)* sich *akk* verkrümeln *fam,* verduften *fam;* **to ~ off school** die Schule schwänzen *fam*
bunk ˈ**bed** *n* Etagenbett *nt,* Stockbett *nt bes* ÖSTERR, Kajüttenbett *nt* SCHWEIZ
bun·ker [ˈbʌŋkəʳ, AM -ɚ] *n* ① MIL Bunker *m*
② *(in golf)* Bunker *m*
ˈ**bunk·house** *n* Arbeiterbaracke *f*
bun·kum [ˈbʌŋkəm] *n no pl (fam)* Blödsinn *m fam,* Quatsch *m fam*
bun·ny [ˈbʌni] *n* ① *(childspeak)* Häschen *nt*
② AM *(fam: waitress)* Bunny *nt (leicht bekleidete, mit Hasenohren und Stummelschwänzchen versehene Bedienung);* **Playboy ~** Playboy-Häschen *nt*
ˈ**bun·ny girl** *n (fam)* Bunny *nt* ˈ**bun·ny-hop I.** *vi* <-pp-> *children* hüpfen, hopsen *fam; (with bicycle)* mit dem Fahrrad Sprünge vollführen **II.** *vt* <-pp-> ■**to ~ sth** etw mit dem Fahrrad überspringen **III.** *n (jump)* Hüpfer *m fam,* Hopser *m fam; (with bike)* Sprung *m* [mit dem Fahrrad] ˈ**bun·ny rab·bit** *n (childspeak)* Häschen *nt*
bun·sen burn·er [ˈbʌn(t)sənˌbɜːnəʳ, AM -sɪnˌbɜrːnɚ] *n* Bunsenbrenner *m*
bunt [bʌnt] **I.** *vi (in baseball)* den Ball [leicht] abtropfen lassen *fachspr*
II. *vt (in baseball)* **to ~ a ball** einen Ball [leicht] abtropfen lassen *fachspr*
bunt·ing [ˈbʌntɪŋ, AM -t̬ɪŋ] *n no pl* ① *(decoration)* Schmücken *nt* mit Fähnchen [*o* Wimpeln]; NAUT Beflaggung *f*
② *(material)* Fahnenstoff *m,* Flaggenstoff *m*
buoy [bɔɪ, AM *also* ˈbuːi] **I.** *n* Boje *f*
II. *vt* ① *(float)* ■**to ~ sb** [**up**] *water* jdn tragen
② *(cause to rise)* **to ~ prices** [**up**] Preise in die Höhe treiben
③ *(encourage)* ■**to ~ sb up** jdm Auftrieb geben; **to ~ sb's hopes** [**up**] jdm [neue] Hoffnungen machen; **to ~ sb's spirits** [**up**] jds Stimmung heben
buoy·an·cy [ˈbɔɪən(t)si] *n no pl* ① *(ability to float)* Schwimmfähigkeit *f*
② AVIAT, NAUT Auftrieb *m*
③ *(fig: vivacity)* Schwung *m,* Elan *m*
④ ECON *(upturn)* Belebung *f,* steigende Konjunktur; **a ~ in the demand for steel** eine lebhafte Nachfrage nach Stahl
buoy·ant [ˈbɔɪənt] *adj* ① *(able to float)* schwimmfähig; ***most woods are ~*** die meisten Hölzer schwimmen
② *(cheerful)* ■**to be ~** vergnügt [*o* bester Stimmung] sein; **to be in a ~ mood** in Hochstimmung [*o* bester Stimmung] sein
③ ECON *demand, market* lebhaft; *market also* fest; *prices* steigend *attr*
buoy·ant ˈ**forces** *npl* Auftriebskräfte *pl*
buoy·ant·ly [ˈbɔɪəntli] *adv* heiter, vergnügt
BUPA [ˈbuːpə] *n no pl acr for* **British United Provident Association** *private Krankenversicherung*
bup·pie [ˈbʌpi] *n* Yuppie *m* schwarzer Hautfarbe
bur *n see* **burr**
burb [bɜːrb] *n* AM *(fam) short for* **suburb** Vorort *m,* Vorstadt *f*
Bur·ber·ry® [ˈbɜːbəri, AM ˈbɜːrberi] *n* ① *(coat)* Burberrymantel *m*
② *no pl (cloth)* Burberrymantelstoff *m*
bur·ble [ˈbɜːbl̩, AM ˈbɜːr-] **I.** *vi* ① *(of water)* plätschern
② *(pej: babble)* plappern *pej fam,* quasseln *pej fam*
II. *vt (pej)* ■**to ~ sth** etw brabbeln *fam;* **to ~ one's speech** [*or* **words**] nuscheln
◆**burble away** *vi* drauflos plappern; *baby* vor sich *akk* hin brabbeln
◆**burble on** *vi* drauflos [*o* in einem fort] quasseln *fam*
bur·den [ˈbɜːdən, AM ˈbɜːr-] **I.** *n* ① *(load)* Last *f;* **heavy ~** schwere Last
② *(fig: obligation)* Belastung *f,* Last *f,* Bürde *f geh;* **~ of proof** [*or* **persuasion**] LAW Beweislast *f;* **to discharge a ~ of proof** den Beweis antreten; ***the ~ of proof is on the prosecution*** die Anklage trägt die Beweisführungspflicht; **to be a heavy ~ to bear** sehr belastend [*o* eine schwere Belastung] sein; **to place a ~ on sb** jdn einer Belastung aussetzen; ■**to be a ~ to sb** für jdn eine Belastung sein
③ *(form: gist) of views* Kern *m; of writings* Hauptthema *nt,* Kernthema *nt; of a song* Refrain *m*
▶PHRASES: **the <u>white</u> man's ~** die Bürde des weißen Mannes
II. *vt* ① *(load)* ■**to ~ sb/sth** jdn/etw beladen
② *(bother)* ■**to ~ sb** jdn belasten
bur·den·some [ˈbɜːdənsəm, AM ˈbɜːr-] *adj (form)* belastend, mühsam, lästig
bur·dock [ˈbɜːdɒk, AM ˈbɜːrdɑːk] *n* BOT Große Klette
bu·reau <*pl* -x *or* AM, AUS *usu* -s> [ˈbjʊərəʊ, AM ˈbjʊroʊ] *n* ① *(government department)* Amt *nt,* Behörde *f;* **immigration ~** Einwanderungsbehörde *f*
② *esp* AM *(office)* [Informations]büro *nt,* Agentur *f*
③ *esp* BRIT *(desk)* Sekretär *m*
④ AM *(chest of drawers)* Kommode *f*
⑤ COMPUT **output ~** Setzerei *f,* Satzanstalt *f;* **word-processing ~** Textverarbeitungsbüro *nt*
bu·reau·cra·cy [bjʊəˈrɒkrəsi, AM bjʊˈrɑː-] *n (esp pej)* ① *(organization)* Bürokratie *f,* Verwaltung *f; (officials)* Beamtenschaft *f kein pl,* Staatsdiener(innen) *mpl(fpl)*
② *no pl (paperwork)* Bürokratie *f pej,* Amtsschimmel *m hum, a. pej fam*
bu·reau·crat [ˈbjʊərə(ʊ)kræt, AM ˈbjʊrə-] *n* Bürokrat(in) *m(f);* **faceless ~** anonymer Bürokrat
bu·reau·crat·ic [ˌbjʊərə(ʊ)ˈkrætɪk, AM ˌbjʊrəˈkræt̬-] *adj* bürokratisch; **~ hassle** Ärger *m* mit der Bürokratie
bu·reau·crati·cal·ly [ˌbjʊərəʊˈkrætɪkəli, AM ˌbjʊrəˈ] *adv* bürokratisch
bu·reau de change <*pl* bureaux de change> [ˌbjʊərəʊdəˈʃɑ̃ŋʒ, AM ˌbjʊroʊ-] *n* Wechselstube *f*
bu·reaux, *usu* AM, AUS **bu·reaus** *n pl of* **bureau**
bu·rette [bjʊəˈret, AM bjʊˈ-] *n* CHEM Bürette *f;* **~ stop cock** Bürettenhahn *m*
bur·geon [ˈbɜːdʒən, AM ˈbɜːr-] *vi (form)* gedeihen; *business, industry, plant* expandieren; *economy, plant, trade* blühen, florieren *geh,* boomen *fam; love, plant* sprießen
bur·geon·ing [ˈbɜːdʒənɪŋ, AM ˈbɜːr-] *adj attr, inv business, economy, trade* blühend *attr,* florierend *attr geh; industry, population* wachsend; *talent, town* aufstrebend; **~ growth** rasches Wachstum
bur·ger [ˈbɜːgəʳ, AM ˈbɜːrgɚ] *n (fam) short for* **hamburger** [Ham]burger *m;* **bacon ~** Hamburger *m* mit Schinkenspeck; **cheese ~** Cheeseburger *m;* **veg[gi]e ~** vegetarischer Hamburger
bur·gess <*pl* -es> [ˈbɜːdʒəs, AM ˈbɜːr] *n* BRIT ① *(old: citizen)* [freier] Bürger *m,* [freie] Bürgerin *f*
② *(hist: MP for a borough)* Abgeordnete(r) *f(m)*
burgh [ˈbʌrə, AM bɜːrg, ˈbɜːrə] *n* SCOT *(old)* Stadt[gemeinde] *f*
burgh·er [ˈbɜːgəʳ, AM ˈbɜːrgɚ] *n (old or hum)* Bürger(in) *m(f)*
bur·glar [ˈbɜːgləʳ, AM ˈbɜːrglɚ] *n* Einbrecher(in) *m(f)*
ˈ**bur·glar alarm** *n* Alarmanlage *f;* **to set off a ~** eine Alarmanlage auslösen
bur·glar·ize [ˈbɜrgləraɪz] *vt* AM **to ~ an apartment/a house/an office** in eine Wohnung/ein Haus/ein Büro einbrechen; ***they were ~d*** bei ihnen wurde eingebrochen
ˈ**bur·glar·proof** *adj* einbruchsicher
bur·gla·ry [ˈbɜːgləri, AM ˈbɜːrg-] *n* ① *(break-in)* Einbruch *m*
② *no pl (theft)* Einbruchdiebstahl *m;* **aggravated ~** LAW erschwerter Diebstahl
ˈ**bur·gla·ry in·sur·ance** *n no pl* Einbruchdiebstahlversicherung *f*
bur·gle [ˈbɜːgl̩, AM ˈbɜːrgl̩] *vt esp* BRIT, AUS **to ~ an apartment/a house/an office** in eine Wohnung/ein Haus/ein Büro einbrechen; ***they were ~d*** bei ihnen wurde eingebrochen
bur·gun·dy [ˈbɜːgəndi, AM ˈbɜːr-] **I.** *n* ① *(wine)* Burgunder *m*
② *(colour)* Burgunderrot *nt*
II. *adj* burgunderrot
bur·ial [ˈberiəl] *n* ① *(ceremony)* Beerdigung *f,* Begräbnisfeier *f,* SCHWEIZ *a.* Abdankung *f;* **~ at sea** Seebestattung *f*
② *no pl (interment)* Begräbnis *nt,* Beerdigung *f*
ˈ**bur·ial ground** *n* Friedhof *m;* HIST Begräbnisstätte *f* ˈ**bur·ial place**, ˈ**bur·ial site** *n* Grabstätte *f* ˈ**bur·ial ser·vice** *n* Trauerfeier *f*
burk [bɜːk] *n* BRIT, AUS *see* **berk**
Bur·ki·na Fa·so [bɜːˌkiːnəˈfæsəʊ, AM bʊːrˌkiːnəˈfɑːsoʊ] *n* Burkina Faso *nt*
Bur·ki·nan [ˌbɜːˈkiːnən, AM ˌbʊːr-] **I.** *n* Burkiner(in) *m(f)*
II. *adj* burkinisch
bur·lap [ˈbɜːrlæp] *n no pl* AM Sackleinen *nt;* **~ sack** [grober] Leinensack
bur·lap ˈ**bag** *n* Jutetasche *f*
bur·lesque [bɜːˈlesk, AM bɜːr-] *n* ① *(something written)* Parodie *f,* Persiflage *f geh*
② *no pl (genre)* Burleske *f*
③ AM *(variety show)* Varietévorstellung *f; (comedy show)* Klamauksendung *f*
bur·ly [ˈbɜːli, AM ˈbɜːr-] *adj* kräftig [gebaut], stämmig
Bur·ma [ˈbɜːmə, AM ˈbɜːr] *n no pl* GEOG, HIST Burma *nt*
Bur·mese [bɜːˈmiːz, AM ˈbɜːr] **I.** *adj inv* burmesisch
II. *n* <*pl* -> Burmese, Burmesin *m, f*
burn[1] [bɜːn, AM bɜːrn] *n* SCOT Bächlein *nt*
burn[2] [bɜːn, AM bɜːrn] **I.** *n* ① *(injury)* Verbrennung *f,* Brandwunde *f; (sunburn)* Sonnenbrand *m; (sensation)* Brennen *nt;* **first/second/third degree ~s** Verbrennungen *pl* ersten/zweiten/dritten Grades; **severe ~s** schwere Verbrennungen
② *(damage)* Brandfleck *m,* Brandstelle *f; (from acid)* Verätzung *f;* **cigarette ~** Brandloch *nt*
③ AEROSP Zündung *f*
II. *n modifier (damage, wound)* Brand-
III. *vi* <burnt *or* AM *usu* burned, burnt *or* AM *usu* burned> ① *(be in flames) wood, fire* brennen; *house* in Flammen stehen; *(be destroyed) house, forest* abbrennen; *furniture, paper* verbrennen; **to ~ to death** verbrennen
② FOOD anbrennen
③ *(sunburn)* einen Sonnenbrand bekommen; ***my skin ~s easily*** ich bekomme leicht einen Sonnen-

brand
(4) *(illuminate) candle, light* brennen
(5) *(acid)* ätzen, Verätzungen verursachen
(6) *(hot sensation) spicy food, skin* brennen; *forehead* glühen
(7) *(fig)* ■ **to be ~ing to do sth** *(have a longing)* darauf brennen, etw zu tun; *(be impatient)* es kaum abwarten können, etw zu tun; *(be eager)* [ganz] heiß darauf sein, etw zu tun *fam*
(8) *(fig: feel strongly)* **to ~ with anger** vor Wut kochen; **to be ~ing with curiosity** vor Neugierde [fast] sterben; **to ~ with desire/passion** vor Begierde/Leidenschaft brennen *geh;* **to ~ with embarrassment** vor Verlegenheit [ganz] rot werden; **to ~ with shame** vor Scham rot anlaufen
IV. *vt* <burnt *or* AM *usu* burned, burnt *or* AM *usu* burned> (1) *(damage with heat)* ■ **to ~ sb/sth** jdn/etw verbrennen; **to ~ a village** ein Dorf niederbrennen; ■ **to ~ oneself** sich *akk* verbrennen; **to be ~t to death** verbrennen; *(in accident)* in den Flammen umkommen; **to ~ one's fingers** *(also fig)* sich *dat* die Finger verbrennen; **to ~ sth to the ground** etw bis auf die Grundmauern niederbrennen; **to ~ a hole in sth** ein Loch in etw *akk* brennen; **to be ~t at the stake** auf dem Scheiterhaufen verbrannt werden; *(fig)* ans Kreuz genagelt werden *fig;* **to be ~t alive** [*or* **to death**] bei lebendigem Leibe verbrennen
(2) FOOD ■ **to ~ sth** etw anbrennen lassen; **to ~ sth to a crisp** etw verschmoren lassen
(3) *(sunburn)* ■ **to be ~t** einen Sonnenbrand haben
(4) *(cause hot sensation)* **to ~ sb's skin/tongue** *spicy food, sun* jdm auf der Haut/Zunge brennen; ***I've ~t my tongue*** ich habe mir die Zunge verbrannt; ***the curry ~t her throat*** das Curry brannte ihr im Hals
(5) *(acid)* ■ **to ~ sth** etw verätzen
(6) *(use up)* **to ~ calories/fat** Kalorien/Fett verbrennen; **to ~ gas/oil/petrol** Gas/Öl/Benzin verbrauchen
(7) COMPUT **to ~ a CD/DVD-ROM** eine CD/DVD-ROM brennen
▸PHRASES: **to ~ one's <u>boats</u>** [*or* **<u>bridges</u>**] alle Brücken hinter sich *dat* abbrechen; **to ~ the <u>candle</u> at both ends** sich *akk* übernehmen; **to have <u>got</u> money to ~** Geld wie Heu haben; **I've <u>got</u> all the money and it's ~ing a hole in my pocket** ich habe so viel Geld und das will jetzt ausgegeben werden *fam;* **to <u>have</u> time to ~** alle Zeit der Welt haben; **to ~ in <u>hell</u>** in der Hölle schmoren; **to ~ the <u>midnight</u> oil** bis spät in die Nacht hinein arbeiten; **to ~ <u>rubber</u>** *(fam)* auf die Tube drücken *fam*
◆**burn away I.** *vi* verbrennen; *building, forest* abbrennen; *candle, fire* herunterbrennen; *(continuously)* vor sich hinbrennen
II. *vt* ■ **to ~ sth** ↔ **away** etw abbrennen; **to ~ away hair** Haare versengen
◆**burn down I.** *vt* ■ **to ~ sth** ↔ **down** etw abbrennen [*o geh* niederbrennen]
II. *vi building* niederbrennen; *forest* abbrennen; *candle, fire* herunterbrennen
◆**burn in** *vt* ■ **to ~ sth** ↔ **in** COMPUT etw einbrennen
◆**burn off** *vt* ■ **to ~ off** ↔ **sth** *calories, food intake* etw verbrennen; **to ~ off** ↔ **gas/oil** Gas/Öl abfackeln; **to ~ off** ↔ **a wart** MED eine Warze ausbrennen
◆**burn out I.** *vi* (1) *(extinguish) fire, candle* herunterbrennen
(2) *rocket* ausbrennen
(3) AM *(fam: reach saturation)* ■ **to ~ out on sth** etw schnell überhaben *fam*
(4) *(stop functioning) bulb, fuse* durchbrennen; *(slowly) cable, coil, wire* durchschmoren
II. *vt* (1) *(stop burning)* **the candle/fire/match ~t itself out** die Kerze/das Feuer/das Streichholz brannte herunter
(2) *usu passive (be destroyed)* ***her talent has ~t out*** mit ihrem Talent ist es vorbei; **to be ~t out of house and home** durch einen Brand Haus und Hof verlieren; ■ **to ~ out** ↔ **sb** jdn ausräuchern
(3) *(become exhausted)* ■ **to ~ oneself out** sich *akk* völlig verausgaben [*o fam* kaputt machen]; ■ **to be ~t out** [völlig] ausgebrannt sein
◆**burn up I.** *vi* (1) *(by fire)* verbrennen; *(destroy)* verbrennen; *fire* auflodern
(2) *(fig: be feverish)* glühen
(3) AEROSP *rocket, satellite* verglühen
▸PHRASES: **to ~ up the <u>road</u>** die Straße entlangrasen
II. *vt* (1) *(consume)* ■ **to ~ up** ↔ **sth** etw verbrauchen; *energy, fuel also* etw fressen *pej fam;* **to ~ up fat** Fett verbrennen
(2) *(fig fam)* **to be ~t up with hatred/jealousy** *(be consumed by)* sich *akk* vor Hass/Eifersucht verzehren *geh;* ***she was ~t up with suspicion*** immerzu nagten Zweifel an ihr
(3) AM *(make angry)* ■ **to ~ sb up** jdn zur Weißglut treiben
'burned out *adj see* **burnt out**
burn·er [ˈbɜːnəʳ, AM ˈbɜːrnɚ] *n* (1) *(heater)* Brenner *m;* AM *also* Kochplatte *f,* Herdplatte *f* SCHWEIZ
(2) CHEM, TECH Brenner *m*
(3) COMPUT Brenner *m*
'burn-in *n* COMPUT Einbrennen *nt,* Voraltern *nt*
burn·ing [ˈbɜːnɪŋ, AM ˈbɜːrn-] **I.** *adj attr, inv* (1) *(on fire)* brennend; *face* glühend
(2) *(fig: intense) ambition, desire* brennend; *passion* glühend
(3) *(controversial) issue* heiß diskutiert; *problem, question* brennend
(4) *(stinging)* brennend; **to have a ~ sensation on one's skin** ein Brennen auf der Haut spüren
II. *n no pl* ***there's a smell of ~*** es riecht verbrannt
bur·nish [ˈbɜːnɪʃ, AM ˈbɜːr-] *vt (esp liter)* ■ **to ~ sth** etw blank reiben [*o* polieren] [*o fachspr* brünieren]
bur·nished [ˈbɜːnɪʃt, AM ˈbɜːr-] *adj (esp liter)* poliert; *(fig)* **~ skin** goldbraune Haut; *(face)* goldbrauner Teint
'burn·out *n* (1) *no pl (exhaustion)* [vollkommene] Erschöpfung; **to suffer ~** [völlig] ausgebrannt sein *sl*
(2) AM *(pej: person)* ausgebrannter Mensch; *(drug abuser)* Junkie *m sl*
(3) COMPUT Ausbrennen *nt*
burnt [bɜːnt, AM bɜːrnt] **I.** *vt, vi pt, pp of* **burn**
II. *adj (completely)* verbrannt; *(partly) food* angebrannt; *(from sun)* verbrannt; ***there's a ~ smell*** es riecht verbrannt; **~ sugar** Karamellzucker *m*
burnt 'of·fer·ing *n* (1) *(sacrifice)* Brandopfer *nt*
(2) BRIT *(hum)* angebranntes Essen **'burnt out, 'burnt-out** *adj attr, inv* (1) *building* ausgebrannt; *fuse* durchgebrannt
(2) *(fig: exhausted)* ausgebrannt *fam*
(3) *(fig: disillusioned)* desillusioniert
(4) AM *(fam: from drugs)* verkifft *sl*
burp [bɜːp, AM bɜːrp] **I.** *n* Rülpser *m; of a baby* Bäuerchen *nt;* **to let out a [big] ~** [laut] rülpsen
II. *vi* aufstoßen, rülpsen *fam; baby* ein Bäuerchen machen
III. *vt* **to ~ a baby** ein Baby aufstoßen lassen
burr [bɜːʳ, AM bɜːr] *n* (1) BOT Klette *f*
(2) BRIT *of a telephone* Summen *nt,* Summton *m; of cogs* Surren *nt*
(3) LING **to speak with a ~** ein gerolltes Zäpfchen-R sprechen *(im Westen Englands und in Schottland)*
bur·ri·to [bəˈriːtəʊ, AM -t̬oʊ] *n* Burrito *m,* gefüllte Tortilla
bur·row [ˈbʌrəʊ, AM ˈbɜːroʊ] **I.** *n of fox, rabbit* Bau *m*
II. *vt* (1) **to ~ a hole/tunnel** ein Loch/einen Tunnel graben
(2) *(fig: hide)* ■ **to ~ sth [into sth]** etw [in etw *akk*] vergraben
III. *vi* (1) *(dig)* ■ **to ~ [into sth]** einen Bau [in etw *akk*] graben; ■ **to ~ through sth** sich *akk* durch etw *akk* [hin]durchgraben
(2) *(fig: search through)* ■ **to ~ through sth** etw durchwühlen [*o* gründlich durchsuchen]
bur·sar [ˈbɜːsəʳ, AM ˈbɜːrsɚ] *n* Finanzverwalter(in) *m(f);* UNIV Schatzmeister(in) *m(f),* Quästor(in) *m(f) fachspr;* **~'s office** Rentamt *nt;* UNIV Quästur *f fachspr*
bur·sa·ry [ˈbɜːsəri, AM ˈbɜːr-] *n esp* BRIT (1) *(grant)* Stipendium *nt*
(2) *(bursar's office)* Rentamt *nt;* UNIV Quästur *f fachspr*
burst [bɜːst, AM bɜːrst] **I.** *n* (1) *(rupture) of pipe* [Rohr]bruch *m; of tyre* Platzen *nt*
(2) *(explosion)* Explosion *f*
(3) *of flame* auflodern
(4) *(sudden activity)* Ausbruch *m; (in advertising)* stoßweise Werbung; **~ of activity** plötzliche Geschäftigkeit; **~ of applause** Beifallssturm *m;* **~ of growth** Wachstumsschub *m;* **to undergo a ~ of growth** einen Schuss tun *fam;* **~ of economic growth** plötzlich einsetzendes Wirtschaftswachstum; **~ of laughter** Lachsalve *f;* **~ of speed** Spurt *m;* **to put on a ~ of speed** einen Zahn zulegen *fam*
II. *vi* <burst *or* AM *also* bursted, burst *or* AM *also* bursted> (1) *(explode) balloon, pipe, tyre* platzen; *bubble* zerplatzen; *dam* bersten, brechen; *wound* aufplatzen; *(fig hum: when stuffed)* platzen *fig*
(2) *(fig: eager to do)* ■ **to be ~ing to do sth** darauf brennen, etw zu tun
(3) *(fam: toilet)* ***I'm ~ing to go to the loo!*** ich muss ganz dringend aufs Klo! *fam*
(4) *(come suddenly)* durchbrechen; ***the sun ~ through the clouds*** die Sonne brach durch die Wolken; **to ~ through the enemy lines** die feindlichen Stellungen durchbrechen
(5) *(be full) suitcase* zum Bersten voll sein, platzen *a. fig;* **to ~ with anger/curiosity/joy/pride** vor Wut/Neugier/Freude/Stolz platzen; **to ~ with energy/health/joie de vivre** vor Kraft/Gesundheit/Lebensfreude [nur so] strotzen; **to ~ with excitement/happiness** vor Aufregung/Glück ganz außer sich *dat* sein
▸PHRASES: **to <u>do</u> sth fit to ~** *(fam)* etw mit voller Kraft tun; ***she was crying fit to ~*** sie war völlig in Tränen aufgelöst; ***Tom was singing fit to ~*** Tom sang aus vollem Hals; ***she is talking fit to ~*** sie redet wie ein Wasserfall; **to ~ at the <u>seams</u>** *(fam)* aus allen Nähten platzen
III. *vt* <burst *or* AM *also* bursted, burst *or* AM *also* bursted> ■ **to ~ sth** etw zum Platzen bringen; ***the river ~ its banks*** der Fluss trat über die Ufer; ***she ~ a blood vessel*** ihr ist eine Ader geplatzt; **to ~ a balloon/tyre** einen Ballon/Reifen platzen lassen
▸PHRASES: **to ~ sb's <u>bubble</u>** jds Illusionen zerstören
◆**burst forth** *vi (poet) sunshine* hervorbrechen; *blossom* ausbrechen
◆**burst in** *vi* (1) *(enter suddenly)* hereinstürzen, hineinstürzen
(2) *(surprise)* ■ **to ~ in on sb** bei jdm hereinplatzen; **to ~ in on a meeting** in eine Versammlung hineinplatzen
◆**burst into** *vi* (1) *(enter suddenly)* ■ **to ~ into sth** in etw *akk* hereinstürzen [*o* hineinstürzen]
(2) *(start suddenly)* **to ~ into blossom** [*or* **flower**] [plötzlich] aufblühen; **to ~ into flames** in Flammen aufgehen; **to ~ into laughter** in [schallendes] Gelächter ausbrechen; **to ~ into song** laut zu singen anfangen; **to ~ into tears** in Tränen ausbrechen; **to ~ into view** plötzlich auftauchen
◆**burst open I.** *vi* (1) *(open suddenly) chest, door, lid* aufspringen; *door, window* auffliegen
(2) *(split open) blister, bud, wound* aufplatzen
II. *vt* ■ **to ~ sth** ↔ **open** etw aufreißen; **to ~ a watermelon open** eine Wassermelone aufbrechen
◆**burst out** *vi* (1) *(hurry out)* herausstürzen; **to ~ out of a room** aus einem Zimmer stürmen
(2) *(speak)* losplatzen; ***"don't go!" he ~ out*** „geh nicht!" platzte es aus ihm heraus
(3) *(commence)* **to ~ out crying/laughing/screaming** in Tränen/Gelächter/Geschrei ausbrechen
(4) *(appear) sun, emotions* hervorbrechen
bur·then [ˈbɜːðᵊn, AM ˈbɜːr] *n (old) see* **burden** Last *f a. fig,* Bürde *f a. fig*
bur·ton [ˈbɜːtən] *n no pl* ▸PHRASES: **to have <u>gone</u> for a ~** BRIT *(dated fam)* dahin [*o* vorbei] sein *fam*
Bu·run·di [bʊˈrʊndi] *n* Burundi *nt*
bury <-ie-> [ˈberi] *vt* (1) *(put underground)* ■ **to ~ sb** jdn begraben; ■ **to ~ sth** etw vergraben; **to be buried alive** lebendig begraben sein
(2) *(fig: hide)* ■ **to ~ sth** etw verbergen; ***she buried***

B

her face in her hands sie vergrub ihr Gesicht in den Händen; **to ~ one's pain** seine Schmerzen nicht zeigen

❸ *(engross)* **to ~ oneself in one's book/one's work** sich *akk* in sein Buch/seine Arbeit versenken; **to be buried in one's book/thoughts/work** ganz in sein Buch/seine Gedanken/seine Arbeit versunken [*o* vertieft] sein

▸PHRASES: **to ~ the hatchet** das Kriegsbeil begraben; **to ~ one's head in the sand** den Kopf in den Sand stecken

◆**bury away** *vt (fig)* ▪**to ~ sth** ↻ **away** etw verbergen

bus[1] [bʌs] **I.** *n* <*pl* -es *or* AM *also* -ses> [Omni]bus *m;* **school ~** Schulbus *m;* **to catch/miss the ~** den Bus bekommen/verpassen; **to go by ~** mit dem Bus fahren; **to take the ~** den Bus nehmen

II. *vt* <-ss- *or* AM *usu* -s-> ▪**to ~ sb** *(bring by bus)* jdn mit dem Bus befördern; AM *(for integration) farbige Schulkinder mit dem Bus zu vorwiegend von nichtfarbigen Kindern besuchten Schulen transportieren*

III. *vi* <-ss- *or* AM *usu* -s-> ❶ AUTO mit dem Bus fahren

❷ AM *(in restaurant)* [Geschirr] abräumen

bus[2] *n* COMPUT ❶ *(communication link)* Übertragungsweg *m;* **daisy chain ~** verkettete Busstruktur; **data ~** Datenübertragungsweg *m;* **dual ~ system** doppeltes Übertragungswegsystem

❷ *(source of information)* Hauptverbindung *f,* Sammelschiene *f*

'bus·boy *n* AM Abräumer *m,* Hilfskellner *m*

'bus·by ['bʌzbi] *n* [hohe] Bärenfellmütze

'bus con·duc·tor *n* Busschaffner(in) *m(f)* **'bus driv·er** *n* Busfahrer(in) *m(f)*

bush <*pl* -es> [bʊʃ] *n* ❶ *(plant)* Busch *m*

❷ *(thicket)* Gebüsch *nt*

❸ *(fig: great amount)* **~ of hair** [dichtes] Haarbüschel

❹ *no pl (in Africa, Australia)* Busch *m; (wilderness in general)* Wildnis *f*

▸PHRASES: **to beat the ~es** AM *(fam)* alles abklappern *fam;* **to beat around** [*or* **about**] **the ~** um den heißen Brei herumreden, wie die Katze um den heißen Brei herumschleichen

'Bush baby *n* AM *(fam) jd, der sich wie Präsident G.W. Bush ausdrückt und verhält*

bushed [bʊʃt] *adj pred (fam)* ❶ *(exhausted)* erschlagen *fam,* kaputt *fam,* groggy *fam*

❷ AUS *(lost in the bush)* ▪**to be ~** sich *akk* im Busch verlaufen haben

❸ AUS *(bewildered)* verblüfft; ▪**to be ~ by sth** von etw *dat* befremdet sein

bush·el [bʊʃəl] *n* Bushel *m fachspr (amerikanisches und britisches Getreidemaß),* Scheffel *m hist;* **a ~ of grain/wheat** ein Bushel *m* Getreide/Weizen

▸PHRASES: **to hide one's light under a ~** sein Licht unter den Scheffel stellen

'bush fire *n* Buschfeuer *nt* **'bush·man** *n* ❶ *esp* AUS *(inhabitant)* Buschbewohner *m; (expert)* Buschkenner *m;* ▪**to be a ~** im Busch leben ❷ *(San people of Southern Africa)* ▪**B~** Buschmann *m; (language)* Buschmannsprache *f (eine der Khoisan-Sprachen)* **'bush·meat** *n no pl* Buschfleisch *nt* **'bush rang·er** *n* ❶ AM *(living far from civilization)* ▪**to be a ~** in der Wildnis leben ❷ *(footpad)* Strauchdieb *m,* Wegelagerer *m* ❸ AUS *(hist: outlaw)* Buschräuber *m,* Bushranger *m* **bush 'tele·graph** *n no pl (hum dated)* Buschtrommel *f hum* **'bush·walk·ing** *n no pl* AUS Buschwanderung *f* **'bush·whack** AM **I.** *vi* sich *dat* einen Weg bahnen **II.** *vt* ▪**to ~ sb** jdn aus dem Hinterhalt überfallen

bushy ['bʊʃi] **I.** *adj* buschig

II. *n* AUS *(pej fam)* Hinterwäldler(in) *m(f) pej fam*

busi·ly ['bɪzɪli] *adv* eifrig, geschäftig; **to be ~ engaged on sth** intensiv mit etw *dat* beschäftigt sein

busi·ness <*pl* -es> ['bɪznɪs] **I.** *n* ❶ *no pl (commerce)* Handel *m,* [kaufmännisches] Gewerbe; ***is your visit for ~ or pleasure?*** ist ihr Besuch dienstlicher oder privater Natur?; **to combine** [*or* **mix**] **~ with pleasure** das Angenehme mit dem Nützlichen verbinden; ***never mix ~ with pleasure*** Dienst ist Dienst und Schnaps ist Schnaps *fam;* **to do ~ with sb** mit jdm Geschäfte machen [*o* geschäftliche Beziehungen unterhalten] [*o* Handel treiben]; **to go into ~** Geschäftsmann/Geschäftsfrau werden; ***he went into ~ as a caterer*** er ging ins Gaststättengewerbe; **to go out of ~** das Geschäft aufgeben; **to talk ~** zur Sache kommen; **on ~** beruflich, dienstlich, geschäftlich

❷ *no pl (sales volume)* Geschäft *nt; (turnover)* Umsatz *m;* ***how's ~ at the moment?*** was machen die Geschäfte?; ***~ is booming/ slow*** die Geschäfte gehen hervorragend/nicht gut

❸ *(profession)* Branche *f;* ***what line of ~ are you in?*** in welcher Branche sind Sie tätig?

❹ *(company)* Unternehmen *nt,* Firma *f,* Betrieb *m;* **small ~** Kleinunternehmen *nt;* **to start up** [*or* **establish**] **a ~** ein Unternehmen gründen

❺ *no pl (matter)* Angelegenheit *f; (fam: concern, affair)* Angelegenheit *f,* Sache *f;* ***see*** [*or* ***go***] ***about your ~*** *(fam)* kümmere dich um deine eigenen Angelegenheiten; ***that's none of your ~*** *(fam)* das geht dich nichts an; **to be a time-consuming ~** eine zeitraubende Angelegenheit sein; **to have no ~ to do** [*or* **doing**] **sth** nicht das Recht haben, etw zu tun; **to make sth one's ~** sich *dat* etw zur Aufgabe machen; **to mind one's own ~** *(fam)* sich *akk* um seine eigenen Angelegenheiten kümmern

❻ *no pl* **to mean ~** *(be serious)* es [wirklich] ernst meinen

❼ *no pl (process)* **to get on with the ~ of sth** mit etw *dat* weitermachen

❽ BRIT *(affairs discussed)* die Sitzungsthemen des Unterhauses; **~ committee** Unterhausausschuss *m* für die Einteilung der Sitzungszeit

▸PHRASES: **to be the ~** BRIT *(sl)* Spitze sein *fam;* **to do one's ~** *(euph: person)* austreten, sich *akk* erleichtern *euph; (dog)* sein Geschäft verrichten *euph;* **to do the ~** BRIT *(sl)* es treiben *sl,* eine Nummer schieben *sl;* **to get down to ~** zur Sache kommen; **to be in the ~ of** [**doing**] **sth** dafür zuständig sein, etw zu tun; ***I'm not in the ~ of telling you what to do*** es ist nicht meine Sache, Ihnen zu sagen, was Sie zu tun haben; **like nobody's ~** *(fam)* ganz toll *fam;* **to hurt like nobody's ~** ganz arg weh tun *fam;* **to run like nobody's ~** ganz schnell rennen; **~ before pleasure** *(prov)* erst die Arbeit, dann das Vergnügen *prov;* **to be ~ as usual** *(prov)* den gewohnten Gang gehen; **what a ~** was für ein Umstand

II. *n modifier (account, letter, meeting, partner)* Geschäfts-

'busi·ness ac·count *n* FIN Geschäftskonto *nt* **busi·ness ac·'tiv·ity** *n* COMM Geschäftsaktivität *f* **'busi·ness ad·dress** *n* Geschäftsadresse *f* **busi·ness ad·min·is·tra·tion 'sci·ence** *n* Betriebswirtschaftslehre *f* **'busi·ness agent** *n* AM Gewerkschaftsfunktionär(in) *m(f)* **busi·ness and man·age·ment eco·'nom·ics** *n* Betriebswirtschaftslehre *f* **busi·ness 'an·gel** *n* FIN *(sl)* Business Angel *m* **busi·ness ap·'point·ment** *n* geschäftliche Verabredung **busi·ness ap·'proach** *n* Geschäftsansatz *m* **busi·ness 'area** *n* Geschäftsbereich *m,* Geschäftsfeld *nt* **busi·ness as·'so·ci·ate** *n* Geschäftspartner(in) *m(f),* Geschäftsfreund(in) *m(f)* **busi·ness 'base** *n* Geschäftsbasis *f* **busi·ness 'capi·tal** *n no pl* Betriebsvermögen *nt*

'busi·ness card *n* Visitenkarte *f,* Geschäftskarte *f*

'busi·ness class *n no pl* Businessclass *f*

busi·ness 'cli·ent *n* Geschäftskunde, -kundin *m, f* **busi·ness com·'mun·ity** *n* Geschäftswelt *f* **busi·ness con·'di·tions** *n pl* Geschäftslage *f* **busi·ness 'con·tact** *n* Geschäftskontakt *m* **busi·ness con·'tin·gen·cy plan·ning** *n no pl* Business Contingency Planning *nt* **busi·ness cor·re·'spond·ence** *n no pl* Geschäftskorrespondenz *f* **busi·ness 'coun·sel·lor** *n* Unternehmensberater(in) *m(f)* **'busi·ness cus·tom·er** *n* Gewerbekunde, -kundin *m, f* **busi·ness 'cy·cle** *n* Wirtschaftszyklus *m,* Konjunkturzyklus *m* **busi·ness 'day** *n* Geschäftstag *m,* Handelstag *m,* Werktag *m* **busi·ness di·'vi·sion** *n* Geschäftsfeld *nt*

'busi·ness end *n (hum fam) of a gun* Mündung *f; of a knife* Klinge *f,* Schneide *f;* **to stand behind the ~ of a horse** dort stehen, wohin ein Pferd ausschlagen kann

busi·ness 'en·ter·prise *n* Unternehmung *f* **busi·ness es·'tab·lish·ment** *n* Geschäftsbetrieb *m,* Gewerbebetrieb *m* **busi·ness e'vent** *n* Geschäftsvorfall *m* **busi·ness ex·'pan·sion scheme** *n* BRIT FIN Programm *nt* zur Förderung von Unternehmenserweiterungen **busi·ness ex·per·'tise** *n no pl* kaufmännisches Know-how *nt* **busi·ness fi·'nance** *n no pl* Finanzwirtschaft *f* **'busi·ness group** *n* Wirtschaftsgruppe *f* **'busi·ness hours** *npl* Geschäftszeiten *pl,* Öffnungszeiten *pl* **busi·ness 'in·di·ca·tor** *n* Konjunkturindikator *m* **busi·ness in·for·'ma·tion tech·nol·ogy** *n* Wirtschaftsinformatik *f* **busi·ness 'know-how** *n no pl* kaufmännisches Know-how *nt* **'busi·ness let·ter** *n* Geschäftsbrief *m* **'busi·ness lev·el** *n* Geschäftsebene *f* **busi·ness lia·'bil·ity in·sur·ance** *n no pl* Betriebshaftpflichtversicherung *f*

'busi·ness·like *adj* geschäftsmäßig, sachlich

busi·ness 'lunch *n* Geschäftsessen *nt,* Arbeitsessen *nt* **'busi·ness·man** *n* Geschäftsmann *m; (leader)* Manager *m; (entrepreneur)* Unternehmer *m* **busi·ness 'man·age·ment** *n no pl* Geschäftssteuerung *f;* **science of ~** Betriebswirtschaftslehre *f* **'busi·ness mat·ter** *n* Sachverhalt *m* **'busi·ness mod·el** *n* Geschäftsmodell *nt* **busi·ness op·por·'tun·ity** *n* Geschäftsmöglichkeit *f,* Geschäftschance *f* **busi·ness or·gani·'za·tion** *n* Unternehmensorganisation *f*

business-'oriented *adj* geschäftsnah

'busi·ness pa·per *n* Wirtschaftszeitung *f* **'busi·ness park** *n* Industriepark *m,* Gewerbegebiet *nt* **'busi·ness part·ner** *n* Geschäftspartner(in) *m(f),* Geschäftsfreund(in) *m(f)* **'busi·ness people** *npl* Geschäftsleute *pl; (leaders)* Manager(innen) *mpl(fpl); (entrepreneurs)* Unternehmer(innen) *mpl(fpl)* **busi·ness per·'cent** *n* Umsatzprozent *nt* **'busi·ness per·son** *n* Kaufmann *m,* Kauffrau *f* **busi·ness phi·'loso·phy** *n* Geschäftsphilosophie *f,* Geschäftspolitik *f*

'busi·ness plan *n* ECON Unternehmensplan *m,* Geschäftsplan *m*

busi·ness 'plan·ning *n* ECON Unternehmensplanung *f*

busi·ness po·'ten·tial *n no pl* Geschäftspotenzial *nt* **busi·ness 'prac·tices** *n pl* Geschäftspraktiken *pl;* **customary ~s** übliche Geschäftspraktiken *pl* **busi·ness 'press** *n no pl* MEDIA Wirtschaftspresse *f* **busi·ness 'pro·cess** *n* Geschäftsprozess *m,* Geschäftsablauf *m* **busi·ness 'pro·cess·ing** *n no pl* Geschäftsabwicklung *f* **busi·ness 'prof·it** *n* Gewerbeertrag *m* **busi·ness 'prof·it tax** *n* Gewerbeertragssteuer *f* **busi·ness 'pros·pects** *n pl* Geschäftsaussichten *pl* **busi·ness regu·'la·tions** *n pl* Geschäftsreglement *nt* **busi·ness re·'la·tion** *n* Geschäftsbeziehung *f,* Geschäftsverbindung *f* **busi·ness re·'port** *n* Unternehmensbericht *m* **busi·ness 'risk** *n* Geschäftsrisiko *nt* **'busi·ness school** *n* Fakultät *f* der Wirtschaftswissenschaften **busi·ness 'se·cret** *n* Betriebsgeheimnis *nt* **'busi·ness sec·tor** *n* Geschäftsfeld *nt* **busi·ness 'seg·ment** *n* Geschäftssparte *f* **busi·ness 'site** *n* Geschäftsobjekt *nt* **busi·ness situ'a·tion** *n* Geschäftslage *f* **busi·ness 'strat·egy** *n* Geschäftsstrategie *f* **busi·ness suc·'cess** *n* Unternehmenserfolg *m* **busi·ness 'sys·tem** *n* Geschäftssystem *nt* **busi·ness 'tac·tic** *n usu pl* [Geschäfts]strategie *f,* [Geschäfts]politik *f*

business-to-'business, B2B *adj attr, inv* COMM Business-to-Business-, B2B-

business-to-con'sumer *adj attr, inv* COMM Business-to-Consumer-, B2C-

busi·ness trans·'ac·tion *n* Geschäft *nt,* Handel *m kein pl,* Geschäftsvorfall *m fachspr* **busi·ness 'trav·el** *n* Dienstreise *f,* Geschäftsreise *f* **'busi·ness trip** *n* Dienstreise *f,* Geschäftsreise *f*

busi·ness 'unit *n* Geschäftsbereich *m,* Geschäftseinheit *f,* Geschäftsfeld *nt* **'busi·ness·wom·an** *n* Geschäftsfrau *f; (leader)* Managerin *f; (entrepreneur)* Unternehmerin *f* **'busi·ness world** *n* Geschäftswelt *f*
busk [bʌsk] *vi* BRIT, AUS Straßenmusik machen
busk·er ['bʌskəʳ, AM -ɚ] *n* Straßenmusikant(in) *m(f)*
'bus lane *n* Busspur *f* **'bus·load** *n* Busladung *f;* **~s of tourists** ganze Busladungen von Touristen **bus·man's 'holi·day** *n* Arbeitsurlaub *m* **'bus ser·vice** *n usu sing* Busverbindung *f,* Busverkehr *m*
bus·ses ['bʌsɪz] *n* AM *pl of* **bus**
'bus shel·ter *n* Wartehäuschen *nt,* Bushäuschen *nt* **'bus sta·tion** *n* Busbahnhof *m* **'bus stop** *n* Bushaltestelle *f*
bust¹ [bʌst] **I.** *n* ① *(statue)* Büste *f*
② *(breasts)* Büste *f,* Busen *m; (circumference)* Brustumfang *m,* Brustweite *f,* Oberweite *f;* **large/small ~** *(breasts)* großer/kleiner Busen; *(circumference)* große/kleine Oberweite
II. *n modifier (measurement, size)* Brust-
bust² [bʌst] **I.** *n* ① *(recession)* [wirtschaftlicher] Niedergang; *(bankruptcy)* Pleite *f*
② *(sl)* Razzia *f;* **drug ~** Drogenrazzia *f*
③ AM *(fam: punch)* [Faust]schlag *m*
II. *adj pred, inv (fam)* ① *(broken)* kaputt, hinüber *fam*
② *(bankrupt)* **to go ~** bankrottgehen *fam,* Pleite machen *fam,* pleitegehen *fam*
III. *vt* <bust *or* AM *usu* busted, bust *or* AM *usu* busted> ① *(fam: break)* ■**to ~ sth** etw kaputt machen *fam*
② *(fam: beat)* **to ~ a record** einen Rekord brechen
③ AM *(sl: arrest)* ■**to ~ sb** jdn festnehmen; SCH, UNIV ***he got ~ed cheating*** er wurde beim Spicken erwischt *fam*
▸PHRASES: **to ~ one's arse** [*or* AM **ass**] [*or* AM **balls**] *(fam!)* sich *akk* kaputt machen *fam,* sich *dat* den Arsch aufreißen *derb;* **to ~ a gut** *(fam!: work hard)* sich *dat* ein Bein ausreißen *fam; (laugh)* sich *akk* kaputtlachen *fam*
◆**bust into** *vt (sl)* **to ~ into a market** in einen Markt vordringen
◆**bust out** *vi (fam)* **to ~ out of jail** [*or* **prison**] aus dem Gefängnis ausbrechen
◆**bust up** *(fam)* **I.** *vt* ■**to ~ up** ↻ **sth** ① *(put an end to)* etw abrupt beenden; **to ~ up a meeting** eine Versammlung sprengen [*o* auffliegen lassen]
② *(destroy)* etw zerstören [*o fam* kaputt machen]
II. *vi couple* sich *akk* trennen, Schluss machen *fam*
bus·tard ['bʌstəd, AM -tɚd] *n* ORN Trappe *f*
bust·ed 'bonds *npl* STOCKEX historische Wertpapiere
bust·er ['bʌstəʳ, AM -ɚ] *n no pl esp* AM *(dated or pej fam)* Meister *m pej iron fam,* Junge *m pej fam,* Bursche *m* ÖSTERR, Freund *m pej iron fam,* Freundchen *nt pej iron fam;* ***cut it out, ~!*** lass das, Junge!; ***well, ~, …*** so, Freundchen, …
bus·tle ['bʌsl̩] **I.** *n* ① *no pl (activity)* geschäftiges Treiben, Betriebsamkeit *f;* **hustle and ~** reges Treiben, reger Betrieb; *(general activity)* Getriebe *nt; (commotion)* Hektik *f pej;* ***the hustle and ~ of the city*** das Getriebe der Großstadt
② *(hist: on dress)* Turnüre *f hist,* Gesäßpolster *nt*
II. *vi* ***the street ~d with activity*** auf der Straße herrschte reger Betrieb; ***the house ~d with activity*** im Haus war was los *fam,* das Haus war voller Leben; ■**to ~ around** [*or* **about**] geschäftig hin und her laufen, herumwuseln *fam;* ■**to ~ in/out** geschäftig hinein-/hinauseilen
bus·tling ['bʌslɪŋ] *adj attr, inv place* belebt, voller Leben *nach n; town* lebendig; *people* geschäftig
bust-up ['bʌstʌp] *n* BRIT, AUS *(fam)* Krach *m fam;* **a big ~** ein Riesenkrach *m;* **to have a ~ with sb** sich *akk* mit jdm verkrachen *fam,* Krach mit jdm haben *fam*
busty ['bʌsti] *adj (fam)* vollbusig
busy ['bɪzi] **I.** *adj* ① *(occupied)* beschäftigt; ***are you ~?*** haben Sie einen Moment Zeit?; ***I'm very ~ this week*** ich habe diese Woche viel zu tun; ■**to be ~ with** [*or* **doing**] **sth** mit etw *dat* beschäftigt sein; **to get ~** loslegen *fam,* sich *akk* an die Arbeit machen; **to keep oneself/sb ~ with sth** sich/jdn mit etw *dat* beschäftigen; ***I'll keep myself ~ with a magazine while I wait*** ich werde mir die Zeit, während ich warte, mit einer Illustrierten vertreiben; ***he keeps himself ~ by building a model train set in his free time*** er verbringt seine Freizeit mit dem Bau einer Modelleisenbahn; **to keep sb ~** *children, work* jdn in Atem [*o fam* Trab] halten
② *(active) day* arbeitsreich; *life* bewegt, ereignisreich; *intersection, street* viel befahren, verkehrsreich; *seaport* stark frequentiert *geh,* umschlagstark; *shop* stark besucht [*o geh* frequentiert]; ***I've had a ~ day*** ich hatte heute viel zu tun; ***December is the busiest time of the year*** der Dezember ist die Jahreszeit, in der am meisten los ist
③ *(pej: overly decorated)* überladen; *(too colourful) wallpaper* zu bunt; *pattern* unruhig
④ *esp* AM TELEC besetzt; ***the line is ~*** die Leitung ist besetzt
▸PHRASES: **to be** [**as**] **~ as a bee** bienenfleißig sein; ***the children were as ~ as bees picking apples*** die Kinder waren mit Feuereifer dabei, Äpfel zu pflücken
II. *vt* <-ie-> ■**to ~ oneself with sth** sich *akk* mit etw *dat* beschäftigen
busy 'bee *n (fam)* Arbeitsbiene *f fig fam,* Arbeitspferd *nt fig* **'busy·body** *n (pej fam)* Wichtigtuer(in) *m(f) pej,* G[e]schaftlhuber *m* SÜDD, ÖSTERR *pej fam;* ***some interfering ~*** irgendein Wichtigtuer, der sich überall einmischen muss **'busy sig·nal** *n esp* AM TELEC Besetztzeichen *nt*
'busy·work *n no pl* AM *(mindless)* stumpfsinnige Arbeit; *(routine)* Routinearbeit *f*
but [bʌt, bət] **I.** *conj* ① *(although)* aber; ***she's nice ~ bossy*** sie ist nett, wenn auch rechthaberisch
② *(however)* aber, jedoch; ***he's a nice guy ~ he's not my type*** er ist zwar ein netter Kerl, doch er ist nicht mein Typ; ***I think so, ~ then I'm no expert*** ich denke schon, allerdings bin ich keine Expertin
③ *(except)* als, außer; ***what could I do ~ accept?*** mir blieb nichts anderes übrig, als Ja zu sagen
④ *(rather)* ■**not … ~ …** nicht …, sondern …; ***we must not complain ~ do something*** wir sollten nicht klagen, sondern handeln
⑤ *(in addition)* **not only … ~ also …** [**too**] nicht nur …, sondern auch …
II. *prep* ① *(except)* außer +*dat;* ***the last episode ~ one*** die vorletzte Folge; ***I have no questions ~ one*** ich habe nur noch [die] eine Frage; **all/anyone ~ sb** alle/jeder außer jdm; **anything ~ …** alles, nur … nicht
② *(only)* außer +*dat;* ***she wanted to go nowhere ~ home*** sie wollte nur noch nach Hause; ***this car has been nothing ~ trouble*** dieses Auto hat nichts als Ärger gemacht
③ *(rather)* ■**not … ~ …** nicht …, sondern …; ***she's not a painter ~ a writer*** sie ist nicht Malerin, sondern Schriftstellerin
III. *n* Aber *nt;* ***no ~s!*** keine Widerrede!
▸PHRASES: **no** [**ifs, ands or**] **~s about it** da gibt es kein Wenn und Aber; **but me no ~s!** *(saying)* komm mir nicht mit Ausreden!
IV. *adv inv* ① *(only)* nur, lediglich; ***she's ~ a young girl*** sie ist doch noch ein junges Mädchen; ***I cannot*** [***help***] ***~ wonder …*** ich frage mich bloß, …; ***one cannot ~ smile*** man muss einfach lächeln
② *esp* AM *(really)* aber auch; ***everyone, ~ everyone, will be there*** jeder, aber auch wirklich jeder, wird dort sein
▸PHRASES: **~ for sb/sth** *(except for)* bis auf jdn/etw; *(thanks to)* wäre jd/etw nicht gewesen, dank jdm/etw *iron;* **~ that** *(old)* **~ that we were young again!** wenn wir wieder jung wären!; **~ then** [**again**] *(on the other hand)* andererseits; *(after all)* schließlich, immerhin
bu·tane ['bju:teɪn] *n no pl* Butan[gas] *nt*
butch [bʊtʃ] **I.** *adj* ① *(pej: masculine)* maskulin *a. pej*
② *(tough)* muskulös, kräftig gebaut; **~ man** Muskelmann *m fam*
II. *n* <*pl* -es> ① *(pej: lesbian)* maskuliner Typ *a. pej*
② *(tough man)* Muskelmann *m fam*
butch·er ['bʊtʃəʳ, AM -ɚ] **I.** *n* ① *(job)* Metzger(in) *m(f),* Fleischer(in) *m(f),* Schlachter(in) *m(f)* NORDD, Fleischhauer(in) *m(f)* ÖSTERR
② *(pej: killer)* Schlächter(in) *m(f) pej*
▸PHRASES: **the ~, the baker,** [**and**] **the candlestick-maker** alle möglichen Leute, Hinz und Kunz *fam*
II. *vt* ① *(slaughter)* ■**to ~ an animal** ein Tier schlachten; ***the animals were ~ed for meat*** die Tiere wurden geschlachtet und zu Fleisch verarbeitet
② *(murder)* ■**to ~ sb/an animal** jdn/ein Tier niedermetzeln [*o* abschlachten]
③ *(fig: ruin)* ■**to ~ sth** etw verhunzen *fam;* **to ~ a language** eine Sprache verunstalten
④ SPORT **to ~ a team** eine Mannschaft vernichtend schlagen [*o fam* auseinandernehmen]
butch·er's ['bʊtʃəz, AM -ɚz] *n* ① <*pl* -ers *or* -ers'> *(meat shop)* Metzgerei *f,* Fleischerei *f;* ***are you going to the ~?*** gehst du zum Metzger? ② *no pl* BRIT *(rhyming sl: look)* Blick *m;* ***let's have a ~ at your present, then*** dann werfen wir mal einen Blick auf dein Geschenk **butch·er's 'block** *n* Küchenwagen *m* **butch·er's 'hook** *n no pl* BRIT *(rhyming sl: look)* Blick *m*
butch·ery ['bʊtʃəri, AM -ɚi] *n* ① *no pl (murder)* Abschlachten *nt pej,* Niedermetzeln *nt pej*
② *no pl (trade)* Fleischerhandwerk *nt; (act)* Verarbeitung *f* von Fleisch
③ BRIT *(slaughterhouse)* Schlachthof *m*
but·ler ['bʌtləʳ, AM -lɚ] *n* Butler *m*
but·ler's 'pan·try *n* Geschirrkammer *f,* Anrichtekammer *f*
but'n'ben [ˌbʌtən'ben] *n* SCOT kleines [*o* armseliges] Häuschen
butt [bʌt] **I.** *n* ① *(thick bottom part)* dickes Ende; *of a rifle* Kolben *m; of a cigarette* Stummel *m,* Kippe *f fam*
② *(sl: cigarette)* Glimmstängel *m fam*
③ AM *(sl: buttocks)* Po *m,* Hintern *m fam;* **a swat on the ~** ein Klaps *m* auf den Po; **to get off one's ~** seinen Hintern in Bewegung setzen *fam*
④ *(hit with head)* Stoß *m* [mit dem Kopf]; **to give sb a ~** jdm einen [Kopf]stoß versetzen
⑤ *(usu fig: target)* Ziel *nt a. fig,* Zielscheibe *f a. fig;* ***he was always the ~ of his brother's criticism*** die Kritik seines Bruders richtete sich immer gegen ihn; **to be the ~ of sb's jokes** die Zielscheibe des Spotts einer Person *gen* sein
⑥ *(barrel)* Fass *nt,* Tonne *f;* [**rain**] **water ~** Regentonne *f*
▸PHRASES: **sth bites sb in the ~** *(fam) past* etw holt jdn [wieder] ein *fig*
II. *vt* ■**to ~ sb/sth** jdm/etw einen Stoß mit dem Kopf versetzen; **to ~ one's head against the wall** mit dem Kopf gegen die Wand stoßen
▸PHRASES: **to ~ heads with sb** *(fam)* sich *dat* die Köpfe einschlagen
III. *vi* ① *(hit) person* mit dem Kopf stoßen; *goat* mit den Hörnern stoßen
② *(adjoin)* ***the two houses ~ up against each other*** die beiden Häuser stoßen aneinander
◆**butt in** *vi (fam)* dazwischenplatzen, stören; ■**to ~ in on sb** jdm ins Wort fallen; *(become involved)* sich *akk* einmischen
◆**butt into** *vi (fam)* **to ~ into sb's business/conversation** sich *akk* in jds Geschäfte/Unterhaltung einmischen
◆**butt out** *vi* ① AM *(fam!)* sich *akk* raushalten *fam;* ***~ out, Dad, this isn't your problem*** misch dich nicht ein, Papa, das geht dich nichts an *fam*
② AM *(fam: extinguish cigarette)* seine Zigarette ausdrücken
butt-bar·ing ['bʌtbeərɪŋ] *adj inv* **~ panties** kaum das Hinterteil bedeckende Höschen **'butt call** *n (fam) unbeabsichtigter Anruf, wenn man sich versehentlich auf sein Handy setzt*
butte [bju:t] *n* AM GEOL Restberg *m,* Zeugenberg *m,* Spitzkuppe *f*
but·ter ['bʌtəʳ, AM -t̬ɚ] **I.** *n no pl* Butter *f;* **bread and ~** Butterbrot *nt;* **to spread ~ on one's bread**

sich *dat* Butter aufs Brot schmieren; **toast and ~** Toast *m* mit Butter

▶PHRASES: **she looks as if ~ wouldn't melt in her mouth** sie sieht aus, als könnte sie kein Wässerchen trüben

II. *vt* **to ~ a piece of bread** eine Scheibe Brot mit Butter bestreichen [*o* buttern]

◆**butter up** *vt* ■**to ~ sb ↻ up** jdm Honig um den Bart [*o* Mund] schmieren *fam*

'but·ter·ball AM **I.** *n (usu hum: person)* Fettkloß *m pej fam* **II.** *n modifier* **~ turkey** *ein besonders großer, saftiger Truthahn* **'but·ter·bean** *n* Wachsbohne *f* **'but·ter·cream** *n no pl* Buttercreme *f* **'but·ter·cup** *n* Butterblume *f* **'but·ter-dish** *n* Butterdose *f*

but·tered ['bʌtəd, AM -t̬ɚd] *adj* mit Butter; *bread, toast* gebuttert, mit Butter bestrichen; ***he dropped the toast ~ side down*** er ließ den Toast auf die Butterseite fallen

'but·ter·fat *n no pl* [Butter]fett *nt,* [Milch]fett *nt*

'but·ter·fin·gers <*pl* -> *n (hum)* Tollpatsch *m fam,* Schussel *m fam*

but·ter·fly ['bʌtəflaɪ, AM -t̬ɚ-] **I.** *n* ❶ *(insect)* Schmetterling *m; (fig)* flatterhafter Mensch *pej;* **a social ~** ein Partygirl *pej* ❷ *(in swimming)* Butterfly *m,* Schmetterlingsstil *m* ▶PHRASES: **to have butterflies [in one's stomach]** *(fam: be excited)* einen Flattermann haben BRD *fam; (be nervous)* ein flaues Gefühl [im Magen] haben **II.** *n modifier (collection, net, trap, wing)* Schmetterlings- **III.** *vt* <-ie-> **to ~ a cutlet/turkey breast** ein Schnitzel/eine Putenbrust in der Mitte einschneiden und auseinanderklappen **'but·ter·fly kiss** *n* flüchtige Liebkosung *(mit den Augenwimpern)* **but·ter·fly 'spread** *n* STOCKEX Butterfly Spread *m* **'but·ter·fly stroke** *n* ■**the ~** der Butterfly [*o* Schmetterlingsstil]

but·ter-'ic·ing *n no pl* Buttercreme *f* **'but·ter knife** *n* Buttermesser *nt* **'but·ter·milk** *n no pl* Buttermilch *f* **but·ter 'moun·tain** *n* **the [European] ~** der [europäische] Butterberg

but·ter·nut 'squash *n* AM Flaschenkürbis *m*

'but·ter·scotch I. *n* ❶ *no pl* Karamell *m o* SCHWEIZ, ÖSTERR *nt,* Sahnekaramell *m o* SCHWEIZ *nt,* Butterkaramell *m o* SCHWEIZ *nt*

❷ *(individual sweet)* Karamellbonbon *nt,* Toffee *nt*

❸ *(colour)* Karamell *nt*

II. *n modifier (fudge, ice cream, icing, sauce)* Karamell-

III. *adj* karamellfarben

but·ter 'tart *n* CAN *mit einer Karamellcreme und Rosinen gefülltes kleines Mürbteigküchlein*

but·tery ['bʌtəri, AM -t̬ɚ-] **I.** *adj* ❶ *(with butter)* butt[e]rig; **~ biscuits** Butterkekse *pl*

❷ *(covered with butter)* butterbeschmiert, butt[e]rig, voll Butter *präd*

II. *n esp* BRIT Kantine *f;* UNIV Mensa *f,* Cafeteria *f*

but·tock ['bʌtək, AM -t̬-] *n* [Po]backe *f,* [Hinter]backe *f;* ■**~s** *pl* Gesäß *nt,* Hinterteil *nt fam*

but·ton ['bʌtᵊn] **I.** *n* ❶ *(fastening device)* Knopf *m;* **to do up/undo one's ~s** seine Knöpfe zu-/aufmachen; *(on shirt)* sein Hemd zu-/aufknöpfen

❷ TECH *(operating device)* [Schalt]knopf *m; (of a doorbell)* Klingelknopf *m;* **to push a ~** auf einen Knopf drücken

❸ AM *(badge)* Button *m,* Abzeichen *nt,* Plakette *f*

▶PHRASES: **cute as a ~** AM goldig; **at the push of a ~** auf Knopfdruck *fig;* **to push [*or* press] sb's ~s** jdn auf die Palme bringen; **to be right on the ~** *esp* AM *(be correct)* den Nagel auf den Kopf treffen; *(at exact time)* auf den [Glocken]schlag genau sein; ***it was 10:30 on the ~ when the doorbell rang*** es war genau 10:30, als es klingelte; **to not be worth a ~** keinen Pfifferling wert sein *fam*

II. *vt* ■**to ~ one's coat/jacket** den Mantel/die Jacke zuknöpfen

▶PHRASES: **to ~ it [*or* one's lip]** *esp* AM *(fam)* den Mund halten *fam*

III. *vi* **to ~ down the front/at [*or* AM in] the back** sich *akk* vorne/hinten knöpfen lassen

◆**button up** *vt* ■**to ~ up ↻ sth** *coat, jacket* etw zuknöpfen; **to ~ up a deal** *(fig)* eine Sache unter Dach und Fach bringen

but·ton-down [ˌbʌtᵊn'daʊn], **but·toned-down** [bʌtᵊnd'daʊn] *adj attr, inv* ❶ FASHION **~ collar** Button-down-Kragen *m (Kragen, dessen Enden am Hemd festgeknöpft werden)*

❷ AM *(usu pej: conservative) person* erzkonservativ, der alten Schule *nach n; (unimaginative)* fantasielos

but·ton-down 'fly, 'but·ton fly *n* Knopfleiste *f (als Hosenverschluss)*

but·toned-up [ˌbʌtᵊnd'ʌp] *adj inv (also fig)* zugeknöpft *a. fig*

'but·ton·hole I. *n* ❶ *(on clothing)* Knopfloch *nt* ❷ *esp* BRIT *(flower)* Blume *f* im Knopfloch **II.** *vt* ■**to ~ sb** jdn zu fassen kriegen, sich *dat* jdn schnappen *fam; (not let go)* jdn festnageln **but·ton 'mush·room** *n* junger Champignon **'but·ton nose** *n* Stupsnase *f*

'butt pack *n* AM *(sl: bumbag)* Gürteltasche *f*

but·tress ['bʌtrəs] **I.** *n* <*pl* -es> ❶ ARCHIT Strebepfeiler *m,* Stützpfeiler *m,* Bogenpfeiler *m;* **flying ~** Strebebogen *m*

❷ *(fig: support)* Stütze *f*

II. *vt* ❶ ARCHIT **to ~ a wall** eine Wand [durch Strebepfeiler] stützen

❷ *(fig: support)* ■**to ~ sth** etw untermauern

but·ty ['bʌti] *n esp* NENG *(filled roll)* belegtes Brötchen; *(sandwich)* Sandwich *nt,* Stulle *f* NORDD *fam*

bu·tyl·ene ether gly·col [ˌbju:tɪli:ni:θə'glaɪkɒl, AM -i:θɚ'glaɪkɑ:l] *n no pl* CHEM Butandiol *nt*

bu·tyr·ic acid [bjʊˌtɪrɪk'æsɪd, AM bju:,-] *n no pl* CHEM Buttersäure *f*

bux·om ['bʌksəm] *adj* vollbusig, drall

buy [baɪ] **I.** *n* Kauf *m;* **bad ~** schlechter Kauf, Fehlkauf *m;* **quite a ~** ein guter Kauf, ein Schnäppchen *nt fam*

II. *vt* <bought, bought> ❶ *(purchase)* ■**to ~ [oneself] sth** [sich *dat*] etw kaufen; ***money can't ~ love*** Liebe kann man sich nicht erkaufen; ***$20 ~s a lot less than it used to*** heute bekommt man für 20 Dollar viel weniger als früher; ■**to ~ sb sth [*or* sth for sb]** jdm etw kaufen; ■**to ~ sth from [*or fam* off] sb** jdm etw abkaufen

❷ *(obtain)* **to ~ recognition/success/victory** sich *dat* Anerkennung/Erfolg/einen Sieg erkaufen; **to ~ time** Zeit gewinnen

❸ *(bribe)* ■**to ~ sb** jdn kaufen *fam;* **to ~ sb's vote** jds Stimme kaufen

❹ *(sl: believe)* **to ~ a claim/an excuse/a story** jdm eine Behauptung/eine Entschuldigung/ eine Geschichte abkaufen *fam;* ***I don't ~ it*** das nehme ich dir nicht ab

❺ *(agree to)* ■**to ~ sth** etw *dat* zustimmen; ***I'll ~ that!*** der Meinung bin ich aber auch!

❻ ECON **to ~ at best** bestmöglich kaufen

▶PHRASES: **to ~ the farm** AM *(fam)* den Löffel abgeben *sl;* **to ~ it** den Löffel abgeben *sl;* **I'm not ~ing it** *(sl)* das kannst du deiner Großmutter erzählen! *fam;* **to have everything money can ~** alles haben, was man mit Geld kaufen kann; **to ~ sb's silence** sich *dat* jds Stillschweigen erkaufen

III. *vi* im Einkauf tätig sein

◆**buy ahead** *vi* FIN sich *akk* eindecken

◆**buy back** *vt* ■**to ~ back ↻ sth** etw zurückkaufen

◆**buy forward** *vi* FIN auf Termin kaufen

◆**buy in I.** *vt* ❶ BRIT ■**to ~ in ↻ sth** sich *akk* mit etw *dat* eindecken

❷ *(at an auction)* ■**to ~ in ↻ sth** etw rückkaufen

❸ STOCKEX **to ~ in securities/commodity contracts** sich mit Wertpapieren/Schlussbriefen eindecken

II. *vi company* eigene Aktien rückkaufen

◆**buy into** *vi* ❶ ECON *(pay for a share)* **to ~ into a business/a company** sich *akk* in ein Unternehmen/eine Firma einkaufen

❷ *(gain access)* **to ~ into a club/organization** sich *dat* Zugang zu einem Klub/einer Organisation verschaffen

❸ AM *(sl)* ■**to ~ into sth** *(get involved)* sich *akk* auf etw *akk* einlassen; *(be convinced of)* von etw *dat* überzeugt sein; *(accept)* sich *akk* etw *dat* anschließen; *point of view* etw teilen

◆**buy off** *vt* ■**to ~ off ↻ sb** jdn kaufen *fam*

◆**buy out** *vt* ❶ *(take over)* **to ~ out a company/shares in a company** eine Firma/Aktien einer Firma aufkaufen

❷ *(buy sb's share)* ■**to ~ out ↻ sb** jdn auszahlen

❸ BRIT MIL ■**to ~ oneself out** sich *akk* [vom Militärdienst] freikaufen

◆**buy up** *vt* ■**to ~ up ↻ sth** etw aufkaufen

'buy-ahead *n* FIN Eindeckung *f* **'buy-back** *n* ECON Rückkauf *m* **'buy·back** *adj attr, inv* FIN **~ agreement** Schuldenrückkaufsvereinbarung *f* **'buy-back deal** *n* ECON Gegengeschäft *nt* **'buy classes** *npl* ECON Kaufkategorien *pl*

buy·er ['baɪəʳ, AM -ɚ] *n* ❶ *(purchaser)* Käufer(in) *m(f);* COMM Abnehmer(in) *m(f)*

❷ *(as job)* Einkäufer(in) *m(f); (manager)* Einkaufsleiter(in) *m(f)*

buy·er-driv·en pric·ing [ˌbaɪədrɪvᵊn'praɪsɪŋ, AM ˌbaɪɚ-] *n no pl* vom Käufermarkt gesteuerte Preissetzung

buy·er's 'mar·ket *n* COMM Käufermarkt *m* **buy·er's 'risk** *n* Käuferrisiko *nt* **buy·er's 'sur·plus** *n* Käuferrente *f,* Konsumentenrente *f*

'buy grid *n* ECON Gitterkarte[methode] *f* **'buy-in** *n* ❶ ECON **management ~** Übernahme *f* eines Unternehmens durch fremde Manager ❷ *no pl (acceptance, willingness)* Kooperation *f;* ■**~ to sth** Akzeptanz *f* einer Sache ❸ CARDS *(stake, investment)* Einsatz *m*

buy·ing ['baɪɪŋ] *n no pl* Kauf *m,* Kaufen *nt;* **~ agent** Provisionseinkäufer(in) *m(f),* Kommissionär(in) *m(f);* **bulk ~** Mengeneinkauf *m,* Posteinkauf *m;* **forward ~** Terminkauf *m;* **panic ~** Panikkauf *m meist pl;* **spontaneous ~** Spontankauf *m*

'buy·ing de·ci·sion *n* COMM Kaufentscheidung *f* **buy·ing ex·'change rate** *n* FIN Ankaufskurs *m,* Geldkurs *m* **'buy·ing or·der** *n* FIN Kauforder *f* **buy·ing pow·er** *n no pl* Kaufkraft *f* **buy·ing 'pub·lic** *n* FIN Anlegerpublikum *nt* **'buy·ing rate** *n* FIN Geldkurs *m,* Kaufkurs *m*

'buy or·der *n* FIN Kauforder *f*

'buy·out ['baɪaʊt] *n* Aufkauf *m,* Übernahme *f;* **staff ~** Aufkauf *m* des Betriebes durch die Belegschaft; **management ~** [Firmen]übernahme *f* durch das Führungspersonal [*o* Management]; **leveraged ~** fremdfinanzierte [Firmen]übernahme, durch Leihkapital finanzierter Aufkauf [einer Firma]

buzz [bʌz] **I.** *vi* ❶ *(make low sound) bee, mosquito, buzzer* summen; *fly, bug* brummen; *ears* dröhnen, sausen; ***his ears were ~ing after the concert*** ihm dröhnten die Ohren nach dem Konzert

❷ *(be active with)* ***my head was ~ing with thoughts*** mir schwirrten alle möglichen Gedanken durch den Kopf; ***the room ~ed with conversation*** das Zimmer war von Stimmengewirr erfüllt; ***the place was ~ing with excitement*** es herrschte ein aufgeregtes Durcheinander

❸ *(go quickly)* sausen

❹ AM *(fam: be tipsy)* ■**to be ~ed** angesäuselt sein *fam*

II. *vt* ❶ *(call)* ■**to ~ sb** *(buzzer)* jdn über den Summer rufen; *(telephone)* jdn anrufen

❷ AVIAT ■**to ~ sth** *airplane* im Tiefflug über etw hinwegsausen; *motor boat* dicht an etw *dat* vorbeifahren

III. *n* <*pl* -es> ❶ *of a bee, mosquito, buzzer* Summen *nt kein pl; of a fly, bug* Brummen *nt kein pl*

❷ *no pl (activity)* **~ of conversation** Stimmengewirr *nt;* **~ of excitement** aufgeregtes Durcheinander

❸ *(call)* Ruf *m* über den Summer; **to give sb a ~** *(buzzer)* jdn über den Summer rufen; *(fam: telephone)* jdn anrufen

❹ *(fam: rumour, gossip)* Gerede *nt kein pl*

❺ *(fam: high feeling)* [Nerven]kitzel *m,* Kick *m sl; (from alcohol)* Rausch *m;* **to have a ~** einen Rausch [*o fam* sitzen] haben; *(from marijuana)* vollgedröhnt sein *sl;* **sth/sb is a ~ to be around** *(fam)* sich *akk* in der Gegenwart einer S. *gen*/in jds Gegenwart wohl fühlen

(6) *no pl (rumour)* Gerücht *nt;* ***the ~ is that ...*** man munkelt, dass ...

◆**buzz around** *vi* (1) *(fly) insect* herumschwirren, herumsurren; ***the fighter planes ~ ed around the city*** die Kampfflugzeuge umflogen dröhnend die Stadt
(2) *(fig: move busily)* herumschwirren

◆**buzz off** *vi (fam!)* abschwirren *fam,* die Fliege machen *sl;* ***~ off!*** *(fam!)* zisch ab! *sl*

buz·zard [ˈbʌzəd, AM -ɚd] *n* (1) BRIT *(European hawk)* Bussard *m*
(2) AM *(turkey vulture)* Truthahngeier *m*

'buzz cut *n* Stoppelhaare *pl,* kurz geschorene Haare *pl*

buzz·er [ˈbʌzəʳ, AM -ɚ] *n* Summer *m*

'buzz·er-beat·er *n* AM *Wurf direkt vor Ende der Spielzeit, vor allem beim Basketball*

'buzz phrase *n* Modeausdruck *m* **'buzz word** *n* Schlagwort *nt,* Modewort *nt*

buzzy [ˈbʌzi] *adj (fam) club, pub, resort* voller Leben *nach n; atmosphere* lebhaft; ***there are ~ cafés on the square*** in den Cafés am Platz ist viel los

b/w *abbrev of* **black and white** sw.

'B-word *n* ■**the ~** AM *(euph fam) abgeschwächter Ausdruck für „bitch" - Miststück*

by [baɪ] **I.** *prep* (1) *(beside)* bei, an; ***a hotel ~ the river*** ein Hotel am Fluss; ***my desk is ~ the window*** mein Schreibtisch steht am Fenster; ***come and sit ~ me*** komm und setz dich zu mir [*o* neben mich]; **~ the roadside** am Straßenrand; **~ sb's side** an jds Seite
(2) *(part of sb/sth)* bei; **to grab sb ~ the arm** jdn am Arm packen; **to seize sb ~ their hair** jdn am Schopf packen; **to take sb ~ the hand** jdn bei der Hand nehmen
(3) *(past and beyond)* vorbei; ***he drove ~ our house*** er ist an unserem Haus vorbeigefahren; ***she walked ~ me without speaking*** sie ging, ohne etwas zu sagen, an mir vorbei; **~ the door** durch die Tür
(4) *(not later than)* bis; ***~ this time next week I'll be on holiday*** nächste Woche um diese Zeit bin ich in Urlaub; **~ five o'clock/tomorrow** [spätestens] bis fünf Uhr/morgen; **~ 14 February** [spätestens] bis zum 14.02.; **~ now** [*or* **this time**] inzwischen; ***she ought to have arrived ~ now*** sie müsste inzwischen angekommen sein; **~ the time ... bis ...;** ***~ the time [that] this letter reaches you I will have left London*** wenn dieser Brief dich erreicht, werde ich schon nicht mehr in London sein
(5) *(during)* bei; ***they ate ~ candlelight*** sie aßen bei Kerzenlicht; **~ day/night** tagsüber [*o* bei Tag]/ nachts [*o* bei Nacht]
(6) *(happening progressively)* für; ***the children came in two ~ two*** die Kinder kamen in Zweiergruppen herein; ***the situation becomes worse ~ the day*** die Lage verschlechtert sich von Tag zu Tag; **bit ~ bit** nach und nach; **day ~ day** Tag für Tag; **minute ~ minute** Minute um Minute, im Minutenabstand
(7) *(agent)* von, durch; ***the cake is made ~ Anne*** der Kuchen ist von Anne [gebacken], den Kuchen hat Anne gebacken; ***an attack ~ the enemy*** ein Angriff durch den Feind, ein Feindangriff; ***a book/ painting ~ Irene*** ein Buch/ein Gemälde von Irene; ***a decision ~ his father*** eine Entscheidung seines Vaters
(8) *(cause)* von, durch; ***the damage was caused ~ fire*** der Schaden wurde durch einen Brand verursacht; **~ chance** durch Zufall, zufällig; **~ contrast** im Gegensatz; ***Richard, ~ contrast, works very much*** Richard hingegen arbeitet sehr viel; **death ~ misadventure** Tod durch Unfall
(9) *(with -ing)* ***you switch it on ~ pressing this button*** man schaltet es ein, indem man auf diesen Knopf drückt
(10) *(method)* mit; **to pay ~ cheque** mit Scheck bezahlen; **to contact sb ~ letter** jdn anschreiben
(11) *(means of transport)* mit; **to travel ~ air** fliegen; **~ boat/bus/car/train** mit dem Schiff/Bus/Auto/ Zug; **to travel ~ road** über Land fahren; **to travel ~ sea** auf dem Seeweg reisen
(12) *(parent)* von; ***she's his daughter ~ his second wife*** sie ist seine Tochter mit seiner zweiten Frau [*o* aus zweiter Ehe]; ***a black filly ~ Golden Summer*** ein schwarzes Fohlen von Golden Summer
(13) *(term)* mit; ***what is meant ~ 'cool'?*** was bedeutet ‚cool'?
(14) *(name of a person)* bei; ***he mostly calls her ~ her last name*** er redet sie meistens mit ihrem Nachnamen an
(15) *(according to)* nach, von; ***I'm German ~ birth*** von Geburt bin ich Deutsche; ***~ my watch it's six o'clock*** nach meiner Uhr ist es sechs; ***he could tell ~ the look on her face that ...*** er konnte an ihrem Gesichtsausdruck ablesen, dass ...; ***~ law, he's still a child*** dem Gesetz nach [*o* laut Gesetz] ist er noch ein Kind; ***that's all right ~ me*** ich bin damit einverstanden; **to live ~ the rules** sich *akk* an die Vorschriften halten; **~ trade** [*or* **profession**] von Beruf
(16) *(quantity)* ***he rented the car ~ the day*** er hat den Wagen tageweise gemietet; ***it's sold ~ the metre*** es wird am Meter verkauft; **to sell ~ the dozen/hundred/thousand** zu Dutzenden/Hunderten/Tausenden verkaufen; **to get paid ~ the hour** stundenweise bezahlt werden
(17) *(margin)* um; ***prices went up ~ 20%*** die Preise sind um 20 % gestiegen; ***the bullet missed her ~ two centimetres*** die Kugel verfehlte sie um zwei Zentimeter [*o* ging nur zwei Zentimeter an ihr vorbei]; ***it would be better ~ far to ...*** es wäre weitaus besser, ...
(18) *(measurements)* mal; ***the room measures 5 metres ~ 8 metres*** das Zimmer misst 5 mal 8 Meter
(19) MATH ***8 multiplied ~ 3 equals 24*** 8 mal 3 macht 24; ***8 divided ~ 4 equals 2*** 8 geteilt durch 4 ist 2; ***he multiplied it ~ 20*** er hat es mit 20 multipliziert
(20) *(in oaths)* bei; ***I swear ~ Almighty God that ...*** ich schwöre bei dem allmächtigen Gott, dass ...
II. *adv inv* (1) *(past)* vorbei; ***excuse me, I can't get ~*** Entschuldigung, ich komme nicht vorbei; ***time goes ~ so quickly*** die Zeit vergeht so schnell; **to come ~** vorbeikommen; ***I'll come ~ tomorrow*** ich komme morgen mal vorbei; **to drive ~** vorbeifahren; **to pass ~** vorbeikommen; **to speed ~ sb/ sth** an jdm/etw vorbeisausen
(2) *(near)* in der Nähe; **close ~** ganz in der Nähe, in unmittelbarer Nähe
(3) *(in reserve)* **to put** [*or* **lay**] **some money ~** etwas [Geld] zurücklegen [*o* auf die Seite legen]
▸PHRASES: **~ and ~** *(dated)* bald; **~ and large** im Großen und Ganzen; **~ oneself** *(alone)* allein; **to live ~ oneself** allein leben; *(unaided)* selbst; ***he can dress ~ himself*** er kann sich selbst [*o* alleine] anziehen; **~ the ~** nebenbei bemerkt; ***where's Jane, ~ the ~?*** wo ist denn eigentlich Jane?

bye [baɪ] *interj (fam)* tschüss *fam*

bye-bye [ˌbaɪˈbaɪ] *interj (fam)* tschüss *fam;* **to go ~** AM *(childspeak)* gehen; ***it's time to go ~*** es ist Zeit, Tschüss zu sagen; **to go ~s** *esp* BRIT *(childspeak)* in die Heia gehen *Kindersprache*

'by(e)-law *n* (1) POL Gemeindeverordnung *f* (2) *(of organization)* ■**~s** *pl* Satzung *f* **'by-elec·tion** *n esp* BRIT, CAN Nachwahl *f*

Bye·lo·rus·sia [ˌbjeləʊˈrʌʃə, AM oʊ'] *n no pl* GEOG *see* **Belorussia** Weißrussland *nt*

Bye·lo·rus·sian [ˌbjeləʊˈrʌʃən, AM oʊ'] *adj inv see* **Belorussian** weißrussisch, Weißrussland-

'by·gone I. *adj attr, inv age, era, world* vergangen; **to long for the ~ days** sich *akk* nach den alten Zeiten sehnen
II. *n* ▸PHRASES: **to let ~s be ~s** die Vergangenheit ruhenlassen

'by-law, 'bye-law *n* LAW (1) *(for club or association)* Satzung *f*
(2) AM *(for corporation)* Satzung *f*
(3) *(made by local authority)* städtische [*o* örtliche] Verordnung **'by·line** *n* (1) FBALL Tor[aus]linie *f* (2) *(in a newspaper)* Verfasserangabe *f* **'by·name** *n* Beiname *m,* Spitzname *m*

BYO, BYOB [ˌbi:waɪəʊˈbi, AM -oʊ'-] *adj inv abbrev of* **bring your own [bottle/booze/beer]** Bottle-; **~ party** Bottleparty *f*

'by·pass I. *n* (1) TRANSP Umgehungsstraße *f*
(2) MED *(operation)* Bypass *m*
II. *vt* (1) *(detour)* **to ~ an area/a town/the town centre** ein Gebiet/eine Stadt/die Innenstadt umfahren
(2) *(not consult)* ■**to ~ sb** jdn übergehen; *(omit)* **to ~ a phase/stage/step** eine Phase/ein Stadium/einen Schritt überspringen
(3) *(fig: avoid)* **to ~ a difficulty/an issue/a problem** eine Schwierigkeit/ein Problem/eine Frage vermeiden

'by·pass op·era·tion *n* Bypassoperation *f* **'by·pass sur·gery** *n no pl* Bypassoperation *f;* **to have ~** sich *akk* einer Bypassoperation unterziehen

'by·path *n* (1) TRANSP Seitenweg *m* (2) *(fig: secondary issue)* Nebenaspekt *m* **'by·play** *n no pl* THEAT Nebenhandlung *f* **'by-prod·uct** *n* Nebenprodukt *nt; (fig)* Begleiterscheinung *f*

byre [ˈbaɪəʳ] *n* BRIT *(dated liter)* Kuhstall *m*

'by·road *n* Nebenstraße *f,* Seitenstraße *f*

By·ron·esque [ˌbaɪrəˈnesk] *adj man, appearance südländisch und mysteriös aussehend*

'by·stand·er *n* Zuschauer(in) *m(f);* **innocent ~** unbeteiligter Zuschauer/unbeteiligte Zuschauerin, Unbeteiligte(r) *f(m)*

byte [baɪt] *n* COMPUT Byte *nt;* **giga-/kilo-/mega~** Giga-/Kilo-/Megabyte *nt*

'by·way *n* (1) TRANSP Seitenweg *m* (2) *(fig: secondary issue)* Nebenaspekt *m* **'by·word** *n* (1) *(notable example)* Musterbeispiel *nt* (**for** für +*akk*), Inbegriff *m;* ***their shops are a ~ for good value*** ihre Geschäfte stehen für Qualität (2) *(motto)* Schlagwort *nt*
(3) *(proverb)* Sprichwort *nt*

byz·an·tine [bɪˈzæntaɪn, AM ˈbɪzəntiːn] *adj* (1) *(pej: overly complicated) explanations, procedures* hoch kompliziert, schwer durchschaubar
(2) ARCHIT ■**B~** byzantinisch

Byz·an·tium [bɪˈzæntiəm] *n no pl* HIST Byzanz *nt*

C

C <*pl* -'s>, **c** <*pl* -'s *or* -s> [si:] *n* (1) *(letter)* C *nt,* c *nt;* **~ for** [*or* AM *also* **as in**] **Charlie** C wie Cäsar; *see also* **A 1**
(2) MUS C *nt,* c *nt;* **~ flat** ces *nt,* Ces *nt;* **~ sharp** Cis *nt,* cis *nt; see also* **A 2**
(3) *(school mark)* ≈ Drei *f,* ≈ Vier *f* SCHWEIZ, ≈ befriedigend, ≈ genügend SCHWEIZ; *see also* **A 3**
(4) *(Roman numeral)* C *nt,* c *nt*

c *abbrev of* **circa** ca.

C[1] <*pl* -'s *or* -s> [si:] *n (symbol for 100)* **~-note** AM Hundertdollarschein *m,* Hundertdollarnote *f* SCHWEIZ

C[2] *after n abbrev of* **Celsius** C

C[3] *abbrev of* **cancer: the Big ~** *(fam)* Krebs *m*

CA [ˌsiːˈeɪ] *n* BRIT ECON *abbrev of* **Chartered Accountant** ≈ Wirtschaftsprüfer(in) *m(f)*

ca *prep abbrev of* **circa** ca.

CAB [ˌsiːeɪˈbiː] *n* LAW *abbrev of* **citizens' advice bureau** Bürgerberatungsstelle *f*

cab [kæb] *n* (1) *(of a truck)* Führerhaus *nt,* Führersitz *m*
(2) *esp* AM, AUS *(taxi)* Taxi *nt;* **to call/hail a ~** ein Taxi rufen [*o* kommen lassen]/herbeiwinken; **by ~** mit dem Taxi; **to go by ~** ein Taxi nehmen
(3) *(hist: horse-drawn)* Droschke *f hist*

ca·bal [kəˈbæl, AM -ˈbɑːl] *n (pej)* (1) *(intrigue)* Kabale *f veraltet,* Intrige *f*
(2) *(group)* Clique *f pej,* Klüngel *m pej*

caba·ret [ˈkæbəreɪ, AM ˌkæbəˈreɪ] *n* (1) *(performance)* Varieté *nt; (satirical)* Kabarett *nt*
(2) *(nightclub)* Nachtklub *m* mit Varietévorführungen, Kleinkunstbühne *f*

'caba·ret act *n* Varieténummer *f*

cab·bage ['kæbɪdʒ] *n* ① *(vegetable)* Kohl *m kein pl,* Kraut *nt kein pl bes* SÜDD; *(head)* Kohlkopf *m;* **savoy** ~ Wirsing[kohl] *m;* **red/white** ~ Rot-/Weißkohl *m bes* NORDD, Rot-/Weißkraut *nt bes* SÜDD, ÖSTERR, SCHWEIZ
② *no pl (vegetable dish)* Kohl *m*
③ *esp* BRIT *(pej: dull person)* Trottel *m pej fam,* Dummkopf *m pej,* SCHWEIZ, ÖSTERR *a.* Depp *m pej; (with mental injury)* geistiger Krüppel *a. pej*

cab·bage·town ['kæbɪdʒtaʊn] *n* CAN Elendsviertel *nt,* Slumviertel *nt*

cab·ba·lis·tic [ˌkæbə'lɪstɪk] *adj* REL kabbalistisch

cab·by, cab·bie ['kæbi] *n (fam)* Taxifahrer(in) *m(f),* Taxler(in) *m(f)* ÖSTERR *fam*

'cab·driv·er *n esp* AM Taxifahrer(in) *m(f),* Taxler(in) *m(f)* ÖSTERR *fam*

ca·ber ['keɪbəʳ] *n* SCOT SPORT [Baum]stamm *m;* **tossing the** ~ Baumstammwerfen *nt (bei den Highland Games)*

cab·in ['kæbɪn] *n* ① *(on ship)* Kabine *f,* Kajüte *f; (on plane, for passengers)* Fahrgastraum *m; (for pilot)* Cockpit *nt,* Kanzel *f; (on truck)* Führerhaus *nt*
② *(wooden house)* [Block]hütte *f; (for holidays)* Ferienhütte *f*

'cab·in boy *n* Schiffsjunge *m; (steward)* Kabinensteward *m* **'cab·in class** *n* zweite Klasse, Kajütenklasse *f,* Kabinenklasse *f* **'cab·in crew** *n* + *sing/pl vb* Flugbegleitpersonal *nt,* Crew *f* **'cab·in cruis·er** *n* Kajütboot *nt*

cabi·net ['kæbɪnət] **I.** *n* ① *(storage place)* Schrank *m,* Kasten *m* SCHWEIZ, ÖSTERR; *(small)* Schränkchen *nt,* Kästchen *nt* SCHWEIZ, ÖSTERR; *(for television)* Fernsehschrank *m;* **display** ~ Vitrine *f;* **filing** ~ Aktenschrank *m;* **medicine** ~ Arzneimittelschrank *m*
② + *sing/pl vb* BRIT, AUS, CAN POL *(senior ministers)* Kabinett *nt;* AM *(advisers to President)* persönliche [*o* engste] Berater
II. *n modifier (decision, member, meeting, session)* Kabinetts-

'cabi·net·mak·er *n* Möbeltischler(in) *m(f),* Möbelschreiner(in) *m(f),* Kunstschreiner(in) *m(f)* **cabi·net·mak·ing** ['kæbɪnətmeɪkɪŋ] *n no pl* Kunsttischlerei *f*

cabi·net 'min·is·ter *n* Kabinettsminister(in) *m(f),* Kabinettsmitglied *nt* **'Cabi·net Of·fice** *n* LAW Kanzleramt *nt,* Büro *nt* des Regierungschefs SCHWEIZ **cabi·net re·'shuf·fle** *n* BRIT Kabinettsumbildung *f*

'cab·in fe·ver *n no pl esp* AM Gefühl *nt* der Beengtheit; **sb has** ~ jdm fällt die Decke auf den Kopf **'cab·in staff** *n* + *sing/pl vb* Flugbegleitpersonal *nt,* Crew *f*

ca·ble ['keɪbl̩] **I.** *n* ① *no pl (thick rope)* NAUT Tau *nt,* Trosse *f fachspr*
② ELEC *(wire)* [Leitungs]kabel *nt,* Leitung *f;* **coil of** ~ Kabelrolle *f;* **to lay** ~**s** Kabel verlegen
③ *no pl* TV Kabelfernsehen *nt*
④ TELEC Kabelnetz *nt;* **to go over to** ~ [*or* **a** ~ **number**] an das Kabelnetz abgeben, zu einer Nummer im Kabelnetz umschalten; ~ **transfer** telegrafische Geldüberweisung
⑤ *(message)* Telegramm *nt,* Kabel *nt veraltet;* **to send sth by** ~ etw als Telegramm schicken [*o veraltet* kabeln]
⑥ *(knitting pattern)* Zopf *m*
⑦ FIN *(sl: spot exchange rate)* Kassadevisenkurs *m,* Kassadevisen *pl*
II. *vt* ① *(send telegram)* ■**to** ~ **sb** jdm ein Telegramm schicken; ■**to** ~ **sb sth** jdm etw telegrafieren
② TV ■**to be** ~**d** verkabelt sein
III. *vi* ein Telegramm schicken, kabeln *veraltet*

'ca·ble car *n (on mountain) system* Seilbahn *f,* Luftseilbahn *f* SCHWEIZ; *cabin* [Seilbahn]kabine *f; (on street) system* Kabelbahn *f; car* [Kabelbahn]wagen *m*

'ca·ble·gram *n* Telegramm *nt,* Kabel *nt veraltet*

'ca·ble net·work *n* TV Kabelnetz *nt* **ca·ble 'rail·way** *n* Kabelbahn *f,* Standseilbahn *f,* SCHWEIZ *a.* Funiculaire *nt* **'ca·ble stitch** *n* Zopfmuster *nt* **ca·ble 'tele·vi·sion, ca·ble T'V** *n no pl* Kabelfernsehen *nt*

ca·boo·dle [kə'bu:dl] *n esp* AM *(fam)* **the whole** [**kit and**] ~ *(things)* der ganze Krempel *fam; (people)* der ganze Haufen *fam,* die ganze Sippschaft *fam*

ca·boose [kəbu:s] *n* AM NAUT Kombüse *f;* RAIL Dienstwagen *m*

Cabot Strait [ˌkæbət'streɪt] *n* Cabotstraße *f*

'cab rank *n* Taxistand *m*

cab·rio·let ['kæbriə(ʊ)leɪ, AM ˌkæbriə'leɪ] *n* Kabrio[lett] *nt*

'cab stand *n* AM *(taxi rank)* Taxistand *m*

CAC [kæk] *n* STOCKEX *acr for* **Compagnie des Agents de Change:** ~ **index** Preisindex *m* der Pariser Börse; ~ **40** CAC 40 *m*

ca·cao [kæ'kaʊ, AM kə'kɑ:oʊ] *n no pl* ① *(tree)* Kakaobaum *m*
② *(seed)* ~ [**bean**] Kakaobohne *f*

cache [kæʃ] **I.** *n* ① *(hiding place)* Versteck *nt,* geheimes Lager; *(stockpile)* geheimer Vorrat; ~ **of weapons** geheimes Waffenlager
② COMPUT Cache *m (kleiner Pufferspeicher)*
II. *vt* ■**to** ~ **sth** etw verstecken

cache 'memo·ry *n no pl* COMPUT Cachespeicher *m*

ca·chet ['kæʃeɪ, AM kæ'ʃeɪ] *n no pl* ① *(prestige)* Prestige *nt,* Ansehen *nt;* **international** ~ internationales Ansehen; ***this type of jacket used to have a certain*** ~ eine solche Jacke machte früher etwas her *fam*
② *(distinguishing feature)* Qualitätsmerkmal *nt*

cack [kæk] **I.** *n no pl* BRIT *(fam)* Kacke *f sl*
II. *vt* BRIT *(fam)* **to** ~ **one's pants** sich *dat* in die Hose scheißen *derb*

cack-hand·ed [ˌkæk'-] *adj* BRIT, AUS *(fam)* ungeschickt, tollpatschig *fam*

cack·le ['kækl̩] **I.** *vi chicken, goose* gackern; *person also* gackeln *fam,* gickeln DIAL *fam*
II. *n* ① *(chicken noise)* Gackern *nt kein pl;* **to give a** ~ gackern
② *(laughter)* Gegacker *nt fam,* Gekicher *nt; (noisy talk)* Geschnatter *nt pej fam;* **to cut the** ~ mit dem Geschnatter aufhören

ca·copho·nous [kə'kɒfənəs, AM -'kɑ:-] *adj (form)* misstönend, kakophonisch *fachspr*

ca·copho·ny [kə'kɒfəni, AM -'kɑ:-] *n no pl (form)* Missklang *m,* Kakophonie *f fachspr; (noise)* Krach *m*

cac·ti ['kæktaɪ] *n pl of* **cactus**

cac·tus <*pl* -es *or* cacti> ['kæktəs, *pl* -taɪ] *n* Kaktus *m*

cad [kæd] *n (pej dated or hum)* Lump *m pej,* Schuft *m pej*

CAD [kæd] *n no pl acr for* **computer-aided design** CAD *nt*

ca·das·tral [kə'dæstrəl] *adj* FIN ~ **district** Katasterbezirk *m*

ca·das·tre [kə'dæstəʳ, AM -tɚ] *n* FIN Kataster *m o nt*

ca·dav·er [kə'dɑ:vəʳ, AM -'dævɚ] *n (form) of humans* Leiche *f; of an animal* Kadaver *m*

ca·da·ver·ous [kə'dævᵊrəs] *adj (pale)* totenbleich, aschgrau; *(thin)* ausgemergelt, ausgezehrt; *(about to die)* vom Tode gezeichnet

cad·die ['kædi] **I.** *n* SPORT Caddie *m*
II. *vi* <-y-> ■**to** ~ **for sb** jds Caddie sein

'cad·die car, 'cad·die cart *n* Golfschlägerwagen *m,* Caddie *m fachspr*

Cad·do·an ['kædəʊən, AM -doʊən] **I.** *n* Caddoanische *nt*
II. *adj* caddoanisch

cad·dy ['kædi] **I.** *n* ① *(small container)* Dose *f,* Büchse *f;* **tea** ~ Teedose *f;* **tool** ~ Werkzeugkasten *m*
② *(in golf)* Caddie *m*
II. *vi* ■**to** ~ **for sb** jds Caddie sein

ca·dence ['keɪdᵊn(t)s] *n* ① *(intonation)* Tonfall *m; (rhythm) of speech* [Sprech]rhythmus *m,* Sprachmelodie *f; of poetry, prose* Rhythmus *m*
② *(fall in pitch)* Abfallen *nt* [der Stimme]
③ *(regular sound) of an engine* Laufrhythmus *m;* ***the ~ of the rustling leaves was soothing*** das gleichmäßige Rascheln der Blätter war beruhigend
④ MUS Kadenz *f*

ca·den·za [kə'denzə] *n* MUS Kadenz *f fachspr,* Solopartie *f*

ca·det [kə'det] *n* MIL Kadett *m,* Offiziersanwärter(in) *m(f),* SCHWEIZ *a.* Aspirant(in) *m(f);* LAW Polizeischüler(in) *m(f)*

cadge [kædʒ] *(fam)* **I.** *vt* ■**to** ~ **sth off** [*or* **from**] **sb** etw von jdm schnorren *fam;* ***he's always cadging free meals off his clients*** er lässt sich von seinen Kunden immer zum Essen einladen
II. *vi* betteln, schnorren *fam;* ***I think she was cadging for a bed for the night*** ich glaube, sie war auf eine kostenlose Schlafgelegenheit aus

cadg·er ['kædʒəʳ, AM -ɚ] *n (pej)* Schnorrer(in) *m(f) fam*

cad·mium ['kædmiəm] *n no pl* Kadmium *nt,* Cadmium *nt*

ca·dre ['kɑ:dəʳ, AM 'kædri:] *n* ① *(elite trained group)* Führungsgruppe *f;* MIL, POL, SPORT Kader *m*
② *(individual member)* Kadermitglied *nt*

Caerphilly [keə'fɪli, AM kɑ:r-] *n (cheese)* Caerphilly *m*

cae·sar ['si:zəʳ, AM -zɚ] *n* ① *(autocrat)* Cäsar *m*
② BRIT MED *(fam) see* **Caesarean II**

Cae·sar·ean [sɪ'zeəriən] **I.** *adj inv* ① *(of Caesar)* cäsarisch *geh*
② MED Kaiser-; ~ **delivery** [*or* **birth**] Geburt *f* durch Kaiserschnitt; ***she was a ~ delivery*** sie wurde mit Kaiserschnitt entbunden; ~ **section** Kaiserschnitt *m*
II. *n* MED Kaiserschnitt *m*

Caesar sal·ad [ˌsi:zə'-, AM -zɚ'-] *n* Cäsar[en]salat *m*

cae·sium ['si:ziəm] *n no pl* Cäsium *nt*

cae·su·ra [sɪ'zjʊərə, AM sə'zʊrə] *n* LIT Verseinschnitt *m; (fig)* Zäsur *f*

café, cafe ['kæfeɪ, AM kæ'feɪ] *n* Café *nt;* **sidewalk** ~ Straßencafé *nt*

cafe au lait <*pl* -s> [ˌkæfeɪəʊ'leɪ, AM kæ'feɪoʊ-] *n* Milchkaffee *m,* SCHWEIZ *a.* Schale *f*

cafe 'bar *n* Café-Restaurant *nt*

caf·eteria [ˌkæfə'tɪəriə, AM -'tɪriə] *n* Cafeteria *f*

cafe·tière [ˌkæfə'tjeəʳ, AM -'tjer] *n* Cafetiere *f,* Espressokocher *m* SCHWEIZ, Pressfilterkanne *f* BRD

caff [kæf] *n* BRIT *(fam)* Café *nt*

caf·fein(e) ['kæfi:n, AM -'i:n] *n no pl* Koffein *nt; (in tea)* T[h]ein *nt*

caf·fè lat·te <*pl* -s> [ˌkæfeɪ'læteɪ] *n* Milchkaffee *m,* Caffè latte *m* SCHWEIZ, ÖSTERR

caf·tan ['kæftæn] *n* Kaftan *m*

cage [keɪdʒ] **I.** *n* ① *(for animals)* Käfig *m;* **rabbit** ~ Kaninchenstall *m; (fig)* Gefängnis *nt*
② *(elevator type)* Fahrkorb *m;* MIN Förderkorb *m*
③ SPORT *(baseball)* Gitter *nt; (hockey)* Tor *nt,* Goal *nt* SCHWEIZ; *(soccer)* Tor *nt,* Goal *nt* SCHWEIZ, Kasten *m fam*
④ AM ECON, FIN Abwicklungsstelle *f,* Schalter *m*
II. *vt* ■**to** ~ **an animal** ein Tier in einen Käfig sperren; **to prowl** [*or* **pace**] **like a** ~**d animal** hin- und herlaufen wie ein Tier im Käfig; ■**to** ~ **sb** [**up**] *(fam)* jdn hinter Gitter bringen *fam*

cag·ey ['keɪdʒi] *adj (fam)* ① *(secretive)* verschlossen, zugeknöpft *fam;* ***everytime I ask him about it, he becomes very*** ~ er antwortet jedes Mal ausweichend, wenn ich ihn danach frage; ***she's ~ about her age*** sie macht ein Geheimnis aus ihrem Alter
② *(sneaky)* durchtrieben, gerissen *fam,* clever *fam*

cag·ey·ness *n no pl see* **caginess**

cagi·ly ['keɪdʒɪli] *adv (fam)* zögernd, zurückhaltend; **to reply** ~ ausweichend antworten

cagi·ness ['keɪdʒɪnəs] *n no pl (fam)* ① *(secretiveness)* Verschlossenheit *f*
② *(dishonesty)* Durchtriebenheit *f,* Gerissenheit *f,* Cleverness *f fam*

ca·goul(e) [kə'gu:l] *n* BRIT Regenjacke *f* [mit Kapuze]

ca·hoots [kə'hu:ts] *npl (fam)* **to be in** ~ [**with sb**] [mit jdm] gemeinsame Sache machen [*o fam* unter einer Decke stecken]

Cain [keɪn] *n* REL Kain *m*
▶PHRASES: **to raise** ~ *(fam: make noise)* einen Höllenlärm [*o* ein Höllenspektakel] machen *fam; (complain)* einen Riesenkrach schlagen

cairn [keən, AM kern] *n* Steinhaufen *m (als Landmarke, Grab- oder Gedenkstätte),* Cairn *m fachspr*

Cairn·gorms ['keəngɔ:mz, AM 'kerngɔ:rmz] *npl* Cairngorms *pl*

Cai·ro *n* ['kaɪ(ə)rəʊ, AM 'kaɪroʊ] Kairo *nt*

cais·son ['keɪsɒn, AM sᵊn] *n* ❶ *(watertight cabin)* Caisson *m*, Tauchkasten *m*
❷ HIST Munitionswagen *m*

ca·jole [kəˈdʒeʊl, AM -ˈdʒoʊl] **I.** *vt* ■ **to ~ sb** jdn beschwatzen *fam;* ■ **to ~ sb into doing sth** jdn dazu überreden, etw zu tun
II. *vi* [schmeichelnd] betteln

ca·jol·ery [kəˈdʒəʊlᵊri, AM -ˈdʒoʊ-] *n no pl* Schmeichelei *f*, Liebedienerei *f geh*

ca·jol·ing [kəˈdʒeʊlɪŋ, AM -ˈdʒoʊl-] **I.** *n* ❶ *no pl (action)* Schmeicheln *nt kein pl*, Schöntun *nt kein pl*
❷ *(words)* Schmeicheleien *pl; **her ~s are driving me crazy*** ihr ständiges Bitten und Betteln macht mich noch verrückt
II. *adj attr* schmeichlerisch; *tone, voice* einschmeichelnd

ca·jo·nes [kəˈhəʊneɪz] *npl* AM *(sl) see* **cojones**

Ca·jun [ˈkeɪdʒən] **I.** *adj* Cajun-; **~ music** Cajun-Musik *f*
II. *n* ❶ *(person)* Cajun *m o f*
❷ *(dialect)* Cajun *nt (im Raum New Orleans)*

cake [keɪk] **I.** *n* ❶ *(in baking)* Kuchen *m; (layered)* Torte *f;* **birthday/wedding ~** Geburtstags-/Hochzeitstorte *f;* **butter/sponge ~** Rühr-/Biskuitkuchen *m;* **chocolate ~** Schokoladenkuchen *m;* **fruit ~** englischer [Tee]kuchen; **a piece** [*or* **slice**] **of ~** ein Stück *nt* Kuchen
❷ *(patty)* Küchlein *nt;* **fish ~** Fischfrikadelle *f*, Fischlaibchen *nt* ÖSTERR; **potato ~** Kartoffelpuffer *m*, Reibekuchen *m*
❸ *(block)* **~ of soap** Stück *nt* Seife
❹ AM *(black sl: money)* Knete *f sl*, Stutz *m kein pl* SCHWEIZ *sl*
▸ PHRASES: **to have a fair slice of the ~** sein Stück vom Kuchen abbekommen; **to have one's ~ and eat it** [**too**] alles gleichzeitig wollen; **a piece of ~** *(fam)* kinderleicht, ein Kinderspiel *nt*, ein Klacks *m fam;* **to take the ~** *(fam)* alles übertreffen, den Vogel abschießen *fam*
II. *n modifier (ingredients, form, mixture, recipe)* Kuchen-
III. *vt* **to be ~d with blood/mud** blut-/dreckverkrustet sein; **to be ~d with filth** schmutzbedeckt sein
IV. *vi blood, make-up* eintrocknen; *blood, mud* eine Kruste bilden

cake·age [ˈkeɪkɪdʒ] *n* AM *Betrag, den ein Restaurant aufschlägt, wenn die Gäste den [Geburtstags]kuchen mitbringen*

'cake flour *n* AM *griffig-lockeres Mehl, Typ 405 (für Kuchen)* **'cake mix** *n* Backmischung *f* **'cake tin** *esp* BRIT, AM **'cake pan** *n* Kuchenform *f*

'cake·walk *n no pl* ❶ *(dance)* Cakewalk *m*
❷ AM *(fam: easily reached goal)* Kinderspiel *nt fig*, Spaziergang *m fig*

CAL [kæl, ˌsiːeɪˈel] *n no pl acr for* **computer-aided learning** CAL

cal. *n abbrev of* **calorie** cal

cala·bash <*pl* -es> [ˈkæləbæʃ] *n* ❶ *(fruit)* Flaschenkürbis *m*, Kalebasse *f*
❷ *(tree)* Kalebassenbaum *m*

cala·boose [ˈkæləbuːs] *n* AM DIAL *(prison)* Kittchen *nt fam*

cala·mari [ˌkæləˈmɑːri] *npl* Calamares *pl*

cala·mine, cala·mine 'lo·tion [ˈkæləˈmaɪn-] *n no pl* MED Galmeilotion *f*, Calamina *f fachspr*

ca·lami·tous [kəˈlæmɪtəs, AM -ət̬əs] *adj* verheerend, katastrophal

ca·lam·ity [kəˈlæməti, AM -əti] *n* ❶ *(disaster)* Katastrophe *f*
❷ *no pl* Unglück *nt*

Ca·lam·ity 'Jane *n (pej fam)* Pechmarie *f fam*

cal·cic [ˈkælsɪk] *adj* CHEM kalkhaltig; **~ superphosphate** *no pl* Calciumsuperphosphat *nt*

cal·cif·er·ous [kælˈsɪfᵊrəs] *adj* kalkhaltig

cal·ci·fy <-ie-> [ˈkælsɪfaɪ] CHEM **I.** *vt* ■ **to ~ sth** etw verkalken [*o fachspr* kalzifizieren]
II. *vi* verkalken, kalzifizieren *fachspr*

cal·cine [ˈkælsaɪn] *vt* CHEM ■ **to ~ sth** etw [aus]glühen; **to ~ frit** die Fritte ausglühen

cal·cium [ˈkælsiəm] *n no pl* Kalzium *nt*, Calcium *nt fachspr*

cal·cu·lable [ˈkælkjələbl̩] *adj* ❶ MATH, ECON kalkulierbar, berechenbar; ***the total damage is ~ at $15,000*** der Gesamtschaden ist auf 15.000 Dollar zu veranschlagen
❷ AM *(reliable)* verlässlich

cal·cu·late [ˈkælkjəleɪt] **I.** *vt* ❶ *(compute)* ■ **to ~ sth** etw berechnen; *(as estimate)* etw veranschlagen; *(in advance)* etw vorausberechnen [*o fachspr* kalkulieren]
❷ *passive (intend)* ■ **to be ~d to do sth** darauf abzielen, etw zu tun; ***his words were ~d to make her feel guilty*** seine Worte sollten Schuldgefühle bei ihr aufrufen
❸ AM *(fam: suppose)* ■ **to ~ that ...** vermuten [*o* annehmen], dass ...
II. *vi* ■ **to ~** [**on sth**] [mit etw *dat*] rechnen

cal·cu·lat·ed [ˈkælkjəleɪtɪd, AM -t̬ɪd] *adj* beabsichtigt, gewollt; *risk* kalkuliert; **to take a ~ risk** ein kalkuliertes Risiko eingehen

cal·cu·lat·ing [ˈkælkjəleɪtɪŋ, AM -t̬ɪŋ] *adj attr (pej)* berechnend *pej;* **~ manner** berechnende Art; **cold and ~** kalt und berechnend

cal·cu·la·tion [ˌkælkjəˈleɪʃᵊn] *n* ❶ ECON, MATH Berechnung *f; (in advance)* Vorausberechnung *f*, Kalkulation *f; (estimate)* Schätzung *f; **we are £20,000 out in our ~s*** wir haben uns um 20.000 Pfund verrechnet; **~ basis** Kalkulationsgrundlage *f;* **~ method** Berechnungsverfahren *nt;* **~ principle** Rechnungsgrundlage *f;* **to make** [*or* **do**] **~s** Berechnungen [*o* Kalkulationen] anstellen; **by our ~s** nach unseren Schätzungen
❷ *no pl (in math)* Rechnen *nt; **it took some ~*** es bedurfte einiger Rechnerei
❸ *no pl (pej: selfish planning)* Berechnung *f pej; **there's an element of ~ in his behaviour*** sein Verhalten hat etwas Berechnendes

cal·cu·la·tor [ˈkælkjəleɪtəʳ, AM -t̬ɚ] *n* Rechner *m;* **pocket ~** Taschenrechner *m*

cal·cu·lus [ˈkælkjələs] *n no pl* MATH **differential/infinitesimal/integral ~** Differenzial-/Infinitesimal-/Integralrechnung *f*

cal·dron *n see* **cauldron**

Cal·edo·nian [ˌkæləˈdəʊniən, AM ˈdoʊ] *adj inv (liter or hum)* schottisch

cal·en·dar [ˈkæləndəʳ, AM -dɚ] **I.** *n* ❶ *(of the year)* Kalender *m;* **the Jewish/Muslim ~** der jüdische/islamische Kalender; ***the ancient Greeks had a different ~ than we do*** die alten Griechen hatten eine andere Zeitrechnung als wir
❷ *(time planner)* [Termin]kalender *m*
❸ *(schedule)* Programm *nt;* **~ of events** [Veranstaltungs]programm *nt*
❹ AM LAW Sitzungskalender *m (Liste der Gesetzesentwürfe, die dem Repräsentantenhaus oder dem Senat zur Diskussion vorgelegt werden)*
II. *vt* ■ **to ~ sth** etw in einen Kalender eintragen

'cal·en·dar day *n* Kalendertag *m* **cal·en·dar 'month** *n* Kalendermonat *m* **'cal·en·dar spread** *n* FIN Calendar Spread *m*, horizontaler Spread *m* **cal·en·dar 'year** *n* Kalenderjahr *nt*

calf <*pl* calves> [kɑːf, *pl* kɑːvz, AM kæf, *pl* kævz] *n* ❶ *(young cow, whale, etc.)* Kalb *nt; (young animal)* Junge(s) *nt*, Jungtier *nt;* **to be in ~** *animal* trächtig sein
❷ *no pl (leather)* Kalbsleder *nt*
❸ ANAT Wade *f*

'calf-length *adj inv coat, skirt* wadenlang, dreiviertellang

'calf love *n no pl* Jugendliebe *f*, erste Liebe **'calf·skin I.** *n no pl* Kalbsleder *nt* **II.** *n modifier (bag, book binding, boots, shoes)* Kalbsleder-

Cal·ga·rian [kælˈgeəːriən] **I.** *n* Bewohner(in) *m(f)* Calgarys
II. *adj* aus Calgary *nach n*

cali·ber *n no pl* AM *see* **calibre**

cali·brate [ˈkælɪbreɪt] *vt* **to ~ an instrument/a scale/a thermometer** ein Instrument/eine Waage/ein Thermometer eichen [*o fachspr* kalibrieren]

cali·brat·ed [ˈkælɪbreɪtɪd, AM -t̬ɪd] *adj* geeicht, kalibriert *fachspr*

cali·bra·tion [ˌkælɪˈbreɪʃᵊn] *n no pl* Eichung *f*, Kalibrierung *f fachspr*

cali·bre, AM **cali·ber** [ˈkælɪbəʳ, AM -əbɚ] *n* ❶ *no pl (quality)* Niveau *nt*, Format *nt*, Kaliber *nt fam; **the competition entries were of high ~*** für den Wettkampf waren hochrangige Wettkämpfer und Wettkämpferinnen gemeldet
❷ *no pl (diameter) of a pipe, vessel* [Innen]durchmesser *m; of a bullet, gun, rocket* Kaliber *nt*

cali·co <*pl* -es *or* -s> [ˈkælɪkəʊ, AM -koʊ] **I.** *n* ❶ *no pl* BRIT *(white cloth)* Baumwollnesselstoff *m*, Kattun *m*, Kaliko *m;* AM *(printed cloth)* bedruckter Kattun, Druckkattun *m*
❷ AM *(cat)* [bunt]gefleckte Katze
II. *n modifier (blouse, dress, skirt)* Baumwoll-

cali·co 'cat *n* AM [bunt]gefleckte Katze

ca·lif *n see* **caliph**

Calif. AM *abbrev of* **California**

Cali·for·nia [ˌkælɪˈfɔːniə, AM -əˈfɔːrnʒə] *n* Kalifornien *nt*

Cali·for·nian [ˌkælɪˈfɔːniən, AM -əˈfɔːrnjən] **I.** *n* Kalifornier(in) *m(f)*, Einwohner(in) *m(f)* Kaliforniens
II. *adj inv* kalifornisch

Cali·for·nia 'roll·ing stop *n* AM *(sl)* ***to execute a ~*** langsam über eine Kreuzung rollen, ohne zuerst anzuhalten

cali·for·nium [ˌkælɪˈfɔːniəm, AM -əˈfɔːr-] *n no pl* CHEM Californium *nt*

cali·per *n* AM *see* **calliper**

ca·liph, AM **calif** [ˈkeɪlɪf] *n (hist)* Kalif *m hist*

cal·is·then·ics *n + sing/pl vb* AM SPORT *see* **callisthenics**

call [kɔːl, AM *esp* kɑːl]

I. NOUN **II.** TRANSITIVE VERB
III. INTRANSITIVE VERB

I. NOUN

❶ *(on the telephone)* Telefonat *nt*, [Telefon]anruf *m*, [Telefon]gespräch *nt; **were there any ~s for me?*** hat jemand für mich angerufen?; **international/local ~** Auslands-/Ortsgespräch *nt;* **official/private ~** Dienst-/Privatgespräch *nt;* **to give sb a ~** jdn anrufen; **to make a ~** telefonieren; **to receive a ~** einen Anruf erhalten, angerufen werden; ***the radio station received a lot of ~s*** bei dem Radiosender gingen viele Anrufe ein; **to return a ~** zurückrufen; **to return sb's ~** jdn zurückrufen; **to take a ~** ein Gespräch annehmen [*o* entgegennehmen]
❷ *(visit)* Besuch *m; of a doctor, nurse* Hausbesuch *m;* NAUT **port of ~** Anlaufhafen *m;* **sales ~** Vertreterbesuch *m;* **to make ~s** Hausbesuche machen; **to pay a ~ on sb** bei jdm vorbeischauen *fam*
❸ *(request to come)* **to be on ~** Bereitschaft [*o* Bereitschaftsdienst] haben; **to receive a ~** *firemen, police* zu einem Einsatz gerufen werden; *doctor, nurse* zu einem Hausbesuch gerufen werden
❹ *(shout)* Ruf *m; of an animal* Ruf *m*, Schrei *m; (to attract)* Lockruf *m; **the whale has a very distinctive ~*** Wale geben ganz charakteristische Laute von sich; **duck ~** Entenlockpfeife *f*, Entenlocke *f fachspr;* **a ~ for help** ein Hilferuf *m;* **to give sb a ~** jdn rufen; **within ~** in Rufweite [*o* Hörweite]
❺ *no pl (appeal)* **the ~ of the desert/sea/wild** der Ruf der Wüste/See/Wildnis; **to answer the ~ of nature** *(hum)* mal kurz verschwinden *euph fam*
❻ *no pl (vocation)* Berufung *f;* **to answer the ~** seiner Berufung folgen; **to feel** [*or* **have**] **the ~ to do sth** sich *akk* [dazu] berufen fühlen, etw zu tun; **to feel the ~ to join the ministry** sich *akk* zum Priesteramt berufen fühlen
❼ *no pl (wake-up call)* **to give sb a** [**morning**] **~** jdn [morgens] wecken
❽ *(request, desire)* Forderung *f* (**for** nach +*dat)*
❾ *no pl* ECON *(demand)* Nachfrage *f* (**for** nach +*dat*); ***there's not much ~ for fur coats these days*** Pelzmäntel sind zurzeit nicht sehr gefragt; **to have many ~s on one's time** zeitlich sehr beansprucht sein

⑩ *no pl (form or also hum: need)* Veranlassung *f,* Grund *m;* ***there was no ~ to shout*** es war nicht nötig zu schreien; ***there's no ~ for you to use that language!*** du brauchst gar nicht so derb zu werden!; ***what ~ is there for you to get annoyed?*** warum ärgern Sie sich?; **to have no ~ for sth** keinen Grund für etw *akk* haben
⑪ *(summoning) also* COMM, ECON, THEAT Aufruf *m* (**for** zu *+dat*); ***there are already ~ s for a strike in the mining industry*** im Bergbau wird bereits zum Streik aufgerufen; **~ for bids** ECON öffentliche Ausschreibung
⑫ HUNT *(on the horn)* Signal *nt*
⑬ COMPUT [Programm]aufruf *m*
⑭ STOCKEX *(demand for payment)* Aufruf *m,* Einzahlungsaufforderung *f,* Zahlungsaufforderung *f; (option to buy)* Kaufoption *f,* Vorprämie *f fachspr;* **~ option** Kaufoption *f;* **~ price** Rücknahmekurs *m;* **~ purchase** [*or* **sale**] Erwerb *m* einer Kaufoption; **~ rule** Schlusskurs *m;* **~ for funds** Einforderung *f* von Geldern; **~ for payment** Einforderung *f;* **~ for subscribed capital** Einzahlungsaufforderung *f;* **~ on shares** Aufforderung *f* zur Einzahlung auf Aktien *fachspr;* **to exercise one's ~** seine Kaufoption ausüben; **at ~** auf Abruf, sofort fällig; **money at** [*or* **on**] **~** Tagesgeld *nt*
⑮ *(judgement, decision)* Entscheidung *f;* SPORT [Schiedsrichter]entscheidung *f;* ***it's your call*** *(fam)* das ist deine Entscheidung [*o* entscheidest du]; ***we had a hard ~ to make*** wir mussten eine schwierige Entscheidung treffen; **to be a judgement ~** AM eine Frage der Beurteilung sein
⑯ LAW *(admission of barrister)* Zulassung *f;* ***he is ten years' ~*** er ist seit zehn Jahren [als Anwalt] zugelassen
▸PHRASES: **to be at sb's beck and ~** *(fam)* jdm jederzeit zu Diensten stehen; ***I've got him at my beck and ~*** er tanzt völlig nach meiner Pfeife

II. TRANSITIVE VERB

① ■**to ~ sb** *(on the telephone)* jdn anrufen; *(by radio)* jdn rufen; ***don't ~ us, we'll ~ you*** wir melden uns bei Ihnen; **to ~ sb collect** AM jdn per R-Gespräch anrufen
② *(name)* ■**to ~ sth/sb sth:** ***they've ~ed their daughter Katherine*** sie haben ihre Tochter Katherine genannt; ***what's that actor ~ed again?*** wie heißt dieser Schauspieler nochmal?; ***what's that ~ed in Spanish?*** wie heißt [*o* nennt man] das auf Spanisch?; ***what do you call this new dance?*** wie heißt dieser neue Tanz?; ***no one ~s him by his real name*** niemand nennt ihn bei seinem richtigen Namen; ***she's ~ed by her second name, Jane*** sie wird mit ihrem zweiten Namen Jane gerufen; **to ~ sb names** jdn beschimpfen
③ *(regard, describe as)* ■**to ~ sth/sb sth:** ***you ~ this a meal?*** das nennst du ein Essen?; ***he got off with a fine, and they ~ that justice!*** er kam mit einer Geldstrafe davon, und so etwas nennt sich [dann] Gerechtigkeit!; ***I'm not ~ing you a liar*** ich sage [*o* behaupte] nicht, dass du lügst; ***don't ~ me stupid!*** nenn mich nicht Dummkopf!; ***I can't remember exactly but let's ~ it £10*** ich weiß es nicht mehr genau, aber sagen wir mal 10 Pfund; **to ~ sb a close friend** jdn als guten Freund/gute Freundin bezeichnen
④ *(shout)* ■**to ~ sth** etw rufen; ■**to ~ sth at** [*or* **to**] **sb** jdm etw zurufen; ***I ~ed at*** [*or* ***to***] ***him not to be late*** ich rief ihm zu, er solle nicht zu spät kommen; **to ~ insults at sb** jdn lautstark beschimpfen
⑤ *(read aloud)* **to ~ a list** eine Liste verlesen; **to call a name/number** einen Namen/eine Nummer aufrufen [*o* verlesen]; **to ~ the roll** die Anwesenheitsliste durchgehen
⑥ *(summon)* ■**to ~ sb** jdn rufen; ***please wait over there until I ~ you*** warten Sie bitte dort drüben, bis ich Sie aufrufe; ***I was ~ed to an emergency meeting*** ich wurde zu einer dringenden Sitzung gerufen; **to ~ sb to dinner** jdn zum Abendessen rufen; **to ~ a doctor/a taxi** einen Arzt/ein Taxi kommen lassen; **to ~ an expert** einen Sachverständigen beiziehen; **to ~ sb to order** *(ask for quiet)* jdn um Ruhe bitten; *(reprimand)* jdn zur Ordnung rufen; **to ~ sb into a room** jdn in ein Zimmer bitten; *(rudely)* jdn in ein Zimmer beordern
⑦ *(bring)* **to ~ sb's attention to sth** jds Aufmerksamkeit auf etw *akk* lenken; **to ~ sth into being** etw ins Leben rufen; **to ~ attention to oneself** auf sich *akk* aufmerksam machen; **to ~ sth to mind** *(recall)* sich *dat* etw ins Gedächtnis zurückrufen; *(remember)* sich *akk* an etw *akk* erinnern; **to ~ sth into play** etw ins Spiel bringen; *(get under way)* etw in die Wege leiten; **to ~ sth into question** etw infrage stellen
⑧ *(summon to office)* ■**to ~ sb** jdn berufen; *(by God)* ■**to be ~ed** [**to do sth**] ausersehen [*o* auserwählt] sein [etw zu tun]; **to be ~ed to an office** auf einen Posten [*o* in ein Amt] berufen werden
⑨ *(wake)* ■**to ~ sb** jdn wecken
⑩ *(give orders for)* **to ~ an election** Wahlen ansetzen [*o geh* anberaumen]; **to ~ a halt to a development/to fighting** *(form)* einer Entwicklung/kämpferischen Auseinandersetzungen Einhalt gebieten *geh;* ***they had to ~ a halt to the match because of the heavy rain*** wegen des starken Regens musste das Spiel abgebrochen werden; **to ~ a meeting** eine Versammlung einberufen; **to ~ a strike** einen Streik ausrufen
⑪ AM *(fam: challenge)* ■**to ~ sb on sth** jdn auf etw *akk* ansprechen; *(show disapproval)* jdn wegen einer S. *gen* zur Rede stellen
⑫ SPORT **to ~ a ball** *(in baseball)* einen Ball geben; **to ~ a ball/pocket/shot** AM *(in billiards, pool)* eine Kugel/ein Loch/einen Stoß anmelden; **to ~ the game** AM das Spiel abbrechen; **to ~ a shot a goal** ein Tor geben
⑬ FIN *(demand payment)* **to ~ a loan/mortgage** die Ablösung eines Darlehens/einer Hypothek fordern
⑭ LAW **to ~ sb to the bar** BRIT jdn als Anwalt zulassen; **to ~ a case** eine Sache [bei Gericht] aufrufen; **to ~ the jury** die Geschworenen berufen; **to ~ a witness** einen Zeugen/eine Zeugin aufrufen; **to ~ sb as a witness** jdn als Zeugen benennen [*o* vorladen]
▸PHRASES: **to ~ sb's bluff** *(ask to prove sth)* jdn beim Wort nehmen; *(challenge to do sth)* jdn auf die Probe stellen; **to ~ it a day** *(fam)* Schluss machen; ***let's ~ it a day!*** Schluss für heute!; **to ~ sth one's own** etw sein Eigen nennen *geh;* **to ~ it quits** *(fam)* es gut sein lassen; **to ~ one's shot** AM die Karten aufdecken *fig;* **to ~** [**all**] **the shots, to ~ the tune** *(fam)* das Sagen haben; **to ~ a spade a spade** *(usu hum fam)* das Kind beim Namen nennen *fig fam*

III. INTRANSITIVE VERB

① *(telephone)* anrufen; ***who's ~ing, please?*** wer ist am Apparat?; ***I've been ~ing all morning*** ich habe den ganzen Vormittag herumtelefoniert; **to ~ collect** AM ein R-Gespräch führen
② *(drop by)* vorbeischauen *fam;* ***the doctor ~ed and gave me an injection*** der Arzt war da und hat mir eine Spritze gegeben
③ *(shout)* rufen; *animal, bird* schreien; ■**to ~ to sb** jdm zurufen
④ *(summon)* ■**to ~ to sb** nach jdm rufen
⑤ ECON, FIN einen Kredit kündigen

◆**call after I.** *vi* ■**to ~ after sb** jdm nachrufen
II. *vt usu passive* ■**to ~ sb/sth after sb/sth** jdn/etw nach jdm/etw [be]nennen; ***he's ~ed after his grandfather*** er ist [*o* wurde] nach seinem Großvater benannt

◆**call at** *vi* ① *(visit)* ■**to ~ at sth** bei etw *dat* vorbeigehen [*o* vorbeischauen] *fam;* ***I ~ed at my mother's on the way to work*** ich habe auf dem Weg zur Arbeit bei meiner Mutter vorbeigeschaut *fam*
② NAUT **to ~ at a port** einen Hafen anlaufen; TRANSP ■**to ~ at a town/railway station** in einer Stadt/einem Bahnhof halten

◆**call away** *vt usu passive* ■**to ~ sb** ⊂ **away** jdn wegrufen; ***she's been ~ed away on business*** sie ist geschäftlich unterwegs; **to be ~ed away from a class/meeting** aus dem Unterricht/einer Sitzung gerufen werden

◆**call back I.** *vt* ① *(phone)* ■**to ~ sb back** jdn zurückrufen
② *(ask to return)* ■**to ~ back** ⊂ **sb** jdn zurückrufen
③ *defective products* ■**to ~ back** ⊂ **sth** etw zurückrufen
II. *vi* ① *(phone)* zurückrufen
② *(return)* wiederkommen

◆**call by** *vi* vorbeischauen *fam*

◆**call down** *vt* ① *(implore)* **to ~ down curses on sb** jdn verwünschen; **to ~ God's help/wrath down on sb** Gottes Hilfe/Zorn auf jdn herabrufen
② AM *(scold)* ■**to ~ down** ⊂ **sb** jdn heruntermachen [*o* herunterputzen] *fam*

◆**call for** *vi* ① *(collect)* ■**to ~ for sb/sth** jdn/etw abholen; **"to be ~ed for"** *(by mail)* „postlagernd"; *(by rail)* „bahnlagernd"
② *(ask to come)* ■**to ~ for sb** jdn rufen
③ *(shout)* ■**to ~ for sb** nach jdm rufen; **to ~ for help** um Hilfe rufen
④ *(demand)* ■**to ~ for sth** nach etw *dat* verlangen; ***this ~s for a celebration*** das muss gefeiert werden; ***I don't think that remark was ~ed for*** ich halte diese Bemerkung für unangebracht; **to ~ for order** um Ruhe bitten; **to ~ for payment** zur Zahlung auffordern

◆**call forth** *vt (form)* **to ~ forth criticism/protests** Kritik/Proteste hervorrufen [*o* auslösen]

◆**call in I.** *vt* ① ■**to ~ in** ⊂ **sb** *(ask to come)* jdn rufen; *(in from outside)* jdn hereinbitten [*o* hereinrufen]; ***his bank has ~ed him in again*** seine Bank hat ihn erneut einbestellt
② *(consult)* ■**to ~ in** ⊂ **sb** jdn hinzuziehen
③ ■**to ~ sth** ⊂ **in** *(ask for the return of)* etw zurückfordern; *notes, coins, defective products* etw zurückrufen [*o* einziehen]; *(ask for payment of)* etw einfordern; **to ~ in** ⊂ **a boat** ein Boot zurückrufen; **to ~ in a favour** um einen Gegengefallen bitten; **to ~ in** ⊂ **a loan** ein Darlehen aufkündigen [*o* zurückfordern]
II. *vi* ① RADIO, TV **to ~ in to a show** bei laufender [*o* während einer] Sendung anrufen
② *(drop by)* ■**to ~ in on sb** bei jdm vorbeischauen *fam;* **to ~ in at the butcher's** beim Metzger vorbeigehen

◆**call off** *vt* ① ■**to ~ off** ⊂ **sth** *(cancel)* etw absagen; *(stop)* etw abbrechen [*o fam* abblasen]; **to ~ off** ⊂ **a concert/meeting** ein Konzert/eine Besprechung absagen; **to ~ off** ⊂ **a deal** ein Geschäft rückgängig machen; **to ~ off** ⊂ **an engagement** eine Verlobung lösen; **to ~ off** ⊂ **a search** eine Suche abbrechen [*o fam* abblasen]
② *(order back)* **to ~ off one's dog** seinen Hund zurückrufen

◆**call on** *vi* ① *(appeal to)* ■**to ~ on sb to do sth** jdn dazu auffordern, etw zu tun; **to ~ on sth** an etw *akk* appellieren; ***I now ~ on everyone to raise a glass to the happy couple*** und nun bitte ich Sie alle, Ihr Glas auf das glückliche Paar zu erheben; **to ~ on sb's goodwill/sense of fairness** an jds guten Willen/Gerechtigkeitssinn appellieren; **to ~ on sb to testify** jdn in den Zeugenstand rufen
② *(visit)* ■**to ~ on sb** bei jdm vorbeischauen *fam;* ***why don't you ~ on me?*** warum kommst du nicht mal vorbei? *fam*
③ *(use)* **to ~ on sb's assistance** jds Hilfe in Anspruch nehmen; **to ~ on sb's expertise** jds Fachwissen nutzen; **to ~ on one's resolve** seine ganze Entschlusskraft zusammennehmen [*o* aufbringen]; **to ~ on** [**all**] **one's strength** [all] seine Kräfte zusammennehmen

◆**call out I.** *vt* ① *(shout)* ■**to ~ out** ⊂ **sth** etw rufen; **to ~ out** ⊂ **sth to sb** jdm etw zurufen; **to ~ out obscenities** [**at sb**] [jdn an]pöbeln *fam*
② *(put into action)* **to ~ out the fire brigade/national guard** die Feuerwehr/Nationalgarde alarmieren
③ *(order to strike)* ■**to ~ sb** ⊂ **out** jdn zum Streik aufrufen

④ *(read out)* ■**to ~ out** ⊂ **sth** etw aufrufen; ■**to ~ out** ⊂ **sb's name** jdn [*o* jds Namen] aufrufen
II. *vi (shout)* rufen; *(yell)* aufschreien; ***he ~ed out in pain*** er schrie vor Schmerzen auf
◆**call over** *vt* ■**to ~ sb over** jdn zu sich *dat* herüberrufen [*o* herüberbitten]; ***she ~ed me over to where she was sitting*** [*or* ***to her***] sie rief mich zu sich *dat* hinüber
◆**call round** *vi* BRIT vorbeischauen *fam*
◆**call up** *vt* ① *esp* AM *(telephone)* ■**to ~ up** ⊂ **sb** jdn anrufen
② COMPUT ■**to ~ up** ⊂ **sth** etw aufrufen; **to ~ up** ⊂ **data/information** Daten/Informationen aufrufen [*o* abrufen]
③ MIL ■**to ~ up** ⊂ **sb** jdn einberufen [*o* einziehen]
④ *(conjure up)* **to ~ up images/memories/thoughts** Bilder/Erinnerungen/Vorstellungen wachrufen
◆**call upon** *vi* ① *(appeal to)* ■**to ~ upon sb** [**for help**] sich *akk* [Hilfe suchend] an jdn wenden; **to ~ upon sb for advice** jdn um Rat bitten; **to ~ upon God/a saint** Gott/einen Heiligen anrufen; ■**to ~ upon sb to do sth** jdn dazu auffordern, etw zu tun; **to ~ upon workers to strike** Arbeiter zum Streik aufrufen; ■**to ~ upon sth** an etw *akk* appellieren; **to ~ upon sb's sense of fairness** an jds Gerechtigkeitssinn appellieren
② *(use)* **to ~ upon sb's assistance** jds Hilfe in Anspruch nehmen; **to ~ upon** [**all**] **one's courage** [all] seinen Mut zusammennehmen; **to ~ upon sb's expertise** jds Fachwissen nutzen; **to ~ upon one's willpower** seine ganze Willenskraft zusammennehmen [*o* aufbringen]

call·able ['kɔːləbl] *adj inv* ECON, FIN **~ bond** kündbare Schuldverschreibung; **~ capital** aufzurufendes Kapital
cal·la·net·ics® [ˌkælə'netɪks, AM -t̬-] *n + sing/pl vb* Callanetics® *pl*
'**call-back pay** *n* ECON Überstundenlohn *m*
'**call box** *n* BRIT Telefonzelle *f,* SCHWEIZ *a.* Telefonkabine *f* '**call cen·tre**, AM '**call cen·ter** *n* Callcenter *nt* '**call com·ple·tion** *n no pl* [Auskunft mit anschließender] Weiterleitung *f* '**call date** *n* LAW Kündigungstermin *m* **call di·'ver·sion** *n no pl* Rufumleitung *f*
called ·up *adj attr* **~ capital** eingefordertes Kapital
call·er ['kɔːləʳ, AM 'kɑːlɚ] *n* ① *(on telephone)* Anrufer(in) *m(f)*
② *(visitor)* Besucher(in) *m(f)*; ***we don't get many ~s here*** wir bekommen hier wenig Besuch
call·er I'D *n no pl* TELEC Anruferkennung *f*
'**call girl** *n* Callgirl *nt*
cal·lig·ra·phy [kə'lɪgrəfi] I. *n no pl* Kalligrafie *f,* Kunst *f* des Schönschreibens
II. *n modifier (lettering, pen, style)* Schönschreib-
call-in ['kɔːlɪn, AM *esp* 'kɑːl-] *n* ① TELEC *see* **phone-in**
② FIN **~ of a quote** Quotenabfrage *f*
call·ing ['kɔːlɪŋ, AM *esp* 'kɑːl-] *n* ① *(profession)* Beruf *m*
② *(inner impulse)* Berufung *f,* Bestimmung *f;* ***it is her ~ to be a writer*** sie ist zur Schriftstellerin berufen
'**call·ing card** *n* ① AM *(telephone card)* Telefonkarte *f; (telephone charge card)* Telefonkreditkarte *f*
② *esp* AM *(personal card)* Visitenkarte *f,* Visitkarte *f* ÖSTERR
cal·li·per, AM **cali·per** ['kælɪpəʳ, AM -ləpɚ] *n* ① TECH ■**~s** *pl* Greifzirkel *m,* Tast[er]zirkel *m;* **inside/outside ~s** Innen-/Außentaster *m*
② MED **~** [**splint**] Beinschiene *f,* Gehapparat *m*
cal·lis·then·ics, AM **cal·is·then·ics** [kælɪs'θenɪks, AM -ləs'-] *n + sing/pl vb* [leichte] Gymnastik, Freiübungen *pl,* Fitnessübungen *pl*
'**call loan** *n* ECON, FIN jederzeit kündbarer Kredit
'**call log·ging** *n* COMPUT Verbindungsprotokollierung *f*
'**call mon·ey** *n* Tagesgeld *nt* '**call mon·ey rate** *n* FIN Satz *m* für Tagesgeld '**call op·tion** *n* ① STOCKEX Call-Option *f,* Kaufoption *f;* **~ on interest rate futures** Zinsoptionskauf *m;* **~ price** Call-Optionspreis *m;* **currency ~** Devisenoptionskauf *m* ② LAW Kündigungsmöglichkeit *f,* Kündigungsrecht *nt*
cal·lous ['kæləs] I. *adj* hartherzig, herzlos, gefühllos
II. *n* <*pl* -es> *see* **callus**
cal·loused ['kæləst] *adj* schwielig, kallös
cal·lous·ly ['kæləsli] *adv* hartherzig, herzlos, ungerührt
cal·lousness ['kæləsnəs] *n no pl* Herzlosigkeit *f,* Gefühlskälte *f,* Gefühllosigkeit *f*
'**call-over price** *n* ECON, FIN aufgelisteter Preis
cal·low ['kæləʊ, AM -oʊ] *adj (pej liter)* unreif, unfertig; **~ youth** Milchgesicht *nt a. pej,* grüner Junge *a. pej;* ***Mark was just a ~ youth of sixteen*** Mark war mit seinen sechzehn Jahren noch grün hinter den Ohren
'**call price** *n* STOCKEX Rückkaufpreis *m,* Rückzahlungskurs *m,* Call-Preis *m* '**call pur·chase** *n* STOCKEX Long Call *m* '**call rate** *n* ECON, FIN Tagesgeldsatz *m*
'**call re·turn** *n* STOCKEX Call-Rückfluss *m* '**call sign**, '**call sig·nal** *n* [Funk]rufzeichen *nt,* [An]rufsignal *nt* '**call-up** *n* MIL Einberufung *f,* SCHWEIZ *a.* Rekrutierung *f* '**call-up pa·per** *n* MIL Einberufungsbescheid *m,* SCHWEIZ *a.* Rekrutierungsbescheid *m*
cal·lus <*pl* -es> ['kæləs] *n* MED Kallus *m fachspr; (of skin)* [Horn]schwiele *f; (of bone)* [Knochen]narbe *f;* BOT Wundgewebe *nt kein pl,* [verhärtete] Wucherung, Kallus *m fachspr;* **knotty ~es** knorrige Wucherungen
cal·lused ['kæləst] *adj see* **calloused**
'**call wait·ing** *n no pl* Anklopfen *nt,* Anklopffunktion *f*
'**call war·rant** *n* STOCKEX Call-Optionsschein *m*
calm [kɑːm, AM kɑː(l)m] I. *adj* ① *(not nervous)* ruhig, gelassen; ***he has a very ~ manner*** er hat ein besonnenes Wesen; **to be cool, ~ and collected** ruhig und gefasst sein; **to remain cool, ~ and collected** die Nerven bewahren [*o* behalten]; **to keep** [*or* **stay**] **~** ruhig bleiben, [die] Ruhe bewahren; ***she's not very good at keeping ~*** sie verliert leicht die Nerven
② *(peaceful)* ruhig, friedlich
③ METEO windstill; NAUT *sea* ruhig
II. *n (esp liter)* ① *(calmness)* Ruhe *f,* Stille *f;* **~ of mind** Gelassenheit *f*
② METEO Windstille *f;* NAUT Flaute *f;* **the ~ before the storm** *(also fig)* die Ruhe vor dem Sturm *a. fig;* **dead ~** Flaute *f,* völlige Windstille
III. *vt* ■**to ~ sb/sth** jdn/etw beruhigen; ***have a drink — it will ~ your nerves*** trink etwas – das wird dich beruhigen; ■**to ~ oneself** sich *akk* beruhigen
◆**calm down** I. *vi* sich *akk* beruhigen; *storm, wind* abflauen, sich *akk* legen
II. *vt* ■**to ~ sb** ⊂ **down** jdn beruhigen; ■**to ~ oneself down** sich *akk* beruhigen
calm·ing ['kɑːmɪŋ, AM 'kɑː(l)m-] *adj* beruhigend; **to have a ~ effect on sb** auf jdn besänftigend wirken
calm in·'ver·sion pol·lu·tion *n no pl* ECOL *Luftverunreinigung durch Inversionsglocke bei Windstille*
calm·ly ['kɑːmli, AM 'kɑː(l)m-] *adv* ruhig, gelassen; ***she reacted surprisingly ~ to the news*** sie reagierte erstaunlich gefasst auf die Nachricht; **to argue ~** sachlich [*o* nüchtern] argumentieren; **to do sth ~ and collectedly** etw in aller Seelenruhe tun
calm·ness ['kɑːmnəs, AM 'kɑː(l)m-] *n no pl* ① *(inner peace)* Ruhe *f,* Gelassenheit *f;* ***she had never felt such ~ before*** sie hatte noch nie zuvor so eine innere Ruhe verspürt
② *(smoothness)* Ruhe *f,* Stille *f;* **the ~ of the sea/weather** das ruhige Meer/Wetter
Cal·or gas® ['kæləʳ,-] BRIT I. *n no pl* Butangas *nt*
II. *n modifier* Butangas-; **~ stove** [Butan]gaskocher *m*
ca·lor·ic [kə'lɒrɪk, AM -'lɔːr-] *adj* ① *inv* PHYS kalorisch, Wärme-; **~ conductibility** Wärmeleitfähigkeit *f;* **~ content** Wärmeinhalt *m (in Kalorien)*; **~ value** Heizwert *m,* Brennwert *m*
② *(high-calorie)* kalorienreich
calo·rie ['kælᵊri] I. *n* Kalorie *f;* **to be high/low in ~s** kalorienreich/-arm sein, viele/wenig Kalorien haben; **to count ~s** die Kalorien zählen
II. *n modifier* Kalorien-; **~-counting** Kalorienzählen *nt;* **~-controlled diet** Kaloriendiät *f;* **~-conscious** kalorienbewusst; **~-reduced** brennwertvermindert
calo·rif·ic [ˌkælə'rɪfɪk] *adj* ① PHYS kalorisch, Wärme-; **~ value** Heizwert *m;* FOOD Brennwert *m*
② *(fam: high-calorie)* kalorienreich; **to be very ~** eine Kalorienbombe sein
cal·um·ny ['kæləmni] *n (form)* ① *no pl (defamation)* Verleumdung *f,* Schmähung *f geh;* **to be subjected to ~** verleumdet werden
② *(instance)* Verleumdung *f;* **to utter calumnies** verleumderische Reden führen
cal·va·dos ['kælvədɒs, AM ˌkælvə'doʊs] *n no pl* Calvados *m*
Cal·va·ry ['kælvᵊri] *n no pl, no art* ① *(site of crucifixion)* Golgatha *nt,* Kalvarienberg *m*
② *(fig: place of sacrifice)* Martyrium *nt,* Golgatha *nt liter*
calve [kɑːv, AM kæv] *vi* kalben, abkalben *fachspr*
calves [kɑːvz, AM kævz] *n pl of* **calf**
Cal·vin·ism ['kælvɪnɪzᵊm] *n no pl* REL Kalvinismus *m*
Cal·vin·ist ['kælvɪnɪst] REL I. *n* Kalvinist(in) *m(f)*
II. *adj* kalvinistisch
Cal·vin·is·tic [ˌkɑːlvɪ'nɪstɪk] *adj* REL kalvinistisch; *(fig)* streng
ca·lyp·so <*pl* -s *or* -es> [kə'lɪpsəʊ, AM -soʊ] *n* Calypso *m*
ca·lyx <*pl* -lyces *or* -es> ['keɪlɪks, *pl* -lɪsiːz] *n* BOT Kelch *m*
cam¹ [kæm] *n* AUTO Nocken *m*
cam² [kæm] *n (fam) short for* **camera** Kamera *f*
CAM [kæm] *n acr for* **computer assisted manufacture** CAM
ca·ma·ra·derie [ˌkæmə'rɑːdᵊri, AM -ɚi] *n no pl* Kameradschaft *f*
cam·ber ['kæmbəʳ, AM -ɚ] *n* ① *(road slope)* Wölbung *f,* Überhöhung *f*
② BRIT Quergefälle *nt;* **reverse ~** [Straßen]wölbung *f*
Cam·bo·dia [ˌkæm'bəʊdiə, AM -'boʊ-] *n no pl* Kambodscha *nt*
Cam·bo·dian [ˌkæm'bəʊdiən, AM -'boʊ-] I. *n* ① *(native)* Kambodschaner(in) *m(f)*
② *no pl (language)* Kambodschanisch *nt*
II. *adj inv* kambodschanisch
Cam·brian Moun·tains [ˌkæmbriən'-] *npl* Kambrisches Gebirge
cam·bric ['kæmbrɪk] *n no pl* FASHION Kambrik[batist] *m,* Cambrai *m,* Kammertuch *nt*
Cambs BRIT *abbrev of* **Cambridgeshire**
camcord ['kæmˌkɔːd, AM -ˌkɔːrd] *vt* ■**to ~ sb/sth** jdn/etw mit der Videokamera filmen
cam·cord·er ['kæmˌkɔːdəʳ, AM -ˌkɔːrdɚ] *n* TV Camcorder *m*
came [keɪm] *vi pt of* **come**
cam·el ['kæmᵊl] I. *n* ① ZOOL Kamel *nt*
② *(colour)* Kamelhaarfarbe *f*
II. *n modifier (herd, owner, ride, safari)* Kamel-
III. *adj* ① *(camel hair)* Kamelhaar-; **~ coat** Kamelhaarmantel *m*
② *(colour)* kamelhaarfarben, beige
'**cam·el hair** I. *n no pl* ① *(hair)* Kamelhaar *nt*
② *(fabric)* Kamelhaarstoff *m*
II. *n modifier (brush, coat)* Kamelhaar-
ca·mel·lia [kə'miːliə, AM -ljə] *n* BOT Kamelie *f*
Cam·elot ['kæməlɒt, AM -lɑːt] *n* AM *(presidency of John Fitzgerald Kennedy) Zeit der Präsidentschaft John F. Kennedys*
cam·el sa·'fa·ri *n* Kamelsafari *f*
Cam·em·bert ['kæməmbeəʳ, AM -ber] *n usu no pl* Camembert *m*
cameo <*pl* -os> ['kæmiəʊ, AM -oʊ] I. *n* ① *(stone)* Kamee *f*
② THEAT, FILM Miniaturrolle *f,* winzige Nebenrolle
③ COMPUT *(reverse characters)* invertierte Zeichen
④ *(front-lit subject)* Hell-auf-dunkel-Bild *nt,* Aufnahme *f* vor neutralem Hintergrund
II. *n modifier (brooch)* Kameen-
cameo ap·'pear·ance *n* FILM, THEAT Kurzauftritt *m*
'**cameo part**, '**cameo role** *n* FILM, THEAT [kleine] Nebenrolle *f*
cam·era¹ ['kæmᵊrə] I. *n (for photos)* Kamera *f,* Foto-

apparat *m; (for filming)* [Video]kamera *f,* Filmkamera *f;* TV Fernsehkamera *f,* Filmkamera *f;* **to be on ~** vor der Kamera stehen; **to go on ~** vor die Kamera treten

▸PHRASES: **the ~ loves sb** jd ist fotogen

II. *n modifier (assistant, lens, sale, store)* Kamera-; **~ case** Kameratasche *f;* **~ strap** Kamera[trage]riemen *m*

cam·era² ['kæmᵊrə] *n no pl* LAW **in ~** unter Ausschluss der Öffentlichkeit; *(fig)* hinter verschlossenen Türen; **trial in ~** nicht öffentliche Verhandlung; **to sit in ~** unter Ausschluss der Öffentlichkeit verhandeln

'cam·era an·gle *n* Aufnahmewinkel *m* **'cam·era crew** *n + sing/pl vb* Kamerateam *nt* **'cam·era dock** *n* PHOT, COMPUT Camera Dock *nt* **'cam·era·man, 'cam·era op·era·tor** *n* FILM Kameramann, -frau *m, f;* JOURN Pressefotograf(in) *m(f)* **cam·era-phone** ['kæmᵊrə,fəʊn, AM -foʊn] *n* Foto-Handy *nt* **'cam·era-ready** *adj inv* druckreif, reprofähig *fachspr;* **~ copy** Druckvorlage *f* **'cam·era shot** *n* PHOT Aufnahme *f;* FILM [Film]sequenz *f* **'cam·era-shy** *adj* kamerascheu **'cam·era·wom·an** *n* FILM Kamerafrau *f;* JOURN Pressefotografin *f* **'cam·era work** *n no pl* Kameraführung *f*

Cam·eroon [,kæmə'ru:n] *n* Kamerun *nt*

Cam·eroo·nian [,kæmə'ru:niən] **I.** *n* Kameruner(in) *m(f)*

II. *adj* kamerunisch

cami ['kæmi] *n short for* **camisole** Trägerhemd *nt,* Mieder *nt*

cami·knick·ers ['kæmi,nɪkəz] *npl* BRIT Spitzenhemdhöschen *nt*

cami·sole ['kæmisəʊl, AM -soʊl] *n* Mieder *nt,* Leibchen *nt veraltet*

camo·mile ['kæmə(ʊ)maɪl, AM -məmi:l] **I.** *n* Kamille *f;* **Roman ~** echte Kamille

II. *n modifier (oil, tea, rinse, wrap)* Kamillen-

camou·flage ['kæməflɑ:ʒ, AM -flɑ:(d)ʒ] **I.** *n no pl*

❶ *(also fig: act)* Tarnung *f a. fig*

❷ *(means)* Tarnung *f; (colouring)* Tarnbemalung *f; (material)* Verhüllung *f;* ***this cream is an excellent ~ for scars*** diese Creme macht Narben unsichtbar

II. *n modifier (clothing, jacket, net)* Tarn-; **~ paint** Tarnfarbe *f,* Tarnanstrich *m*

III. *vt* ■**to ~ sb/sth/oneself** jdn/etw/sich tarnen; **~d advertising** Schleichwerbung *f*

camp¹ [kæmp] **I.** *n* ❶ *(encampment)* [Zelt]lager *nt;* **Guide** [*or* AM **Girl Scout**] **~** Pfadfinderinnenlager *nt;* **holiday ~** BRIT Ferienlager *nt,* Ferienkolonie *f;* **peace ~** Friedenslager *nt,* Friedenscamp *nt;* **Scout ~** Pfadfinderlager *nt;* **summer ~** AM Ferienlager *nt,* Sommerlager *nt;* **to be on ~** BRIT zelten, campen; **to go on ~** BRIT Campen gehen [*o* fahren]; **to pitch/break ~** ein Lager [*o* die Zelte] aufschlagen/abbrechen

❷ MIL [Feld]lager *nt,* Militärlager *nt; (temporary)* Biwak *nt;* **army ~** Heerlager *nt,* Feldlager *nt;* **prison/refugee ~** Gefangenen-/Flüchtlingslager *nt*

❸ *(fig: like-minded group)* Lager *nt,* Partei *f,* Seite *f;* **to have a foot in both ~s** sich *dat* beide Möglichkeiten offenhalten; **the pro-abortion ~** die Abtreibungsbefürworter *pl;* **rival ~** gegnerisches Lager; **to go over to the other ~** ins andere Lager überwechseln

II. *n modifier (commander, fire, kitchen)* Lager-

III. *vi* ■**to ~** [**out**] zelten, campen, campieren SCHWEIZ, ÖSTERR; **to go ~ing** campen [*o* zelten] gehen

camp² [kæmp] **I.** *n no pl* Manieriertheit *f,* Affektiertheit *f,* Geziertheit *f*

II. *adj* ❶ *(pej: theatrical) performance, show* theatralisch *pej; style* manieriert *pej,* gekünstelt *pej; behaviour* affektiert *pej;* **high ~** übertrieben, überzogen

❷ *(effeminate)* tuntenhaft *sl,* tuntig *sl*

III. *vi* sich *akk* affektiert benehmen

IV. *vt* ■**to ~ sth** ↻ **up** bei etw *dat* zu dick auftragen *fam;* **to ~ up a role** eine Rolle überzogen spielen; **to ~ it up** übertreiben

cam·paign [kæm'peɪn] **I.** *n* ❶ *(publicity)* Kampagne *f* (**for** für *+akk,* **against** gegen *+akk*), Aktion *f,* Feldzug *m;* **advertising ~** Werbekampagne *f,* Reklamefeldzug *f;* **door-to-door ~** Haustüraktion *f;* **publicity ~** Werbeaktion *f,* Werbefeldzug *m;* **~ of violence** Gewaltaktion *f;* **political ~** politische Aktion; **to launch a ~** eine Kampagne starten

❷ *(for election)* [**election**] **~** Wahlkampf *m,* Wahlkampagne *f;* **the Republican ~** der Wahlkampf der Republikaner

❸ MIL Feldzug *m,* Offensive *f*

II. *n modifier* POL *(office, poster, slogan, speech)* Wahlkampf-; **~ button** Wahlkampfplakette *f,* Wahlkampfanstecker *m;* **~ coordinator** [*or* **manager**] Wahlkampfmanager(in) *m(f),* Wahlkampfleiter(in) *m(f);* **~ donation** Wahlgeschenk *nt;* **~ issue** Wahlkampfthema *nt;* **~ pledge** [*or* **promise**] Wahlversprechen *nt*

III. *vi* kämpfen, sich *akk* engagieren; ***they've been ~ing for years to get him out of prison*** sie setzen sich seit Jahren für seine Freilassung ein; ■**to ~ against sb/sth** gegen jdn/etw kämpfen; ■**to ~ for** [*or* **on behalf of**] **sb/sth** für jdn/etw eintreten, sich *akk* für jdn/etw engagieren

cam·paign·er [kæm'peɪnəʳ, AM -ɚ] *n* ❶ *(in election)* Wahlwerber(in) *m(f)*

❷ *(advocate)* Kämpfer(in) *m(f);* **environmental ~** Umweltschützer(in) *m(f),* Umweltaktivist(in) *m(f);* ■**to be a ~ for sth** sich *akk* für etw *akk* einsetzen; ■**to be a ~ against sth** etw bekämpfen

❸ MIL Kämpfer *m,* Feldzugteilnehmer *m;* **old ~** alter Kämpfer, Veteran *m*

'cam·paign trail *n* Wahlkampftour *f*

cam·pa·nolo·gist [,kæmpə'nɒlədʒɪst, AM -'nɑ:l-] *n* Glöckner(in) *m(f)*

cam·pa·nol·ogy [,kæmpə'nɒlədʒi, AM -'nɑ:l-] *n no pl* Kunst *f* des Glockenläutens

cam·panu·la [kəm'pænjʊlə] *n* Glockenblume *f,* Campanula *f fachspr*

camp 'bed *n* Campingliege *f;* MIL Feldbett *nt* **camp 'chair** *n* Campingstuhl *m,* Klappstuhl *m*

camp·er ['kæmpəʳ, AM -ɚ] *n* ❶ *(person)* Camper(in) *m(f)*

❷ *(vehicle)* Wohnmobil *nt,* Campingbus *m,* Campingwagen *m; (trailer)* Wohnwagen *m,* Wohnanhänger *m*

'camp·er van *n* Wohnmobil *nt,* Caravan *m*

camp-'fe·ver *n no pl* Flecktyphus *m,* Läusefleckfieber *nt,* epidemisches [*o* klassisches] Fleckfieber **'camp·fire I.** *n* Lagerfeuer *nt* **II.** *n modifier* Lagerfeuer-; **~ song** Pfadfinderlied *nt* **camp 'fol·low·er** *n* ❶ MIL *(civilian follower)* Marketender(in) *m(f) hist* ❷ *(for cause)* Anhänger(in) *m(f),* Mitläufer(in) *m(f) pej* **'camp·ground** *n* AM Campingplatz *m,* Zeltplatz *m*

cam·phone ['kæmfəʊn, AM -foʊn] *n short for* **camera phone** Foto-Handy *nt*

cam·phor ['kæm(p)fəʳ, AM -ɚ] *n no pl* Kampfer *m;* **~ ball** Mottenkugel *f*

camp·ing ['kæmpɪŋ] **I.** *n no pl* Camping *nt,* Zelten *nt;* **to go ~** zelten gehen [*o* fahren]

II. *n modifier (equipment)* Camping-; **~ holiday** [*or* AM **vacation**] Campingurlaub *m*

'camp·ing site, AUS, NZ **'camp·ing ground** *n* Campingplatz *m,* Zeltplatz *m* **'camp·ing van** *n* Wohnmobil *nt,* Caravan *m*

'camp·site *n* Campingplatz *m,* Zeltplatz *m* **'camp stool** *n* Campinghocker *m*

cam·pus ['kæmpəs] **I.** *n (university)* Universität *f; (university grounds)* Campus *m;* **on ~** auf dem Campus

II. *n modifier (buildings, facilities)* Universitäts-, Campus-; **~ life** Universitätsleben *nt;* **~ safety** Sicherheit *f* auf dem Campus [*o* an der Universität]

cam·shaft ['kæmʃɑ:ft, AM -ʃæft] *n* AUTO Nockenwelle *f*

can¹ [kæn] **I.** *n* ❶ *(sealed container)* Dose *f; of food, paint also* Büchse *f;* **beer/drink ~** Bier-/Getränkedose *f;* **food ~** Konservendose *f,* Konservenbüchse *f*

❷ *(contents)* **a ~ of lemonade** eine Dose Limonade; **a ~ of paint** eine Dose [*o* Büchse] Farbe; *(with a handle)* ein Eimer *m* Farbe; **a ~ of oil** ein Kanister *m* Öl

❸ *(open container)* Kanister *m;* **milk ~** Milchkanne *f;* **petrol ~** Benzinkanister *m*

❹ *(for waste)* [Müll]eimer *m,* Abfalleimer *m* SCHWEIZ, Kehrichteimer *m* SCHWEIZ, Mistkübel *m* ÖSTERR *fam; (larger)* [Müll]tonne *f*

❺ AM *(fam: prison)* ■**the ~** der Knast *fam,* der Häfen ÖSTERR *sl*

❻ AM *(fam: toilet)* ■**the ~** das Klo *fam;* **on the ~** auf dem Klo *fam*

❼ *(fam: headphones)* ■**~s** *pl* Kopfhörer *pl*

▸PHRASES: **to have to carry the ~** BRIT *(fam)* die Sache ausbaden müssen *fam;* **to be in the ~** FILM, PHOT *(fam)* im Kasten sein *fam;* ***the scene is in the ~*** wir haben die Szene [*o* die Szene ist] im Kasten *fam;* ***this project is finally in the ~*** dieses Projekt ist endlich abgeschlossen; ***the deal is in the ~*** wir haben den Deal in der Tasche *fig fam;* **to be a ~ of worms** eine verzwickte Angelegenheit sein *fam;* **to open** [**up**] **a ~ of worms** ein heißes Eisen anpacken *fig*

II. *vt* ❶ *(package)* ■**to ~ sth** *food* etw eindosen; *drinks* etw in Dosen abfüllen

❷ *esp* AM *(fam: stop)* ■**to ~ sth** mit etw *dat* aufhören; **~ *it!*** hör auf damit!; **to ~ a project** ein Projekt begraben *fam*

❸ AM *(fam: fire)* ■**to ~ sb** jdn rausschmeißen *fam*

can² <could, could> [kæn, kən] *aux vb* ❶ *(be able to)* können; **~ *you hear me?*** kannst du mich hören?, hörst du mich?; ***she ~ speak four languages*** sie spricht vier Sprachen; ***the doctors are doing all they ~*** die Ärzte tun, was sie können [*o* tun ihr Möglichstes]; ***who ~ blame her?*** wer will es ihr verdenken?; **~ *do*** kein Problem; ***no ~ do*** geht leider nicht

❷ *(be allowed to)* dürfen; *(less formal)* können; ***you ~'t park here*** hier dürfen [*o* können] Sie nicht parken; **~ *I go out to play?*** darf [*o* kann] ich draußen spielen?

❸ *(requesting)* können; **~/*could you tell I've phoned?*** kannst/könntest du ihm ausrichten, dass ich angerufen haben?; **~/*could you make a little less noise, please?*** kannst/könntest du bitte etwas leiser sein?; **~/*could I borrow your car?*** kannst/könntest du mir dein Auto leihen?

❹ *(suggesting)* können; ***you could*** [***always***] ***try*** du könntest es ja mal versuchen; ***you could be a bit nicer to him*** du könntest schon [*o* ruhig] etwas netter zu ihm sein

❺ *(offering assistance)* **~ *I help you with those bags?*** soll ich Ihnen mit den Taschen helfen?; **~ *I be of any help?*** kann ich irgendwie helfen?

❻ *(expressing possibility)* können; ***he ~ be really annoying at times*** manchmal kann er wirklich anstrengend sein; ***you ~ get stamps from some newsagents*** einige Zeitschriftenhändler verkaufen auch Briefmarken; ***he ~'t have done it on his own*** er kann das unmöglich alleine gemacht haben

❼ *(disbelieving, reprimanding)* ***you ~'t be hungry already!*** du kannst doch nicht [*o* unmöglich] schon wieder Hunger haben!; ***you ~'t be serious!*** das ist nicht dein Ernst!; ***how on earth could you do that!*** wie konntest du nur so etwas tun!; ***you could have told me before!*** das hättest du mir auch schon vorher sagen können!

❽ *(fam: expressing need)* können; ***I could do with a beer*** ich könnte jetzt [wirklich] ein Bier vertragen *fam;* ***I could do with a haircut*** ich müsste mal wieder zum Frisör; ***I could do with a new computer*** ich bräuchte einen neuen Computer [*o fam* könnte einen neuen Computer gebrauchen]; ***the car could do with a clean*** der Wagen müsste mal wieder gewaschen werden

❾ *(demanding)* ***you ~ stop that right away!*** hör sofort damit auf!

❿ *(threatening)* können; ***if you carry on like that, you ~ just go to bed!*** wenn du so weitermachst, kannst du gleich ins Bett gehen!

Ca·naan ['keɪnən] *n no pl* REL, HIST Kanaan *nt*

Ca·naan·ite ['keɪnənaɪt] **I.** *n* REL, HIST Kanaaniter(in) *m(f),* Bewohner(in) *m(f)* Kanaans

II. *adj inv* kanaanitisch

Cana·da ['kænədə] *n no pl* Kanada *nt*

'Cana·da Day *n* CAN *kanadischer Nationalfeiertag*

am 01.07.

Ca·na·dian [kə'neɪdiən] I. *n* Kanadier(in) *m(f);* **English** ~ Anglokanadier(in) *m(f);* **French** ~ Frankokanadier(in) *m(f)*
II. *adj inv* kanadisch; ~ **English/French** kanadisches Englisch/Französisch

Ca·na·dian 'dol·lar *n* Kanadischer Dollar

ca·nal [kə'næl] *n* ① TRANSP, NAUT Kanal *m;* **Panama C~** Panamakanal *m*
② ANAT, BOT Kanal *m,* Röhre *f;* **birth** ~ Geburtskanal *m;* **auditory** ~ Gehörgang *m*

ca·'nal boat *n* Kanalboot *nt*

cana·li·za·tion [ˌkænəlaɪ'zeɪʃən, AM -lɪ'-] *n no pl*
① *(sewerage system)* Kanalisation *f*
② *(building of a canal)* Kanalbau *m*
③ *(of a river)* Kanalisierung *f*

cana·lize ['kænəlaɪz, AM -nəl-] *vt* ■**to** ~ **sth** ① *(provide with canals)* etw kanalisieren
② *(convert into a canal)* etw in einen Kanal umwandeln; **to** ~ **a river** einen Fluss kanalisieren

cana·pé ['kænəpeɪ] *n* Cocktailhappen *m,* Appetithappen *m,* Kanapee *nt meist pl*

ca·nard ['kænɑːd, AM kə'nɑːrd] *n (liter)* [Zeitungs]ente *f,* Falschmeldung *f*

Ca·na·rian [kə'neəriən, AM -'neriən] I. *n* Kanare, Kanarin *m, f*
II. *adj* von den Kanaren *nach n*

ca·nary [kə'neəri, AM -'neri] I. *n* Kanarienvogel *m; esp* BRIT *(fam)* **to have a** ~ Zustände kriegen *fam*
II. *adj inv* ~ **yellow** kanariengelb

Ca·'nary Is·lands *npl* Kanarische Inseln, Kanaren *pl* **ca·'nary seed** *n no pl* Kanarienvogelfutter *nt*

ca·nas·ta [kə'næstə] *n* CARDS Canasta *nt*

can-can ['kænkæn] *n* Cancan *m;* **to do** [*or* **dance**] **the** ~ Cancan tanzen

can·cel <BRIT -ll- *or* AM *usu* -l-> ['kæn(t)səl] I. *vt* ■**to** ~ **sth** ① *(call off)* etw absagen; **to** ~ **a plan** einen Plan fallenlassen
② *(remove from schedule)* etw streichen; ■**to have been** ~**led** *train* gestrichen worden sein; *plane also* annulliert worden sein
③ *(undo)* etw rückgängig machen; **to** ~ **a booking** [*or* **reservation**]/**an order** eine Reservierung/einen Auftrag stornieren
④ *(annul)* etw annullieren; *(revoke)* etw widerrufen; **to** ~ **a contract/decree** einen Vertrag/eine Verfügung aufheben; **to** ~ **sb's debts** jdn seine Schulden erlassen; **to** ~ **an instruction** eine Anweisung zurücknehmen
⑤ *(discontinue)* etw beenden; COMPUT etw abbrechen; **to** ~ **a subscription for sth** ein Abonnement für etw *akk* kündigen, etw abbestellen
⑥ FIN **to** ~ **a cheque** [*or* AM **check**] *(stop payment)* einen Scheck stornieren; *(mark paid)* einen Scheck entwerten
⑦ *(mark as used)* *ticket* etw entwerten; **to** ~ **a stamp** eine Briefmarke [ab]stempeln [*o* entwerten]
⑧ MATH etw [weg]kürzen; **to** ~ **each other** sich *akk* gegenseitig aufheben
II. *vi* absagen

◆**cancel out** I. *vi* sich *akk* [gegenseitig] aufheben
II. *vt* ■**to** ~ **out** ⊂ **sth** etw aufheben; *(fig)* etw zunichtemachen; ***this cheque will*** ~ ***out her debt*** mit diesem Scheck wird sie ihre Schulden ausgleichen können

can·cel·la·tion [ˌkæn(t)səl'eɪʃən] *n* ① *(calling off) of an appointment, concert, match* Absage *f; of a plan* Aufgabe *f*
② *(from schedule)* Stornierung *f,* Streichung *f;* ***many trains are subject to*** ~ viele Züge werden gestrichen
③ *(undoing) of an order* Stornierung *f; of a booking, reservation also* Rückgängigmachung *f*
④ *(annulling)* Annullierung *f; (revocation)* Widerruf *m; of a debt* Erlass *m; of a decree* Aufhebung *f; of an instruction* Zurücknahme *f,* Widerrufung *f;* ~ **of a contract** Aufhebung *f* eines Vertrags, Rücktritt *m* von einem Vertrag
⑤ *(discontinuation)* Kündigung *f; of a subscription* Abbestellung *f*
⑥ FIN *(stop payment) of a cheque* Stornierung *f; (marking paid)* Entwertung *f*
⑦ *(marking used)* Entwertung *f; of a stamp also* Abstempeln *nt*

can·cel·'la·tion rate *n* FIN Stornoquote *f*

can·cer ['kæn(t)səʳ, AM -ɚ] I. *n* ① *no pl (disease)* Krebs *m;* **breast** ~ Brustkrebs *m,* Mammakarzinom *nt fachspr;* **lung** ~ Lungenkrebs *m,* Lungenkarzinom *nt fachspr;* **skin** ~ Hautkrebs *m;* ~ **of the stomach/throat** Magen-/Kehlkopfkrebs *m*
② *(growth)* Krebsgeschwulst *f,* Karzinom *nt;* **benign/malign** ~ gut-/bösartige Geschwulst; *(fig)* Krebsgeschwür *nt*
II. *n modifier (cell, patient, research)* Krebs-

Can·cer ['kæn(t)səʳ, AM -ɚ] *n* ① *no pl, no art (sign of Zodiac)* Krebs *m;* **to be born under** ~ im Zeichen [des] Krebs geboren sein
② *(person)* Krebs *m*

'can·cer check-up *n* Krebsvorsorgeuntersuchung *f* **'can·cer clin·ic** *n* Krebsklinik *f*

Can·cer·ian, Can·cer·ean [kæn(t)'sɪəriən, AM -'seri-] *n* ASTROL Krebs *m*

can·cer·ous ['kæn(t)sərəs] *adj* ① *(diseased)* krebsbefallen
② *(tumour-like)* krebsartig; ~ **growth** krebsartige Wucherung; ~ **tumour/ulcer** Krebsgeschwulst *f*/-geschwür *nt*

'can·cer re·search *n no pl* MED Krebsforschung *f* **'can·cer screen·ing** *n no pl* Krebsvorsorgeuntersuchung *f* **'can·cer stick** *n (sl)* Sargnagel *m fig fam*

can·de·la [kæn'delə] *n* PHYS Candela *f,* neue Kerze

can·de·la·bra <*pl* - *or* -s> [ˌkændəl'ɑːbrə, AM -də'lɑː-] *n* Leuchter *m,* Kandelaber *m*

can·did ['kændɪd] *adj* offen, ehrlich, aufrichtig; ***let me be*** ~ ***with you*** ich will ganz offen mit Ihnen sein; ***he was quite*** ~ ***about it*** er sprach ganz offen darüber; ~ **camera** versteckte Kamera; ~ **picture** Schnappschuss *m;* ~ **talks** offene [*o* freimütige] Gespräche

can·di·da ['kændɪdə] *n* MED Candida *f fachspr*

can·di·da·cy ['kændɪdəsi] *n no pl* POL Kandidatur *f,* Bewerbung *f* (**for** für +*akk*)

can·di·date ['kændɪdət] *n* ① POL *(competitor)* Kandidat(in) *m(f),* Bewerber(in) *m(f);* **to stand** [*or* AM **run**] **as** ~ **for sth** für etw *akk* kandidieren, sich *akk* um etw *akk* bewerben; ***there are three*** ~***s standing in the election*** drei Kandidaten stehen zur Wahl; *(likely prospect)* Anwärter(in) *m(f)*
② ECON Bewerber(in) *m(f)*
③ BRIT, AUS SCH, UNIV Prüfungskandidat(in) *m(f),* Examenskandidat(in) *m(f),* Prüfling *m*
④ *(possible choice)* [möglicher] Kandidat; ***this department is a likely*** ~ ***for staff cuts*** diese Abteilung steht wohl auf der Liste für Personaleinsparungen

can·di·da·ture ['kændɪdətʃəʳ, AM 'kændədətʃʊr] *n no pl* BRIT Kandidatur *f,* Bewerbung *f*

can·did·ly ['kændɪdli] *adv* offen, ehrlich, aufrichtig; ~, ***I was hoping ...*** offen gesagt hatte ich gehofft, ...; **to speak** ~ offen [*o* ehrlich] sein

can·died ['kændid] *adj inv* eingezuckert; *fruit, ginger* kandiert; *(fig pej)* honigsüß *pej,* schmeichlerisch *pej*

can·died 'peel *n (of lemon)* Zitronat *nt; (of orange)* Orangeat *nt*

can·dle ['kændl] I. *n* Kerze *f;* **scented** ~ Duftkerze *f;* **to light a** ~ eine Kerze anzünden
▸PHRASES: **to burn one's** [*or* AM **the**] ~ **at both ends** Raubbau mit seiner Gesundheit treiben; **the game is not worth the** ~ die Sache ist nicht der Mühe wert; **to not hold a** ~ **to sb** jdm nicht das Wasser reichen können
II. *n modifier (wax)* Kerzen-; ~ **bulb** ELEC Kerze[nbirne] *f*
III. *vt* ■**to** ~ **sth** etw gegen das Licht halten

'can·dle·light *n no pl* Kerzenlicht *nt,* Kerzenschein *m;* ~ **dinner** Abendessen *nt* bei Kerzenschein; **at early** ~ am frühen Abend **'can·dle·lit** *adj inv room* von Kerzen erleuchtet [*o* erhellt]; ~ **dinner** Abendessen *nt* bei Kerzenschein **Can·dle·mas** ['kændlməs] *n* [Mariä] Lichtmess *nt* **'can·dle·pow·er** *n no pl* PHYS Lichtstärke *f* **'can·dle·stick** *n* Kerzenständer *m,* Kerzenleuchter *m,* Kerzenhalter *m* **'can·dle·wick** I. *n no pl* ① *(of candle)* Kerzendocht *m* ② *(fabric)* Frottierplüsch *m,* Frottee *m o nt* SCHWEIZ, ÖSTERR II. *n modifier (dressing gown, towel)* Frottierplüsch-

can-'do *adj attr* AM zuversichtlich, optimistisch; ~ **attitude** Optimismus *m,* Zuversicht *f*

can·dour, AM **can·dor** ['kændəʳ, AM -dɚ] *n no pl* Offenheit *f,* Ehrlichkeit *f,* Aufrichtigkeit *f*

can·dy ['kændi] I. *n* ① *no pl (sugar)* Kandiszucker *m*
② AM *(sweets)* Süßigkeiten *pl,* Bonbons *pl,* Konfekt *nt geh; (piece of candy)* Bonbon *m o nt; (chocolate)* Praline *f*
▸PHRASES: **to be like taking** ~ **from a baby** ein Kinderspiel sein
II. *n modifier (jar, bar)* Zucker-; ~ **stick** Zuckerstange *f*
III. *vt* ■**to** ~ **sth** etw kandieren [*o* mit Zucker überziehen]

'can·dy-ass *n* AM *(fam)* Feigling *m pej,* Waschlappen *m pej* **'can·dy·floss** *n no pl* BRIT Zuckerwatte *f* **'can·dy store** *n* AM Süßwarenladen *m,* Süßwarengeschäft *nt,* ÖSTERR *a.* Zuckerlgeschäft *nt* **'can·dy stripe** *n* Muster *nt* mit bunten Streifen **'can·dy-striped** *adj* bunt [*o* SCHWEIZ farbig] gestreift **'can·dy·tuft** *n* BOT Schleifenblume *f*

cane [keɪn] I. *n* ① *no pl (of plant)* Rohr *nt*
② *(stick)* Stock *m; (for walking)* [Spazier]stock *m; (for punishing)* [Rohr]stock *m*
③ *no pl (punishment)* **to get the** ~ [eine Tracht] Prügel bekommen; *on hand* eine auf die Finger [*o* DIAL Tatze] [*o fam* Pfoten] bekommen
II. *n modifier* Rohr-; ~ **basket** Weidenkorb *m,* geflochtener Korb; ~ **coffee table** Rattantischchen *nt;* ~ **furniture** Rattanmöbel *pl;* ~ **juice** Zuckerrohrsaft *m;* ~ **work** Rohrgeflecht *nt*
III. *vt* ① *(weave)* ■**to** ~ **sth** etw flechten
② *(punish)* ■**to** ~ **sb** jdn [mit einem Stock] züchtigen

cane 'chair *n* Rohrstuhl *m,* Rattanstuhl *m* **cane 'sug·ar** *n no pl* Rohrzucker *m*

ca·nine ['keɪnaɪn] *adj inv* Hunde-

ca·nine 'tooth *n* Eckzahn *m,* Reißzahn *m*

can·ing ['keɪnɪŋ] *n* ① *(corporal punishment)* Tracht *f* Prügel
② *(fam: resounding defeat)* schallende Ohrfeige *fig*

can·is·ter ['kænɪstəʳ, AM -əstɚ] *n* Behälter *m; (for fluids)* Kanister *m; (of metal)* Büchse *f,* Dose *f;* **metal** ~ Blechbüchse *f,* Blechdose *f;* **plastic** ~ Plastikbehälter *m;* **waterproof** ~ wasserdichter Behälter

can·ker ['kæŋkəʳ, AM -ɚ] *n* ① *no pl* BOT Brand *m,* Baumkrebs *m*
② MED *(on humans)* Mundgeschwür *nt,* Lippengeschwür *nt; (on dogs, cats)* Ohrräude *f kein pl; (on horses)* Hufkrebs *m kein pl,* Strahlfäule *f kein pl*
③ *no pl (fig form: evil)* Krebsgeschwür *nt*

'can·ker sore *n* Lippengeschwür *nt*

can·na·bis ['kænəbɪs] *n no pl* ① *(plant)* Cannabis *m,* Hanf *m*
② *(drug)* Cannabis *m,* Haschisch *nt,* Marihuana *nt*

canned [kænd] *adj* ① *inv* FOOD konserviert, Dosen-; ~ **beer** Dosenbier *nt;* ~ **fruit** Obstkonserven *pl,* Dosenobst *nt fam;* ~ **heat** Brennspiritus *m;* ~ **meat** Büchsenfleisch *nt;* ~ **tomatoes** Dosentomaten *pl,* Büchsentomaten *pl* SCHWEIZ, Tomaten *pl* aus der Dose; ~ **vegetables** Gemüsekonserven *pl,* SCHWEIZ *a.* Büchsengemüse *pl*
② *inv* MEDIA ***the applause was*** ~ der Beifall kam vom Band; ~ **music** Musik *f* aus der Konserve *fam*
③ *pred (fam: drunk)* blau *fam,* voll *fam;* **to get** ~ sich *akk* betrinken [*o fam* volllaufen lassen]
④ AM *(fam: from job)* **to be/get** ~ entlassen werden

can·ne(l)·lo·ni [ˌkænəl'əʊni, AM -ə'loʊ-] *n no pl* Cannelloni *pl*

can·ner ['kænəʳ, AM -ɚ] *n* ① *(employee)* Arbeiter(in) *m(f)* in einer Konservenfabrik
② *(employer)* Konservenfabrikant(in) *m(f)*

can·nery ['kænəri] *n* Konservenfabrik *f*

can·ni·bal ['kænɪbəl] *n (person)* Kannibale, Kannibalin *m, f,* Menschenfresser(in) *m(f); (animal)* ***some***

fishes are ~ s manche Fische fressen sich gegenseitig

can·ni·bal·ism ['kænɪbəlɪzəm] *n no pl* Kannibalismus *m,* Menschenfresserei *f*

can·ni·bal·is·tic [ˌkænɪbəl'ɪstɪk, AM -bə'l-] *adj inv* kannibalisch

can·ni·bal·ize ['kænɪbəlaɪz, AM -bəl-] *vt* **to ~ a car** ein Auto ausschlachten

can·ni·ly ['kænɪli] *adv* ❶ *(shrewd)* schlau, geschickt ❷ *(cautious)* vorsichtig, behutsam

can·ning ['kænɪŋ] **I.** *n no pl* ❶ *(preserving)* Konservierung *f; (in cans)* Konservenherstellung *f,* Konservenfabrikation *f*
❷ *(recording)* Tonaufnahme *f,* Tonaufzeichnung *f*
II. *adj attr, inv* Konserven-, Konservierungs-; **~ factory** [*or* **plant**] Konservenfabrik *f;* **~ jar** Einmachglas *nt*

can·non ['kænən] **I.** *n* ❶ MIL Kanone *f,* Geschütz *nt*
❷ BRIT *(in billiards)* Karambolage *f*
▸ PHRASES: **a loose ~** ein unberechenbarer Faktor; ***he's a loose ~*** er ist unberechenbar
II. *n modifier (fire)* Kanonen-, Geschütz-
III. *vi* ❶ *(collide)* ■**to ~ into sb/sth** mit jdm/etw zusammenprallen
❷ BRIT *(in billiards)* karambolieren; ■**to ~ off sth** von etw *dat* abprallen

can·non·ade [ˌkænə'neɪd] *n* Kanonade *f,* Beschießung *f*

'can·non ball *n* Kanonenkugel *f* **'can·non fod·der** *n* Kanonenfutter *nt*

can·not ['kænɒt, AM -nɑːt] *aux vb* ***we ~ but succeed*** wir können nur gewinnen; *see also* **can**

can·ny ['kæni] *adj* ❶ *(clever)* schlau, raffiniert, gerissen; **to strike a ~ bargain** einen vorteilhaften Handel schließen
❷ NENG, SCOT *(approv: nice)* nett; **a ~ lad** ein netter Typ *fam;* **to have a ~ time** eine schöne Zeit haben
❸ *(cautious)* vorsichtig, umsichtig

ca·noe [kə'nuː] *n* Kanu *nt,* Paddelboot *nt;* BRIT Kajak *nt*
▸ PHRASES: **to paddle one's own ~** *(handle affairs)* auf eigenen Beinen [*o* Füßen] stehen; *(mind one's business)* sich *akk* um seine eigenen Angelegenheiten kümmern

ca·noe·ing [kə'nuːɪŋ] *n no pl* Paddeln *nt;* SPORT Kanufahren *nt,* Kanusport *m*

ca·noe·ist [kə'nuːɪst] *n* Kanufahrer(in) *m(f);* SPORT Kanute, Kanutin *m, f*

can·on[1] ['kænən] **I.** *n* ❶ *(guideline)* Richtschnur *f,* [Grund]regel *f,* [Grund]prinzip *nt*
❷ REL Kanon *m,* Kirchengebot *nt;* **Church ~s** Kirchenrecht *nt,* kirchliche Vorschriften
❸ LIT Kanon *m;* **the Shakespearean ~** Shakespeares Gesamtwerk; **the literary ~** die [gesamte] Literatur
II. *n modifier* **~ law** kanonisches Recht, Kirchenrecht *nt*

can·on[2] ['kænən] *n* REL Kanoniker *m,* Kanonikus *m*

can·on[3] ['kænən] *n* MUS Kanon *m*

ca·noni·cal [kə'nɒnɪkəl, AM 'nɑː] *adj* kanonisch, der [Kirchen]norm gemäß; **~ form** MATH kanonische Gleichung, Normalform *f*

ca·noni·cal sche·ma [kə'nɒnɪkəl-, AM -'nɑːn-] *n* COMPUT kanonisches Schema

can·oni·za·tion [ˌkænənaɪ'zeɪʃən, AM -nɪ'-] *n* Heiligsprechung *f,* Kanonisation *f fachspr*

can·on·ize ['kænənaɪz] *vt* ■**to ~ sb** jdn heiligsprechen [*o fachspr* kanonisieren]

can·on 'law *n (church law)* kanonisches Recht

ca·noodle [kə'nuːdl] *vi (hum dated fam)* [rum]knutschen *fam;* **to ~ with sb** mit jdm schmusen *fam*

'can open·er *n* Dosenöffner *m,* Büchsenöffner *m*

cano·py ['kænəpi] *n* ❶ *(awning)* Überdachung *f; (over throne, bed)* Baldachin *m;* **~ bed** Himmelbett *nt; (over entrance)* Vordach *nt; (pergola)* Pergola *f*
❷ *(sunshade)* Sonnendach *nt,* Markise *f,* SCHWEIZ *a.* Storen *m;* BRIT *(on pram)* Sonnenschutz *m*
❸ AVIAT Kanzeldach *nt,* Kanzelhaube *f,* Kabinendach *nt*
❹ *(on parachute)* Fallschirmkappe *f*
❺ *(treetops)* Blätterdach *nt*
❻ *(liter: sky)* Firmament *nt liter,* Himmelszelt *nt liter*

canst [kænst] *(old) 2nd pers. sing present of* **can**

cant[1] [kænt] *n no pl* ❶ *(hypocrisy)* Heuchelei *f,* Scheinheiligkeit *f; (pious talk)* frömmlerisches [*o* scheinheiliges] Gerede; **~ phrases** leere [*o* hohle] Phrasen
❷ LING Jargon *m,* Fachsprache *f,* Kauderwelsch *nt pej;* **thieves' ~** Gaunersprache *f,* Argot *nt o m*

cant[2] [kænt] **I.** *n* Schräge *f,* Abschrägung *f,* geneigte Fläche
II. *vt* ■**to ~ sth** etw kippen [*o* schräg stellen]
III. *vi* sich *akk* neigen [*o* auf die Seite legen]; ■**to ~ sth over** etw umkippen
◆**cant off** *vt* ■**to ~ sth** ⊂ **off** etw abschrägen

can't [kɑːnt, AM kænt] *(fam)* = **cannot**

Cantab ['kæntæb] *adj inv short for* **Cantabrigiensis** der Universität Cambridge

Can·ta·brian Moun·tains [kænˌtæbriən'-, AM -ˌteɪ-] *npl* Cantabrisches Gebirge

can·ta·loup(e) ['kæntəluːp, AM -t̬əloʊp] *n* Honigmelone *f*

can·tan·ker·ous [ˌkæn'tæŋkərəs] *adj (quarrelsome)* streitsüchtig; *(grumpy)* mürrisch, knurrig, muff[e]lig *fam,* grantig ÖSTERR *fam*

can·ta·ta [kæn'tɑːtə, AM kən'tɑːt̬ə] *n* MUS Kantate *f*

can·teen[1] [kæn'tiːn] *n* Kantine *f;* UNIV Mensa *f*

can·teen[2] [kæn'tiːn] *n* ❶ BRIT, AUS *(for cutlery)* Besteckkasten *m*
❷ MIL Feldflasche *f*

can·ter ['kæntər, AM -t̬ɚ] **I.** *n* ❶ *(gait)* Handgalopp *m,* Kanter *fachspr;* ***the stallion broke into an easy ~*** der Hengst verfiel in einen leichten Galopp
❷ *(horse ride)* [Aus]ritt *m;* **to go for a ~** einen Ausritt machen
II. *vi* ❶ *(ride at canter)* leicht [*o* langsam] galoppieren
❷ *(go for a ride)* ausreiten, einen Ausritt machen

can·ti·cle ['kæntɪkl, AM -t̬ə-] *n* REL Lobgesang *m;* **the C~s** *pl* das Hohe Lied

can·ti·lever ['kæntɪliːvər, AM -t̬əliːvɚ] ARCHIT **I.** *n* Ausleger *m,* Träger *m,* Kragarm *m fachspr*
II. *adj* freitragend, Ausleger-; **~ beam** Ausleger[balken] *m,* Freiträger *m,* Kragarm *m fachspr;* **~ bridge** Auslegerbrücke *f,* Kragbrücke *f fachspr*

can·to <*pl* -s> ['kæntəʊ] *n* LIT Gesang *m*

can·ton ['kæntɒn, AM -tɑːn] *n* ADMIN Kanton *m*

Can·ton [ˌkæn'tɒn, AM -'tɑːn] *n* GEOG Kanton *nt*

Can·ton·ese [ˌkæntə'niːz, AM -tən'iːz] **I.** *n* <*pl* -> ❶ *(person)* Kantonese, Kantonesin *m, f*
❷ *no pl (language)* Kantonesisch *nt*
II. *adj inv* kantonesisch

can·ton·ment [kæn'tuːnmənt, 'tɒn, AM 'tɑːn] *n* ❶ *(miltary camp)* Quartier *nt,* Ortsunterkunft *f*
❷ HIST Garnisonierung *f* der britischen Truppen in Indien

can·tor ['kæntɔːr, AM tɚ] *n* REL, MUS Kantor *m,* Vorsänger *m*

Ca·nuck [kə'nʌk] *n (pej fam)* Frankokanadier(in) *m(f)*

Canute [kə'njuːt, AM 'nuːt] *n no pl* HIST Knut *m*

can·vas ['kænvəs] **I.** *n* <*pl* -es> ❶ *no pl (cloth)* Segeltuch *nt; (for painting)* Leinwand *f;* **under ~** im Zelt
❷ *(painting)* [Öl]gemälde *nt*
II. *n modifier (bag, shoes)* Segeltuch-; **~ cover** AUTO Plane *f,* Wagenverdeck *nt*

can·vass ['kænvəs] **I.** *vt* ❶ *(gather opinion)* ■**to ~ sb** jdn befragen; ■**to ~ sth** etw erforschen [*o* untersuchen]; **to ~ local opinion** sich *dat* ein Bild von der Meinung der einheimischen Bevölkerung verschaffen
❷ POL, ECON *(solicit)* **to ~ customers** Kunden werben; **to ~ orders** Aufträge hereinholen; **to ~ votes for a party** um Stimmen für eine Partei werben
❸ *(fam: for discussion)* ■**to ~ sth** etw zur Diskussion stellen
II. *vi* POL um Stimmen werben, Wahlwerbung betreiben; ECON eine Werbekampagne durchführen, Werbung machen
III. *n* <*pl* -es> POL Wahlkampagne *f,* Aktion *f;* ECON Werbekampagne *f,* Werbefeldzug *m;* **house-to-house ~** Haustüraktion *f*

can·vass·er ['kænvəsər, AM -ɚ] *n* POL Wahlhelfer(in) *m(f),* Stimmenwerber(in) *m(f);* ECON Vertreter(in) *m(f)*

can·vass·ing ['kænvəsɪŋ] *n* POL Wahlwerbung *f,* Wahlkampagne *f;* ECON Kundenwerbung *f,* Reklame *f,* Akquisition *f;* **to go ~** POL Wahlwerbung machen, um Stimmen werben; ECON Kundenwerbung betreiben

can·yon ['kænjən] *n* Schlucht *f,* Cañon *m*

caou·tchouc ['kaʊtʃʊk] *n no pl* CHEM Kautschuk *m,* Rohgummi *m;* **~ milk** *no pl* Kautschukmilch *f,* Latex *m;* **~ tissue** Kautschukgewebe *nt*

CAP [ˌsiːeɪ'piː] *n* EU *abbrev of* **Common Agricultural Policy** GAP, Gemeinsame Agrarpolitik

cap[1] [kæp] **I.** *n* ❶ *(hat)* Mütze *f,* Haube *f* ÖSTERR, Kappe *f;* **shower ~** Duschhaube *f;* **swimming** [*or* AM *usu* **bathing**] **~** Bademütze *f,* Badekappe *f;* **workman's ~** Arbeitermütze *f;* **peaked ~** Schirmmütze *f;* **in ~ and gown** UNIV mit Doktorhut [*o* Barett] und Talar
❷ *esp* BRIT SPORT *(fig) Ziermütze als Zeichen der Aufstellung für die Nationalmannschaft;* ***Davis has 17 Scottish ~s*** Davis hat 17-mal in der schottischen Nationalmannschaft gespielt; **to win a ~** in die Nationalmannschaft berufen werden
❸ *(cover)* Verschluss *m; (top)* Verschlusskappe *f; (lid)* Deckel *m,* Kappe *f; (on tooth)* Krone *f,* Schutzkappe *f;* **lens ~** PHOT Objektivdeckel *m*
❹ GEOL Deckschicht *f*
❺ *(limit)* Obergrenze *f,* Maximum *nt; on interest rates* Maximalzinssatz *m;* **salary ~** AM Gehaltsobergrenze *f,* Einkommensgrenze *f*
❻ BRIT *(contraceptive)* Pessar *nt*
❼ *(for toy gun)* Zündplättchen *nt,* Spielzeugpatrone *f*
▸ PHRASES: **if the ~ fits, wear it** BRIT *(prov)* wem der Schuh passt, der soll ihn sich anziehen; **to go** [**somewhere**] **~ in hand** kleinlaut auftreten; **to put on one's thinking ~** *(fam)* scharf nachdenken *fam;* **to set one's ~ at** [*or* AM **for**] **sb** *(dated)* es auf jdn abgesehen haben
II. *vt* <-pp-> ❶ ECON, FIN *(limit)* **to ~ the costs** die Kosten begrenzen; **to ~ prices** ein Preislimit festlegen; **to be ~ped at 10%** auf maximal 10 % beschränkt sein
❷ *esp* BRIT SPORT ■**to ~ sb** jdn für die Nationalmannschaft aufstellen; ***she's been ~ped for Scotland 17 times*** sie hat 17-mal in der schottischen Nationalmannschaft gespielt
❸ *(cover)* ■**to ~ sth** etw bedecken; **to have one's teeth ~ped** seinen Zähne überkronen lassen
❹ *(outdo)* ■**to ~ sth** etw überbieten; ***and to ~ it all ...*** und um den Ganzen dann die Krone aufzusetzen ...; **to ~ the climax** alles übertreffen

cap[2] [kæp] *n* TYPO *short for* **capital** [**letter**] großer Buchstabe, Großbuchstabe *m;* **in ~s** in Großbuchstaben; **small ~s** Kapitälchen *pl*

ca·pa·bil·ity [ˌkeɪpə'bɪləti, AM -ət̬i] *n* ❶ *no pl (ability)* Fähigkeit *f,* Vermögen *nt;* **to be beyond sb's ~** jds Fähigkeiten übersteigen; **to have the ~ to do sth** in der Lage sein, etw zu tun
❷ *(potentialities)* Entwicklungsmöglichkeiten *pl,* Potenzial *nt;* **~ for growth** Wachstumsmöglichkeiten *pl,* Wachstumschancen *pl*
❸ MIL Potenzial *nt;* **nuclear ~** nukleares Potenzial; **to develop nuclear ~** zur Atommacht werden

ca·pable ['keɪpəbl] *adj* ❶ *(competent)* fähig; *judge* kompetent; *worker* tüchtig; **to leave sth in sb's ~ hands** *(also hum)* etw vertrauensvoll in jds Hände legen; **~ mother** gute Mutter
❷ *(able)* fähig, befähigt; ***your plan is ~ of being improved*** deinen Plan könnte man noch besser machen; ■**to be ~ of doing sth** in der Lage sein, etw zu tun

ca·pably ['keɪpəbli] *adv* kompetent, geschickt, gekonnt *fam*

ca·pa·cious [kə'peɪʃəs] *adj* ❶ *(form) room* geräumig; *suit* weit; *pocket, bag* groß
❷ *(fig)* **~ memory** sehr gutes Gedächtnis; **~ mind** aufnahmefähiger Verstand

ca·paci·tance [kəˈpæsɪtᵊns, AM ˈpæsə] *n no pl* PHYS [elektrische] Speicherfähigkeit [*o* Ladekapazität] *f*
ca·paci·tive [kəˈpæsɪtɪv] *adj* ELEC kapazitiv
ca·paci·tor [kəˈpæsɪtəʳ, AM -t̬ɚ] *n* ELEC Kondensator *m*
ca·pac·ity [kəˈpæsəti, AM -əţi] **I.** *n* ① *(cubic capacity)* Fassungsvermögen *nt; (available space)* Rauminhalt *m,* Volumen *nt;* ***the stadium has a seating ~ of 50,000*** das Stadium hat 50.000 Sitzplätze
② *no pl (ability)* Fähigkeit *f,* Vermögen *nt;* ***it seems to be beyond his ~ to do that*** offensichtlich ist er damit überfordert; ***is it within her ~ to do it?*** ist sie in der Lage, das zu tun?; **mental ~** geistige Fähigkeiten *pl;* **~ for action** Handlungsfähigkeit *f;* **~ for investment** Investitionsfähigkeit *f;* **to have a ~ for sth** etw gut können; **to have a ~ for alcohol** [*or* **drink**] trinkfest sein
③ *no pl* LAW Geschäftsfähigkeit *f,* Rechtsfähigkeit *f;* **person of full age and ~** volljährige und geschäftsfähige Person
④ *no pl* MIL **military ~** militärische Schlagkraft
⑤ *(output)* Leistung[sfähigkeit] *f*
⑥ *no pl (maximum output)* Kapazität *f;* **to be full to ~** absolut voll sein; **filled to ~** ganz voll, randvoll; **to work below/at full ~** nicht ganz/voll ausgelastet sein
⑦ *(position)* Funktion *f,* Stellung *f; (role)* Eigenschaft *f;* ***he was speaking in his ~ as a critic*** er sprach in seiner Eigenschaft als Kritiker; **in her ~ as a lawyer** [in ihrer Funktion] als Anwältin
⑧ FIN *(solvency)* Kreditfähigkeit *f*
⑨ *(production)* **industrial** [*or* **manufacturing**] [*or* **production**] **~** Produktionskapazität *f;* **~ utilization** Kapazitätsauslastung *f*
II. *n modifier* ① *(maximum)* Höchst-, Maximal-; ***the hotel is at ~ occupancy*** das Hotel ist voll belegt; **to carry a ~ load** voll beladen sein; **~ working** ECON Vollauslastung *f*
② THEAT, MUS **to play to ~ audience** vor ausverkauftem Saal spielen; ***the star was cheered by a ~ crowd*** ein volles Haus jubelte dem Star zu
ca·ˈpac·ity con·straint *n* ECON Kapazitätsengpass *m* **ca·pac·ity uti·li·ˈza·tion** *n* Kapazitätenausnutzung *f,* Kapazitätsauslastung *f*
ˈcap agree·ment *n* FIN Cap-Vereinbarung *f*
ca·pari·son [kəˈpærɪsᵊn, AM ˈperə] *vt usu passive* ■ **to be ~ed** [**in sth**] [aus]geschmückt sein [mit etw *dat*], dekoriert sein [mit etw *dat*]
ˈcap bear·er *n* FIN Cap-Inhaber(in) *m(f)*
ˈcap buy·er *n* FIN Cap-Käufer(in) *m(f)*
cape¹ [keɪp] *n* Kap *nt,* Vorgebirge *nt;* **the C~ of Good Hope** das Kap der guten Hoffnung
cape² [keɪp] *n* Umhang *m,* Cape *nt*
caped [keɪpt] *adj inv* mit einem Umhang
ca·per¹ [ˈkeɪpəʳ, AM -ɚ] **I.** *n* ① *(liter: joyful leap)* Luftsprung *m,* Freudensprung *m;* **to cut a ~** einen Luftsprung machen
② *(usu pej: dubious activity)* Ding *nt sl,* krumme Sache *fam,* Gaunerei *f fam*
II. *vi* Luftsprünge machen, herumtollen, herumhüpfen
ca·per² [ˈkeɪpəʳ, AM -ɚ] *n usu pl* FOOD Kaper[n] *f[pl]*
ca·per·cail·lie [ˌkæpəˈkeɪli, AM pɚ], SCOT *also* **ca·per·cail·zie** [-ˈkeɪlzi] *n* ORN Auerhahn *m*
ˈCape Town *n* Kapstadt *nt*
Cape Verde [-ˈvɜːd, AM -ˈvɜːrd] *n* Kap Verde *nt* **Cape Verdean** [-ˈvɜːdiən, AM -ˈvɜːrdiən] **I.** *n* Kap-Verdier(in) *m(f)* **II.** *adj* kap-verdisch
ca·pi·as [ˈkeɪpiæs, AM -piəs] LAW **~ ad respondendum** Vorladung *f* eines Beklagten und Vernehmung zur Sache, Haftbefehl *m*
ca·pil·lari·za·tion [kəˌpɪlərarˈzeɪʃᵊn, AM -rɪˈ-] *n no pl* PHYSIOL Kapillarisation *f fachspr*
ca·pil·lary [kəˈpɪlᵊri, AM ˈkæpəleri] **I.** *n* ① ANAT Kapillare *f,* Kapillargefäß *nt*
② *(fine tube)* Kapillare *f,* Haarröhrchen *nt,* Kapillarröhre *f*
II. *n modifier* Kapillar-; **~ action** Kapillarwirkung *f,* Kapillareffekt *m;* **~ viscosimetry** Kapillarviskosimetrie *f*
capi·tal [ˈkæpɪtᵊl, AM -əţᵊl] **I.** *n* ① *(city)* Hauptstadt *f;* **financial ~** Finanzmetropole *f*
② *(letter)* Großbuchstabe *m;* **in** [**large**] **~s** in Großbuchstaben; **small ~s** Kapitälchen *pl*
③ ARCHIT Kapitell *nt,* Kapitäl *nt*
④ *no pl* FIN Vermögen *nt,* Kapital *nt;* **cost of ~** Kapitalzinsen *pl;* **flight of ~** Kapitalflucht *f;* **movements of ~** Kapitalverkehr *m;* **~ for covering risks** Risikodeckungskapital *nt;* **authorized** [*or* **nominal**] **~** genehmigtes Grundkapital; **called-up ~** aufgerufenes Kapital; **circulating ~** Umlaufvermögen *nt,* Betriebskapital *nt;* **equity ~** Aktienkapital *nt;* **fixed ~** Anlagevermögen *nt;* **human ~** Menschenkapital *nt;* **issued ~** ausgegebenes Kapital; **junior/senior ~** nachrangiges/vorrangiges Kapital; **paid-up ~** eingezahltes Kapital; **registered ~** genehmigtes Kapital; **risk ~** Risikokapital *nt;* **share ~** Aktienkapital *nt;* **venture ~** Wagniskapital *nt;* **working ~** Betriebskapital *nt;* **~ invested** Kapitaleinsatz *m;* **~ paid in** Kapitaleinzahlung *f;* **fully paid-up ~** voll einbezahltes Kapital; **to put ~ into a company** Kapital in ein Unternehmen investieren; **to make ~** [**out**] **of** [*or* **from**] **sth** *(fig)* aus etw *dat* Kapital schlagen
II. *n modifier* ① *(principal)* Haupt-; **~ city** Hauptstadt *f;* **~ error** Kardinalfehler *m,* schwerwiegender Fehler
② *(upper case)* Groß-; **~ letter** Großbuchstabe *m;* ***I'm hungry with a ~ H*** ich habe einen Riesenhunger
③ LAW Kapital-; **~ offence** Kapitalverbrechen *nt*
④ *(of business assets)* **~** [**adequacy**] [*or* **~-to-asset**] **ratio** Eigenkapitalquote *f;* **~ base** Kapitalbasis *f;* **~ market** Kapitalmarkt *m;* **~ profit** Einkünfte *pl* aus Kapitalvermögen; **~ shares** Investmentfondsanteile *pl*
⑤ *(invested funds)* [Anlage]kapital *nt;* **~ commitments** Kapitaleinsatz *m,* Investitionsvolumen *nt;* **~ employed** investiertes Kapital; **~ exports** Kapitalausfuhr *m*
III. *adj* BRIT *(dated)* einmalig; **~ joke** Mordsspaß *m fam*
capi·tal ac·ˈcount *n* ECON, FIN ① *(owner's account)* Kapitalkonto *nt* ② *(investment items)* Vermögensaufstellung *f* eines Investmentfonds ③ AM *(total equity)* Gesamtkapital *nt* **capi·tal ˈad·equa·cy ra·tio** *n* FIN Kapitalausstattungskoeffizient *m* **capi·tal al·lo·ˈca·tion** *n* FIN Kapitalallokation *f* **capi·tal al·ˈlow·ance** *n* FIN Abschreibung *f;* ■ **~s** *pl* Abschreibungsbeträge *pl* aufgrund von Aufwendungen für Anlagegüter **capi·tal ˈas·set** *n* FIN Kapitalanlage *f* **capi·tal-as·set ˈra·tio** *n* FIN Eigenkapitalquote *f* **capi·tal ˈas·sets** *npl* FIN Kapitalvermögen *nt kein pl;* ECON Wirtschaftsgüter *pl,* Vermögensgegenstände *pl* **capi·tal ˈback·ing** *n no pl* FIN Kapitalunterlegung *f,* Eigenkapitalbindung *f* **capi·tal ˈbase** *n* FIN Kapitalbasis *f,* Kapitalgrundlage *f* **capi·tal ˈbo·nus** *n (insurance)* Sonderdividende *f* **capi·tal ˈcase** *n* LAW Kapitalfall *m* **capi·tal cer·ˈtifi·cate** *n* FIN Kapitalbrief *m* **capi·tal con·soli·ˈda·tion** *n* FIN Kapitalkonsolidierung *f* **capi·tal con·tri·ˈbu·tion** *n* FIN Einlage *f,* Kapitaleinlage *f,* Vermögenseinlage *f*
capi·tal ˈcost *n* FIN Kapitalkosten *pl*
capi·tal ˈcrime *n* Kapitalverbrechen *nt*
capital-debt ˈra·tio *n* FIN Kapital-Schulden-Verhältnis *nt* **capi·tal eˈquip·ment** *n* Produktionsmittel *pl,* Investitionsgüter *pl,* Anlagegüter *pl* **capi·tal ex·ˈpendi·ture** *n no pl* Investitionsausgaben *pl,* Kapitalaufwendungen *pl;* **~ on building** Bauinvestitionen *pl;* **~ planning** *no pl*/**requirements** *pl* FIN Investitionsplanung *f*/-bedarf *m* **capi·tal-expor·ting ˈcoun·try** *n* Kapitalexportland *nt* **capi·tal ex·ˈten·sion** *n* FIN Kapitalvergabe *f* **capi·tal ˈflow** *n* Kapitalbewegung *f,* Kapitalstrom *m,* Kapitalverkehr *m* **capi·tal for·ˈma·tion** *n no pl* FIN Kapitalbildung *f* **ˈcapi·tal-for·ming** *adj* FIN kapitalbindend **capi·tal ˈfunds** *npl* FIN Eigenkapital *nt* **capi·tal ˈgain** *n* FIN Kapitalgewinn *m,* Veräußerungsgewinn *m*
capi·tal ˈgains *n* Veräußerungsgewinn *m,* Kapitalgewinn *m,* Kursgewinn *m* **capi·tal ˈgains tax, CGT** *n no pl* Kapitalgewinnsteuer *f,* Kapitalertragssteuer *f*
capi·tal-gea·ring ˈra·tio *n* FIN Verschuldungsgrad *m* **capi·tal ˈgoods** *npl* Investitionsgüter *pl,* Anlagegüter *pl;* **~ industry** Investitionsgüterindustrie *f* **capi·tal ˈim·port** *n* Kapitalimport *m* **capi·tal-im·port·ing ˈcoun·try** *n* Kapitalimportland *nt* **capi·tal ˈin·come** *n no pl* Kapitaleinkünfte *pl,* Kapitaleinnahmen *pl* **capi·tal ˈin·flow** *n* Kapitalzufluss *m* **capi·tal ˈin·stru·ment** *n* Kapitalinstrument *nt* **capi·tal in·ˈten·sive** *adj pred,* **capi·tal-in·ˈten·sive** *adj attr* anlagenintensiv, kapitalintensiv; **~ industries** kapitalintensive Wirtschaftszweige
capi·tal in·ˈvest·ment *n* FIN Kapitalanlage *f,* Geldanlage *f,* Finanzmittelanlage *f;* COMM Anlageinvestitionen *pl;* **~ company** Kapitalanlagegesellschaft *f*
capi·tal in·ˈves·tor *n* Finanzinvestor(in) *m(f)*
capi·tal·ism [ˈkæpɪtᵊlɪzᵊm, AM -əţᵊl-] *n no pl* Kapitalismus *m*
capi·tal·ist [ˈkæpɪtᵊlɪst, AM -əţᵊl-] **I.** *n* ① *(investor)* Anleger(in) *m(f),* Investor(in) *m(f)*
② *(supporter of capitalism)* Kapitalist(in) *m(f) oft pej; (fig pej)* Ausbeuter(in) *m(f) pej*
II. *adj* kapitalistisch; *(pej)* ausbeuterisch *pej*
capi·tal·ist·ic [ˌkæpɪtᵊlˈɪstɪk, AM -əţəˈlɪs-] *adj* kapitalistisch; *(pej)* ausbeuterisch *pej*
capi·tali·za·tion [ˌkæpɪtᵊlarˈzeɪʃᵊn, AM -əţᵊlɪˈ-] *n no pl* ① LING Großschreibung *f*
② FIN Kapitalausstattung *f; (in accounting)* Kapitalisierung *f,* Aktivierung *f;* **~ of profits** Aktivierung *f* des Gewinns; **~ of reserves** Kapitalisierung *f* von Rücklagen
capi·tali·ˈza·tion is·sue *n* Emission *f* von Gratisaktien
capi·tal·ize [ˈkæpɪtᵊlaɪz, AM -əţəl-] **I.** *vt* ① LING ■ **to ~ sth** etw großschreiben
② FIN ■ **to ~ sth** *(invest in)* etw kapitalisieren [*o* aktivieren] *fachspr;* **company ~d at €1,000,000** Unternehmen *nt* mit einem Kapital von €1.000.000; **to be under-~d** unterkapitalisiert sein *fachspr*
③ FIN *(convert into capital)* etw zu Kapital machen
II. *vi (fig)* ■ **to ~ on sth** aus etw *dat* Kapital schlagen
capi·tal ˈlet·ter *n* Großbuchstabe *m;* **in ~s** in Großbuchstaben
capi·tal ˈlevy *n* ECON Vermögenssteuer *f* **capi·tal loss** *n* ECON Kapitalverlust *m* **capi·tal ˈmar·ket** *n* ECON Kapitalmarkt *m* **capi·tal ˈmove·ments** *npl* ECON Kapitalfluss *m,* Kapitalstrom *m,* Kapitalverkehr *m kein pl*
capi·tal of·ˈfence *n* LAW Kapitalverbrechen *nt*
capi·tal ˈout·flow *n* ① FIN *of company* Kapitalabfluss *m* ② ECON *of state* Kapitalexport *m* **capi·tal ˈout·lay** *n* FIN Investitionsausgaben *pl,* Investitionsaufwand *m* **capi·tal par·tici·ˈpa·tion** *n* FIN Beteiligung *f*
capi·tal ˈpun·ish·ment *n no pl* Todesstrafe *f*
ˈcapi·tal rais·ing *n no pl* FIN Kapitalaufbringung *f,* Kapitalerhöhung *f* **ˈcapi·tal-rais·ing** *adj attr* kapitalbeschaffend **capi·tal ˈra·tio** *n* FIN Kapitalquote *f;* **aggregate ~** Gesamtkennziffer *f* **capi·tal re·ˈquire·ments** *npl* FIN Kapitalbedarf *m;* **~ plan** Kapitalbedarfsplan *m;* **~ planning** *no pl* Kapitalbedarfsplanung *f* **capi·tal re·ˈserve** *n* FIN Kapitalrücklage *f* **capi·tal re·ˈserves** *npl* Kapitalreserven *pl* **capi·tal re·ˈsources** *npl* Kapitalausstattung *f*
capi·tal ˈspend·ing *n no pl* FIN Investitionsaufwendungen *pl,* Investitionsausgaben *pl;* **~ decision** Investitionsentscheidung *f;* **~ on replacement** Ersatzinvestition *f;* **~ policy** Investitionspolitik *f* **capi·tal ˈstock** *n no pl* FIN Grundkapital *nt,* Kapitalbestand *m,* Kapitalstock *m* **capi·tal ˈstruc·ture** *n* FIN Kapitalstruktur *f;* **~ ratio** Kapitalstrukturkennzahl *f*
capi·tal ˈswitch·ing *n no pl* FIN Kapitalumschichtung *f* **capi·tal taxˈa·tion** *n no pl* FIN Vermögensbesteuerung *f* **capi·tal ˈtheo·ry** *n* FIN Kapitaltheorie *f* **capi·tal ˈtie-up** *n* FIN Kapitalbindung *f* **capi·tal ˈtrans·fer** *n* FIN Kapitalüberweisung *f* **capi·tal ˈtrans·fer tax, CTT** *n* BRIT FIN Schenkungs- und Erbschaftssteuer *f* **capi·tal ˈturn·over** *n* FIN Kapitalumschlag *m* **capi·tal ˈvalue** *n* FIN Kapitalwert *m*
capi·tal ˈyields tax *n* FIN Kapitalertragsteuer *f;* *(written also)* KapESt *f;* **~ rate** Kapitalertragsteuersatz *m*

C

capi·ta·tion [ˌkæpɪ'teɪʃᵊn, AM -ə'-] *n* FIN Kopfsteuer *f*

Capi·tol ['kæpətᵊl] *n* AM ① *(hill)* **C~ Hill** Capitol Hill; **on C~ Hill** im amerikanischen Kongress
② *(building)* **State C~** Parlamentsgebäude *nt,* Kapitol *nt*

ca·pitu·late [kə'pɪtjʊleɪt, AM -'pɪtʃəleɪt] *vi* MIL kapitulieren, sich *akk* ergeben; *(fig)* aufgeben, kapitulieren; **to ~ to sb/sth** MIL sich *akk* jdm/etw ergeben; *(fig)* vor jdm/etw kapitulieren

ca·pitu·la·tion [kəˌpɪtjʊ'leɪʃᵊn, AM -ˌpɪtʃə'-] *n* MIL Kapitulation *f* (**to** vor +*dat*); *(fig)* Nachgeben *nt*

'cap mar·ket *n* FIN Cap-Markt *m*

capo ['kɑːpoʊ] *n* ① *esp* AM *(sl: in mafia)* Capo *m sl*
② MUS Capotast *m*

capon ['keɪpən, AM -pɑːn] *n* FOOD Kapaun *m*

capo tas·to [ˌkæpəʊ'tæstəʊ] *n see* **capo 2**

capped [kæpt] *adj inv* FIN nach oben begrenzt, gedeckelt; **~ rate** Höchstzinssatz *m,* Maximalzinssatz *m;* ***the interest rate is ~*** der Zinssatz ist nach oben begrenzt; **~ rate mortgage** Hypothek *f* mit Maximalzinssatz; **~ floating rate note** zinsvariabler Schuldtitel mit einem Maximalzinssatz

cap·puc·ci·no <*pl* -s> [ˌkæpʊ'tʃiːnəʊ, AM -ə'tʃiːnoʊ] *n* Cappuccino *m*

'cap pur·chase *n* FIN Cap-Kauf *m*

cap·ric acid [ˌkæprɪk'-] *n no pl* CHEM Caprinsäure *f*

ca·price [kə'priːs] *n* *(liter)* ① *(whim)* Laune *f,* Kaprice *f geh*
② *no pl (spontaneity)* Launenhaftigkeit *f*
③ *(unpredictable event)* Willkür *f;* **Nature's ~s** die Launen der Natur

ca·pri·cious [kə'priːʃəs] *adj* *(liter) person* launisch *pej,* launenhaft, kapriziös *geh; tyrant* unberechenbar; *weather* wechselhaft

ca·pri·cious·ly [kə'priːʃəsli] *adv* ① *(moodily)* launenhaft, launisch *pej*
② *(arbitrarily)* willkürlich

ca·pri·cious·ness [kə'priːʃəsnəs] *n no pl* ① *(moodiness)* Launenhaftigkeit *f*
② *(arbitrariness)* Willkür *f; of a decision* Willkürlichkeit *f*

Cap·ri·corn ['kæprɪkɔːn, AM -rəkɔːrn] *n* ① *no pl, no art (Zodiac sign)* Steinbock *m;* **the Tropic of ~** der Wendekreis des Steinbocks; **to be born under ~** im Zeichen des Steinbocks geboren sein
② *(person)* Steinbock *m*

ca·pro·ic acid [kə'prəʊɪk-, AM -'proʊ-] *n no pl* CHEM Capronsäure *f*

ca·pryl·ic acid [kə'prɪlɪk-] *n no pl* CHEM Caprylsäure *f*

'cap sell·er *n* FIN Cap-Verkäufer(in) *m(f)*

cap·si·cum ['kæpsɪkəm] *n* ① HORT, BOT Paprika *m,* Kapsikum *nt fachspr*
② FOOD Pfefferschote *f,* Peperoni *f; (hot spice)* spanischer Pfeffer
③ *no pl* MED Kapsikum *nt*

cap·size [kæp'saɪz, AM 'kæpsaɪz] **I.** *vi* NAUT kentern
II. *vt* ▪**to ~ sth** NAUT etw zum Kentern bringen; *(fig)* etw ruinieren; **to ~ a project** ein Projekt scheitern lassen

cap·stan ['kæpstən] *n* NAUT [Anker]winde *f,* Schiffswinde *f,* Kapstan *m fachspr;* MECH Tonwelle *f,* Tonrolle *f;* COMPUT Capstan *m,* Bandantrieb *m*

cap·sule ['kæpsjuːl, AM -sᵊl] *n* ① AEROSP [Raum]kapsel *f*
② PHARM [Arznei]kapsel *f*
③ ANAT Kapsel *f,* Schale *f;* **articular ~** Gelenkkapsel *f*

cap·sule 'ward·robe *n* Grundgarderobe *f*

cap·tain ['kæptɪn, AM -tᵊn] **I.** *n* ① NAUT, AVIAT Kapitän(in) *m(f)*
② SPORT [Mannschafts]kapitän(in) *m(f),* Mannschaftsführer(in) *m(f)*
③ MIL *(in army)* Hauptmann *m; (in navy, air force)* Kapitän(in) *m(f)*
④ ECON **~ of industry** Großindustrielle(r) *f(m),* SCHWEIZ, ÖSTERR *a.* Wirtschaftskapitän(in) *m(f)*
II. *vt* ▪**to ~ sth** etw anführen; MIL etw befehligen; **to ~ a team** Mannschaftskapitän/Mannschaftskapitänin sein

cap·tain·cy ['kæptɪnsi] *n* ① *(term)* Führung *f;* ***her ~ of the Welsh team was very successful*** unter ihr war das walisische Team sehr erfolgreich
② *no pl (role)* Führerschaft *f,* Führung *f;* MIL Befehlsgung *f,* Befehl *m*

cap·tion ['kæpʃᵊn] *n* ① *(heading)* Überschrift *f,* Titel *m*
② *(under illustration)* Bildunterschrift *f,* Legende *f; (under cartoon)* Bildtext *m*
③ LAW Urteilskopf *m,* Rubrum *nt,* Kopf *m* einer Urkunde

cap·tious ['kæpʃəs] *adj* *(form)* überkritisch, spitzfindig

cap·ti·vate ['kæptɪveɪt, AM -tə-] *vt* *(approv)* ▪**to ~ sb** jdn faszinieren [*o* in seinen Bann ziehen]

cap·ti·vat·ing ['kæptɪveɪtɪŋ, AM -təveɪt̬ɪŋ] *adj* *(approv)* faszinierend, bezaubernd; **~ smile** einnehmendes [*o* gewinnendes] Lächeln

cap·tive ['kæptɪv] **I.** *n* Gefangene(r) *f(m)*
II. *adj inv* gefangen; *animal* in Gefangenschaft; **~ audience** unfreiwilliges Publikum; **to take/hold** [*or* **keep**] **sb ~** jdn gefangen nehmen/halten

cap·tive 'mar·ket *n* ECON monopolistischer Absatzmarkt

cap·tiv·ity [kæp'tɪvəti, AM -ət̬i] *n no pl* Gefangenschaft *f; (fig)* Unterdrückung *f;* **to be in ~** in Gefangenschaft sein; **animals bred in ~** in Gefangenschaft gezüchtete Tiere

cap·tor ['kæptəʳ, AM -ɚ] *n of a person* Entführer(in) *m(f); of a hostage* Geiselnehmer(in) *m(f); of a country* Eroberer *m; of a ship* Kaperer *m*

cap·ture ['kæptʃəʳ, AM -ɚ] **I.** *vt* ① *(take prisoner)* ▪**to ~ sb** jdn gefangen nehmen; *police* jdn festnehmen
② *(take possession)* **to ~ a city** eine Stadt einnehmen [*o* erobern]; **to ~ a ship** ein Schiff kapern [*o* aufbringen]; **to ~ a treasure** einen Schatz erobern
③ *(fig: gain)* ▪**to ~ sth** *control, prize* etw erringen; ***the Democrats ~d 70% of the votes*** die Demokraten konnten 70 % der Stimmen auf sich vereinigen; **to ~ sb's attention/interest** jds Aufmerksamkeit/Interesse erregen; **to ~ sb's sympathy** jds Sympathie gewinnen
④ ECON **to ~ the market** den Markt erobern
⑤ *(depict accurately)* ▪**to ~ sth** etw einfangen; **to ~ sth in a painting/on film** etw in einem Bild/auf Film festhalten
⑥ COMPUT ▪**to ~ sth** etw erfassen
II. *n of a person* Gefangennahme *f; (by police)* Festnahme *f; of a city* Einnahme *f,* Eroberung *f; of a ship* Kapern *nt,* Aufbringen *nt*

Capu·chin ['kæpjʊtʃɪn] *n* REL Kapuziner[mönch] *m*

car [kɑːʳ, AM kɑːr] **I.** *n* ① *(vehicle)* Auto *nt,* Wagen *m;* ***let's go by ~*** lass uns mit dem Auto fahren!
② RAIL Waggon *m,* Wagen *m;* **buffet/restaurant/sleeping ~** Buffet-/Speise-/Schlafwagen *m*
③ *(in airship, balloon)* Gondel *f*
II. *n modifier (accident, dealer, keys, tyres)* Auto-; **~ door** Wagentür *f,* Autotür *f;* **~ factory** Automobilfabrik *f;* **~ rental service** Autovermietung *f,* Autoverleih *m;* **~ renter** Automieter(in) *m(f);* **~ stereo** Autoradio *nt;* **~ tax** Kraftfahrzeugsteuer *f,* Motorfahrzeugsteuer *f* SCHWEIZ, Kfz-Steuer *f,* Mfk-Steuer *f* SCHWEIZ

car ac·'ces·so·ry *n* Autozubehörteil *nt;* **car accessories** *pl* Autozubehör *nt* **car 'aer·ial** BRIT, **car an·'ten·na** *n* AM Autoantenne *f*

ca·rafe [kə'ræf] *n* Karaffe *f*

cara·mel ['kærəmᵊl, AM *esp* 'kɑːrmᵊl] **I.** *n* ① *no pl (burnt sugar)* Karamell *m o* ÖSTERR, SCHWEIZ *a. nt,* gebrannter Zucker
② *(a sweet)* Karamellbonbon *nt,* Karamelle *f*
③ *(colour)* Karamell *nt*
II. *adj inv* ① FOOD Karamell-; **~ cream** Karamellcreme *f,* SCHWEIZ *a.* gebrannte Creme
② *(colour)* karamell[farben]

cara·mel·ize ['kærəmᵊlaɪz, AM 'kɑːrməl-] **I.** *vi* karamellieren
II. *vt* ▪**to ~ sth** etw karamellisieren; **~d sweets** Karamellbonbons *pl*

cara·pace ['kærəpeɪs, AM 'ker-] *n* ZOOL *(shell)* Rückenschild *m,* [Rücken]panzer *m; (fig)* Panzer *m,* Schutzschild *m;* ***no sense of guilt ever penetrated his moral ~*** er ließ nie irgendwelche Schuldgefühle an sich herankommen

car·at ['kærət, AM 'ker-] **I.** *n* <*pl* -s *or* -> Karat *nt*
II. *n modifier* -karätig; **one-~ diamond** einkarätiger Diamant; **24-~ gold** 24-karätiges Gold

cara·van ['kærəvæn, AM 'ker-] *n* ① BRIT *(vehicle)* Wohnwagen[anhänger] *m,* Wohnanhänger *m;* **gypsy ~** Zigeunerwagen *m*
② + *sing/pl vb (group of travellers)* Karawane *f;* **to join a ~** sich *akk* einer Karawane anschließen

cara·van·ning ['kærəvænɪŋ] *n no pl* BRIT Urlaub *m* im Wohnwagen, Wohnwagenurlaub *m;* ***we take the children ~ every summer*** wir fahren mit den Kindern jeden Sommer mit dem Wohnwagen in Urlaub; **to go ~** Urlaub im Wohnwagen machen

'cara·van park *n* AUS [Camping]platz *m* für Wohnwagen

cara·van·sa·ry [ˌkærə'vænsᵊri, AM ˌker-], AM *also* **cara·van·se·rai** [ˌkerə'vænsᵊraɪ] *n* + *sing/pl vb* Karawanserei *f*

'cara·van site *n* BRIT [Camping]platz *m* für Wohnwagen

cara·way ['kærəweɪ, AM 'ker-] *n no pl* Kümmel *m*

'cara·way seeds *npl* Kümmelsamen *pl,* Kümmelkörner *pl*

carb [kɑːb, AM kɑːrb] *n* *(fam) short for* **carbohydrate** Kohle[n]hydrat *nt*

'carb-con·trol·led *adj attr, inv short for* **carbohydrate-controlled** *diet* kohlenhydratarm

'carb-cut·ting *adj attr, inv* AM *(fam) short for* **carbohydrate-cutting** *diet* kohlenhydratarm

car·bide ['kɑːbaɪd, AM 'kɑːr-] *n* CHEM Karbid *nt*

car·bine ['kɑːbaɪn, AM 'kɑːr-] *n* MIL Karabiner *m*

'car body *n* Karosserie *f*

car·bo·hy·drate [ˌkɑːbə(ʊ)'haɪdreɪt, AM 'kɑːrboʊ'-] CHEM **I.** *n* Kohle[n]hydrat *nt;* **to be high/low in ~s** viele/wenig Kohlehydrate enthalten
II. *n modifier* Kohlehydrat-; **~ sweetener** Zuckeraustauschstoff *m*

car·bol·ic [kɑː'bɒlɪk, AM kɑːr'bɑː-] *adj inv* Karbol-; **~ soap** Karbolseife *f*

car·bol·ic 'acid *n* Karbolsäure *f,* Phenol *nt*

'car bomb *n* Autobombe *f*

car·bon ['kɑːbᵊn, AM 'kɑːr-] **I.** *n* ① *no pl* CHEM Kohlenstoff *m*
② *(dated: copy)* Durchschlag *m,* Kopie *f*
③ *(dated: paper)* Kohlepapier *nt,* Durchschlagpapier *nt*
II. *n modifier* CHEM *(fibre)* Kohle[nstoff]-; **~ compound** Kohlenstoffverbindung *f*

car·bon·ate ['kɑːbᵊneɪt, AM 'kɑːr-] *n* CHEM Karbonat *nt;* **~ of calcium** kohlensaurer Kalk, Calciumcarbonat *m;* **~ hardness** Carbonathärte *f,* temporäre Härte

car·bon·at·ed ['kɑːbᵊneɪtɪd, AM 'kɑːrbᵊneɪt̬-] *adj* kohlensäurehaltig, mit Kohlensäure

'car·bon-con·strain·ed *adj attr* mit geringer Kohlenstoffproduktion *nach n*

'car·bon copy, cc *n* Durchschlag *m,* Durchschrift *f; (fig)* Ebenbild *nt;* ***she's a ~ of her mother*** sie ist ihrer Mutter wie aus dem Gesicht geschnitten **car·bon-copy 'crime** *n* Nachahmungstat *f* **car·bon 'dat·ing** *n no pl* SCI Radiokarbonmethode *f,* Radiokohlenstoffmethode *f,* Kohlenstoffdatierung *f,* C-14-Methode *f fachspr* **car·bon di·'ox·ide** *n no pl* Kohlendioxid *nt,* Kohlensäure *f* **car·bon di·sul·phide** [-daɪ'sʌlfaɪd] *n no pl* Schwefelkohlenstoff *m* **car·bon 'fi·bre** *n no pl* Kohlenstofffaser *f*

car·bon·ic [kɑː'bɒnɪk, AM kɑːr'bɑːn-] *adj* Kohlen-, kohlenstoffhaltig; **~ acid** Kohlensäure *f*

car·bon·if·er·ous [ˌkɑːbə'nɪfᵊrəs, AM ˌkɑːr-] *adj* GEOL kohlehaltig, kohleführend; ▪**the C~** [**epoch**] das Karbon

car·bon·ize ['kɑːbᵊnaɪz, AM 'kɑːr-] CHEM **I.** *vt* ▪**to ~ sth** etw verkohlen [*o fachspr* karbonisieren]
II. *vi* verkohlen; **to ~ at low temperature** schwelen

car·bon 'micro·phone *n* COMPUT Kohlemikrofon *nt* **car·bon mon·'ox·ide I.** *n no pl* Kohlenmonoxid *nt,* Kohlenoxid *nt* **II.** *n modifier (level, poisoning, pollution)* Kohlenmonoxid- **car·bon-'neu·tral** *adj fuel, production process* kohlendioxidneutral **'car·bon pa·per** *n no pl (dated)* Kohlepapier *nt,* Durchschlagpapier *nt* **car·bon 'rib·bon** *n* COMPUT

Karbonband *nt* **car·bon 'set** *n* COMPUT Formulare *pl* mit Kohlepapier **car·bon 'tis·sue** *n* COMPUT Pigmentpapier *nt*
car·bon·yl chlo·ride [ˌkɑːbənɪl'klɔːraɪd, AM ˌkɑːr-] *n no pl* CHEM Phosgen *nt*
car-'boot sale *n* BRIT *Verkauf persönlicher Gegenstände aus dem Kofferraum auf einem Parkplatz*
car·box·yl·ic acid [ˌkɑːbɒksɪlɪk'æsɪd, AM ˌkɑːrbɑːk-] *n* CHEM Carbonsäure *f*
'car·break·ing *n* Autoaufbruch *m*
car·bun·cle ['kɑːbʌŋkl̩, AM 'kɑːr-] *n* ① MED *(swelling)* Karbunkel *m*
② *(gem)* Karfunkel *m*
③ *no pl (gemstone)* rund geschliffener Granat
car·bu·ret·tor, AM **car·bu·retor** [ˌkɑːbjə'retəʳ, AM 'kɑːrbəreɪt̬ɚ] *n* AUTO Vergaser *m*
car·cass <*pl* -es>, *esp* BRIT **car·case** ['kɑːkəs, AM 'kɑːr-] *n* ① *(of an animal)* Tierleiche *f*, [Tier]kadaver *m; (of a meat animal)* Rumpf *m; (of poultry)* Gerippe *nt*, Überreste *pl*
② *(of a vehicle)* [Auto]wrack *nt;* **~s of burnt-out vehicles** ausgebrannte Autowracks
③ *(pej sl: of human body)* Kadaver *m pej sl*
car·cino·gen [kɑː'sɪnədʒᵊn, AM kɑːr'-] *n* Krebserreger *m*, Karzinogen *nt fachspr*, Kanzerogen *nt fachspr;* **a class one ~** einer der gefährlichsten Krebserreger
car·cino·gen·ic [ˌkɑːsɪnə(ʊ)'dʒenɪk, AM ˌkɑːrsᵊnoʊ'-] *adj* Krebs erregend [*o* auslösend], karzinogen *fachspr*, kanzerogen *fachspr*
car·ci·no·ma [ˌkɑːsɪ'nəʊmə, AM ˌkɑːrsᵊn'oʊ-] *n* Karzinom *nt fachspr*, Krebsgeschwulst *f*, Tumor *m*
card¹ [kɑːd, AM kɑːrd] **I.** *n* ① *no pl (paper)* Pappe *f*, Karton *m*
② *(piece of paper)* Karte *f;* **blank ~** Leerkarte *f*, Blankokarte *f;* **business** [*or* **visiting**]/**index ~** Visiten-/Karteikarte *f*
③ *(postcard)* [Post]karte *f*, Ansichtskarte *f*
④ *(with a message)* [Glückwunsch]karte *f;* **anniversary/birthday/Christmas ~** Jubiläums-/Geburtstags-/Weihnachtskarte *f;* **get-well ~** Genesungskarte *f;* **greeting ~** Grußkarte *f*, Glückwunschkarte *f;* **valentine ~** Grußkarte *f* zum Valentinstag
⑤ *(game)* [Spiel]karte *f;* **playing ~** Spielkarte *f;* [**game of**] **~s** *pl* Kartenspiel *nt;* ***I've never been much good at ~s*** ich konnte noch nie gut Karten spielen; **house of ~s** *(also fig)* Kartenhaus *nt;* **pack** [*or* AM *also* **deck**] **of ~s** Kartenspiel *nt*, Karten *pl;* **to deal/shuffle the ~s** die Karten austeilen/mischen; **to play ~s** Karten spielen
⑥ *(for paying)* Karte *f;* **cash ~** Geldautomatenkarte *f*, Bank[omat]karte *f* SCHWEIZ, ÖSTERR; **charge ~** Kundenkreditkarte *f;* **cheque** [*or* **banker's**] [*or* AM **bank**] **~** Scheckkarte *f;* **credit/phone ~** Kredit-/Telefonkarte *f*
⑦ *(proof of identity)* Ausweis *m;* **identity** [*or* **ID**] **~** Personalausweis *m*, Identitätskarte *f* SCHWEIZ; **membership ~** Mitgliedskarte *f*, Mitgliedsausweis *m*, SCHWEIZ *a.* Mitgliederausweis *m;* **party ~** Parteibuch *nt*
⑧ BRIT *(fam: employment papers)* ■**~s** *pl* [Arbeits]papiere *pl;* **to ask for one's ~s** sich *dat* seine Papiere geben lassen; **to get one's ~s** entlassen werden; **to give sb his/her ~s** jdn entlassen, jdm kündigen [*o* SCHWEIZ künden]
▸PHRASES: **the last ~** *(fam)* die letzte Chance; **to have a ~ up one's sleeve** noch etwas in petto haben; **to have** [*or* **hold**] **all the ~s** alle Trümpfe in der Hand haben; **to hold** [*or* **keep**] **one's ~s close to one's chest** sich *dat* nicht in die Karten schauen lassen; **to be on** [*or* AM **in**] **the ~s** zu erwarten sein; **to play one's best** [*or* **trump**] **~** seinen höchsten Trumpf ausspielen; **to play one's ~s right** [*or* **well**] geschickt vorgehen; **to put** [*or* **lay**] **one's ~s on the table** seine Karten auf den Tisch legen; **to throw in one's ~s** sich *akk* geschlagen geben
II. *n modifier* ① *(using cards)* Karten-; **~ catalogue** [*or* AM **catalog**] Zettelkatalog *m*, Kartei *f;* **~ index** Kartei *f*, Kartothek *f*
② *(using playing cards) (game, trick)* Karten-
III. *vt* AM ■**to ~ sb** sich *dat* jds Ausweis zeigen lassen; ■**to be ~ed** seinen Ausweis vorzeigen müssen
card² [kɑːd, AM kɑːrd] *n (dated fam)* Spaßvogel *m*, Witzbold *m*
card³ [kɑːd, AM kɑːrd] **I.** *n* MECH Wollkamm *m*, Kratze *f fachspr*, Karde *f fachspr*
II. *vt* **to ~ cotton/wool** Baumwolle/Wolle kämmen
car·da·mom ['kɑːdəməm, AM 'kɑːrd-], BRIT *also* **car·da·mum**, AM *also* **car·da·mon** [-mən] *n* Kardamom *m o nt*
'card·board I. *n no pl* Pappe *f*, [Papp]karton *m; (fig pej)* **to be ~** klischeehaft [*o* stereotyp] sein *pej* **II.** *n modifier* Papp-, Karton-; **~ box** [Papp]karton *m*, Pappschachtel *f*, Kartonschachtel *f* SCHWEIZ; **~ packaging** Kartonverpackung *f*, Kartonage *f* **card·board 'city** *n esp* BRIT Obdachlosensiedlung *f*, Pappschachtelstadt *f*
'card-carry·ing *adj attr (hum: dedicated)* überzeugt *attr* **card-carry·ing 'mem·ber** *n* POL eingetragenes Mitglied
'car deck *n* NAUT, TRANSP Wagendeck *nt*
'card file *n* Karteikarte *f* **'card game** *n* Kartenspiel *nt* **'card·hold·er** *n* FIN Karteninhaber(in) *m(f)*
car·di·ac ['kɑːdiæk, AM 'kɑːr-] *adj inv* Herz-; **~ disease** Herzkrankheit *f;* **~ patient** Herzpatient(in) *m(f)*, Herzkranke(r) *f(m)*
car·di·ac ar·'rest *n* Herzstillstand *m*
car·die *n* BRIT *(fam or childspeak) short for* **cardigan**
car·di·gan ['kɑːdɪgən, AM 'kɑːr-] *n* Strickjacke *f*
car·di·nal ['kɑːdɪnᵊl, AM 'kɑːr-] **I.** *n* ① REL Kardinal *m*
② ORN Kardinal[vogel] *m*
③ MATH Grundzahl *f*, Kardinalzahl *f*
II. *adj attr, inv* Haupt-, hauptsächlich, grundlegend; **~ error** Kardinalfehler *m;* **~ rule** Grundregel *f;* **~ sin** Todsünde *f*
car·di·nal 'num·ber *n* Kardinalzahl *f*, Grundzahl *f* **car·di·nal 'point** *n* Himmelsrichtung *f* **car·di·nal 'vir·tue** *n* Kardinaltugend *f*
'card in·dex *n* Kartei *f; of a library* Katalog *m*
car·dio ['kɑːdiəʊ, AM 'kɑːrdioʊ] **I.** *n (aerobics)* Cardio *nt*
II. *n modifier (fitness, session, shape, workout)* Cardio-
car·dio·funk ['kɑːdiə(ʊ)fʌŋk, AM 'kɑːrdioʊ-] *n no pl* Cardiofunk *m (herzstärkendes Aerobic)*
car·dio·gram ['kɑːdiə(ʊ)græm, AM 'kɑːrdioʊ-] *n* MED Kardiogramm *nt*
car·dio·graph ['kɑːdiə(ʊ)grɑːf, AM 'kɑːrdioʊgræf] *n* MED Kardiograf *m*
car·di·og·ra·phy [ˌkɑːdi'ɒgrəfi, AM ˌkɑːrdi'ɑːg-] *n no pl* MED Kardiografie *f*
car·di·oid re·sponse ['kɑːdiɔɪd-, AM 'kɑːr-] *n* COMPUT herzförmige Empfangscharakteristik
car·di·olo·gist [ˌkɑːdi'ɒlədʒɪst, AM ˌkɑːrdi'ɑːl-] *n* MED Kardiologe, Kardiologin *m, f*
car·di·ol·ogy [ˌkɑːdi'ɒlədʒi, AM ˌkɑːrdi'ɑːl-] *n no pl* MED Kardiologie *f*
car·dio·pul·mo·nary [ˌkɑːdiə(ʊ)'pʌlmənᵊri, AM ˌkɑːrdioʊ'pʊlmeneri] *adj inv* kardiopulmonal *fachspr*, Herz-Lungen-; **~ disease** Herz-Lungen-Erkrankung *f*
car·dio·vas·cu·lar [ˌkɑːdiə(ʊ)'væskjʊləʳ, AM ˌkɑːrdioʊ'væskjələ˞] *adj inv* kardiovaskulär *fachspr*, Herz-Kreislauf-
card-key ID [ˌkɑːdkiːaɪ'diː, AM ˌkɑːrd-] *n no pl* Schlüsselkarte *f*
car·doon [kɑː'duːn, AM kɑːr'-] *n* spanische Artischocke, Gemüseartischocke *f*, Karde *f*
car 'door *n* Autotür *f*, Wagentür *f*
'card·phone *n* Kartentelefon *nt* **'card·punch** *n* BRIT *(dated)* Lochkartenmaschine *f*, Kartenlocher *m*, Lochkartenstanzer *m* **'card read·er** *n* Kartenleser *m* **'card·sharp**, *esp* AM **'card·shark** *n* Falschspieler(in) *m(f)*, Zinker(in) *m(f) fam* **'card ta·ble** *n* Kartentisch *m*, Spieltisch *m* **'card vote** *n* BRIT Abstimmung *f* durch Wahlmänner
car·dy ['kɑːdi] *n* BRIT *(fam or childspeak) short for* **cardigan** Strickjacke *f*
care [keəʳ, AM ker] **I.** *n* ① *no pl (looking after)* Betreuung *f*, Aufsicht *f; (of children, the elderly)* Pflege *f; (in hospital)* Versorgung *f;* **duty of ~** Sorgfaltspflicht *f;* **to be in ~** in Pflege sein; **to be taken** [*or* **put**] **into ~** in Pflege gegeben werden; **to take** [**good**] **~ of sb** sich *akk* [gut] um jdn kümmern, jdn [gut] versorgen; **to be under a doctor's ~** bei einem Arzt in Behandlung sein
② *no pl (protection)* Obhut *f;* **~ and control** LAW [elterliche] Sorgepflicht; **child in ~** Fürsorgekind *nt;* **~ order** LAW Anordnung *f* öffentlicher Fürsorge; **~ proceedings** LAW Fürsorgeverfahren *nt;* **to be in** [*or* **under**] **sb's ~** in jds Obhut sein; **to take** [**good**] **~ of sb/sth** gut auf jdn/etw aufpassen; **take ~** [**of yourself**]! pass auf dich auf!, mach's gut! *fam*
③ *no pl (responsibility)* **to take ~ of sth** sich *akk* um etw *akk* kümmern, für etw *akk* Sorge tragen *geh;* ***you paid for dinner last time, let me take ~ of it*** du hast schon das letzte Essen bezahlt, lass mich das jetzt übernehmen; ***all the travel arrangements have been taken ~ of*** sämtliche Reisevorbereitungen wurden getroffen; [**in**] **~ of ...** c/o ..., zu Händen von ...
④ *no pl (maintenance)* Pflege *f;* **hair ~** Haarpflege *f;* **to take ~ of oneself** sich *akk* pflegen; **to take good ~ of sth** *car, toys, machine* etw schonen
⑤ *no pl (carefulness)* Sorgfalt *f*, Aufmerksamkeit *f;* ***have a ~!*** BRIT *(dated)* pass doch auf!, gib Acht!; **to take ~ with sth** bei etw *dat* aufpassen; ***you need to take a bit more ~ with your spelling*** du musst dir mit deiner Rechtschreibung mehr Mühe geben; ***take ~ not to spill your coffee*** pass auf, dass du den Kaffee nicht verschüttest; **to take ~ that ...** darauf achten, dass ...; ***take ~ that you don't fall!*** pass auf, dass du nicht hinfällst!; **to do sth with ~** etw sorgfältig machen; **to drive with ~** umsichtig fahren; **driving without due ~ and attention** BRIT LAW fahrlässiges Verhalten im Straßenverkehr; **to handle sth with ~** mit etw *dat* vorsichtig umgehen; ***'handle with ~'*** ‚Vorsicht, zerbrechlich!'
⑥ *(worry)* Sorge *f;* **to not have** [*or* **be without**] **a ~ in the world** keinerlei Sorgen haben; **to be free from ~** unbesorgt sein, keine Sorgen haben
II. *vi* ① *(be concerned)* betroffen sein; ***I think he ~s quite a lot*** ich glaube, es macht ihm eine ganze Menge aus; ***I could***[***n't***] ***~ less*** *esp* AM *(fam)* das ist mir völlig egal *fam;* ***as if I ~d*** als ob mir das etwas ausmachen würde; ***for all I ~*** meinetwegen; ***who ~s?*** *(it's not important)* wen interessiert das schon?; *(so what)* was soll's?; ■**to ~ about** [*or* **for**] **sth** sich *dat* aus etw *dat* etwas machen
② *(feel affection)* Zuneigung fühlen; ***I didn't know you ~d!*** ich wusste ja gar nicht, dass du dir etwas aus mir machst; ***I think he ~s for her very much*** ich glaube, sie bedeutet ihm sehr viel
③ *(want)* ■**to ~ to do sth** etw tun mögen; ***would you ~ to join us for dinner?*** darf ich Sie zum Abendessen einladen?; ■**to ~ for sth** etw mögen; ***would you ~ for a drink?*** möchten Sie etwas trinken?
④ *(look after)* ■**to ~ for sb/sth** sich *akk* um jdn/etw kümmern
III. *vt* ■**sb does not ~ how/what/where/whether/who/why ...** jdm ist es gleich [*o* egal], wie/was/wo/ob/wer/warum ...; ***I don't ~ how much it costs*** ich achte nicht auf den Preis
CARE [keəʳ, AM ker] *n acr for* **Cooperative for American Relief Everywhere** Amerikanische Internationale Hilfsorganisation
care·bot ['keəbɒt, AM 'kerbɑːt] *n* Pflegeroboter *m (Roboter, der speziell für pflegebedürftige Personen entwickelt wurde)*
ca·reen [kə'riːn] **I.** *vt* **to ~ a boat** ein Schiff kielholen
II. *vi* ① NAUT sich *akk* auf die Seite legen, krängen *fachspr*
② *esp* AM *(career)* rasen
ca·reer [kə'rɪəʳ, AM -'rɪr] **I.** *n* ① *(profession)* Beruf *m;* ***he's taking up a ~ in the police force*** er geht in den Polizeidienst; ***I want a ~ in teaching*** ich möchte Lehrer werden; ***she has a very well-paid ~ as a doctor*** sie arbeitet als gut bezahlte Ärztin
② *(working life)* Karriere *f*, Werdegang *m*, Laufbahn *f;* ***don't do anything that will ruin your ~!*** setze deine Karriere nicht aufs Spiel!; ***he will be able to look back on a brilliant ~*** er wird auf eine glän-

zende Laufbahn zurückblicken können; **to enter upon a ~ in business** eine Laufbahn in der Wirtschaft einschlagen
II. *n modifier* ① *(professional)* Berufs-; ~ **politician** Berufspolitiker(in) *m(f)*
② BRIT *(job prospects)* ■ ~**s ...** *(adviser, outlook, prospects)* Berufs-; ~**s office** Berufsberatung *f*
III. *vi* rasen; **to ~ out of control** außer Kontrolle geraten; **to ~ down a slope** einen Hang hinunterrasen
ca·'reer girl *n (dated)* Karrierefrau *f*
ca·reer·ist [kəˈrɪərɪst, AM -ˈrɪr-] *(usu pej)* I. *n* Karrierist(in) *m(f) pej,* Karrieremacher(in) *m(f)*
II. *adj* karrieristisch *pej*
ca·'reer lad·der *n* Karriereleiter *f* **ca·reer-'mind·ed, ca·reer-'ori·ent·ed** *adj* karriereorientiert **ca·'reer pros·pect** *n* Berufsaussichten *pl;* ■ ~**s** *pl* Aufstiegsmöglichkeiten *pl*
ca·'reers of·fic·er *n* BRIT Berufsberater(in) *m(f)*
ca·'reer wom·an *n* Karrierefrau *f*
'care·free *adj* sorgenfrei, unbekümmert, sorglos
care·ful [ˈkeəfəl, AM ˈker-] *adj* ① *(cautious)* vorsichtig; *driver* umsichtig; ***you can't be too ~ these days*** man kann heutzutage nicht vorsichtig genug sein; ***be ~ to look both ways when you cross the road*** denke daran, in beide Richtungen zu sehen, bevor du die Straße überquerst; ***be ~ about the ice on the road*** fahr vorsichtig – es ist glatt draußen; **to be ~ with sth** mit etw *dat* vorsichtig umgehen; ■ **to be ~ [that] ...** darauf achten, dass ...; ■ **to be ~ where/what/who/how ...** darauf achten, wo/was/wer/wie ...; ***be ~ how you phrase that question*** überlege dir genau, wie du die Frage stellst
② *(meticulous)* sorgfältig; *examination* gründlich; *analysis* umfassend; *worker* gewissenhaft; **to pay ~ attention to sth** auf etw *akk* genau achten; **to make a ~ choice** sorgfältig auswählen; **after ~ consideration** nach reiflicher Überlegung; **to make a ~ search of sth** etw gründlich [*o* genau] durchsuchen; **[be] ~ how you go!** BRIT *(dated)* pass auf dich auf!
care·ful·ly [ˈkeəfəli, AM ˈker-] *adv* ① *(cautiously)* vorsichtig; **to handle sth ~** mit etw *dat* achtsam [*o* vorsichtig] umgehen
② *(painstakingly)* sorgfältig, gewissenhaft, gründlich; **to examine sb ~** jdn gründlich untersuchen; **to listen ~** aufmerksam zuhören; **to prepare sth ~** etw gewissenhaft [*o* sorgfältig] vorbereiten; **to sift sth ~** etw genau unter die Lupe nehmen
care·ful·ness [ˈkeəfəlnəs, AM ˈker-] *n no pl* ① *(caution)* Vorsicht *f,* Achtsamkeit *f*
② *(meticulousness)* Sorgfalt *f,* Gründlichkeit *f*
'care·giv·er *n esp* AM ① *(for ill/disabled person)* Pflegekraft *f* ② *(for child)* Kinderbetreuer(in) *m(f)*
'care la·bel *n* Pflegeetikett *nt*
care·less [ˈkeələs, AM ˈker-] *adj* ① *(lacking attention)* unvorsichtig; *driver* leichtsinnig, unaufmerksam; LAW fahrlässig; ■ **to be ~ with sth** mit etw *dat* leichtsinnig umgehen; ***why are you so ~ with your things?*** warum passt du nicht besser auf deine Sachen auf?
② *(unthinking) remark* unbedacht, unüberlegt; *talk* gedankenlos
③ *(not painstaking)* nachlässig, unordentlich
④ *(carefree)* unbekümmert, sorglos, ungezwungen; ~ **elegance** lässige Eleganz; ~ **simplicity** unbekümmerte Naivität
care·less·ly [ˈkeələsli, AM ˈker-] *adv* ① *(without attention)* leichtsinnig, unvorsichtig
② *(negligently)* nachlässig, unordentlich
③ *(thoughtlessly)* gedankenlos
④ *(nonchalantly)* lässig, unbekümmert
care·less·ness [ˈkeələsnəs, AM ˈker-] *n no pl* ① *(lack of care)* Nachlässigkeit *f*
② *(thoughtlessness)* Gedankenlosigkeit *f,* Unüberlegtheit *f*
③ *(lack of carefulness)* Unvorsichtigkeit *f,* Leichtsinn *m*
car·er [ˈkeərəʳ] *n* BRIT Betreuer(in) *m(f);* ***Ken is the children's main ~*** meistens kümmert sich Ken um die Kinder
ca·ress [kəˈres] I. *n* <*pl* -es> Streicheln *nt,* Liebkosung *f veraltend geh;* ■ ~**es** *pl* Zärtlichkeiten *pl*
II. *vt* ■ **to ~ sb/sth** jdn/etw streicheln
III. *vi* Zärtlichkeiten austauschen
ca·ress·ing [kəˈresɪŋ] *adj* zärtlich, schmeichelnd
car·et [ˈkærɪt, AM ˈker-] *n* COMPUT Winkelzeichen *nt*
'care·tak·er I. *n* BRIT *(janitor)* Hausmeister(in) *m(f);* AM *(property manager)* Hausverwalter(in) *m(f)*
II. *adj attr, inv* ~ **chairman** geschäftsführender Vorsitzender; ~ **government** Übergangsregierung *f,* Interimsregierung *f,* geschäftsführende Regierung; ~ **Prime Minister** Übergangsministerpräsident *m,* Interimsministerpräsident *m*
'car·et mark, 'car·et sign *n* COMPUT Caretzeichen *nt,* Winkelzeichen *nt*
'care·worn *n* von Sorgen gezeichnet, vergrämt
'car fer·ry *n* Autofähre *f*
'car-free *adj inv* autofrei
car·go [ˈkɑːgəʊ, AM ˈkɑːrgoʊ] I. *n* <*pl* -s *or* -es> ① *no pl (goods transported)* Fracht *f,* Ladung *f,* Frachtgut *nt*
② *(load of goods) of wool, rice* Ladung *f*
II. *n modifier (container, weight)* Fracht-; ~ **plane** [*or* **aircraft**] Transportflugzeug *nt,* Frachtflugzeug *nt;* ~ **ship** [*or* **boat**] [*or* **vessel**] Frachter *m,* Frachtschiff *nt;* ~ **transport** Gütertransport *m*
'car·go cult *n no pl* REL Cargo-Kult *m* **'car·go in·sur·ance** *n no pl* Güterversicherung *f* **car·go trou·sers** *npl* Cargohose *f*
'car hire *esp* BRIT I. *n* Autovermietung *f kein pl* II. *n modifier* Autovermietungs-; ~ **company** Leihwagenfirma *f,* Autoverleih *m* **'car·hop** *n* AM *(dated fam)* Bedienung *f* in einem Drive-in-Restaurant
Car·ib [ˈkærɪb, AM ˈke-] *n* ① *(South American Indian)* Caribe *pl*
② *(language)* Carib-Sprache *f*
Car·ib·bean [ˌkærɪˈbiːən, kəˈrɪbi-, AM ˌkerɪˈ-, kəˈrɪbi-] I. *n no pl* ■ **the ~** *(sea)* die Karibik; *(islands)* die Karibischen Inseln
II. *adj inv* karibisch; *person also* karibischer Abstammung; **the ~ Islands** die Karibischen Inseln; **the ~ Sea** das Karibische Meer, die Karibik; ■ **to be ~** aus der Karibik stammen
cari·bou [ˈkærɪbuː, AM ˈker-] *n* ZOOL Karibu *m o nt*
cari·ca·ture [ˈkærɪkətʃʊəʳ, AM ˈkerəkətʃʊr] I. *n* Karikatur *f; (pej also)* Spottbild *nt pej;* **to become a ~ of oneself** zu einer Karikatur seiner selbst werden
II. *vt* ■ **to ~ sb/sth** *(draw)* jdn/etw karikieren; *(parody)* jdn/etw parodieren
cari·ca·tur·ist [ˈkærɪkətʃʊərɪst, AM ˈkerəkətʃʊr-] *n* Karikaturist(in) *m(f)*
cari·es [ˈkeəriːz, AM ˈker-] *n no pl* Karies *f;* **dental ~** Zahnkaries *f,* Zahnfäule *f*
ca·ril·lon [kærˈɪljən, AM ˈkerəlɑːn] *n* Glockenspiel *nt; (music also)* Glockenspielmusik *f*
car·ing [ˈkeərɪŋ, AM ˈker-] *adj (approv)* warmherzig, mitfühlend, einfühlsam; *person* fürsorglich; *society* sozial; *atmosphere* mitmenschlich
'car·ing pro·fes·sion *n* Sozialberuf *m*
'car in·sur·ance *n no pl* ① *(policy)* Kraftfahrzeugversicherung *f,* Motorfahrzeugversicherung *f* SCHWEIZ, Kfz-Versicherung *f*
② *(premium)* Kfz-Versicherungsprämie *f,* Kfz-Versicherungsbeitrag *m*
Ca·rin·thian [kəˈrɪn(t)θiən] I. *n* Carinthianer(in) *m(f)*
II. *adj* carinthisch
'car·jack I. *n* Wagenheber *m*
II. *vt* **to ~ a vehicle** ein Auto entführen [und die Insassen berauben]
'car·jack·ing *n* Autoentführung *f,* Autoraub *m kein pl*
'car li·cence *n* BRIT Kfz-Zulassung *f*
Car·mel·ite [ˈkɑːməlaɪt, AM ˈkɑːr-] REL I. *adj inv* Karmeliter-/Karmeliterinnen-
II. *n* Karmeliter(in) *m(f)*
car·mina·tive [ˈkɑːmɪnətɪv, AM ˈkɑːrmənət̬ɪv] *n* MED Karminativum *nt,* Carminativum *nt*
car·mine [ˈkɑːmaɪn, AM ˈkɑːr-] I. *n* Karmin[rot] *nt*
II. *adj* karminrot, karminfarben
car·nage [ˈkɑːnɪdʒ, AM ˈkɑːr-] *n no pl* Blutbad *nt,* Gemetzel *nt;* **the annual ~ on the roads** das alljährliche Blutvergießen auf den Straßen; **scene of ~** blutiges Schauspiel
car·nal [ˈkɑːnəl, AM ˈkɑːr-] *adj (form)* ① *inv (fleshly)* fleischlich, körperlich; *(sexual)* sexuell, sinnlich; ~ **desire** sinnliche Begierde, Fleischeslust *f veraltet o hum;* ~ **pleasures** sinnliche Freuden
② *(fig: worldly)* profan, weltlich
car·nal·ity [kɑːˈnæləti, AM kɑːrˈnælət̬i] *n no pl (form)* Sinnlichkeit *f,* Fleischeslust *f veraltet o hum*
car·nal 'knowl·edge *n no pl (form)* **to have ~ of sb** mit jdm Geschlechtsverkehr haben
car·na·tion [kɑːˈneɪʃən, AM kɑːrˈ-] I. *n* ① *(plant)* [Garten]nelke *f*
② *(flower)* Nelke *f*
③ *(colour)* Blassrot *nt,* Rosarot *nt*
II. *adj* rosa; ~ **pink** zartrosa
Car·nic Alps [ˌkɑːnɪkˈælps, AM ˌkɑːr-] *npl* Karnische Alpen *pl*
car·ni·val [ˈkɑːnɪvəl, AM ˈkɑːrnə-] I. *n* ① *(festival occasion)* Volksfest *nt;* AM *(funfair)* Jahrmarkt *m*
② *(pre-Lenten festival)* Karneval *m,* Fasching *m bes* SÜDD, ÖSTERR, Fastnacht *f,* Fasnacht *f* SCHWEIZ
II. *n modifier (procession, parade, time)* Karnevals-; ~ **atmosphere** ausgelassene Stimmung
car·ni·vore [ˈkɑːnɪvɔːʳ, AM ˈkɑːrnəvɔːr] *n* ① *(meateater)* Fleischfresser *m,* Karnivore *m fachspr*
② *(plant)* Fleisch fressende Pflanze, Karnivore *f fachspr*
③ *(hum: non-vegetarian)* Fleischfresser(in) *m(f) hum*
car·nivo·rous [kɑːˈnɪvərəs, AM kɑːrˈnɪ-] *adj inv* BOT, ZOOL Fleisch fressend, karnivor *fachspr;* ~ **plant** Fleisch fressende Pflanze
car·ob [ˈkærəb, AM ˈker-] *n* ① *no pl* FOOD Johannisbrot *nt*
② BOT Johannisbrotbaum *m*
car·ol [ˈkærəl, AM ˈker-] I. *n* [fröhliches] Lied *nt,* Jubellied *nt,* Lobgesang *m;* **Christmas ~** Weihnachtslied *nt*
II. *n modifier (book)* Weihnachtslieder-; ~ **concert** weihnachtliches Liedersingen, Weihnachtssingen *nt*
III. *vi* <BRIT -ll- *or* AM *usu* -l-> fröhlich singen; **to go ~ling** als Sternsinger von Haus zu Haus ziehen; *(fig)* **to ~ away** jubilieren
Caro·line Is·lands [ˈkærəlaɪn-, AM ˈkerə-] *npl* Karolinen *pl*
car·ol·ler, AM **car·ol·er** [ˈkærələʳ, AM ˈkerələr] *n,* **'car·ol sing·er** *n* ≈ Sternsinger(in) *m(f)*
'car·ol-sing·ing *n no pl* Weihnachtssingen *nt,* Sternsingen *nt,* Kurrendesingen *nt* SCHWEIZ; **to go ~** als Sternsinger von Haus zu Haus ziehen
caro·tene [ˈkærətiːn, AM ˈker-] *n no pl* Karotin *nt*
ca·rot·id [kəˈrɒtɪd, AM ˈrɑːt̬ɪd] *adj inv* Halsschlagader *f,* Karotis *f fachspr*
ca·rous·al [kəˈraʊzəl] *n no pl (dated or hum)* Trinkgelage *nt meist hum,* Zecherei *f veraltend o hum*
ca·rouse [kəˈraʊz] *vi* zechen *veraltend o hum,* ein Gelage feiern
carou·sel [ˌkærəˈsel, AM ˈkerəsel, ˈkær-] *n* ① *esp* AM *(roundabout)* Karussell *nt*
② AVIAT [Gepäck]ausgabeband *nt,* Gepäckkarussell *nt*
③ PHOT *(slide holder)* ■ **C~** Rundmagazin *nt*
'car own·er *n* Autobesitzer(in) *m(f)*
carp[1] <*pl* - *or* -s> [kɑːp, AM kɑːrp] *n* FOOD Karpfen *m*
carp[2] [kɑːp, AM kɑːrp] *vi* ■ **to ~ [about sb/sth]** [über jdn/etw] meckern *fam,* [an jdm/etw] herumnörgeln *fam;* ***I can't stand the way he's always ~ing*** ich kann sein ständiges Herumnörgeln nicht ausstehen; ■ **to ~ at sb** an jdm herummäkeln *fam;* ***she never stops ~ing at him*** sie hat immer etwas an ihm auszusetzen
car·pal bone [ˈkɑːpəl,-, AM ˈkɑːrpəl,-] *n* ANAT *(of hand)* Handwurzelknochen *m; (of foot)* Vorderfußwurzelknochen *m*
car·pal tun·nel 'syn·drome *n no pl* MED Karpaltunnelsyndrom *nt fachspr*
'car park *n* BRIT, AUS Parkplatz *m;* **multi-storey ~** Parkhaus *nt;* **underground ~** Tiefgarage *f*
Car·pa·thian Mountains [kɑːˌpeɪθiən'-, AM kɑːrˌ-]

npl Karpaten *pl*
Car·pa·thians [kɑːˈpeɪθiənz, AM kɑːrˈ] *npl* GEOG ■**the** ~ die Karpaten *pl*
car·pen·ter [ˈkɑːpəntəʳ, AM ˈkɑːrpəntɚ] *n* Zimmermann *m,* Schreiner(in) *m(f),* Tischler(in) *m(f)*
ˈcar·pen·ter jeans *npl* Carpenter Jeans *f meist pl*
car·pen·ters [ˈkɑːpəntəz, AM ˈkɑːrpəntɚz] *npl* Zimmermannshose *f*
car·pen·try [ˈkɑːpəntri, AM ˈkɑːr-] *n no pl* ❶ *(activity)* Zimmerhandwerk *nt,* Schreinerhandwerk *nt,* Tischlerhandwerk *nt;* ***Martin is learning*** ~ Martin lernt Tischler *fam*
❷ *(item)* [**piece** **of**] ~ Zimmermannsarbeit *f,* Schreinerarbeit *f,* Tischlerarbeit *f*
car·pet [ˈkɑːpɪt, AM ˈkɑːrpət] **I.** *n* ❶ *(rug)* Teppich *m;* ~ **of flowers** Blumenteppich *m;* ~ **of snow** Schneedecke *f;* **to fit** [*or* **lay**] **a** ~ einen Teppich[boden] verlegen; **fitted** [*or* AM **wall-to-wall**] ~ Teppichboden *m,* Spannteppich *m* SCHWEIZ, ÖSTERR
❷ *no pl (floor covering)* Bodenbelag *m*
▶PHRASES: **to be on the** ~ *(be reprimanded)* zusammengestaucht werden; *(be under discussion)* diskutiert werden; **to sweep sth under the** ~ etw unter den Teppich kehren
II. *vt* ❶ *(instal rug)* ■**to** ~ **sth** etw [mit einem Teppich] auslegen; **to** ~ **the stairs** einen Läufer auf die Treppenstufen legen
❷ *(fig fam: severely reprimand)* **to** ~ **sb** [**for sth**] jdn [wegen einer S. *gen*] zusammenstauchen [*o* zur Minna machen] *fam*
ˈcar·pet bag *n (dated)* Reisetasche *f* **ˈcar·pet·bag·ger** *n esp* AM *(pej)* politischer Abenteurer [*o* Karrieremacher] *(insbesondere Politiker aus dem Norden der USA, der nach dem Amerikanischen Bürgerkrieg in den Südstaaten Karriere machen wollte)*
ˈcar·pet bomb·ing *n* ❶ *no pl (activity)* Flächenbombardierung *f,* großflächige Bombardierung
❷ *(instance)* Flächenbombardement *nt*
car·pet·ed [ˈkɑːpɪtɪd, AM ˈkɑːrpət̬-] *adj inv* mit einem Teppich [*o* SCHWEIZ, ÖSTERR Spannteppich] ausgelegt; **to have a** ~ **bathroom** einen Teppich im Bad haben; **thickly** ~ mit einem dicken Teppich ausgelegt; *(fig)* **to be** ~ **with flowers** mit Blumen übersät sein
car·pet·ing [ˈkɑːpɪtɪŋ, AM ˈkɑːrpət̬-] *n no pl* Teppich[boden] *m,* Teppichware *f,* Teppiche *pl*
ˈcar·pet slip·pers *n pl* Hausschuhe *pl,* Pantoffeln *pl,* Finken *pl* SCHWEIZ, Patschen *pl* ÖSTERR *fam* **ˈcar·pet sweep·er** *n* Teppichkehrer *m,* Teppichreiniger *m* SCHWEIZ, Teppichkehrmaschine *f*
ˈcar phone *n* Autotelefon *nt* **ˈcar·pool** **I.** *n* Fahrgemeinschaft *f* **II.** *vi* eine Fahrgemeinschaft bilden, in einer Fahrgemeinschaft fahren **ˈcar·pool·ing** *n no pl* Bildung *f* einer Fahrgemeinschaft **ˈcar·port** *n* Einstellplatz *m* [mit Schutzdach], Autounterstand *m,* Carport *m*
car·rel [ˈkærəl] *n* ❶ *(cubicle in a library)* Lesekabine *f*
❷ *(study in a cloister)* Studierwinkel *m*
car·riage [ˈkærɪdʒ, AM ˈker-] *n* ❶ *(horse-drawn)* Kutsche *f*
❷ BRIT *(train wagon)* Personenwagen *m,* Reisezugwagen *m*
❸ *(posture)* [Körper]haltung *f*
❹ *(of a typewriter)* Wagen *m,* Schlitten *m*
❺ *no pl* BRIT *(transport costs)* Transportkosten *pl,* Frachtkosten *pl,* Frachtgebühr *f,* Rollgeld *nt;* ***that will be £150,*** ~ ***included*** das macht 150 Pfund, inklusive Fracht
ˈcar·riage clock *n* BRIT Reisewecker *m,* Reiseuhr *f* **car·riage ˈfor·ward** *adv* BRIT Fracht zahlt Empfänger, Frachtkosten per Nachnahme, unfrei **car·riage ˈfree** *adv* BRIT frachtfrei, Transport bezahlt **car·riage ˈpaid** *adv* BRIT frachtfrei, Transport bezahlt **ˈcar·riage re·turn** *n* ❶ *(button)* Wagenrücklauftaste *f,* Rückführtaste *f,* Zeilentaste *f* ❷ *(device)* Wagenrücklauf *m*
ˈcar·riageway *n* BRIT Fahrbahn *f;* **dual** ~ vierspurige Straße, Schnellstraße *f;* **northbound** ~ Fahrbahn *f* in nördlicher Richtung
car·ri·er [ˈkæriəʳ, AM ˈkeriɚ] *n* ❶ *(person)* Träger(in) *m(f);* *of luggage* Gepäckträger(in) *m(f);* *of water* [Wasser]träger(in) *m(f);* *(messenger)* Überbringer(in) *m(f),* Bote, Botin *m, f*
❷ MIL *(vehicle)* Transporter *m;* AVIAT Transportflugzeug *nt;* NAUT Transportschiff *nt;* [**aircraft**] ~ Flugzeugträger *m;* [**troop**] ~ Truppentransporter *m*
❸ *(transport company) of people* Personenbeförderungsunternehmen *nt;* *of goods* Transportunternehmen *nt,* Spedition *f;* *(by air)* Fluggesellschaft *f;* **common** ~ öffentliches Transportunternehmen; ~**ʼs lien** LAW Spediteurpfandrecht *nt*
❹ MED *of disease* [Über]träger(in) *m(f)*
❺ BRIT *(fam: bag)* Tragetasche *f*
❻ RADIO ~ [**wave**] Träger *m,* Trägerwelle *f*
❼ PHYS Trägersubstanz *f;* ~ **of charge** ELEC, PHYS Ladungsträger *m*
❽ CHEM Katalysator *m*
ˈcar·ri·er bag *n* BRIT Tragetasche *f;* *(of plastic)* [Plastik]tüte *f,* [Plastik]sack *m* SCHWEIZ, [Plastik]sackerl *nt* ÖSTERR; *(of paper)* [Papier]tüte *f,* [Papier]sack *m* SCHWEIZ, [Papier]sackerl *nt* ÖSTERR **ˈcar·ri·er gas** *n* PHYS Trägergas *nt* **ˈcar·ri·er pi·geon** *n* Brieftaube *f*
car·ri·erʼs re·ˈceipt *n* COMM Ladeschein *m*
car·ri·on [ˈkæriən, AM ˈker-] *n no pl* Aas *nt;* ~ **eater** Aasfresser *m*
ˈcar·ri·on ˈcrow *n* Rabenkrähe *f*
car·rot [ˈkærət, AM ˈker-] **I.** *n* ❶ *(vegetable)* Möhre *f,* Karotte *f,* Mohrrübe *f* NORDD, gelbe Rübe SÜDD, Rüebli *nt* SCHWEIZ
❷ *(fam: reward)* Belohnung *f,* Anreiz *m;* **to dangle** [*or* **hold out**] **a** ~ **in front of sb** versuchen jdn zu ködern; **the** ~ **and** [**the**] **stick** Zuckerbrot und Peitsche
II. *n modifier (cake, juice, soup, salad)* Karotten-, Möhren-
car·rot-and-ˈstick *adj attr, inv (fam)* ***sometimes I just have to resort to the*** ~ ***approach with my children*** manchmal hilft bei meinen Kindern nur noch Zuckerbrot und Peitsche **ˈcar·rot-top** *n (hum fam)* Rotschopf *m fam*
car·roty [ˈkærəti, AM ˈkerət̬i] *adj* möhrenfarben, karottenrot; ~ **hair** feuerrotes Haar
car·ry <-ie-> [ˈkæri, AM ˈkeri] **I.** *vt* ❶ *(bear)* ■**to** ~ **sb/sth** jdn/etw tragen; **to** ~ **sb piggyback** jdn huckepack tragen; ■**to** ~ **sth around** etw mit sich *dat* herumtragen
❷ *(move)* ■**to** ~ **sb/sth somewhere** jdn/etw irgendwohin tragen; ***the wind carried the leaves up in the air*** der Wind wirbelte die Blätter hoch; **to be carried downstream/down the river** flussabwärts treiben
❸ *(transport)* ■**to** ~ **sb/sth** jdn/etw transportieren [*o* befördern]; ***the bus was*** ~***ing our children to school*** der Bus brachte unsere Kinder zur Schule; ***the truck was not*** ~***ing a load*** der Lastwagen war nicht beladen; ***the stranded ship was*** ~***ing cargo*** das gestrandete Schiff hatte eine Ladung an Bord
❹ *(sustain the weight of)* ■**to** ~ **sb/sth** jdn/etw tragen; ***I'm so tired my legs won't*** ~ ***me*** ich bin so müde, ich kann mich kaum mehr auf den Beinen halten
❺ *(have with you)* ■**to** ~ **sth** [**with one**] etw bei sich *dat* haben [*o* tragen]; ***it's risky to*** ~ ***a knife/revolver*** [***with you***] es ist riskant, ein Messer/einen Revolver bei sich zu tragen; ***she always carries a picture of her mother with her*** [***in her wallet***] sie hat immer ein Bild von ihrer Mutter [in ihrer Brieftasche] bei sich
❻ *(retain)* **to** ~ **sth in oneʼs head** etw [im Kopf] behalten; **to** ~ **the memory of sth** [**with one**] etw in Erinnerung behalten
❼ *(have, incur)* ■**to** ~ **sth** etw haben; *(have printed on)* etw tragen; ***murder used to*** ~ ***the death penalty*** auf Mord stand früher die Todesstrafe; ***all cigarette packets*** ~ ***a warning*** auf allen Zigarettenpäckchen steht eine Warnung; **to** ~ **conviction** überzeugend sein; ***his speech carried a lot of conviction*** seine Rede klang sehr überzeugt; **to** ~ **insurance** versichert sein; **to** ~ **a penalty** eine [Geld]strafe nach sich ziehen; **to** ~ **responsibility** Verantwortung tragen; ***her job carries a lot of responsibility*** ihre Stelle bringt viel Verantwortung mit sich, sie trägt in ihrem Job viel Verantwortung; **to** ~ **sail** NAUT Segel gesetzt haben; **to** ~ **weight with sb** *(influence)* Einfluss auf jdn haben; *(impress)* jdn beeindrucken
❽ *(contain)* ■**to** ~ **sth** etw enthalten
❾ MUS **to** ~ **a tune** eine Melodie halten [können]
❿ *(transmit)* ■**to** ~ **sth** etw übertragen; **to** ~ **electricity/oil/water** Strom/Erdöl/Wasser leiten
⓫ MED ■**to** ~ **sth** etw übertragen; ***malaria is carried by mosquitoes*** Malaria wird von Stechmücken übertragen
⓬ *(support)* ■**to** ~ **sb** für jdn aufkommen; ■**to** ~ **sth** etw tragen; *(sustain)* **to** ~ **an animal through the winter** ein Tier über den Winter bringen; ***the company is currently being carried by its export sales*** die Firma wird im Moment durch ihre Exporte getragen; ***we cannot afford to*** ~ ***people who don't work hard*** Leute, die nicht hart arbeiten, sind für uns nicht tragbar; ***many animals store food in autumn to*** ~ ***them through the winter*** viele Tier sammeln im Herbst Futter um damit durch den Winter zu kommen
⓭ *(have a certain posture, conduct)* ■**to** ~ **oneself**: ***you can tell she's a dancer from the way that she carries herself*** an ihrer Haltung erkennt man gleich, dass sie Tänzerin ist; **to** ~ **oneʼs head high** *(fig)* den Kopf hoch tragen *fig;* **to** ~ **oneself well** sich *akk* gut halten; *(posture also)* eine gute Haltung haben
⓮ *(sell) shop* ■**to** ~ **sth** etw führen
⓯ *(win)* ■**to** ~ **sb** jdn auf seine Seite ziehen; ■**to** ~ **sth**: ***the president carried most of the southern states*** der Präsident gewann in den meisten südlichen Bundesstaaten die Wahl; **to** ~ **the day** den Sieg davontragen; ***the party's popular plans will surely*** ~ ***the day at the next election*** mit ihren populären Vorhaben wird die Partei die nächsten Wahlen bestimmt für sich entscheiden
⓰ *usu passive (approve)* ■**to** ~ **sth** etw *dat* zustimmen; ***his motion was carried unanimously/by 210 votes to 160*** sein Antrag wurde einstimmig/mit 210 zu 160 Stimmen angenommen
⓱ JOURN ■**to** ~ **sth** über etw *akk* berichten, etw bringen *fam;* ***the newspapers all*** ~ ***the same story on their front page*** die Zeitungen warten alle mit der gleichen Titelstory auf
⓲ *(develop)* **to** ~ **sth too far** mit etw *dat* zu weit gehen; **to** ~ **sbʼs ideas further** jds Ideen weiterentwickeln; ■**to** ~ **sth to sth** etw zu etw *dat* führen; **to** ~ **an argument to its** [**logical**] **conclusion** ein Argument [bis zum Schluss] durchdenken; **to** ~ **sth to an end** etw zu Ende führen; **to** ~ **sth to extremes** [*or* **its limits**] etw bis zum Exzess treiben; **to** ~ **the joke too far** den Spaß zu weit treiben
⓳ MATH **to** ~ **a number** *(on paper)* eine Zahl übertragen; *(in one's head)* eine Zahl [im Sinn] behalten; ***3,*** ~ ***1*** 3, behalte 1 [*o* 1 im Sinn]
⓴ *(be pregnant)* **to** ~ **a child** ein Kind erwarten, schwanger sein; ***when I was*** ~***ing Rajiv*** als ich mit Rajiv schwanger war
㉑ *(submit)* **to** ~ **oneʼs complaints to sb** jdm seine Beschwerden vortragen
㉒ FIN **to** ~ **interest** Zinsen abwerfen; ***the bonds*** ~ ***interest at 10%*** die Wertpapiere werfen 10 % Zinsen ab
▶PHRASES: **to** ~ **all before one/it** *(be successful)* vollen Erfolg haben; *(hum: have big breasts)* viel Holz vor der Hütte haben *hum;* **to have to** ~ **the can** BRIT *(fam)* die Sache ausbaden müssen *fam;* **to** ~ **a torch for sb** *(fam)* jdn anhimmeln *fam*
II. *vi* ❶ *(be audible)* zu hören sein; ***the actors' voices carried right to the back*** die Darsteller waren bis in die letzte Reihe zu hören
❷ *(fly)* fliegen; ***the ball carried high into the air*** der Ball flog hoch in die Luft
III. *n* FIN Kreditkosten *pl;* **positive/negative** ~ finanzieller Gewinn/Verlust
◆**carry along** *vt* ■**to** ~ **sth** ↔ **along** etw mitnehmen; *water, food* etw bei sich *dat* haben
◆**carry away** *vt* ❶ *(take away)* ■**to** ~ **sth** ↔ **away** etw wegtragen [*o* forttragen]; *current* etw wegtreiben [*o* forttreiben], etw wegspülen [*o* fortspülen];

storm, torrent etw [mit sich] fortreißen
② *usu passive* ■ **to be carried away** [**by sth**] *(be overcome by)* sich *akk* [von etw *dat*] mitreißen lassen; *(be enchanted by)* [von etw *dat*] hingerissen sein
③ *usu passive (overdo)* **to get carried away** [**with sth**] es [mit etw *dat*] übertreiben; ***don't get carried away!*** *(fam)* jetzt übertreib mal nicht! *fam;* ***I got rather carried away with buying presents*** ich war beim Geschenkekaufen nicht zu bremsen
◆ **carry back** *vt* ① *(take back)* ■ **to ~ back ↔ sth/sb** etw/jdn zurücktragen; ***to ~ sth back to the house*** etw zurück ins Haus tragen
② *(fig: transport)* **to ~ sb back to the old days/their youth** jdn in alte Zeiten/in seine Jugend [zurück]versetzen
◆ **carry forward** *vt* ECON, FIN ■ **to ~ sth ↔ forward** etw übertragen; **balance carried forward** [*or* **c/f**] Saldovortrag *m*
◆ **carry off** *vt* ① *(take away)* ■ **to ~ sb ↔ off** jdn wegtragen; *(in football)* jdn vom Spielfeld tragen; ■ **to ~ sth ↔ off** etw wegtragen; *thieves* etw erbeuten
② *(succeed)* ■ **to ~ sth off** etw hinbekommen *fam*
③ *(win)* ■ **to ~ off ↔ sth** etw gewinnen; **to ~ off a prize** einen Preis mit nach Hause nehmen
◆ **carry on I.** *vt* ① *(continue)* ■ **to ~ on ↔ sth** etw fortsetzen [*o* fortführen]; ~ ***on the good work*** weiter so!; **to ~ on a conversation/discussion** ein Gespräch/eine Diskussion fortsetzen, weiterreden/-diskutieren; ***we'll ~ on this conversation later*** wir reden später weiter; **to ~ on a firm/a tradition/sb's work** eine Firma/eine Tradition/jds Arbeit fortführen; ■ **to ~ on doing sth** etw weiterhin tun; **to ~ on reading/talking/partying** weiterlesen/-reden/-feiern; ~ ***on talking!*** sprich weiter [*o* fahr fort]!; ***we carried on talking till way past midnight*** wir setzten unser Gespräch bis weit nach Mitternacht fort
② *(conduct)* ■ **to ~ on sth** etw führen; **to ~ on a love affair** eine Affäre haben; **to ~ on a conversation** ein Gespräch führen, sich *akk* unterhalten; ***it's impossible to ~ on a decent conversation with him*** es ist unmöglich, sich mit ihm vernünftig zu unterhalten; **to ~ on one's research** seinen Forschungen nachgehen; ***her research is carried on under intense scrutiny*** ihre Forschungen werden strengstens überwacht; **to ~ on one's work** arbeiten
II. *vi* ① *(continue)* weitermachen; **to ~ on as if nothing has happened** [*or* **as usual**] so weitermachen, als ob nichts geschehen wäre; ■ **to ~ on with sth** mit etw *dat* weitermachen; *(do with)* [vorerst] mit etw *dat* auskommen; ***sorry to interrupt, do ~ on*** [***with what you were saying***] entschuldige, dass ich dich unterbrochen habe, fahr bitte fort [*o* sprich bitte weiter]
② *(fam: behave uncontrolledly)* sich *akk* danebenbenehmen; *(be noisy)* Radau machen *fam; (make a fuss, scene)* ein [furchtbares] Theater machen *fam; (talk incessantly)* reden und reden, pausenlos reden; ■ **to ~ on at sb** *(argue)* ständig mit jdm herumzanken *fam; (complain)* ständig an jdm herummäkeln *fam*
③ *(dated fam)* ■ **to ~ on with sb** mit jdm ein Techtelmechtel haben *hum fam,* etwas mit jdm haben *fam*
◆ **carry out** *vt* ① ■ **to ~ out ↔ sth/sb** *(take out)* etw/jdn hinaustragen; *(bring out)* etw/jdn heraustragen; ***the current carried the boat out to sea*** die Strömung trieb das Boot aufs Meer hinaus
② ■ **to ~ out ↔ sth** *(perform)* etw durchführen [*o* ausführen]; *(make real)* etw ausführen [*o* in die Tat umsetzen]; **to ~ out an attack** angreifen; **to ~ out an examination/an experiment/a search** eine Untersuchung/ein Experiment/eine Suche durchführen; **to ~ out sth to the letter** etw haargenau befolgen; **to ~ out an order** einen Befehl befolgen [*o* ausführen]; **to ~ out a plan** einen Plan ausführen [*o* in die Tat umsetzen]; **to ~ out a programme** ein Programm [in die Tat] umsetzen; **to ~ reforms** Reformen durchführen [*o* umsetzen]; **to ~ out a threat** eine Drohung wahrmachen
◆ **carry over I.** *vt* ■ **to ~ over ↔ sth** ① FIN *(bring forward)* etw vortragen *fachspr;* STOCKEX etw prolongieren *fachspr*
② *(postpone)* etw verlegen [*o* verschieben]; ***the performance has to be carried over to*** [*or* ***till***] ***next week*** die Vorstellung muss auf nächste Woche verschoben werden; ***lets ~ this issue over to our next meeting*** lass uns dieses Thema auf unsere nächste [*o* bis zu unserer nächsten] Besprechung vertagen; **to ~ over a week's holiday** eine Woche Urlaub ins neue Jahr herübernehmen
II. *vi* ① *(have an effect on)* ■ **to ~ over into sth** Einfluss auf etw *akk* haben; *(negative effect)* etw beeinträchtigen
② *(remain)* übrig bleiben; ■ **to ~ over from sth** aus etw *dat* stammen
◆ **carry through** *vt* ① *(sustain)* ■ **to ~ sb/an animal through** jdn/ein Tier durchbringen; ***have a biscuit, that'll ~ you through till supper*** *(hum fam)* iss einen Keks, damit du die Zeit bis zum Abendessen besser überstehst *hum fam*
② *(complete)* ■ **to ~ through ↔ sth** etw durchführen; **to ~ a plan through** einen Plan durchführen [*o* in die Tat umsetzen]; **to ~ through reforms** Reformen umsetzen [*o* durchführen]
'car·ry-all *n* AM ① *(travel bag)* Tragetasche *f,* Reisetasche *f* ② TRANSP *(horse-drawn vehicle) einspänniges, vierrädriges Fuhrwerk; (motorized vehicle)* Kombiwagen *m* **'car·ry-cot** *n* BRIT Babytragetasche *f* **car·ry-'for·ward** *n* FIN Übertrag *m,* Vortrag *m,* Saldenumbuchung *f*
car·ry·ing ['kæriɪŋ, AM 'keri-] *n* COMM ~ **charges** Speditionskosten *pl;* ~ **cost** Lagerkosten *pl*
'car·ry·ing agent *n* Spediteur(in) *m(f),* Transportunternehmer(in) *m(f)* **'car·ry·ing amount** *n* FIN Buchwert *m* **'car·ry·ing ca·pac·ity** *n* ① *(maximum load)* Nutzlast *f,* Tragfähigkeit *f; of cable* Belastbarkeit *f* ② ECOL zulässige Siedlungsdichte **'car·ry·ing charge** *n* AM ① ECON *(interest on installments)* Zins *m* für Teilzahlungskredit ② *(property owner's costs)* laufende Kosten **car·ry·ing-'on** <*pl* carryings-on> *n (fam)* ① *no pl (dubious affair)* Machenschaft[en] *f[pl]* ② *(dubious activity)* Machenschaft[en] *f[pl],* Umtriebe *pl* **'car·ry·ing trade** *n* Transportgewerbe *nt,* Speditionsgeschäft *nt*
'car·ry-on *n no pl* BRIT *(fam)* ① *(fuss)* Aufregung *f;* ***there was a real ~ at the butcher's today*** heute war beim Metzger ziemlich viel los; ***what a ~!*** was für ein Getue! ② *(dubious activity)* Machenschaft[en] *f[pl]* ③ *(love affair)* [Liebes]affäre *f* **car·ry-on 'lug·gage** *n no pl* Handgepäck *nt* **'car·ry-out I.** *n* AM, SCOT ① *(food)* Schnellimbiss *m* ② *(shop)* Imbissstube *f* **II.** *adj attr, inv* Schnellimbiss-; **a ~ pizzeria** eine Schnellpizzeria **'car·ry-over** *n* ① STOCKEX Übertrag *m,* [Saldo]vortrag *m;* ~ **day** *erster Tag einer neuen Börsenhandelsperiode an der Londoner Börse* ② ECON, FIN *(of payment)* Überziehung *f* ③ *(left over)* Überbleibsel *nt*
'car seat *n* AUTO Autositz *m,* Wagensitz *m* **'car shar·ing** *n* Carsharing *nt* **'car-shar·ing** *adj inv* Carsharing- **'car·sick** *adj* ***he always gets ~*** ihm wird beim Autofahren immer schlecht **'car·sick·ness** *n no pl* Übelkeit *f (beim Autofahren)*
cart [kɑːt, AM kɑːrt] **I.** *n* ① *(pulled vehicle)* Wagen *m,* Karren *m;* **horse ~** Pferdewagen *m;* **a horse and ~** Pferd und Wagen
② AM *(supermarket trolley)* Einkaufswagen *m*
▸ PHRASES: **to put the ~ before the horse** das Pferd von hinten aufzäumen
II. *vt (transport with effort)* ■ **to ~ sth** etw mühsam transportieren; *(carry)* etw schleppen *fam*
◆ **cart around** *vt* ■ **to ~ sth ↔ around** etw mit sich *dat* herumschleppen *fam*
◆ **cart away** *vt* ■ **to ~ sth ↔ away** etw abtransportieren [*o fam* wegschaffen]
◆ **cart off** *vt* ■ **to ~ sb ↔ off** jdn [mit Gewalt] wegbringen
cart·age ['kɑːtɪdʒ, AM 'kɑːr] *n no pl* ① *(load)* Fuhre *f*
② *(payment)* Fuhrlohn *m*
carte blanche [ˌkɑːt'blɑ̃(nt)ʃ, AM ˌkɑːrt'blɑː(n)ʃ] *n no pl* Freibrief *m,* Carte blanche *f geh;* **to give sb ~** [**to do sth**] jdm freie Hand geben[, etw zu tun]
car·tel [kɑː'tel, AM kɑːr'-] *n* Kartell *nt*
cart·er ['kɑːtəʳ, AM 'kɑːrt̬ɚ] *n* Kutscher(in) *m(f),* Fuhrmann *m*
Car·tesian [kɑː'tiːziən, AM kɑːr'tiːʒᵊn] *adj inv* PHILOS, MATH kartes[ian]isch; ~ **coordinates** kartesische Koordinaten
car·tesian 'struc·ture *n* COMPUT kartesische Struktur
Car·thage ['kɑːθɪdʒ, AM 'kɑːr] *n no pl* HIST Karthago *nt*
Car·tha·gin·ian [ˌkɑːθə'dʒɪniən, AM 'kɑːr] **I.** *n* Karthager(in) *m(f),* Punier(in) *m(f)*
II. *adj inv* karthagisch, punisch
cart·horse ['kɑːthɔːs, AM 'kɑːrthɔːrs] *n* Zugpferd *nt,* Kutschpferd *nt*
car·ti·lage ['kɑːtɪlɪdʒ, AM 'kɑːrt̬ᵊl-] *n* MED *no pl* Knorpel *m*
car·ti·lagi·nous [ˌkɑːtɪ'lædʒɪnəs, AM ˌkɑːrt̬ə'lædʒᵊn-] *adj* MED Knorpel-, knorp[e]lig
'cart·load *n* Wagenladung *f* (**of** von +*dat*); *(fig fam: large quantity)* Unmenge *f*
car·tog·ra·pher [kɑː'tɒgrəfəʳ, AM kɑːr'tɑːgrəfɚ] *n* Kartograf(in) *m(f)*
car·to·graph·ic [ˌkɑːtəʊ'græfɪk, AM ˌkɑːrt̬ə] *adj inv* kartografisch
car·tog·ra·phy [kɑː'tɒgrəfi, AM kɑːr'tɑːg-] *n no pl* Kartografie *f*
car·ton ['kɑːtᵊn, AM 'kɑːr-] *n* Karton *m; (commercial packaging)* Karton *m,* Kiste *m; (small)* Schachtel *f;* **milk ~** Milchtüte *f,* Milchpackung *f* SCHWEIZ, ÖSTERR
car·toon [kɑː'tuːn, AM kɑːr'-] *n* ① *(drawing)* Cartoon *m o nt,* Karikatur *f*
② ART *(preparatory drawing)* Karton *m*
③ FILM Zeichentrickfilm *m*
car·'toon char·ac·ter *n* Zeichentrickfigur *f*
car·'toon·ist [kɑː'tuːnɪst, AM kɑːr'-] *n* ① ART Karikaturist(in) *m(f)*
② FILM Zeichner(in) *m(f)* [von Zeichentrickfilmen], Trickzeichner(in) *m(f)*
car·toon 'strip *n* Cartoon *m o nt*
car·touche [kɑː'tuːʃ, AM kɑːr] *n* ART Kartusche *f*
car·tridge ['kɑːtrɪdʒ, AM 'kɑːr-] *n* ① *(for ink)* Patrone *f*
② *(container)* Hülle *f; (for ammunition)* Patrone *f*
③ *(cassette)* Kassette *f*
④ *(pick-up head)* Tonabnehmer *m*
'car·tridge belt *n* Patronengurt *m,* Patronengürtel *m* **'car·tridge case** *n* Patronenhülse *f* **'car·tridge pa·per** *n* Zeichenpapier *nt* **'car·tridge pen** *n* Füllfederhalter *m*
'cart track *n* BRIT Feldweg *m* **'cart·wheel I.** *n* ① *(wheel of cart)* Wagenrad *nt* ② SPORT Rad *nt; (activity)* Radschlagen *nt;* **to do** [*or* **turn**] **a ~** ein Rad schlagen **II.** *vi* Rad schlagen
carve [kɑːv, AM kɑːrv] **I.** *vt* ■ **to ~ sth** ① *(cut a figure)* etw schnitzen; *(with a chisel)* etw meißeln; *(cut a pattern)* etw [ein]ritzen; **to be ~d from stone** aus Stein gemeißelt sein
② FOOD *(cut meat)* etw tranchieren [*o* zerlegen]
③ *(cut)* etw zerschneiden; *(fig: establish)* etw erreichen; **to ~ a name for oneself** sich *dat* einen Namen machen; **to ~ a niche for oneself** eine [Markt]nische [für sich *akk*] finden; ■ **to ~ sth out** etw herausschneiden; **to ~ out a tunnel in a rock** einen Tunnel in den Fels treiben [*o* schlagen]
II. *vi* tranchieren
◆ **carve up** *vt* ① *(divide)* ■ **to ~ sth ↔ up** etw [auf]teilen
② BRIT *(fam: cut in front of)* ■ **to ~ sb ↔ up** jdn schneiden
③ *(cut up)* ■ **to ~ sb ↔ up** jdn [mit einem Messer] böse zurichten
carv·er ['kɑːvəʳ, AM 'kɑːrvɚ] *n* ① *(person)* Bildhauer(in) *m(f); wood* Holzschnitzer(in) *m(f); (at the table)* Vorschneider(in) *m(f)*
② *(knife)* Tranchiermesser *nt;* **electric ~** elektrisches [Tranchier]messer
③ BRIT *(spec) Armlehnstuhl, der zu einem Satz von Essstühlen gehört*

car·very ['kɑːvᵊri] *n* BRIT *offene Fleischzubereitung in einem Restaurant*
'carve-up *n* BRIT *(fam)* Verteilung *f*; *(sharing-out)* Anteil *m (bei einer Beute)*
carv·ing ['kɑːvɪŋ, AM 'kɑːrv-] *n* ART ① *no pl (art of cutting)* Bildhauerei *f*; *of wood* Schnitzen *nt* ② *(ornamental figure)* in Stein gemeißelte Figur; *(of wood)* Schnitzerei *f*
'carv·ing knife *n* Tranchiermesser *nt* **'carv·ing set** *n* Tranchierbesteck *nt*
'car wash *n* Autowaschanlage *f*
cary·at·id <*pl* -es *or* -s> ['kæriətɪd, AM ˌkeri'æt̬ɪd] *n* ARCHIT Karyatide *f*
casa·no·va [ˌkæsə'nəʊvə, AM -'noʊ-] *n (pej)* Casanova *m fam*
cas·cade [kæs'keɪd] **I.** *n* ① *(waterfall)* Wasserfall *m*; *(artificial waterfall)* Kaskade *f* ② *(liter: flowing mass)* Kaskade *f*
II. *vi* sich ergießen; *(fig) hair* in Wellen herabfallen
cas·cade 'car·ry *n* ELEC Kaskadenübertrag *m* **cas·cade con·'nec·tion** *n* COMPUT Kaskadenverbindung *f* **cas·cade con·'trol** *n* COMPUT Kaskadensteuerung *f*
cas·'cade tax *n* FIN Mehrphasensteuer *f*
cas·cad·ing 'win·dows *npl* COMPUT überlappende Fenster
case¹ [keɪs] *n* ① *(situation, instance)* Fall *m*; ***is that the ~ with you?*** trifft das für Sie zu?; ***if that is the ~ ...*** wenn das der Fall ist ...; *(is true)* wenn das stimmt [*o* zutrifft] ...; ***in the ~ of her having failed ...*** sollte sie nicht bestanden haben, ...; ***it's not a ~ of choice but of having to*** mit Wollen hat das nichts zu tun, eher mit Müssen; **in ~ of an emergency** im Notfall; **a ~ in point** ein [zu]treffendes Beispiel; **in most ~s** meistens, in den meisten Fällen; **as** [*or* **whatever**] **the ~ might** [*or* **may**] **be** wie dem auch sein mag, wie auch immer; **in ~ ...** für den Fall, dass ..., falls ...; ***in ~ the police come, hide the money*** versteck das Geld, falls [*o* für den Fall, dass] die Polizei kommt; ***bring a map, just in ~ you get lost*** bring eine Karte mit, nur für den Fall, dass du dich verirrst; **just in ~** für alle Fälle; **in any ~** *(besides)* ***I haven't been invited in any ~*** ich bin sowieso nicht eingeladen; ***we'll have a look, but it may be too expensive for us in any ~*** wir schauen es uns mal an, es ist aber vielleicht sowieso zu teuer für uns; *(at least)* ***the school, or in any ~ the head, is against the council's plans*** die Schule, oder zumindest der Rektor, ist gegen die Gemeindepläne; *(regardless)* ***in any ~, they ended up having a big argument*** am Ende haben sie sich jedenfalls [*o* auf jeden Fall] heftig gestritten; **in no ~** unter keinen Umständen, auf keinen Fall
② *(matter)* Angelegenheit *f*, Frage *f*; **a ~ of conscience** eine Gewissensfrage
③ LAW *(matter)* [Rechts]fall *m*, Sache *f*; *(suit)* Verfahren *nt*; ***is he the detective on the ~?*** ist er der Kriminalbeamte, der den Fall bearbeitet; ***the ~ went against her*** es wurde gegen sie entschieden; ***there was no ~ against her*** es lag nichts gegen sie vor; **an assault ~** ein Fall *m* von Körperverletzung; **murder ~** Mordfall *m*; **civil/criminal ~** Zivil-/Strafsache *f*, Zivil-/Strafverfahren *m*; **to come down to ~s** zur Sache kommen; **to lose/win a ~** einen Prozess verlieren/gewinnen; **to state one's ~** *(also fig)* seinen Fall vortragen *a. fig*
④ MED Fall *m*; **~ of malaria** *(illness)* Malariafall *m*, Fall *m* von Malaria; *(patient)* ein Malariakranker; **mental ~** Geisteskranke(r) *f(m)*
⑤ *usu sing (arguments)* Argumente *pl* (**for/against** für/gegen *+akk*); ***there's a good*** [*or* ***strong***] ***~ for buying our products*** es gibt viele [gute] Gründe, unsere Produkte zu kaufen; ***is there a good ~ for reinstating him?*** was spricht dafür, ihn wieder einzusetzen?; **to make [out] a ~ against/for sth** gegen/für etw *akk* argumentieren; **to make out a good ~ for sth** gute [*o* überzeugende] Argumente für etw *akk* vorbringen; **to overstate the ~** etw zu vehement vertreten
⑥ *no pl* LAW *(evidence)* Beweisvorbringen *nt fachspr*; ***let's hear the ~ for the defence*** die Verteidigung hat das Wort; ***the ~ rests*** die Beweisführung ist abgeschlossen; ***I rest my ~*** *(fig fam)* genau, das sage ich ja schon die ganze Zeit! *fam*; **a good** [*or* **strong**] **~** ein aussichtsreiches Vorbringen *fachspr*; ***he has a good*** [*or* ***strong***] ***~*** seine Klage erscheint aussichtsreich; **no ~ to answer** unschlüssiges Vorbringen *fachspr*; ***there is no ~ to answer*** das Vorbringen ist unschlüssig *fachspr*; ***she has no ~ to answer*** die gegen sie erhobene Klage ist unschlüssig *fachspr*; ***the court decided that there was no ~ to answer*** die Klage wurde als unschlüssig abgewiesen *fachspr*; ***the prosecution failed to make a ~ [for him] to answer*** die Staatsanwaltschaft konnte keinen schlüssigen Beweise [gegen ihn] vorbringen; **to close the ~** die Beweisaufnahme schließen
⑦ *(fig: person)* ***he's a ~*** *(also hum fam)* er ist eine komische Type *fam*; **a hard ~** ein schwieriger Fall; *(criminal)* ein schwerer Junge *fam*; **to be a hopeless/sad ~** ein hoffnungsloser/trauriger Fall sein
⑧ *no pl (fam: nerves)* **to be [***or* **get] on sb's ~** jdm auf die Nerven gehen *fam*; ***get off my ~!*** hör auf, mich zu nerven! *fam*
⑨ LING Fall *m*, Kasus *m fachspr*; **to be in the accusative/genitive ~** im Akkusativ/Genitiv stehen
case² [keɪs] *n* ① *(suitcase)* Koffer *m* ② *(for display)* Vitrine *f*, Schaukasten *m* ③ *(packaging plus contents)* Kiste *f*; *for instruments* Kasten *m*; **a ~ of wine** eine Kiste Wein ④ *(small container)* Schatulle *f*; *(for hat)* Schachtel *f*; *(for spectacles)* Etui *nt*; *(for musical instrument)* Kasten *m*; *(for CD, MC, umbrella)* Hülle *f* ⑤ TYPO Setzkasten *m*; **lower/upper ~ letter** Klein-/Großbuchstabe *m*; **to be written in lower/upper ~ letters** kleingeschrieben/großgeschrieben sein
case³ [keɪs] *vt (fam)* **to ~ the joint** sich *dat* den Laden mal ansehen *sl*; **to ~ a place** einen Ort inspizieren
'case book *n* Akte *f* [über einen Fall]; MED Krankenakte *f*
cased [keɪst] *adj pred, inv cable* ummantelt; ▪**to be ~ in sth** von etw *dat* umgeben [*o* umhüllt] sein
case 'his·to·ry *n* Krankengeschichte *f*
ca·sein ['keɪsiːn, -siːɪn] *n* Kasein *nt*
'case law *n no pl* LAW Fallrecht *nt*
'case-mak·ing ma·chine *n* TYPO Buchdeckenmaschine *f*, Buchbindemaschine *f* SCHWEIZ
case·ment, **case·ment 'win·dow** ['keɪsmənt-] *n* Flügelfenster *nt*; *(frame)* Fensterflügel *m*
'case study *n* Fallstudie *f* **'case·work** *n no pl* soziale Betreuung
cash [kæʃ] **I.** *n no pl* Bargeld *nt*; **~ market** Kassamarkt *m*; **~ position** Kassenlage *f*, Zahlungsmittelbestand *m*; **~ ratio** Barliquidität *f*; ***how much do you have on you in ready ~?*** wie viel haben Sie in bar dabei?; **to be strapped for [***or* **short of] ~** *(fam)* blank sein *fam*; ***£100 ~ down and the rest when the work is finished*** 100 Pfund sind sofort fällig und der Rest, wenn die Arbeit fertig ist; **~ in advance** Bargeldvorschuss *m*; **~ in [***or* AM **on] hand** Barbestand *m*, Bargeld *nt*; **to pay by [***or* **in] ~** bar bezahlen; **~ with order** Zahlung *f* bei Auftragserteilung
II. *vt* **to ~ a cheque [***or* AM **check]** einen Scheck einlösen [*o* einwechseln]; ▪**to ~ in** ↔ **sth** etw einlösen; **to ~ in chips/tokens** Chips/Gutscheine eintauschen; **to ~ in [one's chips]** *(fig euph fam)* den Löffel abgeben *fam*
◆**cash in I.** *vi* ▪**to ~ in on sth** mit etw *dat* Geld machen, aus etw *dat* Kapital schlagen; **to ~ in on the act** abzocken *fam*
II. *vt* ECON, FIN ▪**to ~ in** ↔ **sth** *shares* etw gegen bar verkaufen
◆**cash up** *vi* BRIT Kasse machen, abrechnen
cash·able ['kæʃəbl] *adj inv (cheque, bill)* einlösbar
'cash ac·count *n* Bargeldkonto *nt*, Barkonto *nt*, Geldkonto *nt* **'cash amount** *n* Barbetrag *m* **cash and 'car·ry I.** *n* ① *(shop)* Discountladen *m*, Discounter *m* ② *no pl* ECON, FIN *(on futures market)* gleichzeitiger Kauf bei Kasse und Verkauf bei Termin **II.** *n modifier* ECON Discount-; **~ sale** Discountverkauf *m* **III.** *adv* im Discount; **to buy sth ~** etw im Discount kaufen **'cash·back** *n* ① *(cash refund)* Rückerstattung *f (Rabattsystem bei Einkäufen)*; *(with mortgage)* Barerstattung *f* ② *(with a debit card purchase) Geldbetrag, den man sich z.B. im Supermarkt direkt von seinem Konto bar auszahlen lassen kann, wenn man dort mit der Kredit- oder Kundenkarte zahlt*; ***I'd like £25 ~, please*** ich hätte gern zusätzlich 25 Pfund in bar **'cash·back card** *n* Cash Back Card *f*, Rabattkarte *f* **'cash bal·ance** *n* Kassenbestand *m*, Kassenbilanz *f*, Kassenguthaben *nt* **'cash bar** *n bei Festlichkeiten: Bar, an der man selbst bezahlt* **'cash ba·sis** *n* ECON, FIN ergebniswirksame Verbuchung **cash 'ben·efits** *npl* Barleistungen *pl* **cash 'bo·nus** *n* COMM Barprämie *f* **'cash book** *n* FIN Kassenbuch *nt* **'cash box** *n* Geldkassette *f* **'cash budg·et** *n* FIN Kassenbudget *nt*, Kassenhaushalt *m* **cash 'buy-back** *n* STOCKEX Barrückkauf *m* **'cash card** *n esp* BRIT Geldautomatenkarte *f* **cash 'cheque** *n* BRIT Barscheck *m* **cash 'clear·ing** *n no pl* Geldverrechnung *f* **cash con·tri·'bu·tion** *n* FIN Bareinlage *f* **'cash cow** *n (fam)* umsatzstarkes Produkt, Cashcow *f* **'cash crop** *n* AM *ausschließlich zum Verkauf bestimmte Agrarprodukte* **'cash deal** *n* Kassageschäft *f* **cash 'defi·cit** *n* FIN Kassendefizit *nt* **cash de·'pos·it** *n* FIN Bardepot *nt*, Barsicherheit *f* **'cash desk** *n* BRIT Kassenschalter *m* **'cash dis·count** *n* COMM Skonto *m* **'cash dis·pens·er** *n* BRIT Geldautomat *m*, Bankautomat *m*, Bankomat *m* SCHWEIZ **cash 'divi·dend** *n* STOCKEX Bardividende *f* **cash 'down** *adv* COMM **to pay ~** bar bezahlen **cash down 'pay·ment** *n* Anzahlung *f*
'cashed date *n* FIN Einlösedatum *nt*
cash·ew, **'cash·ew nut** ['kæʃuː-] *n* Cashewnuss *f*; *(tree)* Nierenbaum *m*
'cash flow *n* FIN Cashflow *m*, Kassenzufluss *m*; **~ analysis** Cashflow-Analyse *f*; **~ model** Cashflow-Modell *nt*; **~ return** Cashflow-Return *m* **'cash-flow** *adj attr* Cashflow-, Liquiditäts-; **to have a ~ problem** ein Liquiditätsproblem haben; *(fam)* etw knapp mit dem Geld sein, abgebrannt sein *fam* **'cash fund** *n* FIN Fonds *m* der flüssigen Mittel **'cash funds** *npl* Barreserve *f* **cash 'hold·ings** *npl* FIN Bargeldhaltung *f*
cash·ier¹ [kæʃɪəʳ, AM -'ɪr] *n* Kassierer(in) *m(f)*; **to be a bank ~** am Schalter einer Bank arbeiten
cash·ier² [kə'ʃɪəʳ, AM -'ʃɪr] *vt* MIL ▪**to ~ sb** jdn unehrenhaft entlassen
cash in ad·'vance *n no pl* **to pay ~** bar im Voraus zahlen **cash in 'bank** *n no pl* Bankguthaben *nt*
cash·ing ['kæʃɪŋ] *n no pl of bill, cheque* Einlösen *nt*, Einlösung *f*
'cash·ing date *n* Einlösungsdatum *nt*
cash in 'hand *n no pl* Kassenbestand *m*, Kassenguthaben *nt*, Bargeldbestand *m* **cash in·'jec·tion** *n* Bareinlage *f*
cash·less ['kæʃləs] *adj inv* bargeldlos; **~ payments** *pl* bargeldloser Zahlungsverkehr
'cash loan *n* Kassendarlehen *nt* **'cash ma·chine** *n esp* BRIT Geldautomat *m*, Bankomat *m* SCHWEIZ, ÖSTERR **cash 'man·age·ment** *n* ① FIN Kassenhaltung *f*, Gelddisposition *f*; **~ model** Kassenhaltungsmodell *nt*; **~ plan** Kassendisposition *f*; **~ system** Finanzdispossystem *nt* ② *(software)* Cash-Management *nt*; **~ system** Cash-Management-System *nt* **'cash mar·ket** *n* STOCKEX Kassamarkt *m*
cash·mere ['kæʃmɪəʳ, AM 'kæʒmɪr, -ʃ-] *n* FASHION Kaschmir *m*
cash on de·'liv·ery *n no pl* Nachnahme *f*, Zahlung *f* bei Lieferung; **to send sth ~** etw per Nachnahme verschicken **cash on 'hand** *n no pl* Barbestand *m*
cash 'over(s) *n* AM FIN Kassenüberschuss *m*
'cash pay·ment *n* Barzahlung *f* **cash 'pay·out** *n* STOCKEX Bardividende *f* **'cash·point** *n* BRIT Geldautomat *m*, Bankomat *m* SCHWEIZ, ÖSTERR **'cash reg·is·ter** *n* Registrierkasse *f* **'cash re·serve** *n* FIN Barreserve *f*, Liquiditätsreserve *f* **'cash sale** *n* [Verkauf *m* gegen] Barzahlung *f*, Barverkauf *m* **cash 'set·tle·ment** *n* Cash Settlement *nt*, Barausgleich *m* **cash 'stock** *n no pl* Zahlungsmittelbestand *m*

cash 'sur·plus *n* Liquiditätsüberschuss *m* **'cash tile** *n* Kasse *f* **'cash trans·ac·tion** *n* ECON Barverkauf *m;* STOCKEX Kassageschäft *nt* **cash trans·'ac·tions** *npl* Bargeldverkehr *m* **cash 'value** *n* Barwert *m* **cash 'vouch·er** *n* FIN Kassenbeleg *m* **cash 'yield** *n* STOCKEX Barrendite *f*

cas·ing ['keɪsɪŋ] *n* ① *(cover, shell)* Hülle *f,* Umhüllung *f,* SCHWEIZ *a.* Umschlag *m; of a machine* Verkleidung *f; of a cable* Ummantelung *f; of a sausage* [Wurst]pelle *f*
② *(window)* [Fenster]futter *nt; (door)* [Tür]verkleidung *f*

ca·si·no <*pl* -os> [kə'si:nəʊ, AM -noʊ] *n* [Spiel]kasino *nt*

cask [kɑ:sk, AM kæsk] *n* Fass *nt;* **a ~ of wine** ein Weinfass *nt*

cas·ket ['kɑ:skɪt, AM 'kæsk-] *n* ① *(box)* Kästchen *nt,* Schatulle *f geh; (for jewels)* Schmuckkästchen *nt*
② AM *(coffin)* Sarg *m*
③ BRIT *(for cremation) Holzkästchen zur Aufnahme von Totenasche*

Cas·pian Sea [ˌkæspiən'-] *n* Kaspisches Meer, Kaspisee *m*

cas·sa·va [kə'sɑ:və] *n no pl* Maniok *m*

cas·se·role ['kæsᵊrəʊl, AM -əroʊl] **I.** *n* ① *(pot)* Schmortopf *m,* Kasserolle *f;* **iron ~** gusseiserne Kasserolle
② *(stew)* ≈ Eintopf *m*
II. *vt* ■**to ~ sth** etw in einer Kasserolle kochen

cas·sette [kə'set] *n* Kassette *f;* **audio ~** Tonbandkassette *f,* Audiokassette *f;* **video ~** Videokassette *f*

cas·'sette deck *n* Kassettendeck *nt* **cas·'sette play·er** *n* Kassettenrecorder *m,* Kassettenspieler *m* **cas·'sette re·cord·er** *n* Kassettenrecorder *m*

cas·sock ['kæsək] *n* Talar *m,* Soutane *f*

cast [kɑ:st, AM kæst] **I.** *n* ① + *sing/pl vb* THEAT, FILM Besetzung *f,* Ensemble *nt;* **supporting ~** *(actors playing minor roles)* Besetzung *f* der Nebenrollen
② *(moulded object)* [Ab]guss *m*
③ *(plaster)* Gips[verband] *m*
④ *(squint)* **to have a ~ in one's eye** schielen, einen Silberblick haben *fam*
⑤ *(worm excretion)* Ausscheidung *f; of birds of prey* Gewölle *nt*
II. *vt* <cast, cast> ① *(throw)* ■**to ~ sth** etw werfen; **to ~ a fishing line** eine Angelschnur auswerfen; **to ~ in one's lot with sb** sich *akk* auf Gedeih und Verderb mit jdm einlassen; **to ~ a net** ein Netz auswerfen; **to ~ a shoe** *horse* ein Hufeisen verlieren; **to ~ one's skin** *snake* sich *akk* häuten
② *(direct)* **to ~ aspersions** [*or* **nasturtiums**] **on sth** BRIT *(hum)* über jdn lästern; **to ~ doubt on sth** etw zweifelhaft erscheinen lassen; **to ~ an eye** [*or* **a glance**] **over sth** einen Blick auf etw *akk* werfen; **to ~ light on sth** Aufschluss über etw *akk* geben; **to ~ one's mind back to sth** sich *akk* an etw *akk* zu erinnern versuchen; **to ~ a shadow on** [*or* **over**] **sth** *(also fig)* einen Schatten auf etw *akk* werfen; **to ~ a slur on sth** etw in den Schmutz ziehen
③ *(allocate roles)* **to ~ a film** das Casting für einen Film machen; ***he was often ~ as the villain*** ihm wurde oft die Rolle des Schurken zugeteilt; **to ~ sb in a role** jdm eine Rolle geben; **to ~ sb to type** jdn auf eine bestimmte Rolle festlegen
④ *(give)* **to ~ one's vote** seine Stimme abgeben
⑤ *(make in a mould)* **to ~ a bell** eine Glocke gießen
▶PHRASES: **to ~ <u>caution</u> to the winds** es darauf ankommen lassen; **to be ~ in the same <u>mould</u>** [*or* AM **<u>mold</u>**] **as sb** aus demselben Holz geschnitzt sein; **to ~ one's <u>net</u> wide** seine Fühler in alle Richtungen ausstrecken; **to ~ <u>pearls</u> before swine** Perlen vor die Säue werfen

◆**cast about, cast around** *vi* ① *(search)* ■**to ~ about** [*or* **around**] **for sth** auf der Suche nach etw *dat* sein
② HUNT ■**to ~ about** [*or* **around**] **for an animal** die Witterung eines Tieres *gen* aufnehmen

◆**cast aside** *vt* ■**to ~ sth ↔ aside** sich *akk* von etw *dat* befreien; **to ~ old clothes aside** alte Kleider ablegen; **to ~ inhibitions aside** Hemmungen loswerden

◆**cast away** *vt* ① *(discard)* ■**to ~ away ↔ sth** etw wegwerfen
② *(end up)* ■**to be ~ away somewhere** irgendwohin verschlagen werden; NAUT irgendwo stranden
③ *see* **cast aside**

◆**cast down** *vt* ① *(fig)* ■**to be ~ down** niedergeschlagen sein
② *(lower)* **to ~ down one's eyes** die Augen niederschlagen; **to ~ down weapons** die Waffen strecken

◆**cast off I.** *vt* ① *(get rid of)* ■**to ~ sb/sth ↔ off** jdn/etw loswerden; *(free oneself of)* sich *akk* von jdm/etw befreien; **to ~ off friends** sich *akk* von Freunden lossagen
② *(knitting)* **to ~ off stitches** Maschen abketten
③ *(dated: throw off)* ■**to ~ off ↔ sth** etw abwerfen
④ NAUT ■**to ~ off ↔ sth** *ropes, lines* etw losmachen
II. *vi* NAUT ablegen

◆**cast on** *vt* **to ~ on stitches** Maschen aufschlagen

◆**cast out** *vt* ■**to ~ sb/sth ↔ out** jdn/etw vertreiben; **to ~ out demons** Dämonen austreiben

◆**cast up** *vt* ■**to ~ sth ↔ up** etw an Land spülen

cas·ta·nets [ˌkæstə'nets] *npl* Kastagnetten *pl*

cast·away ['kɑ:stəweɪ, AM 'kæst-] *n* ① *(survivor)* Schiffbrüchige(r) *f(m)*
② *(discarded object)* ausrangierter Gegenstand

caste [kɑ:st, AM kæst] *n* ① *no pl (social class system)* Kastenordnung *nt*
② + *sing/pl vb (social class)* Kaste *f*

cas·tel·lan ['kæstələn] *n* HIST Kastellan *m,* Schlossverwalter *m*

cas·tel·lat·ed ['kæstəleɪtɪd, AM -t̬-] *adj* schlossähnlich

'caste mark *n Zeichen der Kastenzugehörigkeit*

cast·er ['kɑ:stəʳ, AM 'kæstɚ] *n* ① *(person)* Gießer(in) *m(f)*
② *(machine)* Gießmaschine *f*
③ *see* **castor**

'cast·er ma·chine *n* COMPUT Gießmaschine *f* **'cast·er sug·ar** *n* BRIT, AUS Streuzucker *m*

'caste sys·tem *n* Kastenordnung *f*

cas·ti·gate ['kæstɪgeɪt, AM -tə-] *vt (form)* ■**to ~ sb** [**for sth**] jdn [wegen einer S. *gen*] geißeln *geh*

cas·ti·ga·tion [ˌkæstɪ'geɪʃᵊn, AM -ə'-] *n* Geißelung *f; (rebuke)* scharfer Verweis, scharfe Rüge

Cas·tile [kæs'ti:l] *n no pl* GEOG, HIST Kastilien *nt*

Cas·til·ian [kæs'tɪliən] *adj inv* kastilisch

cast·ing ['kɑ:stɪŋ, AM 'kæst-] *n* ① *(mould)* Guss *m; no pl (moulding)* Gießen *nt*
② THEAT Casting *nt,* Vorsprechen *nt*
③ *(fishing)* Auswerfen *nt (der Netze)*

cast·ing 'off *n* COMPUT Schätzen *nt* des Satzumfangs

'cast·ing vote *n* entscheidende [*o* ausschlaggebende] Stimme

cast 'iron I. *n no pl* Gusseisen *nt*
II. *n modifier* ① *(made of cast iron) (bracket, cooking pot, nail)* aus Gusseisen
② *(firm)* **a ~ alibi** ein wasserdichtes [*o* hieb- und stichfestes] Alibi; **a ~ will** ein eiserner Wille
③ *(certain)* **a ~ guarantee** eine sichere Garantie; **a ~ promise** ein festes [*o liter* ehernes] Versprechen

cas·tle ['kɑ:sl̩, AM 'kæsl̩] **I.** *n* ① *(fortress)* Burg *f; (mansion)* Schloss *nt*
② *(fam: chess piece)* Turm *m*
▶PHRASES: **to <u>build</u> ~s in the air** Luftschlösser bauen *prov*
II. *vi* CHESS rochieren

'cast-off I. *n* ① *(clothing)* abgelegtes Kleidungsstück; ■**~s** *pl* abgelegte Kleidung
② *(fig fam: ex-lover)* Verflossene(r) *f(m) fam*
③ COMPUT geschätzter Satzumfang
II. *vt* COMPUT ■**to ~ sth ↔ off** den Satzumfang von etw *dat* schätzen
III. *adj inv (second-hand)* gebraucht; *(worn)* getragen; *(discarded)* abgelegt

cas·tor ['kɑ:stəʳ, AM 'kæstɚ] *n* ① *(wheel)* Laufrolle *f,* Gleitrolle *f (unter Möbeln)*
② *(for sugar, pepper)* Streuer *m*

cas·tor 'oil *n no pl* Rizinusöl *nt* **cas·tor 'oil plant** *n* Rizinus *m* **'cas·tor stand** *n* AM *[Silber]gestell für Salz, Pfeffer und Öl oder Pickles* **'cast·or sug·ar** *n* Streuzucker *m*

cas·trate [kæs'treɪt, AM 'kæstreɪt] *vt* **to ~ sb/an animal** jdn/ein Tier kastrieren; *(fig: weaken)* ■**to ~ sb/sth** jdn/etw schwächen

cas·tra·tion [kæs'treɪʃᵊn] *n no pl* Kastration *f*

cas·tra·to <*pl* -ti> [kæs'trɑ:təʊ, AM -toʊ] *n* Kastrat *m*

cas·ual ['kæʒjuəl, AM 'kæʒuəl] **I.** *adj* ① *(not planned)* zufällig; **a ~ acquaintance** ein flüchtiger Bekannter/eine flüchtige Bekannte; **a ~ glance** ein flüchtiger Blick
② *(irregular)* gelegentlich; **~ sex** Gelegenheitssex *m;* **~ user of drugs** gelegentlicher Drogenkonsument/gelegentliche Drogenkonsumentin; **~ work** Gelegenheitsarbeit *f;* **~ worker** Gelegenheitsarbeiter(in) *m(f)*
③ *(careless)* gleichgültig; *(offhand)* beiläufig; *(incidental)* zufällig; *(not sympathizing)* sachlich; **~ attitude** gleichgültige Haltung; **~ observer** zufälliger Beobachter/zufällige Beobachterin; **~ remark** beiläufige Bemerkung
④ *(informal)* lässig, salopp; **~ clothes** legere Kleidung; **~ shirt** Freizeithemd *nt;* **~ wear** Freizeitkleidung *f;* **to go business ~** *office, company* im Büro legere Kleidung einführen
II. *n* ① *(clothes)* ■**~s** *pl* zwanglose [*o* saloppe] Kleidung; *(shoes)* Slippers *pl*
② BRIT *(hooligan)* halbstarker Schlägertyp

cas·ual 'Fri·day *n* **to implement a policy of ~** einführen, dass im Büro freitags legere Kleidung getragen werden darf

cas·ual·ly ['kæʒjuəli, AM 'kæʒuəli] *adv* ① *(without seriousness)* beiläufig; **to treat sb ~** jdn kaum beachten
② *(irregularly)* nicht kontinuierlich; **to be employed ~** nicht fest angestellt sein
③ *(accidentally)* zufällig
④ *(informally)* lässig, leger; **~ dressed** salopp gekleidet

cas·ual·ness ['kæʒjuəlnəs] *n no pl* ① *(unconcern)* Gleichgültigkeit *f,* Teilnahmslosigkeit *f*
② *(carelessness)* Achtlosigkeit *f,* Nachlässigkeit *f*

cas·ual·ty ['kæʒjuəlti, AM -ʒu:l-] *n* ① *(accident victim)* [Unfall]opfer *nt; (injured person)* Verletzte(r) *f(m); (dead person)* Todesfall *m*
② *(fig: negative result)* Opfer *nt*
③ *no pl* BRIT *(hospital department)* Unfallstation *f,* Unfallchirurgie *f*

'cas·ual·ty de·part·ment *n* BRIT Unfallstation *f,* Unfallchirurgie *f* **'casu·al·ty in·sur·ance** *n no pl* Unfallversicherung *f;* **~ company** Unfallversicherer *m* **'cas·ual·ty toll** *n* Zahl *f* der Opfer [*o* der Toten und Verletzten] **'cas·ual·ty ward** *n* Unfallstation *f,* Unfallchirurgie *f*

casu·ist·ry ['kæʒjuɪstri, AM -ʒu-] *n no pl* Spitzfindigkeit *f,* Kasuistik *f geh*

ca·sus bel·li [ˌkɑ:sʊs'beli:, AM ˌkeɪsəs'belaɪ] *n* LAW Casus belli *m,* kriegsauslösendes Ereignis

cat[1] [kæt] *n* ① *(animal)* Katze *f; (class of animal)* Katze *f;* **big ~** Großkatze; **a domestic ~** eine Hauskatze; **a stray ~** eine streunende [*o* herrenlose] Katze; **to have a pet ~** eine Katze als Haustier haben
② *(fig fam: spiteful woman)* Klatschweib *nt pej fam,* Giftspritze *f pej fam;* ***who's she — the ~'s mother?*** wer ist die denn schon? *pej fam*
③ *(dated sl: person, usu male)* Typ *m fam;* ***he thinks he's the ~'s whiskers*** er glaubt, er hätte den Vogel abgeschossen *fam;* **cool** [*or* **hep**] **~** cooler [*o* scharfer] Typ *sl*
▶PHRASES: **to <u>bell</u> the ~** der Katze die Schelle umhängen; **to <u>fight</u>** [*or* **<u>be</u>**] **like ~ and dog** wie Hund und Katze sein *prov;* **the ~'s <u>got</u> sb's tongue** jdm hat es die Sprache verschlagen *iron;* **all ~s are <u>grey</u> in the dark** [*or* AM **at night, all ~s are <u>gray</u>**] *(prov)* bei Nacht sind alle Katzen grau *prov;* **a ~ in <u>hell's</u> chance** BRIT nicht die Spur einer Chance; **to be like a ~ on a <u>hot</u> tin roof** [*or* BRIT *dated* **<u>hot</u> bricks**] Hummeln im Hintern haben *fam; (wait impatiently)* wie auf Kohlen sitzen; **to <u>let</u> the ~ out of the bag** die Katze aus dem Sack lassen *prov;* **to <u>look</u> like the ~ that got the cream** *esp* BRIT sich *akk* freuen wie ein Schneekönig; **to <u>look</u> like something the**

~ **brought** [*or* **dragged**] **in** wie gerädert aussehen; **a ~ may look at a king** *esp* BRIT *(prov)* sieht doch die Katze den Kaiser an; [**a game of**] **~ and mouse** [ein] Katz-und-Maus-Spiel *nt;* **there's more than one way to skin a cat** viele Wege führen nach Rom; **to rain ~s and dogs** wie aus Eimern schütten; **there's no room to swing a ~** BRIT man kann sich vor lauter Enge kaum um die eigene Achse drehen; **to see which way the ~ jumps** *(fam)* sehen, wie der Hase läuft; **to set** [*or* **put**] **the ~ among the pigeons** BRIT für die Katze im Taubenschlag sorgen; **while the ~'s away the mice will play** *(prov)* ist die Katze aus dem Haus, tanzen die Mäuse auf dem Tisch *prov*

cat[2] [kæt] *n (fam)* AUTO *short for* **catalytic converter** Kat *m fam*

cat[3] [kæt] *n (fam) short for* **cat o' nine tails** neunschwänzige Katze

cat[4] [kæt] *n (fam) short for* **caterpillar tractor** Raupe *f,* Raupenfahrzeug *nt*

CAT[1] [kæt] *n* COMPUT *acr for* **computer aided training** computergestütztes Training

CAT[2] [kæt] *n* COMPUT *acr for* **computer aided testing** computergestütztes Prüfen

CAT[3] [kæt] *n no pl* MED *acr for* **computerized axial tomography** Computertomografie *f*

ca·tabo·lism, ka·tabo·lism [kəˈtæbᵊlɪzᵊm] *n no pl* BIOL Katabolismus *m*

cata·clysm [ˈkætəklɪzᵊm, AM -t̬-] *n* Unglück *nt,* Katastrophe *f; (in a person's life)* Schicksalsschlag *m*

cata·clys·mic [ˌkætəˈklɪzmɪk, AM -t̬-] *adj (liter)* verheerend, katastrophal

cata·comb [ˈkætəku:m, -kəʊm, AM -t̬əkoʊm] *n usu pl* ❶ *(burial chamber)* Katakombe[n] *f*[*pl*] ❷ *(fig: rarely frequented place)* Katakombe[n] *f*[*pl*]

Cata·lan [ˈkætəlæn, AM ˈkæt̬-] **I.** *n* ❶ *(inhabitant)* Katalane, Katalanin *m, f* ❷ *(language)* Katalanisch *nt*
II. *adj* katalanisch

cata·lep·sy [ˈkætəlepsi, AM -t̬-] *n no pl* MED Katalepsie *f; (stupor)* Starrkrampf *m; (disease)* Starrsucht *f*

cata·lep·tic [ˌkætəˈleptɪk, AM -t̬ɪk] *adj inv* kataleptisch

cata·logue, AM **cata·log** [ˈkætᵊlɒg, AM ˈkæt̬əlɑ:g] **I.** *n* Katalog *m;* **mail order ~** Versandhauskatalog *m; (repeated events)* Reihe *f;* **a ~ of mistakes** eine [ganze] Reihe von Fehlern
II. *vt* ■**to ~ sth** etw katalogisieren

Cata·lo·nia [ˌkætəˈləʊniə, AM -ˈloʊ-] *n* Katalonien *nt*

Cata·lo·nian [ˌkætəˈləʊniən, AM -ˈloʊ-] **I.** *n see* **Catalan I**
II. *adj see* **Catalan II**

ca·taly·sis [kəˈtæləsɪs] *n no pl* CHEM Katalyse *f*

cata·lyst [ˈkætᵊlɪst, AM -t̬-] *n* ❶ CHEM Katalysator *m* ❷ *(fig: cause of change)* Auslöser *m;* ■**to be the ~ for sth** zu etw *dat* den Anstoß geben

cata·lyt·ic [ˌkætəˈlɪtɪk, AM -t̬əˈlɪt̬-] *adj* CHEM katalytisch

cata·lyt·ic con·ˈvert·er *n* AUTO Katalysator *m*

cata·ma·ran [ˌkætəməˈræn, AM -t̬-] *n* Katamaran *m*

cata·pult [ˈkætəpʌlt, AM -t̬-] **I.** *n* Katapult *nt; (on aircraft carrier)* Katapult *nt,* Startschleuder *f*
II. *vt* ■**to ~ sb/sth** [**somewhere**] jdn/etw [irgendwohin] katapultieren; **to ~ sb into action** jdn zum Handeln zwingen

cata·ract[1] [ˈkætᵊrækt, AM -t̬ər-] *n* MED grauer Star, Katarakt *m fachspr; (diseased part of eye)* getrübte Linse

cata·ract[2] [ˈkætᵊrækt, AM -t̬ər-] *n* GEOG Stromschnelle *f,* Katarakt *m fachspr; (waterfall)* Wasserfall *m*

ca·tarrh [kəˈtɑ:ʳ, AM -ˈtɑ:r] *n no pl* Schleimhautentzündung *f,* Katarrh *m fachspr; nose* Schnupfen *m*

ca·tas·tro·phe [kəˈtæstrəfi] *n (also fig)* Katastrophe *f,* Desaster *nt;* **to end in ~** ein schlimmes Ende nehmen; **to be heading for ~** Kopf und Kragen riskieren

cata·stroph·ic [ˌkætəˈstrɒfɪk, AM -t̬əˈstrɑ:f-] *adj* katastrophal

cata·strophi·cal·ly [ˌkætəˈstrɒfɪkᵊli, AM ˌkæt̬əˈstrɑ:f] *adv* katastrophal

cata·to·nia [ˌkætəˈtəʊniə, AM ˌkæt̬əˈtoʊniə] *n no pl* PSYCH Katatonie *fachspr*

cata·ton·ic [ˌkætəˈtɒnɪk, AM -t̬əˈtɑ:n-] *adj* MED katatonisch

ˈcat bur·glar *n* Fassadenkletterer, -kletterin *m, f*

ˈcat·call I. *n (whistle)* Hinterherpfeifen *nt,* [schriller] Pfiff; *(boo)* Buhruf *m;* **to make a ~ at sb** *(disapproval)* jdn auspfeifen/ausbuhen; *(flirt)* hinter jdm herpfeifen
II. *vi (whistle)* pfeifen; *(hiss)* zischen; *(hoot)* johlen

catch [kætʃ] **I.** *n* <*pl* -es> ❶ *(ball)* Fang *m;* ***good ~! — thanks, that was an easy ~*** gut gefangen! – danke, das war leicht zu fangen; **to make/take a good ~** gut fangen; **to miss a ~** den Ball nicht fangen; ***he's missed three easy ~es; if he misses another ~, he's out!*** er hat drei leichte Bälle nicht gefangen, wenn er nochmal nicht fängt, ist er draußen
❷ *(fish)* Fang *m kein pl*
❸ *(fastener)* Verschluss *m; (bolt)* Riegel *m; (hook)* Haken *m;* **window ~** Fensterverriegelung *f;* ***all the window ~es were tightly closed*** alle Fenster waren fest verschlossen
❹ *no pl (fam: partner)* [guter] Fang *fam; (for marriage also)* gute Partie; ***her new boyfriend is not much of a ~*** mit ihrem neuen Freund hat sie keinen besonders guten Fang gemacht *fam;* ***she made quite a ~*** sie hat einen guten Fang gemacht *fam; (in marriage also)* sie hat eine gute Partie gemacht
❺ *no pl (trick)* Haken *m fam;* ***what's the ~?*** wo ist der Haken [an der Sache]? *fam;* ***there has to be a ~ in it*** [*or* ***somewhere***] da muss irgendwo irgendwo ein Haken sein *fam*
❻ *no pl (in the voice)* Stocken *nt;* **with a ~ in one's voice** mit stockender Stimme
❼ *no pl (game)* Fangen *nt;* ***the kids were running around playing ~*** die Kinder rannten herum und spielten Fangen
❽ *(fragment)* Bruchstück *nt;* ***I only got some ~es of their conversation*** ich bekam nur einige Gesprächsfetzen von ihnen mit
II. *vt* <caught, caught> ❶ *(intercept)* ■**to ~ sth** etw fangen; *dropped object also* etw auffangen; ■**to ~ sb** jdn [*o* jds Fall] auffangen
❷ *(grab)* **to ~ sb by the arm/hand** jdn am Arm/bei der Hand fassen; ■**to ~ sth** etw ergreifen; *(with difficulty)* etw zu fassen bekommen; **to ~ sb's arm/hand** jds Arm/Hand ergreifen; **to ~ hold of sth** etw zu fassen bekommen
❸ *(capture)* ■**to ~ sb** jdn ergreifen; *(arrest)* jdn festnehmen; ■**to ~ an animal** ein Tier fangen; *escaped animal* ein Tier einfangen; *(fig)* ***the virus was caught in time*** das Virus wurde rechtzeitig erkannt
❹ *(surprise, get hold of)* ■**to ~ sb** jdn erwischen *fam;* ***he was caught with 10 kg of heroin*** er wurde mit 10 kg Heroin erwischt *fam;* ***you won't ~ her at work after four o'clock*** nach vier wirst du sie kaum noch bei der Arbeit antreffen [*o fam* erwischen]; ***you caught me at a bad time*** Sie haben einen schlechten Zeitpunkt erwischt *fam;* ***have I caught you at a bad time?*** komme ich ungelegen?; ***you won't ~ me in that shop!*** in dem Laden wirst du mich niemals finden; **to ~ sb in the act** jdn auf frischer Tat ertappen; ***caught in the act!*** auf frischer Tat ertappt!; ***ah, caught you!*** ah, hab ich dich erwischt! *fam;* **to be caught in a thunderstorm** von einem Gewitter überrascht werden; **to ~ sb red-handed** jdn auf frischer Tat ertappen; ■**to ~ sb/oneself doing sth** jdn/sich bei etw *dat* ertappen [*o fam* erwischen]; ***you won't ~ me falling for that trick*** *(fam)* auf den Trick falle ich im Leben nicht herein *fam;* ***I even caught myself feeling sorry for the thief*** zuletzt ertappte ich mich sogar dabei, dass [*o* wie] mir der Dieb auch noch leid tat
❺ *(meet)* ■**to ~ sb** jdn treffen; ***I'll ~ you later*** bis später
❻ ■**to ~ sth** *(contract)* sich *dat* etw einfangen; *(fig: be influenced by)* sich *akk* von etw *dat* anstecken lassen; **to ~ a cold** sich *akk* erkälten; **to ~ one's death** [**of cold**] *(fam)* sich *dat* den Tod holen; ■**to ~ sth from sb** sich *akk* bei jdm mit etw *dat* anstecken
❼ SPORT *(in baseball, cricket)* ■**to ~ sb** *jdn durch Abfangen des Balls ausscheiden lassen;* ***he was caught by Jones*** er schied durch Jones aus
❽ ■**to ~ sth in sth** *(trap)* etw in etw *akk* einklemmen; *(entangle)* mit etw *dat* in etw *dat* hängen bleiben; ***he caught his foot in the rope*** sein Fuß verfing sich im Seil; ***she caught her hair in the bushes*** ihre Haare verhedderten sich im Gesträuch; ***I caught my hand in the door*** ich habe mir die Hand in der Tür eingeklemmt; ■**to get caught** [**in sth**] sich *akk* [in etw *dat*] verfangen; ■**to get caught on sth** an etw *dat* hängen bleiben
❾ *usu passive (fig: become involved)* ■**to get caught in sth** in etw *akk* verwickelt werden; *(be trapped)* **to be caught in the crossfire** ins Kreuzfeuer geraten; *(fig)* zwischen zwei Lager geraten; **to be caught between two things/people** zwischen zwei Dingen/Menschen hin und her gerissen sein; ***she's caught between taking the job or travelling around the world*** sie ist [innerlich] hin und her gerissen, ob sie die Stelle annehmen oder um die Welt reisen soll
❿ **to ~ the bus/train** *(take)* den Bus/Zug nehmen; *(be on time)* den Bus/Zug kriegen [*o* SCHWEIZ, ÖSTERR erwischen] *fam*
⓫ *(collect)* ■**to ~ sth** etw sammeln; *(liquid)* etw auffangen
⓬ *(depict)* ■**to ~ sth** *mood, atmosphere* etw festhalten [*o* einfangen]
⓭ *(attract)* **to ~ sb's attention** [*or* **eye**] jds Aufmerksamkeit erregen; **to ~ sb's fancy** jdm gefallen; **to ~ the imagination** die Fantasie anregen [*o geh* beflügeln]; **to ~ sb's interest** jds Interesse wecken
⓮ *usu* AM *(be in time for)* ■**to ~ sth** etw nicht verpassen *dat;* ***we rushed to ~ the show*** wir beeilten uns, um die Show nicht zu verpassen; **to ~ the post** [*or* AM **mail**] noch rechtzeitig zur Post kommen; ***finish the letter so we can ~ the post*** schreib den Brief fertig, damit er noch mit der Post wegkommt
⓯ *(get)* **to ~ the light** das Licht einfangen *geh;* ***the necklace caught the light*** die Kette reflektiert das Licht; **to ~ a few** [*or* **some**] **rays** *(fam)* sich *akk* ein bisschen die Sonne auf den Bauch scheinen lassen *fam;* **to ~ the sun** *(fam) place* viel Sonnenlicht [ab]bekommen; *person: get a suntan* braun werden; *(get sunburn)* einen [leichten] Sonnenbrand bekommen
⓰ *(notice)* ■**to ~ sth** etw bemerken; *(see)* **to ~ sight** [*or* **a glimpse**] **of sb/sth** etw [kurz] sehen; *(by chance)* etw [zufällig] sehen
⓱ *(hear)* etw mitbekommen [*o fam* mitkriegen]; *(grasp the meaning of)* ■**to ~ sth** etw erfassen
⓲ *(hit)* **to ~ sb on the arm/chin** jdn am Arm/Kinn treffen; ***he was caught on the chin with a left hook*** er wurde von einem linken Haken am Kinn getroffen; **to ~ sb a blow** *(dated)* jdm eine verpassen *fam;* **to ~ sb a blow in the stomach** jdm einen Schlag in die Magengrube versetzen
⓳ *(bump)* ■**to ~ sth on sth** mit etw *dat* auf etw *akk o dat* aufschlagen; ***she caught her head on the mantelpiece*** sie schlug mit dem Kopf auf den [*o* dem] Kaminsims auf
⓴ *(bump into)* ■**to ~ sth** auf etw *akk o dat* aufschlagen; ***his head caught the edge of the table*** er schlug mit dem Kopf auf die [*o* der] Tischkante auf
㉑ *(burn)* **to ~ fire** [*or* **light**] Feuer fangen
▸PHRASES: **to ~ one's breath** nach Luft schnappen; *(stop breathing)* die Luft anhalten; *(breath normally again)* verschnaufen; **to ~ a crab** SPORT einen Krebs fangen *fachspr;* **to ~ hell** [*or* **the devil**] *(fam)* in Teufels Küche kommen *fam;* **to ~ it** *(fam)* Ärger kriegen *fam;* ***Joe really caught it from Sam*** Sam hat's Joe mal so richtig gegeben *fam;* **to ~ sb napping** *(fam)* jdn auf dem falschen Fuß erwischen *fam;* **to be** [*or* **get**] **caught short** BRIT *(fam)* mal müssen *fam;* **to ~ sb with their trousers** [*or* AM **pants**] **down** *(fam)* jdn in flagranti ertappen
III. *vi* <caught, caught> ❶ BRIT, AUS *(grab)* ■**to ~ at sth** nach etw *dat* greifen; **to ~ at sb's sleeve** jdn am Ärmel zupfen
❷ *(entangle)* sich in etw *dat* verfangen; ***my foot caught in the rope*** mein Fuß verfing sich im Seil;

■ **to ~ on sth** an etw *dat* hängen bleiben; ***careful, your jumper has caught on a nail!*** pass auf, du bist mit deinem Pulli an einem Nagel hängen geblieben!
③ *(ignite)* Feuer fangen; *engine* zünden *fachspr*
◆**catch on** *vi (fam)* ① *(become popular)* sich *akk* durchsetzen; *(go down well)* ankommen *fam*
② *(understand)* es kapieren *fam* [*o sl* schnallen]; ■ **to ~ on to sth** etw kapieren *fam;* ■ **to ~ on to how/what/why ...** kapieren, wie/was/warum ... *fam*
◆**catch out** *vt* BRIT ① ■ **to ~ out ◯ sb** *(detect guilt of)* jdn ertappen [*o fam* erwischen]; *(prove guilt of)* jdn überführen; ■ **to ~ sb out doing/in sth** jdn bei etw *dat* erwischen; ***I caught her out smoking*** ich ertappte sie beim Rauchen
② *(trick)* ■ **to ~ out ◯ sb** jdn aufs Glatteis führen; *(with questions)* jdm Fangfragen stellen
③ *(cause difficulty)* ■ **to ~ out ◯ sb** jdn [unangenehm] überraschen
④ *usu passive* SPORT ■ **to be caught out** ausgeschieden sein
◆**catch up I.** *vi* ① ■ **to ~ up with sb** *(go faster, reach)* jdn einholen; *(fig: after a search)* jdn ausfindig machen; *(fig: reach same standard, level)* jdn einholen; ***she's ~ ing up!*** sie holt auf!
② *(fig: equal)* ■ **to ~ up with sth** etw einholen
③ *(fig: complete)* ■ **to ~ up with** [*or* **on**] **sth** etw fertig machen; *(make up lost time)* etw aufarbeiten; **to ~ up on one's sleep** versäumten Schlaf nachholen
II. *vt* ① BRIT, AUS *(meet)* ■ **to ~ sb up** jdn später treffen; ***I'll ~ you up later*** ich komme später nach
② *usu passive (become stuck)* **to get caught up** [**in sth**] sich *akk* [in etw *dat*] verfangen
③ *usu passive (fig: become involved)* **to get caught up in sth** in etw *akk* verwickelt werden
'catch-all *adj attr, inv* umfassend, allgemein
'catch crop *n* BRIT AGR Zwischenfrucht *f*
catch·er ['kætʃəʳ, AM -ɚ] *n (baseball player)* Fänger(in) *m(f),* Catcher(in) *m(f)*
catch·er's 'mitt *n* Baseballhandschuh *m*
catch·ing ['kætʃɪŋ, AM 'kætʃ-] *adj pred (also fig fam)* ansteckend
catch·ment ['kætʃmənt] *n* [gesammelte] Wassermenge, Reservoir *nt*
'catch·ment area *n* BRIT Einzugsgebiet *nt,* Einzugsbereich *m; (river area)* [Wasser]einzugsgebiet *nt*
'catch·phrase *n* stehende Redensart, Slogan *m* **'catch ques·tion** *n* Fangfrage *f* **catch-22** [ˌkætʃtwenti'tu:, AM -t̬i'-] *n (fam)* Zwickmühle *f;* **it's ~** es ist eine absurde Situation
catch·up ['kætʃʌp, 'ketʃ-] *n* FOOD *see* **ketchup**
'catch·word *n* Schlagwort *nt; (keyword)* Stichwort *nt,* Losung *f*
catchy ['kætʃi] *adj* eingängig; **a ~ slogan** ein zündender Werbespruch; **a ~ tune** ein Ohrwurm *m*
'cat door *n* Katzentür *f (klappenartiger enger Durchlass in beiden Richtungen)*
cat·echism ['kætəkɪzᵊm, AM -t̬-] *n* Katechismus *m; (fig)* Fragenkatalog *m*
cat·echist ['kætəkɪst, AM -t̬-] *n* Katechist(in) *m(f)*
cat·egori·cal [ˌkætə'gɒrɪkᵊl, AM -t̬ə'gɔ:r-] *adj* eindeutig, klar; *(final)* endgültig, definitiv
cat·egori·cal·ly [ˌkætə'gɒrɪkᵊli, AM -t̬ə'gɔ:r-] *adv* definitiv; *(final)* endgültig, kategorisch; **to ~ affirm sth** etw endgültig [*o* definitiv] bestätigen; **to ~ deny sth** etw kategorisch bestreiten; **to ~ refuse sth** etw unmissverständlich ablehnen
cat·ego·ri·za·tion [ˌkætəgᵊraɪ'zeɪʃᵊn, AM -t̬əgɚɪ'-] *n no pl* Kategorisierung *f*
cat·ego·rize ['kætəgᵊraɪz, AM -t̬əgə-] *vt* ■ **to ~ sth** etw kategorisieren [*o* [in Gruppen] unterteilen]
cat·ego·ry ['kætəgᵊri, AM -t̬əgɔ:ri] *n* Kategorie *f;* LAW **~ 'A' prisoners** Häftlinge der höchsten Gefährlichkeitsstufe; **~ 'B' prisoners** Häftlinge der zweithöchsten Gefährlichkeitsstufe; **~ 'C' prisoners** relativ ungefährliche Häftlinge, die trotzdem nicht als Freigänger beschreiben werden können; **~ 'D' prisoners** Freigänger *pl*
ca·tena [kə'ti:nə] *n* COMPUT Zahl *f* der Kettenglieder; *(series of characters)* Kette *f*
ca·tenate ['kætɪneɪt, AM -tᵊn-] *vt* COMPUT ■ **to ~ sth** etw verketten
ca·ter ['keɪtəʳ, AM -t̬ɚ] *vi* ① *(serve food, drink)* für Speise und Getränke sorgen; *firm* Speisen und Getränke liefern; ***I'm ~ ing for all the family on Sunday*** am Sonntag verköstige ich die ganze Familie
② *(provide for)* ■ **to ~ for sb/sth** sich *akk* um jdn/etw kümmern; **to ~ for sb's needs** sich *akk* um jds Bedürfnisse kümmern
③ *(take into account)* ■ **to ~ to sb** *target group, clientele* auf jdn abzielen; ***my mother ~ s to my brother's every whim*** meine Mutter richtet sich nach allen Launen meines Bruders
ca·ter·er ['keɪtᵊrəʳ, AM -t̬ɚɚ] *n* ① *(deliverer)* Lebensmittellieferant(in) *m(f),* Speiselieferant(in) *m(f)*
② *(host)* Gastronom(in) *m(f)*
③ *(company)* Cateringservice *m; (for parties)* Partyservice *m*
ca·ter·ing ['keɪtᵊrɪŋ, AM -t̬ɚ-] **I.** *n no pl* ① *(trade)* Gastronomie *f,* Catering *nt;* **~ trade** Lebensmittelhandel *m,* Lebensmittelgewerbe *m*
② *(service)* Cateringservice *m; (for parties)* Partyservice *m; **who's doing the ~ this evening?*** wer macht heute Abend das Catering?
II. *adj attr, inv* Catering-
cat·er·pil·lar ['kætəpɪləʳ, AM -t̬ɚpɪlɚ] *n* ZOOL Raupe *f*
cat·er·pil·lar® ['kætəpɪləʳ, AM -t̬ɚpɪlɚ] *n* ① *(track)* Raupenkette *f*
② *(vehicle)* Raupenfahrzeug *nt*
cat·er·pil·lar 'trac·tor *n* Raupenfahrzeug *nt,* Gleiskettenfahrzeug *nt*
cat·er·waul ['kætəwɔ:l, AM -t̬ɚ-] **I.** *n* Heulen *nt kein pl,* Gejaule *nt kein pl*
II. *vi* heulen, jaulen
'cat·fish <*pl* -> *n* Wels *m,* Seewolf *m,* Katfisch *m*
'cat flap *n* Katzentür *f (klappenartiger enger Durchlass in beiden Richtungen)* **'cat·gut** *n no pl Faden aus tierischem Darm;* MUS [Darm]saite *f;* MED Katgut *nt*
ca·thar·ses [kə'θɑ:si:z, AM -'θɑ:r-] *n pl of* **catharsis**
ca·thar·sis <*pl* -ses> [kə'θɑ:sɪs, AM -'θɑ:r-, *pl* -si:z] *n* Katharsis *f*
ca·thar·tic [kə'θɑ:tɪk, AM -'θɑ:rt̬-] *adj* befreiend, kathartisch *geh;* **~ effect** [positiver] Schockeffekt
ca·thedral [kə'θi:drᵊl] *n* Kathedrale *f,* Dom *m,* Münster *nt;* **Cologne ~** der Kölner Dom; **Freiburg ~** das Freiburger Münster
ca·thedral 'city *n* Domstadt *f*
cath·erine wheel ['kæθᵊrɪn,(h)wi:l] *n* Feuerrad *nt*
cath·eter ['kæθɪtəʳ, AM -ət̬ɚ] *n* Katheter *m*
cath·eter·ize ['kæθɪtᵊraɪz, AM -ət̬ɚ-] *vt* ■ **to ~ sb** jdm einen Katheter legen
cath·ode ['kæθəʊd, AM -oʊd] *n* ELEC Kat[h]ode *f*
cath·ode 'ray *n* Kat[h]odenstrahl *m* **cath·ode 'ray tube, CRT** *n* Kat[h]odenstrahlröhre *f,* Braun'sche Röhre
catho·lic ['kæθᵊlɪk] **I.** *n* ■ **C~** Katholik(in) *m(f)*
II. *adj inv* ① *(Roman Catholic)* ■ **C~** katholisch
② *(form: varied)* [all]umfassend, breit gefächert
Ca·tholi·cism [kə'θɒlɪsɪzᵊm, AM -'θɑ:lə-] *n no pl* Katholizismus *m*
cati·on ['kætaɪən] *n* SCI Kation *nt;* **~ exchanger** Kationenaustauscher *m*
cati·on·ic [ˌkætaɪ'ɒnɪk, AM -'ɑ:nɪk] *n* SCI kationisch; **~ basic dye** kationischer Farbstoff; **~ surface agent** Kationtensid *nt*
'cat·kin *n* BOT Kätzchen *nt;* **willow ~** Weidenkätzchen *nt*
'cat·like I. *adj* Katzen-
II. *adv* katzenhaft, katzengleich
'cat lit·ter *n no pl* Katzenstreu *f* **'cat·mint** *n* BRIT BOT Katzenminze *f* **'cat·nap** *(fam)* **I.** *n* Nickerchen *nt fam;* **to have a ~** ein Nickerchen machen *fam*
II. *vi* <-pp-> [kurz] schlafen, ein Nickerchen machen *fam* **'cat·nip** *n* AM BOT *(catmint)* Katzenminze *f* **cat-o'-'nine-tails** <*pl* -> *n* neunschwänzige Katze
'cat's cradle *n* Fadenspiel *nt; (fig)* Gewirr *nt;* **a ~ of legislation** ein unübersehbarer Gesetzesdschungel
'cat's eye *n* ① *(stone)* Katzenauge *nt,* Chalzedon *m fachspr* ② BRIT, AUS Reflektor *m,* Rückstrahler *m,* Katzenauge *nt*
'cat-sit *vi* auf die Katze[n] aufpassen
cat's py·'ja·mas *n usu* AM ■ **to be the ~** *(sl)* der Hit sein *fam,* geil sein *sl; person* der/die Obercoolste sein *sl*
'cat·suit *n esp* BRIT FASHION hautenger Einteiler
cat·sup ['kætsəp, 'ketʃəp] *n* AM *(ketchup)* Ketchup *m o nt*
cat's 'whisk·er *n* BRIT ① *(fam)* ■ **to be the ~s** der Hit sein *fam,* geil sein *sl; person* der/die Obercoolste sein *sl*
② ELEC Detektornadel *f*
cat·tery ['kætᵊri, AM -t̬eri] *n* ZOOL ① *(for boarding)* Katzenheim *nt,* Katzenpension *f*
② *(for breeding)* Katzenzucht *f*
cat·ti·ly ['kætɪli, AM -t̬-] *adv* spitz, gehässig
cat·ti·ness ['kætɪnəs, AM -t̬-] *n no pl* Gehässigkeit *f*
cat·tle ['kætl̩, AM -t̬l̩] *npl* ① *(cows)* Rinder *pl;* ***200 head of ~*** 200 Stück Vieh; ***"~ crossing"*** „Vorsicht Viehbetrieb"; **beef ~** Schlachtrinder *pl;* **dairy ~** Milchkühe *pl,* Milchvieh *nt;* **to breed/round up ~** Rinder züchten/zusammentreiben; **to herd ~** *(tend)* Rinder hüten; *(drive)* Rinder treiben; **to raise ~** Rinderzucht betreiben
② *(old: livestock)* Vieh *nt*
'cat·tle bar·on *n* AM Rinderbaron *m* **'cat·tle breed·er** *n* Rinderzüchter(in) *m(f)* **'cat·tle breed·ing** *n no pl* Rinderzucht *f* **'cat·tle cake** *n no pl getrocknetes und gepresstes Rinderfutter* **'cat·tle call** *n* AM *(pej fam)* MUS Vorsingen *nt;* THEAT Vorspielen *nt* **'cat·tle car** *n* AM *(cattle truck)* Viehtransporter *m* **'cat·tle dog** *n* AUS, NZ *Hund, der zum Rindertreiben abgerichtet ist* **'cat·tle grid,** AM **'cat·tle guard** *n* Weidenrost *m,* Gatter *nt* **'cat·tle·man** *n* AM *(rearing cattle)* Rinderzüchter *m; (tending cattle)* Viehhüter *m* **'cat·tle ranch** *n* AM, AUS Rinderfarm *f* **'cat·tle ranch·er** *n* AM, AUS Rinderzüchter(in) *m(f)* **'cat·tle range** *n* AM Rinderweide *f* **'cat·tle rus·tler** *n* AM *(fam: cattle thief)* Viehdieb(in) *m(f)* **'cat·tle stop** *n* NZ Weidenrost *m* **'cat·tle thief** *n* Viehdieb(in) *m(f)* **'cat·tle truck** *n* BRIT *(railway)* Viehwaggon *m,* Viehwagen *m; (road)* Viehanhänger *m*
'cat tree *n* Katzenbaum *m*
cat·ty ['kæti, AM 'kæt̬i] *adj* ① *(spiteful)* boshaft, gehässig; **~ remark** bissige Bemerkung
② *(catlike)* katzenartig; **~ odour** [*or* **smell**] Katzengeruch *m*
'cat·ty-cor·ner(ed) I. *adj* AM *(fam)* diagonal; ■ **to be ~ across from** [*or* **to**] **sb/sth** diagonal zu jdm/etw sein/stehen/liegen; ***her house is ~ across from the post office*** ihr Haus liegt schräg gegenüber von der Post
II. *adv* AM *(fam)* diagonal; ***she walked ~ across the corner house's lawn*** sie spazierte quer über den Rasen des Eckhauses
CATV [ˌsi:eɪti:'vi:] *n* COMPUT *abbrev of* **community antenna television** Kabelfernsehen *nt*
'cat·walk *n* Brücke *f,* Steg *m;* THEAT Galerie *f;* FASHION Laufsteg *m*
Cau·ca·sian [kɔ:'keɪʒən, AM *esp* kɑ:'-] **I.** *n* ① *(white person)* Weiße(r) *f(m)*
② *(sb from the Caucasus)* Kaukasier(in) *m(f)*
③ *(language)* Kaukasisch *nt*
II. *adj inv* ① *(white-skinned)* weiß
② *(of Caucasus)* kaukasisch
Cau·ca·sus ['kɔ:kəsəs, AM *esp* 'kɑ:-] *n* ■ **the ~** der Kaukasus
cau·cus ['kɔ:kəs, AM *esp* 'kɑ:-] **I.** *n* <*pl* -es> ① *esp* AM, NZ POL *(group within party)* [Partei]ausschuss *m* für Wahlangelegenheiten; *(members of group)* [Partei]ausschussmitglieder *pl* für Wahlangelegenheiten; *(meeting)* Sitzung *f*
② BRIT *(group)* [Partei]clique *f; (meeting)* Versammlung *f* eines internen Parteiausschusses
II. *vi esp* AM eine Sitzung abhalten
cau·dal ['kɔ:dᵊl, AM 'kɑ:-] *adj inv* Schwanz-
caught [kɔ:t, AM *esp* kɑ:t] *pt, pp of* **catch**
caul [kɔ:l, AM *also* kɑ:l] *n* Glückshaube *f*

caul·dron ['kɔːldrᵊn, AM esp 'kɑːl-] *n* ① *(pot)* großer Kessel; **bubbling ~** brodelnder Kessel; **witch's ~** Hexenkessel *m*
② *(fig)* brodelnder Hexenkessel; ***her heart was a seething ~ of conflicting emotions*** sie war zwischen widerstreitenden Gefühlen hin- und hergerissen; **~ of unrest** Unruheherd *m*

cauli ['kɒli] *n* BRIT *(fam) short for* **cauliflower** Blumenkohl *m*, Karfiol *m* ÖSTERR

cau·li·flow·er ['kɒliflaʊəʳ, AM 'kɑːliflaʊɚ] *n* Blumenkohl *m*, Karfiol *m* ÖSTERR; **~ florets** Blumenkohlröschen *pl*

cau·li·flow·er 'cheese *n no pl* BRIT Blumenkohl *m* mit Käsesoße **cau·li·flow·er 'ear** *n* SPORT Boxerohr *nt*, Blumenkohlohr *nt sl*

caulk [kɔːk, AM esp kɑːk] I. *n no pl see* **caulking**
II. *vt* ■**to ~ sth [up]** etw abdichten; NAUT etw kalfatern *fachspr*

caulk·ing ['kɔːkɪŋ, AM esp 'kɑːk-] *n no pl* Dichtungsmaterial *nt*, Material *nt* zum Abdichten

caus·al ['kɔːzᵊl, AM esp 'kɑː-] *adj (form)* ① *(functioning as cause)* ursächlich; *(having cause)* kausal *geh*; **~ phenomenon** Folgeerscheinung *f*; **~ relationship** Kausalzusammenhang *m*
② LING kausal; **~ sentence** Kausalsatz *m*

cau·sal·ity [kɔː'zæləti, AM kɑː'zæləṭi] *n (form)* ① *(correlation)* Kausalzusammenhang *m*
② *(principle)* Kausalität *f*

caus·al lia·'bil·ity *n* LAW Kausalhaftung *f*

caus·al·ly ['kɔːzᵊli, AM esp 'kɑː-] *adv (form)* ursächlich, kausal *geh*; ***the two events are connected ~*** zwischen den beiden Vorfällen besteht ein kausaler Zusammenhang

cau·sa·tion [kɔː'zeɪʃᵊn, AM esp kɑː-] *n no pl (form)* Kausalität *f*; *(of particular event)* Grund *m*, Ursache *f*

cau·sa·tive ['kɔːzətɪv, AM 'kɑːzəṭɪv] *adj (form)* ① *(showing cause)* ursächlich, kausal *geh*
② LING kausativ

cause [kɔːz, AM esp kɑːz] I. *n* ① *(reason)* Grund *m*, Ursache *f*; **~ of action** Klagegrund *m*; **challenge for ~** Ablehnung *f* unter Angabe von Gründen; **challenge without ~** Ablehnung *f* ohne Angabe von Gründen; **~ of death** Todesursache *f*; **~ and effect** Ursache und Wirkung; **contributory ~s** mitverursachende Umstände; **to show ~** Gründe vorlegen
② *no pl (understandable grounds)* Anlass *m*; ***you've got good ~ for complaint/concern*** Sie haben allen Grund, sich zu beschweren/besorgt zu sein; **to give ~ for concern** Anlass zur Sorge geben; ***don't worry, there's no ~ for concern*** keine Sorge, es besteht kein Grund zur Beunruhigung; **a just ~** ein triftiger Grund; **to be ~ to celebrate** Grund zum Feiern sein; **with/without [good] ~** aus triftigem/ohne [triftigen] Grund; ■**to be the ~ of sth** der Grund für etw *akk* sein
③ *(purpose)* Sache *f*; **in the ~ of freedom** im Namen der Freiheit; **a rebel without a ~** *jd, der sich gegen jegliche Autorität widersetzt*; **to make common ~ with sb** mit jdm gemeinsame Sache machen; **a good [*or* worthy] ~** eine gute Sache, ein guter Zweck; **to be for a good ~** für einen guten Zweck sein; **a lost ~** eine verlorene Sache; **to defend [*or* further] a ~** für eine Sache eintreten; **to do sth in the ~ of sth** etw im Namen einer S. *gen* tun
④ *(court case)* Fall *m*; **to plead a ~** einen Fall vertreten
⑤ LAW *(legal proceedings)* Verhandlung *f*; **~ list** Verhandlungsliste *f*, Terminkalender *m*; **matrimonial ~s** Ehesachen *pl*
II. *vt* ■**to ~ sth** etw verursachen [*o* hervorrufen]; ***this medicine may ~ dizziness and nausea*** die Einnahme dieses Medikaments kann zu Schwindelgefühl und Übelkeit führen; **to ~ a disturbance** die öffentliche [Sicherheit und] Ordnung stören; **to ~ sb harm** jdm schaden [*o* Schaden zufügen]; **to ~ mischief [*or* trouble]** Unruhe stiften; ■**to ~ sb to do sth** jdn veranlassen, etw zu tun; ***the strict teacher ~d the boy to burst into tears*** der strenge Lehrer brachte den Jungen zum Weinen; ***the bright light ~d her to blink*** das helle Licht ließ sie blinzeln

'cause [kəz] *conj (sl) short for* **because**

cause cé·lè·bre <*pl* causes célèbres> [ˌkɔːzsə'lebrə, AM esp ˌkɑːz-] *n* ① *(trial)* [Aufsehen erregender] Fall, Cause célèbre *f geh*
② *(event)* Aufsehen erregender Vorfall

cause·way ['kɔːzweɪ, AM esp kɑːz-] I. *n (road)* Damm *m*; *(path)* Knüppeldamm *m*
II. *vt* ■**to ~ sth** etw mit einem Damm versehen

caus·tic ['kɔːstɪk, AM esp 'kɑː-] I. *adj* ① *(corrosive)* ätzend, kaustisch *fachspr*; **~ soda** Ätznatron *nt*
② *(fig: biting)* ätzend; *(sarcastic)* bissig; **~ humour** beißender Witz; **~ tongue** scharfe Zunge
II. *n no art* Ätzmittel *nt*; MED Kaustikum *nt fachspr*

caus·ti·cal·ly ['kɔːstɪkᵊli, AM esp 'kɑː-] *adv* bissig

cau·ter·ize ['kɔːtᵊraɪz, AM 'kɑːṭə-] *vt* ■**to ~ sth** MED etw kauterisieren *fachspr*; *(fig: desensitize)* etw abstumpfen

cau·tion ['kɔːʃᵊn, AM 'kɑː-] I. *n* ① *no pl (carefulness)* Vorsicht *f*, Umsicht *f*; **~ *is advised*** Vorsicht ist geboten; **to act [*or* proceed] with [great] ~** [sehr] umsichtig vorgehen; **to exercise [great] ~** [große] Vorsicht walten lassen *geh*
② *no pl (warning)* Warnung *f*; **~!** Vorsicht!; **to sound a note of ~** eine Warnung aussprechen; **to treat sth with ~** *(reserved)* etw mit Vorbehalt aufnehmen; *(sceptical)* etw *dat* skeptisch gegenüberstehen
③ BRIT LAW *(legal warning)* Verwarnung *f*, Verweis *m*; *(that sb will be charged)* Rechtsmittelbelehrung *f*; **to let sb off with a ~** *(fam)* jdn mit einer Verwarnung davonkommen lassen
④ *(dated fam: amusing person)* Kasper *m*
⑤ LAW *(document)* Vormerkung *f*
▸PHRASES: **to err on the side of ~** übervorsichtig sein; **to throw ~ to the winds** Bedenken in den Wind schlagen *fam*
II. *vt (form)* ① *(warn)* ■**to ~ sb [against sth]** jdn [vor etw *dat*] warnen; ■**to ~ sb not to do sth** jdm dringend raten, etw nicht zu tun, jdm von etw *dat* dringend abraten; *(more serious)* jdn davor warnen, etw zu tun
② *esp* BRIT, AUS *(warn officially)* ■**to ~ sb** jdn verwarnen
③ LAW ■**to ~ sb** jdn auf seine Rechte hinweisen

cau·tion·ary ['kɔːʃᵊnᵊri, AM 'kɑːʃᵊneri] *adj (form: giving warning)* warnend *attr*; *(giving advice)* belehrend; **to sound a ~ note** vor etw *dat* warnen; **~ tale** Geschichte *f* mit einer Moral

cau·tion·er ['kɔːʃᵊnəʳ, AM 'kɑːʃᵊnɚ] *n* LAW Vormerkungsbegünstigte(r) *f(m)*

'cau·tion mon·ey *n* Kaution *f*

cau·tious ['kɔːʃəs, AM esp 'kɑː-] *adj* ① *(careful)* vorsichtig, achtsam; *(prudent)* umsichtig; **to play a ~ game** auf Sicherheit spielen; ■**to be ~ about doing sth** *(thoughtful)* etw bedächtig tun; *(hesitating)* etw zögernd tun; ■**to be ~ in sth** bei etw *dat* mit Bedacht vorgehen
② *(wary)* vorsichtig; *(anxious)* ängstlich; **~ optimism** verhaltener Optimismus

cau·tious·ly ['kɔːʃəsli, AM esp 'kɑː-] *adv* vorsichtig; *(circumspectly)* umsichtig

cau·tious·ness ['kɔːʃəsnəs, AM esp 'kɑː-] *n no pl* ① *(prudence)* Vorsicht *f*; **~ of speech** vorsichtige Ausdrucksweise
② *(carefulness)* Sorgfalt *f*, Sorgsamkeit *f*; *(attentiveness)* Achtsamkeit *f*; *(thoughtfulness)* Bedächtigkeit *f*
③ *(hesitation)* Zögern *f*; *(reserve)* Zurückhaltung *f*

cav·al·cade [ˌkævᵊl'keɪd] *n* Kavalkade *f*

cava·lier [ˌkævᵊl'ɪəʳ, AM -ə'lɪr] I. *n* ① *(poet: gentleman)* Kavalier *m*
② *(hist: knight)* Ritter *m*
II. *adj (thoughtless)* unbekümmert; *(scornful)* arrogant, anmaßend; **~ attitude** Unbekümmertheit *f*, Sorglosigkeit *f*; **~ treatment** leichtfertiger [*o* gedankenloser] Umgang

Cava·lier [ˌkævᵊl'ɪəʳ, AM -ə'lɪr] HIST I. *n* Kavalier *m* *(Anhänger Karls I. von England)*
II. *adj* Kavalier- *(Karl I. unterstützend)*

cava·lier·ly [ˌkævə'lɪəli, AM 'lɪrli] *adv* unbekümmert

cav·al·ry ['kævᵊlri] *n no pl, usu + pl vb* ① *(hist)* ■**the ~** die Kavallerie [*o* Reiterei]; **~ charge** Reiterattacke *f*
② *(in armoured vehicles)* motorisierte Streitkräfte; *(tank division)* Panzertruppen *pl*

cav·al·ry·man *n* ① *(hist)* Kavallerist *m*
② *(in armoured vehicle)* Angehöriger *m* der motorisierten Streitkräfte; *(in tank division)* Angehöriger *m* der Panzertruppen

cava·ti·na <*pl* -tine> [ˌkævə'tiːnə, *pl* -neɪ] *n* MUS Kavatine *f fachspr*

cave[1] [keɪv] I. *n* Höhle *f*; **mouth of a ~** Höhleneingang *m*; MIN Eingang *m* eines Bergwerksschachtes
II. *vi* ① BRIT, AUS *(explore caves)* Höhlen erforschen
② AM *(fig: give in)* klein beigeben; *(capitulate)* kapitulieren
◆**cave in** I. *vi* ① *(collapse inward)* einstürzen, zusammenbrechen; ***the loose earth wall ~d in on the group*** der lockere Erdwall stürzte über der Gruppe zusammen
② *(give in)* kapitulieren, nachgeben; ■**to ~ in to sth** sich *akk* etw *dat* beugen
II. *vt* ■**to ~ sth** ↔ **in** etw eindrücken

cave[2] ['keɪvi] BRIT I. *interj* **~!** Achtung [*o* Vorsicht]!
II. *n (dated sl)* **to keep ~** Ausschau halten; *(at sth forbidden)* Schmiere stehen *fam*

'cave art *n* HIST Höhlenmalereien *pl*

ca·veat ['kæviæt] *n (form)* ① *(proviso)* Vorbehalt *m*
② LAW *(opposition)* Einspruch *m*; *(warning)* Warnung *f*; **~ emptor** Ausschluss *m* der Gewährleistung; **to enter a ~** Einspruch erheben [*o* einlegen]; *(warn)* warnen

ca·veat emp·tor [ˌkæviæt'em(p)tɔːʳ, AM -tɔːr] *n* COMM Ausschluss *m* der Gewährleistung

ca·veat·or ['kæviætəʳ, AM -ṭɚ] *n* LAW Einspruch Erhebende(r) *f(m)*

ca·veat ven·di·tor [-ven'dɪtəʳ, AM -ɚ] ECON, FIN der Verkäufer sehe sich vor

'cave dwell·er *n* Höhlenmensch *m*, Höhlenbewohner(in) *m(f)* **'cave-in** *n* Einsturz *m* **'cave·man** *n* ① *(prehistoric man)* Höhlenmensch *m*, Höhlenbewohner *m* ② *(pej)* Macho *m fam*, Chauvi *m fam*

'cave paint·ing *n* Höhlenmalerei *f*

'cav·er ['keɪvəʳ] *n* BRIT, AUS Höhlensportler(in) *m(f)*

cav·ern ['kævᵊn, AM -ɚn] *n* Höhle *f*

cav·ern·ous ['kævᵊnəs, AM -ɚn-] *adj* ① *(cave-like)* höhlenartig; **~ hole** gähnendes Loch; **~ pit** tiefe Grube; **~ room** riesiger [kahler] Raum
② *(fig: appearing deep)* **~ cheeks** hohle [*o* eingefallene] Wangen; **~ eyes** tief liegende Augen; **~ mouth** riesiger Mund; *of animal* riesiges Maul

'cave·wom·an *n* Höhlenbewohnerin *f*

cavi·ar(e) ['kæviɑːʳ, AM -ɑːr] *n no pl (of sturgeon)* Kaviar *m*; *(of other fish)* [Fisch]rogen *m*
▸PHRASES: **to be ~ to the general** nicht der Mühe wert sein

cav·il ['kævᵊl] *(form)* I. *n* Mäkelei *f kein pl pej*, Krittelei *f pej*; ***the one ~ I have about the book is ...*** das Einzige, was ich an dem Buch zu kritisieren habe, ist ...
II. *vi* <BRIT -ll- *or* AM *usu* -l-> kritteln *fam*; ■**to ~ at sth** an etw *dat* herumkritteln *pej fam*

cav·ing ['keɪvɪŋ] *n no pl* BRIT, AUS Höhlenexpedition *f*

cav·ity ['kævəti, AM -əṭi] *n* ① *(hole)* Loch *nt*, [Aus]höhlung *f*; *(hollow space)* Hohlraum *m*
② ANAT Höhle *f*, [hohler] Raum; **abdominal/thoracic ~** Bauch-/Brusthöhle *f*
③ MED *(in tooth)* Loch *nt*

'cav·ity wall *n* ARCHIT Hohlwand *f*

ca·vort [kə'vɔːt, AM -'vɔːrt] *vi* ① *(poet or hum: move)* [herum]toben *fam*, [herum]tollen *fam*
② *(hum euph fam: have sex)* herumspielen *euph*

caw [kɔː, AM esp kɑː] I. *n* Krächzen *nt*
II. *vi* krächzen

caw·ing ['kɔːɪŋ, AM esp 'kɑː-] *n* Krächzen *nt*

cay [keɪ, kiː] *n* Sandbank *f*

cay·enne, cay·enne 'pep·per [keɪ'en-, AM *also* kaɪ-] *n no pl* Cayennepfeffer *m*

Cay·man Is·lands ['keɪmən-] *npl* Cayman-Inseln *pl*

CB[1] [ˌsiː'biː] *n no pl abbrev of* **Citizens' Band** CB-Funk *m*

CB[2] [ˌsiː'biː] LAW *abbrev of* **confined to barracks** *see* **confine I 2**

CBC [ˌsiːbiː'siː] *n no pl abbrev of* **Canadian Broad-**

casting Corporation *kanadische Rundfunk- und Fernsehanstalt*

CBE [ˌsi:bi:ˈi:] *n* BRIT *abbrev of* **Commander of the Order of the British Empire** *Träger des Ordens des British Empire 3. Klasse*

CBI [ˌsi:bi:ˈaɪ] *n* BRIT *abbrev of* **Confederation of British Industry** *britischer Unternehmerverband*

CBL [ˌsi:bi:ˈel] *n* COMPUT *abbrev of* **computer-based learning** computergestütztes Lernen

CBMS [ˌsi:bi:emˈes] *n* COMPUT *abbrev of* **computer-based message system** computergestütztes Nachrichtensystem

CBS [ˌsi:bi:ˈes] *n abbrev of* **Columbia Broadcasting System** CBS

CBS ˈAll Share, CBS ˈTen·den·cy *n no pl* STOCKEX ■**the ~** Preisindex *m* der Börse in Amsterdam

CBT[1] [ˌsi:bi:ˈti:] *n abbrev of* **Computer Based Training** computergestütztes Lernen

CBT[2] [ˌsi:bi:ˈti:] *n* ECON, FIN *abbrev of* **Chicago Board of Trade** *see* **Chicago**

CBW [ˌsi:bi:ˈdʌblju:] *n abbrev of* **chemical and biological warfare** chemische und biologische Kriegführung

CC[1] [ˌsi:ˈsi:] *n no pl abbrev of* **Cricket Club** *Kürzel in Cricketklubnamen*

CC[2] [ˌsi:ˈsi:] *n* BRIT *abbrev of* **county council**

CC[3] [ˌsi:ˈsi:] *n* BRIT *abbrev of* **county councillor**

cc[1] <*pl* - *or* -s> [ˌsi:ˈsi:] *n (measure) abbrev of* **cubic centimetre** cm^3

cc[2] <*pl* - *or* -s> [ˌsi:ˈsi:] *n abbrev of* **carbon copy**: ~ ***Mr Miller*** in Kopie an Mr Miller

CCA [ˌsi:si:ˈeɪ] *n* ECON, FIN *abbrev of* **current cost accounting** Rechnungslegung *f* zum Tageswert [*o* Marktwert]

CCD [ˌsi:si:ˈdi:] *n* COMPUT *abbrev of* **charge coupled device** ladungsgekoppelter Elektronikbaustein; ~ **memory** ladungsgekoppelter Speicher

CCL [ˌsi:si:ˈel] *n* BRIT *abbrev of* **climate change levy** Klimaschutzabgabe *f*

CCTV [ˌsi:si:ti:ˈvi:] *n abbrev of* **closed-circuit television** Überwachungskamera *f,* Fernsehüberwachungsanlage *f*

C-cup·per [ˈsi:kʌpəʳ, AM -ɚ] *n* vollbusige Frau *(mit Körbchengröße C)*

ccw. *adv abbrev of* **counterclockwise** gegen den Uhrzeigersinn

CD[1] [ˌsi:ˈdi:] *n abbrev of* **compact disc** CD *f;* **on ~** auf CD

CD[2] [ˌsi:ˈdi:] *n abbrev of* **civil defence**

CD[3] [ˌsi:ˈdi:] *n abbrev of* **Corps Diplomatique** Corps diplomatique *nt*

CD[4] [ˌsi:ˈdi:] *n* AM *abbrev of* **Congressional District** Kongresswahlbezirk *m*

CD[5] [ˌsi:ˈdi:] *n* FIN *abbrev of* **certificate of deposit** Einlagenzertifikat *nt*

CD[6] [ˌsi:ˈdi:] *n* LAW *abbrev of* **chief constable** stellvertretender Polizeipräsident

CDC [ˌsi:di:ˈsi:] *n no pl abbrev of* **Centers for Disease Control** Amerikanische Gesundheitsbehörde

CDI [ˌsi:di:ˈaɪ] *n* COMPUT *abbrev of* **compact disk interactive** CDI *f*

CDMA [ˌsi:di:emˈeɪ] *abbrev of* **code division multiple access** I. *n no pl* CDMA
II. *n modifier* CDMA-

CˈD play·er *n* CD-Spieler *m;* **portable ~** tragbarer CD-Spieler **CD-R** [ˌsi:di:ˈɑ:ʳ, AM -ˈɑ:r] *n abbrev of* **Compact Disc Recordable** Rohling *m* **CD reˈcord·er** *n* CD-Brenner *m* **CD-ROM** [ˌsi:di:ˈrɒm, AM -ˈrɑ:m] *n abbrev of* **compact disc read-only memory** CD-ROM *f;* ~ **player** CD-ROM-Spieler *m;* ~ **writer** CD-ROM-Brenner *m* **CD-ˈROM drive** *n* CD-ROM-Laufwerk *nt* **CD-RW** [ˌsi:di:ɑ:ˈdʌblju:, AM -ɑ:r-] *n abbrev of* **Compact Disc-Rewritable** CD-RW *f fachspr*

cease [si:s] *(form)* I. *vi* aufhören, enden
II. *vt* ■**to ~ sth** etw beenden; **to ~ all aid/fire/one's payments** jegliche Hilfeleistungen/das Feuer/seine Zahlungen einstellen; ■**to ~ doing** [*or* **to do**] **sth** aufhören, etw zu tun; ***it never ~s to amaze one what ...*** es überrascht [einen] doch immer wieder, was ...
III. *n no pl* **~ and desist order** LAW Unterlassungsverfügung *f;* **without ~** unaufhörlich, endlos; *(without break)* ohne Pause

ˈcease·fire *n* Feuerpause *f; (for longer period)* Waffenruhe *f*

cease·less [ˈsi:sləs] *adj inv* endlos; ~ **bickering** dauerndes Gezanke; ~ **effort** unablässige Bemühung; ~ **noise** ständiger Lärm

cease·less·ly [ˈsi:sləsli] *adv inv* unablässig, unaufhörlich

ce·dar [ˈsi:dəʳ, AM -ɚ] I. *n* ❶ *(tree)* Zeder *f*
❷ *no pl (wood)* Zedernholz *nt*
II. *n modifier* Zedernholz-, aus Zedernholz *nach n*

ˈce·dar·wood I. *n no pl* Zedernholz *nt*
II. *n modifier* Zedernholz-, aus Zedernholz *nach n*

cede [si:d] *vt (form)* ■**to ~ sth** [**to sb**] etw [an jdn] abtreten; **to ~ ground** *(fig)* an Boden verlieren; **to ~ privileges to sb** jdm Privilegien einräumen

ce·dil·la [səˈdɪlə] *n* LING Cedille *f*

CEEC [ˌsi:i:i:ˈsi:] *n abbrev of* **Central and Eastern European Countries** MOEL, mittel- und osteuropäische Länder

Cee·fax® [ˈsi:fæks] *n no pl* BRIT *Videotext der BBC*

ce·gep [ˈseɪʒep, ˈsi:-] *n* CAN UNIV *(in Québec) acr for* **Collège d'enseignement géneral et professionnel** *Gemeinde-College zur Vorbereitung auf die Universität*

cei·lidh [ˈkeɪli] *n esp* SCOT, IRISH *Veranstaltung, bei der man ausgelassen typisch schottische/irische Tänze tanzt, Lieder singt und Geschichten erzählt*

ceil·ing [ˈsi:lɪŋ] *n* ❶ *(of room)* [Zimmer]decke *f; (fig)* Obergrenze *f,* Höchstgrenze *f,* oberste Grenze; **to impose** [*or* **set**] **a ~ on sth** eine Obergrenze für etw *akk* festsetzen [*o* festlegen]; **to impose a ~ on prices** ein Preislimit festlegen
❷ METEO [**low**] **cloud ~** [niedrige] Wolkendecke
❸ AVIAT [Dienst]gipfelhöhe *f*
▸ PHRASES: **to hit the ~** *(fam)* an die Decke gehen *fam*

ˈceil·ing fan *n* [Decken]ventilator *m* **ˈceil·ing price** *n* ECON oberste Preisgrenze, Höchstpreis *m* **ˈceil·ing rose** *n* Deckenrosette *f*

cela·don [ˈselədɒn, AM dɑ:n] *n* ❶ *no pl (colour)* Blassgrün *nt*
❷ *(glaze)* Seladon *nt,* Celadon *nt*
❸ *(pottery)* Seladongefäß *nt*

cel·an·dine [ˈseləndaɪn] *n* Schöllkraut *nt*

ce·leb [səˈleb] *n short for* **celebrity** Berühmtheit *f*

cel·ebrant [ˈseləbrᵊnt] *n* REL Zelebrant *m*

cel·ebrate [ˈseləbreɪt] I. *vi* feiern; **to ~ in style** im großen Stil[e] feiern
II. *vt* ❶ *(mark occasion)* ■**to ~ sth** *Christmas* etw feiern; *anniversary, event also* etw begehen; ***they ~d closing the deal with a glass of champagne*** zur Feier des Vertragsabschlusses stießen sie mit einem Glas Sekt an
❷ REL *(hold ceremony)* ■**to ~ sth** etw zelebrieren *geh;* **to ~ the Eucharist** das Abendmahl feiern
❸ *(praise)* ■**to ~ sb/sth** jdn/etw feiern; **to ~ sb as a hero** jdn als Helden feiern

cel·ebrat·ed [ˈseləbreɪtɪd, AM -t̬-] *adj* berühmt, gefeiert; ■**to be ~ for sth** für etw *akk* berühmt sein

cel·ebra·tion [ˌseləˈbreɪʃᵊn] *n* ❶ *(party)* Feier *f;* ***this calls for a ~!*** das muss gefeiert werden!
❷ *no pl (marking of occasion)* Feiern *nt; of anniversary* Begehen *nt;* **to be cause for ~** Grund *m* [*o* Anlass] zum Feiern sein *m;* ■**in ~ of sth** zur Feier einer S. *gen*
❸ REL *(ceremony)* Zelebration *f; (of Eucharist)* Feier *f*

cel·ebra·tory [ˌseləˈbreɪtᵊri, AM ˈseləbrəˌtɔ:ri] *adj inv* Fest-; ***when we heard the good news, we went for a ~ drink*** als wir die gute Nachrichten erfuhren, gingen wir zur Feier des Tages einen trinken

ce·leb·rity [səˈlebrəti, AM -t̬i] *n* ❶ *(famous person)* Berühmtheit *f,* berühmte Persönlichkeit; *(star)* Star *m*
❷ *no pl (fame)* Ruhm *m,* Berühmtheit *f*

ce·leri·ac [səˈleriæk] *n no pl* [Knollen]sellerie *m o f*

ce·ler·ity [səˈlerəti, AM -t̬i] *n no pl (form: fleetness)* Schnelligkeit *f; (speed)* Geschwindigkeit *f*

cel·ery [ˈselᵊri] *n no pl* [Stangen]sellerie *m o f;* **head of ~** Selleriestaude *f*

ˈcel·ery salt *n* Selleriesalz *nt* **ˈcel·ery seeds** *npl* Selleriesamen *pl* **ˈcel·ery stalk** *n* Selleriestange *f*

ce·les·ta [sɪˈlestə] *n* MUS Celesta *f*

ce·leste [sɪˈlest] *n see* **celesta**

ce·les·tial [səˈlestiəl, AM -tʃᵊl] *adj (poet)* ❶ ASTRON Himmels-
❷ REL himmlisch

ce·les·tial ˈbody *n* Himmelskörper *m* **ce·les·tial ˈmu·sic** *n (poet)* Sphärenklänge *pl*

celi·ba·cy [ˈseləbəsi] *n no pl* ❶ REL Zölibat *m o nt*
❷ *(sexual abstinence)* Enthaltsamkeit *f*
❸ *(chastity)* Keuschheit *f*

celi·bate [ˈseləbət] I. *n esp* REL Zölibatär *m;* ■**to be a ~** im Zölibat leben
II. *adj* ❶ REL zölibatär
❷ *(refraining from sex)* keusch, enthaltsam

cell [sel] *n* ❶ *(room)* Zelle *f*
❷ *(space)* Feld *nt*
❸ BIOL, ELEC, POL Zelle *f;* **battery ~** Batteriezelle *f;* **fuel ~** Brennstoffzelle *f;* **to use one's grey ~s** seine kleinen grauen Zellen anstrengen *hum fam*
❹ TELEC *(local area)* Ortsbereich *m*

cel·lar [ˈseləʳ, AM -ɚ] *n* Keller *m; (wine cellar)* Weinkeller *m;* **to keep a ~** einen Weinkeller haben

ˈcell di·vi·sion *n* Zellteilung *f*

cel·list [ˈtʃelɪst] *n* Cellist(in) *m(f);* **principal ~** erster Cellist/erste Cellistin

ˈcell·mate *n* Zellengenosse, -genossin *m, f*

ˈcell nu·cleus *n* Zellkern *m*

cel·lo <*pl* -s> [ˈtʃeləʊ, AM -oʊ] *n* Cello *nt*

cel·lo·phane® [ˈseləfeɪn] I. *n no pl* Cellophan® *nt*
II. *adj inv* **~ wrapper** [Klarsicht]folie *f*

ˈcell phone *n* Mobiltelefon *nt,* Handy *nt,* Natel *nt* SCHWEIZ; *(on ship)* Funktelefon *nt*

ˈcell·phone tour *n* Handyführung *f (Besichtigung, bei der die Führung über ein Handy gemacht wird)*

ˈcell proto·plasm *n no pl* BIOL Zellplasma *nt,* Zytoplasma *nt*

cel·lu·lar [ˈseljələʳ, AM -ɚ] I. *adj inv* ❶ BIOL Zell-, zellular, zellenförmig; **~ plant** Lagerpflanze *f*
❷ *(porous)* porös
❸ TELEC Mobil-, Funk-
II. *n* AM Handy *nt,* Mobiltelefon *nt*

cel·lu·lar ˈphone *n* Mobiltelefon *nt,* Handy *nt*

cel·lu·lite [ˈseljəlaɪt] *n no pl* MED Zellulitis *f*

ˈcel·lu·lite cream *n* Cellulitiscreme *f,* Zellulitiscreme *f*

cel·lu·loid [ˈseljəlɔɪd] I. *n no pl* ❶ *(plastic)* Zelluloid *nt*
❷ *(liter: film, cinema)* Zelluloid *nt,* Film *m;* **on ~** auf Zelluloid
II. *adj* ❶ *(made of celluloid)* Zelluloid-
❷ *(liter: cinematic)* kinematografisch *geh*

cel·lu·lose [ˈseljələʊs, AM -loʊs] *n no pl* Zellulose *f,* Zellstoff *m;* **~ acetate silk** Celluloseacetatseide *f;* **~ dinitrate** Cellulosedinitrat *nt,* Collodiumwolle *f;* **~ methyl ether** Methylcellulose *f;* **~ xanthogenate** Cellulosexanthogenat *nt,* Viskose *f*

Celsius [ˈselsiəs] I. *n* Celsius
II. *adj inv* Celsius-; ***20 degrees ~*** 20 Grad Celsius

Celt [kelt, selt] *n* Kelte, Keltin *m, f*

Celt·ic [ˈkeltɪk, ˈsel-] I. *adj inv* keltisch; **~ Sea** *südlicher Teil der Irischen See*
II. *n no pl* Keltisch *nt*

ce·ment [sɪˈment] I. *n no pl* ❶ *(powder)* Zement *m;* **quick-setting ~** schnellbindender Zement
❷ *(binding material)* Klebstoff *m,* Leim *m; (of tooth)* [Zahn]zement *m*
❸ *(fig: uniting force)* Band *nt geh;* ***the ~ for their future relations*** die Grundlage [*o* Basis] ihrer künftigen Beziehungen
II. *vt* ■**to ~ sth** ❶ *(with concrete)* etw betonieren; *(with cement)* etw zementieren; ■**to ~ over** ◯ **sth** etw zubetonieren; ■**to ~ up** ◯ **sth** etw zumauern
❷ *(also fig: bind)* etw festigen [*o geh* zementieren]; **to ~ an agreement** eine Vereinbarung schließen [*o* treffen]; **to ~ a friendship/relationship** eine Freundschaft/Beziehung festigen

ce·ˈment mix·er *n* Betonmischmaschine *f*

cem·etery [ˈsemətᵊri, AM -teri] *n* Friedhof *m*

ceno·taph ['senə(ʊ)tæf, AM -ətæf] *n (in honour of sb)* Ehrenmal *nt; (marking negative event)* Mahnmal *nt; (remembering dead person)* Kenotaph *nt,* Zenotaph *nt*

cen·ser ['sen(t)səʳ, AM -ɚ] *n* Räuchergefäß *nt,* Räucherschale *f;* REL [Weih]rauchgefäß *nt*

cen·sor ['sen(t)səʳ, AM -ɚ] **I.** *n* Zensor(in) *m(f);* **to get past the ~** durch die Zensur kommen
II. *vt* ■**to ~ sth** etw zensieren [*o* SCHWEIZ, ÖSTERR zensurieren]; ■**to ~ sth from sth** etw aus etw *dat* streichen

cen·sored ['sen(t)səd, AM -ɚd] *adj inv* zensiert; **~ version** gekürzte Fassung

cen·so·ri·ous [sen(t)'sɔːriəs] *adj* [übertrieben] kritisch; **~ comments** scharfe Bemerkungen

cen·sor·ship ['sen(t)səʃɪp, AM -sɚ-] *n no pl* Zensur *f;* **~ of the press** Pressezensur *f*

cen·sure ['sen(t)sjəʳ, AM 'sen(t)ʃɚ] **I.** *n no pl* ❶ *(criticism)* Tadel *m;* **to earn oneself [the] ~ [of sb]** [von jdm] scharf kritisiert werden
❷ POL *(formal reprimand)* **vote of ~, ~ motion** Tadelsantrag *m,* Tadelsvotum *nt;* **~ vote** Missbilligungsvotum *nt*
II. *vt* ■**to ~ sb for sth** jdn wegen einer S. *gen* tadeln

cen·sus ['sen(t)səs] *n (official counting)* Zählung *f; (in biblical usage)* Schätzung *f; (of population)* Volkszählung *f,* Zensus *m fachspr;* **traffic ~** Verkehrszählung *f*

'cen·sus sur·vey *n* ECON Gesamtmarktanalyse *f* **'cen·sus tak·er** *n* Volkszähler(in) *m(f)*

cent [sent] *n* Cent *m; (coin also)* Centmünze *f;* ***50 ~s*** 50 Cent; **to not be worth a ~** keinen Pfifferling wert sein; **sb does not care a ~ about sth** etw ist jdm völlig gleich

cen·taur ['sentɔːʳ, AM -tɔːr] *n* Zentaur *m,* Kentaur *m*

cen·te·nar·ian [ˌsentɪ'neəriən, AM -tᵊn'eriən] *n* Hundertjährige(r) *f(m),* Zentenar *m selten geh*

cen·te·nary [sen'tiːnᵊri, AM sen'tenəri], AM **cen·ten·nial** [sen'teniəl] **I.** *n esp* BRIT *(anniversary)* hundertster Jahrestag; *(birthday)* hundertster Geburtstag; *(celebration)* Hundertjahrfeier *f;* **to celebrate a ~** den hundertsten Jahrestag feiern [*o geh* begehen]; ***the symphony orchestra celebrated its ~*** das Sinfonieorchester feierte sein hundertjähriges Bestehen
II. *n modifier* Hundertjahr-; **~ celebrations** Feierlichkeiten *pl* zum hundertsten Jahrestag

'cen·ter *n, vt* AM *see* **centre**

'cen·tered *adj* AM ■**to be ~** ausgeglichen sein

cen·ti·grade ['sentɪgreɪd, AM 'sent̬ə-] **I.** *n no pl* Celsius
II. *adj inv* Celsius-; ***two degrees ~*** zwei Grad Celsius

cen·ti·gram, *esp* BRIT **cen·ti·gramme** ['sentɪgræm, AM 'sent̬ə-] *n* Zentigramm *nt*

cen·ti·li·tre, AM **cen·ti·li·ter** ['sentɪliːtəʳ, AM 'sent̬əliːt̬ɚ] *n* Zentiliter *m*

cen·ti·me·tre, AM **cen·ti·me·ter** ['sentɪmiːtəʳ, AM 'sent̬əmiːt̬ɚ] *n* Zentimeter *m*

cen·ti·pede ['sentɪpiːd, AM -t̬ə-] *n* Tausendfüßler *m*

cen·tral ['sentrᵊl] *adj* ❶ *(in the middle)* zentral; ***he drilled a ~ hole in the disc*** er bohrte ein Loch in die Mitte der Scheibe; **~ location** zentrale Lage; **~ part** Kernstück *nt,* Herzstück *nt*
❷ *(paramount)* Haupt-, wesentlich; **to be of ~ importance [to sb]** [für jdn] an [aller]erster Stelle stehen [*o* sehr wichtig sein]; **~ issue** Kernfrage *f;* **to play a ~ role in sth** bei etw *dat* eine zentrale Rolle spielen; ■**to be ~ to sth** wesentlich [*o geh* essenziell] für etw *akk* sein
❸ *(national)* Zentral-; **~ bank** Zentralbank *f*

Cen·tral Af·ri·can Re·'pub·lic *n* ■**the ~** die Zentralafrikanische Republik **cen·tral 'air con·di·tion·ing** *n no pl* zentrale Klimaanlage **Cen·tral A'meri·ca** *n* Mittelamerika *nt* **Cen·tral A'meri·can I.** *adj* mittelamerikanisch **II.** *n* Mittelamerikaner(in) *m(f)* **Cen·tral 'Asian** *adj* zentralasiatisch **cen·tral 'bank** *n* ECON, FIN Zentralbank *f;* **~ discount rate** Diskontsatz *m* der Zentralbank; **~ intervention** Zentralbankintervention *f;* **President of the Central Bank** Zentralbankpräsident(in) *m(f);* **Statutes of the Central Bank** Zentralbankstatut *nt* **cen·tral bank 'sys·tem, cen·tral bank·ing 'sys·tem** *n* Zentralbank[en]system *nt* **cen·tral 'cast·ing** *n* ■**to be from ~** perfekt geplant sein; ■**to be out of ~** wie aus dem Bilderbuch sein **Cen·tral Com·'mit·tee** *n* POL Zentralkomitee *nt* **Cen·tral Crimi·nal 'Court** *n* LAW Zentralstrafgericht *nt* **Cen·tral 'Europe** *n* Mitteleuropa *nt* **cen·tral 'gov·ern·ment** *n* Zentralregierung *f* **cen·tral 'heat·ing** *n no pl* Zentralheizung *f*

cen·tral·ism ['sentrᵊlɪzᵊm] *n no pl* POL Zentralismus *m*

cen·tral·ist ['sentrᵊlɪst] **I.** *adj* zentralistisch
II. *n* Zentralist(in) *m(f)*

cen·tral·ity [sen'træləti, AM -ət̬i] *n no pl (location)* zentrale Lage; *(major importance)* Schlüsselrolle *f*

cen·trali·za·tion [ˌsentrᵊlaɪ'zeɪʃᵊn, AM -lɪ'-] *n no pl* Zentralisierung *f;* COMPUT *also* Einrichtung *f* einer Zentralstelle

cen·tral·ize ['sentrᵊlaɪz] *vt* POL, COMPUT ■**to ~ sth** etw zentralisieren

cen·tral 'lock·ing *n no pl* Zentralverriegelung *f*

cen·tral·ly ['sentrᵊli] *adv* zentral; **to be ~ heated** Zentralheizung haben; **to be ~ located** zentral liegen [*o* gelegen sein]

cen·tral 'nerv·ous sys·tem *n* Zentralnervensystem *nt* **cen·tral 'par·ity** *n* ECON, FIN Leitparität *f* **cen·tral 'pro·cess·ing unit, cen·tral 'pro·ces·sor** *n* COMPUT Zentraleinheit *f* **cen·tral 'pur·chas·ing** *n* ECON, FIN Zentraleinkauf *m* **cen·tral 'rate** *n* ECON, FIN Leitkurs *m* **cen·tral res·er·'va·tion** *n* BRIT Grünstreifen *m,* Mittelstreifen *m* **Cen·tral 'Stand·ard Time, 'Cen·tral Time** *n Zeitzone der Vereinigten Staaten, entspricht der sechsten Zeitzone westlich von Greenwich*

cen·tre, AM **cen·ter** ['sentəʳ, AM -t̬ɚ] **I.** *n* ❶ *(middle)* Zentrum *nt,* Mitte *f;* ***I love chocolates with soft ~s*** ich liebe Pralinen mit weicher Füllung; ***she felt she was bombarded with criticism, left, right and ~*** sie fühlte sich von allen Seiten mit Kritik bombardiert; ***they made a complete mess of that work, left, right and ~*** sie haben diese Arbeit total verhunzt *fam;* ■**to be the ~ of sth** der Mittelpunkt einer S. *gen* sein; **to be the ~ of attention** im Mittelpunkt der Aufmerksamkeit stehen
❷ POL Mitte *f;* **to be left/right of ~** Mitte links/rechts sein
❸ *(place or building)* Zentrum *nt,* Center *nt;* **fitness ~** Fitnessstudio *nt;* **test ~** Versuchszentrum *nt*
❹ *(area of concentration)* Zentrum *nt;* **~ of population** Ballungsraum *m,* Ballungsgebiet *nt*
❺ SPORT *(middle player)* Mittelfeldspieler(in) *m(f); (basketball)* Center *m,* mittlerer Angriffsspieler; *(ice hockey)* Sturmspitze *f*
❻ ECON, FIN *(group of items in an account)* Gruppe *f* von Posten
II. *vt* ❶ *(put in middle)* ■**to ~ sth** etw zentrieren; TYPO *also* etw mittig setzen *fachspr*
❷ *(focus)* **to ~ one's attention on sth** seine Aufmerksamkeit auf etw *akk* richten; **to ~ one's efforts on sth** seine Anstrengungen auf etw *akk* konzentrieren
III. *vi* ❶ SPORT flanken
❷ *(concentrate)* ■**to ~ around sb/sth** sich *akk* um jdn/etw drehen; ■**to ~ [up]on sb/sth** sich *akk* auf jdn/etw konzentrieren, sich *akk* um jdn/etw drehen

'cen·tre back *n (in football)* Vorstopper(in) *m(f); (in volleyball)* mittlerer Abwehrspieler/mittlere Abwehrspielerin **'cen·tre·board** *n* NAUT Kielschwert *nt* **'cen·tre cir·cle** *n (in football, basketball)* Mittelkreis *m* **'cen·tre court** *n* TENNIS Centrecourt *m*

'cen·tre·fold *n Mittelseiten einer Zeitschrift; (model) [Akt]modell, das auf der Mittelseite einer Zeitschrift abgebildet ist*

cen·tre 'for·ward *n (in soccer, hockey)* Mittelstürmer(in) *m(f); (in volleyball)* mittlerer Netzspieler/mittlere Netzspielerin **cen·tre 'half** *n (in field hockey)* Mittelfeldspieler(in) *m(f)* **'cen·tre line** *n (in hockey, basketball)* Mittellinie *f* **'cen·tre mark** *n (in tennis)* Mittelzeichen *nt* **cen·tre 'mid·field** *n (in soccer)* defensiver Mittelfeldspieler/defensive Mittelfeldspielerin **cen·tre of 'grav·ity** *n* PHYS Schwerpunkt *m*

'cen·trepiece *n* ❶ *(on table)* Tafelaufsatz *m*
❷ *(best feature)* Prunkstück *nt; (central feature) of policy, plan* Kernstück *nt;* **the ~ of a meal** die Krönung eines Mahl[e]s *geh*

cen·tre 'ser·vice line *n (in tennis)* mittlere Aufschlaglinie *f*

'cen·tre-spread *n* [doppelseitige] Themenseite *(in der Mitte einer Zeitschrift/Zeitung)*

cen·tre 'stage I. *n no pl* Bühnenmitte *f*
II. *adv* ❶ THEAT in der Bühnenmitte; ***the actress threw herself to the ground ~ in despair*** die Schauspielerin warf sich verzweifelt in der Mitte der Bühne auf den Boden
❷ *(fig: conspicuous)* **to be always ~** stets im Mittelpunkt [der Aufmerksamkeit] stehen; **to take ~** eine Schlüsselposition einnehmen

'cen·tre strap *n (on tennis net)* Gurtband *m*

cen·tri·cal·ly ['sentrɪkᵊli] *adv* **~ symmetric** MATH punktsymmetrisch

cen·trifu·gal [ˌsentrɪ'fjuːgᵊl, AM sen'trɪfjəgᵊl] *adj inv* zentrifugal; **~ force** Zentrifugalkraft *f fachspr,* Fliehkraft *f*

cen·tri·fuge ['sentrɪfjuːdʒ, AM -trə-] **I.** *n* MED, TECH Zentrifuge *f fachspr,* Schleuder *f*
II. *vt* CHEM ■**to ~ sth** etw zentrifugieren [*o* abschleudern]

cen·trip·etal [sen'trɪpɪtᵊl, AM -ət̬ᵊl] *adj inv* zentripetal; **~ force** Zentripetalkraft *f*

cen·trist ['sentrɪst] **I.** *n* Anhänger(in) *m(f)* der politischen Mitte; *(politician)* Politiker(in) *m(f)* der Mitte
II. *adj* [politisch] gemäßigt

cen·tu·ries-old ['senʃᵊrizəʊld, AM -oʊld] *adj inv* jahrhundertealt

cen·tu·ri·on [sen'tjʊəriən, AM -'tʊri-] *n (hist)* Zenturio *m*

cen·tu·ry ['sen(t)ʃᵊri] *n* ❶ *(period)* Jahrhundert *nt;* **the event of the ~** das Jahrhundertereignis; **turn of the ~** Jahrhundertwende *f;* **to be centuries old** jahrhundertealt sein; **the twentieth ~** das zwanzigste Jahrhundert
❷ *(in cricket)* 100 Läufe *pl*

CEO [ˌsiːiː'əʊ, AM -'oʊ] *n abbrev of* **chief executive officer** Generaldirektor(in) *m(f),* Geschäftsführer(in) *m(f)*

ce·ram·ic [sə'ræmɪk] *adj inv* Keramik-, keramisch

ce·ram·ic 'hob *n* BRIT Glaskeramikkochfläche *f*

ce·ram·ics [sə'ræmɪks] *n* ❶ + *sing vb (art)* Keramik *f*
❷ *pl (ceramic objects)* Keramiken *pl,* Töpferwaren *pl,* Tonwaren *pl*
❸ + *sing vb (process)* Töpfern *nt;* **to take a course in ~** einen Töpferkurs machen

ce·real ['sɪəriəl, AM 'sɪr-] **I.** *n* ❶ *no pl (cultivated grass)* Getreide *nt*
❷ *(grain)* Getreidesorte *f*
❸ *no pl (for breakfast)* Frühstückszerealien *pl,* Frühstücksflocken *pl* SCHWEIZ *(Cornflakes, Müsli ...)*
II. *adj inv* Getreide-

'ce·real bar *n* Müsliriegel *m*

cer·ebel·lum <*pl* -s *or* -la> [ˌserɪ'beləm, AM -rə'-, *pl* -lə] *n* ANAT Kleinhirn *nt,* Zerebellum *nt fachspr*

cer·ebra [sə'riːbrə, AM 'serə-] *n pl of* **cerebrum**

cer·ebral ['serəbrᵊl, sə'riː-] *adj* ❶ ANAT Gehirn-, zerebral *fachspr*
❷ *(also pej: intellectual)* hochgeistig; ***it was all too ~ for me*** es war mir alles zu hoch *fam;* **~ discussion** intellektuelle Diskussion

cer·ebral 'pal·sy *n no pl* MED zerebrale Lähmung

cer·ebra·tion [ˌserɪ'breɪʃᵊn, AM -rə'-] *n no pl* ❶ MED Gehirnfunktion *f*
❷ *(form or hum: thought process)* Reflexion *f geh,* [Nach]denken *nt*

cer·ebrum <*pl* -s *or* -bra> [sə'riːbrəm, AM 'serə-, *pl* -brə] *n* ANAT Großhirn *nt,* Zerebrum *nt fachspr*

cer·emo·nial [ˌserɪ'məʊniəl, AM -ə'moʊ-] **I.** *adj* zeremoniell *geh*
II. *n (form liter)* Zeremoniell *nt geh*

cer·emo·nial·ly [ˌserɪˈməʊniəli, AM -əˈmoʊ-] *adv* feierlich

cer·emo·ni·ous [ˌserɪˈməʊniəs, AM -əˈmoʊ-] *adj* förmlich, zeremoniös *geh*

cer·emo·ni·ous·ly [ˌserɪˈməʊniəsli, AM -əˈmoʊ-] *adv* sehr förmlich, mit großem Zeremoniell *geh*

cer·emo·ny [ˈserɪməni, AM -əmoʊni] *n* ① *(ritual)* Zeremonie *f,* Feier *f; (celebration also)* Feierlichkeiten *pl;* **opening ~** Eröffnungsfeier *f;* **to perform a ~** eine Zeremonie vollziehen *geh*
② *no pl (formality)* Förmlichkeit *f;* **pomp and ~** Pomp und Zeremoniell; **to do sth without ~** etw ohne viel Aufhebens tun; **to receive sb with great ~** jdn mit großem Pomp begrüßen; **to stand on ~** förmlich sein

ce·rise [səˈriːz] *(form)* **I.** *n no pl* Kirschrot *nt*
II. *adj* kirschrot, cerise

ce·rium [ˈsɪəriəm, AM ˈsɪr-] *n no pl* CHEM *(Ce)* Cer *nt*

cert¹ [sɜːt] *n usu sing* BRIT *(fam) short for* **certainty:** **to be a dead ~** eine todsichere Sache sein *fam;* ***it's a dead ~ that they'll lose*** sie werden todsicher verlieren; **to be a dead ~ to win the medal** Medaillenfavorit *m*/Medaillenfavoritin *f* sein

cert² **I.** *n abbrev of* **certificate**
II. *adj abbrev of* **certified**

cer·tain [ˈsɜːtᵊn, AM ˈsɜːrt-] **I.** *adj* ① *(sure)* sicher; *(unavoidable)* gewiss, bestimmt; ***one thing is ~*** eines ist sicher; ***that was ~ to happen*** das musste ja so kommen; ***it is not yet ~*** es ist noch nicht ganz klar; **to face ~ death** dem [sicheren] Tod ins Auge blicken; **for ~** ganz sicher; ***I don't know yet for ~*** ich weiß noch nicht genau; ***one thing is for ~*** eines ist sicher; ***I can't say for ~*** ich bin mir nicht ganz sicher; **to mean ~ death** den sicheren Tod bedeuten; **to feel ~ [that ...]** sicher [*o* [fest] [davon] überzeugt] sein[, dass ...]; **to make ~ [that ...]** *(ensure)* darauf achten[, dass ...]; *(check)* sich *akk* vergewissern[, dass ...]; ***please make ~ that you turn off the oven*** schalte bitte unbedingt den Herd aus; **to make ~ of sth** sich *akk* einer S. *gen* vergewissern; **to seem ~ [that ...]** davon ausgehen[, dass ...], zuversichtlich sein[, dass ...]; ■**to be ~ about** [*or* **of**] **sth** sich *dat* einer S. *gen* sicher sein; ***are you ~ about that?*** sind Sie sich dessen wirklich sicher?; ***no one is quite ~ about him yet*** bis jetzt kennt ihn noch keiner so recht; ***are you ~ about driving home alone?*** willst du wirklich allein nach Hause fahren?; ■**to be ~ [that] sb does sth** sicher sein, dass jd etw tut; ***I wouldn't be too ~ that ...*** ich wäre mir [ja] nicht so sicher, dass ...; **to be ~ [that] sth will happen** [sich *dat*] sicher sein, dass etw geschehen wird; ■**to be ~ to do sth** *(intend)* etw bestimmt tun; *(check)* ***be ~ to lock the door*** vergewissern Sie sich, dass die Tür abgeschlossen ist; ***that vase is ~ to be knocked over*** die Vase wird bestimmt irgendjemand umstoßen
② *attr, inv (limited)* gewiss; **to a ~ extent** in gewissem Maße; ***up to a ~ point*** bis zu einem gewissen Grad
③ *attr, inv (specified)* gewiss; *(unspecified also)* bestimmt; **at a ~ age** in einem bestimmten Alter; **a ~ Steve Rukus** ein gewisser Steve Rukus
④ *attr, inv (particular)* bestimmt, gewiss; **in ~ circumstances** unter gewissen Umständen
II. *pron pl* **~ *of his works/the candidates*** einige seiner Arbeiten/einige Kandidaten

cer·tain an·ˈnu·ity *n* ECON, FIN zeitlich befristete Rente

cer·tain·ly [ˈsɜːtᵊnli, AM ˈsɜːrt-] *adv* ① *(surely)* sicher[lich]; *(without a doubt)* bestimmt, gewiss; ***she ~ is a looker, isn't she?*** sie sieht aber echt toll aus!
② *(gladly)* gern[e]; *(of course)* [aber] selbstverständlich, klar *fam;* **~ not** auf [gar] keinen Fall, [ganz] bestimmt nicht; ***I ~ will not!*** ich denke gar nicht dran!; ***had you forgotten our anniversary? — ~ not!*** hast du unseren Hochzeitstag vergessen? – aber [nein], wo denkst du hin?

cer·tain·ty [ˈsɜːtᵊnti, AM ˈsɜːrt-] *n* ① *(surety)* Gewissheit *f;* **with ~** mit Sicherheit; ■**to be a ~** gewiss sein; ***he'll arrive late, that's a [virtual] ~*** er wird zu spät kommen, darauf kannst du wetten!; ***death is a ~*** um den Tod kommt keiner herum
② *no pl (state of certainty)* Sicherheit *f*

cer·ti·fi·able [ˌsɜːtɪˈfaɪəbḷ, AM ˌsɜːrṭə-] *adj inv* ① *(officially admissible)* nachweisbar
② *(psychologically ill)* unzurechnungsfähig, nicht zurechnungsfähig
③ *(fig fam: stupid)* verrückt *fam;* ***he's a ~ nut!*** er ist doch wirklich ein Spinner! *fam;* ■**to be ~** eine Meise haben *fam*

cer·tifi·cate [səˈtɪfɪkət, AM səˈ-] *n* ① *(official document)* Urkunde *f; (attestation)* Bescheinigung *f;* **~ of achievement** Leistungsnachweis *m;* **~ of airworthiness/seaworthiness** Luft-/Seetüchtigkeitszeugnis *nt;* **~ of approval** ECON Zulassungsbescheinigung *f,* Provenienzzertifikat *nt;* **~ of baptism** Taufschein *m;* **birth ~** Geburtsurkunde *f;* **death ~** Sterbeurkunde *f;* **doctor's** [*or* **medical**] **~** ärztliches Attest; **examination ~** Prüfungszeugnis *nt;* **fire ~** Brandschutzbescheinigung *f;* **~ of incorporation** Gründungsurkunde *f;* **~ of judgment** Urteilsschrift *f;* **land ~** [beglaubigter] Grundbuchauszug; **marriage ~** Trauschein *m;* **~ of ownership** Besitzurkunde *f;* **practising ~** Bestallungsurkunde *f,* Anwaltszulassung *f;* **~ of quality** Qualitätszertifikat *nt;* **~ of registry** Schiffsbrief *m*
② FILM Altersfreigabe *f;* **an 18 ~** [Film]freigabe *f* ab 18 Jahre

cer·tifi·cat·ed [səˈtɪfɪkeɪtɪd, AM -ṭɪd] *adj inv* FIN verbrieft; **~ mortgage** Briefhypothek *f,* Buchhypothek *f*

cer·ˈtifi·cate hold·er *n* FIN Anteilinhaber(in) *m(f)*

cer·tifi·cate of de·ˈpos·it, CD *n* ECON, FIN Einlagenzertifikat *nt,* Depositenzertifikat *nt* **cer·tifi·cate of in·ˈher·it·ance** *n* LAW Erbschein *m* **cer·tifi·cate of ˈori·gin** *n (invoice)* Ursprungszeugnis *nt*

cer·ti·fi·ca·tion [ˌsɜːtɪfɪˈkeɪʃᵊn, AM ˌsɜːrṭə-] *n no pl* ① *(state)* Qualifikation *f; (process)* Qualifizierung *f*
② *(document)* Zertifikat *nt; (attestation)* Beglaubigung *f*

cer·ti·fi·ˈca·tion cen·tre *n* COMPUT Zertifizierungsstelle *f*

cer·ti·fied [ˈsɜːtɪfaɪd, AM ˈsɜːrṭə-] *adj attr, inv* ① *(documented)* [staatlich] geprüft; ■**to be ~ to do sth** berechtigt sein, etw zu tun
② *(guaranteed)* garantiert; ***this manuscript is ~ as genuine*** die Echtheit dieses Manuskripts wurde bestätigt; **~ cheque** gedeckter Scheck; **a ~ copy** eine beglaubigte Abschrift

cer·ti·fied ˈcheck *n* AM bestätigter Scheck **cer·ti·fied ˈmail** *n no pl* AM *(registered post)* Einschreiben *nt;* **a piece of ~** ein Einschreiben *nt,* eine Einschreibesendung; **to send sth ~** etw per [*o* als] Einschreiben schicken **cer·ti·fied pub·lic ac·ˈcount·ant** *n* AM *(chartered accountant)* ≈ Wirtschaftsprüfer(in) *m(f)* **ˈcer·ti·fied-safe** *adj inv food* zum Verzehr geeignet [erklärt], zertifiziert

cer·ti·fy <-ie-> [ˈsɜːtɪfaɪ, AM ˈsɜːrṭə-] *vt* ① *(declare as true)* ■**to ~ sth** etw bescheinigen [*o* bestätigen]; LAW etw beglaubigen; ***I hereby ~ that ...*** *(form)* hiermit bestätige ich, dass ... *geh;* ***the meat has been certified [as] fit for human consumption*** das Fleisch wurde für den menschlichen Verzehr als geeignet erklärt; **to ~ sb [as] dead** jdn für tot erklären
② *(declare mentally ill)* ■**to ~ sb** jdn für unzurechnungsfähig erklären; **to ~ sb insane** jdn für geisteskrank erklären

cer·tio·ra·ri [ˌsɜːʃɔːˈreəraɪ, AM ˌsɜːrʃiəˈreri] *n* LAW Vorlage *f* der Akten an ein höheres Gericht; **order of ~** Aktenanforderung *f* [durch ein höheres Gericht]

cer·ti·tude [ˈsɜːtɪtjuːd, AM ˈsɜːrṭətuːd] *n no pl* Sicherheit *f,* Gewissheit *f*

ce·ru·lean [səˈruːliən] *adj (liter)* **~ blue** himmelblau

cer·vi·cal [ˈsɜːvɪkᵊl, AM ˈsɜːr-] *adj inv* ANAT ① *(of neck)* zervikal *fachspr;* **~ vertebra** Halswirbel *m*
② *(of cervix)* Gebärmutterhals-

cer·vi·cal ˈcan·cer *n* MED Gebärmutterhalskrebs *m* **cer·vi·cal ˈscreen·ing** *n no pl* BRIT MED Untersuchung *f* des Gebärmutterhalses **cer·vi·cal ˈsmear** *n* MED Abstrich *m*

cer·vi·ces [ˈsɜːvɪsiːz, AM ˈsɜːr-] *n pl of* **cervix**

cer·vix <*pl* -es *or* -vices> [ˈsɜːvɪks, AM ˈsɜːr-, *pl* -vɪsiːz] *n* ANAT Gebärmutterhals *m,* Muttermund *m*

Ce·sar·ean *n, adj* AM *see* **Caesarean**

ce·sium *n* AM *see* **caesium**

ces·sate grant [ˈseseɪt-] *n* LAW erneute gerichtliche Bestätigung

ces·sa·tion [seˈseɪʃᵊn] *n no pl (form: end)* Ende *nt; (process)* Beendigung *f;* **~ of hostilities** Einstellung *f* der Kampfhandlungen

ces·ser [ˈsesəʳ, AM -ɚ] *n* LAW Ablauf *m,* Aufhören *nt,* Beendigung *f*

ces·sion [ˈseʃᵊn] *n no pl* Abtretung *f;* LAW Zession *f*

cess·pit [ˈsespɪt], **cess·pool** [ˈsespuːl] *n* Jauchegrube *f,* Güllengrube *f* SCHWEIZ, Senkgrube *f,* Latrine *f; (fig pej)* Sumpf *m*

c'est la vie [ˌseɪlɑːˈviː] *interj* so ist das Leben [nun einmal]

Ces·trian [ˈsestriən] **I.** *n* Bewohner(in) *m(f)* Chesters
II. *adj* aus Chester *nach n*

CET¹ [ˌsiːiːˈtiː] *n abbrev of* **Central European Time** MEZ *f*

CET² [ˈsiːiːˈtiː] *n abbrev of* **Common External Tariff** Gemeinsamer Außenzoll

ce·ta·cean [sɪˈteɪʃᵊn] ZOOL **I.** *n* Zetazee *f fachspr,* Wal *m*
II. *adj inv* Zetazeen- *fachspr,* Wal[fisch]-

Ceu·ta [ˈsjuːtə, AM ˈseɪuːṭə] *n* Ceuta *nt*

ce·viche [səˈviːtʃeɪ, -tʃiː] *n* FOOD *südamerikanisches Gericht aus rohem marinierten Fisch oder Meeresfrüchten*

Cey·lon [sɪˈlɒn, AM -ˈlɑːn, -seɪ] **I.** *n no pl* ① *(hist: country)* Ceylon *nt hist*
② *(tea)* Ceylontee *m*
II. *adj inv (hist)* ceylonesisch *hist*

Cey·lo·nese [ˌseləˈniːz, AM ˌsiːləˈniːz, seɪ] *(hist)* **I.** *n* <*pl* -> Ceylonese, Ceylonesin *m, f hist*
II. *adj* ceylonesisch, aus Ceylon *hist*

c/f *abbrev of* **carried forward** *see* **carry forward**

cf [ˈsiːef] *vt (form) abbrev of* **compare** vgl.

CFC [ˌsiːefˈsiː] *n abbrev of* **chlorofluorocarbon** FCKW *nt*

CFR [ˌsiːefˈɑːʳ, AM -ˈɑːr] *n* COMM *abbrev of* **cost and freight** CFR

CGA [ˌsiːdʒiːˈeɪ] *n* COMPUT *abbrev of* **colour graphics adapter** Farbgrafikadapter *m*

CGI [ˌsiːdʒiːˈaɪ] *n* FILM *abbrev of* **computer-generated image/imaging** CGI

CGM [ˌsiːdʒiːˈem] *n* COMPUT *abbrev of* **computer graphics metafile** CGM

CGT [ˌsiːdʒiːˈtiː] *n abbrev of* **capital gains tax** Kapitalgewinnsteuer *f,* Kapitalertragssteuer *f*

ch *n abbrev of* **chapter** Kap.

c/h *n abbrev of* **central heating** ZH *f*

ˈcha-cha, ˈcha-cha-cha [ˈtʃɑːtʃɑː-] **I.** *n* Cha-Cha-Cha *m*
II. *vi* Cha-Cha-Cha tanzen

chad [tʃæd] *n* COMPUT Stanzrückstand *m;* **~less tape** Schuppenstreifen *m*

Chad [tʃæd] *n no pl* Tschad *m*

Chadian [ˈtʃædiən] **I.** *n* Tschader(in) *m(f)*
II. *adj* tschadisch

chafe [tʃeɪf] **I.** *vi* ① *(make sore)* sich *akk* [wund]scheuern [*o* [auf]scheuern] [*o* SCHWEIZ, ÖSTERR aufschürfen]; *hands* wund werden
② *(fig: become irritated)* sich *akk* ärgern [*o* aufregen]; ■**to ~ at** [*or* **against**] **sth** sich *akk* über etw *akk* aufregen; ■**to ~ under sth** unter etw *dat* leiden
③ *(fig: be impatient)* ■**to ~ to do sth** erpicht darauf sein, etw zu tun *fam*
II. *vt* ① *(rub sore)* ■**to ~ sth** etw [wund]scheuern [*o* [auf]scheuern] [*o* SCHWEIZ, ÖSTERR aufschürfen]; ***the icy wind ~d her cheeks*** der eisige Wind ließ ihre Wangen rau werden
② *(rub warm)* **to ~ one's hands** seine Hände warm reiben
III. *n* durchgescheuerte Stelle

chaf·er [ˈtʃeɪfəʳ, AM -ɚ] *n* Käfer *m;* **cock~** Maikäfer *m;* **rose ~** Rosenkäfer *m*

chaff¹ [tʃæːf, *Brit also* tʃɑːf] *n no pl* ① *(of grain)* Spreu *f*
② *(cattle fodder)* Häcksel *m o nt*

3 *(leftover material)* wertlose Reste *pl*
▸PHRASES: **to** __**separate**__ **the wheat from the ~** die Spreu vom Weizen trennen

chaff² [tʃæ:f, *Brit also* tʃɑ:f] **I.** *n no pl* Scherze *pl,* Neckerei *f,* Flachserei *f,* ÖSTERR *oft* Blödelei *f fam*
II. *vt* ▪**to ~ sb [about doing sth]** jdn [wegen einer S. *gen* [*o* mit etw *dat*]] aufziehen

chaf·finch <*pl* -es> ['tʃæ:fɪn(t)ʃ] *n* Buchfink *m*

Cha·gos Archi·pela·go ['tʃɑ:gəs-] *n* Chagos Archipel *nt*

cha·grin ['ʃægrɪn, AM ʃə'grɪn] *n no pl (form)* 1 *(sorrow)* Kummer *m; (disappointment)* Enttäuschung *f*
2 *(embarrassment)* [große] Verlegenheit; **[much] to sb's ~** [sehr] zu jds [*o* zu jds [großer]] Verlegenheit
3 *(annoyance)* Verdruss *m,* Ärger *m;* **[much] to sb's ~** [sehr] zu jds Verdruss

cha·grined ['ʃægrɪnd, AM ʃə'grɪnd] *adj (form: disappointed)* verdrossen; *(mortified)* gekränkt; *(sorrowful)* bekümmert; ▪**to be ~ at** [*or* **by**] **sth** über etw *akk* [*o* wegen einer S. *gen*] bekümmert sein

chain [tʃeɪn] **I.** *n* 1 *(series of metal links)* Kette *f;* **to keep a dog on a ~** einen Hund an der Kette halten; **to put the ~ on the door** die Kette vorlegen; **to pull the ~** *(dated)* spülen *(auf der Toilette)*
2 *(fetter, manacle)* Fessel *f,* Kette *f;* **to be in ~s** in Ketten liegen; **to keep sb in ~s** jdn in Fesseln halten; **to rattle one's ~s** mit den Ketten rasseln
3 *(fig: oppression)* ▪**~s** *pl* Fesseln *pl,* Joch *nt geh;* **to free oneself from the ~s of dictatorship** die Fesseln der Diktatur sprengen; **to free oneself from the ~s of tyranny** sich *akk* vom Joch der Tyrannei befreien *geh*
4 *(jewellery)* [Hals]kette *f;* **gold/silver ~** Gold-/Silberkette *f*
5 *(fig: series)* Reihe *f; (interconnection)* Verkettung *f;* **~ of command** Hierarchie *f;* MIL Befehlskette *f;* **fast food ~** [Schnell]imbisskette *f;* **~ of mishaps** Verkettung *f* unglücklicher Umstände; **mountain ~** [Berg]kette *f,* [Gebirgs]kette *f;* **~ of shops** Ladenkette *f*
6 CHEM Kette *f;* **straight ~** gerade Kette; **~ of branching** Kettenverzweigung *f;* **~ of carbon atoms** Kohlenstoffkette *f;* **~ isomerism** Kettenisomerie *f*
▸PHRASES: **to** __**pull**__ [*or* __**yank**__] **sb's ~** jdn triezen *fam*
II. *vt* ▪**to ~ sb/an animal [up] to sth** jdn/ein Tier an etw *akk* [an]ketten; **to be ~ed to a desk** *(fig)* an den Schreibtisch gefesselt sein
III. *vi* CHEM verketten
◆**chain up** *vt* ▪**to ~ sb/an animal** ⟲ **up** jdn/ein Tier anketten [*o* an die Kette legen]

'chain gang *n* Sträflingskolonne *f;* **to work on the ~** in einer Sträflingskolonne arbeiten **'chain letter** *n* Kettenbrief *m* **chain-link 'fence** *n* Maschendrahtzaun *m* **'chain mail** *n no pl* Kettenhemd *nt,* Kettenpanzer *m* **chain re·'ac·tion** *n* Kettenreaktion *f;* **to set off a ~** eine Kettenreaktion auslösen *a. fig* **'chain saw** *n* Kettensäge *f* **'chain-smoke** *vi* kettenrauchen **'chain-smok·er** *n* Kettenraucher(in) *m(f)* **'chain stitch** *n* Kettenstich *m* **'chain store** *n* Kettenladen *m*

chair [tʃeəʳ, AM tʃer] **I.** *n* 1 *(seat)* Stuhl *m;* ***please take a ~*** setzen Sie sich doch; **easy ~** Sessel *m;* **to pull up a ~** [sich *dat*] einen Stuhl heranziehen
2 UNIV *(professorship)* Lehrstuhl *m; (person)* Lehrstuhlinhaber(in) *m(f);* **to be ~ of a department** den Lehrstuhl eines Fachbereichs innehaben; **interim ~** Lehrstuhlvertretung *f;* **to hold a ~ in sth** einen Lehrstuhl für etw *akk* [inne]haben
3 *(head)* Vorsitzende(r) *f(m); (of a company)* Vorstand *m;* **to be the ~ of a board** der/die Vorsitzende eines Ausschusses sein
4 *(presiding place)* ▪**the ~** der Vorsitz; **to address the ~** sich *akk* an den Vorsitz wenden; **to take the ~** den Vorsitz übernehmen
5 AM *(electric chair)* ▪**the ~** der elektrische Stuhl; **to get the ~** auf den elektrischen Stuhl kommen
6 AM MUS Sitz *m* in einem Orchester; ***he plays fourth ~ firsts*** er spielt auf dem vierten Platz die erste Geige
II. *vt* 1 *(be leader)* ▪**to ~ sth** bei etw *dat* den Vorsitz führen
2 *(carry)* ▪**to ~ sb** jdn tragen; *(in victory)* jdn im Triumph tragen

'chair lift *n* Sessellift *m*

'chair·man *n* Vorsitzende(r) *m; (of a company)* Vorstand *m*

'chair·man·ship *n* Vorsitz *m;* ***his ~ of the commission lasted for two years*** er leitete die Kommission zwei Jahre lang; **to meet under the ~ of sb** unter jds Vorsitz [*o* dem Vorsitz von jdm] tagen

'chair·per·son *n* Vorsitzende(r) *f(m)* **'chair·wom·an** *n* Vorsitzende *f*

chaise [ʃeɪz] *n* HIST Einspänner *m*

chaise longue <*pl* chaises longues> [ˌʃeɪz'lɒŋ, AM -'lɔ:ŋ], AM, AUS *usu* **chaise lounge** [ˌʃeɪz'laʊndʒ] *n* Chaiselongue *f o a. fam nt*

chak·ra ['tʃækrə] **I.** *n* Chakra *nt*
II. *n modifier (symbol)* Chakren-

cha·let ['ʃæleɪ, AM ʃæ'leɪ] *n* Chalet *nt; (similar building)* [chaletähnliches] Landhaus

chal·ice ['tʃælɪs] *n (poet or liter)* Kelch *m;* REL Abendmahlskelch *m*

chalk [tʃɔ:k, AM *also* tʃɑ:k] **I.** *n no pl* 1 *(type of stone)* Kalkstein *m*
2 *(for writing)* Kreide *f;* **a piece** [*or* **stick**] **of ~** ein Stück[chen] *nt* Kreide; **~ and talk** BRIT SCH *Unterrichtsgestaltung durch Tafelanschreiben und Vorträge*
▸PHRASES: **to be as** __**alike**__ **as ~ and cheese** grundverschieden sein; **[as** __**different**__ **as] ~ and** [*or* **from**] **cheese** *(hum)* [so verschieden wie] Tag und Nacht; **to not** __**know**__ [*or* **not be able to tell**] **~ from cheese** nicht fähig sein, die wesentlichen Unterschiede zu erkennen; **[not] by a** __**long**__ **~** BRIT bei Weitem [nicht]; **as** __**white**__ **as ~** kreidebleich
II. *vt* ▪**to ~ sth** *(write)* etw mit Kreide schreiben; *(draw)* etw mit Kreide zeichnen; *(in billiards)* etw mit Kreide einreiben
◆**chalk out** *vt* ▪**to ~ sth** ⟲ **out** *design* etw entwerfen; *strategy* etw planen
◆**chalk up** *vt* 1 *(write)* ▪**to ~ up** ⟲ **sth** etw [mit Kreide] aufschreiben; *(note down)* etw notieren; *(cover with drawings)* etw [mit Kreide] bemalen; **to ~ up the board** die Tafel beschreiben; *(completely)* die Tafel vollschreiben
2 *(fig: achieve)* **to ~ up a success** einen Erfolg verzeichnen können; **to ~ up a victory** [*or* **win**] einen Sieg verbuchen können
3 *(ascribe)* ▪**to ~ sth up to sth:** ***I ~ed up my stomach problems to the last night's meal*** ich ging davon aus, dass meine Magenprobleme mit dem gestrigen Abendessen zusammenhingen
4 *(write off)* **to ~ sth up to experience** etw als Erfahrung sehen
5 *(add to a mental list)* ▪**to ~ up** ⟲ **sth** etw verinnerlichen
6 *(put on bill)* ▪**to ~ up sth to sb** etw auf jds Rechnung setzen; *(mark as credit)* etw anschreiben

'chalk·board *n* AM, AUS *(blackboard)* Tafel *f,* SCHWEIZ *a.* Wandtafel *f;* **to wipe off the ~** die Tafel wischen [*o* ÖSTERR löschen] **'chalk·face** *n* BRIT **at the ~** im Unterrichtsalltag

chalkie ['tʃɔ:ki] *n* AUS, NZ *(fam)* Lehrer(in) *m(f),* Pauker(in) *m(f)* BRD *sl*

chalki·ness ['tʃɔ:kinəs, AM *also* 'tʃɑ:-] *n no pl* Kalkhaltigkeit *f*

chalk·ing ['tʃɔ:kɪŋ] *n no pl* AM *(fam) auf dem Unigelände: mit Kreide auf den Boden geschriebene Informationen, meist Ankündigungen von Veranstaltungen*

'chalk pit *n* Kalk[stein]bruch *m*

chalky ['tʃɔ:ki, AM *also* 'tʃɑ:-] *adj* 1 *(of chalk)* kalk[halt]ig
2 *(dusty)* **to be all ~** voll[er] Kreide sein
3 *(chalk-like)* kreideartig, kreideähnlich
4 *(pale)* kreidebleich

chal·lenge ['tʃælɪndʒ] **I.** *n* 1 *(hard task)* Herausforderung *f,* schwierige Aufgabe; **to accept a ~** sich *akk* einer Herausforderung stellen; **to be faced with a ~** mit einer schwierigen Aufgabe konfrontiert sein; **to find sth a ~** etw schwierig finden; **to meet the ~ [of doing sth]** sich *akk* der Herausforderung stellen[, etw zu tun]; **to present sb [with] a ~** eine Herausforderung für jdn darstellen; **to rise to a ~** sich *akk* einer Herausforderung gewachsen zeigen
2 *(call to competition)* Herausforderung *f;* **to accept the ~ to do sth** die Herausforderung annehmen, etw zu tun; **to issue a ~ to sb to do sth** jdn herausfordern, etw zu tun
3 *(doubting)* Infragestellung *f;* **to be a direct ~ to sth** etw offen infrage stellen; **to be open to ~** anfechtbar sein; **to pose a ~ to sth** etw infrage stellen
4 MIL *(ask name)* Werdaruf *m (militärischer Befehl, sich auszuweisen)*
5 LAW *(refusal)* Ablehnung *f; (contest)* Anfechtung *f;* **~ to the array** Ablehnung *f* der gesamten Geschworenen; **~ to the polls** Ablehnung *f* der einzelnen Geschworenen; **~ for cause** Ablehnung *f* der Geschworenen unter Angabe von bestimmten Gründen; **challenge without ~, peremptory ~** Ablehnung *f* der Geschworenen ohne Angabe von Gründen; **to make a ~ to a member of the jury** ein Mitglied der Geschworenen ablehnen
II. *vt* 1 *(ask to compete)* ▪**to ~ sb [to sth]** jdn [zu etw *dat*] herausfordern; ▪**to ~ sb to do sth** jdn herausfordern, etw zu tun; **to ~ a record** versuchen einen Rekord einzustellen
2 *(call into question)* ▪**to ~ sb/sth** jdn/etw infrage stellen
3 *(present with hard task)* ▪**to ~ sb** an jdn [hohe] Anforderungen stellen, jdm viel abverlangen
4 MIL *(demand name)* ▪**to ~ sb** jdn anrufen
5 LAW *(refuse)* ▪**to ~ sb** jdn [als Geschworenen] ablehnen; **to ~ a judge on grounds of bias** AM einen Richter wegen Besorgnis der Befangenheit ablehnen

chal·lenged ['tʃæləndʒd] *adj (euph or iron)* **follically ~** *(hum)* gestraft mit äußerst spärlichem Haarwuchs; **to be physically ~** behindert sein; **to be vertically ~** [zu] kurz geraten sein

chal·leng·er ['tʃælɪndʒəʳ, AM -ɚ] *n* Herausforderer, Herausforderin *m, f;* **~ for a title** Titelanwärter(in) *m(f)*

chal·leng·ing ['tʃælɪndʒɪŋ] *adj* [heraus]fordernd; **sb finds sth ~** jd empfindet etw als Herausforderung; **sb finds sth not ~** etw ist für jdn keine Herausforderung

chal·leng·ing·ly ['tʃælɪndʒɪŋli] *adv* herausfordernd

cha·lu·pa [ʃə'lu:pə] *n* AM *(fried tortilla)* Chalupa *f (mit Fleisch gefüllter und ausgebackener mexikanischer Maismehlfladen)*

cham·ber ['tʃeɪmbəʳ, AM -ɚ] **I.** *n* 1 *(old: room)* [Schlaf]gemach *nt geh,* Kammer *f* SCHWEIZ
2 *(meeting hall)* Sitzungssaal *m; (of lawyer)* Kanzlei *f; (of judge)* Amtszimmer *nt;* **Lower/Upper ~** Zweite/Erste Kammer *(des britischen Abgeordnetenhauses)*
3 *(lawyer's offices)* ▪**~s** *pl* Anwaltsbüro *nt,* Kanzlei *f; (private room of a judge)* Richterzimmer *nt;* **a trial in ~s** eine Verhandlung unter Ausschluss der Öffentlichkeit
4 *(cavity)* Kammer *f;* **combustion ~** Brennkammer *f;* **~ of the heart** Herzkammer *f*
II. *n modifier (music, orchestra)* Kammer-

cham·ber·lain ['tʃeɪmbəlɪn, AM -bɚ-] *n* 1 HIST Kammerherr *m*
2 BRIT *(treasurer)* Leiter(in) *m(f)* der Finanzabteilung; *(of municipal corporation)* Kämmerer, Kämmerin *m*

'cham·ber·maid *n* Zimmermädchen *nt* **'cham·ber mu·sic** *n no pl* Kammermusik *f* **Cham·ber of 'Com·merce** *n* ECON Industrie- und Handelskammer *f* **cham·ber of 'hor·rors** *n* Horrorkabinett *nt* **Cham·ber of In·dus·try and 'Com·merce** *n* Industrie- und Handelskammer *f* **'cham·ber or·ches·tra** *n* Kammerorchester *nt* **'cham·ber pot** *n* Nachttopf *m*

cham·bray ['ʃæmbreɪ] *n no pl* Kambrik *m,* Cambric *m*

cha·me·le·on [kə'mi:liən] *n* 1 *(lizard)* Chamäleon *nt*
2 *(fig pej: person)* Chamäleon *nt pej; (esp in political context)* Wendehals *m pej fam;* ***don't be such***

a ~! sei nicht immer so ein Mitläufer!

cha·me·leon·ic [kə,mi:li'ɒnɪk, AM -'ɑ:nɪk] *adj inv* sehr wechselhaft, wie ein Chamäleon *nach n*

cham·fer ['tʃæmfəʳ, AM fɚ] *n* Schrägkante *f*

cham·ois¹ <*pl* -> ['ʃæmwɑ:, AM 'ʃæmi:] *n* Gämse *f*

cham·ois², **cham·ois 'leath·er** ['ʃæmi:-] *n usu no pl* Fensterleder *nt;* ~ **cloth** Ledertuch *nt*

champ¹ [tʃæmp] *n (approv fam) short for* **champion** Champion *m;* **to be a real ~** ein echter Kumpel sein *sl*

champ² [tʃæmp] **I.** *vi (bite hard)* ■**to ~ [down] on sth,** ■**to ~ into sth** in etw *akk* beißen; *(chew loudly)* etw [geräuschvoll] kauen
▸PHRASES: **to ~ at the bit** vor Ungeduld fiebern
II. *vt* ■**to ~ sth** etw mampfen *fam*

cham·pagne [ʃæm'peɪn] **I.** *n no pl (French champagne)* Champagner *m; (sparkling wine)* Sekt *m,* Prosecco *m* SCHWEIZ, Schaumwein *m*
II. *adj inv* champagnerfarben
III. *n modifier (of French champagne)* Champagner-; *(of sparkling wine)* Sekt-; ~ **brunch** Sektfrühstück *nt;* ~ **gala** Sektempfang *m*

cham·'pagne flute *n* Sektflöte *f,* Champagnerglas *f* SCHWEIZ

'cham·pagne-priced *adj inv (fig)* sündhaft teuer

cham·pagne 'so·cial·ist *n (pej)* Champagnersozi *m pej fam*

cham·pers ['ʃæmpəz] *n + sing vb* BRIT, AUS *(dated fam)* Schampus *m fam*

cham·per·ty ['tʃæmpɜ:ti, AM -pɜ:rt̬i] *n* LAW *(or old)* Beteiligung *f* an einem Prozess gegen Beteiligung am Prozesserlös

cham·pi·on ['tʃæmpiːən] **I.** *n* ① SPORT Champion *m;* **world ~** Weltmeister(in) *m(f);* **defending ~** Titelverteidiger(in) *m(f);* **Olympic ~** Olympiasieger(in) *m(f);* **reigning ~** amtierender Meister/amtierende Meisterin
② *(supporter)* Verfechter(in) *m(f)* (**of** *+gen*)
II. *vt* ■**to ~ sth** etw verfechten; **to ~ a cause** für eine Sache eintreten
III. *adj* BRIT *(fam)* klasse *fam,* prima *fam;* ~ **boxer** Boxchampion *m;* ~ **dog** preisgekrönter Hund; ~ **racehorse** Turfsieger(in) *m(f) sl*
IV. *adv* BRIT *(fam)* super *fam,* fantastisch *fam*

cham·pi·on·ship ['tʃæmpiːənʃɪp] *n* ① SPORT Meisterschaft *f;* **to hold a ~** amtierender Meister/amtierende Meisterin sein
② *no pl (of a cause)* Einsatz *m,* Engagement *nt*

chance [tʃɑ:n(t)s, AM tʃæ:n(t)s] **I.** *n* ① *no pl (luck)* Glück; *(coincidence)* Zufall *m;* **to be pure** [*or* **sheer**] **~** [**that ...**] reiner Zufall sein[, dass ...]; **to leave nothing to ~** nichts dem Zufall überlassen; **as ~ would have it** wie es der Zufall wollte; **by ~** *(accidentally)* zufällig; *(perhaps)* vielleicht; **by any ~** vielleicht; ***do you have a light by any ~?*** hätten Sie vielleicht zufällig Feuer?
② *(likelihood)* Wahrscheinlichkeit *f; (prospect)* Aussicht[en] *f[pl],* Chance[n] *f[pl];* ***there's not much of a ~ of my coming to the party*** es ist eher unwahrscheinlich, dass ich zur Party komme; ***there's not a ~ in hell of my ever going out with him again*** mit dem werde ich nie im Leben nochmal weggehen; ***the ~ was one in a million*** die Chancen standen eins zu einer Million; ***~s are [that] they'll be late as usual*** aller Wahrscheinlichkeit nach werden sie wie immer zu spät kommen; ***~s are against it*** es ist eher unwahrscheinlich; ***there's a faint** [or **slight**] [or **slim**] **chance that ...*** es besteht eine geringe Chance, dass ...; **~s of promotion** Aufstiegschancen; **~s of survival** Überlebenschancen; **to do sth on the off ~** etw auf gut Glück tun; **to be in with a ~** eine Chance haben; **to [not] have** [*or* **stand**] **a ~ with sb/sth** bei jdm/etw [keine] Chancen haben; **to stand a ~ of doing sth** Aussichten haben, etw zu tun; ***I don't think I stand a ~ of winning*** ich halte es nicht für sehr wahrscheinlich, dass ich gewinne; **on the ~** für den Fall; ***on the ~ of his retiring*** falls er zurücktritt
③ *(opportunity)* Möglichkeit *f,* Gelegenheit *f;* ***given half a ~, I'd give up working tomorrow*** wenn ich nur könnte, würde ich sofort aufhören zu arbeiten; ***no ~!*** BRIT *(fam)* niemals!; **the ~ of a lifetime** eine einmalige Chance; **to give sb a second ~** jdm eine zweite Chance geben; **to miss one's ~** seine Chance verpassen; ***you missed the perfect ~*** du hast die Chance deines Lebens verpasst
④ *(risk)* Risiko *nt;* ***the ~ of failure with this project is high*** die Gefahr, dass dieses Projekt fehlschlägt, ist hoch; ***there's a ~ of injury in almost any sport*** fast jede Sportart birgt ein Verletzungsrisiko; **to take a ~** [*or* **~s**] etwas riskieren; ***taking ~s with your health is a bad idea*** seine Gesundheit aufs Spiel zu setzen, ist dumm; **to take no ~s** kein Risiko eingehen
▸PHRASES: **~ would be a fine thing** BRIT schön wär's *fam;* **to have an eye to the main ~** den eigenen Vorteil im Auge haben
II. *vi* ■**to ~ to do sth** etw zufällig tun; ***they ~d to be in the restaurant just when I arrived*** als ich ankam, waren sie zufälligerweise auch gerade in dem Restaurant; ***it ~d that ...*** es traf sich, dass ...
III. *vt (fam)* ■**to ~ sth** *(hazard)* etw riskieren; *(try)* etw versuchen; ***don't ~ your life's savings on a single investment*** setz deine ganzen Ersparnisse doch nicht auf eine einzige Kapitalanlage!; **to ~ it** es riskieren; **to ~ sth happening** es darauf ankommen lassen, dass etw geschieht; **to ~ one's luck** sein Glück versuchen
▸PHRASES: **to ~ one's arm** BRIT es riskieren [*o* darauf ankommen lassen]
◆**chance along** *vi* zufällig auftauchen
◆**chance on**, **chance upon** *vi* ① *(meet unexpectedly)* ■**to ~ on sb** jdn zufällig treffen, jdm zufällig begegnen
② *(find unexpectedly)* ■**to ~ on** [*or* **upon**] [*or* **across**] **sth** zufällig auf etw *akk* stoßen

chance ac·'quaint·ance *n* Zufallsbekanntschaft *f*

chance 'hit *n* SPORT *Treffer eines Baseballspielers, der einen Spieler der Gegenmannschaft ausscheiden lässt*

chan·cel ['tʃɑ:n(t)sᵊl, AM 'tʃæn-] *n* REL Chor *m,* Altarraum *m*

chan·cel·lery ['tʃɑ:n(t)sᵊlᵊri, AM 'tʃæn-] *n* ① *(place)* Kanzleramt *nt*
② *(position)* Amt *nt* des Kanzlers, Kanzlerschaft *f*
③ AM *(office)* Amtszimmer *nt* [einer Botschaft/eines Konsulats]

chan·cel·lor, **Chan·cel·lor** ['tʃɑ:n(t)sᵊləʳ, AM 'tʃæn(t)sᵊlɚ] *n* ① POL, UNIV Kanzler(in) *m(f); (of federal state)* [Bundes]kanzler(in) *m(f);* **Lord C~** *(chief minister of justice)* Lordkanzler *m*
② AM *(judge) vorsitzender Richter an einem Billigkeitsgericht*

Chan·cel·lor of the Ex·'cheq·uer *n* BRIT Finanzminister(in) *m(f),* Schatzkanzler(in) *m(f)*

chan·cel·lor·ship ['tʃɑ:n(t)sᵊləʃɪp, AM 'tʃænsᵊlɚ-] *n no pl* ① POL *(office of chancellor)* Kanzleramt *nt*
② BRIT POL Amt *nt* des Finanzministers
③ REL, ADMIN Rechtsstelle *f* des Bischofs

chanc·er ['tʃɑ:nsəʳ, AM 'tʃænsɚ] *n (fam)* Opportunist *m geh*

chan·cery ['tʃɑ:nsᵊri, AM 'tʃæn] *n* ① BRIT LAW ■**C~** Gericht *nt* des Lordkanzlers
② *(public record office)* Kanzlei *f*

Chan·cery 'Bar *n* LAW Anwaltschaft *f* der Chancery Division **Chan·cery 'Court** *n* LAW Gericht *nt* des Lordkanzlers **'Chan·cery Di·vi·sion** *n* LAW Chancery-Abteilung *f* des High Court

chan·cre ['ʃæŋkəʳ, AM kɚ] *n* MED Schanker *m*

chancy ['tʃɑ:n(t)si, AM 'tʃæn(t)si] *adj* riskant

chan·de·lier [ʃændə'lɪəʳ, AM -lɪr] *n* Kronleuchter *m*

chan·dler ['tʃɑ:ndləʳ, AM 'tʃændlɚ] *n* ① *(of candles)* Kerzenmacher(in) *m(f)*
② NAUT Schiffsausrüster *m*

chan·dlery ['tʃɑ:ndlᵊri, AM 'tʃænd-] *n* Schiffsausrüster *m*

change [tʃeɪndʒ] **I.** *n* ① *(alteration)* [Ver]änderung *f; (correction, modification)* Änderung *f;* ***let me know if there's any ~ in his condition*** lassen Sie es mich wissen, wenn sein Zustand sich verändert; **~ of address** Adresswechsel *m,* Adressänderung *f;* **~ of direction** *(also fig)* Richtungsänderung *f a. fig,* Richtungswechsel *m a. fig;* **~ of heart** Sinneswandel *m;* **~ of pace** *(also fig)* Tempowechsel *m a. fig;* ***her doctor told her she needed a ~ of pace*** ihr Arzt sagte ihr, sie solle etwas langsamer treten *fam;* **~ in the weather** Wetterumschwung *m;* **to be a ~ for the better/worse** eine Verbesserung [*o* einen Fortschritt]/eine Verschlechterung [*o* einen Rückschritt] darstellen; **to make a ~/~s [to sth]** eine Änderung/Änderungen [an etw *dat*] vornehmen
② *no pl (substitution)* Wechsel *m; (changeover)* Umstellung *f;* **~ of government** Regierungswechsel *m;* **~ of job** Stellenwechsel *m;* **~ of oil** Ölwechsel *m;* **~ of scene** THEAT Szenenwechsel *m; (fig)* Tapetenwechsel *m fig fam;* **~ of surroundings** Ortswechsel *m*
③ *no pl (variety)* Abwechslung *f;* ***that makes a nice ~*** das ist mal eine nette Abwechslung *fam;* ***it'll make a ~*** das wäre mal was anderes *fam;* **for a ~** zur Abwechslung; ***why don't you answer the door for a ~?*** warum machst du nicht mal die Tür auf? *fam*
④ *no pl (transformation)* Veränderung *f;* **a period of great social ~** eine Zeit großer sozialer Umwälzungen *pl*
⑤ *(clean set of)* **a ~ of clothes** Kleidung *f* zum Wechseln
⑥ *no pl (coins)* Münzgeld *nt,* Münz *nt kein pl* SCHWEIZ, Kleingeld *nt; (money returned)* Wechselgeld *nt,* Retourgeld *nt* SCHWEIZ, ÖSTERR; ***how much do you have in ~?*** wie viel in Kleingeld hast du?; ***could you give me ~ for 50 dollars?*** *(return all)* könnten Sie mir 50 Dollar wechseln?; *(return balance)* könnten Sie mir auf 50 Dollar herausgeben?; **to have the correct ~** es passend haben; **loose** [*or* **small**] **~** Kleingeld *nt;* **to give the wrong ~** falsch herausgeben; ***keep the ~*** der Rest ist für Sie
⑦ TRANSP **to have to make several ~s** mehrmals umsteigen müssen
⑧ *(fam: menopause)* ■**the ~ [of life]** die Wechseljahre *pl*
▸PHRASES: **to get no ~ out of sb** BRIT *(fam)* aus jdm nichts rauskriegen *fam;* **a ~ is as good as a rest** *(prov)* Abwechslung wirkt Wunder; **to ring the ~s** für Abwechslung sorgen; **a wind of ~** ein frischer Wind *fig*
II. *vi* ① *(alter)* sich *akk* [ver]ändern; *weather* umschlagen; *wind* sich drehen; ***nothing** [**ever**] **~s*** alles bleibt beim Alten; ***the traffic light ~d back to red*** die Ampel schaltete wieder auf Rot; ***the wind ~d from south to west*** der Wind drehte von Süd nach West; ***forget it, he's never going to ~!*** vergiss es, er wird sich niemals ändern!; ***she's ~ a lot since she's become a mother*** sie hat sich, seit sie Mutter ist, sehr verändert; **to ~ for the better/worse** *situation, circumstances* sich verbessern/verschlechtern; *person* sich *akk* positiv/negativ verändern; *(improve)* sich *akk* bessern; *(get even worse)* noch schlimmer werden; **to ~ into sth** sich *akk* in etw *akk* verwandeln
② *(substitute, move)* ■**to ~ [over] to sth** zu etw *dat* wechseln; **to ~ to [driving] an automatic [car]** auf ein Auto mit Automatik umsteigen; **to ~ [over] from gas heating to electric** die Heizung von Gas auf Strom umstellen; **to ~ [over] to another system** auf ein anderes System umstellen; **to ~ [over] to another insurance company/party** zu einer anderen Versicherung/Partei wechseln
③ TRANSP umsteigen; ***you have to ~ at Reading for Oxford*** wenn Sie nach Oxford fahren wollen, müssen Sie in Reading umsteigen; ***all ~!*** alle aussteigen!
④ *(dress)* sich *akk* umziehen; **to ~ into clean clothes** saubere Sachen anziehen; **to ~ out of one's work clothes** seine Arbeitskleidung ausziehen
⑤ AUTO schalten; **to ~ into second/third gear** in den zweiten/dritten Gang schalten
⑥ TV umschalten; **to ~ [over] to another programme** zu einem anderen [*o* auf ein anderes] Programm umschalten; **to ~ [over] to the news** zu den Nachrichten umschalten [*o fam* rüberschalten]
III. *vt* ① ■**to ~ sth/sb** *(make different)* etw/jdn

[ver]ändern; *(transform)* etw/jdn verwandeln; ***stop trying to ~ him*** hör auf [damit], ihn ändern zu wollen; ***you will never ~ him*** er wird sich nie ändern; ***living in London has ~ d her*** das Leben in London hat sie verändert; ***this hairstyle ~s you completely*** mit dieser Frisur siehst du völlig verändert [*o* wie verwandelt] aus; **to ~ one's mind** seine Meinung ändern; **to ~ a room about** [*or* **around**] ein Zimmer umstellen
② *(exchange, move)* ■**to ~ sth** etw wechseln; *(in a shop)* ■**to ~ sth [for sth]** etw [gegen etw *akk*] umtauschen; *also* TECH *(replace)* ■**to ~ sth [for sth]** etw [gegen etw *akk*] auswechseln; **to ~ banks/doctors** die Bank/den Arzt wechseln; **to ~ a battery/bulb/spark plug** eine Batterie/Glühbirne/Zündkerze [aus]wechseln; **to ~ the furniture about** [*or* **around**] die Möbel umstellen; **to ~ hands** den Besitzer wechseln; **to ~ jobs** [*or* **one's job**] die Stelle wechseln; **to ~ places with sb** mit jdm den Platz tauschen; ***I wouldn't ~ places with him for the world!*** *(fig)* um nichts in der Welt möchte ich mit ihm tauschen!; **to ~ a plug** einen Stecker auswechseln; **to ~ school[s]** die Schule wechseln; **to ~ the subject** das Thema wechseln; **to ~ a tire** einen Reifen wechseln
③ *(make fresh)* **to ~ a baby** ein Baby [frisch] wickeln; ***the baby needs changing*** das Baby braucht eine frische Windel; **to ~ the bed** das Bett neu [*o* frisch] beziehen; **to ~ the bedclothes/sheets** die Bettwäsche/Laken wechseln; **to ~ one's clothes** sich *akk* umziehen, [sich *dat*] etwas anderes anziehen; **to ~ nappies** Windeln wechseln; **to ~ one's shirt** ein anderes Hemd anziehen; **to ~ [one's] socks/underwear** die Unterwäsche/Socken wechseln
④ *(money)* ■**to ~ sth** etw wechseln; ***could you ~ a £20 note?*** *(return all)* könnten Sie mir 20 Pfund wechseln?; *(return balance)* könnten Sie mir auf 20 Pfund herausgeben?; **to ~ British for Australian money** englisches in australisches Geld umtauschen
⑤ TRANSP **to ~ planes** das Flugzeug wechseln; **to ~ trains** umsteigen
⑥ AUTO **to ~ gear[s]** einen anderen Gang einlegen, schalten
◆**change down** *vi* AUTO herunterschalten, runterschalten *fam*
◆**change up** *vi* BRIT, AUS AUTO hochschalten
change·abil·ity [ˌtʃeɪndʒəˈbɪləti, AM -əṭi] *n* Unbeständigkeit *f*
change·able [ˈtʃeɪndʒəbl̩] *adj* unbeständig; *person* wankelmütig; *weather* wechselhaft; **~ moods** wechselnde Stimmungen
changed [tʃeɪndʒd] *adj inv* verändert; ***he's a ~ man*** er ist ein völlig neuer Mensch geworden
change·less [ˈtʃeɪndʒləs] *adj* *(liter)* ① *(unaltered)* unveränderlich, beständig
② *(uniform)* gleichförmig
change·ling [ˈtʃeɪndʒlɪŋ] *n* Wechselbalg *m*
ˈchange ma·chine *n* [Geld]wechselautomat *m,* Geldwechsler *m*
ˈchange·over *n usu sing* Umstellung *f* **(to** auf +*akk*); EU **~ to the euro** Umstellung *f* auf den Euro; **~ on E-day** Stichtagsumstellung *f;* **~ plan** Umstellungsplan *m*
ˈchange·over plan *n* Umstellungsplan *m*
chang·er [ˈtʃeɪndʒəʳ, AM -ɚ] *n* ① ECON, FIN Geldwechsler(in) *m(f)*
② COMPUT Wechsler *m*
chang·ing [ˈtʃeɪndʒɪŋ] *adj attr* wechselnd, sich *akk* verändernd
ˈchang·ing bal·ance *n* FIN Veränderungsbilanz *f*
ˈchang·ing point *n* Wendepunkt *m* **ˈchang·ing room** *n* ① *(in shop)* [Umkleide]kabine *f,* Umziehkabine *f* SCHWEIZ ② SPORT Umkleideraum *m,* Umkleidekabine *f*
chan·nel [ˈtʃænᵊl] **I.** *n* ① RADIO, TV Kanal *m,* Programm *nt; **on ~ five/three*** im fünften/dritten Programm; **cable ~** Kabelkanal *m;* **commercial ~** kommerzieller Sender; **pay ~** Pay-TV *nt;* **to change** [*or* **switch**] **~s** umschalten; **to turn to another ~** [auf ein anderes Programm] umschalten; **to turn to ~ two** ins zweite Programm umschalten
② *(waterway)* [Fluss]bett *nt; (artificial waterway)* Kanal *m;* **drainage ~** Entwässerungsgraben *m,* Drainage *f* SCHWEIZ, Abzugsgraben *m;* **irrigation ~** Bewässerungskanal *m;* **deepwater/navigable ~** schiffbare Fahrrinne; **the [English] C~** der Ärmelkanal
③ *(in airport or port)* [Zoll]ausgang *m;* **the red/green ~** der rot/grün gekennzeichnete Ausgang
④ *(means)* Weg *m; **she found a ~ for her energy in dancing*** über das Tanzen hat sie ein Ventil für ihre Energie gefunden; **~ of communication** Kommunikationsweg *m;* **~ of distribution** Vertriebsweg *m;* **to go through the official ~s** den Dienstweg gehen; **through the usual ~s** auf dem üblichen Weg
II. *vt* <BRIT -ll- *or* AM *usu* -l-> ① *(direct)* **to ~ a river through sth** einen Fluss durch etw *akk* [hindurch]leiten; ■**to ~ sth into sth** *one's energies, money* etw in etw *akk* stecken; *interests* etw auf etw *akk* richten; **to ~ water into sth** Wasser in etw *akk* leiten
② *(imitate)* ■**to ~ sb** jdn nachmachen
ˈchan·nel con·trol·ler *n* Intendant(in) *m(f)* eines Fernsehsenders **ˈchan·nel hop·ping,** AM *also* **ˈchan·nel surf·ing** *n no pl* TV *(fam)* Zappen *nt fam,* ständiges Umschalten
Chan·nel ˈIs·land·er *n* Kanalinselbewohner(in) *m(f)*
ˈchan·nel surf I. *vi* herumzappen
II. *vt* ■**to ~ sth** etw durchzappen
Chan·nel ˈTun·nel *n no pl* ■**the ~** der [Ärmel]kanaltunnel
chant [tʃɑːnt, AM tʃænt] **I.** *n* ① REL [Sprech]gesang *m;* **Gregorian** [*or* **plain**] **~** Gregorianischer Gesang
② SPORT *(of fans)* Sprechchor *m*
II. *vi* ① REL singen; *(intone)* einen Sprechgesang anstimmen
② *(repeat) crowd* im Sprechchor rufen
III. *vt* ■**to ~ sth** ① REL etw skandieren *geh; (sing)* etw singen
② *(say or shout)* **to ~ sb's name/slogans** jds Namen/Slogans im Sprechchor rufen
chan·te·relle [ˌʃɑ̃ː(n)təˈrel, AM ˌʃænṭə-] *n* Pfifferling *m,* Eierschwammerl *nt* ÖSTERR
chan·teuse [ʃɑ̃ː(n)ˈtɜːz, AM ʃɑ̃ːnˈtuːz] *n* [Bar]sängerin *f*
chan·tey, *esp* AM **chan·ty** *n see* **shanty**
Cha·nu·kah [ˈhɑːnuːkɑː, AM -nəkə] *n no pl* REL *(Hanukkah)* Chanukka *f*
cha·os [ˈkeɪɒs, AM -ɑːs] *n no pl* Chaos *nt,* Durcheinander *nt; (mess also)* Unordnung *f,* Puff *nt* SCHWEIZ *fam;* **a total** [*or* **utter**] **~** ein einziges Chaos [*o* Durcheinander]; ***we muddled up the name labels and total ~ ensued*** wir hatten die Namensschilder durcheinandergebracht und schon war das Chaos perfekt
ˈcha·os theo·ry *n no pl* MATH, PHYS Chaostheorie *f*
cha·ot·ic [keɪˈɒtɪk, AM -ˈɑːṭ-] *adj* chaotisch
cha·oti·cal·ly [keɪˈɒtɪkᵊli, AM -ˈɑːṭ-] *adv* chaotisch
chap¹ [tʃæp] *n* BRIT *(fam)* Typ *m fam,* Kerl *m fam; **well, ~s, anyone for a pint?*** na Jungs, hat jemand Lust auf ein Bier?
chap² <-pp-> [tʃæp] **I.** *vi skin* aufspringen, rau [*o* spröde] werden
II. *vt* **to ~ sb's hands** jds Hände rau machen; **to ~ sb's lips** jds Lippen aufspringen lassen; **to ~ sb's skin** jds Haut spröde machen
chap³ *n abbrev of* **chapter** Kap.
cha·pa·ti, cha·pat·ti <*pl* -s *or* -es> [tʃəˈpɑːti, AM -ṭi] *n* Chapatti *nt*
chap·el [ˈtʃæpᵊl] *n* ① *(for worship)* Kapelle *f*
② *esp* BRIT *(unorthodox church)* Sektenkirche *f*
③ SCH, UNIV *(service)* Andacht *f*
chap·er·on(e) [ˈʃæpᵊrəʊn, AM -roʊn] **I.** *n* ① *(esp for young women)* Anstandsdame *f; (hum)* Anstandswauwau *m hum fam*
② AM *(adult supervisor)* Aufsichtsperson *f,* Anstandswauwau *m hum fam;* **to act as ~** den Anstandswauwau spielen *hum fam*
③ *(female companion)* Begleiterin *f*
II. *vt* ■**to ~ sb** ① *(dated: accompany)* jdn begleiten; *(hum)* bei jdm den Anstandswauwau spielen *hum fam*
② AM *(supervise youth)* jdn beaufsichtigen
③ *(escort)* jdn begleiten
chap·lain [ˈtʃæplɪn] *n* Kaplan *m;* **prison ~** Gefängnisgeistlicher *m;* **the Speaker's C~** Parlamentsgeistlicher *m*
chap·lain·cy [ˈtʃæplɪn(t)siː] *n* ① *(position)* Amt *nt* [*o* Stelle *f*] eines Kaplans
② *(office)* Dienstraum *m* [*o* Amtszimmer *nt*] eines Kaplans
chap·let [ˈtʃæplət] *n* Kranz *m*
chapped [tʃæpt] *adj* *(cracked)* aufgesprungen; *(rough)* spröde
chap·pie, chap·py [ˈtʃæpi] *n* BRIT *(dated fam)* Kerlchen *m fam*
chaps [tʃæps] *npl* Cowboyhosen *pl,* lederne Reithosen *pl*
CHAPS [tʃæps] *n* ECON, FIN *acr for* **Clearing House Automated Payments System** elektronisches Abrechnungssystem für Schecks
chap·stick® *n* ≈ Labello® *m*
chap·ter [ˈtʃæptəʳ, AM -ɚ] *n* ① *(of book)* Kapitel *nt;* **to cite** [*or* **quote**] **~ and verse** den genauen Wortlaut [einer S. *gen*] wiedergeben
② *(of time)* Abschnitt *m,* Kapitel *nt;* **a tragic ~ in the country's history** ein tragisches Kapitel in der Geschichte des Landes; **to open a new ~** ein neues Kapitel beginnen
③ *esp* AM *(of organization)* Zweig *m; (on local level)* Ortsgruppe *f;* AM *Zweig einer religiösen Bruderschaft oder Gemeinschaft*
④ REL *(of cathedral)* Kapitel *nt*
⑤ BRIT, AUS *(form: series)* Serie *f; **their trip was a ~ of accidents*** bei ihrer Reise passierte ein Unglück nach dem anderen
⑥ AM LAW **C~ 11** Chapter 11 *(Verfahren zur Konkursabwendung);* **C~ 7** Chapter 7 *(Vorschriften zur Abwicklung eines Unternehmens)*
ˈchap·ter house *n* ① *(in cathedral)* Kapitel *nt,* Kapitelsaal *m*
② AM *(of fraternity, sorority)* Kapitelsaal *m*
③ *esp* AM *(of branch)* Klubhaus *nt,* Vereinshaus *nt*
char¹ [tʃɑːʳ] **I.** *n* BRIT *(dated fam)* **~ [woman]** Putzfrau *f*
II. *vi* BRIT *(dated)* putzen
char² <-rr-> [tʃɑːʳ, AM tʃɑːr] **I.** *vi* verkohlen
II. *vt* ■**to ~ sth** etw anbrennen [lassen]
char³ [tʃɑːʳ] *n* BRIT *(dated fam)* Tee *m*
char⁴ [tʃɑːʳ, AM tʃɑːr] *n* *(fish)* Saibling *m*
chara [ˈʃærə] *n* BRIT *(fam),* **chara·banc** [ˈʃærəbæŋ] *n* BRIT *(dated)* [*offener*] *Omnibus für Ausflugsfahrten*
char·ac·ter [ˈkærəktəʳ, AM ˈkerəktɚ] *n* ① *no pl (personality)* Charakter *m,* Wesen *nt,* Wesensart *f;* **to be similar in ~** sich *dat* im Wesen ähnlich sein; ■**to not be in ~** untypisch sein; ■**out of ~** ungewöhnlich
② *(moral integrity)* Charakter *m;* **strength of ~** Charakterstärke *f;* **weakness of ~** Charakterschwäche *f;* **to be of bad/good ~** ein schlechter/guter Mensch sein; **of dubious/irreproachable/questionable ~** von zweifelhaftem/untadeligem/fragwürdigem Charakter
③ *(unique person)* Original *nt,* Type *f fam; **he's quite a ~*** der ist vielleicht 'ne Type *fam;* **lack of ~** fehlende Originalität
④ LIT, ART *(representation)* [Roman]figur *f,* [Roman]gestalt *f;* **main ~** Hauptfigur *f,* Protagonist(in) *m(f) geh*
⑤ TYPO *(mark, space)* Zeichen *nt; (symbol)* Schriftzeichen *nt*
⑥ LAW **to issue ~ evidence** Leumundsbeweise *pl* [*o* SCHWEIZ, ÖSTERR Leumundszeugnis] *nt* aufbieten
ˈchar·ac·ter ac·tor *n* Charakterdarsteller *m* **ˈchar·ac·ter as·sas·si·na·tion** *n* Rufmord *m*
char·ac·ter·is·tic [ˌkærəktəˈrɪstɪk, AM ˌkerəktɚˈ-] **I.** *n* charakteristisches Merkmal, Charakteristikum *nt geh;* **a ~ of the times** ein Zeichen *nt* der Zeit; **to display a ~** ein Merkmal zeigen; ■**to be a ~ of sth** ein typisches Merkmal einer S. *gen* sein; **to be a ~ of**

C

bad taste von schlechtem Geschmack zeugen
II. *adj* typisch, charakteristisch; ***she received the bad news with ~ dignity*** sie nahm die schlechte Nachricht wie immer mit Würde auf; ■**to be ~ of sth** typisch für etw *akk* sein

char·ac·ter·is·ti·cal·ly [ˌkærəktəˈrɪstɪkəli, AM ˌkerək-tə-] *adv* typisch

char·ac·teri·za·tion [ˌkærəktəraɪˈzeɪʃən, AM ˌkerək-təɪ-] *n no pl* ① LIT [Personen]beschreibung *f;* FILM Darstellung *f*
② *(description)* Beschreibung *f,* Charakterisierung *f*

char·ac·ter·ize [ˈkærəktəraɪz, AM ˈkerəktə-] *vt*
① *(mark as typical)* ■**to ~ sth** etw kennzeichnen [*o* charakterisieren]
② *(outline)* ■**to ~ sth as sth** etw als etw *akk* beschreiben

char·ac·ter·less [ˈkærəktələs, AM ˈkerəktɚ-] *adj*
① *(lacking originality) person* nichtssagend, farblos; *wine* fade
② *(lacking integrity)* charakterlos

ˈchar·ac·ter loan *n* FIN Personalkredit *m* **ˈchar·ac·ter ref·er·ence** *n* Referenz *f;* **to give sb a ~** jdm ein Empfehlungsschreiben ausstellen **ˈchar·ac·ter set** *n* COMPUT Zeichensatz *m,* Font *m* **ˈchar·ac·ter trait** *n* Charakterzug *m* **ˈchar·ac·ter wit·ness** *n* LAW Leumundszeuge, -zeugin *m, f*

cha·rade [ʃəˈrɑːd, AM -ˈreɪd] *n* ① *usu pl (game)* Scharade *f*
② *(lie)* Farce *f; (fuss)* Affentheater *m pej fam*

char·coal [ˈtʃɑːkəʊl, AM ˈtʃɑːrkoʊl] **I.** *n no pl* ① *(fuel)* Holzkohle *f*
② *(for drawing)* Kohle *f;* **to draw/sketch in ~** eine Kohlezeichnung/eine Skizze in Kohle anfertigen
II. *n modifier (pencil)* Kohle-

ˈchar·coal burn·er *n* [Holz]kohle[n]ofen *m* **ˈchar·coal draw·ing** *n* Kohlezeichnung *f* **ˈchar·coal fil·ter** *n* Kohlenfilter *m* **char·coal ˈgrey,** AM **char·coal ˈgray** *adj* anthrazitgrau

charge [tʃɑːdʒ, AM tʃɑːrdʒ] **I.** *n* ① *(for goods, services)* Gebühr *f;* ***is there a ~ for children or do they go free?*** kosten Kinder [auch] etwas oder sind sie frei?; ***what's the ~ [for it/ this]?*** was [*o* wie viel] kostet es/das?; ***what's the ~ for transfering the money?*** was [*o* wie viel] kostet es, das Geld zu überweisen?; **admission ~** Eintritt *m,* Eintrittsgeld *nt;* ***there is an admission ~ of £5*** der Eintritt kostet 5 Pfund; **at no ~** kostenlos, kostenfrei; **for an extra ~** gegen Aufpreis; **free of ~** kostenlos, gebührenfrei; **for a small ~** gegen eine geringe Gebühr; **~s forward** ECON, FIN Gebühr bezahlt Empfänger
② LAW *(accusation)* Anklage *f* (**of** wegen *+gen*); *(fig)* Vorwurf *m* (**of** *+gen*), Beschuldigung *f* (**of** wegen *+gen*); *(counts)* ■**~s** *pl* Anklagepunkte *pl; (in civil cases)* Ansprüche *pl;* ***there were ~s from within the party that ...*** in der Partei wurden Vorwürfe laut, dass ...; ***this left her open to the ~ of positive support for the criminals*** dadurch kam der Verdacht auf, dass sie die Gewalttäter unterstütze; **~ sheet** polizeiliches Anklageblatt; **to be/be put on a ~ of shoplifting** wegen Ladendiebstahls angeklagt sein/werden; **holding ~** Nebenbeschuldigung *f (um jdn während der Hauptermittlungen in Haft zu halten);* **to answer ~s** sich *akk* [wegen eines Vorwurfs] verantworten; *(in court also)* sich *akk* vor Gericht verantworten; ***he has to answer ~s for acting against the electoral law*** er muss sich wegen des Vorwurfs verantworten, gegen das Wahlgesetz verstoßen zu haben; **to have to answer ~s for murder/tax evasion** sich *akk* wegen Mordes/des Vorwurfs der Steuerhinterziehung verantworten müssen; **to be arrested on a ~ of sth** wegen Verdachts auf etw *akk* festgenommen werden; ***he was arrested on a ~ of murder*** er wurde wegen Mordverdachts festgenommen; **to bring ~s against sb** Anklage gegen jdn erheben; **to drop** [*or* **withdraw**] **~s** [**against sb**] die Anklage gegen jdn zurückziehen [*o* fallenlassen]; **to face ~s** [**of sth**] [wegen einer S. *gen*] unter Anklage stehen, sich *akk* [wegen einer S. *gen*] vor Gericht verantworten müssen; ***she will be appearing in court next month where she will face criminal ~s*** sie muss kommenden Monat vor Gericht [erscheinen], wo sie sich in einem Strafprozess verantworten muss; **to press ~s against sb** gegen jdn Anzeige erstatten
③ LAW *(instructions from a judge)* Rechtsbelehrung *f*
④ *no pl (responsibility)* Verantwortung *f; (care)* Obhut *f;* **to be in** [*or* **under**] **sb's ~** unter jds Obhut stehen, sich *akk* unter jds Obhut befinden; **the children under** [*or* **in**] **her ~** die Kinder in ihrer Obhut, die ihr anvertrauten Kinder; *(when childminding)* die Kinder, die sie betreut; **to place sb in sb's ~** jdn in jds Obhut geben; **to be in ~** die Verantwortung tragen [*o* haben]; ***who's in ~ here?*** wer ist hier zuständig?; ***she's in ~ of the department*** sie leitet die Abteilung; ***she's in ~ here*** hier hat sie das Sagen; ***you're in ~ until I get back*** Sie haben bis zu meiner Rückkehr die Verantwortung; **in ~ of a motor vehicle** *(form)* als Führer eines Kraftfahrzeuges *form;* **to have/take** [**sole**] **~ of sb/sth** *(take responsibility)* für jdn/etw die [alleinige] Verantwortung tragen/übernehmen; *(care)* sich *akk* um jdn kümmern; ***they need a nanny to have*** [*or* ***take***] ***sole ~ of the children while they are at work*** sie brauchen ein Kindermädchen, das, während sie bei der Arbeit sind, die Kinder betreut; **to leave sb in ~ of sth** jdm für etw *akk* die Verantwortung übertragen
⑤ ECON, FIN *(financial burden)* Belastung *f;* **~ on land** [*or* **over property**] Grundschuld *f;* **~ by way of legal mortgage** formelle Hypothekenbestellung *fachspr;* **fixed ~** Fixbelastung *f;* **floating ~** variable Belastung; **to be a ~ on sb** jdm zur Last fallen
⑥ FIN **Class F ~** Steuergruppe F
⑦ *no pl* ELEC Ladung *f;* ***the battery has a full ~*** die Batterie ist voll [aufgeladen]; **to be on ~** aufgeladen werden; **to leave/put sth on ~** BRIT etw aufladen
⑧ *(explosive)* [Spreng]ladung *f*
⑨ *no pl (feeling)* Emotionsgeladenheit *f;* ***the emotional ~ of the piano piece made me cry*** das emotionsgeladene Klavierstück brachte mich zum Weinen
⑩ *(attack)* Angriff *m,* Attacke *f;* **to sound the ~** zum Angriff blasen
⑪ *(dated: person)* Schützling *m; (ward)* Mündel *nt*
⑫ *(dated form: task)* Auftrag *m,* Aufgabe *f*
⑬ *(in heraldry)* Wappen[bild] *nt*
⑭ AM *(fam: kick)* Kick *m fam;* **sb gets a real ~ out of sth** etw gibt jdm einen richtigen Kick *fam*
II. *vi* ① *(for goods, services)* ■**to ~** [**for sth**] eine Gebühr [für etw *akk*] verlangen; **to ~ for admission** Eintritt verlangen; **to ~ like a wounded bull** AUS für etw *akk* maßlos viel Geld verlangen
② ELEC laden, [sich] aufladen
③ *(attack)* [vorwärts]stürmen, angreifen; **~!** *(battle cry)* vorwärts!; ■**to ~ at sb** auf jdn losgehen; MIL jdn angreifen
④ *(move quickly)* stürmen; ***we ~d at the enemy*** wir näherten uns dem Feind; ***the children ~d down the stairs*** die Kinder stürmten die Treppe hinunter; **to ~ up the staircase** die Treppe hinaufstürmen; **to ~** [*or* **come charging**] **into a room** in ein Zimmer stürmen
III. *vt* ① *(for goods, services)* ■**to ~ sth** etw berechnen; ***how much do you ~ for a wash and cut?*** was [*o* wie viel] kostet bei Ihnen Waschen und Schneiden?; **to ~ sth to sb's account** etw auf jds Rechnung setzen; **to ~ commission** Provision verlangen; ■**to ~ sth to sb,** ■**to ~ sb** [**with**] **sth** jdm etw berechnen [*o* in Rechnung stellen]; **to ~ the packing to the customer** [*or* **the customer with the packing**] dem Kunden die Verpackungskosten in Rechnung stellen; ■**to ~ sb for sth** jdm Geld [*o* etwas] für etw *akk* berechnen; ***the school didn't ~ me for the certificate*** die Schule hat mir nichts [*o* kein Geld] für das Zertifikat berechnet; ***we were not ~d*** [***for it***] wir mussten nichts [dafür] bezahlen
② LAW *(accuse)* ■**to ~ sb** [**with sth**] jdn [wegen einer S. *gen*] anklagen, jdn [einer S. *gen*] beschuldigen; **to ~ sb with murder** jdn des Mordes anklagen; ***he has been ~d with murder/ theft*** er ist des Mordes/wegen Diebstahls angeklagt; **to ~ sb with doing sth** jdn beschuldigen etw getan zu haben; ***she has been ~d with murdering her husband*** sie wird beschuldigt ihren Ehemann ermordet zu haben; ***the report ~d her with using the company's money for her own purposes*** sie wurde in dem Bericht beschuldigt, Firmengelder für eigene Zwecke missbraucht zu haben
③ ECON, FIN *(take as guarantee)* ■**to ~ sth** etw als Sicherheit für einen Kredit belasten
④ ELEC ■**to ~ sth** etw aufladen; **~d particle** PHYS geladenes Teilchen, Ladungsträger *m*
⑤ *usu passive (fig: fill with emotion)* ■**to be ~d** [auf]geladen sein *fig;* **emotionally ~d** [*or* **~d with emotions**] emotionsgeladen; ***a highly ~d atmosphere*** eine hochgradig geladene Atmosphäre; ***the room was ~d with hatred*** Hass erfüllte den Raum
⑥ BRIT *(form: fill)* **to ~ a glass** ein Glas füllen; ***please ~ your glasses and drink a toast to the bride and groom!*** lasst uns unsere Gläser füllen und auf die Braut und den Bräutigam anstoßen!
⑦ MIL *(load)* **to ~ a gun** ein Gewehr laden
⑧ *(attack)* MIL ■**to ~ sb** jdn angreifen; *(animal)* auf jdn losgehen *fam*
⑨ *(make an assertion)* ■**to ~ that ...** behaupten, dass ...
⑩ *(dated form: entrust)* ■**to ~ sb to do** [*or* **with doing**] **sth** jdn [damit] beauftragen [*o* betrauen], etw zu tun; ■**to ~ sb with sth** jdn mit etw *dat* beauftragen [*o* betrauen]
⑪ *usu passive (in heraldry)* ■**to be ~d with sth** mit etw *dat* als Wappen versehen sein
◆**charge up** *vt* ■**to ~ up** ↔ **sth** ① FIN etw in Rechnung stellen
② ELEC etw aufladen

charge·able [ˈtʃɑːdʒəbl, AM ˈtʃɑːrdʒ-] *adj inv* ① LAW strafbar; ■**to be ~ with sth** wegen einer S. *gen* belangt werden können
② COMM, FIN anrechenbar; **to be ~ to ...** zu Lasten gehen von ...; **sums ~ to the reserve** auf die Rücklage zurechenbare Beträge
③ *esp* BRIT *(taxable)* **~ income** zu versteuernde Einkünfte; ■**to be ~ to sb** auf jds Kosten gehen; **sth is ~ to tax** etw muss versteuert werden
④ ELEC aufladbar; **re-~ battery** wiederaufladbare Batterie

ˈcharge ac·count *n* Kreditkonto *nt* **ˈcharge-back** *n* FIN Rückbelastung *f;* **~ account** Rückbelastungskonto *nt;* **~ notice** Rückbelastungsmitteilung *f*

charge-cap·ping [ˈtʃɑːdʒˌkæpɪŋ, AM ˈtʃɑːrdʒ] *n no pl* BRIT Ausgabenlimit *nt* **ˈcharge card** *n* [Kunden]kreditkarte *f*

charged *adj atmosphere* geladen

chargé d'af·faires <*pl* chargés d'affaires> [ʃɑːʒeɪdæfˈeəʳ, AM ʃɑːrʒeɪdəˈfer] *n* Chargé d'affaires *m*

ˈcharged-for *adj attr service, product* anzurechnend

chargee [ˌtʃɑːˈdʒiː, AM ˌtʃɑːr-] *n* LAW Hypothekengläubiger(in) *m(f)*

ˈcharge·hand *n* Vorarbeiter(in) *m(f)*

charge ˈmass ra·tio *n* PHYS spezifische Ladung

ˈcharge num·ber *n* CHEM Ladungszahl *f*

ˈcharge nurse *n* BRIT, AUS Stationsleiter(in) *m(f),* Stationsschwester *f* SCHWEIZ

charg·er [ˈtʃɑːdʒəʳ, AM -ɚ] *n* ① ELEC Ladegerät *nt*
② *(liter: horse)* Ross *nt geh; (of a cavalryman)* Kavalleriepferd *nt*

ˈcharg·er plate *n* Platzteller *m,* Unterteller *m*

ˈcharge sheet *n* BRIT Polizeiregister *nt*

charg·ing ca·pac·ity [ˈtʃɑːdʒɪŋ-, AM ˈtʃɑːr-] *n* ELEC Ladeleistung *f*

ˈcharg·ing or·der *n* LAW Beschlagnahmeverfügung *f*

ˈcharg·ing re·sis·tor *n* ELEC Ladewiderstand *m*

chari·ot [ˈtʃæriət, AM ˈtʃer-] *n* Streitwagen *m liter,* Wagen *m*

chari·ot·eer [ˌtʃæriəˈtɪəʳ, AM ˈtʃeriətɪr] *n* Wagenlenker(in) *m(f)*

cha·ris·ma [kəˈrɪzmə] *n no pl* Charisma *nt*

cha·ris·mat·ic [ˌkærɪzˈmætɪk, AM ˌkerɪzˈmæt̬ɪk] *adj* charismatisch; **C~ Movement** Charismatische Bewegung

chari·table [ˈtʃærɪtəbl, AM ˈtʃer-] *adj* ① *(generous with money)* großzügig; *(uncritical)* gütig, freund-

lich
2 *(of charity)* wohltätig, karitativ; ~ **corporation** Am gemeinnützige Stiftung; ~ **donations** [*or* **gifts**] Spenden *pl* für einen wohltätigen Zweck; **a ~ foundation** [*or* **trust**] eine wohltätige Stiftung; **a ~ organization** eine Wohltätigkeitsorganisation
chari·tably ['tʃærɪtəbli, AM 'tʃer-] *adv (generously)* großzügig; *(kindly)* freundlich
char·ity ['tʃærɪti, AM 'tʃerət̬i] *n* 1 *no pl (generosity)* Barmherzigkeit *f;* **Christian ~** christliche Nächstenliebe; **human ~** Nächstenliebe *f;* **to show ~** Barmherzigkeit zeigen, barmherzig sein
2 *no pl (help)* Mildtätigkeit *f; (welfare)* Wohlfahrt *f; (donation)* Almosen *nt meist pl;* ***the proceeds go to ~*** die Erträge sind für wohltätige Zwecke bestimmt; **~ concert/programme** Benefizkonzert *nt*/Benefizveranstaltung *f;* **~ work** ehrenamtliche Arbeit [für einen wohltätigen Zweck]; **to accept ~** Almosen annehmen; **to depend on ~** auf Sozialhilfe angewiesen sein, von Sozialhilfe leben; **to donate** [*or* **give**] **sth to ~** etw für wohltätige Zwecke spenden
3 *(organization)* Wohltätigkeitsorganisation *f;* ***he started a ~ for the blind*** er gründete einen Blindenverein; **international/local ~** internationale/örtliche Wohltätigkeitsorganisation
▸PHRASES: **~ begins at home** *(prov)* man muss zuerst an die eigene Familie denken *prov;* **as cold as ~** *(of low temperature)* eiskalt; *(of person)* hart wie Stein
char·ity 'ball *n* Wohltätigkeitsball *m* **Char·ity Com·'mis·sion·ers** *npl* LAW ■**the ~** das Stiftungsaufsichtsamt **'char·ity drive** *n* Wohltätigkeitsveranstaltung *f* **'char·ity or·gani·za·tion** *n* Wohltätigkeitsorganisation *f,* Wohltätigkeitsverband *m,* Hilfsorganisation *f* **'char·ity shop** *n* Brit *Laden, in dem gespendete, meist gebrauchte Waren verkauft werden, um Geld für wohltätige Zwecke zu sammeln* **char·ity 'walk** *n* Marsch *m (für wohltätige Zwecke)*
char·lady ['tʃɑ:ˌleɪdi] *n* Brit Putzfrau *f,* Reinemachefrau *f*
char·la·tan ['ʃɑ:lətᵊn, AM 'ʃɑ:r-] *n (pej: fraud)* Scharlatan *m pej; (claiming healing skills)* Quacksalber *m pej*
Charles·ton ['tʃɑ:lstən, AM 'tʃɑ:rl-] ■**the ~** der Charleston
char·ley horse ['tʃɑ:rli,-] *n* Am *(fam: muscle cramp)* [Muskel]krampf *m; (muscle stiffness)* Muskelkater *m*
char·lie ['tʃɑ:li] *n* Brit *(fam)* 1 *(dated: idiot)* Dummkopf *m pej,* Blödmann *m fam;* ***he looks a proper ~ in that hat*** er sieht mit diesem Hut wie ein echter Idiot aus *pej fam*
2 *(dated: breasts)* ■**~s** *pl* Brüste *pl*
3 *no pl (cocaine)* Koks *m sl; (marijuana)* Pot *nt sl*
Char·lie ['tʃɑ:rli] *n* Am *(pej)* Mitglied *nt* der Vietkong
charm [tʃɑ:m, AM tʃɑ:rm] **I.** *n* 1 *no pl (attractive quality)* Charme *m;* **to be of** [**great**] **~** [sehr viel] Charme besitzen [*o* haben]; **old-world ~** Charme *m* der Alten Welt; **to turn on the ~** seinen [ganzen] Charme spielenlassen
2 *(attractive characteristic)* Reiz *m;* ***she used all her ~s*** sie ließ ihren ganzen Charme spielen
3 *(jewellery)* Anhänger *m*
4 *(talisman)* Talisman *m;* **lucky** [*or* **good luck**] **~** Glücksbringer *m*
5 *(spell)* Zauber *m;* **to work like a ~** hervorragend klappen
II. *vt* 1 *(delight)* ■**to ~ sb** jdn bezaubern
2 *(persuade)* ■**to ~ sb into doing sth** jdn dazu bringen, etw zu tun
▸PHRASES: **to be able to ~ the birds out of the trees** mit seinem Charme alles erreichen können; **to ~ the pants off** [**of**] **sb** jdn [völlig] umgarnen
'charm brace·let *n* Armband *nt* mit Anhängern
charmed [tʃɑ:md, AM tʃɑ:rmd] *adj* 1 *(delighted)* bezaubert; *(pej iron)* entzückend *iron;* ***~, I'm sure!*** na, [das ist ja wirklich] entzückend! *iron*
2 *(fortunate)* vom Glück gesegnet *geh;* **to lead** [*or* **live**] **a ~ life** ein [richtiges] Glückskind sein
charm·er ['tʃɑ:məʳ, AM 'tʃɑ:rmɚ] *n* 1 *(likeable person)* Liebling *m* aller, Sonnenschein *m*
2 *(pej: smooth talker)* Schmeichler(in) *m(f); (man)* Charmeur *m;* ***he's a real ~!*** *(pej iron)* welch ein Flegel! *m pej*
char·meuse [ʃɑ:'mɜ:z] *n no pl (soft silk fabric)* Charmeuse *m*
charm·ing ['tʃɑ:mɪŋ, AM 'tʃɑ:r-] **I.** *adj (approv: delightful)* bezaubernd, reizend, charmant; *(pej: seductive)* charmant, reizend; *(inconsiderate)* reizend *pej iron;* ***oh, that's just ~!*** na, das ist ja reizend! *iron,* wie reizend! *iron;* **~ ways** charmantes Getue
II. *interj (pej iron)* **~!** reizend! *iron,* wie reizend! *iron*
charm·ing·ly ['tʃɑ:mɪŋli, AM 'tʃɑ:r-] *adv* reizend, charmant
charm·less ['tʃɑ:mləs, AM 'tʃɑ:r-] *adj (pej)* fad[e] *fam,* langweilig, reizlos
'charm of·fen·sive *n* **to start a ~** seinen ganzen Charme spielenlassen **'charm proof** *adj (fig)* gegen Charme gefeit **'charm school** *n* ≈ Höhere Töchterschule
char·nel house ['tʃɑ:nᵊlˌhaʊs, AM 'tʃɑ:r-] *n (old)* Beinhaus *nt*
charred [tʃɑ:d, AM tʃɑ:rd] *adj* verkohlt; **~ ruins** kohlschwarze Ruinen
chart [tʃɑ:t, AM tʃɑ:rt] **I.** *n* 1 *(visual)* Diagramm *nt,* Grafik *f,* grafische Darstellung *f,* Schaubild *nt; (table)* Tabelle *f;* NAUT Karte *f;* **birth ~** *Diagramm der Planetenkonstellation bei der Geburt;* **medical ~** Krankenblatt *nt;* **weather ~** Wetterkarte *f;* **~ of accounts** FIN Kontendiagramm *nt*
2 *(for records, CDs)* ■**the ~s** *pl* die Charts *pl;* **to be in** [*or* **on**] **the ~s** in den Charts sein; **to move up to number one in the ~s** auf Platz eins der Charts kommen; **to drop off the ~s** nicht mehr in den Charts sein; **to hit the ~s** ein Hit werden; **to top the ~s** ein Nummer eins Hit sein
II. *vt* ■**to ~ sth** 1 *(make map)* etw kartografieren
2 *(plot)* etw aufzeichnen; *(register)* etw erfassen
3 *(fig: observe minutely)* etw genau [*o* in allen Einzelheiten] erfassen; **to ~ sb's progress** jds Fortschritte aufzeichnen [*o* festhalten]
4 *esp* Am *(plan)* etw festlegen; **to ~ a strategy for sth** eine Strategie für etw *akk* festlegen
III. *vi* in die Charts kommen
'chart analy·sis *n* FIN Chartanalyse *f*
char·ter ['tʃɑ:təʳ, AM 'tʃɑ:rt̬ɚ] **I.** *n* 1 *(statement of rights)* Charta *f*
2 *(constitution)* Charta *f; (of society)* Satzung *f*
3 *(exclusive right)* Freibrief *m*
4 *(founding document)* Gründungsurkunde *f*
5 *no pl (renting)* ***they went to a place that had boats for ~*** sie gingen zu einem Bootsverleih
6 TRANSP Charter *m;* **~ airline** Charterfluggesellschaft *f*
7 FIN **bank ~** Bankkonzession *f*
II. *vt* 1 *usu passive (sign founding papers)* ■**to be ~ed:** ***the club was ~ed ten years ago*** der Klub wurde vor zehn Jahren gegründet
2 *(rent)* ■**to ~ sth** etw chartern [*o* mieten]
'char·ter com·pa·ny *n* Chartergesellschaft *f*
char·tered ['tʃɑ:təd, AM 'tʃɑ:rt̬ɚd] *adj inv* 1 *(rented out)* gechartert, gemietet; **a ~ plane** eine Chartermaschine
2 Brit, Aus *(officially qualified)* staatlich geprüft
char·tered ac·'count·ant *n esp* Brit ≈ amtlich zugelassener Wirtschaftsprüfer/zugelassene Wirtschaftsprüferin **Char·tered As·so·cia·tion of Cer·ti·fied Ac·count·ants** *n* ECON, FIN *Verband staatlich anerkannter Buchprüfer und Steuerberater in Großbritannien* **char·tered 'bank** *n* Geschäftsbank *f*
char·ter·er ['tʃɑ:tᵊrəʳ, AM 'tʃɑ:rt̬ɚɚ] *n (company)* Verleih *m; (person)* Verleiher(in) *m(f);* **~ of boats** *(company)* Bootsverleih *m; (person)* Bootsverleiher(in) *m(f)*
'char·ter flight *n* Charterflug *m* **'char·ter mem·ber** *n* Am Gründungsmitglied *nt* **Char·ter of Euro·pean 'Unity** *n* EU Europäische Einigungscharta **'char·ter op·era·tor** *n* Anbieter *m* von Charterreisen **'char·ter par·ty** *n* 1 *(person, people)* Chartergesellschaft *f* 2 *(contract)* Chartervertrag *m,* Charte[r]partie *f*
chart·ing ['tʃɑ:tɪŋ, AM 'tʃɑ:rt̬-] *n no pl* ECON, FIN Auswerten *nt* von Schaubildern und Diagrammen
chart·ist ['tʃɑ:tɪst, AM 'tʃɑ:rt̬-] *n* FIN Chartist(in) *m(f)*
'chart read·ing *n* FIN Chart Reading *nt*
Char·treuse® [ʃɑ:'trɜ:z, AM ʃɑr:'tru:z] **I.** *n no pl* Chartreuse® *m,* Kartäuserlikör *m*
II. *adj* chartreusegrün
'char·wom·an *n* Brit *(dated)* Putzfrau *f,* Reinemachefrau *f*
chary ['tʃeəri, AM 'tʃeri] *adj (sparing)* zurückhaltend; *(wary)* vorsichtig; **to be ~ about** [*or* **of**] **strangers** Fremden gegenüber sehr vorsichtig sein
Cha·ryb·dis [kə'rɪbdɪs] *n* ▸PHRASES: **to be between ~ and Scylla** zwischen Szylla und Charybdis stehen [*o* sein] *geh*
chase [tʃeɪs] **I.** *n* 1 *(pursuit)* Verfolgungsjagd *f;* **car ~** Autoverfolgungsjagd *f;* **to give ~ to sb** jdn verfolgen, jdm hinterherrennen
2 HUNT ■**the ~** die Jagd; **the thrill of the ~** das Jagdfieber, die Lust am Jagen; *(fig)* die Lust an der Verführung
II. *vi* ■**to ~ after sb/sth** hinter jdm/etw herlaufen; ■**to ~ around** [*or* **about**] herumhetzen *fam; (rollick about)* herumtoben *fam,* herumjagen
III. *vt* 1 *(pursue)* ■**to ~ sb/sth** jdn/etw verfolgen; **to ~ one's dreams** seinen Träumen nachjagen; **to ~ after women** *(fig)* hinter den Frauen her sein
2 *(scare away)* **go ~ *yourself!*** *(fam)* scher dich zum Teufel! *fam;* ■**to ~ away** ⊂ **sb/sth** *(also fig)* jdn/etw vertreiben; ■**to ~ sb away from sth** jdn von etw *dat* vertreiben; ■**to ~ sb/sth** ⊂ **off** jdn/etw verscheuchen; ■**to ~ sb/sth out of sth** jdn/etw aus etw *dat* verscheuchen
3 Brit *(fam: put under pressure)* ■**to ~ sb** [**up**] **to do sth** jdm Dampf machen, damit er/sie etw tut *fam*
▸PHRASES: **to ~ the dragon** *(sl)* Heroin nehmen; **to ~ the game** das Spiel antreiben [*o* vorwärtstreiben]; **to ~ one's tail** herumwuseln DIAL; **to ~ one's tail trying to get sth** hinter etw *dat* her sein
chased [tʃeɪst] *adj* ziseliert
chas·er ['tʃeɪsəʳ, AM -ɚ] *n (fam)* 1 Brit, Aus *(stronger drink)* Schluck *m* zum Nachspülen; ***I'll have a beer with a whisky ~*** ein Bier bitte und danach einen Whisky zum Nachspülen
2 Am *(weaker drink) nur leicht alkoholisches oder alkoholfreies Getränk, z.B. Bier oder Wasser, das nach einem harten alkoholischen Getränk getrunken wird*
3 *(pursuer)* Verfolger *m*
chasm ['kæzᵊm] *n* 1 GEOL Spalte *f,* Kluft *f;* **yawning ~** gähnender Abgrund
2 *(fig: omission)* Lücke *f;* **a gaping ~** eine klaffende Lücke
3 *(fig: great discrepancy)* Kluft *f;* **ideological ~** [unüberbrückbare] Meinungsverschiedenheit; **to bridge a ~** eine Kluft überbrücken
Chas·sid <*pl* -im> ['xæsɪd] *n* REL Chasside *m*
Chas·sid·ic [xæ'sɪdɪk] *adj* REL chassidisch
Chas·sid·ism ['xæsəˌdɪzᵊm] *n no pl* REL Chassidismus *m*
chas·sis <*pl* -> ['ʃæsi, AM *also* 'tʃæsi, *pl* -siz, -si:z] *n* 1 *(of car)* Chassis *nt,* Fahrgestell *nt*
2 ELEC Chassis *nt,* Montagerahmen *m (von elektronischen Geräten)*
chaste [tʃeɪst] *adj (form)* 1 *(virginal)* keusch, unberührt; **a ~ maiden** *(liter or poet)* eine keusche Jungfrau
2 *(faithful)* treu
3 *(innocent)* unschuldig, rein
4 *(simple)* schlicht
chaste·ly ['tʃeɪstli] *adv* keusch, unschuldig; *(simple)* schlicht
chas·ten ['tʃeɪsᵊn] *vt usu passive* ■**to ~ sb** jdn zur Einsicht bringen; ■**to be ~ed by sth** durch etw *akk* zur Einsicht gelangen
chas·ten·ing ['tʃeɪsᵊnɪŋ] *adj* ernüchternd
chas·tise [tʃæs'taɪz, AM *also* 'tʃæstaɪz] *vt (form)* ■**to**

~ **sb for sth/for having done sth** jdn wegen einer S. *gen* züchtigen *geh* [*o* schelten]

chas·tise·ment [tʃæsˈtaɪzmənt] *n no pl (form)* Schelte *f bes* NORDD, Zurechtweisung *f; (by hitting)* Züchtigung *f geh*

chas·tity [ˈtʃæstəti, AM -əṭi] *n no pl* ❶ *(virginity)* Unberührtheit *f*, Reinheit *f*
❷ *(abstinence)* sexuelle Enthaltsamkeit, Keuschheit *f;* **vow of ~** Keuschheitsgelübde *nt*

ˈchas·tity belt *n (hist)* Keuschheitsgürtel *m hist*

chasu·ble [ˈtʃæzjʊbl̩, AM jə] *n* Messgewand *nt*

chat [tʃæt] **I.** *n* ❶ *(informal conversation)* Unterhaltung *f*, Plauderei *f*, Schwatz *m fam;* **to have a ~ with sb about sth** mit jdm ein Schwätzchen über etw *akk* halten *fam*, mit jdm über etw *akk* plaudern
❷ *(euph: admonition)* Unterredung *f;* **to have a little ~ with sb [about sth]** mit jdm ein Wörtchen [über etw *akk*] reden
❸ *no pl (gossip)* Gerede *nt*, Geschwätz *nt;* **idle ~** dummes Gerede
❹ INET Chat *m*
II. *vi* <-tt-> ❶ *(talk informally)* plaudern; ■ **to ~ with** [*or* **to**] **sb** [**about sth/sb**] mit jdm [über etw/jdn] plaudern
❷ *(talk animatedly)* ■ **to ~ away** sich *akk* angeregt unterhalten
❸ *(gossip)* schwätzen *bes* SÜDD *pej fam*
❹ COMPUT chatten *sl*
◆**chat up** *vt* BRIT, AUS *(fam)* ■ **to ~ up** ◌ **sb**
❶ *(flirt)* jdn anbaggern *sl; (speak to)* jdn anquatschen *fam*
❷ *(persuade)* jdn bequatschen *fam*

chat·elaine [ˈʃætəleɪn, AM ˈʃæṭ] *n (dated)* Burgherrin *f*

ˈchat·line *n* BRIT *Telefonnummer, bei der man anrufen und sich mit anderen (Fremden) unterhalten kann* **ˈchat part·ner** *n* Chat-Partner(in) *m(f)* **ˈchat room I.** *n* INET Chatroom *m* **II.** *n modifier* INET Chatroom- **ˈchat show** *n* Talkshow *f*

chat·tel [ˈtʃætəl, AM ˈtʃæṭ-] *n* AM LAW [bewegliches] Eigentum, [bewegliche] Habe *geh;* ■ **~s** *pl* Hab und Gut *nt geh;* **~ mortgage** Mobiliarhypothek *f*, Mobiliarsicherheit *f;* **goods and ~s** bewegliches Eigentum, Mobiliar *nt;* **~s real** Grundstücksrechte *pl;* **~s personal** persönliche Habe; **incorporeal ~s** immaterielle Vermögenswerte

chat·ter [ˈtʃætəʳ, AM -ṭɚ] **I.** *n* Geschwätz *nt;* **~ of birds** [Vogel]gezwitscher *nt;* **idle ~** Geplapper *nt oft pej fam*, Geschnatter *nt pej fam*
II. *vi* ❶ *(converse)* ■ **to ~** [**about sth**] [über etw *akk*] plaudern [*o bes* SÜDD, ÖSTERR schwätzen]; ■ **to ~ away** endlos schwätzen *bes* SÜDD, ÖSTERR, drauflos quasseln *oft pej fam;* ■ **to ~ on about sth** unentwegt über etw *akk* reden
❷ *(make clacking noises) teeth* klappern; *machines* knattern; *birds* zwitschern
▸PHRASES: **the ~ing classes** BRIT *(pej fam)* das Bildungsbürgertum

ˈchat·ter·box *n (pej fam)* Quasselstrippe *f pej sl*, Plaudertasche *f* ÖSTERR *fam*

chat·ti·ness [ˈtʃætɪnəs] *n no pl* Wortgewandtheit *f*, Eloquenz *f geh*

chat·ty [ˈtʃæti, AM -ṭi] *adj (fam)* ❶ *(person)* gesprächig; *(too much)* geschwätzig *pej;* **to be a ~ kind of person** sehr gesprächig [*o pej* geschwätzig] sein
❷ *(informal)* Plauder-; **a ~ letter** ein äußerst unterhaltsamer Brief; **in a ~ style** im Plauderton

ˈchat-up line *n* BRIT, AUS Anmache *f fam*

chauf·feur [ˈʃəʊfəʳ, AM ˈʃoʊfɜːr] **I.** *n* Chauffeur(in) *m(f)*, Fahrer(in) *m(f)*
II. *vt* ■ **to ~ sb around** [*or* **about**] jdn herumfahren [*o fam* herumchauffieren]; **to ~ sb everywhere** jdn in der Weltgeschichte herumkutschieren *fam*

chau·vin·ism [ˈʃəʊvɪnɪzəm, AM ˈʃoʊ-] *n no pl (pej)* Chauvinismus *m pej;* **male ~** männlicher Chauvinismus

chau·vin·ist [ˈʃəʊvɪnɪst, AM ˈʃoʊ-] *(pej)* **I.** *n* Chauvinist(in) *m(f) pej;* **male ~** [männlicher] Chauvinist *pej;* **male ~ pig** Chauvinistenschwein *nt pej sl*
II. *adj see* **chauvinistic**

chau·vin·is·tic [ʃəʊvɪˈnɪstɪk, AM ʃoʊ-] *adj (pej)* chauvinistisch *pej*

chau·vin·is·ti·cal·ly [ʃəʊvɪˈnɪstɪkəli, AM ʃoʊ-] *adv (pej)* chauvinistisch *pej*

chav [tʃæv], **chav·ster** [ˈtʃævstəʳ, AM -ɚ] *n (pej sl)* Proll *m*

cheap [tʃiːp] *adj* ❶ *(inexpensive)* billig, preiswert, SCHWEIZ *a.* günstig; **a ~ ticket** eine ermäßigte Eintritts-/Fahrkarte; **dirt ~** spottbillig *fam;* **to buy sth ~** etw billig [*o* preiswert] kaufen; ***they work out ~er by the box*** sie kommen billiger pro Kiste
❷ *(pej: exploited)* billig; **~ labour** billige Arbeitskräfte
❸ *(worthless)* wertlos
❹ *(pej: of bad quality)* minderwertig, billig
❺ *(pej: miserly)* geizig, knauserig *fam*, knick[e]rig *fam*
❻ *(pej: sexually easy)* leicht zu haben, billig *pej;* **to feel ~** sich *dat* schäbig vorkommen; **to look ~** ordinär aussehen
❼ *(pej: cruel)* gemein; **~ joke about sth** billiger Witz über etw *akk*
▸PHRASES: **to __buy__ sth on the ~** etw für 'nen Appel und 'n Ei bekommen DIAL *fam*, etw für ein Butterbrot bekommen; **~ and __cheerful__** BRIT, AUS *(fam)* gut und preiswert; **to __get__ sth on the ~** *(fam)* etw billiger bekommen; **~ at __half__ the price** BRIT, AUS *(fam)* äußerst günstig; **~ and __nasty__** BRIT, AUS *(fam)* billig und schäbig; **to be ~ and nasty** [billiger] Ramsch sein *pej fam;* **a ~ __shot__** ein Schuss *m* unter die Gürtellinie

cheap·en [ˈtʃiːpən] *vt* ❶ *(reduce price)* ■ **to ~ sth** etw verbilligen [*o* billiger [*o* SCHWEIZ günstiger] machen]
❷ *(degrade)* ■ **to ~ sb** jdn schlechtmachen

cheapie [ˈtʃiːpi] *(sl)* **I.** *n* Billigartikel *m*
II. *adj attr* Billig-, Ramsch- *pej fam*

cheap-jack [ˈtʃiːpdʒæk] *(dated)* **I.** *n* Ramschhändler(in) *m(f) pej fam*
II. *adj* Ramsch-

cheap·ly [ˈtʃiːpli] *adv* billig, preisgünstig

cheap ˈmon·ey poli·cy *n* ECON Niedrigzinspolitik *f*

cheap·ness [ˈtʃiːpnəs] *n no pl* ❶ *(low price)* Billigkeit *f*, niedriger Preis, SCHWEIZ *a.* Schleuderpreis *m*
❷ *(fam: miserliness)* Geiz *m*

cheapo [ˈtʃiːpəʊ, AM -poʊ] **I.** *n see* **cheapie**
II. *adj see* **cheapie**

ˈcheap rate *n* Billigtarif *m*, Niedertarif *m* SCHWEIZ, verbilligter Tarif **ˈcheap·skate** *(fam)* **I.** *n* Geizkragen *m pej fam*, SCHWEIZ *a.* Rappenspalter *m fam*
II. *adj attr* knick[e]rig *fam*, knauserig *fam* **ˈcheap time** *n* AM *(fam)* Billigtarifzeit *f*, Niedertarifzeit *f* SCHWEIZ

cheapy [ˈtʃiːpi] **I.** *n see* **cheapie**
II. *adj attr (fam) see* **cheapie**

cheat [tʃiːt] **I.** *n* ❶ *(dishonest person)* Betrüger(in) *m(f); (in game)* Mogler(in) *m(f) fam; (in card game)* Falschspieler(in) *m(f); (in school)* Schummler(in) *m(f) fam*
❷ *(fraud)* Täuschung *f*
II. *vi* betrügen; *(esp in game)* mogeln *fam;* **to ~ in an exam** [*or* **a test**] bei einer Prüfung mogeln; **to be caught ~ing** beim Mogeln [*o* Schummeln] ertappt werden *fam;* ■ **to ~ at sth** bei etw *dat* mogeln *fam;* ■ **to ~ on sb** [**with sb**] jdn [mit jdm] betrügen
III. *vt* ❶ *(treat dishonestly)* ■ **to ~ sb** jdn täuschen; *(financially)* jdn betrügen [*o fam* übers Ohr hauen]; **to ~ the taxman** Steuern hinterziehen; ■ **to ~ sb out of sth** jdn um etw *akk* betrügen
❷ *(liter)* **to ~ death** dem Tod entkommen

cheat·er [ˈtʃiːtəʳ, AM -ɚ] *n* Schummler(in) *m(f) fam*

ˈcheat sheet *n* AM *(sl)* Spicker *m* DIAL *sl*, Spickzettel *m* DIAL *sl*, Schummelzettel *m* ÖSTERR *fam*

Che·chen <*pl* - *or* -s> [ˈtʃetʃen] **I.** *n* ❶ *(person)* Tschetschene, Tschetschenin *m, f*
❷ *no pl (language)* Tschetschenisch *nt*
II. *adj* tschetschenisch

Chechnya, Chechenia [ˈtʃetʃniə] *n no pl* Tschetschenien *nt*

check [tʃek] **I.** *n* ❶ *(inspection)* Überprüfung *f*, Kontrolle *f;* **security ~** Sicherheitskontrolle *f;* **spot ~s** Stichproben *pl*
❷ *(look)* **to take a quick ~** schnell nachsehen [*o bes* SÜDD, ÖSTERR, SCHWEIZ nachschauen]
❸ *(search for information)* Suchlauf *m;* **background ~** Nachforschungen *pl;* **to run a ~ on sb** Nachforschungen über jdn anstellen
❹ *no pl (restraint)* Kontrolle *f;* **the ~s and balances** POL, LAW das Sicherheitssystem; **to hold** [*or* **keep**] **sth in ~** etw unter Kontrolle halten
❺ AM *(ticket)* Garderobenmarke *f*
❻ *(pattern)* Karo[muster] *nt*
❼ CHESS Schach *nt;* **to give ~** [jdm] Schach bieten; **to be in ~** im Schach stehen
❽ AM *(tick)* Haken *m*
❾ AM *(cheque)* Scheck *m*
❿ AM, SCOT *(bill)* Rechnung *f*
II. *adj* Karo-
III. *vt* ❶ *(inspect)* ■ **to ~ sth** etw überprüfen [*o* kontrollieren]; **to double-~ sth** etw doppelt [*o* noch einmal] überprüfen
❷ *(prevent)* ■ **to ~ sth** *attack* etw aufhalten; **to ~ inflation** Inflation *f* eindämmen
❸ *esp* AM *(temporarily deposit)* ■ **to ~ sth** etw zur Aufbewahrung geben; **to ~ one's bags/suitcase** AVIAT sein Gepäck/seinen Koffer aufgeben [*o* einchecken]
❹ CHESS **to ~ sb's king** jdm Schach bieten
❺ AM *(make a mark)* ■ **to ~ sth** etw abhaken
IV. *vi* ❶ *(examine)* nachsehen, nachschauen *bes* SÜDD, ÖSTERR, SCHWEIZ; ■ **to ~ on sth** nach etw *dat* sehen
❷ *(consult, ask)* ■ **to ~ with sb** bei jdm nachfragen; **to ~ with a doctor/lawyer** einen Arzt/Anwalt konsultieren *geh*
❸ *esp* AM *(be in accordance)* ■ **to ~** [**with sth**] [mit etw *dat*] übereinstimmen
◆**check in I.** *vi (at airport)* einchecken; *(at hotel)* sich *akk* [an der Rezeption] anmelden; **to ~ in at a hotel** in einem Hotel absteigen
II. *vt* ■ **to ~ sb in** *(at airport)* jdn abfertigen [*o* einchecken]; *(at hotel)* jdn anmelden; **to ~ one's luggage in** sein Gepäck einchecken lassen
◆**check off** *vt* ■ **to ~ off** ◌ **sth** etw abhaken; ■ **to ~ off** ◌ **sb** jdn als anwesend führen
◆**check out I.** *vi* sich *akk* abmelden; **to ~ out of** [*or* **from**] **a room** ein [Hotel]zimmer räumen
II. *vt esp* AM ❶ *(investigate)* ■ **to ~ out** ◌ **sth** etw untersuchen [*o* überprüfen]
❷ *(sl: observe)* ■ **to ~ out** ◌ **sth** sich *dat* etw *akk* ansehen, etw auschecken *sl*
▸PHRASES: **~ it out!** schau dir bloß mal das an!
◆**check over** *vt* ■ **to ~ over** ◌ **sth** etw überprüfen
◆**check up** *vt* ■ **to ~ up on sb/sth** ❶ *(monitor)* jdn/etw überprüfen [*o* kontrollieren]
❷ *(research)* über jdn/etw Nachforschungen anstellen

check·able [ˈtʃekəbl̩] *adj inv* AM ECON, FIN für Schecks benutzbar

ˈcheck·book *n* AM Scheckheft *nt* **ˈcheck card** *n* AM Scheckkarte *f* **ˈcheck clear·ing** *n no pl* AM FIN Scheck-Clearing *nt* **ˈcheck col·lec·tion** *n* AM Scheckinkasso *nt*, Scheckeinzug *m*

ˈcheck dig·it *n* ECON Prüfziffer *f*

checked [tʃekt] *adj inv* kariert; **~ pattern** Karomuster *nt*

check·er [ˈtʃekəʳ, AM -ɚ] *n* ❶ *(person who checks)* Prüfer(in) *m(f)*
❷ AM *(game piece)* Spielstein *m (im Damespiel)*
❸ *(draughts)* ■ **~s** + *sing vb* Damespiel *nt*
❹ AM *(cashier)* Kassierer(in) *m(f)*

ˈcheck·er·board *n* AM Damebrett *nt*

ˈcheck·er·board·ing *n* COMPUT spezielle Speicherorganisation

check·ered *adj* AM *see* **chequered**

ˈcheck for·gery *n* AM Scheckfälschung *f* **ˈcheck form** *n* AM FIN Scheckvordruck *m* **check iden·ti·fi·ˈca·tion card** *n* AM Scheckkarte *f*

ˈcheck-in [ˈtʃekɪn] *n* ❶ *(registration for flight)* Einchecken *nt*, Abfertigung *f*
❷ *(place in airport)* Abfertigungsschalter *m*, Abflugschalter *m*, Eincheckschalter *m* SCHWEIZ, Check-in *m* SCHWEIZ; *(in hotel)* Rezeption *f*

'check-in count·er, **'check-in desk** *n* Abfertigungsschalter *m,* Abflugschalter *m,* Check-in *m* SCHWEIZ

check·ing ['tʃekɪŋ] *n no pl* AM gebührenfreie [Scheck]abbuchung

'check·ing ac·count *n* AM *(current account)* Girokonto *nt,* laufendes Konto; **to have a ~ at a bank** ein Girokonto bei einer Bank haben; **to open a ~** ein Girokonto eröffnen

'check-in hall *n* BRIT Abfertigungshalle *f* **'check-in time** *n* Eincheckzeit *f*

'check lia·bil·ity *n* AM Scheckhaftung *f* **'check·list** *n* Checkliste *f,* Kontrollliste *f* **'check·mate I.** *n no pl* ① CHESS Schachmatt *nt;* **to be ~** schachmatt sein ② *(fig: defeat)* das Aus **II.** *vt* ■**to ~ sb** ① CHESS *(trap king)* jdn schachmatt setzen ② *(fig: be victorious)* jdn mattsetzen *fig;* ■**to ~ sth** etw zunichtemachen

'check num·ber *n* AM Schecknummer *f*

'check·off *n* AM *Einzug der Gewerkschaftsbeiträge durch den Betrieb* **'check·out** *n* Kasse *f;* **to work at** [*or* **on**] **the ~** an der Kasse sitzen **'check·out count·er** *n* [Supermarkt]kasse *f* **'check·out time** *n* Zeitpunkt *m* des Auscheckens **'check·point** *n* Kontrollpunkt *m;* **C~ Charlie** *(hist)* Checkpoint Charlie *m* **'check room** *n* AM ① *(for coats)* Garderobe *f* ② *(for luggage)* Gepäckaufbewahrung *f*

'check rout·ing sym·bol *n* FIN Bankleitzahl *f*

'check·sum *n* COMPUT Kontrollsumme *f,* Prüfsumme *f*

check to 'or·der *n* AM FIN Orderscheck *m*

'check-up *n* [allgemeine] [Kontroll]untersuchung; *(dental visit)* zahnärztliche [Kontroll]untersuchung; **to go for a ~** zu einer [Kontroll]untersuchung gehen, einen Check-up machen lassen *fam*

ched·dar ['tʃedəʳ, AM -ɚ] *n no pl* Cheddar[käse] *m*

cheek [tʃi:k] *n* ① *(of face)* Wange *f geh,* Backe *f;* **to dance ~ to ~** Wange an Wange tanzen *geh*
② *(sl: of buttocks)* [Arsch]backe *f derb*
③ *no pl (impertinence)* Frechheit *f,* Unverschämtheit *f,* Dreistigkeit *f;* **to be a ~** eine Unverschämtheit sein; **to give sb ~** frech zu jdm sein; **to have the ~ to do sth** die Stirn haben [*o* die Dreistigkeit besitzen], etw zu tun
▸PHRASES: **to be ~ by <u>jowl</u> with sth** mit etw *dat* auf engstem Raum beieinanderstehen; **to <u>turn</u> the other ~** die andere Wange [auch] hinhalten *geh*

'cheek·bone *n usu pl* Wangenbein *nt,* Jochbein *nt;* **high ~s** hohe Wangenknochen

cheeki·ly ['tʃi:kɪli] *adv* frech, dreist, vorlaut

cheeki·ness ['tʃi:kɪnəs] *n no pl* Frechheit *f,* Dreistigkeit *f*

cheeky ['tʃi:ki] *adj (impertinent)* frech, dreist; *(lacking respect)* schnippisch, vorlaut; **~ so-and-so** freches Luder; ■**to be ~ to sb** zu jdm frech [*o* unverschämt] sein

cheep [tʃi:p] **I.** *n* ① *(of bird)* Piepser *m fam; (act)* Piepen *nt*
② *(any small noise)* Pieps *m fam;* **to not get a ~ out of sb** aus jdm nichts [*o fam* keinen Pieps] herausbekommen; **to not hear a ~ out of sb** keinen Mucksen [*o* SCHWEIZ, ÖSTERR Mucks] von jdm hören *fam*
II. *vi* piep[s]en

cheer [tʃɪəʳ, AM tʃɪr] **I.** *n* ① *(shout)* Hurraruf *m,* Beifallsruf *m; (cheering)* Jubel *m;* ***three ~s for the champion!*** ein dreifaches Hoch auf den Sieger!; **two ~s** super! *iron,* toll! *iron;* **to give a ~** Hurra rufen, in Beifallsrufe ausbrechen
② *no pl (joy)* Jubel *m,* Freude *f;* [**to spread**] **Christmas ~** *(old)* Weihnachtsfreude *f* [verbreiten]; **to be of good ~** *(liter)* guten Mutes [*o geh* wohlgemut] sein; **what ~?** *(liter or old)* wie geht es [dir/Ihnen]?
II. *vi* ① *(shout)* **to ~ for joy** vor Freude jubeln; ■**to ~ for sb** jdn anfeuern
② *(liter: make happy)* ■**to ~ sb** jdn aufmuntern
▸PHRASES: **the <u>cup</u> that ~s** [**but not inebriates**] eine aufmunternde Tasse Tee
◆**cheer on** *vt* ■**to ~ sb on** jdn anfeuern
◆**cheer up I.** *vi* vergnügt[er] [*o* heiter[er]] werden; **~ *up!*** lass [doch] den Kopf nicht hängen!, Kopf hoch!; ***he ~ed up at the thought that it was nearly the holidays*** bei dem Gedanken an die nahenden Ferien, ging es ihm schon besser
II. *vt* ■**to ~ sb** ↔ **up** jdn aufmuntern [*o* aufheitern]

cheer·ful ['tʃɪəfᵊl, AM 'tʃɪr-] *adj* ① *(happy)* fröhlich, vergnügt; *(of positive attitude)* heiter; *(optimistic)* optimistisch; **in a ~ mood** gut gelaunt, gut aufgelegt; ■**to be ~ about sth** froh über etw *akk* sein
② *(bright)* heiter; *colour* leuchtend, fröhlich; *tune* fröhlich
③ *(willing)* [bereit]willig

cheer·ful·ly ['tʃɪəfᵊli, AM 'tʃɪr-] *adv (happily)* fröhlich, vergnügt; *(in carefree manner)* heiter, sorglos

cheer·ful·ness ['tʃɪəfᵊlnəs, AM 'tʃɪr-] *n no pl (happiness)* Heiterkeit *f,* Fröhlichkeit *f,* Frohsinn *m; (good mood)* gute Laune

cheeri·ly ['tʃɪərɪli, AM 'tʃɪr-] *adv* fröhlich, vergnügt

cheeri·ness ['tʃɪərɪnəs, AM 'tʃɪr-] *n no pl* ① *(happiness)* Fröhlichkeit *f,* Munterkeit *f*
② *(brightness)* Leuchten *nt; (clearness)* Heiterkeit *f*

cheer·ing ['tʃɪəʳɪŋ, AM 'tʃɪrɪŋ] **I.** *n no pl* Jubel *m,* Hurrarufe *pl*
II. *adj* jubelnd

cheerio ['tʃɪəriəʊ] *interj* BRIT *(fam)* ① *(goodbye)* tschüss *fam,* tschau SCHWEIZ *fam,* baba ÖSTERR *oft fam*
② *(good health)* prost *fam,* zum Wohl

'cheer·lead·er *n* Cheerleader *m*

cheer·less ['tʃɪələs, AM 'tʃɪr-] *adj (gloomy)* düster, trüb; *(joyless)* freudlos

cheer·less·ness ['tʃɪələsnəs, AM 'tʃɪr-] *n no pl* Düsterkeit *f,* Trübsinn *m*

cheers [tʃɪəz, AM tʃɪrz] *interj (fam)* ① *(good health)* prost *fam,* zum Wohl
② BRIT *(thanks)* danke [schön]
③ BRIT *(goodbye)* tschüss *fam,* tschau SCHWEIZ *fam*

cheery ['tʃɪəri, AM 'tʃɪri] *adj* fröhlich, lustig

cheery-'bye *interj* BRIT *(dated fam)* tschüss *fam,* ciao *sl,* tschau SCHWEIZ *fam,* baba ÖSTERR *oft fam*

cheese [tʃi:z] **I.** *n no pl* Käse *m;* **goat's ~** Ziegenkäse *m;* **hard ~** Hartkäse *m;* **melted ~** Schmelzkäse *m*
▸PHRASES: **the <u>big</u> ~** *esp* AM *(fam)* der Boss *fam;* **as <u>different</u> as chalk and ~** so verschieden wie Tag und Nacht; **to <u>cut</u> the ~** AM *(sl)* furzen *derb,* einen ziehen [*o* streichen] [*o* SCHWEIZ, ÖSTERR fahren] lassen *fam;* **<u>hard</u>** [*or* BRIT **<u>stiff</u>**] [*or* AUS **<u>tough</u>**] **~** *(fam)* Künstlerpech! *hum fam;* **<u>say</u> ~** sag[t] 'Cheese'!, bitte [schön] lächeln!
II. *n modifier (dish, filling, sauce)* Käse-; **~ sandwich** Käsebrot *nt;* **grilled ~ sandwich** getoastetes Käsesandwich
III. *vt* AM *(dated sl)* **~ *it!*** hau ab! *fam,* mach die Fliege! *fam,* verzieh dich! SCHWEIZ, ÖSTERR *fam*
◆**cheese off** *vt* BRIT, AUS *(fam)* ■**to ~ sb off** jdm stinken *fam*

'cheese ball *n* AM *(sl)* Schleimer *m* **'cheese·board** ['tʃi:zbɔ:d, AM -bɔ:rd] *n* Käseplatte *f* **'cheese·burg·er** *n* Cheeseburger *m* **'cheese·cake** *n* ① *(cake)* Käsekuchen *m,* Quarktorte *f* SCHWEIZ, Topfentorte *f* ÖSTERR; **blueberry/cherry/strawberry ~** Käsekuchen *m* [*o* ÖSTERR Topfenkuchen *m*] mit Heidelbeeren/Kirschen/Erdbeeren
② *no pl esp* AM *(dated sl: picture)* Pin-up-Girl *nt*
'cheese·cloth *n no pl* Leinen *nt,* indische Baumwolle **'cheese cut·ter** *n Draht zum Schneiden von Käse*

cheesed off [ˌtʃi:zd'ɒf] *adj* BRIT, AUS *(fam)* angeödet *fam;* ■**to be ~ with sb** auf jdn sauer sein *fam*

cheese 'fries *npl* mit Käse überbackene Pommes frites **'cheese knife** *n* Käsemesser *nt*

'cheese·par·ing *n no pl (pej)* Knauserei *f pej fam,* Pfennigfuchserei *f fam,* Rappenspalterei *f* SCHWEIZ *fam,* Groschenklauberei *f* ÖSTERR *fam*

cheese 'straw *n* Käsestange *f* **cheese 'whiz®** *n no pl* AM *eine Art Schmelzkäse*

cheesy ['tʃi:zi] *adj* ① *(with cheese flavour)* käsig
② *(fam: smelly)* übel riechend *attr;* **~ feet** Käsefüße *pl pej sl,* Kasler *pl* ÖSTERR *derb,* Schweißfüße *pl*
③ *(fam: not genuine)* **a ~ grin** [*or* **smile**] ein Zahnpastalächeln *nt*
④ AM *(fam: not funny)* plump, billig
⑤ AM *(fam: corny, clichéd)* abgedroschen *fam,* geschmacklos; *(shoddy)* schäbig, abgerissen

chee·tah ['tʃi:tə, AM -t̬ə] *n* Gepard *m*

chef [ʃef] *n* Koch, Köchin *m, f;* **head-~** Chefkoch, -köchin *m, f;* **pastry ~** Chefkonditor(in) *m(f)*

chef d'oeuvre <*pl* chefs d'oeuvre> [ʃeɪ'dɜ:vrə, *pl* ʃeɪ'dɜ:vrə] *n (form)* Meisterstück *nt;* ART Meisterwerk *nt*

che·la·tion [ki:'leɪʃᵊn, kə-, tʃi:-, kɪ-] *n* MED Chelation *f*

Chel·sea bun [ˌtʃelsi:'-] *n* Rosinenschnecke *f*

Chel·to·nian [tʃel'təʊniən, AM -'toʊ-] *n* Bewohner(in) *m(f)* Cheltenhams

chem-bio [ˌkem'baɪəʊ, AM -'baɪoʊ] *adj inv short for* **chemical-biological** bio-chemisch

chemi·cal ['kemɪkᵊl] **I.** *n (substance)* Chemikalie *f; (additive)* chemischer Zusatz; **toxic ~** giftige chemische Substanz
II. *adj* chemisch, Chemie-; **~ attack** Angriff *m* mit chemischen Waffen; **~ industry** Chemieindustrie *f;* **~ dependency** Abhängigkeit *f,* Sucht *f*

chemi·cal 'bal·ance *n* Analysenwaage *f* **chemi·cal 'bench** *n* Labortisch *m* **chemi·cal 'bond** *n* chemische Bindung **chemi·cal 'com·pound** *n* chemische Verbindung **chemi·cal con·sti·'tu·tion** *n* chemischer Aufbau **chemi·cal 'drains** *npl* Chemieabwässer *pl* **chemi·cal 'el·ement** *n* chemisches Element **chemi·cal 'en·er·gy** *n* Reaktionsenergie *f* **chemi·cal en·gi·'neer·ing** *n no pl* Chemotechnik *f* **chemi·cal e'qua·tion** *n* chemische Gleichung **chemi·cal for·mu·la** *n* chemische Formel

chemi·cal·ly ['kemɪkᵊli] *adv* chemisch; **~ bonded/cross-linked/resistant** chemisch gebunden/vernetzt/beständig

chemi·cal re·'ac·tion *n* chemische Reaktion; **to set off a ~** eine chemische Reaktion in Gang setzen **chemi·cal 'sym·bol** *n* chemisches Symbol [*o* Zeichen] **chemi·cal 'war·fare** *n no pl* chemische Krieg[s]führung **chemi·cal 'weap·on** *n* chemische Waffe

che·mise [ʃə'mi:z] *n* ① *(underwear)* Unterhemd *nt*
② *(dress)* Hänger *m* BRD, Hängekleid *nt*

chem·ist ['kemɪst] *n* ① *(student of chemistry)* Chemiker(in) *m(f)*
② BRIT, AUS *(store, shop) Drogerie, in der man auch Medikamente erhält*

chem·is·try ['kemɪstri] *n no pl* ① *(study)* Chemie *f;* **~ lab[oratory]** chemisches Labor, Chemielabor *nt;* SCH Chemiesaal *m;* **manufacturing ~** technische Chemie, Großchemie *f;* **physical ~** physikalische Chemie; **technical ~** technische Chemie
② CHEM *(make-up)* chemische Zusammensetzung
③ *(fam: attraction)* [geistige und körperliche] Anziehungskraft; ***the ~ is right between them*** die Chemie stimmt zwischen den beiden

'chem·ist's *n see* **chemist**

chemo ['ki:məʊ, AM 'ki:moʊ] *n no pl* MED *short for* **chemotherapy** Chemo *f*

chemo·pre·'ven·ta·tive *adj inv* MED, CHEM chemopräventiv

chemo·thera·'peu·tic *adj inv* MED, CHEM chemotherapeutisch

chemo·thera·py [ˌki:mə(ʊ)'θerəpi, AM ˌki:moʊ-] *n no pl* Chemotherapie *f;* **to undergo ~** sich *akk* einer Chemotherapie unterziehen, eine Chemotherapie machen

che·nille [ʃə'ni:l] *n no pl (cord, thread)* Chenille *f; (cloth) Stoff mit Chenille;* **~ jumper** Chenillepullover *m*

cheque, AM **check** [tʃek] *n* Scheck *m;* ■**a ~ for ...** ein Scheck über ...; **to give sb a blank ~** *(also fig)* jdm einen Blankoscheck geben *a. fig;* **to make ~s payable to sb** auf jdn Schecks ausstellen; **to make a ~ out to sb** jdm einen Scheck ausstellen; **open ~** Barscheck *m;* **to pay by** [*or* **with a**] **~** mit [einem] Scheck bezahlen; **to write sb a ~** jdm einen Scheck [aus]schreiben [*o* ausstellen]

'cheque ac·count *esp* AUS, AM **'check ac·count** *n* Girokonto *nt,* Scheckkonto *nt* **'cheque·book, checkbook** *n* AM Scheckheft *nt,* Scheckbuch *nt* **cheque·book 'jour·nal·ism** *n* Scheckbuchjournalismus *m sl* **'cheque card** *n* Scheckkarte *f*

C

'cheque clear·ing *n no pl* Scheck-Clearing *nt* **'cheque col·lec·tion** *n* Scheckinkasso *nt,* Scheckeinzug *m* **'cheque for·gery** *n* Scheckfälschung *f* **cheque gua·ran·'tee card** *n* Scheckkarte *f* **'cheque num·ber** *n* Schecknummer *f*

cheq·uered, AM **check·ered** ['tʃekəd, AM -əd] *adj* ❶ *(patterned)* kariert; *(spotted)* gescheckt ❷ *(inconsistent) history, past* bewegt; *(varied)* bunt; **to have a ~ career** eine bewegte Laufbahn haben *euph*

cheq·uered 'flag *n* ❶ *(flag)* schwarzweiß karierte Flagge; **to take the ~** das Rennen gewinnen ❷ *(end of race)* Ende *nt* des Rennens

cheque to 'or·der *n* Orderscheck *m*

cher·ish ['tʃerɪʃ] *vt* **■to ~ sb/sth** jdn/etw [wert]schätzen; **to ~ a hope/hopes** eine Hoffnung/Hoffnungen hegen *geh;* **to ~ memories of sb/sth** an jdn/etw gute Erinnerungen hegen *geh*

cher·ished ['tʃerɪʃt] *adj attr* [hoch] geschätzt, in Ehren gehalten

Chero·kee ['tʃerəki] **I.** *n* <*pl* - *or* -s> Cherokee *m o f* **II.** *adj inv* der Cherokee *nach n*

che·root [ʃə'ru:t] *n* Stumpen *m*

cher·ry ['tʃeri] **I.** *n* ❶ *(fruit)* Kirsche *f;* **morello** [*or* **sour**] **~** Schattenmorelle *f,* Sauerkirsche *f,* Weichsel *f* ÖSTERR; **wild ~** Vogelkirsche *f* ❷ *(tree)* Kirschbaum *m* ❸ *(sl: hymen)* Jungfernhäutchen *nt; (virginity)* Jungfräulichkeit *f;* **to lose one's ~** *(fam)* seine Unschuld verlieren; **to pop sb's ~** *(fam)* jdn entjungfern

▸PHRASES: **sth isn't a <u>bowl</u> of cherries** etw ist kein Spaziergang *fam;* **life is just a <u>bowl</u> of cherries** *(prov)* das Leben ist einfach wunderbar; **the ~ on the <u>cake</u>** *(fig)* das Tüpfelchen auf dem i; **to <u>have</u> a bite of the ~** eine Chance haben

II. *n modifier* ❶ *(fruit) (ice cream, jam, orchard, tart, tree)* Kirsch-; *(tree) (wood)* Kirschbaum- ❷ *(flavoured) (bubblegum, cola)* Kirsch-, mit Kirschgeschmack ❸ *(red)* kirschrot

'cher·ry blos·som *n* Kirschblüte *f* **cher·ry 'bran·dy** *n no pl* Kirschlikör *m* **'cher·ry-pick** *vt* **■to ~ sth** [sich *dat*] etw herauspicken **'cher·ry-pick·er** *n* Bockkran *m* **cher·ry-'red** *adj inv* kirschrot **'cher·ry stone** *n* Kirschkern *m* **cher·ry to·'ma·to** *n* Cocktailtomate *f*

cher·ub ['tʃerəb, *pl* -bɪm] *n* ❶ <*pl* -s *or* -im> REL *(angel)* Cherub *m;* ART Putte *f,* Putto *m* ❷ <*pl* -s> *(approv fam: child)* Engelchen *nt*

che·ru·bic [tʃe'ru:bɪk] *adj* engelhaft, engel[s]gleich *geh*

cheru·bim ['tʃerəbɪm] *n pl of* **cherub**

'cher·ub-like *adj* engel[s]gleich *geh,* cherubinisch

cher·vil ['tʃɜ:vɪl, AM 'tʃɜ:r-] *n no pl* Kerbel *m*

Ches BRIT *abbrev of* **Cheshire**

Chesh·ire cat [,tʃeʃəʳ-, AM -əʳ-] *n* ▸PHRASES: **to <u>grin</u> like a ~** übers ganze Gesicht grinsen

chess [tʃes] *n no pl* Schach[spiel] *nt*

'chess·board *n* Schachbrett *nt* **'chess·man, 'chess·piece** *n* Schachfigur *f* **'chess set** *n* Schachspiel *nt*

chest [tʃest] *n* ❶ *(torso)* Brust *f,* Brustkorb *m;* **to fold one's arms across one's ~** die Arme vor der Brust verschränken; **~ pains** Schmerzen in der Brust; **hairy ~** haarige [Männer]brust ❷ *(woman's breast)* Brust *f,* Busen *m* ❸ *(trunk)* Truhe *f; (box)* Kiste *f;* **medicine ~** Arzneimittelschränkchen *nt,* Hausapotheke *f* ❹ *(treasury)* Schatzkästchen *nt*

▸PHRASES: **to <u>get</u> sth off one's ~** sich *dat* etw von der Seele reden, etw loswerden *fam;* **to <u>keep</u>** [*or* **<u>play</u>**] **one's cards close to one's ~** sich *dat* nicht in die Karten sehen lassen

'chest cold *n* Bronchialerkältung *f,* Bronchitis *f*

ches·ter·field ['tʃestəfi:ld, AM -tə-] *n* ❶ *(sofa)* Chesterfieldsofa *nt* ❷ *(coat)* Chesterfield *m*

chest 'freez·er *n* Gefriertruhe *f*

'chest·nut I. *n* ❶ *(nut)* Kastanie *f;* **horse ~** Rosskastanie *f;* **hot ~** heiße [Ess]kastanie [*o* Marone] [*o* SCHWEIZ Marroni *pl*] [*o* ÖSTERR Maroni *pl*]; **sweet ~** Edelkastanie *f* ❷ *(fam: joke)* **old ~** olle Kamelle *f* BRD *fam,* Witz *m* mit Bart *fam* ❸ *(horse)* Fuchs *m*

▸PHRASES: **to <u>pull</u> sb's ~s out of the fire** für jdn die Kastanien aus dem Feuer holen *fam*

II. *n modifier (cream, mousse, puree, stuffing, wood)* Kastanien-

III. *adj* kastanienfarben; **~ hair** kastanienbraunes Haar

chest of 'drawers *n* Kommode *f*

chesty ['tʃesti] *adj* ❶ *(having a cold)* erkältet, grippig *fam;* **~ cough** tief sitzender Husten; **to get ~** *esp* BRIT Husten bekommen ❷ *(fam: with large breasts)* vollbusig

che·val glass [ʃə'vælgla:s], **che·val mir·ror** [ʃə'væl,mɪrəʳ, AM -ə] *n* Drehspiegel *m*

chev·ron ['ʃevrən] *n* ❶ MIL *(stripe)* Winkel *m* ❷ BRIT *(road sign)* Kurvenschild *nt*

chew [tʃu:] **I.** *n* ❶ *(bite)* Bissen *m;* **to have a ~ on sth** auf etw *dat* herumkauen *fam* ❷ *(candy)* Kaubonbon *m o nt*

II. *vt* **■to ~ sth** etw kauen; *(bite on)* auf etw *dat* herumkauen *fam;* **to ~ one's fingernails/lips** an den Nägeln kauen/auf den Lippen herumbeißen *fam*

▸PHRASES: **to ~ the <u>fat</u> with sb** *(fam)* mit jdm über Gott und die Welt reden [*o* ein Schwätzchen halten] *fam*

III. *vi* kauen

▸PHRASES: **to <u>bite</u> off more than one can ~** sich *akk* zu viel zumuten

◆**chew on** *vi* **■to ~ on sth** ❶ *(gnaw)* auf etw *dat* herumkauen ❷ *(fam: consider at length)* sich *dat* etw [gründlich] durch den Kopf gehen lassen

◆**chew out** *vt* **■to ~ sb out** *esp* AM *(fam)* jdn zusammenstauchen *fam,* jdm gehörig den Kopf waschen *fam*

◆**chew over** *vi* **■to ~ over ⊂ sth** sich *dat* etw gründlich überlegen [*o* durch den Kopf gehen lassen]

◆**chew up** *vt* **■to ~ up ⊂ sth** ❶ *(masticate)* etw zerkauen; *(finish) animal* etw auffressen ❷ *(destroy)* etw zerstören

'chew·ing gum *n no pl* ❶ *(sweet)* Kaugummi *m o nt;* **a piece** [*or* **stick**] **of ~** [ein Stück *nt*] Kaugummi ❷ *(fig: mindless occupation)* hirnlose Tätigkeit *fam*

chewy ['tʃu:i] *adj meat* zäh; *toffee* weich; *biscuits* klebrig

Chey·enne [ʃaɪ'æn] *n* ❶ *(Native American)* Cheyenne *m o f* ❷ *(Indian tribe)* Cheyenne *pl* ❸ *(city)* Cheyenne *nt* ❹ *(Indian language)* Cheyenne *nt*

chia·ro·scu·ro [ki,a:rə'skʊərəʊ, AM -'skjʊroʊ] *n no pl* Helldunkel *nt,* Chiaroscuro *nt fachspr*

chic [ʃi:k] **I.** *n* Chic *m,* Schick *m* **II.** *adj* chic, schick, elegant

Chi·ca·go [ʃɪ'ka:goʊ] *n* ECON, FIN **the ~ Board of Trade** *Warenbörse von Chicago an der Metalle, Weichwaren und Finanztermingeschäfte gehandelt werden;* **the ~ Mercantile Exchange** *Warenbörse von Chicago, an der lebendes Inventar und Finanztermingeschäfte gehandelt werden;* **the ~ school** die Chicagoer Schule

Chi·ca·goan [ʃɪ'ka:gəʊən, AM -goʊən] *n* Bewohner(in) *m(f)* Chicagos

Chi·ca·na [tʃɪ'ka:nə] *n* AM *(also pej fam)* Chicana *f*

chi·cane [ʃɪ'keɪn] *n* AUTO, SPORT Schikane *f*

chi·can·ery [ʃɪ'keɪnəri] *n no pl (pej)* Machenschaften *pl; (political)* Winkelzug *m meist pl*

Chi·ca·no [tʃɪ'ka:noʊ] *n* AM *(also pej fam)* Chicano *m*

chi·chi <-er, -est> ['ʃi:ʃi:] **I.** *adj* ❶ *(pej: of style)* übertrieben schick, aufgesetzt; *(overly ornate)* überspannt ❷ *(in fashion)* Schickeria-

II. *n* ❶ *(style)* [prätentiöses] Gehabe, Chichi *nt geh* ❷ AM *(sl: woman's breast)* Brust *m*

chick [tʃɪk] *n* ❶ *(baby chicken)* Küken *nt; (young bird)* [Vogel]junges *nt* ❷ *(sl: young female)* Kleine *f fam; (pej)* junges Ding *fam,* Mieze *f sl,* Hase *m fam,* Puppe *f fam;* **~ with a dick** *(fam or pej: a woman who has changed into a man)* Transsexuelle(r) *m*

chicka·bid·dy ['tʃɪkəbɪdi] *n (fam)* Schätz[el]chen *nt fam,* Mäuschen *nt fam*

chick·en ['tʃɪkɪn] **I.** *n* ❶ *(farm bird)* Huhn *nt;* **a headless ~** *(fig)* ein kopfloses [*o* aufgescheuchtes] Huhn *fam* ❷ *no pl (meat)* Hähnchen *nt,* Hühnchen *nt,* Poulet *nt* SCHWEIZ, ÖSTERR *oft* Hend[e]l *nt fam;* **fried/roasted ~** Brathähnchen *nt;* **grilled ~** Grillhähnchen *nt* ❸ *(pej sl: person lacking courage)* Angsthase *m fam,* Feigling *m;* **to play ~** eine Mutprobe machen [*o* ablegen]

▸PHRASES: **don't <u>count</u> your ~s before they're hatched** *(prov)* man soll den Tag nicht vor dem Abend loben *prov;* **it's a ~ and <u>egg</u> situation** hier stellt sich die Frage, was zuerst da war: die Henne oder das Ei?, das ist eine [echte] Zwickmühle; **to be no <u>spring</u> ~** nicht mehr der/die Jüngste sein *fam*

II. *adj (pej sl)* feige, ängstlich; **to be too ~ to do sth** zu feige sein, [um] etw zu tun

◆**chicken out** *vi (pej sl)* kneifen *fam,* es mit der Angst kriegen *fam;* **■to ~ out of sth** [*or* **doing sth**] vor etw *dat* kneifen *fam;* **■to ~ out on sb/sth** sich *akk* von jdm/etw abseilen *fig fam*

chick·en 'broth *n no pl* Hühnerbrühe *f,* Hühnerbouillon *f* SCHWEIZ, Hend[e]lsuppe *f* ÖSTERR *fam* **'chick·en coop** *n* kleiner Hühnerstall **'chick·en farm** *n* Hühnerfarm *f* **'chick·en·feed** *n no pl* ❶ *(fodder)* Hühnerfutter *nt* ❷ *(of money)* nur ein paar Groschen *fam* [*o* SCHWEIZ Rappen], Peanuts *pl iron sl;* ***he gets paid ~ for the work he does*** er bekommt für seine Arbeit nur einen Hungerlohn *pej* **chick·en-'heart·ed, 'chick·en-liv·ered** *adj* ängstlich, feige **'chick·en·pox** *n* Windpocken *pl,* Feuchtblattern *pl* ÖSTERR; **~ scars** Pockennarben *pl* **'chick·en run** *n* Hühnerhof *m,* [Hühner]auslauf *m* **'chick·en·shit I.** *n (pej! sl)* ❶ *(coward)* Angsthase *m fam,* Feigling *m,* Schisser *m,* ÖSTERR Scheißer *m pej sl,* SCHWEIZ Scheisser *m pej sl* ❷ *(worthless person)* kleiner Wicht *pej*

II. *adj (pej! sl)* ❶ *(cowardly)* ängstlich, feige ❷ *(worthless)* mick[e]rig *pej fam,* lausig *pej*

'chick·en wire *n* Hühnerdraht *m,* Maschendraht *m* **'chick·en yard** *n* AM Hühnerhof *m*

'chick lit *(fam)* **I.** *n* Chick Lit *f (Frauenromane für trendy, erfolgreiche Mittzwanziger- bis Mittdreißigerinnen)* **II.** *n modifier* **~ novelist** Chick-Lit-Autorin *f*

chick·mag·net *n (sl)* Teenie-Idol *nt*

chick·pea ['tʃɪkpi:] *n* Kichererbse *f*

chick·weed ['tʃɪkwi:d] *n no pl* BOT Vogelmiere *f*

chico·ry ['tʃɪkəri] *n no pl* ❶ *(vegetable)* Chicorée *m o f* ❷ *(drink)* Zichorie *f*

chide [tʃaɪd] *vt (form)* **■to ~ sb** [**for sth**] jdn [wegen einer S. *gen*] tadeln [*o geh* schelten]

chief [tʃi:f] **I.** *n* ❶ *(head of organization)* Leiter(in) *m(f),* Chef(in) *m(f)* ❷ *(leader of people)* Führer(in) *m(f); (head of clan)* Oberhaupt *nt; (head of tribe)* Häuptling *m* ❸ BRIT *(hum fam: form of address)* Meister *m hum* ❹ LAW *(in person)* **■in ~** persönlich; *(examining of witness)* **examination in ~** Befragung *f* von eigenen Zeugen durch den Anwalt

▸PHRASES: **too <u>many</u> ~s and not enough Indians** *(prov)* zu viele Chefs und keine Arbeiter, alle schauen zu und keiner arbeitet

II. *adj attr, inv* ❶ *(main)* Haupt-, bedeutendste(r, s) *attr;* **the ~ reason for sth** der Hauptgrund für etw *akk* ❷ *(head)* Chef-, erste(r) *attr;* **~ administrator** Verwaltungschef(in) *m(f);* **to be ~ cook and bottle-washer** *(also iron fam)* Küchendienst machen; **~ minister** Ministerpräsident(in) *m(f)*

chief cash·'ier *n* ECON, FIN leitender Bankbeamter/leitende Bankbeamtin **chief 'clerk** *n* Bürochef(in) *m(f); (in accounts)* erster Buchhalter/erste Buchhalterin **chief 'con·sta·ble, CD** *n* BRIT Polizeipräsident(in) *m(f)*; *(of smaller area)* Polizeichef(in) *m(f)*; **Assistant** [*or* **Deputy**] **Chief Constable** stellvertretender Polizeipräsident/stellvertretende Polizeipräsidentin **chief 'edi·tor** *n* Chefredakteur(in) *m(f)* **chief ex·'ecu·tive** *n* ❶ AM *(head of state)* Präsident(in) *m(f)* ❷ *(head of organization)* ~ [**officer**] Generaldirektor(in) *m(f)* **Chief In·'spec·tor** *n* Hauptkommissar(in) *m(f)* **chief 'jus·tice** *n* Oberrichter(in) *m(f)*; **Lord Chief Justice** BRIT Lordoberrichter *m*

chief·ly ['tʃi:fli] *adv* hauptsächlich, vor allem, in erster Linie

chief 'man·ag·er *n* Hauptgeschäftsführer(in) *m(f)* **chief of 'staff** *n* Stabschef(in) *m(f)* **Chief Super·in·'ten·dent** *n* Hauptkommissar(in) *m(f)*

chief·tain ['tʃi:ftᵊn] *n (head of a tribe)* Häuptling *m*; *(of a clan)* Oberhaupt *nt*

chif·fon ['ʃɪfɒn, AM ʃɪ'fɑ:n] **I.** *n no pl* Chiffon *m*
II. *n modifier* ❶ *(of material)* Chiffon-
❷ AM FOOD **chocolate/coffee/lemon ~ pie** Schokoladen-/Kaffee-/Zitronensahne[torte] *f*

chi·gnon ['ʃi:njɒn, AM -jɑ:n] *n* [Haar]knoten *m*, Chignon *m*

Chi·hua·hua [tʃɪ'wɑ:wə] *n* Chihuahua *m*

chil·blain ['tʃɪlbleɪn] *n* Frostbeule *f*

child <*pl* -dren> [tʃaɪld, *pl* tʃɪldrᵊn] **I.** *n* ❶ *(young human)* Kind *nt*; **illegitimate ~** uneheliches Kind; **unborn ~** ungeborenes Kind, Fötus *m*; **young ~** Kleinkind *nt*; **from a ~** von Kindesbeinen an; **one's/sb's inner ~** das Kind in einem/jdm; PSYCH **the inner ~** das innere Kind
❷ *(offspring)* Kind *nt*, Nachkomme *m*; *(male)* Sohn *m*; *(female)* Tochter *f*; ***you are your father's/mother's ~*** du bist [genau] wie dein Vater/deine Mutter; **an only ~** ein Einzelkind *nt*
❸ *(pej: immature person)* Kind *nt*, unreife [*o* unerfahrene] Person
❹ *(product)* ***she's a real ~ of the sixties*** sie ist ein typisches Kind der Sechzigerjahre
▸PHRASES: **every man, woman and ~** alle ohne Ausnahme; **spare the rod and spoil the ~** *(saying)* ein Schlag zur rechten Zeit hat noch niemandem geschadet; **~ren should be seen and not heard** *(prov)* Kinder sollte man sehen, aber nicht hören, Kinder sollten sich benehmen; **the sins of the fathers** [**are visited upon the ~ren**] *(saying)* die Sünden der Väter [suchen die Kinder heim]; **to be** [**great**] **with ~** *(old)* [hoch]schwanger sein, [kurz] vor der Niederkunft stehen *veraltend geh*
II. *n modifier* **~ prostitution** Kinderprostitution *f*

child abuse *n no pl* Kindesmisshandlung *f*; *(sexually)* Kindesmissbrauch *m* **child al·'low·ance** *n* BRIT *(fam) see* **child benefit** **'child·bear·ing** **I.** *n no pl* [Kinder]gebären *nt* **II.** *adj* gebärfähig; **of ~ age** im gebärfähigen Alter **child 'ben·efit** *n* BRIT Kindergeld *nt* **'child·birth** *n no pl* Geburt *f*

child·care *n no pl* Kinderpflege *f*; *(social services department)* Kinderfürsorge *f*; *(for older children)* Jugendfürsorge *f* **'child·care cen·tre**, AM **'child·care cen·ter** *n* Kindertagesstätte *f*, Kinderhort *m*, [Kinder]krippe *f* SCHWEIZ, ÖSTERR **child·care fa·'cil·ity** *n Möglichkeit der Kinderbetreuung*

child de·struc·tion *n* LAW Kindestötung *f* [durch Abtreibung]

child·hood ['tʃaɪldhʊd] **I.** *n no pl* Kindheit *f*; **second ~** zweite Kindheit
II. *n modifier (ambitions, dreams)* Kindheits-; **~ friend** Freund(in) *m(f)* aus Kindheitstagen

child·ish ['tʃaɪldɪʃ] *adj (pej)* kindisch, infantil *pej*

child·ish·ly ['tʃaɪldɪʃli] *adv (pej)* kindisch, infantil *pej*

child·ish·ness ['tʃaɪldɪʃnəs] *n no pl* kindisches Benehmen [*o* Betragen], infantiles Verhalten *pej*

child·less ['tʃaɪldləs] *adj inv* kinderlos

child·less·ness ['tʃaɪldləsnəs] *n no pl* Kinderlosigkeit *f*

child·like *adj* kindlich; **to have a ~ nature/quality** ein kindliches Wesen/Gemüt haben **'child·mind·er** *n* Tagesmutter *f*; **a registered ~** eine zugelassene Tagesmutter **'child·mind·ing** *n no pl* Kinderbetreuung *f*; *(supervising)* Beaufsichtigung *f* von Kindern **'child mo·lest·er** *n* Kinderschänder *m* **'child·proof** *adj* kindersicher **'child-rear·ing** *n no pl (pej dated)* Kinderaufzucht *f veraltet*, Kindererziehung *f*

chil·dren ['tʃɪldrən] *n pl of* **child**

'chil·dren bo·nus *n* Kinderzulage *f*

'chil·dren's home *n* Kinderheim *nt*; *(for orphans)* Waisenhaus *nt* **chil·dren's-'rights** *n modifier* **~ movement** Bewegung *f* zur Wahrung der Rechte der Kinder

'child-re·sist·ant *adj (form)* kindersicher

'child's play *n* **to be ~** ein Kinderspiel sein

'child steal·ing *n* LAW Kindesraub *m* **child sup·'port** **I.** *n* Unterhalt *m*, Unterhaltszahlung *f* **II.** *n modifier* Alimente-; **~ order** Unterhaltszahlung *f*, Alimente[zahlung] *f*

Chile ['tʃɪli] *n* Chile *nt*

Chil·ean ['tʃɪliən, AM tʃɪ'li:ən] **I.** *n* Chilene, Chilenin *m, f*
II. *adj inv* chilenisch

chili <*pl* -es> ['tʃɪli] *n esp* AM *see* **chilli**

chill [tʃɪl] **I.** *n* ❶ *no pl (coldness)* Kühle *f*; *(feeling of coldness)* Kältegefühl *nt*; **to send a ~ down sb's spine** *(fig)* jdm einen Schauer über den Rücken jagen; **to take the ~ off** [**of**] **sth** etw erwärmen; *(slightly)* etw anwärmen; *(heat up)* etw aufheizen
❷ *(cold)* Erkältung *f*; **to catch a ~** sich *akk* erkälten [*o bes* ÖSTERR verkühlen]
II. *adj (liter: cold)* kalt; *(frightening)* erschreckend
▸PHRASES: **to take a ~ pill** AM *(sl)* sich *akk* abregen *fam*
III. *vi* ❶ *(grow cold)* abkühlen
❷ *esp* AM *(fam: relax)* relaxen *fam*, chillen *sl*
❸ *(stay)* bleiben *hum fam*
IV. *vt* ❶ FOOD ■**to ~ sth** etw [ab]kühlen [lassen]
❷ *(fig: make afraid)* **to ~ sb to the bone** jdn bis ins Mark erschüttern; **to ~ sb's marrow** jdm einen [eiskalten] Schauer über den Rücken jagen
◆**chill out** *vi esp* AM *(sl)* ❶ *(relax)* sich *akk* entspannen; *(slow down)* langsam machen, einen Gang runterschalten *fam*
❷ *(calm down)* ***man, you really need to ~*** [***out***]! Mensch, jetzt reg dich doch mal ab! *fam*

chilled [tʃɪld] *adj* ❶ *(cold)* kühl; *(colder)* kalt; **~ white wine** gekühlter Weißwein
❷ *pred (frightened)* entsetzt

chill·er ['tʃɪləʳ, AM -ɚ] *n (in supermarket)* Kühlvitrine *f*; *(for air-conditioning unit)* Kühlaggregat *nt*

'chill fac·tor *n* Kältefaktor *m*

chil·li <*pl* -es> ['tʃɪli] *n* Chili *m*; *(pod)* Peperoni *f*, Peperoncino *nt* SCHWEIZ, Pfefferoni *m* ÖSTERR

chil·li con car·ne [ˌtʃɪlikɒn'kɑ:ni, AM -kɑ:n'kɑ:rni] *n no pl* Chili con Carne *nt*

chil·li·ness ['tʃɪlinəs] *n no pl* Kühle *f*, Frische *f*; *(fig)* Kühle *f*, Frostigkeit *f*

chill·ing ['tʃɪlɪŋ] *adj* ❶ *(making cold)* eisig, frostig; **a ~ wind** ein eisiger [*o* schneidender] Wind
❷ *(causing fear)* abschreckend; **a ~ reminder** ein abschreckendes Beispiel; **a ~ scream** ein durchdringender Schrei
❸ *(damaging)* ernüchternd; **a ~ effect** eine ernüchternde Wirkung

chill·ing·ly ['tʃɪlɪŋli] *adv* frostig, eisig; ***his words made it ~ clear that ...*** seine Worte machten [es] glasklar, dass ...

'chil·li pow·der *n* Chilipulver *nt*, gemahlener Chili

chill-out ['tʃɪlaʊt] *adj attr room, area* Ruhe-; *music* chill-out

chil·lum ['tʃɪləm] *n* ❶ *(hookah)* Wasserpfeife *f*
❷ *(fam: cannabis pipe)* Cannabispfeife *f*

chil·ly ['tʃɪli] *adj* ❶ *(cold)* kühl, frisch; ***it's a bit ~ out today*** draußen ist es ziemlich frisch heute; **to feel ~** frösteln
❷ *(fig: unfriendly) relationship* frostig, kühl; **to get a ~ reception** kühl empfangen werden

chime ['tʃaɪm] **I.** *n (bell tones)* Geläute *nt*; *(single one)* Glockenschlag *m*; *(of doorbell)* Läuten *nt kein pl*; **wind ~s** *pl* Windspiel *nt*; **a set of ~s** ein Glockenspiel *nt*
II. *vi* klingen; *church bells* läuten
III. *vt* ■**to ~ sth**: ***the clock ~d eleven o'clock*** die Uhr schlug elf
◆**chime in** *vi* sich *akk* einschalten [*o* einbringen]; MUS einstimmen
◆**chime with** *vi* ■**to ~** [**in**] **with sb/sth** mit jdm/etw im Einklang sein [*o* konform gehen]

chi·mera [kaɪ'mɪərə, AM -'mɪrə] *n (form liter)* Chimäre *f*, Schimäre *f geh*

chi·meri·cal [kaɪ'merɪkᵊl] *adj (form liter)* chimärisch, schimärisch *geh*

chi·mi·chan·ga [ˌtʃɪmi'tʃæŋgə] *n* AM *mit Fleisch, Käse oder Gemüse gefüllter und ausgebackener mexikanischer Weizenmehlfladen*

chim·ney ['tʃɪmni] *n* ❶ *(on a building)* Schornstein *m*, Kamin *m* SCHWEIZ; *(of factory)* Schlot *m*; *(of stove)* Rauchfang *m*, Rauchabzug *m*; **to smoke like a ~** *(fig)* wie ein Schlot rauchen
❷ *(passage in rock)* Kamin *m*
❸ *(of lamp)* [Lampen]zylinder *m*

'chim·ney breast *n* Kaminvorsprung *m*, Cheminéevorsprung *m* SCHWEIZ **'chim·ney cor·ner** *n (dated)* Sitzecke *f* am Kamin [*o* SCHWEIZ Cheminée] *nt*, Kaminecke [*o* SCHWEIZ Cheminéeecke] *f* **'chim·ney piece** *n (dated)* Kaminsims *m o nt*, Cheminéesims *m o nt* SCHWEIZ **'chim·ney·pot** *n* Schornsteinaufsatz *m* **'chim·ney·stack** *n* BRIT Schornstein *m*, Kamin *m* SCHWEIZ; *(of factory)* Schlot *m* **'chim·ney·sweep**, **'chim·ney·sweep·er** *n* Schornsteinfeger(in) *m(f)*, Kaminkehrer(in) *m(f)* DIAL, Kaminfeger(in) *m(f)* SCHWEIZ, Rauchfangkehrer(in) *m(f)* ÖSTERR *fam*

chimp [tʃɪmp] *n short for* **chimpanzee**

chim·pan·zee [ˌtʃɪmpᵊn'zi:, AM tʃɪm'pænzi:] *n* Schimpanse, Schimpansin *m, f*

chin [tʃɪn] *n* Kinn *nt*; **to rest one's ~ in one's hands** sein Kinn auf seine Hände aufstützen, das Kinn aufstützen; **double ~** Doppelkinn *nt*
▸PHRASES: **to keep one's ~ up** sich *akk* nicht unterkriegen lassen, den Mut nicht verlieren; ***keep your ~ up!*** halt die Ohren steif!, Kopf hoch!; **to take it on the ~** etw mit [großer] Fassung [er]tragen

chi·na ['tʃaɪnə] *n no pl* ❶ *(porcelain)* Porzellan *nt*; **~ doll** Porzellanpuppe *f*
❷ *(tableware)* Geschirr *nt*; *(set)* Service *nt*; **the best/good ~** das beste/gute Geschirr; **everyday ~** Alltagsgeschirr *nt*
▸PHRASES: **to be like a bull in a ~ shop** sich *akk* wie ein Elefant im Porzellanladen benehmen *fam*

Chi·na ['tʃaɪnə] *n no pl* ❶ GEOG China *nt*
❷ BRIT *(rhyming sl: mate)* Freund *m*
▸PHRASES: **not for all the tea in ~** nicht um alles Gold der Welt *fam*

Chi·na·man ['tʃaɪnəmən] *n* ❶ *(pej old: Chinese man)* Schlitzauge *nt pej* ❷ *(in cricket)* Chinaman *m* **'Chi·na syn·drome** *n no pl* Chinasyndrom *nt* **'Chi·na·town** *n* Chinesenviertel *nt*

chin·chil·la [tʃɪn'tʃɪlə] **I.** *n* Chinchilla *f*
II. *n modifier* Chinchilla-

Chi·nese <*pl* -> [tʃaɪ'ni:z] **I.** *n* ❶ *(person)* Chinese, Chinesin *m, f*; ■**the ~** *pl* die Chinesen
❷ *no pl (language)* Chinesisch *nt*
❸ *no pl (food)* chinesisches Essen
II. *adj* chinesisch

Chi·nese 'cab·bage *n* Chinakohl *m* **Chi·nese 'cheq·uers**, AM **Chi·nese 'check·ers** *n no pl* Halma *nt* **Chi·nese 'goose·berry** *n* Kiwi *f* **Chi·nese 'lan·tern** *n* Lampion *m*, Papierlaterne *f* **Chi·nese 'mush·room** *n* Mu-Err-Pilz *m* **Chi·nese 'puz·zle** *n* Geduldspiel *nt (zum Zusammensetzen)*; *(fig)* komplizierte [*o fam* verzwickte] Angelegenheit **Chi·nese 'res·tau·rant** *n* Chinarestaurant *nt* **Chi·nese 'res·tau·rant syn·drome** *n no pl starkes Unwohlsein, das durch übermäßigen Genuss von mit Glutamat gewürztem chinesischem Essen hervorgerufen wird* **Chi·nese 'walls** *npl* STOCKEX *(sl)* Chinese Walls *pl* **Chi·nese 'whis·pers** *n + sing vb* Stille Post

chink [tʃɪŋk] **I.** *n* ❶ *(opening)* Spalt *m*, Spalte *f*, Ritze *f*; *(tear)* Riss *m*; **a ~ in sb's armour** *(fig)* jds Schwachstelle [*o* schwacher Punkt]
❷ *(noise)* Klirren *nt*; *(of coins, keys)* Klimpern *nt*

fam
II. *vi* klirren; *(with coins, keys)* klimpern *fam*
Chink [tʃɪŋk] *n (pej!)* Schlitzauge *nt pej*
Chinky ['tʃɪŋki] *n* BRIT ❶ *(pej!: person)* Schlitzauge *nt pej*
❷ *(sl: restaurant)* chinesisches Restaurant, Chinarestaurant *nt,* Chinese *m fam*
chin·less ['tʃɪnləs] *adj esp* BRIT ❶ *(with small chin)* mit fliehendem Kinn; ■**to be ~** ein fliehendes Kinn haben
❷ *(of weak character)* willensschwach; **a ~ wonder** *(fam)* ein reicher Schnösel *pej fam*
'**chin mu·sic** *n no pl* AM *(fam)* Geschwätz *nt*
chi·nos ['tʃi:nəʊz, AM -noʊz] *npl* **a pair of ~** *Hose aus speziell gewebtem Baumwollstoff*
'**chin rest** *n* Kinnstütze *f* '**chin·strap** *n* Kinnriemen *m*
chintz [tʃɪnts] *n no pl* Chintz *m*
chintzy ['tʃɪntsi] *adj* ❶ *(of fabric)* Chintz-
❷ AM *(pej fam: of shoddy quality)* schäbig; *(cheap)* billig
❸ AM *(pej fam: miserly)* knauserig *fam,* knick[e]rig *fam*
chin-up ['tʃɪnʌp] *n esp* AM Klimmzug *m*
'**chin·wag** ['tʃɪnwæg] *n (dated fam)* Schwatz *m fam;* **to have a good ~ with sb** mit jdm ein nettes Schwätzchen halten *fam*
chip [tʃɪp] I. *n* ❶ *(broken-off piece)* Splitter *m; (of wood)* Span *m*
❷ *(crack)* ausgeschlagene Ecke; *(on blade)* Scharte *f;* ***this cup has got a ~ in it*** diese Tasse ist angeschlagen
❸ BRIT *(fried potato)* ■**~s** *pl* Pommes frites *pl;* **beans/egg/sausage and ~s** Bohnen/Ei/Würstchen und Pommes *fam;* **fish and ~s** Fisch und Chips
❹ AM *(crisps)* ■**~s** *pl* Chips *pl*
❺ COMPUT Chip *m*
❻ *(for gambling)* Spielmarke *f,* Chip *m;* **bargaining ~** *(fig)* Einsatz *m*
▸PHRASES: **when the ~s are down** *(fam)* wenn es drauf ankommt *fam;* **to have had one's ~s** BRIT *(fam)* ausgedient haben; **to have a ~ on one's shoulder** *(fam)* einen Komplex haben [und daher sehr empfindlich sein]; **to be a ~ off the old block** *(fam)* ganz der Vater/die Mutter sein
II. *vt* <-pp-> ❶ *(damage)* ■**to ~ sth** etw wegschlagen [*o* abschlagen]; *(knock out)* etw ausschlagen; *(break off)* etw abbrechen
❷ SPORT **to ~ the ball** den Ball chippen
❸ *(cut)* ■**to ~ sth** *food* etw schnitzeln; *hard substance* etw bearbeiten
III. *vi* <-pp-> [leicht] abbrechen
◆**chip away** *vi* ■**to ~ away at sth** an etw *dat* nagen
◆**chip in** *(fam)* I. *vi* ❶ *(pay)* beisteuern; ***he also ~ped in with £20*** er hat sich auch mit 20 Pfund beteiligt, er hat auch 20 Pfund beigesteuert
❷ *(help)* mithelfen; ***if you'll all ~ in ...*** wenn ihr alle mit anpackt ...
❸ BRIT *(interrupt)* dazwischenreden
II. *vt* ■**to ~ in** ⊂ **sth** ❶ *(contribute money) money* etw beisteuern
❷ BRIT *(comment)* etw einwerfen
'**chip-bas·ket** *n* BRIT Frittiersieb *nt*
'**chip·board** *n no pl* Sperrholzplatte *f,* Spanplatte *f*
'**chip card** *n* Chipkarte *f* **chip-en'hanced** *adj inv* mit einem Mikrochip ausgestattet; **~ online security** Online-Sicherheit durch eingepflanzten Mikrochip '**chip·mak·er** *n* ELEC Chiphersteller *m*
chip·munk ['tʃɪpmʌŋk] *n* Backenhörnchen *nt*
'**chip pan** *n* BRIT Fritteuse *f*
chipped [tʃɪpt] *adj* abgeschlagen; *(of blade)* schartig; **~ plate** angeschlagener Teller; **~ tooth** abgebrochener Zahn
chip·per ['tʃɪpəʳ, AM -ɚ] *adj (fam)* aufgekratzt *fam,* munter
Chip·pe·wa ['tʃɪpɪwɑ:] *n* Chippewa *m o f*
chip·ping ['tʃɪpɪŋ] *n usu pl* BRIT Schotter *m*
chip(p)o·la·ta [ˌtʃɪpᵊ'lɑ:tə] *n* BRIT Cocktailwürstchen *nt,* Chippolata *nt* SCHWEIZ
chip·py ['tʃɪpi] *n* ❶ BRIT *(fam: food outlet)* Frittenbude *f fam,* Pommesbude *f fam,* Imbissstand *m* ÖSTERR
❷ AM *(pej! sl: female whore)* [billiges] Flittchen *pej fam*
❸ BRIT *(fam: carpenter)* Schreiner(in) *m(f),* Tischler(in) *m(f)* ÖSTERR
CHIPS [tʃɪps] *n* ECON, FIN *acr for* **Clearing House Interbank Payments System** *elektronisches Zahlungsverkehrssystem der New York Clearing House Association*
'**chip shop** *n* BRIT Frittenbude *f fam,* Imbissstube *f* ÖSTERR '**chip wag·on** *n* CAN *meist ausgedienter Bus, der als Snackbar mit Pommes frites und Hotdogs dient*
chi·ropo·dist [kɪ'rɒpədɪst, ʃɪ-, AM -'rɑ:pə-] *n* Fußpfleger(in) *m(f)*
chi·ropo·dy [kɪ'rɒpədi, ʃɪ-, AM -'rɑ:pə-] *n no pl* Fußpflege *f,* ÖSTERR *a.* Pediküre *f,* Pedicure *f* SCHWEIZ
chi·ro·prac·tic ['kaɪ(ə)rə(ʊ)præktɪk, AM 'kaɪroʊ-] *n no pl* Chiropraktik *f*
chi·ro·prac·tor ['kaɪ(ə)rə(ʊ)ˌpræktəʳ, AM 'kaɪroʊˌpræktɚ] *n* Chiropraktiker(in) *m(f)*
chirp [tʃɜ:p, AM tʃɜ:rp] I. *vt* ■**to ~ sth** *(say)* etw zwitschern
II. *vi* ❶ *bird* zwitschern; *(in cricket)* zirpen
❷ SA *(complain)* sich *akk* beschweren
III. *n* Zwitschern *nt*
chirpi·ly ['tʃɜ:pɪli, AM 'tʃɜ:rp-] *adv* munter, fröhlich, quietschvergnügt *fam*
chirpi·ness ['tʃɜ:pɪnəs, AM 'tʃɜ:rp-] *n no pl* Aufgekratztheit *f,* Munterkeit *f,* Fröhlichkeit *f*
chirpy ['tʃɜ:pi, AM 'tʃɜ:rpi] *adj* aufgekratzt *fam,* quietschfidel *fam,* quietschvergnügt *fam*
chir·rup ['tʃɪrəp] I. *n* Zwitschern *nt; (of sparrow)* Tschilpen *nt*
II. *vi* <-pp-> zwitschern
III. *vt* <-pp-> ■**to ~ sth** etw zwitschern
chis·el ['tʃɪzᵊl] I. *n* Meißel *m; (for wood)* Beitel *m;* **hammer and ~** Hammer und Meißel
II. *vt* <BRIT -ll- *or* AM *usu* -l-> ❶ *(cut)* ■**to ~ sth** [**out of sth**] etw [aus etw *dat* heraus]meißeln
❷ *(pej fam: get by trickery)* ■**to ~ sth out of sb** etw von jdm ergaunern *fam;* ■**to ~ sb** jdn reinlegen *fam*
chis·eled *adj* AM *see* **chiselled**
chi·sel·er *n* AM *see* **chiseller**
chi·selled, AM *usu* **chi·seled** ['tʃɪzᵊld] *adj* scharf geschnitten
chi·sel·ler, AM *usu* **chi·sel·er** ['tʃɪzᵊləʳ, AM -ɚ] *n (pej fam)* Mogler(in) *m(f),* Gauner(in) *m(f),* Schwindler(in) *m(f)*
chit [tʃɪt] *n* ❶ BRIT *(official paper)* Bescheinigung *f,* Nachweis *m; (from doctor)* Krankmeldung *f; (note of debt owed)* Schuldschein *m; (by shop)* Gutschein *m*
❷ *(pej dated: girl)* junges Ding *fam*
chit-chat ['tʃɪttʃæt] *(fam)* I. *n no pl* Geplauder *nt,* Plauderei *f;* **idle ~** leeres Gerede
II. *vi* plaudern; ■**to ~ about sth** über etw *akk* plaudern
chit·lins ['tʃɪtlɪnz], **chit·ter·lings** ['tʃɪtᵊlɪŋz, AM 'tʃɪṭɚ-] *npl* Gekröse *nt,* Innereien *pl (vom Schwein)*
chiv·al·ric ['ʃɪvᵊlrɪk, AM ʃɪ'vælrɪk] *adj* ritterlich
chiv·al·rous ['ʃɪvᵊlrəs] *adj* ritterlich, galant
chiv·al·rous·ly ['ʃɪvᵊlrəsli] *adv* ritterlich, galant
chiv·al·ry ['ʃɪvᵊlri] *n no pl* ❶ *(behaviour)* Ritterlichkeit *f,* galantes Benehmen
❷ HIST Ritter *pl,* Ritterschaft *f*
❸ *(knights' code)* Rittertum *nt*
▸PHRASES: **the age of ~ is** [**not yet**] **dead** *(saying)* die Zeit der Kavaliere ist [noch lange nicht] vorbei, es gibt auch noch richtige Kavaliere
chive [tʃaɪv] I. *n* ■**~s** *pl* Schnittlauch *m kein pl*
II. *n modifier (cheese, dressing, sauce)* Schnittlauch-
chiv·(v)y ['tʃɪvi] *vt (fam)* ■**to ~ sb along** [*or* **up**] jdn antreiben; ■**to ~ sb into doing sth** *(give incentive)* jdn anstacheln, etw zu tun; *(urge)* jdn drängen, etw zu tun
chlo·ride ['klɔ:raɪd] *n no pl* Chlorid *nt*
chlo·rin·ate ['klɔ:rɪneɪt] *vt* ■**to ~ sth** etw chloren
chlo·rin·at·ed ['klɔ:rɪneɪtɪd, AM -ṱ-] *adj* gechlort; **a ~** [**swimming**] **pool** ein Schwimmbad *nt* mit Chlorwasser
chlo·rine ['klɔ:ri:n] *n no pl* Chlor *nt;* **~ content** Chlorgehalt *m*
'**chlo·rine bleach·ing** *n no pl* CHEM Chlorbleiche *f*
chloro·fluoro·car·bon [ˌklɔ:rə(ʊ)flʊərə(ʊ)'kɑ:bᵊn, AM ˌklɔ:roʊflʊroʊ'kɑ:rbᵊn], **CFC** *n* Fluorchlorkohlenwasserstoff *m*
chlo·ro·form ['klɔ:rəfɔ:m, AM -fɔ:rm] I. *n no pl* Chloroform *nt*
II. *vt* ■**to ~ sb** jdn chloroformieren *veraltend*
chlo·ro·phyll ['klɔ:rəfɪl] *n no pl* Chlorophyll *nt*
chlo·rous ['klɔ:rəs] *adj* chlorhaltig; *(similar to chlorine)* chlorartig; **~ acid** Chlorsäure *f*
choca·hol·ic *n see* **chocoholic**
choc-ice ['tʃɒkaɪs] *n* BRIT *Eis*[*riegel*] *mit Schokoladenüberzug*
chock [tʃɒk, AM tʃɑ:k] *n* Bremsklotz *m,* Bremskeil *m*
chock-a-block [ˌtʃɒkə'blɒk, AM ˌtʃɑ:kə'blɑ:k] *adj pred (fam)* vollgestopft; ■**to be ~ with sth** mit etw *dat* vollgestopft sein
chock·er ['tʃɒkəʳ] *adj pred (fam)* ❶ BRIT *(tired)* geschafft *fam,* erledigt *fam*
❷ BRIT *(fed-up)* ■**to be ~ with sth** etw leid sein, von etw *dat* die Nase voll haben *fam*
❸ *esp* AUS, NZ *(full)* proppenvoll *fam,* ÖSTERR *oft* gerammelt voll *fam*
chock-'full *adj pred (fam)* ❶ *(full)* proppenvoll *fam,* ÖSTERR *oft* gerammelt voll *fam,* zum Bersten voll *geh;* **~ of people** voller Menschen
❷ *(fig: crammed)* ■**to be ~ of sth** reich an etw *dat* sein; **~ of calories/vitamins** kalorien-/vitaminreich
choco·hol·ic [ˌtʃɒkə'hɒlɪk, AM ˌtʃɑ:kə'hɑ:lɪk] *n (hum fam)* Schokosüchtige(r) *f(m) hum*
choco·late ['tʃɒkᵊlət, AM 'tʃɑ:klət] I. *n* ❶ *no pl (substance)* Schokolade *f;* **a bar of ~** eine Tafel Schokolade; **~ mousse** Mousse *f* au chocolat; **baking ~** Blockschokolade *f,* Tafelschokolade *f* SCHWEIZ; **dark ~** [*or* BRIT *also* **bitter**] [*or* AM *also* **bittersweet**] Zartbitterschokolade *f;* **semi-sweet ~** Halbbitterschokolade *f;* **hot ~** [heißer] Kakao, [heiße] Schokolade
❷ *(sweet)* Praline *f,* Konfekt *nt* ÖSTERR; **a box of ~s** eine Schachtel Pralinen
II. *n modifier (bar, biscuit, cake, ice cream, sauce)* Schokoladen-
'**choco·late box** I. *n* Pralinenschachtel *f*
II. *adj usu attr (romantic)* schnuckelig *fam,* niedlich; *(overly romantic)* kitschig; *(cute)* nett, niedlich; *(uninteresting)* verträumt, verschlafen
Choc·taw ['tʃɒktɔ:, AM 'tʃɑ:k-] *n* ❶ *(Native American)* Choctaw *m o f*
❷ *(Indian tribe)* Choctaw *m*
❸ *(Indian language)* Choctaw *nt*
❹ *(nonsense)* Blödsinn *m;* ***he tried explaining it, but it was all ~ to me*** er versuchte, es mir zu erklären, aber ich verstand nur Bahnhof
choice [tʃɔɪs] I. *n* ❶ *no pl (selection)* Wahl *f;* ***it's your choice!*** du hast die Wahl!; **freedom of ~** Entscheidungsfreiheit *f;* **an informed ~** eine fundierte Entscheidung; **to do sth by** [*or* **from**] [*or* **out of**] **~** etw freiwillig tun; **sb has no ~** [**but to do sth**] jd hat keine andere Wahl [*o* jdm bleibt nichts anderes übrig][, als etw zu tun]; **to make a ~** eine Wahl treffen; **the ... of ~** der/die/das bevorzugte ...; ***champagne is his drink of ~*** er trinkt bevorzugt Champagner
❷ *no pl (variety)* Auswahl *f;* **a wide ~ of sth** eine reiche Auswahl an etw *dat*
❸ *(person, thing)* Wahl *f;* ■**to be sb's ~ as sth** jds Kandidat/Kandidatin für etw *akk* sein; **to be the best/worst ~ for sth** die beste/schlechteste Wahl für etw *akk* sein
▸PHRASES: **you pays your money and you takes your ~** *(saying fam)* die Wahl liegt ganz bei dir/Ihnen; **to be spoilt for ~** die Qual der Wahl haben
II. *adj* ❶ *(top quality)* erstklassig; **the ~st cut of roast** das feinste [*o* beste] Stück Braten
❷ *(iron: abusive)* **~ language** deftige Sprache; **~ words** beißende Kommentare
choir [kwaɪəʳ, AM kwaɪɚ] *n* ❶ *(singers)* Chor *m,*

(instruments) Gruppe *f*, Ensemble *nt;* **church ~** Kirchenchor *m;* **~ member** Chormitglied *nt;* **school ~** Schulchor *m;* **to sing in a ~** in einem Chor singen
② *(of cathedral)* Chor[raum] *m*
'choir·boy *n* Chorknabe *m*, Sängerknabe *m;* **The Vienna C~s** Die Wiener Sängerknaben **'choir·mas·ter** *n* Chorleiter(in) *m(f)* **'choir prac·tice** *n* Chorprobe *f* **'choir stalls** *npl* Chorgestühl *nt*
choke [tʃəʊk, AM tʃoʊk] **I.** *n* ① *no pl* AUTO Choke *m;* **to put the ~ in/out** den Choke hineindrücken/ziehen
② *(outburst)* **a ~ of laughter** Gelächter *nt*
II. *vt* ① *(strangle)* **■to ~ sb** jdn erwürgen [*o* erdrosseln]; *(suffocate)* jdn ersticken; **■to ~ sth** *plant* etw ersticken
② *usu passive (fam: overwhelm emotionally)* **■to ~ sb** jdn überwältigen; **■to be ~d by sth** von etw *dat* überwältigt sein
③ *(blocked)* **■to be ~d** verstopft sein
III. *vi* ① *(have problems breathing)* keine Luft bekommen; **to ~ to death** ersticken; **■to ~ on sth** sich *akk* an etw *dat* verschlucken
② AM SPORT *(sl)* versagen
◆**choke back** *vt* **■to ~ back ◌ sth** *anger, feelings* etw unterdrücken; **to ~ back tears** Tränen zurückhalten [*o* unterdrücken]
◆**choke down** *vt* **■to ~ sth ◌ down** etw hinunterschlucken
◆**choke off** *vt* **■to ~ off ◌ sth** *(prevent)* etw verhindern; *(reduce)* etw drosseln
◆**choke up** *vt* **■to ~ sb up** *(fam)* jdn überwältigen [*o* zu Tränen rühren]
'choke chain *n* Würgehalsband *nt (für Hunde)*
'choke cher·ry *n* AM virginische Traubenkirsche
choked [tʃəʊkt, AM tʃoʊkt] *adj* ① *(halting)* erstickt; **with a ~ voice** mit erstickter Stimme; **■to be ~ with sth** *(fig)* von etw *dat* überwältigt [*o* übermannt] sein
② *(blocked)* verstopft; ***the streets were ~ with traffic*** die Straßen waren verstopft; **~ with leaves** mit Blättern verstopft; **~ with vegetation** von Pflanzen überwuchert
③ BRIT *(fig fam: upset)* [völlig] fertig *fam;* **to be [all] ~ up** vor Rührung kein Wort herausbringen *fam*
'choke·hold *n (grip)* Würgegriff *m; (dated: device)* Halsfessel *f; (fig)* eiserner Griff
chok·er ['tʃəʊkəʳ, AM 'tʃoʊkɚ] *n* ① *(necklace)* eng anliegende Halskette, enger Halsreif; *(ribbon)* Halsband *nt*
② AM *(fam: person)* Schwächling *m*, Versager *m*
chokey ['tʃəʊki] *n no pl* BRIT *(fam)* Knast *m fam*, Loch *nt fam;* **five years' ~** fünf Jahre Knast *fam*
chol·er ['kɒləʳ, AM 'kɑːlɚ] *n no pl* ① *(liter or old: anger, irascibility)* Zorn *m*
② MED *(hist)* Wut *f*
chol·era ['kɒlərə, AM 'kɑːlɚə] *n no pl* Cholera *f*
chol·er·ic ['kɒlərɪk, AM 'kɑːlɚ-] *adj* cholerisch, aufbrausend
cho·les·ter·ol [kə'lestərɒl, AM -tərɑːl] *n no pl* Cholesterin *nt;* **bad/good ~** zu hoher/niedriger Cholesterinwert, erhöhter/geringer Cholesterinwert; **high-~ foods** sehr cholesterinhaltige Nahrungsmittel, Nahrungsmittel mit hohem Cholesteringehalt; **~ level** Cholesterinspiegel *m*
cho·'les·ter·ol-low·er·ing *adj inv* cholesterinsenkend
cho·line ['kəʊliːn, AM 'koʊ-] *n no pl* Cholin *nt*
chomp [tʃɒmp, AM tʃɑːmp] **I.** *vi (bite)* **■to ~ into sth** herzhaft in etw *akk* [hinein]beißen; **■to ~ [away] on sth** etw mampfen *sl*
II. *vt* **■to ~ sth** etw mampfen *sl*
choo-choo ['tʃuːtʃuː] *n (childspeak)* tsch[u]-tsch[u], puff-puff *Kindersprache*
choose <chose, chosen> [tʃuːz] **I.** *vt* **■to ~ sth** etw auswählen; ***the magazine chose him as 'Man of the Year'*** die Zeitschrift wählte [*o* kürte] ihn zum ‚Mann des Jahres'; ***they chose her to lead the project*** sie haben sie zur Projektleiterin gewählt
II. *vi (select)* wählen; *(decide)* sich *akk* entscheiden; ***you can ~ from these prizes*** Sie können sich etwas unter diesen Preisen aussuchen; **to ~ to do sth** es vorziehen etw zu tun; ***you chose to ignore my advice*** du wolltest ja nicht auf mich hören!; **to do as one ~s** das tun, wonach einem zumute ist
▸PHRASES: **you cannot ~ but do sth** *(form)* man hat keine andere Wahl, als etw zu tun; **there is little** [*or* **nothing**] [*or* **not much**] **to ~ between sth and sth** etw und etw unterscheiden sich kaum
choos(e)y ['tʃuːzi] *adj (fam)* **■to be ~ [about sth]** [bei etw *dat*] wählerisch sein
chop [tʃɒp, AM tʃɑːp] **I.** *vt* <-pp-> ① *(cut)* **■to ~ sth ◌ [up]** etw klein schneiden; **to have one's hair ~ped short** *(fam)* sich *dat* die Haare kurz schneiden lassen; **to ~ wood** Holz hacken
② *(reduce)* **■to ~ sth** etw kürzen
③ *(hit)* **to ~ a ball** einen Ball schneiden
④ *(sl: lay off)* **■to ~ sb** jdn feuern *fam*
II. *vi* <-pp-> hacken
▸PHRASES: **to ~ and change** BRIT, AUS *(of opinion)* ständig die [*o* seine] Meinung ändern *fam*, wankelmütig sein; *(of action)* häufig wechseln; **to ~ logic** disputieren
III. *n* ① *(esp pork, lamb)* Kotelett *nt*
② *(hit)* Schlag *m;* **karate ~** Karateschlag *m*
③ *no pl (of water)* Wellengang *m*
④ AM *(animal feed)* zerkleinertes Getreidefutter
⑤ *esp* BRIT, AUS *(fam: not wanted)* **to be for the ~** auf der Abschussliste stehen *fam;* **to be facing the ~** vor dem Aus [*o* Ende] stehen; **to get** [*or* **be given**] **the ~** gefeuert werden *fam*, auf die Straße gesetzt werden *fam*, rausgeworfen [*o* rausgeschmissen] werden *fam*
◆**chop away** *vt* **■to ~ sth ◌ away** etw abschlagen; *(fig)* etw kürzen
◆**chop down** *vt* **to ~ down ◌ a tree** einen Baum fällen
◆**chop off** *vt* **■to ~ sth ◌ off** etw abhacken
chop-chop [ˌtʃɒp'tʃɒp, AM ˌtʃɑːp'tʃɑːp] *interj (fam)* hopphopp *fam*
'chop·house *n* billige Gaststätte
chop·per ['tʃɒpəʳ, AM 'tʃɑːpɚ] *n* ① *(sl: helicopter)* Hubschrauber *m*
② BRIT *(tool for butcher)* Hackbeil *nt; (for woodcutting)* Hackmesser *nt*
③ *(sl: motorcycle)* Chopper *m*
④ BRIT *(vulg sl: penis)* Schwanz *m vulg*
⑤ *(sl: set of teeth)* **■~s** *pl* Zähne *pl*, Gebiss *nt; (false teeth)* [künstliches] Gebiss
chop·ping ['tʃɒpɪŋ, AM 'tʃɑːpɪŋ] *n no pl (wood cutting)* Holzhacken *nt; (cutting of food)* Kleinhacken *nt*
'chop·ping block *n* Hackklotz *m* **'chop·ping board** *n* Hackbrett *nt* **'chop·ping knife** *n* Wiegemesser *nt*
chop·py ['tʃɒpi, AM 'tʃɑːpi] *adj* NAUT bewegt, kabbelig *fachspr*
chops [tʃɒps, AM tʃɑːps] *npl* ① *(fam: area around mouth)* Mundwinkel *pl; of a dog, lion* Lefzen *pl;* **to lick one's ~** *person* sich *dat* die Lippen lecken; *animal* sich *dat* das Maul lecken; **to smack one's ~** AM *(sl)* [mit den Lippen] schmatzen
② MUS **to have great ~** eine große Lippenfertigkeit besitzen
'chop·stick *n usu pl* [Ess]stäbchen *nt*
chop suey [ˌtʃɒp'suːi, AM ˌtʃɑːp'-] *n* Chopsuey *nt*
cho·ral ['kɔːrəl] *adj* Chor-; **~ society** Gesangverein *m*
cho·rale [kɒ'rɑːl, AM kə'ræl] *n* Choral *m*
'cho·ral schol·ar *n* Gesangsstipendiat(in) *m(f)*
chord [kɔːd, AM kɔːrd] *n* MUS Akkord *m*
▸PHRASES: **to strike** [*or* **touch**] **a ~ with sb** jdn berühren *fig;* **to strike** [*or* **touch**] **the right ~** den richtigen Ton treffen
chord·al ['kɔːdəl, AM 'kɔːr] *adj inv* MUS akkordisch
'chord key·ing *n* COMPUT Tastenfolge *f*
chore [tʃɔːʳ, AM tʃɔːr] *n* ① *(routine task)* Routinearbeit *f;* **household ~s** Hausarbeit *f;* **to do the ~s** die Hausarbeit erledigen
② *(tedious task)* langweilige Aufgabe; *(unpleasant task)* lästige Aufgabe
cho·reo·graph ['kɒriəgrɑːf, AM 'kɔːriəgræf] *vt* **to ~ a ballet** ein Ballett choreografieren
cho·reog·ra·pher [ˌkɒri'ɒgrəfəʳ, AM ˌkɔːri'ɑːgrəfɚ] *n* Choreograf(in) *m(f)*
cho·reo·graph·ic [ˌkɒriəʊ'græfɪk, AM ˌkɔːriə'] *adj* choreografisch
cho·reog·ra·phy [ˌkɒri'ɒgrəfi, AM ˌkɔːri'ɑːgrə-] *n no pl* Choreografie *f*
chor·is·ter ['kɒrɪstəʳ, AM 'kɔːrɪstɚ] *n* Chormitglied *nt; (in cathedral choir)* Kirchenchorsänger(in) *m(f); (boy)* Chorknabe *m*
chor·tle [tʃɔːtl, AM tʃɔːrtl] **I.** *vi* gluckern, glucksen; ***what are you ~ing about?*** was gibt es da zu kichern?
II. *n* Gluckser *m;* ***he gave a ~ of pure delight*** er gluckste vor Freude
cho·rus ['kɔːrəs] **I.** *n* <*pl* -es> ① *(refrain)* Refrain *m;* ***they burst into a ~ of Happy Birthday*** sie stimmten ein Happy Birthday an; **to join in the ~** in den Refrain einstimmen; **the dawn ~** das Morgenkonzert der Vögel
② + *sing/pl vb (group of singers)* Chor *m*
③ + *sing/pl vb (supporting singers)* Chor *m; (dancers)* Ballett *nt*, Tanzgruppe *f;* THEAT Chor *m*
④ *usu sing (by many speakers)* Chor *m;* **a ~ of disapproval** allgemeine Ablehnung
II. *vi* im Chor sprechen
'cho·rus boy *n* ① *(in church choir)* Chorknabe *m*
② *(supporting dancer)* Tänzer *m* in einer Gruppe, Revuetänzer *m; (supporting singer)* Chorsänger *m*
'cho·rus girl *n* Revuetänzerin *f*, Revuegirl *nt; (supporting girl singer)* Chorsängerin *f* **'cho·rus line** *n* Revue *f; (supporting singers)* Chor *m; (supporting dancers)* Ballett *nt*, Tanzgruppe *f*, SCHWEIZ *a.* [Ballett]truppe *f*
chose¹ [tʃəʊz, AM tʃoʊz] *pt of* **choose**
chose² [ʃəʊz, AM ʃoʊz] *n* LAW **~ in action** obligatorischer Anspruch; **~ in possession** bewegliche Sache
cho·sen [tʃəʊzən, AM -oʊz-] **I.** *pp of* **choose**
II. *adj (selected)* [aus]gewählt, ausgesucht; **the ~ people** REL das auserwählte Volk
▸PHRASES: **many are called but few are ~** *(prov)* viele sind berufen, aber nur wenige [sind] auserwählt *prov*
choux pas·try [ˌʃuː'peɪstri] *n no pl* Brandteig *m*
chow [tʃaʊ] *n* ① AM *(sl: food)* Futter *nt;* **the ~ line** *(fam)* die Schlange bei der Essensausgabe
② *(dog)* Chow-Chow *m*
'chow chow *n* Chow-Chow *m*
chow·der ['tʃaʊdɚ] *n no pl* AM *sämige Suppe mit Fisch, Muscheln etc.;* **clam ~** *sämige Suppe mit Venusmuscheln*
chrism ['krɪzəm] *n* Chrisma *nt*
Chris·mukkah ['krɪsmʌkə] AM **I.** *n no pl Kombination von Weihnachten und Hanukkah*
II. *n modifier (fam)* kombinierte Weihnachts- und Hanukkah-
Christ [kraɪst] **I.** *n* Christus *m*
II. *interj (sl)* Herrgott *fam;* ***for ~'s sake!*** Herrgott noch mal! *fam;* **~ *almighty!*** Herrgott noch mal! *fam*
chris·ten [krɪsən] *vt* ① *(give name to)* **■to ~ sb** jdn taufen; *(give nickname to)* jdm einen Spitznamen geben; **■to be ~ed after sb** nach jdm benannt sein; **to ~ a ship** ein Schiff taufen
② *(use for first time)* **■to ~ sth** *new clothes, shoes* etw einweihen *hum fam*
Chris·ten·dom ['krɪsəndəm] *n no pl (hist)* Christenheit *f*, Christen *pl;* **all ~** die gesamte christliche Welt
chris·ten·ing, 'chris·ten·ing cer·emo·ny ['krɪsənɪŋ-] *n* Taufe *f*
Chris·tian ['krɪstʃən] **I.** *n* Christ(in) *m(f); (good or kind person)* guter Mensch; **to become a ~** Christ/Christin werden
II. *adj* christlich *a. fig; (decent)* anständig
Chris·tian 'bur·ial *n* christliches Begräbnis **Chris·tian 'era** *n* christliche Zeitrechnung
Chris·ti·an·ity [ˌkrɪsti'ænəti, AM -tʃi'ænət̬i] *n no pl* Christentum *nt; (Christian quality)* Christlichkeit *f*
Chris·tian·ize ['krɪstʃənaɪz] *vt* **■to ~ sb** jdn zum Christentum bekehren; **to ~ an area** ein Gebiet christianisieren
'Chris·tian name *n esp* BRIT Vorname *m*, Rufname *m* **Chris·tian 'Sci·ence** *n* Christliche Wissen-

schaft, Christian Science *f* **Chris·tian 'Sci·en·tists** *npl* REL Christliche Wissenschafter *pl*

'Christ·like ['kraɪstlaɪk] *adj* christusgleich

Christ·mas <*pl* -es *or* -ses> ['krɪs(t)məs, AM 'krɪsməs] *n* Weihnachten *nt; Happy* [*or Merry*] *~!* Frohe [*o* Fröhliche] Weihnachten!; **at ~** [an] Weihnachten; **the Twelve Days of ~** die Zwölf Nächte

Christ·mas 'bo·nus *n* Weihnachtsgeld *nt kein pl,* Weihnachtsgratifikation *f geh* **'Christ·mas box** *n* BRIT *kleines Geschenk/Trinkgeld zu Weihnachten für Postboten, Müllmänner etc.* **'Christ·mas cake** *n* BRIT, AUS *gehaltvoller Kuchen mit Trockenfrüchten und Zuckerguss* **'Christ·mas card** *n* Weihnachtskarte *f* **'Christ·mas carol** *n* Weihnachtslied *nt* **Christ·mas 'crack·er** *n* BRIT Knallbonbon *nt;* **to pull a ~** ein Knallbonbon aufziehen **Christ·mas 'Day** *n* erster Weihnachtsfeiertag **Christ·mas deco·'ra·tions** *npl* Weihnachtsdekoration *f,* Weihnachtsschmuck *m kein pl* **Christ·mas 'Eve** *n* Heiligabend *m;* **on ~** Heiligabend

'Christ·mas Is·land *n* Weihnachtsinsel *f*

Christ·mas 'par·ty *n* Weihnachtsfeier *f* **'Christ·mas present** *n* Weihnachtsgeschenk *nt* **Christ·mas 'pud·ding** *n* BRIT Plumpudding *m* **Christ·mas 'shop·ping** *n no pl* Weihnachtseinkauf *m meist pl;* **to do one's ~** seine Weihnachtseinkäufe erledigen **Christ·mas 'stock·ing** *n am Kamin aufgehängter Strumpf, in den der Weihnachtsmann Heiligabend die Geschenke für die Kinder stopfen soll*

Christ·massy ['krɪs(t)məsi, AM 'krɪsməsi] *adj* weihnachtlich

'Christ·mas-time *n* Weihnachtszeit *f* **'Christ·mas tree** *n* Weihnachtsbaum *m,* Christbaum *m* DIAL **Christ·mas 'wreath** *n* Weihnachtskranz *m,* SCHWEIZ *a.* Adventskranz *m,* ÖSTERR *meist* Adventkranz *m*

chro·ma ['krəʊmə, AM 'kroʊ-] *n* COMPUT Farbenreinheit *f,* Farbenintensität *f;* **~ control** Farbkontrolle *f;* **~ detector** Farbdetektor *m*

chro·mat·ic [krəʊ'mætɪk, AM -'mæt̬-] *adj* MUS, PHYS chromatisch; **~ chart** Farbentabelle *f;* **~ aberration** chromatische Abweichung, Farbabweichung *f,* Farbaberration *f*

chro·mati·cal·ly [krəʊ'mætɪkəli, AM -'mæt̬-] *n* COMPUT Chromatizität *f*

chro·mat·ic 'scale *n* MUS chromatische Tonleiter

chrome [krəʊm, AM -oʊ-], **chro·mium** ['krəʊmiəm, AM -oʊ-] **I.** *n no pl* Chrom *nt*
II. *n modifier (fender, fixtures)* Chrom-; **~ bumper** verchromte Stoßstange; **~ dye** Chrombeize *f;* **~ steel** Chromnickelstahl *m;* **~-plated** verchromt
III. *adj inv* **~ yellow** chromgelb

chrome-plat·ed ['krəʊmpleɪtɪd, AM 'kroʊm] *adj see* **chromium-plated**

chro·mi·nance sig·nal ['krəʊmənən(t)s, AM 'kroʊ-] *n* COMPUT Farbsignal *nt*

chro·mium ['krəʊmiəm, AM 'kroʊ-] *n no pl* CHEM *(Cr)* Chrom *nt*

chro·mium-plat·ed ['krəʊmiəmpleɪtɪd, AM 'kroʊm] *adj* verchromt

chro·mo·some ['krəʊməsəʊm, AM 'kroʊməsoʊm] *n* Chromosom *nt;* **X-~** X-Chromosom *nt;* **Y-~** Y-Chromosom *nt*

'chro·mo·some de·fect *adj* Chromosomenschaden *m,* Chromosomendefekt *m*

chron·ic ['krɒnɪk, AM 'krɑː-] **I.** *adj* ❶ *(permanent) alcoholic, bronchitis, condition* chronisch; **~ liar** notorischer Lügner/notorische Lügnerin
❷ BRIT, AUS *(fam: extremely bad)* furchtbar *fam,* wahnsinnig *fam*
II. *n* AM *(sl)* starkes Marihuana

chroni·cal·ly ['krɒnɪkəli, AM 'krɑː-] *adv* ❶ *(long-term)* chronisch; **to be ~ ill** chronisch krank sein
❷ BRIT, AUS *(fam: very badly)* furchtbar, entsetzlich *fam*

chron·ic fa·'tigue syn·drome *n no pl* chronisches Müdigkeitssyndrom

chroni·cle ['krɒnɪkl̩, AM 'krɑː-] **I.** *vt* ■**to ~ sth** etw aufzeichnen
II. *n* ❶ *(recording of events)* Chronik *f;* **the Anglo-Saxon ~** die Angelsächsische Chronik
❷ *(fam: account of events)* Bericht *m; (title of newspaper)* ■**C~** Anzeiger *m*

chroni·cler ['krɒnɪkləʳ, AM 'krɑːnɪklɚ] *n* Chronist(in) *m(f)*

Chroni·cles ['krɒnɪkl̩z, AM 'krɑː-] *npl* REL Chronika *pl (zwei Bücher des Alten Testaments)*

chrono·graph ['krɒnəgrɑːf, AM 'krɑːnəgræf] *n* Zeitmesser *m,* Chronograf *m fachspr*

chrono·logi·cal [ˌkrɒnə'lɒdʒɪkəl, AM ˌkrɑːnə'lɑː-] *adj* chronologisch; **in ~ order** [*or* **sequence**] in chronologischer Reihenfolge

chrono·logi·cal·ly [ˌkrɒnə'lɒdʒɪkəli, AM ˌkrɑːnə'lɑː-] *adv* chronologisch; **to be listed ~** in chronologischer Reihenfolge aufgelistet sein

chro·nol·ogy [krɒn'ɒlədʒi, AM krən'ɑː-] *n no pl* zeitliche Abfolge, Chronologie *f geh; (summary)* chronologischer Bericht

chro·nom·eter [krɒn'ɒmɪtəʳ, AM krə'nɑːmət̬ɚ] *n* Zeitmesser *m,* Chronometer *nt fachspr*

chrono·psy·chol·ogy [ˌkrəʊnə(ʊ)saɪ'kɒlədʒi, AM ˌkroʊnoʊsaɪ'kɑː-] *n no pl* Chronopsychologie *f fachspr (untersucht den natürlichen Körperrhythmus)*

chrono·thera·peut·ics [ˌkrəʊnə(ʊ)θerə'pjuːtɪks, AM ˌkroʊnoʊθerə'pjuːt̬ɪks] *n + sing vb* MED Chronotherapie *f fachspr (nutzt die Erkenntnisse über den natürlichen Körperrhythmus bei der Behandlung von Krankheiten)*

chrono·thera·py [ˌkrəʊnə(ʊ)'θerəpi, AM ˌkroʊnoʊ'-] *n no pl* MED Chronotherapie *f fachspr (nutzt die Erkenntnisse über den natürlichen Körperrhythmus bei der Behandlung von Krankheiten)*

chrysa·lis <*pl* -es> ['krɪsəlɪs] *n* BIOL *(pupa)* Puppe *f; (casing)* Kokon *m*

chry·san·themum [krɪ'sæn(t)θəməm] *n* Chrysantheme *f*

chub <*pl* - *or* -s> [tʃʌb] *n* ZOOL Döbel *m*

Chubb®, 'Chubb lock® [tʃʌb-] *n* BRIT Sicherheitsschloss *nt*

chub·bi·ness ['tʃʌbinəs] *n no pl* Rundlichkeit *f,* Pummeligkeit *f; (with chubby cheeks)* Pausbäckigkeit *f*

chub·by ['tʃʌbi] *adj* dicklich, pummelig; **~ child** Pummelchen *nt fam;* **~ face** pausbäckiges Gesicht; **~ fingers** Wurstfinger *pl*

chuck [tʃʌk] **I.** *n* ❶ *(playful touch)* Stups *m fam,* SCHWEIZ *a.* Schupf *m fam;* **to give sb a ~ under the chin** jdm einen Stups unters Kinn geben *fam*
❷ NENG *(fam: term of endearment)* Schnuckelchen *nt fam,* Schnucki *nt fam*
❸ *(holding device)* Spannfutter *nt*
❹ *(beef cut)* Schulterstück *nt* vom Rind
II. *vt* ❶ *(fam: throw)* ■**to ~ sth** etw schmeißen *fam*
❷ *(fam: end a relationship)* ■**to ~ sb** mit jdm Schluss machen *fam*
❸ *(touch playfully)* ■**to ~ sb** jdn stupsen *fam;* **to ~ sb under the chin** jdm einen Stups unters Kinn geben
❹ *(fam: give up)* ■**to ~ sth** *job* etw [hin]schmeißen *fam*

◆**chuck away** *vt (fam)* ■**to ~ sth** ↔ **away** etw wegschmeißen *fam*

◆**chuck in** *vt (fam)* ■**to ~ sth** ↔ **in** etw hinschmeißen *fam*
▸PHRASES: **to ~ in the towel** das Handtuch schmeißen *fig fam*

◆**chuck out** *vt (fam)* ❶ *(throw away)* ■**to ~ sth** ↔ **out** etw wegschmeißen *fam*
❷ *(force sb to leave)* ■**to ~ sb** ↔ **out** jdn an die [frische] Luft setzen *fam*

◆**chuck up I.** *vt* BRIT *(fam)* ■**to ~ sth** ↔ **up** etw hinschmeißen *fam*
II. *vi (fam)* brechen, kotzen *derb*

chuck·er-'out <*pl* chuckers-out> *n* BRIT *(fam)* Rausschmeißer *m fam*

chuckie ['tʃʌki] *n* NENG Schnuckelchen *nt fam,* Schnucki *nt fam*

chuck·ing-out time [ˌtʃʌkɪŋ'aʊttaɪm] *n (fam) of pub* Polizeistunde *f*

chuck·le [tʃʌkl̩] **I.** *n* Gekicher *nt kein pl;* **to give a ~** kichern
II. *vi* in sich *akk* hineinlachen

'chuck steak *n* Schulterstück *nt* vom Rind

'chuck wag·on *n* AM *(dated)* ❶ Proviantwagen *m* mit Kochgelegenheit
▸PHRASES: **to jump on the ~** AM dem Trend folgen

chud·dies ['tʃʌdiz] *npl (fam)* Slip *m,* Unterhose *f*

chuff [tʃʌf] *vi steam engine* puffen *fam; engine* tuckern

chuffed [tʃʌft] *adj* BRIT, AUS *(fam)* froh; ■**to be ~ about sth** sich *akk* über etw *akk* freuen; **to be dead ~** sich *akk* wie ein Schneekönig/eine Schneekönigin freuen *fam;* **to be less than ~ with sth** mit etw *dat* mehr als unzufrieden sein

chug [tʃʌg] **I.** *vi* <-gg-> tuckern
II. *n* Tuckern *nt*

◆**chug along** *vi (fam)* sich *akk* dahinschleppen

chug·ger ['tʃʌgəʳ] *n bezahlter Spendensammler, der in Fußgängerzonen o. ä. um regelmäßige Beiträge für wohltätige Organisationen wirbt*

chuk·ka ['tʃʌkə], AM *also* **chuk·ker** ['tʃʌkəʳ, AM -ɚ] *n (in pologame)* Chukka *nt,* Chukker *nt*

chum [tʃʌm] **I.** *n (fam)* Kamerad(in) *m(f) veraltend; (more intimate)* Busenfreund(in) *m(f) meist iron*
II. *vi* <-mm-> *(esp dated fam)* ■**to ~ up with sb** sich *akk* mit jdm anfreunden

chum·my ['tʃʌmi] **I.** *adj* ❶ *(fam: friendly)* freundlich; ■**to be ~ with sb** mit jdm gut befreundet sein; **to get ~ with sb** sich *akk* mit jdm anfreunden
❷ *(pej fam: too friendly)* plumpvertraulich; ***don't get ~ with me!*** tu jetzt bloß nicht so freundlich!
II. *n (fam)* Schmatzer *m fam*

chump [tʃʌmp] *n (fam)* Trottel *m fam*
▸PHRASES: **to go off one's ~** BRIT *(dated fam)* den Verstand verlieren *fam;* **to be off one's ~** seinen Verstand verloren haben *fam*

'chump change *n* AM *(fam: very little money)* Taschengeld *nt fig fam* **'chump chop** *n* BRIT, AUS Kotelett *nt*

chun·der ['tʃʌndəʳ] **I.** *vi esp* AUS *(fam)* kotzen *derb*
II. *n no pl esp* AUS *(fam)* Kotze *f derb*

chunk [tʃʌŋk] *n* ❶ *(thick lump or piece)* Brocken *m,* **~ of bread/cheese** [großes] Stück Brot/Käse; **~s of meat** Fleischbrocken *pl;* **pineapple ~s** Ananasstücke *pl;* **~s of stone** Felsbrocken *pl*
❷ *(fig fam: large part of sth)* großer Batzen *fam*

chunky ['tʃʌŋki] *adj woolen garment* grob; *jewellery* klobig; *person* stämmig, untersetzt; **~ marmalade** *Orangenmarmelade mit Fruchtstücken*

Chun·nel ['tʃʌnəl] *n (fam)* ■**the ~** der Kanaltunnel

chun·ter ['tʃʌntəʳ] *vi* BRIT *(fam)* brummeln *fam*

chu·patti *n see* **chapati**

church [tʃɜːtʃ, AM tʃɜːrtʃ] **I.** *n* <*pl* -es> ❶ *(building)* Kirche *f,* Gotteshaus *nt;* **to go to** [*or* **attend**] **~** in die [*o* zur] Kirche gehen
❷ *(body of worshippers)* Kirche[ngemeinde] *f*
❸ *no pl (organization)* ■**the C~** die Kirche; **the Anglican/Catholic C~** die Anglikanische/Katholische Kirche; **the Free C~** die Freikirche; **to enter** [*or* **go into**] **the ~** Geistlicher werden
❹ *no pl (service)* Gottesdienst *m*
II. *n modifier* ❶ *(of church organization)* kirchlich, Kirch[en]-; **~ elder** Kirchenälteste(r) *f(m);* **~ fête** *esp* BRIT Kirchenbasar *m;* **~ function** Kirchenveranstaltung *f;* **~ wedding** kirchliche Trauung
❷ *(of a church building) (bells, steps, walls)* Kirchen-; **~ pew** Kirchenbank *f;* **~ porch** Kirchenportal *nt;* **~ steeple** *(tower)* Kirchturm *m; (spire on top of tower)* Kirchturmspitze *f*
▸PHRASES: **as poor as a ~ mouse** arm wie eine Kirchenmaus *fam*

'church·goer *n* Kirchgänger(in) *m(f)* **'church·go·ing** *n no pl* Kirchenbesuch *m* **church 'hall** *n esp* BRIT Gemeindesaal *m* **'church·man** *n (clergyman)* Geistlicher *m,* Priester *m; (church member)* [männliches] Mitglied einer Kirche **Church of 'Eng·land** *n* BRIT Kirche *f* von England **'church ser·vice** *n* Gottesdienst *m* **'church tax** *n* Kirchensteuer *f*

church·'ward·en *n* ❶ BRIT *(in Anglican Church)* Gemeindevorsteher(in) *m(f);* AM *(church administrator)* Vermögensverwalter(in) *m(f)* einer Kirche

② BRIT *(clay tobacco pipe)* Tabak[s]pfeife *f (aus Ton)*
'church·wom·an *n (ordained official)* Geistliche *f*, Priesterin *f*; *(female member of a church)* [weibliches] Mitglied einer Kirche
churchy ['tʃɜːtʃi, AM 'tʃɜːr-] *adj (fam or pej) person* kirchenfromm *pej*, päpstlicher als der Papst *pej*; *atmosphere* wie in einer Kirche
'church·yard *n* Friedhof *m*, Kirchhof *m veraltend*
churl [tʃɜːl, AM tʃɜːrl] *n* Flegel *m pej*, Rüpel *m pej*
churl·ish ['tʃɜːlɪʃ, AM 'tʃɜːr-] *adj* ungehobelt, grob; *(no manners)* unhöflich
churl·ish·ly ['tʃɜːlɪʃli, AM 'tʃɜːr-] *adv* ungehobelt, grob
churl·ish·ness ['tʃɜːlɪʃnəs, AM 'tʃɜːr-] *n no pl* Ungehobeltheit *f*, ungehobeltes Benehmen, Grobheit *f*
churn [tʃɜːn, AM tʃɜːrn] **I.** *n* ① *(container)* Butterfass *nt*; **milk** ~ Milchkanne *f*
② *no pl (moving around)* ▪ **office** ~ Umplatzierung[en] *f[pl]* [*o* Umorganisation *f*] innerhalb des Büros
③ *no pl (non-renewing subscribers)* abfallende Kundenzahlen *pl*
II. *vt* ▪ **to ~ sth** *earth, ground, sea* etw aufwühlen; **to ~ the milk** die Milch quirlen
III. *vi (fig)* sich *akk* heftig drehen; ***my stomach was ~ing*** mir drehte sich der Magen um
◆ **churn about** *vi* sich *akk* herumwälzen
◆ **churn out** *vt (fam)* ▪ **to ~ sth** ○ **out** *mass-product* etw auswerfen [*o pej* in Massenproduktion herstellen]
◆ **churn up** *vt* ▪ **to ~ sth** ○ **up** *earth, ground* etw aufwühlen; **to ~ up emotions** Emotionen schüren
churn·ing ['tʃɜːnɪŋ, AM 'tʃɜːrn-] *n* STOCKEX Provisionsschneiderei *f (Effektenhandel zum Nachteil des Kunden, allein mit dem Ziel einer möglichst hohen Courtage für den Makler)*
chute¹ [ʃuːt] *n short for* **parachute** Fallschirm *m*
chute² [ʃuːt] *n* Rutsche *f*, Rutschbahn *f*; **emergency** ~ AVIAT Notrutsche *f*; **laundry** ~ Wäscheschacht *m*; **rubbish** [*or* AM **garbage**] ~ Müllschlucker *m*
chut·ney ['tʃʌtni] *n* Chutney *nt*
chutz·pah ['hʊtspɑː] *n no pl (approv)* Chuzpe *f pej fam*; *(pej)* Dreistigkeit *f*
CIA [ˌsiːaɪ'eɪ] *n* AM *abbrev of* **Central Intelligence Agency** CIA *m o f*
cia·bat·ta [tʃə'bætə, -'bɑːtə] *n* Ciabatta *nt o f*
ciao [tʃaʊ] *interj (hello)* hallo; *(goodbye)* ciao *sl*, tschau *sl*, tschüss *fam*
ci·ca·da [sɪ'kɑːdə, AM -'keɪ-] *n* Zikade *f*
cic·ero·ne <*pl* ciceroni> [ˌtʃɪtʃə'rəʊni, ˌsɪsə, AM ˌsɪsə'roʊ] *n* Cicerone *m*
CID [ˌsiːaɪ'diː] *n* BRIT *abbrev of* **Criminal Investigation Department** Oberste Kriminalpolizeibehörde, ≈ Kripo *f*
ci·der ['saɪdəʳ, AM -ɚ] **I.** *n no pl* BRIT *(alcoholic drink)* Cidre *m*, Apfelwein *m*; AM SCHWEIZ *a.* saurer Most; *(unfermented juice)* Apfelmost *m*; **dry** ~ [herber] Most; **sweet** ~ Süßmost *m*
II. *n modifier (press, punch, season, vinegar)* Apfel-; ~ **apples** Pressäpfel *pl*
c.i.f. [ˌsiːaɪ'ef] COMM *abbrev of* **cost, insurance and freight** CIF, Kosten, Versicherung und Fracht
cig [sɪg] *n (fam: cigarette)* Kippe *f sl*, Zigi *f* SCHWEIZ *sl*, ÖSTERR *oft* Tschick *m sl*
ci·gar [sɪ'gɑːʳ, AM -'gɑːr] *n* Zigarre *f*
ci·'gar·box *n* Zigarrenkiste *f* **ci·'gar·case** *n* Zigarrenetui *nt* **ci·'gar-cut·ter** *n* Zigarren[ab]schneider *m*
ciga·rette [ˌsɪgᵊr'et, AM -gə'ret] *n* Zigarette *f*; **a packet of ~s** eine Packung [*o* SCHWEIZ ein Päckchen] Zigaretten [*o* ÖSTERR ein Packerl]; **to drag** [*or* **draw**] **on a** ~ an einer Zigarette ziehen; **to light a** ~ [sich *dat*] eine Zigarette anzünden [*o* anstecken]
ciga·'rette butt *n* Zigarettenstummel *m*, Zigarettenkippe *f*, ÖSTERR *oft* Tschick *m sl* **ciga·'rette case** *n* Zigarettenetui *nt* **ciga·'rette end** *n* BRIT Zigarettenstummel *m*, Zigarettenkippe *f*, ÖSTERR *oft* Tschick *m sl* **ciga·'rette hold·er** *n* Zigarettenspitze *f* **ciga·'rette light·er** *n* Feuerzeug *nt* **ciga·'rette ma·chine** *n* Zigarettenautomat *m* **ciga·'rette pa·per** *n* Zigarettenpapier *nt* **ciga·'rette smoke** *n no pl* Zigarettenrauch *m*, Zigarettenqualm *m* **ciga·'rette smok·er** *n* Zigarettenraucher(in) *m(f)*
ciga·ril·lo [ˌsɪgə'rɪləʊ, AM -oʊ] *n* Zigarillo *m o nt*, *fam a. f*
ci'gar-shaped *adj* zigarrenförmig
cig·gy ['sɪgi] *n (fam: cigarette)* Kippe *f sl*, ÖSTERR *oft* Tschick *m sl*
ci·lan·tro [sɪ'læntroʊ] *n no pl* AM frischer Koriander
cill [sɪl] *n see* **sill**
CIM¹ [ˌsiːaɪ'em] *n* COMPUT *abbrev of* **computer input from microfilm** CIM, Dateneingabe *f* von Mikrofilm
CIM² [ˌsiːaɪ'em] *n* COMPUT *abbrev of* **computer integrated manufacture** computerintegrierte Fertigung
C-in-C [ˌsiːɪn'siː] *n abbrev of* **Commander-in-Chief** Oberbefehlshaber(in) *m(f)*
cinch <*pl* -es> [sɪntʃ] *n usu sing* ▪ **a** ~ *(easy task)* ein Kinderspiel *nt fam*; *(a certainty)* eine todsichere Sache *fam*
cin·der ['sɪndəʳ, AM -ɚ] *n* Zinder *m meist pl*; ▪ **~s** *pl* Asche *f kein pl*; **burnt to a** ~ verkohlt
'cin·der block *n* AM Schlackenstein *m*
Cinderella [ˌsɪndᵊr'elə] *n* Aschenputtel *nt*, Aschenbrödel *nt*; *(underrated person or thing)* Stiefkind *nt fig*
'cin·der track *n* Aschenbahn *f*
cine ['sɪni] *adj attr* Film-, Kino-
cin·east(e) ['sɪnɪæst] *n* ① *(film enthusiast)* Kinoliebhaber(in) *m(f)*
② *(film-maker)* Cineast(in) *m(f)*
'cine-cam·era *n* Filmkamera *f* **'cine-film** *n* Schmalfilm *m*
cin·ema ['sɪnəmə] *n* Kino *nt*; *(film world also)* Film *m*; ~ **ticket** Kinokarte *f*, Kinobillet *nt* SCHWEIZ; ~ **seat** Kinoplatz *m*; **to go to the** ~ ins Kino gehen
'cin·ema·goer *n* Kinogänger(in) *m(f)* **'cin·ema·going I.** *n no pl* Kinobesuch *m meist pl* **II.** *adj* Kino-; **the** ~ **public** das Kinopublikum **'Cin·ema·Scope®** *n* Cinemascope® *nt*
cin·emat·ic [ˌsɪnɪ'mætɪk, AM -ə'mæt̬ɪk] *adj* Film-, filmisch
cin·emato·graph [ˌsɪnɪ'mætəgrɑːf, AM ə'mæt̬əgræf] *n* BRIT HIST Kinematograf *m*
cin·ema·tog·ra·pher [ˌsɪnɪmə'tɒgrəfəʳ, AM -əmə'tɑːgrəfɚ] *n* Kameramann, -frau *m, f*
cin·ema·tog·ra·phy [ˌsɪnɪmə'tɒgrəfi, AM -əmə'tɑː-] *n* Kinematografie *f*
'cine-pro·jec·tor *n* Filmprojektor *m*
cin·na·bar ['sɪnəbɑːʳ, AM bɑːr] **I.** *n* Zinnober *m*, Cinnabarit *m fachspr*
II. *n modifier* Zinnober-; ~ **red** Zinnoberrot; ~ **blood** zinnoberrotes Blut
cin·na·mon ['sɪnəmən] **I.** *n no pl* Zimt *m*; *(bark)* Zimtrinde *f*
II. *n modifier (biscuit, stick, tree)* Zimt-
III. *adj* zimtfarben
CIO [ˌsiːaɪ'əʊ, AM -'oʊ] *n no pl abbrev of* **Congress of Industrial Organizations** *amerikanischer Dachverband der Gewerkschaften*
ci·pher ['saɪfəʳ, AM -ɚ] *n* ① *(secret code)* [Geheim]code *m*; *(in writing)* Geheimschrift *f*; *(sign)* Chiffre *f*; **in** ~ chiffriert
② *(unimportant person)* Null *f fam*; *(unimportant thing)* Nichts *nt*; *(person used as a pawn)* Marionette *f*
③ AM *(zero)* Null *f*
'ci·pher code *n no pl (secret code system)* Geheimcode *m*; *(in writing)* Geheimschrift *f*
CIR [ˌsiːaɪ'ɑːʳ, AM -'ɑːr] *n* COMPUT *abbrev of* **current instruction register** aktuelles Befehlsregister
cir·ca ['sɜːkə, AM 'sɜːr-] *prep (form)* circa, zirka
cir·ca·dian [sɜː'keɪdiən, AM sɚ'-] *adj* zirkadian, im 24-Stunden-Rhythmus
Cir·cas·sia [sɜː'kæsiə, AM sɚ'-] *n no pl* Tscherkessien *nt*
Cir·cas·sian [sɜː'kæsiən, AM sɚ'-] **I.** *n* ① *(person)* Tscherkesse, Tscherkessin *m, f*
② *no pl (language)* Tscherkessisch *nt*
II. *adj* tscherkessisch
cir·cle ['sɜːkl̩, AM 'sɜːr-] **I.** *n* ① *(round shape)* Kreis *m*; **to have ~s under one's eyes** Ringe unter den Augen haben; **to go round in ~s** [*or* **in a** ~] sich *akk* im Kreis drehen *a. fig*; *(fig)* **to run round in ~s** am Rotieren sein
② *(group of people)* Kreis *m*, Runde *f*; **the family** ~ der Familienkreis; ~ **of friends** Freundeskreis *m*; **an intellectual/political** ~ ein intellektueller/politischer Zirkel *geh*; **to move in different ~s** sich *akk* in unterschiedlichen Kreisen bewegen; **to move in exalted ~s** in gehobenen Kreisen verkehren; **to move in the right ~s** in den richtigen Kreisen verkehren
③ *no pl (in theatre)* Rang *m*
▸ PHRASES: **to come full** ~ zum Ausgangspunkt zurückkehren; ***now we've come full*** ~ jetzt ist wieder alles beim Alten; **to square the** ~ etw Unmögliches versuchen; **a vicious** ~ ein Teufelskreis *m*
II. *vt* ① *(draw a circle)* ▪ **to ~ sth** um etw *akk* einen Kringel machen, etw umkringeln
② *(walk around)* ▪ **to ~ sth/sb** etw/jdn umkreisen
III. *vi* kreisen
'cir·cle jerk *n* AM *(fam!) Orgie, bei der Männer gleichzeitig oder nacheinander masturbieren*
cir·clet ['sɜːklət, AM 'sɜːr] *n* Reif *m*
cir·cuit ['sɜːkɪt, AM 'sɜːr-] *n* ① *(closed system)* Kreis[lauf] *m*; ELEC Schaltsystem *nt*; ~ **arrangement** ELEC, PHYS Schaltungsanordnung *f*; ~ **voltage** Betriebsspannung *f*
② SPORT Rennstrecke *f*; **to do a** ~ eine Runde drehen
③ *(circular route)* Rundgang *m* (**of** um/durch +*akk*)
④ *(sequence of events)* Runde *f*; **lecture** ~ Vortragsreihe *f*; **tennis** ~ Tennis(turnier)runde *f*
⑤ LAW Gerichtsbezirk *m (in dem, oft an verschiedenen Orten, regelmäßig Gerichtstage abgehalten werden)*; **to be on** ~ *im Gerichtsbezirk auf Rundreise sein*; **C~ Court** BRIT ≈ Landgericht *nt*, ≈ Landesgericht *nt* ÖSTERR
'cir·cuit board *n* ELEC Leiterplatte *f*, Platine *f* **'cir·cuit break·er** *n* Schutzschalter *m*, Stromkreisunterbrecher *m* **'cir·cuit dia·gram** *n* Schaltplan *m* **'cir·cuit judge** *n Richter/Richterin, der/die in regelmäßig wechselndem Turnus an verschiedenen Bezirksgerichten den Vorsitz führt*
cir·cui·tous [sə'kjuːɪtəs, AM sɚ'kjuːət̬əs] *adj explanation, means* umständlich; ~ **route** Umweg *m*
cir·cui·tous·ly [sə'kjuːɪtəsli, AM sɚ'kjuːət̬-] *adv* umständlich
cir·cuit·ry ['sɜːkɪtri, AM 'sɜːr-] *n no pl* ELEC Schaltkreise *pl*, Schaltsystem *nt*
'cir·cuit train·ing *n* Circuittraining *nt*, Zirkeltraining *nt*; **to do** ~ Zirkeltraining machen
cir·cu·lar ['sɜːkjələʳ, AM 'sɜːrkjəlɚ] **I.** *adj* [kreis]rund; ~ **bath** runde Badewanne
II. *n (letter, notice)* Rundschreiben *nt*, Rundbrief *m*, Umlauf *m*; *(advertisement)* Wurfsendung *f*
cir·cu·lar 'aper·ture *n* PHYS Kreisblende *f* **cir·cu·lar 'ar·gu·ment** *n* Zirkelschluss *m geh* **cir·cu·lar 'file** *n (hum)* ▪ **the** ~ die Rundablage *hum*
cir·cu·lar·ity [ˌsɜːkjə'lærəti, AM ˌsɜːrkjəlerət̬i] *n no pl* Zirkelschluss *m geh*, Teufelskreis *m*
cir·cu·lar·ize ['sɜːkjəlᵊraɪz, AM 'sɜːrkjələ-] *vt* ADMIN ▪ **to ~ sth** *letter, information* etw in Umlauf bringen
cir·cu·lar 'let·ter *n* Rundschreiben *nt*, Rundbrief *m* **cir·cu·lar 'saw** *n* Kreissäge *f* **cir·cu·lar 'sur·face** *n* MATH Kreisfläche *f* **cir·cu·lar 'tour, cir·cu·lar 'trip** *n* Rundreise *f*, Rundfahrt *f*
cir·cu·late ['sɜːkjəleɪt, AM 'sɜːrkjə-] **I.** *vt* ▪ **to ~ sth** *news* etw in Umlauf bringen; *card, petition* etw herumgehen [*o* zirkulieren] lassen
II. *vi* zirkulieren; *rumours* kursieren, sich *akk* verbreiten; ~ ***among your guests!*** mach mal eine Runde!; **to ~ quickly** *rumours, bad news* sich schnell herumsprechen
cir·cu·lat·ing ['sɜːkjəleɪtɪŋ, AM 'sɜːrkjəleɪt̬ɪŋ] *adj* FIN *banknotes, currency* im Umlauf sein; COMPUT ~ **register** Kreislaufregister *nt*; ~ **storage** Umlaufspeicher *m*
cir·cu·lat·ing 'capi·tal *n* FIN Umlaufvermögen *nt*
cir·cu·lat·ing 'li·brary *n (dated)* Leihbibliothek *f*
cir·cu·lat·ing 'me·dium *n* Zahlungsmittel *nt*
cir·cu·la·tion [ˌsɜːkjə'leɪʃᵊn, AM ˌsɜːr-] *n no pl* ① MED [Blut]kreislauf *m*, [Blut]zirkulation *f*, Durchblutung *f*; **people with poor** ~ Menschen mit Durchblutungs-

störungen
② *(copies sold)* Auflage *f*
③ *(use)* *of money* Umlauf *m;* **currency in ~** Bargeldumlauf *m;* **to be taken out of ~** aus dem Verkehr gezogen werden
④ *(fig fam: seen in public)* **to be out of ~** aus dem Verkehr gezogen sein; **to be back in ~** wieder mitmischen *fam*

cir·cu·la·'tion list *n* Verteilerliste *f* *(für Rundschreiben)*

cir·cu·'la·tion mar·ket *n* STOCKEX Zirkulationsmarkt *m*

cir·cu·la·tory [ˌsɜːkjəˈleɪtᵊri, AM ˈsɜːrkjələtɔːri] *adj attr, inv* Kreislauf-; **the ~ system** der [Blut]kreislauf

cir·cum··cise [ˈsɜːkəmsaɪz, AM ˈsɜːr-] *vt* ■**to ~ sb** jdn beschneiden

cir·cum·ci·sion [ˌsɜːkəmˈsɪʒᵊn, AM ˌsɜːr-] *n* Beschneidung *f*

cir·cum·fer·ence [səˈkʌm(p)fᵊrᵊn(t)s, AM sɚˈ-] *n* ① *(boundary line)* Kreislinie *f;* *(distance around)* Umfang *m;* **a circle 30 centimetres in ~** ein Kreis mit 30 Zentimetern Umfang
② *(outside edge)* Peripherie *f*

cir·cum·flex [ˈsəkʌmfleks, AM ˈsɚ-] *n* LING Zirkumflex *m,* Circonflex *m* SCHWEIZ

cir·cum·lo·cu·tion [ˌsɜːkəmləˈkjuːʃᵊn, AM ˌsɜːr-] *n* *(form)* ① *(roundabout expression)* Umschreibung *f;* *(roundabout way of speaking)* Weitschweifigkeit *f*
② *no pl (being indirect)* Drumherumreden *nt fam*

cir·cum·locu·tory [ˌsɜːkəmləˈkjuːtᵊri, AM ˌsɜːrkəmˈlɑːkjuːtɔːri] *adj* *(form)* weitschweifig

cir·cum·navi·gate [ˌsɜːkəmˈnævɪgeɪt, AM ˌsɜːr-] *vt* ■**to ~ sth** ① NAUT *(sail around)* etw umfahren; *(by sailing boat)* etw umsegeln; **to ~ a cape** ein Kap umschiffen
② *(fig: avoid)* etw umgehen *fig*

cir·cum·navi·ga·tion [ˌsɜːkəmnævɪˈgeɪʃᵊn, AM ˌsɜːr-] *n* NAUT Umschiffung *f;* *(by sailing boat)* Umseg[e]lung *f*

cir·cum·scribe [ˈsɜːkəmskraɪb, AM ˈsɜːr-] *vt* ■**to ~ sth** etw eingrenzen; **to ~ sb's room for manoeuvre** jds Handlungsfreiheit einschränken; **to ~ a triangle** *(in geometry)* ein Dreieck umschreiben *fachspr*

cir·cum·scribed [ˈsɜːkəmskraɪbd, AM ˈsɜːr-] *adj* begrenzt, eingeschränkt

cir·cum·scrip·tion [ˌsɜːkəmˈskrɪpʃᵊn, AM ˌsɜːr-] *n no pl* MATH Umschreibung *f* *fachspr*

cir·cum·spect [ˈsɜːkəmspekt, AM ˈsɜːr-] *adj* umsichtig, vorsichtig; ■**to be ~ about sth** etw vorsichtig beurteilen

cir·cum·spec·tion [ˌsɜːkəmˈspekʃᵊn, AM ˌsɜːr-] *n no pl* Umsicht *f*

cir·cum·spect·ly [ˈsɜːkəmspektli, AM ˈsɜːr-] *adv* umsichtig, vorsichtig

cir·cum·stance [ˈsɜːkəmstæn(t)s, AM ˈsɜːr-] *n* ① *(situation)* Umstand *m,* Lage *f;* **poor economic ~s** schlechte Wirtschaftslage
② *(conditions)* Umstände *pl,* Verhältnisse *pl;* **by force of ~** durch die Umstände bedingt; **to be a victim of ~[s]** ein Opfer der Verhältnisse sein; **regardless of ~** ohne Rücksicht auf die Umstände; **to live in reduced ~s** in beschränkten Verhältnissen leben; **to not do sth in** [*or* **under**] **any ~s** etw unter keinen Umständen tun; **in** [*or* **under**] **no ~s** auf keinen Fall, unter keinen Umständen; **in** [*or* **under**] **the ~s** unter diesen Umständen
③ *(importance)* **nothing of ~** nichts von Bedeutung

cir·cum·stan·tial [ˌsɜːkəmˈstæn(t)ʃᵊl, AM ˌsɜːr-] *adj* ausführlich, detailliert

cir·cum·stan·tial 'evi·dence *n esp* LAW Indizienbeweis *m*

cir·cum·vent [ˌsɜːkəmˈvent, AM ˌsɜːr-] *vt* ■**to ~ sth** *law, regulation, rule* etw umgehen

cir·cum·ven·tion [ˌsɜːkəmˈven(t)ʃᵊn, AM ˌsɜːr-] *n no pl of a law, regulation, rule* Umgehung *f*

cir·cus [ˈsɜːkəs, AM ˈsɜːr-] **I.** *n* ① *(show)* Zirkus *m;* **to join a/the ~** zu einem/dem Zirkus gehen, sich *akk* einem/dem Zirkus anschließen; **a one-man ~** ein Einmannzirkus *m;* **travelling ~** Wanderzirkus *m*
② *(pej: group of people)* Truppe *f;* **the media ~** der Medienzirkus
③ *no pl (noisy scene)* Zirkus *m pej fam*
④ BRIT *(where streets converge)* **Oxford/Piccadilly C~** Oxford/Piccadilly Circus *m*
▸PHRASES: **bread and ~es** BRIT Brot und Spiele
II. *n modifier (animal, trick, stunt, show, tent, performance)* Zirkus-; **~ act** Zirkusnummer *f;* **~ ring** Manege *f*

cir·rho·sis [sɪˈrəʊsɪs, AM səˈroʊ-] *n* Zirrhose *f;* **~ of the liver** Leberzirrhose *f*

cir·rus <*pl* -ri> [ˈsɪrəs, *pl* -ri] *n* METEO Zirrus *m* *fachspr,* Zirruswolke *f,* Federwolke *f*

CIS [ˌsiːaɪˈes] *n no pl abbrev of* **Commonwealth of Independent States** GUS *f*

CISC [ˌsiːaɪesˈsiː] *n abbrev of* **complex instruction set computer** konventioneller Rechner

cis·sy *n (fam) see* **sissy**

Cis·ter·cian [sɪˈstɜːʃᵊn, AM -ˈstɜːr-] **I.** *adj inv* Zisterzienser-; **~ Order** Zisterzienserorden *m*
II. *n* Zisterzienser(in) *m(f)*

cis·tern [ˈsɪstən, AM -ɚn] *n* Zisterne *f;* *(of toilet)* Spülkasten *m,* Wasserkasten *m;* *(in roof)* Wasserspeicher *m*

cita·del [ˈsɪtədᵊl, AM -t̬-] *n* ① *(fortress)* Zitadelle *f*
② *(fig: exclusive organization)* Hochburg *f*

ci·ta·tion [saɪˈteɪʃᵊn] *n* ① *(written quotation)* Zitat *nt*
② AM *(commendation for bravery)* lobende Erwähnung
③ LAW *(summons)* Vorladung *f*

cite [saɪt] *vt* ① *(mention)* ■**to ~ sth** etw anführen; **to ~ sth as evidence** etw als Beweis anführen; **to ~ an example/a reason** ein Beispiel/einen Grund anführen
② *(quote)* ■**to ~ sth/sb** etw/jdn zitieren
③ *usu passive* AM *(officially commend)* ■**to be ~d for sth** für etw *akk* lobend erwähnt werden
④ LAW *(summon)* ■**to ~ sb** jdn vorladen

citi·zen [ˈsɪtɪzᵊn, AM -t̬-] *n* ① *(national)* [Staats]bürger(in) *m(f);* **British ~** britischer Staatsbürger/britische Staatsbürgerin; **a law-abiding ~** ein gesetzestreuer Bürger/eine gesetzestreue Bürgerin; **to become a ~ of a country** eingebürgert werden
② *(resident of town)* Bürger(in) *m(f);* **a second-class ~** ein Bürger/eine Bürgerin zweiter Klasse

citi·zen·ry [ˈsɪtɪzᵊnri, AM -t̬-] *n + sing/pl vb (form)* Bürgerschaft *f*

Citi·zens Ad·'vice Bu·reau *n* BRIT Bürgerberatungsstelle *f* **citi·zen's ar·'rest** *n* Festnahme *f* durch eine Zivilperson **Citi·zens' Band 'ra·dio** *n* CB-Funk *m*

citi·zen·ship [ˈsɪtɪzᵊnʃɪp, AM -t̬-] *n no pl* ① *(national status)* Staatsbürgerschaft *f;* **to apply for ~ of a country** die Staatsbürgerschaft eines Landes beantragen; **joint ~** doppelte Staatsbürgerschaft
② *(neighbourly behaviour)* **good ~** gute Nachbarschaft

cit·ric [ˈsɪtrɪk] *adj* Zitrus-

cit·ric 'acid *n* Zitronensäure *f;* **~ cycle** Zitronensäurezyklus *m,* Citratzyklus *m,* Krebszyklus *m*

cit·rine [sɪˈtriːn] *n* *(topaz quartz)* Zitrin *m*

cit·rus [ˈsɪtrəs] **I.** *n* <*pl* - *or* -es> Zitrusgewächs *nt*
II. *n modifier* Zitrus-; **~ grower** Zitrusfruchtpflanzer(in) *m(f);* **~ orchard** Zitrusfruchtplantage *f*

'cit·rus fruit *n* Zitrusfrucht *f*

'cit·rusy *adj inv* mit Zitrusgeschmack *nach n;* **a ~ wine** ein nach Zitrusfrüchten schmeckender Wein

city [ˈsɪti, AM -t̬-] **I.** *n* ① *(large town)* [Groß]stadt *f;* **capital ~** Hauptstadt *f;* **to have the freedom of the ~** die Ehrenbürgerrechte der Stadt haben
② *(residents)* Stadtbewohner(innen) *m pl(f pl);* *(as whole)* Stadt *f*
③ AUS *(city centre)* ■**the ~** die Innenstadt *(einer Hauptstadt)*
II. *n modifier* [Groß]stadt-, städtisch; **~ block** Wohnblock *m* im Stadtgebiet; **~ building** Großstadtgebäude *nt;* **~ life** [Groß]stadtleben *nt;* **~ mayor** Oberbürgermeister(in) *m(f),* Stadtpräsident(in) *m(f)* SCHWEIZ; **~ police** Stadtpolizei *f;* **~ rubbish** [*or* AM **trash**] **collector** städtische Müllabfuhr; **~ sights** Stadtsehenswürdigkeiten *pl;* **~ street** Straße *f* im Stadtbereich

City [ˈsɪti] *n no pl* BRIT ■**the ~** *das Londoner Banken- und Börsenviertel*

city 'cen·tre BRIT, AUS **I.** *n* Innenstadt *f,* Stadtzentrum *nt* **II.** *n modifier* Innenstadt-; **~ attractions** Sehenswürdigkeiten *pl* der Innenstadt; **~ crime** Kriminalität *f* im Innenstadtbereich; **~ problems** Probleme *pl* im Stadtzentrum; **~ school** zentral gelegene Schule **City Code on Take·overs and Mer·gers** *n* ECON, FIN Richtlinien *pl* für Unternehmenszusammenschlüsse *(in London)* **city 'coun·cil** *n* Stadtrat *m* **city 'coun·cil·lor** *n* Stadtrat, -rätin *m, f* **'city desk** *n* ■**the ~** BRIT Redaktion *f* für Wirtschaftsnachrichten; AM Redaktion *f* für Lokalnachrichten **city 'fath·er** *n* *(dated)* Stadtverordnete(r) *f(m);* ■**the ~s** *pl* die Stadtväter *pl* **city 'hall** *n esp* AM Rathaus *nt;* ■**City Hall** Stadtverwaltung *f* **city in·for·'ma·tion cen·tre** *n* BRIT städtisches Auskunftsbüro [*o* Verkehrsbüro] **city 'plan·ner** *n* Stadtplaner(in) *m(f)*

city 'slick·er *n (pej fam)* Großstädter(in) *m(f),* Großstadtsnob *m pej*

city-'state *n (hist)* Stadtstaat *m*

'city·wide *adj attr, inv esp* AM stadtweit, die ganze Stadt umfassend

civ·et [ˈsɪvɪt] *n* ① *(animal)* Zibetkatze *f*
② *no pl (substance)* Zibet *m*

civ·ic [ˈsɪvɪk] *adj attr, inv* städtisch, Stadt-; *(of citizenship)* bürgerlich, Bürger-; **~ authorities** Stadtverwaltung *f;* **~ centre** BRIT Verwaltungszentrum *nt;* **~ functions** städtische Aufgaben; **~ pride** *Stolz eines Bürgers auf seine Stadt*

Civ·ic 'Holi·day *n* CAN *der erste Montag im August*

civ·ics [ˈsɪvɪks] *n + sing vb* Gemeinschaftskunde *f*

civies [ˈsɪviz] *npl* AM *see* **civvies**

civ·il [ˈsɪvᵊl] *adj* ① *attr, inv (non-military)* zivil, Zivil-; *(of ordinary citizens)* bürgerlich, Bürger-; **~ government** Zivilverwaltung *f*
② *(courteous)* höflich, zuvorkommend; **to not have a ~ word to say for sb** für jdn nicht ein freundliches Wort übrig haben; **to keep a ~ tongue in one's head** seine Zunge im Zaum halten
③ *attr, inv (private rights)* Zivil-, zivilrechtlich; **~ case** Zivilprozess *m*

civ·il 'ac·tion *n* Zivilprozess *m;* **to bring a ~ against sb** gegen jdn einen Zivilprozess anstrengen **civ·il 'ac·tiv·ist** *n* Bürgerrechtler(in) *m(f)* **civ·il 'court** *n* Zivilgericht *nt* **civ·il de·'fence, CD** *n no pl* Zivilschutz *m* **civ·il dis·o'bedi·ence** *n no pl* ziviler Ungehorsam **civ·il dis·'or·der** *n* LAW, POL [innere] Unruhen, Aufruhr *m* **civ·il en·gi·'neer** *n* Bauingenieur(in) *m(f)* **civ·il en·gi·'neer·ing** *n* Hoch- und Tiefbau *m*

ci·vil·ian [sɪˈvɪliən, AM -jən] **I.** *n* Zivilist(in) *m(f)*
II. *adj attr, inv* Zivil-; **to wear ~ clothes** Zivil[kleidung] tragen; **in ~ life** im Zivilleben, als Zivilist; **~ population** Zivilbevölkerung *f*

ci·vil·ity [sɪˈvɪlətiz, AM -t̬iz] *n* ① *no pl (politeness)* Höflichkeit *f*
② *(remarks)* ■**~s** *pl* Höflichkeiten *pl,* Höflichkeitsfloskeln *pl*

civi·li·za·tion [ˌsɪvᵊlaɪˈzeɪʃᵊn, AM -ᵊlɪˈ-] *n* ① *(stage of society and culture)* Zivilisation[sstufe] *f,* Kultur[stufe] *f*
② *no pl (human society and culture)* zivilisierte Welt
③ *no pl (esp hum: comfortable living conditions)* Zivilisation *f;* **miles from ~** *(hum)* meilenweit von der Zivilisation entfernt *fig*
④ *no pl (process of civilization)* Zivilisierung *f*

civi·lize [ˈsɪvᵊlaɪz, AM -əl-] *vt* ■**to ~ sb** jdn zivilisieren; *individual* jdm Manieren beibringen

civi·lized [ˈsɪvᵊlaɪzd, AM -əl-] *adj* ① *(advanced in social customs)* zivilisiert; **~ nation** Kulturnation *f*
② *(polite, reasonable)* höflich; **a ~ person** ein wohl erzogener Mensch
③ *(showing good taste)* kultiviert

civ·il 'law *n* Zivilrecht *nt,* bürgerliches Recht; **~ association** Gesellschaft *f* des bürgerlichen Rechts; *(written also)* GbR **civ·il 'lib·er·ties** *npl* [bürgerliche] Freiheitsrechte *pl* **'civ·il list** *n* BRIT Zivilliste *f*

civ·il·ly ['sɪvəli] *adv* höflich, zuvorkommend
civ·il 'mar·riage *n* Zivilehe *f; (ceremony)* Ziviltrauung *f* **civ·il popu'la·tion** *n* Zivilbevölkerung *f* **civ·il 'rights** *npl* Bürgerrechte *pl* **civ·il 'rights move·ment** *n* Bürgerrechtsbewegung *f* **civ·il 'serv·ant** *n* [Staats]beamte(r), -beamtin *m, f* **civ·il 'ser·vice** *n* öffentlicher Dienst, Staatsdienst *m* **civ·il 'strife** *n* LAW, POL [innere] Unruhen **civ·il 'un·ion** *n* gleichgeschlechtliche Ehe **civ·il 'war** *n* Bürgerkrieg *m*
civ·vies ['sɪviz] *npl esp* BRIT *(dated fam)* Zivil *nt kein pl,* Zivilklamotten *pl fam;* **in ~** in Zivil
civ·vy street ['sɪvi,stri:t] *n* BRIT *(dated fam)* Zivilleben *nt*
CJ¹ *n* EU *abbrev of* **Court of Justice of the European Communities** EuGH
CJ² *n* LAW *abbrev of* **chief justice** Oberrichter(in) *m(f)*
ckw. *adv abbrev of* **clockwise** im Uhrzeigersinn
cl *abbrev of* **centilitre** cl
clack [klæk] **I.** *vi* klappern
II. *n* Klappern *nt,* Geklapper *nt pej fam*
clad [klæd] *adj inv* gekleidet; *(covered)* bedeckt; **to be ~ in blue** [ganz] in Blau gekleidet sein; **an ivy-~ wall** eine efeubewachsene Mauer
clad·ding ['klædɪŋ] *n no pl* Verkleidung *f*
clag [klæg] *n* AUS Leim *m,* Klebstoff *m*
claim [kleɪm] **I.** *n* ❶ *(assertion)* Behauptung *f;* **a ~ to fame** ein Anspruch *m* auf Ruhm; **to make ~s to be sth/[that]** ... behaupten, etw zu sein/[dass] ...; **to make wild ~s about sth** über etw *akk* wilde Behauptungen aufstellen; **to substantiate a ~** eine Behauptung untermauern; **to support a ~** *(in argument)* eine Behauptung stützen; *(in legal affairs)* einen Anspruch begründen
❷ *(demand for money)* Forderung *f; (in insurance)* Versicherungsfall *m;* **to make a ~ on one's insurance** bei der Versicherung einen Schadensanspruch geltend machen; **to pay a ~** einen Schaden bezahlen; **to put in a ~ [for sth]** [für etw *akk*] Schadenersatz beantragen; **to submit a ~ for sth** für etw *akk* eine Auslagenerstattung einreichen
❸ *(right)* Anspruch *m,* Anrecht *nt* (**to** auf +*akk*); **legal ~** Rechtsanspruch *m;* **to have a/no ~ to sth** auf etw *akk* Anspruch/keinen Anspruch haben; **to have no ~s on sb** jdm gegenüber keine Ansprüche haben; **to lay ~ to sth** auf etw *akk* Anspruch erheben; **~ to recourse** Rückgriffsanspruch *m*
❹ ECON *(insurance event)* Schadensfall *m; (insurance right)* Versicherungsanspruch *m,* Anspruch *m* auf Versicherungsleistung; **to settle a ~** eine Forderung regulieren
❺ LAW *(law suit)* Klage *f; (assertion of right)* Klagebegehren *nt;* **particulars of ~** Klagebegründung *f;* **~ barred by procedural requirements** die Klage ist unzulässig; **~ barred by res judicata** die Rechtskraft steht der Klage entgegen; **~ barred by the statute of limitations** der Anspruch ist verjährt
❻ LAW *(legal matter)* **small ~** Bagatellsache *f;* **small ~s court** *Gericht, das für Geldansprüche bis zu einer bestimmten Höhe zuständig ist*
❼ *(patent)* **[statement of] ~** [Patent]anspruch *m*
❽ MIN **[mining] ~** Claim *nt;* **to stake a ~** ein Claim abstecken
II. *vt* ❶ *(assert)* ***both contestants ~ed victory after the race*** nach dem Rennen erhoben beide Wettbewerbsteilnehmer Anspruch auf den ersten Platz; ***her new novel is ~ed to be her best yet*** ihr neuester Roman soll ihr bisher bester sein; ***the club ~s over 100 members*** der Verein führt über 100 Mitglieder; **to ~ responsibility** die Verantwortung übernehmen; ■**to ~ [that]** ... behaupten, dass ...
❷ *(declare ownership)* ■**to ~ sth** auf etw *akk* Anspruch erheben; **to ~ diplomatic immunity** sich *akk* auf diplomatische Immunität berufen; **to ~ one's luggage** sein Gepäck abholen; **to ~ ownership of sth** Besitzanspruch auf etw *akk* erheben; **to ~ the throne** den Thron beanspruchen
❸ *(require)* **to ~ sb's attention/a lot of time** jds Aufmerksamkeit/viel Zeit in Anspruch nehmen
❹ *(demand in writing)* ■**to ~ sth** etw beantragen; **to ~ damages/a refund** Schadenersatz/eine Rückerstattung fordern; **to ~ one's money back** BRIT sein Geld zurückverlangen
❺ *(cause death)* **to ~ thousands of lives** Tausende von Leben fordern
❻ LAW *(state grievance)* ■**to ~ sth** wegen einer S. *gen* klagen
❼ *(sl)* ■**to ~ sb** *(attack)* jdn angreifen; *(arrest)* jdn verhaften
▸PHRASES: **to ~ the moral high ground** die Moral für sich *akk* beanspruchen
III. *vi* seine Ansprüche/seinen Anspruch geltend machen; ■**to ~ for sth** etw fordern; **to ~ on the insurance** Schadenersatz bei der Versicherung beantragen
◆**claim back** *vt* ■**to ~ back** ○ **sth** etw zurückfordern
'claim ad·just·ment *n* FIN Schadenregulierung *f*
claim·ant ['kleɪmənt] *n* Anspruchsteller(in) *m(f); (for benefits)* Antragsteller(in) *m(f);* LAW Kläger(in) *m(f);* **~ to a throne** Thronanwärter(in) *m(f);* **~ to a title** Titelanwärter(in) *m(f);* **rightful ~** LAW Anspruchsberechtigte(r) *f(m)*
claim for 'dam·ages *n* LAW Schaden[s]ersatzanspruch *m,* Anspruch *m* auf Schadenersatz
'claim form *n* Schadenformular *nt,* Antragsformular *nt* auf Schadenersatz; **to complete** [*or* **fill in**] **a ~** ein Antragsformular *nt* auf Schadenersatz ausfüllen
'claim frame *n* COMPUT Claim Frame *m*
'claims de·part·ment *n* COMM Schadenabteilung *f* **claims 'man·age·ment** *n no pl* Schadenmanagement *nt,* Schadenbearbeitung *f* **'claims man·ag·er** *n* COMM Leiter(in) *m(f)* der Schadenabteilung **claims 'pro·cess·ing** *n* LAW **~ department** Leistungsabteilung *f*
clair·voy·ance [,kleə'vɔɪən(t)s, AM ,kler-] *n no pl* Hellsehen *nt*
clair·voy·ant [,kleə'vɔɪənt, AM ,kler-] **I.** *n* Hellseher(in) *m(f)*
II. *adj powers* hellseherisch; ■**to be ~** hellsehen können
clam [klæm] **I.** *n* FOOD Venusmuschel *f;* **to shut up like a ~** *(fig)* auf einmal ganz schweigsam werden
II. *vi* <-mm-> ■**to ~ up** keinen Piep[s] mehr sagen *fam*
clam·bake ['klæmbeɪk] *n* AM Muschelessen *nt* am Strand
clam·ber ['klæmbəʳ, AM -ɚ] **I.** *vi* klettern, kraxeln *bes* SÜDD, ÖSTERR, SCHWEIZ *fam;* **to ~ up the rocks** auf die Felsen klettern, die Felsen hochkraxeln *bes* SÜDD, ÖSTERR *fam*
II. *n usu sing* Kletterei *f,* Kraxelei *f bes* SÜDD, ÖSTERR, SCHWEIZ *fam*
clam 'chow·der *n* [sämige] Muschelsuppe
clam·mi·ness ['klæmɪnəs] *n no pl* Klammheit *f,* Feuchtigkeit *f*
clam·my ['klæmi] *adj hands, skin, weather* feuchtkalt
cla·mor *n, vi* AM *see* **clamour**
clam·or·ous ['klæmərəs] *adj* ❶ *(vociferous) complaints, demands* lautstark
❷ *(loud, noisy)* lärmend; ■**to be ~** sehr laut sein
cla·mour, AM **cla·mor** ['klæməʳ, AM -ɚ] **I.** *vi (demand loudly)* schreien *fig; (protest loudly)* protestieren; ■**to ~ for sth** nach etw *dat* schreien [*o* lauthals verlangen]; ■**to ~ against sth** [lauthals] gegen etw *akk* protestieren; **to ~ for attention** lautstark um Aufmerksamkeit kämpfen
II. *n* ❶ *(popular outcry)* Aufschrei *m; (vociferous complaint)* [heftiges] Klagen; *(demand)* lautstarke Forderung; ***there has been a ~ from all sides about ...*** von allen Seiten beschwert man sich lauthals über ...
❷ *(loud noise)* Lärm *m*
clamp [klæmp] **I.** *n* Klammer *f; (screwable)* Klemme *f*
II. *vt* ❶ *(fasten together)* ■**to ~ sth to sth** [*or* **sth together**] etw zusammenklammern
❷ *(hold tightly in place)* ■**to ~ sth** etw fest halten; ***he ~ed his hand over her mouth*** er hielt ihr mit der Hand den Mund zu
❸ *(fig: impose forcefully)* **to ~ economic sanctions on a country** einem Land wirtschaftliche Sanktionen auferlegen
❹ *esp* BRIT *(immobilize a vehicle)* **to ~ a car** eine Wegfahrsperre an einem Auto anbringen
◆**clamp down** *vi* ■**to ~ down on sth** gegen etw *akk* scharf vorgehen
'clamp·down *n* scharfes Vorgehen (**on** gegen +*akk*); **to have a ~ on sth** gegen etw *akk* scharf vorgehen
'clam·shell *n* TELEC Klapp-Handy *nt*
clan [klæn] *n + sing/pl vb esp* SCOT Clan *m,* Sippe *f; (hum fam: one's family)* Sippschaft *f hum;* **a gathering of the ~s** ein Sippentag *m,* ein Clantreffen *nt; (fam: meeting of relatives)* ein Familientreffen *nt*
clan·des·tine [klæn'destɪn] *adj affair, meeting* heimlich; *operation, plan* geheim, Geheim-
clan·des·tine·ly [klæn'destɪnli] *adv* heimlich
clang [klæŋ] **I.** *vi* scheppern; *bell* [laut] läuten
II. *vt* ❶ *(close loudly)* **to ~ the door shut** die Tür zuschlagen [*o fam* zuknallen]
❷ *(cause to make harsh noise)* ■**to ~ sth** mit etw *dat* klappern; *bell* etw läuten
III. *n usu sing* Scheppern *nt,* Klappern *nt; bell* [lautes] Läuten
clang·er ['klæŋəʳ, AM -ɚ] *n* BRIT *(fam)* Fauxpas *m;* **to drop a ~** ins Fettnäpfchen treten *fam*
clang·our, AM **clang·or** ['klæŋgəʳ, AM -ɚ] *n no pl* schriller Klang; *of tin cans* Scheppern *nt*
clank [klæŋk] **I.** *vi* ❶ *(make loud noise)* klirren; *chain* rasseln; **to ~ shut** *door* scheppernd zufallen
❷ *dialogue, performance* umständlich klingen, holprig erscheinen
II. *vt* ■**to ~ sth** mit etw *dat* klirren
III. *n usu sing* Klirren *nt,* Geklirr *nt;* **the ~ of a chain** das Gerassel einer Kette
clan·nish ['klænɪʃ] *adj (pej)* klüngelhaft *pej,* cliquenhaft *pej;* ***they're quite ~*** die sind eine eingeschworene Clique
clan·nish·ly ['klænɪʃli] *adv (pej)* klüngelhaft *pej,* cliquenhaft *pej*
clan·nish·ness ['klænɪʃnəs] *n no pl (pej)* Cliquenhaftigkeit *f pej; (in a village, family)* fester Zusammenhalt *(zur Abgrenzung); (against minorities)* Zusammenschluss *m* gegen Minderheiten
clans·man *n* SCOT Clanmitglied *nt,* Clanangehöriger *m* **clans·wom·an** *n* SCOT Clanmitglied *nt,* Clanangehörige *f*
clap [klæp] **I.** *n* ❶ *(act)* Klatschen *nt;* **to give sb a ~** [*or* **a ~ to** [*or* **for**] **sb**] jdm applaudieren; ***let's give a big ~ to our winning contestant!*** einen donnernden Applaus für unsere siegreiche Kandidatin!
❷ *(noise)* Krachen *nt;* **a ~ of thunder** ein Donner[schlag] *m*
II. *vt* <-pp-> ❶ *(slap palms together)* **to ~ one's hands [together]** in die Hände klatschen
❷ *(applaud)* ■**to ~ sb** jdm Beifall klatschen
❸ *(place quickly)* ■**to ~ sth over sth:** ***she ~ped her hand over her mouth*** sie hielt sich schnell den Mund zu; **to ~ sb on the back** jdm auf die Schulter klopfen; **to ~ sb in chains** jdn in Ketten legen; **to ~ handcuffs on sb** jdm Handschellen anlegen; **to ~ on one's hat** sich *dat* seinen Hut aufstülpen; **to ~ the lid on the jar/tin** den Deckel auf das Glas/die Dose klatschen; **to ~ sb in** [*or* **into**] **prison** [*or* **jail**] jdn ins Gefängnis stecken
▸PHRASES: **to ~ eyes on sb/sth** jdn/etw [erstmals] zu sehen bekommen [*o fam* kriegen]
III. *vi* <-pp-> ❶ *(slap palms together)* klatschen; **to ~ along** mitklatschen
❷ *(applaud)* applaudieren, Beifall klatschen
◆**clap on** *vt* ❶ *(impose)* ■**to ~ sth** ○ **on** *tariffs* etw auferlegen
❷ NAUT **to ~ on sail** Beisegel setzen
◆**clap out** *vt* ■**to ~ sth** ○ **out** *tune, rhythm, beat* etw mitklatschen
clap·board ['klæpbɔ:rd] *n* AM ❶ *no pl (weatherboards)* Schindel *f*
❷ FILM Klappe *f*
'clap doc·tor *n (sl)* Facharzt, -ärztin *m, f* für Geschlechtskrankheiten
clap·om·eter [klæp'ɒmɪtəʳ, AM -'ɑ:mət̬ɚ] *n* Beifallmessgerät *nt;* **~ ratings** Beliebtheitsgrad *m*

clapped-out ['klæptaʊt] *adj* BRIT, AUS *(fam) person* fertig, geschafft; *car* klapprig

clap·per ['klæpəʳ, AM -ɚ] *n* ① *(part of a bell)* Klöppel *m*
② COMPUT Nadeldruckwerk *nt*
▸PHRASES: **like the ~s** BRIT *(fam)* mit einem Affenzahn *fam;* **to work like the ~s** wie besessen arbeiten

'clap·per·board *n* FILM Klappe *f*

clap·trap ['klæptræp] *n no pl (pej fam)* Unsinn *m,* Geschwätz *nt pej;* **a load of ~** jede Menge Unsinn

clar·et ['klærət, AM 'kle-] *n* ① *(wine)* roter Bordeaux; *(red wine)* Rotwein *m*
② *(colour)* Weinrot *nt*

clari·fi·ca·tion [ˌklærɪfɪ'keɪʃən, AM *esp* ˌkler-] *n* Klarstellung *f,* [Ab]klärung *f*

clari·fi·'ca·tion tem·pera·ture *n* CHEM *of surfactants* Klarpunkt *m*

clari·fied 'but·ter *adj inv (liquid)* geklärte Butter; *(solid)* Butterschmalz *nt*

clari·fy <-ie-> ['klærɪfaɪ, AM *esp* 'kler-] *vt* ① *(make clear)* ■**to ~ sth** etw klarstellen [*o* näher erläutern]; **to ~ sb's mind** jdn überzeugen
② FOOD **to ~ butter** Butter klären

clari·net [ˌklærɪ'net, AM *also* ˌkler-] *n* Klarinette *f;* **to play the ~** Klarinette spielen

clari·net(t)·ist [ˌklærɪ'netɪst, AM ˌklerəneṭ-] *n* Klarinettist(in) *m(f)*

clari·on ['klæriən, AM 'kler-] *n* HIST hohe Solotrompete, Clarino *nt,* Clairon *nt;* **~ call** Fanfarenstoß *m*

'clari·on call ['klæriənˌkɔːl] *n (form liter)* Aufruf *m,* Ruf *m* (**for** nach +*dat*)

clar·ity ['klærəti, AM 'klerəṭi] *n no pl* Klarheit *f; of a photo* Schärfe *f;* **~ of thought** gedankliche Klarheit

clash [klæʃ] **I.** *vi* ① *(come into conflict)* zusammenstoßen, aneinandergeraten
② *(compete against)* aufeinandertreffen
③ *(contradict)* kollidieren *geh;* ■**to ~ with sth** mit etw *dat* im Widerspruch stehen
④ *(be discordant)* nicht harmonieren; *colours* sich beißen [*o* ÖSTERR *a.* schlagen]
⑤ *esp* BRIT, AUS *(coincide inconveniently)* zusammenfallen, kollidieren *geh;* **to ~ with another event** mit einem anderen Ereignis kollidieren
⑥ *(make harsh noise)* klirren, scheppern *fam*
II. *vt* MUS **to ~ cymbals** [**together**] Becken gegeneinanderschlagen
III. *n* <*pl* -es> ① *(hostile encounter)* Zusammenstoß *m,* Kollision *f geh; (strong disagreement)* Auseinandersetzung *f*
② *(contest)* Aufeinandertreffen *nt*
③ *(conflict)* Konflikt *m;* **a ~ of loyalties** ein Loyalitätskonflikt *m*
④ *(incompatibility)* Unvereinbarkeit *f*
⑤ *esp* BRIT, AUS *(inconvenient simultaneous occurrence)* unglückliches Zusammentreffen
⑥ *(loud harsh noise)* Geklirr *nt*

clasp [klɑːsp, AM klæsp] **I.** *n* ① *(firm grip)* Griff *m;* **to hold sth in a ~** etw umklammern
② *(fastening device)* Verschluss *m*
II. *vt* ■**to ~ sb/sth** jdn/etw umklammern; **to ~ sb/sth in one's arms** jdn/etw [fest] in die Arme schließen; **to ~ one's hands** die Hände ringen

'clasp knife *n* Klappmesser *nt,* Taschenmesser *nt*

class [klɑːs, AM klæs] **I.** *n* <*pl* -es> ① + *sing/pl vb (pupils)* [Schul]klasse *f*
② *(lesson)* [Unterrichts]stunde *f; (teaching)* Unterricht *m kein pl;* SPORT Kurs[us] *m;* ***~es have been cancelled today*** heute fällt der Unterricht aus; **to go to an aerobics ~** einen Aerobic-Kurs besuchen, in einen Aerobic-Kurs gehen; **to go to evening ~[es]** einen Abendkurs besuchen; **to attend** [*or* **go to**] **~[es]** am Unterricht teilnehmen; **to talk in ~** während des Unterrichts reden; **to take** [*or* **teach**] **a German/civil law ~** Deutsch/Zivilrecht unterrichten; UNIV *(lecture)* eine Deutschvorlesung/Vorlesung zum Zivilrecht [ab]halten; *(seminar)* ein Deutschseminar/Seminar in Zivilrecht [ab]halten; *(course)* eine Deutsch-Übung/Übung in Zivilrecht [ab]halten
③ + *sing/pl vb* AM *(graduates)* Jahrgang *m;* ***the ~ of 1975/1980*** der Jahrgang 1975/1980
④ + *sing/pl vb (stratum)* Klasse *f,* Schicht *f;* **the middle/upper ~** die Mittel-/Oberschicht; **the working ~** die Arbeiterklasse
⑤ *no pl (social membership)* Klassenzugehörigkeit *f*
⑥ *(category, quality)* Klasse *f;* ***shall I post the letter first or second ~?*** BRIT soll ich den Brief als Erste- oder Zweite-Klasse-Sendung aufgeben?; **first ~ hotel** Erste Klasse [*o* First Class] Hotel *nt;* **to travel first/second ~** erste[r]/zweite[r] Klasse fahren; **C~ A/I** COMM Handelsklasse *f* A/I; ***all the vegetables we sell are ~ A*** wir verkaufen nur Gemüse der Handelsklasse A
⑦ BRIT, AUS *(diploma)* Prädikat *nt,* SCHWEIZ *a.* Note *f;* ***what ~ did you get?*** mit welchem Prädikat hast du [dein Examen] bestanden?; **a first-~ honours degree** ein Prädikatsexamen *nt;* **a second-~ honours degree** ein Examen *nt* mit dem Prädikat ‚gut'
⑧ *no pl (style)* Klasse, f; **to have** [**no**] **~** [keine] Klasse haben *fam*
⑨ BIOL, ZOOL Klasse *f*
⑩ AM FIN Aktiengattung *f*
⑪ LAW **C~ F charge** Belastung *f* in Abteilung 6 *fachspr*
▸PHRASES: **to be in a ~ of one's own** [*or* **by oneself**] eine Klasse für sich *akk* sein; **to be out of sb's ~** jdm haushoch überlegen sein, um Klassen besser [als jd] sein *fam*
II. *adj attr, inv (excellent)* erstklassig, klasse *fam;* **world ~ player** Weltklassespieler(in) *m(f)*
III. *vt* ■**to ~ sb/sth** [**as sth**] jdn/etw [als etw *akk*] einstufen; ***when I travel by bus I'm still ~ed as a child*** wenn ich mit dem Bus fahre, gelte ich noch als Kind; ***I would ~ her among the top ten novelists*** ich würde sie zu den zehn besten Schriftstellern zählen

class 'act *n* AM jd/etw mit Klasse **class 'ac·tion** *n* AM LAW Gruppenklage *f* **class 'con·flict** *n* Klassenkampf *m* **class-'con·scious** *adj* klassenbewusst **class dis'tinc·tions** *npl* Klassenunterschiede *pl* **'class exams** *npl* Klassenarbeiten *pl* **class 'gift** *n* LAW Schenkung *f* an eine bestimmte Personengruppe

clas·sic ['klæsɪk] **I.** *adj* ① *(traditional) literature* klassisch; *garment also* zeitlos; **a ~ goal** ein klassisches Tor
② *(typical)* klassisch, typisch; **a ~ case** [*or* **example**] **of sth** ein klassischer Fall [*o* klassisches Beispiel] einer S. *gen*
③ *(pej fam: stupid)* ***that's just ~, isn't it!*** das ist doch mal wieder typisch! *fam*
II. *n* Klassiker *m; (garment)* klassisch-zeitloses Kleidungsstück, Klassiker *m;* **a modern ~** ein moderner Klassiker

clas·si·cal ['klæsɪkəl] *adj* ① *(simple and stylish)* klassisch, zeitlos
② *inv (of ancient culture) architecture* klassizistisch; *ballet, literature, theatre* klassisch; **in ~ Rome** im alten Rom, im Rom der Antike
③ *inv (observing traditional standards)* klassisch, traditionell; **the ~ economics of Adam Smith** die Klassische Schule von Adam Smith

clas·si·cal·ly ['klæsɪkəli] *adv* klassisch, zeitlos; *(typically also)* typisch; *(conventionally also)* traditionell

clas·si·cal 'mu·sic *n* klassische Musik, Klassik *f*

clas·si·cal 'pe·ri·od *n* MUS, LIT Klassik *f*

clas·sic 'car *n* Oldtimer *m*

Clas·si·cism ['klæsɪsɪzəm] *n no pl* Klassik *f;* ARCHIT Klassizismus *m*

clas·si·cist ['klæsɪsɪst] *n* ① *(follower of Classicism)* Klassizist(in) *m(f)*
② *(ancient Greek or Roman expert)* Altphilologe, -philologin *m, f*

clas·sics ['klæsɪks] *n* + *sing vb* Klassische Philologie, Altphilologie *f;* **to be a ~ scholar** Altphilologe/Altphilologin sein

clas·si·fi·able ['klæsɪfaɪəbl̩, AM -sə-] *adj* klassifizierbar, einzuordnen *präd*

clas·si·fi·ca·tion [ˌklæsɪfɪ'keɪʃən, AM ˌklæsə-] *n* ① *no pl (organizing into groups)* Klassifizierung *f,* Klassifikation *f,* Einteilung *f,* Eingruppierung *f*
② *(category)* Rubrik *f*

clas·si·fied ['klæsɪfaɪd] *adj inv* ① *(organized into groups)* klassifiziert, unterteilt
② *(officially secret)* geheim, Geheim-; ■**to be ~** unter Verschluss stehen

clas·si·fied 'ad *n* Kleinanzeige *f* **clas·si·fied in·for·'ma·tion** *n* Verschlusssache *f,* Geheimsache *f*

clas·si·fy <-ie-> ['klæsɪfaɪ] *vt* ■**to ~ sth** etw klassifizieren [*o* nach Gruppen unterteilen]

'class-lead·ing *adj attr, inv* Spitzen-, führend; **have ~ resolution** die beste Auflösung in seiner Klasse haben

class·less ['klɑːsləs, AM 'klæs-] *adj* klassenlos; **~ society** klassenlose Gesellschaft

'class·mate *n* Klassenkamerad(in) *m(f),* Mitschüler(in) *m(f)* **class 'out·ing** *n (day trip)* Klassenausflug *m,* Schulreise *f* SCHWEIZ; *(longer trip)* Klassenfahrt *f* **class 'presi·dent** *n* AM Klassensprecher(in) *m(f)* **class re·'un·ion** *n* Klassentreffen *nt* **'class·room** *n* Klassenzimmer *nt;* **in the ~** *(room)* im Klassenzimmer; *(teaching)* im Unterricht **'class so·ci·ety** *n* Klassengesellschaft *f* **class 'spokes·man** *n* Klassensprecher(in) *m(f)* **'class struc·ture** *n* Klassenstruktur *f* **'class strug·gle, class 'war** *n* Klassenkampf *m* **class 'suit** *n* LAW Gruppenklage *f* **class 'test** *n* Klassenarbeit *f*

classy ['klɑːsi, AM 'klæsi] *adj* erstklassig; ***she's a really ~ lady*** die Frau hat Klasse; **~ restaurant** Nobelrestaurant *nt*

clat·ter ['klætəʳ, AM -ṭɚ] **I.** *vt* ■**to ~ sth** *dishes* mit etw *dat* klappern
II. *vi* ① *(rattle)* klappern
② *(walk noisily)* trampeln, poltern; *hooves* trappeln
III. *n no pl* Klappern *nt,* Geklapper *nt; hooves* Getrappel *nt; of metal things* Scheppern *nt*

clause [klɔːz, AM klɑːz] **I.** *n* ① *(part of sentence)* Satzglied *nt,* Satzteil *m;* **main** [*or* **independent**]/**subordinate** [*or* **dependent**] **~** Haupt-/Nebensatz *m,* übergeordneter/abhängiger Satz
② *(in a contract)* Klausel *f,* Bestimmung *f; (in law)* Abschnitt *m,* Absatz *m,* Paragraf *m;* **forfeit ~** Verfallsklausel *f,* Verwirkungsklausel *f;* **liability ~** Haftungsklausel *f;* **to amend a ~ in a contract** eine Klausel in einem Vertrag abändern
II. *vi* ■**to ~ sth** ECON, FIN etw mit Wechselvermerken versehen

claus·tro·pho·bia [ˌklɔːstrə'fəʊbiə, AM ˌklɑːstrə'foʊ-] *n no pl* Klaustrophobie *f geh,* Platzangst *f fam;* **to get ~** Platzangst bekommen *fam;* **to suffer from ~** an Klaustrophobie leiden

claus·tro·pho·bic [ˌklɔːstrə'fəʊbɪk, AM ˌklɑːstrə'foʊ-] **I.** *adj person* klaustrophobisch *geh; place* beengend; ***my room's a bit ~*** in meinem Zimmer kriegt man fast Platzangst *fam*
II. *n jd, der unter Klaustrophobie leidet*

clavi·chord ['klævɪkɔːd, AM -kɔːrd] *n* Klavichord *nt*

clavi·cle ['klævɪkl̩] *n* ANAT *(spec)* Clavicula *f fachspr,* Schlüsselbein *nt*

claw [klɔː, AM *also* klɑː] **I.** *n* Kralle *f; of birds of prey, big cats* Klaue[n] *f[pl]; (of sea creatures)* Schere[n] *f[pl];* **to sharpen one's ~s** die Krallen schärfen
▸PHRASES: **to get one's ~s into sb** jdn in die Klauen bekommen *fig*
II. *vt* ① *(scratch)* ■**to ~ sb** jdn kratzen; ■**to ~ sth** etw zerkratzen
② *(make way by using hands)* **to ~ one's way through sth** sich *dat* seinen Weg durch etw *akk* graben; *(fig: fight to achieve)* sich *akk* durch etw *akk* durchboxen
III. *vi* ■**to ~ at sth** ① *(take hold of)* sich *akk* an etw *akk* krallen; **to ~ at thin air** ins Leere greifen
② *(injure with claws)* die Krallen in etw *akk* schlagen

◆**claw back** *vt esp* BRIT ■**to ~ sth** ⇄ **back** *(via taxes)* etw zurückholen

'claw·back *n* ECON, FIN ① *(money)* Zurückholung *f,* Rückforderung *f* ② *(share allocation)* Zeichnung *f* neuer Aktien durch die alten Aktionäre **claw-foot bath** [ˌklɔːfʊt'-, AM ˌklɑːfʊt'-] *n* frei stehende Badewanne auf Krallenfüßen **'claw ham·mer** *n* Splitthammer *m*

clay [kleɪ] **I.** *n no pl* ① *(earth)* Lehm *m; (for pottery)*

Ton *m;* **modelling** ~ Modelliermasse *f*
② *(fig liter or poet: substance of human body)* Erde *f,* Staub *m;* **mortal** ~ Staub und Asche
③ TENNIS, SPORT Sand *m;* **to play on a ~ court** auf einem Sandplatz spielen *fachspr*
▸PHRASES: **to have feet of ~** tönerne Füße haben
II. *n modifier* ① *(of heavy earth)* Lehm-; ~ **brick** Backstein *m;* ~ **pitcher** Tonkrug *m;* ~ **pottery** Steingut *nt;* ~ **vase** Tonvase *f*
② TENNIS, SPORT Sand-; ~ **court** Sandplatz *m,* Rotgrantplatz *m fachspr*

clay·ey ['kleɪi] *adj* lehmig; ■**to be ~** lehmhaltig sein; ~ **earth** Lehmboden *m*

clay·ma·tion [kleɪ'meɪʃᵊn] *n no pl* FILM Knetanimation *f*

clay·more ['kleɪmɔːʳ, AM mɔːr] *n* ① HIST *(broadsword)* schottisches Breitschwert
② *(anti-personnel mine)* Landmine *f*

clay 'pig·eon *n* Tontaube *f* **clay 'pig·eon shoot** *n* [Veranstaltung *f* im] Tontaubenschießen *nt* **clay 'pig·eon shoot·ing** *n* Tontaubenschießen *nt* **'clay shoot** *n* [Veranstaltung *f* im] Tontaubenschießen *nt*

clean [kliːn] **I.** *adj* ① *(not dirty)* sauber; ~ **air/hands** saubere Luft/Hände; ~ **sheet** frisches Laken; ~ **shirt** sauberes Hemd; **spotlessly** [*or* **scrupulously**] ~ peinlichst sauber; [**as**] ~ **as a whistle** [*or* BRIT **as a new pin**] blitzblank *fam*
② *(free from bacteria)* sauber, rein; ~ **air** saubere Luft; ~ **water** sauberes Wasser
③ *attr (blank) sheet of paper* leer
④ *(fair) methods, fight* sauber, fair
⑤ *(sl: free from crime, offence)* sauber *sl;* **to keep one's hands ~** sich *dat* die Hände nicht schmutzig machen; **to have ~ hands** [*or* **a ~ slate**] eine weiße Weste haben *fam;* ~ **driving licence** Führerschein *m* ohne Strafpunkte; **to have a ~ record** nicht vorbestraft sein
⑥ *(fam: no drugs)* ■**to be ~** clean sein; *alcoholic* trocken sein
⑦ *(morally acceptable)* sauber, anständig; ***it's all good, ~ fun*** das ist alles völlig harmlos!; ~ **joke** anständiger Witz; ~ **living** makellose Lebensweise
⑧ *(smooth)* ~ **design** klares Design; ~ **lines** klare Linien
⑨ *(straight)* sauber; ~ **break** MED glatter Bruch; ~ **hit** SPORT sauberer Treffer
⑩ *(complete, entire)* gründlich; **to make a ~ break from sth** unter etw *dat* einen Schlussstrich ziehen; **to make a ~ job of sth** saubere Arbeit leisten; **to make a ~ start** noch einmal [ganz] von vorne anfangen; **to make a ~ sweep of sth** etw total verändern; *(win everything)* bei etw *dat* [alles] abräumen *fam*
⑪ *(toilet-trained)* ■**to be ~** nicht mehr in die Windeln machen; *animal* stubenrein sein
⑫ MED **to give sb a ~ bill of health** jdn für gesund erklären; **to give sth a ~ bill of health** *(fig)* etw für gesundheitlich unbedenklich erklären
⑬ REL rein
⑭ *wood* astrein
▸PHRASES: **to come ~** reinen Tisch machen; **to keep one's nose ~** sauber bleiben *hum fam;* **to make a ~ breast of sth** etw gestehen, sich *dat* etw von der Seele reden; **to show a ~ pair of heels** *(fam)* Fersengeld geben *hum fam;* **to wipe the slate ~** reinen Tisch machen *fam*
II. *adv* ① *inv (completely)* total, völlig; ***I ~ forgot your birthday*** ich habe deinen Geburtstag total vergessen; ***I ~ forgot that ...*** ich habe schlichtweg vergessen, dass ...; ***he's been doing this for years and getting ~ away with it*** er macht das seit Jahren und kommt glatt damit durch! *fam;* ***Sue got ~ away*** Sue ist spurlos verschwunden; ***the cat got ~ away*** die Katze ist uns/ihnen/etc. glatt entwischt; ~ **bowled** BRIT SPORT sauber geschlagen
② *(not dirty)* sauber
▸PHRASES: **a new broom sweeps ~** neue Besen kehren gut *prov*
III. *vt* ① *(remove dirt)* ■**to ~ sth** etw sauber machen; *furniture* etw reinigen; *(dry-clean)* etw reinigen; **to ~ the car** das Auto waschen; **to ~ a carpet** einen Teppich reinigen; **to ~ one's face/hands** sich *dat* das Gesicht/die Hände waschen; **to ~ the floor** den Boden wischen [*o* SCHWEIZ *a.* aufnehmen]; **to ~ house** AM die Hausarbeit machen; **to ~ the house** putzen; **to ~ one's nails** sich *dat* die Nägel sauber machen; **to ~ one's shoes/the windows** seine Schuhe/Fenster putzen; **to ~ one's teeth** sich *dat* die Zähne putzen; **to ~ a wound** eine Wunde reinigen; ■**to ~ sth from** [*or* **off**] **sth**, ■**to ~ off sth from sth** etw von etw *dat* abwischen
② FOOD **to ~ a chicken/fish** ein Huhn/einen Fisch ausnehmen; **to ~ vegetables** Gemüse putzen
③ *(eat all)* **to ~ one's plate** seinen Teller leer essen
▸PHRASES: **to ~ sb's clock** AM *(sl)* jdn verdreschen *fam*
IV. *vi pans, pots* sich reinigen lassen; **to ~ easily** sich leicht reinigen lassen
V. *n* **to give sth a** [**good**] ~ etw [gründlich] sauber machen; *shoes, window, teeth, room* etw [gründlich] putzen; *hands, face* etw [gründlich] waschen; *furniture, carpet* etw [gründlich] reinigen; **to give the floor a good ~** den Boden gründlich wischen

◆**clean down** *vt esp* BRIT ■**to ~ sth ⊂ down** etw waschen; *walls* etw abwaschen; **to ~ down the windows** Fenster putzen

◆**clean out** *vt* ① *(clean thoroughly)* ■**to ~ sth ⊂ out** etw [gründlich] sauber machen; *(with water)* etw ausspülen; *(empty and clean) cupboard, drawer* etw [ausräumen und] auswaschen; *(throw away things)* etw entrümpeln; **to ~ out a room** ein Zimmer aufräumen und sauber machen; **to ~ out the stables** die Ställe ausmisten; **to ~ out sb's stomach** jdm den Magen auspumpen
② *(fam: take all resources)* ■**to ~ sb ⊂ out** jdn [wie eine Weihnachtsgans] ausnehmen *sl;* **to ~ out the bank** *(in games)* die Bank sprengen; **to ~ sb out of drink** jdm alles wegdrinken *fam;* **to ~ sb out of food** jdm die letzten Haare vom Kopf fressen *sl;* **to be completely ~ed out** völlig blank sein *sl;* ***we're ~ed out of beer*** wir haben kein Bier mehr

◆**clean up I.** *vt* ① *(make clean)* ■**to ~ up ⊂ sth** etw sauber machen; *building* etw reinigen; **to ~ up the kitchen/a room** die Küche/ein Zimmer aufräumen; **to ~ up the mess** aufräumen; ■**to ~ oneself up** sich *akk* sauber machen; *(wash)* sich *akk* waschen; *(freshen oneself)* sich *akk* frisch machen
② *(eradicate sex, crime)* ■**to ~ up ⊂ sth** mit etw *dat* aufräumen; ***we need to ~ up television*** das Fernsehen muss wieder sauber werden!; **to ~ up the city** die Stadt säubern
③ *(fam: make gain, profit)* ■**to ~ up ⊂ sth** etw absahnen *sl;* **to ~ up a fortune** ein Vermögen machen *fam*
▸PHRASES: **to ~ up one's act** sich *akk* bessern
II. *vi* ① *(make clean)* aufräumen; *(freshen oneself)* sich *akk* frisch machen; ■**to ~ up after sb** jdm hinterherräumen
② *esp* AM *(sl: make profit)* absahnen *sl*

clean 'bill *n* AM LAW Gesetzesvorlage *f (ohne dass Abänderungen kenntlich gemacht sind)* **clean 'cred·it** *n* FIN Bankakkreditiv *nt,* Sichtakkreditiv *nt*

'clean-cut *adj* ① *(sharply outlined)* klar umrissen; *(straight and even)* regelmäßig; ~ **features** regelmäßige Gesichtszüge ② *(approv) person* anständig

clean·er ['kliːnəʳ, AM -ɚ] *n* ① *(person)* Raumpfleger(in) *m(f) euph; (in offices)* Pflegepersonal *nt; (woman)* Putzfrau *f,* Reinemachefrau *f*
② *no pl (substance)* Reiniger *m,* Reinigungsmittel *nt,* Putzmittel *nt* SCHWEIZ

clean·er's *n + sing vb,* **clean·ers** ['kliːnəz, AM -ɚz] *npl* Reinigung *f;* **at the ~** in der Reinigung
▸PHRASES: **to have been taken to the ~** *(cheated)* reingelegt worden sein *fam; (badly beaten)* fertiggemacht worden sein *fam*

clean 'float *n* ECON, FIN sauberes Floaten **clean 'hands** *npl* LAW ***the plaintiff must have ~*** Motive und Handlungen des Klägers müssen aufrichtig sein

clean·ing ['kliːnɪŋ] **I.** *n no pl* Reinigung *f;* **to do the ~** sauber machen, SCHWEIZ *bes* putzen
II. *adj attr, inv* Reinigungs-

'clean·ing lady, 'clean·ing wom·an *n* Putzfrau *f,* Reinemachefrau *f,* Raumpflegerin *f euph*

'clean-limbed *adj (approv)* wohl proportioniert

clean·li·ness ['klenlɪnəs] *n no pl* Sauberkeit *f,* Reinlichkeit *f*
▸PHRASES: ~ **is next to godliness** *(saying dated)* Reinlichkeit kommt gleich nach Gottseligkeit *veraltend*

clean-'liv·ing [ˌkliːn'lɪvɪŋ] *adj inv* von untadeligem Lebenswandel *nach n*

clean·ly ['kliːnli] *adv* sauber; *(without edges also)* glatt; *(equally)* gleichmäßig; ***the clavicle broke ~*** es war ein glatter Schlüsselbeinbruch

clean-nee·dle ['kliːnˌniːdl] *n modifier* ~ **distribution** Verteilung *f* sauberer Spritzbestecke; ~ **program** Programm *nt* zur Verteilung sauberer Spritzbestecke

clean·ness ['kliːnnəs] *n no pl* Sauberkeit *f*

clean-out ['kliːnaʊt] *n* ■**to give sth a** [**good**] ~ etw [gründlich] sauber machen; *(fig)* Säuberung *f*

'clean room *n* Reinraum *m*

cleanse [klenz] *vt* ① *(remove dirt)* ■**to ~ sth** etw reinigen; **to ~ a wound** eine Wunde säubern
② *(make morally pure)* **to be ~d of one's sins** von seinen Sünden reingewaschen werden; **to ~ one's thoughts** seine Gedanken reinigen
③ *(remove disreputable elements)* ■**to ~ sth** etw säubern

cleans·er ['klenzəʳ, AM -ɚ] *n* ① *(dirt remover)* Reiniger *m,* Reinigungsmittel *nt*
② *no pl (for use on body)* Reinigungscreme *f,* Reinigungsmilch *f* SCHWEIZ

clean-'shav·en *adj inv* glatt rasiert

cleans·ing ['klenzɪŋ] *adj usu attr* Reinigungs-; ~ **effect** reinigende Wirkung

'cleans·ing cream *n* Reinigungscreme *f* **'cleans·ing de·part·ment** *n* BRIT Stadtreinigung *f* **'cleans·ing lo·tion** *n* Reinigungslotion *f* **'cleans·ing tis·sue** *n* Kosmetiktuch *nt*

'clean-up *n* ① *(thorough cleaning)* gründliche Reinigung; **sth needs a good ~** etw muss gründlich sauber gemacht werden ② *(removal of illegal activities)* Säuberungsaktion *f;* ***this town could really use a good ~*** in dieser Stadt müsste einmal gründlich aufgeräumt werden ③ *no pl esp* AM *(large profit)* Profit *m* **'clean-up cam·paign** *n* Aufräumaktion *f; (fig)* moralische Säuberungsaktion

clear [klɪəʳ, AM klɪr]

I. ADJECTIVE	**II.** NOUN
III. ADVERB	**IV.** TRANSITIVE VERB
V. INTRANSITIVE VERB	

I. ADJECTIVE

① *(understandable) definition, description, message* klar; *explanation, description also* verständlich; *(definite) impression, similarity* eindeutig; *(distinct) statement, stage* klar, deutlich; *signs* deutlich; ***he wasn't very ~*** er hat sich nicht sonderlich klar ausgedrückt; ~ **instructions** klare Anweisungen; **to have ~ memories of sth** *(fig)* sich *akk* deutlich an etw *akk* erinnern können; **a ~ picture** ein scharfes Bild; **to have a ~ perception of sth** klare Vorstellungen von etw *dat* haben; **to have a ~ understanding of sth** ein klares Verständnis einer Sache haben; **to make oneself ~** sich *akk* deutlich [*o* klar] ausdrücken; **as ~ as a bell** glockenhell, glockenrein; [**as**] ~ **as day** eindeutig, unmissverständlich
② *(obvious)* klar, sicher; ***is that ~ ?*** ist das klar?; ***it's ~*** [***to me***] ***that ...*** es ist [mir] klar, dass ...; ***they have made it ~ that ...*** sie haben es unmissverständlich klargemacht, dass...; ***Richard isn't at all ~ about what ...*** Richard ist sich nicht im Mindesten darüber im Klaren, was ...; ***it's not ~ whether ...*** es ist nicht klar, ob ...; ***he's a ~ favourite*** er ist ein klarer Favorit; ***he's got a ~ lead*** er führt eindeutig; **a ~ case of ...** ein klarer Fall von ...; **a ~ majority** eine klare Mehrheit; ■**to be ~ that ...** sich *dat* sicher sein, dass ...; ■**to be ~ about sth** sich *dat* über etw *akk* im Klaren sein; **to get ~ about sth** sich *dat* über etw *akk* klarwerden; **to make one's position ~** seine

Haltung deutlich machen; **to make oneself ~ [to sb]** sich *akk* [jdm] verständlich machen; **to make sth ~ [to sb]** etw [jdm gegenüber] klar zum Ausdruck bringen; **do I make myself ~?** habe ich mich klar ausgedrückt?; **as ~ as day** sonnenklar

③ *usu attr (unconfused)* klar; **to keep a ~ head** einen klaren Kopf bewahren; **a ~ thinker** jd, der klar denken kann

④ *(free)* ■ **to be ~ of sth**: ***she's ~ of all suspicion*** sie ist frei von jeglichem Verdacht; *(guilt-free)* **to have a ~ conscience** ein reines Gewissen haben

⑤ *(unobstructed) passage, path* frei; *throat* unbelegt; *(complete)* ganz, voll; *(fig)* ***could you see your way ~ to lending me some money?*** könntest du mir eventuell etwas Geld leihen?; **a ~ view** ein freier Blick, eine ungehinderte Aussicht

⑥ *(transparent) glass* durchsichtig; *water, soup* klar; **as ~ as crystal** kristallklar; **that's as ~ as mud** da blickt man gar nicht durch

⑦ *(pure)* **~ complexion/skin** reiner Teint/reine Haut; **a ~ sound** ein klarer Ton

⑧ *(bright, shining) of colours, eyes* leuchtend

⑨ *(of weather, atmosphere) sky, day, night, air* klar; **~ weather** heiteres Wetter

⑩ *inv (net)* rein, netto; **a ~ profit** ein Reingewinn *m*

⑪ *inv (not touching)* **~ jump** fehlerfreier Sprung

⑫ *inv (away from)* ***the gate must be ~ of the ground*** das Tor darf den Boden nicht berühren; ***... one wheel ~ of the ground ...*** ein Rad ragte in die Luft; ***wait till we're ~ of the main road ...*** warte, bis wir die Hauptstraße verlassen haben; **to keep** [*or* **steer**] **~ of sb/sth** sich *akk* von jdm/etw fernhalten

▸PHRASES: **all ~** die Luft ist rein; **the coast is ~** die Luft ist rein *fam;* **out of a ~ sky** aus heiterem Himmel

II. NOUN

■ **to be in the ~** außer Verdacht sein

III. ADVERB

① *(away from)* ***he jumped two centimetres ~ of the bar*** er sprang mit einem Abstand von zwei Zentimetern über die Leiste; ***please move ~ of the edge of the platform*** bitte von der Bahnsteigkante zurücktreten; ***make sure you park ~ of the kerb*** pass auf, dass du nicht zu nah am Randstein parkst; ***stand ~ of the doors*** *(in underground)* bitte zurückbleiben; *(at train station)* Türe schließen selbsttätig – Vorsicht bei der Abfahrt; **to steer ~ of sth** NAUT um etw herumsteuern; **to steer ~ of sb** jdn meiden; **to steer ~ of a place** um etw einen großen Bogen machen; **to stand ~ [of sth]** *(by moving to the side)* zur Seite gehen; *(by moving back)* zurückbleiben; *(remain in a distance)* von etw *dat* entfernt bleiben; **to be thrown ~ of sth** aus etw *dat* herausgeschleudert werden; **to get ~ of sth** etw hinter sich *dat* lassen; **to be ~ of sth** etw hinter sich *dat* gelassen haben

② *(distinctly)* **to see ~** klar sehen; **loud and ~** klar und deutlich

③ *(entirely)* ***they got ~ away*** sie haben sich aus dem Staub gemacht

IV. TRANSITIVE VERB

① *(remove doubts)* ■ **to ~ sth** etw klären

② *(remove confusion)* **to ~ one's head** einen klaren Kopf bekommen

③ *(remove obstruction)* ■ **to ~ sth** etw beseitigen; *land, snow* etw räumen; **to ~ the road** die Straße frei machen [*o* räumen]; ■ **to ~ sth from** [*or* **off**] **sth** etw von etw *dat* wegräumen; **to ~ one's throat** sich *akk* räuspern; **to ~ the way for sb to do sth** es jdm ermöglichen, etw zu tun

④ *(remove blemish)* ■ **to ~ sth** etw reinigen; **to ~ the air** *(remove dirt)* die Luft reinigen; *(remove bad feeling)* die Atmosphäre reinigen

⑤ *(empty)* ■ **to ~ sth** *(of things)* etw ausräumen; ***they ~ ed the building in 3 minutes*** sie räumten das Gebäude in 3 Minuten; **to ~ the table** den Tisch abräumen

⑥ *(acquit)* **to ~ sb of charges** LAW jdn freisprechen; **to ~ sb of a crime** LAW jdn eines Verbrechens freisprechen; **to ~ sb's name** jds Namen reinwaschen

⑦ *(complete work)* ■ **to ~ sth** etw erledigen

⑧ FIN ***Bill ~ s $200 a week*** Bill macht 200 Dollar die Woche *fam;* **to ~ a cheque** einen Scheck freigeben, bestätigen, dass ein Scheck gedeckt ist; **to ~ one's debts** seine Schulden begleichen; **to ~ a certain sum** eine bestimmte Summe freigeben *geh*

⑨ *(jump without touching)* ■ **to ~ sth** über etw *akk* springen

⑩ *(approve)* ***you'll have to ~ that with the boss*** das müssen Sie mit dem Chef klären

⑪ *(give official permission)* ■ **to ~ sth** etw genehmigen; **to ~ a plane for take-off** ein Flugzeug zum Start freigeben; ■ **to ~ sth with sb** etw mit jdm abklären; ■ **to ~ sb to do sth** jdm genehmigen, etw zu tun; **to ~ customs** Zollformalitäten erledigen

⑫ *(in football)* **to ~ the ball** klären; **to ~ the ball with one's head** mit einem Kopfball klären

▸PHRASES: **to ~ the decks** *(fam)* klar Schiff machen *fam*

V. INTRANSITIVE VERB

① *(delete)* löschen

② *(become transparent)* sich *akk* klären

③ *(become free of blemish)* sich *akk* reinigen

④ *(weather)* sich *akk* [auf]klären; ***it's ~ ing up*** es klart auf, es wird klar; *fog, smoke* sich *akk* auflösen; *(go, disappear)* ■ **to ~ [away]** verschwinden

⑤ FIN einen Scheck freigeben

◆**clear away I.** *vt* ■ **to ~ sth ⊂ away** etw wegräumen

II. *vi (of table)* abräumen

◆**clear off I.** *vi (fam)* verschwinden *fam,* abhauen *fam,* sich *akk* verziehen *fam;* ***"~ off!"*** „verschwinde!", „verdufte!"

II. *vt* ■ **to ~ sb off sth** jdn von etw *dat* vertreiben; FIN **to ~ off ⊂ a debt** eine Schuld begleichen [*o* tilgen]

◆**clear out I.** *vt* ■ **to ~ out ⊂ sth** *a cupboard, a drawer* etw ausräumen; *(throw away)* etw wegwerfen; **to ~ out the attic** den Dachboden [*o* SCHWEIZ Estrich] entrümpeln

II. *vi* verschwinden *fam,* abhauen *fam;* ■ **to ~ out of somewhere** [von] irgendwo ausziehen; ***they've got to ~ out of their home by the end of the month*** sie müssen bis Ende des Monats ihr Haus räumen

◆**clear up I.** *vt* ① *(explain)* ■ **to ~ sth ⊂ up** *a matter, a point* etw klären; *a mystery* etw aufklären; **to ~ up a few loose ends** einige offene Punkte [ab]klären

② *(clean)* ■ **to ~ sth ⊂ up** etw aufräumen; ***I've got to ~ things up*** ich muss mal aufräumen

II. *vi* ① *(tidy)* aufräumen; ■ **to ~ up after sb** hinter jdm herräumen, jdm hinterherräumen

② *(become cured)* verschwinden; *cold also* sich *akk* legen; *problems* sich in Luft auflösen *fam*

③ *(stop raining)* aufhören zu regnen; *(brighten up)* sich *akk* aufklären, sich *akk* aufhellen

clear·ance ['klɪərᵊn(t)s, AM 'klɪr-] *n no pl* ① *(act of clearing)* Beseitigung *f,* Entfernung *f;* **a slum ~ programme** BRIT ein Slumsanierungsprogramm *nt*

② *(space)* Spielraum *m,* Zwischenraum *m; of a door* lichte Höhe

③ FIN, ECON *of a debt* Tilgung *f;* **~ of a cheque** [*or* AM **check**] Verrechnung *f* eines Schecks

④ *(of customs)* **~ certificate** Ausklarierungsschein *m,* Zollabfertigungsschein *m;* **customs ~** Zollabfertigung *f;* **to effect customs ~** die Zollabfertigung vornehmen

⑤ *(official permission)* Genehmigung *f;* AVIAT *(for take-off)* Starterlaubnis *f; (for landing)* Landeerlaubnis *f;* **security ~** Unbedenklichkeitsbescheinigung *f*

'clear·ance cer·tifi·cate *n* Zollabfertigungsschein *m,* Ausklarierungsschein *m* **'clear·ance charge** *n* COMM Zollgebühr *f* **'clear·ance sale** *n* Räumungsverkauf *m*

'clear-cut I. *adj* ① *(sharply outlined)* scharf geschnitten; **~ features** markante Züge

② *(definite) opinion* klar, bestimmt; **a ~ case** ein eindeutiger Fall; **a ~ dividing line** eine scharfe Trennlinie

II. *vt* ■ **to ~ sth** *woodlands* etw abholzen

'clear-fell *vt* ■ **to ~ sth** *woodlands* etw abholzen

clear 'glass I. *n no pl* klares Glas; *(for window)* [einfaches] Fensterglas **II.** *n modifier (of drinking glasses)* neutral **clear-'head·ed** *adj* klar denkend *attr;* ■ **to be ~** einen klaren Kopf haben

clear·ing ['klɪərɪŋ, AM 'klɪr-] *n* ① *(in woods)* Lichtung *f*

② ECON, FIN *(transaction settling)* Clearing *nt,* Verrechnung *f;* **~ member** Clearingteilnehmer(in) *m(f)*

'clear·ing ac·count *n* FIN Verrechnungskonto *nt* **'clear·ing agent** *n* CHEM Klärmittel *nt* **'clear·ing area** *n* FIN Clearingbezirk *m,* Clearinggebiet *nt* **'clear·ing bank** *n* BRIT ECON Clearingbank *f fachspr,* Verrechnungsbank *f fachspr* **'clear·ing cen·tre** *n* FIN Clearingstelle *f* **'clear·ing com·pa·ny** *n* FIN Clearinggesellschaft *f* **'clear·ing house** *n* ① BRIT ECON *(organization for clearing cheques)* Clearingzentrale *f fachspr,* Verrechnungsstelle *f fachspr* ② *(central agency)* Zentrale *f; (for university applications)* zentrale Zulassungsstelle **Clear·ing House Auto·mat·ed 'Pay·ments Sys·tem, CHAPS** *n* FIN elektronisches Abrechnungssystem für Schecks **'clear·ing of·fice** *n* BRIT Clearingstelle *f,* Abrechnungsstelle *f* **'clear·ing sys·tem** *n* FIN Clearingsystem *nt*

clear·ing 'up I. *n (of dirty dishes)* Abräumen *nt; (tidying)* Aufräumen *nt;* **to do the ~** den Abwasch erledigen

II. *adj* Aufräumungs-; **~ operations** [Auf]räumungsarbeiten *pl*

clear·ly ['klɪəli, AM 'klɪr-] *adv* ① *(distinctly)* klar, deutlich; **loudly and ~** laut und deutlich; **to think ~** klar denken, einen klaren Gedanken fassen

② *(obviously)* offensichtlich; *(unambiguously)* eindeutig; *(undoubtedly)* zweifellos; ***~, you should tell her the truth*** natürlich solltest du ihr die Wahrheit sagen

clear·ness ['klɪənəs, AM 'klɪr-] *n no pl* Klarheit *f; (unambiguousness)* Eindeutigkeit *f; of a glance, look* Intensität *f,* Schärfe *f*

'clear-out *n no pl esp* BRIT Entrümpelung *f;* **to give sth a good ~** etw gründlich entrümpeln **clear-'sight·ed** *adj* scharfsichtig, hellsichtig *geh;* ■ **to be ~ about sth** etw scharf im Auge behalten **clear 'ti·tle** *n* LAW **to have a ~ title to sth** ein unbestrittenes Recht auf etw *akk* haben **'clear-up rate** *n* LAW Aufklärungsrate *f*

'clear·way *n* BRIT Schnellstraße *f,* Straße *f* mit Halteverbot

cleat [kli:t] *n* ① *(for strengthening woodwork)* Leiste *f*

② *(for securing ropes) boats* Klampe *f; climbing* Haken *m*

③ AM *(on boots)* Stollen *m*

cleat·ed 'shoes *npl* Schuhe *pl* mit Stollen

cleats [kli:ts] *npl* AM Sportschuhe *pl* mit Stollen

cleav·age ['kli:vɪdʒ] *n* ① *no pl (of woman)* Dekolleté *nt,* Décolleté *nt* SCHWEIZ

② *(form: split)* Kluft *f; (fig)* Spaltung *f,* Kluft *f*

③ CHEM Spaltung *f*

cleave[1] <-d *or* cleft *or* AM clove, -d *or* cleft *or* AM clove> [kli:v] **I.** *vi (dated liter)* sich *akk* spalten

II. *vt* ■ **to ~ sth** etw spalten

cleave[2] <-d, -d> [kli:v] *vi (form liter: stick to)* ■ **to ~ to sth** an etw *dat* haften; *(continue to believe in)* an etw *dat* festhalten

cleav·er ['kli:vəʳ, AM -ɚ] *n* ① *(butcher's knife)* Hackbeil *nt*

② *(oar for rowing)* beilförmiges Ruder

clef [klef] *n* [Noten]schlüssel *m*

cleft [kleft] **I.** *adj usu attr, inv* gespalten; **~ lip** gespaltene Lippe; **~ palate** Gaumenspalte *f,* Wolfsrachen *m,* Hasenscharte *f* SCHWEIZ, ÖSTERR

▸PHRASES: **to be caught in a ~ stick** in der Klemme sitzen *fam*

II. *n* Spalt *m,* Spalte *f*

clema·tis <*pl* -> ['klemətɪs, AM -t̬əs] *n* BOT Klematis *f,* Waldrebe *f*
clem·en·cy ['klemən(t)si] *n no pl* Milde *f;* **appeal for ~** Gnadengesuch *nt;* **executive ~** AM LAW Begnadigung *f* durch den Präsidenten
clem·ent ['klemənt] *adj (mild) climate, punishment also* gnädig; ■**to be ~ towards sb** jdm gegenüber Gnade walten lassen
clem·en·tine ['kleməntiːn, AM *esp* -taɪn] *n* Klementine, Clementine *f* SCHWEIZ
clench [klen(t)ʃ] *vt* ■**to ~ sth** etw [fest] umklammern; *(grasp)* etw [fest] packen; **to ~ one's fist** die Faust ballen; **to ~ one's teeth** die Zähne fest zusammenbeißen; **to ~ sth between** [*or* **in**] **one's teeth** etw zwischen die Zähne klemmen
clenched [klen(t)ʃt] *adj* zusammengepresst; **~ fists** geballte Fäuste; **to speak through ~ teeth** mit zusammengebissenen Zähnen sprechen
Cleopatra [ˌkliːəʊ'pætrə, AM ˌkliəʊ'-] *n no pl* Kleopatra
clere·story <*pl* -ies> ['klɪəstɔːri, AM 'klɪr] *n* Lichtgaden *m*
cler·gy ['klɜːdʒi, AM 'klɜːr-] *n + pl vb* ■**the ~** die Geistlichkeit, die Geistlichen *pl;* **to join the ~** Geistliche(r) werden
'cler·gy·man *n* Geistliche(r) *m* **'cler·gy·wom·an** *n* Geistliche *f*
cler·ic ['klerɪk] *n* Geistliche(r) *f(m),* Kleriker(in) *m(f)*
cleri·cal ['klerɪkəl] *adj inv* ❶ *attr (of the clergy)* geistlich
❷ *(of offices, of clerks)* Büro-; **~ error** Versehen *nt;* **~ job** [*or* **work**] Büroarbeit *f*
cleri·cal 'col·lar *n* Priesterkragen *m*
cleri·cal·ism ['klerɪkəlɪzəm] *n no pl* Klerikalismus *m*
'cleri·cal staff *n + sing/pl vb* Büropersonal *nt* **'cleri·cal work** *n no pl* Büroarbeit *f*
clerk [klɑːk, AM klɜːrk] **I.** *n* ❶ *(employed person)* Büroangestellte(r) *f(m);* AM *(hotel receptionist)* Empfangschef *m*/Empfangsdame *f;* **junior office ~** Bürogehilfe, -gehilfin *m, f;* **sales ~** AM Verkäufer(in) *m(f)*
❷ BRIT LAW **C~ of the House** [**of Commons**] Verwaltungschef *m* des Unterhauses; **C~ of the House** [**of Lords**] Verwaltungschef *m* des Oberhauses; **Justice's C~** juristischer Berater des Amtsrichters
II. *vi* AM **to ~ in an office** in einem Büro beschäftigt sein
clerk·ess [ˌklɑː'kɪs] *n* SCOT Büroangestellte *f,* Sachbearbeiterin *f*
clerk·ship ['klɜːrkʃɪp] *n* AM LAW Vorbereitungszeit *f* bei einem Anwalt
Cleve·land·er ['kliːvləndər, AM -ɚ] *n* Bewohner(in) *m(f)* Clevelands
clev·er <-er, -est> ['klevər, AM -ɚ] *adj* ❶ *(intelligent)* klug, gescheit, schlau *fam;* **to be ~ at a subject** in einem Fach sehr gut sein; **~ boy/girl** kluger Junge/kluges Mädchen
❷ *(skilful)* geschickt; *(showing intelligence)* clever; ■**to be ~ at sth** geschickt in etw *dat* sein; ***he's very ~ at getting his own way*** er hat es raus, seinen Willen durchzusetzen; **to be ~ with one's hands** geschickte Hände haben; **a ~ trick** ein raffinierter Trick
❸ *(pej: quick-witted but insincere)* clever, gerissen *pej;* **too ~ by half** *(pej)* neunmalklug *pej*
'clev·er-clev·er *adj* BRIT *(pej)* oberschlau *iron fam,* superschlau *iron fam* **'clev·er clogs** <*pl* ->, **'clev·er dick** *n* BRIT *(pej)* Klugscheißer *m pej sl,* Superschlaue(r) *f(m) iron*
clev·er·ly ['klevəli, AM -ɚli] *adv* klug; *(skillfully)* geschickt; **to handle a situation ~** eine Situation sehr geschickt meistern
clev·er·ness ['klevənəs, AM -ɚ-] *n no pl* ❶ *(quick-wittedness)* Schlauheit *f,* Klugheit *f,* Cleverness *f; of a machine* Intelligenz *f*
❷ *(skill)* Geschick *nt,* Geschicklichkeit *f*
clew [kluː] *n* ❶ NAUT [Schot]horn *nt fachspr*
❷ *(old: clue)* Anhaltspunkt *m; (trail)* Spur *f*
cliché ['kliːʃeɪ, AM kliː'ʃeɪ] *n* Klischee *nt; (hackneyed phrase)* [abgedroschene] Phrase *pej,* Gemeinplatz *m pej*
cli·chéd ['kliːʃeɪd, AM kliː'ʃeɪd], **'cliché-rid·den** *adj* klischeehaft, voller Klischees
click [klɪk] **I.** *n* ❶ *(short, sharp sound)* Klicken *nt; of door* Zuschnappen *nt; of fingers* Knipsen *nt,* Schnipsen *nt; of heels* Zusammenklappen *nt; of lock* Einschnappen *nt; of tongue* Schnalzen *nt*
❷ CAN *(sl)* Kilometer *m*
❸ LING Schnalzlaut *m*
❹ COMPUT Klick *m;* **double-~** Doppelklick *m;* **drag-and-~** Ziehen *nt* und Klicken
II. *vi* ❶ *(short, sharp sound)* klicken; *door* zuschnappen; *lock* einschnappen
❷ *(fam: become friendly)* ■**to ~** [**with sb**] sich *akk* [mit jdm] auf Anhieb verstehen; *(become popular)* [bei jdm] [gut] ankommen *fam;* ***Liz and I really ~ ed with each other the first time we met*** zwischen Liz und mir hat es gleich gefunkt
❸ *(fam: become understandable)* [plötzlich] klar werden; ***so it's finally ~ ed that ...*** hast du jetzt endlich kapiert, dass ... *fam*
❹ COMPUT klicken; ■**to ~ on sth** etw anklicken
III. *vt* ❶ *(make sound)* **to ~ one's fingers** [mit den Fingern] schnippen; **to ~ one's heels** die Hacken zusammenklappen [*o* SCHWEIZ, ÖSTERR zusammenschlagen]; **to ~ off the light** das Licht ausknipsen; **to ~ one's tongue** mit der Zunge schnalzen
❷ COMPUT ■**to ~ sth** etw anklicken
◆**click around** *vi* COMPUT [mit der Maus] herumklicken; **to ~ around websites** INET [herum]surfen
'click fraud *n no pl Betrug, bei dem jd unzählige Male Pop-up-Werbung anklickt, damit dem Werber Kosten entstehen, ohne jedoch an dem Produkt interessiert zu sein*
'click lan·guage *n* Schnalzlautsprache *f (Sprache, die auf Verschlusslauten basiert)* **'click-through** *n* INET Clickthrough *m*
cli·ent ['klaɪənt] *n* Kunde, Kundin *m, f; of psychotherapist, lawyer* Klient(in) *m(f); of barrister also* Mandant(in) *m(f); of a service provider* Auftraggeber(in) *m(f);* COMPUT Klient *nt*
cli·en·tele [ˌkliːɑ̃(n)'tel, AM ˌklaɪən'-] *n + sing/pl vb* Klientel *f,* Kundschaft *f*
'cli·ent group *n* COMM Kundengruppe *f* **client-'ori·ent·ed** *adj* COMM kundenorientiert **client-re'·lated** *adj* COMM kundenbezogen **cli·ent-serv·er 'archi·tec·ture** *n* COMPUT Client-Server-Architektur *f* **cli·ent-serv·er 'net·work** *n* COMPUT Client-Server-Netzwerk *nt* **client-spe'cific** *adj* COMM kundenspezifisch **cli·ent 'state** *n* abhängiger Staat
cliff [klɪf] *n* Klippe *f,* Kliff *nt*
'cliff·hang·er *n* Thriller *m* **'cliff·top** *n* Felsspitze *f,* Klippenrand *m*
cli·mac·ter·ic [klaɪ'mæktərɪk, AM -tɚ-] *n (form)* Wechseljahre *pl,* Menopause *f* SCHWEIZ, Klimakterium *nt fachspr*
cli·mac·tic [klaɪ'mæktɪk] *adj usu attr* sich *akk* steigernd; **the ~ point** der Höhepunkt
cli·mate ['klaɪmət] *n* Klima *nt a. fig;* **change of ~** Klimawechsel *m;* **the ~ of the Mediterranean** das Mittelmeerklima; **the ~ of opinion** die Stimmungslage, die allgemeine Meinung; **the economic ~** das wirtschaftliche Klima; **an extreme ~** ein extremes Klima; **to move to a warmer ~** in wärmere Gegenden ziehen
'cli·mate change *n no pl* Klimaveränderung *f* **'cli·mate change levy** *n* BRIT Klimaschutzabgabe *f (Abgabe auf den Stromverbrauch im nicht-privaten Sektor)* **'cli·mate-neu·tral** *adj attr event, process* klimaneutral
cli·mat·ic [klaɪ'mætɪk, AM -t̬ɪk] *adj inv* klimatisch, Klima-; ■**to be ~** klimatisch bedingt sein; **~ changes** Klimaveränderungen *pl*
cli·ma·tolo·gist [ˌklaɪmə'tɒlədʒɪst, AM -'tɑːlə-] *n* Klimaforscher(in) *m(f),* Klimatologe, Klimatologin *m, f fachspr*
cli·ma·tol·ogy [ˌklaɪmə'tɒlədʒi, AM -'tɑːlə-] *n no pl* Klimakunde *f,* Klimatologie *f fachspr*
cli·max ['klaɪmæks] **I.** *n* Höhepunkt *m; (sexual also)* Orgasmus *m;* **to experience** [*or* **reach**] **~** einen Orgasmus haben
II. *vi* ❶ *(reach a high point)* einen Höhepunkt erreichen; ■**to ~ in sth** in etw *dat* gipfeln
❷ *(achieve orgasm)* einen Orgasmus haben
climb [klaɪm] **I.** *n* ❶ *(ascent)* Aufstieg *m; (climbing)* Klettertour *f;* ■**~ up/down the mountain** Aufstieg *m*/Abstieg *m;* **~ to power** *(fig)* Aufstieg *m* zur Macht
❷ AVIAT Steigflug *m;* **rate of ~** Steiggeschwindigkeit *f*
❸ *(increase)* Anstieg *m* (**in** *+gen)*
II. *vt* ❶ *(ascend, go up)* ■**to ~** [**up**] ○ **sth** auf etw *akk* [hinauf]steigen; **to ~** [**up**] **a hill** auf einen Hügel [hinauf]steigen; **to ~** [**up**] **a ladder** eine Leiter hinaufklettern; **to ~** [**up**] **the stairs** die Treppe hochgehen; **to ~** [**up**] **a tree** auf einen Baum [hoch]klettern
❷ *(get to the top)* **to ~ a hill** einen Hügel ersteigen; **to ~ a steep path** einen steilen Pfad erklimmen
▸PHRASES: **to ~ the walls** die Wände hochgehen *fig fam*
III. *vi* ❶ *(ascend)* [auf]steigen *a. fig;* **to ~ to a height of ...** AVIAT auf eine Höhe von ... steigen; ■**to ~ up** *road, path* sich *akk* hochschlängeln; *plant* hochklettern
❷ *(increase rapidly)* [an]steigen; *costs, prices also* klettern *fig*
❸ *(get into)* ■**to ~ into sth** *a car, sleeping bag* in etw *akk* hineinklettern; ***he ~ ed into his suit*** er stieg in seinen Anzug
❹ *(get out)* ■**to ~ out of sth** aus etw *dat* herausklettern
▸PHRASES: **to ~ on the bandwagon** *(fam)* auf den fahrenden Zug aufspringen; **the higher you ~ the harder you fall** wer hoch steigt, fällt tief *prov*
◆**climb down** *vi* ❶ *(descend)* heruntersteigen; *road* hinunterführen; **to ~ down from the summit** vom Gipfel absteigen; **to ~ down a tree** von einem Baum herunterklettern
❷ BRIT, AUS *(back down)* von seinem hohen Ross steigen *fam; (give in)* klein beigeben
climb·able ['klaɪməbl̩] *adj* besteigbar; **~ tree** bekletterbarer Baum
'climb-down *n* BRIT [Ein]geständnis *nt*
climb·er ['klaɪmər, AM -ɚ] *n* ❶ *(mountaineer)* Bergsteiger(in) *m(f); of rock faces* Kletterer, Kletterin *m, f*
❷ *(climbing plant)* Kletterpflanze *f*
❸ *(fig fam: striver for higher status)* Aufsteiger(in) *m(f) fam;* **a social ~** ein sozialer Aufsteiger/eine soziale Aufsteigerin *fam*
❹ AM *(climbing frame)* Klettergerüst *nt*
climb·ing ['klaɪmɪŋ] **I.** *n no pl (ascending mountains)* Bergsteigen *nt; (ascending rock faces)* Klettern *nt;* **to go ~** bergsteigen gehen
II. *adj attr, inv* ❶ *(of climbing plants)* Kletter-
❷ *(for going up mountains)* Kletter-, Bergsteiger-; **~ boots** Kletterschuhe *pl,* Bergschuhe *pl;* **~ centre** Kletterpark *m;* **~ equipment** Kletterausrüstung *f*
'climb·ing frame *n* BRIT Klettergerüst *nt*
'climb·ing harness *n* Klettergurt *m* **'climb·ing irons** *npl* Steigeisen *pl* **'climb·ing wall** *n* Kletterwand *f*
climes [klaɪmz] *npl (liter or hum: climate)* Klima *nt,* Witterung *f;* **sunnier ~** sonnigere Gefilde *hum*
clinch [klɪn(t)ʃ] **I.** *n* <*pl* -es> ❶ *(embrace)* Umschlingung *f;* **to be locked in a** [**tight**] **~** sich *akk* [fest] umschlingen
❷ *(in boxing)* Clinch *m,* Umklammerung *f;* **to get into a ~** sich *akk* umklammern; **to get out of a ~** sich *akk* aus einer Umklammerung lösen
II. *vt* ■**to ~ sth** ❶ *(settle decisively)* etw entscheiden; ***that ~ ed it for her*** damit war die Sache für sie klar; **to ~ a deal** einen Handel perfekt machen [*o* besiegeln]
❷ TECH **to ~ a nail** einen Nagel krumm schlagen
III. *vi (in boxing)* clinchen
clinch·er [klɪn(t)ʃər, AM -ɚ] *n (fam)* entscheidender Faktor; ***that was the real ~*** das gab den Ausschlag
cling <clung, clung> [klɪŋ] *vi* ❶ *(hold tightly)* klammern; **~ *on or you might fall over*** halt dich fest, damit du nicht hinfällst; ■**to ~ together** sich *akk* aneinanderklammern; *(in love)* einander umschlingen; ■**to ~ to sth** sich *akk* an etw *akk* klammern *a.*

fig; (fig) ***the road ~s to the coastline*** die Straße schmiegt sich eng an die Küste; **to ~ to the belief/hope that ...** sich *akk* an den Glauben/die Hoffnung klammern, dass...
② *(stick)* kleben; *(fig) smell* hängen bleiben; *child, lover* klammern
'cling·film *n no pl* BRIT Frischhaltefolie *f*
cling·ing ['klɪŋɪŋ] *adj* ① *(close-fitting)* eng anliegend *attr;* **a [very] ~ dress** ein hautenges Kleid
② *(emotionally)* klammernd *attr;* **a very ~ child** ein sehr anhängliches Kind
clingy ['klɪŋi] *adj* klammernd *attr*
clin·ic ['klɪnɪk] *n* Klinik *f;* **prenatal** [*or* BRIT **antenatal**] **~** geburtsvorbereitende Klinik; **ear, nose and throat ~** Hals-Nasen-Ohrenklinik *f;* **to hold a ~** BRIT *doctor* Sprechstunde haben; *MP* Sprechstunde abhalten
clini·cal ['klɪnɪkəl] *adj inv* ① *attr* klinisch; **Department of C~ Medicine** Abteilung *f* für Klinische Medizin; **~ test** klinische Untersuchung; **~ training** klinische Ausbildung; **~ trials** *pl* klinische Erprobung
② *(hospital-like) rooms, clothes* steril, kalt
③ *(emotionless) attitude, person* distanziert, nüchtern
clini·cal de·'pres·sion *n* klinische Depression
clini·cal·ly ['klɪnɪkəli] *adv inv* ① *(medically)* klinisch; **~ dead** klinisch tot; **~ proven** klinisch getestet
② *(in emotionless fashion)* distanziert, nüchtern
clini·cal psy·'chol·ogy *n no pl* klinische Psychologie **clini·cal ther·'mom·eter** *n* Fieberthermometer *nt*
cli·ni·cian [klɪ'nɪʃən] *n* Kliniker(in) *m(f)*
clink[1] [klɪŋk] **I.** *vt* ■**to ~ sth** mit etw *dat* klirren; *esp metal* mit etw *dat* klimpern; **to ~ glasses** die Gläser klingen lassen
II. *vi* klirren; *esp metal* klimpern
III. *n no pl* Klirren *nt; coins* Klimpern *nt*
clink[2] [klɪŋk] *n (fam)* Knast *m fam,* Kittchen *nt fam,* Kiste *f* SCHWEIZ *fam,* Häfen *m* ÖSTERR *sl;* **in [the] ~** im Knast [*o* Kittchen] *fam*
clink·er ['klɪŋkəʳ, AM -ɚ] *n* ① *no pl (residue)* Schlacke *f;* **~ brick** Klinkerstein *m*
② AM *(fam: reject)* Ausschuss *m kein pl*
clink·ing ['klɪŋkɪŋ] *n no pl* Geklirr *nt;* **~ of chains** Kettenrasseln *nt*
clip[1] [klɪp] **I.** *n* ① *(fastener)* Klipp *m; (for wires)* Klemme *f;* **bicycle ~** [Fahrrad]klammer *f;* **hair ~** [Haar]spange *f;* **paper ~** Büroklammer *f*
② *(for cartridges)* Ladestreifen *m*
③ *(jewellery)* Klipp *m,* Klips *m*
II. *vt* <-pp-> ■**to ~ sth together** *papers, documents* etw zusammenklammern [*o* zusammenheften]
clip[2] [klɪp] **I.** *n* ① *(trim)* Schneiden *nt; of a dog* Trimmen *nt; of a sheep* Scheren *nt;* **to give a hedge a ~** eine Hecke schneiden
② FILM, TV *(extract)* Ausschnitt *m,* Clip *m*
③ *(sharp blow)* Hieb *m geh,* Schlag *m;* **to get a ~ round the ear** eins hinter die Ohren bekommen *fam*
④ *no pl (fam: fast speed)* Tempo *nt;* **at a fast ~** mit einem Affenzahn *fam*
II. *vt* <-pp-> ① *(trim)* **to ~ a dog** einen Hund trimmen; **to ~ a hedge** eine Hecke stutzen; **to ~ one's nails** sich *dat* die Nägel schneiden; **to ~ sheep** Schafe scheren
② BRIT *(make a hole)* **to ~ a ticket** ein Ticket entwerten
③ *(fig: reduce)* ■**to ~ sth** etw verkürzen; *record* etw unterbieten
④ *(omit syllables)* **to ~ one's words** abgehackt sprechen, Silben verschlucken
⑤ *(attach)* ■**to ~ sth to sth** etw an etw *akk* anheften
⑥ *(touch)* ■**to ~ sth** etw streifen; **to ~ sb's ear** jdm eins hinter die Ohren geben; **to ~ the edge of the kerb** die Bordsteinkante streifen
▶ PHRASES: **to ~ sb's wings** *(fig)* jdm die Flügel stutzen
◆**clip on** *vt* ■**to ~ sth ⊃ on** etw mit einem Klipp befestigen
◆**clip out** *vt* ■**to ~ sth ⊃ out** etw ausschneiden
'clip-art *n* COMPUT Clipart *f* **'clip·board** *n* Klemmbrett *nt,* Manuskripthalter *m;* COMPUT Zwischenspeicher *m; (utility)* Zwischenablage *f*
clip-clop ['klɪp,klɒp, AM -'klɑ:p] **I.** *n* Klippklapp *nt,* Klappern *nt; of hooves* Getrappel *nt*
II. *vi* <-pp-> klappern
clip 'ear·ring *n* Ohrklipp *m,* Ohrklips *m* **'clip joint** *n (fam)* Nepplokal *nt pej fam* **'clip-on I.** *adj* ansteckbar; **~ earring** Ohrklipp *m,* Ohrklips *m;* **~ sunglasses** Sonnenschutzgläser *pl* zum Aufstecken **II.** *n* Klips *m; (bow-tie)* Selbstbinder *m veraltend; (sunglasses)* Sonnenschutzgläser *pl* zum Aufstecken **clip-on 'ear·ring** *n* Ohrklips *m,* Ohrklipp *m*
clipped [klɪpt] *adj* ① *(trimmed)* gestutzt
② *(cut short) way of speaking* abgehackt; *style* knapp
clip·per ['klɪpəʳ, AM -ɚ] *n* ① NAUT *(hist)* Klipper *m (schnelles Segelschiff)*
② AVIAT Clipper *m*
clip·pers ['klɪpəz, AM -ɚz] *npl* Schere *f*
clip·ping ['klɪpɪŋ] *n* **grass ~s** das gemähte Gras; **nail ~s** abgeschnittene Nägel; **newspaper ~** Zeitungsausschnitt *m,* Clipping *nt fachspr*
clique [kli:k, AM *also* klɪk] *n + sing/pl vb (pej)* Clique *f,* Klüngel *m pej*
cli·quish ['kli:kɪʃ, AM *also* klɪk-], **cli·quey** ['kli:ki, AM *also* klɪki] *adj (pej)* cliquenhaft, klüngelhaft *pej*
clito·ral ['klɪtərəl, AM -t̬ɚ-] *adj inv* klitoral
clito·ri·dec·to·my <*pl* -mies> [,klɪtərɪ'dektəmi] *n* Klitorisentfernung *f,* Klitoridektomie *f fachspr*
clito·ris ['klɪtərɪs, AM -t̬ɚəs] *n* Klitoris *f,* Kitzler *m*
Cllr *n abbrev of* **Councillor** Ratsmitglied *nt*
cloak [kləʊk, AM kloʊk] **I.** *n* ① *(garment)* Umhang *m*
② *(fig: cover for secret)* Deckmantel *m;* **under the ~ of darkness** im Schutz der Dunkelheit
II. *vt* ■**to ~ sth** etw verhüllen; **to be ~ed in mist** in Nebel gehüllt sein; **to be ~ed in secrecy** geheim gehalten werden
cloak-and-'dag·ger *adj* ① *(of melodramatic adventure)* Mantel-und-Degen-; ■**to be ~** abenteuerlich sein ② *(secret) meeting* geheim; *intrigue* undurchsichtig; **~ operation** Nacht-und-Nebel-Aktion *f* **'cloak·room** *n* ① *(room for leaving coats)* Garderobe *f* ② BRIT *(euph: toilet in public building)* Toilette *f;* **the gents/ladies ~** die Herren-/Damentoilette
clob·ber ['klɒbəʳ, AM 'klɑ:bɚ] **I.** *vt* ① *(fam: strike repeatedly)* ■**to ~ sb [with sth]** jdn [mit etw *dat*] verprügeln; **to ~ sb one** *(fam)* jdm eine scheuern [*o* kleben] *fam*
② *(fig fam: punish)* ■**to ~ sb** jdn bestrafen
③ *(fam: harm)* ■**to ~ sb** jdm schaden; **sb gets ~ed with the costs of sth** die Kosten einer S. *gen* schröpfen jdn
④ *(fam: defeat heavily)* ■**to ~ sb** jdn vernichtend schlagen
II. *n no pl* BRIT, AUS *(fam)* Zeug *nt oft pej fam,* Kram *m fam*
cloche [klɒʃ, AM kloʊʃ] *n* ① *(for plants)* Glasschutz *m; (of plastic)* Abdeckfolie *f*
② *(bell-shaped hat)* Glockenhut *m*
clock [klɒk, AM klɑ:k] **I.** *n* ① *(for time measuring)* Uhr *f;* **alarm ~** Wecker *m;* **the ~ chimes** [*or* **strikes**] **...** die Uhr schlägt ...; **the ~ says ...** die Uhr zeigt ... [an]; **to put** [*or* **turn**] **the ~ back** die Uhr zurückstellen; **to put** [*or* **turn**] **the ~ forward** [*or* BRIT **on**] die Uhr vorstellen; **to put** [*or* **turn**] **the ~s back** *(fig)* die Zeit zurückdrehen; ***the court's decision will put the ~s back fifty years*** dieses Gerichtsurteil wirft die Rechtsprechung um fünfzig Jahre zurück; **to have** [*or* **keep**] **one's eye on the ~** ständig auf die Uhr gucken; **to run against the ~** auf Zeit laufen; **to set a ~** eine Uhr stellen; **to watch the ~** ständig auf die Uhr gucken; **to work against the ~** gegen die Zeit arbeiten; **to work according to** [*or* **by**] **the ~** die Arbeitszeit genau einhalten; **round** [*or* **around**] **the ~** rund um die Uhr *fam*
② *(speedometer, mileometer)* Tachometer *m o nt,* Tacho *m o nt fam*
II. *vt* ① *(measure speed)* ■**to ~ sb at sth:** ***he was ~ed at 10 seconds for the 100 metres*** er lief die 100 Meter in 10 Sekunden; ■**to ~ sb doing sth:** ***the police ~ed him doing 80 mph*** die Polizei blitzte ihn mit 128 km/h
② *(run or travel at speed of)* ■**to ~ sth:** ***this car can ~ 240 kmh*** dieses Auto hat bis zu 240 Sachen drauf *fam;* ***he ~ed 10 seconds in the 100 metres*** er lief die 100 Meter in 10 Sekunden
③ *(fam: hit, strike)* ■**to ~ sb [one]** jdm eine kleben [*o* schmieren] *fam*
◆**clock in** *vi* ① *(record arrival time)* stechen *fam,* den Arbeitsbeginn registrieren
② *(fig fam: arrive)* ankommen, eintreffen; *(without hurry)* eintrudeln *fam*
◆**clock out** *vi* ① *(record departure time)* stechen *fam,* das Arbeitsende registrieren
② *(fig fam: leave work)* Feierabend machen
◆**clock up** *vt* ■**to ~ up ⊃ sth** ① *(travel a specific distance)* etw fahren
② *esp* BRIT *(attain) victory, medal* etw für sich *akk* verbuchen können
'clock·face *n* Zifferblatt *nt*
clock·ing-in time [klɒkɪŋ'ɪn,-, AM klɑ:k-] *n* Stechzeit *f (spätester Zeitpunkt, an dem man sich am Arbeitsplatz registriert haben muss)*
clock 'ra·dio *n* Radiowecker *m* **'clock tim·er** *n* Zeitschaltuhr *f* **'clock tow·er** *n* Uhrenturm *m* **'clock-watch·er** *n (pej) jd, der ständig auf die Uhr sieht* **'clock-watch·ing** *n no pl (pej)* dauerndes Auf-die-Uhr-Sehen
clock·wise ['klɒkwaɪz, AM 'klɑ:k-] **I.** *adj usu attr, inv* im Uhrzeigersinn; **to turn sth in a ~ direction** etw im Uhrzeigersinn drehen
II. *adv* im Uhrzeigersinn; **to move/turn ~** sich *akk* im Uhrzeigersinn bewegen/drehen
'clock·work I. *n no pl* Uhrwerk *nt;* ***everything is going like ~*** alles läuft wie am Schnürchen *fam;* **~ toy** Spielzeug *nt* zum Aufziehen; **regular as ~** pünktlich wie ein Uhrwerk; ***my daughter always calls me on Friday evenings, regular as ~*** meine Tochter ruft mich immer freitagabends an, ich kann fast die Uhr danach stellen
II. *adj* präzise, exakt; **with ~ precision** mit der Präzision eines Uhrwerks
clod [klɒd, AM klɑ:d] *n* ① *(of earth, clay)* Klumpen *m*
② *(dated: stupid person)* Trottel *m pej fam*
'clod·hop·per *n* ① *(fam: large heavy shoe)* Quadratlatschen *pl hum fam* ② *(fam: clumsy or awkward person)* Tollpatsch *m fam,* Trampel *m o nt meist pej fam* **'clod·hop·ping** *adj* ① *(fam: heavy) shoes* klobig ② *(fam: boorish)* plump; *(awkward)* ungeschickt; *(clumsy)* schwerfällig
clog [klɒg, AM klɑ:g] **I.** *n* Holzschuh *m,* Zoccoli *pl* SCHWEIZ; *(modern kind)* Clog[s] *m[pl]*
▶ PHRASES: **to pop one's ~** BRIT *(sl)* den Löffel abgeben *fam,* abkratzen *derb*
II. *vi* <-gg-> ■**to ~ [up]** *pipe* verstopfen
III. *vt* <-gg-> ■**to ~ sth ⊃ up** etw verstopfen; **to ~ [up] the drains** den Abfluss verstopfen
'clog-dance *n* Holzschuhtanz *m*
clogged [klɒgd, AM klɑ:gd] *adj drain* verstopft
clois·ter ['klɔɪstəʳ, AM -ɚ] *n usu pl* Kreuzgang *m*
clois·tered ['klɔɪstəd, AM -ɚd] *adj* ① *(of a cloister)* **a ~ court** ein [Kloster]hof *m* mit einem Kreuzgang
② *(secluded)* weltabgeschieden; *(sheltered)* [klösterlich] behütet; **to lead a ~ life** in einer Welt für sich *akk* leben
clone [kləʊn, AM kloʊn] **I.** *n* ① *(produced asexually)* Klon *m*
② *(pej: imitation)* Kopie *f oft pej*
③ TECH Nachbau *m*
II. *vt* ■**to ~ sth/sb** jdn/etw klonen
clon·ing ['kləʊnɪŋ, AM 'kloʊn-] *n no pl* Klonen *nt;* **reproductive ~** Klonen *nt* von Menschen; **therapeutic ~** therapeutisches Klonen
clonk [klɒŋk, AM klɑ:ŋk] **I.** *vi* klirren, scheppern klappern
II. *vt (fam)* ■**to ~ sb/sth** jdm/etw eins überziehen *fam,* in jdn/etw reinhauen *fam*
close[1] [kləʊs, AM kloʊs] **I.** *adj usu pred* ① *(short dis*

tance) nah[e]; ***let's go to the ~st pub*** lasst uns in das nächste Pub gehen!; ■ **to be ~ to sth** in der Nähe einer S. *gen* liegen; ***our guest-house was ~ to the sea*** unsere Pension war nicht weit vom Meer entfernt; **~ combat** Nahkampf *m;* **~ to the ground** dicht über dem Boden; **in ~ proximity** in unmittelbarer Nähe; **at ~ quarters** aus der Nähe [betrachtet]; **at ~ range** aus kurzer Entfernung; **~ together** nahe [*o* dicht] beieinander

② *(near)* **to be ~ to exhaustion** total erschöpft sein; **to be ~ to perfection** so gut wie perfekt sein; **to be ~ to tears** den Tränen nahe sein

③ *(near in time)* nahe [bevorstehend]; ***it's ~ to Christmas*** Weihnachten steht vor der Tür; ***war is ~*** ein Krieg steht unmittelbar bevor; **~ together** nahe [*o* dicht] beieinander

④ *(intimate)* ■ **to be ~ to sb** jdm [sehr] nahestehen; ***my brother and I have always been very ~*** mein Bruder und ich standen uns schon immer sehr nahe; ***... because of their ~ links with terrorist groups*** ... wegen ihrer engen Verbindung zu Terrorgruppen; **~ bond** enges Band; **~ co-operation** enge Zusammenarbeit; **just ~ family** nur die nächsten Verwandten; **~ friend** enger Freund/enge Freundin; **~ friendship** enge Freundschaft; **~ links** eine enge Verbindung; **~ relatives** nahe Verwandte

⑤ *(little space between)* eng; **~ handwriting** enge Schrift; **ten pages of ~ print** zehn eng bedruckte Seiten; **~ ranks** geschlossene Reihen; **~ weave** dichtes Gewebe

⑥ *(fig: dense)* **~ argument** stichhaltiges Argument; **~ reasoning** geschlossene Argumentation

⑦ *(almost equal)* knapp; ***the race is going to be a ~ contest*** das wird ein Kopf-an-Kopf-Rennen!; ***the election was too ~ to call*** der Ausgang der Wahl war völlig offen; **~ race** Kopf-an-Kopf-Rennen *nt*

⑧ *(similar)* **to be the ~st equivalent to sth** etw *dat* am nächsten kommen; **~ resemblance** große Ähnlichkeit; **to bear a ~ resemblance to sb/sth** jdm/etw sehr ähnlich sehen/sein

⑨ *(exact)* genau; **to pay ~ attention to sb** jdm gut zuhören; **to pay ~ attention to sth** genau auf etw *akk* achten; **to keep a ~ eye on sth** etw gut im Auge behalten

⑩ *(secret)* verschwiegen; ***she's very ~ about her relationship*** was ihre Beziehung angeht, ist sie sehr verschwiegen; **~ secret** großes Geheimnis

⑪ *(airless, stifling)* schwül; *(in room)* stickig

⑫ *(mean)* knauserig *pej*

⑬ *(almost)* **~ to** [*or* **on**] **...** nahezu ..., fast ...; **~ to midnight** kurz vor Mitternacht

⑭ LING **~ vowel** geschlossener Vokal

▸PHRASES: **to be ~ to the bone** der Wahrheit ziemlich nahekommen; **that was a ~ call!** das war knapp!; **that was too ~ for comfort!** das ging gerade nochmal gut!; *(distance)* ***she lives too ~ for comfort*** sie wohnt näher als ihr lieb ist; **to hold** [*or* **keep**] **one's cards ~ to one's chest** sich *dat* nicht in die Karten sehen lassen; **that was a ~ shave!** das war knapp! *fam;* **to have had a ~ shave** gerade noch davongekommen sein

II. *adv (near in location)* nahe; *(near in time)* nahe [bevorstehend]; ***please come ~r*** kommen Sie doch näher!; ***the election is getting ~*** die Wahlen stehen unmittelbar vor der Tür; ***she came ~ to getting that job*** fast hätte sie die Stelle bekommen; **to come ~ to blows** beinahe handgreiflich werden; **to be ~ at hand** *person* in Reichweite sein; *event* unmittelbar bevorstehen; **to come ~ to tears** den Tränen nahekommen; **to come ~ to the truth** der Wahrheit [ziemlich] nahekommen; **to get ~ to sb/sth** jdm/etw nahekommen; **to hold sb ~** jdn fest an sich drücken; **on looking ~r** bei genauerem Hinsehen; ■ **~ by** in der Nähe; ***the little child stood ~ by his mother*** das kleine Kind stand dicht bei seiner Mutter; ■ **from ~ up** aus der Nähe; ■ **~ together** dicht beieinander; ***please stand ~r together*** können Sie vielleicht noch ein bisschen aufrücken?; ***these appointments are too ~ together*** diese Termine liegen einfach zu dicht aufeinander

▸PHRASES: **to sail ~ to the wind** sich *akk* hart an der Grenze des Erlaubten bewegen

III. *vi* ① *(move nearer)* ■ **to ~ on sb/an animal** sich *akk* jdm/einem Tier [bedrohlich] nähern

② STOCKEX *(reach a price)* ***shares ~d at 15 dollars*** die Aktien erreichten eine Schlussnotierung von 15 Dollar

IV. *n* BRIT Hof *m; (in street names) Straßenname für Sackgassen; (around cathedral)* Domhof *m;* SCOT *schmaler, meist offener Durchgang oder Hof*

close² [kləʊz, AM kloʊz] **I.** *vt* ① *(shut)* ■ **to ~ sth** etw schließen; **to ~ a book** ein Buch zumachen; **to ~ a company/factory/shop** einen Betrieb/eine Fabrik/einen Laden schließen; **to ~ the curtains** die Vorhänge zuziehen; **to ~ the door/one's mouth/the window** die Tür/seinen Mund/das Fenster zumachen; **to ~ one's ears** *(fig)* sich *akk* taub stellen; **to ~ one's eyes** seine Augen zumachen [*o* schließen]; **to ~ one's eyes to sth** *(fig)* die Augen vor etw *dat* verschließen; **to ~ a plant/railway line** ein Werk/eine Bahnstrecke stilllegen; **to ~ ranks** die Reihen schließen; ***the party has ~d ranks on the issue*** die Partei nimmt dem Thema gegenüber eine geschlossene Stellung ein; **to ~ a road** eine Straße sperren; ECON, FIN **to ~ an account** ein Konto auflösen

② *(bring to an end)* ***the matter is ~d*** der Fall ist abgeschlossen; ***the performance was ~d with 'Auld Lang Syne'*** die Aufführung endete mit dem Lied ‚Auld Lang Syne'; **to ~ a bank account** ein Konto auflösen; **to ~ a case** LAW einen Fall abschließen; ***case ~d*** *also* LAW der Fall ist abgeschlossen; **to ~ a deal** einen Handel [ab]schließen; **to ~ a discussion** eine Diskussion beenden; ***let's ~ this discussion with a brief summary*** lassen Sie mich diese Diskussion mit einer kurzen Zusammenfassung abschließen; **to ~ a meeting** eine Besprechung beenden

③ *(make smaller)* ■ **to ~ sth** etw schließen; **to ~ the gap between x and y** die Kluft zwischen x und y überwinden

④ ELEC **to ~ a circuit** einen Stromkreis schließen

⑤ COMPUT **to ~ a file** eine Datei zumachen [*o* schließen]

▸PHRASES: **to ~ the stable door after the horse has bolted** den Brunnen erst zudecken, wenn das Kind hineingefallen ist *prov*

II. *vi* ① *(shut) wound* sich schließen; *door, window, lid* zugehen; *shop, bank* schließen; ***her eyes ~d in tiredness*** vor Müdigkeit fielen ihr die Augen zu; ***this box doesn't ~ properly*** diese Kiste geht nicht richtig zu

② *(shut down)* schließen; *shop* zumachen; *factory also* stilllegen

③ *(end)* zu Ende gehen; *meeting* schließen; *play* abgesetzt werden; STOCKEX ***the pound ~d at $1.62*** das Pfund schloss mit 1,62 Dollar

④ *(approach)* sich *akk* nähern; ***the tanks ~d to within 50 metres of the frontline*** die Panzer kamen bis auf 50 Meter an die Front heran

III. *n* ① *no pl (end)* Ende *nt,* Schluss *m;* **to bring** [*or* **draw**] **sth to a ~** etw beenden; **to come to a ~** zu Ende gehen, enden; **to draw to a ~** sich dem Ende zuneigen; **at the ~ of business** bei Geschäftsschluss; **at the ~ of trading** bei Börsenschluss

② STOCKEX Börsenschluss *m;* **by the ~** bei Börsenschluss

③ *(in cricket)* ■ **the ~** *Ende des Spieltages beim Kricket*

④ MUS Kadenz *f*

◆**close down I.** *vi shop, business* schließen, zumachen; *factory* stillgelegt werden, den Betrieb einstellen; BRIT TV, RADIO Sendeschluss haben

II. *vt* ■ **to ~ down** ◯ **sth** etw schließen; **to ~ down a factory** eine Fabrik stilllegen; **to ~ down a shop** einen Laden zumachen

◆**close in** *vi* ① *(come near)* aufrücken, immer näher kommen; ■ **to ~ in on sb/sth** sich *akk* jdm/etw immer mehr nähern; *(surround)* jdn/etw umzingeln; **to ~ in for the kill** zum Todesstoß ansetzen; *(fig)* zum entscheidenden Schlag ausholen *fig*

② *(start) darkness* hereinbrechen; *(end) days* kürzer werden

③ METEO ***the weather has ~d in*** es hat zugezogen

◆**close off** *vt usu passive* ■ **to ~ off** ◯ **sth** etw absperren [*o* abriegeln]; ■ **to be ~d off** abgesperrt sein; *road* gesperrt sein; **to ~ off a road** eine Straße sperren; **to ~ off a room** ein Zimmer verriegeln

◆**close out I.** *vt* ① *(prevent from entering)* ■ **to ~ out** ◯ **sth** *sound, light* etw aussperren; ***she closed out the light*** sie verdunkelte das Zimmer

② AM *(bring to an end)* ■ **to ~ out** ◯ **sth** *conversation* etw beenden

③ AM *(get rid)* ■ **to ~ out** ◯ **sth** etw abstoßen

II. *vi* ECON, FIN eine Kauf-/Verkaufsposition schließen

◆**close up I.** *vi* ① *(shut) flower, oyster, wound* sich schließen

② MIL *troops* aufrücken

③ *(get nearer) people* zusammenrücken, aufschließen

④ *(become blank) face* sich versteinern

⑤ *(lock up)* abschließen

II. *vt* ■ **to ~ up** ◯ **sth** ① *(shut securely)* etw abschließen

② *(shut completely) firm, shop* etw schließen

◆**close with** *vi* ■ **to ~ with sb** *boxer* mit jdm ringen; ***the man ~d with him in hand-to-hand fighting*** der Mann fing ein Handgemenge mit ihm an

close-ˈby I. *adj pred* in der Nähe

II. *adv* in der Nähe

close ˈcom·pa·ny *n* BRIT ECON Gesellschaft *f* mit geringer Mitgliederzahl **close cor·po·ˈra·tion** *n* AM ECON personenbezogene Aktiengesellschaft **ˈclose count** *n* FIN Schlusszählung *f* **ˈclose-cropped** *adj* kurz geschnitten; **~ hair** Stoppelfrisur *f,* Meckischnitt *m* BRD *fam*

closed [kləʊzd, AM kloʊzd] *adj* ① *(not open)* geschlossen, zu *fam;* **a ~ book** *(fig)* ein Buch *nt* mit sieben Siegeln *fig;* **behind ~ doors** *(fig)* hinter verschlossenen Türen *fig*

② *(concluded)* abgeschlossen

③ LAW, POL *(not public)* nicht öffentlich

closed cir·cuit ˈtele·vi·sion *n* interne Fernsehanlage; *(for surveillance)* Fernsehüberwachungsanlage *f* **closed-ˈdoor** *adj* geheim; **~ meeting** Besprechung *f* hinter verschlossenen Türen **closed eˈcono·my** *n* Staatshandel *m* **ˈclosed-end** *adj attr, inv* FIN **~ deposit** geschlossenes Depot; **~ fund** geschlossener Fonds, Closed-End-Fonds *m* **closed ˈfund** *n* geschlossener [Investment]fonds **closed ˈmar·ket** *n* geschlossener Markt

ˈclose-down *n* [Geschäfts]schließung *f; of a factory* Stilllegung *f;* TV, RADIO Sendeschluss *m*

ˈclosed sea·son *n* Schonzeit *f* **closed ˈses·sion** *n* LAW geschlossene [*o* nicht öffentliche] Sitzung **closed ˈshop** *n* Closed Shop *m,* Unternehmen *nt* mit Gewerkschaftszwang

ˈclose-end·ed, AM **ˈclosed-end** *adj inv* ECON, FIN mit im Voraus festgesetzter Emissionshöhe *nach n* **close-ˈfit·ting** *adj* eng anliegend [*o* sitzend]; ■ **to be ~** eng anliegen **ˈclose-grained** *adj* feinkörnig; **~ wood** [*or* **timber**] fein gemasertes Holz **ˈclose-knit** *adj* eng verbunden; ***they're such a ~ village*** in der Gemeinde kennt jeder jeden

close·ly [ˈkləʊsli, AM ˈkloʊ-] *adv* ① *(intimately)* eng; **to be ~ linked** eng miteinander verbunden sein; **~ related** nah[e] verwandt; **~ woven** fest miteinander verwoben; **to hold sb ~** jdn fest an sich *akk* drücken

② *(carefully)* **a ~ guarded secret** ein sorgfältig gehütetes Geheimnis; **to listen ~** genau zuhören

ˈclose·ly held *adj* ECON, FIN im Besitz von nur wenigen Aktionären *nach n, präd*

close·ness [ˈkləʊsnəs, AM ˈkloʊ-] *n* ① *no pl (nearness)* Nähe *f*

② *no pl (intimacy)* Vertrautheit *f,* Intimität *f*

③ BRIT *(airlessness)* Schwüle *f; (stuffiness)* Stickigkeit *f; of the weather* Schwülheit *f*

ˈclose-out AM **I.** *n* Räumungsverkauf *m,* Ausverkauf *m*

II. *adj attr, inv* Räumungs-; **~ sale** Räumungsverkauf *m* [wegen Geschäftsaufgabe]

close-run ['kləʊsrʌn, AM 'kloʊs] *adj inv* knapp
'close sea·son *n* AM HUNT Schonzeit *f;* BRIT SPORT Saisonpause *f*
close-'set *adj* dicht beieinanderliegend; ~ **eyes** eng zusammenstehende Augen
clos·et ['klɒzɪt, AM 'klɑ:-] **I.** *n esp* AM *(cupboard)* [Wand]schrank *m; (for storage)* Abstellraum *m; (for food)* Vorratsraum *m*
▸PHRASES: **to come out of the** ~ seine Homosexualität bekennen, sich *akk* outen
II. *adj attr* heimlich; **a** ~ **alcoholic** ein heimlicher Trinker/eine heimliche Trinkerin
III. *vt* ① *(stay shut away)* **to** ~ **oneself in one's room** sich *akk* in seinem Zimmer einschließen; **to** ~ **oneself in one's study** sich *akk* im Arbeitszimmer vergraben
② *usu passive* ■**to be** ~**ed with sb** mit jdm hinter verschlossenen Türen tagen
'close-up *n* Nahaufnahme *f*
clos·ing ['kləʊzɪŋ, AM 'kloʊ-] **I.** *adj usu attr, inv* End-, Schluss-; **the** ~ **phase of a project** die Endphase eines Projekts; ~ **remarks** abschließende Worte; ~ **speech** Schlussrede *f*
II. *n* ① *(bringing to an end)* Beenden *nt kein pl,* Schließen *nt kein pl; (action of closing)* Schließung *f*
② *(end of business hours)* Geschäftsschluss *m,* Ladenschluss *m;* **Sunday** ~ BRIT Geschlossenbleiben *nt* der Geschäfte an Sonntagen; **early** ~ früher Geschäfts-/Ladenschluss
clos·ing 'bal·ance *n* ECON Endsaldo *m* **'clos·ing date** *n* Schlusstermin *m; (for competition)* Einsendeschluss *m; (for work due)* Abgabetermin *m;* FIN *(cut-off date)* Stichtag *m* (**for** für +*akk*); ~ **of the accounts** FIN Abschlussdatum *nt* **clos·ing 'down** *n* Schließung *f* **clos·ing-'down sale** *n* Räumungsverkauf *m,* Ausverkauf *m,* SCHWEIZ *a.* Totalliquidation *f* **clos·ing 'out** *n* ECON, FIN Beendigung *f* eines Terminkontrakts **'clos·ing price** *n* Schlusspreis *m;* STOCKEX Schlussnotierung *f* **clos·ing quo·'ta·tion** *n* STOCKEX Schlusskurs *m* **'clos·ing stock** *n* ECON Schlussbestand *m* **'clos·ing time** *n (for shop)* Ladenschluss *m; (for staff)* Feierabend *m; (of pub)* Sperrstunde *f,* Polizeistunde *f*
clo·sure ['kləʊʒəʳ, AM 'kloʊʒɚ] **I.** *n* ① *(of shop, institution)* Schließung *f; of street* Sperrung *f;* **the** ~ **of a pit** die Stilllegung einer Grube
② *(end)* **to have** ~ etw verarbeiten; ***do we have ~ about this affair?*** ist diese Sache endlich gegessen?; ~ **motion** POL Antrag *m* auf Schluss der Debatte
II. *vt* POL **to** ~ **the debate** die Debatte schließen
clot [klɒt, AM klɑ:t] **I.** *n* ① *(semi-solid lump)* Klumpen *m;* [**blood**] ~ [Blut]gerinnsel *nt*
② BRIT *(dated or hum fam: stupid person)* Dummkopf *m pej,* Trottel *m pej*
II. *vi* <-tt-> *blood, liquid* gerinnen, koagulieren *fachspr;* **an anti-**[**blood**] ~**ting agent** ein Blutverdünnungsmittel *nt*
cloth [klɒθ, AM klɑ:θ] **I.** *n* ① *no pl (woven material)* Tuch *nt,* Stoff *m*
② *(for cleaning)* Wischtuch *nt,* Lappen *m;* **dish**~ Spültuch *nt,* Spüllappen *m*
③ *(clergy)* Geistlichkeit *f;* **a man of the** ~ ein Geistlicher *m*
▸PHRASES: **to cut one's coat according to one's** ~ *(prov)* sich *akk* nach der Decke strecken
II. *n modifier (tablecloth, bag, jacket)* Stoff-; ~ **jacket** Textiljacke *f*
cloth 'cap I. *n* BRIT [wollene] Schirmmütze
II. *adj* BRIT Arbeiter-; ■**to be** ~ proletenhaft sein *pej;* **the** ~ **mentality** die [typische] Arbeitermentalität
clothe [kləʊð, AM kloʊð] *vt* ① *(dress)* ■**to** ~ **sb** jdn anziehen [*o* [be]kleiden]; *(fit with clothes)* jdn einkleiden; **fully/partially** ~**d** vollständig/teilweise bekleidet; ~**d all in white** ganz in Weiß [gekleidet]
② *(fig: fit with)* ■**to** ~ **sth** etw bedecken [*o geh* bekleiden]
'cloth-ears *n* BRIT *(dated or pej fam)* Doofmann *m pej fam*
clothes [kləʊ(ð)z, AM kloʊ(ð)z] *npl* Kleider *pl; (collectively)* Kleidung *f kein pl;* **designer** ~ Modellkleider *pl;* **to put one's** ~ **on** sich *akk* anziehen; **to take one's** ~ **off** sich *akk* ausziehen
'clothes bas·ket *n* Wäschekorb *m* **'clothes brush** *n* Kleiderbürste *f* **'clothes-hang·er** *n* Kleiderbügel *m* **'clothes horse** *n* ① *(for drying clothing)* Wäscheständer *m* ② *(pej fam: slavish fashion fan)* Modefreak *m* **'clothes line** *n* Wäscheleine *f* **'clothes-moth** *n* [Kleider]motte *f* **'clothes peg,** AM **'clothes pin** *n* Wäscheklammer *f* **'clothes rack** *n* Kleiderständer *m* **'clothes shop** *n* Kleidergeschäft *nt*
clo·thi·er ['kləʊðiəʳ, AM 'kloʊsðiɚ] *n* Wirkwarenhändler(in) *m(f)*
cloth·ing ['kləʊðɪŋ, AM 'kloʊ-] *n no pl* Kleidung *f;* **an article** [*or* **item**] **of** ~ ein Kleidungsstück *nt;* **food and** ~ Essen und Kleidung
▸PHRASES: **a wolf in sheep's** ~ ein Wolf *m* im Schafspelz
'cloth·ing in·dus·try *n* Bekleidungsindustrie *f*
clot·ted cream [,klɒtɪd'-] *n* BRIT *stichfester Rahm mit sehr hohem Fettanteil*
clot·ting ['klɒtɪŋ, AM 'klɑ:t̬-] *n no pl* BIOL, CHEM Gerinnung *f,* Koagulierung *f;* ~ **factor** Gerinnungsfaktor *m*
clo·ture ['kloʊtʃɚ] *n* AM LAW Antrag *m* auf Schluss der Debatte
cloud [klaʊd] **I.** *n* ① *(in sky)* Wolke *f;* **cirrus** ~ Federwolke *f,* Zirruswolke *f;* **cumulus** ~ Kumuluswolke *f;* **rain** ~ Regenwolke *f;* **stratus** ~ Schichtwolke *f,* Stratuswolke *f*
② *(mass)* ~ **of dust/smoke/tear gas** Staub-/Rauch-/Tränengaswolke *f; of insects* Schwarm *m; (fig)* ***the*** ~ ***of suspicion hanging over his head*** der auf ihm lastende Verdacht
▸PHRASES: **to have one's head in the** ~**s** mit seinen Gedanken ganz woanders sein; **a** ~ **on the horizon** ein Wölkchen am Horizont; ***the only ~ on the horizon is my in-laws coming to stay in December*** nur der Besuch meiner Schwiegereltern im Dezember liegt mir auf der Seele; **to be on** ~ **nine** *(dated)* im siebten Himmel schweben; **every** ~ **has a silver lining** *(prov)* jedes Unglück hat auch sein Gutes; **to be under a** ~ keinen guten Ruf haben
II. *vt* ① *(fig: obscure)* ■**to** ~ **sth** etw vernebeln; **to** ~ **an issue** eine Angelegenheit verschleiern; **to** ~ **sb's memory** jds Erinnerungsvermögen trüben
② *(fig: make sad)* **to** ~ **sb's spirit** jdn betrüben
III. *vi face* sich verdüstern
◆**cloud over** *vi* ① *(become cloudy)* ***the sky has ~ed over*** der Himmel ist bewölkt [*o* bedeckt]; ***it always ~s over like this in the afternoon*** es zieht sich am Nachmittag immer so zu *fam*
② *(become gloomy)* sich *akk* verdüstern; *face* sich *akk* verfinstern
③ *(become misty) eyes* sich *akk* mit Tränen füllen, feucht werden
'cloud bank *n* Wolkenbank *f,* Wolkenwand *f* **'cloud·burst** *n* Wolkenbruch *m* **'cloud-capped** *adj* wolkenverhangen; ~ **hills/mountains** wolkenverhangene Hügel/Berge **'cloud cham·ber** *n* NUCL Nebelkammer *f* **'cloud cov·er** *n* Wolkendecke *f* **cloud 'cuckoo land** *n (pej)* Wolkenkuckucksheim *nt;* **to live in** ~ auf dem Mond leben
cloud·ed ['klaʊdɪd] *adj* ① *(cloudy)* bewölkt, bedeckt
② *(not transparent) liquid* trüb
③ *(confused) mind* vernebelt, getrübt
'cloud for·est *n* Nebelwald *m,* Wolkenwald *m*
cloudi·ness ['klaʊdɪnəs] *n no pl* ① *(opaqueness)* Trübung *f*
② *(cloud cover)* Wolkigkeit *f*
③ *(tearfulness)* Tränen *pl*
cloud·less ['klaʊdləs] *adj* wolkenlos, klar
'cloud tem·pera·ture *n* CHEM Trübungspunkt *m*
cloudy ['klaʊdi] *adj* ① *(overcast)* bewölkt, bedeckt
② *(not transparent) liquid* trüb
clout [klaʊt] **I.** *n* ① *(fam: hit)* Schlag *m;* **to get a** ~ **round the ears** eins hinter die Ohren kriegen *fam;* **to give sb a** ~ jdm eine runterhauen *fam;* **to give sth a** ~ auf etw *akk* schlagen; ***give Thomas a good ~ on the head if he keeps pestering you like that*** gib Thomas einmal richtig eins auf den Deckel, wenn er dich dauernd so ärgert *fam*
② *no pl (power)* Schlagkraft *f;* **political** ~ politische Macht; **to have** ~ Einfluss haben; ***she's got quite a bit of ~ around here*** sie hat hier eine Menge Einfluss
II. *vt (fam)* ■**to** ~ **sb** jdm eine schmieren *fam;* ***I'll ~ you round the head if you say that again!*** du kriegst gleich eins auf den Deckel, wenn du das nochmal sagst! *fam;* ■**to** ~ **sth** auf etw *akk* schlagen
clove[1] [kləʊv, AM kloʊv] *n* ~ **of garlic** Knoblauchzehe *f*
clove[2] [kləʊv, AM kloʊv] *n* Gewürznelke *f;* **ground** ~**s** gemahlene Nelken
clove[3] [kləʊv, AM kloʊv] *pt of* **cleave**
clo·ven ['kləʊvᵊn, AM 'kloʊ-] *pp of* **cleave**
clo·ven 'hoof *n of devil* Pferdefuß *m* **clo·ven-'hooved** *adj inv* paarhufig **clo·ven-hooved 'ani·mal** *n* Paarhufer *m*
clo·ver ['kləʊvəʳ, AM 'kloʊvɚ] *n no pl* Klee *m;* **four-leaf** ~ vierblättriges Kleeblatt
▸PHRASES: **to be in** ~ wie Gott in Frankreich leben
'clo·ver·leaf *n* BOT, TRANSP Kleeblatt *nt*
clown [klaʊn] **I.** *n* ① *(entertainer)* Clown *m*
② *(funny person)* Kasper *m hum fam,* Kasperl *m* ÖSTERR *fam,* Witzbold *m hum fam; (ignorant person)* Trottel *m pej,* Dummkopf *m pej*
II. *vi* ■**to** ~ **around** [*or* **about**] herumalbern, herumblödeln *fam*
clown·ish ['klaʊnɪʃ] *adj* clownhaft, albern; ~ **behaviour** Clownerie *f,* Albernheit *f*
cloy [klɔɪ] *vt* ■**to** ~ **sth** etw sättigen
cloy·ing ['klɔɪɪŋ] *adj (liter)* ① *(pej: too sweet)* übermäßig süß; ~ **pastry** extrem süßes Teilchen; ~ **perfume** widerwärtig süßliches Parfüm
② *(pej: insincerely sweet)* süßlich; ***her ~ manner*** ihr süßliches Gehabe
③ *(pej: emotionally excessive)* übersteigert, exzessiv; ~ **sentimentality** übertriebene Sentimentalität
cloy·ing·ly ['klɔɪɪŋli] *adv (pej)* übermäßig; ~ **sweet** furchtbar süß
cloze test ['kləʊztest, AM 'kloʊz] *n* Lückentest *m*
club [klʌb] **I.** *n* ① *(group)* Klub *m,* Verein *m;* **golf/squash/tennis** ~ Golf-/Squash-/Tennisklub *m;* **member of the** ~ Klubmitglied *nt;* **to join a** ~ einem Verein beitreten; ***join the ~!*** *(fam)* du [also] auch!; **welcome to the** ~! willkommen im Klub!, gratuliere!
② SPORT *(team)* [Sport]verein *m,* Klub *m;* **volleyball** ~ Volleyballverein *m*
③ SPORT *(bat)* Schläger *m;* **golf** ~ Golfschläger *m*
④ *(weapon)* Knüppel *m,* Keule *f;* **wooden** ~ Holzkeule *f*
⑤ CARDS Kreuz *nt,* Eichel *f;* **queen of** ~**s** Kreuzdame *f*
⑥ *(disco)* Diskothek *f,* Klub *m*
▸PHRASES: **to be in the** ~ BRIT *(dated sl)* in anderen Umständen sein
II. *vt* <-bb-> ■**to** ~ **sb/sth** auf jdn/etw einknüppeln; **to** ~ **sb/an animal to death** jdn/ein Tier erschlagen [*o* totschlagen]; **to** ~ **sb to the ground** jdn niederknüppeln
◆**club together** *vi persons* sich *akk* zusammentun; *(put money together)* zusammenlegen
club·bable ['klʌbəbl̩] *adj* gesellig
club·ber ['klʌbəʳ, AM -ɚ] *n* Discobesucher(in) *m(f),* Nachtklubbesucher(in) *m(f);* ~**s** Nachtschwärmer *pl*
club·bing ['klʌbɪŋ] *n no pl* **to go** ~ in die Disko gehen, clubben gehen *sl*
'club car *n* AM Zugrestaurant *nt*
club 'foot *n* MED Klumpfuß *m*
'club·house *n* Klubhaus *nt,* Vereinshaus *nt* **'club·land** *n no pl* BRIT *(sl) britische Klubszene* **club·man** ['klʌbmən] *n* Klubmitglied *nt* **club 'mem·ber** *n* Klubmitglied *nt,* Vereinsmitglied *nt* **club 'sand·wich** *n* Klubsandwich *nt (dreilagiges, oft auch getoastetes Sandwich gefüllt mit Putenbrustscheiben, Frühstücksspeck, Salat, Tomaten und Mayonnaise),* Doppeldecker *m fam* **club 'soda** *n* AM Sodawasser *nt*
cluck [klʌk] **I.** *vi* gackern; *(fig)* glucken, bemuttern
II. *vt* **to** ~ **disapproval** seinen Unwillen äußern

clue [klu:] **I.** *n* ❶ *(evidence)* Hinweis *m,* Anhaltspunkt *m; (hint)* Tipp *m; (in criminal investigation)* Spur *f;* **to give sb a ~** jdm einen Tipp geben; **to not leave a ~** keine Spuren hinterlassen; **to search** [*or* **look**] **for ~s** nach Hinweisen suchen
❷ *(fig: secret)* Schlüssel *m* (**to** zu *+dat*); **the ~ to longevity** das Geheimnis des Altwerdens
❸ *(idea)* Ahnung *f;* **to have a ~** [**about sth**] eine Ahnung [von etw *dat*] haben; ***I haven't a ~!*** [ich hab'] keine Ahnung!
II. *vt* AM ■**to ~ sb in** [**on sth**] jdn [über etw *akk*] informieren
◆**clue up** *vt* AUS ■**to ~ sb up** [**on sth**] jdn [über etw *akk*] informieren
clued up ['klu:dʌp] *adj* BRIT, AUS ■**to be ~ up on** [*or* **about**] **sth** über etw *akk* im Bilde sein *fam*
clue·less ['klu:ləs] *adj (fam)* ahnungslos; ■**to be ~ about sth** von etw *dat* keine Ahnung haben
clump [klʌmp] **I.** *n* ❶ *(group)* Gruppe *f;* **~ of bushes** Gebüsch *nt;* **~ of trees** Baumgruppe *f;* **to grow in ~s** in Gruppen wachsen
❷ *(lump)* Klumpen *m;* **~ of mud/soil** Dreck-/Erdklumpen *m*
❸ *no pl (heavy sound)* Sta[m]pfen *nt,* Trampeln *nt*
II. *vt* ❶ *(group)* ■**to ~ sb together**: ***she tends to ~ people together in groups*** sie neigt dazu, die Menschen in Gruppen einzuteilen
❷ BRIT *(fam: clout)* ■**to ~ sb** jdm eine schmieren *fam*
❸ AM **to ~ the garbage** den Müll auf einen Haufen werfen
III. *vi* ❶ *(group)* ■**to ~ together** sich *akk* zusammenballen; **the crowd ~ed together** die Gruppe drängte sich zusammen
❷ *(walk noisily)* ■**to ~ around** herumtrampeln; *(lifting feet high)* herumstapfen
clumpy ['klʌmpi] *adj* klobig
clum·si·ly ['klʌmzɪli] *adv* unbeholfen
clum·si·ness ['klʌmzɪnəs] *n* Ungeschicktheit *f,* Schwerfälligkeit *f;* ***~ is his middle name*** er ist die Ungeschicktheit in Person
clum·sy ['klʌmzi] *adj* ❶ *(bungling)* ungeschickt, unbeholfen; **~ attempt** plumper Versuch; **~ idiot** Tollpatsch *m hum fam*
❷ *(ungainly)* **to look ~** plump [*o* klobig] wirken
❸ *(unwieldy)* unförmig, klobig; **~ to use** unhandlich
❹ LIT schwerfällig, unbeholfen; **~ verse** plumper Vers
clung [klʌŋ] *pp, pt of* **cling**
clunk [klʌŋk] *n* dumpfes Geräusch; **to shut with a ~** zuschnappen; **to make a ~** klacken
clunky [klʌŋki] *adj attr (fig: ungraceful)* plump, hölzern *fig*
clus·ter ['klʌstəʳ, AM -ɚ] **I.** *n* ❶ *(group)* Bündel *nt; of people* Traube *f; of gems* Büschel *nt; of eggs* Gelege *nt; of islands* Gruppe *f; of mushrooms* Büschel *nt; of consonants, vowels* Cluster *m;* **~ of bees** Bienenschwarm *m;* **~ of people** Menschentraube *f;* **~ of stars** Sternhaufen *m;* COMPUT Cluster *m*
❷ CHEM Cluster *m,* Molekülaggregat *nt*
❸ *(bundle)* **~ of fuel elements** NUCL Brennelementbündel *nt*
II. *vi* ■**to ~ around sth** sich *akk* um etw *akk* scharen; ■**to ~ together** sich *akk* aneinanderkauern
'**clus·ter bal·loon·ing** *n no pl Sportart, bei der man an vielen kleinen, gebündelten Heißluftballons hängt* '**clus·ter bal·loon·ist** *n jd, der an vielen kleinen und gebündelten Heißluftballons durch die Luft fliegt* '**clus·ter bomb** *n* Splitterbombe *f,* Streubombe *f* '**clus·ter fuck** *n (vulg)* totale Scheiße *derb*
clus·ter·ing ['klʌstərɪŋ, AM -ɚ-] *n* COMPUT Gruppierung *f*
clutch [klʌtʃ] **I.** *vi* ■**to ~ at** [*or* **onto**] **sth** sich *akk* an etw *akk* klammern
II. *vt* ■**to ~ sth/sb** etw/jdn umklammern; **to ~ sb's hand** jds Hand umklammern
III. *n* ❶ *usu sing* AUTO *(transmission device)* Kupplung *f;* **to let the ~ out** auskuppeln; **to push the ~ in** einkuppeln
❷ *(set)* **~ of eggs** Gelege *nt; (fig: group)* Schar *f;* **~ of students** eine Schar Studenten
❸ *(control)* **to fall into the ~es of sb/sth** jdm/etw in die Hände fallen [*o fam* ins Netz gehen]; **to get out of sb's ~es** sich *akk* aus jds Klauen befreien *fig fam*
'**clutch bag** *n* Unterarmtasche *f*
'**clutch hit·ter** *n* AM SPORT *sehr zuverlässiger Schläger im Baseball*
clut·ter ['klʌtəʳ, AM -t̬ɚ] **I.** *n no pl* ❶ *(mess)* Durcheinander *nt,* Unordnung *f;* ***he always leaves his office in a ~*** er hinterlässt in seinem Büro immer ein Schlachtfeld *hum*
❷ *(unorganized stuff)* Kram *m*
II. *vt* ■**to ~ sth** etw durcheinanderbringen; ***don't ~ up your mind with useless details!*** belaste dich nicht mit sinnlosen Einzelheiten!
clut·tered ['klʌtəd, AM -t̬ɚd] *adj* durcheinander, wirr; **~ desk** vollgepackter Schreibtisch; *(fig)* ***my mind is quite ~ at the moment*** ich habe im Moment den Kopf voller Gedanken; ***their house is ~ with kid's toys*** ihr Haus ist mit Kinderspielzeug übersät
cm <*pl* -> *n abbrev of* **centimetre** cm
CM [ˌsiː'em] *n abbrev of* **central memory** Zentralspeicher *m*
CME [ˌsiːem'iː] *n* ECON, FIN *abbrev of* **Chicago Mercantile Exchange** *see* **Chicago**
Cmnd *n* LAW *abbrev of* **command papers** Regierungsvorlagen *pl*
c'mon [kə'mɒn, AM -'mɑːn] *(fam) see* **come on**
CND [ˌsiːen'diː] *n, adj abbrev of* **Campaign for Nuclear Disarmament** *Kampagne für atomare Abrüstung*
CNN [ˌsiːen'en] *n no pl abbrev of* **Cable News Network** CNN *kein art*
'**C-note** *n* AM *(sl)* Hundertdollarschein *m*
CO [ˌsiː'əʊ, AM -'oʊ] *n* MIL *abbrev of* **Commanding Officer** Befehlshaber(in) *m(f)*
Co[1] [kəʊ, AM koʊ] *n no pl abbrev of* **company**: **Miller and ~** Miller & Co
Co[2] *n* GEOG *abbrev of* **county**
c/o *abbrev of* **care of** c/o, bei
coach [kəʊtʃ, AM koʊtʃ] **I.** *n* ❶ BRIT *(private bus)* [Omni]bus *m,* Reisebus *m;* **by ~** mit dem Bus
❷ *(horse-drawn carriage)* Kutsche *f,* Karosse *f*
❸ *(railway carriage)* [Eisenbahn]wagen *m,* Waggon *m*
❹ *(teacher)* Nachhilfelehrer(in) *m(f),* Privatlehrer(in) *m(f);* **geography ~** Erdkundelehrer(in) *m(f);* SPORT Trainer(in) *m(f); (about life)* persönlicher Betreuer/persönliche Betreuerin, Coach *m fachspr*
II. *vt* ❶ SPORT ■**to ~ sb** jdn trainieren; ***he ~es boxing*** er gibt Boxunterricht
❷ *(help to learn)* ■**to ~ sb** jdm Nachhilfe geben; **to ~ sb for an exam** jdn auf ein Examen vorbereiten
III. *vi* trainieren
'**coach·build·er** *n* BRIT AUTO Karosseriebauer(in) *m(f)*
'**coach house** *n* Wagenschuppen *m*
coach·ing ['kəʊtʃɪŋ, AM 'koʊtʃ-] *n no pl* ❶ SPORT Training *nt*
❷ *(teaching)* Nachhilfe *f,* [Privat]unterricht *m;* **extra ~** Nachhilfeunterricht *m; (about life)* Coaching *nt fachspr*
'**coach·ing staff** *n* SPORT Trainingspersonal *nt*
coach·load ['kəʊtʃləʊd, AM 'koʊtʃloʊd] *n + sing/pl vb* Wagenladung *f*
'**coach·man** *n* Kutscher *m*
'**coach sec·tion** *n no pl* AM AVIAT *(economy class seating area)* Touristenklasse *f*
'**coach sta·tion** *n* BRIT Busbahnhof *m*
'**coach·work** *n no pl* BRIT AUTO Karosserie *f*
co·agu·late [kəʊ'ægjəleɪt, AM koʊ'-] **I.** *vi blood* gerinnen; *sauce* eindicken; *albumin* hart werden
II. *vt* **to ~ blood** Blut gerinnen lassen
co·agu·la·tion [kəʊˌægjə'leɪʃən, AM koʊˌ-] *n no pl of blood* Gerinnung *f; of albumin* Hartwerden *nt,* Festwerden *nt; of sauce* Eindicken *nt*
coal [kəʊl, AM koʊl] *n* Kohle *f; (piece of coal also)* Stück *nt* Kohle; **to mine ~** Kohle abbauen
▸PHRASES: **to carry** [*or* **take**] **~s to Newcastle** Eulen nach Athen tragen *prov;* **to drag** [*or* **haul**] **sb over the ~s** jdm die Leviten lesen
'**coal bed** *n* Kohlenflöz *nt* '**coal-black** *adj* kohlrabenschwarz '**coal box** *n* Kohlenkasten *m* '**coal bun·ker** *n* Kohlenbunker *m*
coa·lesce [kəʊə'les, AM koʊ-] **I.** *vi (form)* sich *akk* verbinden, eine Verbindung eingehen; *(fig)* sich vereinigen, zusammengehen
II. *vt* COMPUT ■**to ~ sth** etw vereinigen
coa·les·cence [kəʊə'lesən(t)s, AM koʊ-] *n no pl (form)* Vereinigung *f,* Verbindung *f*
'**coal face** *n* ❶ *(mine)* Streb *m* ❷ BRIT, AUS *(fig)* **at the ~** vor Ort '**coal field** *n* Kohle[n]revier *nt*
'**coal-fired** *adj* kohlebeheizt; **~ central-heating** Kohle[n]heizung *f* '**coal gas** *n no pl* CHEM Steinkohlengas *nt,* Leuchtgas *nt* **coal hydro·gena·tion** [-ˌhaɪdrədʒə'neɪʃən, AM -haɪˌdrɑː-] *n no pl* CHEM Kohleverflüssigung *f,* Kohlenhydrierung *f*
coa·li·tion [ˌkəʊə'lɪʃən, AM ˌkoʊ-] *n* POL Koalition *f;* **government by ~** Koalitionsregierung *f;* **government ~** Regierungskoalition *f;* **to form a ~** eine Koalition bilden
coal·man ['kəʊlmæn, AM 'koʊl] *n* Kohlenmann *m*
'**coal mine** *n* Kohlenbergwerk *nt,* Kohlengrube *f*
'**coal min·er** *n* Bergmann *m,* Grubenarbeiter *m,* Kumpel *m fam* '**coal min·ing** *n* Kohle[n]bergbau *m* '**coal scut·tle** *n* Kohleneimer *m,* Kohlenkasten *m* '**coal tar** *n* [Stein]kohlenteer *m*
coarse [kɔːs, AM kɔːrs] *adj* ❶ *(rough)* grob; **~ features** grobe [*o* derbe] Gesichtszüge; **~ sand** grober [*o* grobkörniger] Sand; **~ skin** raue Haut
❷ *(vulgar)* vulgär, derb; **~ invective** wüste Beschimpfung; **~ joke** unanständiger Witz
coarse·ly ['kɔːsli, AM 'kɔːrs-] *adv* vulgär, primitiv; **to behave ~** sich *akk* ungehobelt benehmen
coars·en ['kɔːsən, AM 'kɔːrs-] **I.** *vt* ■**to ~ sth** etw rau machen
II. *vi voice* rau werden
coarse·ness ['kɔːsnəs, AM 'kɔːrs-] *n no pl* ❶ *(roughness) of cloth* Grobheit *f,* Rauheit *f*
❷ *(rudeness)* Grobheit *f,* Derbheit *f*
coast [kəʊst, AM koʊst] **I.** *n* Küste *f;* **three miles off the ~** drei Meilen vor der Küste; **on the east/west ~** an der Ost-/Westküste; **~ to ~** von Küste zu Küste
▸PHRASES: **the ~ is clear** die Luft ist rein *fig*
II. *vi* dahinrollen; *bicycle* im Freilauf fahren; *automobile* im Leerlauf fahren; *ship* die Küste entlangfahren; *(fig)* ohne Anstrengung vorankommen; **to ~ down the hill** den Berg hinunterrollen; **to be ~ing along** mühelos [*o* spielend] vorankommen
coast·al ['kəʊstəl, AM 'koʊ-] *adj inv* Küsten-; **~ resort** Küstenbadeort *m;* **~ strip** Küstenstreifen *m;* **~ town** Küstenstadt *f*
coast·al e'ro·sion *n no pl* ECOL Küstenerosion *f*
coast·er ['kəʊstəʳ, AM 'koʊstɚ] *n* ❶ *(boat)* Küstenmotorschiff *nt*
❷ *(table mat)* Untersetzer *m;* **cork ~** Korkuntersetzer *m*
❸ AM TRANSP Fußstütze *f;* **~ brake** Rücktrittbremse *f*
'**coast·guard** *n* ❶ *(person)* Küstenwache *f;* **to work as a ~** bei der Küstenwache arbeiten ❷ *(organization)* ■**the ~** die Küstenwacht [*o* Küstenwache] '**coast-hop** *vi* ■**to ~** [**between two places**] AM *(fam)* [in den USA] von Küste zu Küste reisen
'**coast·line** *n no pl* Küste[nlinie] *f* **coast-to-'coast** *adj* landesweit; **~ flight** ein Flug *m* von Küste zu Küste
coat [kəʊt, AM koʊt] **I.** *n* ❶ *(outer garment)* Mantel *m;* **leather ~** Ledermantel *m;* **to do one's ~ up** sich *dat* seinen Mantel überziehen; **to get** [*or* **put**] **one's ~ on** sich *dat* seinen Mantel anziehen; **to turn one's ~** *(fig)* sein Mäntelchen nach dem Wind hängen
❷ *(animal's fur)* Fell *nt,* Pelz *m; of birds* Gefieder *nt*
❸ *(layer)* Schicht *f;* **~ of chocolate** Schokoladenüberzug *m;* **~ of dust/varnish** Staub-/Lackschicht *f;* **~ of paint** Farbanstrich *m;* **the first ~** der erste Anstrich; **to give sth a ~** etw *dat* einen Anstrich geben
II. *vt* ■**to ~ sth** [**with sth**] etw [mit etw *dat*] überziehen [*o* SCHWEIZ *a.* glasieren]; **to ~ sth with breadcrumbs** etw panieren; **to ~ sth with chocolate**

etw mit einer Schokoladenglasur überziehen; **to ~ sth with paint** etw [an]streichen

coat·ed ['kəʊtɪd, AM 'koʊt̬-] *adj* überzogen; *tongue* belegt; *textiles* imprägniert; *glass* getönt; *wire* isoliert; PHYS *lens* vergütet, entspiegelt; ***your trousers are ~ in mud!*** deine Hose starrt vor Dreck!; ***her face was ~ in make-up*** sie hatte sich das Gesicht zugekleistert

-coat·ed ['kəʊtɪd, AM 'koʊt̬-] *in compounds* **rough~** rau; **smooth~** zarthäutig; **plastic~** kunststoffbeschichtet; **plastic~ wire** isolierter Draht

'coat hang·er *n* Kleiderbügel *m* **'coat hook** *n* Kleiderhaken *m*

coa·ti [kəʊ'ɑ:ti, AM koʊ'ɑ:t̬i] *n* Nasenbär *m*

coat·ing ['kəʊtɪŋ, AM 'koʊt̬-] *n* Schicht *f,* Überzug *m; of paint* Anstrich *m*

coat of 'arms *n* Wappen *nt;* **family ~** Familienwappen *nt*

'coat peg *n* BRIT Kleiderhaken *m* **'coat-tails** *npl* Frackschöße *pl,* Rockschöße *pl veraltend* ▸PHRASES: **to ride** [*or* **hang**] **on sb's ~** auf der Erfolgswelle eines anderen mitschwimmen

co-author [kəʊ'ɔ:θəʳ, AM koʊ'ɑ:θɚ] **I.** *n* Koautor(in) *m(f),* Mitautor(in) *m(f)*
II. *vt* ■ **to ~ sth** etw gemeinsam verfassen

coax [kəʊks, AM koʊks] *vt* ■ **to ~ sb to do** [*or* **into doing**] **sth** jdn dazu bringen [*o* überreden], etw zu tun; **to ~ a smile out of sb** jdm ein Lächeln entlocken; **to ~ £10 out of sb** jdm 10 Pfund abschwatzen *fam*

co-ax·ial ca·ble [kəʊ'æksiəl-, AM koʊ'-] *n* COMPUT Koaxialkabel *m*

coax·ing ['kəʊksɪŋ, AM 'koʊks-] **I.** *n no pl* Zuspruch *m;* ***with a little ~ the engine started*** mit ein wenig Fingerspitzengefühl kam der Motor in Gang
II. *adj* schmeichelnd, schmeichlerisch

coax·ing·ly ['kəʊksɪŋli, AM 'koʊks-] *adv* schmeichelnd

cob[1] [kɒb, AM kɑ:b] *n (nut) short for* **cobnut** Haselnuss *f*

cob[2] [kɒb, AM kɑ:b] *n short for* **corncob** Kolben *m*

cob[3] [kɒb, AM kɑ:b] *n* ❶ *(horse)* Haflinger *m*
❷ BRIT *(bread)* Laib *m*
❸ *(swan)* männlicher Schwan
❹ BRIT *(for building walls)* Strohlehm *m*

co·balt ['kəʊbɔ:lt, AM 'koʊ-] *n no pl* Kobalt *nt*

co·balt 'blue *n* Kobaltblau *nt;* CHEM Thenards Blau *nt*

cob·ber ['kɒbəʳ] *n* AUS *(dated fam)* Kumpel *m fam;* ***how is it, ~?*** wie geht's, altes Haus?

cob·ble[1] ['kɒbl̩, AM 'kɑ:bl̩] **I.** *n* Kopfstein *m,* Pflasterstein *m*
II. *vt* **to ~ a road** [*or* **street**] eine Straße [mit Kopfstein] pflastern

cob·ble[2] ['kɒbl̩, AM 'kɑ:bl̩] *vt (dated)* **to ~ shoes** Schuhe flicken
◆ **cobble together** *vt* ■ **to ~ together** ◌ **sth** etw zusammenschustern *fam;* **to ~ together an essay** einen Aufsatz zusammenschreiben; **to ~ a meal together** eine Mahlzeit zusammenrühren

cob·bled ['kɒbl̩d, AM 'kɑ:bl̩d] *adj* **~ streets** Straßen *pl* mit Kopfsteinpflaster

cob·bler ['kɒbləʳ, AM 'kɑ:blɚ] *n* [Flick]schuster *m*

'cob·ble·stone *n* Kopfstein *m,* Pflasterstein *m*

'cob·nut *n* Haselnuss *f*

cobol, COBOL ['kəʊbɒl, AM 'koʊbɔ:l] *n no pl* COMPUT COBOL *nt;* **to programme in ~** in COBOL programmieren

co·bra ['kəʊbrə, AM 'koʊ-] *n* Kobra *f*

'co-brand *vi* ■ **to ~ with sb/sth** mit jdm/einer Firma eine kooperative Markenstrategie verfolgen [*o* ein Co-Branding vereinbaren]

co-brand·ing [kəʊ'brændɪŋ, AM koʊ'-] *n* FIN Co-Branding *nt*

cob·web ['kɒbweb, AM 'kɑ:b-] *n (web)* Spinnennetz *nt; (single thread)* Spinn[en]webe *f*

cob·webbed ['kɒbwebd, AM 'kɑ:b] *adj inv* mit Spinnweben verhangen

coca ['kəʊkə, AM 'koʊ-] *n* Kokabaum *m*

Coca-'Cola® *n* Coca-Cola® *f o nt*

co·caine [kə(ʊ)'keɪn, AM koʊ'-] *n no pl* Kokain *nt;* **to be addicted to ~** kokainsüchtig sein

coc·cy·ges ['kɒksaɪdʒi:z, AM 'kɑ:k-] *n pl of* **coccyx**

coc·cyx <*pl* -es *or* -yges> ['kɒksɪks, AM 'kɑ:k-, *pl* -saɪdʒi:z] *n* Steißbein *nt*

cochi·neal [ˌkɒtʃɪ'ni:l, AM 'kɑ:tʃəni:l] *n no pl* Koschenille *f*

coch·lea <*pl* -e *or* -s> ['kɒkliə, AM 'kɑ:k-, *pl* -lii:] *n* ANAT Schnecke *f*

coch·leae ['kɒklii:, AM 'kɑ:k-] *n pl of* **cochlea**

coch·lear ['kɒkliəʳ, AM 'kɑ:kliɚ] *adj inv* MED Schnecken-, kochleär *fachspr*

co·citi·zen [kəʊ'sɪtɪzᵊn, AM koʊ'sɪt̬-] *n* verantwortungsbewusster Mitbürger *m*/verantwortungsbewusste Mitbürgerin *f*

cock [kɒk, AM kɑ:k] **I.** *n* ❶ *(male chicken)* Hahn *m*
❷ *(vulg: penis)* Schwanz *m vulg*
❸ *no pl* BRIT *(vulg: nonsense)* Scheiß *m vulg*
❹ BRIT *(dated fam: form of address)* Kumpel *m fam*
II. *n modifier* ORN männlich; **~ pheasant/sparrow** Fasanen-/Sperlingsmännchen *nt*
III. *vt* ❶ *(turn)* **to ~ one's ear** seine Ohren spitzen; **to ~ one's hat** seinen Hut schief aufsetzen; **to ~ one's head** den Kopf auf die Seite legen
❷ *(ready gun)* **to ~ a gun** den Hahn spannen
❸ *(express disrespect)* **to ~ a snook at sth** über etw *akk* lästern
◆ **cock up** *vt* BRIT *(sl)* ■ **to ~ up** ◌ **sth** etw versauen *sl*

cock·ade [kɒ'keɪd, AM kɑ:'-] *n* Kokarde *f*

cock-a-doodle-doo [ˌkɒkədu:dl̩'du:, AM ˌkɑ:k-] **I.** *n* Kikeriki *nt;* **to go ~** *(childspeak)* kikeriki machen *Kindersprache* **II.** *vi (childspeak)* kikeriki machen *Kindersprache* **cock-a-'hoop** *adj inv* BRIT *(dated fam)* ■ **to be ~** ganz aus dem Häuschen sein *fam*

cock-a-leekie [ˌkɒkə'li:ki, AM ˌkɑ:k-] *n* Hühnersuppe *f* mit Lauch **cock-and-bull 'sto·ry** *n* Lügenmärchen *nt,* Lügengeschichte *f;* **to come up with a ~** ein Lügenmärchen auftischen; **to give sb a ~** jdm eine Lügengeschichte erzählen

cocka·tiel [ˌkɒkə'ti:l, AM ˌkɑ:kə'-] *n* Nymphensittich *m*

cocka·too <*pl* -s *or* -> [ˌkɒkə'tu:, AM 'kɑ:kətu:] *n* Kakadu *m;* **Australian ~** australischer Kakadu

cocka·trice ['kɒkətraɪs, AM 'kɑ:kə] *n see* **basilisk** Basilisk *m*

cock·chafer ['kɒkˌtʃeɪfəʳ, AM 'kɑ:kˌtʃeɪfɚ] *n* Maikäfer *m*

'cock·crow *n* Hahnenschrei *m;* **to rise at ~** beim ersten Hahnenschrei aufstehen

cocked [kɒkt, AM kɑ:kt] *adj* aufwärtsgerichtet; *hat* aufgestülpt; **~ hat** Dreispitz *m*

cock·er, cock·er 'span·iel ['kɒkəʳ-, AM 'kɑ:kɚ-] *n* Cockerspaniel *m*

cock·er·el ['kɒkᵊrᵊl, AM 'kɑ:kɚᵊl] *n* junger Hahn; *(fig)* junger Mann

cock·eyed ['kɒkaɪd, AM 'kɑ:k-] *adj* ❶ *(fam: not straight)* schief, krumm
❷ *(ridiculous) idea, plan* lächerlich, verrückt
❸ *esp* AM *(dated fam: drunk)* betrunken, blau *fam*

'cock fight *n* Hahnenkampf *m*

cocki·ness ['kɒkinəs, AM 'kɑ:k-] *n* Großspurigkeit *f*

cock·le ['kɒkl̩, AM 'kɑ:kl̩] *n* Herzmuschel *f*

Cock·ney ['kɒkni, AM 'kɑ:k-] **I.** *n* ❶ *(person)* Cockney *m*
❷ *(dialect)* Cockney *nt (im Osten Londons gesprochener Dialekt)*
II. *adj inv* **~ accent** Cockneyakzent *m*

Cock·ney 'rhym·ing slang *n Art des Sprechens in Reimen im Cockneydialekt*

cock-of-the-'walk *n (dated or pej)* Gockel *m hum pej fam,* Geck *m* ÖSTERR *veraltet o pej,* eingebildeter Fatzke *pej sl;* **to be the ~** die Szene beherrschen

cock·pit ['kɒkpɪt, AM 'kɑ:k-] *n* ❶ *(pilot's area)* Cockpit *nt,* Pilotenkanzel *f;* **a four-person ~** ein 4-Mann-Cockpit *nt*
❷ *usu sing (area of fighting)* Kampfplatz *m;* **~ of Europe** Kriegsschauplatz *m* Europa

cock·roach ['kɒkrəʊtʃ, AM 'kɑ:kroʊtʃ] *n* Küchenschabe *f,* Kakerlak *m,* Kakerlake *f fam;* **~-infested** mit Kakerlaken verseucht

cocks·comb ['kɒkskəʊm, AM 'kɑ:kskoʊm] *n* ORN, ZOOL Hahnenkamm *m*

cock·sure ['kɒkʃʊəʳ, AM 'kɑ:kʃʊr] *adj (convinced)* todsicher, fest überzeugt; *(pej fam: self-confident)* arrogant, anmaßend; **to be ~ of oneself** sich *dat* seiner Sache völlig sicher sein

cock·tail ['kɒkteɪl, AM 'kɑ:k-] *n* ❶ *(drink)* Cocktail *m*
❷ *(mixture)* Gemisch *nt,* Mischung *f;* **~ of drink and drugs** Alkohol- und Drogencocktail *m;* **~ of gases** Gasgemisch *nt*
❸ *(dish)* Cocktail *m;* **fruit ~** Obstsalat *m,* Fruchtsalat *m* SCHWEIZ; *(canned food)* Früchtecocktail *m;* **seafood/shrimp ~** Meeresfrüchte-/Krabbencocktail *m*

'cock·tail cabi·net *n* Hausbar *f* **'cock·tail dress** *n* Cocktailkleid *nt* **'cock·tail lounge** *n* Cocktailbar *f* **'cock·tail stick** *n* Spießchen *nt,* Partystick *m*

'cock-teas·er *n (vulg sl)* Demivierge *f veraltend*

cock-up ['kɒkʌp, AM 'kɑ:k-] *n (sl)* Mist *m fam,* Schlamassel *m fam;* **to make a ~ with** [*or* **of**] **sth** bei etw *dat* Scheiße bauen *sl;* ***what a ~!*** *so* ein Mist! *fam*

cocky ['kɒki, AM 'kɑ:ki] *adj (fam)* großspurig, aufgeblasen *pej fam*

co·coa ['kəʊkəʊ, AM 'koʊkoʊ] *n no pl* ❶ *(chocolate powder)* Kakao *m,* Kakaopulver *nt*
❷ *(hot drink)* Kakao *m;* **a mug of ~** ein Becher *m* Kakao

co·coa 'but·ter *n* Kakaobutter *f*

coco·nut ['kəʊkənʌt, AM 'koʊ-] *n* Kokosnuss *f;* **a slice of ~** ein Stück *nt* Kokosnuss, eine Kokosnussspalte *bes* ÖSTERR; **grated ~** Kokosraspeln *pl,* Kokosette *nt* ÖSTERR

coco·nut 'but·ter *n* Kokosfett *nt,* Kokosbutter *f* **coco·nut 'mat·ting** *n* Kokosmatte *f,* Kokosläufer *m* **coco·nut 'milk** *n* Kokosmilch *f* **coco·nut 'oil** *n* Kokosöl *nt* **coco·nut 'palm** *n* Kokospalme *f* **'coco·nut shy** *n* BRIT Wurfbude *f;* **to play a ~** eine Runde Dosen werfen

co·coon [kə'ku:n] **I.** *n* Kokon *m*
II. *vt* ■ **to ~ sb against** [*or* **from**] **sth** jdn von etw *dat* abschirmen [*o* fernhalten]

co·coon·ing [kə'ku:nɪŋ] *n no pl* Cocooning *nt (Zurückziehen in die eigenen vier Wände)*

cod[1] <*pl* - *or* -s> [kɒd, AM kɑ:d] *n* Kabeljau *m; in Baltic* Dorsch *m*

cod[2] [kɒd, AM kɑ:d] *adj (fam: fake)* unecht; ***to speak in a ~ Russian accent*** mit einem künstlichen russischen Akzent sprechen

COD[1] [ˌsi:əʊ'di:, AM -oʊ'-] *n no pl abbrev of* **cash on delivery** Nachnahme *f,* Zahlung *f* bei Lieferung

COD[2] [ˌsi:əʊ'di:, AM -oʊ'-] *n no pl* AM *abbrev of* **collection on delivery** p. Nachn.

coda ['kəʊdə, AM 'koʊ-] *n* MUS Koda *f*

cod·dle ['kɒdl̩, AM 'kɑ:dl̩] *vt* ❶ *(cook gently)* ■ **to ~ sth** etw langsam köcheln lassen; **to ~ eggs** Eier pochieren
❷ *(treat tenderly)* ■ **to ~ sb** jdn verhätscheln

cod·dler ['kɒdl̩əʳ, AM 'kɑ:dl̩ɚ] *n* Eierkocher *m (Porzellan- oder Glasgefäß zum Zuschrauben zum Pochieren von Eiern)*

code [kəʊd, AM koʊd] **I.** *n* ❶ *(ciphered language)* Kode *m,* Code *m,* Chiffre *f;* TELEC, COMPUT Kennzahl *f;* **to break** [*or* **crack**] **a ~** einen Kode entschlüsseln; **to decipher a ~** einen Kode entziffern; **to write sth in ~** etw verschlüsseln [*o* kodieren]
❷ LAW *(collection of laws)* Gesetzbuch *nt; (set of rules)* Kodex *m;* **the Highway C~** Straßenverkehrsordnung *f;* **~ of honour** Ehrenkodex *m;* **the penal ~** Strafgesetzbuch *nt*
II. *vt* **to ~ a message** eine Nachricht chiffrieren [*o* verschlüsseln] [*o* kodieren]

codec ['kəʊdek, AM 'koʊ-] *n* COMPUT *(coder/decoder)* Codierer/Decodierer *m*

cod·ed ['kəʊdɪd, AM 'koʊd] *adj inv* verschlüsselt

co·de·fend·ant *n* LAW Mitbeklagte(r) *f(m)*

co·deine ['kəʊdi:n, AM 'koʊ-] *n* ❶ *no pl (pain-relieving drug)* Kodein *nt*
❷ *(tablet)* Schmerztablette *f*

'code name *n* Deckname *m* **'code-named** *adj* ***the mission is ~ 'Ice-breaker'*** der Einsatz trägt den Decknamen ‚Eisbrecher' **'code num·ber** *n* Kodenummer *f,* Geheimnummer *f;* ADMIN Kennziffer *f;* FIN Bankleitzahl *f* **code of civ·il pro·'cedure** *n*

LAW Zivilprozessordnung *f* **code of 'con·duct** *n* Verhaltenskodex *m;* ADMIN Verwaltungsvorschrift[en] *f[pl]* **code of 'prac·tice** *n* Verhaltensregeln *pl;* **to abide by the ~** sich *akk* an die Richtlinien halten
co·de·pend·en·cy [kəʊdɪ'pendənsi] *n no pl* Koabhängigkeit *f*
cod·er ['kəʊdəʳ, AM 'koʊdɚ] *n (computer programmer)* Programmierer(in) *m(f)*
co·de·ter·mi·na·tion [ˌkəʊdɪtɜːmɪ'neɪʃən, AM ˌkoʊdɪtɜːr-] *n* Mitbestimmung *f*
'code word *n* Kodewort *nt;* COMPUT Kennwort *nt*, Passwort *nt*
co·dex <*pl* -dices> ['kəʊdeks, *pl* -dɪsiːz, AM 'koʊ-, *pl* -dəsiːz] *n* Kodex *m*
codg·er ['kɒdʒəʳ, AM 'kɑːdʒɚ] *n (hum pej fam)* alter Knacker *hum o pej fam*
co·di·ces ['kəʊdɪsiːz, AM 'koʊdəsiːz] *n pl of* **codex**
co·di·cil ['kəʊdɪsɪl, AM 'kɑːdəsəl] *n* Testamentsnachtrag *m*, Kodizill *nt fachspr;* **to add a ~ to a will** ein Kodizill zu einem Testament hinzufügen
codi·fi·ca·tion [ˌkəʊdɪfɪ'keɪʃən, AM ˌkɑː-] *n* LAW ❶ *(legal code)* Kodifizierung *f* von Gesetzen ❷ *(to make Act of Parliament)* Vereinigung *f* von Gesetzen
codi·fy ['kəʊdɪfaɪ, AM 'kɑː-] *vt* ■ **to ~ sth** LAW etw kodifizieren; **to ~ grammar** LING Grammatikregeln festlegen
cod·ing ['kəʊdɪŋ, AM 'koʊd] *n* ❶ *(assigning a code)* Kodierung *f*, Verschlüsselung *f*, Chiffrierung *f* ❷ *(the assigned code)* Kodierung *f* ❸ BIOL *(coding genetically)* Kode *m*
cod·ling[1] ['kɒdlɪŋ, AM 'kɑːd-] *n* BRIT Kochapfel *m*
cod·ling[2] ['kɒdlɪŋ, AM 'kɑːd-] *n* junger Kabeljau; *(in Baltic)* junger Dorsch
'cod·ling moth *n* Apfelwickler *m* BRD, Fruchtmade *f* SCHWEIZ
cod liv·er 'oil *n* Lebertran *m*
cod·piece ['kɒdpiːs, AM 'kɑːd-] *n* Hosenbeutel *m hist*
co-driv·er ['kəʊdraɪvəʳ, AM 'koʊdraɪvɚ] *n* Beifahrer(in) *m(f)*
cods·wal·lop ['kɒdzˌwɒləp] *n no pl* BRIT, AUS *(fam)* Quatsch *m fam*, Stuss *m fam;* **a load of ~** eine Menge Blödsinn; ***what a load of ~!*** was für ein Schwachsinn! *fam*
co-ed [ˌkəʊ'ed, AM ˌkoʊ-] SCH, UNIV **I.** *adj inv (fam)* koedukativ, gemischt; **~ school** gemischte Schule; **to go ~** gemischten Unterricht einführen
II. *n (dated fam: at school/college)* Schülerin *f; (at university)* Studentin *f*
co-edu·ca·tion [ˌkəʊedʒuː'keɪʃən, AM ˌkoʊ-] *n no pl* Koedukation *f*
co-edu·ca·tion·al [ˌkəʊedʒuː'keɪʃənəl, AM ˌkoʊ-] *adj inv* koedukativ, gemischt; **~ institution/school** gemischte Einrichtung/Schule
co·ef·fi·cient [ˌkəʊɪ'fɪʃənt, AM ˌkoʊ-] *n* MATH, PHYS Koeffizient *m*, Faktor *m*
co·equal [ˌkəʊ'iːkwəl, AM ˌkoʊ-] **I.** *n (form)* Gleichrangige(r) *f(m)*, Ebenbürtige(r) *f(m)*
II. *adj inv (form)* gleichrangig, ebenbürtig
co·erce [kəʊ'ɜːs, AM koʊ'ɜːrs] *vt (form)* ■ **to ~ sb into doing sth** jdn dazu zwingen, etw zu tun; **to ~ sb into sth** jdn zu etw *dat* zwingen
co·er·cion [kəʊ'ɜːʃən, AM koʊ'ɜːrʒən] *n no pl (form)* Zwang *m;* LAW Nötigung *f;* **to do sth under ~** unter Zwang handeln
co·er·cive [kəʊ'ɜːsɪv, AM koʊ'ɜːr-] *adj* zwingend *attr*, Zwangs-; **~ measures** Zwangsmaßnahmen *pl;* **~ power** Zwangsgewalt *f*
co·er·civ·ity [ˌkəʊɜː'sɪvəti, AM ˌkoʊɜːr'sɪvəṭi] *n* COMPUT Koerzitivkraft *f*
co·eval [kəʊ'iːvəl, AM koʊ-] *(form liter)* **I.** *n* Zeitgenosse, -genossin *m, f;* POL, UNIV Mitstreiter(in) *m(f)*
II. *adj inv* zeitgenössisch; **to be ~** *(having same date)* aus der gleichen Zeit stammen; *(having same origin)* zeitlich parallel entstanden sein
co·ex·ist [ˌkəʊɪg'zɪst, AM ˌkoʊ-] *vi* koexistieren *geh*, nebeneinander bestehen [*o* existieren]
co·ex·ist·ence [ˌkəʊɪg'zɪstən(t)s, AM ˌkoʊ-] *n no pl* Koexistenz *f geh;* **peaceful ~** friedliches Miteinander, friedliche Koexistenz
co·ex·ist·ent [ˌkəʊɪg'zɪstənt, AM ˌkoʊ-] *adj* koexistent *geh*, nebeneinander bestehend
co·ex·ten·sive [ˌkəʊɪks'tensɪv, AM ˌkoʊ] *adj inv* entsprechend
C of E ['siːəviː] *n abbrev of* **Church of England** Kirche *f* von England
cof·fee ['kɒfiː, AM 'kɑː-] *n* ❶ *(hot drink)* Kaffee *m;* **a cup of ~** eine Tasse Kaffee; **a black ~** ein schwarzer Kaffee, eine Tasse schwarzer Kaffee; ***do you take your ~ white?*** trinken Sie Ihren Kaffee mit Milch?; ***can I get you a ~?*** soll ich dir einen Kaffee holen?; **fresh ~** *(roasted)* frisch gerösteter Kaffee; *(made)* frisch gebrühter Kaffee; **instant ~** Instantkaffee *m* ❷ *(colour)* Kaffeebraun *nt*
▶ PHRASES: **to [wake up and] smell the ~** *(fam: come to one's senses)* zu sich *dat* kommen *fig*
'cof·fee bar *n* Café *nt* **'cof·fee bean** *n* Kaffeebohne *f;* **to grind ~s** Kaffeebohnen mahlen **'cof·fee break** *n* Kaffeepause *f;* **to have a ~** eine Kaffeepause machen **'cof·fee cake** *n* ❶ BRIT, AUS *(cake)* Mokkakuchen *m* ❷ AM, AUS *(sweet bread)* Stuten *m* **'cof·fee-col·oured**, AM **'cof·fee-col·ored** *adj* kaffeebraun, kaffeefarben **'cof·fee cup** *n* Kaffeetasse *f* **'cof·fee-grind·er** *n* Kaffeemühle *f* **'cof·fee grounds** *npl* Kaffeesatz *m kein pl* **'cof·fee house** *n* Café *nt*, Kaffeehaus *nt* **'cof·fee klatch** *n* AM Kaffeeklatsch *m* **'cof·fee ma·chine** *n* Kaffeemaschine *f*, Kaffeeautomat *m* **'cof·fee mill** *n* Kaffeemühle *f* **'cof·fee morn·ing** *n* BRIT Morgenkaffee *m (Wohltätigkeitsveranstaltung)* **'cof·fee pot** *n* Kaffeekanne *f* **'cof·fee shop** *n (for drinking)* Café *nt; (for selling)* Kaffeegeschäft *nt* **'cof·fee ta·ble** *n* Couchtisch *m*, Beistelltisch *m* **'cof·fee-ta·ble book** *n* Bildband *m*, Hochglanzband *m*
cof·fer ['kɒfəʳ, AM 'kɑːfɚ] *n* ❶ *(box)* Truhe *f*, Kiste *f; (for money)* Schatulle *f*, Kassette *f* ❷ *(money reserves)* ■ **the ~s** *pl* die Rücklagen *pl; of the state* Staatssäckel *nt fam*
cof·fer·dam ['kɒfədæm, AM 'kɑːfɚ-] *n* Caisson *m*
cof·fin ['kɒfɪn, AM 'kɑː-] *n* Sarg *m;* BRIT, AUS TECH Transportbehälter *m*
co-fi·nanc·ing [ˌkəʊ'faɪnæn(t)sɪŋ, AM ˌkoʊ'-] *n* ECON, FIN Kofinanzierung *f*, Mitfinanzierung *f*, gemeinsame Finanzierung; **~ arrangement** Mitfinanzierungsvereinbarung *f*, Kofinanzierungsvereinbarung *f*
cog [kɒg, AM kɑːg] *n* ❶ *(part of wheel)* Zahn *m* ❷ *(wheel)* Zahnrad *nt* ❸ *(fig pej: minor, yet necessary part)* **to be just a ~ in a** [*or* **the**] **machine** nur ein Rädchen im Getriebe sein *fig*
co·gency ['kəʊdʒən(t)si, AM 'koʊ-] *n no pl (form) of an argument, reasoning* Stichhaltigkeit *f; of a document, description* Überzeugungskraft *f; of writing style* Stringenz *f geh*
co·gen·er [kə'dʒiːnəʳ, AM 'kɑːdʒənɚ] *n Unreinheit in Weine schlechter Qualität oder dunklen Alkoholen, z. B. Methanol*
co·gen·era·tion [ˌkəʊdʒenə'reɪʃən, AM ˌkoʊ-] *adj attr, inv* Kombinations-; **~ plant** Kombinationskraftwerk *nt*
co·gent ['kəʊdʒənt, AM 'koʊ-] *adj (form)* stichhaltig, überzeugend; **~ argument** stichhaltiges [*o* triftiges] Argument; **~ evidence** hieb- und stichfester Beweis; **~ reason** Logik *f;* **~ reasoning** logisches [*o* folgerichtiges] Denken; **~ speech** gut durchdachte Rede
co·gent·ly ['kəʊdʒəntli, AM 'koʊ-] *adv (form)* stichhaltig, überzeugend; **to argue ~ for sth** schlüssig für etw *akk* argumentieren
cogi·tate ['kɒdʒɪteɪt, AM 'kɑːdʒə-] *vi (form or hum)* ■ **to ~ about** [*or* **on**] [*or* **upon**] **sth** über etw *akk* nachdenken
cogi·ta·tion [ˌkɒdʒɪ'teɪʃən, AM ˌkɑːdʒə-] *n (hum also form)* Nachdenken *nt*, Nachsinnen *nt geh*
cog·nac ['kɒnjæk, AM 'koʊnjæk] *n* Cognac *m*
cog·nate ['kɒgneɪt, AM 'kɑːg-] LING **I.** *adj* [ur]verwandt (**with** mit *+dat*); **~ languages** [*or* **words**] urverwandte Sprachen [*o* Wörter]
II. *n* verwandtes Wort; **false ~** Faux ami *m*, falscher Freund
cog·ni·tion [kɒg'nɪʃən, AM kɑːg'-] *n (form)* ❶ *(thought)* Erkennen *nt* ❷ *no pl (mental processes)* Erkenntnis *f* ❸ *(realization)* Wahrnehmung *f*
cog·ni·tive ['kɒgnətɪv, AM 'kɑːgnəṭɪv] *adj attr (form)* kognitiv *geh*
cog·ni·tive psy·'chol·ogy *n* kognitive Psychologie **cog·ni·tive 'thera·py** *n* Kognitionstherapie *f*
cog·ni·zance ['kɒgnɪzən(t)s, AM 'kɑːgnə-] *n no pl (form)* LAW ❶ *(awareness)* Kenntnis[nahme] *f;* **to take ~ of sth** etw zur Kenntnis nehmen, von etw *dat* Kenntnis nehmen ❷ *(jurisdiction)* Zuständigkeit *f*, Befugnis *f;* **to take ~ of sth** für etw *akk* zuständig sein
cog·ni·zant ['kɒgnɪzənt, AM 'kɑːgnə-] *adj (form)* ❶ *(aware)* in Kenntnis, unterrichtet; **to be ~ of the facts** die Fakten kennen ❷ *(having jurisdiction)* zuständig
cog·no·men [kɒg'nəʊmen, AM kɑːg'noʊ-] *n* ❶ *(nickname)* Spitzname *m*, SCHWEIZ *a.* Übername *m*, Beiname *m* ❷ *(ancient Roman's family name)* Familienname *m*, Zuname *m*
co·gno·scen·ti [ˌkɒnjə(ʊ)'ʃenti, AM ˌkɑːg'nə'ʃenti] *npl (form liter)* Kenner(innen) *mpl(fpl)*
cog·wheel ['kɒgwiːl, AM 'kɑːg-] *n* Zahnrad *nt*
co·hab·it [kəʊ'hæbɪt, AM koʊ-] *vi (form)* ■ **to ~ [with sb]** [mit jdm] zusammenleben; LAW [mit jdm] in eheähnlicher Gemeinschaft leben
co·hab·it·ant [kəʊ'hæbɪtənt, AM koʊ'hæbɪṭənt] *n (form)* Lebensgefährte, -gefährtin *m, f*
co·habi·ta·tion [kəʊˌhæbɪ'teɪʃən, AM koʊˌ-] *n no pl* Zusammenleben *nt;* LAW eheähnliche Gemeinschaft
co·hab·itee [kəʊhæbɪ'tiː, AM koʊ-] *n (form)* Lebensgefährte, -gefährtin *m, f*
co·hab·it·er [kəʊ'hæbɪtəʳ, AM koʊ'hæbɪṭɚ] *n* LAW in eheähnlicher Gemeinschaft Lebende(r) *f(m)*
co-heir [ˌkəʊ'eəʳ, AM 'koʊer] *n* LAW Miterbe, -erbin *m, f*
co-heir·ess [ˌkəʊ'eəres, AM 'koʊerəs] *n* LAW Miterbin *f*
co·here [kə(ʊ)'hɪəʳ, AM koʊ'hɪr] *vi (form) ideas* zusammenhängen; *system, work* in sich *dat* geschlossen sein
co·her·ence [kə(ʊ)'hɪərən(t)s, AM koʊ'hɪr-] *n no pl of ideas* Zusammenhang *m* (**between** zwischen *+dat*); *of system, work* Geschlossenheit *f*
co·her·ent [kə(ʊ)'hɪərənt, AM koʊ'hɪr-] *adj ideas* zusammenhängend; *system, work* in sich *dat* geschlossen; *idea, words* verständlich; **~ argument** schlüssiges Argument; **~ speech/story** zusammenhängende Rede/Geschichte; **~ bundle** PHYS kohärentes Bündel
co·her·ent·ly [kə(ʊ)'hɪərəntli, AM koʊ'hɪr-] *adv ideas* zusammenhängend; *system, work* in sich *dat* geschlossen; **to speak ~** verständlich sprechen
co·he·sion [kə(ʊ)'hiːʒən, AM koʊ'-] *n no pl* Zusammenhalt *m*, Zusammenhang *m*, Kohäsion *f geh;* **lack of ~** mangelnder Zusammenhalt
Co·'he·sion Fund *n* EU Kohäsionsfonds *m*
co·he·sive [kə(ʊ)'hiːsɪv, AM koʊ'-] *adj* geschlossen, zusammenhängend; **~ forces** vereinte Kräfte; **~ group** geschlossene Gruppe
co·he·sive·ness [kə(ʊ)'hiːsɪvnəs, AM koʊ'-] *n no pl (in physics)* Kohäsionskraft *f*, Bindekraft *f; (in group)* Zusammenhalt *m*, Zusammenhang *m*, Geschlossenheit *f*
co·hort ['kə(ʊ)hɔːt, AM 'koʊhɔːrt] *n* ❶ *(subgroup)* [Personen]gruppe *f;* **age ~** Altersgruppe *f;* **among the younger ~** unter den Jüngeren ❷ *esp* AM *(pej: crony)* ■ **~s** *pl* Konsorten *pl pej fam*
co-'host *vt* ■ **to ~ sth** *TV/radio programme* etw gemeinsam moderieren **co-'hous·ing I.** *n no pl* gemeinschaftliche Wohnformen *pl* **II.** *n modifier* **~ communities** Wohngemeinschaften *pl*
COI [ˌsiːəʊ'aɪ] *n* BRIT *abbrev of* **Central Office of Information** Offizieller Britischer Informationsdienst
coif [kɔɪf] *n* ❶ REL Haube *f* ❷ HIST *(worn under armour)* Helmkappe *f*
coiffed [kɔɪft, AM kwɑːft] *adj (esp hum)* frisiert; **to have one's hair ~** sich *dat* das Haar frisieren lassen; **to look ~** frisch frisiert aussehen
coif·feur [kwɒ'fɜːʳ, AM kwɑː'fɜːr] *n* Friseur *m*, Coiffeur

C

m geh

coif·fure [kwɒˈfjʊəʳ, AM kwɑːfjʊr] *n (form)* Frisur *f,* Haartracht *f;* **a 1950s ~** eine Frisur aus den 50er Jahren

coil [kɔɪl] **I.** *n* ❶ *(wound spiral)* Rolle *f;* ELEC Spule *f;* **~ of rope** Rolle *f* Seil; **~ of smoke** *(fig)* Rauchsäule *f* ❷ *(fam: contraceptive)* Spirale *f* ❸ *(lock of hair)* Locke *f*
II. *vi* ■**to ~ around sth** sich *akk* um etw *akk* winden
III. *vt* ■**to ~ sth** etw aufwickeln [*o* aufrollen]; ***she ~ed her hair into a neat bun*** sie drehte ihr Haar zu einem hübschen Knoten; ■**to ~ oneself around sth** sich *akk* um etw *akk* winden

coiled [kɔɪld] *adj* gewunden; **~ spring** Sprungfeder *f,* Spiralfeder *f*

coin [kɔɪn] **I.** *n* Münze *f,* Geldstück *nt;* **denomination of ~** Münzeinheit *f;* **gold ~** Goldmünze *f;* **to exchange ~s for notes** Münzen in Geldscheine umtauschen; ***ten pounds in 20p ~s*** zehn Pfund in 20-Pence-Stücken; **counterfeit ~s** Falschgeld *nt;* **to mint ~s** Münzen prägen; **to take** [*or* **accept**] **~s** Münzen annehmen
II. *vt* **to ~ a motto** ein Motto prägen
▶PHRASES: **to ~ it** [**in**], AM **to ~ money** *(fam)* Geld scheffeln *fam;* **to ~ a phrase ...** ich will mal so sagen ...; ***I was, to ~ a phrase, gobsmacked*** ich war ganz einfach platt *fam*

coin·age [ˈkɔɪnɪdʒ] *n* ❶ *no pl (set of coins)* Münzen *pl,* Münzgeld *nt,* Münz *nt kein pl* SCHWEIZ, Hartgeld *nt; (act)* Prägung *f,* Prägen *nt;* **bronze/silver ~** Bronze-/Silbermünzen *pl* ❷ *(invented word)* Neuschöpfung *f,* Prägung *f*

coin-box ˈtele·phone *n* Münzfernsprecher *m*

co·in·cide [ˌkəʊɪnˈsaɪd, AM ˌkoʊ-] *vi* ■**to ~** [**with sth**] *subjects, ideas* [mit etw *dat*] übereinstimmen; *events* [mit etw *dat*] zusammenfallen; ***our views ~ on a range of subjects*** wir sind in vielen Dingen einer Meinung

co·in·ci·dence [kəʊˈɪn(t)sɪdᵊn(t)s, AM koʊ-] *n* ❶ *(instance)* Zufall *m; (chance)* Glück *nt,* Fügung *f geh;* ***what a ~!*** was für ein Zufall!; **by ~** durch Zufall; **pure ~** reiner Zufall ❷ *(agreement)* Übereinstimmung *f; of events* Zusammenfallen *nt*

co·ˈin·ci·dence cir·cuit, co·ˈin·ci·dence el·ement *n* ELEC Koinzidenzschaltung *f,* UND-Schaltung *f*

co·in·ci·dent [kəʊˈɪn(t)sɪdᵊnt, AM koʊ-] *adj* ❶ *(occupying same time)* zusammentreffend; **~ events** gleichzeitig geschehende Ereignisse; *(occupying same space)* zusammenfallend ❷ *(in harmony with)* übereinstimmend; ■**to be ~ with sth** mit etw *dat* übereinstimmen

co·in·ci·dent·al [kəʊˌɪn(t)sɪˈdᵊntᵊl, AM koʊˌɪn(t)sɪˈdᵊnt̬ᵊl] *adj* zufällig; ***it was purely ~ that ...*** es war purer Zufall, dass ...; ***what a ~ meeting*** was für ein Zufall, dass wir uns getroffen haben

co·in·ci·dent·al·ly [kəʊˌɪn(t)sɪˈdᵊntᵊli, AM koʊˌɪn(t)sɪˈdᵊnt̬ᵊli] *adv* zufällig[erweise]

coir [kɔɪəʳ, AM kɔɪr] *n no pl* Coir *nt*

coi·tal [ˈkəʊɪtᵊl, AM ˈkoʊə-] *adj inv* Koitus-, Beischlaf-; **~ position** [Sex]stellung *f*

coi·tus [ˈkəʊɪtəs, AM ˈkoʊət̬əs] *n no pl (form)* Geschlechtsverkehr *m;* MED Koitus *m;* LAW Beischlaf *m*

coi·tus inter·rup·tus [ˌkəʊɪtəsɪntəˈrʌptəs, AM ˌkoʊət̬əsɪnt̬əˈ-] *n* Coitus interruptus *m*

co·jo·nes [kəˈhoʊneɪz] *npl* **to have ~** *esp* AM *(fam)* Mumm [*o* Courage] haben

coke [kəʊk, AM koʊk] *n no pl* ❶ *(fuel)* Koks *m* ❷ *(sl: cocaine)* Kokain *nt,* Koks *m sl*

Coke® [kəʊk, AM koʊk] *n short for* **Coca Cola** Coke *f fam*

col *n abbrev of* **column** Sp.

Col *n abbrev of* **colonel**

COL [ˌsiːəʊˈel] *n abbrev of* **computer-oriented language** COL *f*

cola [ˈkəʊlə, AM ˈkoʊ-] *n* Cola *nt o f fam;* **types of ~** Colasorten *pl;* ■**~s** *pl* Colagetränke *pl,* Colalimonaden *pl*

COLA *n* AM ECON, FIN *acr for* **cost-of-living allowance** Lebenshaltungskostenzuschuss *m*

col·an·der [ˈkʌləndəʳ, ˈkɒ-, AM -ɚ, ˈkɑː-] *n* Sieb *nt,* Seiher *m*

col·can·non [kɒlˈkænən] *n* FOOD *irisches und schottisches Gericht aus Kohl und Kartoffeln*

cold [kəʊld, AM koʊld] **I.** *adj* ❶ *(not warm)* kalt; **a nice ~ beer** ein schönes, kühles Bier; **~ food** kalte Gerichte; **as ~ as ice** eiskalt; **bitterly ~** bitterkalt; **to be** [*or* **feel**] **~** frieren; ***I'm ~*** mir ist kalt; **to get ~** zu frieren beginnen; **to go ~** kalt werden; COMPUT **~ boot** [*or* **start**] Kaltstart *m;* **~ standby** Cold-Standby-System *nt* ❷ *(fig: not friendly)* kalt, kühl; ***his ~ blue eyes*** seine kühlen blauen Augen ❸ *(unprepared, unannounced)* unvorbereitet ❹ **~ call** *of insurance salesman* unangemeldeter Vertreterbesuch
▶PHRASES: **to have/get ~ feet** kalte Füße bekommen *fig fam;* **to pour** [*or* **throw**] **~ water on sth** etw *dat* einen Dämpfer versetzen *fam*
II. *n* ❶ *(low temperature)* Kälte *f;* **to be blue with ~** vor Kälte ganz blau sein; **to shiver with ~** vor Kälte zittern ❷ MED *(illness)* Erkältung *f; (runny nose)* Schnupfen *m;* **to get a stinking** [*or* **streaming**] **~** BRIT, AUS *(fam)* eine saumäßige Erkältung bekommen *fam;* **to catch** [*or* **get**] **a ~** sich *akk* erkälten; **to have a ~** erkältet sein
▶PHRASES: **to leave sb/sth out in the ~** jdn/etw im Regen stehen lassen *fam*

ˈcold bag *n* BRIT Kühltasche *f* **cold-blood·ed** [ˌkəʊldˈblʌdɪd, AM ˌkoʊld-] *adj* ❶ *(ectothermic)* kaltblütig; **~ animal** Kaltblüter *m* ❷ *(extremely evil)* kaltblütig, unbarmherzig **cold-ˈblood·ed·ly** *adv* kaltblütig **ˈcold call** *n* Anmache *f fam;* ECON unangemeldeter Vertreterbesuch **cold ˈcom·fort** *n* schwacher Trost **ˈcold cream** *n* Cold Cream *f (halbfette Feuchtigkeitscreme)* **ˈcold cuts** *npl* Aufschnitt *m kein pl* **ˈcold-eyed** *adj* ***she gave him a ~ stare*** sie blickte ihn kalt an **cold ˈfish** *n (pej: insensitive person)* Eisblock *m fig; (sullen, morose)* Brummbär *m fam,* Griesgram *m pej* **ˈcold frame** *n* Frühbeet *nt* **ˈcold front** *n* Kaltfront *f* **cold-ˈheart·ed** *adj* kaltherzig, hartherzig

cold·ish [ˈkəʊldɪʃ, AM ˈkoʊld-] *adj* kühl

cold·ly [ˈkəʊldli, AM ˈkoʊld-] *adv* kalt, kühl; **to say sth ~** etw abweisend sagen

cold·ness [ˈkəʊldnəs, AM ˈkoʊld-] *n no pl* Kälte *f,* Kühle *f;* **~ of manner** Reserviertheit *f,* Distanziertheit *f*

cold ˈshow·er *n (hum)* **to take a ~** eine kalte Dusche nehmen; *(fig)* sich *akk* [wieder] abregen [*o* beruhigen] **ˈcold snap** *n* kurze Kälteperiode, Kälteeinbruch *m* **ˈcold sore** *n* MED Herpes *m,* Bläschenausschlag *m,* Fieberblase *f* ÖSTERR *fam;* ■**~s** *pl* Herpesbläschen *pl* **cold ˈstart** *n* AUTO, COMPUT Kaltstart *m* **cold ˈstor·age** *n* Kühllagerung *f;* **to put sth in ~** etw kühl lagern; *(fig)* etw auf Eis legen *fig* **ˈcold store** *n* Kühlhalle *f,* Kühlhaus *nt* **cold ˈsweat** *n* kalter Schweiß; **to put sb in a ~** jdn in Angst und Schrecken versetzen **cold ˈtruth** *n* nackte Wahrheit **cold ˈtur·key** *n (sl)* sofortiger Totalentzug, kalter Entzug *fam;* **to go through ~** [*or* AM **to quit ~**] eine radikale Entziehungskur machen **ˈcold war** *n* POL kalter Krieg **ˈcold wave** *n* ❶ METEO *(cold snap)* Kältewelle *f* ❷ *(dated: permanent wave)* Kaltwelle *f veraltet;* **to get a ~** sich *dat* eine Kaltwelle machen lassen

co-lead·er [kəʊˈliːdəʳ, AM koʊˈliːdɚ] *n* Mitleiter(in) *m(f)*

cole·slaw [ˈkəʊlslɔː, AM ˈkoʊlslɑː] *n no pl* Krautsalat *m,* Kohlsalat *m*

col·ey <*pl* -(s)> [ˈkəʊli] *n* BRIT Seelachs *m*

col·ic [ˈkɒlɪk, AM ˈkɑː-] *n no pl* Kolik *f*

col·icky [ˈkɒlɪki, AM ˈkɑː-] *adj* kolikartig; ■**to be ~** an Koliken leiden; **~ baby** *Baby, das an Koliken leidet*

coli·seum [ˌkɒlɪˈsiəm, AM ˌkɑːlə] *n see* **colosseum**

co·li·tis [kɒˈlaɪtəs, AM koʊːˈlaɪt̬əs] *n no pl* Dickdarmentzündung *f,* Kolitis *f fachspr;* **ulcerative ~** geschwürige Dickdarmentzündung

col·labo·rate [kəˈlæbᵊreɪt] *vi* ❶ *(work together)* ■**to ~** [**with sb**] [mit jdm] zusammenarbeiten; ■**to ~ on sth** zusammen [*o* gemeinsam] an etw *dat* arbeiten ❷ *(pej: aid enemy)* ■**to ~ with sb** mit jdm kollaborieren

col·labo·ra·tion [kəˌlæbᵊˈreɪʃᵊn] *n* ❶ *(working with sb)* Zusammenarbeit *f;* **to do sth in ~ with sb** etw in Zusammenarbeit mit jdm tun ❷ *no pl (aiding enemy)* Kollaboration *f*

col·labo·ra·tion·ist [kəˌlæbᵊˈreɪʃᵊnɪst] *n (pej)* Kollaborateur(in) *m(f)*

col·labo·ra·tive [kəˈlæbᵊrətɪv, AM -ɚət̬ɪv] *adj* zusammenarbeitend; **~ effort** gemeinsame Anstrengung

col·labo·ra·tive·ly [kəˈlæbᵊrətɪv] *adv* gemeinsam, im Team

col·labo·ra·tor [kəˈlæbəreɪtəʳ, AM -t̬ɚ] *n* ❶ *(colleague)* Mitarbeiter(in) *m(f);* **female ~** Mitarbeiterin *f* ❷ *(pej: traitor)* Kollaborateur(in) *m(f);* **Nazi ~** Nazispitzel *m*

col·lage [ˈkɒlɑːʒ, AM kəˈlɑːʒ] **I.** *n* ❶ *(arrangement of objects)* Collage *f;* **~ of photos/postcards** Foto-/Postkartencollage *f* ❷ *(art style)* Collage[ntechnik] *f*
II. *vt* ■**to ~ sth** etw zu einer Collage verarbeiten, etw zusammensetzen

col·la·gen [ˈkɒlədʒən, AM ˈkɑː-] *n no pl* Kollagen *nt*

col·lagen ˈim·plant *n* ❶ *(cosmetic operation)* Kollagenimplantation *f* ❷ *(inserted material)* Kollagenimplantat *nt* **col·lagen in·ˈjec·tion** *n* Kollageninjektion *f*

col·lapse [kəˈlæps] **I.** *vi* ❶ *(fall down) things, buildings* zusammenbrechen, einstürzen; *people* zusammenbrechen, kollabieren *geh;* **to ~ with laughter** [**at a joke**] *(fig)* sich *akk* [über einen Witz] kaputtlachen *fam* ❷ *(fail)* zusammenbrechen; *enterprise* zugrunde gehen; *government* stürzen, zu Fall kommen; *hopes* sich *akk* zerschlagen; *plans, talks* scheitern; *prices* einbrechen; *property market* zusammenbrechen; *society* zerfallen; ***his whole world had ~d*** für ihn war eine Welt zusammengebrochen
II. *n* ❶ *(act of falling down)* Einsturz *m;* **~ of a bridge/building** Einsturz *m* einer Brücke/eines Gebäudes ❷ *(failure)* Zusammenbruch *m;* **to be on the brink** [*or* **verge**] **of ~** kurz vor dem Aus stehen; **~ of a business** Zusammenbruch *m* eines Unternehmens; **~ of confidence** Verlust *m* der Glaubwürdigkeit; **~ of one's marriage** Scheitern *nt* einer Ehe; **~ of prices** Preissturz *m;* MED Kollaps *m;* **to suffer a mental/nervous ~** einen Nervenzusammenbruch erleiden

col·lapsed [kəˈlæpst] *adj* MED zusammengebrochen, kollabiert *geh*

col·laps·ible [kəˈlæpsɪbl̩] *adj* zusammenklappbar, zusammenlegbar; **~ chair** Klappstuhl *m*

col·lar [ˈkɒləʳ, AM ˈkɑːlɚ] **I.** *n* ❶ *(piece around neck)* Kragen *m;* **fur ~** Pelzkragen *m;* **wide ~** halsferner Kragen ❷ *(restraining band)* Halsband *nt;* **cat's/dog's ~** Katzen-/Hundehalsband *nt;* BRIT *(leash)* Hundeleine *f;* **to put one's dog on a ~** seinen Hund an die Leine nehmen ❸ *(necklace)* Halsband *nt,* Kollier *nt;* **diamond ~** Diamantkollier *nt* ❹ ZOOL *(fur area around neck)* Mähne *f* ❺ ECON, FIN Zinsbegrenzung *f* nach oben und nach unten
II. *vt (fam)* ■**to ~ sb** jdn schnappen *fam; (fig)* jdn in ein Gespräch verwickeln

ˈcol·lar bone *n* Schlüsselbein *nt;* **to break** [*or* **fracture**] **one's ~** sich *dat* das Schlüsselbein brechen

col·late [kəˈleɪt] **I.** *vt* ■**to ~ sth** ❶ *(analyse)* etw vergleichen ❷ *(arrange in order)* etw zusammenstellen
II. *vi photocopier* ordnen, sortieren

col·lat·er·al [kəˈlætᵊrᵊl, AM kəˈlæt̬-] **I.** *n* FIN [zusätzliche] Sicherheit, Nebensicherheit *f;* **~ for a secured loan** Kreditsicherheit *f;* **to lend sth against ~** etw lombardieren; **to use** [*or* **put up**] [*or* **offer**] **sth as** [**a**] **~** etw als Sicherheit anbieten

II. *adj* ① *(parallel)* gleichzeitig, parallel; ~ **agreement** beidseitiges Abkommen
② *(form: descended in different line)* seitlich, kollateral *fachspr;* ~ **relatives** Verwandte *pl* einer Seitenlinie
③ *(subordinate)* nebensächlich; FIN zusätzlich; ~ **insurance** Zusatzversicherung *f*
col·lat·er·al ac·'cept·ance *n* FIN Avalakzept *nt*
col·lat·er·al ac·'count *n* FIN Garantiekonto *nt*
col·lat·er·al a'gree·ment *n* FIN Sicherheitenabrede *f* **col·lat·er·al 'bill** *n* FIN Depotwechsel *m* **col·lat·er·al 'bond** *n* FIN wertpapiergesicherte Schuldverschreibung **col·lat·er·al 'con·tract** *n* Nebenvertrag *m* **col·lat·er·al 'dam·age** *n* Nebenschaden *m,* Kollateralschaden *m* **col·lat·er·al 'gua·ran·ty** *n* FIN Nachbürgschaft *f,* Nebenbürgschaft *f* **col·lat·er·al 'is·sue** *n* LAW Nebenfrage *f*
col·lat·er·al·ize [kəˈlætᵊrᵊlaɪz, AM -ˈlæṭ-] *vt* ECON, FIN ■**to ~ sth** *loan* etw *dat* Sicherheit leisten, etw besichern
col·lat·er·al·ized [kəˈlætᵊrəlaɪzd, AM -ˈlæṭ-] *adj* FIN besichert; ~ **loan** Lombardkredit *m*
col·lat·er·al 'loan *n* FIN Lombardkredit *m,* Lombarddarlehen *nt*
col·lat·er·al·ly [kəˈlætᵊrᵊli, AM kəˈlæṭ-] *adv* kollateral *fachspr;* ~ **related** in einer Seitenlinie verwandt
col·lat·er·al 'reg·is·ter *n* FIN Deckungsregister *nt*
col·lat·er·al se·'cu·rity *n* FIN Sicherheitsleistung *f,* Besicherung *f,* Sachsicherheit *f*
col·la·tion [kəˈleɪʃᵊn] *n* ① *(comparing)* Vergleich *m,* Kollationieren *nt; (arranging)* Ordnen *nt,* Sortieren *nt*
② *(dated form: light meal)* Imbiss *m,* Kollation *f veraltet*
col·la·tor [kəˈlәɪtəʳ, AM -ṭə-] *n* COMPUT Sortierer *m; (device)* Kartenmischer *m*
col·league [ˈkɒliːg, AM ˈkɑː-] *n* [Arbeits]kollege, -kollegin *m, f,* Mitarbeiter(in) *m(f)*
col·lect¹ [ˈkɒlekt, AM ˈkɑːlekt] *n* REL Kirchengebet *nt*
col·lect² [kəˈlekt] **I.** *adj* AM TELEC *(paid for by receiving party)* ~ **call** R-Gespräch *nt*
II. *adv* AM *inv (on cost of receiving party)* **to call ~** ein R-Gespräch führen
III. *vi* ① *(gather)* sich *akk* versammeln; *(accumulate)* sich *akk* ansammeln
② *(gather money)* sammeln; ***we're ~ing for the homeless*** wir sammeln für Obdachlose
IV. *vt* ① *(gather)* ■**to ~ sth** etw einsammeln; **to ~ coins/stamps** Münzen/Briefmarken sammeln; **to ~ dust** den Staub anziehen; *(no use)* [nur] ein Staubfänger sein; **to ~ money** Geld sammeln; **to ~ taxes** Steuern eintreiben [*o* einziehen]
② *(pick up)* ■**to ~ sb/sth** jdn/etw abholen; ***I'll ~ you from the station*** ich hole dich vom Bahnhof ab
③ *(form: regain control)* ■**to ~ oneself** sich *akk* sammeln; **to ~ one's thoughts** [*or* **wits**] seine Gedanken ordnen, sich *akk* sammeln
◆**collect up** *vt* **to ~ up one's belongings** sein Hab und Gut zusammenpacken; **to ~ up empty bottles** leere Flaschen aufsammeln; **to ~ up tickets** Fahrscheine einsammeln
col·lect·able [kəˈlektəbl̩] **I.** *adj* sammelbar
II. *n* Sammlerstück *nt,* Sammelobjekt *nt*
col·lect·ables, col·lect·ibles [kəˈlektəbl̩z] *npl* ECON, FIN Sammlerstücke *pl*
col·'lect call *n* AM R-Gespräch *nt;* **to accept a ~** ein R-Gespräch annehmen; **to make a ~** ein R-Gespräch anmelden
col·lect·ed [kəˈlektɪd] *adj* beherrscht, gelassen, ruhig
col·lect·ible [kəˈlektəbl̩] *adj, n see* **collectable**
col·'lect·ing agen·cy *n* FIN Inkassostelle *f* **col·'lect·ing bank** *n* Inkassobank *f* **col·lect·ing e'lec·trode** *n* PHYS Niederschlagselektrode *f* **col·'lect·ing flask** *n* CHEM Auffanggefäß *nt*
col·lec·tion [kəˈlekʃᵊn] *n* ① *(money gathered)* ■**~s** *pl* Sammlung *f; (in church)* Kollekte *f;* **to have** [*or* **hold**] **a ~ for charity** für einen wohltätigen Zweck sammeln
② *(objects collected)* Sammlung *f;* **~ of art/coins/stamps** Kunst-/Münz-/Briefmarkensammlung *f; (crowd of people)* Ansammlung *f; (fig: large number)* Auswahl *f,* Sortiment *nt;* **a ~ of toothbrushes** eine Auswahl an Zahnbürsten
③ *(range of clothes)* Kollektion *f;* **spring/winter ~** Frühjahrs-/Winterkollektion *f*
④ *(act of getting) of mail* Abholung *f;* ***the photos are ready for ~*** die Fotos liegen zur Abholung bereit; **rubbish ~** Müllabfuhr *f,* SCHWEIZ *a.* Kehrichtabfuhr *f;* BRIT *(from letterbox)* [Briefkasten]leerung *f*
⑤ FIN **~s** Einzug *m,* Inkasso *nt;* **tax ~** Steuereinziehung *f;* **debt ~** Schuldeneintreibung *f;* **debt collection agency** Inkassobüro *nt;* **bills for ~** fällige Inkassowechsel
col·lec·tion-'only check *n* FIN Verrechnungsscheck *m*
col·lec·tive [kəˈlektɪv] **I.** *adj* gemeinsam, kollektiv; ~ **action** Gemeinschaftsaktion *f;* ~ **decision** gemeinsame Entscheidung; ~ **interests** Gesamtinteressen *pl;* ~ **leadership** kollektive Führung; ~ **opinion** Mehrheitsmeinung *f*
II. *n* Gemeinschaft *f,* Gruppe *f;* POL Kollektiv *nt;* ECON Genossenschaftsbetrieb *m,* Produktionsgenossenschaft *f;* LING Sammelbegriff *m,* Kollektivum *nt fachspr*
col·lec·tive ac·'count *n* FIN Sammelkonto *nt* **col·lec·tive a'gree·ment** *n* ECON Tarifvertrag *m* **col·lec·tive 'bar·gain·ing** *n* Tarifverhandlungen *pl;* **to engage in ~** in Tarifverhandlungen einsteigen **col·lec·tive 'bar·gain·ing agree·ment** *n* ECON Flächentarifvertrag *m,* Flächentarifvereinbarung *f* **col·lec·tive de·'pos·it** *n* FIN Girosammelbestand *m,* Girosammeldepot *nt,* Girosammelverwahrung *f* **col·lec·tive 'farm** *n* landwirtschaftliche Produktionsgenossenschaft **col·lec·tive in·'vest·ment** *n* FIN Kollektivanlage *f* **col·lec·tive 'la·bour agree·ment** *n* ECON Flächentarifvertrag *m,* Flächentarifvereinbarung *f*
col·lective·ly [kəˈlektɪvli] *adv* alle zusammen
col·lec·tive 'noun *n* LING Sammelbegriff *m,* Kollektivum *nt fachspr* **col·lec·tive re·spon·si'bil·ity** *n* LAW Kollektivverantwortung *f* **col·lec·tive 'wage agree·ment** *n* ECON Lohntarifvertrag *m*
col·lec·tiv·ism [kəˈlektɪvɪzᵊm, AM -tə-] *n no pl* Kollektivismus *m*
col·lec·tiv·ist [kəˈlektɪvɪst] **I.** *adj* kollektivistisch
II. *n* Kollektivist(in) *m(f)*
col·lec·ti·vize [kəˈlektɪvaɪz] *vt* ■**to ~ sth** etw kollektivieren
col·lec·tor [kəˈlektəʳ, AM -ɚ] *n* ① *(of objects)* Sammler(in) *m(f);* **stamp ~** Briefmarkensammler(in) *m(f)*
② *(of payments)* Gebühreneintreiber(in) *m(f); of cash* Kassierer(in) *m(f);* **tax ~** Steuereintreiber(in) *m(f)*
③ ELEC Stromabnehmer *m*
col·'lec·tor's item, col·'lec·tor's piece *n* Liebhaberstück *nt,* Sammlerstück *nt*
col·lect 'trans·fer *vt* COMPUT ■**to ~ sth** etw sammelnd laden
col·leen [ˈkɒliːn, kɒˈliːn] *n* IRISH [junges] Mädchen; ***good day to you,*** ~ guten Tag, mein Mädchen
col·lege [ˈkɒlɪdʒ, AM ˈkɑː-] *n* ① *(school)* Gymnasium *nt; (privately funded)* Kolleg *nt; (boarding school)* Internatsschule *f;* **art ~** Kunstakademie *f;* **to drop out of ~** vom Kolleg [*o* Gymnasium] abgehen; BRIT, AUS *(children's private school)* Privatschule *f*
② *(university)* Universität *f,* Hochschule *f; (privately funded)* Akademie *f,* College *nt;* **to go to ~** auf die Universität gehen, studieren
③ BRIT *(division of university)* College *nt;* **to go to** [*or* **be at**] **a ~** die Universität besuchen, studieren; *(members of college)* College *nt*
④ AM *(university faculty)* Fakultät *f,* Fachbereich *m;* ***I attended the C~ of Arts and Sciences*** ich habe an der kunst- und naturwissenschaftlichen Fakultät studiert; *(college building)* Universitätsgebäude *nt,* Hochschulgebäude *nt*
⑤ *esp* BRIT *(collegiate group)* Kollegium *nt,* Kammer *f;* **~ of Medicine** Ärztekollegium *nt;* **~ of Physicians** Ärztekammer *f,* Ärztebund *m*
col·lege 'gradu·ate *n* AM Hochschulabsolvent(in) *m(f)*
col·legi·ate [kəˈliːdʒiət, AM -dʒɪt] *adj* College-, Hochschul-; ~ **theatre** Theatergruppe *f* der Universität; ~ **sports** Hochschulsport *m;* ***Cambridge is a ~ university*** die Universität von Cambridge ist in mehrere Colleges untergliedert
col·lide [kəˈlaɪd] *vi* ■**to ~** [**with sb/sth**] mit jdm/etw zusammenstoßen; ■**to ~ into sb** auf jdn auffahren; ***the bike ~d into a tree*** das Fahrrad fuhr gegen einen Baum
col·lie [ˈkɒli, AM ˈkɑː-] *n* Collie *m*
col·li·er [ˈkɒliəʳ, AM ˈkɑːljɚ] *n (form)* ① MIN Bergmann *m fam,* Kohlenarbeiter *m*
② *(ship)* Schleppkahn *m,* Kohlenschiff *nt*
col·liery [ˈkɒljəri, AM ˈkɑːljɚi] *n* Bergwerk *nt,* Grube *f,* Zeche *f*
col·li·sion [kəˈlɪʒᵊn] *n* Zusammenstoß *m,* Zusammenprall *m,* Kollision *f geh;* **head-on ~** Frontalzusammenstoß *m;* **~ of interests** *(fig)* Interessenskonflikt *m;* **~ of opinions** Meinungsverschiedenheit *f;* **a ~ between two vehicles** ein Zusammenstoß *m* von zwei Fahrzeugen; **to be in ~** kollidieren, zusammenstoßen; **to come into ~ with sth** mit etw *dat* zusammenstoßen; *ships* in eine Kollision mit etw *dat* geraten
col·'li·sion course *n* Kollisionskurs *m;* **to be on a ~** *(fig)* auf Konfrontationskurs sein **col·'li·sion de·tec·tion** *n* Zusammenstoßerkennung *f;* **carrier sense multiple access-~** Verfahren *nt* zum Schutz davor, dass nicht mehrere Sender in einem Netz gleichzeitig senden
col·lo·cate [ˈkɒləkeɪt, AM ˈkɑːl-] **I.** *vi* LING ■**to ~** [**with sth**] [mit etw *dat*] kollokieren *fachspr*
II. *n* Kollokator *m fachspr*
col·lo·ca·tion [ˌkɒləˈkeɪʃᵊn, AM ˌkɑːl-] *n* LING Kollokation *f fachspr*
col·lo·quial [kəˈləʊkwiəl, AM -ˈloʊ-] *adj* umgangssprachlich; ~ **expression/writing** umgangssprachlicher Ausdruck/Schreibstil; ~ **language** Umgangssprache *f;* **~ way of saying sth** umgangssprachliche Ausdrucksweise
col·lo·qui·al·ism [kəˈləʊkwiəlɪzᵊm, AM -ˈloʊ-] *n* umgangssprachlicher Ausdruck, Kolloquialismus *m fachspr*
col·lo·quial·ly [kəˈləʊkwiəli, AM -ˈloʊ-] *adv* umgangssprachlich
col·lo·quium <*pl* -quia> [kəˈləʊkwiəm, AM ˈlɔʊ] *n* Kolloquium *nt*
col·lo·quy [ˈkɒləkwi, AM ˈkɑː-] *n (dated also form)* Konversation *f,* Unterredung *f geh*
col·lude [kəˈluːd] *vi* ■**to ~ with sb** mit jdm unter einer Decke stecken
col·lu·sion [kəˈluːʒᵊn] *n no pl* geheime Absprache; **to act in ~ with sb** mit jdm gemeinsame Sache machen
col·lu·sive [kəˈluːsɪv] *adj* heimlich verabredet, abgekartet *fam;* ~ **action** LAW [unerlaubte] in geheimer Absprache erfolgte Handlung; ~ **behaviour** vorher verabredetes Verhalten; ~ **bidding** *no pl* COMM Anbieterabsprache *f*
col·ly·wob·bles [ˈkɒliwɒbl̩z, AM ˈkɑːliwɑː-] *npl (hum fam)* **to have the ~** Muffensausen haben *hum sl,* Bauchweh haben ÖSTERR; ***driving with you gives me the ~*** wenn ich mit dir fahre, bekomme ich ein flaues Gefühl in der Magengegend
Colo. AM *abbrev of* **Colorado**
co-lo·'cate *vt* ■**to be ~d with sth** den Standort mit etw *dat* teilen
co·logne [kəˈləʊn, AM -ˈloʊn] *n no pl (aftershave)* Rasierwasser *nt; (perfume)* Parfum *nt,* Eau de Cologne *nt*
Co·lom·bia [kəˈlʌmbiə] *n* Kolumbien *nt*
Co·lom·bian [kəˈlʌmbiən] **I.** *n* Kolumbianer(in) *m(f)*
II. *adj* kolumbianisch
co·lon [ˈkəʊlɒn, AM ˈkoʊlən] *n* ① ANAT *(intestine part)* Dickdarm *m*
② LING *(punctuation mark)* Doppelpunkt *m*
'co·lon can·cer *n* MED Darmkrebs *m;* **risk of ~** Darmkrebsrisiko *nt*
colo·nel [ˈkɜːnᵊl, AM ˈkɜːr-] *n* MIL Oberst *m;* ■**C~** Herr

Oberst

Colo·nel 'Blimp [ˌkɜːnᵊlˈblɪmp] *n esp* BRIT *(dated or pej) Personifizierung des wertkonservativen Engländers*

co·lo·nial [kəˈləʊniəl, AM -ˈloʊ-] **I.** *adj* ① *(relating to a colony)* kolonial, Kolonial-; ~ **dependency** koloniale Abhängigkeit; ~ **power** Kolonialmacht *f;* ~ **rule** Kolonialherrschaft *f*
② *esp* AM HIST *(of colonial times)* **C~ architecture** Kolonialstil *m*, im Stil der Kolonialzeit; **C~ furniture** Möbel *pl* aus der Kolonialzeit
II. *n* ① *(inhabitant of colony)* Kolonist(in) *m(f)*
② *(esp pej: former inhabitant)* ehemaliger Kolonialbesitzer/ehemalige Kolonialbesitzerin

co·lo·ni·al·ism [kəˈləʊniəlɪzᵊm, AM -ˈloʊ-] *n no pl* Kolonialismus *m*

co·lo·ni·al·ist [kəˈləʊniəlɪst, AM -ˈloʊ-] **I.** *n* Kolonialist(in) *m(f)*
II. *adj* kolonialistisch; ~ **ideology** Kolonialismus *m;* ~ **powers** kolonialistische Kräfte

co·lo·nial men·'tal·ity *n* kolonialistische Gesinnung

co·lon·ic ir·ri·'ga·tion [kəˌlɒnɪkɪrɪˈgeɪʃᵊn, AM -ˌlɑː-] *n no pl* Kolon-Hydrotherapie *f*

colo·nist [ˈkɒlənɪst, AM ˈkɑː-] *n* Kolonist(in) *m(f)*, Siedler(in) *m(f)*

colo·ni·za·tion [ˌkɒlənaɪˈzeɪʃᵊn, AM ˌkɑːlənɪ-] *n no pl esp* AM Kolonisation *f*, Kolonisierung *f*

colo·nize [ˈkɒlənaɪz, AM ˈkɑː-] *vt* **to ~ a country** ein Land kolonisieren

colo·nized [ˈkɒlənaɪzd, AM ˈkɑːlə] *npl* ■ **the ~** das kolonisierte Volk

colo·niz·er [ˈkɒlənaɪzəʳ, AM ˈkɑːlənaɪzɚ] *n* Kolonisator *m; (with emphasis on power)* Kolonialherr *m*

col·on·nade [ˌkɒləˈneɪd, AM ˌkɑː-] *n* ARCHIT Säulengang *m*, Kolonnade *f geh*

co·lon·os·co·py <*pl* -pies> [ˌkɒlənˈɒskəpi, AM ˌkoʊlənˈɑːs-] *n* Darmspiegelung *f*

colo·ny [ˈkɒləni, AM ˈkɑː-] *n* ① *(territory)* Kolonie *f*, Kolonialgebiet *nt*
② *(group of colonists)* Siedlung *f;* **the British ~ in Spain** die britische Kolonie in Spanien
③ *(group with shared interest)* Kolonie *f*, Klub *m;* **nudist ~** FKK-Kolonie *f*
④ ZOOL *(group living together)* Kolonie *f;* ~ **of ants/termites** Ameisen-/Termitenstaat *m;* ~ **of bacteria** Bakterienkultur *f;* ~ **of bees** Bienenvolk *nt*

colo·phon [ˈkɒləfən, AM ˈkɑːlə] *n* HIST Kolophon *nt*

col·or *n, adj, vt, vi* AM *see* **colour**

Colo·ra·dan [ˌkɒləˈrɑːdᵊn, AM ˌkɑːləˈræ-] **I.** *n* Bewohner(in) *m(f)* Colorados
II. *adj* aus Colorado *nach n*

Colo·ra·do bee·tle, Colo·ra·do 'po·ta·to bee·tle [ˌkɒlərɑːdəʊ'-, AM ˌkɑːlərædoʊ-] *n* Kartoffelkäfer *m*

col·or·ant [ˈkʌlᵊrənt] *n* AM, AUS *see* **colourant**

col·ora·tion [ˌkʌləˈreɪʃᵊn] *n no pl (presence of colour)* Färbung *f; (colour pattern)* Farbgebung *f;* **camouflaged ~** Tarnfarbe *f*

colo·ra·tu·ra [ˌkɒlərəˈtjʊərə, AM ˌkʌlɚəˈtʊrə] *n* MUS Koloratur *f; (soprano)* Koloratursopran *m*, Koloratursängerin *f*

'col·or com·men·tary *n modifier* lebendig

col·or·ist [ˈkʌlᵊrɪst, AM -lɚ] *n* AM, AUS *see* **colourist**

co·los·sal [kəˈlɒsᵊl, AM -lɑː-] *adj (big)* ungeheuer, riesig; ~ **statue** gewaltige Statue; *(outrageous)* riesig, kolossal *fam;* ~ **amount** [**of money**] gigantische Summe, Unsumme *f;* ~ **cheek** unglaubliche Frechheit [*o* Dreistigkeit]; ~ **task** Mammutaufgabe *f*

col·os·seum [ˌkɒlɪˈsiəm, AM ˌkɑːlə-] *n* Kolosseum *nt*

co·los·si [kəˈlɒsaɪ, AM -lɑː-] *n pl of* **colossus**

Co·los·sians [ˌkɒləˈtjʊərə, AM ˌkʌlɚəˈtʊrə] *npl* Kolosser

co·los·sus <*pl* -es *or* colossi> [kəˈlɒsəs, AM -lɑː-, *pl* -aɪ] *n* ① *(large statue)* Koloss *m;* **marble ~** Marmorkoloss *m;* **C~ of Rhodes** der Koloss von Rhodos
② *(large building)* Koloss *m*, Gebäudekomplex *m;* **the Bundesbank ~** das gigantische Bundesbankgebäude
③ *(influential person)* Gigant(in) *m(f);* ~ **of the literary world** Literaturpapst, Literaturpäpstin *m, f*

co·los·to·my [kəˈlɒstəmi, AM ˈlɑː] **I.** *n* <*pl* -ies> MED ① *(surgical operation)* Kolostomie *f fachspr*, Kolonfistelung *f*
② *(opening so formed)* Kolostomie *f fachspr*, Kunstafter *m*
II. *n modifier* Kolostomie-

co·los·trum [kəˈlɒstrəm, AM ˈlɑː] *n no pl* Vormilch *f*, Kolostrum *nt*

col·our, AM **color** [ˈkʌləʳ, AM -ɚ] **I.** *n* ① *(red, blue etc)* Farbe *f;* ***what ~ is her hair?*** was hat sie für eine Haarfarbe?; ~ **photos** Farbfotos *pl;* **favourite ~** Lieblingsfarbe *f;* **rich jewel ~s** satte, leuchtende Farben; **primary ~** Grundfarbe *f*, Primärfarbe *f fachspr;* **to be ablaze with** [*or* **be a riot of**] **~** in allen Farben erstrahlen; **to add** [**a splash of**] **~ to the garden** dem Garten ein wenig Farbe verleihen; **to come** [*or* **be available**] **in a ~** in einer Farbe erhältlich sein; **to give** [*or* **lend**] **~ to sth** etw *dat* [mehr] Farbe verleihen; *food* etw *dat* Würze verleihen
② *(vigour)* Farbe *f;* **to add some** [*or* **a little**] **~ to sth** etw ein wenig auflockern [*o* lebendig machen]; **to give** [*or* **lend**] **~ to a story** eine Geschichte glaubwürdig erscheinen lassen
③ *(dye)* Färbemittel *nt*, Farbstoff *m*
④ *(ruddiness of complexion)* Gesichtsfarbe *f;* ***she hasn't much ~*** sie sieht so blass aus; **to have ~ in one's cheeks** gerötete Wangen haben; **to have a high** [*or* AM **a lot of**] **~** *(look healthy)* eine gesunde Gesichtsfarbe haben; *(look feverish)* [ganz] rot im Gesicht sein
⑤ *(skin colour)* Hautfarbe *f*
⑥ SCH, UNIV ■ **~s** *pl* Sportabzeichen *nt;* **to be awarded one's ~s for a sport, to gain** [*or* **get**] **one's ~s for a sport** sein Sportabzeichen bekommen
⑦ *(flag)* ■ **~s** *pl* Fahne *f*, Flagge *f;* **regimental ~s** Regimentsfahne *f;* **to display one's ~s** Farbe bekennen; **to salute the ~s** die Fahne grüßen
▸ PHRASES: **to <u>pass</u> with flying ~s** glänzend abschneiden; **to <u>see</u> sb in their true ~s** jdn näher kennenlernen; **to <u>show</u> one's true ~s** sein wahres Gesicht zeigen
II. *vt* ■ **to ~ sth** ① *(change colour of)* etw färben; **to ~ one's hair** sich *dat* die Haare färben; **to ~ a room blue** ein Zimmer blau streichen
② *(distort)* etw beeinflussen; *(misrepresent)* etw beschönigen; **to ~ an attitude/a judgment** eine Haltung/ein Urteil beeinträchtigen; **~ed report** gefärbter Bericht
III. *vi face* rot werden, erröten *geh; leaves* sich *akk* verfärben; **to ~ with embarrassment** vor Verlegenheit rot werden
◆ **colour in** *vt* ■ **to ~ in** ⊂ **sth** etw ausmalen
◆ **colour up** *vi* rot werden, erröten *geh*

col·our·ant [ˈkʌlᵊrənt] *n* BRIT, AUS Färbemittel *nt*

'col·our bar *n* Rassenschranke *f* **'col·our blind** *adj* farbenblind **'col·our blind·ness** *n no pl* Farbenblindheit *f* **'col·our-cod·ed** *adj inv* ***the books are all ~*** alle Bücher sind mit einer Farbkennzeichnung versehen **col·our con·'sult·ant** *n* Farbberater(in) *m(f)* **'col·our de·fect** *n* PHYS *of lens* chromatischer Fehler

col·oured, AM **col·ored** [ˈkʌləd, AM -ɚd] *adj* ① *(having colour)* farbig, bunt; ~ **drawing** Farbzeichnung *f;* ~ **ink** farbige Tinte; ~ **pencil** [*or* **crayon**] Buntstift *m*, Farbstift *m*
② *(often pej: dark-skinned)* farbig
③ SA *(of mixed race)* gemischtrassig; ~ **population** Mischlinge *pl*

Col·oured, AM **Col·ored** [ˈkʌləd, AM -ɚd] *n* ① *(dated: person of dark-skinned race)* Farbige(r) *f(m)*
② SA *(person of mixed race)* Farbige(r) *f(m)*

-col·oured, AM **-col·ored** [ˈkʌləd, AM -ɚd] *in compounds* **amber~** bernsteinfarben; **chocolate~** schokoladenbraun; **flesh~** fleischfarben; **gold~** goldfarben; **peach~** pfirsichfarbig; **brightly~** leuchtend bunt; **multi~** bunt, mehrfarbig

'col·our-en·abled *adj inv* für Schwarzweiß- und Farbdruck *nach n* **'col·our-fast** *adj* farbecht **'col·our fil·ter** *n* PHOT Farbfilter *m o nt*

col·our·ful, AM **col·or·ful** [ˈkʌləfᵊl, AM -lɚ-] *adj* ① *(full of colour) paintings* farbenfroh, farbenprächtig, farbenfreudig; *clothing* bunt, farbig
② *(vivid)* lebendig, lebhaft; ~ **description** anschauliche Schilderung; ~ **pageant** abwechslungsreiches Historienspiel
③ *(interesting)* [bunt] schillernd; **to have a ~ past** eine bewegte Vergangenheit haben; ~ **part of town** belebter Stadtteil; ~ **personality** schillernde Persönlichkeit
④ *(euph: vulgar)* ~ **language** schlüpfrige Sprache

col·our·ful·ly, AM **col·orful·ly** [ˈkʌləfᵊli, AM -lɚ-] *adv* ① *(with colours)* farbenfroh, bunt, farbig; **to be dressed ~** bunte Kleider tragen
② *(vividly)* lebendig, lebhaft; *(interestingly)* auffallend, schillernd; **to describe sth ~** etw anschaulich schildern

'col·our guard *n* MIL Fahnenwache *f*, Fahnenabordnung *f*

col·our·ing, AM **col·oring** [ˈkʌlᵊrɪŋ] *n no pl* ① *(complexion)* Gesichtsfarbe *f*, Teint *m*
② *(colour-changing chemical)* Farbstoff *m;* **artificial ~s** künstliche Färbemittel

'col·our·ing book *n* Malbuch *nt*

col·our·ist [ˈkʌlᵊrɪst] *n* BRIT, AUS ① *(artist, designer)* Farbenkünstler(in) *m(f)*
② *(hairdresser)* Färber(in) *m(f)*

'colour-keyed *adj car bumpers/fittings* farblich angepasst, in der gleichen Farbe *nach n*

col·our·less, AM **col·or·less** [ˈkʌləʊləs, AM -lɚ-] *adj* ① *(having no colour)* farblos; *(pale)* blass
② *(bland)* farblos, grau, langweilig; **a grey, ~ city** eine graue, triste Stadt; ~ **style of writing** nüchterner Schreibstil

col·our pho·'tog·ra·phy *n no pl* Farbfotografie *f* **col·our 'print·ing** *n* Farbdruck *m* **'col·our ren·der·ing** *n no pl* Farbwiedergabe *f* **col·our·safe** [ˈkʌləseɪf] *adj detergent, bleach* mit Farbschutz *nach n;* ~ **detergents** Colorwaschmittel *nt* **'col·our-satu·rat·ed** *adj inv* farbenfroh **'col·our scheme** *n* Farbzusammenstellung *f*, Farbgebung *f* **'col·our slide** *n* Farbdia *nt* **col·our 'sup·ple·ment** *n esp* BRIT Farbbeilage *f* **col·our 'tele·vi·sion** *n* ① *no pl (broadcasting)* Farbfernsehen *nt* ② *(set)* Farbfernseher *m*, Farbfernsehgerät *nt* **'colour-themed** *adj window display* farblich aufeinander abgestimmt **'col·our·way** *n* BRIT Farbkombination *f*

colt [kəʊlt, AM koʊlt] *n* [Hengst]fohlen *nt; (fig)* Grünschnabel *m*

Colt® [kəʊlt, AM koʊlt] *n* Colt *m*

colt·ish [ˈkəʊltɪʃ, AM ˈkoʊltɪʃ] *adj* ausgelassen, übermütig; **young and ~** jung und ungestüm

'colts·foot *n* Huflattich *m*

Co·lum·bia [kəˈlʌmbiə] *n* **the District of ~** der District of Columbia *(Bundesdistrikt der USA um der Hauptstadt Washington herum)*

col·um·bine [ˈkɒləmbaɪn, AM ˈkɑː-] *n* Akelei *f*

co·lum·bium [kəˈlʌmbiəm] *n no pl* CHEM *(dated) see* **niobium**

col·umn [ˈkɒləm, AM ˈkɑː-] *n* ① *(pillar)* Säule *f*, Pfeiler *m;* **Nelson's C~** *Denkmal am Trafalgar Square in London;* **stone ~** Steinsäule *f*
② *(narrow vertical shape)* Röhre *f;* ~ **of smoke** Rauchsäule *f;* **spinal ~** ANAT Wirbelsäule *f*, Rückgrat *nt*
③ MIL, NAUT *(formation)* Kolonne *f;* **to march in ~s of four** in Viererreihen marschieren
④ TYPO Kolumne *f*, Textspalte *f*
⑤ *(article)* Kolumne *f*, Spalte *f;* **fashion/gossip ~** Mode-/Klatschspalte *f;* **political ~** politischer Kommentar
⑥ *(vertical row)* Kolonne *f*, Reihe *f;* ~ **of figures** Zahlenreihe *f*, Zahlenkolonne *f*

col·umn·ist [ˈkɒləmnɪst, AM ˈkɑː-] *n* Kolumnist(in) *m(f)*

coma [ˈkəʊmə, AM ˈkoʊ-] *n* MED Koma *nt;* **to be in a ~** im Koma liegen; **to go** [*or* **fall**] **into a ~** ins Koma fallen; **to wake up out of one's ~** aus dem Koma erwachen

Co·man·che [kəˈmæn(t)ʃi] **I.** *n* ① *(Native American)* Comanche *m o f*

② *(Native American language)* Comanche *nt*
II. *adj* der Comanchen *nach n,* der Comanche-Indianer *nach n*
co·ma·tose ['kəʊmətəʊs, AM 'koʊmətoʊs] *adj* ① *(in a coma)* bewusstlos, komatös *fachspr*
② *(fam: coma-like)* apathisch; ~ **state** Apathie *f*
comb [kəʊm, AM koʊm] **I.** *n* ① *(for hair)* Kamm *m; (hair-arranging device)* Kämmchen *nt*
② ZOOL Kamm *m*
II. *vt* ① *(tidy with a comb)* ■**to ~ sth** etw kämmen; **to ~ one's hair** sich *dat* [die Haare] kämmen; ■**to ~ sth out** etw auskämmen
② *(search thoroughly)* ■**to ~ sth** etw durchkämmen [*o* durchforsten]; **to ~ an apartment for clues** eine Wohnung nach Hinweisen durchsuchen; **to ~ a book** ein Buch sichten
com·bat I. *n* ['kɒmbæt, AM 'kɑ:m-] *no pl* ① *(wartime fighting)* Kampf *m;* **hand-to-hand** ~ Nahkampf *m;* **in** ~ im Kampf; **to die in** ~ fallen
② *(battle)* Schlacht *f,* Gefecht *nt;* **the ~ between good and evil** der Kampf zwischen Gut und Böse
II. *vt* <-tt- *or* -t-> ['kɒmbæt, AM kəm'bæt] ■**to ~ sth** *crime, disease* etw bekämpfen; **to ~ a desire** [*or* **an urge**] gegen ein Verlangen ankämpfen
'com·bat air·craft *n* Kampfflugzeug *nt*
com·bat·ant ['kɒmbətᵊnt, AM kəm'bætᵊnt, 'kɑ:m-] *n* Kämpfer(in) *m(f),* Kombattant(in) *m(f) geh; (member of armed forces)* Angehörige(r) *f(m)* der Streitkräfte; *(fighting in war)* Frontkämpfer(in) *m(f),* Kriegsteilnehmer(in) *m(f)*
'com·bat boots *npl* Springerstiefel *pl* **'com·bat fa·tigue** *n no pl (loss of motivation)* Kriegsmüdigkeit *f; (mental disorder)* Kriegstrauma *nt,* Kriegsneurose *f;* **to suffer from** ~ unter einem Kriegstrauma leiden
com·bat·ive ['kɒmbətɪv, AM kəm'bæṭɪv, 'kɑ:m-] *adj (competitive)* angriffslustig, streitlustig, aggressiv; *(pugnacious)* kampfbereit; ~ **mood** [*or* **spirit**] Angriffslust *f,* Streitlust *f,* Aggressivität *f;* ~ **spirit** *(fig)* Kampfgeist *m*
'com·bat jack·et *n* Bomberjacke *f*
com·bats ['kɑ:mbæts] *npl* AM *short for* **combat trousers** Armeehose *f*
'com·bat zone *n* Kampfgebiet *nt,* Kampfzone *f*
comb·er ['kəʊməʳ, AM 'koʊmɚ] *n* Brecher *m,* Sturzwelle *f*
com·bi·na·tion [ˌkɒmbɪ'neɪʃᵊn, AM ˌkɑ:mbə'-] *n* ① *(mixture of things)* Kombination *f; of events* Verkettung *f;* ***green is a ~ of blue and yellow*** grün ist eine Mischung aus blau und gelb; ~ **of circumstances** Verkettung *f* von Umständen; ~ **of colours** Farbkombination *f,* Farbzusammenstellung *f;* ~ **of flavours** Geschmackskombination *f;* **the right ~ of intelligence and charm** die ideale Kombination aus Herz und Verstand; ~ **of letters** Buchstabenreihe *f*
② *(sequence of numbers)* [Zahlen]kombination *f*
③ *(togetherness)* **in** ~ zusammen, gemeinsam
com·bi·'na·tion lock *n* Zahlenschloss *nt,* Kombinationsschloss *nt*
com·bine [kəm'baɪn] **I.** *vt* ■**to ~ sth** [**with** [*or* **and**] **sth**] etw [mit etw *dat*] verbinden [*o* kombinieren]; ~ ***all the ingredients in a large pot ...*** geben Sie alle Zutaten in einen großen Topf ...; **to ~ business with pleasure** das Angenehme mit dem Nützlichen verbinden; **to ~ family life with a career** Familie und Karriere unter einen Hut bringen *fam;* **to ~ forces against sb/sth** alle Kräfte gegen jdn/etw sammeln [*o* vereinigen]
II. *vi* ① *(mix together)* sich *akk* verbinden; ***oil and water don't ~*** Wasser und Öl lassen sich nicht vermischen
② *(add up)* zusammenwirken; ***everything ~d to give me the illusion that she loved me*** alles sprach einfach dafür, dass sie mich liebte
③ *(work together)* ■**to ~ against sb** sich *akk* gegen jdn verbünden
com·bined [kəm'baɪnd] *adj* vereint, gemeinsam; ~ **efforts** vereinte Anstrengungen; **a ~ total of $2268** eine Gesamtsumme von 2268 Dollar
com·bin·ed in·'sur·ance *n no pl* gemischte Versicherung **com·bin·ed 'loan** *n* Kombianleihe *f*
com·bine 'har·ves·ter *n* Mähdrescher *m*
com·'bin·ing ca·pac·ity *n* CHEM Bindungsfähigkeit *f* **com·bin·ing form** [kəm'baɪnɪŋ] *n* LING Wortbildungselement *nt,* Affix *nt fachspr* **com·'bin·ing pro·por·tion** *n* CHEM Verbindungsverhältnis *nt* **com·'bin·ing weight** *n* CHEM Äquivalenzmasse *f*
com·bo ['kɒmbəʊ, AM 'kɑ:mboʊ] *n* ① + *sing/pl vb (fam: jazz ensemble)* Combo *f;* **jazz** ~ Jazzcombo *f,* kleine Jazzband
② *(combination of different foods)* Sandwich *nt o m* mit gemischter Auflage, gemischte Platte
com·bus·tible [kəm'bʌstəbl] *adj (form)* ① *(highly flammable)* brennbar, entflammbar; **highly ~ material** leicht entzündliches Material
② *(excitable)* reizbar, erregbar
com·bus·tion [kəm'bʌstʃᵊn] *n no pl* ① *(burning)* Verbrennung *f;* ~ **of fuel** Treibstoffverbrennung *f*
② CHEM *(rapid oxidation)* Oxidation *f*
com·'bus·tion cham·ber *n* CHEM *of jet engine* Brennkammer *f; of internal-combustion engine* Verbrennungsraum *m*

come [kʌm]

I. INTRANSITIVE VERB **II.** TRANSITIVE VERB
III. NOUN

I. INTRANSITIVE VERB

<came, come> ① *(move towards)* kommen; ~ ***here a moment*** kommst du mal einen Moment [her]?; ***careful, a car's coming!*** Achtung, da kommt ein Auto!; ***my sister came rushing out of the train*** meine Schwester stürmte aus dem Zug; ***coming!*** ich komme!; ***have you ~ straight from the airport?*** kommen Sie direkt vom Flughafen?; ***did you ~ here by car?*** sind Sie mit dem Auto gekommen?; ***she's ~ 500 km to be here with us tonight*** sie ist 500 km gereist, um heute Abend bei uns zu sein; ~ ***to sunny Bridlington for your holidays!*** machen Sie Urlaub im sonnigen Bridlington!; **to ~ into a room/building** in ein Zimmer/Gebäude kommen; ■**to ~ towards sb** auf jdn zugehen
② *(arrive)* ankommen; ***has she ~ yet?*** ist sie schon da?; ***Christmas is coming*** bald ist Weihnachten; ***morning has not yet ~*** es ist noch nicht Morgen; ***Christmas only ~s once a year*** Weihnachten ist nur einmal im Jahr; ***how often does the post ~?*** wie oft kommt die Post?; ~ ***Monday morning you'll regret ...*** Montagmorgen wirst du es bereuen, dass ...; ~ ***March, I will have been married for two years*** im März bin ich zwei Jahre verheiratet; ***I think the time has ~ to ...*** ich denke, es ist an der Zeit, ...; ***how's your headache? — it ~s and goes*** was machen deine Kopfschmerzen? – mal besser, mal schlechter; **in days to ~** in Zukunft; **to ~ to sb's rescue** jdm zu Hilfe kommen; **to ~ as a surprise** überraschend kommen; **the year to ~** das kommende [*o* nächste] Jahr; **in years to ~** in der Zukunft
③ *(go for a purpose)* ■**to ~ and do sth** [vorbei]kommen, um etw zu tun; ~ ***and visit us sometime*** komm doch mal vorbei; ***I'll ~ and pick you up in the car*** ich hole dich dann mit dem Auto ab; ***dad, ~ and see what I've done*** Papa, schau [mal], was ich gemacht habe; ***I've ~ to read the gas meter*** ich soll den Gaszähler ablesen; ■**to ~ for sb/sth** jdn/etw abholen; ***your father will ~ for you at 4 o'clock*** dein Vater kommt dich um 16 Uhr abholen; ***the police have ~ for you*** die Polizei will Sie sprechen
④ *(accompany someone)* mitkommen; ***are you coming or staying?*** kommst du oder bleibst du noch?; ***would you like to ~ for a walk?*** kommst du mit spazieren?; ***are you coming to the cinema tonight?*** kommst du heute Abend mit ins Kino?; ***do you want to ~ to the pub with us?*** kommst du mit einen trinken?
⑤ *(originate from)* herrühren, stammen; ***where is that awful smell coming from?*** wo kommt dieser schreckliche Gestank her?; ***his voice came from the bathroom*** seine Stimme drang aus dem Badezimmer; ***he ~s of a farming family*** er stammt aus einer Familie mit langer Tradition in der Landwirtschaft; ***does that quote ~ from Shakespeare?*** stammt das Zitat von Shakespeare?; **to ~ from Italy/a wealthy family** aus Italien/einer wohlhabenden Familie stammen
⑥ *(in sequence)* ***Z ~s after Y*** Z kommt nach Y; ***Monday ~s before Tuesday*** Montag kommt vor Dienstag; ***the article ~s before the noun*** der Artikel steht vor dem Substantiv
⑦ *(in competition)* ***he ~s first in the list of the world's richest men*** er führt die Liste der reichsten Männer an; ***Paul came far behind*** Paul kam nur unter „ferner liefen"; **to ~ first/second** BRIT, AUS Erste(r)/Zweite(r) werden; **to ~ from behind** aufholen
⑧ *(have priority)* **to ~ before sth** wichtiger als etw sein; **to ~ first** [bei jdm] an erster Stelle stehen
⑨ *(happen)* geschehen; ***how exactly did you ~ to be naked in the first place?*** wie genau kam es dazu, dass Sie nackt waren?; ~ ***to think of it ...*** wenn ich es mir recht überlege, ...; ~ ***what may*** komme, was wolle; ***how did the window ~ to be open?*** wieso war das Fenster offen?; ***you could see it coming*** das war ja zu erwarten; ***how ~?*** wieso?; ***how ~ you missed the train?*** wie kommt's, dass du den Zug verpasst hast?
⑩ *(be, become)* **to ~ under bombardment/pressure/suspicion** unter Beschuss/Druck/Verdacht geraten; **to ~ under criticism** in die Kritik geraten; **to ~ into fashion** in Mode kommen; **to ~ into money/property/a title** zu Geld/Besitz/einem Titel kommen; **to ~ into office** sein Amt antreten; **to ~ into power** an die Macht kommen; **to ~ loose** sich [ab]lösen; **to ~ open** sich *akk* öffnen; *door* aufgehen; ***how did that phrase ~ to mean that?*** wie kam dieser Ausdruck zu dieser Bedeutung?; ***I've ~ to like him more and more*** ich finde ihn immer netter; ***I've finally ~ to agree with you*** du hast mich überzeugt; ***your shoelaces have ~ undone*** deine Schnürsenkel sind aufgegangen; ***all my dreams came true*** all meine Träume haben sich erfüllt; ***everything will ~ right in the end*** am Ende wird alles gut werden; ***nothing came of it*** daraus ist nichts geworden; ***his hair ~s [down] to his shoulders*** seine Haare reichen ihm bis auf die Schultern
⑪ *(be available)* erhältlich sein; *(exist)* vorkommen, existieren; ***the vase ~s in a red box*** die Vase wird in einem roten Karton geliefert; ***how would you like your coffee? — as it ~s, please*** wie trinken Sie Ihren Kaffee? – schwarz, bitte; **sth ~s in different sizes/colours** etw ist in unterschiedlichen Größen/Farben erhältlich, etw gibt es in unterschiedlichen Größen/Farben; **to ~ cheap[er]** billig[er] sein *fam*
⑫ *(progress)* weiterkommen; ***we've ~ a long way*** wir haben viel erreicht
⑬ *(sl: have orgasm)* kommen *sl*
▶PHRASES: **~, ~!** ach, ich bitte dich! *fam;* ~ **again?** [wie] bitte?; **to ~ clean about sth** etw beichten; **he/she had it coming** [**to himself/herself**] *(fam)* das hat er/sie sich selbst zu verdanken!; **don't ~ it** [**with me**]! sei nicht so frech [zu mir]!; **I don't know whether I'm coming or going** ich weiß nicht, wo mir der Kopf steht *fam;* **to be as stupid as they ~** dumm wie Stroh sein; **... and ~ to that ...** ... und da wir gerade davon sprechen, ... *fam;* **to ~ unstuck** BRIT, AUS *plan* schiefgehen; *speaker* steckenbleiben; *person* baden gehen *fam; project* in die Binsen gehen *fam*

II. TRANSITIVE VERB

(esp pej: behave like) **to ~ the heavy father** [**with sb**] [bei jdm] den strengen Vater herauskehren; **to ~ the poor little innocent** [**with sb**] [bei jdm] die Unschuldige/den Unschuldigen spielen; ***don't ~ that game with me!*** komm mir jetzt bloß nicht so! *fam*

III. NOUN

no pl (vulg: semen) Soße *f vulg*

◆**come about** *vi* ① *(happen)* passieren; ***how did the problem ~ about in the first place?*** wie kam es überhaupt zu diesem Problem?; ***it came about that he died the day after winning a million*** er starb nur einen Tag nach seinem Millionengewinn
② NAUT wenden

◆**come across** *vi* ① *(be evident) feelings* zum Ausdruck kommen, rüberkommen *fam*
② *(create an impression)* wirken; ***she ~s across really well on television*** sie macht sich im Fernsehen wirklich gut; ***how did her explanation ~ across?*** wie ist ihre Erklärung angekommen?
③ *(hand over)* ■**to ~ across with sth** etw rausrücken *fam; information* mit etw *dat* rausrücken
④ *(per chance)* ■**to ~ across sb** jdm [zufällig] begegnen, jdm über den Weg laufen; ■**to ~ across sth** [zufällig] auf etw *akk* stoßen; ***have you ever ~ across anything like this before?*** ist dir so etwas schon einmal begegnet?

◆**come along** *vi* ① *(hurry)* ***~ along!*** jetzt komm [endlich]!
② *(go too)* mitgehen, mitkommen; ***I'm going to the Picasso exhibition — why don't you ~ along*** ich gehe zu der Picassoausstellung – komm' doch mit; ***I'll ~ along later*** ich komme später nach
③ *(arrive)* ankommen; *job, opportunity* sich bieten
④ *(progress)* Fortschritte machen; *person* sich *akk* gut machen; ***how is the project coming along?*** wie geht's mit dem Projekt voran?; ***how's the chicken coming along?*** ist das Hühnchen bald fertig?

◆**come apart** *vi* auseinanderfallen, kaputtgehen *fam*

◆**come around** *vi see* **come round**

◆**come at** *vi* ① *(attack)* ■**to ~ at sb** auf jdn losgehen; ***the ball came right at me*** der Ball kam genau auf mich zu
② *(discover)* ■**to ~ at sth** etw herausfinden
③ *(tackle)* **to ~ at a problem** ein Problem angehen

◆**come away** *vi* ① *(dated: leave)* weggehen; ***I had to ~ away from the party early*** ich musste die Party früh verlassen
② *(become detached)* sich lösen
③ *(be left)* **to ~ away with the feeling that ...** mit dem Gefühl gehen, dass ...

◆**come back** *vi* ① *(return)* zurückkommen; ***~ back and visit us, won't you?*** kommen Sie doch mal wieder bei uns vorbei!; ***the rain is coming back again*** es regnet schon wieder; ***and now to ~ back to your question . . .*** um auf Ihre Frage zurückzukommen ...; **to ~ back to a question/topic** auf eine Frage/ein Thema zurückkommen; **to ~ back from war** aus dem Krieg zurückkehren; ■**to ~ back to sb** zu jdm zurückkehren
② *(be remembered) name* wieder einfallen; *memories* wieder zurückkommen
③ *(return to fashion)* wieder in Mode kommen; *artist* ein Comeback haben; ***flared trousers have ~ back*** Schlaghosen sind wieder in
④ *esp* AM *(reply)* ■**to ~ back at sb with sth** jdm etw entgegnen; **to ~ back at sb with a vengeance** es jdm [so richtig] heimzahlen
⑤ SPORT *(catch up)* aufholen

◆**come between** *vi* **to ~ between two people** zwischen zwei Leute treten; ***nothing ~s between Jim and his exercise*** nichts kann Jim von seinem Training abhalten; ***his work always seems to ~ between him and his family*** seine Arbeit scheint immer zwischen ihm und seiner Familie zu stehen; ***don't let one little quarrel ~ between you!*** lasst euch nicht durch einen kleinen Streit auseinanderbringen!

◆**come by** *vi* ① *(visit)* vorbeischauen, vorbeikommen; **to ~ by for a coffee** auf einen Kaffee vorbeikommen; **to ~ by the house** *esp* AM vorbeikommen, vorbeischauen
② *(meet)* ■**to ~ by sb** jdm über den Weg laufen; ■**to ~ by sth** [zufällig] auf etw *akk* stoßen
③ *(obtain)* ■**to ~ by sth** etw kriegen *fam; **how did you ~ by that black eye?*** wie bist du denn zu dem blauen Auge gekommen?; **to ~ by an idea** auf eine Idee kommen

◆**come down** *vi* ① *(move down)* [herunter]fallen; *snow, rain* fallen; *trousers* rutschen; *plane* [not]landen; *(crash)* abstürzen; ***after several encores, the curtain finally came down for the last time*** nach mehreren Zugaben fiel schließlich der letzte Vorhang
② *(collapse)* einstürzen; ***the building will have to ~ down*** das Gebäude muss abgerissen werden
③ *(move downstairs)* [die Treppe] herunterkommen [*o* heruntergehen]
④ *(visit south)* runterkommen *fam*
⑤ *(become less) prices, cost, inflation* sinken; *prices, cost also* fallen; **to ~ down a few pounds** ein paar Pfund nachlassen
⑥ *(lose rank)* sinken, absteigen; ***he's ~ down*** er ist ganz schön tief gesunken
⑦ *(handed down) tradition* überliefert werden
⑧ *(fam: stop feeling effect)* ■**to ~ down from sth** *drugs* von etw *dat* [wieder] runterkommen *fam*
⑨ *(depend on)* ■**to ~ down to sth** auf etw *akk* ankommen
⑩ *(amount to)* ■**to ~ down to sth** auf etw *akk* hinauslaufen; ***it all ~s down to money in the end*** letzten Endes ist doch alles eine Geldfrage
⑪ *(reach decision)* **to ~ down on the side of sb/sth** sich *akk* für jdn/etw entscheiden
⑫ BRIT UNIV *(leave)* [von der Universität] abgehen, die Universität abschließen [*o* verlassen]
⑬ *(be taken ill)* ■**to ~ down with sth** sich *dat* etw eingefangen haben
⑭ *(rebuke)* ■**to ~ down on sb [for doing sth]** jdn [wegen einer S. *gen*] rankriegen *fam;* **to ~ down on sb like a ton of bricks** *(fam)* mit jdm Schlitten fahren *fam*
⑮ *(be removed)* ***those pictures will have to ~ down*** diese Bilder müssen runter *fam*

◆**come forth** *vi (with information)* sich *akk* melden

◆**come forward** *vi* ① *(volunteer)* sich *akk* [bei der Polizei] melden; ***all those willing to volunteer please ~ forward*** alle Freiwilligen bitte melden; ■**to ~ forward to do sth** sich *akk* [dazu] bereit erklären, etw zu tun
② *(suggest)* **to ~ forward with a suggestion** [*or* **proposal**] einen Vorschlag machen

◆**come in** *vi* ① *(enter)* hereinkommen; *(into room, apartment)* eintreten; ***do ~ in*** komm doch rein; ***~ in!*** herein!
② *(arrive)* ankommen, eintreffen; *ship* einlaufen; *train* einfahren; *plane* landen; *fruit, vegetables* geerntet werden; *supplies* eintreffen; *tide, sea* kommen, hereinbrechen; *money* reinkommen *fam; news, information, results, call* hereinkommen; ***reports are just coming in of a major oil spillage*** soeben erreichen uns Berichte von einer großen Ölpest; **to get more money coming in** mehr Geld reinbekommen *fam;* **to have £20,000 coming in every year** 20.000 Pfund im Jahr verdienen *fam*
③ *(become fashionable)* im Kommen sein, in Mode kommen
④ + *adj (be)* **to ~ in handy** gelegen kommen; **to ~ in useful** sich *akk* als nützlich erweisen
⑤ *(play a part)* ***where do I ~ in?*** welche Rolle spiele ich dabei?; ***and that's where you ~ in*** und hier kommst du dann ins Spiel; ***and here's where experience ~s in*** und hier ist es dann wichtig, dass man eine gewisse Erfahrung hat
⑥ *(begin to participate)* sich *akk* einschalten; ■**to ~ in on sth** sich *akk* an etw *dat* beteiligen
⑦ *(be positioned)* **to ~ in first/second** Erste(r)/Zweite(r) werden
⑧ POL ans Ruder kommen *fam*
⑨ *(radio communication)* ***~ in, bravo four*** Bravo Four, bitte melden!
⑩ *(be subjected to)* ■**to ~ in for sth** etw erregen; **to ~ in for criticism** *(suffer from criticism)* Kritik einstecken müssen; *(cause criticism)* Kritik hervorrufen

◆**come into** *vi* ① *(inherit)* **to ~ into money** Geld erben
② *(be involved)* ***love doesn't ~ into it — I'm marrying for money*** Liebe spielt dabei keine Rolle – ich heirate des Geldes wegen; ***where do I ~ into it?*** was habe ich damit zu tun?

◆**come near to** *vi* ■**to ~ near to doing sth** drauf und dran sein, etw zu tun

◆**come off** *vi* ① *(fam: succeed)* Erfolg haben, gelingen, klappen *fam; attempts* glücken; ***his jokes didn't ~ off*** seine Witze gingen in die Hose *fam*
② *(take place)* stattfinden; ***their marriage didn't ~ off*** aus ihrer Hochzeit wurde nichts
③ *(end up)* abschneiden; **to always ~ off worse** immer den Kürzeren ziehen; **to ~ off with a few scratches** mit ein paar Kratzern davonkommen
④ *(become detached) handle, knob* abgehen; ***does the hood ~ off?*** lässt sich die Kapuze abnehmen?; ***my lipstick came off on his collar*** mein Lippenstift färbte auf seinen Kragen ab
⑤ *(removeable) stain* rausgehen
⑥ *(fall)* [he]runterfallen
⑦ *(stop being performed) play, film, show* abgesetzt werden
⑧ AM *(complete)* ***the company was coming off one of its best years ever*** die Firma hatte einen ihrer besten Jahresabschlüsse gemacht
⑨ *(fam: have orgasm)* kommen *fam*
⑩ *(fall)* **to ~ off a horse** vom Pferd fallen
⑪ *(get over)* **to ~ off an injury** sich *akk* von einer Verletzung erholen
⑫ *esp* BRIT *(stop taking)* ■**to ~ off sth** mit etw *dat* aufhören; **to ~ off the alcohol** mit dem Trinken aufhören
▸PHRASES: **~ off it!** *(fam)* jetzt mach aber mal halblang! *fam*

◆**come on** *vi* ① *(hurry)* sich *akk* beeilen; ***~ on!*** komm jetzt!, mach schon! *fam; (expression of encouragement)* komm schon!
② *(expression of annoyance)* ***~ on!*** jetzt hör aber auf!
③ *(improve)* vorankommen, Fortschritte machen; ***how's your English coming on?*** wie geht's mit deinem Englisch voran?; ***how's your broken leg? — oh, it's coming on*** was macht dein gebrochenes Bein? – ah, schon wieder besser
④ *esp* AM *(fam: express sexual interest)* ■**to ~ on to sb** jdn anbaggern *fam;* **to ~ on strong** ganz schön rangehen *fam*
⑤ *(appear) actor, performer* auftreten
⑥ *(begin) film, programme* anfangen, beginnen; *(start to work) heating, lights* angehen; *night, darkness* hereinbrechen; ***what time does the news ~ on?*** wann kommen die Nachrichten?; ***the rain came on*** es begann zu regnen; ***I've a cold coming on*** ich kriege eine Erkältung; **to have a headache/bad temper coming on** Kopfschmerzen/schlechte Laune kriegen *fam*
⑦ LAW *case* verhandelt werden
⑧ *(see accidently)* ■**to ~ on sth** [zufällig] auf etw *akk* stoßen
⑨ *(age)* ***he's coming on fifty*** er wird fünfzig
⑩ *(begin discussing)* **to ~ on to a subject** [*or* **topic**] ein Thema anschneiden
⑪ *see* **come upon**

◆**come out** *vi* ① *(go outside)* herauskommen; *(go out socially)* ausgehen; ***can Zoe ~ out to play?*** kommt Zoe raus zum Spielen?; ***the police watched him ~ out of the house*** die Polizei beobachtete ihn, wie er das Haus verließ; **to ~ out of prison** aus dem Gefängnis kommen
② *(be released) book, magazine* herauskommen; *(onto the market)* auf den Markt kommen; *results* bekanntgegeben werden; *film* anlaufen
③ *(become known) news* bekannt werden, herauskommen
④ *(end up)* herauskommen *fam; **my cooking always ~s out a mess*** was ich auch koche, es schmeckt immer schrecklich; ***these figures have ~***

out wrong diese Zahlen haben sich als falsch herausgestellt; ***your painting has ~ out really well*** Ihr Gemälde ist wirklich gut geworden; ***she came out of the divorce settlement a rich woman*** sie ging aus der Scheidung als reiche Frau hervor
5 PHOT [gut] herauskommen; ***damn, the photo hasn't ~ out*** Mist, das Foto ist nichts geworden! *fam*
6 *(express opinion)* **to ~ out in favour of/against sth** sich *akk* für/gegen etw *akk* aussprechen
7 *(tell)* ■ **to ~ out with sth** *truth, facts* mit etw *dat* herausrücken *fam;* **to ~ out with good ideas** gute Ideen vorbringen; **to ~ out with a remark** eine Bemerkung loslassen *fam*
8 *(result)* ***a lot of good films came out of that period*** aus dieser Zeit stammen viele gute Filme; ***a lot of inventions came out of his tireless research*** sein unermüdliches Forschen führte zu vielen Erfindungen
9 *(appear) sun, buds, flowers* herauskommen, rauskommen *fam; stars* zu sehen sein
10 *(in contest)* **to ~ out top** [*or* **best**]/**the winner** Beste(r)/Sieger(in) werden
11 BRIT *(strike)* **to ~** [**on strike**] in Streik treten
12 *(reveal homosexuality)* sich *akk* outen *sl;* ■ **to ~ out to sb** sich *akk* jdm gegenüber outen; ■ **to ~ out about sth** *alcoholism, mental illness, AIDS, homosexuality* etw bekanntgeben
13 *(remove itself) tooth* herausfallen; ***can you get this cork to ~ out of the bottle?*** bekommst du den Korken aus der Flasche heraus?
14 *(fade) stain, mark, colour* herausgehen *fam*
15 *(break out)* ausbrechen; **to ~ out in a rash/spots** einen Ausschlag/Pickel bekommen
16 *(resolve) riddle* sich lösen lassen; MATH *problems* aufgehen
17 BRIT *(dated: make debut)* debütieren
18 *(seem)* ***I didn't mean to be rude — it just came out that way*** ich wollte nicht unhöflich sein – es klang nur so
▸PHRASES: **it will all ~ out in the wash** *(prov: be revealed)* am Ende wird alles rauskommen; *(be all right)* am Ende wird schon alles gutgehen
◆**come over** *vi* 1 *(to a place)* [her]überkommen; *(to sb's home)* vorbeischauen *fam;* ***~ on over and have a drink with us*** komm doch rüber und trink was mit uns; ***her son is coming over from America this summer*** ihr Sohn kommt diesen Sommer aus Amerika herüber; ***we'll ~ over at six*** wir kommen um sechs
2 + *adj* BRIT, AUS *(feel)* **to ~ over dizzy/peculiar** sich *akk* [plötzlich ganz] benommen/komisch fühlen; ■ **sth ~s over sb** etw überkommt jdn; ***I don't know what came over me*** ich weiß wirklich nicht, was in mich gefahren ist
3 *(change point of view)* **to ~ over to sb's side** auf jds Seite überwechseln; **to ~ over to sb's point of view** sich *akk* jds Standpunkt anschließen
4 *(create impression)* wirken; **to ~ over as arrogant/as a bit of a bore** arrogant/langweilig wirken; **to ~ over as a genius** ein Genie zu sein scheinen
5 *(be evident)* [*negative*] *feelings* durchscheinen
◆**come round** *vi esp* BRIT, AUS 1 *(visit sb's home)* vorbeikommen, vorbeischauen
2 *(regain consciousness)* [wieder] zu sich *dat* kommen; **to ~ round from** [**the**] **anaesthetic** aus der Narkose erwachen
3 *(change one's mind)* seine Meinung ändern, es sich *dat* anders überlegen; **to ~ round to sb's point of view/way of thinking** sich *akk* jds Standpunkt/Auffassung anschließen
4 *(recur, arrive) a holiday, party, month* kommen; *memo, letter* hereinkommen; ***our party is coming round soon*** bald ist ja unsere Party!; ***by the time January ~s round, I expect to be engaged*** ich denke, im Januar werde ich bereits verlobt sein; ***Christmas only ~s round once a year*** Weihnachten ist nur einmal im Jahr; ***I hope to be teaching by the time the spring semester ~s round*** ich hoffe, dass ich unterrichten werde, wenn das Sommersemester beginnt
5 *(calm down)* wieder vernünftig werden, sich *akk* wieder beruhigen
◆**come through** *vi* 1 *(survive)* durchkommen; *(fig)* ***do you think we'll ~ through all right?*** denkst du, dass wir das unbeschadet überstehen werden?; ■ **to ~ through sth** etw überleben
2 BRIT, AUS *(arrive) results, visa* eintreffen, ankommen; *call* eingehen; ***my visa/divorce still hasn't ~ through*** mein Visum/meine Scheidung ist noch nicht durch *fam*
3 *(show) one's nervousness, excitement, charm* durchkommen; ***you mustn't let your nervousness ~ through in public*** du darfst der Öffentlichkeit nicht zeigen, dass du nervös bist
◆**come to** *vi* 1 *(regain consciousness)* [wieder] zu sich *dat* kommen
2 NAUT beidrehen
3 *(amount to)* ■ **to ~ to sth** sich *akk* auf etw *akk* belaufen; ***that ~s to £25*** das macht 25 Pfund; ***how much does the total ~ to?*** wie viel macht das insgesamt?
4 *(reach)* ■ **to ~ to sth:** ***we came to a nice castle*** wir kamen an ein schönes Schloss; ***what are things coming to*** [*or* ***is the world coming to***]? wo soll das alles nur hinführen?; ***this has ~ to be common nowadays*** heutzutage ist das nichts Besonderes mehr; ***what if you lose your job? — well, if it ~s to that, ...*** was, wenn du deine Arbeit verlierst? – wenn es dazu kommt, ...; ***it has ~ to my attention that ...*** mir ist aufgefallen, dass ...; ***a lot of new ideas came to me this morning*** heute Morgen sind mir viele neue Ideen gekommen; ***writing ~s naturally to me*** Schreiben fiel mir noch nie schwer; ***what's his name again? — ah, it'll ~ to me later*** wie heißt er noch mal? – na ja, es wird mir schon noch einfallen; ***he won't ~ to any harm so long as ...*** ihm wird nichts passieren, solange ...; ***he will never ~ to much*** er wird es nie zu viel bringen; ***it ~s to the same thing*** das läuft auf dasselbe raus; **to ~ to the conclusion ...** zu dem Schluss kommen, dass ...; **to have ~ to a decision** eine Entscheidung getroffen haben; **to ~ to an end** zu Ende gehen; **to ~ to the point** zum Punkt [*o* zur Sache] kommen; **to ~ to rest** zum Stehen kommen; *(settle down)* zur Ruhe kommen; **to ~ to nothing** zu nichts führen
5 *(concern)* ■ **to ~ to sth:** ***when it ~s to travelling ...*** wenn's ums Reisen geht, ...; ***when it ~s to modern jazz, very few people know more than Phil Schaap*** in Sachen moderner Jazz kennt sich kaum einer besser aus als Phil Schaap
◆**come together** *vi people* zusammenkommen; *events* zusammenfallen
◆**come under** *vi* 1 *(be listed under)* ■ **to ~ under sth** unter etw *dat* stehen; ***soups ~ under 'starters'*** Suppen sind als Vorspeisen aufgeführt; ***what exactly ~s under 'printed matter'?*** was fällt eigentlich alles unter den Begriff ‚Gedrucktes'?
2 *(subject to)* **to ~ under fire/sb's influence** unter Beschuss/jds Einfluss geraten; **to have ~ under new management** *shop* unter neuer Leitung stehen
3 *(be responsibility of)* **sth ~s under the department of ...** für etw *akk* ist die Abteilung für ... zuständig; ***complaints don't ~ under our department*** für Beschwerden ist unsere Abteilung nicht zuständig
◆**come up** *vi* 1 *(to higher place)* hochkommen; *sun, moon* aufgehen; ***do you ~ up to Edinburgh often?*** kommen Sie oft nach Edinburgh?
2 *(study)* ***my sister came up to Cambridge last year*** meine Schwester studiert seit letztem Jahr in Cambridge
3 *(be mentioned)* aufkommen; *topic* angeschnitten werden; *name* erwähnt werden
4 LAW *case* verhandelt werden; *accused* vor Gericht kommen
5 *(happen)* passieren; ***please let me know if something ~s up*** gib mir bitte Bescheid, wenn irgendwas passiert
6 *(present itself)* **to ~ up for sale** zum Verkauf stehen
7 *(vacant) job* frei werden
8 *(on television)* ***coming up next on BBC 2 ...*** und auf BBC 2 sehen Sie als Nächstes ...
9 *(of plants)* herauskommen
10 *(after polishing) colour* herauskommen
▸PHRASES: **to have ~ up in the world** vornehm geworden sein; *(achieved sth)* es zu was gebracht haben
◆**come up against** *vi* ■ **to ~ up against sth** *problems* auf etw *akk* stoßen; ■ **to ~ up against sb** *(in sports)* auf jdn treffen; *(sb opposing your ideas)* an jdn geraten
◆**come up to** *vi* 1 *(reach)* ■ **to ~ up to sth** bis zu etw *dat* reichen; ***he doesn't even ~*** [***up***] ***to my chest!*** er geht mir nicht einmal bis zur Brust!
2 *(meet)* ■ **to ~ up to sb's standards** jds Anforderungen genügen; **to ~ up to sb's expectations** jds Erwartungen entsprechen
3 *(approach)* ■ **to ~ up to sb** auf jdn zukommen; ***my dad is coming up to retirement*** mein Vater steuert auf die Rente zu; ***it's coming up to five o'clock*** es geht auf fünf Uhr zu
◆**come up with** *vi* 1 *(think of)* ■ **to ~ up with sth** auf etw *akk* kommen; **to ~ up with an answer/an idea** eine Antwort/eine Idee haben; **to ~ up with information** Informationen liefern; **to ~ up with a solution** eine Lösung finden; **to ~ up with a suggestion** einen Vorschlag vorbringen; ***I'll let you know if I ~ up with something*** ich geb dir Bescheid, wenn mir was einfällt
2 *(provide)* ■ **to ~ up with sth** *money* etw beschaffen
3 *(get abreast)* ■ **to ~ up with sb** jdn einholen
◆**come upon** *vi* 1 *(by chance)* ■ **to ~ upon sth** [zufällig] auf etw *akk* stoßen; ■ **to ~ upon sb** [zufällig] jdm begegnen
2 *(attack)* ■ **to ~ upon sb** jdn überfallen; *disaster* über jdn hereinbrechen

come·back ['kʌmbæk] *n* 1 *(return)* Comeback *nt;* **to make** [*or* **stage**] **a ~** ein Comeback starten; *clothes* wieder in Mode kommen; **to have made a ~** *clothes* wieder [voll] in sein *sl*
2 *(retort)* Reaktion *f;* ***she insulted me so badly that I had no ~ of any kind*** sie hat mich derart beleidigt, dass ich gar nichts erwidern konnte
COMECON ['kɒmɪkɒn, AM 'kɑ:mɪkɑ:n] *n no pl, + sing/pl vb* ECON, FIN *(hist) short for* **Council for Mutual Economic Assistance** COMECON *m*
co·median [kə'mi:diən] *n* 1 *(actor)* Komödienschauspieler(in) *m(f),* Komödiant(in) *m(f); (person telling jokes)* Komiker(in) *m(f);* **stand-up ~** Entertainer(in) *m(f)*
2 *(funny person)* Clown *m hum,* Witzbold *m hum,* Spaßvogel *m hum;* **class ~** Klassenclown *m pej,* Klassenkasper *m pej*
co·medic [kə'mi:dɪk] *adj* humoristisch
co·medi·enne [kə,mi:di'en] *n* 1 *(actress)* Komödienschauspielerin *f,* Komödiendarstellerin *f,* Komödiantin *f; (female comedian)* Komikerin *f*
2 *(funny female)* Clown *m hum,* Spaßvogel *m hum;* **class ~** Klassenclown *m,* Klassenkasper *m*
come·down ['kʌmdaʊn] *n no pl (fam)* 1 *(anticlimax)* Enttäuschung *f*
2 *(decline in status)* Abstieg *m,* Niedergang *m*
com·edy ['kɒmədi, AM 'kɑ:-] *n* 1 THEAT, LIT *(amusing work)* Komödie *f,* Lustspiel *nt,* Schwank *m* SCHWEIZ *pej*
2 *(funny situation)* Theater *nt,* Komödie *f*
com·edy of 'man·ners <*pl* comedies of manners> *n* Comedy of Manners *f,* Sittenstück *nt (Komödientyp in der englischen Restaurationszeit des 17. Jh.)*
come-hither [,kʌm'hɪðəʳ, AM ðɚ] **I.** *adj inv (dated fam)* verführerisch
II. *n usu sing (dated fam)* Aufmunterung *f*
come·li·ness ['kʌmlɪnəs] *n no pl* Attraktivität *f,* Ansehnlichkeit *f;* **~ of a woman** Reize *pl* einer Frau

come·ly ['kʌmli] *adj (dated) woman* attraktiv, ansehnlich

come-on ['kʌmɒn, AM -ɑ:n] *n esp* AM *(fam)* ❶ *(expression of sexual interest)* Anmache *f fam;* **to give sb the** [*or* **a**] ~ jdn anmachen [*o* anbaggern] *sl*
❷ *(enticement)* Verlockung *f*, Anreiz *m*, Köder *m*

com·er ['kʌməʳ, AM -ɚ] *n* junges Talent

co·mes·tibles [kə'mestɪblz] *npl (form or hum)* Nahrungsmittel *pl*, Lebensmittel *pl;* **wholesale** ~ Massennahrungsmittel *pl*

com·et ['kɒmɪt, AM 'kɑ:-] *n* Komet *m;* ~ **Hale Bopp** der Komet Hale Bopp

come-up·pance [kʌm'ʌpən(t)s] *n no pl (hum fam)* **to get one's** ~ die Quittung kriegen, sein Fett abkriegen *sl*

com·fit ['kʌmfɪt] *n (dated)* Konfekt *nt*

com·fort ['kʌm(p)fət, AM -fɚt] **I.** *n* ❶ *no pl (comfortable feeling)* Komfort *m*, Behaglichkeit *f*, Bequemlichkeit *f;* ***the deadline is getting too close for*** ~ der Termin rückt bedrohlich näher; **to live in** ~ komfortabel leben
❷ *no pl (consolation)* Trost *m;* **cold** ~ ein schwacher Trost; **to be a** [*or* **some**] ~ [**to sb**] ein Trost *m* [für jdn] sein; **to find** ~ **in sth** in etw *dat* Trost finden; **to give sb no** ~ **that ...** für jdn kein Trost sein, dass ...; **to take** ~ **from the fact that ...** sich *akk* damit trösten, dass ...
❸ *(pleasurable things in life)* ■ **~s** *pl* Komfort *m kein pl*, Annehmlichkeiten *pl;* **creature ~s** leibliches Wohl
II. *vt* ■ **to** ~ **sb** jdn trösten

com·fort·able ['kʌm(p)ftəbl̩, AM -fɚţəbl] *adj* ❶ *(offering comfort) atmosphere* behaglich; *clothes, furniture, position* bequem; *house, hotel, room* komfortabel; *income, pension* ausreichend; *temperature* angenehm
❷ *(at ease)* **to be** [*or* **feel**] ~ sich *akk* wohl fühlen; ***are you ~?*** sitzt du bequem?; **to feel** ~ **with sth** mit etw zufrieden sein; **to make oneself** ~ es sich *dat* bequem machen; ***make yourself*** ~ mach es dir bequem
❸ MED *(not in dangerous condition)* wohlauf *geh;* ***the patient is*** ~ der Patient hat keine Beschwerden
❹ *(financially stable)* bequem, sorgenfrei; **to live a** ~ **life** in gesicherten Verhältnissen leben; **to make a** ~ **living** ein komfortables Einkommen haben
❺ SPORT *(substantial)* beachtlich, deutlich; **to have a** ~ **lead** deutlich in Führung liegen

com·fort·ably ['kʌm(p)ftəbli, AM -fɚţəbli] *adv* ❶ *(in a comfortable manner)* bequem; ***can you see ~ with those glasses on?*** sehen Sie gut mit dieser Brille?; **to sleep** ~ gut schlafen
❷ *(easily)* leicht; ***we should be able to drive there ~ in an hour*** in einer Stunde dürften wir problemlos dort sein
❸ *(in financially stable manner)* ***they are ~ off*** es geht ihnen [finanziell] gut; **to live** ~ sorgenfrei leben
❹ *(substantially)* deutlich; **to lead** ~ deutlich führen [*o* in Führung liegen]

com·fort·er ['kʌm(p)fətəʳ, AM -fɚţɚ] *n* ❶ AM *(duvet)* Oberbett *nt*, Deckbett *nt*, Duvet *nt* SCHWEIZ, Tuchent *f* ÖSTERR
❷ *(person)* Tröster(in) *m(f)*
❸ *esp* BRIT *(baby's dummy)* Schnuller *m*

'com·fort food *n (sweets)* Süßigkeiten *pl; (cakes etc.)* Süßspeisen *pl; (crisps etc.)* Knabberzeug *m fam*

com·fort·ing ['kʌm(p)fətɪŋ, AM -fɚţɪŋ] *adj thought* beruhigend, tröstlich; *word* tröstend *attr*, ermutigend; *warmth* wohlig

com·fort·ing·ly ['kʌm(p)fətɪŋli, AM -fɚţɪŋli] *adv* ~ **warm** wohltuend warm; **to smile** ~ **at sb** jdn wohlwollend anlächeln; **to wink** ~ **at sb** jdm aufmunternd zuzwinkern

com·fort·less ['kʌm(p)fətləs, AM -fɚt-] *adj (form) furniture, clothes* unbequem; *hotel* ohne Komfort; *person, room* ungemütlich; *prospect* düster, trostlos, unerfreulich; *thought* unangenehm

'com·fort let·ter *n* COMM Bonitätsbestätigung *f; (loan commitment)* Kreditzusage *f* **'com·fort sta·tion** *n* AM öffentliche Toilette **'com·fort stop** *n* AUS Rast *f;* **to take a** ~ Rast machen

com·fy ['kʌm(p)fi] *adj (fam) furniture, clothes* bequem; *hotel, room* gemütlich

com·ic ['kɒmɪk, AM 'kɑ:-] **I.** *n* ❶ *(cartoon magazine)* Comicheft *nt;* ■ **~s** *pl* Comics *pl*
❷ *(funny person)* Clown *m hum*, Witzbold *m hum*
❸ *(comedian)* Komiker(in) *m(f)*
II. *adj* komisch, lustig; ~ **play** Komödie *f*

comi·cal ['kɒmɪkəl, AM 'kɑ:-] *adj* komisch, lustig; ***do I look ~ in this hat?*** sehe ich mit diesem Hut komisch aus?

comi·cal·ly ['kɒmɪkəli, AM 'kɑ:-] *adv* komisch, lustig; **to act** [*or* **behave**] ~ herumalbern *fam*

'com·ic book *n* AM Comicbuch *nt* **com·ic 'op·era** *n* MUS komische Oper **'com·ic strip** *n* Comic *m (in einer Zeitung)*

com·ing ['kʌmɪŋ] **I.** *adj attr, inv (next)* kommend; *(approaching)* herannahend; ***I'll be back this ~ Friday*** nächsten Freitag bin ich zurück; ~ **difficulties** bevorstehende Schwierigkeiten; **the** ~ **elections** die anstehenden Wahlen; **the** ~ **generation** die kommende Generation; ~ **storm** nahender Sturm; **the** ~ **year** das kommende [*o* nächste] Jahr
II. *n* ❶ *no pl (arrival)* Ankunft *f;* **the** ~ **of the Messiah** REL das Nahen des Messias
❷ *(approaching)* **~s and goings** ein Kommen und Gehen *nt*

com·ing 'out <*pl* comings out> *n* Outing *nt*, Comingout *nt* **com·ing-'out** *n modifier* Outing-, Coming-out-

COMIT in·dex ['kɒmɪt-, AM 'kɑ:-] *n* ECON, FIN *Preisindex der Börse in Mailand*

com·ity of 'na·tions [ˌkɒmɪti-, AM 'kɑ:məţi-] *n no pl* ❶ LAW, POL Einvernehmen *nt* der Nationen
❷ *(acknowledgement of other laws)* Anerkennung *f* ausländischer Gesetze und Gerichtsentscheidungen
❸ AM *(deferring to other courts)* Achtung *f* der Zuständigkeit von Gerichten anderer Bundesstaaten [*o* des Bundesgerichts]

com·ma [ˌkɒmə, AM 'kɑ:mə] *n* Komma *nt;* ~ **rule** Kommaregel *f;* **to put a** ~ ein Komma setzen

'com·ma ba·cil·lus <*pl* -li> *n* BIOL, MED Kommabazillus *m*

com·mand [kə'mɑ:nd, AM -'mænd] **I.** *vt* ❶ *(order)* ■ **to** ~ **sb** jdm einen Befehl geben [*o geh* erteilen]; ■ **to** ~ **sb to do sth** jdm befehlen, etw zu tun
❷ MIL *(be in charge)* ■ **to** ~ **sth** den Oberbefehl über etw *akk* haben; **to** ~ **a company** eine Einheit leiten; **to** ~ **a ship** ein Schiff befehligen
❸ *(be able to ask)* **to** ~ **the prices** die Preise diktieren
❹ *(have at disposal)* ■ **to** ~ **sth** über etw *akk* verfügen
❺ *(form: inspire)* ■ **to** ~ **sth** etw gebieten *geh;* ***she ~s my utmost admiration*** sie hat meine volle Bewunderung; **to** ~ **sb's sympathy** jds Mitleid erwecken; **to** ~ **sb's respect** jdm Respekt einflößen
❻ *(form: give)* **to** ~ **a view** einen Ausblick bieten [*o geh* gewähren]
II. *vi* Befehle erteilen [*o* geben]
III. *n* ❶ *(order)* Befehl *m;* **the Royal C~** BRIT königliche Order; **to give a** ~ einen Befehl erteilen [*o* geben]; **to obey a** ~ einen Befehl ausführen; **at my** ~ auf meinen Befehl
❷ *no pl (authority)* Kommando *nt;* **to take** ~ **of a force** das Kommando über eine Truppe übernehmen; **to have** ~ **over** [*or* **be in** ~ **of**] **a regiment/fleet** ein Regiment/eine Flotte befehligen; ■ **to be at sb's** ~ *(hum)* jdm zur Verfügung stehen; **under sb's** ~ unter jds Kommando
❸ *no pl (control)* Kontrolle *f;* ■ **to be in** ~ [**of oneself**] sich *akk* unter Kontrolle haben; ■ **to be in** ~ **of sth** etw unter Kontrolle [*o fam* im Griff] haben; **to have sth at one's** ~ über etw *akk* verfügen
❹ + *sing/pl vb* MIL *(military district)* ■ **C~** Befehlsbereich *m; (troops)* Kommando *nt*
❺ COMPUT *(instruction)* Befehl *m;* **invalid** ~ ungültiger Befehl; **to type a** ~ einen Befehl eingeben
❻ *no pl (knowledge)* Beherrschung *f;* **to have a** ~ **of a language** eine Sprache beherrschen

com·man·dant ['kɒməndænt, AM 'kɑ:-] *n* MIL Kommandant(in) *m(f);* **C~-in-Chief** Oberbefehlshaber(in) *m(f);* **C~ of the Marine Corps** Marinekommandant(in) *m(f)*

com·man·deer [ˌkɒmən'dɪəʳ, AM ˌkɑ:mən'dɪr] *vt* ■ **to** ~ **sth** etw beschlagnahmen

com·mand·er [kə'mɑ:ndəʳ, AM -'mændɚ] *n* ❶ MIL *(officer in charge)* Kommandant(in) *m(f)*, Befehlshaber(in) *m(f)*
❷ BRIT MIL, NAUT *(naval officer)* Fregattenkapitän(in) *m(f)*
❸ BRIT *(assistant chief constable)* Kommandeur(in) *m(f)* der Londoner Polizei

com·mand·er-in-'chief *n* MIL Oberbefehlshaber(in) *m(f);* ~ **of the Army** Oberbefehlshaber(in) *m(f)* der Truppen

com·mand·ing [kə'mɑ:ndɪŋ, AM -'mænd-] *adj inv* ❶ *(authoritative)* gebieterisch, Befehls-; ~ **manner** gebieterische Art *pej;* ~ **tone** Befehlston *m pej*
❷ *(dominant) position* beherrschend; *person* befehlend, gebietend
❸ *(considerable)* beachtlich, deutlich

com·mand·ing·ly [kə'mɑ:ndɪŋli, AM 'mæn] *adv* ❶ *(imposingly)* beherrschend, dominierend
❷ *(perfunctorily)* Ehrfurcht einflößend

com·mand·ing 'of·fic·er *n* MIL befehlshabender Offizier/befehlshabende Offizierin, Offizier(in) *m(f)* vom Dienst

com·'mand key *n* COMPUT Befehlstaste *f*

com·mand·ment [kə'mɑ:n(d)mənt, AM -'mæn(d)-] *n* ❶ REL *(divine rule)* ■ **C~** Gebot *nt;* **the Ten C~s** die Zehn Gebote
❷ *(liter: order)* Gebot *nt*, Weisung *f;* **to obey a** ~ ein Gebot befolgen

com·'mand mod·ule *n* AVIAT Kommandokapsel *f*

com·man·do <*pl* -s *or* -es> [kə'mɑ:ndəʊ, AM -'mændoʊ] *n* MIL ❶ + *sing/pl vb (group of soldiers)* Kommando *nt*, Kommandotrupp *m;* **to join a** ~ einem Kommando beitreten
❷ *(member of commando)* Angehörige(r) *f(m)* eines Kommandotrupps

Com·'mand pa·pers *npl* LAW Regierungsvorlagen *pl* **com·mand per·'form·ance** *n* FILM, THEAT [königliche] Galavorstellung *f (auf besonderen Wunsch hin)* **com·'mand post** *n* MIL Kommandoposten *m*, Befehlsstand *m* **com·'mand prompt** *n* COMPUT Befehlsaufforderung *f*

comme il faut [ˌkɒmi:l'fəʊ, AM 'kʌmi:l'foʊ] *adj inv, pred (hum form)* ■ **to not be** ~ sich nicht gehören

com·memo·rate [kə'meməreɪt] *vt* ■ **to** ~ **sb/sth** einer Person/einer S. *gen* gedenken

com·memo·ra·tion [kəˌmemə'reɪʃən] *n no pl* Gedenken *nt;* **in** ~ **of sb** zum Gedenken an jdn; **in** ~ **of sth** zur Erinnerung an etw *akk*

com·memo·ra·tive [kə'memərətɪv, AM -əţɪv] *adj* Gedenk-, Gedächtnis-; ~ **issue of a stamp** Gedächtnisausgabe *f* einer Briefmarke; ~ **plaque** Gedenktafel *f;* ~ **service** Gedenkgottesdienst *m;* ~ **statue** Gedenkstatue *f*

com·memo·ra·tive 'coin *n* Gedenkmünze *f*, Sammlermünze *f* **com·memo·ra·tive 'stamp** *n* Gedenkmarke *f*

com·mence [kə'men(t)s] *vi (form)* beginnen, anfangen

com·mence·ment [kə'men(t)smənt] *n (form)* ❶ *(beginning)* Beginn *m*, Anfang *m;* **date of** ~ LAW Datum *nt* des Inkrafttretens [eines Gesetzes]; ~ **of a flight** Abflug *m*, Start *m;* ~ **of a journey** Reiseantritt *m*, Reisebeginn *m*
❷ AM SCH, UNIV *(graduation ceremony)* Abschlussfeier *f*, Entlassungsfeier *f*

com·mend [kə'mend] *vt* ❶ *(praise)* ■ **to** ~ **sb/sth** [**on** [*or* **for**] **sth**] jdn/etw [für etw *akk* [*o* wegen einer S. *gen*]] loben
❷ *(recommend)* ■ **to** ~ **sth** [**to sb**] [jdm] etw empfehlen; ***the hotel has little to ~ it*** das Hotel ist nicht sehr empfehlenswert; ***'highly ~ed'*** ‚sehr empfehlenswert'

com·mend·able [kə'mendəbl] *adj* lobenswert, löblich

com·mend·ably [kə'mendəbli] *adv* vorbildlich, lobenswert; **to behave** ~ sich *akk* vorbildlich verhalten

com·men·da·tion [ˌkɒmenˈdeɪʃᵊn, AM ˌkɑːmənˈ-] *n* ❶ *no pl (praise)* Lob *nt; (official)* Belobigung *f;* **to receive ~ for sth** eine Belobigung für etw *akk* erhalten
❷ *(honour)* Auszeichnung *f,* Ehrung *f;* **to receive a ~ for sth** eine Auszeichnung für etw *akk* erhalten, für etw *akk* ausgezeichnet werden

com·menda·tory [kəˈmendətᵊri, AM -tɔːri] *adj remark* lobend *attr,* anerkennend *attr;* **~ gesture** Geste *f* der Anerkennung

com·men·su·rable [kəˈmen(t)ʃᵊrəbl, AM -sɚəbl] *adj* MATH vergleichbar, kommensurabel *geh*

com·men·su·rate [kəˈmen(t)ʃᵊrət, AM -sɚət] *adj (form)* ■ **to be ~ with sth** etw *dat* angemessen sein, etw *dat* entsprechen

com·men·su·rate·ly [kəˈmenʃᵊrətli, AM ʃɚət] *adv* entsprechend

com·ment [ˈkɒment, AM ˈkɑː-] **I.** *n* Kommentar *m,* Bemerkung *f* (**about/on** zu +*dat*); **no ~** kein Kommentar; **fair ~** sachliche Kritik; **to make a ~** eine Stellungnahme abgeben; **to refrain from ~** sich *akk* eines Kommentars enthalten
II. *vi* sich *akk* äußern, einen Kommentar abgeben; ■ **to ~ on sth** etw kommentieren, sich *akk* zu etw *dat* äußern; **to refuse** [*or* **decline**] **to ~ on sth** sich *akk* zu etw *dat* nicht äußern wollen, zu etw *dat* keine Stellung nehmen; ■ **to ~ that ...** bemerken [*o* anmerken], dass ...

com·men·tary [ˈkɒmentᵊri, AM ˈkɑːmənteri] *n* Kommentar *m* (**on** über +*akk*); LAW Erläuterungswerk *nt,* Kommentar *m;* ***he always gives a running ~ on what's happening*** er muss dauernd zu allem seinen Senf dazugeben *fam;* **political/literary ~** politischer/literarischer Kommentar; **to provide ~** Bericht erstatten

ˈcom·men·tary box *n* TV, RADIO Kommentatorenkabine *f*

com·men·tate [ˈkɒmənteɪt, AM ˈkɑː-] *vi* TV, RADIO ■ **to ~ on sth** etw kommentieren; ***she ~s on the tennis each year at Wimbledon*** sie berichtet jedes Jahr vom Tennis aus Wimbledon

com·men·ta·tor [ˈkɒmənteɪtəʳ, AM ˈkɑːmənteɪtɚ] *n* TV, RADIO Kommentator(in) *m(f),* Reporter(in) *m(f);* **radio ~** Radiokommentator(in) *m(f),* Radioreporter(in) *m(f)*

com·merce [ˈkɒmɜːs, AM ˈkɑːmɜːrs] *n* Handel *m;* **the world of ~** [**and industry**] die Geschäftswelt

com·mer·cial [kəˈmɜːʃᵊl, AM -ˈmɜːr-] **I.** *adj* ❶ *(relating to commerce)* kaufmännisch, Handels-; ***the ~ future of the company ...*** die geschäftliche Zukunft des Unternehmens ...; **~ empire** Handelsimperium *nt;* **~ organization** Handelsorganisation *f;* **~ success** kommerzieller Erfolg; **~ venture** Handelsunternehmen *nt*
❷ *(pej: profit-orientated) production, movie, record* kommerziell, profitorientiert
❸ RADIO, TV *(paid for by advertisements)* Privat-; **~ radio** *(advertisements)* Werbefunk *m; (financed by adverts only)* kommerzieller Rundfunk; **~ television** *(advertisements)* Werbefernsehen *nt; (financed by adverts only)* kommerzielles Fernsehen, Privatfernsehen *nt*
❹ *(available to general public)* **~ product** Massenprodukt *nt*
II. *n* Werbespot *m; (TV or radio advertisement)* Fernseh-/Radiowerbung *f*

com·mer·cial ˈagent *n* Agent(in) *m(f)* **com·mer·cial ˈbank** *n* AM Geschäftsbank *f* **com·mer·cial ˈbank·ing** *n no pl* Commercial Banking *nt* **com·mer·cial ˈbill** *n* Warenwechsel *m,* Handelswechsel *m* **com·mer·cial ˈbreak** *n* RADIO, TV Werbepause *f* **com·mer·cial ˈbro·ker** *n* FIN Handelsmakler(in) *m(f)* **com·mer·cial ˈbusi·ness** *n* kommerzielles Geschäft **com·mer·cial ˈcom·pa·ny** *n* Handelsgesellschaft *f* **com·mer·cial cor·re·ˈspond·ence** *n no pl* Geschäftspost *f* **Com·mer·cial ˈCourt** *n* BRIT LAW Handelsgericht *nt* **com·mer·cial ˈcus·tom·er** *n* Gewerbekunde *m* **com·mer·cial ˈen·ter·prise** *n* Erwerbsgesellschaft *f,* Handelsgewerbe *nt* **com·mer·cial ˈgradu·ate** *n* Diplom-Kaufmann, -Kauffrau *m, f* **com·mer·cial in·ˈsur·ance** *n no pl* Geschäftsversicherung *f* **com·mer·cial ˈin·voice** *n* COMM Handelsfaktura *f,* Handelsrechnung *f*

com·mer·cial·ism [kəˈmɜːʃᵊlɪzᵊm, AM -ˈmɜːr-] *n no pl* Kommerzialisierung *f; (in connection with art, literature)* Kommerz *m*

com·mer·ciali·za·tion [kəˌmɜːʃᵊlaɪˈzeɪʃᵊn, AM -ˌmɜːrʃə-] *n no pl* Kommerzialisierung *f,* Vermarktung *f;* **~ of football** die Kommerzialisierung des Fußballs

com·mer·cial·ize [kəˈmɜːʃᵊlaɪz, AM -ˈmɜːrʃə-] *vt esp* AM ■ **to ~ sth** etw kommerzialisieren [*o* vermarkten]

com·mer·cial ˈlaw *n* Handelsrecht *nt* **com·mer·cial ˈlaw·yer** *n* Jurist(in) *m(f)* [*o* Spezialist(in) *m(f)*] für Handelsrecht

com·mer·cial·ly [kəˈmɜːʃᵊli, AM -ˈmɜːr-] *adv* ❶ *(on the market)* kommerziell, geschäftlich; **to succeed ~** auf dem Markt bestehen können; **to fail ~** sich *akk* auf dem Markt nicht halten können
❷ *(for public consumption)* auf dem Markt; **~ available** im Handel erhältlich

com·mer·cial ˈpa·per *n* kurzfristige Schuldtitel **com·mer·cial ˈpart·ner·ship** *n* Personenhandelsgesellschaft *f;* **~ limited by shares** Kommanditgesellschaft *f* auf Aktien; *(written also)* KGaA **com·mer·cial ˈprop·er·ty** *n* Industrieimmobilien *pl,* gewerblich genutzte Gebäude, Gewerbebau *m* **com·mer·cial ˈreal es·tate** *n no pl* Handelsimmobilie *f* **com·mer·cial ˈreg·is·ter** *n* ECON Handelsregister *nt* **com·mer·cial ˈtrav·el·ler** *n* Handelsvertreter(in) *m(f)* **com·mercial ˈve·hi·cle** *n* Nutzfahrzeug *nt,* gewerbliches Fahrzeug

com·mie [ˈkɒmi, AM ˈkɑːmi] **I.** *n (pej dated sl)* Rote(r) *f(m) sl (Bezeichnung für einen Kommunisten)*
II. *adj inv (pej dated sl)* rot *sl*

com·min·gle [kəˈmɪŋl] *(liter)* **I.** *vi* ■ **to ~** [**with sb/sth**] sich *akk* [mit jdm/etw] vermischen
II. *vt usu passive* ■ **to ~ sth with sth** etw mit etw *dat* vermischen

com·mis <*pl* -> [ˈkɒmi, AM ˌkɑːˈmi] *n,* **com·mis ˈchef** *n* Hilfskoch, -köchin *m, f*

com·mis·er·ate [kəˈmɪzᵊreɪt] *vi* ■ **to ~ with sb** mit jdm mitfühlen

com·mis·era·tion [kəˌmɪzᵊˈreɪʃᵊn] *n* ❶ *no pl (sympathy)* Mitgefühl *nt,* Anteilnahme *f;* ***she gave me a look of ~*** sie blickte mich mitfühlend an
❷ *(expression of sympathy)* ■ **~s** *pl* Beileid *nt kein pl;* ***I offered her my ~s*** ich sprach ihr mein Beileid aus; ***~s on losing the match!*** tut mir leid, dass Sie das Spiel verloren haben!

com·mis·sar [ˌkɒmiˈsɑːʳ, AM ˌkɑːməˈsɑːr] *n* POL Kommissar(in) *m(f)*

com·mis·sari·at [ˌkɒmiˈseəriət, AM ˌkɑːməˈser-] *n* + *sing/pl vb* MIL Intendantur *f*

com·mis·sary [ˈkɒmisᵊri, AM ˈkɑːməseri] *n* MIL ❶ *(person)* Intendant(in) *m(f)*
❷ AM *(shop)* spezieller Laden für Soldaten

com·mis·sion [kəˈmɪʃᵊn] **I.** *vt* ❶ *(order)* ■ **to ~ sth** etw in Auftrag geben; ■ **to ~ sb** [**to do sth**] jdn beauftragen[, etw zu tun]
❷ *usu passive* MIL ■ **to be ~ed as sth** zu etw *dat* ernannt werden
❸ *(to bring into working condition)* ■ **to ~ sth** *machine, building, boiler* etw in Betrieb nehmen
II. *n* ❶ *(order)* Auftrag *m;* **to take/carry out a ~** einen Auftrag annehmen/ausführen
❷ *(system of payment)* Provision *f;* **to get** [**a**] **~ on sth** für etw *akk* Provision bekommen [*o* erhalten]; **to take a ~** Provision verlangen; ECON **broker's ~** Maklerprovision *f;* **~ for business negotiated** Vermittlungsprovision *f*
❸ + *sing/pl vb (investigative body)* Kommission *f,* Ausschuss *m;* **C~ of the European Union** EU-Kommission; **Law C~** ständiger Rechtsausschuss; **Royal C~** königlicher Untersuchungsausschuss; **fact-finding ~** Untersuchungskommission *f,* Untersuchungsausschuss *m;* **special ~** Sonderkommission *f;* **to set up** [*or* **establish**] [*or* **appoint**] **a ~** eine Kommission einsetzen [*o* bilden]
❹ *(appointment)* Ernennung *f;* MIL Offizierspatent *nt;* **to get a** [*or* **one's**] **~** zum Offizier ernannt werden; **to have a ~ in the armed forces** Offizier *m* der Streitkräfte sein; **to resign one's ~** aus dem Offiziersdienst ausscheiden
❺ *no pl* LAW *(form: perpetration)* Verübung *f;* **the ~ of a crime/murder** das Begehen eines Verbrechens/Mordes
❻ *no pl* NAUT, AVIAT **in/out of ~** *car, lift, machine* in/außer Betrieb; *battleship* in/außer Dienst; *(fig)* außer Gefecht *hum;* **to have been put out of ~** aus dem Verkehr gezogen worden sein

com·ˈmis·sion agen·cy *n* Kommissionsgeschäft *nt* **com·ˈmis·sion agent** *n* ECON Kommissionär(in) *m(f)*

com·mis·sion·aire [kəˌmɪʃᵊnˈeəʳ] *n esp* BRIT Portier, Portiersfrau *m, f*

com·ˈmis·sion bro·ker *n* AM Kommissionsmakler(in) *m(f)* **com·ˈmis·sion busi·ness** *n* Provisionsgeschäft *nt,* Kommissionsgeschäft *nt*

com·mis·sioned ˈof·fic·er *n* Offizier(in) *m(f)*

com·mis·sion·er [kəˈmɪʃᵊnəʳ, AM -ɚ] *n* ❶ *(appointed person)* Beauftragte(r) *f(m),* Bevollmächtigte(r) *f(m)*
❷ *(member of commission)* Kommissionsmitglied *nt,* Ausschussmitglied *nt;* EU EU-Kommissar *m;* **the C~s of the Inland Revenue** Aufsichtsbehörde des Finanzamts; **~ for oaths** Notar *m (Anwalt, der befugt ist, Eide abzunehmen)*
❸ *(of the police)* Polizeipräsident(in) *m(f)*
❹ *(person in charge)* Verantwortliche(r) *f(m);* **police ~** Polizeikommandeur *m;* **~ in charge of the London police force** Polizeipräsident(in) *m(f)* von London; **the ~ of Major League Baseball** der/die Vorsitzende des Major League Baseball

com·ˈmis·sion fee *n* Kommission *f,* Provision *f* **com·ˈmis·sion house** *n* Brokerhaus *nt* **com·ˈmis·sion rate** *n* FIN Provisionssatz *m*

com·mit <-tt-> [kəˈmɪt] **I.** *vt* ❶ *(carry out)* ■ **to ~ sth** etw begehen; ***the newspaper is being sued for allegedly ~ting libel*** die Zeitung wird wegen angeblicher Verleumdung verklagt; **to ~ a crime/sin** ein Verbrechen/eine Sünde begehen; **to ~ an offence** eine strafbare Handlung begehen; **to ~ suicide** Selbstmord begehen
❷ *(bind)* **to ~ money to a project** Geld für ein Projekt bereitstellen; **to ~ soldiers to the defence of a region** Soldaten zur Verteidigung eines Gebietes entsenden; ■ **to ~ oneself to sth** sich *akk* etw *dat* voll und ganz widmen; **to ~ oneself to a relationship** sich *akk* auf eine Beziehung einlassen; ■ **to ~ oneself to doing sth** sich *akk* verpflichten, etw zu tun
❸ *(institutionalize)* ■ **to ~ sb** jdn einweisen; **to ~ sb to prison** jdn ins Gefängnis einweisen; ***he's been ~ted to prison for fraud*** er ist wegen Betrugs inhaftiert worden; **to ~ sb to a hospital** jdn in ein Krankenhaus einweisen [lassen]
❹ *(entrust)* **to ~ sth to memory** sich *dat* etw einprägen; **to ~ sth to paper** etw zu Papier bringen
II. *vi (bind oneself)* ■ **to ~ to sth** sich *akk* auf etw *akk* festlegen; **to ~ to a course of action** einen einmal eingeschlagenen Weg weiterverfolgen; **to ~ oneself on an issue** sich *akk* in einer Frage festlegen

com·mit·ment [kəˈmɪtmənt] *n* ❶ *no pl (dedication)* Engagement *nt; (in workplace a.)* Leistungsbereitschaft *f;* ***I'm afraid of ~*** ich habe Bindungsängste; **~ to nuclear disarmament** Engagement *nt* für atomare Abrüstung
❷ *(obligation)* Verpflichtung *f* (**to** gegenüber +*dat*); ***I had other ~s*** ich hatte anderweitige Verpflichtungen; **to make a ~ to do sth** versprechen etw zu tun; ***with absolutely no ~ to buy!*** es besteht keinerlei Kaufzwang!; **to have family ~s** familiäre Verpflichtungen haben
❸ *(sending to hospital)* Einweisung *f,* Unterbringung *f; (sending to prison)* Einlieferung *f,* Überstellung *f geh*
❹ ECON, FIN Absichtserklärung *f*

com·ˈmit·ment fee *n* Bereitstellungskommission *f*

com·mit·tal [kəˈmɪtᵊl, AM -t̬ᵊl] *n no pl* ① *(committing a crime)* Begehen *nt*, Verüben *nt*
② *(sending to hospital)* Einweisung *f*, Unterbringung *f*
③ LAW *(sending to prison)* Einlieferung *f*, Überstellung *f geh*, Inhaftierung *f*; ~ **for trial** Übergabe *f* der Sache an eine höhere Instanz; ~ **for sentence** Überweisung *f* an eine höhere Instanz zur Aburteilung
com·ˈmit·tal or·der *n* LAW Haftanordnung *f* **com·ˈmit·tal pro·ceed·ings** *npl* LAW gerichtliche Voruntersuchung **com·ˈmit·tal war·rant** *n* LAW Nachricht *f* zum Strafantritt, Einlieferungsbefehl *m*
com·mit·ted [kəˈmɪtɪd, AM -ˈmɪt̬ɪd] *adj* ① *(obliged)* verpflichtet, gebunden; ■**to be ~ to sth** auf etw *akk* festgelegt sein; ■**to be ~ to do/doing sth** verpflichtet sein, etw zu tun
② *(dedicated)* engagiert; ~ **Christian** überzeugter Christ/überzeugte Christin; ■**to be ~ to sth** sich *akk* für etw *akk* engagieren; ***she doesn't seem very ~ to the idea*** sie scheint von der Sache nicht besonders überzeugt zu sein; ■**to be ~ to doing sth** sich *dat* zur Aufgabe machen, etw zu tun
com·mit·tee [kəˈmɪti, AM -ˈmɪt̬i] *n + sing/pl vb* Ausschuss *m*, Komitee *nt*; **C~ of the Whole House** BRIT LAW Unterhausausschuss *m* zur Prüfung von Gesetzesentwürfen; **C~ of Privileges** LAW Ausschuss *m* zur Untersuchung von Privilegien; **Public Accounts C~** LAW Rechnungsprüfungsausschuss *m*; **C~ of Ways and Means** LAW Finanzausschuss *m*; ~ **meeting** Ausschusssitzung *f*; ~ **member** Ausschussmitglied *nt*; **select** ~ Sonderausschuss *m*; **standing** ~ ständiger Ausschuss; **to be** [*or* **sit**] **on a** ~ in einem Ausschuss [*o* Komitee] sein [*o* sitzen], einem Ausschuss [*o* Komitee] angehören; **to form** [*or* **set up**] **a** ~ einen Ausschuss [*o* ein Komitee] bilden
com·ˈmit·tee·man *n* AM Regionalpolitiker *m* **Com·ˈmit·tee Stage** *n* LAW *Prüfung eines Gesetzesentwurfes im dafür zuständigen Ausschuss* **com·ˈmit·tee·wom·an** *n* AM Regionalpolitikerin *f*
com·mode [kəˈməʊd, AM -ˈmoʊd] *n* ① *(chair with toilet)* Leibstuhl *m*, Toilettenstuhl *m*
② *(chest of drawers)* [dekorative] Kommode
com·modi·fi·ca·tion [kəˌmɒdɪfɪˈkeɪʃᵊn, AM -ˌmɑː-] *n* Kommodifikation *f*
com·modi·fy [kəˈmɒdɪfaɪ, AM -ˈmɑː-] *vt* ■**to ~ sb** jdn kommodifizieren
com·mo·di·ous [kəˈməʊdiəs, AM -ˈmoʊ-] *adj* *(form)* geräumig; **a ~ chair** ein bequemer Sessel
com·mod·ities mar·ket [kəˈmɒdətizˌmɑːkɪt, AM -ˈmɑːdət̬izˌmɑːr-] *n* *(products)* Warenmarkt *m*; *(raw materials)* Rohstoffmarkt *m*
com·mod·ity [kəˈmɒdəti, AM -ˈmɑːdət̬i] **I.** *n* ① *(product)* Ware *f*; *(raw material)* Rohstoff *m*; **hard** ~ metallischer Rohstoff; **soft** ~ Lebensmittelrohstoff *m*
② *(beneficial quality)* [unerlässliche] Eigenschaft
II. *n modifier (products)* Waren-; *(raw materials)* Rohstoff-
commodity-backed ˈfi·nance *n no pl* warenindexierte Finanzierung *f* **com·ˈmod·ity bill** *n* FIN Warenwechsel *m*, Handelswechsel *m* **com·ˈmod·ity busi·ness** *n* Warengeschäft *nt* **com·mod·ity ˈcred·it** *n* FIN Warenkredit *m*, Warenlombard *m* **com·ˈmod·ity deal·er** *n* Warenhändler(in) *m(f)* **com·ˈmod·ity ex·change** *n* STOCKEX Warenbörse *f*; *(raw materials)* Rohstoffbörse *f* **Com·ˈmod·ity Ex·change** *n* AM Warenbörse *f* [in New York] **com·mod·ity ˈfu·ture** *n* STOCKEX ① *(contract)* Warenterminkontrakt *m*; **~s exchange** Warenterminbörse *f*; **~s fund** Warenterminfonds *m*; **~s instrument** Warenterminininstrument *nt*; **~s market** Warenterminmarkt *m*; ~ **transaction** Warentermingeschäft *nt* ② *usu pl (transaction)* Warentermingeschäft *nt* **com·ˈmod·ity mar·ket** *n* STOCKEX *(products)* Warenbörse *f*, Warenmarkt *m*; *(raw materials)* Rohstoffmarkt *m* **com·ˈmod·ity price** *n* COMM Güterpreis *m*; *of raw materials* Rohstoffpreis *m* **com·ˈmod·ity trade** *n* COMM Commodity-Handel *m*
com·mo·dore [ˈkɒmədɔːʳ, AM ˈkɑːmədɔːr] *n* ① *(in navy)* Kommodore *m*
② *(of yacht club)* Präsident(in) *m(f)* eines Jachtklubs
com·mon [ˈkɒmən, AM ˈkɑː-] **I.** *adj* <-er, -est *or* more ~, most ~> ① *(often encountered)* üblich, gewöhnlich; **a ~ name** ein gängiger [*o* weit verbreiteter] Name; **a ~ saying** ein verbreiteter Spruch
② *(normal)* normal; ***it is ~ practice ...*** es ist allgemein üblich ...; ~ **courtesy/decency** ein Gebot *nt* der Höflichkeit/des Anstands; ***it's ~ courtesy ...*** es gehört sich einfach ...; ~ **salt** Kochsalz *nt*
③ *(widespread)* weit verbreitet; ***it is ~ knowledge that ...*** es ist allgemein bekannt, dass ...; **a ~ ailment** ein weit verbreitetes Übel; **a ~ disease** eine weit verbreitete Krankheit
④ *inv (shared)* gemeinsam; ~ **area** allgemeiner Bereich; **by ~ assent/consent** mit allgemeiner Zustimmung/Einwilligung; ~ **bathroom** Gemeinschaftsbad *nt*; **to make ~ cause with sb** mit jdm gemeinsame Sache machen; **for the ~ good** für das Gemeinwohl; **to be on ~ ground with sb** jds Ansichten teilen; ~ **interests** gemeinsame Interessen; ~ **property** *(held jointly)* Gemeinschaftseigentum *nt*; *(known by most people)* Allgemeingut *nt*; **tenancy in** ~ Bruchteilsgemeinschaft *f*; **in** ~ gemeinsam; **to have sth in ~** [**with sb**] etw [mit jdm] gemein haben; ***we've got a lot of interests in ~*** wir haben viele gemeinsame Interessen
⑤ ZOOL, BOT *sparrow, primrose* gemein
⑥ <-er, -est> *(pej: vulgar)* vulgär; **a ~ slut** eine ordinäre Schlampe *pej fam*
⑦ *(ordinary)* einfach; **a ~ criminal** ein gewöhnlicher Verbrecher/eine gewöhnliche Verbrecherin *pej*; **a ~ thief** ein gemeiner Dieb/eine gemeine Diebin
⑧ *(low-ranking)* einfach, gemein *veraltend*; **a ~ labourer** ein einfacher Arbeiter/eine einfache Arbeiterin; **the ~ man** der Normalbürger [*o* Durchschnittsbürger]; ~ **people** einfache Leute; **a ~ soldier** ein einfacher Soldat
II. *n* Gemeindeland *nt*; *(park)* öffentliche Grünfläche, Anger *m* DIAL; *(fields and woods)* Allmende *f*
Com·mon Ag·ri·ˈcul·tur·al Poli·cy, CAP *n* EU Gemeinsame Agrarpolitik
com·mon·al·ty [ˈkɒmənᵊlti, AM ˈkɑːmə] *npl* HIST ■**the** ~ das gemeine Volk *kein pl*
com·mon ar·ˈrange·ment *n* LAW Gemeinschaftsregelung *f* **com·mon as·ˈsault** *n* LAW Bedrohung *f*, unqualifizierte Gewaltandrohung **com·mon ˈcar·ri·er** *n* ① TRANSP *(carrying goods)* Spedition *f*, Transportunternehmen *nt*; *(carrying passengers)* öffentliches Verkehrsunternehmen ② AM TELEC Telefongesellschaft *f* **com·mon ˈcold** *n no pl* ■**the** ~ die [einfache] Erkältung, der Schnupfen *fam* **com·mon ˈcur·ren·cy** *n* FIN *(euro)* Gemeinschaftswährung *f*; ~ **zone** Währungszone *f* **Com·mon De·ˈfence Poli·cy** *n* EU Gemeinsame Verteidigungspolitik **com·mon de·ˈnomi·na·tor** *n* ① MATH Hauptnenner *m*, gemeinsamer Nenner; **lowest** ~ kleinster gemeinsamer Nenner ② *(shared feature)* gemeinsamer Nenner *fig*, Gemeinsamkeit *f* **com·mon ˈdi·vi·dend** *n* AM ECON, FIN Dividende *f* von Stammaktien **com·mon di·ˈvi·sor** *n* gemeinsamer Teiler [*o* Divisor]
com·mon·er [ˈkɒmənəʳ, AM ˈkɑːmənɚ] *n* Bürgerliche(r) *f(m)*, Nichtadelige(r) *f(m)*
Com·mon ˈEra *n* christliche Zeitrechnung **Com·mon Ex·ter·nal ˈTa·rif** *n* EU Gemeinsamer Außenzoll **com·mon ˈfac·tor** *n* gemeinsamer Teiler [*o* Divisor] **com·mon ˈland** *n* Gemeindeland *nt*; AM *(park)* öffentliche Grünfläche, Anger *m* DIAL; *(field)* Allmende *f* **com·mon ˈlaw** *n no pl* LAW ① *(law according to court decisions)* nicht kodifiziertes Recht ② BRIT *(system of laws)* [ungeschriebenes englisches] Gewohnheitsrecht **ˈcom·mon-law** *adj inv* LAW ~ **marriage** eheähnliche Gemeinschaft, SCHWEIZ *a.* Konkubinat *nt*, Konsensehe *f*; ~ **husband/wife** Lebensgefährte *m*/Lebensgefährtin *f*
com·mon·ly [ˈkɒmənli, AM ˈkɑː-] *adv* ① *(often)* häufig; *(usually)* gemeinhin; **a ~ held belief** eine weit verbreitete Annahme; ~ ***known as ...*** oft auch ... genannt
② *(pej: vulgarly)* gewöhnlich, vulgär *geh*
com·mon man·age·ment in·for·ˈma·tion proto·col *n* COMPUT Common Management Information Protocol *nt* **Com·mon ˈMar·ket** *n (hist)* ■**the** ~ der Gemeinsame Markt *fam* **com·mon ˈnoun** *n* Gattungsbegriff *m*, Appellativum *nt fachspr* **com·mon ˈnui·sance** *n* LAW grober Unfug **com·mon-or-ˈgar·den** *adj attr* BRIT *(fam)* stinknormal *sl*, Allerwelts- *fam*; **a ~ animal/plant** ein gemeines Tier/eine gemeine Pflanze; **a ~ topic** ein Wald- und Wiesenthema *nt fam*, ein Allerweltsthema *nt fam* **com·mon ˈown·er·ship** *n* LAW Miteigentum *nt* **ˈcom·mon·place** **I.** *adj* ① *(normal)* alltäglich, normal; ■**to be ~** gang und gäbe sein
② *(pej: trite)* banal *pej*, platt *pej* **II.** *n* Gemeinplatz *m pej*, Banalität *f pej*, Platitüde *f geh* **com·mon ˈpric·ing** *n* Preisabsprache *f* **ˈcom·mon room** *n* BRIT SCH, UNIV Gemeinschaftsraum *m*, Aufenthaltsraum *m*; **junior/senior** ~ Gemeinschaftsraum *m* für Studierende/Lehrkräfte
com·mons [ˈkɑːmənz] *npl* AM *(common room)* ■**the** ~ der Aufenthaltsraum [*o* Gemeinschaftsraum]
Com·mons [ˈkɒmənz, AM ˈkɑː-] *n + sing/pl vb* BRIT POL ■**the** ~ das Unterhaus
com·mon ˈseal *n* Gesellschaftssiegel *nt* **com·mon ˈsense** **I.** *n no pl* gesunder Menschenverstand **II.** *n modifier (attitude, solution)* vernünftig; **a ~ approach** ein praktischer Ansatz
com·mon·sensi·cal [ˌkɒmənˈsen(t)sɪkᵊl, AM ˌkɑː-] *adj* vernünftig
Com·mon ˈSer·jeant [-sɑːdʒᵊnt] *n* LAW ranghöherer Barrister **com·mon ˈstock** *n no pl* FIN Stammaktie *f* **com·mon ˈstock·hold·er** *n* FIN Stammaktionär(in) *m(f)* **com·mon ˈstocks** *npl* AM STOCKEX Stammaktien *pl* **com·mon ˈtime** *n no pl* MUS Viervierteltakt *m* **com·mon ˈtouch** *n no pl* **to have the ~** *(person)* nicht abgehoben sein *fig* **Com·mon ˈTrans·port Poli·cy, CTP** *n* EU Gemeinsame Verkehrspolitik
com·mon·weal [ˈkɒmənwiːl, AM ˈkɑːm-] *n no pl (old) see* **commonwealth**: ■**the** ~ das Gemeinwesen
com·mon·wealth [ˈkɒmənwelθ, AM ˈkɑːm-] *n* ① POL Staat *m*, Republik *f*
② *(form: group)* Interessengemeinschaft *f*
Com·mon·wealth [ˈkɒmənwelθ, AM ˈkɑːm-] **I.** *n* ① *(Commonwealth of Nations)* ■**the** ~ das [*o* ÖSTERR, SÜDD, SCHWEIZ der] Commonwealth
② *(hist: under Cromwell)* ■**the** ~ *die englische Republik unter Cromwell*
II. *n modifier* Commonwealth-; **the ~ Games** die Commonwealth-Spiele *pl*
Com·mon·wealth of In·de·pend·ent ˈStates *n* Gemeinschaft Unabhängiger Staaten *f* **Com·mon·wealth of ˈNa·tions** *n* ■**the** ~ das [*o* ÖSTERR, SÜDD, SCHWEIZ der] Commonwealth
com·mori·en·tes [ˌkɒmɔriˈentiːz, AM ˌkɑːm-] *npl* Kommorienten *pl*, gleichzeitig Versterbende
com·mo·tion [kəˈməʊʃᵊn, AM -ˈmoʊ-] *n usu no pl* ① *(fuss)* Theater *nt* (**over** um +*akk*); ***what's all this ~*** was soll der ganze Wirbel
② *(noisy confusion)* Spektakel *m*; **to cause a ~** Chaos verursachen
com·mu·nal [ˈkɒmjʊnᵊl, kəˈmjuː-, AM kəˈmjuː-, ˈkɑːmjə-] *adj* ① *(shared)* gemeinsam; ~ **bathroom/kitchen** Gemeinschaftsbad *nt*/-küche *f*; ~ **facilities** Gemeinschaftseinrichtungen *pl*; ~ **ownership** Gemein[schafts]eigentum *nt*; ~ **property** Allgemeinbesitz *m*
② *(of racial communities)* Rassen-; ~ ***riots have once again broken out between the two ethnic groups*** zwischen den beiden ethnischen Gruppen kam es erneut zu Ausschreitungen; ~ **violence** Gewalt *f* zwischen ethnischen Gruppen
③ *(of religious communities)* Gemeinde-; ~ **prayer** Gemeinschaftsgebet *nt*
④ *(of a commune)* Kommunen-; ~ **living** Leben *nt* in einer Kommune
com·mu·nal·ly [ˈkɒmjʊnᵊli, kəˈmjuː-, AM kəˈmjuː-, ˈkɑːmjə-] *adv* gemeinschaftlich, gemeinsam
com·mune[1] [ˈkɒmjuːn, AM ˈkɑː-] *n + sing/pl vb* ① *(group)* Kommune *f*; ***she joined a women's ~***

sie ist einer Frauenkommune beigetreten

② ADMIN, POL Gemeinde *f*, Kommune *f geh*

com·mune² [kəˈmjuːn] *vi (liter)* ■ **to ~ with sb** Zwiesprache mit jdm halten *geh;* **to ~ with God** Zwiesprache mit Gott halten *geh;* **to ~ with nature** im Dialog mit der Natur stehen

com·mu·ni·cable [kəˈmjuːnɪkəbl̩] *adj emotion, thoughts, information* vermittelbar; **~ disease** *(contagious)* übertragbare Krankheit

com·mu·ni·cant [kəˈmjuːnɪkənt] *n* REL Kommunikant(in) *m(f)*

com·mu·ni·cate [kəˈmjuːnɪkeɪt] **I.** *vt* ① *(pass on)* ■ **to ~ sth** [**to sb**] [jdm] etw mitteilen; *information, ideas, knowledge, thoughts* [jdm] etw vermitteln; **to ~ information** Informationen übermitteln; **to ~ knowledge** Wissen vermitteln; **to ~ sth by** [*or* **through**] [*or* **in**] **writing** etw schriftlich mitteilen

② MED **to ~ a disease to sb** eine Krankheit auf jdn übertragen

II. *vi* ① *(give information)* kommunizieren, sich *akk* verständigen; **to ~ with one's hands** sich *akk* mit den Händen verständigen

② *(be in touch)* ■ **to ~ with sb** mit jdm in Verbindung stehen; *(socially)* sich *akk* verstehen; ■ **to ~ with each other** miteinander sprechen [*o* kommunizieren]; **to ~ by phone/radio** telefonisch/über Funk kommunizieren

③ *(form: connect)* ■ **to ~ with sth** mit etw *dat* verbunden sein

④ REL die Kommunion empfangen

com·mu·ni·ca·tion [kəˌmjuːnɪˈkeɪʃᵊn] *n no pl* ① *(being in touch)* Kommunikation *f*, Verständigung *f;* ***there's very little ~ between them*** die beiden haben sich sehr wenig zu sagen; **breakdown in ~** Zusammenbruch *m* der Kommunikation; **~ gap** Informationslücke *f;* **means of ~** Kommunikationsmittel *nt*

② *(passing on) of ideas, knowledge, thoughts* Vermittlung *f; of information* Übermittlung *f; of emotions* Ausdruck *m*

③ *(form: thing communicated)* Mitteilung *f*, Benachrichtigung *f;* **privileged ~** LAW der Rechtsverfolgung entzogene Mitteilungen

④ MED *of a disease* Übertragung *f* (**to** auf +*akk*)

⑤ *(connection)* Verbindung *f* (**between** zwischen +*dat*)

com·mu·ni·ˈca·tion cord *n* BRIT RAIL Notbremse *f*

com·mu·ni·ca·tions [kəˌmjuːnɪˈkeɪʃᵊnz] **I.** *npl* ① RADIO, TELEC Fernmeldewesen *nt kein pl*, Telekommunikation *f kein pl*

② TRANSP Verkehrsnetz *nt*, Verkehrswege *pl;* **rail and road ~** Schienen- und Straßennetz *nt*

③ + *sing vb* UNIV Kommunikationswissenschaften *pl*

II. *n modifier* Kommunikations-; **~ channel** Kommunikationsweg *pl;* **~ network** Kommunikationsnetz *nt*, Nachrichtennetz *nt;* **~ system** Kommunikationssystem *nt*, Nachrichtensystem *nt;* **~ zone** Fernmeldebereich *m*

com·mu·ni·ˈca·tion sci·ence *n* Kommunikationswissenschaft *f*

com·mu·ni·ˈca·tions sat·el·lite *n* Nachrichtensatellit *m*

com·mu·ni·ˈca·tion stud·ies *npl* Kommunikationswissenschaften *pl* **com·mu·ni·ˈca·tion tech·nol·ogy** *n* Kommunikationstechnologie *f*

com·mu·ni·ca·tive *adj* [kəˈmjuːnɪkətɪv, AM *esp* -nəkeɪt̬ɪv] ① *(of person)* mitteilsam, gesprächig; **~ ability** Kommunikationsfähigkeit *f;* **~ skills** kommunikatives Talent

② *(in language teaching)* **the ~ approach** der kommunikative Ansatz

com·mu·ni·ca·tor [kəˈmjuːnɪkeɪtəʳ, AM -t̬ɚ] *n* kommunikativer Mensch

com·mun·ion [kəˈmjuːniən, AM -njən] *n no pl (liter)* ① *(union)* ■ **~ with sb/sth** [tiefe] Verbundenheit mit jdm/etw; **spiritual ~** eine spirituelle Verbindung; **in ~ with God/nature** in Zwiesprache mit Gott/der Natur

② *(religious community)* Gemeinde *f*, Glaubensgemeinschaft *f;* **the Anglican ~** die anglikanische Kirche

Com·mun·ion [kəˈmjuːniən, AM -njən] *n* REL Kommunion *f;* **to take one's First ~** Erstkommunion feiern; **to give sb Holy ~** jdm die heilige Kommunion spenden; **to go to ~** zur Kommunion gehen

com·mun·ion of ˈsaints *n* Gemeinschaft *f* der Heiligen

com·mu·ni·qué [kəˈmjuːnikeɪ, AM kəˌmjuːnɪˈkeɪ] *n* Kommuniqué *nt;* **to issue a ~** ein Kommuniqué herausgeben

com·mun·ism [ˈkɒmjənɪzᵊm, AM ˈkɑː-] *n no pl* Kommunismus *m;* ■ **under ~** unter dem Kommunismus

com·mun·ist [ˈkɒmjənɪst, AM ˈkɑː-] **I.** *n* Kommunist(in) *m(f)*

II. *adj* kommunistisch; **~ government** kommunistische Regierung; **~ Manifesto** Kommunistisches Manifest; **C~ Party** Kommunistische Partei

com·mu·nity [kəˈmjuːnəti, AM -nət̬i] **I.** *n* ① ADMIN Gemeinde *f;* **~ home** kommunales Kinderheim; **~ policing** Zusammenarbeit *f* zwischen Bürgern und Kontakt[bereichs]beamten; **the local ~** die hiesige Gemeinde; ■ **the** [**European**] **C~** die [europäische] Gemeinschaft

② *(group)* **the business ~** die Geschäftswelt, die Geschäftsleute *pl;* **the international ~** die Völkergemeinschaft; **the Jewish ~** die jüdische Gemeinde; **the scientific ~** die Wissenschaftler *pl;* **~ of interest** Community of Interest *f;* **~ of joint owners** ADMIN Gesamthandsgemeinschaft *f;* **~ of property** Gütergemeinschaft *f*

③ *no pl (togetherness)* Gemeinschaft *f;* **a sense of ~** ein Gemeinschaftsgefühl *nt*

④ *no pl (public)* ■ **the ~** die Allgemeinheit, die Öffentlichkeit; **to serve the ~** der Allgemeinheit dienen

⑤ ECOL *(of plants)* Flora *f; (of animals)* Fauna *f;* **Kenya's wildlife ~** die Tierwelt Kenias

II. *n modifier* Gemeinde-; **~ hospital** Kommunalkrankenhaus *nt;* **~ organization** Kommunalverband *m*

com·mu·nity an·ten·na ˈtele·vi·sion, CATV *n* TV Kabelfernsehen *nt* **com·ˈmu·nity cen·tre,** AM **com·ˈmu·nity cen·ter** *n* Gemeindezentrum *nt* **com·ˈmu·nity charge** *n* BRIT *(hist) Kopfsteuer zur Finanzierung der Stadt- und Gemeindeverwaltungen* **com·ˈmu·nity chest** *n* AM Wohltätigkeitsfond *m* [aus privaten Zuwendungen], Sammlung *f* für wohltätige Zwecke **com·mu·nity ˈcol·lege** *n* AM *teilsubventioniertes zweijähriges College;* BRIT ≈ Volkshochschule *f* **com·mu·nity ˈhome** *n* Fürsorgeeinrichtung *f* [*für jugendliche Straffällige*] **Com·mu·nity ˈlaw** *n* EU Gemeinschaftsrecht *nt* **Com·mu·nity leg·is·ˈla·tion** *n* LAW Bestimmungen der Europäischen Union **com·mu·nity ˈprop·er·ty** *n* LAW Gesamtgut *nt* [bei Gütergemeinschaft] **com·mu·nity ˈser·vice** *n no pl* gemeinnützige Arbeit; **to perform ~** gemeinnützige Arbeit verrichten **com·mu·nity ˈser·vice or·der** *n* LAW Verurteilung *f* zu gemeinnütziger Arbeit **com·mu·nity ˈsing·ing** *n no pl* gemeinsames Singen **com·mu·nity ˈspir·it** *n no pl* Gemeinschaftsgeist *m* **com·ˈmu·nity work·er** *n* Sozialarbeiter(in) *m(f)*

com·mut·abil·ity [kəˌmjuːtəˈbɪləti, AM -t̬əbɪləti] *n* MATH Vertauschbarkeit *f*

com·mut·able [kəˈmjuːtəbl̩, AM -t̬ə-] *adj* ① *distance* durch Pendeln zurücklegbar; ***the journey is too long to be ~*** man fährt zu lange, als dass man pendeln könnte

② LAW umwandelbar, abänderbar; **a ~ punishment** [*or* **sentence**] eine umwandelbare Strafe, ein abänderbares Strafmaß

com·mu·ta·tion [ˌkɒmjuːˈteɪʃᵊn, AM ˌkɑːmjə-] *n* ① LAW Strafumwandlung *f*, Strafmilderung *f*

② FIN Abfindung *f;* **~ payment** Abfindungszahlung *f*

com·mu·ˈta·tion tick·et *n* AM RAIL Zeitkarte *f*

com·mu·ta·tor [ˈkɒmjuːteɪtəʳ, AM ˌkɑːmjəteɪt̬ɚ] *n* ELEC Kommutator *m fachspr*, Stromwender *m fachspr*

com·mute [kəˈmjuːt] **I.** *n (fam)* Pendelstrecke *f;* ***it's an hour's ~ to work*** ich fahre eine Stunde zur Arbeit

II. *vi* pendeln; **to ~ from Brighton to London** [*or* **between Brighton and London**] zwischen Brighton und London pendeln; **to ~ by train** mit dem Zug pendeln

III. *vt (form)* ① FIN *(exchange)* ■ **to ~ sth** etw umwandeln

② LAW *(reduce)* **to ~ a punishment/sentence** ein Strafmaß herabsetzen

com·mut·er [kəˈmjuːtəʳ, AM -t̬ɚ] **I.** *n* Pendler(in) *m(f)*

II. *n modifier* Pendel-; **~ traffic** Pendelverkehr *m*

com·ˈmut·er belt *n* städtischer Einzugsbereich, Einzugsgebiet *nt* SCHWEIZ **com·ˈmut·er train** *n* Pendlerzug *m*

Como·ran [ˈkɒmərən, AM ˈkɑːm-] **I.** *n* Komorer(in) *m(f)*

II. *adj* komorisch

Como·ros [ˈkɒmərəʊz, AM ˈkɑːməroʊz] *npl* ■ **the ~** die Komoren *pl*

comp¹ [kɒmp, AM kɑːmp] *n* ① *short for* **competition**

② BRIT *short for* **compositor**

comp² [kɒmp, AM kɑːmp] *vt* ■ **to ~ sth** etw verschenken; ■ **to ~ sb in sth** jdn in etw *akk* hineinschleusen

com·pact¹ **I.** *adj* [kəmˈpækt] ① *(dense)* kompakt; *body also* gedrungen; *sand, snow, soil* fest; **of ~ build** von gedrungener Statur; **a ~ cluster of houses** eine eng verbaute Häusergruppe; **~ style** knapper Stil

② *(small)* kompakt; **~ camera** Kompaktkamera *f;* **a ~ office** ein kleines Büro

II. *vt* [kəmˈpækt] *(form)* ■ **to ~ sth** *(by a person) sand, soil, snow* etw festtreten; *(by a vehicle)* etw festfahren

III. *n* [ˈkɒmpækt, AM ˈkɑː-] ① *(cosmetics)* Puderdose *f*

② AM, AUS AUTO Kompaktwagen *m*

com·pact² [ˈkɒmpækt, AM ˈkɑː-] *n (form)* ① *(contract)* Vertrag *m*, Pakt *m*

② *(formal agreement)* Übereinkunft *f*, Vereinbarung *f;* **to make a ~** eine Übereinkunft schließen

com·pact ˈdisc, AM *also* **com·pact ˈdisk, CD** *n* Compact Disc *f*

com·pact·ly [kəmˈpæktli] *adv* kompakt; **a ~ written text** ein knapp geschriebener Text; **~ built** kompakt gebaut

com·pact·ness [kəmˈpæktnəs] *n no pl* Kompaktheit *f; of style* Knappheit *f*

com·pact·or [kəmˈpæktɚ] *n* AM ① *(in construction)* Straßenwalze *f*

② *(for waste)* Verdichtungsgerät *nt*

com·pand·ing [kəmˈpændɪŋ] *n* COMPUT *(compressing and expanding)* Kompandierung *f*

com·pand·or [kəmˈpændəʳ, AM -ɚ] *n* COMPUT *(compressor/expander)* Kompandierer *m*

ˈCom·pa·nies Act *n* ■ **the Companies Act** BRIT *Gesetze über Aktiengesellschaften* **Com·pa·nies ˈHouse** *n* BRIT *britische Gesellschaftsregistrierbehörde* **Com·pa·nies Reg·is·ˈtra·tion Of·fice, CRO** *n* BRIT *britische Gesellschaftsregistrierbehörde*

com·pan·ion [kəmˈpænjən] **I.** *n* ① *(person accompanying sb)* Begleiter(in) *m(f); (associate)* Gefährte, Gefährtin *m, f*, Kamerad(in) *m(f) veraltend; (euph: sexual partner)* Liebhaber(in) *m(f); (fig)* ***hunger was his constant ~*** er wurde ständig von Hunger geplagt; **close ~** enger Freund/enge Freundin; **constant ~** ständiger Begleiter/ständige Begleiterin; **drinking ~** Saufkumpan *m fam;* **travelling ~** Reisebegleiter(in) *m(f)*

② *(dated: for single woman)* Gesellschafterin *f*

③ *(dated: matching item)* Gegenstück *nt*, Pendant *nt geh*

④ *(reference book)* Ratgeber *m*, Führer *m*

II. *n modifier* **~ volume** Begleitband *m*

com·pan·ion·able [kəmˈpænjənəbl̩] *adj* angenehm; **a ~ person** ein umgänglicher Mensch; **a ~ silence** eine wohltuende Stille

com·pan·ion·ably [kəmˈpænjənəbli] *adv* freundschaftlich

com·pan·ion-in-ˈarms *n* MIL Waffengefährte *m geh* **com·ˈpan·ion plant·ing** *n* Partnerpflanzung *f*

com·'pan·ion set *n* Kamingeschirr *nt,* Chemineegarnitur *f* SCHWEIZ
com·pan·ion·ship [kəm'pænjənʃɪp] *n no pl (company)* Gesellschaft *f; (friendship)* Kameradschaft *f*
com·'pan·ion·way *n* NAUT Niedergang *m*
com·pa·ny ['kʌmpəni] **I.** *n* ❶ COMM Firma *f,* Unternehmen *nt;* **Adams and C~** Adams & Co.; **car ~** Autofirma *f;* **Registrar of Companies** *(official)* Registerbevollmächtigter *m; (list)* **register of companies** [*or* **companies' register**] Firmenregister *m,* Handelsregister *nt* SCHWEIZ; **close ~** Personengesellschaft *f;* **shipping ~** Reederei *f;* **to set up a ~** eine Firma gründen
❷ *no pl (companionship)* Gesellschaft *f;* ***she bought two dogs for ~*** sie kaufte sich zwei Hunde, um Gesellschaft zu haben; **dull/poor ~** langweilige/wenig unterhaltsame Gesellschaft; **good/ interesting ~** angenehme/interessante Gesellschaft; **present ~ excepted** die Anwesenden ausgenommen; **to be in ~** in Gesellschaft sein; **to be in good ~** sich *akk* in guter Gesellschaft befinden; **to enjoy one's own ~** *(iron)* gern allein [*o* für sich *akk*] sein; **to keep sb ~** jdm Gesellschaft leisten; **to keep ~ [with sb]** mit jdm Umgang haben [*o* verkehren]; ***he's been keeping bad ~*** er befindet sich in schlechter Gesellschaft; **in the ~ of** in Gesellschaft von, begleitet von; ***I travelled in the ~ of two friends*** ich reiste in Gesellschaft von zwei Freunden
❸ *no pl (visitors)* Besuch *m kein pl,* Gäste *pl;* **to expect/have ~** Gäste erwarten/haben
❹ THEAT Schauspieltruppe *f,* Ensemble *nt*
❺ MIL Kompanie *f*
❻ BRIT, CAN [**Girl**] **Guide ~** Pfadfinderinnentruppe *f*
❼ BRIT *(in the city of London)* Gesellschaft *f,* Wohltätigkeitsorganisation *f*
II. *n modifier (director, earnings)* Firmen-; **~ headquarters** Firmensitz *m;* **~ policy** Firmenpolitik *f;* **~ profits** Gesellschaftsgewinne *pl*
com·pa·ny ac·'count *n* Unternehmenskonto *nt* **com·pa·ny ac·qui·'si·tion** *n* Unternehmensübernahme *f* **com·pa·ny amal·ga·'ma·tion** *n* Fusion *f* **com·pa·ny 'as·sets** *npl* Unternehmensvermögen *nt,* Gesellschaftsvermögen *nt* **com·pa·ny 'book** *n* FIN Geschäftsbuch *nt* **com·pa·ny 'car** *n* Firmenwagen *m* **com·pa·ny 'code num·ber** *n* Unternehmenskennzahl *f* **com·pa·ny 'group** *n* Firmengruppe *f* **com·pa·ny 'hous·ing** *n no pl* Firmenwohnungen *pl* **com·pa·ny 'law** *n* Unternehmensrecht *nt* **com·pa·ny lo·'ca·tion** *n* Firmenstandort *m* **com·pa·ny maga·'zine** *n* Firmenzeitschrift *f*
'com·pa·ny man *n (usu pej)* firmenhöriger Mitarbeiter; ■**to be a ~** der Firma hörig sein, mit der Firma verheiratet sein **com·pa·ny 'mem·ber** *n* ECON Gesellschafter(in) *m(f)* **com·pa·ny 'net·work** *n* Firmennetzwerk *nt* **com·pa·ny ob·'jec·tive** *n* Unternehmensziel *nt* **com·pa·ny 'prop·er·ty** *n no pl* Firmeneigentum *nt* **com·pa·ny pro·'spec·tus** *n* STOCKEX Emissionsprospekt *m* **com·pa·ny 'pur·chase** *n* Unternehmenskauf *m* **com·pa·ny re·'sources** *npl* Gesellschaftsmittel *pl* **com·pa·ny re·'turn** *n* FIN Unternehmensrendite *f* **com·pa·ny 'sec·re·tary** *n* ECON Prokurist(in) *m(f)* **com·pa·ny 'share** *n* FIN Unternehmensanteil *m* **com·pa·ny 'start-up** *n* Existenzgründung *f* **com·pa·ny 'take·over** *n* Unternehmensübernahme *f* **'com·pa·ny tax** *n* Gesellschaftssteuer *f* **com·pa·ny 'town** *n Stadt mit einem einzelnen Unternehmen als Hauptarbeitgeber*
comparability [ˌkɒmpᵊrə'bɪləti, AM ˌkɑːmpɚə'bɪləṭi] *n no pl* Vergleichbarkeit *f*
com·pa·rable ['kɒmpᵊrəbl̩, AM 'kɑːm-] *adj* vergleichbar (**to/with** mit *+dat*); **~ figure** Vergleichszahl *f*
com·pa·rably ['kɒmpᵊrəbli, AM 'kɑːm-] *adv inv* vergleichbar
com·para·tive [kəm'pærətɪv, AM -'perəṭɪv] **I.** *n* Komparativ *m*
II. *adj* ❶ *inv* LING **~ form** Komparativ *m,* erste Steigerungsform
❷ *(involving comparison)* vergleichend *attr;* ***there's a ~ rise this year in the number of babies born*** dieses Jahr wurden im Vergleich mehr Babys geboren; **~ law** vergleichende Rechtswissenschaft; **~ linguistics** vergleichende Sprachwissenschaft; **~ literature** vergleichende Literaturwissenschaft, Komparatistik *f fachspr;* **~ research** vergleichende Forschung; **a ~ study** eine vergleichende Studie
❸ *(relative)* relativ
com·para·tive·ly [kəm'pærətɪvli, AM -'perəṭɪv-] *adv* ❶ *(relatively)* verhältnismäßig, relativ; **~ *speaking, this computer is easy to use*** dieser Computer ist vergleichsweise einfach zu bedienen
❷ *(by comparison)* im Vergleich; **to analyse/judge sth ~** etw durch einen Vergleich analysieren/bewerten
com·para·tor [kəm'pærətəʳ, AM -'perəṭɚ] *n* COMPUT Vergleicher *m*
com·pare [kəm'peəʳ, AM -'per] **I.** *vt* ❶ *(look for differences)* ■**to ~ sth/sb** etw/jdn vergleichen (**with** mit *+dat*); **~d with** [*or* **to**] verglichen mit *dat;* **to ~ prices** Preise vergleichen
❷ *(liken)* ■**to ~ sb/sth [with sb/sth]** jdn/etw [mit jdm/etw] vergleichen; ***instant coffee can't be ~d with freshly ground coffee*** zwischen Instantkaffee und frisch gemahlenem Kaffee liegt ein himmelweiter Unterschied
❸ LING *adjective, adverb* steigern
▸ PHRASES: **to ~ notes on sth** Meinungen über etw *akk* austauschen
II. *vi* vergleichbar sein; ***last year's weather just doesn't ~*** das Wetter im letzten Jahr war einfach unvergleichlich; **to ~ favourably** vergleichsweise gut abschneiden; ***the hotel ~d favourably with the one we stayed in last year*** das Hotel war dieses Jahr um einiges besser als das, in dem wir letztes Jahr wohnten
III. *n no pl (liter)* **beyond ~** unvergleichlich
com·pari·son [kəm'pærɪsᵊn, AM -'per-] *n* ❶ *(contrast)* Vergleich *m;* **by ~ with** verglichen mit *dat;* **to bear** [*or* **stand**] **~ with sb/sth** einem Vergleich mit jdm/etw gewachsen sein [*o* standhalten]; **to draw** [*or* **make**] **a ~** einen Vergleich anstellen
❷ *(similarity)* Vergleich *m;* ***there's no ~*** das ist gar kein Vergleich!
com·part·ment [kəm'pɑːtmənt, AM -'pɑːrt-] *n* ❶ RAIL [Zug]abteil *nt,* Coupé *nt* ÖSTERR, SCHWEIZ; **first class ~** Erste[r]-Klasse-Abteil *nt*
❷ *(section)* Fach *nt;* **freezer ~** Gefrierfach *nt,* Tiefkühlfach *nt;* **inner/sleeping ~** *(in a tent)* Innenraum *m*/Schlafbereich *m*
com·part·men·tal·ize [ˌkɒmpɑːt'mentᵊlaɪz, AM kəmpɑːrt'menṭə-] *vt* ■**to ~ sth** etw aufgliedern; **to ~ one's life** *(fig)* die unterschiedlichen Bereiche seines Lebens getrennt halten
com·pass <*pl* -es> ['kʌmpəs] *n* ❶ *(for showing direction)* Kompass *m;* ***they took a ~ reading*** sie lasen den Kompass ab; **~ needle** Kompassnadel *f*
❷ *(for drawing circles)* Zirkel *m*
❸ *no pl (form liter: range)* Umfang *m,* Rahmen *m;* MUS Tonumfang *m* (**of** *+gen*); **to be beyond the ~ of sb's brain/powers** jds [geistigen] Horizont/ Kräfte übersteigen
com·passes ['kʌmpəsɪz] *npl* [**a pair of**] **~** Zirkel *m*
com·pas·sion [kəm'pæʃᵊn] *n no pl* Mitgefühl *nt,* Mitleid *nt;* **to feel** [*or* **have**] **~ for** [*or* **towards**] **sb** Mitleid mit jdm haben; **to show ~ for** [*or* **towards**] **sb** Mitgefühl für jdn zeigen; **with ~** voller Mitgefühl
com·pas·sion·ate [kəm'pæʃᵊnət] *adj* mitfühlend, voller Mitgefühl
com·pas·sion·ate 'leave *n no pl* Sonderurlaub *m* aus familiären Gründen; **to grant ~** Sonderurlaub bewilligen
com·pas·sion·ate·ly [kəm'pæʃᵊnətli] *adv* voller Mitgefühl
com·'pas·sion fa·tigue *n no pl* Nachlassen *nt* der [öffentlichen] Hilfsbereitschaft
com·pass 'rose *n* Windrose *f*
com·pat·ibil·ity [kəmˌpætə'bɪləti, AM -ˌpæṭə'bɪləṭi] *n no pl* Vereinbarkeit *f;* COMPUT, MED Kompatibilität *f fachspr;* ***many marriages break down because of a lack of ~ between the two partners*** viele Ehen zerbrechen, weil die Partner nicht zueinanderpassen
com·pat·ible [kəm'pætɪbl̩, AM -'pæṭ-] *adj* ❶ *(of people or animals)* ■**to be ~** zusammenpassen; ***cats are not ~ with birds*** Katzen vertragen sich nicht mit Vögeln
❷ *(of colours)* ■**to be ~** zusammenpassen; ***the curtains aren't ~ with the carpet*** die Vorhänge beißen sich mit dem Teppich *fam*
❸ MED *(of blood groups)* kompatibel
❹ COMPUT kompatibel
❺ *(consistent)* vereinbar (**with** mit *+dat)*
com·pat·ibly [kəm'pætɪbli, AM -'pæṭ-] *adv* aufeinander abgestimmt
com·pat·ri·ot [kəm'pætriət, AM -'peɪ-] *n (form)* Landsmann, Landsmännin *m, f*
com·pel <-ll-> [kəm'pel] *vt* ❶ *(force)* ■**to ~ sb to do sth** jdn [dazu] zwingen, etw zu tun; **to feel ~led [to do sth]** sich *akk* gezwungen [*o* genötigt] sehen[, etw zu tun]
❷ *(form: cause to happen)* ■**to ~ sth** *person* etw erzwingen; *circumstances* etw erforderlich machen; **to ~ attention** Aufmerksamkeit erregen
com·pel·labil·ity [kəmˌpelə'bɪləti, AM -əṭi] *n* LAW Zwang *m*
com·pel·lable [kəm'peləbl̩] *adj* LAW **a ~ witness** aussagepflichtiger Zeuge
com·pel·ling [kəm'pelɪŋ] *adj circumstances, evidence, reason* zwingend; *film, painting, performance* fesselnd; **~ desire** unwiderstehliches Verlangen
com·pel·ling·ly [kəm'pelɪŋli] *adv* ❶ *(irresistibly)* unwiderstehlich
❷ *(convincingly)* überzeugend
❸ *(overwhelmingly)* überwältigend
com·pen·dia [kəm'pendiə] *n pl of* **compendium**
com·pen·dium <*pl* -s *or* -dia> [kəm'pendiəm, *pl* -diə] *n* Handbuch *nt,* Kompendium *nt geh*
com·pen·sate ['kɒmpənseɪt, AM 'kɑːm-] **I.** *vt* ■**to ~ sb for sth** jdn für etw *akk* [finanziell] entschädigen; *(reimburse)* [jdm] etw vergüten
II. *vi* kompensieren *geh;* ■**to ~ for sth** etw ausgleichen [*o fam* wettmachen] [*o fachspr* kompensieren]
com·pen·sat·ing ['kɒmpənseɪtɪŋ, AM 'kɑːm-] *adj* ausgleichend *attr;* ***it was a difficult job, but there were ~ rewards*** es war zwar ein schwieriger Job, doch entschädigte der Lohn für den Aufwand
com·pen·sa·tion [ˌkɒmpən'seɪʃᵊn, AM ˌkɑːm-] **I.** *n no pl* ❶ *(monetary amends)* Entschädigung[sleistung] *f,* Schadenersatz *m;* **~ for loss of earnings** Verdienstausfallentschädigung *f;* **to claim** [*or* **seek**] **~** Schadenersatzansprüche geltend machen, [finanzielle] Entschädigung fordern
❷ *(recompense)* Entschädigung *f;* **in ~** als Ersatz, zum Ausgleich
II. *n modifier* ❶ *(monetary amends)* **~ claim** Schadenersatzanspruch *m*
❷ AM *(salary)* **~ package** Pauschalabfindung *f,* Gesamtvergütung *f*
com·pen·'sa·tion deal *n* Kompensationsgeschäft *nt* **com·pen·sa·tion for 'dam·age** *n no pl* Schadenausgleich *m* **com·pen·'sa·tion fund** *n* FIN Ausgleichsfonds *m,* Entschädigungsfonds *m* **com·pen·'sa·tion or·der** *n* LAW Urteil *nt* auf Schadenersatz **com·pen·'sa·tion pay·ment** *n* FIN Ausgleichszahlung *f*
com·pen·sa·tory [ˌkɒmpən'seɪtᵊri, AM kəm'pen(t)səːtɔːri] *adj inv* ECON, FIN kompensatorisch; **~ damages** ausgleichender Schadenersatz; **~ financing** Ausgleichsfinanzierung *f*
com·père ['kɒmpeəʳ] **I.** *n* BRIT *(fam)* Conférencier *m*
II. *vt* BRIT *(fam)* **to ~ a show** eine Show moderieren
com·pete [kəm'piːt] *vi* ❶ *(measure oneself with)* ■**to ~ for sth [with sb]** [gegen jdn] um etw *akk* wetteifern [*o* kämpfen]; ***you just can't ~ with him*** man kann sich mit ihm einfach nicht messen; *(fig)* ***turn the music down — I'm not competing with that noise*** dreh die Musik leiser – ich schreie nicht gegen diesen Lärm an
❷ SPORT antreten; ***are you competing in the 100 metres?*** nimmst du an dem 100-Meter-Rennen teil?; **to ~ for a medal/money/a prize** um eine

Medaille/Geld/einen Preis kämpfen
③ COMM to ~ for customers um Kunden kämpfen

com·pe·tence ['kɒmpɪtᵊn(t)s, AM 'kɑːm-], **com·pe·ten·cy** ['kɒmpɪtᵊn(t)si, AM 'kɑːm-] *n no pl* ① *(ability)* Fähigkeit *f*, Kompetenz *f*; ***I don't doubt his ~ as a nuclear physicist*** ich zweifle seine Fähigkeiten als Atomphysiker nicht an; ***he reached a reasonable level of ~ in his English*** sein Englisch erreichte ein recht gutes Niveau; ~ **test** Befähigungsprüfung *f*; **to have the ~ to do sth** kompetent genug sein, um etw zu tun
② LAW *(of a court)* Zuständigkeit *f*; **to be within the ~ of the court** in den Zuständigkeitsbereich des Gerichts fallen
③ LAW *(state of a witness)* Wertigkeit *f* der Zeugenaussage

'com·pe·tence cen·tre *n* Kompetenz-Center *nt*, Kompetenzzentrum *nt*

com·pe·tent ['kɒmpɪtᵊnt, AM 'kɑːm-] *adj* ① *(capable) teacher, writer* fähig; *(qualified)* kompetent, sachverständig; ***I'm not ~ to make that decision*** ich bin nicht befähigt, diese Entscheidung zu treffen
② *(adequate)* ausreichend; ***he speaks quite ~ German*** er spricht recht gutes Deutsch
③ LAW zuständig; ~ **authority** zuständige Behörde; ~ **witness** zulässiger Zeuge/zulässige Zeugin

com·pe·tent·ly ['kɒmpɪtᵊntli, AM 'kɑːm-] *adv* gekonnt

com·pe·ti·tion [ˌkɒmpə'tɪʃᵊn, AM ˌkɑːm-] *n* ① *no pl (state of competing)* Konkurrenz *f*, Wettbewerb *m*; **fierce ~** ein harter Kampf; ■**to be in ~ with sb** mit jdm konkurrieren, in Konkurrenz [*o* im Wettbewerb] zu jdm stehen; ***she's no ~*** sie ist keine Konkurrenz
② COMM Konkurrenz *f*; **unfair ~** unlauterer Wettbewerb
③ *(contest)* Wettbewerb *m*; **beauty ~** Schönheitswettbewerb *m*; **diving/swimming ~** Tauch-/Schwimmwettbewerb *m*; **to enter a ~** an einem Wettbewerb teilnehmen, bei einem Wettbewerb mitmachen

com·pe·'ti·tion author·ity *n* Kartellbehörde *f*

com·peti·tive [kəm'petɪtɪv, AM -'peṭəṭɪv] *adj* ① *(characterized by competition)* konkurrierend *attr*; *(eager to compete)* kampfbereit; ***acting is very ~*** in der Schauspielerei herrscht harte Konkurrenz; ***you're very ~! it's meant to be a friendly match*** du bist sehr aggressiv! das soll ein Freundschaftsspiel sein; ~ **advantage** Wettbewerbsvorteil *m*; ~ **disadvantage** Wettbewerbsnachteil *m*; ~ **environment** Wettbewerbsumfeld *nt*; ~ **pressure** Wettbewerbsdruck *m*; ~ **spirit** Wettkampfgeist *m*; ~ **sports** Leistungssport *m*
② *(able to compete)* konkurrenzfähig, wettbewerbsfähig; ~ **bidding** Ausschreibungswettbewerb *m*; ~ **edge** Wettbewerbsvorteil *m*, Wettbewerbsvorsprung *m*

com·peti·tive de·valu'a·tion *n* ECON, FIN Abwertung *f* aus Wettbewerbsgründen, wettbewerbsbedingte Abwertung **com·peti·tive dis·'tor·tion** *n* Wettbewerbsverzerrung *f* **com·peti·tive 'edge** *n* Wettbewerbsvorteil *m*

com·peti·tive·ly [kəm'petɪtɪvli, AM -'peṭəṭɪv-] *adv* ① *(ambitiously)* wettbewerbsorientiert; ***he approaches his job very ~*** er ist in seinem Job sehr ehrgeizig
② *(ably)* wettbewerbsfähig; ***our products are ~ priced*** die Preise unserer Produkte sind konkurrenzfähig
③ *(in competition)* in Wettkämpfen; ***she plays bridge ~*** sie spielt Bridge auf Wettkampfbasis

com·peti·tive·ness [kəm'petɪtɪvnəs, AM -'peṭəṭɪv-] *n no pl* ① *(ambition)* Konkurrenzdenken *nt*
② *(ability to compete) of companies, prices* Wettbewerbsfähigkeit *f*

com·peti·tive 'trad·er *n* FIN Competitive Trader *m*

com·peti·tor [kəm'petɪtəʳ, AM -'peṭəṭə] *n* ① COMM Konkurrent(in) *m(f)*, Mitbewerber(in) *m(f)*
② *(one who competes)* [Wettkampf]gegner(in) *m(f)*; *(participant)* [Wettbewerbs]teilnehmer(in) *m(f)*

com·pi·la·tion [ˌkɒmpɪ'leɪʃᵊn, AM ˌkɑːmpə-] *n* ① *no pl (act of compiling)* Zusammenstellung *f*
② *(collection)* Sammlung *f*
③ COMPUT ~ **error** Kompilierfehler *m*; ~ **time** Kompilierzeit *f*

com·pile [kəm'paɪl] *vt* ■**to ~ sth** ① *(put together) list, table, dictionary* etw erstellen
② *(gather) facts, information* etw zusammentragen [*o* sammeln]
③ COMPUT etw kompilieren *fachspr*

com·pil·er [kəm'paɪləʳ, AM -ə] *n* ① *(one who compiles)* Sammler(in) *m(f)*
② COMPUT Compiler *m fachspr*

com·pla·cence [kəm'pleɪsᵊn(t)s], **com·pla·cen·cy** [kəm'pleɪsᵊn(t)si] *n no pl (pej)* Selbstzufriedenheit *f meist pej*, Selbstgefälligkeit *f pej*

com·pla·cent [kəm'pleɪsᵊnt] *adj (pej)* selbstzufrieden *meist pej*, selbstgefällig *pej*

com·pla·cent·ly [kəm'pleɪsᵊntli] *adv* selbstzufrieden *meist pej*, selbstgefällig *pej*

com·plain [kəm'pleɪn] *vi* klagen, sich *akk* beklagen; ■**to ~ about sth** sich *akk* über etw *akk* beklagen; ■**to ~ that ...** sich *akk* darüber beklagen, dass ...; ■**to ~ to sb** sich *akk* bei jdm beklagen; ***stop ~ing!*** hör auf zu jammern! *fam*; ***how are things? — oh, can't ~*** wie geht's? – oh, ich kann mich nicht beklagen; ***she's been ~ing of a bad back*** sie klagt über Rückenschmerzen

com·plain·ant [kəm'pleɪnənt] *n* LAW ① *(complainer)* Beschwerdeführer(in) *m(f)*
② *(plaintiff)* Kläger(in) *m(f)*

com·plain·ing·ly [kəm'pleɪnɪŋli] *adv* klagend

com·plaint [kəm'pleɪnt] *n* ① *(expression of displeasure)* Beschwerde *f*, Klage *f*; **to have cause** [*or* **grounds**] **for ~** Grund zur Klage haben; **to lodge** [*or* **make**] **a ~** Beschwerde einlegen; ■**a ~ against sb** eine Beschwerde gegen jdn
② LAW *(claim)* Klageschrift *f*; **to lodge** [*or* **make**] **a ~ against sb** jdn verklagen; AM gegen jdn Anzeige erstatten
③ COMM, LAW Mängelrüge *f*, Reklamation *f*; **~s procedure** Beschwerdeverfahren *nt*; **Police C~s Committee** Ausschuss *m* zur Untersuchung polizeilicher Vergehen; **to lodge** [*or* **make**] **a ~** eine Mängelrüge erheben
④ *(illness)* Leiden *nt*, Beschwerden *pl*; **heart ~** Herzleiden *nt*

com·'plaint man·age·ment *n no pl* Beschwerdemanagement *nt*

com·plai·sance [kəm'pleɪzᵊn(t)s, AM -sᵊn(t)s] *n no pl (form liter)* Entgegenkommen *nt*, Zuvorkommenheit *f*, Kulanz *f*

com·plai·sant [kəm'pleɪzᵊnt, AM -sᵊnt] *adj (form liter)* gefällig, entgegenkommend

com·pleat [kəm'pliːt] *adj (old) see* **complete**

com·ple·ment ['kɒmplɪmənt, AM 'kɑːm-] **I.** *vt* ■**to ~ sth** etw ergänzen [*o* abrunden]; **to ~ each other** sich *akk* [gegenseitig] ergänzen; ***strawberries and cream ~ each other perfectly*** Erdbeeren und Sahne passen wunderbar zusammen
II. *n* ① *(accompaniment)* Ergänzung *f*
② LING Ergänzung *f*
③ *no pl* **a full ~ of staff** eine komplette Ersatzmannschaft

com·ple·men·ta·rity [ˌkɒmplɪmen'tærəti, AM ˌkɑːmplɪmen'terəṭi] *n* Komplementarität *f*

com·ple·men·tary [ˌkɒmplɪ'mentᵊri, AM ˌkɑːmplə'menṭəi] *adj* ① *(complementing each other)* einander ergänzend *attr*; ~ **needs** sich *akk* ergänzende Bedürfnisse; ~ **products** ergänzende Produkte, Kuppelprodukte *pl fachspr*; ~ **services** Zusatzleistungen *pl*
② *(making complete)* ergänzend

com·ple·men·tary 'an·gle *n* MATH Komplementwinkel *m fachspr* **com·ple·men·tary 'col·our** *n* Komplementärfarbe *f* **com·ple·men·tary 'medi·cine** *n no pl* BRIT alternative Heilkunde [*o* Medizin]

com·plete [kəm'pliːt] **I.** *vt* ■**to ~ sth** ① *(add what is missing) collection, set* etw vervollständigen; *form, questionnaire* etw [vollständig] ausfüllen; ***all she needed to ~ her happiness was a baby*** alles, was ihr zu ihrem Glück noch fehlte, war ein Baby
② *(finish)* etw fertigstellen [*o* zu Ende bringen]; **to ~ a conveyance** LAW eine Eigentumsübertragung abschließen; **to ~ a course** einen Kurs absolvieren; **to ~ one's studies** sein Studium zu Ende bringen
II. *adj* ① *(with nothing missing)* vollständig, komplett; **a ~ set** ein vollständiges Set; **the ~ works of Shakespeare** Shakespeares gesammelte Werke; ***sun, sand and romance — their holiday was ~*** Sonne, Sand, Romantik – ihr Urlaub war vollkommen
② *pred (finished) book* fertig
③ *(including)* ~ **with** inklusive; ~ **with batteries** inklusive Batterien
④ *attr (total)* absolut, komplett; ***the man's a ~ fool!*** der Mann ist ein Vollidiot! *fam*; ***it was a ~ surprise*** es war eine völlige Überraschung; ~ **blank** völlige Leere; ~ **breakdown** totaler Zusammenbruch; ~ **coverage** *(in insurance)* volle Deckung [*o* Risikoübernahme]; **in ~ darkness** in völliger Dunkelheit; **the ~ gentleman** der perfekte Gentleman; ~ **mastery** vollkommene Beherrschung; ~ **paralysis** vollständige Lähmung; ~ **protein** vollwertiges Eiweiß; ~ **silence** absolute Stille; **a ~ stranger** ein völlig Fremder/eine völlig Fremde; ~ **and utter** total *fam*

com·plet·ed [kəm'pliːtɪd, AM -ṭɪd] *adj* vollendet; **a recently ~ shopping centre** ein kürzlich fertiggestelltes Einkaufszentrum

com·plete·ly [kəm'pliːtli] *adv* völlig; ~ **certain** absolut sicher; **to be ~ convinced** der vollen Überzeugung sein; **to devote oneself ~ to sth** sich *akk* etw *dat* ganz [und gar] widmen; **to disappear ~** spurlos verschwinden

com·plete·ness [kəm'pliːtnəs] *n no pl* Vollständigkeit *f*

com·ple·tion [kəm'pliːʃᵊn] *n no pl* Fertigstellung *f*; ***you'll be paid on ~ of the project*** die Bezahlung erfolgt nach Abschluss des Projekts; ~ **of a conveyance** LAW Vertragsabschluss *m* [bei Eigentumsübertragung]; ~ **statement** LAW Abschlussrechnung *f* nach Vertragsabschluss; **to near ~** kurz vor dem Abschluss [*o* vor der Fertigstellung] stehen

com·'ple·tion date *n (in production)* Fertigstellungstermin *m*; *(in sales)* Abschlusstermin *m (Tag, an dem der Verkauf besiegelt wird)*

com·plex I. *adj* ['kɒmpleks, AM kɑː'mpleks] komplex; *(complicated)* kompliziert; *issue, matter, personality, problem* vielschichtig; *plot, theory* verwickelt, verstrickt; ~ **carbohydrate/molecule** komplexes Kohlenhydrat/Molekül; ~ **network of roads** verästeltes Straßennetz
II. *n* <*pl* -es> ['kɒmpleks, AM 'kɑːm-] ① ARCHIT Komplex *m*; **apartment ~** AM Wohnkomplex *m*; **housing ~** Wohnhausanlage *f*; **sports and leisure ~** Sport- und Freizeitzentrum *nt*; **shopping ~** Einkaufszentrum *nt*
② PSYCH Komplex *m*; ***he's got a ~ about being bald*** er hat einen Komplex wegen seiner Kahlköpfigkeit; ***I've got a real ~ about spiders*** ich kann Spinnen partout nicht ausstehen; **guilt/inferiority ~** Schuld-/Minderwertigkeitskomplex *m*; **persecution ~** Verfolgungswahn *m*; **weight ~** Komplex *m* aufgrund von Gewichtsproblemen; **to give sb a ~** *(fam)* bei jdm Komplexe verursachen

com·plex·ing agent ['kɒmpleksɪŋ, AM kɑː'mpleksɪŋ] *n* CHEM Komplexbildner *m*

com·plex·ion [kəm'plekʃᵊn] *n* ① *(skin colour)* Teint *m*; **clear/spotty ~** reine/unreine Haut; **dark/fair/pale ~** dunkler/heller/blasser Teint; **healthy ~** gesunde Gesichtsfarbe
② *(character)* Schattierung *f*, Couleur *f geh*; *of people* Gesinnung *f*
▶PHRASES: **to put a different/new ~ on sth** etw in einem anderen/neuen Licht erscheinen lassen

com·plex·ity [kəm'pleksəti, AM -əṭi] *n* ① *no pl (intricacy)* Komplexität *f*, Vielschichtigkeit *f*
② *(complication)* Kompliziertheit *f*

com·plex 'sen·tence *n* LING Satzgefüge *nt* **com·plex 'word** *n* LING Kompositum *nt*

com·pli·ance [kəm'plaɪən(t)s] *n no pl (form)* ① *(conformity)* Übereinstimmung *f*; **declaration**

of ~ LAW *Erklärung der Richtigkeit von Angaben im Sinne des Companies Act zur Gesellschaftsgründung;* **in ~ with sb's desire** wunschgemäß; **in ~ with the law** gesetzeskonform; **in ~ with sb's order/request/wishes** gemäß jds Befehl/Anfrage/Wünschen; **in ~ with the regulations** unter Einhaltung der Bestimmungen
② *(pej: obeyance)* Willfährigkeit *f pej geh,* Gefügigkeit *f*

com·'pli·ance de·part·ment *n* ECON, FIN *Aufsichtsorgan in Brokerhäusern, das über Einhaltung der Börsenordnung wacht* **com·'pli·ance of·fic·er** *n* ECON, FIN Angehöriger *m*/Angehörige *f* des Aufsichtsorgans eines Brokerhauses

com·pli·ant [kəm'plaɪənt] *adj (form)* gefügig; **~ with safety regulations** den Sicherheitsbestimmungen entsprechend; ■**not ~ with** LAW nicht übereinstimmend mit

com·pli·cate ['kɒmplɪkeɪt, AM 'kɑːmplə-] *vt* ■**to ~ sth** *(make more difficult)* etw [ver]komplizieren [*o* [noch] komplizierter machen]; *(make worse)* etw verschlimmern; ***to ~ matters ...*** um die Dinge noch komplizierter zu machen ...

com·pli·cat·ed ['kɒmplɪkeɪtɪd, AM 'kɑːmpləkeɪt̬ɪd] *adj plan, story* kompliziert; *situation, person* schwierig

com·pli·ca·tion [ˌkɒmplɪ'keɪʃən, AM ˌkɑːmplə'-] *n* Komplikation *f;* **~*s arose*** Komplikationen sind aufgetreten

com·plic·it [kəm'plɪsɪt] *adj inv* verschwörerisch; ■**to be ~ in sth** an etw *dat* beteiligt sein

com·plic·ity [kəm'plɪsəti, AM -ət̬i] *n* LAW *no pl (form)* Mittäterschaft *f,* Komplizenschaft *f* (**in** bei *+dat*); **~ in a crime** Beteiligung *f* an einem Verbrechen

com·pli·ment ['kɒmplɪmənt, AM 'kɑːmplə-] **I.** *n* ① *(expression of approval)* Kompliment *nt;* ***my ~s to the chef!*** mein Kompliment an die Köchin!; ***that he survived the accident is a ~ to the skill of the medical team*** dass er den Unfall überlebt hat, macht dem Ärzteteam alle Ehre; **to pay sb a ~** jdm ein Kompliment machen; ***he paid me the ~ of trusting me with his secret*** er erwies mir die Ehre, mich in sein Geheimnis einzuweihen; **to repay** [*or* **return**] **a ~** ein Kompliment erwidern; **to take sth as a ~** etw als Kompliment auffassen
② *(form)* **with ~s** mit den besten Empfehlungen *geh,* zur gefälligen Kenntnisnahme *geh;* **to supply drinks with one's ~s** eine Runde ausgeben
▶PHRASES: **to be fishing for ~s** auf Komplimente aus sein; **~s of the season** frohes Fest
II. *vt* ■**to ~ sb** jdm ein Kompliment machen; ***I must ~ you on your handling of a very difficult situation*** ich muss Ihnen dazu gratulieren, wie Sie die schwierige Situation gemeistert haben

com·pli·men·tary [ˌkɒmplɪ'mentəri, AM 'kɑːmpləmen-t̬əi] *adj* ① *(expressing a compliment)* schmeichelhaft; **to be ~ about sb/sth** sich über jdn/etw schmeichelhaft äußern, von jdm/etw begeistert sein
② *(free, without charge)* Frei-, Gratis-; **~ ticket** Freikarte *f*

com·'pli·ment slip *n* COMM Kurzantwortkarte *f*

com·pline ['kɒmplɪn, AM 'kɑːm] *n* Komplet *nt*

com·ply [kəm'plaɪ] *vi* sich *akk* fügen; ■**to ~ with sth** etw befolgen; ***there are serious penalties for failure to ~ with the regulations*** bei Regelverstößen drohen strenge Strafen; **to ~ with the law/the rules** das Gesetz/die Regeln einhalten; **to refuse to ~ with an order** sich *akk* weigern, einem Befehl Folge zu leisten; **to ~ with the regulations** die Bestimmungen erfüllen

com·po ['kɒmpəʊ, AM 'kɑːmpoʊ] *n (sl) short for* **compensation** Entschädigung *f*

com·po·nent [kəm'pəʊnənt, AM -'poʊ-] *n* Teil *m;* TECH [Bau]element *nt,* Komponente *f; of a diet* Bestandteil *m;* **key ~** zentraler Bestandteil, Schlüsselkomponente *f*

com·po·nent 'parts *npl* Einzelteile *pl,* Komponenten *pl*

com·port [kəm'pɔːt, AM -'pɔːrt] *vr (form)* ■**to ~ oneself** sich *akk* verhalten; ***he ~ed himself well in the interview*** er hat sich bei dem Interview gut gehalten

com·port·ment [kəm'pɔːtmənt, AM -'pɔːrt-] *n no pl (dated)* Verhalten *nt*

com·pose [kəm'pəʊz, AM -'poʊz] **I.** *vi* komponieren
II. *vt* ① MUS, LIT *(produce)* ■**to ~ sth** etw komponieren; **to ~ a play/poem** ein Theaterstück/Gedicht verfassen
② *(write)* ■**to ~ sth** etw abfassen; **to ~ a letter** einen Brief aufsetzen
③ *usu passive (comprise)* ■**to be ~d of sth** aus etw *dat* bestehen, sich *akk* aus etw *akk* zusammensetzen
④ *(calm, collect)* ■**to ~ sth** etw ordnen; ■**to ~ oneself** sich *akk* beruhigen; ***she tried hard to ~ her features into a smile*** sie versuchte angestrengt, sich zu einem Lächeln zu zwingen; **to ~ differences** *(form)* Differenzen beilegen; **to ~ one's thoughts** seine Gedanken ordnen [*o* sammeln]
⑤ TYPO ■**to ~ sth** etw setzen

com·posed [kəm'pəʊzd, AM -'poʊzd] *adj (collected)* gefasst, beherrscht; *(calm)* ruhig

com·posed·ly [kəm'pəʊzɪdli, AM -'poʊz-] *adv (collectedly)* gefasst, beherrscht; *(calmly)* ruhig

com·pos·er [kəm'pəʊzəʳ, AM -'poʊzɚ] *n* Komponist(in) *m(f)*

com·po·site ['kɒmpəzɪt, AM kəm'pɑːzɪt] **I.** *n* ① *(mixture)* Gemisch *nt;* ***the photography was a ~*** das Foto war eine Montage
② *(building material)* Verbundmaterial *nt,* Verbundwerkstoff *m*
③ COMPUT **~ display** Kombinationsbildschirm *m;* **~ video** Farbbildsignalgemisch *nt;* **~ video signal** Farbmischsignal *nt*
II. *adj* zusammengesetzt; **~ photograph/picture** Foto-/Bildmontage *f*

com·po·site 'cir·cuit *n* ELEC kombinierter Schaltkreis **com·po·site 'in·dex** *n* STOCKEX Börsenbarometer *nt* **com·po·site ma·'terial** *n* TECH Verbundwerkstoff *m*

com·po·si·tion [ˌkɒmpə'zɪʃən, AM ˌkɑːm-] *n* ① *no pl (in music)* Komponieren *nt; (in literature)* Verfassen *nt; (subject of study)* Kompositionslehre *f;* ***is this poem of your own ~?*** hast du dieses Gedicht selbst verfasst?
② *(piece of music)* Komposition *f*
③ *(arrangement)* Gestaltung *f; (of painting, picture)* Komposition *f geh*
④ *(short essay)* Aufsatz *m* (**on** über *+akk*)
⑤ *no pl (make-up) of a group* Zusammenstellung *f;* CHEM Zusammensetzung *f*
⑥ *no pl* TYPO Satz *m*

com·po·si·tion·al [ˌkɒmpə'zɪʃənəl, AM ˌkɑːm] *adj inv* kompositorisch, Kompositions-

com·posi·tor [kəm'pɒzɪtəʳ, AM -'pɑːzɪt̬ɚ] *n* [Schrift]setzer(in) *m(f);* **electronic ~** elektronische Setzmaschine

com·pos men·tis [ˌkɒmpəs'mentɪs, AM ˌkɑːmpəs'ment̬əs] *adj pred* LAW *(sane)* zurechnungsfähig, geistig gesund; *(hum)* ***he's rarely ~ before ten o'clock in the morning*** vor 10 Uhr morgens ist er in der Regel noch nicht ansprechbar

com·post ['kɒmpɒst, AM 'kɑːmpoʊst] **I.** *n no pl* Kompost *m*
II. *n modifier* **~ heap/pile** Komposthaufen *m*
III. *vt* ■**to ~ sth** etw kompostieren

com·po·sure [kəm'pəʊʒəʳ, AM -'poʊʒɚ] *n no pl* Fassung *f,* Beherrschung *f;* **to lose one's ~** die Fassung verlieren; **to regain one's ~** seine Fassung wiedergewinnen

com·pôte ['kɒmpəʊt, AM 'kɑːmpoʊt] *n* Kompott *nt;* **fruit ~** Fruchtkompott *nt*

com·pound¹ **I.** *vt* [kəm'paʊnd, AM *esp* kɑːm'-] ■**to ~ sth** ① *(make worse)* etw verschlimmern; **to ~ a problem** ein Problem verstärken [*o* vergrößern]
② *(mix) materials, substances* etw mischen
③ *usu passive (constitute)* sich *akk* aus etw *dat* zusammensetzen, aus etw *dat* bestehen
④ ECON, FIN ■**to ~ sth** etw durch Vergleich erledigen, einen Vergleich schließen; **to ~ an offence** LAW ein Verfahren gegen Geldauflage einstellen
II. *vi* [kəm'paʊnd, AM kɑːm'-] LAW sich *akk* vergleichen; **to ~ with one's creditors** mit seinen Gläubigern einen Vergleich schließen
III. *n* ['kɒmpaʊnd, AM 'kɑːm-] ① *(combination)* Mischung *f,* Kombination *f*
② CHEM Verbindung *f;* **nitrogen ~** Stickstoffverbindung *f*
IV. *adj* COMPUT **~ logical element** zusammengesetztes logisches Element; **~ statement** zusammengesetzte Anweisung *f*

com·pound² ['kɒmpaʊnd, AM 'kɑːm-] *n* MIL Truppenlager *nt;* **embassy ~** Botschaftsgelände *nt;* **family ~** Familiensitz *m;* **prison ~** Gefängnishof *m*

com·pound 'en·try *n* FIN Sammelbuchung *f* **com·pound 'eye** *n* ZOOL Facettenauge *nt* **com·pound 'frac·ture** *n* MED offener Bruch, komplizierte Fraktur *fachspr* **com·pound 'in·ter·est** *n no pl* FIN Zinseszins *m;* **~ calculation** Zinseszinsrechnung *f;* **~ claim** Zinseszinsforderung *f* **com·pound 'leaf** *n* BOT aus Teilblättern zusammengesetztes Blatt **com·pound 'noun** *n* LING Kompositum *nt* **com·pound 'verb** *n* LING zusammengesetztes Verb

com·pre·hend [ˌkɒmprɪ'hend, AM ˌkɑːm-] **I.** *vi (also form)* begreifen, verstehen
II. *vt* ■**to ~ sth** ① *(understand completely)* etw begreifen [*o* verstehen]
② *(form: comprise)* etw umfassen

com·pre·hen·sibil·ity [ˌkɒmprɪhen(t)sə'bɪləti, AM ˌkɑːmprəhen(t)sə'bɪlət̬i] *n no pl* Verständlichkeit *f*

com·pre·hen·sible [ˌkɒmprɪ'hen(t)səbḷ, AM ˌkɑːm-] *adj* verständlich (**to** für *+akk)*

com·pre·hen·sibly [ˌkɒmprɪ'hen(t)səbli, AM ˌkɑːm-] *adv* verständlich

com·pre·hen·sion [ˌkɒmprɪ'hen(t)ʃən, AM ˌkɑːm-] **I.** *n no pl* Verständnis *nt;* **to be beyond sb's ~** jdm unbegreiflich [*o* unverständlich] sein
II. *n modifier* **listening/reading ~ test** Hör-/Leseverständnistest *m*

com·pre·hen·sive [ˌkɒmprɪ'hen(t)sɪv, AM ˌkɑːmprə-] **I.** *adj* umfassend, global; **~ answer** ausführliche Antwort; **~ coverage** volle Deckung; **~ list** vollständige Liste; **fully ~** allumfassend
II. *n* BRIT Gesamtschule *f*

com·pre·hen·sive in·'sur·ance *n no pl* AUTO Vollkaskoversicherung *f*

com·pre·hen·sive·ly [ˌkɒmprɪ'hen(t)sɪvli, AM ˌkɑːmprə-] *adv* umfassend; ***the plan has been ~ rejected*** der Plan wurde in allen Punkten abgelehnt; **a ~ illustrated book** ein reich bebildertes Buch

com·pre·hen·sive·ness [ˌkɒmprɪ'hensɪvnəs, AM ˌkɑːmprə] *n no pl* Umfang *m*

com·pre·hen·sive 'school **I.** *n* BRIT Gesamtschule *f;* **to attend** [*or* **go to**] **~** eine Gesamtschule besuchen, auf eine Gesamtschule gehen
II. *n modifier* Gesamtschul-; ***I had a ~ education*** ich habe eine Gesamtschule besucht; **~ pupil** Schüler(in) *m(f)* an einer Gesamtschule

com·press¹ [kəm'pres] *vt* ■**to ~ sth** ① *(squeeze together)* etw zusammendrücken [*o* zusammenpressen]; **to ~ air/a gas** Luft/ein Gas komprimieren; ■**to ~ clothes into a bag** Kleidung in eine Tasche stopfen *fam*
② *(condense)* etw zusammenfassen (**into** in *+dat)*

com·press² <*pl* -es> ['kɒmpres, AM 'kɑːm-] *n* Kompresse *f,* Wickel *m;* **cold/hot ~** kalter/heißer Wickel

com·pressed [kəm'prest] *adj* komprimiert

com·pressed 'air *n no pl* Druckluft *f,* Pressluft *f*

com·pres·sion [kəm'preʃən] **I.** *n no pl (process of compressing)* Kompression *f,* Verdichtung *f,* Komprimierung *f; (in writing)* knapper Stil; COMPUT **data ~** Datenverdichtung *f;* **disk ~ software** Festplattenkomprimierungssoftware *f*
II. *n modifier* **high/low ~ engine** hoch-/niedrigverdichteter Motor

com·'pres·sion bib, com·'pres·sion cock *n* CHEM Quetschhahn *m*

com·pres·sor [kəm'presəʳ, AM -ɚ] *n* Kompressor *m,* Verdichter *m;* COMPUT Verdichter *m; (program or device)* Verdichtungsprogramm *nt;* **audio ~** Tonkompressor *m*

com·prise [kəm'praɪz] *vt (form)* ■**to ~ sth** aus etw

dat bestehen, etw umfassen

com·pro·mise ['kɒmprəmaɪz, AM 'kɑ:m-] **I.** *n* Kompromiss *m;* **to agree to a ~** einem Kompromiss zustimmen, sich *akk* auf einen Kompromiss einigen; **to make a ~** einen Kompromiss schließen [*o* eingehen]; **to reach** [*or* **arrive at**] **a ~** zu einem Kompromiss gelangen; **to work out a ~** einen Kompromiss ausarbeiten
II. *vi* Kompromisse [*o* einen Kompromiss] eingehen; ***after long negotiations they ~d at $3500*** nach langen Verhandlungen einigten sie sich auf 3500 Dollar
III. *vt (pej)* ■**to ~ sth** etw *dat* schaden; ■**to ~ oneself** sich *akk* kompromittieren, seinem [eigenen] Ansehen schaden; **to ~ one's beliefs/principles** seiner Überzeugung/seinen Prinzipien untreu werden; **to ~ one's reputation** seinem Ruf schaden

com·pro·mis·ing ['kɒmprəmaɪzɪŋ, AM 'kɑ:m-] *adj* kompromittierend

comp·tom·eter [,kɒmp'tɒmɪtə^r, AM ,kɑ:mp'tɑ:mɪt̬ɚ] *n* COMPUT automatische Zählmaschine

comp·trol·ler [kən'trəʊlə^r, AM -'troʊlɚ] *n* Rechnungsprüfer(in) *m(f),* Controller(in) *m(f);* **C~ and Auditor General** BRIT LAW Rechnungsprüfer des Rechnungshofes; **C~ of the Currency** AM ECON, FIN Präsident(in) *m(f)* der US-Bankenaufsichtsbehörde

com·pul·sion [kəm'pʌlʃ^ən] *n no pl* ❶ *(irresistible urge)* Zwang *m;* ■**to have a ~** [**to do sth**] den Drang haben[, etw zu tun]; **driven by some kind of inner ~** von einem inneren Zwang getrieben
❷ *no pl (force)* Druck *m;* **under ~** unter Druck [*o* Zwang]; ***don't feel under any ~ to take me with you*** Sie brauchen sich nicht verpflichtet zu fühlen, mich mitzunehmen

com·pul·sive [kəm'pʌlsɪv] *adj* ❶ *(obsessive)* zwanghaft; ***he is a ~ smoker*** er ist nikotinsüchtig; **~ gambling** krankhafter Spieltrieb; **~ eating disorder** krankhafte Essstörung; **~ liar** notorischer Lügner/notorische Lügnerin
❷ *(captivating)* fesselnd; ***her latest book is a ~ read*** ihr letztes Buch muss man einfach gelesen haben; **~ reading** Pflichtlektüre *f;* **~ viewing** TV Pflichttermin *m (TV-Sendung, die man sich einfach nicht entgehen lassen kann);* **utterly ~** überaus faszinierend

com·pul·sive·ly [kəm'pʌlsɪvli] *adv* ❶ *(obsessively)* zwanghaft; ***she smokes ~*** sie ist süchtig nach Zigaretten; **to clean ~** einen Putzfimmel haben *pej;* **to eat ~** zwanghaft essen; **to exercise** [*or* **work**] **~** wie besessen trainieren/arbeiten *fam;* **to lie ~** notorisch lügen; **to talk ~** ständig reden müssen
❷ *(captivatingly)* fesselnd, faszinierend; **~ readable/viewable** unbedingt lesenswert/sehenswert

com·pul·sive·ness [kəm'pʌlsɪvnəs] *n no pl* Zwanghaftigkeit *f*

com·pul·so·ri·ly [kəm'pʌls^ər^əli] *adv* zwangsweise

com·pul·so·ry [kəm'pʌls^əri] *adj* verpflichtend, obligatorisch *geh,* Pflicht-; **~ attendance** Anwesenheitspflicht *f;* **~ contribution** *(insurance)* Pflichtbeitrag *m;* **~ disclosure** ECON Publizitätspflicht *f;* **~ education** [*or* **schooling**] [allgemeine] Schulpflicht; **~ enforcement** LAW Zwangsverwertung *f;* **~ retirement** Zwangspensionierung *f;* **~ military service** [allgemeine] Wehrpflicht; **~ subject** Pflichtfach *nt;* **~ vaccination** Pflichtimpfung *f;* **~ by law** gesetzlich vorgeschrieben

com·pul·so·ry exe·'cu·tion *n no pl* LAW Zwangsvollstreckung *f;* **~ procedure** Zwangsvollstreckungsverfahren *nt* **com·pul·so·ry liq·ui·'da·tion** *n* COMM Zwangsliquidation *f* **com·pul·so·ry 'pur·chase** *n* COMM Enteignung *f* **com·pul·so·ry 'pur·chase or·der** *n* LAW Enteignungsbeschluss *m* **com·pul·so·ry wind·ing 'up or·der** *n* COMM Zwangsliquidationsbeschluss *m*

com·punc·tion [kəm'pʌŋ(k)ʃ^ən] *n no pl* Schuldgefühle *pl,* Gewissensbisse *pl;* ■**to have no ~ about sth** keine Skrupel wegen einer S. *gen* haben

com·pu·ta·tion [,kɒmpjə'teɪʃ^ən, AM ,kɑ:m-] *n* Berechnung *f,* Kalkulation *f*

com·pu·ta·tion·al [,kɒmpjə'teɪʃ^ən^əl, AM ,kɑ:m] *adj inv* ❶ MATH rechnerisch
❷ COMPUT Computer-

com·pute [kəm'pju:t] *vt* ■**to ~ sth** etw berechnen [*o* errechnen]
▶PHRASES: **that doesn't ~** AM das ergibt keinen Sinn, das ist unlogisch

com·put·er [kəm'pju:tə^r, AM -t̬ɚ] *n* Computer *m,* Rechner *m;* **to do sth by** [*or* **on**] **~** etw mit dem Computer bearbeiten; **to record sth on ~** etw mit dem Computer erfassen

com·put·er-'aid·ed, com·put·er-as·'sist·ed *adj* COMPUT computergestützt, rechnerunterstützt **com·put·er-aid·ed de·'sign, com·put·er-as·sist·ed de·'sign, CAD** [kæd] *n no pl* computergestützter Entwurf **com·put·er-'ani·mat·ed** *adj inv* computeranimiert

com·put·er·ate [kəm,pju:t^ərət, AM -t̬ɚ-] *adj* **to be ~** sich *akk* mit Computern auskennen

com·put·er-based [kəm,pju:tə'beɪst, AM -t̬ɚ-] *adj inv* computerisiert **com·'put·er card** *n* Computerregister *nt* **com·put'·er cen·tre** *n,* AM **com·'put·er cen·ter** *n* Rechenzentrum *nt* **com·put·er-con·trolled** [kəm,pju:təkən'trəʊld, AM t̬ɚkən'troʊld] *adj inv* computergesteuert **com·'put·er crime** *n* ❶ *no pl (phenomenon)* Computerkriminalität *f* ❷ *(act)* Straftat *f* mit dem Computer, Computerverbrechen *nt* **com·put·er 'dat·ing** *n no pl* Partnertreff *m* via Computer **com·'put·er fraud** *n* LAW Computerbetrug *m* **com·'put·er freak** *n* Computerfreak *m* **com·'put·er game** *n* Computerspiel *nt* **com·put·er-gen·er·at·ed** [,kɒmpju:tə'dʒenəreɪtɪd, AM ,kɑ:mpju:t̬ɚ'-] *adj inv* computeranimiert, computergeneriert **com·put·er 'graph·ics** *n + sing/pl vb* Computergrafik *f* **com·put·er 'hard·ware** *n no pl* [Computer]hardware *f*

com·put·eri·za·tion [kəm,pju:t^ərar'zeɪʃ^ən, AM -t̬ɚɪ'-] *n no pl* ❶ *(computer storage)* Computerisierung *f;* **~ of data** elektronische Datenspeicherung
❷ *(equipping with computers)* Ausrüstung *f* mit Computern, Umstellung *f* auf EDV

com·put·er·ize [kəm'pju:t^əraɪz, AM -t̬əraɪz] **I.** *vt* ■**to ~ sth** ❶ *(store on computer)* etw [im Computer] speichern
❷ *(equip with computers)* etw computerisieren [*o* auf EDV umstellen]
II. *vi* auf EDV umstellen

com·'put·er·less *adj attr, inv* ohne PC *nach n*

com·put·er-'lit·er·ate *adj* mit EDV-Kenntnissen; **to be ~** sich *akk* mit Computern auskennen **com·put·er 'net·work** *n* Rechnernetz *nt,* Netzwerk *nt,* Computernetz *nt* **com·put·er 'pro·gram** *n* Computerprogramm *nt* **com·put·er 'pro·gram·mer** *n* Programmierer(in) *m(f)* **com·put·er 'sci·ence** *n no pl* Informatik *f;* **~ course** Informatikkurs *m* **com·put·er 'sci·en·tist** *n* Informatiker(in) *m(f)* **com·'put·er search** *n* Recherche *f* am Computer; **to conduct a ~** per Computer recherchieren **com·put·er simu·'la·tion** *n* Computersimulation *f* **com·put·er 'soft·ware** *n no pl* [Computer]software *f* **com·'put·er sys·tem** *n* Computersystem *nt* **com·put·er to·'mog·ra·phy** *n* MED Computertomografie *f* **com·put·er 'vi·rus** *n* Virus *m* **com·put·er 'work-sta·tion** *n* Computerarbeitsplatz *m*

com·put·ing [kəm'pju:tɪŋ, AM -t̬ɪŋ] *n no pl* ❶ *(calculating)* Berechnen *nt,* Kalkulieren *nt*
❷ COMPUT EDV *f;* **distributed** [*or* **community**] **~** Rechnen *nt* in einem Netzwerk; **distributed-~ network** Netzwerk *nt*

com·'put·ing sys·tem *n* EDV-System *nt*

com·rade ['kɒmreɪd, AM 'kɑ:mræd] *n* ❶ *(dated: friend)* Kamerad(in) *m(f)*
❷ POL [Partei]genosse, -genossin *m, f;* ***dear ~s ...*** liebe Genossinnen, liebe Genossen ...
❸ *(fellow trade-unionist)* [Gewerkschafts]genosse, -genossin *m, f*

com·rade-in-'arms <*pl* comrades-in-arms> *n* Kriegskamerad *m,* Waffenbruder *m geh*

com·rade·ly ['kɒmreɪdli, AM 'kɑ:mræd-] *adj* kameradschaftlich

com·rade·ship ['kɒmreɪdʃɪp, AM 'kɑ:mræd-] *n no pl* Kameradschaft *f;* **spirit of ~** Kameradschaftsgeist *m*

COMSAT ['kɑ:msæt] *n* AM *acr for* **communications satellite** Nachrichtensatellit *m*

con[1] [kɒn, AM kɑ:n] **I.** *vt* <-nn-> *(fam)* **to ~ one's way into a building** sich *akk* in ein Gebäude einschleichen; ■**to ~ sb** jdn reinlegen *fam;* ■**to ~ sb into doing sth** jdn [mit Tricks] dazu bringen, etw zu tun; **to ~ sb into believing** [*or* **thinking**] **that ...** jdm weismachen wollen [*o* vorschwindeln], dass ...; ■**to ~ sb out of sth** [*or* **sth out of sb**] *money, savings* jdm etw abluchsen *fam,* jdn um etw *akk* bringen *fam*
II. *n* ❶ *(trick)* Schwindel *m kein pl,* Bauernfängerei *f kein pl;* ***it's just a ~!*** das ist alles ein ausgemachter Schwindel!
❷ *(sl: convict)* Knacki *m sl,* Knastbruder *m fam,* Häfenbruder *m* ÖSTERR *pej sl*
❸ LAW *(sl: sentencing)* Verurteilung *f*

con[2] [kɒn, AM kɑ:n] *n usu pl (fam: disadvantage)* **the pros and ~s** das Für und Wider, das Pro und Kontra

Con *adj abbrev of* **conservative I 3**

'con art·ist *n* Schwindler(in) *m(f); (high-class pretender)* Hochstapler(in) *m(f)*

con·cat·enate [kən'kætəneɪt, AM -'kæt̬ə-] *vt* COMPUT ■**to ~ sth** etw verketten; **~d data set** verkettete Dateien

con·cat·ena·tion [kən,kætə'neɪʃ^ən, AM -,kæt̬ə-] *n* Verkettung *f*

con·cave ['kɒnkeɪv, AM kɑ:n'keɪv] *adj* nach innen gewölbt, konkav *geh;* **~ lens** Konkavlinse *f*

con·cav·ity [kɒn'kævəti, AM kɑ:n'kævət̬i] *n no pl* SCI Konkavität *f fachspr*

con·ceal [kən'si:l] *vt* ■**to ~ sth** [**from sb**] etw [vor jdm] verbergen [*o* verheimlichen]; **to ~ evidence** Beweismaterial zurückhalten [*o* unterschlagen]; **to ~ information from sb** jdm Informationen vorenthalten; **to ~ one's surprise** seine Überraschung verbergen; **to ~ the truth** die Wahrheit verschweigen

con·cealed [kən'si:ld] *adj* verborgen, versteckt; **~ entrance** verborgener Eingang; **~ lighting** indirekte Beleuchtung; **~** [**security**] **camera** versteckte [Überwachungs]kamera

con·ceal·er [kən'si:lə^r, AM -ɚ] *n (stick)* Abdeckstift *m; (cream)* Abdeckcreme *f*

con·ceal·ment [kən'si:lmənt] *n no pl* Verheimlichung *f; of evidence, information* Verschweigen *nt,* Zurückhalten *nt; of feelings* Verbergen *nt;* **~ of assets** COMM Vermögensverschleierung *f;* **~ of birth** LAW Personenstandsunterdrückung *f,* Verletzung *f* der Anzeigepflicht *(bei Geburt eines Kindes);* **to watch sth from a place of ~** etw von einem Versteck aus beobachten

con·cede [kən'si:d] **I.** *vt* ❶ *(acknowledge)* ■**to ~ sth** etw zugeben [*o* einräumen]; **to ~ defeat** eine Niederlage eingestehen, sich *akk* geschlagen geben
❷ *(surrender)* ■**to ~ sth** *authority, power* etw aufgeben; **to ~ independence to a country** einem Land die Unabhängigkeit zugestehen; **to ~ a territory** ein Gebiet abtreten
❸ *(grant)* ■**to ~ sth** *privilege, right* etw einräumen
❹ SPORT **to ~ a goal** ein Tor kassieren *fam;* **to ~ a match/point** ein Spiel/einen Punkt abgeben
II. *vi* sich *akk* geschlagen geben, kapitulieren

con·ceit [kən'si:t] *n* ❶ *no pl (vanity)* Einbildung *f;* **to be full of ~** schrecklich eingebildet sein *fam*
❷ *(liter: elaborate metaphor)* Konzetto *nt meist pl fachspr*

con·ceit·ed [kən'si:tɪd, AM -t̬-] *adj (pej)* eingebildet; ***without wishing to sound ~ ...*** ohne eingebildet klingen zu wollen, ...

con·ceiv·able [kən'si:vəbl̩] *adj* vorstellbar, denkbar; ***it's hardly ~ that ...*** es ist kaum vorstellbar, dass ...; **by every ~ means** mit allen [nur] erdenklichen Mitteln; **in every ~ place** an jedem erdenklichen Ort; **the best plan ~** der denkbar beste Plan

con·ceiv·ably [kən'si:vəbli] *adv inv* möglicherweise; **~ the best/worst** der/die/das denkbar Beste/Schlechteste

con·ceive [kən'si:v] **I.** *vt* ❶ *(conceptualize)* ■**to ~ sth** auf etw *akk* kommen, sich *dat* etw einfallen lassen; **to ~ an idea/a plan** eine Idee/einen Plan haben

❷ *(create)* ■**to ~ sth** etw entwerfen [*o* konzipieren]
❸ *(imagine)* ■**to ~ sth** sich *dat* etw vorstellen
❹ *(become pregnant with)* **to ~ a baby/child** ein Baby/Kind empfangen
II. *vi* ❶ *(imagine)* ■**to ~ of sth** sich *dat* etw vorstellen; ■**to ~ of sb/sth as sth** jdn/etw für etw *akk* halten
❷ *(devise)* ■**to ~ of sth** auf etw *akk* kommen; **to ~ of an idea for sth** eine Idee für etw *akk* haben
❸ *(become pregnant)* empfangen

con·ceived [kən'si:vd] *adj* **ill-/well-~** schlecht/gut durchdacht

con·cen·trate ['kɒn(t)sᵊntreɪt, AM 'kɑ:n(t)-] **I.** *vi* ❶ *(focus one's thoughts)* ■**to ~ [on sth]** sich *akk* [auf etw *akk*] konzentrieren
❷ *(come together)* sich *akk* sammeln
II. *vt* ❶ *(focus)* ***the police are concentrating their search in the area around the school*** die Polizei konzentriert ihre Suche auf das Gebiet um die Schule herum; **to ~ one's mind on sth** sich *akk* auf etw *akk* konzentrieren; **to ~ one's thoughts on sth** seine Gedanken auf etw *akk* konzentrieren
❷ *(accumulate)* ■**to ~ sth** etw konzentrieren [*o* ansammeln]; ***most of the country's population is ~d in the north*** der Großteil der Bevölkerung ballt sich im Norden; **to ~ forces/troops** Streitkräfte/Truppen zusammenziehen [*o* konzentrieren]
❸ CHEM ■**to ~ sth** etw konzentrieren
III. *n* ❶ CHEM, FOOD Konzentrat *nt;* **fruit juice/tomato ~** Fruchtsaft-/Tomatenkonzentrat *nt*
❷ GEOL angereichertes Erz

con·cen·trat·ed ['kɒn(t)sᵊntreɪtɪd, AM 'kɑ:n(t)sᵊntreɪt̬-] *adj* ❶ *(focused)* konzentriert; **a ~ attack** ein geballter Angriff; **to make a ~ effort** eine gezielte Anstrengung unternehmen
❷ *(not diluted)* konzentriert; **~ juice** Saftkonzentrat *nt;* **~ solution** CHEM konzentrierte Lösung

con·cen·tra·tion [ˌkɒn(t)sᵊn'treɪʃᵊn, AM ˌkɑ:n(t)-] *n* ❶ *no pl (mental focus)* Konzentration *f* (**on** auf +*akk*); **powers of ~** Konzentrationsfähigkeit *f;* **intense ~** äußerste Konzentration; **to lose [one's] ~** sich *akk* nicht mehr konzentrieren können
❷ *(accumulation)* Konzentrierung *f,* Zusammenballung *f; of cases* Häufung *f; of troops* Zusammenziehung *f;* **~s of police** verstärktes Polizeiaufgebot; **~ of power** Machtkonzentration *f*
❸ CHEM Konzentration *f;* **~ of lead** Bleigehalt *m*

con·cen·'tra·tion camp *n* Konzentrationslager *nt*

con·cen·'tra·tion span *n* Konzentrationsspanne *f*

con·cen·tric [kən'sentrɪk] *adj* konzentrisch

con·cept ['kɒnsept, AM 'kɑ:n-] *n* ❶ *(abstract idea)* Vorstellung *f,* Idee *f* (**of** von +*dat*); ***I don't think you have any ~ of what this means*** ich glaube, du verstehst überhaupt nicht, was das bedeutet; **~ of beauty** Schönheitsbegriff *m,* Schönheitsideal *nt*
❷ *(plan)* Entwurf *m,* Konzept *nt,* Plan *m* (**of** für +*akk*); **to grasp a ~** ein Konzept [*o* eine Idee] begreifen

'con·cept car *n* Konzeptauto *nt fachspr (futuristisches Automodell)*

con·cep·tion [kən'sepʃᵊn] *n* ❶ *(basic understanding)* Vorstellung *f;* ***she has a ~ of people as being basically good*** sie hält die Menschen für grundsätzlich gut
❷ *(idea)* Idee *f,* Konzept *nt; (creation)* Konzeption *f,* Entwurf *m;* **~ of the world** Weltbild *nt*
❸ *no pl* BIOL Empfängnis *f,* Konzeption *f fachspr*

con·cep·tual [kən'septʃuəl] *adj* konzeptuell *geh; (reflecting concepts also)* begrifflich

con·cep·tual·ism [kən'septʃu:əlɪzᵊm] *n no pl* PHILOS Konzeptualismus *m*

con·cep·tu·ali·za·tion [kənˌseptʃu:əlaɪ'zeɪʃᵊn, AM tʃuᵊlɪ'] *n* Konzeptualisierung *f geh*

con·cep·tu·al·ize [kən'septʃuəlaɪz] **I.** *vi* [begrifflich] denken
II. *vt* ■**to ~ sth** etw begrifflich erfassen

con·cep·tual·ly [kən'septʃu:əli] *adv* konzeptuell *geh*

con·cep·tual 'mod·el *n* COMPUT konzeptionelles Modell

con·cern [kən'sɜ:n, AM -'sɜ:rn] **I.** *n* ❶ *(interest)* Anliegen *nt,* Interesse *nt; (preoccupation)* Sorge *f;* ***the company's sole ~ is to ensure the safety of its employees*** das Unternehmen ist einzig und allein um die Gewährleistung der Sicherheit seiner Mitarbeiter besorgt; ***his ~ to appear sophisticated amused everyone*** sein [eifriges] Bemühen, kultiviert zu wirken, amüsierte alle; **major ~** Hauptanliegen *nt*
❷ *(worry)* Sorge *f,* Besorgnis *f* (**about** um +*akk*); ***~ for the safety of the two missing teenagers is growing*** die Sorge um die beiden vermissten Teenager wächst beständig; ***my ~ is that you're not getting your work done*** ich mache mir Sorgen, dass du deine Arbeit nicht schaffst; ***I have a matter of some ~ that I would like to talk to you about*** es gibt da ein Problem, über das ich gern mit Ihnen sprechen würde; ***there's no cause for ~*** es besteht kein Grund zur Sorge; **to give rise to ~** Besorgnis erregend sein
❸ *(business)* Angelegenheit *f;* ***it's no ~ of mine!*** das ist nicht meine Angelegenheit!; ***that's none of your ~*** das geht dich nichts an; **financial ~s** Finanzangelegenheiten; **public ~** öffentliche Angelegenheit
❹ *(importance)* Wichtigkeit *f,* Bedeutung *f;* ■**to be of ~ to sb** für jdn von Bedeutung sein; **a question of common ~** eine Frage von allgemeinem Interesse
❺ *(relation)* Beziehung *f;* ***do you have any ~ with telecommunications?*** haben Sie etwas mit dem Fernmeldewesen zu tun?
❻ *(share)* Anteil *m;* **to have a ~ in a business** an einem Geschäft beteiligt sein
❼ COMM Konzern *m,* Unternehmen *nt;* **family ~** Familienunternehmen *nt;* **a going ~** ein florierendes Unternehmen; **industrial ~** Industriekonzern *m*
❽ *(pej fam: gadget)* Sache *f,* Ding *nt*
II. *vt* ❶ *(apply to)* ■**to ~ sb** jdn angehen [*o* betreffen]; *(affect)* jdn betreffen; **as far as I'm ~ed** was mich anbelangt [*o* betrifft]
❷ *(be sb's business)* ■**to ~ sb** jdn angehen; **to whom it may ~** *(certificate)* Bescheinigung; *(reference)* Zeugnis *(formelhafte Anrede bei amtlichen Verlautbarungen, die keinen konkreten Adressaten haben)*
❸ *(take an interest in)* ■**to ~ oneself with sth** sich *akk* mit etw *dat* befassen; ***you don't need to ~ yourself with this matter*** Sie brauchen sich um diese Angelegenheit nicht zu kümmern
❹ *(be about)* ■**to ~ sb/sth** von jdm/etw *dat* handeln; ■**to be ~ed with sth** von etw *dat* handeln, etw [thematisch] behandeln
❺ *(worry)* ■**to ~ sb** jdn beunruhigen; ■**to ~ oneself** sich *dat* Sorgen machen

con·cerned [kən'sɜ:nd, AM -'sɜ:rnd] *adj* ❶ *inv, pred (involved)* betroffen; ***I'd like to thank everyone ~*** ich möchte allen Beteiligten danken; ***it was quite a shock for all ~*** es war für alle Betroffenen ein ziemlicher Schock; ***I'm not very good where money is ~*** in Geldangelegenheiten bin ich nicht sonderlich gut; ***her job is something ~ with computers*** ihre Arbeit hat irgendwie mit Computern zu tun; **the parties ~** die Beteiligten
❷ *(worried)* ■**to be ~ [about [*or* for] sb]** [um jdn] besorgt sein; ■**to be ~ [about [*or* for] sth]** [wegen einer S. *gen*] beunruhigt sein; ***I'm a bit ~ about your health*** ich mache mir Gedanken um deine Gesundheit; ***aren't you ~ that she might tell somebody?*** haben Sie keine Angst, dass sie es jemandem erzählen könnte?; ***he was ~ to hear that ...*** er vernahm mit Sorge, dass ...; **~ parents** besorgte Eltern

con·cern·ed·ly [kən'sɜ:nɪdli, AM -'sɜ:rn-] *adv* besorgt, beunruhigt

con·cerning [kən'sɜ:nɪŋ, AM -'sɜ:rn-] *prep (form)* bezüglich +*gen*

con·cert ['kɒnsət, AM 'kɑ:nsɚt] **I.** *n* ❶ MUS Konzert *nt;* **to give a ~** ein Konzert geben; **in ~** live
❷ *(form)* **in ~** gemeinsam; *voices* im Chor; **in ~ with sb** in Übereinstimmung [*o* Abstimmung] mit jdm; **to act in ~** zusammenarbeiten
II. *n modifier (hall, pianist)* Konzert-; **~ band** [konzertierende] Musikkapelle; **~ performance** Konzert *nt;* **~ tour** [Konzert]tournee *f;* **~ version** Konzertstück *nt*

con·cert·ed [kən'sɜ:tɪd, AM -'sɜ:rt̬ɪd] *adj usu attr* ❶ *(joint)* gemeinsam, gemeinschaftlich; POL konzertiert *geh;* **~ attack** vereinter Angriff; **~ exercise** gemeinsame Übung
❷ *(resolute) attempt, effort* entschlossen

'con·cert-goer *n* Konzertgänger(in) *m(f),* Konzertbesucher(in) *m(f)*

con·cert 'grand *n* Konzertflügel *m*

con·cer·ti [kən'tʃeəti, AM -'tʃert̬i] *n* MUS *pl of* **concerto**

con·cer·ti·na [ˌkɒn(t)sə'ti:nə, AM 'kɑ:n(t)sɚ-] **I.** *n* Konzertina *f fachspr,* Ziehharmonika *f,* SCHWEIZ *a.* Handorgel *f*
II. *vi* BRIT, AUS sich *akk* [ziehharmonikaförmig] zusammenschieben
III. *vt* BRIT, AUS ■**to ~ sth** etw zusammendrücken [*o* zusammenschieben]

con·cer·'ti·na file *n* BRIT Schriftenordner *m (mit halbkreisförmig angeordneten Fächern zum Auffächern)*

con·cer·'ti·na fold *n* COMPUT Zickzackfaltung *f*

'con·cert·mas·ter *n esp* AM Konzertmeister(in) *m(f)*

con·cer·to <*pl* -s *or* -ti> [kən'tʃeətəʊ, *pl* -ti, AM -'tʃert̬oʊ, *pl* -t̬i] *n* Konzert *nt,* Concerto *nt fachspr;* **Mozart's ~ for flute** Mozart-Konzert *nt* für Querflöte

'con·cert pitch *n* MUS Kammerton *m*
►PHRASES: **to be at ~** in Höchstform sein

con·ces·sion [kən'seʃᵊn] *n* ❶ *(compensation)* Zugeständnis *nt;* **as a ~** als Ausgleich
❷ *(compromise)* Zugeständnis *nt;* **to make a ~ [to sb]** ein Zugeständnis [an jdn] machen
❸ *(consideration)* Berücksichtigung *f kein pl;* **to make no ~ to sth** auf etw *akk* keine Rücksicht nehmen
❹ *(admission of defeat)* Eingeständnis *nt* [einer Niederlage]
❺ ECON Konzession *f,* Lizenz *f;* **to have a ~ to sell goods** eine Verkaufskonzession haben
❻ LAW **~ of land** Landverleihung *f*
❼ STOCKEX *of shares* Zulassung *f*

con·ces·sion·aire [kənˌseʃᵊn'eəʳ, AM -'er] *n* ECON, LAW Konzessionär(in) *m(f),* Konzessionsinhaber(in) *m(f)*

con·ces·sion·al [kən'seʃᵊnᵊl] *adj* LAW konzessionär; **~ loan** Kredit *m* zu Vorzugsbedingungen; **~ terms** *pl* Vorzugsbedingungen *pl*

con·ces·sion·al·ity [kənˌseʃᵊn'æləti, AM -t̬i] *n* LAW Konzessionalität *f*

con·ces·sion·ary [kən'seʃᵊnᵊri, AM -ʃᵊneri] *adj* ❶ ECON Konzessions-, lizensiert
❷ *(reduced)* **~ price [*or* rate]/ticket** verbilligter Preis/verbilligtes Ticket; **~ flow** FIN Kapitalstrom *m* zu Vorzugsbedingungen; **~ loan** Kredit *m* zu Vorzugsbedingungen; **~ terms** *pl* Vorzugsbedingungen *pl*

con·'ces·sion fee *n* FIN Zulassungsgebühr *f*

con·'ces·sion ob·li·ga·tion *n* LAW Konzessionspflicht *f*

con·'ces·sion pro·cedure *n* LAW Konzessionsverfahren *nt*

con·ces·sive [kən'sesɪv] *adj* Zugeständnisse machend *attr*

con·ces·sive 'clause *n* LING Konzessivsatz *m fachspr*

conch <*pl* -es> [kɒn(t)ʃ, AM kɑ:ŋk, kɑ:ntʃ] *n* Trompetenschnecke *f; (mythology)* Tritonshorn *nt*

con·chie ['kɒnʃi] **I.** *n* ❶ AUS *(fam: overly conscientious person)* Streberling *m pej fam*
❷ BRIT *(pej fam: conscientious objector)* Kriegsdienstverweigerer *m*
II. *adj* AUS *(fam)* übereifrig, streberhaft *pej*

con·ci·erge [ˌkɒnsi'eəʒ, AM koʊn'sjerʒ] *n* ❶ *(hotel employee)* Rezeptionist(in) *m(f)*
❷ *(resident caretaker)* Hausmeister(in) *m(f),* SCHWEIZ *a.* Abwart *m,* Concierge *m o f*

con·cili·ate [kən'sɪlieɪt] **I.** *vi* schlichten; **to ~ between two sides involved** zwischen zwei Konfliktparteien vermitteln

II. *vt* ① *(placate)* ■**to ~ sb** jdn besänftigen [*o* beschwichtigen]
② *(dated: reconcile)* **to ~ views/theories** Ansichten/Theorien miteinander in Einklang bringen
con·cili·ation [kənˌsɪli'eɪʃᵊn] *n no pl (form)* ① *(reconciliation)* Besänftigung *f,* Beschwichtigung *f*
② *(mediation)* Schlichtung *f*
con·cili·'ation board *n* Schlichtungskommission *f,* Schlichtungsstelle *f* **con·cili·'ation pro·cedure** *n* LAW Vergleichsverfahren *nt* **Con·cili·'ation Ser·vice** *n* LAW *see* **Advisory, Conciliation and Arbitration Service**
con·cili·ator [kən'sɪlieɪtəʳ, AM t̬ɚ] *n* Vermittler(in) *m(f)*
con·cilia·tory [kən'sɪliətᵊri, AM -tɔ:ri] *adj* versöhnlich; *(mediating)* beschwichtigend
con·cise [kən'saɪs] *adj* präzise, exakt; *answer, writing also* kurz und bündig; *style also* knapp
con·cise·ly [kən'saɪsli] *adv* prägnant, kurz und bündig, präzise
con·cise·ness [kən'saɪsnəs], **con·ci·sion** [kən'sɪʒᵊn] *n no pl* Prägnanz *f,* Knappheit *f*
con·clave ['kɒŋkleɪv, AM 'kɑ:n-] *n (form)* ① COMM, POL Klausur[tagung] *f*
② REL Konklave *nt*
con·clude [kən'klu:d] **I.** *vi* enden, schließen; ***"well, that's all I have to say," he ~d*** „so, mehr habe ich nicht zu sagen", meinte er abschließend
II. *vt* ① *(finish)* ■**to ~ sth [with sth]** *speech* etw [mit etw *dat*] [ab]schließen [*o* beenden]
② *(determine)* ■**to ~ sth** etw beschließen; ***we talked all night, but nothing was ~d*** wir redeten die ganze Nacht, kamen aber zu keinem Ergebnis
③ *(infer)* ■**to ~ [from sth] that ...** [aus etw *dat*] schließen [*o* schlussfolgern], dass ...
④ LAW **to ~ an agreement/a peace treaty** ein Abkommen/einen Friedensvertrag schließen; **to ~ a contract** einen Vertrag abschließen
con·clud·ing [kən'klu:dɪŋ] *adj* abschließend; **~ chapter/remark** Schlusskapitel *nt*/-bemerkung *f;* **~ episode** letzte Episode
con·clu·sion [kən'klu:ʒᵊn] *n* ① *(end)* Abschluss *m; of a story* Schluss *m;* **in ~** zum Abschluss, abschließend
② *(decision)* Entschluss *m;* **to come to a ~** einen Beschluss fassen; **to reach a ~** zu einem Entschluss gelangen
③ *(inference)* Schluss *m,* Schlussfolgerung *f;* **to come to/draw [*or* reach] the ~ that ...** zu dem Schluss kommen/gelangen, dass ...
④ COMM Abschluss *m;* **~ of a contract/deal** Vertrags-/Geschäftsabschluss *m*
⑤ LAW **~ of fact** Tatsachenfeststellung *f;* **~ of law** rechtliche [Schluss]folgerung, Rechtsfolgerung *f*
con·clu·sive [kən'klu:sɪv] *adj* ① *(convincing) arguments, facts* schlüssig, überzeugend
② *(decisive)* eindeutig; **~ evidence** stichhaltiges Beweismaterial; **~ proof** eindeutiger Beweis; **~ test** beweiskräftiger Test
con·clu·sive·ly [kən'klu:sɪvli] *adv* ① *(convincingly) argue* schlüssig; *demonstrate* überzeugend
② *(decisively) show* eindeutig; *prove* stichhaltig
con·coct [kən'kɒkt, AM -'kɑ:kt] *vt* ① *(mix)* **to ~ a dish** ein Gericht zusammenstellen; **to ~ a drink** ein Getränk mixen
② *(devise)* ■**to ~ sth** *(in a story, tale)* sich *dat* etw ausdenken; *(as excuse, explanation, lie)* sich *dat* etw zurechtbasteln *fam;* **to ~ a plan** einen Plan aushecken
con·coc·tion [kən'kɒkʃᵊn, AM -'kɑ:k-] *n* ① *(dish)* Kreation *f; (drink also)* Gebräu *nt hum o pej*
② *(fabrication)* **a ~ of lies** ein Lügengewebe *nt*
con·comi·tant [kən'kɒmɪtᵊnt, AM -'kɑ:mət̬ᵊnt] **I.** *adj* einhergehend; ■**to be ~ with sth** von etw *dat* begleitet werden, mit etw *dat* einhergehen; **~ circumstances** Begleitumstände *pl*
II. *n (form)* Begleiterscheinung *f*
con·comi·tant·ly [kən'kɒmɪtᵊntli, AM -'kɑ:mət̬ᵊnt-] *adv* begleitend
con·cord ['kɒŋkɔ:d, AM 'kɑ:nkɔ:rd] *n no pl (form)* ① *(harmony)* Eintracht *f;* **to live in ~ [with sb]** [mit jdm] in Eintracht leben
② LING Kongruenz *f fachspr*
con·cord·ance [kən'kɔ:dᵊn(t)s, AM -'kɔ:r-] LIT **I.** *n* Konkordanz *f fachspr,* Übereinstimmung *f;* **a Bible/Shakespeare ~** eine Bibel-/Shakespearekonkordanz; **a ~ to Keats** eine Konkordanz zu den Werken von Keats
II. *vt* ■**to ~ sth** etw in einer Konkordanz erfassen
con·cor·dat [kɒn'kɔ:dæt, AM kə'nkɔ:r-] *n* REL Konkordat *nt*
con·course ['kɒnkɔ:s, AM 'kɑ:nkɔ:rs] *n* ① *(place)* Halle *f;* **station ~** Bahnhofshalle *f*
② *(crowd)* Menschenmenge *f*
con·crete ['kɒŋkri:t, AM 'kɑ:n-] **I.** *n no pl* Beton *m;* **reinforced ~** Stahlbeton *m,* Eisenbeton *m*
▶ PHRASES: **to be cast [*or* set] in ~** fest ausgemacht sein; ***these regulations are set in ~*** an diesen Bestimmungen gibt es nichts zu rütteln
II. *n modifier (block, bridge, slab)* Beton-; **~ path** betonierter Weg
III. *adj idea, suggestion, term* konkret; *evidence, proof* eindeutig
IV. *vt* ■**to ~ sth** etw betonieren; ■**to ~ sth** ◯ **over** etw zubetonieren
con·crete 'jun·gle *n* Betonwüste *f*
con·crete·ly [kɒn'kri:tli, AM kɑ:n'] *adv* konkret
'con·crete mix·er *n* Betonmischmaschine *f* **con·crete 'noun** *n* LING Konkretum *nt fachspr* **con·crete 'po·et·ry** *n no pl* LIT konkrete Poesie *fachspr*
con·cre·tion [kɒn'kri:ʃᵊn, AM kɑ:n'] *n* GEOL Konkretion *f,* Verschmelzung *f fachspr;* MED *also* Konkrement *nt*
con·cu·bine ['kɒŋkju:baɪn, AM 'kɑ:ŋ-] *n (hist)* Konkubine *f veraltet*
con·cu·pi·scence [kən'kju:pɪsᵊn(t)s, AM *esp* kɑ:n-] *n no pl (liter or dated)* [sinnliche] Begierde, Lüsternheit *f,* Konkupiszenz *f fachspr*
con·cur <-rr-> [kən'kɜ:ʳ, AM -'kɜ:r] *vi* ① *(agree)* übereinstimmen; **to ~ with sb's opinion** jds Meinung zustimmen; ■**to ~ with sb [in [*or* on] sth]** jdm [in etw *dat*] beipflichten; ■**to ~ with one another** sich *dat* einig sein; ■**to ~ that ...** sich *dat* einig sein, dass ...
② *(form: happen simultaneously)* zusammentreffen, sich gleichzeitig ereignen
con·cur·rence [kən'kʌrᵊn(t)s] *n no pl (form)* ① *(agreement)* Übereinstimmung *f,* [wechselseitiges] Einverständnis
② *(simultaneous occurrence)* Zusammentreffen *nt*
③ MATH Schnittpunkt *m*
con·cur·rent [kən'kʌrᵊnt] *adj* ① *(simultaneous)* gleichzeitig; ■**to be ~ with sth** gleichzeitig mit etw *dat* stattfinden
② *(together)* gemeinsam
③ *(in agreement)* übereinstimmend *attr*
④ MATH durch denselben Punkt gebunden
con·cur·rent·ly [kən'kʌrᵊntli] *adv* ① *(simultaneously)* gleichzeitig
② *(together)* gemeinsam
③ *(in agreement)* übereinstimmend *attr*
con·cur·rent 'si·lence *n* LAW gleichzeitig zu verbüßende Freiheitsstrafe
con·cuss [kən'kʌs] *vt usu passive* ■**to be ~ed** eine Gehirnerschütterung erleiden; *(have concussion)* eine Gehirnerschütterung haben
con·cus·sion [kən'kʌʃᵊn] *n no pl* Gehirnerschütterung *f;* **mild ~** leichte Gehirnerschütterung; **to receive a ~** eine Gehirnerschütterung erleiden; **to suffer [from] a ~** eine Gehirnerschütterung haben
con·demn [kən'dem] *vt* ① *(censure)* ■**to ~ sb/sth** jdn/etw verurteilen; ■**to ~ sb for sth** jdn wegen einer S. *gen* verurteilen
② LAW ■**to ~ sb [to sth]** jdn [zu etw *dat*] verurteilen; ***poverty had ~ed him from birth to a life of crime*** *(fig)* die Armut hatte ihn von Geburt an zu einem Leben voller Verbrechen verdammt; **to be ~ed to death** zum Tode verurteilt werden; ■**to ~ sb to do sth** jdn dazu verurteilen, etw zu tun
③ *(declare unsafe)* ■**to ~ sth** etw für unbrauchbar erklären; *food* etw für den Verzehr als ungeeignet erklären; **to ~ a building** ein Gebäude für unbewohnbar erklären
con·dem·na·tion [ˌkɒndem'neɪʃᵊn, AM ˌkɑ:n-] *n* ① *(reproof)* Verurteilung *f,* Verdammung *f*
② *(legal act)* Verurteilung *f*
③ *(declaration as unsafe)* Untauglichkeitserklärung *f*
④ LAW *(forfeiting property)* Beschlagnahme *f,* Enteignung *f*
con·dem·na·tory [kən'demnətᵊri, AM -tɔ:ri] *adj* verurteilend, aburteilend; **~ glance [*or* look]** [äußerst] missbilligender Blick; **~ speech** vernichtende Rede; **~ tone** abfälliger Ton
con·demned [kən'demd] *adj* ① *(sentenced to death)* [zum Tode] verurteilt
② *(declared unsafe) food* nicht für den Verzehr geeignet; **~ building** unbewohnbares [*o* abbruchreifes] Gebäude
con·'demned cell *n* Todeszelle *f*
con·den·sa·tion [ˌkɒnden'seɪʃᵊn, AM 'kɑ:n-] *n* ① *no pl (process) of a liquid* Kondensation *f; of a gas* Verdichtung *f*
② *no pl (droplets)* Kondenswasser *nt,* Kondensat *nt*
③ *of a text* Verkürzung *f,* Zusammenfassung *f*
con·dense [kən'den(t)s] **I.** *vt* ① *(concentrate)* **to ~ a gas** ein Gas komprimieren; **to ~ a liquid** eine Flüssigkeit eindicken
② *(form droplets from)* ■**to ~ sth** etw kondensieren
③ *(shorten)* **to ~ a text** einen Text zusammenfassen
II. *vi* kondensieren
con·densed [kən'den(t)st] *adj* ① *(concentrated)* konzentriert
② *(expressed briefly)* verkürzt, komprimiert
③ CHEM **~ nucleus compound** kondensiertes Ringsystem; **~ system** kondensiertes System
con·densed 'milk *n no pl* Kondensmilch *f,* Dosenmilch *f*
con·dens·er [kən'den(t)səʳ, AM -ɚ] *n* CHEM Kondensator *m fachspr*
con·'dens·er lens *n* PHYS Sammellinse *f*
con·de·scend [ˌkɒndɪ'send, AM ˌkɑ:n-] *vi* ① *(liter: patronize)* ■**to ~ to sb** jdn herablassend behandeln
② *(usu hum: lower oneself)* ■**to ~ to do sth** sich *akk* herablassen, etw zu tun *bes hum iron*
con·de·scend·ing [ˌkɒndɪ'sendɪŋ, AM ˌkɑ:n-] *adj* herablassend; ***he's ~ to his staff*** er behandelt seine Angestellten von oben herab
con·de·scend·ing·ly [ˌkɒndɪ'sendɪŋli, AM ˌkɑ:n-] *adv* gönnerhaft
con·de·scen·sion [ˌkɒndɪ'senʃᵊn, AM ˌkɑ:n-] *n no pl* herablassende Haltung
con·di·ment ['kɒndɪmənt, AM 'kɑ:ndə-] *n (spice)* Gewürz *nt; (sauce)* Soße *f*
con·di·tion [kən'dɪʃᵊn] **I.** *n* ① *(state)* Zustand *m;* **he is in bad/good ~** er ist in schlechter/guter Verfassung [*o* schlecht/gut in Form]; **in mint [*or* perfect] ~** in tadellosem Zustand; **in peak ~** in Höchstform [*o* Topform]; **in a terrible ~** in einem furchtbaren Zustand; ■**to be out of ~** nicht in Form sein; ■**to be in no ~ to do sth** nicht in der Verfassung sein, etw zu tun
② MED Leiden *nt;* ***he's got a heart ~*** er ist herzkrank
③ *(circumstances)* ■**~s** *pl* Bedingungen *pl,* Verhältnisse *pl;* **weather ~s** Wetterbedingungen *pl;* **in [*or* under] good/bad ~s** unter guten/schlechten Bedingungen; **working ~s** Arbeitsbedingungen *pl*
④ EU **~s for participation** Eintrittsbedingungen *pl*
⑤ *(stipulation)* Bedingung *f,* Kondition *f;* **~ precedent** LAW aufschiebende Bedingung; **~ subsequent** LAW auflösende Bedingung; **to make [*or* set] a ~** eine Bedingung stellen; ■**on the ~ that ...** unter der Bedingung, dass ...
II. *vt* ① *usu passive* PSYCH, SOCIOL ■**to ~ sb/an animal [to do sth]** jdn/ein Tier konditionieren[, etw zu tun] *fachspr;* ■**to be ~ed** konditioniert sein
② *(accustom)* ■**to ~ sb to sth** jdn an etw *akk* gewöhnen
③ *(use conditioner)* **to ~ one's hair** eine Pflegespülung machen
con·di·tion·al [kən'dɪʃᵊnᵊl] **I.** *adj* ① *(subject to a stipulation)* bedingt, vorbehaltlich; *(dependent)* ab-

hängig; ■**to be ~ [up|on sth** von etw *dat* abhängen; **~ acceptance/offer** Annahme *f*/Angebot *nt* unter Vorbehalt, bedingte Annahme/bedingtes Angebot; **~ discharge** LAW bedingte Strafaussetzung; **~ promise** vorbehaltliches Versprechen
2 LING abhängig, bedingt
II. *n* LING ■**the ~** der Konditional *fachspr*
con·di·tional·ity [ˌkəndɪʃᵊn'æləti, AM -əṭi] *n no pl* ECON, FIN Konditionalität *f*
con·di·tion·al·ly [kən'dɪʃᵊnᵊli] *adv* unter [*o* mit] Vorbehalt
con·di·tion·al 'pay·ment or·der *n* FIN Conditional Payment Order *f*
con·di·tion·al 'sen·tence *n* LING Bedingungssatz *m,* Konditionalsatz *m fachspr*
con·di·tioned [kən'dɪʃᵊnd] *adj (trained)* konditioniert; *(accustomed)* anerzogen; **~ reflex** konditionierter [*o* bedingter] Reflex
con·di·tion·er [kən'dɪʃᵊnəʳ, AM -ɚ] *n no pl* 1 *(for hair)* Pflegespülung *f*
2 *(for clothes)* Weichspüler *m*
con·di·tion·ing [kən'dɪʃᵊnɪŋ] *n* PSYCH *no pl* Konditionierung *f fachspr*
con·do ['kɑːndoʊ] *n* AM *(fam) short for* **condominium** 1 *(owned apartment)* Eigentumswohnung *f*
2 *(apartment building)* Wohnblock *m* [*o* SCHWEIZ Mehrfamilienhaus *nt*] [mit Eigentumswohnungen]
con·dole [kən'dəʊl, AM -'doʊl] *vi* ■**to ~ with sb** jdm sein Beileid aussprechen, jdm kondolieren *geh*
con·do·lence [kən'dəʊlən(t)s, AM -'doʊ-] *n* ■**~s** *pl* Beileid *nt kein pl,* Kondolenz *f geh;* **letter of ~** Beileidsschreiben *nt,* Kondolenzbrief *m geh;* **to offer one's ~s [to sb]** *(form)* [jdm] sein Beileid [*o* Mitgefühl] aussprechen
con·dom ['kɒndɒm, AM 'kɑːndəm] *n* Kondom *nt*
con·do·min·ium [ˌkɒndə'mɪniəm, AM ˌkɑːn-] *n* 1 AM *(owned apartment)* Eigentumswohnung *f; (apartment building)* Wohnblock [*o* SCHWEIZ Mehrfamilienhaus] *nt m* [mit Eigentumswohnungen]
2 POL Kondominium *nt fachspr*
con·do·na·tion [ˌkɒndə(ʊ)'neɪʃᵊn, AM ˌkɑːndoʊ'-] *n* LAW Verzeihung *f*
con·done [kən'dəʊn, AM -'doʊn] *vt* ■**to ~ sth** etw [stillschweigend] dulden [*o* hinnehmen]
con·dor ['kɒndɔːʳ, AM 'kɑːndɑːr, -ɚ] *n* Kondor *m*
con·duce [kən'djuːs, AM *esp* -'duːs] *vi (form)* ■**to ~ to sth** etw *dat* dienlich [*o* förderlich] sein *geh*
con·du·cive [kən'djuːsɪv, AM *esp* -'duː-] *adj* dienlich, förderlich; ■**to be ~ to sth** etw begünstigen; ■**to not be ~ to sth** nicht förderlich für etw *akk* sein, etw *dat* nicht dienen
con·duct **I.** *vt* [kən'dʌkt] 1 *(carry out)* **to ~ an experiment/an inquiry/a study** ein Experiment/eine Ermittlung/eine Studie durchführen; **to ~ one's private life** sein Privatleben gestalten; **to ~ negotiations** Verhandlungen führen; **to ~ a religious service** einen Gottesdienst abhalten
2 *(direct)* **to ~ a business/meeting** einen Betrieb/eine Besprechung leiten; **to ~ an orchestra** ein Orchester dirigieren; **to ~ traffic** [*or* BRIT **the traffic**] den Verkehr [um]leiten
3 *(guide)* ■**to ~ sb** jdn führen; **~ed tour** Führung *f*
4 ELEC **to ~ electricity/heat** Strom/Wärme leiten
5 *(form: behave)* ■**to ~ oneself** sich *akk* benehmen
II. *vi* [kən'dʌkt] MUS dirigieren
III. *n* ['kɒndʌkt, AM 'kɑːn-] *no pl* 1 *(behaviour)* Benehmen *nt,* Verhalten *nt; of pupils* Betragen *nt;* **code of ~** Verhaltenskodex *m*
2 *(form: management)* Führung *f,* Leitung *f*
con·duct·ible [kən'dʌktəbl] *adj* ELEC leitbar
con·duc·tion [kən'dʌkʃᵊn] *n no pl* ELEC Leitung *f*
con·duc·tive [kən'dʌktɪv] *adj* ELEC leitend *attr,* leitfähig
con·duc·tiv·ity [ˌkɒndʌk'tɪvəti, AM 'kɑːndʌktɪvəṭi] *n no pl* ELEC Leitfähigkeit *f*
con·duc·tor [kən'dʌktəʳ, AM -ɚ] *n* 1 MUS Dirigent(in) *m(f); of choir also* [musikalischer] Leiter/[musikalische] Leiterin
2 PHYS, ELEC Leiter *m,* Konduktor *m fachspr*
3 BRIT *(on bus)* Schaffner(in) *m(f),* Kondukteur(in) *m(f)* SCHWEIZ; AM *(on train)* Zugführer(in) *m(f)*
con·duc·tress [kən'dʌktrəs] *n* BRIT Schaffnerin *f,* Kondukteurin *f* SCHWEIZ
con·duit ['kɒndjuɪt, AM 'kɑːnduɪt] *n* 1 *(pipe)* [Rohr]leitung *f; (channel)* Kanal *m*
2 ELEC Kabelkanal *m*
cone [kəʊn, AM koʊn] *n* 1 MATH Kegel *m;* **~ of light** Lichtkegel *m;* **traffic ~** Leitkegel *m,* Pylon *m fachspr*
2 FOOD Hörnchen *nt,* Gipfeli *nt* SCHWEIZ; **ice cream ~** Eistüte *f,* Cornet *nt* SCHWEIZ
3 BOT Zapfen *m;* **fir ~** Tann[en]zapfen *m*
◆**cone off** *vt* ■**to ~ sth** ↻ **off** etw [mit Pylonen] absperren
co·ney ['kəʊni, AM 'koʊ-] *n (dated: cony)* Kaninchen *nt*
con·fab ['kɒnfæb, AM 'kɑːn-] *(dated)* **I.** *n (fam)* [ungezwungene] Unterhaltung; **to have a ~ [about sth]** etw [kurz] bekakeln BRD *fam,* einen kurzen Plausch [über etw *akk*] halten SÜDD, ÖSTERR, SCHWEIZ
II. *vi* <-bb-> *(fam)* plaudern, klönen NORDD *fam,* plauschen SÜDD, ÖSTERR
con·fec·tion [kən'fekʃᵊn] *n (form)* 1 *(sweet)* Naschwerk *nt,* ÖSTERR *a.* Naschzeug *nt,* Zuckerwerk *nt veraltet,* Konfekt *nt* SCHWEIZ
2 *(article)* modischer Artikel
con·fec·tion·er [kən'fekʃᵊnəʳ, AM -ɚ] *n (baker)* Konditor(in) *m(f); (retailer)* Süßwarenhändler(in) *m(f)*
con·fec·tion·er's 'sug·ar *n* AM *(icing sugar)* Puderzucker *m,* Staubzucker *m* ÖSTERR
con·fec·tion·ery [kən'fekʃᵊnᵊri, AM -ʃəneri] *n no pl (sweets)* Süßwaren *pl,* ÖSTERR *oft* Naschsachen *pl; (cakes and pastries)* Konditoreiwaren *pl,* Patisserie *pl* SCHWEIZ; *(chocolate)* Konfekt *nt*
con·fed·era·cy [kən'fedᵊrəsi] *n + sing/pl vb* Konföderation *f,* Staatenbund *m;* ■**the C~** AM HIST die Konföderierten Staaten *pl* von Amerika
con·fed·er·ate [kən'fedᵊrət] **I.** *n* 1 *(ally)* Verbündete(r) *f(m),* Bundesgenosse, -genossin *m, f*
2 *(accomplice)* Komplize, Komplizin *m, f*
3 AM HIST Konföderierte(r) *f(m),* Südstaatler(in) *m(f)*
II. *n modifier (goals, groups, policy)* Bündnis-; AM HIST ■**C~** *(army, course, soldiers, states)* Südstaaten-; **C~ States** AM die Konföderierten Staaten [von Amerika]
con·fed·era·tion [kənˌfedə'reɪʃᵊn] *n + sing/pl vb*
1 POL Bündnis *nt; of nations* Bund *m;* **~ of states** Staatenbund *m*
2 ECON Verband *m;* **C~ of British Industry, CBI** Britischer Industrieverband [*o* Unternehmerverband]
con·fer <-rr-> [kən'fɜːʳ, AM -'fɜːr] **I.** *vt* ■**to ~ sth [up|on sb** *honours, titles* jdm etw verleihen; **to ~ power/rights on sb** jdm Macht/Rechte übertragen
II. *vi* ■**to ~ with sb** sich *akk* mit jdm beraten
con·fer·ence ['kɒnfᵊrᵊn(t)s, AM 'kɑːnfɚ-] *n* Konferenz *f,* Tagung *f* **(on** über *+akk);* **to be in ~ [with sb]** [mit jdm] in einer Besprechung sein; **to attend a ~** auf einer Konferenz sein; *(in future)* auf eine Konferenz gehen; **to convene a ~** eine Konferenz einberufen; **to hold a ~** eine Konferenz abhalten
'con·fer·ence call *n* Konferenzschaltung *f* **con·fer·ence pro·'ceed·ings** *npl* Konferenzbericht *m* **'con·fer·ence room** *n* Konferenzraum *m* **'con·fer·ence ta·ble** *n* Konferenztisch *m*
con·fer·ment [kən'fɜːmənt, AM 'fɜːr] *n no pl* Verleihung *f*
con·fess [kən'fes] **I.** *vi* 1 *(admit)* zugeben, gestehen; ■**to ~ to sth** etw gestehen; ■**to ~ having done sth** gestehen, etw getan zu haben; **to ~ to a crime** ein Verbrechen gestehen; ■**to ~ to sb that ...** jdm gestehen, dass ...
2 REL beichten
II. *vt* 1 *(admit)* ■**to ~ sth** etw zugeben [*o* gestehen]; ***the director has ~ed himself puzzled by the company's losses*** der Direktor räumte ein, angesichts der Firmenverluste vor einem Rätsel zu stehen
2 REL ■**to ~ sth [to sb]** [jdm] etw beichten; **to ~ one's sins** seine Sünden bekennen; **to ~ one's sins to a priest** einem Priester seine Sünden beichten
con·fessed [kən'fest] *adj attr, inv* erklärte(r, s); **a ~ addict** *jd, der seine Sucht eingestanden hat;* **~ alcoholic/homosexual** bekennender Alkoholiker/Homosexueller/bekennende Alkoholikerin/Homosexuelle; **~ man-hater** erklärter Männerfeind/erklärte Männerfeindin
con·fess·ed·ly [kən'fesɪdli] *adv* zugegebenermaßen
con·fes·sion [kən'feʃᵊn] *n* 1 *(admission)* Geständnis *nt; of a failure* Eingeständnis *nt;* **to have a ~ to make** etw gestehen [*o fam* beichten] müssen
2 *(admission of a crime)* Geständnis *nt;* **~ and avoidance** LAW Einrede *f* ohne Leugnung des Klagenanspruchs; **to give** [*or* **make**] **a ~** ein Geständnis ablegen
3 REL Beichte *f;* **to go to ~** zur Beichte gehen
con·fes·sion·al [kən'feʃᵊnᵊl] *n* Beichtstuhl *m*
con·fes·sor [kən'fesəʳ, AM -ɚ] *n* Beichtvater *m*
con·fet·ti [kən'feti, AM -ṭi] *n no pl* Konfetti *nt;* **to shower sb with** [*or* **in**] **~** Konfetti auf jdn niederregnen lassen; **to be showered with ~** mit Konfetti überschüttet werden
con·fi·dant ['kɒnfɪdant, AM 'kɑːnfə-] *n* Vertraute(r) *m;* **a close** [*or* **intimate**] **~** ein enger Vertrauter
con·fi·dante ['kɒnfɪdant, AM 'kɑːnfə-] *n* Vertraute *f*
con·fide [kən'faɪd] *vt* 1 *(tell secrets)* ■**to ~ sth** etw gestehen; ■**to ~ [to sb] that ...** jdm anvertrauen, dass ...; *(confess)* [jdm] gestehen, dass ...
2 *(form: entrust)* **to ~ sth to sb's care** jdm etw in gutem Glauben anvertrauen; **to ~ sb to sb's care** jdn in jds Obhut geben
◆**confide in** *vi* ■**to ~ in sb** sich *akk* jdm anvertrauen
con·fi·dence ['kɒnfɪdᵊn(t)s, AM 'kɑːnfə-] *n* 1 *no pl (trust)* Vertrauen *nt;* **breach of ~** Vertrauensbruch *m;* **~ vote** Vertrauensvotum *nt;* **vote of no ~** Misstrauensvotum *nt;* **to take sb into one's ~** jdn ins Vertrauen ziehen; **to win sb's ~** jds Vertrauen gewinnen; **in ~** im Vertrauen
2 *(secrets)* ■**~s** *pl* Vertraulichkeiten *pl;* **to exchange ~s** Vertraulichkeiten austauschen
3 *no pl (faith)* Vertrauen *nt,* Zuversicht *f;* **to have every/much/no ~ in sb** volles [*o* vollstes]/großes/kein Vertrauen zu jdm haben; **to place** [*or* **put**] **one's ~ in sb/sth** sein Vertrauen in jdn/etw setzen, auf jdn/etw bauen
4 *no pl (self-assurance)* Selbstvertrauen *nt,* Selbstbewusstsein *nt;* **to have the ~ to do sth** das Selbstbewusstsein besitzen, etw zu tun; **to lack ~** kein Selbstvertrauen haben
'con·fi·dence game *n* AM LAW Schwindel *m,* Betrug *m,* Bauernfängerei *f* **'con·fi·dence man** *n* Trickbetrüger *m,* Schwindler *m,* Bauernfänger *m fam; (concerning social status)* Hochstapler *m* **'con·fi·dence trick** *n* Trickbetrug *m kein pl,* Schwindel *m kein pl,* Bauernfängerei *f kein pl fam; (concerning social status)* Hochstapelei *f* **'con·fi·dence trick·ster** *n* Trickbetrüger(in) *m(f),* Schwindler(in) *m(f),* Bauernfänger(in) *m(f) fam; (concerning social status)* Hochstapler(in) *m(f)*
con·fi·dent ['kɒnfɪdᵊnt, AM 'kɑːnfə-] *adj* 1 *(certain)* zuversichtlich; **to be confident about sth** in Bezug auf etw *akk* zuversichtlich sein; ■**to be ~ of sth** von etw *dat* überzeugt sein; ■**to be ~ that ...** zuversichtlich [*o* überzeugt] sein, dass ...
2 *(self-assured)* selbstsicher, selbstbewusst; ■**to be ~ in oneself** selbstbewusst sein
con·fiden·tial [ˌkɒnfɪ'dən(t)ʃᵊl, AM ˌkɑːnfə'-] *adj* vertraulich; ***he's got a very ~ manner*** er geht mit allem sehr vertraulich um; **strictly ~** streng vertraulich; **to keep sth ~** etw für sich *akk* behalten; **to treat sth as ~** etw vertraulich behandeln
con·fi·den·tial com·mu·ni·'ca·tion *n* LAW vertrauliche Mitteilung
con·fi·den·ti·al·ity [ˌkɒnfɪdən(t)ʃi'æləti, AM ˌkɑːnfədən(t)ʃi'æləṭi] *n no pl* Vertraulichkeit *f,* Diskretion *f,* Geheimhaltung *f;* **to break ~** LAW die Vertraulichkeit brechen
con·fi·den·tial·ly [ˌkɒnfɪ'dən(t)ʃᵊli, AM ˌkɑːnfə'-] *adv* vertraulich; **to tell sb sth ~** jdm etw im Vertrauen sagen
con·fi·dent·ly ['kɒnfɪdᵊntli, AM 'kɑːnfə-] *adv* 1 *(self-assuredly)* selbstbewusst, selbstsicher

❷ *(with trust)* vertrauensvoll, zuversichtlich
con·fid·ing [kən'faɪdɪŋ] *adj* vertrauensvoll
con·fid·ing·ly [kən'faɪdɪŋli] *adv* vertrauensvoll
con·figu·ra·tion [kən,fɪgə'reɪʃən, AM *and Brit also* -,fɪgjə-] **I.** *n* ❶ *(ordered arrangement)* Anordnung *f*, Gruppierung *f;* **the ~ of the stars** die Stellung der Sterne
❷ COMPUT Konfiguration *f*
❸ CHEM Struktur *f*, Gestalt *f*
II. *n modifier* COMPUT *(button, file, mode)* Konfigurations-
con·fig·ure [kən'fɪgəʳ, AM -'fɪgjɚ] *vt* ❶ COMPUT ■**to ~ sth** etw konfigurieren
❷ *(put together)* ■**to ~ sth** etw konfigurieren; ***the navy is configuring old merchant ships as troop transports*** die Navy funktioniert alte Handelsfrachter in Truppentransporter um
con·fig·ured [kən'fɪgəd, AM -'fɪgjɚd] *adj* COMPUT **~-in** betriebsbereit konfiguriert; **~-off** [*or* **-out**] nicht konfiguriert
con·fine I. *vt* [kən'faɪn] ❶ *(restrict)* ■**to ~ sth to sth** *discussion, use* etw auf etw *akk* beschränken; ***you are asked to ~ your use of the telephone to business calls alone*** bitte nutzen Sie Ihr Telefon nur für geschäftliche Telefonate; ■**to be ~d to sth** auf etw *akk* beschränkt sein; ***it's an attitude which seems to be ~d to the upper classes*** eine solche Haltung wird anscheinend nur von den oberen Schichten vertreten
❷ *(shut in)* ■**to ~ sb** jdn einsperren; *(imprison also)* jdn inhaftieren; **~d to barracks** Kasernenarrest *m* haben; ***he was ~d to the house all day*** er war den ganzen Tag ans Haus gefesselt; **to be ~d to quarters** MIL Ausgangssperre haben
II. *n* ['kɒnfaɪn, AM 'kɑ:n-] ■**the ~s** *pl* die Grenzen *pl;* **to be beyond the ~s of sb's understanding** jds Horizont überschreiten
con·fined [kən'faɪnd] *adj* beengt
con·fine·ment [kən'faɪnmənt] *n* ❶ *no pl (act of confining)* Einsperren *nt; (state of being confined)* Eingesperrtsein *nt; (restriction)* Gebundenheit *f; (imprisoning)* Inhaftierung *f; (imprisonment)* Haft *f;* **solitary ~** Einzelhaft *f;* **~ to quarters** MIL Ausgangssperre *f*
❷ MED *(dated)* Niederkunft *f veraltet geh*
con·fin·ing [kən'faɪnɪŋ] *adj* einengend *attr*, einschränkend *attr*
con·firm [kən'fɜ:m, AM -'fɜ:rm] **I.** *vt* ❶ *(verify)* ■**to ~ sth** etw bestätigen; ■**to ~ that ...** bestätigen, dass ...
❷ *(strengthen)* **to ~ sb's faith** jdn in seinem Glauben bestärken; **to ~ sb's feelings/suspicion** jds Gefühle/Verdacht erhärten; **to ~ sb's opinion** jds Meinung bekräftigen
❸ *usu passive* REL ■**to be ~ed** *(into Roman Catholic Church)* gefirmt werden; *(into Protestant Church)* konfirmiert werden
II. *vi* bestätigen; **to ~ by telephone/in writing** telefonisch/schriftlich bestätigen
con·fir·ma·tion [,kɒnfə'meɪʃən, AM ,kɑ:nfɚ-] *n* ❶ *(verification)* Bestätigung *f;* **letter of ~** schriftliche Bestätigung
❷ *no pl (corroboration) of news, a rumour* Bestätigung *f; of a suspicion* Erhärtung *f*
❸ REL *(into Roman Catholic Church)* Firmung *f; (into Protestant Church)* Konfirmation *f*
con·fir·'ma·tion class *n (in Roman Catholic Church)* Firmunterricht *m; (in Protestant Church)* Konfirmandenstunde *f*, Konfirmandenunterricht *m* SCHWEIZ
con·firma·tory [kən'fɜ:mətəri, AM 'fɜ:rmətɔ:ri] *adj* bestätigend
con·firmed [kən'fɜ:md, AM -'fɜ:rmd] *adj attr* ❶ *(firmly established)* erklärt, ausgesprochen; **~ alcoholic** chronischer Alkoholiker/chronische Alkoholikerin; **~ atheist/non-smoker** überzeugter Atheist/Nichtraucher/überzeugte Atheistin/Nichtraucherin; **~ bachelor** eingefleischter Junggeselle; **~ invalid** Schwerbeschädigte(r) *f(m)*
❷ *(proved)* bestätigt
con·'firm·ing bank *n* FIN bestätigende Bank
con·fis·cate ['kɒnfɪskeɪt, AM 'kɑ:nfə-] *vt* ■**to ~ sth [from sb]** etw [von jdm] beschlagnahmen [*o geh* konfiszieren]; **to ~ property** Vermögen *nt* einziehen
con·fis·ca·tion [,kɒnfɪ'skeɪʃən, AM ,kɑ:nfə'-] *n* Beschlagnahme *f*, Konfiszierung *f geh; of property* Einziehung *f*
con·fla·grant [kən'fleɪgrənt] *adj* brennend *attr*, feurig *a. fig*
con·fla·gra·tion [,kɒnflə'greɪʃən, AM ,kɑ:n-] *n (form)* Feuersbrunst *f geh*, Großbrand *m; (fig)* Katastrophe *f*
con·flate [kən'fleɪt] *vt* ■**to ~ sth** *texts, stories* etw zusammenfassen
con·fla·tion [kən'fleɪʃən] *n* Verschmelzung *f; of texts* Zusammenfassung *f*
con·flict I. *n* ['kɒnflɪkt, AM 'kɑ:n-] ❶ *(clash)* Konflikt *m;* **~ of interests** Interessenskonflikt *m;* **to be in ~ with sb** mit jdm im Streit liegen; **to come** [*or* **enter**] **into ~ with sb** mit jdm in Konflikt geraten
❷ *(battle)* Kampf *m*, Zusammenstoß *m;* ***there have been several ~s between the two countries*** zwischen den beiden Ländern gab es mehrere kämpferische Auseinandersetzungen
❸ LAW **C~ of Laws** Kollisionsrecht *nt*, Gesetzeskonflikt *m*
II. *vi* [kən'flɪkt] ■**to ~ with sb** mit jdm im Konflikt liegen; **to ~ with each other** sich gegenseitig widersprechen; ■**to ~ with sth** im Widerspruch zu etw *dat* stehen
con·flict·ing [kən'flɪktɪŋ] *adj* widersprüchlich; **~ claims** entgegengesetzte [*o* kollidierende] Ansprüche; **~ evidence** widersprüchliche Zeugenaussagen *pl;* **~ interests** gegensätzliche Interessen
con·flu·ence ['kɒnfluən(t)s, AM 'kɑ:n-] *n of rivers* Zusammenfluss *m*
con·flu·ent ['kɒnfluənt, AM 'kɑ:n-] *adj* zusammenfließend
con·flux ['kɒnflʌks, AM 'kɑ:n-] *n of rivers* Zusammenfluss *m*
con·form [kən'fɔ:m, AM -'fɔ:rm] *vi* sich *akk* einfügen [*o* anpassen]; *(agree)* übereinstimmen, konform gehen; ■**to ~ to** [*or* **with**] **sth** etw *dat* entsprechen; *(agree)* mit etw *dat* übereinstimmen [*o geh* konform gehen]
con·form·ance [kən'fɔ:məns, AM 'fɔ:rm] *n see* **conformity** Übereinstimmung *f*
con·form·ism [kən'fɔ:mɪzəm, AM -'fɔ:rm-] *n no pl* Konformismus *m*
con·form·ist [kən'fɔ:mɪst, AM -'fɔ:r-] **I.** *n* Konformist(in) *m(f)*
II. *adj* konformistisch
con·form·ity [kən'fɔ:məti, AM -'fɔ:rməṭi] *n no pl* ❶ *(uniformity)* Konformismus *m*, SCHWEIZ *a.* Konformität *f*
❷ *(form: compliance)* ■**in ~ with sth** in Übereinstimmung mit etw *dat;* ***in ~ with your request ...*** gemäß Ihrer Bitte ...; **in ~ with the law** in Einklang mit dem Gesetz
con·found [kən'faʊnd] **I.** *vt* ❶ *(astonish)* ■**to ~ sb** jdn verblüffen [*o* in Erstaunen versetzen]
❷ *(confuse)* ■**to ~ sb** jdn verwirren
❸ *(dated: overthrow)* ■**to ~ sth** *prediction, theory* etw über den Haufen werfen
II. *interj* **~ it!** verdammt [*o* verflixt] nochmal! *fam*
con·found·ed [kən'faʊndɪd] *adj attr (dated fam)* verflixt *fam*, verflucht *fam;* **~ man!** verflixter Kerl! *fam;* **~ idiot** verdammter Idiot *pej fam*
con·found·ing [kən'faʊndɪŋ] *adj (form)* verwirrend
con·fra·ter·nity [,kɒnfrə'tɜ:nəti, AM ,kɑ:nfrə'tɜrnəṭi] *n* Bruderschaft *f*
con·frere ['kɒnfreəʳ, AM kɑ:n'frer] *n* Kollege, Kollegin *m, f*
con·front [kən'frʌnt] *vt* ❶ *(face)* ■**to ~ sth** etw *dat* begegnen; **to ~ a danger** einer Gefahr ins Auge sehen; **to ~ a difficulty/issue/problem** sich *akk* einer Schwierigkeit/einem Problem stellen; **to ~ an enemy** einem Feind entgegentreten
❷ *usu passive (compel to deal with)* jdn mit jdm/etw konfrontieren; ■**to be ~ed with** [*or* **by**] **sth** mit etw *dat* konfrontiert werden; ***when I was ~ed by the TV camera, ...*** als ich der Fernsehkamera gegenüberstand, ...; ***as she left the court, she was ~ed by an angry crowd*** als sie das Gericht verließ, traf sie auf eine wütende Menschenmenge; **to be ~ed with an accusation** sich *akk* einer Anschuldigung stellen müssen; **to be ~ed with a problem** vor ein Problem gestellt werden
con·fron·ta·tion [,kɒnfrʌn'teɪʃən, AM ,kɑ:nfrən'-] *n (hostility)* Auseinandersetzung *f*, Konfrontation *f; (clash)* Zusammenstoß *m; (during inquiry)* Gegenüberstellung *f;* ***she actually enjoys ~*** sie geht gerne auf Konfrontationskurs
con·fron·ta·tion·al [,kɒnfrʌn'teɪʃənəl, AM ,kɑ:nfrən'-] *adj* provokativ, herausfordernd
Con·fu·cian [kən'fju:ʃən] *adj* REL konfuzianisch
Con·fu·cian·ism [kən'fju:ʃənɪzəm] *n* REL Konfuzianismus *m*
con·fuse [kən'fju:z] *vt* ❶ *(perplex)* ■**to ~ sb** jdn verwirren [*o* durcheinanderbringen]
❷ *(complicate, muddle)* ■**to ~ sth** etw [noch] verworrener machen
❸ *(misidentify)* ■**to ~ sb/sth with** [*or* **and**] **sb/sth** jdn/etw mit jdm/etw verwechseln; **to ~ dates/names** Termine/Namen durcheinanderbringen
con·fused [kən'fju:zd] *adj* ❶ *people* verwirrt, durcheinander
❷ *situation* verworren, konfus
con·fus·ed·ly [kən'fju:zɪdli] *adv* verwirrt
con·fus·ing [kən'fju:zɪŋ] *adj* verwirrend
con·fus·ing·ly [kən'fju:zɪŋli] *adv* verwirrend
con·fu·sion [kən'fju:ʒən] *n no pl* ❶ *(perplexity)* Verwirrung *f*
❷ *(mix-up)* Verwechslung *f*
❸ *(disorder)* Durcheinander *nt*, Wirrwarr *nt;* ***he threw everything into ~*** er brachte alles durcheinander; ■**to be in ~** durcheinander sein
con·'fu·sion mar·ket·ing *n no pl Vertrieb von Waren oder Dienstleistungen, bei dem sich Unternehmen den Markt teilen und sich der direkte Vergleich zwischen den Anbietern erschwert*
con·fute [kən'fju:t] *vt (form)* ■**to ~ sb/sth** jdn/etw widerlegen
con·ga ['kɒŋə, AM 'kɑ:n-] *n* Conga *f*
con·geal [kən'dʒi:l] *vi* erstarren; *glue* fest [*o* hart] werden; *blood* gerinnen
con·gealed [kən'dʒi:ld] *adj* erstarrt; *glue* fest [*o* hart] [geworden]; *blood* geronnen
con·gen·er [kən'dʒi:nəʳ, AM 'kɑ:ndʒənɚ] *n* Artverwandte(r) *f(m)*, Stammverwandte(r) *f(m)*
con·gen·ial [kən'dʒi:niəl, AM '-njəl] *adj* ❶ *(similar)* geistesverwandt, kongenial *geh*
❷ *(attractive)* angenehm; **~ character** ansprechendes Wesen; **~ people** sympathische Leute
con·geni·tal [kən'dʒenɪtəl, AM -əṭəl] *adj inv* angeboren, kongenital *fachspr; (fig)* permanent; **~ abnormality/heart defect** angeborene Abnormität/angeborener Herzfehler; **~ defect** Geburtsfehler *m;* **~ liar** Gewohnheitslügner(in) *m(f)*
con·geni·tal·ly [kən'dʒenɪtəli, AM əṭəli] *adv inv* von Geburt an *a. fig*
con·ger eel [,kɒŋəʳ'-, AM 'kɑ:ŋɚ-] *n* Meeraal *m*, Seeaal *m*
con·gest·ed [kən'dʒestɪd] *adj* ❶ *(overcrowded)* überfüllt; **~ road** [*or* **street**] verstopfte Straße; **~ town** über[be]völkerte Stadt
❷ MED verstopft; **~ arteries** verstopfte Arterien; **~ lungs** Lungenstauung *f;* **to have a ~ nose** eine verstopfte Nase haben
con·ges·tion [kən'dʒestʃən] *n no pl (overcrowding)* Überfüllung *f; (on roads, freeways)* Stau *m; (blockage)* Verstopfung *f*, Stauung *f;* **nasal ~** verstopfte Nase; COMPUT Überlastung *f*
con·'ges·tion charge *n* City-Maut *f*, Innenstadtmaut *f*
con·ges·tive [kən'dʒestɪv] *adj inv* MED kongestiv *fachspr*
con·glom·er·ate [kən'glɒmərət, AM -'glɑ:mərət] *n* GEOL Konglomerat *nt;* ECON Konglomerat *nt*, Mischkonzern *m;* **industrial ~** Industriekonglomerat *nt*
con·glom·era·tion [kən,glɒmə'reɪʃən, AM -,glɑ:mə'-] *n* Ansammlung *f*
Con·go ['kɒŋgəʊ, AM 'kɑ:ŋgoʊ] *n* ■**the ~** der Kongo

Con·go·lese [ˌkɒŋgə(ʊ)'liːz, AM ˌkɑːŋgə-] **I.** *adj* kongolesisch
II. *n* <*pl* -> ① *(person)* Kongolese, Kongolesin *m, f*
② *no pl (language)* Kongolesisch *nt*

con·grats [kən'græts] *npl (fam) see* **congratulations**

con·gratu·late [kən'grætʃʊleɪt, AM -'grætʃə-] *vt* ■**to ~ sb [on sth]** *(wish well)* jdm [zu etw *dat*] gratulieren; *(praise, applaud)* jdm [zu etw *dat*] gratulieren, jdn [zu etw *dat*] beglückwünschen; *(be proud)* ■**to ~ oneself for** [*or* **on**] **sth** sich *akk* zu etw *dat* beglückwünschen; ***I ~ myself for giving up smoking*** ich bin stolz darauf, das Rauchen aufgegeben zu haben; ■**to be ~d for sth** für etw *akk* gelobt werden

con·gratu·la·tion [kənˌgrætʃʊ'leɪʃᵊn, AM -ə'-] *n no pl* Gratulation *f,* Glückwunsch *m;* **note of ~** Glückwunschschreiben *nt;* ***he sent her a note of ~ on her election victory*** er gratulierte ihr schriftlich zu ihrem Wahlsieg

con·gratu·la·tions [kənˌgrætʃʊ'leɪʃᵊnz, AM -ə'-] *npl* Glückwunsch *m,* Glückwünsche *pl;* **~!** gratuliere!, Glückwunsch!; **~ *on your graduation/promotion!*** herzlichen Glückwunsch zur bestandenen Prüfung/zur Beförderung!; **[our] ~ to sb** [unsere] Glückwünsche an jdn; **to extend** [*or* **offer**] **one's ~ to sb** jdm gratulieren, jdn beglückwünschen

con·gratu·la·tory [kənˌgrætʃʊ'leɪtᵊri, AM -'grætʃᵊlətɔːri] *adj* Glückwunsch-; **~ card** Glückwunschkarte *f* (**for/on** zu *+dat*); **~ remark** anerkennende Bemerkung; **~ speech** Festrede *f*

con·gre·gate ['kɒŋgrɪgeɪt, AM 'kɑːŋ-] *vi* sich *akk* sammeln; *(for event)* sich *akk* versammeln

con·gre·ga·tion [ˌkɒŋgrɪ'geɪʃᵊn, AM ˌkɑːŋ-] *n + sing/pl vb* ① *(attending church)* [Kirchen]gemeinde *f*
② *(of cardinals)* Kongregation *f*
③ *(conference)* Versammlung *f*
④ *no pl (gathering)* Ansammlung *f,* Auflauf *m*
⑤ *no pl (of people in cities)* Zusammenballung *f*

con·gre·ga·tion·al [ˌkɒŋgrɪ'geɪʃᵊnᵊl, AM ˌkɑːŋ-] *adj* Gemeinde-; **~ hymnal** Gemeindegesangbuch *nt,* Kirchgesangbuch *nt* SCHWEIZ

Con·gre·ga·tion·al·ism [ˌkɒŋgrɪ'geɪʃᵊnᵊlɪzᵊm, AM ˌkɑːŋ] *n no pl* Kongregationalismus

Con·gre·ga·tion·al·ist [ˌkɒŋgrɪ'geɪʃᵊnᵊlɪst, AM ˌkɑːŋ] **I.** *n* Kongregationalist(in) *m(f)*
II. *adj inv* kongregationalistisch

con·gress ['kɒŋgres, AM 'kɑːŋ-] *n* Kongress *m; (conference)* Tagung *f;* **party ~** Parteikongress *m,* Parteitag *m;* **an annual/a biennial ~** eine jährliche/zweijährliche Tagung; **medical ~** Ärztekongress *m;* **musical ~** Musikertagung *f;* **to convene** [*or* **hold**] **a ~** einen Kongress veranstalten; *(a conference)* eine Tagung abhalten

Con·gress ['kɒŋgres, AM 'kɑːŋ-] *n* [**the US**] **~** der [amerikanische] Kongress

con·gres·sion·al [kən'greʃᵊnᵊl, AM kəŋ'-] *adj inv* Kongress-; **~ actions/committee** Maßnahmen *pl/* Ausschuss *m* des US-Kongresses; **~ district** Wahlbezirk *m (von Abgeordneten des US-Kongresses);* **~ elections** Abgeordnetenwahlen *pl (für den US-Kongress),* Wahlen *pl* zum US-Kongress; **~ hearings** Anhörungen *pl (von Kongressmitgliedern);* **the C~ Record** LAW Protokoll *nt* der Kongressdebatten

'con·gress·man *n* [Kongress]abgeordneter *m* **'con·gress·wom·an** *n* [Kongress]abgeordnete *f*

con·gru·ence ['kɒŋgruːən(t)s, AM 'kɑːŋ-] *n no pl* ① MATH Kongruenz *f fachspr*
② *(correspondence)* Übereinstimmung *f* (**with** mit *+dat*)

con·gru·ent ['kɒŋgruːənt, AM 'kɑːŋ-] *adj* ① MATH kongruent *fachspr;* **~ triangles** kongruente Dreiecke *fachspr*
② *(agreeing)* übereinstimmend; ■**to be ~ with sth** mit etw *dat* übereinstimmen

con·gru·ity [kɒŋ'gruːəti, AM kɑːŋ'gruːət̬i] *n no pl* ① MATH Kongruenz *f fachspr,* Deckungsgleichheit *f fachspr*
② *(agreement)* Übereinstimmung *f* (**with** mit *+dat*)

con·gru·ous ['kɒŋgruːəs, AM 'kɑːŋ-] *adj* ① *(math)* kongruent *fachspr,* deckungsgleich *fachspr*
② *(agreeing)* übereinstimmend; ■**to be ~ with sth** mit etw *dat* übereinstimmen

coni·cal ['kɒnɪkᵊl, AM 'kɑː-] *adj* ① *(cone-shaped)* konisch, kegelförmig; **~ flask** CHEM Erlenmeyerkolben *m*
② GEOG **~ projection** Kegelprojektion *f fachspr*
③ MATH **~ section** Kegelschnitt *m fachspr*

co·ni·fer ['kɒnɪfəʳ, AM 'kɑːnəfɚ] *n* Nadelbaum *m,* Konifere *f fachspr*

co·nif·er·ous [kə(ʊ)'nɪfᵊrəs, AM koʊ'-, kə'-] *adj* Nadel-; **~ forest** Nadelwald *m;* ***most of Canada's forests are ~*** in Kanada gibt es überwiegend Nadelwälder; **~ tree** Nadelbaum *m*

conj *n abbrev of* **conjunction** Konj.

con·jec·tur·al [kən'dʒektʃᵊrᵊl] *adj* mutmaßlich; **~ proof** Indizien; **sth is entirely ~** etw ist reine Vermutung

con·jec·ture [kən'dʒektʃəʳ, AM -ɚ] **I.** *n* Mutmaßung *f,* Vermutung *f,* SCHWEIZ *a.* Spekulation *f* (**about** über *+akk*); ***there's been a lot of ~ recently about the royal marriage*** in letzter Zeit wurde viel über die Hochzeit im Königshaus spekuliert
II. *vt* ■**to ~ sth** etw vermuten; ■**to ~ that ...** vermuten [*o* mutmaßen], dass ...
III. *vi* mutmaßen, Vermutungen anstellen

con·join [kən'dʒɔɪn] *vt (form)* ■**to ~ sth [with sth]** [*or* **to ~ sth and sth**] etw mit etw *dat* verbinden [*o* verknüpfen]; **to be ~ed with sth** mit etw *dat* einhergehen

con·joined [kən'dʒɔɪnd] *adj inv (form)* verbunden; ***the past and the present are ~ in this author's imagination*** Vergangenheit und Gegenwart bilden in der Vorstellungswelt dieses Autors eine Einheit

con·joint [kən'dʒɔɪnt] *adj attr, inv* verbunden, vereint, Gemeinschafts-

con·ju·gal ['kɒndʒʊgᵊl, AM 'kɑːndʒə-] *adj attr, inv (form)* ehelich, Ehe-; **~ bed** Ehebett *nt;* **~ happiness** Eheglück *nt;* **~ loyalty/visits/rights** eheliche Treue/Besuche/Rechte [und Pflichten]

con·ju·gate ['kɒndʒʊgeɪt, AM 'kɑːndʒə-] LING **I.** *vi* konjugiert werden *fachspr*
II. *vt* **to ~ a verb** ein Verb konjugieren *fachspr*

con·ju·ga·tion [ˌkɒndʒʊ'geɪʃᵊn, AM ˌkɑːndʒə'-] *n* LING ① *no pl (variation)* Konjugation *f fachspr,* Beugung *f fachspr*
② *(class)* Konjugation[sklasse] *f fachspr;* **irregular/regular ~** unregelmäßige/regelmäßige Konjugation[sklasse] *fachspr*

con·junct ['kɒndʒʌŋ(k)t, AM 'kɑːn-] *n* COMPUT Variable *f* in der logischen UND-Funktion

con·junc·tion [kən'dʒʌŋkʃᵊn] *n* ① LING Konjunktion *f fachspr,* Bindewort *nt;* **coordinating/subordinating ~** beiordnende/unterordnende Konjunktion *fachspr*
② *(combination) of events, features* Zusammentreffen *nt;* **an unfortunate ~ of circumstances** eine unglückliche Verkettung von Umständen; ■**in ~ with sth** in Verbindung mit etw *dat;* ■**in ~ with sb** zusammen [*o* gemeinsam] mit jdm; *(cooperation)* in Zusammenarbeit mit jdm
③ COMPUT UND-Funktion *f*

con·junc·ti·vi·tis [kənˌdʒʌŋ(k)tɪ'vaɪtɪs, AM -tə'vaɪt̬ɪs] *n no pl* Bindehautentzündung *f,* Konjunktivitis *f fachspr*

con·jure ['kʌndʒəʳ, AM 'kɒndʒɚ] **I.** *vi* zaubern
▸ PHRASES: **a name to ~ with** ein Name *m,* der Wunder wirkt
II. *vt* **to ~ sth from nothing/nowhere** etw aus dem Nichts hervorzaubern; **to ~ a rabbit from** [*or* **out of**] **a hat** einen Hasen aus dem Hut [hervor]zaubern; **to ~ spirits** Geister beschwören
◆**conjure up** *vt* ■**to ~ up** ↔ **sth** ① *(call upon)* etw beschwören; **to ~ up the spirits of the dead** die Geister der Toten [herbei]rufen
② *(recall, suggest)* etw heraufbeschwören
③ *(fig: produce)* etw hervorzaubern; *a meal* etw zaubern

con·jur·er ['kʌndʒᵊrəʳ, AM 'kɒndʒᵊɚ] *n* Zauberer, Zauberin *m, f,* Zauberkünstler(in) *m(f)*

con·jur·ing ['kʌndʒᵊrɪŋ, AM 'kɒn-] *n no pl* Zaubern *nt,* Zauberei *f*

'con·jur·ing trick *n* Zaubertrick *m*

con·juror *n see* **conjurer**

conk [kɒŋk, AM kɑːŋk] **I.** *n* ① BRIT, AUS *(hum sl: nose)* Zinken *m hum sl,* Riecher *m sl*
② *(dated fam: head)* Birne *f sl*
II. *vt (hum fam)* ■**to ~ sb** jdn schlagen [*o fam* hauen]; **to ~ one's head on sth** sich *dat* den Kopf an etw *dat* anschlagen
◆**conk out** *vi (fam)* ① *(fail, stop working)* den Geist aufgeben *fam,* streiken *fam*
② *(tire out) person* umkippen *fam; (faint)* ohnmächtig werden
③ *(die)* ins Gras beißen *sl*

conk·er ['kɒŋkəʳ] *n* BRIT Rosskastanie *f;* ■**~s** *+ sing vb (game) Spiel, bei dem zwei Spieler mit an Fäden befestigten Kastanien wechselseitig versuchen, die Kastanie des Gegenspielers zu treffen und zu zerstören*

'con man *n* Schwindler *m pej; (promising marriage)* Heiratsschwindler *m*

con·man·ship ['kɒnmənʃɪp, AM 'kɑːn-] *n no pl* Betrug *f,* Schwindel *f pej fam; (promised marriage)* Heiratsschwindel *m*

Conn. AM *abbrev of* **Connecticut**

con·nect [kə'nekt] **I.** *vi* ① *(plug in)* ■**to ~ [up] to sth** an etw *akk* angeschlossen werden; ***where does the cooker ~ to the electricity?*** wo ist der Anschluss für den Herd?; *(have contact) wires etc.* Kontakt haben
② *(form network)* ■**to ~ with sth** Anschluss an etw *akk* haben
③ AVIAT, RAIL ■**to ~ with sth** Anschluss an etw *akk* haben
④ *(feel affinity)* ■**to ~ with sb** sich auf Anhieb gut mit jdm verstehen *fam*
⑤ *(fam: hit)* treffen
⑥ *(join)* miteinander verbunden sein; ■**to ~ with sth** mit etw *dat* verbunden sein
II. *vt* ① ELEC, COMPUT ■**to ~ sth** *(join)* etw verbinden (**to/with** mit *+dat*); *(plug in)* etw anschließen (**to/with** an *+akk*); ■**to ~ sth together** etw miteinander verbinden
② *utility company* ■**to ~ sth/sb** etw/jdn anschließen (**to/with** an *+akk*); **to be ~ed to the mains** ELEC ans Stromnetz angeschlossen sein
③ *(make accessible)* ■**to ~ sth** eine Verbindung zu etw *dat* herstellen
④ *(associate, relate)* ■**to ~ sb/sth** jdn/etw miteinander in Zusammenhang [*o* Verbindung] bringen; ■**to ~ sb/sth with sth** jdn/etw mit etw *dat* in Verbindung [*o* Zusammenhang] bringen
⑤ TELEC *(put through)* ■**to ~ sb** jdn verbinden; ***could you ~ me with Paris please?*** könnten Sie mich bitte mit Paris verbinden?; ***I'll ~ you*** ich verbinde [Sie]

con·nect·ed [kə'nektɪd] *adj pred, inv* ① *(joined together)* ■**to be ~** verbunden sein (**to/with** mit *+dat*); *(plugged in)* angeschlossen sein (**to/with** an *+akk*)
② *(related, being family)* ■**to be ~ to sb** mit jdm verwandt sein; ***I don't think he's ~ to that family*** ich glaube nicht, dass er mit dieser Familie verwandt ist; **to be ~ [to sb] by marriage** [mit jdm] verschwägert sein
③ *(having to do with)* ■**to be ~** miteinander in Zusammenhang stehen, zusammenhängen; ***the two murders seem to be ~ in some way*** zwischen den beiden Morden scheint es irgendeinen Zusammenhang zu geben; ■**to be ~ with sth** mit etw *dat* in Verbindung [*o* Zusammenhang] stehen, mit etw *dat* zusammenhängen
④ *(based)* ■**to be ~ to sth** auf etw *akk* bezogen sein

con·'nect·ed per·son *n* LAW Vertrauensperson *f*

con·nect·ing [kə'nektɪŋ] *adj attr, inv* **~ door** Verbindungstür *f;* **~ flight** Anschlussflug *m;* **~ link** Bindeglied *nt*

con·'nect·ing rod *n* AUTO Kurbelstange *f fachspr,* Pleuelstange *f fachspr*

con·nec·tion [kə'nekʃᵊn] *n* ① *no pl (joining, link)* Verbindung *f* (**to/with** mit *+dat*); *to the mains, a*

telephone, a computer network Anschluss *m* (**to** an +*akk*); ~ **to the internet** Internetanschluss *m*; **to get a** ~ *(on phone)* [zu jdm] durchkommen; ***I'm always trying to ring you but I can never get a*** ~ ich versuche nun schon länger, dich telefonisch zu erreichen, aber nie komme ich durch
❷ TRANSP *(link)* Verbindung *f* (**between** zwischen +*dat*); *(connecting train, flight)* Anschluss *m*; ***there are good ~s from Manchester to Birmingham*** es gibt gute [Verkehrs]verbindungen von Manchester nach Birmingham; **railway** ~ Eisenbahnverbindung; **poor ~s** schlechte Verbindungen; **to miss one's** ~ seinen Anschluss verpassen
❸ *(people, contacts)* ■ **~s** *pl* Beziehungen *pl* (**with** zu +*dat*); **to have ~s** Beziehungen haben
❹ *(association)* ■ **sb's** ~ **with sb** jds Beziehung zu jdm; ***what's his ~ with the girl?*** in welcher Beziehung steht er zu dem Mädchen?
❺ *(reference)* **in that/this** ~ in diesem Zusammenhang; **in** ~ **with sth** im Zusammenhang mit etw *dat*
❻ *(causality)* ■ ~ **between sth** Zusammenhang *m* zwischen etw *dat*; ***there was no ~ between the two phenomena*** die beiden Phänomene hingen nicht zusammen
❼ *(conclusion)* ***... but I never made the ~ that they were sisters*** ...aber ich habe nie daraus geschlossen, dass sie Schwestern sein könnten

con·'nec·tion fee *n* INET, TELEC Anschlussgebühr *f*

con·nec·tive [kə'nektɪv] **I.** *n* LING Bindeglied *nt*
II. *adj inv* verbindend, Binde-

con·nec·tive 'tis·sue *n no pl* MED Bindegewebe *nt*

con·nec·tiv·ity [ˌkənek'tɪvəti, AM ˌkɑ:nek'tɪvət̬i] *n* COMPUT Connectivity *f*, Konnektivität *f*, Netzwerkfähigkeit *f*

con·nect·or [kə'nektə^r, AM -ɚ] *n* ELEC Verbindungselement *nt*

con·nex·ion *n esp* BRIT *(dated) see* **connection**

con·ning tow·er ['kɒnɪŋˌtaʊə^r, AM 'kɑ:nɪŋtaʊɚ] *n* MIL Kommandoturm *m*

con·niv·ance [kə'naɪvən(t)s] *n no pl* stillschweigende Billigung, stillschweigendes Einverständnis; ~ **at** [*or* **in**] **a crime** Mitwisserschaft *f* bei einem Verbrechen; **to be in** ~ **with sb** mit jdm gemeinsame Sache machen; ■ **to do sth with the** ~ **of sb** etw mit jds Wissen tun

con·nive [kə'naɪv] *vi* ❶ *(conspire)* ■ **to** ~ **with sb** sich *akk* mit jdm verschwören, mit jdm gemeinsame Sache machen
❷ *(condone)* ■ **to** ~ **at sth** etw [stillschweigend] dulden, vor etw *dat* die Augen verschließen; **to** ~ **at a crime** einem Verbrechen Vorschub leisten; ■ **to** ~ **in doing sth** sich *akk* verschwören, etw zu tun

con·niv·ing [kə'naɪvɪŋ] *adj* *(malicious)* boshaft; *(underhanded)* hinterhältig, tückisch; ~ **bastard** *(pej)* hinterhältiger Schuft *pej*

con·nois·seur [ˌkɒnə'sɜ:^r, AM ˌkɑ:nə'sɜ:r] *n* Kenner(in) *m(f)*, Connaisseur *m veraltend*; **art/wine** ~ Kunst-/Weinkenner(in) *m(f)*; **ballet** ~ Ballettexperte, -expertin *m, f*; **food** ~ Gourmet *m*

con·no·ta·tion [ˌkɒnə(ʊ)'teɪʃən, AM ˌkɑ:nə'-] *n* Konnotation *f fachspr*; **to have ~s of sth** *of a word* mit etw *dat* assoziiert werden

con·no·ta·tive ['kɒnəʊteɪtɪv, AM 'kɑ:nə] *adj* mitmeinend, implizierend

con·note [kə'nəʊt, AM -'noʊt] *vt* ■ **to** ~ **sth** mit etw *dat* gleichbedeutend sein; ***to me chocolate ~s pleasure and indulgence*** Schokolade assoziiere ich mit Freude und Genuss

con·nu·bial [kə'nju:biəl, AM -'nu:-] *adj inv (form)* ehelich, Ehe-; ~ **bed** Ehebett *nt*; ~ **bliss** Eheglück *nt*; ~ **relations** Beziehung *f* zwischen den Ehepartnern

con·quer ['kɒŋkə^r, AM 'kɑ:ŋkɚ] **I.** *vt* ■ **to** ~ **sth** ❶ MIL etw erobern; ■ **to** ~ **sb** jdn besiegen
❷ *(win over)* etw erobern; **to** ~ **sb's heart** jds Herz erobern
❸ *(climb)* etw bezwingen
❹ *(overcome)* etw überwinden; **to** ~ **a disease** eine Krankheit besiegen; **to** ~ **a problem** ein Problem in den Griff bekommen
II. *vi* ►PHRASES: **I came, I saw, I ~ed** *(saying)* ich kam, sah und siegte

con·quer·or ['kɒŋkərə^r, AM 'kɑ:ŋkəɚ] *n* ❶ MIL *(of sth)* Eroberer, Eroberin *m, f*; *(of sb)* Sieger(in) *m(f)* (**of** über +*akk*); **William the C~** William der Eroberer
❷ *(climber)* Bezwinger(in) *m(f)*

con·quest ['kɒŋkwest, AM 'kɑ:n-] *n* ❶ *no pl* MIL *of a thing* Eroberung *f*; *of a person* Sieg *m* (**of** über +*akk*)
❷ *(hum: sexual)* Eroberung *f fam*; **to make a** ~ **of sb** jdn erobern
❸ *no pl (climbing)* Bezwingung *f*
❹ *no pl (overcoming)* Überwindung *f*

con·quis·ta·dor <*pl* -s *or* -es> [kɒn'kɪstədɔ:^r, AM kɑ:ŋ'kɪstədɔ:r] *n* [spanischer] Eroberer, Konquistador *m*

'con rod *n* AUTO *(fam) short for* **connecting rod** Kurbelstange *f fachspr*, Pleuelstange *f fachspr*

Cons *short for* **conservative II**

con·science ['kɒn(t)ʃən(t)s, AM 'kɑ:n-] *n* Gewissen *nt*; ***my ~ wouldn't let me do that*** das könnte ich mit meinem Gewissen nicht vereinbaren; **a matter** [*or* **question**] **of** ~ eine Gewissensfrage; **to feel pangs** [*or* **a pang of**] **of** ~ Gewissensbisse haben; **in all** [*or* **good**] ~ guten Gewissens; **a bad** [*or* **guilty**] ~ ein schlechtes Gewissen; **to have a guilty** ~ **about sth** wegen einer S. *gen* ein schlechtes Gewissen haben; **a clear/an easy** ~ ein reines/ruhiges Gewissen; **to do sth with a clear** ~ ruhigen Gewissens etw tun; **to appeal to/arouse sb's** ~ jdm ins Gewissen reden; **sth is on one's** ~ jd hat wegen einer S. *gen* ein schlechtes Gewissen; **to ease** [*or* **salve**] **one's** ~ sein Gewissen beruhigen; **to have no** ~ **about doing sth** sich *dat* kein Gewissen daraus machen, etw zu tun; **to have sth on one's** ~ etw auf dem Gewissen haben; **to have sb's death on one's** ~ jdn auf dem Gewissen haben; **sth preys** [*or* **weighs**] **on sb's** ~ jd hat wegen einer S. *gen* Gewissensbisse; **to prick** [*or* **stir**] **sb's conscience** an jds Gewissen appellieren

'con·science clause *n* LAW Gewissensklausel *f fachspr* **'con·science mon·ey** *n no pl Geld, mit dem man sich ein ruhiges Gewissen erkaufen will*; ***he paid his illegitimate children*** ~ er zahlte seinen unehelichen Kinder Geld, um sein Gewissen zu beruhigen **'con·science-strick·en** *adj* schuldbewusst; ■ **to be** ~ [**over sth**] sich *akk* [wegen einer S. *gen*] schuldig fühlen

con·sci·en·tious [ˌkɒn(t)ʃi:'en(t)ʃəs, AM ˌkɑ:n-] *adj* ❶ *(thorough) person* gewissenhaft; *(with sense of duty)* pflichtbewusst; *work* gründlich, sorgfältig; ***Mary was ~ about her work*** Mary erledigte ihre Arbeit gründlich
❷ *(moral)* **on** ~ **grounds** aus Gewissensgründen; ~ **objector** Kriegsdienstverweigerer, -verweigerin *m, f*

con·sci·en·tious·ly [ˌkɒn(t)ʃi:'en(t)ʃəsli, AM ˌkɑ:n-] *adv (thoroughly)* gewissenhaft, sorgfältig; *(with sense of duty)* pflichtbewusst

con·sci·en·tious·ness [ˌkɒn(t)ʃi:'en(t)ʃəsnəs, AM ˌkɑ:n-] *n no pl (thoroughness)* Gewissenhaftigkeit *f*; *(sense of duty)* Pflichtbewusstsein *nt*

con·scious ['kɒn(t)ʃəs, AM 'kɑ:n-] *adj* ❶ MED *(sentient)* ■ **to be** [**fully**] ~ bei [vollem] Bewusstsein sein
❷ *(hum: awake)* wach
❸ *(deliberate)* bewusst; **a** ~ **decision** eine bewusste Entscheidung
❹ *after n (aware)* bewusst; **fashion/security** ~ mode-/sicherheitsbewusst; **figure/health/weight** ~ figur-/gesundsheits-/gewichtsbewusst; **to be money** ~ sparsam sein, sparsam mit dem Geld umgehen
❺ *pred (knowing, feeling)* ■ **to be** ~ **of sth** sich *dat* einer S. *gen* bewusst sein; ***the tooth doesn't exactly hurt but I'm ~ of it all the time*** der Zahn schmerzt nicht richtig, aber ich spüre ihn die ganze Zeit; **sb is/becomes** ~ [**of the fact**] **that ...** jdm ist/wird bewusst, dass ..., jd ist/wird sich *dat* der Tatsache bewusst, dass ...
❻ *pred (sensitive)* ■ **to be** ~ **of sth** für etw *akk* empfänglich sein

con·scious 'er·ror *n* COMPUT bewusster Fehler

con·scious·ly ['kɒn(t)ʃəsli, AM 'kɑ:n-] *adv* bewusst, absichtlich

con·scious·ness ['kɒn(t)ʃəsnəs, AM 'kɑ:n-] *n no pl* ❶ MED *(sentience)* Bewusstsein *nt*; **to lose** ~ das Bewusstsein verlieren, bewusstlos werden; **to recover** [*or* **regain**] ~ das Bewusstsein wiedererlangen, wieder zu Bewusstsein kommen
❷ *(perception)* ■ **sb's** ~ **of sth** jds Wissen um etw *akk*; **to enter into** [*or* **impinge on**] **sb's** ~ in jds Bewusstsein eindringen, jds Bewusstsein erreichen; ■ **sb's** ~ **that ...** das Bewusstsein, dass ...
❸ *(awareness) political, social* Bewusstsein *nt*; **health** ~ Bewusstsein *nt* für die eigene Gesundheit; **to raise sb's political** ~ jds politisches Bewusstsein erweitern

'con·scious·ness rais·ing *n no pl* Bewusstwerdung *f*, Bewusstseinsbildung *f*; ***after all of the ~ the party did ...*** nach allem, was die Partei unternommen hatte, um mehr politisches Bewusstsein zu wecken ... **'con·scious·ness-rais·ing** *adj attr, inv* bewusstseinsbildend

con·script I. *n* ['kɒnskrɪpt, AM 'kɑ:n-] Wehrpflichtige(r) *m*
II. *adj* ['kɒnskrɪpt, AM 'kɑ:n-] *attr, inv* eingezogen, einberufen; ~ **army** Armee *f* von Wehrpflichtigen; ~ **soldiers** Wehrpflichtige *pl*
III. *vt* [kən'skrɪpt] ■ **to** ~ **sb** jdn einziehen [*o* einberufen]; **to be ~ed into the army** [zum Wehrdienst] einberufen werden; **to be ~ed into the navy** zur Marine eingezogen werden

con·scrip·tion [kən'skrɪpʃən] *n no pl* MIL Wehrpflicht *f*; *(act of conscripting)* Einberufung *f*; **universal** ~ allgemeine Wehrpflicht; **to introduce** ~ die Wehrpflicht einführen

con·se·crate ['kɒn(t)sɪkreɪt, AM 'kɑ:n-] *vt* ❶ *(sanctify)* ■ **to** ~ **sth** etw weihen
❷ *(ordain)* ■ **to** ~ **sb** jdn weihen [*o fachspr* ordinieren]; **to be ~d priest** zum Priester geweiht werden
❸ *(form: dedicate)* **to** ~ **one's life to sth** sein Leben etw *dat* widmen [*o geh* weihen]
❹ *(fam: devote)* ■ **to be ~d to sth** etw *dat* ganz gewidmet sein; ***the room was ~d to sport*** das Zimmer war eine einzige Huldigung an den Sport

con·se·crat·ed ['kɒn(t)sɪkreɪtɪd, AM 'kɑ:n-] *adj inv* geweiht; ~ **bread** Laib *m* Christi; **to pass around the** ~ **bread** die Kommunion austeilen; ~ **ground** heiliger Boden; ~ **wine** Eucharistiewein *m*

con·se·cra·tion [ˌkɒn(t)sɪ'kreɪʃən, AM ˌkɑ:n-] *n no pl* ❶ *(sanctification) of host* Weihe *f*
❷ *(ordination)* Ordination *f fachspr*

con·secu·tive [kən'sekjʊtɪv, AM -jət̬ɪv] *adj inv* ❶ *(following) days, months* aufeinanderfolgend, hintereinander; *numbers* fortlaufend; ***the third ~ weekend that I've spent working*** schon das dritte Wochenende, an dem ich arbeite; ***this is the fifth ~ night that I haven't slept*** ich habe jetzt schon fünf Nächte hintereinander nicht geschlafen
❷ LING ~ **clause** Konsekutivsatz *m fachspr*
❸ *(not simultaneous)* ~ **interpreting** Konsekutivdolmetschen *nt*

con·secu·tive·ly [kən'sekjʊtɪvli, AM -jət̬ɪv-] *adv* hintereinander; ~ **numbered** fortlaufend nummeriert

con·secu·tive quo·'ta·tion *n* STOCKEX fortlaufende Notierung *f* **con·secu·tive 'sen·tences** *npl* LAW mehrere nacheinander zu verbüßende Freiheitsstrafen

con·sen·sual [kən'sen(t)sjuəl, AM -'sen(t)ʃu-] *adj (form)* übereinstimmend; ~ **acts** LAW einverständlicher Verkehr; ~ **contract** Vertrag *m* im gegenseitigen Einvernehmen; ■ **to be** ~ in gegenseitigem Einvernehmen geschehen *geh*

con·sen·sus [kən'sen(t)səs] *n no pl* Übereinstimmung *f*, Konsens *m geh* (**among** unter +*dat*); **to be the general** ~ die allgemeine Meinung sein; **there is a** ~ **that ...** es besteht Einigkeit darüber, dass ...; **to reach a** ~ **on sth** sich *akk* in etw *dat* einigen

con·sen·sus ad 'idem *n* LAW Einmütigkeit *f*

con·'sen·sus poli·tics *n + sing vb* Politik *f* des Miteinander

con·sent [kən'sent] *(form)* **I.** *n no pl* Zustimmung *f*, Einwilligung *f*; **age of** ~ LAW ≈ Ehemündigkeitsalter *nt fachspr*; **by common** ~ nach allgemeiner Auffassung; **informed** ~ erklärtes Einverständnis; **by**

mutual ~ im gegenseitigen Einverständnis; **to give one's** ~ seine Zustimmung erteilen [*o* geben], seine Einwilligung geben; **to refuse** [*or* **withhold**] **one's** ~ seine Zustimmung verweigern

▸PHRASES: **silence means** ~ *(prov)* Schweigen bedeutet Zustimmung

II. *vi* ■**to** ~ **to sth** etw *dat* zustimmen, in etw *dat* einwilligen; **to** ~ **to a marriage** sein Einverständnis zu einer Heirat geben; ■**to** ~ **to do sth** einwilligen [*o* sich *akk* bereit erklären], etw zu tun; ■**to** ~ **to sb doing sth** seine Einwilligung dazu geben [*o* darin einwilligen], dass jd etw tut

con·sent·ing 'adult *n* mündiger Bürger/mündige Bürgerin

con·'sent judg·ment *n* LAW einverständlich beantragtes Urteil, Prozessvergleich *m* **con·'sent or·der** *n* LAW Beschluss *m* aufgrund der Zustimmung der beschwerten Partei

con·se·quence ['kɒn(t)sɪkwən(t)s, AM 'kɑːn(t)-] *n* ① *(result)* Folge *f*, Konsequenz *f*; ***look at the ~s!*** schau dir das Resultat an!; **disastrous ~s** katastrophale [*o* verheerende] Folgen; **to accept** [*or* **face**] **the ~s** die Konsequenzen tragen müssen [*o* auf sich *akk* nehmen]; **to bear** [*or* **suffer**] [*or* **take**] **the ~s** die Konsequenzen tragen; **to have ~s for sb/sth** Konsequenzen für jdn/etw haben; **as a** ~ folglich, daher; **as a** ~ **of sth** als Folge einer S. *gen;* **in** ~ folglich; **in** ~ **of sth** infolge einer S. *gen;* **in** ~ **of which** infolgedessen

② *no pl (significance)* Bedeutung *f*; *(importance)* Wichtigkeit *f*; **of no/some** ~ ([*un*]*important*) unwichtig/wichtig; ([*in*]*significant*) unbedeutend/bedeutend; ***she is a woman of no*** ~ sie hat nichts zu sagen; **nothing of** [**any**] ~ nichts Besonderes [*o* von Bedeutung]

con·se·quent ['kɒn(t)sɪkwənt, AM 'kɑːn(t)-] *adj attr* daraus folgend [*o* resultierend]; ***our use of harmful chemicals and the ~ damage to the environment is ...*** dass wir schädliche Chemikalien benutzen und damit unsere Umwelt zerstören, ist ...

con·se·quen·tial [ˌkɒn(t)sɪ'kwen(t)ʃəl, AM ˌkɑːn(t)-] *adj* ① *see* **consequent**
② LAW folgerichtig
③ *(important)* wichtig

con·se·quen·tial·ly [ˌkɒn(t)sɪ'kwen(t)ʃəli, AM ˌkɑːn(t)-] *adv* folgerichtig, demzufolge

con·se·quent·ly ['kɒn(t)sɪkwəntli, AM 'kɑːn(t)-] *adv* folglich, infolgedessen

con·serv·an·cy <*pl* -ies> [kən'sɜːvən(t)si, AM -sɜːr-] *n* ① *(council)* Schutzbehörde, Instandhaltungsbehörde; **the Nature C~ Council** die Naturschutzbehörde
② *no pl (conservation)* Erhaltung *f*, Bewahrung *f*

con·ser·va·tion [ˌkɒn(t)sə'veɪʃən, AM ˌkɑːn(t)sɚ-] **I.** *n no pl (protection)* Schutz *m*; *(preservation)* Erhaltung *f*; ~ **of energy/reserves/resources** Erhaltung *f* von Energie/Reserven/Ressourcen; **wildlife** ~ Schutz *m* frei lebender Tiere

II. *n modifier* ~ **area** Naturschutzgebiet *nt;* ~ **technology** Umweltschutztechnik *f*

con·ser·va·tion·ist [ˌkɒn(t)sə'veɪʃənɪst, AM ˌkɑːn(t)sɚ-] **I.** *n* Umweltschützer(in) *m(f)*, Naturschützer(in) *m(f)*

II. *adj attr, inv* Umweltschutz-; ~ **groups** Umweltschutzgruppen *pl*

con·ser·'va·tion law *n* SCI Erhaltungssatz *m*

con·serva·tism [kən'sɜːvətɪzəm, AM -'sɜːr-] *n no pl* ① *(conservative attitude)* konservative Einstellung
② POL ■**C~** Konservatismus *m*

con·serva·tive [kən'sɜːvətɪv, AM -'sɜːrvət̬ɪv] **I.** *adj* ① *(in dress, opinion)* konservativ; **to be** ~ **in one's views** in seinen Ansichten konservativ sein; **to be a** ~ **dresser** konservativ gekleidet sein
② *(low)* zurückhaltend, vorsichtig; ~ **estimate** vorsichtige Schätzung
③ POL ■**C~** konservativ; ***did you vote C~ ?*** haben Sie die Konservativen gewählt?; **the C~ Party** die Konservative Partei; REL **C~ Judaism** der konservative Judaismus

II. *n* POL ■**C~** Konservative(r) *f(m)*; **a staunch C~** ein überzeugter [*o* loyaler] Konservativer

con·serva·tive·ly [kən'sɜːvətɪvli, AM -'sɜːrvət̬ɪv-] *adv* konservativ; *estimate* vorsichtig

con·serva·toire [kən'sɜːvətwɑːʳ] *n* BRIT Konservatorium *nt*

con·ser·va·tor [kən'sɜːrvət̬ɚ] *n* AM ECON, FIN Vormund *m*

con·serva·tory [kən'sɜːvətri, AM -'sɜːrvətɔːri] *n* ① *(for plants)* Wintergarten *m*
② MUS Konservatorium *nt*

con·serve **I.** *vt* [kən'sɜːv, AM -'sɜːrv] ■**to** ~ **sth** ① *(save)* etw sparen; **to** ~ **energy** Energie sparen; **to** ~ **one's strength** seine Kräfte schonen
② *(maintain)* etw erhalten [*o* bewahren]; *(protect)* etw schützen

II. *n* [kən'sɜːv, AM 'kɑːnsɜːrv] Eingemachtes *nt kein pl;* **apricot/strawberry** ~ eingemachte Aprikosen/Erdbeeren

con·sid·er [kən'sɪdəʳ, AM -ɚ] *vt* ① *(contemplate)* ■**to** ~ **sth** über etw *akk* nachdenken, sich *dat* etw *akk* überlegen; ***well, I'll consider it*** ich lasse es mir durch den Kopf gehen; ■**to** ~ **sb/sth for sth** jdn/etw für etw *akk* in Erwägung ziehen; **to be ~ed for a job** für einen Job in Erwägung gezogen werden; ■**to** ~ **doing sth** daran denken [*o* sich *akk* mit dem Gedanken tragen], etw zu tun; ■**to** ~ **how/what/where/why ...** darüber nachdenken [*o* sich *dat* überlegen], wie/was/wo/warum ...
② *(look at)* ■**to** ~ **sb/sth** jdn/etw betrachten; *(think of)* ■**to** ~ **sth/sb** an etw/jdn denken; *(take into account)* ■**to** ~ **sth** etw bedenken [*o* berücksichtigen]; ***you've got to ~ the time factor*** Sie dürfen den Zeitfaktor nicht aus dem Auge verlieren; **all things ~ed** alles in allem
③ *(regard as)* ■**to** ~ **sb/sth** [**as** [*or* **to be**]] **sth** jdn/etw für etw *akk* halten, jdn/etw als etw *akk* betrachten; ***I ~ it a compliment/an honour/an insult ...*** ich betrachte es als Kompliment/Ehre/Beleidigung...; ~ ***yourself at home*** fühlen Sie sich wie zu Hause; ~ ***yourself sacked!*** betrachten Sie sich als entlassen!; ***do you ~ her trustworthy?*** denkst du, man kann ihr vertrauen?; ~ ***it done!*** schon erledigt! *fam;* **to** ~ **sb a genius** jdn für ein Genie halten; **to** ~ **oneself lucky that ...** sich *akk* glücklich schätzen können, dass ...; ■**to be ~ed** [**to be**] **sth** als etw gelten; ■**to** ~ **that ...** denken [*o* der Meinung sein], dass ...

con·sid·er·able [kən'sɪdərəbl] *adj* erheblich, beträchtlich

con·sid·er·ably [kən'sɪdərəbli] *adv* erheblich, beträchtlich; *(rather)* ziemlich

con·sid·er·ate [kən'sɪdərət] *adj* rücksichtsvoll; *(attentive)* aufmerksam; ■**to be** ~ **towards sb** gegenüber jdm rücksichtsvoll sein

con·sid·er·ate·ly [kən'sɪdərətli] *adv* rücksichtsvoll, bedachtsam

con·sid·era·tion [kənˌsɪdər'eɪʃən] *n* ① *no pl (thought)* Überlegung *f*; **after careful** ~ nach reiflicher Überlegung; **on careful** ~ **of sth** nach sorgfältiger Prüfung einer S. *gen;* **to deserve** [*or* **need**] [*or* **require**] ~ der Überlegung bedürfen *geh;* **to give sth one's** ~ [*or* ~ **to sth**] etw in Erwägung [*o* Betracht] ziehen; ■**to be under** ~ geprüft werden
② *no pl (account)* **to take sth into** ~ etw berücksichtigen [*o* bedenken], etw in Betracht ziehen
③ *(factor)* Gesichtspunkt *m*, Faktor *m;* **to be motivated by political ~s** von politischen Überlegungen motiviert sein
④ *no pl (regard)* Rücksicht *f*; ***you've got no ~ for others!*** du denkst immer nur an dich!; **out of/without** ~ **for sb/sth** aus/ohne Rücksicht auf jdn/etw
⑤ *(dated or hum: payment)* **for a modest** [*or* **small**] ~ gegen ein geringes Entgelt
⑥ LAW Gegenleistung *f*; **executed** ~ erbrachte Gegenleistung; **executory** ~ wechselseitiges Leistungsversprechen

▸PHRASES: **in** ~ **of sth** als Dank für etw *akk*

con·sid·ered [kən'sɪdəd, AM -ɚd] *adj* ① *opinion* wohl überlegt; ***it's my ~ opinion that ...*** wenn ich es mir recht überlege, finde ich, dass ...
② *(respected)* **well/highly** ~ [hoch] geachtet

con·sid·er·ing [kən'sɪdərɪŋ] **I.** *prep* ■~ **sth ...** wenn man etw *akk* bedenkt ...; ~ ***her fear of heights ...*** wenn man bedenkt, unter welcher Höhenangst sie leidet, ...; ■~ **how/what ...** wenn man bedenkt, wie/was ...

II. *conj* ■~ **that ...** wenn man bedenkt, dass ..., dafür, dass ...; ***her figure is wonderful ~*** [***that***] ***she eats so much chocolate*** dafür, dass sie so viel Schokolade isst, hat sie eine wundervolle Figur

III. *adv* ① *(all in all)* alles in allem; *(really)* eigentlich; ***he did very well in the course,*** ~ alles in allem hat er den Kurs gut abgeschlossen; ***Harry wasn't feeling too bad,*** ~ eigentlich fühlte sich Harry gar nicht so schlecht
② *(esp hum fam: surprisingly)* in Anbetracht der Umstände

con·sign [kən'saɪn] *vt (form)* ① *(send)* ■**to** ~ **sth to sb** etw an jdn senden; **to** ~ **goods/articles to sb** Waren/Artikel an jdn verschicken [*o* versenden]
② *(place)* **to** ~ **sb to sb's care** jdn in jds Obhut geben; **to be ~ed to the care of sb** unter jds Obhut stehen; **to be ~ed to poverty/oblivion** in Armut/Vergessenheit geraten; **to be ~ed to prison** ins Gefängnis kommen

con·signee [ˌkɒnsaɪ'niː, AM ˌkɑːn-] *n (form)* Empfänger(in) *m(f)*, Konsignatar *m*, Konsignatär *m fachspr*

con·sign·er [kən'saɪnəʳ, AM -ɚ] *n (form)* Absender(in) *m(f)*, Konsignant *m fachspr*

con·sign·ment [kən'saɪnmənt] *n* ① *(goods being delivered)* Warensendung *f*
② *no pl* ECON **on** ~ in Kommission; **goods on** ~, ~ **goods** Kommissionswaren *pl;* **to ship sth on** ~ in Konsignation liefern *fachspr*
③ *no pl (placing)* ***her ~ to prison was reported in detail by the press*** die Presse hat ausführlich darüber berichtet, wie sie ins Gefängnis kam

con·'sign·ment note *n* Frachtbrief *m* **con·'sign·ment stock** *n* FIN Konsignationslager *nt*

con·sign·or [kən'saɪnəʳ, AM -ɚ] *n* COMM Absender(in) *m(f)*, Konsignant *m fachspr*

con·sist [kən'sɪst] *vi* ① *(comprise)* ■**to** ~ **of sth** aus etw *dat* bestehen
② *(form: derive from)* ■**to** ~ **in sth** in etw *dat* bestehen; ***the beauty of air travel ~s in its speed and ease*** das Schöne am Fliegen ist die Schnelligkeit und Bequemlichkeit; ***for her, happiness ~s in ...*** für sie besteht Glück darin, ...

con·sist·en·cy [kən'sɪstən(t)si] *n no pl* ① *(firmness)* Konsistenz *f*; ***melt the chocolate to a pouring ~*** die Schokolade zum Schmelzen bringen, bis sie flüssig wird
② *no pl (constancy)* Beständigkeit *f*, Konsistenz *f geh;* **sth lacks** ~ etw *dat* mangelt es an Konsistenz *geh*
③ *(logic)* Folgerichtigkeit *f*
④ *no pl (in principles, aims)* Konsequenz *f*

con·'sist·en·cy check *n* COMPUT Konsistenzprüfung *f*

con·sist·ent [kən'sɪstənt] *adj* ① *(compatible)* ■**to be** ~ **with sth** mit etw *dat* vereinbar sein; *(in correspondence)* mit etw *dat* übereinstimmen, etw *dat* entsprechen
② *(steady)* beständig; *way of doing sth* gleich bleibend; *improvement* stetig, ständig; *(in uniform manner)* einheitlich
③ *(logical)* folgerichtig; **a** ~ **explanation** eine logische Erklärung
④ *(in agreement with principles, aims)* konsequent

con·sist·ent·ly [kən'sɪstəntli] *adv* ständig

con·so·la·tion [ˌkɒnsə'leɪʃən, AM ˌkɑːn-] *n* ① *no pl (comfort)* Trost *m*; ***that's little*** [*or* ***not much***] ***~!*** *(iron)* das ist ein schwacher Trost! *iron;* ***my ~ is that ...*** was mich tröstet ist, dass ...; **if it's** [**of**] **any ~, ...** wenn es ein Trost für dich ist, ...; ***it was some ~ to him to know that ...*** es war tröstlich für ihn zu wissen, dass ...; **there is** [**some**]**/no** ~ **in doing sth** es ist ein Trost [*o* tröstlich]/kein Trost, etw zu tun; **there is** ~ **in knowing that ...** es ist tröstlich [*o* ein Trost] zu wissen, dass ...; **for** ~ zum Trost
② *no pl (act of consoling)* Trösten *nt;* **to offer**

words of ~ Worte des Trostes [*o* tröstende Worte] spenden
❸ *(comforter)* **as a ~ for sth** als Trost [*o hum* Trostpflaster] für etw *akk*
❹ *(support)* Trost *m,* Stütze *f;* **to be a ~ to sb** ein Trost *m* für jdn sein

con·so·'la·tion prize *n* Trostpreis *m*

con·sola·tory [kən'sɒlətᵊri, AM -'sɑːlətɔːri] *adj* tröstend; **~ letter** Trostbrief *m*

con·sole¹ [kən'səʊl, AM -'soʊl] *vt* ■**to ~ sb/oneself** [**with sth**] jdn/sich [mit etw *dat*] trösten; ■**to ~ sb for/on sth** jdn über etw *akk* hinwegtrösten; **to ~ oneself with the thought that ...** sich *akk* mit dem Gedanken trösten, dass ...

con·sole² ['kɒnsəʊl, AM 'kɑːnsoʊl] *n* ❶ *(control desk)* Schaltpult *nt; (control panel)* Kontrollpult *nt*
❷ COMPUT Konsole *f*

con·soli·date [kən'sɒlɪdeɪt, AM -'sɑːlə-] **I.** *vi* ❶ *(improve)* sich *akk* festigen [*o geh* konsolidieren]
❷ *(unite)* sich *akk* zusammenschließen [*o* vereinigen]
❸ STOCKEX *(remain unchanged) price of stock* konsolidieren
II. *vt* ■**to ~ sth** ❶ *(improve)* etw festigen [*o geh* konsolidieren]; **to ~ a firm's position in the market** die Marktposition einer Firma konsolidieren *geh;* **to ~ one's hold on sth** seinen Einfluss auf etw *akk* festigen; **to ~ sb's relationship** jds Beziehung festigen
❷ *(unite)* etw vereinigen
❸ LAW etw vereinfachen, schon bestehende Gesetze verbinden

con·soli·dat·ed [kən'sɒlɪdeɪtɪd, AM -'sɑːlədeɪṭ-] *adj* vereint, konsolidiert *fachspr;* **the ~ power of a company** die geballte Macht eines Unternehmens

con·soli·dat·ed ac·'count·ing *n no pl* FIN Konzernrechnungslegung *f* **con·soli·dat·ed ac·'counts** *n* ECON Konzernabschluss *m* **con·soli·dat·ed 'bal·ance sheet** *n* ECON konsolidierte Bilanz, Konzernbilanz *f* **con·soli·dat·ed 'com·pa·nies** *npl* Konsolidierungskreis *m* **con·soli·dat·ed fi·'nan·cial state·ment** *n* FIN Konzernabschluss *m* **con·soli·dat·ed 'fund** *n* BRIT FIN konsolidierter Staatsfonds *fachspr* **con·soli·dat·ed 'in·come state·ment** *n* FIN Konzernertragsrechnung *f,* Konzern-Gewinn-und-Verlust-Rechnung *f* **con·soli·dat·ed 'prof·it** *n* FIN Konzerngewinn *m* **con·soli·dat·ed prof·it and 'loss ac·count** *n* ECON konsolidierte Gewinn- und Verlustrechnung, Gewinn- und Verlustrechnung *f* eines Konzerns **con·soli·dat·ed 'stock** *n* ECON, FIN *see* **consols**

Con·soli·dat·ing Act [kən'sɒlɪdeɪtɪŋ-, AM -'sɑːlədeɪṭ-] *n* LAW Kodifizierungsgesetz *nt*

con·soli·da·tion [kənˌsɒlɪ'deɪʃᵊn, AM -ˌsɑːlə-] *n no pl* ❶ *(improvement)* Festigung *f,* Konsolidierung *f*
❷ *(merging) companies* Fusion *f,* Zusammenschluss *m; (company)* konsolidierte Unternehmensgruppe
❸ FIN *(investing)* Konsolidierung *f*
❹ LAW Kodifikation *f; (hearing proceedings together)* Verbindung *f,* Zusammenfassung *f*

con·soli·'da·tion course *n* ECON Konsolidierungskurs *m*

con·sols [kən'sɒlz] *npl* BRIT ECON, FIN Konsols *pl,* konsolidierte Staatsanleihen *pl*

con·som·mé [kən'sɒmeɪ, AM ˌkɑːn(t)sə'meɪ] *n no pl* Kraftbrühe *f,* Consommé *f o nt,* Bouillon *f* SCHWEIZ

con·so·nance ['kɒn(t)sᵊnən(t)s, AM 'kɑːn(t)-] *n no pl* ❶ MUS Konsonanz *f fachspr*
❷ *(fig form: harmony)* ■**~ between sth** Einklang *m* [*o* Harmonie *f*] zwischen etw *dat; (correspondence)* **in ~ with sth** in Einklang *geh* [*o* Übereinstimmung] mit etw *dat*

con·so·nant ['kɒn(t)sᵊnənt, AM 'kɑːn(t)-] **I.** *n* Konsonant *m*
II. *adj* ■**to be ~ with sth** in Einklang mit etw *dat* sein *geh,* mit etw *dat* übereinstimmen

con·so·nan·tal [ˌkɒnsᵊn'æntᵊl, AM ˌkɑːnsə'nænṭᵊl] *adj inv* LING konsonantisch *fachspr*

con·sort I. *vi* [kən'sɔːt, AM -'sɔːrt] ■**to ~ together** miteinander verkehren; ■**to ~ with sb** mit jdm verkehren
II. *n* ['kɒnsɔːt, AM 'kɑːnsɔːrt] Gemahl(in) *m(f) geh,* Gatte, Gattin *m, f geh;* **prince ~** Prinzgemahl *m geh*

con·sor·tia [kənˌsɔːtiə, AM -'sɔːrṭiə] *n pl of* **consortium**

con·sor·tium <*pl* -s *or* -tia> [kənˌsɔːtiəm, *pl* -tiə, AM -'sɔːrṭiəm, *pl* -ṭiə] *n* ❶ ECON Konsortium *nt fachspr;* **~ of banks** Bankenkonsortium *nt;* **~ of companies** Firmenkonsortium *nt fachspr,* Firmengruppe *f;* **to form a ~** ein Konsortium bilden
❷ LAW Recht *nt* der ehelichen Gemeinschaft

con·'sor·tium agree·ment *n* FIN Konsortialvertrag *m* **con·'sor·tium bank** *n* FIN Konsortialbank *f* **con·sor·tium 'lead·er** *n* FIN Konsortialführer(in) *m(f)*

con·spicu·ous [kən'spɪkjuːəs] *adj (noticeable)* auffallend; *(clearly visible)* unübersehbar; *person, behaviour, colour, clothes* auffällig; **to be ~ by one's absence** *(esp hum)* durch Abwesenheit glänzen *esp hum;* **~ beauty** außergewöhnliche Schönheit; **~ figure** exzellente Figur; **to look ~** auffallen

con·spicu·ous con·'sump·tion *n* Prestigekauf *m,* Geltungskonsum *m*

con·spicu·ous·ly [kən'spɪkjuːəsli] *adv (noticeably)* auffallend; *(clearly visible)* deutlich sichtbar

con·spicu·ous·ness [kən'spɪkjuːəsnəs] *n no pl* Auffälligkeit *f;* ***the ~ of her white hat was really embarrassing*** es war schon direkt peinlich, wie ihr weißer Hut einem ins Auge stach

con·spira·cy [kən'spɪrəsi] *n* ❶ *no pl (secret planning)* Konspiration *f geh,* Verschwörung *f;* **~ to defraud** LAW Verabredung *f* zum Betrug *fachspr;* **~ to murder** Mordkomplott *nt*
❷ *(plot)* Komplott *nt,* Verschwörung *f* (**against** gegen +*akk*); ***there was a ~ to keep me out of the group*** es gab eine Verschwörung, mich aus der Gruppe rauszuhalten; **there is a ~ of silence about sth** [über etw *akk*] herrscht verabredetes Stillschweigen

con·'spira·cy theo·ry *n* Verschwörungstheorie *f*

con·spira·tor [kən'spɪrətəʳ, AM -əṭɚ] *n* Verschwörer(in) *m(f)*

con·spira·to·rial [kənˌspɪrə'tɔːriəl] *adj* verschwörerisch; **to exchange ~ glances** verschwörerische Blicke austauschen

con·spira·to·rial·ly [kənˌspɪrə'tɔːriəli] *adv* verschwörerisch; **to whisper ~** verschwörerisch tuscheln

con·spire [kən'spaɪəʳ, AM -'spaɪɚ] *vi (also fig)* sich *akk* verschwören; ■**to ~** [**together**] **to do sth** heimlich planen, etw zu tun; ■**to ~ against/with sb** sich *akk* gegen jdn/mit jdm verschwören; *(fig)* ***the weather had ~d to ruin their day*** das Wetter hatte sich gegen sie verschworen

con·sta·ble ['kʌn(t)stəbl] *n* BRIT Polizist(in) *m(f),* [Polizei]wachtmeister(in) *m(f);* **police ~** Polizist *m;* **woman police ~** Polizistin *f*

con·stabu·lary [kən'stæbjʊlᵊri] *n* + *sing/pl vb* BRIT Polizei *f kein pl*

con·stan·cy ['kɒn(t)stən(t)si, AM 'kɑːn(t)-] *n no pl (form: being unchanging)* Beständigkeit *f; of feelings* Unveränderlichkeit *f; (loyalty, faithfulness)* Treue *f; (perseverance)* ~ [**of purpose**] Ausdauer *f*

con·stant ['kɒn(t)stənt, AM 'kɑːn(t)-] **I.** *n* MATH, PHYS Konstante *f fachspr,* konstante Größe *fachspr;* ***the fundamental ~s in life are birth and death*** Geburt und Tod sind die Grundkonstanten des Lebens
II. *adj attr* ❶ *(continuous)* dauernd, ständig, permanent; ***we had ~ rain*** es hat ununterbrochen geregnet; **~ bickering** unaufhörliches Gezänk; **~ chatter** permanentes Schwatzen; **~ noise** ständiger Lärm; **to have ~ pain** ständigen Schmerzen ausgesetzt sein; **~ scrutiny** Routineüberprüfungen *pl;* **~ shelling** ununterbrochene Bombardierung; **~ surveillance** regelmäßige Überwachung
❷ *(unchanging)* beständig, gleich bleibend; *feelings* immer während; **~ amount/level** konstante Menge/konstantes Niveau; **~ support** unablässige Unterstützung; **~ temperature** gleich bleibende [*o* konstante] Temperatur
❸ *(loyal)* treu
❹ *(frequent)* fortwährend, unaufhörlich; **to be in ~ trouble with sb** ständig Probleme mit jdm haben; **~ use** ständiger Gebrauch

con·stant 'is·sue *n* FIN Daueremission *f*

con·stant·ly ['kɒn(t)stəntli, AM 'kɑːn(t)-] *adv inv* ständig, dauernd, permanent; **to bicker ~** sich *akk* ununterbrochen zanken; **to complain ~** sich *akk* ständig beklagen

con·stel·la·tion [ˌkɒn(t)stə'leɪʃᵊn, AM 'kɑːn(t)-] *n* ASTROL, ASTRON Sternbild *nt,* Konstellation *f fachspr*

con·ster·na·tion [ˌkɒn(t)stə'neɪʃᵊn, AM ˌkɑːn(t)stɚ'-] *n no pl* Bestürzung *f;* **a look of ~** eine bestürzte Miene; ***a look of ~ crossed his face*** er machte ein bestürztes Gesicht; **to cause ~** Bestürzung hervorrufen; **to fill sb with ~** jdn bestürzen; **in ~** bestürzt; ■**to sb's ~** zu jds Bestürzung, mit Bestürzung

con·sti·pate ['kɒn(t)stɪpeɪt, AM 'kɑːn(t)stə-] *vt* MED ■**to ~ sb** bei jdm zu Verstopfung führen; ***that will ~ me*** davon bekomme ich Verstopfung

con·sti·pat·ed ['kɒn(t)stɪpeɪtɪd, AM 'kɑːn(t)stəpeɪṭɪd] *adj* verstopft; **to be/become** [*or* **get**] **~** [eine] Verstopfung haben/bekommen; **mentally ~** *(fig)* gehemmt

con·sti·pa·tion [ˌkɒn(t)stɪ'peɪʃᵊn, AM ˌkɑːn(t)stə-] *n no pl* Verstopfung *f,* Obstipation *f fachspr*

con·stitu·en·cy [kən'stɪtjuən(t)si, AM -'stɪtʃu-] *n* ❶ POL *(area)* Wahlkreis *m; (voters also)* Wählerschaft *f* eines Wahlkreises
❷ + *sing/pl vb (supporters)* Anhängerschaft *f*

con·stitu·ent [kən'stɪtjuənt, AM -'stɪtʃu-] **I.** *n* ❶ *(voter)* Wähler(in) *m(f)*
❷ *(part)* Bestandteil *m;* **basic** [*or* **essential**] **~s** Grundbestandteile *pl;* **main ~s** Hauptbestandteile *pl*
II. *adj attr, inv* ❶ *(component)* einzeln, bildend, konstituierend *geh;* **the council's ~ members** die einzelnen Ratsmitglieder; **~ part** Bestandteil *m;* **the ~ parts of a sentence** die einzelnen Satzteile
❷ *(voting)* wählend
❸ POL *assembly, meeting* konstituierend *fachspr*

con·sti·tute ['kɒn(t)stɪtjuːt, AM 'kɑːn(t)stətuːt] *vt* ■**to ~ sth** ❶ *(make up)* etw ausmachen; ***women ~ about ten percent of Parliament*** etwa zehn Prozent der Parlamentsmitglieder sind Frauen
❷ *(form: be)* etw sein; **to ~ a threat to sth** eine Bedrohung für etw *akk* darstellen [*o* sein]
❸ *(establish)* etw einrichten

con·sti·tu·tion [ˌkɒn(t)stɪ'tjuːʃᵊn, AM ˌkɑːn(t)stə'tuː-] *n* ❶ *(structure)* Zusammensetzung *f;* **genetic ~** genetische Struktur
❷ POL Verfassung *f;* **written/unwritten ~** geschriebene/ungeschriebene Verfassung; **under the ~** nach der Verfassung
❸ *(health)* Konstitution *f,* Verfassung *f;* **to have a strong/weak ~** eine gute/schwache Konstitution haben
❹ *no pl (establishment)* Einrichtung *f*
❺ LAW Satzung *f,* Statut *nt*

con·sti·tu·tion·al [ˌkɒn(t)stɪ'tjuːʃᵊnᵊl, AM ˌkɑːn(t)stə'tuː-] **I.** *adj* ❶ POL konstitutionell *fachspr,* verfassungsmäßig; **~ amendment** Verfassungsänderung *f;* **~ democracy/monarchy** konstitutionelle Demokratie/Monarchie *fachspr;* **~ law** Verfassungsrecht *nt;* **~ lawyer** ein auf Verfassungsrecht spezialisierter Jurist; **~ monarch** konstitutioneller Monarch *fachspr;* **~ right** Grundrecht *nt;* **to be not ~** verfassungswidrig sein; ■**it is not ~ to do sth** es ist verfassungswidrig, etw zu tun
❷ *(physical)* konstitutionell *fachspr,* körperlich bedingt; **~ weakness** körperlich bedingte Schwäche
II. *n (hum dated)* Spaziergang *m;* **to go on one's ~** seinen Spaziergang machen

con·sti·tu·tion·al 'for·mu·la <*pl* -e *or* -s> *n* CHEM Strukturformel *f*

con·sti·tu·tion·al·ity [ˌkɑːn(t)stətuːʃᵊn'æləṭi] *n no pl* AM Verfassungsmäßigkeit *f;* **to challenge** [*or* **question**] **the ~ of a law** die Verfassungsmäßigkeit eines Gesetzes infrage stellen

con·sti·tu·tion·al·ize [ˌkɒn(t)stɪ'tjuːʃᵊnᵊlaɪz, AM ˌkɑːn(t)stə'tuːʃᵊnəl-] *vt* ■**to ~ sth** etw in der Verfassung verankern

con·sti·tu·tion·al·ly [ˌkɒn(t)stɪ'tjuːʃᵊnᵊli, AM

ˌkɑːn(t)stəˈtuː-] *adv* 1 POL verfassungsgemäß
2 *(physically)* konstitutionell *fachspr,* körperlich; ***he's just ~ weak*** er hat einfach eine schwache Konstitution; *(fig hum: by nature)* von Natur aus

Con·sti·tu·tion 'Stat·er *n* Bewohner(in) *m(f)* Connecticuts

con·strain [kənˈstreɪn] *vt* 1 *(restrict)* ■**to ~ sth** etw einschränken; **to ~ the development/progress of sth** die Entwicklung/den Fortschritt einer S. *gen* bremsen
2 *(compel)* ■**to ~ sb** jdn zwingen
3 *(liter: imprison)* ■**to ~ sb** jdn inhaftieren

con·strained [kənˈstreɪnd] *adj* 1 *(compelled)* **to feel ~ to do sth** sich *akk* gezwungen [*o* genötigt] fühlen, etw zu tun; ***don't feel ~ to do what he says*** lass dich von ihm nicht unter Druck setzen
2 *(stiff)* gezwungen, steif; *laugh* unnatürlich

con·straint [kənˈstreɪnt] *n* 1 *(compulsion)* Zwang *m;* **the ~ of politeness** das Gebot der Höflichkeit; **under ~** unter Zwang
2 *(restriction)* Beschränkung *f,* Einschränkung *f; (hindrance)* Behinderung *f;* **to impose ~s on sb/sth** jdm/etw Beschränkungen auferlegen *geh,* jdn/etw einschränken; **to place ~s on sth** etw *dat* Zwänge auferlegen
3 *no pl (form: stiffness)* Gezwungenheit *f; (awkwardness)* Befangenheit *f;* **without ~** ungezwungen

con·strict [kənˈstrɪkt] **I.** *vt* 1 *(narrow)* ■**to ~ sth** *muscle* etw verengen; *(squeeze)* ■**to ~ sth** etw einschnüren
2 *(hinder)* ■**to ~ sth** etw behindern; **to ~ sb's movements** jds Bewegungsfreiheit einschränken
3 *(restrict)* **to ~ sb** [*or* **sb's lifestyle**] jdn beengen [*o* einengen] [*o* einschränken]
II. *vi* sich *akk* zusammenziehen; ***he felt his throat ~*** er fühlte, wie es ihm die Kehle zu[sammen]schnürte

con·stric·tion [kənˈstrɪkʃᵊn] *n* 1 *no pl (narrowing)* Verengung *f; (squeezing)* Einschnüren *nt; (tightness)* Enge *f;* ***he felt a ~ in his chest*** er hatte das Gefühl, dass ihm etwas die Brust einschnürte
2 *(hindrance)* Behinderung *f*
3 *usu pl (restriction)* Beschränkung *f,* Einschränkung *f*
4 *no pl (being restricted)* Beengtheit *f,* Enge *f*

con·stric·tive [kənˈstrɪktɪv] *adj* eng

con·stric·tor [kənˈstrɪktəʳ, AM -ɚ] *n* 1 *(boa)* Boa [constrictor] *f*
2 ANAT **~** [**muscle**] Schließmuskel *m*

con·struct I. *n* [ˈkɒnstrʌkt, AM ˈkɑːn-] Gedankengebäude *nt,* [gedankliches] Konstrukt *fachspr;* ***his reputation is largely a media ~*** sein Ruf ist weitgehend ein Ergebnis der Berichterstattung durch die Medien
II. *vt* [kənˈstrʌkt] 1 *(build)* ■**to ~ sth** etw bauen; **to ~ a dam** einen Damm errichten; ■**to ~ sth of/out of sth** etw aus etw *dat* bauen; ***the wall is ~ed of concrete*** die Wand ist aus Beton
2 *(develop)* ■**to ~ sth** etw entwickeln; **to ~ an argument/a story** ein Argument/eine Geschichte aufbauen; **to ~ a theory** eine Theorie entwickeln [*o* *geh* konstruieren]
3 LING **to ~ a sentence** einen Satz konstruieren *fachspr*

con·struc·tion [kənˈstrʌkʃᵊn] *n* 1 *no pl (act of building)* Bau *m;* ***a marvellous work of engineering and ~*** ein Meisterwerk der Ingenieur- und Baukunst; **~ costs** *pl* Baukosten *pl;* **the ~ industry** die Bauindustrie; **~ site** Baustelle *f;* **~ worker** Bauarbeiter(in) *m(f);* **to be under ~** im [*o* in] Bau sein; ***how long has the hotel been under ~?*** wie lange hat man an dem Hotel gebaut?
2 *(how sth is built)* Bauweise *f*
3 *object, machine* Konstruktion *f; (architectural feature)* Bau *m,* Bauwerk *nt; (building)* Gebäude *nt*
4 *(development)* Entwicklung *f*
5 LING Konstruktion *f fachspr;* **absolute/idiomatic ~** absolute/idiomatische Konstruktion *fachspr*
6 *(interpretation)* Interpretation *f,* Deutung *f;* **to put the wrong ~ on sb's actions** jds Vorgehen falsch verstehen [*o* deuten]

con·struc·tion·al [kənˈstrʌkʃᵊnəl] *adj* baulich; **~ plan** Bauplan *m;* **~ technique** Bauweise *f*

con·'struc·tion in·dus·try *n* Baugewerbe *nt,* Bauwirtschaft *f*

con·struc·tive [kənˈstrʌktɪv] *adj* 1 *(helpful)* konstruktiv *geh*
2 ARCHIT, TECH Bau-; **~ plans** Baupläne *pl*

con·struc·tive dis·'mis·sal *n* ECON durch Arbeitgeber herbeigeführte Kündigung durch den Arbeitnehmer **con·struc·tive 'knowl·edge** *n* LAW gesetzlich unterstellte Kenntnis

con·struc·tive·ly [kənˈstrʌktɪvli] *adv* konstruktiv *geh,* auf konstruktive Weise; ***use your energy a bit more ~*** setz mal deine Energie etwas sinnvoller ein

con·struc·tive 'no·tice *n* LAW zumutbare Kenntnis **con·struc·tive to·tal 'loss** *n* fingierter [*o* angenommener] Totalverlust **con·struc·tive 'trust** *n* LAW fingiertes Treuhandverhältnis

con·struc·tor [kənˈstrʌktəʳ, AM -ɚ] *n* TECH Konstrukteur(in) *m(f);* ARCHIT Erbauer(in) *m(f)*

con·strue [kənˈstruː] *vt* 1 *(form: interpret)* ■**to ~ sth as sth** etw als etw *akk* deuten; **to ~ sth as an apology** etw als eine Entschuldigung verstehen; **to ~ sth as indecision** etw als Unentschlossenheit auslegen; ■**to ~ sth to be sth** etw als etw *akk* auffassen
2 LING *(dated: analyse)* etw analysieren; **to ~ a sentence** einen Satz analysieren [*o* zerlegen]

con·sul [ˈkɒn(t)sᵊl, AM ˈkɑːn(t)-] *n* Konsul(in) *m(f)*

con·su·lar [ˈkɒn(t)sjuləʳ, AM ˈkɑːn(t)sjulɚ] *adj inv* konsularisch, Konsulats-; **in a ~ capacity** in der Eigenschaft als Konsul; **~ office** Konsulatsbüro *nt,* Amtszimmer *nt* des Konsuls

con·sulate [ˈkɒn(t)sjulət, AM ˈkɑːn(t)-] *n* 1 *(building)* Konsulat *nt*
2 **+ sing/pl vb** *(staff)* Konsulatsbelegschaft *f*

'con·su·late gen·er·al <*pl* consulates general> *n* Generalkonsulat *nt*

'con·sul gen·er·al <*pl* consuls general> *n* Generalkonsul(in) *m(f)*

con·sult [kənˈsʌlt] **I.** *vi* sich *akk* beraten; ■**to ~ with sb** sich *akk* mit jdm beraten; ■**to ~ with sb about sth** etw mit jdm besprechen, sich *akk* mit jdm über etw *akk* beraten
II. *vt* 1 *(ask)* ■**to ~ sb** [**about** [*or* **on**] **sth**] jdn [bezüglich einer S. *gen*] um Rat fragen; **to ~ a doctor/lawyer/specialist** einen Arzt/Anwalt/Spezialisten konsultieren *geh* [*o* zurate ziehen]
2 *(look at)* ■**to ~ sth** etw heranziehen [*o* zurate ziehen]; ***I'll ~ my diary*** ich seh mal in meinem Kalender nach; **to ~ a dictionary** in einem Wörterbuch nachschlagen; **to ~ a list/map** in einer Liste/auf einer Karte nachsehen; **to ~ the oracle** das Orakel befragen; **to ~ one's watch** auf die Uhr sehen
3 *(consider)* ■**to ~ sth** etw prüfen; **to ~ one's feelings/intuitions** auf sein Gefühl/seine Intuition hören; ***I have to ~ my feelings before ...*** ich muss erst mit mir zurate gehen, bevor ...

con·sul·tan·cy [kənˈsʌltᵊn(t)si] *n* 1 *no pl (advice)* Beratung *f*
2 *(firm)* Beratungsdienst *m;* **engineering ~** Ingenieurbüro *nt;* **financial ~** Finanzberater *m*

con·'sul·tan·cy agree·ment *n* Beratungsvertrag *m* **con·'sul·tan·cy com·pa·ny** *n* Beratungsgesellschaft *f* **con·'sul·tan·cy firm** *n* Unternehmensberatung *f*

con·sult·ant [kənˈsʌltᵊnt] *n* 1 *(adviser)* Berater(in) *m(f);* **computer ~** Computerexperte, -expertin *m, f,* Computerfachmann, -frau *m, f;* **management ~** Unternehmensberater(in) *m(f);* **public relations ~** PR-Berater(in) *m(f);* **tax ~** Steuerberater(in) *m(f);* ■**~** [**to sb**] **for** [*or* **on**] **sth** [jds] Berater(in) *m(f)* für etw *akk;* ***~ for foreign investments*** Investitionsberater(in) *m(f)*
2 BRIT MED Facharzt, -ärztin *m, f;* **cancer ~** Krebsspezialist(in) *m(f);* ■**~ in sth** Spezialist(in) *m(f)* in etw *dat*

con·sul·ta·tion [ˌkɒnsᵊlˈteɪʃᵊn, AM ˈkɑːn-] *n* 1 *no pl (advice)* Beratung *f,* Beratungsgespräch *nt* (**with** mit *+dat,* **on** über *+akk*); **to be in ~** [**with sb**] sich *akk* [mit jdm] beraten; **to decide on sth in ~ with sb** etw in Absprache mit jdm entscheiden
2 *(meeting)* Beratung *f,* Besprechung *f; with one's lawyer, accountant* Rücksprache *f* (**with** mit *+dat,* **about/on** über *+akk)*
3 MED Konsultation *f;* **to have a ~ with sb** jdn konsultieren

con·sul·ta·tive [kənˈsʌltətɪv, AM -t̬ət̬ɪv] *adj attr, inv* beratend, Beratungs-; ***she works for the firm in a ~ capacity*** sie arbeitet als Beraterin für die Firma; **~ committee** Beratungsgremium *nt*

con·sult·ing [kənˈsʌltɪŋ] *adj attr, inv* beratend

con·sult·ing 'ac·tu·ary *n* beratender Versicherungsmathematiker/beratende Versicherungsmathematikerin, Aktuar(in) *m(f)* **con·'sult·ing com·pa·ny** *n* Beratungsgesellschaft *f* **con·'sult·ing hours** *npl* Sprechstunde *f* **con·'sult·ing room** *n* Sprechzimmer *nt* **con·'sult·ing ser·vice** *n* Beratungsleistung *f*

con·sum·able [kənˈsjuːməbl̩, AM ˈsuː] *adj inv* verbrauchbar, Verbrauchs-; *(fig)* Gebrauchs-

con·sum·ables [kənˈsjuːməbl̩z, AM -ˈsuː-] *npl* Verbrauchsgüter *pl,* Konsumgüter *pl*

con·sume [kənˈsjuːm, AM -ˈsuːm] *vt* 1 *(eat, drink)* ■**to ~ sth** etw konsumieren [*o* zu sich *dat* nehmen]; *food also* etw verzehren; *(hum)* etw vertilgen *hum fam*
2 *(destroy)* ■**to ~ sth** *fire* etw zerstören [*o* vernichten]
3 *(obsess)* **to be ~d by anger** von unbändigem Zorn erfüllt sein; **to be ~d by envy/jealousy** vor Neid/Eifersucht [fast] vergehen; **to be ~d by greed/hatred/guilt** von Gier/Hass/Schuld erfüllt sein; **to be ~d by passion for sb** sich *akk* vor Leidenschaft nach jdm verzehren
4 *(use up)* ■**to ~ sth** etw verbrauchen; **to ~ energy/fuel** Energie/Benzin verbrauchen; **to ~ all one's money** sein ganzes Geld aufbrauchen
5 *(buy)* ■**to ~ sth** etw kaufen

con·sum·er [kənˈsjuːməʳ, AM -ˈsuːmɚ] **I.** *n* Verbraucher(in) *m(f),* Konsument(in) *m(f) fachspr;* **ultimate consumer** Endabnehmer(in) *m(f)*
II. *n modifier (advise, credit)* Verbraucher-; **~ demand** Nachfrage *f;* **~ legislation** Verbraucherschutzgesetze *pl;* **~ revolution** Veränderung *f* des Konsumverhaltens; **~ rights** Rechte *pl* des Verbrauchers

con·sum·er 'cred·it *n* Konsum[enten]kredit *m,* Kundenkredit *m,* Verbraucherkredit *m* **con·sum·er de·'mand** *n* Konsumnachfrage *f* **con·sum·er 'du·rables** *npl* Gebrauchsgüter *pl* **con·sum·er ex·'pendi·ture** *n no pl* Konsumausgabe *f* **con·sum·er 'goods** *npl* Gebrauchsgüter *pl*

con·sum·er·ism [kənˈsjuːmərɪzᵊm, AM -ˈsuːmɚɪ-] *n no pl* 1 *(protection)* Verbraucherschutz *m,* SCHWEIZ, ÖSTERR *a.* Konsumentenschutz *m*
2 *(pej: attitude)* Konsumdenken *nt;* **rampant ~** ausufernder Konsum

con·sum·er·ist [kənˈsjuːmerɪst, AM -ˈsuːmɚ-] *adj (pej)* Konsum-

con·sum·er non-'durable *n* Verbrauchsgut *nt* **con·sum·er 'pref·er·ence** *n* Konsumentenpräferenz *f,* Verbraucherpräferenz *f* **con·sum·er 'price in·dex** *n* AM, AUS Verbraucherpreisindex *m* **con·sum·er pro·'tec·tion** *n no pl* Verbraucherschutz *m,* SCHWEIZ *a.* Konsumentenschutz *m* **con·'sum·er sec·tor** *n* Konsumentensektor *m* **con·sum·er so·'ci·ety** *n* Konsumgesellschaft *f* **con·sum·er 'spend·ing** *n no pl* Konsumausgabe *f,* Verbrauchsausgabe *f*

con·sum·ing [kənˈsjuːmɪŋ, AM -ˈsuːm-] *adj attr, inv desire, passion* glühend, verzehrend *geh; ambition, interest* brennend

con·sum·mate I. *adj* [ˈkɒn(t)semət, kənˈsʌmət, AM ˈkɑːn(t)səmɪt] *attr (form)* vollendet, vollkommen; **~ athlete** Spitzensportler(in) *m(f);* **a ~ liar** ein ausgebuffter Lügner/eine ausgebuffte Lügnerin; **~ skill** unübertroffene Geschicklichkeit; **a ~ thief** ein Meisterdieb/eine Meisterdiebin
II. *vt* [ˈkɒn(t)səmeɪt, AM ˈkɑːn(t)sə-] *(form)* ■**to ~ sth** etw vollenden; **to ~ a marriage** LAW eine Ehe vollziehen

con·sum·mate·ly [kən'sʌmətli, AM 'kɑːnsəmɪtli] *adv* vollkommen, restlos

con·sum·ma·tion [ˌkɒn(t)sə'meɪʃᵊn, AM ˌkɑːn(t)sə'-] *n no pl (form)* ❶ *(completion)* Erfüllung *f; of a career* Höhepunkt *m*
❷ *of a marriage* Vollzug *m;* **non-~ of the marriage** Nichtvollzug *m* der Ehe

con·sump·tion [kən'sʌm(p)ʃᵊn] *n no pl* ❶ *(using up)* Verbrauch *m; (using)* Konsum *m;* **energy/fuel ~** Energie-/Benzinverbrauch *m*
❷ *(eating, drinking)* Konsum *m; of food also* Verzehr *m;* **fat ~** Verzehr *m* von Fettmachern; **to be unfit for human ~** nicht zum menschlichen Verzehr geeignet sein
❸ *(purchase)* Verkauf *m*
❹ *(use)* **for internal ~** zur internen Nutzung
❺ *no pl* MED *(dated)* Schwindsucht *f veraltet*

con·sump·tive [kən'sʌm(p)tɪv] *(dated)* **I.** *n* MED Schwindsüchtige(r) *f(m) veraltet*
II. *adj inv* MED schwindsüchtig *veraltet*

cont *adj abbrev of* **continued** Forts.

con·tact ['kɒntækt, AM 'kɑːn-] **I.** *n* ❶ *no pl (communication)* Kontakt *m,* Verbindung *f;* ***there isn't enough ~ between teachers and parents*** die Lehrer und Eltern tauschen sich nicht genügend aus; ***I'll get into ~ with him*** ich melde mich bei ihm; ***I couldn't get into ~ with him*** ich habe ihn nicht erreicht; **to have ~ with the [outside] world** Kontakt zur Außenwelt haben; **to be in ~ [with sb]** [mit jdm] in Verbindung stehen; **to establish** [*or* **make**]/**maintain** [*or* **stay in**] **~ with sb** mit jdm in Kontakt kommen/bleiben; **to keep in ~ with sb** den Kontakt zu jdm aufrechterhalten; **to lose ~ with sb** den Kontakt zu jdm verlieren; **to make ~ with sb** sich *akk* mit jdm in Verbindung setzen, Kontakt zu jdm aufnehmen; *on the phone* jdn [telefonisch] erreichen
❷ *(person)* ***I've got a ~ in a printing firm*** ich habe Verbindungen zu [*o* ich kenne da jemanden in] einer Druckerei; **business ~s** Geschäftskontakte *pl;* **international/professional/social ~s** internationale/berufliche/soziale Kontakte; ■ **~s** *pl (connections)* Beziehungen *pl;* ***you need ~s*** ohne Beziehungen geht nichts; **to build up ~s** Kontakte aufbauen; **to have ~s** Beziehungen [*o* Verbindungen] haben
❸ *(relationship)* Beziehung *f;* **to forge ~s with sb** mit jdm Kontakte eingehen
❹ *no pl (touch)* Kontakt *m;* **[physical] ~** Berührung *f;* ***have you come into ~ with anyone with chickenpox?*** hatten Sie Kontakt mit jemandem, der Windpocken hat?; **to be in/make ~ with sth** etw berühren; **to come into ~ with sth** *(also fig)* mit etw *dat* in Berührung kommen *a. fig;* ***don't let that glue come into ~ with your skin*** lassen Sie diesen Klebstoff nicht an Ihre Haut kommen; **on ~** bei Berührung
❺ ELEC Kontakt *m*
II. *vt* ■ **to ~ sb** sich *akk* mit jdm in Verbindung setzen; *(get to by phone)* jdn [telefonisch] erreichen; ***can I ~ you by phone?*** sind Sie telefonisch zu erreichen?; ***if there is any way we can be of assistance please do not hesitate to ~ us*** falls Sie Hilfe brauchen, setzen Sie sich einfach mit uns in Verbindung; ***you can ~ me on*** [*or* AM ***at***] ***123 456*** Sie erreichen mich unter der Nummer 123 456

con·tact·able [kən'tæktəbl̩] *adj* erreichbar; *on the phone* telefonisch erreichbar

'con·tact-break·er *n* ELEC Unterbrecher *m fachspr* **con·tact 'lens** *n* Kontaktlinse *f* **'con·tact man** *n* Kontaktperson *f,* V-Mann *m,* Verbindungsmann *m* **'con·tact num·ber** *n* Rufnummer *f* **'con·tact print** *n* Kontaktabzug *m* **'con·tact sheet** *n* Kontaktabzug *m* **'con·tact sport** *n Sportarten mit Körperkontakt wie z.B. American Football oder Rugby* **'con·tact vis·it** *n Besuch im Gefängnis, bei dem Körperkontakt erlaubt ist*

con·ta·gion [kən'teɪdʒᵊn] *n* ❶ *no pl* Ansteckung *f; (potential)* Ansteckungsgefahr *f;* **risk of ~** Ansteckungsgefahr *f*
❷ *(dated: disease)* ansteckende Krankheit
❸ *(bad influence)* schädlicher Einfluss

con·ta·gious [kən'teɪdʒəs] *adj* ❶ *disease* ansteckend, direkt übertragbar; *person* ansteckend; **a highly ~ infection** eine äußerst ansteckende Infektionskrankheit
❷ *emotion* ansteckend; ***her laughter is very ~*** ihr Lachen steckt alle an; **~ enthusiasm** ansteckende Begeisterung

con·tain [kən'teɪn] *vt* ■ **to ~ sth** ❶ *(hold, have, include)* etw enthalten; ***a file ~ing a lot of important documents*** ein Aktenordner mit zahlreichen wichtigen Informationen; ***try to avoid foods which ~ a lot of fat*** versuchen Sie allzu fette Nahrungsmittel zu vermeiden; ■ **to be ~ed in sth** in etw *dat* enthalten sein; ***the documents ~ed in the old box ...*** die Dokumente, die sich in der alten Schachtel befanden, ...
❷ *(limit)* etw in Grenzen halten; *(hold back)* etw aufhalten
❸ *(suppress)* etw zurückhalten; ■ **to ~ oneself** sich *akk* zurückhalten; ***she could barely ~ herself*** sie konnte kaum an sich halten

con·tain·er [kən'teɪnəʳ, AM -ɚ] *n* ❶ *(small)* Behälter *m,* Gefäß *nt;* **plastic ~** Plastikbehälter *m;* **unbreakable ~** unzerbrechliches Gefäß
❷ TRANSP *(large)* Container *m*

con·tain·er·ize [kən'teɪnᵊraɪz, AM -nəraɪz] *vt* ■ **to ~ sth** etw in Container verpacken

con·'tain·er ship *n* Containerschiff *nt*

con·tain·ment [kən'teɪnmənt] *n no pl* ❶ *(limit)* Eindämmung *f,* Begrenzung *f;* ***~ of crowd violence was the police's main concern*** das Hauptanliegen der Polizei war es, gewalttätige Ausschreitungen der Menge zu verhindern
❷ POL, MIL In-Schach-Halten *nt*

con·tami·nant [kən'tæmɪnənt] *n* Verunreinigung *f;* **to be free of ~s** keine Verunreinigungen enthalten

con·tami·nate [kən'tæmɪneɪt] *vt* ■ **to ~ sth** etw verschmutzen [*o* verunreinigen]; *food* etw verseuchen; *(with radioactivity, disease-causing agents)* etw verseuchen; *(poison)* etw vergiften

con·tami·nat·ed [kən'tæmɪneɪtɪd, AM -t̬ɪd] *adj* verschmutzt, verunreinigt; *food* verseucht; *(by radioactivity, by disease-causing agents)* verseucht; *(poisoned)* vergiftet; ***the spinach is ~ [by toxic chemicals]*** der Spinat weist chemische Rückstände auf

con·tami·na·tion [kənˌtæmɪ'neɪʃᵊn] *n no pl* Verunreinigung *f,* Verschmutzung *f; of food* Verseuchung *f; (by radioactivity, disease-causing agents)* Verseuchung *f; (by poison)* Vergiftung *f*

con·tan·go [kən'tæŋəʊ, AM -goʊ] *n no pl* ECON, FIN ❶ *(interest payment)* Reportgeschäft *nt;* **~ day** Reporttag *m*
❷ *(cash price)* Report *m*

contd *adj abbrev of* **continued** Forts.

con·temn·or [kən'temnəʳ, AM -ɚ] *n* LAW Störer(in) *m(f)* [der Ordnung] im Gerichtssaal

con·tem·plate ['kɒntəmpleɪt, AM 'kɑːn-] **I.** *vi* nachdenken
II. *vt* ■ **to ~ sth** ❶ *(gaze at)* etw betrachten
❷ *(consider)* etw erwägen [*o* in Erwägung ziehen]; *(reflect upon)* über etw *akk* nachdenken; **to ~ suicide** an Selbstmord denken; ***he would never ~ suicide*** Selbstmord käme für ihn niemals infrage; ■ **to ~ doing sth** erwägen [*o* mit dem Gedanken spielen], etw zu tun
❸ *(intend, have in mind)* an etw *akk* denken; ***it's too awful to ~*** schon der bloße Gedanke daran ist einfach schrecklich; ■ **to ~ doing sth** daran denken, etw zu tun

con·tem·pla·tion [ˌkɒntəm'pleɪʃᵊn, AM 'kɑːn-] *n no pl* ❶ *(gazing)* Betrachtung *f*
❷ *(thought)* Nachdenken *nt* (**of** über *+akk*); **to be lost in ~** in Gedanken versunken sein
❸ REL Besinnung *f,* Kontemplation *f geh;* ***the nuns have an hour set aside for silent ~ every morning*** die Nonnen haben jeden Morgen eine Stunde Zeit zur inneren Einkehr

con·tem·pla·tive [kən'templətɪv, AM -t̬-] *adj* ❶ *(reflective) mood* nachdenklich
❷ REL besinnlich; *life* beschaulich, kontemplativ *geh*

con·tem·pla·tive·ly [kən'templətɪvli, AM -t̬-] *adv* ❶ *(reflectively)* nachdenklich; ***he gazed out of the window ~*** er sah ganz in Gedanken versunken aus dem Fenster
❷ REL kontemplativ *geh,* besinnlich

con·tem·po·ra·neous [kənˌtempᵊr'eɪniəs] *adj (form)* aus derselben Zeit; *(occurring at the same time)* gleichzeitig stattfindend; ■ **to be ~** aus derselben Zeit stammen; *(ocurring at the same time)* gleichzeitig stattfinden

con·tem·po·ra·neous·ly [kənˌtempᵊr'eɪniəsli] *adv (form)* zur gleichen Zeit; ***the two authors lived ~*** die beiden Autoren waren Zeitgenossen

con·tem·po·rary [kən'tempᵊrᵊri, AM -pᵊreri] **I.** *n* ❶ *(from same period)* Zeitgenosse, -genossin *m, f;* **to be a ~ of sb** ein Zeitgenosse *m*/eine Zeitgenossin von jdm sein
❷ *(of same age)* Altersgenosse, -genossin *m, f*
II. *adj attr* ❶ *(from same period)* zeitgenössisch; **~ accounts** zeitgenössische Berichte
❷ *(modern)* modern, zeitgenössisch; ***it still has a ~ feel to it*** es könnte ebenso gut aus der heutigen Zeit stammen

con·tempt [kən'tem(p)t] *n no pl* ❶ *(scorn)* Verachtung *f* (**for** für *+akk*); *(disregard)* Geringschätzung *f* (**for** *+gen*); **to be beneath ~** unter aller Kritik sein; **to conceal/show one's ~** seine Geringschätzung verbergen/zeigen; **to have ~ for sb/sth** Verachtung für jdn/etw empfinden; **to hold sb/sth in ~** jdn/etw verachten; **to treat sb/sth with ~** jdn/etw mit Verachtung strafen; ***you should treat those remarks with ~*** diesen Bemerkungen sollten Sie überhaupt keine Beachtung schenken
❷ LAW **~ [of court]** Missachtung *f* [des Gerichts]; **~ of Parliament** [*or* **the House**] Missachtung *f* der Parlamentshoheit; **to be in ~** das Gericht [*o* die Würde] des Gerichts missachten; **to purge one's ~** sich für sein ungebührliches Verhalten entschuldigen

con·tempt·ible [kən'tem(p)təbl̩] *adj* verachtenswert

con·tempt·ibly [kən'tem(p)təbli] *adv* verachtenswert

con·tempt of 'court *n no pl see* **contempt 2**

con·temp·tu·ous [kən'tem(p)tʃuəs] *adj* verächtlich; *look, remark also* geringschätzig; **to give sb a ~ look** jdn verächtlich anschauen; **to be very ~ of sb/sth** voller Verachtung [*o* Geringschätzung] auf jdn [herab]blicken

con·temp·tu·ous·ly [kən'tem(p)tʃuəsli] *adv* verächtlich, geringschätzig

con·tend [kən'tend] **I.** *vi* ❶ *(compete)* ■ **to ~ against sb/sth** gegen jdn/etw kämpfen; ■ **to ~ [with sb] for sth** [mit jdm] um etw *akk* wetteifern; **to ~ for a title** um einen Titel kämpfen
❷ *(cope)* ■ **to ~ with sth** mit etw *dat* fertigwerden müssen; **to have sb/sth to ~ with** sich *akk* gegen jdn/etw behaupten müssen, es mit jdm/etw zu tun haben
II. *vt* ■ **to ~ that ...** behaupten, dass ...; *lawyer* geltend machen, dass ...

con·tend·er [kən'tendəʳ, AM -ɚ] *n* Kandidat(in) *m(f),* Bewerber(in) *m(f)* (**for** für *+akk*); **to be a ~ for the championship title** ein Anwärter/eine Anwärterin auf den Meistertitel sein

con·tend·ing [kən'tendɪŋ] *adj attr, inv* [widerstreitend, gegensätzlich

con·tent[1] ['kɒntent, AM 'kɑːn-] *n* ❶ *(what is inside) of a container, text, film* Inhalt *m;* **table of ~s** Inhaltsverzeichnis *nt*
❷ *(amount contained) of a substance, an ingredient* Gehalt (**of an** *+dat*); **to have a high/low fat ~** einen hohen/niedrigen Fettgehalt [*o* Fettanteil] aufweisen
❸ *no pl (substance, meaning)* Gehalt *m;* ***it's a beautiful film, but it lacks ~*** es ist ein wunderschöner Film, aber sehr gehaltvoll ist er nicht

con·tent[2] [kən'tent] **I.** *adj pred* zufrieden (**with** mit *+dat*); ■ **to be [not] ~ to do sth** etw [nicht] gerne tun
II. *vt* ■ **to ~ sb** jdn zufriedenstellen; **to be easily ~ed** leicht zufriedenzustellen sein; ■ **to ~ oneself**

with sth sich *akk* mit etw *dat* zufriedengeben [*o* begnügen]; **to ~ oneself with a simple life** mit einem einfachen Leben zufrieden sein
III. *n no pl* Zufriedenheit *f*; **to one's heart's ~** nach Herzenslust; **time of ~** sorgenfreie Zeit
con·tent·ed [kən'tentɪd, AM -ṱ-] *adj* zufrieden (**with** mit *+dat*); **to not be ~ until ...** keine Ruhe geben, bis ...
con·tent·ed·ly [kən'tentɪdli, AM -ṱ-] *adv* zufrieden
con·tent·ed·ness [kən'tentɪdnəs, AM -ṱ-] *n no pl* Zufriedenheit *f*
con·ten·tion [kən'ten(t)ʃən] *n* ❶ *no pl (dispute)* Streit *m* (**about** um *+akk*, **between** zwischen *+dat*); **to be in ~** strittig [*o* umstritten] sein; *(up for discussion)* zur Debatte stehen
❷ *(quarrel)* Streit *m*, Auseinandersetzung *f* (**among** unter *+dat*)
❸ *(opinion)* Behauptung *f*; **it is sb's ~ that ...** jd behauptet, dass ...
❹ *no pl* SPORT **to be in/out of ~ for sth** [noch] im/aus dem Rennen um etw *akk* sein; **to put sb out of ~ for the championship/promotion/the title** jdn aus dem Rennen um die Meisterschaft/den Aufstieg/den Titel werfen
▸ PHRASES: **bone of ~** Zankapfel *m*
con·ten·tious [kən'ten(t)ʃəs] *adj* ❶ *(controversial)* kontrovers *geh*; *issue* umstritten; *decision, matter, question also* strittig
❷ *(provocative)* provokatorisch, provokativ SCHWEIZ, ÖSTERR
❸ *(heated)* hitzig; **~ debates** hitzige Debatten
con·tentiously [kən'tenʃəsli] *adv* Widerspruch hervorrufend
con·ten·tious·ness [kən'ten(t)ʃəsnəs] *n no pl* ❶ *(controversy)* Kontroverse *f*
❷ *(argumentativeness)* Streitsucht *f*, Streitlust *f*
❸ *(heatedness)* Hitzigkeit *f*
con·tent·ment [kən'tentmənt] *n no pl* Zufriedenheit *f*; **pure ~** volle Zufriedenheit; **with ~** zufrieden
'con·tent pro·vid·er *n* INET Content Provider *m*
con·tents ['kɒntents, AM 'kɑ:n-] **I.** *npl* ❶ *(inside)* Inhalt *m*; ***he poured the ~ of the bottle down the drain*** er goss die Flasche in den Abfluss; **complete with ~** mitsamt dem Inhalt; **to empty sth of its ~** etw ausleeren; **to empty a cupboard/a room of its ~** einen Schrank/ein Zimmer ausräumen
❷ *(text)* Inhalt *m*; [**table of**] **~** Inhaltsverzeichnis *nt*
II. *n modifier* **~ page** Inhaltsverzeichnis *nt*
con·test I. *n* ['kɒntest, AM 'kɑ:n-] ❶ *(event, competition)* Wettbewerb *m*; SPORT Wettkampf *m*; **beauty ~** Schönheitswettbewerb *m*; **dance ~** Tanzturnier *nt*; **singing ~** Gesangswettbewerb *m*; **sports ~** Sportwettkampf *m*; **tennis ~** Tennisturnier *nt*; **to enter a ~** an einem Wettbewerb teilnehmen; SPORT an einem Wettkampf teilnehmen; **to hold** [*or* **stage**] **a ~** einen Wettbewerb veranstalten; SPORT einen Wettkampf veranstalten
❷ *also* POL *(competing)* Wettstreit *m* (**for** um *+akk*); **a leadership ~** ein Wettstreit *m* um die Führungsposition; **media ~** Wettstreit *m* der Medien
❸ *(dispute)* Streit *m*; *(fight)* Kampf *m* (**for** um *+akk*)
▸ PHRASES: **no ~** ungleicher Kampf
II. *vt* [kən'test] ■**to ~ sth** ❶ *(compete for)* um etw *akk* kämpfen [*o* konkurrieren]
❷ POL *(compete in)* an etw *dat* teilnehmen; *(compete for)* für etw *akk* kandidieren; **to ~ the presidency** für das Amt des Präsidenten/der Präsidentin [*o* die Präsidentschaft] kandidieren; **to ~ a seat** um einen Wahlkreis kämpfen
❸ *(dispute)* etw bestreiten; *decision, idea* etw infrage stellen; *(challenge legality of)* etw anfechten; **to ~ claims/a will** Ansprüche/ein Testament anfechten; **to ~ a suit** einen Prozess [*o* ein Verfahren] anfechten
con·test·ant [kən'testᵊnt] *n* ❶ *(of a competition)* Wettbewerbsteilnehmer(in) *m(f)*; SPORT Wettkampfteilnehmer(in) *m(f)*; *in a quiz* Kandidat(in) *m(f)*
❷ POL Kandidat(in) *m(f)* (**for** für *+akk*); **~ for the presidency** Präsidentschaftskandidat(in) *m(f)*
con·text ['kɒntekst, AM 'kɑ:n-] *n* ❶ *(text)* Kontext *m*; *(circumstances) of a statement* Kontext *m*, Zusammenhang *m*; **to use** [*or* **quote**] [*or* **take**] **sth out of ~** etw aus dem Zusammenhang [*o* Kontext] reißen
❷ *(situation, background)* Kontext *m geh*, Zusammenhang *m*; **historical ~** historischer Kontext *geh*; **to see sth in ~** etw im Kontext sehen *geh*; **in the ~ of sth** in Zusammenhang mit etw *dat*; ***viewed in the ~ of the current political situation, ...*** vor dem Hintergrund der derzeitigen politischen Landschaft betrachtet ...
con·tex·tual [kən'tekstjuəl, AM kən'tekstʃuəl] *adj attr* ❶ LING kontextuell *fachspr*
❷ *(form: in light of situation)* dem Zusammenhang entsprechend [*o* gemäß], kontextuell *geh*; ***the ~ view of this situation makes a revolution look likely*** wenn man diese Situation im Gesamtzusammenhang betrachtet, so scheint eine Revolution wahrscheinlich
con·tex·tual·ize [kən'tekstjuəlaɪz, AM kən'tekstʃu-] *vt* ■**to ~ sth** ❶ LING etw kontextualisieren *fachspr*
❷ *(form)* etw im Gesamtzusammenhang [*o geh* im [Gesamt]kontext] sehen; **to ~ a problem** ein Problem in seinen Zusammenhängen erfassen
con·tex·tual·ly [kən'tekstjuəli, AM kən'tekstʃu-] *adv* ❶ LING kontextuell *fachspr*
❷ *(form: in the situation)* im Zusammenhang; ***seen ~, ...*** als Ganzes und im Zusammenhang betrachtet ...
con·ti·gu·ity [ˌkɒntɪ'gju:əti, AM ˌkɑ:nṱə'gju:əṱi] *n no pl (form)* ❶ *(vicinity)* Kontiguität *f veraltet geh*; *geographical* [unmittelbare] Nähe [*o* Nachbarschaft]
❷ *(succession)* [unmittelbare] Aufeinanderfolge
con·tigu·ous [kən'tɪgjuəs] *adj inv (form)* ❶ ■**to be ~** *(next to)* in unmittelbarer Nachbarschaft liegen; *(adjoining)* aneinandergrenzen; *(touching)* sich *akk* berühren; ■**to be ~ to** [*or* **with**] **sth** *(next to)* in unmittelbarer Nachbarschaft zu etw *dat* liegen; *(adjoining)* an etw *akk* [an]grenzen; *(touching)* etw berühren; ***the two states are ~ with each other*** die beiden Staaten grenzen aneinander
❷ *(in time)* ■**to be ~** [unmittelbar] aufeinanderfolgen; ■**to be ~ to** [*or* **with**] **sth** unmittelbar auf etw *akk* folgen
con·ti·nence ['kɒntɪnen(t)s, AM 'kɑ:ntᵊnən(t)s] *n no pl* ❶ MED Kontinenz *f fachspr*
❷ *(old: self-control)* Selbstbeherrschung *f*; *(chastity)* Enthaltsamkeit *f*
con·ti·nent¹ ['kɒntɪnent, AM 'kɑ:ntᵊnənt] *n* ❶ *(land)* Kontinent *m*, Erdteil *m*
❷ *no pl* ■**the C~** Kontinentaleuropa *nt*; **on the C~** in Europa, auf dem Kontinent
con·ti·nent² ['kɒntɪnent, AM 'kɑ:ntᵊnənt] *adj* ❶ MED ■**to be ~** seine Blase und Darmtätigkeit kontrollieren können
❷ *(old: chaste)* enthaltsam, keusch *veraltend*
con·ti·nent·al [ˌkɒntɪ'nentᵊl, AM ˌkɑ:ntᵊ'nentᵊl] **I.** *adj* ❶ *inv* kontinental, Kontinental-; **~ land** Festland *nt*; **~ waters** kontinentale Gewässer, Küstengewässer *nt* eines Kontinents
❷ *(European)* europäisch; **the ~ way of life** der europäische Lebensstil
II. *n* Europäer(in) *m(f)*
con·ti·nent·al 'break·fast *n* kontinentales [*o* kleines] Frühstück **con·ti·nent·al 'cli·mate** *n no pl* Kontinentalklima *nt* **Con·ti·nen·tal Di·'vide** *n* Continental Divide *m* **con·ti·nent·al 'drift** *n* GEOL *no pl* Kontinentaldrift *f fachspr* **con·ti·nent·al 'quilt** *n* BRIT Steppdecke *f*; *(with down)* Daunendecke *f* **con·ti·nent·al 'shelf** *n* GEOL Kontinentalsockel *m fachspr*, Festland[s]sockel *m*
con·tin·gen·cy [kən'tɪndʒᵊn(t)si] *n (form)* ❶ *(event)* Eventualität *f*, Möglichkeit *f*; **to provide for every ~** [*or* **all possible contingencies**] alle Möglichkeiten einplanen; **possible ~** möglicher Fall; **unforeseen ~** unvorhersehbare Eventualitäten
❷ *(provision)* Vorkehrung *f* (**against** gegen *+akk*)
❸ *(expense)* Ausgabe *f*
con·'tin·gen·cy clause *n* LAW Eventualklausel *f* **con·tin·gen·cy 'fi·nanc·ing** *n no pl* Eventualfinanzierung *f* **con·'tin·gen·cy fund** *n* FIN Eventualfonds *m fachspr* **con·'tin·gen·cy meas·ure** *n* ❶ *(emergency)* Maßnahme *f* für Notfälle ❷ *(insurance)* Eventualmaßnahme *f* **con·'tin·gen·cy plan** *n* Alternativplan *m*, Notfallplan *m*; ***have you made any ~ s?*** hast du dir irgendetwas anderes überlegt? **con·'tin·gen·cy plan·ning** *n no pl* Notfallvorsorge *f* **con·'tin·gen·cy re·serve** *n* ECON Fonds *m* für unvorhergesehene Ausgaben, Feuerwehrfonds *m*
con·tin·gent [kən'tɪndʒᵊnt] **I.** *n* ❶ *(group)* Gruppe *f*; **feminist ~** feministische Gruppierung
❷ MIL [Truppen]kontingent *nt*, Trupp *m*
II. *adj* ❶ *(dependent on)* ■**to be ~** [**up**]**on sth** von etw *dat* abhängig sein; **~ claim** LAW bedingter Anspruch *m*
❷ FIN **~ order** Ordre lié *f*
con·'tin·gent claim *adj attr, inv* LAW bedingter Anspruch *m* **con·tin·gent ex·'penses** *n* ECON unvorhergesehene Sonderausgaben **con·tin·gent 'fee** *n* LAW Erfolgshonorar *nt* **con·tin·gent 'in·ter·est** *n no pl* AM LAW bedingtes Recht **con·tin·gent lia·'bil·ity** *n* ECON Eventualverbindlichkeit *f*, Eventualhaftung *f* **con·'tin·gent or·der** *adj attr, inv* FIN Ordre lié *f* **con·tin·gent 'poli·cy** *n* ECON Risikoversicherung *f*
con·tinua [kən'tɪnjuə] *n pl of* **continuum**
con·tin·ual [kən'tɪnjuəl] *adj* ständig, andauernd; *(without stopping)* ununterbrochen, pausenlos; ***I've had ~ problems with this car*** mit diesem Wagen habe ich nichts als Probleme gehabt; **~ attacks** pausenlose Angriffe; **~ interruptions** ständige [*o* permanente] [*o* andauernde] Unterbrechungen; **to have ~ pain** permanent Schmerzen haben
con·tin·ual·ly [kən'tɪnjuəli] *adv* ständig, [an]dauernd; ***they're ~ arguing*** sie streiten die ganze Zeit
con·tinu·ance [kən'tɪnjuəns] *n no pl* ❶ *(remaining in existence or operation)* Fortbestehen *nt*, SCHWEIZ *a.* Fortbestand *m*
❷ *(time something lasts)* Fortdauer *f*
❸ *(remaining in a particular condition)* Überdauern *nt*, Verbleiben *nt*
con·tinu·ation [kənˌtɪnju'eɪʃᵊn] *n* ❶ *no pl (keeping up)* Fortsetzung *f*, Fortführung *f*
❷ *no pl (resuming)* Fortsetzung *f*
❸ *no pl (going on)* Fortdauer *f*
❹ *(sth continued)* Fortsetzung *f*; *of a river* Fortführung *f*
con·tinue [kən'tɪnju] **I.** *vi* ❶ *(persist)* andauern; *(go on)* weitergehen; *rain, storm* anhalten, nicht nachlassen; *(in an activity)* weitermachen; ***despite our arguments he ~ s to leave his dirty clothes on the floor*** trotz unserer Streitigkeiten lässt er die schmutzige Wäsche nach wie vor auf dem Boden liegen; ■**to ~ doing/to do sth** weiter[hin] etw tun; **to ~ fighting/playing/talking** [*or* **to fight/play/talk**] weiterkämpfen/-spielen/-reden; ■**to ~ with sth** mit etw *dat* fortfahren [*o* weitermachen]; ***~ with the medicine until the symptoms disappear*** nehmen Sie das Medikament weiter, bis die Symptome verschwinden
❷ *(remain)* bleiben; **to ~ in office/power** weiter[hin] im Amt/an der Macht bleiben; ■**to ~ to be sth** [weiterhin] etw bleiben; ***he ~ s to be an important member of the team*** er ist [*o* bleibt] nach wie vor ein wichtiges Mitglied der Mannschaft; ■**to ~ as sth** weiter als etw tätig sein
❸ *(resume)* weitergehen; *an activity* weitermachen, fortfahren; *speaking, reading* fortfahren; ***may I ~?*** darf ich fortfahren?; ***he ~ d by describing/explaining how ...*** er fuhr fort, indem er beschrieb/erklärte, wie ...; **~ overleaf** Fortsetzung *f* umseitig; **to ~ on the next page** auf der nächsten Seite weitergehen; **to ~ on one's way** seinen Weg fortsetzen; ■**to ~ doing sth** weiter etw tun; **to ~ eating/reading** weiteressen/weiterlesen; ■**to ~ with sth** mit etw *dat* fortfahren [*o* weitermachen]
❹ *(not end) path, road* weitergehen; *(travel)* **to ~ northwards** *person* in Richtung Norden weiterreisen
❺ *(with direct speech)* fortfahren
II. *vt* ■**to ~ sth** ❶ *(keep up, carry on)* etw fortführen [*o* fortsetzen]; *an action* mit etw *dat* weiterma-

chen [*o* fortfahren]; **to ~ one's career** seine Karriere weiterverfolgen; **to ~ one's education/studies** seine Ausbildung/Studien fortsetzen; **to ~ work** weiterarbeiten
❷ *(resume)* etw fortsetzen; **to be ~d on the next page** auf der nächsten Seite weitergehen

con·tinued [kən'tɪnju:d] *adj attr, inv* fortwährend; ***the ~ fighting in the city ...*** die ununterbrochenen Kampfhandlungen in der Stadt...; **the ~ existence of sth** das Weiterbestehen einer S. *gen*

con·tinu·ing [kən'tɪnju:ɪŋ] *adj attr, inv* ❶ *(continual)* ständig; **~ stalemate** fortgesetzte Pattsituation
❷ SCH **~ education** weiterführende Schulen

con·ti·nu·ity [ˌkɒntɪn'ju:əti, AM ˌkɑ:ntən'u:əṭi] **I.** *n no pl* ❶ *(consistency)* Kontinuität *f geh*
❷ *(transition)* ■**~ between/with sth** Verbindung *f* zwischen/mit etw *dat*
❸ *(stability)* Stabilität *f*
❹ MATH Stetigkeit *f*
❺ *(logic)* roter Faden; ***there is no ~ in your argument*** Ihre Argumentation ist nicht schlüssig
❻ FILM, TV Drehbuch *nt,* Manuskript *nt*
II. *n modifier* **~ boy/girl** Scriptboy *m*/-girl *nt;* **~ error** Folgefehler *m*

con·tinuo <*pl* -s> [kən'tɪnjuəʊ, AM -juoʊ] *n* MUS *see* **basso continuo** Generalbass *m*

con·tinu·ous [kən'tɪnjuəs] *adj attr, inv* ❶ *(permanent)* dauernd, ständig, ununterbrochen; *(steady)* kontinuierlich, fortlaufend *geh,* stetig; *(unbroken)* durchgehend; *line also* durchgezogen; **a ~ low buzzing noise** ein ununterbrochener leiser Summton; **~ pain** anhaltende Schmerzen; **~ rain/sunshine** anhaltender Regen/Sonnenschein; ***we had ~ rain for the whole weekend*** es hat das ganze Wochenende ununterbrochen geregnet; **to be in ~ employment** durchgehend beschäftigt sein
❷ LING **~ form** Verlaufsform *f fachspr*

con·tinu·ous as·'sess·ment *n* Probezeit *f*

con·tinu·ous·ly [kən'tɪnjuəsli] *adv inv (permanently)* dauernd, ständig, ununterbrochen; *(steadily)* kontinuierlich *geh,* stetig; ***it's been raining ~ for two days*** es regnet schon seit zwei Tagen ununterbrochen; **to work ~** pausenlos arbeiten

con·tin·uum <*pl* -nua *or* -s> [kən'tɪnjuəm, *pl* -njuə] *n (form)* SCI Kontinuum *nt fachspr*

con·tort [kən'tɔ:t, AM -'tɔ:rt] **I.** *vi (in pain)* sich *akk* verzerren; *(in displeasure)* sich *akk* verziehen; ***his face had ~ed with bitterness and rage*** seine Miene hatte sich vor Bitterkeit und Wut verzogen
II. *vt* ■**to ~ sth** ❶ *(deform)* etw verdrehen [*o* verrenken]; **to ~ one's body** sich *akk* verrenken; **a face ~ed by pain** ein schmerzverzerrtes Gesicht
❷ *(abuse)* etw verdrehen *pej fam;* **to ~ the truth/sb's words** die Wahrheit/jds Worte verdrehen *pej fam*

con·tort·ed [kən'tɔ:tɪd, AM -'tɔ:rṭɪd] *adj* ❶ *(awry)* verdreht; **~ hands** verdrehte Hände; **~ limbs** verrenkte [*o* verdrehte] Gliedmaßen
❷ *(false)* verdreht *pej fam*

con·tor·tion [kən'tɔ:ʃən, AM -'tɔ:r-] *n* ❶ *of an acrobat* Verrenkung *f,* Verdrehung *f;* **bodily ~s** Verrenkungen *pl;* **facial ~s** Grimassen *pl*
❷ *no pl (deforming) of a structure* Verdrehung *f*

con·tor·tion·ist [kən'tɔ:ʃənɪst, AM -'tɔ:r-] *n* ❶ *(acrobat)* Schlangenmensch *m*
❷ *(smooth talker)* Wortverdreher(in) *m(f) pej*

con·tour ['kɒntʊəʳ, AM 'kɑ:ntʊr] **I.** *n* ❶ *(outline)* Kontur[en] *f[pl],* Umriss[e] *m[pl];* **the ~s of the [human] body** die [Körper]konturen *pl;* **the ~ of sb's face** jds Profil
❷ GEOG Höhenlinie *f fachspr*
II. *vt* ■**to ~ sth** ❶ *(shape)* etw formen
❷ *(draw)* etw umreißen; ***he ~ed the face with light pencil lines*** er zeichnete den Umriss des Gesichts mit feinen Bleistiftstrichen

con·toured ['kɒntʊəd, AM 'kɑ:ntʊrd] *adj inv* konturenreich, geschwunden; **a ~ seat** ein der Körperform angepasster Sitz

'con·tour line *n* GEOG Höhenlinie *f fachspr* **'con·tour map** *n* GEOG Höhenlinienkarte *f fachspr*

contra ['kɒntrə, AM 'kɑ:n-] *vt (in bookkeeping)* **to ~ an entry** einen Eintrag zurückbuchen

'con·tra ac·count *n* FIN Gegenkonto *nt*

contra·band ['kɒntrəbænd, AM 'kɑ:n-] **I.** *n no pl* Schmuggelware *f;* **~ of war** Kriegskonterbande *f*
II. *adj attr, inv alcohol, cargo, cigarettes* geschmuggelt; **~ goods** Schmuggelware *f*

contra·cep·tion [ˌkɒntrə'sepʃən, AM ˌkɑ:n-] *n no pl* [Empfängnis]verhütung *f,* Kontrazeption *f fachspr;* **form** [*or* **method**] **of ~** Verhütungsmethode *f*

contra·cep·tive [ˌkɒntrə'septɪv, AM ˌkɑ:n-] **I.** *n* Verhütungsmittel *nt,* Kontrazeptiv[um] *nt fachspr*
II. *adj inv* empfängnisverhütend *attr,* kontrazeptiv *fachspr;* **~ device** empfängnisverhütendes Mittel; **~ method** Verhütungsmethode *f;* **~ pill** Antibabypille *f,* Pille *f fam*

con·tract[1] ['kɒntrækt, AM 'kɑ:n-] **I.** *n* ❶ *(agreement)* Vertrag *m,* Kontrakt *m fachspr;* **~ amount** LAW Vertragssumme *f,* Kontraktsumme *f;* **exchange of ~s** Unterzeichnung *f* des Kaufvertrages *(bei Grundbesitz);* **~ of service** Arbeitsvertrag *m;* **~ for services** Dienstleistungsvertrag *m;* **~ for work** Werkvertrag *m;* **a five-year ~** ein Vertrag *m* auf fünf Jahre; **by private ~** durch Privatvertrag; **temporary ~** Zeitvertrag *m;* **to abrogate a ~** einen Vertrag außer Kraft setzen; **to award a ~ to sb** jdm einen Vertrag zuerkennen; **to be bound by ~ [to do sth]** vertraglich verpflichtet sein[, etw zu tun]; **to be under ~ [to [*or* with] sb]** [bei jdm] unter Vertrag stehen; **to be under ~ to do sth** vertraglich verpflichtet sein, etw zu tun; **to break [the terms of] a ~** gegen die vertraglichen Bestimmungen verstoßen, einen Vertrag brechen; **to cancel/conclude/draw up a ~** einen Vertrag kündigen/abschließen/aufsetzen; **to enter into a ~** einen Vertrag [ab]schließen [*o* eingehen]; **to make a ~ with sb** einen Vertrag mit jdm [ab]schließen [*o* machen]; **to negotiate a ~** einen Vertrag verhandeln; **to repudiate a ~** einen Vertrag nicht anerkennen; **to sign a ~** einen Vertrag unterschreiben [*o geh* unterzeichnen]; **to sign a ~ to do sth** sich *akk* vertraglich verpflichten, etw zu tun; **to void a ~** einen Vertrag aufheben [*o* für nichtig erklären]; **to win the ~ [to do sth]** die Ausschreibung [für etw *akk*] gewinnen, den Vertrag [für etw *akk*] bekommen
❷ *(sl: agreement to kill sb)* Auftrag *m;* ***there is a ~ out for him*** auf seinen Kopf ist Geld ausgesetzt
II. *vi* ■**to ~ to do sth** vertraglich festlegen [*o* sich *akk* vertraglich verpflichten], etw zu tun; ■**to ~ into sth** BRIT sich *akk* vertraglich zu etw *dat* verpflichten; ■**to ~ with sb [for sth]** mit jdm [für etw *akk*] einen Vertrag abschließen; ■**to ~ with sb to do sth** mit jdm vertraglich vereinbaren, etw zu tun
III. *vt* ■**to ~ sth** etw vertraglich vereinbaren; ■**to ~ sb to do sth** jdn vertraglich dazu verpflichten, etw zu tun
◆**contract in** *vi (opt for involvement)* sich *akk* anschließen
◆**contract out** *vt* ■**to ~ out** ⊂ **sth [to sb]** etw [an jdn] vergeben, etw [von jdm] außer Haus machen lassen

con·tract[2] [kən'trækt] **I.** *vi* ❶ *(shrink)* schrumpfen, sich zusammenziehen; *pupils* sich verengen
❷ *(tense) muscle* sich *akk* zusammenziehen, kontrahieren *fachspr*
❸ LING ■**to ~ to sth** zu etw *dat* verkürzt [*o* zusammengezogen] werden
II. *vt* ■**to ~ sth** ❶ *(tense) muscles, metal* etw zusammenziehen [*o fachspr* kontrahieren]; **to ~ one's muscles** die Muskeln anspannen
❷ LING etw verkürzen [*o* zusammenziehen]
❸ *(catch)* **to ~ AIDS/a cold/smallpox** AIDS/eine Erkältung/die Pocken bekommen; **to ~ pneumonia/a virus** sich *dat* eine Lungenentzündung/einen Virus zuziehen

con·tract a'naly·sis *n* LAW Vertragsanalyse *f* **'con·tract date** *n* LAW Vertragsdatum *nt*

con·trac·tile [kən'træktaɪl, AM -təl] *adj* MED kontraktil *fachspr*

con·trac·tile 'tis·sue *n* MED kontraktiles Gewebe *fachspr*

con·tract·ing 'part·ner *n* LAW Vertragspartner *m*

con·trac·tion [kən'trækʃən] *n* ❶ *no pl (shrinkage)* Zusammenziehen *nt; of pupils* Verengung *f;* ***cold causes the ~ of the metal*** die Kälte führt dazu, dass das Metall sich zusammenzieht
❷ *no pl (tension) of a muscle* Kontraktion *f fachspr*
❸ *usu pl of the uterus* Wehe[n] *f[pl];* ***she began having ~s*** bei ihr setzten die Wehen ein
❹ LING Kontraktion *f fachspr*

con·trac·tion·ary 'poli·cy *n* ECON Sparpolitik *f*

'con·tract kill·er *n* Auftragskiller(in) *m(f)* **'con·tract law** *n* Vertragsrecht *nt* **'con·tract note** *n* Ausführungsanzeige *f* **con·tract of em·'ploy·ment** *n* Arbeitsvertrag *m* **con·tract of 'lien** *n* LAW Pfandvertrag *m*

con·trac·tor [kən'træktəʳ, AM 'kɑ:ntræktɚ] *n (person)* Auftragnehmer(in) *m(f); (firm)* beauftragte Firma; **building ~** Bauunternehmer *m*

'con·tract or·der *n* Vertragsauftrag *m* **'con·tract part·ner** *n* Kontraktpartner *m* **'con·tract pen·al·ty** *n* LAW Konventionalstrafe *f*

con·trac·tual [kən'træktʃuəl] *adj attr, inv* vertraglich, kontrahiert; **~ conditions** Vertragsbedingungen *pl;* **to be under a ~ obligation to sb** bei jdm unter Vertrag stehen, vertraglich an jdn gebunden sein; **~ terms** Vertragsbestimmungen *pl*

con·trac·tual·ly [kən'træktʃuəli] *adv inv* vertraglich; **to be ~ bound/obliged [to do sth]** vertraglich gebunden/verpflichtet sein [etw zu tun]

con·trac·tual 'pen·al·ty *n* LAW Vertragsstrafe *f* **con·trac·tual re·'la·tion·ship** *n* LAW Vertragsverhältnis *nt* **con·trac·tual 'sav·ings** *n* ECON, FIN Sparvertrag *m*

contra·dict [ˌkɒntrə'dɪkt, AM ˌkɑ:n-] **I.** *vi* widersprechen
II. *vt* ❶ *(state the opposite)* ■**to ~ sb/sth** jdm/etw widersprechen; ■**to ~ oneself** sich *dat* [selbst] widersprechen
❷ *(be contrary)* ■**to ~ sth** im [*o* in] Widerspruch mit [*o* zu] etw *dat* stehen, etw *dat* widersprechen

contra·dic·tion [ˌkɒntrə'dɪkʃən, AM ˌkɑ:n-] *n* ❶ *no pl (statement of opposite)* Widerspruch *m* (**of** gegen +*akk*)
❷ *(being contrary)* Widerspruch *m;* ***isn't that a bit of a ~?*** widerspricht sich das nicht irgendwie?
❸ *(action, statement)* Widersprüchlichkeit *f;* **a ~ in terms** ein Widerspruch in sich

contra·dic·to·ri·ly [ˌkɒntrə'dɪktərəli, AM ˌkɑ:n-] *adv* im Widerspruch dazu

contra·dic·tory [ˌkɒntrə'dɪktəri, AM ˌkɑ:n-] *adj* widersprüchlich, sich widersprechend *attr;* **to be given ~ advice** widersprüchliche [*o* gegensätzliche] Ratschläge bekommen; **to give sb ~ signs** widersprüchliche Signale an jdn aussenden; ■**to be ~ to sth** etw *dat* widersprechen, im [*o* in] Widerspruch mit [*o* zu] etw *dat* stehen

contra·dis·tinc·tion [ˌkɒntrədɪ'stɪŋ(k)ʃən, AM ˌkɑ:n-] *n no pl (form)* ■**in ~ to sth** im Gegensatz [*o* Unterschied] zu etw *dat*

'contra en·try *n* Gegenbuchung *f*

contra·flow ['kɒntrəfləʊ, AM 'kɑ:ntrəfloʊ] *n no pl esp* BRIT Gegenverkehr *m;* **~ in force** [*or* **operation**] geltender Gegenverkehr

contra·in·di·ca·tion [ˌkɒntrəɪndɪ'keɪʃən, AM ˌkɑ:ntrə-] *n* MED Gegenanzeige *f,* Kontraindikation *f fachspr*

con·tral·ti [kən'trælti] *n pl of see* **contralto**

con·tral·to <*pl* -s *or* -ti> [kən'træltəʊ, *pl* -ti, AM -ṭoʊ, *pl* -ṭi] *n* ❶ *(singer)* Altist(in) *m(f)*
❷ *(voice)* Alt *m,* Altstimme *f*

'con·tra po·si·tion *n* Gegenposition *f*

contra profe·ren·tem [ˌkɒntrəprɒfə'rentem, AM ˌkɑ:ntrəprɑ:-] *n* LAW Unklarheiten in Geschäftsbedingungen gehen zu Lasten des Verfassers

con·trap·tion [kən'træpʃən] *n* Apparat *m; (vehicle)* Kiste *f sl,* Vehikel *nt oft pej;* ***don't ask me how to use this ~*** frag mich bloß nicht, wie man dieses Ding benutzt *fam*

contra·pun·tal [ˌkɒntrə'pʌntəl, AM ˌkɑ:n-] *adj* MUS kontrapunktisch *fachspr*

con·tra·ri·ly [kən'treərɪli, AM -'trer-] *adv* aus purem

Widerspruchsgeist; *horse* widerspenstig

con·tra·ri·ness [kən'treərɪnəs, AM -'trer-] *n no pl (argumentativeness)* Widerspruchsgeist *m; (perversity)* Widerspenstigkeit *f,* Widerborstigkeit *f; (obstinacy)* Eigensinn *m*

con·tra·ry¹ ['kɒntrᵊri, AM 'kɑ:ntrᵊi] **I.** *n no pl* ■ **the ~** das Gegenteil; **proof to the ~** Gegenbeweis *m;* **to think the ~** das [genaue] Gegenteil denken; **on** [*or* **quite**] **the ~** ganz im Gegenteil; **to the ~** gegenteilig; ***if I don't hear anything to the ~ ...*** wenn ich nichts anderes [*o* Gegenteiliges] höre ...

II. *adj* ① *(opposite)* entgegengesetzt, gegenteilig; **~ to my advice/expectations** entgegen meinem Rat/meinen Erwartungen; **~ to** [**all**] **expectations** entgegen allen Erwartungen, wider Erwarten; **~ to common** [*or* **popular**] **opinion** im Gegensatz zur allgemeinen Meinung; ■ **to be ~ to sth** im Gegensatz zu etw *dat* stehen; **to accept opinions ~ to one's own** gegenteilige Ansichten akzeptieren; **to put forward the ~ point of view** die gegenteilige Ansicht vertreten

② *(contradictory)* widersprüchlich

con·tra·ry² [kən'treəri, AM -'treri] *adj (argumentative)* widerspenstig, widerborstig; *(obstinate)* eigensinnig; ***he's just being ~*** er versucht einfach nur seinen Dickkopf durchzusetzen *fam*

con·trast **I.** *n* ['kɒntrɑ:st, AM 'kɑ:ntræst] ① *(difference)* Gegensatz *m,* Kontrast *m* (**between** zwischen *+dat,* **to/with** zu *+dat*); **a marked ~ between sth** ein spürbarer Gegensatz zwischen etw *dat;* **to make quite a ~** einen großen Gegensatz [*o* starken Kontrast] darstellen; **to be in stark ~ to sth** in krassem Gegensatz zu etw *dat* stehen; **to provide a ~ to sth** einen Kontrast zu etw *dat* liefern; **by** [*or* **in**] **~** im Gegensatz, dagegen; **in ~ to sth** im Gegensatz zu etw *dat;* ■ **the ~ of sth with sth** der Kontrast [*o* Gegensatz] zwischen etw *dat* und etw *dat*

② TV [Bild]kontrast *m; (tone)* [Farb]kontrast *m*

II. *vt* [kən'trɑ:st, AM -'træst] ■ **to ~ sth** etw [einander] gegenüberstellen, etw [miteinander] vergleichen; ■ **to ~ sth with sth** etw etw *dat* gegenüberstellen, etw mit etw *dat* vergleichen

III. *vi* [kən'trɑ:st, AM -'træst] kontrastieren (**with** mit *+dat*); **to ~ sharply** scharf kontrastieren

'con·trast con·trol *n* TV Kontrastregler *m*

con·trast·ing [kən'trɑ:stɪŋ, AM -'træst-] *adj attr* gegensätzlich; ***the survey shows the ~ attitudes between different age groups*** die Umfrage zeigt, wie unterschiedlich die Einstellungen verschiedener Altersgruppen sind; **~ colours/flavours** konträre Farben/Geschmacksrichtungen; **~ techniques** unterschiedliche Techniken

con·tras·tive [kən'trɑ:stɪv, AM -'træst-] *adj* LING kontrastiv *fachspr*

'con·trast me·dium *n* MED Kontrastmittel *nt fachspr*

contra·vene [ˌkɒntrə'vi:n, AM ˌkɑ:n-] *vt (form)* ■ **to ~ sth** gegen etw *akk* verstoßen, etw verletzen; **to ~ a law** gegen ein Gesetz verstoßen, ein Gesetz übertreten [*o* verletzen]

contra·ven·tion [ˌkɒntrə'venʃᵊn, AM ˌkɑ:n-] *n (form)* Zuwiderhandlung *f fachspr* (**of** gegen *+akk*), Verstoß *m* (**of** gegen *+akk*); **to act in ~ of the regulations** gegen die Bestimmungen verstoßen; **to be in ~ of sth** LAW gegen etw *akk* verstoßen

con·tre·temps <*pl* -> ['kɒntrətɑ̃:(ŋ), AM 'kɑ:ntrətɑ̃:] *n* Zwischenfall *m;* ***we had a slight ~ at the bar*** es kam zu einem kleinen Zwischenfall an der Bar; ■ **~ with sb** kleine Meinungsverschiedenheit [*o* Auseinandersetzung] mit jdm

con·trib·ute [kən'trɪbju:t, *Brit also* 'kɒntrɪbju:t] **I.** *vi* ① ■ **to ~ to** [*or* **towards**] **sth** *(give money, food, equipment)* etwas zu etw *dat* beisteuern; *(donate)* für etw *akk* spenden; **to ~ towards sb's leaving present** etwas zu jds Abschiedsgeschenk beisteuern, sich *akk* an jds Abschiedsgeschenk beteiligen; *(pay in) to pension etc.* einen Beitrag leisten

② *(give help, support, ideas)* ■ **to ~ to** [*or* **towards**] **sth** zu etw *dat* beitragen; ***if you're not contributing to the solution, you're contributing to the problem*** wer das Problem nicht angeht, macht es noch größer; ***he didn't ~ much to the meeting*** er hat nicht viel zur Besprechung beigetragen; **to ~ to community/society** einen gesellschaftlichen Beitrag leisten; **to ~ to the success of sth** zum Erfolg einer S. *gen* beitragen

③ PUBL ■ **to ~ to sth** einen Beitrag für etw *akk* schreiben; *(regularly)* für etw *akk* schreiben

II. *vt* ① *(give)* ■ **to ~ sth** [**to** [*or* **towards**] **sth**] *money, food, equipment* etw [zu etw *dat*] beisteuern; *(donate)* etw [für etw *akk*] spenden; *ideas, suggestions;* ■ **to ~ sth** [**to sth**] etw [zu etw *dat*] beitragen

② *(submit)* ■ **to ~ sth** [**to sth**] etw [zu etw *dat*] beisteuern, etw [für etw *akk*] liefern; **to ~ an article to a newspaper** einen Artikel für eine Zeitung schreiben

con·tri·bu·tion [ˌkɒntrɪ'bju:ʃᵊn, AM ˌkɑ:n-] *n* ① *(money, food, equipment)* Beitrag *m* (**to/towards** zu *+dat*); *(donation)* Spende *f* (**to/towards** für *+akk*); **to make a ~ of £100,000 to sth** 100.000 Pfund zu etw *dat* beisteuern; *(donate)* 100.000 Pfund für etw *akk* spenden

② *(regular payment)* Beitrag *m,* Abgabe *f;* **trade union ~** Gewerkschaftsbeitrag *m;* **voluntary ~s** freiwillige Beiträge

③ *(advance, support, addition)* Beitrag *m* (**to** zu *+dat*); ***she didn't make much of a ~ at the meeting this morning*** sie hat nicht besonders viel zur Besprechung heute Morgen beigetragen; **to make a major** [*or* **an outstanding**] **~** einen bedeutenden [*o* erheblichen] Beitrag leisten, [erheblich] beitragen

④ *(article, story)* **~ for** [*or* **to**] **a magazine/newspaper** Beitrag *m* für eine Zeitschrift/Zeitung

con·tri·bu·tion of 'capi·tal *n* ECON Kapitaleinlage *f,* Kapitaleinbringung *f*

con·tribu·tor [kən'trɪbju:təʳ, AM -jət̬ɚ] *n* ① *(helper)* Mitwirkende(r) *f(m); (donor)* Spender(in) *m(f);* **~ to growth** ECON Wachstumsträger *m*

② *(writer)* Mitarbeiter(in) *m(f)* (**to** bei *+dat*); **to be a regular ~ to a magazine** regelmäßig für eine Zeitschrift schreiben

con·tribu·tory [kən'trɪbju:tᵊri, AM -jətɔ:ri] **I.** *adj* ① *(joint)* **~ pension scheme** [*or* AM **plan**] beitragspflichtige Rentenversorgung; ***the company offers a ~ pension scheme*** die Firma bietet eine anteilige Zahlung der Rentenbeiträge

② *(causing)* **~ causes** mitverursachende Umstände; **to be a ~ cause of sth** eine der Ursachen für etw *akk* sein; **to be a ~ factor** ein Faktor unter vielen sein; **to be a ~ factor to sth** ein Faktor sein, der bei etw *dat* eine Rolle spielt [*o* der zu etw *dat* beiträgt]

II. *n* nachschusspflichtiger Aktionär/nachschusspflichtige Aktionärin

con·tribu·tory 'neg·li·gence *n no pl* BRIT, AUS LAW Mitverschulden *nt;* **partial ~** Teilschuld *f*

'con trick *n (sl) short for* **confidence trick** Betrug *m kein pl,* Schwindel *m kein pl*

con·trite [kən'traɪt] *adj (form liter)* zerknirscht; **~ apology** reuevolle [*o* zerknirschte] Entschuldigung; **~ expression** zerknirschter [*o* reuiger] Gesichtsausdruck

con·trite·ly [kən'traɪtli] *adv (form liter)* zerknirscht, reuig *geh*

con·tri·tion [kən'trɪʃᵊn] *n no pl (form liter)* Reue *f;* **act of ~** Buße *f*

con·tri·vance [kən'traɪvᵊn(t)s] *n* ① *(device)* Vorrichtung *f; (machine, gadget)* Apparat *m,* Gerät *nt; (makeshift)* Notbehelf *m*

② *no pl (devising)* Planung *f; (invention)* Erfindung *f; (imagination)* Erfindungsgabe *f,* Findigkeit *f*

③ *(pej: plot)* [schlauer [*o* cleverer]] Plan; ***I'm sure it was a ~*** ich bin sicher, dass es ein abgekartetes Spiel war *fam*

④ *no pl (pej: plotting)* Planung *f*

con·trive [kən'traɪv] **I.** *vt* ■ **to ~ sth** ① *(devise)* etw ersinnen *geh,* sich *dat* etw ausdenken; **to ~ a plan** einen Plan aushecken *fam* [*o geh* ersinnen]; **to ~ plans** Pläne schmieden

② *(arrange)* etw arrangieren; **to ~ a meeting** ein Treffen arrangieren

③ *(make)* etw fabrizieren

II. *vi* ■ **to ~ to do sth** es schaffen, etw zu tun

con·trived [kən'traɪvd] *adj (pej: artificial) plot, story* gestellt, gekünstelt *pej;* ***his excuse sounded a bit ~*** seine Entschuldigung klang ein bisschen zu konstruiert; **~ smile** gezwungenes Lächeln

con·trol [kən'trəʊl, AM -'troʊl] **I.** *n* ① *no pl (command)* Kontrolle *f; of a country, of a people* Gewalt *f,* Macht *f,* Herrschaft *f; of a company* Leitung, f; ***he's got no ~ over that child of his*** er hat sein Kind überhaupt nicht im Griff; ***the junta took ~ of the country*** die Junta hat die Gewalt über das Land übernommen; **to be in ~ of sth** etw unter Kontrolle haben; *a territory* etw in seiner Gewalt haben; ***he's firmly in ~ of the company*** er hält in der Firma die Fäden fest in der Hand; **to be in full ~ of sth** völlig die Kontrolle über etw *akk* haben; ***we're in full ~ of the situation*** wir sind vollkommen Herr der Lage; **to be out of** [*or* **beyond**] **~** außer Kontrolle sein; **to be under ~** unter Kontrolle sein; ***don't worry, everything is under ~!*** keine Sorge, wir haben alles im Griff!; **to be under the ~ of sb** MIL unter jds Kommando stehen; **to bring** [*or* **get**] **a fire under ~** ein Feuer unter Kontrolle bringen; **to exert** [*or form* **exercise**] **~ over sb/sth** jdn/etw beherrschen; **to get** [*or* **go**] [*or* **run**] **out of ~** außer Kontrolle geraten; ***the car/fire went out of ~*** der Wagen/das Feuer geriet außer Kontrolle; **to lose ~ over sth** die Kontrolle [*o* Gewalt] über etw *akk* verlieren; **to gain/lose ~ of a company** die Leitung eines Unternehmens übernehmen/abgeben müssen; **to slip out of sb's ~** nicht mehr in jds Macht liegen, jds Kontrolle entgleiten; **to wrest ~ of a town from sb** jdm die Herrschaft über eine Stadt entreißen; **ball ~** SPORT Ballführung *f*

② *no pl (self-restraint)* Selbstbeherrschung *f;* **to be in ~ of one's emotions** seine Gefühle unter Kontrolle haben, Herr seiner Gefühle sein

③ *(means of regulating)* Kontrolle *f;* ■ **~s on sth** Kontrolle *f* einer S. *gen;* **arms ~** Rüstungsbegrenzung *f;* **birth ~** Geburtenkontrolle *f;* **price ~s** Preiskontrollen *pl;* **rent ~s** Mietpreisbindung *f;* **traffic ~** Verkehrsregelung *f;* **quality ~** Qualitätskontrolle *f;* **wage ~s** Gehaltskontrollen *pl;* **to impose** [*or* **introduce**]**/tighten ~s** Kontrollen einführen/konsolidieren; ***the government has recently imposed strict ~s on dog ownership*** die Regierung macht den Hundehaltern neuerdings strenge Auflagen

④ TECH Schalter *m,* Regler *m;* ***the co-pilot was at the ~s when the plane landed*** der Kopilot steuerte das Flugzeug bei der Landung; **to take over the ~s** die Steuerung übernehmen; **~ panel** Schalttafel *f;* **volume ~** Lautstärkeregler *m*

⑤ *no pl (checkpoint)* Kontrolle *f;* **customs/passport ~** Zoll-/Passkontrolle *f;* **to go through customs ~** die Zollkontrolle passieren *geh,* durch den Zoll gehen *fam*

⑥ *(person)* Kontrollperson *f;* **~** [**group**] Kontrollgruppe *f*

⑦ COMPUT Steuerung *f,* Control *f;* **~-F2** Steuerung [*o* Strg]-F2

⑧ *(base)* **~** [**room**] Zentrale *f;* **~ tower** AVIAT Kontrollturm *m*

⑨ *(in an intelligence organization)* Agentenführer(in) *m(f)*

II. *vt* <-ll-> ① *(direct)* ■ **to ~ sth** etw kontrollieren; **to ~ a business** ein Geschäft führen; **to ~ a car** ein Auto steuern; **to ~ a company** eine Firma leiten; ***the car is difficult to ~ at high speeds*** bei hoher Geschwindigkeit gerät der Wagen leicht außer Kontrolle; ***the whole territory is now ~led by the army*** das ganze Gebiet steht jetzt unter Kontrolle der Streitkräfte

② *(limit, manage)* ■ **to ~ sth** etw regulieren [*o* kontrollieren]; ***many biological processes are ~led by hormones*** viele biologische Prozesse werden von Hormonen gesteuert; ***the laws ~ling drugs are very strict in this country*** hierzulande ist das Arzneimittelgesetz sehr streng; **to ~ a blaze/an epidemic** ein Feuer/eine Epidemie unter Kontrolle bringen; **to ~ inflation** die Inflation eindämmen; **to**

~ **pain** Schmerzen in Schach halten; **to ~ prices/ spending** Preise/Ausgaben regulieren
❸ *(as to emotions)* ▪**to ~ sb/sth** jdn/etw beherrschen; ***I was so furious I couldn't ~ myself*** ich war so wütend, dass ich mich nicht mehr beherrschen konnte; **to ~ one's anger** seinen Zorn mäßigen; **to ~ one's feelings** seine Gefühle *akk* unter Kontrolle haben; **to ~ one's temper/urge** sein Temperament/Verlangen zügeln
❹ TECH ▪**to ~ sth** *temperature, volume* etw regulieren; ***the knob ~s the volume*** der Knopf regelt die Lautstärke; ***the traffic lights are ~led by a computer*** die Ampeln werden von einem Computer gesteuert
▸PHRASES: **to ~ the purse strings** das Geld zusammenhalten, den Daumen draufhalten *sl*
◆**control for** *vi* ▪**to ~ for sth** *external factor* etw berücksichtigen [*o* in Betracht ziehen]

con·'trol board *n* Schalttafel *f* **con·'trol cen·tre,** AM **con·'trol cen·ter** *n* Kontrollzentrum *nt* **con·'trol char·ac·ter** *n* COMPUT Steuerzeichen *nt fachspr* **con·'trol col·umn** *n* Steuerknüppel *m* **con·'trol desk** *n* Schaltpult *nt,* Steuerpult *nt* **con·'trol freak** *n (sl)* Kontrollfreak *m sl* **con·'trol group** *n* MED Kontrollgruppe *f fachspr* **con·'trol key** *n* COMPUT Control-Taste *f,* Steuerungstaste *f*

con·trol·lable [kən'trəʊləbl̩, AM -'troʊl-] *adj* kontrollierbar, steuerbar; **a ~ disease** eine Krankheit, die man in den Griff bekommen kann

con·trolled [kən'trəʊld, AM -'troʊld] *adj* ❶ *(mastered)* kontrolliert, unter Kontrolle; *voice* beherrscht
❷ MED **~ drug** verschreibungspflichtiges Medikament; **~ substances** AM kontrollierte Drogen
❸ SCI **~ experiment/trial** kontrolliertes Experiment/kontrollierter Versuch

con'trolled-carb *adj attr, inv* kohlenhydratarm

con·trolled e'con·omy *n* Kommandowirtschaft *f* **con·trolled 'en·ter·prise** *n* abhängiges Unternehmen **con·trolled 'price** *n* gesteuerter Preis

con·trol·ler [kən'trəʊlə^r, AM -'troʊlɚ] *n* ❶ *(director)* Leiter(in) *m(f); (of a radio station)* Intendant(in) *m(f); (supervisor)* Aufseher(in) *m(f)*
❷ TECH **temperature ~** Thermometer *nt*
❸ AVIAT **air-traffic** [*or* **flight**] **~** Fluglotse, -lotsin *m, f*
❹ FIN Controller(in) *m(f);* AM ECON, FIN *(chief accountant)* Leiter(in) *m(f)* der Buchhaltung
❺ *(pej: power-wielder)* **to be a real ~** immer alles unter Kontrolle haben müssen

con·'trol lev·er *n* Schalthebel *m,* Steuerhebel *m;* AVIAT Steuerknüppel *m* **con·'trol light** *n* Kontrollleuchte *f,* Kontrolllampe *f*

con·trol·ling [kən'trəʊlɪŋ, AM -'troʊl-] *n no pl* ❶ *(discipline)* Controlling *nt*
❷ *(manipulation)* Steuerung *f,* Verwaltung *f*

con·trol·ling au'thor·ity *n no pl* Kontrollbefugnis *f* **con·trol·ling in·ter·est** *n* ECON Mehrheitsbeteiligung *f fachspr* (**in** an +*dat*)

con·'trol mecha·nism *n* Steuerungsmechanismus *m,* Kontrollmechanismus *m* **con·'trol or·der** *n* BRIT gerichtliche Verfügung zur Einschränkung der Bewegungs- und Kommunikationsfreiheit **con·'trol pan·el** *n* Schalttafel *f; (desk)* Schaltpult *nt,* Steuerpult *nt;* COMPUT Bedienungspult *nt,* Betriebspult *nt* **con·'trol point** *n* Kontrollpunkt *m* **con·'trol room** *n* Kontrollraum *m;* NAUT Kommandoraum *m;* MIL Operationszentrale *f* **con·'trol switch** *n* Steuerungsschalter *m,* Hilfsschalter *m* **con·'trol sys·tem** *n* Kontrollsystem *nt* **con·'trol test** *n* Überprüfung *f* **con·'trol tow·er** *n* Tower *m,* Kontrollturm *m* **con·'trol unit** *n* COMPUT Steuereinheit *f,* Steuerwerk *nt fachspr*

con·tro·ver·sial [ˌkɒntrə'vɜːʃəl, AM ˌkɑːntrə'vɜːr-] *adj* umstritten, kontrovers *geh; decision, matter, question also* strittig

con·tro·ver·sial·ly [ˌkɒntrə'vɜːʃəli, AM ˌkɑːntrə'vɜːr] *adv* auf kontroverse Art, nicht unumstritten

con·tro·ver·sy [kən'trɒvəsi, 'kɒntrəvɜːsi, AM 'kɑːntrəvɜːrsi] *n* Kontroverse *f geh,* Auseinandersetzungen *pl* (**over/surrounding** über/um +*akk*); ***a ~ surrounding the use of drugs in athletics*** eine Kontroverse zum Thema Drogen im Sport; **to cause bitter ~** zu erbitterten Auseinandersetzungen führen; **to stir up a fierce/heated ~** zu heftigen Kontroversen Anlass geben; **to arouse** [*or* **cause**]**/fuel ~** eine Auseinandersetzung entfachen; **to be beyond ~** unumstritten sein; **to be surrounded with ~** umstritten sein

con·tro·vert [ˌkɒntrə'vɜːt, AM 'kɑːntrəvɜːrt] *vt* ▪**to ~ sth** ❶ *(dispute)* etw anfechten [*o* bestreiten]
❷ *(refute)* etw widerlegen, etw *dat* widersprechen

con·tuse [kən'tjuːz, AM *esp* -'tuːz] MED **I.** *vi* sich *dat* eine Quetschung [*o* Prellung] zuziehen
II. *vt* ▪**to ~ one's sth** sich *dat* etw quetschen [*o* prellen], sich *dat* eine Prellung an etw *dat* zuziehen

con·tu·sion [kən'tjuːʒən, AM *esp* -'tuː-] *n* MED Quetschung *f,* Prellung *f,* Kontusion *f fachspr* (**to** an +*dat*); ***there was a large ~ to the right shoulder*** die rechte Schulter war geprellt

co·nun·drum [kə'nʌndrʌm] *n* ❶ *(puzzle)* Rätsel *nt; (problem)* Problem *nt;* **to pose a ~** ein Rätsel aufgeben
❷ *(pun)* Wortspiel *nt; (riddle)* Scherzfrage *f*

con·ur·ban [kɒn'ɜːbən, AM kɑːn'ɜːr-] *adj attr* in einem Ballungsgebiet, eines Ballungsgebiets

con·ur·ba·tion [ˌkɒnɜː'beɪʃən, AM ˌkɑːnɜːr'-] *n (form)* Ballungsraum *m,* Ballungsgebiet *nt*

con·va·lesce [ˌkɒnvə'les, AM ˌkɑːn-] *vi* genesen, sich *akk* erholen; ▪**to ~ from sth** von etw *dat* genesen

con·va·les·cence [ˌkɒnvə'lesən(t)s, AM ˌkɑːn-] *n* ❶ *(recovery)* Genesung *f* (**from** von +*dat*), Rekonvaleszenz *f fachspr*
❷ *(time)* Genesungszeit *f,* Rekonvaleszenz *f fachspr;* **to require** [**a**] **long** [**period of**] **~** eine lange Genesungszeit brauchen

con·va·les·cent [ˌkɒnvə'lesənt, AM ˌkɑːn-] **I.** *n* Genesende(r) *f(m),* Rekonvaleszent(in) *m(f) fachspr*
II. *adj inv* ❶ *person* genesend; **to be ~** auf dem Besserungswege sein
❷ *attr for convalescents* Genesungs-, Rekonvaleszenz- *fachspr;* **to have a long ~ period** eine lange Genesungszeit brauchen

con·va·'les·cent home, con·va·les·cent 'hos·pi·tal *n* Genesungsheim *nt*

con·vec·tion [kən'vekʃən] *n no pl* SCI Konvektion *f fachspr*

con·'vec·tion cur·rent *n* SCI Konvektionsströmung *f fachspr* **con·'vec·tion oven** *n* Heißluftherd *m,* Umluftofen *m* SCHWEIZ

con·vec·tor, con·'vec·tor heat·er [kən'vektə^r-, AM -ɚ-] *n* Heizlüfter *m*

con·vene [kən'viːn] *(form)* **I.** *vi* sich *akk* versammeln, zusammenkommen; *Congress, committee, cabinet* zusammentreten
II. *vt* ▪**to ~ sb** *a group of people* jdn zusammenrufen [*o* versammeln]; ▪**to ~ sth** etw einberufen; **to ~ a meeting of ministers** ein Ministertreffen einberufen

con·ven·er *n see* **convenor**

con·veni·ence [kən'viːniən(t)s, AM -'viːnjən(t)s] *n* ❶ *no pl (usefulness)* Zweckmäßigkeit *f; (comfort)* Annehmlichkeit *f;* **for ~'s sake** aus praktischen Gründen; **at your earliest ~** möglichst bald, baldmöglichst; ▪**the ~ of doing sth** die Annehmlichkeit, etw zu tun; **the ~ of having sth very close** die Annehmlichkeit, etw ganz in der Nähe zu haben; **at your ~** wenn [*o* wann immer] es Ihnen passt; [**just**] **for ~** [nur] aus Bequemlichkeit
❷ *(device)* Annehmlichkeit *f,* Komfort *m kein pl;* **modern ~s** moderner Komfort; **with all modern ~s** mit allem [*o* modernstem] Komfort

con·'veni·ence food *n* Fertiggerichte *pl* **con·'veni·ence store** *n* AM Laden *m* an der Ecke

con·veni·ent [kən'viːniənt, AM -'viːnjənt] *adj* ❶ *(useful)* zweckmäßig, praktisch; *(suitable)* günstig; *(comfortable)* bequem; **~ excuse** passende Entschuldigung; ▪**it is** [**very**] **~ that ...** es ist [sehr] praktisch, dass ...; **to find it ~ to do sth** es praktisch finden, etw zu tun
❷ *date, time* passend, günstig; ***if it's ~ for you*** wenn es Ihnen passt; ***is Saturday ~ for you*** passt es Ihnen am Samstag?; **a ~ moment** [*or* **time**] ein günstiger [*o* passender] Zeitpunkt; **very ~ opening hours** sehr günstige Öffnungszeiten; ▪**it is ~ for sb to do sth** es macht jdm keine Umstände, etw zu tun
❸ *(accessible)* günstig gelegen; ***the new flat is very ~ for the kids' school*** die neue Wohnung liegt sehr günstig, ganz in der Nähe der Schule der Kinder
❹ *(beneficial)* **to be ~ for sb** jdm gelegen kommen; ***his competitor's injury was most ~ for him*** die Verletzung seines Konkurrenten kam ihm sehr gelegen

con·veni·ent·ly [kən'viːniəntli, AM -'viːnjənt-] *adv* ❶ *(usefully)* praktisch; *(suitably)* günstig; **~ situated** [*or* **located**] günstig gelegen
❷ *(hum: deliberately)* günstigerweise

con·ven·or [kən'viːnə^r] *n hochrangiger Gewerkschaftsfunktionär, der Gewerkschaftsversammlungen einberuft*

con·vent ['kɒnvənt, AM 'kɑːn-] *n* [Nonnen]kloster *nt,* [Frauen]kloster *nt;* **to enter a ~** ins Kloster gehen

con·ven·tion [kən'ven(t)ʃən] **I.** *n* ❶ *(custom)* Brauch *m,* Sitte *f; (social code)* Konvention *f;* **social ~s** gesellschaftliche Konventionen; **to break with the ~s** mit den Konventionen brechen; **to defy** [*or* **flout**] **~** sich *akk* nicht an die gesellschaftlichen Konventionen [*o geh* Gepflogenheiten] halten; **it's a ~ that ...** es ist üblich, dass ...; **~ dictates that ...** es ist Brauch [*o* Sitte], dass ...; **to be founded upon ~s** auf Konventionen gegründet sein
❷ *(agreement)* Abkommen *nt; of human rights* Konvention *f;* ***the ~ of the assembly was that ...*** die Versammlung gelangte zu der Übereinkunft, dass ...
❸ *(assembly)* [Mitglieder]versammlung *f;* **party ~** Parteiversammlung *f;* **annual ~** Jahrestreffen *nt;* **to hold a ~** eine Versammlung abhalten
❹ *(conference)* Tagung *f,* Konferenz *f; (meeting)* Versammlung *f;* ***he attended a ~ on human rights*** er besuchte eine Konferenz zum Thema Menschenrechte
II. *n modifier* **~ centre** Tagungszentrum *nt*

con·ven·tion·al [kən'ven(t)ʃənəl] *adj* ❶ *(traditional)* konventionell *geh; (unoriginal also)* traditionsgebunden; **~ attitudes** [*or* **opinions**] herkömmliche [*o* konventionelle] Ansichten, konventionelles Denken; **~ medicine** Schulmedizin *f*
❷ MIL konventionell *fachspr;* **~ war** konventionell geführter Krieg; **~ warfare/weapons** konventionelle Kriegsführung/Waffen

con·ven·tion·al·ity [kənˌven(t)ʃə'næləti, AM -ət̬i] *n no pl* Konventionalität *f; of theory, technique* Herkömmlichkeit *f;* ***the ~ of this music*** die herkömmliche Art dieser Musik

con·ven·tion·al·ly [kən'venʃənəli] *adv dress, behave* konventionell; *written, built* traditionell

con·ven·tion·al 'memo·ry *n no pl* COMPUT konventioneller Speicher *fachspr* **con·ven·tion·al 'wis·dom** *n no pl* weit verbreitete Weisheit; ***the ~ about him is that he's a swindler*** er gilt allgemein als Schwindler

con·'ven·tion-goer *n* Konferenzteilnehmer(in) *m(f)*

'con·vent school *n* Klosterschule *f*

con·verge [kən'vɜːdʒ, AM -'vɜːrdʒ] *vi* ❶ *lines, roads* zusammenlaufen; *(meet)* zusammentreffen
❷ *(congregate)* **to ~ on a city** *tourists, fans* scharenweise in eine Stadt kommen [*o pej* einfallen]
❸ *(resemble)* sich *akk* einander annähern, konvergieren *geh*
❹ MATH *series* konvergieren *fachspr*

con·ver·gence [kən'vɜːdʒən(t)s, AM -'vɜːrdʒ-] *n no pl* ❶ *(resemblance)* Annäherung *f,* Konvergenz *f geh*
❷ *of lines, roads* Zusammenlaufen *nt; (meeting)* Zusammentreffen *nt;* **point of ~** Schnittpunkt *m*
❸ MATH *of a series* Konvergenz *f fachspr*

con·'ver·gence cri·teria *n* EU Konvergenzkriterien *pl* **con·'ver·gence phase** *n* EU Konvergenzphase *f* **con·'ver·gence poli·cy** *n* EU Konvergenzpolitik *f* **con·'ver·gence pro·gramme** *n* EU Konvergenzprogramm *nt*

con·ver·gent [kən'vɜːdʒənt, AM -'vɜːrdʒ-] *adj attr* ❶ *lines* konvergent *geh*

② *(similar)* ähnlich, konvergierend *geh;* ~ **opinions** konvergierende Meinungen
③ MATH ~ **series** konvergierende Reihe

con·ver·sant [kənˈvɜːsᵊnt, AM -ˈvɜːr-] *adj* ■ **to be ~ with sth** mit etw *dat* vertraut sein

con·ver·sa·tion [ˌkɒnvəˈseɪʃᵊn, AM ˌkɑːnvɚˈ-] *n* Gespräch *nt,* Unterhaltung *f,* Konversation *f geh* (**about** über +*akk*); **the art of ~** die Kunst der gepflegten Konversation [*o* Unterhaltung]; **fragments** [*or* **scraps**] **of a ~** Fetzen *pl* einer Unterhaltung [*o* eines Gesprächs]; **telephone ~** Telefongespräch *nt;* **to be in ~** [**with sb**] sich *akk* [mit jdm] unterhalten; **to be deep in ~** [**with sb**] [mit jdm] ins Gespräch vertieft sein; **to carry on** [*or* **hold**] **a ~** sich *akk* unterhalten, eine Unterhaltung [*o* ein Gespräch] führen; **to get caught up in a ~** in ein Gespräch verwickelt werden; **to get into ~ with sb** mit jdm ins Gespräch kommen; **to have a ~ with sb** sich *akk* mit jdm unterhalten, ein Gespräch [*o* eine Unterhaltung] mit jdm haben; **to have an interesting ~** [**with sb**] ein interessantes Gespräch [mit jdm] haben; **to make ~** sich *akk* unterhalten; *(small talk)* Konversation machen; **to run out of ~** sich *dat* nichts mehr zu sagen haben; ***we seem to have run out of ~ after two minutes*** offensichtlich ist uns schon nach zwei Minuten der Gesprächsstoff ausgegangen; **to strike up a ~** [**with sb**] [mit jdm] ins Gespräch kommen

con·ver·sa·tion·al¹ [ˌkɒnvəˈseɪʃᵊnᵊl, AM ˌkɑːnvɚˈ-] *adj* Gesprächs-, Unterhaltungs-; ***he had a relaxed and ~ style of writing*** er schrieb in einem lockeren und legeren Stil; **to have ~ skills** ein anregender Gesprächspartner/eine anregende Gesprächspartnerin sein; **~ tone** Plauderton *m*

con·ver·sa·tion·al², con·ver·ˈsa·tion·al mode [ˌkɒnvəˈseɪʃᵊnᵊl-, AM ˌkɑːnvɚˈ-] *n* COMPUT Dialogbetrieb *m*

con·ver·sa·tion·al·ist [ˌkɒnvəˈseɪʃᵊnᵊlɪst, AM ˌkɑːnvɚˈ-] *n* ① *(entertainer)* guter Unterhalter/gute Unterhalterin
② *(talker)* guter Gesprächspartner/gute Gesprächspartnerin

con·ver·sa·tion·al·ly [ˌkɒnvəˈseɪʃᵊnᵊli, AM ˌkɑːnvɚˈ-] *adv* im Plauderton

con·ver·ˈsa·tion piece *n* Gesprächsgegenstand *m*

con·ver·ˈsa·tion stop·per *n (fam)* ***that was a real ~*** da verstummten plötzlich alle

con·verse¹ [kənˈvɜːs, AM -ˈvɜːr-] *vi (form)* sich *akk* unterhalten; ■ **to ~ with sb** sich *akk* mit jdm unterhalten, ein Gespräch mit jdm führen

con·verse² [ˈkɒnvɜːs, AM ˈkɑːnvɜːrs] *(form)* **I.** *n* ■ **the ~** das Gegenteil; ***the ~ applies here*** hier ist es umgekehrt
II. *adj* gegenteilig

con·verse·ly [kənˈvɜːsli, AM -ˈvɜːr-] *adv* umgekehrt

con·ver·sion [kənˈvɜːʃᵊn, AM -ˈvɜːrʒᵊn] *n* ① *no pl (change of form or function)* ■ **the ~ of sth into sth** die Umwandlung einer S. *gen* in etw *akk;* ARCHIT der Umbau einer S. *gen* zu etw *dat;* TECH die Umrüstung einer S. *gen* zu etw *dat*
② *(rooms, building)* Umbau *m*
③ REL Konversion *f geh;* ■ **~ to sth** Übertritt *m* [*o* Bekehrung *f*] zu etw *dat;* **sb's ~ to Buddhism/Islam** jds Übertritt zum Buddhismus/Islam
④ *(changing beliefs or opinions)* Wandel *m;* **to undergo a ~** einen [inneren] Wandel durchmachen; POL einen Richtungswechsel vollziehen; ■ **sb's ~ to sth** jds Bekehrung zu etw *dat*
⑤ *no pl (calculation)* ■ **the ~ of sth into sth** die Umrechnung einer S. *gen* in etw *akk;* **to work out the ~ of sth into sth** etw in etw *dat* umrechnen
⑥ SPORT Verwandlung *f*
⑦ ECON, FIN *(of currency)* Konversion *f,* Wandlung *f;* **~ of funds** LAW Veruntreuung *f* von Geldern; **~ of notes and coins** EU Bargeldumstellung *f;* **~ to the euro** FIN Umstellung *f* auf den Euro

con·ˈver·sion charges *n* FIN Umrechnungsgebühren *pl* **con·ˈver·sion dis·count, con·ˈver·sion pre·mium** *n* Konvertierungsprämie *f,* Wandelprämie *f* **con·ˈver·sion fac·tor** *n* Umrechnungsfaktor *m;* FIN *also* Konversionsfaktor *m,* Preisfaktor *m* **con·ˈver·sion is·sue** *n* Konvertierungsemission *f* **con·ˈver·sion pe·ri·od** *n* Konvertierungszeitraum *m* **con·ˈver·sion rate** *n* EU Umrechnungskurs *m,* Umrechnungssatz *m;* **euro to national currency ~s** Umrechnungskurse *pl* zwischen dem Euro und den nationalen Währungseinheiten; **irrevocable** [*or* **irrevocably fixed**] **~s** unwiderruflich festgesetzte Umrechnungskurse **con·ˈver·sion value** *n* Umstellungswert *m*

con·vert **I.** *n* [ˈkɒnvɜːt, AM ˈkɑːnvɜːrt] ① REL Bekehrte(r) *f(m),* Konvertit(in) *m(f) geh;* **to be a ~ to Buddhism** [*or* **a Buddhist ~**] zum Buddhismus übergetreten sein; **a ~ to Catholicism** ein/eine zum Katholizismus Übergetretener/Übergetretene; **to become a ~ to Islam** zum Islam übertreten
② POL ■ **a ~ to sth** ein/eine zu etw *dat* Bekehrter/Bekehrte; **to become a ~ to socialism** ein überzeugter Sozialist/eine überzeugte Sozialistin werden
③ *(to a way of living)* ■ **a ~ to sth** ein Anhänger/eine Anhängerin einer S. *gen;* **to be a ~ to healthy living** zu einem gesunden Lebensstil stehen; **to be a ~ to vegeterianism** Vegetarier(in) *m(f)* sein
II. *vi* [kənˈvɜːt, AM -ˈvɜːrt] ① REL übertreten; ***he ~ed to his wife's religion*** er nahm die Religion seiner Frau an
② *(change in function)* ■ **to ~** [**in**]**to sth** sich *akk* in etw *akk* [*o* zu etw *dat*] verwandeln lassen
III. *vt* [kənˈvɜːt, AM -ˈvɜːrt] ① REL ■ **to ~ sb** [**to sth**] jdn [zu etw *dat*] bekehren; **to ~ sb to Christianity** jdn zum Christentum bekehren
② *(change beliefs)* ■ **to ~ sb** [**to sth**] jdn [zu etw *dat*] bekehren; *(persuade)* jdn [zu etw *dat*] überreden
③ *(change in form or function)* ■ **to ~ sth** [**into sth**] etw [in etw *akk*] umwandeln [*o* verwandeln]; ARCHIT etw [zu etw *dat*] umbauen; TECH etw [zu etw *dat*] umrüsten; ***couldn't we ~ the small bedroom into a second bathroom?*** könnten wir aus dem kleinen Schlafzimmer nicht ein zweites Badezimmer machen?; **to ~ the attic into an office** das Dachgeschoss zu einem Büro ausbauen; **to ~ energy into electricity** Energie in Elektrizität umwandeln
④ *(calculate)* ■ **to ~ sth into sth** etw in etw *akk* umrechnen; *(exchange) money* etw in etw *akk* umtauschen
⑤ SPORT ■ **to ~ sth** etw verwandeln
⑥ *(to a different fuel)* ■ **to ~ sth** [**from sth**] **to sth** etw [von etw *dat*] auf etw *akk* umstellen; **to ~ a machine/street to natural gas** eine Maschine/Straße auf Erdgas umstellen

con·vert·ed [kənˈvɜːtɪd, AM ˈvɜːrt̬ɪd] *adj inv* umgewandelt; *building* umgebaut, zweckentfremdet *a. pej*

con·vert·er [kənˈvɜːtəʳ, AM -ˈvɜːrt̬ɚ] *n* ① ELEC Umwandler *m;* **AC/DC ~** Stromgleichrichter *m;* **A/D ~** A/D-Umwandler *m;* **current ~** Stromwandler *m*
② AUTO Katalysator *m,* Kat *m fam*

con·vert·ibil·ity [kənˌvɜːtəˈbɪləti, AM -ˌvɜːrt̬əˈbɪlət̬i] *n* *no pl* ① *(changeability)* Umwandelbarkeit *f*
② *(of currency)* Umtauschbarkeit *f,* Konvertierbarkeit *f;* **~ into cash** Liquidierbarkeit *f*

con·vert·ible [kənˈvɜːtɪbl̩, AM -ˈvɜːrt̬əbl̩] **I.** *n* Kabrio[lett] *nt,* ÖSTERR *a.* Cabrio[let] *nt*
II. *adj* ① *(changeable)* verwandelbar; **~ sofa** Bettsofa *nt;* ***is this sofa ~?*** lässt sich dieses Sofa in ein Bett verwandeln?
② FIN *(exchangeable)* konvertibel *fachspr,* konvertierbar *fachspr;* **a ~ currency** eine [frei] konvertierbare Währung *fachspr;* ■ **to be ~ into sth** in etw *akk* konvertierbar sein *fachspr;* **to be ~ into cash** liquidierbar sein

con·vert·ible ˈbond *n* FIN Wandelanleihe *f,* Wandelschuldverschreibung *f,* Wandelobligation *f* **con·vert·ible ˈcur·ren·cy** *n* FIN [frei] konvertierbare Währung **con·vert·ible ˈde·ben·ture** *n* BRIT FIN Wandelschuldverschreibung *f* **con·vert·ible ˈloan** *n* FIN Wandelobligation *f* **con·vert·ible ˈloan stock** *n* BRIT FIN Wandelanleihe *f*

con·vert·or *n see* **converter**

con·vex [ˈkɒnveks, AM ˈkɑːn-] *adj* konvex *fachspr;* **~ lens** Konvexlinse *f fachspr;* **~ mirror** Konvexspiegel *m*

con·vex·ity [kənˈveksəti, AM t̬i] *n* konvexe Form

con·vey [kənˈveɪ] *vt* ① *(transport)* ■ **to ~ sth** [**somewhere**] etw [irgendwohin] befördern; **to ~ sth by sea** etw auf dem Seeweg befördern
② *(transmit)* ■ **to ~ sth** [**to sb**] [jdm] etw überbringen; *(impart)* [jdm] etw vermitteln; *(make clear)* [jdm] etw deutlich machen; ***words cannot ~ how much I love him*** meine Liebe für ihn lässt sich nicht mit Worten ausdrücken; ***do ~ my apologies to him*** sag ihm bitte, wie leid es mir tut; ***please ~ my compliments*** [*or* ***regards***] ***to your father*** *(form)* grüßen Sie bitte Ihren Vater von mir; **to ~ one's condolences** [**to sb**] [jdm] sein Beileid aussprechen
③ *(indicate)* ■ **to ~ to sb that ...** jdm zu verstehen geben, dass ..., jdm zeigen, dass ...; **to ~ the right/wrong impression** einen richtigen/falschen Eindruck vermitteln
④ LAW *(transfer title)* **to ~ a property to a purchaser** einem Käufer Eigentum übertragen

con·vey·ance [kənˈveɪən(t)s] *n* ① *no pl (form: transport)* Beförderung *f;* **form** [*or* **mode**] **of ~** Transportmittel *nt*
② *(form: vehicle)* Verkehrsmittel *nt;* **public ~** öffentliches Verkehrsmittel
③ *no pl (form: communication)* Übermittlung *f*
④ *no pl* LAW *(transfer)* Eigentumsübertragung *f,* Überschreibung *f;* **fraudulent ~** Vollstreckungsvereitelung *f* durch Eigentumsübertragung; ■ **the ~ of sth to sb** die Überschreibung einer S. *gen* auf jdn
⑤ LAW *(document)* Übertragungsurkunde *f*

con·vey·anc·er [kənˈveɪən(t)səʳ, AM -sɚ] *n* LAW Notar(in) *m(f)* für Eigentumsübertragungen

con·vey·anc·ing [kənˈveɪən(t)sɪŋ] *n no pl* LAW Aufsetzen *nt* eines Eigentumsübertragungssdokuments; *(law and procedure)* Eigentumsübertragungsverfahren *nt,* Überschreibung *f,* Eigentumsübertragung *f,* Handänderung *f* SCHWEIZ; **do-it-yourself ~** Aufsetzen *nt* einer Übertragungsurkunde ohne notarielle Hilfe

con·vey·or, con·vey·er [kənˈveɪəʳ, AM -ɚ] *n* ① *(bearer)* Überbringer(in) *m(f);* **to be the ~ of bad tidings** schlechte Nachrichten überbringen
② *see* **conveyor belt**

con·ˈvey·or belt *n* Förderband *nt; (in assembly)* Fließband *nt; (at airport, for luggage)* Förderband *nt*

con·vict **I.** *n* [ˈkɒnvɪkt, AM ˈkɑːn-] Strafgefangene(r) *f(m),* Sträfling *m*
II. *vi* [kənˈvɪkt] auf schuldig erkennen *fachspr,* einen Schuldspruch fällen, verurteilen
III. *vt* [kənˈvɪkt] ■ **to ~ sb** jdn verurteilen; ***he has twice been ~ed of robbery*** er ist zweimal wegen Raubes verurteilt worden; **to ~ sb for the murder of sb** jdn für den Mord an jdm verurteilen

con·vict·ed [kənˈvɪktɪd] *adj attr, inv* verurteilt; **~ed criminal** verurteilter Straftäter

con·vic·tion [kənˈvɪkʃᵊn] *n* ① *(judgement)* Verurteilung *f* (**for** wegen +*gen*); ***it was her first ~ for stealing*** sie wurde zum ersten Mal wegen Diebstahls verurteilt; **previous ~s** Vorstrafen *pl;* **to have no/two previous ~s** nicht/zweifach vorbestraft sein; **to overturn a ~** eine Verurteilung aufheben
② *(belief)* Überzeugung *f;* **deep** [*or* **firm**]/**lifelong ~** tiefe [*o* feste]/unerschütterliche Überzeugung; **to have a deep ~ that ...** der festen Überzeugung sein, dass ...; **it is sb's** [**personal**] **~ that ...** jd ist der [persönlichen] Überzeugung [*o* Meinung], dass ...; **political/religious ~s** politische/religiöse Anschauungen; **to be of strong ~s** feste Grundsätze haben; **sb/sth carries ~** jd/etw ist [*o* klingt] überzeugend; **sb/sth doesn't carry** [*or* **lacks**] **~** jdm/etw mangelt es an Überzeugung; **to have ~ about sth** von etw *dat* überzeugt sein; **by ~** überzeugt; **a socialist by ~** ein überzeugter Sozialist/eine überzeugte Sozialistin

ˈcon·vict set·tle·ment *n* Strafkolonie *f*

con·vince [kənˈvɪn(t)s] *vt* ■ **to ~ sb** [**of sth**] jdn [von etw *dat*] überzeugen; ■ **to ~ sb to do sth** jdn dazu bringen, etw zu tun; ■ **to ~ sb that ...** jdn [davon] überzeugen, dass ...

con·vinced [kən'vɪn(t)st] *adj* ❶ *(persuaded)* überzeugt; ■**to be ~ of sth** von etw *dat* überzeugt sein; ■**to be ~ that ...** überzeugt sein, dass ...
❷ *attr (of ones beliefs)* überzeugt; **a ~ Christian** ein überzeugter Christ/eine überzeugte Christin; **a ~ Socialist** ein überzeugter Sozialist/eine überzeugte Sozialistin

con·vinc·ing [kən'vɪn(t)sɪŋ] *adj* überzeugend; **~ argument** stichhaltiges [*o* überzeugendes] Argument; **~ evidence/proof** schlagender [*o* stichhaltiger] [*o* überzeugender] Beweis; **~ victory** [*or* **win**] überzeugender Sieg; **totally** [*or* **utterly**] **~** äußerst überzeugend; **to make sth ~** etw überzeugend darstellen

con·vinc·ing·ly [kən'vɪn(t)sɪŋli] *adv* überzeugend; **to argue very ~ in favour of sth** mit großer Überzeugung für etw *akk* sprechen

con·viv·ial [kən'vɪviəl] *adj* ❶ *(sociable)* gesellig; *(hospitable)* gastlich
❷ *(lively, jovial)* heiter, fröhlich

con·vivi·al·ity [kən,vɪvi'æləti, AM -ət̬i] *n no pl* ❶ *(sociability)* Geselligkeit *f*
❷ *(liveliness, joviality)* unbeschwerte Heiterkeit, Fröhlichkeit *f*

con·vivi·al·ly [kən'vɪviəli] *adv* ❶ *(sociably)* gesellig
❷ *(jovially)* fröhlich
❸ *(enjoyably)* heiter

con·vo·ca·tion [,kɒnvə(ʊ)'keɪʃən, AM ,kɑ:nvə'-] *n (form)* ❶ *no pl (arranging)* Einberufung *f*
❷ *(meeting)* Versammlung *f;* **to hold a ~** eine Versammlung abhalten

con·voke [kən'vəʊk, AM 'voʊk] *vt (form)* ■**to ~ sth** etw einberufen

con·vo·lut·ed [,kɒnvə'lu:tɪd, AM ,kɑ:nvə'lu:t̬-] *adj (form)* ❶ *(twisted)* verwickelt, verschlungen; **~ route** verzwickte Route
❷ *(difficult) sentences* verschachtelt; *plot* verschlungen
❸ *(coiled)* gewunden; *(spiral)* spiralig

con·vo·lu·tion [,kɒnvə'lu:ʃən, AM ,kɑ:n-] *n (form)* ❶ *usu pl (coil)* Windung *f*
❷ *usu pl (complexity)* Verschlungenheit *f kein pl;* **to have many ~s** *film, story* verworren sein
❸ MED **~ of the brain** Krümmung *f* des Gehirns

con·vol·vu·lus <*pl* - *or* -es> [kən'vɒlvjʊləs, AM 'vɑ:lvju:] *n* BOT Winde *f*

con·voy ['kɒnvɔɪ, AM 'kɑ:n-] **I.** *n* ❶ *(by sea)* Konvoi *m,* Geleit *nt*
❷ *(by road)* Konvoi *m;* **~ of cars** Fahrzeugkonvoi *m;* **~ of trucks** Lkw-Konvoi *m;* **to form a ~** einen Konvoi bilden; **in ~** im Konvoi; ***shall we drive to the party in ~?*** sollen wir gemeinsam zur Party fahren?; **under ~** unter Geleitschutz
II. *vt* ■**to ~ sb** jdn eskortieren [*o* begleiten]; ***a couple of tanks ~ed the trucks across the border*** eine Gruppe von Panzern brachte die Lkws im Konvoi über die Grenze

con·vulse [kən'vʌls] **I.** *vi* sich *akk* krümmen [*o* winden]; **to ~ in** [*or* **with**] **laughter** sich *akk* vor Lachen biegen [*o* ausschütten] *fam;* **to ~ in** [*or* **with**] **pain** sich *akk* vor Schmerzen winden [*o* krümmen]
II. *vt* ■**to ~ sth** etw erschüttern; ***a racking cough ~d her whole body*** sie wurde von einem fürchterlichen Husten geschüttelt; **to be ~d with laughter** sich *akk* vor Lachen biegen *fam*

con·vul·sion [kən'vʌlʃən] *n usu pl* ❶ *(spasm)* Krampf *m;* **to go into ~s** Krämpfe bekommen
❷ *(quake)* Erschütterung *f;* ***the ~ of the earth shook the village*** das Dorf wurde von Erdbebenstößen erschüttert
❸ *(unrest)* Aufruhr *m kein pl,* Unruhen *pl*
❹ *(laughter)* ■**~s** *pl* Lachkrämpfe *pl;* **to collapse in** [*or* **go into**]/**to be in ~s** sich *akk* vor Lachen biegen *fam* [*o* schütteln]

con·vul·sive [kən'vʌlsɪv] *adj* Krampf-, krampfartig; *movement* krampfhaft; **~ illness** *eine Krankheit, zu deren Symptomen Muskelkrämpfe gehören;* **~ spasms** Muskelkrämpfe *pl,* konvulsivische Zuckungen *fachspr*

con·vul·sive·ly [kən'vʌlsɪvli] *adv* krampfartig, krampfhaft, konvulsivisch *geh*

cony ['kəʊni, AM 'koʊ-] *n (old)* ❶ *(rabbit)* Kaninchen *nt*
❷ *(fur)* Kaninchenfell *nt*

coo [ku:] **I.** *vi* ❶ *dove, baby* gurren
❷ *(talk softly)* ■**to ~ over sb/sth** liebevoll über jdn/etw sprechen
II. *vt* ■**to ~ sth** etw flüstern; **to ~ sweet nothings in sb's ear** jdm süße Worte ins Ohr flüstern
III. *n no pl* Gurren *nt,* Girren *nt*

cooee ['ku:i] *(fam)* **I.** *interj* hey!
II. *n* Rufweite *f*

cook [kʊk] **I.** *n* Koch, Köchin *m, f*
▶PHRASES: **too many ~s spoil the broth** [*or* **soup**] *(prov)* viele Köche verderben den Brei *prov*
II. *vi* ❶ *(make meals)* kochen; ■**to ~ for sb** für jdn kochen
❷ *(in water)* kochen; *fish, meat* garen; *(fry, roast)* braten; *cake, pie* backen
❸ AM *(fam: do well)* so richtig gut einschlagen *fam,* in Höchstform sein; *(be ready to go)* loslegen können *fam;* ***now we're ~in'!*** jetzt kann es losgehen! *fam*
▶PHRASES: **what's ~ing?** *(sl)* was ist los? *fam*
III. *vt* ■**to ~ sth** ❶ *(make)* etw kochen [*o* machen]; *(prepare)* etw zubereiten [*o* kochen]; ***how do you ~ this fish/meat?*** wie wird dieser Fisch/dieses Fleisch zubereitet?; ***I don't ~ meat very often*** ich mache [*o* koche] nicht so oft Fleischgerichte; **to ~ lunch** das Mittagessen kochen [*o* machen]; ■**to ~ sb sth** [*or* **sth for sb**] jdm etw kochen, etw für jdn kochen; **to ~ a meal** [**for sb**] [für jdn] kochen
❷ *(heat)* etw kochen; *fish, meat* etw garen; *(fry, roast)* etw braten
❸ *(fam: falsify)* etw frisieren *fam;* **to ~ the books** die Bücher fälschen [*o fam* frisieren]
▶PHRASES: **to ~ sb's goose** *(fam)* jdn fertigmachen *fam;* ***that's ~ed his goose, hasn't it*** damit ist er wirklich erledigt *fam*

◆**cook down** *vt* AM FOOD ■**to ~ down** ⊂ **sth** etw reduzieren

◆**cook up** *vt* ■**to ~ up** ⊂ **sth** ❶ *(prepare quickly)* etw auf die Schnelle zubereiten; ***he ~ed up a delicious omelette in no more than 10 minutes*** in nur zehn Minuten zauberte er ein köstliches Omelette auf den Tisch
❷ *(improvise)* **to ~ up a meal** eine Mahlzeit improvisieren
❸ *(concoct)* sich *dat* etw ausdenken; **to ~ up an excuse/a story** eine Entschuldigung/Geschichte erfinden; **to ~ up a plan** einen Plan aushecken *fam*

'cook·book *n* Kochbuch *nt*

cooked [kʊkt] *adj* ❶ *(not raw or cold)* gekocht; **~ food** gekochte Speisen; **a ~ meal/supper** eine warme Mahlzeit/ein warmes Abendessen; **~ vegetables** gekochtes Gemüse; ■**to be ~** *(cake, meat)* durch sein
❷ *pred (fam: in trouble)* ■**to be ~** in einer ausweglosen Situation sein

cooked 'break·fast *n* BRIT englisches Frühstück *(mit Speck, Eiern und Würstchen)*

cooked-to-'or·der *adj inv* nach Wunsch gekocht

cook·er ['kʊkər] *n* ❶ *esp* BRIT *(stove)* Herd *m*
❷ BRIT *(fam: apple)* Kochapfel *m*

cook·ery ['kʊkəri, AM -əri] **I.** *n no pl* ❶ *(cooking)* Kochen *nt;* **to be very skilled in ~** ganz ausgezeichnet kochen
❷ AM *(cafe)* Gasthof *m*
II. *n modifier* Koch-; **to take a ~ course** einen Kochkurs machen

'cook·ery book *n* BRIT, AUS Kochbuch *nt*

'cook·house *n* Küchentrakt *m;* MIL Feldküche *f*

cookie ['kʊki] *n esp* AM ❶ *(biscuit)* Keks *m,* Plätzchen *nt* BRD; **chocolate-chip ~** Schokokeks *m;* **coconut ~** Kokosnussplätzchen *nt;* **peanut butter ~** Erdnusskeks *m*
❷ AM *(fam: person)* Typ *m fam;* **a smart ~** ein cleverer Bursche, ein schlaues Bürschchen; **a tough ~** ein zäher Typ *fam;* ***Carrie's quite the tough ~*** Carrie ist eine von der ganz zähen Sorte *fam*
❸ COMPUT Cookie *nt fachspr*
▶PHRASES: **tough ~s!** AM Pech gehabt!; **that's the way the ~ crumbles** *(saying)* so ist das nun mal im Leben, tja, so kann's gehen *fam*

'cookie-cut·ter *adj attr, inv* AM identisch, Serien-

cookie 'sand·wich *n* AM *Sandwich aus Keksen mit süßem Belag, meist Eis*

cook·ing ['kʊkɪŋ] **I.** *n no pl* Kochen *nt;* **to do the ~** kochen; **to hate ~** nicht gerne kochen
II. *n modifier* Koch-; **~ chocolate** Blockschokolade *f;* **~ foil** BRIT Alufolie *f;* **~ oil** Speiseöl *nt*

'cook·ing apple *n* Kochapfel *m*

'Cook Is·lands *npl* Cook Inseln *pl*

'cook·out *n esp* AM *(fam)* Grillparty *f;* **to have a ~** eine Grillparty veranstalten

cook·ware ['kʊkweər, AM wer] *n no pl* Kochgeschirr *nt*

cooky *n esp* AM *see* **cookie**

cool [ku:l] **I.** *adj* ❶ *(pleasantly cold)* kühl; *(unpleasantly cold)* kalt; ***store in a ~ and dry place*** kühl und trocken lagern
❷ *(clothing, material)* leicht, luftig
❸ *colour* kühl
❹ *(calm)* ruhig, gelassen, cool *sl;* *(level-headed)* besonnen; **to keep** [*or* **stay**] **~** ruhig [*o sl* cool] bleiben; **to keep a ~ head** *(fig)* einen kühlen Kopf bewahren; **~, calm and collected** kühl, ruhig und besonnen; ■**to be ~ with sb/sth** *(to approve of)* kein Problem mit jdm/etw haben
❺ *(unfriendly)* kühl, unterkühlt; **a ~ reception/welcome** ein kühler Empfang; **to give sb a ~ reception** jdn kühl empfangen; ■**to be ~ towards sb** sich *akk* jdm gegenüber kühl [*o* abweisend] verhalten
❻ *(unfeeling)* kühl; *(not showing interest)* abweisend; ■**to be ~ about sth** etw *dat* abweisend gegenüberstehen
❼ *(fam: trendy, great)* cool *sl,* geil *sl;* **to look ~** cool aussehen *sl*
❽ *(fam: considerable)* **a ~ amount** eine ganz schöne Summe; **a ~ £100,000** *(at least)* mindestens 100.000 Pfund
▶PHRASES: **~ as a cucumber** völlig gelassen [*o sl* cool]
II. *interj (fam)* super *fam,* cool *sl,* geil *sl*
III. *n no pl* ❶ *(cold)* **to sit/stay in the ~** im Kühlen sitzen/bleiben; ■**the ~ of sth** die Kühle einer S. *gen;* **in the ~ of the evening/night** in der Abendkühle/Kühle der Nacht
❷ *(calm)* Ruhe *f,* Gelassenheit *f;* **to keep one's ~** die Ruhe bewahren, sich *akk* nicht aufregen, cool bleiben *sl;* **to lose one's ~** die [*o* seine] Ruhe verlieren, sich *akk* aufregen
IV. *vi* ❶ *(lose heat)* abkühlen (**to** auf +*akk*); **to let sth ~ to room temperature** etw auf Zimmertemperatur abkühlen lassen
❷ *(die down)* nachlassen
V. *vt* ❶ *(make cold)* ■**to ~ sth** etw kühlen; *(cool down)* etw abkühlen
❷ *(sl: calm down)* [***just***] **~ *it!*** reg dich ab! *fam;* ***just ~ it everyone, fighting won't solve anything*** ganz ruhig bleiben! ein Streit bringt überhaupt nichts

◆**cool down I.** *vi* ❶ *(lose heat)* abkühlen
❷ *(calm down)* sich *akk* beruhigen [*o fam* abregen]
II. *vt* ❶ *(calm)* ■**to ~ down** ⊂ **sb** jdn beruhigen
❷ *(reduce temperature)* ■**to ~ down** ⊂ **sth** etw abkühlen

◆**cool off** *vi* ❶ *(lose heat)* sich *akk* abkühlen
❷ *(calm down) person* sich *akk* beruhigen
❸ *(die down)* nachlassen, abkühlen *fig*

cool·ant ['ku:lənt] *n* MECH Kühlflüssigkeit *f,* Kühlmittel *nt*

'cool bag *n* BRIT Kühltasche *f*

cool·er ['ku:lər, AM -ɚ] *n* ❶ *(box)* Kühlbox *f;* *for champagne* [Sekt]kühler *m*
❷ *(drink) mit Wein und Saft gemischtes Erfrischungsgetränk*
❸ *(sl: prison)* **the ~** der Bau *fam*

'cool·er bag *n* AM Kühltasche *f*

cool-'head·ed *adj* besonnen; **to remain ~** einen kühlen Kopf behalten [*o* bewahren]

coolie ['ku:li] *n (pej! dated)* Kuli *m pej;* **to hire ~s**

ungelernte [*o* billige] Arbeitskräfte einstellen

cool·ing ['ku:lɪŋ] *adj attr* 1 *(making cool)* [ab]kühlend; **a ~ breeze** eine kühle Brise; **a ~ drink** ein erfrischendes [*o* kühlendes] Getränk; **to have a ~ effect** eine kühlende Wirkung haben; **to take a ~ swim in the river** ein kühles Bad im Fluss nehmen
2 *(dying down)* nachlassend

cool·ing-'off pe·ri·od *n* ECON, FIN 1 *(during industrial dispute)* Friedenspflicht *f* 2 *(before retirement)* Überlegungsfrist *f* 3 *(after signing life insurance)* Überdenkungsperiode [*o* -frist] *f* 4 *(during strike)* *Zeitraum für Schlichtungsvereinbarungen bei Streiks* **'cool·ing time** *n* LAW Friedenspflicht *f* [bei Arbeitskämpfen]; *(to think about purchase)* Rücktrittsfrist *f* **'cool·ing tow·er** *n* Kühlturm *m* **'cool·ing trap** *n* CHEM Kühlfalle *f*

cool·ly ['ku:lli] *adv (coldly)* kühl, distanziert; *(in a relaxed manner)* cool *sl*, gelassen; **to receive sth rather ~** *(indifferently)* etw ziemlich gleichgültig aufnehmen; *(in a relaxed manner)* etw ziemlich cool aufnehmen *sl*

cool·ness ['ku:lnəs] *n no pl* 1 *(low temperature)* Kühle *f*
2 *(unfriendliness)* Kühle *f*, Distanziertheit *f*
3 *(relaxed manner)* coole Art *sl*

coomb(e) [ku:m] *n* BRIT 1 *(short valley)* Einschnitt *m*
2 GEOL *(in limestone region)* Talmulde *f*

coon [ku:n] *n* 1 *(racoon)* Waschbär(in) *m(f)*
2 *(pej! sl: black)* Neger(in) *m(f) pej*, Nigger(in) *m(f) pej*

coop [ku:p] I. *n* Hühnerstall *m*
▸PHRASES: **to <u>fly</u> the ~** sich *akk* aus dem Staub machen *fam*
II. *vt* ■**to ~ up** ⊂ **sb** jdn einsperren [*o* einschließen]; ■**to ~ up** ⊂ **an animal** ein Tier einsperren

co-op ['kəʊɒp, AM 'koʊɑ:p] *n abbrev of* **cooperative I**

cooped up [ku:pt'ʌp] *adj person* eingesperrt; *animals* zusammengepfercht

coop·er ['ku:pəʳ, AM -ɚ] I. *n* Böttcher *m*, Küfer *m*
II. *vi (make barrels)* Fässer herstellen; *(repair barrels)* Fässer ausbessern

co·oper·ate [kəʊ'ɒpᵊreɪt, AM koʊ'ɑ:pəreɪt] *vi*
1 *(help)* kooperieren; *(comply also)* mitmachen
2 *(act jointly)* kooperieren, zusammenarbeiten; ■**to ~ in sth** bei etw *dat* zusammenarbeiten; ■**to ~ with sb** mit jdm zusammenarbeiten [*o* kooperieren]; **to ~ fully** [*or* **closely**] **with sb** [**in sth**] [bei etw *dat*] eng mit jdm zusammenarbeiten; ***he ~d fully with the government in its investigation*** er hat die Regierung bei ihren Untersuchungen in jeder Hinsicht unterstützt; ■**to ~** [**with sb**] **in doing sth** etw [mit jdm] zusammen tun
3 *(hum: be suitable)* ***if the weather ~s ...*** wenn das Wetter mitmacht,...

co·opera·tion [ˌkəʊɒpə'reɪʃᵊn, AM ˌkoʊˌɑ:pə'-] *n no pl*
1 *(assistance)* Kooperation *f*, Mitarbeit *f* (**in** bei +*dat*); **with sb's ~** mit jds Hilfe
2 *(joint work)* Zusammenarbeit *f*, Kooperation *f* (**in/between** bei/zwischen +*dat*); **to produce sth in ~ with sb** etw in Zusammenarbeit mit jdm herstellen

co·oper'a·tion agree·ment *n* Kooperationsabkommen *nt*, Kooperationsvertrag *m* **co·oper'a·tion part·ner** *n* Kooperationspartner(in) *m(f)*

co·opera·tive [kəʊ'ɒpᵊrətɪv, AM koʊ'ɑ:pɚət̬ɪv] I. *n* Genossenschaft *f*, Kooperative *f*; **farming ~** landwirtschaftliche Genossenschaft; **member of a ~** Genosse, Genossin *m, f*
II. *adj* 1 *attr, inv* ECON genossenschaftlich, kooperativ; **~ business** Unternehmen *nt* auf genossenschaftlicher Basis; **~ farm** landwirtschaftliche Genossenschaft; **~ society** Konsumgenossenschaft *f*; **~ store** Konsum[laden] *m*
2 *(willing)* kooperativ; **to be very ~** sehr kooperativ [*o* entgegenkommend] sein

co·opera·tive ar·'range·ment *n* LAW Gemeinschaftsregelung *f* **co·opera·tive as·so·ci'a·tion** *n* ADMIN Genossenschaft *f*

co·opera·tive·ly [kəʊ'ɒpᵊrətɪvli, AM koʊ'ɑ:pɚət̬ɪvli] *adv* gemeinsam

co·opera·tive 'pro·cess·ing *n* COMPUT kooperative Verarbeitung **co·opera·tive 'sav·ings as·so·cia·tion** *n* Kreditgenossenschaft *f*

co-opt [kəʊ'ɒpt, AM koʊ'ɑ:pt] *vt* 1 *(vote in)* ■**to ~ sb** jdn kooptieren *geh*; ■**to ~ sb on to sth** jdn durch Kooptation in etw *akk* wählen *geh*
2 *(integrate)* ■**to be ~ed into sth** in etw *akk* aufgenommen werden; ***the small bookstore in our area was ~ed into a large chain*** der kleine Buchladen in unserem Stadtviertel wurde von der großen Ladenkette geschluckt *pej fam*

co·or·di·nate I. *n* [kəʊ'ɔ:dɪnət, AM koʊ'ɔ:rdᵊn-]
1 *usu pl* MATH Koordinate *f fachspr*
2 *(equal)* Gleichgestellte(r) *f(m)*, Gleichrangige(r) *f(m)*; ***since he was my ~, ...*** da er mir gleichgestellt war, ...
3 FASHION ■**~s** *pl* Kombination *f*
II. *vi* [kəʊ'ɔ:dɪneɪt, AM koʊ'ɔ:rdᵊn-] 1 *(act jointly)* gut zusammenarbeiten [*o* kooperieren]; **to ~ closely** eng zusammenarbeiten; ■**to ~ with sb** mit jdm zusammenarbeiten
2 *(match)* zusammenpassen; ■**sth ~s with sth** etw passt zu etw *dat*, etw und etw passen zusammen
III. *vt* [kəʊ'ɔ:dɪneɪt, AM koʊ'ɔ:rdᵊn-] ■**to ~ sth** etw koordinieren *geh*; *operations, schedules* etw aufeinander abstimmen
IV. *adj* [kəʊ'ɔ:dɪnət, AM koʊ'ɔ:rdᵊn-] 1 *(equal)* gleichwertig, gleichrangig; **~ pay for men and women** gleicher Lohn für Männer und Frauen
2 *(acting jointly)* aufeinander abgestimmt
3 CHEM koordiniert *fachspr*, koordinativ *fachspr*; **~ bond** koordinative Bindung *fachspr*

co·or·di·nate 'clause *n* nebengeordneter Satz; *(main clause also)* nebengeordneter Hauptsatz; *(subordinate clause also)* nebengeordneter Nebensatz

co·or·di·nat·ed [kəʊ'ɔ:dɪneɪtɪd, AM koʊ'ɔ:rdᵊneɪt̬ɪd] *adj* 1 *attack* koordiniert, geordnet
2 *(matching)* aufeinander abgestimmt

co·or·di·na·tion [kəʊˌɔ:dɪn'eɪʃᵊn, AM koʊˌɔ:rdᵊn'-] *n no pl* 1 *(coordinating)* Koordination *f geh*; *of operations, schedules also* Abstimmung *f*; **central ~** Federführung *f*; **the ~ of efforts** die gemeinsamen Anstrengungen
2 *(cooperation)* Zusammenarbeit *f*, Zusammenwirken *nt geh* (**between** zwischen +*dat*)
3 *(dexterity)* Sinn *m* für Koordination; **to not have much ~** kein gutes Koordinationsgefühl besitzen; **to lack ~** Koordinationsschwierigkeiten haben

co·or·di·na·tor [kəʊ'ɔ:dɪneɪtəʳ, AM koʊ'ɔ:rdᵊneɪt̬ɚ] *n* Koordinator(in) *m(f)*; **to act as central** [*or* **general**] **~** federführend sein

coot [ku:t] *n* 1 *(bird)* Blässhuhn *nt*, Wasserhuhn *nt*
2 AM *(fam: stupid person)* **old ~** alter Esel *fam*
▸PHRASES: **as <u>bald</u> as a ~** völlig kahl

cootie ['ku:t̬i] *n usu pl* AM *(fam)* Laus *f*

co-own [ˌkəʊ'əʊn, AM ˌkoʊ'oʊn] *vt* ■**to ~ sth** etw mitbesitzen

co-own·er [ˌkəʊ'əʊnəʳ, AM ˌkoʊ'oʊnɚ] *n* Mitbesitzer(in) *m(f)*, Miteigentümer(in) *m(f)*

co-own·er·ship [ˌkəʊ'əʊnəʃɪp, AM ˌkoʊ'oʊnɚ-] *n*
1 *(of a property)* Miteigentum *nt*, Mitbesitz *m*
2 *(of shares)* Bruchteilseigentum *nt*

cop [kɒp, AM kɑ:p] I. *n* 1 *(fam: police officer)* Bulle *m sl*; **to play ~s and robbers** Räuber und Gendarm spielen
2 *no pl* BRIT *(sl)* **to not be much ~** nicht besonders gut sein; ***was that film you went to see any ~?*** taugte der Film was, den ihr gesehen habt?
▸PHRASES: **it's a <u>fair</u> ~** BRIT *(dated fam)* jetzt hat's mich [halt] erwischt *fam*
II. *n modifier (car, siren, uniform)* Bullen-
III. *vt* <-pp-> 1 BRIT, AUS *(sl)* **to ~ it** *(be in trouble)* dran sein *fam*; *(get killed)* gekillt werden *fam*; ***you'll really ~ it if your parents find out*** du wirst wirklich Ärger kriegen, wenn's deine Eltern erfahren
2 *(dated sl: receive)* ■**to ~ sth** etw bekommen; **to ~ the blame for sth** die Schuld für etw *akk* bekommen; **to ~ hold of sth** etw mit *dat* anpacken *fam*; **to ~ a** [**quick**] **look at sth** einen [kurzen] Blick auf etw *akk* werfen
3 *(sl: arrest)* ■**to ~ sb** jdn schnappen
4 AM LAW *(plead guilty)* **to ~ a plea** *sich schuldig bekennen und dafür eine mildere Strafe aushandeln*
▸PHRASES: **to ~ a <u>feel</u>** *(fam!)* angrapschen; **to ~ a <u>few</u> Zs** AM *(sl)* sich *akk* aufs Ohr hauen *fam*; **~ a <u>load</u> of that!** kuck dir das mal an! *fam*
◆**cop out** *vi (sl)* 1 *(change one's mind)* aussteigen *fam*; ■**to ~ out of sth** aus etw *dat* aussteigen
2 *(let sb down)* ■**to ~ out on sb** jdn hängen lassen *fam*

co-part·ner [ˌkəʊ'pɑ:tnəʳ, AM ˌkoʊ'pɑ:rtnɚ] *n* Geschäftspartner(in) *m(f)*, Teilhaber(in) *m(f)*, Mitunternehmer(in) *m(f)*

co-part·ner·ship [ˌkəʊ'pɑ:tnəʃɪp, AM ˌkoʊ'pɑ:rtnɚ-] *n* Teilhaberschaft *f*

cope [kəʊp, AM koʊp] *vi* 1 *(mentally)* zurechtkommen; ***he just couldn't ~ any longer*** er konnte einfach nicht mehr; **to ~ with children/difficult people** mit Kindern/schwierigen Personen fertigwerden [*o* zurechtkommen]; **to ~ with a problem/job/situation** ein Problem/einen Job/eine Situation bewältigen; **to ~ with a difficult task** eine schwierige Aufgabe meistern
2 *(physically)* gewachsen sein; ■**to ~ with sth** etw schaffen

co·peck ['kəʊpek, AM 'koʊ] *n (rare) see* **kope(c)k**

Co·pen·ha·gen [ˌkəʊpᵊn'heɪgᵊn, -'hɑ:-, AM 'koʊpᵊnˌheɪ-, -'hɑ:-] *n* Kopenhagen *nt*

Co·per·ni·can [kəʊ'pɜ:nɪkᵊn, AM koʊ'pɜ:r] *adj inv* kopernikanisch

copi·er ['kɒpiəʳ, AM 'kɑ:piɚ] *n* 1 *(for documents)* Kopiergerät *nt*, Kopierer *m fam*; *(for tapes)* Überspielgerät *nt*
2 *(person)* Kopist(in) *m(f)*
3 *(usu childspeak fam: imitator)* Nachmacher(in) *m(f)*; *(cheater)* Abgucker(in) *m(f) fam*

co-pi·lot [ˌkəʊ'paɪlət, AM ˌkoʊ'-] *n* Kopilot(in) *m(f)*

cop·ing saw ['kəʊpɪŋ-, AM 'koʊpɪŋ-] *n* Laubsäge *f*

co·pi·ous ['kəʊpiəs, AM 'koʊ-] *adj* 1 *(many, much)* zahlreich, viel; ***the region has had ~ snow*** die Region hat reichlich Schnee gehabt; **~ amounts of beer/food/money** Unmengen von Bier/Essen/Geld; **~ notes** zahlreiche Notizen
2 *pred (in thoughts or words)* überschwänglich, weitschweifig

co·pi·ous·ly ['kəʊpiəsli, AM 'koʊ-] *adv* ausgiebig, reichlich; ***he was sweating ~*** er schwitzte sehr stark

cop-out ['kɒpaʊt, AM 'kɑ:p-] *n (sl)* 1 *(evasive action)* Ausweichmanöver *m*; *(excuse)* Rückzieher *m*
2 *(disappointment)* Enttäuschung *f*, schwache Vorstellung

cop·per ['kɒpəʳ, AM 'kɑ:pɚ] I. *n* 1 *no pl (metal)* Kupfer *nt*; **made of ~** aus Kupfer
2 *(sl: police officer)* Bulle *m sl*
3 *esp* BRIT *(sl: coins)* ■**~s** *pl* Kleingeld *nt kein pl*
4 *(colour)* Kupferrot *nt*
II. *n modifier (made of copper) (bracelet, kettle, pan, statue, wire)* Kupfer-; *(relating to copper) (deposit, mine, ore)* Kupfer-
III. *adj* kupferfarben, kupferrot
IV. *vt* ■**to ~ sth** etw kupfern

'Cop·per Age *n* HIST ■**the ~** die Kupferzeit **cop·per 'beech** *n* Blutbuche *f* **'cop·per-bot·tomed** *adj* BRIT *(fig) guarantee, investment* todsicher *fam* **'cop·per-col·oured**, AM **'cop·per-col·ored** *adj* kupferfarben, kupferrot

'cop·per·nob *n* BRIT *(fam)* Rotkopf *m fam*, SCHWEIZ, ÖSTERR *a.* Rotschopf *m*

cop·per 'ore *n no pl* Kupfererz *nt* **'cop·per·plate** I. *n* 1 ART *(engraving)* Kupferstichplatte *f*; *(print)* Kupferstechen *nt* 2 *no pl (handwriting)* ≈ gestochene Handschrift II. *n modifier* **~ writing** ≈ gestochene Handschrift **'cop·per-plat·ed** *adj* verkupfert **cop·per·plate 'print·ing** *n* TYPO Kupferdruck *m* **cop·per-'plat·ing** *n no pl* Verkupferung *f* **cop·per 'ray·on** *n* CHEM Kupferseide *f* **'cop·per·smith** *n* Kupferschmied(in) *m(f)*

cop·pery ['kɒpᵊri, AM 'kɑ:pᵊi] *adj* kupfern, kupferrot

cop·pice ['kɒpɪs, AM 'kɑ:p-] I. *n* Niederwald *m*, zurückgeschnittenes Waldstück
II. *vt* HORT **to ~ trees/bushes** Bäume/Büsche stutzen [*o* zurückschneiden]

co·pro·ces·sor [ˌkəʊ'prəʊsesəʳ, AM ˌkoʊ'prɑ:sesɚ] *n* COMPUT Koprozessor *m*

co-pro·duce [ˌkəʊprə'dju:s, AM ˌkoʊprə'du:s] *vt* ■**to ~ sth** etw koproduzieren

co-pro·duc·tion [ˌkəʊprə'dʌkʃən, AM ˌkoʊ-] *n* Koproduktion *f*

cop·ro·la·lia [ˌkɒprə(ʊ)'leɪliə, AM ˌkɑ:prə'leɪ:liə] *n no pl* PSYCH Koprolalie *f*

cop·ro·phi·lia [ˌkɒprə(ʊ)'fɪliə, AM ˌkɑ:prə'-] *n no pl* Koprophilie *f*

copse [kɒps, AM kɑ:ps] *n* kleines Wäldchen

'cop shop *n (dated sl)* [Polizei]revier *nt* **'cop show** *n* Polizeiserie *f*

cop·ter ['kɒptəʳ, AM 'kɑ:ptɚ] *n (sl)* Hubschrauber *m*

Cop·tic ['kɒptɪk, AM 'kɑ:p-] *adj inv* koptisch; **the ~ Church** die koptische Kirche

copu·la ['kɒpjələ, AM 'kɑ:p-] *n* LING Kopula *f*, Satzband *nt*

copu·late ['kɒpjəleɪt, AM 'kɑ:p-] *vi* kopulieren *geh*, sich *akk* paaren

copu·la·tion [ˌkɒpjə'leɪʃən, AM ˌkɑ:p-] *n no pl* Kopulation *f geh*, Paarung *f*

copy ['kɒpi, AM 'kɑ:pi] I. *n* ❶ *(duplicate)* Kopie *f*; *(of a document)* Abschrift *f*; *(of a photo)* Abzug *m*; *(of a painting)* Kopie *f*, Reproduktion *f*; **carbon ~** Durchschlag *m*; **certified ~** beglaubigte Kopie; **to be a carbon ~ of sb** *(fig)* jdm wie aus dem Gesicht geschnitten sein; **a true ~** eine originalgetreue Kopie
❷ *(photocopy)* Kopie *f*; **to have** [*or* **get**] **a ~ done** eine Kopie machen lassen; **to make a ~** eine Kopie machen; **to make a ~ of sth** etw kopieren
❸ *(issue) of book, magazine, newspaper* Exemplar *nt*, Ausgabe *f*; ***have you got a ~ of the latest Vogue magazine?*** hast du die neueste Vogue?; **hard ~** COMPUT *(printout)* [Computer]ausdruck *m*
❹ *no pl* PUBL Manuskript *nt*; *(in advertising)* Werbetext *m*; ***disasters make good ~ for newspapers*** Katastrophen sind guter Stoff für Zeitungen; **clean ~** Reinschrift *f*; **to check/write ~** ein Manuskript gegenlesen/schreiben
II. *vt* <-ie-> ❶ *(duplicate)* ■**to ~ sth** etw kopieren; **to ~ a CD/record onto a cassette** eine CD/Platte auf [eine] Kassette überspielen; **to ~ a file onto a disk** eine Datei auf eine Diskette kopieren; ■**to ~ sth to sb** jdm etw kopieren; *(write down)* ■**to ~ sth** *from text* etw abschreiben; *from words* etw niederschreiben
❷ *(imitate)* ■**to ~ sb** jdn nachmachen; **to ~ a look/style** ein Aussehen/einen Stil nachahmen; **to ~ a picture** ein Bild abmalen; **to ~ an article/essay/sb's work** *(plagiarize)* einen Artikel/Aufsatz/jds Arbeit abschreiben
III. *vi* <-ie-> ❶ *(imitate)* nachahmen
❷ *(in school)* abschreiben
◆**copy down** *vt* ■**to ~ down** ↔ **sth** *(from a text)* etw abschreiben; *(from sb's words)* etw niederschreiben
◆**copy in** *vt* ■**to ~ sb** ↔ **in** jdm etw zur Kenntnis schicken
◆**copy out** *vt* ■**to ~ sth** ↔ **out** *(from a text)* etw abschreiben; *(from sb's words)* etw niederschreiben

'copy·book I. *adj attr, inv* ❶ *(exemplary)* beispielhaft, ideal; **~ manoeuvre** [*or* AM **maneuver**] Bilderbuchmanöver *nt* ❷ *(conventional)* abgedroschen; **~ sentiments** unechte Gefühle II. *n (dated)* Schönschreibheft *nt* ▸PHRASES: **to blot one's ~** BRIT seinen Ruf ruinieren **'copy·cat** I. *n (usu childspeak pej fam)* Nachmacher(in) *m(f)*, Trittbrettfahrer(in) *m(f) fig*; *(of written work)* Abschreiber(in) *m(f)*; ***you're just a ~*** du machst mir immer alles nach II. *adj attr, inv* imitiert, nachgemacht

'copy date *n* JOURN, PUBL Redaktionsschluss *m* **'copy·desk** *n* AM JOURN, PUBL Redaktionstisch *m* **'copy-edit** *vt* JOURN, PUBL **to ~ an article/editorial** einen Artikel/Leitartikel redigieren; **to ~ a novel/story** einen Roman/eine Geschichte lektorieren; **to ~ a manuscript** ein Manuskript Korrektur lesen **'copy edit·ing** *n no pl* ❶ *(activity)* Manuskriptbearbeitung *f* ❷ *(department)* MEDIA Redaktion *f*; PUBL Lektorat *nt* **'copy edi·tor** *n* Manuskriptbearbeiter(in) *m(f)*; *(press)* Redakteur(in) *m(f)*; *(publishing house)* Lektor(in) *m(f)*

copy·ing ink ['kɒpiɪŋ-, AM 'kɑ:piɪŋ-] *n no pl* Kopiertinte *f* **'copy·ing ma·chine** *n (dated: Xerox machine)* Kopiermaschine *f*, Kopiergerät *nt* **'copy·ing pa·per** *n* Kopierpapier *nt*

copy·ist ['kɒpiɪst, AM 'kɑ:pi-] *n* Kopist(in) *m(f)*

copy pro·'tect COMPUT I. *n* Kopierschutz *m* II. *vt* ■**to ~ sth** den Kopierschutz einer S. *gen* aktivieren; ■**to be ~ed** kopiergeschützt sein **copy pro·'tect·ed** *adj pred, inv,* **copy-pro·'tect·ed** *adj attr, inv* COMPUT kopiergeschützt **copy pro·'tec·tion** *n no pl* COMPUT Kopierschutz *m*

'copy read·er *n* Manuskriptbearbeiter(in) *m(f)*; *(press)* Redakteur(in) *m(f)*; *(publishing house)* Lektor(in) *m(f)*

copy·right ['kɒpiraɪt, AM 'kɑ:pi-] I. *n* Copyright *nt*, Urheberrecht *nt*; ***the publishers own the ~ on*** [*or* ***for***] ***the play*** der Verlag hat das Copyright an dem Stück; ***this work is out of ~*** dieses Werk ist nicht [mehr] urheberrechtlich geschützt; **breach** [*or* **infringement**] **of ~** Verletzung *f* des Urheberrechts, Verstoß *m* gegen das Urheberrecht; **to be subject to ~** urheberrechtlich geschützt sein; **protected under** [*or* **by**] **~** urheberrechtlich geschützt; **work still in ~** urheberrechtlich geschütztes Werk
II. *vt* ■**to ~ sth** etw urheberrechtlich schützen
III. *adj* urheberrechtlich geschützt

copy·right·ed ['kɒpiraɪtɪd, AM 'kɑ:piraɪt̬-] *adj* LAW urheberrechtlich [*o* verlagsrechtlich] geschützt

'copy·right hold·er *n* JOURN, LAW Urheber(in) *m(f)*, Urheberrechtsinhaber(in) *m(f)* **'copy·right law** *n* Urheberrecht *nt* **'copy·right no·tice** *n* Urheberrechtsvermerk *m* **'copy·right own·er** *n* LAW Urheberrechtsinhaber(in) *m(f)*

'copy·writ·er *n* [Werbe]texter(in) *m(f)*

co·quet·ry ['kɒkɪtri, AM 'koʊkə-] *n no pl* Koketterie *f*

co·quette [kɒk'et, AM koʊ'ket] *n* kokette Frau

co·quet·tish [kɒk'etɪʃ, AM koʊ'ket̬-] *adj* kokett

co·quet·tish·ly [kɒk'etɪʃli, AM koʊ'ket̬-] *adv* kokett

cor [kɔ:ʳ] *interj* BRIT *(hum sl)* **~!** Mensch! *fam*, Mann! *fam*; **~ blimey!** *(dated)* ich werd verrückt! *fam*

cora·cle ['kɒrəkl̩, AM 'kɔ:r-] *n ovales, aus einem mit Leder bespannten Holzgerippe bestehendes Boot*

cor·al ['kɒrəl, AM 'kɔ:r-] I. *n no pl* Koralle *f*; **made of ~** Korallen-
II. *n modifier (bracelet, necklace, earring)* Korallen-
III. *adj* korallenrot

'cor·al-col·oured, AM **'cor·al-col·ored** *adj* korallenrot **cor·al 'is·land** *n* Koralleninsel *f* **cor·al 'reef** *n* Korallenriff *nt* **Cor·al 'Sea** *n* ■**the ~** das Korallenmeer **Cor·al Sea 'Is·lands** *npl* Koralleninseln *pl* **cor·al 'snake** *n* Korallennatter *f*

cor an·glais <*pl* cors anglais> [ˌkɔ:'rɒŋgleɪ, AM ˌkɔ:rɑ:ŋ'-] *n* Englischhorn *nt*

cor·bel ['kɔ:bəl, AM 'kɔ:r-] *n* ARCHIT Kragstein *m*

cord [kɔ:d, AM kɔ:rd] I. *n* ❶ *(for parcel)* Schnur *f*; *(for curtain, trousers)* Kordel *f*; AM, AUS *(electrical cord)* Kabel *nt*
❷ ANAT *(umbilical cord)* Nabelschnur *f*; *(spinal cord)* Rückenmark *nt*
❸ *no pl (corduroy)* Cordsamt *m*
❹ *(trousers)* ■**~s** *pl* Cordhose *f*
❺ *(of wood)* Klafter *m*; **a ~ of wood** ein Klafter *m* Holz
▸PHRASES: **to cut the ~** *(fam)* sich *akk* abnabeln *fam*
II. *n modifier (jacket, jeans, shirt)* Cord-
III. *vt* ■**to ~ sth off** [*or* **to ~ off sth**] etw absperren [*o* abriegeln]

cord·age ['kɔ:dɪdʒ, AM 'kɔ:rd-] *n no pl* NAUT Tauwerk *nt*

cord·ed ['kɔ:dɪd, AM 'kɔ:rd-] *adj inv* ❶ *clothing* gerippt
❷ *muscles* angespannt
❸ **a ~ phone** ein Telefon *nt* mit Schnur

cor·dial ['kɔ:diəl, AM 'kɔ:rdʒəl] I. *adj* ❶ *(friendly)* freundlich, herzlich; **~ relations** freundschaftliche Beziehungen
❷ *(form: strong)* heftig; **~ dislike** tiefe Abneigung
II. *n* BRIT, AUS **lime/raspberry ~** Limetten-/Himbeersirup *m*; AM Likör *m*

cor·di·al·ity [ˌkɔ:di'æləti, AM ˌkɔ:rdʒi'æləti] *n* ❶ *no pl (friendliness)* Herzlichkeit *f*
❷ *(pleasant remarks)* ■**cordialities** *pl* Freundlichkeiten *pl*; **to exchange cordialities** Freundlichkeiten austauschen

cor·dial·ly ['kɔ:diəli, AM 'kɔ:rdʒ-, -djəl-] *adv* ❶ *(in friendly way)* herzlich; *(in letter)* ***~ yours, Dianne*** herzlichst, Dianne; **to speak ~ to sb** aufrichtig mit jdm sprechen
❷ *(strongly)* aus tiefstem Herzen; **to ~ dislike sb** jdn zutiefst verabscheuen

cord·ite ['kɔ:daɪt, AM 'kɔ:r-] *n no pl* Kordit *m*

cord·less ['kɔ:dləs, AM 'kɔ:r-] *adj inv* schnurlos; **~ telephone** schnurloses Telefon

cór·do·ba ['kɔ:dəbə, AM 'kɔ:r-] *n (Nicaraguan currency)* Córdoba *f*

cor·don ['kɔ:dən, AM 'kɔ:r-] I. *n* ❶ *of vehicles* Absperrung *f*, Sperrgürtel *m*; *of police, guards, soldiers* Kordon *m*; **police ~** Polizeikordon *m*
❷ *(on uniform)* Kordon *m*, Ordensband *nt*
❸ HORT Spalierobstbaum *m*
II. *vt* ■**to ~ off sth** [*or* **to ~ sth off**] etw absperren; **to ~ off onlookers/a crowd** Schaulustige/eine Menge abriegeln

cor·don bleu [ˌkɔ:dɔ̃:(m)'blɜ:, AM ˌkɔ:rdɔ̃:'blu:] I. *adj inv* FOOD ❶ *(of highest class) cuisine, food, cook* erstklassig, exzellent
❷ *after n (method of preparation)* **chicken/veal ~** Hühner-/Kalbs-Cordon bleu *nt*
II. *n* Meisterkoch, -köchin *m, f*

cor·doned 'off *adj pred, inv,* **cor·doned-'off** *adj attr, inv* abgesperrt, abgeriegelt

cor·don sa·ni·taire <*pl* cordons sanitaires> [ˌkɔ:dɔ̃:(n)sænɪ'teəʳ, AM kɔ:rˌdɔ̃:sɑ:ni'ter] *n* Quarantänesperre *f*

cor·du·roy ['kɔ:djərɔɪ, AM 'kɔ:rdə-] I. *n* ❶ *no pl (material)* Cordsamt *m*, Manchester[stoff] *m* SCHWEIZ, Schnürlsamt *m* ÖSTERR
❷ *(trousers)* ■**~s** *pl* Cordhose *f*, Manchesterhose *f* SCHWEIZ, Schnürlsamthose *f* ÖSTERR
II. *n modifier (jacket, jeans, shirt)* Cord-, Manchester- SCHWEIZ, Schnürlsamt- ÖSTERR

'cord·wood *n no pl* Klafterholz *nt*

core [kɔ:ʳ, AM kɔ:r] I. *n* ❶ *(centre) of apple, pear* Kernhaus *nt*, Kerngehäuse *nt*; GEOL *of rock* Innere[s] *nt*; *of planet* Mittelpunkt *m*; NUCL *(of reactor)* [Reaktor]kern *m*; **to be rotten to the ~** völlig verfault sein
❷ *(central group) people* Kern *m*; **the hard ~** der harte Kern *fam*
❸ *(fig: central part)* Kern *m*; **to get to the ~ of a matter/an issue** zum Kern einer Angelegenheit/eines Problems vordringen; *(completely)* **to be conservative/arrogant/a patriot to the ~** durch und durch konservativ/arrogant/Patriot sein; **to be rotten to the ~** bis ins Mark verdorben sein, durch und durch schlecht sein; **to be shocked to the ~** bis ins Mark erschüttert sein
❹ *(bore sample)* Bohrprobe *f*
❺ ELEC *(of cable)* Leiter *m*
❻ COMPUT *(for storing bits)* Kern *m*
II. *adj attr, inv (activity, message)* Haupt-; **the ~ issue** die zentrale Frage, der zentrale Punkt
III. *vt* **to ~ fruit** Früchte entkernen; *(in recipes)* ***peel and ~ the apples*** die Äpfel schälen und das Kerngehäuse entfernen [*o* ausschneiden]

CORE [kɔ:r] *n* AM *acr for* **Congress of Racial Equality** ≈ Vereinigung *f* zur Bekämpfung von Rassendiskriminierung

core 'area *n* COMM Kernbereich *m* **core 'audi·ence** *n* Stammpublikum *nt* **core 'busi·ness** *n* Hauptgeschäftstätigkeit *f*, Kerngeschäft *nt* **core 'busi·ness area** *n* Kerngeschäftsgebiet *nt*, Kerngeschäftsfeld *nt* **core ca·pa·'bil·ity** *n* COMM Kernkompetenz *f* **core 'capi·tal** *n* FIN Kernkapital *nt* **core 'com·pe·tence** *n* COMM Kernkompetenz *f* **core cur·'ricu·lum** *n* SCH, UNIV Pflichtfach *nt* **core 'hours** *npl* Kernzeit *f*

coreli·gion·ist [ˌkəʊrɪ'lɪdʒənɪst, AM ˌkoʊrə'] *n* Glaubensgenosse, -genossin *m, f*

core 'memo·ry, core 'store *n* COMPUT Hauptspeicher *m* **'core sam·ple** *n* GEOL Kernprobe *f*

co·resi·dent [ˌkəʊˈrezɪdᵊnt, AM ˌkoʊ'-] *adj* COMPUT coresident

co-re·spond·ent [ˌkəʊrɪˈspɒndənt, AM ˌkoʊrɪˈspɑːn-] *n* LAW Mitbeklagte(r) *f(m)* *(in einem Scheidungsprozess)*

core 'sub·ject *n* SCH Hauptfach *nt* **'core time** *n* Kernzeit *f* **core vo·'cabu·lary** *n no pl* Grundwortschatz *m*

Cor·fu [kɔːˈfuː, AM ˈkɔːrfuː] *n* Korfu *nt*

cor·gi [ˈkɔːgi, AM ˈkɔːr-] *n* Corgi *m*

co·ri·an·der [ˌkɒriˈændəʳ, AM ˈkɔːriændɚ] *n no pl* Koriander *m*

Cor·inth [ˈkɒrɪnθ, AM ˈkɑː] *n no pl* Korinth *nt*

Co·rin·thian [kəˈrɪn(t)θiən] **I.** *adj inv* ARCHIT korinthisch

II. *n* REL ■ **~s** + *sing vb* Korinther *pl*

cork [kɔːk, AM kɔːrk] **I.** *n* ① *no pl (material)* Kork *m*

② *(stopper)* Korken *m;* AM *(fig fam)* ***hey, put a ~ on it!*** he, halt die Klappe!

③ *(in fishing)* Schwimmer *m*

II. *n modifier (flooring, tile, board, tree)* Kork-

III. *vt* ① *(seal bottle)* **to ~ a bottle** eine Flasche zukorken

② AM *(fig fam)* **~ *it!*** halt die Klappe! *fam*

◆**cork up** *vt* **to ~ up a bottle** eine Flasche zukorken; **to ~ up one's feelings** *(fig)* seine Gefühle unterdrücken

cork·age [ˈkɔːkɪdʒ, AM ˈkɔːr-] *n no pl,* **'cork charge** *n* AM Korkengeld *nt*

corked [kɔːkt, AM kɔːr-] *adj* korkig; ■ **to be ~** nach Kork [*o* SCHWEIZ Zapfen] schmecken [*o* ÖSTERR Stoppel], Kork [*o* SCHWEIZ Zapfen] haben [*o* ÖSTERR Stoppel]

cork·er [ˈkɔːkəʳ, AM ˈkɔːrkɚ] *n (hum dated fam: person)* toller Kerl; *(thing)* tolle Sache; **a ~ of a goal/party** ein Spitzentor *nt*/eine Spitzenparty *fam;* **a ~ of a story** eine Bombenstory

cork·ing [ˈkɔːkɪŋ] *adj attr, inv* BRIT *(dated fam)* Klasse-

'cork oak *n* Korkeiche *f* **'cork·screw** *n* Korkenzieher *m,* SCHWEIZ *a.* Zapfenzieher *m,* ÖSTERR *a.* Stoppelzieher *m* **cork·screw 'curls** *npl* Korkenzieherlocken *pl*

corky [ˈkɔːki, AM ˈkɔːr] *adj* korkig

corm [kɔːm, AM kɔːrm] *n* BOT Knolle *f*

cor·mo·rant [ˈkɔːmᵊrənt, AM ˈkɔːr-] *n* ORN Kormoran *m*

corn¹ [kɔːn, AM kɔːrn] *n* ① *no pl* BRIT *(cereal in general)* Getreide *nt,* Korn *nt;* **field of ~** Kornfeld *nt,* Getreidefeld *nt;* **sheaf of ~** Getreidegarbe *f,* Getreidebündel *nt*

② *no pl* BRIT *(particular cereal)* Weizen *m;* SCOT Hafer *m;* AM, AUS *(maize)* Mais *m;* **~ on the cob** Maiskolben *m,* Kukuruz *m* ÖSTERR

③ BRIT *(single grain)* [Getreide]korn *nt*

④ *esp* AM *(sl: sth trite)* Banalität *f,* Kitsch *m*

corn² [kɔːn, AM kɔːrn] *n* MED *(on feet)* Hühnerauge *nt*

▸PHRASES: **to __tread__ on sb's ~s** BRIT jdm auf die Hühneraugen treten

Corn BRIT *abbrev of* **Cornwall**

'corn·ball AM **I.** *n (fam: sentimental person)* ***he's such a ~*** er ist so sentimental; *(in funny way)* er ist so ein Scherzkeks **II.** *adj attr (fam: trite, sentimental)* sentimental; *(unoriginal, outdated)* *joke* abgedroschen **'corn belt** *n* AM GEOG ■ **the ~** der Maisgürtel **'corn bread** *n no pl* AM Maisbrot *nt* **'corn chip** *n usu pl* Maischip *m* **'corn·cob** *n* Maiskolben *m,* Kukuruz *m* ÖSTERR **corn·cob 'pipe** *n* AM Maiskolbenpfeife *f* **'corn-col·oured,** AM **'corn-col·ored** *adj inv* maisfarben, maisgelb

corn·crake [ˈkɔːnkreɪk, AM ˈkɔːrn-] *n* Wachtelkönig *m* **'corn crib** *n* AM AGR Maisspeicher *m* **'corn dodg·er** *n* AM Maisfladen *m* **'corn-dog** *n modifier aufgespießter, frittierter Hotdog umhüllt mit Maisteig* **'corn dol·ly** *n* BRIT Strohpuppe *f*

cor·nea [ˈkɔːniə, AM ˈkɔːr-] *n* ANAT Hornhaut *f,* Kornea *f fachspr*

cor·neal [kɔːˈniᵊl, AM kɔːrʳ-] *n* Hornhaut-

corned beef [ˌkɔːndˈ-, AM ˌkɔːr-] *n no pl* Cornedbeef *nt,* gepökeltes Rindfleisch **corned beef 'hash** *n no pl* AM, AUS *Eintopfgericht aus Cornedbeef und Kartoffeln*

cor·ner [ˈkɔːnəʳ, AM ˈkɔːrnɚ] **I.** *n* ① *(of road)* Ecke *f;* **on the ~ of a street** an einer Straßenecke; **just around the ~** gleich um die Ecke; ***the summer holidays are just around the ~*** *(fig)* die Sommerferien stehen vor der Tür; **to drive around the ~** um eine Ecke biegen; **to take a ~** eine Kurve nehmen; **to cut a ~** eine Kurve schneiden

② *(corner part) of table* Kante *f; of page, picture* Rand *m; of a sheet, room* Ecke *f;* ***I searched every ~ of the desk*** ich haben den ganzen Schreibtisch abgesucht; ***we searched every ~ of the house*** wir suchten in allen [Ecken und] Winkeln des Hauses; ***do you have a spare ~ where I can put my things?*** hast du ein freies Eckchen, wo ich meine Sachen abstellen kann?; **to put a child in the ~** ein Kind in die Ecke stellen; **to turn down** [*or* **fold**] **the ~ of a page** ein Eselsohr machen

③ *(area)* Gegend *f,* Ecke *f fam;* ***a quaint ~ of Germany*** eine malerische Gegend Deutschlands; **a distant** [*or* **remote**] [*or* **far**] **~ of the earth** ein entlegener Winkel der Erde; **the four ~s of the world** [*or* **earth**] alle vier Himmelsrichtungen; **at every ~** *(fig)* überall

④ *(periphery)* **out of the ~ of one's eye** aus dem Augenwinkel; **~ of sb's mouth** jds Mundwinkel *hum*

⑤ *(fig: aspect)* Seite *f*

⑥ ECON **to have a ~ of the market** den Markt beherrschen

⑦ SPORT *(in hockey, football)* Ecke *f,* Eckball *m;* BOXING *(area)* Ecke *f*

⑧ *(supporters)* ***the boxer was encouraged by his ~*** der Boxer wurde von seiner Ecke unterstützt; **to be in sb's ~** auf jds Seite stehen

▸PHRASES: **to __cut__ ~s** *(financially)* Kosten sparen; *(in procedure)* das Verfahren abkürzen; **to __drive__** [*or* **__box__**] [*or* **__force__**] **sb into a** [**tight**] **~** jdn in die Enge treiben; **to __get__ oneself into a** [**tight**] **~** sich *akk* [selbst] in Schwierigkeiten bringen; **to be in a __tight__ ~** in der Klemme stecken; **to have __turned__ the ~** über den Berg sein

II. *adj attr, inv* Eck-; **~ sofa/table** Ecksofa *nt*/Ecktisch *m;* **a ~ piece** ein Randstück *nt*

III. *vt* ① *(trap)* ■ **to ~ sb** jdn in die Enge treiben; *(pursue)* jdn stellen

② COMM ■ **to ~ sth** etw monopolisieren; **to ~ the market** den Markt beherrschen

IV. *vi vehicle* eine Kurve/Kurven nehmen; **to ~ well** gut in der Kurve liegen

'cor·nered *adj pred* in die Enge getrieben

'cor·ner house *n* Eckhaus *nt* **'cor·ner kick** *n* SPORT Eckball *m* **'cor·ner seat** *n* Eckplatz *m* **'cor·ner shop** *n* BRIT Tante-Emma-Laden *m fam,* Greißler *m* ÖSTERR *fam* **'cor·ner·stone** *n* ARCHIT *(also fig)* Eckstein *m,* Eckpfeiler *m* **'cor·ner store** *n esp* CAN Tante-Emma-Laden *m,* Laden *m* an der Ecke, Greißlerei *f* ÖSTERR *fam* **'cor·ner·wise** *adv inv* quer, diagonal

cor·net [ˈkɔːnɪt, AM kɔːrˈnet] *n* ① MUS Kornett *nt*

② BRIT FOOD Waffeltüte *f;* **~ of ice cream** Eistüte *f,* Cornet *nt* SCHWEIZ, Stanitzel *nt* ÖSTERR

'corn ex·change *n* BRIT HIST Getreidebörse *f* **corn-fed** [ˈkɔːnfed, AM ˈkɔːr] *adj inv* ① *(fed on grain)* [mit] Getreide gefüttert ② AM *(fam: well fed)* gut genährt **'corn·field** *n* BRIT Getreidefeld *nt;* AM Maisfeld *nt* **'corn·flakes** *npl* Cornflakes *pl* **'corn·flour** *n no pl* BRIT, AUS Speisestärke *f,* Maisstärke *f,* Maizena *nt* SCHWEIZ, Stärkemehl *nt* **'corn·flow·er** *n* Kornblume *f* **corn·flow·er 'blue** *adj* kornblumenblau

cor·nice [ˈkɔːnɪs, AM ˈkɔːr-] *n* ARCHIT [Kranz]gesims *nt,* Kranzleiste *f*

Cor·nish [ˈkɔːnɪʃ, AM ˈkɔːr-] **I.** *adj inv* aus Cornwall, kornisch

II. *n* ① *no pl (language)* Kornisch *nt*

② *(people)* ■ **the ~** *pl* die Bewohner von Cornwall

Cor·nish 'cream *n no pl* BRIT *dicker Rahm von erhitzter Milch* **Cor·nish 'hen** *n kleines Brathuhn* **Cor·nish·man** [ˈkɔːnɪʃmən, AM ˈkɔːr] *n* Bewohner(in) *m(f)* Cornwalls **Cor·nish 'pas·ty** *n* BRIT *Gebäck aus Blätterteig mit Fleischfüllung*

Cor·nish·ware [ˈkɔːnɪʃweəʳ, AM ˈkɔːrnɪʃwer] *n no pl traditionelles Geschirr zum täglichen Gebrauch, mit breiten blau-weißen Streifen*

'corn·meal *n no pl esp* AM *(fine)* Maismehl *nt; (coarse)* grobes Maismehl, Polenta *f* **corn·meal 'mush** *n no pl* AM Maisbrei *m,* Polenta *f* SCHWEIZ, ÖSTERR **'corn oil** *n no pl* Maiskeimöl *nt* **'corn pone** *n* AM ausgebackenes Maisbrot **'corn-pop·py** *n* Klatschmohn *m* **'corn roast** *n* CAN, AM *Picknick im Herbst, bei dem am offenen Feuer geröstete oder gekochte Maiskolben gegessen werden* **'corn·row** *n esp* AM ■ **~s** *pl Reihen von eng an der Kopfhaut geflochtenen Zöpfen* **'corn·starch** *n no pl* AM *(cornflour)* Speisestärke *f,* Stärkemehl *nt,* Maizena *nt* SCHWEIZ, ÖSTERR **corn 'syr·up** *n no pl* AM Maisstärkesirup *m,* Glucosesirup *m*

cor·nu·co·pia [ˌkɔːnjuˈkəʊpiə, AM ˌkɔːrnəˈkoʊ-] *n* ① *(symbol of plenty)* Füllhorn *nt*

② *(fig: abundance)* Fülle *f* (**of** von +*dat*); **to be a ~ of information** eine sehr gute Informationsquelle sein

Corn·wall [ˈkɔːnwəl, AM ˈkɔːrn-] *n* Cornwall *nt*

corn 'whis·key *n* AM Maiswhiskey *m*

corny [ˈkɔːni, AM ˈkɔːrni] *adj (fam: sentimental)* kitschig; *(dopey)* blöd

co·rol·la [kəˈrəʊlə, AM ˈroʊ] *n* BOT Krone *f,* Korolla *f fachspr*

cor·ol·lary [kəˈrɒlᵊri, AM ˈkɔːrəleri] *n (form)* logische Konsequenz

co·ro·na <*pl* -nae *or* -s> [kəˈrəʊnə, AM -ˈroʊ-, *pl* -niː] *n* ① ASTRON, ELEC Korona *f*

② BOT Krone *f*

③ *(cigar)* Corona *f*

co·ro·nae [kəˈrəʊniː, AM -ˈroʊ-] *n pl of* **corona**

coro·nary [ˈkɒrənᵊri, AM ˈkɔːrəneri] **I.** *n* Herzinfarkt *m;* ***when he got the bill he nearly had a ~*** *(hum fam)* als er die Rechnung bekam, hätte er fast einen Herzinfarkt bekommen **II.** *adj inv* koronar, Herzkranz-; **~ arteries** Herzkranzarterien *pl,* Herzkranzgefäße *pl;* **~ failure** Herzversagen *nt* **coro·nary 'heart dis·ease** *n no pl* koronare Herzkrankheit **coro·nary throm·'bo·sis** *n* Koronarthrombose *f*

coro·na·tion [ˌkɒrəˈneɪʃᵊn, AM ˌkɔːr-] **I.** *n* Krönung[szeremonie] *f*

II. *n modifier (ceremony, day, mug, robes)* Krönungs-

coro·ner [ˈkɒrənəʳ, AM ˈkɔːrᵊnɚ] *n* Coroner *m (Beamter, der unter verdächtigen Umständen eingetretene Todesfälle untersucht);* **~'s inquest** *Gerichtsverhandlung zur Feststellung der Todesursache aufgrund der Ermittlungsergebnisse des Coroners;* **~'s jury** *Untersuchungskommission bei nicht eindeutig natürlichen Todesfällen*

coro·net [ˈkɒrənɪt, AM ˌkɔːrəˈnet] *n* kleine Krone, Diadem *nt*

co·rou·tine [ˌkəʊruːˈtiːn, AM ˌkoʊ-] *n* COMPUT Co-Routine *f*

Corp¹ [kɔːp, AM kɔːrp] *n* ① *short for* **corporation**

② *(fam) short for* **corporal**

Corp² *n abbrev of* **corporal**

cor·po·ra [ˈkɔːpᵊrə, AM ˈkɔːrpɚə] *n pl of* **corpus**

cor·po·ral [ˈkɔːpᵊrᵊl, AM ˈkɔːr-] *n* Unteroffizier *m*

cor·po·ral 'pun·ish·ment *n* körperliche Züchtigung, Prügelstrafe *f*

cor·po·rate [ˈkɔːpᵊrət, AM ˈkɔːr-] *adj attr, inv* ① *(shared by group)* Gemeinschafts-; ***we are taking action for the ~ good*** wir handeln für das Gemeinwohl; **a ~ decision** eine gemeinsame Entscheidung; **~ identity** Corporate Identity *f;* **to take ~ responsibility** gemeinsam Verantwortung übernehmen

② *(of corporation)* körperschaftlich, korporativ *geh;* **~ financing** Unternehmensfinanzierung *f;* **~ lending** Darlehen *pl* an Firmen; **~ policy** Firmenpolitik *f;* **to go ~** an ein Unternehmen verkaufen

cor·po·rate ac·count *n* Firmenkunde *m;* **~ officer** COMM Firmenkundenbetreuer(in) *m(f)* **cor·po·rate ac·qui·'si·tion** *n* Unternehmenskauf *m* **cor·po·**

rate 'as·sets *n* FIN Gesellschaftsvermögen *nt* **cor·po·rate 'bank·ing** *n no pl* Firmenbankgeschäft *nt*, Firmenkundengeschäft *nt* **cor·po·rate 'bond** *n* AM FIN Industrieschuldverschreibung *f*, Unternehmensanleihe *f*, Industrieobligation *f* **cor·po·rate 'cli·ent** *n* Firmenkunde, -kundin *m, f* **cor·po·rate com·mu·ni·'ca·tions** *npl* Unternehmenskommunikation *f* **cor·po·rate con·'sul·tan·cy** *n* Unternehmensberatung *f* **cor·po·rate con·'trol** *n no pl* FIN Unternehmenskontrolle *f*, Corporate Control *f* **cor·po·rate 'cul·ture** *n* Unternehmenskultur *f* **cor·po·rate 'cus·tom·er** *n* Firmenkunde, -kundin *m, f*

cor·po·rate di·'vi·sion *n* Unternehmensbereich *m*

cor·po·rate 'em·blem *n* Firmenwappen *nt* **cor·po·rate 'equi·ty** *n* FIN Firmenvermögen *nt* **cor·po·rate 'fi·nance** *n* COMM Unternehmensfinanzen *pl; (of a bank)* Firmenkundengeschäft *nt* **cor·po·rate 'fi·nanc·ing** *n no pl* Unternehmensfinanzierung *f* **cor·po·rate 'funds** *npl* Gesellschaftsmittel *pl* **cor·po·rate 'giant** *n* Riesenkonzern *m* **cor·po·rate 'growth** *n* Unternehmenswachstum *nt* **cor·po·rate 'his·to·ry** *n* Unternehmensgeschichte *f* **cor·po·rate 'hold·ings** *npl* Beteiligungsbesitz *m* **cor·po·rate i'den·tity** *n* Unternehmensidentität *f;* ~ **strategy** Corporate-Identity-Strategie *f*, CI-Strategie *f* **cor·po·rate 'im·age** *n* Unternehmensidentität *f* **cor·po·rate in·'vest·ment** *n* Unternehmensinvestition *f* **cor·po·rate 'law** *n* Unternehmensrecht *nt;* AM Aktienrecht *nt* **cor·po·rate lia·'bil·ity** *n* Unternehmenshaftung *f* **cor·po·rate 'loan** *n* Firmenkredit *m*, Industrieschuldverschreibung *f*, Industrieanleihe *f*

cor·po·rate·ly ['kɔːpᵊrətli, AM 'kɔːr] *adv* ❶ COMM körperschaftlich, korporativ; **to be ~ owned** einer Firma *dat* gehören
❷ *(as a whole)* gemeinsam

cor·po·rate 'man·age·ment *n* Unternehmensführung *f*, Unternehmensleitung *f* **cor·po·rate 'man·slaughter** *n no pl* Totschlag *m* durch Unternehmen **cor·po·rate 'net·work** *n* Firmennetzwerk *nt* **cor·po·rate per·son·'al·ity** *n* LAW Körperschaft *f* **cor·po·rate phi·'loso·phy** *n* Unternehmensphilosophie *f* **cor·po·rate 'plan·ning** *n no pl* Unternehmensplanung *f* **cor·po·rate 'poli·cy** *n* Unternehmenspolitik *f* **cor·po·rate 'pro·file** *n* Unternehmensprofil *nt* **cor·po·rate 'raid·er** *n* Unternehmensaufkäufer(in) *m(f)*

'cor·po·rate sec·tor *n* Unternehmenssektor *m*

cor·po·rate 'shell *n* FIN Mantel *m* **cor·po·rate 'strat·egy** *n* Unternehmensstrategie *f* **cor·po·rate 'struc·ture** *n* Unternehmensstruktur *f* **cor·po·rate 'study** *n* Unternehmensstudie *f* **cor·po·rate 'tax** *n* Körperschaftsteuer *f*, Unternehmensbesteuerung *f;* ~ **liability** Körperschaftsteuerbelastung *f;* ~ **rate** Körperschaftsteuersatz *m;* ~ **reform** Unternehmenssteuerreform *f*

cor·po·ra·tion [ˌkɔːpᵊr'eɪʃᵊn, AM ˌkɔːrpə'reɪ-] *n*
❶ *(business)* Unternehmen *nt*, Körperschaft *f;* **multinational ~** multinationale Gesellschaft; **a public ~** BRIT wirtschaftliche Unternehmung der öffentlichen Hand
❷ BRIT *(incorporated company)* öffentlich-rechtliche Körperschaft; AM *(company with limited liability)* [Kapital]gesellschaft *f (etwa entsprechend einer Gesellschaft mit beschränkter Haftung)*
❸ BRIT *(local council)* Stadtverwaltung *f;* **municipal ~** kommunale Körperschaft
❹ BRIT *(hum fam: big belly)* Schmerbauch *m*

cor·po·'ra·tion law *n* Aktiengesetz *nt; (written also)* AktG **cor·po·'ra·tion loan** *n* BRIT ECON, FIN Kommunalanleihe *f* **cor·po·'ra·tion tax, CT** *n* FIN Körperschaftssteuer *f;* **Advance Corporation Tax** Körperschaftssteuervorauszahlung *f*

cor·porat·ism ['kɔːpᵊrətɪzᵊm, AM 'kɔːr] *n no pl* der Trend zur Bildung von Großunternehmen; ***the growth of ~*** die steigende Zahl der Großunternehmen; **a sense of ~** das Zusammenhörigkeitsgefühl [innerhalb eines Unternehmens]

cor·po·real [kɔː'pɔːriəl, AM kɔːr'-] *adj (form liter)* körperlich, physisch; ~ **hereditaments** LAW vererbbare materielle Gegenstände; ~ **needs** materielle Bedürfnisse

cor·po·real·ly [kɔː'pɔːriəli, AM kɔːr'-] *adv (form liter)* körperlich

corps <*pl* -> [kɔːʳ, AM kɔːr] *n + sing/pl vb* ❶ MIL *(unit)* Korps *nt;* **medical ~** Sanitätstruppe *f;* **military ~** Armeekorps *nt;* **officer ~** Offizierskorps *nt*
❷ *(group)* Korps *nt;* **the diplomatic ~** das Diplomatische Korps

corps de bal·let <*pl* -> [ˌkɔːdə'bæleɪ, AM ˌkɔːrdəbæl'eɪ] *n + sing/pl vb* Ballettkorps *nt*, Balletttruppe *f*

corpse [kɔːps, AM kɔːrps] **I.** *n* Leiche *f*, Leichnam *m geh*
II. *vi* THEAT *(sl)* es vermasseln *fam (als Schauspieler eine Aufführung vermasseln, indem man den Text vergisst oder plötzlich lachen muss)*

cor·pu·lence ['kɔːpjʊlən(t)s, AM 'kɔːrpjə-] *n no pl* Korpulenz *f*

cor·pu·lent ['kɔːpjʊlənt, AM 'kɔːrpjə-] *adj (euph)* korpulent

cor·pus <*pl* -pora *or* -es> ['kɔːpəs, *pl* -pᵊrə, AM 'kɔːr-, *pl* -pɚə] *n* ❶ LIT *(collection)* Korpus *nt*, Sammlung *f; (complete works)* Gesamtwerk *nt*
❷ *(in linguistics)* Korpus *nt*
❸ *(main body)* Großteil *m*
❹ LAW Gesetzessammlung *f*, Korpus *nt*

Cor·pus Chris·ti [-'krɪsti] *n* Fronleichnam *m*

cor·pus·cle ['kɔːpʌsl̩, AM 'kɔːr-] *n* MED Blutkörperchen *nt;* **red/white ~s** rote/weiße Blutkörperchen

cor·pus·cu·lar [kɔː'pʌskjələʳ, AM kɔːr'pʌskjəlɚ] *adj inv* HIST Korpuskular-

cor·pus de·lic·ti [-dɪ'lɪktaɪ] *n* Corpus Delicti *nt*, Beweisstück *nt* **cor·pus le·gis** [-'ledʒɪs] *n* LAW Corpus *nt* legis, Gesetzessammlung *f* römischen Rechts

cor·ral [kə'ræl] AM **I.** *n* [Fang]gehege *nt*, Korral *m fachspr*
II. *vt* <-ll-> **to ~ animals** Tiere in den Korral treiben; ■**to ~ sth off** etw absperren

cor·rect [kə'rekt] **I.** *vt* ❶ *(put right)* ■**to ~ sb/sth** jdn/etw korrigieren; ***I stand ~ed*** *(hum)* ich nehme alles zurück; **to ~ a bad habit** sich *dat* eine schlechte Gewohnheit abgewöhnen; **to ~ a watch** eine Uhr richtig stellen
❷ *(adjust)* ■**to ~ sth** *figures, data* etw berichtigen; *an instrument* etw korrigieren
II. *adj* ❶ *(accurate, true)* richtig, korrekt; ***you were ~ in advising us to sell the stocks*** du hattest Recht, uns den Verkauf der Aktien anzuraten; ***that is ~*** das stimmt
❷ *(proper)* korrekt, angemessen; ***he's a very ~ gentleman*** er weiß, was sich gehört; **to be ~ in one's dress** korrekt gekleidet sein

cor·rec·tion [kə'rekʃᵊn] *n* ❶ *(change)* Korrektur *f;* ***~s in red ink*** Korrekturen mit roter Tinte
❷ *no pl (improvement)* Verbesserung *f*, Berichtigung *f;* **subject to ~** ohne Gewähr, Änderungen vorbehalten
❸ *no pl (punishment)* Maßregelung *f*, Züchtigung *f*

cor·rec·tion·al [kə'rekʃᵊnᵊl] *adj inv* AM, AUS LAW Besserungs-; **a ~ program** *ein Programm zur Erziehung bzw. Besserung junger Straftäter*

'cor·rec·tion·al cen·ter *n* AM, AUS, **cor·rec·tion·al fa·'cil·ity** *n* AM, AUS, **cor·rec·tion·al in·sti·'tu·tion** *n* AM, AUS Besserungsanstalt *f*, Strafanstalt *f*, Strafvollzugsanstalt *f*

cor·'rec·tion fac·tor *n* Korrekturfaktor *m* **cor·'rec·tion flu·id** *n no pl* Korrekturflüssigkeit *f*

cor·rec·tions [kə'rekʃᵊnz] *npl* AM LAW *(form)* erzieherische Strafmaßnahmen

cor·'rec·tion tape *n no pl* Korrekturband *nt*

cor·rec·tive [kə'rektɪv] **I.** *adj* ❶ *(counteractive)* korrigierend; ~ **surgery** Korrekturoperation *f*
❷ LAW *(improving behaviour)* Besserungs-, erzieherisch
II. *n* Abhilfe *f*, Korrektiv *nt geh*

cor·rec·tive 'meas·ure *n* Gegenmaßnahme *f*, Korrekturmaßnahme *f*, Abhilfe *f*

cor·rect·ly [kə'rektli] *adv* korrekt, richtig; ***he has ~ asked if ...*** er hat richtigerweise gefragt, ob ...

cor·rect·ness [kə'rektnəs] *n no pl* Korrektheit *f*, Richtigkeit *f*

cor·re·late ['kɒrəleɪt, AM 'kɔːr-] **I.** *vt* ■**to ~ sth with sth** etw mit [*o* zu] etw *dat* in Beziehung setzen
II. *vi* sich *dat* entsprechen; ■**to ~ with sth** mit etw *dat* in Beziehung stehen

cor·re·la·tion [ˌkɒrə'leɪʃᵊn, AM ˌkɔːr-] *n* ❶ *(cause, result)* Wechselbeziehung *f*, Zusammenhang *m; (relationship)* Beziehung *f*, Zusammenhang *m;* ***there's a strong ~ between ...*** es besteht ein enger Zusammenhang zwischen ...; ***there's little ~ between wealth and happiness*** Reichtum und Glück haben wenig miteinander zu tun
❷ *(in statistics)* Korrelation *f*

cor·re·'la·tion co·ef·fi·cient *n* Korrelationskoeffizient *m*

cor·rela·tive [kə'relətɪv, AM -t̬ɪv] **I.** *adj inv* korrelativ, korrelierend
II. *n* Korrelat *nt*

cor·re·spond [ˌkɒrɪ'spɒnd, AM ˌkɔːrə'spɑːnd] *vi* ❶ *(be equivalent of)* entsprechen; *(be same as)* übereinstimmen; **to ~ closely/roughly to sth** etw *dat* genau/ungefähr entsprechen; ■**to ~ with sth** mit etw *dat* übereinstimmen; ***his story didn't ~ with the witness' version*** seine Geschichte deckte sich nicht mit der Version des Zeugen
❷ *(write)* ■**to ~ [with sb]** [mit jdm] korrespondieren

cor·re·spond·ence [ˌkɒrɪ'spɒndən(t)s, AM ˌkɔːrə'spɑːn-] *n* ❶ *(relationship)* Beziehung *f*
❷ *no pl (letter-writing)* Korrespondenz *f*, Schriftverkehr *m;* **business ~** Geschäftskorrespondenz *f;* **to be in ~ with sb** mit jdm in Korrespondenz [*o* Briefwechsel] stehen; **to enter into ~ with sb** *(form)* einen Briefwechsel mit jdm führen *geh*

cor·re·'spond·ence col·lege *n* UNIV Fernhochschule *f* **cor·re·'spond·ence col·umn** *n* BRIT Leserbriefspalte *f* **cor·re·'spond·ence course** *n* Fernkurs *m* **cor·re·'spond·ence school** *n* Fernlehrinstitut *nt* **cor·re·'spond·ence tray** *n* BRIT Fach *nt* für eingehende Post

cor·re·spond·ent [ˌkɒrɪ'spɒndənt, AM ˌkɔːrə'spɑːn-] *n* ❶ *(of letters)* Briefeschreiber(in) *m(f)*
❷ *(journalist)* Berichterstatter(in) *m(f)*, Korrespondent(in) *m(f);* **foreign ~** Auslandskorrespondent(in) *m(f);* **special/war ~** Sonder-/Kriegsberichterstatter(in) *m(f)*
❸ *(equivalent)* Entsprechung *f*

cor·re·spond·ent 'bank *n* ECON, FIN Korrespondenzbank *f*

cor·re·spond·ing [ˌkɒrɪ'spɒndɪŋ, AM ˌkɔːrə'spɑːn-] *adj* ❶ *(same)* entsprechend; **in the ~ period last year** im gleichen Zeitraum des letzten Jahres
❷ *(accompanying)* dazugehörig

cor·re·spond·ing·ly [ˌkɒrɪ'spɒndɪŋli, AM ˌkɔːrə'spɑːn-] *adv* entsprechend

cor·ri·dor ['kɒrɪdɔːʳ, AM 'kɔːrɪdɚ, -dɔːr] *n* ❶ *(in building)* Flur *m*, Gang *m*, Korridor *m; (on train)* Korridor *m*, [Durch]gang *m; (fig)* **the ~s of power** die Schalthebel der Macht
❷ *(strip of land)* Korridor *m;* **the Polish ~** der polnische Korridor; AVIAT *(strip of air space)* Korridor *m;* **air ~** Luftkorridor *m*

'cor·ri·dor train *n* D-Zug *m*

cor·rie ['kɒri] *n* BRIT, ESP SCOT Gletschertopf *m*

cor·ri·gen·dum <*pl* -da> [ˌkɒrɪ'dʒendəm, AM ˌkɔːr-, *pl* -də] *n* LAW Berichtigung *f*

cor·robo·rate [kə'rɒbᵊreɪt, AM -'rɑːbər-] *vt* **to ~ a story/theory** eine Geschichte/Theorie bekräftigen [*o* bestätigen]

cor·robo·rat·ing [kə'rɒbᵊreɪtɪŋ, AM -'rɑːbər-] *adj attr* bestätigend, erhärtend; **~ evidence/reports** erhärtende Beweise *pl*/Berichte

cor·robo·ra·tion [kəˌrɒbə'reɪʃᵊn, AM -ˌrɑːbə'-] *n* Bestätigung *f*, Beweis *m;* **in ~ of** zur Bestätigung [*o* Untermauerung] einer S. *gen*

cor·robo·ra·tive [kə'rɒbᵊrətɪv, AM -'rɑːbɚət̬ɪv] *adj* bestätigend, erhärtend; **to be ~ of sth** etw *akk* untermauern

cor·rode [kə'rəʊd, AM -'roʊd] **I.** *vi metal* korrodieren, zerfressen werden
II. *vt* ■**to ~ sth** etw korrodieren [*o* zerfressen]; *(fig)* etw zerstören

cor·rod·ed [kəˈrəʊdɪd, AM -ˈroʊd-] *adj* korrodiert, zerfressen; *metal* verrostet

cor·ro·sion [kəˈrəʊʒᵊn, AM -ˈroʊ-] *n no pl* **1** *of metal, stone* Korrosion *f*
2 *(fig: deterioration)* Verfall *m*

cor·ro·sive [kəˈrəʊsɪv, AM -ˈroʊ-] **I.** *adj* **1** *(destructive)* korrosiv; ~ **acid** ätzende Säure
2 *(fig: destructive) jealousy* zerstörerisch
II. *n* korrodierender Stoff

cor·ro·sive·ly [kəˈrəʊsɪvli, AM -ˈroʊ-] *adv* korrodierend; **to act ~ on sth** eine zersetzende Wirkung auf etw *akk* haben

cor·ru·gat·ed [ˈkɒrəgeɪtɪd, AM ˈkɔːrəgeɪt̬-] *adj inv* **1** *(furrowed) iron, cardboard* gewellt
2 BRIT *(rutted) road* zerfurcht, ausgefahren

cor·ru·gat·ed ˈcard·board *n no pl* Wellpappe *f*, Wellkarton *m* SCHWEIZ **cor·ru·gat·ed ˈiron** *n no pl* Wellblech *nt*

cor·rupt [kəˈrʌpt] **I.** *adj* **1** *(dishonest)* korrupt; *(bribable)* bestechlich; ~ **morals** verdorbener Charakter; ~ **practices** unehrenhafte Praktiken
2 *(ruined) text, manuscript* entstellt; *file* unlesbar; *disk* kaputt
II. *vt* **1** *(debase ethically)* ▪**to ~ sb** jdn korrumpieren; *(morally)* jdn [moralisch] verderben; **to ~ sb's morals** jds Charakter verderben
2 *(change)* **to ~ English/French** Englisch/Französisch entstellen; **to ~ a text/sb's work** einen Text/jds Arbeit verfälschen
3 *(influence by bribes)* ▪**to ~ sb** jdn bestechen
4 COMPUT *(spoil)* **to ~ a file** eine Datei ruinieren; **~ed file** fehlerhafte Datei

cor·rup·tible [kəˈrʌptəbl] *adj* **1** *(dishonest)* korrumpierbar; *(bribable)* bestechlich
2 *(easily influenced) young people* charakterlich [noch] nicht gefestigt, labil

cor·rup·tion [kəˈrʌpʃᵊn] *n* **1** *no pl (action) of moral standards* Korruption *f*; *of a text* Entstellung *f*; *of computer file* Zerstörung *f*
2 *no pl (dishonesty)* Unehrenhaftigkeit *f*; *(bribery)* Korruption *f*, Bestechung *f*
3 LING *(changed form)* korrumpierte Form
4 *(decay)* Zersetzung *f*, Fäulnis *f*

cor·rupt·ly [kəˈrʌptli] *adv* mit unehrlichen Mitteln; LAW durch Bestechung; *(wrongly altered)* fälschlicherweise; **to be ~ involved with sb/sth** zu jdm/etw in einer korrupten Verbindung stehen; ***he ~ accepted gifts*** er ließ sich mit Geschenken bestechen

cor·sage [kɔːˈsɑːʒ, AM kɔːrˈ-] *n* **1** *(flower pin)* Ansteckbukett *nt*
2 *(bodice)* Mieder *nt*, Korsage *f*

cor·sair [ˈkɔːseəʳ, AM ˈkɔːrser] *n* Korsar *m*

cors an·glais [ˌkɔːˈrɒŋgleɪ, AM ˌkɔːrɑːŋˈ-] *n pl of* **cor anglais**

corse·let [ˈkɔːslət, AM ˈkɔːr] *n* **1** HIST *(piece of armour)* Brustpanzer *m*
2 *see* **corset**

cor·set [ˈkɔːsət, AM ˈkɔːr-] *n* **1** *(undergarment)* Korsett *nt*; MED *(for bad back)* Stützkorsett *nt*
2 *(fig: restriction)* Restriktion *f*

Cor·si·ca [ˈkɔːsɪkə, AM ˈkɔːr-] *n* Korsika *nt*

Cor·si·can [ˈkɔːsɪkən, AM ˈkɔːr-] **I.** *adj inv* korsisch; ~ **holiday** Urlaub *m* auf Korsika
II. *n* **1** *(person)* Korse, Korsin *m, f*
2 *no pl (language)* Korsisch *nt*

cor·tege [kɔːˈteɪʒ, AM kɔːrˈteʒ] *n* Leichenzug *m*

cor·tex <*pl* -tices> [ˈkɔːteks, *pl* -tɪsiːz, AM ˈkɔːr-, *pl* -t̬ɪsiːz] *n* Kortex *m fachspr*, Rinde *f*; **the cerebral/renal ~** die Hirn-/Nierenrinde

cor·ti·cal [ˈkɔːtɪkᵊl, AM ˈkɔːrt̬ɪ] *adj inv* Rinden-, kortikal *fachspr*

cor·ti·ces [ˈkɔːtɪsiːz, AM ˈkɔːr-] *n pl of* **cortex**

cor·ti·sol [ˈkɔːtɪsɒl, AM ˈkɔːrt̬əsɑːl] *n no pl* Cortisol *nt*, Hydrocortison *nt*

cor·ti·sone [ˈkɔːtɪzəʊn, AM ˈkɔːrt̬əzoʊn] *n no pl* Kortison *nt*

cor·us·cant [kɒˈrʌskᵊnt, AM kəˈ-] *adj (liter)* funkelnd *attr*

cor·us·cate [ˈkɒrəskeɪt, AM ˈkɔːr-] *vi (liter) light* funkeln, glitzern; ***his speech ~d with wit*** *(fig)* seine Rede sprühte vor Witz

cor·us·cat·ing [ˈkɒrəskeɪtɪŋ, AM ˈkɔːrəskeɪt̬-] *adj (liter)* glitzernd; ~ **wit** *(fig)* sprühender Geist

cor·vette [kɔːˈvet, AM kɔːr] *n* Korvette *f*

cos¹ *n* MATH *abbrev of* **cosine** cos

cos² [kəz, kɒz] *conj* BRIT *short for* **because**

cos³ [kɒs, kɒz] *n* BRIT, AUS Romanasalat *m*, römischer Salat

Cosa Nos·tra [ˌkəʊzəˈnɒstrə, AM ˌkoʊsəˈnoʊ-] *n* Cosa Nostra *f*

co·sec [ˈkəʊsek, AM ˈkoʊ-] MATH *acr for* **cosecant** cosec

cosh [kɒʃ, AM kɑːʃ] *esp* BRIT **I.** *n (fam)* Totschläger *m*
II. *vt (fam)* **to ~ sb [on [***or* **over] the head]** jdm eins überziehen *fam*

co-share·hold·er [kəʊˈʃeəhəʊldəʳ, AM koʊˈʃerhoʊldəʳ] *n* Mitgesellschafter(in) *m(f)*

co-sig·na·tory [ˌkəʊˈsɪgnətᵊri, AM ˌkoʊˈsɪgnətɔːri] *n* Mitunterzeichner(in) *m(f)*

co·si·ly [ˈkəʊzɪli, AM ˈkoʊ-] *adv* gemütlich

co·sine [ˈkəʊsaɪn, AM ˈkoʊ-] *n* MATH Kosinus *m*

co·si·ness [ˈkəʊzɪnəs, AM ˈkoʊ-] *n no pl* Gemütlichkeit *f*, Behaglichkeit *f*; *of relationship* Vertrautheit *f*

cos ˈlet·tuce *n no pl esp* BRIT, AUS Romagnasalat *m*, römischer Salat

cos·met·ic [kɒzˈmetɪk, AM kɑːzˈmet̬-] **I.** *n* **1** *(lipstick, rouge)* Kosmetik *f*
2 *(various articles)* ▪**~s** *pl* Kosmetika *pl*, Kosmetikartikel *pl*
II. *adj* **1** *(of beauty)* Kosmetik-; ~ **cream** kosmetische Creme, Kosmetikcreme *f*
2 *(fig: superficial)* kosmetisch; ~ **changes/improvements** kosmetische Veränderungen/Verbesserungen

cos·meti·cal·ly [kɒzˈmetɪkli, AM kɑːzˈmet̬-] *adv* kosmetisch; ~ **perfect** äußerlich perfekt

cos·me·ti·cian [ˌkɒzməˈtɪʃᵊn, AM ˌkɑːz-] *n* Kosmetiker(in) *m(f)*

cos·met·ic ˈsur·gery *n no pl* kosmetische [*o* plastische] Chirurgie; **to have ~** sich *akk* einer Schönheitsoperation unterziehen

cos·mic [ˈkɒzmɪk, AM ˈkɑːz-] *adj attr (of universe)* kosmisch; ~ **dust** kosmischer Staub; *(large)* **of ~ proportions [***or* **dimensions] [***or* **scale]** von kosmischen Ausmaßen

cos·mi·cal·ly [ˈkɒzmɪkli, AM ˈkɑːz-] *adv* kosmisch; ~ **seen/speaking** kosmisch betrachtet/gesehen

cos·mogo·ny <*pl* -ies> [kɒzˈmɒgᵊni, AM kɑːzˈmɑː-] *n* Kosmogonie *f*

cos·mog·ra·phy [ˌkɒzˈmɒgrəfi, AM ˌkɑːzˈmɑːg-] *n no pl* Kosmografie *f*

cos·mo·log·ic(al) [ˌkɒzməˈlɒdʒɪkᵊl, AM ˌkɑːzməˈlɑː-] *adj inv* kosmologisch

cos·molo·gist [ˌkɒzˈmɒlədʒɪst, AM ˌkɑːzˈmɑːl-] *n* Kosmologe, Kosmologin *m, f*

cos·mol·ogy [ˌkɒzˈmɒlədʒi, AM ˌkɑːzˈmɑːl-] *n no pl* Kosmologie *f*

cos·mo·naut [ˈkɒzmənɔːt, AM ˈkɑːzmənɑːt] *n* Kosmonaut(in) *m(f)*

cos·mo·poli·tan [ˌkɒzməˈpɒlɪtᵊn, AM ˌkɑːzməˈpɑːlɪt̬ᵊn] **I.** *adj* kosmopolitisch
II. *n* Kosmopolit(in) *m(f)*

cos·mos [ˈkɒzmɒs, AM ˈkɑːzmoʊs] *n no pl* Kosmos *m*, Weltall *nt*

Cos·sack [ˈkɒsæk, AM ˈkɑː-] **I.** *n* Kosak(in) *m(f)*
II. *adj inv* Kosaken-

cos·set <-tt-> [ˈkɒsɪt, AM ˈkɑː-] *vt* ▪**to ~ sb** jdn umsorgen [*o* verwöhnen]; ▪**to be ~ted** verwöhnt werden; *(pej)* verhätschelt werden

cos·sie [ˈkɒzi] *n* BRIT, AUS *(fam)* Badeanzug *m*, Badkleid *nt* SCHWEIZ

cost [kɒst, AM kɑːst] **I.** *vt* **1** <cost, cost> *(amount to)* ***to ~ £40/lots of money/nothing*** 40 Pfund/viel Geld/nichts kosten; ***how much does it ~?*** wie viel kostet es?; ***it'll ~ you to have your roof mended*** das Ausbessern deines Daches wird dich ganz schön was kosten; ***it ~ him dear to apologize*** es fiel ihm schwer, sich zu entschuldigen; ***it doesn't ~ anything to ask*** fragen kostet nichts; to **~ a bundle** viel kosten; **to ~ a small fortune [***or* **an arm and a leg] [***or* BRIT *also* **a packet]** ein kleines Vermögen [*o fam* eine Stange Geld] kosten
2 <cost, cost> *(cause loss of)* ***drinking and driving ~s lives*** Trunkenheit am Steuer fordert Menschenleben; **to ~ sb his/her patience** jds Geduld kosten; **to ~ [sb] time/energy** [jdn] viel Zeit/Energie kosten
3 <-ed, -ed> *(calculate price)* ▪**to ~ sth [out]** etw [durch]kalkulieren
II. *n* **1** *(price)* Preis *m*, Kosten *pl* **(of** für *+akk)*; ***this policy means that the ~ of goods will rise/fall again*** diese Politik bedeutet, dass die Kosten für Konsumgüter wieder steigen/fallen werden; **~s order** LAW Kostenentscheidung *f* [durch das Gericht]; **at no ~ to the state/consumers** ohne Kosten für den Staat/Verbraucher; **~ of borrowing [***or* **money]** Kreditkosten *pl*; **~, insurance and freight** Kosten, Versicherung und Fracht; **fixed/taxed ~s** feststehende/festgesetzte Kosten; **at no extra ~** ohne Aufpreis; **at huge ~** für Unsummen; **to cover [***or form* **defray] the ~ of sth** die Kosten von etw *dat* decken; **to cut the ~ of sth** den Preis von etw *dat* heruntersetzen; **to sell sth at ~** etw zum Selbstkostenpreis verkaufen
2 *(fig: sacrifice)* Aufwand *m kein pl*; ***it may be less expensive but consider the ~ in time and effort*** es ist vielleicht günstiger, aber bedenke den Aufwand an Zeit und Bemühungen; **at the ~ of one's health** auf Kosten der Gesundheit; **at no ~ to the environment/quality** ohne Beeinträchtigung für die Umwelt/Qualität; **at all ~[s] [***or* **at any ~] [***or* **whatever the ~]** um jeden Preis, koste es, was es wolle; **at great personal ~** unter großen persönlichen Opfern; **to learn sth to one's ~** etw am eigenen Leib erfahren; **to sb's ~** zu jds Leidwesen
3 ▪**~s** *pl* Kosten *pl* **(of** für *+akk)*; LAW Prozesskosten *pl*; **to cut ~s** die Kosten senken; **the ~s incurred** die entstandenen [*o* angefallenen] Kosten

ˈcost ac·count·ing *n no pl* Kostenrechnung *f*; **~ principle** Kostenrechnungsgrundsatz *m* **cost aˈnaly·sis** *n* COMM Kostenanalyse *f* **cost and ˈfreight** *n* COMM Cost and Freight

co-star [ˌkəʊˈstɑːʳ, AM ˌkoʊˈstɑːr] **I.** *n* einer der Hauptdarsteller; **to be sb's ~** neben jdm die Hauptrolle spielen
II. *vt* <-rr-> ▪**to ~ sb** neben jdm die Hauptrolle spielen; ***the film ~s Paul Newman and Robert Redford*** der Film zeigt Paul Newman und Robert Redford in den Hauptrollen
III. *vi* <-rr-> ▪**to ~ with sb** an der Seite von jdm die Hauptrolle spielen

Cos·ta Rica [ˌkɒstəˈriːkə, AM ˌkɑː-] *n* Costa Rica *nt*

Cos·ta Ri·can [ˌkɒstəˈriːkən, AM ˌkɑː-] **I.** *n* Costa [*o* Kosta] Ricaner(in) *m(f)*
II. *adj* aus Costa [*o* Kosta] Rica *nach n*

ˈcost as·pect *n* Kostengesichtspunkt *m* **cost-aˈware** *adj* kostenbewusst **cost-ˈben·efit analy·sis** <*pl* -ses> *n* ECON Kosten-Nutzen-Analyse *f*, Kosten-Nutzen-Rechnung *f* **ˈcost cen·tre** *n* ECON Kostenstelle *f* **ˈcost-con·scious** *adj* kostenbewusst **cost ˈcon·scious·ness** *n no pl* Preisbewusstsein *nt* **ˈcost-cut·ting I.** *adj attr* Kosten senkend, Kosten dämpfend; **a ~ exercise** ein Versuch *m*, Kosten zu senken; **~ programme [***or* AM **program]** Sparprogramm *nt* **II.** *n* Kostensenkung *f* **cost-ef·ˈfec·tive** *adj* kostengünstig, wirtschaftlich **cost-ef·ˈfec·tive·ly** *adv* Kosten effektiv, Kosten sparend **cost-ef·ˈfec·tive·ness** *n no pl* Rentabilität *f*, Kosteneffizienz *f*, Kostenwirksamkeit *f*

cost ef·ˈfi·cien·cy *n* Kosteneffizienz *f*

cos·ter, cos·ter·mon·ger [ˈkɒstəˌmʌŋəʳ, AM ˈkɑːstəˌmʌŋəʳ] *n* BRIT *(dated)* Straßenhändler(in) *m(f)*

cost ˈes·ti·mate *n* Kostenvoranschlag *m*, Kostenschätzung *f*

cost·ing [ˈkɒstɪŋ, AM ˈkɑːst-] *n* ECON Kalkulation *f*, Kostenberechnung *f*

ˈcost·ing de·part·ment *n* ECON Kostenbuchhaltung *f*, betriebliches Rechnungswesen **ˈcost·ing meth·od** *n* Kostenverfahren *nt*

cost-inˈtensive *adj* aufwändig **ˈcost item** *n* FIN Aufwandsposition *f*, Aufwandsposten *m*

cos·tive ['kɒstɪv, AM 'kɑ:st-] *adj (form)* verstopft
'cost lim·it *n* FIN Kostenlimit *nt*
cost·li·ness ['kɒstlɪnəs, AM 'kɑ:st-] *n no pl of mistake* Kostspieligkeit *f; of machinery* hoher Kostenaufwand
cost·ly ['kɒstli, AM 'kɑ:st-] *adj* kostspielig, teuer; **a ~ mistake** *(fig)* ein kostspieliger [*o* folgenschwerer] Fehler; **~ delays/setbacks** kostspielige Verzögerungen/Rückschläge; **to prove ~** sich *akk* als kostspielig herausstellen
cost 'man·age·ment *n* Kostenmanagement *nt*
cost of 'liv·ing *n no pl* Lebenshaltungskosten *pl*
cost-of-'liv·ing *adj attr, inv* **~ increase** Teuerungszulage *f* **cost-of-'living al·low·ance** *n* Teuerungszulage *f* **cost-of-'liv·ing in·dex** *n* AM, AUS *(retail price index)* Lebenshaltungsindex *m* **cost-'plus** *adj* **to calculate on a ~ basis** unter Einbeziehung einer Gewinnspanne kalkulieren **'cost pres·sure** *n* Kostendruck *m* **'cost price** *n* Selbstkostenpreis *m;* **at ~** zum Selbstkostenpreis **cost-'push** *adj* Kosten steigernd **cost-push in·'fla·tion** *n no pl* Kostendruckinflation *f*
cos·tume ['kɒstju:m, AM 'kɑ:stu:m, -stju:m] *n* ❶ *(national dress)* Tracht *f;* **historical ~** historisches Kostüm; **national ~** Landestracht *f;* **to dress in** [*or* **wear**] **~** Tracht tragen; **dressed in ~** in Tracht
❷ *(decorative dress)* Kostüm *nt;* **Halloween ~** Halloweenkostüm *nt;* **to wear a** [**clown/cowboy/witch**] **~** [als Clown/Cowboy/Hexe] verkleidet sein
cos·tume 'ball *n* Kostümball *m* **'cos·tume dra·ma** *n* Kostümfilm *m* **cos·tume 'jew·el·lery,** AM **cos·tume 'jew·el·ry** *n no pl* Modeschmuck *m* **'cos·tume par·ty** *n* AM Kostümfest *nt*
cos·tumi·er [kɒs'tju:miəʳ, -ei, AM kɑ:'stu:mieɪ, -stju:-] *n* ❶ *(costume hirer)* Kostümverleiher(in) *m(f)*
❷ *(for theatre)* Kostümier *m*
co-suretyship [kəʊ'ʃɔ:rətiʃɪp, AM koʊ'ʃʊrət̬i-] *n* FIN Mitbürgschaft *f*
cosy ['kəʊzi, AM 'koʊ-] **I.** *adj* ❶ *(pleasant and comfortable)* gemütlich, behaglich, heimelig; *(nice and warm)* mollig warm; **~ atmosphere** heimelige Atmosphäre; **~ chat** gemütliche Plauderei; **a ~ relationship** eine traute Beziehung
❷ *(pej: convenient)* bequem *fig;* **to make a ~ arrangement** etw unter der Hand vereinbaren, mauscheln *fam;* **a ~ deal** ein Kuhhandel *m fam*
II. *n* **tea/egg ~** Tee-/Eierwärmer *m*
III. *vi* <-ie-> ■**to ~ up to sb/sth** ❶ *(snuggle up to)* sich *akk* an jdn/etw anschmiegen
❷ *(make deal with)* mit jdm/etw einen Kuhhandel machen *fam*
cot¹ *n* MATH *abbrev of* **cotangent** cot
cot² [kɒt, AM kɑ:t] *n* ❶ BRIT *(baby's bed)* Kinderbett *nt*
❷ AM *(camp bed)* Feldbett *nt; (fold-out bed)* Klappbett *nt*
co·tan·gent [ˌkəʊ'tændʒənt, AM ˌkoʊ'-] *n* MATH Kotangens *m*
'cot bump·er *n* BRIT Polster *nt (für ein Kinderbett)*
'cot death *n* BRIT plötzlicher Kindstod
cote [kəʊt, AM koʊt] *n* ❶ *(dovecote)* Taubenschlag *f*
❷ *(shelter for mammals)* Stall *m*
Cote d'Ivoire [kəʊtdi'vwɑ:ʳ, AM koʊtdi:'vwɑ:r] *n* Elfenbeinküste *f*
co·terie ['kəʊtəri, AM 'koʊt̬ɚi] *n* Clique *f;* **a ~ of writers/intellectuals** ein Zirkel *m* von Schriftstellern/Intellektuellen
co·ter·mi·nous [ˌkəʊ'tɜ:mɪnəs, AM ˌkoʊ'tɜ:r-] *adj inv* ❶ *(sharing same border)* angrenzend; **to be ~ with a country** mit einem Land eine gemeinsame Grenze haben
❷ *(sharing time frame)* von gleicher Dauer
co·ter·mi·nous·ly [ˌkəʊ'tɜ:mɪnəsli, AM ˌkoʊ'tɜ:r-] *adv inv* zeitgleich; **to run ~** gleichzeitig stattfinden
cot·tage ['kɒtɪdʒ, AM 'kɑ:t̬-] *n* ❶ *(small house)* Cottage *nt,* Hütte *f;* **country ~** Landhaus *nt;* **thatched ~** Landhaus mit Stroh-/Reetdach; *(additional house on property)* Gästehaus *nt*
❷ *(sl: for homosexuals)* Schwulentreff *m fam*
cot·tage 'cheese *n no pl* Hüttenkäse *m* **cot·tage 'in·dus·try** *n* BRIT Heimindustrie *f* **cot·tage 'loaf** *n esp* BRIT *runder Laib Brot* **cot·tage 'pie** *n* BRIT Fleisch-Kartoffel-Auflauf *m*
cot·tag·er ['kɒtɪdʒəʳ, AM 'kɑ:t̬ɪdʒɚ] *n* Cottagebewohner(in) *m(f),* Bewohner(in) *m(f)* eines kleinen Ferienhauses
cot·tag·ing ['kɒtɪdʒɪŋ, AM 'kɑ:t̬-] *n no pl (sl) sexuelle Handlungen zwischen Männern in öffentlichen Toiletten*
cot·ter, cot·ter pin ['kɒtəʳ-, AM 'kɑ:t̬ɚ-] *n* Splint *m*
cot·ton ['kɒtᵊn, AM 'kɑ:-] **I.** *n* ❶ *(plant)* Baumwolle *f*
❷ *(material)* Baumwolle *f;* **made of pure ~** aus reiner Baumwolle
❸ *(thread)* Garn *nt;* **reel** [*or* AM **spool**] **of ~** Garnrolle *f*
II. *n modifier (blouse, material, socks, sheets, trousers)* Baumwoll-
III. *vi* ❶ *(fam: understand)* ■**to ~ on** kapieren *fam;* ■**to ~ on to sth** etw kapieren
❷ AM *(like)* ■**to ~ to sth/sb** mit etw/jdm sympathisieren
'cot·ton ball *n* AM Wattebällchen *nt* **cot·ton 'bat·ting** *n no pl* AM *(cotton wool)* Watte *f* **'cot·ton bud** *n* BRIT Wattestäbchen *nt,* SCHWEIZ *a.* Ohrenstäbchen *nt* **cot·ton 'can·dy** *n no pl* AM *(candy floss)* Zuckerwatte *f* **'cot·ton gin** *n* AGR Entkörnungsmaschine *f* **'cot·ton-grow·er** *n* Baumwollpflanzer(in) *m(f)* **'cot·ton mill** *n* Baumwollspinnerei *f* **'cot·ton mouth** *n* AM *(fam)* ausgetrockneter Mund; **to have ~** einen ausgetrockneten Mund haben **'cot·ton pads** *npl* AM *(cotton wool pads)* Wattebäusche *pl* **'cot·ton-pick·ing I.** *n no pl* Baumwollpflücken *nt* **II.** *adj attr, inv* AM verflucht *sl* **cot·ton 'print** *n* bedruckter Baumwollstoff **'cot·ton seed** *n* Baumwollsamen *m* **cot·ton seed 'oil** *n no pl* Baumwollsamenöl *nt* **'cot·ton states** *npl* AM GEOG ■**the ~** die Baumwollstaaten **cot·ton 'swab** *n* AM *(cotton bud)* Wattestäbchen *nt,* SCHWEIZ *a.* Ohrenstäbchen *nt* **'cot·ton tail** *n* AM *(fam)* Kaninchen *nt,* Karnickel *nt fam* **cot·ton 'wool** *n no pl* ❶ BRIT Watte *f* ❷ AM *(from raw cotton)* [Roh]baumwolle *f* ▸PHRASES: **to wrap sb in ~** BRIT jdn in Watte packen **cot·ton wool 'pads** *npl* BRIT, AUS Wattebäusche *pl*
cot·tony ['kɒtᵊni, AM 'kɑ:-] *adj* baumwollartig
couch¹ [kaʊtʃ] **I.** *n* <*pl* -es> Couch *f,* Sofa *nt,* SCHWEIZ *a.* Canapé *nt;* **psychiatrist's ~** Psychologencouch *f;* **to be on the ~** *(fig)* in Therapie sein
II. *vt* ■**to ~ sth** etw formulieren; ***this form is all ~ed in legal terminology*** dieses Formular besteht nur aus juristischen Formulierungen; ***he ~ed his criticism in tactful phrases*** er fasste seine Kritik in taktvolle Sätze
couch² [ku:tʃ, kaʊtʃ] *n no pl (grass)* Schnürgras *nt*
cou·chette [ku:'ʃet] *n* BRIT RAIL Liege *f (in einem Schlafwagen),* SCHWEIZ *a.* Couchette *nt*
'couch grass *n no pl* Schnürgras *nt*
couch po·'ta·to *n (fam)* Couchpotato *f,* Fernsehglotzer(in) *m(f)*
cou·gar ['ku:gəʳ, AM -ɚ] *n esp* AM Puma *m*
cough [kɒf, AM kɑ:f] **I.** *n* Husten *m;* **a bad** [*or* **nasty**] **~** ein schlimmer Husten; **chesty** [*or* **hacking**] **~** tief sitzender Husten; **to give a ~** *(as warning)* hüsteln; **to have a ~** einen Husten haben; **to have smoker's ~** Raucherhusten haben
II. *vi* ❶ *person* husten, sich *akk* räuspern
❷ *motor* stottern
❸ *esp* BRIT *(fam: reveal information)* singen *fam*
III. *vt* **to ~ blood** Blut husten
◆**cough up I.** *vt* ❶ *(bring up)* **to ~ up** ◯ **blood/phlegm** Blut/Schleim husten
❷ *(fam: pay reluctantly)* **to ~ up money** Geld herausrücken *fam;* ***you owe me money so come on, ~ it up!*** du schuldest mir Geld, also komm rüber damit!
II. *vi (fam: pay)* Geld herausrücken *fam; (give back)* [wieder] herausrücken, zurückgeben; BRIT *(admit)* [mit der Wahrheit] herausrücken
'cough drop *n* Hustenpastille *f,* Hustenbonbon *nt*
'cough·ing fit *n* Hustenanfall *m*
'cough medi·cine *n,* **'cough mix·ture** *n* BRIT Hustensaft *m* **'cough sweet** *n* BRIT Hustenbonbon *nt* **'cough syr·up** *n no pl* Hustensaft *m*
could [kʊd, kəd] *pt, subjunctive of* **can**
couldn't ['kʊdᵊnt] = **could not** *see* **can**
cou·lis <*pl* -> ['ku:li] *n* Fruchtsoße *f;* **with/on raspberry ~** mit/auf Himbeersoße
cou·lisse [ku:'li:s] *n* THEAT Kulisse *f*
cou·lomb ['ku:lɒm, AM -lɑ:m] *n* ELEC Coulomb *nt*
coun·cil ['kaʊn(t)sᵊl] *n* ❶ + *sing/pl vb* ADMIN Rat *m;* **borough ~** Gemeinderat *m;* **local/town/city ~** Gemeinde-/Stadtrat *m;* **Security C~** Sicherheitsrat *m;* **C~ of Economic and Finance Ministers** Rat der Wirtschafts- und Finanzminister; **C~ of Europe** Europarat *m;* **C~ of the European Union** Rat der Europäischen Union *m;* **C~ of Ministers** Ministerrat *m;* **the United Nations Security C~** der Sicherheitsrat der Vereinten Nationen; **to be on the local ~** im Gemeinderat sitzen, Gemeinderatsmitglied sein
❷ *(meeting)* Rat *m;* **to hold ~** sich *akk* beraten, Rat halten
❸ LAW *(legislation)* **Order in C~** königlicher Erlass
coun·cil es·'tate *n* BRIT Siedlung *f* mit Sozialwohnungen [*o* ÖSTERR Gemeindewohnungen] **coun·cil 'flat, 'coun·cil house** *n* BRIT Sozialwohnung *f,* Gemeindewohnung *f* ÖSTERR **coun·cil 'hous·ing** *n no pl* BRIT sozialer Wohnungsbau
coun·cil·lor, AM **coun·ci·lor** ['kaʊn(t)sᵊləʳ, AM -ɚ] *n* Ratsmitglied *nt;* **town ~** Stadtrat, -rätin *m, f*
'coun·cil·man *n* AM Ratsmitglied *nt;* **town ~** Stadtrat *m* **'coun·cil meet·ing** *n* Ratsversammlung *f*
coun·cil of 'war *n* Kriegsrat *m; (fig)* **to hold a ~** Kriegsrat halten
coun·ci·lor *n* AM *see* **councillor**
'coun·cil tax *n no pl* BRIT Gemeindesteuer *f* **'coun·cil·wom·an** *n* AM Ratsmitglied *nt;* **town ~** Stadträtin *f*
coun·sel ['kaʊn(t)sᵊl] **I.** *vt* <BRIT -ll- *or* AM *usu* -l-> ❶ *(advise)* **to ~ caution/promptness** Vorsicht/Promptheit empfehlen; ■**to ~ sb about** [*or* **on**] **sth** jdn bei etw *dat* beraten; ■**to ~ sb against sth** jdm von etw *dat* abraten; *(be in therapy)* **to be ~ed for depression/drug addiction** wegen Depression/Drogenabhängigkeit in Behandlung sein
❷ *(form: promote)* ■**to ~ sth** zu etw *dat* raten
II. *n* ❶ *no pl (form: advice)* Rat[schlag] *m;* **to take ~ from sb** von jdm einen Rat annehmen
❷ *(lawyer)* Anwalt, Anwältin *m, f;* **~'s advice** [*or* **opinion**] Rechtsgutachten *nt* [eines Barristers]; **Queen's C~, QC** Kronanwalt, -anwältin *m, f;* **~ for the defence** Verteidiger(in) *m(f);* **leading ~** führender Anwalt [unter mehreren Vertretern der jeweiligen Partei]
▸PHRASES: **to keep one's own ~** seine Meinung für sich *akk* behalten
coun·sel·ling, AM **coun·sel·ing** ['kaʊn(t)sᵊlɪŋ] **I.** *n no pl* psychologische Betreuung; **to be in ~** in Therapie sein
II. *adj attr, inv* Beratungs-; **~ service** Beratungsdienst *m;* **to offer a ~ service to sb** jdn psychologisch betreuen
coun·sel·lor, AM **coun·se·lor** ['kaʊn(t)sᵊləʳ, AM -ɚ] *n* ❶ *(advisor)* Berater(in) *m(f);* **debt/financial ~** Schulden-/Finanzberater(in) *m(f);* **marriage** [**guidance**] **~** Eheberater(in) *m(f);* **guidance ~** AM *(for career)* Berufsberater(in) *m(f) (in der Schule); (for problems)* psychologischer Betreuer/psychologische Betreuerin
❷ AM *(lawyer)* Anwalt, Anwältin *m, f*
count¹ [kaʊnt] *n* Graf *m*
count² [kaʊnt] **I.** *n* ❶ *(totalling up)* Zählung *f;* POL Auszählung *f;* **to keep ~ of sth** etw genau zählen; **to lose ~** beim Zählen durcheinanderkommen; *(fig)* den Überblick verlieren; **on the ~ of three/four/ten** bei drei/vier/zehn
❷ *(measured amount)* [An]zahl *f,* Ergebnis *nt;* SPORT Punktestand *m;* **final ~** Endstand *m*
❸ *(consideration)* Berücksichtigung *f;* **to take** [**no**] **~ of sth** etw [nicht] berücksichtigen
❹ LAW Anklagepunkt *m;* **to be found guilty on two ~s of murder** des zweifachen Mordes für schuldig befunden werden; **to be found guilty on the first**

could

Expressing ability

could can be translated by *konnte* or *könnte*.

Where *could* is used as the simple past of *can* in the sense of *was able to, konnte* is used:

Yesterday I *could* see the mountains.	Gestern *konnte* ich die Berge sehen.
I *couldn't* come yesterday evening.	Ich *konnte* gestern Abend nicht kommen.

The English construction 'I couldn't help …' can be translated in a number of ways:

I *couldn't* help smiling.	Ich *konnte* mir ein Lächeln nicht verkneifen.
He *couldn't* help it.	Er *konnte* nichts dafür.
She *couldn't* help coughing.	Sie *musste* einfach husten.

The subjunctive II form *könnte* indicates future possibilities:

I *could* visit them tomorrow.	Ich *könnte* sie morgen besuchen.
We *could* go to the cinema this evening.	Wir *könnten* heute Abend ins Kino gehen.

The same form is used where *could* expresses remote possibility (in the sense of *might*):

It *could* snow tomorrow.	Es *könnte* morgen schneien.
She *could* arrive earlier.	Sie *könnte* früher ankommen.
Could you help me?	*Könnten* Sie mir bitte helfen?

könnte expresses the same meaning in conditional sentences:

If I had a lot of money, I *could* buy a boat.	Wenn ich viel Geld hätte, *könnte* ich ein Boot kaufen.
I would be very grateful, if you *could* help me.	Ich wäre Ihnen sehr dankbar, wenn Sie mir helfen *könnten*.
We *could* do it, if we had more time.	Wir *könnten* es machen, wenn wir mehr Zeit hätten.

When used to indicate something that may have been possible in the past (in the sense of *would have been able to*), *could have* is translated by the construction *hätte … machen können*:

We *could* have done it, if we had had more time.	Wir *hätten* es machen *können*, wenn wir mehr Zeit gehabt hätten.
He *couldn't have* done it.	Er *hätte* es nicht tun *können*.

In English, this construction can also express reproach for a past action (in the sense of *might have*). It is translated into German in the same way:

You *could have* told me my shirt was hanging out.	Du *hättest* mir sagen *können*, dass mein Hemd raushängt.
She *could have* phoned to say she couldn't come.	Sie *hätte* ruhig anrufen *können*, um zu sagen, dass sie nicht kommen kann.
They *could have* done that yesterday.	Das *hätten* sie gestern *machen können*.

Where *could have* expresses obligation (in the sense of *should have*), *sollen* is used:

You *could have* told me that yesterday.	Das *hättest* du mir gestern sagen *sollen*.
They *could have* helped her.	Sie *hätten* ihr helfen *sollen*.

In indirect speech, *could* is translated as follows:

Simon said that he *could* not come with us.	Simon sagte, dass er nicht mitkommen *könne*.
	or
	Simon sagte, dass er nicht mitkommen *könnte*.

Both subjunctive forms are possible here as they are both distinct from the ordinary present or simple past, but *könne* [subjunctive I] is preferred in written German.

In the following example, subjunctive I (*können*) cannot be used as it is the same as the ordinary present, leaving subjunctive II as the only possibility:

Simon asked whether we *could* help him.	Simon fragte, ob wir ihm helfen *könnten*.

Requesting permission

In polite questions, when used in the sense of *may*, *could* can be translated by *dürfen*:

Could I ask you something?	*Darf* ich Sie etwas fragen?
Could I ask you to close the window?	*Dürfte* ich Sie bitten, das Fenster zu schließen?
Could I trouble you for a light?	*Dürfte* ich Sie um Feuer bitten?

~ [*or* **all ~s**] im ersten Anklagepunkt [*o* in allen [Anklage]punkten] für schuldig befunden werden

❺ *(point)* Punkt *m; (reason)* Grund *m;* **to agree with sb on all ~s** mit jdm in allen Punkten übereinstimmen; **to be angry with sb on several ~s** auf jdn aus mehreren Gründen zornig sein; **to fail on a number of ~s** in einer Reihe von Punkten versagen

▶PHRASES: **to be out for the ~** BOXING ausgezählt werden; *(fig)* k. o. sein *fam*

II. *vt* ❶ *(number)* ■**to ~ sth** etw zählen; ***there'll be eight for dinner ~ing ourselves*** uns mitgerechnet sind wir acht zum Abendessen; ***I could ~ the number of times he's been on time on the fingers of one hand*** ich könnte die paar Mal, die er pünktlich war, an den Fingern einer Hand abzählen; **to ~ one's change** sein Wechselgeld nachzählen; **to ~ heads** [*or* AM *also* **noses**] abzählen; ■**to ~ sb/sth among sth** jdn/etw zu etw *dat* zählen; ECON, FIN *(include)* etw [mit]rechnen [*o* [mit]zählen]

❷ *(consider)* **to ~ sb as a friend** jdn als Freund betrachten [*o* zu seinen Freunden zählen]; **to ~ sth a success/failure** etw als Erfolg/Misserfolg verbuchen; **to ~ oneself lucky** [*or* **fortunate**] sich *akk* glücklich schätzen; **to ~ oneself unhappy** [*or* **unfortunate**] sich *akk* für unglücklich halten; ■**to ~ sth against sb** jdm etw verübeln

▶PHRASES: **to ~ one's blessings** dankbar sein; **don't ~ your chickens before they're hatched** *(prov)* man soll den Tag nicht vor dem Abend loben *prov;* **to ~ the cost[s] [of sth]** *(consider effects)* die Folgen [einer S. *gen*] bedenken; *(suffer)* [etw] bereuen

III. *vi* ❶ *(number)* zählen

❷ *(be considered)* ***that has always ~ed among my favourite operas*** das hat schon immer zu meinen Lieblingsopern gezählt; ■**to ~ against sb** gegen jdn sprechen; ■**to be ~ed as sth** als etw gelten

③ *(be of value)* zählen, wichtig sein; ***that's what ~ s*** darauf kommt es an; ***this essay will count towards your final degree*** dieser Aufsatz geht in die Berechnung Ihrer Endnote ein; ■**to not ~** nicht zählen; ***his opinion doesn't ~ for anything here*** seine Meinung zählt hier nicht

◆**count down** *vi* rückwärts bis null zählen; AEROSP den Countdown durchführen

◆**count in** *vt* ■**to ~ sb in** jdn mitrechnen; ~ ***me in*** ich bin dabei

◆**count off** *vi* AM abzählen

◆**count on** *vi* ① *(depend on)* ■**to ~ on sb/sth** auf jdn/etw zählen; ■**to ~ on sb doing sth** [*or* **on sb to do sth**] sich *akk* darauf verlassen, dass jd etw tut ② *(reckon with)* ***I'm ~ ing on getting away for a few days next week*** ich hoffe schwer, dass ich mir nächste Woche ein paar Tage freinehmen kann *fam;* ■**to ~ on sb doing sth** davon ausgehen, dass jd etw tut; ■**sb did not ~ on ...** jd hat nicht damit gerechnet, dass ...; ***I didn't ~ on it raining*** ich hätte nicht gedacht, dass es regnen würde

◆**count out** I. *vi* ① BRIT *(number off aloud)* abzählen ② *(in games)* auszählen
II. *vt (fam)* ■**to ~ sb out** jdn nicht einplanen; ~ ***me out!*** ohne mich!; ***who wants to come swimming tomorrow? — ~ me out*** wer hat Lust, morgen mit schwimmen zu gehen? – ich nicht

◆**count up** I. *vt* ■**to ~ sth** ↻ **up** etw zusammenzählen
II. *vi* **to ~ up to three/ten** bis drei/zehn zählen

◆**count upon** *vt (usu form) see* **count on**

count·able ['kaʊntəbl, AM -t̬ə-] *adj* LING zählbar

count·able 'noun *n* LING zählbares Substantiv

count·down ['kaʊntdaʊn] *n* Countdown *m* (**to** *+gen*)

coun·te·nance ['kaʊntᵊnən(t)s] I. *n* ① *(form liter: face)* Angesicht *nt,* Antlitz *nt; (form: facial expression)* Gesichtsausdruck *m,* Gesichtszüge *pl;* **to be of noble ~** edle Gesichtszüge haben ② *(approval)* Unterstützung *f;* **to give** [*or* **lend**] **~ to sth** *(form)* etw unterstützen ③ *no pl (composure)* Haltung *f;* **to keep one's ~** *(form)* die Haltung bewahren; **to keep sb in ~** jdn beruhigen; **to be out of ~** fassungslos sein; **to put sb out of ~** jdn aus der Fassung bringen
II. *vt (form)* ■**to ~ sth** etw gutheißen; ■**to not ~ sth** etw nicht dulden [*o geh* billigen]

count·er¹ ['kaʊntəʳ, AM -t̬ɚ] *n* ① *(service point)* Theke *f; (in shop)* [Laden]theke *f,* Ladentisch *m; (in bar, restaurant)* Theke *f; (in bank, post office)* Schalter *m;* [**kitchen**] ~ AM *(worktop)* [Küchen]arbeitsplatte *f;* **bargaining ~** Verhandlungsbasis *f;* **over the ~** rezeptfrei; **over-the-~ market** STOCKEX Freiverkehr[smarkt] *m (für nicht im offiziellen Börsenhandel zugelassene Aktien);* **under the ~** *(fig)* unterm Ladentisch ② *(person who counts)* Zähler(in) *m(f); (machine that counts)* Zählwerk *nt* ③ *(disc)* Spielmarke *f* ④ *(factor)* Zähler *m*

count·er² ['kaʊntəʳ, AM -t̬ɚ] I. *vt* **to ~ sb's arguments** jds Argumenten widersprechen; **to ~ sb's instructions/orders** jds Instruktionen/Befehle aufheben; **to ~ a loss/death/divorce** einen Verlust/Tod/eine Scheidung wettmachen [*o* ausgleichen]
II. *vi (oppose)* **to ~ with sth** mit etw *dat* kontern; SPORT *(react by scoring)* kontern
III. *adv inv* entgegen; **to act ~ to sth** etw *dat* zuwiderhandeln; **to run ~ to sth** etw *dat* zuwiderlaufen

coun·ter·'act *vt* ■**to ~ sth** etw *dat* entgegenwirken; **to ~ a disease** eine Krankheit bekämpfen; **to ~ poison/a drug** Gift/eine Droge neutralisieren **coun·ter·'ac·tion** *n no pl* Gegenwirkung *f* **coun·ter·'ac·tive** *adj* ① *(working against)* kontraproduktiv, entgegenwirkend *attr* ② *(neutralizing) to a drug, poison* neutralisierend *attr* **'coun·ter·ar·gu·ment** *n* Gegenargument *nt*

'coun·ter·at·tack I. *n* Gegenangriff *m*
II. *vt* ■**to ~ sb** jdn im Gegenzug angreifen
III. *vi* zurückschlagen; SPORT kontern

coun·ter·at·'trac·tion *n* konkurrierendes Freizeitangebot; ***video rental is now a major ~ to cinema-going*** Videoverleih ist heutzutage eine Hauptkonkurrenz zum Kino

coun·ter·bal·ance I. *n* ['kaʊntəˌbælən(t)s, AM -t̬ɚ,-] Gegengewicht *nt; (fig)* **to be a ~** ausgleichend wirken
II. *vt* [ˌkaʊntə'bælən(t)s, AM -t̬ɚ'-] ■**to ~ sth** etw ausgleichen; *(fig)* ein Gegengewicht zu etw *dat* darstellen

'counter·bid *n* COMM Gegengebot *nt* **'coun·ter·blast** *n (liter)* Gegenschlag *m* (**to** gegen *+akk)* **'coun·ter·charge** I. *n* LAW Gegenklage *f* II. *vt* LAW ■**to ~ sth** gegen etw *akk* Gegenklage erheben **'coun·ter·check** I. *n* ① *(restraint)* Hemmnis *nt,* Sperre *f;* **to put a ~ on sth** *(fig)* etw begrenzen ② *(second check)* Gegenprüfung *f* II. *vt* ■**to ~ sth** etw gegenprüfen **'coun·ter·claim** ['kaʊntəkleɪm, AM t̬ɚ] LAW I. *n* ① *(against plaintiff)* Widerklage *f* ② *(for damages)* Gegenanspruch *m,* Gegenforderung *f* II. *vi* eine Gegenforderung erheben; ■**to ~ that ...** dagegenhalten, dass ... **coun·ter·'clock·wise** *adj inv* AM *(anticlockwise)* linksläufig, gegen den Uhrzeigersinn **'coun·ter·cul·ture** I. *n* Gegenkultur *f* II. *adj* unkonventionell; **to be ~** der Gegenkultur angehören **counter-'cyclical** *adj* ECON antizyklisch **coun·ter-'es·pio·nage** *n no pl* Spionageabwehr *f,* Gegenspionage *f* **coun·ter-'es·pio·nage ser·vice** *n* Spionageabwehrdienst *m*

coun·ter·feit ['kaʊntəfɪt, AM -t̬ɚ-] I. *adj inv* gefälscht, nachgemacht; **~ money** Falschgeld *nt*
II. *vt* **to ~ money/a signature/a passport** Geld/eine Unterschrift/einen Pass fälschen [*o* nachmachen]; *(fig)* **to ~ pleasure/satisfaction/surprise/terror** Freude/Zufriedenheit/Überraschung/Angst vortäuschen
III. *n* Fälschung *f*

coun·ter·feit·er ['kaʊntəfɪtəʳ, AM -t̬ɚfɪt̬ɚ] *n* Fälscher(in) *m(f);* **~ of money** Falschmünzer(in) *m(f)*

coun·ter·feit·ing ['kaʊntəfɪtɪŋ, AM -t̬ɚfɪt̬ɪŋ] *n* LAW Fälschung *f*

'coun·ter·foil *n* BRIT FIN [Kontroll]abschnitt *m,* Coupon *m*

coun·ter-in·'sur·gency *n Maßnahmen zur Bekämpfung aufständischer Gruppen* **coun·ter-in·'tel·li·gence** *n* Spionageabwehr *f* **counter·in·ter·ro·'ga·tion** *n* Abwehr *f* eines Verhörs *(indem man durch geschickte Antworten nichts preisgibt)* **coun·ter-in·'tui·tive** *adj* gegen die [eigene] Intuition

count·er lunch *n* AM Imbiss *m*

coun·ter·mand [ˌkaʊntə'mɑːnd, AM -t̬ɚ'mænd] *vt* ■**to ~ sth** etw rückgängig machen; ■**to ~ sb** jdm widersprechen; MIL **to ~ an order** einen Befehl widerrufen [*o* aufheben]

'coun·ter·meas·ure *n* Gegenmaßnahme *f* **coun·ter·of·'fen·sive** *n* Gegenoffensive *f,* Gegenangriff *m a. fig* **'coun·ter-of·fer** *n* Gegenangebot *nt*

'coun·ter·pane *n* Tagesdecke *f*

'coun·ter·part *n* ① *(equivalent)* Gegenüber *nt; (complement)* Gegenstück *nt,* Pendant *nt;* POL Amtskollege, -kollegin *m, f; (in management)* Gegenspieler(in) *m(f)* ② LAW *(copy)* Kopie *f* [*o* Duplikat *nt*] [einer Originalurkunde] **counter·part 'en·try** *n* FIN Gegenbuchung *f* **'counter·par·ty** *n* LAW Kontrahent(in) *m(f),* Gegenpartei *f* **'coun·ter·point** *n* MUS Kontrapunkt *m*

'coun·ter·poise *(form)* I. *n* Gegengewicht *nt; (fig)* **to be a ~** ausgleichend wirken
II. *vt* ■**to ~ sth** etw ausgleichen; *(fig)* ein Gegengewicht zu etw *dat* darstellen

coun·ter·pro·'duc·tive *adj* kontraproduktiv; **to prove ~** sich *akk* als kontraproduktiv erweisen **'coun·ter·pro·gram·ming** *n no pl* TV Gegenprogrammgestaltung *f,* Konkurrenzprogrammgestaltung *f;* ■**to mount ~** ein Gegenprogramm zeigen **coun·ter-pro·'lif·era·tion** *n no pl* Maßnahmen *pl* zur Verhinderung der Weitergabe von Massenvernichtungswaffen **'coun·ter-prom·ise** *n* LAW Gegenversprechen *nt* **count·er pub·'lic·ity** *n no pl* FIN Schalterpublizität *f* **'coun·ter·pur·chase** *n* ECON, FIN Kompensationsgeschäft *nt* **coun·ter-ref·or·'ma·tion** *n* REL ■**the C~** die Gegenreformation **coun·ter-revo·'lu·tion** *n* Gegenrevolution *f;* **to stage a ~** eine Gegenrevolution inszenieren **coun·ter-revo·'lu·tion·ary** I. *adj inv* konterrevolutionär
II. *n* <*pl* -ies> Konterrevolutionär(in) *m(f)* **'coun·ter·sign** *vt* **to ~ a will/cheque** [*or* AM **check**]/**document** ein Testament/einen Scheck/ein Dokument gegenzeichnen **'coun·ter·sig·na·ture** *n* Gegenunterschrift *f*

'coun·ter·sink <-sank, -sunk> *vt usu passive* ■**to ~ sth** [**in sth**] *screw* etw [in etw *akk*] versenken

'coun·ter·sunk *pp of* **countersink**

'coun·ter·ten·or *n* hoher Tenor

coun·ter·'ter·ror·ism *n no pl* Terrorismusbekämpfung *f* **coun·ter·'ter·ror·ist** *adj measure, unit* Antiterror- **'coun·ter·trade** *n no pl* ECON, FIN Gegengeschäfte *pl*

coun·ter·vail·ing [ˌkaʊntə'veɪlɪŋ, AM -t̬ɚ'-] *adj attr, inv* ausgleichend **coun·ter·vail·ing 'cred·it** *n* FIN Gegenakkreditiv *nt* **coun·ter·vail·ing 'duty** *n (extra import duty)* Grenzausgleichabgabe *f* **'coun·ter·weight** *n* Gegengewicht *nt*

coun·tess <*pl* -es> ['kaʊntɪs, AM -t̬ɪs] *n* Gräfin *f*

count·ing house ['kaʊntɪŋhaʊs] *n* HIST Kontor *nt*

count·less ['kaʊntləs] *adj inv* zahllos, unzählig

coun·tri·fied ['kʌntrɪfaɪd] *adj* ① *(rural)* ländlich; *(rural-looking)* rustikal; **~ area** ländliche Gegend ② *(pej: artificially rural)* auf rustikal gemacht ③ *(pej: unsophisticated)* bäurisch; ***he is rather ~ in his ways*** er ist ein ziemlicher Bauer

coun·try ['kʌntri] I. *n* ① *(nation)* Land *nt;* **~ of destination** Bestimmungsland *nt;* **the east/west of the ~** der Osten/Westen des Landes; **~ of origin** Herkunftsland *nt;* **native ~** Heimat *f,* Heimatland *nt;* **to die for one's ~** fürs Vaterland sterben ② *no pl (population)* ■**the ~** das Volk; **the whole ~** das ganze Land; **to go to the ~** BRIT POL Neuwahlen ausschreiben ③ *no pl (rural areas)* ■**the ~** das Land; **town and ~** Stadt und Land; ■**in the ~** auf dem Land; **a weekend in the ~** ein Wochenende *nt* auf dem Land ④ *no pl (land)* Land *nt,* Gebiet *nt;* **marshy ~** Sumpfgebiet *nt;* **open ~** freies Land; **rough ~** urwüchsige Landschaft; **the undiscovered ~** LIT das Reich des Todes *geh;* **across ~** *(not on roads)* querfeldein; *(avoiding towns)* über Land ⑤ *no pl (music)* Countrymusik *f*
II. *n modifier* ① *(rural) (cottage, lane)* Land-; *(customs, ways)* ländlich; **~ life** Landleben *nt;* **~ village** bäuerliches Dorf ② MUS *(record, singer)* volkstümlich; **~ music** Countrymusik *f*

coun·try and 'west·ern *n no pl* Country- und Westernmusik *f* **'coun·try bro·ker** *n* ECON, FIN Broker(in) *m(f)* außerhalb der Finanzmetropole **coun·try 'bump·kin** *n* Bauerntölpel *m pej; (woman)* Bauerntrampel *m pej fam* **'coun·try club** *n* Country Club *m (nobler Klub)* **coun·try 'code** *n* BRIT ■**the ~** Verhaltensregeln *pl* zum Schutz der Natur **coun·try 'dance** *n* BRIT [englischer] Volkstanz **'coun·try folk** *npl* Landbevölkerung *f* **coun·try 'house** *n* Landhaus *nt* **'coun·try·man** *n* ① *(of same nationality)* **fellow ~** Landsmann *m;* **countrymen and women** Landsleute *pl* ② *(from rural area)* Landbewohner *m* **coun·try re·'treat** *n* Ferienhaus *nt* auf dem Land **coun·try 'road** *n* Landstraße *f* **coun·try 'seat** *n* Landsitz *m*

'coun·try·side *n no pl* Land *nt; (scenery)* Landschaft *f;* **to live in the ~** auf dem Land leben

'coun·try·wide *inv* I. *adj* landesweit
II. *adv* im ganzen Land, über das ganze Land verteilt

'coun·try·wom·an *n* ① *(of same nationality)* **fellow ~** Landsmännin *f* ② *(from rural area)* Landbewohnerin *f*

coun·ty ['kaʊnti, AM -t̬-] I. *n* ① BRIT Grafschaft *f;* **C~ Antrim** die Grafschaft Antrim ② AM [Verwaltungs]bezirk *m*
II. *adj inv* BRIT *(pej)* der Landschickeria zugehörig *pej; accent, behaviour* vornehm

coun·ty 'bor·ough *n* BRIT *(hist) Stadtbezirk mit*

grafschaftlichen Rechten **coun·ty com·'mis·sion·er** *n* Gemeindeaufsichtsbeamte(r), -beamtin *m, f* **coun·ty 'coun·cil, CC** *n + sing/pl vb* BRIT Grafschaftsrat *m*, Bezirksverwaltung *f* **coun·ty 'coun·cil·lor** *n*, **CC** *n* BRIT Mitglied *nt* des Grafschaftsrats **coun·ty 'court** *n + sing/pl vb* ≈ Amtsgericht *nt;* BRIT Grafschaftsgericht *nt;* **County Court Rules** Richtlinien eines Grafschaftsgerichts **coun·ty 'li·brary** *n* Bezirksbibliothek *f;* BRIT Grafschaftsbibliothek *f* **coun·ty 'seat** *n* AM Bezirkshauptstadt *f* **coun·ty 'town** *n* BRIT Hauptstadt *f* einer Grafschaft

coup [ku:] *n* ① *(unexpected achievement)* Coup *m*, Schlag *m;* **to bring** [*or* **pull**] **off a ~** einen Coup landen
② POL Staatsstreich *m*

coup de fou·dre <*pl* coups de foudre> [,ku:də'fu:dr(ə)] *n* ① *(unforeseen event)* überraschendes Ereignis ② *(love at first sight)* Liebe *f* auf den ersten Blick **coup de grâce** <*pl* coups de grâce> [,ku:də'grɑ:s] *n* Gnadenstoß *m;* **to give sb/sth/an animal the ~** jdm/etw/einem Tier den Gnadenstoß versetzen; ■**to be the ~ for sb/sth** *(fig)* jdm/etw den Rest geben *fam* **coup d'état** <*pl* coups d'état> [,ku:deɪ'tɑ:] *n* Staatsstreich *m;* **to launch a ~** einen Staatsstreich durchführen

coupé ['ku:peɪ, AM ku:'peɪ] *n* Coupé *nt*

cou·ple ['kʌpl] **I.** *n* ① *no pl (a few)* ■**a ~ of ...** einige ..., ein paar ...; ***I've only had a ~ of drinks*** ich habe nur wenig getrunken; **every ~ of days** alle paar Tage; **for the last ~ of days** in den letzten Tagen; **in a ~ more minutes** in wenigen Minuten; **the next ~ of minutes** die nächsten Minuten; [**over**] **the past ~ of months** in den letzten Monaten, während der letzten Monate; **the first ~ of weeks** die ersten Wochen; **another ~ of ...** noch ein paar ...
② *+ sing/pl vb (two people)* Paar *nt;* **childless ~** kinderloses Paar; **courting** [*or* AM **dating**] **~** Liebespaar *nt;* **an elderly/a young ~** ein älteres/junges Paar; **to make a lovely ~** ein hübsches Paar abgeben; **a** [**newly**] **married ~** ein [frisch vermähltes] Paar; **same-sex ~** homosexuelles Paar
II. *vt* ① RAIL *(join)* **to ~ a car** [**to sth**] einen Waggon [an etw *akk*] kuppeln
② *usu passive (put together)* ■**to be ~d with sth** mit etw *dat* verbunden sein
III. *vi (old)* Geschlechtsverkehr haben

cou·pler ['kʌpləʳ, AM lɚ] *n* ① *(sth that connects two things)* Koppler *m*
② MUS *(acoustic coupler)* Koppel *f*

cou·plet ['kʌplət] *n* Verspaar *nt;* **rhyming ~** Reimpaar *nt*

cou·pling ['kʌplɪŋ] *n* ① RAIL *(linking device)* Kupplung *f*
② *(linking)* Verknüpfung *f*, Verbindung *f*
③ *no pl (old: sexual intercourse)* Geschlechtsverkehr *m*

cou·pon ['ku:pɒn, AM -pɑ:n] *n* ① *(voucher)* Bon *m*, Coupon *m*, Gutschein *m*
② BRIT *(for basic items)* Bezugsschein *m*, Wertmarke *f*
③ *(return slip)* Rücksendeabschnitt *m*
④ BRIT SPORT *(entry form)* Wettschein *m;* FBALL Tippschein *m;* **football/pools ~** Totoschein *m*
⑤ ECON, FIN Zinsschein *m*

'cou·pon date *n* FIN Kupontermin *m* **'cou·pon is·sue** *n* FIN Anleiheemission *f* **cou·pon se·'cu·rity** *n* AM Rentenwerte *pl* **'cou·pon sheet** *n* FIN Kuponbogen *m*, Zinsbogen *m*

cour·age ['kʌrɪdʒ, AM *also* 'kɜ:r-] *n no pl* Mut *m*, Tapferkeit *f*, Courage *f;* **to have the ~ of one's convictions** für seine Überzeugungen eintreten, Zivilcourage haben; **to lack the ~ of one's convictions** keine Zivilcourage haben; **to show great ~** großen Mut beweisen; ■**to have the ~ to do sth** den Mut haben, etw zu tun; **to take** [*or* **summon up**] [*or* BRIT *also* **pluck up**] [**the**] **~ to do sth** seinen Mut zusammennehmen, um etw zu tun
▶PHRASES: **to get some Dutch ~** sich *dat* Mut antrinken; **to take one's ~ in both hands** seinen ganzen Mut zusammennehmen

cou·ra·geous [kə'reɪdʒəs] *adj* mutig, tapfer

cou·ra·geous·ly [kə'reɪdʒəsli] *adv* mutig, tapfer

cour·gette [kɔ:'ʒet, AM kʊr'-] *n esp* BRIT *(small marrow)* Zucchino *m*, Zucchini *f*

cou·ri·er ['kʊriəʳ, AM -ɚ] *n* ① *(delivery person)* Kurier(in) *m(f)*, Bote, Botin *m, f*, Zusteller(in) *m(f);* **bike/motorcycle ~** Fahrrad-/Motorradbote, -botin *m, f*
② *(tour guide)* Reiseführer(in) *m(f)*

'cou·ri·er ser·vice *n* Botendienst *m*, Kurierdienst *m*

Cour·land, Kur·land ['kʊələnd, AM 'kʊr-] *n no pl* Kurland *nt;* **~ Peninsula** Kurländische Halbinsel *f*

course [kɔ:s, AM kɔ:rs] **I.** *n* ① *(of aircraft, ship)* Kurs *m;* **to change ~** den Kurs ändern; **to keep** [*or* **maintain**] **one's ~** seinen Kurs beibehalten; *(fig)* seiner Richtung treu bleiben; **to set** [**a**] **~ for Singapore** auf Singapur zusteuern; **to steer a ~** *(also fig)* einen Kurs steuern *a. fig;* **to steer a ~ between the islands** zwischen den Inseln durchsteuern; ***they are steering a middle ~ between communism and capitalism*** sie verfolgen einen gemäßigten Kurs zwischen Kommunismus und Kapitalismus; **to be off ~** nicht auf Kurs sein; *(fig)* aus der Bahn geraten sein; **to be driven off ~** [vom Kurs] abgetrieben werden; *(fig)* von seinen Plänen abgebracht werden; **to be on ~** auf Kurs sein; *(fig)* auf dem richtigen Weg sein; ***we're on ~ to finish the job by the end of the week*** wenn alles so weiterläuft, sind wir bis Ende der Woche mit der Arbeit fertig; ***they are on ~ for a resounding victory*** sie sind auf dem Weg zu einem haushohen Sieg
② *(of road)* Verlauf *m;* *(of river)* Lauf *m;* **to follow a straight/winding ~** gerade/kurvig verlaufen; **to change ~** einen anderen Verlauf nehmen
③ *(way of acting)* **~** [**of action**] Vorgehen *nt;* ***of the three ~s open to us this seems most likely to lead to success*** von den drei Wegen, die uns offenstehen, scheint dieser am ehesten zum Erfolg zu führen; ***if they raise their prices we shall have to follow the same ~*** wenn sie ihre Preise erhöhen, werden wir das Gleiche tun müssen; **the best/wisest ~** das Beste/Vernünftigste; ***your best ~ would be to wait a week and then phone her again*** das Beste wäre, du würdest eine Woche warten und sie dann wieder anrufen
④ *(development)* Verlauf *m;* **to change the ~ of history** den Lauf der Geschichte ändern; **to pervert the ~ of justice** den Lauf der Gerechtigkeit beeinflussen
⑤ *(during)* **in the ~ of sth** im Verlauf [*o* während] einer S. *gen;* ***in the course of his speech*** in seiner Rede; **in the ~ of the next three or four weeks** in den nächsten drei bis vier Wochen; **in the normal** [*or* **ordinary**] **~ of events** normalerweise; **in the ~ of time** im Lauf[e] der Zeit
⑥ *(certainly)* **of ~** natürlich; **of ~ not** natürlich nicht
⑦ *(series of classes)* Kurs *m;* **cookery** [*or* **cooking**] **~** Kochkurs *m;* *training* **~** Schulung *f;* **retraining ~** Umschulungskurs *m;* **to do** [*or* **take**] **a ~** [**in sth**] einen Kurs [für etw *akk*] besuchen; **to go on a ~** BRIT einen Kurs besuchen; **to go away on a training ~** einen Lehrgang machen
⑧ MED **~** [**of treatment**] Behandlung *f;* **~ of iron tablets** Eisenkur *f;* **a ~ of physiotherapy** [*or* AM *usu* **physical therapy**] eine physiotherapeutische Behandlung; **to put sb on a ~ of sth** jdn mit etw *dat* behandeln
⑨ SPORT Bahn *f*, Strecke *f;* **golf ~** Golfplatz *m;* **obstacle ~** Hindernisparcours *m*
⑩ *(part of meal)* Gang *m;* **the fish/meat ~** der Fisch-/Fleischgang
⑪ *(layer)* Schicht *f*, Lage *f;* **damp-proof ~** Feuchtigkeitsdämmschicht *f*
▶PHRASES: **in due ~** zu gegebener Zeit; **to be par for the ~** normal sein; **to stay the ~** [bis zum Ende] durchhalten; **to take** [*or* **run**] **its ~** seinen Weg gehen; **to let nature take its ~** nicht in die Natur eingreifen
II. *vt* HUNT **to ~ game** Wild hetzen
III. *vi* ① *(flow)* strömen, fließen; ***tears were coursing down his cheeks*** Tränen liefen ihm über die Wangen
② HUNT an einer Hetzjagd teilnehmen

'course book *n esp* BRIT SCH Lehrbuch *nt*

cours·er ['kɔ:səʳ, AM 'kɔ:rsɚ] *n* ① *(hunter)* Teilnehmer(in) *m(f)* an einer Hetzjagd
② *(bird)* Gewöhnlicher Rennvogel

'course·ware *n no pl* COMPUT [webbasierte] Courseware

'course·work *n no pl* SCH schriftliche Arbeit *(die bei der Prüfung in die Wertung eingeht)*

cours·ing ['kɔ:sɪŋ, AM 'kɔ:r] *n no pl* Hetzjagd *f*

court [kɔ:t, AM kɔ:rt] **I.** *n* ① *(judicial body)* Gericht *nt;* **~ *adjourned!*** die Verhandlung wird vertagt!; **C~ of Appeal** Berufungsgericht *nt;* **~ of first instance** Gericht *nt* erster Instanz; **C~ of Protection** BRIT Gericht *nt*, das das Vermögen von Entmündigten verwaltet; **High C~** [**of Justice**] BRIT Oberstes Zivilgericht; **International C~ of Justice** Internationaler Gerichtshof; **Supreme C~** [**of Judicature**] BRIT Oberster Gerichtshof für England und Wales; **Supreme C~** [**of the United States**] AM oberstes US Bundesgericht; **C~ of Session** SCOT Oberstes Gericht in Zivilsachen; **civil ~** Zivilgericht *nt;* **criminal ~** Strafgericht *nt;* **county ~** ≈ Amtsgericht *nt;* BRIT Grafschaftsgericht *nt;* **crown ~** BRIT Gericht *nt* für Strafsachen höherer Ordnung *(in England und Wales);* **~ of first instance** Gericht *nt* erster Instanz; **law ~** [*or* **~ of law**] Gericht *nt*, Gerichtshof *m;* **in a ~ of law** vor Gericht; **in open ~** in öffentlicher Verhandlung; **magistrates' ~** *erstinstanzliches Gericht für Strafsachen niederer Ordnung;* **by order of the ~** durch Gerichtsbeschluss; **to go to ~** vor Gericht gehen; **to reach an out-of-~ settlement** zu einem außergerichtlichen Vergleich kommen; **to settle** [**a case**] **out of ~** eine Sache außergerichtlich beilegen; **to take sb to ~** jdn vor Gericht bringen, gegen jdn gerichtlich vorgehen
② *(room)* Gerichtssaal *m;* ***silence in ~!*** Ruhe im Gerichtssaal!; **to appear in ~** vor Gericht erscheinen
③ *(playing area)* [Spiel]platz *m;* **badminton/squash ~** Badminton-/Squashcourt *m;* **grass/hard ~** Rasen-/Hartplatz *m;* **tennis ~** Tenniscourt *m*, Tennisplatz *m*
④ *(of king, queen)* Hof *m;* ■**at ~** bei Hof; **to be presented at ~** bei Hofe vorgestellt werden
⑤ *(yard)* Hof *m;* ■**in the ~** auf dem Hof
⑥ *(as street, building name)* **Meadow C~** Meadow Court
▶PHRASES: **to put the ball in sb's ~** jdm den Ball zuwerfen
II. *vt* ① *(dated: woo)* ■**to ~ sb** jdn umwerben, jdm den Hof machen *veraltend*
② *(ingratiate oneself)* ■**to ~ sb** jdn hofieren, sich *akk* bei jdm einzuschmeicheln versuchen
③ *(fig: try to gain)* ■**to ~ sth** sich *akk* um etw *akk* bemühen; ***he tried to ~ her approval for his plans*** er versuchte, sie für seine Pläne zu gewinnen; **to ~ popularity/sb's favour** Ruhm/jds Gunst suchen
④ *(fig: risk)* ■**to ~ sth** etw herausfordern; **to ~ danger** mit der Gefahr spielen; **to ~ controversy/disaster** Streit/eine Gefahr heraufbeschwören
III. *vi (dated)* ein Liebespaar sein

'court ac·tion *n* LAW gerichtliches Vorgehen **'court card** *n* BRIT Bildkarte *f (beim Kartenspiel)* **'court case** *n* Gerichtsverfahren *nt* **court cor·re·'spond·ent** *n* Hofberichterstatter(in) *m(f)*

cour·teous ['kɜ:tiəs, AM 'kɜ:rt̬-] *adj* höflich

cour·teous·ly ['kɜ:tiəsli, AM 'kɜ:rt̬-] *adv* höflich

cour·tesan [,kɔ:tɪ'zæn, AM 'kɔ:rt̬əzᵊn] *n (liter)* Kurtisane *f liter*

cour·tesy ['kɜ:təsi, AM 'kɜ:rt̬-] *n* ① *no pl (politeness)* Höflichkeit *f;* **to have the** [**common**] **~ to do sth** so höflich sein, etw zu tun; **to show** [**sb**] [**some**] **~** [jdm gegenüber] höflich [*o* entgegenkommend] sein
② *(courteous gesture)* Höflichkeit *f;* **an exchange of courtesies** ein Austausch *m* von Höflichkeiten
▶PHRASES: [**by**] **~ of sb/sth** *(with the permission of)* mit freundlicher Genehmigung von jdm/etw; *(thanks to)* dank jdm/etw

'cour·tesy bus *n* Brit kostenfreier Bus, Gratisbus *m* schweiz **'cour·tesy call** *n* ❶ *(visit)* Anstandsbesuch *m;* **to pay a ~ on sb** jdm einen Anstandsbesuch abstatten ❷ *(euph) Anruf von einem Telefonverkäufer/einer Telefonverkäuferin, um neue Kunden zu werben* **'cour·tesy light** *n* auto Innenleuchte *f* **'cour·tesy mir·ror** *n* auto Schminkspiegel *m* **'cour·tesy ti·tle** *n* Ehrentitel *m*

'court hear·ing *n* [Gerichts]verhandlung *f* **'court·house** *n* Am Gerichtsgebäude *nt;* **county/federal ~** Bezirks-/Bundesgericht *nt*

cour·ti·er ['kɔ:tiəʳ, AM 'kɔ:rt̬iɚ] *n* Höfling *m; (fig)* Schmeichler *m pej,* Schleimer *m pej*

'court·ing cou·ple *n + sing/pl vb (dated)* Liebespaar *nt;* Brit *(euph)* Pärchen *nt* beim Liebesspiel

court 'jest·er *n (hist)* Hofnarr *m*

court·li·ness ['kɔ:tlɪnəs, AM 'kɔ:r-] *n no pl* Galanterie *f geh*

court·ly ['kɔ:tli, AM 'kɔ:r-] *adj* galant *geh;* **~ love** lit höfische Liebe

court 'mar·tial I. *n* <*pl* -s *or form* courts martial> ❶ *(court)* Kriegsgericht *nt;* Brit Militärgericht *nt* ❷ *(trial)* Militärgerichtsprozess *nt* II. *vt* <Brit -ll- *or* Am *usu* -l-> ■**to ~ sb** jdn vor ein Kriegsgericht [*o* Militärgericht] stellen **Court of 'Audi·tors** *n* Europäischer Rechnungshof **court of in·'quiry** *n* mil Untersuchungsausschuss *m* **Court of 'Jus·tice** *n* Gericht *nt,* Gerichtssaal *m* **'court or·der** *n* Gerichtsbeschluss *m,* gerichtliche Verfügung **'court·room** *n* Gerichtssaal *m* **court·room 'dra·ma** *n* Gerichtsstück *nt* **court 'rul·ing** *n* gerichtliche Entscheidung, Gerichtsentscheid *m*

court·ship ['kɔ:tʃɪp, AM 'kɔ:r-] I. *n* ❶ *(period of wooing)* Zeit *f* der jungen Liebe ❷ *no pl (wooing)* Werben *nt* (**of** um *+akk*), Freien *nt veraltend* (**of** um *+akk)* ❸ *no pl (to win support)* Werben *nt* (**of** um *+akk)* ❹ *no pl (of controversy)* Heraufbeschwören *nt* ❺ *no pl* zool Werben *nt*
II. *n modifier* zool *(behaviour, dance, ritual)* Paarungs-

'court shoe *n* Brit Pumps *m*

courts 'mar·tial *n pl of* **court martial**

'court·yard *n* Hof *m; (walled-in)* Innenhof *m;* ■**in the ~** auf dem Hof

cous·cous ['ku:sku:s] *n* Couscous *m o nt*

cous·in ['kʌzᵊn] *n* Vetter *m,* Cousin, Cousine *m, f;* **our American/European ~s** unsere amerikanischen/europäischen Cousins und Cousinen; **distant ~** entfernter Cousin/entfernte Cousine; **second ~** Cousin *m*/Cousine *f* zweiten Grades, Großcousin, -cousine *m, f;* **a ~ once removed** Neffe, Nichte *m, f* zweiten Grades

cous·in·ly ['kʌzᵊnli] *adj* vetterlich *veraltet*

couth [ku:θ] *adj (hum)* kultiviert

cou·ture [ku:'tjʊəʳ, AM -'tʊr] *n* Couture *f*

cou·tu·rier [ku:'tjʊəriеɪ, AM -'tʊr-] *n* Couturier *m geh,* Modeschöpfer *m*

cou·tu·ri·ère [ku:'tjʊərie:ʳ, AM -'tʊriər, -ˌtʊri'er] *n* Modeschöpferin *f*

co·vari·ance [kəʊ'veəriən(t)s, AM koʊ'veri-] *n* math, fin Kovarianz *f*

cove[1] [kəʊv, AM koʊv] *n* geog kleine Bucht

cove[2] [kəʊv] *n* Brit *(dated fam: man)* Bursche *m veraltend*

cov·en ['kʌvᵊn] *n + sing/pl vb* [**witches'**] **~** Hexenzirkel *m; (meeting also)* Hexensabbat *m*

cov·enant ['kʌvᵊnənt] I. *n* ❶ *(legal agreement)* vertragliches Abkommen; **~ to repair** Instandsetzungsvertrag *m* ❷ rel Bündnis *nt;* **God's ~ with Abraham** Gottes Bündnis mit Abraham ❸ *(clause)* Vertragsabrede *f;* **restrictive ~** restriktive Vertragsklausel, einschränkende Vereinbarung ❹ Brit *(charity donation)* [vertragliche] Zusicherung einer regelmäßigen Spende
II. *vt* Brit ■**to ~ sth** etw vertraglich vereinbaren
III. *vi* sich *akk* vertraglich verpflichten; ■**to ~ to do sth** vertraglich vereinbaren, etw zu tun

Cov·en·try ['kɒvᵊntri, AM 'kʌv-] *n no pl* Coventry *(Stadt in England)*
▶phrases: **to send sb to ~** Brit jdn schneiden *fig*

cov·er ['kʌvəʳ, AM -ɚ] I. *n* ❶ *(spread)* Abdeckung *f; (flexible plastic case)* Plane *f; (for smaller objects)* Hülle *f; (cloth case)* Kleiderhülle *f; (protective top)* Deckel *m; (for bed)* [Bett]decke *f,* Duvet *nt* schweiz; *(for armchair, sofa)* [Schon]bezug *m;* **cushion ~** Kissenbezug *m,* Polsterüberzug *m* österr; **manhole ~** Schachtdeckel *m;* **quilt** [*or* **duvet**] **~** Bettdeckenbezug *m,* Duvetbezug *m* schweiz
❷ *(sheets)* ■**the ~s** *pl* das Bettzeug; ***Ann burrowed down beneath the ~s*** Ann zog sich die Decke über den Kopf; ***he threw back the ~s*** er warf die Bettdecke zurück
❸ *(of a book)* Einband *m; of a magazine* Titelseite *f,* Cover *nt;* **hard ~** gebundenes Buch, Hardcover *nt;* **soft ~** Taschenbuch *nt;* **to read a book from ~ to ~** ein Buch vom Anfang bis zum Ende lesen [*o* in einem durchlesen]
❹ *(envelope)* Briefumschlag *m,* Couvert *nt* schweiz, Kuvert *nt* österr; **under plain ~** in neutralem Umschlag; **under separate ~** mit getrennter Post
❺ *no pl (shelter)* Schutz *m;* ***not many of the seats are under ~*** nicht viele Sitze sind überdacht; *(concealed)* ***he ordered his men to stay under ~*** er befahl seinen Männern, in ihren Verstecken zu bleiben; **under ~ of darkness** im Schutz der Dunkelheit; **to take ~ somewhere** sich *akk* irgendwo unterstellen; ***I took ~ behind a wall/in a ditch/under the table*** ich versteckte mich hinter einer Wand/in einem Graben/unter dem Tisch
❻ *no pl (for animals to hide)* Dickicht *nt,* Unterholz *nt;* **to break ~** aus dem [schützenden] Unterholz hervorbrechen
❼ *(concealing true identity)* Tarnung *f;* **under ~ as** getarnt als; **to blow sb's ~** jdn enttarnen [*o* auffliegen lassen]
❽ *no pl* mil Deckung *f; (from bombs, gun attacks)* Feuerschutz *m*
❾ *no pl esp* Brit *(insurance)* Versicherungsschutz *m,* Deckung *f;* ***do you have ~ against theft?*** sind Sie gegen Diebstahl versichert?; **to ask for additional ~** zusätzliche Deckung verlangen; **full ~** voller Versicherungsschutz; **third-party ~** Haftpflichtversicherung *f;* **comprehensive ~** Vollkaskoversicherung *f;* **to have ~** versichert sein, Versicherungsschutz haben; **to operate without adequate ~** keinen ausreichenden Versicherungsschutz haben
❿ econ, fin *(security)* Abdeckung *f,* Absicherung *f;* ***do you have sufficient ~ for this loan?*** haben Sie ausreichende Sicherheiten für diesen Kredit?
⓫ *no pl (substitute)* Vertretung *f;* **to provide ~ for sb** jdn vertreten; **to provide emergency ~** einen Notdienst aufrechterhalten, eine Notfallversorgung gewährleisten
⓬ mus *(recording)* Coverversion *f*
▶phrases: **never judge a book by its ~** man sollte niemals nur nach dem Äußeren urteilen
II. *vt* ❶ *(put over)* ■**to ~ sth/sb** etw/jdn bedecken; *(against dust also)* etw überziehen; ***snow ~ed the hills*** Schnee bedeckte die Hügel; ■**to be ~ed** [**in** [*or* **with**]] **sth** [mit etw *dat*] bedeckt sein; ***my hands are ~ed in ink/mud/paint*** meine Hände sind voller Tinte/Schlamm/Farbe; ***how much of the Earth's surface is ~ed by water?*** wie viel Prozent der Erdoberfläche liegt unter Wasser?; **~ed with blood** voll Blut, blutig
❷ *(to protect)* ■**to ~ sth/sb** [**with sth**] etw/jdn [mit etw *dat*] abdecken; ***they ~ed him with a blanket*** sie deckten ihn mit einer Decke zu; **to ~ one's eyes/face with one's hands** die Augen/das Gesicht mit den Händen bedecken
❸ *(in order to hide)* ■**to ~ sth** etw verdecken; *(fig) one's confusion* etw überspielen
❹ *(extend over)* ■**to ~ sth** sich *akk* über etw *akk* erstrecken; ***London ~s 1579 square kilometres*** [***of land***] London erstreckt sich über 1579 Quadratkilometer; *(fig)* ***the new office will ~ the whole of Scotland*** das neue Büro ist für ganz Schottland zuständig
❺ *(travel)* **to ~ a lot of ground** eine große Strecke zurücklegen; *(make progress)* gut vorankommen; *(be wide-ranging)* sehr umfassend sein; ***during the meeting we ~ed a lot of ground*** wir sind bei der Sitzung gut vorangekommen; **to ~ 20 kilometres in two hours** 20 km in zwei Stunden fahren
❻ *(deal with)* ■**to ~ sth** sich *akk* mit etw *dat* befassen, etw behandeln; ***this leaflet ~s what we've just discussed in more detail*** in der Broschüre finden Sie Informationen zu dem, was wir gerade ausführlich besprochen haben; ***do these parking restrictions ~ residents as well as visitors?*** gelten die Parkbeschränkungen sowohl für Anlieger als auch für Besucher?; ***the new regulations ~ precisely where and when protest marches can take place*** in den neuen Regelungen ist genau festgehalten, wo und wann Protestmärsche stattfinden dürfen
❼ *(be enough for)* ■**to ~ sth** etw [ab]decken; **to ~ the costs** die Kosten decken; ***here's £20, will that ~ it?*** hier sind 20 Pfund, wird das reichen?
❽ *(report on)* ■**to ~ sth** über etw *akk* berichten; ***the journalist was in Vietnam, ~ing the war*** er war Kriegsberichterstatter in Vietnam
❾ *(insure)* ■**to ~ sb/sth** [**against** [*or* **for**] **sth**] jdn/etw [gegen etw *akk*] versichern; ***are we ~ed for accidental damage?*** sind wir gegen Unfallschäden versichert?; ***the damage was ~ed by the insurance*** der Schaden wurde von der Versicherung bezahlt; **to be fully ~ed** vollen Versicherungsschutz haben
❿ *(earn enough to pay)* etw [ab]decken [*o* sichern]; ***the dividend is ~ed four times*** das Verhältnis Gewinn-Dividende ist 4:1
⓫ *(protect)* ■**to ~ oneself** [**against sth**] sich *akk* [gegen etw *akk*] absichern; ***she tried to ~ herself by saying that ...*** sie versuchte sich damit herauszureden, dass ...
⓬ mil ■**to ~ sb/sth** jdn/etw decken; *(give covering fire)* jdm/etw Feuerschutz geben; **~ *me!*** gib mir Deckung!; **to ~ sb's retreat** jds Rückzug decken
⓭ *(aim weapon at)* ■**to ~ sb** seine Waffe auf jdn/etw richten; ***hands up! I've got you ~ed!*** Hände hoch! meine Waffe ist auf Sie gerichtet!
⓮ *(watch)* ■**to ~ sth** etw bewachen
⓯ *(do sb's job)* ■**to ~ sth** [**for sb**] etw [für jdn] übernehmen; ***could you ~ my shift for me tomorrow?*** könnten Sie morgen meine Schicht übernehmen?
⓰ *(adopt song)* **to ~ a song** einen Song covern *fachspr,* von einem Lied eine Coverversion aufnehmen
⓱ zool **to ~ an animal** ein Tier decken
▶phrases: **to ~ one's back** sich absichern *fig;* **to ~ oneself with glory** sich *akk* mit Ruhm bedecken; **to ~ a multitude of sins** viel Unschönes verbergen; **to ~ one's tracks** seine Spuren verwischen
III. *vi* **to ~ well/badly** *paint* gut/schlecht decken

◆**cover for** *vi* ■**to ~ for sb** ❶ *(do sb's job)* jds Arbeit übernehmen ❷ *(make excuses)* jdn decken

◆**cover over** *vt* ***the sky was ~ed over with clouds*** der Himmel war mit Wolken bedeckt

◆**cover up** I. *vt* ❶ *(protect)* ■**to ~ up** ↻ **sb/sth** jdn/etw bedecken; ■**to ~ oneself up** *(when naked)* sich *akk* bedecken; *(dress warmly)* sich *akk* einmummeln; **to ~ oneself up warm** sich *akk* warm anziehen ❷ *(hide)* ■**to ~ up** ↻ **sth** etw verdecken; **to ~ up a spot** *(on face)* einen Pickel abdecken ❸ *(keep secret)* ■**to ~ up** ↻ **sth** etw geheim halten [*o* vertuschen]
II. *vi* alles vertuschen; ■**to ~ up for sb** jdn decken

cov·er·age ['kʌvᵊrɪdʒ] *n no pl* ❶ *(reporting)* Berichterstattung *f;* **election/sports ~** Wahl-/Sportberichterstattung *f;* **to receive a lot of media ~** ein großes Medienecho erhalten; **television ~ of an event** TV-Berichterstattung *f* über ein Ereignis ❷ *(dealing with)* Behandlung *f;* **to give comprehensive ~ of sth** etw ausführlich behandeln ❸ Am *(insurance)* Versicherungsschutz *m,* Deckung *f*

'cov·er·alls *npl* Am Overall *m* **'cov·er boy** *n* Coverboy *m,* Mann *m* auf dem Titelblatt **'cov·er charge** *n (in a restaurant)* Kosten *pl* für das Gedeck; *(in a nightclub)* Eintritt *m*

cov·ered ['kʌvəd, AM -ɚd] *adj inv* ❶ *(roofed over)* überdacht; ~ **wagon** Planwagen *m*
❷ *(insured)* versichert
cov·ered 'bear *n* STOCKEX gedeckter Baissier **cov·ered 'cheque**, AM **cov·ered 'check** *n* gedeckter Scheck **cov·ered 'op·tion** *n* STOCKEX Covered Option *f,* Stillhalteroption *f,* gedeckte Option

'cov·er girl *n* Covergirl *nt,* Titelblattmädchen *nt*

cov·er·ing ['kʌvərɪŋ, AM -ɚ-] **I.** *n* Bedeckung *f;* **floor** ~ Bodenbelag *m;* **a light ~ of snow** eine dünne Schneeschicht; **to put a fresh ~ on a wound** eine Wunde frisch verbinden
II. *adj attr* MIL Deckungs-, Schutz-; ~ **fire** Feuerschutz *m*

cov·er·ing 'let·ter *n* BRIT Begleitbrief *m* **'cov·er·ing note** *n* BRIT Begleitschreiben *nt* **cov·er·ing 'pur·chase** *n* Deckungskauf *m*

cov·er·let ['kʌvələt, AM -ɚ-] *n* Tagesdecke *f*

'cov·er let·ter *n* AM, AUS *(covering letter)* Begleitbrief *m* **'cov·er mod·el** *n* Covermodel *nt (auf dem Titelblatt einer Zeitschrift abgebildetes Model)* **'cov·er note** *n* ❶ AM, AUS *(covering note)* Begleitschreiben *nt* ❷ *(in insurance)* Deckungszusage *f* **'cov·er sto·ry** *n* Coverstory *f,* Titelgeschichte *f*

cov·ert I. *adj* ['kʌvət, AM 'koʊvɜːrt] verdeckt, geheim; ~ **glance** verstohlener Blick
II. *n* ['kʌvət, AM -vɚt] Dickicht *nt kein pl,* Unterholz *nt kein pl*

cov·ert·ly ['kʌvətli, AM 'koʊvɜːrt-] *adv* verdeckt, geheim; **to operate** ~ im Geheimen operieren

cov·er·ture ['kʌvətʃəʳ, AM -ɚtʃɚ] *n* LAW Ehestand *m* [einer Frau]

'cov·er-up *n* Vertuschung *f;* ***there was a ~*** die Sache wurde vertuscht

'cov·er ver·sion *n* Coverversion *f*

cov·et ['kʌvɪt] *vt* ■**to ~ sth/sb** etw/jdn begehren

cov·et·able ['kʌvɪtəbl, AM -t̬-] *adj* begehrenswert

cov·et·ed ['kʌvɪtɪd, AM -t̬-] *adj* begehrt; **highly** ~ äußerst begehrt

cov·et·ous ['kʌvɪtəs, AM -t̬-] *adj* begehrlich; **to cast ~ eyes on sth** begehrliche Blicke auf etw *akk* werfen; ■**to be ~ of sth** etw begehren; *(envious)* auf etw *akk* neidisch sein

cov·et·ous·ly ['kʌvɪtəsli, AM -t̬-] *adv* begehrlich; **to look/glance** ~ begehrlich blicken

cov·et·ous·ness ['kʌvɪtəsnəs, AM -t̬-] *n no pl* Begierde *f* (**of** nach +*dat*); *(envy)* Neid *m* (**of** auf +*dat*); *(greed)* Habgier *f* (**of** nach +*dat*); REL ~ ***is one on the seven deadly sins*** Geiz ist eine der sieben Todsünden

co-'view *vi TV* gemeinsam fernsehen

cow[1] [kaʊ] *n* ❶ *(female ox)* Kuh *f;* **a herd of ~s** eine Kuhherde
❷ *(female mammal)* Weibchen *nt;* **elephant** ~ Elefantenkuh *f*
❸ BRIT *(pej sl: stupid woman)* Kuh *f pej;* **stupid** ~ dumme Kuh *pej;* AM *(pej fam: fat woman)* Fettsack *m*
❹ AUS *(fam: unpleasant thing)* ***it's been a ~ of a day*** das war ein blöder Tag; **a ~ of a job** ein Mistjob *m pej fam;* **a ~ of a trip** eine furchtbare Reise; **a fair** ~ eine echte Dreckarbeit *fam*
▸PHRASES: **until/till the ~s come home** bis in alle Ewigkeit; **to have a** ~ AM *(fam)* ausrasten *fam*

cow[2] [kaʊ] *vt* ■**to ~ sb** jdn einschüchtern; ■**to be ~ed by sb/sth** durch jdn/etw eingeschüchtert werden; ***they refused to be ~ed into submission by the army*** sie ließen sich von den Militärkräften nicht in die Knie zwingen

cow·ard ['kaʊəd, AM -ɚd] *n* Feigling *m;* **to be a miserable/terrible** ~ ein elender/schrecklicher Feigling sein; **to be a moral** ~ ein Duckmäuser sein *pej,* keine Zivilcourage haben; **to brand sb [as] a** ~ jdn als Feigling hinstellen

cow·ard·ice ['kaʊədɪs, AM -ɚd-], **cow·ard·li·ness** ['kaʊədlɪnəs, AM -ɚd-] *n no pl* Feigheit *f;* **an act of [pure]** ~ eine feige Tat; **moral** ~ Duckmäuserei *f pej*

cow·ard·ly ['kaʊədli, AM -ɚd-] *adj* ❶ *(fearful)* feige; ■**to be** ~ feige sein, sich *akk* feige verhalten
❷ *(mean)* feige; **a ~ attack** ein gemeiner [*o* hinterhältiger] Überfall

'cow·bell *n* Kuhglocke *f* **'cow·boy I.** *n* ❶ *(cattle hand)* Cowboy *m;* **to play ~s and Indians** ≈ Räuber und Gendarm spielen ❷ *(fam: dishonest tradesperson)* Pfuscher(in) *m(f) pej* **II.** *n modifier (boots, clothes, hat, music)* Cowboy-; ~ **film** [*or* **movie**] Cowboyfilm *m,* Western *m* **'cow·cake** *n* AM Kuhfladen *m* **'cow·catch·er** *n* AM RAIL Schienenräumer *m* **'cow chip** *n* AM getrockneter Kuhfladen **'cow·dung** *n no pl* Kuhdung *m*

cow·er ['kaʊəʳ, AM -ɚ] *vi* kauern; **to ~ behind sb/sth** sich *akk* hinter jdn/etw ducken

'cow·girl *n* Cowgirl *nt* **'cow·hand, 'cow·herd** *n* Kuhhirt(in) *m(f),* Rinderhirt(in) *m(f)* **'cow·hide I.** *n no pl* Rindsleder *nt* **II.** *n modifier (boots, jacket, saddle)* Rindsleder-, rindsledern; ~ **waistcoat** Rindslederjacke *f*

cowl [kaʊl] *n* ❶ *(hood)* Kapuze *f*
❷ *(on chimney)* Schornsteinkappe *f*
❸ *(engine hood)* Motorhaube *f*

cow·lick ['kaʊlɪk] *n (fam)* [Haar]tolle *f*

cowl·ing ['kaʊlɪŋ] *n* AVIAT Motorhaube *f*

'cow·man *n* ❶ *(cowherd)* Rinderhirt *m,* Kuhhirt *m*
❷ AUS *(farm manager)* Rinderfarmer *m*

co-work·er [ˌkəʊ'wɜːkəʳ, AM ˌkoʊ'wɜːrkɚ] *n* Mitarbeiter(in) *m(f);* *(colleague)* Kollege, Kollegin *m, f*

'cow pars·ley *n no pl* BOT Bärenklau *m* **'cow·pat** *n* BRIT Kuhfladen *m* **'cow·pox** *n no pl* Kuhpocken *pl*

cow·rie, cow·ry ['kaʊri] *n* Kauri *m o f;* ~ **shell** Kaurimuschel *f*

co-write <-wrote, -written> ['kəʊˌraɪt, AM 'koʊˌ-] *vt* ■**to ~ sth [with sb]** etw [mit jdm] gemeinsam schreiben

co-writ·er ['kəʊˌraɪtəʳ, AM 'koʊˌraɪt̬ɚ] *n* Co-Autor(in) *m(f),* Mitautor(in) *m(f)*

'cow·shed *n* Kuhstall *m*

'cow·slip *n* ❶ BRIT *(primrose)* Schlüsselblume *f*
❷ AM *(marsh marigold)* Sumpfdotterblume *f*

cox [kɒks, AM kɑːks] **I.** *n* Steuermann *m (beim Rudern)*
II. *vi* [ein Ruderboot] steuern
III. *vt* **to ~ a rowing boat** ein Ruderboot steuern

cox·comb ['kɒkskəʊm, AM 'kɑːkskoʊm] *n (dated)* Geck *m veraltet*

cox·less ['kɒksləs, AM 'kɑːks] *adj inv* ohne Steuermann *nach n*

cox·swain ['kɒksən, AM 'kɑːk-] *n* ❶ *(steering the boat)* Steuermann *m*
❷ *(main man in lifeboat)* Boot(s)führer *m*

coy [kɔɪ] *adj* ❶ *(secretive)* geheimnistuerisch, verhalten; ■**to be ~ about sth** aus etw *dat* ein Geheimnis machen
❷ *(pretending to be shy)* geziert; ***come on, don't be so*** ~ komm, zier dich nicht so; **a ~ glance** ein [gespielt] unschuldiger Blick

coy·ly ['kɔɪli] *adv* ❶ *(secretively)* geheimnistuerisch, verhalten
❷ *(flirtatiously)* mit gespielter Unschuld; ***she smiled*** ~ sie lächelte kokett

coy·ness ['kɔɪnəs] *n no pl* ❶ *(secretiveness)* Zurückhaltung *f;* **without a hint of** ~ ganz ohne Vorbehalt, völlig offen
❷ *(flirtatiousness)* Koketterie *f*

coy·ote [kɔɪ'əʊti, AM kaɪ'oʊt̬i] *n* ❶ *(animal)* Kojote *m*
❷ AM *(fam: in illegal immigration)* Schlepper *m*

coy·pu <*pl* -s *or* -> ['kɔɪpuː] *n* Fischotter *m,* Nutria *f fachspr*

cozi·ly *adv* AM *see* **cosily**

cozy *adj* AM *see* **cosy**
◆**cozy up** *vi* AM *(fam)* ■**to ~ up to sb** sich *akk* bei jdm einschmeicheln *pej*

coz·zie ['kɒzi] *n* BRIT, AUS *(fam) short for* **swimming costume** Badeanzug *m,* Badkleid *nt* SCHWEIZ

cp *abbrev of* **compare** vgl.

CP[1] [ˌsiː'piː] *n abbrev of* **Communist Party** KP *f*

CP[2] [ˌsiː'piː] *n* ECON, FIN *abbrev of* **commercial paper** kurzfristige Schuldtitel *pl*

CPA [ˌsiːpiː'eɪ] *n* AM ECON, FIN *abbrev of* **certified public accountant** Wirtschaftsprüfer(in) *m(f)*

CPI [ˌsiːpiː'aɪ] *n* AM ECON, FIN *abbrev of* **consumer price index** Verbraucherpreisindex *m*

CPU [ˌsiːpiː'juː] *n* COMPUT *abbrev of* **central processing unit** CPU *f*

crab[1] [kræb] **I.** *n* ❶ *(sea animal)* Krebs *m*
❷ *no pl (meat)* Krebsfleisch *nt;* **dressed** ~ in der Schale angerichtetes Krebsfleisch
❸ ASTROL ■**the C~** *(Cancer)* Krebs *m;* **to be born under the C~** im Sternzeichen Krebs geboren sein
❹ *(tree)* Holzapfelbaum *m*
❺ *(sour apple)* Holzapfel *m*
❻ AM *(fam: person)* Nörgler(in) *m(f),* Griesgram *m pej*
❼ SPORT **to catch a** ~ einen Krebs fangen
II. *n modifier* Krebs-; ~ **meat** Krebsfleisch *nt;* ~ **salad** Krebscocktail *m*

crab[2] <-bb-> [kræb] *vi (fam)* nörgeln; ■**to ~ about sth** über etw *akk* nörgeln; ***he can always find something to ~ about*** er hat immer etwas auszusetzen

'crab ap·ple *n* ❶ *(tree)* Holzapfelbaum *m* ❷ *(fruit)* Holzapfel *m* **'crab-ap·ple tree** *n* Holzapfelbaum *m*

crab·bed [kræbd] *adj* ❶ *(too close together)* ~ **writing** enge Schrift
❷ *(bad-tempered)* mürrisch, griesgrämig, grantig ÖSTERR

crab·bi·ly ['kræbɪli] *adv (fam)* nörglerisch

crab·bi·ness ['kræbɪnəs] *n no pl (fam)* Nörgelei *f*

crab·by ['kræbi] *adj (fam)* nörglerisch

'crab·grass *n no pl* AM Fingerhirse *f* **'crab louse** *n* Filzlaus *f*

crabs [kræbz] *npl* Filzläuse *pl*

'crab·wise *adv* seitwärts

crack [kræk] **I.** *n* ❶ *(fissure)* Riss *m;* ***there was a ~ in the teacup*** die Teetasse hatte einen Sprung; *(fig)* ***~s began to show in his facade of self-confidence*** in seinem aufgesetzten Selbstbewusstsein wurden Sprünge sichtbar; **hairline** ~ Haarriss *m*
❷ *(narrow space)* Ritze *f,* Spalt *m;* **to open a door/window [just] a** ~ eine Tür/ein Fenster [nur] einen Spalt öffnen
❸ *(sharp noise) of a breaking branch* Knacken *nt kein pl; of breaking ice* Krachen *nt kein pl; of a rifle* Knall *m;* **a loud ~ of thunder** ein lautes Donnerkrachen
❹ *(sharp blow)* Schlag *m;* **to give sb a ~ over the head** jdm eins überziehen [*o* über den Schädel geben]
❺ *no pl (drug)* Crack *nt o m;* ~ **house** *(fam)* Crackhaus *nt,* Bezugsstelle *f* für Crack
❻ *(joke)* Witz *m;* **a cheap** ~ ein schlechter Witz; **to make a ~ about sth** einen Witz über etw *akk* reißen
❼ *(fam: attempt)* Versuch *m;* ***it was her first ~ at [beating] the world record*** es war ihr erster Versuch, den Weltrekord einzustellen; **to have a ~ at sth** [*or* **to give sth a ~**] etw [aus]probieren
▸PHRASES: **at the ~ of dawn** im Morgengrauen; **the ~ of doom** der Jüngste Tag; **to get/have a fair ~ of the whip** BRIT eine [echte] Chance bekommen/haben
II. *adj attr, inv* erstklassig, Super- *fam;* ~ **marksman** Meisterschütze *m;* ~ **shot** Meisterschütze, -schützin *m, f;* ~ **regiment** Eliteregiment *nt*
III. *vt* ❶ *(break)* **to ~ a cup/glass/window** einen Sprung in eine Tasse/ein Glas/eine Fensterscheibe machen
❷ *(open)* ■**to ~ sth [open]** [*or* **to ~ [open] sth**] etw aufbrechen; ***come round and we'll ~ [open] a bottle together*** komm doch vorbei, dann machen wir eine Flasche auf; **to ~ an egg** ein Ei aufschlagen; **to ~ nuts** Nüsse knacken; **to ~ [open] a safe** *(fam)* einen Safe knacken *fam*
❸ *(solve)* ***I've ~ed it!*** ich hab's!; **to ~ a code/problem** einen Code/ein Problem knacken *fam*
❹ *(hit)* **to ~ sb on** [*or* **over**] **the head** jdm eins auf/über den Schädel geben; **to ~ one's head/elbow on sth** sich *dat* den Kopf/Ellbogen an etw *dat* anschlagen
❺ *(make noise)* **to ~ one's knuckles** mit den Fingern knacken; **to ~ a whip** mit einer Peitsche

knallen
❻ CHEM ■ **to ~ sth** *hydrocarbons* etw spalten
▶PHRASES: **to ~ a joke** einen Witz reißen *fam;* **to ~ the whip** ein strengeres Regiment aufziehen
IV. *vi* ❶ *(break)* [zer]brechen, zerspringen; *lips, paintwork* aufspringen, rissig werden
❷ *(fam: break down)* zusammenbrechen; *relationship* zerbrechen; *facade* abbröckeln
❸ *(break down)* zusammenbrechen; ***his voice ~ed with emotion*** seine Stimme versagte vor Rührung; **to ~ during interrogation** beim Verhör zusammenbrechen; **to ~ under pressure of work** unter der Arbeitslast zusammenbrechen
❹ *(make noise) breaking ice, thunder* krachen; *breaking branch* knacken; *shot, whip* knallen
▶PHRASES: **to get ~ing** *(fam)* loslegen *fam;* ***I'd better get ~ing on writing these letters*** ich sollte mich endlich mal dranmachen, diese Briefe zu schreiben; ***get ~ing or we'll miss the train*** jetzt aber los, sonst verpassen wir den Zug
◆**crack down** *vi* ■ **to ~ down [on sb/sth]** [gegen jdn/etw] hart vorgehen [*o* energisch durchgreifen]
◆**crack into** *vi (fam)* **to ~ into a market** in einen Markt vordringen
◆**crack on** *vi* BRIT *(fam)* ■ **to ~ on with sth** mit etw *dat* weitermachen
◆**crack up I.** *vi (fam)* ❶ *(find sth hilarious)* lachen müssen
❷ *(have nervous breakdown)* zusammenbrechen; *(go crazy)* durchdrehen *fam,* überschnappen *fam*
II. *vt* ❶ *(assert)* ■ **to ~ sth up to be sth** etw als etw *akk* herausstellen; ***they're always ~ing it up to be the best but I'm not so sure*** es wird immer in den Himmel gelobt, aber ich habe so meine Bedenken; ***this new washing powder is not all it's ~ed up to be*** das neue Waschpulver hält nicht alles, was es verspricht
❷ *(amuse)* ■ **sth ~s sb up** etw bringt jdn zum Lachen; ***every time I see her wearing that hat it ~s me up*** jedes Mal wenn ich sie mit diesem Hut sehe, könnte ich mich kaputtlachen
crack·ber·ry ['krækbᵊri, AM -,beri] *n* COMPUT *(fam)* Crackberry *m (Spitzname für einen Blackberry®-Handheldcomputer, der auf das Suchtpotenzial dieses Geräts anspielt)*
crack·brained ['krækbreɪnd] *adj (fam)* bescheuert *fam,* bekloppt *fam* **'crack·down** *n* scharfes Vorgehen (**on** gegen *+akk)*
cracked [krækt] *adj* ❶ *(having cracks)* rissig; **a ~ cup/glass** eine gesprungene Tasse/ein gesprungenes Glas; **~ lips** aufgesprungene Lippen
❷ *pred (fam: crazy)* verrückt, bescheuert *fam*
cracked 'wheat *n no pl* Weizengrütze *f,* Bulgur *m*
crack·er ['krækəʳ, AM -ɚ] *n* ❶ *(dry biscuit)* Kräcker *m*
❷ *(firework)* Kracher *m; (paper tube)* Knallbonbon *nt;* **to pull a ~** ein Knallbonbon aufziehen
❸ BRIT *(fam: excellent thing)* Knüller *m;* ***the horse ran a ~ of a race*** das Pferd lief ein Superrennen *fam*
❹ BRIT *(fam: attractive woman)* tolle Frau *fam;* ***she's a real ~*** sie ist einfach umwerfend
❺ AM *(pej!: Black English: white person)* Weiße(r) *f(m)*
crack·er·jack ['krækədʒæk, AM ɚ] **I.** *n* AM *(fam)* Knüller *m fam; (person)* Ass *nt fam*
II. *adj (dated)* ausgezeichnet, fantastisch
crack·ers ['krækəz, AM -ɚz] *adj pred (fam)* verrückt, bescheuert *fam*
'crack head *n (sl: cocaine addict)* Kokser(in) *m(f) fam,* Giftler *m sl*
crack·ing ['krækɪŋ] *adj* BRIT *(fam)* ❶ *(excellent)* toll *fam,* super *sl;* **to be in ~ form** in Topform sein
❷ *(very fast)* **at a ~ pace** in einem atemberaubenden Tempo, mit einem Affenzahn *fam*
'crack·ing pro·cess *n* CHEM Krackverfahren *nt*
crack·le ['krækl] **I.** *vi paper* knistern; *telephone line* knacken; ***the logs ~d in the fireplace*** das Kaminfeuer prasselte vor sich hin; *(fig)* ***the atmosphere ~d with tension*** die Atmosphäre knisterte vor Spannung
II. *vt* ■ **to ~ sth** mit etw *dat* knistern
III. *n (on a telephone line, radio)* Knacken *nt kein pl; of paper* Knistern *nt kein pl; of fire also* Prasseln *nt kein pl*
crack·ling ['kræklɪŋ] *n* ❶ *no pl of paper* Knistern *nt; (of fire also)* Prasseln *nt; (on the radio)* Knacken *nt*
❷ *(pork skin)* [Braten]kruste *f*
crack·ly ['krækli] *adj voice* brüchig; *telephone line* gestört; ***the phone line was very ~*** in der Telefonleitung knackte es häufig
'crack·pot I. *n (fam)* Spinner(in) *m(f) fam*
II. *adj (fam)* bescheuert *fam,* bekloppt *fam,* beklopft ÖSTERR *fam*
'cracks·man *n (sl)* LAW Safeknacker *m*
'crack-up *n (fam)* Zusammenbruch *m*
cra·dle ['kreɪdl] **I.** *n* ❶ *(baby's bed)* Wiege *f;* **the ~ of human evolution** *(fig)* die Wiege der Menschheit; **from the ~ to the grave** von der Wiege bis zur Bahre; **to rock a ~** eine Wiege schaukeln
❷ *(framework)* Gerüst *nt (für Reparaturarbeiten)*
❸ BRIT *(hanging scaffold)* Hängebühne *f*
❹ *(part of telephone)* Gabel *f*
▶PHRASES: **the hand that rocks the ~ rules the world** *(saying)* die Hand an der Wiege regiert die Welt
II. *vt* ■ **to ~ sb/sth** jdn/etw [sanft] halten; **to ~ sb's head on one's lap** jds Kopf in seinen Schoß betten; **to ~ sb in luxury** *(fig)* jdn in Luxus betten
cra·dle-snatch·er *n (pej fam)* Kinderverzahrer *m* ÖSTERR *pej fam (Mann oder Frau mit wesentlich jüngerem Sexualpartner)*
craft¹ <*pl* -> [krɑːft, AM kræft] *n* TRANSP *(ship)* Schiff *nt; (boat)* Boot *nt; (plane)* Flugzeug *nt; (spaceship)* Raumschiff *nt*
craft² [krɑːft, AM kræft] **I.** *n* ❶ *(trade)* Gewerbe *nt,* Zunft *f,* Handwerk *nt kein pl*
❷ *no pl (handicraft)* Handwerk *nt; (special skill)* Kunst *f;* ***as a poet her literary ~ is unquestioned*** als Dichterin steht ihr literarisches Können außer Frage; **the actor's ~** die Schauspielkunst; **the ~ of glass-blowing** die [Kunst der] Glasbläserei; **to know** [*or* **be master of**] **one's ~** sein Handwerk verstehen
❸ *(handmade objects)* ■ **~s** *pl* Kunsthandwerk *nt kein pl*
❹ *no pl (guile)* Heimtücke *f,* Hinterlist *f*
II. *vt usu passive* ■ **to ~ sth** etw kunstvoll fertigen; **a beautifully ~ed silver brooch** eine kunstvoll gefertigte Silberbrosche; **a cleverly ~ed poem** ein geschickt verfasstes Gedicht
craft and de·'sign *n* SCH *no pl* Werken *nt,* Kunsterziehung *f* **'craft fair** *n* Kunsthandwerksmarkt *m* **'craft guild** *n* Handwerkszunft *f*
crafti·ly ['krɑːftɪli, AM 'kræft-] *adv* schlau; *(with guile)* arglistig, hinterhältig
crafti·ness ['krɑːftɪnəs, AM 'kræft-] *n no pl* Gerissenheit *f; (guile)* Arglist *f*
'craft shop *n* Kunstgewerbeladen *m*
'crafts·man *n* gelernter Handwerker; **master ~** Handwerksmeister *m* **crafts·man·ship** ['krɑːftsmənʃɪp, AM 'kræfts-] *n no pl* Kunstfertigkeit *f,* handwerkliches Können **'crafts·per·son** <*pl* -s *or* craftspeople> *n* Handwerker(in) *m(f)* **'crafts·wom·an** *n* gelernte Handwerkerin; **master ~** Handwerksmeisterin *f*
'craft un·ion *n* Handwerkergewerkschaft *f* **'craft·work** *n no pl* Kunsthandwerk *nt* **'craft·work·er** *n* Kunsthandwerker(in) *m(f)*
crafty ['krɑːfti, AM 'kræfti] *adj* schlau, gerissen; *(with guile)* arglistig, hinterhältig; **a ~ idea** eine pfiffige Idee
crag [kræg] *n* Felsmassiv *nt; (cliff)* Klippe *f*
crag·gy ['krægi] *adj* felsig; *(rough and uneven)* zerklüftet; **~ features** markante Gesichtszüge
Crai·sin ['kreɪzɪn] *n* getrocknete Cranberry
crake [kreɪk] *n* Ralle *f*
cram <-mm-> [kræm] **I.** *vt* ■ **to ~ sth in[to] sth** etw in etw *akk* stopfen; ***six children were ~med into the back of the car*** sechs Kinder saßen gedrängt auf dem Rücksitz des Autos; ***we've got an awful lot to ~ into the next half hour*** wir müssen in die nächste halbe Stunde einiges hineinpacken; **to ~ sb's head with facts** *(pej)* jdn mit Fakten überhäufen; **to ~ sth into one's mouth** sich *dat* etw in den Mund stopfen; **to ~ a sandwich down** sich *dat* ein Sandwich reinstopfen *fam*
II. *vi* lernen, büffeln *fam,* pauken *fam;* ■ **to ~ for sth** für etw *akk* lernen [*o fam* büffeln] [*o fam* pauken]
◆**cram in, cram into** *vi* ■ **to ~ in[to] sth** sich *akk* in etw *akk* hineinzwängen [*o* hineinquetschen]
'cram-full *adj pred* vollgestopft, gerammelt [*o* bis zum Bersten] voll
crammed [kræmd] *adj* vollgestopft, gerammelt [*o* bis zum Bersten] voll *präd;* ■ **to be ~ with** [*or* **full of**] **sth** bis zum Bersten [*o* gerammelt] voll mit etw *dat* sein
cram·mer ['kræməʳ, AM -ɚ] *n* ❶ *(person)* [Ein]pauker *m fam*
❷ BRIT *(dated fam: book)* Paukbuch *nt fam; (school)* Paukschule *f fam*
cram·ming ['kræmɪŋ] *n* Büffeln *nt fam*
cramp [kræmp] **I.** *n* [Muskel]krampf *m;* ***I have ~*** [*or* AM ***a ~***] ***in my foot*** ich habe einen Krampf im Fuß; **stomach ~s** Magenkrämpfe *pl;* **to get ~** [*or* AM **~s**] einen Krampf bekommen
II. *vt* ■ **to ~ sb** jdn einengen [*o* beschränken]
▶PHRASES: **to ~ sb's style** *(fam)* jdn nicht zum Zug kommenlassen
cramped [kræmpt] *adj room, house* beengt; **~ accommodation** [*or* **surroundings**] beengte Wohnverhältnisse; **a ~ schedule** [*or* **timetable**] ein voller Zeitplan; **to be** [**rather**] **~ for space** [ziemlich] wenig Platz haben
cram·pon ['kræmpɒn, AM -pɑːn] *n* Steigeisen *nt*
cran·ber·ry ['krænbᵊri, AM -,beri] *n* Kranichbeere *f,* Cranberry *f,* großfruchtige Moosbeere
cran·ber·ry 'sauce *n* Cranberrysoße *f;* **baked Camembert with ~** gebackener Camembert mit Cranberrysoße
crane [kreɪn] **I.** *n* ❶ *(for lifting)* Kran *m*
❷ *(bird)* Kranich *m*
II. *vt* **to ~ one's neck** den Hals recken
III. *vi* ■ **to ~ forward** sich *akk* vorbeugen; ***she ~d over the heads of the crowd*** sie streckte ihren Kopf über die Menge
'crane driv·er *n* Kranführer(in) *m(f)*
'crane fly *n* [Erd]schnake *f*
cra·nia ['kreɪniə] *n pl of* **cranium**
cra·nial ['kreɪniəl] *adj inv* Schädel-, kranial *fachspr;* **~ fracture** Schädelfraktur *f;* **~ index** Kranialindex *m fachspr;* **~ nerves** Gehirnnerven *pl*
cra·nial 'os·teo·path *n* MED Cranialosteopath(in) *m(f) fachspr*
cra·nio·sac·ral thera·py [,kreɪniə(ʊ),seɪkrᵊl'-, AM -nioʊ,-] *n* Kraniosakraltherapie *f*
cra·nium <*pl* -s *or* -nia> ['kreɪniəm, *pl* -niə] *n* Schädel *m*
crank¹ [kræŋk] *n (sl: methamphetamine)* Crank *nt*
crank² [kræŋk] **I.** *n (fam)* ❶ *(eccentric)* Spinner(in) *m(f) pej fam;* **health-food ~** Gesundheitsapostel *m pej;* **religious ~** religiöser Spinner/religiöse Spinnerin *pej*
❷ AM *(bad-tempered person)* Griesgram *m pej*
II. *n modifier* **~ call** Juxanruf *m;* **~ caller** Juxanrufer(in) *m(f)*
crank³ [kræŋk] **I.** *n* Kurbel *f*
II. *vt* ■ **to ~ sth** *engine, gramophone, telephone* etw ankurbeln; **to ~ a handle** eine Kurbel drehen
◆**crank out** *vt (fam)* ■ **to ~ out ↔ sth** etw produzieren
◆**crank up** *vt* ❶ *(turn with crank)* ■ **to ~ up ↔ sth** *engine, gramophone, telephone* etw ankurbeln
❷ *(fam: increase)* **to ~ up the speed/pressure** die Geschwindigkeit/den Druck erhöhen; **to ~ the volume up on the radio** das Radio lauter stellen
'crank·case *n* Kurbelgehäuse *nt* **'crank·shaft** *n* Kurbelwelle *f*
cranky ['kræŋki] *adj (fam)* ❶ *(eccentric)* verschroben *pej*
❷ AM, AUS *(bad-tempered)* mürrisch, übellaunig
cran·nog ['krænəg] *n antikes befestigtes Wohnhaus in einem See oder im Moor in Schottland oder Irland*
cran·ny ['kræni] *n* Ritze *f,* Spalte *f;* **in every nook**

and ~, **in all nooks and crannies** in allen Ecken und Winkeln, überall

crap [kræp] I. *vi* <-pp-> *(fam!)* kacken *derb,* scheißen *derb*
II. *n usu sing (vulg)* Scheiße *f a. fig derb;* **a load of** ~ ein Haufen *m* Scheiße *derb;* **to have** [*or* AM **take**] **a** ~ kacken *derb,* scheißen *derb*
III. *adj inv (fam!)* mies *pej fam; **he does ~ work*** seine Arbeit ist Scheiße *pej derb*

crape *n see* **crêpe**

crap·per ['kræpəʳ, AM -ɚ] *n (vulg)* Scheißhaus *nt derb* ▸PHRASES: **to go in the** ~ AM *(sl!)* vor die Hunde gehen *fam*

crap·py ['kræpi] *adj (fam!)* Scheiß- *derb;* ■**to be** [**so**] ~ [so eine] Scheiße sein *pej derb*

craps [kræps] *npl + sing vb* AM Craps *nt (Würfelspiel);* **to shoot** ~ Craps spielen

crash [kræʃ] I. *n* <*pl* -es> ① *(accident)* Unfall *m;* **car** ~ Autounfall *m;* **plane** ~ Flugzeugabsturz *m*
② *(noise)* Krach *m kein pl;* ■**with a** ~ mit Getöse
③ COMM *(collapse)* Zusammenbruch *m;* **stock market** ~ Börsenkrach *m*
④ COMPUT *(failure)* Absturz *m;* **computer** ~ Computerabsturz *m*
II. *vi* ① *(have an accident) driver, car* verunglücken; *plane* abstürzen; **to** ~ **on landing/take-off** beim Landen/Starten abstürzen
② *(hit)* ■**to** ~ **into sth** auf etw *akk* aufprallen
③ *(collide with)* ■**to** ~ **into sb/sth** mit etw/jdm zusammenstoßen; **to** ~ **head-on** frontal zusammenstoßen
④ *(make loud noise) cymbals, thunder* donnern; *door* knallen; *(move noisily)* poltern; ***the dog ~ed*** [*or* ***came ~ing***] ***through the bushes*** der Hund preschte durch die Büsche; ***the car ~ed through the roadblock*** das Auto krachte durch die Straßensperre; **to** ~ [*or* **come ~ing**] **to the ground** auf den Boden knallen; ***the vase ~ed to the ground*** die Vase zerschellte am Boden; ■**to** ~ **against sth** gegen etw *akk* knallen *fam; waves* schlagen, klatschen
⑤ COMM, STOCKEX *(collapse) stockmarket* zusammenbrechen; *company* Pleite machen *fam,* in Konkurs gehen
⑥ COMPUT *(fail)* abstürzen
⑦ *(sl: sleep)* ■**to** ~ [**out**] wegtreten *fam*
III. *vt* ① *(damage in accident)* ■**to** ~ **sth** etw zu Bruch fahren; **to** ~ **a plane** eine Bruchlandung machen
② *(make noise)* ■**to** ~ **sth** etw schmettern [*o* knallen]; ***she ~ed the vase against the wall*** sie knallte die Vase gegen die Wand
③ *(fam: gatecrash)* **to** ~ **a party** uneingeladen zu einer Party kommen

'crash bar·ri·er *n* BRIT, AUS Leitplanke *f* **'crash course** *n* Intensivkurs *m,* Crashkurs *m* (**in** in *+dat)* **'crash day** *n* FIN Crashtag *m* **'crash diet** *n* radikale Abmagerungskur, Crashdiät *f;* **to go on a** ~ eine radikale Abmagerungskur machen **'crash hel·met** *n* Sturzhelm *m*

crash·ing ['kræʃɪŋ] *adj attr, inv (fam)* völlig, total; ***he's a ~ bore*** er ist ein totaler Langweiler

crash-'land *vi* bruchlanden, eine Bruchlandung machen **crash-'land·ing** *n* Bruchlandung *f* **'crash pad** *n (fam)* Schlafplatz *m,* Übernachtungsmöglichkeit *f* **'crash pro·gramme,** AM **'crash pro·gram** *n* Intensivkurs *m* **crash-pro·'tect·ed** *adj* COMPUT absturzgesichert **'crash-test** *vt* ■**to** ~ **sth** etw einem Crashtest unterziehen **crash-test dum·my** ['kræʃtest,dʌmi] *n* Dummy *m,* Autocrashpuppe *f*

crass [kræs] *adj* krass, grob; *behaviour* derb; **a** ~ **error of judgement** ein krasses Fehlurteil; ~ **ignorance** haarsträubende Dummheit; **a** ~ **remark** eine grobe Bemerkung

crass·ly ['kræsli] *adv* krass, grob; **to behave** ~ sich *akk* sehr rüde benehmen

crass·ness ['kræsnəs] *n no pl* Grobheit *f; (tactlessness)* Taktlosigkeit *f,* Mangel *m* an Feingefühl

crate [kreɪt] I. *n* ① *(open box)* Kiste *f; (for bottles)* [Getränke]kasten *m,* Harass *m* SCHWEIZ; **a** ~ **of beer** ein Kasten *m* Bier; **packing** ~ Versandkiste *f*
② *(hum fam: old car, plane)* Kiste *f hum fam*
II. *vt* ■**to** ~ **sth** [**up**] etw in eine Kiste einpacken

cra·ter ['kreɪtəʳ, AM -t̬ɚ] I. *n* Krater *m;* **bomb** ~ Bombentrichter *m*
II. *vi (sl)* stürzen; *prices* fallen

cra·tered ['kreɪtəd, AM -t̬ɚd] *adj* mit [vielen] Kratern versehen; ***the ~ surface of the moon*** die Oberfläche des Mondes, die von Kratern durchsetzt ist; ***the road is badly ~*** die Straße hat viele Schlaglöcher

cra·vat [krə'væt] *n* Halstuch *nt (für Männer)*

crave [kreɪv] I. *vt* ■**to** ~ **sth** etw begehren; **to** ~ **attention** sich *akk* nach Aufmerksamkeit sehnen
II. *vi* ■**to** ~ **for sth** sich *akk* nach etw *dat* sehnen

cra·ven ['kreɪvᵊn] *adj* feige; **a** ~ **coward** ein unglaublicher Feigling

cra·ven·ly ['kreɪvᵊnli] *adv* feige, feigherzig *veraltet*

crav·ing ['kreɪvɪŋ] *n* heftiges Verlangen (**for** nach *+dat)*

craw [krɔː, AM *also* krɑː] *n* BRIT *(fam)* ▸PHRASES: **to stick in one's** ~ jdm im Magen liegen *fam*

craw·fish ['krɔːfɪʃ, AM *esp* 'krɑː-] *n* ① *(freshwater crayfish)* Flusskrebs *m*
② *(spiny lobster)* Languste *f*

crawl [krɔːl, AM *esp* krɑːl] I. *vi* ① *(go on all fours)* krabbeln; ■**to** ~ **somewhere** irgendwo[hin] krabbeln
② *(move slowly)* kriechen; **to** ~ **down/up sth** etw hinunter-/hinaufkriechen
③ *(fam: be obsequious)* kriechen *pej;* ■**to** ~ [**up**] **to sb** vor jdm kriechen *pej*
④ *(fam: be overrun)* ■**to** ~ [*or* **be ~ing**] **with sth** von etw *dat* wimmeln
▸PHRASES: **to make sb's flesh** ~ jdm Übelkeit verursachen
II. *n no pl* ① *(slow pace)* **to move at a** ~ kriechen, im Schneckentempo fahren
② *(style of swimming)* Kraulen *nt kein pl;* **to do the** ~ kraulen

crawl·er ['krɔːləʳ, AM 'krɑːlɚ] *n* ① *(very young child)* Krabbelkind *nt;* **to be a** ~ im Krabbelalter sein
② *(pej fam: obsequious person)* Kriecher(in) *m(f) pej,* Schleimer(in) *m(f) pej fam*
③ INET Crawler *m*

'crawl·er lane *n (fam)* Kriechspur *f*

crawl·ing 'peg *n no pl* ECON, FIN Gleitparität *f*

'crawl space *n* AM TECH Kriechboden *m; (for storage)* Zwischendecke *f*

cray·fish ['kreɪfɪʃ] *n* ① *(in freshwater)* Flusskrebs *m*
② *(spiny lobster)* Languste *f*

cray·on ['kreɪɒn, AM -ɑːn] I. *n* Buntstift *m,* Farbstift *m* SCHWEIZ; **wax ~s** Malkreiden *pl*
II. *vt* ■**to** ~ [**in**] **sth** [*or* **to** ~ **sth** [**in**]] etw [mit Buntstift] ausmalen
III. *vi* [mit Buntstift] malen

craze [kreɪz] *n* Mode[erscheinung] *f,* Fimmel *m pej fam;* ■~ **for sth** Begeisterung *f* für etw *akk;* ***that's the latest ~*** das ist der letzte Schrei

crazed [kreɪzd] *adj* wahnsinnig, verrückt; ***he became ~ with jealousy*** er wurde rasend vor Eifersucht

crazi·ly ['kreɪzɪli] *adv* ① *(madly)* wie verrückt
② *(at crazy angle)* schief

crazi·ness ['kreɪzɪnəs] *n no pl* Verrücktheit *f*

crazy ['kreɪzi] I. *adj* ① *(mad)* verrückt, wahnsinnig; **to** [**nearly**] **drive sb** ~ jdn [fast] zum Wahnsinn treiben; **to go** ~ verrückt werden
② *(very interested)* ■**to be** ~ **about sb/sth** nach jdm/etw verrückt sein; **car/football-~** verrückt nach Autos/Fußball *präd*
▸PHRASES: **like** ~ *(fam)* wie verrückt [*o* wild] *fam*
II. *n* AM *(sl)* Irre(r) *f(m),* Verrückte(r) *f(m);* **street** ~ Verrückte(r) *f(m)* auf der Straße

crazy 'pav·ing *n no pl* BRIT, AUS Mosaikpflaster *nt*

CRC [,siːɑː'siː, AM -ɑːr'-] *n abbrev of* **camera-ready copy** CRC *f*

creak [kriːk] I. *vi furniture* knarren; *door* quietschen; *bones* knirschen; **to** ~ **into action** *esp* BRIT *(fig)* langsam in Bewegung kommen, sich *akk* mühsam in Bewegung setzen
II. *n of furniture* Knarren *nt kein pl; of bones* Knirschen *nt kein pl; of a door* Quietschen *nt kein pl*

creaki·ly ['kriːkɪli] *adv furniture* knarrend; *door* quietschend

creaki·ness ['kriːkɪnəs] *n no pl of furniture* Geknarre *nt; of a door* Gequietsche *nt; of bones* Geknirsche *nt*

creaky ['kriːki] *adj* ① *(squeaky) door* quietschend; *furniture* knarrend; ■**to be** ~ *door* quietschen; *furniture* knarren
② *(fig: badly made)* schlecht gemacht; *plot, legal system* schwach

cream [kriːm] I. *n* ① *no pl* FOOD *(from milk)* Sahne *f,* Obers *nt* ÖSTERR, Rahm *m* SCHWEIZ; **strawberries/peaches and** ~ Erdbeeren/Pfirsiche mit Sahne [*o* ÖSTERR Obers]; **clotted** ~ BRIT *dicker Rahm von erhitzter Milch;* **double** [*or* **heavy**] ~ AM Crème double *f;* **single** [*or* **light**] ~ AM Kaffeesahne *f,* Kaffeeobers *nt* ÖSTERR, Kaffeerahm *m* SCHWEIZ
② FOOD *(soup, dessert)* Creme *f;* ~ **of asparagus/mushroom soup** Spargel-/Pilzcremesuppe *f;* **salad** ~ Salatcreme *f*
③ FOOD *(sweet)* **chocolate** ~ Praline *f* mit Cremefüllung, Cremehütchen *nt,* Cremecornet *nt* SCHWEIZ; **orange/peppermint** ~ Praline *f* mit Orangen-/Pfefferminzfüllung
④ *(for body)* Creme *f;* **antiseptic** ~ antiseptische Creme; **face/hand** ~ Gesichts-/Handcreme *f*
⑤ *no pl (colour)* Creme *nt*
▸PHRASES: **the** ~ [AM *also* **of the crop**] die Crème de la Crème; ***the ~ of this year's graduates/American society*** die Elite der diesjährigen Absolventen/der amerikanischen Gesellschaft
II. *n modifier (sauce, soup)* Creme-; ~ **biscuits** cremegefüllte Kekse; ~ **cake** Sahnetorte *f,* Rahmtorte *f* SCHWEIZ, Topfentorte *f* ÖSTERR; **to have a peaches-and-~ complexion** eine Pfirsichhaut haben
III. *adj inv* cremefarben
IV. *vt* ① *(beat)* ■**to** ~ **sth** etw cremig rühren; ~ ***the butter and sugar together*** die Butter mit dem Zucker schaumig rühren; ~**ed potatoes** Kartoffelpüree *nt,* ÖSTERR *a.* Erdapfelpüree *nt,* Kartoffelstock *m* SCHWEIZ
② *(remove cream)* **to** ~ **milk** Milch entrahmen
③ *(add cream)* ***do you ~ your coffee?*** möchten Sie Sahne in den Kaffee?
④ *(apply lotion)* ■**to** ~ **sth** etw eincremen
⑤ AM *(sl: beat up)* ■**to** ~ **sb** jdn zusammenschlagen *fam*
⑥ AM *(fam: defeat)* ■**to** ~ **sb** jdn schlagen [*o* besiegen]

◆**cream off** *vt* ① *(take the best)* ■**to** ~ **off** ↔ **sth/sb** etw/jdn herauspicken
② *(make a profit)* ■**to** ~ **off** ↔ **sth** etw absahnen *fam*

'cream cake *n* Sahnetorte *f,* Rahmtorte *f* SCHWEIZ, Topfentorte *f* ÖSTERR **cream 'cheese** *n* [Doppelrahm]frischkäse *m* **'cream-col·oured** *adj,* AM **'cream-col·ored** *adj* cremefarben **cream 'crack·er** *n* BRIT Kräcker *m* **cream de·'odor·ant** *n* Deocreme *f*

cream·er ['kriːməʳ, AM -ɚ] *n* ① *no pl (dried milk substitute)* Kaffeeweißer *m,* Milchpulver *nt* SCHWEIZ
② AM, AUS *(cream jug)* Sahnekännchen *nt,* Rahmkrüglein *nt* SCHWEIZ, Milchhäferl *nt* ÖSTERR *fam*
③ *(dairy machine)* Milchschleuder *f,* Entrahmungszentrifuge *f*

cream·ery ['kriːmᵊri, AM -ɚi] *n* Molkerei *f*

creami·ness ['kriːmɪnəs] *n no pl* ① FOOD Cremigkeit *f,* cremige Konsistenz
② *(of skin)* Samtigkeit *f*

cream of 'tar·tar *n no pl* Weinstein *m* **cream 'puff** *n* AM ① *(pastry)* Windbeutel *m,* Windbäckerei *f* ÖSTERR ② *(fig: wimpy man)* Weichei *nt* **cream 'sher·ry** *n no pl* süßer Sherry **cream 'soda** *n* AM *Softdrink mit Vanillegeschmack* **cream 'tea** *n* BRIT *Tee mit Scones, Marmelade und Clotted Cream*

creamy ['kriːmi] *adj* ① *(smooth and rich)* cremig, sahnig
② *(smooth)* ~ **skin** samtweiche [*o* samtige] Haut
③ *(off-white)* cremefarben

crease [kriːs] I. *n* ① *(fold)* [Bügel]falte *f; of a book* Eselsohr *nt; of a hat* Kniff *m*

② *(in cricket)* Spielfeldlinie *f*
II. *vt (wrinkle)* ■ **to ~ sth [up]** etw zerknittern
III. *vi* knittern

◆**crease up** BRIT **I.** *vi (fam)* sich *akk* vor Lachen kugeln
II. *vt (fam)* ■ **to ~ sb up** jdn zum Lachen bringen

'crease-re·sist·ant *adj* bügelfrei, knitterfrei

cre·ate [kri'eɪt] **I.** *vt* ① *(make)* ■ **to ~ sth** etw erschaffen [*o geh* kreieren]; ***who ~d the world?*** wer hat die Welt erschaffen?
② *(cause)* ■ **to ~ sth** etw erzeugen [*o* produzieren]; ***unemployment ~s many social problems*** durch die Arbeitslosigkeit entstehen viele soziale Probleme; **to ~ confusion** Unruhe stiften; **to ~ an impression** einen Eindruck erwecken; **to ~ a precedent** einen Präzedenzfall schaffen; **to ~ a sensation** Aufsehen erregen
③ *(form: give title)* ***he was ~ed first Earl of Cheshunt*** er wurde zum ersten Earl von Cheshunt ernannt
II. *vi* BRIT, AUS *(fam)* eine Szene machen *fam*

crea·tion [kri'eɪʃᵊn] *n* ① *no pl (making)* [Er]schaffung *f*; *(founding)* Gründung *f*; **job/wealth ~** Schaffung *f* neuer Jobs/von Wohlstand; **~ of money** Geldschöpfung *f*; **~ of wealth** Vermögensbildung *f*
② *(product)* Produkt *nt,* Erzeugnis *nt;* FASHION Kreation *f*; *(of arts also)* Werk *nt;* ***the ~ of a diseased mind*** das Produkt eines kranken Gehirns; ***the latest ~s from Paris*** die neuesten Kreationen aus Paris
③ *no pl* REL ■ **the C~** die Schöpfung
④ *no pl (the world)* die Welt [*o* Schöpfung]; **the wonders of ~** die Wunder der Schöpfung [*o* des Lebens]

cre'a·tion date *n* COMPUT Erstellungsdatum *nt*

crea·tion·ism [kri'eɪʃᵊnɪzᵊm] *n no pl Lehre von der Weltschöpfung durch einen allmächtigen Schöpfer*

crea·tion·ist [kri'eɪʃᵊnɪst] *n jd, der den biblischen Bericht von der Erschaffung der Welt wörtlich nimmt*

crea·tive [kri'eɪtɪv, AM -t̬-] *adj* kreativ, schöpferisch; **~ ability** [*or* **talent**] Kreativität *f*; **~ imagination** lebhafte Fantasie; **~ powers** kreative Kräfte

crea·tive ac·'count·an·cy, crea·tive ac·'count·ing *n no pl* ECON, FIN Bilanzkosmetik *f* **crea·tive di·'rect·or** *n* Kreativdirektor(in) *m(f)* **crea·tive e'cono·my** *n* ■ **the ~** *Teil der Wirtschaft, der auf geistigem Eigentum beruht* **crea·tive fi·'nanc·ing** *n no pl* ECON, FIN kreative Finanzierung

crea·tive·ly [kri'eɪtɪvli, AM -t̬-] *adv* kreativ, schöpferisch, einfallsreich

crea·tive·ness [kri'eɪtɪvnəs, AM -t̬-] *n no pl,* **crea·tiv·ity** [ˌkriːeɪ'tɪvəti, AM -ət̬i] *n no pl* Kreativität *f*

crea·tive 'writ·ing *n no pl* kreatives Schreiben

crea·tor [kri'eɪtəʳ, AM -t̬ɚ] *n* Schöpfer(in) *m(f)*; ■ **the C~** der Schöpfer, Gott *m*

crea·ture ['kriːtʃəʳ, AM -ɚ] *n* ① *(being)* Kreatur *f,* Lebewesen *nt;* **~ from outer space** außerirdisches Wesen; **living ~s** Lebewesen *pl;* **mythical ~** mythologisches Wesen
② *(person)* Kreatur *f,* Geschöpf *nt;* ***John is a weak ~*** John ist ein Schwächling; ***you heartless ~!*** du herzlose Kreatur!; **a lovely ~** ein wunderbares Geschöpf
③ *(pawn)* Werkzeug *nt;* **to be a ~ of habit** ein Gewohnheitstier sein

crea·ture 'com·forts *npl (fam)* leibliche Genüsse, leibliches Wohl

creche [kreʃ] *n* ① BRIT, AUS *(nursery)* Kinderkrippe *f*
② AM *(for foundlings)* Waisenhaus *nt*

cred [kred] *n no pl* BRIT *(fam) short for* **credibility** Glaubwürdigkeit *f*; **[street] ~** Anerkennung *f* bei Altersgenossen

cre·dence ['kriːdᵊn(t)s] *n no pl (form)* Glaube *m;* **to add** [*or* **lend**] **~ to sth** etw glaubwürdig machen; **to give** [*or* **attach**] **~ to sth** etw *dat* Glauben schenken

cre·den·tial [krɪ'den(t)ʃᵊl] *vt* AM ■ **to ~ sb** jdn zulassen

cre·den·tials [krɪ'den(t)ʃᵊlz] *npl* ① *(letter of introduction)* Empfehlungsschreiben *nt,* Referenzen *pl;* *(for ambassador)* Beglaubigungsschreiben *nt;* **to present one's ~** sein Empfehlungsschreiben vorlegen
② *(qualifications)* Qualifikation *f;* **to establish one's ~** sich einen Ruf machen
③ *(documents)* Zeugnisse *pl*

cred·ibil·ity [ˌkredə'bɪləti, AM -ət̬i] *n no pl* Glaubwürdigkeit *f;* **to lose ~** die Glaubwürdigkeit verlieren

cred·i'bil·ity gap *n* Unterschied *m (zwischen Versprechen und Handlungen)*

cred·ible ['kredəbl̩] *adj* glaubwürdig; ***it's barely ~ that ...*** es ist kaum zu glauben, dass ...

cred·ibly ['kredəbli] *adv* glaubwürdig

cred·it ['kredɪt] **I.** *n* ① *no pl (recognition, praise)* Anerkennung *f;* *(respect)* Achtung *f;* *(honour)* Ehre *f;* ***all ~ to her for not telling on us*** alle Achtung, dass sie uns nicht verraten hat!; ***to her [great] ~, she admitted she was wrong*** man muss [es] ihr hoch anrechnen, dass sie ihren Fehler zugegeben hat; **to be a ~ to sb/sth, to do sb/sth ~** jdm/etw Ehre machen; **to claim ~ [for sth]** sich *dat* etw als Verdienst anrechnen; ***we cannot claim much ~ for her success*** ihr Erfolg ist nicht unser Verdienst; **to get ~ for sth** für etw *akk* Anerkennung bekommen; **to give sb ~ for sth** *(attribute)* jdm etw [*o* das Verdienst an etw *dat*] zuschreiben; *(praise)* jdm für etw *akk* Anerkennung zollen *geh;* **to take [the] ~ [for sth]** die [ganzen] Lorbeeren [für etw *akk*] einheimsen *fam*
② *no pl (standing)* Ansehen *nt;* **to acquire ~** sich *dat* Ansehen erwerben; **to gain ~** an Ansehen gewinnen
③ *no pl (achievement)* Verdienst *nt;* ■ **it is to sb's ~ that ...** es ist jds Verdienst, dass ...; **to have sth to one's ~** etw vorweisen [*o* für sich *akk* verbuchen] können; ***she has a family, three books and a professorship to her ~*** sie kann bereits eine Familie, drei Bücher und eine Professur vorweisen; ***he already has three box office hits to his ~*** er kann schon drei Kassenerfolge für sich verbuchen
④ *no pl (reliability)* Glaubwürdigkeit *f;* **to have ~** glaubwürdig sein; **to lend ~ to sth** etw glaubwürdig erscheinen lassen
⑤ *no pl (reliance)* Glaube[n] *m;* **to give ~ to sth** etw *dat* Glauben schenken; **to give sb ~ for sth** jdm etw zutrauen; ***I gave him ~ for better judgement than he showed*** ich hätte ihm ein besseres Urteilsvermögen zugetraut
⑥ *no pl* FIN, COMM Kredit *m;* **to buy sth on ~** etw auf Kredit kaufen; **to give [sb] ~** [jdm] Kredit geben; ***the newsagent doesn't give me any more ~*** ich kann beim Zeitschriftenhändler nicht mehr anschreiben lassen; **to live on ~** auf Kredit [*o fam* Pump] leben; **to offer ~ on sth** einen Kredit für etw *akk* anbieten; **to sell sth on ~** etw auf Kredit verkaufen
⑦ FIN *(money in the bank)* Haben *nt;* *(right-hand side of account)* Habenseite *f;* *(entry)* Gutschrift *f;* **account in ~** Konto *nt* mit positivem Saldo; **debit and ~** Soll *nt* und Haben *nt;* **letter of ~** Akkreditiv *nt fachspr;* **tax ~** Steuergutschrift *f;* **~ by way of bank guaranty** Avalkredit *m fachspr;* **to be in ~** *esp* BRIT im Plus sein; **to enter** [*or* **place**] **sth to sb's ~** jdm etw gutschreiben
⑧ *no pl* FIN, COMM *(trustworthiness)* Kreditwürdigkeit *f*
⑨ SCH Auszeichnung *f;* UNIV Schein *m*
⑩ *(contributors)* ■ **~s** *pl* FILM, TV Abspann *m;* LIT Mitarbeiterverzeichnis *nt*
▶ PHRASES: **[give] ~ where ~'s due** *(saying)* Ehre, wem Ehre gebührt *prov*
II. *vt* ① *(attribute)* ■ **to ~ sth to sb** jdm etw zuschreiben; ***the invention was ~ed to him*** die Erfindung wurde ihm zugeschrieben
② *(consider to be responsible for)* ■ **to ~ sth/sb with sth** etw/jdm etw zuschreiben; ***she is ~ed with discovering the substance*** ihr wird zugeschrieben, den Stoff entdeckt zu haben
③ *(believe to have)* ■ **to ~ sth/sb with sth** etw/jdm etw zuschreiben; ***he'd always been ~ed with understanding and sympathy for his patients*** alle hielten ihn seinen Patienten gegenüber für sehr verständnisvoll und mitfühlend; ***I ~ed her with more determination*** ich hatte ihr mehr Entschlossenheit zugetraut
④ *(believe)* ■ **to ~ sth** etw glauben; ***would*** [*or* ***can***] ***you ~ it?!*** ist das zu glauben?!; ***her excuse took some ~ing*** ihre Entschuldigung war ziemlich unglaubwürdig
⑤ *(give, add)* ■ **to ~ sth to sb/an account** jdm/einem Konto etw gutschreiben
⑥ *(give to, put into)* ■ **to ~ sb/an account with sth** jdm/einem Konto etw gutschreiben

cred·it·abil·ity [ˌkredɪtə'bɪləti, AM -t̬ə'bɪlət̬i] *n no pl* FIN Anrechenbarkeit *f*

cred·it·able ['kredɪtəbl̩, AM -t̬ə-] *adj action, effort* ehrenwert, rühmlich; *victory, defeat* verdient; ***our team came in a ~ third*** unsere Mannschaft kam auf einen verdienten dritten Platz; FIN anrechenbar

cred·it·ably ['kredɪtəbli, AM t̬ə] *adv* Glaubwürdigkeit *f*

'cred·it ac·count *n* BRIT Kundenkreditkonto *nt;* **to open a ~** ein Kundenkreditkonto eröffnen **'cred·it agency** *n* Kreditauskunftei *f,* Betreibungsamt *nt* SCHWEIZ, ≈ Schufa *f (in Deutschland: Schutzgemeinschaft für allgemeine Kreditsicherung)* **'cred·it ag·ing** *n no pl* Kreditfälligkeit *f* **'cred·it aid** *n* Kredithilfe *f* **cred·it amor·ti·'za·tion** *n* FIN Kredittilgung *f* **'cred·it ana·lyst** *n* Kreditanalytiker(in) *m(f)* **cred·it ap·'prov·al** *n* Kreditbewilligung *f,* Kreditgenehmigung *f;* **~ process** Kreditgenehmigungsprozess *m* **cred·it as·'sess·ment** *n* Bonitätsanalyse *f* **'cred·it bal·ance** *n usu sing* FIN Guthaben *nt;* *(in accounting)* Habensaldo *m* **'cred·it bu·reau** *n* Kreditauskunftei *f* **'cred·it busi·ness** *n* Kreditgeschäft *nt*

'cred·it card *n* Kreditkarte *f;* **~ business** Kreditkartengeschäft *nt* **'cred·it card com·pa·ny, 'cred·it card firm** *n* Kreditkartengesellschaft *f,* Kreditkartenfirma *f* **'cred·it card hold·er** *n* Kreditkarteninhaber(in) *m(f)* **'cred·it card in·sur·ance** *n no pl* Kreditkartenversicherung *f* **'cred·it card num·ber** *n* Kreditkartennummer *f*

'cred·it ceil·ing *n* Beleihungsgrenze *f,* Kreditplafond *m* **'cred·it col·umn** *n* Habenseite *f* **'cred·it com·pa·ny** *n* Kreditunternehmen *nt* **'cred·it con·trol** *n no pl* Kreditüberwachung *f* **'cred·it con·trol·ler** *n* FIN für Kreditkontrolle zuständige(r) Angestellte *f(m)* **cred·it co·'opera·tive** *n* Kreditgenossenschaft *f* **'cred·it crunch** *n* AM *(credit squeeze)* Kreditrestriktion *f fachspr,* Kreditdrosselung *f fachspr* **'cred·it en·try** *n* Gutschrift *f,* Habenbuchung *f,* Anrechnung *f* **cred·it fa·'cil·ity** *n* Kreditfazilität *f*

cred·it·ing ['kredɪtɪŋ, AM -t̬ɪŋ] *n no pl* FIN Kreditierung *f*

cred·it in·sti·'tu·tion *n* Kreditinstitut *nt* **cred·it 'in·ter·est** *n no pl* FIN Habenzins *m;* **~ rate** Habenzinsfuß *m* **'cred·it is·su·ing bank** *n* Akkreditivbank *f* **'cred·it lev·el** *n* Kredithöhe *f* **'cred·it lim·it** *n* Kredit[höchst]grenze *f,* Beleihungsgrenze *f* **'cred·it line** *n* ① *(acknowledgement of origin)* Quellenangabe *f* ② FIN Kreditrahmen *m;* **to establish** [*or* **open up**] **a ~ with a bank** einen Kreditrahmen mit einer Bank vereinbaren **cred·it 'man·age·ment** *n no pl* Debitorenmanagement *nt* **'cred·it note** *n* BRIT, AUS Gutschrift *f*

credi·tor ['kredɪtəʳ, AM -t̬ɚ] *n* Gläubiger(in) *m(f),* Kreditor(in) *m(f) fachspr;* **~ in bankruptcy** Konkursgläubiger(in) *m(f);* **~ in composition proceedings** Vergleichsgläubiger(in) *m(f);* **judgment ~** Vollstreckungsgläubiger *m,* Vollstreckungsbeamte *m* SCHWEIZ; **preferential ~** bevorrechtigter Gläubiger; **secured ~** gesicherter Gläubiger; **unsecured ~** ungesicherter Gläubiger

'credi·tor bank *n* Gläubigerbank *f* **credi·tor 'in·ter·est rate** *n* Habenzinssatz *m* **credi·tor 'na·tion** *n* ECON, FIN Gläubigernation *f* **credi·tor pro·'tec·tion** *n no pl* Gläubigerschutz *m*

cred·it 'pay·ment *n* Kreditzahlung *f* **cred·it 'pe·ri·od** *n* Kreditlaufzeit *f* **'cred·it rat·ing** *n* Kreditwürdigkeit *f kein pl,* Bonitätseinstufung *f* **'cred·it rat·ing agen·cy** *n* Kreditauskunftei *f* **'cred·it risk** *n* FIN Kreditrisiko *nt,* Ausfallrisiko *nt* **'cred·it**

seek·er *n* FIN Kreditsuchende(r) *f(m)* **'cred·it-shy** *adj* **be ~** zurückhaltend im Kreditkartengebrauch sein **'cred·it side** *n* Habenseite *f* **'cred·it squeeze** *n* BRIT, AUS Kreditrestriktion *f fachspr,* Kreditdrosselung *f fachspr* **'cred·it stand·ing** *n no pl* FIN Bonität *f,* Kreditwürdigkeit *f*

Crédit Suisse Index [ˌkredɪt'swɪs-] *n no pl* ECON, FIN ■**the ~** *der Preisindex der Börse in Zürich* **'cred·it terms** *npl* Kreditbedingungen *pl* **'cred·it un·ion** *n* Kreditgenossenschaft *f*

'cred·itwor·thi·ness *n no pl* Kreditwürdigkeit *f;* **appraisal of ~** FIN Bonitätseinschätzung *f;* **~ rating** Bonitätsrating *nt,* Bonitätsnote *f,* Bonitätsstufe *f*

'cred·itwor·thy *adj* kreditwürdig

cre·do ['kreɪdəʊ, AM 'kri:doʊ] *n* Überzeugung *f,* Kredo *nt geh;* ■**the C~** REL das Glaubensbekenntnis [*o* Kredo]

cre·du·lity [krə'dju:ləti, AM -'du:ləṭi, -'dju:-] *n no pl (form)* Leichtgläubigkeit *f; (trustingness)* Gutgläubigkeit *f;* **to stretch** [*or* **strain**] **sb's ~** jds Vertrauen auf die Probe stellen

credu·lous ['kredjʊləs, AM 'kredʒə-] *adj (form)* leichtgläubig; *(trusting)* gutgläubig

credu·lous·ness ['kredjʊləsnəs, AM 'kredʒə-] *n no pl (form)* Leichtgläubigkeit *f; (trustingness)* Gutgläubigkeit *f*

Cree [kri:] *n* ❶ *(Native American)* Cree *m o f*
❷ *(Algonkian language)* Cree *nt*

creed [kri:d] *n* Überzeugung *f,* Kredo *nt geh;* ■**the C~** REL das Glaubensbekenntnis [*o* Kredo]

creek [kri:k] *n* ❶ BRIT *(coastal inlet)* kleine Bucht; *(narrow waterway)* Wasserlauf *m*
❷ AM, AUS *(stream)* Bach *m; (tributary)* Nebenfluss *m*
▸PHRASES: **to be up the ~** [**without a paddle**] *(fam)* in der Patsche sitzen *fam*

creel [kri:l] *n* ❶ *(spinning rack)* Spulengatter *nt,* Kantergestell *nt*
❷ *(large wicker fish basket)* Fischkorb *m*
❸ *(angler's fishing basket)* Anglerkorb *m*
❹ *(lobster basket)* Hummerkorb *m*

creep [kri:p] **I.** *n (fam)* ❶ *(unpleasant person)* Mistkerl *m fam*
❷ *(unpleasant feeling)* ■**the ~s** *pl* das Gruseln *kein pl;* ***I get the ~s when …*** es gruselt mich immer, wenn …; ***that gives me the ~s*** das ist mir nicht ganz geheuer
II. *vi* <crept, crept> ❶ *(move)* kriechen; *water level* steigen; ■**to ~ along** [dahin]kriechen; ***the traffic was ~ing along at a snail's pace*** der Verkehr bewegte sich im Schneckentempo voran; ■**to ~ into sth** in etw *akk* kriechen; *(fig)* ***doubts began to ~ into people's minds*** den Menschen kamen langsam Zweifel; ■**to ~ through sth** durch etw *akk* kriechen
❷ *(fig liter)* ***tiredness crept over her*** die Müdigkeit überkam sie
◆**creep in** *vi* sich *akk* hineinschleichen [*o* hereinschleichen]; *(fig) doubts, mistakes* einschleichen
◆**creep out** *vi* sich *akk* hinausschleichen
◆**creep up** *vi* ❶ *(increase steadily)* [an]steigen; *prices also* in die Höhe klettern
❷ *(sneak up on)* ■**to ~ up behind** [*or* **on**] **sb** sich *akk* an jdn anschleichen; *(fig)* ***a feeling of drowsiness slowly crept up on her*** ein Gefühl der Benommenheit überkam sie langsam; ***old age is ~ing up on me*** ich merke, dass ich langsam älter werde

creep·er ['kri:pə^r, AM -ɚ] *n* BOT *(along ground)* Kriechgewächs *nt; (up a wall)* Kletterpflanze *f*

creep·ing ['kri:pɪŋ] *adj attr, inv (also fig)* schleichend; **~ inflation/paralysis** schleichende Inflation/Lähmung

creep·ing in·'fla·tion *n no pl* schleichende Inflation **'creep·ing plant** *n (along ground)* Kriechgewächs *nt; (up a wall)* Kletterpflanze *f*

creepy ['kri:pi] *adj (fam)* grus[e]lig, schaurig

creepy-'crawly[1] *n (fam or esp childspeak)* Krabbeltier *nt fam*

creepy-'crawly[2] [-'krɔ:li, AM -'krɑ:-] *n* AUS Bodenabsauggerät *nt (für den Swimmingpool)*

cre·mate [krɪ'meɪt, AM 'kri:meɪt] *vt* ■**to ~ sb** jdn verbrennen [*o* einäschern]

cre·ma·tion [krɪ'meɪʃ^ən] *n* Einäscherung *f,* [Leichen]verbrennung *f*

crema·to·rium <*pl* -s *or* -ria> [ˌkremə'tɔ:riəm, AM ˌkri:mə'tɔ:r-, *pl* -riə] *n* Krematorium *nt*

crema·tory ['kremət^əri, AM 'kri:mətɔ:ri] **I.** *n* AM *(crematorium)* Krematorium *nt*
II. *adj* Verbrennungs-; **~ tradition** Brauch *m* der Einäscherung

crème de la crème <*pl* -> [ˌkremdəlɑ:'krem] *n* das Beste vom Besten, die Crème de la Crème **crème de menthe** [ˌkremdə'mɑ̃θ, AM 'mɑ:nt] *n no pl* FOOD Pfefferminzlikör *m,* Crème de menthe *f* **crème fraîche** [ˌkrem'freɪʃ] *n* Crème fraîche *f*

cren·el·lat·ed ['krenəleɪtɪd] *adj inv* HIST mit Zinnen versehen

cren·el·la·tions ['krenəleɪʃ^ənz] *npl* Zinnenbildung *f,* Krenelierung *f geh*

Cre·ole ['kri:əʊl, AM -oʊl] **I.** *n* ❶ *(person)* Kreole, Kreolin *m, f*
❷ *(language)* Kreolisch *nt kein pl*
II. *adj* kreolisch

creo·sote ['kriəsəʊt, AM -sɔʊt] *n no pl* ❶ *(wood preservative)* Teeröl *nt*
❷ *(antiseptic)* Kreosot *nt*

crêpe [kreɪp] *n no pl* ❶ FOOD Crêpe *f*
❷ *(fabric)* Krepp *m*
❸ *(rubber)* Kreppgummi *m;* **~-soled shoes** Schuhe *pl* mit Kreppsohle

crêpe de Chine [ˌkrepdə'ʃi:n, ˌkreɪp] *n no pl* Crêpe *m* de Chine *geh,* Seidenflor *m* **crêpe 'pa·per** *n no pl* Krepppapier *nt,* Seidenpapier *nt* SCHWEIZ

crêpe·rie ['kreɪpəri, krep-] *n* FOOD Crêperie *f*

crêpe 'rub·ber *n no pl see* **crêpe** Kreppgummi *nt*

crept [krept] *pp, pt of* **creep**

cre·pus·cu·lar [krə'pʌskjələ^r, AM jəlɚ] *adj inv* ❶ *(of twilight)* dämmerig, Dämmerungs-
❷ ZOOL dämmerungsaktiv

cre·scen·do [krɪ'ʃendəʊ, AM -doʊ] **I.** *n* ❶ MUS Crescendo *nt*
❷ *(fig)* Anstieg *m;* **a rising ~ of criticism/violence** ein steter Anstieg der Kritik/Gewalt; **to reach a ~** einen Höhepunkt erreichen
II. *vi (reach a peak)* den Höhepunkt erreichen
III. *adj inv* MUS anschwellend, Crescendo- *fachspr*

cres·cent ['kres^ənt] **I.** *n* ❶ *(moon)* Mondsichel *f*
❷ *(street) mondsichelförmig angelegte Straße;* ***they live at number 15, Park C~*** sie wohnen in der Park Crescent [Nr.] 15
❸ *(row of houses) mondsichelförmig gebaute Häuserreihe*
II. *adj* sichelförmig; **the ~ moon** die Mondsichel

cress [kres] *n no pl* Kresse *f*

crest [krest] **I.** *n* ❶ *(peak)* Kamm *m;* **~ of a hill** Hügelkuppe *f;* **~ of a mountain** Bergrücken *m;* **~ of a roof** Dachfirst *m;* **~ of a wave** Wellenkamm *m*
❷ ZOOL *of a cock* Kamm *m; of a bird* Schopf *m*
❸ *(helmet plume)* Federbusch *m (als Helmschmuck)*
❹ *(insignia)* Emblem *nt;* **family ~** Familienwappen *nt*
▸PHRASES: **to be** [*or* **ride**] **on the ~ of a wave** [ganz] oben schwimmen *fig*
II. *vi* [hoch] aufwogen

crest·ed ['krestɪd] *adj inv* ❶ *(tufted)* mit einem Kamm/Schopf/einer Haube versehen
❷ *(of waves)* gewellt, mit Wellenkamm *nach n*
❸ *(emblazoned)* mit Wappen [*o* Abzeichen] geziert

'crest·fall·en *adj* niedergeschlagen

cre·syl·ol ['kresɪlɒl, AM -ɑ:l] *n* CHEM Kresol *nt*

Cre·ta·ceous [krɪ'teɪʃəs] *adj* GEOL kreidehaltig; **the ~ period** die Kreidezeit

Cre·tan ['kri:t^ən] *adj inv* GEOG, HIST kretisch

Crete [kri:t] *n* Kreta *nt*

cret·in ['kretɪn, AM 'kri:t^ən] *n (pej fam)* Schwachkopf *m pej fam*

cret·in·ism ['kretɪnɪz^əm, AM 'kri:t^ən] *n no pl* ❶ MED *(dated)* Kretinismus *m fachspr*
❷ *(pej: stupidity)* Schwachsinn *m,* Kretinismus *m fig geh*

cret·in·ous ['kretɪnəs, AM 'kri:t^ən] *adj* ❶ MED *(dated)* kretinoid *geh*
❷ *(pej: stupid)* schwachsinnig *pej*

cre·tonne [kre'tɒn, AM kri:'tɑ:n] *n no pl* Kretonne *f*

Creutzfeldt-Jakob dis·ease [ˌkrɔɪtsfelt'jækɒb-, AM -kəb-] *n* Creutzfeldt-Jakob-Syndrom *nt*

cre·vasse [krə'væs] *n* Gletscherspalte *f*

crev·ice ['krevɪs] *n* Spalte *f,* Spalt *m; (in face)* Furche *f*

crew[1] [kru:] **I.** *n + sing/pl vb* ❶ *(working team) of aircraft, ship* Crew *f,* Besatzung *f;* **ambulance/lifeboat ~** Rettungsmannschaft *f;* **camera/film ~** Kamera-/Filmteam *nt;* **ground ~** Bodenpersonal *nt;* **the ~ of a train** das Zugpersonal
❷ *(fam or esp pej: gang)* Bande *f fam;* **a motley ~** ein bunt zusammengewürfelter Haufen *fam*
❸ *(rowing)* Rudern *nt kein pl*
II. *vt* **to ~ a boat/plane** zur Mannschaft eines Boot[e]s/Flugzeugs gehören
III. *vi (act as crewmember)* Mannschaftsmitglied sein; ■**to ~ for sb** zu jds Mannschaft gehören

crew[2] [kru:] *vi esp* BRIT *pp, pt of* **crow**

'crew coach *n* AM Trainer(in) *m(f)* der Rudermannschaft **'crew cut** *n* Bürstenschnitt *m* **'crew·man, 'crew·mem·ber** *n* Besatzungsmitglied *nt* **'crew neck** *n* ❶ *(round neckline)* runder Ausschnitt
❷ *(sweater)* Pullover *m* mit rundem Ausschnitt; *(T-shirt)* T-Shirt *nt* mit rundem Ausschnitt **'crew team** *n* AM Rudermannschaft *f*

crib [krɪb] **I.** *n* ❶ *esp* AM *(cot)* Gitterbett *nt;* REL Krippe *f*
❷ *(fam: plagiarized work)* Plagiat *nt geh*
❸ *(fam: crib sheet)* Spickzettel *m sl,* Schummler *m* ÖSTERR *sl*
II. *vt* <-bb-> *(pej fam)* ■**to ~ sth** etw abschreiben
III. *vi* <-bb-> *(pej fam)* abschreiben, spicken DIAL *sl,* schummeln ÖSTERR *fam;* ■**to ~ from sb** von jdm abschreiben

crib·bage ['krɪbɪdʒ] *n no pl* Cribbage *nt (Kartenspiel)*

'crib death *n* AM plötzlicher Kindstod

'crib sheet, *esp* AM **'crib notes** *n pl* Spickzettel *m sl,* Schummelzettel *m* ÖSTERR *fam*

crick [krɪk] **I.** *n* Stich *m;* **to get a ~ in one's back/neck** einen steifen Rücken/Hals bekommen
II. *vt* ■**to ~ sth** sich *dat* etw verrenken; ***I ~ed my neck*** ich bekam einen steifen Hals

crick·et[1] ['krɪkɪt] *n* ZOOL Grille *f*

crick·et[2] ['krɪkɪt] *n no pl* SPORT Kricket *nt*
▸PHRASES: **that's simply not ~** BRIT *(dated or hum fam)* das ist einfach nicht die feine englische Art

'crick·et ball *n* Kricketball *m* **'crick·et bat** *n* Kricketschläger *m*

crick·et·er ['krɪkɪtə^r, AM -ɚ] *n* Kricketspieler(in) *m(f)*

'crick·et field, 'crick·et ground *n* Kricketplatz *m*

crick·et·ing ['krɪkɪtɪŋ] *adj inv* Kricker-

'crick·et match *n* Kricketspiel *nt* **'crick·et net** *n Bereich zum Üben des Kricketschlags* **'crick·et pitch** *n* Kricket[spiel]feld *nt* **'crick·et team** *n* Kricketmannschaft *f*

cried [kraɪd] *pp, pt of* **cry**

cri·er ['kraɪə^r, AM -ɚ] *n* Ausrufer(in) *m(f)*

cri·key ['kraɪki:] *interj* BRIT *(dated fam)* da schau her! *fam*

crim [krɪm] *n (sl) short for* **criminal** Gauner(in) *m(f) pej*

crime [kraɪm] *n* ❶ *(illegal act)* Verbrechen *nt;* **a ~ against humanity** ein Verbrechen *nt* gegen die Menschlichkeit; **the scene of the ~** der Tatort; **heinous/petty ~** abscheuliches/geringfügiges Verbrechen; **to be accused of/charged with a ~** eines Verbrechens angeklagt/beschuldigt werden; **to commit a ~** ein Verbrechen *nt* begehen
❷ *no pl, no art (criminal acts collectively)* Kriminalität *f;* **to lead a life of ~** das Leben eines/einer Kriminellen führen; **petty ~** Kleinkriminalität *f*
❸ *(shameful act)* Schande *f,* Sünde *f fig;* ***it would be a ~*** es wäre eine Schande
▸PHRASES: **~ doesn't pay** Verbrechen zahlen sich nicht aus

Cri·mea [kraɪ'mi:ə] *n* GEOG ■**the ~** die Krim; **the ~n War** der Krimkrieg

Cri·mean [kraɪ'mi:ən] *adj inv* GEOG Krim-

crime-bust·ing ['kraɪmbʌstɪŋ] *n (form)* Verbrechensbekämpfung *f* **crime-fight·ing** ['kraɪmfaɪtɪŋ] *n no pl* Verbrechensbekämpfung *f* **'crime la·bora·tory** *n* gerichtsmedizinisches Labor **crime of 'pas·sion** *n* Verbrechen *nt* aus Leidenschaft **crime pre·'ven·tion** *n no pl* präventive Verbrechensbekämpfung *geh,* Verbrechensverhütung *f* **'crime rate** *n* Kriminalitätsrate *f,* Verbrechenszahlen *pl*

'crime-rid·den *adj* ***this area is particularly ~-ridden*** dieses Gebiet hat eine besonders hohe Kriminalitätsrate

'crime watch *n* AM Bürgerwehr *f (zur Verbrechensbekämpfung)* **'crime wave** *n* Welle *f* der Kriminalität, Verbrechenswelle *f* **'crime writ·er** *n* Krimiautor(in) *m(f)*

crimi·nal ['krɪmɪnᵊl] **I.** *n* Verbrecher(in) *m(f);* **a hardened ~** Gewohnheitsverbrecher(in) *m(f)*
II. *adj* ❶ *(illegal)* verbrecherisch, kriminell; *(punishable)* strafbar; **~ act** Straftat *f;* **~ action** Strafverfahren *nt,* strafrechtliche Verfolgung; **~ bankruptcy** Konkurs *m* durch verurteilte Straftaten; **~ behaviour** kriminelles Verhalten; **~ code** Strafgesetzbuch *nt;* **~ conspiracy** illegale Verschwörung; **~ court** Strafgericht *nt;* **with ~ intent** in verbrecherischer Absicht; **~ libel** strafbare Verleumdung; **a ~ offence** ein strafbares Vergehen; **the ~ population** die Kriminellen; **to have a ~ record** vorbestraft sein; **age of ~ responsibility** Strafmündigkeit *f*
❷ *(shameful)* schändlich; ***it's ~ to charge so much*** es ist ein Verbrechen, so viel Geld zu verlangen *fig fam;* ***the way we waste natural resources is ~*** es ist unverantwortlich, wie verschwenderisch wir mit den Naturschätzen umgehen; **a ~ waste of money** eine ungeheure Geldverschwendung

crimi·nal con·ver·'sa·tion *n (dated, hist)* Ehebruch *m;* **to be involved in** [*or* **commit**] **~** Ehebruch begehen **crimi·nal 'dam·age** *n* [Sach]schaden *m (durch Gewalteinwirkung)* **Crimi·nal In·ju·ries Com·pen·'sa·tion Board** *n* LAW Entscheidungsbehörde *f* für Verbrechensopfer **crimi·nal in·ves·ti·'ga·tion** *n* polizeiliche Ermittlung **Crimi·nal In·ves·ti·'ga·tion De·part·ment, CID** *n* BRIT Kriminalpolizei *f kein pl*

crimi·nal·ity [ˌkrɪmɪ'næləti, AM -ə'næləṭi] *n no pl* Kriminalität *f*

crimi·nali·za·tion [ˌkrɪmɪnəlaɪ'zeɪʃᵊn, AM lɪ'] *n no pl* Kriminalisierung *f*

crimi·nal·ize ['krɪmɪnᵊlaɪz, AM -nəlaɪz] *vt* ■**to ~ sb/sth** jdn/etw kriminalisieren

crimi·nal 'jus·tice sys·tem *n* Strafrechtssystem *nt* **crimi·nal 'law** *n no pl* Strafrecht *nt* **crimi·nal 'law·yer** *n* Anwalt, Anwältin *m, f* für Strafsachen; *(specialized in defence)* Strafverteidiger(in) *m(f)*

crimi·nal·ly ['krɪmɪnᵊli] *adv* strafbarerweise, strafrechtlich

crimi·nal 'meno·pause *n Lebensabschnitt, in dem älter werdende Gewohnheitsverbrecher das Interesse an Verbrechen verlieren* **crimi·nal 'neg·li·gence** *n no pl, no art* [strafbare [*o* grobe]] Fahrlässigkeit **crimi·nal of·'fence** *n* LAW strafbare Handlung **crimi·nal 'rec·ord** *n* Vorstrafenregister *nt;* ■**to have a ~** vorbestraft sein

crimi·nolo·gist [ˌkrɪmɪ'nɒlədʒɪst, AM -'nɑ:lə-] *n* Kriminologe, Kriminologin *m, f*

crimi·nol·ogy [ˌkrɪmɪ'nɒlədʒi, AM -'nɑ:lə-] *n no pl* Kriminologie *f*

crimp [krɪmp] *vt* ■**to ~ sth** ❶ *(press into small folds)* etw kräuseln [*o* in Fältchen legen]; **to ~ pastry** den Teigrand andrücken
❷ **to ~ one's hair** *(make wavy)* sich *dat* das Haar wellen; *(make curly)* sich *dat* Locken ins Haar machen

crimp·lene® ['krɪmpli:n] *n no pl* knitterfreier Trevira®

crim·son ['krɪmzᵊn] **I.** *n no pl* Purpur[rot] *nt,* Blut[rot] *nt,* Karmesin[rot] *nt*
II. *adj* purpurn, purpurrot; **to blush ~** knallrot werden *fam;* **to go** [*or* **turn**] **~ with rage** vor Wut puterrot anlaufen

cringe [krɪndʒ] *vi* ❶ *(cower)* sich *akk* ducken; ***she ~d away from the blow*** sie duckte sich, um dem Schlag auszuweichen; **to ~ back in terror** ängstlich zusammenzucken
❷ *(shiver)* schaudern; *(feel uncomfortable)* ***we all ~d with embarrassment*** das war uns allen furchtbar peinlich

'cringe-mak·ing *adj* BRIT *(fam) dialogue* peinlich; *(ugly)* schauderhaft

cring·ing ['krɪndʒɪŋ] *adj* kriecherisch *pej*

crin·kle ['krɪŋkl] **I.** *vt* ■**to ~ sth** etw [zer]knittern; ***be sure not to ~ the document*** achte darauf, das Dokument nicht zu knicken; **to ~ one's nose** die Nase rümpfen
II. *vi dress, paper* knittern; *face, skin* [Lach]fältchen bekommen
III. *n* [Knitter]falte *f; (in hair)* Krause *f;* ***there was a ~ of suspicion on Ann's forehead*** misstrauisch runzelte Ann die Stirn

crin·kle-cut 'chips, AM **crin·kle-cut French 'fries** *npl* Pommes frites *pl* mit Wellenschnitt

crin·kled ['krɪŋkl̩d] *adj hair* kraus; *paper, cloth* geknittert, Knitter-

crin·kly ['krɪŋkli] *adj* ❶ *(full of wrinkles) paper* zerknittert; *skin* knittrig
❷ *(wavy and curly)* gekräuselt; **~ hair** Kraushaar *nt*

crino·line ['krɪnᵊlɪn] *n* ❶ HIST *(stiffened petticoat)* Krinoline *f,* Reifrock *m*
❷ *no pl (fabric used for stiffening)* Steifleinen *nt*

cripes [kraɪps] *interj (fam)* Gott [nein]! *fam*

crip·ple ['krɪpl] **I.** *n (dated or pej)* Krüppel *m; (fig pej)* Lahmarsch *m derb*
II. *vt* ❶ *(disable)* ■**to ~ sb** jdn zum Krüppel machen
❷ *(damage severely)* ■**to ~ sth** *armoured vehicle* gefechtsunfähig machen; **to ~ an attempt** einen Versuch zum Scheitern bringen; **to ~ a machine** eine Maschine kaputt machen *fam*
❸ *(paralyze)* ■**to ~ sth** etw lahmlegen

crip·pled ['krɪpl̩d] *adj* verkrüppelt; **a ~ aeroplane** ein schrottreifes Flugzeug; **to be ~ with debt** von Schulden erdrückt werden *fig;* **to be ~ with rheumatism** von Rheuma geplagt sein

crip·pled 'leap·frog test *n* COMPUT Teilprüfung *f* im Bocksprungprogramm

crip·pling ['krɪplɪŋ] *adj debts* erdrückend; *pain* lähmend; **a ~ attack of malaria** ein schwerer Malariaanfall

cri·sis <*pl* -ses> ['kraɪsɪs, *pl* -si:z] *n* Krise *f;* ***education is in ~*** das Bildungswesen steckt in einer Krise; **a ~ in** [*or* **of**] **confidence** eine Vertrauenskrise; **energy ~** Energiekrise *f;* **a ~ situation** eine Krisensituation; **to come to a ~** auf eine Krise zusteuern; **to go through a ~** eine Krise durchmachen; **to resolve** [*or* **solve**] **a ~** eine Krise überwinden

'cri·sis cen·tre, AM **'cri·sis cen·ter** *n* Krisenzentrum *nt* **cri·sis 'man·age·ment** *n no pl* Krisenmanagement *nt* **'cri·sis situa·tion** *n* Krisensituation *f*

crisp [krɪsp] **I.** *adj* ❶ *(hard and brittle)* knusprig; **~ bacon** knusprig gebratener Schinkenspeck; **~ biscuits** knusprige Kekse; **~ snow** knirschender Schnee
❷ *(firm and fresh)* frisch und knackig; **~ apple/lettuce** knackiger Apfel/Salat
❸ *(stiff and smooth)* [*tablecloth*] *paper* steif; **~ banknote** druckfrische Banknote
❹ *(bracing) air, morning* frisch; **~ *mountain air*** frische, kühle Bergluft
❺ *(sharply defined) image* gestochen scharf
❻ FASHION *appearance* makellos
❼ *(quick and precise) manner, style* präzise; *answer, reply* knapp; **short and ~** kurz und knapp
II. *n* ❶ *usu pl* BRIT *(potato crisp)* Chip *m;* **burnt to a ~** verkohlt
❷ AM *(crumble)* Obstdessert *nt (mit Streuseln überbacken);* **cherry ~s** ≈ Kirschtörtchen *pl*

'crisp·bread *n* Knäckebrot *nt*

crisp·er ['krɪspəʳ, AM -ɚ] *n* Gemüsefach *nt (im Kühlschrank)*

crisp·ly ['krɪspli] *adv* ❶ *(briskly)* spitz, scharf, knapp
❷ *(of hair)* kraus, gekräuselt
❸ *(of food)* knusprig, knackig

crisp·ness ['krɪspnəs] *n no pl* ❶ *(briskness)* Flottheit *f,* Frische *f*
❷ *(rigidness)* Steifheit *f,* Steifigkeit *f*
❸ *(of hair)* Festigkeit *f*
❹ *(of food)* Knusp[e]rigkeit *f,* Knackigkeit *f*
❺ *(invigoratingness)* belebende [*o* aufmunternde] Wirkung

crispy ['krɪspi] *adj (approv)* knusprig; **~ bacon** knusprig gebratener Schinkenspeck

'criss-cross I. *vt* ■**to ~ sth** *bus, train* etw durchqueren; ■**to be ~ed by sth:** ***this area of the city is ~ed by railway lines*** dieses Stadtviertel ist von Schienen durchzogen
II. *vi roads, railway tracks* sich *akk* kreuzen
III. *adj inv* überkreuz, Kreuz-; **~ grille** Kreuzgitter *nt*

crit [krɪt] *n (fam)* ❶ *short for* **critic**
❷ *no pl short for* **criticism**

cri·teri·on <*pl* -ria> [kraɪ'tɪəriən, AM -'tɪriən, *pl* -riə] *n* Kriterium *nt*

crit·ic ['krɪtɪk, AM -ṭ-] *n* Kritiker(in) *m(f); (for books)* Rezensent(in) *m(f);* **a harsh ~** ein scharfer Kritiker/eine scharfe Kritikerin

criti·cal ['krɪtɪkᵊl, AM -ṭ-] *adj* ❶ *(involving judgements)* kritisch; **to receive** [*or* **win**] **~ acclaim** von den Kritikern gelobt [*o* positiv aufgenommen] werden; **~ edition/evaluation** kritische Ausgabe/Bewertung; **~ success** Erfolg *m* bei der Kritik
❷ *(fault-finding)* kritisch, missbilligend; ■**to be ~ of sb** an jdm etwas auszusetzen haben; **to look at** [*or* **judge**] **sth with a ~ eye** etw kritisch betrachten; **to be highly** [*or* **sharply**] **~ of sth/sb** etw/jdm [äußerst] kritisch gegenüberstehen
❸ *(crucial)* entscheidend; **~ factor/moment** entscheidender Faktor/Augenblick
❹ *(dangerous) condition, situation* kritisch; MED *also* lebensbedrohlich; **to be on the ~ list** ein Todeskandidat/eine Todeskandidatin sein
❺ STOCKEX *(very serious) development, situation* krisenhaft
▸PHRASES: **to go ~** den Höhepunkt erreichen; PHYS *nuclear reactor* kritisch werden *fachspr*

criti·cal 'an·gle *n* PHYS kritischer Winkel **criti·cal 'er·ror** *n* COMPUT kritischer Fehler

criti·cal·ly ['krɪtɪkᵊli, AM -ṭ-] *adv* ❶ *(in an evaluating way)* kritisch; *(by the critics)* von Kritikerseite; ***the ~ acclaimed film ...*** der Film, der von den Kritikern hochgelobt wurde, ...
❷ *(negatively)* kritisch, missbilligend
❸ *(gravely)* bedenklich; **to be in a ~ bad condition** in einem bedenklich schlechten Zustand sein; **to be ~ ill** schwer [*o* ernsthaft] krank sein

criti·cal 'mass *n* ❶ COMM *(as minimum) minimale Betriebsgröße, mit der das Überleben gesichert werden kann; (as maximum) maximale Betriebsgröße, die das Überleben gerade noch erlaubt*
❷ PHYS kritische Masse

criti·cism ['krɪtɪsɪzᵊm, AM -ṭ-] *n* ❶ *no pl (fault-finding)* Kritik *f;* **to attract ~** Kritik erregen; **to lay oneself open** [*or* **expose oneself**] **to ~** sich *akk* der Kritik aussetzen; **to take** [*or* **accept**] **~** Kritik annehmen
❷ *(negative judgement)* Kritik *f;* **to have a few ~s of** [*or* **about**] **sth** zu etw *dat* einige kritische Anmerkungen haben
❸ *no pl (analytical evaluation)* Kritik *f;* **literary ~** Literaturkritik *f*

criti·cize ['krɪtɪsaɪz, AM -ṭ-] **I.** *vt* ■**to ~ sb/sth** jdn/etw kritisch beurteilen; ■**to ~ sb/sth for sth** jdn/etw wegen einer S. *gen* kritisieren
II. *vi* kritisieren

cri·tique [krɪ'ti:k] *n* Kritik *f*

crit·ter ['krɪtəʳ, AM ṭɚ] *n* AM *(fam)* ❶ *(creature)* Lebewesen *nt,* Kreatur *f*
❷ *(person)* Typ *m fam*

CRO [ˌsi:ɑ:r'əʊ] *n* BRIT ECON, FIN *abbrev of* **Companies Registration Office** *britische Gesellschaftsregistrierbehörde*

croak [krəʊk, AM kroʊk] **I.** *vi* ❶ *crow, person* kräch-

zen; *frog* quaken
② Brit *(sl: inform on others)* singen *fam*
③ *(sl: die)* abkratzen *derb,* den Löffel abgeben *fam*
II. *vt* ① *(speak with rough voice)* ■**to ~ sth** etw krächzen
② *(dated sl: kill)* ■**to ~ sb** jdn abmurksen [*o* kaltmachen] *sl*
III. *n of a crow, person* Krächzen *nt kein pl; of a frog* Quaken *nt kein pl*
croaky ['krəʊki, AM 'kroʊki] *adj voice* heiser
Cro·at ['krəʊæt, AM 'kroʊ-] *n* ① *(person)* Kroate, Kroatin *m, f*
② *(language)* Kroatisch *nt kein pl*
Croa·tia [krəʊ'eɪʃə, AM kroʊ-] *n* Kroatien *nt*
Croa·tian [krəʊ'eɪʃən, AM kroʊ-] **I.** *adj* kroatisch
II. *n* ① *(person)* Kroate, Kroatin *m, f*
② *(language)* Kroatisch *nt kein pl*
croc [krɒk, AM krɑ:k] *n (fam) short for* **crocodile** Krokodil *nt*
cro·chet ['krəʊʃeɪ, AM kroʊ'ʃeɪ] **I.** *n no pl* Häkeln *nt; (work)* Häkelarbeit *f*
II. *vi* häkeln
III. *vt* ■**to ~ sth** etw häkeln
cro·cheted ['krəʊʃeɪd, AM kroʊ'ʃeɪd] *adj inv* gehäkelt
'cro·chet hook, 'cro·chet nee·dle *n* Häkelnadel *f*
crock [krɒk, AM krɑ:k] *n* ① *(clay container)* [Ton]topf *m*
② *(dated or hum: worthless old person)* kauziger Alter/kauzige Alte *pej; (worthless old car)* Schrottkiste *f pej fam*
③ *no pl* AM *(fam: nonsense)* ■**a ~** ein absoluter Schwachsinn *pej fam*
▸PHRASES: **a ~ of shit** AM *(vulg)* ein Haufen *m* Scheiße *pej derb*
crock·ery ['krɒkəri, AM 'krɑ:kəri] *n no pl* Geschirr *nt*
croco·dile <*pl* - *or* -s> ['krɒkədaɪl, AM 'krɑ:k-] *n*
① ZOOL Krokodil *nt;* **~ skin** Krokodilleder *nt*
② BRIT *(fam: line of pupils)* Zweierreihe *f (von Schulkindern)*
croco·dile 'clip *n* ELEC Krokodilklemme *f* **croco·dile 'tears** *n pl* Krokodilstränen *pl fam;* **to shed ~** Krokodilstränen vergießen *fam*
cro·cus ['krəʊkəs, AM 'kroʊ-] *n* Krokus *m*
Croesus ['kri:səs] *n* HIST *(also fig)* Krösus *m*
croft [krɒft, AM krɑ:ft] *n esp* SCOT *(small farm)* kleiner [gepachteter] Bauernhof; *(farmhouse)* kleines Bauernhaus
croft·er ['krɒftəʳ, AM 'krɑ:ftɚ] *n esp* SCOT Kleinpächter(in) *m(f)*
croft·ing ['krɒftɪŋ, AM 'krɑ:ft] BRIT **I.** *n no pl* AGR Parzellenwirtschaft *f*
II. *n modifier* Kleinbauern-
crois·sant ['kwæsɑ̃(ŋ), AM krwɑ:'sɑ̃] *n* Croissant *nt,* Gipfeli *nt* SCHWEIZ, Kipferl *nt* ÖSTERR
crone [krəʊn, AM kroʊn] *n (liter or pej)* alte Hexe *pej*
cro·ny ['krəʊni, AM 'kroʊni] *adj (esp pej fam)* Spießgeselle *m pej o hum fam,* Kumpan *m a. pej fam,* Haberer *m* ÖSTERR *pej o hum sl*
cro·ny 'capi·tal·ism *n no pl* Kumpel-Kapitalismus *m*
cro·ny·ism ['krəʊnɪɪzəm, AM 'kroʊ-] *n no pl (esp pej)* Kumpanei *f oft pej fam,* Vetternwirtschaft *f pej,* Freunderlwirtschaft *f* ÖSTERR *pej fam*
crook [krʊk] **I.** *n* ① *(fam: rogue)* Gauner *m fam*
② *usu sing (curve)* Beuge *f; of arm* Armbeuge
③ *(of a shepherd)* Hirtenstab *m; (of a bishop)* Bischofsstab *m,* Krummstab *m*
II. *adj* AUS *(fam)* ① *(ill)* krank; **to be ~ with a cold** erkältet sein; **to feel ~** sich *akk* mies fühlen *fam;* **to go ~** krank werden
② *(annoyed)* ■**to be ~ on sb** auf jdn wütend sein; **to go ~** ausrasten *fam;* **to go ~ at sb** auf jdn wütend werden
③ *(unsatisfactory) place, situation* schlecht, mies *fam; (out of order) car* kaputt *fam*
④ *(illegal)* **a ~ thing** eine krumme Sache *fam*
III. *vt (dated)* ■**to ~ sth** etw krümmen [*o* biegen]; **to ~ one's arm** den Arm beugen; **to ~ one's finger** den Finger krümmen
crook·ed ['krʊkɪd] *adj* ① *(fig fam: dishonest)* unehrlich; *police officer, politician* korrupt *pej; salesman* betrügerisch
② *(not straight) teeth, grin* schief; *nose, lines, legs* krumm
crook·ed·ly ['krʊkɪdli] *adv* ① *(out of shape)* krumm, schief
② *(of a grin)* süßsäuerlich *fig*
croon [kru:n] **I.** *vt* ■**to ~ sth** mit schmachtender Stimme singen, schnulzen *pej fam;* ■**to ~ sth to oneself** etw vor sich *akk* hin summen
II. *vi* leise reden, in sanftem Flüsterton reden
III. *n* ① *(song)* sentimentaler Song, Schnulze *f pej fam*
② *(voice)* schmachtender Tonfall
croon·er ['kru:nəʳ, AM -ɚ] *n (dated)* Schnulzensänger(in) *m(f) pej fam*
crop [krɒp, AM krɑ:p] **I.** *n* ① *(plant)* Feldfrucht *f; (harvest)* Ernte *f;* **to harvest the ~s** die Ernte einbringen
② *(group)* Gruppe *f;* ***this year's ~ of films*** die diesjährige Filmproduktion
③ *(short hair cut)* Kurzhaarschnitt *m;* **a very short ~** ein Bürsten[haar]schnitt *m;* **to give sb a close ~** jdm einen Igelschnitt [*o veraltend fam* eine Meckifrisur] verpassen
④ ORN Kropf *m*
⑤ *(whip)* Reitgerte *f,* Reitpeitsche *f*
II. *vt* <-pp-> ■**to ~ sth** ① *(plant with crops)* etw bestellen [*o* bebauen]; ***the land here has been over-~ped*** auf diesen Feldern wurde Raubbau getrieben
② *(cut short) sheep, horses* etw abgrasen [*o* abweiden] [*o* abfressen]; **to ~ a photo** ein Foto zurechtschneiden; **to have one's hair ~ped** sich *dat* das Haar kurz schneiden lassen
III. *vi* wachsen, gedeihen; **to ~ well** gut gedeihen [*o* wachsen]
◆**crop out** *vi* GEOL *minerals* zu Tage treten
◆**crop up** *vi (fam)* auftauchen *fig;* ***her name keeps ~ping up in conversation*** ihr Name taucht in den Gesprächen immer wieder auf; ***something's ~ped up*** es ist etwas dazwischengekommen
'crop cir·cle *n* Korn[feld]kreis *m* **'crop dust·ing** *n* Schädlingsbekämpfung *f (durch Besprühen des Getreides)* **crop-eradi·'ca·tion** *n no pl (marijuana destruction)* Drogenvernichtung *f*
'crop jack·et *n* taillenlange [Sport]jacke
cropped [krɒpt, AM krɑ:pt] *adj* FASHION kurz
crop·per ['krɒpəʳ, AM 'krɑ:pɚ] *n* AGR Nutzpflanze *f;* **a heavy ~** eine gut tragende Pflanze
▸PHRASES: **to come a ~** *(sl: fail miserably)* auf die Nase fallen *fig; (fall from horse)* [vom Pferd] stürzen; *(have an accident)* einen [schweren] Autounfall haben
'crop ro·'ta·tion *n* Fruchtfolge *f,* Fruchtwechsel *m* **'crop spray·ing** *n* Schädlingsbekämpfung *f (durch Besprühen des Getreides)*
'crop top *n* FASHION bauchfreies Top
cro·quet ['krəʊkeɪ, AM 'kroʊ-] *n no pl* Krocket[spiel] *nt*
'cro·quet lawn *n* Krocketrasen *m*
cro·quette [krɒ'ket, AM kroʊ'ket] *n* FOOD Krokette[n] *f[pl]*
cross [krɒs, AM krɑ:s] **I.** *n* ① *(shape)* Kreuz *nt;* **to mark sth with a [red] ~** etw [rot] ankreuzen; ***first, mark the place for the drillhole with a ~*** markieren Sie bitte zunächst die Stelle für das Bohrloch mit einem Kreuz; **to place [*or* put] a ~ on/next to sth** bei/neben etw *dat* ein Kreuz machen
② REL Kreuz *nt;* ***Christ died on the ~*** Christus starb am Kreuz; **to make the sign of the ~** das Kreuzzeichen machen; *(oneself also)* sich *akk* bekreuzigen
③ *no pl (burden)* Kreuz *nt kein pl,* Leiden *nt;* **to bear/take up one's ~** sein Kreuz tragen/auf sich *akk* nehmen; ***we all have our ~ to bear*** wir haben alle unser Kreuz zu tragen
④ *(medal)* Kreuz *nt*
⑤ *(hybrid)* Kreuzung *f* (**between** zwischen/aus +*dat*); *(fig: something in between)* Mittelding *nt* (**between** zwischen +*dat*); *(person)* Mischung *f* (**between** aus +*dat*)
⑥ FBALL Flanke *f,* Querschuss *m;* BOXING Cross *m fachspr*
⑦ ASTRON **the [Southern] ~** das Kreuz des Südens
⑧ *(bias)* **on the ~** schräg
II. *adj usu pred* verärgert; ***she is ~ at being given all the boring jobs*** sie ist verärgert, weil sie immer die langweiligen Arbeiten bekommt; ■**to be ~ about sth** über etw *akk* verärgert sein; ■**to be ~ with sb** auf jdn böse [*o* sauer] sein *fam;* ■**to be ~ that ...** verärgert sein, dass ...; ■**to get ~ with sb** sich *akk* über jdn ärgern
III. *vt* ① ■**to ~ sth** *(traverse) country, desert, valley* etw durchqueren; *equator, lake, mountain, river* etw überqueren; ***the new bridge ~es the estuary*** die neue Brücke geht [*o* führt] über die Flussmündung; ***the railway ~es a hundred miles of desert*** die Bahnstrecke führt zweihundert Meilen durch die Wüste; **to ~ the border** die Grenze passieren; *(fig)* die Grenze überschritten; **to ~ a bridge/the road** eine Brücke/die Straße überqueren; *(on foot also)* über eine Brücke/die Straße gehen; **~ the line** *(go out of play)* ins Aus gehen; *(go into the goal)* ins Tor gehen; *(fig)* zu weit gehen; **to ~ the room** das Zimmer durchqueren; **to ~ the threshold** die Schwelle überschreiten
② FBALL **to ~ the ball [to sb]** den Ball [zu jdm] flanken
③ *(place across each other)* ■**to ~ sth** etw [über]kreuzen; **to ~ one's arms** die Arme verschränken; **to ~ one's legs** die Beine übereinanderschlagen
④ BRIT, AUS *(make a sign)* **to ~ a cheque** einen Scheck zur Verrechnung ausstellen; **~ed cheque** Verrechnungsscheck *m*
⑤ REL ■**to ~ oneself** sich *akk* bekreuz[ig]en
⑥ *(form: oppose)* ■**to ~ sb** jdn verärgern
⑦ *(breed)* ■**to ~ an animal with another animal** ein Tier mit einem anderen Tier kreuzen
⑧ BRIT POL **to ~ the floor [of the House]** die Partei [*o* Fraktion] wechseln
⑨ TELEC ***the lines are ~ed, we've got a ~ed line*** da ist jemand in der Leitung
▸PHRASES: **let's ~ that bridge when we come [*or* get] to it** lassen wir die Sache [erst mal] auf uns zukommen; **to keep [*or* have] one's fingers ~ed [for sb]** [jdm] die Daumen drücken [*o fam* halten]; **to ~ sb's hand [*or* palm] with silver** jdm Geld in die Hand drücken *fam;* **~ my heart and hope to die** großes Ehrenwort *fam,* ich schwör's *fam;* **their lines [*or* wires] were ~ed** sie haben sich missverstanden; **to ~ one's mind** jdm einfallen; ***it suddenly ~ed my mind that ...*** mir fiel plötzlich ein, dass ...; ***it didn't ~ my mind that/to ...*** es ist mir [gar] nicht in den Sinn gekommen dass/zu ...; **to ~ sb's path** jdm über den Weg laufen; **to ~ paths with sb** jdn treffen; ***when did you last ~ paths with each other?*** wann seid ihr euch zuletzt über den Weg gelaufen?; **to ~ swords with sb** mit jmd eine Auseinandersetzung haben, mit jdm die Klinge kreuzen *fig geh*
IV. *vi* ① *(intersect)* sich kreuzen
② *(traverse a road)* die Straße überqueren; *(on foot)* über die Straße gehen; *(travel by ferry)* übersetzen; *(traverse a border)* **to ~ into a country** die Grenze in ein Land passieren; ***how did you manage to ~ into the USA?*** wie bist du über die amerikanische Grenze gekommen?
③ *(meet)* ***our paths have ~ed several times*** wir sind uns schon mehrmals über den Weg gelaufen
④ *(pass)* sich kreuzen; ***our letters must have ~ed in the post*** unsere Briefe müssen sich auf dem Postweg gekreuzt haben
◆**cross off** *vt* ■**to ~ off** ◯ **sb/sth** jdn/etw streichen; **to ~ sth off a list** etw von einer Liste streichen
◆**cross out** *vt* ■**to ~ out** ◯ **sth** etw ausstreichen [*o* durchstreichen]
◆**cross over** **I.** *vi* hinübergehen; *(on boat)* übersetzen; ***don't you dare ~ over on a red light!*** geh ja nicht bei Rot über die Straße!; ■**to ~ over to sth** zu etw *dat* hinübergehen; *(fig)* zu etw *dat* über-

wechseln
II. *vt* **to ~ over a border/river/road** eine Grenze/einen Fluss/eine Straße überqueren
cross-as·'sem·bler *n* COMPUT Kreuzassemblierer *m*
'cross·bar *n* Querlatte *f; of goal* Torlatte *f; of bicycle* [Quer]stange *f* **'cross·beam** *n* Querbalken *m* **'cross-bench** *n* BRIT POL *Bank der Abgeordneten, die weder der Regierungs- noch der Oppositionspartei angehören* **cross-'bench·er** *n* BRIT POL *Abgeordneter/Abgeordnete, der/die weder der Regierungs- noch der Oppositionspartei angehört* **cross-'bor·der** *adj* länderübergreifend; **~ listing** ECON, FIN im Börsenhandel mehrerer Länder zugelassenes Wertpapier; **~ services** grenzüberschreitende Dienstleistungen **'cross·bow** *n* Armbrust *f* **'cross·bred** *adj inv* ZOOL, BOT gekreuzt; **~ dog** Mischlingshund *m* **'cross·breed** **I.** *n* ZOOL, BOT Kreuzung *f; (half-breed)* Mischling *m* **II.** *vt* ■**to ~ sth** etw kreuzen (**with** mit +*dat*) **'cross-chan·nel** *adj ferry* Kanal-
'cross·check **I.** *n* Gegenprobe *f*
II. *vt* ■**to ~ sth** etw nachprüfen (**with** mit +*dat*); ***why don't you ~ your list against mine*** warum gleichst du deine Liste nicht mit meiner ab
III. *vi* abklären; **to ~ with the authorities** bei den Behörden nachfragen
cross-com·'pil·er *n* COMPUT Kreuzkompilierer *m*
cross-con·tami·'na·tion *n no pl* gegenseitige Kontamination
cross-'coun·try **I.** *adj* Querfeldein-, Gelände-; **~ race** Geländerennen *nt;* **~ racer** Geländeläufer(in) *m(f);* **~ run** Geländelauf *m;* **~ skiing** Langlauf *m;* **~ skiing course** Loipe *f* **II.** *adv* ❶ *(across a country)* **to travel ~** quer durchs Land reisen ❷ *(across countryside)* querfeldein; **to hike/walk ~** querfeldein wandern/laufen **III.** *n* Geländelauf *m; (with bicycle)* Geländerennen *nt* **cross-coun·try 'run·ning** *n* Geländelauf *m* **cross-coun·try 'ski·ing** *n no pl* Langlauf *m*
'cross-court *inv* **I.** *adj* TENNIS cross *fachspr;* **to hit a ~ forehand** eine Vorhand cross schlagen *fachspr* **II.** *adv* TENNIS cross *fachspr* **cross-'cul·tur·al** *adj* interkulturell **'cross-cur·rent** *n (of air)* Seitenwind *m; (of water)* Gegenströmung *f* **cross-dis·ci·'plin·ary** *adj* interdisziplinär **cross-di'vi·sional** *adj inv* spartenübergreifend, bereichsübergreifend **cross-'dress·er** *n* Transvestit *m* **cross-'dress·ing** *n no pl* Transvestismus *m*
crossed 'cheque, AM **crossed 'check** *n* gekreuzter Scheck
crossed 'or·der cheque, AM **crossed 'or·der check** *n* gekreuzter Orderscheck
cross-ex·ami·'na·tion *n* Kreuzverhör *nt;* **under ~** im Kreuzverhör **cross-ex·'am·ine** *vt* ■**to ~ sb** jdn ins Kreuzverhör nehmen *a. fig; (be overly curious)* jdn ausfragen (**about** über +*akk*) **cross ex·'change** *n* AM *(cross rate)* Kreuzparität *f* **cross-exchange 'trad·ing** *n no pl* COMM Handelsverbund *m* **'cross-eyed** *adj* schielend *attr;* ■**to be ~** schielen, scherngeln ÖSTERR *pej derb* **'cross·fade** *n* MUS Kreuzblende *f,* Überblendung *f* **cross-fer·ti·li·'za·tion** *n no pl* ❶ BOT Kreuzbefruchtung *f* ❷ *(exchange) of ideas, customs* Austausch *m;* **cultural ~** Kulturaustausch *m* **'cross·fire** *n no pl* Kreuzfeuer *nt;* **to be caught in the ~** ins Kreuzfeuer geraten *a. fig* **cross-'frontier** *adj trade* grenzüberschreitend **cross-gen·e'ra·tion·al** *adj appeal, interest, event* für alle Altersgruppen; ***will it have ~ appeal?*** wird es alle Altersgruppen ansprechen?; ***a ~ event*** eine Veranstaltung für Jung und Alt **'cross-grained** *adj person* querköpfig *fam; timber* quergefasert; **to become ~** widerspenstig werden **'cross hairs** *npl* Fadenkreuz *nt*
'cross-hatch *vt* ■**to ~ sth** etw kreuzweise schraffieren
cross-'hatch·ing *n no pl* Kreuzschraffur *f* **cross-head 'screw** *n* Kreuz[schlitz]schraube *f* **cross 'hedge** *n* FIN Cross Hedge *m* **cross 'hold·ing** *n* FIN gegenseitige Beteiligung, Kapitalverflechtung *f* **cross in·'fec·tion** *n* Kreuzinfektion *f*
cross·ing ['krɒsɪŋ, AM 'krɑ:s-] *n* ❶ *(place to cross)* Übergang *m;* RAIL Bahnübergang *m; (crossroads)* [Straßen]kreuzung *f;* **border ~** Grenzübergang *m;* **pedestrian ~** Zebrastreifen *m*
❷ *(journey)* Überfahrt *f;* **the ~ of the Alps** die Überquerung der Alpen
'cross·ing guard *n* AM Schülerlotse, -lotsin *m, f*
cross-'legged [ˌkrɒs'legd, -'legɪd, AM ˌkrɑ:s'legəd, -'legd] **I.** *adj* **in a ~ position** mit gekreuzten Beinen
II. *adv* **to sit ~** im Schneidersitz [da]sitzen
cross·ly ['krɒsli, AM 'krɑ:s-] *adv* verärgert
cross 'match·ing *n no pl* MED Kreuzprobe *f*
'cross·over **I.** *n* ❶ *(place)* Übergang *m,* Straßenüberführung *f;* RAIL Gleisverbindung *f* ❷ *(mixed styles)* [Stil]mix *m* ❸ COMM Crossover *nt (Phänomen, bei dem ein Produkt mehrere Käuferschichten anspricht)* **II.** *n modifier (album, music)* gemischt; **~ study** MED Kreuzstudie *f*
'cross·patch *n (hum dated fam)* Brummbär *m fam*
'cross·piece *n (beam)* Querbalken *m; (bar)* Querstück *nt* **cross·ply, cross·ply 'tyre** ['krɒsplaɪ-, AM 'krɑ:s-] *n* Diagonalreifen *m* **cross pol·li·'na·tion** *n* Fremdbestäubung *f* **cross-pro·'mote** *vt* ECON ■**to ~ sth** für etw *akk* im Einzel-, Versand- und Internethandel werben **cross-pro·'mo·tion** *n* Cross-Promotion *f,* produktübergreifende Werbekampagne **cross-'pur·poses** *npl* ►PHRASES: **to be talking at ~** aneinander vorbeireden **cross-'ques·tion** *vt* ■**to ~ sb** jdn ins Kreuzverhör nehmen *a. fig* **'cross rate** *n* ECON, FIN Kreuzparität *f,* Usancekurs *m,* Kreuzkurs *m* **cross-re·'fer** *vt* ■**to ~ sb** jdn verweisen (**to** auf +*akk*) **cross-'ref·er·ence** **I.** *n* Querverweis *m* (**to** auf +*akk*) **II.** *vt* COMPUT einen Querverweis machen
'cross·roads <*pl* -> *n* Kreuzung *f; (fig)* Wendepunkt *m;* ■**at a** [*or* **the**] **~** am Scheideweg
cross-'sec·tion *n* ❶ *(cut)* Querschnitt *m;* **~ of a human heart** Querschnitt *m* durch ein menschliches Herz ❷ *(sample)* repräsentative Auswahl **cross-section a'naly·sis** *n* Querschnittsanalyse *f* **cross-'sell·ing** *n no pl* ECON, FIN Leistungsverbund *m* **cross-'shareholding** *n* FIN gegenseitige Beteiligung **cross-'shop** *vi* ECON auch online oder im Versandhandel kaufen **'cross stitch** *n* Kreuzstich *m* **'cross street** *n esp* AM Querstraße *f* **'cross·talk** *n* ❶ TELEC *(interference)* Nebengespräch *nt* ❷ BRIT *(repartee)* Wortgefecht *nt* **'cross-town** **I.** *adj* **the ~ bus service** der Busservice durch die Stadt **II.** *adv* ***he drove us ~*** er fuhr uns durch die Stadt **'cross train·er** *n usu pl* Cross-trainer-Schuh[e] *m[pl]* **'cross train·ing** *n* SPORT Crosstraining *nt* **'cross·walk** *n* AM *(pedestrian crossing)* Zebrastreifen *m,* Fußgängerübergang *m*
'cross·ways *adv* quer
'cross·wind *n* Seitenwind *m* **'cross·wise** **I.** *adj* Quer- **II.** *adv* quer **'cross·word, 'cross·word puz·zle** *n* Kreuzworträtsel *nt*
cro·sti·ni [krɒ'sti:ni:, AM krɑ:'-] *npl* Crostini *pl*
crotch [krɒtʃ, AM krɑ:tʃ] *n* Unterleib *m; of trousers* Schritt *m; (in a tree, road, river)* Gabelung *f*
crotch·et ['krɒtʃɪt, AM 'krɑ:tʃət] *n esp* BRIT MUS Viertelnote *f*
crotch·ety ['krɒtʃɪti, AM 'krɑ:tʃət̬i] *adj (fam) child* quengelig *fam*
crotch·less ['krɒtʃləs, AM 'krɑ:tʃ-] *adj* FASHION *panties* genitalienfrei
crouch [kraʊtʃ] **I.** *n usu sing* Hocke *f*
II. *vi* sich *akk* kauern, hockerln ÖSTERR *fam*
◆**crouch down** *vi* sich *akk* niederkauern
croup [kru:p] *n no pl* Krupp *m fachspr,* Kehlkopfdiphtherie *f fachspr;* **to suffer from ~** an Krupp leiden
crou·pi·er ['kru:piəʳ, AM -ieɪ] *n* Croupier *m*
crou·ton ['kru:tɒn, AM -tɑ:n] *n* FOOD Croûton *m*
crow[1] [krəʊ, AM kroʊ] *n* Krähe *f*
►PHRASES: **as the ~ flies** [in der] Luftlinie
crow[2] <crowed *or esp* BRIT crew, crowed *or esp* BRIT crew> [krəʊ, AM kroʊ] *vi* ❶ *(cry) baby, cock* krähen ❷ *(express happiness)* jauchzen, juchzen *fam;* *(gloatingly)* triumphieren; **to ~ with delight** vor Freude jubeln
◆**crow about, crow over** *vi* ■**to ~ about** [*or* **over**] **sth** mit etw *dat* prahlen [*o fam* angeben] [*o fam* protzen] [*o* SCHWEIZ bluffen] *fam*
'crow·bar *n* Brecheisen *nt,* Brechstange *f*
crowd [kraʊd] **I.** *n* + *sing/pl vb* ❶ *(throng)* [Menschen]menge *f;* SPORT, MUS Zuschauermenge *f;* **to draw a large ~** eine große Menschenmenge anlocken [*o* anziehen]
❷ *(fam: clique)* Clique *f;* **a bad ~** ein übler Haufen *fam*
❸ *no pl (multitude of people)* ■**the ~** die [breite] Masse; **to follow** [*or* **go with**] [*or* **move with**] **the ~** mit der Masse gehen; **to stand out from the ~** aus der Masse herausragen
II. *vt* ❶ *(fill)* **to ~ a stadium** ein Stadion füllen; **to ~ the streets** die Straßen bevölkern
❷ *(fam: pressure)* ■**to ~ sb** jdn [be]drängen
❸ *(force)* ■**to ~ sb into sth** jdn in etw *akk* hineinzwängen; ***they ~ed as many spectators as they could into the hall*** sie pferchten so viele Zuschauer wie eben möglich in die Halle
III. *vi* ■**to ~ into sth** sich *akk* in etw *akk* hineindrängen [*o* hineinquetschen]; ***hordes of commuters ~ed into the train*** Massen von Pendlern drängten sich in den Zug [hinein]
◆**crowd about, crowd around** *vi* sich *akk* versammeln; ■**to ~ around sb/sth** sich *akk* um jdn/etw scharen; ***autograph seekers ~ed about the entrance to the film studio*** Autogrammjäger belagerten den Eingang des Filmstudios
◆**crowd in** *vi* [sich *akk*] hineindrängen; *(stream in)* hineinströmen; ■**to ~ in on sb** *(fig) worries, problems* auf jdn einstürmen
◆**crowd out** *vt* ■**to ~ out** ↻ **sb/sth** jdn/etw herausdrängen [*o* verdrängen]
◆**crowd round** *vi* BRIT sich *akk* versammeln
crowd·ed ['kraʊdɪd] *adj* überfüllt; *schedule, timetable* übervoll; ■**~ out** *(fam)* gerammelt voll *fam;* **to feel ~** *(fam)* sich *akk* bedrängt fühlen
crowd·ing 'out *n no pl* ECON, FIN Verdrängungseffekt *m*
'crowd-pleas·er *n* Publikumsrenner *m; person* Publikumsliebling *m* **'crowd-pleas·ing** *adj attr product* Massen-; *policy* populär; *performance* gefällig **'crowd-pull·er** *n* Massenattraktion *f,* Kassenfüller *m*
crown [kraʊn] **I.** *n* ❶ *(of a monarch)* Krone *f;* **~ of thorns** Dornenkrone *f;* **to wear the** [*or* **one's**] **~** die Krone tragen
❷ ■**the C~** *(monarchy)* die Krone; *(monarch)* der König/die Königin; **associate of the ~ Office** Geschäftsstellenbeamte(r), -beamtin *m, f*
❸ *(sporting title)* Meisterschaftstitel *m*
❹ *(top of head)* Scheitel *m; (of hill)* Kuppe *f; (of mountain)* Gipfel *m; (of a roof)* [Dach]first *m; (of a tooth, tree, hat)* Krone *f*
❺ BRIT *(hist: coin)* Krone *f,* Fünfschillingstück *nt*
►PHRASES: **to steal sb's ~** jdm/einer Sache den Rang ablaufen
II. *vt* ❶ *(as monarch)* ■**to ~ sb** jdn krönen
❷ SPORT **to ~ sb world champion** jdn zum Weltmeister krönen; ***she's the newly ~ed world champion*** sie ist die frischgebackene Weltmeisterin
❸ *(make perfect)* ■**to ~ sth** etw krönen [*o* glanzvoll abrunden]
❹ *(liter: top)* ■**to ~ sth** etw krönen
❺ *(fam: hit on head)* ■**to ~ sb** jdm eins überziehen [*o* aufs Dach geben] *fam*
❻ MED **to ~ teeth** Zähne überkronen
►PHRASES: **to ~ it all** BRIT, AUS *(iron)* als [*o* zur] Krönung des Ganzen *iron*
crown 'cap *n* Kronenverschluss *m*
crown 'colo·ny *n* Kronkolonie *f* **crown 'copy·right** *n* Urheberrecht *nt* der Krone
crown 'cork *n* Kron[en]korken *m*
crown 'court *n* BRIT höheres Gericht für Strafsachen
crowned crane [kraʊnd'-] *n* ORN Kronenkranich *m*
crowned 'head *n* gekröntes Haupt; **Europe's ~s** Europas gekrönte Häupter
crown·ing ['kraʊnɪŋ] *adj inv* krönend; **the ~ achievement** die Krönung (**of** +*gen*)
crown 'jew·els *npl* Kronjuwelen *pl* **crown 'land**

n Kronkolonie *f* **Crown 'Lands** *npl* Ländereien oder Eigentum der Krone **crown 'prince** *n* Kronprinz *m* **crown 'prin·cess** *n* Kronprinzessin *f* **crown 'privi·lege** *n Vorrecht der Krone oder Regierung, die Vorlage von Urkunden vor Gericht abzulehnen* **Crown 'Pro·per·ty** *n* Ländereien oder Eigentum der Krone **Crown Pros·e'cu·tion Ser·vice** *n* BRIT Staatsanwaltschaft *f* **crown 'pros·ecu·tor** *n* BRIT Staatsanwalt, -anwältin *m, f* **crown 'wit·ness** *n* Kronzeuge, -zeugin *m, f*

'crow's feet *npl (wrinkles)* Krähenfüße *pl fam*

'crow's nest *n* NAUT Krähennest *nt fachspr,* Ausguck *m*

CRP [ˌsiːɑːˈpiː, AM -ɑːrˈ-] *n* MED *abbrev of* **C-reactive protein** CRP-

CRT [ˌsiːɑːˈtiː, AM -ɑːrˈ-] *n* COMPUT *abbrev of* **cathode ray tube** Kathodenstrahlröhre *f,* Bildröhre *f*

cru·cial [ˈkruːʃəl] *adj* ① *(decisive)* entscheidend; *(critical)* kritisch; *(very important)* äußerst wichtig; **a ~ decision** eine richtungsweisende Entscheidung; ■**to be ~ to sth** für etw *akk* entscheidend sein; **a ~ moment** ein entscheidender Augenblick; **to prove ~ to sth** sich *akk* für etw *akk* als entscheidend erweisen
② BRIT *(sl: excellent)* super *sl*

cru·cial·ly [ˈkruːʃəli] *adv* entscheidend; **~ important** von entscheidender Bedeutung

cru·ci·ate liga·ment [ˌkruːsiːətˈ-] *n* ANAT Kreuzband *nt*

cru·ci·ble [ˈkruːsɪbl̩] *n* ① TECH *(melting pot)* Schmelztiegel *m*
② *(fig: severe test)* Feuerprobe *f*

cru·ci·fix [ˈkruːsɪfɪks] *n* Kruzifix *nt*

cru·ci·fix·ion [ˌkruːsəˈfɪkʃən] *n* HIST, REL Kreuzigung *f;* ■**the C~** die Kreuzigung Christi; **to execute sb by ~** jdn kreuzigen

cru·ci·form [ˈkruːsɪfɔːm, AM -fɔːrm] *adj (form)* kreuzförmig, Kreuz-

cru·ci·fy [ˈkruːsɪfaɪ] *vt* ■**to ~ sb** jdn kreuzigen; *(fig fam)* jdn lynchen *fig hum; author, play* verreißen *fig fam*

crud [krʌd] *n no pl (fam)* Dreck *m a. fig pej fam*

crud·dy [ˈkrʌdi] *adj (fam)* mies *fam*

crude [kruːd] **I.** *adj* ① *(rudimentary)* primitiv
② *(unsophisticated) attempt, forgery* plump; *idea* naiv; *letter* unbeholfen; *style* unkonventionell
③ *(vulgar)* derb; *manners* rau, krud[e] *geh*
④ *(unprocessed)* roh, Roh-; **~ oil** Rohöl *nt;* **sour ~** schwefelhaltiges Rohöl
II. *n* Rohöl *nt*

crude·ly [ˈkruːdli] *adv* ① *(in a rudimentary way)* primitiv; **~ drawn** grob umrissen
② *(rudely)* rüde; **to behave ~** sich *akk* ungehobelt benehmen

crude·ness [ˈkruːdnəs], **crud·ity** [ˈkruːdəti, AM -əţi] *n no pl* ① *(lack of sophistication)* Rohheit *f,* Primitivität *f*
② *(vulgarity)* Derbheit *f;* ***we were shocked by the ~ of his behaviour*** wir waren schockiert über sein rüdes Benehmen

crude oil *n* Rohöl *nt;* **~ price** Rohölpreis *m;* STOCKEX Rohölnotierung *f*

cru·di·tés [ˈkruːdɪtəɪ, AM ˌkruːdɪˈteɪ] *npl* FOOD Rohkost *f kein pl*

cru·el <BRIT -ll-, AM *usu* -l- *or* more ~, most ~> [ˈkruːəl] *adj* ① *(deliberately mean)* grausam; *remark* gemein; ■**to be ~ to sb** zu jdm grausam sein; **a ~ streak** eine üble Phase; **~ tyranny** blutige Tyrannei
② *(harsh)* hart; *disappointment* schrecklich; **a ~ wind** ein beißender Wind
▸PHRASES: **to be ~ to be kind** *(saying)* jdm beinhart die Wahrheit sagen

cru·el·ly [ˈkruːəlli] *adv* grausam

cru·el·ty [ˈkruːəlti, AM -ţ-] *n* Grausamkeit *f* (**to** gegen +*akk*); **an act of ~** eine grausame Tat; **~ to animals** Tierquälerei *f;* **~ to children** Kindesmisshandlung *f;* **to accuse sb of ~** jdn der Grausamkeit bezichtigen [*o* beschuldigen]

cru·el·ty-'free *adj esp* BRIT nicht an Tieren getestet

cru·et [ˈkruːɪt] *n* ① BRIT Essig-/Ölfläschchen *nt*
② BRIT *(rack)* Menage *f*

cruise [kruːz] **I.** *n* Kreuzfahrt *f;* **to go on a ~** eine Kreuzfahrt machen
II. *vi* ① *(take a cruise)* eine Kreuzfahrt machen; *(ship)* kreuzen; **to ~ along the Seine** die Seine entlangschippern *fam*
② *(travel at constant speed) aeroplane* [mit Reisegeschwindigkeit] fliegen; *car* [konstante Geschwindigkeit] fahren
③ *(sl: drive around aimlessly)* herumfahren *fam;* *(look for casual sex)* jdn aufreißen [gehen] *fam;* ***he's just cruising*** er ist ein Aufreißer *fam*
III. *vt (sl)* ■**to ~ sb** jdn aufreißen *fam;* **to ~ the bars/clubs/streets** in einer Bar/einem Klub/auf der Straße aufreißen gehen *fam*

'cruise con·trol *n* Temporegler *m,* Geschwindigkeitsregler *m;* **to come** [*or* **be equipped**] **with ~** mit einem Temporegler ausgestattet sein **'cruise lin·er** *n* Kreuzfahrtschiff *nt* **cruise 'mis·sile** *n* Marschflugkörper *m*

cruis·er [ˈkruːzəʳ, AM -ɚ] *n* ① *(warship)* Kreuzer *m*
② *(pleasure boat)* Motoryacht *f*

cruis·er·weight [ˈkruːzəweɪt, AM zɚ] *n* BRIT SPORT *see* **light heavyweight** Halbschwergewicht *nt*

'cruise ship *n* Kreuzfahrtschiff *nt*

cruis·ing [ˈkruːzɪŋ] *n* AM Herumfahren *nt kein pl fam*

'cruis·ing al·ti·tude *n* Reiseflughöhe *f* **'cruis·ing speed** *n* Reisegeschwindigkeit *f*

crul·ler [ˈkrʌlɚ] *n* AM *(ring-shaped doughnut)* Spritzkuchen *m,* Krapfen *m* ÖSTERR; *(twisted doughnut) länglicher Berliner mit Zuckerglasur*

crumb [krʌm] **I.** *n* ① FOOD *of biscuit, cake* Krümel *m,* Brösel *m o* ÖSTERR *a. nt; of bread also* Krume *f*
② *(fig)* **~s of news** bruchstückhafte Nachrichten; **a small ~ of comfort** ein kleiner Trost, ein kleines Trostpflaster *hum;* **a ~ of hope** ein Funke[n] *m* Hoffnung; **any ~ of hope** jedes Fünkchen Hoffnung; **a few ~s of wisdom** ein Fünkchen *nt* Weisheit
③ *no pl (inside of bread)* Krume *f*
II. *interj* BRIT, AUS *(dated)* ■**~s!** ach du meine Güte! *fam*
III. *vt* FOOD ■**to ~ sth** etw panieren; **crispy ~ed** knusprig paniert

crum·ble [ˈkrʌmbl] **I.** *vt* ■**to ~ sth** etw zerkrümeln [*o* zerbröseln]; *(break into bits)* etw zerbröckeln
II. *vi* ① *(disintegrate)* zerbröckeln, zerbröseln; **crumbling plaster** brüchiger Gips
② *(fig) empire* zerfallen; *opposition* [allmählich] zerbrechen; *resistance* schwinden; *support* abbröckeln, allmählich abnehmen
III. *n* BRIT *mit Streuseln überbackenes Kompott;* **apple/peach ~** Apfel-/Pfirsichauflauf *m*

crum·bly [ˈkrʌmbli] **I.** *adj bread, cake* krümelig, bröselig; *brick, stone* bröckelig; **~ cheese** bröckeliger [*o* krümeliger] Käse
II. *n* BRIT *(fam: old person)* Grufti *m*

crum·my [ˈkrʌmi] *adj (fam)* mies *fam; carpet, house* schäbig; *idea* blöd *fam;* ***they live in a ~ house*** sie wohnen in einer richtigen Bruchbude *pej fam;* **a ~ job** eine miese Arbeit *fam;* **a ~ joint** ein heruntergekommener Laden *fam;* **to feel ~** sich *akk* mies fühlen *fam*

crum·pet [ˈkrʌmpɪt] *n* ① *esp* BRIT *flaches rundes Brötchen zum Auftoasten*
② *no pl* BRIT *(pej sl)* Mieze *f sl;* **to be a nice bit of ~** sehr sexy sein

crum·ple [ˈkrʌmpl] **I.** *vt* ■**to ~ sth** etw zerknittern; **to ~ a dress/suit** [sich *dat*] ein Kleid/einen Anzug zerknittern [*o fam* zerknautschen]; **to ~ paper** Papier zerknüllen [*o* zusammenknüllen]
II. *vi* ① *(become dented)* [*part of*] *car, bike* eingedrückt werden
② *(become wrinkled) face* sich *akk* verziehen; ***her face ~d with laughter*** ihr Gesicht verzog sich zu einem Lachen
③ *(collapse)* zusammenbrechen; **to ~ into a heap** völlig zusammenbrechen
◆**crumple up** *vt* ■**to ~ up** ⊂ **sth** etw zusammenknüllen

'crum·ple zone *n* BRIT, AUS AUTO Knautschzone *f*

crunch [krʌntʃ] **I.** *n* ① *usu sing (noise)* Knirschen *nt kein pl*
② *no pl (fam: difficult situation)* Krise *f;* **to find oneself in a ~** in einer Krise stecken
③ *(abdominal exercise)* Crunch *m*
▸PHRASES: **if it comes to the ~** *(fam)* wenn es hart auf hart kommt; **when it comes to the ~** *(fam)* wenn es darauf ankommt
II. *n modifier (time, period, situation)* stressig *fam*
III. *vt* FOOD ■**to ~ sth** etw geräuschvoll verzehren [*o fam* mampfen]
IV. *vi* ① *gravel, snow* knirschen
② FOOD ■**to ~ on sth** geräuschvoll in etw *akk* beißen
◆**crunch up** *vt* ■**to ~ up** ⊂ **sth** etw zermalmen; ***the car was ~ed up into a small cube*** das Auto wurde zu einem kleinen Quader zusammengepresst

crunchy [ˈkrʌntʃi] *adj cereal, toast* knusprig; *snow* verharscht; *apple* knackig; **~ peanut butter** Erdnussbutter *f* mit Erdnussstückchen

cru·sade [kruːˈseɪd] **I.** *n* ① *(campaign)* Kreuzzug *m,* Kampagne *f* (**for** für +*akk,* **against** gegen +*akk*); **a moral ~ for racial equality** ein moralischer Kampf für Rassengleichheit; **a ~ against illiteracy/drug dealing** ein Kampf *m* gegen den Analphabetismus/Drogenhandel; **to start a ~** [**against sth**] eine Kampagne [*o* einen Kreuzzug] [gegen etw *akk*] starten
② HIST ■**the C~s** *pl* die Kreuzzüge *pl*
II. *vi* ■**to ~ for/against sth** einen Kreuzzug für/gegen etw *akk* führen

cru·sad·er [kruːˈseɪdəʳ, AM -ɚ] *n* ① *(campaigner)* ■**a ~ against sth** jd, der gegen etw *akk* zu Felde zieht
② HIST Kreuzritter *m*

crush [krʌʃ] **I.** *vt* ① *(compress)* ■**to ~ sth** etw zusammendrücken; *(causing serious damage)* etw zerquetschen; MED [sich *akk*] etw quetschen; **to ~ sb to death** jdn zerquetschen
② *(mash)* ■**to ~ sth** etw zerdrücken; ***~ the almonds into a fine powder*** die Mandeln fein mahlen; **to ~ an apple** einen Apfel fein zerkleinern; **to ~ a clove of garlic** eine Knoblauchzehe zerdrücken; **to ~ grapes** Trauben zerstampfen
③ *(break into pieces)* **to ~ ice** Eis zerstoßen
④ *(shock)* ■**to ~ sb** jdn [stark] erschüttern; ***he was completely ~ed by the news*** die Nachricht hat ihn furchtbar getroffen
⑤ *(defeat)* ■**to ~ sb/sth** jdn/etw vernichten [*o* unschädlich machen]; ***the army was determined to ~ all resistance*** die Armee war entschlossen, jeglichen Widerstand zu zerschlagen; **to ~ hopes** Hoffnungen zunichtemachen; **to ~ an opponent** einen Gegner [vernichtend] schlagen; **to ~ a rebellion/riot** eine Rebellion/einen Aufstand niederschlagen
II. *n* ① *no pl (crowd)* Gewühl *nt,* Gedränge *nt*
② *(fam: temporary infatuation)* **to get a ~ on sb** sich *akk* in jdn verknallen *fam;* **to have a ~ on sb** in jdn verknallt [*o* verschossen] sein *fam*
③ *no pl (drink)* Fruchtsaft *m* mit zerstoßenem Eis; **orange ~** Orangensaft *m* mit zerstoßenem Eis
◆**crush up** *vt* ■**to ~ sth** ⊂ **up** etw zusammenquetschen; *Gewürze* etw zerstoßen

'crush bar·ri·er *n* BRIT Absperrung *f*

crushed [krʌʃt] *adj* ① *(compressed)* zerdrückt; *(mashed)* zerquetscht, zermalmt
② *(broken into pieces)* **~ ice** zerstoßenes Eis
③ *(badly creased) clothes* zerknittert
④ *(emotionally hurt)* verletzt; **to feel ~** sich *akk* getroffen fühlen

crush·er [ˈkrʌʃəʳ, AM -ɚ] *n (machine)* Presse *f*

crush·ing [ˈkrʌʃɪŋ] *adj* schrecklich; **a ~ blow** ein harter [*o* furchtbarer] Schlag; **a ~ defeat** eine vernichtende Niederlage

crush·ing·ly [ˈkrʌʃɪŋli] *adv* ① *(overwhelmingly)* überwältigend
② *(with great weight)* mit zermalmender Wucht

crust [krʌst] *n* ① FOOD *(outer layer) of pastry* Kruste *f; of bread also* Rinde *f;* **a ~ of dirt** ein Schmutzrand *m;* **a dry ~** ein Stück *nt* hartes Brot
② GEOL [Erd]kruste *f*

crus·ta·cean [krʌsˈteɪʃən] *n* Krustentier *nt,* Krebstier *nt,* Krustazee *f fachspr*

crust·ed ['krʌstɪd] *adj* **to be ~ with sth** von etw *dat* verkrustet sein

crusty ['krʌsti] **I.** *adj* ❶ *bread* knusprig
❷ *(grumpy)* mürrisch, grantig; ***he's a ~ old bachelor*** er ist ein brummiger alter Junggeselle
II. *n* BRIT *(fam)* junger Obdachloser, der die Tiere und die Natur liebt
III. *n modifier* BRIT *(fam: close to nature, often without a home) (lifestyle)* naturnah

crutch [krʌtʃ] *n* ❶ MED Krücke *f;* **to be** [*or* **go about**] [*or* **walk**] **on ~es** auf Krücken gehen
❷ *no pl (source of support)* Stütze *f,* Halt *m;* ***after my husband died, my brother became an emotional ~ for me*** nach dem Tod meines Mannes gab mir mein Bruder seelischen Halt
❸ ANAT, FASHION Unterleib *m; of trousers* Schritt *m*

crux [krʌks] *n no pl* Kernfrage *f;* **the ~ of the matter** der springende Punkt

cry <-ie-> [kraɪ] **I.** *n* ❶ *no pl (act of shedding tears)* Weinen *nt;* **to have a ~** sich *akk* ausweinen; ***have a good ~*** wein dich ruhig aus
❷ *(loud emotional utterance)* Schrei *m; (shout also)* Ruf *m;* ***they were wakened by cries of 'fire!'*** sie wachten auf, weil jemand [mehrmals] laut „Feuer!" schrie; **a ~ of pain/pleasure** ein Schmerzens-/Freudenschrei *m;* **to give** [*or* **utter**] **a ~** einen Schrei ausstoßen
❸ *(appeal)* Ruf *m* (**for** nach +*dat*); **~ for help** Hilferuf *m,* Hilfeschrei *m*
❹ *(slogan)* Parole *f*
❺ ZOOL, ORN Schreien *nt kein pl,* Geschrei *nt kein pl*
▸ PHRASES: **to be a far ~ from sth** wenig mit etw *dat* zu tun haben, weit von etw *dat* entfernt sein; ***that's a far ~ from the truth*** das hat mit der Wahrheit ziemlich wenig zu tun; ***it's still a far ~ from what I expected of you*** das hätte ich nie von Ihnen erwartet; **to be in full ~** in ein eifriges Gespräch vertieft sein; HUNT *hounds* in voller Jagd sein; **to be in full ~ over sth** gegen etw *akk* Sturm laufen
II. *vi* weinen; *baby* schreien; ■**to ~ for sth** nach etw *dat* weinen; ***we all laughed until we cried*** wir alle lachten Tränen; **to ~ for joy** vor Freude weinen
▸ PHRASES: **it is no good ~ing over spilt** [*or* AM **spilled**] **milk** was passiert ist, ist passiert
III. *vt* ■**to ~ sth** ❶ *(shed tears)* etw weinen; ***she cried bitter tears*** sie vergoss bittere Tränen; **to ~ oneself to sleep** sich *akk* in den Schlaf weinen
❷ *(exclaim)* etw rufen [*o* schreien]; ***"help me!" he cried*** „Hilfe!" schrie er
▸ PHRASES: **to ~ one's eyes** [*or* **heart**] **out** sich *dat* die Augen ausweinen; **to ~ foul** einen Regelverstoß [öffentlich] kritisieren; **to ~ foul at sth** etw [öffentlich] als Fehlverhalten kritisieren; **to ~ wolf** falschen Alarm geben

◆**cry down** *vt* ❶ *(decry)* ■**to ~ down** ○ **sth** etw anprangern
❷ *(denigrate)* ■**to ~ down** ○ **sb/sth** jdn/etw schlechtmachen [*o fam* heruntermachen]; **to ~ down objections** Einwände abtun

◆**cry off** *vi (fam)* einen Rückzieher machen, aussteigen *fam;* ***she usually says she'll be there and then cries off at the last minute*** sie sagt immer, sie würde kommen, und sagt dann in der letzten Minute doch ab

◆**cry out** **I.** *vi* ❶ *(shout)* aufschreien; ***she cried out in pain*** sie schrie vor Schmerz auf
❷ *(protest)* ■**to ~ out against sth** [lautstark] gegen etw *akk* protestieren, sich *akk* [lauthals] über etw *akk* beschweren
❸ *(need)* ■**to ~ out for sth** nach etw *dat* schreien; ***I've never seen a car ~ out so badly for a wash*** ich habe noch nie ein Auto gesehen, das so dringend gewaschen werden müsste
▸ PHRASES: **for ~ing out loud** *(fam)* verdammt nochmal! *fam*
II. *vt* ■**to ~ out** ○ **sth** etw rufen; *(scream)* etw schreien

'cry·baby *n (pej fam)* Heulsuse *f pej fam*

cry·ing ['kraɪɪŋ] **I.** *n no pl* Weinen *nt; (screaming)* Schreien *nt*
II. *adj attr, inv* dringend; ***there's a ~ need for a better education system*** eine Verbesserung des Bildungssystems ist dringend erforderlich
▸ PHRASES: **it's a ~ shame that ...** es ist jammerschade, dass ... *fam*

cryo·gen·ic [ˌkraiə(ʊ)'dʒenɪk, AM -ə'-] *adj attr, inv* Kälte erzeugend

cryo·gen·ic 'memo·ry *n* PHYS supraleitender Speicher

cryo·gen·ics [ˌkraɪə(ʊ)'dʒenɪks, AM -ə'-] *n + sing vb* PHYS Kryogenik *f kein pl fachspr,* Tieftemperaturphysik *f kein pl*

cryo·sur·gery [ˌkraɪə(ʊ)'sɜːdʒᵊri, AM -ə'sɜːr-] *n no pl* MED Kryochirurgie *f fachspr,* Kältechirurgie *f*

cryo·thera·py [ˌkraɪə(ʊ)'θerəpi, AM -ə'-] *n* MED Kryotherapie *f fachspr,* Kältetherapie *f*

crypt [krɪpt] *n* Krypta *f*

crypt·analy·sis [ˌkrɪptə'næləsɪs] *n* Kryptoanalyse *f*

cryp·tic ['krɪptɪk] *adj comment, remark* rätselhaft, kryptisch *geh; message also* geheimnisvoll, verschlüsselt; **~ crossword** *Kreuzworträtsel, bei dem man um die Ecke denken muss;* **~ look** unergründlicher Blick; **~ smile** Mona-Lisa-Lächeln *nt;* ■**to be ~ about sth** sich *akk* nur sehr vage zu etw *dat* äußern; ***the police were being very ~ about the condition of the hostages*** die Polizei äußerte sich nur sehr vorsichtig über den Zustand der Geiseln

cryp·ti·cal·ly ['krɪptɪkᵊli] *adv* kryptisch *geh,* rätselhaft; ***they spoke ~*** sie sprachen in Rätseln; ***I like movies which end ~*** ich mag Filme, die ungewiss ausgehen; **to hint ~ at sth** einen versteckten Hinweis auf etw *akk* geben

crypto·analy·sis [ˌkrɪptəʊə'næləsɪʃ, AM -toʊ-] *n* Kryptoanalyse *f*

cryp·to·gram ['krɪptə(ʊ)græm, AM -təgræm] *n* Geheimtext *m,* Kryptogramm *nt veraltet*

cryp·tog·ra·pher [krɪp'tɒgrəfəʳ, AM 'tɑːgrəfɚ] *n* Entschlüsselungsexperte, -expertin *m, f*

cryp·to·graph·ic [ˌkrɪptə(ʊ)'græfɪk, AM -tə'-] *adj* kryptografisch; **~ algorithm** Chiffrieralgorithmus *m;* **~ key** Chiffrierschlüssel *m*

cryp·tog·ra·phy [krɪp'tɒgrəfi, AM -'tɑː-] *n no pl* Ver- und Entschlüsselungstechnik *f,* Kryptografie *f*

cryp·tol·ogy [krɪp'tɒlədʒi, AM -'tɑːlə-] *n* Kryptologie *f*

crys·tal ['krɪstᵊl] **I.** *n* ❶ CHEM, GEOL Kristall *m;* **ice ~** Eiskristall *m;* **quartz ~** Quarzkristall *m;* **salt ~** Salzkristall *m;* **snow ~** Schneekristall *m;* **~ crystal** Einkristall *m*
❷ *no pl (glass)* Kristallglas *nt;* **lead ~** Bleikristall *nt*
❸ *(on a watch, clock)* [Uhr]glas *nt*
II. *adj inv* ❶ CHEM kristallin
❷ *(made of crystal)* Kristall-; **a ~ chandelier** ein Kristallleuchter *m*

crys·tal 'ball *n* Kristallkugel *f;* ***I haven't got a ~*** ich bin (doch) kein Hellseher

crys·tal 'clear *adj* ❶ *(transparent) water* kristallklar ❷ *(obvious)* glasklar, völlig [*o* vollkommen] klar; ***it's all ~ to me now*** jetzt ist mir alles sonnenklar; ***the evidence is now ~*** der Beweis liegt nun ganz klar auf der Hand; ***she made it ~ that ...*** sie stellte unmissverständlich klar, dass ...

'crys·tal-gaze *vi* hellsehen

crys·tal·line ['krɪstᵊlaɪn] *adj inv* ❶ CHEM kristallin
❷ *(liter: crystal clear)* kristallklar, klar wie ein Kristall

crys·tal·li·za·tion [ˌkrɪstᵊlaɪ'zeɪʃᵊn, AM -lɪ'-] *n no pl* CHEM Kristallisierung *f,* Kristallisation *f*

crys·tal·lize ['krɪstᵊlaɪz] **I.** *vi* CHEM kristallisieren; *feelings* fassbar [*o* greifbar] werden
II. *vt* ■**to ~ sth** etw herausbilden [*o* herauskristallisieren]; ***the event helped to ~ my thoughts*** das Ereignis half mir, meine Gedanken zu ordnen

crys·tal·lized 'fruit *n* kandierte Frucht

crys·tal·log·ra·phy [ˌkrɪstᵊl'ɒgrəfi, AM -təl'ɑːgrə] *n no pl* SCI Kristallografie *f fachspr*

CSA [ˌsiːes'eɪ] *n no pl abbrev of* **Child Support Agency** *staatliche Stelle, die sich mit Unterhaltszahlungen für Kinder befasst*

CSCS [ˌsiːessiː'es] *n* AM SPORT *abbrev of* **Certified Strength and Conditioning Specialist** CSCS

CSE [ˌsiːes'iː] *adj, n (old) see* **Certificate of Secondary Education** *ehemaliger Schulabschluss, den man mit 16 Jahren macht*

c-sec·tion ['siːˌsekʃᵊn] *n* MED Kaiserschnitt *m*

CSIS [ˌsiːesaɪ'es] *n abbrev of* **Canadian Security Intelligence Service** ≈BND *m (Geheimdienst Canadas)*

ct *n abbrev of* **carat**

ct. *abbrev of* **cent** ct

CT *n* ECON *abbrev of* **corporation tax** K.St. *f*

CTC [ˌsiːtiː'siː] *n* BRIT *abbrev of* **city technology college** ≈ technische Fachschule

CTP [ˌsiːtiː'piː] *n* EU *abbrev of* **Common Transport Policy** GVP *f*

CTT [ˌsiːtiː'tiː] *n* LAW *abbrev of* **capital transfer tax** Schenkungs- und Erbschaftssteuer *f*

cub [kʌb] *n* ❶ ZOOL Junge[s] *nt;* **a bear/wolf ~** ein Bären-/Wolfsjunge[s] *nt;* **a lion/tiger ~** ein Löwen-/Tigerbaby *nt*
❷ *(cub scout)* Wölfling *m*

Cuba ['kjuːbə] *n* Kuba *nt*

Cu·ban ['kjuːbən] **I.** *adj inv* kubanisch
II. *n* Kubaner(in) *m(f)*

cubby·hole ['kʌbihəʊl, AM -hoʊl] **I.** *n* Kämmerchen *nt,* Kabäuschen *nt* DIAL, [winziges] Kabuff DIAL *oft pej*
II. *n modifier* winzig

cube [kjuːb] **I.** *n* ❶ *(shape)* Würfel *m,* Kubus *m fachspr;* **ice ~** Eiswürfel *m*
❷ MATH Kubikzahl *f,* dritte Potenz
II. *vt* ■**to ~ sth** ❶ FOOD etw in Würfel schneiden; **to ~ the meat/potatoes** das Fleisch/die Kartoffeln in Würfel schneiden [*o* würfeln]
❷ MATH etw hoch drei nehmen; ***2 ~d equals 8*** 2 hoch 3 ist 8

'cube farm *n (sl)* Großraumbüro *nt* mit Trennwänden

cube 'root *n* MATH Kubikwurzel *f;* ***the ~ of 125 is 5*** die Kubikwurzel von 125 ist 5

cub·ic ['kjuːbɪk] *adj* ❶ *attr, inv* MATH Kubik-; **~ centimetre/foot/metre** Kubikzentimeter/-fuß/-meter *m*
❷ *(cube-shaped)* kubisch *fachspr,* würfelförmig

cub·ic ca·'pac·ity *n* MATH Kubikinhalt *m*

cu·bi·cle ['kjuːbɪkl̩] *n* ❶ *(changing room)* [Umkleide]kabine *f*
❷ *(sleeping compartment)* winziges Schlafzimmer, Schlafzelle *f; (tiny room)* Zelle *f*

cu·bi·form ['kjuːbɪfɔːm, AM fɔːrm] *adj inv* ARCHIT würfelförmig

cub·ism ['kjuːbɪzᵊm] *n no pl* ART Kubismus *m*

cub·ist ['kjuːbɪst] ART **I.** *n* Kubist(in) *m(f)*
II. *adj* kubistisch

cu·bit ['kjuːbɪt] *n* HIST Elle *f hist*

cu·boid ['kjuːbɔɪd] *adj* quaderförmig

cub re·'port·er *n* Nachwuchsreporter(in) *m(f); (trainee)* Volontär(in) *m(f)* bei einer Zeitung

cub 'scout *n* Wölfling *m*

cuck·old ['kʊkəʊld, AM -oʊld] **I.** *n (pej dated)* gehörnter Ehemann, Hahnrei *m veraltend*
II. *vt (pej dated)* ■**to ~ sb** jdn betrügen [*o veraltend* zum Hahnrei machen], jdm Hörner aufsetzen

cuckoo ['kʊkuː, AM *also* 'kuːkuː] **I.** *n* ORN Kuckuck *m*
II. *adj (fam)* übergeschnappt *fam;* ***you must be ~*** du musst doch völlig bekloppt sein *fam;* **to go ~** überschnappen *fam*

'cuckoo clock *n* Kuckucksuhr *f*

'cuckoo spit *n no pl* ZOOL Kuckucksspeichel *m*

cu·cum·ber ['kjuːkʌmbəʳ, AM -ɚ] *n* [Salat]gurke *f*
▸ PHRASES: **to be [as] cool as a ~** *(fam)* immer einen kühlen Kopf behalten, die Ruhe weg haben *fam*

cud [kʌd] *n no pl* wiedergekäutes Futter; **to chew the ~** wiederkäuen
▸ PHRASES: **to chew the ~** *(fam)* sinnieren

cud·dle ['kʌdl] **I.** *n* [liebevolle] Umarmung, Liebkosung *f;* **to need plenty of ~s** sehr viel Zärtlichkeit brauchen; **to give sb a ~** jdn umarmen; ***come here and give me a ~*** komm her und drück mich ganz fest
II. *vt* ■**to ~ sb/sth** jdn/etw liebkosen [*o fam* knuddeln]
III. *vi* kuscheln

◆**cuddle up** *vi (fam)* sich *akk* aneinanderkuscheln; ■**to ~ up to sb** sich *akk* an jdn kuscheln [*o* schmiegen]

'cud·dle par·ty *n* Kuschelparty *f (bei der die Gäste,* *die sich nicht kennen, miteinander schmusen. Oft gegen eine Eintrittsgebühr.)*

cud·dly ['kʌdḷi] *adj (approv)* knuddelig *fam*

cud·dly 'toy *n* BRIT, AUS Schmusetier *nt*

cud·gel ['kʌdʒᵊl] **I.** *n* Knüppel *m; **guards armed with ~s*** mit Polizeiknüppeln bewaffnete Wachposten

▸PHRASES: **to take up** [**the**] **~s for/against sb/sth** BRIT, AUS für/gegen jdn/etw eine Lanze brechen

II. *vt* <BRIT -ll- *or* AM *usu* -l-> ■**to ~ sb** jdn niederknüppeln; ■**to ~ sb into doing sth** *(fig)* jdn zu etw *dat* zwingen

▸PHRASES: **to ~ one's brains** sich *dat* das Hirn zermartern

cue [kju:] **I.** *n* 1 THEAT Stichwort *nt; (fig also)* Signal *nt*, Zeichen *nt;* **to miss one's ~** sein Stichwort verpassen; **to take one's ~ from sb** *(follow sb's example)* jds Beispiel folgen; *(follow sb's advice)* jds Zeichen Folge leisten; **to take one's ~ from sth** sich *akk* von etw *dat* inspirieren lassen

2 *(in billiards, snooker)* Queue *nt o* ÖSTERR *a. m fachspr,* Billardstock *m*

3 COMPUT Aufruf *m*

▸PHRASES: [**right**] **on ~** wie gerufen

II. *vt* ■**to ~ in sb** [*or* **to ~ sb in**] jdm das Stichwort geben

'cue ball *n (in billiards, snooker)* Billardkugel *f* **'cue card** *n* TV Neger *m fachspr*

cuff [kʌf] **I.** *n* 1 FASHION *(of sleeve)* Manschette *f; **I rolled back my ~s*** ich krempelte die Ärmel hoch

2 AM, AUS FASHION *(of trouser leg)* [Hosen]aufschlag *m*

3 *(blow)* Klaps *m fam*

4 *(fam)* LAW ■**~s** *pl* Handschellen *pl; **get the ~s on him!*** legen Sie ihm [die] Handschellen an!

▸PHRASES: **off the ~** aus dem Stegreif

II. *vt* ■**to ~ sb** 1 *(strike)* jdm einen Klaps geben *fam*

2 *(fam: handcuff)* jdm Handschellen anlegen; ***with his hands ~ed behind his back*** mit auf dem Rücken gefesselten Händen

cuffed [kʌft] *adj inv* AM FASHION Stulpen-; **~ trousers** Hose *f* mit Aufschlag

'cuff link *n* Manschettenknopf *m*

cui·rass [kwɪ'ræs] *n* HIST Küras *m*, Brustharnisch *m*

cui·sine [kwɪ'zi:n] *n no pl* Küche *f*

cul-de-sac <*pl* -s *or* culs-de-sac> ['kʌldəsæk] *n (also fig)* Sackgasse *f a. fig;* **to come to a ~** [**with sth**] [bei etw *dat*] in eine Sackgasse geraten

culi·nari·ly [ˌkʌlɪ'neərɪli, AM -'ner-] *adv* kulinarisch

culi·nary ['kʌlɪnᵊri, AM -ləneri] *adj inv* kulinarisch; **~ delights** kulinarische Köstlichkeiten; **~ equipment** Küchengeräte *pl;* **~ implements** Kochutensilien *pl*

cull [kʌl] **I.** *vt* 1 *(kill)* ■**to ~ an animal** ein Tier erlegen *(um den Bestand zu reduzieren)*

2 *(select)* ■**to ~ sth** etw herausfiltern [*o* auswählen]

II. *n* Abschlachten *nt kein pl; (fig)* Abschuss *m kein pl*

cul·let ['kʌlɪt] *n no pl* Glasbruch *m*

culm [kʌlm] *n* BOT Halm *m*

cul·mi·nate ['kʌlmɪneɪt] *vi* ■**to ~ in sth** in etw *dat* gipfeln; ***their many years of research have finally ~d in a cure for the disease*** ihre jahrelangen Forschungen haben mit der Entdeckung eines Heilmittels für die Krankheit ihren Höhepunkt erreicht

cul·mi·na·tion [ˌkʌlmɪ'neɪʃᵊn] *n no pl* Höhepunkt *m*

cu·lottes [kju:'lɒts, AM ku:'lɑ:ts] *npl* Hosenrock *m;* ■**a pair of ~** ein Hosenrock *m*

cul·pa·bil·ity [ˌkʌlpə'bɪləti, AM -əṭi] *n no pl (form)* Schuld *f;* **to accept ~** die Schuld auf sich *akk* nehmen

cul·pable ['kʌlpəbḷ] *adj (form)* schuldig; **to hold sb ~ for sth** jdm die Schuld an etw *dat* geben

cul·pable 'homi·cide *n no pl* LAW Totschlag *m;* **to charge sb with ~** jdn wegen Totschlags anklagen; **to convict sb of ~** jdn wegen Totschlags verurteilen **cul·pable 'neg·li·gence** *n no pl* LAW grobe Fahrlässigkeit

cul·prit ['kʌlprɪt] *n* Schuldige(r) *f(m)*, Täter(in) *m(f); (hum)* Missetäter(in) *m(f)*

cult [kʌlt] *n* 1 *(sect)* Kult *m*, Sekte *f;* **religious ~** religiöse Sekte

2 *(fig: fad)* Kult *m;* **fitness ~** Fitnesskult *m;* **personality ~** Personenkult *m*

'cult fig·ure *n* Kultfigur *f* **cult 'fol·low·ing** *n* Fangemeinde *f*, Anhängerschaft *f*

cul·ti·vable ['kʌltɪvəbḷ, AM ṭə] *adj* bebaubar, kultivierbar

cul·ti·vate ['kʌltɪveɪt, AM -tə-] *vt* 1 AGR *(grow)* ■**to ~ sth** etw anbauen; **to ~ crops** Getreide anbauen; **to ~ vegetables** Gemüse anbauen [*o* ziehen]

2 AGR *(till)* **to ~ the land** das Land bestellen

3 *(fig form)* ■**to ~ sth** etw entwickeln; **to ~ an accent** einen Akzent pflegen; **to ~ a career** eine Karriere fördern; **to ~ contacts/relationships** Kontakte/Beziehungen pflegen; **to ~ one's mind** seine geistigen Fähigkeiten steigern; **to ~ sb's mind** jdn geistig fördern; **to ~ one's reputation** etwas für seinen guten Ruf tun; **to ~ sb's talent** jds Talent fördern

cul·ti·vat·ed ['kʌltɪveɪtɪd, AM -təveɪṭɪd] *adj* 1 AGR *field* bestellt; *land, soil also* kultiviert, bebaut

2 *(fig)* kultiviert, gebildet

cul·ti·va·tion [ˌkʌltɪ'veɪʃᵊn, AM -tə'-] *n no pl* AGR *of crops, vegetables* Anbau *m; of land* Bebauung *m*, Bestellung *m;* **to bring land under ~** Land bebauen [*o* kultivieren]

cul·ti·va·tor ['kʌltɪveɪtəʳ, AM -təveɪṭɚ] *n* AGR 1 *(machine)* Kultivator *m fachspr,* Grubber *m fachspr*

2 *(person)* Landwirt(in) *m(f)*

cul·tur·al ['kʌltʃᵊrᵊl] *adj* kulturell; **~ stereotype** Klischee *nt;* **~ anthropology** Kulturanthropologie *f;* **~ attaché** Kulturattaché *m;* **~ backwater** [*or* **desert**] Kulturwüste *f; **this town's a bit of a ~ desert!*** in dieser Stadt ist kulturell überhaupt nichts los!; **~ cringe** BRIT, AUS *Minderwertigkeitskomplex aufgrund kultureller Unterlegenheitsgefühle;* **~ exchange** Kulturaustausch *m;* **~ interest** Interesse *nt* für Kunst und Kultur; **~ revolution** Kulturrevolution *f*

cul·tur·al·ly ['kʌltʃᵊrᵊli] *adv* kulturell, in kultureller Hinsicht; **~ diverse** multikulturell

cul·ture ['kʌltʃəʳ, AM -tʃɚ] **I.** *n* 1 SOCIOL Kultur *f*

2 *no pl* ART, LIT, MUS Kultur *f*, Bildung *f;* **person of ~** kultivierter Mann/kultivierte Frau

3 BIOL Zucht *f*, Züchtung *f; (of microorganisms)* Kultur *f;* **silkworm ~** Seidenraupenzucht *f;* **to grow a ~** eine [Bakterien]kultur anlegen

II. *vt* BIOL **to ~ cells/microorganisms** Zellen/Mikroorganismen züchten

cul·tured ['kʌltʃəd, AM -tʃɚd] *adj* kultiviert

cul·tured 'pearl *n* Zuchtperle *f*

'cul·ture gap *n große Kluft zwischen verschiedenen Bevölkerungsgruppierungen bedingt durch einen unterschiedlichen Lebensstil; **there's a ~ between many teenagers and their parents*** viele Teenager haben völlig andere Vorstellungen als ihre Eltern **'cul·ture shock** *n* Kulturschock *m;* **to go through ~** einen Kulturschock erleben; **to suffer from ~** einen Kulturschock haben **'cul·ture vul·ture** *n* BRIT *(pej fam)* [Kunst- und] Kulturfreak *m fam*

cul·vert ['kʌlvət, AM vɚt] **I.** *n* [überwölbter] Abzugskanal; *(for cable)* unterirdische Leitung

II. *vt usu passive* ■**to ~ sth** etw durch einen Abzugskanal leiten

cum [kʌm, kʊm] **I.** *prep* 1 FIN **~ all** einschließlich aller Rechte; **~ coupon** mit Coupon; **~ dividend** mit Dividende; **~ rights** einschließlich Bezugsrechte

2 *(combined with)* **a playroom-~-study** ein Spiel- und Lernzimmer *nt*

II. *n* FIN Cum *m (Optionsanleihe, die mit dem Optionsschein zusammen gehandelt wird)*

cum·ber·some ['kʌmbəsəm, AM -bɚ-], **cum·brous** ['kʌmbrəs] *adj luggage* unhandlich, sperrig; *clothing* unbequem; *style of writing* schwerfällig, umständlich; ***it's rather ~ having to carry all these cases around*** es ist wirklich beschwerlich, all diese Kisten herumschleppen zu müssen; **a ~ old computer** ein langsamer alter Computer

Cum·brian ['kʌmbriən] **I.** *n* Bewohner(in) *m(f)* Cumbrias

II. *adj* aus Cumbria *nach n*

Cum·brian Moun·tains [ˌkʌmbriən'-] *npl* Kumbrisches Gebirge

cum·in ['kʌmɪn, 'kju:-] *n no pl* Kreuzkümmel *m*

'cum·in seed *n* Kreuzkümmelsamen *m*

cum·mer·bund ['kʌməbʌnd] *n* FASHION Kummerbund *m*

cu·mu·la·tion [ˌkju:mjə'leɪʃᵊn] *n* FIN Anreicherung *f*

cu·mu·la·tive ['kju:mjələtɪv, AM -ṭ-] *adj* gesamt, kumulativ *geh;* **~ evidence** LAW Häufung *f* von Beweismitteln; ***the ~ evidence was overwhelming*** die Fülle an Beweismaterial war überwältigend; **~ total** Gesamtbetrag *m*

cu·mu·la·tive 'cost·ing *n no pl* Kumulationsrechnung *f* **cu·mu·la·tive 'fund** *n* FIN Anreicherungsfonds *m*, Wachstumsfonds *m*, Thesaurierungsfonds *m*

cu·mu·la·tive·ly ['kju:mjələtɪvli, AM ṭɪv] *adv* alles in allem, kumulativ *geh*

cu·mu·la·tive 'pref·er·ence share *n* FIN kumulative Vorzugsaktie

cu·mu·lo·nim·bus <*pl* -bi> [ˌkju:mjələʊ'nɪmbəs, AM -loʊ'] *n* METEO Kumulonimbus *m fachspr*

cu·mu·lus <*pl* -li> ['kju:mjələs, *pl* li:] *n* METEO Kumulus *m fachspr,* Haufenwolke *f*

cu·nei·form ['kju:nɪfɔ:m, AM -nəfɔ:rm] *adj inv* keilförmig; LING Keil-; **~ characters** Keilschriftzeichen *pl;* **~ writing** Keilschrift *f*

cun·ni·lin·gus [ˌkʌnɪ'lɪŋgəs] *n no pl* Cunnilingus *m*

cun·ning ['kʌnɪŋ] **I.** *adj* 1 *(ingenious) idea* clever, raffiniert; *person also* schlau, gerissen; *device* ausgeklügelt; ***it was ~ of the managing director to ...*** es war ziemlich clever von dem Geschäftsführer, ...; **to develop ~ defences** raffinierte Schutzmechanismen entwickeln; **a ~ look** ein listiger Blick; **a ~ plan** ein gerissener Plan

2 AM *(cute)* süß, niedlich

▸PHRASES: **to be as ~ as a fox** ein schlauer Fuchs sein

II. *n no pl (ingenuity)* Cleverness *f*, Gerissenheit *f fam;* **to show a bit of ~** sich *akk* klug anstellen

cun·ning·ly ['kʌnɪŋli] *adv (slyly)* schlau; *(ingeniously)* geschickt, clever, raffiniert

cunt [kʌnt] *n (vulg)* 1 *(pej!: person)* Arsch *m vulg; **you** [**stupid**] **~!*** du blöde Sau! *derb*

2 *(vagina)* Möse *f sl,* Fotze *f vulg*

cup [kʌp] **I.** *n* 1 *(container)* Tasse *f;* **coffee/tea ~** Kaffee-/Teetasse *f;* **a cup of chocolate/coffee/tea** eine Tasse Schokolade/Kaffee/Tee; **egg ~** Eierbecher *m;* **paper/plastic ~** Papp-/Plastikbecher *m*

2 *esp* AM *(measure) 0,237 l;* **a ~ of flour/water** eine Tasse [voll] Mehl/Wasser

3 SPORT *(trophy)* Pokal *m; (championship)* Cup *m;* **the Davis C~** der Daviscup; **the World C~** die Weltmeisterschaft; **to play in the C~** an einem Pokalwettbewerb teilnehmen; **to win a ~** einen Pokal gewinnen, Pokalsieger werden; **to win the World C~** den Weltcup gewinnen, Weltmeister werden

4 REL *(chalice)* Kelch *m*

5 BOT Kelch *m; of an acorn* Fruchtbecher *m*

6 FASHION *(part of bra)* Körbchen *nt; (size)* Körbchengröße *f;* **A/B/C ~** Körbchengröße [*o* Cup] A/B/C

7 AM SPORT Unterleibsschutz *m*, Schutz *m* für die Genitalien

8 *no pl (drink)* Punsch *m*

▸PHRASES: **that's** [**just**]**/not my ~ of tea** *(fam)* das ist genau/nicht gerade mein Fall

II. *vt* <-pp-> **to ~ one's hands** mit den Händen eine Schale bilden; ***she ~ped her hands around her mug*** sie legte die Hände um den Becher; ***"Hello!" he shouted, with his hands ~ped around his mouth*** „hallo!" rief er und legte dabei die Hände trichterförmig um den Mund; **to ~ sth in one's hands** etw in der hohlen Hand halten; ***she ~ped her chin in her hands*** sie stützte das Kinn in die Hand

cup·board ['kʌbəd, AM -ɚd] *n (for clothing)* Schrank *m*, Kasten *m* ÖSTERR, SCHWEIZ; ***I'm afraid the ~ is bare*** *(for food)* ich fürchte, der [Vorrats]schrank ist leer; **kitchen** ~ Küchenschrank *m;* **built-in** ~ Einbauschrank *m*

'cup·board love *n no pl* BRIT Geschmeichel *nt meist pej* **'cup·board space** *n no pl* Stauraum *m*

'cup·cake *n* rundes Küchlein *(Muffin aus Rührteig)*

cup 'fi·nal *n* Pokalendspiel *nt,* Cupfinale *nt*

cup·ful <*pl* -s *or esp* AM cupsful> ['kʌpfʊl] *n* Tasse *f (0,237 l)*

'cup hold·ers *npl* Titelverteidiger *m*

cu·pid ['kju:pɪd] *n* ❶ *no pl* MYTH, REL *(Roman god)* ■**C~** Kupido *m,* Amor *m*

❷ *(naked winged child)* Amorette *f,* Putte *f*

cu·pid·ity [kju:'pɪdəti, AM -ət̬i] *n no pl* Habgier *f*

cu·po·la ['kju:pəˡlə] *n* ARCHIT Kuppel *f*

cup·pa ['kʌpə] *n esp* BRIT *(fam)* Tasse *f* Tee

'cup tie *n* Pokalspiel *nt* **'cup-tied** *adj inv* BRIT FBALL gesperrt **'cup win·ner** *n* SPORT Pokalsieger(in) *m(f)*

cur [kɜ:ʳ, AM kɜr] *n (liter or pej)* ❶ *(dog)* [gefährlicher] Köter *pej*

❷ *(person)* Kanaille *f pej,* fieser Hund *pej fam*

cur·abil·ity [ˌkjʊərə'bɪləti, AM ˌkjʊrə'bɪlət̬i] *n no pl* Heilbarkeit *f*

cur·able ['kjʊərəbl̩, AM 'kjʊr-] *adj* heilbar

cu·ra·çao ['kjʊərəsaʊ, AM 'kjʊrəsoʊ] *n no pl* Curaçao *m*

cu·ra·re [kjʊ(ə)'rɑ:ri, AM kjʊ'rɑ:ri] *n no pl* Kurare *nt*

cu·rate ['kjʊərət, AM 'kjʊr-] *n* REL Kurat *m,* Hilfsgeistlicher *m*

►PHRASES: **a ~'s egg** *that film was a bit of a ~'s egg* streckenweise war der Film gar nicht so schlecht

cu·ra·tive ['kjʊərətɪʌ, AM 'kjʊrət̬ɪv] *adj* heilend, kurativ *fachspr;* **~ medicine** Heilmittel *nt*

cu·ra·tor [kjʊə'reɪtəʳ, AM kjʊ'reɪt̬ɚ] *n* Konservator(in) *m(f) geh,* SCHWEIZ, ÖSTERR *a.* Kurator(in) *m(f);* **~ of the estate** LAW Nachlasspfleger(in) *m(f)*

cu·ra·to·rial [ˌkjʊərə'tɔ:riəl, AM 'kjʊrə] *adj inv* kuratorisch

cu·ra·tor·ship [kjʊ(ə)'reɪtəʃɪp, AM kjʊ'reɪt̬ɚʃɪp] *n esp* AM LAW Pflegschaft *f;* **~ of the estate** Nachlasspflegschaft *f*

curb [kɜ:b, AM kɜ:rb] **I.** *vt* ❶ *(restrain an animal)* **to ~ one's dog** AM seinen Hund an der Leine führen; **to ~ a horse** ein Pferd zügeln

❷ *(control)* ■**to ~ sth** etw zügeln; ***I'm having a tough time ~ing my appetite for sweets*** es fällt mir schwer, meinen Appetit auf Süßigkeiten zu bremsen; ***she couldn't ~ her passion*** sie konnte ihre Leidenschaft nicht im Zaum halten; **to ~ one's anger/impatience/temper** seinen Zorn/seine Ungeduld/sein Temperament zügeln; **to ~ the arms race** das Wettrüsten begrenzen; **to ~ expenditure** [*or* **expenses**] die Ausgaben senken [*o* reduzieren]; **to ~ inflation** die Inflation bremsen; **to ~ tax evasion** die Steuerhinterziehung eindämmen

❸ *(hinder)* ■**to ~ sth** etw aufhalten

II. *n* ❶ *(control)* Beschränkung *f,* Einschränkung *f;* **to keep a ~ on sth** etw im Zaum [*o* in Schranken] halten; **to put a ~ on sth** etw zügeln; **to put a ~ on one's enthusiasm** seine Begeisterung zügeln

❷ *(of harness)* Kandare *f*

❸ AM *(kerb)* Randstein *m*

'curb bit *n* Kandare *f*

'curb cut *n* AM *(dropped kerb)* abgeschrägter Randstein **'curb ex·change** *n* STOCKEX *früherer Name der amerikanischen Wertpapierbörse*

'curb·side AM **I.** *n no pl (kerbside)* Bordsteinkante *f,* Gehsteigkante *f* ÖSTERR **II.** *adj attr, inv (kerbside)* Bordstein- **'curb·stone** *n* AM *(kerbstone)* Randstein *m,* Bordstein *m*

curd [kɜ:d, AM kɜ:rd] *n* Quark *m,* Topfen *m* ÖSTERR

'curd cheese *n no pl* Weißkäse *m*

cur·dle [kɜ:dl̩, AM kɜ:rdl̩] **I.** *vi milk* gerinnen; *flour* klumpen; *liquid* stocken

►PHRASES: **to make sb's blood ~** jdm das Blut in den Adern gerinnen [*o* stocken] lassen

II. *vt* ■**to ~ sth** etw gerinnen lassen

►PHRASES: **to ~ sb's blood** jdn zu Tode erschrecken; ***the strange sound ~d his blood*** der seltsame Laut ließ ihm das Blut in den Adern gefrieren

curds [kɜ:dz, AM kɜ:rdz] *npl* geronnene [*o* dicke] Milch

cure [kjʊəʳ, AM kjʊr] **I.** *vt* ❶ *(heal)* ■**to ~ sb** [**of sth**] jdn [von etw *dat*] heilen [*o* kurieren] *a. fig;* ***she's had great success curing her patients*** sie hat große Heilungserfolge bei ihren Patienten erzielt; *cancer* besiegen; **to ~ sb of a disease/an illness** jdn von einer Krankheit heilen

❷ *(preserve food)* ■**to ~ sth** etw haltbar machen; *(by smoking)* etw räuchern; *(by salting)* etw pökeln; *(by drying)* etw trocknen; *(using vinegar)* etw in Essig einlegen

►PHRASES: **what can't be ~d must be endured** *(saying)* was hilft's, wir können [ja doch] nichts dran ändern

II. *n* ❶ *(remedy)* [Heil]mittel *nt;* ***there is no known ~ for this disease*** gegen diese Krankheit gibt es kein Mittel; ***the best ~ for boredom is hard work!*** das beste Mittel gegen Langeweile ist harte Arbeit!; **to search** [*or* **look**] **for a ~** [**for a disease**] nach einem Mittel [gegen eine Krankheit] suchen

❷ *no pl (recovery)* Heilung *f; (fig: solution)* Lösung *f;* ***she was beyond ~*** ihr war nicht mehr zu helfen

'cure-all I. *n* Allheilmittel *nt* (**for** gegen *+akk)*

II. *adj* Allheil-; **a ~ wonder drug** ein Wundermittel *nt* gegen alles

cured ham [ˌkjʊərd'-, AM ˌkjʊrd'-] *n* gepökelter Schinken

cur·few ['kɜ:fju:, AM 'kɜ:r-] *n* Ausgangssperre *f;* ***what time is the ~?*** wann ist Sperrstunde?; **to break the ~** sich *akk* nicht an die Ausgangssperre halten; **to impose** [*or* **enforce**]/**lift** [*or* **end**] **a ~** eine Ausgangssperre verhängen/aufheben

Cu·ria ['kjʊəriə, AM 'kjʊri-] *n* REL Kurie *f*

cu·rie ['kjʊəri, AM 'kjʊri] *n* PHYS Curie *nt*

cu·rio ['kjʊəriəʊ, AM 'kjʊrioʊ] *n* Kuriosität *f*

cu·ri·os·ity [ˌkjʊəri'ɒsəti, AM ˌkjʊri'ɑ:sət̬i] *n* ❶ *no pl (desire to know)* Wissbegier[de] *f,* Neugier[de] *f;* **to arouse** [*or* **develop**] [*or* **excite**] **sb's ~** jds Neugier[de] wecken; **to burn with/die of** [*or* **with**] **~** vor Neugier brennen/fast umkommen *fam;* **to satisfy sb's ~** jds Neugier[de] befriedigen; **out of** [*or* **from**] **~** aus Neugier

❷ *(object)* Kuriosität *f;* ***cars like mine are curiosities nowadays*** solche Wagen wie meiner sind heutzutage eine Rarität

►PHRASES: **~ killed the cat** *(prov)* wer wird denn so neugierig sein?

cu·ri·'os·ity value *n no pl* Seltenheitswert *m*

cu·ri·ous ['kjʊəriəs, AM 'kjʊri-] *adj* ❶ *(inquisitive)* neugierig, wissbegierig; **to be ~ to see sb/sth** neugierig [*o* gespannt] darauf sein, jdn/etw zu sehen; ■**to be ~ as to** [*or* **about**] **sth** neugierig auf etw *akk* sein; ***I was extremely ~ as to how they met*** ich wollte zu gerne wissen, wie sie sich kennengelernt haben

❷ *(peculiar)* seltsam, merkwürdig, eigenartig; ***a ~ thing happened to me yesterday*** gestern ist mir etwas ganz Komisches passiert; ***how ~!*** wie seltsam!; ***what a ~ sight!*** welch ein seltsamer Anblick; ***he's a ~ sort*** er ist schon ein komischer Kauz

cu·ri·ous·ly ['kjʊəriəsli, AM 'kjʊri-] *adv* ❶ *(with curiosity)* neugierig, wissbegierig

❷ *(strangely)* seltsamerweise, merkwürdigerweise

curl [kɜ:l, AM kɜ:rl] **I.** *n* ❶ *(loop of hair)* Locke *f;* **to fall in ~s** in Locken herabfallen

❷ *no pl (curliness)* Welligkeit *f,* Wellung *f;* **to have a natural ~** Naturlocken haben

❸ *(spiral)* Kringel *m;* **~s of smoke** Rauchkringel *pl*

❹ SPORT Hantelübung *f*

II. *vi* ❶ *(of hair)* sich *akk* locken [*o* kräuseln]; ***does your hair ~ naturally?*** hast du Naturlocken?

❷ *(of a leaf)* sich *akk* einrollen

❸ *(of a plant)* sich *akk* winden [*o* schlingen]; ***some plants ~ round tree trunks*** einige Pflanzen ranken sich um Baumstämme

❹ *(of a river)* ■**to ~** [**through sth**] sich *akk* [durch etw *akk*] schlängeln

❺ *(of lips)* sich *akk* [spöttisch] kräuseln; ***her lip ~ed at what he said*** bei seinen Worten schürzte sie verächtlich die Lippen

III. *vt* ❶ **to ~ one's hair** sich *dat* Locken drehen

❷ **to ~ one's lip** [verächtlich] die Lippen schürzen [*o* kräuseln]

❸ **to ~ one's toes** die Zehen einziehen

❹ **to ~ oneself into a ball** sich *akk* zusammenrollen

❺ *(wrap)* ■**to ~ sth** [**round sth**] etw [um etw *akk*] herumwickeln; ***a new baby will automatically ~ its fingers round any object it touches*** ein Neugeborenes umklammert automatisch alle Objekte, die es berührt

◆**curl up** *vi* ❶ *leaf* sich *akk* einrollen; *animal, person also* sich *akk* zusammenrollen; *paper* sich *akk* wellen; **to ~ up in an armchair/in bed** sich in einen Sessel/ins Bett kuscheln

❷ BRIT *(with laughter)* sich *akk* vor Lachen biegen [*o* krümmen]

►PHRASES: **to ~ up and die** am liebsten im Erdboden versinken wollen

curl·er ['kɜ:ləʳ, AM 'kɜ:rlɚ] *n* Lockenwickler *m*

cur·lew ['kɜ:lju:, AM 'kɜ:rlu:] *n* ORN Brachvogel *m*

cur·li·cue ['kɜ:lɪkju:, AM 'kɜ:r-] *n* Schnörkel *m*

cur·li·ness ['kɜ:lɪnəs, AM 'kɜ:r-] *n no pl* Welligkeit *f*

curl·ing ['kɜ:lɪŋ, AM 'kɜ:r-] *n no pl* SPORT Curling *nt fachspr,* Eisstockschießen *nt;* **~ stone** Puck *m*

'curl·ing iron *n,* **'curl·ing tongs** *npl* Lockenstab *m,* Brennschere *f veraltend*

curly ['kɜ:li, AM 'kɜ:r-] *adj leaves* gewellt, gekräuselt; *hair also* lockig

curly-hair·ed [ˌkɜ:lɪ'heəd, AM ˌkɜ:rlɪherd] *adj inv* lockenköpfig, mit lockigem Haar *nach n* **'curly kale** *n no pl* Grünkohl *m*

cur·rant ['kʌrənt, AM 'kɜ:r-] *n* ❶ *(dried grape)* Korinthe *f,* SCHWEIZ *a.* Weinbeere *f,* Rosine *f* ÖSTERR; **~ bun** Korinthenbrötchen *nt,* Rosinenweckerl *nt* ÖSTERR

❷ *(berry)* Johannisbeere *f,* Ribisel *f* ÖSTERR; **~ bush** Johannisbeerstrauch *m,* Ribiselstrauch *m* ÖSTERR

cur·ren·cy ['kʌrən(t)si, AM 'kɜ:r-] *n* ❶ *(money)* Währung *f;* ***the world's major currencies*** die wichtigsten Währungen der Welt; **~ declaration** Deklaration *f* des mitgeführten Bargelds; **~ of a euro-participating country** EU Teilnehmerwährung *f;* **blocked ~** nicht frei konvertier- und transferierbare Währung; **free ~** frei konvertierbare Währung; **hard/soft ~** harte/weiche Währung; **lawful ~** gesetzliches Zahlungsmittel; **bilateral conversion rates between participating currencies** EU bilaterale Kurse zwischen den Teilnehmerwährungen; **to buy/sell a ~** Geld [einer anderen Währung] kaufen/verkaufen; **to exchange ~** Geld [um]tauschen; [**foreign**] **~** Devisen *pl,* Valuta *pl*

❷ *no pl (acceptance)* [weite] Verbreitung *f,* Geläufigkeit *f;* **to enjoy wide ~** weit verbreitet sein; **to gain ~** sich *akk* verbreiten, um sich *akk* greifen; **to have ~** verbreitet [*o* geläufig] sein

'cur·ren·cy align·ment *n* ECON Währungsanpassung *f* **'cur·ren·cy areas** *n* FIN Währungsgebiete *pl* **'cur·ren·cy back·ing** *n* FIN Währungsgarantie *f* **'cur·ren·cy band** *n* FIN Währungsbandbreite *f* **'currency-based** *adj inv* FIN währungsbezogen **'cur·ren·cy bas·ket** *n* FIN Währungskorb *m* **'cur·ren·cy clause** *n* Währungsklausel *f* **'cur·ren·cy con·ver·sion** *n* Währungskonvertierung *f; (reform)* Währungsumstellung *f; (translation)* Währungsumrechnung *f* **cur·ren·cy de·valu'a·tion** *n* FIN Währungsabwertung *f* **'cur·ren·cy ex·change** *n* FIN Währungstausch *m,* Geldwechsel *m;* **~ transaction** Geldwechselgeschäft *nt* **'cur·ren·cy fu·tures** *n* FIN Devisenterminkontrakt *m* **'cur·ren·cy move·ments** *npl* Kursschwankungen *pl* **cur·ren·cy 'par·ity** *n* FIN Währungsparität *f* **cur·ren·cy 'peg** *n* FIN Währungsbindung *f* **cur·ren·cy re·'form** *n* ECON Währungsreform *f* **'cur·ren·cy re·serves** *n* FIN Währungsreserven *pl* **cur·ren·cy 'sort·ing ma·chine** *n* Bargeldsortiermaschine *f* **'cur·ren·cy swap** *n* FIN Währungsswap *m,* Devisenswap *m* **'cur·ren·cy unit** *n* FIN Währungseinheit *f*

cur·rent ['kʌrənt, AM 'kɜ:r-] **I.** *adj* jetzig, gegenwärtig; *periodical* aktuell; **~ assets** ECON Umlaufvermögen *nt;* **to dress according to the ~ fashion** sich *akk* modisch kleiden; **the ~ issue** die letzte [*o* aktuelle]

Ausgabe; ~ **liabilities** ECON laufende Verbindlichkeiten; **in ~ use** gebräuchlich; **the ~ vogue** die aktuelle [*o* herrschende] Mode; **the ~ year** dieses Jahr; **the ~ yield** der derzeitige Ertrag
II. *n* ❶ *(of air, water)* Strömung *f;* ~ **of air** Luftströmung *f;* **ocean ~s** Meeresströmungen *pl;* **to swim against/with the ~** gegen/mit dem Strom schwimmen *a. fig*
❷ ELEC Strom *m*
❸ *(fig: tendency)* Tendenz *f,* Trend *m;* **the ~ of events** der Strom der Ereignisse; ~ **of fashion** Modetrend *m;* **the ~ of opinion** der Meinungstrend; **to drift** [*or* **go**] [*or* **swim**] **with the ~** mit dem Strom schwimmen

cur·rent ac·'count *n* BRIT Girokonto *nt* **cur·rent af·'fairs, cur·rent e'vents** *npl* POL Zeitgeschehen *nt kein pl* **cur·rent 'as·sets** *npl* FIN Umlaufvermögen *nt* **cur·rent 'bal·ance** *n* FIN laufendes Guthaben

cur·rent con·'duc·tion *n no pl* ELEC Stromleitung *f*

cur·rent con·'ver·sion *n* ELEC *(by rectifier)* Stromrichtung *f*

cur·rent cost ac·'count·ing, CCA *n no pl* Rechnungslegung *f* zum Wiederbeschaffungswert **cur·rent lia·'bil·ities** *npl* FIN kurzfristige Verbindlichkeiten

cur·rent·ly ['kʌrᵊntli, AM 'kɜ:r-] *adv inv* zurzeit, gegenwärtig, momentan

cur·rent o'pin·ion *n* aktuelle öffentliche Meinung **cur·rent 'prac·tice** *n* STOCKEX Praxisusance *f* **cur·rent 'price** *n* FIN Tagespreis *m,* Tageskurs *m* **cur·rent 'rate** *n* aktueller Kurs **cur·rent 'value** *n* Gegenwartswert *m,* Zeitwert *m* **cur·rent 'year** *n* FIN laufendes Jahr **cur·rent 'yield** *n no pl* laufende Rendite

cur·ri·cle ['kʌrɪkl, AM ˌkɜ:r] *n* HIST Halbkutsche *f,* Kabriolett *nt hist*

cur·ricu·lar [kə'rɪkjələʳ, AM ɚ] *adj inv* SCH Lehrplan-, Studienplan-

cur·ricu·lum <*pl* -la> [kə'rɪkjələm, *pl* -lə] *n* Lehrplan *m;* **to be on the ~** auf dem Lehrplan stehen

cur·ricu·lum vi·tae <*pl* -s *or* curricula vitae> [-'vi:taɪ], **CV** *n* Lebenslauf *m*

cur·ried ['kʌrid, AM 'kɜ:rid] *adj inv* Curry-; ~ **fish** Fisch *m* mit Curry[soße]

cur·ry¹ ['kʌri, AM 'kɜ:ri] **I.** *n* Curry *nt o m,* Currygericht *nt;* **beef/lamb/vegetable ~** Rindfleisch-/Lamm-/Gemüsecurry *nt o m;* **chicken ~** Curryhuhn *nt;* ~ **paste** Currypaste *f;* ~ **powder** Currypulver *nt;* **hot/medium/mild ~** scharfes/mittelscharfes/mildes Curry
II. *vt* <-ie-> ■**to ~ sth** etw als Curry zubereiten

cur·ry² <-ie-> ['kʌri, AM 'kɜ:ri] *vt* **to ~ a horse** ein Pferd striegeln
▶PHRASES: **to ~ favour** [**with sb**] sich *akk* [bei jdm] einschmeicheln [*o* lieb Kind machen] [wollen]

'cur·ry-comb *n* Striegel *m*

curse [kɜ:s, AM kɜ:rs] **I.** *vi* fluchen; **cursing and swearing** schimpfend und fluchend
II. *vt* ■**to ~ sb/sth** ❶ *(swear at)* jdn/etw verfluchen; *(fig)* ***I could ~ her for losing my key!*** ich könnte sie auf den Mond schießen, weil sie meinen Schlüssel verloren hat! *fam*
❷ *(put a magic spell on)* jdn/etw verwünschen, einen Fluch über jdn/etw aussprechen; ***it seemed as if his family had been ~d*** es war, als ob ein Fluch auf seiner Familie lastete; *(dated fam)* ~ ***this dreadful traffic!*** dieser vermaledeite Verkehr aber auch! *veraltend fam*
III. *n* ❶ *(swear word)* Fluch *m;* ***he let out a blaring ~*** er fluchte ganz fürchterlich; **with a ~** fluchend
❷ *(magic spell)* Fluch *m;* **to put a ~ on sb** [*or* **to put sb under a ~**] jdn verwünschen, einen Fluch über jdn aussprechen
❸ *(cause of misery)* Fluch *m,* Plage *f*
❹ *(hum fam: menstruation)* **to have the ~** seine Tage haben *fam*

curs·ed¹ ['kɜ:sɪd, AM 'kɜ:r-] *adj attr (annoying)* verflucht *pej fam,* verdammt *pej fam*

cursed² [kɜ:st, AM kɜ:rst] *adj* ❶ *(hum: under a curse)* verhext, verflucht *pej fam*
❷ *(fig: afflicted)* ■**to be ~ with sth** mit etw *dat* geschlagen sein; ***I get the feeling I'm ~ with bad luck*** so langsam habe ich das Gefühl, ich werde vom Pech verfolgt

cur·sive ['kɜ:sɪv, AM 'kɜ:r-] *adj inv* LIT kursiv; ~ **writing** Kursivschrift *f*

cur·sor ['kɜ:səʳ, AM 'kɜ:rsɚ] *n* COMPUT Cursor *m*

cur·so·ri·ly ['kɜ:sᵊrᵊli, AM 'kɜ:r-] *adv glance* flüchtig; ***perhaps you could at least examine it ~?*** vielleicht könnten Sie zumindest einmal einen kurzen Blick darauf werfen?

cur·sory ['kɜ:sᵊri, AM 'kɜ:r-] *adj glance, look* flüchtig; *examination, inspection, remark* oberflächlich

curst [kʌrst] *adj (old) see* **cursed** verflucht *a. fig,* verwünscht *a. fig*

curt [kɜ:t, AM kɜ:rt] *adj (pej)* schroff, barsch; **to give sb a ~ refusal** jdm etw kurzerhand abschlagen; ■**to be ~ with sb** zu jdm kurz angebunden sein

cur·tail [kɜ:'teɪl, AM kɚ'-] *vt* ■**to ~ sth** ❶ *(reduce)* etw kürzen; **to ~ expenditure** die Ausgaben kürzen; **to ~ output** die Produktion drosseln; **to ~ public spending** die öffentlichen Ausgaben kürzen; **to ~ sb's rights** jds Rechte beschneiden
❷ *(shorten)* etw verkürzen; **to ~ a holiday** einen Urlaub frühzeitig abbrechen; **to ~ a speech/visit** eine Rede/einen Besuch abbrechen

cur·tail·ment [kɜ:'teɪlmənt, AM kɚ] *n* Beschränkung *f,* Beschneidung *f*

cur·tain ['kɜ:tᵊn, AM 'kɜ:r-] **I.** *n* ❶ *(across a window)* Vorhang *m,* Gardine *f;* **floor-length ~s** bodenlange Gardinen; **lace ~s** Tüllgardinen *pl;* **to draw/open the ~s** die Vorhänge zuziehen/aufziehen
❷ *(fig: screen)* Schleier *m,* Vorhang *m;* **a ~ of rain** eine Regenwand; **a thick ~ of smoke** eine dicke Rauchwand
❸ THEAT *(stage screen)* Vorhang *m;* ***the ~ rises*** [*or* ***goes up***] der Vorhang hebt sich [*o* geht auf]; ***the ~ falls*** der Vorhang senkt sich [*o* fällt]; ***most New York theatres have a 7.30 ~*** in den meisten New Yorker Theatern beginnt die Vorstellung um 19.30 Uhr; **the final ~** die letzte Vorstellung
▶PHRASES: **it'll be ~s for him if he doesn't do what I tell him!** *(fam)* wenn er nicht tut, was ich ihm sage, dann kriegt er aber Probleme! *fam*
II. *vt* **to ~ a house** ein Haus mit Vorhängen ausstatten; **a ~ed window** ein Fenster *nt* mit Vorhängen
◆**curtain off** *vt* ■**to ~ off** ◌ **sth** etw [durch einen Vorhang] abteilen; ***the nurse ~ed off the bed*** die Krankenschwester zog einen Vorhang vor das Bett

'cur·tain call *n* THEAT Vorhang *m;* **to take a ~** vor den Vorhang treten[, um den Applaus entgegenzunehmen], einen Vorhang bekommen **'cur·tain rail** *n* Vorhangschiene *f* **'cur·tain rais·er** *n* THEAT [kurzes] Vorspiel **'cur·tain rod** *n* Vorhangstange *f* **'cur·tain time** *n no pl* THEAT Vorstellungsbeginn *m*

cur·ti·lage ['kɜ:tᵊlɪdʒ, AM 'kɜ:rt̬ᵊl-] *n* LAW eingezäuntes Land eines Anwesens

curt·ly ['kɜ:tli, AM 'kɜ:rt-] *adv* brüsk, barsch, schroff; **to dismiss sb ~** jdn kurzerhand entlassen

curt·ness ['kɜ:tnəs, AM 'kɜ:rt-] *n no pl* Schroffheit *f,* Barschheit *f*

curt·sey, curt·sy ['kɜ:tsi, AM 'kɜ:rt-] **I.** *vi* knicksen, einen Knicks machen; ■**to ~ to sb** einen Knicks vor jdm machen, vor jdm knicksen
II. *n* [Hof]knicks *m;* **to make** [*or* **drop**] [*or* **bob**] **a ~ to sb** einen [Hof]knicks vor jdm machen

cur·va·ceous [kɜ:'veɪʃəs, AM kɜ:r'-] *adj woman* kurvenreich *hum fam,* üppig *fam*

cur·va·ture ['kɜ:vətʃəʳ, AM 'kɜ:rvətʃɚ] *n no pl* Krümmung *f;* ***the ~ of the earth's surface*** die Krümmung der Erdoberfläche; ~ **of the spine** Rückgratverkrümmung *f*

curve [kɜ:v, AM kɜ:rv] **I.** *n* ❶ *(bending line) of a figure, vase* Rundung *f,* Wölbung *f; of a road* Kurve *f;* **to make a ~** *road* eine Kurve machen; *river* einen Bogen [*o* eine Biegung] machen; **her ~s** ihre Kurven *hum fam*
❷ MATH Kurve *f*
❸ *(curve ball in baseball)* Effetball *m fachspr*
II. *vi river, road* eine Kurve machen; *line* eine Kurve beschreiben; ***the path ~d upwards and downwards*** der Weg schlängelte sich hügelauf und hügelab; ***his mouth ~d into a smile*** sein Mund verzog sich zu einem Lächeln; **to ~ through the air** in einem hohen Bogen durch die Luft fliegen
III. *vt* ■**to ~ sth** etw biegen

'curve ball *n* AM *(in baseball)* Effetball *m fachspr;* **to throw sb a ~** *(fig)* jdn überraschen

curved [kɜ:vd, AM kɜ:rvd] *adj* gebogen, geschwungen; ***the ~ line represents the temperature fluctuation*** die Kurve zeigt die Temperaturschwankungen; **a ~ surface** eine gewölbte Oberfläche

cur·vi·lin·ear [ˌkɜ:vɪ'lɪniəʳ, AM ˌkɜ:rvə'lɪniɚ] *adj inv* bogenförmig, in Bogenlinie[n] verlaufend

curvy ['kɜ:vi, AM 'kɜ:rvi] *adj* kurvenreich; *line* krumm

cush·ion ['kʊʃᵊn] **I.** *n* ❶ *(pillow)* Kissen *nt,* Polster *m* ÖSTERR; ***she sank back against*** [*or* ***into***] ***the ~s*** sie sank in die Kissen zurück
❷ *(fig: buffer)* Puffer *m,* Polster *nt o* ÖSTERR *a. m;* **a ~ of air** ein Luftkissen *nt,* ÖSTERR, SCHWEIZ *a.* ein Luftpolster *m*
II. *vt* ■**to ~ sth** etw dämpfen; *(fig) fall, blow* auffangen, dämpfen

cush·ioned ['kʊʃᵊnd] *adj* gepolstert, Polster-; ~ **seat** Polsterstuhl *m,* Polstersessel *m*

Cush·ite <*pl* - *or* -s> ['kʊʃaɪt] *n* Kuschit(in) *m(f)*

Cush·it·ic [kʊ'ʃɪtɪk] **I.** *n* Kushitisch *nt*
II. *adj* kushitisch

cushy ['kʊʃi] *adj (pej fam)* bequem; **a ~ class** eine lockere Stunde *fam;* **a ~ job** ein ruhiger [*o* gemütlicher] Job; **to have a ~ time** sich *dat* kein Bein ausreißen *fam*
▶PHRASES: **to be on to a ~ number** BRIT eine ruhige Kugel schieben *fam*

cusp [kʌsp] *n* ❶ *(point)* Kurvenschnittpunkt *m,* Scheitelpunkt *m;* ■**to be at** [*or* **on**] **the ~** [**of sth**] *(fig)* sich *akk* am Kreuzungspunkt [*o* an der Schwelle] [von etw *dat*] befinden
❷ ASTROL Eintritt *m* in ein neues Sternkreiszeichen

cus·pi·dor ['kʌspədɔ:r] *n esp* AM *(spittoon)* Spucknapf *m*

cuss [kʌs] *(fam)* **I.** *vi* fluchen
II. *n* ❶ *(person)* Kauz *m;* ***you're a stupid, stubborn ~!*** du bist ein sturer [alter] Esel! *pej fam*
❷ *(curse)* Fluch *m*
▶PHRASES: **to not give a** [**tinker's**] **~** BRIT keinen Pfifferling drauf geben *fam;* ***I don't give a tinker's ~ what she thinks*** es ist mir völlig schnuppe, was sie denkt *fam*

cussed [kʌst] *adj (pej fam)* ❶ *(stubborn)* stur
❷ *(annoying)* verflucht *pej fam,* verdammt *pej fam*

cuss·ed·ly ['kʌsɪdli] *adv (pej fam)* ❶ *(stubbornly)* stur
❷ *(annoyingly)* verflucht *pej fam,* verdammt *pej fam*

cuss·ed·ness ['kʌsɪdnəs] *n no pl (pej fam)* Sturheit *f;* **out of sheer** [*or* **pure**] **~** aus reiner Sturheit

'cuss·word *n (sl)* Schimpfwort *nt*

cus·tard ['kʌstəd, AM -tɚd] *n no pl* FOOD *(sauce)* ≈ Vanillesoße *f; (set)* ≈ Vanillepudding *m*

cus·tard 'pie *n* ❶ FOOD ≈ Vanillecremetorte *f* ❷ FILM, TV *künstliche Sahnetorte, die jdm ins Gesicht geworfen wird* **'cus·tard pow·der** *n* BRIT, AUS Puddingpulver *nt (mit Vanillegeschmack)* **cus·tard 'tart** *n* Puddingtörtchen *nt*

cus·to·dial [kʌs'təʊdiəl, AM -'toʊ-] *adj inv* Wach-, Bewachungs-; ~ **duties** Dienst *m* als Aufseher; ~ **care** Obhut *f geh*

cus·to·dial es·'tab·lish·ment, cus·to·dial in·sti·'tu·tion *n* LAW Strafanstalt *f* **cus·to·dial 'sen·tence** *n* Gefängnisstrafe *f;* **to give sb a ~** jdn zu einer Gefängnisstrafe verurteilen

cus·to·dian [kʌs'təʊdiən, AM -'toʊ-] *n* ❶ *(keeper)* Aufseher(in) *m(f); (fig)* Hüter(in) *m(f);* **the ~ of the castle** der Aufseher/die Aufseherin des Schlosses; **the ~ of law and order** der Hüter/die Hüterin von Gesetz und Ordnung; **the ~ of public morals** der Wächter/die Wächterin über die öffentliche Moral; **the ~ of the museum** der Museumswärter/die Museumswärterin; **the ~ of the Queen's jewels** der Hüter/die Hüterin der königlichen Juwelen
❷ AM *(caretaker)* Hausmeister(in) *m(f),* SCHWEIZ *a.* Abwart *m*

cus·to·dian 'bank *n* Depotbank *f,* Verwahrbank *f*
cus·to·dy ['kʌstədi] *n no pl* ❶ *(guardianship)* Obhut *f geh,* Schutz *m;* LAW Sorgerecht *nt* (**of** für *+akk);* **to award** [*or* **give**] [*or* **grant**] **~ of a child to sb** jdm das Sorgerecht für ein Kind übertragen [*o* erteilen]; **to get** [*or* **receive**] **~** [**of sb/sth**] das Sorgerecht [für jdn/etw] bekommen [*o* erhalten]; ***the mother got ~*** [***of the child***] das Kind wurde der Mutter zugesprochen
❷ *(detention)* Haft *f,* Verwahrung *f;* **remand in ~** Untersuchungshaft *f;* **to hold sb in ~** jdn in Gewahrsam halten; **to remand sb in ~** jdn in die Untersuchungshaft zurücksenden; **to take sb into ~** jdn verhaften; **to take sb into protective ~** jdn in Schutzhaft nehmen
❸ FIN **~ by third party** LAW Drittverwahrung *f;* **safe ~** FIN Depotverwahrung *f*
'cus·to·dy ac·count *n* FIN Kundendepot *nt;* **~ client** Depotkunde *m/*-kundin *f* **'cus·to·dy fee** *n* FIN Depotgebühr *f*
cus·tom ['kʌstəm] *n* ❶ *(tradition)* Brauch *m,* Sitte *f;* **local ~** Gepflogenheit *f;* ***around here it's a local ~ to ...*** hier [bei uns] ist es Brauch, ...; **an ancient ~** ein alter Brauch; ***in my country, it's the ~ to ...*** in meinem Land ist es üblich, dass ...; **a national/strange ~** ein landesüblicher/seltsamer Brauch
❷ *no pl (usual behaviour)* Gewohnheit *f;* ***it is her ~ to ...*** es ist ihre Gewohnheit, ...; ■ **as is sb's ~** wie es jds Gewohnheit ist; **~ of the trade** Usance *f*
❸ *no pl (clientele)* Kundschaft *f; (patronage)* **to withdraw one's ~** [*or* **take one's ~ elsewhere**] anderswohin gehen; ***if we don't give good service, people will withdraw their ~*** wenn wir keinen guten Service bieten, gehen die Kunden eben anderswohin
cus·tom·ari·ly [ˌkʌstə'merɪlɪ] *adv inv* normalerweise, üblicherweise
cus·tom·ary ['kʌstəm^ə^ri, AM -meri] *adj* ❶ *(traditional)* ■ **to be ~ for sb to do sth** für jdn üblich sein, etw zu tun; ■ **as is ~** wie es Brauch [*o* üblich] ist
❷ *(usual)* üblich; ***that's just his ~ politeness*** das ist [doch] nur seine übliche höfliche Art; [**at**] **the ~ hour** [um] die übliche Zeit
'cus·tom-built *adj inv* entsprechend den Kundenwünschen gefertigt; ***his car is ~*** sein Auto ist eine Spezialanfertigung [*o* Sonderanfertigung] **cus·tom 'clothes** *npl esp* AM maßgeschneiderte Kleidung **cus·tom-en·gi·'neered** *adj inv* speziell [*o* gezielt] entwickelt
cus·tom·er ['kʌstəmə^r^, AM -ɚ] *n* ❶ *(buyer, patron)* Kunde, Kundin *m, f,* Käufer(in) *m(f); of a service provider* Auftraggeber *m;* **regular ~** Stammkunde, -kundin *m, f;* **to serve a ~** einen Kunden bedienen
❷ *(esp pej fam: person)* Typ *m fam;* ***she really is an odd ~*** sie ist schon wirklich eine seltsame Person; **an awkward ~** ein seltsamer Typ
▸ PHRASES: **the ~ is** __**king**__ *(prov)* der Kunde ist König *prov;* **the ~ is always** __**right**__ der Kunde hat immer Recht
cus·tom·er ac·'cept·ance *n* Kundenakzeptanz *f* **cus·tom·er ac·'count** *n* FIN Kundenkonto *nt* **cus·tom·er ad·'vice** *n no pl* Kundenberatung *f* **cus·tom·er 'busi·ness** *n* Kundengeschäft *nt* **cus·tom·er 'call cen·tre** *n* Customer Call Center *nt* **cus·tom·er 'claim** *n* FIN Kundenforderung *f* **cus·tom·er com·'plaint** *n* Kundenbeschwerde *f* **cus·tom·er 'con·tact** *n* Kundenkontakt[person] *f* **cus·tom·er 'coun·sel·ling** *n no pl* Kundenberatung *f* **cus·tom·er en·'quiry** *n* Kundenbefragung *f* **cus·tom·er 'fo·cus** *n* Kundenorientierung *f* **cus·tom·er 'friend·ly** *adj pred,* **'customer-friendly** *adj attr* kundenfreundlich
'cus·tom·er group *n* Kundengruppe *f,* Kundenkreis *m*
cus·tom·er in·for·'ma·tion *n* ❶ *(service)* Kundeninformation *f* ❷ *(database)* Kundendaten *pl* **cus·tom·er 'loy·al·ty** *n* Kundenbindung *f,* Kundenloyalität *f* **cus·tom·er maga·'zine** *n* Verbraucherzeitschrift *f* **cus·tom·er 'man·age·ment** *n* Kundenmanagement *nt* **cus·tom·er 'net·work** *n* ❶ COMM Kundennetzwerk *nt* ❷ TELEC Teilnehmernetz *nt* **'cus·tom·er num·ber** *n* Kundennummer *f* **cus·tom·er 'or·der** *n* Kundenauftrag *m* **cus·tom·er ori·en·'ta·tion** *n no pl* Kundenorientierung *f* **customer-'oriented** *adj* kundenorientiert **customer-re'lated** *adj* kundenbezogen **cus·tom·er sat·is·'fac·tion** *n* Kundenzufriedenheit *f* **cus·tom·er 'seg·ment** *n* Kundensegment *nt* **cus·tom·er 'ser·vice** *n usu pl* Kundendienst *m kein pl,* Kundenbetreuung *f;* **~ counter** Kundendienstschalter *m;* **~ department** Kundendienst *m;* **~ officer** Kundenbetreuer(in) *m(f)* **cus·tom·er 'struc·ture** *n* Kundenstruktur *f* **cus·tom·er 'sur·vey** *n* Kundenbefragung *f*
cus·tom·ize ['kʌstəmaɪz] *vt* ■ **to ~ sth** etw nach Kundenwünschen anfertigen; ***he ~d his car*** er ließ seinen Wagen nach seinen Wünschen ausstatten
cus·tom·ized ['kʌstəmaɪzd] *adj* kundengerecht angefertigt
cus·tom-'made *adj inv* auf den Kunden zugeschnitten; **a ~ car** ein speziell angefertigter Wagen; **a ~ shirt** ein maßgeschneidertes Hemd; **~ shoes** Schuhe *pl* nach Maß, maßgefertigte Schuhe; **a ~ slipcover** ein Schonbezug *m* in Sonderanfertigung; **~ suit** Maßanzug *m*
cus·toms ['kʌstəmz] *npl* Zoll *m;* **to declare goods to ~** Waren deklarieren [*o* zur Verzollung anmelden]; **to get** [*or* **go**] [*or* **pass**] **through ~** durch den Zoll gehen; **to pay ~** [**on sth**] Zoll [für etw *akk*] [be]zahlen
'cus·toms agent *n* Zollagent(in) *m(f)* **Cus·toms and 'Ex·cise De·part·ment** *n + sing/pl vb* [britische] Behörde für Zölle und Verbrauchssteuern **'cus·toms author·ity** *n* Zollbehörde *f,* Zollstelle *f* **'cus·toms bar·ri·er** *n* Zollschranke *f* **'cus·toms bro·ker** *n* Spediteur, der die Zollabfertigung übernimmt **'cus·toms clear·ance** *n* Zollabfertigung *f kein pl;* **~ charge** Zollabfertigungsgebühr *f;* **to get ~ for sth** etw verzollt bekommen **'cus·toms col·lec·tion** *n no pl* Zolleinnahme *f* **'cus·toms con·trol** *n no pl* Zollkontrolle *f* **'cus·toms dec·la·ra·tion** *n* FIN Zollerklärung *f,* Zolldeklaration *f,* Zollabfertigungsschein *m,* Zollanmeldung *f* **'cus·toms dis·trict** *n* Zoll[grenz]bezirk *m* **'cus·toms do·cu·ments** *npl* Zollpapiere *pl* **'cus·toms dues, 'cus·toms duties** *npl* Zollabgaben *pl* **'cus·toms duty** *n no pl* Zoll *m,* Zollabgabe *f* **cus·toms 'en·try point** *n* Zollanmeldestelle *f* **'cus·toms ex·ami·na·tion** *n* Zollkontrolle *f;* **to be subjected to a ~** sich *akk* einer Zollkontrolle unterziehen müssen, gefilzt werden *fam*
'cus·tom(s) house *n* Zollamt *nt*
'cus·toms in·spec·tion *n* Zollinspektion *f* **'cus·toms in·voice** *n* Zollfaktura *f,* Zollrechnung *f* **'cus·toms ju·ris·dic·tion** *n* Zollhoheit *f* **'cus·toms of·fice** *n* Zollamt *nt* **'cus·toms of·fic·er, 'cus·toms of·fi·cial** *n* Zollbeamte(r), -beamtin *m, f* **'cus·toms pro·cedures** *n* Zollverkehr *m* **'cus·toms pro·vi·sion** *n* Zollbestimmung *f* **'cus·toms rev·enue** *n* Zollaufkommen *nt* **'cus·toms super·vi·sion** *n* Zollaufsicht *f* **'cus·toms sur·charge** *n* Zollaufschlag *m* **'cus·toms tar·iff** *n* Zolltarif *m;* **~ law[s]** Zolltarifgesetz *nt;* **~ ruling** Zollauskunft *f* **'cus·toms trea·ty** *n* Zollvertrag *m* **'cus·toms un·ion** *n* EU Zollunion *f* **cus·toms 'ware·house** *n* Zolllager *nt*

cut [kʌt]

I. NOUN | II. ADJECTIVE | III. INTERJECTION | IV. TRANSITIVE VERB | V. INTRANSITIVE VERB

I. NOUN

❶ *(act)* Schnitt *m;* **to make a ~** [**in sth**] [in etw *akk*] einen Einschnitt machen
❷ *(slice) of meat* Stück *nt; of bread* Scheibe *f,* Schnitte *f;* ***sirloin is the most expensive ~ of beef*** die Lende ist das teuerste Stück vom Rind; **cold ~s** Aufschnitt *m*
❸ *(trim)* Schnitt *m;* ***her hair was in need of a ~*** ihre Haare mussten geschnitten werden
❹ *(fit)* [Zu]schnitt *m; of shirt, trousers* Schnitt *m*
❺ *(wound)* Schnittwunde *f,* Schnitt *m;* **deep ~** tiefe Schnittwunde; **to get a ~** sich *akk* schneiden; ***where'd you get that ~?*** wo hast du dich denn da geschnitten? *fam*
❻ *(insult)* Beleidigung *f* (**at** für *+akk)*
❼ *also* FIN *(fam: due, share)* [An]teil *m;* ***when am I going to get my ~?*** wann bekomme ich meinen Anteil? *m*
❽ *(decrease)* Senkung *f,* Herabsetzung *f;* **~ in emissions** Abgasreduzierung *f;* **~ in interest rates** Zinssenkung *f;* **~ in prices** Preissenkung *f,* Ermäßigung *f;* **~ in production** Produktionseinschränkung *f;* **~ in staff** Personalabbau *m;* **to take a ~** eine Kürzung hinnehmen; ***he took a ~ in salary*** er nahm eine Gehaltskürzung hin; ***many people have had to take a ~ in their living standards*** viele Menschen mussten sich mit einer Einschränkung ihres Lebensstandards abfinden
❾ *(less spending)* ■ **~s** *pl* Kürzungen *pl,* Streichungen *pl;* **budget ~s** Haushaltskürzungen *pl;* **to make ~s in the budget** Abstriche am Etat machen
❿ *(abridgement)* Schnitt *m,* Streichung *f;* **to make a ~ in a film** eine Szene aus einem Film herausschneiden; **to make ~s** Streichungen vornehmen
⓫ AM *(truancy)* Schwänzen *nt kein pl fam;* **to have a ~** schwänzen *fam*
⓬ SPORT **to give the ball a ~** den Ball anschneiden
▸ PHRASES: **to be a ~** __**above**__ **sb/sth** jdm/etw um einiges überlegen sein; **the ~ and** __**thrust**__ **of sth** das Spannungsfeld einer S. *gen*

II. ADJECTIVE

❶ *(removed)* abgeschnitten; *(sliced) bread* [auf]geschnitten; **~ flowers** Schnittblumen *pl*
❷ *(fitted) glass, jewel* geschliffen

III. INTERJECTION

FILM **~!** Schnitt!

IV. TRANSITIVE VERB

<-tt-, cut, cut> ❶ *(slice)* ■ **to ~ sth** etw schneiden; ***did you already ~ some bread?*** hast du schon etwas Brot aufgeschnitten?; **to ~ a hole in sth** ein Loch in etw *akk* schneiden; **to ~ sth to pieces** [*or* **shreds**] etw zerstückeln; **to ~ sth in[to] several pieces** etw in mehrere Teile zerschneiden; ***how can I ~ this cake in two pieces?*** wie kann ich diesen Kuchen halbieren?; **to ~ sb/sth free** jdn/etw losschneiden; *(from wreck)* jdn/etw herausschneiden; **to ~ sth loose** etw losschneiden; **to ~ sth open** etw aufschneiden; ■ **to ~ sb sth** [*or* **sth for sb**] jdm [*o* für jdn] etw schneiden; ***could you ~ me a slice of bread?*** könntest du mir eine Scheibe Brot abschneiden?; ■ **to ~ sth with sth** etw mit etw *dat* schneiden
❷ *(sever)* ■ **to ~ sth** etw durchschneiden; ***she nearly ~ an artery with the new hedge-trimmer*** sie durchtrennte fast eine Arterie mit der neuen elektrischen Heckenschere
❸ *(trim)* ■ **to ~ sth** etw [ab]schneiden; **to ~ one's fingernails** sich *dat* die Fingernägel schneiden; **to ~ flowers** Blumen abschneiden; **to ~ the grass** den Rasen mähen; **to ~ sb's hair** jdm die Haare schneiden; **to have** [*or* **get**] **one's hair ~** sich *dat* die Haare schneiden lassen
❹ *(injure)* ■ **to ~ oneself/sb** [**with sth**] sich/jdn [mit etw *dat*] schneiden; ***I've ~ my hand on that glass*** ich habe mir die Hand an diesem Glas geschnitten; ***he ~ his head open*** er hat sich den Kopf aufgeschlagen
❺ *(clear)* ■ **to ~ sth** *road, tunnel* etw bauen; *ditch, trench* etw graben; ***they're planning to ~ a road right through the forest*** sie planen, eine Straße mitten durch den Wald zu schlagen; **to ~ a swath through sth** eine Bahn durch etw *akk* schneiden
❻ *(decrease)* ■ **to ~ sth** etw senken [*o* herabsetzen] [*o* reduzieren]; ***they should ~ class sizes to 30*** die Klassengröße sollte auf 30 Schüler verringert werden; **to ~ costs** die Kosten senken; **to ~ one's**

losses weitere Verluste vermeiden; **to ~ overtime** die Überstunden reduzieren; **to ~ prices** die Preise herabsetzen [*o* senken]; **to ~ wages** die Löhne kürzen; ■**to ~ sth by sth** etw um etw *akk* kürzen [*o* reduzieren]; ***our company is ~ting its workforce by 20%*** unsere Firma baut 20 % ihres Personals ab
7 *(break)* ■**to ~ sth** etw unterbrechen; ***they ~ our supply lines*** sie schnitten uns unsere Versorgungslinien ab
8 *(abridge)* **to ~ a film** einen Film kürzen; **to ~ short ↔ sth** etw abbrechen; *(interrupt)* **to ~ sb short** jdn unterbrechen, jdm ins Wort fallen
9 *(remove)* **to be ~ from the team** aus dem Team entfernt werden; **to ~ a scene in a film** eine Szene aus einem Film herausschneiden
10 *(miss)* ■**to ~ sth** etw auslassen; ***she decided to ~ some of her meetings*** sie entschied sich, einige ihrer Treffen nicht wahrzunehmen; **to ~ a class** [*or* **lesson**]/**school** eine [Unterrichts]stunde/die Schule schwänzen *fam*
11 *(turn off)* **to ~ the motor** [*or* **engine**] den Motor abstellen
12 *(fam: desist from)* ■**to ~ sth** *behaviour* etw [unter]lassen; **to ~ the cackle** BRIT, AUS *(hum)* auf den Punkt kommen; **to ~ the crap** *(sl)* mit der Scheiße aufhören *derb*
13 *(shape)* **to ~ a diamond** einen Diamanten schleifen
14 AUTO **to ~ a corner** [**too sharply**] eine Kurve [zu scharf] schneiden
15 *(teethe)* **to ~ a tooth** einen Zahn bekommen, zahnen
16 CARDS **to ~ the cards** die Karten abheben
17 MUS **to ~ a record/CD** eine Platte/CD aufnehmen
18 COMPUT **to ~ and paste sth** etw ausschneiden und einfügen
19 MATH ■**to ~ sth** etw schneiden
20 SPORT **to ~ the ball** den Ball [an]schneiden
▸PHRASES: **to ~ <u>capers</u>** *(dated)* Luftsprünge machen; **to ~ the <u>cheese</u>** AM *(fam)* einen fahrenlassen *derb;* **you should ~ your <u>coat</u> according to your cloth** BRIT *(prov)* man muss sich *akk* nach der Decke strecken *prov;* **to ~ <u>corners</u>** schnell und kostengünstig arbeiten; **to ~ sb <u>dead</u>** jdn schneiden; ***today in the store Martha ~ me dead*** heute im Supermarkt hat Martha mich keines Blickes gewürdigt; **to ~ a <u>fine</u>** [*or* **<u>quite</u> a**] **figure** [*or* BRIT **dash**] *(dated)* eine gute Figur machen; **to ~ it** [*or* **things**] [**a bit**] **<u>fine</u>** [*or* **<u>close</u>**] [ein bisschen] knapp kalkulieren; **to ~ the <u>ground</u> from under sb's feet** jdm den Boden unter den Füßen wegziehen; **to ~ no** [*or* **very little**] **<u>ice</u> with sb** keinen Eindruck auf jdn machen; **to** [**not**] **~ <u>it</u>** [*or* AM *also* **the <u>mustard</u>**] [k]ein hohes Niveau erreichen; **to ~ off one's <u>nose</u> to spite one's face** sich *akk* ins eigene Fleisch schneiden; **to ~ sb to the <u>quick</u>** [*or* **<u>heart</u>**] jdn ins Mark treffen; **to be ~ from the <u>same</u> cloth** aus dem gleichen Holz geschnitzt sein; **to ~ sb some <u>slack</u>** AM mit jdm nachsichtig sein; **to ~ a long <u>story</u> short** der langen Rede kurzer Sinn, um es kurzzumachen; **to ~ one's <u>teeth</u>** [*or* **<u>eye-teeth</u>**] [**on sth**] sich *dat* die ersten Sporen [mit etw *dat*] verdienen; **to be so <u>thick</u> that you can ~ it with a knife** zum Zerreißen gespannt sein; ***the tension was so thick in the air that you could ~ it with a knife*** die Atmosphäre war zum Zerreißen gespannt

V. INTRANSITIVE VERB

<-tt-, cut, cut> 1 *(slice)* *knife* schneiden
2 *(slice easily)* *material* sich *akk* schneiden lassen
3 *(take short cut)* **to ~ over a field** eine Abkürzung über ein Feld nehmen
4 CARDS abheben; **to ~ for dealer** den Geber auslosen
5 AM *(fam: push in)* **to ~** [**in line**] sich *akk* vordrängeln; **to ~ in front of sb** sich *akk* vor jdn drängeln; ***no ~ting!*** nicht drängeln!
6 COMPUT **to ~ and paste** ausschneiden und einfügen
7 *(withdraw)* ■**to ~ loose from sth** sich *akk* von etw *dat* trennen
▸PHRASES: **to ~ <u>both</u>** [*or* **<u>two</u>**] **ways** eine zweischneidige Sache sein; **to ~ to the <u>chase</u>** AM *(fam)* auf den Punkt kommen; **to ~ <u>loose</u>** AM, AUS alle Hemmungen verlieren; ***she really ~s loose when she dances*** sie tobt sich beim Tanzen richtig aus; **to ~ and <u>run</u>** Reißaus nehmen, sich *akk* aus dem Staub machen

◆**cut across** *vi* 1 *(to other side)* hinüberfahren
2 *(take short cut)* ■**to ~ across sth** etw durchqueren; **to ~ across country** querfeldein fahren; **to ~ across a field** quer über ein Feld gehen
3 *(fig: affect)* **to ~ across different groups** quer durch verschiedene Gruppen gehen; **to ~ across party lines** parteiübergreifend sein; ***support ~s across party lines*** die Unterstützung geht quer durch alle Parteien

◆**cut ahead** *vi* AM ■**to ~ ahead** [**of sb**] [jdn] überholen

◆**cut along** *vi (dated)* sich *akk* auf die Socken machen *fam*

◆**cut away** *vt* ■**to ~ away ↔ sth** etw wegschneiden

◆**cut back I.** *vt* ■**to ~ back ↔ sth** 1 HORT etw zurückschneiden [*o* stutzen]
2 FIN, ECON etw kürzen [*o* verringern]; ***the President wants to ~ back defence spending by 10%*** der Präsident will die Verteidigungsausgaben um 10 % reduzieren; **to ~ back benefits** die Leistungen beschneiden [*o* kürzen]; **to ~ back costs** die Kosten senken [*o* reduzieren]; **to ~ back production** die Produktion zurückschrauben
II. *vi* 1 *(return)* zurückgehen, kehrtmachen
2 *(reduce)* ■**to ~ back on sth** etw kürzen; **to ~ back on orders** weniger Aufträge erteilen; **to ~ back on spending** die Ausgaben reduzieren [*o* senken]; **to ~ back on wastage** weniger Abfall produzieren

◆**cut down I.** *vt* 1 *(fell)* **to ~ down ↔ a tree** einen Baum umhauen [*o* fällen]
2 *(reduce)* ■**to ~ down ↔ sth** etw einschränken; **to ~ down the labour force** die Belegschaft [*o* das Personal] abbauen; **to ~ down production** die Produktion zurückfahren; **to ~ down wastage** weniger Abfall produzieren
3 *(abridge)* ■**to ~ down ↔ sth** etw kürzen; **to ~ a text down** einen Text zusammenstreichen
4 FASHION ■**to ~ down ↔ sth** etw kürzen
▸PHRASES: **to ~ sb down to <u>size</u>** *(fam)* jdn in seine Schranken verweisen
II. *vi* ■**to ~ down on sth** etw einschränken; **to ~ down on drinking/smoking** das Trinken/Rauchen einschränken; ***you should ~ down on fatty foods*** Sie sollten fettärmer essen

◆**cut in I.** *vi* 1 *(interrupt)* unterbrechen, sich *akk* einmischen
2 *(activate)* sich *akk* einschalten
3 AUTO einscheren; ***did you see that white car ~ in?*** hast du gesehen, wie das weiße Auto rübergezogen ist? *fam;* ■**to ~ in in front of sb** jdn schneiden; ■**to ~ in on sb/sth** sich *akk* vor jdn/etw setzen; ***that white car ~ in on us!*** das weiße Auto hat sich vor uns gedrängt!
4 *(take over)* ■**to ~ in on sb** jdn ablösen; ***she was dancing with Jack, when Tom suddenly ~ in*** sie tanzte gerade mit Jack, als Tom ihn plötzlich ablöste
5 *(jump queue)* sich *akk* vordrängeln; ■**to ~ in on** [*or* **in front of**] **sb** sich *akk* vor jdn drängeln
II. *vt* ■**to ~ sb in** 1 *(share with)* jdn [am Gewinn] beteiligen
2 *(include)* jdn teilnehmen lassen; *(in a game)* jdn mitspielen lassen; ***shall we ~ you in?*** willst du mitmachen?

◆**cut into** *vi* ■**to ~ into sth** 1 *(slice)* etw anschneiden
2 *(decrease)* etw verkürzen; ***the shopping ~s into her weekend*** das Einkaufen nimmt Zeit von ihrem Wochenende
3 *(interrupt)* etw unterbrechen; ***his words ~ into her thoughts*** seine Worte unterbrachen ihre Gedanken

◆**cut off** *vt* 1 *(remove)* ■**to ~ off ↔ sth** etw abschneiden; ■**to ~ sth off sth** etw von etw *dat* abschneiden; **to ~ the fat off a steak** das Fett von einem Steak wegschneiden
2 *(sever)* ■**to ~ off ↔ sth** etw abschneiden; ***his leg was ~ off by a machine*** sein Bein wurde von einer Maschine abgetrennt
3 *(silence)* ■**to ~ off ↔ sb** jdn unterbrechen; **to ~ sb off in mid-sentence** [*or* **mid-flow**] jdm den Satz abschneiden
4 *(disconnect)* ■**to ~ off ↔ sth** etw unterbinden; **to ~ off electricity** den Strom abstellen [*o* sperren]; **to ~ off the enemy's escape route** dem Feind den Fluchtweg abschneiden; **to ~ off sb's gas supply** jdm das Gas abdrehen; **to ~ off a phone conversation** ein Telefongespräch unterbrechen
5 *(isolate)* ■**to ~ off ↔ sb/sth** jdn/etw abschneiden; **to be/get ~ off by sth** durch etw *akk* abgeschnitten sein/werden; ***they were ~ off by the snow*** sie waren durch den Schnee von der Außenwelt abgeschnitten; ■**to ~ oneself off** [**from sb**] sich *akk* [von jdm] zurückziehen [*o* fernhalten]; ***when his wife died, he ~ himself off from other people*** nach dem Tod seiner Frau lebte er ganz zurückgezogen
6 AM *(refuse drink)* ■**to ~ off ↔ sb** jdm nichts mehr zu trinken geben
7 AM AUTO *(pull in front of)* ■**to ~ off ↔ sb/sth** jdn/etw schneiden; **to get ~ off** geschnitten werden
▸PHRASES: **to be ~ off in one's <u>prime</u>** in der Blüte seiner Jahre dahingerafft werden *geh;* **to ~ sb off with a <u>shilling</u>** [*or* **without a <u>penny</u>**] jdn enterben

◆**cut out I.** *vt* 1 *(excise)* ■**to ~ out sth** [**from sth**] [*or* **sth out** [**of sth**]] etw [aus etw *dat*] herausschneiden; ***please ~ the soft spots out of the vegetables before you cook them*** schneide bitte die weichen Stellen aus dem Gemüse, bevor du es kochst
2 *(from paper)* ■**to ~ out sth** [**from sth**] [*or* **sth out** [**of sth**]] etw [aus etw *dat*] ausschneiden
3 *(abridge)* ■**to ~ out ↔ sth** etw streichen; **to ~ a scene out of a film** eine Szene aus einem Film streichen
4 *(eschew)* ■**to ~ out ↔ sth** etw weglassen; ***since my heart attack, I've ~ fatty foods out altogether*** seit meinem Herzanfall verzichte ich ganz auf fettes Essen; ***if you ~ sugar out of your diet, you should lose weight*** wenn du Zucker von deinem Speiseplan streichst, müsstest du eigentlich abnehmen; **to ~ out all mention** [*or* **reference**] **of sth** etw überhaupt nicht erwähnen
5 *(fam: desist)* ■**to ~ out ↔ sth** mit etw *dat* aufhören, etw beenden; **~ *it*** [*or* ***that***] ***out!*** hör auf damit!, lass den Quatsch! *fam*
6 *(block)* **to ~ out the light** das Licht abschirmen; ***it's a beautiful tree, but it ~s out most of the light*** es ist ein schöner Baum, aber er nimmt uns das meiste Licht
7 *(exclude)* ■**to ~ out sb** [**from sth**] [*or* **sb out** [**of sth**]] jdn [von etw *dat*] ausschließen; **you can ~ me out!** ohne mich!
8 *(disinherit)* **to ~ sb out of one's will** jdn aus seinem Testament streichen
▸PHRASES: **to be ~ out <u>for</u> sth** für etw *akk* geeignet sein; ***I'm not ~ out to be a politician*** ich bin nicht zum Politiker geschaffen; **to have one's <u>work</u> ~ out** alle Hände voll zu tun haben
II. *vi* 1 *(stop operating)* sich *akk* ausschalten [*o* abschalten]; *plane's engine* aussetzen
2 AM AUTO ausscheren; **to ~ out of traffic** plötzlich die Spur wechseln
3 AM *(depart)* sich *akk* davonmachen *fam;* ***he ~ out after dinner*** nach dem Essen schwirrte er ab *fam*

◆**cut over** *vi* **to ~ over a field/yard** die Abkürzung über ein Feld/einen Hof nehmen

◆**cut through** *vi* ■**to ~ through sth** 1 *(slice)* etw durchschneiden
2 *(cross)* etw durchschneiden [*o* durchqueren]; ***the path ~s through our orchard*** der Weg verläuft quer durch unseren Obstgarten
3 *(take short cut)* die Abkürzung über etw *akk* neh-

men; ***we can ~ through my back yard*** wir können über meinen Hinterhof abkürzen
④ *(glide)* **to ~ through the water** das Wasser durchschneiden
◆**cut up** I. *vt* ① *(slice)* ■**to ~ up** ⊂ **sth** etw zerschneiden; ***could you ~ my meat up for me please, Daddy?*** kannst du mir das Fleisch klein schneiden, Papi?; **to ~ up a roast** einen Braten aufschneiden [*o* zerlegen]; **to ~ sth up into pieces** etw in Stücke zerschneiden
② *(injure)* ■**to ~ up** ⊂ **sb** jdm Schnittwunden zufügen
③ *(fig: sadden)* ■**to ~ sb up** jdn schwer treffen [*o* arg mitnehmen]; ***the divorce really ~ him up*** die Scheidung war ein schwerer Schlag für ihn; ■**to be ~ up** [**about sth**] [über etw *akk*] zutiefst betroffen sein
④ BRIT AUTO *(pull in front of)* ■**to ~ up** ⊂ **sb/sth** jdn/etw schneiden; **to get ~ up** geschnitten werden
II. *vi* AM sich *akk* danebenbenehmen, den Clown spielen *pej*
▸PHRASES: **to ~ up rough** BRIT grob werden

cut-and-'dried *adj inv* ① *(fixed)* abgemacht, festgelegt; **a ~ decision** eine klare Entscheidung
② *(simple)* eindeutig, klar; ***there is no ~ answer to this problem*** für dieses Problem gibt es kein Patentrezept
cut and 'paste *n* COMPUT Textumstellung *f;* **~ plagiarism** durch Cut-and-paste hergestellte Plagiate
cu·ta·neous [kjuːˈteɪniəs] *adj inv esp* MED Haut-
cut·away [ˈkʌtəweɪ, AM ˈkʌt̬-] *adj inv* ① *(showing inside) diagram, drawing, model* Schnitt-
② FASHION **~ neckline** tiefer Ausschnitt
cut·back [ˈkʌtbæk] *n* ECON Kürzung *f,* Abbau *m,* Einschränkung *f;* **~ in capacity** Kapazitätsabbau *m;* **~ in expenditure** Ausgabenkürzung *f;* **~ in production** Produktionsdrosselung *f*
cute <-r, -st> [kjuːt] *adj* ① *(sweet) baby, puppy* süß, niedlich, SCHWEIZ, ÖSTERR *a.* herzig
② AM *(clever)* schlau, gerissen *pej*
cute·ly [ˈkjuːtli] *adv* ① *(endearingly)* niedlich, süß *fig*
② AM *(fam: cleverly)* auf schlaue [*o* clevere] *fam* Art; ***the child was ~ named after their manager*** das Kind trug sinnigerweise den Namen ihres Geschäftsführers
③ AM *(fam: sexily)* prächtig, knackig *sl*
cute·ness [ˈkjuːtnəs] *n no pl* ① *(sweetness)* Niedlichkeit *f*
② *(cleverness)* Schlauheit *f,* Cleverness *f*
cute·sy [ˈkjuːtsi] *adj* AM *(pej fam)* kitschig *pej*
cutey *n esp* AM *(fam) see* **cutie**
cut 'flow·ers *npl* Schnittblumen *pl* **cut 'glass** I. *n no pl* Kristallglas *nt,* geschliffenes Glas II. *n modifier (vase)* Kristall- **'cut-glass** *adj (fig) accent, voice* kristallklar; **~ enunciation** sorgfältige Artikulation
cu·ti·cle [ˈkjuːtɪkl̩, AM -t̬ə-] *n* Oberhaut *f,* Epidermis *f fachspr; (of nail)* Nagelhaut *f*
cutie [ˈkjuːt̬i], **cutie·pie** [ˈkjuːt̬ipaɪ] *n* AM *(fam: woman)* dufte Biene *fam,* flotter Käfer *fam; (man)* irrer Typ *fam;* ***hi there, ~!*** hallo, Süße!; **to be a real** [*or* **such a**] **~** *child* ein süßer Fratz sein; *animal* ein lieber [*o* süßer] Kerl sein
cut·lass <*pl* -es> [ˈkʌtləs] *n* Entermesser *nt*
cut·ler [ˈkʌtləʳ, AM ɚ] *n* ① *(workman)* Messerschmied *m*
② *(producer)* Fabrikant *m* von Messerwaren
cut·lery [ˈkʌtlᵊri] *n no pl* Besteck *nt*
cut·let [ˈkʌtlət] *n* ① *(meat)* Kotelett *nt; (boneless chop)* Schnitzel *nt;* **veal ~** Kalbskotelett *nt*
② *(patty)* Frikadelle *f,* Hacksteak *nt,* Fleischlaberl *nt* ÖSTERR; **vegetable ~** Gemüsebratling *m,* Gemüsefrikadelle *f,* Gemüselaberl *nt* ÖSTERR
cut 'lunch *n* AUS vorbereitetes Mittagessen
cut·off [ˈkʌtɒf, AM ˈkʌt̬ɑːf] I. *n* ① *(limit)* Obergrenze *f,* Höchstgrenze *f* ② *(stop)* Beendigung *f;* **~ of medical supplies** Einstellung *f* der medizinischen Hilfslieferungen II. *n modifier* **~ date** Endtermin *m* **'cut-off date** *n* FIN Verfalltag *m,* Verfallzeit *f* **cut·off fre·quen·cy** *n* ELEC Grenzfrequenz *f* **cut·off 'jeans, 'cut·offs** *npl* abgeschnittene Jeans

cut·out [ˈkʌtaʊt, AM ˈkʌt̬-] I. *n* ① *(shape)* Ausschneidefigur *f,* Ausschneidemodell *nt* ② *(stereotype)* **cardboard ~** [Reklame]puppe *f,* Pappfigur *f*
③ *(switch)* Unterbrecher *m,* Sicherung *f,* Ausschalter *m* II. *adj inv* ausgeschnitten **'cut·out fuse** *n* Sicherungsautomat *m* **'cut·out switch** *n* Sicherungsschalter *m*
'cut-price I. *adj attr, inv* ① *(product)* Billig-; *clothes* herabgesetzt; *ticket* ermäßigt; **~ computer** verbilligter Computer ② *(store)* **~ shop/supermarket** Billigladen/-supermarkt *m* II. *adv inv* zu Schleuderpreisen, ermäßigt; ***I bought my sofa ~*** ich habe mein Sofa zu einem verbilligten Preis gekauft **'cut-rate** *adj attr, inv* zu verbilligtem Tarif, herabgesetzt, verbilligt; **~ offer** Billigangebot *nt,* Sonderangebot *nt*
cut·sie *adj* AM *(pej fam) see* **cutesy**
cut·sie·pie [ˈkjuːtsipaɪ] *n* AM *(pej fam)* Tussi *f pej fam*
cut·ter [ˈkʌtəʳ, AM ˈkʌt̬ɚ] *n* ① *(tool)* Schneidwerkzeug *nt,* Schneider *m,* Schneidemaschine *f;* **pizza ~** Pizzaschneider *m*
② *(person)* [Zu]schneider(in) *m(f);* FILM Cutter(in) *m(f)*
③ NAUT Kutter *m*
④ *(in cricket)* Cutter *m*
'cut·throat I. *n (dated: murderer)* Mörder *m,* Halsabschneider *m a. fig*
II. *adj* mörderisch, gnadenlos, unbarmherzig; ***the advertising world is a very ~ business*** in der Werbebranche wird mit harten Bandagen gekämpft; **~ competition** gnadenloser Konkurrenzkampf, Verdrängungswettbewerb *m fachspr*
cut-throat com·pe·'ti·tion *n no pl* Verdrängungswettbewerb *m* **cut·throat 'ra·zor** *n* BRIT, AUS [offenes] Rasiermesser *nt*
cut·ting [ˈkʌtɪŋ, AM -t̬-] I. *n* ① JOURN Ausschnitt *m;* **press ~** Zeitungsausschnitt *m*
② HORT Ableger *m*
II. *adj comment* scharf; *remark* beißend, spitz
cut·ting 'edge *n* ① *(blade)* Schneide *f* ② *no pl (latest stage)* vorderste Front; ■**to be at the ~** an führender Stelle [*o* vorderster Front] stehen ③ *no pl (person)* Wegbereiter(in) *m(f)* ④ *no pl (force)* Zugkraft *f* ⑤ *no pl (eloquence)* Ausdruckskraft *f,* Eloquenz *f geh* **cutting-'edge** *adj* supermodern, Hightech-, Spitzen- **cutting-edge tech·'nol·ogy** *n* Spitzentechnologie *f*
cut·tle·bone [ˈkʌtl̩-, AM ˈkʌt̬l̩] *n no pl* Sepiaschale *f,* Schulp *m*
cut·tle·fish <*pl* - *or* -es> *n* Tintenfisch *m,* Kuttelfisch *m*
cut·up [ˈkʌt̬ʌp] *n* AM Kasper *m fam,* Witzbold *m fam,* Clown *m oft pej;* **class ~** Klassenkasper *m,* Klassenclown *m*
CUV [ˌsiːjuːˈviː] *n* AUTO *abbrev of* **crossover utility vehicle** CUV
cuz [kəz] *conj* AM *(sl) short for* **because** weil
CV [ˌsiːˈviː] *n abbrev of* **curriculum vitae** Lebenslauf *m*
cwm [kʊm] *n* Kar *nt*
CWO [ˌsiːdʌbljuːˈəʊ, AM -ˈoʊ] COMM *abbrev of* **cash with order** Zahlung *f* bei Auftragserteilung
cwt <*pl* - *or* -s> *abbrev of* **hundredweight** ≈ Zentner *m*
cyan [ˈsaɪæn] I. *n no pl* Zyanblau *nt*
II. *adj* blaugrün, zyanblau
cya·nide [ˈsaɪənaɪd] *n no pl* Zyanid *nt fachspr,* Blausäuresalz *nt*
cy·ber- [ˈsaɪbə, AM -bɚ] *in compounds* Cyber-, Internet-
'cy·ber·beg·ging *n no pl, no art* COMPUT, INET Betteln *nt* im Internet **cy·ber·cafe** [ˈsaɪbəˌkæfeɪ, AM ˌsaɪbɚkæfˈeɪ] *n* Cybercafe *nt* **'cy·ber cash** *n no pl* INET Cybercash *nt,* Cybergeld *nt* **'cy·ber·crook** *n* Internetbetrüger(in) *m(f)* **'cy·ber·diet·ing** *n* Internet-Diätprogramme *pl* **'cyber·growth** *n no pl* Zunahme *f* an Internetbenutzern **'cyber·in·trud·er** *n* Internet-Eindringling [*o* Spion] *m* **'cy·ber·mall** *n no pl* Shoppingportal *nt,* virtuelles Einkaufszentrum **'cy·ber·mer·chant** *n* Internethändler(in) *m(f)* **'cy·ber mon·ey** *n no pl* INET Cybergeld *nt*

cy·ber·naut [ˈsaɪbənɔːt, AM -bɚ-] *n* Cybernaut *m*
cy·ber·net·ic [ˌsaɪbəˈnetɪk, AM -bɚˈnet̬] *adj inv* PHYS kybernetisch *fachspr*
cy·ber·net·ics [ˌsaɪbəˈnetɪks, AM -bɚˈnet̬-] *n + sing vb* Kybernetik *f kein pl*
'cy·ber·punk *n no pl* LIT Cyberpunk *m*
cy·ber-re·'sponse *n* COMPUT, INET Internet-Nachfrage *f,* Internet-Response *f* **'cy·ber·sex** *n modifier* Cybersex *m* **'cy·ber-shop** *vi* Internetgeschäft *nt* **'cy·ber·shop·per** *n* Cybershopper(in) *m(f) (jd, der über das Internet einkauft)* **'cy·ber·sleuth** *n* Internet-Detektiv(in) *m(f)* **'cy·ber·space** *n* Cyberspace *m* **'cy·ber·speed** I. *n* ■**at ~** mit rasendem Tempo II. *n modifier* blitzschnell *fam* **'cyber·squat·ter** *n (pej)* Cybersquatter *m (jd, der Internetadressen, die bekannten Internetadressen sehr ähnlich sind, mit Tippfehlern registriert)* **'cy·ber·squat·ting** *n no pl* INET Cybersquatting *nt fachspr (Registrierung von Markennamen als Webadressen, um sie weiterzuverkaufen)* **'cy·ber-time** *n no pl* Zeit *f* online
'cy·ber·vent·ing *n no pl sich in dafür eingerichteten Chatforen seinem Ärger über alles Mögliche Luft machen*
'cy·ber·ver·sion *n* COMPUT, INET Internet-Version *f*
'cy·ber·world *n no pl (fam)* Cyberwelt *f*
cy·borg [ˈsaɪbɔːg, AM -bɔːrg] *n* LIT, FILM Cyborg *m*
cyc·la·men [ˈsɪkləmən, AM ˈsaɪklə-] *n* Alpenveilchen *nt,* Zyklame *f* ÖSTERR, SCHWEIZ
cy·cle[1] [ˈsaɪkl̩] *short for* **bicycle** I. *n* [Fahr]rad *nt,* SCHWEIZ *a.* Velo *nt;* **racing ~** Rennrad *nt*
II. *vi* Rad fahren, radeln *fam,* mit dem [Fahr]rad fahren
cy·cle[2] [ˈsaɪkl̩] *n* ① *(sequence)* Zyklus *m,* Kreislauf *m;* ***the council holds its elections on a four-year ~*** der Rat hält seine Wahlen in einem Turnus von vier Jahren ab; **~ of life** Lebenskreislauf *m;* **~ of materials** Materialkreislauf *m;* **~ of the seasons** Zyklus *m* der Jahreszeiten; **sth occurs in ~s** etw vollzieht sich *akk* in Zyklen
② *(operation)* Arbeitsgang *m*
③ *(collection)* Zyklus *m;* **~ of poems/songs** Gedichte-/Liederzyklus *m*
'cy·cle clip *n* Fahrradclip *m,* Veloklammer *f* SCHWEIZ
'cy·cle hel·met *n* Fahrradhelm *m,* SCHWEIZ *a.* Velohelm *m* **'cy·cle lane, 'cy·cle path** *n* [Fahr]radweg *m,* SCHWEIZ *a.* Veloweg *m* **'cy·cle rack** *n* Fahrradständer *m,* SCHWEIZ *a.* Veloständer *m; (on car)* Fahrradträger *m,* SCHWEIZ *a.* Veloträger *m,* Fahrradhalterung *f* **'cy·cle shed** *n* BRIT Fahrradschuppen *m,* Fahrradunterstand *m,* SCHWEIZ *a.* Velounterstand *m* **'cy·cle shop** *n* Fahrradladen *m,* SCHWEIZ *a.* Veloladen *m,* Fahrradgeschäft *nt* **'cy·cle shorts** *npl* Radlerhose *f* **'cy·cle way** *n* [Fahr]radweg *m,* SCHWEIZ *a.* Veloweg *m*
cyc·li·cal [ˈsaɪklɪkᵊl, ˈsɪk-] *adj* ① *(occurring in cycles)* zyklisch, periodisch; **to follow a ~ pattern** zyklisch verlaufen
② ECON, FIN konjunkturell; **~ downturn** ECON Konjunkturabschwung *m;* **~ stocks** zyklische Werte *pl;* **~ trend** Konjunkturverlauf *m;* **~ unemployment** konjunkturelle Arbeitslosigkeit; **~ upturn** ECON Konjunkturaufschwung *m*
cy·cli·cal 'en·gine *n* ECON Konjunkturmotor *m*
cy·cli·cal·ly [ˈsɪklɪkᵊli, ˈsaɪk-] *adv* **~ adjusted** ECON konjunkturbereinigt; **~ neutral budget** FIN konjunkturneutrales Budget
cyc·lic 'com·pound *n* CHEM Ringverbindung *f*
cyc·lic hydro·'car·bons *npl* CHEM ringförmige Kohlenwasserstoffe **cyc·lic re·'dun·dan·cy check** *n* COMPUT zyklische Blockprüfung, CRC-Prüfung *f*
cy·cling [ˈsaɪklɪŋ] *n no pl* Radfahren *nt,* SCHWEIZ *a.* Velofahren *nt,* Radeln *nt fam;* SPORT Radrennsport *m,* Rennradfahren *nt*
'cy·cling hel·met *n* Fahrradhelm *m,* SCHWEIZ *a.* Velohelm *m;* **to wear a ~** einen Fahrradhelm tragen [*o fam* aufhaben] **'cy·cling shorts** *npl* Radlerhose *f* **'cy·cling tour** *n* [Fahr]radtour *f,* SCHWEIZ *a.* Velotour *f*
cy·clist [ˈsaɪklɪst] *n* Radfahrer(in) *m(f),* SCHWEIZ *a.*

Velofahrer(in) *m(f)*, Radler(in) *m(f) fam*

cy·clo·ali·phat·ic [ˌsaɪkləʊælɪˈfætɪk, AM -kloʊælɪˈfæt̬-] *adj inv* CHEM cycloaliphatisch

cy·clone [ˈsaɪkləʊn, AM -kloʊn] *n* ❶ METEO [tropischer] Wirbelsturm, Zyklon *m*

❷ AM, AUS *(fence)* **C~ fence** Maschendrahtzaun *m*

cy·clon·ic [saɪˈklɒnɪk, AM ˈklɑː-] *adj inv* METEO Tiefdruck-

Cy·clops <*pl* -ses *or* -es> [ˈsaɪklɒps, *pl* saɪˈkləʊpiːz, AM -klɑːps, *pl* -ˈkloʊpiːz] *n* Zyklop *m*

cyg·net [ˈsɪgnət] *n* junger Schwan, Schwanenjunge(s) *nt*

cyl·in·der [ˈsɪlɪndəʳ, AM -ɚ] *n* ❶ MATH Zylinder *m*

❷ TECH *(roller)* Walze *f*

❸ *(vessel)* Flasche *f*; **~ of gas** Gasflasche *f*; **~ of oxygen** Sauerstoffflasche *f*

❹ AUTO Zylinder *m*; **six-~ engine** Motor *m* mit sechs Zylindern, Sechszylindermotor *m*; **to be firing on all four ~s** auf allen vier Zylindern laufen

ˈcyl·in·der block *n* TECH Zylinderblock *m* **ˈcyl·in·der ca·pac·ity** *n no pl* AUTO Hubraum *m* **ˈcyl·in·der head** *n* AUTO Zylinderkopf *m*

cy·lin·dri·cal [səˈlɪndrɪkəl] *adj* zylindrisch, walzenförmig

cym·bal [ˈsɪmbəl] *n usu pl* Beckenteller *m*; ■ **~s** Becken *nt*, Zimbel *f*; **clash** [*or* **crash**] **of ~s** Beckenschlag *m*

cym·bal·ist [ˈsɪmbəlɪst] *n* Beckenschläger(in) *m(f)*

cyn·ic [ˈsɪnɪk] *n (pej)* Zyniker(in) *m(f) pej*

cyni·cal [ˈsɪnɪkəl] *adj (pej)* ❶ *(bitter)* zynisch *pej*; **to take a ~ view of sb/sth** jdm/etw gegenüber eine zynische Einstellung haben; **to be** [**deeply**] **~ about sb/sth** sich *akk* [sehr] zynisch über jdn/etw äußern

❷ *(doubtful)* ■ **to be ~ about sb/sth** jdm/etw gegenüber misstrauisch [*o* skeptisch] sein

❸ *(exploitive)* skrupellos *pej*

cyni·cal·ly [ˈsɪnɪkəli] *adv (pej)* zynisch *pej*

cyni·cism [ˈsɪnɪsɪzəm] *n no pl (pej)* Zynismus *m pej*

cy·no·sure [ˈsaɪnəsjʊəʳ, AM -ʃʊr] *n (liter)* Anziehungspunkt *m*, Gegenstand *m* der Bewunderung; **to be the ~ of all eyes** alle Blicke auf sich *akk* ziehen

cy·pher *n see* **cipher**

cy-pres [ˌsiːˈpreɪ] LAW **I.** *adj* so nahe wie möglich; **~ doctrine** Änderung im anzunehmenden Sinn [eines Stiftungsgebers]

II. *adv* so nahe wie möglich

cy·press [ˈsaɪprəs] *n* Zypresse *f*

Cyp·rian [ˈsɪpriən] **I.** *n* Zypriot(in) *m(f)*

II. *adj* zyprisch

Cyp·ri·ot [ˈsɪpriət] **I.** *n* Zypriot(in) *m(f)*

II. *adj inv* zypr[iot]isch

Cy·prus [ˈsaɪprəs] *n no pl* Zypern *nt*

Cyprus ˈpound *n* Zypern-Pfund *nt*

Cy·ril·lic [səˈrɪlɪk] **I.** *n no pl* Kyrillisch *nt*

II. *adj inv alphabet* kyrillisch

cyst [sɪst] *n* MED Zyste *f*

cyst·ic fi·bro·sis [ˌsɪstɪkfaɪˈbrəʊsɪs, AM -ˈbroʊ-] *n no pl* Mukoviszidose *f*, zystische Fibrose

cys·ti·tis [sɪˈstaɪtɪs, AM -t̬-] *n no pl* Blasenentzündung *f*, Zystitis *f fachspr*

cy·to·logi·cal [ˌsaɪtəʊˈlɒdʒɪkəl, AM -t̬əˈlɑː-] *adj inv* BIOL zytologisch; **~ research** Zellforschung *f*

cy·to·logi·cal·ly [ˌsaɪtə(ʊ)ˈlɒdʒɪkəli, AM -t̬əˈlɑː-] *adv inv* BIOL zytologisch

cy·tolo·gist [saɪˈtɒlədʒɪst, AM -ˈtɑː-] *n* BIOL Zellforscher(in) *m(f)*, Zytologe, Zytologin *m, f*

cy·tolo·gy [saɪˈtɒlədʒi, AM -ˈtɑː-] *n no pl* BIOL Zytologie *f*, Zellenlehre *f*

cy·to·plasm [ˈsaɪtə(ʊ)plæzəm, AM -t̬ə-] *n no pl* BIOL Zytoplasma *nt*, Zellplasma *nt*

czar *n esp* AM *see* **tsar**

cza·ri·na *n esp* AM *see* **tsarina**

Czar·ist [ˈzɑːrɪst] HIST **I.** *adj inv* Zaren-, zaristisch

II. *n* Zarist(in) *m(f)*

Czech [tʃek] **I.** *n* ❶ *(person)* Tscheche, Tschechin *m, f*

❷ *no pl (language)* Tschechisch *nt*

II. *adj inv* tschechisch

Czech and Slo·vak Fed·er·al Re·ˈpub·lic *n* Tschechoslowakische Republik

Czecho·slo·vak [ˌtʃekəʊˈsləʊvæk, AM -oʊˈsloʊvɑːk] *(hist)* **I.** *adj inv* tschechoslowakisch *hist*

II. *n* Tschechoslowake, Tschechoslowakin *m, f hist*

Czecho·slo·va·kia [ˌtʃekə(ʊ)slə(ʊ)ˈvækiə, AM -oʊsloʊˈvɑː-] *n no pl (hist)* die Tschechoslowakei

Czecho·slo·va·kian [ˌtʃekə(ʊ)slə(ʊ)ˈvækiən, AM -oʊsloʊˈvɑː-] *(hist)* **I.** *n* Tschechoslowake, Tschechoslowakin *m, f*

II. *adj inv* tschechoslowakisch

Czech Re·ˈpub·lic *n no pl* ■ **the ~** die Tschechische Republik, Tschechien *nt*

D

D <*pl* -ˈs>, **d** <*pl* ˈs *or* -s> [diː] *n* ❶ *(letter)* D *nt*, d *nt*; **~ for David** [*or* AM **as in Dog**] D für Dora; *see also* **A 1**

❷ MUS D *nt*, d *nt*; **~ flat** Des *nt*, des *nt*; **~ sharp** Dis *nt*, dis *nt*; *see also* **A 2**

❸ *(school mark)* ≈ Vier *f*, ≈ Vierer *m* ÖSTERR, SCHWEIZ, ≈ ausreichend, ≈ Genügend *nt* ÖSTERR, ≈ genügend SCHWEIZ; *see also* **A 3**

❹ *(Roman numeral)* D *nt*, d *nt*

❺ ECON **Schedule ~** *zu versteuernde Einkünfte, die nicht aus Beschäftigungen kommen;* **Table ~** *Mustersatzung im Gesetz über Aktiengesellschaften*

❻ FIN *(debtor evaluation code)* D

D¹ *n no pl* CHEM *abbrev of* **deuterium** D

D² [diː] *n* SPORT *abbrev of* **defense** Abwehr *f*

d *abbrev of* **died** gest.

ˈd¹ [d] = **had** *see* **have**

ˈd² [d] = **would** *see* **would**

D&X [ˌdiːən(d)ˈeks] *n* MED *abbrev of* **dilation and extraction** Spätabtreibung *f*

DA [ˌdiːˈeɪ] *n* AM LAW *abbrev of* **district attorney** Staatsanwalt, -anwältin *m, f*; *(state prosecuting attorney)* Staatsanwalt, -anwältin *m, f* eines Einzelstaates, Bezirkstaatsanwalt, -anwältin *m, f*

D/A *n abbrev of* **documents against acceptance** D/A

dab [dæb] **I.** *vt* <-bb-> ■ **to ~ sth** [**with sth**] etw [mit etw *dat*] betupfen; **to ~ a bit of powder on sth** etwas Puder auf etw *akk* auftragen; **to ~ one's eyes** sich *dat* die Augen [trocken] tupfen; ■ **to ~ sth from sth** etw von etw *dat* abtupfen

II. *vi* <-bb-> ■ **to ~ at sth** etw betupfen; ***he was ~bing at his eyes with a handkerchief*** er trocknete sich die Augen mit einem Taschentuch

III. *n* ❶ *(spot)* Klecks *m*, Spritzer *m*, Tropfen *m*; ***just a ~ will do it*** ein bisschen reicht; **a ~ of butter** etwas Butter; **a ~ of ointment** ein Tupfer *m* Salbe; **a ~ of paint** ein Klecks *m* Farbe

❷ BRIT *(dated fam: fingerprints)* ■ **~s** *pl* Fingerabdrücke *pl*

DAB [ˌdiːeɪˈbiː] *n abbrev of* **digital audio broadcasting** digitale Rundfunkübertragung

dab·ble [ˈdæbl̩] **I.** *vi* dilettieren; ■ **to ~ in** [*or* **with**] **sth** sich *akk* nebenbei mit etw *dat* beschäftigen; ***she ~d with several careers*** sie versuchte sich in mehreren Berufen

II. *vt* **to ~ one's feet/hands in water** mit den Füßen/Händen im Wasser planschen

III. *n no pl* Zwischenspiel *nt*; ***after a brief ~ in politics, he returned to the world of business*** nach einem kurzen Abstecher in die Politik kehrte er in die Wirtschaft zurück

dab·bler [ˈdæbləʳ, AM -ɚ] *n* Amateur(in) *m(f)*, Dilettant(in) *m(f)*; ■ **to be a ~ in sth** etw dilettantisch tun; **to be a ~ in writing** ein Amateurschriftsteller *m*/eine Amateurschriftstellerin sein

dab ˈhand *n* BRIT *(fam)* Könner(in) *m(f)*, Profi *m fam*, Ass *nt fam*; ***you're a bit of a ~ in the kitchen*** du bist ja ein richtiger Kochkünstler; ■ **to be a ~ at sth** ein [wahrer] Meister in etw *dat* sein; **to be a ~ at cricket** ein Kricketass sein *fam*

DAC¹ [ˌdiːeɪˈsiː] *n*, **D/A con·ˈvert·er** *n abbrev of* **digital to analogue converter** Digital-Analog-Umsetzer *m*

DAC² [ˌdiːeɪˈsiː] *n abbrev of* **Development Assistance Committee** *Entwicklungshilfekomitee der OECD*, DAC *nt*

dace <*pl* -> [deɪs] *n* ZOOL Weißfisch *m*, SCHWEIZ *a.* Ruchfisch *m*

da·cha [ˈdætʃə, AM ˈdɑː-] *n* Datscha *f*, Datsche *f*

dachs·hund [ˈdæksənd, AM ˈdɑːkshʊnd] *n* Dackel *m*, Dachshund *m*

Da·cron® [ˈdækrɒn, AM ˈdeɪkrɑːn] *n no pl* AM *(terylene)* Dacron® *nt*, Terylene® *nt*

dac·tyl·ic [dækˈtɪlɪk] *adj inv* LING daktylisch *fachspr*

DAD [ˌdiːeɪˈdiː] *n* COMPUT *abbrev of* **digital audio disk** digitale Tonplatte

dad [dæd] *n (fam)* Papa *m fam*, Vati *m fam*; **mum** [*or* AM **mom**] **and ~** Mama und Papa, Vati und Mutti; ■ **~** Papa, Vati

Dada [ˈdɑːdɑː] *n no pl* ART Dada *m*

dad·dy [ˈdædi] *n (fam)* ❶ *(childspeak: dad)* Vati *m fam*, Papi *m fam*, Papa *m fam*; **mummy** [*or* AM **mommy**] **and ~** Mami und Papi, Mama und Papa, Vati und Mutti; ■ **~** Vati, Papi, Papa

❷ *(fig)* ■ **the ~ of sth** der Erfinder [*o* Vater] einer S. *gen*

dad·dy-ˈlong-legs <*pl* -> *n (fam)* ❶ *(crane fly)* Schnake *f*

❷ AM *(harvestman)* Weberknecht *m*

dado <*pl* -s> [ˈdeɪdəʊ, AM -doʊ] *n* ARCHIT ❶ *(part of a wall)* Paneel *nt*

❷ *(part of a pedestal)* Postamentwürfel *m*

dae·mon [ˈdiːmən] *n* ❶ COMPUT Dämonprozess *m*

❷ *(old) see* **demon**

daff [dæf] *n (fam) see* **daffodil**

daf·fo·dil [ˈdæfədɪl] *n* Osterglocke *f*, Osterblume *f*, gelbe Narzisse

daffy [ˈdæfi] *adj*, **daft** [dɑːft, AM dæft] *adj (fam)* doof *pej sl*, blöd *fam*, bescheuert *sl*, bekloppt BRD *sl*; ***this was a pretty ~ thing to do*** das war ziemlich bescheuert *sl*; ***don't be ~!*** mach keinen Quatsch! *fam*; ***you ~ idiot!*** du Vollidiot! *sl*; ***some of the suggested solutions were just plain ~*** einige der Lösungsvorschläge waren einfach schwachsinnig; ■ **to be ~ about sb/sth** nach jdm/etw verrückt sein

▸ PHRASES: **to be as ~ as a brush** strohdumm sein, dumm wie Bohnenstroh sein BRD

daft·ness [ˈdɑːftnəs, AM ˈdæft-] *n no pl* Blödheit *f fam*

dag [dæg] *n* AUS *(fam)* ❶ *(untidy person)* Zottel *m fam*, Zausel *m* DIAL *fam*, Percht *m* ÖSTERR

❷ *(dated: funny)* Scherzbold *m*, Witzbold *m*

dag·ger [ˈdægəʳ, AM -ɚ] *n* ❶ *(knife)* Dolch *m*

❷ TYPO Kreuz *nt*

▸ PHRASES: **to be at ~s drawn with sb** mit jdm auf [dem] Kriegsfuß stehen; **to look ~s at sb** jdn mit Blicken durchbohren

dago <*pl* -es *or* -s> [ˈdeɪgəʊ, AM -goʊ] *n (pej!)* Kanake *m pej sl*

da·guerr(e)o·type [dəˈgerə(ʊ)taɪp, AM -ətaɪp] *n* PHOT *(hist)* Daguerreotypie *f*

dahl·ia [ˈdeɪliə, AM ˈdæljə] *n* Dahlie *f*

Dáil [dɔɪl] *n*, **Dáil Éireann** [ˌdɔɪlˈeərən, AM -ˈerən] *n no pl*, + *sing/pl vb* Dáil *f (das Unterhaus der Republik Irland)*

dai·ly [ˈdeɪli] **I.** *adj attr, inv* ❶ *(every day)* täglich; **on a ~ basis** tageweise; **one's ~ bread** *(fam)* sein tägliches Brot; **~ consumption** täglicher Verbrauch, Tagesverbrauch *m*; **~ grind** Alltagstrott *m*; **~ life/routine** Alltagsleben *nt*/-routine *f*

❷ FIN **~ interest** [*or* **interest calculated ~**] Tageszins *m*

II. *adv inv* jeden Tag, täglich; **twice ~** jeden Tag zweimal, zweimal täglich

III. *n* ❶ *(newspaper)* Tageszeitung *f*; **national ~** BRIT landesweite [*o* SCHWEIZ bundesweite] Tageszeitung

❷ BRIT *(dated fam: cleaner)* Reinemachefrau *f*, Putzfrau *f*, Reinigungskraft *f*

dai·ly ˈhelp *n* BRIT *(dated) see* **daily III 2** **dai·ly ˈnews·pa·per** *n* Tageszeitung *f* **dai·ly quo·ˈta·tion** *n* FIN Tagesnotierung *f* **dai·ly ˈrate** *n* FIN Ta-

geskurs *m* **dai·ly 'sales re·turns** *n* FIN Tagesumsatz *m*
dain·ti·ly ['deɪntɪli, AM -t̬-] *adv* zierlich, anmutig, reizend, nett
dain·ti·ness ['deɪntɪnəs, AM -t̬ɪ-] *n no pl* Zierlichkeit *f*, Anmut *f*
dain·ty ['deɪnti, AM -t̬-] **I.** *adj* ① *(delicate) child* fein, zart
② *(tasty) cake* appetitlich, lecker *fam*
II. *n usu pl* Leckerbissen *m*
dai·qui·ri ['daɪkɪri, AM 'dækɚi] *n Cocktail aus Rum, Zitronensaft und Zucker*
dairy ['deəri, AM 'deri] **I.** *n* ① *(vendor)* Molkerei *f*, Molkereibetrieb *m*
② *esp* AM *(farm)* Milchbetrieb *m*, auf Milchwirtschaft spezialisierter Bauernhof
II. *n modifier* ① *(of milk)* Molkerei-; ~ **produce** Molkereiprodukte *pl*; ~ **products** Molkereierzeugnisse *pl*
② *(producing milk)* Milch-; ~ **farmer** Milchbauer, -bäuerin *m, f*; ~ **herd** Herde *f* Milchkühe; ~ **industry** Milchindustrie *f*; ~ **man** Milchmann *m*
'dairy cat·tle *n + pl vb* Milchvieh *nt* **'dairy-free** *adj inv* milch[eiweiß]frei
dairy·ing [deərɪŋ, AM der-] *n no pl* ① *(business)* Milchwirtschaft *f*
② *(activity)* Milchverarbeitung *f*
'dairy·maid *n (old)* Molkereiangestellte *f*, Molkeristin *f* SCHWEIZ **'dairy·man** *n* Molkereiangestellter *m*, Molkerist *m* SCHWEIZ
dais ['deɪɪs] *n* Podium *nt*
dai·sy ['deɪzi:] *n* Gänseblümchen *nt*; *see also* **fresh 9, push up I 3**
'dai·sy chain *n* ① *(necklace, bracelet)* Kette *f* aus Gänseblümchen ② COMPUT Verkettung *f*; ~ **bus** verkettete Busstruktur **'dai·sy-chain** *vt* COMPUT **to ~ sth** etw verketten **'daisy-cut·ter** *n* ① *(in cricket)* Daisycutter *m (am Boden entlang rollender Ball)*
② MIL Flächenbombe *f* **'dai·sy·wheel** *n* Typenrad *nt*, Typenscheibe *f*
Da·ko·tan [də'kəʊtən, AM -'koʊt̬ən] *n* aus Dakota *nach n*
Dalai Lama [ˌdælaɪ'lɑ:me, AM ˌdɑ:laɪ'-] *n* Dalai-Lama *m*
da·la·si [də'lɑ:si] *n (Gambian currency)* Dalasi *f*
dale [deɪl] *n* ① DIAL *(poet: valley)* Tal *nt*; **over hill and ~** über Berg und Tal
② GEOG **the ~s** *pl bergige Gegend in Nordengland*
Dales·man ['deɪlzmən] *n* Bewohner *m* der Yorkshire Dales
Dales·wom·an ['deɪlzwʊmən] *n* Bewohnerin *f* der Yorkshire Dales
dal·li·ance ['dæliən(t)s] *n* ① *(esp hum: affair)* Liebelei *f*, Liebschaft *f*, Affäre *f*, Verhältnis *nt*; **to have a ~ with sb** mit jdm ein Verhältnis [*o* eine Affäre] haben
② *no pl (esp hum: flirting)* Geschäker *nt hum fam*, Flirt *m*
③ *(fig: interest)* [kurze] Affäre *f*
④ *no pl (wasting time)* Zeitverschwendung *f*
dal·ly <-ie-> ['dæli] *vi* ① *(dated: dawdle)* [herum]trödeln *fam*; **to ~ over sth** *over tasks* mit etw *dat* trödeln *fam*
② *(consider)* **to ~ with the idea** mit der Idee spielen [*o* dem Gedanken liebäugeln]; **to ~ with the idea of doing sth** mit dem Gedanken spielen, etw zu tun
③ *(old: flirt)* **to ~ with sb** mit jdm schäkern [*o* flirten]; **to ~ with sb's affections** mit jds Gefühlen spielen
Dal·ma·tia [dæl'meɪʃe] *n no pl* HIST Dalmatien *nt*
Dal·ma·tian [dæl'meɪʃᵊn] *n* Dalmatiner *m*
dam [dæm] **I.** *n* [Stau]damm *m*, Deich *m*
II. *vt* <-mm-> **to ~ the river** den Fluss absperren [*o* dämmen]
◆**dam up** *vt* ① *(obstruct)* **to ~ up ↻ the river** den Fluss [auf]stauen
② *(suppress)* **to ~ up one's emotions** [*or* **feelings**] seine Gefühle unterdrücken
dam·age ['dæmɪdʒ] **I.** *vt* **to ~ sth** ① *(wreck)* etw *dat* schaden [*o* Schaden zufügen], etw [be]schädigen; **to be badly ~d** *building* schwer beschädigt sein
② *(blemish)* etw *dat* schaden; ***the scandal is damaging his good reputation*** der Skandal schadet seinem [guten] Ruf
II. *n no pl* ① *(destruction)* Schaden *m* (**to** an *+dat*), [Be]schädigung *f*; **to cause ~ to sth** etw beschädigen
② *(injury)* Schaden *m* (**to** an *+dat*); **to suffer brain ~** einen Gehirnschaden erleiden; **to do ~ to sb/sth** jdm/etw schaden [*o* Schaden zufügen]; **to do ~ to sb's pride** jds Stolz verletzen
③ LAW Schaden *m*; **causing criminal ~** Verursachung *f* strafbarer Sachbeschädigung; **malicious ~** böswillige Sachbeschädigung; **~s** *pl* **for pain and suffering** Schmerzensgeld *nt*
▸PHRASES: **the ~ is done** es ist nun einmal passiert; **what's the ~?** *(hum fam)* was kostet der Spaß?
'dam·age con·trol *n no pl* Schadensbegrenzung *f*
dam·aged ['dæmɪdʒd] *adj* ① *(destroyed)* beschädigt; **fire-~ goods** brandgeschädigte Waren; **badly ~** stark [*o* schwer] beschädigt
② *(injured)* verletzt
③ *(blemished) reputation* befleckt
▸PHRASES: **to be ~ goods** *(pej sl)* keine Jungfrau mehr sein
dam·age feasant [-'fi:z(ə)nt] *n* AM LAW Schadenstiftung *f* durch fremde Tiere **'dam·age limi·ta·tion** *n no pl* ① POL Schadensbegrenzung *f* ② MIL Vermeidung *f* von Verlusten
dam·ages ['dæmɪdʒɪz] *npl* LAW Schaden[s]ersatz *m kein pl*; **measure of ~** Schadensbemessung *f*; **mitigation of ~** Herabsetzung *f* des Schadenersatzes; **aggravated ~** erhöhter Schadenersatz; **compensatory ~** ausgleichender Schadenersatz; **exemplary** [*or* **punitive**] **~** verschärfter Schadenersatz; **general ~** genereller Schadenersatz; **liquidated ~** bezifferter Schadenersatz; **nominal ~** nomineller Schadenersatz; **special ~** Schadenersatz *m* für einen konkreten Schaden; **to be awarded ~** [**over sth**] Schadensersatz [für etw *akk*] zugesprochen bekommen; **to claim ~** Anspruch auf Schadenersatz erheben
dam·ag·ing ['dæmɪdʒɪŋ] *adj* ① *(destroying)* schädlich; **to have a ~ effect** [**on sth**] sich *akk* auf etw *akk* negativ auswirken; **to be ~ to sth** für etw *akk* schädlich sein
② *(disadvantageous) evidence, remark* nachteilig
Da·mas·cus [də'mæskəs] *n* Damaskus *nt*
dam·ask ['dæməsk] **I.** *n no pl* Damast *m*
II. *n modifier tablecloth* damasten, Damast-, aus Damast
dam·bust·ers ['dæmbʌstəz, AM -ɚz] *npl* HIST **the ~** *Bezeichnung für eine britische Bomberschwadron, die sich im 2. Weltkrieg auf die Zerstörung deutscher Staudämme konzentrierte*
dame [deɪm] *n* ① AM *(dated sl: woman)* Dame *f*
② BRIT *(title)* Freifrau *f*, Dame *f*; **~ Fortune** Frau Fortuna *f*; **to make sb a ~** jdn zur Freifrau erheben
③ BRIT *(pantomime)* komische Alte
dammit ['dæmɪt] *interj (sl)* verdammt!, verflucht!
damn [dæm] **I.** *interj (sl)* **~** [**it**]! verdammt!, verflucht!
II. *adj attr, inv (sl)* ① *(cursed)* Scheiß- *derb*; ***I can't get the ~ thing to work!*** ich bring dieses Scheißding nicht zum Laufen! *derb*; **~ fool** [*or* **idiot**] Vollidiot *m sl*
② *(emph)* verdammt *sl*; **to be a ~ sight better** entschieden besser sein
▸PHRASES: **~ all** BRIT nicht die Bohne; **to know ~ all about sth** von etw *dat* überhaupt keine Ahnung haben
III. *vt* ① *(sl: curse)* **to ~ sb/sth** jdn/etw verfluchen; **~ *you!*** hol dich der Teufel! *sl*, du kannst mich mal! *fam*
② *usu passive (condemn)* **to ~ sb/sth** jdn/etw verurteilen; **to ~ a novel** einen Roman verreißen; **to ~ sb for sth** jdn wegen einer S. *gen* verurteilen
③ *(punish)* **to ~ sb** jdn verdammen
▸PHRASES: **sb/sth be ~ed!** *(fam!)* der Teufel hol jdn/etw *sl*; **I'll be ~ed!** *(fam!)* nicht zu glauben!, das ist die Höhe!; **I'll be ~ed if I do that** das werde ich auf gar keinen Fall tun; ***I'm ~ed if I'm going to invite her*** es fällt mir nicht im Traum ein, sie einzuladen; **to be ~ed if one does and ~ed if one doesn't** die Wahl zwischen Pest und Cholera haben; **to ~ sb with faint praise** jdn auf die sanfte Art zerreißen; **as near as ~ it** *(fam)* so gut wie; ***it's not quite ten feet, but it's as near as ~ it*** es sind so gut wie zehn Fuß; **well I'm** [*or* **I'll be**] **~ed!** *(fam!)* mich tritt ein Pferd! *fam*
IV. *adv inv (fam!)* verdammt *sl*; ***I should know ~ well*** das will ich aber auch stark hoffen *fam*
V. *n no pl (fam!)* **sb does not give** [*or* **care**] **a ~ about sb/sth** jdn/etw ist jdm scheißegal *sl*
dam·nable ['dæmnəbl] *adj (dated)* grässlich
dam·nably ['dæmnəbli] *adv* grässlich
dam·na·tion [dæm'neɪʃᵊn] *n no pl* Verdammung *f*, Verdammnis *f geh*; **eternal ~** ewige Verdammnis
damned [dæmd] **I.** *adj attr, inv (fam!)* ① *(cursed)* Scheiß- *derb*
② *(emph: extreme)* verdammt *fam*
II. *adv inv (fam!)* verdammt; **to be ~ arrogant** verdammt arrogant sein
III. *n* **the ~** *pl* die Verdammten *pl*
damned·est ['dæmdɪst] **I.** *adj attr, inv esp* AM verrückteste(r, s), bizarrste(r, s); ***that's the ~ excuse I ever heard!*** das ist die abgefahrenste Ausrede, die ich je gehört habe! *sl*
II. *n no pl (fam)* **to do** [*or* **try**] **one's ~** [**to do sth**] sich *dat* alle Mühe geben[, etw zu tun]
damn·ing ['dæmɪŋ] *adj remark* vernichtend, belastend, erdrückend; **~ comment** vernichtender Kommentar; **~ evidence** erdrückende Beweise; **~ report** belastender Bericht
Damocles ['dæməkli:z] *n no pl* Damokles *m*; *see also* **sword**
damp [dæmp] **I.** *adj table, cloth* feucht, klamm
II. *n no pl* BRIT, AUS Feuchtigkeit *f*; **patch of ~** feuchter Fleck
III. *vt* ① *(wet)* **to ~ sth** etw befeuchten; **to ~ a cloth** ein Tuch anfeuchten; **to ~ shirts for ironing** Hemden zum Bügeln einsprengen [*o* einspritzen]
② *(smother)* etw dämpfen
◆**damp down** *vt* **to ~ down ↻ a fire/flames** ein Feuer/Flammen ersticken; *(fig)* **to ~ down ↻ one's feelings** seine Gefühle unterdrücken; **to ~ down speculation** Spekulationen dämpfen; **to ~ down sb's spirits** jdm den Mut nehmen, jdn entmutigen
'damp course *n* [Feuchtigkeits]dämmschicht *f*, Feuchtigkeitsisolierschicht *f*, Sperrschicht *f*
damp·en ['dæmpən] *vt* **to ~ sth** ① *(wet)* etw befeuchten [*o* anfeuchten]; ***the rain had ~ed the tent*** das Zelt war vom Regen feucht geworden
② *(suppress)* etw dämpfen; **to ~ sb's enthusiasm** jdn entmutigen, jds Begeisterung einen Dämpfer aufsetzen [*o* ÖSTERR, SCHWEIZ versetzen]; **to ~ one's expectations** seine Erwartungen zurückschrauben
③ *(mute) sound* etw dämpfen
damp·er ['dæmpəʳ, AM -pɚ] *n (fam)* Dämpfer *m*; **to put a ~ on sth** etw *dat* einen Dämpfer aufsetzen [*o* ÖSTERR, SCHWEIZ versetzen]
damp·ing ['dæmpɪŋ] *n no pl* Dämpfung *f*
damp·ish ['dæmpɪʃ] *adj* [etwas] feucht
damp·ly ['dæmpli] *adv* feucht
damp·ness ['dæmpnəs] *n no pl* Feuchtigkeit *f*; **~ in the air** Luftfeuchtigkeit *f*
'damp-proof *vt* **to ~ sth** etw gegen Feuchtigkeit schützen **'damp-proof course** *n see* **damp course** **damp 'squib** *n* BRIT, AUS *(fam)* Reinfall *m fam*, Pleite *f fam*
dam·sel ['dæmzᵊl] *n (dated liter)* Maid *f veraltet o hum*; **~ in distress** *(hum)* hilflose junge Dame
dam·sel·fly *n* Seejungfer *f*
dam·son ['dæmzᵊn] *n* Haferpflaume *f*, Damaszenerpflaume *f*
dance [dɑ:n(t)s, AM dæn(t)s] **I.** *vi* ① *(to music)* tanzen; **to ~ all night** die ganze Nacht tanzen, die Nacht durchtanzen; **to go dancing** tanzen gehen; **to ~ to sth/with sb** zu etw *dat*/mit jdm tanzen
② *(skip)* herumtanzen, herumspringen, herumhüpfen; ***the flowers are dancing in the breeze***

die Blumen wiegen sich im Wind; ***the sunlight was dancing on the surface of the water*** das Sonnenlicht tänzelte auf der Wasseroberfläche
▶PHRASES: **to ~ to sb's tune** nach jds Pfeife tanzen
II. *vt* ❶ *(partner)* ■**to ~ sb somewhere** mit jdm irgendwohin tanzen; ***he ~d her around the room*** er tanzte mit ihr durch den Raum
❷ *(perform)* **to ~ calypso/tango** Calypso/Tango tanzen; **to ~ a waltz** einen Walzer tanzen
▶PHRASES: **to ~ attendance on sb** um jdn herumscharwenzeln
III. *n* ❶ *(to music)* Tanz *m;* **to have a ~ with sb** mit jdm tanzen
❷ *(steps)* Tanz *m;* **the next ~** der nächste Tanz; **slow ~** Schieber *m,* langsamer Tanz; *see also* **lead**
❸ *(ball)* Tanzparty *f,* Tanzabend *m,* Tanzveranstaltung *f,* Ball *m;* ***will you come to the ~ with me?*** gehst du mit mir auf den Ball?; **end-of-term dinner ~** Semesterabschlussball *m*
❹ *no pl (art)* Tanz *m;* **classical/modern ~** klassischer/moderner Tanz

dance·able ['dɑːn(t)səbl̩, AM 'dæn-] *adj* **sth is ~** *song* man kann zu etw *dat* tanzen

'dance band *n* Tanzkapelle *f* **'dance class** *n* Tanzunterricht *m,* Tanzstunde *f* **'dance floor** *n* Tanzfläche *f,* Tanzparkett *nt,* Tanzboden *m* **'dance hall** *n* Tanzsaal *m* **'dance mu·sic** *n no pl* Tanzmusik *f*

danc·er ['dɑːn(t)səʳ, AM 'dæn(t)sɚ] *n* Tänzer(in) *m(f)*

'dance stu·dio *n* Tanzschule *f,* Tanzstudio *nt*

danc·ing ['dɑːn(t)sɪŋ, AM 'dæn(t)s-] *n no pl* Tanzen *nt*

'danc·ing mas·ter *n* Tanzlehrer(in) *m(f)* **'danc·ing part·ner** *n* Tanzpartner(in) *m(f)* **'danc·ing shoes** *npl* Tanzschuhe *pl*

D and C [ˌdiːən(d)'siː] *n* MED *abbrev of* **dilation and curettage** Dilation und Kürettage *f fachspr,* Ausschabung *f*

dan·de·lion ['dændɪlaɪən, AM -də-] *n* Löwenzahn *m,* Pusteblume *f*

dan·der ['dændəʳ, AM -dɚ] *n* ▶PHRASES: **to get** [*or* **have**] **one's ~ up** *(fam)* seine Borsten aufstellen *fam;* **to get sb's ~ up** *(fam)* jdn auf die Palme bringen *fam*

dan·di·fied ['dændɪfaɪd, AM -də-] *adj (pej hum)* herausgeputzt, geschniegelt *hum,* aufgedonnert *pej;* **~ appearance** sehr gepflegte Erscheinung

dan·dle ['dændl̩] *vt (dated)* ■**to ~ sb** jdn schaukeln; **to ~ a baby** [**on one's knee**] ein Baby [auf dem Knie] wiegen

dan·druff ['dændrʌf, AM -drəf] *n no pl* [Kopf]schuppen *pl*

dan·dy ['dændi] I. *n (pej)* Dandy *m pej,* Geck *m pej*
II. *adj esp* AM *(dated)* ❶ *(overly stylish)* geckenhaft *pej,* geschniegelt *hum*
❷ *(very good)* prima *fam,* super SCHWEIZ *fam;* ***that's just ~!*** das ist großartig!; ***we had a ~ time*** wir hatten eine wunderschöne Zeit

Dane [deɪn] *n* Däne, Dänin *m, f*

dang [dæŋ] *adj inv* AM *(euph fam) see* **damn(ed)** verdammt *derb,* verflucht *derb*

dan·ger ['deɪndʒəʳ, AM -dʒɚ] *n* ❶ *no pl (jeopardy)* [Lebens]gefahr *f;* ***~! keep out!*** Zutritt verboten! Lebensgefahr!; **a ~ to life and limb** eine Gefahr für Leib und Leben; ■**to be in ~** in Gefahr sein; ***I felt my life was in ~*** ich hatte Angst um mein Leben; **to be in ~ of extinction** vom Aussterben bedroht sein; ■**to be in ~ of doing sth** Gefahr laufen, etw zu tun
❷ *(risk)* Gefahr *f,* Bedrohung *f;* ■**to be a ~ to sb/sth** eine Gefahr für jdn/etw sein; ■**there is a ~ that ...** es besteht die Gefahr, dass ...
❸ *no pl (chance)* Gefahr *f,* Risiko *nt;* ***there is no ~ of that!*** *(hum)* diese Gefahr besteht nicht; ***there's no ~ of me going out with him!*** *(hum)* ich werde bestimmt nicht mit ihm ausgehen!
❹ *no pl* MED ■**to be out of ~** außer Gefahr [*o fam* über den Berg] sein

'dan·ger area *n* Gefahrenbereich *m,* Gefahrenzone *f;* ***stay out — this is a ~!*** Betreten verboten! Gefahrenzone! **'dan·ger list** *n* **to be on the ~** in Lebensgefahr schweben; **to be off the ~** über den Berg sein *fam* **'dan·ger mon·ey** *n no pl* BRIT, AUS Gefahrenzulage *f*

dan·ger·ous ['deɪndʒᵊrəs] *adj* gefährlich, gefahrvoll; **~ drugs** gesundheitsgefährdende Drogen; **~ to health** gesundheitsgefährdend; ■**it is ~ to do sth** es ist gefährlich, etw zu tun

dan·ger·ous·ly ['deɪndʒᵊrəsli] *adv* gefährlich; **to live ~** gefährlich leben

dan·gle ['dæŋgl̩] I. *vi* ■**to ~ from** [*or* **off**] **sth** von etw *dat* herabhängen; ***she had big earrings dangling from her ears*** an ihren Ohren baumelten große Ohrringe
▶PHRASES: **to keep sb dangling** jdn zappeln lassen
II. *vt* ❶ *(swing)* **to ~ one's feet** mit den Füßen baumeln; ***he ~d his feet in the warm water*** er ließ seine Füße im warmen Wasser baumeln
❷ *(tempt with)* ■**to ~ sth before** [*or* **in front of**] **sb** jdm etw [verlockend] in Aussicht stellen

dan·gling par·'ti·ci·ple *n* LING *Partizip, das ein selbst nicht vorkommendes Nomen näher bestimmt*

dan·gly ['dæŋgli] *adj* herabhängend, baumelnd

Dan·ish ['deɪnɪʃ] I. *n* <*pl* -es> ❶ *no pl (language)* Dänisch *nt,* das Dänische
❷ *(people)* ■**the ~** *pl* die Dänen
❸ AM *(cake) see* **Danish pastry**
II. *adj inv* dänisch

Dan·ish 'pas·try *n* Blätterteiggebäck *nt,* Plunder *nt*

dank[1] [dæŋk] *adj* [unangenehm] feucht, nass[kalt]

dank[2] [dæŋk] *n* AM *(sl: marijuana)* Gras *nt sl*

dank·ness ['dæŋknəs] *n no pl* Feuchte *f,* Feuchtigkeit *f*

Dan·ube ['dænjuːb] *n no pl* ■**the ~** die Donau

dap·per <-er, -est> ['dæpəʳ, AM -ɚ] *adj person* adrett, elegant, gepflegt

dap·ple ['dæpl̩] *vt* ■**to ~ sth** etw tüpfeln, etw sprenkeln

dap·pled ['dæpl̩d] *adj horse, pony* scheckig, gefleckt, gescheckt; *light* gesprenkelt; **~ shade** Halbschatten *m*

DAR [ˌdiːer'ɑːʳ, AM -'ɑːr] *n no pl abbrev of* **Daughters of the American Revolution** Töchter *pl* der Amerikanischen Revolution *(patriotische Frauenvereinigung in den USA)*

Darby and Joan [ˌdɑːbiənd'dʒəʊn] *n* BRIT *(hum) Bezeichnung für älteres Ehepaar*

dare [deəʳ, AM der] I. *vt* ■**to ~ sb** [**to do sth**] jdn herausfordern[, etw zu tun]; ***I ~ you!*** trau dich!; ***I ~ you to ask him to dance*** ich wette, dass du dich nicht traust, ihn zum Tanzen aufzufordern; ***she was daring him to come any closer*** sie warnte ihn [davor], näher zu kommen
II. *vi* sich *akk* trauen; ■**to ~** [**to**] **do sth** riskieren [*o* wagen] [*o* sich *akk* trauen] etw zu tun; ***who ~s to do that?*** wer traut sich das?; ***do you ~ to tell him this?*** traust du dich, ihm das zu sagen?; ***~ he tell her this?*** traut er sich, ihr das zu sagen?; ***he ~[s] not ask her name*** er traut sich nicht, sie nach ihrem Namen zu fragen; ***he was under attack for daring to criticize the Prime Minister*** er wurde angegriffen, weil er es gewagt hatte, den Premierminister zu kritisieren; ■**to not ~** [**to**] **do sth** [*or form* **to ~ not do sth**] nicht wagen [*o* sich *akk* nicht trauen] etw zu tun; ***I don't ~ to think*** [*or* ***daren't think***] ***how much it's going to cost*** ich wage nicht daran zu denken, wie viel es kosten wird
▶PHRASES: **how ~ you!** was fällt Ihnen ein!; **how ~ sb do sth** wie kann es jd wagen, etw zu tun; ***how ~ you use my car!*** was fällt dir ein, mein Auto zu benutzen!; [**just** [*or* **don't**]] **you ~!** *(esp hum)* untersteh dich!; **~ I say** [**it**] ... *(dated or hum)* ich wage zu behaupten, ...; **who ~s wins** *(prov)* wer wagt, gewinnt *prov*
III. *n* Mutprobe *f,* Wagnis *nt;* ***it's a ~!*** sei kein Frosch!; **to do sth** BRIT **as** [*or* BRIT, AUS **for**] [*or* AM **on**] **a ~** etw als Mutprobe tun

'dare·dev·il *(fam)* I. *n* Draufgänger(in) *m(f),* Teufelskerl *m*
II. *n modifier* tollkühn, waghalsig, verwegen; **~ stunt** halsbrecherischer Stunt; **to pull a ~ stunt** etwas total Wahnsinniges tun *fam*

daren't [deənt, AM dernt] = **dare not, dares not** *see* **dare II**

'dare·say *vi* ■**I ~** [*or* **dare say**] ich meine [*o* möchte sagen]; ***he gets paid a lot of money, but I ~*** [***that***] ***he earns it*** er bekommt viel Geld, aber meiner Meinung nach verdient er es auch

dar·ing ['deərɪŋ, AM 'der-] I. *adj* ❶ *(brave) person* kühn, wagemutig; *crime* dreist; **~ rescue operation** riskante [*o* waghalsige] Rettungsaktion; ■**it is ~ to do sth** es ist kühn, etw zu tun
❷ *(provocative)* verwegen; *film* gewagt
❸ *(revealing) dress, skirt* gewagt
II. *n no pl* Kühnheit *f,* Wagemut *m;* **to show ~** Mut beweisen [*o* zeigen]

dar·ing·ly ['deərɪŋli, AM 'der-] *adv* ❶ *(bravely)* wagemutig, kühn
❷ *(provocatively)* herausfordernd, provozierend

dark [dɑːk, AM dɑːrk] I. *adj* ❶ *(unlit)* dunkel, finster, düster; ***it was too ~ to see properly*** es war schon so düster, dass man nichts mehr richtig erkennen konnte; ***what time does it get ~ in the summer?*** wann wird es im Sommer dunkel?; ***our bedroom was very ~*** in unserem Schlafzimmer war es sehr düster
❷ *(in colour) hair, skin, eyes* dunkel; **~ blue** dunkelblau; **tall, ~ and handsome** groß, dunkel und gut aussehend
❸ *attr (sad)* dunkel; *days* finster; *vision* düster; **~ chapter** dunkles Kapitel; **~ predictions** düstere Vorhersagen; **to have a ~ side** Nachteile haben; **to look on the ~ side of things** schwarzsehen, pessimistisch sein
❹ *(evil)* finster, düster; **~ look** finsterer Blick; **to have a ~ side** eine finstere [*o* dunkle] Seite haben
❺ *(secret)* dunkel, verborgen, geheim[nisvoll]; **to keep sth ~** [**from sb**] etw [vor jdm] geheim halten
❻ *(hum: remote)* tief; ***he lived somewhere in ~est Peru*** er lebte irgendwo im tiefsten Peru
❼ LING dunkel; ***a ~ 'l'*** ein dunkles ,l'
▶PHRASES: **the ~est hour is just before the dawn** *(prov)* schlimmer kann es jetzt nicht mehr werden
II. *n no pl* ■**the ~** die Dunkelheit, das Dunkel; **to be afraid of the ~** Angst vor der Dunkelheit haben; **to see/sit in the ~** im Dunkeln sehen/sitzen; **to do sth before/after ~** etw vor/nach Einbruch der Dunkelheit tun
▶PHRASES: **to be** [**completely**] **in the ~** keine Ahnung haben; **to keep sb in the ~** [**about** [*or* **as to**] **sth**] jdn [über etw *akk*] im Dunkeln lassen; **a leap in the ~** ein Sprung *m* ins Ungewisse; **a shot** [*or* **stab**] **in the ~** ein Treffer *m* ins Schwarze

'Dark Ages *npl* ❶ HIST ■**the ~** das frühe Mittelalter
❷ *(ignorance)* ■**the dark ages** die schlimmen Zeiten; ***this takes us back to the ~*** das ist ein Rückschritt in finstere Zeiten **dark 'choco·late** *n no pl* AM, AUS *(plain chocolate)* Bitterschokolade *f,* bittere [*o* SCHWEIZ *bes* schwarze] Schokolade **'dark-col·oured** <darker-, darkest-> *adj* dunkelfarben; **~ outfit** Kleidung *f* in dezenten [*o* gedeckten] Farben **Dark 'Con·ti·nent** *n no pl* ■**the ~** Afrika *nt,* der schwarze Kontinent **dark 'cur·rent** *n* ELEC Dunkelstrom *m*

dark·en ['dɑːkᵊn, AM 'dɑːr-] I. *vi* ❶ *(lose light) sky* dunkel werden, sich verdunkeln [*o* verfinstern]
❷ *(look angry) mood* sich verdüstern [*o* verfinstern]; ***his face ~ed in anger*** sein Gesicht verfinsterte sich vor Wut
II. *vt* ❶ *(shade)* ■**to ~ sth** etw verdunkeln; **to ~ a room** einen Raum abdunkeln
❷ *(spoil)* ***nuclear weapons ~ our planet*** Atomwaffen bedrohen das Leben auf der Erde
▶PHRASES: **never to ~ these/sb's doors again!** *(liter)* sich *akk* nie wieder blicken lassen *fam;* ***never ~ these doors again!*** lass dich hier bloß nicht wieder blicken! *fam*

dark·ened ['dɑːkᵊnd, AM 'dɑːr-] *adj attr, inv* verdunkelt; *room* abgedunkelt

dark 'glasses *npl* Sonnenbrille *f* **dark 'horse** *n* ❶ BRIT, AUS *(talent)* unbekannte Größe, unbeschriebenes Blatt; ***Anna's such a ~*** Anna hat viele versteckte Talente ❷ AM *(victor)* erfolgreicher Außenseiter

darkie, AM *usu* **darky** ['dɑːki, AM 'dɑːr-] *n (pej! dated sl)* Neger(in) *m(f) pej*

dark·ish ['dɑːkɪʃ, AM 'dɑːr-] *adj* ① *(dark-coloured)* dunkel[farben]
② *(of person)* dunkleren Typs *nach n*
③ *(of hair)* dunkel
④ *(dim)* trüb[e]
⑤ *(mysterious)* geheimnisvoll, dunkel *fig*

dark·ly ['dɑːkli, AM 'dɑːrk-] *adv* ① *(dimly)* dunkel, finster; ***he could be seen ~ on the foggy moor*** er war in dem nebligen Moor nur schwer zu erkennen
② *(sadly)* traurig
③ *(ominously)* böse; **to look at sb ~** jdn böse ansehen

'dark mat·ter *n no pl* ASTRON dunkle Materie *fachspr*

dark·ness ['dɑːknəs, AM 'dɑːrk-] *n no pl* ① *(no light)* Dunkelheit *f,* Finsternis *f;* ***the room was in complete ~*** der Raum war völlig dunkel; **to be plunged into ~** in Dunkelheit getaucht sein
② *(night)* Finsternis *f*
③ *of colour* Dunkelheit *f*
④ *(fig: sadness)* Düsterkeit *f;* ***moments of ~*** düstere Momente
⑤ *(fig: evil) of one's soul* Finsterkeit *f*
⑥ *(fig: secrecy)* Dunkelheit *f;* **to draw a veil of ~ across sth** den Schleier des Geheimnisses über etw *akk* breiten

'dark·room *n* Dunkelkammer *f* **'dark-skinned** <darker-, darkest-> *adj* dunkelhäutig **'dark trace tube** *n* ELEC Dunkelschriftröhre *f*

darky *n (pej! dated sl) see* **darkie**

dar·ling ['dɑːlɪŋ, AM 'dɑːr-] **I.** *n* ① *(beloved)* Liebling *m,* Schatz *m,* Schätzchen *nt;* ***oh, ~, I do love you*** Liebling, ich liebe dich
② *(lovable person)* Engel *m,* Schatz *m;* ***what a ~ you are to bring me some tea!*** das ist wirklich nett von dir, dass du mir Tee bringst!; ▪**to be sb's ~** jds Liebling sein; ▪**be a ~ and …** sei so lieb [*o* nett] und …, sei ein Schatz und …
③ *(fam: friendly term)* Schatz *m,* Schätzchen *nt;* ***here's your change, ~*** hier ist Ihr Wechselgeld, Schätzchen *fam*
II. *n modifier* ① *(beloved)* hübsch, reizend, entzückend; *(in a letter)* ~ ***Martha, …*** Liebe Martha, …
② *(pretty) cat* süß, goldig, lieb, SCHWEIZ *a.* herzig; **a ~ little cottage** ein reizendes kleines Landhaus

darn¹ [dɑːn, AM dɑːrn] **I.** *vt* **to ~ a hole** ein Loch stopfen
II. *n* gestopfte Stelle; ***the cardigan is full of ~s*** die Strickweste ist überall gestopft

darn² [dɑːn, AM dɑːrn] *(fam)* **I.** *interj* Mist! *fam,* verflixt! *fam,* zum Kuckuck! *fam;* ~ ***it!*** verflixt noch mal! *fam,* verflixt und zugenäht! *fam,* so ein Mist! *fam*
II. *adv inv* verdammt *fam;* ***that's a ~ fine horse*** das ist ein verdammt schönes Pferd; ***he was a ~ sight younger than Elizabeth*** er war ein ganzes Stück jünger als Elizabeth
III. *n no pl* ***I don't give a ~!*** das ist mir völlig schnurz *fam*

darned [dɑːnd, AM dɑːrnd] *adv inv see* **darn² II**

darn·ing ['dɑːnɪŋ, AM 'dɑːrn-] *n no pl* ① *(needlework)* Stopfen *nt;* ***his job of ~ is excellent*** er hat das Loch hervorragend gestopft
② *no pl (clothes)* ▪**the ~** die Stopfsachen *pl*

'darn·ing nee·dle *n* Stopfnadel *f*

dart [dɑːt, AM dɑːrt] **I.** *n* ① *(weapon)* Pfeil *m;* **to fire a ~ at sb/sth** einen Pfeil auf jdn/etw abschießen
② *usu sing (dash)* Satz *m,* Sprung *m;* **to make a ~ for sb/sth** auf jdn/etw losstürzen
③ *(pleat)* Abnäher *m;* **to make a ~** einen Abnäher machen
▸PHRASES: **to make a ~ at sth** sich *dat* einen Reim auf etw *akk* machen
II. *vi* ▪**to ~ somewhere** irgendwohin flitzen [*o* sausen] *fam;* ***the fish ~ed through the water*** der Fisch schnellte durch das Wasser; ▪**to ~ away** davonflitzen *fam;* ▪**to ~ at sb** auf jdn losstürzen
III. *vt* **to ~ a glance** [*or* **look**] **somewhere** einen Blick irgendwohin werfen; **to ~ a look at sb** jdm einen Blick zuwerfen
◆**dart out** *vt no passive* ***the lizard ~ed out its tongue*** die Eidechse ließ ihre Zunge herausschnellen

'dart·board *n* Dartscheibe *f*

darts [dɑːtz, AM dɑːrtz] *n + sing vb* Darts *nt kein pl;* ***do you feel like a game of ~?*** hast du Lust, Darts zu spielen?; **to play ~** Darts spielen

Dar·win·ian [dɑː'wɪniən, AM dɑːr] BIOL, PHILOS **I.** *adj inv* ① *(Darwinist)* darwinistisch
② *(by Darwin)* Darwin[i]sch
II. *n* Darwinist(in) *m(f)*

Dar·win·ism ['dɑːwɪnɪzᵊm, AM 'dɑːr] *n no pl* BIOL, PHILOS Darwinismus *m*

dash [dæʃ] **I.** *n* <*pl* -es> ① *(rush)* Hetze *f,* Hast *nt;* ***it was a mad ~*** wir mussten uns total abhetzen *fam;* **to make a ~ for the door/exit** zur Tür/zum Ausgang stürzen; ***she made a ~ for it*** sie rannte, so schnell sie konnte
② *esp* AM SPORT Kurzstreckenlauf *m*
③ *(little bit)* kleiner Zusatz, kleine Beimengung; **a ~ of cinnamon/nutmeg/pepper** eine Messerspitze Zimt/Muskat/Pfeffer; **to add a ~ of colour to a dish** einem Gericht einen Farbtupfer hinzufügen; **a ~ of salt** eine Prise Salz; **a ~ of originality** ein Hauch *m* von Originalität, eine gewisse Originalität; **a ~ of rum** ein Schuss *m* Rum; **a ~ of yellow** ein Stich *m* ins Gelbe, SCHWEIZ *a.* ein Gelbstich *m*
④ *(punctuation)* Gedankenstrich *m*
⑤ *(flair)* Schwung *m,* Elan *m;* *(pluck)* Schneid *m*
⑥ *(morse signal)* [Morse]strich *m;* **dots and ~es** Morsezeichen *pl*
⑦ AUTO *(fam: dashboard)* Armaturenbrett *nt*
II. *interj* BRIT *(dated)* ~ **it!** *(bother!)* verflixt!, Mist!; ~ **it** [**all**]! *(expressing righteous indignation)* ich muss doch sehr bitten!
III. *vi* ① *(hurry)* stürmen, rasen *fam;* ***I've got to ~*** ich muss mich sputen *fam;* ***we ~ed along the platform and just managed to catch the train*** wir rannten den Bahnsteig entlang und haben den Zug gerade noch erwischt; **to ~ across the street/into the house** über die Straße/ins Haus flitzen *fam;* **to ~ out of the room** aus dem Zimmer stürmen; ▪**to ~ about** [*or* **around**] herumrennen *fam;* ▪**to ~ at sth** sich *akk* auf etw *akk* stürzen; ▪**to ~ off** davonjagen, die Fliege machen *fam*
② *(strike forcefully)* schmettern; *waves also* peitschen
IV. *vt* ① *(strike forcefully)* ▪**to ~ sth** [**against sth**] etw [gegen etw *akk*] schleudern [*o* schmettern]; ***he ~ed his hand against a rock*** er schlug sich die Hand an einem Felsen auf; **to ~ sth to pieces** etw zerschmettern [*o* in tausend Stücke schlagen]
② *(destroy)* ▪**to be ~ed** zerstört [*o* vernichtet] werden; ***his spirits were ~ed by the ridicule of his classmates*** der Spott seiner Klassenkameraden hat ihn völlig geknickt; **to ~ sb's hopes** jds Hoffnungen zunichtemachen
◆**dash off** *vt* ▪**to ~ off** ⊂ **sth** etw schnell erledigen; **to ~ off a report** einen Bericht runterreißen BRD *fam;* **to ~ off a meal** ein Essen hinzaubern *fam*

'dash·board *n* Armaturenbrett *nt,* Instrumentenbrett *nt*

dashed [dæʃt] **I.** *adv inv esp* BRIT *(dated fam)* verflixt *fam*
II. *adj attr* gestrichelt; **~ line** gestrichelte Linie

dash·ing ['dæʃɪŋ] *adj (dated)* schneidig, forsch, flott, fesch; **~ young man** flotter junger Mann

dash·ing·ly ['dæʃɪŋli] *adv (dated)* charmant, flott

'dash-mount·ed *adj inv* in das Armaturenbrett eingebaut

das·tard·ly ['dæstədli, AM -təd-] *adj (liter) attack, plot, revenge* hinterhältig, heimtückisch; **~ deeds** Gemeinheiten *pl*

DAT [ˌdiːerˈtiː] *n abbrev of* **digital audio tape** digitales Tonband

data ['deɪtə, AM -t̬ə] *npl + sing/pl vb* Daten *pl,* Angabe[n] *f[pl]*; **computer ~** Computerdaten *pl;* **to collect ~** Fakten sammeln; **to retrieve ~** Daten abrufen [*o* aufrufen]; **to transfer ~** Daten übertragen [*o* transferieren]

data ar·chae·'olo·gist *n no pl* Datenarchivar(in) *m(f)* **data ar·chae·'ol·ogy** *n no pl* COMPUT Datenarchivierung *f* **'data·bank** *n* Datenbank *f* **'data·base** *n* Datenbank *f;* ***we have a large ~ of neologisms*** wir haben einen großen Neologismen-Datenbestand **'data ca·ble** *n* Computerkabel *nt* **data 'cap·ture** *n no pl* Datenerfassung *f* **data 'car·ri·er** *n* Datenträger *m* **'data cen·tre**, AM **data center** *n* Rechenzentrum *nt* **'data file** *n* Datei *f* **'data glove** *n* Datenhandschuh *m*

'data·gram *n* COMPUT Datagramm *nt*

data 'ha·ven *n* Datenoase *f (um unter Umgehung der Rechtsvorschriften Daten zu speichern)* **'data item** *n* COMPUT [Daten]feld *nt* **'data log·ger** *n* ELEC, TECH Datalogger *m,* Datenspeichergerät *nt* **'data loss** *n* Datenverlust *m* **'data min·ing** *n no pl* Data-Mining *nt (Extrahieren von Informationen aus großen Datenbeständen)* **'data net·work** *n* Datennetz[werk] *nt* **data 'pro·cess·ing I.** *n no pl* Datenverarbeitung *f* **II.** *n modifier* Datenverarbeitungs-

data pro·'tec·tion *n no pl* BRIT Datenschutz *m* **Data Pro·'tec·tion Act** *n* Datenschutzgesetz *nt* **Data Pro·'tec·tion Reg·is·try, Data Pro·tec·tion Reg·is·trar's of·fice** *n* BRIT Datenschutzbehörde *f*

'data rec·ord *n (database entry)* [Daten-]Satz *m;* *(data stock)* Datenhaushalt *m* **data re·'triev·al** *n no pl* Datenaufruf *m,* Datenabruf *m*

data 'sab·bath *n Zeit, in der jemand Computer, Handy, Fernsehen und Radio abschaltet, um an der realen Welt teilzuhaben* **data se·'cu·rity** *n no pl* Datensicherheit *f,* Datenschutz *m* **'Data·stream** *n no pl* BRIT FIN Datastream; COMPUT Datenstrom *m* **data 'trans·fer** *n no pl* Datenübertragung *f,* Datentransfer *m* **'data trans·mis·sion** *n no pl* Datenübertragung *f*

da·tcha ['dætʃə, AM 'dɑːtʃə] *n see* **dacha**

date¹ [deɪt] **I.** *n* ① *(calendar day)* Datum *nt;* ***do you know what today's ~ is?*** weißt du, welches Datum wir heute haben?; **closing ~** letzter Termin; **at an early ~** früh, frühzeitig; **expiry** [*or* AM **expiration**] **~** Verfallsdatum *nt,* ÖSTERR, SCHWEIZ *meist* Ablaufdatum *nt;* **~ of acquisition** Erwerbszeitpunkt *m,* Anschaffungszeitpunkt *m;* **~ of expiration** Verfalltag *m,* Verfallzeit *f;* **~ of issue** Ausstell[ungs]datum *nt;* STOCKEX Emissionszeitpunkt *m;* **~ of maturity** Verfalltag *m,* Verfallzeit *f;* **~ of receipt** COMM Eingangsdatum *nt,* Empfangsdatum *nt;* **to be in ~** *food* das Verfallsdatum [*o* ÖSTERR, SCHWEIZ *meist* Ablaufdatum] noch nicht haben, noch haltbar sein; **out of ~** überholt, nicht mehr aktuell; **to be out of ~** *food* das Verfallsdatum [*o* ÖSTERR, SCHWEIZ *meist* Ablaufdatum] haben
② *(the present)* **to ~** bis jetzt/heute; **up to ~** *technology* auf dem neuesten Stand, SCHWEIZ *a.* à jour; *fashion, style, slang* zeitgemäß, SCHWEIZ *a.* à jour; **interest to ~** FIN Zinsen *pl* bis auf den heutigen Tag
③ *(on coins)* Jahreszahl *f*
④ *(business appointment)* Termin *m,* Verabredung *f;* ***it's a ~!*** abgemacht!; **to make a ~** sich *akk* verabreden; ***shall we make it a ~?*** sollen wir es festhalten?
⑤ *(booked performance)* Aufführungstermin *m*
⑥ *(social appointment)* Verabredung *f;* *(romantic appointment)* Rendezvous *nt;* **a hot ~** *(fam)* ein heißes Date *sl;* **to go out on a ~** ausgehen; **to have a ~ with sb** mit jdm verabredet sein, mit jdm abgemacht haben SCHWEIZ
⑦ *(person)* Begleitung *f;* **a hot ~** *(fam)* ein heißer Typ/eine heiße Frau *fam;* **to find** [*or* **get**] **a ~** einen Partner [*o* Begleiter]/eine Partnerin [*o* Begleiterin] finden
II. *vt* ① *(have relationship)* ▪**to ~ sb** mit jdm gehen *fam*
② *(establish the age of)* ▪**to ~ sth** etw datieren; ***the expert ~d the pipe at 1862*** der Experte datierte die Pfeife auf das Jahr 1862
③ *(reveal the age of)* ▪**to ~ sb** jdn altersmäßig verraten; ***you went to Beach Boys concerts? that sure ~s you!*** du warst auf den Konzerten der Beach

Boys? daran merkt man, wie alt du bist!
❹ *(put date on)* ■**to ~ sth** etw datieren; ***in reply to your letter ~d November 2nd, ...*** unter Bezugnahme auf Ihren Brief vom 2. November ... *form;* FIN **to ~ a cheque forward** einen Scheck vordatieren
III. *vi* ❶ *(have a relationship)* miteinander gehen *fam;* ***we think our daughter is still too young to ~*** AM wir denken, unsere Tochter ist noch zu jung, um einen Freund zu haben
❷ *(go back to)* ■**to ~ from** [*or* **back to**] **sth** *style* auf etw *akk* zurückgehen; *tradition* von etw *dat* herrühren, aus etw *dat* stammen
❸ *(show its age)* veraltet wirken; *(go out of fashion)* aus der Mode kommen
date² [deɪt] *n* Dattel *f*
dat·ed ['deɪtɪd, AM -t̬ɪd] *adj* veraltet, überholt; ~ **ideas** rückständige Ideen
dat·ed se·'cu·rities *n* FIN Wertpapiere *pl* mit festem Rückzahlungstermin **dat·ed 'stocks** *n* FIN Wertpapiere *pl* mit festem Rückzahlungstermin
'date·line *n* JOURN Datumszeile *f,* Kopfzeile *f* **date of 'bill** *n* FIN Fälligkeitstermin *m* eines Wechsels **date of com·'mence·ment** *n* POL *Tag des Inkrafttretens eines vom Parlament gebilligten Gesetzes*
'date rape *n* Vergewaltigung *f* durch eine dem Opfer bekannte Person
'date-stamp *n* Datumsstempel *m*
dat·ing agency, AM, AUS **'dat·ing ser·vice** ['deɪtɪŋ-] *n* Partnervermittlungsagentur *f*
da·tive ['deɪtɪv, AM -t̬ɪv] **I.** *n no pl* LING ■**the ~** der Dativ; **to be in the ~** im Dativ stehen; **to take the ~** den Dativ nach sich ziehen
II. *adj inv* **the ~ case** der Dativ
da·tive 'bond *n* CHEM koordinative Bindung
da·tum <*pl* data> ['deɪtəm, AM t̬əm] *n (rare)* gegebener Faktor, festgestelltes Element
daub [dɔːb, AM *esp* dɑːb] **I.** *vt* ■**to ~ sth** etw beschmieren; **to ~ gel into one's hair** sich *akk* Gel in die Haare schmieren
II. *n* ❶ *(patch of liquid)* Spritzer *m;* ***to avenge himself, he painted his sister's dollhouse with ~s of glue*** um sich zu rächen, schmierte er das Puppenhaus seiner Schwester mit Klebstoff voll; ~ **of paint** Farbklecks *m*
❷ *(pej: bad painting)* Schmiererei *f pej fam,* Kleckserei *f pej fam*
❸ ARCHIT **wattle and ~** mit Lehm beworfenes Flechtwerk
daugh·ter ['dɔːtəʳ, AM 'dɑːt̬ɚ] *n* Tochter *f a. fig*
'daugh·ter board *n* COMPUT Tochterplatine *f* **'daugh·ter-in-law** <*pl* daughters-in-law> *n* Schwiegertochter *f* **'daugh·ter lan·guage** *n* LING Tochtersprache *f* **Daugh·ters of the Ameri·can Revo·'lu·tion** *n,* **DAR** *n* Töchter *pl* der Amerikanischen Revolution *(patriotische Frauenvereinigung in den USA)*
daunt [dɔːnt, AM *esp* dɑːnt] *vt usu passive* ■**to ~ sb** *(intimidate)* jdn einschüchtern; *(discourage)* jdn entmutigen; **nothing ~ed** *esp* BRIT unerschrocken, unverzagt
daunt·ing ['dɔːntɪŋ, AM *esp* 'dɑːnt-] *adj (intimidating)* erschreckend; *(discouraging)* entmutigend; **a ~ prospect** eine entmutigende Aussicht; **a ~ task** eine beängstigende Aufgabe
daunt·less ['dɔːntləs, AM *esp* 'dɑːnt-] *adj (liter)* furchtlos, unerschrocken, kühn
dav·en·port ['dævᵊnpɔːt, AM -pɔːrt] *n* ❶ BRIT *(desk)* ≈ Sekretär *m*
❷ AM *(sofa)* großes [Bett]sofa
dav·it ['dævɪt] *n* NAUT Davit *m,* Bootskran *m*
Davy Jones's lock·er [ˌdeɪviˌdʒəʊnzɪz'-, AM -ˌdʒoʊnzɪz'-] *n no pl* alles verschlingendes Meer *liter,* nasses Grab *veraltet liter*
'Davy lamp *n* [Gruben]sicherheitslampe *f,* davysche Lampe
daw·dle ['dɔːdl̩, AM *esp* 'dɑː-] *vi* trödeln, bummeln *fam;* **to ~ around the stores** einen Bummel durch die Geschäfte machen; **to ~ over one's breakfast/work** beim Frühstück/bei der Arbeit herumtrödeln *fam*
daw·dler ['dɔːdl̩əʳ, AM 'dɑːdl̩ɚ] *n* Trödler(in) *m(f) pej fam,* Bummler(in) *m(f) pej fam,* Bummelant(in) *m(f) pej fam*
dawn [dɔːn, AM *esp* dɑːn] **I.** *n* ❶ *no pl (daybreak)* [Morgen]dämmerung *f,* Morgenröte *f liter;* **at** [**the break of**] **~** bei Tagesanbruch, im Morgengrauen; [**from**] **~ to dusk** von morgens bis abends; **~ breaks** der Tag bricht an
❷ *(fig: beginning) of an era, a period* Anfang *m,* Beginn *m*
II. *vi* ❶ *(start) day* anbrechen; *(fig) age, era, year* anbrechen, [herauf]dämmern *geh;* ***the day was just ~ing as the ship landed*** es dämmerte gerade, als das Schiff einlief; ***a new age ~ed with the invention of the steam engine*** mit der Erfindung der Dampfmaschine nahm ein neues Zeitalter seinen Anfang
❷ *(become apparent)* bewusst werden, dämmern *fam;* ***it suddenly ~ed on me that ...*** auf einmal fiel mir siedend heiß ein, dass ...
dawn 'cho·rus *n esp* BRIT, AUS Morgenkonzert *nt* der Vögel **'dawn raid** *n* ❶ *esp* BRIT, AUS *(surprise morning attack)* Razzia *f* im Morgengrauen ❷ BRIT STOCKEX plötzlicher Aufkauf von Aktien; **to make a ~ on sth** einen Angriff auf etw *akk* starten
DAX in·dex ['dæks-] *n* ECON, FIN *abbrev of* **Deutscher Aktien Index** DAX *m*
day [deɪ] *n* ❶ *(24 hours)* Tag *m;* ***my birthday is ten ~s from now*** heute in zehn Tagen habe ich Geburtstag; ***what a ~!*** was für ein Tag!; ***you're forty if you're a ~*** *(fam)* du bist mindestens vierzig [Jahre alt]; ***you don't look a ~ over forty*** Sie sehen kein bisschen älter als vierzig aus; ***we're expecting the response any ~ now*** die Antwort kann jetzt jeden Tag kommen; ***today is not my ~*** heute ist nicht mein Tag; **today of all ~s** ausgerechnet heute; **for a few ~s** auf ein paar Tage, für einige Tage; **in a few ~s**[**' time**] in einigen [*o* in ein paar] Tagen; **from one ~ to the next** *(suddenly)* von heute auf morgen; *(in advance)* im Voraus; **from one ~ to the other** von einem Tag auf den anderen; **one ~** eines Tages; **to be one of those ~s** einer dieser unglückseligen Tage sein; **the other ~** neulich, vor einigen Tagen; **some ~** irgendwann [einmal]; **~ in, ~ out** tagaus, tagein; **from this ~ forth** von heute an; **from that ~ on**[**wards**] von dem Tag an; **the ~ after tomorrow** übermorgen; **the ~ before yesterday** vorgestern; **~ after ~** Tag für Tag, tagtäglich; **~ by ~** Tag für Tag; **by the ~** von Tag zu Tag; **from ~ to ~** von Tag zu Tag; **to the ~** auf den Tag genau; **to this ~** bis heute; **these ~s** *(recently)* in letzter Zeit; *(nowadays)* heutzutage, heute; *(at the moment)* zurzeit; **one of these ~s** eines Tages; *(soon)* demnächst [einmal]; *(some time or other)* irgendwann [einmal]
❷ ECON *(work period)* Tag *m;* ***he works three ~s on, two ~s off*** er arbeitet drei Tage und hat dann zwei Tage frei; ***I have a full ~ tomorrow*** morgen ist mein Tag randvoll mit Terminen, morgen habe ich einen anstrengenden Tag; **working ~** Arbeitstag *m;* **all ~** den ganzen Tag; **to work an eight-hour ~** acht Stunden am Tag arbeiten; **to take a ~ off** einen Tag freinehmen
❸ *(not night)* Tag *m;* **all ~** [**long**] den ganzen Tag [über [*o* lang]]; **~ and night** Tag und Nacht; **a sunny/wet ~** ein sonniger/regnerischer Tag; **by ~** tagsüber, während des Tages
❹ *(former time)* Zeit *f;* ***those were the ~s*** das waren noch Zeiten; **to have seen better ~s** schon bessere Tage [*o* Zeiten] gesehen haben; **in the old ~s** früher; **in the good old ~s** in der guten alten Zeit; **to have had one's ~** seine [beste] Zeit gehabt haben; **in the ~s before/of/when ...** zur Zeit vor/des/, als ...; **in those ~s** damals; **in/since sb's ~** zu/seit jds Zeit; ***things have quite changed since my ~*** seit meiner Zeit hat sich einiges verändert; ***in my younger/student ~s ...*** als ich noch jung/Student war, ...
❺ *no pl (present)* **in this ~ and age** heutzutage; **of the ~** Tages-; **the news of the ~** die Tagesnachrichten [*o* Nachrichten von heute]
❻ *(life)* ■**sb's ~s** *pl* jds Leben *nt;* ***her ~s are numbered*** ihre Tage sind gezählt; **to end one's ~s in poverty** sein Leben [*o geh* seine Tage] in Armut beschließen; **in all my** [**born**] **~s** in meinem ganzen Leben; **until my/her dying ~** bis an mein/ihr Lebensende
❼ *(special date)* Tag *m;* **~ of Atonement** [jüdisches] Versöhnungsfest; **the ~ of Judg**[**e**]**ment** der Jüngste Tag
▶PHRASES: __any__ **~** jederzeit; ***I can beat you any ~!*** *(fam)* dich kann ich jederzeit schlagen!; __**back**__ **in the ~** AM *(sl)* in der Vergangenheit; **the __big__ ~** der große Tag; **to __call__ it a ~** Schluss machen [für heute]; **to __carry__** [*or* __**win**__] **the ~** den Sieg davontragen *geh;* **the __end__ of the ~** *(in the final analysis)* letzten Endes; *(finally, eventually)* schließlich, zum Schluss; **to __make__ sb's ~** jds Tag retten; **to __name__ the ~** den Hochzeitstermin festsetzen, den Tag der Hochzeit festlegen; **to be like __night__ and ~** wie Tag und Nacht sein; **sb's ~s** [**as sth**] **are __numbered__** jds Tage [als etw] sind gezählt; **from ~ __one__** von Anfang an, vom ersten Tag an; **to __pass__ the time of ~** plaudern, SÜDD, ÖSTERR, SCHWEIZ *a.* plauschen; __**that**__ **will be the ~!** *(fam)* das möchte ich zu gern[e] einmal erleben! *fam;* **to be all in a ~'s __work__** zum Alltag gehören
'day·bed *n* ❶ *(for daytime rest)* Liegesofa *nt* ❷ AM Bettsofa *nt* **'day·book** *n* ECON Journal *nt* **'day boy** *n* BRIT SCH Externer *m* **'day·break** *n no pl* Tagesanbruch *m;* **at ~** bei Tagesanbruch, im Morgengrauen
'day care *n no pl of pre-schoolers* Vorschulkinderbetreuung *f; of the elderly* Altenbetreuung *f; (centre for pre-schoolers)* Kindertagesstätte *f; (for the elderly)* Altentagesstätte *f* BRD **'day care cen·tre,** AM **'day care cen·ter** *n (for children)* Kindertagesstätte *f; (for the elderly)* Altentagesstätte *f* BRD
'day·dream I. *vi* [mit offenen Augen] träumen, vor sich *akk* hinträumen **II.** *n* Tagtraum *m,* Wachtraum *m* **'day·dream·er** *n* Tagträumer(in) *m(f),* verträumte Person **'day girl** *n* BRIT SCH Externe *f*
Day-Glo® ['deɪgləʊ, AM -gloʊ] *adj attr, inv* neonfarben, Neon-; **~ yellow** Neongelb *nt*
'day job *n (hum fam)* Hauptberuf *m,* Brotberuf *m*
▶PHRASES: **don't __give__ up your** [*or* **the**] **~!** *(as put-down)* Schuster, bleib bei deinen Leisten; *(as warning)* häng deinen Beruf nicht gleich an den Nagel *fam* **day 'la·bour·er,** AM **day 'la·bor·er** *n* Tagelöhner(in) *m(f)*
'day·light *n no pl* Tageslicht *nt;* **in broad ~** am helllichten Tag[e]
▶PHRASES: **to __knock__** [*or* __**beat**__] **the living ~s out of sb** *(fam)* jdn windelweich schlagen *fam;* **to __let__ ~ into sth** etw ans Licht [der Öffentlichkeit] bringen; **to __scare__** [*or* __**frighten**__] **the living ~s out of sb** *(fam)* jdn zu Tode erschrecken; **to __see__ ~** [allmählich] klarsehen; ***he saw ~*** ihm ging ein Licht auf
day·light 'rob·bery *n no pl* BRIT, AUS Nepp *m pej fam,* Wucher *m pej* **day·light 'sav·ing time** *n* Sommerzeit *f* **day·light 'trade** *n* FIN *see* **daytrade**
'day lily *n* Taglilie *f* **'day-long** *adj attr, inv* den ganzen Tag [an]dauernd **'day nurse·ry** *n* Kindertagesstätte *f* **'day or·der** *n* STOCKEX Tagesorder *f,* Tagesauftrag *m,* tagesgültiger Auftrag *m* **'day pa·tient** *n* MED Tagespatient(in) *m(f)* **'day pu·pil** *n* BRIT SCH Externe(r) *f(m)* **'day re·lease I.** *n* BRIT [tageweise] Freistellung zur Weiterbildung *(berufliche Fortbildung im Rahmen eines bestehenden Arbeitsverhältnisses)* **II.** *n modifier* Fortbildungs-; **~ course** bezahlter Fortbildungskurs **'day re·turn** *n* BRIT Tagesrückfahrkarte *f* **'day school** *n* Tagesschule *f* [ohne Internat] **'day shift** *n* Tagschicht *f* **'day stu·dent** *n esp* AM, AUS Externe(r) *f(m);* UNIV Student/Studentin, der/die zu Hause wohnt
'day·time I. *n no pl* Tag *m,* Tageszeit *f;* **in** [*or* **during**] **the ~** tagsüber, bei Tag
II. *n modifier (light, temperatures)* Tages-
day-to-'day *adj* ❶ *(daily)* [tag]täglich; *(normal)* alltäglich; **on a ~ basis** tageweise; **~ business** Tagesgeschäft *nt* ❷ *(short-term)* **on a ~ basis** von einem Tag auf den nächsten; **~ survival** der tägliche Kampf ums Überleben **'day·trade** *n no pl* STOCKEX Daytrade *m,* Tageshandel *m* **day 'trad·er** *n* STOCKEX Tagesspekulant(in) *m(f)* **day 'train·ing cen·tre,**

AM **day 'train·ing cen·ter** *n* LAW Tagesausbildungsstätte *f* **'day trip** *n* Tagesausflug *m* **'day trip·per** *n* Tagesausflügler(in) *m(f)*

daze [deɪz] **I.** *n no pl* Betäubung *f;* **to be in a ~** ganz betäubt [*o* benommen] sein; **to be walking around in a ~** wie im Taumel umhergehen
II. *vt usu passive* ■**to be ~d** wie betäubt [*o* ganz benommen] sein

daz·ed·ly ['deɪzədli] *adv* betäubt, benommen

daz·zle ['dæzl] **I.** *vt* ■**to ~ sb/an animal [with sth]** jdn/ein Tier [mit etw *dat*] blenden
II. *n no pl* ① *(brilliance)* Glanz *m*
② *(sudden brightness)* blendendes Licht

'daz·zled *adj* geblendet *a. fig,* überwältigt *fig*

daz·zling ['dæzlɪŋ] *adj* ① *(visually brilliant)* blendend *attr; diamond* funkelnd *attr*
② *(impressive)* blendend *attr,* überwältigend *attr,* umwerfend *attr; smile* strahlend *attr; success* glänzend *attr*

daz·zling·ly ['dæzlɪŋli] *adv* funkelnd; *(fig)* **to smile ~ at sb** jdn strahlend anlächeln

dB <*pl* -> *n abbrev of* **decibel(s)** dB *nt*

DC¹ [ˌdiː'siː] *n no pl* ELEC *abbrev of* **direct current** Gleichstrom *m*

DC² [ˌdiː'siː] *n no pl abbrev of* **District of Columbia** D.C.

DCC¹ [ˌdiːsiː'siː] *n abbrev of* **digital compact cassette** DCC *f*

DCC² [ˌdiːsiː'siː] *n abbrev of* **deputy chief constable** stellvertretender Polizeichef

DCF [ˌdiːsiː'ef] *n* ECON, FIN *abbrev of* **discounted cash flow** diskontierter Cashflow

DCR [ˌdiːsiːɑː, AM -ɑːr] *adj inv abbrev of* **digital-cable-ready** DCR

DD [ˌdiː'diː] *n abbrev of* **Doctor of Divinity** Dr. theol.

'D-Day *n no pl, no art* ① *(hist)* Invasionstag *m;* ***the ~ landings began on June 6, 1944, when Allied forces invaded Normandy*** die Invasion begann am 6. Juni 1944, als die alliierten Streitkräfte in die Normandie einfielen
② *(fig: important target date)* der Tag X

DDT [ˌdiːdiː'tiː] *n* CHEM *no pl abbrev of* **dichloro-diphenyl-trichloroethane** DDT *nt*

de·ac·ces·sion [ˌdiːæk'seʃᵊn] *vt* ■**to ~ sth** etw entlehnen

de·acidi·fi·ca·tion [ˌdiːəsɪdɪfɪ'keɪʃᵊn, AM -fə'-] *n* CHEM Entsäuerung *f;* **~ agent** Entsäuerungsmittel *nt*

deacon ['diːkən] *n* Diakon *m*

dea·con·ess [ˌdiːkə'nes] *n* Diakonisse *f,* Diakonissin *f*

de·ac·ti·vate [ˌdiː'æktɪveɪt] *vt* ■**to ~ sth** *alarm, motor* etw abschalten; CHEM etw deaktivieren *fachspr;* **to ~ a bomb** eine Bombe entschärfen

de·ac·ti·va·tion [diːˌæktɪ'veɪʃᵊn] *n* ① *(action)* Inaktivierung *f fachspr; of alarm* Ausschalten *nt; of a bomb* Entschärfung *f*
② *(function)* Abschaltvorrichtung *f*

dead [ded] **I.** *adj* ① *inv (not alive)* tot; *plant* abgestorben, tot; ***she's been ~ for three years*** sie ist [schon] drei Jahre tot; **to be ~ on arrival** beim Eintreffen ins Krankenhaus bereits tot sein; **~ body** Leiche *f;* **to drop ~** tot umfallen; **to shoot sb ~** jdn erschießen; **to be shot ~** erschossen werden
② *inv (obsolete, not active) custom* ausgestorben; *feelings* erloschen; *(gone out) fire* erloschen, aus *fam; railway line* stillgelegt; ***acid rain has become a ~ issue*** über sauren Regen spricht heute keiner mehr; ***my cigarette is ~*** meine Zigarette ist ausgegangen; *(no longer in use)* ***are these tins ~?*** brauchst du diese Dosen noch?; **~ language** tote Sprache; **~ volcano** erloschener Vulkan
③ *inv (numb) limbs* taub; ***my legs have gone ~*** meine Beine sind eingeschlafen
④ *inv (with no emotion) voice* kalt; *(flat) sound* dumpf
⑤ *inv (not bright) colour* matt, stumpf
⑥ *(boring, deserted) city* tot, [wie] ausgestorben *präd; party* öde; *season* tot; **~ performance** glanzlose Vorführung
⑦ *inv* FIN unproduktiv, ertraglos; **~ capital** totes Kapital
⑧ *(fig fam: exhausted)* tot *fam,* kaputt *fam,* erledigt *fam;* **to be ~ on one's feet** zum Umfallen müde sein
⑨ *inv (not functioning) phone, radio, TV* tot; ***and then the phone went ~*** und dann war die Leitung tot; ***the phone has gone ~*** die Leitung ist tot; ***the line went ~*** die Leitung brach zusammen
⑩ *inv (fig: used up)* verbraucht; *battery* leer; *match* erloschen
⑪ *attr, inv (totally)* völlig, total, absolut; ***that remark was a ~ giveaway*** diese Bemerkung sagte alles; ***wow, ~ centre!*** hui, genau in die Mitte!; **~ calm** METEO Windstille *f;* **to be in a ~ faint** in eine tiefe Ohnmacht gefallen sein; **~ silence** Totenstille *f;* ***we sat in ~ silence*** keiner von uns sagte auch nur ein Wort; **to come to a ~ stop** zum völligen Stillstand kommen
⑫ *inv (fast asleep)* ■**to be ~** tief und fest schlafen; **to be ~ to the world** fest eingeschlafen [*o fam* total weg] sein
⑬ *inv* SPORT **~ ball** toter Ball *(Ball, der ohne Bewertung ins Aus geht)*
▶PHRASES: **over my ~ body** nur über meine Leiche *fam;* **to be ~ and buried** tot und begraben sein; **to catch** [*or* **get**] [*or* **have**] **sb ~ to rights** jdn auf frischer Tat ertappen; **to be [as] ~ as a doornail** [*or dated* **dodo**] mausetot sein *fam;* **to be a ~ duck** *thing* eine Schnapsidee sein; *person* eine Null sein *fam;* **you'll be ~ meat if you ever do that again** ich kill dich, wenn du das noch einmal machst! *sl;* **~ men tell no tales** *(prov)* Tote reden nicht; **to be ~ from the neck** strohdoof [*o* SCHWEIZ strohdumm] sein *fam;* **to be a ~ ringer for sb** ein Doppelgänger von jdm sein, für jdn durchgehen können; **I wouldn't be seen ~ in that dress** so ein Kleid würde ich nie im Leben anziehen; **I wouldn't be seen ~ in that pub** in diese Kneipe [*o* ÖSTERR dieses Beisl] [*o* SCHWEIZ diese Beiz] würden mich keine zehn Pferde bringen
II. *adv* ① *inv (fam: totally)* absolut, total, völlig; ***I'm ~ beat*** ich bin todmüde; ***your analysis is ~ on target*** deine Analyse trifft genau ins Schwarze; ***you're ~ right*** du hast vollkommen [*o* absolut] Recht!; ***"~ slow"*** „Schritt fahren"; **~ certain** todsicher *fam;* **~ drunk** stockbetrunken; **~ easy** *esp* BRIT kinderleicht; **~ good** BRIT *(fam)* super *fam;* **to have been ~ lucky** Schwein gehabt haben *sl;* **to be ~ set against sth** absolut gegen etw *akk* sein; **to be ~ set on sth** etw felsenfest vorhaben; **~ silent** totenstill; **~ still** regungslos; **~ tired** todmüde
② *inv (exactly)* genau; ***the town hall is ~ ahead*** die Stadthalle liegt direkt da vorne; **to be ~ in the centre** genau in der Mitte sein; **~ on five o'clock** Punkt fünf; **~ on target** genau im Ziel; **~ on time** auf die Minute genau; **to be ~ on time** pünktlich wie die Maurer sein BRD, ÖSTERR *fam*
▶PHRASES: **to stop ~ in one's tracks** auf der Stelle stehen bleiben; **to stop sth ~ in its tracks** etw völlig zum Stillstand bringen; ***his political career was stopped ~ in its tracks*** seine politische Karriere fand ein jähes Ende; **~ straight** ***are you coming to the party? — ~ straight I am*** gehst du auf die Party? – darauf kannst du wetten! *fam;* **to tell sb sth ~ straight** jdm unverblümt die Wahrheit sagen
III. *n* ① *(people)* ■**the ~** *pl* die Toten *pl; (fig)* ***you're making enough noise to wake the ~!*** bei dem Lärm kann man ja Tote aufwecken!; ***let the ~ bury the ~*** lasst die Toten die Toten begraben; **to come back from the ~** *(come back to life)* aus dem Jenseits zurückkommen, von den Toten zurückkehren; **to show [some] respect for the ~** den Toten Respekt zollen [*o* erweisen]
② **to rise from the ~** *(recover from an illness)* [von den Toten] auferstehen, wieder auferstehen *iron;* SPORT sich *akk* fangen
③ *(right in the middle)* **in the ~ of night** mitten in der Nacht; **in the ~ of winter** im tiefsten Winter

dead-'ball line *n* SPORT [Spielfeld]linie *f*

'dead·beat *(fam)* **I.** *n esp* AM, AUS *(lazy person)* Faulpelz *m pej fam; (chronic debtor)* Schnorrer(in) *m(f) pej fam; (feckless person)* Gammler(in) *m(f) pej fam,* Tachinierer(in) *m(f)* ÖSTERR *pej fam,* Versager(in) *m(f) pej*
II. *n modifier* AM **a ~ dad** *geschiedener Vater, der sich seiner Unterhaltspflicht entziehen will;* **a ~ debtor** ein säumiger [*o* zahlungsunwilliger] Schuldner/eine säumige [*o* zahlungsunwillige] Schuldnerin; **a ~ renter** ein säumiger Mieter/eine säumige Mieterin

dead·beat 'dad *n* zahlungssäumiger Vater

'dead bolt *n* TECH Schließriegel *m* **dead cat 'bounce** *n* STOCKEX letztes Aufbäumen *fig* **dead 'cen·tre,** AM **dead 'cen·ter** *n* genaue Mitte

dead·en ['dedᵊn] *vt* ■**to ~ sth** ① *(numb) pain* etw abtöten [*o* betäuben] *a. fig*
② *(diminish)* etw dämpfen; ***rubber insulation is used to ~ the effect of the vibrations*** man verwendet Gummiisolierungen, um die Vibrationswirkung abzuschwächen; **to ~ the noise** den Lärm dämpfen

dead-'end I. *n* Sackgasse *f a. fig;* **to reach a ~** in eine Sackgasse geraten *a. fig*
II. *n modifier (not leading anywhere)* ohne Ausgang *nach n; (fig)* aussichtslos; **~ job** Job *m* ohne Aufstiegschancen; **a ~ situation** eine ausweglose [*o* aussichtslose] Lage; **~ street** Sackgasse *f*
III. *vi* enden

dead·en·ing ['dedᵊnɪŋ] *adj* betäubend *attr,* abstumpfend *attr*

'dead·head I. *n* ① *(dull person)* Hohlkopf *m pej,* Langweiler(in) *m(f) pej*
② AM *(person with free ticket)* Freikarteninhaber(in) *m(f),* Freibillettinhaber(in) *m(f)* SCHWEIZ
③ *esp* BRIT BOT welke Blüte[n] *f[pl]*
④ *(sl: fan of the Grateful Dead)* Deadhead *m sl*
II. *vt esp* BRIT BOT welke Blüten auspflücken/abschneiden *(als gärtnerische Maßnahme)*

dead 'heat *n* totes Rennen; ***the race ended in a ~*** das Rennen ging unentschieden aus **dead 'let·ter** *n* ① *(undeliverable letter)* unzustellbarer Brief ② LAW toter Buchstabe *(noch bestehendes, aber nicht mehr angewandtes Gesetz)*

'dead·line *n* letzter Termin (**for** für +*akk*), Deadline *f* (**for** für +*akk*); **to meet a ~** einen Termin [*o* Stichtag] einhalten; **to miss a ~** eine Frist versäumen [*o* verstreichen lassen]

deadli·ness ['dedlinəs] *n no pl* Tödlichkeit *f; of a substance* tödliche Wirkung

dead·lock ['dedlɒk, AM -lɑːk] **I.** *n no pl* toter Punkt; ***the negotiations have come to a ~*** die Verhandlungen haben sich festgefahren; **to break** [*or* **resolve**] **a ~** einen toten Punkt überwinden; **to end in ~** an einem toten Punkt enden
II. *vt usu passive* ***the talks have been ~ed for ten days*** seit zehn Tagen verlaufen die Gespräche ergebnislos

'dead·locked *adj* festgefahren, SCHWEIZ *a.* verharzt

dead·ly ['dedli] **I.** *adj* ① *(capable of killing)* tödlich; **a ~ look** ein tödlicher [*o* mörderischer] Blick
② *(total)* Tod-; **~ enemies** Todfeinde *pl;* **in ~ earnest** todernst
③ *(pej fam: very boring)* todlangweilig
▶PHRASES: **the seven ~ sins** die sieben Todsünden
II. *adv* ① *(deathly)* **~ pale** leichenblass
② *(absolutely)* sehr, schrecklich *fam,* tod-; **~ dull/serious** todlangweilig/-ernst

dead·ly 'night·shade *n* BOT Tollkirsche *f*

dead 'mon·ey *n* ECON, FIN totes Kapital

dead·ness ['dednəs] *n no pl* ① *(numbness)* Taubheit *f; (fig)* Leere *f,* Öde *f*
② *(death)* Tod *m*

dead-on [ˌded'ɒn, AM -'ɑːn] *adj (fam)* absolut richtig

'dead·pan I. *adj of expression, face* ausdruckslos; ***he says the funniest things in the most ~ tone*** er erzählt die witzigsten Sachen in todernstem Ton; **~ humour** trockener Humor **II.** *vt (to joke without laughing)* ■**to ~ sth** etw trocken sagen **dead 'reck·on·ing** *n no pl* NAUT gegisstes Besteck *fachspr* **Dead 'Sea** *n* ■**the ~** das Tote Meer **Dead Sea 'scrolls** *npl* REL Schriftrollen *pl* von Qumran **dead 'short** *n* ELEC direkter Kurzschluss **dead·'weight** *n no pl* Eigengewicht *nt,* Totgewicht *nt fachspr;* ***the***

unconscious girl was a ~ to the fireman das bewusstlose Mädchen war furchtbar schwer für den Feuerwehrmann **dead 'wood** *n no pl* ① BOT totes Holz ② *(fam: useless person, thing)* Ballast *m*

deaf [def] **I.** *adj (unable to hear)* taub; *(hard of hearing)* schwerhörig; **to be ~ in one ear** auf einem Ohr taub sein; **to go ~** taub werden; ■**to be ~ to sth** *(fig)* taube Ohren für etw *akk* haben
▶PHRASES: **to fall on ~ ears** auf taube Ohren stoßen, kein Gehör finden; **to be [as] ~ as a post** stocktaub sein; **to turn a ~ ear** sich *akk* taub stellen
II. *n* ■**the ~** *pl* die Tauben *pl*

'deaf aid *n* BRIT Hörgerät *nt*

deaf·en ['defᵊn] *vt* ■**to ~ sb** jdn taub machen; *(fig)* jdn betäuben

deaf·en·ing ['defᵊnɪŋ] *adj* ohrenbetäubend

deaf-'mute *n* Taubstumme(r) *f(m)*

deaf·ness ['defnəs] *n no pl (complete)* Taubheit *f; (partial)* Schwerhörigkeit *f*

deal¹ [di:l] *n no pl* Menge *f;* **a great** [*or* **good**] **~** eine Menge, ziemlich viel; **a great ~ of fun/work** eine Menge Spaß/Arbeit; **a good ~ of money/stress/time** ziemlich viel Geld/Stress/Zeit; **to be under a great ~ of pressure** unter sehr großem Druck stehen; **to feel** [*or* **be**] **a ~ better** *(dated)* sich *akk* schon wieder um vieles besser fühlen

deal² <-t, -t> [di:l] **I.** *n* ① *(in business)* Geschäft *nt,* Handel *m,* Deal *m sl;* ***we got a good ~ on that computer*** mit dem Rechner haben wir ein gutes Geschäft gemacht; ***I never make ~s*** ich lasse mich nie auf Geschäfte ein; **to do** [*or* **make**] **a ~ with sb** mit jdm ein Geschäft abschließen, mit jdm einen Deal machen *sl;* **to make sb a ~** [*or* AM **to make a ~ for sb**] jdm ein Angebot machen
② *(general agreement)* Abkommen *nt,* Abmachung *f;* ***it's a ~*** abgemacht; **to make** [*or* **do**] **a ~ [with sb]** eine Vereinbarung [mit jdm] treffen; ***Mum made a ~ with me — if I do my homework, I can stay up to watch the film*** Mama schlug mir einen Handel vor – wenn ich meine Hausaufgaben mache, darf ich aufbleiben und den Film sehen
③ *(treatment)* **a fair/raw** [*or* **rough**] **~** eine faire/ungerechte Behandlung; ***she got a raw ~ on her divorce*** bei ihrer Scheidung wurde ihr übel mitgespielt
④ CARDS Geben *nt;* ***it's your ~*** du gibst
▶PHRASES: **big ~!, what's the big ~?** *(fam)* was soll's? *fam,* na und? *fam;* **the real ~** *(fam)* das einzig Wahre, der wahre Jakob *fam;* **what's the ~ [with sth]?** AM *(fam)* worum geht's eigentlich [bei etw *dat*]? *fam,* was ist los [mit etw *dat*]? *fam;* **what's your ~?** AM *(fam)* was hast du denn? *fam,* was ist mit dir los? *fam*
II. *vi* ① CARDS geben; ***whose turn is it to ~?*** wer gibt?
② *(sl: sell drugs)* Drogen verkaufen, dealen
III. *vt* ① *(give)* ■**to ~ sth [out]** etw verteilen; **to ~ sb a blow** jdm einen Schlag versetzen *a. fig;* **to ~ out blows** Hiebe austeilen; CARDS **to ~ [out] cards** [*or* **to ~ cards out**] geben
② *esp* AM *(sell)* ■**to ~ sth** mit etw *dat* dealen
◆**deal in I.** *vi* ■**to ~ in sth** mit etw *dat* handeln
II. *vt (fam)* ■**to ~ sb in** jdn aufnehmen; CARDS jdm Karten geben; ***do you want to play on the company football team? — sure, ~ me in*** bist du interessiert, im Fußballteam der Firma mitzuspielen? – klar, du kannst auf mich zählen!
◆**deal with** *vi* ■**to ~ with sb/sth** ① *(handle)* sich *akk* mit jdm/etw befassen; ***I'll ~ with the car insurance*** ich kümmere mich um die Autoversicherung
② *(discuss, treat)* von jdm/etw handeln
③ *(do business)* mit jdm/etw Geschäfte machen

deal·er ['di:ləʳ, AM -ɚ] *n* ① COMM Händler(in) *m(f);* STOCKEX Händler *m;* **antique ~** Antiquitätenhändler(in) *m(f);* **drug ~** [Drogen]dealer(in) *m(f),* Rauschgifthändler(in) *m(f)*
② CARDS [Karten]geber(in) *m(f)*

deal·er·ship ['di:ləʃɪp, AM -lɚ-] *n* Verkaufsstelle *f*

deal·ing ['di:lɪŋ] *n* ① *(transactions)* ■**~s** *pl* Geschäfte *pl,* [Geschäfts]verkehr *m kein pl,* [Geschäfts]verbindungen *pl; (contact)* Umgang *m kein pl;* **to be involved in shady ~s** in dunkle Geschäfte verwickelt sein; **to have ~s with sb** Umgang mit jdm haben, mit jdm zu tun haben
② *no pl (way of behaving)* Verhalten *nt; (in business)* Geschäftsgebaren *nt*
③ BRIT STOCKEX Effektenhandel *m;* **~ for** [*or* **within**] **the account** *Kauf und Verkauf des gleichen Wertpapieres innerhalb der gleichen Börsenhandelsperiode;* **~ by making a price** AM Kursnotierung *f* für jeden Abschluss
④ CARDS Geben *nt*

'deal·ing floor *n* STOCKEX *see* **trading floor**

de·al·lo·cate [ˌdi:'æləkeɪt] *vt* COMPUT ■**to ~ sth** etw freigeben

'deal·mak·er *n* Dealmaker *m (jd, der sich auf das Abschließen von Verträgen spezialisiert hat)*

dealt [delt] *pt, pp of* **deal**

de·ami·na·tion [di:ˌæmɪ'neɪʃᵊn] *n* CHEM Desaminierung *f*

dean [di:n] *n* ① UNIV Dekan(in) *m(f)*
② REL Dekan *m,* Dekanin *f selten*

dean·ery <*pl* -ies> ['di:nᵊri] *n* REL Dekanat *nt*

'dean's list *n* AM UNIV Bestenliste *f (an US-amerikanischen Universitäten semesterweise erstelltes Verzeichnis mit den Namen der jeweils besten Studenten)*

dear [dɪəʳ, AM dɪr] **I.** *adj* ① *(much loved)* lieb, teuer *geh; (lovely) baby, kitten* süß; *thing also* entzückend, reizend, herzig SCHWEIZ *fam;* **to do sth for ~ life** etw um des nackten Lebens willen tun; ■**to be ~ to sb** jdm viel bedeuten; **to be very ~ to sb** jdm lieb und teuer sein
② *(in letters)* **~ *Mr Jones, ...*** Sehr geehrter Herr Jones, ... *form,* Lieber Herr Jones, ...
③ *(form: costly)* teuer; **~ money** teures Geld
II. *adv* sehr; **to cost sb ~** jdn teuer zu stehen kommen
III. *interj (dated fam)* **~, ~!** ach du liebe Güte! *fam;* **~ *me!*** du liebe Zeit! *fam;* **oh ~!** du meine Güte! *fam*
IV. *n* ① *(nice person)* Schatz *m,* Engel *m;* **to be [such] a ~** ein [echter] Schatz sein; ***be a ~ and go get grandma a blanket*** sei so lieb und hole [der] Oma eine Decke; **there's a ~** sei so lieb; **my ~** mein Schatz, mein Lieber/meine Liebe
② *(term of endearment)* Liebste(r) *f(m),* Liebling *m,* Schatz *m;* ***yes, ~est, anything you say*** *(iron hum)* ja, mein Teuerster/meine Teuerste, alles, was du willst *hum;* **my ~est** [mein] Liebling *m*

dearie ['dɪəri, AM 'dɪri] *(dated)* **I.** *n* Schätzchen *nt,* Liebling *m;* ***she's a ~*** sie ist ein Schatz
II. *interj (fam)* **~ me** ach du meine Güte! *fam;* **oh ~** ach je!

Dear 'John let·ter *n* Abschiedsbrief *m*

dear·ly ['dɪəli, AM 'dɪrli] *adv* von ganzem Herzen; **~ beloved** REL liebe Gemeinde, liebe Brüder und Schwestern im Herrn *fachspr;* **to pay ~ for sth** *(fig)* teuer für etw *akk* bezahlen *fig*

dear·ness ['dɪənəs, AM 'dɪr-] *n no pl* ① *(preciousness)* Kostbarkeit *f; (expensiveness)* hoher Preis
② *(sweetness)* Liebenswürdigkeit *f,* Freundlichkeit *f*

dearth [dɜ:θ, AM dɜ:rθ] *n no pl (form)* Mangel *m* (**of** an *+dat*); ***the organization suffers from a ~ of volunteers*** der Organisation mangelt es an Freiwilligen

deary *n see* **dearie**

death [deθ] **I.** *n* ① *(end of life)* Tod *m; (end)* Ende *nt,* Tod *m;* **to be bored to ~ with sth** sich *akk* mit etw *dat* zu Tode langweilen; **frightened to ~** zu Tode erschrocken; **to die a natural ~** eines natürlichen Todes sterben; **to be sick to ~ of sth** etw gründlich leid sein, etw ist jdm gründlich verleidet SCHWEIZ; ***I'm sick to ~ of all your complaints*** dein ewiges Klagen hängt mir zum Hals raus *fam;* **to be done** [*or* **discussed**] **to ~** zu Tode geritten werden; **to drink oneself to ~** sich *akk* zu Tode saufen *fam;* **to freeze to ~** erfrieren; **to laugh oneself to ~** sich *akk* totlachen; **to love sb to ~** jdn über alles lieben; **to be put to ~** getötet [*o* umgebracht] [*o* SCHWEIZ *a. fam* abgetan] werden; **to worry sb** [*or fam* **have sb worried**] **to ~** jdn zu Tode ängstigen
② ECON **~ in service** *(insurance)* Versicherungszahlung *f* im Todesfall eines Betriebsangehörigen
▶PHRASES: **to be the ~ of sb** jdn das Leben kosten, jdn [noch] ins Grab bringen; **to catch one's ~ [of cold]** sich *dat* den Tod holen; **to be at ~'s door** an der Schwelle des Todes stehen *geh;* **a duel to the ~** ein [Zwei]kampf *m* auf Leben und Tod; **to be in at the ~** BRIT das Ende miterleben; **to look like ~ warmed up** [*or* AM **over**] wie eine Leiche auf Urlaub aussehen BRD, ÖSTERR *fam,* gespieben aussehen ÖSTERR *fam*
II. *n modifier (march, rattle)* Todes-; **~ benefit** Hinterbliebenenrente *f*

'death·bed I. *n* Totenbett *nt,* Sterbebett *nt;* **to be on one's ~** auf dem Sterbebett liegen
II. *n modifier (promise, scene)* Sterbe-; **~ confession** letzte Beichte; **~ statement** letzte Worte *pl*

'death ben·efit *n* ECON, FIN Sterbegeld *nt* **'death blow** *n* tödlicher Schlag, Todesstoß *m;* **to deal sb a ~** jdm einen Todesstoß versetzen; *(fig: severe shock)* harter Schlag **'death cer·ti·fi·cate** *n* Sterbeurkunde *f,* Totenschein *m* **'death-deal·ing** *adj inv* lebensbedrohlich **'death-de·fy·ing** *adj* todesmutig **'death duties** *npl* BRIT *(fam)* Erbschaftssteuern *pl* **'death grant** *n* BRIT Sterbegeld *nt* **'death knell** *n* ① *(fig: end)* Todesstoß *m* (**of/for** für *+akk*); **to sound** [*or* **toll**] **the ~ of** [*or* **for**] **sth** die Sterbeglocke für etw *akk* [ein]läuten ② *(old: bell)* Sterbeglocke *f,* Totenglocke *f*

death·less ['deθləs] *adj (liter)* unsterblich

death·ly ['deθli] **I.** *adv* tödlich, toten-; **~ pale** totenbleich
II. *adj* tödlich, toten-; **~ hush** [*or* **silence**] Totenstille *f*

'death mask *n* Totenmaske *f* **'death pen·al·ty** *n* ■**the ~** die Todesstrafe; **to abolish** [*or* **do away with**] **the ~** die Todesstrafe abschaffen; **to receive** [*or* **get**] **the ~** zum Tode verurteilt werden; **to reintroduce** [*or* **reinstate**] **the ~** die Todesstrafe wieder einführen **'death rate** *n* Sterblichkeitsziffer *f* **death 'row** *n esp* AM Todestrakt *m;* **to be on ~** im Todestrakt sitzen **'death sen·tence** *n* ■**the ~** das Todesurteil; **to receive** [*or* **get**] **the ~** zum Tode verurteilt werden

'death's head *n* Totenkopf *m*

'death squad *n (pej)* Todesschwadron *f,* Todeskommando *nt* **'death tax** *n* AM Erbschaftssteuer *f* **'death threat** *n* Morddrohung *f* **'death throes** *npl* Todeskampf *m kein pl* **'death toll** *n* Zahl *f* der Todesopfer **'death trap** *n* Todesfalle *f;* ***be careful — those icy stairs are a ~!*** gib Acht – die vereiste Treppe ist lebensgefährlich! **'death war·rant** *n* LAW Hinrichtungsbefehl *m; (fig)* Todesurteil *nt;* **to sign sb's ~** jds Todesurteil unterzeichnen [*o* unterschreiben] *a. fig* **death·watch 'bee·tle** *n* Klopfkäfer *m* **'death wish** *n (fam)* Todessehnsucht *f*

deb [deb] *n (fam) abbrev of* **debutante** Debütantin *f*

de·ba·cle [deɪ'bɑ:kl̩, AM dɪ'-] *n* Debakel *nt geh,* Katastrophe *f*

de·bar <-rr-> [ˌdi:'bɑ:ʳ, AM -'bɑ:r] *vt usu passive* ■**to be ~red from sth** von etw *dat* ausgeschlossen werden; ***he was ~red from practising his trade*** ihm wurde seine Geschäftslizenz entzogen

de·base [dɪ'beɪs] *vt* ① *(degrade)* ■**to ~ sth** etw herabsetzen; *(make trite) qualities* etw entwerten
② *(lower moral character)* ■**to ~ sb** jdn entwürdigen
③ *(impair quality)* ■**to ~ sth** etw mindern [*o* verschlechtern]; **to ~ the currency** [*or* **coinage**] den Münzwert schmälern

de·base·ment [dɪ'beɪsmənt] *n no pl* ① *(degradation)* Herabsetzung *f*
② *(loss of meaning)* Entwertung *f,* Aushöhlung *f geh; of morals, attitudes* Verfall *m,* Verderbnis *f*
③ *(deterioration)* Verschlechterung *f;* **~ of the currency** [*or* **coinage**] Münzverfälschung *f (Verwendung unedlen Materials bei der Herstellung)*

de·bat·able [dɪ'beɪtəbl̩, AM -t̬-] *adj* strittig, umstritten; ■**it's ~ whether ...** es ist fraglich, ob ...

de·bate [dɪ'beɪt] **I.** *n* ① *no pl (open discussion)* Debatte *f,* Diskussion *f* (**over/about** über *+akk*); **pub-**

lic ~ öffentliche Debatte; ~ **on tax issues** Steuerdiskussion *f;* **to be open to** ~ sich *akk* [erst] noch erweisen müssen
② *(formal discussion)* Streitgespräch *nt,* Wortgefecht *nt,* Schlagabtausch *m*
II. *vt* ■ **to** ~ **sth** etw diskutieren
III. *vi* ■ **to** ~ **about sth** über etw *akk* diskutieren [*o* debattieren]; ■ **to** ~ **whether ...** beraten [*o* überlegen], ob ...

de·bat·er [dɪˈbeɪtəʳ, AM -t̬ɚ] *n* Diskussionsredner(in) *m(f),* Debattierer(in) *m(f)*

de·bauch [dɪˈbɔːtʃ, AM *esp* -ˈbɑːtʃ] *(liter)* I. *vt* ■ **to** ~ **sb** jdn [sittlich] verderben [*o geh* korrumpieren]
II. *n* Orgie *f,* Ausschweifungen *pl*

de·bauched [dɪˈbɔːtʃt, AM *esp* -ˈbɑːtʃt] *adj* verkommen; *lifestyle* ausschweifend

debau·chee [ˌdebɔːˈtʃiː, AM *esp* -bɑːˈ-] *n (pej)* Wüstling *m pej,* Lüstling *m pej*

de·bauch·ery [dɪˈbɔːtʃəri:, AM *also* -ˈbɑː-] *n no pl (pej)* Ausschweifungen *pl*

de·ben·ture [dɪˈben(t)ʃəʳ, AM *esp* -ˈben(t)ʃɚ] *n* LAW ① BRIT *(document acknowledging a debt)* Schuldverschreibung *f fachspr,* Obligation *f fachspr;* **issue of** ~**s** Ausgabe *f* von Schuldverschreibungen; **register of** ~**s** Verzeichnis *nt* der Obligationäre
② BRIT *(secured fixed-interest bond)* **bearer** ~ [genehmigte] Inhaberschuldverschreibung *fachspr*
③ AM *(unsecured loan)* ungesicherte Schuldverschreibung

de·ˈben·ture bonds *npl* ① BRIT gesicherte/ungesicherte Anleihe in gleicher Stückelung ② AM ungesicherte Anleihe **de·ˈben·ture capi·tal** *n* FIN Anleihekapital *nt* **de·ˈben·ture hold·er** *n* FIN Obligationär(in) *m(f)* **de·ˈben·ture is·sue** *n* FIN Ausgabe *f* von Schuldverschreibungen **de·ˈben·ture reg·is·ter** *n* FIN Verzeichnis *nt* der Obligationäre **de·ˈben·ture stock** *n* FIN ① BRIT Anleihe *f* mit schwebender Belastung des Gesellschaftsvermögens ② AM Vorzugsaktie *f* erster Ordnung

de·bili·tate [dɪˈbɪlɪteɪt] *vt* ■ **to** ~ **sb/sth** jdn/etw schwächen

de·bili·tat·ing [dɪˈbɪlɪteɪtɪŋ, AM -t̬ɪŋ] *adj* schwächend; ~ **disease** schwächende Krankheit

de·bil·ity [dɪˈbɪləti, AM -əti] *n no pl* Schwäche *f*

deb·it [ˈdebɪt] I. *n* Debet *nt,* Lastschrift *f,* Soll *nt,* [Konto]belastung *f;* **to be in** ~ im Minus sein
II. *vt* ■ **to** ~ **sth** etw abbuchen; **to** ~ **an amount against sb[ʼs account]** jds Konto mit einem Betrag belasten

deb·it·able [ˈdebɪtəbl, AM -t̬əbl] *adj inv* FIN belastbar

ˈdeb·it ac·count *n* Lastschriftkonto *nt* **ˈdeb·it amount** *n* Lastschriftbetrag *m* **ˈdeb·it bal·ance** *n* Sollsaldo *m,* Debetsaldo *m* **ˈdeb·it card** *n* Debit-Karte *f;* ~ **terminal** Geldkarten-Ladeterminal *nt* **ˈdeb·it col·umn** *n* Sollseite *f,* Debetseite *f*

ˈdeb·it en·try *n* Lastschrift *f,* Sollbuchung *f*

deb·it·ing [ˈdebɪtɪŋ, AM -ɪt̬ɪŋ] *n no pl* Belastung *f*

ˈdeb·it side *n* Sollseite *f,* Debetseite *f*

de·block [ˌdiːˈblɒk, AM -ˈblɑːk] *vt* COMPUT ■ **to** ~ **sth** etw entblocken

debon·air [ˌdebəˈneəʳ, AM -ˈner] *adj (approv dated form)* flott, lässig-elegant

de·bouch [dɪˈbaʊtʃ] *vi* seinen Weg nehmen, [ein]münden

debounce [ˌdiːˈbaʊn(t)s] *vt* COMPUT ■ **to** ~ **sth** etw entprellen

de·brief [ˌdiːˈbriːf] *vt* ■ **to** ~ **sb** jdn [eingehend] befragen

de·brief·ing, de·brief·ing ses·sion [ˌdiːˈbriːfɪŋ-] *n* Einsatzbesprechung *f*

de·bris [ˈdebriː, ˈdeɪ-, AM dəˈbriː] *n no pl* Trümmer *pl,* Schutt *m;* **flying** ~ umherfliegende [Bruch]teile

debt [det] *n* ① *(sth owed)* Schuld *f;* **a** ~ **of gratitude** eine Dankesschuld *geh*
② FIN ■ ~**s** *pl* Schulden *pl; (borrowed to finance corporate activities)* Fremdkapital *nt;* **to pay back** [*or* **off**] ~**s** Schulden abzahlen [*o* begleichen]; **to pay off a** ~ eine Schuld begleichen; **to reschedule a** ~ umschulden; **to run up a** [**huge**] ~ [enorme] Schulden machen
③ *no pl (state of owing)* Schuld *f,* Verpflichtung *f;* **to be out of** ~ schuldenfrei sein; **to be** [**heavily**] **in** ~ **to sb** [*or* **in sbʼs** ~] [große] Schulden bei jdm haben; *(fig)* [tief] in jds Schuld stehen; **to go** [*or* **run**] [**heavily**] **into** ~ [enorme] Schulden machen, sich *akk* [stark] verschulden

ˈdebt bur·den *n* Schuldenbelastung *f,* Schuldenlast *f* **ˈdebt col·lec·tion** *n no pl* Schuldeneintreibung *f,* Forderungseinziehung *f,* Inkasso[verfahren] *nt fachspr* **ˈdebt-col·lec·tion** *adj attr, inv agent, service* Inkasso-; ~ **agency** Inkassobüro *nt* **ˈdebt col·lec·tion agen·cy** *n* Inkassobüro *nt,* Inkassofirma *f* **ˈdebt col·lec·tor** *n* Schuldeneintreiber(in) *m(f),* Inkassobevollmächtigte(r) *f(m)* **debt-con·ver·tible ˈbond** *n* ECON, FIN Wandelschuldverschreibung *f* **ˈdebt coun·sel·ling** *n no pl* Schuldnerberatung *f* **ˈdebt-coun·sel·ling ser·vice** *n* Schuldnerberatungsdienst *m* **ˈdebt cri·teri·on** *n* EU Schuldenkriterium *nt* **ˈdebt de·fer·ral** *n* Moratorium *nt* **ˈdebt fac·tor** *n* FIN Factor *m* **debt ˈman·age·ment** *n no pl* Schuldenmanagement *nt,* Debt-Management *nt; (of government)* Schuldenpolitik *f* **debt of ˈhon·our** *n* Ehrenschuld *f;* **to discharge a** ~ eine Ehrenschuld tilgen

debt·or [ˈdetəʳ, AM ˈdet̬ɚ] *n* Schuldner(in) *m(f),* Debitor(in) *m(f) fachspr;* **common** ~ Gemeinschuldner(in) *m(f);* **judgement** ~ Vollstreckungsschuldner *m;* **reliable** ~ vertrauenswürdiger [*o* zuverlässiger] Schuldner/vertrauenswürdige [*o* zuverlässige] Schuldnerin

ˈdebt·or coun·try, ˈdebt·or na·tion *n* Schuldnerstaat *m,* Schuldnerland *nt* **ˈdebt·or side** *n* Sollspalte *f,* Debetspalte *f*

ˈdebt re·fund·ing, ˈdebt re·sched·ul·ing *n* Umschuldung *f* **ˈdebt reg·is·ter** *n* ECON Schuldbuch *nt* **ˈdebt re·lief** *n* Schuldenerlass *m* **ˈdebt re·pay·ment** *n* Schuldenrückzahlung *f* **ˈdebt-rid·den** *adj* von einem Schuldenberg erdrückt **ˈdebt-ser·vice ra·tio** *n* FIN Schuldendienstquote *f* **ˈdebt ser·vic·ing** *n no pl* Schuldenrückzahlung *f,* Schuldendienst *m,* Schuldentilgung *f* **debt-strapped** [ˈdetstræpt] *adj* schuldengeplagt **ˈdebt swap** *n* FIN Schuldenswap *m*

de·bug <-gg-> [ˌdiːˈbʌg] *vt* ■ **to** ~ **sth** ① COMPUT bei etw *dat* die Fehler beseitigen; **to** ~ **a program** ein Programm auf Viren hin absuchen
② *(remove hidden microphones)* etw entwanzen
③ AM *(remove insects)* etw gründlich [von Insekten] säubern; **to** ~ **a dog** einen Hund entlausen

de·bug·ger [ˌdiːˈbʌgəʳ, AM -ɚ] *n* COMPUT Debugger *m,* Fehlersuchprogramm *nt*

de·bunk [ˌdiːˈbʌŋk] *vt* ■ **to** ~ **sth** etw entzaubern, etw *dat* den Nimbus nehmen *geh;* **to** ~ **a myth/theory** einen Mythos/eine Theorie stürzen

de·but [ˈdeɪbjuː] I. *n of a performer* Debüt *nt,* SCHWEIZ *meist* Debut *nt; of a debutante erste Vorstellung einer jungen Dame bei Hof;* **to make oneʼs** ~ sein Debüt geben, debütieren
II. *n modifier* Debüt-; ~ **album** Debütalbum *nt,* SCHWEIZ *meist* Debutalbum *nt*
III. *vi* debütieren; ***she ~ed as a soloist with the New York Philharmonic at the age of 16*** mit 16 gab sie ihr Debüt als Solistin bei den New Yorker Philharmonikern
IV. *vt* ■ **to** ~ **sth** *film, programme, product* etw zum ersten Mal zeigen [*o* vorstellen]

debu·tante [ˈdebjuːtɑːnt, AM -tɑːnt] *n* Debütantin *f a. fig*

Dec. *n abbrev of* **December** Dez.

dec·ade [ˈdekeɪd, dɪˈkeɪd] *n* Jahrzehnt *nt,* Dekade *f*

deca·dence [ˈdekədən(t)s] *n no pl* Dekadenz *f,* Verfall *m*

deca·dent [ˈdekədənt] *adj* ① *(morally declining) society* dekadent; *lifestyle also* maßlos
② *(sumptuous) richness* verschwenderisch; *(hum) dish* maßlos, üppig

de·caf [ˈdiːkæf] *(fam)* I. *adj inv short for* **decaffeinated** entkoffeiniert, koffeinfrei
II. *n short for* **decaffeinated coffee** entkoffeinierter [*o* koffeinfreier] Kaffee

de·caf·fein·at·ed [dɪˈkæfɪneɪtɪd, AM -t̬ɪd] I. *adj inv* koffeinfrei, entkoffeiniert
II. *n (fam: coffee)* koffeinfreier Kaffee; *(any beverage)* koffeinfreies Getränk

deca·he·dron <*pl* -dra *or* -s> [ˌdekəˈhedrən] *n* MATH Dekaeder *nt,* Zehnflächner *m*

deca·hydro·naph·tha·lene [ˌdekəˌhaɪdrəʊˈnæfθəliːn, AM -droʊˈ-] *n no pl* CHEM Dekalin *nt*

de·cal [ˈdiːkæl] *n esp* AM, AUS Abziehbild *nt*

Deca·logue [ˈdekəlɒg, AM -lɑːg] *n (form)* ■ **the** ~ der Dekalog *fachspr,* die Zehn Gebote

de·camp [dɪˈkæmp] *vi (fam: leave secretly)* sich *akk* aus dem Staub machen *fam,* abhauen *fam; (abscond)* türmen *fam,* durchbrennen *fam*

de·cant [dɪˈkænt] *vt* ■ **to** ~ **sth** FOOD etw umfüllen; BRIT *(fig fam)* ***visitors have to ~ themselves from the buses into small boats for the tour*** die Besucher müssen für die Tour von Bussen auf kleine Boote überwechseln

de·can·ta·tion [ˌdiːkænˈteɪʃən] *n* CHEM Klärung *f,* Reinigung *f (durch Absitzen o. Abgießen),* Dekantieren *nt;* ~ **flask** [*or* **vessel**] Scheideglas *nt,* Scheidegefäß *nt;* ~ **rate** Sinkgeschwindigkeit *f*

de·cant·er [dɪˈkæntəʳ, AM -t̬ɚ] *n* Karaffe *f*

de·capi·tate [dɪˈkæpɪteɪt] *vt* ■ **to** ~ **sb** jdn köpfen [*o* enthaupten]; **to** ~ **an animal** einem Tier den Kopf abschlagen

de·capi·ta·tion [dɪˌkæpɪˈteɪʃən] *n no pl* Enthauptung *f*

de·cath·lete [dɪˈkæθliːt] *n* Zehnkämpfer(in) *m(f)*

de·cath·lon [dɪˈkæθlɒn, AM -lɑːn] *n* Zehnkampf *m*

de·cay [dɪˈkeɪ] I. *n no pl* ① *(deterioration)* Niedergang *m,* Verfall *m;* **death and** ~ Tod und Untergang; **to be in a[n advanced] state of** ~ in einem Zustand des [fortgeschrittenen] Zerfalls sein; **environmental** ~ Verfall *m* der Umwelt; **industrial** ~ Untergang *m* der Industrie; **mental/moral** ~ geistiger/moralischer Verfall; **urban** ~ Verfall *m* der Städte, Niedergang *m* der Stadtkultur; **to fall into** ~ verfallen
② BIOL Verwesung *f;* BOT Fäulnis *f;* PHYS *of radioactive substance* Zerfall *m;* **dental** [*or* **tooth**] ~ Zahnfäule *f;* ~ **chain** NUCL radioaktive Zerfallsreihe; ~ **factor** TECH Dämpfungszahl *f;* ~ **law** NUCL Zerfallsgesetz *nt*
II. *vi* ① *(deteriorate)* verfallen
② BIOL verwesen, verfaulen, faulen; BOT verblühen, absterben; NUCL zerfallen, abklingen; PHYS zerfallen
III. *vt* ■ **to** ~ **sth** etw zerstören [*o* ruinieren]; **to** ~ **wood** Holz morsch werden lassen

decd *adj inv abbrev of* **deceased** gest.

de·cease [dɪˈsiːs] *n no pl (form)* Ableben *nt form;* **upon sbʼs** ~ bei jds Ableben

de·ceased [dɪˈsiːst] *(form)* I. *n* <*pl* -> ■ **the** ~ der/die Verstorbene; ■ **the** ~ *pl* die Verstorbenen *pl*
II. *adj inv* verstorben; **recently** ~ kürzlich verstorben

de·ce·dent [dɪˈsiːdənt] *n* AM der/die Verstorbene, Erblasser(in) *m(f);* ~**ʼs estate** LAW Nachlass *m*

de·ceit [dɪˈsiːt] *n* ① *no pl (misrepresentation)* Täuschung *f; (trickery)* Betrug *m;* **to practise** ~ betrügen; **to obtain property by** ~ Besitz betrügerisch erwerben
② *(act of deception)* Täuschungsmanöver *nt*

de·ceit·ful [dɪˈsiːtfəl] *adj* [be]trügerisch, hinterlistig

de·ceit·ful·ly [dɪˈsiːtfəli] *adv* hinterlistig, [be]trügerisch; **to obtain sth** ~ etw auf betrügerischem Wege erreichen

de·ceit·ful·ness [dɪˈsiːtfəlnəs] *n no pl* Hinterlist *f,* Falschheit *f* (**to** gegenüber +*dat*)

de·ceive [dɪˈsiːv] *vt* ■ **to** ~ **sb** jdn betrügen [*o* täuschen]; ***the sound of the door closing ~d me into thinking they had gone out*** das Geräusch der zufallenden Tür ließ mich fälschlich annehmen, sie seien ausgegangen; ***for a moment she thought her eyes were deceiving her*** einen Augenblick lang traute sie ihren [eigenen] Augen nicht; ■ **to** ~ **oneself** sich *akk* [selbst] täuschen, sich *dat* etwas vormachen *fam;* ■ **to be** ~**d by sth** von etw *dat* getäuscht werden, sich *akk* von etw *dat* täuschen lassen

de·ceiv·er [dɪˈsiːvəʳ, AM -ɚ] *n (pej)* Betrüger(in) *m(f)*

de·cel·er·ate [ˌdiːˈselәreɪt, AM -ləreɪt] I. *vi* sich *akk* verlangsamen; *vehicle, driver* langsamer fahren
II. *vt* ■ **to** ~ **sth** etw verlangsamen

de·cel·era·tion [ˌdiːseləˈreɪʃᵊn] *n* Verlangsamung *f*

De·cem·ber [dɪˈsembəʳ, AM -ɚ] *n* Dezember *m; see also* **February**

de·cen·cy [ˈdiːsᵊn(t)si] *n* ❶ *no pl (social respectability)* Anstand *m,* Schicklichkeit *f; (goodness)* Anständigkeit *f;* **to show a little ~** etwas Anstand zeigen; **to have the ~ to do sth** die Liebenswürdigkeit haben, etw zu tun
❷ *(approved behaviour)* ■**decencies** *pl* Anstandsformen *pl; **I hate funerals, but you must observe the decencies*** ich hasse Beerdigungen, aber man muss eben die Form wahren
❸ AM *(basic comforts)* ■**decencies** *pl* Annehmlichkeiten *pl*

de·cent [ˈdiːsᵊnt] *adj* ❶ *(socially acceptable)* anständig, ordentlich, SCHWEIZ *a.* recht
❷ *(good)* nett, freundlich; ***it was really ~ of you to help*** es war wirklich nett von Ihnen, zu helfen
❸ *(appropriate)* angemessen; **a ~ interval** ein angemessener Zeitraum; **to do the ~ thing** das [einzig] Richtige tun
❹ *(good-sized)* anständig, ordentlich; **a ~ helping** eine ordentliche Portion *fam*
❺ *(acceptable)* annehmbar

de·cent·ly [ˈdiːsᵊntli] *adv* ❶ *(in a civilized manner)* mit Anstand
❷ *(fittingly, appropriately)* richtig, gehörig

de·cen·trali·za·tion [diːˌsentrᵊlaɪˈzeɪʃᵊn, AM -lɪˈ-] *n no pl* Dezentralisierung *f*

de·cen·tral·ize [ˌdiːˈsentrᵊlaɪz] **I.** *vt* ■**to ~ sth** etw dezentralisieren
II. *vi* dezentralisieren

de·cen·tral·ized [ˌdiːˈsentrᵊlaɪzd] *adj* dezentral[isiert] *geh*

de·cep·tion [dɪˈsepʃᵊn] *n no pl* Täuschung *f,* Betrug *m;* **credit card ~** BRIT Kreditkartenbetrug *m*

de·cep·tive [dɪˈseptɪv] *adj* ❶ *(misleading)* täuschend, irreführend
❷ *(deceitful)* trügerisch
▸PHRASES: **appearances can be ~** *(prov)* der Schein trügt *prov*

de·cep·tive·ly [dɪˈseptɪvli] *adv* ❶ *(misleadingly)* irrig, täuschend
❷ *(deceitfully)* trügerisch

de·cep·tive·ness [dɪˈseptɪvnəs] *n no pl* ❶ *(misleadingness)* Täuschung *f*
❷ *(deceitfulness)* Betrügerei *f*

deci·bel [ˈdesɪbel] **I.** *n* Dezibel *nt*
II. *n modifier (measurement, level, range)* Dezibel-; **the ~ count/scale** die Dezibelzahl/-skala

de·cide [dɪˈsaɪd] **I.** *vi* ❶ *(make a choice)* sich *akk* entscheiden; ***where are you going on vacation? — we haven't ~d yet*** wohin fahrt ihr in Urlaub? – wir haben uns noch nicht festgelegt; ***we haven't ~d on a name for the baby yet*** wir haben uns noch nicht entschieden, wie wir das Baby nennen werden; ■**to ~ against sth/sb** sich *akk* gegen etw/jdn entscheiden; ■**to ~ for** [*or* **in favour of**] [*or* **on**] **sth/sb** sich *akk* für etw/jdn entscheiden; ■**to ~ for oneself** für sich *akk* selbst entscheiden
❷ *(resolve)* beschließen; ■**to ~ to do sth** sich *akk* entschließen, etw zu tun; ***have you ~d about going to the beach yet?*** weißt du schon, ob du an den Strand gehst?
II. *vt* ❶ *(make a decision)* ■**to ~ sth** etw entscheiden [*o* bestimmen]; ***he ~d that he liked her*** er kam zu der Überzeugung, dass er sie mochte; **to ~ sb's destiny** [*or* **fate**] über jds Schicksal entscheiden; **to ~ a game/question** ein Spiel/eine Frage entscheiden
❷ *(bring to a decision)* ***this business about the letter ~d me*** die Sache mit dem Brief gab für mich den Ausschlag

de·cid·ed [dɪˈsaɪdɪd] *adj (definite)* entschieden, dezidiert *geh;* ***he walks with a ~ limp*** er humpelt unübersehbar; **a ~ advantage/disadvantage** ein klarer [*o* deutlicher] Vorteil/Nachteil; **~ case** LAW entschiedener Fall; **a ~ dislike** eine ausgesprochene Abneigung; **a ~ opinion** eine feste Meinung

de·cid·ed·ly [dɪˈsaɪdɪdli] *adv* entschieden, deutlich

de·cid·er [dɪˈsaɪdəʳ, AM -ɚ] *n* ❶ *(game)* Entscheidungsspiel *nt*
❷ *(point)* Entscheidungspunkt *m; **Jones scored the ~ in the final minute*** Jones landete in letzter Minute den entscheidenden Treffer

de·cid·ing [dɪˈsaɪdɪŋ] *adj* entscheidend; **~ factor** entscheidender Faktor; **~ reason/vote** ausschlaggebender Grund/ausschlaggebende Stimme

de·cidu·ous [dɪˈsɪdjuəs] *adj inv* ***oak trees are ~*** Eichenbäume werfen alljährlich ihr Laub ab; **~ tree** Laubbaum *m*

dec·ile [ˈdesaɪl, AM ˈdɪsˌaɪl] *n* ECON, FIN Zehntelstelle *f,* Dezil *nt*

deci·mal [ˈdesɪmᵊl] *n* Dezimalzahl *f;* **~ arithmetic** *no pl* Dezimalrechnung *f;* **to express** [*or* **write**] **sth as a ~** etw als Dezimalzahl schreiben

deci·mal ˈcur·ren·cy *n* Dezimalwährung *f* **deci·mal ˈfrac·tion** *n* Dezimalbruch *m*

deci·mali·za·tion [ˌdesɪmᵊlaɪˈzeɪʃᵊn, AM -lɪˈ-] *n no pl* Dezimalisierung *f form,* Umstellung *f* auf das Dezimalsystem

deci·mal·ize [ˈdesɪmᵊlaɪz] *vt* ■**to ~ sth** *currency, number* etw auf das Dezimalsystem umstellen, etw dezimalisieren *form*

deci·mal ˈplace *n* Dezimalstelle *f;* **to calculate sth to three ~s** etw bis auf drei Dezimalstellen berechnen **deci·mal ˈpoint** *n* Komma *nt* **deci·mal ˈsys·tem** *n* Dezimalsystem *nt*

deci·mate [ˈdesɪmeɪt] *vt* ■**to ~ sth** etw dezimieren; **to ~ the population** die Bevölkerung dezimieren; ■**to ~ sb** *(fig)* jdn vernichtend schlagen

de·ci·pher [dɪˈsaɪfəʳ, AM -ɚ] *vt* ■**to ~ sth** etw entziffern; **to ~ a code** einen Code entschlüsseln

de·ci·pher·able [dɪˈsaɪfᵊrəbl̩] *adj* entzifferbar; *(lit a.)* entschlüsselbar

de·ci·sion [dɪˈsɪʒᵊn] *n* ❶ *(choice)* Entscheidung *f* (**about/on** über +*akk*), Entschluss *m;* ***let me have your ~ by next week*** geben Sie mir bis nächste Woche Bescheid, wie Sie sich entschieden haben; **to come to** [*or* **reach**] **a ~** zu einer Entscheidung gelangen; **to make a ~** eine Entscheidung fällen [*o* treffen]; **to respect sb's ~** jds Entscheidung respektieren
❷ LAW Entscheidung *f,* Urteil *nt;* **to hand down a ~** ein Urteil fällen
❸ *no pl (resoluteness)* Entschiedenheit *f,* Entschlossenheit *f;* **to act with ~** entschlossen handeln

de·ˈci·sion-mak·er *n* POL, ECON, MIL *(leader)* [aktiver] Entscheidungsträger/[aktive] Entscheidungsträgerin, Macher(in) *m(f) fam* **de·ˈci·sion-mak·ing** *n no pl* Entscheidungsfindung *f;* **~ channel** Entscheidungsweg *m;* **~ process** Entscheidungsprozess *m*

de·ci·sive [dɪˈsaɪsɪv] *adj* ❶ *(determining)* bestimmend; *battle, defeat, victory, progress* entscheidend; **to play a ~ part in sth** eine maßgebliche Rolle bei etw *dat* spielen
❷ *(firm) action, measure* entschlossen, resolut; *cut, progress* entschieden; ***"no," was his ~ reply*** „nein", antwortete er mit Bestimmtheit

de·ci·sive·ly [dɪˈsaɪsɪvli] *adv* ❶ *(crucially)* entscheidend, maßgeblich
❷ *(firmly)* **to act/intervene ~** entschlossen handeln/eingreifen; **to reject sth ~** etw entschieden ablehnen

de·ci·sive·ness [dɪˈsaɪsɪvnəs] *n no pl* ❶ *(importance)* ausschlaggebende Bedeutung
❷ *(firmness)* Entschlossenheit *f;* **to show ~** Entschlossenheit zeigen

deck [dek] **I.** *n* ❶ *(on a ship)* Deck *nt;* **main ~** Hauptdeck *nt;* **to go below ~s** unter Deck gehen; **to go up on ~** an Deck gehen
❷ *(on a bus)* Deck *nt;* **the upper ~** das Oberdeck
❸ *esp* AM, AUS *(raised porch)* Veranda *f,* [Sonnen]terrasse *f*
❹ *esp* AM CARDS **~ of cards** Spiel *nt* Karten
❺ MUS, ELEC Laufwerk *nt;* **cassette/tape ~** Kassetten-/Tapedeck *nt*
▸PHRASES: **to clear the ~s** klar Schiff machen *fam;* **to have all hands on ~** jede erdenkliche Unterstützung haben; **to hit the ~** *(get down)* sich *akk* auf den Boden werfen; *(get going)* loslegen *fam*
II. *vt* ❶ *usu passive (adorn)* ■**to ~ sth** [**out**] etw [aus]schmücken; ***the room was ~ed with flowers*** das Zimmer war mit Blumen geschmückt; **to be ~ed** [**out**] **in one's best** [*or* **finery**] herausgeputzt sein
❷ *(sl: knock down)* ■**to ~ sb** jdm eine verpassen *fam*

ˈdeck·chair *n* Liegestuhl *m; (on ship)* Deckchair *m*
▸PHRASES: **sth is like rearranging** [*or* **moving**] **the ~s on the Titanic** BRIT etw ist völlig umsonst [*o* vergeblich] **ˈdeck·hand** *n* Deckshelfer *m,* Decksmann *m* **ˈdeck·house** *n* NAUT Deck[s]haus *nt*

de·claim [dɪˈkleɪm] *(form)* **I.** *vt* ■**to ~ sth** etw deklamieren *geh*
II. *vi* deklamieren *geh*

dec·la·ma·tion [ˌdekləˈmeɪʃᵊn] *n (form)* ❶ *no pl (rhetorical art)* Deklamatorik *f geh,* Vortragskunst *f*
❷ *(speech)* Deklamation *f geh,* kunstgerechter Vortrag; ***~s against the press are common enough*** Ausfälle gegen die Presse sind gar nicht so selten

de·clama·tory [dɪˈklæmətᵊri, AM -tɔːri] *adj (form)* deklamatorisch; *manner* theatralisch; *colours* schreiend *attr*

de·clar·able [dɪˈkleərəbl̩, AM -ˈklerə-] *adj inv (form: taxable)* steuerpflichtig *form; (at customs)* zollpflichtig

de·clar·ant [dɪˈkleərənt, AM -ˈkler-] *n* ECON Zollanmelder(in) *m(f)*

dec·la·ra·tion [ˌdekləˈreɪʃᵊn] *n* ❶ *(statement)* Erklärung *f,* Deklaration *f form; of a witness* Aussage *f;* **~ in lieu of an oath** LAW eidesstattliche Versicherung; **~ of income** Einkommensteuererklärung *f;* **~ of intent** Absichtserklärung *f,* Willenserklärung *f;* **~ of love** Liebeserklärung *f;* **~ of war** Kriegserklärung *f;* **to make a ~** eine Erklärung abgeben; **~ inwards** COMM Zolleinfuhrdeklaration *f;* **~ outwards** COMM Zollausfuhrerklärung *f*
❷ CARDS Ansage *f*

dec·la·ra·tion of as·so·ci'a·tion *n* FIN Gründungserklärung *f* einer Kapitalgesellschaft **dec·la·ra·tion of ˈin·come** *n* ECON Einkommen[s]steuererklärung *f* **Dec·la·ra·tion of In·de·ˈpen·dence** *n no pl (hist)* ■**the ~** die Unabhängigkeitserklärung der USA **declaration of intent** *n* LAW Willenserklärung *f,* Absichtserklärung *f;* **loose ~** unverbindliche Absichtserklärung

de·clara·tive [dɪˈklærətɪv, AM -ˈklerət̬ɪv] *adj* deklarativ; **~ statement** LING Aussagesatz *m*

de·clara·tory judg·ment [dɪˈklærətᵊri-, AM -ˈklerətɔri] *n* LAW Feststellungsurteil *nt*

de·clare [dɪˈkleəʳ, AM -ˈkler] **I.** *vt* ❶ *(make known)* ■**to ~ sth** etw verkünden [*o* bekanntmachen] [*o* kundtun]; **to ~ one's intention** seine Absicht kundtun; **to ~ one's love for sb** jdm eine Liebeserklärung machen; ***she ~d her love for tiramisu*** sie gestand, eine Schwäche für Tiramisu zu haben; **to ~ one's support for sth** seine Unterstützung für etw *akk* zusagen
❷ *(state)* ■**to ~ that ...** erklären, dass ...; **to ~ war on sb** jdm den Krieg erklären; **to ~ oneself** [**to be**] **bankrupt** sich *akk* für bankrott erklären; ***the country ~d independence in 1952*** das Land hat im Jahre 1952 seine Unabhängigkeit erklärt; ***I now ~ the Olympic Games open*** hiermit erkläre ich die Olympischen Spiele für eröffnet
❸ CARDS ■**to ~ sth** etw ansagen
❹ ECON *(for customs, tax)* ■**to ~ sth** etw deklarieren *form;* ***have you anything to ~?*** haben Sie etwas zu verzollen?; **to ~ goods** Waren verzollen; **to ~ one's income** sein Einkommen angeben
❺ *(pronounce)* ■**to ~ oneself** sich *akk* erklären, sich *akk* zu erkennen geben; **to ~ oneself in favour of sth** sich *akk* für etw *akk* aussprechen
II. *vi* ❶ *(make a statement)* ■**to ~ against/for sth** sich *akk* gegen/für etw *akk* aussprechen
❷ *(in cricket)* ein Spiel vorzeitig abbrechen
III. *interj (dated)* **well, I** [**do**] **~!** na so was!

de·clared [dɪˈkleəd, AM -ˈklerd] *adj inv* erklärt; **~ value** ECON, FIN angemeldeter [*o* angegebener] Wert

de·clas·si·fi·ca·tion [diːˌklæsɪfɪˈkeɪʃᵊn] *n no pl of*

information, documents Freigabe *f*

de·clas·si·fy <-ie-> [ˌdiːˈklæsɪfaɪ] *vt* ■**to ~ sth** *information, documents* etw freigeben

de·clen·sion [dɪˈklen(t)ʃᵊn] *n* LING ① *(grammatical class)* Fall *m,* Kasus *m fachspr*
② *no pl (grammatical system)* Deklination *f fachspr*

de·cline [dɪˈklaɪn] **I.** *n* ① *(decrease)* Rückgang *m,* Abnahme *f; prices* sich *akk* reduzieren, sich *akk* ermäßigen (**to** auf *+akk*), zurückgehen; **a ~ in the number of unemployed** ein Rückgang *m* der Arbeitslosenzahl; **to be on the** [*or* **in**] **~** im Rückgang befindlich sein, zurückgehen
② *(deterioration)* Verschlechterung *f;* **a rapid ~ in health** ein schneller gesundheitlicher Verfall; **industrial ~** Niedergang *m* der Industrie
II. *vi* ① *(diminish) interest, popularity* sinken, fallen, nachlassen, zurückgehen; *health* sich *akk* verschlechtern; *strength* abnehmen
② *(sink in position)* abfallen, sich *akk* neigen
③ *(refuse)* ablehnen; **to ~ to comment on sth** jeden Kommentar zu etw *dat* ablehnen [*o* verweigern]
III. *vt* ■**to ~ sth** ① *(refuse)* etw ablehnen; **to ~ an invitation/offer** eine Einladung/ein Angebot ablehnen [*o* ausschlagen]
② LING *noun, pronoun, adjective* etw deklinieren [*o* beugen]

de·clin·ing years [dɪˈklaɪnɪŋ-] *npl* Lebensabend *m geh;* **in one's ~** im Alter

de·cliv·ity <*pl* -ies> [dɪˈklɪvəti] *n* abschüssige Stelle, Abhang *m,* SCHWEIZ *a.* Rain *m*

de·clutch [ˌdiːˈklʌtʃ] *vi* auskuppeln

de·coc·tion [dɪˈkɒkʃᵊn, AM -ˈkɑːk-] *n* ① *(activity)* Auskochen *nt,* Absieden *nt*
② *(product)* Absud *m*

de·code [dɪˈkəʊd, AM -ˈkoʊd] *vt* ■**to ~ sth** etw entschlüsseln [*o* dekodieren]

de·cod·er [dɪˈkəʊdəʳ, AM -ˈkoʊdɚ] *n* ① *(device)* Decoder *m,* Dekodierer *m*
② *(person)* Dekodierer(in) *m(f)*

de·coke [dɪˈkəʊk] BRIT **I.** *vt* ■**to ~ sth** etw entrußen [*o* SCHWEIZ *a.* russen]
II. *n* Entrußung *f*

dé·colle·tage [ˌdeɪkɒlˈtɑːʒ, AM -kɑːləˈ-] *n,* **dé·colle·té** [ˌdeɪkɒlˈteɪ, AM -kɑːləˈ-] *n* [tiefer] Ausschnitt, Dekolleté *nt,* Décolleté *nt* SCHWEIZ

de·colo·niza·tion [ˌdiːˌkɒlənaɪˈzeɪʃᵊn, AM -ˌkɑːlə-] *n no pl* Entkolonialisierung *f*

de·com·mis·sion [ˌdiːkəˈmɪʃᵊn] *vt* ① MIL ■**to ~ sb** jdn ausmustern
② *(remove from service)* ■**to ~ sth** etw außer Dienst nehmen, etw ausrangieren; *(shut down)* etw stilllegen

de·com·pi·la·tion [ˌdiːˌkɒmprˈleɪʃᵊn, AM -ˌkɑːmpə-] *n* COMPUT Rückumsetzung *f*

de·com·pose [ˌdiːkəmˈpəʊz, AM -ˈpoʊz] **I.** *vi* sich *akk* zersetzen [*o* auflösen]; *(rot)* verwesen
II. *vt* ■**to ~ sth** ① PHYS, CHEM *(separate)* etw zerlegen [*o* [auf]spalten]
② *(decay)* etw zersetzen [*o* abbauen]

de·com·po·si·tion [ˌdiːkɒmpəˈzɪʃᵊn, AM -kɑːm-] *n no pl* ① *(separation)* Zerlegung *f,* Aufspaltung *f;* CHEM Abbau *m;* **~ by heat** thermische Zersetzung, Pyrolyse *f;* **~ process** Zersetzungsprozess *m;* **~ of starch** Stärkeabbau *m*
② *(state of decay)* Zersetzung *f,* Verwesung *f,* Fäulnis *f*

de·com·pound [ˌdiːkəmˈpaʊnd] *vt* CHEM ■**to ~ sth** etw abbauen [*o* zerlegen] [*o* zersetzen] [*o* aufschließen]

de·com·press [ˌdiːkəmˈpres] **I.** *vt* ■**to ~ sth** *(remove pressure)* den Druck in etw *dat* ablassen; *(lessen pressure)* den Druck in etw *dat* verringern; COMPUT etw dekomprimieren *fachspr;* ***deep-sea divers must be ~ed slowly before coming to the surface*** Tiefseetaucher müssen beim Auftauchen langsam dekomprimieren
II. *vi* ① *(lose pressure)* dekomprimieren *fachspr*
② AM *(fam: recover)* sich *akk* erholen

de·com·pres·sion [ˌdiːkəmˈpreʃᵊn] *n no pl (of air pressure)* Druckverminderung *f,* Dekompression *f fachspr;* COMPUT Entpacken *nt fachspr*

de·com·ˈpres·sion cham·ber *n* Dekompressionskammer *f* **de·com·ˈpres·sion sick·ness, de·com·ˈpres·sion syn·drome** *n no pl* Dekompressionskrankheit *f*

de·con·gest·ant [ˌdiːkənˈdʒestᵊnt] *n* abschwellendes Mittel, Mittel, das die Atemwege frei macht

de·con·soli·date [ˌdiːkənˈsɒlɪdeɪt, AM -ˈsɑːlə-] *vt* FIN ■**to ~ sth** etw entkonsolidieren

de·con·struct [ˌdiːkənˈstrʌkt] *vt* ■**to ~ sth** *text, concept* etw dekonstruieren *geh*

de·con·struc·tion [ˌdiːkənˈstrʌkʃᵊn] *n no pl* Dekonstruktion *f*

de·con·tami·nate [ˌdiːkənˈtæmɪneɪt] *vt* ECOL, CHEM ■**to ~ sth** etw entseuchen [*o fachspr* dekontaminieren]

de·con·tami·na·tion [ˌdiːkəntæmɪˈneɪʃᵊn] *n no pl* ECOL, CHEM Dekontaminierung *f,* Entseuchung *f*

de·con·tami·ˈna·tion pro·gramme *n* ECOL, CHEM Dekontaminierungsprogramm *nt,* Entseuchungsprogramm *nt*

de·con·trol <-ll-> [ˌdiːkənˈtrəʊl, AM -troʊl] *vt* POL etw deregulieren; ECON ■**to ~ sth** etw freigeben; **to ~ trade** Handelsbeschränkungen aufheben

de·cor [ˈdeɪkɔːʳ, AM ˈdeɪkɔːr] *n no pl* ① *(of room, house)* Ausstattung *f,* Einrichtung *f;* **interior ~** Inneneinrichtung *f,* Innenausstattung *f,* SCHWEIZ *a.* Innenausbau *m*
② THEAT Dekor *m o nt*

deco·rate [ˈdekəreɪt] **I.** *vt* ① *(adorn)* ■**to ~ sth** [**with sth**] *room, tree* etw [mit etw *dat*] schmücken; **to ~ a cake/shop window** eine Torte/ein Schaufenster dekorieren
② *(paint)* ■**to ~ sth** *room* etw streichen; *(wallpaper)* etw tapezieren; *(paint and wallpaper)* etw renovieren
③ *usu passive (award a medal)* ■**to be ~d** [**for sth**] [für etw *akk*] ausgezeichnet werden
II. *vi (paint)* streichen; *(wallpaper)* tapezieren

deco·ra·tion [ˌdekəˈreɪʃᵊn] *n* ① *(for party)* Dekoration *f;* *(for Christmas tree)* Schmuck *m kein pl;* **for ~** zur Dekoration
② *no pl (process of decorating)* Dekorieren *nt,* Schmücken *nt;* *(with paint)* Streichen *nt;* *(with wallpaper)* Tapezieren *nt*
③ *(medal)* Auszeichnung *f* (**for** für *+akk*)

deco·ra·tive [ˈdekᵊrətɪv, AM -t̬ɪv] *adj* dekorativ; *(hum)* ***just sit there and look ~*** *(pej)* sitz einfach da und sieh nett aus *pej*

deco·ra·tive·ly [ˈdekᵊrətɪvli, AM -t̬ɪv-] *adv* dekorativ

deco·ra·tor [ˈdekᵊreɪtəʳ, AM -t̬ɚ] *n* BRIT Maler(in) *m(f);* **painter and ~** *esp* AM Innenarchitekt(in) *m(f)*

deco·rous [ˈdekᵊrəs, AM -kɚ-] *adj (form) behaviour, manners* schicklich; **~ kiss** flüchtiger Kuss; **~ language** korrekte Ausdrucksweise

deco·rous·ly [ˈdekᵊrəsli, AM -kɚ-] *adv* tadellos, schicklich

de·co·rum [dɪˈkɔːrəm] *n no pl (form)* Schicklichkeit *f;* **to act** [*or* **behave**] **with ~** sich *akk* schicklich [*o* tadellos] benehmen

de·cou·ple [diːˈkʌpᵊl] *vt* TECH ■**to ~ sth** etw entkoppeln [*o* auskuppeln]

de·coy [ˈdiːkɔɪ] **I.** *n* Lockvogel *m;* **to act as a ~** den Lockvogel spielen; **to use sb as a ~** jdn als Lockvogel benutzen
II. *vt* [dɪˈkɔɪ] ■**to ~ sb into doing sth** jdn zu etw *dat* verleiten; ***the missiles were ~ed into going off course*** die Raketen konnten von ihrem Kurs abgelenkt werden

de·coy ˈduck *n* HUNT Lockvogel *m*

de·crease I. *vi* [dɪˈkriːs, ˈdiːkriːs] *crime, unemployment, inflation* abnehmen, zurückgehen
II. *vt* [dɪˈkriːs, ˈdiːkriːs] ■**to ~ sth** etw reduzieren; **to ~ costs** Kosten verringern [*o* reduzieren]; **to ~ prices/spending** Ausgaben/Preise senken; **to ~ production** die Produktion drosseln
III. *n* [ˈdiːkriːs] Abnahme *f; numbers* Rückgang *m;* **~ in births** Geburtenrückgang *m;* **~ in price** Preissenkung *f;* ■**to be on the ~** rückläufig sein

de·cree [dɪˈkriː] **I.** *n (form)* Dekret *nt form,* Erlass *m;* **to govern by ~** auf dem Verordnungsweg regieren; **to issue a ~** ein Dekret erlassen, einen Erlass herausgeben
II. *vt* ■**to ~ sth** etw verfügen; ***the new drug has been ~d unsafe*** das neue Medikament wurde als gesundheitsgefährdend eingestuft; ■**to ~ that ...** beschließen, dass ...

de·cree ˈab·so·lute <*pl* decrees absolute> *n* BRIT LAW endgültiges Scheidungsurteil **de·cree nisi** [-ˈnaɪsaɪ] *n* BRIT LAW vorläufiges Scheidungsurteil

de·crep·it [dɪˈkrepɪt] *adj chair, car* klapprig; *old person* klapprig *fam,* SCHWEIZ *a.* lotterig *fam;* **a ~ building** ein heruntergekommenes [*o* verfallenes] Gebäude; **a ~ economy** eine heruntergekommene Wirtschaft

de·crepi·tude [dɪˈkrepɪtjuːd, AM *esp* -tuːd] *n no pl (form)* heruntergekommener Zustand; *of a person* Klapprigkeit *f fam,* SCHWEIZ *a.* Lotterigkeit *f*

de·crimi·nali·za·tion [diːˌkrɪmɪnᵊlaɪˈzeɪʃᵊn, AM -nᵊlɪ-] *n no pl* Legalisierung *f*

de·crimi·nal·ize [diːˈkrɪmɪnᵊlaɪz] *vt* ■**to ~ sth** etw legalisieren

de·cruit [diːˈkruːt] *vt (euph)* ■**to ~ sb** jdn entlassen

de·cry <-ie-> [dɪˈkraɪ] *vt (form)* ■**to ~ sth** [**as sth**] etw [als etw] anprangern

de·di·cate [ˈdedɪkeɪt] *vt* ① *(devote)* ■**to ~ oneself to sth** sich *akk* etw *dat* widmen; ***he has ~d his life to scientific research*** er hat sein Leben in den Dienst der Forschung gestellt
② PUBL ■**to ~ sth to sb** *book* jdm etw *akk* widmen
③ REL **to ~ a church** [**to sb**] [jdm] eine Kirche weihen

de·di·cat·ed [ˈdedɪkeɪtɪd, AM -t̬ɪd] *adj* ① *(hard-working) doctor, environmentalist, teacher* engagiert; ■**to be ~ to sth** etw *dat* verschrieben sein; ***she's completely ~ to her work*** sie lebt nur für ihre Arbeit
② *(devoted)* **~ follower** treuer Anhänger/treue Anhängerin
③ COMPUT ausschließlich zugeordnet, dediziert
④ FIN **~ account** Sonderkonto *nt*

dedi·cat·ed ˈline *n* INET, TELEC Standleitung *f*

de·di·ca·tion [ˌdedɪˈkeɪʃᵊn] *n* ① *(hard work)* Engagement *nt* (**to** für *+akk*)
② *(in book)* Widmung *f;* **to write a ~** eine Widmung schreiben
③ REL Einweihung *f,* Weihe *f*

de·duce [dɪˈdjuːs, AM *esp* -duːs] *vt* ■**to ~ sth** etw folgern; ■**to ~ that ...** folgern, dass; ■**to ~ whether ...** feststellen, ob ...

de·duc·ible [dɪˈdjuːsəbl̩, AM *esp* -duːs-] *adj (form)* ableitbar; ■**to be ~ from sth** sich aus etw *dat* ableiten lassen

de·duc·ing ti·tle [dɪˈdjuːsɪŋ-, AM -ˈduːs] *n* LAW Nachweis *m* des Eigentumstitels

de·duct [dɪˈdʌkt] *vt* ■**to ~ sth** [**from sth**] *points, expenses, commission* etw [von etw *dat*] abziehen

de·duct·ibil·ity [dɪˌdʌktəˈbɪləti, AM -ət̬i] *n no pl* Abzugsfähigkeit *f*

de·duct·ible, AUS *also* **de·duct·able** [dɪˈdʌktəbl] *adj inv* absetzbar, abzugsfähig

de·duc·tion [dɪˈdʌkʃᵊn] *n* ① *(inference)* Schlussfolgerung *f;* **to make a ~** eine Schlussfolgerung ziehen
② ECON *(subtraction)* Abzug *m;* **~s from salary** [*or* **at source**] [*or* **salary ~s**] Lohnabzüge *pl;* **tax ~s** *(from salary)* Steuerabzüge *pl;* AM *(tax offsets)* [von der Steuer] absetzbare Ausgaben *pl*

de·duc·tive [dɪˈdʌktɪv] *adj* deduktiv

deed [diːd] *n* ① *(action)* Tat *f;* **to do an evil ~** eine Untat begehen; **to do the dirty ~s for sb** für jdn die Drecksarbeit machen; **in word and ~** mit Wort und Tat; **to do a good ~** eine gute Tat vollbringen
② *usu pl* LAW Urkunde *f,* Dokument *nt;* **title ~s** Grundeigentumsurkunde *f,* ≈ Grundbucheintrag *m*

ˈdeed box *n* Dokumentenkassette *f* **deed of ar·ˈrange·ment** *n* ECON, FIN Vergleichsvereinbarung *f* [zwischen Schuldner und Gläubiger] **deed of as·ˈsign·ment** *n* ECON, FIN Übereignungsurkunde *f,* Abtretungsurkunde *f* **deed of ˈcov·enant** *n* ECON, FIN Vertragsurkunde *f,* Versprechensurkunde *f* **deed of ˈpart·ner·ship** *n* ECON, FIN Gesellschaftsvertrag

D

m **deed of 'trans·fer** *n* ECON, FIN [Aktien]übertragungsurkunde *f* **'deed poll** *n* LAW *einseitige Rechtserklärung (besonders zur Namensänderung);* **to change one's name by ~** seinen Namen durch eine einseitige Rechtserklärung ändern

dee·jay ['di:dʒeɪ] *n (fam)* Discjockey *m,* Diskjockey *m*

deem [di:m] *vt usu passive (form)* ▪ **to be ~ed sth** als etw gelten [*o geh* erachtet werden]; ***the area has now been ~ed safe*** das Gebiet gilt jetzt als sicher; ▪ **to ~ sb to have done sth** annehmen, dass jd etw getan hat

deep [di:p] **I.** *adj* ① *(not shallow) cut, hole, wound, lake, water* tief; ***the pond is 2 m ~*** der Teich ist 2 m tief; ***the snow was 1 m ~*** der Schnee lag einen Meter hoch
② *(full)* **to let out a ~ sigh** tief seufzen; **to take a ~ breath** tief Luft holen [*o* SCHWEIZ *a. fam* aufschnaufen]
③ *(engrossed)* **to be ~ in conversation/thought** in ein Gespräch/in Gedanken vertieft sein; **to be in ~ thought** tief in Gedanken versunken sein
④ *(extending back) wardrobe, closet* tief; ***they were standing four ~*** sie standen zu viert hintereinander
⑤ *(located far back)* **~ in the forest/jungle** tief im Wald/Dschungel
⑥ *(profound) coma, sadness, satisfaction, sleep* tief; ***you have my ~est sympathy*** herzliches Beileid; ***I felt a ~ sense of irritation*** ich war sehr verärgert; **~ admiration/interest** große Bewunderung/großes Interesse; **to have a ~ aversion to sth** gegen etw *akk* eine starke Abneigung haben; **to be ~ in debt** hoch verschuldet sein; **to be in ~ despair** total verzweifelt sein; **to be a ~ disappointment to sb** eine schwere Enttäuschung für jdn sein, jdn schwer enttäuschen; **to have ~ feelings for sb** für jdn tiefe Gefühle haben; **a ~ economic recession** ein starker Konjunkturrückgang; **with ~ regret** mit großem Bedauern; **to be in ~ trouble** in großen Schwierigkeiten stecken; **to have gained a ~er understanding of sth** jetzt ein besseres Verständnis einer S. *gen* haben
⑦ *book, discussion, meaning* tief; ***quantum physics is a bit ~ for me*** die Quantenphysik ist für mich schwer verständlich; ***that was a really ~ film*** der Film hatte wirklich Tiefgang
⑧ *(low) note, voice* tief
⑨ *(of colour)* **a ~ blue sky** ein tiefblauer Himmel; **~ red** dunkelrot
▸ PHRASES: **to be in/get into ~ water** [**over sth**] [wegen einer S. *gen*] bis über beide Ohren in Schwierigkeiten stecken/geraten
II. *adv* ① *(far down)* tief; ***the sadness I feel about her death runs ~*** ich bin zutiefst über ihren Tod betrübt; **~-down** tief im Innersten; **~-down inside sb** tief in jds Innersten; **to breathe ~** tief atmen [*o* SCHWEIZ *a. fam* schnaufen]; **to go** [*or* **run**] **~** *fear* tief sitzen
② *(far back)* **~ in the** [**distant**] **past** vor sehr langer Zeit
▸ PHRASES: **to** [**really**] **dig ~** sich *akk* [schwer] ins Zeug legen; **still waters run ~** *(prov)* stille Wasser sind tief *prov*
III. *n (liter)* ▪ **the ~** die Tiefe

deep-con'di·tion·ing *adj inv* mit pflegender Tiefenwirkung *nach n*

deep 'dis·count *n* COMM Sonderrabatt *m* **deep 'dis·count bond** *n* FIN Anleihe *f,* die mit einem niedrigen Coupon und einem hohen Disagio begeben wird **deep-'dis·count·ed** *adj attr, inv* ECON, FIN **~ rights issue** Bezugsrechtemission *f* zu besonders günstigen Bedingungen

deep·en ['di:pᵊn] **I.** *vt* ▪ **to ~ sth** ① *(make deeper) channel, hole* etw tiefer machen
② *(intensify) feelings* etw vertiefen; **to ~ one's knowledge** sein Wissen vertiefen
II. *vi* ① *water* tiefer werden
② *(intensify) feelings, understanding* sich *akk* vertiefen; *budget deficit, economic crisis, recession* sich *akk* verschärfen
③ *tone, voice* tiefer werden
④ *(become darker) colour* intensiver [*o* dunkler] werden

'deep end *n* Schwimmerbecken *nt*
▸ PHRASES: **to go off the ~ about sth** sich *akk* maßlos über etw *akk* aufregen; **to jump/be thrown in at the ~** ins kalte Wasser springen/gestoßen werden; **to throw sb in at the ~** jdn ins kalte Wasser werfen

deep·en·ing ['di:pᵊnɪŋ] *adj* tiefer werdend *attr*

'deep-freeze *n* Tiefkühlschrank *m; (chest)* Tiefkühltruhe *f,* SCHWEIZ *a.* Tieffrierer *m fam* **deep-'fried** *adj* frittiert **deep-'froz·en** *adj* tiefgefroren **deep-froz·en 'foods** *n* Tiefkühlkost *f* **deep-'fry** *vt* ▪ **to ~ sth** etw frittieren **deep 'kiss** *n* Zungenkuss *m* **'deep-laid** *adj* raffiniert

deep·ly ['di:pli] *adv* ① *(very) disappointed, discouraging, impressed* sehr, äußerst; ***I'm ~ grateful to you*** ich bin dir äußerst dankbar; **to be ~ appreciative of sth** etw sehr schätzen; **to be ~ insulted** zutiefst getroffen sein; **to be ~ interested in sth** an etw *dat* äußerst interessiert sein; **to ~ regret sth** etw sehr bereuen
② *(far down) breathe, cut* tief; **to be ~ ingrained in sb** tief in jdm verwurzelt sein; **to inhale ~** tief einatmen [*o* SCHWEIZ *a. fam* einschnaufen]

deep·ness ['di:pnəs] *n* Tiefe *f*

deep-'pocketed *adj inv* wohlhabend **deep-'root·ed** *adj* ① *(established) affection, belief* tief; **~ fear/prejudice** tief sitzende Angst/tief sitzendes Vorurteil; **~ habit** feste Gewohnheit ② BOT *tree* tief verwurzelt

deep 'sea *n* Tiefsee *f* **deep-sea 'ani·mal** *n* Tiefseetier *nt* **deep-sea 'div·er** *n* Tiefseetaucher(in) *m(f)* **deep-sea 'div·ing** *n* Tiefseetauchen *nt;* **to go ~** Tiefseetauchen gehen **deep-sea 'fish·ing** *n* Hochseefischen *nt,* Hochseefischerei *f;* **to go ~** Hochseefischen gehen

deep-'seat·ed *adj* tief sitzend *attr;* **~ hatred** tief sitzender Hass; **~ tumour** tief sitzender Tumor **'deep-set** *adj* **~ eyes** tief liegende Augen **deep-'six** *vt* AM *(fam: cause to disappear)* ▪ **to ~ sth** etw versenken **Deep 'South** *n* AM ▪ **the ~** der tiefe Süden **deep 'space** *n* ASTRON äußerer Weltraum *fachspr (außerhalb unseres Sonnensystems);* ▪ **in ~** in den Tiefen des Weltraums **deep 'struc·ture** *n* LING Tiefenstruktur *f*

deer <*pl* -> [dɪəʳ, AM dɪr] *n* Hirsch *m*

'deer·skin *n no pl (of stags)* Hirschleder *nt; (of roes)* Rehleder *nt*

'deer·stalk·er *n* Jagdmütze *f (Mütze mit Ohrklappen, Sherlock Holmes-Mütze)*

de-es·ca·late [di:'eskəleɪt] **I.** *vt* ▪ **to ~ sth** etw entschärfen; **to ~ a conflict** einen Konflikt entschärfen
II. *vi* entschärfen

deet, DEET [di:t] *n no pl* MED Deet *nt*

def *adj* AM *(sl: excellent)* korrekt *sl*

de·face [dɪ'feɪs] *vt* ▪ **to ~ sth** etw verunstalten; **to ~ a building** ein Gebäude verschandeln

de fac·to [ˌdeɪ'fæktəʊ, AM -toʊ] **I.** *adv (form)* de facto *form*
II. *adj attr (form)* de facto *form*
III. *n* AUS Lebensgefährte, -gefährtin *m, f*

def·aecate *vi* BRIT *see* **defecate**

de·fal·ca·tion [ˌdi:fæl'keɪʃᵊn] *n no pl* ECON, FIN Veruntreuung *f,* Unterschlagung *f*

defa·ma·tion [ˌdefə'meɪʃᵊn] *n no pl (form)* Diffamierung *f;* **~ of character** Rufmord *m*

de·fama·tory [dɪ'fæmətᵊri, AM -tɔ:ri] *adj (form)* diffamierend; **a ~ speech** eine Schmährede; **~ statement** beleidigende Äußerung, üble Nachrede

de·fame [dɪ'feɪm] *vt (form)* ▪ **to ~ sb** jdn verleugnen [*o geh* diffamieren]

de·fang [dɪ'fæŋ] *vt (fig)* ▪ **to ~ sth** etw entschärfen [*o* abschwächen]

de·fault [dɪ'fɔ:lt, AM -'fɑ:lt] **I.** *vi* ① FIN *(failure to pay)* in Verzug geraten; **to ~ on payments** mit Zahlungen in Verzug geraten
② COMPUT ▪ **to ~ to sth** *program* sich automatisch auf den standardmäßig eingestellten Wert einstellen
II. *n* ① *of contract* Nichterfüllung *f,* Vertragswidrigkeit *f;* **by ~** im Unterlassungsfall
② *(failure to pay debt)* Versäumnis *nt,* Nichtzahlung *f;* ***the company is in ~*** die Firma befindet sich in Verzug; **in ~ of payment ...** bei Zahlungsverzug ...
③ *no pl* ▪ **by ~** automatisch; ***the copier always sets itself by ~ to make just one copy*** der Kopierer stellt sich automatisch auf eine einzige Kopie ein; ***he was elected by ~*** er wurde in Ermangelung anderer Kandidaten gewählt; **to win by ~** automatisch gewinnen *(ohne, dass man etwas dafür getan hat)*
④ *(form: absence)* ▪ **in ~ of sth** in Ermangelung einer S. *gen geh*
III. *n modifier* voreingestellt, Standard-; **~ mechanism** Standardmechanismus *m;* **~ option** Standardversion *f;* **~ program** Standardprogramm *nt*

de·'fault ac·tion *n* LAW Mahnverfahren *nt,* Klage *f* auf geschuldeten Geldbetrag

de·fault·er [dɪ'fɔ:ltəʳ, AM -'fɑ:ltɚ] *n* ECON, FIN säumiger Schuldner/säumige Schuldnerin

de·fault·ing [dɪ'fɔ:ltɪŋ, AM -'fɑ:l t̬ɪŋ] *adj inv* FIN säumig

de·'fault judg(e)·ment *n* Versäumnisurteil *nt* **de·'fault set·ting** *n* COMPUT Standardeinstellung *f* **de·'fault sum·mons** *n* LAW Mahnbescheid *m* **de·'fault value** *n* COMPUT Standardwert *m*

de·fea·sance [dɪ'fi:zᵊn(t)s] *n* LAW Aufhebung[sklausel] *f,* Verwirkung[sklausel] *f,* Annullierung *f*

de·feat [dɪ'fi:t] **I.** *vt* ① *(win over)* ▪ **to ~ sb/sth** *candidate, enemy, army* jdn/etw besiegen; ▪ **to ~ sb** *(at cards, chess, football)* jdn schlagen; ***this line of reasoning ~s me, I must admit*** *(fig)* diesem Argument kann ich leider nicht folgen; **to ~ sb's hopes** jds Hoffnungen zerschlagen; **to ~ a proposal** einen Vorschlag ablehnen
② POL *(turn down)* ▪ **to be ~ed** *bill* abgelehnt werden; **to ~ an amendment** einen Antrag auf Gesetzesänderung ablehnen
③ *(destroy)* ▪ **to ~ sth:** ***that ~s the purpose of this meeting*** dann verliert dieses Treffen seinen Sinn
II. *n* Niederlage *f;* **to admit** [*or* **concede**]**/suffer ~** eine Niederlage eingestehen/erleiden

de·feat·ed [dɪfi:tɪd, AM -t̬-] *adj attr candidate, team* unterlegen

de·feat·ism [dɪ'fi:tɪzᵊm, AM -t̬-] *n no pl (pej)* Defätismus *m,* Defaitismus *m* SCHWEIZ

de·feat·ist [dɪ'fi:tɪst, AM -t̬ɪst] **I.** *adj* defätistisch, defaitistisch SCHWEIZ; **to have a ~ attitude** ein Schwarzseher/eine Schwarzseherin sein
II. *n* Defätist(in) *m(f),* Defaitist(in) *m(f)* SCHWEIZ

def·ecate ['defəkeɪt] *vi (form)* den Darm entleeren, defäkieren *geh*

def·eca·tion [ˌdefə'keɪʃᵊn] *n no pl (form)* Stuhlentleerung *f,* Darmentleerung *f,* Defäkation *f geh*

de·fect **I.** *n* ['di:fekt] ① *(in product)* Fehler *m,* Mangel *m;* TECH *also* Fehlstelle *f;* **character ~** *(fig)* Charakterfehler *m*
② TECH Defekt *m* (**in** an +*dat*)
③ MED **birth/speech ~** Geburts-/Sprachfehler *m*
II. *vi* [dɪ'fekt] POL ▪ **to ~** [**to a country**] [in ein Land] überlaufen; **to ~ to the West** in den Westen flüchten

de·fec·tion [dɪ'fekʃᵊn] *n* Flucht *f;* POL Überlaufen *nt,* Wechsel *m*

de·fec·tive [dɪ'fektɪv] **I.** *adj* ① *goods* fehlerhaft
② TECH *part, plug, wiring* defekt
③ MED **~ hearing** mangelhaftes Hörvermögen; **to have a ~ heart valve** einen Herzklappenfehler haben
④ LING **~ verb** defektives Verb
II. *n (pej)* Geistesgestörte(r) *f(m)*

de·fec·tor [dɪ'fektəʳ, AM -ɚ] *n* POL Überläufer(in) *m(f)*

de·fence, AM **de·fense** [dɪ'fen(t)s] *n* ① *(of person)* Schutz *m* (**against** gegen +*akk*); *(of country)* Verteidigung *f;* ***all I can say, in ~ of my actions, is ...*** alles, was ich zu meiner Verteidigung vorbringen kann, ist, ...; ***he spoke in ~ of civil rights*** er verteidigte die Bürgerrechte; **ministry of ~** Verteidigungsministerium *nt,* SCHWEIZ *a.* Militärdepartement *nt;* **to come/rush to sb's ~** jdm zu Hilfe kommen/eilen; **to put up a stubborn ~** sich *akk* zäh verteidigen
② LAW Verteidigung *f;* **witness for the ~** Zeuge,

Zeugin *m, f* der Verteidigung, Entlastungszeuge, -zeugin *m, f;* **to conduct the ~** die Verteidigung führen

❸ LAW *(arguments)* Klageerwiderung *f,* Einspruch *m,* Einsprache *f* SCHWEIZ; **to file a ~** eine Klage beantworten

❹ *(document)* Verteidigungsvorbringen *nt,* Klageerwiderung *f*

❺ SPORT Abwehr *f;* **to play in** [*or* AM **on**] **~** Abwehrspieler/Abwehrspielerin sein; CHESS **to use a ~** eine Verteidigungsstellung einnehmen

❻ PSYCH Abwehrmechanismus *m*

❼ *(of body)* ■ **~s** *pl* Abwehrkräfte *pl;* **to build up one's ~s** MED seine Abwehrkräfte stärken

de·'fence coun·sel *n* LAW Verteidiger(in) *m(f)* **de·'fence docu·ment** *n* ECON, FIN Verteidigungsschriftstück *nt (gegen ein Übernahmeangebot)* **de·'fence law·yer** *n* LAW Strafverteidiger(in) *m(f)*

de·fence·less [dɪ'fen(t)sləs] *adj* wehrlos, schutzlos; ■ **to be ~ against sth** wehrlos gegenüber etw *dat* sein

de·fence·less·ness [dɪ'fen(t)sləsnəs] *n no pl* Wehrlosigkeit *f*

de·'fence mech·an·ism *n* ANAT, PSYCH Abwehrmechanismus *m* **De·'fence Min·is·ter** *n* Verteidigungsminister(in) *m(f)* **De·'fence Sec·re·tary** *n* Verteidigungssekretär(in) *m(f)*

de·fend [dɪ'fend] **I.** *vt* ❶ *(protect)* ■ **to ~ oneself/sth** [**against sb/sth**] sich *akk*/etw [gegen jdn/etw] verteidigen; *(fight off)* ■ **to ~ oneself against sth** sich *akk* gegen etw *akk* wehren; **to ~ a currency** eine Währung stützen; **to ~ one's point of view** auf seinem Standpunkt beharren

❷ *(support)* ■ **to ~ sb/sth** jdn/etw unterstützen; **to ~ a policy** eine politische Linie verteidigen

❸ LAW ■ **to ~ sb** jdn verteidigen; **to ~ an action** sich *akk* auf eine Klage einlassen, einen Prozess in der Verteidigungsposition führen; **to ~ a lawsuit** einen Prozess als Beklagte *f*/Beklagter *m* führen

❹ SPORT **to ~ one's title** seinen Titel verteidigen

II. *vi* SPORT verteidigen

de·fend·able [dɪ'fendəbl] *adj esp* AM, AUS *see* **defensible**

de·fend·ant [dɪ'fendənt] *n* LAW Angeklagte(r) *f(m); (civil action)* Beklagte(r) *f(m)*

de·fend·ed 'take·over *n* ECON, FIN angefochtene Übernahme

de·fend·er [dɪ'fendəʳ, AM -ɚ] *n* ❶ *(protector)* Beschützer(in) *m(f); (supporter)* Verfechter(in) *m(f)*

❷ SPORT Verteidiger(in) *m(f)*

de·fend·ing 'cham·pi·on *n* Titelverteidiger(in) *m(f)*

de·fense *n esp* AM *see* **defence**

de·fen·sible [dɪ'fen(t)səbl̩] *adj* ❶ *(capable of being defended)* wehrhaft; **to be easily ~** leicht zu verteidigen sein

❷ *(supportable)* vertretbar; *(justifiable)* gerechtfertigt; ■ **to be ~** vertretbar sein

de·fen·sive [dɪ'fen(t)sɪv] **I.** *adj* ❶ *(intended for defence)* defensiv

❷ *(quick to challenge criticism)* defensiv

II. *n* Defensive *f;* **to be on the ~** in der Defensive sein; **to go on the ~** in die Defensive gehen

de·fen·sive·ly [dɪ'fen(t)sɪvli] *adv* defensiv

de·fen·sive·ness [dɪ'fen(t)sɪvnəs] *n no pl* defensives Verhalten; **~** ***is a sign of insecurity*** wenn jemand schnell auf die Barrikaden geht, ist das ein Anzeichen von Unsicherheit

de·fen·sive 'stocks *npl* ECON, FIN risikoarme Aktien

de·fer <-rr-> [dɪ'fɜːʳ, AM -'fɜːr] **I.** *vi (form)* ■ **to ~ to sb/sth** sich *akk* jdm/etw beugen [*o* fügen]; **to ~ to sb's judgement** sich *akk* jds Urteil fügen

II. *vt* ■ **to ~ sth** etw verschieben; FIN, LAW etw aufschieben [*o* aussetzen]; **to ~ a decision** eine Entscheidung vertagen

def·er·ence ['defᵊrᵊn(t)s] *n no pl (form)* Respekt *m;* **to do sth in** [*or* **out of**] **~ to sb/sth** etw aus Respekt vor jdm/etw tun; **to pay** [*or* **show**] **~ to sb** jdm Respekt entgegenbringen [*o geh* zollen]; **to treat sb with ~** jdn respektvoll [*o* mit Respekt] behandeln

def·er·en·tial [ˌdefᵊ'ren(t)ʃᵊl] *adj* respektvoll; ■ **to be ~ to** [*or* **towards**] **sb** sich *akk* respektvoll jdm gegenüber benehmen

def·er·en·tial·ly [ˌdefᵊ'ren(t)ʃᵊli] *adj* respektvoll; **to bow ~** sich *akk* respektvoll verbeugen

de·fer·ment [dɪ'fɜːmənt, AM -'fɜːr-] *n,* **de·fer·ral** [dɪ'fɜːrᵊl, AM -'fɜr-] *n* Aufschub *m;* LAW Vertagung *f;* **~ of debt repayment** Moratorium *nt;* **~ of proceedings** Verschiebung *f* eines Verfahrens; **~ of sentence** LAW Aufschub *m* der Urteilsverkündung

de·ferred [dɪ'fɜːd, AM -'fɜːrd] *adj* ECON, FIN **~ coupon note** [*or* **interest bond**] Obligationen *pl* mit aufgeschobener Verzinsung; **~ equity** Nachzugsaktien *pl;* **~ payment** *(later payment)* aufgeschobene Zahlung; *(instalment)* Ratenzahlung *f;* **~ ordinary shares** Nachzugsaktien *pl;* **~ tax** latente Steuer

de·ferred ad·'dress·ing *n* COMPUT indirekte [*o* ausgesetzte] Adressierung **de·ferred 'pay·ment** *n* Ratenzahlung *f;* **to make ~s** in Raten bezahlen

de·fi·ance [dɪ'faɪən(t)s] *n no pl* Auflehnung *f,* Aufsässigkeit *f* (**against** gegen +*akk*); ■ **in ~ of sb/sth** jdm/etw zum Trotz

de·fi·ant [dɪ'faɪənt] *adj* ❶ *(showing disobedience)* aufsässig, SCHWEIZ *a.* aufmüpfig *fam;* **to remain ~** uneinsichtig [*o* unnachgiebig] bleiben

❷ *(displaying defiance)* herausfordernd; **to be in a ~ mood** in Kampfstimmung sein; **to take a ~ stand** eine Protesthaltung einnehmen

de·fi·ant·ly [dɪ'faɪəntli] *adv* aufsässig

de·fib·ril·la·tor [diː'fɪbrɪleɪtəʳ, AM -t̬ɚ] *n* MED Defibrillator *m*

de·fi·cien·cy [dɪ'fɪʃᵊn(t)si] *n* ❶ *(shortage, lack)* Mangel *m* (**in** an +*dat*); **vitamin ~** Vitaminmangel *m;* **to suffer from a ~ in** [*or* **of**] **sth** Mangel an etw *dat* leiden

❷ *(weakness, weak point)* Defizit *nt* (**in** in +*dat*)

❸ COMM Fehlbestand *m;* ECON, FIN Fehlbetrag *m;* **to make up a ~** einen Fehlbetrag ausgleichen

❹ AM LAW Nachtragsbewilligung *f*

de·'fi·cien·cy dis·ease *n* MED Mangelkrankheit *f*

de·fi·cient [dɪ'fɪʃᵊnt] *adj* unzureichend, mangelhaft; ■ **to be ~ in sth** an etw *dat* mangeln; **to be mentally ~** geistig behindert sein

de·fi·cient·ly [dɪ'fɪʃᵊntli] *adv* unzureichend, mangelhaft, ungenügend SCHWEIZ

defi·cit ['defɪsɪt] *n* Defizit *nt* (**in** in +*dat*); **to reduce** [*or* **cut**]/**run a ~** ein Defizit verringern/haben

'defi·cit spend·ing *n no pl* ECON Deficit Spending *nt*

de·file[1] [dɪ'faɪl] *vt (form: spoil, make dirty)* ■ **to ~ sth** etw beschmutzen [*o* besudeln]; **to ~ a tomb/woman** ein Grab/eine Frau schänden

de·file[2] [dɪ'faɪl, 'diː-] **I.** *n (esp liter)* Hohlweg *m*

II. *vi* hintereinandermarschieren

de·file·ment [dɪ'faɪlmənt] *n no pl (form liter) of tomb* Schändung *f; of shrine also* Entweihung *f*

de·fin·able [dɪ'faɪnəbl] *adj* definierbar

de·fi·nanc·ing [dɪ'faɪnæn(t)sɪŋ] *n no pl* Definanzierung *f*

de·fine [dɪ'faɪn] *vt* ❶ *(give definition)* ■ **to ~ sth** [**as sth**] etw [als etw *akk*] definieren

❷ *(specify)* ■ **to ~ sth** etw festlegen; **to ~ sb's rights** jds Rechte festlegen

❸ *(characterize)* ■ **to be ~d by sth** *by one's job* über etw *akk* definiert werden

❹ *(clearly show in outline)* ■ **to be ~d against sth** sich *akk* [deutlich] gegen etw *akk* abzeichnen

◆ **define down** *vt* ■ **to ~ sth** ⊂ **down** etw verharmlosen

de·fin·ing 'mo·ment [dɪˌfaɪnɪŋ'-] *n* entscheidender Moment

defi·nite ['defɪnət] **I.** *adj evidence, proof* sicher; *place, shape, tendency, time limit* bestimmt; ***let's make the 9th*** **~** machen wir den 9. fest; ***is that ~?*** ist das sicher?; ***there's nothing ~ yet*** es steht noch nichts fest; ***one thing's ~, ...*** eines ist sicher, ...; ■ **to be ~ about sth** sich *dat* einer S. *gen* sicher sein; **a ~ answer** eine klare [*o* eindeutige] Antwort; **a ~ decision** eine definitive Entscheidung; **a ~ increase** ein eindeutiger Zuwachs; **to have ~ opinions** feste Vorstellungen von etw *dat* haben; **a ~ improvement** eine eindeutige Verbesserung

II. *n (fam)* ***she's a ~ for the Olympic team*** sie wird auf jeden Fall in der Olympiamannschaft dabei sein; ***are you going to Anne's party? — it's a ~*** kommst du zu Annes Party? – auf jeden Fall!

defi·nite 'ar·ti·cle *n* LING bestimmter Artikel

defi·nite·ly ['defɪnətli] *adv* ❶ *(clearly)* eindeutig, definitiv; ***we're ~ going by car*** wir fahren auf jeden Fall mit dem Auto; **to decide sth ~** etw endgültig beschließen

❷ *(categorically)* mit Bestimmtheit; ***he stated his opinion most ~*** er äußerte ganz klar seine Meinung

defi·nite·ness [dɪ'fɪnətɪvnəs, AM t̬ɪv] *n no pl* Bestimmtheit *f*

defi·ni·tion [ˌdefɪ'nɪʃᵊn] *n* ❶ *(meaning)* Definition *f,* Erklärung *f;* **by ~** per Definition, per definitionem *geh*

❷ *no pl (clearness, distinctness)* Schärfe *f;* **to lack ~** unscharf sein; *(fig)* unklar sein

❸ *(of duties)* Definierung *f,* Festlegung *f*

de·fini·tive [dɪ'fɪnətɪv, AM -t̬-] *adj* ❶ *(conclusive)* endgültig; **~ proof** eindeutiger Beweis

❷ *(best, most authoritative)* ultimativ; ***this is the ~ guide to America*** das ist *der* Amerikaführer

de·fini·tive·ly [dɪ'fɪnətɪvli, AM t̬ɪv] *adv* definitiv *geh*

def·la·gra·tion [ˌdeflə'greɪʃᵊn] *n* TECH Verpuffung *f,* schnelle Verbrennung; **~ spoon** CHEM Verbrennungslöffel *m*

de·flate [dɪ'fleɪt] **I.** *vt* ❶ *(release air)* ■ **to ~ sth** *balloon, ball* Luft aus etw *dat* ablassen

❷ *(reduce)* ■ **to ~ sth** etw zunichtemachen; **to ~ sb's hopes** jds Hoffnungen zunichtemachen; **to ~ sb's reputation** jds Ruf schaden

❸ *(lose confidence)* ■ **to be ~d** einen Dämpfer bekommen haben *fam*

❹ ECON, FIN ■ **to ~ sth** etw deflationieren *fachspr*

II. *vi* Luft verlieren

de·flat·ed [dɪ'fleɪtɪd, AM -t̬-] *adj* ❶ *(without air)* **~ tyre** platter Reifen [*o* SCHWEIZ Pneu]

❷ *(uncertain)* unsicher, zweifelnd; **to feel ~** sich *akk* unsicher fühlen

de·fla·tion [dɪ'fleɪʃᵊn] *n no pl* ECON, FIN ❶ *(reduction of money in circulation)* Deflation *f*

❷ *(fall)* Rückgang *m*

de·fla·tion·ary [dɪ'fleɪʃᵊnᵊri, AM -eri] *adj* deflationär, deflationistisch, deflatorisch

de·fla·tor [dɪ'fleɪtəʳ, AM -t̬ɚ] *n* ECON, FIN Deflationierungsfaktor *m,* inflationsspezifischer Betrag

de·flect [dɪ'flekt] **I.** *vt* ■ **to ~ sb from doing sth** jdn davon abbringen, etw zu tun; ■ **to ~ sth** etw ablenken; **to ~ the ball** den Ball abfälschen; **to ~ a blow** einen Schlag abwehren; **to ~ light** PHYS das Licht beugen; **to ~ a shot** einen Schuss abfälschen

II. *vi* ■ **to ~ off sth** *ball* von etw *dat* abprallen

de·flec·tion [dɪ'flekʃᵊn] *n* Ablenkung *f;* SPORT Abpraller *m;* ***the ball took a ~*** [***off a defender's leg***] der Ball war [am Bein eines Verteidigers] abgeprallt

de·flow·er [diː'flaʊəʳ, AM -'flaʊɚ] *vt (liter)* ■ **to ~ sb** jdn entjungfern [*o geh* deflorieren]

de·foam·ing agent [diː'fəʊmɪŋ-, AM -'foʊm-] *n* CHEM Antischaummittel *nt,* Entschäumer *m,* Schaumverhütungsmittel *nt*

de·fog <-gg-> [dɪ'fɑːg] *vt* AM *(demist)* **to ~ the window/the windshield** das Fenster/die Windschutzscheibe frei machen

de·fog·ger [dɪ'fɑːgɚ] *n* AM AUTO *(demister)* Gebläse *nt*

de·fo·li·ant [diː'fəʊliənt, AM -'foʊ-] *n* Entlaubungsmittel *nt*

de·fo·li·ate [diː'fəʊlieɪt, AM -'foʊ-] *vt* ■ **to ~ sth** *plant, tree* etw entlauben

de·fo·lia·tion [diːˌfəʊli'eɪʃᵊn, AM -ˌfoʊ-] *n no pl* Entlaubung *f*

de·force [dɪ'fɔːs, AM -'fɔːrs] *vt* LAW **to ~ land** widerrechtlich Grundbesitz entziehen

de·force·ment [dɪ'fɔːsmənt, AM -'fɔːrs-] *n* LAW widerrechtliche Entziehung von Grundbesitz, verbotene Eigenmacht

de·for·est [diː'fɒrɪst, AM -'fɔːr-] *vt* ■ **to ~ sth** etw abholzen

de·for·esta·tion [di:ˌfɒrɪ'steɪʃᵊn, AM -ˌfɔ:r-] *n no pl* Abholzung *f*, Entwaldung *f*

de·form [dɪ'fɔ:m, AM -'fɔ:rm] **I.** *vt* ▪**to ~ sth** etw deformieren; **to ~ sb's spine** jds Rückgrat verformen; ▪**to be ~ed** *extremities* verkrüppelt sein; *face* entstellt sein
II. *vi* sich *akk* verformen

de·for·ma·tion [di:ˌfɔ:'meɪʃᵊn, 'defə-, AM -ˌfɔ:rm-] *n no pl* Deformation *f*, Verformung *f*; **~ of one's bones** Knochenmissbildung *f*

de·formed [dɪ'fɔ:md, AM -'fɔ:rmd] *adj* verformt; MED missgebildet; **to be born ~** missgebildet zur Welt kommen

de·form·ity [dɪ'fɔ:məti, AM -'fɔ:rməṭi] *n* ANAT Missbildung *f*; *of moral disposition* Verderbtheit *f*

de·frag·men·ta·tion [ˌdi:ˌfrægmən'teɪʃᵊn] *n* COMPUT Defragmentierung *f*

de·fraud [dɪ'frɔ:d, AM -'frɑ:d] *vt* ▪**to ~ sb [of sth]** jdn [um etw *akk*] betrügen

de·fray [dɪ'freɪ] *vt* *(form)* **to ~ the costs/sb's expenses** die/jds Kosten tragen [*o* übernehmen]

de·fray·al [dɪ'freɪəl] *n*, **de·fray·ment** [dɪ'freɪmənt] *n* Übernahme *f*

de·frock [di:'frɒk, AM -'frɑ:k] *vt* **to ~ a priest** einen Priester seines Amtes entheben

de·frost [di:'frɒst, AM -'frɑ:st] **I.** *vt* ▪**to ~ sth** etw auftauen; **to ~ a fridge** den Kühlschrank abtauen; **to ~ one's windscreen** seine Windschutzscheibe enteisen
II. *vi* auftauen; *fridge, freezer* abtauen

de·frost·er [di:'frɒstəʳ, AM -'frɑ:stɚ] *n esp* AM AUTO Gebläse *nt*

deft [deft] *adj* geschickt, sicher; ▪**to be ~ at sth** etw sehr geschickt tun können

deft·ly ['deftli] *adv* geschickt

deft·ness ['deftnəs] *n no pl* Geschicklichkeit *f*

de·funct [dɪ'fʌŋ(k)t] *adj* *(form)* gestorben; *(hum)* hinüber *fam*; **a ~ idea** eine überholte Vorstellung; **a ~ institution** eine ausgediente Institution; **a ~ process** ein überholter Vorgang

de·fuse [di:'fju:z] *vt* ▪**to ~ sth** etw entschärfen *a. fig*; **to ~ criticism** Kritik entkräften

defy <-ie-> [dɪ'faɪ] *vt* ① *(disobey)* ▪**to ~ sb/sth** sich *akk* jdm/etw widersetzen; *(fig: resist, withstand)* sich *akk* etw *dat* entziehen; **to ~ description** jeder Beschreibung spotten
② *(challenge, dare)* ▪**to ~ sb**: ***I ~ you to prove your accusations*** dann beweisen Sie doch erstmal Ihre Anschuldigungen

deg. *n abbrev of* **degree**

de·gauss [di:'gaʊs] *vt* COMPUT entmagnetisieren

de·gauss·er [di:'gaʊsəʳ, AM -ɚ] *n* COMPUT Entmagnetisierungsgerät *nt*

de·gear·ing [dɪ'gɪərɪŋ, AM -'gɪr-] *n no pl* ECON, FIN Reduzierung *f* des Verschuldungsgrads

de·gen·era·cy [dɪ'dʒenᵊrəsi] *n no pl* Degeneration *f*

de·gen·er·ate **I.** *vi* [dɪ'dʒenəreɪt] degenerieren; ▪**to ~ into sth** zu etw *dat* entarten, in etw *akk* ausarten; **to ~ into violence** in Gewalt umschlagen
II. *adj* [dɪ'dʒenᵊrət] degeneriert; SCI entartet
III. *n* [dɪ'dʒenᵊrət] *jd, der keine moralischen Werte mehr hat*

de·gen·era·tion [dɪˌdʒenə'reɪʃᵊn] *n no pl* ① *(decline)* Degeneration *f*; BIOL Entartung *f*
② ELEC Gegenkopplung *f*

de·gen·era·tive [dɪ'dʒenᵊrətɪv, AM -nɚəṭɪv] *adj* MED degenerativ

de·gen·era·tive dis·'ease *n* MED degenerative Krankheit

de-'glam *vi short for* **deglamourize** den Glamour ablegen

deg·ra·da·tion [degrə'deɪʃᵊn] *n no pl* ① *of person* Erniedrigung *f*
② *(deterioration) of health, conditions* Verschlechterung *f*; CHEM Abbau *m*, Zersetzung *f*; **environmental ~** [zunehmende] Schädigung der Umwelt

deg·ra·da·tive ['degrədeɪtɪv, AM -ṭɪv] *adj* CHEM **~ reaction** Abbaureaktion *f*

de·grade [dɪ'greɪd] **I.** *vt* ① *(debase, defile)* ▪**to ~ sb/oneself** jdn/sich erniedrigen
② *(destroy)* ▪**to ~ sth** *environment, area* etw angreifen; **to ~ an area of natural beauty** eine schöne Naturlandschaft verschandeln
③ GEOL ▪**to ~ sth** etw erodieren
④ ELEC *radio signals* etw beeinträchtigen
⑤ CHEM ▪**to ~ sth** etw abbauen
⑥ MIL *(in rank)* ▪**to ~ sb** jdn degradieren
II. *vi* ① ELEC *(in quality)* beeinträchtigt werden
② CHEM ▪**to ~ into sth** zu etw *dat* abgebaut werden

de·grad·ing [dɪ'greɪdɪŋ] *adj* erniedrigend, entwürdigend

de·gree [dɪ'gri:] *n* ① *(amount)* Maß *nt*; *(extent)* Grad *m*; **~ of probability** Wahrscheinlichkeitsgrad *m*; **~ of utilization** Ausnutzungsgrad *m*; **to different ~s** in unterschiedlichem Maße, unterschiedlich stark; **a high ~ of skill** ein hohes Maß an Können; **to the last ~** im höchsten Grad; **by ~s** nach und nach; **to some ~** bis zu einem gewissen Grad
② MATH, METEO Grad *m*
③ UNIV *(rank or title)* Abschluss *m*; **to do a ~ in sth** etw studieren; **to have a ~ in sth** einen Abschluss in etw haben; **to have a master's ~ in sth** *esp* AM, AUS einen Magister[titel] in etw haben
④ LAW **prohibited ~s** verbotene Verwandtschaftsgrade

de·'gree course *n Studiengang, der mit einem „Bachelor" oder „Masters" abschließt* **de·'gree day** *n* Wert-Tag *m*, Grad-Tag-Faktor *m* *(Einheit für die Zu- oder Abnahme der Tages-Durchschnittstemperaturen über einen ganzen Tag)* **de·gree of ad'sorp·tion** *n* SCI Adsorptionsvermögen *nt* **de·gree of 'free·dom** *n* MATH, SCI Freiheitsgrad *m*

de·gres·sive [dɪ'gresɪv] *adj* FIN degressiv

de·hu·man·ize [ˌdi:'hju:mənaɪz] *vt* ▪**to ~ sb** jdn entmenschlichen

de·hu·midi·fi·er [ˌdi:hju:'mɪdɪfaɪəʳ, AM -əfaɪɚ] *n* Entfeuchter *m*

de·hy·drate [ˌdi:haɪ'dreɪt] **I.** *vt* ▪**to ~ sth** etw *dat* das Wasser entziehen; **to ~ the body** den Körper austrocknen [*o fachspr* dehydrieren]; **to become ~d** austrocknen, dehydrieren *fachspr*
II. *vi* MED dehydrieren

de·hy·drat·ed [ˌdi:haɪ'dreɪtɪd, AM -ṭɪd] *adj food* getrocknet; *skin* ausgetrocknet; **~ food** Trockennahrung *f*

de·hy·dra·tion [ˌdi:haɪ'dreɪʃᵊn] *n no pl* MED Austrocknung *f*, Dehydration *f fachspr*

de·hydro·gena·tion [di:ˌhaɪdrədʒə'neɪʃᵊn, AM ˌdi:haɪˌdrɑ:-] *n* CHEM Dehydrierung *f*, Entziehung *f* von Wasserstoff

de-ice [ˌdi:'aɪs] *vt* ▪**to ~ sth** etw enteisen

de-ic·er [ˌdi:'aɪsəʳ, AM -ɚ] *n no pl* ① *(for airplanes)* Enteisungsflüssigkeit *f*; *(for cars)* Defroster *m*, Enteiser *m*
② *(machine)* Enteisungsgerät *nt*

deic·tic ['daɪktɪk] LING **I.** *adj inv* deiktisch
II. *n* Deiktikum *nt*

dei·fi·ca·tion ['deɪfɪkeɪʃᵊn, AM 'di:ə-] *n no pl* Verehrung *f*, Vergötterung *f*

dei·fy ['deɪɪfaɪ, AM 'di:-] *vt* ① *(make into a god)* ▪**to ~ sb/sth** jdn/etw als Gottheit verehren; **to ~ an emperor** einen Herrscher als Gottheit verehren
② *(worship like a god)* ▪**to ~ sb** jdn vergöttern

deign [deɪn] *(pej)* **I.** *vi* ▪**to ~ to do sth** sich *akk* [dazu] herablassen, etw zu tun
II. *vt* *(old)* ▪**to ~ sth** sich *akk* zu etw *dat* herablassen

de·in·dus·tri·ali·za·tion [ˌdi:ɪndʌstriᵊlaɪ'zeɪʃᵊn, AM -lɪ'zeɪ-] *n no pl* Deindustrialisierung *f*

de-ionize [di:'aɪənaɪz] *vt* CHEM ▪**to ~ sth** etw deionisieren; **~d water** vollentsalztes Wasser

de·ism ['deɪɪzᵊm, AM 'di:-] *n no pl* Deismus *m*

de·ist ['deɪɪst] *n* Deist(in) *m(f)*

de·ity ['deɪɪti, AM 'di:əṭi] *n* Gottheit *f*

De·ity ['deɪɪti, AM 'di:əṭi] *n no pl* *(form)* ▪**the ~** Gott *m*

deix·is ['daɪksɪs] *n no pl* LING Deixis *f*

déjà vu [ˌdeɪʒɑ:'vu:] *n no pl* ① PSYCH Déjà-vu[-Erlebnis] *nt*; **to have a feeling** [*or* **sense**] **of ~** ein Déjà-vu[-Erlebnis] haben, das Gefühl haben, jdn/etw schon einmal gesehen zu haben
② *(pej: tediously familiar)* ***the movie has a strong sense of ~ about it*** bei dem Film hat man das Gefühl, ihn schon zigmal gesehen zu haben

de·ject [dɪ'dʒekt] *vt* ▪**to ~ sb** jdn deprimieren

de·ject·ed [dɪ'dʒektɪd] *adj* niedergeschlagen

de·ject·ed·ly [dɪ'dʒektɪdli] *adv* niedergeschlagen

de·jec·tion [dɪ'dʒekʃᵊn] *n no pl* Niedergeschlagenheit *f*

de jure [ˌdeɪ'dʒʊəreɪ, AM di:'dʒʊri] **I.** *adv* LAW rechtmäßig, de jure *fachspr*; **to recognize sth ~** etw rechtmäßig [*o* de jure] anerkennen
II. *adj inv* LAW rechtmäßig, de jure *fachspr*

deke [di:k] *n* CAN *(in ice hockey)* *Täuschungsmanöver eines Spielers, um an einem anderen Spieler vorbeizukommen*
◆**deke out** *vi* sich *akk* schnell und unauffällig davonstehlen [*o* herausschleichen] [*o fam* davonmachen]

dek·ko ['dekəʊ] *n no pl* BRIT, AUS *(dated sl)* Blick *m*; **to have** [*or* **take**] **a ~ at sth** einen Blick auf etw *akk* werfen; ***come and have a ~*** schau mal

Del. AM *abbrev of* **Delaware**

Dela·war·ean [ˌdelə'weəriən, AM -'wer-] **I.** *n* Bewohner(in) *m(f)* Delawares
II. *adj* aus Delaware *nach n*

de·lay [dɪ'leɪ] **I.** *vt* ① *(postpone)* ▪**to ~ sth** etw verschieben
② *(hold up)* **to be ~ed [by 10 minutes]** [zehn Minuten] Verspätung haben; ***I was ~ed*** ich wurde aufgehalten
II. *vi* verschieben, aufschieben
III. *n* Verzögerung *f*, Verspätung *f*, Verzug *m*; ***we apologize for the ~*** wir bitten um Verständnis für die Verspätung; ***I apologize for my ~ in replying*** bitte entschuldigen Sie, dass ich Ihnen erst jetzt antworte; ▪**without ~** unverzüglich

de·layed [dɪ'leɪd] *adj attr* verspätet, verzögert; **a ~ flight/train** ein verspäteter Flug/Zug; **~ reaction** verzögerte Reaktion; **~ shock** Spätschock *m*

de·layed-'ac·tion *adj* zeitverzögert; **~ fuse** Zeitzünder *m*

de·lay·ing [dɪ'leɪɪŋ] *adj attr* verzögernd; **~ tactics** Verzögerungstaktiken *pl*

de·'lay pen·al·ty *n* LAW Säumniszuschlag *m* **de·'lay tim·er** *n* Zeitschaltuhr *f*

del cre·de·re [ˌdel'kredᵊreɪ, AM -ɚeɪ] *n* ECON, FIN **~ agent** Delkredereagent(in) *m(f)*

dele ['di:li:] *n* Deleatur *nt*, Deleaturzeichen *nt*

de·lec·table [dɪ'lektəbl̩] *adj food, drink* köstlich; *(esp hum) person* bezaubernd, reizend

de·lec·ta·tion [ˌdɪlek'teɪʃᵊn] *n no pl* *(form or hum)* Vergnügen *nt*, SCHWEIZ *a.* Plausch *m*; **for sb's ~** zu jds Vergnügen

del·egate **I.** *n* ['delɪgət] Delegierte(r) *f(m)*; **to send a ~** einen Delegierten/eine Delegierte entsenden
II. *vt* ['delɪgeɪt] ① *(appoint, send as representative)* ▪**to ~ sb** jdn als Vertreter/Vertreterin [aus]wählen; ▪**to ~ sb to do sth** jdn dazu bestimmen, etw zu tun; ***he was ~d to meet new arrivals*** man wählte ihn zur Begrüßung der Neuankömmlinge aus
② *(assign task)* ▪**to ~ sth to sb** *power, authority, responsibility* etw auf jdn übertragen; ▪**to ~ sb to do sth** jdn zu etw *dat* ermächtigen
III. *vi* ['delɪgeɪt] delegieren

del·ega·tion [ˌdelɪ'geɪʃᵊn] *n* ① + *sing/pl vb (group of delegates)* Delegation *f*
② *no pl of authority* Delegation *f*; *of a task* Übertragung *f*; **~ of authority** Vollmachtsübertragung *f*

de·lete [dɪ'li:t] **I.** *vt* ① *(in writing)* ▪**to ~ sth [from sth]** etw [aus etw *dat*] streichen
② COMPUT ▪**to ~ sth** etw löschen
II. *vi* löschen; ***please ~ as appropriate*** Nichtzutreffendes bitte streichen

de·'lete key *n* COMPUT Löschtaste *f*

del·eteri·ous [ˌdelɪ'tɪəriəs, AM ˌdelə'tɪri-] *adj* *(form)* schädlich; **to be ~ to sth** für etw *akk* schädlich sein; **to be ~ to one's health** gesundheitsschädlich sein

del·eteri·ous·ly [ˌdelɪ'tɪəriəsli, AM ˌdelə'tɪri-] *adv* *(form)* schädlich

de·le·tion [dɪ'li:ʃᵊn] *n* ① *(act, item removed)* Löschung *f*; *of a file* Löschen *nt*
② *(item crossed out)* Streichung *f*; **to make a ~** etw

streichen

delft [delft] *n no pl* Delfter Fayencen *pl*

deli [ˈdeli] *n (fam) short for* **delicatessen** Feinkostgeschäft *nt,* Delikatessengeschäft *nt* SCHWEIZ

de·lib·er·ate I. *adj* [dɪˈlɪbərət] ① *(intentional)* bewusst, absichtlich; ***it wasn't*** ~ es war keine Absicht; **a ~ decision** eine bewusste Entscheidung
② *(careful)* **a ~ movement** eine vorsichtige [*o* bedächtige] Bewegung
II. *vi* [dɪˈlɪbəreɪt] *(form)* [gründlich] nachdenken (**on** über +*akk*); **to ~ on a case** über einen Fall beraten
III. *vt* [dɪˈlɪbəreɪt] *(form)* ① *(discuss)* ■**to ~ sth** *question* etw beraten
② *(consider)* ■**to ~ whether ...** überlegen, ob ...

de·lib·er·ate·ly [dɪˈlɪbərətli] *adv* absichtlich; **to do/say sth ~** etw in voller Absicht tun/sagen

de·lib·er·ate·ness [dɪˈlɪbərətnəs] *n no pl* ① *(intention)* Vorsätzlichkeit *f,* Absichtlichkeit *f*
② *(cautiousness)* Überlegtheit *f*

de·lib·era·tion [dɪˌlɪbəˈreɪʃən] *n* ① *no pl (slowness, carefulness)* Bedächtigkeit *f;* **to do sth with ~** etw mit Bedacht tun
② *(form: consideration)* Überlegung *f;* LAW Beratung *f;* ***after much ~, ...*** nach gründlicher Überlegung ...

de·lib·era·tive [dɪˈlɪbərətɪv, AM ˈɪbəˈət̬ɪv] *adj inv* beratend

deli·ca·cy [ˈdelɪkəsi] *n* ① FOOD Delikatesse *f*
② *no pl (discretion)* Takt *m,* Feingefühl *nt;* ***that is a matter of some ~*** das ist eine ziemlich heikle Angelegenheit; **to behave with ~** Feingefühl an den Tag legen
③ *no pl (fineness) of lace, china* Feinheit *f; of features* Zartheit *f; hands also* Zierlichkeit *f*
④ *no pl of health* Zerbrechlichkeit *f*

deli·cate [ˈdelɪkət] *adj* ① *(sensitive) fabric, flower, equipment, instruments, plant* empfindlich; *china, vase* zerbrechlich; **~ china** zartes Porzellan
② *(tricky) problem, situation* heikel
③ *(fine, deft, subtle) work, workmanship* fein; **~ cycle** *(in washing machine)* Feinwaschgang *m;* **to strike a ~ balance** ein Gleichgewicht vorsichtig bewahren
④ *(prone to illness) person* anfällig, empfindlich; *health* zart; **to be in a ~ condition** *(old)* in anderen Umständen sein *veraltend*
⑤ *beauty, flavour, hands, lace, pattern, scent, skin* zart; **~ aroma** zartes Aroma; **~ features** feine Gesichtszüge; **~ flavour** feiner Geschmack; **a ~ shade of pink** ein zartes Rosa

deli·cate·ly [ˈdelɪkətli] *adv* ① *(carefully)* vorsichtig; **to handle sth ~** etw mit Vorsicht behandeln; **to phrase sth ~** etw vorsichtig formulieren
② *(lightly)* mild; **~ flavoured with ...** *(with herbs, spices)* fein gewürzt mit ...; **~ scented flowers** zart duftende Blumen

deli·ca·tes·sen [ˌdelɪkəˈtesən] *n* Feinkostgeschäft *nt,* Delikatessengeschäft *nt* SCHWEIZ

de·li·cious [dɪˈlɪʃəs] *adj* ① *food* köstlich, lecker *fam,* fein SCHWEIZ *fam;* **to taste ~** vorzüglich [*o* köstlich] schmecken
② *(fig: delightful)* **~ gossip** guter Klatsch

de·li·cious·ly [dɪˈlɪʃəsli] *adv* köstlich, lecker; *(fig)* fein SCHWEIZ *fam,* wunderbar

de·li·cious·ness [dɪˈlɪʃəsnəs] *n no pl* Köstlichkeit *f*

de·light [dɪˈlaɪt] I. *n* Freude *f;* ***the ~s of being retired*** die Annehmlichkeiten des Ruhestandes; ***it's a ~ to watch her dance*** es ist eine Freude, ihr beim Tanzen zuzusehen; ***it's a ~ to the senses*** es erfreut die Sinne; ***much to my ~, ...*** zu meiner großen Freude ...; ***Alex takes*** [***great***] ***~ in teasing his sister*** Alex liebt es, seine Schwester zu ärgern; **to do sth with ~** etw mit Freuden tun; **to do sth in ~** etw vor Freude tun
II. *vt* ■**to ~ sb** jdn erfreuen
III. *vi* ■**to ~ in sth** Vergnügen bei etw *dat* empfinden; ■**to ~ in doing sth** es lieben, etw zu tun

de·light·ed [dɪˈlaɪtɪd, AM -t̬-] *adj audience* hocherfreut; *smile* vergnügt; ■**to be ~ at** [*or* **by**] [*or* **with**] **sth** von etw *dat* begeistert sein; ■**to be ~ that ...** begeistert [*o* hocherfreut] sein, dass ...; ■**to be ~ to do sth** etw mit [großem] Vergnügen tun; ***I was ~ to meet you*** es hat mich sehr gefreut, Sie kennenzulernen; **the ~ audience** das begeisterte Publikum

de·light·ed·ly [dɪˈlaɪtɪdli, AM -t̬-] *adv* mit großer Freude; *applaud* begeistert

de·light·ful [dɪˈlaɪtfəl] *adj* ① *meal, atmosphere, weather, book, concert* wunderbar; *evening, village* reizend
② *smile, person* charmant

de·light·ful·ly [dɪˈlaɪtfəli] *adv sing, play an instrument* wunderbar; *peaceful* angenehm; **a ~ funny story** eine köstliche Geschichte

de·lim·it [dɪˈlɪmɪt] *vt (form)* ■**to ~ sth** *power* etw einschränken; **to ~ a boundary** eine Grenze abstecken

de·limi·ta·tion [dɪˌlɪmɪˈteɪʃən] *n* Abgrenzung *f*

de·lim·it·er [dɪˈlɪmɪtər, AM -t̬ɚ] *n* COMPUT Begrenzungssymbol *nt; (boundary)* Abgrenzung *f*

de·lin·eate [dɪˈlɪnieɪt] *vt* ① *(describe)* ■**to ~ sth** etw beschreiben
② *(mark)* **to ~ a boundary** eine Begrenzung aufzeigen

de·lin·ea·tion [dɪˌlɪniˈeɪʃən] *n (form) of problem* Schilderung *f; of character* Beschreibung *f*

de·lin·quen·cy [dɪˈlɪnkwən(t)si] *n no pl* ① LAW *(illegal conduct)* Straffälligkeit *f,* Delinquenz *f fachspr;* **juvenile ~** Jugendkriminalität *f*
② *(form: neglect of duty)* Versäumnis *nt*
③ AM ECON, FIN verspätete Zahlung

de·lin·quent [dɪˈlɪnkwənt] I. *n* LAW Delinquent(in) *m(f),* Straffällige(r) *f(m);* **juvenile ~** jugendlicher Täter/jugendliche Täterin
II. *adj* ① *(unlawful)* delinquent *fachspr,* straffällig; **~ behaviour** kriminelles Verhalten
② *esp* AM *(form: late, in arrears)* ■**to be ~ in doing sth** *payments* mit etw *dat* überfällig [*o* im Rückstand] sein; **~ debt** überfällige Schuld

de·liri·ous [dɪˈlɪriəs] *adj* ① MED **to be ~** im Delirium sein [*o* liegen]
② *(extremely happy)* **~ crowd** taumelnde Menschenmenge; **~ with joy** außer sich *dat* vor Freude

de·liri·ous·ly [dɪˈlɪriəsli] *adv* ① *(incoherently)* irre, wirr; **to mutter ~** wirres Zeug reden
② *(extremely)* wahnsinnig; **~ happy** wahnsinnig glücklich, überglücklich

de·lir·ium [dɪˈlɪriəm] *n no pl* ① MED Delirium *nt*
② *(wild excitement)* Raserei *f,* Wahn *m*

de·lir·ium tre·mens [-ˈtremenz] *n,* **DTs** *n* PSYCH Säuferwahnsinn *m,* Delirium tremens *nt fachspr*

de·list [dɪˈlɪst] *vt* ECON, FIN ■**to ~ sth** die Börsennotierung von etw *dat* aufheben

de·liv·er [dɪˈlɪvər, AM -ɚ] I. *vt* ① *(bring)* ■**to ~ sth** *goods* etw liefern; *(by post)* etw zustellen; ***they ~ free*** [***of charge***] sie liefern frei Haus; **to ~ newspapers** Zeitungen austragen [*o* SCHWEIZ vertragen]; *(by car)* Zeitungen ausfahren; **to ~ a message to sb** jdm eine Nachricht überbringen; **to ~ a summons** LAW jdn vorladen lassen
② *(recite)* **to ~ a lecture/a speech** eine Vorlesung/eine Rede halten; LAW *(pronounce)* **to ~ a verdict** ein Urteil verkünden
③ *(direct)* **to ~ a blow to sb's head** jdm einen Schlag auf den Kopf geben; ***he ~ed a sharp rebuke to his son*** er hielt seinem Sohn eine gehörige Standpauke
④ SPORT *(throw, propel)* **to ~ a ball** einen Ball werfen; **to ~ a punch** BOXING einen Schlag landen
⑤ *(give birth)* **to ~ a baby** ein Kind zur Welt bringen; *(aid in giving birth)* ein Kind entbinden; **to be ~ed of a baby** *(old)* von einem Kind entbunden werden
⑥ *(form liter: save, liberate)* ■**to ~ sb from sth** jdn von etw *dat* erlösen; ***~ us from evil*** REL erlöse uns von dem Bösen
⑦ *(produce)* **to ~ a promise** ein Versprechen einlösen; **to ~ a vote** *esp* AM POL die gewünschte Anzahl von Stimmen erreichen
⑧ *(hand over)* ■**to ~ sb/sth to sb** jdn/etw jdm ausliefern; **to ~ a town to the enemy** eine Stadt dem Feind ausliefern
⑨ *(form: confidently express or recite)* ■**to ~ oneself of sth** etw von sich *dat* geben; **to ~ oneself of one's opinion** seine Meinung äußern
▸PHRASES: **to ~ the goods** etw in die Tat umsetzen können; ***they couldn't ~ the goods*** sie haben mich/uns enttäuscht
II. *vi* ① *(supply)* liefern
② *(fulfil)* ■**to ~ on sth** etw einhalten [*o* erfüllen]

de·liv·era·bil·ity [dɪˌlɪvərəˈbɪləti, AM -t̬i] *n no pl* Lieferbarkeit *f*

de·liv·er·able [dɪˈlɪvərəbl̩] *adj* haltbar, machbar; *promise* einhaltbar

de·liv·er·ance [dɪˈlɪvərən(t)s] *n no pl (form liter)* Erlösung *f* (**from** von +*dat*)

de·liv·er·er [dɪˈlɪvərər, AM -vɚɚ] *n* ① *(form liter)* Erlöser *m,* Befreier *m*
② *(successful doer) jd, der nicht nur redet, sondern auch handelt*

de·liv·ery [dɪˈlɪvəri] *n* ① *(of goods)* Lieferung *f; (of mail)* Zustellung *f;* **~ time** Lieferzeit *f;* **to be for ~** zur Lieferung für jdn bestimmt sein; **to get a ~ of sth** eine Lieferung einer S. *gen* erhalten; ***we get two deliveries of mail a day*** wir bekommen zweimal am Tag Post; **to take ~ of sth** die Lieferung einer S. *gen* annehmen; **to pay for sth on ~** etw bei Lieferung bezahlen
② *(manner of speaking)* Vortragsweise *f*
③ SPORT Wurf *m*
④ *(birth)* Entbindung *f*
⑤ LAW Aushändigung *f,* Übergabe *f*

de·ˈliv·ery ad·dress *n* Lieferungsanschrift *f* **de·ˈliv·ery boy** *n (of newspapers, brochures)* Austräger *m,* Verträger *m* SCHWEIZ **de·ˈliv·ery charges** *npl* Versandkosten *pl* **de·ˈliv·ery date** *n* Liefertermin *m,* Lieferdatum *nt* **de·ˈliv·ery man** *n* Ausfahrer *m,* Fahrer *m* **de·ˈliv·ery month** *n* ECON, FIN Liefermonat *m,* Kontraktmonat *m,* Fälligkeitsmonat *m* **de·ˈliv·ery note** *n* Lieferschein *m* **de·ˈliv·ery per·son** *n* Lieferant(in) *m(f),* Lieferer, Lieferin *m, f* **de·ˈliv·ery room, de·ˈliv·ery suite, de·ˈliv·ery unit** *n* Kreißsaal *m* **de·ˈliv·ery ser·vice** *n* Zustelldienst *m,* Lieferdienst *m* **de·ˈliv·ery time** *n* Lieferfrist *f;* LAW Erfüllungsfrist *f* **de·ˈliv·ery van** *n* Lieferwagen *m*

dell [del] *n (liter)* bewaldetes Tal

de·louse [diːˈlaʊs] *vt* ■**to ~ sb/an animal** jdn/ein Tier entlausen

Del·phian [ˈdelfiən], **Del·phic** [ˈdelfɪk] *adj inv* HIST delphisch *a. fig*

del·phin·ium [delˈfɪniəm] *n* BOT Rittersporn *m*

del·ta [ˈdeltə, AM -t̬ə] *n* GEOG Delta *nt*

ˈdel·ta shares, ˈdel·ta se·cu·rities, ˈdel·ta stocks *npl* ECON, FIN Deltaaktien *pl* **ˈdel·ta wing** *n* AVIAT Deltaflügel *m*

de·lude [dɪˈluːd] *vt* ■**to ~ sb** jdn täuschen; ■**to ~ sb/oneself** jdm/sich etwas vormachen

del·uge [ˈdeljuːdʒ] I. *n* ① *(downpour)* Regenguss *m; (flood)* Flut *f;* **to get caught in a ~** von einem Regenguss überrascht werden; ■**the ~** REL die Sintflut
② *(great amount)* Flut *f;* **a ~ of complaints** eine Flut von Beschwerden
II. *vt* ■**to ~ sth** etw überfluten; ■**to be ~d** überflutet werden; ■**to ~ sb with sth** jdn mit etw *dat* überhäufen [*o* überschütten]; ■**to be ~d with sth** mit etw *dat* überschüttet werden

de·lu·sion [dɪˈluːʒən] *n* Täuschung *f;* **to suffer from** [*or* **be under**] [*or form* **labour under**] **the ~ that ...** sich *dat* einbilden, dass ...; **to suffer from ~s** PSYCH unter Wahnvorstellungen leiden; **~s of grandeur** Größenwahn *m*

de·lu·sive [dɪˈluːsɪv] *adj* trügerisch; **to give the ~ impression that ...** den trügerischen Eindruck erwecken, dass ...

de·lu·sive·ly [dɪˈluːsɪvli] *adv* trügerisch

de·lu·so·ry [dɪˈluːsəri] *adj see* **delusive**

de luxe [dɪˈlʌks] *adj* Luxus-; **~ hotel** Luxushotel *nt*

delve [delv] *vi* ■**to ~** [**for sth**] [nach etw *dat*] suchen; **to ~ in one's pocket** in seiner Tasche kramen; **to ~ into sb's past** in jds Vergangenheit nachforschen; **to ~ into a subject** sich *akk* in ein Thema vertiefen

Dem. I. *n* AM POL *abbrev of* **Democrat** Demokrat(in) *m(f)*

II. *adj* AM POL *abbrev of* **Democratic party** Demokratisch
dema·gog *n esp* AM *see* **demagogue**
dema·gog·ic [ˌdeməˈgɒgɪk, AM -ˈgɑːdʒɪk] *adj* demagogisch
dema·gogi·cal·ly [ˌdeməˈgɒgɪkli, AM -ˈgɑːdʒɪkli] *adv* demagogisch
dema·gogue, AM *also* **dema·gog** [ˈdeməgɒg, AM -gɑːg] *n (pej)* Demagoge, Demagogin *m, f*
dema·gogu·ery [deməˈgɒgəri, AM -ˈgɑːgəi], **dema·gogy** [ˈdeməgɒgi, AM -gɑːgi] *n no pl* Demagogie *f*
de·mand [dɪˈmɑːnd, AM -ˈmænd] I. *vt* ① *(insist upon)* ■**to ~ sth** [**from sb**] etw [von jdm] verlangen [*o* fordern]; ***I ~ to see the person in charge*** ich will mit dem Verantwortlichen/der Verantwortlichen sprechen; ■**to ~ that ...** verlangen, dass ...; **to ~ discipline from sb** Disziplin von jdm fordern; **to ~ an explanation** eine Erklärung verlangen
② *(insist in being told)* ■**to ~ sth** etw unbedingt wissen wollen
③ *(need)* ■**to ~ sth** etw erfordern; **to ~ a lot of concentration** ein hohes Maß an Konzentration erfordern
II. *n* ① *(insistent request)* Forderung *f* (**for** nach +*dat*); **~ for independence** Forderung nach Unabhängigkeit; **to do sth on ~** etw auf Verlangen tun; **to make a ~ that ...** die Forderung stellen, dass ...
② *(requirement)* Bedarf *m;* COMM *(for a product)* Nachfrage *f;* **supply and ~** Angebot und Nachfrage; **~ for finance** Finanzierungsnachfrage *f;* **~ for money** FIN Geldnachfrage *f;* **to be in ~** gefragt sein
③ BRIT *(for payment)* Mahnung *f,* Zahlungsaufforderung *f;* **to receive a** [**final**] **~ for sth** eine Mahnung für etw *akk* erhalten
④ *(expectations)* **to make ~s on sb** Anforderungen an jdn stellen; ***she's got many ~s on her time*** sie ist zeitlich sehr beansprucht
de·ˈmand bill *n* FIN Sichtwechsel *m* **de·ˈmand draft** *n* ECON, FIN Sichttratte *f* **de·ˈmand feed·ing** *n* Stillen *nt* nach Bedarf
de·mand·ing [dɪˈmɑːndɪŋ, AM -ˈmænd-] *adj journey, work* anstrengend; *job, person, test, user* anspruchsvoll; **a very ~ child** ein sehr anstrengendes Kind; ■**to be ~ of sth** etw sehr intensiv beanspruchen; **to be ~ of sb's time** viel von jds Zeit beanspruchen
de·mand·ing with ˈmen·aces *n* LAW [räuberische] Erpressung
de·ˈmand mon·ey *n no pl* FIN Sichtgeld *nt* **de·ˈmand note** *n* ① ECON Zahlungsaufforderung *f* ② AM *(demand draft)* Wechsel *m* **de·mand-pull in·ˈfla·tion** *n no pl* ECON, FIN Nachfrageinflation *f*
de·mar·cate [ˈdiːmɑːkeɪt, AM -mɑːr-] *vt* ■**to ~ sth** etw abgrenzen; **to ~ responsibilities** Verantwortlichkeiten festlegen
de·mar·ca·tion, AM *also* **de·mar·ka·tion** [ˌdiːmɑːˈkeɪʃən, AM -mɑːr-] *n* Grenze *f,* Abgrenzung *f,* Demarkation *f geh;* **line of ~** Grenzlinie *f;* MIL, POL Demarkationslinie *f*
de·mar·ˈca·tion dis·pute *n* BRIT, AUS Zuständigkeitsstreitigkeit[en] *f*[*pl*] (zwischen Gewerkschaften) **de·mar·ˈcation line** *n* Abgrenzung *f;* MIL, POL Demarkationslinie *f*
dé·marche [ˈdeɪmɑːʃ, AM deɪˈmɑːrʃ] *n* LAW Demarche *f*
de·mark [diːˈmɑːrk] *vt esp* AM *see* **demarcate**
de·mar·ka·tion *n esp* AM *see* **demarcation**
de·ma·teri·al·ize [ˌdɪməˈtɪəriəlaɪz] I. *vi* ① *(disintegrate)* sich *akk* in Luft auslösen, verschwinden
② *(become spiritualized)* entmaterialisieren
II. *vt* ■**to ~ sth** ① *(disintegrate)* etw auflösen [*o* verschwinden lassen]
② *(spiritualize)* etw entmaterialisieren
de·mean [dɪˈmiːn] *vt* ■**to ~ oneself/sb** sich/jdn erniedrigen
de·mean·ing [dɪˈmiːnɪŋ] *adj* erniedrigend; ■**to be ~ to sb** jdn erniedrigen
de·mean·our, AM **de·mean·or** [dɪˈmiːnəʳ, AM -nɚ] *n no pl (form: behaviour)* Verhalten *nt,* Gebaren *nt geh; (bearing)* Erscheinungsbild *nt*
de·ment·ed [dɪˈmentɪd, AM -t̬-] *adj* verrückt, wahnsinnig
de·ment·ed·ly [dɪˈmentɪdli, AM -t̬-] *adv* verrückt; **to laugh ~** wie verrückt lachen
de·men·tia [dɪˈmen(t)ʃə] *n no pl* MED Demenz *f*
dem·erara, dem·erara ˈsug·ar [deməˈreərə-, AM -rɑːrə-] *n no pl* Demerara-Zucker *m (brauner Rohrzucker mit groben Kristallen)*
de·merge [dɪˈmɜːdʒ, AM -mɜːrdʒ] *vt* **to ~ a company** eine Firma entfusionieren
de·merg·er [dɪˈmɜːdʒəʳ, AM -ˈmɜːrdʒɚ] *n* Entfusionierung *f,* Konzernentflechtung *f*
de·mer·it [ˌdiːˈmerɪt, AM dɪˈmer-] *n* ① *(fault)* Schwachpunkt *m,* Schwäche *f;* **to consider the merits and ~s of sth** die Stärken und Schwächen einer S. *gen* in Betracht ziehen
② AM SCH *(black mark)* Minuspunkt *m*
de·mesne [dɪmeɪn, -ˈmiːn] *n* LAW ① *(estate)* Gut *nt;* **to be held in ~** etw als Gutsbesitz haben
② *(hist: domain, realm)* [Hoheits]gebiet *nt*
demi·god [ˈdemigɒd, AM -gɑːd] *n* Halbgott *m a. fig*
demi·god·dess [ˈdemigɒdes, AM -gɑːd-] *n* Halbgöttin *f a. fig*
de·mili·ta·ri·za·tion [diːˌmɪlɪtəraɪˈzeɪʃən, AM -t̬-] *n* Entmilitarisierung *f*
de·mili·ta·rize [diːˈmɪlɪtəraɪz, AM -t̬-] *vt* ■**to ~ sth** etw entmilitarisieren
de·mili·ta·rized zone [diːˌmɪlɪtəraɪzdˈ-, AM -t̬-] *n* entmilitarisierte Zone; **to create a ~** eine entmilitarisierte Zone einrichten
demi·monde [ˈdemimɒnd, AM -mɑːnd] *n no pl* Halbwelt *f*
de·min·er·al·ize [diːˈmɪnərəlaɪz] *vt* CHEM ■**to ~ sth** etw entsalzen
de minimis non curat lex [deɪˌmɪnɪmiːsnəʊnkjʊərætˈleks, AM -noʊnkjʊr-] LAW das Gericht befasst sich nicht mit Geringfügigem
de·mise [dɪˈmaɪz] *n no pl* ① *(form: person's death)* Ableben *nt; (fig) of a company* Niedergang *m;* **in the event of my ~** im Falle meines Ablebens
② LAW Verpachtung *f*
de·ˈmise char·ter *n* Miete *f* [*o* Chartern *nt*] eines Schiffes ohne Besatzung, Bareboatcharter *f*
de·mist [dɪˈmɪst] *vt* BRIT **to ~ a window** eine Scheibe frei machen
de·mist·er [dɪˈmɪstəʳ] *n* BRIT AUTO Gebläse *nt*
demi·tasse [ˈdemitæs] *n esp* AM *(coffee)* ≈ Espresso *m,* ≈ kleiner Schwarzer ÖSTERR; *(coffee cup)* Mokkatasse *f*
demi·volt(**e**) [ˈdemivɒlt, AM -vɑːlt] *n* SPORT halbe Volte; **to perform a ~** eine halbe Volte reiten
demo[1] *n short for* **demographics** Bevölkerungsentwicklung *f*
demo[2] [ˈdeməʊ, AM -oʊ] *(fam)* I. *n* Demo *f fam;* **to go on a ~** auf eine [*o* zu einer] Demo gehen
II. *adj* Demo-
III. *vt* <-'d, -'d> *(fam: do a demonstration)* ■**to ~ sth** etw demonstrieren
de·mob [diːˈmɒb, AM -ˈmɑːb] I. *vt* MIL *(fam) short for* **demobilize** ① *(discharge from service)* ■**to ~ sb** jdn aus dem Kriegsdienst entlassen
② *(disband)* ■**to ~ sth** etw demobilisieren; **to ~ an army** ein Heer auflösen
II. *n* MIL *(fam) short for* **demobilization** ① *(discharging from service)* Demobilisierung *f veraltet,* Entlassung *f*
② *(disbanding)* Demobilisierung *f; of ships* Ausmusterung *f*
de·mo·bi·li·za·tion [diːˌməʊbəlaɪˈzeɪʃən, AM -ˌmoʊbəlɪˈ-] *n* ① *(discharging from military service)* Demobilisierung *f veraltet,* Entlassung *f*
② *(act of disbanding)* Demobilisierung *f; of ships* Ausmusterung *f*
de·mo·bi·lize [diːˈməʊbəlaɪz, AM -ˈmoʊ-] I. *vt* ① *(discharge from military service)* jdn aus dem Kriegsdienst entlassen
② *(disband)* ■**to ~ sth** etw demobilisieren; **to ~ ships** Schiffe ausmustern
II. *vi* demobilisieren
de·moc·ra·cy [dɪˈmɒkrəsi, AM -ˈmɑː-] *n* Demokratie *f*
demo·crat [ˈdeməkræt] *n* Demokrat(in) *m(f)*
Demo·crat [ˈdeməkræt] *n* AM POL Demokrat(in) *m(f)*
demo·crat·ic [ˌdeməˈkrætɪk, AM -t̬-] *adj* demokratisch
demo·crati·cal·ly [ˌdeməˈkrætɪkəli, AM -t̬-] *adv* demokratisch
Demo·ˈcrat·ic par·ty *n* AM POL Demokratische Partei
de·moc·ra·ti·za·tion [dɪˌmɒkrətaɪˈzeɪʃən, AM -mɑːkrət̬ɪ-] *n no pl* Demokratisierung *f*
de·moc·ra·tize [dɪˈmɒkrətaɪz, AM -mɑːkrə-] *vt* ■**to ~ sth** etw demokratisieren
de·modu·la·tion [dɪˌmɒdjəˈleɪʃən, AM -ˌmɑːdʒ-] *n* COMPUT Demodulation *f*
de·modu·la·tor [dɪˈmɒdjəleɪtəʳ, AM -ˈmɑːdʒəleɪt̬ɚ] *n* COMPUT Demodulator *m*
de·mog·ra·pher [dɪˈmɒgrəfəʳ, AM -mɑːgrəfɚ] *n* Demograf(in) *m(f)*
de·mo·graph·ic [ˌdeməˈgræfɪk] *adj inv* demografisch
de·mo·graphi·cal·ly [ˌdemə(ʊ)ˈgræfɪkəli, AM -məˈ-] *adv* demografisch
de·mo·graph·ics [ˌdeməˈgræfɪks] *npl* Demografie *f*
de·mog·ra·phy [dɪˈmɒgrəfi, AM -mɑː-] *n no pl* Demografie *f*
de·mol·ish [dɪˈmɒlɪʃ, AM -mɑː-] *vt* ■**to ~ sth** ① *(destroy) building* etw abreißen; *(car in accident)* etw demolieren; *(in scrapyard)* etw verschrotten; **to ~ a wall** eine Wand einreißen
② *(refute, defeat)* etw zunichtemachen; **to ~ an argument** ein Argument widerlegen; ■**to ~ sb** jdn niedermachen [*o* SCHWEIZ heruntermachen] *fam*
③ *(fam: eat up)* etw verdrücken *fam*
demo·li·tion [ˌdeməlɪʃən] *n* Abriss *m; (fig)* Widerlegung *f*
demo·li·tion ˈder·by *n* AM *Rennen, bei dem sich die Fahrzeuge gegenseitig rammen* **demo·ˈli·tion site** *n* Abbruchobjekt *nt* **demo·ˈli·tion work·er** *n* Abbrucharbeiter(in) *m(f)*
de·mon [ˈdiːmən] I. *n (evil spirit)* Dämon *m;* **to exorcise** [*or* **drive out**] **a ~** einen Dämon austreiben; *(fig: wicked person)* Fiesling *m*
▸PHRASES: **to work like a ~, to be a ~ for work** [*or* **~ worker**] *(fam)* wie ein Besessener/eine Besessene arbeiten
II. *n modifier (fam: very powerful) (backhand)* höllisch *fam;* **a ~ chess player** ein höllisch guter Schachspieler
deˈmon ˈdrink, *esp* AM **de·mon ˈal·co·hol** *n (hum)* ■**the ~** König *m* Alkohol *hum*
de·mon·eti·za·tion [ˌdiːˌmʌnɪtaɪˈzeɪʃən, AM -ˌmɑːnətɪˈ-] *n no pl* Entwertung *f,* Außerkurssetzung *f*
de·mon·etize [ˌdiːˈmʌnɪtaɪz, AM -ˈmɑːnə-] *vt* ECON, FIN ■**to ~ sth** *coin, note* etw entwerten [*o* einziehen], etw außer Umlauf setzen
de·mo·ni·ac [dɪˈməʊniæk, AM -moʊ-], **de·mo·nia·cal** [diːməˈnaɪəkəl] *adj (form)* ① *(evil, demonic)* teuflisch
② *(frenzied, raging)* besessen
de·mo·nia·cal·ly [diːməˈnaɪəkəli] *adv (form)*
① *(evilly)* teuflisch
② *(frenziedly)* besessen; **to behave ~** sich *akk* wie besessen aufführen
de·mon·ic [dɪˈmɒnɪk, AM -ˈmɑː-] *adj* ① *(devilish)* teuflisch
② *(evil)* bösartig
③ *(frenzied)* dämonisch
de·moni·cal·ly [dɪˈmɒnɪkəli, AM -ˈmɑː-] *adv* ① *(by evil spirits)* **to be ~ possessed** von bösen Geistern/einem bösen Geist besessen sein
② *(cruelly)* bestialisch
de·mon·ize [ˈdiːmənaɪz] *vt* ■**to ~ sb** jdn verteufeln
de·mon·ol·ogy [ˌdiːməˈnɒlədʒi, AM ˈnɑːlə-] *n no pl* Dämonologie *f*
de·mon·strabil·ity [dɪˌmɒn(t)strəˈbɪləti, AM -ˌmɑːn(t)strəˈbɪlət̬i] *n no pl* Nachweisbarkeit *f*
de·mon·strable [dɪˈmɒn(t)strəbl̩, AM -ˈmɑːn(t)-] *adj* nachweislich
de·mon·strably [dɪˈmɒn(t)strəbli, AM -ˈmɑːn(t)-] *adv* nachweislich; ***that's ~ untrue!*** das lässt sich leicht widerlegen
dem·on·strate [ˈdemənstreɪt] I. *vt* ■**to ~ sth** ① *(show)* etw zeigen [*o* beweisen]; ■**to ~ that ...** zeigen, dass ...; ■**to ~ sth to sb** *machine, appliance, operation* jdm etw vorführen; *(show)*

jdm etw zeigen; **to ~ one's appreciation** seine Anerkennung zeigen; **to ~ authority** Autorität demonstrieren; **to ~ enthusiasm [for sth]** Begeisterung [für etw *akk*] zeigen; **to ~ interest [in sth]** Interesse [an etw *dat*] zeigen; **to ~ one's knowledge** sein Wissen demonstrieren; **to ~ one's loyalty** seine Loyalität beweisen; **to ~ great skill** großes Können beweisen
② *(prove)* etw nachweisen
II. *vi* ▪**to ~ [for sth]** [für etw *akk*] demonstrieren; ▪**to ~ against/in support of sth** gegen/für etw *akk* demonstrieren

dem·on·stra·tion [ˌdemənˈstreɪʃən] *n* ① *(act of showing)* Demonstration *f,* Vorführung *f;* ***let me give you a ~ of how the camera works*** ich zeige dir mal, wie die Kamera funktioniert; **~ of forces** Machtdemonstration *f*
② *(open expression)* Ausdruck *m;* ***she gave him a hug as a ~ of her affection*** sie umarmte ihn als Zeichen ihrer Zuneigung
③ *(protest march)* Demonstration *f* (**against** gegen +*akk,* **for** für +*akk);* **to hold** [*or* **stage**] **a ~** eine Demonstration abhalten; **to take part in a ~** an einer Demonstration teilnehmen

dem·on·'stra·tion mod·el *n* Vorführmodell *nt,* SCHWEIZ *meist* Ausstellungsmodell *nt*

de·mon·stra·tive [dɪˈmɒn(t)strətɪv, AM dɪˈmɑːn(t)strət̬ɪv] *adj* ① *(form: illustrative)* schlüssig; ▪**to be ~ of sth** etw veranschaulichen
② *(expressing feelings)* offen

de·mon·stra·tive 'lega·cy *n* LAW beschränktes Gattungsvermächtnis

de·mon·stra·tive·ly [dɪˈmɒn(t)strətɪvli, AM -ˈmɑːn(t)strət̬ɪvli] *adv* offen

de·mon·stra·tive·ness [dɪˈmɒn(t)strətɪvnəs, AM -ˈmɑːn(t)strət̬-] *n no pl* Offenheit *f*

de·mon·stra·tive 'pro·noun *n* LING Demonstrativpronomen *nt*

dem·on·stra·tor [ˈdemənstreɪtəʳ, AM -t̬ɚ] *n* ① *(of a product)* Vorführer(in) *m(f)*
② *(in a demonstration)* Demonstrant(in) *m(f)*

de·mor·ali·za·tion [dɪˌmɒrəlaɪˈzeɪʃən, AM -ˌmɔːrəlɪ-] *n no pl esp* AM Demoralisierung *f*

de·mor·al·ize [dɪˈmɒrəlaɪz, AM -ˈmɔːr-] *vt esp* AM ▪**to ~ sb** jdn demoralisieren

de·mor·al·iz·ing [dɪˈmɒrəlaɪzɪŋ, AM ˈmɔːr] *adj* demoralisierend

de·mote [dɪˈməʊt, AM -ˈmoʊt] *vt* ▪**to ~ sb [to sth]** jdn [zu etw *dat*] zurückstufen; MIL jdn [zu etw *dat*] degradieren

de·mot·ic [dɪˈmɒtɪk, AM -ˈmɑːt̬ɪk] *adj (form)* volkstümlich, demotisch *fachspr;* **~ language** Umgangssprache *f*

de·mo·tion [dɪˈməʊʃən, AM -ˈmoʊ-] *n* Degradierung *f;* **to be subjected to a ~** degradiert werden

de·mo·ti·vate [diːˈməʊtɪveɪt, AM -ˈmoʊ-] *vt* ▪**to ~ sb** jdn demotivieren

de·mul·si·fy [diːˈmʌlsɪfaɪ] *vt* CHEM ▪**to ~ sth** etw entemulgieren; **to ~ an emulsion** eine Emulsion brechen [*o* entemulgieren]

de·multi·plex [ˌdiːˈmʌltipleks, AM -ˈmʌlt̬ə-] *vt* COMPUT demultiplexieren, demultiplexen

de·multi·plex·or, de·multi·plex·er [ˌdiːˈmʌltipleksəʳ, AM -t̬əpleksɚ] *n* COMPUT Demultiplexer *m*

de·mur [dɪˈmɜːʳ, AM -ˈmɜːr] **I.** *vi* <-rr-> *(form)* ▪**to ~ at sth** Einwände gegen etw *akk* erheben; ▪**to ~ at doing sth** sich *akk* davor sträuben, etw zu tun
II. *n no pl* Einwand *m;* **without ~** widerspruchslos

de·mure [dɪˈmjʊəʳ, AM -ˈmjʊr] *adj* ① *(shy)* [sehr] schüchtern, zurückhaltend; ***she gave him a ~ smile*** sie lächelte ihm schüchtern zu
② *(composed and reserved)* gesetzt

de·mure·ly [dɪˈmjʊəʳli, AM -ˈmjʊrli] *adv* schüchtern

de·mure·ness [dɪˈmjʊəʳnəs, AM -ˈmjʊrnəs] *n no pl* ① *(shyness)* Zurückhaltung *f,* Schüchternheit *f*
② *(composed reserve)* Gesetztheit *f*

de·mur·rage [dɪˈmʌrɪdʒ, AM -ˈmɜːr-] *n no pl* LAW Liegegeld *nt*

de·mur·rer [dɪˈmjʊəˈrəʳ, AM -ˈmjʊrɚ] *n* LAW Einwendung *f* der mangelnden Schlüssigkeit

de·mys·ti·fi·ca·tion [dɪˌmɪstɪfɪˈkeɪʃən] *n no pl* Entmystifizierung *f*

de·mys·ti·fy [diːˈmɪstɪfaɪ] *vt* ▪**to ~ sth** etw enträtseln [*o* entmystifizieren]

de·my·tholo·gize [ˌdiːmɪˈθɒlədʒaɪz, AM -ˈθɑːlə-] *vt* ▪**to ~ sth** etw entmythologisieren; **to ~ a legend** eine Legende entmythologisieren

den [den] *n* ① *(lair)* Bau *m*
② *(children's playhouse)* Verschlag *m*
③ *(study)* Arbeitszimmer *nt; (private room)* Bude *f fam,* gemütliches Zimmer; *esp* AM *(for hobbies)* Hobbyraum *m*
④ *(hum: evil place)* Lasterhöhle *f pej fam;* **~ of thieves** Räuberhöhle *f fam*

de·nar [ˈdiːnɑːʳ, AM -nɑːr] *n (Macedonian currency)* Denar *m*

de·na·tion·ali·za·tion [diːˌnæʃənəlaɪˈzeɪʃən] *n* Privatisierung *f*

de·na·tion·al·ize [ˌdiːˈnæʃənəlaɪz] *vt* ▪**to ~ sth** etw privatisieren

de·natu·ral·ize [diːˈnætʃərəlaɪz, AM -ɚəl-] *vt* ▪**to ~ sb** jdn entstaatlichen, jdm die Staatsbürgerschaft entziehen

de·na·tur·ant [diːˈneɪtʃərənt] *n* CHEM Denaturierungsmittel *nt,* Vergällungsmittel *nt*

de·na·tur·at·ed al·co·hol, de·na·tur·at·ed 'spir·it [diːˌneɪtʃəreɪtɪd'-, AM -t̬ɪd-] *n no pl* CHEM denaturierter [*o* vergällter] Alkohol

de·na·ture [dɪˈneɪθəʳ, AM tʃɚ] **I.** *vt* ▪**to ~ sth** etw denaturieren
II. *vi* denaturieren

den·drite [ˈdendraɪt] *n* ANAT Dendrit *m fachspr*

de·ni·able [dɪˈnaɪəbl] *adj* widerlegbar

de·ni·al [dɪˈnaɪəl] *n* ① *(statement)* Dementi *nt; (action)* Leugnen *nt kein pl;* ▪**to be in ~ [about sth]** [etw] abstreiten; **~ of guilt** Unschuldsbekundung *f;* **to issue a ~** ein Dementi herausgeben
② *no pl (refusal)* Ablehnung *f,* Weigerung *f;* **~ of equal opportunities** Verweigerung *f* von Chancengleichheit; **~ of human rights** Nichtanerkennung *f* der Menschenrechte
③ PSYCH **to be in ~** sich *akk* der Realität verschließen

de·ni·al of 'jus·tice *n* LAW Rechtsverweigerung *f*

den·ier [ˈdeniəʳ, AM ˈdenjɚ] *n no pl* Denier *nt*

deni·grate [ˈdenɪgreɪt] *vt* ▪**to ~ sb/sth** jdn/etw verunglimpfen *geh*

deni·gra·tion [ˌdenɪˈgreɪʃən] *n no pl* Verunglimpfung *f geh*

den·im [ˈdenɪm] **I.** *n* ① *no pl (material)* Denim® *m,* blauer Jeansstoff
② *(fam: clothes)* ▪**~s** *pl* Jeans *f[pl]*
II. *n modifier (jacket, shirt, skirt)* Jeans-

de·ni·tri·fi·ca·tion [dɪˌnaɪtrɪfɪˈkeɪʃən] *n no pl* CHEM Denitrifikation *f*

deni·zen [ˈdenɪzən] *n (liter or hum)* Bewohner(in) *m(f)*

Den·mark [ˈdenmɑːk, AM -mɑːrk] *n* Dänemark *nt*

'den moth·er *n* AM Herbergsmutter *f*

de·nomi·nate [dɪˈnɒmɪneɪt, AM ˈnɑːmə] *vt* ① FIN ▪**to be ~d in sth** in etw *akk* gestückelt sein
② *(form: call)* ▪**to ~ sb/sth sth** jdn/etw als etw bezeichnen; *(name)* ***he was ~d Cardinal Santaseverina*** er erhielt den Namen Kardinal Santaseverina

de·nomi·na·tion [dɪˌnɒmɪˈneɪʃən, AM -ˌnɑːmə-] *n* ① *(religious group)* Konfessionsgemeinschaft *f*
② FIN *(unit of value)* Stückelung *f;* **coins of all ~s** Münzen in allen Größen [*o* jeglicher Wertbezeichnung]

de·nomi·na·tion·al [dɪˌnɒmɪˈneɪʃənəl, AM -ˌnɑːmə-] *adj inv* Konfessions-; **~ group** Konfessionsgruppe *f*

de·nomi·na·tor [dɪˈnɒmɪneɪtəʳ, AM -ˈnɑːməneɪt̬ɚ] *n* Nenner *m;* **common ~** gemeinsamer Nenner

de·no·ta·tion [dɪnə(ʊ)ˈteɪʃən, AM -noʊ-] *n (marking)* Kennzeichnung *f; (sign)* Zeichen *nt*

de·note [dɪˈnə(ʊ)t, AM -ˈnoʊt] *vt* ▪**to ~ sth** etw bedeuten; **to ~ displeasure** Missfallen zum Ausdruck bringen

de·noue·ment [dəɪˈnuːmɑ̃] *n (form)* Ende *nt; play, film* Ausgang *m*

de·nounce [dɪˈnaʊn(t)s] *vt* ① *(criticize)* ▪**to ~ sth** etw anprangern
② *(accuse)* ▪**to ~ sb as sth** jdn als etw *akk* entlarven; ▪**to ~ sb to sb** jdn bei jdm denunzieren

de novo [deɪˈnəʊvəʊ, AM -ˈnoʊvoʊ] LAW von Neuem

dense <-r, -st> [den(t)s] *adj* ① *(thick, compact)* dicht, SCHWEIZ *a.* satt; **~ crowd** dichte Zuschauermenge; **~ fog** dichter Nebel; **~ print** enge Schrift
② *(complex)* anspruchsvoll, schwierig; **~ book** anspruchsvolles Buch
③ *(fig fam: stupid)* dumm, dämlich *pej fam*

dense·ly [ˈden(t)sli] *adv* dicht; **~ populated** dicht bevölkert; **~ wooded** dicht bewaldet

dense·ness [ˈden(t)snəs] *n no pl* Dichte *f*

den·sity [ˈden(t)sɪti, AM -sət̬i] *n* ① *(compactness)* Dichte *f;* **population ~** Bevölkerungsdichte *f*
② PHYS Dichte *f;* **to be high/low in ~, to have a high/low ~** eine hohe/geringe Dichte besitzen

dent [dent] **I.** *n* ① *(hollow)* Beule *f,* Delle *f*
② *(fig: adverse effect)* Loch *nt;* ***that has made a big ~ in our savings*** das hat ein großes Loch in unsere Ersparnisse gerissen; ***that has really put a ~ in his self-confidence*** das hat sein Selbstbewusstsein angeschlagen
II. *vt* ① *(put a dent in)* ▪**to ~ sth** etw einbeulen
② *(fig: have adverse effect on)* **to ~ sb's confidence** jds Selbstbewusstsein anknacksen *fam*

den·tal [ˈdentəl, AM -t̬-] *adj inv* Zahn-; **~ decay** Zahnfäule *f,* Karies *f*

'den·tal floss *n no pl* Zahnseide *f;* **to use ~** Zahnseide verwenden **den·tal 'hy·giene** *n no pl* Mundhygiene *f;* **to practise ~** Mundhygiene betreiben **'den·tal nurse** *n* MED Zahnarzthelfer(in) *m(f)* **den·tal prac·'ti·tion·er, 'den·tal sur·geon** *n* Zahnarzt, -ärztin *m, f*

den·tist [ˈdentɪst, AM -t̬-] *n* Zahnarzt, -ärztin *m, f*

den·tis·try [ˈdentɪstri, AM -t̬-] *n no pl* Zahnmedizin *f*

den·ti·tion [denˈtɪʃən] *n* ANAT Gebissanordnung *f*

den·tures [ˈden(t)ʃəz, AM -ʃɚz] *npl* [Zahn]prothese *f;* **to clean ~** die Prothese reinigen; **to wear ~** eine Prothese tragen

de·nu·clear·ize [ˌdiːˈnjuːkliəraɪz] *vt* ▪**to ~ sth** etw atomwaffenfrei machen

de·nude [dɪˈnjuːd, AM *esp* -ˈnuːd] *vt* ▪**to ~ sth** *vegetation* etw kahl werden lassen [*o* kahl machen]; **to ~ a country's defences** *(fig)* die Verteidigungsfähigkeit eines Landes beschneiden

de·nun·cia·tion [dɪˌnʌn(t)siˈeɪʃən] *n* ① *(condemnation) of a policy* Anprangerung *f*
② *(denouncing)* Denunziation *f*

deny <-ie-> [dɪˈnaɪ] *vt* ① *(declare untrue)* ▪**to ~ sth** etw abstreiten [*o* zurückweisen], etw leugnen; ▪**to ~ doing sth** abstreiten, etw getan zu haben; ▪**to ~ that ...** abstreiten, dass ...; ***there's no ~ing that ...*** es lässt sich nicht bestreiten, dass ...; **to ~ an accusation** eine Anschuldigung zurückweisen
② *(refuse to grant)* ▪**to ~ sth to sb** [*or* **sb sth**] jdm etw verweigern [*o geh* verwehren], jdm etw vorenthalten; ***her request for time off work was denied*** ihre Bitte um Urlaub wurde abgelehnt; **to ~ sb access to sth** jdm den Zugang zu etw *dat* verweigern [*o geh* verwehren]
③ *(do without)* ▪**to ~ oneself sth** *a pleasure* sich *dat* etw versagen
④ *(refuse to acknowledge)* ▪**to ~ sth** etw bestreiten
⑤ *(form: disown)* ▪**to ~ sth** etw verleugnen

de·odor·ant [diˈəʊdərənt, AM -ˈoʊ-] *n* Deo *nt,* Deodorant *nt*

de·odor·ize [diˈəʊdəraɪz, AM -ˈoʊdə-] *vt* ▪**to ~ sth** etw desodorieren

de·oxy·ri·bo·nu·cle·ic acid [dɪˌɒksɪraɪbəʊnjuːˌkleɪɪkˈæsid, AM dɪˌɑːksɪraɪboʊnuːˌkliːɪk] *n,* **DNA** *n* Desoxyribonukleinsäure *f*

dep I. *n short for* **departure** *of train, road vehicles* Abf. *f; aircraft* Abfl. *m*
II. *vi short for* **depart** fährt ab; *ship, boat also* legt ab; *aircraft* startet, fliegt ab

dé·pan·neur [deɪpæˈnɜːr] CAN, **dep** *n* [dep] CAN *(fam)* Tante-Emma-Laden *m,* Laden *m* an der Ecke, Greißler *m* ÖSTERR

de·part [dɪˈpɑːt, AM -ˈpɑːrt] **I.** *vi* ① *(leave)* fortgehen; *plane* abfliegen, starten; *train* abfahren; *ship* ablegen, abfahren

❷ *(differ)* ■**to ~ from sth** von etw *dat* abweichen; **to ~ from normal practice** von der üblichen Verfahrensweise abweichen

II. *vt* **to ~ this life** [*or* **earth**] aus diesem Leben scheiden

de·part·ed [dɪˈpɑːtɪd, AM -ˈpɑːrt̬-] *(form)* **I.** *adj inv* verstorben; **our** [**dear**] **~ friends** unsere lieben Verstorbenen

II. *n pl* ■**the ~** die Verstorbenen [*o* Toten] *pl;* **to mourn the ~** um die Verstorbenen trauern; **to remember the ~** der Verstorbenen gedenken *geh*

de·part·ment [dɪˈpɑːtmənt, AM -ˈpɑːrt-] *n* ❶ *(of university)* Institut *nt*

❷ *(of company, organization, shop)* Abteilung *f,* Ressort *nt;* **personnel ~** Personalabteilung *f;* ***the furniture ~*** die Möbelabteilung

❸ BRIT POL *(of government)* Ministerium *nt,* Departement *nt* SCHWEIZ; **~ of Health and Social Security** Ministerium *nt* für Gesundheits- und Sozialwesen; **~ of Transport** Verkehrsministerium *nt,* Verkehrsdepartement *nt* SCHWEIZ

❹ ADMIN Amt *nt*

❺ *(fig fam: field of expertise)* Zuständigkeitsbereich *m; (hum: category)* ***he's a bit lacking in the brain ~*** er ist nicht gerade der Hellste

de·part·men·tal [ˌdɪpɑːtˈmentᵊl, AM -ˈpɑːrt-] *adj inv*

❶ UNIV Instituts-; **~ head** Institutsleiter(in) *m(f)*

❷ *(in company or organization)* Abteilungs-; **~ head** Abteilungsleiter(in) *m(f);* **~ meeting** Abteilungsbesprechung *f*

❸ POL Ministerial-

❹ ADMIN Amts-; **~ head** Amtsleiter(in) *m(f)*

de·part·men·tal·ism [ˌdiːpɑːtˈmentᵊlɪzᵊm, AM ˌdiːpɑːrtˈment̬ᵊl] *n no pl* Abteilungsbildung *f*

de·part·men·tal·ly [ˌdiːpɑːtˈmentᵊli, AM ˌdiːpɑːrtˈment̬ᵊli] *adv inv (as department)* als Abteilung; *(within the department)* in der Abteilung; *(by the department)* von der Abteilung

de·part·men·tal ˈman·ag·er *n* ECON, FIN Abteilungsleiter(in) *m(f)*

De·part·ment of ˈState *n* AM Außenministerium *nt,* Aussendepartement *nt* SCHWEIZ **de·part·ment of the in·ˈte·ri·or** *n* POL Innenministerium *nt* **de·ˈpart·ment store** *n* Kaufhaus *nt,* Warenhaus *nt bes* SCHWEIZ **de·part·ment store ˈchain** *n* Kaufhauskette *f,* Warenhauskette *f bes* SCHWEIZ **de·ˈpart·ment·wide** *adj inv* abteilungsübergreifend *vor n*

de·par·ture [dɪˈpɑːtʃəʳ, AM -ˈpɑːrtʃɚ] *n* ❶ *(on a journey)* Abreise *f; plane* Abflug *m; train, road vehicle* Abfahrt *f; ship* Ablegen *nt,* Abfahrt *f*

❷ *(act of leaving)* Abschied *m;* **~ from politics** Abschied *m* aus der Politik

❸ *(deviation, divergence)* Abweichung *f; from policy, strategy* Abkehr *f;* ***there can be no ~ from the rules*** es können keine Ausnahmen gemacht werden

de·ˈpar·ture gate *n* Flugsteig *m* **de·ˈpar·ture lounge** *n* Abfahrthalle *f;* AVIAT Abflughalle *f* **de·ˈpar·ture time** *n* Abfahrtzeit *f;* AVIAT Abflugzeit *f*

de·pend [dɪˈpend] *vi* ❶ *(rely on circumstance)* ■**to ~ on sth** von etw *dat* abhängen; ***can you lend me some money? — that ~s — how much?*** kannst du mir Geld leihen? – kommt darauf an – wie viel?; ***the company's success ~s on getting that new account*** der Erfolg der Firma hängt davon ab, ob sie diesen neuen Kunden bekommt; ***that ~s on the weather*** das hängt vom Wetter ab; ■**~ing on ...** je nachdem, ...; ***~ing on the weather*** je nachdem, wie das Wetter ist, je nach Wetterlage

❷ *(get help from)* ■**to ~ on sb/sth** von jdm/etw abhängig sein; **to ~ heavily on sb** dringend auf jdn angewiesen sein; **to ~ on sb/sth for one's livelihood** finanziell auf jdn/etw angewiesen sein

❸ *(rely on)* ■**to ~** [**up**]**on sb/sth** sich *akk* auf jdn/etw verlassen; *(hum)* ***you can ~ on her to be late*** sie kommt *immer* zu spät!

de·pend·abil·ity [dɪˌpendəˈbɪləti, AM -ət̬i] *n no pl* Zuverlässigkeit *f,* Verlässlichkeit *f*

de·pend·able [dɪˈpendəbl̩] *adj* zuverlässig, verlässlich

de·pend·ably [dɪˈpendəbli] *adv* zuverlässig, verlässlich

de·pend·ance *n no pl* AM *see* **dependence**

de·pend·ant [dɪˈpendənt] *n* [finanziell] abhängige(r) Angehörige(r) *f(m)*

de·pend·ence [dɪˈpendən(t)s] *n no pl* Abhängigkeit *f;* **drug ~** Drogenabhängigkeit *f*

de·pend·ency [dɪˈpendən(t)si] *n* ❶ *no pl* Abhängigkeit *f*

❷ *(dependent state)* Territorium *nt;* ***Puerto Rico is a US ~*** Puerto Rico gehört zum Territorium der USA

de·ˈpen·den·cy al·low·ance *n* LAW Unterhaltsgeld *nt* für Familienangehörige

de·pend·ent [dɪˈpendənt] **I.** *adj* ❶ *pred (contingent, conditional)* ■**to be ~** [**up**]**on sth** von etw *dat* abhängen

❷ *(relying on)* abhängig; ■**to be ~ on sth** von etw *dat* abhängig sein; *help, goodwill* auf etw *akk* angewiesen sein; **to be ~ on drugs** drogenabhängig sein

❸ LAW finanziell abhängig

II. *n esp* AM *see* **dependant**

de·pend·ent ˈclause *n* LING Nebensatz *m*

de·per·son·al·ize [diˈpɜːsᵊnᵊlaɪz, AM -ˈpɜːrs-] *vt usu passive* ■**to be ~d** depersonalisiert sein; ***the military has a way of depersonalizing people*** das Militär nimmt den Leuten die Persönlichkeit

de·pict [dɪˈpɪkt] *vt (form)* ■**to ~ sth** [**as sth**] etw [als etw *akk*] darstellen [*o* beschreiben]; ■**to ~ sb** jdn zeigen [*o* darstellen]

de·pic·tion [dɪˈpɪkʃᵊn] *n* Darstellung *f;* **the ~ of violence on television** Gewaltdarstellung *f* im Fernsehen

depi·la·tor [ˈdepɪleɪtəʳ, AM -t̬ɚ] *n* Epilierer *m*

de·pila·tory [dɪˈpɪlətᵊri, AM -tɔːri] **I.** *n* Enthaarungsmittel *nt;* **to use a ~** ein Enthaarungsmittel verwenden

II. *adj inv* Enthaarungs-; **~ substance** Enthaarungsmittel *nt*

de·ˈpila·tory cream *n* Enthaarungscreme *f*

de·plane [diːˈpleɪn] *vi* AM AVIAT von Bord gehen

de·plete [dɪˈpliːt] *vt* ■**to ~ sth** etw vermindern [*o* verringern]; ***these chemicals are thought to ~ the ozone layer*** diese Chemikalien stehen im Verdacht, die Ozonschicht abzubauen; **to ~ one's bank account/savings** *(hum)* sein Bankkonto/seine Ersparnisse plündern *hum*

de·plet·ed [dɪˈpliːtɪd, AM -t̬ɪd] *adj* verbraucht, erschöpft; *soil* ausgelaugt

de·ple·tion [dɪˈpliːʃᵊn] *n* Abbau *m; of resources, capital* Erschöpfung *f;* **the ~ of the ozone layer** der Abbau der Ozonschicht

de·plor·able [dɪˈplɔːrəbl̩] *adj living conditions* erbärmlich; ***it seems ~ that ...*** es ist ungeheuerlich, dass ...

de·plor·ably [dɪˈplɔːrəbli] *adv* entsetzlich

de·plore [dɪˈplɔːʳ, AM -ˈplɔːr] *vt* ■**to ~ sth** ❶ *(disapprove)* etw verurteilen

❷ *(regret)* etw beklagen

de·ploy [dɪˈplɔɪ] *vt* ■**to ~ sth** etw einsetzen; **to ~ one's skill** seine Fähigkeiten einbringen; **to ~ troops** Truppen einsetzen

de·ploy·ment [dɪˈplɔɪmənt] *n no pl* Einsatz *m;* **~ of troops** Truppeneinsatz *m*

de·po·liti·ci·za·tion [ˌdiːpəˌlɪtɪsaɪˈzeɪʃᵊn, AM -ˌlɪt̬ɪsɪ-] *n no pl* Entpolitisierung *f*

de·po·liti·cize [ˌdiːpəˈlɪtɪsaɪz, AM -t̬-] *vt esp* AM ■**to ~ sth** etw entpolitisieren

de·pone [dɪˈpəʊn, AM -ˈpoʊn] *vt, vi* LAW ■**to ~** [**sth**] [etw] unter Eid aussagen

de·po·nent [dɪˈpəʊnənt, AM -ˈpoʊ-] *n* LAW vereidigter Zeuge

de·popu·late [ˌdiːˈpɒpjəleɪt, AM -ˈpɑːp-] *vt usu passive* ■**to have been ~d** entvölkert worden sein

de·popu·la·tion [diːˌpɒpjəˈleɪʃᵊn, AM -ˌpɑːp-] *n no pl* Entvölkerung *f;* **~ of an area** Entvölkerung *f* einer Gegend

de·port [dɪˈpɔːt, AM -ˈpɔːrt] *vt* ■**to ~ sb** jdn ausweisen; *prisoner* jdn deportieren; **to ~ sb back to his home country** jdn in sein Heimatland abschieben

de·por·ta·tion [ˌdiːpɔːˈteɪʃᵊn, AM -pɔːr-] *n* Ausweisung *f,* Abschiebung *f; of prisoner* Deportation *f*

de·por·ˈta·tion or·der *n* Ausweisungsbeschluss *m*

de·por·tee [ˌdiːpɔːˈtiː, AM -pɔːr-] *n (waiting to be deported)* Abzuschiebende(r) *f(m); (already deported)* Abgeschobene(r) *f(m)*

de·port·ment [dɪˈpɔːtmənt, AM -ˈpɔːrt-] *n no pl (form)* Benehmen *nt*

de·pose [dɪˈpəʊz, AM -ˈpoʊz] **I.** *vt* ■**to ~ sb** jdn absetzen; **to ~ sb from the throne** jdn entthronen

II. *vi* LAW unter Eid aussagen [*o* zu Protokoll geben]

de·pos·it [dɪˈpɒzɪt, AM -ˈpɑː-] **I.** *vt* ❶ *(leave, put down)* ■**to ~ sb** jdn absetzen; ■**to ~ sth** etw ablegen/abstellen; GEOL etw ablagern; **to ~ luggage** Gepäck deponieren

❷ *(pay into account)* ■**to ~ sth** etw einzahlen [*o* hinterlegen]; *(pay as first instalment)* etw anzahlen; **to ~ money in one's account** Geld auf sein Konto einzahlen

❸ *(leave as security)* ■**to ~ sth** etw als Sicherheit hinterlegen

II. *n* ❶ *(sediment)* Bodensatz *m; (layer)* Ablagerung *f; (underground layer)* Vorkommen *nt;* **~ of mud** Schlammschicht *f;* **oil ~s** Ölvorkommen *pl*

❷ FIN *(money put in bank)* Einzahlung *f,* Einlage *f;* **bank ~s** *pl* Bankeinlagen *pl;* **certificate of ~** Einzahlungsbeleg *m,* SCHWEIZ *meist* Einzahlungsschein *m;* **fixed ~** Festgeld *nt;* **~s at notice** Kündigungsgelder *pl;* **~ at 7 days' notice** Sparkonto *nt* mit 7-tägiger Kündigungsfrist

❸ *(first instalment)* Anzahlung *f; (security)* Kaution *f,* SCHWEIZ *a.* Depot *nt; bottle* Pfand *nt;* **to forfeit** [*or* **lose**] **a ~** eine Anzahlung/eine Kaution verlieren; **to make a ~** eine Anzahlung machen; **to leave a ~** eine Anzahlung hinterlegen; **to leave sth as a ~** etw als Anzahlung hinterlegen; **on ~** als Guthaben

❹ POL *Geld, das von einem aufgestellten Kandidaten gezahlt wird, das aber verfällt, wenn der Kandidat nicht genügend Stimmen erhält*

de·ˈpos·it ac·count *n* BRIT Sparkonto *nt*

de·posi·tary [dɪˈpɑːzɪteri] *n* AM LAW Verwahrer *m,* Depot *nt,* Hinterlegungsstelle *f*

de·ˈpos·it bank *n* Einlagenbank *f,* Hinterlegungsbank *f,* Depositenbank *f* **de·ˈpos·it bot·tle** *n* AM Pfandflasche *f* **de·ˈpos·it day** *n* Einzahlungstag *m*

depo·si·tion [ˌdepəˈzɪʃᵊn] *n* ❶ *no pl (form: removal from power)* Absetzung *f; dictator* Sturz *m;* **the ~ of a tyrant** der Sturz eines Tyrannen

❷ *(written statement)* Protokoll *nt;* **to file** [*or* **give**] **a ~** eine Aussage zu Protokoll geben; **to take a ~** eine Aussage aufnehmen

❸ GEOL Sedimentablagerung *f*

de·ˈpos·it ledg·er *n* FIN Depotbuch *nt*

de·posi·tor [dɪˈpɒzɪtəʳ, AM -ˈpɑːzɪt̬ɚ] *n* Anleger(in) *m(f),* Einzahler(in) *m(f),* Einleger(in) *m(f)*

de·posi·tory [dɪˈpɒzɪtᵊri, AM -ˈpɑːzətɔːri] *n* ❶ *(warehouse)* Lagerhaus *nt;* **furniture ~** Möbellager *nt;* **~ for nuclear waste** Atommülllager *nt*

❷ FIN *(for money, documents)* Depotbank *f*

❸ LAW Hinterlegungsstelle *f*

de·ˈposi·tory bank *n* Depotbank *f*

de·ˈpos·it slip *n* Einzahlungsbeleg *m* **de·pos·it-tak·ing ˈbusi·ness** *n* FIN Passivgeschäft *nt* **de·pos·it-tak·ing in·sti·ˈtu·tion** *n* autorisierter Depositennehmer, Depositenbank *f*

de·pot [ˈdepəʊ, AM ˈdiːpoʊ] *n* ❶ *(storage building, storehouse)* Depot *nt*

❷ AM *(bus, train station)* Depot *nt*

de·prave [dɪˈpreɪv] *vt (form)* ■**to ~ sb** jdn verderben

de·praved [dɪˈpreɪvd] *adj* verdorben *geh,* verkommen

de·prav·ity [dɪˈprævəti, AM -ət̬i] *n no pl* Verdorbenheit *f,* Verderbtheit *f geh*

dep·re·cate [ˈdeprəkeɪt] *vt (form)* ❶ *(show disapproval of)* ■**to ~ sth** etw missbilligen

❷ *(disparage)* ■**to ~ sb/sth** jdn/etw schlechtmachen

dep·re·cat·ing [ˈdeprəkeɪtɪŋ, AM -t̬-] *adj (form)*

❶ *(strongly disapproving)* missbilligend; **~ stare** strafender [*o* tadelnder] Blick

❷ *(disparaging)* herablassend; *(apologetic)* entschuldigend *attr;* **~ smile** herablassendes Lächeln

dep·re·cat·ing·ly [ˈdeprəkeɪtɪŋli, AM -t̬-] *adv (form)*

❶ *(disapprovingly)* missbilligend; **to stare ~ at sb**

jdn strafend [*o* missbilligend] ansehen
② *(in a belittling manner)* herablassend; **to smile ~ at sb** jdn herablassend anlächeln

dep·re·ca·tion [ˌdeprəˈkeɪʃən] *n no pl* ① *(form: strong disapproval)* Missbilligung *f*
② *(belittling)* Herablassung *f;* **~ of sb's achievements** Herabsetzung *f* jds Errungenschaften

dep·re·ca·tory [ˈdeprəkətəri, AM -tɔːri] *adj see* **deprecating**

de·pre·ci·ate [ˈdɪpriːʃieɪt] **I.** *vi* an Wert verlieren
II. *vt* ■**to ~ sth** ① *(lower value)* etw abwerten [*o* entwerten], den Wert einer S. *gen* mindern
② FIN *assets* etw abschreiben

de·pre·cia·tion [ˌdɪpriːʃɪˈeɪʃən] *n no pl* ① *(lowering of value)* Wertminderung *f,* Wertverlust *m;* **to allow for ~** den Wertverlust [*o* die Wertverminderung] bedenken/einkalkulieren
② FIN *of assets* Abschreibung *f; of currencies* Entwertung *f;* **accelerated ~** beschleunigte Abschreibung, Sonderabschreibung *f;* **accelerated rate of ~** beschleunigter Abschreibungssatz; **accumulated ~** *of investment* Abschreibungsrücklage *f; (tax offset)* aufgelaufene Abschreibung *f;* **annual ~** jährliche Abschreibung; **historic cost ~** Abschreibung *f* von den Anschaffungskosten; **linear ~** lineare Abschreibung; **replacement cost ~** Abschreibung *f* vom Wiederbeschaffungswert; **straight line ~** lineare Abschreibung; **allowance for ~** Abschreibungsrücklage *f*
③ STOCKEX Kursrückgang *m,* Kursverlust *m*

de·pre·ci'a·tion al·low·ance *n* Abschreibungsrücklage *f* **de·pre·ci'a·tion rate** *n* Abschreibungssatz *m,* Abschreibungsrate *f*

dep·re·da·tion [ˌdeprəˈdeɪʃən] *n usu pl* Verheerung *f,* Verwüstung *f*

de·press [dɪˈpres] *vt* ① *(sadden, deject)* ■**to ~ sb** jdn deprimieren
② *(reduce amount or activity)* ■**to ~ sth** etw drücken; **to ~ earnings** Einkünfte schrumpfen lassen; **to ~ the economy** die Wirtschaft belasten; **to ~ the prices** die Preise drücken
③ *(form: press down)* ■**to ~ sth** etw niederdrücken; **to ~ a button** einen Knopf/eine Taste drücken; **to ~ a pedal** auf ein Pedal treten

de·press·ant [dɪˈpresənt] **I.** *n* Beruhigungsmittel *nt*
II. *adj* beruhigend; **~ effect** beruhigende Wirkung

de·pressed [dɪˈprest] *adj* ① *(sad, dejected)* deprimiert; **to be clinically ~** krankhaft depressiv sein; **to feel ~** sich *akk* niedergeschlagen fühlen; ■**to be ~ about** [*or* **by**] [*or* **over**] [*or* BRIT **at**] **sth** wegen einer S. *gen* deprimiert sein
② *(affected by economic depression)* **~ market** angespannte Marktlage; *(economically deprived)* heruntergekommen *fam*
③ MED *(pushed in)* **~ fracture of the skull** Schädelfraktur *f* mit Impression

de·pressed 'area *n* Notstandsgebiet *nt* **de·pressed 'mar·ket** *n* flauer Markt

de·press·ing [dɪˈpresɪŋ] *adj* deprimierend; **~ weather** deprimierendes Wetter

de·press·ing·ly [dɪˈpresɪŋli] *adv* deprimierend

de·pres·sion [dɪˈpreʃən] *n* ① *no pl (sadness)* Depression *f;* **clinical ~** krankhafte Depression; **deep ~** tiefe Depression; **to have ~** eine Depression haben; **to suffer from ~** unter einer Depression/unter Depressionen leiden
② *(slump)* Wirtschaftskrise *f*
③ METEO *(area of low pressure)* Tiefdruckgebiet *nt*
④ *(hollow)* Mulde *f,* Vertiefung *f*
⑤ PHYS Unterdruck *m*

de·pres·sive [dɪˈpresɪv] **I.** *n* Depressive(r) *f(m)*
II. *adj* depressiv; **to suffer from a ~ disorder** an einer depressiven Störung leiden

de·pres·suri·za·tion [dɪˌpreʃəraɪˈzeɪʃən, AM -ˌpreʃəɪˈ-] *n no pl esp* AM AVIAT Druckverlust *m; **the ~ of the cabin*** der Druckverlust in der Kabine

de·pres·sur·ize [dɪˈpreʃəraɪz, AM -əraɪz] AVIAT **I.** *vt* ■**to ~ sth** den Druck bei etw *dat* verringern; ***the explosion instantly ~d the cabin*** durch die Explosion ging augenblicklich der Kabinendruck verloren
II. *vi* Druck verlieren

dep·ri·va·tion [ˌdeprɪˈveɪʃən] *n* Entbehrung *f;* **to suffer ~s** Entbehrungen erleiden

de·prive [dɪˈpraɪv] *vt* ■**to ~ sb of sth** jdm etw entziehen [*o* vorenthalten]; **to ~ sb of his/her dignity** jdn seiner Würde berauben *geh;* **to ~ sb of freedom** jdn der Freiheit berauben *geh;* **to ~ sb of sleep** jdm den Schlaf entziehen

de·prived [dɪˈpraɪvd] *adj* sozial benachteiligt, unterprivilegiert; **~ child** sozial benachteiligtes Kind

dept *n abbrev of* **department** Abt.

depth [depθ] *n* ① *(distance downward)* Tiefe *f; **what is the ~ of this part of the sea?*** wie tief ist das Meer hier?
② *no pl (distance from front to back)* Tiefe *f;* **~ of the shelf** Regaltiefe *f*
③ *no pl (profundity)* Tiefe *f; **he spoke with great ~ of feeling*** er erzählte tief gerührt; *(seriousness, profoundness)* Tiefgründigkeit *f,* Tiefe *f;* **~ of experience** Erfahrungsreichtum *m*
④ *(middle part)* ■**~s** *pl* Tiefe *f; (intense period)* Tiefpunkt *m; **the house is in the ~s of the forest*** das Haus liegt mitten im Wald; ***in the ~ of winter*** mitten im tiefsten Winter; **to be in the ~s of despair** zutiefst verzweifelt sein
⑤ *(liter: deepest part)* ■**the ~s** *pl* die Tiefen *pl;* **the ~s of the ocean** die Tiefen des Ozeans
⑥ *(profundity)* ■**~s** *pl* Tiefe *f,* Tiefgründigkeit *f kein pl; (serious qualities)* Talente *pl; **he has hidden ~s*** er hat verborgene Talente
⑦ *no pl (in detail)* **in ~** gründlich, genau
⑧ *no pl (lowness of pitch)* Tiefe *f*
⑨ *no pl (intensity of colour)* Tiefe *f,* Intensität *f*
▶ PHRASES: **to get** [*or* **go**] **out of one's ~** den Boden unter den Füßen verlieren; **to be out of** [*or* **beyond**] **one's ~** für jdn zu hoch sein *fam;* **to sink to a ~** [*or* **~s**] tief sinken

'depth charge *n* Wasserbombe *f;* **to drop a ~** eine Wasserbombe werfen

depu·ta·tion [ˌdepjəˈteɪʃən] *n + sing/pl vb* Abordnung *f; **they led a ~ to Parliament*** sie führten eine Abordnung vor das Parlament; **to receive a ~** eine Abordnung empfangen; **to send sb as part of a ~ to do sth** jdn mit einer Abordnung schicken, um etw zu tun

de·pute [dɪpjuːt] *vt (form)* ① *(appoint)* ■**to ~ sb** [**to do sth**] jdn dazu abordnen[, etw zu tun]
② *(delegate)* ■**to ~ sth to sb** etw auf jdn übertragen; **to ~ the leadership to sb** jdm die Leitung übertragen

depu·tize [ˈdepjətaɪz] *vi* ■**to ~ for sb** für jdn einspringen, jdn vertreten

depu·ty [ˈdepjəti, -jʊ-, AM -t̬-] **I.** *n* Stellvertreter(in) *m(f);* AM LAW Stellvertreter *m* des Sheriffs; **to act as ~** [**for sb**] als Stellvertreter/Stellvertreterin [für jdn] fungieren
II. *adj attr, inv* stellvertretend; **~ manager** stellvertretender Geschäftsführer/stellvertretende Geschäftsführerin

depu·ty 'mem·ber *n* stellvertretendes Mitglied

DEQ [ˌdiːiːˈkjuː] *adv inv* COMM *abbrev of* **delivered ex quay** DEQ

deque [dek] *n* COMPUT *acr for* **double-ended queue** Deque *f*

de·rail [dɪˈreɪl] **I.** *vt* ■**to be ~ed** entgleisen; **to ~ a train** einen Zug entgleisen lassen; **to ~ negotiations** *(fig)* Verhandlungen zum Scheitern bringen
II. *vi* entgleisen

de·rail·ment [dɪˈreɪlmənt] *n* Entgleisung *f; (fig) of negotiation* Scheitern *nt*

de·range [dɪˈreɪndʒ] *vt* ■**to ~ sb** jdn geistig verwirren

de·ranged [dɪˈreɪndʒd] *adj* geistesgestört; **~ personality** gestörte Persönlichkeit

de·range·ment [dɪˈreɪndʒmənt] *n no pl* [Geistes]gestörtheit *f*

Derbs BRIT *abbrev of* **Derbyshire**

der·by [ˈdɑːbi, AM ˈdɜːrbi] *n* ① *(match between local teams)* Derby *nt;* **local ~** Lokalderby *nt; esp* AM *(important contest)* Derby *nt*
② AM *(bowler hat)* Melone *f*

Der·by [ˈdɑːbi, AM ˈdɜːrbi] *n no pl* Derby *nt*

de·regu·late [diːˈregjuːleɪt] *vt* ■**to ~ sth** etw deregulieren

de·regu·la·tion [diːˌregjuːˈleɪʃən] *n no pl* Deregulierung *f*

der·elict [ˈderəlɪkt] **I.** *adj* verlassen; **~ building** leer stehendes Gebäude; **~ car** liegen gebliebenes Auto; **~ site** brach liegendes Gelände; **to lie ~** brach liegen; **to stand ~** leer stehen
II. *n* ① *(form: homeless)* Obdachlose(r) *f(m)*
② LAW [treibendes] Wrack

der·elic·tion [ˌderəˈlɪkʃən] *n* ① *no pl (dilapidation)* Verwahrlosung *f;* **to be in a state of ~** völlig verwahrlost sein
② *(negligence)* Vernachlässigung *f;* **~ of duty** [*or* **responsibility**] Pflichtvernachlässigung *f*

de·ride [dɪˈraɪd] *vt (form)* ■**to ~ sb** jdn verspotten, sich *akk* über jdn lustig machen

de ri·gueur [dərɪˈgɜː, AM -ˈgɜːr] *adj pred (form)* unabdingbar, unerlässlich; ***among kids it's ~ to be interested in computers*** unter Kindern ist es ein Muss, sich für Computer zu interessieren

de·ri·sion [dɪˈrɪʒən] *n no pl* Hohn *m,* Spott *m;* **to meet** [*or* **treat**] **sth with ~** etw verhöhnen [*o* verspotten]

de·ri·sive [dɪˈraɪsɪv] *adj* spöttisch, höhnisch; **~ laughter** hämisches Gelächter

de·ri·sive·ly [dɪˈraɪsɪvli] *adv* spöttisch, höhnisch; **to laugh ~** hämisch lachen

de·ri·sory [dɪˈraɪsəri] *adj* ① *(derisive)* spöttisch, höhnisch
② *(ridiculous)* lächerlich; **~ amount** lächerliche Menge

deri·va·tion [ˌderɪˈveɪʃən] *n* ① *(origin)* Ursprung *m,* Herkunft *f*
② *(process of evolving)* Ableitung *f,* Derivation *f fachspr*

de·riva·tive [dɪˈrɪvətɪv, AM -t̬-] **I.** *adj (pej)* nachgemacht, nachgeahmt; FIN derivativ
II. *n* Ableitung *f,* Derivat *nt fachspr; **petrol is a ~ of coal*** Benzin ist ein Kohlederivat

de·riva·tive 'ac·tion *n* LAW Aktionärsklage *f* **de·riva·tive 'fund** *n* FIN Derivatefonds *m* **de·riva·tive 'in·stru·ment** *n* FIN abgeleitete Wertpapierart **de·riva·tive 'mar·ket** *n* FIN Derivatemarkt *m*

de·rive [dɪˈraɪv] **I.** *vt* ■**to ~ sth from** [*or* **out of**] **sth** etw aus etw *dat* gewinnen; **sb ~s pleasure from doing sth** etw bereitet jdm Vergnügen, SCHWEIZ *a.* jdm hat Plausch an etw
II. *vi* ■**to ~ from sth** sich von etw *dat* ableiten [lassen]; ■**to be ~d from sth** von etw *dat* abstammen; **~d quantity** MATH, SCI abgeleitete Größe

derm·abra·sion [ˌdɜːməˈbreɪʒən, AM ˌdɜːrm-] *n no pl* Dermabrasion *f,* Hautabschleifung *f*

der·ma·ti·tis [ˌdɜːməˈtaɪtɪs, AM ˌdɜːrməˈtaɪt̬əs] *n no pl* Hautreizung *f,* Dermatitis *f fachspr*

der·ma·tolo·gist [ˌdɜːməˈtɒlədʒɪst, AM ˌdɜːrməˈtɑːl-] *n* Dermatologe, Dermatologin *m, f fachspr,* Hautarzt, -ärztin *m, f*

der·ma·tol·ogy [ˌdɜːməˈtɒlədʒi, AM ˌdɜːrməˈtɑːl-] *n no pl* Dermatologie *f*

dero·gate [ˈderə(ʊ)geɪt, AM -rəgeɪt] *vi (form)* ■**to ~ from sth** ① *(detract from)* etw einschränken; **to ~ from sb's rights** jds Rechte beschneiden
② *(deviate from)* von etw *dat* abweichen

dero·ga·tion [ˌderə(ʊ)ˈgeɪʃən, AM -rəˈ-] *n no pl*
① *(lessening)* Einschränkung *f*
② *(debasement)* Entwürdigung *f; **his rude acts were a ~ of his rank of colonel*** sein rüdes Verhalten war eine Schande für seinen Rang als Oberst
③ LAW Teilaufhebung *f,* Abbruch *m*

de·roga·tory [dɪˈrɒgətəri, AM -ˈrɑːgətɔːri] *adj* abfällig; **~ remark** abfällige Bemerkung

der·rick [ˈderɪk] *n* ① *(crane)* Lastkran *m;* **to operate a ~** einen Lastkran bedienen
② *(framework over oil well)* Bohrturm *m*

der·ring-do [ˌderɪŋˈduː] *n no pl (dated)* Wagemut *m veraltend*

derv [dɜːv] *n no pl* BRIT Diesel *m*

der·vish [ˈdɜːvɪʃ, AM ˈdɜːr-] REL **I.** *n* Derwisch *m*
II. *adj inv* Derwisch-; **~ sect** Derwischsekte *f*

D

DES[1] [ˌdiːiː'es] *n no pl* COMPUT *abbrev of* **data encryption standard** Datenverschlüsselungsnorm *f*

DES[2] [ˌdiːiː'es] *n no pl* BRIT *(hist) abbrev of* **Department of Education and Science** *ehemaliges Ministerium für Bildung und Wissenschaft*

de·sali·nate [diː'sælɪneɪt] *vt* **to ~ water** Wasser entsalzen

de·sali·na·tion [diːˌsælɪ'neɪʃən] *n no pl* Entsalzung *f*

de·sali·'na·tion plant *n* Entsalzungsanlage *f*

de·scale [diː'skeɪl] *vt* ■ **to ~ sth** *kettle, heating system* etw entkalken

des·cant ['deskænt] *n* MUS Diskant *m;* **to sing a ~** einen Diskant singen

des·cant re·'cord·er *n* Sopranflöte *f;* **to play a ~** Sopranflöte spielen

de·scend [dɪ'send] **I.** *vi* ① *(go down) path* herunterführen; *person* heruntergehen
② *(fall)* herabsinken; ***darkness ~ed*** Dunkelheit senkte sich herab *geh*
③ *(deteriorate)* ■ **to ~ into sth** in etw *akk* umschlagen
④ *(lower oneself)* ***I never thought she would ~ to the level of stealing*** ich hätte nie geglaubt, dass sie so tief sinken würde, dass sie stiehlt
⑤ *(originate from)* ■ **to ~ from sb/sth** von jdm/etw abstammen; *ideas* sich auf etw *akk* stützen
II. *vt* **to ~ a ladder/the stairs** eine Leiter/die Treppe hinuntersteigen
◆**descend on, descend upon** *vi* ① *(to visit unexpectedly)* ■ **to ~ [up]on sb/sth** jdn/etw überfallen *a. hum*
② *(to make a sudden raid on)* ■ **to ~ [up]on sth** etw stürmen
③ *(fig: come down upon)* ■ **to ~ [up]on sb** jdn überkommen; ***silence ~ed on the room*** Stille senkte sich über den Raum *geh*

de·scend·ant [dɪ'sendənt] *n* Nachkomme *m* (**of** +*gen)*

de·scend·ed [dɪ'sendɪd] *adj pred, inv* ■ **to be ~ from sb** von jdm abstammen

de·scend·er [dɪ'sendəʳ, AM dəʳ] *n* TYPO Unterlänge *f*

de·scend·ing 'tops *npl* ECON, FIN absteigende Spitzen

de·scent [dɪ'sent] *n* ① *(passage down) from mountain* Abstieg *m kein pl; (going down)* Absteigen *nt*, Hinuntergehen *nt; (in diving)* Abtauchen *nt;* SKI Abfahrt *f*, Abfahrtslauf *m*
② *(landing approach)* [Lande]anflug *m* (**into** auf +*dat)*
③ *(slope) of road, path* Abfall *m;* ***the path made a sudden steep ~*** der Weg fiel plötzlich steil ab
④ *(fig: decline)* Absinken *nt; into chaos, civil war* Versinken *nt*
⑤ *no pl (ancestry)* Abstammung *f*, Herkunft *f;* ***he's of Russian ~*** er hat russische Vorfahren; **lineal ~** Abstammung *f* in gerader Linie, direkte Abstammung; **to claim ~ from sb** behaupten, von jdm abzustammen; **to trace one's ~** seine Abstammung zurückverfolgen
⑥ LAW *of property* Übergang *m*, Vererbung *f;* **by ~** LAW durch gesetzliche Erbfolge
⑦ MIL *(attack)* Überfall (**on** auf +*akk)*

de·scribe [dɪ'skraɪb] *vt* ① *(tell in words)* ■ **to ~ sb/sth** [**to sb**] [jdm] jdn/etw beschreiben; **to ~ an attacker** einen Angreifer beschreiben; **to ~ an experience** eine Erfahrung schildern; **to ~ sb as stupid** jdn als dumm bezeichnen
② *(dated: draw)* **to ~ a circle** einen Kreis beschreiben; **to ~ a curve** eine Kurve ziehen; **to ~ a line** eine Linie ziehen

de·scrip·tion [dɪ'skrɪpʃən] *n* Beschreibung *f*, Beschrieb *m* SCHWEIZ; **to give an accurate/a detailed ~ of sb/sth** eine genaue/detaillierte Beschreibung von jdm/etw abgeben; **of every ~** jeglicher Art; **to answer** [*or* **fit**] **a ~ of sb/sth** auf jds Beschreibung/die Beschreibung einer S. *gen* passen, der Beschreibung einer S./einer Person *gen* entsprechen; **to defy** [*or* **be beyond**] **~** jeglicher Beschreibung spotten; **to write a ~ of sb/sth** jdn/etw schriftlich schildern

de·scrip·tive [dɪ'skrɪptɪv] *adj* beschreibend, veranschaulichend; ***this passage is very ~*** dieser Abschnitt enthält eine ausführliche Beschreibung; **~ statistics** deskriptive Statistik

de·scrip·tive·ly [dɪ'skrɪptɪvli] *adv* anschaulich, deskriptiv *fachspr*

de·scry <-ie-> [dɪ'skraɪ] *vt (poet)* ■ **to ~ sth** etw wahrnehmen

des·ecrate ['desɪkreɪt] *vt* ■ **to ~ sth** etw schänden [*o* entweihen]

des·ecra·tion ['desɪkreɪʃən] *n no pl* Schändung *f;* **~ of a cemetery** Friedhofsschändung *f*

de·seg·re·gate [diː'segrɪgeɪt] *vt* **to ~ armed forces/schools/universities** die Rassentrennung in der Armee/in der Schule/an der Universität aufheben

de·seg·re·ga·tion [diː'segrɪgeɪʃən] *n no pl* Aufhebung *f* der Rassentrennung; **~ of schools** Aufhebung *f* der Rassentrennung an Schulen

de·se·lect [ˌdiːsə'lekt] *vt* BRIT ■ **to ~ sb** jdn abwählen

de·sen·si·ti·za·tion [diːˌsen(t)sɪtaɪ'zeɪʃən, AM -sɪtɪ'-] *n no pl* ① *(making less sensitive)* Desensibilisierung *f geh*, Abstumpfung *f*
② MED Desensibilisierung *f fachspr*

de·sen·si·tize [diː'sen(t)sɪtaɪz] *vt esp* AM ① *(make less sensitive to)* ■ **to ~ sb** jdn abstumpfen
② MED ■ **to ~ sb** jdn desensibilisieren *fachspr;* ■ **to ~ sth** etw unempfindlich machen

de·sert[1] [dɪ'zɜːt, AM dɪ'zɜːrt] **I.** *vi* desertieren; **to ~ from the army** von der Armee desertieren; **to ~ to the enemy** zum Feind überlaufen
II. *vt* ① *(run away from duty)* ■ **to ~ sth** etw verlassen; **to ~ the army** desertieren
② *(abandon)* ■ **to ~ sb** [**for sb**] jdn [wegen einer Person *gen*] verlassen
③ *(fail)* ■ **to ~ sb** jdn im Stich lassen; ***my courage ~ed me*** mein Mut ließ mich im Stich

des·ert[2] ['dezət, AM -ət] **I.** *n* ① *(sandy expanse)* Wüste *f*
② *(fig: uninteresting place)* Wüste *f;* ***this town is a cultural/an intellectual ~*** diese Stadt ist eine kulturelle/intellektuelle Wüste
II. *n modifier (plant, sun, animal)* Wüsten-

'des·ert boots *npl* Halbstiefel *pl*

de·sert·ed [dɪ'zɜːtɪd, AM -'zɜːrtɪd] *adj* verlassen; *of town* ausgestorben

de·sert·er [dɪ'zɜːtəʳ, AM -'zɜːrtəʳ] *n* Deserteur(in) *m(f)*

de·ser·ti·fi·ca·tion [dɪˌzɜːtɪfɪ'keɪʃən, AM -ˌzɜːrtə-] *n no pl* Desertifikation *f fachspr*, Vordringen *nt* der Wüste

de·ser·tion [dɪ'zɜːʃən, AM dɪ'zɜːr-] *n* ① *(act of deserting)* Desertion *f*, Desertieren *nt; (fig: act of leaving an organization)* Austritt *m* (**from** aus +*dat)*
② *no pl (act of abandoning)* Verlassen *nt*

des·ert 'is·land *n* einsame Insel

de·serts [dɪ'zɜːtz, AM dɪ'zɜːrtz] *npl* Quittung *f;* **to get one's [just] ~** seine Quittung bekommen; ***we all get our just ~ in the end*** letztendlich bekommen wir alle unsere Quittung, wie man sich bettet, so liegt man *prov*

de·serve [dɪ'zɜːv, AM dɪ'zɜːrv] *vt (merit)* ■ **to ~ sth** etw verdienen; *(esp hum)* ***what have I done to ~ [all] this?*** womit habe ich das verdient?; **to ~ a break/medal** eine Pause/Medaille verdienen; **to ~ mention** erwähnenswert sein
▸PHRASES: **one good turn ~s another** *(prov)* eine Hand wäscht die andere *prov*

de·served [dɪ'zɜːvd, AM dɪ'zɜːrvd] *adj* verdient, gerechtfertigt

de·serv·ed·ly [dɪ'zɜːvɪdli, AM dɪ'zɜːr-] *adv* verdientermaßen, gerechtfertigterweise; **~ so** zu Recht; **to be ~ praised** verdientermaßen gelobt werden

de·serv·ing [dɪ'zɜːvɪŋ, AM dɪ'zɜːr-] *adj* ① *(meritorious)* verdienstvoll
② *(form: worthy)* ■ **to be ~ of sth** einer S. *gen* würdig sein; **a ~ cause** eine gute Sache

de·serv·ing 'poor *npl* ■ **the ~** die Bedürftigen *pl*

des·ic·cat·ed ['desɪkeɪtɪd, AM -t-] *adj inv (dried up)* vertrocknet; *(dried)* getrocknet; **~ coconut** geraspelte Kokosnuss; **~ skin** gegerbte Haut

des·ic·ca·tion [ˌdesɪ'keɪʃən] *n no pl* Austrocknung *f;* **to protect sth from ~** etw vor dem Austrocknen schützen

des·ic·ca·tor ['desɪkeɪtəʳ, AM -təʳ] *n* CHEM Exsikkator *m*

de·sid·era·tum <*pl* **desiderata**> [dɪˌzɪdəʳ'rɑːtəm, AM dɪˌsɪdə'rɑːtəm] *n* Erwünschtes *nt*, Desiderat *nt geh*

de·sign [dɪ'zaɪn] **I.** *vt* ① *(plan)* ■ **to ~ sth** etw entwerfen; **to ~ books** Bücher gestalten; **to ~ cars** Autos konstruieren; **to ~ a dress** ein Kleid entwerfen
② *(intend)* ■ **to be ~ed for sb** für jdn konzipiert sein; ***these measures are ~ed to reduce pollution*** diese Maßnahmen sollen die Luftverschmutzung verringern
II. *vi* entwerfen, gestalten
III. *n* ① *(plan or drawing)* Entwurf *m*
② *no pl (art of creating designs)* Design *nt;* **to study ~** Design studieren
③ *(arrangement of form, colour)* Design *nt* (**of** +*gen); of building* Bauart *f; of machine* Konstruktion *f*
④ *no pl (intention)* Vorsatz *m*, Absicht *f;* **to do sth by ~** etw mit Absicht tun
⑤ *(pattern)* Muster *nt*
⑥ *(fam: dishonest intentions)* ■ **~s** *pl* Absichten *pl; (hum)* **to have ~s on a championship** es auf einen Titel abgesehen haben
IV. *adj attr, inv* Konstruktions-; **~ feature** Konstruktionsfehler *m;* **~ feature** Konstruktionsmerkmal *nt*

des·ig·nate ['dezɪgneɪt] **I.** *vt* ■ **to ~ sb [[as] sth]** jdn [zu etw *dat*] ernennen; ■ **to ~ sb to do sth** jdn mit etw *dat* beauftragen; ■ **to ~ sth [as sth]** etw [zu etw *dat*] erklären; ■ **to ~ sth for sb** etw für jdn konzipieren; **to ~ one's successor** seinen Nachfolger ernennen
II. *adj inv, after n* designiert; ***the Governor ~*** der designierte Gouverneur

des·ig·na·tion [ˌdezɪg'neɪʃən] *n* ① *(title)* Bezeichnung *f*
② FIN Designierung *f*
③ *(act of designating)* Festlegung *f;* **~ of sth as sth** Auszeichnung einer S. *gen* als etw

de·sign·ed·ly [dɪ'zaɪnɪdli] *adv* vorsätzlich

de·sign·er [dɪ'zaɪnəʳ, AM -nəʳ] **I.** *n* Designer(in) *m(f)*
II. *n modifier (dog, children)* Designer-; **~ jeans** Designerjeans *f*

de·'sign·er drug *n* Designerdroge *f* **de·'sign·er egg** *n* Designer-Ei *nt (ein Ei von einem Huhn, das ein besonderes, spezielle Nährstoffe enthaltendes Futter bekommt)* **de·sign·er la·bel 'clothes** *npl* Designerkleidung *f kein pl*, Designerkleider *pl* SCHWEIZ **de·sign·er 'so·cial·ism** *n no pl (hum pej) die als bigott angesehene wohltätige Einstellung reicher Leute* **de·sign·er 'so·cial·ist** *n (hum pej) reiche Person, deren wohltätige Einstellung als bigott angesehen wird* **de·sign·er 'stub·ble** *n no pl (hum)* Dreitagebart *m*

de·sign·ing [dɪ'zaɪnɪŋ] **I.** *n* Design *nt*
II. *adj (pej)* berechnend

de·sir·abil·ity [dɪˌzaɪərə'bɪləti, AM dɪˌzaɪrə'bɪləti] *n no pl* ① *(desirable quality)* erstrebenswerte Eigenschaft; ***people seem to disagree about the ~ of reform*** die Menschen scheinen sich uneins darüber zu sein, ob Reformen erstrebenswert sind
② *(sexual attractiveness)* Begehrtheit *f;* ***she need have no doubts about her ~*** sie braucht keine Zweifel in Bezug auf ihre Attraktivität zu hegen

de·sir·able [dɪ'zaɪərəbl̩, AM dɪ'zaɪrəbl̩] *adj* ① *(worth having)* erstrebenswert; *(popular)* begehrt; ***the house is in a very ~ area of the city*** das Haus befindet sich in einer begehrten Wohngegend; *(beneficial)* ***computer literacy is ~ for this job*** für diesen Job sind Computerkenntnisse erwünscht; **~ aim** erstrebenswertes Ziel
② *(sexually attractive)* begehrenswert

de·sir·ably [dɪ'zaɪərəbli, AM dɪ'zaɪrəbli] *adv* erstrebenswert; **to be ~ situated** gut gelegen sein

de·sire [dɪ'zaɪəʳ, AM dɪ'zaɪəʳ] **I.** *vt* ① *(want)* ■ **to ~ sth** etw wünschen; ***I ~ nothing other than to be left in peace*** ich will nichts weiter als in Ruhe gelassen werden; ***do you ~ me to leave?*** *(form)* möchten Sie, dass ich gehe?; ■ **to ~ that ...** *(form)* wünschen,

dass ...; **to achieve the ~d effect** die gewünschte Wirkung erzielen
② *(esp liter: be sexually attracted to)* ■**to ~ sb** jdn begehren
II. *n* ① *(strong wish)* Verlangen *nt; (stronger)* Sehnsucht *f,* SCHWEIZ *a.* Langezeit *f; (request)* Wunsch *m;* **to express the ~ to do sth/that ...** den Wunsch äußern, etw zu tun/dass ...
② *(sexual need)* Begierde *f,* Lust *f;* **to be the object of sb's ~** das Objekt von jds Begierde sein; **to satisfy one's ~** seine Begierde befriedigen

de·'sired *adj* erwünscht

de·sir·ous [dɪ'zaɪərəs, AM dɪ'zaɪrəs] *adj pred (form)* ■**to be ~ of doing sth** den Wunsch haben, etw zu tun

de·sist [dɪzɪst] *vi (form)* einhalten *geh;* ■**to ~ from doing sth** davon absehen, etw zu tun

desk [desk] *n* ① *(table for writing)* Schreibtisch *m;* **to arrive on** [*or* **land on**] **sb's ~** auf jds Schreibtisch landen; **to sit at one's ~** an seinem Schreibtisch sitzen; **to be stuck behind a ~** *(fam)* am Schreibtisch festsitzen
② *(service counter)* Schalter *m;* **to work on the ~** hinterm Schalter arbeiten
③ *(till)* **cash** [*or* **pay**] **~** Kasse *f*
④ AM *(bank department)* Abteilung *f*
⑤ *(newspaper section)* Redaktion *f;* **the City ~** die Wirtschaftsredaktion

'desk-bound *adj* schreibtischgebunden **'desk clerk** *n* AM *(hotel receptionist)* Rezeptionist(in) *m(f)* **'desk job** *n* Schreibtischtätigkeit *f;* **to have a ~** einen Schreibtischjob haben *fam* **'desk lamp** *n* Schreibtischlampe *f* **'desk·top I.** *adj attr, inv* Desktop-; **~ computer** Desktopcomputer *m* **II.** *n* Desktop *m* **desk·top 'pub·lish·ing** *n,* **DTP** *n no pl* Desktoppublishing *nt;* **to do ~** Desktoppublishing betreiben

deso·late ['desᵊlət] *adj* ① *(barren)* trostlos; **~ landscape/prospect** trostlose Landschaft/Aussicht
② *(unhappy)* niedergeschlagen; **to feel ~** sich *akk* niedergeschlagen fühlen; **to look ~** niedergeschlagen aussehen

deso·lat·ed ['desᵊleɪtɪd, AM -t̬-] *adj pred* verzweifelt; **to feel ~** verzweifelt sein

deso·late·ly ['desᵊlətli] *adv* verzweifelt

deso·lat·ing ['desᵊleɪtɪŋ, AM -t̬-] *adj* trostlos; **~ business** trostlose Angelegenheit

deso·la·tion [ˌdesᵊ'leɪʃᵊn] *n no pl* ① *(barrenness)* Trostlosigkeit *f;* **~ of a landscape** Trostlosigkeit *f* einer Landschaft
② *(sadness, sorrow)* Verzweiflung *f*

des·pair [dɪ'speəʳ, AM -'sper] **I.** *n no pl (feeling of hopelessness)* Verzweiflung *f;* ***a sense of ~ seems to have settled on the team*** es scheint sich eine verzweifelte Stimmung in der Mannschaft auszubreiten; **to be in ~ about** [*or* **over**] **sth** über etw *akk* [*o* wegen einer S. *gen*] verzweifelt sein; **to do sth out of ~** etw aus Verzweiflung tun; **to drive sb to ~** jdn zur Verzweiflung bringen [*o* treiben]; **to be filled with ~** voller Verzweiflung sein; **to the ~ of sb** zu jds Verzweiflung
►PHRASES: **to be the ~ of sb** jds Sorgenkind sein
II. *vi* ■**to ~** [**at** [*or* **over**] **sth**] [an etw *dat*] verzweifeln; ■**to ~ of sb/sth** an jdm/etw verzweifeln; **to ~ of doing sth** die Hoffnung aufgeben, etw zu tun

des·pair·ing [dɪ'speərɪŋ, AM -'sperɪŋ] *adj (pej)* verzweifelt, hoffnungslos; **~ attitude** hoffnungslose Einstellung; **~ glance** verzweifelter Blick

des·pair·ing·ly [dɪ'speərɪŋli, AM -'sperɪŋli] *adv* verzweifelt, hoffnungslos

des·patch [dɪ'spætʃ] *n, vt see* **dispatch**

des·'patch box *n* LAW Depeschenkassette *f*

des·pe·ra·do <*pl* -s *or* -es> [despə'rɑːdəʊ, AM -doʊ] *n* Desperado *m,* Galgenvogel *m*

des·per·ate ['despᵊrət] *adj* ① *(reckless because of despair)* verzweifelt; **~ attempt** verzweifelter Versuch; **~ solution** drastische Lösung
② *(serious)* verzweifelt, extrem; *(great)* dringend; ***I'm in a ~ hurry*** ich hab's wahnsinnig eilig *fam;* **to be in ~ need of help** dringendst Hilfe brauchen; **~ poverty** äußerste Armut; **~ situation** verzweifelte Lage; **to be in ~ straits** in extremen Schwierigkeiten stecken *fam*
③ *usu pred (having great need or desire)* ■**to be ~ for sth** etw dringendst brauchen; ***I'm ~ for a drink!*** ich brauche jetzt schleunigst was zu trinken! *fam*

des·per·ate·ly ['despᵊrətli] *adv* ① *(in a desperate manner)* verzweifelt
② *(seriously, extremely)* äußerst; *(greatly)* enorm *fam;* ***I'm not ~ keen on watching football*** ich bin nicht sonderlich scharf auf Fußball *sl;* ***they ~ wanted a child*** sie wollten unbedingt ein Kind haben; **to be ~ ill** todkrank sein

des·pera·tion [ˌdespᵊ'reɪʃᵊn] *n no pl* ① *(hopelessness)* Verzweiflung *f;* **an act of ~** eine Verzweiflungstat; **to drive sb to ~** jdn zur Verzweiflung treiben; **in ~** aus Verzweiflung; **out of ~** aus Verzweiflung
② *(state of being desperate)* Verlangen *nt* (**for** nach +*dat*)

des·pic·able [dɪ'spɪkəbl̩] *adj act, crime, person* abscheulich; *person also* verachtenswert; ***it was ~ of her to lie about her friend*** es war gemein von ihr, über ihren Freund zu lügen *fam*

des·pic·ably [dɪ'spɪkəbli] *adv* verachtenswert, abscheulich; **to behave ~** gemein sein *fam*

des·pise [dɪ'spaɪz] *vt* ■**to ~ sb/sth** [**for sth**] jdn/etw [für etw *akk*] verachten; ***that's an offer not to be ~d*** dieses Angebot ist nicht zu verachten; **to ~ the government for its policies** die Regierung für ihre politische Linie verachten

de·spite [dɪ'spaɪt] *prep* ① *(in spite of)* ■**~ sth** trotz einer S. *gen;* **~ the fact that ...** trotz [*o* ungeachtet] der Tatsache, dass ...
② *(against one's will)* ***~ himself, he laughed*** er konnte sich das Lachen einfach nicht verkneifen

de·spoil [dɪ'spɔɪl] *vt* ■**to ~ sth** etw plündern

de·spond·en·cy [dɪ'spɒndən(t)si, AM -'spaːn-] *n no pl* Niedergeschlagenheit *f*

de·spond·ent [dɪ'spɒndənt, AM -'spaːn-] *adj* niedergeschlagen, mutlos; **to become** [*or* **get**] [*or* **grow**] **~** niedergeschlagen sein, mutlos werden; **to feel ~ about sth** sich *akk* wegen einer S. *gen* niedergeschlagen fühlen; ***she felt ~ about ever finding a proper job*** sie hatte fast schon die Hoffnung aufgegeben, je einen richtigen Job zu finden

de·spond·ent·ly [dɪ'spɒndəntli, AM -'spaːn-] *adv* niedergeschlagen; **to shake one's head ~** mutlos den Kopf schütteln

des·pot ['despɒt, AM -pət] *n* Despot *m*

des·pot·ic [de'spɒtɪk, AM des'pɑːt̬ɪk] *adj* despotisch

des·poti·cal·ly [de'spɒtɪkli, AM des'pɑːt̬ɪkli] *adv* despotisch

des·pot·ic 'net·work *n* COMPUT zwangssynchronisiertes Netz

des·pot·ism ['despətɪzᵊm] *n no pl* Despotismus *m geh,* Tyrannei *f*

de-spun an·ten·na [ˌdiː'spʌn] *n* COMPUT raumfeste Antenne

des res [ˌdez'rez] *n* BRIT *(hum fam) short for* **desirable residence**: ***this is a very ~ on the outskirts of town*** das ist eine super Hütte am Stadtrand *hum fam*

des·sert [dɪ'zɜːt, AM dɪ'zɜːrt] *n* Nachtisch *m* BRD, ÖSTERR, Dessert *nt geh;* **to have sth for ~** etw zum Nachtisch haben

des·'sert fork *n* Dessertgabel *f* **des·'sert menu** *n* Dessertkarte *f* **des·'sert·spoon** *n* ① *(spoon for dessert)* Dessertlöffel *m; (spoon to go along with knife and fork)* Esslöffel *m* ② *(dessertspoonful)* **a ~ of sugar** ein Teelöffel *m* Zucker; **a ~ of cream** ein Klecks *m* Sahne [*o* ÖSTERR Obers] [*o* SCHWEIZ Rahm]

des·'sert wine *n* Dessertwein *m*

de·sta·bi·li·za·tion [diːˌsteɪbᵊlaɪ'zeɪʃᵊn, AM -lɪ'-] *n no pl* Destabilisierung *f;* **~ of the economy** Destabilisierung *f* der Wirtschaft

de·sta·bi·lize [diː'steɪbᵊlaɪz] *vt* ■**to ~ sth** etw destabilisieren [*o* aus dem Gleichgewicht bringen]; **to ~ a process** einen Prozess gefährden; **to ~ a regime** ein Regime unterwandern; **to ~ a region** eine Region destabilisieren

de·sta·bi·liz·ing [diː'steɪbᵊlaɪzɪŋ] *adj attr* destabilisierend; **~ effect** destabilisierende Wirkung

des·ti·na·tion [ˌdestɪ'neɪʃᵊn] *n* Ziel *nt; journey* Reiseziel *nt; letter, parcel* Bestimmungsort *m*

des·tined ['destɪnd] *adj pred* ① *(intended)* ■**to be ~ for sth** für etw *akk* bestimmt sein; ■**to be ~ to do sth** dazu bestimmt sein, etw zu tun
② *(bound for)* bestimmt; ***customs officers have seized heroin ~ for New York*** Zollbeamte haben Heroin beschlagnahmt, das für New York bestimmt war
③ *(heading towards)* ■**to be ~ for sth** für etw *akk* vorherbestimmt sein; ***she is ~ for an extremely successful career*** ihr steht eine sehr erfolgreiche Karriere bevor; ***these plans are ~ to fail*** diese Pläne sind zum Scheitern verurteilt
④ *(hum: meant to be)* vorherbestimmt

des·ti·ny ['destɪniː] *n* Schicksal *nt;* **~ of a nation** Schicksal *nt* einer Nation; **to be a victim of ~** ein Opfer *nt* des Schicksals sein; **to control** [*or* **determine**] [*or* **take charge of**] **one's ~** sein Schicksal lenken [*o* bestimmen]; **to escape one's ~** seinem Schicksal entfliehen; **to fight against ~** gegen das Schicksal ankämpfen; **to shape one's ~** sein Schicksal gestalten

des·ti·tute ['destɪtjuːt, AM *esp* -tuːt] **I.** *adj* mittellos; **~ person** mittelloser Mensch
II. *n* ■**the ~** *pl* die Bedürftigen *pl*

des·ti·tu·tion [ˌdestɪ'tjuːʃᵊn, AM *esp* -'tuː-] *n no pl* Armut *f*

de-'stress *vi* Stress abbauen, [sich *akk*] entspannen

de·stroy [dɪ'strɔɪ] *vt* ① *(demolish)* ■**to ~ sth** etw zerstören
② *(do away with)* ■**to ~ sth** etw vernichten; **to ~ evidence** Beweise vernichten
③ *(kill)* ■**to ~ sth** etw auslöschen *geh;* **to ~ a dog/horse** einen Hund/ein Pferd einschläfern; **to ~ a herd** eine Herde abschlachten
④ *(ruin)* ■**to ~ sth** etw zunichtemachen; **to ~ sb's reputation** jds Ansehen ruinieren
⑤ *(crush)* ■**to ~ sb** jdn fertigmachen; ***she was utterly ~ed when her boyfriend left her*** sie war völlig am Boden zerstört, als ihr Freund sie verließ *fam*

de·stroy·er [dɪ'strɔɪəʳ, AM -ɚ] *n* ① *(military ship)* Zerstörer *m*
② *(sth that destroys)* zerstörerische Macht; *(sb who destroys)* Vernichter(in) *m(f)*

de·struct·ible [dɪ'strʌktəbl̩] *adj* zerstörbar

de·struc·tion [dɪ'strʌkʃᵊn] *n no pl* Zerstörung *f;* **child ~** LAW Kindestötung *f* durch Abtreibung; **mass ~** Massenvernichtung *f;* **to leave a trail of ~** eine Spur der Verwüstung hinterlassen

de·struc·tive [dɪ'strʌktɪv] *adj* destruktiv *geh,* zerstörerisch

de·struc·tive·ly [dɪ'strʌktɪvli] *adv* destruktiv *geh,* zerstörerisch

de·struc·tive·ness [dɪ'strʌktɪvnəs] *n no pl* Zerstörungswut *f; of explosive* Sprengkraft *f*

de·sue·tude [dɪ'sjuːɪtjuːd, AM 'deswɪtuːd] *n no pl (form)* Ungebräuchlichkeit *f;* **to fall into ~** außer Gebrauch kommen

de·sul·furi·za·tion *n no pl* AM *see* **desulphurization**

de·sul·fur·ize *vt* AM CHEM *see* **desulphurize**

de·sul·phuri·za·tion, AM **de·sul·furi·za·tion** [diːˌsʌlfəraɪ'zeɪʃᵊn, AM -rɪ'-] *n no pl* CHEM Entschwefelung *f*

de·sul·phur·ize [diː'sʌlfəraɪz], AM **de·sul·fur·ize** *vt* CHEM ■**to ~ sth** etw entschwefeln

des·ul·to·ri·ly ['desᵊltᵊrᵊli, AM -tɔːr-] *adv (form liter)* halbherzig; **to applaud ~** verhalten applaudieren; **to converse ~** sich *akk* lustlos unterhalten

des·ul·tory ['desᵊltᵊri, AM -tɔːr-] *adj (form liter)* halbherzig; **~ attempt** halbherziger Versuch

Det *n abbrev of* **Detective** Kriminalbeamte, -beamtin *m, f*

de·tach [dɪ'tætʃ] *vt* ■**to ~ sth** *hood* etw abnehmen; *(without reattaching)* etw abtrennen

de·tach·able [dɪ'tætʃəbl̩] *adj inv* abnehmbar; **~ collar** abnehmbarer Kragen

D

de·tached [dɪˈtætʃt] *adj* ① *inv (separated)* abgelöst; **to become ~** sich *akk* ablösen
② *(disinterested, aloof)* distanziert; *(impartial)* unbeteiligt; **~ observer** unbeteiligter Beobachter

de·ˈtached house *n* Einzelhaus *nt*, frei stehendes Haus

de·tach·ment [dɪˈtætʃmənt] *n* ① *no pl (disinterest, aloofness)* Distanziertheit *f*
② *(of soldiers)* Einsatztruppe *f*, Abteilung *f*

de·tail [ˈdiːteɪl, AM dɪˈteɪl] **I.** *n* ① *(item of information)* Detail *nt*, Einzelheit *f*; ***just one last ~ ...*** nur noch eine Kleinigkeit ...; **the full ~s** sämtliche Einzelheiten; **for further ~s ...** Weiteres ...; ***write in for further ~s*** schreiben Sie, um nähere Informationen zu erhalten; **all the gory ~s** *(hum)* alle pikanten Details; **sketchy ~s of** [*or* **about**] **sth** lückenhafte [*o* unvollständige] Angaben über etw *akk*; **to divulge** [*or* **disclose**] **~s** Einzelheiten enthüllen; **to give** [*or* **provide**] **~s about sth** nähere Angaben zu etw *dat* machen; **to go into ~** ins Detail [*o* Einzelne] gehen, auf die Einzelheiten eingehen; **in ~** im Detail [*o* Einzelnen], ausführlich; ***in graphic ~*** in aller Ausführlichkeit
② *(unimportant item)* Kleinigkeit *f*, Nebensache *f*, Nebensächlichkeit *f*
③ *(sb's vital statistics)* ■ **~s** *pl* Personalien *pl form*, persönliche Daten
④ *(small feature)* Detail *nt*, das Einzelne; **to have an eye for ~** einen Blick fürs Detail haben
⑤ MIL *(schedule)* Tagesdienstplan *m*; **to announce the day's ~** den Tagesbefehl ausgeben
⑥ MIL *(special group)* Sonderkommando *nt*, Einsatzkommando *nt*, Sondertrupp *m*
II. *vt* ① *(explain)* **to ~ a plan** einen Plan ausführlich [*o* im Einzelnen] erläutern
② *(specify)* ■ **to ~ sth** etw einzeln aufführen
③ MIL ■ **to ~ sb to do sth** jdn dazu abkommandieren, etw zu tun

de·tailed [ˈdiːteɪld, AM dɪˈteɪld] *adj* detailliert, genau; *description, report* ausführlich; **~ study** eingehende Studie [*o* Untersuchung]

de·tailed ac·ˈcount *n* ECON, FIN detaillierte Rechnung

de·tain [dɪˈteɪn] *vt* ■ **to ~ sb** ① LAW jdn in Haft nehmen [*o* inhaftieren]; **to be ~ed in custody** in [Untersuchungs]haft gehalten werden; **to be ~ed at His/Her Majesty's pleasure** BRIT eine Haftstrafe von unbestimmter Dauer verbüßen *(in der Regel lebenslänglich)*; **to ~ sb without trial** jdn ohne Gerichtsverfahren in Haft halten
② *(form: delay)* jdn aufhalten
③ SCH jdn nachsitzen lassen

de·tainee [ˌdɪteɪˈniː] *n* Häftling *m*

de·tain·er [dɪˈteɪnəʳ, AM -ɚ] *n* LAW Inhaftierung *f*

de·tect [dɪˈtekt] *vt* ① *(catch in act)* ■ **to ~ sb doing sth** jdn bei etw *dat* ertappen [*o fam* erwischen]; **to ~ sb in a crime** jdn auf frischer Tat ertappen
② *(discover presence of)* ■ **to ~ sth** etw entdecken [*o* orten]; *a smell* etw bemerken; *a sound* etw wahrnehmen; *lead, disease* etw feststellen; ***do I ~ a note of sarcasm in your voice?*** höre ich da [etwa] einen sarkastischen Unterton aus deinen Worten heraus?; **to ~ a mine** eine Mine aufspüren

de·tect·able [dɪˈtektəbl̩] *adj (able to be found)* feststellbar; *(discernible) change* wahrnehmbar, spürbar; **~ limit** SCI Nachweisgrenze *f*; ***the drug is ~ in the body up to three months after it has been taken*** das Mittel ist noch drei Monate nach seiner Einnahme im Körper nachweisbar

de·tec·tion [dɪˈtekʃən] *n no pl* ① *(act of discovering)* Entdeckung *f*; *of cancer* Feststellung *f*, Erkennung *f*
② *(work of detective)* **crime ~** Aufdeckung *f* von Verbrechen

de·ˈtec·tion rate *n* LAW Aufklärungsquote *f*

de·tec·tive [dɪˈtektɪv] *n* ① *(in police)* Kriminalbeamte(r), -beamtin *m, f*; *(form of address)* **~ Sergeant Lewis** Kriminalobermeister(in) *m(f)* Lewis
② *(private)* [Privat]detektiv(in) *m(f)*

de·ˈtec·tive agency *n* Detektivbüro *nt*, Detektei *f*

de·tec·tive ˈcon·sta·ble *n*, **DC** BRIT Kriminalmeister(in) *m(f)*

de·ˈtec·tive film *n* Kriminalfilm *m*, Krimi *m fam*

de·tec·tive in·ˈspect·or *n*, **DInsp** *n* BRIT Polizeiinspektor(in) *m(f)*, Kriminalinspektor(in) *m(f)*

de·ˈtec·tive nov·el *n* Kriminalroman *m*, Krimi *m fam*

de·tec·tive ˈser·geant *n*, **DS** *n* BRIT Kriminalmeister(in) *m(f)*

de·ˈtec·tive sto·ry *n* Kriminalroman *m*; *(single story also)* Detektivgeschichte *f*, Krimi *m fam*

de·tec·tive super·in·ˈtend·ent *n* BRIT Kriminalkommissar(in) *m(f)*, SCHWEIZ *a.* Kriminalkommissär(in) *m(f)*

de·ˈtec·tive work *n no pl* Ermittlungsarbeit *f*; *(fig)* Detektivarbeit *f*

de·tec·tor [dɪˈtektəʳ, AM -ɚ] *n* Detektor *m*; **smoke ~** Rauchmelder *m*

dé·tente [deɪˈtɑ̃nt, AM -ˈtɑːnt] *n no pl* POL *(form)* Détente *f form*, Entspannung *f*

de·ten·tion [dɪˈten(t)ʃən] *n* ① *no pl (state)* Haft *f*
② *(act)* Inhaftierung *f*, Festnahme *f*
③ *no pl* MIL Arrest *m*
④ SCH Nachsitzen *nt kein pl*, SCHWEIZ *meist* Arrest *m kein pl*; **to get** [*or* **have**] **~** nachsitzen müssen, Arrest bekommen
⑤ LAW *(wrongfully holding goods)* [widerrechtliche] Vorenthaltung [*o* Einbehaltung]

de·ˈten·tion camp *n* Internierungslager *nt*

de·ˈten·tion cen·tre, AM **de·ˈten·tion home** *n* Jugendstrafanstalt *f*, Jugendgefängnis *nt*

de·ˈten·tion or·der *n* LAW Haftbefehl *m*

de·ter <-rr-> [dɪˈtɜːʳ, AM -ˈtɜːr] *vt* **to ~ an attack** einen Angriff verhindern; ■ **to ~ sb** jdn abschrecken; ***nothing will ~ him*** nichts wird ihn [davon] abhalten; ■ **to ~ sb from doing sth** jdn davon abschrecken [*o* abhalten], etw zu tun

de·ter·gency [dɪˈtɜːdʒən(t)si, AM -ˈtɜːr-] *n* CHEM Waschkraft *f*, Waschvermögen *nt*, Reinigungsvermögen *nt*

de·ter·gent [dɪˈtɜːdʒənt, AM -ˈtɜːr-] *n* Reinigungsmittel *nt*; **laundry ~** Waschmittel *nt*; **liquid ~** [Geschirr]spülmittel *nt*; **~ additive** Waschmittelzusatz *m*; **~ base material** Waschrohstoff[e] *m*[*pl*]

de·terio·rate [dɪˈtɪəriəreɪt, AM -ˈtɪriə-] *vi* ① *(become worse) condition, situation* sich *akk* verschlechtern; *sales* zurückgehen; *morals* verfallen; *tumour* entarten; *a discussion* an Niveau verlieren; ***the conflict seems to be deteriorating into a war*** der Konflikt scheint in einen Krieg auszuarten; ***the economy is slowly deteriorating*** mit der Wirtschaft geht es langsam bergab; **to ~ dramatically/markedly/steadily** sich *akk* dramatisch/merklich/stetig verschlechtern
② *(disintegrate) building, structure* verfallen, baufällig werden, verkommen *fam*; *leather, wood* sich *akk* zersetzen, verrotten; *food* verderben, vergammeln *fam*

de·terio·ra·tion [dɪˌtɪəriəˈreɪʃən, AM -ˌtɪriə-] *n no pl* ① *(worsening)* Verschlechterung *f*; *of morals* Zerfall *m*
② ECON, TECH Qualitätsverlust *m*
③ *(disintegration) of a building* Verfall *m*, Zerfall *m*; *of metal, wood* Zersetzung *f*

de·ter·mi·nable [dɪˈtɜːmɪnəbl̩, AM -ˈtɜːr-] *adj* bestimmbar

de·ter·mi·nant [dɪˈtɜːmɪnənt, AM -ˈtɜːr-] **I.** *n* ① *(determining factor)* entscheidender [*o* ausschlaggebender] Faktor
② MATH, BIOL Determinante *f*
II. *adj* entscheidend, ausschlaggebend

de·ter·mi·nate [dɪˈtɜːmɪnɪt, AM -ˈtɜːr-] *adj* ① *(limited)* begrenzt, festgelegt
② *(of specific scope)* eindeutig, bestimmt, entschieden

de·ter·mi·na·tion [dɪˌtɜːmɪˈneɪʃən, AM -ˌtɜːr-] *n no pl* ① *(resolve)* Entschlossenheit *f*, Entschiedenheit *f*; **dogged/fierce/ruthless ~** zähe/wilde/rücksichtslose Entschlossenheit; **relentless ~** Unnachgiebigkeit *f*; **to have a ~ to do sth** die feste Absicht haben [*o* fest entschlossen sein], etw zu tun
② *(determining) of a cause* Feststellung *f*; *of a blood group* Bestimmung *f*

de·ter·mi·na·tive [dɪˈtɜːmɪnətɪv, AM dɪˈtɜːrmɪneɪt̬ɪv] *adj pred* LAW maßgeblich, [rechts]erheblich

de·ter·mine [dɪˈtɜːmɪn, AM -ˈtɜːr-] *vt* ① *(decide)* ■ **to ~ sth** etw entscheiden; ■ **to ~ that ...** beschließen, dass ...; ***it has yet to be ~d*** *(form)* eine Entscheidung darüber steht noch aus *form*
② *(find out)* ■ **to ~ sth** etw ermitteln [*o* feststellen] [*o* SCHWEIZ *a.* eruieren]; **to ~ the cause of sth** den Grund einer S. *gen* herausfinden; ■ **to ~ that ...** feststellen, dass ...; *(give as result)* ergeben, dass ...; ■ **to ~ when/where/who/why ...** herausfinden, wann/wo/wer/warum ...
③ *(influence)* ■ **to ~ sth** etw bestimmen; ***it will be ~d by how much money is available*** es wird davon abhängen, wie viel Geld uns zur Verfügung steht; **genetically ~d** genetisch festgelegt
④ *(cause to decide)* ■ **to ~ sb to do sth** jdn veranlassen, etw zu tun

de·ter·mined [dɪˈtɜːmɪnd, AM -ˈtɜːr-] *adj* entschlossen; ■ **to be ~ to do sth** entschlossen sein, etw zu tun, etw unbedingt tun wollen; ***she is ~ that her daughter will study*** sie hat es sich in den Kopf gesetzt, dass ihre Tochter einmal studieren wird

de·ter·mined·ly [dɪˈtɜːmɪndli, AM -ˈtɜːr-] *adv* entschlossen; ***he was ~ polite despite the aggressive questioning*** trotz der aggressiven Befragung ließ er sich nicht in seiner Höflichkeit beirren

de·ter·min·er [dɪˈtɜːmɪnəʳ, AM -ˈtɜːrmɪnɚ] *n* Bestimmungswort *nt*

de·ter·min·ism [dɪˈtɜːmɪnɪzəm, AM -ˈtɜːr-] *n no pl* PHILOS Determinismus *m*

de·ter·min·ist [dɪˈtɜːmɪnɪst, AM dɪˈtɜːr] PHILOS **I.** *n* Determinist(in) *m(f) fachspr*
II. *adj inv* deterministisch *fachspr*

de·ter·min·is·tic [dɪˈtɜːmɪnɪstɪk, AM dɪˈtɜːr-] *adj inv see* **determinist II**

de·ter·rence [dɪˈterən(t)s] *n no pl* Abschreckung *f*

de·ter·rent [dɪˈterənt] **I.** *n* Abschreckung *f*, Abschreckungsmittel *nt* (**against** gegen +*akk*); **nuclear ~s** atomare Abschreckungsmittel; **to act** [*or* **serve**] **as a ~ to sb** eine abschreckende Wirkung auf jdn haben; ■ **to be a ~** abschrecken
II. *adj* abschreckend, Abschreckungs-; **~ effect** abschreckende Wirkung; **~ sentence** abschreckende Strafe

de·ter·rent ˈmeas·ure *n* Abschreckungsmaßnahme *f*

de·test [dɪˈtest] *vt* ■ **to ~ sb/sth** jdn/etw verabscheuen [*o* hassen]; ***I ~ having to get up early in the morning*** ich hasse es, frühmorgens aufstehen zu müssen

de·test·able [dɪˈtestəbl̩] *adj* ① *(causing dislike)* abscheulich
② *(meriting dislike)* verabscheuungswürdig, verabscheuenswert

de·test·ably [dɪˈtestəbli] *adv* auf abscheuliche Weise

de·tes·ta·tion [ˌdiːtesˈteɪʃən] *n no pl (form)* Abscheu *m* (**of** vor +*dat*); ***most people have a ~ of war*** die meisten Menschen verabscheuen den Krieg

de·throne [diːˈθrəʊn, AM dɪˈθroʊn] *vt* **to ~ a monarch** einen Monarchen/eine Monarchin absetzen [*o geh* entthronen]; ■ **to ~ sb** *(fig)* jdn [aus seiner Machtstellung] verdrängen

deti·nue [ˈdetɪnjuː, AM -tənuː] *n* LAW [widerrechtliche] Vorenthaltung [von Besitz]

deto·nate [ˈdetəneɪt] **I.** *vi* ① *(explode)* detonieren *geh*, explodieren; **detonating ball/gas** Knallerbse *f*/-gas *nt*
② AUTO *engine* klopfen
II. *vt* ■ **to ~ sth** etw detonieren [*o* explodieren] lassen, etw zur Detonation [*o* Explosion] bringen

deto·nat·ing [ˈdetəneɪtɪŋ, AM -eɪt̬ɪŋ] *adj inv* explodierend; **~ agent** Zündmittel *nt*; **~ cap** Sprengkapsel *f*; **~ fuse** Sprengschnur *f*

deto·na·tion [ˌdetənˈeɪʃən] *n* ① *(explosion)* Detonation *f*, Explosion *f*
② *(knocking) of an engine* Klopfen *nt*

deto·na·tor [ˈdetəneɪtəʳ, AM -t̬ɚ] *n* ① *(device on bomb)* [Spreng]zünder *m*, Sprengkapsel *f*, Zündkapsel *f*
② CHEM Initialsprengstoff *m*, Detonator *m fachspr*

de·tour [ˈdiːtʊəʳ, AM -tʊr] *n* ① *(long way round)* Umweg *m*; **to make** [*or* AM **take**] **a ~** einen Umweg

machen [*o* fahren]
② *(diversion)* Umleitung *f*; *(fig: from topic)* Abschweifung *f*
de·tox[1] [ˌdiːˈtɒks, AM diːˈtɑːks] **I.** *n no pl (fam) short for* **detoxification** Entzug *m*; ■ **to be in** ~ auf Entzug sein
II. *vi short for* **detoxify** einen Entzug machen
III. *vt short for* **detoxify**: ■ **to** ~ **sb** jdn einer Entziehungskur unterziehen
detox[2] [ˌdiːˈtɒks, AM diːˈtɑːks] *n no pl (fam: place) short for* **detoxification centre** Entziehungsanstalt *f*
'de·tox cell *n* Ausnüchterungszelle *f*
de·toxi·fi·ca·tion [diːˌtɒksɪfɪˈkeɪʃən, AM -ˌtɑːk-] *n no pl* ① *(remove poison)* Entgiftung *f*, Detoxikation *f fachspr*
② *(treatment for addiction)* Entzug *m fam*, Entziehung[skur] *f*
de·toxi·fi·'ca·tion cen·tre, AM **de·toxi·fi·'ca·tion cen·ter** *n* ① *(for addicts)* Entziehungsanstalt *f*, Entziehungsklinik *f*
② *(for victims of poisoning)* Entgiftungszentrum *nt*
de·toxi·fi·'ca·tion pro·gramme, AM **de·toxi·fi·'ca·tion pro·gram** *n* Entziehungskur *f*
de·toxi·fy <-ie-> [ˌdiːˈtɒksɪfaɪ, AM diːˈtɑːk-] **I.** *vt* ① *(remove poison)* ■ **to** ~ **sb/sth** jdn/etw entgiften
② *(treat addict)* ■ **to** ~ **sb** jdn einer Entziehungskur unterziehen *geh*
II. *vi* ① *addict* sich *akk* einer Entziehungskur unterziehen, entziehen *fam*
② *(get rid of poison) body* sich *akk* selbst entgiften
de·tract [dɪˈtrækt] **I.** *vi* ■ **to** ~ **from sth** etw beeinträchtigen, etw *dat* schaden [*o geh* Abbruch tun]; **to** ~ **from sb's achievements** jds Leistungen schmälern [*o* mindern]
II. *vt* ■ **to** ~ **sb from sth** jdn von etw *dat* abbringen; **to** ~ **sb's attention from sth** jds Aufmerksamkeit von etw *dat* ablenken
de·trac·tor [dɪˈtræktəʳ, AM -ɚ] *n* ① *(critic)* Kritiker(in) *m(f)*
② *(slanderer)* Lästerer, Lästerin *m, f*, Verleumder(in) *m(f)*; ■ ~**s** böse Zungen
det·ri·ment [ˈdetrɪmənt] *n no pl* ① *(harm, damage)* Schaden *m*, Nachteil *m*; ***... to the ~ of her studies*** ... zum Nachteil ihres Studiums; **without** ~ **to sth** ohne Schaden für etw *akk*
② LAW Nachteil *m*, Beeinträchtigung *f*; **to the** ~ **of the plaintiff** dem Kläger zum Nachteil; **without** ~ ohne Beeinträchtigung
det·ri·men·tal [ˌdetrɪˈmentəl] *adj* schädlich; **to have a** ~ **effect on sth** sich *akk* nachteilig auf etw *akk* auswirken
det·ri·tus [dɪˈtraɪtəs, AM -t̬-] *n no pl* ① *(waste)* Unrat *m geh*, Abfälle *pl*
② GEOL Geröll *nt*, Gesteinsschutt *m*
③ BIOL Schwebestoffe *pl*, Bodensatz *m*, Detritus *m fachspr*
de trop [dəˈtrəʊ, AM -ˈtroʊ] *adj pred, inv (form)* überflüssig; **to feel oneself** ~ sich *dat* überflüssig [*o fam* wie das fünfte Rad am Wagen] vorkommen
deuce [djuːs, AM *esp* duːs] **I.** *n no pl* ① CARDS Zwei *f*; *(dice)* Zwei *f*, zwei Augen
② TENNIS Einstand *m*
③ *(dated sl: devil)* Teufel *m sl*; **to be a** ~ **of a problem** ein vertracktes Problem sein *fam*; **how/what the** ~ **...** wie/was zum Teufel ... *sl*
▸ PHRASES: **to drop a** ~ AM *(fam!)* scheißen *vulg*
II. *interj (dated)* Teufel nochmal! *sl*, zum Kuckuck! *fam*
deus ex machi·na [ˌdeɪəseksˈmækɪnə, -ˈmɑː-] *n* THEAT Deus ex Machina *m*; *(fig)* Retter *m* in der Not
deu·ter·ago·nist [ˌdjuːtəˈrægənɪst, AM ˌduːt̬-] *n* THEAT Deuteragonist(in) *m(f)*, zweiter Schauspieler *(auf der altgriechischen Bühne)*
deu·ter·ate [ˈdjuːtəreɪt, AM ˈduːt̬ə-] *vt* CHEM ■ **to** ~ **sth** etw deuterieren
deu·ter·ium [djuːˈtɪəriəm, AM duːˈtɪr-] *n no pl* schwerer Wasserstoff, Deuterium *nt fachspr*
deu·ter·ium re·'ac·tor *n* Schwerwasserreaktor *m*
Deu·ter·ono·my [ˌdjuːtəˈrɒnəmi, AM ˌduːt̬əˈrɑːnə-] *n no pl* REL, LIT Fünftes Buch Mose, Deuteronomium *nt fachspr*
Deutsch·mark [ˈdɔɪtʃmɑːk, AM -mɑːrk] *n*, **DM** *(hist)* Deutsche Mark *(hist)*, D-Mark *f (hist)*
de·valu·ate [ˌdiːˈvæljueɪt] *vt see* **devalue**
de·valua·tion [ˌdiːvæljuˈeɪʃən] *n no pl* FIN Abwertung *f*, Entwertung *f*, Devaluation *f fachspr*
de·value [ˌdiːˈvæljuː] *vt* ① *(reduce value)* ■ **to** ~ **sth** etw abwerten; **to** ~ **sb's achievement** jds Leistung herabsetzen
② FIN **to** ~ **a currency** eine Währung abwerten [*o* entwerten] [*o fachspr* devalvieren]
dev·as·tate [ˈdevəsteɪt] *vt* ■ **to** ~ **sth** etw vernichten [*o* [völlig] zerstören]; **to** ~ **a crop/an enemy** eine Ernte/einen Feind vernichten; **to** ~ **the economy** die Wirtschaft zugrunde richten; **to** ~ **sb's hope/life** jds Hoffnung/Leben zerstören; **to** ~ **a region** eine Gegend verwüsten; *(fam)* ■ **to** ~ **sb** jdn umhauen *fam*; ***he was utterly ~d when his wife left him*** er war völlig am Boden zerstört, als seine Frau ihn verließ
dev·as·tat·ing [ˈdevəsteɪtɪŋ, AM -t̬ɪŋ] *adj* ① *(also fig: destructive)* verheerend, vernichtend *a. fig*; ***their hopes of winning suffered a ~ blow*** ihre Hoffnungen wurden mit einem Schlag zunichtegemacht
② *(fig fam: overwhelming)* umwerfend *fam*, hinreißend; *charm, smile* unwiderstehlich; **sb's** ~ **wit** [*or* **humour**] jds entwaffnender Witz [*o* Humor]
③ *(fig fam: crushing) fact, news, result* niederschmetternd
dev·as·tat·ing·ly [ˈdevəsteɪtɪŋli, AM -t̬ɪŋ-] *adv* ① *(destructively)* entsetzlich, furchtbar; ~ **cruel** entsetzlich grausam
② *(overwhelmingly)* wahnsinnig *fam*, schrecklich *fam*, unheimlich *fam*; **a** ~ **attractive man** ein wahnsinnig attraktiver Mann
dev·as·ta·tion [ˌdevəˈsteɪʃən] *n no pl* ① *(destruction)* Verwüstung *f*, Zerstörung *f*; **a trail of** ~ eine Spur der Verwüstung
② *(of person)* Verzweiflung *f*, Niedergeschlagenheit *f*; **utter** ~ völlige Verzweiflung
de·vein [ˌdiːˈveɪn] *vt* **to** ~ **a prawn/shrimp** den Darm von einer Garnele/einem Shrimp abziehen
de·vel·op [dɪˈveləp] **I.** *vi* ① *(grow)* sich *akk* entwickeln (**into** zu +*dat*); *abilities* sich *akk* entfalten; ***the whole affair might ~ into a scandal*** die ganze Sache könnte sich zu einem Skandal auswachsen; **to** ~ **further** weiterentwickeln
② *(come into being) friendship, misunderstanding* entstehen; *difficulties, doubts* auftreten
③ *(show)* sich *akk* zeigen, auftreten
④ PHOT *film* entwickelt werden
II. *vt* ① *(create)* ■ **to** ~ **sth** etw erarbeiten [*o* ausarbeiten]; **to** ~ **sth further** etw weiterentwickeln; **to** ~ **a drug/product/technology** ein Arzneimittel/ein Produkt/eine Technologie entwickeln; **to** ~ **a plan/programme** einen Plan/ein Programm ausarbeiten
② *(improve)* **to** ~ **an idea/a policy/a strategy** eine Vorstellung/eine Politik/eine Strategie entwickeln; **to** ~ **muscles** Muskeln bilden; **to** ~ **one's muscles** sich *dat* Muskeln antrainieren, seine Muskeln stärken; **to** ~ **one's skills/talents** seine Fähigkeiten/Talente weiterentwickeln
③ *(show)* ■ **to** ~ **sth** etw zeigen [*o* an den Tag legen]; ***she's ~ed some very strange habits*** sie hat einige sehr merkwürdige Gewohnheiten angenommen
④ *(suffer from)* ■ **to** ~ **sth** etw bekommen [*o* entwickeln]; **to** ~ **an allergy to sth** eine Allergie gegen etw *akk* entwickeln
⑤ ARCHIT *(build)* **to** ~ **a land site** ein Gelände erschließen [und bebauen]; ***they are going to ~ this area into a shopping complex*** sie haben vor, auf diesem Gelände ein Einkaufszentrum zu errichten
⑥ PHOT **to** ~ **a film** einen Film entwickeln
⑦ MUS *(elaborate)* **to** ~ **a theme** ein Thema entwickeln [*o* durchführen]
⑧ CHESS **to** ~ **a piece** eine Figur [auf ein anderes Feld] ziehen
de·vel·oped [dɪˈveləpt] *adj* ① *(advanced)* entwickelt; ***he's very highly ~ for his age*** er ist schon sehr weit für sein Alter; ~ **country** hoch entwickeltes Land, Industrieland *nt*; **the** ~ **world** die Industrieländer *pl*
② ARCHIT ~ **area** [*or* **land**] erschlossenes Bauland, baureifes Land
③ CHEM ~ **dyes** Entwicklungsfarbstoffe *pl*
de·vel·op·er [dɪˈveləpəʳ, AM -ɚ] *n* ① PSYCH **late** ~ Spätentwickler(in) *m(f)*
② *(person)* Bauunternehmer(in) *m(f)*; *(company)* Baufirma *f*, Bauunternehmen *nt*; **property** ~ *(person)* Bauunternehmer(in) *m(f)*; *(company)* Bauträgerfirma *f*
③ PHOT Entwickler *m*, Entwicklerflüssigkeit *f*
de·vel·op·ing [dɪˈveləpɪŋ] *adj attr, inv* sich *akk* entwickelnd; ~ **decisions/ideas/plans** heranreifende Entscheidungen/Vorstellungen/Pläne
de·vel·op·ing 'coun·try, de·vel·op·ing 'na·tion *n* Entwicklungsland *nt* **de·'vel·oping tank** *n* Entwicklungsdose *f*, Entwicklungstank *m* **de·vel·oping 'world** *n no pl* Entwicklungsländer *pl*
de·vel·op·ment [dɪˈveləpmənt] **I.** *n* ① *no pl (act, process)* Entwicklung *f*; *(growth also)* Wachstum *nt*; **product** ~ Produktentwicklung *f*; **under-/over-**~ Unter-/Überentwicklung *f*
② *(new event)* Entwicklung *f*; **the new/latest** ~**s** die neuen/jüngsten Entwicklungen; ***have there been any new ~s?*** hat sich etwas Neues ergeben?
③ *no pl* ARCHIT *(work)* Bau *m*; *(area)* Baugebiet *nt*; **housing** ~ Wohnungsbau *m*; **property** ~ Grundstückserschließung *f*; **new** ~ Neubaugebiet *nt*
④ MUS *of a theme* Durchführung *f*, Entwicklung *f*
⑤ CHESS *(moving)* Ziehen *nt*
II. *n modifier* Entwicklungs-; ~ **project** POL Entwicklungsprojekt *nt*; ARCHIT Erschließungsvorhaben *nt*
de·vel·op·men·tal [dɪˌveləpˈmentəl, AM -t̬əl] *adj process, stage* Entwicklungs-
de·'vel·op·ment area *n* BRIT staatlich gefördertes strukturschwaches Gebiet **de·'vel·op·ment bank** *n* Entwicklungsbank *f* **de·'vel·op·ment costs** *npl* Erschließungskosten *pl* **de·'vel·op·ment pro·gramme** *n* Förderprogramm *nt* **de·'vel·op·ment stage** *n* Entwicklungsphase *f*
de·vi·ance [ˈdiːviən(t)s] *n no pl* ① SOCIOL Abweichung *f*; ~ **from the norm** abweichendes Verhalten, Devianz *f fachspr*
② MATH Abweichung *f*, Summe *f* der Abweichungsquadrate
de·vi·an·cy [ˈdiːviənsi] *n* Abweichung *f*
de·vi·ant [ˈdiːviənt] SOCIOL **I.** *n* **to be a** [**sexual/social**] ~ [im sexuellen/sozialen Verhalten] von der Norm abweichen
II. *adj behaviour* abweichend *attr*, deviant *fachspr*; ~ **career** Werdegang *m* der Abweichung
de·vi·ate I. *n* [ˈdiːviət] SOCIOL von der Norm abweichende Person; **sexual/social** ~ von der sexuellen/sozialen Norm abweichende Person
II. *vi* [ˈdiːvieɪt] ① *(diverge)* abweichen; POL [von der Parteilinie] abweichen, deviieren *fachspr* (**from** von +*dat*); **to** ~ **from the norm** von der Norm abweichen; ***this weather pattern ~s from the norm*** das Wetter ist für diese Jahreszeit unüblich
② *(go in another direction)* sich *akk* entfernen; **to** ~ **from the route** sich *akk* vom Weg entfernen, vom Weg abkommen; **to** ~ **from a rule** von einer Regel abweichen, sich *akk* nicht an eine Regel halten
de·via·tion [ˌdiːviˈeɪʃən] *n* ① SOCIOL Abweichung *f*; ~ **from the norm** Abweichung *f* von der Norm; **sexual/social** ~ Abweichung *f* von der sexuellen/sozialen Norm, sexuelle/soziale Devianz *fachspr*; POL Abweichen *nt* von der Parteilinie, Deviation *f fachspr*
② MATH, NAUT Abweichung *f*, Deviation *f fachspr*; NAUT *also* Fehlweisung *f*
de·via·tion·ist [ˌdiːviˈeɪʃənɪst] *n* POL Abweichler(in) *m(f)*, Deviationist(in) *m(f) fachspr*
de·vice [dɪˈvaɪs] *n* ① *(machine)* Gerät *nt*, Vorrichtung *f*, Apparat *m*; **bugging/hearing** ~ Abhör-/Hörgerät *nt*
② *(method)* Verfahren *nt*, Maßnahme *f*; **contraceptive** ~ Methode *f* der Empfängnisverhütung; **linguistic/stylistic** ~ Sprach-/Stilmittel *nt*; **literary/rhetorical** ~ literarischer/rhetorischer Kunstgriff;

D

marketing ~ absatzförderndes Mittel

③ *(bomb)* Sprengsatz *m;* **explosive/incendiary** ~ Spreng-/Brandsatz *m;* **nuclear** ~ atomarer Sprengkörper

▸PHRASES: **to leave sb to their own ~s** jdn sich *dat* selbst überlassen

dev·il ['devᵊl] **I.** *n* ① *no pl (Satan)* ■**the** ~ der Teufel; **to be possessed by the** ~ vom Teufel besessen sein, den Teufel im Leib haben

② *(demon)* böser Geist, Dämon *m; (fig: wicked person)* Teufel(in) *m(f) fam,* Teufelsbraten *m pej fam,* Satansbraten *m pej fam;* ***he's a real*** ~ er ist ein echtes Scheusal *fam*

③ *(approv fam: sly person)* alter Fuchs *fam; (daring person)* Teufelskerl *m fam,* Draufgänger(in) *m(f) fam;* **be a** ~ nur zu *fam,* sei kein Frosch *fam;* **you** ~ du bist [mir] vielleicht so eine Marke *fam*

④ *(affectionately)* **cheeky** ~ Frechdachs *m hum fam;* **little** ~ kleiner Schlingel *fam;* **lucky** ~ Glückskind *nt,* Glückspilz *m fam;* **poor** ~ armer Teufel [*o* Schlucker] [*o* Kerl] *fam*

⑤ *(emphasizing)* **to be a ~ of a job** eine Heidenarbeit sein *fam;* **to have the ~ of a job** [*or* **time**] **doing sth** es verteufelt [*o* verdammt] schwer haben, etw zu tun *fam;* ***we had the ~ of a time trying to find the place*** es war verdammt schwierig für uns, den Ort zu finden; **how/what/where/who/why the ~ ...?** wie/was/wo/wer/warum zum Teufel ...? *fam*

⑥ *esp* LAW *(junior assistant)* Assessor(in) *m(f)*

⑦ BRIT *(machine)* Zerkleinerungsmaschine *f,* [Reiß]-wolf *m*

⑧ ZOOL [**Tasmanian**] ~ Tasmanischer Teufel, Beutelteufel *m*

▸PHRASES: **to be between the ~ and the deep blue sea** sich *akk* in einer Zwickmühle befinden *fam;* **to give the ~ his due** das muss man ihm/ihr lassen; **go to the ~!** geh zum Teufel! *sl,* scher dich zum Teufel! *sl;* **like the** ~ wie besessen [*o fam* wild]; **needs must when the ~ drives** *(prov)* ob du willst oder nicht; **there'll be the ~ to pay** das gibt Ärger; ***if he catches you doing that there'll be the ~ to pay*** wenn er dich dabei erwischt, ist die Hölle los; **to play the ~ with sb/sth** jdm/etw übel mitspielen, Schindluder mit jdm/etw treiben; **speak** [*or dated* **talk**] **of the** ~ [**and he appears**] wenn man vom Teufel spricht[, ist er auch schon da], wenn man den Teufel nennt[, kommt er gerennt] SÜDD *prov,* man soll den Teufel nicht an die Wand malen; ~ **take the hindmost** den Letzten beißen die Hunde *prov*

II. *vi* LAW **to ~ for sb** für jdn als Anwaltsvertreter tätig sein

dev·il·ish ['devᵊlɪʃ] **I.** *adj* ① *plan, plot* teuflisch; *grin also* tückisch; *heat, mess* fürchterlich, furchtbar *fam,* schrecklich *fam*

② *(difficult) situation* verteufelt *fam; problem* vertrackt *fam,* verzwickt *fam;* ~ **job** Heidenarbeit *f*

II. *adv* BRIT *(dated fam: extremely) see* **devilishly 2**

dev·il·ish·ly ['devᵊlɪʃli] *adv* ① *(mischievously) smile, wink* teuflisch, diabolisch

② *(extremely)* schrecklich *fam,* verdammt *fam;* ~ **clever** [*or* **cunning**]**/handsome/hot** verdammt schlau/gut aussehend/heiß; ~ **cruel** schrecklich grausam; ~ **difficult** äußerst verzwickt

'dev·il-may-care *adj attr* sorglos, leichtsinnig *pej;* ***she was always cheerful and had a ~ attitude about the future*** sie war stets fröhlich und machte sich keine Gedanken über die Zukunft

dev·il·ment ['devᵊlmənt], **dev·il·ry** ['devᵊlri] *n no pl (dated)* [grober] Unfug, böser Streich; **purely out of** ~ aus reinem Übermut; **to be up to** ~ Unfug im Sinn haben, etwas im Schilde führen

dev·il's 'ad·vo·cate *n* Advocatus Diaboli *m;* **to play the** ~ den Advocatus Diaboli spielen **dev·il's food 'cake** *n* glasierte Schoko[laden]cremetorte

dev·ils on 'horse·back *n* BRIT Backpflaumen *pl* im Speckmantel auf Toast

de·vi·ous ['di:viəs] *adj* ① *(dishonest) person* verschlagen, unaufrichtig; *scheme* krumm *fam*

② *attr (roundabout)* gewunden; **to take a ~ route** einen Umweg fahren

de·vi·ous·ly ['di:viəsli] *adv* verschlagen, hinterhältig

de·vi·ous·ness ['di:viəsnəs] *n no pl* ① *(dishonesty)* Verschlagenheit *f,* Hinterhältigkeit *f*

② *(of a route)* Gewundenheit *f*

de·vise [dɪ'vaɪz] **I.** *vt* ■**to ~ sth** ① *(contrive)* etw erdenken [*o* ersinnen]; **to ~ a plot** [*or* **scheme**] einen Plan aushecken, ein Komplott schmieden *geh*

② LAW *property* über etw *akk* letztwillig verfügen, etw hinterlassen [*o* vermachen]

II. *n* LAW letztwillige Verfügung *(über Grundbesitz)*

de·vi·tal·ize [ˌdi:'vaɪtᵊlaɪz, AM -ṭᵊl-] *vt* ■**to ~ sth** etw schwächen [*o* entkräften]; **to ~ an argument** ein Argument entkräften; **to ~ a programme/project** ein Programm/Projekt auslaufen lassen

de·void [dɪ'vɔɪd] *adj pred* ■**to be ~ of sth** ohne etw *akk* sein; ***he seems to be ~ of any compassion whatsoever*** ihm fehlt anscheinend jegliches Mitgefühl; **to be completely ~ of feeling/ornament/sense** völlig gefühl-/schmuck-/sinnlos sein

de·voir [də'vwɑ:ʳ, AM -'vwɑ:r] *n* ① *(duty)* Pflicht *f;* **to do one's** ~ seine Pflicht und Schuldigkeit tun *geh*

② *pl (respect)* **to pay one's ~s to sb** jdm seine Aufwartung machen *veraltet geh*

de·vo·lu·tion [ˌdi:və'lu:ʃᵊn, AM ˌdevə'-] *n no pl* ① POL *(decentralization)* Dezentralisierung *f;* ~ **of authority** Delegierung *f* von Amtsgewalt

② LAW *(transference)* Übergang *m;* ~ **of an inheritance** Anfall *m* einer Erbschaft; ~ **of property/rights** Übergang *m* von Eigentum/Rechten

de·volve [dɪ'vɒlv, AM -'vɑ:lv] **I.** *vi* ① *(be transferred) duty, functions* übergehen, übertragen werden; ***the responsibility ~s on her as soon as the boss leaves the office*** die Verantwortung geht auf sie über, sobald der Chef das Büro verlässt

② LAW *(become sb's property)* ■**to ~ on sb** auf jdn übergehen

II. *vt (form)* ■**to ~ sth** etw übertragen (**on/upon** auf +*akk*); **to ~ duties/rights/property** Pflichte/Rechte/Eigentum übertragen; **to ~ responsibility downward** Verantwortung nach unten weitergeben; ■**to ~ sth to sb** jdm etw übertragen, etw an jdn delegieren

Dev·on ['devᵊn] *n no pl* Devon *nt*

De·vo·nian [dɪ'vəʊniən, AM -'voʊ-] **I.** *n* ① *(person)* Bewohner(in) *m(f)* von Devon[shire]

② *no pl* GEOL Devon *nt*

③ ZOOL Devonrind *nt; (sheep)* Devonschaf *nt*

II. *adj inv* ① *(of Devon)* aus Devon[shire]

② GEOL devonisch; ~ **formation** Devon *nt*

de·vote [dɪ'vəʊt, AM -'voʊt] *vt* ■**to ~ sth to sb/sth** jdm/etw etw widmen; **to ~ one's time to sb/sth** jdm/etw seine Zeit opfern; ■**to ~ oneself to sth** sich *akk* etw *dat* widmen; **to ~ oneself to God** sein Leben Gott weihen

de·vot·ed [dɪ'vəʊtɪd, AM -'voʊṭɪd] *adj admirer* begeistert; *child, dog* anhänglich; *disciple, follower, friend* treu; *friendship, love* aufrichtig; *husband, mother* hingebungsvoll; *servant* ergeben *geh;* ■**to be ~ to sb/sth** jdm/etw treu ergeben sein; ***she is ~ to her job*** sie geht völlig in ihrer Arbeit auf

de·vot·ed·ly [dɪ'vəʊtɪdli, AM -'voʊṭɪd-] *adv* treu ergeben, hingebungsvoll

devo·tee [ˌdevə(ʊ)'ti:, AM -və'-] *n of an artist* Verehrer(in) *m(f); of a leader* Anhänger(in) *m(f); of a cause* Verfechter(in) *m(f); of music* Liebhaber(in) *m(f); of a sport* Fan *m fam*

de·vo·tion [dɪ'vəʊʃᵊn, AM -'voʊ-] *n no pl* ① *(loyalty)* Treue *f,* Ergebenheit *f*

② *(dedication)* Hingabe *f,* Aufopferung *f;* **selfless/unstinting ~ to a cause/duty** selbstlose/rückhaltlose Hingabe an eine Sache/Pflicht

③ *(affection) of the husband, wife* Liebe *f,* innige Zuneigung; *of children* Anhänglichkeit *f; of an admirer* Verehrung *f,* Wertschätzung *f*

④ REL Frömmigkeit *f,* Andacht *f;* ***she has a deep ~ to God*** sie ist sehr gottergeben

de·vo·tion·al [dɪ'vəʊʃᵊnᵊl, AM -'voʊ-] *adj book, exercise, picture* Andachts-; *congregation, prayer, worshipper* andächtig; *literature* erbaulich, Erbauungs-; *person, practice* fromm, religiös; ~ **articles** Devotionalien *pl;* ~ **services** gottesdienstliche Handlungen

de·vour [dɪ'vaʊəʳ, AM -ɚ] *vt* ① *(eat)* ■**to ~ sth** etw verschlingen; *(fig)* **to ~ a book** ein Buch verschlingen

② *(consume)* ■**to ~ sth** etw vernichten [*o geh* verzehren]; ***the flames ~ed most of the documents*** die Flammen vernichteten den größten Teil der Unterlagen; *(fig)* **to be ~ed by jealousy/passion** sich *akk* vor Eifersucht/Leidenschaft verzehren *geh*

de·vour·ing [dɪ'vaʊərɪŋ, AM -ɚɪŋ] *adj attr (fig esp liter) ambition, hatred, passion* verzehrend *geh; curiosity* brennend; *fire* vernichtend

de·vout [dɪ'vaʊt] *adj* ① *Catholic, person* fromm, gläubig; *(fig: committed)* eifrig; *environmentalist, pacifist* [sehr] engagiert, erklärt; **to be a ~ believer in sth** fest von etw *dat* überzeugt sein

② *(sincere) prayers* inbrünstig, andächtig; *hope, wish* innig, sehnlich

de·vout·ly [dɪ'vaʊtli] *adv* ① *(earnestly religious)* streng religiös; **a** ~ ***Catholic family*** eine streng katholische Familie

② *(sincerely)* **to pray** ~ andächtig beten; **to hope** ~ inständig [*o geh* inbrünstig] hoffen

dew [dju:, AM du:] *n no pl* Tau *m*

dew·ber·ry ['dju:bᵊri, AM 'du:beri, 'dju:-] *n* ① *(berry)* Brombeere *f*

② *(shrub)* Brombeerstrauch *m*

dewdrop *n* ① *(drop of dew)* Tautropfen *m*

② BOT Zwergbrombeere *f*

Dewey deci·mal clas·si·fi·ca·tion [ˌdju:i-, AM ˌdu:i-, ˌdju:i-] *n,* **'Dewey sys·tem** *n no pl esp* AM Dewey-System *nt (System der Katalogisierung von Büchern für Bibliotheken)*

'dew·fall *n no pl* Taubildung *f,* Taufall *m;* ■**at** ~ *(poet liter)* in aller Frühe

'dew·lap *n of a cow* Wamme *f; of a turkey* Hautlappen *m; of a fat person* Doppelkinn *nt; (from age)* Halsfalte *f*

de·worm [ˌdi:'wɜ:m, AM -'wɜrm] *vt* ■**to ~ an animal** ein Tier entwurmen

'dew point *n* PHYS Taupunkt *m*

dewy ['dju:i, AM *esp* 'du:i] *adj* ① *(covered with dew)* taufeucht; *morning* taufrisch

② *(moist) skin* feucht

dewy-'eyed *adj* ① *(pej: naive)* naiv *pej,* blauäugig *fig pej*

② *(emotional)* mit feuchten Augen; **to get** [*or* **go**] ~ feuchte Augen bekommen

dex·ter·ity [dek'sterəti, AM -əṭi] *n no pl* ① *(of hands)* Geschicklichkeit *f*

② *(cleverness)* Gewandtheit *f; (of speech)* Redegewandtheit *f*

dex·ter·ous ['dekstᵊrəs] *adj* ① *(skilful) dancer* gewandt; *fingers, hands, person* geschickt, flink

② *(clever) orator, politician* gewandt; *mind, manager* findig

dex·ter·ous·ly ['dekstᵊrəsli] *adv* ① *(skilfully)* geschickt

② *(cleverly)* gewandt

dex·trose ['dekstrəʊs, AM -troʊs] *n no pl* Traubenzucker *m,* Dextrose *f fachspr*

dex·trous ['dekstrəs] *adj see* **dexterous**

dex·trous·ly ['dekstrəsli] *adv see* **dexterously**

DFC [ˌdi:ef'si:] *n* BRIT MIL *abbrev of* **Distinguished Flying Cross** *Militärorden für Piloten*

DFE [ˌdi:ef'i:] *n no pl* BRIT *abbrev of* **Department for Education** Ministerium *nt* für Gesundheit und Soziales

DH [di:'eɪtʃ] *abbrev of* **designated hitter I.** *n Spieler, der den Ball für den Werfer schlägt, aber nicht wirft* **II.** *vi den Ball für den Werfer schlagen, aber nicht werfen*

DHA [ˌdi:eɪtʃ'eɪ] *n* ① *no pl abbrev of* **docosahexanoic acid** DHA

② *no pl abbrev of* **dihydroxyacetone** DHA

dhal [dɑ:l] *n no pl* Dal *pl (Hindi für Hülsenfrüchte bzw. Gericht aus diesen)*

dhar·ma ['dɑ:mə, AM 'dɑ:r-] *n no pl* Dharma *nt (im Buddhismus und Hinduismus überwiegend im Sinne von Gesetz/Pflicht verwendet)*

dho·ti ['dəʊti, AM 'doʊṭi] *n* Lendentuch *nt (der*

Inder)

dhow [daʊ] *n* NAUT D[h]au *f*

DHS [ˌdiːeɪtʃ'es] *n no pl* AM *abbrev of* **Department of Homeland Security** Ministerium *nt* für innere Sicherheit

DHSS [ˌdiːeɪtʃes'es] *n no pl, + sing/pl vb* BRIT *(hist) abbrev of* **Department of Health and Social Security**: ■**the** ~ Ministerium *nt* für Gesundheit und Soziales

DHT [ˌdiːeɪtʃ'tiː] *n abbrev of* **dihydrotestosterone** Dehydrotestosteron *nt*

DI[1] [diː'aɪ] *abbrev of* **donor insemination** **I.** *n no pl* donogene Insemination, Spenderinsemination *f*
II. *n modifier* ~ **children** durch donogene Insemination [*o* Spenderspermien] gezeugte Kinder

DI[2] [diː'aɪ] *n abbrev of* **detective inspector** Kriminalinspektor(in) *m(f)*

dia·be·tes [ˌdaɪə'biːtiːz, AM -t̬əs] *n no pl* Zuckerkrankheit *f,* Diabetes *m*

dia·bet·ic [ˌdaɪə'betɪk, AM -'bet̬-] **I.** *n* Diabetiker(in) *m(f),* Zuckerkranke(r) *f(m)*
II. *adj* ❶ *(having diabetes)* zuckerkrank, diabetisch *fachspr*
❷ *(for diabetics)* Diabetiker-, Diabetes-; ~ **chocolate/diet/food** Diabetikerschokolade/-diät/-kost *f*

dia·bol·ic [ˌdaɪə'bɒlɪk, AM -'bɑː-] *adj* ❶ *(of Devil)* Teufels-
❷ *(evil)* teuflisch, diabolisch *geh*

dia·boli·cal [ˌdaɪə'bɒlɪkəl, AM -'bɑː-] *adj* ❶ *(of Devil)* Teufels-
❷ *(evil)* teuflisch, diabolisch *geh*
❸ *(fam: very bad)* schrecklich *fam,* grässlich *fam*

dia·boli·cal·ly [ˌdaɪə'bɒlɪkəli, AM -'bɑː-] *adv* ❶ *(extremely)* wahnsinnig *fam,* unheimlich *fam,* fürchterlich *fam;* ~ **difficult** saumäßig schwer *sl;* ***he invented a ~ clever scheme*** er hat sich einen ungemein schlauen Plan ausgedacht; ***she is ~ cunning*** sie ist eine ganz Ausgebuffte *sl*
❷ *(wickedly)* diabolisch, teuflisch-boshaft

dia·chron·ic [ˌdaɪə'krɒnɪk, AM -'krɑː-] *adj inv* LING diachron[isch]

dia·crit·ic [ˌdaɪə'krɪtɪk, AM -t̬-] **I.** *adj attr, inv* LING diakritisch
II. *n* LING diakritisches Zeichen

dia·criti·cal [ˌdaɪə'krɪtɪkəl, AM -t̬-] *adj inv* LING diakritisch

dia·dem ['daɪədem] *n* Diadem *nt*

di·ag·nose ['daɪəgnəʊz, AM ˌdaɪəg'noʊs] **I.** *vi* diagnostizieren
II. *vt* ■**to** ~ **sth** ❶ MED etw diagnostizieren [*o* feststellen]; ***she was ~d as having diabetes*** man hat bei ihr Diabetes festgestellt
❷ *(discover)* etw erkennen; **to** ~ **a fault** [*or* **flaw**] einen Fehler [*o* Defekt] feststellen

di·ag·no·sis <*pl* -ses> [ˌdaɪəg'nəʊsɪs, AM -'noʊ-, *pl* -siːz] *n* ❶ *of a disease* Diagnose *f;* **to make a** ~ eine Diagnose stellen
❷ *of a problem* Beurteilung *f*
❸ BIOL Bestimmung *f,* Diagnose *fachspr*

di·ag·nos·tic [ˌdaɪəg'nɒstɪk, AM -'nɑː-] *adj* diagnostisch

di·ag·nos·ti·cian [ˌdaɪəgnɒs'tɪʃən, AM -nɑːs'-] *n* Diagnostiker(in) *m(f)*

di·ag·nos·tics *npl* Diagnostik *f*

di·ago·nal [daɪ'ægənəl] **I.** *adj inv line* diagonal, schräg; ~ **stripe** Schrägstreifen *m*
II. *n* Diagonale *f*

di·ago·nal·ly [daɪ'ægənəli] *adv inv* schräg, diagonal; **to live/sit** ~ **across from sb** jdm schräg gegenüber wohnen/sitzen

dia·gram ['daɪəgræm] **I.** *n* ❶ *(drawing)* schematische Darstellung [*o* Zeichnung], Schema *nt;* **wiring** ~ Schaltplan *m,* Schaltbild *nt;* **to draw a** ~ eine Skizze anfertigen
❷ *(chart)* Diagramm *nt,* grafische Darstellung, Schaubild *nt;* ~ **equilibrium** SCI Gleichgewichtsdiagramm *nt*
❸ MATH Diagramm *nt*
II. *vt* <-mm-> ■**to** ~ **sth** etw schematisch aufzeichnen

dia·gram·mat·ic [ˌdaɪəgrə'mætɪk, AM -t̬-] *adj* schematisch, diagrammatisch

dia·gram·mati·cal·ly [ˌdaɪəgrə'mætɪkli, AM -t̬-] *adv* schematisch, diagrammatisch

dial [daɪəl, AM daɪ(ə)l] **I.** *n* ❶ *of clock* Zifferblatt; *of gauge, instrument* Skala *f,* Skale *f fachspr; of telephone* Wählscheibe *f,* Nummernscheibe *f;* RADIO, TV [Einstell]skala *f;* ~ **illumination** Skalenbeleuchtung *f*
❷ BRIT *(sl: face)* Visage *f pej sl*
II. *vi* <BRIT -ll- *or* AM *usu* -l-> wählen; **to** ~ **direct** durchwählen
III. *vt* **to** ~ **a number** eine Nummer wählen; ***you've just ~led the wrong number*** Sie haben sich soeben verwählt; ***he ~led the doctor's office*** er rief in der Arztpraxis an; **to** ~ **999** [*or* AM **911**] den Notruf wählen

di·al·de·hyde [daɪ'ældɪhaɪd] *n* CHEM Dialdehyd *m*

dia·lect ['daɪəlekt] **I.** *n* Dialekt *m,* Mundart *f*
II. *n modifier (dictionary, geography)* Dialekt-, Mundart-

dia·lec·tal [ˌdaɪə'lektəl] *adj* dialektal, mundartlich

dia·lec·tic [ˌdaɪə'lektɪk] **I.** *n no pl* Dialektik *f*
II. *adj* dialektisch

dia·lec·ti·cal [ˌdaɪə'lektɪkəl] *adj* dialektisch

dia·lec·ti·cal ma·'teri·al·ism *n* PHILOS dialektischer Materialismus, Diamat *m*

dia·lec·ti·cian [ˌdaɪəlek'tɪʃən] *n* Dialektiker(in) *m(f)*

dia·lec·tics [ˌdaɪə'lektɪks] *npl + sing vb see* **dialectic I**

dial·ling ['daɪəlɪŋ, AM 'daɪ(ə)l-] *n no pl* Wählen *nt;* **direct** ~ Direktwahl *f,* Durchwahl *f*

'dial·ling code *n* BRIT Vorwahl *f,* Ortsnetzkennzahl *f* **'dial·ling tone** *n* BRIT Wählton *m,* Amtston *m* BRD, ÖSTERR

dia·logue, AM **dia·log** ['daɪəlɒg, AM -lɑːg] *n* ❶ *(conversation)* [Zwie]gespräch *nt,* Dialog *m geh*
❷ LIT, THEAT, FILM Dialog *m*
❸ POL Gespräch *nt,* Unterredung *f,* Dialog *m geh;* **to engage in** ~ sich *akk* an einem Dialog beteiligen, sich *akk* auf einen Dialog einlassen *geh;* **to enter into** ~ **with sb** in einen Dialog mit jdm [ein]treten *geh*

'dialogue-based *adj inv* COMPUT dialoggesteuert

'dia·logue box, AM **'dia·log box** *n* COMPUT Dialogbox *f*

'dial tone *n* AM, AUS Amtston *m* BRD, ÖSTERR, Wählton *m* **'dial-up, 'dial-up ser·vice** *n* COMPUT Onlinedienst *m*

di·aly·sis [daɪ'æləsɪs] *n no pl* ❶ MED *(of blood)* Blutwäsche *f,* [Hämo]dialyse *f fachspr*
❷ CHEM Dialyse *f fachspr,* Trennung *f*

dia·man·té [ˌdiːə'mɑ̃(ŋ)teɪ, AM -'mɑːnteɪ] **I.** *n no pl* Strass *m*
II. *adj inv brooch, earrings* Strass-

di·am·eter [daɪ'æmɪtəʳ, AM -t̬ɚ] *n* ❶ *(of pipe, etc.)* Durchmesser *m,* Diameter *m fachspr;* ***the pipe is 4 cm in ~*** das Rohr misst 4 cm im Durchmesser [*o* hat einen Durchmesser von 4 cm]
❷ *(of magnification)* Vergrößerung *f*

dia·met·ri·cal·ly [daɪə'metrɪkəli] *adv inv* ❶ *(of or along a diameter)* diametrisch *fachspr*
❷ *(fig: completely)* ~ **opposed** völlig [*o geh* diametral] entgegengesetzt; ***their points of view are ~ opposed*** sie vertreten gegensätzliche Standpunkte

dia·mond ['daɪəmənd] **I.** *n* ❶ *(stone)* Diamant *m;* ■**~s** *pl* Diamanten *pl,* Diamantschmuck *m;* **conflict** [*or* **blood**] **~s** Konfliktdiamanten *pl,* Blutdiamanten *pl (Rohdiamanten, mit denen Rebellengruppen Konflikte gegen legitime Regierungen finanzieren)*
❷ MATH Raute *f,* Rhombus *m*
❸ CARDS Karo *nt,* Ecke *f* SCHWEIZ; **ace/king of ~s** Karoass *nt*/-könig *m,* Ecken Ass *nt*/König *m* SCHWEIZ
❹ *(tool)* [Glaser]diamant *m*
❺ *(in baseball)* Spielfeld *nt; (infield)* Innenfeld *nt*
▸PHRASES: **it was** ~ <u>**cut**</u> ~ AM sie standen einander in nichts nach; **a** ~ **in the** <u>**rough**</u> AM ein ungeschliffener Diamant; ***Rachel is a ~ in the rough*** Rachel ist ein Juwel, ihr fehlt nur der Schliff
II. *n modifier (brooch, necklace, ring)* Diamant-

dia·mond an·ni·'ver·sary *n* diamantene Hochzeit

'dia·mond cut·ter *n* Diamantschneider(in) *m(f),* Diamantschleifer(in) *m(f)* **dia·mond-en·'crust·ed** *adj inv* diamantbesetzt, mit Diamanten besetzt **dia·mond 'ju·bi·lee** *n esp* BRIT diamantenes [*o* sechzigjähriges] Jubiläum, Sechzigjahrfeier *f* **'dia·mond mine** *n* Diamantenmine *f* **dia·mond 'wed·ding** *n* diamantene Hochzeit

dia·pa·son [ˌdaɪə'peɪzən] *n* MUS ❶ *(range)* Diapason *m o nt fachspr*
❷ *(organ)* englisches Orgelregister; **open** ~ Achtfuß-Prinzipal *nt;* **stopped** ~ Achtfuß-Gedackt *m*
❸ *no pl (pitch standard)* Normalstimmton *m,* Kammerton *m; (rich sound)* voller [*o* volltönender] Klang; *(fig)* Zusammenklang *m,* Harmonie *f*
❹ *(tuning device)* Stimmpfeife *f*

dia·per ['daɪəpəʳ, AM -ɚ] **I.** *n* ❶ AM *(nappy)* Windel *f;* **cloth** ~ Stoffwindel *f;* **disposable** ~ Wegwerfwindel *f,* Papierwindel *f*
❷ *(patterned fabric)* Jacquardgewebe *nt*
II. *vt* **to** ~ **a baby** ein Baby wickeln [*o* BRD windeln]

'dia·per cov·er *n* AM Windelhose *f* **'dia·per rash** *n* AM *(nappy rash)* Windelausschlag *m* **'dia·per ser·vice** *n* AM Windelwaschdienst *m,* Windelservice *m o nt*

di·apha·nous [daɪ'æfənəs] *adj (liter)* durchscheinend, [licht]durchlässig; ~ **cloth** durchsichtiger [*o* transparenter] Stoff

dia·phragm ['daɪəfræm] *n* ❶ ANAT Zwerchfell *nt,* Scheidewand *f,* Diaphragma *nt fachspr*
❷ MECH, TECH Membran[e] *f;* SCI semipermeable Membran; ~ **pump** Membranpumpe *f*
❸ PHOT [Okular]blende *f*
❹ *(contraceptive)* [Scheiden]diaphragma *nt,* [Scheiden]pessar *nt*

dia·rist ['daɪərɪst] *n* Tagebuchschreiber(in) *m(f)*

di·ar·rhoea, *esp* AM **di·ar·rhea** [ˌdaɪə'rɪə, AM -'riːə] *n no pl* Durchfall *m,* Diarrhö[e] *f fachspr*

di·ar·rhoeal, AM **di·ar·rheal** *adj attr, inv* Durchfall-

dia·ry ['daɪəriː] *n* ❶ *(book)* Tagebuch *nt;* **to keep a** ~ [ein] Tagebuch führen
❷ *(schedule)* [Termin]kalender *m,* Taschenkalender *m,* Agenda *f* SCHWEIZ

di·as·po·ra [daɪ'æspərə] *n no pl* ❶ *(of Jews)* **the** ~ die Judenvertreibung; *(of other groups)* Verstreuung *f*
❷ + *sing/pl vb (scattered ones)* Diaspora *f; (religious communities also)* Streugemeinde *f;* ~ **Jews** die Juden in der Diaspora; **the Christian** ~ die in der Diaspora lebenden Christen; **the Asian** ~ die im Ausland lebenden Asiaten

dia·to·ma·ceous earth [ˌdaɪətəˌmeɪʃəs'ɜːθ, AM -ɜrθ], **dia·tom earth** [ˌdaɪətəm'ɜːθ, AM -tɑːm'ɜːrθ] *n no pl* CHEM Kieselgur *f,* Diatomeenerde *f*

dia·tom·ic [daɪə'tɒmɪk, AM -'tɑː-] *adj inv* CHEM zweiatomig, diatomisch

dia·ton·ic [daɪə'tɒnɪk, AM -'tɑː-] *adj inv* MUS diatonisch

dia·tribe ['daɪətraɪb] *n (form: verbal)* Schmährede *f; (written)* Schmähschrift *f;* LIT [gelehrte] Streitschrift, Diatribe *f fachspr;* **to launch into a** ~ eine Schmährede vom Stapel lassen *fam*

di·azo [daɪ'æzəʊ, AM -zoʊ] *adj* CHEM ~ **compound** Diazoverbindung *f;* ~ **coupling** Diazokupplung *f*

dib·ble ['dɪbl] **I.** *n* ❶ *(implement)* Pflanzholz *nt,* Setzholz *nt*
❷ AM *(sl: policeman)* Bulle *m sl*
❸ AM *(vulg: penis)* Schwanz *m vulg*
II. *vi* dibbeln *fachspr,* mit einem Setzholz Pflanzlöcher machen
III. *vt* ■**to** ~ **sth in** etw mit einem Setzholz einpflanzen; **to** ~ **the soil** mit einem Setzholz Pflanzlöcher in den Boden machen

di·ben·zyl [daɪ'benzɪl] *n* CHEM Dibenzyl *nt*

dibs [dɪbz] *npl (fam)* ▸PHRASES: **to have** [*or* **get**] <u>**first**</u> ~ **on sth** bei etw *dat* Vorrang [*o* die erste Wahl haben] haben

dice [daɪs] **I.** *n* <*pl* -> ❶ *(object)* Würfel *m; (game)* Würfelspiel *nt;* **to load the** ~ die Würfel präparieren; *(fig)* mit gezinkten Karten spielen; **to play** ~ würfeln, ein Würfelspiel machen; **to roll** [*or* **throw**] **the** ~ würfeln, knobeln

❷ *(food)* Würfel *m*
▸PHRASES: **no ~!** AM *(fam: refusal of request)* kommt [überhaupt] nicht infrage *fam,* daraus wird nichts *fam; (of no use)* vergiss es *fam,* [das ist] völlig witzlos *fam; (having no luck)* keine Chance
II. *vi* würfeln
▸PHRASES: **to ~ with death** mit seinem Leben spielen, sein Leben aufs Spiel setzen
III. *vt* ❶ *(cut)* ▪**to ~ sth** etw würfeln [*o* in Würfel schneiden]
❷ AUS *(sl: reject)* ▪**to ~ sb** jdn abweisen, jdm die kalte Schulter zeigen *fam*

dicey ['daɪsi] *adj* *(fam)* unsicher, riskant; *situation* prekär *geh*

di·choto·miz·ing search [daɪ'kɒtəmaɪzɪŋ-, AM -'kɑ:t̬ə-] *n* COMPUT eliminierende Suche, Einstichverfahren *nt*

di·choto·my [daɪ'kɒtəmi, AM -'kɑ:t̬ə-] *n* *(form)* ❶ PHILOS Zweiteilung *f,* Dichotomie *f geh*
❷ BOT Aufspaltung *f,* Gabelung *f,* Dichotomie *f fachspr*

di·chro·mat·ic [,daɪkrə'mætɪk, AM -t̬ɪk] *adj inv* ❶ *(two-tone)* zweifarbig
❷ MED zweifarbensichtig, dichromatisch *fachspr*

dick [dɪk] *n* ❶ BRIT *(sl: chap)* Kerl *m fam,* Typ *m sl*
❷ *(pej!: stupid man)* Idiot *m pej,* Schwachkopf *m pej*
❸ AM *(pej sl: detective)* Schnüffler *m pej fam*
❹ *(vulg: penis)* Schwanz *m vulg*
❺ AM *(fam)* **~ all** *(nothing)* einen [feuchten] Dreck *sl;* ***he doesn't know ~ all*** einen Dreck weiß er *sl*
❻ CAN *(sl)* **~ all** *(nothing)* überhaupt nichts; ***last night I did ~ all*** gestern Abend habe ich überhaupt nichts gemacht

dick·ens ['dɪkɪnz] *n* *(dated fam)* **how/what/why the ~ ...?** wie/was/warum zum Teufel ...? *sl*

Dick·en·sian [dɪ'kenziən] *adj* LIT *(written by Dickens)* von Dickens; *(in Dickens' style)* in dickensscher Manier; *(of Dickens' day)* wie zu Dickens' Zeiten

dick·er ['dɪkə˞] *vi esp* AM feilschen *pej,* schachern *pej* (**with** mit +*dat*)

dick·ey ['dɪki] *n* *(for shirt)* Hemdenbrust *f,* Vorhemd *nt,* Plastron *m o nt; (for blouse)* Bluseneinsatz *m*

'dick·ey bow *n* BRIT *(fam)* Fliege *f,* Schleife *f,* Binder *m veraltend*

'dick·head *n* *(vulg)* Hohlkopf *m pej,* Schwachkopf *m pej*

dickie ['dɪki] *n see* **dickey**

dickie bow *n* BRIT *(fam) see* **dickey bow**

dicky[1] ['dɪki] *n see* **dicky bird**

dicky[2] ['dɪki] *adj* BRIT, AUS *(sl)* schlecht; **~ heart** schwaches Herz

'dicky bird *n* ❶ BRIT *(childspeak: when taking photos)* Vögelchen *nt,* Kuckuck *m* ÖSTERR
❷ *no pl (rhyming sl)* ***we haven't heard a ~ from Riza recently*** in der letzten Zeit haben wir von Riza überhaupt nichts gehört; **to not say a ~ to sb** jdm kein Sterbenswörtchen [*o* keinen Ton] verraten

'dicky bow *n* BRIT *(fam) see* **dickey bow**

dic·ta ['dɪktə] *n pl of* **dictum**

Dic·ta·phone® ['dɪktəfəʊn, AM -foʊn] *n* Diktaphon® *nt,* Diktiergerät *nt*

dic·tate [dɪk'teɪt, AM 'dɪk-] **I.** *vt* ▪**to ~ sth** ❶ *(command)* etw befehlen [*o* anordnen] [*o geh* diktieren]
❷ *(make necessary)* etw bestimmen [*o* notwendig machen] [*o geh* diktieren]
❸ *a letter, memo* etw diktieren
II. *vi* ❶ *(command)* befehlen, anordnen; ▪**to ~ to sb** jdm Vorschriften machen, jdn herumkommandieren *fam;* ***I will not be ~d to in this manner!*** so lasse ich mich nicht herumkommandieren!
❷ *(to a secretary)* diktieren; **to ~ into a machine** in ein Gerät diktieren, auf Band sprechen

dic·tates ['dɪkteɪts] *npl* Gebot *nt kein pl; of fashion* Diktat *nt kein pl geh;* **to follow the ~ of one's conscience** der Stimme seines Gewissens folgen; **the ~ of fairness** das Gebot der Fairness

dic·ta·tion [dɪk'teɪʃən] *n* ECON, SCH Diktat *nt;* **to take ~** ein Diktat aufnehmen

dic·ta·tor [dɪk'teɪtə˞, AM -t̬ə˞] *n* ❶ POL *(also fig)* Diktator *m pej;* ***my boss is a bit of a ~*** mein Chef ist ein kleiner Diktator
❷ *(of text)* Diktierende(r) *f(m)*

dic·ta·tor·ial [,dɪktə'tɔ:riəl] *adj* diktatorisch; **~ ruler** Gewaltherrscher(in) *m(f)*

dic·ta·tor·ship [dɪk'teɪtəʃɪp, AM -t̬ə˞-] *n* Diktatur *f;* **the ~ of General Franco** die Francodiktatur; **after many years of ~** nach vielen Jahren der Diktatur

dic·tion ['dɪkʃən] *n no pl* ❶ *(of speaking)* Ausdrucksweise *f,* Redestil *m,* Diktion *f geh*
❷ *(of pronunciation)* Aussprache *f;* **to have good ~** eine gute Aussprache haben

dic·tion·ary ['dɪkʃənəri, AM -eri] **I.** *n* *(of words)* Wörterbuch *nt; (of facts)* Lexikon *nt;* **to look sth up in a ~** etw in einem Wörterbuch nachschlagen
II. *n modifier (entry, use)* Wörterbuch-

dic·tum <*pl* -ta *or* -s> ['dɪktəm, *pl* -tə] *n* ❶ *(saying)* Diktum *nt geh,* [bedeutsamer] Ausspruch, geflügeltes Wort
❷ *(maxim)* Maxime *f,* Grundsatz *m*
❸ LAW richterliches Diktum *fachspr,* richterlicher Spruch

did [dɪd] *pt of* **do**

di·dac·tic [daɪ'dæktɪk] *adj* *(esp pej)* ❶ *method* didaktisch
❷ *(teaching a moral)* belehrend; **~ novel** Bildungsroman *m;* **~ play** Lehrstück *nt*
❸ *(pedantic)* schulmeisterlich *pej*

di·dac·ti·cal·ly [daɪ'dæktɪkli] *adv* *(also pej)* didaktisch, belehrend, schulmeisterlich *pej*

did·dle ['dɪdl̩] *(fam)* **I.** *vt* *(cheat)* ▪**to ~ sb** jdn übers Ohr hauen *fam;* ▪**to ~ sb out of sth** jdm etw abgaunern *fam*
II. *vi* AM *(tinker)* ▪**to ~ [around] with sth** an etw *dat* [he]rummachen *fam;* ***he ~d with the washing machine but it still wouldn't work*** er hantierte an der Waschmaschine herum, sie wollte aber immer noch nicht laufen

did·dly, did·dly-squat ['dɪdl̩i-] *n* AM *(sl)* nichts, einen feuchten Kehricht *sl;* **to know ~** einen Dreck wissen *sl,* keine Ahnung von Tuten und Blasen haben *sl*

did·dums ['dɪdəmz] **I.** *interj* BRIT *(hum)* ❶ *(mock sympathy)* du Arme(r)
❷ *(childspeak: comfort)* heile, heile Segen *Kindersprache*
II. *n* armer Kleiner/arme Kleine

did·geri·doo [,dɪdʒəri'du:] *n* MUS Didgeridoo *nt*

didn't ['dɪdənt] = **did not** *see* **do**

didst [dɪdst] *vt, vi (old)* 2nd pers. sing pt *of* **do**

die[1] [daɪ] *n* ❶ <*pl* dice> *(for games)* Würfel *m*
❷ TECH *(for shaping)* [Press]form *f,* Matrize *f; (for forging)* Gesenk *nt,* Kokille *f; (for cutting)* Schneidwerkzeug *nt; (for stamping)* [Press]stempel *m;* ELEC Rohchip *m*
▸PHRASES: **the ~ is cast** die Würfel sind gefallen; **as straight** [*or* **true**] **as a ~** grundehrlich

die[2] <-y-> [daɪ] **I.** *vi* ❶ *(cease to live)* sterben, umkommen; ***she said she would finish the race or ~ in the attempt*** sie sagte, sie werde das Rennen tot oder lebend beenden; ***I'd rather ~ than ...*** lieber sterbe ich, als dass ...; **to almost ~ of boredom/embarrassment/laughter** *(fam)* vor Langeweile/Scham/Lachen fast sterben *fam;* ***we almost ~d laughing*** wir hätten uns fast totgelacht; **to ~ of** [*or* **from**] **cancer/Aids** an Krebs/Aids sterben; **to ~ by one's own hand** *(liter)* Hand an sich *akk* legen *euph geh;* **to ~ of hunger** verhungern, hungers sterben *geh;* **to ~ in one's sleep** [sanft] entschlafen *euph geh;* **to ~ young** jung sterben, einen frühen Tod finden *geh;* ▪**to ~ for sth** für etw *akk* sterben; **to ~ for one's beliefs** für seine Überzeugungen in den Tod gehen *geh*
❷ *(fig: end)* vergehen, [dahin]schwinden, erlöschen *geh; love* sterben; ***the secret will ~ with her*** sie wird das Geheimnis mit ins Grab nehmen
❸ *(fam: stop functioning)* kaputtgehen *fam; engine* stehen bleiben, verrecken *pej sl; battery* leer werden; *flames, lights* [v]erlöschen, ausgehen; ***he wore his jeans until they ~d*** AM er trug seine Jeans, bis sie völlig hinüber waren *fam*
▸PHRASES: **do or ~** ***to get the job I'll do or ~*** ich werde alles geben, um die Stelle zu kriegen *fam;* ***it's do or ~ in this business venture*** bei diesem Geschäftsvorhaben geht es ums Ganze; **to be dying to do sth** darauf brennen, etw zu tun; **to be dying for sth** großes Verlangen nach etw *dat* haben; ***I'm dying for a cup of tea*** ich hätte jetzt zu gern eine Tasse Tee; ***I'm dying to hear the news*** ich bin wahnsinnig gespannt, die Neuigkeiten zu erfahren *fam;* **to ~ hard** *(person)* nicht aufgeben; *(beliefs, customs)* nicht totzukriegen sein *hum fam; (rumour)* sich *akk* lange halten; **never say ~** nur nicht aufgeben; **to be something to ~ for** *(fam)* unwiderstehlich gut sein; ***this chocolate cake is something to ~ for*** diese Schokoladentorte ist einfach köstlich
II. *vt* **to ~ a lonely death** einsam sterben; **to ~ a natural/violent death** eines natürlichen/gewaltsamen Todes sterben
▸PHRASES: **to ~ the death** BRIT THEAT *(fam)* ein totaler Flop sein *fam*
◆**die away** *vi* schwinden, ersterben *geh; sobs* nachlassen, immer schwächer werden; *anger, enthusiasm, wind* sich *akk* allmählich legen, nachlassen; *sound* verhallen, verklingen
◆**die back** *vi flower, leaves, plant* absterben
◆**die down** *vi loud music, noise* leiser werden; *rain, wind* schwächer werden; *storm* sich legen; *excitement* abklingen
◆**die off** *vi species* aussterben; *customs* aussterben, in Vergessenheit geraten; *flower, leaves, plant* absterben
◆**die out** *vi* aussterben

'die·back *n* [Ab]sterben *nt* [von Bäumen oder Ästen], Triebsterben *nt*

die-cast I. *vt* ▪**to ~ sth** etw spritzgießen [*o* druckgießen]
II. *adj inv* Spritzguss-, Druckguss-

'die·hard I. *n* *(pej)* Dickschädel *m pej fam,* Sturkopf *m pej fam;* POL Ewiggestrige(r) *f(m)*
II. *n modifier (reformer, critic)* unermüdlich; *(conservative, reactionary)* Erz-; *(cynic)* unverbesserlich

die·sel ['di:zəl, AM *also* -səl] **I.** *n no pl* ❶ *(fuel)* Dieselkraftstoff *m,* Diesel *m;* **to run on ~** mit Diesel fahren
❷ *(vehicle)* Dieselfahrzeug *nt,* Diesel *m fam*
II. *n modifier (locomotive, power, tractor, train)* Diesel-

die·sel-e'lec·tric *adj inv* Diesel-Elektro- **'die·sel en·gine** *n* Dieselmotor *m* **'die·sel oil** *n* Dieselöl *nt,* Dieselkraftstoff *m*

diet[1] [daɪət] **I.** *n* ❶ *(food and drink)* Nahrung *f,* Ernährung *f;* ***they exist on a ~ of burgers and chips*** sie ernähren sich ausschließlich von Hamburgern und Pommes frites; **balanced/healthy/varied ~** ausgewogene/gesunde/abwechslungsreiche Kost [*o* Ernährung]; **staple ~** Hauptnahrungsmittel *pl*
❷ *(for medical reasons)* Diät *f,* Schonkost *f;* **strict ~** strenge Diät; **to be on a ~** auf Diät sein *fam;* **to put sb on a ~** jdm eine Diät verordnen, jdn auf Diät setzen *fam*
❸ *(for losing weight)* Diät *f,* Schlankheitskur *f,* **crash ~** Radikalkur *f;* **to go on a ~** eine Diät [*o* Schlankheitskur] machen; **calorie-controlled ~** kalorienreduzierte Diät
❹ *(fig: routine)* Gewohnheit *f;* ***part of her therapy includes a ~ of fresh air*** zu ihrer Therapie gehört ein regelmäßiger Gang an die frische Luft; *(sth provided habitually)* **steady ~** ewiges Einerlei *pej fam,* ***the television offers a ~ of comedies and old movies*** das Fernsehen bringt nur Komödien und alte Filme
II. *vi* Diät halten [*o* leben]
III. *vt* ▪**to ~ sb** jdn auf Diät setzen *fam,* jdm eine Diät verordnen
IV. *n modifier (cola, ice cream, meal, soda)* Diät-

diet[2] [daɪət] *n* ❶ POL *(of province)* Landtag *m,* Kantonsrat *m* SCHWEIZ; *(federal)* Bundestag *m,* Nationalrat *m* ÖSTERR, Bundesversammlung *f* SCHWEIZ, Reichstag *m hist*
❷ *(assembly)* Versammlung *f*
❸ SCOT *(court session)* Gerichtstag *m,* Gerichts-

termin *m*

di·etary ['daɪətᵊri, AM -teri] **I.** *n* Diätplan *m,* Diätfahrplan *m fam,* Ernährungsplan *m*
II. *adj inv* ❶ *(of usual food)* Ernährungs-, Ess-; ~ **habits** Essgewohnheiten *pl*
❷ *(of medical diet)* Diät-, diätetisch

di·etary 'fi·bre, AM **di·etary 'fi·ber** *n no pl* Ballaststoff *m,* [unverdauliche] Rohfasern *pl*

di·et·er ['daɪətəʳ, AM -t̬ɚ] *n* Diätpatient(in) *m(f)*

di·etet·ic [ˌdaɪə'tetɪk, AM -'tet̬-] *adj inv* diätetisch

di·etet·ics [ˌdaɪə'tetɪks, AM -'tet̬-] *n + sing vb* Ernährungslehre *f,* Diätkunde *f,* Diätetik *f fachspr*

di·eti·cian, di·eti·tian [ˌdaɪə'tɪʃᵊn] *n* Diätassistent(in) *m(f),* Ernährungsberater(in) *m(f)*

dif·fer ['dɪfəʳ, AM -ɚ] *vi* ❶ *(be unlike)* ■**to ~ [from/in sth]** sich *akk* [von/in etw *dat*] unterscheiden; ***your taste in music ~s from hers*** du hast einen anderen Musikgeschmack als sie; **to ~ considerably/radically/significantly** sich *akk* beträchtlich/völlig/merklich unterscheiden
❷ *(not agree)* verschiedener Meinung sein, unterschiedliche Ansichten haben; LAW ***I beg to ~*** ich bin anderer Ansicht; ■**to ~ with sb** anderer Meinung als jd sein

dif·fer·ence ['dɪfᵊrᵊn(t)s] *n* ❶ *(state)* Unterschied *m* (**between** zwischen *+dat*); ~ **in quality** Qualitätsunterschied *m*
❷ *(distinction)* Verschiedenheit *f;* ***there is a great ~ between theory and practice*** die Theorie unterscheidet sich sehr von der Praxis; ***try new Cremetti: the ice cream with a ~*** probieren Sie das neue Cremetti: das etwas andere Eis; **to make a ~** einen Unterschied machen; **to make all the ~** die Sache völlig ändern; **for all the ~ it [***or* **that] will make** auch wenn sich dadurch nichts ändert; **to make all the ~ in the world [***or* **a world of ~]** einen himmelweiten Unterschied machen; **to make a ~ to sth** etw verändern; ***the new wallpaper in the bedroom has made all the ~ to it*** durch die neue Tapete wirkt das Schlafzimmer jetzt ganz anders
❸ FIN Differenz *f; in figures, results* Abweichung *f;* **to make up the ~** die Differenz ausgleichen, den Fehlbetrag decken; MATH *(after subtraction)* Rest *m*
❹ *(disagreement)* Meinungsverschiedenheit *f,* Differenz *f geh;* **to have a ~ of opinion** eine Meinungsverschiedenheit haben; **to put aside/settle [***or* **resolve] ~s** Meinungsverschiedenheiten beiseitelassen/beilegen

dif·fer·ent ['dɪfᵊrᵊnt] *adj* ❶ *(not the same)* anders *präd,* andere(r, s) *attr;* ***he seems to be ~ now that he's been to college*** er scheint sich geändert zu haben, seit er am College war
❷ *(distinct)* unterschiedlich, verschieden; ***she seems to wear something ~ every day*** sie scheint jeden Tag etwas anderes zu tragen; ■**to be ~ from sb/sth** sich *akk* von jdm/etw unterscheiden; ***Emily is entirely ~ from her sister*** Emily ist ganz anders als ihre Schwester
❸ *(unusual)* ausgefallen, ungewöhnlich; ***well, those purple shoes are certainly ~*** deine lila Schuhe sind eher ein wenig ungewöhnlich, oder?; **to do something ~** etwas Außergewöhnliches tun
▸PHRASES: **to be as ~ as chalk and cheese [***or esp* AM **night and day]** grundverschieden [*o* [so verschieden] wie Tag und Nacht] sein

dif·fer·en·tial [ˌdɪfᵊ'ren(t)ʃᵊl] **I.** *n* ❶ *(difference)* Unterschied *m,* Unterschiedsbetrag *m;* ECON Gefälle *nt;* **pay/price/tariff ~** Einkommens-/Preis-/Tarifunterschied *m,* Lohn-/Preis-/Tarifgefälle *nt*
❷ MATH Differenzial *nt*
❸ AUTO, MECH Differenzial[getriebe] *nt,* Ausgleichsgetriebe *nt*
II. *adj* ❶ *(different)* unterschiedlich, ungleich; ~ **access** COMPUT selektiver Zugang [*o* Zugriff]; ~ **treatment** Ungleichbehandlung *f*
❷ ECON gestaffelt, Staffel-; ~ **tariff** Staffeltarif *m*
❸ MATH, MECH Differenzial-

dif·fer·en·tial 'cal·cu·lus *n* Differenzialrechnung *f*
dif·fer·en·tial e'qua·tion *n* Differenzialgleichung *f*
dif·fer·en·tial 'gear *n* Differenzialgetriebe *nt*

dif·fer·en·tial·ly [ˌdɪfᵊ'ren(t)ʃᵊli] *adv* unterschiedlich

dif·fer·en·ti·ate [ˌdɪfᵊ'ren(t)ʃieɪt] **I.** *vi* unterscheiden, einen Unterschied machen, differenzieren; ***I'm not very good at differentiating between wines*** ich kann Weine nicht sehr gut voneinander unterscheiden
II. *vt* ■**to ~ sb/sth from sb/sth** jdn/etw von jdm/etw unterscheiden

dif·fer·en·tia·tion [ˌdɪfᵊren(t)ʃi'eɪʃᵊn] *n* ❶ *(showing differences)* Unterscheidung *f,* Differenzierung *f;* **to make a ~** einen Unterschied machen, unterscheiden
❷ *(becoming different)* Differenzierung *f;* *(of specializing)* Spezialisierung *f;* ***the ~ of the foetal organs ...*** die Ausbildung der einzelnen embryonalen Organe ...
❸ ECON Produktdifferenzierung *f*

dif·ferently ['dɪfᵊrentli] *adv* verschieden, unterschiedlich

dif·fi·cult ['dɪfɪkᵊlt] *adj* ❶ *(not easy) examination, language, task* schwierig, schwer; *case, problem, situation* schwierig; *choice, decision* schwer; ***this problem is ~ to deal with*** dieses Problem ist schwer in den Griff zu bekommen; ***it was ~ for her to say goodbye*** es fiel ihr schwer, sich zu verabschieden; ~ **climb** schwieriger Aufstieg; ~ **labour** schwere Geburt; **to find it ~ to do sth** es schwer finden, etw zu tun
❷ *(with hardship) age, position* schwierig; *life, time* schwer; *job, trip* beschwerlich
❸ *(not easy to please)* schwierig; ***the manager is ~ to deal with*** mit dem Manager ist nicht gut Kirschen essen *fam*
❹ *(complex) author, book, concept* schwierig, schwer verständlich

dif·fi·cul·ty ['dɪfɪkᵊlti] *n* ❶ *no pl (effort)* Mühe *f;* **with ~** mit Mühe, mühsam
❷ *no pl (problematic nature) of a task* Schwierigkeit *f*
❸ *(trouble)* Problem *nt,* Schwierigkeit *f;* ***a ~ has arisen*** es gibt da ein Problem; **to be fraught with difficulties** jede Menge Probleme mit sich *dat* bringen *fam;* **learning difficulties** Lernschwierigkeiten *pl;* **to be in difficulties** in Schwierigkeiten sein; **to be in difficulties with sb** BRIT, AUS Unannehmlichkeiten mit jdm haben; **to encounter difficulties** auf Schwierigkeiten stoßen; **to have ~ doing sth** Schwierigkeiten dabei haben, etw zu tun; ***she has been having great ~ finding a job*** es war sehr schwer für sie, eine Stelle zu finden

dif·fi·dence ['dɪfɪdᵊn(t)s] *n no pl* ❶ *(shyness)* Schüchternheit *f,* Mangel *m* an Selbstvertrauen; ***with great ~, he asked her ...*** ganz schüchtern fragte er sie, ...
❷ *(modesty)* Zurückhaltung *f,* Bescheidenheit *f*

dif·fi·dent ['dɪfɪdᵊnt] *adj* ❶ *(shy)* zaghaft, schüchtern
❷ *(modest)* zurückhaltend, bescheiden

dif·fi·dent·ly ['dɪfɪdᵊntli] *adv* ❶ *(shyly)* zaghaft, schüchtern
❷ *(modestly)* zurückhaltend, bescheiden

dif·fract [dɪ'frækt] *vt* PHYS ■**to ~ sth** etw beugen

dif·frac·tion [dɪ'frækʃᵊn] *n no pl* PHYS Beugung *f,* Diffraktion *f fachspr;* ~ **analysis** Beugungsanalyse *f;* ~ **pattern** Beugungsbild *f*

dif·fuse I. *adj* [dɪ'fju:s] ❶ *(spread out) community* [weit] verstreut; ~ **light** diffuses Licht, Streulicht *nt;* ~ **celestial radiation [***or* **light]** METEO Himmelsstrahlung *f*
❷ *(unclear) pain* diffus; ~ **murmuring** undeutliches Gemurmel
❸ *(verbose) explanation, report* weitschweifig; *prose, speech* langatmig
II. *vi* [dɪ'fju:z] ❶ *(disperse) knowledge* sich *akk* verbreiten; PHYS *gas* diffundieren *fachspr,* sich *akk* ausbreiten; *fluid* sich *akk* verbreiten [*o* verteilen]; ***oxygen ~s from the lungs into the bloodstream*** Sauerstoff dringt aus der Lunge in den Blutkreislauf
❷ PHYS *(intermingle)* sich *akk* vermischen
III. *vt* [dɪ'fju:z] ❶ *(disseminate)* ■**to ~ sth** etw verbreiten [*o* in Umlauf bringen]; **to ~ knowledge** Wissen verbreiten
❷ *(pour out)* ■**to ~ sth** etw ausgießen [*o* ausschütten]
❸ PHYS ■**to ~ sth into sth** etw in etw *akk* eindringen [*o fachspr* diffundieren] lassen; ***gas is ~d into the bladder*** in die Blase wird Gas eingebracht

dif·fuse·ly [dɪ'fju:sli] *adv* ❶ *(in a dispersed manner)* verstreut
❷ *(verbosely)* langatmig, weitschweifig

dif·fuse·ness [dɪ'fju:snəs] *n no pl* Mangel *m* an Abgrenzung, Unklarheit *f,* Unschärfe *f*

dif·fuse po'l·lu·tion *n no pl* diffuse Verschmutzung

dif·fus·er [dɪ'fju:zəʳ, AM -ɚ] *n* ❶ *(for light)* [Licht]diffusor *m,* lichtstreuender Körper
❷ *(for airstream)* Diffusor *m,* Luftverteiler *f,* [Druckluft]belüfter *m*

dif·fu·sion [dɪ'fju:ʒᵊn] *n no pl* Verbreitung *f;* SOCIOL Ausbreitung *f;* CHEM, PHYS Diffusion *f*

dif·'fu·sion line *n* Pret-à-porter-Kollektion *f*

dif·fus·or *n see* **diffuser**

dig [dɪg] **I.** *n* ❶ *(with shovel)* Grabung *f;* ARCHEOL Ausgrabung *f;* ARCHIT Erdarbeiten *pl;* **to go on a ~** eine Ausgrabung machen
❷ *(thrust)* Stoß *m,* Puff *m fam,* SCHWEIZ *a.* Schupf *m fam;* ~ **in the ribs** Rippenstoß *m*
❸ *(fam: cutting remark)* Seitenhieb *m* (**at** auf *+akk*); **to have [***or* **make] [***or* **take] a ~ at sb** gegen jdn sticheln
II. *vi* <-gg-, dug, dug> ❶ *(break up ground)* graben; ■**to ~ for sth** nach etw *dat* graben; ■**to ~ into/through sth** sich *akk* in/durch etw *akk* graben
❷ *(poke)* graben, wühlen; ***her nails dug into his palm*** ihre Nägel gruben sich in seine Hand; ***I've got a stone in my shoe and it's ~ging into my foot*** in meinem Schuh ist ein Stein, der bohrt sich in meinen Fuß; **to ~ in one's pocket** in der Tasche graben [*o fam* [herum]wühlen]
❸ *(dated sl: understand)* schnallen *sl,* kapieren *fam,* SCHWEIZ *a.* drauskommen *fam;* ***you ~, man?*** alles klar, Junge? *fam*
▸PHRASES: **to ~ deeper** der Sache nachgehen [*o* auf den Grund gehen], tiefer bohren; **to ~ [deeper] into one's pockets** [tiefer] in die eigene Tasche greifen; **to ~ [deeper] into one's resources [***or* **savings]** [verstärkt] auf eigene Mittel/Ersparnisse zurückgreifen
III. *vt* <-gg-, dug, dug> ❶ *(with a shovel)* ■**to ~ sth** etw graben; **to ~ a canal/ditch** einen Kanal/Graben ausheben; **to ~ a hole** ein Loch buddeln *fam*
❷ ARCHEOL ■**to ~ sth** etw ausgraben [*o* frei legen]
❸ *(thrust)* ■**to ~ sb** jdm einen Stoß [*o* SCHWEIZ *a. fam* Schupf] geben; **to ~ a pole into the ground** einen Pfahl in den Boden rammen; **to ~ sb in the ribs** jdn [mit dem Ellenbogen] anstoßen; **to ~ one's spurs into a horse** einem Pferd die Sporen geben
❹ *(dated sl: like)* ■**to ~ sth** auf etw *akk* stehen *sl*
❺ *(dated sl: understand a meaning)* ■**to ~ sth** etw schnallen *sl* [*o fam* kapieren]
▸PHRASES: **to dig [up] the dirt about [***or* **on] sb** jdn durch den Schmutz ziehen; **to ~ one's own grave** sich *dat* sein eigenes Grab schaufeln; **to ~ in one's heels [***or* **toes] [***or* **feet]** auf stur schalten, keinen Zentimeter nachgeben; **to ~ oneself into a hole** sich *dat* selbst eine Grube graben

◆**dig in I.** *vi* ❶ *(fam: begin eating)* reinhauen *fam,* zulangen *fam,* zuschlagen *fam;* ~ **in!** schlag zu!, hau rein!
❷ MIL sich *akk* eingraben [*o* verschanzen]
❸ *usu passive (be established)* ■**to be dug in** sich *akk* eingerichtet [*o* eingelebt] haben; MIL sich *akk* verschanzt haben
II. *vt* **to ~ fertilizer** ○ **in** Dünger untergraben

◆**dig out** *vt (also fig)* ■**to ~ out** ○ **sth** etw ausgraben *a. fig,* etw herausholen

◆**dig over** *vt* ■**to ~ over** ○ **sth** *dirt* etw umgraben

◆**dig up** *vt* ■**to ~ up** ○ **sth** ❶ *(turn over)* etw umgraben
❷ *(remove)* etw ausgraben; ARCHEOL etw frei legen; **to ~ up weeds** Unkraut jäten
❸ *(fig: find out)* etw herausfinden [*o* ausgraben]; **to ~ up information on sb/sth** etwas über jdn/etw

D

herausfinden

dig·era·ti [ˌdɪdʒəˈrɑːti, AM -t̬-] *npl* Digerati *pl,* Cyber-Elite *f (die Elite der Computer- und Onlineindustrie)*

di·gest I. *vi* [daɪˈdʒest] *food* sich *akk* verdauen lassen

II. *vt* [daɪˈdʒest] ■**to ~ sth** 1 *(in stomach)* etw verdauen

2 *(fig: understand)* etw verarbeiten [*o* verdauen]

3 CHEM *(decompose)* etw auflösen [*o fachspr* digerieren]

III. *n* [ˈdaɪdʒest] Auswahl *f* (**of** aus *+dat*), Überblick *m* (**of** über *+akk*); LAW Fallsammlung *f* [in Auszügen]; ~ **of findings** Zusammenstellung *f* von Ergebnissen; LAW Sammlung [*o* Auswahl] *f* von Gerichtsentscheidungen

di·gest·ible [dɪˈdʒestəbl] *adj* verdaulich, bekömmlich

di·ges·tion [dɪˈdʒestʃən] *n* Verdauung *f,* Digestion *f fachspr*

di·ges·tive [daɪˈdʒestɪv] **I.** *adj inv* Verdauungs-, digestiv *fachspr; disorder, enzymes, juices, tract* Verdauungs-

II. *n* verdauungsfördendes Mittel, Digestivum *nt fachspr*

di·ges·tive ˈbis·cuit *n* Vollkornkeks *m,* Vollkornguetsli *nt* SCHWEIZ *fam*

di·ˈges·tive sys·tem *n* Verdauungssystem *nt*

dig·ger [ˈdɪgəʳ, AM -ɚ] *n* 1 *(machine)* Bagger *m; (gardening tool)* Grabschaufel *f;* AGR Tiefkulturpflug *m* BRD, ÖSTERR, Rodepflug *m;* **mechanical** ~ Grabmaschine *f,* Grabgerät *nt*

2 *(sb who digs)* Gräber(in) *m(f),* Erdarbeiter(in) *m(f);* ARCHEOL Ausgräber(in) *m(f);* MIN Bergmann *m;* AUS *(gold miner)* Goldgräber(in) *m(f)*

3 AUS *(fam: buddy)* Kumpel *m fam*

4 AUS, NZ *(fam: soldier)* [australischer/neuseeländischer] Soldat

dig·gings [ˈdɪgɪŋz] *npl* 1 *(excavated earth)* [Erd]aushub *m kein pl*

2 *(mine)* [Gold]mine *f,* [Gold]bergwerk *nt*

3 BRIT *(dated fam: lodgings)* [Studenten]bude *f fam*

digi·cam [ˈdɪdʒɪkæm] *n short for* **digital camera** Digitalkamera *f*

dig·it [ˈdɪdʒɪt] *n* 1 MATH Ziffer *f;* **three-~ number** dreistellige Zahl

2 *(finger)* Finger *m; (toe)* Zehe *f*

digi·tal [ˈdɪdʒɪtəl, AM -t̬əl] *adj inv* digital, Digital-; **~ editing** *(editing movies using the computer)* digitale Bearbeitung

digi·tal ˈaudio disk *n,* **DAD** *n* COMPUT digitale Tonplatte **digi·tal ˈaudio tape** *n,* **DAT** *n* digitales Tonband

digi·tal ˈca·ble I. *n* digitales Kabel

II. *n modifier* ~ **TV** digitales Kabelfernsehen

digital-cable-ˈready *adj inv* Kabel digitaltauglich

digi·tal ˈcash *n no pl* elektronisches Geld, Plastikgeld *nt fam* **digi·tal ˈclock** *n* Digitaluhr *f*

digi·tal·is [ˌdɪdʒɪˈteɪlɪs, AM -ˈtælɪs] *n no pl* 1 PHARM Digitalis *nt*

2 BOT Digitalis *f fachspr,* Fingerhut *m*

digi·tal·ize [ˈdɪdʒɪtəlaɪz, AM -t̬ə-] *vt* ■**to ~ sth** etw digitalisieren

digi·tal ˈlight pro·cess·ing *n* Digital-light-processing *nt (Technik, die es Projektoren ermöglicht ein digitales Bild zu projizieren)*

digi·tal·ly [ˈdɪdʒɪtəli, AM -t̬əli] *adv inv* digital

digi·tal ˈpen *n* COMPUT Digital-Pen *f* **digi·tal ˈra·dio** *n no pl* Digitalradio *nt* **digi·tal ˈsig·na·ture** *n* INET digitale Signatur *f* **digi·tal ˈwa·ter·mark** *n* digitales Wasserzeichen

digi·ti·grade [ˈdɪdʒɪtɪgreɪd] **I.** *n* ZOOL Zehengänger *m*

II. *adj* ZOOL auf Zehen gehend

digi·tize [ˈdɪdʒɪtaɪz] *vt* ■**to ~ sth** etw digitalisieren

digi·tiz·er [ˈdɪdʒɪtaɪzəʳ, AM -ɚ] *n* Digitalisierer *m*

di·glos·sia [ˌdaɪˈglɒsiə, AM -ˈglɑː-] *n no pl* Diglossie *f*

dig·ni·fied [ˈdɪgnɪfaɪd] *adj* 1 *(with dignity) conduct, person, speech* würdig, würdevoll; *manners* fein; *silence* ehrfürchtig

2 *(worthy of respect)* ehrwürdig, Achtung gebietend

dig·ni·fy <-ie-> [ˈdɪgnɪfaɪ] *vt* ■**to ~ sth** etw Würde verleihen; ***it would be a crime to ~ this rhyme with the label of poetry*** es wäre eine Schande, diese Zeilen in den Rang eines Gedichts zu erheben; **to ~ an occasion** einem festlichen Ereignis Glanz verleihen

dig·ni·tary [ˈdɪgnɪtəri, AM -nəteri] *n* Würdenträger(in) *m(f)*

dig·ni·ty [ˈdɪgnɪti, AM -t̬-] *n no pl* 1 *(composure)* Würde *f;* **a man of ~** ein Mann von würdevollem Auftreten; **to behave with great ~** mit großer Würde auftreten

2 *(worthiness)* Würde *f,* [menschliche] Größe; **human ~** Menschenwürde *f;* **to die with ~** mit Würde sterben

3 *(respect)* Ansehen *nt,* Achtung *f;* **to be beneath sb's ~** unter jds Würde sein; **to stand on one's own ~** Respekt fordern

di·graph [ˈdaɪgrɑːf, AM græf] *n* LING Digraf *m fachspr*

di·gress [daɪˈgres] *vi* abschweifen; ■**to ~ from sth** von etw *dat* abschweifen [*o* abkommen]

di·gres·sion [daɪˈgreʃən] *n* Abschweifung *f,* Exkurs *m;* **~ on American history** Exkurs *m* über amerikanische Geschichte

di·gres·sive [daɪˈgresɪv] *adj* abschweifend

digs [dɪgz] *n + pl vb esp* BRIT *(fam)* [Studenten]bude *f fam;* **to live in ~** ein möbliertes Zimmer [*o fam* eine eigene Bude] haben

di·he·dral [daɪˈhiːdrəl] **I.** *adj inv* zweiflächig, diedrisch

II. *n no pl* AVIAT V-Form *f,* V-Stellung *f*

dike *n see* **dyke**

di·lapi·da·ted [dɪˈlæpɪdeɪtɪd, AM -t̬-] *adj house* verfallen, baufällig; *building, estate* heruntergekommen, verwahrlost; *car* klapprig, ramponiert *fam,* SCHWEIZ *a.* lotterig *fam*

di·lapi·da·tion [dɪˌlæpɪˈdeɪʃən] *n no pl of house* Verfall *m,* Baufälligkeit *f;* ***the farmhouse had fallen into a state of ~*** das Bauernhaus war baufällig geworden

di·late [daɪˈleɪt, AM ˈdaɪleɪt] **I.** *vi* sich *akk* weiten [*o* [aus]dehnen] [*o* erweitern]

II. *vt* ■**to ~ sth** etw weiten [*o* erweitern] [*o* ausdehnen]; ***this will ~ the arteries*** die Arterien werden dadurch weiter

◆ **dilate on, dilate upon** *vi (form)* ■**to ~ [up]on sth** sich *akk* über etw *akk* auslassen

di·lat·ed [daɪˈleɪtɪd, AM ˈdaɪleɪt̬-] *adj* erweitert, ausgedehnt; ***after 20 hours of labour she was only 2 cm ~*** nach 20 Stunden Wehen war der Muttermund erst 2 cm geöffnet; **with ~ eyes** mit aufgerissenen Augen

di·la·tion [daɪˈleɪʃən] *n no pl* Erweiterung *f,* Ausdehnung *f*

di·la·tory [ˈdɪlətəri, AM -tɔːri] *adj (form)* langsam, saumselig *geh;* ***we apologize for being so ~ in dealing with your enquiry*** wir bitten die säumige Bearbeitung Ihrer Anfrage zu entschuldigen; **~ motion** LAW Verzögerungsantrag *m;* **~ plea** LAW dilatorische [aufschiebende] Einrede

dil·bert·ed [ˈdɪlbɚt̬ɪd] *adj* AM *pred* ■**to be ~** ein Opfer seines/ihres Vorgesetzten sein

dil·do <*pl* -s *or* -es> [ˈdɪldəʊ, AM -doʊ] *n* 1 *(for sex)* Dildo *m*

2 AM *(sl: idiot)* Trottel *m pej fam,* SCHWEIZ *a.* Tschumpel *m pej fam,* Rindvieh *nt pej*

di·lemma [dɪˈlemə] *n* Dilemma *nt,* Zwangslage *f;* ***the President is in a ~ over how to tackle the crisis*** der Präsident steht bei der Lösung der Krise vor einem Dilemma; **to be caught in a ~** sich in einem Dilemma befinden; **to be faced** [*or* **confronted**] **with a ~** vor einem Dilemma stehen, in der Zwickmühle stecken; **to resolve a ~** ein Dilemma ausräumen, aus einem Dilemma herauskommen; LAW eine Streitfrage regeln

dil·et·tante [ˌdɪlɪˈtænti, AM -əˈtɑːnt] **I.** *n* <*pl* -s *or* -ti> [*pl* -taɪ] 1 *(not expert)* Dilettant(in) *m(f) a. pej geh,* Amateur(in) *m(f),* Laie *m*

2 ART *(old)* Kunstliebhaber(in) *m(f)*

II. *n modifier (approach, attitude)* dilettantisch, amateurhaft, laienhaft

dili·gence [ˈdɪlɪdʒən(t)s] *n no pl* 1 *(effort)* Eifer *m; (careful work)* Sorgfalt *f;* **due ~** LAW Sorgfaltspflicht *f,* gebührende [*o* verkehrsübliche] Sorgfalt *f*

2 *(industriousness)* Fleiß *m*

dili·gent [ˈdɪlɪdʒənt] *adj* 1 *(hard-working)* fleißig, eifrig; ***their lawyer was extremely ~ in preparing their case*** ihr Anwalt hat den Fall mit außergewöhnlichem Eifer vorbereitet

2 *(painstaking)* sorgfältig, gewissenhaft (**about** mit *+dat)*

dili·gent·ly [ˈdɪlɪdʒəntli] *adv* sorgfältig, gewissenhaft

dill [dɪl] *n no pl* Dill *m,* Dille *f* ÖSTERR

dill ˈpick·le *n* Essiggurke *f,* SCHWEIZ *a.* Cornichon *nt*

ˈdill weed *n no pl* Dill *m,* Dille *f* ÖSTERR

dilly·dally <-ie-> [ˈdɪliˌdæli] *vi (dated fam)* 1 *(dawdle)* [herum]trödeln *meist pej fam*

2 *(vacillate)* schwanken, zaudern

di·lute [daɪˈluːt] **I.** *vt* ■**to ~ sth** 1 *(mix)* etw verdünnen [*o* strecken] (**with** mit *+dat)*

2 *(fig)* etw abschwächen [*o* mildern]; **to ~ fears** Ängste zerstreuen; **to ~ one's investment in a company** seine Investitionen in eine Firma reduzieren; **to ~ a statement** einer Stellungnahme die Schärfe nehmen

II. *adj* verdünnt; **~ colour** ausgebleichte [*o* verblasste] Farbe; **~ light** schwaches Licht

di·lut·ed [daɪˈluːtɪd, AM -t̬-] *adj esp* AM 1 *juice, chemical solution* verdünnt; *soup, sauce* gestreckt

2 FIN bereinigt; *(share profits)* dilutiert

di·lu·tion [daɪˈluːʃən] *n* 1 *no pl (act)* Verdünnen *nt;* **by ~** durch Verdünnen

2 *(liquid)* Verdünnung *f,* verdünnte Lösung

3 *no pl (fig: weakening)* Verwässerung *f,* Abschwächung *f*

4 ECON, FIN **~ of equity** [*or* **shareholding**] Wertminderung *f* von Aktien

di·lu·vial [daɪˈluːviəl, AM dɪˈ-] *adj* sintflutartig

dim <-mm-> [dɪm] **I.** *adj* 1 *(not bright)* schwach, trüb; **~ glow** schwacher [*o* trüber] Schein; **~ light** schwaches [*o* trübes] Licht; *(poorly lit)* düster, schumm[e]rig, dunkel; **~ corner** dunkle Ecke; **~ room** schummriges Zimmer

2 *(indistinct)* undeutlich, verschwommen, schwach; **~ memory** [*or* **recollection**] verschwommene Erinnerung; **~ shape** verschwommene Konturen *pl;* **~ sound** leises Geräusch; **~ view** [*or* **vision**] unscharfe Sicht

3 *(dull) colour* matt, trüb, blass

4 *(fig: slow to understand)* schwer von Begriff *fam,* beschränkt *fam,* begriffsstutzig

5 *(fig: unfavourable)* dunkel, ungünstig; **~ prospects** trübe Aussichten; **to take a ~ view of sth** mit etw *dat* gar nicht einverstanden sein, von etw *dat* nichts halten

II. *vt* ■**to ~ sth** etw abdunkeln [*o* verdunkeln]; **to ~ the lights** das Licht dämpfen; AUTO **to ~ the headlights** abblenden

III. *vi lights* dunkler werden, verlöschen; *hopes* schwächer werden, schwinden

dim. *adj inv abbrev of* **diminuendo** dim.

dime [daɪm] *n* AM Dime *m,* Zehncentstück *nt*

▸PHRASES: **a ~ a dozen** spottbillig; ***books like this are a ~ a dozen*** Bücher wie das sind Dutzendware *pej;* **she hasn't a ~** sie ist total pleite [*o* abgebrannt] *fam*

◆ **dime out** *vt* AM *(fam)* ■**to ~ out sb** jdn für eine Belohnung verpfeifen *fam*

di·men·sion [ˌdaɪˈmen(t)ʃən, AM dɪˈ-] **I.** *n* 1 *(measurements) of room* Dimension *f,* Abmessung *f;* ■**~s** *pl (size)* Ausmaß *nt,* Umfang *m kein pl;* **of large** [*or* **vast**] **~s** von riesigen Ausmaßen, riesengroß

2 *(aspect)* Dimension *f,* Aspekt *m;* ***these weapons add a new ~ to modern warfare*** durch diese Waffen erhält die moderne Kriegsführung eine [ganz] neue Dimension; **~ of a problem** Bedeutung *f* eines Problems

3 MATH Dimension *f*

II. *vt* ■**to ~ sth** 1 *(shape)* etw abmessen

2 *(indicate size)* etw dimensionieren

-di·men·sion·al [ˌdaɪˈmen(t)ʃənəl, AM dɪˈ-] *in compounds (one, two, three)* -dimensional

dim·eter ['dɪmɪtəʳ, AM -əţɚ] *n* LIT Dimeter *m*

di·methyl·ben·zene [daɪˌmiːθaɪl'benziːn, AM -meθ-] *n no pl* CHEM Dimethylbenzol *nt*

di·min·ish [dɪ'mɪnɪʃ] **I.** *vt* ❶ *(lessen)* ■ **to ~ sth** etw vermindern [*o* verringern]; **to ~ sb's achievements** jds Leistungen schmälern [*o* herabwürdigen]; **to ~ a memory** eine Erinnerung beeinträchtigen; **to ~ sb's resolve** jdn verunsichern
❷ *(disparage)* ■ **to ~ sb** jdn herabsetzen [*o* herabwürdigen]
II. *vi* sich *akk* vermindern; *pain* nachlassen, abklingen; *influence, value* abnehmen, zurückgehen; **to ~ [greatly] in value** [stark] an Wert verlieren

di·min·ished ca·pac·ity [dɪ'mɪnɪʃt-] *n no pl* AM LAW verminderte Zurechnungsfähigkeit; **on grounds of ~** aufgrund verminderter Zurechnungsfähigkeit

di·min·ished 'chord *n* MUS vermindertes Intervall

di·min·ished re·spon·si'bil·ity *n no pl* verminderte Zurechnungsfähigkeit; **on grounds of ~** aufgrund verminderter Zurechnungsfähigkeit

di·min·ish·ing re·turns [dɪ'mɪnɪʃɪŋ-] *npl* abnehmende Skalenerträge; **the law of ~** Gesetz *nt* vom abnehmenden Ertragszuwachs, Ertragsgesetz *nt*

di·minu·en·do [dɪˌmɪnju'endəʊ, AM -doʊ] MUS **I.** *n* <*pl* -s *or* -di> Diminuendo *nt*
II. *adv inv* diminuendo
III. *adj inv* diminuendo
IV. *vi* leiser werden

dimi·nu·tion [ˌdɪmɪ'njuːʃən, AM -ə'nuː-] *n* ❶ *no pl* Verringerung *f,* Abnahme *f,* Verminderung *f;* ***there will be a temporary ~ in prospects*** die Möglichkeiten sind vorübergehend eingeschränkt
❷ MUS Diminution *f*

di·minu·tive [dɪ'mɪnjətɪv, AM -ţ-] **I.** *adj* ❶ *(small)* winzig, klein
❷ *(indicating smallness)* diminutiv, Verkleinerungs-
II. *n* Diminutiv *nt,* Verkleinerungsform *f*

dim·ly ['dɪmli] *adv* ❶ *(not brightly)* schwach
❷ *(indistinctly)* undeutlich, unscharf
❸ *(vaguely)* **to remember sth ~** sich *akk* dunkel an etw *akk* erinnern

dim·mer, **'dim·mer switch** ['dɪməʳ-, AM -ɚ-] *n* Dimmer *m,* Helligkeitsregler *m*

dim·ness ['dɪmnəs] *n no pl* ❶ *(lack of light)* Trübheit *f,* Halbdunkel *nt; of a lamp* Mattheit *f; of a memory* Undeutlichkeit *f; of an outline* Unschärfe *f; of a room* Düsterkeit *f*
❷ *(lack of intelligence)* Beschränktheit *f*

dim·ple ['dɪmpl̩] **I.** *n (in cheeks, chin)* Grübchen *nt; (indentation)* Delle *f; (in water)* Kräuselung *f*
II. *vt* ***a smile ~d his cheeks*** als er lächelte, bekam er Grübchen in den Wangen
III. *vi* Grübchen bekommen

dim·pled ['dɪmpl̩d] *adj* mit Grübchen; ■ **to be ~** Grübchen haben

dim sim [ˌdɪm'sɪm], **dim sum** [-'sʌm] *n no pl* FOOD Dim Sum *(gefüllte chinesische Knödel)*

'dim·wit I. *n (pej sl)* Dummkopf *m pej,* Hohlkopf *m pej*
II. *interj* Blödmann *m fam,* Dummkopf *m fam*

'dim-wit·ted *adj* dusselig *fam,* dämlich *fam,* blöd *fam,* minderbemittelt *pej sl,* unterbelichtet *pej fam*

DIN *n* COMPUT *abbrev of* **deutsche Industrienorm** DIN

din [dɪn] **I.** *n no pl* Lärm *m,* Getöse *nt;* **the ~ of the traffic** der Verkehrslärm; **terrible ~** Höllenlärm *m;* **to make a ~** Krach machen
II. *vt* ■ **to ~ sth into sb** jdm etw einbläuen [*o* einhämmern]

di·nar ['diːnɑːʳ, AM diː'nɑːr] *n* Dinar *m;* **Arab accounting ~** arabischer Verrechnungsdinar

Di·nar·ic Alps [dɪˌnærɪk'ælps] *npl* Dinarische Alpen *pl*

dine [daɪn] *vi (form)* essen, speisen *geh,* dinieren *geh*
◆ **dine off** *vi* ■ **to ~ off sth** von etw *dat* leben, etw essen
◆ **dine out** *vi* ❶ *(eat in restaurant)* auswärts essen [*o geh* speisen]; ***we're dining out tonight at a special little restaurant*** wir gehen heute Abend zum Essen in ein kleines Restaurant
❷ *(fig: be invited)* ■ **to ~ out on sth** wegen etw *dat* zum Essen eingeladen werden; ***I've been dining out for months on the story*** die Geschichte hat mir monatelang Einladungen zum Essen verschafft

din·er ['daɪnəʳ, AM -ɚ] *n* ❶ *(person)* Speisende(r) *f(m); (in restaurant)* Gast *m*
❷ RAIL Speisewagen *m*
❸ AM *Restaurant am Straßenrand mit Theke und Tischen*

di·ne·ro [dɪ'neroʊ] *n no pl* AM *(fam)* Knete *f fam,* Zaster *m fam,* Stutz *m* SCHWEIZ *fam*

ding[1] [dɪŋ] **I.** *vi* läuten
II. *adv* **to go ~** läuten, klingeln
III. *n* Klingeln *nt,* Läuten *nt*
IV. *interj* Ring!

ding[2] [dɪŋ] *n* AUS *(sl)* Riesenparty *f fam,* Riesending *nt fam*

ding[3] [dɪŋ] *n* **to get a ~** *(fam)* einen Kratzer [ins Auto] bekommen

ding-a-ling ['dɪŋəlɪŋ] **I.** *n* ❶ *(onomat)* Klingeling *nt*
❷ AM *(fam: stupid person)* Depp *m pej*
II. *adj attr (sl: stupid)* gaga

ding·bat ['dɪŋbæt] *n* ❶ AM, AUS, NZ *(stupid person)* Dummkopf *m pej,* Trottel *m pej fam,* SCHWEIZ *a.* Tschumpel *m pej fam*
❷ AUS, NZ *(madness)* ■ **~s** *pl* Irrsinn *m kein pl,* Wahnsinn *m kein pl;* **to give sb the ~s** jdn verrückt machen; **to end up with the ~s** ins Irrenhaus kommen, durchdrehen *fam*

ding-dong ['dɪŋdɒŋ, AM -dɑːŋ] **I.** *n no pl* ❶ *(onomat)* Bimbam *nt*
❷ *esp* BRIT, AUS *(fam: argument)* Krach *m fam*
❸ BRIT *(fam: party)* [Riesen]ding *nt fam*
II. *adj attr esp* BRIT, AUS *(fam)* heiß; **a ~ argument** ein heftiger Streit
III. *adv* **to go ~** klingeln, läuten

din·ghy ['dɪŋgi, AM -ŋi] *n* Ding[h]i *nt*

din·gle ['dɪŋgl̩] *n (poet liter)* tiefes bewaldetes Tal, tiefe waldige Schlucht

din·go <*pl* -es *or* -s> ['dɪŋgəʊ, AM -goʊ] *n* ❶ *(dog)* Dingo *m,* australischer Windhund
❷ AUS *(sl: coward)* Feigling *m*

din·gy ['dɪndʒi] *adj* schmutzig, schmuddelig, schäbig; **~ colour** trübe Farbe

din·ing car ['daɪnɪŋ,-] *n* RAIL Speisewagen *m* **'din·ing hall** *n* Speisesaal *m* **'din·ing room I.** *n (in house)* Esszimmer *nt; (in hotel)* Speisesaal *m* **II.** *n modifier (table, window)* Esszimmer- **'din·ing ta·ble** *n* Esstisch *m*

dink[1] [dɪŋk] *n acr for* **double income, no kids** kinderloser Doppelverdiener/kinderlose Doppelverdienerin

dink[2] [dɪŋk] *n* FBALL, TENNIS Stop[flug]ball *m*

dinky[1] ['dɪŋki] *adj* ❶ BRIT, AUS *(approv: pretty)* niedlich, schnuckelig, zierlich, SCHWEIZ *a.* herzig
❷ AM *(pej: small)* klein, unbedeutend; **~ apartment** enge Wohnung

dinky[2] ['dɪŋki] *n acr for* **double income, no kids** Dink *m (jd, der in einer Partnerschaft lebt, in der beide Partner Geld verdienen, aber keine Kinder haben, sodass er über relativ viel Geld verfügt)*

din·ner ['dɪnəʳ, AM -ɚ] *n* ❶ *(evening meal)* Abendessen *nt,* Dinner *nt; (warm lunch)* Mittagessen *nt;* ***we've been invited to ~ at John and Mary's*** wir sind bei John und Mary zum Essen eingeladen; ***~'s ready!*** das Essen ist fertig!; **to finish ~** zu Ende essen; **to go out for ~** essen gehen; **to have ~** zu Abend/Mittag essen; **to have sb over for ~** jdn zum Essen haben; **to make ~** das Essen zubereiten; **for ~** zum Essen
❷ *(formal meal)* Diner *nt,* Festessen *nt;* **to hold a ~ [for sb]** [für jdn] ein [offizielles] Essen geben
▸ PHRASES: <u>**hot**</u> **~** ***I've written more books than you've had hot ~s!*** ich habe schon mehr Bücher geschrieben, als du Briefe

'din·ner dance *n* [Abend]essen *nt* mit Tanz **'din·ner jack·et** *n,* **DJ** *n* Smoking *m,* Smokingjacke *f* **'din·ner lady** *n* BRIT SCH *servierende Aufseherin an Schulen* **'din·ner par·ty** *n* Abendgesellschaft *f* [mit Essen], Diner *nt;* **to have** [*or* **give**] **a ~** ein Abendessen geben **'din·ner ser·vice**, **'din·ner set** *n* Tafelservice *nt,* Speiseservice *nt* **'din·ner ta·ble** *n (in house)* Esstisch *m; (at formal event)* Tafel *f;* ***don't argue at the ~*** beim Essen streitet man nicht **'din·ner·time** *n no pl* Essenszeit *f*

di·no·saur ['daɪnəsɔːʳ, AM -sɔːr] *n* Dinosaurier *m; (fig: object)* Auslaufmodell *nt; (person)* Betonkopf *m* BRD, ÖSTERR *pej;* ***this typewriter is a bit of a ~*** diese Schreibmaschine ist ein Überbleibsel aus einer vergangenen Epoche

DInsp *n* LAW *abbrev of* **detective inspector** Kriminalinspektor(in) *m(f)*

dint [dɪnt] **I.** *n* ❶ *(dent)* Beule *f,* Delle *f*
❷ *(old: blow)* Schlag *m*
▸ PHRASES: <u>**by**</u> **~ of sth** durch etw *akk*
II. *vt* ■ **to ~ sth** etw verbeulen [*o* einbeulen], eine Delle in etw *akk* machen

di·oc·esan [daɪ'ɒsɪsən, -zən, AM -'ɑːsə-] **I.** *adj inv* Diözesan-, Bistums-
II. *n* [Diözesan]bischof *m*

dio·cese ['daɪəsɪs, -siːz] *n* Diözese *f,* Bistum *nt*

di·ode ['daɪəʊd, AM -oʊd] *n* Diode *f*

dioecious [daɪ'iːʃəs] *adj inv* diözisch *fachspr;* BOT *also* zweihäusig; ZOOL *also* getrenntgeschlechtig

Dio·nysi·ac [ˌdaɪə'nɪsiæk, -'nɪz-], **Dio·ny·sian** [ˌdaɪə'nɪsiən, -'nɪz-, AM -'nɪʃ-] *adj* ❶ *(sensual)* dionysisch *geh,* rauschhaft, ekstatisch, wild begeistert
❷ *inv (of Dionysus)* dionysisch *geh*

Dionysius [ˌdaɪə'naɪsiəs, AM 'nɪʃəs] *n no pl* HIST Dionysios *m*

di·op·tre, AM **di·op·ter** [daɪ'ɒptəʳ, AM -'ɑːptɚ] *n* Dioptrie *f*

di·op·tric [daɪ'ɒptrɪk, AM -'ɑːp-] **I.** *adj* ❶ *(aiding sight)* durchsichtig
❷ *(refractive)* lichtbrechend
II. *n* ■ **~s** *pl, + sing vb* Dioptrie *f*

dio·ra·ma [ˌdaɪə'rɑːmə, AM -'ræmə] *n* Diorama *nt*

dio·rite ['daɪəraɪt] *n no pl* Quarzgestein *nt,* Diorit *m*

di·ox·ide [daɪ'ɒksaɪd, AM -'ɑːk-] *n no pl* CHEM Dioxyd *nt,* Dioxid *nt fachspr*

di·ox·in [daɪ'ɒksɪn, AM -'ɑːk-] *n* CHEM Dioxin *nt*

dip [dɪp] **I.** *n* ❶ *(dipping)* [kurzes] Eintauchen *kein pl*
❷ FOOD Dip *m,* Soße *f,* Sauce *f* SCHWEIZ
❸ *(brief swim)* kurzes Bad; **to go for a ~** mal schnell ins Wasser springen *fam,* kurz reinspringen *fam*
❹ *(cleaning liquid)* [Reinigungs]lösung *f,* Desinfektionslösung *f*
❺ *(brief study)* Ausflug *m;* **a ~ into politics** ein Ausflug *m* in die Politik
❻ *(downward slope)* Fallen *nt kein pl; road* Vertiefung *f; (drop)* Sinken *nt kein pl,* Senkung *f; (in skyline)* Abfallen *nt kein pl,* Neigung *f;* ***a sudden ~ in the temperature*** ein plötzlicher Temperatureinbruch
❼ ASTRON Neigung *f,* Depression *f fachspr*
❽ PHYS Inklination *f,* Neigungswinkel *m*
❾ GEOL [Ein]fallen *nt kein pl*
❿ *(sl: pickpocket)* Taschendieb(in) *m(f)*
⓫ AM *(sl: fool)* Dummkopf *m pej,* Tölpel *m pej*
⓬ *(candle)* gezogene Kerze
II. *vi* <-pp-> ❶ *(go down)* [ver]sinken; *(lower)* sich *akk* senken; ***the sun ~ped below the horizon*** die Sonne verschwand am Horizont
❷ *(decline)* fallen, sinken; ***the profits ~ped*** die Einnahmen gingen zurück
❸ *(slope down)* abfallen
❹ *(go under water)* eintauchen, untertauchen
III. *vt* <-pp-> ❶ *(immerse)* ■ **to ~ sth** etw [ein]tauchen; ■ **to ~ sth in[to] sth** etw in etw *akk* [ein]tauchen; FOOD etw in etw *akk* [ein]tunken
❷ *(put into)* ■ **to ~ sth in[to] sth** etw in etw *akk* [hinein]stecken; *(put into and pull out)* **to ~ [one's hand] into sth** [mit der Hand] in etw *akk* hineingreifen [*o* hineinlangen]
❸ *(lower)* ■ **to ~ sth** etw senken [*o* neigen]; **to ~ one's flag** die Flagge dippen
❹ BRIT, AUS *(dim)* **to ~ the headlights** [die Scheinwerfer] abblenden
❺ *(dye)* ■ **to ~ sth** etw färben [*o* in Farbe tauchen]
❻ AGR *(wash)* **to ~ sheep** Schafe dippen [*o* in desinfizierender Lösung baden]
❼ *(make candle)* **to ~ candles** Kerzen ziehen

D

❸ *(baptize)* ■ **to ~ sb** jdn taufen
▸PHRASES: **to ~ one's toe in sth** seine Fühler nach etw *dat* ausstrecken
◆ **dip in** *vi* zugreifen
◆ **dip into** *vi* ❶ *(study casually)* ■ **to ~ into sth** einen kurzen Blick auf etw *akk* werfen; **to ~ into a book** kurz in ein Buch hineinschauen; **to ~ into a subject** sich *akk* flüchtig mit einem Thema befassen [*o* beschäftigen]
❷ *(spend)* ■ **to ~ into sth** etw angreifen; **to ~ into one's reserves/savings** an seine Ersparnisse/Reserven gehen; **to ~ into one's pocket** [*or* **wallet**] tief in die Tasche greifen

Dip [dɪp] *abbrev of* **Diploma** Dipl.

di·phos·gene [daɪˈfɒsdʒiːn, AM -ˈfɑːs-] *n no pl* CHEM Diphosgen *nt*, Perchlorameisensäuremethylester *m*, Perstoff *m*; *(weapon of war also)* Pergas *nt*

diph·theria [dɪfˈθɪəriə, AM -ˈθɪriə] *n no pl* MED Diphtherie *f*

diph·thong [dɪfθɒŋ, AM -θɑːŋ] *n* LING Doppellaut *m*, Doppelvokal *m*, Diphthong *m fachspr*

dip·loid [ˈdɪplɔɪd] BIOL **I.** *adj inv* diploid
II. *n* diploide Zelle, diploider Organismus

di·plo·ma [dɪˈpləʊmə, AM -ˈploʊ-] *n* ❶ SCH, UNIV Diplom *nt*; **to hold a ~ in sth** ein Diplom in etw *dat* haben
❷ *(honorary document)* [Ehren]urkunde *f*

di·plo·ma·cy [dɪˈpləʊməsi, AM -ˈploʊ-] *n no pl also* POL Diplomatie *f*; *(in managing relations)* Verhandlungsgeschick *nt*; **quiet ~** stille Diplomatie; **secret ~** Geheimdiplomatie *f*

di·ˈplo·ma mill *n* AM *(fam)* Doktortitelfabrik *f fam (Institution, die gegen Bezahlung gefälschte akademische Grade vergibt)*

dip·lo·mat [ˈdɪpləmæt] *n also* POL Diplomat(in) *m(f)*

dip·lo·mat·ic [ˌdɪpləˈmætɪk, AM -t̬-] *adj* diplomatisch; *(tactful also)* taktvoll; ***he gave a very ~ answer*** er antwortete sehr diplomatisch; **by ~ channels** auf diplomatischem Weg; **~ language** Diplomatensprache *f*; **to grant sb ~ status** jdn in den Diplomatenstand erheben

dip·lo·mati·cal·ly [ˌdɪpləˈmætɪkli, AM -t̬-] *adv* diplomatisch; POL *also* auf diplomatischem Weg[e]

dip·lo·mat·ic ˈbag *n* Diplomatenpost *m*, Kuriergepäck *nt* **dip·lo·ˈmat·ic corps** *n* diplomatisches Korps **dip·lo·mat·ic imˈmun·ity** *n no pl* diplomatische Immunität **dip·lo·mat·ic ˈpouch** *n* AM Diplomatenpost *f*, Kuriergepäck *nt* **dip·lo·mat·ic re·ˈla·tions** *npl* diplomatische Beziehungen; **to break off ~** die diplomatischen Beziehungen abbrechen **dip·lo·mat·ic ˈser·vice** *n no pl* diplomatischer Dienst

di·plo·ma·tist [dɪˈpləʊmətɪst, AM -ˈploʊ-] *n see* **diplomat**

di·plo·pia [dɪˈpləʊpiə, AM -ˈploʊ-] *n no pl* MED Doppeltsehen *nt*, Diplopie *f fachspr*

di·po·lar [daɪˈpəʊləʳ, AM -ˈpoʊlɚ] *adj inv* zweipolig

di·pole [ˈdaɪpəʊl, AM -poʊl] *n* ❶ PHYS, CHEM, ELEC Dipol *m*
❷ *(aerial)* Dipolantenne *f*

dip·per [ˈdɪpəʳ, AM -ɚ] *n* ❶ ORN Taucher *m*
❷ *(ladle)* Schöpflöffel *m*, [Schöpf]kelle *f*

Dippin' Dots® [ˌdɪpɪnˈdɑːts] *n* AM FOOD *winzige Kügelchen Speiseeis*

dip·py [ˈdɪpi] *adj (sl)* verrückt *fam*, übergeschnappt *fam*, meschugge *sl*

dip·so [ˈdɪpsəʊ, AM -soʊ] *n (fam) short for* **dipsomaniac** Trunksüchtige(r) *f(m)*, Dipsomane, Dipsomanin *m, f*

dip·so·ma·nia [ˌdɪpsə(ʊ)ˈmeɪniə, AM -sə-] *n no pl* MED [periodisch auftretende] Trunksucht, Dipsomanie *f fachspr*

dip·so·ma·ni·ac [ˌdɪpsə(ʊ)ˈmeɪniæk, AM -sə-] *n* MED Trunksüchtige(r) *f(m)*, Dipsomane, Dipsomanin *m, f*

ˈdip·stick *n* ❶ AUTO [Öl]messstab *m* ❷ *(fam: idiot)* Idiot(in) *m(f) pej*, Dummkopf *m pej* **ˈdip switch** *n* BRIT AUTO Abblendschalter *m*

dip·tych [ˈdɪptɪk] *n* ART Diptychon *nt*

dire [ˈdaɪəʳ, AM -ɚ] *adj* ❶ *(dreadful)* entsetzlich, schrecklich, furchtbar; **~ poverty** äußerste [*o* extreme] Armut; **~ situation** aussichtslose Situation; **to be in ~ straits** in einer ernsten Notlage sein
❷ *(ominous)* Unheil bringend [*o* verkündend] *attr*; **~ warning** unheilvolle Warnung
❸ *pred (fam: very bad)* grässlich *fam*, schauderhaft *pej fam*
❹ *(urgent)* dringend; **to be in ~ need of help** ganz dringend Hilfe brauchen

di·rect [dɪˈrekt] **I.** *adj* ❶ *(without interruption)* direkt; **~ flight** Direktflug *m*; **a ~ train** ein durchgehender Zug; *(without detour)* **~ route** kürzester Weg
❷ *(without intervention)* unmittelbar, direkt; **~ link** Direktverbindung *f*; **~ negotiations** Direktverhandlungen *pl*
❸ *(frank)* offen, direkt; ***I'll be ~ with you ...*** wenn ich ehrlich bin, ...; **~ manner** direkte Art; **~ question** direkte [*o* unverblümte] Frage
❹ *(lineal)* direkt; ***she is a ~ descendant of Queen Victoria*** sie stammt in direkter Linie von Königin Victoria ab
❺ *(exact)* genau, glatt *fam*; **the ~ opposite of sth** das genaue [*o* komplette] Gegenteil von etw *dat*
❻ ASTRON rechtläufig
❼ LAW **~ evidence** unmittelbarer Beweis; **~ examination** Befragung *f* eines Zeugen durch die benennende Partei
II. *adv* ❶ *(with no intermediary)* direkt; **to dial ~** selbst wählen, durchwählen
❷ *(via direct route)* direkt, geradewegs; ***this train goes ~ to Rome*** dieser Zug fährt ohne Halt bis nach Rom durch; **to fly ~ to a city** ohne Zwischenlandung nach einer Stadt fliegen
III. *vt* ❶ *(control)* ■ **to ~ sth** etw leiten [*o* führen]; **to ~ the traffic** den Verkehr regeln [*o* dirigieren]
❷ *(order)* ■ **to ~ sb to do sth** jdn anweisen, etw zu tun
❸ *(aim)* ■ **to ~ sth against sb** etw gegen jdn richten; ■ **to ~ sth at/to sb** etw an jdn richten; ***was that remark ~ed at me?*** galt diese Bemerkung mir?; ***their efforts were ~ed towards helping the homeless*** mit ihrem Engagement wollten sie den Obdachlosen helfen; **to ~ sb's attention at sth** jds Aufmerksamkeit auf etw *akk* lenken; **to ~ a blow at sb** nach jdm schlagen; **to ~ a letter to sb** einen Brief an jdn adressieren
❹ *(threaten with weapon)* ■ **to ~ sth at sth/sb** etw auf etw/jdn richten
❺ *(give directions)* ■ **to ~ sb to sth** jdm den Weg zu etw *dat* zeigen [*o* sagen]; ***could you please ~ me to the train station?*** könnten Sie mir bitte den Weg zum Bahnhof zeigen?
❻ THEAT, FILM ■ **to ~ sth** bei etw *dat* Regie führen; MUS etw dirigieren
IV. *vi* THEAT, FILM Regie führen; MUS dirigieren

di·rect ˈac·cess *n no pl* COMPUT Direktzugriff *m*, direkter Zugriff **di·rect ˈac·tion** *n no pl* POL direkte Aktion; ECON Arbeitskampfmaßnahme *f* **di·rect ˈbank** *n* Direktbank *f* **di·rect ˈbank·ing** *n no pl* Direktbanking *nt*; **~ sector** Direktbankbereich *m* **di·rect ˈbusi·ness** *n* ECON, FIN direktes Versicherungsgeschäft **di·rect ˈclaim** *n* Direktanspruch *m* **di·rect ˈcosts** *npl* Fixkosten, Gemeinkosten **di·rect ˈcur·rent** *n*, **DC** *n no pl* ELEC Gleichstrom *m* **di·rect ˈdeb·it** *n no pl* BRIT, CAN Einzugsermächtigung *f*, Einzugsverfahren *nt*; ***I pay my electricity bill by ~*** ich lasse meine Stromrechnung abbuchen; **~ order** Lastschrifteinzug *m* **di·rect deb·it authori·ˈza·tion** *n* FIN Einzugsermächtigung *f*, Einziehungsermächtigung *f* **di·rect ˈdeb·it·ing** *n no pl* FIN Lastschriftverfahren *nt*, Einzugsverfahren *nt*; **~ service** Abbuchungsverfahren *nt* **di·rect ˈde·pos·it** *n* Überweisungsauftrag *m*; **to pay by ~** per Überweisung bezahlen **di·rect ˈdial·ling** *n no pl* Direktwahl *f*, Durchwahl *f* **di·rect ˈdis·course** *n no pl* AM *(direct speech)* direkte [*o* wörtliche] Rede **di·rect ˈhit** *n* Volltreffer *m*

di·rec·tion [dɪˈrekʃᵊn] *n* ❶ *(course taken)* Richtung *f*; ***he was going in the ~ of the bedroom*** er ging in Richtung Schlafzimmer; **sense of ~** Orientierungssinn *m*; **to lack ~** orientierungslos sein; **to move in a ~** sich *akk* in eine Richtung bewegen; **in opposite ~s** in entgegengesetzter Richtung; **in the right/wrong ~** in die richtige/falsche Richtung; **to give sb ~s** jdm den Weg beschreiben
❷ *no pl (supervision)* Leitung *f*, Führung *f*; **under sb's ~** unter jds Führung [*o* Leitung]
❸ *no pl* FILM, TV, THEAT Regie *f*; **under sb's ~** unter jds Regie, unter der Regie von jdm
❹ *(instructions)* ■ **~s** *pl* Anweisungen *pl*; LAW Instruktionen *pl*, Rechtsbelehrung *f* [der Geschworenen]; *(orders given by judge)* prozessleitende Verfügungen; **to give** [*or* **issue**] **~s that ...** Anweisungen geben, dass ...
❺ *(tendency)* Richtung *f*, Tendenz *f*, Strömung *f*

di·rec·tion·al [dɪˈrekʃᵊnᵊl] *adj inv* ❶ RADIO gerichtet, Peil-, Richt-; **~ radio** Richtfunk *m*
❷ *(in fashion)* tonangebend, richtungsweisend

di·rec·tion·less [dɪˈrekʃᵊnləs] *adj* richtungslos, ziellos

di·rec·tive [dɪˈrektɪv] *n* ❶ *(form)* [An]weisung *f*, Direktive *f geh*
❷ EU Richtlinie *f*, Direktive *f*

di·rect·ly [dɪˈrektli] **I.** *adv* ❶ *(without interruption)* direkt, ohne Umwege; **to tell sb sth ~** jdm etw ohne Umschweife sagen
❷ *(exactly)* direkt, genau
❸ *(soon)* sofort, gleich, bald; ***I'll be with you ~*** ich bin gleich bei Ihnen
❹ *(frankly)* offen, aufrichtig, direkt
❺ *(immediately)* **~ after/before ...** unmittelbar danach/davor ...
II. *conj* sobald, sowie

di·rect ˈmail *n no pl* Direktwerbung *f*, Directmailing *nt*, Direktversand *m* **di·rect ˈmar·ket·ing** *n no pl* COMM Direktmarketing *nt*, Direktvertrieb *m* **di·rect ˈmeth·od** *n no pl* LING direkte Methode

di·rect·ness [dɪˈrektnəs] *n no pl* Direktheit *f*, Geradheit *f*

di·rect ˈob·ject *n* direktes Objekt, Akkusativobjekt *nt*

di·rec·tor [dɪˈrektəʳ, AM -ɚ] *n* ❶ *of company* Direktor(in) *m(f)*; *of information centre* Leiter(in) *m(f)*; **~ of Public Prosecutions** LAW Leiter *m* der Anklagebehörde, [General]staatsanwalt *m*
❷ *(member of board)* Mitglied *nt* des Board of Directors; **board of ~s** Board *m* of Directors *(leitendes Gremium eines Unternehmens)*
❸ FILM, THEAT Regisseur(in) *m(f)*; *of orchestra* Dirigent(in) *m(f)*; *of choir* Chorleiter(in) *m(f)*

di·rec·to·rate [dɪˈrektᵊrət, AM -t̬ɚət] *n + sing/pl vb* ❶ ADMIN Direktion *f*, Direktorat *nt*; **fish and game ~** *Kommission für Fischen und Jagen*
❷ *(board)* Direktorium *nt*, Aufsichtsrat *m*

di·rec·tor ˈgen·er·al <*pl* -s> *n esp* BRIT Generaldirektor(in) *m(f)*; **Director General of Fair Trading** Leiter *m* des Amtes für Verbraucherschutz

di·rec·to·rial [dɪˌrekˈtɔːriᵊl] *adj inv* ❶ *(of director)* direktorial, Direktor[en]-; *(managerial)* führend *attr*, leitend *attr*; **~ style** Führungsstil *m*
❷ FILM, TV, THEAT **his ~ debut** sein Debüt *nt* als Regisseur

di·rec·tor·ship [dɪˈrektəʃɪp, AM -tɚ-] *n* Direktorenstelle *f*, Direktorenposten *m*; ***he holds several company ~s*** er ist an der Leitung verschiedener Unternehmen beteiligt

di·rec·tory [dɪˈrektᵊri, AM -əri] *n* ❶ TELEC Telefonbuch *nt*; *(list)* Verzeichnis *nt*; **address ~** Adressbuch *nt*, Adressenverzeichnis *nt*; **business ~** Branchenverzeichnis *nt*; **commercial** [*or* **trade**] **~** ECON, FIN Branchenadressbuch *nt*; **telephone ~** Telefonbuch *nt*, Fernsprechbuch *nt* BRD, ÖSTERR; **to look sth up in a ~** etw in einem Verzeichnis nachschlagen
❷ PUBL, MEDIA Inhaltsverzeichnis *nt*; COMPUT Verzeichnis *nt*, Ordner *m*

di·re·ctory en·ˈquiries *npl*, AM, AUS **di·rec·tory as·ˈsis·tance** *n no pl* [Telefon]auskunft *f kein pl*, Fernsprechauskunft *f kein pl*

di·rect ˈpa·per *n* ECON, FIN Schuldtitel *m* mit direkter Platzierung

di·rect-ˈsales *n modifier* COMM Direktverkaufs-, im Direktverkauf *nach n*; **~ operation** Direktverkauf *m* **di·rect ˈsell·ing** *n no pl* Direktvertrieb *m*

di·rect share 'own·er·ship *n* ECON, FIN direkter Aktienbesitz **di·rect 'speech** *n no pl* direkte [*o* wörtliche] Rede **di·rect 'tax** *n* direkte Steuer **di·rect tax'a·tion** *n no pl* direkte Besteuerung
dirge [dɜ:dʒ, AM dɜ:rdʒ] *n* Trauerlied *nt,* Grabgesang *m*
dir·ham ['dɪræm, AM dɪr'hæm] *n (currency of Morocco and the UAE)* Dirham *m*
di·rig·ible ['dɪrɪdʒəbl̩, AM -ədʒ-] **I.** *n* Zeppelin *m,* [lenkbares] Luftschiff
II. *adj* lenkbar
dirk [dɜ:k, AM dɜ:rk] *n* Dolch *m,* Dolchmesser *nt*
dirndl ['dɜ:ndl̩, AM 'dɜ:rn-] *n* ❶ *(traditional dress)* Dirndl[kleid] *nt*
❷ *(skirt)* Dirndlrock *m*
'dirndl skirt *n* Dirndlrock *m*
dirt [dɜ:t, AM dɜ:rt] *n no pl* ❶ *(filth)* Schmutz *m,* Dreck *m;* **to be covered in ~** ganz schmutzig sein; **to live in ~** im Dreck leben; **to show ~** *of cloth, etc.* den Schmutz sehen lassen
❷ *(soil)* Erde *f,* Boden *m; (mud)* Schlamm *m,* Morast *m*
❸ *(obscenity)* obszöne [*o* vulgäre] Sprache, unflätige Reden *pl;* ***don't talk ~*** rede nicht so obszön daher
❹ *(rumour)* [üble] Verleumdung [*o* Nachrede], schmutzige Wäsche, Schmutz *m; (gossip)* Klatsch *m fam,* Tratsch *m fam;* ***the ~ on everyone*** der neueste Klatsch zu allen und jeden; **to dig for ~** nach Skandalen suchen
❺ *(fam: excrement)* Dreck *m,* Kot *m,* Scheiße *f fam;* **dog ~** Hundedreck *m,* Hundescheiße *f fam*
▸PHRASES: **to <u>eat</u> ~** *(fam)* Beleidigungen schlucken, sich *akk* widerspruchslos demütigen lassen; **to <u>treat</u> sb like ~** jdn wie [den letzten] Dreck behandeln *fam*
'dirt·ball *n* AM *(fam)* Arschloch *nt derb* **'dirt bike** *n* Geländemotorrad *nt* **dirt 'cheap** *inv* **I.** *adj (fam)* spottbillig *fam* **II.** *adv* **to sell sth ~** etw verschleudern
dir·ti·ness ['dɜ:tɪnəs, AM 'dɜ:r-] *n no pl* ❶ *(lack of cleanliness)* Schmutz *m,* Schmutzigkeit *f*
❷ *(vulgarity)* Unanständigkeit *f,* Obszönität *f*
dirt 'poor *adj inv (fam)* sehr arm **'dirt road** *n* Schotterstraße *f,* unbefestigte Straße **'dirt track** *n* BRIT, AUS ❶ *(path)* Feldweg *m; (road)* Schotterstraße *f,* unbefestigte Straße ❷ SPORT Aschenbahn *f*
dirty ['dɜ:ti, AM 'dɜ:rţi] **I.** *adj* ❶ *(unclean)* dreckig, schmutzig; ***this is really a ~ job*** bei dieser Arbeit macht man sich ganz schön dreckig; MED **~ needle** benutzte Nadel
❷ *(squalid)* verwahrlost, dreckig
❸ *(fam: nasty)* gemein, hinterhältig; **a ~ trick** ein gemeiner Trick; *(dishonest)* gemein, hinterlistig; **~ liar** dreckiger Lügner/dreckige Lügnerin *pej;* **~ rascal** gerissener [*o* SCHWEIZ *a.* gefitzter] Gauner
❹ BRIT *(rainy and cold)* schlecht, unfreundlich; **~ weather** Sauwetter *nt fam,* Dreckwetter *nt fam*
❺ *(fam: lewd)* schmutzig, unanständig; **~ language** vulgäre [*o* obszöne] Sprache; **to have a ~ mind** eine schmutzige Fantasie haben
❻ *(unfriendly)* feindselig, abweisend; **to give sb a ~ look** jdm einen bösen Blick zuwerfen
❼ *(not pure)* schmutzig; **~ yellow** schmutzig gelb
▸PHRASES: **to <u>get</u> one's hands ~** sich *dat* die Hände schmutzig machen
II. *adv inv* ❶ BRIT, AUS *(sl: very)* sehr, extrem; **~ great** [*or* **big**] riesig, verdammt groß *fam*
❷ *(dishonestly)* unfair, gemein; **to play ~** unfair spielen
❸ *(obscenely)* obszön; **to talk ~** sich *akk* vulgär ausdrücken
III. *vt* ■**to ~ sth** etw beschmutzen [*o meist pej* besudeln]; **to ~ one's hands** sich *dat* die Hände schmutzig machen
IV. *n no pl* BRIT, AUS *(fam)* ▸PHRASES: **to <u>do</u> the ~ on sb** jdn [he]reinlegen *fam*
'dirty bit *n* COMPUT Kennbit *nt* **'dirty-blonde** *adj inv hair* dunkelblond **'dirty bomb** *n* schmutzige Bombe **'dirty bomb·er** *n* Bombenattentäter(in) *m(f)* mit einer schmutzigen Bombe **'dirty float** *n* ECON, FIN schmutziges Floaten, beschränkt freigegebene Wechselkurse *pl* **dirty 'mon·ey** *n no pl* ❶ *(dishonestly acquired)* schmutziges Geld ❷ BRIT *(extra pay)* Schmutzzulage *f* **dirty old 'man** *n (fam)* geiler alter Bock *pej* **dirty 'tricks cam·paign** *n* POL, COMM hinterlistige Kampagne **dirty week·'end** *n esp* BRIT *(fam)* Liebeswochenende *nt* **dirty 'word** *n* ❶ *(obscenity)* unanständiges Wort, ordinärer Ausdruck ❷ *(sth regarded with dislike)* ***VAT is regarded as a ~ by many*** „Mehrwertsteuer" ist für viele ein Schimpfwort **'dirty work** *n no pl* Drecksarbeit *f;* **to do the ~ for sb** [*or* **sb's ~**] für jdn die Drecksarbeit machen *fam*
dis¹ <-ss-> [dɪs] *vt* AM *(sl) short for* **disrespect:** ■**to ~ sb** jdn dissen *sl,* über jdn herziehen, jdn verächtlich machen
dis² *vt see* **diss**
dis·abil·ity [ˌdɪsə'bɪləti, AM -əţi] *n* ❶ *(incapacity)* Unfähigkeit *f kein pl,* Unvermögen *nt kein pl;* **~ benefit** Erwerbsunfähigkeitsrente *f* [*o* ÖSTERR -pension]; **person under a ~** LAW Prozessunfähiger *m;* **mental/physical ~** geistige Behinderung/Körperbehinderung *f*
❷ *no pl (condition)* Behinderung *f*
❸ *(disadvantage)* Benachteiligung *f,* Einschränkung *f*
dis·a'bil·ity in·sur·ance *n no pl* Erwerbsausfallversicherung *f* **dis·a'bil·ity pen·sion** *n no pl* Erwerbsunfähigkeitsrente *f*
dis·able [dɪ'seɪbl̩] *vt* ■**to ~ sb** jdn arbeitsunfähig machen; **to ~ sb for life** jdn zum Invaliden machen; ■**to ~ sth** etw funktionsunfähig [*o* unbrauchbar] machen; COMPUT etw ausschalten [*o* sperren]
dis·abled [dɪ'seɪbl̩d] **I.** *adj* ❶ *(handicapped)* behindert; **~ person** Behinderter *m;* **mentally ~** geistig behindert; **physically ~** körperbehindert; **severely** [*or* **seriously**] **~** schwerbehindert
❷ *(for the handicapped)* für Behinderte, Behinderten-
❸ LAW rechtsunfähig, geschäftsunfähig; ECON arbeitsunfähig, erwerbsunfähig
II. *n* ■**the ~** *pl* die Behinderten
dis·abled 'ac·cess *n no pl* behindertengerechter Zugang
dis·able·ment [dɪ'seɪbl̩mənt] **I.** *n no pl* Behinderung *f*
II. *n modifier* **~ pension** Arbeitsunfallrente *f*
dis·abling [dɪ'seɪblɪŋ] *adj* behindernd; ***he suffered from a ~ disease*** er erlitt eine Krankheit, die ihn zum Invaliden machte
dis·'abling stat·ute *n* LAW Gesetz *nt* zur Entziehung der Rechtsfähigkeit [*o* Geschäftsfähigkeit]
dis·abuse [ˌdɪsə'bju:z] *vt (form)* ■**to ~ sb of sth** jdn über etw *akk* eines Besseren belehren, jdn von etw *dat* abbringen
dis·ad·vant·age [ˌdɪsəd'vɑ:ntɪdʒ, AM -'væn-] **I.** *n* Nachteil *m,* Benachteiligung *f;* ***it will eventually work to her ~*** es wird schließlich zu ihrem Nachteil sein; **educational ~** Benachteiligung *f* in der Ausbildung; **major/minor ~** großer/kleiner Nachteil; **social ~** soziale Benachteiligung; **to be at a ~** im Nachteil sein; **to put** [*or* **place**] **sb at a ~** jdn benachteiligen
II. *vt* ■**to ~ sb** jdn benachteiligen
dis·ad·van·taged [ˌdɪsəd'vɑ:ntɪdʒd, AM -'vænţ-] **I.** *adj* benachteiligt
II. *n* ■**the ~** *pl* die Benachteiligten
dis·ad·van·ta·geous [ˌdɪsˌædvən'teɪdʒəs, AM -væn'-] *adj* nachteilig, ungünstig; ■**to be ~ to sb** für jdn nachteilig [*o* von Nachteil] sein
dis·ad·van·ta·geous·ly [ˌdɪsædvən'teɪdʒəsli, AM væn] *adv* zum Nachteil, mit nachteiliger Wirkung
dis·af·fect·ed [ˌdɪsə'fektɪd] *adj (dissatisfied)* unzufrieden; *(estranged)* entfremdet
dis·af·fec·tion [ˌdɪsə'fekʃən] *n no pl (dissatisfaction)* Unzufriedenheit *f* (**with** mit +*dat*); *(estrangement)* Entfremdung *f* (**with** von +*dat*)
dis·af·for·est [ˌdɪsə'fɒrɪst, AM -'fɔ:r-] *vt see* **deforest**
dis·agio <*pl* -s> [dɪs'ædʒɪəʊ, AM -oʊ] *n* FIN Disagio *nt,* Abgeld *nt*
dis·agree [ˌdɪsə'gri:] *vi* ❶ *(dissent)* nicht übereinstimmen; *(with plan, decision)* nicht einverstanden sein; *(with sb else)* uneinig [*o* anderer Meinung] sein; ***I strongly ~ with the decision*** ich kann mich der Entscheidung in keiner Weise anschließen
❷ *(quarrel)* sich *akk* streiten, eine Auseinandersetzung [*o* Meinungsverschiedenheit] haben
❸ *(not correspond)* nicht übereinstimmen, im Widerspruch stehen
❹ FOOD nicht zuträglich sein; ***I must have eaten something that ~d with me*** ich muss etwas gegessen haben, das mir nicht bekommt
dis·agree·able [ˌdɪsə'gri:əbl̩] *adj* ❶ *(unpleasant)* unangenehm
❷ *(ill-natured)* übellaunig, unsympathisch
dis·agree·ably [ˌdɪsə'gri:əbli] *adv* unangenehm
dis·agree·ment [ˌdɪsə'gri:mənt] *n* ❶ *no pl (lack of agreement)* Uneinigkeit *f;* **to be in ~ about sth** sich *dat* über etw *akk* nicht einig sein
❷ *(argument)* Meinungsverschiedenheit *f,* Streit *m* (**over/about** um/über +*akk*)
❸ *no pl (discrepancy)* Diskrepanz *f*
dis·al·low [ˌdɪsə'laʊ] *vt* ■**to ~ sth** ❶ *(rule out)* etw nicht erlauben; SPORT etw nicht anerkennen [*o* nicht gelten lassen]; **to ~ a goal** ein Tor annullieren
❷ LAW etw ablehnen [*o* abweisen] [*o* zurückweisen] [*o* SCHWEIZ *a.* refüsieren]; **to ~ a claim** einen Anspruch zurückweisen [*o* abweisen], eine Forderung nicht anerkennen
dis·al·low·ance [ˌdɪsə'laʊən(t)s] *n* FIN Anrechnungsbetrag *m*
dis·am·bigu·ate [ˌdɪsæm'bɪgjueɪt] *vt* ■**to ~ sth** etw eindeutig darstellen, etw klären
dis·ap·pear [ˌdɪsə'pɪəʳ, AM -'pɪr] *vi* ❶ *(vanish)* verschwinden; *memory* schwinden; ***he seemed to ~ into thin air*** er schien sich in Luft aufgelöst zu haben; **to ~ without a trace** spurlos verschwinden; **to ~ from view** [*or* **out of sight**] [dem Blick] entschwinden *geh,* verschwinden; ■**to ~ beneath/behind sth** unter/hinter etw *dat* verschwinden
❷ *(become extinct)* aussterben, verlorengehen; *(fig)* ***these craftsmen have all but ~ed*** solche Handwerker gibt es schon fast nicht mehr
dis·ap·pear·ance [ˌdɪsə'pɪərən(t)s, AM -'pɪr-] *n no pl*
❶ *(vanishing)* Verschwinden *nt*
❷ *(becoming extinct)* Aussterben *nt*
dis·ap·point [ˌdɪsə'pɔɪnt] *vt* ■**to ~ sb/sth** jdn/etw enttäuschen; **to ~ sb's expectations** jds Erwartungen enttäuschen [*o* nicht entsprechen]; **to ~ sb's hopes** jds Hoffnungen zunichtemachen [*o* enttäuschen]
dis·ap·point·ed [ˌdɪsə'pɔɪntɪd, AM -ţ-] *adj* enttäuscht (**at/about** über +*akk,* **in/with** mit +*dat*); ***I was ~ to learn that ...*** ich war enttäuscht, als ich erfuhr, dass ...
dis·ap·point·ed·ly [ˌdɪsə'pɔɪntɪdli, AM -ţ-] *adv* enttäuscht
dis·ap·point·ing [ˌdɪsə'pɔɪntɪŋ, AM -ţ-] *adj* enttäuschend; ***how ~!*** so eine Enttäuschung!
dis·ap·point·ing·ly [ˌdɪsə'pɔɪntɪŋli, AM -ţ-] *adv* enttäuschend; **~, *she did not show up*** sie tauchte enttäuschenderweise nicht auf
dis·ap·point·ment [ˌdɪsə'pɔɪntmənt] *n* Enttäuschung *f* (**in** über +*akk*); **to one's ~** zu jds Enttäuschung; ■**to be a ~ to sb** für jdn eine Enttäuschung sein; **to suffer a ~** eine Enttäuschung erleben
dis·ap·pro·ba·tion [ˌdɪsæprə(ʊ)'beɪʃən, AM -ˌæprə'-] *n no pl (form)* Missbilligung *f;* **to cause ~** Missfallen erregen
dis·ap·prov·al [ˌdɪsə'pru:vəl] *n no pl* Missbilligung *f;* ***there was a hint of ~ in his voice*** in seiner Stimme schwang ein leichtes Missfallen
dis·ap·prove [ˌdɪsə'pru:v] *vi* dagegen sein; ■**to ~ of sth** etw missbilligen; **to ~ of sb's behaviour** jds Verhalten kritisieren; ■**to ~ of sb** jdn ablehnen
dis·ap·prov·ing [ˌdɪsə'pru:vɪŋ] *adj* missbilligend
dis·ap·prov·ing·ly [ˌdɪsə'pru:vɪŋli] *adv* missbilligend
dis·arm [dɪ'sɑ:m, AM -ɑ:rm] **I.** *vt* ❶ MIL ■**to ~ sb** jdn entwaffnen; **to ~ a bomb/mine** eine Bombe/Mine entschärfen
❷ *(weaken criticism)* **to ~ a critic** einen Kritiker verstummen lassen; **to ~ criticism** Kritik entschärfen
❸ *(charm)* ■**to ~ sb** jdn entwaffnen [*o* freundlich

stimmen]
④ COMPUT ■ **to ~ sth** etw deaktivieren
II. *vi* abrüsten
dis·arma·ment [dɪ'sɑːməmənt, AM -ɑːrm-] **I.** *n no pl* Abrüstung *f*; **nuclear ~** atomare Abrüstung
II. *n modifier (agreement, proposal)* Abrüstungs-; **in the ~ field** auf dem Gebiet der Abrüstung
dis·'arma·ment talks *npl* Abrüstungsverhandlungen *pl*, Abrüstungsgespräche *pl*
dis·arm·er [dɪ'sɑːməʳ] *n* BRIT Rüstungsgegner(in) *m(f)*, Abrüstungsbefürworter(in) *m(f)*
dis·arm·ing [dɪ'sɑːmɪŋ, AM -ɑːrm-] *adj (approv)* entwaffnend, gewinnend; **~ candour** [*or* **frankness**] entwaffnende Offenheit; **~ smile** entwaffnendes [*o* charmantes] Lächeln
dis·arm·ing·ly [dɪs'ɑːmɪŋli, AM 'ɑːrm] *adv* entwaffnend
dis·ar·range [ˌdɪsəˈreɪndʒ] *vt* ■ **to ~ sth** etw durcheinanderbringen [*o* in Unordnung bringen]; **~d hair** zerzaustes Haar
dis·ar·ray [ˌdɪsəˈreɪ] **I.** *n no pl* ① *(disorder)* Unordnung *f*, Durcheinander *nt*; **to be in** [**a state of**] **~** in [einem Zustand der] Unordnung sein; ***her hair was in ~*** ihr Haar war [ganz] zerzaust; **to throw sth into ~** etw durcheinanderbringen
② *(confusion)* Verwirrung *f*, Wirrwarr *m*
II. *vt* ■ **to ~ sth** etw in Unordnung bringen
dis·as·sem·ble [ˌdɪsə'sembl̩] *vt* ■ **to ~ sth** ① *(take apart)* auseinandernehmen, zerlegen
② COMPUT *program* zurückverwandeln
dis·as·so·ci·ate [ˌdɪsə'səʊsieɪt, AM -'soʊʃi-] *vt see* **dissociate**
dis·as·ter [dɪ'zɑːstəʳ, AM -'zæstɚ] *n* ① *(misfortune)* Katastrophe *f*, Unglück *nt*, Desaster *nt*; **air ~** Flugzeugunglück *nt*, Flugzeugkatastrophe *f*; **rail ~** Eisenbahnunglück *nt*, Zugunglück *nt*; **environmental ~** Umweltkatastrophe *f*; **natural/global ~** Naturkatastrophe *f*/globale Katastrophe
② *no pl* ***everything was going smoothly until ~ struck*** alles lief reibungslos, bis die Katastrophe ihren Lauf nahm; **to avert ~** eine Katastrophe abwenden; **to spell ~ for sth** eine Katastrophe für etw *akk* bedeuten
③ *(fam: failure)* Katastrophe *f*; ***the evening was a complete ~*** der Abend war der totale Reinfall; ***as a teacher, he was a ~*** als Lehrer war er absolut unfähig
di's·as·ter area *n* Katastrophengebiet *nt*; ***after the party, the house was a ~*** *(fig hum)* nach dem Fest sah das Haus aus wie ein Schlachtfeld **di's·as·ter movie** *n* Katastrophenfilm *m*
dis·as·trous [dɪ'zɑːstrəs, AM -'zæs-] *adj* ① *(causing disaster)* katastrophal, verheerend; **to have a ~ impact on sth** auf etw *akk* einen verhängnisvollen Einfluss haben; ■ **to be ~ for sb/sth** für jdn/etw katastrophal sein, sich *akk* auf jdn/etw katastrophal auswirken
② *(unsuccessful)* unglückselig, verhängnisvoll; **a ~ attempt** ein unglücklicher Versuch
dis·as·trous·ly [dɪ'zɑːstrəsli, AM -'zæs-] *adv* katastrophal, verheerend; ***it all went ~ wrong*** es war eine Katastrophe
dis·avow [ˌdɪsə'vaʊ] *vt (form)* ■ **to ~ sth** etw verleugnen; **to ~ responsibility** die Verantwortung von sich *dat* weisen; **to ~ a rumour** ein Gerücht ableugnen
dis·avow·al [ˌdɪsə'vaʊəl] *n* Ableugnung *f*, Verleugnung *f*; POL Dementi *nt*
dis·band [dɪs'bænd] **I.** *vi* sich *akk* auflösen
II. *vt* ■ **to ~ sth** etw auflösen
dis·bar <-rr-> [dɪs'bɑːʳ, AM -'bɑːr] *vt* LAW ■ **to ~ sb** jdn aus der Anwaltschaft ausschließen, jdn von der Anwaltsliste streichen; ***he was ~red for gross negligence*** ihm wurde aufgrund grober Fahrlässigkeit die Zulassung entzogen
dis·be·lief [ˌdɪsbɪ'liːf] *n no pl* Unglaube *m*, Zweifel *m*; *(shock)* Fassungslosigkeit *f*; ***she shook her head in ~*** sie schüttelte ungläubig den Kopf
dis·be·lieve [ˌdɪsbɪ'liːv] *(form)* **I.** *vt* ■ **to ~ sb** jdm nicht glauben; ■ **to ~ sth** etw bezweifeln [*o* nicht glauben]
II. *vi* ■ **to ~ in sth** an etw *akk* nicht glauben
dis·be·liev·er [ˌdɪsbɪ'liːvəʳ, AM -ɚ] *n* Zweifler(in) *m(f)*, Ungläubige(r) *f(m)*
dis·burse [dɪs'bɜːs, AM -'bɜːrs] *vt* **to ~ financial aid/money/funds** Finanzhilfe/Geld/Fondsmittel auszahlen
dis·burse·ment [dɪs'bɜːsmənt, AM -'bɜːrs-] *n* Auszahlung *f*
disc, AM **disk** [dɪsk] *n* ① *(shape, object)* Scheibe *f*, Platte *f*; MED Bandscheibe *f*; BRIT AUTO Parkscheibe *f*
② MUS [Schall]platte *f*; *(CD)* CD *f*
③ COMPUT *see* **disk**
④ *(in tarot)* ■ **~s** *pl* Scheiben *f*
dis·card **I.** *vt* [dɪ'skɑːd, AM -kɑːrd] ① *(throw away)* ■ **to ~ sth** etw wegwerfen; **to ~ a coat** einen Mantel ausziehen [*o* ablegen]; **to ~ an idea** eine Idee fallenlassen [*o* verwerfen]
② CARDS **to ~ a card** eine Karte abwerfen [*o* ablegen]
II. *vi* CARDS abwerfen
III. *n* ['dɪskɑːd, AM -skɑːrd] ① CARDS abgelegte [*o* abgeworfene] Karte
② *(reject)* Ausschuss *m kein pl*
'disc brake *n* Scheibenbremse *f* **'disc drive** *n* BRIT COMPUT *see* **disk drive**
dis·cern [dɪ'sɜːn, AM -'sɜːrn] *vt (form)* ■ **to ~ sth**
① *(recognize)* etw wahrnehmen
② *(understand)* etw erkennen
dis·cern·ible [dɪ'sɜːnəbl̩, AM -'sɜːrn-] *adj* ① *(recognizable)* wahrnehmbar, erkennbar
② *(understandable)* erkennbar
dis·cern·ibly [dɪ'sɜːnəbli, AM -'sɜːrn-] *adv* ① *(recognizably)* wahrnehmbar, erkennbar
② *(understandably)* erkennbar
dis·cern·ing [dɪ'sɜːnɪŋ, AM -'sɜːrn-] *adj (approv: with good judgement)* urteilsfähig; ***these are wines for the ~ palate*** das sind Weine für den feinen Gaumen; **~ critic** angesehener Kritiker/angesehene Kritikerin; *(insightful)* scharfsichtig; **~ reader** kritischer Leser/kritische Leserin
dis·cern·ment [dɪ'sɜːnmənt, AM -'sɜːrn-] *n no pl* ① *(good judgement)* Urteilskraft *f*; *(insight)* Scharfsinn *m*, feines Gespür
② *(act of discerning)* Wahrnehmung *f*, Erkennen *nt*
dis·charge **I.** *vt* [dɪs'tʃɑːdʒ, AM -ɑːrdʒ] ① *(from confinement)* ■ **to ~ sb** jdn freisprechen; **to ~ a patient from hospital** einen Patienten aus dem Krankenhaus entlassen; **to ~ a prisoner** einen Gefangenen freilassen [*o* entlassen] [*o* SCHWEIZ *a. fam* springen lassen]
② *(from employment)* ■ **to ~ sb** jdn entlassen; MIL jdn verabschieden
③ *(form: fire)* **to ~ rounds** [*or* **shots**] Schüsse abgeben [*o* abfeuern]; **to ~ a weapon** eine Waffe abfeuern
④ *(emit)* ■ **to ~ sth** etw von sich *dat* geben, etw absondern [*o* ausstoßen]; ***the wound is still discharging a lot of fluid*** die Wunde sondert immer noch viel Flüssigkeit ab; **to ~ a liquid** eine Flüssigkeit abgeben [*o* absondern]; **to ~ sewage** Abwasser ablassen [*o* ablaufen lassen]; **to ~ smoke/gas** Rauch/Gas ausstoßen [*o* ausströmen lassen]
⑤ *(utter)* ■ **to ~ sth** etw ausstoßen [*o* von sich *dat* geben]; **to ~ abuse** Beleidigungen von sich *dat* geben
⑥ ECON, FIN *(pay off)* ■ **to ~ sth** etw bezahlen [*o* begleichen]; **to ~ a debt** eine Schuld tilgen [*o* begleichen]; **to ~ one's liabilities** eine Schuld begleichen, eine Verbindlichkeit erfüllen; **to ~ a bankrupt** *person* einen Konkursschuldner/eine Konkursschuldnerin entlasten
⑦ *(perform)* **to ~ one's duty** seiner Verpflichtung nachkommen, seine Pflicht erfüllen; **to ~ one's responsibility** seiner Verantwortung nachkommen, sich *akk* seiner Verantwortung stellen
⑧ PHYS, ELEC ■ **to ~ sth** etw entladen
⑨ NAUT ■ **to ~ sth** etw entladen [*o* ausladen]; **to ~ cargo** Ladung löschen; **to ~ a ship** ein Schiff entladen
⑩ LAW *(cancel an order)* ■ **to ~ sth** etw aufheben
II. *vi* [dɪs'tʃɑːdʒ, AM -ɑːrdʒ] sich *akk* ergießen, ausströmen; *wound* eitern
III. *n* ['dɪstʃɑːdʒ, AM -ɑːrdʒ] ① *no pl of patient* Entlassung *f*; **absolute ~** unbeschränkte Entlassung; **~ from hospital/prison** Entlassung aus dem Krankenhaus/Gefängnis; *of employee* Kündigung *f*, Entlassung *f*; *of soldier* Abschied *m*, Entlassung *f*; **dishonourable ~** MIL unehrenhafte Entlassung
② *(firing of gun)* Abfeuern *nt kein pl*, Abschießen *nt kein pl*; **accidental ~** versehentliche Auslösung
③ *of liquid* Ausstoß *m kein pl*, Ausströmen *nt kein pl*
④ *(liquid emitted)* Ausfluss *m kein pl*, Absonderung *f*; **nasal ~** Nasensekret *nt*, Nasenschleim *m*; **vaginal ~** Scheidenausfluss *m*, Scheidensekret *nt*
⑤ *of debt* Bezahlung *f*, Begleichung *f*; **final ~** letzte Tilgungsrate; **in full ~ of a debt** Schuldentilgung *f* in voller Höhe
⑥ *of duty* Erfüllung *f*; **~ of one's duty** Pflichterfüllung *f*; **~ by performance** Leistungserfüllung *f*
⑦ PHYS, ELEC Entladung *f*
⑧ *(unloading)* Entladung *f*, Entlad *m* SCHWEIZ; *of a cargo* Löschen *nt kein pl*
⑨ LAW *(ending of contract) Erlöschen eines Vertrages [durch Erfüllung, Befreiung, Vertragsverletzung]*; **~ by agreement** einverständliche Vertragsbeendigung; **~ in** [*or* **of**] **bankruptcy** Konkursaufhebung *f*, Entlastung *f* eines Konkursschuldners; **conditional ~** Strafaussetzung *f* zur Bewährung
'Dis·charge Cal·en·dar *n* AM *einer der Sitzungskalender des Repräsentantenhauses*
dis·ci·ple [dɪ'saɪpl̩] *n* Anhänger(in) *m(f)*; *(pupil)* Schüler(in) *m(f)*; *(of Jesus)* Jünger *m*
dis·ci·pli·nar·ian [ˌdɪsəplɪ'neəriən, AM -'neri-] *n* Zuchtmeister(in) *m(f)*; **to be a strict ~** eiserne Disziplin verlangen
dis·ci·pli·nary [ˌdɪsə'plɪnəri, AM 'dɪsəplɪneri] *adj inv* Disziplinar-, disziplinarisch; **to take ~ action against sb** ein Disziplinarverfahren gegen jdn anstrengen; **~ measures** Disziplinarmaßnahmen *pl*; **~ problems** Disziplinprobleme *pl*
dis·ci·plin·ary au'thor·ity *n no pl* Disziplinargewalt *f* **dis·ci·plin·ary com·'mit·tee** *n* Sanktionsausschuss *m* **dis·ci·pli·nary pro·'cedure** *n no pl* Disziplinarverfahren *nt*
dis·ci·pline ['dɪsəplɪn] **I.** *n* ① *no pl (control)* Disziplin *f*; *(rules)* Vorschriften *pl*, Regeln *pl*
② *no pl (self-control)* Selbstdisziplin *f*; *(for the mind)* [Gehirn]training *nt*, Gehirnjogging *nt*
③ *(subject)* Disziplin *f*, [Studien]fach *nt*, Fachgebiet *nt*
II. *vt* ① *(have self-control)* ■ **to ~ oneself** sich *akk* disziplinieren; ***I'm trying to ~ myself to eat less*** ich versuche mich daran zu gewöhnen, weniger zu essen
② *(punish)* ■ **to ~ sb for sth** jdn für etw *akk* bestrafen [*o* züchtigen]
③ *(drill)* ■ **to ~ sb** jdn schulen [*o* ausbilden]; MIL jdn drillen
dis·ci·plined ['dɪsəplɪnd] *adj* diszipliniert, ordentlich
'disc jock·ey *n*, **DJ** *n* Diskjockey *m*
dis·claim [dɪs'kleɪm] *vt* ■ **to ~ sth** ① *(form: deny)* etw abstreiten [*o* von sich *dat* weisen]; **to ~ responsibility for sth** die Verantwortung für etw *akk* ablehnen
② LAW auf etw *akk* verzichten; **to ~ one's inheritance** sein Erbe ausschlagen
dis·claim·er [dɪs'kleɪməʳ, AM -ɚ] *n* ① *(form: of responsibility)* Dementi *nt*, Widerruf *m*
② LAW Verzichtserklärung *f*, Haftungsablehnungserklärung *f*; *(clause)* Haftungsausschlussklausel *f*
dis·close [dɪs'kləʊz, AM -'kloʊz] *vt* ■ **to ~ sth** ① *(reveal)* etw bekanntgeben; **to ~ a secret/the truth** ein Geheimnis/die Wahrheit enthüllen
② *(uncover)* etw enthüllen *geh* [*o* aufdecken]
dis·clo·sure [dɪs'kləʊʒəʳ, AM -'kloʊʒɚ] *n (form)* ① *no pl (act of disclosing) of secret* Enthüllen *nt geh*; *of information* Bekanntgabe *f*; ECON, FIN **~ of shareholding** Offenlegung *f* von Aktienbeteiligung
② *(revelation)* Enthüllung *f*, Aufdeckung *f*; **damaging ~** folgenschwere Enthüllung
disc·man® *n* Discman® *m*

dis·co[1] ['dɪskəʊ, AM -koʊ] *n short for* **discotheque** *(place)* Disko[thek] *f;* BRIT *(disco equipment)* Diskothekenanlage *f; (dance event)* Disko *f*

disco[2] ['dɪskəʊ, AM -koʊ] *n no pl short for* **disco music** Diskomusik *f,* Disco *m*

disco[3] ['dɪskəʊ, AM -koʊ] **I.** *vi* ① *(go to a disco)* in die Disko gehen
② *(dance)* Disco tanzen
II. *n modifier* Disko-

dis·cog·ra·phy <*pl* -ies> [dɪsk'ɒgrəfi, AM 'ɑ:g-] *n* MUS Tonträgerverzeichnis *nt,* Diskografie *f*

dis·col·our, AM **dis·col·or** [dɪ'skʌlə', AM -ə'] **I.** *vi* sich *akk* verfärben
II. *vt* ■**to ~ sth** etw verfärben

dis·col·oura·tion [dɪ,skʌlə'reɪʃən] *n (ruining)* Verfärbung *f; (fading)* Entfärbung *f,* Farbverlust *m; (mark)* Fleck *m; of teeth* Verfärbung *f,* Fleck *m*

dis·col·oured [dɪs'kʌləd, AM -əd] *adj* verfärbt; *textiles* verschossen, abgeschossen SCHWEIZ

dis·com·fit [dɪ'skʌm(p)fɪt] *vt (form)* ■**to ~ sb** *(cause embarrassment)* jdm Unbehagen bereiten, jdn in Verlegenheit bringen; *(cause inconvenience)* jdm Unannehmlichkeiten bereiten

dis·com·fi·ture [dɪ'skʌm(p)fɪtʃə', AM -ə'] *n no pl (form)* Unbehagen *nt*

dis·com·fort [dɪ'skʌm(p)fət, AM -fət] *n* ① *no pl (slight pain)* leichter Schmerz, Beschwerden *pl* (**in** mit +*dat)*
② *no pl (mental uneasiness)* Unbehagen *nt*
③ *(inconvenience)* Unannehmlichkeit *f*

'dis·co mu·sic *n no pl* Diskomusik *f,* Disco *m*

dis·con [dɪs'kɑ:n] *n* LAW *short for* **disorderly conduct** aufgrund ungebührlichen Verhaltens *nach n;* ***he was a ~ arrest*** er wurde aufgrund ungebührlichen Verhaltens verhaftet

dis·con·cert [,dɪskən'sɜ:t, AM -'sɜ:rt] *vt* ■**to ~ sb** jdn beunruhigen; *(unnerve)* jdn irritieren

dis·con·cert·ing [,dɪskən'sɜ:tɪŋ, AM -'sɜ:rt-] *adj* beunruhigend; *(unnerving)* irritierend

dis·con·cert·ing·ly [,dɪskən'sɜ:tɪŋli, AM -'sɜ:rt-] *adv* beunruhigend; *(unnervingly)* irritierend

dis·con·nect [,dɪskə'nekt] **I.** *vt* ELEC ① *(turn off)* ■**to ~ sth** etw trennen [*o* abschalten]; ***while we were talking on the phone we suddenly got ~ed*** während des Telefongesprächs wurde die Verbindung plötzlich unterbrochen; ■**to ~ sb** jdn nicht mehr versorgen
② *(cancel)* **to ~ electricity/gas** Strom/Gas abstellen; **to ~ the phone** *(customer)* das Telefon abmelden; *(company)* das Telefon abstellen
II. *n* [Kommunikations]lücke *f* (**between** zwischen +*dat)*

dis·con·nect·ed [,dɪskə'nektɪd] *adj inv* ① *(turned off)* abgeschaltet, [ab]getrennt; *(left without supply)* abgestellt
② *(incoherent)* zusammenhang[s]los, unzusammenhängend

dis·con·nec·tion [,dɪskə'nekʃən] *n* Unterbrechung *f,* Trennung *f;* **a sense of ~** ein Gefühl *nt* der Ausgeschlossenheit (**from** von +*dat)*

dis·con·so·late [dɪ'skɒn(t)sələt, AM -'skɑ:n(t)-] *adj (dejected)* niedergeschlagen, deprimiert; *(inconsolable)* unglücklich, untröstlich

dis·con·so·late·ly [dɪ'skɒn(t)sələtli, AM -'skɑ:n(t)-] *adv* niedergeschlagen, deprimiert

dis·con·tent [dɪskən'tent] *n no pl* Unzufriedenheit *f;* **rumblings of ~** Entrüstungsstürme *pl;* **widespread ~** weit verbreitete Unzufriedenheit

dis·con·tent·ed [dɪskən'tentɪd, AM -t̬ɪd] *adj* unzufrieden (**with/about** mit +*dat)*

dis·con·tent·ed·ly [dɪskən'tentɪdli, AM -t̬ɪdli] *adv* unzufrieden

dis·con·tent·ment [dɪskən'tentmənt] *n no pl see* **discontent**

dis·con·tinu·ance [,dɪskən'tɪnjuən(t)s] *n no pl,* **dis·con·tinua·tion** [,dɪskən,tɪnju'eɪʃən] *n (form)* Einstellung *f,* Aufgabe *f; of business relations* Abbruch *m; of a subscription* Abbestellung *f*

dis·con·tinue [,dɪskən'tɪnju:] *(form)* **I.** *vt* ■**to ~ sth** ① *(stop providing)* etw abbrechen; **to ~ a product** ein Produkt auslaufen lassen; **to ~ service** eine Dienstleistung einstellen [*o* beenden]
② *(put an end to) one's visits* etw aufgeben; **to ~ medication** eine Behandlung abbrechen; **to ~ a subscription** ein Abonnement kündigen [*o* beenden]
II. *vi* aufhören

dis·con·tinued [,dɪskən'tɪnju:d] *adj inv* auslaufend; **~ model** Auslaufmodell *nt*

dis·con·tinu·ity [,dɪs,kɒntɪ'nju:əti, AM -,kɑ:ntən'u:ət̬i] *n (form)* ① *no pl (lack of continuity)* Diskontinuität *f,* mangelnde Kontinuität
② *(in an account)* Bruch *m; (gap)* Lücke *f*

dis·con·tinu·ous [,dɪskən'tɪnjuəs] *adj* ① *(incoherent)* unzusammenhängend, zusammenhang[s]los
② *(not continuing)* nicht kontinuierlich, mit Unterbrechungen *nach n*

dis·cord ['dɪskɔ:d, AM -kɔ:rd] *n no pl (form)* ① *(disagreement)* Uneinigkeit *f,* Zwietracht *f geh,* Disharmonie *f geh;* ***the letter caused ~ between uncle and nephew*** der Brief führte zu Missklängen zwischen Onkel und Neffe; **to sound a note of ~** einen Misston anschlagen
② MUS Disharmonie *f*

dis·cord·ance [dɪs'kɔ:dəns, AM 'kɔ:r] *n* ① *(incongruity)* fehlende Übereinstimmung, Missverhältnis *nt*
② *(conflict)* Uneinigkeit *f,* Meinungsverschiedenheit *f*
③ *(of sound)* Missklang *m,* Dissonanz *f*

dis·cord·ant [dɪ'skɔ:dənt, AM -'skɔ:rd-] *adj* ① *(disagreeing)* abweichend *attr,* sich *dat* widersprechend *attr,* entgegengesetzt; **to strike a ~ note** einen Misston anschlagen; **~ views** gegensätzliche Ansichten
② MUS disharmonisch, misstönend

dis·co·theque ['dɪskətek] *n* ① *(place)* Diskothek *f*
② *(dance event)* Disko *f fam*
③ BRIT *(disco equipment)* Diskothekenanlage *f*

dis·count **I.** *n* ['dɪskaʊnt] ① *(reduction)* Rabatt, Preisnachlass *m,* Abschlag *m;* ***~s are available to club members*** Klubmitglieder erhalten einen Rabatt; **~ for cash** Skonto *nt o m;* **to give a ~** [einen] Rabatt geben [*o* gewähren] [*o* SCHWEIZ *a.* zusprechen]; ***will you give me a ~ for quantity?*** geben Sie mir einen Mengenrabatt?; **at a ~** mit Rabatt
② FIN *(less than sell value)* Disagio *nt;* **currency at a ~** Diskontwährung *f;* **at a ~** STOCKEX unter pari; **shares which stand at a ~** Aktien, die unter pari sind
II. *vt* [dɪ'skaʊnt] ■**to ~ sth** ① *(disregard)* etw unberücksichtigt lassen; **to ~ a possibility** eine Möglichkeit nicht berücksichtigen; **to ~ a testimony/an analysis** eine Aussage/Analyse nicht einbeziehen
② *(lower in price)* etw senken [*o* reduzieren]; **to ~ an article** einen Artikel herabsetzen; **to ~ a price** einen Preis reduzieren [*o* senken]
③ ECON, FIN etw diskontieren [*o* eskomptieren]; ***shares are ~ing a rise in the dollar*** die Aktien nehmen eine Aufwertung des Dollar vorweg

dis·count·able [dɪ'skaʊntəbl, AM -t̬əbl] *adj inv* FIN diskontfähig

'dis·count bro·ker *n* FIN Diskontmakler(in) *m(f),* Wechselmakler(in) *m(f)* **'dis·count card** *n* Ermäßigungskarte *f* **'dis·count cred·it** *n no pl* FIN Diskontkredit *m*

dis·count·er ['dɪskaʊntə', AM -t̬ə'] *n* COMM Discounter *m,* Diskontladen *m* ÖSTERR

'dis·count flight *n* Billigflug *m* **'dis·count house** *n* ① FIN Diskontbank *f,* Wechselbank *f* ② COMM Diskontladen *m* **'dis·count mar·ket** *n* FIN Diskontmarkt *m* **'dis·count rate** *n* FIN Diskontsatz *m,* Diskontrate *f;* COMM Nachlasssatz *m* **'dis·count store** *n* Discountladen *m,* Discountgeschäft *nt* **'dis·count ware·house** *n* Discountkaufhaus *m* **'dis·count win·dow** *n* AM Lombardfenster *nt,* Refinanzierungsstelle *f* einer Zentralbank

dis·cour·age [dɪ'skʌrɪdʒ, AM -'skɜ:r-] *vt* ① *(dishearten)* ■**to ~ sb** jdn entmutigen
② *(dissuade)* ■**to ~ sth** von etw *dat* abraten; ■**to ~ sb from doing sth** jdm davon abraten, etw zu tun
③ *(stop)* ■**to ~ sb** jdn abhalten; ■**to ~ sb from doing sth** jdn davon abhalten, etw zu tun

dis·cour·age·ment [dɪ'skʌrɪdʒmənt, AM -'skɜ:r-] *n* ① *no pl (action)* Entmutigung *f; (feeling)* Mutlosigkeit *f*
② *(discouraging thing)* Hindernis *nt,* Beeinträchtigung *f,* Schwierigkeit *f*
③ *no pl (deterrence)* Abschreckung *f; (dissuasion)* Abraten *nt*

dis·cour·ag·ing [dɪ'skʌrɪdʒɪŋ, AM -'skɜ:r-] *adj* entmutigend

dis·cour·ag·ing·ly [dɪs'kʊrɪdʒɪŋli, AM kɜ:rɪdʒ] *adv* auf entmutigende Weise, [eher] abschreckend

dis·course **I.** *n* ['dɪskɔ:s, AM -kɔ:rs] *(form)* ① *no pl (communication)* Diskurs *m geh,* Kommunikation *f,* Unterhaltung *f;* LING **~ analysis** Diskursanalyse *f*
② *(lecture)* Vortrag *m; (written treatment)* Abhandlung *f,* Diskurs *m geh*
II. *vi* [dɪ'skɔ:s, AM -'skɔ:rs] ① *(lecture)* einen Vortrag halten; ■**to ~ [up]on sth** über etw *akk* dozieren
② *(converse)* sprechen, sich *akk* unterhalten

dis·cour·teous [dɪ'skɜ:tiəs, AM -'skɜ:rt̬i-] *adj (form)* unhöflich

dis·cour·tesy [dɪ'skɜ:təsi, AM -'skɜ:rt̬ə-] *n (form)* Unhöflichkeit *f; (act also)* Unhöflichkeit[sbezeugung] *f*

dis·cov·er [dɪ'skʌvə', AM -ə'] *vt* ① *(find out)* ■**to ~ sth** etw herausfinden [*o* entdecken] [*o* feststellen]; ■**to ~ that ...** herausfinden [*o* entdecken], dass ...
② *(find first)* ■**to ~ sth** etw entdecken; *(fig: talent-spot)* ■**to ~ sb** jdn entdecken [*o* berühmt machen]
③ *(find)* ■**to ~ sth** etw finden [*o* ausfindig machen]; ■**to ~ sb doing sth** jdn bei etw *dat* ertappen

dis·cov·er·er [dɪ'skʌvərə', AM -ərə'] *n* Entdecker(in) *m(f)*

dis·cov·ery [dɪ'skʌvəri, AM -əri] *n* ① *(action of being discovered)* Entdeckung *f; of star, actor* [Neu]entdeckung *f*
② LAW Offenlegung *f* [*o* Bekanntgabe *f*] von Urkunden

Dis·'cov·ery Day *n no pl* CAN *Feiertag in Neufundland und Labrador*

dis·cred·it [dɪ'skredɪt] **I.** *vt* ① *(disgrace)* ■**to ~ sb/sth** jdn/etw in Verruf [*o* Misskredit] bringen, jdn/etw diskreditieren
② *(cause to appear false)* ■**to ~ sth** etw unglaubwürdig machen
③ *(disbelieve)* ■**to ~ sth** etw anzweifeln [*o* bezweifeln], etw *dat* keinen Glauben schenken
II. *n no pl* ① *(disrepute)* Misskredit *m,* schlechter Ruf; ***this has brought ~ upon the whole school*** das hat dem Ruf der ganzen Schule geschadet; **to be to sb's ~** jdm keine Ehre machen
② *(sb, sth that discredits)* Schande *f* (**to** für +*akk)*

dis·cred·it·able [dɪ'skredɪtəbl, AM -t̬ə-] *adj* schändlich, unehrenhaft, diskreditierend

dis·cred·it·ably [dɪ'skredɪtəbli, AM -t̬ə-] *adv* schändlich, unehrenhaft, diskreditierend

dis·cred·it·ed [dɪs'kredɪtɪd, AM ɪt̬ɪd] *adj* unglaubwürdig, diskreditiert *geh*

dis·creet [dɪ'skri:t] *adj* ① *(unobtrusive)* diskret; *colour, pattern* dezent; **~ elegance** unaufdringliche Eleganz
② *(tactful)* taktvoll

dis·creet·ly [dɪ'skri:tli] *adv* diskret; **~ dressed** dezent gekleidet

dis·crep·an·cy [dɪ'skrepən(t)si] *n* ① *(form)* Diskrepanz *f geh,* Widerspruch *m,* Unstimmigkeit *f*
② ECON, FIN **statistical ~** statistische Abweichung

dis·crep·ant [dɪ'skrepənt] *adj* verschieden, [voneinander] abweichend *attr*

dis·crete [dɪ'skri:t] *adj* diskret

dis·cre·tion [dɪ'skreʃən] *n no pl* ① *(behaviour)* Diskretion *f,* Verschwiegenheit *f,* Zurückhaltung *f;* **to be the [very] soul of ~** die Diskretion in Person sein
② *(good judgement)* Klugheit *f,* Besonnenheit *f,* Umsicht *f;* **age of ~** LAW Alter *nt* der freien Willensbestimmung, Strafmündigkeit *f;* **to reach the age of ~** mündig werden; **to exercise one's ~** nach eigenem Ermessen handeln; **to leave sth to sb's ~** etw in jds Ermessen stellen, etw jds Entscheidung überlassen; **to use one's ~** nach eigenem Ermessen handeln; **at sb's ~** nach jds Ermessen; **to be at the**

~ **of sb** [*or* **at sb's ~**] in jds Ermessen stehen
③ *(freedom)* Belieben *nt; esp* LAW Ermessen *nt; **it is within his ~ to leave the country*** es steht ihm frei, das Land zu verlassen
▸ PHRASES: ~ **is the better part of valour** *(prov)* Vorsicht ist die Mutter der Porzellankiste *prov fam*

dis·cre·tion·ary [dɪˈskreʃᵊnᵊri, AM -eri] *adj (form)* willkürlich, beliebig, Ermessens-; ~ **decision** Ermessensentscheidung *f;* **on a ~ basis** mit freiem Ermessensspielraum; ~ **powers** Ermessensspielraum *m,* Entscheidungsgewalt *f;* **wide ~ power** unbeschränkte Vollmacht; ~ **trust** uneingeschränktes Treuhandverhältnis

dis·cre·tion·ary ac·'count *n* AM ECON, FIN treuhänderisch verwaltetes Konto **dis·'cre·tion·ary client** *n* ECON, FIN Kunde *m*/Kundin *f,* für dessen/deren Wertpapiere der Treuhänder freie Ermessensbefugnisse hat **dis·'cre·tion·ary funds** *npl* ECON, FIN frei verfügbare Mittel

dis·crimi·nate [dɪˈskrɪmɪneɪt] **I.** *vi* ① *(differentiate)* unterscheiden, einen Unterschied machen
② *(be prejudiced)* diskriminieren; **to ~ in favour of sb** jdn bevorzugen [*o* begünstigen]; ■**to ~ against sb** jdn diskriminieren [*o* benachteiligen]
II. *vt* ① *(tell apart)* ■**to ~ sth from sth** etw von etw *dat* unterscheiden; *(twins, sth identical etc.)* etw auseinanderhalten
② *(mark as distinctive)* ■**to ~ sb/sth from sb/sth** jdn/etw von jdm/etw abheben

dis·crimi·nat·ing [dɪˈskrɪmɪneɪtɪŋ, AM -t̬-] *adj (approv form)* ① *(able to discern)* kritisch; ~ **palate** feiner Gaumen *geh*
② *(having good taste)* anspruchsvoll

dis·crimi·na·tion [dɪˌskrɪmɪˈneɪʃᵊn] *n no pl*
① *(prejudice)* Diskriminierung *f,* Benachteiligung *f;* **age ~** unterschiedliche Behandlung [*o* Benachteiligung] aufgrund des Alters; **positive** [*or* **reverse**] ~ Begünstigung *f* benachteiligter Schichten; **racial ~** Rassendiskriminierung *f;* **sexual ~, ~ on grounds of sex** Diskriminierung *f* aufgrund des Geschlechts
② *(taste)* [kritisches] Urteilsvermögen, Urteilskraft *f*
③ *(ability to differentiate)* Unterscheidung *f*

dis·crimi·na·tory [dɪˈskrɪmɪnətᵊri, AM -tɔːri] *adj* diskriminierend; ~ **pricing** COMM Preisdiskriminierung *f;* ~ **taxation** *no pl* FIN unterschiedliche Besteuerung

dis·cur·sive [dɪˈskɜːsɪv, AM -ˈskɜːr-] *adj (form)* ① *(esp pej)* abschweifend *attr,* weitschweifig
② LIT diskursiv, folgernd *attr;* **a ~ style** ein diskursiver Stil

dis·cur·sive·ly [dɪˈskɜːsɪvli, AM -ˈskɜːr-] *adv (esp pej)* abschweifend, weitschweifig

dis·cus <*pl* -es> [ˈdɪskəs] *n* SPORT Diskus *m; (event)* ■**the ~** das Diskuswerfen

dis·cuss [dɪˈskʌs] *vt* ■**to ~ sth** ① *(talk about)* etw besprechen; *best way of doing sth* über etw *akk* beraten; ***this booklet ~es how to ...*** in dieser Broschüre wird beschrieben, wie man ...; ***there's nothing to ~*** es gibt nichts zu besprechen; **to ~ a point/detail/topic** einen Punkt/ein Detail/ein Thema besprechen
② *(debate)* etw erörtern [*o* diskutieren]

dis·cus·sion [dɪˈskʌʃᵊn] **I.** *n* Diskussion *f,* Erörterung *f;* ***the matter is open to ~*** das Thema steht zur Diskussion; **to be under ~** zur Diskussion stehen; ***the matter is still under ~*** die Beratung ist noch nicht zu Ende; **to hold** [*or* **have**] **a ~** eine Besprechung haben
II. *n modifier* Diskussions-; ~ **group** Diskussionsrunde *f*

dis·'cus·sion board *n* COMPUT, INET Diskussionsforum *nt*

'dis·cus throw·er *n* Diskuswerfer(in) *m(f)* **'dis·cus throw·ing** *n no pl* Diskuswerfen *nt*

dis·dain [dɪsˈdeɪn] **I.** *n no pl* Verachtung *f;* **to show one's ~ of sb/sth** jdn/etw verschmähen [*o* verachten]
II. *vt* ■**to ~ sth** *(despise)* etw verachten [*o* geringschätzen]; *(reject)* etw verschmähen; **to ~ to do sth** zu stolz sein, etw zu tun; ***they ~ed to speak with us*** es war unter ihrer Würde, mit uns zu sprechen

dis·dain·ful [dɪsˈdeɪnfᵊl] *adj (form)* verächtlich, geringschätzig; ***a country once ~ of foreign authors*** ein Land, das einmal die ausländischen Autoren verachtet hat

dis·dain·ful·ly [dɪsˈdeɪnfᵊli] *adv* abschätzig, verächtlich

dis·ease [dɪˈziːz] *n* ① MED Krankheit *f,* Leiden *nt;* **outbreak of** [**a**] ~ Ausbruch *m* einer Krankheit, Krankheitsbeginn *m;* **contagious** [*or* **infectious**]/**rare/common ~** ansteckende/seltene/häufige Krankheit; **to catch** [*or* **contract**] **a ~** sich *dat* eine Krankheit zuziehen [*o* SCHWEIZ *a.* einfangen], von einer Krankheit befallen werden
② *no pl (fig: adverse condition)* Gebrechen *nt,* SCHWEIZ *a.* Gebresten *nt veraltend,* Leiden *nt*

dis·eased [dɪˈziːzd] *adj* ① *body part* krank, erkrankt; *plant* befallen ② *(abnormal)* krankhaft; **a ~ mind** ein kranker Verstand **dis·'ease-rid·den** *adj* von Krankheiten gebeutelt

dis·econo·my <*pl* -mies> [ˌdɪsɪˈkɒnəmi, AM -ɪˈkɑːn-] *n* ECON Wirtschaftlichkeitsverlust *m;* **diseconomies** *pl* **of scale** Größennachteile *pl,* Kostenprogression *f*

dis·em·bark [ˌdɪsɪmˈbɑːk, AM -ˈbɑːrk] *vi* von Bord gehen; ***the passengers ~ed from the ferry*** die Passagiere verließen die Fähre

dis·em·bar·ka·tion [ˌdɪsɪmbɑːˈkeɪʃᵊn, AM -bɑːrˈ-] *n aircraft* Landung *f; of boat* Ausschiffung *f; of passengers* Aussteigen *nt kein pl; of cargo* Entladen *nt kein pl,* Entlad *nt kein pl* SCHWEIZ

dis·em·bod·ied [ˌdɪsɪmˈbɒdid, AM -ˈbɑːdid] *adj inv* körperlos; **a ~ voice** eine geisterhafte Stimme

dis·em·bow·el <BRIT -ll- *or* AM *usu* -l-> [ˌdɪsɪmˈbaʊəl] *vt* ■**to ~ sb** jdm die Eingeweide entfernen; *by violence* jdm den Bauch aufschlitzen; ■**to ~ oneself** sich *dat* den Bauch aufschlitzen; **to ~ an animal** einem Tier die Eingeweide herausnehmen, ein Tier ausweiden

dis·en·chant [ˌdɪsɪnˈtʃɑːnt, AM -ˈtʃænt] *vt* ■**to ~ sb** jdn desillusionieren [*o* ernüchtern]; ■**to ~ sth** etw entzaubern

dis·en·chant·ed [ˌdɪsɪnˈtʃɑːntɪd, AM -ˈtʃænt̬ɪd] *adj* desillusioniert, ernüchtert; *(disappointed)* enttäuscht

dis·en·chant·ment [ˌdɪsɪnˈtʃɑːntmənt, AM -ˈtʃænt-] *n no pl* Desillusionierung *f,* Enttäuschung *f,* Ernüchterung *f;* ***the public's ~ with social conditions*** die Unzufriedenheit der Bevölkerung mit den sozialen Verhältnissen

dis·en·fran·chise [ˌdɪsɪnˈfræn(t)ʃaɪz] *vt* ■**to ~ sb** jdn entrechten; ECON jdm eine Konzession entziehen; POL jdm die Bürgerrechte aberkennen; **to ~ a town** einer Stadt das Recht nehmen, einen Abgeordneten ins Parlament zu entsenden

dis·en·fran·chised [ˌdɪsɪnˈfræn(t)ʃaɪzd] *adj inv* entrechtet

dis·en·fran·chise·ment [ˌdɪsɪnˈfræn(t)ʃɪzmənt, AM -(t)ʃaɪz-] *n no pl* LAW, POL Entziehung *f* des Wahlrechts; *of town* Aberkennung *f* des Rechts, einen Abgeordneten ins Parlament zu entsenden

dis·en·gage [ˌdɪsɪnˈɡeɪdʒ] **I.** *vt* ① *(extricate)* ■**to ~ oneself** [**from sth**] sich *akk* [von etw *dat*] lösen [*o* befreien]
② MECH ■**to ~ sth** etw entkuppeln; **to ~ the clutch** auskuppeln
③ MIL **to ~ troops** Truppen abziehen
II. *vi* ① *(become detached)* sich *akk* lösen [*o* frei machen]
② *(in fencing)* sich *akk* [aus der gegnerischen Bindung] lösen

dis·en·'gaged *adj* [emotional] distanziert

dis·en·gage·ment [ˌdɪsɪnˈɡeɪdʒmənt] *n no pl*
① MECH Lösung *f; of a clutch* Auskuppeln *nt*
② MIL Absetzen *nt*
③ *(in fencing)* Befreiung *f*

dis·en·tan·gle [ˌdɪsɪnˈtæŋɡl] **I.** *vt* ① *(untangle)* ■**to ~ sth** etw entwirren [*o* entflechten]; **to ~ a rope** ein Seil entknoten [*o* entwirren]; *(fig)* ■**to ~ sth from sth** etw aus etw *dat* herauslösen; **to ~ hard facts from myth** die Tatsachen von den Legenden trennen
② *(get away)* ■**to ~ oneself from sth** sich *akk* von etw *dat* befreien [*o* lösen]
II. *vi* sich *akk* [voneinander] loslösen [*o* frei machen]

dis·equi·lib·rium [ˌdɪsekwɪˈlɪbriəm] *n* ECON Ungleichgewicht *nt*

dis·es·tab·lish [ˌdɪsɪˈstæblɪʃ] *vt (form)* ■**to ~ sth** etw vom Staat trennen; **to ~ the Church** Kirche und Staat trennen

dis·es·tab·lish·ment [ˌdɪsɪˈstæblɪʃmənt] *n no pl* Trennung *f* [vom Staat]; **the ~ of the Church** die Trennung von Kirche und Staat

dis·fa·vour, AM **dis·fa·vor** [-əʳ, AM ˌdɪsˈfeɪvɚ] **I.** *n no pl* Missbilligung *f,* Missfallen *nt;* **to be in ~ with sb** bei jdm in Ungnade stehen; **to fall into ~ with sb** bei jdm in Ungnade fallen; **to hold sb in ~** jdm seine Gunst vorenthalten [*o* nicht gewähren]; **to look on sb with ~** jdn mit Missfallen betrachten
II. *vt* ■**to ~ sb** jdn benachteiligen; ■**to ~ sth** etw missbilligen

dis·fig·ura·tion [dɪsˌfɪɡəˈreɪʃᵊn, AM -ɡjəˈ-] *n no pl* Entstellung *f,* Verunstaltung *f;* ***the ~ of the town continues*** die Stadt wird weiterhin verunstaltet

dis·fig·ure [dɪsˈfɪɡəʳ, AM -ɡjɚ] *vt* ■**to ~ sb/sth** jdn/etw entstellen [*o* verunstalten]

dis·fig·ure·ment [dɪsˈfɪɡəmənt, AM -ˈfɪɡjɚ-] *n no pl see* **disfiguration**

dis·fran·chise [ˌdɪsˈfræn(t)ʃaɪz] *vt see* **disenfranchise**

dis·gorge [dɪsˈɡɔːdʒ, AM -ˈɡɔːrdʒ] **I.** *vt* ■**to ~ sth** etw ausspucken [*o* ausspeien] *a. fig*
II. *vi* sich *akk* ergießen; ***the river ~s into the Black Sea*** der Fluss fließt in das Schwarze Meer

dis·grace [dɪsˈɡreɪs] **I.** *n no pl* ① *(shame)* Schande *f,* Schmach *f geh;* **to bring ~ on sb/sth** Schande über jdn/etw bringen
② *(sth or sb shameful)* Schande *f,* Schandfleck *m*
II. *vt* ■**to ~ sb** Schande über jdn bringen, jdm Schande bereiten; ***he has been ~d*** er ist in Ungnade gefallen

dis·graced [dɪsˈɡreɪst] *adj* beschämt; ■**to be ~** blamiert sein

dis·grace·ful [dɪsˈɡreɪsfᵊl] *adj* schändlich, skandalös; ***it is ~ that ...*** es ist ein Skandal [*o* eine Schande], dass ...; ~ **behaviour** [*or* **conduct**] skandalöses Verhalten [*o* Benehmen]

dis·grace·ful·ly [dɪsˈɡreɪsfᵊli] *adv* schändlich; ***the unemployment pay is ~ low*** das Arbeitslosengeld ist erbärmlich niedrig

dis·grun·tled [dɪsˈɡrʌntl̩d, AM -t̬l̩d] *adj* verärgert (**with** über +*akk*), verstimmt

dis·grun·tle·ment [dɪsˈɡrʌntl̩mənt] *n no pl* Verstimmung *f,* Verärgerung *f,* Anstoßnahme *f geh*

dis·guise [dɪsˈɡaɪz] **I.** *vt* ① *(mask)* ■**to ~ oneself** [**as sb/sth**] sich *akk* [als jd/etw] verkleiden
② *(change appearance)* ■**to ~ sth** etw verschleiern [*o* unkenntlich machen]; **to ~ a fact** eine Tatsache verbergen [*o* verschleiern]; **to ~ one's voice** seine Stimme verstellen
③ *(cover up)* ■**to ~ sth** etw verbergen [*o* verstecken]; **to ~ one's feelings** seine Gefühle verbergen; **to ~ a blemish** einen Fehler kaschieren [*o* verdecken]
II. *n (for body)* Verkleidung *f; (for face)* Maske *f;* **to put on a ~** sich *akk* verkleiden; ***he put on a false beard as a ~*** er tarnte sich mit einem falschen Bart; **to wear a ~** verkleidet sein; **in ~** verkleidet, getarnt

dis·guised [dɪsˈɡaɪzd] *adj* verkleidet, maskiert; **to be ~ as a cowboy** als Cowboy verkleidet [*o* maskiert] sein; *(fig)* verborgen, verschleiert; ***with barely ~ anger*** mit kaum verhülltem Ärger; ~ **tax** versteckte Steuer

dis·gust [dɪsˈɡʌst] **I.** *n no pl* ① *(revulsion)* Abscheu *m,* Ekel *m;* **to be filled with ~ at sth** von etw *dat* angewidert sein; **sth fills sb with ~** etw ekelt jdn an; **to step back in ~** [**from sth**] angeekelt [*o* angewidert] [von etw *dat*] zurückweichen; **to turn away** [**from sth**] **in ~** sich *akk* angeekelt [*o* angewidert] [von etw *dat*] abwenden
② *(indignation)* Empörung *f,* Entrüstung *f* (**at** über +*akk*); [**much**] **to sb's ~** [sehr] zu jds Entrüstung; **to express one's ~** [**at sth**] seine Entrüstung [*o* Empörung] über etw *akk* zum Ausdruck bringen; **to hide**

one's ~ at sth seine Empörung über etw *akk* verbergen; **in ~** entrüstet, empört; **to do sth in ~** etw tun aus Empörung darüber, dass ...
II. *vt* ■ **to ~ sb** ① *(sicken)* jdn anwidern [*o* anekeln]
② *(appal)* jdn entrüsten [*o* empören]

dis·gust·ed [dɪs'gʌstɪd] *adj* ① *(sickened)* angeekelt, angewidert
② *(indignant)* empört; ■ **to be ~ at sth** über etw *akk* entrüstet [*o* empört] sein; ■ **to be ~ at** [*or* **with**] **sb for** [**not**] **doing sth** darüber empört sein, dass jd etw [nicht] tut; ■ **to be ~ that ...** darüber empört sein, dass ...

dis·gust·ed·ly [dɪs'gʌstɪdli] *adv* empört, entrüstet

dis·gust·ing [dɪs'gʌstɪŋ] *adj* ① *(unacceptable)* empörend; ■ **it is ~ how/that ...** es ist empörend, wie/dass ...
② *(repulsive)* widerlich, widerwärtig

dis·gust·ing·ly [dɪs'gʌstɪŋli] *adv* ① *(repulsively)* widerlich, ekelhaft
② *(iron: unbelievably)* unglaublich; ***his grades are ~ good*** seine Noten sind unverschämt gut *fam*

dish [dɪʃ] **I.** *n* <*pl* -es> ① *(for serving)* Schale *f;* AM *(plate)* Teller *m;* **deep ~** Schüssel *f;* **to put sth in** [*or* **on**] **a ~** etw in eine Schüssel tun; **to serve sth in** [*or* **on**] **a ~** etw in einer Schüssel servieren
② *(crockery)* ■ **the ~es** *pl* das Geschirr *kein pl;* **the dirty ~es** das schmutzige [*o* dreckige] Geschirr; **to do** [*or* **wash**] **the ~es** [ab]spülen, abwaschen; **to stack the ~es** das Geschirr stapeln
③ *(meal)* Gericht *nt;* **favourite ~** Lieblingsgericht *nt,* Leibgericht *nt;* **main ~** Hauptspeise; **sweet ~** Süßspeise *f;* **fish ~** Fischgericht *nt;* **side ~** Beilage *f*
④ TELEC Schüssel *f,* Antenne *f fam;* **satellite ~** Parabolantenne *f,* Satellitenschüssel *f fam*
⑤ *(approv sl: man)* toller Typ *fam;* *(woman)* klasse Frau *fam*
II. *vt* ① *(serve)* ■ **to ~ sth** etw anrichten
② *(dated sl)* ■ **to ~ sb** jdn ruinieren; ■ **to ~ sth** etw zunichtemachen; **to ~ sb's chances** [**of sth**] jds Chancen [auf etw *akk*] zunichtemachen
▸ PHRASES: **to ~ the dirt on sb** jdn öffentlich bloßstellen
III. *vi* AM *(fam: gossip)* klatschen, tratschen; ■ **to ~ about sth** etw breittreten *fam,* sich *akk* über etw *akk* auslassen

◆**dish out** *vt* ① *(give freely)* ■ **to ~ out** ⊂ **sth** [**to sb**] etw großzügig [an jdn] verteilen; **to ~ out punishment** [be]strafen; **to ~ it out** austeilen *fam;* *(fight)* kräftig zuschlagen; ***he can ~ it out but can't take it*** austeilen kann er, aber einstecken nicht
② *(serve)* ■ **to ~ sth** ⊂ **out for sb** [*or* **sb out sth**] jdm etw servieren; ***could you ~ me out some more potatoes, please?*** würdest du mir bitte noch ein paar Kartoffeln geben?

◆**dish up** *(fam)* **I.** *vt* ■ **to ~ up** ⊂ **sth** ① *(serve)* etw auftischen *fam;* ***~ it up, I'm starving*** bring das Essen, sonst verhungere ich noch!
② *(fig: produce)* etw bieten
II. *vi* anrichten; ***I'm ready to ~ up*** es kann angerichtet werden

dis·ha·bille ['dɪsæb'iːl, AM -ə'biːl] *n no pl* FASHION Zerzaustheit *f,* Ungepflegtheit *f;* **look of ~** Schmuddellook *m*

dish 'aer·ial *n* BRIT Parabolantenne *f,* Satellitenschüssel *f fam*

dis·har·mo·ni·ous [ˌdɪshɑː'məʊniəs, AM -hɑːr'moʊ-] *adj (form)* disharmonisch

dis·har·mo·ny [dɪs'hɑːməni, AM -'hɑːr-] *n no pl (form)* Disharmonie *f;* **undercurrents of ~** unterschwellige Missstimmung; **to stir up ~** Missstimmung erzeugen

'dish·cloth *n* Geschirrtuch *nt*

dis·heart·en [dɪs'hɑːtᵊn, AM -'hɑːr-] *vt* ■ **to ~ sb** jdn entmutigen; ■ **to be ~ed by sth** durch etw *akk* entmutigt werden; ■ **to be ~ed at sth** durch etw *akk* entmutigt sein [*o* den Mut verlieren]

dis·heart·en·ing [dɪs'hɑːtᵊnɪŋ, AM -'hɑːr-] *adj* entmutigend; *(disappointing)* enttäuschend

di·shev·eled, AM *usu* **di·shev·elled** [dɪ'ʃevᵊld] *adj* unordentlich; **~ hair** zerzauste Haare

'dish liq·uid *n* AM [Geschirr]spülmittel *nt,* SCHWEIZ *meist* [Geschirr]abwaschmittel *nt*

dis·hoard·ing [dɪs'hɔːdɪŋ, AM -'hɔːrd-] *n no pl* FIN Enthorten *nt*

dis·hon·est [dɪ'sɒnɪst, AM -'sɑːn-] *adj* ① *(deceitful)* unehrlich; *(lying)* verlogen; **morally ~** moralisch unlauter; ■ **to be ~ about sth** bei etw *dat* nicht ehrlich sein; ***he's been ~ about his past*** er hat über seine Vergangenheit gelogen; ■ **to be ~ in sth** bei etw *dat* betrügen
② *(misleading)* täuschend *attr;* **a ~ account of events** eine irreführende Darstellung der Ereignisse

dis·hon·est·ly [dɪ'sɒnɪstli, AM -'sɑːn-] *adv* auf unehrliche [*o* betrügerische] Art und Weise; **to act ~** unredlich handeln

dis·hon·es·ty [dɪ'sɒnɪsti, AM -'sɑːn-] *n* ① *no pl (deceitfulness)* Unehrlichkeit *f,* Unaufrichtigkeit *f,* Verlogenheit *f*
② *(deceitful act)* Unredlichkeit *f*

dis·hon·or *vt, n* AM *see* **dishonour**

dis·hon·or·able *adj* AM *see* **dishonourable**

dis·hon·our, AM **dis·hon·or** [dɪ'sɒnəʳ, AM -'sɑːnɚ] *(form)* **I.** *n no pl* ① *(shame, disgrace)* Schande *f* (**to** für +*akk*); **to bring ~ on sb** jdm Schande bereiten; **to face ~** mit der Schande leben
② FIN **notice of ~** *Mitteilung, dass eine Rechnung aussteht*
II. *vt* ① *(disgrace)* ■ **to ~ sb/sth** dem Ansehen einer Person/einer S. *gen* schaden
② *(not respect)* **to ~ an agreement** eine Abmachung verletzen, gegen eine Abmachung verstoßen; **to ~ one's principles** gegen seine Prinzipien verstoßen; **to ~ a promise** sich *akk* nicht an ein Versprechen halten, ein Versprechen nicht einlösen

dis·hon·our·able, AM **dis·hon·or·able** [dɪ'sɒnərəbl, AM -'sɑːnɚ-] *adj* ehrlos, unehrenhaft; **to receive a ~ discharge** [**for sth**] [wegen einer S. *gen*] unehrenhaft entlassen werden

'dish·pan *n* AM *(sink)* Spülbecken *nt,* SCHWEIZ Spültrog *m* **dish·pan 'hands** *npl* AM Spülhände *pl* **'dish rack** *n* AM *(plate rack)* Geschirrständer *m* **'dish·rag** *n* AM *(dishcloth)* Geschirrtuch *nt* **'dish soap** *n* AM Geschirrspülmittel *nt,* SCHWEIZ *meist* Geschirrabwaschmittel *nt* **'dish tow·el** *n esp* AM Geschirrtuch *nt* **'dish·wash·er** *n* ① *(machine)* Geschirrspülmaschine *f,* Geschirrwaschmaschine *f* SCHWEIZ; **to load/unload** [*or* **empty**] **the ~** die Geschirrspülmaschine einräumen/ausräumen; **to run the ~** die Geschirrspülmaschine laufen lassen
② *(person)* Tellerwäscher(in) *m(f);* *(hum)* Geschirrspülmaschine *f hum,* Geschirrwaschmaschine *f* SCHWEIZ *hum*

'dish·wash·ing liq·uid *n* AM Geschirrspülmittel *nt,* SCHWEIZ *meist* Geschirrabwaschmittel *nt*

'dish·wa·ter *n no pl (also fig)* Spülwasser *nt*

dishy ['dɪʃi] *adj* BRIT, AUS *(sl)* sexy *fam*

dis·il·lu·sion [dɪsɪ'luːʒᵊn] **I.** *vt* ■ **to ~ sb** jdn desillusionieren [*o* ernüchtern]; ***I hate*** [*or* ***am sorry***] ***to ~ you, but ...*** ich möchte dir ja nicht deine Illusionen rauben, aber ...
II. *n no pl* Ernüchterung *f,* Desillusionierung *f*

dis·il·lu·sioned [dɪsɪ'luːʒᵊnd] *adj* desillusioniert; ■ **to be ~ with sb/sth** von jdm/etw enttäuscht sein

dis·il·lu·sion·ment [dɪsɪ'luːʒᵊnmənt] *n no pl* Ernüchterung *f,* Enttäuschung *f* (**with** über +*akk*)

dis·in·cen·tive [dɪsɪn'sentɪv, AM -t̬-] **I.** *n* ① *(discouragement)* Entmutigung *f;* **to be** [*or* **act as**] **a ~ to sth** sich *akk* abschreckend auf etw *akk* auswirken
② ECON negativer Anreiz, hemmender Anreiz
II. *adj* entmutigend; **to have a ~ effect on sb** auf jdn entmutigend wirken

dis·in·cli·na·tion [ˌdɪsɪnklɪ'neɪʃᵊn] *n no pl (aversion)* Abneigung *f;* *(reluctance)* Unlust *f;* **to feel** [*or* **have**] **a strong ~ to do sth** eine starke Abneigung dagegen haben, etw zu tun

dis·in·clined [ˌdɪsɪn'klaɪnd] *adj pred* abgeneigt; ■ **to be ~ to do sth** nicht gewillt sein, etw zu tun

dis·in·fect [ˌdɪsɪn'fekt] *vt* ■ **to ~ sth** etw desinfizieren

dis·in·fect·ant [ˌdɪsɪn'fektənt] **I.** *n* Desinfektionsmittel *nt;* **a powerful ~** ein starkes Desinfektionsmittel
II. *adj* desinfizierend; **~ products** Desinfektionsmittel *pl*

dis·in·fec·tion [ˌdɪsɪn'fekʃᵊn] *n no pl* Desinfizierung *f*

dis·in·fla·tion [ˌdɪsɪn'fleɪʃᵊn] *n no pl* ECON Desinflation *f,* Inflationsabbau *m fachspr;* *(reduction)* Inflationsrückgang *m;* *(measures against)* Inflationsbekämpfung *f*

dis·in·flat·ion·ary [ˌdɪsɪn'fleɪʃᵊnᵊri] *adj* ECON inflationshemmend

dis·in·for·ma·tion [ˌdɪsɪnfə'meɪʃᵊn, AM -fɚ-] *n no pl* Fehlinformation *f;* **to spread ~** Fehlinformationen verbreiten

dis·in·genu·ous [ˌdɪsɪn'dʒenjuəs] *adj (form)* unaufrichtig; **~ look** verschlagener Blick; **~ manner** verlogene Art; **~ smile** verlogenes Lächeln

dis·in·genu·ous·ly [ˌdɪsɪn'dʒenjuəsli] *adv* unaufrichtig

dis·in·her·it [ˌdɪsɪn'herɪt] *vt* ■ **to ~ sb** jdn enterben

dis·in·her·it·ance [ˌdɪsɪn'herɪtᵊns, AM t̬ᵊns] *n no pl* Enterbung *f*

dis·in·te·grate [dɪ'sɪntɪgreɪt, AM -t̬ə-] **I.** *vi* ① *(break apart)* zerfallen
② *(be divided)* ■ **to ~ into sth** *empire* in etw *akk* zerfallen
③ *(fig)* *marriage* zerbrechen; **to ~ into chaos** sich *akk* in Chaos auflösen
④ *(fam: break down)* einen Nervenzusammenbruch kriegen *fam*
⑤ NUCL *atom* sich *akk* in seine Bestandteile auflösen
II. *vt* NUCL **to ~ an atom** ein Atom in seine Bestandteile auflösen

dis·in·te·gra·tion [dɪˌsɪntɪ'greɪʃᵊn, AM -t̬ə'-] *n no pl* ① *(breaking apart)* Auseinanderbröckeln *nt;* *of cells* Zerstörung *f*
② *(loss of cohesion)* Zerfall *m,* Auflösung *f*
③ *(worsening) of services* Verschlechterung *f*
④ *of personality* Verfall *m*
⑤ NUCL Auflösung *f* in seine Bestandteile

dis·in·ter <-rr-> ['dɪsɪn'tɜːʳ, AM -'tɜːr] *vt* ① *(form: dig up)* ■ **to ~ sb** jdn ausgraben; *(exhume)* jdn exhumieren
② *(fig)* ■ **to ~ sth** etw wiederentdecken [*o hum* ausgraben]

dis·in·ter·est [dɪˌsɪntrəst, -trɪst, AM -trɪst] *n no pl* ① *(impartiality)* Desinteresse *nt* (**with** an +*dat*)
② *(indifference)* Gleichgültigkeit *f* (**in** gegenüber +*dat*)

dis·in·ter·est·ed [dɪˌsɪntrəstɪd, -trɪst-, AM -trɪst-] *adj* ① *(impartial)* neutral, unparteiisch; **~ advice** objektiver Rat; **~ judgement** gerechtes Urteil; **~ observer** neutraler Beobachter; **~ party** Unbeteiligte(r) *f(m)*
② *(uninterested)* desinteressiert

dis·in·ter·est·ed·ly [dɪˌsɪntrəstɪdli, -trɪst-, AM -trɪst-] *adv* ① *(impartially)* gerecht, unparteiisch
② *(indifferently)* desinteressiert

dis·in·ter·est·ed·ness [dɪs'ɪntrəstɪdnəs, AM -trɪstɪd-] *n no pl* ① *(unselfishness)* Uneigennützigkeit *f,* Selbstlosigkeit *f*
② *(lack of concern)* Desinteresse *f*

dis·in·ter·me·dia·tion [ˌdɪsɪntəmiːdi'eɪʃᵊn, AM -ɪntɚ-] *n no pl* ECON, FIN Einlagenabzug *m,* Industrieclearing *nt* ohne Kreditinstitutbeteiligung

dis·in·ter·ment [ˌdɪsɪn'tɜːmənt, AM -tɜːr-] *n no pl* Ausgrabung *f*

dis·in·vest [dɪsɪn'vest] FIN **I.** *vi* Anlagekapital zurückziehen, desinvestieren *fachspr;* ■ **to ~ from sth** sich *akk* aus etw *dat* zurückziehen
II. *vt* **to ~ shares** Aktien zurückziehen

dis·in·vest·ment [dɪsɪn'vestmənt] *n no pl* FIN Desinvestition *f fachspr,* Zurückziehung *f* von Anlagekapital

dis·jec·ta mem·bra [dɪsˌdʒektə'membrə] *npl (liter: written fragments)* geschriebene Fragmente

dis·joint·ed [dɪs'dʒɔɪntɪd, AM -t̬-] *adj* ① *(not coherent)* zusammenhanglos, unzusammenhängend *attr*
② *(disunited)* zerrissen

dis·junct [dɪs'dʒʌŋ(k)t] *adj* LING disjunkt

dis·junc·tive [dɪs'dʒʌŋtɪvli] *adj* ① *(lacking connection)* getrennt, nicht zusammenhängend
② LING, PHILOS disjunktiv *fachspr*

disk [dɪsk] *n* ① COMPUT Diskette *f;* **back-up ~** Siche-

rungsdiskette *f;* **fixed** [*or* **hard**] ~ Festplatte *f;* **floppy** ~ Floppy Disk *f;* **removable** ~ Wechseldatenträger *m*
❷ AM *see* **disc**

'disk box *n* Diskettenbox *f* **'disk drive** *n* COMPUT Laufwerk *nt;* **fixed** ~ Plattenlaufwerk *nt;* **floppy** ~ Diskettenlaufwerk *nt (für Floppy Disks)*

disk·ette [dɪ'sket] *n* COMPUT Diskette *f*

disk·less ['dɪskləs] *adj* COMPUT plattenlos; ~ **operating system** plattenloses Betriebssystem

disk 'op·er·at·ing sys·tem *n*, **DOS** *n* COMPUT Plattenbetriebssystem *nt* **'disk space** *n* COMPUT Diskettenspeicher *m;* *(hard disk drive)* Plattenspeicher *m*

dis·like [dɪs'laɪk] **I.** *vt* ■**to ~ sb/sth** jdn/etw nicht mögen [*o fam* leiden können]; *(not condone)* ■**to ~ sth** etw missbilligen; ■**sb ~s sth** jdm missfällt etw; **to deeply** [*or* **heartily**] [*or* **intensely**] **~ sb/sth** jdn/etw zutiefst hassen; ■**to ~ doing sth** etw nicht gern tun
II. *n* Abneigung *f;* **likes and ~s** Vorlieben und Abneigungen; **a hearty** [*or* **strong**] **~ of** [*or* **for**] **sth** eine tiefe [*o* starke] Abneigung gegen etw *akk;* **to show** [*or* **have**] **a ~ of** [*or* **for**] **sth** eine Abneigung gegen etw *akk* haben [*o* hegen]; **to take a**[**n instant**] **~ to sb/sth** jdn/etw [spontan] unsympathisch finden

dis·lik(**e**)**·able** [dɪs'laɪkəbl̩] *adj* unsympathisch

dis·lo·cate ['dɪslə(ʊ)keɪt, AM dɪs'loʊ-] *vt* ❶ *(disturb normal position of)* ■**to ~ sth** *joint* sich *dat* etw ausrenken [*o* verrenken]; **to ~ one's shoulder** sich *dat* die Schulter auskugeln
❷ *usu passive (disrupt)* ■**to be ~d by sth** durch etw *akk* beeinträchtigt werden
❸ *usu passive (misused)* ■**to have been ~d** zweckentfremdet worden sein

dis·lo·cat·ed ['dɪslə(ʊ)keɪtɪd, AM dɪs'loʊkeɪt̬ɪd] *adj* ❶ *joint* verrenkt, ausgerenkt; *shoulder* ausgekugelt
❷ *(put out of place)* deplatziert; *(misused)* zweckentfremdet

dis·lo·ca·tion [ˌdɪslə(ʊ)'keɪʃən, AM -loʊ'-] *n* ❶ *of joint* Verrenkung *f; of shoulder* Auskugeln *nt kein pl,* Luxation *f fachspr*
❷ *no pl (fig: disturbance)* Störung *f*
❸ *(displacement)* Verlagerung *f*

dis·lodge [dɪ'slɒdʒ, AM -'slɑːdʒ] *vt* ❶ *(loosen up)* ■**to ~ sth** etw lösen; ***the earthquake ~d stones from the walls*** durch das Erdbeben lösten sich Steine aus den Wänden
❷ *(fig)* ■**to ~ sb** jdn verdrängen; **to ~ the enemy from town** den Feind aus der Stadt verdrängen

dis·loy·al [dɪ'slɔɪəl] *adj* ■**~** [**to sb/sth**] [jdm/etw gegenüber] illoyal

dis·loy·al·ty [dɪ'slɔɪəlti, AM -t̬i] *n no pl* Illoyalität *f* (**to** gegenüber *+dat*); **to demonstrate ~ to sb/sth** jdm/etw gegenüber illoyal sein

dis·mal ['dɪzməl] *adj* ❶ *(gloomy)* düster; *mood also* trist; **~ expression** finsterer Gesichtsausdruck
❷ *(dreary)* trostlos; **~ outlook** trübe Aussicht; **~ weather** trübes Wetter
❸ *(fam: pitiful)* kläglich; **a ~ failure** ein großer Reinfall; **~ truth** bittere Wahrheit; **~ weather** grässliches [*o* scheußliches] Wetter

dis·mal·ly ['dɪzməli] *adv* ❶ *(gloomily)* düster; **to look ~** finster blicken
❷ *(drearily)* hoffnungslos; *(melancholically)* freudlos; *(grey)* trostlos
❸ *(fam: pitifully)* schrecklich, furchtbar

dis·man·tle [dɪs'mæntl̩, AM -t̬l̩] **I.** *vi* zerlegbar sein, sich zerlegen lassen
II. *vt* ❶ *(take apart)* ■**to ~ sth** etw zerlegen
❷ *(fig: do away with)* ■**to ~ sth** etw demontieren

dis·man·tling [dɪs'mæntlɪŋ] *n no pl of border controls, trade barriers* Abbau *m*

dis·may [dɪs'meɪ] **I.** *n no pl* Entsetzen *nt,* Bestürzung *f* (**at/with** über *+akk*); **to sb's** [**great**] **~** zu jds [großer] Bestürzung; ***she discovered, to her ~, that ...*** bestürzt entdeckte sie, dass ...; **to be filled with ~** entsetzt sein; **to watch in** [*or* **with**] **~ as ...** mit Entsetzen [*o* Bestürzung] zusehen, wie ...
II. *vt* ■**to ~ sb** jdn schockieren; ***it ~ed us that ...*** wir waren bestürzt darüber, dass ...

dis·mayed [dɪs'meɪd] *adj* bestürzt; *expression* betroffen (**at/with** über *+akk)*

dis·may·ing [dɪs'meɪɪŋ] *adj* bestürzend

dis·mem·ber [dɪs'membəʳ, AM -ɚ] *vt* ■**to ~ sb** jdn zerstückeln; ■**to ~ an animal** ein Tier zerlegen; *(fig)* **to ~ a country** ein Land zersplittern

dis·mem·bered [dɪs'membəd, AM -bɚd] *adj* verstümmelt

dis·mem·ber·ment [dɪs'membə-, AM -bɚmənt] *n no pl* ❶ *(chopping off)* Verstümmelung *f*
❷ *(fig)* Zersplitterung *f*

dis·miss [dɪs'mɪs] *vt* ❶ *(ignore)* ■**to ~ sb/sth** [**as sth**] jdn/etw [als etw *akk*] abtun; **to ~ an idea** eine Idee aufgeben; **to ~ a thought** [**from one's mind**] einen Gedanken [wieder] fallenlassen, sich *dat* einen Gedanken aus dem Kopf schlagen *fam*
❷ *(send away)* ■**to ~ sb** jdn wegschicken; *class* jdn gehen lassen; MIL **~ *ed!*** wegtreten!
❸ *(sack)* ■**to ~ sb** jdn entlassen
❹ LAW **to ~ a** [**court**] **case/an indictment** [**for lack of evidence**] einen Prozess/ein Verfahren [mangels Beweisen] einstellen; **to ~ a charge** eine Klage abweisen

dis·miss·al [dɪs'mɪsəl] *n* ❶ *no pl (disregard)* Abtun *nt;* **to meet with ~** auf Ablehnung stoßen
❷ *(the sack)* Entlassung *f* (**from** aus *+dat*); **curt** [*or* **summary**] **~** fristlose Kündigung; **unfair ~** sozial ungerechtfertigte Entlassung
❸ *of an assembly* Auflösung *f*
❹ LAW *of a case* Abweisung *f; of the accused* Entlassung *f*

dis·mis·sive [dɪs'mɪsɪv] *adj* geringschätzig; ■**to be ~ of sth** etw geringschätzig abtun

dis·mis·sive·ly [dɪs'mɪsɪvli] *adv* geringschätzig, verächtlich; **to wave one's hand ~** eine verächtliche Handbewegung machen

dis·mount [dɪs'maʊnt] **I.** *vi* absteigen; **to ~ from a bike/horse/motorcycle** von einem Fahrrad/Pferd/Motorrad absteigen
II. *vt* ■**to ~ sth** etw abmontieren; **to ~ a drive** COMPUT ein Laufwerk deaktivieren; **to ~ a tape** COMPUT ein Band entladen

Dis·ney·fi·'ca·tion *n no pl* AM *(sl)* Disneyfizierung *f (einer Sache den Charakter eines Vergnügungsparks geben)*

dis·obedi·ence [ˌdɪsə(ʊ)'biːdiən(t)s, AM -sə'-] *n no pl* Ungehorsam *m* (**to** gegenüber *+dat*); **~ to orders** Missachtung *f* von Befehlen; **civil ~** passiver Widerstand, ziviler [*o* bürgerlicher] Ungehorsam; **wilful ~** vorsätzlicher Ungehorsam

dis·obedi·ent [ˌdɪsə(ʊ)'biːdiənt, AM -sə'-] *adj* ungehorsam; ■**to be ~ to**[**wards**] **sb** jdm nicht gehorchen

dis·obedi·ent·ly [ˌdɪsə(ʊ)'biːdiəntli, AM -sə'-] *adv* ungehorsam

dis·obey [ˌdɪsə(ʊ)'beɪ, AM -sə'-] **I.** *vt* ■**to ~ sb** jdm nicht gehorchen; ***I won't have you ~ing me!*** ich dulde mir gegenüber keinen Ungehorsam!; **to ~ orders** Befehle nicht befolgen; ■**to ~ rules** sich *akk* nicht an die Regeln halten
II. *vi* ungehorsam sein

dis·oblige [ˌdɪsə'blaɪdʒ] *vt (form)* ■**to ~ sb** jdm nicht hilfreich [*o* behilflich] sein

dis·oblig·ing [ˌdɪsə'blaɪdʒɪŋ] *adj (form)* ungefällig, nicht hilfreich [*o* behilflich]

dis·or·der [dɪ'sɔːdəʳ, AM -ɔːrdɚ] *n* ❶ *no pl (disarray)* Unordnung *f;* **state of ~** chaotischer Zustand; **to be in ~** in Unordnung sein; **to retreat in ~** MIL sich *akk* ungeordnet zurückziehen; **to throw sth into ~** etw in Unordnung bringen [*o* durcheinanderbringen]
❷ MED [Funktions]störung *f;* **brain ~** Störung *f* der Gehirnfunktion; **circulatory ~** Kreislaufstörung *f;* **digestive** [*or* **intestinal**] **~** Verdauungsstörung *f;* **kidney ~** Nierenleiden *nt;* **mental ~** Geistesstörung *f;* **neurotic ~** Neurose *f;* **personality ~** Persönlichkeitsstörung *f;* **respiratory ~** Störung *f* der Atemwege; **skin ~** Hautirritation *f*
❸ *no pl (riot)* Aufruhr *m;* **civil ~** Bürgerunruhen *pl;* **public ~** öffentliche Unruhen

dis·or·der·ed [dɪs'ɔːdəd, AM 'ɔːrdɚd] *adj* unordentlich; *health* gestört; ***my stomach is ~*** ich habe mir den Magen verdorben

dis·or·der·ly [dɪ'sɔːdəli, AM -ɔːrdɚli] *adj* ❶ *(untidy)* unordentlich; **to keep a ~ house** LAW ein Bordell treiben; **~ life** unorganisiertes Leben
❷ *(unruly)* aufrührerisch; **drunken and ~ conduct** Trunkenheit *f* und ordnungswidriges Verhalten

dis·or·gani·za·tion [dɪˌsɔːgənaɪ'zeɪʃən, AM -ɔːrgənɪ-] *n no pl* Desorganisation *f,* schlechte Organisation; *(chaos)* Durcheinander *nt*

dis·or·gan·ized [dɪ'sɔːgənaɪzd, AM -ɔːr-] *adj* schlecht organisiert; **to be a ~ mess** ein einziges Durcheinander sein; **~ person** unordentliche Person

dis·ori·en·tate [dɪ'sɔːriənteɪt], AM *usu* **dis·ori·ent** [dɪ'sɔːriənt] *vt usu passive* ❶ *(lose bearings)* **to be/get** [*or* **become**] [**totally**] **~d** [völlig] die Orientierung verloren haben/verlieren
❷ *(be confused)* ■**to be ~d** orientierungslos sein; ***she became ~d as to time and place*** sie verlor jegliches Raum- und Zeitgefühl; **to make sb feel ~d** jdn verwirren

dis·ori·en·tat·ing [dɪ'sɔːrɪənteɪtɪŋ], AM *usu* **dis·ori·ent·ing** [dɪ'sɔːrɪəntɪŋ] *adj* ❶ *(confusing)* verwirrend
❷ *(strange)* merkwürdig

dis·ori·en·ta·tion [dɪsˌɔːrɪən'teɪʃən] *n no pl* Richtungslosigkeit *f,* Desorientierung *f*

dis·'ori·ent·ed *adj* desorientiert, verwirrt *a. fig*

dis·own [dɪ'səʊn, AM -soʊn] *vt* ■**to ~ sb** ❶ *(sever ties)* jdn verstoßen
❷ *(repudiate)* jdn verleugnen; *(hum also)* jdn nicht mehr kennen *hum*

dis·par·age [dɪ'spærɪdʒ, AM -per-] *vt* ■**to ~ sb/sth** jdn/etw diskreditieren *geh*

dis·par·age·ment [dɪ'spærɪdʒmənt, AM -per-] *n no pl (snub)* Herabsetzung *f; (denigration)* Verunglimpfung *f; (abuse)* Schmähung *f*

dis·par·ag·ing [dɪ'spærɪdʒɪŋ, AM -per-] *adj* geringschätzig, verächtlich; **~ remark** spöttische Bemerkung; **to make ~ remarks about sb** sich *akk* abschätzig über jdn äußern

dis·par·ag·ing·ly [dɪ'spærɪdʒɪŋli, AM -per-] *adv* geringschätzig, verächtlich; **to speak ~ of sb/sth** abschätzig über jdn/etw sprechen

dis·par·ate [dɪ'spərət] *adj (form)* [grund]verschieden; **~ natures** unvereinbare Charaktere

dis·par·ity [dɪ'spærəti, AM -t̬i] *n* Disparität *f geh,* Ungleichheit *f kein pl*

dis·pas·sion [dɪs'pæʃən] *n no pl* Gelassenheit *f,* Leidenschaftslosigkeit *f*

dis·pas·sion·ate [dɪ'spæʃənət] *adj* objektiv, sachlich, nüchtern

dis·pas·sion·ate·ly [dɪ'spæʃənətli] *adv* nüchtern, sachlich; **to look at sth ~** etw nüchtern betrachten; ***... but speaking ~ ...*** ... nüchtern gesehen, ... jedoch ...

dis·patch [dɪ'spætʃ] **I.** *n* <*pl* -es> ❶ *(something sent)* Lieferung *f,* Sendung *f;* **~ of clothing** Kleidersendung *f*
❷ *no pl (sending)* Verschicken *nt,* Versenden *nt; of a person* Entsendung *f*
❸ *(press report)* [Auslands]bericht *m*
❹ MIL *(report)* [Kriegs]bericht; **to be mentioned in ~es** rühmend erwähnt werden
▸PHRASES: **to do sth with ~** *(dated form)* etw prompt erledigen
II. *vt* ❶ *(send)* ■**to ~ sth somewhere** etw irgendwohin senden [*o* schicken]; **to ~ a letter/telegram** einen Brief/ein Telegramm aufgeben; ■**to ~ sb** jdn entsenden; ■**to be ~ed to a place** an einen Ort entsandt werden
❷ *(hum: devour)* **to ~ food** Essen verputzen *fam*
❸ *(hum: kill)* ■**to ~ sb/an animal** jdn/ein Tier ins Jenseits befördern *fam* [*o* zur Strecke bringen]
❹ *(deal with)* **to ~ a problem/task** ein Problem/eine Aufgabe erledigen [*o* lösen]

dis·'patch box *n* ❶ *(box)* Depeschenkassette *f*
❷ BRIT ■**the Dispatch Box** *Rednerstand im britischen Unterhaus*

dis·'patch rid·er *n* BRIT Kurier *m,* Eilbote

-botin *m, f*

dis·pel <-ll-> [dɪ'spel] *vt* **to ~ sb's doubts** jds Zweifel zerstreuen [*o* vertreiben] [*o* verscheuchen]; **to ~ a fear** eine Befürchtung zerstreuen; **to ~ an idea** eine Idee verwerfen; **to ~ a myth** einen Mythos zerstören; **to ~ sb's sorrows** jds Kummer vertreiben

dis·pen·sable [dɪ'spen(t)səbl̩] *adj* entbehrlich

dis·pen·sa·ry [dɪ'spen(t)sᵊri] *n* ① *(chemist)* [Krankenhaus]apotheke *f*
② *(clinic)* Dispensarium *nt*

dis·pen·sa·tion [ˌdɪspen'seɪʃᵊn] *n* *(form)* ① *no pl (permission)* Befreiung *f;* REL Dispens *f;* **papal ~** päpstlicher Erlass; **special ~** Sondergenehmigung *f*
② *(system)* System *nt*
③ *no pl (handing out)* Verteilen *nt,* Verteilung *f; of medication also* Ausgabe *f,* Abgabe *f* SCHWEIZ
④ LAW Rechtsprechung *f*

dis·pense [dɪ'spens] **I.** *vt* ① *(provide)* ■**to ~ sth [to sb/sth]** etw [an jdn/etw] austeilen [*o* verteilen]; **to ~ advice** [gute] Ratschläge erteilen; **to ~ wisdom** Weisheiten von sich *dat* geben
② *(prepare)* **to ~ medicine** Medizin ausgeben [*o* SCHWEIZ abgeben]
③ LAW **to ~ justice** Recht sprechen
II. *vi* ① *(do without)* ■**to ~ with sth** auf etw *akk* verzichten; **to ~ with sb's services** auf jds Dienste verzichten können
② *(form: exempt)* ■**to not be able to ~ with sth** nicht ohne etw *akk* auskommen können

dis·pens·er [dɪ'spensəʳ, AM -ɚ] *n* ① *(machine)* Automat *m;* **drinks/cash ~** Getränke-/Geldautomat *m;* **paper towel ~** Automat *m* für Papierhandtücher; **soap ~** Seifenspender *m*
② *(provider)* Verteiler(in) *m(f); of funds* Vergabestelle *f*

dis·pens·ing chem·ist [dɪˌspen(t)sɪŋ'-] *n* BRIT, AUS Apotheker(in) *m(f);* ■**~'s** Apotheke *f* **dis·'pens·ing ma·chine** *n* Automat *m* **dis·pens·ing op·'ti·cian** *n* BRIT Optiker(in) *m(f);* **at the ~'s** beim Optiker

dis·per·sal [dɪ'spɜːsəl, AM -pɜːr-] *n no pl* ① *(scattering)* Zerstreuung *f; of a crowd* Auflösung *f; (migration)* Verbreitung *f*
② *(break-up)* Auseinandergehen *nt kein pl;* ***she was disappointed in the quick ~ of the audience after the concert*** sie war enttäuscht, dass sich die Zuschauermenge nach dem Konzert so schnell auflöste
③ *(spread)* Verstreutheit *f;* ***the ~ of his family all over the world made it difficult to get together for Christmas*** da seine Familie über die ganze Welt zerstreut war, war es schwierig, an Weihnachten zusammenzukommen

dis·per·sant [dɪ'spɜːsənt, AM -pɜːr-] *n* Dispersionsmittel *nt,* Dispergens *nt fachspr;* **oil ~** Öldispergiermittel *nt fachspr*

dis·perse [dɪ'spɜːs, AM -pɜːrs] **I.** *vt* ① *(dispel)* ■**to ~ sth** *mist* etw auflösen; **to ~ a crowd** eine [Menschen]menge zerstreuen [*o* auflösen]
② *(distribute)* **to ~ seeds** Samen verteilen
③ *(clear)* ■**to ~ sth** *oil slick* etw auflösen
④ PHYS **to ~ light** Licht streuen
II. *vi* ① *crowd* auseinandergehen, sich *akk* verlaufen
② *(thin out) mist* sich *akk* auflösen

dis·persed [dɪ'spɜːst, AM -pɜːrst] *adj* verstreut; *group of people* zerstreut

dis·per·sion [dɪ'spɜːʃᵊn, AM -pɜːrʒ-] *n no pl* ① *(form: distribution)* Verteilung *f*
② *(spread)* Verbreitung *f*
③ PHYS Streuung *f*

dis·pir·it [dɪ'spɪrɪt] *vt* ■**to ~ sb** jdn entmutigen, jdm den Schwung nehmen

dis·pir·it·ed [dɪ'spɪrɪtɪd, AM -t̬-] *adj* niedergeschlagen, entmutigt; *(depressed)* deprimiert; ■**sb is ~ by sth** etw hat jdn entmutigt

dis·pir·it·ed·ly [dɪ'spɪrɪtɪdli, AM -t̬-] *adv* deprimiert, entmutigt

dis·pir·it·ing [dɪ'spɪrɪtɪŋ, AM -t̬-] *adj* deprimierend; ■**to be ~ to sb** jdn entmutigen

dis·place [dɪs'pleɪs] *vt* ① *(force out)* ■**to ~ sb** jdn vertreiben; ■**to be ~d** vertrieben werden
② *(replace)* ■**to ~ sth/sb** etw/jdn ersetzen [*o* ablösen], an die Stelle von etw/jdm treten
③ *(fam: force from office)* ■**to ~ sb** jdn ausbooten *fam*
④ PHYS **to ~ air/water** Luft/Wasser verdrängen

dis·placed 'per·son *n* Vertriebene(r) *f(m)*

dis·place·ment [dɪs'pleɪsmənt] *n no pl* ① *(expulsion)* Vertreibung *f*
② *(relocation)* Umsiedlung *f*
③ *(replacement)* Ablösung *f*
④ PHYS, NAUT Verdrängung *f,* verdrängtes Flüssigkeitsvolumen
⑤ AUTO Hubraum *m*

dis·'place·ment ac·tiv·ity *n* Ersatzbefriedigung *f*

dis·play [dɪ'spleɪ] **I.** *vt* ■**to ~ sth** ① *(on a noticeboard)* etw aushängen; *(on a screen)* etw anzeigen; **to ~ sth in a shop window** etw in einem Schaufenster auslegen
② *(demonstrate)* etw zeigen; **to ~ one's ignorance** seine Unwissenheit nicht verbergen; **to ~ one's power** seine Macht demonstrieren; **to ~ self-control** gefasst sein
③ *(flaunt)* etw zur Schau stellen
④ TYPO etw hervorheben
II. *n* ① *(in a museum, shop)* Auslage *f;* **to be/go on ~** ausgestellt sein/werden
② *(performance)* Vorführung; **firework** BRIT [*or* AM, AUS **fireworks**] **~** Feuerwerk *nt*
③ *(demonstration)* Bezeigung *f geh,* Demonstration *f;* **~ of anger** Wutausbruch *m;* **to make a public ~ of grief** öffentlich seinen großen Kummer zeigen
④ COMPUT Display *nt;* **17-inch ~** 17-Zoll-Bildschirm *m;* **colour ~** Farbmonitor *m*
⑤ *(ostentation)* Großspurigkeit *f;* **to make** [*or* **put on**] **a ~** großspurig tun *fam*

dis·'play case, dis·'play cabi·net *n* Vitrine *f;* **~ of glass** Glasvitrine *f* **dis·'play type** *n no pl* TYPO Blockschrift *f* **dis·'play window** *n* Schaufenster *nt*

dis·please [dɪs'pliːz] *vt* ■**to ~ sb** jdm missfallen; ■**to be ~d by** [*or* **with**] [*or* **at**] **sth** mit etw *dat* unzufrieden sein; **to be highly** [*or* **greatly**] **~d** sehr verärgert sein

dis·pleas·ing [dɪs'pliːzɪŋ] *adj* ärgerlich; **~ sensation** unangenehmes Gefühl

dis·pleas·ure [dɪs'pleʒəʳ, AM -ʒɚ] *n no pl* Missfallen *nt* (**at** über +*akk*); **to incur sb's ~** jds Missfallen erregen; **much to sb's ~** sehr zu jds Missfallen *dat*

dis·port [dɪˌspɔːt, AM -spɔːrt] *vt* *(old or hum)* ■**to ~ oneself** sich *akk* vergnügen, den Plausch haben SCHWEIZ *fam*

dis·pos·able [dɪ'spəʊzəbl̩, AM -'spoʊ-] **I.** *adj* ① *articles* Wegwerf-; **~ razor** Einwegrasierer *m;* **~ towel** Einmalhandtuch *nt*
② *(dismissible)* unbedeutend
③ FIN verfügbar, disponierbar, disponibel; **~ assets** disponibles [*o* frei verfügbares] Vermögen; **~ profit** FIN Bilanzgewinn *m*
II. *n* ■**~s** *pl* Wegwerfartikel *pl*

dis·pos·able 'cam·era *n* Einmalkamera *f,* Wegwerfkamera *f* **dis·pos·able 'in·come** *n no pl* verfügbares Einkommen; **high/low ~** hohes/niedriges verfügbares Einkommen **dis·pos·able 'lenses** *n pl* Wegwerflinsen *pl*

dis·pos·al [dɪ'spəʊzᵊl, AM -'spoʊ-] *n* ① *no pl* Beseitigung *f; of waste* Entsorgung *f;* **~ of garbage** Müllabfuhr *f,* Kehrichtabfuhr *f* SCHWEIZ
② AM *im Spülbecken angebrachter Müllschlucker*
③ *no pl of a rival* Sieg (**of** über +*akk*)
④ *(control)* Verfügung *f;* **to have sth at one's ~** etw zu seiner [freien] Verfügung haben; **to place** [*or* **put**] **sth at sb's ~** jdm etw zur Verfügung stellen; ■**to be at sb's ~** zu jds Verfügung stehen
⑤ LAW Veräußerung *f*

dis·'pos·al site *n* Müllhalde *f,* Müllkippe *f,* SCHWEIZ *a.* Kehrichtdeponie *f;* **~ for nuclear waste** Atommüllendlager *nt*

dis·pose [dɪ'spəʊz, AM -'spoʊ-] *vt* *(form)* ■**to ~ sb to[wards] sb** jdn für jdn gewinnen [*o* einnehmen]; ■**to ~ sb to[wards] sth** jdn zu etw *dat* bewegen; ■**to ~ sb to do sth** jdn [dazu] bewegen, etw zu tun; ***whatever ~d you to do that?*** was in aller Welt hat dich nur dazu bewogen?

◆**dispose of** *vi* ① *(get rid of)* ■**to ~ of sb/sth** jdn/etw beseitigen; ■**to ~ of sth** *(sell)* etw veräußern
② *(deal with)* ■**to ~ of sth** etw erledigen [*o* regeln]; ***ok, that's ~d of*** so, das wäre erledigt
③ *(fam: kill)* ■**to ~ of sb** jdn um die Ecke bringen *fam,* jdn beseitigen *fam*
④ *(fam: consume)* ■**to ~ of sth** etw verputzen *fam*
⑤ *(have)* ■**to ~ of sth** *time, money* über etw *akk* verfügen
⑥ *(defeat)* ■**to ~ of sb** jdn besiegen

dis·posed [dɪ'spəʊzd, AM -'spoʊ-] *adj pred (form)* geneigt; **to be** [*or* **feel**] **~ to do sth** geneigt sein, etw zu tun; **to not be** [*or* **feel**] **~ to do sth** keine große Lust haben, etw zu tun; **to be** [*or* **feel**] **~ towards sb/sth** jdm/etw wohlgesonnen sein

dis·po·si·tion [ˌdɪspə'zɪʃᵊn] *n* ① *(nature)* Art *f,* Charakter *m;* **to have** [*or* **be of**] **a cheerful ~** eine Frohnatur sein; **to have** [*or* **be of**] **a gloomy ~** ein depressiver Typ sein; **to have** [*or* **be of**] **a sunny ~** ein sonniges Gemüt haben
② *(tendency)* Veranlagung *f* (**to** zu +*dat*); **to have the ~ to do sth** die Veranlagung dazu haben, etw zu tun
③ LAW Verfügung *f*

dis·posi·tive [dɪ'spɒsətɪv, AM -spɑːs-] *adj inv* LAW dispositiv

dis·pos·sess [ˌdɪspə'zes] *vt usu passive (form)* ■**to have been ~ed** enteignet worden sein; ***they ~ed him of his house*** sein Haus wurde enteignet

dis·pos·sessed [ˌdɪspə'zest] *(form)* **I.** *adj inv* enteignet
II. *n* ■**the ~** *pl* die Enteigneten *pl;* **the poor and the ~** die Armen und die Besitzlosen

dis·pos·ses·sion [ˌdɪspə'zeʃᵊn] *n no pl (form)* Enteignung *f*

dis·proof [dɪs'pruːf] *n* Gegenbeweis *m*

dis·pro·por·tion [ˌdɪsprə'pɔːʃᵊn, AM -'pɔːr-] *n no pl (form)* Missverhältnis *nt*

dis·pro·por·tion·ate [ˌdɪsprə'pɔːʃᵊnət, AM -'pɔːr-] *adj* ① *(unequal)* ■**to be ~ to sth** zu etw *dat* in keinem Verhältnis stehen
② *(unwarranted)* unangemessen, unangebracht

dis·pro·por·tion·ate·ly [ˌdɪsprə'pɔːʃᵊnətli, AM -'pɔːr-] *adv* ① *(unequally)* ungleich
② *(too much)* unverhältnismäßig, überproportional; **a ~ large amount of sth** unverhältnismäßig viel von etw *dat*

dis·prove [dɪ'spruːv] *vt* ■**to ~ sth** etw widerlegen

dis·put·able [dɪ'spjuːtəbl̩, AM -t̬-] *adj* strittig, fraglich; ***I think that's ~*** darüber lässt sich streiten; **~ point** strittiger Punkt; **~ statements** fragwürdige Aussagen

dis·put·ably [dɪ'spjuːtəbli, AM -t̬-] *adv* disputabel *geh,* fragwürdig

dis·pu·tant ['dɪspjʊtᵊnt] *n* Gesprächsgegner(in) *m(f),* Kontrahent(in) *m(f)*

dis·pu·ta·tion [ˌdɪspjʊ'teɪʃᵊn, AM -spjuː-] *n (form or old)* ① *no pl (disputing)* Kontroverse *f*
② *(argument)* Disput *m geh,* Streitgespräch *nt*

dis·pu·ta·tious [ˌdɪspjʊ'teɪʃəs, AM -'spjuː-] *adj (form or dated)* streitsüchtig

dis·pute **I.** *vt* [dɪ'spjuːt] ① *(argue)* ■**to ~ sth** sich *akk* über etw *akk* streiten; **to be hotly ~d** heftig diskutiert werden
② *(oppose)* ■**to ~ sth** etw bestreiten [*o* anzweifeln]; ■**to ~ [that] ...** bestreiten, dass ...
③ SPORT **to ~ the lead** um die Führungsposition kämpfen
II. *vi* [dɪ'spjuːt] ■**to ~ [with sb] over sth** [mit jdm] über etw *akk* streiten
III. *n* [dɪ'spjuːt, 'dɪspjuːt] ① *(argument)* Debatte *f,* Streit *m,* Disput *m* (**over** über +*akk*); ***that is open to ~*** darüber lässt sich streiten; **pay ~** Lohnverhandlung *f;* **territorial ~** Gebietsverhandlungen *pl;* **trade ~** Handelsstreitigkeiten *pl; (between management and workers)* Arbeitsstreitigkeiten *pl,* Arbeitskampf *m;* **to settle** [*or* **resolve**] **a ~ [over sth]** einen Streit [um etw *akk*] beilegen; **to stir up a ~ [about**

D

sth] einen Streit [über etw *akk*] entfachen; ■ **to be in ~ with sb over sth** mit jdm über etw *akk* streiten
② *no pl (doubt)* Zweifel; **to be open to ~** fragwürdig bleiben; **to be in/beyond ~** zur Debatte/außer Frage stehen; **beyond ~** zweifelsohne

dis·put·ed [dɪ'spju:tɪd, AM -t̬-] *adj* ① *(controversial)* umstritten
② LAW angefochten

dis·quali·fi·ca·tion [dɪ,skwɒlɪfɪ'keɪʃ^ən, AM -kwɑ:lə-] *n* ① *(act of being disqualified)* Ausschluss *m* (**from** von +*dat*); SPORT Disqualifikation *f* (**from** von +*dat*)
② LAW *(revocation of permission)* Entzug *m* der Fahrerlaubnis
③ LAW *(rule)* Unfähigkeit *f* zur Bekleidung eines Amtes

dis·quali·fy <-ie-> [dɪ'skwɒlɪfaɪ, AM -kwɑ:lə-] *vt* ① *(expel)* ■ **to ~ sb [from sth]** jdn [von etw *dat*] ausschließen; SPORT jdn [von etw *dat*] disqualifizieren; ■ **to ~ sb for doing sth** jdn wegen einer S. *gen* disqualifizieren [*o* sperren]
② LAW **to ~ sb from driving** jdm den Führerschein [*o* SCHWEIZ Fahrausweis] entziehen; ***she was fined heavily for driving while disqualified*** wegen Fahrens ohne Führerschein wurde sie mit einer hohen Geldstrafe belegt
③ *(exempt)* **to ~ sb for military service** jdn ausmustern

dis·qui·et [dɪ'skwaɪət] *(form)* **I.** *n no pl* Besorgnis *f* (**about** um +*akk*, **over** über +*akk*), Unruhe *f*; **growing ~** wachsende Besorgnis; **to allay sb's ~** jds Besorgnis zerstreuen; **to fill sb with ~** jdn besorgen, jdn mit Sorge erfüllen
II. *vt* ■ **to ~ sb** jdn beunruhigen

dis·qui·et·ing [dɪ'skwaɪətɪŋ, AM -t̬-] *adj (form)* ① *(worrying)* beunruhigend, Besorgnis erregend
② *(unnerving)* nervtötend

dis·qui·si·tion [,dɪskwɪ'zɪʃ^ən] *n (form)* Abhandlung *f* (**on** über +*akk*)

dis·re·gard [,dɪsrɪ'gɑ:d, AM -gɑ:rd] **I.** *vt* ■ **to ~ sth/sb** etw/jdn ignorieren [*o* nicht beachten]
II. *n no pl* Gleichgültigkeit *f* (**for** gegenüber +*dat*); *(for a rule, the law)* Missachtung *f*; **wilful ~ for sth** vorsätzliche Missachtung von etw *dat*; **to show ~ for sth** gegenüber etw *dat* Gleichgültigkeit an den Tag legen

dis·re·pair [,dɪsrɪ'peə^r, AM -per] *n no pl* Baufälligkeit *f*; **to fall into ~** verfallen

dis·repu·table [dɪs'repjətəbl̩, AM -t̬-] *adj* verrufen, zwielichtig

dis·repu·tably [dɪs'repjətəbli, AM -t̬-] *adv* unehrenhaft; **to dress ~** sich *akk* anrüchig kleiden; **to live ~** ein anrüchiges Leben führen

dis·re·pute [,dɪsrɪ'pju:t] *n* Verruf *m kein pl*; **to bring sb/sth into ~ [with sb]** jdn/etw [bei jdm] in Verruf bringen; **to fall into ~** in Verruf geraten

dis·re·spect [,dɪsrɪ'spekt] **I.** *n no pl* Respektlosigkeit *f* (**for** gegenüber +*dat*); ***no ~ to your boss, but ...*** ohne deinem Chef zu nahe treten zu wollen, aber ...; **a gesture of ~** eine respektlose Geste; **to intend** [*or* **mean**] **no ~ for sth** etw *dat* gegenüber nicht respektlos sein wollen; **to not mean [to show] any ~** nicht unhöflich sein wollen; **to show sb ~** jdm gegenüber respektlos sein, jdm keinen Respekt zollen *geh*; **to show [a deep** [*or* **profound**]] **~** [völlig] respektlos sein
II. *vt* AM *(fam)* ■ **to ~ sb** jdn beleidigen

dis·re·spect·ful [,dɪsrɪ'spektf^əl] *adj* respektlos

dis·re·spect·ful·ly [,dɪsrɪ'spektf^əli] *adv* respektlos

dis·robe [dɪs'rəʊb, AM -roʊb] *vi (form)* [seine Robe] ablegen; *(hum)* sich *akk* freimachen

dis·rupt [dɪs'rʌpt] *vt* ■ **to ~ sth** ① *(disturb)* etw stören; *(bring to a standstill) transport system* etw zum Erliegen bringen; **to ~ sb's concentration** jds Konzentration stören; **to ~ a meeting/the class** eine Versammlung/den Unterricht stören
② *(form: destroy)* etw zerstören

dis·rup·tion [dɪs'rʌpʃ^ən] *n* ① *(interruption)* Unterbrechung *f*; **to cause a ~** zu einer Unterbrechung führen
② *no pl (disrupting)* Störung *f*; **~ of traffic** Verkehrsbehinderung *f*

dis·rup·tive [dɪs'rʌptɪv] *adj* störend; **~ influence** Störelement *nt*; *(person)* Unruhestifter *m pej*; ■ **to be ~ to sth** für etw *akk* kontraproduktiv sein

dis·rup·tive·ly [dɪs'rʌptɪvli] *adv* **to behave ~** stören

diss [dɪs] *vt* AM *(sl)* ■ **to ~ sb** jdn schneiden *fam*

dis·sat·is·fac·tion [dɪs,sætɪs'fækʃ^ən, AM -t̬əs-] *n no pl* Unzufriedenheit *f* (**with** mit +*dat*); **growing ~** wachsende Unzufriedenheit; **to express** [*or* **voice**] **~ with sth** seine Unzufriedenheit über etw *akk* äußern; **to feel ~ with sth** mit etw *dat* unzufrieden sein

dis·sat·is·fied [dɪs'sætɪsfaɪd, AM -t̬əs-] *adj* unzufrieden (**with** mit +*dat*)

dis·save [dɪs'seɪv] *vi* ECON entsparen

dis·sav·ing [dɪs'seɪvɪŋ] *n* ECON negative Ersparnis

dis·sect [dɪ'sekt, daɪ-] *vt* ① *(cut open)* ■ **to ~ sb/sth** jdn/etw sezieren
② *(fig: analyse)* ■ **to ~ sth** etw analysieren

dis·sec·tion [dɪ'sekʃ^ən, daɪ-] *n* ① *no pl (dissecting)* Sezieren *nt*
② *(instance)* Sektion *f*
③ *(fig)* Analyse *f*; ***it was just a casual comment — it wasn't meant for ~!*** es war nur so eine Bemerkung – wir brauchen das jetzt nicht Stunden auszudiskutieren

dissed [dɪst] *adj attr (sl)* gedisst *sl*, schlechtgemacht

dis·sei·sin [dɪs'si:zɪn] *n* LAW widerrechtlicher Entzug des Grundbesitzes

dis·sem·ble [dɪ'sembl] **I.** *vi* sich *akk* verstellen
II. *vt* **to ~ one's feelings/an intention** seine Gefühle/eine Absicht verbergen [*o* verheimlichen]

dis·semi·nate [dɪ'semɪneɪt] *vt (form liter)* ■ **to ~ sth** etw verbreiten

dis·semi·na·tion [dɪ,semɪ'neɪʃ^ən] *n no pl (form liter)* Verbreitung *f*

dis·sen·sion [dɪ'sen(t)ʃ^ən] *n (form)* Meinungsverschiedenheit[en] *m[pl]*, Differenz[en] *f[pl]*; **~ within** [*or* BRIT **among**] **a group** Differenzen *pl* innerhalb einer Gruppe *gen*; **to sow** [*or* **stir up**] **~** zu Meinungsverschiedenheiten führen

dis·sent [dɪ'sent] **I.** *n no pl* ① *(disagreement)* Meinungsverschiedenheit *f*; ***there is some ~ on this issue*** in dieser Angelegenheit ist man sich uneinig
② *(protest)* Einwand *m*, Widerspruch *m*; **voice of ~** Gegenstimme *f*; **to brook** [*or* **tolerate**] **no ~** keinen Widerspruch dulden
II. *vi* dagegen stimmen; *(disagree)* anderer Meinung sein, differieren; ■ **to ~ from sth** mit etw *dat* nicht übereinstimmen

dis·sent·er [dɪ'sentə^r, AM -t̬ɚ] *n* Andersdenkende(r) *f(m)*; POL Dissident(in) *m(f)*

dis·sen·tient [dɪ'senʃ^ənt] **I.** *adj* abweichend, anders denkend
II. *n* Andersdenkende(r) *f(m)*; *vote* Gegenstimme *f*

dis·sent·ing [dɪ'sentɪŋ, AM -t̬ɪŋ] *adj opinion* abweichend *attr*; **~ group** Splittergruppe *f*; **~ judgment** abweichendes Urteil; **~ voice** Gegenstimme *f*

dis·ser·ta·tion [,dɪsə'teɪʃ^ən, AM -sɚ-] *n* Dissertation *f*, Doktorarbeit *f* (**on** über +*akk*); **master's ~** BRIT ≈ Magisterarbeit *f*, ≈ Diplomarbeit *f* ÖSTERR, SCHWEIZ; **to write a ~** eine Dissertation schreiben, promovieren

dis·ser·vice [dɪs'sɜ:vɪs, AM -sɜ:r-] *n no pl* **to do oneself/sb a ~** [*or* **to do a ~ to oneself/sb**] sich/jdm einen schlechten Dienst erweisen

dis·si·dence ['dɪsɪd^ən(t)s] *n no pl* Meinungsverschiedenheit *f*; POL Kritik *f* an der Regierung

dis·si·dent ['dɪsɪd^ənt] **I.** *n* Dissident(in) *m(f)*; **political ~** Regimekritiker(in) *m(f)*
II. *adj inv* regimekritisch

dis·simi·lar [dɪs'sɪmɪlə^r, AM -lɚ] *adj* unterschiedlich

dis·simi·lar·ity [dɪs,sɪmɪ'lærəti, AM -'lerət̬i] *n* Unterschied *m* (**between** zwischen +*dat*)

dis·simu·late [dɪs'sɪmjəleɪt] *(liter)* **I.** *vt* ■ **to ~ sth** etw verbergen
II. *vi* sich *akk* verstecken

dis·simu·la·tion [dɪ,sɪmjə'leɪʃ^ən] *n no pl* ① *(concealment)* Verheimlichung *f*
② *(dissembling)* Verstellung *f*, Heuchelei *f*

dis·si·pate ['dɪsɪpeɪt] **I.** *vi* ① *(disperse)* allmählich verschwinden; *a crowd, mist* sich *akk* auflösen
② *(die down)* verschwinden, sich *akk* in Luft auflösen *fam*
II. *vt* ■ **to ~ sth** ① *(disperse) oil spill* etw auflösen
② *(squander)* etw verschwenden

dis·si·pat·ed ['dɪsɪpeɪtɪd, AM -t̬-] *adj (form liter)* **~ behaviour** zügelloses Verhalten; **~ energy** verschwendete [*o* vergeudete] Energie; **~ life** ausschweifendes Leben

dis·si·pa·tion [,dɪsɪ'peɪʃ^ən] *n (form)* ① *(squandering)* Verschwendung *f*, Vergeudung *f*; **~ of money/time** Geld-/Zeitverschwendung *f*
② *(indulgence)* Übermäßigkeit *f*; **a life of ~** ein ausschweifendes Leben; **sexual ~** ausschweifendes Sexualleben

dis·so·ci·ate [dɪ'səʊsieɪt, AM -soʊ-] *vt* ■ **to ~ sth from sth** etw getrennt von etw *dat* betrachten; ■ **to ~ oneself from sb/sth** sich *akk* von jdm/etw distanzieren

dis·so·cia·tion [dɪ,səʊsi'eɪʃ^ən, AM -soʊ-] *n no pl* ① *(separation)* Trennung *f* (**of** von +*dat*, **between** zwischen +*dat*)
② CHEM Dissoziation *f fachspr* (**of** von +*dat*), Aufschluss *m fachspr* (**of** +*gen*)

dis·so·lute ['dɪsəlu:t] *adj (liter) life* ausschweifend; *person* zügellos; CHEM aufgelöst

dis·so·lute·ly ['dɪsəlu:tli] *adv (liter)* ausschweifend; **to behave ~** sich *akk* zügellos aufführen; **to live ~** ein lasterhaftes Leben führen

dis·so·lute·ness ['dɪsəlu:tnəs] *n no pl (liter)* Zügellosigkeit *f*

dis·so·lu·tion [,dɪsə'lu:ʃ^ən] *n* ① *no pl (annulment) of marriage, parliament* Auflösung *f*
② *(liter: debauchery)* Ausschweifung *f*; **to lead a life of ~** ein ausschweifendes Leben führen

dis·solve [dɪ'zɒlv, AM -zɑ:lv] **I.** *vi* ① *(be absorbed)* sich *akk* auflösen
② *(subside)* **to ~ in[to] giggles** loskichern; **to ~ in[to] laughter** loslachen; **to ~ in[to] tears** in Tränen ausbrechen
③ *(dissipate)* verschwinden; *tension* sich *akk* lösen
④ FILM *(fade out)* ■ **to ~ into sth** auf etw *akk* überblenden
II. *vt* ① *(liquefy)* ■ **to ~ sth [in sth]** etw [in etw *dat*] [auf]lösen
② *(annul)* ■ **to ~ sth** etw auflösen; **to ~ a marriage** eine Ehe scheiden; **to ~ parliament** das Parlament auflösen

dis·sol·vent [dɪ'zɒlvənt, AM -'zɑ:l-] *n* CHEM Lösungsmittel *nt*, Lösemittel *nt*

dis·so·nance ['dɪs^ənən(t)s] *n no pl* ① MUS Dissonanz *f*
② *(disagreement)* Unstimmigkeit *f*

dis·so·nant ['dɪs^ənənt] *adj* ① MUS dissonant
② *(clashing)* nicht harmonierend; **~ opinions** nicht übereinstimmende Meinungen

dis·suade [dɪ'sweɪd] *vt (form)* ■ **to ~ sb [from sth]** jdn [von etw *dat*] abbringen; ■ **to ~ sb from doing sth** jdn davon abbringen, etw zu tun

dis·taff ['dɪstɑ:f, AM -tæf] *n* [Spinn]rocken *m*

dis·tance ['dɪst^ən(t)s] **I.** *n* ① *(route)* Strecke *f*; ***it's only a short ~ away from here*** es ist nicht weit von hier; **braking ~** Bremsweg *m*; **over long ~s** über weite Strecken; **to keep at a safe ~** Sicherheitsabstand halten; **to close [up] the ~ [to sth]** den Abstand [zu etw *dat*] verringern; **to cover long ~s** lange Strecken zurücklegen
② *(linear measure)* Entfernung *f*; ***what's the ~ between Madrid and Barcelona?*** wie weit sind Madrid und Barcelona voneinander entfernt?; ***you've come from quite a long ~, haven't you?*** du kommst von weiter her, stimmt's?; **within driving/walking ~** mit dem Auto/zu Fuß erreichbar; ***he lives within walking ~ of work*** er kann zu Fuß zu Arbeit gehen; **within shouting ~** in Rufweite
③ *no pl (remoteness)* Ferne *f*; ***they sped off into the ~*** sie brausten davon; **to look off into the ~** in die Ferne blicken; **in the ~** in der Ferne; **from** [*or* **at**] **a distance** von Weitem
④ *(period)* Zeitraum *m*; ***in a ~ of 5 years*** innerhalb von fünf Jahren
⑤ *(fig: aloofness)* Distanz *f kein pl* (**between** zwi-

schen +*dat)*; **to keep one's ~** auf Distanz bleiben; **to keep one's ~ from sb/sth** sich *akk* von jdm/etw fernhalten
❻ SPORT *(length of race)* Entfernung *f*, Distanz *f*; *(number of rounds)* Zahl *f* der Runden
▶PHRASES: **to go the ~** bis zum Ende durchhalten; **within spitting ~** *(fam)* aus kürzester Distanz
II. *vt* ■**to ~ oneself from sb/sth** sich *akk* von jdm/etw distanzieren

'dis·tance learn·ing *n no pl* Fernunterricht *m*; **~ course** Fernkurs *m* **'dis·tance run·ner** *n* Langstreckenläufer(in) *m(f)*

dis·tant ['dɪstᵊnt] *adj* ❶ *(far away)* fern; ***she could hear the ~ sound of fireworks exploding*** sie konnte von fern das Geräusch explodierender Feuerwerkskörper hören; ***the village lay two miles ~*** das Dorf war zwei Meilen entfernt; **in the not-too-~ future** in nicht allzu ferner Zukunft; **~ lands** ferne Länder; **from the dim and ~ past** aus der fernen Vergangenheit; **at some ~ point in the future** irgendwann einmal; **~ relative** entfernte(r) Verwandte(r) *f(m)*
❷ *(aloof)* unnahbar; ■**to be ~ with sb** jdm gegenüber distanziert sein
❸ *(absent) look* abwesend

dis·tant·ly ['dɪstᵊntli] *adv* ❶ *(far away)* in der Ferne, weit entfernt; ***she heard her mother calling her ~*** sie hörte, wie ihre Mutter sie von fern rief
❷ *(loftily)* distanziert, kühl, reserviert
❸ *(absently)* abwesend
❹ *(not closely)* **to be ~ related** entfernt [miteinander] verwandt sein

dis·taste [dɪ'steɪst] *n no pl* Widerwille *m* (**for** gegen +*akk)*; *(repulsion)* Abscheu *f* (**for** vor +*dat)*; **much to sb's ~** sehr zu jds Abscheu; **with ~** mit Widerwillen

dis·taste·ful [dɪ'steɪstfᵊl] *adj* abscheulich; *(tasteless)* geschmacklos; ■**to be ~ to sb** sich *akk* jdm gegenüber abscheulich verhalten

dis·taste·ful·ly [dɪ'steɪstfᵊli] *adv* ❶ *(unpleasantly)* abscheulich, widerlich; *(tastelessly)* geschmacklos
❷ *(disdainfully)* verachtungsvoll

dis·tasteful·ness [dɪ'steɪstfᵊlnəs] *n no pl* Widerwärtigkeit *f*

dis·tem·per [dɪ'stempəʳ, AM -ɚ] *n* ❶ *(of dogs)* Staupe *f*; *(of horses)* Druse *f*
❷ *(paint)* Temperafarbe *f*

dis·tend [dɪ'stend] MED **I.** *vt usu passive* ■**to be ~ed** aufgebläht sein
II. *vi* sich *akk* [auf]blähen

dis·ten·sion [dɪ'stenʃᵊn] *n no pl* MED [Auf]blähung *f*

dis·til <-ll->, AM, AUS **dis·till** [dɪ'stɪl] *vt* ■**to ~ sth**
❶ CHEM etw destillieren
❷ *(fig)* etw zusammenfassen

dis·til·la·tion [ˌdɪstɪ'leɪʃᵊn] *n* ❶ *no pl* CHEM Destillation *f*; **~ front** Vorlauf *m*; **~ process** Destillationsverfahren *nt*; **~ tail** Rückstände *pl*, Hochsiedendes *nt*
❷ *(fig)* Quintessenz *f*; *(person)* Verkörperung *f* (**of** +*gen)*

dis·tilled [dɪ'stɪld] *adj* ❶ CHEM destilliert; **~ water** destilliertes Wasser
❷ *(summarized)* zusammengefasst; **a ~ version of the events** eine komprimierte Fassung der Ereignisse

dis·till·er [dɪ'stɪləʳ, AM -ɚ] *n* ❶ *(company)* Destillerie *f*
❷ *(person)* Destillateur *m*, Brenner *m*; **bootleg ~** Schwarzbrenner *m*

dis·till·ery [dɪ'stɪlᵊri] *n* Brennerei *f*, Destillerie *f*; **whisky ~** Whiskybrennerei *f*

dis·tinct [dɪ'stɪŋ(k)t] *adj* ❶ *(different)* verschieden; ■**to be ~ from sth** sich *akk* von etw *dat* unterscheiden, unterschiedlich sein; **as ~ from sth** im Unterschied zu etw *dat*
❷ *(perceivable)* deutlich; **~ words** deutliche Worte
❸ *attr (marked)* eindeutig; **to get the ~ impression that ...** den nachhaltigen Eindruck bekommen, dass ...

dis·tinc·tion [dɪ'stɪŋ(k)ʃᵊn] *n* ❶ *(difference)* Unterschied *m* (**between** zwischen +*dat)*; **class ~s** Klassenunterschiede *pl*; **~ without a difference** *künstlich geschaffener Unterschied, wo eigentlich gar keiner besteht;* **clear** [*or* **sharp**] **~** deutlicher Unterschied; **to blur a ~** Unterschiede verwischen; **to draw** [*or* **make**] **a ~ between sth** zwischen etw *dat* unterscheiden [*o* einen Unterschied machen]
❷ *no pl (eminence)* **of** [**great**] **~** von hohem Rang [*o* herausragender Bedeutung]
❸ *no pl (honour)* Ehre *f*; ***she has the ~ of being one of the few people to ...*** sie hat die Ehre, zu den wenigen Menschen zu gehören, die ...; **to hold the dubious** [*or* **doubtful**] **~ of doing sth** die etwas zweifelhafte Ehre besitzen, etw zu tun
❹ *(award)* Auszeichnung *f*; **to be granted a ~** eine Auszeichnung verliehen bekommen
❺ BRIT SCH *die bestmögliche Note;* ■**with ~** ausgezeichnet; **to gain a ~ in sth** in etw *dat* die bestmögliche Note bekommen; **to pass** [**an exam**] **with ~** [ein Examen] mit Auszeichnung bestehen

dis·tinc·tive [dɪ'stɪŋ(k)tɪv] *adj* ❶ *(special)* charakteristisch, unverwechselbar
❷ *(distinguishing)* **~ feature** Unterscheidungsmerkmal *nt*

dis·tinc·tive·ly [dɪ'stɪŋ(k)tɪvli] *adv* deutlich, ausgeprägt

dis·tinc·tive·ness [dɪ'stɪŋ(k)tɪvnəs] *n no pl* Besonderheit *f*; *(characteristic feature)* Unverwechselbarkeit *f*

dis·tinct·ly [dɪ'stɪŋ(k)tli] *adv* deutlich, klar; ***I ~ told you not to do that*** ich habe dir das ausdrücklich verboten; **to ~ remember having done sth** sich *akk* genau daran erinnern, etw getan zu haben

dis·tinct·ness [dɪ'stɪŋ(k)tnəs] *n no pl* ❶ *(clarity)* Deutlichkeit *f*
❷ *(difference)* Verschiedenheit *f* (**from** von +*dat)*

dis·tin·guish [dɪ'stɪŋgwɪʃ] **I.** *vi* ■**to ~ between sth and sth** zwischen etw *dat* und etw *dat* unterscheiden
II. *vt* ❶ *(tell apart)* ■**to ~ sb/sth from sb/sth** jdn/etw von jdm/etw unterscheiden; **to ~ a case** LAW den Unterschied zu einem Präzedenzfall herausstellen; **to be able to ~ good from evil** Gut von Böse voneinander unterscheiden können
❷ *(characterize)* ■**to ~ sb/sth from sb/sth** jdn/etw von jdm/etw unterscheiden; *(positively)* jdn/etw von jdm/etw abheben; ***it's the range of his voice that ~es him from other tenors*** sein Stimmumfang hebt ihn von anderen Tenören ab
❸ *(discern)* ■**to ~ sth** etw ausmachen [*o* erkennen] [können]
❹ *(excel)* ■**to ~ oneself in sth** sich *akk* in etw *dat* auszeichnen [*o* einen Namen machen]

dis·tin·guish·able [dɪ'stɪŋgwɪʃəbḷ] *adj* unterscheidbar; **to be clearly** [*or* **plainly**] **~** leicht zu unterscheiden sein; ■**to be ~ from sb/sth** von jdm/etw zu unterscheiden sein

dis·tin·guished [dɪ'stɪŋgwɪʃt] *adj* ❶ *(eminent)* hervorragend, ausgezeichnet, von hohem Rang; ■**to be ~ for sth** sich *akk* durch etw *akk* auszeichnen
❷ *(stylish)* distinguiert *geh*

dis·tin·guish·ing [dɪ'stɪŋgwɪʃɪŋ] *adj* charakteristisch, kennzeichnend; **~ feature** besonderes Kennzeichen

dis·tort [dɪ'stɔ:t, AM -ɔ:rt] *vt usu passive* ❶ *(out of shape)* ■**to ~ sth** etw verzerren; ■**to be ~ed** *face* entstellt sein; **to ~ sound** den Ton verzerren
❷ *(fig)* **to ~ the facts/a statement/the truth** die Tatsachen/eine Aussage/die Wahrheit verdrehen; **to ~ history/a result** die Geschichte/ein Ergebnis verfälschen

dis·tort·ed [dɪ'stɔ:tɪd, AM -ɔ:rt̬-] *adj* ❶ *(twisted) face* entstellt; *parts of the body* verformt; **~ in agony** schmerzverzerrt
❷ *(fig)* verfälscht, verzerrt; **to have a ~ idea/image of sth** eine völlig verzerrte Vorstellung/ein völlig verzerrtes Bild von etw *dat* haben; **to give a ~ impression** einen falschen Eindruck vermitteln

dis·tor·tion [dɪ'stɔ:ʃᵊn, AM -ɔ:r-] *n* ❶ *(twisting)* Verzerrung *f*; *of a face* Entstellung *f*; *(on CDs)* Klirrfaktor *m*
❷ *(fig)* **~ of the truth/facts** Verdrehung *f* der Wahrheit/Tatsachen; **~ of the competition** Wettbewerbsverzerrung *f*

dis·tract [dɪ'strækt] *vt* ■**to ~ sb** [**from sth**] jdn [von etw *dat*] ablenken; **to ~ sb's attention** [**away**] **from sth** jds Aufmerksamkeit von etw *dat* ablenken; **to be easily ~ed** leicht abzulenken sein; ■**to ~ oneself** [**by doing sth**] sich *akk* ablenken[, indem man etw tut]

dis·tract·ed [dɪ'stræktɪd] *adj* verwirrt, zerstreut; *(worried)* besorgt

dis·tract·ed 'driv·er *n* [vom Verkehrsgeschehen] abgelenkter Fahrer [*o* abgelenkte Fahrerin] **dis·tract·ed 'driv·ing** *n no pl* Autofahren *nt*, während man vom Verkehrsgeschehen abgelenkt ist

dis·tract·ed·ly [dɪ'stræktɪdli] *adv* *(confusedly)* zerstreut; *(excitedly)* aufgeregt, wie von Sinnen; *(worriedly)* verzweifelt

dis·tract·ing [dɪ'stræktɪŋ] *adj* ❶ *(disturbing)* störend; **sb finds sth ~** jdn stört etw
❷ *(stopping sb from concentrating)* ■**to be ~ for sb** jdn ablenken

dis·trac·tion [dɪ'strækʃᵊn] *n* ❶ *(disturbance)* Störung *f*; **sb finds sth a ~** etw stört jdn
❷ *(diversion)* Ablenkung *f* (**from** von +*dat)*; **a welcome ~** eine willkommene Ablenkung
❸ *(entertainment)* Zerstreuung *f*, Zeitvertreib *m*
❹ *no pl (confusion)* Aufregung *f*; ***they were in a state of extreme ~ when their daughter went missing*** sie waren extrem verzweifelt, als ihre Tochter vermisst wurde
▶PHRASES: **to drive sb to ~** jdn zum [*o* in den] Wahnsinn treiben; **to love sb to ~** jdn wahnsinnig lieben

dis·train [dɪ'streɪn] LAW **I.** *vi* die Pfändung vornehmen
II. *vt* ■**to ~ sb/sth** jdn/etw pfänden; **to ~ goods** Waren beschlagnahmen [*o* in Besitz nehmen]

dis·train·ment [dɪ'streɪnmənt] *n* LAW Pfändbarkeit *f*

dis·traint [dɪ'streɪnt] *n no pl* LAW Pfändung *f*, Zwangsvollstreckung *f*, Betreibung *f* SCHWEIZ

dis·traught [dɪ'strɔ:t, AM -ɑ:t] *adj* verzweifelt, außer sich *dat*; ■**to be ~ at** [*or* **over**] **sth** über etw *akk* außer sich *dat* sein; **to be ~ with pleasure** vor Freude ganz aus dem Häuschen sein *fam*

dis·tress [dɪ'stres] **I.** *n no pl* ❶ *(pain)* Schmerz *m*, Leid *nt*; *(anguish)* Kummer *m*, Sorge *f* (**at** über +*akk)*; **to be in ~** in Sorge sein; **to be a source of ~ to sb** jdm Anlass zur Sorge geben
❷ *(despair)* Verzweiflung *f*
❸ *(exhaustion)* Erschöpfung *f*; **to be in ~** MED in Atemnot sein; **to show signs of ~** Anzeichen der Erschöpfung zeigen
❹ *(emergency)* Not *f*; **economic/financial ~** ökonomische/finanzielle Not; **to be in ~** in Not [geraten] sein; **to relieve ~** Not lindern; **vessels in ~** Schiffe in Seenot
❺ LAW Beschlagnahme *f*, Inbesitznahme *f*
II. *vt* ■**to ~ sb** jdn quälen; ■**to ~ oneself** sich *dat* Sorgen machen; **to be deeply ~ed** äußerst unglücklich sein

di's·tress call *n* NAUT Notsignal *nt*; **to send out a ~** ein Notsignal senden

dis·tressed [dɪ'strest] *adj* ❶ *(unhappy)* bekümmert; ***I was deeply ~ to learn of your loss*** mit tiefem Bedauern erfuhr ich von Ihrem Verlust
❷ *(shocked)* erschüttert (**at** über +*akk)*; **deeply ~** zutiefst erschüttert
❸ *(in difficulties)* ■**to be ~** in Not sein; **~ area** Notstandsgebiet *nt*

dis·tress·ing [dɪ'stresɪŋ], AM *also* **dis·tress·ful** [dɪ'stresfᵊl] *adj* ❶ *(worrying)* Besorgnis erregend, erschreckend; ***it is very ~ that ...*** es ist erschreckend, dass ...; **deeply ~** zutiefst erschreckend
❷ *(painful)* schmerzlich; **to be deeply ~ for sb** sehr schmerzlich für jdn sein

dis·tress·ing·ly [dɪ'stresɪŋli] *adv* bedauerlicherweise, leider; **~ little** herzlich wenig; **to yowl ~** *dog* jämmerlich [*o* erbärmlich] jaulen

di's·tress rock·et *n* NAUT Notrakete *f* **di's·tress sale** *n* COMM Notverkauf *m* **di's·tress sig·nal** *n* Notsignal *nt*

dis·trib·ut·able [dɪ'strɪbjətəbḷ, AM -t̬ə-] *adj* STOCKEX ausschüttungsfähig; **~ profit** Bilanzgewinn *m*

dis·tribu·tary [dɪ'strɪbjutᵊri, AM -jəteri] *n* GEOG Flussarm *m* eines Deltas

dis·tri·bute [dɪ'strɪbju:t, *Brit also* 'dɪstrɪ-] *vt* ① *(share)* ■ **to ~ sth [among sb]** etw [unter jdm] verteilen; ■ **to ~ sth between sb** etw unter jdm aufteilen; ■ **to ~ sth to sb** etw an jdn verteilen; **to ~ sth fairly** etw gerecht verteilen; **to ~ food among the poor** Nahrung *f* an die Armen verteilen
② *(spread)* ■ **to ~ sth** etw verteilen; **to ~ sth evenly** etw gleichmäßig verteilen; **to be widely ~d** weit verbreitet sein
③ ECON ■ **to ~ sth** *goods* etw vertreiben; **to be ~d worldwide** weltweit vertrieben werden; *dividends* etw ausschütten
④ *(occur)* ■ **to be ~d somewhere** irgendwo verbreitet sein; ***these birds are mainly ~d in marshes and river valleys*** diese Vögel sind hauptsächlich in Sümpfen und Flussgegenden verbreitet

dis·tri·but·ed prof·its [dɪˌstrɪbju:tɪd'-, AM -t̬ɪd'-] *n* ECON, FIN ausgeschüttete Gewinne **dis·tri·but·ed 'sys·tem** *n* COMPUT verteiltes System

dis·tri·bu·tion [ˌdɪstrɪ'bju:ʃᵊn] *n no pl* ① *(sharing)* Verteilung *f;* **~ of assets** FIN Verteilung *f* des Vermögens; **equitable/even ~** gerechte/gleichmäßige Verteilung
② *(scattering)* Verbreitung *f*
③ ECON Vertrieb *m;* **~ of goods** Warenaustausch *m,* Warenverkehr *m*
④ *(occurrence)* Vorkommen *nt*
⑤ LING Distribution *f;* **complementary ~** komplementäre Distribution
⑥ MATH **normal ~** Normalverteilung *f*
⑦ ECON, FIN **~ of income** Gewinnausschüttung *f*

dis·tri·'bu·tion area *n* ECON Absatzgebiet *nt* **dis·tri·'bu·tion board** *n* ELEC Verteiler *m,* Verteilungstafel *f fachspr* **dis·tri·'bu·tion chain** *n* Vertriebsnetz *nt* **dis·tri·'bu·tion chan·nel** *n* ECON Vertriebsweg *m,* Absatzweg *m,* Vertriebskanal *m,* Vertriebsschiene *f* **dis·tri·'bu·tion list** *n* ECON Verteiler *m,* Verteilerliste *f* **dis·tri·'bu·tion net·work** *n* ECON Vertriebsnetz *nt* **dis·tri·'bu·tion path** *n* COMM Distributionsweg *m* **dis·tri·'bu·tion poli·cy** *n* Vertriebspolitik *f* **dis·tri·'bu·tion rights** *npl* Vertriebsrechte *pl;* ■ **the ~** das Vertriebsrecht **dis·tri·'bu·tion sys·tem** *n* ECON Vertriebsnetz *nt*

dis·tribu·tive [dɪ'strɪbjətɪv, AM -t̬-] *adj* ① ECON **~ industries** vertreibende Industrien
② LING, MATH distributiv

dis·tribu·tor [dɪ'strɪbjətəʳ, AM -t̬ɚ] *n* ① *(marketer)* Vertreiber *m; (company)* Vertriebsgesellschaft *f; (dealer)* Händler *m;* **film/record ~** Film-/Plattenanbieter *m*
② AUTO Verteiler *m,* Zündverteiler *m fachspr*

dis·trict ['dɪstrɪkt] *n* ① *(area)* Gebiet *nt; (within a town/country)* Bezirk *m*
② AM ■ **the ~** *Distrikt Columbia mit der Hauptstadt Washington*
③ ADMIN [Verwaltungs]bezirk *m*

dis·trict at·'tor·ney *n,* **DA** *n* AM Staatsanwalt, -anwältin *m, f; (state prosecuting attorney)* Staatsanwalt, -anwältin *m, f* eines Einzelstaates, Bezirksstaatsanwalt, -anwältin *m, f* **dis·trict 'coun·cil** *n* BRIT Bezirksamt *nt* **dis·trict 'court** *n* AM [Bundes]bezirksgericht *nt* **dis·trict 'nurse** *n* BRIT Gemeindeschwester *f*

dis·trust [dɪ'strʌst] **I.** *vt* ■ **to ~ sb/sth** jdm/etw misstrauen; **to be deeply/widely ~ed** sehr wenig Vertrauen genießen
II. *n no pl* Misstrauen *nt;* **a [deep] ~ of sb/sth** ein [tiefes] Misstrauen gegenüber jdm/etw; **mutual ~** gegenseitiges Misstrauen; **to encounter sth with deep ~** etw *dat* mit großem Misstrauen begegnen

dis·trust·ful [dɪ'strʌstfᵊl] *adj* misstrauisch; ***she's a woman of ~ nature*** sie ist sehr misstrauisch; **to be [deeply] ~ of sth** etw *dat* gegenüber [äußerst] misstrauisch sein, einer S. *dat* [sehr] misstrauen

dis·turb [dɪ'stɜ:b, AM -tɜ:rb] **I.** *vt* ① *(interrupt)* ■ **to ~ sb/sth** jdn/etw stören; **to ~ the peace** die öffentliche Sicherheit und Ordnung stören, Unruhe stiften
② *(worry)* ■ **to ~ sb** jdn beunruhigen; ■ **to be ~ed by sth** von etw *dat* beunruhigt werden
③ *(disarrange)* ■ **to ~ sth** etw durcheinanderbringen; ***no frown ever ~ed his placid countenance*** ruhig wie er war, verzog er nie auch nur eine Miene; **to ~ sb's hair** jds Haare zerzausen
II. *vi* stören; ***"do not ~ "*** „bitte nicht stören"

dis·turb·ance [dɪ'stɜ:bᵊn(t)s, AM -tɜ:rb-] *n* ① *no pl (annoyance)* Belästigung *f;* **to cause ~ to sb** jdn stören
② *(distraction)* Störung *f;* **~ of the peace** Störung *f* des Friedens
③ *(riot)* Tumult *m;* **to cause [*or* create] [*or* make] a ~** Unruhe stiften; **to quell [*or* put down] a ~** Unruhen unterdrücken
④ PSYCH **mental ~** geistige Verwirrung

dis·turbed [dɪ'stɜ:bd, AM -tɜ:r-] *adj* ① *(worried)* beunruhigt; ■ **to be ~ about [*or* at] sth** über etw *akk* beunruhigt sein; ■ **to be ~ that ...** beunruhigt sein, dass ...
② PSYCH [geistig] verwirrt; **~ behaviour** gestörtes Verhalten; **emotionally/mentally ~** emotional/psychisch gestört

dis·turb·ing [dɪ'stɜ:bɪŋ, AM -tɜ:r-] *adj* ① *(causing worry)* beunruhigend, Besorgnis erregend; ■ **to be ~ to sb** für jdn erschreckend sein; ***the following programme contains scenes that may be ~ to some viewers*** einige Zuschauer könnten an Szenen des folgenden Programms Anstoß nehmen
② *(annoying)* störend

dis·turb·ing·ly [dɪ'stɜ:bɪŋli, AM -tɜ:r-] *adv* beunruhigend, Besorgnis erregend

dis·unite [ˌdɪsju:'naɪt] *vt* ■ **to ~ sth** etw entzweien [*o* spalten]

dis·unit·ed [ˌdɪsju:'naɪtɪd, AM -t̬-] *adj* entzweit, gespalten *fig;* **a ~ nation** eine gespaltene Nation; **a ~ party** eine gespaltene Partei

dis·unity [dɪs'ju:nɪti, AM -ɪt̬i] *n no pl* Uneinigkeit *f* (**among** unter +*dat*)

dis·use [dɪs'ju:s] *n no pl* Nichtgebrauch *m;* **to fall into ~** nicht mehr benutzt werden

dis·used [dɪs'ju:zd] *adj inv* ungenutzt, nicht gebraucht; *building* leer stehend; **a ~ warehouse** ein stillgelegtes Lagerhaus

di·syl·lab·ic [ˌdaɪsɪ'læbɪk] *adj* LING zweisilbig

ditch [dɪtʃ] **I.** *n* <*pl* -es> Graben *m;* **a deep/shallow ~** ein tiefer/flacher Graben; **to dig a ~** einen Graben ausheben; **irrigation ~** Bewässerungsgraben *m*
II. *vt* ① *(discard)* ■ **to ~ sth** etw wegwerfen; **to ~ a getaway car** ein Fluchtauto [einfach] stehen lassen; **to ~ a proposal** einen Plan aufgeben
② *(get away from)* ■ **to ~ sb/sth** jdm/etw entwischen
③ *(sack)* ■ **to ~ sb** jdn entlassen [*o fam* feuern]
④ *(end relationship)* ■ **to ~ sb** jdm den Laufpass geben *fam,* jdn abservieren *sl*
⑤ *(to land)* **to ~ a plane** eine Maschine im Bach landen *sl,* eine Maschine in den Sand setzen *fam*
III. *vi* AVIAT *plane* auf dem Wasser landen

'ditch·wa·ter *n no pl* abgestandenes Wasser in einem Graben
▸ PHRASES: **[as] dull as ~** stinklangweilig *sl*

dith·er ['dɪðəʳ, AM -ɚ] **I.** *n no pl (pej)* ① *(indecision)* Unentschlossenheit *f*
② *(agitation)* Aufregung *f;* **to be in [*or* all of] a ~ [about sth]** [über etw *akk*] ganz aufgeregt sein, [wegen etw *dat*] ganz aus dem Häuschen sein *fam*
II. *vi (pej)* ① *(be indecisive)* unentschlossen sein, zögern, schwanken; ***she's still ~ing over whether to ...*** sie ist sich immer noch nicht schlüssig darüber, ob ...
② *(be nervous)* nervös [*o* fahrig] sein; ■ **to ~ about** unkonzentriert sein
III. *vt* COMPUT ■ **to ~ sth** etw dithern *fachspr;* **to ~ colours** Farben mischen [*o fachspr* dithern]

dith·er·er ['dɪðᵊrəʳ, AM -ɚɚ] *n (pej)* Zauderer *m*

dith·ery ['dɪðᵊri] *adj (pej)* ① *(indecisive)* unentschlossen
② *(nervous)* fahrig, nervös

dithy·ramb ['dɪθɪræm] *n* MUS Dithyrambe *f,* Dithyrambus *m*

di·tran·si·tive [ˌdaɪ'trænsɪtɪv, AM -sət̬ɪv] *adj inv* LING ditransitiv *fachspr*

dit·sy ['dɪtsi] *adj* AM *(fam)* schusselig, hirnlos *pej fam*

dit·to ['dɪtəʊ, AM 'dɪt̬oʊ] **I.** *adv inv (likewise)* dito, ebenso; *(me too)* ich auch; ***that goes ~ for me*** AM das Gleiche gilt für mich
II. *n* LING Wiederholungszeichen *nt*

dit·to·graphy [dɪ'tɒgrəfi, AM -t̬oʊ-] *n* Dittografie *f*

'dit·to mark *n see* **ditto II**

dit·ty ['dɪti, AM 'dɪt̬i] *n* [banales] Liedchen; **a popular ~** ein leichtes Liedchen; **to sing a ~** ein Liedchen singen

di·uret·ic [ˌdaɪjʊə'retɪk, AM -jə'ret̬-] MED **I.** *n* harntreibendes Mittel, Diuretikum *nt fachspr*
II. *adj* harntreibend, diuretisch *fachspr;* **~ effect** harntreibende Wirkung

di·ur·nal [ˌdaɪ'ɜ:nᵊl, AM -'ɜ:r-] *adj inv* SCI ① *(daily)* Tages-, täglich wiederkehrend *attr;* **~ temperature fluctuations** tägliche Temperaturschwankungen
② *(active or open during the day)* tagaktiv; **~ flowers** *nur am Tag blühende Blumen*

di·ur·nal·ly [ˌdaɪ'ɜ:nᵊli, AM -'ɜ:r-] *adv inv* SCI tagsüber, SCHWEIZ *a.* untertags

diva ['di:və] *n* Diva *f; (admired woman)* Berühmtheit *f;* **opera ~** Operndiva *f*

di·van [dɪ'væn] *n* Diwan *m,* Ottomane *f veraltet*

di·'van bed *n* Bettcouch *f*

dive [daɪv] **I.** *n* ① *(into water)* [Kopf]sprung *m;* **to execute a ~** einen [Kopf]sprung machen; **a swallow** BRIT [*or* AM **swan**] **~** ein Schwalbensprung; **a crash ~** ein Schnelltauchmanöver
② *of a plane* Sturzflug *m*
③ *(sudden movement)* ■ **to make a ~ for sth** einen [Hecht]sprung nach etw *dat* machen; **to make a ~ at sb** auf jdn/etw zuspringen
④ *(drop in price)* [Preis]sturz *m;* **to take a ~** fallen; *profits* sinken
⑤ *(setback)* **to take a ~** einen Schlag erleiden; ***her reputation took a ~*** ihr Ruf bekam einen Kratzer
⑥ *(fam: dingy place)* [anrüchige] Kneipe, Spelunke *f*
⑦ FBALL Schwalbe *f;* BOXING **to take a ~** ein K.O. vortäuschen
II. *vi* <dived *or* AM dove, dived *or* AM dove> ① *(into water)* einen Kopfsprung ins Wasser machen; *(underwater)* tauchen; ■ **to ~ off sth** von etw *dat* [herunter]springen; ■ **to ~ for sth** nach etw *dat* tauchen; **to ~ for pearls** nach Perlen tauchen
② *plane, bird* einen Sturzflug machen
③ *(move quickly)* verschwinden; ■ **to ~ for sth** nach etw *dat* hechten; ■ **to ~ after sb/sth** jdm/etw nachstürzen [*o* nacheilen]; **to ~ through the open window** durch das offene Fenster abhauen *fam;* **to ~ for cover [*or* safety]** schnell in Deckung gehen
④ *prices, shares* fallen

◆ **dive in** *vi* [mit dem Kopf voran] ins Wasser springen

◆ **dive into** *vi* ■ **to ~ into sth** ① *(plunge)* in etw *akk* hineinspringen; **to ~ head first into sth** kopfüber [*o* mit dem Kopf voran] in etw *akk* hineinspringen
② *(move quickly)* sich *akk* schnell in etw *akk* hineinbegeben; **to ~ into a car** schnell in ein Auto einsteigen
③ *(do rashly)* sich *akk* in etw *akk* stürzen; **to ~ into a sexual relationship with sb** sich *akk* mit jdm in eine [schnelle] sexuelle Beziehung stürzen
④ *(do committedly) work, project* sich *akk* in etw *akk* stürzen [*o* SCHWEIZ hineinstürzen]
⑤ *(reach into)* in etw *akk* hineinfassen; ***she ~d into her bag*** sie fischte in ihrer Tasche herum *fam;* **to ~ into a pocket** in eine Tasche hineinfassen

'dive-bomb *vt* ■ **to ~ sth** etw im Sturzflug bombardieren **'dive bomb·er** *n* Sturzbomber *m*

div·er ['daɪvəʳ, AM -ɚ] *n* ① *(in ocean, lake)* Taucher(in) *m(f);* **police ~** Polizeitaucher(in) *m(f);* SPORT Turmspringer(in) *m(f)*
② *(animal)* Taucher *m*

di·verge [daɪ'vɜ:dʒ, AM dɪ'vɜ:rdʒ] *vi* ① *(separate)* auseinandergehen; ***their paths ~d*** ihre Wege trennten sich; ■ **to ~ from sth** von etw *dat* abweichen
② *(not follow)* ■ **to ~ from sth** von etw *dat* abweichen
③ *(differ)* auseinandergehen; ■ **to ~ from sth** von

etw *dat* abweichen; **to ~ dramatically** stark voneinander abweichen; **to ~ dramatically from sth** stark von etw *dat* abweichen, sich *akk* stark von etw *dat* unterscheiden
④ MATH divergieren *fachspr*

di·ver·gence [daɪˈvɜːdʒən(t)s, AM dɪˈvɜr-] *n* ① *(difference)* Divergenz *f geh* (**of** von +*dat*), Auseinandergehen *nt;* **~s of opinion** Meinungsverschiedenheiten *pl*
② *(deviation)* Abweichung *f* (**from** von +*dat*); **a ~ from previous trends** eine Abweichung von den vorherigen Trends

di·ver·gent [daɪˈvɜːdʒənt, AM dɪˈvɜr-] *adj* ① *(differing)* abweichend; ■**to be ~ from sth** von etw *dat* abweichen; **to be widely ~** sehr unterschiedlich sein, weit auseinandergehen; **to hold widely ~ opinions** weit auseinandergehende Meinungen haben
② MATH divergierend *fachspr*, divergent *fachspr*

di·vers [ˈdaɪvəz, AM -vəz] *adj attr (old)* diverse, mehrere *attr*

di·verse [ˈdaɪvɜːs, AM ˈdɪvɜːrs] *adj* ① *(varied)* vielfältig, breit gefächert; **culturally** [*or* **ethnically**] ~ multikulturell
② *(not alike)* unterschiedlich

di·ver·si·fi·ca·tion [daɪˌvɜːsɪfɪˈkeɪʃən, AM dɪˌvɜːr-] *n no pl* ECON ① *of services* Diversifizierung *f fachspr*, Diversifikation *f fachspr;* **~ in manufacturing** Erweiterung *f* des Produktionsprogramms
② *of business* Streuung *f*, Verteilung *f* (**into** auf +*akk*); **~ into new markets** Erschließung *f* neuer Märkte

di·ver·si·fi·ˈca·tion in·vest·ment *n* FIN Diversifikationsinvestition *f*, Diversifizierungsinvestition *f*
di·ver·si·fi·ca·tion of in·ˈvest·ment *n* ECON, FIN Streuung *f* von Anlagen

di·ver·si·fy <-ie-> [daɪˈvɜːsɪfaɪ, AM dɪˈvɜːr-] **I.** *vi* ① *(become varied)* vielfältiger werden; **to ~ into new markets** sich *akk* in neue Märkte ausdehnen
② *(expand activities)* ■**to ~ into sth** sich auf etw *akk* umstellen
II. *vt* ■**to ~ sth** etw umfangreicher machen; **to ~ a programme** ein Programm erweitern; ECON etw diversifizieren *fachspr*

di·ver·sion [daɪˈvɜːʃən, AM dɪˈvɜːr-] *n* ① *no pl (rerouting)* Verlegung *f;* **traffic ~** Umleitung *f*
② *(distraction)* Ablenkung *f; (entertainment)* Unterhaltung *f;* **to create a ~** ein Ablenkungsmanöver inszenieren

di·ver·sion·ary [daɪˈvɜːʃənəri, AM dɪˈvɜːrʒəneri] *adj* ablenkend *attr*, Ablenkungs-; **a ~ tactic** ein Ablenkungsmanöver

di·ver·sity [daɪˈvɜːsəti, AM dɪˈvɜːrsət̬i] *n no pl* Vielfalt *f;* **~ of opinion** Meinungsvielfalt *f;* **ethnic and cultural ~** ethnische und kulturelle Vielfalt

di·vert [daɪˈvɜːt, AM dɪˈvɜːrt] **I.** *vt* ① *(reroute)* ■**to ~ sth** etw verlegen [*o* umleiten]; **to ~ a line** eine Strecke verlegen; **to ~ traffic** den Verkehr umleiten
② *(reallocate)* ■**to ~ sth** etw für einen anderen Zweck verwenden; ■**to ~ sth into sth** etw für etw *akk* verwenden; ***additional staff have been ~ed into the department*** es wurden zusätzlich Arbeitskräfte für die Abteilung abgestellt; **to ~ funds** Finanzmittel anders einsetzen
③ *(distract)* ■**to ~ sth from sth** von etw *dat* ablenken; **to ~ sb's attention away from sth** jds Aufmerksamkeit von etw *dat* ablenken
④ *(amuse)* ■**to ~ sb** jdn unterhalten [*o* zerstreuen]
II. *vi* umdrehen, die Richtung ändern

di·vert·ing [daɪˈvɜːtɪŋ, AM dɪˈvɜːrt-] *adj* amüsant, unterhaltsam; ***a ~ book*** ein unterhaltsames Buch

di·vest [daɪˈvest, AM dɪˈ-] **I.** *vt* ① *(deprive)* ■**to ~ sb of sth** jdn einer S. *gen* berauben
② *(relieve)* ■**to ~ sb of sth** jdm etw abnehmen; *(steal)* jdm etw stehlen; ■**to ~ oneself of sth** sich *akk* einer Sache *gen* entledigen
③ *esp* AM *(sell)* ■**to ~ sth** etw verkaufen, sich *akk* einer S. *gen* entledigen *form*
II. *vi esp* AM ① *(sell)* verkaufen
② *(pull out)* ■**to ~ from sth** aus etw *dat* ausscheiden, sich *akk* aus etw *dat* zurückziehen
III. *vt* ① *(doff)* ■**to ~ oneself of sth** etw ablegen [*o* ausziehen] [*o* SCHWEIZ abziehen]
② *(rid)* ■**to ~ oneself of sth** etw aufgeben [*o* ablegen], sich *akk* einer S. *gen* entäußern *form*
③ *(sell)* ■**to ~ oneself of sth** etw verkaufen, sich *akk* einer S. *gen* entledigen *form*

di·vesti·ture [daɪˈvestɪtʃəʳ, AM dɪˈvestɪtʃɚ], **di·vest·ment** [daɪˈvestmənt, AM dɪˈ-] *n no pl* ① *(deprivation)* Entblößung *f*, Entkleidung *f; (fig)* Beraubung *f;* **the ~ of privileges** der Verlust von Privilegien
② *(doffing)* Ablegen *nt*
③ AM *of investments* Verkauf *m*, Veräußerung *f; of a company* Abstoßung *f*, Entflechtung *f*

divi <*pl* -s> [ˈdɪvi] *n* BRIT *(fam) see* **divvy**

di·vid·able [dɪˈvaɪdəbl] *adj inv* AM *(divisible)* MATH teilbar

di·vide [dɪˈvaɪd] **I.** *n* ① *(gulf)* Kluft *f* (**between** zwischen +*dat*)
② *(boundary)* Grenze *f;* **continental ~** Kontinentalsperre *f*
③ AM *(watershed)* Wasserscheide *f*
▸PHRASES: **to <u>cross</u> the Great ~** die Schwelle des Todes überschreiten
II. *vt* ① *(split)* ■**to ~ sth** etw teilen
② *(share)* ■**to ~ sth** etw aufteilen; **to ~ sth equally** [**between** [*or* **among**] **sb**] etw zu gleichen Teilen [untereinander] aufteilen; ***Britain is to ~ the development costs with Germany and France*** England, Deutschland und Frankreich sollen die Entwicklungskosten gemeinsam tragen
③ MATH ■**to ~ sth by sth** etw durch etw *akk* teilen; ***10 ~d by 2 equals 5*** 10 geteilt durch 2 ist 5
④ *(separate)* ■**to ~ sth from sth** etw von etw *dat* trennen, etw gegen etw *akk* abgrenzen; ■**to ~ sb** jdn entzweien [*o* auseinanderbringen]; ***they refused to let the distance ~ them*** sie ließen sich durch die Entfernung nicht auseinanderbringen; ***the fence ~s our field from our neighbour's*** der Zaun grenzt unser Grundstück von dem unseres Nachbarn ab
⑤ *(allocate)* ■**to ~ sth** etw zuteilen; ***she ~s her time between her apartment in New York and her cottage in Yorkshire*** sie verbringt ihre Zeit abwechselnd in ihrem Apartment in New York und ihrem Landhaus in Yorkshire
⑥ *(disunite)* ■**to ~ sb/sth** jdn/etw spalten; **to ~ a nation** eine Nation spalten; ■**to be ~d over** [*or* **on**] **sth** über etw *akk* verschiedene Ansichten haben, [sich *dat*] in etw *dat* uneinig sein
⑦ BRIT POL **to ~ the House** durch Hammelsprung abstimmen
III. *vi* ① *(split)* sich *akk* teilen; **to ~ equally** [*or* **evenly**] in gleiche Teile zerfallen; ***the vote is expected to ~ equally for and against the proposal*** man erwartet, dass ebenso viele für wie gegen den Vorschlag stimmen werden
② MATH dividieren
③ *(separate)* ***their paths ~d*** ihre Wege trennten sich
④ BRIT POL im Hammelsprung abstimmen
⑤ *(disagree)* nicht übereinstimmen
▸PHRASES: **to ~ and <u>rule</u>** [*or* **<u>conquer</u>**] teilen und herrschen

◆**divide into I.** *vi* ① *(split up)* ■**to ~ into sth** sich *akk* in etw *akk* [auf]teilen; **to ~ into groups** sich *akk* in Gruppen aufteilen
② MATH ***3 ~s into 9 with no remainder*** 9 ist durch 3 ohne Rest teilbar
II. *vt* ① *(split up)* ■**to ~ sth into sth** etw in etw *akk* aufteilen; ***~ the pastry into four equal parts!*** teile das [Kuchen]stückchen in vier gleiche Teile auf!
② *(math)* ***50 ~d into 10 is 5*** 50 geteilt durch 10 ist 5

◆**divide off** *vt* ■**to ~ off** ↔ **sth** etw [ab]teilen; ■**to ~ sth off into sth** etw in etw *akk* unterteilen

◆**divide up I.** *vt* ■**to ~ up** ↔ **sth** ① *(split up, share)* etw aufteilen; ***the cake was ~d up equally between all of us*** wir teilten uns den Kuchen in gleich große Stücke auf
② *(partition)* etw teilen
II. *vi* sich teilen

di·vid·ed [dɪˈvaɪdɪd] *adj* ① *(undecided)* hin- und hergerissen; **to be ~ over sth** sich *dat* über etw *akk* noch nicht einig sein
② *(in disagreement)* uneinig; ■**to be ~ over sth** über etw *akk* uneinig sein

di·vid·ed ˈhigh·way *n* AM, AUS Schnellstraße *f*

divi·dend [ˈdɪvɪdend] *n* ① FIN Dividende *f*, Gewinnanteil *m;* **~ in kind/on preferred stock** STOCKEX Natural-/Vorzugsdividende *f;* ■**cum ~** mit [*o* cum] Dividende; ■**ex ~** ohne [*o* ex] Dividende; **distribution of ~s** Ausschüttung *f;* **to declare a ~** eine Dividende erklären [*o* beschließen]; **to maintain the ~** Dividenden in gleicher Höhe ausschütten; **to pass** [*or* AM **omit**] **the ~** keine Dividende ausschütten, die Dividende ausfallen lassen; **to pay ~s** Dividenden auszahlen
② *(benefit)* zusätzlicher Vorteil; **to pay ~s** sich *akk* bezahlt machen
③ MATH Dividend *m; of fraction* Zähler *m*

ˈdivi·dend-bear·ing *adj inv* **~ stocks** [*or* **shares**] Dividendenpapiere *pl* **ˈdivi·dend cov·er** *n* Dividendendeckung *f* [im Verhältnis zum Gewinn] **ˈdivi·dend fore·cast** *n* STOCKEX Dividendenprognose *f* **ˈdivi·dend fund** *n* STOCKEX Ausschüttungsfonds *m* **ˈdivi·dend mod·el** *n* STOCKEX Dividendenmodell *nt* **ˈdivi·dend pay·ment** *n* STOCKEX Dividendenzahlung *f*, Ausschüttung *f;* **~ day** Zahlbarkeitstag *m* **ˈdivi·dend poli·cy** *n* STOCKEX Ausschüttungspolitik *f* **ˈdivi·dend rate** *n* STOCKEX Dividendensatz *m* **ˈdivi·dend strip·ping** *n no pl* STOCKEX Dividendenstripping *nt* **ˈdivi·dend war·rant** *n* BRIT FIN Dividendenzahlungsanweisung *f*, Coupon *m*, Gewinnanteilschein *m* **ˈdivi·dend yield** *n* FIN Dividendenertrag *m*, Dividendenrendite *f*, Effektivrendite *f*

di·vid·ers [dɪˈvaɪdəz, AM -dɚz] *npl* Zirkel *m;* **a pair of ~** ein Zirkel *m*

di·ˈvid·ing line *n* Trennlinie *f;* **to mark a ~** eine Trennlinie markieren; **to cross the ~** die Trennlinie überschreiten; **to draw a ~ between sth and sth** *(fig)* eine Grenze zwischen etw *dat* und etw *dat* ziehen, zwischen etw *dat* und etw *dat* unterscheiden

divi·na·tion [ˈdɪvɪˈneɪʃən] *n no pl* Wahrsagerei *f;* **powers of ~** hellseherische Kräfte; **to possess powers of ~** hellseherische Kräfte haben

di·vine [dɪˈvaɪn] **I.** *adj* ① *inv (of God)* göttlich, Gottes-; **~ intervention** Gottes Hilfe; **to pray for ~ intervention** um Gottes Hilfe beten; **~ judgement** göttliches Urteil; **D~ Principles** *pl* Göttliche Prinzipien *pl;* **~ test** göttliche Prüfung; **a ~ right** ein heiliges Recht; **the ~ right of kings** *(hist)* das Königtum von Gottes Gnaden *hist;* **the ~ will** der Wille Gottes
② *inv (sacred)* heilig; **~ liturgy** heilige Liturgie; **~ service** Gottesdienst *m*
③ *inv (godly)* göttlich
④ *(splendid)* himmlisch; ***it's simply ~!*** es ist einfach himmlisch!; **~ voice** göttliche [*o* begnadete] Stimme
II. *vt* ■**to ~ sth** ① *(guess)* etw erraten [*o* erahnen]; ■**to ~ from sb/sth that ...** jdm/etw ansehen, dass ...; ■**to ~ that/what ...** erraten [*o* ahnen], dass/was ...; **to ~ the future** die Zukunft vorhersehen
② *(search for)* mit einer Wünschelrute nach etw *dat* suchen
III. *vi* ■**to ~ for sth** mit einer Wünschelrute nach etw *dat* suchen
IV. *n* ① *no pl* ■**the ~** die Göttlichen [*o* Heiligen]
② *(member of clergy)* Geistliche(r) *f(m); (theologian)* Theologe, Theologin *m, f*

di·vine·ly [dɪˈvaɪnli] *adv* göttlich, himmlisch; **to sing ~** wie ein junger Gott singen

di·vin·er [dɪˈvaɪnəʳ, AM -ɚ] *n* Wünschelrutengänger(in) *m(f); (of future)* Wahrsager(in) *m(f)*

div·ing [ˈdaɪvɪŋ] *n no pl* ① *(into water)* Tauchen *nt;* SPORT Turmspringen *nt*
② *(underwater)* Tauchen *nt;* **to go ~** tauchen gehen

ˈdiv·ing bell *n* Taucherglocke *f;* **to breath through the ~** durch die Taucherglocke atmen **ˈdiv·ing board** *n* Sprungbrett *nt;* **to spring** [*or* **jump**] **from** [*or* **off**] **the ~** vom Sprungbrett springen **ˈdiv·ing suit** *n* Taucheranzug *m*

di·ˈvin·ing rod *n* Wünschelrute *f;* **to hold out the ~**

D

die Wünschelrute ausrichten

di·vin·ity [dɪ'vɪnəti, AM -ət̬i] *n* ① *no pl (godliness)* Göttlichkeit *f; (godly nature)* göttliche Natur
② *(god)* Gottheit *f*
③ *no pl (dated)* Theologie *f;* ~ **student** Theologiestudent(in) *m(f)*

di·vi·sible [dɪ'vɪzəbl̩] *adj inv* ■ **to be ~ by sth** durch etw *akk* teilbar sein; ***5 is ~ by 5 and 1*** 5 ist durch 5 und 1 teilbar

di·vi·sion [dɪ'vɪʒən] *n* ① *no pl (sharing)* Verteilung *f;* ~ **of the tasks** Aufgabenverteilung *f*
② *no pl (break-up)* Teilung *f*
③ *(section)* Teil *m;* **the main ~s of sth** die Hauptbestandteile einer S. *gen*
④ *(disagreement)* Meinungsverschiedenheit *f;* **to have a ~ of opinion** anderer Meinung sein; **~ within a party** Gespaltenheit *f* innerhalb einer Partei
⑤ *(difference)* Kluft *f;* **the ~ between the rich and the poor** die Kluft zwischen Reich und Arm
⑥ *(border)* Grenze *f,* Trennlinie *f*
⑦ *no pl* MATH Division *f,* Dividieren *nt,* Teilen *nt;* **to do ~** dividieren
⑧ MIL *(unit)* Division *f;* ***an infantry ~*** eine Infanteriedivision
⑨ *(department)* Abteilung *f,* Sparte *f,* Referat *nt*
⑩ *(league)* Liga *f;* **first/second/third ~** erste/zweite/dritte Liga; **to be in the first ~** erstklassig sein
⑪ BRIT POL Abstimmung *f* durch Hammelsprung
⑫ LAW *(main section)* [Gerichts]abteilung *f,* Kammer *f,* Senat *m*
⑬ *(company)* Tochtergesellschaft *f*

di·vi·sion·al [dɪ'vɪʒənəl] *adj inv* Abteilungs-; MIL Divisions-; SPORT Liga-; ~ **manager** Abteilungsleiter(in) *m(f);* ~ **commander** Abteilungskommandant *m;* ~ **organization** Spartenorganisation *f;* **to play in ~ competitions** bei verschiedenen Wettbewerben mitmachen

di·vi·sion·al 'court *n* LAW Abteilungsgericht *nt,* Rechtsmittelkammer *f,* Beschwerdekammer *f* SCHWEIZ **di·vi·sion·al 'judge** *n* LAW Richter *m* in einer Gerichtsabteilung

di·'vi·sion chief *n* Referatsleiter(in) *m(f)* **di·'vi·sion lob·by** *n* BRIT *Abstimmungsraum im britischen Parlament* **di·vi·sion 'man·age·ment** *n no pl* ADMIN Unternehmensbereichsleitung *f* **di·vi·sion of 'la·bour** *n no pl* Arbeitsteilung *f* **di·'vi·sion sign** *n* Teilungszeichen *nt*

di·vi·sive [dɪ'vaɪsɪv] *adj* entzweiend; **to be a ~ element within the family** ein Streitpunkt innerhalb der Familie sein; ~ **issue** Streitfrage *f;* **to be a highly ~ issue** ein höchst kontroverses Thema sein

di·vi·sive·ness [dɪ'vaɪsɪvnəs] *n no pl* Gespaltenheit *f*

di·vi·sor [dɪ'vaɪzəʳ, AM -zɚ] *n* MATH Divisor *m,* Teiler *m; (of fraction)* Nenner *m;* **greatest common ~** größter gemeinsamer Nenner

di·vorce [dɪ'vɔːs, AM -'vɔːrs] **I.** *n* ① LAW Scheidung *f;* ***what are the chances of a marriage ending in ~?*** wie hoch ist die Wahrscheinlichkeit, dass eine Ehe geschieden wird?; **a ~ by mutual consent** Scheidung in gegenseitigem Einvernehmen; **to file** [*or* **sue sb**] **for ~** gegen jdn die Scheidung einreichen; **to get a ~** [**from sb**] sich *akk* [von jdm] scheiden lassen; **to grant a ~** in eine Scheidung einwilligen, einer Scheidung zustimmen
② *no pl (separation)* Trennung *f;* ***a ~ between the arts and the sciences*** eine Kluft zwischen den Künsten und der Wissenschaft
II. *n modifier* Scheidungs-; ~ **petition** Scheidungsantrag *m;* ~ **proceedings** Scheidungsprozess *m;* ~ **settlement** Beilegung *f* der Scheidung
III. *vt* ① *(annul marriage)* ■ **to ~ sb** sich *akk* von jdm scheiden lassen; ■ **to get** [*or form* **be**] **~d** [**from sb**] [**for sth**] [von jdm] [wegen einer S. *gen*] geschieden werden
② *(distance)* ■ **to ~ sth** etw voneinander trennen; ■ **to ~ oneself from sth** sich *akk* selbst von etw *dat* trennen [*o* distanzieren]
IV. *vi* sich *akk* scheiden lassen

di·vor·cé [dɪ'vɔːseɪ, AM -'vɔːrs-] *n* Geschiedener *m*

di·vorced [dɪ'vɔːst, AM -'vɔːrst] *adj inv* ① *(ceased to be married)* geschieden
② *(out of touch)* ■ **to be ~ from sth** keinen Bezug zu etw *dat* haben; **to be ~ from the real world** realitätsfern sein

di·vor·cée [dɪ'vɔːseɪ, AM -'vɔːrs-] *n* Geschiedene *f*

di·vor·cee [dɪ'vɔːsiː, AM -'vɔːrsiː] *n* Geschiedene(r) *f(m);* **female ~** geschiedene Frau

Di·'vorce Reg·is·try *n* LAW für Scheidungen zuständiges Gericht in London

div·ot ['dɪvət] *n* ① SCOT *(roof turf)* [Gras]sode *f,* Grasnarbe *f*
② SPORT *vom Golfschläger ausgehacktes Rasenstück*

di·vulge [daɪ'vʌldʒ, AM *usu* dɪ'-] *vt* ■ **to ~ sth** etw enthüllen [*o* verraten] [*o* preisgeben] [*o* SCHWEIZ *a.* ausbringen]; **to ~ information to the press** Informationen an die Presse weitergeben; ■ **to ~ how/that ...** verraten, wie/dass ...

div·vy <*pl* -ies> ['dɪvi] *n* BRIT *(fam)* FIN Dividende *f*

div·vy up <-ie-> [ˌdɪvi'ʌp] *vt esp* AM *(fam)* ■ **to ~ sth up** [*or* **up sth**] [**between sb**] etw [unter jdm] aufteilen; ***we divvied up the cake between us*** wir haben den Kuchen unter uns aufgeteilt

dixie ['dɪksi] *n* MIL Kochkessel *m*

Dixie·land ['dɪksilænd] *n no pl* MUS Dixie[land] *m*

DIY [ˌdiːaɪ'waɪ] *n no pl* BRIT, AUS *abbrev of* **do-it-yourself** Heimwerken *nt;* ~ **store** Baumarkt *m;* **to do some ~** heimwerken

diz·zi·ly ['dɪzɪli] *adv* Schwindel erregend; **to be ~ above sth** weit über etw *dat* liegen

diz·zi·ness ['dɪzɪnəs] *n no pl* Schwindel *m;* **spell of ~** Schwindelanfall *m*

diz·zy ['dɪzi] **I.** *adj* ① *(unsteady)* schwindlig, SCHWEIZ *a.* sturm *fam;* ***the medication made her ~*** von dem Medikament wurde ihr schwindlig; ~ **spells** Schwindelanfälle *pl;* **to suffer ~ spells** unter Schwindelanfällen leiden; ~ **with happiness/excitement** schwindlig vor Freude/Aufregung
② *(vertiginous)* Schwindel erregend; **a ~ height** eine Schwindel erregende Höhe
③ *(rapid)* atemberaubend; ~ **progress** atemberaubender Fortschritt
④ *(fam: silly)* dumm, einfältig; **a ~ blonde** eine naive Blondine
II. *vt* <-ie-> ■ **to ~ sb** jdn verwirren; ***her nearness dizzied him*** ihre Nähe verwirrte ihn

diz·zy·ing ['dɪziɪŋ] *adj* ① *(vertiginous)* Schwindel erregend
② *(rapid)* ~ **speed** [*or* **pace**] atemberaubende Geschwindigkeit
③ *(confusing)* verwirrend

diz·zy·ing·ly ['dɪziɪŋli] *adv* in Schwindel erregender Weise; *(confusingly)* verwirrend

DJ¹ ['diːˌdʒeɪ] **I.** *n abbrev of* **disc jockey** DJ *m;* **to work as a ~** als DJ arbeiten
II. *vi* <DJ's, DJ'ing, DJ'd> als DJ arbeiten; ***he ~'s at The Temple on Fridays*** freitags legt er im Temple auf

DJ² ['diːˌdʒeɪ] *n* BRIT *abbrev of* **dinner jacket** Smoking *m,* Smokingjacke *f*

DJIA [ˌdiːdʒeɪaɪ'eɪ] *n no pl* STOCKEX *abbrev of* **Dow Jones Industrial Average** Dow Jones Industrial Average *m*

Dji·bou·ti [dʒɪ'buːti, AM -t̬i] *n* Dschibuti *nt*

Dji·bou·tian [dʒɪ'buːtiən, AM -t̬iən] **I.** *n* Dschibutier(in) *m(f)*
II. *adj* dschibutisch

DLitt [ˌdiː'lɪt] *n abbrev of* **Doctor of Letters** ≈ Dr. phil.

DLL [ˌdiːel'el] *n* COMPUT *abbrev of* **dynamic link library** DLL *f*

DLP [ˌdiːel'piː] *n modifier abbrev of* **digital light processing** DLP-

DM [ˌdiː'em], **D-Mark** ['dɔɪtʃmɑːk, AM -mark] *n* ECON, FIN *(hist) abbrev of* **Deutschmark** Deutsche Mark *f,* D-Mark *f*

DMs [ˌdiː'emz] *npl (fam) abbrev of* **Doc Martens** Doc Martens *pl (britische Schuhmarke bzw. Schuhe)*

DNA [ˌdiːen'eɪ] *n no pl* BIOL *abbrev of* **deoxyribonucleic acid** DNS *f*

DN'A vac·cine *n* DNS-Impfstoff *m*

D no·tice ['diːˌnəʊtɪs] *n* BRIT *Anweisung der Regierung, etwas als Staatsgeheimnis zu behandeln*

do [duː]

I. AUXILIARY VERB **II.** TRANSITIVE VERB
III. INTRANSITIVE VERB **IV.** NOUN

I. AUXILIARY VERB

<does, did, done> ① *(forming question)* ***~ you like children?*** magst du Kinder?; ***did he see you?*** hat er dich gesehen?; ***what did you say?*** was hast du gesagt?; ***~ you/~es he/she indeed*** [*or* ***now***]? tatsächlich?; ***~ I like cheese? — I love cheese!*** ob ich Käse mag? – ich liebe Käse!
② *(negating verb)* ***Frida ~esn't like olives*** Frida mag keine Oliven; ***I ~n't want to go yet!*** ich will noch nicht gehen!; ***I ~n't smoke*** ich rauche nicht; ***it ~esn't matter*** das macht nichts; ***~n't*** [***you***] ***speak to me like that!*** sprich nicht so mit mir!; ***~n't be silly*** sei nicht albern!; ***~n't let's argue about it*** lasst uns deswegen nicht streiten
③ *(for emphasis)* ***~ come to our party*** ach komm doch zu unserer Party; ***may I join you? — please ~!*** kann ich mitkommen? – aber bitte!; ***boy, did he yell!*** der hat vielleicht geschrieen! *fam;* ***so you ~ like beer after all*** du magst also doch Bier; ***you ~ look tired*** du siehst wirklich müde aus; ***~ shut up, Sarah*** halte bloß deinen Mund, Sarah; ***~ tell me!*** sag's mir doch!; ***~ I/~es he/she ever!*** und ob!
④ *(inverting verb)* ***not only did I speak to her, I even ...*** ich habe nicht nur mit ihr gesprochen, sondern auch ...; ***little ~es she know*** sie hat echt keine Ahnung; *(not yet)* sie ahnt noch nichts; *(form)* ***never did I hear such a terrible noise*** noch nie habe ich so ein schreckliches Geräusch gehört
⑤ *(replacing verb)* ***she runs much faster than he ~es*** sie läuft viel schneller als er; ***he said he wouldn't come, but fortunately he did*** er meinte, dass er nicht kommen würde, aber glücklicherweise tat er es dann doch; ***~ you like Chopin? — yes, I ~/no, I ~n't*** mögen Sie Chopin? – ja/nein; ***who ate the cake? — I did!/didn't!*** wer hat den Kuchen gegessen? – ich!/ich nicht!; ***I don't like Chinese food — nor*** [*or* ***neither***] ***~ I/I ~*** ich esse nicht gerne Chinesisch – ich auch nicht/ich schon; ***... so ~ I ...*** ich auch; ***so you don't like her — I ~!*** du magst sie also nicht – doch!
⑥ *(requesting affirmation)* ***you don't understand the question, ~ you?*** Sie verstehen die Frage nicht, stimmt's?; ***you do understand what I mean, ~n't you?*** du verstehst [doch], was ich meine, oder?
⑦ *(expressing surprise)* ***so they really got married, did they?*** dann haben sie also wirklich geheiratet!

II. TRANSITIVE VERB

<does, did, done> ① *(perform)* ■ **to ~ sth** etw tun [*o* machen]; ***what shall I ~ now?*** was soll ich jetzt machen?; ***just ~ it!*** mach's einfach!; ***what are you ~ing over the weekend?*** was machst du am Wochenende?; ***haven't you got anything better to ~?*** hast du nichts Besseres zu tun?; ***justice must be done*** Gerechtigkeit muss sein; ***he ~es nothing but complain*** er beklagt sich echt den ganzen Tag lang *fam;* ***what have you done to her?*** was hast du mit ihr gemacht?; ***what are these toys ~ing here?*** was macht das [ganze] Spielzeug hier?; ***what's the front door ~ing open?*** warum steht die Haustür offen?; ***what on earth are you ~ing*** [***there***]! was um alles in der Welt machst du denn da?; ***I'm sorry, it simply can't be done before next weekend*** tut mir leid, aber vor dem nächsten Wochenende geht es einfach nicht; ***that was a stupid thing to ~*** das war dumm!; ***what have you done with my coat?*** wo hast du meinen Mantel hingetan?; **to ~ one's best** sein Bestes tun [*o* geben]; **to ~ business with sb** mit jdm Geschäfte machen *fam;* **to ~ lunch** *esp* AM auswärts zu Mittag essen; **to ~ nothing of the sort** nichts dergleichen tun

2 *(undertake)* ■**to ~ sth with sb/oneself** etw mit jdm/sich anfangen; ***what am I going to ~ with myself while you are away?*** was soll ich nur die ganze Zeit machen, wenn du nicht da bist
3 *(help)* ■**to ~ sth for sb** etw für jdn tun; ***what can I ~ for you?*** was kann ich für Sie tun?; ***you never ~ anything for me!*** du tust nie was für mich!; ***can you ~ anything for my bad back, doctor?*** können Sie was gegen meine Rückenbeschwerden tun, Herr Doktor?; ***these pills have done nothing for me*** diese Pillen haben mir überhaupt nicht geholfen
4 *(use for)* ■**to ~ sth with sth** etw mit etw *dat* tun; ***what are you going to ~ with that hammer?*** was hast du mit dem Hammer vor?; ***what should we ~ with this box?*** was sollen wir mit dieser Kiste machen?
5 *(job)* **to ~ sth for a living** mit etw *dat* seinen Lebensunterhalt verdienen; ***what ~es your mother ~?*** was macht deine Mutter beruflich?
6 *(take action)* ■**to ~ sth about sth** etw gegen etw *akk* tun; ***I know I drink too much, but I can't ~ anything about it*** ich weiß, dass ich zu viel trinke, aber ich kann nichts dagegen tun; ***what is to be done about that?*** was kann man dagegen tun?; ***~n't just stand there, ~ something!*** stehen Sie doch nicht nur so rum, tun Sie was!
7 *(deal with)* ■**to ~ sth** etw machen [*o* erledigen]; ***if you ~ the washing up, ...*** wenn du abspülst, ...; ***let me ~ the talking*** überlass mir das Reden; ***today we're going to ~ Chapter 4*** heute beschäftigen wir uns mit Kapitel 4; ***I found someone to ~ the garden wall*** ich habe jemanden gefunden, der die Gartenmauer bauen wird; **to ~ one's homework** [seine] Hausaufgaben machen; **to ~ the shopping** einkaufen
8 *(learn)* ■**to ~ sth:** ***have you ever done any Chinese?*** hast du jemals Chinesisch gelernt?; ***Diane did History at London University*** Diane hat an der London University Geschichte [im Hauptfach] studiert
9 *(solve)* ■**to ~ sth** *riddle* etw lösen; **to ~ a crossword** ein Kreuzworträtsel lösen [*o fam* machen]; ***can you ~ this sum for me?*** kannst du das für mich zusammenrechnen?
10 *(fam: finish)* ■**to be done:** ***are you done?*** bist du jetzt fertig? *fam*
11 *(produce)* ■**to ~ sth for sb** [*or* **sb sth**] etw für jdn machen; ***can you ~ me 20 photocopies of this report?*** kannst du mir diesen Bericht 20-mal abziehen?
12 *(tidy)* **to ~ the dishes** das Geschirr abspülen [*o* SCHWEIZ abwaschen]; **to ~ one's nails** *(varnish)* sich *dat* die Nägel lackieren; *(cut)* sich *dat* die Nägel schneiden; **to ~ one's shoes** seine Schuhe putzen; **to ~ one's teeth** sich *dat* die Zähne putzen
13 *(arrange)* **to ~ a bow tie** eine Schleife binden; **to ~ flowers** Blumen arrangieren; **to get one's hair done** zum Friseur [*o* SCHWEIZ Coiffeur] gehen; ***where ~ you get your hair done?*** zu welchem Friseur gehst du?
14 *(visit)* ■**to ~ sth** etw besichtigen; **to ~ India** eine Indienreise machen; **to ~ Nice** sich *dat* Nizza ansehen
15 AUTO **to ~ 100 km/h** 100 fahren *fam*
16 *(travel)* **to ~ Paris to Bordeaux in five hours** in fünf Stunden von Paris nach Bordeaux fahren
17 *(suffice)* ■**to ~ sb** jdm genügen; ***that'll ~ me nicely, thank you*** das reicht mir dicke, danke! *fam;* ***I only have diet cola — will that ~ you?*** ich habe nur Diätcola – trinkst du die auch?
18 *(provide)* ■**to ~ sth:** ***this pub only ~es food at lunchtime*** in diesem Pub gibt es nur zur Mittagszeit etwas zu essen; ***~ you ~ travel insurance as well?*** bieten Sie auch Reiseversicherungen an?; ***sorry, we ~n't ~ hot meals*** tut mir leid, bei uns gibt es nur kalte Küche
19 *(cook)* **to ~ the cooking** kochen; ***how long should the carrots be done for?*** wie lange müssen die Karotten kochen?; ***could you ~ me something without fish?*** könntest du mir etwas ohne Fisch kochen?
20 *(cause)* ■**to ~ sb sth** jdm etw tun; **to ~ sb a favour** jdm einen Gefallen tun; **to ~ sb good** jdm gut tun; ***it would ~ you good to get some fresh air*** es würde dir gut tun, etwas frische Luft zu schnappen; **to ~ sb harm** jdm schaden; *see also* **credit, honour, justice**
21 *esp* BRIT *(serve)* ■**to ~ sb** jdn drannehmen; ***but he said he'd ~ me next*** aber er sagte, dass ich als Nächste drankäme!
22 *(treat well)* **to ~ sb well** jdn verwöhnen; **to ~ oneself well** es sich *dat* gutgehen lassen
23 *(act)* ■**to ~ sth** *play* etw aufführen; **to ~ a role** eine Rolle spielen; ***who did James Bond before Roger Moore?*** wer hat James Bond vor Roger Moore gespielt?
24 *(impersonate)* ■**to ~ sb/sth** jdn/etw nachmachen; ***he ~es a brilliant Churchill*** er kann Churchill wunderbar nachmachen; *(fig)* ***I hope she won't ~ a Mary and get divorced six months after her wedding*** ich hoffe, sie macht es nicht wie Mary und lässt sich sechs Monate nach ihrer Hochzeit wieder scheiden
25 *(fam sl: rob)* ■**to ~ sth** in etw *dat* einen Bruch machen *sl*
26 *(fam: cheat)* ■**to ~ sb** jdn übers Ohr hauen *fam;* ***he did me for a thousand quid for that car*** er hat mir einen Tausender für das Auto abgeknöpft
27 *(fam: be in jail)* **to ~ 5 years** [**for sth**] [wegen einer S. *gen*] fünf Jahre sitzen; ***if you're not careful, you'll end up ~ing time again*** wenn du nicht vorsichtig bist, musst du wieder sitzen
28 *esp* BRIT *(fam: punish)* ■**to ~ sb** jdn fertigmachen *fam;* **to get done for sth** *(by the police)* wegen einer S. *gen* von der Polizei angehalten werden; *(by a court)* für etw *akk* verurteilt werden
29 *(fam: take drugs)* ■**to ~ sth:** ***how long have you been ~ing heroin?*** wie lange nimmst du schon Heroin?
30 *(translate)* **to be done into French/German** *book* ins Französische/Deutsche übersetzt worden sein; **to ~ a translation** übersetzen
31 *(exhaust)* ■**to have done sb:** ***this last climb has really done me*** diese letzte Tour hat mir wirklich den Rest gegeben
32 *(fam: impress)* **sth ~es nothing for sb** etw reißt jdn nicht gerade vom Hocker *fam;* ***Bach has never done anything for me*** Bach hat mich noch nie sonderlich vom Hocker gerissen *fam;* ***that film really did something to me*** dieser Film hat mich wirklich beeindruckt; *(excite sexually)* ***you really ~ something to me, you know*** du machst mich echt an, weißt du [das] *fam*
33 *(euph fam: have sex)* ■**to ~ it with sb** mit jdm schlafen *euph;* ***how old were you when you first did it?*** wie alt warst du bei deinem ersten Mal?
34 *(don't mention)* ***~n't good morning me!*** komm mir nicht mit guten Morgen!
▸PHRASES: **what's <u>done</u> cannot be undone** *(prov)*, **what's <u>done</u> is done** *(saying)* was passiert ist, ist passiert; **<u>that</u> ~es it!** so, das war's jetzt!; **<u>that's</u> done it!** jetzt haben wir die Bescherung! *fam*

III. INTRANSITIVE VERB

<does, did, done> **1** *(behave)* **to ~ right** [*or* **the right thing**] das Richtige tun; **to ~ well to do sth** gut daran tun, etw zu tun; **to ~ as one pleases** tun, was einem Spaß macht; ***~ as I ~*** mach's wie ich *fam;* ***~ as you're told*** tu, was man dir sagt
2 *(fare)* **sb is ~ing badly/fine** [*or* **all right**] [*or* **well**] jdm geht es schlecht/gut; ***mother and baby are ~ing well*** Mutter und Kind sind wohlauf; ***how is your mother ~ing?*** wie geht es deiner Mutter?; ***how is Mary ~ing in her new job?*** wie geht es Mary in ihrem neuen Job?; ***you could ~ better*** du könntest besser sein; *(perform)* du könntest es besser machen; ***George has done well for himself*** George hat es für seine Verhältnisse weit gebracht; ***our daughter is ~ing well at school*** unsere Tochter ist gut in der Schule; **to be ~ing well out of sth** erfolgreich mit etw *dat* sein
3 *(fam: finish)* ***have you done?*** bist du fertig?; ***have you done with those scissors yet?*** brauchst du die Schere noch?; ***I haven't done with you yet*** ich bin noch nicht fertig mit dir
4 *(be acceptable, suffice)* passen, in Ordnung sein; ***that'll ~*** das ist o.k. so; ***will £10 ~?*** reichen 10 Pfund?; ***this kind of behaviour just won't ~!*** so ein Verhalten geht einfach nicht an!; ***do you think this will ~ for a blanket?*** glaubst du, das können wir als Decke nehmen?; ***that'll ~ as a cushion*** das geht [erstmal] als Kissen; ***this will ~ just fine as a table*** das wird einen guten Tisch abgeben; ***this will have to ~ for a meal*** das muss als Essen genügen; ***will this room ~?*** ist dieses Zimmer o.k. für Sie?; ***it doesn't ~ to criticize your parents*** seine Eltern kritisiert man nicht; ***will it ~ if I get those books to you by Friday?*** reicht es, wenn ich dir die Bücher bis Freitag bringe?; ***we'll make ~ with $100*** 100 Dollar müssen reichen; ***that will never ~*** das geht einfach nicht; ■**to ~** [**for sb**] sich *akk* [für jdn] eignen
5 *(fam: happen)* ***this town is so boring — there's never anything ~ing*** diese Stadt ist so langweilig – nie tut sich was
▸PHRASES: **it isn't <u>done</u>** BRIT es ist nicht üblich; **<u>how</u> ~ you ~?** *(form or dated: as introduction)* angenehm; **~ unto <u>others</u> as you would they should ~ unto you** *(prov)* was du nicht willst, das man dir tut, das füg auch keinem andern zu *prov;* **<u>what's</u> ~ing?** *(fam)* was ist los?; **that <u>will</u> ~** jetzt reicht's aber!

IV. NOUN

1 *esp* BRIT, AUS *(fam: party)* Fete *f fam;* **a big ~** eine Riesenfete *fam*
2 BRIT *(sl: swindle)* Schwindel *m fam*
3 BRIT *(fam: treatment)* **fair ~s** gleiches Recht für alle
4 AM *(sl)* ***that's some ~ you've got!*** das ist ja eine Frisur, die du da hast!
5 *no pl (droppings)* **dog ~** Hundehäufchen *nt*
6 *(allowed, not allowed)* **the ~s and ~n'ts** was man tun und was man nicht tun sollte
◆**do away** *vi* **1** *(discard)* ■**to ~ away with sth** etw loswerden; **to ~ away with rules** Regeln abschaffen
2 *(fam: kill)* ■**to ~ away with sb** jdn um die Ecke bringen *fam;* ■**to be done away with by sb** von jdm um die Ecke gebracht werden *fam*
◆**do by** *vi* **to ~ badly/well by sb** *(form)* jdn schlecht/gut behandeln; **to be hard done by** vom Schicksal stiefmütterlich behandelt werden
▸PHRASES: **<u>do</u> as you would be done by** BRIT *(saying)* was du nicht willst, das man dir tut, das füg auch keinem andern zu *prov*
◆**do down** *vt* ■**to ~ down** ◌ **sb** jdn schlechtmachen; ■**to ~ down** ◌ **sb for** [**not**] **doing sth** jdn für etw, das er/sie [nicht] tut, [he]runtermachen *fam;* ■**to ~ down** ◌ **sth** etw heruntermachen
◆**do for** *vi* **1** BRIT *(fam: ruin)* ■**to ~ for sth** etw ruinieren; ■**to ~ for sb** jdn fertigmachen *fam;* ■**to be done for** fertig sein *fam; (tired)* müde sein
2 BRIT *(dated: clean)* ■**to ~ for sb** bei jdm putzen
◆**do in** *vt (sl)* **1** *(kill)* ■**to ~ in** ◌ **sb** jdn kaltmachen *fam;* ■**to ~ oneself in** sich *akk* umbringen
2 *(tire)* ■**to ~ in** ◌ **sb** jdn schaffen *fam*
3 *(injure)* ■**to ~ in** ◌ **sth** sich *dat* etw verletzen
◆**do out** *vt* **1** BRIT *(fam: tidy)* ■**to ~ out** ◌ **sth** etw putzen und aufräumen
2 *(adorn, decorate)* ■**to ~ sth** ◌ **out with sth** etw mit etw *dat* dekorieren [*o* schmücken]; ***they did the living room out with balloons*** sie schmückten das Wohnzimmer mit Ballons; ***the bathroom has been done out in pale yellow*** das Badezimmer ist in Hellgelb gehalten
◆**do out of** *vt* ■**to ~ sb out of sth** jdn um etw *akk* bringen; *inheritance* jdn um etw *akk* prellen
◆**do over** *vt* **1** *esp* BRIT, AUS *(fam: beat)* ■**to ~ over** ◌ **sb** jdn zusammenschlagen *fam*
2 BRIT *(fam: rob)* ■**to ~ over** ◌ **sth** etw ausrauben
3 *(fam: redecorate)* ■**to ~ over** ◌ **sth** etw neu

D

herrichten
④ Am *(fam: redo)* ■ **to ~ sth over** etw noch einmal machen
◆ **do up** I. *vt* ① *(close)* ■ **to ~ up ⊂ sth** *dress* etw zumachen; **to ~ up one's shoes** seine Schuhe zubinden; **to ~ up a zip** einen Reißverschluss zuziehen
② *(adorn)* ■ **to ~ up ⊂ sth** etw herrichten; **to ~ up a house** ein Haus renovieren; **to ~ up a room** ein Zimmer ausstatten
③ *(dress)* ■ **to ~ oneself up** sich *akk* zurecht machen
④ *(hair)* **to ~ up one's hair** sich *dat* die Haare hochstecken
⑤ *(wrap)* ■ **to ~ up ⊂ sth in sth** etw in etw *akk* einpacken; **to ~ sth up in paper** etw in Papier einschlagen; ■ **to ~ up ⊂ sth with sth** etw mit etw *dat* einpacken
II. *vi dress* zugehen *fam,* zugemacht werden *fam*
◆ **do with** *vi* ① Brit *(fam: bear)* ■ **sb can't** [*or* **cannot**] **~** [*or* **be ~ing**] **with sth** jd kann etw nicht ertragen; ***I can't ~ with all this shouting and screaming*** ich kann das Geschreie nicht mehr ertragen; ***I really can't ~ with you behaving like this*** ich finde es unerträglich, wie du dich benimmst!
② Brit *(fam: need)* ■ **sb could ~ with sth** jd könnte etw brauchen; ***I could ~ with a sleep*** ich könnte jetzt etwas Schlaf gebrauchen; ***I could ~ with a cup of tea*** eine Tasse Tee wäre jetzt schön
③ *(be related to)* ■ **to be** [*or* **have**] **to ~ with sth** mit etw *dat* zu tun haben, um etw *akk* gehen; ***why did you want to talk to me? — it's to ~ with a complaint*** warum wollten Sie mich sprechen? – es geht um eine Beschwerde; **to be** [*or* **have**] **nothing to ~ with sth** mit etw *dat* nichts zu tun haben; **what's that got to ~ with it?** was hat das damit zu tun?
④ *(be involved with)* **to have nothing/something/a lot to ~ with sth** nichts/etwas/viel mit etw *dat* zu tun haben; ***what's that got to ~ with it?*** was hat das damit zu tun?
⑤ *(deal with)* ■ **to be** [*or* **have**] **to ~ with sth** von etw *dat* handeln; ***what's your book about? — it's to ~ with human behaviour*** worum geht es in deinem Buch? – es geht um menschliches Verhalten
⑥ *(refuse contact)* **to not have anything** [**more**] **to ~ with sb** nichts [mehr] mit jdm zu tun haben
⑦ *(not concern)* **sth has nothing to ~ with sb** etw geht jdn nichts an; ***it has nothing to ~ with you what my son does*** was mein Sohn macht, geht dich nichts an; ***it's my decision — it's nothing to ~ with you!*** das ist meine Entscheidung – das geht dich nichts an!
◆ **do without** *vi* ■ **to ~ without sth** ① *(not have)* ohne etw *akk* auskommen
② *(prefer not to have)* auf etw *akk* verzichten
a. iron

DOA [ˌdiːəʊ'eɪ, Am -oʊ'-] *abbrev of* **dead on arrival** DOA *(wird für eine Person verwendet, die beim Eintreffen im Krankenhaus sofort für tot erklärt wird)*
do·able ['duːəbl] *adj* machbar
dob <-bb-> [dɒb] I. *vt* Aus *(fam)* ■ **to ~ sb in to sb** jdm von jdm erzählen; ***Susan ~ bed me in to Mum*** Susan erzählte Mutter von mir
II. *vi* Aus *(fam)* ■ **to ~ on sb** jdm berichten
◆ **dob in** *vt* Aus *(fam)* ■ **to ~ in ⊂ sb to do sth** jdn zu etw *dat* verdonnern
dob·ber ['dɒbəʳ] *n* Aus *(fam)* Informant(in) *m(f)*
Do·ber·man, Do·ber·man pin·scher [ˌdəʊbəmən'pɪnʃəʳ, Am ˌdoʊbəmən'pɪnʃɚ] *n* Dobermann *m*
do·bra ['dəʊbrə, Am 'doʊ-] *n (currency of São Tomé und Príncipe)* Dobra *f*
doc [dɒk, Am dɑːk] *n (fam) short for* **doctor** Arzt, Ärztin *m, f*
doc·ile ['dəʊsaɪl, Am 'dɑːsəl] *adj* sanftmütig; ***a cheap and ~ workforce*** eine billige und willige Arbeiterschaft; **~ horse** lammfrommes Pferd
doc·ile·ly ['dəʊsaɪlli, Am 'dɑːsəlli] *adv* folgsam, gelehrig
do·cil·ity [dəʊ'sɪləti, Am dɑː'sɪləṭi] *n no pl* Sanftmut *f; of animal* Zahmheit *f*
dock¹ [dɒk, Am dɑːk] I. *n* ① *(wharf)* Dock *nt;* ■ **the ~s** *pl* die Hafenanlagen *pl;* **to be in ~** im Hafen liegen; **at the ~s** an den Docks; **dry/floating ~** Trocken-/Schwimmdock *nt;* **to go into ~** anlegen
② Am *(pier)* Kai *m,* Quai *nt* schweiz; **onto the ~** auf dem Kai [*o* schweiz Quai]
▸ PHRASES: **in ~** Brit, Aus in Reparatur
II. *vi* ① naut anlegen, ins Dock gehen
② aerosp andocken; ■ **to ~ with sth** an etw *akk* andocken
III. *vt* ■ **to ~ sth** etw eindocken; aerosp etw aneinanderkoppeln
dock² [dɒk, Am dɑːk] *n no pl esp* Brit ■ **the ~** die Anklagebank; **to be in the ~** auf der Anklagebank sitzen; **~ brief** Beauftragung *f* eines [im Gericht anwesenden] Anwaltes mit der Verteidigung
▸ PHRASES: **to be in the ~** Schwierigkeiten bekommen
dock³ [dɒk, Am dɑːk] *vt* ① *(reduce)* ■ **to ~ sth by sth** etw um etw *akk* verringern; ■ **to ~ sth from sth** etw von etw *dat* abziehen; ***they ~ ed ten dollars from her wages*** sie haben zehn Dollar von ihrem Lohn abgezogen; **to ~ pay by 20%** das Gehalt um 20 % kürzen
② *(cut off)* **to ~ an animal** einem Tier den Schwanz kupieren
dock⁴ [dɒk, Am dɑːk] *n* bot *no pl* Ampfer *m,* Bitterkraut *nt*
dock·er ['dɒkəʳ, Am 'dɑːkɚ] *n (fam)* Hafenarbeiter(in) *m(f),* Werftarbeiter(in) *m(f)*
dock·et ['dɒkɪt, Am 'dɑːkɪt] I. *n* ① Brit, Aus *(delivery note)* Lieferschein *m;* **to sign the ~** den Lieferschein gegenzeichnen
② Am law Terminplan *m*
③ Am *(agenda)* Tagesordnung *f,* Traktandenliste *f* schweiz; ■ **to be on the ~** an der Tagesordnung sein
④ Am comput [Vorgehens]erklärung *f*
II. *vt* ① *(list)* ■ **to ~ sth** etw in einen Lieferschein eintragen
② *(classify)* ■ **to ~ sb/sth as sth** jdn/etw als etw *akk* klassifizieren
dock·ing ['dɒkɪŋ, Am 'dɑːkɪŋ] *n no pl* ① naut Eindocken *nt,* Anlegen *nt*
② aerosp Ankoppeln *nt,* Kopplung *f*
③ *(reducing)* Kürzung *f;* **~ of wages** Lohnkürzungen *pl*
'dock·land Brit I. *n* Hafenviertel *nt;* ■ **the ~s** *pl* das Hafenviertel
II. *n modifier (community)* Hafenviertel-
'dock·side *n no pl* ■ **the ~** der [Fracht]hafen
'dock·work·er *n* Hafenarbeiter *m,* Werftarbeiter *m*
'dock·yard *n* Werft *f*
Doc Martens [ˌdɒk'mɑːtɪnz, Am ˌdɑːk'mɑːrtənz] *npl,* **DMs** *n (fam)* Doc Martens *pl*
do·cosa·hexa·no·ic acid [ˌdəʊkɒsəˌheksənəʊɪk'æsɪd, Am ˌdoʊkɑːsəˌheksənoʊ-] *n no pl* Docosahexaensäure *f*
doc·tor ['dɒktəʳ, Am 'dɑːktɚ] I. *n* ① *(medic)* Arzt, Ärztin *m, f;* ***good morning, ~ Smith*** guten Morgen, Herr/Frau Doktor Smith; **to be at the ~'s** beim Arzt/bei der Ärztin sein; **to go to the ~'s** zum Arzt/zur Ärztin gehen; **to see a ~** [**about sth**] einen Arzt/eine Ärztin [wegen einer S. *gen*] aufsuchen; **~'s certificate** Attest *nt,* ärztliche Bescheinigung; **company ~** *(medic)* Werksarzt, -ärztin *m, f,* Betriebsarzt, -ärztin *m, f* österr, schweiz; **~'s orders** ärztliche Anweisung
② *(academic)* Doktor *m*
▸ PHRASES: **to be just what the ~ ordered** genau das Richtige sein
II. *vt* ① *(pej: falsify)* ■ **to ~ sth** etw fälschen
② *(poison)* ■ **to ~ sth** [**with sth**] etw [mit etw *dat*] vergiften
③ Am *(add alcohol to)* ■ **to ~ sth** etw mit Alkohol versetzen
④ *usu passive* Brit, Aus *(fam: neuter)* **to ~ an animal** ein Tier kastrieren [*o* sterilisieren]
doc·tor·al ['dɒktərəl, Am 'dɑːk-] *adj attr, inv* Doktor-; **~ programme** Doktorenprogramm *nt;* **~ degree** Doktorgrad *m;* **~ work** Doktorarbeit *f,* Dissertation *f* österr, schweiz
doc·tor·al dis·ser·'ta·tion, doc·tor·al 'the·sis *n* Doktorarbeit *f,* Dissertation *f* österr, schweiz
doc·tor·ate ['dɒktərət, Am 'dɑːk-] *n* Doktor *m,* Doktortitel *m;* **to receive one's ~** seinen Doktortitel erhalten, promovieren österr, schweiz; **~ in science/philosophy** Doktor[titel] *m* in Naturwissenschaften/Philosophie; **honorary ~** Ehrendoktorwürde *f;* **to award** [*or* **grant**] **a ~** die Doktorwürde verliehen bekommen
doc·tored ['dɒktəd, Am 'dɑːktɚd] *adj* gefälscht; **~ evidence** gefälschtes Beweismittel
doc·tor-re·com·'mend·ed *adj inv* ärztlich empfohlen, von Ärzten empfohlen
'doc·tor's of·fice *n* Praxis *f;* **to wait at the ~** in der Praxis warten
doc·tri·naire [ˌdɒktrɪ'neəʳ, Am ˌdɑːktrə'ner] *adj (pej form)* doktrinär
doc·trin·al [dɒk'traɪnəl, Am 'dɑːktrɪ-] *adj inv (form)* lehrmäßig, Lehr-, dogmatisch; **~ statements** dogmatische Aussagen; **~ theory** reine Lehre
doc·trine ['dɒktrɪn, Am 'dɑːk-] *n* ① *no pl (set of beliefs)* Doktrin *f,* Lehre *f;* **the ~ of predestination** die Prädestinationslehre; **military ~** Militärdoktrin *f*
② *(belief)* Grundsatz *m,* Lehrmeinung *f;* **a basic/sound ~** ein fundierter Grundsatz; **to apply a ~** nach einem Grundsatz handeln; **to disprove a ~** einen Grundsatz widerlegen; **to preach a ~** einen Grundsatz vertreten
docu·dra·ma ['dɒkjuːˌdrɑːmə, Am 'dɑːk-] *n short for* **drama documentary** Dokumentarspiel *nt;* tv Dokumentarfilm *m*
docu·ment ['dɒkjəmənt, Am 'dɑːk-] I. *n* Dokument *nt,* Urkunde *f;* **list of ~s** law Verzeichnis *nt* des schriftlichen Beweismaterials; **travel ~s** Reisedokumente *pl,* Reisepapiere *pl;* **confidential ~** vertrauliches Dokument; **restricted/secret/top-secret ~** geheimes Dokument; **to classify a ~** ein Dokument für geheim erklären; **to draw up/file a ~** ein Dokument aufsetzen/abheften
II. *vt* ■ **to ~ sth** etw dokumentieren [*o* belegen]; **to be well-~ed** gut dokumentiert sein
docu·men·tary [ˌdɒkjə'mentəri, Am ˌdɑːkjə'menṭɚi] I. *n* Dokumentation *f,* Dokumentarfilm *m* (**on** über +*akk)*
II. *adj attr* ① *(factual)* dokumentarisch, Dokumentar-
② *inv (official)* urkundlich, Urkunden-; **~ evidence** [*or* **proof**] Urkundenbeweis *m*
docu·men·tary ac·'cept·ance cred·it *n* econ, fin Rembourskredit *m* **docu·men·tary 'cred·it, docu·men·tary 'let·ter of cred·it** *n* Am fin Dokumentenakkreditiv *nt*
docu·men·ta·tion [ˌdɒkjəmen'teɪʃən, Am ˌdɑːk-] *n no pl* ① *(proof)* schriftlicher [*o* dokumentarischer] Nachweis; **strong/weak ~** starker/schwacher Nachweis; **to provide ~ for sth** den Nachweis für etw *akk* liefern
② *(manual)* Informationsmaterial *nt*
③ *(papers)* Ausweispapiere *pl;* **proper ~** einwandfreie Ausweispapiere; **the relevant ~** die nötigen Ausweispapiere
④ *(classification)* Anordnung *f*
'docu·ment check *n* Dokumentenprüfung *f*
docu·ment·ed ['dɒkjəmentɪd, Am 'dɑːkjəmenṭɪd] *adj inv* dokumentiert; law urkundlich belegt, verurkundet schweiz
docu·soap ['dɒkjuːsəʊp, Am 'dɑːkjuːsoʊp] *n* Dokusoap *f*
DOD [ˌdiːoʊ'diː] *n* Am *abbrev of* **Department of Defense** Verteidigungsministerium *nt*
dod·der ['dɒdəʳ, Am 'dɑːdɚ] *vi (fam)* wacklig gehen; **to ~ along** dahinwackeln
dod·der·ing ['dɒdərɪŋ, Am 'dɑːd-], **dod·dery** ['dɒdəri, Am 'dɑːdɚi] *adj (fam)* zittrig, tattrig *fam;* **a ~ old man** ein Tattergreis *m;* **~** [**old**] **fool** vertrottelter [alter] Opa *pej fam*
dod·dle ['dɒdl] *n no pl* Brit *(fam)* ■ **to be a ~** ein

Kinderspiel sein

do·deca·he·dron <*pl* -dra *or* -s> [ˌdəʊdekəˈhiːdrᵊn, AM ˌdoʊdekəˈhe-] *n* Dodekaeder *nt*, sechsseitige Doppelpyramide

dodge [dɒdʒ, AM dɑːdʒ] **I.** *vt* ■ **to ~ sth** ① *(duck)* etw *dat* ausweichen
② *(evade)* sich *akk* entziehen; **to ~ a question** eine Frage ausweichend beantworten; **to ~ work** sich *akk* vor der Arbeit drücken; ■ **to ~ doing sth** um etw *akk* herumkommen
II. *vi* ausweichen, zur Seite gehen
III. *n* *(fam)* Ausweichmanöver *nt*; ***that's just another ~ to get out of doing work*** das ist nur ein erneuter Versuch, sich vor der Arbeit zu drücken; **tax ~** Steuertrick *m*
◆**dodge around** *vi* ■ **to ~ around with sb** BRIT *(sl)* mit jdm herumhängen [*o* abhängen]

Dodg·em®, **Dodg·em car**® [ˈdɒdʒəm-, AM ˈdɑːdʒ-] *n* Autoscooter *m*; **to go on the ~s** Autoscooter fahren

dodg·er [ˈdɒdʒəʳ, AM ˈdɑːdʒɚ] *n* *(pej)* Drückeberger(in) *m(f)*; **to be a draft ~** sich *akk* vor dem Militärdienst drücken; **tax ~** Steuerhinterzieher(in) *m(f)*

dodgy [ˈdɒdʒi, AM ˈdɑːdʒi] *adj esp* BRIT, AUS *(fam)* ① *(unreliable)* zweifelhaft; **~ weather** unbeständiges [*o* unzuverlässiges] Wetter
② *(dishonest)* unehrlich; **a ~ businessman** ein zweifelhafter [*o* zwielichtiger] Geschäftsmann
③ *(risky)* riskant; **to sound ~** riskant klingen
④ *(poor)* armselig

dodo <*pl* -s *or* -es> [ˈdəʊdəʊ, AM ˈdoʊdoʊ] *n* ① *(hist)* Dodo *m*
② *(pej: idiot)* Dummkopf *m pej*
▸PHRASES: **to be as dead as a** [*or* **the**] **~** *(dated)* völlig überholt sein; *(dull)* tote Hose sein

doe [dəʊ, AM doʊ] *n* ① *(deer)* Hirschkuh *f*, [Reh]geiß *f* ② *(hare or rabbit)* Häsin *f*

DoE [ˌdiːəʊˈiː] *n* BRIT *(hist) abbrev of* **Department of the Environment** *ehemaliges britisches Umweltministerium*

'doe-eyed *adj inv* ■ **to be ~** rehbraune Augen haben

doer [ˈduːəʳ, AM ˈduːɚ] *n* *(approv)* Macher *m*

does [dʌz, dəz] *vt, vi, aux vb 3rd pers. sing of* **do**

'doe·skin I. *n no pl* Hirschleder *nt*
II. *n modifier* hirschledern, aus Hirschleder *nach n*; **~ gloves** hirschlederne Handschuhe

doesn't [dʌzᵊnt] = **does not** *see* **do I, II**

doff [dɒf, AM dɑːf] *vt* *(liter)* ■ **to ~ sth** etw ausziehen; **to ~ one's hat** den Hut abnehmen [*o* ablegen]; **to ~ one's hat to sb** vor jdm den Hut ziehen
▸PHRASES: **to ~ its hat to sth** etw *dat* seinen Respekt erweisen; ***the song ~s its hat to the best soul traditions*** das Lied ist eine Hommage an die besten Soul-Traditionen

dog [dɒg, AM dɑːg] **I.** *n* ① *(canine)* Hund *m*; **good ~!** braver Hund!; **breed of ~** Hunderasse *f*, Hundezüchtung *f*; **bird ~** Hühnerhund *m*; **hunting ~** Jagdhund *m*; **police ~ handler** Polizeihundführer(in) *m(f)*; **to breed/keep ~s** Hunde züchten/halten; **to walk the ~** den Hund ausführen
② *pl* *(fam: dog races)* ■ **the ~s** das Hunderennen
③ *(pej: nasty man)* Hund *m*; **the** [**dirty**] **~!** der [gemeine] Hund! *fam*; *(ugly woman)* Vogelscheuche *f pej*, Schreckschraube *f pej*
④ *(catch)* Klammer *f*
⑤ *(sl: failure)* Flop *m*, Pleite *f*; ***these tiny computers were ~s*** diese winzigen Computer waren ein Flop
⑥ BRIT *(sl: mess)* **~'s dinner** Schweinerei *f*, Pfusch *m*
▸PHRASES: **a ~'s breakfast** BRIT *(fam)* Pfusch *m fam*, Schlamperei *f fam*; **to make a ~'s breakfast of sth** etw verpfuschen; **you can't teach an old ~ new tricks** der Mensch ist ein Gewohnheitstier; **every ~ has its day** *(prov)* auch ein blindes Huhn findet mal ein Korn *fam*; **to be done** [*or* **dressed**] [*or* **got**] **up like a ~'s dinner** BRIT *(fam)* wie ein Papagei angezogen sein; **~ eat ~** jeder gegen jeden; **to fight like cat and ~** unerbittlich kämpfen; **to give a ~ a bad name** [**and hang him**] wer einmal lügt, dem glaubt man nicht [auch wenn er mal die Wahrheit spricht]; **to go to the ~s** vor die Hunde gehen *fam*; **to not have a ~'s chance** [**with sb**] *(fam)* nicht die geringste Chance [bei jdm] haben; **why keep a ~ and bark yourself?** *(prov)* warum etwas selbst machen, wenn man jdn hat, der dafür bezahlt wird?; **let sleeping ~s lie** man soll keine schlafenden Hunde wecken; **a ~'s life** ein Hundeleben *fam*; **to lead a ~'s life** ein erbärmliches Leben führen; **like a ~** wie ein Hund; [**the**] **lucky ~** [der] Glückspilz *fam*; **a ~ in the manger** ein Neidhammel *pej sl*; **to put on the ~** AM, AUS *(fam)* sich *akk* aufspielen; **to turn ~ on sb** AUS *(fam)* jdn verpfeifen
II. *n modifier* Hunde-; **~ food** Hundefutter *nt*; **~ hairs** Hundehaare *pl*
III. *vt* <-gg-> ■ **to ~ sb/sth** ① *(follow)* jdn/etw ständig verfolgen; **to ~ sb's every step** jdm auf Schritt und Tritt folgen; **to ~ sb with questions** jdn mit Fragen verfolgen
② *(beset)* jdn/etw begleiten; ***technical problems ~ged our trip from the outset*** auf unserer Reise hatten wir von Anfang an ständig technische Probleme

'dog bis·cuit *n* Hundekuchen *m* **'dog·catch·er** *n* Hundefänger *m* **'dog col·lar** *n* ① *(of a dog)* Hundehalsband *nt* ② *(fam: of a vicar)* Halskragen *m* eines Geistlichen

'dog days *npl* ① *(weather)* Hundstage *pl*
② *(slump)* schlechte Zeiten; ***these are ~ for British film production*** dies sind schlechte Tage für die britische Filmproduktion

'dog-eared *adj attr* verknickt; ■ **to be ~** Eselsohren haben **dog-eat-'dog I.** *adj attr* ***it's a ~ world*** es ist eine mörderische Welt **II.** *adv* **to fight ~** jeder gegen jeden kämpfen **'dog-end** *n* *(fam)* ① *(butt)* Stummel *m* ② *(worst part)* dickes Ende **'dog·fight** *n* ① MIL Luftkampf *m*; **to engage in a ~** in einen Luftkampf verwickelt sein ② *(between dogs)* Hundekampf *m* ③ *(brawl)* Schlägerei *f*; **to get in a ~** in eine Schlägerei verwickelt werden ④ *(struggle)* Streit *m* **'dog·fish** *n* Hundshai *m*

dog·ged [ˈdɒgɪd, AM ˈdɑːg-] *adj* verbissen, zäh; **~ determination** wilde Entschlossenheit

dog·ged·ly [ˈdɒgɪdli, AM ˈdɑːg-] *adj* beharrlich

dog·ged·ness [ˈdɒgɪdnəs, AM ˈdɑːg-] *n no pl* Beharrlichkeit *f*, Hartnäckigkeit *f*

dog·ger·el [ˈdɒgᵊrᵊl, AM ˈdɑːgɚᵊl] *n no pl* Knittelvers *m*

dog·gie, dog·gy [ˈdɒgi, AM ˈdɑːgi] *n* *(childspeak)* Wauwau *m Kindersprache*

dog·go [ˈdɒgəʊ, AM ˈdɑːgoʊ] *adv inv* *(dated fam)* **to lie ~** mucksmäuschenstill sein *fam*, sich *fam* nicht mucken

dog·gone [ˈdɑːgɑːn] AM **I.** *adj attr, inv* *(fam)* verdammt; ***where'd I put my ~ glasses?*** wo habe ich verdammt noch mal meine Brille hingelegt?
II. *interj* *(fam)* **~** [**it**]! verdammt noch mal!

dog·gy *n see* **doggie**

'dog·gy bag *n Beutel für Speisereste*; ***I'll have to ask for a ~*** ich muss mir den Rest einpacken lassen **'dog·gy pad·dle**, AM, AUS *also* **'dog pad·dle** *n hundeartige Schwimmbewegungen*; **to do the ~** Hundepaddeln machen

'dog·house *n* AM Hundehütte *f*
▸PHRASES: **to be in the ~** in Ungnade gefallen sein

do·gie [ˈdoʊgi] *n* AM *mutterloses Kalb*

'dog·leg *n* scharfe Kurve, SCHWEIZ *a.* scharfer Rank

dog·like [ˈdɒglaɪk, AM ˈdɑːg] **I.** *adj* ① *(like a dog)* hundeartig, hundeähnlich ② *(slavish)* hündisch *pej*
II. *adv* wie ein Hund, wie die Hunde

dog·ma [ˈdɒgmə, AM ˈdɑːg-] *n* *(pej)* ① *(belief)* Dogma *nt*, Lehrmeinung *f*; ■ **the ~ that ...** die Lehrmeinung [*o* das Dogma], dass ...; **to reject a ~** eine Lehrmeinung ablehnen
② *no pl* *(doctrine)* Dogma *nt*; **political/religious ~** politisches/religiöses Dogma

dog·mat·ic [dɒgˈmætɪk, AM dɑːgˈmæt̬-] *adj* *(pej)* dogmatisch; ■ **to be ~ about sth** in etw *dat* sehr dogmatisch sein

dog·mati·cal·ly [dɒgˈmætɪkᵊli, AM dɑːgˈmæt̬-] *adv* *(pej)* dogmatisch

dog·ma·tism [ˈdɒgmətɪzᵊm, AM ˈdɑːg-] *n no pl* *(pej)* Dogmatismus *m*

dog·ma·tist [ˈdɒgmətɪst, AM ˈdɑːg-] *n* *(pej)* Dogmatiker(in) *m(f)*

dog·nap·per [ˈdɒgnæpəʳ, AM ˈdɑːgnæpɚ] *n* *(hum)* Hundeklauer(in) *m(f)*

'do-good·er *n* *(esp pej)* Weltverbesserer, Weltverbesserin *m, f*

do-'gooder·ism *n no pl* *(fam)* Weltverbesserei *f*; **to take ~ to the extreme** es zu gut meinen

'dog pad·dle *n see* **doggy paddle** **'dog rose** *n* Hundsrose *f*, eurasische Wildrose

'dogs·body *n* BRIT, AUS *(fam)* Kuli *m fig*; **the general ~** das Mädchen für alles; **to be sick of being the general ~** es satthaben, das Mädchen für alles zu sein

'dog-sit *vt* auf einen Hund [*o* mehrere Hunde] aufpassen **'dog tag** *n* ① AM MIL *(sl: identity disc)* Erkennungsmarke *f fam* ② *(for dog)* Hundemarke *f*

dog-'tired *adj* *(fam)* hundemüde *fam* **'dog walk·er** *n* Hundeausführer(in) *m(f)*

'dog·wood *n* Hartriegel *m*

d'oh, doh [doʊ] *interj* AM *(fam)* autsch *fam*

doi·ly [ˈdɔɪli] *n* Zierdeckchen *nt*, Platzdeckchen *nt*; **lace ~** Spitzendeckchen *nt*

do·ing [ˈduːɪŋ] *n* ① *no pl* *(sb's work)* **to be sb's ~** jds Werk sein; ***that's all your ~*** daran bist allein du schuld; **to take some** [*or* **a lot of**] **~** ganz schön anstrengend sein *fam*
② *pl* *(activities)* ■ **~s** Tätigkeiten *pl*, Tun *nt kein pl*; ***there have been a great many ~s and goings-on lately*** in letzter Zeit hat sich einiges getan; ***she knows nothing of his ~s*** sie weiß nicht, was er treibt *fam*
③ *(droppings)* **dogs' ~** Hundehäufchen *nt*

do·ings [ˈduːɪŋz] *n sing* BRIT Dingsbums *nt fam*

do-it-your·self [ˌduːɪtjɔːˈself, AM -jɚˈ-] *n no pl see* **DIY**

Dol·by® [ˈdɒlbi, AM ˈdɑːl-, ˈdoʊl-] **I.** *n no pl* Dolby[-System] *nt*
II. *adj inv* Dolby-; **~ sound** Dolby Sound *m*

dol·drums [ˈdɒldrəmz, AM ˈdoʊl-] *npl* *(old)* Kalmen *pl*, Kalmenzone *f*, Kalmengürtel *m*
▸PHRASES: **to be in the ~** *(be in low spirits)* deprimiert [*o* niedergeschlagen] sein, Trübsal blasen *fam*; *(be in stagnant state)* eine Flaute durchmachen, in einer Flaute stecken

dole [dəʊl, AM doʊl] **I.** *n* ■ **the ~** das Arbeitslosengeld, die Arbeitslosenunterstützung, die Stütze *fam*; **to be** [*or* **go**] **on the ~** Arbeitslosengeld bekommen, stempeln gehen *fam*; *(fig)* arbeitslos sein
II. *n modifier* Arbeitslosen-; **~ money** Arbeitslosengeld *nt*, Arbeitslosenunterstützung *f*, Stempelgeld *nt fam*; **to exist on one's ~ money** vom Arbeitslosengeld leben
III. *vt* ■ **to ~** [**out**] **sth** [*or* **sth** [**out**]] etw sparsam austeilen [*o* verteilen] (**to** an +*akk*)

dole·ful [ˈdəʊlfᵊl, AM ˈdoʊl-] *adj* trübselig; *expression* traurig; *story* rührselig; **~ lyric** sentimentaler Liedtext

dole·ful·ly [ˈdəʊlfᵊli, AM ˈdoʊl-] *adv* traurig, niedergeschlagen

'dole-out *n* *(pej)* Essen *nt* für Arme **'dole queue** *n* BRIT Schlange *f* von Arbeitslosen

do·li ca·pax [ˌdɒlɪˈkæpæks, AM ˌdɑː-], **do·li in·ca·pax** [-ˈɪnkæ-] LAW strafmündig, strafunmündig

doll [dɒl, AM dɑːl] **I.** *n* ① *(toy)* Puppe *f*
② *(approv dated fam: attractive woman)* Puppe *f sl*
③ AM *(approv fam: kind woman)* Schatz *m fam*; *(kind man)* prima Kerl; ***be a ~ and ...*** sei [doch bitte] so lieb und ...
II. *vt* ■ **to ~ oneself up** sich *akk* herausputzen [*o fam* in Schale werfen] [*o pej* aufdonnern]

dol·lar [ˈdɒləʳ, AM ˈdɑːlɚ] **I.** *n* Dollar *m*
II. *n modifier* *(amount, rate)* Dollar-; **~ account** Dollarkonto *nt*; **~-denominated cheque** auf Dollar ausgestellter Scheck; **~ gap/reserves** Dollarlücke *f*/-reserven *pl*; **~ value** Wert *m* des Dollars

dol·lar 'bill *n* Dollarnote *f*, Dollarschein *m* **dol·lar cost 'av·er·ag·ing** *n* AM ECON, FIN Kursdurchschnittsverfahren *nt* **dol·lar di·'plo·ma·cy** *n no pl* Dollardiplomatie *f* **'dol·lar sign** *n* Dollarzeichen *nt* **'dol·lar store** *n* AM Ramschladen *m*

'doll corn·er *n* AM Spielecke *f* **'doll·house** *n* AM *(doll's house)* Puppenhaus *nt*

dol·lop ['dɒləp, AM 'dɑːl-] *n* FOOD Klacks *m kein pl fam,* Schlag *m kein pl fam;* **a ~ of whipped cream** ein Klacks *m* [*o* ÖSTERR Klecks] *m* Schlagsahne [*o* ÖSTERR Schlagobers] [*o* SCHWEIZ Schlagrahm]

'doll's car·riage *n* AM Puppenwagen *m* **'doll's house** *n* BRIT, AUS Puppenhaus *nt* **'doll's pram** *n* BRIT, AUS Puppenwagen *m*

dol·ly ['dɒli, AM 'dɑːli] *n* ① *(childspeak: doll)* Püppchen *nt*
② TRANSP [Transport]wagen *m;* FILM Kamerawagen *m,* Dolly *m fachspr;* RAIL *(locomotive)* Schmalspurrangierlokomotive *f; (small railway wagon)* Rollfahrzeug *nt;* TECH fahrbares Montagegestell

'dol·ly bird *n* BRIT *(dated fam)* Mieze *f sl,* Kätzchen *nt* SCHWEIZ *sl,* Puppe *f sl* **'dol·ly mix·tures** *npl* BRIT Bonbonmischung *f*

dol·men ['dɒlmen, AM 'doʊl-] *n* ARCHEOL Dolmen *m*

do·lo·mite ['dɒləmaɪt, AM 'doʊ] *n no pl* Dolomit *m*

Do·lo·mite Alps [ˌdɒləmaɪt'-, AM ˌdoʊ-] *npl* Dolomiten *pl*

Do·lo·mites ['dɒləmaɪts, AM 'doʊ] *npl* ■**the ~** die Dolomiten *pl*

dol·or·ous ['dɒlᵊrəs, AM 'doʊlɚ-] *adj (liter)* traurig, wehmütig

dol·phin ['dɒlfɪn, AM 'dɑːl-] *n* Delfin *m;* **bottle-nosed ~** Großer Tümmler

dol·phin·ar·ium <*pl* -s *or* dolphinaria> [ˌdɒlfɪn'eəriəm, AM ˌdɑːlfɪneri-] *n* Delfinarium *nt*

dolt [dəʊlt, AM doʊlt] *n (pej)* Tollpatsch *m pej,* Tölpel *m pej*

dolt·ish·ly ['dəʊltɪʃli, AM 'doʊl-] *adv* tölpelhaft

do·main [də(ʊ)'meɪn, AM doʊ'-] *n* ① *(area)* Reich *nt,* Gebiet *nt;* LAW Grundbesitz *m kein pl;* **private ~** Privateigentum *nt;* **public ~** *(common property)* öffentliches Eigentum, Gemeingut *nt geh; (belonging to state)* Staatsländereien *pl,* staatlicher Grundbesitz; **to be in the public ~** der Allgemeinheit zugänglich sein
② *(sphere of influence)* Bereich *m,* Gebiet *nt fig,* Domäne *f fig;* **a man's ~** Männersache *f;* **to be in the public ~** *(be no private property)* der Öffentlichkeit zugänglich sein; *(be generally known)* allgemein bekannt sein
③ COMPUT Domäne *f;* TELEC Domain *f*

do·'main name *n* COMPUT Domänenname *m,* Internetadresse *f;* TELEC Domain-Name *m*

dome [dəʊm, AM doʊm] **I.** *n* ① *(rounded roof)* Kuppeldach *nt,* Kuppel *f;* **inner/outer ~** Innen-/Außengewölbe *nt*
② *(liter: dome-like shape)* Gewölbe *nt fig; of a hill* Kuppe *f;* **the ~ of the sky** das Himmelsgewölbe [*o* Himmelszelt] [*o* Firmament] *liter*
③ *(fam: head)* Glatze *f*
► PHRASES: **to get into sb's ~** AM *(fam: annoy)* jdm auf den Keks gehen *fam; (make sb lose concentration)* jdn aus dem Konzept bringen
II. *n modifier* Kuppel-; **~ light** AUTO Deckenlicht *nt;* **~ nut** TECH Hutmutter *f;* **~ roof** Kuppeldach *nt*

domed [dəʊmd, AM doʊmd] *adj inv* gewölbt, kuppelförmig; **~ ceiling** Kuppeldach *nt*

Domes·day Book ['duːmzdeɪ-] *n* LAW Domesday Book *nt*

do·mes·tic [də'mestɪk] **I.** *adj* ① *(of the household)* häuslich, Haus-; **~ bliss** häusliches Glück; ***they lived in ~ bliss*** sie führten ein glückliches Familienleben; **~ commitments** familiäre Verpflichtungen; **~ discord** häusliche Zwietracht; **~ relations court** Familiengericht *nt;* **to be in ~ service** als Hausangestellte(r) arbeiten; **~ violence** Gewalt *f* in der Familie; **~ work** Hausarbeit *f*
② *(fond of home)* häuslich; ***he is a ~ man*** er ist ein häuslicher Typ
③ *inv (a country's own)* Inlands-, inländisch; **~ affairs** innere [*o* innenpolitische] Angelegenheiten; **~ airline** Inlandsfluggesellschaft *f;* **~ considerations** innenpolitische Erwägungen; **~ economic policy** Binnenwirtschaftspolitik *f;* **~ mail** Inlandspost *f;* **~ market** Binnenmarkt *m,* Inlandsmarkt *m;* **~ public opinion** politische Meinung im Land; **~ policy** Innenpolitik *f;* **~ product** einheimisches Produkt [*o* Erzeugnis]; **gross ~ product** Bruttoinlandsprodukt *nt;* **~ trade** Binnenhandel *m;* **~ wines** einheimische Weine
II. *n (dated)* Domestik *m veraltet,* Hausangestellte(r) *f(m)*

do·mesti·cal·ly [də'mestɪkli] *adv* ① *(relating to home life)* häuslich; **to be ~ inclined** häuslich veranlagt sein
② *(within a country)* im Inland; ***that would be unacceptable both ~ and internationally*** das wäre sowohl auf Inlands- als auch Auslandsebene inakzeptabel

do·mes·tic 'ani·mal *n* Haustier *nt* **do·mes·tic ap·'pli·ance** *n* [elektrisches] Haushaltsgerät

do·mes·ti·cate [də'mestɪkeɪt] *vt* ① *(tame)* ■**to ~ an animal** ein Tier zähmen [*o geh* domestizieren]
② *(accustom to home life)* ■**to ~ sb** jdn häuslich machen

do·mes·ti·cat·ed [də'mestɪkeɪtɪd, AM keɪt̬ɪd] *adj (hum)* häuslich

do·mes·ti·ca·tion [dəˌmestɪ'keɪʃᵊn] *n no pl* Domestikation *f a. hum*

do·mes·tic 'bond *n* FIN Inlandanleihe *f,* Domestic Bond *m* **do·mes·tic 'branch** *n* ADMIN Inlandsfiliale *f* **do·mes·tic 'cur·ren·cy** *n* Landeswährung *f;* **~ area** Binnenwährungsraum *m* **do·mes·tic de·'mand** *n no pl* ECON Binnennachfrage *f* **do·mes·tic dis·'turb·ance** *n (euph)* eheliche Differenzen *pl euph* **do·mes·tic 'earn·ings** *npl* FIN Inlandserträge *pl* **do·'mes·tic flight** *n* Inlandsflug *m,* Inlandflug *m* SCHWEIZ **do·mes·tic 'help** *n no pl* Hausangestellte(r) *f(m),* Haushaltshilfe *f* **do·mes·tic 'in·ter·est rates** *n* ECON, FIN Inlandszinssätze *pl*

do·mes·ti·city [ˌdəʊmes'tɪsəti, AM ˌdoʊmes'tɪsət̬i] *n no pl* ① *(fondness for home life)* Häuslichkeit *f*
② *(home and family life)* häusliches Leben; **to settle into ~** häuslich werden, sich *akk* der Familie widmen

do·mes·tic 'mar·ket *n* Binnenmarkt *m,* Heimatmarkt *m,* Inlandsmarkt *m* **do·mes·tic 'prem·ises** *npl* LAW Privathaus *nt,* Privatwohnung *f,* Privathaushalt *m* **do·mes·tic pro·'ceed·ings** *npl* LAW familienrechtliches Verfahren **do·mes·tic 'prod·uct** *n* Inlandsprodukt *nt* **do·mes·tic 'sci·ence** *n* Hauswirtschaftslehre *f* **do·mes·tic 'vio·lence** *n* Gewalt *f* in der Familie, häusliche Gewalt

domi·cile ['dɒmɪsaɪl, AM 'dɑːmə-] *n (form)* Wohnsitz *m form,* Wohnort *m,* Domizil *nt;* LAW ständiger Wohnsitz; **breach of ~** Hausfriedensbruch *m;* **change of ~** Wohnsitzänderung *f;* **~ of choice** gewählter Wohnsitz; **~ of origin** ursprünglicher Wohnsitz; COMM *(residence)* Domizil *nt,* Sitz *m*

'domi·cile ad·dress *n* LAW Domiziladresse *f*

domi·ciled ['dɒmɪsaɪld, AM 'dɑːmə-] *adj pred, inv* ① *(form) person* wohnhaft *form,* ansässig, domiziliert *bes* SCHWEIZ; **to be ~ in ...** seinen Wohnsitz in ... haben, in ... ansässig sein; ***he was ~ in Saudi Arabia*** er lebte in Saudi-Arabien
② FIN **bills ~ in France** in Frankreich zahlbare Wechsel

domi·cili·ary [ˌdɒmɪ'sɪliᵊri, AM ˌdɑːmə'sɪlieri] *adj* Haus-; **~ nurse** Heimhilfe *f*

domi·nance ['dɒmɪnən(t)s, AM 'dɑːmə-] *n no pl* ① *(superior position)* Vormachtstellung *f,* dominierende Position; MIL Vormacht *f;* **Canada's ~ in the air** Kanadas Luftüberlegenheit *f;* **China's ~ on land** Chinas Vormacht *f* zu Lande
② *(being dominant)* Dominanz *f,* Vorherrschen *nt* (**over** über +*akk)*

domi·nant ['dɒmɪnənt, AM 'dɑːmə-] **I.** *adj* ① *(masterful, controlling)* dominierend *attr,* vorherrschend *attr; group* tonangebend; *issue* beherrschend; *personality* dominierend; **~ male** männliches Leittier; **the ~ military power in the region** die stärkste Militärmacht in der Region; **~ position** beherrschende Stellung
② BIOL *(not recessive)* dominant, überlagernd *attr;* **~ characteristic/gene** dominantes Merkmal/Gen
③ MUS dominant, Dominant-; **~ seventh** Dominantseptakkord *m*
④ LAW **~ tenement** herrschendes Grundstück
II. *n* MUS Dominante *f*

domi·nate ['dɒmɪneɪt, AM 'dɑːmə-] **I.** *vt* ① *(have control)* ■**to ~ sb/sth** jdn/etw beherrschen [*o* dominieren]; ***they ~d the rest of the match*** sie gingen für den Rest des Spieles in Führung; **to be ~d by ambition** vom Ehrgeiz beherrscht sein; **to be ~d by envy/greed** von Neid/Gier erfüllt sein; **to be ~d by fear** voller Angst sein; **to ~ sb's thoughts** jds Denken beherrschen
② *(be the biggest, etc.)* ■**to ~ sth** etw beherrschen *fig;* ***the group ~d the pop charts*** die Gruppe führte die Hitlisten an
③ PSYCH *(pej: browbeat)* ■**to ~ sb** jdn dominieren *pej*
II. *vi* dominieren; ■**to ~ over sb/sth** über jdn/etw herrschen, jdn/etw beherrschen

domi·nat·ing ['dɒmɪneɪtɪŋ, AM 'dɑːməneɪt̬-] *adj* ① *(tending to dominate)* dominierend *attr*
② *attr (most important)* vorherrschend, dominierend; **~ feature** hervorstechendes Merkmal, vorherrschende Eigenschaft

domi·na·tion [ˌdɒmɪ'neɪʃᵊn, AM ˌdɑːmə'-] *n no pl* ① *(state of dominating)* [Vor]herrschaft *f;* **world ~** Weltherrschaft *f;* ■**to be under the ~ of sb/sth** von jdm/etw beherrscht werden
② *(controlling position)* Vormachtstellung *f;* ***their ~ of the market for computer operating systems*** ihre marktbeherrschende Stellung, was Computerbetriebssysteme anbelangt

domi·na·trix <*pl* -trices> [ˌdɒmɪ'neɪtrɪks, AM ˌdɑːmə'-, *pl* -trɪsiːz] *n* ① *(in sadomasochism)* Domina *f*
② *(pej: powerful woman)* dominante Frau; POL Despotin *f pej; (like a man)* Mannweib *nt pej*

domi·neer [ˌdɒmɪ'nɪəʳ, AM ˌdɑːmə'nɪr] *vi* sich *akk* aufspielen *pej fam;* ■**to ~ over sb** jdn tyrannisieren; POL despotisch über jdn herrschen; ***she ~s over her husband*** sie hat ihren Ehemann unter dem Pantoffel *fam*

domi·neer·ing [ˌdɒmɪ'nɪərɪŋ, AM ˌdɑːmə'nɪr-] *adj (pej)* herrschsüchtig, tyrannisch; POL despotisch; **~ management style** herrischer Führungsstil

Domi·ni·ca [ˌdə'mɪnɪkə, AM ˌdɑːmɪ'niː-] *n* Dominica *nt*

Do·mini·can [də'mɪnɪkən, AM doʊ'-] **I.** *adj inv* ① REL Dominikaner-; **~ friar** [*or* **monk**] Dominikaner[mönch] *m;* **~ nun** [*or* **sister**] Dominikanerin *f,* Dominikanernonne *f*
② *(relating to Dominican Republic)* dominikanisch
II. *n* ① REL Dominikaner(in) *m(f)*
② *(inhabitant of the Dominican Republic)* Dominikaner(in) *m(f)*

Do·mini·can Re·'pub·lic *n* Dominikanische Republik, Dom-Rep *f fam*

do·min·ion [də'mɪnjən] *n* ① *no pl (form: sovereignty)* Herrschaft *f;* ■**to have ~ over sb/sth** die Herrschaft über jdn/etw haben, über jdn/etw herrschen; **to be under Dutch ~** unter holländischer Herrschaft stehen
② *(realm)* Herrschaftsgebiet *nt;* POL Hoheitsgebiet *nt*
③ POL, HIST ■**D~** Dominion *nt;* **the D~ of Canada** das Dominion Kanada

Do·min·ion *n* Dominion *nt (selbstständiges Land des Commonwealth)*

domi·no <*pl* -es> ['dɒmɪnəʊ, AM 'dɑːmənoʊ] *n* ① *(piece)* Dominostein *m*
② *(game)* ■**~es** + *sing vb, no art* Domino[spiel] *nt;* **to play ~es** Domino spielen

'domi·no ef·fect *n no pl* Dominoeffekt *m*

don[1] [dɒn, AM dɑːn] *n* ① BRIT *(university teacher, esp at Oxford or Cambridge)* [Universitäts]dozent(in) *m(f)*
② AM *(sl: mafia boss)* Mafiaboss *m fam*

don[2] <-nn-> [dɒn, AM dɑːn] *vt (liter)* ■**to ~ sth** etw anziehen [*o* SCHWEIZ *a.* anlegen]; **to ~ one's hat** seinen Hut aufsetzen

do·nate [də(ʊ)'neɪt, AM 'doʊneɪt] **I.** *vt* ■**to ~ sth [to sb]** [jdm] etw spenden; **to ~ blood/money** Blut/Geld spenden; **to ~ money to charity** Geld für wohltätige Zwecke spenden; **to ~ time [to sth]** [für

etw *akk*] Zeit aufwenden
II. *vi* spenden; **to ~ to a charity organization** für eine karitative Einrichtung spenden; LAW eine Schenkung machen
do·na·tio mor·tis causa [dəʊ'nɑ:tiəʊ-, AM doʊ'nɑ:tioʊ-] LAW Schenkung *f* wegen bevorstehenden Todes
do·na·tion [də(ʊ)'neɪʃən, AM doʊ'-] *n* ❶ *(contribution)* [Geld]spende *f*, Zuwendung *f*; *(endowment)* Stiftung *f*; LAW Schenkung *f*, SCHWEIZ *a.* Vergabung *f*; **~s to political parties** Parteispenden *pl*; **charitable ~s** Spenden für wohltätige Zwecke; **to make a ~** LAW eine Schenkung machen; **to make a ~ of sth to sb** jdm etw zum Geschenk machen
❷ *no pl (act of donating)* Spenden *nt*; **~ of blood** Blutspenden *nt*; **~ of food** Spenden *nt* von Nahrungsmitteln; **~ of money** Spenden *nt* von Geld; **~ of time** Opfern *nt* von Zeit
done [dʌn] *pp of* **do**
do·nee [də(ʊ)'ni:, AM doʊ-] *n* LAW Spendenempfänger *m*, Schenkungsempfänger *m*, Beschenkter *m*
Don·egal [ˌdɒnɪ'gɔ:l, AM ˌdɑ:n-] *n no pl* Donegal *m*
don·er ke·bab ['dɒnəkɪbæb, AM ˌdoʊnə˞kɪ'bɑ:b] *n* Döner[kebab] *m*
dong *n* ❶ *(sound of bell)* Bimbam *nt*
❷ FIN *(currency)* Dong *m*
❸ *(sl: penis)* Teil *nt fam*, Bimmel *m* ÖSTERR *fam*
don·gle ['dɒŋgl, AM 'dɑ:ŋ-] *n* COMPUT Dongle *nt fachspr (Hardwarekomponente zur Sperre des Zugangs zu einem PC)*
Don Juan [ˌdɒn'dʒu:ən, AM ˌdɑ:n'(h)wɑ:n] *n* Don Juan *m fig*
don·key ['dɒŋki, AM 'dɑ:ŋ-] *n* ❶ *(animal)* Esel *m*
❷ *(pej fam: person)* [sturer] Esel *pej fam*
▸PHRASES: **to talk the hind legs off a ~** *(prov)* jdm ein Ohr abquatschen BRD, ÖSTERR *fam*
'don·key jack·et *n* BRIT *gefütterte, wasserdichte Jacke*
'don·key's years *npl (fam)* eine Ewigkeit *fam*; ***she's been in the same job for ~*** sie arbeitet schon ewig im gleichen Job; ***I haven't seen you in ~!*** dich habe ich ja seit einer Ewigkeit nicht gesehen!
'don·key work *n no pl (fam)* Dreck[s]arbeit *f fam*, Schwerarbeit *f*
don·nish ['dɒnɪʃ, AM 'dɑ:n-] *adj* gelehrt, gebildet; **~ tone** belehrender Tonfall *pej*
do·nor ['dəʊnə˞, AM 'doʊnə˞] *n (contributor)* Spender(in) *m(f)*; *(for large sums)* Stifter(in) *m(f)*; FIN Geld- und Kreditgeber(in) *m(f)*; LAW Schenker(in) *m(f)*, Schenkungsgeber(in) *m(f)*, Donator(in) *m(f)* SCHWEIZ; *(gift giver)* Geber(in) *m(f)*; **blood/organ ~** Blut-/Organspender(in) *m(f)*; **sperm ~** Samenspender *m*; **anonymous ~** anonymer Spender/anonyme Spenderin
'do·nor card *n* Organspenderausweis *m* **'do·nor child** *n* durch Spenderei oder -spermien gezeugtes Kind **'don·or coun·try** *n* POL Geberland *nt* **'do·nor par·ent** *n jd, der für eine künstliche Befruchtung Sperma oder ein Ei spendet*
don't [dəʊnt, AM doʊnt] *see* **do not** *see* **do I, II, IV**
do·nut *n* AM, AUS *see* **doughnut**
dooce [du:s] *vt* AM *(pej sl)* ▪**to get ~d** entlassen werden *(aufgrund des Inhalts seines Blogs oder seiner Website)*
doo·dad ['du:dæd] *n* AM, AUS Dings[bums] *nt kein pl fam*
doo·dah ['du:dɑ:] *n* BRIT, AUS Dings[bums] *nt kein pl fam*, Dingsda *nt kein pl fam*
▸PHRASES: **to be all of a ~** ganz aus dem Häuschen sein *fam*
doo·dle ['du:dl] I. *vi* vor sich *akk* hinkritzeln
II. *n* Gekritzel *nt kein pl pej*, Kritzelei *f pej*
doo·dle·bug ['du:dlbʌg] *n* BRIT *(fam)* V1[-Bombe] *f*
doof [du:f] *n* AM *(fam) short for* **doofus** Dummkopf *m*, Blödmann *m fam*
doo·fus ['du:fəs] *n* AM *(fam)* Blödmann *m fam*, Doofi *m fam*
doo·hickey ['du:ˌhɪki] *n* AM Dings[bums] *nt kein pl fam*, Dingsda *nt kein pl fam*
doo·lally [du:'læli] *adj (fam)* ❶ *(crazy)* durchgeknallt *fam*
❷ *(exciting, great)* abgehoben *fig fam*
doom [du:m] I. *n* ❶ *(grim destiny)* Verhängnis *nt kein pl*, [schlimmes] Schicksal; ***he met his ~*** *(liter)* sein Schicksal ereilte ihn *liter o hum*; **portent of ~** [böses] Zeichen des Schicksals
❷ *(disaster)* Unheil *nt*; ***the newspapers are always full of ~ and gloom these days*** *(iron hum)* die Zeitungen sind heutzutage voll von Katastrophenmeldungen; **prophet of ~** Schwarzseher(in) *m(f) pej*, Pessimist(in) *m(f)*; **impending ~** drohendes Unheil
❸ *(dated: the Last Judgement)* das Jüngste Gericht; **until the crack of ~** bis zum Jüngsten Tag
II. *vt* ▪**to ~ sb [to sth]** jdn [zu etw *dat*] verdammen [*o* verurteilen]; ***mounting debts ~ed the factory to closure*** wachsende Schulden machten die Schließung der Fabrik unumgänglich
doomed [du:md] *adj* ❶ *(destined to end badly)* verdammt, verloren; ***this is a ~ city*** diese Stadt ist dem Untergang geweiht *geh*; ***this is a city ~ to dereliction*** diese Stadt ist dem Verfall preisgegeben *geh*; **to be ~ to failure** zum Scheitern verurteilt sein
❷ *(condemned)* verurteilt; **~ person** Verurteilte(r) *f(m)*
dooms·day ['du:mzdeɪ] I. *n no pl* der Jüngste Tag; ▪**till** [*or* **until**] **~** bis zum Jüngsten Tag; *(fig: endlessly)* bis jd schwarz wird *fam*; ***you could talk till ~, but they will never change their minds*** da kannst du reden, bis du schwarz wirst, sie werden ihre Meinung niemals ändern
II. *n modifier* apokalyptisch, [Welt]untergangs-
door [dɔ:˞, AM dɔ:r] *n* ❶ *(entrance)* Tür *f*; **back/front ~** Hinter-/Vordertür *f*; **main ~** Haupteingang *m*; **patio ~** Terrassentür *f*; **revolving/sliding ~** Dreh-/Schiebetür *f*; **swing ~** Pendeltür *f*, Schwingtür *f*; **to shut** [*or* **slam**] **the ~ to sb's face** jdm die Tür vor der Nase zuschlagen; **behind closed ~s** hinter verschlossenen Türen; **to answer the ~** [auf das Läuten [hin]] die Tür aufmachen; **to be on the ~** Türsteher sein; **to knock at** [*or* **on**] **the ~** an die Tür klopfen; **to lay sth at sb's ~** *(fig)* jdm etw anlasten [*o* zur Last machen], jdn für etw *akk* verantwortlich machen; **to open/shut** [*or* **close**] **the ~** die Tür aufmachen/schließen; **to see** [*or* **show**] **sb to the ~** jdn zur Tür bringen; **to show sb the ~** *(form)* jdm die Tür weisen *form*, jdn hinauswerfen *fam*; ***show him the door*** zeig ihm, wo es hinausgeht *fam*; **to slip through the ~** durch die Tür schlüpfen [*o* entwischen]; ▪**at the ~** an der Tür; ***someone is at the ~*** da ist jemand an der Tür; **out of ~s** im Freien, draußen
❷ *(house)* **two ~s away** zwei Häuser weiter; **two ~s down/up** zwei Häuser die Straße runter/rauf *fam*; **next ~** nebenan; ***the people next ~*** die Leute von nebenan; **~ to ~** von Tür zu Tür [*o* Haus zu Haus]
❸ *(room)* **two ~s down/up** zwei Zimmer den Gang hinunter/hinauf; ***his office is the third ~ on the left*** sein Büro ist die dritte Tür links
❹ *(fig: means of access/opportunity)* Tür *f fig*, Zugang *m fig*; **to have a foot in the ~** einen Fuß in der Tür haben *fig*; **to close the ~ on** [*or* **to**] **sth** etw unmöglich machen [*o* ausschließen]; **to leave the ~ open to sth** die Tür für etw *akk* offen lassen [*o* halten] *fig*; **to open the ~ to sth** etw ermöglichen, etw *dat* Tür und Tor öffnen *pej*; ***these discussions may well open the ~ to a peaceful solution*** diese Gespräche sind vielleicht der Auftakt zu einer friedlichen Lösung; **to shut** [*or* **slam**] **the ~ in sb's face** jdn abweisen
▸PHRASES: **to shut** [*or* **close**] **the stable** [*or* **barn**] **~ after the horse has bolted** *(prov)* den Brunnen zudecken, wenn das Kind schon hineingefallen ist
'door·bell *n* Türklingel *f* BRD, ÖSTERR, Türglocke *f*
'door·bust·er *adj (fig)* sensationell niedrig; *price* Niedrigst-
do-or-die [ˌdu:ɔ:'daɪ, AM -ɔ:r'-] *adj attr* aufs Ganze gehend
'door·frame *n* Türrahmen *m* **'door jamb** *n (doorpost)* Türpfosten *m* **'door·keep·er** *n* Portier *m* **'door·knob** *n* Türknauf *m*, Türgriff *m* **'door·knock·er** *n* Türklopfer *m* **'door·man** *n* Portier *m* **'door·mat** *n* ❶ *(thing)* Fußmatte *f*, Abtreter *m*, Fußabstreifer *m bes* SÜDD, ÖSTERR ❷ *(pej: person)* Waschlappen *m fig pej* **'door·nail** *n (fam)* Türnagel *m*; **as dead as a ~** mausetot *fam* **'door plate** *n* Türschild *nt*
'door poli·cy *n of a club, bar etc* Einlasskriterien *pl*
'door·post *n* Türpfosten *m* **'door prize** *n* AM *Preis, der unter den Besuchern einer öffentlichen Veranstaltung verlost wird* **'door·sill** *n* Türschwelle *f* **'door·step** I. *n* ❶ *(step outside a house door)* Türstufe *f*; ***don't keep her on the ~, invite her in*** lass sie nicht in der Tür stehen, bitte sie herein; **to have sth right on the ~** *(fig)* etw direkt vor der Haustür haben *fig*; ***there's a lovely park right on our ~*** direkt vor unserer Haustür ist ein wunderschöner Park
❷ BRIT *(sl: thick slice of bread)* dicke Scheibe Brot
II. *vt* <-pp-> BRIT JOURN *(fam)* ▪**to ~ sb** jdm [vor der Haustür] auflauern; ***he complained about being constantly ~ped by the press*** er beschwerte sich darüber, dass sein Haus ständig von Journalisten belagert war **'door·stop** *n* Türstopper *m*, Türanschlag *m* **door to 'door** *adv* von Haus zu Haus; **to sell sth ~** etw an der Haustür verkaufen **door-to-'door** *adj attr, inv* von Haus zu Haus; ***the police made ~ enquiries*** die Polizei ließ bei ihren Ermittlungen kein Haus aus; **~ canvassing** Kundenwerbung *f* an der Haustür, Klinkenputzen *nt pej fam*; **~ salesman** Vertreter *m*, Hausierer *m pej*; **~ selling** Verkauf *m* an der Haustür, Haustürgeschäft *nt*
'door·way *n* [Tür]eingang *m*; **to stand in the ~** in der Tür stehen
doozie ['du:zi] *n esp* AM *(fam)* Kapriole *f*, starkes Stück; ***he delivered himself of another ~*** er hat sich wieder ganz schön was geleistet
dope [dəʊp, AM doʊp] I. *n* ❶ *no pl (fam: illegal drug)* Rauschgift *nt*, Droge *f*, Stoff *m sl*; LAW Suchtmittel *nt*; **~ fiend** AM *(dated)* Rauschgiftsüchtige(r) *f(m)*; **to smoke ~** Haschisch [*o* Marihuana] rauchen; **to take ~** Drogen [*o* Rauschgift] nehmen
❷ SPORT Dopingmittel *nt*, Dopingpräparat *nt*
❸ *(sl: stupid person)* Trottel *m fam*, SCHWEIZ *a.* Tschumpel *m pej fam*, Idiot *m fam*
❹ *no pl (sl: information)* [vertrauliche] Informationen, Geheimtipps *pl*; **to give sb the ~ on** [*or* **about**] **sth** jdm Insiderinformationen über etw *akk* geben
❺ AVIAT Spannlack *m*
❻ *(thick lubricant)* Schmiere *f*, Schmiermittel *nt*
❼ *(petrol)* Additiv *nt*, Zusatz[stoff] *m*
❽ ELEC Dotiermittel *nt*, Dotierungsstoff *m*
❾ AM *(sl: ace)* Ass *nt*; ▪**to be ~** ein Ass sein
II. *adj* AM *(sl: Black English: good)* super *fam*, cool *sl*
III. *vt* ❶ SPORT ▪**to ~ sb** jdm Dopingmittel verabreichen, jdn dopen *fam*; **to ~ a racehorse** ein Rennpferd dopen
❷ *(add drugs to)* ▪**to ~ sth** etw präparieren *fam*; ***he must have ~d her drink*** er muss ihrem Getränk ein Betäubungsmittel beigemischt haben
◆**dope up** *vt (fam)* ▪**to ~ up** ◌ **sb** jdn unter Drogen setzen; ▪**to be ~d up** unter Drogen stehen
dope-ass ['doʊpæs] *adj attr, inv* AM *(sl)* super *sl*
doped [dəʊpt, AM doʊpt] *adj* ▪**to be ~** unter Drogen stehen; SPORT gedopt sein
'dope deal·er *n (fam)* Dealer(in) *m(f) sl*, Drogenhändler(in) *m(f)* **'dope test** *n* Dopingkontrolle *f*, Dopingtest *m*; **to take/pass a ~ test** sich *akk* einer Dopingkontrolle unterziehen/einen Dopingtest bestehen
dopey ['dəʊpi, AM 'doʊpi] *adj* ❶ *(half stupefied)* benommen, benebelt *fam*
❷ *(pej: silly)* blöd *fam*, doof *pej sl*
dop·ing ['dəʊpɪŋ, AM 'doʊp-] I. *n no pl* SPORT Doping *nt*; **case of ~** Dopingfall *m*
II. *n modifier* Doping-
dop·pel·gäng·er ['dɒpəlˌgeŋə˞, AM 'dɑ:pəlˌgeŋə˞] *n* Doppelgänger(in) *m(f)*
Doppler ef·fect ['dɒplə˞-, AM 'dɑ:plə˞-] *n* PHYS Dopplereffekt *m*
'Doppler ra·dar *n* Dopplerradar *m*

dopy *adj see* **dopey**

do-rag ['du:ræg] *n (sl) Stück Stoff, z.B. Taschentuch, Schal, das männliche Schwarze auf dem Kopf zum Schutz ihrer Frisur oder als Zeichen der Gruppenzugehörigkeit tragen*

Dor·ic ['dɒrɪk, AM 'dɔ:r-] *adj inv* dorisch; ~ **column** dorische Säule

dork [dɔ:k, AM dɔ:rk] *n* AM, AUS *(pej sl)* Trottel *m pej fam,* SCHWEIZ *a.* Tschumpel *m pej fam,* Dummkopf *m pej fam*

dorm [dɔ:m, AM dɔ:rm] *n short for* **dormitory**
1 *(sleeping quarters)* Schlafsaal *m*
2 *esp* AM *(student housing)* Studentenwohnheim *nt*

dor·man·cy ['dɔ:mənsi, AM 'dɔ:r] *n no pl* 1 *(state of sleep)* Schlafzustand *m; (fig: state of rest)* Ruhezustand *m*
2 BIOL *(of plants)* Ruhezeit *f*
3 MED Latenz *f geh*

dor·mant ['dɔ:mənt, AM 'dɔ:r-] *adj* 1 *(inactive) volcano* untätig; ~ **account** umsatzloses Konto; ~ **capital** ECON totes Kapital; ~ **talents** brachliegende Talente; ~ **title** LAW ruhender Rechtstitel; **to lie** ~ *(fig)* schlummern; FIN unverzinslich sein; **to make sth** ~ FIN etw zum Ruhen bringen
2 BOT, BIOL *(alive but not currently growing)* ■ **to be** ~ ruhen; **to lie** ~ schlafen; *seeds* ruhen

'dor·mant part·ner *n* COMM stiller Gesellschafter

dor·mer, dor·mer 'win·dow ['dɔ:məʳ-, AM 'dɔ:rmɚ-] *n* Mansardenfenster *nt,* [stehendes] Dachfenster

dor·mi·tory ['dɔ:mɪtᵊri, AM 'dɔ:rmətɔ:ri] *n* 1 *(sleeping quarters)* Schlafsaal *m*
2 *esp* AM *(student hostel)* Studentenwohnheim *nt,* Studentenheim *nt* ÖSTERR, SCHWEIZ

'dor·mi·tory town, AUS **'dor·mi·tory sub·urb** *n* Wohnvorort *m,* Schlafstadt *f*

Dor·mo·bile® ['dɔ:məbi:l, AM 'dɔ:r-] *n* Campingbus *m,* Wohnmobil *nt*

dor·mouse ['dɔ:maʊs, AM 'dɔ:r-] *n* Haselmaus *f*

dor·sal ['dɔ:sᵊl, AM 'dɔ:r-] *adj attr, inv* Rücken-, dorsal *fachspr*

'dor·sal fin *n* Rückenflosse *f*

dory ['dɔ:ri] *n* 1 *(fish)* **John** ~ Heringskönig *m,* Petersfisch *m*
2 AM NAUT *(fishing boat)* Dory *nt (kleines Ruderboot),* Langkieler *f fachspr*

DOS [dɒs, AM dɑ:s] *n no pl, no art acr for* **disk operating system** DOS *nt*

dos·age ['dəʊsɪdʒ, AM 'doʊ-] *n (size of dose)* Dosis *f; (giving of medicine)* Dosierung *f;* **a high/low** ~ eine hohe/niedrige Dosierung; **to increase/decrease the** ~ die Dosis erhöhen/herabsetzen

dose [dəʊs, AM doʊs] **I.** *n* 1 *(dosage)* Dosis *f;* **a large/small/lethal** ~ eine starke/schwache/tödliche Dosis; **in small** ~**s** *(fig)* in kleinen Dosen [*o* Mengen] *fig; **she's very nice, but only in small** ~**s*** sie ist sehr nett, aber nur, wenn man sie nicht lange ertragen muss; **to go through sb like a** ~ **of salts** bei jdm eine stark abführende Wirkung haben; **like a** ~ **of salts** *(fig sl)* in null Komma nichts *fam; **the medicine went through me like a** ~ **of salts*** das Medikament hat bei mir sofort angeschlagen [*o* gewirkt]
2 NUCL Dosis *f;* ~ **of radiation** Strahlendosis *f,* Bestrahlungsdosis *f*
3 *(fam: amount or unit of something unpleasant)* Dosis *f fig,* Portion *f; **she's got a nasty** ~ **of flu*** die Grippe hat sie schwer erwischt *fam*
4 *(sl: case of gonorrhoea)* Tripper *m sl*
II. *vt* ■ **to** ~ **sb with sth** jdm mit etw *dat* [medizinisch] behandeln, jdm etw geben [*o geh* verabreichen]
◆**dose up** *vt* ■ **to** ~ **up** ↻ **sb** [**with sth**] jdm hohe Dosen [von etw *dat*] verabreichen; ■ **to** ~ **up** ↻ **oneself** [**with sth**] hohe Dosen [von etw *dat*] [ein]nehmen

dosh [dɒʃ] *n no pl* BRIT, AUS *(sl: money)* Knete *f sl,* Moos *nt sl,* Kies *m sl,* Stutz *m* SCHWEIZ *sl*

doss [dɒs] **I.** *n no pl* BRIT *(sl)* Kinderspiel *nt fam*
II. *vi* BRIT, AUS *(fam)* sich *akk* aufs Ohr hauen *fam,* pennen *fam*
◆**doss about** BRIT, **doss around** *vi* BRIT rumhängen *fam; **he doesn't do anything but** ~ **about*** er liegt ständig nur auf der faulen Haut
◆**doss down** *vi* BRIT sich *akk* aufs Ohr hauen *fam,* pennen *fam; **I'll** ~ **down on the camp bed*** ich hau mich einfach auf die Campingliege

doss·er ['dɒsəʳ] *n* 1 BRIT *(pej sl)* Penner(in) *m(f) pej sl,* Obdachlose(r) *f(m),* Stadtstreicher(in) *m(f),* Sandler(in) *m(f)* ÖSTERR *oft pej*
2 BRIT *(pej sl)* Faulenzer(in) *m(f) pej,* Faulpelz *m pej fam,* Tachinierer(in) *m(f)* ÖSTERR *pej fam*

'doss·house *n* BRIT *(sl)* Penne *f* BRD *sl,* Obdachlosenheim *nt,* Nachtasyl *nt*

dos·si·er ['dɒsieɪ, AM 'dɑ:s-] *n* Dossier *nt,* Akte *f*

dost [dʌst] *(old) 2nd pers. sing present of* **do**

dot [dɒt, AM dɑ:t] **I.** *n* 1 *(tiny round mark)* Punkt *m; (on material)* Tupfen *m;* **at two o'clock on the** ~ [*or* **on the** ~ **of two o'clock**] *(fig)* Punkt zwei Uhr; ***the plane landed on the** ~ **of two o'clock*** das Flugzeug landete auf die Sekunde genau um zwei Uhr
2 *(diacritic)* Punkt *m*
3 *(signal)* Punkt *m;* ~**s and dashes** *(morse code)* kurze und lange Signale
▸PHRASES: **in the <u>year</u>** ~ BRIT, AUS *(dated)* vor ewigen Zeiten, Anno dazumal *fam*
II. *vt* <-tt-> 1 *(make a dot)* ■ **to** ~ **sth** etw mit einem Punkt versehen, einen Punkt auf etw *akk* setzen; **to** ~ **one's** [*or* **the**] **i's and cross one's** [*or* **the**] **t's** [*or* **to** ~ **every i and cross every t**] sehr penibel [*o* peinlich genau] sein
2 *usu passive (have many of)* ■ **to be** ~**ted with sth** mit etw *dat* übersät sein; ***the countryside is** ~**ted with beautiful ancient churches*** überall auf dem Land findet man schöne alte Kirchen

dot·age ['dəʊtɪdʒ, AM 'doʊţ-] *n no pl* Altersschwäche *f,* Senilität *f geh;* ■ **to be in one's** ~ senil sein; *(hum: be old)* tatterig sein *fam*

'dot bomb *n* COMM *(sl)* gescheiterte Dotcom-Firma

dot·com ['dɒtkɒm, AM 'dɑ:tkɑ:m] **I.** *n* INET Dotcom-Firma *f* **II.** *adj inv* INET auf dem Dotcom-Markt *nach n,* im E-Commerce *nach n* **dot·com·mer** [dɒt'kɒməʳ, AM dɑ:t'kɑ:mɚ] *n* INET *jd, der eine Dotcom-Firma leitet oder dafür arbeitet*

dote [dəʊt, AM doʊt] *vi* 1 *(love very much)* ■ **to** ~ **on** [*or* **upon**] **sb** in jdn [ganz] vernarrt sein
2 *(pej: adore excessively)* ■ **to** ~ **on** [*or* **upon**] **sb/sth** jdn/etw abgöttisch lieben

doth [dʌθ] *(old) 3rd pers. sing present of* **do**

dot·ing ['dəʊtɪŋ, AM 'doʊţ-] *adj attr* vernarrt; ***the** ~ **father with the baby on his knee*** der Vater mit seinem abgöttisch geliebten Baby auf den Knien

dot-ma·trix [ˌdɒt'meɪtrɪks, AM ˌdɑ:t] *n modifier* Punktmatrix- **dot-'ma·trix print·er** *n* COMPUT Matrixdrucker *m,* Rasterdrucker *m*

dot·ted line [ˌdɒtɪd'-, AM ˌdɑ:ţ-] *n* gepunktete [*o* punktierte] Linie; ***tear along the** ~* trennen Sie den Abschnitt an der gepunkteten Linie ab; **to sign on the** ~ unterschreiben, seine/ihre Unterschrift leisten *form*

dot·ted 'swiss *n no pl* AM Tupfenmull *m,* Punktmull *m*

dot·ti·ness ['dɒtɪnəs, AM 'dɑ:ţ-] *n no pl* Schrulligkeit *f; **the sheer** ~ **of the suggestion made us all burst out laughing*** der Vorschlag war so komisch, dass wir alle in Gelächter ausbrachen

dot·ty ['dɒti, AM 'dɑ:ţi] *adj* verschroben *pej,* schrullig *fam,* kauzig; ~ **idea** verrückte Idee; **to be** ~ **about sb/sth** *(dated)* in jdn/etw vernarrt [*o* nach jdm/etw verrückt] sein, voll auf jdn/etw stehen *sl;* **to go** ~ vertrotteln *fam*

dou·ble ['dʌbl] **I.** *adj inv, attr* 1 *(twice, two)* doppelt; ***'cool' has a** ~ **o in the middle*** ‚cool' wird mit zwei o in der Mitte geschrieben; ***my telephone number is** ~ **three, one, five*** meine Telefonnummer ist zweimal die drei, eins, fünf; ***now we have a** ~ **problem*** nun haben wir zwei Probleme; ***having twins usually means** ~ **trouble for the parents*** Zwillinge sind für die Eltern in der Regel auch eine doppelte Belastung; ***most of the photos on this roll are** ~ **exposures*** die meisten Fotos auf diesem Film sind doppelt belichtet; ***his salary is** ~ **what I get*** [*or* ~ ***mine***] sein Gehalt ist doppelt so hoch wie meines; ~ **dribble** SPORT Doppeldribbeln *nt fachspr;* **to be** ~ **the price/size** doppelt so teuer/groß sein; **a** ~ **whisky** ein doppelter Whisky
2 *(of two equal parts)* Doppel-; ~ **chimneys** Doppelkamine *pl;* ~ **door** *(with two parts)* Flügeltür *f; (twofold)* Doppeltür *f;* ~ **pneumonia** doppelseitige Lungenentzündung
3 *(of two layers)* Doppel-; ~ **membrane** Doppelmembran *f*
4 *(for two)* Doppel-; ~ **sheet** Doppelbettlaken *nt,* Doppelleintuch *nt* ÖSTERR, SCHWEIZ
5 BOT ~ **daffodil/narcissus/primrose** gefüllte Osterglocke/Narzisse/Pfingstrose
6 *(deceitful, dual)* ~ **life** Doppelleben *nt;* **to have a** ~ **meaning** doppeldeutig sein; **to apply** ~ **standards** mit zweierlei Maß messen; ~ **standard** [**of morals**] Doppelmoral *f*
II. *adv* 1 *(twice as much)* doppelt so viel; **to charge sb** ~ jdm das Doppelte berechnen; **to cost** ~ das Doppelte kosten
2 *(two times)* doppelt; ~ **as long** zweimal [*o* doppelt] so lang; **to see** ~ doppelt sehen
3 *(in the middle)* **to be bent** ~ sich *akk* niederbeugen [*o* bücken]; *(with laughter, pain)* sich *akk* krümmen; ***they were bent** ~ **from decades of labour in the fields*** sie waren gebeugt von jahrzehntelanger Arbeit auf den Feldern; ***after half an hour bent** ~ **weeding the garden, ...*** nachdem sie eine halbe Stunde in gebückter Haltung Unkraut gejätet hatte, ...; **to be bent** ~ **with laughter** *(fam)* sich *akk* vor Lachen krümmen [*o* biegen] *fam;* **to fold sth** ~ etw einmal [*o* in der Mitte] falten; **to fold a sheet** ~ ein Laken einmal zusammenlegen
III. *n* 1 *no pl (double quantity)* ■ **the** ~ das Doppelte [*o* Zweifache]
2 *(whisky, gin)* Doppelte(r) *m; **can I get you a Scotch? — make it a** ~**, please!*** darf ich Ihnen einen Scotch bringen? – ja, einen Doppelten, bitte!
3 *(duplicate person)* Doppelgänger(in) *m(f),* Ebenbild *nt geh; **he was your absolute** ~* er war dir wie aus dem Gesicht geschnitten, er sah dir zum Verwechseln ähnlich
4 FILM Double *nt*
5 SPORT, TENNIS ■ ~**s** *pl* Doppel *nt;* **men's/women's** ~**s** Herren-/Damendoppel *nt;* **mixed** ~**s** gemischtes Doppel
6 SPORT *(in baseball)* Double *nt fachspr*
7 *(in games of dice)* Pasch *m;* ~ **four** Viererpasch *m*
▸PHRASES: **I'll <u>bet</u> you** ~ **or nothing** [*or* **quits**] **that ...** BRIT ich wette mit dir um das Doppelte, dass ...; **<u>on</u>** [*or* **<u>at</u>**] **the** ~ *(fam: march, go) also* MIL im Laufschritt; *(act)* im Eiltempo *fam; **get my dinner and be back here on the** ~**!*** bring mir auf der Stelle mein Abendessen!
IV. *vt* 1 *(make twice as much/many)* ■ **to** ~ **sth** etw verdoppeln; **to** ~ **the stakes** den Einsatz verdoppeln
2 *(make two layers)* ■ **to** ~ **sth** etw doppelt nehmen; *(fold)* etw zusammenlegen; **to** ~ **a sheet** ein Laken in der Mitte zusammenlegen
3 NAUT ■ **to** ~ **sth** etw umschiffen
4 FILM, THEAT ■ **to** ~ **sb** jdn doubeln
V. *vi* 1 *(increase twofold)* sich verdoppeln
2 *(serve a second purpose)* eine Doppelfunktion haben; *(play)* FILM, THEAT eine Doppelrolle spielen; MUS **to** ~ **on piano and guitar** Klavier und Gitarre spielen; ***the actress playing the judge also** ~**s as the victim's sister*** die Schauspielerin, die die Richterin darstellt, spielt auch die Schwester des Opfers; ***she** ~**s as judge and the victim's sister*** sie spielt in einer Doppelrolle die Richterin und die Schwester des Opfers; ***the kitchen table** ~**s as my desk*** der Küchentisch dient auch als mein Schreibtisch
3 *(fold)* sich falten [lassen]
4 MIL im Laufschritt marschieren
5 *(turn)* kehrtmachen; *rabbit* einen Haken schlagen
◆**double back** *vi* ■ **to** ~ **back** [**on oneself/itself**] kehrtmachen; *rabbit* einen Haken schlagen

◆**double over** *vi* sich *akk* krümmen; **to ~ over in** [*or* **with**] **pain** sich *akk* vor Schmerzen krümmen
◆**double up** *vi* ❶ *(bend over)* sich *akk* krümmen; **to ~ up with laughter** sich *akk* vor Lachen krümmen [*o* biegen] *fam;* **to ~ up with** [*or* **in**] **pain** sich *akk* vor Schmerzen krümmen
❷ *(share a room)* sich *dat* ein Zimmer teilen; **to ~ up with sb** [**in a room**] sich *dat* mit jdm ein Zimmer teilen; ***we've had to ~ up in the offices*** je zwei von uns mussten sich ein Büro teilen

'dou·ble act *n* ❶ *(performance)* Doppelconference *f* ❷ *(pair of entertainers)* Paar *nt* **dou·ble 'agent** *n* Doppelagent(in) *m(f)* **dou·ble-'bar·relled**, AM **dou·ble-'bar·reled** *adj* ❶ *(having two barrels)* doppelläufig; **~ shotgun** Doppelflinte *f*, doppelläufiges Gewehr
❷ AM, AUS *(having two purposes)* zweideutig; *strategy* zweigleisig; ***it was a ~ question*** die Frage war zweideutig
❸ *esp* BRIT *(hyphenated)* **~ name** Doppelname *m* **dou·ble 'bass** *n* Kontrabass *m* **dou·ble 'bed** *n* Doppelbett *nt* **dou·ble 'bill** *n* FILM, THEAT Doppelveranstaltung *f*, Doppelprogramm *nt*, Doppelanlass *m* SCHWEIZ **dou·ble 'bind** *n* Dilemma *nt*, Zwickmühle *f;* **to be caught in a ~** sich *akk* in einem Dilemma befinden, in einer Zwickmühle stecken *fam* **dou·ble-'blind** *adj* PSYCH Doppelblind-; **~ test** Doppelblindversuch *m* **dou·ble 'bluff** *n* doppelter Bluff **dou·ble-'book** *vt* ■**to ~ sth** etw doppelt reservieren; **to ~ a flight** einen Flug zweimal buchen; **to ~ a room/a seat** ein bereits vergebenes Zimmer/einen bereits vergebenen Sitzplatz reservieren; **to ~ a ticket** eine Fahrkarte doppelt ausstellen **dou·ble-'breast·ed** *adj inv* zweireihig, doppelreihig; **~ suit** Zweireiher *m* **dou·ble-'check** *vt* ■**to ~ sth** *(verify again)* etw noch einmal überprüfen [*o* ein zweites Mal kontrollieren]; ■**to ~ that ...** nochmals nachsehen, ob...; *(verify in two ways)* etw zweifach überprüfen [*o* kontrollieren] **dou·ble 'chin** *n* Doppelkinn *nt*

dou·ble-'click **I.** *vt* COMPUT ■**to ~ sth** etw doppelt [*o* zweimal] anklicken; **to ~ the mouse** mit der Maus zweimal klicken
II. *vi* COMPUT doppelklicken, doppelt klicken

dou·ble 'count·ing *n no pl* FIN Doppelzählung *f* **dou·ble 'cream** *n no pl* Schlagsahne *f*, Schlagobers *nt* ÖSTERR, Schlagrahm *m* SCHWEIZ **dou·ble-'cross** **I.** *vt* ■**to ~ sb** mit jdm ein falsches [*o* doppeltes] Spiel treiben, jdn hintergehen [*o fam* linken]; ***I'm trusting you John — don't ~ me*** ich vertraue dir, John – hau mich nicht übers Ohr *fam* **II.** *n* <*pl* -es> falsches Spiel, Doppelspiel *nt* **dou·ble-'cross·er** *n (pej)* falscher Hund *pej sl* **dou·ble 'cur·ren·cy** *n* ECON, FIN Doppelwährung *f* **dou·ble-'date** **I.** *n* AM Verabredung *f* zweier Paare, Pärchentreff *m;* ***we could make it a ~ with Jenny and Joe*** wir könnten doch zu viert mit Jenny und Joe hingehen; **to go on a ~** sich *akk* mit einem anderen Paar treffen [*o* verabreden] **II.** *vi* AM mit einem anderen Paar ausgehen **III.** *vt* ■**to ~ sb** sich *akk* noch mit jemand anderem treffen; ***she is double-dating me*** sie trifft sich außer mit mir noch mit einem anderen **dou·ble-'deal·er** *n (pej)* Betrüger(in) *m(f)*, falscher Fuffziger *pej fam* **dou·ble-'deal·ing** **I.** *n no pl (pej)* Betrug *m*, Betrügerei *f*, [betrügerische] Machenschaften *pej* **II.** *adj attr (pej)* betrügerisch, hinterhältig *fam* **dou·ble-'deck·er** *n* ❶ *(bus)* Doppeldecker *m;* **~ bus** Doppeldecker[bus] *m*, Doppelstockomnibus *m* ❷ AM *(sandwich)* doppeltes Sandwich, Doppeldecker *m fam* **dou·ble-deck·er 'sand·wich** *n* AM doppeltes Sandwich, Doppeldecker *m fam* **double-'digit** *adj attr, inv* zweistellig **dou·ble-'dip** <-pp-> *vi* AM, AUS ECON Bezüge [*o* Leistungen] [zu Unrecht] doppelt erhalten, doppelt abkassieren *pej fam* **dou·ble-'dip·per** *n* AM Eiswaffel *f* mit zwei Kugeln Eis **dou·ble-'dip·ping** *n no pl* AM, AUS doppeltes Abkassieren *fam* **dou·ble 'Dutch** *n no pl* ❶ *(fam: incomprehensible words)* Kauderwelsch *nt;* ***it sounds like ~ to me*** ich verstehe nur Bahnhof *fam* ❷ AM *(jump rope style)* Seilhüpfen *nt* [*o* Seilspringen *nt*] mit zwei Seilen **dou·ble-'edged** *adj* ❶ *(fig: negative and positive)* zweischneidig *fig;* **~ compliment** zweideutiges Kompliment ❷ *(two cutting edges)* *sword* zweischneidig

dou·ble en·ten·dre [ˌdu:blɑ̃n'tɑ̃ndr(ə), AM ˌdʌblɑn'tɑ:ndrə] *n* Doppeldeutigkeit *f*, Zweideutigkeit *f*

dou·ble-'en·try *n* doppelte Buchführung; **~ accounting/bookkeeping** doppelte Abrechnung/Buchführung **double-entry 'book·keep·ing** *n no pl* doppelte Buchführung **dou·ble 'fault** **I.** *n* TENNIS Doppelfehler *m* **II.** *vi* TENNIS einen Doppelfehler machen **dou·ble 'fea·ture** *n* FILM Doppelprogramm *nt*, Programm *nt* mit zwei Hauptfilmen **dou·ble-'glaze** *vt* ■**to ~ sth** etw doppelt verglasen **dou·ble-'glaz·ing** *n no pl* Doppelverglasung *f*, Isolierverglasung *f* **dou·ble-'head·er** *n esp* AM SPORT Doppelspieltag *m*, Doppelveranstaltung *f* *(zwei Spiele derselben Mannschaften an einem Tag);* **to play a ~** zweimal hintereinander gegen dieselbe Mannschaft antreten **dou·ble 'he·lix** *n* BIOL, CHEM Doppelhelix *f*, Doppelspirale *f* **dou·ble 'hon·ours** *n* BRIT *zwei gleichzeitig in verschiedenen Studienfächern erworbene ‚honours degrees'* **dou·ble 'jeop·ar·dy** *n* AM doppelte Strafverfolgung *(wegen desselben Delikts)* **dou·ble-'joint·ed** *adj* äußerst gelenkig, sehr beweglich **dou·ble 'link·age** *n* CHEM Doppelbindung *f* **dou·ble 'nega·tive** *n* LING doppelte Verneinung **dou·ble 'op·tion** *n* FIN Stellage *f*, doppelte Option **dou·ble-page 'spread** *n* JOURN Doppelseite *f* **dou·ble-'park** **I.** *vi* in zweiter Reihe parken **II.** *vt* **to ~ a vehicle** ein Fahrzeug in der zweiten Reihe parken **dou·ble 'play** *n (in Baseball)* Double-Play *m (Spielzug der verteidigenden Mannschaft, der zwei Spieler der angreifenden Mannschaft kurz hintereinander ins Aus befördert)*

dou·ble-'quick **I.** *adv* sehr schnell, blitzschnell; ***I'll be there ~*** bin ich in null Komma nichts da *fam*
II. *adj* sofortige(r, s); **~ response** blitzschnelle Antwort; **in ~ time** in null Komma nichts *fam*, SCHWEIZ *a.* handkehrum

dou·ble 'reed **I.** *n* MUS *(reed part)* doppeltes Rohrblatt; *(instrument)* Doppelrohrblattinstrument *nt*
II. *adj attr, inv* MUS mit zwei Rohrblättern; **~ instrument** Instrument *nt* mit zwei Rohrblättern, Doppelrohrblattinstrument *nt* **dou·ble 'room** *n* Doppelzimmer *nt*, SCHWEIZ *a.* Zweierzimmer *nt* **dou·ble-'sid·ed** *adj inv* doppelseitig **dou·ble-'space** *vt* ■**to ~ sth** etw mit doppeltem Zeilenabstand [*o* zweizeilig] schreiben **dou·ble-'spaced** *adj inv* mit doppeltem Zeilenabstand **dou·ble-'spac·ing** *n no pl* doppelter Zeilenabstand

'dou·ble·speak *n no pl (pej)* Doppelzüngigkeit *f pej*

dou·ble 'spread *n* JOURN Doppelseite *f* **dou·ble 'stand·ard** *n* ❶ SOCIOL Doppelmoral *f kein pl;* **to apply ~s** mit zweierlei Maß messen ❷ ECON Doppelwährung *f* **dou·ble 'stop** *n* MUS Doppelgriff *m*

doublet ['dʌblət] *n* ❶ FASHION *(hist)* Wams *nt hist*
❷ LING Dublette *f*
❸ COMPUT Dyade *f*, Zwei-Bit-Byte *nt*

dou·ble 'take *n* verzögerte Reaktion; ■**to do a ~** zweimal hinschauen **'dou·ble-talk** *n no pl (pej)* Doppelzüngigkeit *f pej*, doppelzüngiges Gerede *pej* **dou·ble-'tap** *vt* ■**to ~ sth** *key* etw zweimal drücken **dou·ble tax'a·tion** *n* Doppelbesteuerung *f* **dou·ble tax'a·tion agree·ment, dou·ble tax'a·tion trea·ty** *n* LAW Doppelbesteuerungsabkommen *nt* **dou·ble-'team** *vt* AM ■**to ~ sb** jdn durch zwei Abwehrspieler/Abwehrspielerinnen decken **dou·ble-'think** *n no pl* zwiespältiges [*o* widersprüchliches] Denken **dou·ble 'time** *n no pl* ❶ *(double pay)* doppelter Stundenlohn; **to be paid ~** den doppelten Stundenlohn erhalten ❷ MIL Schnellschritt *m*, Laufschritt *m* **dou·ble 'vi·sion** *n no pl* MED Doppeltsehen *nt*, Diplopie *f fachspr;* ***she suffered from ~ after hitting her head*** nachdem sie sich den Kopf angeschlagen hatte, sah sie alles doppelt **dou·ble 'wham·my** *n (fam)* zweifacher Schlag *fig*, doppeltes Pech *fam* **dou·ble-'wish·bone** *adj inv* AUTO *suspension* mit Längsdoppelquerlenker *m*

dou·bloon [dʌb'lu:n] *n* HIST Dublone *f*

dou·bly ['dʌbli] *adv inv* doppelt, zweifach; ***you'd better make ~ sure that everything is switched off*** sieh lieber zweimal nach, ob alles ausgeschaltet ist

doubt [daʊt] **I.** *n* ❶ *no pl (lack of certainty)* Zweifel *m* (**about** an +*dat*); ***there seems to be some ~ about the facts*** es scheint noch einige Zweifel zu geben, was die Fakten betrifft; ■**to be in ~** fraglich [*o* zweifelhaft] sein; ***the future of the project is in ~*** die Zukunft des Projekts ist ungewiss; ■**to be in ~ about sth** über etw *akk* im Zweifel sein, sich *dat* über etw *akk* unschlüssig sein; **not a shadow of a ~** nicht der geringste Zweifel; **no ~** zweifellos, ohne Zweifel; **open to ~** fraglich, unsicher; **beyond reasonable ~** LAW jeden Zweifel ausschließend, zweifelsfrei; **proof of guilt beyond all reasonable ~** Schuldbeweis *m*, der jeden Zweifel ausschließt; **without a ~** ohne jeden Zweifel, zweifellos; **to cast ~ on sth** etw in Zweifel ziehen
❷ *(feeling of uncertainty)* Unsicherheit *f*, Ungewissheit *f;* ***I'm having ~s about going to Africa*** ich bin mir noch unschlüssig, ob ich nach Afrika gehen soll; **to have one's ~s about sth** seine Zweifel an etw *dat* haben; **to have one's ~s that ...** bezweifeln, dass...; **to raise ~s about sth** Zweifel an etw *dat* aufkommen lassen
❸ *no pl (lack of belief)* Zweifel *m*, Bedenken *pl;* ***I never had any ~ [that] you would win*** ich habe nie im Geringsten daran gezweifelt, dass du gewinnen würdest
II. *vt* ❶ *(be unwilling to believe)* ■**to ~ sb** jdm misstrauen; ■**to ~ sth** Zweifel an etw *dat* haben, etw bezweifeln; ***she ~ed the evidence of her own eyes*** sie traute ihren eigenen Augen nicht
❷ *(call in question)* ■**to ~ sb** jdm nicht glauben; ■**to ~ sth** etw anzweifeln [*o* bezweifeln] [*o* infrage stellen]; **to ~ sb's abilities** an jds Fähigkeiten zweifeln; **to ~ the authenticity of a document** Zweifel an der Echtheit eines Dokuments haben; **to ~ sb's authority** jds Autorität infrage stellen; **to ~ sb's sincerity** [*or* **veracity**] Zweifel an jds Aufrichtigkeit haben
❸ *(feel uncertain)* ■**to ~ that ...** bezweifeln, dass ...; ■**to ~ whether** [*or* **if**] **...** zweifeln, ob ...

doubt·er ['daʊtəʳ, AM -t̬ɚ] *n* Zweifler(in) *m(f)*, Skeptiker(in) *m(f)*

doubt·ful ['daʊtfᵊl] *adj* ❶ *(expressing doubt)* zweifelnd, skeptisch; ***the expression on her face was ~*** sie blickte skeptisch; **~ person** Skeptiker(in) *m(f)*
❷ *(uncertain, undecided)* unsicher, unschlüssig; ■**to be ~ about sth** über etw *akk* im Zweifel sein, sich *dat* über etw *akk* unschlüssig sein
❸ *(unlikely)* fraglich, ungewiss; ***it was ~ that the money would ever be found again*** es war unwahrscheinlich, dass das Geld jemals wiedergefunden würde; ■**to be ~ whether** [*or* **if**] **...** zweifelhaft sein, ob ..., nicht sicher sein, ob ...
❹ *(questionable)* fragwürdig, zweifelhaft; ***this is in ~ taste at best*** dies zeugt doch von recht fragwürdigem Geschmack; **~ advantage** zweifelhafter Vorteil, zweifelhaftes Privileg; **~ distinction** fragwürdige Auszeichnung; **~ honour** zweifelhafte Ehre

doubt·ful·ly ['daʊtfᵊli] *adv* zweifelnd, voller Zweifel; ***she looked at me ~*** sie sah mich skeptisch an

doubt·ing Thomas <*pl* -es> [ˌdaʊtɪŋ'tɒməs, AM -t̬ɪŋ'tɑ:m-] *n (apostle)* ungläubiger Thomas *a. fig*, ewiger Zweifler *m*

doubt·less ['daʊtləs] *adv inv* sicherlich; ***~ you have heard the news already*** Sie haben die Neuigkeiten bestimmt schon gehört

douche [du:ʃ] **I.** *n* ❶ *(water jet)* Dusche *f;* MED Spülung *f*
❷ *(device)* Dusche *f*, Brause *f* BRD, ÖSTERR; MED Spülapparat *m*, Irrigator *m fachspr*
II. *vi* sich *akk* duschen; MED eine Spülung machen
III. *vt* ■**to ~ sth** etw [ab]duschen; MED etw [aus]spülen

dough [dəʊ, AM doʊ] *n* ❶ *(for baking)* Teig *m;* **bread/pastry/yeast ~** Brot-/Torten-/Hefeteig [*o* ÖSTERR Germteig] *m*
❷ *no pl esp* AM *(sl: money)* Kohle *f sl*, Zaster *m sl*, Knete *f sl*, Stutz *m* SCHWEIZ *sl*

dough·boy ['dəʊbɔɪ, AM 'doʊ-] *n* ❶ *(boiled dumpling)* Kloß *m,* Knödel *m* SÜDD, ÖSTERR; *(fried dumpling)* Krapfen *m* ❷ AM *(fam: US infantryman)* Landser *m* **dough·nut** ['doʊnʌt] *n* Donut *m,* Doughnut *m;* **iced** [*or* AM **glazed**] ~ glasierter Donut, Donut *m* mit Zuckerguss; ~ **hole** AM *Gebäck, das aus dem Innenstück eines Donut hergestellt wird*
dough·ty ['daʊti, AM -t̬-] *adj (liter)* tapfer, kühn
doughy ['dəʊi, AM 'doʊi] *adj* ❶ *(dough-like)* teigig, teigartig; *bread, cake* nicht richtig durchgebacken
❷ *(fig: pale and flabby)* teigig *fig; (pale) face* käsig; *(puffy)* schwammig, aufgedunsen
dou·la ['du:lə] *n* Doula *f (Frau, die andere Frauen während und nach der Schwangerschaft unterstützt)*
dour ['dʊəʳ, 'daʊəʳ, AM 'dʊr, 'daʊɚ] *adj person, character* mürrisch, verdrießlich; *face* düster; *expression* finster; *struggle* hart[näckig]
dour·ly ['dʊəli, 'daʊəli, AM 'dʊrli, 'daʊɚ-] *adv* mürrisch, verdrossen, SCHWEIZ *a.* muff
douse [daʊs] *vt* ❶ *(drench)* ■**to ~ sth in** [*or* **with**] **sth** *liquid, petrol* etw über etw *akk* schütten, etw mit etw *dat* übergießen
❷ *(extinguish)* ■**to ~ sth** etw ausmachen; *fire* etw löschen; ~ ***the light!*** mach das Licht aus!
dove¹ [dʌv] **I.** *n* ❶ *(bird)* Taube *f*
❷ POL *(peaceful person)* Taube *f fig*
II. *n modifier* Tauben-; ~ **droppings** Taubendreck *m;* ~ **population** Taubenbestand *m*
dove² [doʊv] *vi esp* AM *pt of* **dive**
dove·cot(e) ['dʌvkɒt, AM -kɑ:t] *n* Taubenschlag *m*
'dove-grey, AM **'dove-gray** *adj* taubengrau
dove·ish ['dʌvɪʃ] *adj* LAW gemäßigt
Do·ver ['dəʊvəʳ, AM 'doʊvɚ] *n* Dover *nt*
'dove·tail I. *vi* ■**to ~ with** [*or* **into**] **sth** mit etw *dat* übereinstimmen, genau zu etw *dat* passen; ***their plans ~ed conveniently with ours*** ihre und unsere Pläne waren perfekt aufeinander abgestimmt
II. *vt* ❶ *(join together)* ■**to ~ sth** *in wood* durch einen Schwalbenschwanz verbinden; *in metal* etw verzinken [*o* mit einem Zinken versehen]; ■**to ~ sth with sth** etw mit etw *dat* verzahnen
❷ *(fig)* ■**to ~ sth with** [*or* **into**] **sth** etw an etw *akk* anpassen [*o* mit etw *dat* koordinieren]; **to ~ dates** Termine aufeinander abstimmen
III. *n (wood)* Schwalbenschwanz *m; (metal)* Zinken *m*
dove·tail 'joint *n (wood)* Schwalbenschwanzverbindung *f; (metal)* Zinkung *f*
dowa·ger ['daʊədʒəʳ, AM -ɚ] **I.** *n* ❶ *(widow of high rank)* [adlige] Witwe
❷ *(dignified old woman)* würdevolle alte Dame, Matriarchin *f,* Matrone *f*
II. *adj after n, inv* verwitwet; ~ **duchess** Herzoginwitwe *f;* ~ **queen** [*or* **queen ~**] Königinwitwe *f*
dowa·ger's 'hump *n (fam)* Altersbuckel *m,* Alterskyphose *f fachspr*
dow·dy ['daʊdi] *adj (pej)* ohne jeden Schick *nach n pej;* ***she wears ~ clothes*** ihrer Kleidung fehlt jede Eleganz
dow·el ['daʊəl] *n (in wood)* [Holz]dübel *m,* [Holz]stift *m; (in stone)* [Wand]dübel *m*
dow·er house ['daʊəhaʊs, AM 'daʊɚ-] *n* BRIT *kleineres Haus auf einem Landsitz, das für die Witwe gebaut wird*
Dow Jones 'Av·er·age, Dow Jones In·'dus·trial Av·er·age, Dow Jones 'In·dex [ˌdaʊ-dʒəʊnz'-, AM -joʊnz'-] *n no pl* Dow Jones [Index] *m,* Dow Jones Industrial Average *m*

down¹ [daʊn]

I. ADVERB	**II.** PREPOSITION
III. ADJECTIVE	**IV.** TRANSITIVE VERB
V. NOUN	**VI.** INTERJECTION

I. ADVERB

❶ *(movement to a lower position)* hinunter, hinab *geh; (towards the speaker)* herunter, herab *geh;* ***get ~ off that table!*** komm sofort vom Tisch herunter!; ***the leaflet slipped ~ behind the wardrobe*** die Broschüre ist hinter den Kleiderschrank gerutscht; ***come further ~*** [***the steps***] komm noch etwas weiter [die Treppe] runter *fam;* **"~!"** *(to a dog)* „Platz!"; ■**to fall ~** *(drop)* hinunterfallen; *(fall over)* umfallen; *(stumble)* hinfallen; ■**to let sth ~** etw herunterlassen; **to lie sth ~** etw hinlegen [*o* ablegen]; **to pull sth ~** etw nach unten ziehen; **to put ~ sth** etw hinstellen [*o* abstellen]
❷ *(downwards)* nach unten; **head ~** mit dem Kopf nach unten; **to be** [*or* **lie**] **face ~** auf dem Bauch [*o* mit dem Gesicht nach unten] liegen; **to point down** nach unten zeigen
❸ *(in a lower position)* unten; ~ **here/there** hier/dort unten; ~ **at/by/in sth** unten an/bei/in etw *dat*
❹ *inv (in the south)* im Süden, unten *fam; (towards the south)* in den Süden, runter *fam;* ***things are much more expensive ~*** [***in the***] ***south*** unten im Süden ist alles viel teurer; ***how often do you come ~ to Cornwall?*** wie oft kommen Sie nach Cornwall runter? *fam*
❺ *inv (away from the centre)* außerhalb; ***my parents live ~ in Worcestershire*** meine Eltern leben außerhalb [von hier] in Worcestershire; ***he has a house ~ by the harbour*** er hat ein Haus draußen am Hafen; ~ **our way** hier in unserem Viertel [*o* unserer Gegend] [*o* SCHWEIZ Quartier]
❻ *(fam: badly off)* unten; ***she's certainly come ~ in the world!*** mit ihr ist es ganz schön bergab gegangen! *fam;* **to be ~ on one's luck** eine Pechsträhne haben; ***she's been ~ on her luck recently*** in letzter Zeit ist sie vom Pech verfolgt; **to hit** [*or* **kick**] **sb when he's ~** jdn treten, wenn er schon am Boden liegt *fig*
❼ *(have only)* ■**to be ~ to sth** nur noch etw haben; ***when the rescue party found her, she was ~ to her last bar of chocolate*** als die Rettungsmannschaft sie fand, hatte sie nur noch einen Riegel Schokolade
❽ *(ill)* **to be ~ with sth** an etw *dat* erkrankt sein; ***she's ~ with flu*** sie liegt mit einer Grippe im Bett; **to come** [*or* **go**] **~ with sth** an etw *dat* erkranken, etw kriegen *fam;* ***I think I'm going ~ with a cold*** ich glaube, ich kriege eine Erkältung *fam*
❾ SPORT im Rückstand; ***Milan were three goals ~ at half-time*** zur Halbzeit lag Mailand [um] drei Tore zurück
❿ *(back in time, to a later time)* ***Joan of Arc's fame has echoed ~*** [***through***] ***the centuries*** Jeanne d'Arcs Ruhm hat die Jahrhunderte überdauert; ~ **to the last century** bis ins vorige Jahrhundert [hinein]; **to come ~** *myths* überliefert werden; **to pass** [*or* **hand**] **sth ~** etw weitergeben [*o* überliefern]
⓫ *(at/to a lower amount)* niedriger; ***the pay offer is ~ 2% from last year*** das Lohnangebot liegt 2 % unter dem vom Vorjahr; ***he quit the poker game when he was only $50 ~*** er hörte mit dem Pokerspiel auf, als er erst 50 Dollar verloren hatte; **to get the price ~** den Preis drücken [*o* herunterhandeln]; **to go ~** sinken; ***the number of students has gone ~*** die Zahl der Studierenden ist gesunken
⓬ *(in/to a less intense degree)* herunter; ***let the fire burn ~*** lass das Feuer herunterbrennen; ***settle ~, you two*** gebt mal ein bisschen Ruhe, ihr zwei; **to turn the music/radio ~** die Musik/das Radio leiser stellen [*o* machen]; **to water a drink ~** ein Getränk verwässern
⓭ *(including)* bis einschließlich; ***the entire administration has come under suspicion, from the mayor ~*** das gesamte Verwaltungspersonal, angefangen beim Bürgermeister, ist in Verdacht geraten; ***everyone, from the director ~ to the secretaries, was questioned by the police*** vom Direktor angefangen bis hin zu den Sekretärinnen, wurde jeder von der Polizei verhört
⓮ *(on paper)* **to have sth ~ in writing** [*or* **on paper**] etw schriftlich [*o fam* schwarz auf weiß] haben; **to get** [*or* **put**] **sb ~ for sth** jdn für etw *akk* vormerken; ***we've got you ~ for five tickets*** wir haben fünf Karten für Sie vorbestellt
⓯ *(swallowed)* hinunter, runter *fam;* **to get sth ~** etw [hinunter]schlucken; ***she couldn't get the pill ~*** sie brachte die Tablette nicht hinunter *fam;* ***you'll feel better once you've got some hot soup ~*** du wirst dich besser fühlen, sobald du ein bisschen heiße Suppe gegessen hast
⓰ *(thoroughly)* gründlich; ***he washed the car ~*** er wusch den Wagen von oben bis unten
⓱ *(already finished)* vorbei; ***two lectures ~, eight to go*** zwei Vorlesungen haben wir schon besucht, es bleiben also noch acht
⓲ *(as initial payment)* als Anzahlung; **to pay** [*or* **put**] **£100 ~** 100 Pfund anzahlen
⓳ *(attributable)* ■**to be ~ to sth** auf etw *akk* zurückzuführen sein; ***the problem is ~ to her inexperience, not any lack of intelligence*** es liegt an ihrer Unerfahrenheit, nicht an mangelnder Intelligenz; **to be** [*or* AM *also* **come**] **~ to sb** jds Sache sein; ***it's all ~ to you now to make it work*** nun ist es an Ihnen, die Sache in Gang zu bringen
⓴ *(reduce to)* **to come ~ to sth** auf etw *akk* hinauslaufen; **what the problem comes ~ to is this: ...** die entscheidende Frage ist: ...; ***well, if I bring it ~ to its simplest level, ...*** also, stark vereinfacht könnte man sagen, ...
㉑ *(in crossword puzzles)* senkrecht
▶PHRASES: **~ to the <u>ground</u>** völlig, ganz und gar, total *fam;* ***that suits me ~ to the ground*** das ist genau das Richtige für mich

II. PREPOSITION

❶ *(in a downward direction)* hinunter; *(towards the speaker)* herunter; ***my uncle's in hospital after falling ~ some stairs*** mein Onkel ist im Krankenhaus, nachdem er die Treppe heruntergefallen [*o* hinuntergefallen] ist; **up and ~ the stairs** die Treppe rauf und runter *fam;* ***she poured the liquid ~ the sink*** sie schüttete die Flüssigkeit in den Abfluss
❷ *(downhill)* hinunter, hinab *geh; (towards the speaker)* herunter [*o geh* herab]; **to come ~ the hill** den Hügel heruntersteigen [*o geh* herabsteigen]; **to go ~ the mountain** den Berg hinuntersteigen [*o geh* hinabsteigen]
❸ *(along)* entlang; ***go ~ the street*** gehen Sie die Straße entlang [*o* hinunter]; ***her office is ~ the corridor on the right*** ihr Büro ist weiter den Gang entlang auf der rechten Seite; ***we drove ~ the motorway as far as Bristol*** wir fuhren auf der Schnellstraße bis Bristol; ***I ran my finger ~ the list of ingredients*** ich ging mit dem Finger die Zutatenliste durch; ***her long red hair reached most of the way ~ her back*** ihre langen roten Haare bedeckten fast ihren ganzen Rücken; **to sail the boat ~ the river** mit dem Boot flussabwärts segeln
❹ *(in a particular place)* **~ sb's way** in jds Gegend; ***they speak with a peculiar accent ~ his way*** in seiner Ecke haben die Leute einen besonderen Akzent *fam*
❺ *(through time)* **~ the ages** von Generation zu Generation; **~ the centuries** die Jahrhunderte hindurch; **~ the generations** über Generationen hinweg
❻ BRIT, AUS *(fam: to)* ***I went ~ the pub with my mates*** ich ging mit meinen Freunden in die Kneipe; **to go ~ the shops** einkaufen gehen
❼ *(inside)* in + *dat;* ***you'll feel better once you've got some hot soup ~ you*** du wirst dich besser fühlen, sobald du ein bisschen heiße Suppe im Magen hast
▶PHRASES: **to <u>go</u> ~ the drain** [*or* **toilet**] [*or* **tube**[**s**]] *(fam),* **to <u>go</u> ~ the plughole** [*or* BRIT *also* **pan**] [*or* AUS **gurgler**] *(fam)* für die Katz sein *sl;* ***we don't want all their hard work to go ~ the drain*** ich möchte nicht, dass ihre harte Arbeit ganz umsonst ist; **~ the <u>road</u>** [*or* **line**] [*or* **track**] auf der ganzen Linie *fig,* voll und ganz

III. ADJECTIVE

<more ~, most ~> ❶ *attr, inv (moving downward)* abwärtsführend, nach unten *nach n;* **the ~ escalator** die Rolltreppe nach unten

② *pred (fam: unhappy, sad)* niedergeschlagen, down *fam;* ***I've been feeling a bit ~ this week*** diese Woche bin ich nicht so gut drauf *fam*
③ *pred, inv (fam: disapproving of)* ■ **to be ~ on sb** jdn auf dem Kieker [*o* ÖSTERR, SCHWEIZ im Visier] haben *fam*
④ *pred, inv (not functioning)* außer Betrieb; ***the computer will be ~ for an hour*** der Computer wird für eine Stunde abgeschaltet; ***I'm afraid the [telephone] lines are ~*** ich fürchte, die Telefonleitungen sind tot
⑤ *attr, inv* BRIT *(dated: travelling away from the city)* stadtauswärts fahrend *attr;* ~ **platform** Bahnsteig *m* [*o* SCHWEIZ Perron *m*] für stadtauswärts fahrende Züge
⑥ *(sunk to a low level)* niedrig; ***the river is ~*** der Fluss hat [*o geh* führt] Niedrigwasser

IV. TRANSITIVE VERB

① *(knock down)* ■ **to ~ sb** jdn zu Fall bringen; BOXING jdn niederschlagen [*o sl* auf die Bretter schicken]
② *(shoot down)* ■ **to ~ sth** etw abschießen [*o fam* runterholen]
③ *esp* BRIT **to ~ tools** *(cease work)* mit der Arbeit aufhören; *(have a break)* die Arbeit unterbrechen; *(during a strike)* die Arbeit niederlegen; ***the printers are threatening to ~ tools*** die Drucker drohen mit Arbeitsniederlegungen
④ AM, AUS SPORT *(beat)* ■ **to ~ sb** jdn schlagen [*o fam* fertigmachen]
⑤ ■ **to ~ sth** *(swallow)* etw hinunterschlucken; *(eat)* etw essen; *(eat quickly)* etw verschlingen [*o* hinunterschlingen]; *(drink)* etw trinken; *(drink quickly)* etw hinunterkippen [*o fam* runterschütten] [*o* SCHWEIZ runterleeren]; ***he'd ~ed four beers*** er hatte vier Bier gekippt *fam*

V. NOUN

① *(bad fortune)* Tiefpunkt *m,* schlechte Zeit; **ups and ~s** Auf und Ab *nt;* ***well, we've had our ups and ~s*** wir haben schon Höhen und Tiefen durchgemacht
② *no pl (fam: dislike)* Groll *m;* ■ **to have a ~ on sb** jdn auf dem Kieker [*o* ÖSTERR, SCHWEIZ im Visier] haben *fam;* ***why do you have a ~ on him?*** was hast du gegen ihn?
③ AM FBALL Versuch *m;* ***it's second ~*** es ist der zweite Versuch

VI. INTERJECTION

~ ***with taxes!*** weg mit den Steuern!; ~ ***with the dictator!*** nieder mit dem Diktator!

down² [daʊn] **I.** *n no pl* ① *(soft feathers)* Daunen *pl,* Flaumfedern *pl*
② *(soft hair or fluff)* [Bart]flaum *m,* feine Härchen **II.** *n modifier* Daunen-; ~ **jacket/quilt** Daunenjacke *f*/-decke *f*

down³ [daʊn] *n esp* BRIT Hügelland *nt,* [baumloser] Höhenzug; ■ **the ~s** *pl* die Downs *(an der Südküste Englands)*

down-and-dirty *adj esp* AM *(fam: unprincipled) behaviour* skrupellos, niederträchtig; *campaign* schmutzig; *(explicit, raunchy) secret* intim; *(unvarnished) truth* ungeschminkt, hart, grausam; *(crude, uncouth)* ungehobelt **down-and-'out I.** *adj attr* ① *(destitute)* heruntergekommen *fam,* erledigt *fam;* ~ **lifestyle** Pennerleben *nt pej sl,* Sandlerleben *nt* ÖSTERR *pej fam* ② BOXING k. o. **II.** *n (pej)* Penner(in) *m(f) pej sl,* Sandler(in) *m(f)* ÖSTERR *pej fam* **down at 'heel** *adj pred,* **down-at-'heel** *adj attr building* heruntergekommen *fam; clothes* schäbig, abgerissen *fam,* abgesandelt ÖSTERR *pej fam; appearance* ungepflegt, abgesandelt ÖSTERR *pej fam*

'down·beat I. *adj (fam)* ① *(pessimistic)* pessimistisch, düster
② *(not showing interest)* gleichgültig; *(bored)* gelangweilt
③ *(unexciting)* ungezwungen, locker; ***the actual signing of the treaty was a ~ affair*** die eigentliche Vertragsunterzeichnung verlief in einer lockeren Atmosphäre
II. *n* MUS erster [betonter] Taktteil

'down·cast *adj* ① *(sad)* niedergeschlagen, deprimiert; ***you're looking a little ~ this morning*** du wirkst heute Morgen ein bisschen gedrückt; ***she still feels ~ at times*** manchmal ist sie immer noch ganz mutlos
② *(looking down)* gesenkt; ~ **eyes** niedergeschlagene Augen; ~ **look** gesenkter Blick

'down-con·vert *vt* ■ **to ~ sth** etw nach unten konvertieren

down·er ['daʊnəʳ, AM -ɚ] *n* ① *(sl: depressing experience)* deprimierendes Erlebnis, harter Schlag *fig*
② *(fam: sedative)* Beruhigungsmittel *nt,* Tranquilizer *m fachspr,* Downer *m sl*

'down·fall *n* ① *(ruin)* Untergang *m,* Fall *m fig;* **the ~ of the government** der Sturz der Regierung
② *(cause of ruin)* Ruin *m;* ***drinking was his ~*** das Trinken hat ihn ruiniert **'down·grade I.** *vt* ① *(reduce in status)* ■ **to ~ sb** jdn degradieren; ■ **to ~ sth** etw herunterstufen [*o* niedriger einstufen] ② *(disparage)* ■ **to ~ sb/sth [to sth]** jdn/etw [als etw *akk*] abtun; **to ~ the importance of sth** die Bedeutung einer S. *gen* herunterspielen **II.** *n* ① *(case of demotion)* Degradierung *f* ② *esp* AM *(downward slope)* Gefälle *nt,* Gefällstrecke *f* **down·grad·ing** ['daʊngreɪdɪŋ] *n no pl* Herabstufung *f,* niedrigere Einstufung

down·'heart·ed *adj* niedergeschlagen, niedergedrückt, mutlos

'down·hill I. *adv (downwards)* bergab, abwärts; **to go ~** *person* heruntergehen; *vehicle* herunterfahren; *road, path* bergab führen [*o* gehen]; *(fig)* ***the first week was okay, but it's all gone ~ since then*** die erste Woche war in Ordnung, aber seither hat sich alles verschlechtert; ***he is going ~*** es geht bergab mit ihm **II.** *adj* ■ **to be ~** bergab führen, abschüssig sein, abfallen; ***the route is all ~ from here to the finish*** von hier bis zum Ziel geht es nur noch bergab; ~ **hike** Abstieg *m;* *(fig)* **the ~ course of the economy** die Talfahrt der Wirtschaft; **to be ~ [all the way]** leichter [*o* einfacher] werden **down·hill 'ski·ing** *n no pl* Abfahrtslauf *m* **down-'home** *adj* bodenständig; ■ **to be ~** auf dem Boden bleiben

Down·ing Street ['daʊnɪŋ,-] *n no art* **[10] ~** Downing Street *f* [Nr. 10] *(Wohnsitz des englischen Premierministers); (fig)* die britische Regierung

'down·light·er *n* Lampe *f* mit Lichtaustritt nach unten **down·'load I.** *vt* COMPUT ■ **to ~ sth [to sth]** etw [auf etw *akk*] herunterladen **II.** *n* Download *m* **down·'load·able** *adj* COMPUT fernladbar, hinunterladbar **down·'mar·ket I.** *adj* weniger anspruchsvoll, für den Massenmarkt *nach n;* ~ **product** Billigprodukt *nt,* Massenprodukt *nt;* ~ **tabloid newspaper** Massenblatt *nt,* Boulevardzeitung *f* **II.** *adv* auf den Massenmarkt ausgerichtet; ***the company has decided to go ~*** die Firma hat beschlossen, sich dem Massenmarkt zuzuwenden **down 'pay·ment** *n* Anzahlung *f;* **to make [***or* **put] a ~ on sth** eine Anzahlung für etw *akk* leisten **'down·pipe** *n esp* BRIT [Regen]fallrohr *nt* **down·'play** *vt* ■ **to ~ sth** etw herunterspielen [*o geh* bagatellisieren]

'down·pour *n* Regenguss *m,* Platzregen *m;* **torrential ~** Wolkenbruch *m*

'down·right I. *adj* ① *attr (complete)* völlig, absolut; ***it is a ~ disgrace*** es ist eine ausgesprochene Schande; ~ **lie** glatte Lüge; ~ **nonsense** kompletter Unsinn
② *(straightforward)* offen, ehrlich; ***her manner is direct and ~*** sie hat eine direkte und offenherzige Art
II. *adv (completely)* ausgesprochen, völlig, ganz und gar; ***these working conditions are ~ dangerous*** diese Arbeitsbedingungen sind schlichtweg gefährlich; ***she's being ~ difficult*** sie ist ausgesprochen schwierig; **to refuse sth ~** etw glatt ablehnen

down·'riv·er I. *adj* flussabwärts [*o* stromabwärts] gelegen; **the ~ ford** die flussabwärts gelegene Furt **II.** *adv* flussabwärts, stromabwärts **down·scal·ing** ['daʊnskeɪlɪŋ] *n no pl* Repartierung *f* **'down·shift** *vi* aussteigen *(aus einem gut bezahlten, aber anstrengenden Job)* **down·shift·er** ['daʊnʃɪftəʳ, AM -ɚ] *n* Aussteiger(in) *m(f)* **'down·side** *n no pl* Kehrseite *f,* Schattenseite *f* **'down·side fac·tor** *n* ECON, FIN Verlustfaktor *m* **down·side 'risk** *n* ECON, FIN Kursrisiko *nt* nach unten **'down·size** *vi* ① ECON Personal abbauen, sich *akk* verkleinern ② *(move to smaller house)* sich *akk* verkleinern **'down·siz·er** *n* ECON Unternehmen, das Personal abbaut *(als Rationalisierungsmaßnahme)* **'down·siz·ing I.** *n* ① *no pl (staff reduction)* Personalabbau *m,* Stellenabbau *m* ② *(cut in staff)* Entlassungswelle *f,* Kündigungswelle *f,* Rationalisierung *f* **II.** *adj attr, inv* sich *akk* verkleinernd; ~ **company** Unternehmen, das Personal abbaut **'down·spout** *n* AM *(downpipe)* [Regen]fallrohr *nt*

'Down's Syn·drome *n* Down-Syndrom *nt,* Trisomie 21 *f,* Mongolismus *m pej fam*

'down·stage I. *adv* zum vorderen Teil der Bühne [hin]; **to move ~** sich *akk* auf der Bühne nach vorne bewegen **II.** *adj* im vorderen Bühnenabschnitt *nach n,* im Vordergrund der Bühne *nach n* **'down·stairs I.** *adv inv* treppab, die Treppe hinunter, nach unten; ***there's a man ~*** unten steht ein Mann; **to go ~** nach unten gehen, hinuntergehen **II.** *adj inv* ① *(one floor down)* im unteren Stockwerk; ***there's a ~ bathroom*** unten gibt es ein Badezimmer; ***our ~ neighbours are delightful people*** die Nachbarn unter uns sind reizende Leute ② *(on the ground floor)* im Erdgeschoss [*o bes* SCHWEIZ Parterre] **III.** *n no pl* Erdgeschoss *nt,* Parterre *nt bes* SCHWEIZ **'down·stream I.** *adv* stromabwärts, flussabwärts **II.** *adj* ① *(of river)* stromabwärts [*o* flussabwärts] gelegen; ~ **voyage** Reise *f* flussabwärts ② TECH *process* Folge-, nachgelagert; *stage* später [eintretend] **'down·swing** *n* ① *(downward trend)* Abwärtstrend *m; in figures* Rückgang *m* ② *(recession)* Flaute *f,* Abschwung *m,* Konjunkturrückgang *m,* Konjunkturabschwächung *f* ③ *no pl (in golf)* Abwärtsschwingen *nt,* Abschwung *m* **'down·tick** *n* AM STOCKEX leichter Kursabfall; *(share)* Aktie *f* mit leicht fallender Tendenz; *(transaction lower than previous rate)* Kursabschlag *m* **'down·time** *n no pl* COMPUT, MECH Ausfallzeit *f* **down-to-'earth** *adj* nüchtern, sachlich; ~ **plan** realistischer Plan; ***she's a ~ sort of woman*** sie steht mit beiden Beinen fest auf der Erde **'down·town** AM **I.** *n no pl, no art* Innenstadt *f,* Innerstadt *f* SCHWEIZ, Stadtmitte *f,* [Stadt]zentrum *nt,* Geschäftsviertel *nt* **II.** *adv* in der Innenstadt, im [Stadt]zentrum; ***shall we eat ~ tonight?*** sollen wir heute in der Stadt essen?; **to go/ride ~** in die Innenstadt [*o* ins [Stadt]zentrum] gehen/fahren **III.** *n modifier* Innenstadt-, Innerstadt- SCHWEIZ; ~ **crime** Verbrechen *nt* in der Innenstadt; ~ **location** Innenstadtlage *f;* ~ **scene** Großstadtszene *f;* ~ **stores** Läden in der Innenstadt [*o* im Zentrum] [*o* SCHWEIZ Innerstadt]; ~ **traffic** Verkehr *m* im Zentrum, Innenstadtverkehr *m,* Innerstadtverkehr *m* SCHWEIZ **down·trend** ['daʊntrend] *n* ECON Abwärtstrend *m* **'down·trod·den** *adj* unterdrückt, geknechtet *geh* **'down·turn** *n* ECON Rückgang *m,* Abwärtstrend *m,* Abschwung *m,* Flaute *f;* ~ **phase** STOCKEX Baissephase *f;* **economic ~** Konjunkturabschwung *m;* **to take a ~** sinken, abflauen; *prices* fallen **down 'un·der** BRIT, AM **I.** *adv (fam: Australia)* in [*o* nach] Australien; *(New Zealand)* in [*o* nach] Neuseeland **II.** *n* Australien *nt; (New Zealand)* Neuseeland *nt*

down·ward ['daʊnwəd, AM -wɚd] **I.** *adj inv* nach unten [gerichtet]; ~ **revision** Abwärtskorrektur *f;* ~ **trend** ECON Abwärtstrend *m;* **to be on a ~ trend** sich *akk* im Abwärtstrend befinden, zurückgehen; ***at last inflation is on a ~ path*** endlich ist die Inflation[srate] rückläufig
II. *adv esp* AM *see* **downwards**

down·wards ['daʊnwədz, AM -wɚdz] *adv inv* ① *(in/toward a lower position)* abwärts, nach unten, hinunter; ***the road slopes gently ~*** die Straße fällt sanft ab; ***the water filters ~ through the rock*** das Wasser sickert durch den Felsen nach unten; **to lie face ~** mit dem Gesicht nach unten [*o* auf dem

Bauch] liegen
② *(to a lower number)* nach unten; ***casualty figures were revised*** ~ die Zahl der Gefallenen wurde nach unten korrigiert; **children of six and** ~ Kinder mit sechs Jahren und darunter

'down·wind **I.** *adv* mit dem Wind, in Windrichtung; **to be ~ of sb** sich *akk* in jds Windschatten befinden
II. *adj* in Windrichtung [liegend]; **~ side** windabgewandte Seite; ***hunters always approach an animal from the ~ side*** Jäger pirschen sich immer nur gegen die Windrichtung an ein Tier heran

downy ['daʊni] *adj* ① *(fluffy)* mit feinen Härchen; *hair* flaumig
② BRIT *(sl: knowing, clever)* clever *fam,* gerissen *fam,* SCHWEIZ *a.* gefitzt *fam;* ***he's a ~ old bird*** er ist ein gerissener alter Fuchs *fam*

dow·ry ['daʊri] *n* Mitgift *f kein pl veraltend,* Aussteuer *f kein pl*

dowse¹ [daʊz] *vi* mit einer Wünschelrute suchen; **to find sth by dowsing** etw mit Hilfe einer Wünschelrute aufspüren

dowse² [daʊz] *vt see* **douse**

dows·er ['daʊzəʳ, AM -ɚ] *n* [Wünschel]rutengänger(in) *m(f)*

dows·ing ['daʊzɪŋ] **I.** *n no pl* Wünschelrutengehen *nt*
II. *adj* **~ rod** Wünschelrute *f*

doy·en ['dɔɪen] *n* Altmeister *m,* Nestor *m geh,* Doyen *m fig geh;* **~ of the diplomatic corps** Doyen *m* des diplomatischen Korps

doy·enne [dɔɪ'en] *n* Altmeisterin *f,* Nestorin *f geh,* Doyenne *f geh*

doy·l(e)y ['dɔɪli] *n see* **doily**

doz. *abbrev of* **dozen** Dtzd.

doze [dəʊz, AM doʊz] **I.** *n* Nickerchen *nt kein pl fam,* Schläfchen *nt kein pl* SCHWEIZ *fam;* **to fall into a ~** einnicken *fam,* wegdösen *fam;* **to have a ~** ein Nickerchen [*o* SCHWEIZ Schläfchen] machen *fam*
II. *vi* dösen *fam*
◆**doze off** *vi* eindösen *fam,* einnicken *fam*

doz·en ['dʌzᵊn] *n* Dutzend *nt;* **half a ~** [*or* **a half ~**] ein halbes Dutzend; **two/several ~ people** zwei/mehrere Dutzend Leute; **~s of times** *(very often)* x-mal *fam;* **by the ~** zu Dutzenden, dutzendweise
▶PHRASES: **to talk nineteen to the ~** reden wie ein Wasserfall

dozi·ly ['dəʊzɪli, AM 'doʊz-] *adv* schläfrig, verschlafen; **to murmur sth ~** etw halb im Schlaf murmeln

dozi·ness ['dəʊzɪnəs, AM 'doʊz-] *n no pl* ① *(condition of feeling dozy)* Schläfrigkeit *f,* Müdigkeit *f*
② BRIT *(fam: stupidity)* Dummheit *f,* Stupidität *f*

dozy ['dəʊzi, AM 'doʊzi] *adj* ① *(drowsy, sleepy)* schläfrig, verschlafen
② BRIT *(fam: stupid)* dumm, schwer von Begriff *pej fam;* **~ idiot** Trottel *m pej fam,* SCHWEIZ *a.* Tschumpel *m pej fam,* Döskopp *m* NORDD *pej fam*

DP¹ [ˌdiː'piː] *n* COMPUT *abbrev of* **data processing** DV *f*

DP² *n abbrev of* **displaced person** Vertriebene(r) *f(m)*

DPhil [ˌdiː'fɪl] *n abbrev of* **Doctor of Philosophy** Dr. phil.

dpi, d.p.i. COMPUT *see* **dots per inch** Punkte *pl* pro Inch

DPP [ˌdiːpiː'piː] *n* BRIT *abbrev of* **Director of Public Prosecutions** Oberstaatsanwalt, -anwältin *m, f*

Dr *n abbrev of* **doctor** Dr.

drab <-bb-> [dræb] *adj* trist, langweilig; **~ colours** trübe Farben; **~ existence** eintöniges Leben, freudloses Dasein *geh;* **~ person** farblose Person; **~ surroundings** trostlose Umgebung

drab·ly ['dræbli] *adv* trist *geh*

drab·ness ['dræbnəs] *n no pl* Tristheit *f,* Düsterkeit *f; of life* Eintönigkeit *f,* Monotonie *f; of surroundings* Trostlosigkeit *f*

drach·ma <*pl* -s *or* -> ['drækmə] *n* Drachme *f*

dra·co·nian [drə'kəʊniən, AM -'koʊ-] *adj* drakonisch, hart

draft [drɑːft, AM dræft] **I.** *n* ① *(preliminary version)* Entwurf *m,* SCHWEIZ *a.* Brouillon *m;* **first ~** erster Entwurf, Konzept *nt;* **preliminary ~** Vorentwurf *m;* **rough ~** Rohfassung *f,* Rohentwurf *m*
② *no pl esp* AM *(military conscription)* Einberufung *f,* Einziehung *f,* Aufgebot *nt* SCHWEIZ; **~ card** Einberufungsbescheid *m,* Aufgebot *nt* SCHWEIZ; **~ order** Einberufungsbefehl *m,* Aufgebot *nt* SCHWEIZ
③ *no pl esp* AM *(conscripted persons)* Wehrpflichtige *pl,* Rekruten *pl*
④ *esp* BRIT ECON, FIN Zahlungsanweisung *f,* [gezogener] Wechsel, Tratte *f fachspr;* **bank ~** Bankwechsel *m,* Banktratte *f;* **banker's ~** Bankscheck *m;* **~ at sight** Sichtwechsel *m*
⑤ AM *see* **draught**
II. *n modifier* ① *(preliminary)* Entwurfs-; **~ budget** Haushaltsentwurf *m,* Haushaltsvorlage *f;* **~ contract** Vertragsentwurf *m;* **~ law** Gesetzesvorlage *f*/-entwurf *m;* **~ letter** Entwurf *m* eines Briefes [*o* Schreibens]; **to be still in the ~ stages** sich *akk* noch im Entwurfsstadium befinden
② *esp* AM *(relating to military conscription)* Einberufungs-, Aufgebots- SCHWEIZ; **~ board** Wehrersatzbehörde *f,* Musterungskommission *f,* Stellungskommission *f* ÖSTERR; **district ~ board** Kreiswehrersatzamt *nt,* regionale Stellungskommission ÖSTERR; **~ exemption** Befreiung *f* vom Wehrdienst [*o* SCHWEIZ *a.* Militärdienst]
III. *vt* ① *(prepare)* ■**to ~ sth** etw entwerfen [*o* skizzieren]; **to ~ a bill** [*or* **law**] einen Gesetzentwurf verfassen; **to ~ a contract** einen Vertrag aufsetzen; **to ~ a plan** einen Plan entwerfen; **to ~ a proposal** einen Vorschlag ausarbeiten
② *esp* AM MIL ■**to ~ sb** jdn einziehen [*o* einberufen]; **to ~ sb into the army** jdn zum Wehrdienst einberufen
③ SPORT, NAUT ■**to ~ sth** im Kielwasser von etw *dat* schwimmen
◆**draft in** *vt* BRIT ■**to ~ in** ↻ **sb** jdn als Aushilfe [*o* als Aushilfskraft] einstellen

'draft dodg·er *n esp* AM *(conscientious objector)* Wehrdienstverweigerer, -verweigerin *m, f; (shirker)* Drückeberger(in) *m(f) pej*

draftee [ˌdrɑː'ftiː, AM ˌdræf'-] *n esp* AM Wehrpflichtige(r) *f(m)*

draft·er ['drɑːftəʳ, AM 'dræftɚ] *n* ECON, FIN Verfasser(in) *m(f)*

draft·ing ['drɑːftɪŋ, AM 'dræ-] *n no pl* ECON, FIN Verfassen *nt,* Formulieren *nt*

drafts·man *n* AM, AUS *see* **draughtsman** **drafts·wom·an** *n* AM, AUS *see* **draughtswoman**

drafty *adj* AM *see* **draughty**

drag [dræg] **I.** *n* ① *no pl* PHYS Widerstand *m;* AVIAT Luftwiderstand *m,* Strömungswiderstand *m;* NAUT Wasserwiderstand *m*
② *no pl (impediment)* Hemmschuh *m fig,* Hindernis *nt;* ■**to be a ~ on sb** ein Klotz an jds Bein sein, für jdn eine Last sein; ■**to be a ~ on sth** etw behindern, einer S. *dat* im Wege stehen
③ *no pl (fam: bore)* langweilige Sache; ***that's a bit of a ~ — we've run out of coffee*** das ist ja echt ätzend – wir haben keinen Kaffee mehr *sl;* ***the party was an awful ~*** die Party war so was von stinklangweilig *sl*
④ *no pl (fam: cross dress)* Frauenklamotten *pl fam,* Fummel *m sl;* ■**to be in ~** Frauenkleider tragen, einen Fummel anhaben *sl*
⑤ *(fam: inhalation of smoke)* Zug *m*
▶PHRASES: **the main ~** AM *(fam)* die Hauptstraße
II. *adj attr, inv* transvestitisch, Transvestiten-; **~ artist** *Künstler, der in Frauenkleidern auftritt*
III. *vt* <-gg-> ① *(pull along the ground)* ■**to ~ sb/sth somewhere** jdn/etw irgendwohin ziehen [*o* schleifen] [*o* zerren]; **to ~ one's heels** [*or* **feet**] schlurfen; *(fig)* sich *dat* Zeit lassen; ***the government is ~ging its heels over this issue*** die Regierung lässt die Sache schleifen; **to ~ sb's name through the mud** [*or* **mire**] jds Namen durch den Dreck [*o* Schmutz] ziehen; **to ~ sth behind one** etw hinter sich *dat* herziehen; **to ~ oneself somewhere** sich *akk* irgendwohin schleppen
② *(take sb somewhere unwillingly)* ■**to ~ sb somewhere** jdn irgendwohin schleifen [*o* zerren]; ***we had to ~ him out of the bar*** wir mussten ihn aus der Bar herausholen; ***I don't want to ~ you away if you're enjoying yourself*** ich will dich hier nicht wegreißen, wenn du dich gerade amüsierst *fam*
③ *(bring up)* **to ~ sth into the conversation** etw aufs Tapet bringen *fam,* das Thema auf etw *akk* lenken
④ *(involve)* ■**to ~ sb into sth** jdn in etw *akk* hineinziehen [*o* verwickeln]; ***don't ~ me into your argument!*** lasst mich bitte aus eurem Streit heraus!
⑤ *(force)* ■**to ~ sth out of sb** etw aus jdm herausbringen [*o* herausholen]; ***you never tell me how you feel — I always have to ~ it out of you*** du sagst mir nie, wie du dich fühlst – ich muss dir immer alles aus der Nase ziehen; **to ~ a confession/the truth out of sb** jdm ein Geständnis/die Wahrheit entlocken
⑥ *(search)* **to ~ a lake/river** einen See/Fluss absuchen
⑦ COMPUT ■**to ~ sth** etw [ver]schieben; **~ and drop** ziehen und ablegen
IV. *vi* <-gg-> ① *(trail along)* schleifen
② *(pej: proceed tediously)* sich *akk* [da]hinziehen [*o pej* dahinschleppen], schleppend [*o* zäh] vorangehen *pej;* ***this meeting is really starting to ~*** dieses Treffen zieht sich allmählich ziemlich in die Länge; **to ~ to a close** schleppend zu Ende gehen
③ AM *(fam: feel unwell)* sich *akk* schlapp fühlen
④ AM *(sl: race in cars)* ein Rennen fahren [*o fam* machen], sich *dat* ein Rennen liefern
◆**drag along** *vi* ■**to ~ along** ↻ **sth** etw wegschleppen [*o* wegzerren]; ■**to ~ along** ↻ **sb** jdn mitschleppen; **to ~ oneself along** sich *akk* dahinschleppen
◆**drag apart** *vt* ■**to ~ sb apart** jdn wegzerren
◆**drag away** *vt* ① *(get off)* ■**to ~ sth/sb away** etw wegschleppen; ***I could not ~ him away from her*** ich konnte ihn nicht von ihr wegziehen
② *(take sb's attention from sth)* ■**to ~ sb away from sth** jdn von etw wegziehen; ***if you could ~ yourself away from the television for a moment ...*** wenn du dich für einen Augenblick vom Fernsehen losreißen könntest ...
◆**drag behind** *vi* trödeln, hinterherbummeln
◆**drag down** *vt* ① *(force to a lower level)* ■**to ~ sb down** jdn herunterziehen [*o* nach unten ziehen] *fig;* ***when he argues, he always ends up ~ging others down to his level*** wenn er sich streitet, zieht er die anderen am Ende immer auf sein Niveau herunter; ■**to ~ sb down with oneself** jdn mit sich *dat* reißen
② *(make sb depressed)* ■**to ~ sb down** jdn zermürben [*o fam* fertigmachen]; ***don't let this ~ you down*** lass dich dadurch nicht entmutigen
③ *(reduce)* ■**to ~ down** ↻ **sth** *prices* etw herunterziehen; ***the threat of job cuts is ~ging down the workers' performance*** der drohende Stellenabbau beeinträchtigt die Leistung der Arbeiter
◆**drag in** *vt* ① *(bring in)* ■**to ~ in** ↻ **sb/sth** jdn/etw hinein-/hereinziehen; ***look, what the cat just ~ged in!*** *(fam)* sieh mal, wer da kommt!
② *(involve)* **to ~ in** ↻ **sb** jdn hinein-/hereinziehen [*o* hinein-/hereinbringen]
③ *(mention)* ■**to ~ in** ↻ **sth** etw aufs Tapet bringen *fam;* ***don't ~ him into this - he's got nothing to do with it*** lassen Sie ihn aus dem Spiel - er hat damit nichts zu tun
◆**drag off** *vt* ■**to ~ sb off to somewhere** jdn irgendwohin schleppen
◆**drag on** *vi (pej)* sich *akk* [da]hinziehen [*o fig* dahinschleppen] [*o* in die Länge ziehen] *pej;* **to ~ on for hours** sich *akk* stundenlang hinziehen
◆**drag out** *vt* ① *(protract)* ■**to ~ out** ↻ **sth** etw in die Länge ziehen [*o* hinausziehen]
② *(extract)* ■**to ~ sth out of sb** *information* jdm etw aus der Nase ziehen *fam*
③ *(liter: suffer through)* ■**to ~ out** ↻ **sth** sich *akk* durch etw *akk* schleppen; **to ~ out a weary life** vor sich *akk* hin leben; **to ~ out one's days** sein Leben fristen
◆**drag up** *vt* ① *(mention)* ■**to ~ up** ↻ **sth** *scandal, story* etw [wieder] ausgraben

② *esp* BRIT *(pej: raise)* **to ~ up ○ a child** ein Kind lieblos aufziehen

dra·gée [dræˈʒeɪ] *n* dragierte [*o* mit Zucker überzogene] Mandel

'drag lift *n* Schlepplift *m*

'drag·net *n* ① *(systematic search)* Ringfahndung *f* ② *(fishing net)* Schleppnetz *nt*

dra·go·man <*pl* -s *or* -men> [ˈdrægəʊmən, AM goʊ] *n* Dragoman *m*

drag·on [ˈdrægᵊn] *n* ① *(mythical creature)* Drache *m,* Lindwurm *m liter o hum*
② *(woman)* Drachen *m oft pej fam*
③ AUS *(lizard)* Eidechse *f*

'drag·on·fly *n* Libelle *f*

dra·goon [drəˈguːn] **I.** *n (hist)* Dragoner *m hist*
II. *vt* ■**to ~ sb into doing sth** jdn zwingen, etw zu tun, jdm etw aufzwingen

'drag queen *n* Transvestit *m,* Tunte *f pej sl*

'drag race *n* AUTO, SPORT Dragsterrennen *nt,* Beschleunigungsrennen *nt*

drag·ster [ˈdrægstəʳ, AM -ɚ] *n* AUTO, SPORT Dragster *m*

drain [dreɪn] **I.** *n* ① *(pipe)* Rohr *nt; (under sink)* Abfluss *m,* Abflussrohr *nt; (at roadside)* Gully *m,* SCHWEIZ *meist* Dole *f;* **~ in the road** Kanalisationsrohr *nt,* Abwasserleitung *f;* **to be down the ~** *(fig)* für immer [*o* unwiederbringlich] verloren sein; **to go down the ~** *(fig)* vor die Hunde gehen *fam;* **to throw sth down the ~** *(fig)* etw zum Fenster hinauswerfen *fig*
② *(plumbing system)* ■**~s** *pl* Kanalisation *f*
③ *(constant outflow)* Belastung *f;* ■**to be a ~ on sth** eine Belastung für etw *akk* darstellen [*o* sein]; ***looking after her elderly mother is quite a ~ on her energy*** die Pflege ihrer alten Mutter zehrt sehr an ihren Kräften; **brain ~** Braindrain *m,* Abwanderung *f* von Wissenschaftlern/Wissenschaftlerinnen [ins Ausland]
▸PHRASES: **to laugh like a ~** BRIT *(fam)* sich *akk* halb totlachen
II. *vt* ① *(remove liquid)* ■**to ~ sth** etw entwässern; *liquid* etw ablaufen lassen; *vegetables* etw abgießen; **to ~ marshes/soil** Sümpfe/Boden entwässern [*o fachspr* dränieren]; **to ~ noodles/rice** Nudeln/Reis abtropfen lassen; **to ~ a pond** einen Teich ablassen [*o* trockenlegen]; **to ~ an abscess** MED einen Abszess drainieren
② *(form: empty)* ■**to ~ sth** etw austrinken; **to ~ a bottle** eine Flasche leeren [*o* leer trinken]; **to ~ one's glass** sein Glas austrinken [*o* leeren]
③ *(exhaust)* ■**to ~ sb** jdn [völlig] auslaugen [*o* erschöpfen]
④ *(deplete)* ■**to ~ sth of sb** jdn einer S. *gen* berauben *geh*
III. *vi* ① *(flow away)* ablaufen, abfließen
② *(permit drainage)* entwässert [*o* trocken] werden; ***the soil had got too hard and wouldn't ~ properly*** der Boden war zu hart geworden und das Wasser konnte nicht richtig ablaufen
③ *(become dry)* abtropfen
④ *(vanish gradually)* dahinschwinden; ***the colour ~ed from her face*** die Farbe wich aus ihrem Gesicht
◆**drain away** *vi liquid* ablaufen, abfließen; *energy, fear, strength, tension* nachlassen, [dahin]schwinden
◆**drain off** *vt* ■**to ~ off ○ sth** *water* etw abgießen; **to ~ off noodles/rice** Nudeln/Reis abtropfen lassen

drain·age [ˈdreɪnɪdʒ] **I.** *n no pl* ① *(water removal)* Entwässerung *f*
② *(system)* Kanalisation *f,* Abwasserkanäle *pl; (system)* Entwässerungssystem *nt; (in fields, etc.)* Dränage *f*
③ *(material drained off)* abgeleitete Flüssigkeit; *(sewage)* Abwasser *nt*
II. *n modifier* Entwässerungs-; **~ area** GEOG Einzugsgebiet *nt,* Entwässerungsgebiet *nt;* **~ channel** Abzugsgraben *m,* Entwässerungsgraben *m;* **~ system** Schmutzwassersystem *nt,* Schmutzwassernetz *nt,* Abwassersystem *nt;* NAUT Lenzanlage *f*

'drain·age ba·sin *n* GEOG Einzugsgebiet *nt,* Entwässerungsgebiet *nt*

'drain·board *n* AM *(draining board)* Ablauf *m,* Abtropfbrett *nt*

drained [dreɪnd] *adj* erschöpft, fix und fertig *fam,* k. o. *fam;* ***you look completely ~*** du siehst total erledigt aus *fam*

drain·ing board [ˈdreɪnɪŋ-], BRIT **drain·er** [ˈdreɪnəʳ] *n* Abtropfgestell *nt,* Abtropfgitter *nt*

'drain·pipe *n* ① *(for sewage)* Abflussrohr *nt,* Abwasserleitung *f;* *(for rainwater)* Regenrohr *nt*
② *(trousers)* ■**~s** *pl* Röhrenhose *f sing* **drain·pipe 'trou·sers** *npl* Röhrenhose *f sing*

drake [dreɪk] *n* Enterich *m,* Erpel *m*

dram [dræm] *n esp* SCOT **a ~ of whisky** ein Schluck *m* Whisky; ***would you care for a wee ~?*** wie wär's mit einem kleinen Schluck?

dra·ma [ˈdrɑːmə] **I.** *n* ① *no pl (theatre art)* Schauspielerei *f,* Schauspielkunst *f*
② *no pl (dramatic literature)* Drama *nt,* dramatische Literatur
③ *(play, theatrical piece)* Drama *nt,* Schauspiel *nt;* [**television**] **~** Fernsehspiel *nt;* **historical ~** historisches Stück
④ *no pl (dramatic quality)* Dramatik *f;* ***the situation was packed with ~*** die Situation war hoch dramatisch
⑤ *(dramatic event)* Drama *nt fig;* **to make a ~ out of sth** aus etw *dat* ein Drama machen
II. *n modifier* Theater-, Schauspiel-; **~ critic** Theaterkritiker(in) *m(f);* **~ teacher** Schauspiellehrer(in) *m(f)*

dra·ma docu·'men·tary *n* FILM, TV Dokumentarspiel *nt* **'dra·ma group** *n* Theatergruppe *f;* **amateur ~** Laienspielgruppe *f* **'dra·ma school** *n* Schauspielschule *f;* **to go to ~** die Schauspielschule besuchen

dra·mat·ic [drəˈmætɪk, AM -ţ-] *adj* ① *(in theatre)* Theater-; **~ artist** Bühnenschauspieler(in) *m(f),* Theaterschauspieler(in) *m(f);* **~ production** Bühnenbearbeitung *f,* Inszenierung *f;* **~ work** [Theater]stück *nt;* **~ irony** LIT tragische Ironie; **~ monologue** LIT dramatischer Monolog; **~ poetry** LIT dramatische Dichtung
② *(action-filled)* dramatisch; **~ climax** dramatischer Höhepunkt; **~ spectacle** dramatisches Schauspiel
③ *(pej: theatrical)* theatralisch *pej;* ***she looked rather ~*** sie wirkte ziemlich theatralisch; **~ gesture** theatralische Geste
④ *(very noticeable)* dramatisch, spektakulär; *(serious)* gravierend; ***there's been a ~ rise in unemployment*** die Arbeitslosigkeit ist drastisch angestiegen
⑤ *(sudden and exciting) development* dramatisch; *change* einschneidend

dra·mati·cal·ly [drəˈmætɪkᵊli, AM -ţ-] *adv* ① *(relating to the theatre)* schauspielerisch; ***it's an interesting idea, but I don't think it will work ~*** es ist eine interessante Idee, aber ich glaube nicht, dass sich das auf der Bühne umsetzen lässt
② *(pej: exaggeratedly)* theatralisch *pej*
③ *(strikingly)* dramatisch, beträchtlich
④ *(suddenly and excitingly)* dramatisch, drastisch; ***your life changes ~ when you have a baby*** ein Kind stellt dein Leben total auf den Kopf; ***the political situation has been developing ~*** die politische Situation hat sich dramatisch zugespitzt

dra·mat·ics [drəˈmætɪks, AM -ţ-] *npl* ① + *sing vb (art of acting)* Dramaturgie *f;* **amateur ~** Laientheater *nt*
② *(usu pej: exaggerated behaviour)* theatralisches Getue *pej,* Theatralik *f*

dra·ma·tis per·so·nae [ˌdrɑːmətɪspɜːˈsəʊnaɪ, -niː, AM -tɪspɚˈsoʊ-, ˌdræm-, -niː] *n + sing vb* ① *(characters)* Personen *pl* der Handlung *(eines Theaterstücks); (actors)* Besetzung *f*
② *(listing)* Rollenverzeichnis *nt*

drama·tist [ˈdræmətɪst, AM -ţ-, ˈdrɑːm-] *n* Dramatiker(in) *m(f),* Bühnenautor(in) *m(f)*

drama·ti·za·tion [ˌdræmətaɪˈzeɪʃᵊn, AM -ţɪˈ-, ˌdrɑːm-] *n* ① *(dramatizing of a work)* Dramatisierung *f;* THEAT Bühnenbearbeitung *f;* FILM Kinobearbeitung *f;* TV Fernsehbearbeitung *f*
② *no pl (usu pej: exaggeration)* Dramatisieren *nt meist pej;* ***she has a tendency toward ~*** sie neigt dazu, alles zu dramatisieren

drama·tize [ˈdræmətaɪz, AM *also* ˈdrɑːm-] **I.** *vt* ■**to ~ sth** ① *(adapt)* etw bearbeiten; ***the novel is currently being ~d for TV*** der Roman wird derzeit für das Fernsehen bearbeitet
② *(usu pej: exaggerate)* etw dramatisieren [*o fam* hochspielen] *pej*
II. *vi novel* sich *akk* bearbeiten lassen

dram·edy [ˈdrɑːmədi, AM ˈdræ-] *n* AM *Film oder Fernsehserie, deren Handlung als Komödie angelegt ist*

drank [dræŋk] *pt of* **drink**

drape [dreɪp] **I.** *vt* ① *(cover loosely)* ■**to ~ sth** [**in** [*or* **with**] **sth**] etw [mit etw *dat*] bedecken [*o* behängen]
② *(place on)* ■**to ~ sth** [**around/over**] **sth** etw [um/über etw *akk*] drapieren; ***she ~d the silk scarf around her bare shoulders*** sie legte sich das Seidentuch anmutig um die bloßen Schultern; ***I saw him last night in the pub with some woman ~d all over him*** ich habe ihn gestern Abend in der Kneipe gesehen, in enger Umschlingung mit einer Frau
II. *vi* herabhängen, herabfallen; ***clothes in woollen fabrics ~ well*** Kleider aus Wollstoffen fallen schön
III. *n* ① *no pl (way of hanging)* Fall *m*
② *(fold)* ■**~s** *pl* Falten *pl*
③ *esp* AM *(curtains)* ■**~s** *pl* Vorhänge *pl,* Gardinen *pl* BRD, ÖSTERR

drap·er [ˈdreɪpəʳ] *n* BRIT *(dated)* Textilkaufmann, -frau *m, f,* Stoffhändler(in) *m(f) veraltet;* **~'s shop** Textilgeschäft *nt*

dra·pery [ˈdreɪpᵊri] *n* ① *no pl (loosely arranged fabric)* Behang *m*
② *no pl* BRIT *(dated: cloths)* Stoffe *pl,* Textilien *pl;* ***you'll find ~ on the second floor*** die Textilwaren finden Sie im ersten Stock
③ AM, AUS *(heavy curtains)* ■**draperies** *pl* [schwere] Vorhänge

dras·tic [ˈdræstɪk] *adj* drastisch; ***isn't that a bit ~?*** ist das nicht ein bisschen übertrieben?; **~ action** rigoroses Durchgreifen; **~ cuts** drastische Kürzungen; **~ change** radikale [*o* einschneidende] Veränderung; **to take ~ measures** drastische Maßnahmen ergreifen

dras·ti·cal·ly [ˈdræstɪkli] *adv* drastisch, rigoros; **to change one's diet ~** seine Ernährung von Grund auf umstellen

drat [dræt] *interj (dated fam)* verflixt! *fam,* verdammt! *fam*

drat·ted [ˈdrætɪd] *adj attr (dated fam)* verflucht *pej sl,* verdammt *pej sl*

draught, AM *usu* **draft** [drɑːft, AM dræft] **I.** *n* ① *(air current)* [Luft]zug *m kein pl;* ***there's a ~ every time that door is opened*** jedes Mal, wenn die Tür aufgeht, zieht es; **to feel the ~** *(fig)* in der Klemme sitzen *fam;* ***he's feeling the ~ right now*** ihm geht allmählich das Geld aus; **to sit in a ~** im Zug sitzen
② *(form: act of drinking)* Zug *m kein pl,* Schluck *m kein pl;* **a ~ of beer** ein Schluck Bier
③ PHARM *(dated)* Dosis *f*
④ *no pl* **on ~** vom Fass; **beer on ~** Fassbier *nt,* Bier *nt* vom Fass
⑤ *(of ship)* Tiefgang *m kein pl*
⑥ BRIT, AUS *(game)* ■**~s** *pl* Damespiel *nt,* Dame; **to play ~** Dame spielen
II. *adj attr, inv* ① *(in cask)* vom Fass, Fass-; **~ beer** Bier *nt* vom Fass, Fassbier *nt*
② *(used for pulling loads)* Zug-; **~ animal** Zugtier *nt*

'draught board *n* BRIT, AUS Damebrett *nt*

'draughts·man, AM *usu* **'drafts·man** *n* ① *(in technical drawing)* technischer Zeichner, Konstruktionszeichner *m*
② *(skilled drawer)* Zeichner *m*
③ BRIT, AUS *(game)* Damestein *m*
④ LAW Entwerfer *m,* Urkundenverfasser *m;* **costs ~** Kostensachbearbeiter *m;* **parliamentary ~** Jurist, der Gesetzesentwürfe formuliert

'draughts·man·ship, AM *usu* **'drafts·man·ship**

D

n no pl zeichnerisches Können; ***his ~ is excellent*** seine zeichnerischen Fähigkeiten sind hervorragend

'draughts·wom·an, AM *usu* **'drafts·wom·an** *n* ❶ *(job)* technische Zeichnerin, Konstruktionszeichnerin *f* ❷ *(skilled drawer)* Zeichnerin *f*

draughty, AM *usu* **drafty** ['drɑ:fti, AM 'dræfti] *adj* zugig; ***it's a bit ~ in here*** hier zieht es ein bisschen

Dra·vid·ian [drə'vɪdiən] **I.** *n* ❶ *(person from southern India)* Dravide(r) *f(m)* ❷ *(language family)* Dravidisch *nt*
II. *adj* dravidisch

draw [drɔ:, AM *also* drɑ:]

I. NOUN **II.** TRANSITIVE VERB **III.** INTRANSITIVE VERB

I. NOUN

❶ *(celebrity)* Publikumsmagnet *m,* Attraktion *f; (popular film, play, etc.)* Kassenschlager *m,* Publikumserfolg *m*
❷ *(power)* Anziehungskraft *f,* Attraktivität *f;* ***an auction has more ~ than a jumble sale*** eine Versteigerung lockt mehr Menschen an als ein Flohmarkt
❸ *(drawn contest)* Unentschieden *nt;* **to end in a ~** unentschieden enden [*o* ausgehen]
❹ *(drawing lots)* Verlosung *f,* Tombola *f;* ***it's just the luck of the ~*** man muss es eben so nehmen, wie es kommt
❺ *(drawing gun)* Ziehen *nt;* **to be quick on the ~** schnell ziehen können; *(fig)* schlagfertig sein
❻ *(inhalation)* Zug *m;* ***he had a quick ~ on his cigarette and tossed it away*** er zog noch einmal kurz an seiner Zigarette und warf sie dann weg

II. TRANSITIVE VERB

<drew, -n> ❶ *(make a picture)* ■**to ~ sb/sth** jdn/etw zeichnen; **to ~ a line** einen Strich [*o* eine Linie] ziehen; ***I ~ the line there*** *(fig)* da ist bei mir Schluss; **to ~ a map/sketch** eine Karte/Skizze anfertigen; **to ~ a picture of sth** *(fig)* das Bild einer S. *gen* zeichnen *fig;* **to ~ sth to scale** etw maßstabsgetreu zeichnen
❷ *(depict)* ■**to ~ sth** etw darstellen [*o* beschreiben]; ***the plot is exciting, but the characters haven't been very well ~n*** die Handlung ist spannend, aber die Charaktere sind nicht gut herausgearbeitet
❸ *(pull)* ■**to ~ sth** etw ziehen; ***he drew his coat tightly around his shoulders*** er zog sich den Mantel fest um die Schultern; ***the little boat was ~n into the whirlpool*** das kleine Boot wurde in den Strudel hineingezogen; ***he drew her into a tender embrace*** er zog sie mit einer zärtlichen Umarmung an sich; **to ~ the blinds** [*or* AM *also* **shades**] *(open)* die Jalousien [*o* Rollläden] [*o* SCHWEIZ Storen] hochziehen; *(close)* die Jalousien [*o* Rollläden] [*o* SCHWEIZ Storen] herunterlassen; **to ~ the curtains** *(pull together)* die Vorhänge zuziehen; *(pull apart)* die Vorhänge aufziehen; **to ~ sb aside** [*or* **to one side**] jdn beiseitenehmen; **to ~ sb into** [**an**] **ambush** jdn in einen Hinterhalt locken
❹ *(attract)* ■**to ~ sb** jdn anlocken [*o* anziehen]; ■**to ~ sth** etw auf sich *akk* ziehen [*o* lenken]; ***you're ~ing a lot of curious looks in that hat*** mit diesem Hut ziehst du eine Menge neugieriger Blicke auf dich; **to ~** [**sb's**] **attention** [**to sb/sth**] [jds] Aufmerksamkeit [auf jdn/etw] lenken; ***she waved at him to ~ his attention*** sie winkte ihm zu, um ihn auf sich aufmerksam zu machen; **to ~ attention to oneself** Aufmerksamkeit erregen; **to ~ a cheer from the crowd** die Menge zum Jubeln bringen; **to ~ sb's fire** jds Kritik auf sich *akk* ziehen; ■**to feel ~n to** [*or* **toward**[**s**]] **sb** sich *akk* zu jdm hingezogen fühlen; ***her eyes were immediately ~n to the tall blond man*** der große Blonde zog sofort ihre Blicke auf sich
❺ *(involve in)* ■**to ~ sb into sth** jdn in etw *akk* hineinziehen [*o* verwickeln]; **to ~ sb into an argument/a discussion** jdn in eine Auseinandersetzung/Diskussion hineinziehen; **to ~ sb into a conversation** jdn in eine Unterhaltung verwickeln
❻ *(attract)* ■**to ~ sth** etw hervorrufen; ***her speech drew an angry response*** ihre Rede hat für Verärgerung gesorgt; **to ~ applause** Beifall ernten; **to ~ criticism** Kritik erregen [*o* hervorrufen]; ■**to ~ sth from sb** jdn zu etw *dat* veranlassen; ***his performance drew a gasp of amazement from the audience*** bei seiner Darbietung verschlug es dem Publikum den Atem; **to ~ a confession from sb** jdm ein Geständnis entlocken
❼ *(formulate)* **to ~ an analogy** eine Parallele ziehen [*o geh* Analogie herstellen]; **to ~ a comparison** einen Vergleich anstellen; ***you can't really ~ a comparison between the two cases*** man kann die beiden Fälle wirklich nicht miteinander vergleichen; **to ~ a conclusion** [*or* **an inference**] einen Schluss ziehen, zu einer Schlussfolgerung kommen; **to ~ a distinction** [**between sth**] etw auseinanderhalten [*o* voneinander unterscheiden]; **to ~ a parallel** eine Parallele ziehen
❽ *(pull out)* **to ~ a weapon** eine Waffe ziehen; ***I couldn't believe it when she drew a knife on me*** ich war völlig perplex, als sie ein Messer zückte *fam*
❾ MED *(extract)* **to ~ blood** Blut fließen lassen; ***he bit me so hard that it drew blood*** er biss mich so fest, dass ich blutete; **to ~ first blood** den ersten Treffer erzielen *a. fig;* **to ~ a tooth** *(dated)* einen Zahn ziehen
❿ CARDS **to ~ a card** [**from the deck**] eine Karte [vom Stapel] abheben [*o* ziehen]
⓫ *(get from source)* ■**to ~ sth** [**from sb/sth**] etw [von jdm/etw] beziehen [*o* erhalten] [*o* bekommen]; ***he drew much of his inspiration from his travels*** einen Großteil seiner Anregungen holte er sich auf seinen Reisen; ***the university ~s its students from all 50 states*** die Studenten der Universität kommen aus allen 50 Bundesstaaten
⓬ *(earn)* ■**to ~ sth** etw beziehen; *(receive)* etw bekommen [*o* erhalten]; ***this investment will ~ 10% interest*** diese Investition bringt 10 % Zinsen; **to ~ pay** [*or* **a salary**] ein Gehalt beziehen; **to ~ a pension** Rente [*o* ÖSTERR eine Pension] bekommen [*o* beziehen]; **to ~ unemployment benefit/a wage** Arbeitslosengeld/einen Lohn bekommen [*o* erhalten]
⓭ *(select by chance)* ■**to ~ sth** etw ziehen [*o* auslosen]; ***we're about to ~ the winning card*** wir ziehen jetzt gleich den Hauptgewinn; ***Real Madrid has ~n Juventus in the football quarter finals*** als Gegner von Real Madrid im Fußballviertelfinale wurde Juventus Turin ausgelost; **to ~ lots for sth** um etw *akk* losen, etw auslosen; ***they drew lots for it*** sie losten darum
⓮ *(obtain water)* **to ~ water** Wasser holen; ***she drew water from the well*** sie schöpfte Wasser aus dem Brunnen; **to ~ sb's bath** jds Badewasser [*o* SCHWEIZ Badwasser] einlassen
⓯ *(pour)* **to ~ a beer** ein Bier zapfen
⓰ FIN *(withdraw)* **to ~ money/£500 from one's account** Geld/500 Pfund von seinem Konto abheben; **to ~ a cheque on sb/sth** einen Scheck auf jdn/etw ausstellen
⓱ *(inhale)* **to ~ a breath** Luft [*o* Atem] holen; ***she drew a deep breath*** sie holte [einmal] tief Luft; **to ~ breath** *(fig)* verschnaufen, eine Verschnaufpause einlegen
⓲ NAUT ***the ship ~s 20 feet of water*** das Schiff hat sechs Meter Tiefgang
⓳ SPORT *(stretch a bow)* **to ~ a bow** einen Bogen spannen
⓴ *(disembowel)* **to ~ fowl/game** *(at butcher's)* ein Tier ausnehmen; *(after hunt)* ein Tier ausweiden

▶ PHRASES: **to ~ a bead on sb/sth** auf jdn/etw zielen; **to ~ a blank** eine Niete ziehen, kein Glück haben; ***she had spent all morning searching but had ~n a blank*** sie hatte den ganzen Morgen gesucht – doch ohne Erfolg; **to ~ the line at sth** bei etw *dat* die Grenze ziehen; ***I ~ the line there*** da ist bei mir Schluss; **~n and quartered** *(hist)* gestreckt und gevierteilt; **to ~ a veil over sth** über etw *akk* den Mantel des Schweigens breiten

III. INTRANSITIVE VERB

<drew, -n> ❶ *(make pictures)* zeichnen
❷ *(proceed)* sich *akk* bewegen; *vehicle, ship* fahren; ***the train slowly drew into the station*** der Zug fuhr langsam in den Bahnhof ein; **to ~ alongside sth** mit etw *dat* gleichziehen, an etw *akk* herankommen; ***as we drew alongside the black Fiat I recognized the driver*** als wir mit dem schwarzen Fiat auf gleicher Höhe waren, erkannte ich den Fahrer; **to ~ apart** sich *akk* voneinander trennen; ***the embracing couple drew apart*** das eng umschlungene Pärchen löste sich voneinander; **to ~ away** wegfahren; **to ~ away from sth** BRIT sich *akk* von etw *dat* entfernen; ***she drew away from him whenever he put his arm around her*** sie wich jedes Mal von ihm zurück, als er den Arm um sie legte; **to ~ level with sb/sth** mit jdm/etw gleichziehen; ***slowly Paul drew level with the BMW*** allmählich holte Paul den BMW ein
❸ *(approach* [*in time*]) **to ~ to a close** [*or* **an end**] sich *akk* seinem Ende nähern, zu Ende gehen; **to ~ near** [*or* **nearer**] näher rücken [*o* kommen]; ***Christmas is ~ing nearer*** Weihnachten rückt [immer] näher
❹ *(make use of)* ■**to ~ on sb** auf jdn zurückkommen, jdn in Anspruch nehmen; ■**to ~ on sth** auf etw *akk* zurückgreifen, von etw *dat* Gebrauch machen, etw in Anspruch nehmen; ***like most writers, she ~s on personal experience in her work*** wie die meisten Schriftsteller schöpft sie bei ihrer Arbeit aus persönlichen Erfahrungen; **to ~ on funds** auf [Geld]mittel zurückgreifen; **to ~ on sb's knowledge** jdn als Kenner zurate ziehen, sich *dat* jds Wissen zunutze machen
❺ *(inhale)* **to ~ on one's cigarette/pipe** an seiner Zigarette/Pfeife ziehen
❻ *(draw lots)* losen, das Los entscheiden lassen; ■**to ~ for sth** um etw *akk* losen, etw durch das Los entscheiden lassen
❼ SPORT *(tie)* unentschieden spielen; ***Coventry drew 1–1 with Manchester United in the semi-finals*** im Halbfinale trennten sich Coventry und Manchester United 1:1 unentschieden

◆**draw aside** *vt* ■**to ~ sb aside** jdn beiseitenehmen; ■**to ~ sth aside** *curtain* etw zur Seite ziehen

◆**draw back I.** *vi* zurückweichen; *(fig)* sich *akk* zurückziehen, SCHWEIZ *a.* zurückkrebsen
II. *vt* ■**to ~ sb back to sth** jdn veranlassen, auf etw *akk* zurückzukommen; ***what drew you back to teaching after so many years in business?*** was hat Sie dazu bewogen, sich nach so vielen Jahren im Geschäftsleben wieder dem Lehrberuf zuzuwenden?; **to ~ sb back to a place** jdn veranlassen, an einen Ort zurückzukehren

◆**draw down I.** *vt* ❶ *(cause)* ■**to ~ down** ⊂ **sth** etw hervorrufen; ***her behaviour drew down the disapproval of the church*** mit ihrem Verhalten erregte sie heftiges Missfallen bei der Kirche; ***his careless remark drew down the anger of his mother-in-law*** mit seiner unbedachten Bemerkung zog er sich den Zorn seiner Schwiegermutter zu
❷ *(dismantle)* ■**to ~ down sth** etw abbauen
❸ *(close)* ■**to ~ down** ⊂ **sth** *blinds, curtains* etw herunterlassen [*o* herunterziehen]
II. *vi* sich *akk* reduzieren

◆**draw in I.** *vi* ❶ *(arrive and stop) train* einfahren; *car* anhalten
❷ *(shorten) days* kürzer werden; *(begin earlier) nights* länger werden; ***the day was slowly ~ing in*** langsam ging der Tag zu Ende
II. *vt* ❶ *(involve)* ■**to ~ sb in**[**to sth**] jdn [in etw *akk*] hineinziehen; ***I really don't want to be drawn in*** ich möchte da wirklich nicht [mit] hineingezogen werden; ***I tried to ~ her into the conversation*** ich versuchte, sie am Gespräch zu beteiligen
❷ *(inhale)* **to ~ in a** [**deep**] **breath** [tief] Luft [*o* Atem] holen, [tief] einatmen

❸ *(attract)* ■**to ~ sb in** jdn anziehen; ***the eye is ~n into the picture by the figure in the foreground*** man wird durch die Figur im Vordergrund in das Bild hineingezogen
▶PHRASES: **to ~ in one's claws** die Krallen einziehen; **to ~ in one's horns** einen Rückzieher machen, SCHWEIZ *a.* zurückkrebsen; *(scale back)* seine Ziele etwas zurückschrauben, SCHWEIZ *a.* zurückbuchstabieren; **to ~ in the reins** die Zügel anziehen
◆**draw off** *vt* ❶ *(excess liquid)* ■**to ~ off ◯ sth** *liquid* etw ablassen; **to ~ off beer** Bier abzapfen; **to ~ off wine** Wein abfüllen; **to ~ off blood** MED Blut abnehmen
❷ *(take off)* ■**to ~ off ◯ sth** *garment* etw ausziehen
◆**draw on I.** *vi* ❶ *(put on)* **to ~ on boots/gloves** Stiefel/Handschuhe anziehen [*o* SCHWEIZ *a.* anlegen]
❷ *(pass slowly) evening, summer* vergehen; ***as the evening drew on, ...*** im Verlauf des Abends ...; ***as time drew on, ...*** mit der Zeit ...
❸ *(form: approach* [*in time*]*)* näher kommen, nahen; ***winter ~s on*** der Winter naht
II. *vt* ❶ *(spend)* ■**to ~ on** [*or* **upon**] **sth** *funds, money* etw verwenden
❷ *(use as inspiration)* ■**to ~ on** [*or* **upon**] **sth** *experience* sich *akk* auf etw *dat* stützen, aus etw *dat* schöpfen
❸ *(put on)* ■**to ~ on sth** *garment* etw anziehen
◆**draw out I.** *vt* ❶ *(prolong)* ■**to ~ out ◯ sth** etw in die Länge ziehen; **to ~ out a discussion** eine Diskussion hinausziehen [*o* in die Länge ziehen]; **to ~ out the vowels** die Vokale dehnen
❷ *(pull out)* ■**to ~ out ◯ sth** etw herausziehen [*o* herausholen]; **to ~ out a pistol** eine Pistole ziehen [*o* zücken]
❸ *(withdraw)* ■**to ~ out ◯ sth** *money* etw abheben
❹ *(persuade to talk)* ■**to ~ sb out** jdn dazu bringen, aus sich *dat* herauszugehen; **to ~ sb out of their shell** jdn aus der Reserve locken
II. *vi* ❶ *(depart) train* ausfahren; *car, bus* herausfahren; ***the train drew out of the station*** der Zug verließ den Bahnhof
❷ *(lengthen) days* länger werden
◆**draw together I.** *vt* ■**to ~ sb together** jdn zusammenbringen [*o* zusammenführen]; ***unfortunately, the death of their son did not ~ them together*** der Tod ihres Sohnes brachte sie einander leider nicht näher; ■**to ~ sth together** etw zusammenziehen; ***she drew the folds of her skirt together and walked up the stairs*** sie raffte ihren Rock zusammen und stieg die Treppe hinauf; ***he drew all the threads together in his conclusion*** er verknüpfte in seinem Fazit alle Fäden miteinander
II. *vi* zusammenrücken; **to ~ closer together** enger [*o* näher] zusammenrücken
◆**draw up I.** *vt* ❶ *(draft)* ■**to ~ up sth** *contract, document, deed* etw aufsetzen; **to ~ up the agenda** die Tagesordnung aufstellen [*o* festsetzen]; **to ~ up a codicil** einen Testamentsnachtrag abfassen [*o* ausarbeiten]; **to ~ up a constitution** *of club, association* eine Satzung abfassen; **to ~ up a curriculum** [*or* **syllabus**] einen Lehrplan aufstellen; **to ~ up guidelines** Richtlinien festlegen; **to ~ up a list** eine Liste aufstellen [*o* erstellen]; **to ~ up a plan** einen Plan entwerfen [*o* ausarbeiten]; **to ~ up a proposal/questionnaire** einen Vorschlag/Fragebogen ausarbeiten; **to ~ up a protocol** ein Protokoll aufnehmen; **to ~ up a report** einen Bericht erstellen [*o* abfassen] [*o* ausarbeiten]; **to ~ up a will** ein Testament errichten
❷ *(pull toward one)* ■**to ~ up ◯ sth** etw heranziehen [*o* zu sich *dat* ziehen]; **~ *up a chair!*** hol dir doch einen Stuhl!; ***he drew the blanket up to his chin*** er zog sich die Bettdecke bis ans Kinn
❸ *(stand up)* **to ~ oneself up** [**to one's full height**] sich *akk* [zu seiner vollen Größe] aufrichten
❹ *(stop)* **to ~ sb up short** jdn plötzlich innehalten lassen
II. *vi* ❶ *(arrive) car* vorfahren; *train* einfahren; ***we drew up at the traffic lights*** wir hielten an der Ampel an; ***the limousine drew up to the hotel entrance*** die Limousine fuhr vor dem Hoteleingang vor; ***just ~ up here and I'll get out*** fahr einfach hier ran, dann steige ich aus *fam;* ■**to ~ up with sb** jdn einholen
❷ MIL *troops* aufmarschieren; ***the band drew up before the reviewing stand*** die Kapelle stellte sich vor der [Parade]tribüne auf; **to ~ up in full array** in voller Uniform aufmarschieren

draw·able ['drɔːəbl, AM 'drɑː-] *adj inv* FIN *(bonds)* auslosbar
'draw·back *n* ❶ *(disadvantage)* Nachteil *m;* ***there are several ~s to your plan*** dein Plan hat einige Haken *fam* ❷ FIN *customs* Zollrückvergütung *f,* Rückzoll *m* **'draw·bridge** *n* Zugbrücke *f* **'draw·down** *n* ECON, FIN [Kredit]inanspruchnahme *f*
drawee [ˌdrɔː'iː, AM ˌdrɑː-] *n* ECON Trassat *m fachspr,* Bezogene(r) *f(m)*
draw·er¹ ['drɔːʳ, AM 'drɔːr] *n* Schublade *f;* **chest of ~s** Kommode *f*
▶PHRASES: **to be out of the top ~** *(dated)* zu den oberen Zehntausend gehören
draw·er² ['drɔːəʳ, AM 'drɑːɚ] *n* ❶ *(of a cheque)* Aussteller(in) *m(f),* Trassant(in) *m(f) fachspr*
❷ *(sb who draws)* Zeichner(in) *m(f)*
drawers ['drɔːz, AM 'drɔːrz] *npl (dated fam: for men)* Unterhose *f;* *(for women)* Schlüpfer *m*
draw·ing ['drɔːɪŋ, AM *also* 'drɑː-] *n* ❶ *no pl (art)* Zeichnen *nt;* **the art of ~** die Zeichenkunst
❷ *(picture)* Zeichnung *f;* **pen-and-ink/pencil ~** Tusche-/Bleistiftzeichnung *f;* **to make a ~** eine Zeichnung anfertigen
❸ *(outline)* Skizze *f,* Entwurf *m,* SCHWEIZ *a.* Brouillon *m*
❹ *(technical diagram)* technische Zeichnung, Maßzeichnung *f;* **mechanical ~** technische Zeichnung
'draw·ing board *n* Reißbrett *nt,* Zeichenbrett *nt;* **to go back to the ~** *(fig)* noch einmal von vorn anfangen **'draw·ing pin** *n* BRIT, AUS Reißnagel *m,* Reißzwecke *f*
'draw·ing rights *npl* FIN Ziehungsrechte *pl*
'draw·ing room *n (dated form)* Wohnzimmer *nt,* Salon *m veraltend geh*
draw·ings ['drɔːɪŋz, AM *also* 'drɑː-] *npl* LAW [Privat]entnahmen *nt*
drawl [drɔːl, AM *also* drɑːl] **I.** *n* schleppende Sprache, gedehnte Sprechweise; **Texas ~** breites Texanisch
II. *vi* schleppend [*o* gedehnt] sprechen
III. *vt* ■**to ~ sth** etw dehnen [*o* gedehnt [*o* breit] [aus]sprechen]
drawn [drɔːn, AM *also* drɑːn] **I.** *pp of* **draw**
II. *adj* ❶ *(showing tiredness and strain)* abgespannt; **to look tired and ~** müde und abgespannt aussehen
❷ FOOD *(melted)* **~ butter** zerlassene Butter
❸ SPORT unentschieden; **~ game** [*or* **match**] Unentschieden *nt*
drawn 'out *adj pred,* **drawn-'out** *adj attr* lang gezogen, ausgedehnt; **~ affair** langwierige Angelegenheit
'draw·string *n* Kordel *f* zum Zuziehen, Zugband *nt*
draw·string 'pants *npl* Tunnelzughose *f*
dray [dreɪ] *n* Rollwagen *m,* Tafelwagen *m*
Dray·de·lette® [ˌdreɪdə'let] *n Lichterkette aus kreisförmigen Lämpchen als Dekoration zum Hanukkah-Fest*
'dray horse *n* Zugpferd *nt*
dread [dred] **I.** *vt* ❶ *(fear greatly)* ■**to ~ sth** sich *akk* vor etw *dat* sehr fürchten, vor etw *dat* große Angst haben; ■**to ~ doing sth** große Angst haben, etw zu tun; ■**to ~ that ...** sich *akk* sehr davor fürchten, dass ..., große Angst davor haben, dass ...; ***I ~ to think what would happen if...*** ich wage gar nicht daran zu denken, was geschehen würde, wenn ...
❷ *(look forward to with fear)* ■**to ~ sth** vor etw *dat* Angst haben, sich *akk* vor etw *dat* fürchten; ***he's ~ing his driving test*** er hat Angst vor der Fahrprüfung; ■**to ~ doing sth** Angst davor haben, etw zu tun; ***I'm ~ing having to ring her*** ich traue mich gar nicht, sie anzurufen *fam*
II. *n no pl* Furcht *f,* [große] Angst; **to be** [*or* **stand**] [*or* **live**] **in ~ of sth** in [ständiger] Angst vor etw *dat* leben; **to fill sb with ~** jdn mit Angst und Schrecken erfüllen
III. *adj attr (liter)* fürchterlich, schrecklich, furchtbar; **the ~ spectre of civil war** das Schreckgespenst eines Bürgerkrieges
dread·ed ['dredɪd] *adj attr* ❶ *(form: feared)* gefürchtet
❷ *(hum iron)* gefürchtet *hum iron;* ***I've got my ~ cousin coming to stay!*** mein schrecklicher Cousin kommt zu Besuch!
dread·ed 'lur·gy *n* BRIT, AUS *(hum iron fam)* ■**the ~** eine lästige Krankheit *(als Ausrede für etwas)*
dread·ful ['dredfᵊl] *adj* ❶ *(awful)* schrecklich, furchtbar; **~ accident** schlimmer Unfall; **~ atrocity** entsetzliche Gräueltat; **~ mistake** furchtbarer Fehler
❷ *(of very bad quality)* miserabel, erbärmlich, mies *fam*
❸ *(disagreeable)* schrecklich *fam,* furchtbar *fam;* **~ annoyance** großes Ärgernis; **a ~ bore** ein entsetzlich langweiliger Mensch; **~ bother** [*or* **nuisance**] schreckliche [*o* lästige] Plage
dread·ful·ly ['dredfᵊli] *adv* ❶ *(in a terrible manner)* schrecklich, entsetzlich; ***she behaved ~*** sie hat sich furchtbar aufgeführt
❷ *(very poorly)* mies *fam,* grauenhaft *fam;* ***David dances ~*** David ist ein miserabler Tänzer
❸ *(extremely)* schrecklich, furchtbar; ***he was ~ upset*** er hat sich furchtbar aufgeregt; ***I'm ~ sorry*** es tut mir schrecklich leid
dread·nought ['drednɔːt] *n* ❶ HIST *(battleship)* Dreadnought *m (englisches Großkampfschiff)*
❷ *(old: heavy overcoat)* dicker Mantel
dreads [dredz], **'dread·locks** *npl* Dreadlocks *pl*
dream [driːm] **I.** *n* ❶ *(during sleep)* Traum *m;* **bad/pleasant ~** schlimmer [*o* schlechter]/schöner Traum; **recurring ~** [immer] wiederkehrender Traum; ■**to have a ~** [**about sth**] [von etw *dat*] träumen
❷ *(daydream)* Tagtraum *m,* Träumerei *f;* ■**to be in a ~** vor sich *akk* hinträumen, mit offenen Augen träumen
❸ *(aspiration)* [Wunsch]traum *m;* ***win the house of your ~s*** gewinnen Sie das Haus Ihrer Träume!; **the ~ of independence** der Traum von der Unabhängigkeit; **a ~ come true** ein in Erfüllung gegangener Traum; **to live one's ~** seinen Traum wahrmachen
❹ *(fam: perfect thing, person)* Traum *m fam;* ***his new girlfriend is a ~!*** seine neue Freundin ist einfach perfekt!; ***this is a ~ of a house*** das ist ein Traum von einem Haus; ***he's got a ~ of an apartment*** er hat eine traumhafte Wohnung; **to go/run/work/play like a ~** wie eine Eins fahren/funktionieren/spielen
▶PHRASES: **in your ~s!** du träumst wohl!, nie im Leben!
II. *adj* ❶ *(ideal)* Traum-; **~ holiday/house** Traumurlaub *m* [*o* SCHWEIZ Traumferien *f*] /-haus *nt;* **to be** [**living**] **in a ~ world** *(pej)* in einer Traumwelt leben *pej*
❷ *(relating to dreams)* Traum-; **~ sequence** FILM Traumsequenz *f;* **~ time** AUS MYTH Traumzeit *f*
III. *vi* <dreamt *or* dreamed, dreamt *or* dreamed>
❶ *(during sleep)* träumen; ■**to ~ about** [*or* **of**] **sb/sth** von jdm/etw träumen; ***what did you ~ about last night?*** wovon hast du letzte Nacht geträumt?
❷ *(fantasize)* ■**to ~ of** [*or* **about**] **sth** von etw *dat* träumen; **~ on!** *(iron)* träum [nur schön] weiter! *iron*
❸ *(consider)* ■**to not ~ of sth** nicht [einmal] im Traum an etw *akk* denken; ***I wouldn't ~ of asking him for money!*** es würde mir nicht im Traum einfallen, ihn um Geld zu bitten
IV. *vt* <dreamt *or* dreamed, dreamt *or* dreamed>
❶ *(during sleep)* ■**to ~ that ...** träumen, dass ...
❷ *(imagine)* ■**to ~ sth** etw träumen; ***I must have ~t it*** das muss ich wohl geträumt haben
❸ *(consider possible)* **to never ~ that ...** nicht im Traum daran denken, dass ...
◆**dream away** *vt* ■**to ~ away ◯ sth:** ***she's just***

D

~*ing away the time* sie verbringt ihre Zeit mit Träumen
◆**dream up** *vt* ■**to ~ up ○ sth** sich *dat* etw ausdenken
'**dream·boat** *n (approv dated fam)* Traummann, -frau *m, f fam,* Schwarm *m*
dream·er ['dri:məʳ, AM -ɚ] *n* ❶ *(person who dreams)* Träumer(in) *m(f)*
❷ *(pej: impractical person)* Träumer(in) *m(f) pej,* Traumtänzer(in) *m(f) pej*
dreami·ly ['dri:mɪli] *adv* verträumt
dreami·ness ['dri:mɪnəs] *n no pl* ❶ *(daydreaming)* Verträumtheit *f*
❷ *(dreamlike quality)* Träumerei *f*
'**dream·land** *n (fam)* Traumland *nt*
dream·less ['dri:mləs] *adj* traumlos
'**dream·like** *adj* traumhaft
dreamt [drem(p)t] *pt, pp of* **dream**
dream team *n* Dreamteam *nt* **dream 'tick·et** *n* POL ideale Besetzung, ideales Team
'**dream world** *n* Traumwelt *f;* **to live in a ~** *(pej)* in einer Traumwelt leben *pej*
dreamy ['dri:mi] *adj* ❶ *(gorgeous)* zum Träumen; ***the film opens with a ~ shot of a sunset*** der Film beginnt mit einem traumhaft schönen Sonnenuntergang
❷ *(daydreaming)* verträumt; **to get a ~ expression on one's face** einen verträumten Gesichtsausdruck bekommen
❸ *(approv sl: delightful, wonderful)* traumhaft *fam;* ***I think your brother is just ~*** ich finde, dein Bruder ist ein echter Schatz
drear [drɪəʳ, AM drɪr] *adj (liter)* trübselig
dreari·ly [drɪərɪli, AM drɪr-] *adv* ❶ *(depressingly)* trübsinnig *pej,* düster
❷ *(monotonously)* eintönig, langweilig *pej,* monoton
dreari·ness [drɪərɪnəs, AM drɪr-] *n no pl* ❶ *(depressing quality)* Trübseligkeit *f pej,* Tristheit *f pej;* ***the area is noted for the ~ of its weather*** die Gegend ist bekannt für ihr trübes Wetter
❷ *(monotony)* Eintönigkeit *f,* Monotonie *f;* ***he lamented the ~ of his life*** er beklagte sich über sein eintöniges Leben
dreary [drɪəri, AM drɪri] *adj* ❶ *(depressing)* trostlos *pej,* düster; ***the village looked grey and ~*** das Dorf wirkte grau und trostlos; **a ~ day** ein trister [*o* trüber] Tag
❷ *(bleak)* eintönig, langweilig *pej,* monoton
dreck [drek] *n (sl)* Mist *m fam,* Dreck *m*
dredge[1] [dredʒ] I. *n* ❶ *(machinery)* Bagger *m; (boat)* Schwimmbagger *m,* Nassbagger *m*
❷ *(net)* Schleppnetz *nt*
II. *vt* ■**to ~ sth** ❶ *(dig out)* etw ausbaggern; **to ~ a canal/lake/river** einen Kanal/See/Fluss ausbaggern [*o* nassbaggern] [*o* schlämmen]
❷ *(search)* etw absuchen
◆**dredge up** *vt* ■**to ~ up ○ sth** ❶ *(bring to surface)* etw heraufholen
❷ *(fig: remember)* etw ans Licht zerren [*o* wieder ausgraben]; ***don't let's ~ all that up again*** lasst uns das nicht alles wieder aufrühren; **to ~ up painful memories** schmerzliche Erinnerungen wecken [*o* wachrufen]
dredge[2] [dredʒ] *vt* FOOD ■**to ~ sth with** [*or* **in**] **sth** etw mit etw *dat* bestreuen [*o* bestäuben]; ***~ the meat in flour before searing*** wenden Sie das Fleisch vor dem Anbraten kurz in Mehl
dredg·er[1] ['dredʒəʳ, AM -ɚ] *n (machine)* Bagger *m; (boat)* Schwimmbagger *m,* Nassbagger *m*
dredg·er[2] ['dredʒəʳ, AM -ɚ] *n* FOOD Streuer *m*
dregs [dregz] *npl* ❶ *(drink sediment)* [Boden]satz *m kein pl; of coffee* Kaffeesatz *m kein pl;* **to drink sth** [**down**] **to the ~** etw bis auf den letzten Tropfen austrinken
❷ *(pej: worst part)* Abschaum *m kein pl pej;* **the ~ of society** der Abschaum der Gesellschaft
drench [dren(t)ʃ] *vt* ■**to ~ sb/sth** jdn/etw durchnässen; **to get ~ed to the skin** nass bis auf die Haut werden; **to be ~ed in sweat** schweißgebadet sein
drenched [dren(t)ʃt] *adj* völlig durchnässt; ***you're ~!*** du bist ja vollkommen durchnässt!; **~ in blood** blutgetränkt; **~ in tears** in Tränen aufgelöst
drench·ing ['drenʃɪŋ] *n* Durchnässen *nt kein pl*
Dres·den chi·na [,drezdᵊn'tʃaɪnə] I. *n no pl* Dresdener Porzellan *nt*
II. *n modifier* aus Dresdener Porzellan *nach n*
dress [dres] I. *n* <*pl* -es> ❶ *(woman's garment)* Kleid *nt;* **party ~** Partykleid *nt;* **long/short ~** langes/kurzes Kleid; **sleeveless/strapless ~** ärmelloses/trägerloses Kleid
❷ *no pl (clothing)* Kleidung *f,* Kleider *pl* SCHWEIZ; **evening ~** Abendkleidung *f,* Abendkleider *pl* SCHWEIZ; **casual ~** legere Kleidung [*o* SCHWEIZ Kleider]; **ceremonial ~** Staat *m;* **formal ~** Gesellschaftskleidung *f;* **traditional ~** Tracht *f*
II. *vi* ❶ *(put on clothing)* sich *akk* anziehen [*o* SCHWEIZ anlegen]
❷ *(wear clothing)* sich *akk* kleiden; ***he always ~es fairly casually*** er ist immer ziemlich leger angezogen; **to ~ for dinner** sich *akk* zum Abendessen umziehen
III. *vt* ❶ *(put on clothing)* ■**to ~ sb/oneself** jdn/sich *akk* anziehen [*o* SCHWEIZ *a.* anlegen]
❷ FOOD *(add a dressing)* **to ~ a salad** einen Salat anmachen; **to ~ vegetables** Gemüse mit einer Soße übergießen
❸ *(treat a wound)* **to ~ an injury/a wound** eine Verletzung/Wunde verbinden [*o* versorgen]
❹ FASHION *(prepare carefully)* ■**to ~ sth** etw zurechtmachen; **to ~ sb's hair** jds Haare frisieren
❺ *(decorate)* ■**to ~ sth** etw dekorieren [*o* schmücken]; **to ~ shop windows** Schaufenster dekorieren; ■**to ~ sb** jdn herausputzen
◆**dress down** I. *vi* sich *akk* leger anziehen
II. *vt* ■**to ~ down ○ sb** jdn zurechtweisen [*o fam* herunterputzen], jdm eins auf den Deckel geben *fam;* ***he got ~ed down for nothing*** er wurde wegen nichts zur Schnecke gemacht *fam*
◆**dress up** I. *vi* ❶ *(wear nice clothes)* sich *akk* herausputzen [*o* schick anziehen]; *(wear formal clothes)* sich *akk* fein machen [*o* elegant anziehen]
❷ *(disguise oneself)* sich *akk* verkleiden [*o* kostümieren]; ***the children are ~ing up as pirates*** die Kinder verkleiden sich als Piraten; ■**to ~ up in sth** sich *akk* mit etw *dat* kostümieren
II. *vt* ❶ *(dress nicely)* ■**to ~ oneself up** sich *akk* herausputzen [*o* schick anziehen]; *(dress formally)* sich *akk* fein machen [*o* elegant anziehen]
❷ *(wear costume)* ■**to ~ sb/oneself up** [**as sb/sth**] jdn/sich [als jdn/etw] verkleiden [*o* kostümieren]
❸ *(improve)* ■**to ~ sth ○ up** etw verschönern; ***I ~ed the pizza up with a few extra tomatoes*** ich verzierte die Pizza mit ein paar zusätzlichen Tomaten; **to ~ up a story** eine Geschichte ausschmücken
❹ *(make seem better)* ■**to ~ sth ○ up** etw beschönigen; ***the data had been ~ed up a bit so the stockholders wouldn't be alarmed*** die Zahlen waren etwas schöngefärbt, um die Aktionäre nicht zu verschrecken
dres·sage ['dresɑ:ʒ, AM drə'sɑ:ʒ] *n no pl, no art* Dressur *f,* Dressurreiten *nt*
dress 'cir·cle *n* THEAT erster Rang **dress 'coat** *n* Frack *m* '**dress code** *n* ❶ *(accepted standard)* Kleiderordnung *f* ❷ *(required standard)* Bekleidungsvorschriften *pl*
dressed [drest] *adj* ❶ *pred, inv (clothed)* angezogen, angekleidet *geh;* ***I'm not ~ yet*** ich bin noch nicht angezogen; **to get ~** sich *akk* anziehen [*o* SCHWEIZ *a.* anlegen]
❷ *(in a specified manner)* gekleidet; **badly/well ~** schlecht/gut gekleidet; **simply/smartly ~** einfach/elegant gekleidet; **to be ~ to kill** aufgedonnert [*o* SCHWEIZ *a.* aufgemotzt] sein *pej fam;* **to be ~ up** elegant gekleidet sein; ***we all got ~ up for the wedding*** wir machten uns alle fein für die Hochzeit; ■**to be ~ for sth** für etw *akk* passend gekleidet sein; ■**to be ~ in sth** etw tragen; ***was he the one who was ~ in that awful suit?*** war das der in dem schrecklichen Anzug?
❸ *inv* FOOD *(tossed with a dressing)* angemacht
dressed 'crab *n* farcierter [*o* mit einer Farce gefüllter] Krebs
dress·er ['dresəʳ, AM -ɚ] *n* ❶ *(person)* **to be a snappy/stylish ~** jd sein, der sich flott/elegant kleidet; **to be a sloppy ~** [immer] schlampig herumlaufen
❷ THEAT *(actor's assistant)* Garderobier, Garderobiere *m, f*
❸ *(sideboard)* Anrichte *f,* Büfett *nt*
❹ AM, CAN *(chest of drawers)* [Frisier]kommode *f,* Toilettentisch *m*
dress·ing ['dresɪŋ] *n* ❶ *no pl (of clothes)* Tragen *nt* von Kleidung
❷ *(for salad)* [Salat]soße *f,* Dressing *nt;* **French ~** French Dressing *nt;* **garlic/herb ~** Knoblauch-/Kräutersoße *f;* **salad ~** Salatsoße *f,* Salatsauce *f* SCHWEIZ, Salatdressing *nt*
❸ *(for injury)* Verband *m*
dress·ing-'down *n (fam)* Zurechtweisung *f,* Standpauke *f fam;* **to get a ~** zurechtgewiesen werden, eins auf den Deckel kriegen *fam;* **to get off with a severe ~** mit einer ernsten Verwarnung davonkommen; **to give sb a ~** jdm eine Standpauke halten *fam,* jdn zusammenstauchen *fam*
'**dress·ing gown** *n* Morgenmantel *m veraltend,* Bademantel *m* '**dress·ing room** *n (in house)* Ankleideraum *m; (in theatre)* [Künstler]garderobe *f;* SPORT Umkleidekabine *f,* Umziehkabine *f* SCHWEIZ '**dress·ing ta·ble** *n* Frisierkommode *f,* Toilettentisch *m*
'**dress·mak·er** *n* [Damen]schneider(in) *m(f)*
'**dress·mak·ing** I. *n no pl* Schneidern *nt;* ***my aunt does a lot of ~*** meine Tante schneidert sehr viel [selbst] II. *adj attr, inv* Schneider-; **~ and tailoring shop** Damen- und Herrenschneiderei *f* '**dress pa·rade** *n* ❶ MIL Parade *f* in Galauniform ❷ FASHION Modenschau *f* **dress re·'hears·al** *n* THEAT Generalprobe *f* '**dress sense** *n no pl* Sinn *m* für Mode **dress 'shirt** *n* Smokinghemd *nt,* Anzughemd *nt* **dress 'suit** *n* Abendanzug *m,* Smoking *m* **dress 'uni·form** *n* Galauniform *f,* Paradeuniform *f;* **full-~** große Galauniform
dressy ['dresi] *adj (fam)* ❶ *(stylish)* elegant, schick; **to be a ~ person** immer gut angezogen sein
❷ *(requiring formal clothes)* vornehm; **~ affair** [*or* **occasion**] besonderer Anlass, besondere Gelegenheit
drew [dru:] *pt of* **draw**
drey [dreɪ] *n* Kobel *m*
drib·ble ['drɪbl̩] I. *vi* ❶ *baby, child* sabbern *fam,* geifern *pej*
❷ *(trickle) tap* tropfen
❸ *(fig: arrive in small numbers)* kleckerweise eintreffen *fam;* ***people have started to ~ into the stadium*** die Leute kommen nach und nach ins Stadion
❹ *(in basketball)* dribbeln
II. *vt* ❶ *(let drop)* ■**to ~ sth** etw tropfen lassen, etw träufeln
❷ SPORT **to ~ a ball** mit einem Ball dribbeln
III. *n* ❶ *no pl (saliva)* Sabber *m fam,* Geifer *m*
❷ *(droplet)* Tropfen *m*
❸ SPORT Dribbeln *nt kein pl,* Dribbling *nt kein pl*
drib·bler ['drɪbl̩əʳ, AM -ɚ] *n* SPORT Dribbler(in) *m(f),* Dribbelkünstler(in) *m(f)*
drib·bling ['drɪbl̩ɪŋ] *n no pl* SPORT Dribbling *nt*
drib·let ['drɪblət] *n* [kleiner] Tropfen, Tröpfchen *nt;* **in ~s** tröpfchenweise, in kleinen Mengen
dribs [drɪbz] *npl* **in ~ and drabs** *(persons)* in kleinen Gruppen, kleckerweise *fam; (things)* in kleinen Mengen, kleckerweise *fam*
dried [draɪd] I. *pt, pp of* **dry**
II. *adj attr, inv* getrocknet, Trocken-; **~ fish** getrockneter Fisch; *(cod)* Stockfisch *m;* **~ flowers** Trockenblumen *pl;* **~ fruit** Dörrobst *nt,* Backobst *nt;* **~ milk** Trockenmilch *f,* Milchpulver *nt;* **~ mushrooms/peas** getrocknete Pilze/Erbsen
dried up *adj pred,* **dried-up** *adj attr* ausgetrocknet; **~ old maid** *(pej)* vertrocknete alte Jungfer *pej*
drift [drɪft] I. *vi* ❶ *(be moved)* treiben; *mist, fog, clouds* ziehen; *balloon* schweben; ***we let ourselves***

~ ***downstream*** wir ließen uns flussabwärts treiben; **to ~ out to sea** aufs offene Meer hinaustreiben
② *(move aimlessly)* [ziellos] herumwandern; ***after the meeting, people ~ed away in twos and threes*** nach der Versammlung schlenderten die Leute in Zweier- und Dreiergrüppchen davon
③ *(progress casually)* sich *akk* treiben lassen; ***she just seems to ~ from one boyfriend to another*** sie scheint von einer Beziehung in die nächste zu schlittern; ***the talk ~ed aimlessly from one subject to another*** man kam vom Hundertsten ins Tausendste; **to ~ into crime** in die Kriminalität abdriften; **to ~ into a situation** in eine Situation hineingeraten; **to ~ with the tide** mit dem Strom schwimmen
④ *(pile up)* Verwehungen bilden, angeweht werden; ***snow had ~ed against the garage door*** vor der Garagentür war Schnee angeweht worden
⑤ FIN *prices* leicht nachgeben, schwächer notieren; ***cotton prices ~ed in the first quarter*** Baumwollpreise gaben im ersten Quartal leicht nach
II. *n* ① *(slow movement)* Strömen *nt;* **the ~ of unemployed youth** der Zustrom arbeitsloser Jugendlicher; **~ from the land** Landflucht *f*
② *(slow trend)* Tendenz *f,* Strömung *f,* Trend *m;* **downward** ~ Abwärtstrend *m; **the downward ~ in copper prices*** der Preisverfall bei Kupfer
③ *(mass)* Wehe *f,* Verwehung *f;* **~ of snow** Schneewehe *f,* Schneeverwehung *f;* **~ of sand** Sandwehe *f,* Haufen *m* Flugsand
④ *(central meaning)* Kernaussage *f; (train of thought)* Gedankengang *m;* **to catch** [*or* **follow**] [*or* **get**] **sb's ~** verstehen, was jd sagen will
◆**drift about, drift along** *vi* **to ~ along** [*or* **about**] **with the crowd** mit dem Strom schwimmen, mit der Herde laufen
◆**drift apart** *vi* einander fremd werden, sich *akk* auseinanderleben
◆**drift around** *vi* sich *akk* [willenlos] treiben lassen
◆**drift off** *vi* einschlummern, in Schlaf sinken, eindösen *fam;* **to ~ off to sleep** einschlafen, vom Schlaf übermannt werden

drift·er [ˈdrɪftəʳ, AM -ɚ] *n* ziellos dahinlebender Mensch, Gammler(in) *m(f) meist pej;* **to be a ~** sich *akk* treiben lassen

ˈdrift ice *n no pl* Treibeis *nt*

drift·ing [ˈdrɪftɪŋ] *adj attr* Treib-; **~ clouds** dahinziehende Wolken; **~ mine** MIL Treibmine *f;* **~ snow** Schneeverwehungen *pl*

ˈdrift net *n* NAUT Treibnetz *nt* **ˈdrift sand** *n no pl* Treibsand *m* **ˈdrift·wood** *n no pl* Treibholz *nt*

drill¹ [drɪl] **I.** *n* Bohrer *m,* Bohrgerät *nt;* **electric ~** [Hand]bohrmaschine *f;* **pneumatic ~** Pressluftbohrer *m,* Druckluftbohrer *m*
II. *vt* ① *(in building)* ■**to ~ sth** etw durchbohren; **to ~ a hole/well** ein Loch/einen Brunnen bohren; **to ~ a tooth** bohren
② *(sl: shoot)* ■**to ~ sb** jdm eine Kugel verpassen *fam;* **to ~ sb full of holes** jdn durchlöchern *fam*
III. *vi* bohren; ■**to ~ through sth** etw durchbohren; **to ~ for oil** nach Öl bohren
IV. *n modifier* Bohr-; **~ bit** Bohrspitze *f,* Bohrmeißel *m;* **~ chuck** [*or* **head**] Bohrfutter *nt;* **~ ship** Bohrschiff *nt*

drill² [drɪl] **I.** *n* ① *no pl (training)* hartes Training; MIL Drill *m kein pl;* **to do rifle ~** Schießübungen machen
② *(exercise)* Übung *f;* **fire ~** *(for firemen)* Feuerwehrübung *f; (for others)* Probe[feuer]alarm *m;* **to do spelling ~s** Buchstabierübungen machen
③ *(fam: routine procedure)* **what's the ~?** wie geht das?, wie wird das gemacht?; **to know the ~** wissen, wie es geht [*o fam* wie der Laden läuft]
II. *vt* MIL, SCH ■**to ~ sb** jdn drillen; ***he ~ed the children in what they should say*** er bläute den Kindern ein, was sie sagen sollten
III. *vi* MIL exerzieren
IV. *n modifier* MIL Drill-; **~ ground** Exerzierplatz *m*

drill·ing [ˈdrɪlɪŋ] *n no pl* Bohren *nt*

ˈdrill·ing rig *n (on land)* Bohrturm *m; (offshore)* Bohrinsel *f*

ˈdrill ser·geant *n* MIL Ausbilder *m*

dri·ly [ˈdraɪli] *adv* ① *(with dry humour)* trocken
② *(coldly)* kühl

drink [drɪŋk] **I.** *n* ① *no pl (liquid nourishment)* Trinken *nt;* **to have no food or ~** nichts zu essen und zu trinken haben
② *(amount)* Getränk *nt; **can I get you a ~?*** kann ich Ihnen etwas zu trinken bringen?; **a ~ of coffee/juice/milk** ein Schluck *m* Kaffee/Saft/Milch; **soft ~** Softdrink *m,* alkoholfreies Getränk; **to fill** [*or* **top off**] **sb's ~** jdm nachschenken; **to have a ~** etw trinken
③ *no pl (alcohol)* Alkohol *m; **he came home smelling of ~*** er kam mit einer [Alkohol]fahne nach Hause
④ *(alcoholic drink)* Drink *m,* Gläschen *nt; **I do like a ~ occasionally*** hin und wieder trinke ich schon mal ganz gern ein Schlückchen; ***have we got time for a quick ~?*** haben wir noch Zeit für ein schnelles Gläschen?; ■**~s** *pl* Getränke *pl; **come for ~s on Saturday*** kommen Sie doch am Samstag auf einen Drink vorbei; ***whose turn is it to buy the ~s?*** wer gibt die nächste Runde aus?
⑤ *no pl (excessive alcohol consumption)* Trinken *nt,* Saufen *nt fam;* **~ *was his ruin*** der Alkohol war sein Verderben; **to drive sb to ~** jdn zum Trinker/zur Trinkerin machen; **to take to ~** mit dem Trinken anfangen, sich *dat* das Trinken angewöhnen
⑥ *(fam)* ■**the ~** das Meer
II. *vi* <drank, drunk> ① *(consume liquid)* trinken
② *(consume alcohol)* [Alkohol] trinken; **to ~ heavily** viel trinken, saufen *sl;* **to ~ moderately** [*or* **in moderation**] maßvoll [*o* in Maßen] trinken; **to ~ and drive** unter Alkoholeinfluss [*o* nach dem Trinken] fahren; ■**to ~ to sb/sth** auf jdn/etw trinken [*o* anstoßen]; ***I'll ~ to that*** darauf trinke ich; *(fig)* dem kann ich nur zustimmen
③ *(pej: have alcohol problem)* trinken *pej; **her husband ~s*** ihr Mann ist ein Trinker; **to ~ like a fish** saufen *sl,* sich *akk* volllaufen lassen *fam; **he ~s like a fish*** er säuft wie ein Loch *sl*
III. *vt* <drank, drunk> ① *(consume beverage)* ■**to ~ sth** etw trinken; ***what would you like to ~?*** was möchten Sie trinken?; **to ~ a bottle of wine/a glass of water** eine Flasche Wein/ein Glas Wasser trinken; **to ~ one's fill** seinen Durst löschen; **to ~ one's soup** seine Suppe essen
② *(consume alcohol)* ■**to ~ sth** etw trinken; **to ~ a toast to sb/sth** auf jdn/etw trinken; **to ~ sb under the table** jdn unter den Tisch trinken; **to ~ oneself to death** sich *akk* zu Tode saufen [*o* totsaufen] *sl;* **to ~ oneself into a stupor** sich *akk* bis zur Besinnungslosigkeit betrinken
③ *(absorb moisture)* ■**to ~ sth** etw aufsaugen; ***my car ~s petrol*** mein Auto schluckt viel Benzin *fam;* **to ~ water** Wasser [ver]brauchen; ***these plants ~ amazing amounts of water*** diese Pflanzen brauchen erstaunlich viel Wasser
◆**drink down** *vt* ■**to ~ down** ⇔ **sth** etw auf einen Zug austrinken [*o* schnell hinuntertrinken]
◆**drink in** *vt* ■**to ~ in** ⇔ **sth** etw [begierig] in sich *akk* aufnehmen; ***they paused to ~ in the beauty of the view*** sie machten Halt, um den schönen Ausblick auf sich wirken zu lassen; ***they drank in the words of their leader*** sie hingen ihrem Anführer an den Lippen
◆**drink off** *vt* ■**to ~ off** ⇔ **sth** etw [in einem Zug] austrinken [*o* leeren]
◆**drink up I.** *vi* austrinken, leer trinken
II. *vt* ■**to ~ up** ⇔ **sth** etw austrinken [*o* leeren]

drink·able [ˈdrɪŋkəbl] *adj* trinkbar; **~ water** Trinkwasser; **~ wine** süffiger Wein

drink-ˈdriv·er *n* BRIT betrunkener Autofahrer/betrunkene Autofahrerin **drink-ˈdriv·ing** *n no pl* BRIT, AUS Trunkenheit *f* am Steuer

drink·er [ˈdrɪŋkəʳ, AM -ɚ] *n* ① *(of fluids)* Trinkende(r) *f(m),* Trinker(in) *m(f);* **~ of coffee/tea** Kaffee-/Teetrinker(in) *m(f)*
② *(of alcohol)* Trinker(in) *m(f); (alcoholic)* Alkoholiker(in) *m(f);* **to be a light ~** wenig [*o* kaum] [Alkohol] trinken; **hard** [*or* **heavy**]/**moderate ~** starker/maßvoller Trinker/starke/maßvolle Trinkerin

drink·ing [ˈdrɪŋkɪŋ] **I.** *n no pl* ① *(consumption)* Trinken *nt; **this water is not for ~*** das ist kein Trinkwasser
② *(of alcohol)* Trinken *nt;* **~ *and driving is dangerous*** Alkohol am Steuer ist gefährlich; **to do a lot of ~** viel [Alkohol] trinken
II. *adj* ① *(for drinking from)* Trink-; **~ cup/glass** Trinkbecher *m*/-glas *nt*
② *(relating to alcohol)* Trink-; **~ bout** Sauftour *f fam;* **~ habits** Trinkgewohnheiten *pl*

ˈdrink·ing foun·tain *n* Trinkwasserbrunnen *m*

ˈdrink·ing prob·lem *n* AM, AUS *(pej: of person)* Alkoholproblem *nt; (of society)* Alkoholmissbrauch *m;* **to have a ~** ein Alkoholproblem haben **ˈdrink·ing song** *n* Trinklied *nt* **ˈdrink·ing straw** *n* Strohhalm *m,* Trinkhalm *m* **drink·ing-ˈup time** *n* BRIT *die letzten zehn Minuten vor der Sperrstunde* **ˈdrink·ing wa·ter** *n no pl* Trinkwasser *nt* **drink·ing-wa·ter sup·ˈply** *n* Trinkwasserversorgung *f;* **subterranean ~** unterirdischer Trinkwasservorrat; **to poison the ~** das Trinkwasser vergiften

ˈdrink prob·lem *n* BRIT, AUS *(pej: of person)* Alkoholproblem *nt; (of society)* Alkoholmissbrauch *m*

ˈdrinks cabi·net *n* Hausbar *f* **ˈdrinks ma·chine** *n* Getränkeautomat *m* **ˈdrinks trol·ley** *n* Servierwagen *m*

drip [drɪp] **I.** *vi* <-pp-> *(continually)* tropfen; *(in individual drops)* tröpfeln
II. *vt* <-pp-> ■**to ~ sth** etw [herunter]tropfen lassen; **to ~ blood** Blut verlieren
III. *n* ① *no pl (act of dripping)* Tropfen *nt; of rain* Tröpfeln *nt*
② *(drop)* Tropfen *m*
③ MED Tropf *m;* **to be on a ~** am Tropf hängen, eine Infusion bekommen
④ *(pej sl: foolish person)* Flasche *f pej fam,* Null *f pej fam*

ˈdrip-dry I. *vt* <-ie-> **to ~ clothes** Kleidung [*o* SCHWEIZ Kleider] tropfnass aufhängen
II. *adj* bügelfrei, knitterfrei

drip·ping [ˈdrɪpɪŋ] **I.** *adj inv* ① *(dropping drips)* tropfend; ■**to be ~** tropfen
② *(extremely wet)* klatschnass, triefend; ***Jim was ~ with sweat*** Jim lief der Schweiß herunter
③ *(hum iron: be covered with sth)* ■**to be ~ with sth** über und über mit etw *dat* behängt sein *hum iron*
II. *adv* **to be ~ wet** klatschnass [*o* patschnass] [*o* vollkommen durchnässt] [*o* SCHWEIZ *a. fam* pflotschnass] sein
III. *n* Bratenfett *nt,* Schmalz *nt*

drip·py [ˈdrɪpi] *adj (pej sl)* ① *(stupid)* dumm *pej,* doof *pej fam*
② *(sentimental)* rührselig *pej,* kitschig *pej,* schmalzig *pej*

drive [draɪv] **I.** *n* ① *(trip)* Fahrt *f;* **to go for a ~** eine Spazierfahrt machen, spazieren fahren; ***let's go for a ~ in the new car*** lass uns eine Spritztour mit dem neuen Wagen machen *fam;* **to go for a ~ to the mountains/seaside** in die Berge/ans Meer fahren; **to take sb** [**out**] **for** [*or* **on**] **a ~** mit jdm eine Spazierfahrt machen [*o* spazieren fahren]; ***shall I take you for a ~ to the seaside?*** wollen wir ans Meer fahren?
② *no pl (distance)* Fahrt *f; **it is a 20-mile/20-minute ~ to the airport*** der Flughafen ist 30 Kilometer/20 Minuten [Autofahrt] entfernt, zum Flughafen sind es [mit dem Auto] 30 Kilometer/20 Minuten; **a day's ~** eine Tagesfahrt; **to be an hour's ~ away/within an hour's ~** eine/keine Autostunde entfernt sein; **to be an hour's ~ from/within an hours' ~ of sth** eine/keine Autostunde von etw *dat* entfernt sein
③ *(road, street)* [Fahr]straße *f; (lane)* [Fahr]weg *m; (approaching road)* Zufahrt *f; (car entrance)* Einfahrt *f; (to a large building)* Auffahrt *f*
④ *no pl* AUTO, TECH *(transmission)* Antrieb *m;* **all-wheel ~** Allradantrieb *m;* **front-wheel ~** Vorderradantrieb *m,* Frontantrieb *m*
⑤ *no pl (steering)* **left-/right-hand ~** Links-/

Rechtssteuerung *f*

6 *no pl (energy)* Tatkraft *f,* Energie *f; (élan, vigour)* Schwung *m,* Elan *m,* Drive *m; (motivation)* Tatendrang *m; (persistence)* Biss *m fam;* ***she lacks ~*** es fehlt ihr an Elan; ***we need a manager with ~*** wir brauchen einen tatkräftigen [*o* dynamischen] Manager; **to have [no] ~** [keinen] Schwung [*o* Elan] haben; ***he has the ~ to succeed*** er hat den nötigen Biss, um es zu schaffen *fam*

7 *no pl* PSYCH Trieb *m;* **sex ~** Geschlechtstrieb *m,* Sexualtrieb *m,* Libido *f fachspr*

8 *(campaign)* Aktion *f,* Kampagne *f;* **economy ~** Sparmaßnahmen *pl;* **to be on an economy ~** Sparmaßnahmen durchführen; **fund-raising ~** Spenden[sammel]aktion *f;* **to organize a ~ to collect money** eine Sammelaktion organisieren; **recruitment ~** Anwerbungskampagne *f;* **membership [recruitment] ~** Mitgliederwerbeaktion *f,* Mitglieder-Anwerbungskampagne *f*

9 SPORT *(in golf, tennis)* Treibschlag *m* BRD, ÖSTERR *fachspr,* Drive *m fachspr; (in badminton)* Treibball *m* BRD, ÖSTERR *fachspr*

10 COMPUT Laufwerk *nt;* **disk ~** Diskettenlaufwerk *nt;* **CD-ROM ~** CD-ROM-Laufwerk *nt;* **hard ~** Festplatte *f*

11 AGR *(of animals)* Treiben *nt kein pl;* **cattle ~** Viehtrieb *m*

II. *vt* <drove, -n> 1 *(steer, control)* ■**to ~ sth** etw fahren; **to ~ a racing car** einen Rennwagen steuern; **to ~ a bus/coach** einen Bus lenken; *(as a job)* Busfahrer(in) *m(f)* sein

2 *(transport)* ■**to ~ sb** jdn fahren; **to ~ sb home/to school** jdn nach Hause/zur Schule fahren

3 *(force onwards)* ■**to ~ sb/an animal** jdn/ein Tier antreiben; *(fig)* **to ~ oneself too hard** sich *dat* zu viel zumuten

4 *(force, make go)* ■**to ~ sb/sth against/into sth** jdn/etw gegen/in etw *akk* treiben; ***the rain was ~n against the windows by the wind*** der Wind peitschte den Regen gegen die Fenster; ***the wind drove the snow into my face*** der Wind wehte mir den Schnee ins Gesicht; ***the storm threatened to ~ us against the cliffs*** der Sturm drohte uns gegen die Klippen zu schleudern; ■**to ~ an animal into/out of sth** ein Tier in etw *akk*/aus etw *dat* heraus treiben; ■**to ~ sb/an animal to sth** jdn/ein Tier zu etw *dat* treiben; **to ~ sb to the border/woods** jdn zur Grenze/in den Wald treiben

5 *(expel)* **to ~ sb from** [*or* **out of**] **sth** jdn aus etw *dat* vertreiben [*o* verjagen]; **to be ~n from** [*or* **out of**] **the city/country** aus der Stadt/dem Land vertrieben werden; **to ~ sb from** [*or* **out of**] **the house** jdn aus dem Haus jagen

6 *(compel)* ■**to ~ sb/sth** jdn/etw treiben; ***he was ~n by greed*** Gier bestimmte sein Handeln; ***the government has ~n the economy into deep recession*** die Regierung hat die Wirtschaft in eine tiefe Rezession gestürzt; ***the scandal drove the minister out of office*** der Skandal zwang den Minister zur Amtsniederlegung; ***banning boxing would ~ the sport underground*** ein Verbot des Boxsports würde dazu führen, dass dieser Sport heimlich weiterbetrieben wird; **to ~ sb to despair** jdn zur Verzweiflung treiben; **to ~ sb to drink** jdn zum Trinker werden lassen; **to ~ sb to suicide** jdn in den Selbstmord treiben; ■**to ~ sb to do sth** jdn dazu treiben [*o* bewegen] [*o* bringen], etw zu tun; ***it was the arguments that drove her to leave home*** wegen all der Streitereien verließ sie schließlich ihr Zuhause

7 *(render)* **to ~ sb mad** [*or* **crazy**] [*or* **insane**] *(fam)* jdn zum Wahnsinn treiben, jdn wahnsinnig [*o* verrückt] machen *fam;* ***it's driving me mad!*** das macht mich noch wahnsinnig! *fam;* **to ~ an animal wild** ein Tier wild machen; **to ~ sb wild** *(crazy, angry)* jdn wahnsinnig machen *fam; (aroused)* jdn heißmachen *sl*

8 *(hit into place)* ■**to ~ sth between/into/through sth** etw zwischen/in/durch etw *akk* schlagen [*o* treiben]; **to ~ a post into the ground** einen Pfosten in den Boden rammen

9 *(power)* ■**to ~ sth** *engine* etw antreiben; COMPUT *interface* etw treiben [*o* steuern]; **steam-~n** dampfbetrieben, dampfangetrieben

10 *(in golf)* **to ~ a ball** einen Ball treiben [*o fachspr* driven]

▸PHRASES: **to ~ a coach and horses through sth** *(fam)* etw auseinandernehmen *fig fam;* **to ~ a hard bargain** hart verhandeln; ***you really want £2,000 for that? you certainly ~ a hard bargain!*** Sie wollen tatsächlich 2.000 Pfund dafür? das ist ja wohl total überzogen! *fam;* **to ~ one's message** [*or* **point**] **home** seinen Standpunkt klarmachen; **to ~ a wedge between two people** einen Keil zwischen zwei Menschen treiben

III. *vi* <drove, -n> 1 *(steer vehicle)* fahren; ***can you ~?*** kannst du Auto fahren?; ***can you ~ home?*** kannst du nach Hause fahren?; ***who was driving at the time of the accident?*** wer saß zur Zeit des Unfalls am Steuer?; **to learn to ~** [Auto] fahren lernen, den Führerschein [*o* SCHWEIZ Fahrausweis] machen

2 *(move)* fahren; *(travel)* mit dem Auto fahren; ***are you going by train? — no, I'm driving*** fahren Sie mit dem Zug? – nein, mit dem Auto; **to ~ on/past** weiter-/vorbeifahren

3 *(function)* fahren, laufen

4 *rain, snow* peitschen; *clouds* jagen; ***the rain was driving down*** der Regen peitschte herab; ***the snow was driving into my face*** der Schnee peitschte mir ins Gesicht; ***the clouds were driving across the sky*** die Wolken jagten vorbei [*o* über den Himmel]

◆**drive at** *vi* ■**to be driving at sth** auf etw *akk* hinauswollen; ***what are you driving at?*** worauf wollen Sie [eigentlich] hinaus?

◆**drive away** I. *vt* 1 *(transport)* ■**to ~ sb away** jdn wegfahren [*o* wegbringen]

2 *(expel)* ■**to ~ away** ○ **sb/an animal/sth** jdn/ein Tier/etw vertreiben [*o* wegjagen]

3 *(fig: dispel)* **to ~ away** ○ **cares/suspicions** Befürchtungen/Bedenken zerstreuen

II. *vi* wegfahren, fortfahren

◆**drive back** I. *vt* 1 *(in a vehicle)* ■**to ~ back** ○ **sb** jdn zurückfahren

2 *(force back)* ■**to ~ sb** ○ **back** jdn zurückdrängen; ■**to ~ animals** ○ **back** Tiere zurücktreiben; **to ~ back** ○ **the enemy** den Feind zurückschlagen

II. *vi* zurückfahren

◆**drive off** I. *vt* 1 *(expel)* ■**to ~ off** ○ **sb/sth** jdn/etw vertreiben [*o* verjagen]

2 *(repel)* ■**to ~ off** ○ **sb/sth** jdn/etw zurückschlagen [*o* abwehren]; **to ~ off** ○ **an attack** einen Angriff zurückschlagen [*o* abwehren]

II. *vi* wegfahren, abfahren; ***they drove off to the registry*** sie machten sich auf den Weg zum Standesamt

◆**drive out** I. *vt* ■**to ~ out** ○ **sb/sth** jdn/etw hinausjagen [*o* vertreiben]; *(fig)* **to ~ out an evil spirit** einen bösen Geist austreiben

II. *vi* hinausfahren; *(come out)* herausfahren

◆**drive up** I. *vt* ■**to ~ up** ○ **sth** etw hochtreiben

II. *vi* vorfahren; **to ~ up outside a building** vor einem Gebäude vorfahren; ■**to ~ up to a ramp** an eine Rampe heranfahren

'**drive belt** *n* Treibriemen *m,* Transmissionsriemen *m* '**drive-by** *adj attr, inv* **~ killing/murder** Anschlag *m*/Mord *m* von einem vorbeifahrenden Auto aus **drive-by 'shoot·ing** *n Schießerei aus dem fahrenden Auto heraus*

'**drive-in** *esp* AM, AUS I. *adj attr, inv* Drive-in-, Auto-; **~ window** Autoschalter *m* II. *n* 1 *(restaurant)* Drive-in *nt,* Drive-in-Restaurant *nt* 2 *(cinema/movie)* Autokino *nt* **drive-in 'bank** *n esp* AM, AUS Bank *f* mit Autoschalter **drive-in 'cin·ema** *n* AUS Autokino *nt* **drive-in 'res·tau·rant** *n esp* AM, AUS Drive-in *nt,* Drive-in-Restaurant *nt*

driv·el ['drɪvᵊl] *n no pl (pej)* Gefasel *nt pej fam,* Geschwätz *nt pej,* SCHWEIZ *a.* Gelafer *nt pej fam;* **to talk ~** Blödsinn [*o* Quatsch] daherreden *fam*

driv·el·ling, AM *usu* **driv·el·ing** ['drɪvᵊlɪŋ] *adj attr, inv (pej)* **~ idiot** Volltrottel *m pej fam,* Spinner *m pej fam;* ■**to be ~** Blödsinn daherreden *pej fam*

driv·en ['drɪvᵊn] I. *pp of* **drive**

II. *adj* 1 *(very ambitious)* ehrgeizig, rührig, geschäftig; ***like most of the lawyers that I know, Rachel is ~*** wie die meisten Anwälte, die ich kenne, will auch Rachel hoch hinaus

2 *(powered)* betrieben, angetrieben; **electrically ~** elektrisch angetrieben, mit elektrischem Antrieb

3 *attr (propelled by sth)* [voran]getrieben

▸PHRASES: **to be as pure as the ~ snow** so unschuldig wie ein Engel sein

-driv·en *in compounds* betrieben; **gas/petrol/steam~** gas-/benzin-/dampfbetrieben; **propeller/wind~** mit Propeller-/Windantrieb; **market~** ECON marktorientiert

drive off *n* AM *(fam)* Tankbetrug *m (von einer Tankstelle wegfahren, ohne für sein Benzin zu bezahlen)*

driv·er ['draɪvəʳ, AM -ɚ] *n* 1 *of car* [Auto]fahrer(in) *m(f),* [Auto]lenker(in) *m(f)* SCHWEIZ; *of lorry* [Lastwagen]fahrer(in) *m(f); of locomotive* Führer(in) *m(f); of coach* Kutscher(in) *m(f);* **bus/taxi ~** Bus-/Taxifahrer(in) *m(f)*

2 *(golf club)* Driver *m*

3 MECH Treibriemen *m*

4 COMPUT Treiber *m*

5 *(fig: driving force)* Antriebskraft *f,* Verursacher *m*

6 *(trigger)* Beweggrund *m,* Auslöser *m*

driv·er's ed [draɪvəz'ed, AM -vɚz'ed] *n (fam) short for* **driver's education program** 1 *(from an early age)* Verkehrserziehung *f,* Verkehrserziehungsprogramm *nt* 2 *(driving school)* Fahrschule *f* **driv·er's edu·'ca·tion** *n no pl* AM Fahrunterricht *m* '**driv·er's li·cence**, AM '**driv·er's li·cense** *n* Führerschein *m,* Fahrausweis *m* SCHWEIZ '**driv·er's seat** *n* AM, AUS *(driving seat)* Fahrersitz *m;* **to be in the ~** *(fig)* die Zügel in der Hand haben

'**drive shaft** *n* MECH, TECH Antriebswelle *f;* AUTO Kardanwelle *f*

'**drive-through** AM I. *adj attr, inv* Drive-through-

II. *n* Durchfahrt *f*

'**drive·time** ['draɪvtaɪm] I. *n* Hauptverkehrszeit *f* für Autopendler *(zwischen 16 und 19 Uhr); (radio show)* Drivetime *f,* Rushhour *f*

II. *n modifier (radio, show, presenter)* Drivetime-, Rushhour-

'**drive·way** *n* 1 *(car entrance)* Einfahrt *f*

2 *(approach road)* Zufahrt[sstraße] *f,* Zufahrtsweg *m; (to large building)* Auffahrt *f*

driv·ing ['draɪvɪŋ] I. *n (of vehicle)* Fahren *nt;* **~ while under the influence of alcohol** AM Fahren *nt* unter dem Einfluss von Alkohol; **careless ~** fahrlässiges Fahren; **drunk ~** Trunkenheit *f* am Steuer; **~ while intoxicated** AM Fahren *nt* in betrunkenem Zustand; **reckless ~** rücksichtsloser Fahrstil

II. *adj* 1 *(on road)* Fahr-; **~ conditions** Straßenverhältnisse *pl*

2 *(lashing)* stürmisch; **~ rain** peitschender Regen; **~ snow** Schneetreiben *nt*

3 *(powerfully motivating)* treibend *attr;* **to be the ~ force behind sth** die treibende Kraft bei etw *dat* sein

'**driv·ing ban** *n* Fahrverbot *nt* '**driv·ing force** *n no pl* treibende Kraft, Triebfeder *f fig;* ■**to be the ~ behind sth** die treibende Kraft hinter etw *dat* sein '**driv·ing in·struc·tor** *n* Fahrlehrer(in) *m(f)* '**driv·ing les·son** *n* Fahrstunde *f;* ■**~s** *pl* Fahrunterricht *m kein pl;* ***our son is taking ~s*** unser Sohn macht gerade den Führerschein '**driv·ing li·cence** *n* BRIT Führerschein *m,* Fahrausweis *m* SCHWEIZ, Fahrerlaubnis *f form* '**driv·ing mir·ror** *n* Rückspiegel *m;* **to check in the ~** in den Rückspiegel blicken [*o* schauen] '**driv·ing pool** *n* Fuhrpark *m* '**driv·ing range** *n (in golf)* Drivingrange *nt* '**driv·ing school** *n* Fahrschule *f* '**driv·ing seat** *n* BRIT Fahrersitz *m;* **to be in the ~** *(fig)* die Zügel in der Hand haben '**driv·ing test** *n* Fahrprüfung *f;* **to fail one's ~** die Fahrprüfung nicht bestehen, durch die Fahrprüfung fallen *fam;* **to take one's ~** die Fahrprüfung machen [*o* ablegen], den Führerschein [*o* SCHWEIZ *fam* Fahrausweis] machen; **to pass one's ~**

die Fahrprüfung bestehen, durch die Fahrprüfung kommen *fam*

driz·zle ['drɪzl] **I.** *n no pl* ① *(light rain)* Nieselregen *m,* Sprühregen *m,* Nieseln *nt*
② *(small amount of liquid)* ein paar Spritzer [*o* Tropfen]
II. *vi* nieseln
III. *vt* FOOD ■**to ~ sth [over sth]** etw [über etw *akk*] träufeln

driz·zly ['drɪzli] *adj* Niesel-, Sprüh-; ***it was a ~ afternoon*** es hat den ganzen Nachmittag genieselt

droll [drəʊl, AM droʊl] *adj* drollig, komisch; **to look at sb with a ~ expression** jdn verschmitzt anblicken; **~ remark** witzige [*o* lustige] Bemerkung

drol·ly ['drəʊli, AM 'droʊli] *adv* drollig, komisch

drom·edary [drɒmədəri, AM drɑːməderi] *n* Dromedar *nt*

drone [drəʊn, AM droʊn] **I.** *n no pl* ① *(sound) of a machine* Brummen *nt; of insects* Summen *nt; of a person* monotone Stimme, Geleier *nt pej*
② *(male bee)* Drohne *f; (fig pej)* Schmarotzer(in) *m(f) pej*
③ MUS Bass[ton] *m*
④ MIL *(aircraft)* ferngesteuertes Flugzeug; *(missile)* ferngesteuerte Rakete
II. *vi* ① *(make sound)* summen; *aircraft, engine* brummen
② *(speak monotonously)* monoton [*o* eintönig] sprechen, leiern *pej;* **to ~ on** in monotonem Tonfall reden

drool [druːl] **I.** *vi* ① *(dribble)* sabbern *fam,* geifern
② *(fig: feel desire)* **to make sb ~** jdn verrückt machen *fam,* jdm den Kopf verdrehen; ■**to ~ over sb/sth** von jdm/etw hingerissen sein; ***I can sit for hours, ~ing over recipes*** ich kann stundenlang dasitzen und voller Begeisterung in Rezepten schmökern; ***she ~s over Mulder*** sie findet Mulder zum Anbeißen
II. *n no pl* ① *(saliva)* Sabber *m fam,* Geifer *m*
② *(pej: senseless talk)* Geschwätz *nt pej,* Gefasel *nt pej fam,* Gelafer *nt* SCHWEIZ *pej fam,* Gewäsch *nt pej fam*

droop [druːp] **I.** *vi* ① *(hang down)* schlaff herunterhängen; *flowers* die Köpfe hängen lassen; *eyelids* zufallen; ***her breasts are starting to ~*** sie bekommt eine Hängebrust *fam;* ***my spirits ~ at the prospect of work on Monday*** *(fig)* bei der Aussicht auf die Arbeit am Montag sinkt meine Stimmung
② *(lack energy)* schlapp sein; *(after work, match, etc.)* fertig [*o* erledigt] sein *fam*
II. *n* ① *(hang)* Herunterhängen *nt kein pl; of body* Gebeugtsein *nt kein pl; of eyelids* Schwere *f kein pl*
② BRIT *(sl: impotence)* Erektionsunfähigkeit *f,* Schlappe *f fam;* **performance-anxiety ~** die Angst, keinen hochzukriegen *fam*

droop·ing ['druːpɪŋ] *adj attr, inv* [herunter]hängend; **~ branches** herabhängende Äste; **~ eyelids** schwere Augenlider

droopy ['druːpi] *adj (fam)* ① *(hanging down)* [schlaff] herabhängend *attr;* ***Clive has a long ~ moustache*** Clive hat einen langen nach unten hängenden Schnurrbart
② *(dejected)* mutlos, niedergeschlagen; *(exhausted)* schlapp, matt

drop [drɒp, AM drɑːp]

I. NOUN **II.** TRANSITIVE VERB
III. INTRANSITIVE VERB

I. NOUN

① *(vertical distance)* Gefälle *nt; (difference in level)* Höhenunterschied *m;* ***there's a ~ of two metres from the window to the ground*** die Distanz zwischen Fenster und Boden beträgt zwei Meter; **a sheer ~** ein steiles Gefälle
② *(decrease)* Rückgang *m,* Fall *m;* ***the ~ in magazine subscriptions is causing concern*** die Abnahme der Zeitschriftenabonnements ist Besorgnis erregend; **~ in temperatures** Temperaturrückgang *m*
③ *(by aircraft)* Abwurf *m;* ***the supplies were delivered by air ~*** die Vorräte wurden mit dem Fallschirm abgeworfen; **food/letter ~** Futter-/Postabwurf *m;* **~ of medical supplies** Abwurf *m* von medizinischen Versorgungsgütern
④ *of liquid* Tropfen *m;* **~ of rain/water** Regen-/Wassertropfen *m;* **~s of paint** Farbspritzer *pl;* **~ by ~** tropfenweise; ■**~s** *pl* MED Tropfen *pl*
⑤ *(fam: drink)* Schluck *m fam,* Gläschen *nt fam;* ***a ~ more juice/whisky/wine*** noch einen Schluck Saft/Whisky/Wein; ***wine anyone? — just a ~ for me please*** will jemand Wein? – für mich bitte nur ganz wenig; **to have had a ~ too much [to drink]** ein Glas über den Durst getrunken haben *hum fam,* einen sitzen haben *fam;* **to have** [*or* **take**] **a ~** sich *dat* einen genehmigen *hum fam;* **to like a wee ~** BRIT ganz gerne mal einen Schluck trinken; **to not touch a ~** keinen Tropfen anrühren
⑥ *(boiled sweet)* Bonbon *m o nt;* **fruit ~** Fruchtbonbon *nt*
⑦ *(collection point)* [Geheim]versteck *nt*
⑧ *(execution by hanging)* ■**the ~** *(dated fam)* [Tod *m* durch] Erhängen *nt;* ***he's for the ~*** er soll gehängt werden
▸PHRASES: **to get** [*or* **have**] **the ~ on sb** jdm zuvorkommen; **at the ~ of a hat** im Handumdrehen, prompt; **a ~ in the ocean** ein Tropfen *m* auf den heißen Stein *fig*

II. TRANSITIVE VERB

<-pp-> ① *(cause to fall)* ■**to ~ sth** etw fallen lassen; ***leaflets were ~ped on the town*** über der Stadt wurden Flugblätter abgeworfen; **to ~ anchor** Anker werfen, den Anker auswerfen, vor Anker gehen; **to ~ ballast/a bomb** Ballast/eine Bombe abwerfen; **to ~ a bombshell** *(fig)* eine Bombe platzenlassen *fig fam;* **to ~ a depth charge** eine Wasserbombe abschießen; **to ~ a stitch** eine Masche fallen lassen
② *(lower)* ■**to ~ sth** etw senken; ***you can ~ your arm now, Claire*** du kannst deinen Arm jetzt herunternehmen, Claire; **to ~ one's eyes** die Augen niederschlagen [*o geh* senken]; **to ~ prices** die Preise senken; **to ~ one's voice** die Stimme senken
③ *(fam: send)* **to ~ sth in the post** [*or* AM **mail**] etw in die Post tun *fam;* **to ~ sb a line/postcard** jdm ein paar Zeilen/eine [Post]karte schreiben; **to ~ a letter into a mailbox** AM einen Brief einwerfen
④ *(dismiss)* **to ~ sb [from his job]** jdn entlassen
⑤ *(give up)* ■**to ~ sth** etw aufgeben [*o fig* fallenlassen]; ***I'm going to ~ aerobics next year*** nächstes Jahr höre ich mit Aerobic auf; ***let's ~ the subject*** lassen wir das Thema; **to ~ an allegation/charges** eine Behauptung/die Anklage fallenlassen; **to ~ a course** aus einem Kurs aussteigen *fam;* **to ~ a demand** von einer Forderung abgehen; **to ~ everything** alles stehen und liegen lassen; **to let it ~** es auf sich *dat* beruhen lassen
⑥ *(abandon)* ■**to ~ sb** jdn fallenlassen *fig,* mit jdm nichts mehr zu tun haben wollen; *(end a relationship)* mit jdm Schluss machen *fam;* **to ~ sb like a hot brick** [*or* **potato**] *(fig)* jdn wie eine heiße Kartoffel fallenlassen *fam*
⑦ SPORT **to ~ sb from a team** jdn aus einer Mannschaft ausschließen
⑧ *(leave out)* ■**to ~ sth** etw weglassen; **to ~ one's aitches** [*or* **h's**] BRIT, AUS den Buchstaben ‚h' [im Anlaut] nicht aussprechen [*o fam* verschlucken] *(euphemistisch für jemanden, der zur Unterschicht gehört)*
⑨ *(fam: tell indirectly)* **to ~ [sb] a hint** [*or* **some hints**] [jdm gegenüber] eine Anspielung [*o* Andeutung] machen; ***I've been dropping hints that I would like to be invited*** ich habe durchblicken lassen, dass ich gerne eingeladen werden würde *fam;* **to ~ a remark** eine Bemerkung fallen lassen; **to ~ a word in sb's ear [about sth]** einmal mit jdm [über etw *akk*] sprechen; ***don't worry — I've ~ped a word in his ear*** mach dir keine Sorgen, ich habe ihn schon bearbeitet *fam*
▸PHRASES: **to ~ the ball** AM einen Schnitzer machen; **to ~ a brick** [*or* BRIT **clanger**] ins Fettnäpfchen treten *hum fam;* **to ~ one's guard** *(cease being careful)* unvorsichtig sein; *(allow sb to get closer)* seine Reserviertheit aufgeben; **to let it ~ that ...** beiläufig erwähnen, dass ...; *(make known)* etw durchblicken lassen; **to ~ a name** *bekannte Persönlichkeiten beiläufig erwähnen und so tun, als würde man sie gut kennen, um andere zu beeindrucken;* **to ~ sb right in it** *(fam)* jdn [ganz schön] reinreiten *fam*

III. INTRANSITIVE VERB

<-pp-> ① *(descend)* [herunter]fallen; **to ~ into a chair** in einen Sessel fallen [*o* sinken]; ***when he heard that he wasn't going to be invited his jaw ~ped*** als er hörte, dass er nicht eingeladen war, klappte ihm der Unterkiefer herunter; ***the curtain ~ped*** THEAT der Vorhang ist gefallen; *(fig)* ***the curtain has ~ped on communist rule*** über die kommunistische Herrschaft ist endgültig der Vorhang gefallen
② *(become lower) land* sinken; *water level* fallen, sich *akk* senken; *prices, temperatures* sinken, zurückgehen, fallen
③ *(fam: become exhausted)* umfallen, umsinken; **to ~ with exhaustion** [*or* **tiredness**] vor Erschöpfung umfallen; **to be fit** [*or* **ready**] **to ~** zum Umfallen müde sein; **to ~ [down] dead** tot umfallen; ***~ dead!*** *(fam)* scher dich zum Teufel! *fam;* ***people are ~ping like flies here*** *(fam)* die Leute fallen hier um wie die Fliegen *fam*
▸PHRASES: **the penny ~ped** *esp* BRIT der Groschen ist gefallen *fam*

◆**drop across** *vi (fam)* vorbeischauen *fam,* vorbeikommen *fam*

◆**drop away** *vi* ① *(decrease)* sich *akk* verringern; *interest, support* sinken; ***more and more people are ~ping away as rates go up*** es kommen immer weniger Leute seitdem die Gebühren steigen
② *(become lower) land* [steil] abfallen

◆**drop back** *vi* zurückfallen

◆**drop behind** *vi* zurückfallen; ■**to ~ behind in sth** *one's work* mit etw *dat* im Rückstand sein [*o fam* hinterherhinken]; **to ~ behind at school** in der Schule zurückfallen

◆**drop by** *vi (fam)* vorbeischauen *fam,* vorbeikommen *fam*

◆**drop down** *vi* herabfallen, herunterfallen; **to ~ down to the sea** zum Meer hin jäh abfallen; **to ~ down dead** tot umfallen; **to ~ down behind the wall** sich *akk* hinter die Mauer ducken

◆**drop in** *vi (fam)* vorbeischauen *fam,* vorbeikommen *fam;* ■**to ~ in on sb** bei jdm vorbeischauen *fam;* ***he doesn't mind people ~ping in on him*** es stört ihn nicht, wenn Leute einfach unangemeldet bei ihm hereinschneien *fam;* ***for more information, ~ in at your local chemist*** Schauen Sie bei Ihrer Apotheke vorbei und informieren Sie sich

◆**drop into** *vt* ① *(visit briefly)* ***he ~ped into the pub on his way home*** auf dem Weg nach Hause ging er kurz ins Pub
② *(deliver)* ■**to ~ sth into sth** etw [irgendwo] abgeben [*o* abliefern]; ***I'll ~ it into the post office later on*** ich bringe es nachher zur Post
③ *(revert to)* ■**to ~ into sth** in etw *akk* [ver]fallen; ***she tends to ~ into her dialect when she gets excited*** sie verfällt immer in ihren Dialekt, wenn sie aufgeregt ist

◆**drop off I.** *vt (fam)* ■**to ~ sth ○ off** etw abliefern; ■**to ~ sb ○ off** jdn absetzen; *passengers* jdn aussteigen lassen; ***where do you want to be ~ped off?*** wo soll ich dich absetzen? [*o fam* rauslassen?]; ***I'm going past the bank - I can ~ you off if you like*** ich fahre an der Bank vorbei - ich kann dich mitnehmen, wenn du willst
II. *vi* ① *(fall off)* abfallen; *handle* abgehen; ***in autumn the leaves ~ off the trees*** im Herbst fallen die Blätter von den Bäumen
② *(decrease)* sich *akk* verringern, zurückgehen; *support, interest* nachlassen
③ *(fam: fall asleep)* einschlafen; *(briefly)* einnicken *fam*

D

◆**drop out** *vi* ① *(fall out)* herausfallen (**of** aus +*dat*) ② *(not take part)* ausscheiden; ***was he thrown out or did he ~ out of the club?*** wurde er rausgeworfen oder ist er von sich aus aus dem Verein ausgetreten?; ***as the next meeting is just before Christmas we're expecting a lot of people to ~ out*** da das nächste Treffen kurz vor Weihnachten stattfindet, erwarten wir, dass einige nicht kommen [*o* daran teilnehmen] werden ③ *(leave college or school)* **to ~ out of a course/school/university** einen Kurs/die Schule/das Studium abbrechen ④ *of society* aussteigen *fam* ⑤ LING ausgelassen [*o* weggelassen] werden; ***words like 'thee' have ~ped out of modern English*** Wörter wie ‚thee' sind aus dem Neuenglischen verschwunden

◆**drop over** *vi (fam)* vorbeischauen *fam,* vorbeikommen *fam*

◆**drop round** BRIT **I.** *vi (fam)* vorbeischauen *fam,* vorbeikommen *fam* **II.** *vt (fam)* ■**to ~ sth round** etw vorbeibringen *fam*

'**drop analy·sis** *n* CHEM Tüpfelanalyse *f* '**drop cloth** *n* AM *(dust sheet)* Staubdecke *f* '**drop-dead I.** *adv* wahnsinnig *fam;* **~ gorgeous** [*or* **handsome**] wahnsinnig gutaussehend *fam* **II.** *adj attr (approv)* umwerfend *fam,* atemberaubend **drop-down 'menu** *n* COMPUT Pull-down-Menü *nt fachspr* **drop 'ear·rings** *npl* Ohrringe *pl* in Tropfenform '**drop goal** *n (in football, rugby)* Dropgoal *nt* '**drop in** *n* COMPUT Störsignal *nt* '**drop-in cen·tre,** AM '**drop-in cen·ter,** '**drop-in fa·cil·ity** *n* Beratungsstelle *f* '**drop kick** *n* SPORT *(in American football)* Dropkick *m fachspr; (in rugby)* Sprungtritt *m fachspr* **drop-leaf 'table** *n* Klapptisch *m*

drop·let ['drɒplət, AM 'drɑ:p-] *n* Tröpfchen *nt*

drop·lock 'bond *n* ECON, FIN *Wertpapier, das variabel verzinslich emittiert wurde, aber zu einem festverzinslichen Titel wird, wenn das Zinsniveau eine bestimmte Untergrenze erreicht hat*

'**drop·out** *n* ① *(from university)* [Studien]abbrecher(in) *m(f);* AM *(from school)* [**high school**] ~ Schulabgänger(in) *m(f)* ② *(from conventional lifestyle)* Aussteiger(in) *m(f) fam* ③ COMPUT *(incorrect magnetization)* Ausfall *m* ④ COMPUT *(loss of signals)* Signalausfall *m*

drop·per ['drɒpəʳ, AM 'drɑ:pɚ] *n* Tropfer *m*

drop·ping ['drɒpɪŋ, AM 'drɑ:p-] *adj inv* SCI **~ cathode** Quecksilbertropfkathode *f;* **~ funnel** Tropftrichter *m*

drop·pings ['drɒpɪŋz, AM 'drɑ:p-] *npl of horse, sheep* Mist *m; (of horse also)* Pferdeäpfel *pl; of mice, rats* Dreck *m kein pl;* **bird ~** Vogeldreck *m;* **sheep ~** Schafmist *m*

'**drop ship·ment** *n* COMM Direktlieferung *f* '**drop shot** *n* TENNIS Stopp[ball] *m fachspr*

drop·sy <*pl* -ies> ['drɒpsi, AM 'drɑ:p] *n (dated)* see **oedema** Ödem *m*

'**drop-top** *n (fam)* Kabrio *nt*

dross [drɒs, AM drɑ:s] *n no pl* ① *(rubbish)* Schrott *m fam,* Müll *m fam;* **human ~** *(pej)* Abschaum *m pej* ② TECH Krätze *f,* Schlacke *f;* **~ of pig iron** Roheisenschlacke *f*

drought [draʊt] *n* ① *no pl (aridity)* Trockenheit *f,* Dürre *f,* SCHWEIZ *a.* Tröckne *f* ② *(dry period)* Dürre[periode] *f*

drove[1] [drəʊv, AM droʊv] **I.** *n* ① *of animals* Herde *f;* **a ~ of cattle** eine Herde Rinder [*o* Rinderherde] ② *(many)* ■**~s** *pl (fam) of people* Scharen *pl* (**of** von +*dat*); **in** [*or* BRIT **in their**] **~s** in Scharen **II.** *vt* **to ~ cattle/sheep** Vieh/Schafe treiben

drove[2] [drəʊv, AM droʊv] *pt of* **drive**

drov·er ['drəʊvəʳ, AM 'droʊvɚ] *n* Viehtreiber(in) *m(f)*

drown [draʊn] **I.** *vt* ① *(kill)* ■**to ~ sb/an animal** jdn/ein Tier ertränken; *(cause to die)* ■**to be ~ed** ertrinken; **to look like a ~ed rat** *(fam)* pudelnass sein *fam* ② *(cover)* ■**to ~ sth** etw überfluten; ***he ~s his food in ketchup*** *(fig)* er tränkt sein Essen in Ketchup ③ *(make inaudible)* ■**to ~ sth** etw übertönen ▶PHRASES: **a ~ing man will clutch at a straw** *(prov)* ein Ertrinkender klammert sich an jeden Strohhalm; **to ~ one's sorrows in drink** seinen Kummer [*o* seine Sorgen] im Alkohol ertränken **II.** *vi* ① *(die)* ertrinken ② *(fig fam: have too much)* **to ~ in sth** in etw *dat* ertrinken *fig*

◆**drown out** *vt* ■**to ~ out** ↻ **sth** etw übertönen; ■**to ~ out** ↻ **sb** jdn niederschreien [*o* übertönen]

drown·ing ['draʊnɪŋ] *n* Ertrinken *nt*

drowse [draʊz] *vi* dösen *fam,* dämmern

drowsi·ly ['draʊzɪli] *adv* schläfrig

drowsi·ness ['draʊzɪnəs] *n no pl* Schläfrigkeit *f;* **to cause ~** müde [*o* schläfrig] machen

drowsy ['draʊzi] *adj* schläfrig; *(after waking up)* verschlafen

drub <-bb-> [drʌb] *vt* ■**to ~ sb/sth** ① *(hit or beat repeatedly)* jdn/etw verprügeln ② *(fam: defeat thoroughly)* jdn/etw vernichtend schlagen

drub·bing ['drʌbɪŋ] *n usu sing (fam)* ① SPORT *(defeat)* Niederlage *f;* **to get** [*or* **receive**] **a severe ~** eine schwere Niederlage erleiden *fam* ② *(beating)* [Tracht *f*] Prügel, Abreibung *f fam;* **to give sb a ~** jdm eine Tracht Prügel verpassen; **to be given a ~ by sb** von jdm [eine Tracht] Prügel beziehen; **to take a ~** Prügel beziehen [*o* einstecken] *fam*

drudge [drʌdʒ] **I.** *n* Kuli *m pej,* Arbeitstier *nt fig, oft pej* **II.** *vi* schuften *fam,* SCHWEIZ *a.* krampfen *fam,* SCHWEIZ *a.* krüppeln *fam,* sich *akk* [ab]plagen [*o* abracken] *fam*

drudg·ery ['drʌdʒəri, AM -ɚi] *n no pl* Schufterei *f fam,* Plackerei *f fam,* SCHWEIZ *a.* Krampferei *f fam*

drug [drʌg] **I.** *n* ① *(medicine)* Medikament *nt,* Arznei *f,* Arzneimittel *nt;* **to be on/take ~s** [**for sth**] Medikamente [gegen etw *akk*] [ein]nehmen ② *(narcotic)* Droge *f,* Rauschgift *nt;* **controlled ~s** illegale Drogen; **dangerous ~s** gesundheitsgefährdende Drogen; **to be on** [*or fam* **do**] [*or* **take**] **~s** Drogen nehmen, drogensüchtig [*o* rauschgiftsüchtig] sein ③ *(fig: something addictive)* Droge *f fig* **II.** *vt* <-gg-> ① MED *(sedate)* ■**to ~ sb** jdm Beruhigungsmittel verabreichen; **to be ~ged to the eyeballs** *(fam)* mit Medikamenten vollgepumpt sein *fam* ② *(secretly)* ■**to ~ sb** jdn unter Drogen setzen

'**drug abuse** *n* Drogenmissbrauch *m* '**drug ad·dict** *n* Drogenabhängige(r) *f(m),* Drogensüchtige(r) *f(m)* '**drug ad·dic·tion** *n no pl* Drogenabhängigkeit *f,* Drogensucht *f* '**drug bar·on** *n esp* BRIT Drogenbesitzes boss *m* '**drug charge** *n* Anklage *f* wegen Drogenbesitzes; **to be on ~s** wegen Drogenbesitzes angeklagt sein '**drug com·pa·ny** *n* Arzneimittelhersteller *m* '**drug con·sump·tion** *n no pl* Drogenkonsum *m* '**drug cul·ture** *n* Drogenszene *f* '**drug deal·er** *n* Drogenhändler(in) *m(f),* Dealer(in) *m(f)* '**drug de·pend·en·cy** *n no pl* Drogenabhängigkeit *f*

drugged [drʌgd] *adj pred* ■**to be ~** ① MED *(sedated)* betäubt sein ② *(with illegal substances)* unter Drogen stehen

drug·gie ['drʌgi] **I.** *n (pej sl: heroin addict)* Fixer(in) *m(f) fam; (user of hashish or marijuana)* Kiffer(in) *m(f) sl; (cocaine addict)* Kokser(in) *m(f) sl* **II.** *n modifier (attitude, boyfriend, talk)* Fixer- *sl;* **~ haze** Drogennebel *m;* **~ world** Drogenszene *f*

drug·gist ['drʌgɪst] *n* AM *(pharmacist)* Apotheker(in) *m(f)*

drug·gy ['drʌgi] *adj (sl)* auf dem Trip *sl,* auf Drogen *nach n*

'**drug lord** *n* AM Drogenboss *m* '**drug manu·fac·tur·er** *n* Arzneimittelhersteller *m* '**drug over·dose** *n* Überdosis *f* Drogen '**drug ped·dler** *n (pej fam),* '**drug push·er** *n (pej fam),* BRIT '**drugs deal·er** *n* Drogenhändler(in) *m(f),* Dealer(in) *m(f)* '**drug rape** *n* Vergewaltigung *f* mit Hilfe von K.-o.-Tropfen '**drugs over·dose** *n* BRIT Überdosis *f* Drogen '**drug squad,** BRIT '**drugs squad** *n* Drogenfahndung *f,* SCHWEIZ *meist* Rauschgiftfahndung *f* '**drug·store** *n* AM Drogerie *f* '**drug tak·ing** *n no pl* Einnahme *f* von Drogen '**drug test·ing** *n no pl* Drogentest *m* '**drug thera·py** *n* medikamentöse Behandlung '**drug traf·fic** *n* Drogenhandel *m* '**drug traf·fick·er** *n* Drogenhändler(in) *m(f)* '**drug traf·fick·ing** *n no pl* Drogenhandel *m* '**drug user** *n* Drogenabhängige(r) *f(m)*

dru·id ['dru:ɪd] *n* Druide *m*

drum [drʌm] **I.** *n* ① MUS Trommel *f;* **bass ~** Basstrommel *f;* **beat of a ~** Trommelschlag *m;* **bongo ~** Bongotrommel *f;* **roll of ~s** Trommelwirbel *m;* **snare ~** kleine Trommel, Militärtrommel *f;* **steel ~** Steeldrum *f;* ■**~s** *pl (drum kit)* Schlagzeug *nt* ② *(sound)* **~ of hooves** Pferdegetrappel *nt* ③ *(for storage)* Trommel *f;* **oil ~** Ölfass *nt;* **~ of pesticide** Pestizidbehälter *m* ④ *(machine part)* Trommel *f* ⑤ *(eardrum)* Trommelfell *nt* ▶PHRASES: **to bang** [*or* **beat**] **the ~** [**for sb/sth**] [für jdn/etw] die [Werbe]trommel rühren *fam* **II.** *vi* <-mm-> ① MUS trommeln; *(on a drum kit)* Schlagzeug spielen ② *(strike repeatedly)* ■**to ~ on sth** auf etw *akk* trommeln; ***she ~med impatiently on the table*** sie trommelte ungeduldig [mit den Fingern] auf den Tisch; ***the rain ~med loudly on the tin roof*** der Regen trommelte laut auf das Blechdach **III.** *vt* <-mm-> *(fam)* ① *(make noise)* **to ~ one's fingers** [**on the table**] [mit den Fingern] auf den Tisch trommeln ② *(repeat)* ■**to ~ sth into sb** jdm etw einhämmern *fam*

◆**drum out** *vt* ■**to ~ sb out of sth** [*or* **out sb from sth**] jdn aus etw *dat* ausstoßen, jdn [mit Schimpf und Schande] aus etw *dat* jagen; **to ~ sb out of office** jdn hinauswerfen *fam*

◆**drum up** *vt (fam)* **to ~ up business** Geschäfte anbahnen; **to ~ up clients** Kunden auftreiben; **to ~ up enthusiasm** Begeisterung entfachen *geh;* **to ~ up support for sb/sth** Unterstützung für jdn/etw suchen [*o* organisieren]

'**drum·beat** *n* Trommelschlag *m* '**drum brake** *n* TRANSP Trommelbremse *f* '**drum·head I.** *n* MUS [Trommel]fell *nt,* Schlagfell *nt fachspr* **II.** *adj attr, inv* provisorisch; **~ court martial** Standgericht *nt* '**drum kit** *n esp* BRIT Schlagzeug *nt* '**drum ma·chine** *n* Trommelsynthesizer *m,* Drum Machine *f* **drum 'ma·jor** *n* Tambourmajor *m* **drum ma·jor·'ette** *n esp* AM Tambourmajorin *f,* Tambourmajorette *f*

drum·mer ['drʌməʳ, AM -ɚ] *n* ① MUS Trommler(in) *m(f); (playing the drums)* Schlagzeuger(in) *m(f)* ② *esp* AM *(dated: travelling salesman)* Vertreter(in) *m(f),* Handlungsreisende(r) *f(m) fachspr*

'**drum roll** *n* Trommelwirbel *m* '**drum set** *n* AM *(drum kit)* Schlagzeug *nt* '**drum·stick** *n* ① MUS Trommelstock *m,* Trommelschlägel *m* ② FOOD Keule *f,* Schlegel *m* SÜDD, ÖSTERR, SCHWEIZ

drunk [drʌŋk] **I.** *adj* ① *(inebriated)* betrunken; ***he was charged with being ~ and disorderly*** er wurde wegen Erregung öffentlichen Ärgernisses durch Trunkenheit angeklagt; **~ driving** Trunkenheit *f* am Steuer; **~ and disorderly** betrunken und öffentliches Ärgernis erregend; **to be ~ as a lord** [*or* **skunk**] *(fam)* total blau [*o* voll] sein *fam;* **to be blind** [*or fam* **dead**] **~** stockbetrunken *fam* [*o sl* stockbesoffen] sein; **to get ~** sich *akk* betrinken; **to be/get ~ on sth** von etw *dat* betrunken sein/werden; *(fig)* **punch ~** betäubt, benommen ② *(fig: overcome)* trunken *poet;* ■**to be ~ with sth** trunken vor etw *dat* sein; **to be ~ with joy** freudetrunken [*o* trunken vor Freude] sein *poet;* **to be ~ with success** vom Erfolg berauscht sein *poet* **II.** *n (pej)* ① *(person)* Betrunkene(r) *f(m); (addicted drinker)* Trinker(in) *m(f)* ② *(fam: drinking spree)* **to be/go on a ~** eine Kneipentour [*o* SCHWEIZ *fam* Beizentour] machen **III.** *vt, vi pp of* **drink**

drunk·ard ['drʌŋkəd, AM -ərd] *n (pej)* Betrunkene(r) *f(m); (addicted drinker)* Trinker(in) *m(f)*
drunk-'dial *vt* AM ■**to ~ sb** jdn im betrunkenen Zustand anrufen
drunk·en ['drʌŋkən] *adj attr (pej)* ① *person* betrunken, versoffen *sl;* **~ bum** *(fam)* versoffener Penner *sl,* Trunkenbold *m veraltend fam*
② *(involving alcohol)* **~ brawl** Streit *m* zwischen Betrunkenen; **~ driving** AM LAW Trunkenheit *f* am Steuer; **~ orgy** Trinkgelage *nt meist hum,* Saufgelage *nt pej fam;* **in a ~ stupor** im Vollrausch
drunk·en·ly ['drʌŋkənli] *adv* betrunken
drunk·en·ness ['drʌŋkənnəs] *n no pl* ① *(state)* Betrunkenheit *f*
② *(addiction)* Trunksucht *f*
dry [draɪ] **I.** *adj* <-ier, -iest> ① *(not wet)* trocken; ***the kettle has boiled*** **~** das ganze Wasser im Kessel ist verdampft; **to be [as] ~ as a bone, to be bone-~** *(fam)* knochentrocken [*o* staubtrocken] sein *fam;* **~ bread** trockenes Brot; **to go ~** austrocknen
② *hair, skin* trocken
③ *river, well, pond* ausgetrocknet; **to go** [*or* **run**] **~** austrocknen; **to run ~** *source* versiegen
④ METEO trocken; *climate also* niederschlagsfrei; *soil also* dürr
⑤ *(lacking lubrication)* trocken; **~ cough** trockener Husten; **~ throat** trockene Kehle
⑥ *(without alcohol)* alkoholfrei; **~ bar** Bar *f* ohne Alkoholausschank; **~ party** Fest *nt* ohne alkoholische Getränke; **~ state** Staat *m* mit Alkoholverbot
⑦ *(not sweet) drink* trocken; *wine also* herb
⑧ *(pej: uninteresting) speech, writing* trocken, nüchtern; *(cold)* kühl; **as ~ as dust** sterbenslangweilig, stinklangweilig *fam*
⑨ *(approv: understated)* trocken; **~ [sense of] humour** [*or* AM **humor**]**/wit** trockener Humor
▸PHRASES: **to <u>bleed</u> sb ~** jdn ausnehmen; **to <u>come</u> up ~** AM erfolglos sein; **to <u>run</u> ~** unproduktiv werden
II. *n* <*pl* dries *or* -s> ① *(inside)* ■**the ~** das Trockene; ***come into the*** **~** komm ins Trockene
② *(drought)* Dürre *f,* SCHWEIZ *a.* Tröckne *f*
③ AM *(fam: prohibitionist)* Prohibitionist(in) *m(f),* Alkoholgegner(in) *m(f)*
III. *vt* <-ie-> ■**to ~ sth** etw trocknen; *fruit, meat* etw dörren; *(dry out)* etw austrocknen; *(dry up)* etw abtrocknen; **~ *your eyes!*** wisch dir die Tränen ab!; *(stop crying)* hör auf zu weinen!; **to ~ the dishes** [das Geschirr] abtrocknen; **to ~ flowers** Blumen trocknen; **to ~ one's hands** sich *dat* die Hände abtrocknen; **to ~ the laundry** die Wäsche trocknen; ■**to ~ oneself** sich *akk* abtrocknen
IV. *vi* <-ie-> ① *(lose moisture)* trocknen; **to put sth out to ~** etw zum Trocknen raushängen
② *(dry up)* abtrocknen
③ THEAT *(fam: forget one's lines)* steckenbleiben
◆**dry off I.** *vt* ■**to ~ off ↔ sb/sth/oneself** jdn/etw/sich abtrocknen
II. *vi* trocknen
◆**dry out I.** *vi* ① *(become moistureless)* austrocknen
② *(stop drinking) alcoholic* trocken werden *fam; (sober up) drunk person* ausnüchtern
II. *vt* ■**to ~ sth ↔ out** etw austrocknen; *(leave to dry)* etw trocknen [lassen]
◆**dry up I.** *vi* ① *(become dry)* austrocknen; *source, spring, well* versiegen
② *(dry the dishes)* abtrocknen
③ *(evaporate) liquid* trocknen
④ *(fig: stop talking)* den Faden verlieren; *(on stage)* steckenbleiben *fam*
⑤ *(fig: run out) funds* schrumpfen; *source* versiegen *fig; supply* ausbleiben; *conversation* versiegen *fig*
II. *vt* ■**to ~ up ↔ sth** ① *(after washing-up)* etw abtrocknen
② *(dry out)* etw austrocknen
III. *interj (fam!: shut up!)* halt die Klappe! *sl*
dry·ad ['draɪæd] *n* Dryade *f meist pl,* Waldnymphe *f*
'dry cell *n* ELEC Trockenelement *nt fachspr,* Trockenzelle *f fachspr* **dry cell 'bat·tery** *n* Trockenbatterie *f fachspr* **'dry-clean** *vt* ■**to ~ sth** etw chemisch reinigen; **'~ *only'*** ‚chemisch reinigen' **dry 'clean·er's** *n* Reinigung *f* **dry 'clean·ing** *n no pl* [chemische] Reinigung **'dry dock** *n* Trockendock *nt;* **to be in ~** im Trockendock liegen
dry·er ['draɪəʳ, AM -ər] *n* ① *(for laundry)* [Wäsche]trockner *m*
② *(for hair)* Fön *m; (overhead)* Trockenhaube *f*
dry 'ex·tract *n* CHEM Trockenauszug *m* **dry-'eyed** *adj* trockenen Auges *geh* **'dry fly** *n (in fishing)* Trockenfliege *f* **dry-fly 'fish·ing** *n no pl* Fischen *nt* mit Trockenfliegen **'dry goods** *npl* AM *(haberdashery)* Kurzwaren *pl; (drapery)* Stoffe *pl,* Textilwaren *pl,* Mercerie *f* SCHWEIZ **dry 'ice** *n no pl* Trockeneis *nt*
dry·ing, dry·ing 'up ['draɪɪŋ-] *n no pl of dishes* Abtrocknen *nt*
dry 'land *n no pl* Festland *nt;* **to be back on ~** wieder festen Boden unter den Füßen haben
dry·ly ['draɪli] *adv* trocken
dry 'meas·ure *n* Trockenmaß *nt*
dry·ness ['draɪnəs] *n no pl* ① *(not wetness)* Trockenheit *f*
② *(drought)* Dürre *f,* SCHWEIZ *a.* Tröckne *f*
③ *of alcohol* Trockenheit *f*
④ *(pej: tedium, monotony)* Nüchternheit *f,* Trockenheit *f*
dry 'rot *n no pl* ① *(in timber)* Hausschwamm *m,* Holzschwamm *m* ② *(in plants)* Trockenfäule *f* **dry 'run** *n* MIL Trockenübung *f; (fig)* Probe *f;* THEAT Generalprobe *f* **'dry-shod I.** *adj* mit trockenen Schuhen **II.** *adv* trockenen Fußes *geh* **dry·stone 'wall** *n* BRIT Trockensteinmauer *f*
DS [ˌdiː'es] *n abbrev of* **Detective Sergeant** Kriminalmeister(in) *m(f)*
DSc *n abbrev of* **Doctor of Science** Dr. rer. nat.
DSC [ˌdiːes'siː] *n* BRIT *abbrev of* **Distinguished Service Cross** *Auszeichnung für besondere Dienste*
DSL [ˌdiːes'el] *n* INET, TELEC *abbrev of* **digital subscriber line** DSL *kein art*
DSO [ˌdiːes'əʊ] *n* BRIT *abbrev of* **Distinguished Service Order** *Auszeichnung für besondere Verdienste*
DTI [ˌdiːtiː'aɪ] *n* ECON, FIN *abbrev of* **Department of Trade and Industry** ≈ Wirtschaftsministerium *nt,* ≈ Wirtschaftsdepartement *nt* SCHWEIZ
D to A con·'vert·er *n* COMPUT *abbrev of* **digital to analogue converter** Digital-Analog-Umsetzer *m*
DTP [ˌdiːtiː'piː] *n abbrev of* **desktop publishing** DTP *nt*
DTs [ˌdiː'tiːz] *npl (fam) abbrev of* **delirium tremens** Säuferwahnsinn *m,* Delirium tremens *nt fachspr*
D-type 'flip-flop *n* COMPUT Einheit *f* mit bistabiler Schaltung
dual ['djuːəl, AM *esp* 'duːəl] *adj attr, inv (double)* doppelte(r, s), Doppel-; *(two different)* zweierlei; ***his visit had a ~ function*** mit seinem Besuch bezweckte er zweierlei; **~ ownership** ECON Miteigentümerschaft *f,* Teilhaberschaft *f;* **~ role** Doppelrolle *f* **dual 'car·riage·way** *n* BRIT ≈ Schnellstraße *f (Straße mit jeweils zwei Fahrbahnen in jede Richtung, getrennt durch Mittelstreifen)* **dual cir·cu·'la·tion** *n* EU *(euro transition phase)* Parallelumlauf *m* **dual 'citi·zen·ship** *n* doppelte Staatsbürgerschaft [*o* Staatsangehörigkeit] **dual con·'trols** *npl* AUTO doppelte Bedienungsvorrichtung *(bei Fahrschulwagen);* AVIAT Doppelsteuerung *f* **dual cur·ren·cy ac·'count·ing** *n* EU doppelte Währungsbuchhaltung **dual cur·'ren·cy bond** *n* FIN Doppelwährungsanleihe *f* **dual cur·'ren·cy phase** *n* EU Doppelwährungsphase *f* **'dual-deck** *adj* **~ CD recorder** Doppeldeck *nt* **'dual-earn·ing** *adj attr, inv* Doppelverdiener-, mit Doppelverdienst *nach n* **'dual-fuel** *adj* mit zwei verschiedenen Brennstoffen; **~ engine** Diesel-Gas-Motor *m;* **~ injection** Zwiefacheinspritzung *f*
dual·ism ['djuːəlɪzəm, AM *esp* 'duːəl-] *n no pl (form)* Dualismus *m*
dual·ist ['djuːəlɪst, AM 'duː] **I.** *n* Dualist(in) *m(f)*
II. *adj inv* dualistisch
dual·is·tic [ˌdjuːə'lɪstɪk, AM ˌduː] *adj inv* dualistisch
dual·ity [dju'æləti, AM du'æləṭi, dju-] *n (form)* Dualität *f geh*
dual 'list·ing *n* STOCKEX Notierung *f* einer Aktie an zwei Börsen **dual na·tion·'al·ity** *n* doppelte Staatsbürgerschaft [*o* Staatsangehörigkeit], Doppelstaatsbürgerschaft *f* **dual per·son·'al·ity** *n* gespaltene Persönlichkeit **dual 'pric·ing** *n* FIN räumliche Preisdifferenzierung **dual-'pur·pose** *adj attr* zweifach verwendbar; ***a ~ treatment to fight dandruff and restore damaged hair*** ein Shampoo gegen Schuppen und zugleich eine Kur für geschädigtes Haar **dual tax'a·tion** *n no pl* Doppelbesteuerung *f* **dual 'use** *adj* COMM, MIL mit doppeltem Verwendungszweck; **~ product** Dual-use-Produkt *nt,* Dual-use-Gut *nt*
dub[1] *n* AM *(sl) Autoreifen mit mindestens 50 cm Durchmesser*
dub[2] <-bb-> [dʌb] *vt* ① *(confer knighthood)* **to ~ sb a knight** jdn zum Ritter schlagen
② *(fig: give sb a name)* ■**to ~ sb [as] sth** jdn etw nennen
dub[3] [dʌb] *n no pl* ① MUS *Musikstil aus der Karibik mit ungewöhnlichem Rhythmus*
② LIT *moderne Poesie mit einem an die karibische Musik angelehnten Rhythmus*
dub[4] <-bb-> [dʌb] *vt* ■**to ~ sth** *film* etw synchronisieren; **to ~ sth into English** etw ins Englische übersetzen
◆**dub in** *vt* ■**to ~ sth ↔ in** etw einspielen; *(copy a recording)* etw überspielen
◆**dub over I.** *vi* synchronisieren
II. *vt usu passive* ■**to be ~bed over** unterlegt sein; *voice* synchronisiert sein
Du·bai [duː'baɪ] *n* Dubai *nt*
dubbed [dʌbd] *adj film* synchronisiert; **to be ~ into English** ins Englische übersetzt sein
dub·bin ['dʌbɪn] *n no pl* Lederfett *nt*
dub·bing ['dʌbɪŋ] *n* ① FILM Synchronisation *f*
② *no pl (dubbin)* Lederfett *nt*
du·bi·ous ['djuːbiəs, AM *esp* 'duː-] *adj* ① *(pej: questionable, doubtful)* zweifelhaft, ungewiss; **~ claims** fragwürdige Behauptungen; **~ distinction/honour** [*or* AM **honor**] fragwürdige Auszeichnung/Ehre
② *(untrustworthy)* dubios *geh,* fragwürdig, zweifelhaft; *(ambiguous)* fragwürdig, zweifelhaft; **~ characters/methods** zweifelhafte Charaktere/Methoden; **~ undertaking** bedenkliches Unternehmen
③ *(unsure, doubtful)* unsicher; ***I'm still a bit ~*** ich habe immer noch Zweifel; **to have a ~ expression on one's face** zweifelnd dreinschauen; **to be/feel ~ about sth** *(doubt)* an etw *dat* zweifeln; *(doubtful)* **to be/feel ~ about** [*or* **as to**] **whether ...** bezweifeln, ob ...; *(be unsure)* sich *dat* nicht sicher sein, ob ..., noch nicht wissen [*o* sich *dat* unschlüssig [darüber] sein], ob ...; ***he was ~ about where he should go on holiday*** er ist sich noch unschlüssig, wohin er in Urlaub fahren sollte
du·bi·ous·ly ['djuːbiəsli, AM 'duː-] *adv* fragwürdig; **to say sth ~** etw zweifelnd sagen
Dub·lin ['dʌblɪn] *n* Dublin *nt*
Dub·lin·er ['dʌblɪnəʳ, AM -nər] *n* Dubliner(in) *m(f),* Bewohner(in) *m(f)* Dublins
du·cal ['djuːkəl, AM *esp* 'duː-] *adj inv* herzoglich, Herzogs-
duc·at ['dʌkət] *n (hist)* Dukaten *m*
duch·ess <*pl* -es> ['dʌtʃɪs] *n* Herzogin *f*
duchy ['dʌtʃi] *n* Herzogtum *nt*
duck [dʌk] **I.** *n* ① *(bird)* Ente *f*
② *no pl (meat)* Ente *f,* Entenfleisch *nt;* **Peking ~** Pekingente *f*
③ SPORT *(in cricket)* **to be out for** [*or* **to make**] **a ~** keinen Punkt erzielen; **to break a ~** den ersten Punkt erzielen
④ *no pl* BRIT *(dated fam)* Schatz *m fam,* Schätzchen *nt fam*
▸PHRASES: **sth is water off a ~'s <u>back</u> to sb** etw perlt [*o* prallt] an jdm ab *fig;* **to have one's ~s in a <u>row</u>** AM bereit sein; **to take to sth like a ~ to <u>water</u>** *(fam)* bei etw *dat* gleich in seinem Element sein; ***he took to fatherhood like a ~ to water*** er war der geborene Vater

II. *vi* ❶ *(lower head)* **to ~ [down]** sich *akk* ducken; **to ~ [down] out of sight** sich *akk* ducken, um nicht gesehen zu werden
❷ *(plunge)* **to ~ in** [*or* **under**] **water** [unter]tauchen
❸ *(hide quickly)* sich *akk* verziehen *fam,* verschwinden; **to ~ out of sight** sich *akk* verstecken
III. *vt* ❶ *(lower quickly)* **to ~ one's head** den Kopf einziehen; **to ~ one's head in** [*or* **under**] **water** den Kopf unter Wasser tauchen
❷ *(avoid)* ■**to ~ sth** etw *dat* ausweichen; ***he managed to ~ the blows*** es gelang ihm, den Schlägen auszuweichen; *(fig)* ■**to ~ sth** etw *dat* ausweichen; *(shirk)* sich *akk* vor etw *dat* drücken *fam;* **to ~ one's duties/responsibility** sich *akk* vor seinen Pflichten/vor der Verantwortung drücken; **to ~ an issue** einer Frage ausweichen
◆**duck out** *vi (fam)* ■**to ~ out [of sth]** sich *akk* [vor etw *dat*] drücken
duck à l'orange [ˌdʌkɑːləˈrɔ̃(ŋ)ʒ] *n* Ente *f* à l'orange **duck-billed 'platy·pus** *n* Schnabeltier *nt*
'duck·boards *npl* Lattenrost *m*
duckie *n, adj see* **ducky**
duck·ing [ˈdʌkɪŋ] *n no pl* [Unter]tauchen *nt;* ***the boat turned over and we all got a ~*** das Boot kenterte und wir wurden alle bis auf die Haut nass; **to give sb a ~** jdn untertauchen [*o* tunken] **'duck·ing stool** *n (hist)* Tauchstuhl *m hist*
duck·ling [ˈdʌklɪŋ] *n* ❶ *(animal)* Entenküken *nt,* Entlein *nt,* Entchen *nt*
❷ *(meat)* junge Ente
ducks [dʌks] *n* BRIT *(dated fam)* Schatz *m fam,* Schätzchen *nt fam*
ducks and 'drakes *n* Steinehüpfen *nt,* Platteln *nt* ÖSTERR, Schiefern *nt* SCHWEIZ
duck 'soup *n no pl* AM *(fam: an easy task)* **to be ~ [for sb]** [für jdn] ein Kinderspiel sein **'duck·weed** *n no pl* Wasserlinse *f,* Entengrün *nt,* Entengrütze *f*
ducky [ˈdʌki] *(dated)* **I.** *n* BRIT *(fam)* Schatz *m fam,* Schätzchen *nt fam*
II. *adj esp* AM *(fam: charming)* entzückend; *(excellent)* toll *fam,* super *fam*
duct [dʌkt] *n* ❶ *(pipe)* [Rohr]leitung *f,* Rohr *nt;* **air ~** Luftkanal *m,* Luftschacht *m*
❷ ANAT Kanal *m,* Gang *m;* **ear ~** Gehörgang *m;* **tear ~** Tränenkanal *m*
duc·tile [ˈdʌktaɪl, AM *esp* -tɪl] *adj (spec)* duktil *fachspr; (bendable also)* verformbar; *(stretchable also)* dehnbar
duct·less gland [ˌdʌktləsˈ-] *n* ANAT, MED endokrine Drüse *fachspr*
dud [dʌd] *(fam)* **I.** *n* ❶ *(bomb)* Blindgänger *m; (nonfunctioning object)* **to be a ~** nicht funktionieren; ***this pen is a ~*** dieser Füller taugt nichts
❷ *(failure)* Reinfall *m fam*
❸ *(person)* Versager *m,* Niete *f fam,* Blindgänger *m sl*
❹ *(clothes)* ■**~s** *pl (fam)* Klamotten *pl*
❺ *(fam: banknote)* Blüte *f fam*
II. *adj inv* ❶ *(useless, worthless)* schlecht, mies
❷ *(forged)* gefälscht, falsch; **~ cheque** gefälschter Scheck; *(bouncing)* ungedeckter [*o fam* fauler] Scheck
dude [duːd] *n esp* AM *(fam)* ❶ *(smartly dressed urbanite)* feiner Pinkel *pej fam*
❷ *(fellow, chap)* Typ *m fam,* Kerl *m fam;* ***hey, ~, how's it going?*** na, wie geht's, Mann? *fam*
'dude ranch *n* AM Ferienranch *f*
dudg·eon [ˈdʌdʒᵊn] *n no pl (form)* Empörung *f,* Verärgerung *f;* **in ~** aufgebracht, wütend; **in high ~** äußerst empört
due [djuː, AM *esp* duː] **I.** *adj inv* ❶ *pred* ECON, FIN *(payable) bill, loan* fällig; ***our loan is ~ for repayment on August 1*** wir müssen unser Darlehen bis zum 1. August zurückzahlen; **~ bills** *(actual bills)* fällige Rechnungen *pl; (debts owing)* Schuldanerkenntnis *nt,* Zahlungsverpflichtung *f;* **~ date** *of debt* Fälligkeitsdatum *nt,* Fälligkeitstag *m,* Fälligkeitstermin *m; of claim* Verfalltag *m,* Verfallzeit *f;* **amount ~** Forderung *f,* Verbindlichkeit *f;* **amount ~ to customers** Kundenverbindlichkeit *f;* **amounts ~ to banks** Verbindlichkeiten *pl* gegenüber Banken; **to fall ~** fällig werden, zu zahlen sein
❷ *pred (rightly owing)* ■**to be ~ to sb** jdm zustehen; ***our thanks are ~ to everyone who gave so generously*** unser Dank gilt allen großzügigen Spendern
❸ *pred (entitled to)* ■**sb is ~ sth** jdm steht etw zu; ***I'm still ~ seven days' paid holiday*** mir stehen immer noch sieben Tage bezahlter Urlaub zu; **to be ~ money from sb** von jdm noch Geld zu bekommen haben
❹ *attr (appropriate)* gebührend, angemessen; **without ~ care and attention** BRIT, AUS LAW fahrlässig; ***he was found by the court to have been driving without ~ care and attention*** das Gericht befand ihn des fahrlässigen Verhaltens im Straßenverkehr für schuldig; **with ~ care/caution** mit der nötigen Sorgfalt/Vorsicht; **after ~ consideration** nach reiflicher Überlegung; **with ~ diligence** mit der erforderlichen Sorgfalt; **with [all] ~ respect** bei allem [gebotenen] Respekt; **to treat sb with the respect ~ to him/her** jdn mit dem nötigen Respekt behandeln
❺ *pred (expected)* fällig; ***what time is the next bus ~ [to arrive/leave]?*** wann kommt/fährt der nächste Bus?; ***we're not ~ to arrive for another two hours*** wir kommen erst in zwei Stunden an; ***their baby is ~ in January*** sie erwarten ihr Baby im Januar; ***when are you ~?*** wann ist es denn so weit?
❻ *attr (form)* **in ~ course** zu gegebener Zeit; **at the ~ time** zur rechten Zeit; **the ~ process of the law** ordnungsgemäßes [*o* ordentliches] Verfahren
❼ *(because of)* ■**~ to sth** wegen [*o* aufgrund] einer S. *gen;* ***~ to circumstances beyond our control ...*** aufgrund unvorhersehbarer Umstände ...; ■**to be ~ to sb/sth** jdm/etw zuzuschreiben sein; ***it is ~ to him that we have to start all over again*** seinetwegen müssen wir wieder ganz von vorne anfangen; ***it is ~ to her that we won the big order*** wir haben es ihr zu verdanken, dass wir den großen Auftrag bekommen haben
II. *n* ❶ *(fair treatment)* ***she feels that equal pay for equal work is simply her ~*** sie hält gleiche Bezahlung für gleiche Arbeit einfach nur für gerecht [*o* recht und billig]; **to give sb his/her ~** jdm Gerechtigkeit widerfahren lassen *geh;* ***to give him his ~, he worked under very difficult conditions*** man muss fairerweise zugeben, dass er unter sehr schwierigen Bedingungen gearbeitet hat
❷ *(fees)* ■**~s** *pl* Gebühren *pl; of members* [Mitglieds]beitrag *m;* **annual ~s** Jahresbeitrag *m*
❸ *(debts)* ■**~s** *pl* Schulden *pl; (obligations)* Verpflichtungen *pl;* **to pay one's ~s** *(meet debts)* seine Schulden bezahlen; *(meet obligations)* seinen Verpflichtungen nachkommen; *(undergo hardship for collective goal)* seine Schuldigkeit tun
III. *adv inv, before adv* **~ north** genau [*o* direkt] nach Norden
duel [ˈdjuːəl, AM *esp* ˈduː-] **I.** *n* ❶ *(hist: formal fight)* Duell *nt hist;* **to challenge sb to a ~** jdn zum Duell fordern; **to fight a ~** ein Duell austragen; **to fight a ~ over sb** sich *akk* wegen einer Person *gen* duellieren
❷ *(struggle)* Duell *nt geh;* **~ of wits** intellektueller Schlagabtausch; **~ of words** Wortgefecht *nt,* Rededuell *nt;* **to be locked in a ~ for sth** verbissen um etw *akk* kämpfen
II. *vi* <BRIT -ll- *or* AM *usu* -l-> *(hist)* sich *akk* duellieren *hist*
duel·ing *adj* AM *see* **duelling**
duel·ist *n* AM *see* **duellist**
duel·ling, AM **duel·ing** [ˈdjuːəlɪŋ, AM *esp* ˈduː-] *adj attr, inv* sich *akk* bekämpfend, in Fehde liegend *geh*
duel·list, AM **duel·ist** [ˈdjuːəlɪst, AM *esp* ˈduː-] *n* ❶ *(hist)* Duellant *m hist*
❷ *(person in close contest)* Gegner *m*
duet [djuˈet, AM *esp* duˈ-] *n (for instruments)* Duo *nt; (for voices)* Duett *nt*
duff [dʌf] **I.** *adj* BRIT *(fam: of bad quality)* schlecht, mies *pej fam; idea* blöd; *(broken)* kaputt; *(useless)* nutzlos, wertlos
II. *n* ❶ BIOL Rohhumus *m*
❷ AM *(fam)* Hintern *m fam;* ***get off your ~*** beweg deinen Hintern *sl*
▸PHRASES: **to be up the ~** BRIT *(sl)* schwanger sein
III. *vt* AUS ■**to ~ animals** *Tiere stehlen und mit neuen Brandzeichen versehen;* ■**to ~ sb** jdn bescheißen [*o* abzocken] *sl;* ■**to ~ sth** etw abzocken *sl,* sich *dat* etw ergaunern *(indem man Preisschilder vertauscht oder das Aussehen eines Gegenstandes so verändert, dass er billiger erscheint)*
◆**duff up** *vt* BRIT *(fam)* ■**to ~ sb** ⊂ **up** jdn zusammenschlagen *fam*
duf·fel bag [ˈdʌfᵊl,-] *n* Matchbeutel *m* BRD, ÖSTERR, NAUT Seesack *m* **'duf·fel coat** *n* Dufflecoat *m*
duf·fer [ˈdʌfəʳ, AM -ɚ] *n (dated)* Dummkopf *m pej;* **to be a ~ at physics** eine Niete in Physik sein *fam*
dug [dʌg] **I.** *pt, pp of* **dig**
II. *n usu pl* Zitze *f*
'dug·out *n* ❶ MIL Schützengraben *m*
❷ SPORT *(in football)* überdachte Trainerbank; AM *(in baseball)* überdachte Spielerbank
❸ AM, AUS *(canoe)* Einbaum *m*
duh [dɑː] *interj* AM [ja] klar *fam,* sicher *fam*
DUI [ˌdiːjuːˈaɪ] BRIT LAW *abbrev of* **driving under the influence [of alcohol]** Trunkenheit *f* am Steuer
duke [djuːk, AM duːk] *n* Herzog *m*
duke·dom [ˈdjuːkdəm, AM ˈduːk-] *n* ❶ *no pl (rank)* Herzogswürde *f*
❷ *(land)* Herzogtum *nt*
dul·cet [ˈdʌlsɪt] *adj attr (liter)* wohlklingend, angenehm
dul·ci·mer [ˈdʌlsɪməʳ, AM -ɚ] *n* Hackbrett *nt,* Zimbal *nt*
dull [dʌl] **I.** *adj* ❶ *(pej: boring)* langweilig, eintönig, fade; **as ~ as ditchwater** stinklangweilig *sl;* **~ life** eintöniges Leben; **~ routine** stumpfsinnige Routine; **deadly** [*or* **terribly**] **~** todlangweilig
❷ ECON, FIN **~ market** flauer Markt
❸ *(not bright, shiny) animal's coat* glanzlos, stumpf; *sky* bedeckt, grau; *weather* trüb; *colour* matt; *light* schwach, trübe, matt; TYPO matt
❹ *(indistinct, muted)* dumpf; **~ ache/thud** dumpfer Schmerz/Schlag
❺ *esp* AM *(not sharp)* stumpf
❻ *(dated: not intelligent)* beschränkt *pej; (slow-witted)* begriffsstutzig; **~ pupil** langsamer Schüler
II. *vt* ■**to ~ sth** ❶ *(lessen)* etw schwächen [*o* trüben]; **to ~ the pain** den Schmerz betäuben
❷ *(desensitize)* etw abstumpfen [*o* stumpf werden lassen]
dull·ard [ˈdʌləd, AM -ɚd] *n (pej dated)* Dummkopf *m pej*
dull·ness [ˈdʌlnəs] *n no pl* ❶ *(pej: tedium)* Langweiligkeit *f,* Eintönigkeit *f; of a routine* Stumpfsinn *m*
❷ ECON, FIN *of market* Flaute *f,* Stagnation *f*
❸ METEO Trübheit *f liter*
❹ *(of pain)* Dumpfheit *f*
❺ *of a knife* Stumpfheit *f*
❻ *(stupidity)* Beschränktheit *f pej; (slow-wittedness)* Begriffsstutzigkeit *f pej; (apathy)* Stumpfsinnigkeit *f; (sluggishness)* Trägheit *f*
dulls·ville [ˈdʌlzvɪl] *n no pl esp* AM *(pej fam)* **to be ~** todlangweilig sein
dul·ly [ˈdʌlli] *adv* ❶ *(pej: boringly)* langweilig; *play music* ohne Schwung *nach n*
❷ *(not brightly)* matt, trübe
❸ *(not intensely) feel, ache* dumpf
duly [ˈdjuːli, AM *esp* ˈduː-] *adv inv* ❶ *(appropriately)* gebührend, in angemessener Weise; ***he ~ apologized*** er entschuldigte sich gebührend
❷ *(punctually)* pünktlich; *(straightaway)* prompt; *(at the expected time)* wie erwartet
dumb [dʌm] *adj inv* ❶ *(mute)* stumm; **deaf and ~** taubstumm
❷ *(tongue-tied)* stumm, sprachlos; ***she was struck ~ with amazement/fear*** es verschlug ihr vor Staunen/Angst die Sprache; **~ approval** stillschweigende Zustimmung
❸ *(pej fam: stupid)* dumm, blöd *fam,* doof *fam;* ***are they brave or just ~?*** ist das jetzt Mut oder einfach nur Dummheit?; **to act** [*or* **play**] **~** sich *akk* dumm

stellen *fam*

◆**dumb down** *esp* AM **I.** *vt (usu pej fam: make easy)* ▪**to ~ sth** ↻ **down** etw vereinfachen [*o* verflachen] *(das geistige Niveau so weit herunterschrauben, dass eine breite Masse erreicht wird);* ***they told him to ~ down his message*** sie legten ihm nahe, sich einfacher auszudrücken
II. *vi (usu pej fam: become easier)* immer simpler werden; *(become superficial) newspaper* immer seichter werden

'dumb·bell *n* ① SPORT Hantel *f*
② AM *(pej fam: dummy)* Dummkopf *m pej*

dumbed-down [ˌdʌmd'daʊn] *adj attr* vereinfacht, verflacht

dumb·'found *vt* ▪**to ~ sb** jdn verblüffen [*o* sprachlos machen]

dumb·'found·ed *adj* sprachlos, verblüfft

dumb·ly ['dʌmli] *adv inv* stumm

dumb·ness ['dʌmnəs] *n no pl* ① *(inability to speak)* Stummheit *f*
② *(stupidity)* Dummheit *f,* Blödheit *f fam*

dum·bo <*pl* -s> ['dʌmbəʊ, AM -boʊ] *n* Dummkopf *m pej*

'dumb·show *n no pl esp* BRIT *(fam)* Zeichensprache *f;* **to use ~** sich *akk* der Zeichensprache bedienen

'dumb·size *vt* ▪**to ~ sth** *company* die Belegschaft derartig reduzieren, dass nicht mehr effektiv gearbeitet werden kann

'dumb·strick·en, 'dumb·struck *adj* sprachlos, verblüfft

dumb 'ter·mi·nal *n* COMPUT nichtprogrammierbare Datenstation **dumb 'wait·er** *n* Speiseaufzug *m,* stummer Diener

dum-dum, dum-dum 'bul·let ['dʌmdʌm-] *n* Dumdum[geschoss] *nt*

dum·found [dʌm'faʊnd] *vt see* **dumbfound**

dum·my ['dʌmi] **I.** *n* ① *(mannequin)* Schaufensterpuppe *f; (crash test dummy)* Dummy *m; (doll)* [**ventriloquist's**] **~** [Bauchredner]puppe *f;* **to stand there like a stuffed ~** *(fam)* wie ein Ölgötze dastehen *pej fam*
② *(substitute)* Attrappe *f*
③ BRIT, AUS *(for baby)* Schnuller *m,* Nuggi *m* SCHWEIZ *fam*
④ *(pej: fool)* Dummkopf *m pej*
⑤ CARDS *(in bridge)* Strohmann *m*
⑥ LAW Gesetzesvorlage *f* in erster Lesung
II. *adj attr, inv (duplicate)* nachgemacht; *(not real)* unecht; *(false)* falsch; **~ ammunition** Übungsmunition *f; (blank cartridge)* Platzpatronen *pl;* **~ variable** Scheinvariable *f*
III. *vi* AM *(fam)* ▪**to ~ up** dichthalten *fam,* kein Sterbenswörtchen sagen *fam*

'dum·my run *n esp* BRIT ① MIL Übung *f*
② *(tryout, rehearsal)* Probe *f; (of apparatus)* Probelauf *m*

dump [dʌmp] **I.** *n* ① *(for rubbish)* Müll[ablade]platz *m; (fig pej: messy place)* Dreckloch *nt fam; (badly run place)* Sauladen *m pej fam*
② *(storage place)* Lager *nt,* Depot *nt;* **ammunition ~** Munitionslager *nt*
③ COMPUT Speicherabzug *m fachspr*
④ *(fam!: faeces)* Scheiße *f derb;* **to have** [*or* **take**] **a ~** ein Ei legen *derb*
II. *vt* ① *waste* ▪**to ~ sth** *(unload)* etw abladen; *(deposit)* etw abstellen; *(throw away)* etw wegwerfen; ***toxic chemicals continue to be ~ed in the North Sea*** es werden nach wie vor giftige Chemikalien in die Nordsee gekippt
② *(put down carelessly)* ▪**to ~ sth** etw hinknallen *fam; (fam: leave)* etw lassen; ***where can I ~ my coat?*** wo kann ich meinen Mantel lassen?; **to ~ sth on the table/in the corner** etw auf den Tisch/in die Ecke knallen *fam*
③ *(fam: abandon)* ▪**to ~ sth** *plan, project* etw fallenlassen; *sth unwanted* etw loswerden, sich *akk* einer S. *gen* entledigen; ***the criminals ~ed the car and fled on foot*** die Verbrecher entledigten sich des Autos und flohen zu Fuß
④ *(fam: leave sb)* ▪**to ~ sb** jdn verlassen *fig,* jdm den Laufpass geben *fam*
⑤ COMPUT ▪**to ~ sth** etw ausgeben *fachspr*
⑥ ECON *(sell)* ▪**to ~ sth on sb** etw an jdn verschleudern [*o* zu Schleuderpreisen an jdn verkaufen]
III. *vi* ① *(fam!: defecate)* scheißen *derb*
② *esp* AM *(fam: treat unfairly)* ▪**to ~ on sb** jdn fertigmachen *fam,* auf jdm herumtrampeln *fig fam; (disparage, condemn)* ▪**to ~ on sb/sth** jdn/etw schlechtmachen *fam,* jdn/etw in den Schmutz ziehen, über jdn/etw herziehen *fam*

dump·er ['dʌmpəʳ] *n* ① AUS *(in surfing)* Brecher *m,* Riesenwelle *f*
② BRIT *(truck)* Kipper *m*

'dump·er truck *n* BRIT Kipper *m*

dump·ing ['dʌmpɪŋ] *n no pl* ECON Dumping *nt fachspr*

'dump·ing ground *n* Müll[ablade]platz *m* **'dump·ing price** *n* ECON Dumpingpreis *m*

dump·ling ['dʌmplɪŋ] *n* Kloß *m,* Knödel *m* ÖSTERR, SCHWEIZ

dumps [dʌmps] *npl (fam)* Niedergeschlagenheit *f kein pl;* **to be** [**down**] **in the ~** niedergeschlagen [*o sl* down] sein

Dump·ster® ['dʌmpstɚ] *n* AM *(container)* Container *m*

'dump truck *n* AM *(dumper truck)* Kipper *m*

dumpy ['dʌmpi] *adj* untersetzt, pummelig *fam*

dun¹ [dʌn] *adj inv* graubraun

dun² [dʌn] **I.** *vt* <-nn-> ▪**to ~ sb** jdn mahnen; **to be ~ned for one's debts** wegen Schulden verfolgt werden, die Schuldeneintreiber am Hals haben *fam*
II. *n* Zahlungsaufforderung *f,* Mahnung *f*

dunce [dʌns] *n (pej: poor pupil)* schlechter Schüler/schlechte Schülerin; *(stupid person)* Dummkopf *m pej;* **to be a ~ at sth** schlecht [*o* eine Niete] in etw *dat* sein

'dunce's cap *(hist), esp* AM **'dunce cap** *n Spotthut, der schlechten Schülern aufgesetzt wurde, meistens aus Papier bestand und die Aufschrift ‚Ich bin ein Esel' trug*

dun·der·head ['dʌndəhed, AM -dɚ-] *n (pej dated fam)* Dummkopf *m pej,* Schwachkopf *m pej*

dun·der·'head·ed *adj* dumm, einfältig

dune [dju:n, AM *esp* du:n] *n* Düne *f*

'dune bug·gy *n* Strandbuggy *m*

'dun fee *n* COMM Mahngebühr *f*

dung [dʌŋ] *n no pl* Dung *m*

dun·ga·rees [ˌdʌŋgə'ri:z] *npl esp* BRIT *(overall)* Latzhose *f;* AM *(denim trousers)* Jeans[hose] *f*

dun·geon ['dʌndʒən] *n* Verlies *nt,* Kerker *m; (fig: dark place)* Loch *nt pej sl*

'dung·hill *n* Misthaufen *m; (fig pej: disagreeable place)* Loch *nt pej sl*

dunk [dʌŋk] **I.** *vt* ① *(dip into)* ▪**to ~ sth in sth** etw in etw *akk* [ein]tunken DIAL [*o* [ein]tauchen]
② *(in basketball)* **to ~ the ball** *einen Punkt mit einem Wurf direkt in den Korb erzielen, bei dem die Hände über dem Rand bleiben*
II. *n* **to go for a ~** *(fam)* eintauchen, schwimmen gehen

dun·ning ['dʌnɪŋ] *n no pl* COMM Mahnung *f,* Mahnwesen *nt;* **~ letter** Mahnbrief *m,* Mahnschreiben *nt*

dun·no [də'nəʊ, AM -'noʊ] *(sl)* = **don't know** *see* **know**

dun·ny ['dʌni] *n* AUS *(fam)* Klo *nt fam*

duo ['dju:ə(ʊ), AM 'du:oʊ, 'dju:-] *n* ① *(pair)* Duo *nt*
② MUS *(duet)* Duett *nt,* Duo *nt*

duo·de·na [ˌdju:ə(ʊ)'di:nə, AM ˌdu:ə'-, ˌdju:-] *n pl of* **duodenum**

duo·denal [ˌdju:ə(ʊ)'di:nəl, AM ˌdu:ə'-, ˌdju:-] *adj inv* MED Zwölffingerdarm-, duodenale(r, s) *fachspr;* **~ ulcer** Zwölffingerdarmgeschwür *nt*

duo·denum <*pl* -na *or* -s> [ˌdju:ə(ʊ)'di:nəm, AM ˌdu:ə'-, ˌdju:ə'-, *pl* -nə] *n* Zwölffingerdarm *m,* Duodenum *nt fachspr*

dup. *n abbrev of* **duplicate** Duplikat *nt*

dupe [dju:p, AM *esp* du:p] **I.** *n (tricked person)* Betrogene(r) *f(m),* Gelackmeierte(r) *f(m) hum fam; (victim)* Opfer *nt*
II. *vt usu passive* ▪**to be ~d** betrogen werden; ***they were ~d by drug smugglers into carrying heroin for them*** sie wurden von Drogenschmugglern als Heroinkuriere benutzt, ohne dass sie sich dessen bewusst waren

du·ple ['dju:pl, AM 'du:-] *adj inv* MUS doppelt, zweifach

du·plex ['dju:pleks, AM *esp* 'du:-] **I.** *n* <*pl* -es> ① AM, AUS Doppelhaus *nt*
② AM *(flat having two floors)* Maisonette[wohnung] *f,* SCHWEIZ *a.* Attikawohnung *f*
II. *adj* doppelt, Doppel-

du·pli·cate I. *vt* ['dju:plɪkeɪt, AM *esp* 'du:-] ① *(replicate)* ▪**to ~ sth** eine zweite Anfertigung von etw *dat* machen; *(repeat an activity)* etw noch einmal machen; ***parenthood is an experience that nothing else can ~*** *(fig)* die Erfahrung, Vater oder Mutter zu sein, kann durch nichts ersetzt werden
② *(copy)* etw nachmachen; *(photocopy)* etw kopieren; **to ~ a device** ein Gerät nachbauen
II. *vi of a bookkeeping entry* ▪**to ~ with sth** miteinander übereinstimmen
III. *adj* ['dju:plɪkət, AM 'du:-] *attr, inv* Doppel-, Zweit-; **~ key** Nachschlüssel *m*
IV. *n* ['dju:plɪkət, AM 'du:-] Duplikat *nt,* Zweitschrift *f,* Kopie *f; of a document* Zweitausfertigung *f,* Zweitschrift *f;* **~** [**of a**] **receipt** Quittungsduplikat *nt;* **in ~** in zweifacher [*o* doppelter] Ausfertigung

du·pli·cate 'bridge *n Bridgeart, bei der das Spiel mit derselben Kartenverteilung, aber mit anderen Spielern wiederholt wird*

du·pli·cat·ing ['dju:plɪkeɪtɪŋ, AM 'du:plɪkeɪt̬-] *n no pl* ECON, FIN Kopieren *nt*

'du·pli·cat·ing ma·chine *n* Kopiergerät *nt,* Kopierer *m fam* **'du·pli·cat·ing pa·per** *n* Saugpostpapier *nt,* Matrizenpapier *nt*

du·pli·ca·tion [ˌdju:plɪ'keɪʃən, AM *esp* ˌdu:-] *n no pl* Verdoppelung *f;* **~ of work** doppelte Arbeit; **~ of data** Duplizierung von Daten

du·pli·ca·tor ['dju:plɪkeɪtəʳ, AM 'du:plɪkeɪt̬ɚ, 'dju:-] *n* Kopiergerät *nt,* Kopierer *m fam*

du·plic·it·ous [dju:'plɪsɪtəs, AM du:'plɪsət̬əs] *adj* doppelzüngig *pej*

du·plic·ity [djʊ'plɪsəti, AM du:'plɪsət̬i, dju:-] *n no pl (pej form: speech)* Doppelzüngigkeit *f pej; (action)* falsches [*o* doppeltes] Spiel, Doppelspiel *nt*

Dur BRIT *abbrev of* **Durham**

du·rabil·ity [ˌdjʊərə'bɪləti, AM ˌdʊrə'bɪlət̬i, ˌdjʊr-] *n no pl* ① *(endurance)* Dauerhaftigkeit *f,* Dauer *f*
② *of a product* Haltbarkeit *f; of a machine* Lebensdauer *f*

du·rable ['djʊərəbl, AM 'dʊrə-, 'djʊrə-] *adj* ① *(hard-wearing)* strapazierfähig, haltbar
② *(long-lasting)* dauerhaft; **~ goods** langlebige Gebrauchsgüter; **~ peace** dauerhafter Friede

du·ra·tion [ˌdjʊ(ə)'reɪʃən, AM ˌdʊ'-, ˌdjʊ'-] *n no pl* Dauer *f; of a film* Länge *f;* **~ of a contract** LAW Vertragsdauer *f;* **a stay of two years' ~** ein zweijähriger Aufenthalt; **for the ~** *(until this situation ends)* bis zum Ende; *(dated: until the war ends)* für die Dauer des Krieges; ***I suppose we're stuck with each other for the ~*** sieht so aus, als müssten wir es bis auf weiteres miteinander aushalten

du·ress [djʊ'res, AM *esp* dʊ'-] *n no pl (form)* Zwang *m,* Nötigung *f;* **under ~** unter Zwang

Du·rex® ['djʊəreks] *n* BRIT Gummi *m sl,* Kondom *nt,* SCHWEIZ *a.* Pariser *m*

dur·ing ['djʊərɪŋ, AM 'dʊr-, 'djʊr-] *prep* ① *(in time of)* während +*gen;* **~ *World War Two*** während des Zweiten Weltkriegs
② *(weekdays)* **~ the week** während [*o* unter] der Woche

durned [dɜ:rnd] *adv esp* AM *(rare) see* **darn² II**

dusk [dʌsk] *n no pl* [Abend]dämmerung *f;* **~ *is falling*** es dämmert; **after/at ~** nach/bei Einbruch der Dunkelheit

dusky ['dʌski] *adj* ① *(dark-hued)* dunkel; **~ blue** dunkelblau
② *(usu pej! dated: dark-skinned)* dunkelhäutig

dust [dʌst] **I.** *n no pl* Staub *m;* **coal ~** Kohlenstaub *m;* **particle of ~** Staubpartikel *nt;* **to collect** [*or* **gather**] **~** Staub ansammeln; **to be covered in ~** staubbedeckt [*o* staubig] sein; *furniture, objects* völlig verstaubt sein
▸PHRASES: **to allow the ~ to settle, to let the**

D

~ **settle, to wait till the ~ has settled** [ab]warten, bis sich die Wogen wieder geglättet haben; **to bite the ~** ins Gras beißen *fig fam;* **you couldn't see him for** [the] ~ und weg war er auch schon! *fam;* **to eat sb's ~** AM *(fam)* von jdm abgehängt werden *fam; eat my ~!* versuch mitzuhalten, wenn du kannst!; **to leave sb/sth in the ~** etw/jdn weit übertreffen; **to lick the ~** im Staub kriechen *fig;* **to throw ~ in sb's eyes** jdm Sand in die Augen streuen *fig;* **to turn to ~** *(liter)* zu Staub werden *fig liter*
II. *vt* ❶ *(clean)* ■**to ~ sth** *objects, furniture* etw abstauben; *rooms, buildings* in etw *dat* Staub wischen
❷ *(spread over finely)* ■**to ~ sth** [**with sth**] etw [mit etw *dat*] bestäuben; *(using grated material)* etw [mit etw *dat*] bestreuen; **to ~ crops** Getreide bestäuben; **to ~ sth with insecticide** etw mit einem Schädlingsbekämpfungsmittel besprühen
III. *vi* Staub wischen
◆**dust down** *vt* BRIT, AUS ❶ *(return to use)* ■**to ~ sth** ↻ **down** etw wiederbenutzen
❷ *(fam: criticize)* ■**to ~ down** ↻ **sb** jdn zusammenstauchen *fam*
◆**dust off** *vt* ■**to ~ sth** ↻ **off** ❶ *(dust)* etw entstauben [*o* abstauben]
❷ *(return to use)* etw wiederbenutzen
'dust·ball *n* AM *(fam)* Wollmaus *f hum* **'dust·bin** *n esp* BRIT Mülleimer *m,* Abfalleimer *m* SCHWEIZ; *(big container)* Mülltonne *f,* Abfalltonne *f* SCHWEIZ **'dust·bin lin·er** *n esp* BRIT Müllbeutel *m,* Müllsack *m* ÖSTERR, Abfallsack *m* SCHWEIZ **'dust·bin lor·ry** *n* BRIT Müllwagen *m* **'dust bowl** *n* Trockengebiet *nt;* ■**the Dust Bowl** *(hist)* die Dust Bowl *(Gebiet der USA, in dem um 1930 große Trockenheit und Bodenerosion herrschte, was einen Massenexodus zur Folge hatte)* **'dust bun·ny** *n* AM *(fam)* Wollmaus *f hum* **'dust·cart** *n* BRIT Müllwagen *m* **'dust cloth** *n* AM Staubtuch *nt* **'dust·coat** *n* Kittel *m* **'dust cov·er** *n (for furniture)* Schonbezug *m; (for devices)* Abdeckhaube *f; (on a book)* Schutzumschlag *m; (for clothes)* Staubschutz *m kein pl*
dust·er ['dʌstəʳ, AM -ɚ] *n* Staubtuch *nt;* **feather ~** Staubwedel *m*
dust·ing ['dʌstɪŋ] *n no pl* ❶ *(layer)* Schicht *f,* [dünner] Belag [*o* Überzug]; ***there was a ~ of snow on the lawn*** auf dem Rasen lag eine dünne Schneeschicht
❷ *(cleaning)* Staubwischen *nt,* Abstauben *nt;* **to give sth a ~** *objects, furniture* etw abstauben; *rooms, buildings* in etw *dat* Staub wischen
'dust jack·et *n* Schutzumschlag *m* **'dust·man** *n* BRIT Müllmann *m* **'dust mite** *n* Hausmilbe *f* **'dust mop** *n* Staubbesen *m* **'dust·pan** *n* Schaufel *f;* **~ and brush** Schaufel *f* und Besen *m* **'dust sheet** *n* BRIT Staubdecke *f* **'dust storm** *n* Staubsturm *m* **'dust-up** *n (fam)* ❶ *(fight)* Schlägerei *f* ❷ *(dispute)* Krach *m fam,* Streit *m*
dusty ['dʌsti] *adj* ❶ *(covered in dust)* staubig; *objects, furniture* verstaubt
❷ *(colour)* stumpf, matt; **~ brown** graubraun; **~ pink** altrosa
❸ *(unexciting)* trocken, uninteressant
❹ BRIT *(brusque)* **~ answer** schroffe Antwort
Dutch [dʌtʃ] I. *adj* holländisch, niederländisch
II. *n* ❶ *no pl (language)* Holländisch *nt,* Niederländisch *nt*
❷ *(people)* ■**the ~** *pl* die Holländer [*o* Niederländer] *pl*
III. *adv* **to go ~** getrennte Kasse machen
Dutch 'auc·tion *n* FIN holländische Versteigerung **Dutch 'cap** *n* BRIT Pessar *nt* **Dutch 'cour·age** *n no pl (fam)* angetrunkener Mut; **to give oneself ~** sich *dat* Mut antrinken **Dutch 'elm dis·ease** *n no pl* Ulmensterben *nt* **'Dutch·man** *n* Holländer *m,* Niederländer *m* ►PHRASES: **if ... I'm a ~** BRIT wenn ..., [dann] bin ich der Kaiser von China **Dutch 'oven** *n* AM Schmortopf *m* **Dutch 'treat** *n no pl (fam) Unternehmung in der Gruppe, bei der getrennte Kasse gemacht wird* **'Dutch·wom·an** *n* Holländerin *f,* Niederländerin *f*
du·ti·able ['dju:tiəbḷ, AM 'du:ṭi-, 'dju:ṭi-] *adj inv* zollpflichtig
du·ti·ful ['dju:tɪfᵊl, AM 'du:ṭɪ-, 'dju:ṭɪ-] *adj* ❶ *person* pflichtbewusst; *(obedient)* gehorsam
❷ *act* pflichtschuldig; ***after the speech, there were a few ~ cheers*** nach der Rede gab es ein paar lahme Jubelrufe *fam*
du·ti·ful·ly ['dju:tɪfᵊli, AM 'du:ṭɪ-, 'dju:ṭɪ-] *adv* pflichtbewusst; *(obediently)* gehorsam
duty ['dju:ti, AM 'du:ṭi, 'dju:ṭi] I. *n* ❶ *no pl (obligation)* Pflicht *f,* Verpflichtung *f; (moral responsibility)* Schuldigkeit *f,* Pflicht *f;* ***he has a ~ to visit his mother more than once a year*** er ist moralisch verpflichtet, seine Mutter öfter als nur einmal im Jahr zu besuchen; ***you have a ~ to yourself to take a holiday now and then*** du bist es dir schuldig, hin und wieder Urlaub zu nehmen; **~ of notification** LAW Benachrichtigungspflicht *f;* **~ to notify** Anzeigepflicht *f;* **to do sth out of ~** etw aus Pflichtbewusstsein tun; **to do one's ~** seine Pflicht tun; **to do one's ~ by sb** jdm gegenüber seine Pflicht erfüllen [*o* tun]; **to entrust sb with a ~** *(form)* jdn mit einer Aufgabe betrauen; **to make it one's ~ to do sth** es sich *dat* zur Pflicht machen, etw zu tun
❷ *(task, function)* Aufgabe *f,* Pflicht *f*
❸ *no pl (work)* Dienst *m;* **night ~** Nachtdienst *m;* **point ~** Verkehrsdienst *m;* **to do ~ for sb** jdn vertreten, für jdn einspringen; **to report for ~** sich *akk* zum Dienst melden; **to be suspended from ~** vom Dienst suspendiert sein; **on/off ~** im/nicht im Dienst; **to be off ~** [dienst]frei haben; **to be on ~** Dienst haben; **to come/go on ~** seinen Dienst antreten
❹ *(revenue)* Zoll *m* (**on** auf +*akk*); **customs duties** Zollabgaben *pl;* **to be free of ~** zollfrei sein; **to pay ~ on sth** etw verzollen
II. *n modifier (nurse, officer)* Dienst habende(r, s)
duty-'bound *adj* ■**to be ~ to do sth** verpflichtet sein, etw zu tun; **to feel** [**oneself**] **~ to do sth** sich *akk* verpflichtet fühlen, etw zu tun **'duty call** *n* Pflichtbesuch *m,* Höflichkeitsbesuch *m*
duty-'free I. *adj* zollfrei
II. *n* ■**~s** *pl* zollfreie Waren
duty-free 'shop *n* Duty-free-Shop *m*
duty of 'care *n* LAW Sorgfaltspflicht *f*
'duty-rat·ed *adj* COMPUT bezogen auf die Nutzleistung
'duty ros·ter *n* Dienstplan *m* **'duty ser·geant** *n* Polizeibeamte(r), -beamtin *m, f* vom Dienst, Dienst habender Polizeibeamter, Dienst habende Polizeibeamtin ÖSTERR **duty so·'lici·tor** *n* LAW abrufbereiter Pflichtverteidiger im Magistrates' Court
du·vet ['dju:veɪ, 'du:-, AM du:'veɪ, dju:'-] *n esp* BRIT Steppdecke *f; (with down also)* Daunendecke *f,* Duvet *nt* SCHWEIZ
'du·vet cov·er *n esp* BRIT Bettbezug *m,* Bettanzug *m* SCHWEIZ
DV [ˌdi:'vi:] *n abbrev of* **digital video** DV *nt*
DVD [ˌdi:vi:'di:] *abbrev of* **digital versatile disc** I. *n* DVD *f*
II. *n modifier (film)* DVD-, auf DVD *nach n*
DVD-'A *n no pl, modifier short for* **DVD-Audio** DVD-A-
DVD-'Audio *n no pl, modifier* DVD-Audio-
DV'D play·er *n* DVD-Player *m* **DV'D-qual·ity** *adj inv* mit DVD-Qualität *nach n*
DVLA [ˌdi:vi:el'eɪ] *n no pl abbrev of* **Driver and Vehicle Licensing Agency** Kfz-Steuer- und Führerscheinbehörde *f,* Motorfahrzeugkontrolle *f* SCHWEIZ
DVR [ˌdi:vi:'ɑ:ʳ, AM -'ɑ:r] *n abbrev of* **digital video recorder** digitaler Videorecorder
DVT [ˌdi:vi:'ti:] *n no pl* MED *abbrev of* **deep vein thrombosis** tiefe Venenthrombose
dwarf [dwɔ:f, AM dwɔ:rf] I. *n* <*pl* -s *or* dwarves>
❶ *(small person)* Zwerg(in) *m(f)*
❷ *(imaginary creature)* Zwerg *m*
II. *n modifier (conifer, lemur, hippo)* winzige(r, s), Zwerg-
III. *vt* ■**to ~ sb/sth** jdn/etw überragen; *(fig)* jdn/etw in den Schatten stellen *fig*
'dwarf star *n* ASTRON Zwerg[stern] *m fachspr*
dwarves [dwɔ:vz, AM dwɔ:rvz] *n pl of* **dwarf**
dweeb [dwi:b] *n* AM *(sl)* Schwachkopf *m fam*
dwell <dwelt *or* -ed, dwelt *or* -ed> [dwel] *vi (form)* wohnen, leben; ■**to ~ with sb** bei jdm wohnen
◆**dwell on, dwell upon** *vi* ■**to ~ on** [*or* **upon**] **sth** bei etw *fig* verweilen *geh;* **to ~ on** [*or* **upon**] **a subject** auf einem Thema herumreiten *sl*
dwell·er ['dweləʳ, AM -ɚ] *n (form)* Bewohner(in) *m(f)*
dwell·ing ['dwelɪŋ] *n (form)* Wohnung *f* **'dwell·ing house** *n* Wohnhaus *nt*
dwelt [dwelt] *pp, pt of* **dwell**
DWI [ˌdi:ˌdʌbḷju:'aɪ] *n* AM *abbrev of* **driving while under the influence of alcohol** Fahren *nt* unter dem Einfluss von Alkohol
dwin·dle ['dwɪndḷ] *vi* abnehmen, schwinden *geh; (numbers)* zurückgehen; *money, supplies* schrumpfen; ***the circulation has ~d to 5,000*** die Auflage ist auf 5000 gesunken
dwin·dling ['dwɪndḷɪŋ] *adj* schwindende(r, s) *attr geh,* Schwund-, abnehmende(r, s) *attr; number* sinkende(r, s)
dyad ['daɪæd] *n see* **doublet**
dy·ad·ic op·era·tion [daɪ'ædɪk-] *n* COMPUT dyadische Operation
dye [daɪ] I. *vt* ■**to ~ sth** etw färben
II. *n* Färbemittel *nt,* Farbstoff *m; (for hair)* Haarfärbemittel *nt*
dyed-in-the-'wool *adj attr, inv* Erz-; **~ prejudices** tief sitzende Vorurteile; **a ~ reactionary** ein unverbesserlicher [*o* eingefleischter] Reaktionär; **~ opinions** [*or* **views**] unbeugsame Ansichten
dyer [daɪəʳ, AM daɪɚ] *n* Färber(in) *m(f)*
'dye·stuff ['daɪstʌf] *n* Farbstoff *m* **'dye-works** *n* Färberei *f*
dy·ing ['daɪɪŋ] *adj attr, inv* ❶ *person, animal* sterbend; *(fig: failing)* hoffnungslos, nicht mehr zu rettende(r, s); *(fig: becoming less important)* aussterbend; **~ *traditions*** fast verschwundene Bräuche
❷ *(when sb dies)* **to my ~ day** bis an mein Lebensende; **sb's ~ words** jds letzte Worte
dyke [daɪk] *n* ❶ *(wall)* Deich *m,* Damm *m*
❷ *(drainage channel)* [Abfluss]graben *m,* Kanal *m*
❸ *(pej! sl: lesbian)* Lesbe *f fam*
dy·nam·ic [daɪ'næmɪk] *adj* ❶ *(energetic, forceful)* dynamisch
❷ *attr, inv* MUS dynamisch *fachspr*
❸ *attr* PHYS dynamisch *fachspr*
dy·nami·cal·ly [daɪ'næmɪkli] *adv* dynamisch
dy·nam·ics [daɪ'næmɪks] *n* ❶ *no pl* PHYS Dynamik *f fachspr; (in sciences)* **atmospheric ~** atmosphärische Dynamik *fachspr;* **chemical ~** chemische Dynamik *fachspr;* **population ~** Bevölkerungsdynamik *f fachspr*
❷ *(fig) of change, growth* Dynamik *f;* **group ~** Gruppendynamik *f*
❸ MUS Dynamik *f fachspr*
dy·na·mism ['daɪnəmɪzᵊm] *n no pl* ❶ *(quality)* Dynamik *f*
❷ PHILOS Dynamismus *m fachspr*
dy·na·mite ['daɪnəmaɪt] I. *n no pl* ❶ *(explosive)* Dynamit *nt*
❷ *(fig fam: sth potentially shocking, dangerous)* Dynamit *nt fig,* Zündstoff *m fig;* **political ~** politischer Zündstoff; **to be ~** brisant sein
❸ *(fig fam: sth/sb fantastic, sensational)* **to be ~** eine Wucht sein *sl*
II. *vt* ■**to ~ sth** etw mit Dynamit sprengen
III. *n modifier (fig fam)* explosiv
dy·na·mo ['daɪnəməʊ, AM -moʊ] *n* ❶ *esp* BRIT *(generator)* Dynamo *m; of a car* Lichtmaschine *f*
❷ *(fig: person)* Energiebündel *nt fam*
dy·nas·tic [dɪ'næstɪk, AM daɪ'-] *adj inv* dynastisch
dyn·as·ty ['dɪnəsti, AM 'daɪ-] *n* Dynastie *f*
d'you [dʒu:, dju:, dʒə, djə] *(fam)* = **do you** *see* **do**
dys·en·tery ['dɪsᵊntᵊri, AM -teri] *n no pl* Ruhr *f,* Dysenterie *f fachspr*
dys·func·tion [dɪs'fʌŋ(k)ʃᵊn] *n* ❶ MED Funktionsstörung *f*
❷ TECH Störung *f,* Defekt *m*
dys·func·tion·al [dɪs'fʌŋ(k)ʃᵊnᵊl] *adj* ❶ MED funktionsgestört
❷ *esp* SOCIOL gestört; **~ family** gestörte Familie, Problemfamilie *f*

dys·func·tion·ality [dɪsfʌŋkʃᵊˈnæləti, AM -ˈnæləṭi] *n no pl* ❶ *(impairment)* Disfunktionalität *f fachspr* ❷ PSYCH [soziales] Fehlverhalten *nt* ❸ MED Funktionsstörung *f*

dys·lexia [dɪˈsleksiə] *n no pl* Legasthenie *f*

dys·lex·ic [dɪˈsleksɪk] *adj* legasthenisch

dys·pep·sia [dɪˈspepsiə] *n no pl* MED Verdauungsstörung *f,* Dyspepsie *f fachspr*

dys·pep·tic [dɪˈspeptɪk] **I.** *adj* ❶ *inv* MED dyspeptisch *fachspr;* **~ disorders** Verdauungsstörungen *pl* ❷ *(fig liter: pessimistic)* pessimistisch; *(bad-tempered)* missgestimmt *geh*
II. *n* MED Dyspeptiker(in) *m(f) fachspr,* Verdauungsstörungen *pl*

E

E <*pl* -'s>, **e** <*pl* -'s *or* -s> [iː] *n* ❶ *(letter)* E *nt,* e *nt;* **~ for Edward** [*or* AM **as in Easy**] E für Emil; *see also* **A 1**
❷ MUS E *nt,* e *nt;* **~ flat** Es *nt,* es *nt;* **~ sharp** Eis *nt,* eis *nt; see also* **A 2**
❸ *(school mark)* ≈ Fünf *f,* ≈ Fünfer *m* ÖSTERR, ≈ mangelhaft, ≈ Nicht genügend *nt* ÖSTERR, ≈ ungenügend SCHWEIZ, ≈ Einer *m* SCHWEIZ; *see also* **A 3**

e- *in compounds* INET, COMPUT e-, elektronisch

E¹ *n* ❶ FIN **Table ~** Mustersatzung *f* des Companies Act; **Schedule ~** [zu versteuernde] Einkünfte aus nicht selbstständiger Arbeit
❷ LAW **~ list** *Liste der Häftlinge, bei denen Ausbruchsgefahr besteht*

E² [iː] **I.** *n no pl abbrev of* **east** O
II. *adj abbrev of* **eastern**

E³ [iː] **I.** *n (fam: drug) abbrev of* **ecstasy** Ecstasy *f;* **to do** [*or* **take**] **~** Ecstasy nehmen [*o sl* einwerfen]
II. *vi (sl: to take ecstasy)* Ecstasy nehmen

each [iːtʃ] **I.** *adj attr, inv* jede(r, s); ***he drives 50 miles ~ way to work*** er fährt 50 Meilen zur Arbeit und 50 Meilen wieder zurück; ***a break between ~ session*** eine Pause zwischen den einzelnen Sitzungen; **~ man/woman/person** jeder [Mann]/jede [Frau]/jeder [*o* jede Person]; **~ and every ...** jede(r, s) einzelne ...; ***~ and every person*** jeder Einzelne; ***~ and every one of us*** jede/jeder Einzelne von uns; ***~ one of the books*** jedes einzelne Buch; **~ one of you** jede/jeder [Einzelne] von euch
II. *pron* ❶ *(every person)* jede(r, s); ***50 guests have been invited and ~ is asked to come accompanied*** 50 Gäste wurden eingeladen, die alle in Begleitung kommen möchten; ***~ of my five sisters*** jede meiner fünf Schwestern; ***~ of us*** jede/jeder von uns; **they/we/you ~** jede/jeder von ihnen/uns/euch; ***we ~ wanted the large bedroom*** wir wollten alle [*o* jede/jeder von uns wollte] das große Schlafzimmer
❷ *(every thing)* jede(r, s); ***the artefacts were taken out and ~ was carefully inspected*** die Artefakte wurden herausgenommen und alle [*o* jedes wurde] sorgfältig überprüft; ***~ of the four keys*** jeder der vier Schlüssel; **one of ~** von jeder eine/von jedem einer/eins
▸ PHRASES: **~ to his** [*or* **their**] **own** BRIT jedem das Seine
III. *adv inv* ***CDs at $5/with 20 songs ~*** CDs zu je 5 Dollar/mit je 20 Liedern; ***give the kids a dollar ~*** gib jedem Kind einen Dollar; ***the bill comes to £79, so that's about £10 ~*** die Rechnung beläuft sich auf 79 Pfund, das sind dann für jeden ungefähr 10 Pfund; ***those toy cars cost $2 ~*** die Spielzeugautos kosten 2 Dollar das Stück [*o* je[weils] 2 Dollar]

each ˈoth·er *pron after vb* einander *meist geh;* ***they're always wearing ~'s clothes*** sie tauschen immer die Kleidung; **for/to/with ~** füreinander/zueinander/miteinander; ***why are you arguing with ~?*** warum streitet ihr euch?

ˈeach-way BRIT **I.** *adj inv* auf Sieg oder Platz; **~ bet** Sieg- oder Platzwette *f;* ***I put a £10 ~ bet on Yogi Bear*** ich habe 10 Pfund auf Sieg oder Platz für Yogi Bear gesetzt
II. *adv inv* **to bet ~** auf Sieg oder Platz setzen

eager <-er, -est *or* more ~, most ~> [ˈiːgəʳ, AM -ɚ] *adj* ❶ *(hungry)* begierig; ■**to be ~ for sth** auf etw *akk* begierig sein, nach etw *dat* gierig sein; ***the crowd were ~ for blood*** die Menge wollte Blut sehen
❷ *(enthusiastic)* eifrig, einsatzfreudig; ■**to be ~ to do sth** *(keen)* etw unbedingt tun wollen, darauf erpicht sein, etw zu tun *geh; (trying hard)* eifrig bemüht sein, etw zu tun; **to be ~ to learn** lernbegierig [*o* lerneifrig] sein
❸ *(expectant) face, eyes* erwartungsvoll; **~ anticipation** gespannte Erwartung

eager ˈbea·ver *n (fam)* Arbeitstier *nt oft pej*

eager·ly [ˈiːgəli, AM -ɚ-] *adv* ❶ *(hungrily)* [be]gierig ❷ *(enthusiastically)* eifrig ❸ *(expectantly)* **to be ~ awaited** mit Spannung erwartet werden

eager·ness [ˈiːgənəs, AM -ɚ-] *n no pl* Eifer *m;* **~ to learn** Lerneifer *m,* Lernbegierde *f;* **~ to succeed** Erfolgswille *m;* **to have** [*or* **show**] **no ~ for sth** *(not want to do)* nicht erpicht auf etw *akk* sein; *(not be enthusiastic)* sich *akk* nicht für etw *akk* begeistern, für etw *akk* keine Begeisterung zeigen

eagle [ˈiːgl] *n* Adler *m*

eagle ˈeye *n* Adlerauge *nt;* **to have an ~** Adleraugen haben **eagle-ˈeyed** *adj* scharfsichtig; ■**to be ~** Adleraugen haben

ear¹ [ɪəʳ, AM ɪr] *n* ❶ ANAT Ohr *nt;* **~, nose and throat specialist** Hals-Nasen-Ohren-Arzt, -Ärztin *m, f,* HNO-Arzt, -Ärztin *m, f;* **to have good ~s** gute Ohren [*o* ein feines Gehör] haben; **to grin/smile from ~ to ~** von einem Ohr zum anderen grinsen/strahlen *fam*
❷ ELEC Öse *f*
▸ PHRASES: **to be <u>all</u> ~s** ganz Ohr sein; **sb's ~s are <u>burning</u>** jdm klingen die Ohren *hum fam;* **to <u>close</u> one's ~s to sth** etw ignorieren; **sb has sth <u>coming</u> out of their ~s** *(fam)* etw hängt jdm zum Hals[e] [he]raus *fam;* **to be up to one's ~s in <u>debt</u>/<u>work</u>** bis über die Ohren in Schulden/Arbeit stecken; **sb's ~s are <u>flapping</u>** jd spitzt die Ohren *fam;* **to <u>gain</u> the ~ of sb** bei jdm Gehör finden; **to <u>give</u> sb a thick ~** *esp* BRIT jdm ein paar hinter die Ohren geben *fam,* jdm eine runterhauen *fam;* **to <u>go</u> in one ~ and out the other** zum einen Ohr hinein- und zum anderen wieder hinausgehen *fam;* **to <u>have</u> the ~ of sb** jds Vertrauen haben; **to <u>have</u> an ~ for sth** für etw *akk* ein Gehör haben, ein [feines] Ohr für etw *akk* haben; **to <u>have</u>** [*or* **<u>keep</u>**] **an ~ to the ground** auf dem Laufenden bleiben [*o* sein]; **to <u>keep</u> one's ~s open** die Ohren offenhalten; **to <u>listen</u> with half an ~** [nur] mit halbem Ohr zuhören; **to be <u>out</u> on one's ~** *(fam)* rausgeflogen sein *fam*

ear² [ɪəʳ, AM ɪr] *n* AGR Ähre *f*

ˈear·ache *n no pl* Ohrenschmerzen *pl* **ˈear·bash·ing** *n no pl (fam)* **to get an ~** einen Anschiss *sl* [*o fam* was zu hören] bekommen; **to give sb an ~** jdm eine Standpauke halten *fam* **ˈear·drops** *npl* Ohrentropfen *pl* **ˈear·drum** *n* Trommelfell *nt*

eared [ɪəd, AM ɪrd] *adj inv* -ohrig, mit Ohren *nach n*

ˈear·flaps *npl* Ohrenschützer *pl*

ˈear·ful *n no pl (fam)* ❶ *(rebuke)* Anschiss *m sl;* **to get an ~** was zu hören *fam* [*o sl* einen Anschiss] bekommen; **to give sb an ~** jdm eine Standpauke halten *fam*
❷ *(insults)* **to get an ~** eine Flut von Beschimpfungen über sich *akk* ergehen lassen müssen; **to give sb an ~** jdn beschimpfen

ˈear·hole *n (fam)* Ohr *nt* **ˈear in·fec·tion** *n* Ohrenentzündung *f*

earl [ɜːl, AM ɜːrl] *n* Graf *m*

earl·dom [ˈɜːldəm, AM ˈɜːrl-] *n* ❶ *(rank)* Grafenstand *m,* Grafenwürde *f;* **to be awarded an ~** einen Grafentitel verliehen bekommen, in den Grafenstand erhoben werden
❷ *(lands)* Grafschaft *f*

ear·li·er [ˈɜːliəʳ, AM ˈɜːrliɚ] **I.** *adj comp of* **early** früher; **at an ~ date** früher
II. *adv comp of* **early** früher; ***we can't deliver the goods ~ than Monday*** wir können nicht vor [*o* frühestens am] Montag liefern; **~ in the day** früher am Tag; **~ on** [**today**] vorhin; **~** [**on**] **this evening/morning** vorhin [heute Abend/Morgen]; **~** [**on**] **this week/year** vor ein paar Tagen/Monaten

ear·li·est [ˈɜːliɪst, AM ˈɜːr-] **I.** *adj inv superl of* **early**: ■**the ~ ...** der/die/das früheste ...; **at the ~ possible date** sobald wie [irgend] möglich; **at the ~** [**possible**] **opportunity** bei der erstbesten Gelegenheit; **sb's ~ years** jds früheste Kindheit
II. *adv inv superl of* **early** zuerst; ***who arrived ~?*** wer kam als Erster?; ***the ~ I can come is Monday*** ich kann frühestens am Montag kommen; **at the ~** frühestens

ear·li·ness [ˈɜːlɪnəs, AM ˈɜːr-] *n no pl* ❶ *(in good time)* Frühzeitigkeit *f;* ***her ~ in perceiving that her husband had suffered a stroke significantly aided his recovery*** sie erkannte sofort, dass ihr Mann einen Schlaganfall hatte, was wesentlich zu seiner Genesung beitrug
❷ *(prematurity)* Voreiligkeit *f*

ˈear·lobe *n* Ohrläppchen *nt*

ear·ly <-ier, -iest *or* more ~, most ~> [ˈɜːli, AM ˈɜːr-] **I.** *adj* ❶ *(in the day)* früh; ***she usually has an ~ breakfast*** sie frühstückt meistens zeitig; **~ edition** Morgenausgabe *f;* **the ~ hours** die frühen Morgenstunden; **in the ~ morning** am frühen Morgen; **~ morning call** Weckruf *m;* **~ riser** Frühaufsteher(in) *m(f)*
❷ *(of a period)* früh, Früh-; ***she is in her ~ thirties*** sie ist Anfang dreißig; **in the ~ afternoon** am frühen Nachmittag; **at an ~ age** in jungen Jahren; **from an ~ age** von klein auf; **in the ~ 15th century** Anfang [*o* zu Beginn] des 15. Jahrhunderts; **~ education** Früherziehung *f,* Vorschulerziehung *f;* **to score an ~ goal** ein frühes Tor erzielen; **~ potatoes** Frühkartoffeln *pl;* **~ returns** erste Wahlergebnisse; **~ Romantic** Frühromantiker(in) *m(f);* **~ stage** Anfangsstadium *nt,* Frühstadium *f*
❸ *attr (form: prompt)* schnell, baldig; ***~ payment appreciated*** um baldige Zahlung wird gebeten
❹ *(ahead of expected time)* vorzeitig; *(comparatively early)* [früh]zeitig; ***I took an ~ train home from work today*** ich habe heute nach der Arbeit einen früheren Zug genommen; ***you are ~*** du bist früh dran *fam;* **to have an ~ dinner/lunch** früh zu Abend/Mittag essen; **to have an ~ night** früh schlafen [*o* zu Bett] gehen; **~ parole** vorzeitige [Haft]entlassung; **~ retirement** vorzeitiger [*o* vorgezogener] Ruhestand, Frühpension *f* ÖSTERR, SCHWEIZ; **to take ~ retirement** vorzeitig in den Ruhestand gehen, in Frühpension gehen ÖSTERR, SCHWEIZ
❺ *attr (first)* erste(r, s), frühe(r, s); **the ~ Christians** die ersten Christen; **the E~ Church** die Urkirche; **the ~ masters** ART die frühen Meister
II. *adv* ❶ *(in the day)* früh, zeitig; **to get up** [*or* **rise**] **~** früh aufstehen
❷ *(in good time)* vorzeitig; **to arrive ~** zeitig eintreffen
❸ *(ahead of expected time)* vorzeitig; *(prematurely)* zu früh; *(comparatively early)* [früh]zeitig; ***the plane landed 20 minutes ~*** das Flugzeug landete 20 Minuten früher [als geplant]; **to die ~** früh sterben
❹ *(of a period)* früh; ***I'll call you ~ next Monday/tomorrow*** ich rufe dich Montag/morgen Vormittag an; **~** [**on**] **in life** früh im Leben; **~ in the week** Anfang der Woche; **~ in October** Anfang Oktober; **~ next week** Anfang nächster Woche

ˈear·ly bird *n (hum)* Frühaufsteher(in) *m(f)*
▸ PHRASES: **the ~ <u>catches</u> the worm** *(prov)* Morgenstund' hat Gold im Mund *prov* **Ear·ly Child·hood Edu·ˈca·tion** *n,* **ECE** *n no pl* AM Kleinkindpädagogik *f form* **ear·ly-ˈclos·ing day** *n* BRIT ***today is ~*** heute haben die Geschäfte nachmittags geschlossen **ear·ly day ˈmo·tion** *n* POL frühzeitiger Antrag [im Unterhaus] **ear·ly ˈmu·sic** *n* frühe [*o* alte] Musik **ear·ly rec·og·ˈni·tion** *n no pl* Früherkennung *f* **ear·ly re·ˈtire·ment** *n* vorzeitige Pensionierung,

E

Vorruhestand *m* **ear·ly 'warn·ing** *adj usu attr* Frühwarn-; ~ **indicator** Frühwarnindikator *m;* ~ **system** Frühwarnsystem *nt* **ear·ly with·'draw·al** *n* ECON, FIN Vorschusszinsen *pl*

'ear·mark I. *vt usu passive* ① *(mark)* ■**to ~ sth** etw kennzeichnen
② *(allocate)* ■**to ~ sth for sth** etw für etw *akk* vorsehen [*o* bestimmen]; **to ~ money for sth** Geld für etw *akk* bereitstellen
II. *n* Kennzeichen *nt,* Merkmal *nt;* ***this has all the ~ s of another one of his hare-brained schemes*** das sieht wieder ganz nach einer seiner hirnverbrannten Ideen aus *fam*

'ear·muffs *npl* Ohrenschützer *pl*

earn [ɜːn, AM ɜːrn] **I.** *vt* ① *(be paid)* ■**to ~ sth** etw verdienen [*o* einnehmen]; **to ~ one's daily bread [as a waiter]** sein Brot [*o* BRD *fam* seine Brötchen] [als Kellner] verdienen; **to ~ a living** [*or* **one's livelihood**] seinen Lebensunterhalt verdienen
② *(yield)* ■**to ~ sb sth** jdm etw einbringen; ***at 10% interest, £10,000 in the bank will ~ you £1,000 a year*** bei 10 % Zinsen tragen dir 10.000 Pfund auf der Bank 1.000 Pfund im Jahr ein
③ *(deserve)* ■**to ~ sth** etw verdienen; ***I feel I've ~ ed a few weeks off*** ich glaube, ich habe mir ein paar Wochen Urlaub verdient; ■**to ~ sb sth** jdm etw einbringen; ***the president's speeches ~ ed him many friends*** mit seinen Reden hat sich der Präsident viele Freunde gemacht; **to ~ sb nothing but criticism** jdm nichts als Kritik einbringen; **to ~ sb's respect** jds Respekt gewinnen
II. *vi* verdienen

earned au'tono·my *n* BRIT durch Verdienste erzielte Autonomie *(gut geführten Schulen, Stadtbezirken und Trusts des NHS wird auf bestimmten Gebieten größere Entscheidungsfreiheit gewährt)*

earned in·come [ɜːnd'-, AM ɜːrnd'-] *n* FIN Arbeitseinkommen *nt;* **wife's ~ allowance** Freibetrag *m* für Erwerbseinkommen der Ehefrau

earn·er ['ɜːnəʳ, AM 'ɜːrnɚ] *n* ① *(person)* Verdiener(in) *m(f)*
② *(fam: income source)* Einnahmequelle *f,* Verdienstquelle *f;* **to be a nice little ~** ganz schön was einbringen *fam*

ear·nest ['ɜːnɪst, AM 'ɜːr-] **I.** *adj* ① *(serious)* ernst
② *(determined)* ernsthaft, ernstlich; **~ attempt** ernst gemeinter Versuch; **~ desire** aufrichtiges Verlangen
II. *n no pl* ① *(resolution)* Ernst *m;* **to be in [deadly] ~** es [tod]ernst meinen
② *(seriousness)* Ernst *m,* Ernsthaftigkeit *f;* **in ~** *(with seriousness)* ernsthaft; *(completely)* richtig
③ *(earnest money)* Handgeld *nt,* Draufgeld *nt,* Anzahlung *f* ÖSTERR, SCHWEIZ

ear·nest·ly ['ɜːnɪstli, AM 'ɜːr-] *adv* ernsthaft

'ear·nest mon·ey *n no pl* AM Handgeld *nt,* Anzahlung *f* ÖSTERR, SCHWEIZ

ear·nest·ness ['ɜːnɪstnəs, AM 'ɜːr-] *n no pl* Ernst *m,* Ernsthaftigkeit *f;* ***he explained in all ~ that ...*** er behauptete allen Ernstes, dass ...

earn·ing ca·pac·ity, AM **'earn·ing pow·er** ['ɜːnɪŋ-, AM 'ɜːrn-] *n no pl* ECON, FIN Verdienstmöglichkeiten *pl* **'earn·ing po·ten·tial** *n* ECON, FIN *of person* Erwerbsfähigkeit *f; of share* Ertragsfähigkeit *f* **'earn·ing pow·er** *n no pl* Ertragskraft *f,* Ertragsfähigkeit *f*

earn·ings ['ɜːnɪŋz, AM 'ɜːr-] *npl* ① *(salary, wages)* Einkommen *nt,* Verdienst *m; of a business* Ertrag *m,* Einkünfte *pl;* **attachment of ~** Lohnpfändung *f,* Gehaltspfändung *f;* **immoral ~** *(form)* unehrenhafte Einkünfte *form;* **invisible ~** unsichtbare Einkünfte, Einkünfte *pl* aus unsichtbaren Leistungen
② *(income from interest, dividends)* Gewinn *m,* Profit *m,* Ertrag *m;* **~ yield** Kurs-Gewinn-Verhältnis *nt;* **gross ~** Bruttoeinkommen *nt,* Bruttoeinnahmen *pl;* **retained ~** einbehaltene Gewinne; **~ before depreciation, interest and tax** Gewinn *m* vor Abschreibungen, Zinsen und Steuern; **~ before interest and taxes** Gewinn *m* vor Zinsen und Steuern; **~ from operations** Betriebsgewinn *m*

'earn·ings cred·it *n* AM FIN Bonus *m* auf Kontoführungsgebühren bei Gehaltskonten **'earn·ings lev·el** *n* Ertragsniveau *nt* **'earn·ings per·for·mance** *n* Ertragsentwicklung *f,* Gewinnentwicklung *f* **earn·ings per 'share** *n,* **eps** *n* AM FIN Gewinn *m* pro Aktie, Ergebnis *nt* je Aktie; **fully-diluted ~** Gewinn *m* je Aktie unter Annahme einer Gewinnverbreiterung **earn·ings-re·'lat·ed** *adj inv* einkommensbezogen, verdienstbezogen; **~ pension** verdienstbezogene [*o* einkommensbezogene] Rente [*o* ÖSTERR, SCHWEIZ Pension] **'earn·ings side** *n* Ertragsseite *f* **'earn·ings state·ment** *n* FIN Gewinn- und Verlustrechnung *f*

'ear·phone *n* Kopfhörer *m;* **[a pair of] ~s** Kopfhörer *m* **'ear·piece** *n* Hörer *m* **'ear-pierc·ing I.** *adj* ohrenbetäubend; **~ scream** markerschütternder Schrei **II.** *n no pl* Ohrlochstechen *nt* **'ear·plug** *n usu pl* Ohrenstöpsel *nt,* Ohropax® *nt kein pl* **'ear·ring** *n* Ohrring *m;* **clip-on ~s** Klipps *pl;* **stud ~** Ohrstecker *m*

'ear·shot *n no pl* **[with|in/out of ~** in/außer Hörweite

'ear-split·ting *adj* ohrenbetäubend

earth [ɜːθ, AM ɜːrθ] **I.** *n* ① *no pl (planet)* Erde *f;* ***how on ~ did this happen?*** wie, um alles in der Welt, konnte das passieren? *fam;* ***nothing on ~ would make me sell my house*** um nichts in der Welt würde ich mein Haus verkaufen; ***nothing on ~ will make me change my mind*** keine Macht der Welt kann mich dazu bringen, meine Meinung zu ändern; **to look like nothing [else] on ~** wie nicht von dieser Welt aussehen; **what/who/where/why on earth ...** was/wer/wo/warum um alles in der Welt ... *fam;* **on ~** auf Erden *liter o hum*
② *no pl (soil)* Erde *f,* Boden *m*
③ *no pl* BRIT, AUS ELEC Erdung *f,* Erdungsleitung *f*
④ *(of an animal)* Bau *m*
▸ PHRASES: **to <u>bring</u> sb <u>back</u> [down] to ~** jdn wieder auf den Boden der Tatsachen zurückholen; **to <u>charge</u>/<u>cost</u>/<u>pay</u> the ~** BRIT ein Vermögen verlangen/kosten/bezahlen; **to <u>come</u> <u>back</u> [down] to ~** auf den Boden der Tatsachen zurückkommen; **to be <u>down</u> to ~** *(not pretentious)* ein natürlicher und umgänglicher Mensch sein; *(practical)* mit beiden Beinen fest auf dem Boden stehen; **to <u>go</u> to ~** BRIT untertauchen; **the ~ <u>moved</u>** *(iron or hum fam)* die Erde bebte *iron*
II. *vt* BRIT ■**to ~ sth** etw erden
◆**earth up** *vt* ■**to ~ sth** ↻ **up** ① *(cover with earth)* etw mit Erde bedecken
② AM *(fig: find)* etw ausgraben [*o* finden]; ***wherever did you ~ that up?*** wo hast du denn das ausgegraben?

'earth·bound *adj* ① *inv (on earth)* erdgebunden
② *(fig: without imagination)* fantasielos, unoriginell
③ *inv (towards earth)* erdwärts

'earth-col·our·ed, AM **'earth-col·or·ed** *adj* erdfarben

earth·en ['ɜːθᵊn, AM 'ɜːr-] *adj inv* irden

earth·en·ware ['ɜːθᵊnweəʳ, AM 'ɜːrθᵊnwer] **I.** *n no pl* Tonwaren *pl,* Steingut *nt*
II. *n modifier (pot, vase)* Steingut-, Ton-, aus Ton; **~ tile** Keramikkachel *f*

'earth-friend·ly *adj inv* umweltfreundlich, grün

earthi·ness ['ɜːθɪnəs, AM 'ɜːr-] *n no pl* ① *(honesty)* Ehrlichkeit *f; (directness)* Direktheit *f*
② *(pej: coarseness)* Derbheit *f,* ungehobeltes Benehmen

earth·ling ['ɜːθlɪŋ, AM 'ɜːr-] *n* Erdbewohner(in) *m(f),* Erdling *m hum*

earth·ly ['ɜːθli, AM 'ɜːr-] **I.** *adj inv* ① *(on Earth)* irdisch, Erden-; **sb's ~ belongings** *(form)* jds irdische Güter; **~ existence** Erdenleben *nt geh,* irdisches Leben; **~ paradise** Paradies *nt* auf Erden
② *(fam: possible)* möglich; ***there is no ~ reason why ...*** es gibt nicht den geringsten Grund, warum ...; **to not have an ~ chance [of doing sth]** nicht die geringste Chance haben[, etw zu tun]; **to not make an ~ difference** nicht den geringsten Unterschied machen; **to be of no ~ use to sb** jdm nicht im Geringsten nützen
II. *n* BRIT *(fam)* **to not have an ~ [of doing sth]** nicht die geringste Chance haben[, etw zu tun]

'earth moth·er *n* ① REL Erdmutter *f,* Erdgöttin *f*
② *(approv fam: woman)* Vollweib *nt fam* **'earth·quake** *n* Erdbeben *nt; (fig)* Erschütterung *f* **'earth·quake zone** *n* Erdbebengebiet *nt* **'earth sci·ence** *n* Geowissenschaft[en] *f[pl]* **'earth-shak·ing, 'earth-shat·ter·ing** *adj* welterschütternd, weltbewegend **'earth tone** *n* Erdfarbe *f* **'earth trem·or** *n* leichtes Erdbeben

earth·ward ['ɜːθwəd, AM 'ɜːrθwɚd] *inv* **I.** *adj* erdwärts gerichtet; **~ descent** Landeanflug *m*
II. *adv* erdwärts, auf die Erde zu

earth·wards ['ɜːθwədz, AM 'ɜːrθwɚdz] *adv inv* erdwärts, auf die Erde zu

'earth wire *n usu sing* BRIT, AUS Erdung *f,* Erdungsleitung *f*

'earth·work *n* ① *usu pl (fortification)* Erdwall *m*
② *no pl (moving of soil)* Erdarbeiten *pl*

'earth·worm *n* Regenwurm *m*

earthy <-ier, -iest *or* more ~, most ~> ['ɜːθi, AM 'ɜːr-] *adj* ① *smell, touch* erdig
② *(direct)* direkt
③ *(pej: coarse)* derb, vulgär; **~ [sense of] humour** derber Humor

'ear·wax *n no pl* Ohrenschmalz *m*

'ear·wig *n* ① *(Dermaptera)* Ohrwurm *m*
② AM *(centipede) kleiner Hundertfüßer*

'ear worm *n (fig)* Ohrwurm *m*

ease [iːz] **I.** *n no pl* ① *(effortlessness)* Leichtigkeit *f,* Mühelosigkeit *f;* ***for ~ of access*** um einen besseren Zugang zu ermöglichen; **to do sth with ~** etw mit Leichtigkeit tun
② *(comfort)* Bequemlichkeit *f;* **a life of ~** ein angenehmes Leben; **to put sb's mind at ~** jdn beruhigen; **to be [*or* feel] at [one's] ~** sich *akk* wohl fühlen
③ *(uninhibitedness)* Unbefangenheit *f;* ***[stand] at ~!*** MIL rührt euch!; **to be at [one's] ~** unbefangen sein; **to feel at [one's] ~** sich *akk* wohl fühlen; **to put [*or* set] sb at [their] ~** jdm die Befangenheit nehmen
④ FIN *of securities prices* Nachgeben *nt,* Abbröckeln *nt*
II. *vt* ① *(relieve)* **to ~ sb's conscience** jdn beruhigen; **to ~ pain** Schmerzen lindern; **to ~ a problem** ein Problem entschärfen; **to ~ the strain** die Belastung mindern; **to ~ the tension** die Anspannung lösen; *(fig)* die Lage entspannen
② *(free)* **to ~ sb of a burden** jdn von einer Last befreien; *(hum fam)* **to ~ sb of their money** jdn um sein Geld erleichtern
③ *(move)* ■**to ~ sth into sth** etw behutsam in etw *akk* einführen; ***she ~ d the key into the lock*** vorsichtig steckte sie den Schlüssel ins Schloss; ***I ~ d myself through the crowd*** ich schob mich durch die Menge
III. *vi (lessen)* nachlassen; *tension, situation* sich *akk* beruhigen [*o* entspannen]; *(relax) prices* nachlassen, nachgeben
◆**ease off** *vi* ① *(decrease)* nachlassen
② *(work less)* **to ~ off [at work]** [auf [*o* ÖSTERR, SCHWEIZ bei] der Arbeit] kürzer treten *fam*
◆**ease out** *vt* ■**to ~ sb** ↻ **out** jdn rausekeln *fam;* **to ~ sb out of power** jdn aus dem Sessel heben
◆**ease up** *vi* ① *(abate)* nachlassen
② *(relax)* sich *akk* entspannen
③ *(wind down)* nachlassen; **to ~ up on the accelerator** Gas [*o* SCHWEIZ *a.* Most] wegnehmen *fam,* vom Gas gehen *fam*
④ *(be less severe)* ■**to ~ up on sb** zu jdm weniger streng sein, jdn sanfter anfassen *fam*

easel ['iːzᵊl] *n* Staffelei *f*

ease·ment ['iːzmənt] *n* LAW Dienstbarkeit *f;* **affirmative ~** positive Grunddienstbarkeit; **negative ~** negative Grunddienstbarkeit

easi·ly ['iːzɪli] *adv* ① *(without difficulty)* leicht; *(effortlessly also)* mühelos; ***she passed her exam ~*** sie bestand ihr Examen mit Leichtigkeit; **to be ~ impressed/shaken** leicht zu beeindrucken/erschüttern sein; **to win ~** spielend gewinnen
② *(quickly)* schnell; **to tan ~** schnell bräunen [*o* braun werden]

3 *(by far)* ■ **to be ~ the ... +** *superl* ganz klar [*o* bei Weitem] der/die/das ... sein; ***Venice is ~ the most beautiful city in Europe*** Venedig ist zweifellos die schönste Stadt Europas
4 *(probably)* [sehr] leicht; ***his guess could ~ be wrong*** seine Vermutung könnte genauso gut falsch sein; **~ possible** gut möglich
5 *(at least)* gut und gern[e] *fam*, locker *sl*

easi·ness ['i:zɪnəs] *n no pl* 1 *(lack of difficulty)* Leichtigkeit *f; (effortlessness also)* Mühelosigkeit *f; of a question* Einfachheit *f*
2 *(quickness)* Leichtigkeit *f*, Schnelligkeit *f*
3 *(comfortableness)* Bequemlichkeit *f*; *(being trouble-free)* Unbeschwertheit *f*

eas·ing ['i:zɪŋ] *n* Verminderung *f; of a headache, pain* Linderung *f; of political tension* Entspannung *f*

east [i:st] **I.** *n no pl* 1 *(compass point)* Osten *m*; ***the wind comes from the ~*** der Wind kommt aus [*o* von] Ost [*o* östlicher Richtung]; **to be/lie 10 km to the ~ of sth** 10 km östlich einer S. *gen* sein/liegen; **from/to the ~** nach/von Osten
2 *(part of country, region)* ■ **the E~** der Osten; ***'Birmingham E~ '*** ‚Birmingham-Ost'
3 *(hist: Eastern bloc)* ■ **the E~** der Osten, der Ostblock *hist*
4 *(Asia)* ■ **the E~** der Osten [*o* Orient]; **the Near/Middle/Far E~** der Nahe/Mittlere/Ferne Osten
II. *adj* östlich, Ost-; **E~ Berlin** Ostberlin *nt*; **the E~ Side** AM *der Ostteil von Manhattan*; **~ Stuttgart** Stuttgart-Ost; **~ wind** Ostwind *m*
III. *adv* ostwärts, nach Osten; **~ of Heidelberg/the town centre** [*or* AM **downtown**] östlich von Heidelberg/der Innenstadt; **to face ~** nach Osten liegen

East An·glian [-'æŋgliən] **I.** *n* Bewohner(in) *m(f)* Ost-Anglias
II. *adj* aus Ost-Anglia *nach n*

'east·bound *adj inv* nach Osten; **~ train** Zug *m* in Richtung Osten

East Chi·na 'Sea *n* Ostchinesisches Meer **East 'Coast** *n* ■ **the ~** die Ostküste **East 'End** *n* ■ **the ~** das [Londoner] Eastend **East 'End·er** *n Bewohner(in) des Londoner Eastend*

East·er ['i:stəʳ, AM -ɚ] *n no art* 1 REL Ostern, Osterfest *nt*; **at/over ~** an/über Ostern
2 *(season)* Ostern, Osterzeit *f*
3 LAW Gerichtstermine *pl* vom 15. April bis 8. bzw. 13. Mai, Vorlesungszeit *f* vom 15. April bis 8. bzw. 13. Mai

East·er 'Day *n* Ostersonntag *m* **'East·er egg** *n* 1 *(at Easter)* Osterei *nt* 2 COMPUT, MUS Easter Egg *nt*, Osterei *nt (versteckter, amüsanter Zusatz zu einem Computerprogramm, einer DVD oder CD, den der Programmierer bzw. der Produzent z.B. hinter einer Menü- oder Tastenkombination versteckt hat)* **East·er 'holi·days** *npl* Osterferien *pl* **East·er 'Is·land** *n* Osterinsel *f* **East·er 'Is·land·er** *n* Osterinsulaner(in) *m(f)*

east·er·ly ['i:stəli, AM -ɚ-] **I.** *adj* 1 *(location)* östlich, Ost-; ***he lives on the ~ edge of the town*** er wohnt am östlichen Stadtrand
2 *(direction)* Ost-; **to travel in an ~ direction** Richtung Osten fahren; **~ wind** Wind *m* aus östlicher Richtung
II. *n* Ostwind *m*

East·er 'Mon·day *n* Ostermontag *m*

east·ern ['i:stən, AM -ɚn] *adj* 1 *location* östlich, Ost-; **E~ Europe** Osteuropa *nt*; **~ hemisphere** östliche Hemisphäre; **the ~ seaboard** AM die Ostküste
2 *(Asian)* asiatisch; **E~ architecture** orientalische Baukunst
3 *(hist: communist)* Ost-; **the E~ bloc** der Ostblock *hist*
4 REL **the E~ church** die Ostkirche, die griechisch-orthodoxe Kirche

east·ern·er ['i:stənəʳ, AM -ɚnɚ] *n Bewohner(in) des Ostens eines Landes;* AM Oststaatler(in) *m(f)*

East·ern Euro·'pean I. *n* Osteuropäer(in) *m(f)*
II. *adj* osteuropäisch

east·ern·most ['i:stənməʊst, AM -ɚnmoʊst] *adj* ■ **the ~ ...** der/die/das östlichste ...

East·ern Stand·ard Time, 'East·ern Time *n* AM Ostküstenzeit *f*

East·er 'Sun·day *n* Ostersonntag *m*; **on ~** am Ostersonntag

'east-fac·ing *adj* nach Osten; ■ **to be ~** nach Osten liegen [*o* gehen] **East 'Ger·ma·ny** *n no pl* 1 *(eastern part of Germany)* Ostdeutschland *nt* 2 *(hist: German Democratic Republic)* Ostdeutschland *nt hist*, DDR *f hist* **East Ti·mor** [-'ti:mɔ:ʳ, AM -mɔ:r] *n* Osttimor *nt*

eastward ['i:stwəd, AM -wɚd] *inv* **I.** *adj* östlich, nach Osten
II. *adv* ostwärts, nach Osten

eastwards ['i:stwədz, AM -wɚdz] *adv* ostwärts, nach Osten

easy <-ier, -iest *or* more ~, most ~> ['i:zi] **I.** *adj* 1 *(not difficult)* leicht, einfach; ***would a ten o'clock appointment be easier for you?*** würde Ihnen ein Termin für 10 Uhr besser passen?; ***the house is ~ to find*** das Haus ist leicht zu finden; ***he is ~ to get on with*** mit ihm kann man gut auskommen; ***it's ~ for you to laugh*** du hast gut lachen; **~ access** leichter Zugang; **to be ~ game** [*or* **meat**] [*or* **mark**] [*or* **prey**] [**for sb**] *(sl)* leichte Beute [für jdn] sein *fam*; **to be as ~ as falling off a log** [*or* **as pie**] [*or* **as anything**] *(fam)* kinderleicht sein *fam*; **~ money** *(fam)* leicht verdientes Geld; FIN leichtes Geld, billiges Geld; **to be within ~ reach** leicht erreichbar sein; **~ solution** einfache Lösung; **to be the easiest thing in the world** *(fam)* die einfachste Sache [von] der Welt sein; **to be an ~ touch** *(fam)* leichtgläubig sein; **to be far from ~** alles andere als leicht sein; **~-peasy** BRIT *(fam or usu childspeak)* kinderleicht *fam*; **to be ~ to annoy** [*or* **upset**]/**please** leicht erregbar/zufrieden zu stellen sein; **to be easier said than done** *(fam)* leichter gesagt als getan sein; **it is ~ to see that ...** es ist offensichtlich, dass ...; ECON, FIN ***the loan is repayable in ~ payments*** das Darlehen ist unter erleichterten Bedingungen zurückzuzahlen
2 *(effortless)* leicht, mühelos; **~ walk** bequemer Spaziergang
3 *(trouble-free)* angenehm; *(comfortable)* bequem; **~ life** sorgloses [*o* unbeschwertes] Leben
4 *(not worried)* **~ conscience** [*or* **mind**] ruhiges Gewissen; **to be ~ in one's mind** beruhigt sein; **to not feel ~ about sth** sich *akk* bei etw *dat* nicht wohl fühlen
5 *(fam: indifferent)* ***I'm ~*** mir ist es egal *fam*
6 *(relaxed)* entspannt; ■ **to be ~ about sth** etw leichtnehmen; **~ charm** ungezwungener Charme; **at an ~ pace** in gemütlichem Tempo; **on ~ terms** ECON zu günstigen Bedingungen; **a woman of ~ virtue** *(dated)* Freudenmädchen *nt veraltet*
7 *(pleasing)* angenehm; **to be ~ on the ear/eye** angenehm für das Ohr/Auge sein
8 *(pej: simplistic)* [zu] einfach, simpel *oft pej*
9 STOCKEX *(lower priced)* ***share prices are easier*** die Aktienpreise sind günstiger; COMM **~ market** Käufermarkt *m*
▸PHRASES: **to be on ~ <u>street</u>** *(dated fam)* in guten Verhältnissen leben
II. *adv* 1 *(cautiously)* vorsichtig, sachte; ***~ does it*** *(fam)* immer langsam [*o* sachte], Vorsicht ist die Mutter der Porzellankiste *prov*; **to go ~ on** [*or* **with**] **sth** *(fam)* sich *akk* bei etw *dat* zurückhalten, mit etw *dat* sparsam umgehen; ***go ~ on the cream*** nimm nicht so viel Sahne; **to go ~ on sb** *(fam)* nicht zu hart mit jdm umgehen
2 *(in a relaxed manner)* ***take it ~!*** nur keine Aufregung!, immer mit der Ruhe!; **to take things** [*or* **it**] **~** *(fam: for one's health)* sich *akk* schonen; *(rest)* sich *dat* keinen Stress machen *fam*
▸PHRASES: **~ <u>come</u>, ~ go** *(fam)* wie gewonnen, so zerronnen
III. *interj (fam)* locker *sl*; ***my car can do 250 kph, ~!*** mein Auto fährt locker 250 km/h! *sl*

'easy-care *adj inv* pflegeleicht **'easy chair** *n* Sessel *m* **easy-'go·ing** *adj (approv: straightforward)* unkompliziert; *(relaxed)* gelassen, locker; **~ attitude** Gelassenheit *f* **easy 'lis·ten·ing** *n no pl* Unterhaltungsmusik *f* **easy mon·ey 'poli·cy** *n* FIN Politik *f* des billigen Geldes; ECON Niedrigzinspolitik *f* **easy 'pay·ment plan** *n* günstige Rückzahlungsbedingungen *(bei Ratenkauf)* **easy-peasy** [,i:zi'pi:zi] *adj inv* BRIT *(fam)* babyleicht *fam* **easy-to-'use** *adj attr* benutzerfreundlich, anwenderfreundlich

eat <ate, eaten> [i:t] **I.** *vt* 1 *(consume)* ■ **to ~ sth** etw essen; *animal* etw fressen; ***have you ~en?*** hast du [schon] gegessen?; ***don't be afraid of the boss, he won't ~ you*** hab keine Angst vor dem Chef, er wird dich schon nicht [auf]fressen *fam*; **to ~ breakfast** frühstücken, morgenessen SCHWEIZ *fam*; **to ~ one's fill** sich *akk* satt essen; **to ~ lunch/supper** zu Mittag/Abend essen; **to ~ a meal** etwas essen, eine Mahlzeit einnehmen *geh*
2 AM *(fig fam: accept costs)* ■ **to ~ sth** etw hinnehmen [*o fam* schlucken] [müssen]
▸PHRASES: **to ~ sb for <u>breakfast</u>** *(fam)* jdn zum Frühstück *fam* verspeisen; ***our boss ~s people like you for breakfast*** unser Boss ist Leuten wie dir haushoch überlegen; **I'll ~ my <u>hat</u> if ...** ich fresse einen Besen, wenn ... *sl*; **~ your <u>heart</u> out** *(hum fam)* platze ruhig vor Neid *fam*; **to ~ one's <u>heart</u> out** *(fam)* sich *akk* [vor Kummer] verzehren *geh*; **to ~ like a <u>horse</u>** wie ein Scheunendrescher essen *sl*; [**I'm so hungry**] **I could ~ a <u>horse</u>** *(esp hum fam)* [ich bin so hungrig,] ich könnte ein ganzes Pferd verdrücken *fam*; **to ~ sb out of <u>house</u> and home** jdm die Haare vom Kopf fressen *hum fam*; **to ~ <u>humble</u> pie** [*or* AM, AUS *also* **crow**] *(fam)* zu Kreuze kriechen; **<u>what's</u> ~ing you?** *(fam)* was bedrückt [*o* quält] dich?, was hast du denn?; **to ~ one's <u>words</u>** seine Worte zurücknehmen
II. *vi* essen; *(fam)* **to ~ for comfort** aus Frust essen *fam*
▸PHRASES: **she has them ~ing out of her <u>hand</u>** sie fressen ihr aus der Hand *fam*; **you are <u>what</u> you ~** *(prov)* der Mensch ist, was er isst *prov*

◆**eat away I.** *vt* ■ **to ~ sth ↻ away** 1 *usu passive (erode)* etw zerfressen [*o* zersetzen]; *river, sea* etw auswaschen; GEOL etw abtragen [*o fachspr* erodieren]
2 MED etw zerfressen
3 *(ruin)* etw allmählich zerstören
II. *vi* ■ **to ~ away at sth** 1 *(erode)* etw zerfressen [*o* zersetzen], an etw *dat* fressen; *river, sea* etw auswaschen; GEOL etw abtragen [*o fachspr* erodieren]
2 *(undermine)* etw untergraben

◆**eat in** *vi* zu Hause essen

◆**eat into** *vi* 1 *(dig into)* ■ **to ~ into sth** sich *akk* in etw *akk* hineinfressen
2 *(corrode)* ■ **to ~ into sth** etw angreifen [*o* befallen]
3 *(use up)* ■ **to ~ into sth** *money, resources* etw angreifen; ***inflation was ~ing into her savings*** die Inflation ließ ihre Ersparnisse zusammenschmelzen
4 *(trouble)* ■ **to ~ into sb/sth** an jdm/etw nagen; ***jealousy ~s into the soul*** Eifersucht frisst sich in die Seele

◆**eat out** *vi* auswärts essen, essen gehen; **to ~ out in a Chinese restaurant** chinesisch essen gehen

◆**eat up I.** *vt* 1 *(finish)* ■ **to ~ sth ↻ up** etw aufessen; *animal* etw auffressen
2 *(erode)* ■ **to ~ sth ↻ up** etw zerfressen; GEOL etw abtragen [*o fachspr* erodieren]
3 *(plague)* ■ **to be ~en up by** [*or* **with**] **sth** von etw *dat* verzehrt [*o* gequält] werden; **to be ~en up with envy** vor Neid vergehen [*o fam* platzen]
4 *(consume)* ■ **to ~ sth ↻ up** *money, resources* etw verschlingen; *petrol* etw schlucken [*o fam* fressen]
II. *vi* aufessen; *animals* auffressen

eat·able ['i:təbl̩, AM 'i:t̬-] *adj* essbar, genießbar

'eat·ables *npl* Lebensmittel *nt meist pl*

eat·en ['i:tᵊn] *pp of* **eat**

eat·er ['i:təʳ, AM -t̬ɚ] *n* 1 *(person)* Esser(in) *m(f)*; **to be a big/small ~** ein guter/schlechter Esser/eine gute/schlechte Esserin sein
2 *esp* BRIT *(fam: apple)* Essapfel *m*, Speiseapfel *m*

eat·ery ['i:t̬əri] *n esp* AM Restaurant *nt*, Esslokal *nt*

eat·ing ['i:tɪŋ, AM -t̬-] *adj attr, inv* 1 *place* Ess-, Speise-; **~ house** Restaurant *nt*

❷ *(consumption)* Ess-; ~ **habits** Essgewohnheiten *pl*

'eat·ing ap·ple *n* Speiseapfel *m* **'eat·ing dis·or·der** *n* Essstörung *f* **eat·ing 'out** *n no pl* Essengehen *nt*

eats [i:ts] *npl (fam)* Häppchen *pl*

eau de co·logne [ˌəʊdəkəˈləʊn, AM ˌoʊdəkəˈloʊn] *n no pl* Eau de Cologne *nt,* Kölnischwasser *nt*

e-authen·ti·'ca·tion *n no pl short for* **electronic authentication** Authentifizierung *f* eines Internet-Nutzers, elektronische Authentifizierung

eaves [i:vz] *npl* Dachvorsprung *m*

eaves·drop <-pp-> [ˈi:vzdrɒp, AM -drɑ:p] *vi* [heimlich] lauschen; ■**to ~ on sb/sth** jdn/etw belauschen

eaves·drop·per [ˈi:vzˈdrɒpəʳ, AM -drɑ:pɚ] *n* Lauscher(in) *m(f)*

eaves·trough [ˈi:vstrɒf] *n* CAN *(gutter)* Dachrinne *f,* Regenrinne *f*

EBA [ˌi:bi:ˈeɪ] *n no pl abbrev of* **Euro Banking Association** EBA *f*

e-'bank·ing *n no pl* INET E-Banking *nt,* Electronic Banking *nt*

ebb [eb] **I.** *n no pl* ❶ *(of the sea)* Ebbe *f;* **on the ~** bei Ebbe

❷ *(fig)* **the ~ and flow of sth** das Auf und Ab einer S. *gen;* **the ~ and flow of married life** die Höhen und Tiefen des Ehelebens; **to be at a low ~** auf einem Tiefstand sein; *funds* knapp bei Kasse sein *fam*

II. *vi* ❶ *sea, tide* zurückgehen

❷ *(lessen)* schwinden, nachlassen

◆ **ebb away** *vi* ❶ *sea, tide* zurückgehen

❷ *(lessen) strength* nachlassen; *respect* sinken

ebb tide *n* Ebbe *f*

EBD [ˌi:bi:ˈdi:] *n abbrev of* **electronic brakeforce distribution** EBV *f*

Ebon·ics [eˈbɒnɪks, AM eˈbɑ:n-] *n + sing vb* Black-English *nt (Oberbegriff für das gesprochene Englisch der Schwarzen in Amerika)*

eb·ony [ˈebᵊni] **I.** *n no pl* Ebenholz *nt*

II. *n modifier (cabinet, carving, table)* Ebenholz-, aus Ebenholz

III. *adj (liter: colour)* schwarz [wie Ebenholz]

e-book [ˈi:bʊk] *n* INET, COMPUT E-Book *nt (digitalisiertes Buch)*

EBRD [ˌi:bi:ɑ:ˈdi:, AM -ɑ:r'-] *n* ECON, FIN *abbrev of* **European Bank for Reconstruction and Development** Europäische Bank für Wiederaufbau und Entwicklung *f*

ebul·lience [ɪˈbʌliən(t)s, AM ɪˈbʊlj-] *n no pl (approv)* Überschwänglichkeit *f*

ebul·lient [ɪˈbʌliənt, AM ɪˈbʊlj-] *adj (approv)* überschwänglich, überschäumend; **to be in an ~ mood** ausgelassen sein

ebul·lient·ly [ɪˈbʌliəntli, AM ɪˈbʊlj-] *adv* überschwänglich, überschäumend; ***he behaved*** ~ er war ausgelassen

e-'busi·ness *n no pl* INET E-Business *nt,* Electronic Business *nt,* elektronischer Geschäftsverkehr; ~ **transaction** E-Business-Geschäft *nt*

EC[1] [ˌi:ˈsi:] *n no pl (hist) abbrev of* **European Community** EG *f hist*

EC[2] [i:ˈsi:] *n* MED *abbrev of* **emergency contraceptive** [**pill**] Pille *f* danach

e-car [ˈi:kɑ:ʳ, AM -kɑ:r] *n short for* **electric car** Elektroauto *nt*

'e-cash *n no pl* INET E-Cash *kein art (elektronischer Zahlungsverkehr über das Internet)*

ECB [ˌi:si:ˈbi:] *n abbrev of* **European Central Bank** EZB *f*

E'C card *n* EC-Karte *f*

EC cen·tral 'bank *n* EG-Zentralbank *f*

ec·cen·tric [ɪkˈsentrɪk] **I.** *n* Exzentriker(in) *m(f)*

II. *adj* ❶ *(unconventional)* exzentrisch *geh;* ~ **clothes** ausgefallene Kleidung [*o* SCHWEIZ Kleider]

❷ *circle, orbit* exzentrisch

ec·cen·tri·cal·ly [ɪkˈsentrɪkᵊli] *adv* exzentrisch *geh,* überspannt *pej*

ec·cen·tri·city [ˌeksenˈtrɪsəti, AM -əṭi] *n* ❶ *usu pl (foible)* exzentrische Verhaltensweise, Überspanntheit *f pej*

❷ *no pl (unconventionality)* Exzentrizität *f geh,* Exzentrik *f geh,* Überspanntheit *f pej*

ec·cle·si·as·tic [ɪˌkli:ziˈæstɪk, AM ɪˌkli:-, ekˌkli:-] *(form)* **I.** *n* Geistliche(r) *m*

II. *adj inv* kirchlich, geistlich

ec·cle·si·as·ti·cal [ɪˌkli:ziˈæstɪkᵊl, AM ɪˌkli:-, ekˌkli:-] *adj inv (form)* kirchlich, geistlich; ~ **court** Kirchengericht *nt;* ~ **history** Kirchengeschichte *f*

ec·crine [ˈekrɪn] *adj inv* ekkrin *fachspr;* ~ **gland** ekkrine Drüse *fachspr*

ECE [ˌi:si:ˈi:] *n no pl* AM *abbrev of* **Early Childhood Education** Kleinkindpädagogik *f form*

ECG [ˌi:si:ˈdʒi:] *n abbrev of* **electrocardiogram** EKG *nt*

eche·lon [ˈeʃəlɒn, AM -lɑ:n] *n* ❶ *(level)* Rang *m*

❷ MIL *(formation)* Staffel[formation] *f*

'e-cheque *n* INET e-Cheque *m (elektronisches Scheckbuch zur Bezahlung im Internet)*

echid·na [ekˈɪdnə, AM i:ˈkɪd-] *n* [australischer] Schnabeligel

echo [ˈekəʊ, AM -oʊ] **I.** *n* <*pl* -es> ❶ *(reverberation)* Echo *nt*

❷ *(fig: close imitation)* Anklang *m* (**of** an *+akk*)

▸PHRASES: **to cheer sb to the ~** *esp* BRIT jdm brausenden Beifall spenden

II. *vi* ❶ *sound* [wider]hallen; ■**to ~ against sth** von etw *dat* widerhallen; **to ~ down** [**through**] **the ages** *(fig)* aus längst vergangenen Zeiten nachhallen

❷ *place* [wider]hallen

❸ *(fig: repeat)* wiederholen

III. *vt* ■**to ~ sth** ❶ *(copy)* etw wiedergeben; *(reflect)* etw widerspiegeln

❷ *(resemble)* etw *dat* ähneln, an etw *akk* erinnern

❸ *(repeat sb's words)* etw wiederholen

'echo cham·ber *n* Hallraum *m,* schallharter Raum

'echo sound·er *n* Echolot *nt*

ECL *n* COMPUT *abbrev of* **emitter coupled logic** emittergekoppelte Logik

éclair [eɪˈkleəʳ, AM -ˈkler] *n* Eclair *nt*

ec·lec·tic [ekˈlektɪk] **I.** *adj* eklektisch *oft pej geh;* ~ **blend** bunte Mischung

II. *n* Eklektiker(in) *m(f) oft pej geh*

ec·lec·ti·cal·ly [ekˈlektɪkᵊli] *adv (form)* eklektisch *oft pej geh*

ec·lec·ti·cism [ekˈlektɪsɪzᵊm, AM -təs-] *n no pl (form)* Eklektizismus *m oft pej geh*

eclipse [ɪˈklɪps] **I.** *n* ❶ *(of the sun, moon)* Finsternis *f fachspr,* Eklipse *f fachspr;* **lunar/solar ~** Mond-/Sonnenfinsternis *f;* **total/partial ~ of the sun** totale/partielle Sonnenfinsternis

❷ *no pl (fig: decline)* Niedergang *m;* **to be in ~** in der Versenkung verschwunden sein; **to go into ~** [in der Versenkung] verschwinden

II. *vt* ❶ *usu passive (obscure)* **to ~ the sun/moon** die Sonne/den Mond verfinstern

❷ *(fig: overshadow)* ■**to ~ sth** etw in den Hintergrund drängen; ■**to ~ sb** jdn in den Schatten stellen

eco- [i:kə(ʊ)-, AM ekoʊ, i:-] *in compounds (product)* Öko-; *(environmental)* **sth is an ~hazard** etw ist umweltschädlich; **~horror** Umweltkatastrophe *f*

'eco-audit *n* ECOL, LAW Ökoaudit *nt o m*

eco·cide [ˈi:kəʊsaɪd, AM ˈekoʊ-] *n no pl* ECOL Umweltzerstörung *f*

'eco-con·scious *adj inv* umweltbewusst **'eco-de·sign** *vt* ECOL ■**to ~ sth** etw nach ökologischen Gesichtspunkten entwerfen **'eco-doom I.** *n no pl* Öko-Pessimismus *m* **II.** *n modifier* ökopessimistisch **'eco-drive** *adj attr, inv* mit Eco-Drive-Antrieb *nach n*

ECOFIN [ˈi:kəʊfɪn, AM -koʊ-] *n acr for* **Economic and Finance Ministers Council** ECOFIN

ECOFIN Coun·cil [ˈekəʊfɪn-] *n* EU ECOFIN-Rat *m*

eco-'friend·ly <more ~, most ~> *adj* umweltfreundlich **'eco-la·bel** *n* Umweltetikett *nt,* blauer Engel, Umweltgütesiegel *nt* ÖSTERR, SCHWEIZ

eco·logi·cal [ˌi:kəˈlɒdʒɪkᵊl, AM -ˈlɑ:dʒ-] *adj* ökologisch; ~ **catastrophe** [*or* **disaster**] Umweltkatastrophe *f;* ~ **issues** Umweltfragen *pl;* ~ **research** Umweltforschung *f*

eco·logi·cal·ly [ˌi:kəˈlɒdʒɪkᵊli, AM -ˈlɑ:dʒ-] *adv* ökologisch; ~ **friendly** umweltfreundlich; ~ **harmful** umweltfeindlich, umweltschädlich; ~ **sound** ökologisch unbedenklich, umweltverträglich

eco·logi·cal re·'cov·ery *n no pl* Umweltsanierung *f*

ecolo·gist [i:ˈkɒlədʒɪst, AM -ˈkɑ:l-] *n* ❶ *(expert)* Ökologe, Ökologin *m, f*

❷ POL Umweltbeauftragte(r) *f(m)*

ecol·ogy [i:ˈkɒlədʒi, AM -ˈkɑ:l-] *n no pl* ❶ *(system)* Ökologie *f*

❷ *(science)* Ökologie *f*

e'col·ogy move·ment *n* Umweltbewegung *f,* Öko-Bewegung *f* **e'col·ogy par·ty** *n* Umweltpartei *f,* Öko-Partei *f* **e'col·ogy tax** *n* Umweltsteuer *f,* Öko-Steuer *f*

'eco mark *n* Umweltzeichen *nt*

e-com·merce [ˌi:ˈkɒmɜ:s, AM -ˈkɑ:mɜ:rs] *short for* **electronic commerce I.** *n no pl* E-Commerce *m (Vertrieb von Waren oder Dienstleistungen über das Internet)*

II. *n modifier (site)* E-Commerce-; ~ **service** E-Commerce-Dienstleistung *f;* ~ **solution** E-Commerce-Produkt *nt*

econo·met·ric [i:ˌkɒnəˈmetrɪk, AM -ˌkɑ:n-] *adj inv (spec)* ökonometrisch *fachspr*

econo·met·rics [i:ˌkɒnəˈmetrɪks, AM -ˌkɑ:n-] *n no pl (spec)* Ökonometrie *f fachspr*

eco·nom·ic [ˌi:kəˈnɒmɪk, AM -ˈnɑ:m-] *adj* ❶ *attr, inv* POL, ECON ökonomisch, Wirtschafts-, wirtschaftlich; *(macroeconomic)* volkswirtschaftlich; ~ **aid** [*or* **assistance**] Wirtschaftshilfe *f;* ~ **development** wirtschaftliche Entwicklung; ~ **downturn** Konjunkturabschwächung *f;* ~ **forecast** Wirtschaftsprognose *f;* ~ **geography** Wirtschaftsgeografie *f;* ~ **progress** wirtschaftlicher Fortschritt; ~ **self-sufficiency** Autarkie *f,* wirtschaftliche Unabhängigkeit; ~ **system** Wirtschaftssystem *nt;* ~ **upturn** Konjunkturaufschwung *m;* ~ **warfare** Wirtschaftskrieg *m*

❷ *(profitable)* rentabel, profitabel

eco·nom·ic ac·'tiv·ity *n* Konjunktur *f,* Wirtschaftstätigkeit *f*

eco·nomi·cal [ˌi:kəˈnɒmɪkᵊl, AM -ˈnɑ:m-] *adj* ❶ *(cost-effective)* wirtschaftlich, ökonomisch; *car* sparsam

❷ *(thrifty)* sparsam; *(pej)* knaus[e]rig *pej fam;* **to be ~ with the truth** *(hum)* mit der Wahrheit hinter dem Berg halten

eco·nomi·cal·ly [ˌi:kəˈnɒmɪkᵊli, AM -ˈnɑ:m-] *adv* ❶ *(thriftily)* sparsam; **to use sth ~** mit etw *dat* sparsam umgehen; ~ **written** prägnant geschrieben

❷ *inv* POL, ECON wirtschaftlich, ökonomisch; **to be ~ viable** wirtschaftlich überlebensfähig sein

Eco·nom·ic and Mon·etary 'Un·ion *n* EU Wirtschafts- und Währungsunion *f*

Eco·nom·ic and Mon·etary 'Unit *n* Wirtschafts- und Währungseinheit *f*

Eco·nom·ic and 'So·cial Com·mit·tee *n,* **ESC** *n* EU Wirtschafts- und Sozialausschuss *m*

eco·nom·ic 'area *n* Wirtschaftsraum *m* **eco·nom·ic 'cli·mate** *n* Wirtschaftsklima *nt* **eco·nom·ic co·'he·sion** *n* EU wirtschaftlicher Zusammenhalt **eco·nom·ic con·'di·tions** *npl* wirtschaftliche Rahmenbedingungen *pl* **eco·nom·ic con·'sult·ant** *n* Unternehmensberater(in) *m(f)* **eco·nom·ic 'cri·sis** *n* Wirtschaftskrise *f* **eco·nom·ic 'cy·cle** *n* Konjunkturzyklus *m,* Konjunkturphase *f* **eco·nom·ic 'dam·age** *n no pl (insurance)* Vermögensschaden *m* **eco·nom·ic de·'vel·op·ment** *n* Wirtschaftsentwicklung *f* **eco·nom·ic di·'ver·gence** *n* EU ökonomischer Unterschied **eco·nom·ic fea·si'bil·ity** *n* Wirtschaftlichkeit *f;* ~ **study** Wirtschaftlichkeitsanalyse *f* **eco·nom·ic 'fore·cast** *n* Konjunkturprognose *f* **eco·nom·ic 'growth** *n* Wirtschaftswachstum *nt* **eco·nom·ic 'in·di·ca·tor** *n* Konjunkturindikator *m* **eco·nom·ic poli·cy co·ope'ra·tion** *n* EU wirtschaftspolitische Zusammenarbeit **eco·nom·ic po·'ten·tial** *n* Wirtschaftspotenzial *nt* **eco·nom·ic 'pow·er** *n* Wirtschaftskraft *f* **eco·nom·ic 'pros·pect** *n* Konjunkturperspektive *f* **eco·nom·ic re·'cov·ery** *n no pl* Konjunkturerholung *f* **eco·nom·ic re·'form** *n* Wirtschaftsreform *f*

eco·nom·ics [ˌiːkəˈnɒmɪks, AM -ˈnɑːm-] *n + sing vb* ① *(science)* Wirtschaftswissenschaft[en] *f[pl]*; *(macroeconomics)* Volkswirtschaftslehre *f*; *(management studies)* Betriebswirtschaft *f*; **socialist ~** die sozialistische Wirtschaftslehre
② *(economic aspects)* wirtschaftlicher Aspekt

eco·nom·ic 'sanc·tions *npl* Wirtschaftssanktionen *pl* **eco·nom·ic 'sec·tor** *n* Wirtschaftssektor *m*, Wirtschaftszweig *m* **eco·nom·ic situ'a·tion** *n* Wirtschaftslage *f* **eco·nom·ic 'trend** *n* Konjunkturentwicklung *f*; **expected ~s** Konjunkturerwartungen *pl* **eco·nom·ic 'up·swing** *n* Wirtschaftsaufschwung *m*

econo·mist [ɪˈkɒnəmɪst, AM -ˈkɑːn-] *n* Wirtschaftswissenschaftler(in) *m(f)*; *(in industrial management)* Betriebswirtschaftler(in) *m(f)*, Betriebswirt(in) *m(f)*

econo·mize [ɪˈkɒnəmaɪz, AM -ˈkɑːn-] *vi* sparen; ■**to ~ on sth** an etw *dat* sparen

econo·my [ɪˈkɒnəmi, AM -ˈkɑːn-] *n* ① *(system)* Wirtschaft *f*; *(national system)* Volkswirtschaft *f*; **subdued/ailing ~** gedämpfte/schwache Konjunktur
② *(thriftiness)* Sparsamkeit *f kein pl*; **for the purposes of ~** aus Ersparnisgründen; **to make economies** Einsparungen machen, Sparmaßnahmen durchführen
③ *no pl (sparing use of sth)* Ökonomie *f*, Wirtschaftlichkeit *f*; **~ of language** prägnante Ausdrucksweise; **economies** *pl* **of scope** economies of scope *pl*, Verbundvorteile *pl*, Diversifikationsvorteile *pl*; **economies of scale** Economies of Scale *pl*, Skaleneffekte *pl*, Mengeneffekte *pl*, Größenvorteile *pl*, Größendegression *f*

e'cono·my class *n* Touristenklasse *f* **e'cono·my drive** *n* Sparmaßnahmen *pl*; **to be on an ~** *(fam)* auf dem Spartrip sein *fam* **e'cono·my pack**, **e'cono·my size** *n* Sparpackung *f*, Haushaltspackung *f* **e'cono·my-size(d)** *adj attr, inv* Spar-; **~ pack** Sparpackung *f*

econo·my 'turn·around *n* Konjunkturumschwung *m*, Konjunkturwende *f*

'eco·roof, 'green roof, 'liv·ing roof I. *n* begrüntes Dach
II. *n modifier* ***the growing ranks of the ~ movement*** die an Anhängern zunehmende Bewegung der Dachbegrünung **eco-'styl·ish·ness** *n no pl* Öko-Eleganz *f* **eco·sys·tem** [ˈiːkə(ʊ)-, AM ˈekoʊ,-] *n* Ökosystem *nt* **'eco-tax** *n* Ökosteuer *f*; **~ reform** Ökosteuerreform *f* **'eco-ter·ror** *n no pl (pej)* Ökoterror *m* **eco-'ter·ror·ism** *n no pl (pej)* Ökoterrorismus *m* **eco-'ter·ror·ist** *n (pej)* Ökoterrorist(in) *m(f)* **'eco·tour·ism** *n* Ökotourismus *m* **'ecotour·ist** *n* Ökotourist(in) *m(f)* **'eco-war·ri·or** *n* militanter Umweltschützer/militante Umweltschützerin

ECP [ˌiːsiːˈpiː] *n* ECON, FIN *abbrev of* **Eurocommercial paper** *erstklassiges, kurzfristiges, ausländisches Geldmarktpapier*

ecru [ˈeɪkruː] I. *n no pl* Ekrü *nt*
II. *adj* ekrü

ec·sta·sy [ˈekstəsi] *n* ① *(bliss)* Ekstase *f*, Verzückung *f*; **in ~** in Ekstase; **in an ~ of jealousy** in einem Anfall von Eifersucht; **to be in/go into ecstasies** in Ekstase sein/geraten
② *no pl (sl: drug)* ■**E~** Ecstasy *f*

ec·stat·ic [ɪkˈstætɪk, AM -ţ-] *adj* ekstatisch, verzückt; **to not exactly be ~ about** [*or* **at**] [*or* **over**] **sb/sth** *(iron fam)* von jdm/etw nicht gerade entzückt sein *iron fam*

ec·stati·cal·ly [ɪkˈstætɪkəli, AM -ţ-] *adv* ekstatisch, verzückt; **to be ~ happy** überglücklich sein, außer sich *dat* vor Freude sein

ECT [ˌiːsiːˈtiː] *n abbrev of* **electro-convulsive therapy** Elektroschocktherapie *f*

ec·to·morph [ˈektəʊmɔːf, AM toʊmɔːrf] *n* ANAT ektomorpher Mensch

ec·to·morph·ic [ˌektə(ʊ)ˈmɔːfɪk, AM -toʊˈmɔːr-] *adj* ektomorph *fachspr*, schlankwüchsig

ec·top·ic¹ [ekˈtɒpɪk, AM ˈtɑː] *adj* MED ektopisch

ec·top·ic² [ekˈtɒpɪk, AM ˈtɑː] *n see* **ectopic pregnancy** Bauchhöhlenschwangerschaft *f*, Extrauterinschwangerschaft *f fachspr*

ec·top·ic 'preg·nan·cy *n* MED ektopische Schwangerschaft *fachspr*, Eileiterschwangerschaft *f*

ec·to·plasm [ˈektəʊplæzəm, AM -toʊ-] *n no pl* BIOL Ektoplasma *nt fachspr*

ECU [ˈekjuː, ˈeɪkjuː, AM ˈeɪkuː] *n acr for* **European Currency unit** ECU *m o f*

Ecua·dor [ˈekwədɔːʳ, AM -dɔːr] *n no pl* Ekuador *nt*, Ecuador *nt*

Ecua·do·rean [ˌekwəˈdɔːriən] *adj inv* ecuadorianisch

Ecua·do·rian [ˈekwədɔːriən] I. *n* Ekuadorianer(in) *m(f)*, Ecuadorianer(in) *m(f)*
II. *adj inv* ekuadorianisch, ecuadorianisch

ecu·meni·cal [ˌiːkjʊˈmenɪkəl, AM ˌek-] *adj inv (form)* ökumenisch; **E~ Council** *+ sing/pl vb* Ökumenisches Konzil; **~ service** ökumenischer Gottesdienst

ecu·meni·cal·ly [ˌekjʊˈmenɪkəli] *adv* ökumenisch

ecu·meni·cism [ˌiːkjʊˈmenɪsɪzəm, AM ˌek-] *n no pl (form)* Ökumenismus *m fachspr*, ökumenische Bewegung

ec·ze·ma [ˈeksɪmə, AM -sə-] *n no pl* Ekzem *nt geh*, [Haut]ausschlag *m*

ed.¹ *n abbrev of* **editor** Hrsg.

ed.² *n abbrev of* **edition** Ausg., Aufl., Ed.

ed.³ *vt abbrev of* **edited** hrsg.

ED¹ [ˌiːˈdiː] *n no pl* MED *abbrev of* **erectile dysfunction** Erektionsstörung *f*

ED² [ˌiːˈdiː] *abbrev of* **enhanced definition** I. *n no pl* ED
II. *n modifier* ED-

Edam [ˈiːdæm, AM -dəm] *n* Edamer [Käse] *m*

eda·mame [ˌedɑːˈmɑːmeɪ] *n no pl* Edamame *f* *(japanische Spezialität: Sojabohnen in der Schote, gekocht und gesalzen als Vorspeise)*

E-day *n* EU Stichtag *m* *(an dem der Euro eingeführt wurde)*

eddy [ˈedi] I. *vi* <-ie-> wirbeln; *water* strudeln
II. *n* Wirbel *m*; *of water* Strudel *m*

edel·weiss <*pl* -> [ˈeɪdəlvaɪs] *n* Edelweiß *nt*

ede·ma [ɪˈdiːmə] *n no pl* AM MED Ödem *nt fachspr*

Eden [ˈiːdən] *n no pl (also fig)* Eden *nt a. fig*, Paradies *nt a. fig*; **the garden of ~** der Garten Eden

edge [edʒ] I. *n* ① *(boundary)* Rand *m*; *of a lake* Ufer *nt*, SCHWEIZ *a.* Bord *nt*; **at the ~ of the road** am Straßenrand [*o* SCHWEIZ *a.* Strassenbord]; **the ~ of the table** die Tischkante
② *(fig: threshold)* Rand *m*, Schwelle *f*; **to be on the ~ of collapse/a catastrophe** am Rande des Zusammenbruchs/einer Katastrophe stehen
③ *(blade)* Schneide *f*; *(sharp side)* Kante *f*, Rand *m*; **rounded/sharp ~** abgerundete/scharfe Kante; **to put an ~ on sth** etw schärfen [*o* schleifen]; **to take the ~ off sth** etw stumpf machen
④ *no pl (intensity)* Heftigkeit *f*; *(sharpness)* Schärfe *f*; ***his apology took the ~ off her anger*** seine Entschuldigung besänftigte ihren Ärger; ***there's an ~ to her voice*** sie schlägt einen scharfen Ton an; **to take the ~ off sb's appetite** jdm den Appetit nehmen
⑤ *(nervousness)* **to be on ~** nervös [*o* gereizt] sein; ***her nerves are on ~*** sie ist nervös; **to set** [*or* **put**] **sb's teeth on ~** jdm auf die Nerven gehen *fam*
⑥ *(superiority)* ■**the ~** Überlegenheit *f*; **to have the ~ over sb** jdm überlegen sein, jdm gegenüber im Vorteil sein; **~ in expertise** Know-How-Vorteil *m*
▸ PHRASES: **to live on the ~** ein extremes [*o* exzentrisches] Leben führen
II. *vt* **to ~ one's way forward** sich *akk* langsam vorwärtsbewegen; **to ~ one's hand near to sth** seine Hand einer S. *dat* [langsam] nähern
III. *vi* sich *akk* schieben
◆**edge down** *vi* FIN *share prices* schwächer tendieren, leicht fallen
◆**edge forward** *vi* langsam voranrücken
◆**edge out** *vt* ■**to ~ out ↔ sb** jdn hinausdrängen
◆**edge up** *vi (creep higher)* allmählich [*o* langsam] ansteigen; *share prices* stärker tendieren, leicht steigen; **to ~ up 10%** um 10 % ansteigen; **to ~ up to 5%** auf 5 % ansteigen

edged [edʒd] *adj inv* ■**to be ~ with sth** von etw *dat* umrandet sein; *coat* mit etw *dat* besetzt sein; *tablecloth* mit etw *dat* eingefasst sein

-edged [edʒd] *in compounds* **dull~** stumpf; **sharp~** scharf; **single/two** [*or* **double**]**~** ein-/zweischneidig

edge-notched 'card *n* Kerblochkarte *f*, Randlochkarte *f* SCHWEIZ

'edge trim·mer *n* Rasenschneidegerät *nt*

edge·ways [ˈedʒweɪz], **edge·wise** [ˈedʒwaɪz] *adv inv (with edge foremost)* mit der Kante voran; *(sideways)* seitlich; **to not get a word in ~** *(fam)* nicht zu Wort kommen; **to see sth ~** [**on**] etw von der Seite sehen

edgi·ly [ˈedʒɪli] *adv* nervös, gereizt

edgi·ness [ˈedʒɪnəs] *n no pl* Nervosität *f*, Angespanntheit *f*

edg·ing [ˈedʒɪŋ] *n* Umrandung *f*; *of a tablecloth, dress* Borte *f*; *of a lawn, garden* Einfassung *f*

edgy [ˈedʒi] *adj* ① *(fam)* nervös, gereizt
② *(intense)* *artist* ernsthaft; **playing, piece of music** spannungsgeladen, intensiv

EDI [ˌiːdiːˈaɪ] *n* ECON, FIN *abbrev of* **electronic data interchange** *elektronischer Datenaustausch (von einer Firma zu einer anderen)*

ed·ible [ˈedɪbl̩] *adj* essbar, genießbar; **~ mushroom** Speisepilz *m*

edict [ˈiːdɪkt] *n (form)* Edikt *nt hist*, Erlass *m*, Verordnung *f*

edi·fi·ca·tion [ˌedɪfɪˈkeɪʃən] *n no pl (form)* Erbauung *f geh o a. iron*; **for sb's ~** zu jds Erbauung *geh*

edi·fice [ˈedɪfɪs] *n* ① *(form: building)* Gebäude *nt*
② *(fig: structure)* Gebäude *nt*, Gefüge *nt*

edi·fy <-ie-> [ˈedɪfaɪ] *vt (form)* ■**to ~ sb** ① *(uplift)* jdn erbauen *geh*
② *(educate)* jdn erbauen [*o* innerlich bereichern] *geh*

edi·fy·ing [ˈedɪfaɪɪŋ] *adj (hum: enjoyable)* erbaulich *geh o a. iron*, erhebend *geh*

Ed·in·burgh [ˈedɪnbərə, AM -bʌroʊ, -bʌrə] *n* Edinburg[h] *nt*

edit [ˈedɪt] *vt* ① *(modify for publication)* ■**to ~ sth** etw redigieren; **to ~ copy** einen Beitrag bearbeiten
② COMPUT **to ~ a file** eine Datei editieren *fachspr*
③ *(be editor of)* ■**to ~ sth** etw herausgeben [*o* edieren]; **to ~ a newspaper** eine Zeitung herausgeben
④ FILM, TV, RADIO ■**to ~ sth** etw cutten [*o* schneiden]
◆**edit down** *vt* ■**to ~ down ↔ sth** etw kürzen; FILM, TV, RADIO etw schneiden
◆**edit out** *vt* ■**to ~ out ↔ sth** PUBL, JOURN etw [heraus]streichen [*o fam* weglassen]; FILM, TV, RADIO etw schneiden

edit·ing [ˈedɪtɪŋ, AM -ţ-] *n no pl* ① *of a text* Bearbeiten *nt*, Redigieren *nt*
② *of a film, tape* Bearbeiten *nt*, Schneiden *nt*, Cutten *nt*

edi·tion [ɪˈdɪʃən] *n* ① *(issue)* Ausgabe *f*; *(version)* Ausgabe *f*, Edition *f fachspr*; **early ~ of a paper** Morgenausgabe *f* einer Zeitung; **first ~** Erstausgabe *f*; **hardback ~** gebundene Ausgabe; **paperback ~** Taschenbuchausgabe *f*
② *(broadcast)* Folge *f*
③ *(simultaneously published books)* Auflage *f*; *of a newspaper, magazine also* Ausgabe *f*; **limited ~** limitierte Auflage; **second/third ~** zweite/dritte Auflage
④ AM *(of an event)* Auflage *f*; ***the 77th ~ of the Indianapolis 500*** die 77. Indianapolis 500
⑤ *(clone)* Ausgabe *f hum*

edi·tor [ˈedɪtəʳ, AM -ţə˞] *n* ① *(of a newspaper, magazine)* Herausgeber(in) *m(f)*
② *(of a press department)* Redakteur(in) *m(f)*, Redaktor(in) *m(f)* SCHWEIZ; *(of a publishing department)* [Verlags]redakteur(in) *m(f)*, [Verlags]redaktor(in) *m(f)* SCHWEIZ; **the city ~** Wirtschaftsredakteur(in) *m(f)*, Wirtschaftsredaktor(in) *m(f)* SCHWEIZ; **sports ~** Sportredakteur(in) *m(f)*, Sportredaktor(in) *m(f)* SCHWEIZ
③ *(of a book)* Herausgeber(in) *m(f)*
④ FILM Cutter(in) *m(f)*

edi·tor-at-'large <*pl* editors-at-large> *n* [*oft* *früherer*] *Chefredakteur zur besonderen Verwendung, der nicht für das Tagesgeschäft verantwortlich ist,* *aber an Redaktionssitzungen teilnimmt*

edi·to·rial [ˌedɪ'tɔːriəl, AM -ə'-] **I.** *n* Leitartikel *m*
II. *adj attr, inv* (1) *(of a press or publishing department)* Redaktions-, redaktionell; ~ **decisions** redaktionelle Entscheidungen; ~ **staff** + *sing/pl vb* Redaktion *f*
(2) *(reflecting opinions of editors)* ~ **article** Leitartikel *m;* ~ **opinion** Auslegung *f* von Fakten
(3) *(regulatory)* zensierend, regulierend; **to exercise ~ control** Zensur ausüben

edi·to·rial 'board *n* + *sing/pl vb* Chefredaktion *f*

edi·to·rial·ize [ˌedɪ'tɔːriəlaɪz, AM -ə'tɔːriə-] *vi* JOURN seine eigene Meinung vertreten

edi·to·rial·ly [ˌedɪ'tɔːriəli, AM ˌedə] *adv inv* redaktionell

edi·tor-in-chief [ˌedɪtərɪn'tʃiːf, AM -t̬ɚɪn'-] *n (at newspaper)* Chefredakteur(in) *m(f),* Chefredaktor(in) *m(f)* SCHWEIZ; *(at publishing house)* Herausgeber(in) *m(f)*

edi·tor·ship ['edɪtəʃɪp, AM t̬ɚ] *n* Leitung *f*

EDP [ˌiːdiː'piː] *n no pl abbrev of* **electronic data processing** EDV *f*

EDT [ˌiːdiː'tiː] *n no pl abbrev of* **Eastern Daylight Time** *östliche Sommerzeit (in den USA und Kanada)*

edu·cable ['edʒʊkəbl̩] *adj* einer Bildung zugänglich

edu·cate ['edʒʊkeɪt] *vt* (1) *(teach knowledge)* ■**to ~ sb** jdn unterrichten; *(train)* jdn ausbilden; **to be ~d at Oxford** in Oxford auf die [*o* zur] Schule gehen; ***I was ~d in the private school system*** ich habe Privatschulen besucht
(2) *(enlighten)* ■**to ~ sb** jdn aufklären; **to ~ the public** die Öffentlichkeit aufklären [*o* informieren]; ■**to ~ sb about** [*or* **in**] [*or* **on**] **sth** jdn über etw *akk* aufklären
(3) *(rare: bring up)* ■**to ~ sb** jdn erziehen

edu·cat·ed ['edʒʊkeɪtɪd, AM -t̬-] *adj* (1) *(schooled)* gebildet; **highly ~** hoch gebildet; **to be Cambridge-/Oxford-/Harvard-~** in Cambridge/Oxford/Harvard studiert haben
(2) *(cultivated)* kultiviert

edu·cat·ed 'guess *n* wohl begründete Vermutung [*o* Annahme]; **to make an ~** eine fundierte Vermutung äußern

edu·ca·tion [ˌedʒʊ'keɪʃən] *n no pl* (1) *(teaching knowledge)* Bildung *f; (training)* Ausbildung *f;* ***he received most of his ~ at home*** er wurde größtenteils zu Hause unterrichtet; **science ~** naturwissenschaftlicher Unterricht, Unterricht *m* in den naturwissenschaftlichen Fächern
(2) *(knowledge)* Bildung *f;* **to have a gap in one's ~** eine Bildungslücke haben; **classical/literary ~** klassische/literarische Bildung
(3) *(system)* Erziehungswesen *nt; (schools, colleges, universities)* Bildungswesen *nt*
(4) *(study of teaching)* Pädagogik *f,* Erziehungswissenschaft *f*

edu·ca·tion·al [ˌedʒʊ'keɪʃənəl] *adj* (1) *attr, inv* SCH, UNIV Bildungs-, pädagogisch; ~ **background** schulischer Werdegang; ~ **establishment** Bildungsanstalt *f;* ~ **film** Lehrfilm *m;* ~ **institution** Bildungseinrichtung *f;* ~ **psychology** Schulpsychologie *f;* ~ **qualifications** schulische Qualifikationen; ~ **standards** Bildungsniveau *nt;* ~ **system** Bildungswesen *nt*
(2) *(enlightening)* lehrreich; **an ~ experience** eine lehrreiche Erfahrung; **an ~ journey** eine Bildungsreise
(3) *(raising awareness)* bewusstseinsbildend; ~ **campaign** Informationskampagne

edu·ca·tion·al·ist [ˌedʒʊ'keɪʃənəlɪst] *n* Erziehungswissenschaftler(in) *m(f),* Pädagoge, Pädagogin *m, f*

edu·ca·tion·al·ly [ˌedʒʊ'keɪʃənəli] *adv* pädagogisch, erzieherisch; ~ ***I think Stuttgart has the edge over Cologne*** ich glaube, dass Stuttgart Köln im Hinblick auf die Bildungseinrichtungen überlegen ist; ~ **disadvantaged** lernbehindert

edu·'ca·tion cor·re·spond·ent *n* Berichterstatter(in) *m(f)* für den Sektor Bildungswesen

edu·ca·tion·ist [ˌedʒʊ'keɪʃənɪst] *n* Erziehungswissenschaftler(in) *m(f),* Pädagoge, Pädagogin *m, f*

edu·'ca·tion lob·by *n* + *sing/pl vb* Bildungslobby *f*

edu·ca·tive ['edʒʊkətɪv, AM -keɪt̬ɪv] *adj* erzieherisch, pädagogisch; ~ **toys** pädagogisch wertvolles Spielzeug

edu·ca·tor ['edʒʊkeɪtəʳ, AM -t̬ɚ] *n esp* AM Erzieher(in) *m(f),* Pädagoge, Pädagogin *m, f geh; (teacher)* Lehrer(in) *m(f)*

Ed·ward·ian [ed'wɔːdiən, AM -'wɑːr-] **I.** *adj inv* aus der Zeit Edwards VII., edwardianisch
II. *n* Edwardianer(in) *m(f)*

EEA [ˌiːiː'eɪ] *n* ECON, FIN *abbrev of* **European Economic Area** Europäisches Wirtschaftsgebiet

EEC [ˌiːiː'siː] *n no pl (hist) abbrev of* **European Economic Community** EWG *f hist*

EEG [ˌiːiː'dʒiː] *n abbrev of* **electroencephalogram** EEG *nt*

eek [iːk] *interj (esp hum fam)* ih, igitt

eel [iːl] *n* Aal *m;* **jellied ~s** Aal *m* in Aspik; **to be like** [*or* **slippery as**] **an ~** aalglatt [*o* glatt wie ein Aal] sein *pej*

eemie ['iːmi] *n* AM *(fam!: early-morning erection)* morgendliche Erektion

EEMU [ˌiːiːem'juː] *n abbrev of* **European Economic and Monetary Union** EWWU *f;* **~-participating country** EWWU-Teilnehmerland *nt,* EWWU-Teilnehmerstaat *m*

e'er [eəʳ, AM er] *adv (poet) see* **ever**

eerie <-r, -st> ['ɪəri, AM 'ɪri] *adj* unheimlich

eeri·ly ['ɪərɪli, AM 'ɪr-] *adv* unheimlich

eeri·ness ['ɪərɪnəs, AM 'ɪr-] *n no pl* Unheimlichkeit *f*

eery *adj see* **eerie**

eff [ef] *vi* BRIT *(euph fam!)* fluchen, schimpfen; **to ~ and blind** *(esp hum)* fluchen
◆**eff off** *vi* BRIT *(euph fam!)* ~ ***off!*** verpiss dich! *sl,* hau ab! *fam*

ef·face [ɪ'feɪs] *vt* (1) *(also fig: erase)* ■**to ~ sth** etw auslöschen *a. fig;* **to ~ the memory of sth** die Erinnerung an etw *akk* auslöschen
(2) *(be humble)* ■**to ~ oneself** zurückhaltend sein, sich *akk* zurückhalten

ef·fect [ɪ'fekt] **I.** *n* (1) *(result)* Wirkung *f,* Effekt *m; (consequence)* Auswirkung *f* ([**up**]**on** auf +*akk*), Folge *f* ([**up**]**on** für +*akk*); *(success)* Erfolg *m; (influence)* Einfluss *m* (**on** auf +*akk*); ***this has the ~ of increasing the temperature*** dies bewirkt eine Steigerung der Temperatur; ***the ~s of drugs on the nervous system*** die Auswirkungen von Drogen auf das Nervensystem; ***talking to him had no ~ because he got drunk again*** mit ihm zu sprechen war umsonst, denn er betrank sich wieder; ***you should feel the ~s of the drug after about 10 minutes*** du solltest die Wirkung der Drogen nach ca. 10 Minuten spüren; ~ **on earnings** FIN Einkommenseffekt *m;* **to continue to have an ~** nachwirken; **to have an ~ on sb/sth** eine Wirkung auf jdn/etw haben; *(influence)* jdn/etw beeinflussen; ***gentle music can have a soothing ~*** sanfte Musik kann beruhigend wirken [*o* eine beruhigende Wirkung haben]; **to have a lasting ~** nachhaltig wirken; **to have no ~** keine Wirkung haben; **to take ~** *medicine, anaesthetic* Wirkung zeigen, wirken; **to good ~** mit Erfolg; **the overall ~** das Gesamtresultat; **to no ~** erfolglos, ergebnislos; **to such good ~ that ...** so wirkungsvoll [*o* geschickt], dass ...
(2) *no pl (force)* Wirksamkeit *f;* LAW [Rechts]kraft *f,* Gültigkeit *f;* **to come into ~** in Kraft treten, wirksam werden; **to put sth into ~** etw durchführen [*o* realisieren]; **to remain in ~** wirksam [*o* in Kraft] bleiben; **to take ~** *laws, regulations* in Kraft treten, wirksam werden; **with ~ from 1st January** *(form)* mit Wirkung vom 1. Januar [*o* ÖSTERR Jänner]; **with immediate ~** mit sofortiger Wirkung
(3) *(impression)* Wirkung *f,* Effekt *m;* **to create an ~** einen Effekt [*o* eine Wirkung] erzielen; **for ~** aus reiner Effekthascherei *pej;* ***he paused for ~*** er machte eine effektvolle Pause; ***he only dresses like that for ~*** he zieht sich nur deswegen so an, um aufzufallen
(4) *(sounds, lighting)* ■**~s** *pl* Effekte *pl;* **light/sound ~s** Licht-/Klangeffekte *pl*
(5) *(spec: belongings)* ■**~s** *pl* Eigentum *nt kein pl,* Vermögen *nt kein pl,* Effekten *pl fachspr;* **personal ~s** Gegenstände des persönlichen Gebrauchs
(6) *(summarizing)* **to say something to the ~ that ...** sinngemäß sagen, dass ...; ***she said she was demoralized or words to that ~*** sie sagte, sie sei demoralisiert, oder etwas in der Art [*o* oder Ähnliches]; ***I received a letter to the ~ that my contract had run out*** ich erhielt einen Brief des Inhalts, dass mein Vertrag abgelaufen war
(7) *(essentially)* **in ~** eigentlich, in Wirklichkeit, im Effekt
II. *vt* ■**to ~ sth** etw bewirken [*o* herbeiführen]; **to ~ a breakthrough** einen Durchbruch erzielen; **to ~ a change** eine Änderung herbeiführen; **to ~ a cure** eine Heilung bewirken; **to ~ a merger** fusionieren; **to ~ a reform** eine Reform durchführen

ef·fec·tive [ɪ'fektɪv] *adj* (1) *(competent)* fähig, kompetent; ***he was an ~ speaker*** er war ein guter Redner
(2) *(achieving the desired effect)* wirksam, effektiv; *(successful)* erfolgreich; ~ **medicine** wirksames Medikament; ***the medicine was ~ in lowering the fever*** das Medikament hat das Fieber gesenkt; ***the treatment hasn't been very ~*** die Behandlung hat wenig Wirkung gezeigt
(3) *(real)* tatsächlich, wirklich; ***she's in ~ control of the office*** sie ist die eigentliche Leiterin der Geschäftsstelle
(4) *(operative)* gültig; *law* [rechts]wirksam; ~ **date** Stichtag *m,* Gültigkeitsdatum *nt;* **to become ~** *law* [rechts]wirksam werden, in Kraft treten
(5) *(striking)* effektvoll, wirkungsvoll

ef·fec·tive ex·'change rate *n* FIN effektiver Wechselkurs

ef·fec·tive·ly [ɪ'fektɪvli] *adv* (1) *(efficiently)* wirksam, effektiv; *(successfully)* erfolgreich
(2) *(essentially)* eigentlich, tatsächlich

ef·fec·tive·ness [ɪ'fektɪvnəs] *n no pl* Wirksamkeit *f,* Effektivität *f*

ef·fec·tive 'price *n* FIN tatsächlicher Preis **ef·fec·tive 'rate** *n* FIN Effektivzins *m,* Effektivverzinsung *f* **ef·fec·tive 'yield** *n* ECON, FIN Effektivertrag *m,* Effektivrendite *f*

ef·fec·tual [ɪ'fektʃuəl, AM -tʃuː-] *adj (form)* (1) *(effective)* wirksam
(2) *(in effect)* wirklich, tatsächlich, eigentlich

ef·fec·tual·ly [ɪ'fektʃuəli, AM -tʃuː-] *adv (form)* (1) *(efficiently)* effektiv, wirksam; *(successfully)* erfolgreich
(2) *(in practice)* in Wirklichkeit, tatsächlich

ef·fec·tu·ate [ɪ'fektʃueɪt, AM -tʃuː-] *vt (form)* ■**to ~ sth** etw bewirken; **to ~ a change** eine Änderung herbeiführen

ef·femi·na·cy [ɪ'femɪnəsi] *n no pl (pej)* unmännliches Verhalten

ef·femi·nate [ɪ'femɪnət] *adj (pej)* unmännlich, weibisch *pej,* effeminiert *geh*

ef·fer·vesce [ˌefə'ves, AM -ɚ'-] *vi* (1) *(spec: bubble)* sprudeln
(2) *(fig approv) person* vor Temperament sprudeln [*o* überschäumen]

ef·fer·ves·cence [ˌefə'vesən(t)s, AM -ɚ'-] *n no pl* (1) *of a liquid* Sprudeln *nt*
(2) *(fig approv) of a person* übersprudelndes [*o* überschäumendes] Temperament

ef·fer·ves·cent [ˌefə'vesənt, AM -ɚ'-] *adj* (1) *inv (giving off gas)* sprudelnd *attr;* ~ **drink** sprudelndes [*o geh* moussierendes] Getränk; ~ **tablet** Brausetablette *f*
(2) *(fig approv) person* sprudelnd *attr,* überschäumend; ■**to be ~** vor Temperament sprudeln [*o* überschäumen]

ef·fete [ɪ'fiːt] *adj (liter)* (1) *(pej: weak)* weichlich *pej,* verweichlicht *pej*
(2) *(exhausted)* erschöpft, entkräftet
(3) *(pej: effeminate)* weibisch *pej*

ef·fi·ca·cious [ˌefɪ'keɪʃəs] *adj (form)* wirksam; *(successful)* erfolgreich; ~ **medicine** wirksames Medikament

ef·fi·ca·cy ['efɪkəsi] *n (form)* Wirksamkeit *f*

ef·fi·cien·cy [ɪ'fɪʃən(t)si] *n* (1) *no pl (proficiency) of a company* Leistungsfähigkeit *f; of a system* Effizienz *f*

geh, Leistungsfähigkeit *f; of a person* Tüchtigkeit *f; of a method* Wirksamkeit *f,* Effizienz *f geh*
❷ *no pl (frugality)* Wirtschaftlichkeit *f,* Effizienz *f geh;* **energy** ~ sparsame Energieverwendung
❸ *(spec: of a machine, an engine)* Wirkungsgrad *m fachspr*
❹ AM *(apartment)* kleines Apartment

ef·'fi·cien·cy apart·ment *n* AM kleines Apartment

ef·'fi·cien·cy plan·ning *n no pl* Wirtschaftlichkeitsplanung *f* **ef·'fi·cien·cy ra·tio** *n* Rentabilitätskennzahl *f*

ef·fi·cient [ɪ'fɪʃᵊnt] *adj* ❶ *(productive)* leistungsfähig, leistungsstark, effizient *geh;* ~ **person** fähige [*o* tüchtige] Person
❷ *(economical)* wirtschaftlich

ef·fi·cient·ly [ɪ'fɪʃᵊntli] *adv* effizient *geh*

ef·fi·gy ['efɪdʒi] *n* Bild[nis] *nt;* **to burn/hang sb in** ~ jdn symbolisch verbrennen/hängen

eff·ing ['efɪŋ] *adj attr, inv* BRIT *(euph fam!)* verdammt *fam,* Scheiß- *derb*

ef·flo·res·cence [ˌeflɔː'resᵊn(t)s, AM -lə'-] *n no pl*
❶ BOT Blüte *f*
❷ *(liter) of a trend* Blüte[zeit] *f*

ef·flu·ence ['efluəns] *n* Abfluss *m*

ef·flu·ent ['efluənt] *n* Abwasser *nt*

ef·flu·vium <*pl* -via> [ɪ'fluːviəm] *n* Erguss *m*

ef·flux <*pl* -es> ['eflʌks] *n* ECON, FIN Abfluss *m*

ef·fort ['efət, AM -ɚt] *n* ❶ *(exertion)* Mühe *f,* Anstrengung *f;* ***despite all my* ~*s, he is still smoking*** trotz all meiner Bemühungen raucht er immer noch; **to be worth the** ~ die Mühe wert sein; **it is an** ~ **[for sb] to do sth** es kostet [jdn] Mühe, etw zu tun; **to make an** ~ **[to do sth]** sich *akk* anstrengen [*o* sich *dat* Mühe geben][, etw zu tun]
❷ *(trying)* Bemühung *f,* Bemühen *nt kein pl geh;* **to make an** ~ **[to do sth]** sich *akk* bemühen [*o* sich *dat* Mühe geben][, etw zu tun]; **to not make any** ~ **to do sth** sich *dat* nicht die geringste Mühe geben [*o* sich *akk* nicht bemühen], etw zu tun
❸ *(outcome)* Versuch *m;* ***that's a fairly poor*** ~ das ist eine ziemlich schwache Leistung

ef·fort·less ['efətləs, AM -ɚt-] *adj* ❶ *(easy)* mühelos, leicht; ~ **charm** ungezwungener Charme; ~ **grace** natürliche Grazie
❷ *(undemanding)* unkompliziert, einfach

ef·fort·less·ly ['efətləsli, AM -ɚt-] *adv* mühelos, ohne Anstrengung

ef·fort·less·ness ['efətləsnəs, AM -ɚt-] *n no pl* Mühelosigkeit *f*

ef·fron·tery [ɪ'frʌntᵊri, AM ef'rʌnt̬ɚi] *n no pl (form)* Unverfrorenheit *f geh,* Unverschämtheit *f;* **to have the** ~ **to do sth** die Unverschämtheit [*o* Unverfrorenheit] besitzen, etw zu tun

ef·fu·sion [ɪ'fjuːʒᵊn] *n (liter)* ❶ *(outburst)* Gefühlsausbruch *m*
❷ *(esp pej: of feelings)* Erguss *m pej*

ef·fu·sive [ɪ'fjuːsɪv] *adj (form)* überschwänglich

ef·fu·sive·ly [ɪ'fjuːsɪvli] *adv (form)* überschwänglich

ef·fu·sive·ness [ɪ'fjuːsɪvnəs] *n no pl* Überschwänglichkeit *f*

e-file ['iːfaɪl] *vt* FIN, INET **to** ~ **one's taxes** [*or* **one's tax return**] *seine Steuererklärung elektronisch via Internet an das Finanzamt übermitteln*

e-fil·er ['iːfaɪləʳ, AM -ɚ] *n no pl* FIN, INET *jd, der seine Steuererklärung elektronisch via Internet abgibt*

'e-fil·ing *n no pl* FIN, INET Abgabe *f* einer elektronischen Steuererklärung

EFL [ˌiːef'el] *n no pl abbrev of* **English as a Foreign Language** Englisch *nt* als Fremdsprache

EFT [ˌiːef'tiː] *n no pl abbrev of* **electronic funds transfer** elektronischer Zahlungsverkehr, elektronische Kontoabbuchung

EFTA, Efta ['eftə] *n no pl, + sing/pl vb acr for* **European Free Trade Association** EFTA *f*

e.g. [ˌiː'dʒiː] *abbrev of* **exempli gratia** z. B.

egali·tar·ian [ɪˌgælɪ'teəriən, AM -'teri-] **I.** *n* Verfechter(in) *m(f)* des Egalitarismus
II. *adj* egalitär *geh;* ***the party's principles are basically*** ~ die Prinzipien der Partei beruhen im Wesentlichen auf dem Gleichheitsgedanken

egali·tar·ian·ism [ɪˌgælɪ'teəriənɪzᵊm, AM -'teri-] *n no pl* Egalitarismus *m geh*

e-gen·era·tion ['iːdʒenəreɪʃᵊn] *n* Computergeneration *f,* Internetgeneration *f;* ▪ **to be** ~ ein Kind des elektronischen Zeitalters sein *fig*

egg [eg] **I.** *n* ❶ *(food)* Ei *nt;* **[half] a dozen** ~**s** ein [halbes] Dutzend Eier; **duck/ostrich/quail** ~ Enten-/Straußen-/Wachtelei *nt;* **beaten** ~ geschlagenes Ei; **fried** ~ Spiegelei *nt;* **hard-boiled/soft-boiled** ~ hart/weich gekochtes Ei, hartes/weiches Ei ÖSTERR, SCHWEIZ; **poached** ~ pochiertes [*o* verlorenes] Ei; **to lay an** ~ ein Ei legen
❷ *(cell)* Eizelle *f*
❸ *(shape)* Ei *nt;* **chocolate** ~ Schokoladenei *nt*
▸ PHRASES: **to be a bad** ~ *(fam)* ein Gauner sein; **to be left with** ~ **on one's face** dumm dastehen *fam;* **to put all one's** ~**s in one basket** alles auf eine Karte setzen; **as sure as** ~**s is** ~**s** BRIT *(fam)* das ist so sicher wie das Amen in der Kirche; **it's like teaching your grandmother to suck** ~**s** *(fam)* da will das Ei [*o* Küken] [mal] wieder klüger sein als die Henne *hum fam*
II. *vt* ▪ **to** ~ **sb** ↻ **on** jdn anstacheln

'egg al·bu·men *n no pl* Eiereiweiß *nt* **egg-and-'spoon race** *n* Eierlaufen *nt kein pl,* Eierlauf *m* SCHWEIZ **'egg cell** *n* Eizelle *f* **'egg cup** *n* Eierbecher *m* **'egg·head** *n (hum fam)* Eierkopf *m oft pej fam,* Egghead *m oft hum geh* **'egg·plant** *n esp* AM, AUS Aubergine *f* **'egg roll** *n* AM *(spring roll)* Frühlingsrolle *f* **'egg·shell** *n* Eierschale *f* **'egg spoon** *n* Eierlöffel *m* **'egg tim·er** *n* Eieruhr *f* **'egg whisk** *n* Schneebesen *m,* Schwingbesen *m* SCHWEIZ **'egg white** *n no pl* Eiweiß *nt;* **beaten** ~ Eischnee *m*

eggy ['egi] *adj pred (fam)* **to smell/taste** ~ nach Ei riechen/schmecken

'egg yolk *n* Eigelb *nt,* Eidotter *m*

EGM [ˌiːdʒiː'em] *n* ECON, FIN *abbrev of* **extraordinary general meeting** außerordentliche Hauptversammlung

ego ['iːgəʊ, AM -oʊ] *n* ❶ PSYCH Ego *nt fachspr,* Ich *nt fachspr*
❷ *(self-esteem)* Selbstbewusstsein *nt kein pl,* Ego *nt kein pl fam;* **to bolster** [*or* **boost**] **sb's** ~ jds Ego stärken *fam*

ego·cen·tric [ˌiːgə(ʊ)'sentrɪk, AM -goʊ'-] *adj (esp pej)* egozentrisch *geh,* ichbezogen

ego·cen·tri·cal·ly [ˌiːgə(ʊ)'sentrɪkᵊli, AM -goʊ'-] *adv (esp pej)* egozentrisch *geh,* ichbezogen

ego·cen·tric·ity [ˌiːgəʊsen'trɪsəti, AM -goʊsen'trɪsət̬i] *n no pl* Egozentrik *f geh,* Ichbezogenheit *f*

ego·ism ['iːgəʊɪzᵊm, AM -goʊ-] *n no pl* ❶ *(pej: egotism)* Egoismus *m,* Egotismus *m geh*
❷ *(ethical theory)* Egotismus *m fachspr*

ego·ist ['iːgəʊɪst, AM -goʊ-] *n (pej)* Egoist *m,* Egotist *m*

ego·is·tic [ˌiːgəʊ'ɪstɪk, AM -goʊ'-] *adj (pej)* egoistisch

ego·ma·nia [ˌiːgə(ʊ)'meɪniə, AM -goʊ'-] *n no pl* Egomanie *f geh*

ego·ma·ni·ac [ˌiːgə(ʊ)'meɪniæk, AM -goʊ'-] *n (pej)* Egomane, Egomanin *m, f geh*

'ego surf *vi* INET ego-surfen *(in Internetsuchmaschinen den eigenen Namen eingeben)*

'ego surf·ing *n no pl, no art* INET Ego-Surfen *nt (Eingabe des eigenen Namens in Internetsuchmaschinen)*

ego·tism ['iːgəʊtɪzᵊm, AM -goʊ-] *n no pl* Egoismus *m,* Egotismus *m geh*

ego·tist ['iːgəʊtɪst, AM -goʊ-] *n (pej)* Egoist(in) *m(f),* Egotist(in) *m(f) geh*

ego·tis·tic [ˌiːgəʊ'tɪstɪk, AM -goʊ'-] *adj (pej)* egoistisch

'ego trip *n* Egotrip *m sl;* **to be on an** ~ auf dem Egotrip sein *sl*

egre·gious [ɪ'griːdʒəs] *adj (pej form)* unerhört, ungeheuerlich; ~ **error** krasser [*o* grober] Fehler

egret ['iːgrət, AM gret] *n* Silberreiher *m*

Egypt ['iːdʒɪpt] *n no pl* Ägypten *nt*

Egyp·tian [ɪ'dʒɪpʃᵊn] **I.** *n* Ägypter(in) *m(f)*
II. *adj inv* ägyptisch

Egyp·tol·ogy [ˌiːdʒɪp'tɒlədʒi, AM 'tɑːlə] *n no pl* Ägyptologie *f*

eh [eɪ] *interj (fam)* ▪ ~**?** *(expressing confusion)* was? *fam,* hä? *fam; (expressing surprise also)* wie bitte?; *(asking for repetition)* wie bitte?, was? *fam; (inviting response to statement)* nicht [wahr]?; ***...*** — ~**?** ***what are you talking about?*** ... – hä? wovon sprichst du überhaupt?; ***...*** — ~**!** ***why didn't you tell me sooner?*** ... – was? warum hast du [mir] das nicht früher gesagt?; ***I got the job, that's good,*** ~**?** ich habe den Job, ist das nicht toll? *fam*

EIB [ˌiːaɪ'biː] *n* ECON, FIN *abbrev of* **European Investment Bank** Europäische Investitionsbank

eider ['aɪdəʳ, AM -ɚ] *n* Eiderente *f*

eider·down ['aɪdədaʊn, AM -dɚ-] *n* ❶ *(feathers)* [Eider]daunen *pl*
❷ *(quilt)* Daunenbett *nt,* Federbett *nt,* Duvet *nt* SCHWEIZ

eidet·ic [aɪ'detɪk, AM -t̬-] PSYCH **I.** *adj* eidetisch *fachspr*
II. *n* Eidetiker(in) *m(f) fachspr*

Eiffel Tow·er [ˌaɪfᵊl'-] *n* ▪ **the** ~ der Eiffelturm

eigen·fre·quen·cy ['aɪgənfriːkwən(t)si] *n* SCI Eigenfrequenz *f*

eigen·value ['aɪgənvæljuː] *n* MATH, SCI Eigenwert *m*

eight [eɪt] **I.** *adj* ❶ *(number)* acht; ~ ***times three is 24*** acht mal drei ist 24; ***that costs £***~ das kostet acht Pfund; ***the number*** ~ ***goes to the station*** die Linie acht fährt zum Bahnhof; ***the score is*** ~ ***three*** es steht acht zu drei; ***there were*** ~ ***of us*** wir waren zu acht; ***they're sold in packets of*** ~ das gibt's im Achterpack; ***after ringing the bell*** ~ ***times we ...*** nachdem wir achtmal geklingelt hatten, ...; ***in*** ~ ***times out of ten*** in acht von zehn Fällen; **in chapter** ~ in Kapitel acht, im achten Kapitel; **a family of** ~ eine achtköpfige Familie; ~ **and a quarter/half** achteinviertel/achteinhalb; ~ **times the amount of ...** achtmal so viel ...; **one in** ~ **[people]** jeder Achte; **in** ~ **[different] colours/sizes** in acht [verschiedenen] Farben/Größen; **to bet at** ~ **to one** acht zu eins wetten
❷ *(age)* acht; ***a boy of*** ~ ein achtjähriger Junge; **to be/turn** ~ **[years old]** acht [Jahre alt] sein/werden; **at the age of** ~ [*or* **at** ~ **[years old]**] [*or* **aged** ~] mit acht Jahren, im Alter von acht Jahren *geh*
❸ *(time)* **to be** ~ **[o'clock]** acht [Uhr] sein; **at** ~ **[o'clock]** um acht [Uhr]; **at** ~ **am/pm** um acht Uhr morgens [*o* früh]/abends [*o* um zwanzig Uhr]; **[at] about** [*or* **around**] ~ **[o'clock]** gegen acht [Uhr]; **ten/twenty [minutes] past** [*or* AM *usu* **after**] ~ **[o'clock]** zehn/zwanzig [Minuten] nach acht [Uhr]; **ten/twenty [minutes] to** [*or* AM *usu* **before**] ~ **[o'clock]** zehn/zwanzig [Minuten] vor acht [Uhr]; **just** [*or* **shortly**] **after/before** ~ **[o'clock]** kurz nach/vor acht [Uhr]; **half past** ~ [*or* BRIT *fam* **half** ~] halb neun; **at** ~ **thirty** um halb neun, um acht Uhr dreißig; **at** ~ **twenty/forty-five** um zwanzig nach acht [*o* acht Uhr zwanzig]/Viertel vor neun [*o* drei viertel neun] [*o* acht Uhr fünfundvierzig]
II. *n* ❶ *(number, symbol)* Acht *f,* Achter *m* ÖSTERR, SCHWEIZ; ***ten*** ~***s are eighty*** zehn mal acht gibt [*o* ist] [*o* macht] achtzig; ***of the*** ~ ***only two were English*** von den acht waren nur zwei aus England; **the number** ~ die Zahl Acht; *(representing sth specific)* die Nummer Acht; **two hundred and** ~ zweihundert[und]acht; **to divide sth into** ~ etw in acht Teile [*o* Stücke] teilen; ***we were divided up into groups of*** ~ wir wurden in Achtergruppen aufgeteilt; **to go in** ~ **at a time** zu je acht eintreten
❷ SPORT *(boat)* Achter *m; (crew also)* Achtermannschaft *f;* ▪ ~**s** *pl* Achterrennen *nt;* **number** ~ *(rugby union forward)* Stürmer *m;* **last** [*or* **final**] ~ TENNIS die letzten acht; ***he's reached the last*** ~ er hat das Viertelfinale erreicht; **to skate a figure of** ~ **[on the ice]** [auf dem Eis] eine Acht [*o* ÖSTERR, SCHWEIZ einen Achter] laufen
❸ BRIT *(clothing size)* [Kleidergröße] 36; AM [Kleidergröße] 38; BRIT *(shoe size)* [Schuhgröße] 41; AM [Schuhgröße] 39
❹ CARDS Acht *f,* Achter *m* ÖSTERR, SCHWEIZ; ~ **of clubs/hearts** Kreuz-/Herz-Acht *f*
❺ *(public transport)* ▪ **the** ~ die Acht, der Achter ÖSTERR, SCHWEIZ
▸ PHRASES: **to be behind the** ~ **ball** AM im Nachteil

sein; to have one past the ~ BRIT *(sl)* einen über den Durst getrunken haben *fam*

'eight-day *adj attr* achttägig

eight·een [eɪ'ti:n] **I.** *adj* ❶ *(number)* achtzehn; ***there were ~ of us*** wir waren zu achtzehnt; **one in ~** jeder Achtzehnte; *see also* **eight I 1**

❷ *(age)* achtzehn; *see also* **eight I 2**

❸ *(time, date)* ~ **hundred hours** *spoken* achtzehn Uhr; **1800 hrs** *written* 18:00; **the ~ hundreds** das neunzehnte Jahrhundert

II. *n* ❶ *(number, symbol)* Achtzehn *f*, Achtzehner *m* ÖSTERR, SCHWEIZ

❷ BRIT FILM **to be given an 18 certificate** ab 18 [Jahren] freigegeben sein

eight·eenth [eɪ'ti:nθ] **I.** *adj inv* achtzehnte(r, s)

II. *n* ■**the ~** der/die/das Achtzehnte

18-'wheel·er *n großer LKW mit 18 Rädern*

'eight-fig·ure *adj* ~ **number** achtstellige Zahl

eighth [eɪtθ] **I.** *adj inv* ❶ *(in sequence)* achte(r, s); ***you're the ~ person to put your name down*** du bist der Achte, der sich einträgt; ***she's ~ from the right*** sie ist die Achte von rechts; **the ~ best/largest ...** der/die/das achtbeste/-größte ...; **the ~ century** das achte Jahrhundert; ~ **grade** AM achte Klasse, die Achte; **every ~ person** jeder Achte; **in ~ place** an achter Stelle; **the ~ time** das achte Mal

❷ *(in a race)* **to be/come** [*or* **finish**] ~ [**in a race**] [bei einem Rennen] Achter sein/werden [*o* als Achter ins Ziel kommen]; ~ **place** achter Platz; **to be/lie in ~ place** auf dem achten Platz [*o* auf Platz acht] sein/liegen

II. *n no pl* ❶ *(order)* ■**the ~** der/die/das Achte; **to be ~** [**in line**] als Achter an der Reihe [*o fam* dran] sein

❷ *(date)* ■**the ~** *spoken* der Achte; ■**the 8th** *written* der 8.; **on the ~ of February, on February the ~** am achten Februar

❸ *(in titles)* **Henry the E~** *spoken* Heinrich der Achte; **Henry VIII** *written* Heinrich VIII.

❹ *(fraction)* Achtel *nt*

III. *adv inv* achtens

eighth·ly ['eɪtθli] *adv* achtens

'eighth note *n* AM MUS Achtelnote *f*, Achtel *nt*

'eight-hour *adj attr* achtstündig; ~ **day** Achtstundentag *m* **eight 'hun·dred I.** *adj* achthundert **II.** *n* Achthundert *f*, Achthunderter *m*; **800 number** AM ≈ 0130-Nummer *f*, ≈ 0800-Nummer *f* ÖSTERR, SCHWEIZ *(gebührenfreie Telefonnummer)*

eighti·eth ['eɪtiəθ, AM -t̬i-] **I.** *adj inv* achtzigste(r, s); *see also* **eighth I**

II. *n* ❶ *(order)* ■**the ~** der/die/das Achtzigste; *see also* **eighth II 1**

❷ *(fraction)* Achtzigstel *nt*

'eight-page *adj attr* achtseitig **'eight-part, 'eight-piece** *adj attr* achtteilig **'eight-sid·ed** *adj attr* achtseitig **'eight-sto·rey,** AM **'eight-sto·ry** *adj attr* achtstöckig **eight 'thou·sand I.** *adj* achttausend **II.** *n* Achttausend *f*, Achttausender *m* ÖSTERR, SCHWEIZ

eighty ['eɪti, AM -t̬i] **I.** *adj* ❶ *(number)* achtzig; ***that costs ~ pounds*** das kostet achtzig Pfund; ***the number ~ goes to the station*** die Linie achtzig fährt zum Bahnhof; ***they're sold in packets of ~*** das gibt's im Achtzigerpack; ~ **times the amount of ...** achtzig mal so viel ...; **one in ~** [**people**] jeder Achtzige

❷ *(age)* ***a man of ~*** ein achtzigjähriger Mann; ***to be/turn ~*** achtzig [Jahre alt] sein/werden; **at the age of ~** [*or* **at ~** [**years old**]] [*or* **aged ~**] mit achtzig Jahren, im Alter von achtzig Jahren *geh*

II. *n* ❶ *(number)* Achtzig *f*, Achtziger *m* ÖSTERR, SCHWEIZ; ***of the ~ about half were English*** von den achtzig kam ungefähr die Hälfte aus England; **two hundred and ~** zweihundert[und]achtzig

❷ *(age)* **to be in one's eighties** in den Achtzigern sein; **to be in one's early/mid/late eighties** Anfang/Mitte/Ende achtzig sein; **~-one** einundachtzig

❸ *(decade)* ■**the eighties** *pl* die Achtzigerjahre; *pl* die Achtziger; *pl*; **in the eighties** in den Achtzigern

❹ *(temperature)* **to be in the eighties** um die 30 Grad Celsius warm sein

❺ *(fam: speed: 80 mph)* ca. hundertdreißig km/h; **to do** [*or* **drive**] ~ hundertdreißig fahren

❻ *(public transport)* ■**the ~** die Achtzig, der Achtziger

'eight-year *adj attr* achtjährig **'eight-year-old I.** *adj attr* achtjährig, acht Jahre alt **II.** *n* Achtjährige(r) *f(m)*; ***she learnt to ride as an ~*** sie lernte mit acht Jahren reiten

eighty-track 'disk *n* COMPUT Platte *f* mit 80 Spuren

'eighty-year *adj attr war* achtzigjährig **'eighty-year-old I.** *adj attr* achtzigjährig, achtzig Jahre alt **II.** *n* Achtzigjährige(r) *f(m)*

Einstein law of equiva·lents [ˌaɪnstaɪn-] *n no pl* PHYS Einsteinsches Äquivalenzgesetz

Einstein law of re·'la·tion *n no pl* PHYS Einstein'sches Relativitätsgesetz

Eire ['eərə, AM 'erə] *n* Eire *nt*, Irland *nt (amtlicher Name für die Republik Irland 1937-1949)*

EIS[1] [ˌi:aɪ'es] *n* COMPUT *abbrev of* **executive information system** Informationssystem *nt* für Entscheidungsträger in Unternehmen

EIS[2] [ˌi:aɪ'es] *n abbrev of* **Educational Institute of Scotland** *Schottische Lehrergewerkschaft*

either ['aɪðəʳ, 'i:-, AM 'i:ðɚ, 'aɪ-] **I.** *conj* ~ **...**[,] **or ...** entweder ...[,] oder ...; ~ ***you leave now***[,] ***or I call the police!*** entweder Sie gehen jetzt[,] oder ich rufe die Polizei!

II. *adv inv* ❶ *(introducing alternative)* ~ **... or ...** entweder ... oder ...; ***available in ~ black or white*** in Schwarz oder Weiß erhältlich; + *neg;* ***I won't call him ~ today or tomorrow*** ich rufe ihn weder heute noch morgen an

❷ + *neg (indicating similarity)* ***I haven't been to the cinema for ages — I haven't been ~*** ich bin seit Ewigkeiten nicht [mehr] im Kino gewesen – ich auch nicht; ***it won't do any harm, but won't really help ~*** es schadet nicht, hilft aber auch nicht wirklich

❸ + *neg (moreover)* ***they do really good food at that restaurant and it's not very expensive ~*** das Essen in diesem Restaurant ist wirklich gut, und nicht einmal sehr teuer

III. *adj attr, inv* ❶ *(each of two)* ***I sat with two smokers on ~ side of me*** ich saß zwischen zwei Rauchern; ***on ~ side were fields of grass*** zu beiden Seiten waren Wiesen

❷ *(one of two)* eine(r, s) [von beiden]; ~ ***person would be fine for the job*** jede/jeder der beiden wäre für den Job geeignet; ***there are no children of ~ marriage*** aus den beiden Ehen stammen keine Kinder; ~ **way** [*or* **in ~ case**] so oder so

IV. *pron no pl* beide/beides; ***we have beer and wine — would you like ~?*** wir haben Bier und Wein – was hättest du lieber?; ***you can have ~ of the two chocolates*** welche der beiden Pralinen hättest du gern?; ~ **of you** eine/einer von euch beiden

either-'or *adj* Entweder-oder-; ~ **situation** Entweder-oder-Situation *f*

ejacu·late [ɪ'dʒækjəleɪt] **I.** *vi* ejakulieren

II. *vt* ■**to ~ sth** ❶ *(dated: utter suddenly)* etw ausrufen [*o* ausstoßen]

❷ *(eject semen)* etw ausspritzen [*o* ejakulieren]

III. *n* [ɪ'dʒækjələt] Ejakulat *nt fachspr*, Samen *m*

ejacu·la·tion [ɪˌdʒækjə'leɪʃᵊn] *n* ❶ *(process of ejaculating)* Ejakulation *f fachspr*, Samenerguss *m*

❷ *(dated: sudden outburst)* Ausbruch *m*

❸ *(cry)* Ausruf *m*

eject [ɪ'dʒekt] **I.** *vt* ❶ *(kick out)* ■**to ~ sb** jdn hinauswerfen [*o* hinausbefördern] (**from** aus +*dat*); LAW jdn zwangsräumen, bei jdm eine Zwangsräumung durchführen, jdn zur Räumung zwingen

❷ TECH ■**to ~ sth** etw auswerfen; ***the VCR ~ed the cassette*** der Videorekorder gab die Kassette aus

II. *vi* AVIAT den Schleudersitz betätigen

ejec·ta [ɪ'dʒektə] *npl esp* GEOG, ASTRON Auswurf *m*, Auswurfmaterial *nt*

ejec·tion [ɪ'dʒekʃᵊn] *n no pl* ❶ *(kicking out) of a person* Hinauswurf *m*

❷ TECH Auswerfen *nt*; AVIAT *of a pilot* Hinausschleudern *nt*

❸ LAW [Zwangs]räumung *f*

e'jec·tion seat *n* Schleudersitz *m*

eject·ment [ɪ'dʒektmᵊnt] *n* LAW **action of ~** Räumungsklage *f*

ejec·tor [ɪ'dʒektəʳ, AM -ɚ] *n* TECH Auswerfer *m*, Ejektor *m fachspr*

e'jec·tor seat *n* Schleudersitz *m*

eke [i:k] *vt* ■**to ~ sth** ○ **out** *food* etw strecken; **to ~ out a miserable existence** ein armseliges Dasein fristen; **to ~ out a living** sich *akk* mehr schlecht als recht durchschlagen

elabo·rate I. *adj* [ɪ'læbᵊrət, AM -ɚət] ❶ *(not simple) design, pattern* kompliziert, raffiniert; *clothes, decorations* kunstvoll [gearbeitet]; *style of writing* ausgefeilt; *banquet* aufwändig, üppig

❷ *(very detailed)* ausführlich, detailliert; *plan* ausgeklügelt; *preparations* sorgfältig

II. *vi* [ɪ'læbᵊreɪt, AM -ɚeɪt] ins Detail gehen; ■**to ~ on sth** etw näher ausführen [*o* ausführlich behandeln], auf etw *akk* ausführlich eingehen

elabo·rate·ly [ɪ'læbᵊrətli, AM -ɚət-] *adv* ❶ *(detailed)* ausführlich; ~ **planned** sorgfältig geplant

❷ *(ornate)* kunstvoll, kompliziert; ~ **decorated** kunstvoll verziert

elabo·ra·tion [ɪˌlæbə'reɪʃᵊn] *n* ❶ *no pl (detail work)* Ausfeilung *f*, Ausarbeitung *f*

❷ *(explanation)* [nähere] Ausführung, Erklärung *f*

élan [eɪ'lɑ̃(ŋ), AM -'lɑ:n] *n no pl (approv liter)* Elan *m*, Schwung *m*

eland [i:'lənd] *n* Elenantilope *f*

elapse [ɪ'læps] *vi time* vergehen, verstreichen *geh*

elapsed 'time *n* COMPUT Gesamtverarbeitungszeit *f*

elas·tane [ɪ'læsteɪn] *n modifier* Elastan-, aus Elastan *nach n*

elas·tic [ɪ'læstɪk] **I.** *adj* ❶ *(stretchable)* elastisch, dehnbar; **to have ~ properties** elastisch sein

❷ *(fig: adaptable)* flexibel, anpassungsfähig

❸ *(fig: buoyant) person* seelisch robust; ***he has an ~ personality*** er ist nicht unterzukriegen

❹ ECON *(variable) currency* elastisch

II. *n* ❶ *(material)* elastisches Material, Gummi *m*

❷ *(band)* Gummiband *nt*, Gummi *m fam*

elas·ti·cat·ed [ɪ'læstɪkeɪtɪd, AM -t̬-] *adj* BRIT elastisch; **with an ~ waist** mit [einem] Gummizug in der Taille

elas·tic 'band *n* Gummiband *nt*

elas·tici·ty [ˌɪlæs'tɪsəti, AM -əti] *n no pl* ❶ *(quality of being elastic)* Elastizität *f*, Dehnbarkeit *f*

❷ *(fig: flexibility)* Flexibilität *f*; *of a law* Auslegbarkeit *f*

❸ ECON Anpassungsfähigkeit *f*, Elastizität *f fachspr*; ~ **of demand** Nachfrageelastizität *f*; ~ **of supply** Angebotselastizität *f*

elas·ti·cized [ɪ'læstɪsaɪzd] *adj* AM elastisch

Elas·to·plast® [ɪ'læstə(ʊ)plɑ:st] *n no pl* BRIT Hansaplast® *nt* BRD, ÖSTERR

elate [ɪ'leɪt] *vt* ■**to ~ sb** jdn begeistern [*o* [hoch] erfreuen] [*o* in Hochstimmung versetzen]

elat·ed [ɪ'leɪtɪd, AM -t̬-] *adj* **to be ~ at** [*or* **by**] **sth** über etw *akk* hocherfreut sein, aufgrund einer S. *gen* in Hochstimmung sein

ela·tion [ɪ'leɪʃᵊn] *n no pl* Hochstimmung *f*, Begeisterung *f*; **to experience a sense of ~** in Hochstimmung sein

Elba ['elbə] *n* Elba *nt*

el·bow ['elbəʊ, AM -boʊ] **I.** *n* ❶ *(arm joint)* Ell[en]bogen *m*

❷ *(clothing covering elbow)* Ellbogen *m*

❸ *(fig: in a pipe, river)* Knie *nt*; *(in a road, river)* Biegung *f*, Krümmung *f*, SCHWEIZ *a.* Rank *m*

▸PHRASES: [**out**] **at the ~s** *(clothes)* durchgewetzt, abgetragen; *(person)* heruntergekommen; **to be at sb's ~** *(close at hand)* in jds [unmittelbarer] Nähe sein; *(working closely with sb)* eng mit jdm zusammenarbeiten; **to give sb the ~** jdn den Laufpass geben *fam*

II. *vt* ■**to ~ sb** jdm mit dem Ellbogen einen Stoß versetzen; **to ~ sb out** jdn hinausdrängeln; ***she ~ed him in the ribs*** sie stieß ihm den Ellbogen in die Rippen

'el·bow grease *n* Muskelkraft *f*, Schmalz *nt fam;* **to use some ~, to put some [real] ~ into it** *(fam)* sich *akk* [ordentlich] ins Zeug legen *fam;* ***"come on, use some ~!"*** „los, Leute, etwas mehr Einsatz bitte!"
'el·bow room *n* ① *(space to move)* Ellbogenfreiheit *f* ② *(fig: freedom of action)* Bewegungsfreiheit *f fig*, Spielraum *m*
el·der[1] ['eldəʳ, AM -ɚ] **I.** *n* ① *(older person)* Ältere(r) *f(m);* ***listen to the advice of your ~s*** hör auf den Rat der Älteren [*o* von Leuten, die älter sind als du]
② *(older brother, sister)* ***she is my ~ by three years*** sie ist drei Jahre älter als ich
③ *(respected person)* Älteste(r) *f(m);* **village ~** Dorfälteste(r) *f(m)*
④ REL **church ~** [*or* **E~**] [Kirchen]älteste(r) *f(m)*
II. *adj attr, inv* ältere(r, s); POL **~ statesman/stateswoman** erfahrener Politiker [*o* Staatsmann]/ erfahrene Politikerin
el·der[2] ['eldəʳ, AM -ɚ] *n* BOT Holunder *m*, ÖSTERR *a.* Holler *m*, SCHWEIZ *a.* Holder *m*
el·der·ber·ry ['eldə,beri, AM -ɚ,-] *n* ① *(berry)* Holunderbeere *f*, ÖSTERR *a.* Hollerbeere *f*, SCHWEIZ *a.* Holderbeere *f* ② *(tree)* Holunder[strauch] *m*, ÖSTERR *a.* Hollerstrauch *m*, SCHWEIZ *a.* Holderstrauch *m* **el·der·ber·ry 'wine** *n* Holunder[beer]wein *m*, SCHWEIZ *a.* Holder[beer]wein *m* **el·der·flow·er** ['eldə,flaʊəʳ, AM -dɚ,flaʊɚ] *n* Holunderblüte *f*, ÖSTERR *a.* Hollerblüte *f*, SCHWEIZ *a.* Holderblüte *m*
el·der·ly ['eldᵊli, AM -ɚli] **I.** *adj* ältere(r, s) *attr*, ältlich
II. *n* ■ **the ~** *pl* ältere Menschen, Senioren
'el·der tree *n* Holunderstrauch *m*, ÖSTERR *a.* Hollerstrauch *m*, SCHWEIZ *a.* Holderblüte *m*
eld·est ['eldɪst] **I.** *adj inv* älteste(r, s)
II. *n no pl* ■ **the ~** der/die Älteste
'eld·est hand *n* CARDS Vorhand *f*
El Do·ra·do, el·do·ra·do [,eldə'rɑːdəʊ, AM -doʊ] *n* Eldorado *nt*
'e-learn·ing I. *n* E-Learning *nt*, E-Lernen *nt*
II. *n modifier see* **electronic learning** e-Lernen- [*o* Studien-], für elektronisches Lernen *nach n*
elect [ɪ'lekt] **I.** *vt* ① *(choose someone by voting)* ■ **to ~ sb** jdn wählen; **to ~ sb as a representative** jdn zum Stellvertreter wählen; **to ~ sb to a committee** jdn in ein Gremium [*o* einen Ausschuss] wählen; **to be ~ed chairman/president** zum Vorsitzenden/ Präsidenten gewählt werden; **the president ~** der designierte Präsident; **~ed body** gewähltes Gremium; **~ed official** Wahlbeamte(r), -beamtin *m, f*
② *(opt for)* ■ **to ~ to do sth** sich *akk* [dafür] entscheiden, etw zu tun; ***he ~ed to follow the second plan*** er entschied sich für die Durchführung des zweiten Plans
II. *n pl* REL ■ **the ~** die Auserwählten
elect·able [ɪ'lektəbl̩] *adj* wählbar
elec·tion [ɪ'lekʃᵊn] *n* ① *(voting event)* Wahl *f;* **to hold an ~** eine Wahl durchführen
② *(form: choose)* **to make an ~** eine Wahl treffen
③ LAW *(choice of taking benefit)* Wahlvermächtnis *f* BRD, ÖSTERR
e'lec·tion ad·dress *n* Wahlrede *f* **e'lec·tion booth** *n* Wahlkabine *f* **e'lec·tion cam·paign** *n* Wahlkampf *m*, Wahlkampagne *f* **e'lec·tion day, E'lec·tion Day** *n* AM Wahltag *m* **e'lec·tion de·feat** *n* Wahlniederlage *f*
elec·tion·eer [ɪ,lekʃə'nɪəʳ, AM -'nɪr] **I.** *n* Wahlhelfer(in) *m(f)*
II. *vi* Wahlkampf betreiben [*o* machen]; **to ~ for sb** für jdn als Wahlhelfer arbeiten
elec·tion·eer·ing [ɪ,lekʃə'nɪərɪŋ, AM -'nɪr-] *n no pl* Wahlkampf *m*, Wahlkampagne *f;* *(pej)* Wahlpropaganda *f pej*
elec·tion mani·'fes·to *n* Wahlprogramm *nt* **e'lec·tion meet·ing** *n* Wahlversammlung *f* **e'lec·tion plat·form** *n* Wahlprogramm *nt* **e'lec·tion post·er** *n* Wahlplakat *nt* **e'lec·tion re·sult** *n usu pl* Wahlergebnis *nt* **e'lec·tion re·turns** *npl (report)* Wahlberichte *pl;* *(counts)* Wahlergebnisse *pl* **e'lec·tion speech** *n* Wahlrede *f*
elec·tive [ɪ'lektɪv] *adj inv* ① *(appointed by election)* gewählt; *(based on voting)* Wahl-
② *(optional, not necessary)* wahlfrei, fakultativ, Wahl-; **~ subject** SCH, UNIV Wahlfach *nt;* **~ surgery** MED elektive Operation, Operation *f* zum Zeitpunkt der [eigenen] Wahl
③ *(selective concern)* **~ affinity** Wahlverwandtschaft *f geh*
elec·tive dic·'ta·tor·ship *n (pej)* gewählte Diktatur
elec·tor [ɪ'lektəʳ] *n* ① *(voter)* Wähler(in) *m(f)*, Wahlberechtigte(r) *f(m);* **register of ~s** Wählerliste *f*
② AM *(member of electoral college)* Wahlmann *m*
③ *(hist: German prince)* ■ **E~** Kurfürst *m*
elec·tor·al [ɪ'lektᵊrᵊl] *adj attr, inv* Wahl-, Wähler-
elec·tor·al 'col·lege *n* ① *(electors of a leader)* Wahlausschuss *m*
② *(of US president)* Wahlmännergremium *nt*
elec·tor·al·ly [ɪ'lektᵊrᵊli] *adv inv* in Bezug auf die Wahlen; **to be ~ damaging** sich *akk* wahltaktisch [*o* auf die Wahl] negativ auswirken
elec·tor·al 'reg·is·ter, elec·tor·al 'roll *n* Wählerliste *f*, Wählerverzeichnis *nt*
elec·tor·ate [ɪ'lektᵊrət] *n* ■ **the ~** die Wählerschaft [*o* Wähler]
Elec·tra com·plex [ɪ'lektᵊrə,] *n* PSYCH Elektrakomplex *m fachspr*
elec·tret [ɪ'lektrɪt] *n* ELEC Elektret *m*
elec·tric [ɪ'lektrɪk] *adj* ① *(powered by electricity)* elektrisch, Elektro-; **~ blanket** Heizdecke *f;* **~ conductor** elektrischer Leiter; **~ current** elektrischer Strom; **~ double layer** PHYS elektrochemische Doppelschicht; **~ guitar** E-Gitarre *f;* **~ motor** Elektromotor *m*
② *(involving or conveying electricity)* Strom-; **~ bill** Stromrechnung *f*
③ *(fig: exciting)* elektrisierend; *atmosphere* spannungsgeladen; *performance* mitreißend
elec·tri·cal [ɪ'lektrɪkᵊl] *adj inv* elektrisch, Elektro-; **~ circuit** [elektrischer] Stromkreis; **~ device** Elektrogerät *nt;* **~ fittings** Elektroinstallationen *pl*
elec·tri·cal en·gi·'neer *n (without degree)* Elektrotechniker(in) *m(f);* *(with degree)* Elektroingenieur(in) *m(f)* **elec·tri·cal en·gi·'neer·ing** *n* Elektrotechnik *f*
elec·tri·cal·ly [ɪ'lektrɪkᵊli] *adv inv* elektrisch
elec·tri·cals [ɪ'lektrɪkᵊlz] *npl* STOCKEX Elektrizitätsaktien *pl*, Elektrowerte *pl*
elec·tri·cal 'storm *n* Gewitter *nt*, Gewittersturm *m*
elec·tric 'blue *n no pl* metallisches Hellblau **elec·tric-'blue** *adj attr, inv* hellblau-metallic[farben] **elec·tric 'chair** *n* LAW elektrischer Stuhl **elec·tric 'charge** *n* PHYS elektrische Ladung **elec·tric 'com·mu·ter car, e-com car** ['iːkɒm-, AM 'iːkɑːm-] *n* brennstoffangetriebenes Auto **elec·tric 'eel** *n* Zitteraal *m* **elec·tric 'eye** *n* ELEC Fotozelle *f* **elec·tric 'fence** *n* elektrischer Zaun, Elektrozaun *m* **elec·tric 'field** *n* ELEC elektrisches Feld **elec·tric 'fire,** AM **elec·tric 'heat·er** *n* [elektrischer] Heizofen, Heizstrahler *m*, Elektroheizgerät *nt*
elec·tri·cian [,elɪk'trɪʃᵊn, ,iːlek'-, AM ɪ,lek'-, ,iːlek'-] *n* *(without degree)* Elektriker(in) *m(f)*, Elektroinstallateur(in) *m(f);* *(with degree)* Elektrotechniker(in) *m(f)*
elec·tric·ity [,elɪk'trɪsəti, ,iːlek'-, AM ɪ,lek'trɪsət̬i, ,iːlek'-] *n no pl* Elektrizität *f*, [elektrischer] Strom; **heated/lit by ~** elektrisch beheizt/beleuchtet; **powered by ~** mit Elektroantrieb, elektrisch angetrieben
elec·'tric·ity board *n* BRIT Stromanbieter *nt* **elec·'tric·ity me·ter** *n* Stromzähler *m;* **to read the ~** den Stromzähler ablesen **elec·'tric·ity py·lon** *n* Hochspannungsmast *m*
elec·tric 'mir·ror *n (rear-view mirror)* automatisch abblendbarer Spiegel; *(side mirror)* elektrisch einstellbarer Spiegel **elec·tric 'or·gan** *n* elektrische Orgel **elec·tric 'ray** *n* Zitterrochen *m* **elec·tric 'ra·zor** *n* [Elektro]rasierer *m fam*
elec·trics [ɪ'lektrɪks] *npl* BRIT Elektrik *f*, elektrische Ausstattung [*o* Ausrüstung]
elec·tric 'shock *n* Stromschlag *m*, [elektrischer] Schlag; MED Elektroschock *m* **elec·tric 'storm** *n* Gewitter *nt*, Gewittersturm *m* **elec·tric 'win·dow** *n* elektrischer Fensterheber
elec·tri·fi·ca·tion [ɪ,lektrɪfɪ'keɪʃᵊn] *n no pl* Elektrifizierung *f;* *(fig)* Elektrisierung *f fig*, Begeisterung *f*
elec·tri·fy [ɪ'lektrɪfaɪ] *vt* ① TECH ■ **to ~ sth** etw elektrifizieren
② *(fig: imbue with excitement)* ■ **to ~ sb** jdn elektrisieren [*o* begeistern]
elec·tri·fy·ing [ɪ'lektrɪfaɪɪŋ] *adj (fig)* elektrisierend, begeisternd
elec·tro- [ɪ'lektrə(ʊ)-, AM -troʊ-] *in compounds (surgery, shock)* Elektro-
elec·tro·a'naly·sis *n* Elektroanalyse *f* **elec·tro·'car·dio·gram** *n,* **ECG** *n* Elektrokardiogramm *nt*, EKG *nt*, Ekg *nt* **elec·tro·'car·dio·graph** *n* Elektrokardiograf *m* **elec·tro·'chemi·cal** *adj inv* elektrochemisch; **~ series** elektrochemische Spannungsreihe **elec·tro·'chem·is·try** *n no pl* Elektrochemie *f* **elec·tro·con·vul·sive 'thera·py** *n no pl* BRIT Elektroschocktherapie *f*
elec·tro·cute [ɪ'lektrəkjuːt] *vt* ■ **to ~ sb** *(kill)* jdn durch einen Stromschlag töten; *(execute)* jdn auf dem elektrischen Stuhl hinrichten
elec·tro·cu·tion [ɪ,lektrə'kjuːʃᵊn] *n* ① *(death)* Tötung *f* durch Stromschlag
② LAW Hinrichtung *f* durch den elektrischen Stuhl
elec·trode [ɪ'lektrəʊd, AM -troʊd] *n* Elektrode *f;* **~ bias** Elektrodenvorspannung *f;* **~ current** Elektrodenstrom *m;* **~ dissipation** Elektrodenverlustleistung *f;* **~ gap** Elektrodenabstand *m*
elec·tro·en·cepha·lo·gram [-en'sefᵊlə(ʊ)græm, AM -əloʊ-] *n,* **EEG** *n* Elektroenzephalogramm *nt*, EEG *nt* **elec·tro·en·cepha·lo·graph** [-en'sefᵊlə(ʊ)grɑːf, AM -əlougræf] *n* Elektroenzephalograf *m* **elec·tro·ki·net·ic** [ɪ,lektrə(ʊ)kɪ'netɪk, AM -troʊkɪ'net̬-] *adj inv* elektrokinetisch; **~ potential** elektrokinetisches Potenzial, Zetapotenzial *nt* **elec·tro·lu·mi·nes·cence** [ɪ,lektrə(ʊ),luːmɪ'nesᵊn(t)s, AM -troʊ,luːmə'-] *n* ELEC Elektrolumineszenz *f* **elec·tro·lu·mi·nes·cent** [ɪ,lektrə(ʊ),luːmɪ'nesᵊnt, AM -troʊ,luːmə'-] *adj* COMPUT elektrolumineszent; **~ display** Elektrolumineszenzanzeige *f* **elec·tro·lu·mi·nesc·ing** [ɪ,lektrə(ʊ),luːmɪ'nesɪŋ, AM -troʊ,luːmə'-] *adj* ELEC elektrolumineszierend
elec·troly·sis [,elɪk'trɒləsɪs, ,iːlek'-, AM ɪ,lek'trɑːl-, ,iːlek'-] *n no pl* CHEM, PHYS Elektrolyse *f;* MED Elektroresektion *f*
elec·tro·lyte [ɪ'lektrəlaɪt] *n* BIOL, CHEM Elektrolyt *m*
elec·tro·'mag·net *n* Elektromagnet *m* **elec·tro·mag·'net·ic** *adj inv* elektromagnetisch **elec·tro·mag·'neti·cal·ly** *adv* ELEC elektromagnetisch **elec·tro·mag·net·ic ra·di'a·tion** *n* elektromagnetische Strahlung **elec·tro·mag·net·ic 'spec·trum** *n* elektromagnetisches Spektrum **elec·tro·mag·netic 'wave** *n* elektromagnetische Welle [*o* Schwingung] **elec·tro·'mag·ne·tism** *n no pl* Elektromagnetismus *m*
electrometric [ɪ,lektrə(ʊ)'metrɪk, AM -troʊ'-] *adj inv* CHEM elektrometrisch; **~ titration** potentiometrische Titration
elec·tro·mo·tive 'force *n,* **EMF** *n* elektromotorische Kraft
elec·tron [ɪ'lektrɒn, AM -trɑːn] *n* Elektron *nt*
elec·tron ac·'cel·era·tor *n* SCI Elektronenbeschleuniger *m* **e'lec·tron beam** *n* SCI Elektronenstrahl *m* **elec·tron bind·ing 'en·er·gy** *n* PHYS Ionisierungsenergie *f* **e'lec·tron charge** *n* PHYS Elementarladung *f*
elec·tron·ic [,elek'trɒnɪk, ,iːlek'-, AM ɪ,lek'trɑːn-, ,iːlek'-] *adj inv* elektronisch; **~ calculator** Elektronenrechner *m;* **~ data processing** elektronische Datenverarbeitung; **~ guitar** Elektrogitarre *f*, E-Gitarre *f;* **~ organ** elektronische Orgel
elec·troni·cal·ly [,elek'trɒnɪkli, ,iːlek'-, AM ɪ,lek'trɑːn-, ,iːlek'-] *adv inv* elektronisch
elec·tron·ic 'art *n* kinetische Kunst, Electronic Art *f* **elec·tron·ic auto·mat·ic 'deb·it trans·fer** *n* INET elektronisches Lastschriftverfahren **elec·tron·ic 'bank·ing** *n* ECON, FIN E-Banking *nt;* **~ service** elektronische Bankleistung; **~ system** Electronic Banking System *nt* **elec·tron·ic 'brake·force dis·tri·bu·tion** *n,* **EBD** *n* elektronische Bremskraftverteilung **elec·tron·ic 'busi·ness** *n no pl* INET elektronischer Geschäftsverkehr **elec·tron·ic**

'cash *n no pl* INET Electronic Cash *nt* **elec·tron·ic 'cheque** *n* INET Electronic Cheque *m* **elec·tron·ic 'com·merce** *n no pl* INET elektronischer Geschäftsverkehr **elec·tron·ic com·mu·ni·'ca·tion net·works** *npl* INET elektronische Kommunikationsnetzwerke *pl* **elec·tron·ic 'cot·tage** *n* BRIT Telearbeitsplatz *m* **elec·tron·ic 'count·er** *n* INET elektronischer Schalter **elec·tron·ic 'coun·ter·meas·ure** *n* MIL elektronische Abwehrmaßnahme [*o* Gegenmaßnahme]

elec·tron·ic data 'inter·change *n* INET elektronischer Datenaustausch

elec·tron·ic data 'pro·cess·ing *n no pl* COMPUT elektronische Datenverarbeitung

elec·tron·ic 'deb·it card *n* Electronic Debit Card *f* **elec·tron·ic di·rect 'deb·it·ing ser·vice** *n* elektronisches Lastschriftverfahren **elec·tron·ic 'flash** *n* PHYS, PHOT Elektronenblitz *m* **elec·tron·ic 'funds trans·fer** *n* elektronischer Zahlungsverkehr **elec·tron·ic in·'tel·li·gence** *n*, **ELINT** *n* ❶ *(obtaining secrets from computers)* elektronische Nachrichtenbeschaffung
❷ *(artificial intelligence)* elektronische Intelligenz **elec·tron·ic 'mail, e-mail** *n (system)* elektronische Post, Mailboxsystem *nt; (single message)* E-Mail *f* **elec·tron·ic 'mon·ey** *n no pl* INET E-Geld *nt*, elektronisches Geld; ~ **institution** E-Geld-Institut *nt;* ~ **scheme** E-Geld-System *nt* **elec·tron·ic 'nose** *n* elektronischer Geruchssensor **elec·tron·ic 'or·der** *n* elektronische Order; ~ **routing** elektronisches Orderrouting **elec·tron·ic 'pay·ment** *n* INET elektronische Zahlung **elec·tron·ic 'pro·gramme guide** *n* elektronisches Fernsehprogramm **elec·tron·ic 'pub·lish·ing** *n* ❶ *(publishing)* elektronische Publikation, Electronic Publishing *nt* ❷ *(texts)* Publikationen *pl* auf elektronischen Datenträgern

elec·tron·ics [ˌelek'trɒnɪks, ˌiːlek'-, AM ɪˌlek'trɑːn-, ˌiːlek'-] *n + sing/pl vb* ❶ *(electronic circuits)* Elektronik *f*
❷ UNIV, SCI Elektronik *f kein pl*

elec·tron·ic 'super·high·way *n* elektronische Datenautobahn **elec·tron·ic 'tag·ging** *n* LAW elektronische Fußfessel **elec·tron·ic 'tell·er** *n* INET elektronischer Schalter **elec·tron·ic 'text** *n* elektronischer [*o* maschinell lesbarer] Text **elec·tron·ic town 'hall, elec·tron·ic town-'meet·ing** *n* elektronisches Stadtforum, Telediskussionsforum *nt* für lokale Belange **elec·tron·ic 'trad·ing** *n no pl* INET Electronic Trading *nt;* ~ **system** elektronisches Handelssystem **elec·tron·ic 'war·fare** *n* elektronische Krieg[s]führung

elec·tron 'micro·scope *n* Elektronenmikroskop *nt* **elec·tron 'pair bond** *n* CHEM Elektronenpaarbindung *f* **e'lec·tron tube** *n* Elektronenröhre *f*

elec·tro·phil·ic [ɪˌlektrə(ʊ)'fɪlɪk, AM -troʊ] *adj inv* CHEM elektrophil

elec·tro·plate ['lektrə(ʊ)pleɪt, AM -troʊ-] **I.** *vt usu passive* ■**to** ~ **sth** etw galvanisieren; ~**d cutlery** versilbertes Besteck
II. *n* Galvanisierung *f*, galvanischer Überzug

elec·tro·scope [ɪ'lektrə(ʊ)skəʊp, AM -troʊskoʊp] *n* Elektroskop *nt*

elec·tro·sen·si·tive [ɪˌlektrə(ʊ)'sen(t)sɪtɪv, AM -troʊ'sen(t)sət̬ɪv] *adj* COMPUT ~ **paper** elektrosensitives Papier; ~ **printing** elektrosensitives Drucken

elec·tro·shock thera·py [ɪˌlektrə(ʊ)ʃɒk'-, AM -troʊʃɑːk'-] *n no pl* AM Elektroschocktherapie *f*, Elektroschockbehandlung *f*

elec·tro·stat·ic [ɪˌlektrə(ʊ)'stætɪk, AM -troʊ'stæt̬-] *adj inv* elektrostatisch

elec·tro·thera·py [ɪˌlektrə(ʊ)'θerəpi, AM -troʊ'-] *n* Elektrotherapie *f*

el·eemosy·nary [ˌeliiː'mɒsɪnəri, AM ˌelɪ'mɑːsəneri] *adj* LAW wohltätig, karitativ

el·egance ['elɪgən(t)s] *n no pl* Eleganz *f*

el·egant ['elɪgənt] *adj* elegant

el·egant·ly ['elɪgəntli] *adv* elegant

el·egi·ac [ˌelɪ'dʒaɪək, AM *also* ɪ'liːdʒiːæk] *adj* LIT elegisch; ~ **poetry** elegische Gedichte

el·egy ['elɪdʒi] *n* LIT Elegie *f*, Klagegedicht *nt*

el·ement ['elɪmənt] *n* ❶ CHEM Element *nt*, Grundstoff *m*
❷ ELEC *(heating part of appliance)* Heizelement *nt*
❸ *(part of a group of people)* Element *nt*
❹ *(rough weather)* ■**the** ~**s** *pl* die Elemente [*o* Naturgewalten]; **to battle against the** ~**s** gegen die Naturgewalten ankämpfen; **to brave** [*or* **face**] **the** ~**s** den Elementen trotzen

el·ement·al [ˌelɪ'mentəl, AM -ə'ment̬əl] *adj* ❶ *(form liter: basic, natural)* elementar, natürlich; ~ **desire** natürliches Verlangen; **the** ~ **forces** die Naturkräfte [*o geh* Urgewalten]; ~ **needs** elementare Bedürfnisse, Grundbedürfnisse *pl*
❷ *(fig: strong and basic)* elementar, urgewaltig; ***he shouted at her in ~ fury*** rasend vor Wut schrie er sie an; ~ **strength** urwüchsige Kraft

el·emen·ta·ry [ˌelɪ'mentəri, AM -ə'ment̬əi] *adj* elementar, grundlegend; ***they failed to take ~ precautions*** sie haben nicht einmal die einfachsten Vorsichtsmaßnahmen getroffen; ~ **course** Grundkurs *m;* ~ **mathematics** die Grundlagen der Mathematik; ~ **mistake** grober Fehler; ~ **science** elementare Naturwissenschaften *pl;* ~ **education** AM Elementarunterricht *m*

el·emen·ta·ry a'naly·sis *n* CHEM Elementaranalyse *f* **el·emen·ta·ry 'par·ti·cles** *n pl* Elementarteilchen *pl* **el·e'men·ta·ry school** *n* Grundschule *f*, Volksschule *f* ÖSTERR, Primarschule *f* SCHWEIZ

el·ephant ['elɪfənt] *n* Elefant *m*

el·ephan·tia·sis [ˌelɪfən'taɪəsɪs] *n* MED Elephantiasis *f fachspr*

el·ephan·tine [ˌelɪ'fəntaɪn] *adj* ❶ *(huge)* massig, riesenhaft
❷ *(clumsy)* plump, schwerfällig

'el·ephant seal *n* Seeelefant *m*

el·evate ['elɪveɪt] *vt* ❶ *(lift)* ■**to** ~ **sth** etw [empor]heben [*o* anheben]; *(raise)* etw erhöhen
❷ *(fig: increase importance)* ■**to** ~ **sb/sth to sth** jdn/etw zu etw *dat* erheben; ***they ~d the band members to the status of gods*** sie behandelten die Bandmitglieder wie Götter

el·evat·ed ['elɪveɪtɪd, AM -t̬-] *adj* ❶ *(raised)* erhöht, höher liegend, hoch gelegen; ~ **road** Hochstraße *f*
❷ MED *(form)* ~ **blood-pressure** erhöhter Blutdruck
❸ *(important)* gehoben; **to hold an** ~ **position** eine gehobene Position einnehmen; **to have an** ~ **idea of oneself** von sich *dat* selbst sehr eingenommen sein
❹ LIT *language, style* gehoben; ~ **thoughts** erhabene Gedanken

el·evat·ed 'rail·road *n* AM Hochbahn *f*

el·eva·tion [ˌelɪ'veɪʃən] *n (form)* ❶ *(height)* Höhe *f; (above sea level) of mountain* Höhe *f* über dem Meeresspiegel
❷ *(raised area)* [Boden]erhebung *f; (hill)* Anhöhe *f*
❸ *(rise)* Beförderung *f; (to peerage)* Erhebung *f*

el·eva·tor ['elɪveɪt̬ə] *n* AM Aufzug *m*, Fahrstuhl *m*, SCHWEIZ *meist* Lift *m*

'el·eva·tor mu·sic *n no pl (pej)* [Hintergrund]gedudel *nt pej* **'el·eva·tor op·era·tor** *n* Fahrstuhlführer(in) *m(f)*, SCHWEIZ *meist* Liftboy *m*

elev·en [ɪ'levən] **I.** *adj* ❶ *(number)* elf; *see also* **eight I 1**
❷ *(age)* elf; *see also* **eight I 2**
❸ *(time)* elf; ~ **am/pm** elf Uhr morgens/abends [*o* dreiundzwanzig Uhr]; **half past** [*or* BRIT *fam* **half**] ~ halb zwölf; **at** ~ **thirty** um halb zwölf, um elf Uhr dreißig; **at** ~ **forty-five** um Viertel vor zwölf [*o* drei viertel zwölf]; *see also* **eight I 3**
II. *n* ❶ *(number, symbol)* Elf *f*, Elfer *m* ÖSTERR, SCHWEIZ
❷ FBALL ■**the** ~ die Elf; **the second** ~ die zweite Mannschaft
❸ BRIT *(shoe size)* [Schuhgröße] 44; AM *(shoe size)* [Schuhgröße] 42
❹ *(public transport)* ■**the** ~ die Elf, der Elfer

elev·en-'plus *n* BRIT SCH *Prüfung der 11-jährigen Schüler vor dem Wechsel an eine weiterführende Schule*

elev·en·ses [ɪ'levənzɪz] *npl* BRIT *(fam)* zweites Frühstück, Znüni *nt* SCHWEIZ *fam*

elev·enth [ɪ'levənθ] **I.** *adj* ❶ *(in sequence)* elfte(r, s); ***you're the ~ person to put your name down*** du bist der Elfte, der sich einträgt; ~ **grade** AM elfte Klasse, die Elfte; *see also* **eighth I 1**
❷ *(in a race)* **to be/come** [*or* **finish**] ~ [**in a race**] [bei einem Rennen] Elfter sein/werden; *see also* **eighth I 2**
II. *n* ❶ *(order)* ■**the** ~ der/die/das Elfte; *see also* **eighth II 1**
❷ *(date)* ■**the** ~ *spoken* der Elfte; ■**the 11th** *written* der 11.; *see also* **eighth II 2**
❸ *(fraction)* Elftel *nt*, elfte(r, s)
❹ MUS *(interval)* Undezime *f*
III. *adv inv* elftens

elev·enth 'hour *n* **at the** ~ im letzten Augenblick [*o* Moment], in letzter Minute, um fünf vor zwölf *fig*

elf <*pl* elves> [elf] *n* Elf *m*, Elfe *f*

elf·in ['elfɪn] *adj* elfenhaft, elfisch

elic·it [ɪ'lɪsɪt] *vt* ❶ *(obtain)* ■**to** ~ **sth from sb** jdm etw entlocken
❷ *(provoke)* **to** ~ **criticism/controversy/an immune response** Kritik/Kontroversen/eine Immunreaktion hervorrufen

elide [ɪ'laɪd] **I.** *vt* ■**to** ~ **sth** ❶ *esp* LING *(omit)* etw auslassen, etw elidieren *fachspr*
❷ *(merge)* etw verschmelzen, etw ineinander aufgehen lassen
II. *vi* verschmelzen

'e-life *n* elektronisches Umfeld [*o* Dasein]

eli·gibil·ity [ˌelɪdʒə'bɪləti, AM -ət̬i] *n no pl* ❶ *(for a job)* Eignung *f; (fitness)* Qualifikation *f*
❷ *(entitlement)* Berechtigung *f;* ~ **for a stock market listing** STOCKEX Börsenfähigkeit *f*
❸ POL Wählbarkeit *f*

eli·gible ['elɪdʒəbl] *adj* ❶ *(qualified)* ■**to be** ~ infrage kommen; ■**to be** ~ **for** [*or* **to**] **sth** für etw *akk* qualifiziert [*o* geeignet] sein; **to be** ~ **for promotion** für eine Beförderung infrage kommen; ~ **for credit** FIN *taxes* anrechenbar; ~ **for discount** FIN diskontfähig; ~ **for a stock exchange listing** STOCKEX börsenfähig
❷ *(entitled)* zu etw *dat* berechtigt sein; ***he is not ~ to enter the competition*** er ist für den Wettkampf nicht zugelassen [*o* teilnahmeberechtigt]; **to be** ~ **to early retirement/maternity leave** Anspruch auf Frühpensionierung/Mutterschaftsurlaub haben
❸ POL ~ **for election** wählbar; ~ **to vote** wahlberechtigt
❹ *(desirable)* ~ **bachelor** begehrter Junggeselle

eli·gible 'bill *n* ECON, FIN rediskontfähiger Wechsel **eli·gible lia·'bil·ities** *n* ECON, FIN Bankeinlagen *pl* mit einer Laufzeit von weniger als zwei Jahren **eli·gible 'pa·per** *n* ECON, FIN rediskontfähiger Wechsel **eli·gible se·'cu·rity** *n* FIN mündelsicheres Wertpapier

elimi·nate [ɪ'lɪmɪneɪt] *vt* ❶ *(eradicate)* ■**to** ~ **sth** etw beseitigen [*o* entfernen] [*o geh* eliminieren]; **to** ~ **poverty** die Armut besiegen; **to** ~ **prejudice** Vorurteile ausräumen
❷ *(exclude from consideration)* ■**to** ~ **sth** etw ausschließen
❸ SPORT ■**to** ~ **sb** jdn sperren; **to** ~ **sb from further participation** jdn von der weiteren Teilnahme ausschließen
❹ *(euph sl: murder)* ■**to** ~ **sb** jdn eliminieren [*o* beseitigen] [*o* ausschalten] *euph sl*
❺ BIOL *(discharge waste)* ■**to** ~ **sth** etw ausscheiden
❻ CHEM ■**to** ~ **sth** etw eliminieren [*o* abspalten]

elimi·na·tion [ɪˌlɪmɪ'neɪʃən] *n no pl* Beseitigung *f*, Eliminierung *f geh; of diseases, racism* Ausmerzen *nt;* **process of** ~ Ausleseverfahren *nt*, Selektionsprozess *m*

elimi·'na·tion con·test *n* Wettbewerb *m* durch Ausscheidung **elimi·'na·tion tour·na·ment** *n* AM Ausscheidungswettkampf *m*

elimi·na·tor [ɪ'lɪmɪneɪtəʳ, AM -t̬ə] *n* ❶ BRIT *(sports)* Ausscheidungskampf *m*
❷ ELEC Sperrkreis *m*

ELINT, Elint [ɪ'lɪnt, AM 'elɪnt] *n acr for* **electronic intelligence**

eli·sion [ɪ'lɪʒᵊn] *n* ❶ *no pl esp* LING *(omitting)* Auslassung *f*, Elision *f fachspr*
❷ *no pl (merging)* Verschmelzung *f*

elite [ɪ'liːt] **I.** *n* ❶ *(the best)* Elite *f*
❷ *(iron: rich people)* ■**the** ~ *pl* die oberen Zehntausend
II. *adj* Elite-

elit·ism [ɪ'liːtɪzᵊm, AM -t̬-] *n no pl* Elitedenken *nt pej*, elitäres Denken *pej*

elit·ist [ɪ'liːtɪst, AM -t̬-] *adj (pej)* elitär *pej*

elix·ir [ɪ'lɪksəʳ, AM -ɚ] *n* Elixier *nt*, Zaubertrank *m*

Eliza·bethan [ɪ,lɪzə'biːθᵊn] **I.** *adj inv* elisabethanisch
II. *n* Elisabethaner(in) *m(f)*, Zeitgenosse, -genossin *m, f* von Königin Elisabeth I. von England

elk <*pl* - *or* -s> [elk] *n* Elch *m*

'elk-hound *n* [schwedischer] Elchhund, Jämthund *m*

el·lipse [ɪ'lɪps] *n* MATH Ellipse *f*

el·lip·sis <*pl* -ses> [ɪ'lɪpsɪs, *pl* -siːz] *n* ❶ LIT, LING Ellipse *f*
❷ TYPO Auslassungszeichen *nt*, Auslassung *f*

el·lip·tic(al) [ɪ'lɪptɪk(ᵊl)] *adj* ❶ MATH elliptisch
❷ LIT, LING elliptisch, unvollständig

el·lip·tic·al cross-'trainer *n* elliptischer Cross-Trainer

el·lip·ti·cal·ly [ɪ'lɪptɪkᵊli] *adv* ❶ MATH elliptisch
❷ LIT, LING elliptisch

elm [elm] *n* Ulme *f*

elo·cu·tion [,elə'kjuːʃᵊn] *n no pl* ❶ *(art of rhetoric)* Vortragskunst *f*, Redekunst *f*
❷ *(method of speaking)* Sprechtechnik *f*

elon·gate ['iːlɒŋgeɪt, AM ɪ'lɑːŋ-] **I.** *vt* ■**to** ~ **sth** etw strecken [*o* verlängern]
II. *vi* länger werden

elon·gat·ed ['iːlɒŋgeɪtɪd, AM ɪ'lɑːŋgeɪt̬-] *adj* ❶ *(extra length added)* verlängert; *(stretched)* [lang] gestreckt
❷ *(shape)* länglich

elon·ga·tion [,iːlɒŋ'geɪʃᵊn, AM -lɑːŋ'-] *n (adding extra length)* Verlängerung *f*; *(stretching)* Strecken *nt*; **the** ~ **of a vowel** die Dehnung eines Vokals

elope [ɪ'ləʊp, AM -oʊp] *vi* ■**to** ~ [**with sb**] [mit jdm zusammen] weglaufen [*o fam* ausreißen] [*o fam* durchbrennen]

elope·ment [ɪ'ləʊpmənt, AM -oʊp-] *n* Weglaufen *nt*, Durchbrennen *nt fam*, Ausreißen *nt fam*

elo·quence ['eləkwən(t)s] *n* Sprachgewandtheit *f*, Wortgewandtheit *f*, Redegewandtheit *f*, Eloquenz *f geh*

elo·quent ['eləkwənt] *adj* sprachgewandt, wortgewandt, redegewandt, eloquent *geh*

elo·quent·ly ['eləkwəntli] *adv* sprachgewandt, wortgewandt, redegewandt, eloquent *geh*

El Sal·va·dor [,el'sælvədɔːʳ, AM -dɔːr] *n* El Salvador *nt*

else [els] *adv inv* ❶ *(other, different)* ***why*** ~ ***would he come?*** warum sollte er denn sonst kommen?; ***if all*** ~ ***fails ...*** wenn alle Stricke reißen ...; **someone** [*or* **somebody**] ~ jemand anders; ***this must be someone*** ~ ***'s bag*** die Tasche muss jemand anderem [*o* jemand anders] gehören; ***I didn't tell anybody*** ~ ich habe es niemand anders [*o* niemand anderem] erzählt; ***anyone*** ~ ***but her would have left*** jede andere wäre gegangen; **something** ~ etwas anderes; ***anything*** ~ ***would be fine*** alles andere wäre toll *fam*; **somewhere** ~ woanders; ***she doesn't want to live anywhere*** ~ sie will nirgendwo [*o* nirgends] anders leben; ***does this exist anywhere*** ~***?*** gibt es das noch irgendwo anders?; **everybody** [*or* **everyone**] ~ alle anderen; **everything** ~ alles andere; **everywhere** ~ überall sonst; **nobody** [*or* **no one**]/**nothing** ~ niemand/nichts anders; ***nothing*** ~ ***would do*** alles andere wäre inakzeptabel; **how/what/where/who** ~ **...?** wie/was/wo/wer sonst ...?; ***who*** ~ ***but her could do such a thing?*** wer außer ihr würde so was machen?
❷ *(additional)* sonst noch; ***why*** ~ ***should I stay?*** warum sollte ich denn sonst noch bleiben?; ***there's not much*** ~ ***you could do*** viel mehr kannst du nicht machen; **someone** [*or* **somebody**] ~ sonst noch jemand; ***I don't want anyone*** ~ ***but you to come*** ich will, dass außer dir [sonst] keiner kommt; **something** ~ sonst noch etwas; ***the police could not detect anything*** ~ die Polizei konnte nichts mehr herausfinden; ***anything*** ~***, madam?*** darf es sonst noch etwas sein?; **somewhere** ~ noch woanders; ***should I look somewhere*** ~***?*** soll ich noch woanders suchen?; **nobody** [*or* **no one**]/**nothing** ~ sonst niemand [*o* keiner]/nichts; ***no, thank you, nothing*** ~ nein danke, das ist alles; ***there's nothing*** ~ ***for me to do here*** es gibt hier nichts mehr für mich zu tun; ***he just hates me and nothing*** ~ er hasst mich einfach!; ***if nothing*** ~***, you'll earn a lot of money*** auf jeden Fall wirst du viel Geld verdienen; **what/where/who** ~ **...?** was/wo/wer ... sonst noch ...?; ***what*** ~ ***can I do?*** was kann ich sonst noch tun?
❸ *(otherwise)* sonst, andernfalls; ***you'd better go now,*** [***or***] ~ ***you'll miss the bus*** du solltest besser gehen, sonst verpasst du noch den Bus; ***be quiet, or*** ~***!*** *(fam)* sei still, sonst gibt's was!; ***she's either ... or*** ~ ***...*** entweder sie ist ... oder ...

'else rule *n* COMPUT ELSE-Regel *f*

else·where ['els(h)weəʳ, AM -(h)wer] *adv inv* woanders, anderswo; ***let's go*** ~***!*** lass uns woandershin gehen!

ELT [,iːel'tiː] *n abbrev of* **English Language Teaching** ELT *m (Unterricht des Englischen als Fremdsprache)*

elu·ant ['eljuːənt] *n* CHEM *see* **eluent**

elu·ci·date [ɪ'luːsɪdeɪt] *(form)* **I.** *vt* ■**to** ~ **sth** etw erklären [*o* erläutern]; **to** ~ **a mystery** ein Geheimnis aufklären
II. *vi* sich *akk* [auf]klären

elu·ci·da·tion [ɪ,luːsɪ'deɪʃᵊn] *n* Erklärung *f*, Erläuterung *f*; **to need** ~ einer Erklärung bedürfen

elu·ci·da·tory [ɪ,luːsɪdeɪtᵊri, AM tɔːri] *adj* erklärend, erläuternd

elude [ɪ'luːd] *vt* ❶ *(escape)* ■**to** ~ **sb** jdm entkommen; **to** ~ **capture** der Gefangennahme entgehen
❷ *(fig: not be evident)* ■**to** ~ **sb/sth** sich *akk* jdm/etw entziehen; ***the final solution continued to*** ~ ***him*** es wollte ihm einfach keine endgültige Lösung einfallen; **to** ~ **comprehension** [völlig] unverständlich sein; **to** ~ **sb's memory** jdm entfallen sein

elu·ent, elu·ant ['eljuːənt] *n* CHEM Elutionsmittel *nt*

elu·sive [ɪ'luːsɪv] *adj* ❶ *(evasive)* ausweichend; ***he was a very*** ~ ***person*** er war so jemand, der ständig auswich
❷ *(difficult to obtain)* schwer fassbar; ~ **meaning** schwer definierbare Bedeutung; ~ **memory** schlechtes Gedächtnis, schwache Erinnerung; ~ **thought** flüchtiger Gedanke
❸ *(avoiding pursuit)* schwer zu fassen

elu·sive·ly [ɪ'luːsɪvli] *adv* ausweichend

elu·sive·ness [ɪ'luːsɪvnəs] *n no pl* ausweichendes Verhalten, Ausweichen *nt*; ***there was some*** ~ ***about her answers*** ihre Antworten waren recht ausweichend

elves [elvz] *n pl of* **elf**

Ely·sium [ɪ'lɪziəm, AM *also* -ʒiəm], **Ely·sian fields** [ɪ,lɪziən'-, AM -'lɪʒən'-] *npl (liter)* Elysium *nt liter*, elysische Gefilde *liter*; *(fig)* Paradies *nt fig*, Himmel *m* [auf Erden]; **to be in** ~ sich *akk* wie im Paradies fühlen

'em [əm] *pron (fam) short for* **them**

ema·ci·at·ed [ɪ'meɪsieɪtɪd, -ʃieɪ-, AM -sieɪt̬ɪd] *adj* [stark] abgemagert, ausgezehrt, ausgemergelt

ema·cia·tion [ɪ,meɪʃi'eɪʃᵊn, AM *usu* -si'-] *n no pl* [starke] Abmagerung, Auszehrung *f*, Ausmergelung *f*

email *n*, **e-mail** ['iːmeɪl] **I.** *n* E-Mail *f o* ÖSTERR, SCHWEIZ *nt*; **to send** [**sb**] **an** ~ [jdm] eine E-Mail senden; **to receive** [*or* **get**] **an** ~ eine E-Mail bekommen
II. *vt* ■**to** ~ **sb sth** jdm etw [e-]mailen [*o* per E-Mail schicken]

'email ad·dress *n* E-Mail-Adresse *f*

'e-mail-borne *adj inv* durch E-Mail übertragen

ema·nate ['eməneɪt] **I.** *vi* *(form: originate)* ■**to** ~ **from sb/sth** *heat, light* von jdm/etw ausstrahlen; *aroma, odour* von jdm/etw ausgehen; *documents* von jdm/etw stammen; ***light*** ~***d from the back room*** aus dem Hinterzimmer schien Licht
II. *vt* ■**to** ~ **sth** etw ausstrahlen; **to** ~ **confidence** Zuversicht verströmen; **to** ~ **joy** Freude verbreiten; **to** ~ **an order** einen Befehl erteilen

ema·na·tion [,emə'neɪʃᵊn] *n (form)* Ausstrahlen *nt*; *of gas, odour, steam* Ausströmen *nt*

eman·ci·pate [ɪ'mæn(t)sɪpeɪt] *vt* ❶ SOCIOL ■**to** ~ **oneself from sb/sth** sich *akk* von jdm/etw emanzipieren [*o* unabhängig machen]; ■**to** ~ **sb from sth** jdn von etw *dat* befreien [*o* frei machen]
❷ POL jdn befreien [*o* unabhängig machen]; **to** ~ **a slave** einen Sklaven/eine Sklavin freilassen

eman·ci·pat·ed [ɪ'mæn(t)sɪpeɪtɪd, AM -t̬-] *adj inv*
❶ SOCIOL emanzipiert
❷ POL frei; ~ **slave** freigelassener Sklave/freigelassene Sklavin

eman·ci·pa·tion [ɪ,mæn(t)sɪ'peɪʃᵊn] *n no pl*
❶ SOCIOL Emanzipation *f*, Emanzipierung *f*
❷ POL Befreiung *f*; ~ **of a slave** Freilassung eines Sklaven/einer Sklavin

emas·cu·late [ɪ'mæskjʊleɪt] *vt usu passive*
❶ *(weaken)* ■**to** ~ **sb/sth** jdn/etw entkräften [*o* schwächen]
❷ *(make unmanly)* ■**to** ~ **sb** jdn entmannen [*o* kastrieren]; ***he felt*** ~***d by the girl's ridicule*** er fühlte sich durch den Spott des Mädchens in seiner Mannesehre gekränkt

emas·cu·la·tion [ɪ,mæskjʊ'leɪʃᵊn] *n no pl (form)*
❶ *(weakening)* Schwächung *f*, Entkräftung *f*; *of a plan* Verwässerung *f*
❷ *(castration)* Entmannung *f*, Kastration *f*

em·balm [ɪm'bɑːm, em'-, AM *esp* -em'-] *vt* ■**to** ~ **sb/sth** jdn/etw [ein]balsamieren; **to be** ~**ed in sth** *(fig)* in etw *dat* fortleben

em·balm·er [ɪm'bɑːməʳ, em'-, AM -em'bɑːmɚ, ɪm'-] *n* Einbalsamierer(in) *m(f)*

em·bank·ment [ɪm'bæŋkmənt, em'-, AM *esp* em-] *n* Damm *m*; *of a road* [Straßen]damm *m*, Böschung *f*, SCHWEIZ *a.* Bord *nt*; *of a river* Uferbefestigung *f*, SCHWEIZ *a.* Bachbord *nt*, Uferdamm *m*, Deich *m*; **railway** ~ Bahndamm *m*, SCHWEIZ *a.* Bahnbord *nt*

em·bar·go [ɪm'bɑːgəʊ, em'-, AM em'bɑːrgoʊ, ɪm-] **I.** *n* <*pl* -es> Embargo *nt*; **arms** ~ Waffenembargo *nt*, Waffenausfuhrverbot *nt*; **trade** ~ Handelsembargo *nt*; **to lay** [*or* **place**] **an** ~ **on sth** ein Embargo über etw *akk* verhängen; **to lift** [*or* **raise**] **an** ~ **from sth** ein Embargo für etw *akk* aufheben
II. *vt* ■**to** ~ **sth** über etw *akk* ein Embargo verhängen, etw einem Embargo unterwerfen

em·bark [ɪm'bɑːk, em'-, AM em'bɑːrk, ɪm'-] *vi*
❶ *(board)* sich *akk* einschiffen
❷ *(begin)* ■**to** ~ **on** [*or* **upon**] **sth** etw in Angriff nehmen [*o* anfangen]

em·bar·ka·tion [,embɑː'keɪʃᵊn, AM -bɑːr'-] *n of passengers, cargo* Einschiffung *f*; *of cargo* Verladung *f*, Verlad *m* SCHWEIZ

em·bar·'ka·tion card *n* Bordkarte *f*

em·bar·rass [ɪm'bærəs, AM em'ber-] *vt* ■**to** ~ **oneself/sb** sich *akk* [selbst]/jdn in Verlegenheit [*o* eine peinliche Lage] bringen

em·bar·rassed [ɪm'bærəst, AM em'ber-] *adj* verlegen, peinlich berührt; **to be financially** ~ in finanziellen Schwierigkeiten stecken; **to feel** ~ verlegen sein; ***I feel so*** ~ ***about it*** das ist mir so peinlich; **to look** [*or* **seem**] ~ verlegen wirken [*o* aussehen]; **to make sb feel** ~ jdn verlegen machen

em·bar·rass·ing [ɪm'bærəsɪŋ, AM em'ber-] *adj* peinlich, SCHWEIZ *a.* bemühend; *generosity* beschämend; *situation* unangenehm, peinlich

em·bar·rass·ing·ly [ɪm'bærəsɪŋli, AM em'ber-] *adv* peinlich, SCHWEIZ *a.* bemühend; ~***, he had forgotten to congratulate her*** peinlicherweise hatte er vergessen, ihr zu gratulieren

em·bar·rass·ment [ɪm'bærəsmənt, AM em'ber-] *n* *(instance)* Peinlichkeit *f*; *(feeling)* Verlegenheit *f*; ***she blushed with*** ~ sie wurde rot vor Verlegenheit; ■**to be an** ~ [**to sb**] [jdm] peinlich sein; ***you were a real*** ~ ***to me this evening!*** ich habe mich heute Abend deinetwegen echt geschämt!; ***he is an*** ~ ***to his family*** er blamiert seine Familie; **to cause sb** ~ jdn verlegen machen; **to cause** ~ **to sb** jdn in Verlegenheit bringen

em·bassy ['embəsi] *n* ❶ *(building)* Botschaftsgebäude *nt*, Botschaft *f*
❷ *(staff)* Botschaftspersonal *nt*, Botschaft *f*

em·bat·tled [ɪm'bætl̩d, em'-, AM em'bæt̬l̩d, ɪm'-] *adj*
❶ *(ready to fight)* kampfbereit
❷ *(fortified)* befestigt
❸ *(having to fight)* ~ **government** attackierte Regierung; **to feel** ~ sich *akk* [stark] bedrängt fühlen

em·bed[1] <-dd-> [ɪm'bed, em'-, AM *esp* em'-] *vt* ■**to** ~ **sth in[to] sth** etw in etw *akk* einlassen [*o* einbetten]; *(fig)* etw in etw *akk* verankern *fig*; ***the idea seems*** **~*ded in his mind*** die Idee scheint ihm nicht mehr aus dem Kopf zu gehen; **to** ~ **sth in cement** etw einzementieren

em·bed[2] ['embed] *n* MIL, TV *short for* **embedded journalist** eingebetteter Journalist, eingebettete Journalistin *m, f*

em·bed·ded [ɪm'bedɪd, em'-, AM *esp* em'-] *adj* [fest] eingelassen, verankert, verwurzelt; MIL, TV *journalist* eingebettet; ~ **in concrete** einbetoniert; **to be firmly** ~ **in sth** fest in etw *dat* verwurzelt sein

em·bed·ded 'code *n* COMPUT eingebetteter Code; ~ **command** eingebetteter Befehl; ~ **computer** [*or* **system**] eingebettetes System

em·bed·ding [em'bedɪŋ] *n no pl* MIL, TV ~ **of journalists** Einbettung *f* von Journalisten *(in Truppen während eines Krieges)*

em·bel·lish [ɪm'belɪʃ, em'-, AM *esp* em'-] *vt* ❶ *(decorate)* ■**to** ~ **sth** etw schmücken [*o* verzieren]
❷ *(fig: add to)* **to** ~ **a story** eine Geschichte ausschmücken; **to** ~ **the truth** die Wahrheit beschönigen

em·bel·lish·ment [ɪm'belɪʃmənt, em'-, AM *esp* em'-] *n* ❶ *(beautiful adornment)* Verschönerung *f*; *(decoration)* Verzierung *f*
❷ *(addition to) of a story* Ausschmückung *f*; *of the truth* Beschönigung *f*

em·bers ['embəz, AM 'embɚz] *npl* Glut *f*

em·bez·zle [ɪm'bezl̩, em'-, AM *esp* em'-] *vt* ■**to** ~ **sth** *money* etw veruntreuen [*o* unterschlagen]

em·bez·zle·ment [ɪm'bezl̩mənt, em'-, AM *esp* em'-] *n no pl* Unterschlagung *f*, Veruntreuung *f*

em·bez·zler [ɪm'bezlər, em'-, AM em'bezlɚ, ɪm'-] *n* Veruntreuer(in) *m(f)*

em·bit·ter [ɪm'bɪtər, em'-, AM em'bɪt̬ɚ, ɪm'-] *vt usu passive* ❶ *(make bitter)* ■**to** ~ **sb** jdn verbittern
❷ *(make worse)* ■**to** ~ **sth** etw verschlimmern; **to** ~ **relations** die Beziehungen trüben; **to** ~ **the fight** den Kampf verschärfen

em·bla·zon [ɪm'bleɪzən, em'-, AM *esp* em'-] *vt usu passive* ■**to** ~ **sth [with sth]** etw [mit etw *dat*] verzieren [*o* schmücken]; **a logo was** **~ed on the t-shirt** auf dem T-Shirt prangte ein Logo; ■**to** ~ **sth across sth** etw mit etw *dat* versehen; ***the author's name was ~ed across the dust-jacket*** der Name des Autors prangte auf dem Buchumschlag

em·blem ['embləm] *n* Emblem *nt*, Symbol *nt*; *of a political party, country* Wahrzeichen *nt*; *(in heraldry)* Wappenbild *nt*

em·blem·at·ic [ˌemblə'mætɪk, AM -t̬-] *adj* *(form)* symbolisch, sinnbildlich (**of** für +*akk*)

em·blem·ati·cal·ly [ˌemblə'mætɪkli, AM -t̬-] *adv* *(form)* symbolisch, sinnbildlich

em·ble·ments ['embləmənts] *npl* LAW Feldfrüchte *pl*, Ernteertrag *m*, Ernte *f* auf dem Halm

em·bodi·ment [ɪm'bɒdɪmənt, em'-, AM em'bɑːd-, ɪm'-] *n no pl* ❶ *(incarnation)* Verkörperung *f*, Inbegriff *m*; ***she is the ~ of virtue*** sie ist die Tugend selbst
❷ *(incorporation)* Eingliederung *f*, Einverleibung *f*, Aufnahme *f*

em·body [ɪm'bɒdi, em'-, AM em'bɑːdi, ɪm'-] *vt* ■**to** ~ **sth** ❶ *(show)* etw zum Ausdruck bringen [*o* ausdrücken]
❷ *(be incarnation of)* etw darstellen [*o* verkörpern]
❸ *(incorporate)* etw aufnehmen

em·bold·en [ɪm'bəʊldən, em'-, AM em'boʊl-, ɪm'-] *vt* *(form)* ■**to** ~ **oneself** sich *dat* selbst Mut machen; ■**to** ~ **sb to do sth** jdn dazu ermutigen, etw zu tun; ■**to be** ~**ed** ermutigt werden

em·bold·en·ing [ɪm'bəʊldənɪŋ, AM em'boʊ-] *n* COMPUT halbfettes Drucken

em·bo·lism ['embəlɪzəm] *n* MED Embolie *f*

em·boss [ɪm'bɒs, em'-, AM em'bɑːs, ɪm'-] *vt usu passive* ■**to** ~ **sth** etw prägen; ~**ed letter paper** geprägtes Briefpapier

em·brace [ɪm'breɪs, em'-, AM *esp* em'-] **I.** *vt* ❶ *(hug, clasp)* ■**to** ~ **sb** jdn umarmen [*o* in die Arme schließen]; ■**to** ~ **sth** etw umfassen [*o* umklammern]
❷ *(fig: eagerly accept)* ■**to** ~ **sth** etw [bereitwillig] übernehmen; **to** ~ **an idea** eine Idee aufgreifen; **to** ~ **an offer** ein Angebot [gern] annehmen; **to** ~ **the opportunity** die Gelegenheit ergreifen [*o* wahrnehmen]
❸ *(fig: adopt)* sich *dat* etw zu eigen machen; ***he ~d the cause of the natives*** er machte die Sache der Eingeborenen zu seiner eigenen
II. *n* Umarmung *f*

em·brac·ery [ɪm'breɪsəri, AM em'breɪseri] *n* LAW Bestechung *f* von Geschworenen

em·bra·sure [ɪm'breɪʒər, AM em'breɪʒɚ] *n* ❶ ARCHIT Laibung *f*
❷ MIL Schießscharte *f*

em·bro·ca·tion [ˌembrə(ʊ)'keɪʃən, AM -broʊ'-] *n* Einreibemittel *nt*, Liniment *nt fachspr*

em·broi·der [ɪm'brɔɪdər, em'-, AM em'brɔɪdɚ, ɪm'-]
I. *vi* sticken
II. *vt* ❶ *(by needlework)* ■**to** ~ **sth [onto sth]** etw [auf etw *akk*] sticken; **to** ~ **a cloth** ein Tuch besticken [*o* mit einer Stickerei verzieren]
❷ *(fig: embellish)* ■**to** ~ **sth with sth** etw mit etw *dat* ausschmücken; ■**to** ~ **on sth** etw ausschmücken

em·broi·der·ed [ɪm'brɔɪdəd, AM em'brɔɪdɚd] *adj inv*
❶ *(decorated with patterns)* mit Stickerei[en] versehen
❷ *(decorating as a pattern)* [auf]gestickt

em·broi·dery [ɪm'brɔɪdəri, AM em'brɔɪdəri] *n*
❶ *(craft)* Stickerei *f*; **to be good at** ~ gut sticken können
❷ *no pl (fig: fictitious additions)* Ausschmückungen *pl*

em·broil [ɪm'brɔɪl, em'-, AM *esp* em'-] *vt* ■**to** ~ **sb in sth** jdn in etw *akk* hineinziehen [*o* verwickeln]; ■**to** ~ **oneself in sth** sich *akk* in etw *akk* einmischen; ■**to be/become** ~**ed in sth** in etw *akk* verwickelt sein/werden

em·bryo ['embriəʊ, AM -oʊ] *n* Embryo *m o* ÖSTERR, SCHWEIZ *a. nt*

em·bry·olo·gist [ˌembri'ɒlədʒɪst, AM -'ɑːl-] *n* MED Embryologe, Embryologin *m, f*

em·bry·ol·ogy [ˌembri'ɒlədʒi, AM -'ɑːl-] *n no pl* Embryologie *f*

em·bry·on·ic [ˌembri'ɒnɪk, AM -'ɑːn-] *adj* embryonal, embryonisch; *(fig)* unentwickelt, unausgereift; ***the project is still in its ~ stage*** das Projekt steckt noch in den Kinderschuhen

em·cee [ˌem'siː] AM **I.** *n* *(compère)* Conférencier *m*; TV Showmaster *m*
II. *vt* *(compère)* ■**to** ~ **sth** etw als Conférencier leiten
III. *vi see* **MC**

emend [ɪ'mend, iː'-] *vt* ■**to** ~ **sth** etw berichtigen [*o* verbessern] [*o* korrigieren]

emen·da·tion [ˌiːmen'deɪʃən, ˌemen'-] *n* *(form)* Verbesserung *f*, Berichtigung *f*, Korrektur *f*

em·er·ald ['emərəld] *n* ❶ *(stone)* Smaragd *m*
❷ *(colour)* Smaragdgrün *nt*

em·er·ald 'green *n no pl* Smaragdgrün *nt*

'Em·er·ald Isle *n* ■**the** ~ *(liter)* die Grüne Insel *(Irland)*

emerge [ɪ'mɜːdʒ, iː'-, AM ɪ'mɜːrdʒ, iː'-] *vi* ❶ *(come out)* ■**to** ~ **from sth** aus etw *dat* herauskommen; ■**to** ~ **from behind/beneath** [*or* **under**] **sth** hinter/unter etw *dat* hervorkommen
❷ *(from liquid)* auftauchen, an die [Wasser]oberfläche kommen; **to** ~ **from the sea** aus dem Meer auftauchen
❸ *(fig: become known)* herauskommen, sich *akk* herausstellen; *truth* an den Tag kommen
❹ *(fig: become famous)* in Erscheinung treten, auftreten
❺ *(be started)* entstehen; ***at the end of the war, the country ~d as a new democracy*** nach dem Krieg wurde der Staat als Demokratie neu gegründet
❻ *(fig: make it through)* herauskommen; **to** ~ **unscathed from a scandal** aus einem Skandal unbeschadet hervorgehen

emer·gence [ɪ'mɜːdʒən(t)s, iː'-, AM ɪ'mɜːr-, iː'-] *n no pl*
❶ *(appearance)* Auftauchen *nt* (**from** aus +*dat*), Hervortreten *nt*, Hervorkommen *nt*
❷ *(from liquid)* Auftauchen *nt*
❸ *(taking place) of circumstances* Auftreten *nt*, Eintreten *nt*
❹ *(becoming known) of facts* Bekanntwerden *nt*
❺ *(becoming prominent) of a book, etc.* Erscheinen *nt*; *of a person, group* Bekanntwerden *nt*; *of a product* Verbreitung *f*
❻ *(birth) of ideas, trends* Aufkommen *nt*; *of a country* Entstehung *f*, Gründung *f*
❼ *(survival)* Hervorgehen *nt* (**from** aus +*dat*)

emer·gen·cy [ɪ'mɜːdʒən(t)si, iː'-, AM ɪ'mɜːr-, iː'-] **I.** *n*
❶ *(extreme situation)* Notfall *m*, Notlage *f*; **in case of** ~ im Notfall; **medical** ~ medizinischer Notfall
❷ POL Ausnahmezustand *m*, Notstand *m*; **to declare** [*or* **proclaim**] **a state of** ~ den Ausnahmezustand erklären [*o* ausrufen]; **to lift the state of** ~ den Ausnahmezustand aufheben
❸ AM *(emergency room)* Notaufnahme *f*, Unfallstation *f*
II. *n modifier (landing, meeting)* Not-; ~ **aid** Soforthilfe *f*; ~ **measures** POL Notstandsmaßnahmen *pl*; **to take** ~ **measures** Krisenmaßnahmen ergreifen

emer·gen·cy as·'sis·tance *n* ❶ *(insurance)* Beistandsleistung *f* ❷ POL Nothilfe *f* **e'mer·gen·cy brake** *n* AM Notbremse *f* **e'mer·gen·cy call** *n* Notruf *m* **e'mer·gen·cy cord** *n* AM RAIL Notbremse *f* **emer·gen·cy 'cred·it** *n* ECON, FIN Stützungskredit *m* **emer·gen·cy 'ex·it** *n* Notausgang *m*; TRANSP Notausstieg *m* **emer·gen·cy or·gani·'za·tion** *n* Notfallorganisation *f* **e'mer·gen·cy plan** *n* Notfallplan *m* **e'mer·gen·cy pow·ers** *npl* Notstandsermächtigung *f*, Ermächtigung *f* zur Anwendung außerordentlicher Maßnahmen **e'mer·gen·cy re·serves** *npl* Notfonds *m* **e'mer·gen·cy room** *n*, **ER** *n* AM Notaufnahme *f*, Unfallstation *f* **e'mer·gen·cy ser·vices** *n pl* Notdienst *m*, Bereitschaftsdienst *m*, SCHWEIZ *meist* Pikett *nt* **emer·gen·cy 'stop** *n* Notbremsung *f*, Vollbremsung *f*

emer·gent [ɪ'mɜːdʒənt, AM ɪ'mɜːr-] *adj attr* ❶ *(newly formed) democracy, nation* aufstrebend, jung
❷ *(successful) author* aufstrebend
❸ *(rising out) island, rock, tree* aufragend
❹ *(urgent) danger* akut

e'merg·ing [ɪ'mɜːdʒɪŋ, iː'-, AM ɪ'mɜːr-] *adj* ~ **problems** auftauchende Probleme; ~ **markets** aufstrebende Märkte; ~ **countries** Schwellenländer *pl*

emerg·ing e'cono·my *n* ECON Schwellenland *nt*

emeri·tus [ɪ'merɪtəs, AM -ət̬əs] *adj after n, inv* emeritiert; **professor** ~ Professor *m* emeritus

em·ery ['eməri] *n no pl* Schmirgel *m*

'em·ery board *n* Nagelfeile *f* **'em·ery pa·per** *n* Schmirgelpapier *nt*, Sandpapier *nt*

emet·ic [ɪ'metɪk, AM -t̬-] **I.** *adj* ❶ MED Brechreiz erregend, emetisch *fachspr*
❷ *(fig)* Ekel erregend
II. *n* Brechmittel *nt*, Emetikum *nt fachspr*

EMF[1] [ˌiːem'ef] *n* ELEC, PHYS *abbrev of* **electromotive force** EMK *f*

EMF[2] [ˌiːem'ef] *n no pl* FIN, POL *abbrev of* **European Monetary Fund** EWF *m*

EMI[1] [ˌiːem'aɪ] *n* FIN, POL *abbrev of* **European Monetary Institute** EWI *nt*

EMI[2] [ˌiːem'aɪ] *n* COMPUT *abbrev of* **electromagnetic interference** elektromagnetische Störung

emi·grant ['emɪgrənt] *n* Auswanderer, Auswanderin *m, f*, Emigrant(in) *m(f)*

emi·grate ['emɪgreɪt] *vi* auswandern; *(esp for political reasons)* emigrieren

emi·gra·tion [ˌemɪ'greɪʃən] *n* Auswanderung *f*; *(esp for political reasons)* Emigration *f*

emi·gré, émi·gré ['emɪgreɪ] *n* Emigrant(in) *m(f)*

emi·nence ['emɪnən(t)s] *n no pl* hohes Ansehen; **to**

achieve [*or* **win**] ~ [**as sth**] *(become respected)* [als etw] zu hohem Ansehen gelangen, sich *dat* ein hohes Ansehen [als etw] verschaffen; *(become famous)* [als etw] berühmt werden

Emi·nence ['emɪnən(t)s] *n* REL Eminenz *f;* **your** ~ Eure Eminenz

émi·nence grise <*pl* éminences grises> [ˌemɪnən(t)s'gri:z, AM ˌeɪmi:nɑ:n-] *n* graue Eminenz

emi·nent ['emɪnənt] *adj attr* bedeutend, berühmt, [hoch] angesehen

emi·nent do·'main *n* LAW Enteignungsrecht *nt* [des Staates]

emi·nent·ly ['emɪnəntli] *adv* überaus, ausgesprochen, außerordentlich; ***the film is ~ forgettable*** den Film kann man getrost vergessen; ~ **memorable** absolut unvergesslich

emir [em'ɪəʳ, AM -'ɪr] *n* ■**E~** Emir *m*

emir·ate ['emɪrət, AM em'ɪreɪt] *n* Emirat *nt;* **the United Arab E~s** die Vereinigten Arabischen Emirate

em·is·sary ['emɪsəri, AM -seri] *n* Emissär(in) *m(f),* Abgesandte(r) *f(m)*

emis·sion [ɪ'mɪʃən, i:'-] *n* ❶ *(giving off)* Emission *f,* Abgabe *f; of fumes* Emission *f,* Ausstoß *m; of gas* Ausströmen *nt; of light* Ausstrahlen *nt,* Abgabe *f; of heat* Abgabe *f,* Abstrahlung *f; of sounds* Abgabe *f; of liquid* Ausströmen *nt,* Ausfließen *nt,* Auslaufen *nt; of an odour* Ausströmen *nt,* Verströmen *nt; of rays* Aussendung *f,* Emission *f; of sparks* Versprühen *nt; of steam* Ablassen *nt*
❷ *(utterance)* Äußerung *f; of a cry of joy, pain* Ausstoßen *nt*
❸ *(slow seepage)* Absonderung *f; (steady flow)* Strahl *m; (in spurts)* Spritzer *m*

emit <-tt-> [ɪ'mɪt, i:-] *vt* ■**to ~ sth** ❶ *(give off)* etw abgeben [*o* emittieren]; **to ~ fumes/smoke** Abgase/Rauch ausstoßen; **to ~ gas** Gas verströmen; **to ~ heat/radiation/a sound** Hitze/Strahlung/ein Geräusch abgeben; **to ~ liquid** Flüssigkeit absondern [*o* abscheiden]; **to ~ an odour** [*or* AM **odor**] einen Duft verströmen; **to ~ rays** Strahlen aussenden; **to ~ sparks** Funken [ver]sprühen; **to ~ steam** Dampf ablassen
❷ *(utter)* etw von sich *dat* geben [*o* äußern]; **to ~ a cry of joy/pain** einen Freuden-/Schmerzensschrei ausstoßen; **to ~ a groan** [auf]stöhnen; **to ~ a loud guffaw** schallend [*o* laut] lachen; **to ~ a squeal** einen Schrei ausstoßen
❸ *(seep slowly)* etw absondern; *(flow steadily)* etw ausströmen; *(in spurts)* etw ausspritzen

Emmy ['emi] *n* AM TV Emmy *m (amerikanischer Fernsehpreis)*

EMO [ˌi:em'əʊ, AM -oʊ] *n* AM *abbrev of* **Education Management Organization** *Firma, die Schulen führt*

emol·lient [ɪ'mɒliənt, i:'-, AM -'mɑ:ljənt, i:'-] **I.** *n*
❶ CHEM Weichmacher *m*
❷ MED Linderungsmittel *nt*
II. *adj inv* lindernd, beruhigend; *(fig)* sanft, beruhigend; ~ **words** besänftigende Worte

emolu·ment [ɪ'mɒljʊmənt, AM -'mɑ:l-] *n (form: compensation)* Vergütung *f; (fee)* Honorar *nt; (salary)* Bezüge *pl,* Einkünfte *pl*

'e-mon·ey *n no pl* INET E-Money *nt (allgemeine Bezeichnung für Zahlungsweisen im Internet)*

emote [ɪ'məʊt, AM 'moʊt] *vi* seine Gefühle ausdrücken, Emotionen spielenlassen; *(in excessive manner)* dramatisieren; THEAT Gefühle mimen

emo·ti·con [ɪ'məʊtɪkɒn, AM -'moʊtɪkɑ:n] *n* INET Emoticon *nt (bei Kommunikation via Internet verwendete Zeichenkombination, die eine Gefühlsäußerung wiedergibt)*

emot·ing [ɪ'məʊtɪŋ, AM -'moʊt-] *n no pl* Gefühlsausdruck *m,* Ausdrücken *nt* von Emotionen

emo·tion [ɪ'məʊʃən, AM -'moʊ-] *n* Gefühl *nt,* Emotion *f;* **to be driven by ~** sich *akk* von seinen Gefühlen leiten lassen; **to be overcome by** [*or* **with**] **~** von [seinen] Gefühlen überwältigt [*o* übermannt] werden

emo·tion·al [ɪ'məʊʃənəl, AM -'moʊ-] *adj* ❶ *(involving emotion)* emotional, emotionell; *decision* gefühlsmäßig; *speech* gefühlsbetont; *voice* gefühlvoll; ***he doesn't want ~ involvement with anyone*** er will sich auf niemanden gefühlsmäßig einlassen; **~ charge** emotionale Angespanntheit; **~ experience** erregende Erfahrung; **to have an ~ impact on sb** jdn emotional berühren; **~ reception** herzlicher Empfang; **to make an ~ appeal to sb** an jds Gefühle appellieren; **to suffer an ~ collapse** einen Nervenzusammenbruch erleiden
❷ PSYCH *development* seelisch; **~ blackmail** psychologische Erpressung; **to use ~ blackmail against sb** jdn psychisch unter Druck setzen; **~ character** [*or* **disposition**] leichte Erregbarkeit; **~ person** leicht erregbare Person

emo·tion·al·ism [ɪ'məʊʃənəlɪzəm, AM -'moʊ-] *n no pl*
❶ *(pej: being too emotional)* Rührseligkeit *f pej,* Gefühlsduselei *f pej*
❷ *(full of emotion) of lyrics, words* Emotionalität *f,* Gefühlsbetontheit *f*

emo·tion·al·ly [ɪ'məʊʃənəli, AM -'moʊ-] *adv* ❶ *(involving emotion)* emotional, gefühlsmäßig; **to be ~ involved with sb/sth** sich *akk* jdm/etw sehr verbunden fühlen; **to get ~ involved with sb** sich *akk* emotional auf jdn einlassen
❷ PSYCH **~ constipated** [emotional] gehemmt; **~ disturbed** seelisch gestört, blockiert

emo·tion·al·ly 'charged *adj* emotionsgeladen

emo·tion·less [ɪ'məʊʃənləs, AM -'moʊ-] *adj* emotionslos, gefühllos; *face* ausdruckslos; *voice* gleichgültig

emo·tive [ɪ'məʊtɪv, AM -'moʊt̬-] *adj* emotional, gefühlsbetont; LING, PSYCH emotiv *fachspr;* **~ term** [*or* **word**] Reizwort *nt*

emo·tive·ly [ɪ'məʊtɪvli, AM -'moʊt̬-] *adv* emotional, gefühlsbetont

em·pan·el, AM *usu* **impanel** [ɪm'pænəl, -em'-, AM em'-, ɪm'-] *vt* LAW ■**to ~ sb** jdn in die Geschworenenliste eintragen [*o* als Geschworenen einsetzen]; **to ~ a jury** eine Geschworenenliste aufstellen

em·pa·thet·ic [empə'θetɪk, AM -'θet̬-] *adj* einfühlsam, einfühlend; PSYCH empathisch

em·pa·thize ['empəθaɪz] *vi* ■**to ~ with sb** sich *akk* in jdn einfühlen [*o* hineinversetzen]

em·pa·thy ['empəθi] *n no pl* Einfühlungsvermögen *nt;* PSYCH Empathie *f fachspr*

em·per·or ['empərəʳ, AM -ɚɚ] *n* Kaiser *m*

em·per·or 'moth *n* Kleines Nachtpfauenauge **em·per·or 'pen·guin** *n* Kaiserpinguin *m*

em·pha·sis <*pl* -ses> ['em(p)fəsɪs] *n* ❶ *(importance)* Betonung *f,* Bedeutung *f,* Schwerpunkt *m;* **to lay** [*or* **place**] [**great**] **~ on sth** [großen] Wert [*o* [großes] Gewicht] auf etw *akk* legen, etw [sehr] betonen; **to shift the ~** [**onto sth**] den Schwerpunkt [auf etw *akk*] verlagern; **to place** [**far**] **greater ~ on sth** etw stärker akzentuieren, einen stärkeren Akzent auf etw *akk* legen
❷ LING *(accent)* Betonung *f,* Akzent *m*

em·pha·size ['em(p)fəsaɪz] *vt* ❶ *(put emphasis on)* ■**to ~ sth** etw betonen [*o* hervorheben]; ***he ~d that all the people taking part in the research were volunteers*** er legte Wert auf die Feststellung, dass alle Probanden freiwillig teilnahmen
❷ *(put accent)* ■**to ~ sth** etw betonen
❸ *(make stand out)* ■**to ~ sth** etw hervorheben

em·phat·ic [ɪm'fætɪk, em'-, AM em'fæt̬-, ɪm'-] *adj*
❶ *(strong)* nachdrücklich, emphatisch *geh;* **~ denial** [*or* **rejection**] entschiedene [*o* energische] Ablehnung
❷ *(insistent)* eindringlich, nachdrücklich; ***she was ~ in her rejection of the accusation*** sie wies die Anschuldigung mit Entschiedenheit zurück; ***he's most ~ that he should talk to you*** er besteht darauf, dass er unbedingt mit dir reden muss
❸ *(decisive)* ausdrücklich, bestimmt; **~ victory** deutlicher [*o* klarer] Sieg

em·phati·cal·ly [ɪm'fætɪkli, em'-, AM em'fæt̬-, ɪm'-] *adv* mit Nachdruck, nachdrücklich, ausdrücklich, emphatisch *geh;* **to ~ reject sth** etw entschieden [*o* energisch] zurückweisen

em·phy·sem·a [ˌem(p)fɪ'si:mə, AM -fə'si:-, -'zi:-] *n no pl* MED Emphysem *nt fachspr*

em·pire ['empaɪəʳ, AM -ɚ] *n* Imperium *nt,* [Welt]reich *nt; (fig)* Imperium *nt;* **economic/financial ~** Wirtschafts-/Finanzimperium *nt*

'em·pire build·er *n* ❶ *(augmenter of an empire)* Architekt *m* eines Weltreiches *fig* ❷ *(power seeker) Person oder Organisation, die auf Erweiterung des eigenen Machtbereichs bedacht ist* **'em·pire-build·ing** *n no pl* ❶ *(strengthening of a state)* Aufbau *m* eines Staatsgebildes ❷ *(fig: strengthening of own power) tätiges Streben nach Machtzuwachs*

em·piri·cal [ɪm'pɪrɪkəl, em'-, AM *esp* em'-] *adj* erfahrungsmäßig; SCI empirisch; **~ value** Erfahrungswert *m*

em·piri·cal·ly [ɪm'pɪrɪkəli, em'-, AM *esp* em'-] *adv* SCI empirisch

em·piri·cism [ɪm'pɪrɪsɪzəm, em'-, AM *esp* em'-] *n no pl* SCI Empirie *f;* PHILOS Empirismus *m*

em·piri·cist [ɪm'pɪrɪsɪst, em'-, AM *esp* em'-] *n* SCI Empiriker(in) *m(f);* PHILOS Empirist(in) *m(f)*

em·place·ment [ɪm'pleɪsmənt, AM em'-] *n* MIL Geschützstand *m,* Stellung *f*

em·plane [ɪm'pleɪn, AM em'-] **I.** *vt* ■**to ~ sb/sth** jdn/etw an Bord nehmen
II. *vi* an Bord gehen

em·ploy [ɪm'plɔɪ, AM em'-] **I.** *vt* ❶ *(pay to do work)* ■**to ~ sb** [**as sth**] jdn [als etw *akk*] beschäftigen; *(take into service)* jdn [als etw *akk*] einstellen [*o* anstellen]; ***they ~ twenty staff*** sie haben zwanzig Angestellte; ***she's ~ed as an editor with PONS*** sie arbeitet als Redakteurin bei PONS; **to be ~ed with a company** bei einer Firma arbeiten; ■**to ~ sb to do sth** jdn beauftragen [*o* engagieren], etw zu tun
❷ *(fig)* ■**to ~ sth** *(put to use)* etw einsetzen; *(use)* etw anwenden; **to ~ one's intellect** seinen Verstand gebrauchen; **to ~ one's time** seine Zeit nutzen; ■**to ~ oneself in** [*or* **with**] **doing sth** damit beschäftigt sein, etw zu tun
II. *n no pl (form or dated)* Beschäftigung *f;* ■**to be in the ~ of sb** [*or* **in sb's ~**] bei jdm beschäftigt sein

em·ploy·able [ɪm'plɔɪəbl, AM em'-] *adj* ❶ *(to be hired)* vermittelbar; ***a university degree would make him more ~*** mit einem Universitätsabschluss hätte er auf dem Arbeitsmarkt bessere Chancen
❷ *(usable) method, technique* anwendbar, verwendbar

em·ployed [ɪm'plɔɪd, AM em'-] **I.** *adj* ECON, FIN ❶ *(in paid work)* ***he is not gainfully ~*** er ist nicht erwerbstätig; **self-~** selbstständig
❷ *(used profitably)* arbeitend, Gewinn bringend angelegt; **return on capital ~** Rentabilität *f* des Kapitaleinsatzes
II. *n* ECON, FIN ■**the ~** *pl* die Arbeitnehmer; **the self-~** die Selbstständigen

em·ployee [ɪm'plɔɪi:, AM em'-] **I.** *n* Angestellte(r) *f(m),* Mitarbeiter(in) *m(f); (vs employer)* Arbeitnehmer(in) *m(f),* Beschäftigte(r) *f(m);* ■**~s** *pl (in company)* Belegschaft *f; (vs employers)* Arbeitnehmerschaft *f,* Arbeitnehmer *pl;* **to be an ~ of a bank/of the university** bei einer Bank/an der Universität angestellt sein
II. *n* ECON, FIN **~ share** [*or* AM **stock**] **ownership plan** Belegschaftsaktienfonds *m*

em·ployee 'buy·out *n* ECON Aufkauf *m* durch die Belegschaft **em·ployee 'coun·cil** *n* ADMIN Personalvertretung *f* **em·ployee in·'sur·ance** *n no pl* Belegschaftsversicherung *f* **em·ployee par·tici·'pa·tion pro·gramme** *n* Mitarbeiterbeteiligungsprogramm *nt* **em·ployee 'pay·roll** *n* Gehaltsliste *f* **em·ployee rep·re·sen·'ta·tion** *n no pl* Arbeitnehmervertretung *f* **em·ployee rep·re·'sen·ta·tive** *n* Arbeitnehmervertreter(in) *m(f)* **em·ployee re·spon·si'bil·ity** *n* Mitverantwortung *f*

em·ployee's 'sav·ings pre·mium *n* ECON Arbeitnehmersparzulage *f*

em·ploy·er [ɪm'plɔɪəʳ, AM em'plɔɪɚ] *n* Arbeitgeber(in) *m(f);* **~s and employees** Arbeitgeber und Arbeitnehmer; **~s' federation** [*or* **association**] Arbeitgeberverband *m*

employer-'financed *adj inv* arbeitgeberfinanziert

em·'ploy·ers' as·so·cia·tion *n* Arbeitgeberverband *m* **em·ploy·er's con·tri·'bu·tion** *n* ECON

Arbeitgeberanteil *m* **em·ploy·er's lia·'bil·ity** *n* LAW Unternehmerhaftpflicht *f* **em·'ploy·er's or·gani·za·tion, em·'ploy·er's as·so·cia·tion** *n* ECON, FIN Arbeitgeberverband *m*

em·ploy·ment [ɪm'plɔɪmənt, AM em'-] *n no pl* ❶ *(having work)* Beschäftigung *f; (taking on)* Anstellung *f,* Einstellung *f;* **conditions of ~** Arbeitsvertragsbedingungen *pl;* **security of ~** Arbeitsplatzsicherheit *f;* **full ~** Vollbeschäftigung *f;* **full-time ~** Ganztagsbeschäftigung *f;* **part-time ~** *(part of day)* Halbtagsbeschäftigung *f; (part of week)* Teilzeitbeschäftigung *f;* **temporary ~** Zeitarbeit *f;* **to be in ~** BRIT *(form)* erwerbstätig sein; **to be in sb's ~** [*or* **in the ~ of sb**] bei jdm angestellt sein; **to be out of ~** erwerbslos sein; **to be without ~** ohne Arbeit [*o* erwerbslos] sein; **to find sb alternative ~** für jdn eine andere Stelle finden; **to give ~ to sb** jdn beschäftigen; **to take up ~ with a company** bei einer Firma eine Stelle annehmen; **level of ~** Beschäftigungsgrad *m*
❷ *(profession)* Beruf *m,* Tätigkeit *f,* Beschäftigung *f;* ***what's your ~?*** was sind Sie von Beruf?
❸ *(fig: use) of skill* Anwendung *f; of means* Einsatz *m; of a concept* Verwendung *f*

em·'ploy·ment agen·cy *n* Arbeitsvermittlung *f* **em·'ploy·ment bu·reau** *n* Stellenvermittlung *f,* Arbeitsvermittlungsstelle *f* **em·'ploy·ment cer·tifi·cate** *n* Arbeitszeugnis *nt* **em·'ploy·ment con·tract** *n* ECON Arbeitsvertrag *m* **em·'ploy·ment creat·ing meas·ure** *n* Arbeitsbeschaffungsmaßnahme *f* **em·'ploy·ment creat·ing scheme** *n* Arbeitsbeschaffungsprogramm *nt* **em·'ploy·ment data** *n + sing/pl vb* Beschäftigungsdaten *pl* **em·'ploy·ment ex·change** *n* BRIT *(dated),* **em·'ploy·ment of·fice** *n* BRIT ≈ Bundesagentur *f* für Arbeit **em·'ploy·ment re·la·tion·ship** *n* Beschäftigungsverhältnis *nt* **em·'ploy·ment struc·ture** *n* Arbeitsstruktur *f*

em·po·rium <*pl* -s *or* -ia> [em'pɔːriəm, *pl* -riə] *n (shop)* Kaufhaus *nt,* Warenhaus *nt bes* SCHWEIZ; *(market)* Handelszentrum *nt*

em·pow·er [ɪm'paʊəʳ, AM em'paʊɚ] *vt* ❶ *(make mentally stronger)* ■**to ~ oneself/sb** sich/jdn [mental] stärken [*o* aufbauen]
❷ *(give ability)* ■**to ~ sb to do sth** jdn befähigen, etw zu tun; *(authorize)* jdn ermächtigen [*o* autorisieren], etw zu tun

em·pow·er·ment [ɪm'paʊəmənt, AM em'paʊɚ-] *n no pl (authorization)* Bevollmächtigung *f,* Ermächtigung *f; of minorities, the underprivileged* Stärkung *f,* Unterstützung *f*

em·press <*pl* -es> ['emprəs] *n* Kaiserin *f*

emp·ti·ly ['em(p)tɪli] *adv* leer; **to look ~ at sb/sth** jdn/etw ausdruckslos ansehen

emp·ti·ness ['em(p)tɪnəs] *n no pl* Leere *f*

emp·ty ['em(p)ti] **I.** *adj* ❶ *(with nothing inside)* leer; *(with no people) ship, train* leer; *house, flat* leer stehend *attr; castle* unbewohnt; *(without cargo)* unbeladen; *(unfurnished)* unmöbliert; *(not taken) chair* frei; ***the larder was ~ of food*** in der Speisekammer waren keine Lebensmittel mehr; ***you shouldn't drink alcohol on an ~ stomach*** du solltest auf nüchternen Magen keinen Alkohol trinken; **~ of people** menschenleer; **to stare into ~ space** ins Leere starren
❷ FOOD nährstoffarm; **~ calories** wertlose Kalorien
❸ *(fig: without purpose, meaning)* leer, nichtssagend; ***her life felt ~*** ihr Leben fühlte sich leer an; **to lead an ~ existence** ein armseliges Leben führen; **~ gestures/promises/threats/words** leere Gesten/Versprechungen/Drohungen/Worte; **~ talk** hohles Gerede
II. *vt* <-ie-> ■**to ~ sth** etw [ent]leeren; ***he emptied the bath*** er ließ das Wasser aus der Badewanne; ***he emptied the contents of the tin into the saucepan*** er schüttete den Inhalt der Dose in den Kochtopf; **to ~ one's bladder/bowels** seine Blase/seinen Darm entleeren; **to ~ a bottle** eine Flasche ausleeren; **to ~ a house** ein Haus räumen; *(hum) burglar* ein Haus leer räumen; **to ~ sth into the sink** etw in den Ausguss [*o* SCHWEIZ Schüttstein] [*o* SCHWEIZ Spültrog] schütten
III. *vi* <-ie-> sich *akk* leeren; *water* auslaufen; *river* münden
IV. *n* ■**empties** *pl* Leergut *nt*

◆**empty out I.** *vt* ■**to ~ out** ⊂ **sth** etw ausleeren; ***she emptied her bag out onto the desk*** sie leerte den Inhalt ihrer Tasche auf den Tisch
II. *vi* sich *akk* leeren

emp·ty-'hand·ed *adj* mit leeren Händen; **to return ~** *(fig)* unverrichteter Dinge zurückkehren **emp·ty-'head·ed** *adj* hohl[köpfig], strohdumm *fam* **emp·ty 'nest** *n (fig) Haushalt, aus dem die erwachsenen Kinder ausgezogen sind* **emp·ty-'nest·er** *n* AM *Elternteil in einem Haushalt, aus dem die erwachsenen Kinder bereits ausgezogen sind* **emp·ty 'weight** *n* Leergewicht *nt*

em·pur·ple [ɪm'pɜːpl̩, AM em'pɜːr-] *vt* ❶ *(make angry)* ■**to ~ sb** jdn in Rage bringen
❷ *(make purple)* ■**to ~ sth** etw violett färben; *(make red)* etw purpurrot färben

em rule ['emruːl] *n* BRIT [verlängerter] Gedankenstrich *(in der Breite eines ‚m')*

EMS [ˌiːem'es] *n no pl* ECON *abbrev of* **European Monetary System** EWS *nt*

EMT [ˌiːem'tiː] *n esp* AM MED *abbrev of* **Emergency Medical Technician** Rettungsassistent(in) *m(f)*

emu <*pl* - *or* -s> ['iːmjuː] *n* Emu *m*

EMU [ˌiːem'juː] *n no pl* ECON *abbrev of* **European Monetary Union** EWU *f*

emu·late ['emjəleɪt] *vt* ❶ *(copy)* ■**to ~ sb/sth** jdm/etw nacheifern
❷ COMPUT ■**to ~ sth** etw emulieren *fachspr*

emu·la·tion [ˌemjə'leɪʃᵊn] *n no pl* Nacheifern *nt,* Nachahmen *nt;* COMPUT Emulation *f fachspr*

emu·lous ['emjələs] *adj* ❶ *(seeking to emulate)* ■**to be ~ of sth** etw *dat* nacheifern
❷ *(by spirit of rivalry)* konkurrierend, wetteifernd; **~ actions** Nachahmungsversuche *pl*

emul·si·fier [ɪ'mʌlsɪfaɪəʳ, AM -ɚ] *n* Emulgator *m*

emul·si·fy <-ie-> [ɪ'mʌlsɪfaɪ] **I.** *vt* ■**to ~ sth** etw zu einer Emulsion verbinden, *fachspr* emulgieren
II. *vi* eine Emulsion bilden, emulgieren *fachspr*

emul·sion [ɪ'mʌlʃᵊn] *n* ❶ *(mixture)* Emulsion *f*
❷ BRIT *(paint)* Dispersionsfarbe *f*

en·able [ɪ'neɪbl̩] *vt* ❶ *(give the ability)* ■**sth ~s sb to do sth** etw ermöglicht jdm, etw zu tun
❷ COMPUT ■**to ~ sth** etw aktivieren

en·abler [ɪ'neɪbləʳ, AM -ɚ] *n Person oder Organisation, die etwas ermöglicht;* COMPUT Enabler *m fachspr*

en·abling act [ɪ'neɪblɪŋ,-] *n* LAW, POL Ermächtigungsgesetz *nt;* AM *(legalizing the unlawful)* Anpassungsgesetz *nt,* gesetzliche Sonderregelung **en·'abling clause** *n* LAW Ermächtigungsklausel *f* **en·abling leg·is·'la·tion, en·'abling stat·ute** *n* Ermächtigungsgesetz *nt*

en·act [ɪ'nækt] *vt* ❶ LAW ■**to ~ sth** etw erlassen [*o* gesetzlich verordnen]; **to ~ legislation** Gesetze erlassen; ■**to ~ that ...** verfügen, dass ...; ■**to be ~ed** *legislation* Gesetzeskraft erlangen
❷ *(carry out)* **to ~ a plan** einen Plan ausführen
❸ THEAT **to ~ a part/role** einen Part/eine Rolle spielen; **to ~ a play** ein Stück aufführen
❹ *(fig)* ■**to be ~ed** *scene* sich abspielen

en·act·ment [ɪ'næktmənt] *n* ❶ LAW Verfügung *f,* Erlass *m,* gesetzliche Bestimmung; *(carrying out a legislation)* Verabschiedung *f*
❷ *no pl (carrying out) of a plan* Ausführung *f*
❸ THEAT *(performance)* Aufführung *f*

enam·el [ɪ'næmᵊl] **I.** *n* ❶ *(substance)* Email *nt,* Emaille *f fam*
❷ *(part of tooth)* Zahnschmelz *m*
❸ *(paint)* Emaillelack *m,* Glasur *f*
II. *n modifier* Emaille-
III. *vt* <BRIT -ll- *or* AM *usu* -l-> ■**to ~ sth** etw emaillieren; ■**~led** emailliert

enam·elled [ɪ'næmᵊld] *adj inv* emailliert, Email-

en·am·or *vt* AM *see* **enamour**

en·am·ored *adj pred* AM *see* **enamoured**

en·amour, AM **en·amor** [ɪ'næməʳ, AM -ɚ] *vt usu passive* ■**to be ~ed of** [*or* **with**] **sb/sth** *(taken by)* von jdm/etw [besonders] angetan sein; *(infatuated with)* in jdn/etw verliebt sein

en·am·oured, AM **en·am·ored** [ɪ'næməʳd, AM -ɚd] *adj pred* ■**to be ~ with** [*or* **of**] **sth** von etw *dat* begeistert sein; ■**to be ~ with** [*or* **of**] **sb** in jdn verliebt sein

en·antio·mer·ic [enˌæntiə'merɪk] *adj inv* CHEM enantiomer

en·antio·mer·ism [enˌæntiəʊ'merɪzᵊm, AM -tioʊ-] *n no pl* CHEM Enantiomerie *f*

en·antio·morph [ɪ'næntiə(ʊ)mɔːf, AM -oʊmɔːrf] *n* ❶ *(mirror image)* Spiegelbild *nt*
❷ CHEM Enantiomer *nt fachspr,* Spiegelbildisomer *nt fachspr,* enantiomorphe Form *fachspr*

en bloc [ˌɑ̃ː(m)'blɒk, AM ɑ̃ː(m)'blɑːk] *adv inv* im Ganzen, als Ganzes, en bloc

enc. *see* **encl.**

en·camp [ɪn'kæmp, AM en'-] **I.** *vt* ■**to be ~ed** das Lager aufgeschlagen haben
II. *vi* sein Lager aufschlagen; MIL [ein] Lager beziehen

en·camp·ment [ɪn'kæmpmənt, AM en'-] *n (place)* Lager *nt; (living in camp)* Lagern *nt*

en·cap·su·late [ɪn'kæpsjəleɪt, AM en'-] *vt* ■**to ~ sth** ❶ *(totally enclose)* PHARM etw in Kapseln abfüllen; *(put capsule around)* etw ummanteln; ***the nuclear waste was ~d in concrete*** der Atommüll wurde in Beton eingeschlossen
❷ *(fig: express the essence)* etw zusammenfassen; **to ~ an atmosphere** eine Stimmung einfangen

en·cap·su·lat·ed [ɪn'kæpsjəleɪt, AM en'-] *adj* COMPUT verkapselt

en·cap·su·la·tion [ɪnˌkæpsjə'leɪʃᵊn, AM enˌ-] *n* ❶ *(enclose) of waste material* Ummantelung *f,* Verkapselung *f; of nuclear waste* Einschließen *nt; (in capsule)* Einkapseln *nt;* PHARM Abfüllen *nt* in Kapseln
❷ LIT Zusammenfassung *f,* geraffte Darstellung
❸ *(fig) of an atmosphere* Einfangen *nt kein pl*

en·case [ɪn'keɪs, AM en'-] *vt usu passive* ■**to be ~d** ummantelt [*o* verkleidet] sein; *cake* überzogen sein; ■**to be ~d** [**in sth**] *waste* [in etw *dat*] eingeschlossen sein; **a diamond ~d in pure gold** ein Diamant *m* in reines Gold gefasst; **to be ~d in plaster** eingegipst sein

en·cash [ɪn'kæʃ] *vt* ECON, FIN ■**to ~ sth** *cheque* etw einlösen

en·cash·able [ɪn'kæʃəbl̩] *adj inv* ECON, FIN einlösbar

en·cash·ment [ɪn'kæʃmənt] *n* ECON, FIN Einlösung *f,* Inkasso *nt*

en·cepha·li·tis [ˌenkefə'laɪtɪs, AM enˌsefə'laɪt̬ɪs] *n* MED Enzephalitis *f fachspr,* Gehirnentzündung *f*

en·cepha·lo·gram [en'kefələgræm, AM en'sefəloʊ-] *n* MED Enzephalogramm *nt fachspr,* Röntgenaufnahme *f* des Gehirns

en·cepha·lo·graph [en'kefələgrɑːf, AM en'sefəloʊgræf] *n* MED Enzephalograf *m fachspr*

en·cepha·lon <*pl* -la> [en'kefəlɒn, AM en'sefəlɑːn, *pl* -lə] *n* ANAT Enzephalon *nt fachspr,* Gehirn *nt*

en·chain [ɪn'tʃeɪn, AM en'-] *vt* ❶ *(chain up)* ■**to ~ sb** jdn in Ketten legen; **to ~ a dog** einen Hund an die Kette legen
❷ *(hold fast)* ■**to ~ sb** jdn fesseln; **to ~ sb's attentions** jds Aufmerksamkeit fesseln; **to ~ sb's emotions** jdn faszinieren
❸ *(fig: impede)* ■**to ~ sb** jdn behindern [*o* einschränken]

en·chant [ɪn'tʃɑːnt, AM en'tʃænt] *vt* ■**to ~ sb** [**with sth**] *(delight)* jdn [mit etw *dat*] entzücken [*o* bezaubern]; *(bewitch)* jdn [mit etw *dat*] verzaubern

en·chant·ed [ɪn'tʃɑːntɪd, AM en'tʃænt̬ɪd] *adj (delighted)* entzückt; *(liter: bewitched)* verzaubert; **~ forest** [*or* **wood**] Zauberwald *m*

en·chant·er [ɪn'tʃɑːntəʳ, AM en'tʃænt̬ɚ] *n (dated)* Zauberer *m*

en·chant·ing [ɪn'tʃɑːntɪŋ, AM en'tʃænt̬-] *adj* bezaubernd, entzückend, hinreißend

en·chant·ing·ly [ɪn'tʃɑːntɪŋli, AM en'tʃæn-] *adv* bezaubernd, entzückend

en·chant·ment [ɪn'tʃɑːntmənt, AM en'tʃænt-] *n (delight)* Entzücken *nt; (charm)* Zauber *m,* Liebreiz *m geh o veraltend*

en·chant·ress <*pl* -es> [ɪn'tʃɑːntrɪs, AM en'tʃænt-] *n* *(sorceress)* Zauberin *f,* Magierin *f; (alluring female)* bezaubernde Frau

en·chi·la·da [ˌentʃɪˈlɑːdə] *n* Enchilada *f*

en·ci·pher [ɪnˈsaɪfəʳ, AM enˈsaɪfɚ] *vt* ■**to ~ sth** etw chiffrieren [*o* verschlüsseln]

en·cir·cle [ɪnˈsɜːkl̩, AM enˈsɜːr-] *vt* ■**to ~ sb/sth** *(enclose)* jdn/etw umgeben; *(make a circle around)* jdn/etw einkreisen; MIL jdn/etw einkesseln; ***the M25 ~s London*** die M25 führt ringförmig um London herum; **to ~ the enemy** den Feind umzingeln [*o* einschließen]

en·circle·ment [ɪnˈsɜːkl̩mənt, AM enˈsɜːr-] *n* Einkreisung *f;* ARCHIT Umschließung *f;* MIL Umzingelung *f,* Einkesselung *f*

encl. I. *adj abbrev of* **enclosed** Anl.
II. *n abbrev of* **enclosure** Anl.

en·clave [ˈenkleɪv] *n* Enklave *f*

en·clit·ic [ɪnˈklɪtɪk, AM enˈklɪt̬ɪk] LING I. *adj* enklitisch *fachspr*
II. *n* Enklitikon *nt fachspr*

en·close [ɪnˈkləʊz, AM enˈkloʊz] *vt* ■**to ~ sth** ❶ *(surround)* etw umgeben; *(shut in)* etw einschließen; TECH etw einschließen [*o* einkapseln]; **to ~ sth in brackets** etw einklammern; **to ~ sth with a fence** etw einzäunen [*o* einfrieden]
❷ *(include in same envelope)* etw beilegen [*o* beifügen]; ***please find ~d ...*** in der Anlage [*o* beiliegend] senden wir Ihnen ...

en·closed [ɪnˈkləʊzd, AM enˈkloʊzd] *adj (separated)* abgegrenzt; *(surrounded by fence)* eingezäunt, eingefriedet; *(shut in)* eingeschlossen; **~ order** REL geschlossener Orden; **in ~ spaces** in geschlossenen Räumen

en·clo·sure [ɪnˈkləʊʒəʳ, AM enˈkloʊʒɚ] *n* ❶ *(enclosed area)* eingezäuntes [*o* eingefriedetes] Grundstück, Einfriedung *f; (for keeping animals)* Gehege *nt; (paddock)* Koppel *f*
❷ *(act of enclosing)* Einfriedung *f; (with fence)* Einzäunung *f,* Einzäunen *nt,* SCHWEIZ *a.* Einhagen *nt,* Umzäunung *f,* Umzäunen *nt,* SCHWEIZ *a.* Umhagen *nt;* LAW Privatisierung *f* durch Einfriedung
❸ BRIT SPORT Zuschauerbereich *m;* **Royal E~** *Zuschauerbereich für die königliche Familie*
❹ *(enclosed item)* Anlage *f,* Beilage *f* SCHWEIZ

en·code [ɪnˈkəʊd, AM enˈkoʊd] *vt* ■**to ~ sth** ❶ *(put into code)* etw kodieren [*o* chiffrieren]; COMPUT etw kodieren
❷ LING etw enkodieren *fachspr*

en·cod·er [ɪnˈkəʊdəʳ, AM enˈkoʊdɚ] *n* ❶ *(sb, sth that encodes)* Chiffrierer(in) *m(f),* Verschlüss[e]ler(in) *m(f)*
❷ COMPUT Codeumsetzer *m;* **colour ~** Farbumsetzer *m*

en·cod·ing *n* COMPUT Umsetzung *f;* **binary ~** binäre Umsetzung

en·co·mia [ɪnˈkəʊmiə, AM enˈkoʊ-] *n pl of* **encomium**

en·co·mi·ast [ɪnˈkəʊmiæst, AM enˈkoʊ-, *pl* -miə] *n* ❶ *(pej: flatterer)* Schönredner(in) *m(f) pej,* Schmeichler(in) *m(f) a. pej*
❷ *(eulogist)* Lobredner(in) *m(f)*

en·co·mium <*pl* -s *or* -ia> [ɪnˈkəʊmiəm, AM enˈkoʊ-, *pl* -miə] *n (dated form)* Laudatio *f geh,* Lobrede *f*

en·com·pass [ɪnˈkʌmpəs, AM en-] *vt* ■**to ~ sth** etw umfassen [*o* beinhalten]; ***the festival ~es all forms of art*** auf dem Festival wird jede Art von Kunst angeboten

en·core [ˈɒŋkɔːʳ, AM ˈɑːnkɔːr] *n* Zugabe *f;* **to call for/receive an ~** eine Zugabe verlangen/bekommen; **to do sth as** [*or* **for**] **an ~** etw als Zugabe spielen; **to give an ~** eine Zugabe geben; **for an ~** *(fig)* obendrein, SCHWEIZ *a.* erst noch; ***... and then for an ~ he dropped our pizzas on the carpet!*** ... und dann fielen ihm auch noch unsere Pizzen auf den Teppich!

en·core ˈmar·riage *n no pl* Zweitehe *f*

en·coun·ter [ɪnˈkaʊntəʳ, AM enˈkaʊnt̬ɚ] I. *vt* ❶ *(experience)* ■**to ~ sb/sth** auf jdn/etw treffen [*o* stoßen]; **to ~ danger** in Gefahr geraten; **to ~ difficulties/resistance** auf Probleme/Widerstand stoßen
❷ *(unexpectedly meet)* ■**to ~ sb** jdn [unerwartet] treffen, jdm begegnen
II. *n* [Zusammen]treffen *nt,* Begegnung *f* (**between** zwischen +*dat*); SPORT Aufeinandertreffen *nt,* Begegnung *f;* MIL Zusammenstoß *m;* **chance ~** zufällige Begegnung; **verbal ~** Wortgefecht *nt*

en·cour·age [ɪnˈkʌrɪdʒ, AM enˈkɜːr-] *vt* ❶ *(give courage)* ■**to ~ sb** jdm Mut zusprechen [*o* machen]; *(give confidence)* jdn ermutigen [*o* bestärken]; *(give hope)* jdn unterstützen [*o* bestärken]
❷ *(urge)* ■**to ~ sb to do sth** jdn [dazu] ermuntern, etw zu tun; *(advise)* jdm [dazu] raten, etw zu tun
❸ *(support)* ■**to ~ sb/sth** jdn/etw unterstützen [*o* fördern]; ■**to ~ sb** SPORT jdn anfeuern
❹ *(make more likely)* ■**to ~ sth** etw fördern [*o* begünstigen]

en·cour·aged [ɪnˈkʌrɪdʒd, AM enˈkɜːr-] *adj* ■**to be ~ by sb** von jdm ermutigt werden; ■**to be ~ by sth** durch etw *akk* [neuen] Mut schöpfen; **to feel ~ by sth** sich *akk* durch etw *akk* ermutigt [*o* bestärkt] fühlen

en·cour·age·ment [ɪnˈkʌrɪdʒmənt, AM enˈkɜːr-] *n no pl (incitement)* Ermutigung *f; (urging)* Ermunterung *f;* SPORT Anfeuerung *f; (support)* Unterstützung *f,* Förderung *f;* **to be a great ~ to sb** jdm großen Auftrieb geben; **to give sb ~** jdn ermutigen [*o* ermuntern]; **to give** [**positive**] **~ to sth** etw fördern [*o* unterstützen]

en·cour·ag·ing [ɪnˈkʌrɪdʒɪŋ, AM enˈkɜːr-] *adj* ermutigend; ***he took her interest as an ~ sign*** ihr Interesse machte ihm Hoffnung; ***I found my teacher very ~*** meine Lehrerin hat mir sehr viel Mut gemacht

en·cour·ag·ing·ly [ɪnˈkʌrɪdʒɪŋli, AM enˈkɜːr-] *adv* ermutigend

en·croach [ɪnˈkrəʊtʃ, AM enˈkroʊ-] *vi* ■**to ~** [**up**]**on sb** zu jdm vordringen; ***exam time is ~ing upon us*** der Prüfungszeitraum rückt immer näher; ■**to ~** [**up**]**on sth** in etw *akk* eindringen; *troops* in etw *akk* vordringen; **to ~** [**up**]**on sb's rights** in jds Rechte eingreifen, jds Rechte beschneiden; **to ~ on sb's time** jds Zeit [über Gebühr] in Anspruch nehmen

en·croach·ment [ɪnˈkrəʊtʃmənt, AM enˈkroʊ-] *n* ❶ *(incursion)* Übergriff *m* (**on** auf +*akk*); *(interference)* Eingriff *m* (**on** in +*akk*); *(intrusion)* Eindringen *nt* (**on** in +*akk*); **an ~ on human rights** eine Verletzung der Menschenrechte
❷ *(gradual approach)* Vordringen *nt;* **the ~ of old age** das [unaufhaltsame] Fortschreiten des Alters
❸ *(on time)* Beanspruchung *f*

en·crust [ɪnˈkrʌst, AM en-] *vt* ■**to ~ sth** etw überkrusten; ■**to ~ sth with** [*or* **in**] **sth** *jewelry* etw mit etw *dat* besetzen

en·crus·ta·tion [ˌenkrʌsˈteɪʃən] *n* AM, AUS *see* **incrustation**

en·crust·ed [ɪnˈkrʌstɪd, AM en-] *adj* überkrustet; **~ with dirt/cement/earth** schmutz-/zement-/erdverkrustet; **to be ~ in gold** mit Gold überzogen sein; **a diamond-~ brooch** eine diamantenbesetzte Brosche; **to be ~ with jewels** [ganz] mit Edelsteinen besetzt sein

en·crypt [ɪnˈkrɪpt, AM en-] *vt usu passive* COMPUT, TV ■**to be ~ed** verschlüsselt sein

en·crypt·ed ˈe-mail sig·na·ture *n* INET elektronische Unterschrift

en·cryp·tion [ɪnˈkrɪpʃən, AM en-] *n no pl* TV Verschlüsselung *f;* COMPUT *also* Kodierung *f*

en·cum·ber [ɪnˈkʌmbəʳ, AM enˈkʌmbɚ] *vt usu passive* ■**to be ~ed with** [*or* **by**] **sth** *(be burdened)* mit etw *dat* belastet sein; *(be impeded)* durch etw *akk* behindert sein; **to be ~ed with debts** völlig verschuldet sein

en·cum·brance [ɪnˈkʌmbrən(t)s, AM en-] *n* ❶ *(burden)* Belastung *f; of debts* Last *f; (impediment)* Behinderung *f,* Hindernis *nt;* **to be without ~** ohne Anhang sein
❷ *(mortgage)* Belastung *f;* ■**~s** *pl* Hypothekenschulden *pl;* **free from ~s** schuldenfrei, lastenfrei; **~ on real property** FIN Grundpfandrecht *nt*

en·cyc·li·cal [ɪnˈsɪklɪkəl, AM en-] REL I. *n* Enzyklika *f*
II. *adj* enzyklisch; **~ letter** Enzyklika *f*

en·cy·clo·p(a)e·dia [ɪnˌsaɪkləˈpiːdiə, AM en-] *n* Lexikon *nt,* Enzyklopädie *f geh*

en·cyc·lo·p(a)e·dic [ɪnˌsaɪkləˈpiːdɪk, AM en-] *adj* universal, enzyklopädisch *geh*

end [end] I. *n* ❶ *(last, furthest point)* Ende *nt;* **at our/your ~** *(fam)* bei uns/euch; **from ~ to ~** von einem Ende zum anderen
❷ *(final part, finish)* Ende *nt,* Schluss *m;* **~ of the exchange session** STOCKEX Börsenschluss *m;* **~ of the quarter** Quartalsende *nt;* **~ of the term** Laufzeitende *nt;* **on ~** ununterbrochen; **for hours on ~** stundenlang
❸ *(limit)* Ende *nt;* **to be at the ~ of one's patience** mit seiner Geduld am Ende sein; **no ~ of trouble** reichlich Ärger
❹ *(completion)* Schluss *m;* ***there's an ~ of it!*** Schluss jetzt!; ***her career is now at an ~*** ihre Karriere ist jetzt zu Ende; **to come to an ~** zu Ende gehen; **to make an ~ of sth** mit etw *dat* Schluss machen; **to put an ~ to sth** etw *dat* ein Ende setzen; **to read a story to the ~** eine Geschichte zu Ende lesen; **at the ~ of next week** Ende nächster Woche; **at the ~ of six months** nach Ablauf von sechs Monaten; **without ~** unaufhörlich
❺ *(exhaustion)* Ende *nt;* **to be at an ~** fertig sein *fam; (fig)* pleite sein *fam*
❻ *(surface bounding extremities)* Ende *nt;* TECH Stirnseite *f,* Stirnfläche *f;* **~ to ~** der Länge nach; **~ on:** ***the table faced him ~ on*** er stand vor der kurzen Tischkante; ***place the table ~ on against the wall*** stell den Tisch mit der schmalen Seite an die Wand; **on ~** hochkant; ***my hair stood on ~*** mir standen die Haare zu Berge
❼ *usu pl (aims)* Ziel *nt,* Absicht *f; (purpose)* Zweck *m;* **for commercial ~s** zu kommerziellen Zwecken; **to achieve one's ~s** seine Ziele erreichen; **to this ~** zu diesem Zweck
❽ *(fig: matter of concern)* Teil *m;* ***I'm taking care of my ~ of the plan and hope he's taking care of his*** ich kümmere mich um meinen Teil des Plans und hoffe, dass er sich um seinen kümmert; ***you take care of the business ~ of things*** du kümmerst dich um das Geschäftliche
❾ *(result)* Ergebnis *nt;* ***the ~ of all that was that ...*** das Ende vom Lied war, dass ...
❿ *(death)* Ende *nt,* Tod *m;* **sudden/untimely ~** plötzliches/vorzeitiges Ende; **to meet one's ~** den Tod finden *geh;* **sb is nearing his/her ~** mit jdm geht es zu Ende
⓫ *(small leftover piece)* Rest *m,* Ende *nt; of a candle, cigarette* Stummel *m*
⓬ *(share in a business transaction)* Anteil *m,* SCHWEIZ *a.* Betreffnis *nt*
⓭ SPORT *(either half of a pitch)* [Spielfeld]hälfte *f; (player in American Football) den Seitenlinien am nächsten stehender Spieler*
⓮ COMPUT *(button on keyboard)* ‚Ende'
⓯ *(fam: the worst)* ***it's the ~*** das ist das Letzte *fam*
⓰ *esp* AM *(fam: the best)* ***it's the ~*** das ist das Größte *fam*
▸PHRASES: **all ~s up** völlig; **to become an ~ in itself** [zum] Selbstzweck werden; **to come to a bad** [*or* BRIT **sticky**] **~** ein schlimmes Ende nehmen; **at the ~ of the day** *(when everything is considered)* letzten Endes; *(finally, eventually)* schließlich, zum Schluss; **to go off the deep ~** hochgehen *fam;* **to hold** [*or* **keep**] **one's ~ up** sich *akk* nicht unterkriegen lassen *fam;* **in the ~** *(when everything is considered)* letzten Endes; *(finally, eventually)* schließlich, zum Schluss; **the ~ justifies the means** *(prov)* der Zweck heiligt die Mittel *prov;* **to make** [**both**] **~s meet** mit seinem Geld zurechtkommen, über die Runden kommen *fam;* **no ~** außerordentlich; ***that would please Granny no ~*** darüber würde Oma sich irrsinnig freuen *fam;* **to put an ~ to oneself** [*or* **it all**] Selbstmord begehen; **to reach the ~ of the line** [*or* **road**] am Ende sein; **~ of story** Schluss, aus, fertig *fam;* ***he deserved to be punished, ~ of story*** er hat die Strafe verdient und Schluss *fam;* [**and**] **that's the ~ of the story** [*or* **matter**] und jetzt Schluss damit!; **to be at the ~ of one's tether** [*or* AM **rope**] am Ende [seiner Kräfte]

E

sein; to throw sb in at the deep ~ jdn ins kalte Wasser werfen *fig;* **it's not the ~ of the world** davon geht die Welt nicht unter

II. *vt* ① *(finish)* ■**to ~ sth** etw beenden [*o* zu Ende bringen]

② *(make stop)* ■**to ~ sth** etw beenden, etw *dat* ein Ende setzen [*o* machen]

③ *(outdo)* **a film to ~ all films** der beste Film aller Zeiten

▶PHRASES: **to ~ it all** Selbstmord begehen

III. *vi* ① *(result in)* ■**to ~ in sth** in etw *dat* enden; **to ~ in divorce** mit der Scheidung enden; **to ~ in a draw** unentschieden ausgehen

② *(finish)* enden

◆**end up I.** *vt* ■**to ~ up sth** etw beenden; ***he ~ed up his speech with the words ...*** er [be]schloss seine Rede mit den Worten ...

II. *vi* enden; ***most of this meat will ~ up as dog food*** ein Großteil dieses Fleisches wird zu Hundefutter verarbeitet; ***after travelling around the world, she ~ed up teaching English as a foreign language*** nachdem sie durch die Welt gereist war, unterrichtete sie schließlich Englisch als Fremdsprache; **to ~ up in love with sb** sich *akk* [schließlich] in jdn verlieben; **to ~ up a rich man** ein reicher Mann werden; **to ~ up in prison** im Gefängnis landen *fam;* **to ~ up a prostitute** als Prostituierte enden; **to ~ up homeless** [schließlich] auf der Straße landen *fam;* **to ~ up penniless** [schließlich] ohne einen Pfennig [*o* ÖSTERR *fam* Groschen] [*o* SCHWEIZ *fam* Rappen] dastehen

en·dan·ger [ɪn'deɪndʒəʳ, AM en'deɪndʒɚ] *vt* ■**to ~ sb/sth** jdn/etw gefährden

en·dan·gered spe·cies [ɪn,deɪndʒəd'-, AM en'deɪndʒɚd'-] *n* vom Aussterben bedrohte Tierart

en dash ['endæʃ] *n* BRIT Bindestrich *m (in der Breite eines ‚n')*

'end bal·ance *n* FIN Endsaldo *m* **end con·'sum·er** *n* COMM Endverbraucher(in) *m(f)*

en·dear [ɪn'dɪəʳ, AM en'dɪr] *vt* ■**to ~ sb/oneself to sb** jdn/sich bei jdm beliebt machen

en·dear·ing [ɪn'dɪəʳɪŋ, AM en'dɪr-] *adj* lieb[enswert], reizend; **an ~ smile** ein gewinnendes Lächeln

en·dear·ing·ly [ɪn'dɪəʳɪŋli, AM en'dɪr-] *adv* lieb[enswert], reizend; **to smile ~** gewinnend lächeln

en·dear·ment [ɪn'dɪəʳmənt, AM en'dɪr-] *n* Zärtlichkeit *f;* **terms of ~** Koseworte *pl,* Kosenamen *pl;* **words of ~** liebe [*o* zärtliche] Worte

en·deav·our, AM **en·deav·or** [ɪn'devəʳ, AM en'devɚ] **I.** *vi* ■**to ~ to do sth** sich *akk* bemühen [*o* anstrengen], etw zu tun

II. *n* Anstrengung *f,* Bemühung *f; (striving)* Bestreben *nt;* **to make every ~ to do sth** alle Anstrengungen unternehmen, [um] etw zu tun

en·dem·ic [en'demɪk] *adj* BIOL, MED endemisch *fachspr; plant, animal* einheimisch; **to be ~ in certain regions** *diseases* nur in bestimmten Regionen auftreten; *plants* nur in bestimmten Regionen verbreitet sein

en·der·mic [en'dɜ:mɪk, AM -'dɜ:r-] *adj* MED endermal *fachspr*

end·game ['en(d)geɪm] *n* Endspiel *nt; (fig)* Finale *nt*

end·ing ['endɪŋ] *n* ① *(last part)* Ende *nt,* Schluss *m; of a day* Abschluss *m; of a story, book* Ausgang *m;* **happy ~** Happyend *nt*

② LING Endung *f*

en·dive ['endaɪv, -dɪv, AM 'endaɪv] *n* ① *(plant)* Endivie *f* BRD, ÖSTERR

② AM *(chicory)* Chicorée *m*

end·less ['endləs] *adj (without end)* endlos; *(innumerable)* unzählig; *(infinite)* unendlich; *(going on too long)* endlos, unendlich lang; ***the play seemed ~*** das Stück schien kein Ende zu nehmen

end·less·ly ['endləsli] *adv (infinitely)* endlos; *(incessantly)* unaufhörlich, ununterbrochen

'end line *n (in basketball, football)* Endlinie *f*

'end·most *adj* letzte(r, s)

endo·crine ['endə(ʊ)kraɪn, AM -dəkrɪn] *adj* MED endokrin *fachspr;* **~ gland** endokrine Drüse

endo·cri·nol·ogy [,endəʊkraɪ'nɒlədʒi, AM -doʊkrɪ'nɑ:-] *n no pl* SCI, MED Endokrinologie *f fachspr*

endo·er·gic [,endəʊ'ɜ:dʒɪk, AM -doʊ'ɜ:r-] *adj* CHEM endergonisch, Energie aufnehmend

'end-of-month *adj attr, inv* Ultimo *m;* **~ settlement** Ultimoabrechnung *f*

'end-of-pipe *adj attr (fam) solution* End-; *measure* im letzten Stadium *nach n* **'end-of-year** *n* FIN Jahresultimo *m;* **~ adjustments** *pl* FIN Rechnungsabgrenzung *f*

en·doga·my [ɪn'dɒgəmi, AM en'dɑ:g-] *n* SOCIOL Endogamie *f fachspr*

en·dog·enous [ɪn'dɒdʒənəs, AM en'dɑ:dʒə-] *adj* endogen *fachspr*

endo·metrio·sis [,endəʊ,mi:trɪ'əʊsɪs, AM -doʊ,mi:trɪ'oʊ-] *n* Endometriose *f fachspr*

endo·morph ['endə(ʊ)mɔ:f, AM -doʊmɔ:rf] *n* endomorph *fachspr;* MED *also* pyknisch *fachspr*

en·dor·phin [en'dɔ:fɪn, AM -'dɔ:r-] *n* MED, BIOL Endorphin *nt;* **~ high** *(fam)* Endorphin-High *nt;* **~ rush** Endorphinausschüttung *f*

en·dorse [ɪn'dɔ:s, AM en'dɔ:rs] *vt* ① FIN ■**to ~ sth** etw indossieren [*o* girieren] *fachspr;* **to ~ a cheque** einen Scheck auf der Rückseite unterschreiben [*o fachspr* indossieren]

② *usu passive* BRIT *(record driving offence)* ■**to be ~d** eine Strafe auf dem Führerschein vermerkt bekommen

③ *(declare approval for)* ■**to ~ sth** etw billigen [*o* gutheißen]; *(promote)* etw unterstützen

④ LAW ■**to ~ sth** den Inhalt einer Urkunde auf der Vorderseite vermerken

en·dorsee [,endɔ:'si:, AM -dɔ:r'-] *n* FIN Indossat[ar] *m fachspr,* Girat[ar] *m fachspr*

en·dorse·ment [ɪn'dɔ:smənt, AM en'dɔ:rs-] *n* ① *(support) of a plan* Billigung *f; (quotable recommendation)* Befürwortung *f,* Unterstützung *f;* ***the ~ of the running shoes by a famous athlete doubled the sales figures*** dadurch dass der berühmte Sportler die Turnschuhe gelobt hatte, verdoppelten sich die Verkaufszahlen

② FIN Indossament *nt fachspr; (act)* Indossierung *f fachspr;* **~ in blank** Blankoindossament *nt;* **~ in full** STOCKEX Vollindossament *nt*

③ *(note on insurance policy)* Nachtrag *m,* Zusatz *m*

④ BRIT LAW *(record of offence)* Strafvermerk *m (im Führerschein)*

en·dors·er [ɪn'dɔ:səʳ, AM en'dɔ:rsɚ] *n* FIN Indossant *m fachspr,* Girant *m fachspr*

endo·scope ['endə(ʊ)skəʊp, AM -doʊskoʊp] *n* MED Endoskop *nt*

endo·scop·ic [,endə(ʊ)'skɒpɪk, AM -doʊ'skɑ:p-] *adj* endoskopisch; **~ sympathectomy** endoskopische Sympathektomie [*o* Grenzstrangsektion] *fachspr*

en·dos·co·py [en'dɒskəpi, AM -'dɑ:-] *n* MED Endoskopie *f*

endo·skel·eton [,endəʊ'skelɪtᵊn, AM -doʊ'-] *n* BIOL, MED Endoskelett *nt fachspr,* Knochen- und Knorpelskelett *nt*

endo·sperm ['endəʊspɜ:m, AM -doʊspɜ:rm] *n* BOT Endosperm *nt fachspr,* Nährgewebe *nt*

en·dow [ɪn'daʊ, AM en'-] *vt* ① *(give income to)* ■**to ~ sb/sth** jdn/etw über eine Stiftung finanzieren; **to ~ sb with money** jdm Geld stiften; **to ~ a prize** einen Preis stiften

② *(give feature)* ■**to be ~ed with sth** mit etw *dat* ausgestattet sein, etw besitzen; ***this is one of the best-~ed universities in the world*** diese Universität gehört zu den finanziell am besten ausgestatteten der Welt; **to be ~ed with great beauty** mit großer Schönheit ausgestattet sein; **to be ~ed with brains** [*or* **intelligence**] intelligent sein; **to be well-~ed** *(hum)* viel Holz vor der Hütte haben *hum*

en·dow·ment [ɪn'daʊmənt, AM en'-] *n* ① FIN *(permanent income)* finanzielle Ausstattung, Stiftung *f;* ■**~s** *pl* Stiftungsgelder *pl*

② *(asset possessed)* Ausstattung *f; (natural talent)* Begabung *f*

③ BIOL **genetic ~** genetisches Erbgut

en·dow·ment as·'sur·ance, AM **en·dow·ment in·'sur·ance** *n* FIN Versicherung *f* auf Erlebensfall **en·'dow·ment funds** *npl* FIN Stiftungsvermögen *nt* **en·'dow·ment mort·gage** *n* BRIT FIN Hypothekendarlehen *nt* mit Lebensversicherung **en·'dow·ment poli·cy** *n* FIN Lebensversicherungspolice *f,* Kapitallebensversicherung *f*

'end·pa·per *n* TYPO Vorsatzblatt *nt,* Vorsatz *m* **'end·point** *n usu sing* ① *(finish)* Endpunkt *m* ② CHEM Umschlagspunkt *m* **end 'prod·uct** *n* Endprodukt *nt; (fig)* Resultat *nt,* Ergebnis *nt* **end re·'sult** *n* Endergebnis *nt* **'end-run** *adj attr* AM taktisch **'end run** *n* AM SPORT *Lauf des ballführenden Spielers beim American Football* **'end-stopped** *adj* LIT **~ verse** *durch eine Sprechpause gekennzeichnetes Versende* **'end ta·ble** *n* Beistelltisch *m*

'end-to-end *adj attr solution, plan, system* allumfassend

en·due [ɪn'dju:, AM en'du:] *vt (liter)* ■**to ~ sth/sb with sth** etw/jdn mit etw *dat* versehen [*o liter* begaben]; ***he was ~d with profound knowledge*** er verfügte über ein profundes Wissen, er war mit einem profunden Wissen begabt *liter*

en·dur·able [ɪn'djʊərəbl, AM en'dʊrə-, -djʊr-] *adj* erträglich; ***the pain became no longer ~*** der Schmerz wurde unerträglich

en·dur·ance [ɪn'djʊərᵊn(t)s, AM en'dʊrᵊn(t)s, -djʊr-] *n no pl (ability to withstand)* Ausdauer *f; (staying power)* Durchhaltevermögen *nt; (patience)* Geduld *f;* TECH Dauerleistung *f*

en·'dur·ance test *n (long-lasting strain)* Belastungsprobe *f,* Belastungstest *m;* TECH *(fatigue test)* Ermüdungsversuch *m,* Verschleißprüfung *f,* Dauertest *f*

en·dure [ɪn'djʊəʳ, AM en'dʊr, -djʊr] **I.** *vt* ■**to ~ sth/sb** *(tolerate)* etw/jdn ertragen; ***I can't ~ him*** ich kann ihn nicht ausstehen; *(suffer)* ■**to ~ sth** etw erleiden; ***I can't ~ that a moment longer*** ich halte das keinen Moment länger aus

II. *vi (form)* fortdauern, bestehen, Bestand haben *geh*

en·dur·ing [ɪn'djʊəʳɪŋ, AM en'dʊr-, -djʊr-] *adj (lasting)* dauerhaft, beständig; *(patient)* geduldig; **~ memories** bleibende Erinnerungen

en·du·ro [ɪn'djʊəʳəʊ, AM en'dʊroʊ, -djʊr-] *n* Langstrecken-Motorradrennen *nt,* Enduro-Rennen *nt*

end 'use *n* COMM Endverbrauch *m* **end 'user** *n* ① ECON Endverbraucher(in) *m(f),* Konsument(in) *m(f)* ② COMPUT Anwender(in) *m(f),* Benutzer(in) *m(f); (computer illiterate)* Endbenutzer(in) *m(f),* Endkunde, -kundin *m, f* **end user cer·'ti·fi·cate** *n* ECON *(to prevent breach of copyright) Endverbrauchernachweis zur Verhinderung von Raubkopien; (by private arms dealers)* Endverbleibsbestätigung *f* **end 'value** *n* Endwert *m;* FIN *also* Abschlusswert *m*

'end·ways, AM *also* **'end·wise** *adv inv (with end foremost)* längs; *(with end uppermost)* hochkant; *(with end facing viewer)* mit der Schmalseite [*o* dem Ende] nach vorn; *(end to end)* mit den Enden aneinander

'end zone *n* AM *(in American football)* Endzone *f*

ENE *abbrev of* **east-north-east** ONO

en·ema <*pl* -s *or* -ta> ['enɪmə, *pl* ɪ'nemətə] *n* MED Klistier *nt fachspr,* Einlauf *m*

en·emy ['enəmi] **I.** *n* Feind(in) *m(f);* **to be in the hands of the ~** in die Hände des Feindes geraten sein; **an ~ to reform** Reformgegner(in) *m(f);* **~ of the state** Staatsfeind(in) *m(f)*

II. *n modifier* MIL feindlich; **~ action** Feindeinwirkung *f;* **~ country** Feindesland *nt geh;* **~ desertion** Fahnenflucht des Feindes; **to be in ~ hands** in den Händen des Feindes sein

en·er·get·ic [,enə'dʒetɪk, AM -ɚ'dʒet̬-] *adj* ① *(full of energy)* voller Energie *präd,* energiegeladen, schwungvoll; *(resolute)* energisch

② *(euph: overactive)* anstrengend

en·er·geti·cal·ly [,enə'dʒetɪkᵊli, AM -ɚ'dʒet̬-] *adv* voller Energie, energiegeladen, schwungvoll; ***he ~ pursued his goals*** energisch verfolgte er seine Ziele

en·er·get·ics [,enə'dʒetɪks, AM -ɚ'dʒet̬-] *n + sing vb* PHYS Energetik *f*

en·er·gize ['enədʒaɪz, AM 'enɚ-] *vt* ① ELEC ■**to ~ sth** etw unter Strom setzen

② *(fig)* ■**to ~ sb** jdm neue Energie [*o* neuen

Schwung] geben; **to ~ the economy** die Wirtschaft ankurbeln

en·er·gy [ˈenədʒi, AM ˈenɚ-] *n* ① *no pl (vigour)* Energie *f,* Kraft *f;* ***I haven't got the ~ to go out tonight*** ich bin heute zu schlapp, um auszugehen; **to conserve one's ~** seine Kräfte schonen, mit seinen Kräften haushalten; **to be bursting** [*or* **brimming**] **with ~** vor Energie nur so sprühen; **to be full of ~** voller Energie stecken
② *(totality of individual's power)* Tatkraft *f,* Energie *f;* **to channel** [*or* **direct**] [**all**] **one's energies into sth** [all] seine Kräfte auf etw *akk* konzentrieren, seine Energie in etw *akk* reinstecken; **to concentrate one's energies on sth** all seine Energie für etw *akk* aufwenden
③ SCI Energie *f;* **~ crisis** Energiekrise *f;* **sources of ~** Energiequellen *pl*

ˈen·er·gy bar *n* AM Energieriegel *m,* Energiestängel *m* SCHWEIZ **ˈen·er·gy bar·ri·er** *n* SCI Energieschwelle *f* **en·er·gy con·ser·ˈva·tion** *n no pl* Energieeinsparung *f,* Energiesparen *nt;* TECH Energieerhaltung *f* **ˈen·er·gy ef·fi·cient** *adj* energiesparend *attr,* sparsam im Energieverbrauch *präd* **ˈen·er·gy-ef·fi·cient** *adj food, drink* Energie spendend *attr;* ■**to be ~** Energie spenden **en·er·gy-in·ˈten·sive** *adj* energieaufwändig **ˈen·er·gy price** *n* Energiepreis *m* **ˈen·er·gy re·sources** *npl* Energieressourcen *pl* **ˈen·er·gy-sav·ing** *adj* energiesparend **ˈen·er·gy sec·tor** *n* Energiesektor *m* **ˈen·er·gy shares** *npl* Aktien *pl* im Energiesektor

en·er·vate [ˈenəveɪt, AM ˈenɚ-] *vt (liter)* ■**to ~ sb** *(physically)* jdn entkräften [*o* schwächen]; *(mentally)* jdn entnerven; ***the humidity ~s me*** die Feuchtigkeit macht mir zu schaffen

en·er·vat·ing [ˈenəveɪtɪŋ, AM ˈenɚ-] *adj (liter)* strapazierend

e-ˈnews·let·ter [ˌiːˈnjuːzletəʳ] *n* Newsletter *m,* elektronisches Informationsblatt

en·fant ter·ri·ble <*pl* enfants terribles> [ˌɑː(n)fɑ̃ː(n)terˈiːbl(ə), AM ˌɑːnfɑːnterˈ-] *n (liter)* Enfant terrible *nt*

en·fee·ble [ɪnˈfiːbl, AM enˈ-] *vt (form)* ■**to ~ sb** jdn schwächen; ■**to ~ sth** etw schwächen [*o* entkräften]

en·fee·bled [ɪnˈfiːbld, AM enˈ-] *adj (form)* geschwächt; *person also* entkräftet

en·fold [ɪnˈfəʊld, AM enˈfoʊld] *vt (liter)* ■**to ~ sb** jdn umarmen; ■**to ~ sb in** [*or* **with**] **sth** jdn in etw *dat* einhüllen; ***the mists ~ed the mountaintop*** *(fig)* der Gipfel war in Wolken gehüllt; **to ~ sb in one's arms** jdn in seine Arme schließen

en·force [ɪnˈfɔːs, AM enˈfɔːrs] *vt* ■**to ~ sth** ① *(impose)* etw durchsetzen [*o* erzwingen]; ***it is difficult to ~ the speed limit*** es ist schwierig, die Geschwindigkeitsbegrenzung durchzusetzen; **to ~ the law** dem Gesetz Geltung verschaffen; **to ~ a regulation** eine Regelung durchsetzen; **to ~ one's rights** seine Rechte einklagen
② *(give force to)* etw *dat* Nachdruck verleihen
③ FIN **to ~ a debt** eine Schuld beitreiben, Schulden eintreiben ÖSTERR, SCHWEIZ

en·force·abil·ity [ɪnˌfɔːsəˈbɪləti, AM enˌfɔːrsəˈbɪləṱi] *n no pl* Durchsetzbarkeit *f*

en·force·able [ɪnˈfɔːsəbl, AM enˈfɔːr-] *adj* durchsetzbar; LAW vollziehbar, vollstreckbar; ***the law is not always ~*** das Gesetz kann man nicht immer erzwingen; **~ instrument** vollstreckbare Urkunde; **~ legal document** vollstreckbarer Titel

en·force·ment [ɪnˈfɔːsmənt, AM enˈfɔːr-] *n no pl* Erzwingung *f; of a regulation* Durchsetzung *f; of a rule* Durchführung *f; of a law* Vollziehung *f,* Vollstreckung *f*

en·ˈforce·ment di·vi·sion *n* Vollzugsabteilung *f* **en·ˈforce·ment no·tice** *n* BRIT LAW Vollstreckungsbescheid *m*

en·fran·chise [ɪnˈfræn(t)ʃaɪz, AM enˈ-] *vt (form)* ■**to ~ sb** jdm das Wahlrecht verleihen; ■**to be ~d** wahlberechtigt sein

en·fran·chise·ment [ɪnˈfræn(t)ʃɪzmənt, AM enˈ-fræn(t)ʃaɪz-] *n no pl (form)* Verleihung *f* des Wahlrechts; **leasehold ~** Erwerbsrecht *nt* des Eigentums an einem Grundstück durch den Pächter; **to be given ~** das Wahlrecht erhalten [*o* verliehen bekommen]

en·gage [ɪnˈgeɪdʒ, AM enˈ-] **I.** *vt* ① *(employ)* ■**to ~ sb** jdn anstellen [*o* einstellen]; **to ~ an actor** einen Schauspieler engagieren; **to ~ a lawyer** sich *dat* einen Anwalt nehmen; **to ~ the services of sb** jds Dienste in Anspruch nehmen
② BRIT *(form: hire)* ■**to ~ sb** jdn anstellen; *company* jdn beauftragen
③ *(form: hold interest)* ■**to ~ sb** jds Aufmerksamkeit in Anspruch nehmen; *(fascinate)* jdn faszinieren [*o* begeistern]; ■**to ~ oneself in sth** sich *akk* mit etw *dat* beschäftigen
④ *(involve)* **to ~ sb in a conversation** jdn in ein Gespräch verwickeln; **to ~ sb in flirtation** einen Flirt mit jdm anfangen
⑤ *(busy oneself)* ■**to be ~d in sth** sich *akk* mit etw *dat* befassen; COMM ***the company is ~d in international trade*** das Unternehmen ist im Welthandel tätig
⑥ *(put into use)* **to ~ the clutch** einkuppeln; **to ~ a gear** einen Gang einlegen, in einen Gang schalten; **to ~ the automatic pilot** den Autopiloten einschalten
⑦ MIL ■**to ~ sb** jdn angreifen
⑧ TECH ■**to be ~d:** ***the cogs ~d with one another*** die Zähne griffen ineinander
⑨ LAW *(commission)* ■**to ~ sb to do sth** *contract* jdn zu etw *dat* verpflichten
⑩ BRIT *(dated: reserve)* ■**to ~ sth** etw anmieten; *hotel room* etw reservieren
II. *vi* ① *(involve self with)* ■**to ~ in sth** sich *akk* an etw *dat* beteiligen; **to ~ in combat with sb** in eine Kampfhandlung mit jdm treten; **to ~ in conversation** sich *akk* unterhalten; **to ~ in a dogfight** einen Luftkampf führen; **to ~ in espionage/propaganda/smuggling** Spionage/Propaganda/Schmuggel betreiben; **to ~ in politics** sich *akk* politisch engagieren [*o* betätigen]; **to be ~d in trade with sb** mit jdm Handel treiben
② MIL angreifen; **to ~ with the enemy/hostile forces** den Feind/die gegnerischen Streitkräfte angreifen
③ TECH eingreifen, einrasten; ■**to ~ with each other** *cogs* ineinandergreifen
④ *(form: promise)* ■**to ~ to do sth** sich *akk* verpflichten, etw zu tun

en·ga·gé [ˌɑ̃ˈgæʒeɪ] *adj (form)* [gesellschaftlich] engagiert

en·gaged [ɪnˈgeɪdʒd, AM enˈ-] *adj inv* ① *pred esp* BRIT *(busy)* beschäftigt; *toilet* besetzt; ***the line is ~*** es ist besetzt; **to be otherwise ~** anderweitig beschäftigt sein; *(have other appointments)* schon was anderes vorhaben
② *(to be married)* verlobt; **to get** [*or* **become**] **~** [**to sb**] sich *akk* [mit jdm] verloben; **the ~ couple** die Verlobten *pl*

en·ˈgaged tone, AUS **en·ˈgaged sig·nal** *n* Besetztzeichen *nt*

en·gage·ment [ɪnˈgeɪdʒmənt, AM enˈ-] *n* ① *(appointment)* Verabredung *f,* Termin *m;* ***I have a previous*** [*or* ***prior***] ***~*** ich habe schon eine Verabredung; **social ~** gesellschaftliche Verpflichtung
② MIL Kampfhandlung *f,* Gefecht *nt*
③ *(formal agreement to marry)* Verlobung *f* (**to** mit *+dat*); **to announce the ~ of sb** jds Verlobung verkündigen
④ TECH Ineinandergreifen *nt kein pl*
⑤ ECON, FIN *(obligation)* Obligo *nt;* **to break an ~ to do sth** eine Verbindlichkeit nicht erfüllen

en·ˈgage·ment book, en·ˈgage·ment dia·ry *n* BRIT Terminkalender *m,* Agenda *f* SCHWEIZ

en·ˈgage·ment ring *n* Verlobungsring *m*

en·gag·ing [ɪnˈgeɪdʒɪŋ, AM enˈ-] *adj (approv)* bezaubernd; **~ look** ansprechendes Äußeres; **~ manner** einnehmende Art; **~ person** sympathische Person; **~ smile** gewinnendes [*o* bezauberndes] Lächeln

en·gen·der [ɪnˈdʒendəʳ, AM enˈdʒendɚ] *vt (form)* ① *(give rise to)* ■**to ~ sth** etw erzeugen [*o* hervorrufen]; ***her latest book has ~ed a lot of controversy*** ihr letztes Buch ist sehr umstritten
② *(old: beget)* **to ~ a child** ein Kind zeugen

en·gine [ˈendʒɪn] *n* ① *(mechanical power source)* Maschine *f,* Motor *m; of aircraft* Triebwerk *nt;* **diesel/petrol ~** Diesel-/Benzinmotor *m;* **jet ~** Düsen[strahl]triebwerk *nt*
② RAIL Lok[omotive] *f*

-en·gined [ˈendʒɪnd] *in compounds (multi, single)* -motorig; **diesel~** mit Dieselmotor *nach n;* **electric~** elektrisch angetrieben, mit Elektromotor *nach n;* **jet~** mit Düsenantrieb *nach n;* **petroleum~** mit Verbrennungsmotor *nach n;* **twin~** zweimotorig

ˈen·gine driv·er *n esp* BRIT Lok[omotiv]führer(in) *m(f)*

en·gi·neer [ˌendʒɪˈnɪəʳ, AM -ˈnɪr] **I.** *n* ① *(qualified in engineering)* Ingenieur(in) *m(f); (in navy)* [Schiffs]ingenieur(in) *m(f); (on merchant ship)* Maschinist(in) *m(f); (maintains machines)* [Wartungs]ingenieur(in) *m(f); (controls engines)* Techniker(in) *m(f);* MIL Technischer Offizier; **civil/electrical/mechanical ~** Bau-/Elektro-/Maschinenbauingenieur(in) *m(f)*
② *(pej: contriver)* Arrangeur(in) *m(f)* (**of** von *+dat)*
③ AM *(engine driver)* Lok[omotiv]führer(in) *m(f)*
II. *vt* ■**to ~ sth** ① *usu passive (construct precisely)* etw konstruieren; **to ~ a bridge/street** eine Brücke/Straße bauen
② *(pej: skilfully contrive)* etw arrangieren; ***how did you manage to ~ that invitation to the party?*** wie bist du bloß an diese Einladung zu der Party gekommen?; **to ~ a coup** einen Coup vorbereiten; **to ~ a meeting** ein Treffen arrangieren; **to ~ a plan** [*or* **scheme**] einen Plan aushecken [*o* entwickeln]

en·gi·neer·ing [ˌendʒɪˈnɪəʳɪŋ, AM -ˈnɪrɪŋ] *n no pl* ① *(science)* Technik *f;* **a masterpiece of ~** ein Meisterwerk *nt* der Technik
② UNIV *(subject)* Technik *f,* Ingenieurwissenschaft *f; (mechanical engineering)* Maschinenbau *m;* **to be in ~** Ingenieur/Ingenieurin sein
③ *of a building* Konstruktion *f*
④ *(organizing)* Organisation *f,* Arrangement *nt*

en·gi·ˈneer·ing works *npl* Maschinenfabrik *f*

ˈen·gine room *n* NAUT Maschinenraum *m*

Eng·land [ˈɪŋglənd] *n* England *nt*

Eng·lish[1] [ˈɪŋglɪʃ] **I.** *n* ① *no pl (language)* Englisch *nt;* ***do you speak ~?*** sprechen Sie Englisch?; **the King's/Queen's ~** die englische Hochsprache
② *(people)* ■**the ~** *pl* die Engländer *pl*
II. *adj* englisch; **~ department** UNIV Anglistisches Institut, Institut *nt* für Anglistik, Englisches Seminar SCHWEIZ

Eng·lish[2] [ˈɪŋglɪʃ] *n* AM SPORT Effet *m o* BRD, ÖSTERR *nt selten;* **to put some ~ on the ball** der Kugel einen leichten Effet geben

Eng·lish ˈbreak·fast *n typisch englisches Frühstück mit Frühstückszerealien, Spiegeleiern, gebratenen Tomaten, Pilzen, Speck, Würstchen sowie Toast und Marmelade* **Eng·lish ˈbrown** *n* CHEM Bismarckbraun *nt* **Eng·lish ˈChan·nel** *n* ■**the ~** der Ärmelkanal **Eng·lish ˈhorn** *n* MUS Englischhorn *nt* **ˈEng·lish·man** *n* Engländer *m* ▶PHRASES: **an ~'s home is his castle** BRIT *(prov)* für den Engländer ist sein Haus wie eine Burg **Eng·lish ˈred** *n* CHEM Polierrot *nt,* Englischrot *nt* **Eng·lish ˈsad·dle** *n sehr flacher Reitsattel* **ˈEnglish-speak·er** *n* Englischsprachige(r) *f(m),* Englischsprechende(r) *f(m)* **English-ˈspeak·ing** *adj* englischsprachig **ˈEng·lish·wom·an** *n* Engländerin *f*

en·gorge [ɪnˈgɔːdʒ, AM enˈgɔːrdʒ] *vt* ① *(consume greedily)* ■**to ~ sth** etw [gierig] verschlingen
② *usu passive* MED **to become ~d** [an]schwellen; ***when you blush your cheeks have become ~d with blood*** beim Erröten füllen sich die Wangen mit Blut

en·gorge·ment [ɪnˈgɔːdʒmənt, AM enˈgɔːrdʒ-] *n no pl* MED Schwellung *f; of blood* Blutfülle *f; of the lung* Anschoppung *f*

en·grave [ɪnˈgreɪv, AM enˈ-] *vt* ■**to ~ sth** etw [ein]gravieren; *(on stone)* etw einmeißeln; *(on wood)* etw einschnitzen; *(fig)* sich *dat* etw einprägen; **to be ~d on** [*or* **in**] **one's memory** unauslöschlich in jds Gedächtnis eingebrannt sein

en·grav·er [ɪn'greɪvəʳ, AM en'greɪvɚ] *n (cutter)* Graveur(in) *m(f)*, Steinschneider(in) *m(f)*; *(for stone)* Steinhauer(in) *m(f)*; *(for wood)* Holzschneider(in) *m(f)*; ~ **on copper** Kupferstecher(in) *m(f)*

en·grav·ing [ɪn'greɪvɪŋ, AM en'-] *n* ① *(from engraved surface)* Stich *m*; *(from wood)* Holzschnitt *m* ② *(design)* Gravierung *f*, Gravur *f* ③ *no pl (act)* Gravieren *nt*; *(art)* Gravierkunst *f*

en·gross [ɪn'grəʊs, AM en'groʊs] *vt* ① *(absorb attention)* ■**to ~ sb** jdn fesseln [*o* in seinen Bann ziehen] ② LAW **to ~ a document** *(write)* eine Urkunde ausfertigen; *(make fair copy)* eine Reinschrift einer Urkunde anfertigen

en·grossed [ɪn'grəʊst, AM en'groʊst] *adj* versunken, vertieft; ■**to be ~ in** [*or* **by**] **sth** in etw *akk* vertieft [*o* versunken] sein; ~ **bill** gedruckte Gesetzesvorlage; **to be ~ in conversation** ins Gespräch vertieft sein; ■**to be ~ with sth** völlig versunken in etw *akk* sein

en·gross·ing [ɪn'grəʊsɪŋ, AM en'groʊ-] *adj* fesselnd, spannend

en·gross·ment [ɪn'grəʊsmənt, AM en'groʊs-] *n* LAW Ausfertigung *f* [von Urkunden]; *(legal document)* Urkunde *f*; ~ **paper** Urkundenpapier *nt*

en·gulf [ɪn'gʌlf, AM en'-] *vt* ■**to ~ sb** jdn umringen; ■**to ~ sth** etw verschlingen; ***the house was ~ed in flames*** das Haus stand in Flammen

en·hance [ɪn'hɑːn(t)s, AM -'hæn(t)s] *vt* ■**to ~ sth** *(improve)* etw verbessern; *(intensify)* etw hervorheben; *(strengthen)* etw stärken; *(promote)* etw fördern; **to ~ one's chances** seine Chancen erhöhen [*o* verbessern]; **to ~ one's eyebrows/eyes** seine Augenbrauen/Augen betonen; **to ~ sb's memory** jds Erinnerungen [wieder] lebendig werden lassen; **to ~ the price of sth** etw verteuern

en·hance·ment [ɪn'hɑːn(t)smənt, AM -'hæn(t)s-] *n (improvement)* Verbesserung *f*; *(intensification)* Verstärkung *f*; *(increase)* Steigerung *f*, Erhöhung *f*

en·'hance·ment tech·nol·ogy *n usu pl Behandlungsverfahren für ein gesteigertes Wohlbefinden, insbesondere Schönheitsoperationen*

en·hanc·er [ɪn'hɑːn(t)səʳ, AM -'hæn(t)sɚ] *n* Verstärker *m*; ***music can be a good mood ~*** Musik kann die Stimmung enorm heben; **flavour ~** Geschmacksverstärker *m*

en·har·mon·ic [ˌenhɑː'mɒnɪk, AM -hɑːr'mɑːnɪk] *adj* MUS enharmonisch *fachspr*

enig·ma [ɪ'nɪgmə] *n* Rätsel *nt*

en·ig·mat·ic(al) [ɪ'nɪgmætɪk(əl), AM -mæt̬-] *adj* rätselhaft, geheimnisvoll

en·ig·mati·cal·ly [ɪ'nɪgmætɪkəli, AM -mæt̬-] *adv* rätselhaft

en·jamb(e)·ment [ɪn'dʒæm(b)mənt, AM en'-] *n* LIT Enjambement *nt*

en·join [ɪn'dʒɔɪn, AM en'-] *vt (form)* **to ~ caution/silence on sb** jdn eindringlich zur Vorsicht/Ruhe mahnen; ■**to ~ sb to do sth** jdn eindringlich zu etw *dat* ermahnen; ■**to ~ sb from doing sth** AM LAW jdm gerichtlich untersagen, etw zu tun; ***she was ~ed from driving for six months*** ihr wurde die Fahrerlaubnis für sechs Monate entzogen; ■**to ~ that ...** [mit Nachdruck] fordern, dass ...

en·joy [ɪn'dʒɔɪ, AM en'-] *vt* ① *(get pleasure from)* ■**to ~ sth** etw genießen; ***did you ~ your holiday?*** hatten Sie einen schönen Urlaub?; ***he ~ed his meal*** ihm hat das Essen sehr gut geschmeckt; ***did you ~ the film?*** hat dir der Film gefallen?; **to ~ the company of sb** gern[e] mit jdm zusammen sein; ■**to ~ doing sth** etw gern[e] tun; ***I really ~ed talking to you*** es war wirklich nett, sich mit dir zu unterhalten ② *(have sth positive)* ■**to ~ sth**: ***from childhood on she's always ~ed popularity*** von Kindheit an hat sie immer im Rampenlicht gestanden; **to ~ an advantage** einen Vorteil genießen; **to ~ sb's confidence** jds Vertrauen genießen; **to ~ good health** sich *akk* guter Gesundheit erfreuen; **to ~ the right to do sth** berechtigt sein, etw zu tun ③ *(have fun)* ■**to ~ oneself** sich *akk* amüsieren; ***~ yourself!*** viel Spaß!; ***the waiter said "~ yourself!"*** der Kellner wünschte uns guten Appetit

en·joy·able [ɪn'dʒɔɪəbl̩, AM en'-] *adj* angenehm, nett; *evening also* amüsant; *film, book, play* unterhaltsam

en·joy·ably [ɪn'dʒɔɪəbli, AM en'] *adv* erfreulich, Spaß machend

en·joy·ment [ɪn'dʒɔɪmənt, AM en'-] *n no pl* Vergnügen *nt*, Spaß *m* (**of an** +*dat*), SCHWEIZ *a.* Plausch *m*; **quiet ~ of land** LAW ungestörter Grundbesitz; **to get real ~ out of doing sth** großen Spaß daran finden, etw zu tun; ***I got a lot of ~ from this book*** ich habe dieses Buch sehr genossen

en·kepha·lin, en·cepha·lin [en'kef(ə)lɪn] *n* BIOL, CHEM, MED Enkephalin *nt fachspr*

en·kin·dle [ɪn'kɪndl̩, AM en'-] *vt (liter)* ■**to ~ sth** ① *(start)* etw entflammen; **to ~ a fire** ein Feuer entzünden [*o* entfachen] *geh* ② *(arouse)* **to ~ the flame of passion within sb** in jdm das Feuer der Leidenschaft entzünden *geh*; **to ~ a lust for adventure in sb** in jdm die Abenteuerlust wecken; **to ~ sb's passion** jds Leidenschaft entfachen

en·large [ɪn'lɑːdʒ, AM en'lɑːrdʒ] **I.** *vt* ■**to ~ sth** ① *(make bigger)* etw vergrößern; *(expand)* etw erweitern [*o* ausdehnen]; *company, division* etw ausbauen; **to ~ one's kitchen** seine Küche ausbauen; **to ~ one's vocabulary** seinen Wortschatz vergrößern [*o* erweitern] ② PHOT etw vergrößern; **to ~ a negative** eine Vergrößerung vom Negativ machen
II. *vi* ① *(expatiate)* ■**to ~ [up]on sth** sich *akk* zu etw *dat* ausführlich äußern [*o* auslassen] ② *(get bigger)* sich vergrößern

en·larged [ɪn'lɑːdʒd, AM en'lɑːrdʒd] *n* erweitert; MED [an]geschwollen; ~ **edition** erweiterte Ausgabe

en·large·ment [ɪn'lɑːdʒmənt, AM en'lɑːrdʒ-] *n* ① *no pl (act of making bigger)* Vergrößerung *f*; *(act of expanding)* Erweiterung *f*, Ausdehnung *f*; *(act of making higher)* Erhöhung *f* ② PHOT Vergrößerung *f*

en·larg·er [ɪn'lɑːdʒəʳ, AM en'lɑːrdʒɚ] *n* PHOT Vergrößerungsapparat *m*

en·light·en [ɪn'laɪtən, AM en'-] *vt* ① *(give spiritual insight)* ■**to ~ sb** jdn erleuchten ② *(explain the true facts)* ■**to ~ sb [about** [*or* **on**] **sth]** jdn [über etw *akk*] aufklären; ***let me ~ you on this*** lass mich es dir erklären

en·light·ened [ɪn'laɪtənd, AM en'-] *adj (approv)* aufgeklärt; ~ **self-interest** *gewisse Eigennützigkeit, von der jedoch alle Seiten profitieren*

en·light·en·ing [ɪn'laɪtənɪŋ, AM en'-] *adj* aufschlussreich

en·light·en·ment [ɪn'laɪtənmənt, AM en'-] *n no pl* ① REL Erleuchtung *f* ② PHILOS ■**the E~** die Aufklärung ③ *(information)* erhellende [*o* aufklärende] Information; **to give sb ~ on sth** jdn über etw *akk* aufklären

en·list [ɪn'lɪst, AM en'-] **I.** *vi* MIL sich *akk* melden; **to ~ in the army** in die Armee eintreten
II. *vt* ■**to ~ sb** *supporter* jdn anwerben; *soldier also* jdn einziehen; *recruit* jdn einstellen; ***he ~ed her help in making the posters*** er konnte sie dafür gewinnen, bei der Anfertigung der Poster zu helfen; **to ~ sb's support** jds Unterstützung gewinnen

en·list·ed 'man *n* AM *(sailor)* Matrose *m*; *(soldier)* [gemeiner] Soldat **en·list·ed 'wom·an** *n* AM *(female sailor)* Matrosin *f*; *(female soldier)* [gemeine] Soldatin

en·list·ment [ɪn'lɪstmənt, AM en'-] *n* MIL *(entering the army, navy)* Meldung *f*; *(being recruited by the state)* Einziehung *f*, Aufgebot *m* SCHWEIZ; *of recruits* Anwerbung *f*, Einstellung *f*; *of support* Gewinnung *f*

en·liv·en [ɪn'laɪvən, AM en'-] *vt usu passive* ■**to ~ sth** etw beleben [*o* in Schwung bringen]; ■**to be ~ed** aufgelockert werden; **to ~ sb** jdm Auftrieb geben; **to ~ a party** Stimmung in eine Party bringen

en masse [ɑ̃(m)'mæs, AM ɑːn'-] *adv inv (all together)* alle zusammen, gemeinsam; *(in a crowd)* in der Masse; **to resign ~** geschlossen zurücktreten; **to vote ~ for sth** einstimmig für etw *akk* stimmen

en·mesh [ɪn'meʃ, AM en'-] *vt* ■**to be/become ~ed in sth** sich *akk* in etw *akk* verfangen haben/verfangen; ■**to ~ oneself in sth** *(fig)* sich *akk* in etw *akk* verstricken

en·mity ['enməti, AM -t̬-] *n* Feindschaft *f*

en·no·ble [ɪ'nəʊbl̩, AM en'oʊ-] *vt* ① *(liter)* ■**to ~ oneself** sich *akk* selbst erheben *geh* ② *(make member of nobility)* ■**to ~ sb** jdn adeln [*o* in den Adelsstand erheben]

en·no·bling [ɪ'nəʊblɪŋ, AM en'oʊ-] *adj* erhebend

en·nui ['ɑːnwiː, AM ˌɑːn'wiː] *n no pl (liter)* Ennui *m o nt geh*, Langeweile *f*; *(mental weariness)* [Lebens]überdruss *m*

enol·ogy *n* AM *see* **oenology**

enor·mity [ɪ'nɔːməti, AM -'nɔːrmət̬i] *n* ① *no pl (daunting magnitude) of a damage* ungeheures Ausmaß; *of a task* ungeheure Größe ② *(form: extreme evil)* Abscheulichkeit *f*; *of crime also* Ungeheuerlichkeit *f*

enor·mous [ɪ'nɔːməs, AM -'nɔːr-] *adj* enorm; *size* riesig; *mountain* gewaltig; ~ **crowd** riesige [Menschen]menge; ~ **difficulties** ungeheure Schwierigkeiten; ~ **luck** riesiges [*o* enormes] Glück

enor·mous·ly [ɪ'nɔːməsli, AM -'nɔːr-] *adv* enorm, ungeheuer; ***I liked her ~*** ich hatte sie wahnsinnig gern; ~ **grateful/hard** unglaublich dankbar/schwer; ~ **pleased** hocherfreut

enor·mous·ness [ɪ'nɔːməsnəs, AM -'nɔːr-] *n no pl* enorme Größe; *of a person* Riesenhaftigkeit *f*

eno·sis [ɪ'nəʊsɪs, AM -oʊ-] *n no pl* POL Enosis *f fachspr*

enough [ɪ'nʌf] **I.** *adj inv* ① *attr (sufficient)* genügend, ausreichend, genug; ***there are 25 textbooks per class — that should be ~*** wir haben 25 Lehrbücher pro Klasse – das dürfte reichen; ***there's ~ room for everyone*** es ist genügend Platz für alle da; ***there was just ~ room for two cars*** es war gerade Platz genug für zwei Autos; ***Chris had cooked ~ food to feed an army*** Chris hat genug Essen gekocht, um eine ganze Armee zu verköstigen; ***too much work and not ~ people to do it*** zu viel Arbeit und nicht genug Leute, um sie zu erledigen; *(form)* ***there will be time ~ to tell you when we meet*** es ist genug Zeit, dir zu sagen, wann wir uns treffen ② *attr (more than is wanted)* genug, genügend; ***don't you have ~ problems already?*** hast du nicht schon genug Probleme?; ***you've had quite ~ time!*** du hattest doch wohl Zeit genug!; ***we've got ~ problems without that*** wir haben auch so schon genug Probleme; ***I've got problems ~ of one's own*** ich habe selbst genug Probleme
▸PHRASES: **to give sb ~ rope to hang themselves** jdm zu viele Freiheiten lassen
II. *adv inv* ① *(adequately)* genug, genügend, ausreichend; ***are you warm ~?*** ist es dir warm genug?; ***is the water hot ~ yet?*** ist das Wasser schon heiß genug?; *(form)* ***would you be good ~ to take my bag upstairs for me?*** wären Sie so freundlich, mir meine Tasche nach oben zu tragen?; ***I can't run fast ~ to keep up with you*** ich laufe nicht schnell genug, um mit dir Schritt halten zu können; **to be experienced ~ for a job** ausreichend Erfahrung für einen Job haben; **to be stupid ~ to believe sb** dumm genug sein, jdm zu glauben ② *(quite)* ziemlich; ***he seems nice ~*** er scheint recht nett zu sein; ***he's bad ~, but his brother is far worse*** er ist schon schlimm genug, aber sein Bruder ist noch viel schlimmer; ***curiously ~, there is no mention of him*** seltsamerweise wird er überhaupt nicht erwähnt; **funnily ~** komischerweise; **to be pretty ~** recht hübsch sein; **strangely** [*or* **oddly**] **~** merkwürdigerweise
III. *interj* ~**!** jetzt reicht es aber! *fam*
IV. *pron no pl* ① *(sufficient quantity)* genug, ausreichend; ***there's ~ for everybody*** es ist für alle genug da; ***we had almost ~ but one or two people didn't get any ice cream*** wir hatten fast genug, nur ein oder zwei Leute bekamen kein Eis; ***it had looked tight but in the end there was just ~ to go around*** es hatte eng ausgesehen, aber schlussendlich kamen wir gerade durch; ***sometimes there is not quite ~ for a second cup*** manchmal reicht

es nicht ganz für eine zweite Tasse; ***you've had ~ [to eat]*** du hast genug gehabt!; ***watching five minutes of the movie was ~ to see that it was going to be bad*** nach fünf Minuten war klar, dass der Film schlecht war; ***I know ~ about art to …*** ich weiß genug über Kunst, um …; ***she has ~ to do at work to keep her occupied for the next two years*** sie hat genügend Arbeit, um für die nächsten zwei Jahre beschäftigt zu sein; **more than ~** mehr als genug; **to have ~ to eat and drink** genügend zu essen und zu trinken haben

② *(too much)* ***half an hour in his company is quite ~*** eine halbe Stunde in seiner Gesellschaft ist mehr als genug; ***you've had quite ~ to eat already*** du hast wirklich schon genug gegessen; *(fig)* ***I've had ~ of your excuses/ lies!*** ich habe die Nase voll von deinen Entschuldigungen/Lügen! *fam;* ***I've had ~ — I'm going home*** mir reicht's – ich gehe nach Hause; ***~ is ~*** genug ist genug!; ***that's ~!*** jetzt reicht es!; ***you've made ~ of a mess already*** du hast bereits genug Unheil angerichtet; ***~ of this*** [AM ***already***]! genug davon! *fam;* **to have seen/heard ~** genug gesehen/gehört haben; **more than ~** mehr als genug; **to have ~ and to spare** mehr als genug haben *fam*

▸PHRASES: **~ is as good as a feast** *(prov)* irgendwann muss man [auch mal] zufrieden sein; **it's ~ to make a saint swear** es ist zum aus der Haut fahren *fam;* **~ said** *(don't mention it further)* es ist alles gesagt; *(I understand)* ich verstehe schon

en pas·sant [ˌɑ̃ː(m)ˈpæsɑ̃ː(ŋ), AM ˌɑːnpɑːˈsɑ̃ːn] *adv inv* ① *(in passing)* en passant *geh,* [ganz] beiläufig, nebenbei; **to say sth ~** etw beiläufig erwähnen

② CHESS en passant; **to take a pawn ~** einen Bauern en passant schlagen

en·plane *vt, vi see* **emplane**

en·print [ˈenprɪnt] *n* BRIT PHOT Fotografie *f (im Standardformat)*

en·quire [ɪnˈkwaɪəʳ, AM enˈkwaɪɚ] *esp* BRIT **I.** *vi* ① *(ask for information)* sich *akk* erkundigen; ***'Saturday staff needed — ~ within'*** ‚Aushilfspersonal für samstags gesucht – Näheres im Geschäft'; ■**to ~ about sth** nach etw *dat* fragen, sich *akk* nach etw *dat* erkundigen; ■**to ~ after** [*or* **for**] **sb** sich *akk* nach jdm erkundigen, nach jdm fragen; **to ~ after sb's health** sich *akk* nach jds Gesundheit erkundigen; ■**to ~ of sb whether …** *(form)* bei jdm nachfragen, ob …, sich *akk* bei jdm erkundigen, ob …; ■**to ~ whether/when/what/where …** fragen [*o* sich *akk* erkundigen], ob/wann/was/wo …

② *(investigate)* Nachforschungen anstellen; ■**to ~ into sth** etw untersuchen; **to ~ into a matter** eine Angelegenheit untersuchen

II. *vt (form)* ■**to ~ sth** [**of sb**] sich *akk* [bei jdm] nach etw *dat* erkundigen, [jdn] nach etw *dat* fragen; ***he ~d the time from a passer-by*** er fragte einen Passanten nach der Uhrzeit

en·quir·er [ɪnˈkwaɪərəʳ, AM enˈkwaɪɚɚ] *n (asking person)* Fragesteller(in) *m(f),* Fragende(r) *f(m);* BRIT *(policeman)* Untersuchungsbeamte(r), -beamtin *m, f*

en·quir·ing [ɪnˈkwaɪərɪŋ, AM enˈkwaɪɚ-] *adj (quizzical)* fragend; **to give sb an ~ look** jdm einen fragenden Blick zuwerfen; **~ mind** forschender Geist

en·quir·ing·ly [ɪnˈkwaɪərɪŋli, AM enˈkwaɪɚ-] *adv* fragend; **to look at sb ~** jdn fragend ansehen

en·quiry [ɪnˈkwaɪəri, AM enˈ-] *n* ① *(question)* Anfrage *f,* Erkundigung *f;* **on ~** auf Anfrage

② *(investigation of facts)* Untersuchung *f;* **to make an ~ into** [*or* **about**] **sth** Nachforschungen *pl* über etw *akk* anstellen; *(ask)* sich *akk* nach etw *dat* erkundigen

③ LAW *(official investigation)* Untersuchung *f; (by the police)* Ermittlung *f,* Nachforschung *f;* **to hold an ~** eine Untersuchung durchführen; **to make enquiries** Nachforschungen anstellen

④ COMPUT Anfrage *f; (accessing data)* Abfrage *f*

en·rage [ɪnˈreɪdʒ, AM enˈ-] *vt* ■**to ~ sb** jdn wütend machen

en·raged [ɪnˈreɪdʒd, AM enˈ-] *adj* wütend, aufgebracht

en·rap·ture [ɪnˈræptʃəʳ, AM enˈræptʃɚ] *vt* ■**to ~ sb** jdn entzücken; **to ~ sb with one's charm** jdn durch seinen Charme bezaubern

en·rap·tured [ɪnˈræptʃəd, AM enˈræptʃɚd] *adj (liter)* entzückt, hingerissen; ■**to be ~ by** [*or* **with**] **sth** von etw *dat* entzückt sein

en·rich [ɪnˈrɪtʃ, AM enˈ-] *vt* ① *(improve quality)* ■**to ~ sth** etw bereichern

② *(add to the contents)* ■**to ~ sth** [**with sth**] *food* etw [mit etw *dat*] anreichern; **to ~ a collection** eine Sammlung bereichern

③ *(make richer)* ■**to ~ oneself** sich *akk* bereichern; ■**to ~ sb** jdn reich machen

④ PHYS ■**to ~ sth** [**with sth**] etw [mit etw *dat*] anreichern

en·riched [ɪnˈrɪtʃt, AM enˈ-] *adj* angereichert; ***we were greatly ~ by this trip*** diese Reise war für uns eine große Bereicherung; **~ fuel** TECH angereicherter Brennstoff; **~ with vitamins** mit Vitaminen angereichert

en·rich·ment [ɪnˈrɪtʃmənt, AM enˈ-] *n no pl* Bereicherung *f; of food, soil* Anreicherung *f*

en·ˈrich·ment fund *n* FIN Anreicherungsfonds *m,* Thesaurierungsfonds *m*

en·rol <-ll->, AM *usu* **en·roll** [ɪnˈrəʊl, AM enˈroʊl] **I.** *vi* sich *akk* einschreiben; *(at university)* sich *akk* einschreiben [*o* immatrikulieren]; MIL sich *akk* melden; **to ~ for** [*or* **in**] **a course** sich *akk* für einen Kurs anmelden; **to ~ at university/a college** sich *akk* an der Universität/einem College einschreiben [*o* immatrikulieren]

II. *vt* ■**to ~ sb** *(at college, university)* jdn aufnehmen; *worker* jdn einstellen; *soldier* jdn anwerben

en·rolled ˈbill *n* AM LAW formgerecht erlassenes Gesetz

en·rol·ment, AM **en·roll·ment** [ɪnˈrəʊl-, AM enˈroʊlmənt] *n* ① *(act of enrolling)* Einschreibung *f; (at university)* Immatrikulation *f; (for a course)* Anmeldung *f; (in the army)* Eintritt *m*

② AM *(number of students)* Studentenzahl *f*

en route [ˌɑ̃ː(n)ˈruːt, AM ˌɑːnˈ-] *adv inv* unterwegs, auf der Reise; ***~ from London to Tokyo*** auf dem Weg von London nach Tokio

en rule [ˈenruːl] *n* BRIT Bindestrich *m (in der Breite eines ‚n')*

en·sconce [ɪnˈskɒn(t)s, AM enˈskɑːn(t)s] *vt* ■**to ~ oneself somewhere** es sich *dat* irgendwo bequem machen, sich *akk* irgendwo niederlassen *fam;* ***I ~d myself in a deep armchair*** ich machte es mir in einem großen Sessel gemütlich

en·sem·ble [ɑ̃ː(n)ˈsɑ̃ː(m)bᵊl, AM ɑːnˈsɑːm-] *n* ① MUS, THEAT Ensemble *nt*

② FASHION Ensemble *nt*

en·shrine [ɪnˈʃraɪn, AM enˈ-] *vt* ■**to ~ sth** etw bewahren; *rights* etw wahren; **to ~ the memory of sth** das Andenken an etw *akk* wahren; **~d in tradition** in der Tradition verankert

en·shroud [ɪnˈʃraʊd, AM enˈ-] *vt (liter)* ■**to ~ sth** etw einhüllen [*o* verhüllen]; *(fig)* etw umgeben; ***a mist ~ed the land for three days*** das Land lag drei Tage in Nebel gehüllt; **to be ~ed in thick clouds** in dichten Wolken verborgen liegen; **~ed in secrecy** in Geheimnisse gehüllt

en·sign [ˈensaɪn] *n* MIL ① *(flag)* Flagge *f,* Hoheitszeichen *nt,* Banner *nt; (naval flag)* Schiffsflagge *f,* Nationalflagge *f*

② *(standard-bearer)* Fähnrich *m*

en·slave [ɪnˈsleɪv, AM enˈ-] *vt* ■**to ~ sb** jdn zum Sklaven machen; ***he was ~d by her beautiful eyes*** *(fig)* ihre schönen Augen machten ihn total willenlos

en·slave·ment [ɪnˈsleɪvmənt, AM enˈ-] *n no pl* Versklavung *f*

en·snare [ɪnˈsneəʳ, AM enˈsner] *vt (liter)* ■**to ~ sb/an animal** jdn/ein Tier fangen; ■**to be ~d in sth** sich *akk* in etw *dat* verfangen haben *a. fig;* ■**to ~ sb** *(fig)* jdn umgarnen

en·sue [ɪnˈsjuː, AM enˈsuː] *vi* folgen; ■**to ~ from sth** aus etw *dat* folgen, sich *akk* aus etw *dat* ergeben

en·su·ing [ɪnˈsjuːɪŋ, AM enˈsuː-] *adj attr, inv* [darauf] folgend *attr,* nachfolgend *attr*

en suite [ˌɑ̃ː(n)ˈswiːt, AM ˌɑːnˈ-] **I.** *adv* **room with a bathroom ~** Zimmer *nt* mit eigenem Bad

II. *n* Zimmer *nt* mit Bad

en suite ˈbath·room *n* angeschlossenes Badezimmer

en·sure [ɪnˈʃɔːʳ, AM enˈʃʊr] *vt* ■**to ~ sth** *(secure)* etw sicherstellen; *(guarantee)* etw garantieren; ***this victory ~d them a place in the World Cup final*** durch diesen Sieg sicherten sie sich die Teilnahme am Endspiel der WM; **to ~ security** die Sicherheit gewährleisten; ■**to ~ that …** sicherstellen [*o* gewährleisten], dass …

ENT [ˌiːenˈtiː] *n no pl abbrev of* **ear, nose and throat** HNO *nt*

en·tab·la·ture [enˈtæblətʃəʳ, AM -ɚ] *n* ARCHIT Gebälk *nt*

en·ta·ble·ment [enˈtæbləmənt] *n* ARCHIT horizontale Plattform *(über dem Sockel einer Statue)*

en·tail [ɪnˈteɪl, AM enˈ-] **I.** *vt* ① *(involve)* ■**to ~ sth** etw mit sich bringen [*o* nach sich ziehen]; **to ~ some risk** mit einem gewissen Risiko verbunden sein

② *(necessitate)* ■**to ~ doing sth** es erforderlich machen, etw zu tun; ***that would ~ …*** das würde bedeuten, …

II. *n* ECON, FIN festgelegte Erbfolge für Grundbesitz, Fideikommiss *nt*

en·tan·gle [ɪnˈtæŋɡl̩, AM enˈ-] *vt usu passive* ① *(catch up)* ■**to ~ oneself** sich *akk* verfangen; **to get** [*or* **become**] **~d in sth** sich *akk* in etw *dat* verfangen; ***his legs got ~d in the ropes*** er verhedderte sich mit den Beinen in den Seilen

② *(involve)* ■**to ~ oneself in sth** sich *akk* in etw *akk* verstricken; **to get sb ~d in sth** jdn in etw *akk* hineinziehen [*o* verwickeln]; **to get oneself ~d in sth** sich *akk* in etw *akk* verwickeln

③ *(confuse)* ■**to ~ sb** jdn verwirren [*o* durcheinanderbringen]; ■**to become ~d** verwirrt werden; **to get sth ~d with sth** etw mit etw *dat* durcheinanderbringen

en·tan·gle·ment [ɪnˈtæŋɡl̩mənt, AM enˈ-] *n* ① *(catching up)* Verfangen *nt,* Verheddern *nt*

② *(involvement)* Verwicklung *f,* Verstrickung *f*

③ *(messy situation)* Durcheinander *nt kein pl;* **emotional ~s** gefühlsmäßige Verwicklungen

en·ta·sis <*pl* **-ses**> [ˈentəsɪs, *pl* -siːz] *n* ARCHIT Entase *f fachspr,* Entasis *f fachspr*

en·tente, en·tente cor·diale [ˌɑ̃ː(n)ˈtɑ̃ː(n)tkɔːdiˈɑːl, AM ɑːnˈtɑːntkɔːr-] *n* POL Bündnis *nt,* Entente *f;* **the ~ cordiale** HIST die Entente cordiale

en·ter [ˈentəʳ, AM -ɚ] **I.** *vt* ■**to ~ sth** ① *(go into)* in etw *akk* hineingehen; *(penetrate)* in etw *akk* eindringen; ***alcohol ~s the bloodstream through the stomach wall*** Alkohol gelangt durch die Magenwand in den Blutkreislauf; **to ~ a building/room** ein Gebäude/Zimmer betreten; **to ~ a phase** in eine Phase eintreten

② *(insert) data, numbers* etw eingeben; *(insert into a register)* etw eintragen; *(register for)* an etw *dat* teilnehmen, sich *akk* an etw *dat* beteiligen

③ *(join)* etw *dat* beitreten, in etw *akk* eintreten; ■**to ~ sb for sth** jdn für etw *akk* anmelden; **to ~ the college** sein Studium [am College] beginnen; **to ~ the priesthood** Priester werden; **to ~ school** in die Schule kommen

④ *(make known)* etw einreichen; **to ~ an action against sb** gegen jdn Klage erheben [*o* einreichen]; **to ~ appearance** die Verteidigungsbereitschaft dem Gericht schriftlich anzeigen; **to ~ a bid** ein Gebot abgeben; **to ~ a claim/counterclaim** einen Rechtsanspruch/Gegenanspruch geltend machen; **to ~ judgment for sb** in jds Namen ein Urteil erlassen [*o* eintragen]; **to ~ a protest** Protest einlegen

▸PHRASES: **to ~ the fray** *(start fighting)* sich *akk* ins Getümmel stürzen; *(join a quarrel)* sich *akk* in einen Streit einmischen

II. *vi* ① THEAT auftreten, die Bühne betreten

② *(register)* anmelden; ■**to ~ for sth** sich *akk* für etw *akk* [an]melden

③ *(bind oneself to)* **to ~ into an alliance/marriage** ein Bündnis/die Ehe schließen; **to ~ into conversation with sb** mit jdm ein Gespräch anknüpfen [*o* anfangen]; **to ~ into discussion** sich *akk* an einer Diskussion beteiligen; **to ~ into nego-**

tiations in Verhandlungen eintreten, Verhandlungen aufnehmen; ***due to the new targets various other factors ~ into the plan*** aufgrund der neuen Zielvorgaben müssen verschiedene zusätzliche Faktoren berücksichtigt werden; ***the plaintiff ~ed judgment*** für den Kläger erging ein Versäumnisurteil

④ *(begin)* ■ **to ~** [**up**]**on sth** etw beginnen; **to ~ upon a career as sth** eine Laufbahn als etw einschlagen; **to ~ on a new phase** in ein neues Stadium treten

▸PHRASES: **to ~ into the spirit of things** innerlich bei etw *dat* dabei sein

en·ter·ic [en'terɪk] *adj inv* MED Darm-, Unterleibs-, enteral *fachspr*

en·ter·ing ['entərɪŋ, AM -ɚ-] *n no pl* ECON, FIN Eintragung *f*

en·teri·tis [ˌentə'raɪtɪs, AM -t̬-] *n no pl* MED Dünndarmentzündung *f*, Enteritis *f fachspr*

'en·ter key *n* COMPUT Eingabetaste *f*

en·ter·prise ['entəpraɪz, AM -t̬ɚ-] *n* ① *(bold undertaking)* Vorhaben *nt*, Unternehmen *nt*; ***the original ~ was to raise the money by giving a concert*** ursprünglich war geplant, das Geld durch ein Konzert einzuspielen

② *no pl (eagerness to risk something new)* Unternehmungsgeist *m*, Risikofreude *f*; **to show ~ in doing sth** die Initiative zu etw *dat* ergreifen

③ *(business firm)* Unternehmen *nt*, Betrieb *m*, Firma *f*; **commercial ~** gewerbliches Unternehmen, Wirtschaftsunternehmen *nt*; **free ~** freies Unternehmertum; **private ~** Privatwirtschaft *f*; **to start an ~** ein Unternehmen gründen

En·ter·prise Al·'low·ance Scheme *n* BRIT ECON *Programm zur staatlichen Bezuschussung bei Unternehmensgründung* **'en·ter·prise cul·ture** *n esp* BRIT Unternehmenskultur *f* **'en·ter·prise net·work** *n* COMPUT Unternehmensnetzwerk *nt* **'en·ter·prise zone** *n esp* BRIT wirtschaftliches Fördergebiet

en·ter·pris·ing ['entəpraɪzɪŋ, AM -t̬ɚ-] *adj (adventurous)* unternehmungslustig, risikofreudig; *(ingenious)* einfallsreich, erfindungsreich; **~ businessman** rühriger Geschäftsmann; **~ idea** kühne Idee

en·ter·pris·ing·ly ['entəpraɪzɪŋli, AM 'ent̬ɚ-] *adv* mit Unternehmungslust, mit Wagemut

en·ter·tain [ˌentə'teɪn, AM -t̬ɚ'-] **I.** *vt* ① *(amuse)* ■ **to ~ sb** jdn unterhalten; ***I ~ed the child while his mom was speaking on the phone*** ich habe mich mit dem Kind beschäftigt, während seine Mutter telefonierte

② *(invite)* ■ **to ~ sb** jdn zu sich *dat* einladen; *(give meal)* jdn bewirten

③ *(have)* **to ~ doubts/a suspicion** Zweifel/einen Verdacht hegen; **to ~ the hope that ...** die Hoffnung haben, dass ...; **to ~ an offer** ein Angebot in Erwägung ziehen; **to ~ an opinion** eine Meinung haben; **to ~ a plan** einen Plan schmieden; **to ~ a thought** sich *akk* mit einem Gedanken tragen; ***I don't know how I ever ~ed the thought that he was interested in me*** ich weiß wirklich nicht, wie ich nur darauf kommen konnte, zu denken, dass er an mir interessiert sei

II. *vi* ① *(amuse)* unterhalten

② *(give hospitality to guests)* Gäste haben

en·ter·tain·er [ˌentə'teɪnəʳ, AM -t̬ɚ'teɪnɚ] *n* Entertainer(in) *m(f)*

en·ter·tain·ing [ˌentə'teɪnɪŋ, AM -t̬ɚ'-] **I.** *adj* unterhaltsam; **an ~ evening** ein reizender Abend; **an ~ speaker** ein gewitzter [*o* gewandter] Redner

II. *n no pl* **to do a lot of ~** häufig jdn bewirten

en·ter·tain·ing·ly [ˌentə'teɪnɪŋli, AM -t̬ɚ'-] *adv* unterhaltsam; **an ~ silly film** eine unterhaltsame Komödie

en·ter·tain·ment [ˌentə'teɪnmənt, AM -t̬ɚ'-] *n* Unterhaltung *f*; **to get a lot of ~ from sth** etw sehr unterhaltsam finden; **to provide some ~** für ein wenig Unterhaltung sorgen

en·ter·'tain·ment al·low·ance *n* COMM Aufwandsentschädigung *f*, Bewirtungsentschädigung *f* **en·ter·'tain·ment ex·penses** *npl* Bewirtungsspesen *pl*, Bewirtungskosten *pl*

en·thal·py ['enθəlpi] *n* PHYS Enthalpie *f fachspr*

en·thral <-ll->, AM *usu* **en·thrall** [ɪn'θrɔːl, AM en'-] *vt* ■ **to ~ sb** jdn packen [*o* fesseln]

en·thral·ling [ɪn'θrɔːlɪŋ, AM en'-] *adj* fesselnd, packend, spannend

en·throne [ɪn'θrəʊn, AM en'θroʊn] *vt (form)* ① *(install on throne)* ■ **to ~ sb** jdn inthronisieren *geh*; **to ~ a bishop** einen Bischof feierlich einsetzen [*o geh* inthronisieren]

② *(fig)* **to sit ~d** thronen

en·throne·ment [ɪn'θrəʊnmənt, AM en'θroʊn-] *n* Thronbesteigung *f*, Inthronisierung *f geh*, Inthronisation *f geh*

en·thuse [ɪn'θjuːz, AM en'θuːz] **I.** *vi* schwärmen; ■ **to ~ about** [*or* **over**] **sth** von etw *dat* schwärmen [*o* begeistert sein]

II. *vt* ■ **to ~ sb** [**with sth**] jdn [für etw *akk*] begeistern

en·thu·si·asm [ɪn'θjuːziæzᵊm, AM en'θuː-] *n* Enthusiasmus *m*, Begeisterung *f* (**for** für +*akk*); **to show ~ for sth** für etw *akk* Begeisterung zeigen, sich *akk* für etw *akk* begeistern; **to not work up any ~ for sth** sich *akk* für etw *akk* einfach nicht begeistern können

en·thu·si·ast [ɪn'θjuːziæst, AM en'θuː-] *n* Enthusiast(in) *m(f)*; **a bird ~** ein begeisterter Vogelkundler/eine begeisterte Vogelkundlerin; **a model-aircraft ~** ein Fan von Modellflugzeugen; **a train ~** ein Eisenbahnfreund *m*/eine Eisenbahnfreundin

en·thu·si·as·tic [ɪn'θjuːziæstɪk, AM en'θuː-] *adj* enthusiastisch, begeistert; ■ **to be ~ about sth** von etw *dat* begeistert sein; ***you don't seem very ~ about the party*** du scheinst nicht gerade Lust zu haben, auf die Party zu gehen; **to be less than ~ about sth** von etw *dat* nicht gerade begeistert sein; ■ **to become ~ about sth** sich *akk* für etw *akk* begeistern

en·thu·si·as·ti·cal·ly [ɪn'θjuːziæstɪkᵊli, AM en'θuː-] *adv* enthusiastisch, begeistert, mit Begeisterung

en·tice [ɪn'taɪs, AM en'-] *vt* ■ **to ~ sb** [**away from sth**] jdn [von etw *dat* weg]locken; ***he was ~d away from his profession*** er wurde aus seiner Stellung abgeworben; ■ **to ~ sb to do sth** jdn dazu verleiten [*o* verführen], etw zu tun

en·tice·ment [ɪn'taɪsmənt, AM en'-] *n* ① *(allurement)* Verlockung *f*, Verführung *f*; *(means, lure)* Lockmittel *nt*

② LAW Abwerbung *f*

en·tic·ing [ɪn'taɪsɪŋ, AM en'-] *adj* verlockend; **an ~ smile** ein verführerisches Lächeln

en·tic·ing·ly [ɪn'taɪsɪŋli, AM en'-] *adv* verlockend; *smile* verführerisch

en·tire [ɪn'taɪəʳ, AM en'taɪɚ] *adj attr, inv (whole)* gesamt, ganz; *(complete)* vollständig

en·tire·ly [ɪn'taɪəʳli, AM en'taɪɚli] *adv inv* ganz, total, völlig; ***this is ~ his fault*** das ist ausschließlich sein Fehler; **to do sth ~ for sb's benefit** etw nur jdm zuliebe tun; **to devote oneself/one's time ~ to sb/sth** sich/seine Zeit ausschließlich jdm/etw widmen; **to agree ~ with sb** mit jdm völlig übereinstimmen, jdm absolut zustimmen; **to disagree ~** eine völlig [*o* ganz] andere Meinung vertreten

en·tirety [ɪn'taɪ(ə)rəti, AM en'taɪrət̬i] *n no pl* Gesamtheit *f*; ***I've never read this book in its ~*** ich habe diese Buch nie ganz gelesen

en·ti·tle [ɪn'taɪtl̩, AM en'taɪt̬l̩] *vt usu passive* ■ **to ~ sb to do sth** jdn dazu berechtigen, etw zu tun; ■ **to be ~d to do sth** dazu berechtigt sein, etw zu tun; ***I feel ~d to a nap after working so hard*** ich glaube, nach der harten Arbeit habe ich mir ein Nickerchen verdient; ***he is ~d to a discount*** er hat Anspruch auf Rabatt; **~d to vote** stimmberechtigt, wahlberechtigt

en·ti·tled [ɪn'taɪtl̩d, AM -'taɪt̬l̩d] *adj* berechtigt; **~ to benefits** versorgungsberechtigt

en·ti·tle·ment [ɪn'taɪtl̩mənt, AM en'taɪt̬l̩-] *n no pl* *(right)* Berechtigung *f* (**to** zu +*dat*); *(claim)* Anspruch *m* (**to** auf +*akk*); **holiday ~** Urlaubsanspruch *m*, Ferienanspruch *m* SCHWEIZ; **pension ~** [*or* **~ to a pension**] Rentenanspruch *m*, Pensionsanwartschaft *f*, Pensionsanspruch *m* SCHWEIZ

en·'ti·tle·ment is·sue *n* AUS FIN Bezugsrechtsemission *f*

en·tity ['entɪti, AM -t̬əti] *n* ① *(independently existing thing)* Einheit *f*; **single/separate ~** eigenständige Einheit

② LAW Einheit *f*, Rechtspersönlichkeit *f*; **legal ~** juristische Person

③ PHILOS Wesen *nt*, Existenz *f*

en·tomb [ɪn'tuːm, AM en'-] *vt (form liter)* ■ **to ~ sb** jdn beisetzen [*o* bestatten]; ■ **to be ~ed in sth** in etw *dat* eingeschlossen sein

ento·molo·gist [ˌentə'mɒlədʒɪst, AM -t̬ə'mɑːlə-] *n* ZOOL Entomologe, Entomologin *m, f fachspr*, Insektenkundler(in) *m(f)*

ento·mol·ogy [ˌentə'mɒlədʒi, AM -t̬ə'mɑːlə-] *n no pl* ZOOL Entomologie *f fachspr*, Insektenkunde *f*

ento·mophi·lous [ˌentə'mɒfɪləs, AM -'mɑːfə-] *adj* BIOL entomogam *fachspr*, entomophil *fachspr*, insektenblütig

en·tou·rage ['ɒntʊrɑːʒ, AM ˌɑːntʊ'rɑːʒ] *n* Gefolge *nt*

en·trails ['entreɪlz] *npl* Eingeweide *pl*, Innereien *pl*; *(fig)* Inneres *nt*

en·train [ɪn'treɪn, AM en'-] **I.** *vt* ■ **to ~ sth** ① *(carry along in flow)* etw mitführen; *(fig)* etw nach sich ziehen

② *(put in train)* etw in den Zug verladen

II. *vi* [in den Zug] einsteigen

en·trance[1] ['entrən(t)s] *n* ① *(door)* Eingang *m*; *(for vehicle)* Einfahrt *f*; **back/front/side ~** Hinter-/Vorder-/Seiteneingang *m*

② *(act of entering)* Eintritt *m*, Eintreten *nt kein pl*; THEAT Auftreten *nt kein pl*, Betreten *nt* der Bühne; ***she likes to make an ~*** sie setzt sich gerne in Szene; **to make one's ~** THEAT auftreten

③ *(right to enter)* Eintritt *m*, Einlass *m*; *(right to admission)* Aufnahme *f*; **to gain ~ to a university** an einer Universität aufgenommen werden; **to grant/refuse ~ to sb** jdm den Zutritt gewähren/verweigern

en·trance[2] [ɪn'trɑːn(t)s, AM en'træn(t)s] *vt (delight)* ■ **to ~ sb** jdn entzücken; ■ **to be ~d by sth** von etw *dat* hingerissen sein; **~d with joy** außer sich *dat* vor Freude

'en·trance ex·ami·na·tion *n* Aufnahmeprüfung *f* **'en·trance fee** *n (for admittance)* Eintritt *m*, Eintrittsgeld *nt*; *(for competition entry)* Teilnahmegebühr *f*; *(for membership)* Aufnahmegebühr *f* **'en·trance form** *n* Antragsformular *nt*; *(for competition)* Teilnahmeformular *nt* **'en·trance hall** *n* Eingangshalle *f* **'en·trance re·quire·ment** *n* Aufnahmebedingung *f* **'en·trance tick·et** *n* Eintrittskarte *f*, Billett *nt* SCHWEIZ **'en·trance visa** *n* Einreisevisum *nt*

en·tranc·ing [ɪn'trɑːn(t)sɪŋ, AM en'træn(t)s-] *adj* bezaubernd, hinreißend

en·trant ['entrənt] *n (in a room)* Eintretende(r) *f(m)*; *(in a contest)* Teilnehmer(in) *m(f)*; *(starting to work)* Berufsanfänger(in) *m(f)*; *(for exam)* Prüfling *m*; *(in organization)* neues Mitglied

en·trap <-pp-> [ɪn'træp, AM en'-] *vt* ■ **to ~ sb** ① *(trap)* jdn fangen

② *(fig)* jdm eine Falle stellen; ■ **to ~ sb into doing sth** jdn dazu verleiten, etw zu tun

en·trap·ment [ɪn'træpmənt, AM en'-] *n* LAW *(form)* Provozieren *nt* einer strafbaren Handlung

en·treat [ɪn'triːt, AM en'-] *vt* ■ **to ~ sb to do sth** jdn anflehen [*o* inständig bitten], etw zu tun

en·treaty [ɪn'triːti, AM en'triːt̬i] *n* inständige [*o* flehentliche] Bitte, Flehen *nt*; **to make an ~ to sb** jdn inständig bitten; **to make an ~ to sb to do sth** jdn inständig darum bitten, dass er/sie etw macht

en·trée ['ɑː(n)treɪ, AM 'ɑːn-] *n* ① BRIT *(before main meal)* Vorspeise *f*, Entree *nt geh*

② AM *(main course)* Hauptgericht *nt*

③ *no pl (right of admission)* Zutritt *m*; **to gain ~** [**in**]**to sth** Zutritt zu etw *dat* erhalten; **to gain ~ into the higher social circles** in die höheren Gesellschaftskreise eintreten

en·trench [ɪn'tren(t)ʃ, AM en'-] *vt usu passive* ■ **to ~ itself** *prejudice, racism* sich *akk* festsetzen; ■ **to**

~ **oneself** MIL sich *akk* verschanzen [*o* eingraben]
en·trenched [ɪnˈtren(t)ʃt, AM enˈ-] *adj* ① *(pej: ingrained)* verwurzelt; *idea, prejudice, racism* festgesetzt; *behaviour, word* eingebürgert; *attitudes* etabliert; ~ **habit** alte Gewohnheit; **firmly** ~ fest verankert; **to become** ~ *attitudes, behaviour, word* sich *akk* einbürgern; *idea, prejudice, racism* sich *akk* festsetzen
② MIL verschanzt
③ LAW ~ **clause** verfassungsrechtliche Schutzklausel
en·trench·ment [ɪnˈtren(t)ʃmənt, AM enˈ-] *n* ① MIL Schützengraben *m*, Verschanzung *f*
② *no pl (deep-rootedness)* Verwurzelung *f*, Verankerung *f*
en·tre nous [ˌɑ̃ː(n)trəˈnuː, AM ˌɑːn-] *adv inv (form or hum)* unter uns, im Vertrauen; **strictly** ~ streng vertraulich; ***he told me — and this is strictly ~ — that ...*** er sagte mir, – und das bleibt unter uns – dass ...
en·tre·pôt [ˈɑ̃trəpəʊ, AM ˈɑːntrəpoʊ] *n* ECON Umschlagplatz *m*
en·tre·pre·neur [ˌɒntrəprəˈnɜːʳ, AM ˌɑːntrəprəˈnɜːr] *n* Unternehmer(in) *m(f)*
en·tre·pre·neur·ial [ˌɒntrəprəˈnɜːriəl, AM ˌɑːntrəprəˈnɜːr-] *adj* unternehmerisch, Unternehmer-; ~ **income** *no pl* FIN Einkommen *nt* aus Unternehmertätigkeit
en·tre·pre·neur·ial ˈspir·it *n no pl* Unternehmergeist *m*
en·tre·pre·neur·ship [ˌɒntrəprəˈnɜːʃɪp, AM ˌɑːntrəprəˈnɜːr-] *n* Unternehmertum *nt*
en·tro·py [ˈentrəpi] *n no pl* PHYS Entropie *f fachspr*
en·trust [ɪnˈtrʌst, AM enˈ-] *vt* ■**to ~ sth to sb** [*or* **sb with sth**] jdm etw anvertrauen; **to ~ sth/sb into sb's care** etw/jdn in jds Obhut geben; **to ~ a task to sb** jdn mit einer Aufgabe betrauen
en·try [ˈentri] *n* ① *(act of entering)* Eintritt *m*; *(by car)* Einfahrt *f*; *(into a country)* Einreise *f*; *(into an organization or activity)* Aufnahme *f*, Beitritt *m*; THEAT Auftritt *m*; ***"no ~"*** „Zutritt verboten"; **forcible** ~ gewaltsames Eindringen
② *(entrance)* Eingang *m*; *(to car park etc.)* Einfahrt *f*
③ *(right of membership)* Zugang *m*, Zutritt *m* (**into** zu + *dat*)
④ *(recorded item)* Eintrag *m*, Eintragung *f*; *(in dictionary)* Eintrag *m*
⑤ COMPUT Eingabe *f*
⑥ *(submitted item for competition)* Einsendung *f*; *(submitted solution)* Lösung *f*; *(number)* Teilnehmerzahl *f*; **the winning** ~ der Beitrag, der/die Einsendung, die gewonnen hat
⑦ LAW *of land* Inbesitznahme *f*, Besitzergreifung *f*
⑧ *(in bookkeeping)* **credit** ~ Gutschrift *f*, Habenbuchung *f*; **debit** ~ Lastschrift *f*, Sollbuchung *f*; **contra** ~ Gegenbuchung *f*; **to contra an** ~ einen Eintrag zurückbuchen
⑨ LAW ~ **of appearance** schriftliche Anzeige der Verteidigungsbereitschaft; ~ **of judgment** Eintragung *f* des Urteils
ˈen·try charge, ˈen·try fee *n (for admittance)* Eintritt *m*, Eintrittsgeld *nt*; *(for competition entry)* Teilnahmegebühr *f*; *(for membership)* Aufnahmegebühr *f* **ˈen·try duty** *n* COMM Einfuhrzoll *m* **ˈen·try form** *n* Antragsformular *nt*; *(for competition)* Teilnahmeformular *nt*
en·try·ism [ˈentriɪzᵊm] *n no pl* POL *(pej) Eintreten in eine Organisation zwecks bewusster Einflussnahme*
ˈen·try-lev·el I. *n* Anfängerniveau *nt* **II.** *n modifier* ① *(suitable for beginner)* Anfänger-, Einsteiger-; ~ **computer** Computer *m* für Einsteiger; **an** ~ **human being** ein ganz normaler Mensch ② AM *(most lowly employed)* am unteren Ende der Beschäftigungsskala *nach n* **ˈen·try per·mit** *n (permit to pass)* Passierschein *m*; *(into a country)* Einreiseerlaubnis *f*, Einreisegenehmigung *f* **ˈen·try·phone** *n* BRIT [Tür]sprechanlage *f* **ˈen·try quali·fi·ca·tions** *npl* Zulassungsanforderungen *pl* **ˈen·try regu·la·tions** *n Bedingungen, die erfüllt sein müssen, um Eintritt zu erlangen* **ˈen·try tax** *n* Einfuhrzoll *m* **ˈen·try test** *n* Zulassungstest *m* **ˈen·try visa** *n* Einreisevisum *nt*; **multiple** ~ **visa** Visum *nt* zur mehrmaligen Einreise **ˈen·try·way** *n* AM *(passage)* Eingang *m*; *(for vehicles)* Einfahrt *f*
en·twine [ɪnˈtwaɪn, AM *esp* enˈ-] *vt* ① *(weave, twist)* ■**to ~ sth** etw [miteinander] verflechten; **to ~ flowers in one's hair** sich *dat* Blumen ins Haar flechten; **~d initials/letters** [miteinander] verschlungene Initialen/Buchstaben
② *(surround)* ■**to ~ sb/sth** jdn/etw umschlingen; ■**to ~ around sth** *plant* sich *akk* um etw *akk* ranken
③ *(fig: connect)* ■**to be ~d** [**together**] miteinander verbunden [*o* verknüpft] sein
ˈE num·ber *n* BRIT EU E-Nummer *f*
enu·mer·ate [ɪˈnjuːmᵊreɪt, AM ɪˈnuːmər-] *vt* ■**to ~ sth** etw aufzählen
enu·mer·at·ed ˈtype *n* COMPUT Nummerierungstyp *m*
enu·mera·tion [ɪˌnjuːmᵊrˈeɪʃᵊn, AM ɪˌnuːməˈreɪ-] *n usu sing* Aufzählung *f*
enun·ci·ate [ɪˈnʌn(t)sieɪt] **I.** *vi* sich *akk* artikulieren; **to ~ clearly** deutlich sprechen
II. *vt* ■**to ~ sth** ① *(pronounce)* etw aussprechen [*o geh* artikulieren]; **to ~ a sound** einen Laut bilden
② *(formulate)* etw formulieren; **to ~ a theory** eine Theorie aufstellen
enun·cia·tion [ɪˌnʌn(t)siˈeɪʃᵊn] *n usu sing* ① *(pronunciation)* Aussprache *f*, Artikulation *f geh*; **clear/poor** ~ deutliche/schlechte Aussprache
② *(expression)* Formulierung *f*
en·vel·op [ɪnˈveləp, enˈ-, AM enˈ-, ɪnˈ-] *vt* ■**to ~ sth in sth** etw in etw *akk* einhüllen [*o* einwickeln]; ***after her death, he was ~ed by gloom*** *(fig)* nach ihrem Tod umgab ihn eine tiefe Trauer; **to ~ sb in one's arms** jdn in seine Arme schließen
en·velope [ˈenvələʊp, AM -loʊp] *n* Briefumschlag *m*, Kuvert *nt*, Couvert *nt* SCHWEIZ
▸PHRASES: **on the back of an** ~ unter Zeitdruck, Hals über Kopf; **to push one's own** ~ *(sl)* seine Grenzen erproben
en·vi·able [ˈenviəbl] *adj* beneidenswert
en·vi·ably [ˈenviəbli] *adv* beneidenswert
en·vi·ous [ˈenviəs] *adj* neidisch; ■**to be ~ of sb/sth** auf jdn/etw neidisch sein; ~ **person** Neidhammel *m pej fam*
en·vi·ous·ly [ˈenviəsli] *adv* neidisch, neiderfüllt *geh*; **to look ~ at sth** etw voller Neid betrachten
en·vi·ron·ment [ɪnˈvaɪ(ə)rᵊnmənt, AM enˈvaɪrᵊn-] *n* ① *(surroundings)* Umgebung *f*
② *(social surroundings)* Milieu *nt*, [soziales] Umfeld, [persönliche] Umgebung; **family** ~ familiäre Verhältnisse, Familienverhältnisse *pl*; **heredity and** ~ Vererbung *f* und Sozialisierung *f*; **home** ~ häusliches Milieu, häusliche Verhältnisse; **professional** ~ berufliches Umfeld; **working** ~ Arbeitsumfeld *nt*
③ *no pl (natural surroundings)* ■**the** ~ die Umwelt
en·vi·ron·men·tal [ɪnˌvaɪ(ə)rᵊnˈmentᵊl, AM enˌvaɪrənˈmenṭᵊl] *adj inv* Umwelt-; ~ **damage** Umweltschäden *pl*; ~ **forecasting** [*or* **planning**] Umweltplanung *f*; ~ **impact** Einfluss *m* auf die Umwelt; **negative ~ impact** Umweltbelastung *f*; ~ **law/pollution** Umweltgesetz *nt*/-verschmutzung *f*; ~ **studies** Umweltforschung *f*
en·vi·ron·men·tal ac·ˈcount·ing *n no pl* FIN umweltbezogene Buchhaltung [*o* Rechnungslegung] **en·vi·ron·men·tal ˈac·tion plan** *n* POL Umweltaktionsplan *m* **en·vi·ron·men·tal ˈaudit** *n* LAW Ökoaudit *nt*, Umweltaudit *nt* **en·vi·ron·men·tal aˈware·ness** *n no pl* Umweltbewusstsein *nt* **en·vi·ron·men·tal de·ˈple·tion** *n no pl* Erschöpfung *f* natürlicher Ressourcen **en·vi·ron·men·tal ˈex·pert** *n* Umweltgutachter(in) *m(f)* **en·vi·ron·men·tal ˈhealth** *n* Umwelthygiene *f* **en·vi·ron·men·tal ˈhealth of·fic·er** *n* ≈ Beamte(r) *m*/Beamte [*o* -in] *f* des Gewerbeaufsichtsamts [*o* ÖSTERR Gesundheitsamts]
en·vi·ron·men·tal·ism [ɪnˌvaɪ(ə)rᵊnˈmentᵊlɪzᵊm, AM enˌvaɪrənˈmenṭᵊl-] *n no pl* ① *(protection of environment)* Umweltschutz *m*; *(movement)* Umweltschutzbewegung *f*
② *(conscience)* Umweltbewusstsein *nt*
en·vi·ron·men·tal·ist [ɪnˌvaɪ(ə)rᵊnˈmentᵊlɪst, AM enˌvaɪrənˈmenṭᵊl-] *n* Umweltschützer(in) *m(f)*
en·vi·ron·men·tal·ly [ɪnˌvaɪ(ə)rᵊnˈmentᵊli, AM enˌvaɪrənˈmenṭᵊli] *adv* ~ **damaging** umweltschädlich, umweltbelastend, umweltzerstörend; ~ **sound** umweltfreundlich, umweltschonend, umweltverträglich
en·vi·ron·men·tal ˈman·age·ment sys·tem *n* Umweltmanagementsystem *nt* **en·vi·ron·men·tal pro·ˈtec·tion** *n no pl* Umweltschutz *m*; ~ **foundation** Umweltstiftung *f* **en·vi·ron·men·tal re·ˈport** *n* Umweltbericht *m* **en·vi·ron·men·tal ˈshares** *npl* ECON, FIN Aktien *pl* auf dem Umweltsektor **en·vi·ron·men·tal ˈstress** *n* Elektrosmog *m* **en·vi·ron·men·tal ˈtax** *n* Umweltsteuer *m*
en·vi·ron·ment-ˈfriend·ly *adj* umweltfreundlich, umweltverträglich, umweltschonend
en·vi·rons [ɪnˈvaɪ(ə)rᵊnz, AM enˈvaɪrᵊnz] *npl (form)* Umgebung *f kein pl*, Umland *nt kein pl*
en·vis·age [ɪnˈvɪzɪdʒ, enˈ-, AM enˈ-, ɪnˈ-], **en·vi·sion** [ɪnˈvɪʒᵊn, enˈ-, AM enˈ-, ɪnˈ-] *vt esp* AM ■**to ~ sth** sich *dat* etw vorstellen; ***it's hard to ~ how it could have happened*** es ist schwer vorstellbar, wie das passieren konnte; ■**to ~ that ...** hoffen, dass ...; ■**to ~ doing sth** vorhaben [*o geh* gedenken], etw zu tun; ■**to ~ sb doing sth** sich *dat* vorstellen, dass jd etw tut
en·voy [ˈenvɔɪ, AM ˈɑːn-] *n (diplomat)* Gesandte(r) *f(m)*; *(authorized representative)* Bevollmächtigte(r) *f(m)*; **government** ~ Regierungsgesandte(r) *f(m)*; **special** ~ Sonderbeauftragte(r) *f(m)*
envy [ˈenvi] **I.** *n no pl* ① *(feeling)* Neid *m* (**of** auf + *akk*); **to feel ~ towards sb** auf jdn neidisch sein
② *(enviable person/thing)* ***he's the ~ of the school with his new car*** die ganze Schule beneidet ihn um sein neues Auto
▸PHRASES: **to be green with** ~ grün [*o* blass] vor Neid sein
II. *vt* <-ie-> ■**to ~ sb sth** [*or* **sb for sth**] jdn um etw *akk* beneiden, jdm etw neiden *geh*
en·zyme [ˈenzaɪm] *n* Enzym *nt*, Ferment *nt*
EOC [ˌiːəʊˈsiː] *n no pl*, + *sing/pl vb abbrev of* **Equal Opportunities Commission** *Behörde, die für die Gleichstellung (in Bezug auf Arbeit, Lohn etc.) der Frau Sorge trägt*
EOF [ˌiːəʊˈef, AM -oʊˈ-] *n* COMPUT *abbrev of* **end of file** Dateiende *nt*
eon *n* AM *see* **aeon**
EP¹ [ˌiːˈpiː] *n abbrev of* **extended play** EP *f*
EP² [ˌiːˈpiː] *n* POL *abbrev of* **European Parliament** EP *nt*
EPA [ˌiːpiːˈeɪ] *n no pl* AM *abbrev of* **Environmental Protection Agency** ≈ Umweltbundesamt *nt*
ˈe-paper *n no pl* E-Papier *nt*
ep·aulette, AM **epaulet** [ˌepəˈlet] *n* Epaulette *f*, Schulterstück *nt*
épée [ˈepeɪ, AM eɪˈpeɪ] *n* SPORT [Fecht]degen *m*
ephem·era [ɪˈfemᵊrə, AM -ɚə] *npl* ① *(objects of short-term interest)* vorübergehende Erscheinungen, Eintagsfliegen *pl fig*
② ZOOL, BOT *(plants)* kurzlebige Pflanzen; *(insects)* Eintagsfliegen *pl*, Ephemeriden *pl fachspr*
ephem·er·al [ɪˈfemᵊrᵊl, AM -ɚᵊl] *adj* ① *(fig: short-lived)* kurzlebig *fig*, vorübergehend
② *inv* ZOOL, BOT kurzlebig, ephemer *fachspr*; ~ **insects** Eintagsfliegen *pl*, Ephemeriden *pl fachspr*
epic [ˈepɪk] **I.** *n (poem)* Epos *nt*, Heldengedicht *nt*; *(novel)* Epos *nt*; FILM Filmepos *nt*
II. *adj* ① *inv* episch *fachspr*, erzählend; ~ **drama** episches Drama; ~ **poem** erzählendes Gedicht, Epos *nt*; ~ **poet** Epiker(in) *m(f)*; ~ **poetry** Epik *f*, erzählende Dichtung
② *(fig: long, difficult and important)* schwierig und abenteuerlich; ~ **achievement** Heldentat *f*; ~ **journey** abenteuerliche Reise; ~ **struggle** heroischer Kampf
③ *(fig: very large)* monumental; ~ **proportions** unvorstellbare Ausmaße
epi·cene [ˈepɪsiːn] *adj* ① BIOL beiderlei Geschlechts; ~ **feature** androgynes Merkmal
② *(fig: sexually indeterminate)* geschlechtslos *fig*

E

epi·cen·tre, AM **epi·cen·ter** ['epɪsentəʳ, AM -t̬ɚ] *n* Epizentrum *nt*
epi·cure ['epɪkjʊəʳ, AM -kjʊr] *n (form liter)* Gourmet *m geh*, Feinschmecker(in) *m(f)*
epi·cu·rean [ˌepɪkjʊə'riːən, AM -kjʊr'iː-] **I.** *adj (form liter)* epikur[e]isch *geh; meal* superb *geh;* ~ **tastes** Gourmetgeschmack *m*
II. *n (form liter)* Epikureer *m geh*, Genussmensch *m*
epi·cy·cle ['epɪsaɪkəl, AM 'epə-] *n* ❶ MATH Epizykel *m*
❷ ASTRON *(hist)* Planetenumlaufbahn *f*
epi·dem·ic [ˌepɪ'demɪk, AM -ə'-] **I.** *n* Epidemie *f*, Seuche *f;* ~ **of cholera/flu/typhoid** [*or* **cholera/flu/typhoid** ~] Cholera-/Grippe-/Typhusepidemie *f; (fig)* ~ **of unemployment** grassierende Arbeitslosigkeit
II. *adj inv* epidemisch, seuchenartig; ~ **disease** Epidemie *f*, Seuche *f;* ~ **proportions** horrende [*o* erschreckende] Ausmaße; **to become** ~ sich *akk* seuchenartig ausbreiten, zu einer Epidemie werden
epi·demio·logi·cal [ˌepɪˌdiːmiə'lɒdʒɪkəl, AM -əˌdiːmiə'lɑːdʒ-] *adj inv study* epidemiologisch
epi·demi·olo·gist [ˌepɪˌdiːmi'ɒlədʒɪst, AM -əˌdiːmi'ɑːlə-] *n* MED Epidemiologe, Epidemiologin *m, f fachspr*
epi·demi·ol·ogy [ˌepɪˌdiːmi'ɒlədʒi, AM -əˌdiːmi'ɑːl-] *n* Epidemiologie *f*
epi·der·mis <*pl* -mes> [ˌepɪ'dɜːmɪs, AM -ə'dɜːr-, *pl* -miːz] *n (spec)* Oberhaut *f*, Epidermis *f fachspr*
epi·dur·al [ˌepɪ'djʊərəl, AM -ə'dʊr-] *n* Epiduralanästhesie *f fachspr*
epi·glot·tis [ˌepɪ'glɒtɪs, AM -ə'glɑːt̬-] *n* Kehldeckel *m*, Epiglottis *f fachspr*
epi·gram ['epɪgræm, AM -pə-] *n* Epigramm *nt*, Sinngedicht *nt*
epi·gram·mat·ic [ˌepɪgrə'mætɪk, AM -pəgrə'mæt̬-] *adj* ❶ LIT epigrammatisch *geh*
❷ *(sharp-witted)* kurz und treffend, scharf pointiert, epigrammatisch *geh;* ~ **humour** scharfsinniger Humor
epi·graph ['epɪgrɑːf, AM -əgræf] *n* LIT Epigraf *nt geh*, Inschrift *f*
epi·lep·sy ['epɪlepsi] *n no pl* Epilepsie *f*
epi·lep·tic [ˌepɪ'leptɪk] **I.** *n* Epileptiker(in) *m(f)*
II. *adj inv* ~ **fit** [*or* **seizure**] epileptischer Anfall
epi·logue, AM **epi·log** ['epɪlɒg, AM 'epəlɑːg] *n* ❶ LIT Epilog *m*, Nachwort *nt*
❷ THEAT Epilog *m*, Nachspiel *nt*
epi·neph·rine [ˌepɪ'nefriːn, AM ˌepə'nefrɪn] *n no pl* Adrenalin *nt*, Epinephrin *nt*
epipha·ny [ɪ'pɪfəni, AM -fəni] *n* ❶ REL Erscheinung *f*; **to experience an** ~ eine Erscheinung haben
❷ LIT Auflösung *f*, Aufklärung *f*
Epipha·ny [ɪ'pɪfəni, AM -fəni] *n* Dreikönigsfest *nt*, Erscheinungsfest *nt*
epis·co·pa·cy [ɪ'pɪskəpəsi] *n* ❶ *(Church government)* Episkopat *nt*
❷ *(bishops)* ■ **the** ~ das Episkopat
epis·co·pal [ɪ'pɪskəpəl] *adj inv* episkopal *fachspr*, bischöflich, Bischofs-
Epis·co·pal [ɪ'pɪskəpəl] *adj inv* AM, SCOT **the** ~ **Church** die Episkopalkirche
Epis·co·pa·lian [ɪˌpɪskə'peɪliən] **I.** *adj inv* AM, SCOT ■ **to be** ~ der Episkopalkirche angehören; ~ **priest** Priester *m* der Episkopalkirche; ~ **service** Gottesdienst *m* [*o* Messe *f*] nach der Liturgie der Episkopalkirche
II. *n* Mitglied *nt* der Episkopalkirche, Episkopale *m o f*
epi·scope ['epɪskəʊp, AM -əskoʊp] *n* COMPUT Epidiaskop *nt*
epi·sode ['epɪsəʊd, AM -əsoʊd] *n* ❶ *(event)* Ereignis *nt*, Vorfall *m*, Vorkommnis *nt;* **unfortunate** ~ bedauerlicher Vorfall
❷ *(part of story)* Episode *f*, Folge *f*
epi·sod·ic [ˌepɪ'sɒdɪk, AM -'sɑːd-] *adj* ❶ *(occasional)* flüchtig, vorübergehend; ~ **love affair** kurze [Liebes]affäre
❷ LIT, MEDIA *(consisting of episodes)* episodisch, episodenhaft
ep·is·tem·ic [ˌepɪ'stiːmɪk] *adj inv* PHILOS erkenntnisbezogen, epistemisch *fachspr*
epis·temo·logi·cal [ɪˌpɪstɪmə'lɒdʒɪkəl, AM -'lɑːdʒ-] *adj* PHILOS *(form)* erkenntnistheoretisch, epistemologisch *fachspr*
epis·temo·logi·cal·ly [ɪˌpɪstɪmə'lɒdʒɪkəli, AM -'lɑːdʒ-] *adv* PHILOS *(form)* erkenntnistheoretisch, epistemologisch *fachspr*
epis·temol·ogy [ɪˌpɪstə'mɒlədʒi, AM -'mɑːl-] *n no pl* PHILOS *(form)* Erkenntnistheorie *f*, Epistemologie *f fachspr*
epis·tle [ɪ'pɪsl] *n* ❶ *(hum iron: letter)* Epistel *f hum*
❷ LIT Epistel *f fachspr*
Epis·tle [ɪ'pɪsl] *n* ❶ *(in Bible)* Epistel *f*, Apostelbrief *m;* **St Paul's** ~ **to the Romans** der Brief des Apostels Paulus an die Römer
❷ *(during service)* Epistel *f*, [gottesdienstliche] Lesung
epis·to·lary [ɪ'pɪstələri, AM -leri] *adj inv* ❶ *(in letters)* ~ **correspondence** Briefwechsel *m*
❷ LIT Brief-; ~ **novel** Briefroman *m;* ~ **style** Briefstil *m*
epi·taph ['epɪtɑːf, AM -ətæf] *n* ❶ *(inscription)* Grabinschrift *f*, Epitaph *nt geh*
❷ *(words)* Totengedicht *nt*
epi·tax·ial 'lay·er [ˌepɪ'tæksiəl-] *n* COMPUT epitaxiale Schicht
epi·taxy ['epɪtæksi] *n* COMPUT Epitaxie *f*
epi·thet ['epɪθet] *n* ❶ LING Epitheton *nt fachspr*, Beiwort *nt*, Attribut *nt*
❷ *(addition to name)* Beiname *m; (nickname)* Spitzname *m*
❸ BIOL Epitheton *nt*
epito·me [ɪ'pɪtəmi, AM -t̬-] *n usu sing* Inbegriff *m*, Verkörperung *f;* **the** ~ **of elegance** die Eleganz selbst [*o* in Person]; **the** ~ **of extravagance** die personifizierte Extravaganz
epito·mize [ɪ'pɪtəmaɪz, AM -t̬-] *vt* ■ **to** ~ **sth** *(typify)* etw verkörpern; *(contain)* etw repräsentieren, beispielhaft für etw *akk* stehen; ***he*** **~*s the absent-minded professor*** er ist der typische zerstreute Professor
EPO [ˌiːpiː'əʊ, AM -'oʊ] *n no pl abbrev of* **erythropoietin** EPO
epoch ['iːpɒk, AM 'epək] *n* Epoche *f*; **glacial** ~ Eiszeit *f*; **historical** ~ geschichtlich bedeutsame Epoche; **to move into a new** ~ in ein neues Zeitalter eintreten; **to mark an** ~ ein Wendepunkt [*o* Meilenstein] [in der Geschichte] sein; **to usher in an** ~ eine Epoche einläuten
ep·och·al ['iːpɒkəl, AM 'epək-] *adj* ❶ *(having to do with an epoch)* Epochen-, der Epoche *nach n*
❷ *(very important)* Epoche machend, epochal *geh;* ~ **event** bahnbrechendes Ereignis
'epoch-mak·ing *adj discovery* epochal *geh*, Epoche machend, revolutionär
epo·nym ['epənɪm] *n* LING Eponym *nt*
epony·mous [ɪ'pɒnɪməs, AM ɪ'pɑːnə-] *adj attr, inv* namensgebend
EPOS ['iːpɒs, AM -pɑːs] *n acr for* **electronic point of sale** *elektronische Kasse*
epoxy [ɪ'pɒksi, AM ɪ'pɑːk-] **I.** *n no pl* ❶ *(strong glue)* Kompaktkleber *m* BRD, Epoxidharz *nt*
❷ CHEM Epoxidgruppe *f*
II. *vt* <-ie-> AM ■ **to** ~ **sth** etw mit Epoxidharz kleben
epoxy 'res·in *n* ❶ *no pl (type of strong glue)* Epoxidharz *nt*, EP-Harz *nt*
❷ CHEM *(synthetic resin)* Kunstharz *nt*, Epoxidharz *nt*
e-pro·'cure·ment *n* INET E-Procurement *nt (das Einkaufen und Beschaffen von Produkten und Dienstleistungen über das Internet)*
eps, EPS *n* ECON, FIN *abbrev of* **earnings per share**
Ep·som salts ['epsəm,-] *npl* Bittersalz *nt kein pl*
eq·uable ['ekwəbl] *adj temperament* gleichmäßig, ausgeglichen; *climate* gemäßigt; **to have an** ~ **disposition** ausgeglichen sein
eq·uably ['ekwəbli] *adv* ❶ *(calmly)* gelassen, gleichmütig
❷ *(uniformly)* gleichmäßig; **to enforce laws** ~ bei der Anwendung von Gesetzen keine Unterschiede machen
equal ['iːkwəl] **I.** *adj inv* ❶ *(the same)* gleich; ~ ***pay for*** ~ ***work*** gleiche Bezahlung bei gleicher Arbeit; ~ **in number** zahlenmäßig gleich; **of** ~ **size** gleich groß; **on** ~ **terms** unter gleichen Bedingungen; ~ **in volume** vom Umfang her gleich; ■ **to be** ~ **to sth** etw *dat* gleich sein; ***one litre is*** ~ ***to 1.76 imperial pints*** ein Liter entspricht 1,76 ips.
❷ *(same in amount)* gleich viel; *(same in size)* gleich groß; ***Robert made an*** ~ ***division of the prize money among the winners*** Robert teilte das Preisgeld gleichmäßig unter den Gewinnern auf; **to have** ~ **reason to do sth** gleichermaßen Grund haben, etw zu tun
❸ *(equal in status)* gleich[berechtigt]; ***all men are created*** ~ alle Menschen sind gleich; **on** ~ **footing** gleichgestellt; ~ **status for men and women** Gleichstellung *f* von Mann und Frau; ~ **treatment** Gleichbehandlung *f*
❹ *pred (able to do)* ■ **to be** ~ **to sth** für etw *akk* geeignet [*o* zu etw *dat* fähig] sein; **to be** ~ **to a task** einer Aufgabe gerecht werden [*o* gewachsen sein]; **to prove** ~ **to sth** sich *akk* etw *dat* gewachsen zeigen
▸ PHRASES: **all things being** ~ *(if other factors are the same)* unter ansonsten gleichen Bedingungen; *(if all goes well)* wenn nichts dazwischenkommt
II. *n* Gleichgestellte(r) *f(m)*, Ebenbürtige(r) *f(m)*; ***he does not consider his brother to be his intellectual*** ~ er glaubt, sein Bruder sei ihm geistig unterlegen; ***she was the*** ~ ***of any opera singer*** sie konnte sich mit jeder Opernsängerin messen; ***this author is without*** ~ dieser Autor sucht seinesgleichen *geh;* **to have no** ~ unübertroffen sein
III. *vt* <BRIT -ll- *or* AM *usu* -l-> ❶ MATH ■ **to** ~ **sth** etw ergeben [*o* sein]; ***three plus four*** **~*s seven*** drei plus vier ist gleich [*o fam* macht] sieben
❷ *(match)* ■ **to** ~ **sth** an etw *akk* herankommen, etw *dat* gleichkommen; ***we raised $500 for charity last year and we're hoping to*** ~ ***that this year*** wir haben letztes Jahr 500 Dollar für wohltätige Zwecke gesammelt und hoffen, dass uns das in diesem Jahr wieder gelingt
❸ SPORT **to** ~ **a world record** einen Weltrekord erreichen
equali·ty [ɪ'kwɒləti, AM -ɑːlət̬i] *n no pl* ❶ *(same rights)* Gleichberechtigung *f;* ~ **between men and women/the sexes** Gleichberechtigung *f* von Mann und Frau/der Geschlechter; ~ **of opportunity** Chancengleichheit *f;* ~ **of votes** Stimmengleichheit *f*; **racial** ~ Rassengleichheit *f*
❷ *(sameness)* Gleichheit *f*
equali·za·tion [ˌiːkwəlaɪ'zeɪʃən, AM -lɪ'-] *n* Gleichmachung *f;* ~ **of voting rights** gleiches Wahlrecht [für alle]
equali·'za·tion bank *n* Ausgleichsbank *f* **equali·'za·tion fund** *n* FIN Ausgleichsfonds *m* **equali·'za·tion pay·ment** *n* Ausgleichszahlung *f*, Ausgleichsleistung *f*
equal·ize ['iːkwəlaɪz, AM -kwəl-] **I.** *vt* ■ **to** ~ **sth** etw gleich machen; **to** ~ **incomes/standards** Einkommen/Standards einander angleichen [*o* gleichstellen]; **to** ~ **the pressure/the temperature** den Druck/die Temperatur ausgleichen; ECON, FIN **to** ~ **dividends** Dividenden ausgleichen [*o* angleichen]
II. *vi* BRIT, AUS SPORT ausgleichen, den Ausgleich erzielen
equal·iz·er ['iːkwəlaɪzəʳ] *n* BRIT, AUS Ausgleichstor *nt*, Ausgleichsgoal *nt* SCHWEIZ, Ausgleichstreffer *m;* **to score an** ~ den Ausgleich[streffer] erzielen
'equal·iz·ing item *n* FIN Ausgleichsposten *m*
equal·ly ['iːkwəli] *adv* ebenso; ~ **good** gleich gut; **to contribute** ~ **to sth** gleichermaßen zu etw *dat* beitragen; **to divide** [*or* **share**] **sth** ~ etw gleichmäßig [*o* zu gleichen Teilen] aufteilen
equal op·por·'tu·nities *npl* BRIT, **equal op·por·'tu·nity** AM **I.** *n* Chancengleichheit *f*
II. *n modifier* ~ **employer** *Arbeitgeber, der Chancengleichheit praktiziert* **Equal Op·por·'tu·nities Com·mis·sion** *n*, **EOC** *n* Kommission *f* für die Gleichberechtigung am Arbeitsplatz **equal op·por·'tu·nities pro·gramme** *n* Chancengleichheits-

plan *m* **equal 'rights** *npl* gleiche Rechte, Gleichberechtigung *f;* ~ **before the law** Gleichheit *f* vor dem Gesetz; ~ **under the law** im Gesetz verankerte [*o* gesetzlich verbürgte] Gleichberechtigung **Equal Rights A'mend·ment** *n,* **ERA** *n* AM *US-Verfassungszusatzartikel zur Gleichberechtigung*

'equal(s) sign *n* MATH Gleichheitszeichen *nt*

equal 'treat·ment *n no pl* Gleichbehandlung *f*

equa·nim·ity [ˌekwəˈnɪməti, AM -əṭi] *n no pl* Gleichmut *m,* Gelassenheit *f;* **to disturb sb's** ~ jdn aus dem Gleichgewicht bringen; **to receive sth with** ~ etw gelassen aufnehmen; **to regain one's** ~ sein [inneres] Gleichgewicht wiedererlangen; **to view sth with** ~ etw *dat* mit Gelassenheit entgegensehen

equate [ɪˈkweɪt] I. *vt* ■**to** ~ **sth with sth** etw mit etw *dat* gleichsetzen
II. *vi* ■**to** ~ **to sth** etw *dat* entsprechen

equa·tion [ɪˈkweɪʒᵊn] *n* ❶ MATH Gleichung *f;* **simple** ~ lineare Gleichung
❷ *(fig: connection, balance)* Ausgleich *m;* ***managing the economy is a complex ~ of controlling inflation and reducing unemployment*** Wirtschaftspolitik besteht in einem komplizierten Balanceakt zwischen Inflationsbekämpfung und Senkung der Arbeitslosigkeit
▸ PHRASES: **the other side of the** ~ die Kehrseite der Medaille

equa·tor [ɪˈkweɪtəʳ, AM -ṭɚ] *n no pl* Äquator *m;* **to be** [*or* **lie**] **on the** ~ am Äquator liegen

equa·to·rial [ˌekwəˈtɔːriəl] *adj inv* ❶ *(of, at or near the equator)* äquatorial, Äquatorial-; ~ **Africa** Äquatorialafrika *nt;* ~ **climate** äquatoriales Klima
❷ CHEM ~ **bond** äquatoriale Bindung

Equa·to·rial 'Guinea *n* Äquatorialguinea *nt*

eq·uer·ry [ˈekwəri, AM -wɚ-] *n* ❶ *(royal aide)* Kammerherr *m,* persönlicher Diener; **to be appointed as an** ~ **to sb** zu jds persönlichem Diener ernannt werden
❷ *(in charge of horses)* königlicher Stallmeister

eques·trian [ɪˈkwestriən] I. *adj inv* Reit[er]-; ~ **event[s]** Reitveranstaltung *f;* ~ **statue** Reiterstandbild *nt,* Reiterstatue *f*
II. *n* Reiter(in) *m(f)*

eques·trian·ism [ɪˈkwestriənɪzᵊm] *n no pl* SPORT Reitkunst *f*

equi·dis·tant [ˌiːkwɪˈdɪstᵊnt] *adj inv* ■~ **from sth [and sth]** gleich weit von etw *dat* [und etw *dat*] entfernt; ■**to be** ~ **between sth and sth** [in der Mitte] zwischen etw *dat* und etw *dat* liegen

equi·lat·eral [ˌiːkwɪˈlætᵊrᵊl, AM -ˈlæṭ-] *adj inv* MATH *triangle* gleichseitig

equi·lib·rium [ˌiːkwɪˈlɪbriəm] *n no pl* Gleichgewicht *nt;* ~ **of flow** SCI Fließgleichgewicht *nt;* **inner** ~ inneres Gleichgewicht; **to lose/maintain one's** ~ *(physical balance)* sein Gleichgewicht verlieren/halten; *(equanimity)* die Ruhe verlieren/bewahren

equi·'lib·rium mod·el *n* Gleichgewichtsmodell *nt*

equine [ˈekwaɪn, ˈiːk-, AM *esp* ˈiːk-] *adj* ❶ *(having to do with horses)* Pferde-; ~ **disease** Pferdekrankheit *f*
❷ *(horse-like)* pferdeähnlich; ~ **face** Pferdegesicht *nt pej*

equi·noc·tial [ˌiːkwɪˈnɒkʃᵊl, ˌek-, AM -ˈnɑːk-] *adj inv (spec)* äquinoktial *fachspr;* ~ **gales** Äquinoktialstürme *pl fachspr;* ~ **line** Himmelsäquator *m*

equi·nox <*pl* -es> [ˈiːkwɪnɒks, ˈek-, AM -nɑːks] *n* Äquinoktium *nt fachspr,* Tagundnachtgleiche *f kein pl;* **autumn/spring** [*or* **vernal**] ~ Herbst-/Frühjahrs- *f* Tagundnachtgleiche [*o* Frühlings-]

equip <-pp-> [ɪˈkwɪp] *vt* ❶ *(provide with)* ■**to** ~ **sb/sth with sth** jdn/etw mit etw *dat* ausstatten; *with special equipment* jdn/etw mit etw *dat* ausrüsten; ■**to** ~ **oneself with sth** sich *akk* mit etw *dat* ausrüsten
❷ *(fig: prepare)* ■**to** ~ **sb for sth** jdn für etw *akk* rüsten, jdm das [geistige] Rüstzeug für etw *akk* geben; **to** ~ **sb with skills** jdm Fähigkeiten vermitteln

equi·page [ˈekwɪpɪdʒ] *n* ❶ *no pl (old: equipment)* Ausrüstung *f,* Equipierung *f veraltet*
❷ HIST *(carriage)* Equipage *f*

equip·ment [ɪˈkwɪpmənt] *n no pl* ❶ *(supplies)* Ausrüstung *f,* Ausstattung *f;* **camping** ~ Campingausrüstung *f;* **first-aid** ~ Erste-Hilfe-Ausrüstung *f;* **household** ~ Hausrat *m;* **office** ~ Büroausstattung *f*
❷ *(form: act of equipping)* Ausstattung *f,* Ausrüstung *f*

equipped [ɪˈkwɪpt] *adj* ❶ *(fitted out with equipment)* ausgestattet; *(with special equipment)* ausgerüstet; **to be** ~ **with sth** über etw *akk* verfügen; **well-/poorly-**~ gut/schlecht ausgestattet [*o* ausgerüstet]
❷ *(fig: prepared)* ■**to be** ~ **to do sth** auf etw *akk* vorbereitet sein, für etw *akk* gerüstet sein; **to be well-**~ gut vorbereitet sein; ***she's well-~ for this job*** sie bringt gute Voraussetzungen für diesen Job mit

equi·pro·por·tion·al·ity [ˌiːkwiprəˌpɔːʃᵊnˈæləti, AM -pɔːrʃᵊnˈæləṭi] *n no pl* Äquiproportionalität *f*

equi·table [ˈekwɪtəbl̩, AM -ṭ-] *adj treatment* gerecht, fair; ~ **jurisdiction** Billigkeitsgerichtsbarkeit *f;* ~ **lien** Sicherungspfandrecht *nt;* ~ **mortgage** auf Equity-Recht beruhende Hypothek, formlose Hypothek

equi·tably [ˈekwɪtəbli, AM -ṭ-] *adv* gerecht, fair

equi·ty[1] [ˈekwɪti, AM -ṭ-] *n* FIN ❶ *(stocks, shares)* ■**equities** *pl* Stammaktien *pl,* Dividendenpapiere *pl,* Anteilswerte *pl;* **equities market** Aktienmarkt *m;* **equities trade** [*or* **trading**] Aktienhandel *m*
❷ *no pl (block of stock)* Anteilskapital *nt; (value of stock)* Eigenkapital *nt;* **common** ~ primäres Eigenkapital
❸ *(right to receive dividends)* Dividendenanspruch *m*

equi·ty[2] [ˈekwɪti, AM -ṭ-] *n no pl (form)* ❶ *(fairness, justice)* Gerechtigkeit *f,* Fairness *f*
❷ LAW Billigkeitsrecht *nt,* billiges [*o* natürliches] Recht
❸ *(neutrality)* Unparteilichkeit *f*

Equi·ty[3] [ˈekwɪti, AM -ṭ-] *n no pl Schauspielergewerkschaft in Großbritannien, den USA und einigen anderen Ländern*

equi·ty ac·'count·ing *n* ECON Bilanzierung *f* von Beteiligungen nach der Equity-Methode **'equi·ty bank·ing** *n* FIN Equity-Banking *nt* **equi·ty 'capi·tal** *n no pl* STOCKEX Eigenkapital *nt,* Beteiligungskapital *nt* **'equi·ty com·pa·ny** *n* STOCKEX Börsengesellschaft *f* **'equi·ty contribution** *n* FIN Kapitaleinlage *f* **equi·ty 'earn·ings** *n* ECON Beteiligungskapital *nt* **equi·ty 'fi·nance** *n* ECON Aktienfinanzierung *f* **equi·ty 'fi·nanc·ing** *n no pl* FIN Aktienfinanzierung *f,* Eigenfinanzierung *f,* Eigenkapitalfinanzierung *f,* Beteiligungsfinanzierung *f* **'equi·ty fund** *n* ECON Aktienfonds *m* **'equi·ty fu·tures** *npl* STOCKEX Aktien-Futures *m* **equi·ty 'gear·ing** *n* ECON Verhältnis *nt* zwischen Fremd- und Eigenkapital, Verschuldungsgrad *m* **'equi·ty hold·ing** *n* FIN Aktienbesitz *m,* Aktienbeteiligung *f* **'equi·ty in·dex** *n* FIN Aktienindex *m* **'equi·ty in·ter·est** *n* FIN Beteiligung *f* **'equi·ty kick·er** *n* AM ECON Attraktivermachen *nt* einer Wertpapieremission **'equi·ty launch** *n* STOCKEX Aktienemission *f* **'equi·ty mar·ket** *n* FIN Aktienmarkt *m* **equi·ty of re·'demp·tion** *n* Tilgungsrecht [*o* Ablösungsrecht] *nt* des Hypothekenschuldners **'equi·ty op·tion** *n* STOCKEX Aktienoption *f* **'equi·ty own·er·ship** *n* FIN Kapitalbeteiligung *f* **'equi·ty pa·per** *n* FIN Beteiligungspapier *nt,* Teilhaberpapier *nt* **'equi·ty price** *n* FIN Aktienkurs *m,* Aktienpreis *m* **'equi·ty pro·vid·er** *n* FIN Eigenkapitalgeber(in) *m(f)* **'equi·ty share** *n* BRIT STOCKEX Stammaktie *f* **'equi·ty stake** *n* FIN Kapitalbeteiligung *f;* ~ **in an affiliated company** Schachtelbeteiligung *f* **'equi·ty sweet·en·er** *n* ECON Attraktivermachen *nt* einer Wertpapieremission

eq(uiv). *abbrev of* **equivalent** äquivalent, gleichwertig

equiva·lence [ɪˈkwɪvᵊlən(t)s] *n no pl (correspondence)* Entsprechung *f,* Gleichwertigkeit *f; (equivalent meaning)* Äquivalenz *f,* Bedeutungsgleichheit *f;* ***there's a general ~ between the two concepts*** die beiden Konzepte stimmen im Großen und Ganzen überein

equiva·lent [ɪˈkwɪvᵊlənt] I. *adj inv* äquivalent *geh,* entsprechend, gleichwertig; ■**to be** ~ **to sth** etw *dat* entsprechen; ***is $50 ~ to about £30?*** sind 50 Dollar ungefähr so viel wie 30 Pfund?; ■**to be** ~ **to doing sth** genauso sein, als ob man etw tun würde; ***this is ~ to writing ...*** genauso gut könnte man schreiben, ...
II. *n* Äquivalent *nt geh* (**for/of** für +*akk*), Entsprechung *f;* FIN Gegenwert *m;* ***there is no English ~ for 'bon appetit'*** im Englischen gibt es keinen entsprechenden Ausdruck für ‚bon appetit'

equivo·cal [ɪˈkwɪvəkᵊl] *adj* ❶ *(ambiguous)* zweideutig, doppeldeutig; ~ **meaning** unklare Bedeutung
❷ *(questionable)* fragwürdig, zweifelhaft; **to place sb in an** ~ **position** jdn in ein zweifelhaftes Licht rücken

equivo·cal·ly [ɪˈkwɪvəkᵊli] *adv* in zweideutiger Weise, unklar

equivo·cate [ɪˈkwɪvəkeɪt] *vi (form)* doppeldeutige Aussagen machen, ausweichen

equivo·ca·tion [ɪˌkwɪvəˈkeɪʃᵊn] *n no pl* Ausflucht *f,* doppeldeutige Aussage; ■**without** ~ ohne Ausflüchte

ER[1] [ˌiːˈɑːʳ, AM -ˈɑːr] *n abbrev of* **Elizabeth Regina** ER

ER[2] [ˌiːˈɑːʳ, AM -ˈɑːr] *n abbrev of* **emergency room** Notaufnahme *f,* Unfallstation *f*

er [ɜːʳ, AM ɜːr] *interj (fam)* äh[m] *fam*

era [ˈɪərə, AM ˈɪrə, ˈerə] *n* Ära *f,* Epoche *f;* **Communist** ~ Ära *f* [*o* Zeitalter *nt*] des Kommunismus; **bygone** ~ vergangene Zeit; **post-war** ~ Nachkriegszeit *f;* **to usher in an** ~ eine neue Zeit [*o* Ära] einläuten

ERA [ˌiːɑːrˈeɪ] *n* AM POL *abbrev of* **Equal Rights Amendment** *US-Verfassungszusatzartikel zur Gleichberechtigung*

eradi·cate [ɪˈrædɪkeɪt] *vt* ■**to** ~ **sth** etw ausrotten [*o* ausmerzen]; **to** ~ **a disease** eine Krankheit ausrotten; **to** ~ **a tree** einen Baum entwurzeln [*o* ausreißen]

eradi·ca·tion [ɪˌrædɪˈkeɪʃᵊn] *n no pl* Ausrottung *f*

erase [ɪˈreɪz, AM -ˈeɪs] *vt* ■**to** ~ **sth** ❶ *(remove completely)* etw entfernen; **to** ~ **a deficit/gains/losses** ein Defizit/Gewinne/Verluste ausgleichen; **to** ~ **a file** eine Datei löschen; **to** ~ **sb's memories** jds Erinnerungen auslöschen
❷ *(rub out) letter, mark, word* etw ausradieren; **to** ~ **the blackboard** AM die Tafel wischen

e'rase char·ac·ter *n* COMPUT Nullzeichen *nt*

eras·er [ɪˈreɪzəʳ, AM -sɚ] *n esp* AM *(rubber)* Radiergummi *m,* Radierer *m fam,* Gummi *m* SCHWEIZ; *(sponge)* [Tafel]schwamm *m;* ~ **tool** COMPUT Radierer

eras·ure [ɪˈreɪʒəʳ, AM -ʃɚ] *n esp* AM Löschung *f*

erbium [ˈɜːbiəm, AM ˈɜːr-] *n no pl* CHEM Erbium *nt*

ERDF [ˌiːɑːdiːˈef, AM -ɑːr-] *n* ECON, FIN *abbrev of* **European Regional Development Fund** EFRE *m*

ere [eəʳ, AM er] I. *prep (old liter)* ehe, bevor; ~ **now** bisher, SCHWEIZ *a.* bis anhin; ~ **long** binnen Kurzem *veraltend*
II. *conj (old liter)* ehe, bevor

erect [ɪˈrekt] I. *adj* ❶ *(upright)* aufrecht, gerade; ~ **carriage** aufrechter Gang; **to stand** ~ gerade stehen; MIL strammstehen
❷ ANAT erigiert *geh;* ~ **penis** erigierter Penis, steifes Glied
II. *vt* ■**to** ~ **sth** ❶ *(build, construct)* etw errichten [*o* erbauen]
❷ *(put up)* etw aufstellen [*o* aufrichten]

erec·tile [ɪˈrektaɪl, AM -təl] *adj* ANAT schwellfähig, erektil *fachspr;* ~ **tissue** Schwellkörper *m*

erec·tion [ɪˈrekʃᵊn] *n* ❶ *no pl (construction)* Errichtung *f,* Bau *m*
❷ *(usu hum: building)* Bauwerk *nt; (other than building)* Konstruktion *f*
❸ *(erect penis)* Erektion *f*

erg [ɜːg, AM ɜːrg] *n* PHYS Erg *nt*

ergo [ˈɜːgəʊ, AM ˈergoʊ] *adv inv (form)* also, ergo *geh*

er·go·nom·ic [ˌɜːgəˈnɒmɪk, AM ˌɜːrgəˈnɑːm-] *adj* ergonomisch

er·go·nomi·cal·ly [ˌɜːgəˈnɒmɪkli, AM ˌɜːrgəˈnɑːm-] *adv* ergonomisch

er·go·nom·ics [ˌɜːgəˈnɒmɪks, AM ˌɜːrgəˈnɑːm-] *n no pl* ❶ + *sing vb (science)* Arbeitswissenschaft *f,* Ergo-

E

nomie *f*

② *(design)* ergonomische Gestaltung, Ergonomie *f*

Erin ['erɪn] *n no pl (poet or old)* Irland *nt*

Eri·trea [ˌerɪ'treɪə, AM -'tri:ə] *n* Eritrea *nt*

Eri·trean [ˌerɪ'treɪən, AM -'tri:ən] **I.** *n* Eritreer(in) *m(f)* **II.** *adj* eritreisch

Erlenmeyer flask [ˌɜ:lənmaɪə'flɑ:sk, AM ɜ:rlənmaɪə˞'flæsk] *n* CHEM Erlenmeyerkolben *m*

ERM [ˌi:ɑ:r'em, AM -ɑ:r'-] *n no pl* EU *abbrev of* **Exchange Rate Mechanism** Wechselkursmechanismus *m*

er·mine ['ɜ:mɪn, AM 'ɜ:r-] *n* ① *(type of stoat)* Hermelin *nt*

② *no pl (fur)* Hermelin *m*

erode [ɪ'rəʊd, AM ɪ'roʊd] **I.** *vt* ■**to ~ sth** ① GEOL etw auswaschen [*o fachspr* erodieren]

② CHEM etw zerfressen

③ *(fig: undermine)* **to ~ sb's confidence** jds Vertrauen untergraben

II. *vi* ① GEOL erodieren; *soil* abtragen

② *(fig: disappear) belief* abnehmen, [dahin]schwinden

◆**erode away** *vi* GEOL sich *akk* auflösen, zerfallen, verwittern

erog·enous [ɪ'rɒdʒɪnəs, AM ɪ'rɑ:dʒ-] *adj* erogen; **~ zone** erogene Zone

ero·sion [ɪ'rəʊʒən, AM ɪ'roʊ-] *n no pl* ① GEOL Erosion *f*, Abtragung *f*; **soil/wind ~** Boden-/Winderosion *f*; **~ by water** Auswaschung *f*

② *(fig: dwindling)* [Dahin]schwinden *nt*; **~ of confidence** Vertrauensverlust *m*; **~ of the purchasing power** Schwinden *nt* [*o* Abnahme *f*] der Kaufkraft

ero·sive [ɪ'rəʊsɪv, AM 'roʊ] *adj* abtragend, erosiv; *(fig)* untergrabend, auflösend

erot·ic [ɪ'rɒtɪk, AM ɪ'rɑ:t̬-] *adj* erotisch; **~ film** Erotikfilm *m*

eroti·ca [ɪ'rɒtɪkə, AM ɪ'rɑ:t̬-] *n no pl (form)* Erotika *pl*

eroti·cal·ly [ɪ'rɒtɪkəli, AM ɪ'rɑ:t̬-] *adv* erotisch; ***she licked her lips ~*** sie leckte sich aufreizend die Lippen

eroti·cism [ɪ'rɒtɪsɪzəm, AM ɪ'rɑ:t̬-] *n no pl* Eroti[zi]smus *m*

eroti·cize [ɪ'rɒtɪsaɪz, AM ɪ'rɑ:t̬ə-] *vt* ■**to ~ sth** etw erotisieren

err [ɜ:r, AM ɜ:r] *vi (form)* einen Fehler machen, sich *akk* irren; **to ~ on the side of sth** sich *akk* zu Gunsten einer S. *gen* irren; **to ~ on the side of caution** übervorsichtig sein; ***I decided to ~ on the side of caution and make twenty copies*** ich habe mir gedacht, lieber zu viel als zu wenig, und deshalb gleich zwanzig Kopien gemacht

▸PHRASES: **to ~ is human** *(prov)* Irren ist menschlich *prov*; **to ~ is human to forgive divine** *(prov)* Irren ist menschlich, Vergeben göttlich

er·rand ['erənd] *n* ① *(short journey to perform a task)* Besorgung *f*; *(to deliver message)* Botengang *m*; **to go on an ~** etw erledigen; **to go on ~s** Besorgungen machen; **to have an ~ to run** *(for oneself)* etw erledigen müssen; *(for somebody else)* einen Auftrag ausführen [*o* einen Botengang machen] müssen; **to have some ~s to run** [*or* **do**] Besorgungen machen müssen; **to run** [*or* **do**] **an ~** etwas erledigen

② *(act of bringing help)* **~ of mercy** Rettungsaktion *f*; **to go on an ~ of mercy for sb** jdm zu Hilfe kommen

'er·rand boy *n (dated)* Laufbursche *m veraltend o pej*, Botenjunge *m*, Ausläufer *m* SCHWEIZ

er·rant ['erənt] *adj attr, inv (form)* ① *(travelling)* umherziehend

② *(stray)* irrend; *sheep* verirrt; *(fig)* sündig

③ *(hum iron: unfaithful) husband, wife* treulos, auf Abwegen *nach n hum*

er·ra·ta [er'ɑ:tə, AM -t̬-] *n pl of* **erratum**

er·rat·ic [er'ætɪk, AM -t̬-] *adj* ① *(inconsistent, unsteady)* sprunghaft, launenhaft, unberechenbar

② *(wandering)* [umher]wandernd

③ *(irregular)* unregelmäßig, ungleichmäßig; MED unregelmäßig auftretend, erratisch *fachspr*; **~ pulse** unregelmäßiger Puls

④ GEOL erratisch *fachspr*

er·rati·cal·ly [er'æ:tɪkəli, AM -t̬-] *adv* ① *(inconsistently)* unberechenbar, launenhaft

② *(aimlessly)* **to drive ~** ziellos herumfahren

③ *(irregularly)* unregelmäßig, ungleichmäßig; ***the machine is working ~*** die Maschine läuft ungleichmäßig; **to play ~** unkonzentriert spielen

er·ra·tum <*pl* -ta> [er'ɑ:təm, ɪr'-, *pl* -tə, AM -t̬əm, *pl* -t̬ə] *n (spec form)* Druckfehler *m*

er·'ra·tum slip *n (spec)* Druckfehlerverzeichnis *nt*

err·ing ['ɜ:rɪŋ] *adj attr, inv* irrend, fehlend *veraltet*

er·ro·neous [ɪ'rəʊniəs, AM ə'roʊ-, ɪ'roʊ-] *adj* falsch, irrig; **~ assumption** irrige Annahme; **~ conclusion** Fehlschluss *m*; **to prove to be ~** sich *akk* als falsch erweisen

er·ro·neous·ly [ɪ'rəʊniəsli, AM ə'roʊ-, ɪ'roʊ-] *adv* fälschlicherweise, irrtümlich, aus Versehen

er·ror ['erər, AM -ɚ] *n* ① *(mistake)* Fehler *m*, Irrtum *m*; **~ of judgment** Fehleinschätzung *f*, Fehlurteil *nt*; **to do sth in ~** etw aus Versehen [*o* versehentlich] tun

② *(failure)* **human ~** menschliches Versagen

③ AM SPORT Fehlpass *m*

▸PHRASES: **to see the ~ of one's ways** sich *dat* seine eigenen Fehler eingestehen, seine Fehler einsehen; **to show sb the ~ of his/her ways** jdn auf seine Fehler hinweisen

er·ror docu·men·'ta·tion *n no pl* COMPUT Fehlerdokumentation *f* **'er·ror list** *n* COMPUT Fehlerliste *f* **'er·ror log·ging** *n no pl* COMPUT Fehlerprotokollierung *f* **'er·ror mes·sage** *n* COMPUT Fehlermeldung *f* **'er·ror-prone** *adj* fehleranfällig **'er·ror rate** *n* Fehlerquote *f*, Fehlerrate *f*

er·satz ['ɜ:sæts, AM 'erzɑ:ts] *adj inv (pej)* Ersatz-; **~ chocolate** Diätschokolade *f*, fettarme Schokolade; **~ coffee** Kaffeeersatz *m*, Malzkaffee *m*; **~ sugar** Süßstoff *m*

Erse [ɜ:s, AM ɜ:rs] *n no pl* Gälisch *nt*

erst·while ['ɜ:st(h)waɪl, AM 'ɜ:rs-] *adj attr, inv (dated form)* ehemalige(r, s), frühere(r, s)

eruc·ic acid [ɪˌru:sɪk'æsɪd] *n no pl* CHEM Erucasäure *f*

eru·dite ['erʊdaɪt, AM *esp* -jə-] *adj* gebildet, gelehrt, belesen; *book* gelehrt

eru·di·tion [ˌerʊ'dɪʃən, AM -ju:'-] *n no pl* Bildung *f*, Gelehrsamkeit *f geh*

erupt [ɪ'rʌpt] *vi* ① *(burst out) volcano, quarrel* ausbrechen; *person* explodieren *fig*; **to ~ with anger** einen Wutanfall bekommen; **to ~ into violence** gewalttätig werden

② *(appear suddenly)* plötzlich auftauchen [*o* zum Vorschein kommen]

③ MED *(spec) teeth* durchbrechen; *rash* ausbrechen; ***her back ~ed in small red spots*** überall auf ihrem Rücken bildeten sich plötzlich kleine rote Flecken

erup·tion [ɪ'rʌpʃən] *n (also fig)* Ausbruch *m a. fig*, Eruption *f*; MED [Haut]ausschlag *m*; **volcanic ~** Vulkanausbruch *m*

ery·sip·elas [ˌerɪ'sɪpələs] *n no pl* MED [Wund]rose *f*, Erysipel *nt fachspr*

eryth·ro·poi·etin [ɪˌrɪθrə(ʊ)'pɔɪətɪn, AM -roʊ'-] *n no pl* Erythropoietin *nt*

ESC [ˌi:es'si:] *n abbrev of* **Economic and Social Committee** WSA *m*

ESCA [ˌi:essi:'eɪ] *n no pl* SCI *abbrev of* **electron spectroscopy for chemical analysis** Röntgenfotoelektronenspektroskopie *f*

es·ca·late ['eskəleɪt] **I.** *vi* eskalieren, sich *akk* ausweiten; *incidents* stark zunehmen, sich *akk* häufen; ***their disagreement has ~d into a major feud*** ihre Meinungsverschiedenheit hat sich zu einem handfesten Streit ausgewachsen

II. *vt* ■**to ~ sth** etw ausweiten

es·ca·lat·ing ['eskəleɪtɪŋ, AM -t̬-] *adj attr prices* steigend, zunehmend

es·ca·la·tion [ˌeskə'leɪʃən] *n* Eskalation *f*, Steigerung *f*; **~ of violent crime** Zunahme *f* der Gewaltverbrechen; **~ of fighting** Ausweitung *f* der Kämpfe; **~ of prices** Preisanstieg *m*; **~ in tension** Verschärfung *f* der Spannung

es·ca·la·tor ['eskəleɪtər, AM -t̬ɚ] *n* ① *(moving stairs)* Rolltreppe *f*; **the down/up ~** die Rolltreppe nach unten/oben

② LAW **~** [**clause**] Gleitklausel *f* BRD; **under the ~ clause** gemäß der Gleitklausel BRD

'es·ca·la·tor clause *n* FIN, LAW Indexklausel *f*, Wertsicherungsklausel *f*

es·ca·lope ['eskəlɒp, AM ˌeskə'loʊp] *n* Schnitzel *nt*, SCHWEIZ *a.* Plätzli *nt fam*

e-scam ['i:skæm] *n* INET, COMPUT Internet-Betrügerei *f*

es·ca·pade [ˌeskə'peɪd] *n* Eskapade *f*

es·cape [ɪ'skeɪp, es'-] **I.** *vi* ① *(also fig: get away)* fliehen, flüchten; *(successfully)* entkommen; *(from a cage, prison)* ausbrechen, entfliehen; *dog, cat* entlaufen; *bird* entfliegen; ***he managed to ~ from the burning car*** es gelang ihr, sich aus dem brennenden Auto zu befreien; ***he was shot while trying to ~*** er wurde bei dem Versuch zu fliehen erschossen; **~d convict** entflohener Häftling; **to ~ into a dream world** sich *akk* in eine Traumwelt flüchten; ■**to ~ from sb** vor jdm fliehen [*o* flüchten] *dat*; *(successfully)* jdm entkommen; ■**to ~ from sth** *a place* aus etw *dat* fliehen; *(successfully)* aus etw *dat* entkommen; **to ~ from prison** aus dem Gefängnis ausbrechen

② *(avoid harm)* davonkommen; ***the driver was killed, but she ~d*** der Fahrer wurde getötet, aber sie kam mit dem Leben davon; **to ~ with one's life** mit dem Leben davonkommen; **to ~ unhurt** unverletzt bleiben

③ *(run wild) animal, plant* verwildern

④ *(leak)* entweichen, austreten; *gas also* ausströmen; *liquid also* auslaufen; ***gas/oil was escaping from the crack*** aus dem Riss strömte Gas/lief Öl [aus]

⑤ COMPUT ***hit*** [*or* ***press***] ***E~*** drücken Sie die Escapetaste; **to ~ from** [*or* **out of**] **a program** ein Programm verlassen; **to ~ from** [*or* **out of**] **a window** ein Fenster schließen

II. *vt* ① *(get away from)* ■**to ~ sth** *a place* aus etw *dat* fliehen [*o* flüchten]; *(successfully)* aus etw *dat* entkommen; *(fig)* **to ~ from reality/a situation** der Realität/einer Situation entfliehen *geh*; **to ~ the boredom of every day life** der Langeweile des Alltags entfliehen *geh*; **to ~ the danger/fire** der Gefahr/dem Feuer entkommen; ■**to ~ sb** vor jdm fliehen [*o* flüchten]; *(successfully)* jdm entkommen; **to ~ police** der Polizei entkommen

② *(avoid)* ■**to ~ sth** etw *dat* entgehen; ***there's no escaping death and taxes*** nur zwei Dinge auf Erden sind uns sicher: der Tod und die Steuer; ***we won't ~ paying the local rate*** wir werden nicht darum herumkommen, die Gemeindesteuer zu zahlen; ***she was lucky to ~ serious injury*** sie hatte Glück, dass sie nicht ernsthaft verletzt wurde; ***there's no escaping the fact that ...*** es lässt sich nicht leugnen, dass ...; **to** [**narrowly**] **~ death** [nur knapp] dem Tod entrinnen; **to** [**narrowly**] **~ a fine** [gerade noch] an einer Strafe vorbeikommen; **to ~ punishment** einer Bestrafung entgehen

③ *(not be observed or remembered)* ■**sth ~s sb:** ***I'm afraid your name ~s me*** ich fürchte, ich habe Ihren Namen vergessen; ***his address ~s me*** seine Adresse ist mir entfallen [*o* fällt mir nicht ein]; **to ~ sb's attention** [*or* **notice**] jds Aufmerksamkeit entgehen

④ *(be emitted)* ■**to ~ sb** jdm entfahren; *words also* jdm entschlüpfen [*o fam* herausrutschen]; ***a cry ~d him*** ihm entfuhr ein Schrei; ***a groan ~d her lips*** ein Stöhnen kam über ihre Lippen; ***a sob ~d his lips*** ein Seufzer entfuhr ihm

III. *n* ① *(also fig: act of escaping)* Flucht *f a. fig*; ***for her travel was an ~ from the boredom of her everyday life*** mit ihren Reisen konnte sie der Langeweile des Alltags entfliehen *geh*; ***romantic novels provide an ~ from reality*** mit Liebesromanen kann man der Realität entfliehen *geh* [*o* aus der Realität abtauchen]; ***the gang had made their ~*** die Bande war abgehauen *fam*; **~ from a prison** Ausbruch *m* aus einem Gefängnis; **~ route** Fluchtweg; **to make** [**good**] **one's ~ from sth** aus etw *dat* fliehen [*o* ausbrechen] *m*

② *no pl (avoidance)* Entkommen *nt*, Entrinnen *nt*;

it was a lucky ~! da haben wir wirklich noch einmal Glück gehabt!; *what a hair's-breadth ~!* das ist ja gerade noch mal gutgegangen!; *there's no ~* daran führt kein Weg vorbei; *there was no hope of ~ from her disastrous marriage* sie hatte keine Hoffnung, aus ihrer katastrophalen Ehe herauszukommen; **to have a narrow ~** gerade noch einmal davongekommen sein

③ *(leakage)* Austreten *nt kein pl,* Entweichen *nt kein pl; of gas, smoke also* Ausströmen *nt kein pl; of liquids also* Ausfließen *nt kein pl*

④ *(plant)* verwilderte Pflanze; *(animal)* verwildertes Haustier

e's·cape art·ist *n* Entfesselungskünstler(in) *m(f)*

e's·cape clause *n* Rücktrittsklausel *f* **e's·cape codes** *npl* INFORM ESC-Codes *pl*

es·capee [ˌɪskeɪ'piː, eˌs-] *n* Flüchtling *m,* Entflohene(r) *f(m)*

e's·cape hatch *n* NAUT Notluke *f* BRD, ÖSTERR, Notausstieg *m* **e's·cape key** *n* COMPUT Escape-Taste *f,* Codeumschaltungstaste *f*

es·cape·ment [ɪ'skeɪpmənt] *n* COMPUT Schrittschaltung *f; of clock* Hemmung *f,* Hemmmechanismus *m*

e's·cape route *n* Fluchtweg *m* **e's·cape ve·loc·ity** *n no pl* AEROSP Fluchtgeschwindigkeit *f,* Entweichgeschwindigkeit *f*

es·cap·ism [ɪ'skeɪpɪzᵊm, es'-] *n no pl (pej)* Realitätsflucht *f pej,* Eskapismus *m geh o fachspr*

es·cap·ist [ɪ'skeɪpɪst, es'-] **I.** *n (pej)* Eskapist(in) *m(f) geh o fachspr*

II. *adj (pej)* eskapistisch *geh o fachspr;* ~ **literature** *unrealistische, eine Fantasiewelt vorgaukelnde Literatur*

es·ca·polo·gist [ˌeskə'pɒlədʒɪst, AM -'pɑːl-] *n* Entfesselungskünstler(in) *m(f)*

es·ca·pol·ogy [ˌeskə'pɒlədʒi, AM -'pɑːl-] *n no pl* Entfesselungskunst *f*

es·carp·ment [ɪ'skɑːpmənt, es'-, AM es'kɑːrp-] *n* Steilhang *m*

es·cha·to·logi·cal [ˌeskətə'lɒdʒɪkᵊl, AM -ṯə'lɑːdʒ-] *adj* REL eschatologisch *fachspr;* ~ **questions** Endzeitfragen *pl*

es·cha·to·logi·cal·ly [ˌeskətə'lɒdʒɪkᵊli, AM -ṯə'lɑːdʒ-] *adv* REL eschatologisch *fachspr*

es·cha·tol·ogy [ˌeskə'tɒlədʒi, AM -'tɑːl-] *n no pl* REL Eschatologie *f fachspr*

es·chew [ɪs'tʃuː, es'-, AM *esp* es'-] *vt (form)* ■**to ~ sth**

① *(renounce)* auf etw *akk* verzichten

② *(deliberately avoid)* etw [ver]meiden, sich *akk* von etw *dat* fernhalten

es·cort I. *vt* [ɪ'skɔːt, es'-, AM es'kɔːrt, ɪ's-] ■**to ~ sb** jdn eskortieren [*o geh* geleiten]; MIL, NAUT jdm Geleitschutz geben; **to ~ sb to safety** jdn in Sicherheit bringen

II. *n* ['eskɔːt, AM -kɔːrt] ① *(official companion)* [offizieller] Begleiter/[offizielle] Begleiterin, Begleitung *f*

② *no pl (guard)* Eskorte *f,* Begleitschutz *m;* **police ~** Polizeieskorte *f;* **under police ~** unter Polizeischutz; **under the ~ of sb** in jds Begleitung, begleitet von jdm; *the ambassador attended the reception under the ~ of diplomats from the host country* der Botschafter kam zum Empfang begleitet von Diplomaten des Gastgeberlandes

③ *(companion for the evening)* Begleitung *f*

④ *(paid social companion)* Begleiter(in) *m(f); (paid female companion)* Hostess *f*

'es·cort agen·cy, 'es·cort ser·vice *n* Begleitservice *m,* Hostessenagentur *f* **'es·cort duty** *n* Geleitdienst *m;* **to be on ~** als Geleitschutz eingesetzt sein

es·crow ['eskrəʊ, AM -roʊ] *n no pl* ① FIN ~ [**account**] Treuhandkonto *nt,* Anderkonto *nt* BRD, ÖSTERR *fachspr; the money was placed in ~* das Geld lag auf einem Treuhandkonto; ~ **agreement** Treuhandvertrag *m*

② *(deed)* treuhänderisch hinterlegte Vertragsurkunde

'es·crow ac·count *n* FIN Anderkonto *nt* **'es·crow agree·ment** *n* ECON Treuhandvertrag *m*

es·cutch·eon [ɪ'skʌtʃᵊn] *n (old)* Wappen *nt;* **family ~** Familienwappen *nt*

▶PHRASES: **to be a blot on sb's ~** ein Fleck auf jds weißer Weste sein

ESDI *n* COMPUT *abbrev of* **enhanced small device interface** erweiterte Kleingeräteschnittstelle

ESE *n abbrev of* **east-south-east** OSO

'e-sel·ler *n* Internethändler *m*

Es·ki·mo <*pl* -s *or* -> ['eskɪməʊ, AM -kəmoʊ] *n* ① *(people)* Eskimo, Eskimofrau *m, f*

② *no pl (language)* Eskimosprache *f*

ESL [ˌiːes'el] *n no pl abbrev of* **English as a Second Language** Englisch als Zweitsprache

ESN [ˌiːes'en] *adj (dated) abbrev of* **educationally subnormal** lernbehindert

ESOP [iː'sɒp, AM -'sɑːp] *n* ECON, FIN *acr for* **employee share ownership plan** Belegschaftsaktienfonds *m*

esopha·gus *n* AM ANAT *see* **oesophagus**

eso·ter·ic [ˌesə(ʊ)'terɪk, AM ˌesə'-] *adj* esoterisch *geh;* ~ **taste** *(fig hum)* exotischer Geschmack

ESP [ˌiːes'piː] *n no pl abbrev of* **extrasensory perception** übersinnliche Wahrnehmung

esp *adv abbrev of* **especially** bes.

es·pa·drille ['espədrɪl] *n* Espadrille *f*

es·pe·cial [ɪ'speʃᵊl, es'-] *adj attr (form)* besondere(r, s); ~ **difficulties** spezielle Probleme

es·pe·cial·ly [ɪ'speʃᵊli, es'-] *adv* ① *(particularly)* besonders; *I chose this ~ for your new house* ich habe das extra für Ihr neues Haus ausgesucht; *I'm ~ pleased to meet you* ich freue mich ganz besonders, Sie kennenzulernen

② *(in particular)* vor allem, hauptsächlich, SCHWEIZ *a.* vorab

Es·pe·ran·to [ˌespᵊr'æntəʊ, AM -pə'ræntoʊ] *n no pl* Esperanto *nt*

es·pio·nage ['espiənɑːʒ] *n no pl* Spionage *f;* **industrial ~** Industriespionage *f*

es·pla·nade [ˌesplə'neɪd, -nɑːd, AM 'esplənɑːd, -neɪd] *n (dated)* Strandpromenade *f,* Esplanade *f geh*

es·pous·al [ɪ'spaʊzᵊl, es'-] *n no pl (form)* Parteinahme *f,* Eintreten *nt* (**of** für *+akk*)

es·pouse [ɪ'spaʊz, es'-] *vt* ① *(form: adopt)* ■**to ~ sth** für etw *akk* Partei ergreifen [*o* eintreten], sich *akk* für etw *akk* einsetzen

② *(dated: betroth)* ■**to ~ sb** jdn ehelichen; ■**to ~ sb to sb** jdn mit jdm vermählen *geh;* ■**to ~ oneself to sb** sich *akk* mit jdm verloben

es·pres·so [es'presəʊ, AM -soʊ] *n* ① *no pl (strong coffee)* Espresso *m*

② *(cup of coffee)* Espresso *m kein pl*

③ *(coffee machine)* Espressomaschine *f*

es·prit de corps [esˌpriːdə'kɔːʳ, AM -'kɔːr] *n no pl* Teamgeist *m;* MIL Korpsgeist *m*

espy <-ie-> [ɪ'spaɪ, es'-] *vt (dated form)* ■**to ~ sb/sth** jdn/etw erspähen [*o* entdecken]

Esq *n abbrev of* **Esquire**

Es·quire [ɪ'skwaɪəʳ, es'-, AM es'kwaɪɚ, ɪ's-] *n* ① BRIT *(dated: title of courtesy)* **Richard Smith, Esq.** Herrn Richard Smith

② AM LAW *(dated: for lawyers) **address it to my lawyer, Steven A. Neil, Esq*** adressieren Sie ihn an meinen Anwalt, Herrn Rechtsanwalt Steven A. Neil

es·say¹ ['eseɪ] *n* Essay *m o nt* (**on** über *+akk*)

es·say² [es'eɪ] *vt (dated)* ■**to ~ sth** etw versuchen [*o* ausprobieren]

es·say·ist ['eseɪɪst] *n* Essayist(in) *m(f)*

es·sence¹ ['esᵊn(t)s] *n no pl* ① PHILOS Essenz *f geh,* Wesen *nt,* Substanz *f*

② *(gist)* Wesentliche(s) *nt,* Quintessenz *f geh;* **the ~ of the problem** der Kern des Problems; **to be of the ~** ausschlaggebend [*o* von entscheidender Bedeutung] sein; *time is of the ~ here* die Zeit ist hier entscheidend; **in ~** im Wesentlichen

③ *(epitome)* **the** [**very**] **~ of stupidity** der Inbegriff der Dummheit

es·sence² ['esᵊn(t)s] *n* ① *(fragrance)* Essenz *f,* Duftstoff *m; (concentrated)* Konzentrat *nt; (extract)* Auszug *m,* Extrakt *m;* ~ **of violets** Veilchenextrakt *m*

② *(in food)* Aroma *nt*

es·sen·tial [ɪ'sen(t)ʃᵊl] **I.** *adj* ① *(indispensable)* unbedingt erforderlich, unentbehrlich, unverzichtbar; *it is ~ to record the data accurately* eine genaue Aufzeichnung der Daten ist unabdingbar; ~ **vitamins** lebensnotwendige [*o* lebenswichtige] [*o fachspr* essenzielle] Vitamine; ■**to be ~ to** [*or* **for**] **sb/sth** für jdn/etw von größter Wichtigkeit sein; *it is ~* [*that*] *our prices remain competitive* unsere Preise müssen unbedingt wettbewerbsfähig bleiben

② *(fundamental)* essenziell; *element* wesentlich; *difference* grundlegend; ~ **component** Grundbestandteil *m;* ~ **subject** zentrales Thema

II. *n usu pl* ■**the ~s** *pl* die Grundlagen, das Wesentliche *kein pl,* die wichtigsten Punkte; *I regard my car as an ~* mein Auto ist für mich absolut unverzichtbar; **the ~s of Spanish** die Grundzüge des Spanischen; **the bare ~s** das [Aller]nötigste; **to be reduced to its ~s** auf das Wesentliche reduziert werden

es·sen·tial·ist [ɪ'sen(t)ʃᵊlɪst] *adj* essenziell, wesentlich; **an ~ movement** eine bahnbrechende Bewegung

es·sen·tial·ly [ɪ'sen(t)ʃᵊli] *adv inv* ① *(basically)* im Grunde [genommen] [*o* Prinzip] [*o* Wesentlichen]; **to be ~ correct** im Großen und Ganzen richtig sein

② *(mainly)* hauptsächlich, in erster Linie; ~ ***I need to know ...*** ich muss vor allem wissen, ...

es·sen·tial 'oil *n* Duftöl *nt,* ätherisches Öl **es·sen·tial 'ser·vices** *npl* Grundversorgung *f kein pl (mit Wasser, Gas und Strom)*

est *adj abbrev of* **estimated**

Est *adj abbrev of* **established** gegr.

es·tab·lish [ɪ'stæblɪʃ, es'-] **I.** *vt* ① *(found, set up)* ■**to ~ sth** etw gründen; **to ~ an account** ein Konto eröffnen; **to ~ a beachhead** einen Brückenkopf errichten; **to ~ a commission** eine Kommission bilden; **to ~ a dictatorship** eine Diktatur errichten; **to ~ a home/a household** ein Heim/einen Haushalt gründen; **to ~ a new home** sich *dat* ein neues Zuhause einrichten; **to ~ a hospital** ein Krankenhaus errichten; **to ~ a rule/theory** eine Regel/Theorie aufstellen; **to ~ oneself in business** sich *akk* geschäftlich durchsetzen [*o* etablieren]

② *(begin)* ■**to ~ sth** etw einführen; **to ~ contact with sb** mit jdm Kontakt [*o* Fühlung] aufnehmen; **to ~ relations** Verbindungen herstellen; **to ~ a relationship with sb** eine Beziehung zu jdm aufbauen; **to ~ the rule of law** Recht und Ordnung herstellen; **to ~ ties** Kontakte knüpfen

③ *(set)* ■**to ~ sth** etw schaffen [*o* herstellen]; *we have ~ed parity with wages in other companies* wir haben im Lohnniveau mit anderen Firmen gleichgezogen; **to ~ a criterion** ein Kriterium festlegen; **to ~ a norm** eine Norm definieren; **to ~ a policy** eine politische Linie einschlagen; **to ~ a precedent** einen Präzedenzfall schaffen; **to ~ priorities** Prioritäten setzen; **to ~ a quota** eine Quote festlegen; **to ~ a standard/terminology** einen Maßstab/eine Terminologie festlegen; **to ~ a world record** einen Weltrekord aufstellen

④ *(secure, make firm)* ■**to ~ sth** etw durchsetzen; **to ~ one's authority over sb** [*or* **supremacy**] sich *dat* Autorität gegenüber jdm verschaffen; **to ~ a monopoly** ein Monopol errichten; **to ~ order** für Ordnung sorgen; **to ~ one's reputation as a sth** sich *dat* einen Namen als etw machen; **to ~ one's rights** seine Rechte geltend machen

⑤ *(demonstrate)* ■**to ~ sth** etw zeigen [*o* demonstrieren]; **to ~ one's superiority to sb/sth** sich *akk* jdm/etw gegenüber als überlegen erweisen; ■**to ~ sb/oneself as sth**: *her latest book has ~ed her as one of our leading novelists* ihr jüngstes Buch zeigt, dass sie eine unserer führenden Romanautorinnen ist; *he's ~ed himself as a dependable source of information* er hat sich als verlässliche Informationsquelle erwiesen

⑥ *(prove)* ■**to ~ sth** etw nachweisen; *we've ~ed that ...* wir haben festgestellt, dass ...; **to ~ a claim** einen Anspruch nachweisen; **to ~ the constitutionality of a law** die Verfassungsmäßigkeit eines Gesetzes feststellen; **to ~ the facts** den Sachverhalt klären; **to ~ the truth** die Wahrheit herausfinden; **to ~ where/whether ...** feststellen, wo/ob ...; ■**to ~ that ...** herausfinden, dass ...

⑦ *(declare)* **to ~ one's residence** *(form)* sich *akk* niederlassen, seinen Wohnsitz begründen *form*

E

II. *vi* gedeihen, aufblühen

es·tab·lished [ɪ'stæblɪʃt, es'-] *adj attr* ❶ *(standard)* bestehend; ***it is ~ practice ...*** es ist üblich, ...; ***there are ~ procedures for dealing with emergencies*** es gibt feste Verfahrensweisen, nach denen in Notfällen vorgegangen wird; ~ **institution** feste Einrichtung; ~ **law** geltendes Recht; ~ **use** [behördlich anerkannte] lang bestehende Grundstücksnutzung
❷ *(proven)* nachgewiesen; ~ **fact** gesicherte [*o* feststehende] Tatsache
❸ *(accepted)* anerkannt, akzeptiert; ~ **authority** anerkannte Autorität; ***Shakespeare is part of the ~ canon in English literature*** Shakespeare gehört zu den Standardwerken der englischen Literatur
❹ *(founded)* gegründet; ~ **in 1990** 1990 gegründet

es·tab·lished 'church *n* Staatskirche *f* **es·tab·lished 'post** *n* feste Beamtenstelle, Planstelle *f* **es·tab·lished re·'li·gion** *n* Staatsreligion *f*

es·tab·lish·ment [ɪ'stæblɪʃmənt, es'-] *n* ❶ *(business)* Unternehmen *nt,* Firma *f;* **business** ~ Geschäftsbetrieb *m;* **family** ~ Familienunternehmen *nt*
❷ + *sing/pl vb* ECON, FIN *(staff)* Personalbestand *m;* ***office with an ~ of fifteen*** Büro *nt* mit fünfzehn Mitarbeitern; **to be on the** ~ zum Personal gehören, fest angestellt sein
❸ *(organization)* Organisation *f,* Einrichtung *f,* Institut *nt,* Anstalt *f;* **educational** ~ Bildungseinrichtung *f,* Schule *f;* **financial** ~ Finanzierungsgesellschaft *f;* **religious** ~ Religionsgemeinschaft *f*
❹ *no pl (ruling group)* ■**the** ~ das Establishment; **the political** ~ das politische Establishment, die politisch einflussreichen Kreise; **to be/revolt against the** ~ gegen das Establishment sein/rebellieren
❺ *(act of setting up)* Gründung *f,* Errichtung *f;* **the ~ of new areas of employment** die Schaffung neuer Arbeitsbereiche

e's·tab·lish·ment charges *n* ECON Verwaltungsgemeinkosten *pl*

es·tate [ɪ'steɪt, es'-] *n* ❶ *(landed property)* Grundbesitz *m; (piece of land)* [großes] Grundstück, Anwesen *nt; (with buildings)* Gut *nt;* **country** ~ Landgut *nt*
❷ LAW *(personal property)* [Privat]vermögen *nt,* Vermögensmasse *f; (of deceased person)* Erbmasse *f,* Nachlass *m,* SCHWEIZ *a.* Verlassenschaft *f;* **personal** ~ bewegliches Vermögen, Mobiliarvermögen *nt;* **real** ~ Immobilien *pl,* Grundbesitz *m;* **to leave one's entire ~ to sb** jdm sein gesamtes Vermögen hinterlassen [*o* vererben]
❸ BRIT *(group of buildings)* Siedlung *f;* **council** ~ Wohnviertel *nt* mit Sozialwohnungen; **housing** ~ [Wohn]siedlung *f;* **industrial** ~ Industriegebiet *nt;* **trading** ~ Gewerbegebiet *nt,* Industriegebiet *nt*
❹ *(political class)* Stand *m,* Klasse *f;* **the first** ~ der erste Stand [*o* Klerus]; **the fourth** ~ *(hum)* die Zunft der Journalisten [*o* Presse]
❺ *(dated: state)* Stand *m;* **to reach man's** ~ in den Mannesstand treten *veraltet;* **the holy ~ of matrimony** der heilige Stand der Ehe *geh;* **of high/low** ~ *(old)* von hohem/niedrigem Stand
❻ BRIT *(car)* Transporter *m,* [großer] Kombi
❼ *(interest in land)* Besitzrecht *nt*

e's·tate agen·cy *n* BRIT Maklerbüro *nt,* Immobilienbüro *nt* **e's·tate agent** *n* BRIT [Immobilien]makler(in) *m(f),* Grundstücksmakler(in) *m(f)* **e's·tate car** *n* BRIT [großer] Kombi **e's·tate tax,** BRIT *also* **e's·tate duty** *n* Erbschaftssteuer *f,* Nachlasssteuer *f* **es·'tate tax** *n* Erbschaftsteuer *f*

es·teem [ɪ'sti:m, es'-] **I.** *n no pl* Ansehen *nt,* Achtung *f;* **to be held in high/low** ~ hohes/geringes Ansehen genießen; **to hold sb in high/low** ~ jdn hochschätzen/geringschätzen; **to fall/rise in sb's** ~ in jds Ansehen sinken/steigen
II. *vt* ❶ *usu passive (respect)* ■**to ~ sth** etw [hoch]schätzen [*o* achten]; **highly ~ed** sehr geschätzt, hoch geschätzt *geh*
❷ *(dated form: consider)* ■**to ~ sb sth** jdn für etw *akk* halten, jdn als etw *akk* ansehen [*o geh* erachten]; ***I would ~ it a favour if you would accompany me*** Sie würden mir einen großen Gefallen erweisen, wenn Sie mich begleiten würden; **to ~ it an honour to do sth** es als eine Ehre betrachten, etw zu tun

es·ter ['estəʳ, AM -tɚ] *n* CHEM Ester *m*

'es·ter gum *n no pl* CHEM Harzester *m*

es·teri·fy [e'sterɪfaɪ, AM -əfaɪ] *vt* CHEM ■**to ~ sth** etw verestern

es·thete *n* AM *see* **aesthete**

es·thet·ic *adj* AM *see* **aesthetic**

es·thet·ics [es'θet̬ɪks] *n* AM *see* **aesthetics**

es·ti·mable ['estɪməbl̩] *adj (form)* bewundernswert, schätzenswert

es·ti·mate I. *vt* ['estɪmeɪt] ■**to ~ sth** etw [ein]schätzen; ***government sources ~ a long-term increase in rail fares*** Regierungskreise rechnen langfristig mit einem Anstieg der Bahnpreise; ***the journey is ~d to have taken a week*** die Reise hat schätzungsweise eine Woche gedauert; ■**to ~ that ...** schätzen [*o* annehmen], dass ...
II. *n* ['estɪmət, AM -mɪt] Schätzung *f,* Veranschlagung *f;* ECON Kostenvoranschlag *m;* ~ **of expenditure** Voranschlag *m* der Ausgaben; **conservative** ~ vorsichtige Einschätzung; **rough** [*or* AM **ballpark**] ~ grobe Schätzung; **at a rough** ~ grob geschätzt

es·ti·mat·ed ['estɪmeɪtɪd, AM -t̬-] *adj* geschätzt; ~ **amount** Schätzbetrag *m;* ~ **costs** geschätzte [*o* voraussichtliche] Kosten; ~ **figure** Schätzung *f;* ~ **price** STOCKEX Taxkurs *m;* ~ **time of arrival, ETA** voraussichtliche Ankunftszeit; ~ **time of departure, ETD** *(train)* voraussichtliche Abfahrtszeit; *(plane)* voraussichtliche Abflugzeit

es·ti·ma·tion [ˌestɪ'meɪʃᵊn] *n no pl* ❶ *(opinion)* Einschätzung *f,* Meinung *f;* **in my** ~ meiner Ansicht [*o* Meinung] nach
❷ *(esteem)* Achtung *f,* Ansehen *nt;* ***he went down/up in my*** ~ er ist in meiner Achtung gesunken/gestiegen

es·ti·'ma·tion meth·od *n* FIN Schätzungsmethode *f*

es·ti·ma·tor ['estɪmeɪtəʳ, AM t̬ɚ] *n* ❶ *(sb who estimates)* Schätzer(in) *m(f)*
❷ *(mathematical function)* Schätzfunktion *f*
❸ *(statistical relevance)* Berechnungsfaktor *m*

Es·to·nia [es'təʊniə, AM -'toʊ-] *n* Estland *nt*

Es·to·nian [es'təʊniən, AM -'toʊ-] **I.** *n* ❶ *(person)* Este, Estin *m, f*
❷ *(language)* Estisch *nt*
II. *adj* estisch, aus Estland

es·top·pel [ɪ'stɒpᵊl, AM es'tɑ:-] *n* LAW ~ **of** [*or* **by**] **record** Unzulässigkeit *f* einer Einrede aufgrund eines bereits existierenden Urteils; ~ **by deed** Unzulässigkeit *f* einer Einrede gegen Tatschen, die urkundlich belegt sind; ~ **by conduct** [*or* **in pais**] Unzulässigkeit *f* der Rechtsausübung aufgrund eines Widerspruches gegenüber eigenem Verhalten

es·to·vers [ɪ'stəʊvəz, AM es'toʊvɚz] *npl* LAW Holzgerechtigkeit *f,* SCHWEIZ *meist* Korporationsrecht *m*

es·trange [ɪ'streɪndʒ, es'-] *vt* ■**to ~ sb from sb/sth** jdn jdm/etw entfremden

es·tranged [ɪ'streɪndʒd, es'-] *adj inv* ❶ *(alienated)* entfremdet; ***they are*** ~ sie sind einander fremd geworden, sie haben sich auseinandergelebt
❷ *(living apart)* ■**to be** ~ getrennt leben; ~ **husband/wife** getrennt lebender Ehemann/getrennt lebende Ehefrau
❸ *(unamicably separated)* ■**to be ~ from sb** mit jdm zerstritten sein

es·trange·ment [ɪ'streɪndʒmənt, es'-] *n* Entfremdung *f* (**from** von + *dat*)

es·treat [ɪ'stri:t, AM es'tr-] *vt* ■**to ~ sth** eine Abschrift aus einem Gerichtsprotokoll anfordern; ~**ed recognizance** verwirkte Kaution wegen Nichterscheinens vor Gericht

es·tro·gen *n* AM *see* **oestrogen**

es·trus ['ɜstrəs] *n* AM *see* **oestrus**

es·tua·rine ['estjuəraɪn, AM -tʃu:-] *adj (spec)* Mündungs-, estuarin *fachspr;* ~ **species** *Tiere, die im Mündungsgebiet eines Flusses leben*

es·tu·ary ['estjʊəri, AM -tʃu:eri] *n* Flussmündung *f,* Mündungsgebiet *nt*

E. Sus·sex BRIT *abbrev of* **East Sussex**

ET[1] [ˌi:'ti:] *n abbrev of* **extraterrestrial**

ET[2] [ˌi:'ti:] *n abbrev of* **Eastern Time** Ostküstenzeit *f*

ETA [ˌi:ti:'eɪ] *n abbrev of* **estimated time of arrival** voraussichtliche Ankunft

e-tail ['i:teɪl] *n* INET, COMPUT Internethandel *m*

e-tail·er ['i:teɪləʳ, AM -ɚ] *n* E-Tailer *m,* Internethändler *m,* Internetvertriebsunternehmen *nt* BRD, ÖSTERR

e-tail·ing ['i:teɪlɪŋ] *adj attr* übers Internet vertreibend; ~ **company** Internethändler *m,* Internetvertriebsunternehmen *nt* BRD, ÖSTERR

et al. [et'æl, AM et'ɑ:l] *adv abbrev of* **et alii** et al.

etc. *adv abbrev of* **et cetera** usw., etc.

et cet·era [ɪt'setᵊrə, AM -'set̬ɚə] *adv* und so weiter, et cetera

etch [etʃ] *vt* ■**to ~ sth** etw ätzen; *(in copper)* etw kupferstechen; *(in other metals)* etw radieren; **to be ~ed on sb's memory** [*or* **mind**] *(fig)* in jds Gedächtnis eingebrannt [*o* eingegraben] sein

etch·er ['etʃəʳ, AM -ɚ] *n* Ätzer(in) *m(f); (in copper)* Kupferstecher(in) *m(f); (in other metals)* Radierer(in) *m(f)*

etch·ing ['etʃɪŋ] *n* ❶ *(result of etching)* Ätzung *f; (artwork)* Radierung *f; (in copper)* Kupferstich *m*
❷ *no pl (process)* Ätzen *nt; (in copper)* Kupferstechen *nt; (in other metals)* Radieren *nt*

ETD [ˌi:ti:'di:] *abbrev of* **estimated time of departure** RAIL voraussichtliche Abfahrtszeit; AVIAT voraussichtliche Abflugzeit

eter·nal [ɪ'tɜ:nᵊl, AM ɪ'tɜ:r-] *adj inv* ❶ *(lasting forever)* ewig, immer während; **the E~** die Ewige Stadt; ~ **flame** ewiges Licht; ~ **life** ewiges Leben; ~ **student** *(fig)* ewiger Student/ewige Studentin *hum;* ~ **triangle** *(fig)* Dreiecksverhältnis *nt*
❷ *(pej fig: incessant)* ewig *fam,* ständig, unaufhörlich; ~ **complaints** endlose Klagen
▸PHRASES: __**hope**__ **springs ~** [**in the human breast**] *(saying)* der Mensch hofft, solange er lebt

eter·nal·ly [ɪ'tɜ:nᵊli, AM ɪ'tɜ:r-] *adv inv* ❶ *(fig: forever)* ewig, immer; **to be ~ grateful** ewig dankbar sein
❷ *(pej fig: incessantly)* unaufhörlich, ununterbrochen, ständig *fam*

eter·nity [ɪ'tɜ:nəti, AM ɪ'tɜ:rnət̬i] *n no pl* ❶ REL *(immortality)* Ewigkeit *f;* **for all** ~ bis in alle Ewigkeit
❷ *(fig: very long time)* ■**an** ~ eine Ewigkeit; **to seem like an** ~ wie eine Ewigkeit erscheinen; **to wait an ~ for sb** endlos lange auf jdn warten

ETF [ˌi:ti:'ef] *n abbrev of* **Exchange-traded fund** ETF, börsennotierter Indexfonds

etha·nal ['eθənæl] *n no pl* CHEM Acetaldehyd *m*

ethane·dio·ic acid [ˌi:θeɪndaɪˌəʊɪk'-, AM -ˌoʊɪk'-] *n no pl* CHEM Oxalsäure *f*

etha·no·ic acid [ˌeθənəʊɪk'-, AM -noʊ-] *n no pl* CHEM Essigsäure *f*

etha·nol ['eθənɒl, AM -nɑ:l] *n no pl* Äthanol *nt,* Äthylalkohol *m*

ether ['i:θəʳ, AM -ɚ] *n no pl* ❶ CHEM, MED Äther *m*
❷ MEDIA, RADIO *(fig old)* Äther *m;* **through the** ~ durch den Äther

ethe·real [ɪ'θɪəriəl, AM ɪ'θɪr-] *adj* ätherisch; ~ **being** ätherisches [*o* himmlisches] Wesen

ethe·real·ly [ɪ'θɪəriəli, AM ɪ'θɪr-] *adv* ätherisch; ~ **beautiful** überirdisch schön

eth·ic ['eθɪk] *n* ❶ *usu pl (morality)* Moral *f,* Ethos *nt;* **breach of ~s** Verstoß *m* gegen die Moral; **code of ~s** Moralkodex *m;* **professional ~s** Berufsethos *nt,* Standesehre *f*
❷ *sing (system of moral beliefs)* Ethik *f,* Moralphilosophie *f,* Sittenlehre *f;* **Protestant work** ~ protestantische Arbeitsethik

ethi·cal ['eθɪkᵊl] *adj* ethisch

ethi·cal 'fund *n* FIN ethischer Fonds *m*

ethi·cal·ly ['eθɪkᵊli] *adv* ethisch; ~ **questionable** moralisch fragwürdig; ~ **sourced** *products, foods* aus fairem Handel *nach n*

ethi·cist ['eθɪsɪst] *n* Ethiker(in) *m(f)*

eth·ics ['eθɪks] *n + sing vb* Ethik *f*

Ethio·pia [ˌi:θi'əʊpiə, AM -'oʊp-] *n no pl* Äthiopien *nt*

Ethio·pian [ˌi:θi'əʊpiən, AM -'oʊp-] **I.** *n* Äthiopier(in) *m(f)*
II. *adj* äthiopisch

Ethio·pic [ˌi:θi'ɒpɪk, AM -'ɑ:p-] **I.** *n no pl* Äthio-

pisch *nt*
II. *adj inv* äthiopisch
eth·nic ['eθnɪk] **I.** *adj* ❶ *inv (ethnological)* ethnisch, Volks-; ***the ~ Chinese*** die Volkschinesen; ~ **minority** ethnische Minderheit; ~ **slur** rassistische Äußerung
❷ *(national)* landesüblich, einheimisch; ~ **costumes** Landestrachten *pl*, SCHWEIZ *a.* Nationaltrachten *pl*
❸ *(exotic)* exotisch; ~ **food** exotische Gerichte
II. *n* AM, AUS Eingeborene(r) *f(m)*
eth·ni·cal·ly ['eθnɪkəli] *adv* ethnisch; ~ **discreet** ethnisch abgeschottet
eth·nic 'cleans·ing *n (euph)* ethnische Säuberung *euph*
eth·nic·ity [eθ'nɪsəti, AM -əţi] *n no pl (form)* Ethnie *f fachspr*
eth·no·cen·tric [ˌeθnə(ʊ)'sentrɪk, AM -noʊ'-] *adj (pej)* ethnozentrisch
eth·nog·ra·pher [eθ'nɒgrəfəʳ, AM -'nɑːgrəfɚ] *n* Ethnograf(in) *m(f)*, Völkerkundler(in) *m(f)*
eth·no·graph·ic(al) [ˌeθnə(ʊ)'græfɪk(əl), AM -noʊ'-] *adj inv* ethnografisch
eth·no·graphi·cal·ly [ˌeθnə(ʊ)'græfɪkəli, AM -noʊ'-] *adv inv* ethnografisch
eth·nog·ra·phy [eθ'nɒgrəfi, AM -'nɑːg-] *n* ❶ *no pl (study)* Ethnografie *f*, beschreibende Völkerkunde
❷ *(ethnographical book)* Ethnografie *f*
eth·no·log·ic(al) [ˌeθnə(ʊ)'lɒdʒɪk(əl), AM -noʊ'lɑːdʒ-] *adj inv* ethnologisch
eth·no·logi·cal·ly [ˌeθnə(ʊ)'lɒdʒɪkəli, AM -noʊ'lɑːdʒ-] *adv inv* ethnologisch
eth·nolo·gist [eθ'nɒlədʒɪst, AM -'nɑːl-] *n* Ethnologe, Ethnologin *m, f*
eth·nol·ogy [eθ'nɒlədʒi, AM -'nɑːl-] *n no pl* Ethnologie *f*, vergleichende Völkerkunde
eth·no·na·tion·al·ist [ˌeθnəʊ'næʃənəlɪst, AM ˌethnoʊ-] *adj inv* ethnonationalistisch
etholo·gist [ɪ'θɒlədʒɪst, AM 'θɑːlə] *n* Verhaltensforscher(in) *m(f)*, Ethologe, Ethologin *m, f*
ethol·ogy [ɪ'θɒlədʒi, AM 'θɑːlə] *n no pl* Verhaltensforschung *f*, Ethologie *f*
ethos ['iːθɒs, AM -θɑːs] *n no pl* Gesinnung *f*, Ethos *nt geh;* **working-class** ~ Ethos *nt* der Arbeiterklasse
eth·oxy·ethane [iːˌθɒksɪ'iːθeɪn, AM -ˌθɑːksɪ'-] *n no pl* CHEM Diethylether *m*
ethyl 'al·co·hol *n* Äthylalkohol *m*
eth·yl·ene ['eθɪliːn, AM əliːn] *n no pl* CHEM Äthylen *nt fachspr*
etio·lat·ed ['iːtiə(ʊ)leɪtɪd, AM -əleɪţɪd] *adj* BOT vergeilt, etioliert *fachspr*
eti·ol·ogy *n no pl* MED *see* **aetiology**
eti·quette ['etɪket, AM 'eţɪkɪt] *n no pl* Etikette *f;* **breach of** ~ Verstoß *m* gegen die Etikette; **court** ~ Hofetikette *f*, Hofzeremoniell *nt;* **legal** ~ Berufsethos *nt* der Anwälte; **social** ~ gesellschaftliche Umgangsformen
Eton col·lar [ˌiːtən'-] *n steifer weißer Kragen, den die Eton Schüler über dem Mantelkragen tragen* **Eton 'crop** *n* Bubikopf *m (von Frauen in den Zwanzigerjahren getragene Kurzhaarfrisur)*
Etonian [iː'təʊniən, AM 'toʊ] **I.** *adj inv* Eton betreffend
II. *n* Schüler *m* von Eton College
e-'trad·ing *n no pl* INET E-Trading *nt (das Kaufen und Verkaufen von Wertpapieren und Aktien über elektronische Kanäle wie das Internet)* **e-trav·el** ['iːˌtrævəl] *n modifier* E-Travel-, Online-Reise-; ~ **agency** Online-Reisebüro *nt*
Etrus·can [ɪ'trʌskən] **I.** *adj (hist)* etruskisch
II. *n (hist: person)* Etrusker(in) *m(f); (language)* Etruskisch *nt*
et seq. LAW *abbrev of* **et sequens** und folgende
ety·mo·logi·cal [ˌetɪmə'lɒdʒɪkəl, AM ˌeţɪmə'lɑːdʒ-] *adj inv* LING etymologisch
ety·mo·logi·cal·ly [ˌetɪmə'lɒdʒɪkəli, AM ˌeţɪmə'lɑːdʒ-] *adv inv* LING etymologisch
ety·molo·gist [ˌetɪ'mɒlədʒɪst, AM ˌeţɪ'mɑːl-] *n* LING Etymologe, Etymologin *m, f*
ety·mol·ogy [ˌetɪ'mɒlədʒi, AM ˌeţɪ'mɑːl-] *n* LING ❶ *no pl (study)* Etymologie *f*
❷ *(of word)* Etymologie *f*

EU [ˌiː'juː] *n abbrev of* **European Union** EU *f*
euca·lyp·tus <*pl* -es *or* -ti> [ˌjuːkəl'ɪptəs, *pl* -tiː] *n* Eukalyptus *m;* ~ **tree** Eukalyptusbaum *m*
euca·'lyp·tus oil *n no pl* Eukalyptusöl *nt*
Eucha·rist ['juːkərɪst] *n no pl* REL ■**the** ~ die Eucharistie, das [heilige] Abendmahl; **to celebrate/receive the** ~ die Eucharistie feiern/empfangen
Eucha·ris·tic [ˌjuːkə'rɪstɪk] *adj inv* REL eucharistisch
Euclid ['juːklɪd] *n no pl* MATH, HIST Euklid *m*
Euclid·ean [juː'klɪdiən] *adj inv* MATH euklidisch
EU 'cur·ren·cy *n* FIN EU-Währung *f* **EU di·'rec·tive** *n* EU EU-Richtlinie *f*
eugen·ic [juː'dʒenɪk] *adj* MED eugenisch
eugen·ics [juː'dʒenɪks] *n + sing vb* MED Eugenik *f kein pl*
eulo·gist ['juːlədʒɪst] *n* Lobredner(in) *m(f)*
eulo·gis·tic [ˌjuːlə'dʒɪstɪk] *adj* lobend, rühmend, preisend
eulo·gize ['juːlədʒaɪz] **I.** *vt (form)* ■**to** ~ **sb/sth** jdn/etw loben [*o* rühmen] [*o* preisen] *geh*
II. *vi (form)* **to** ~ **over sb/sth** eine Lobrede auf jdn/etw halten
eulogy ['juːlədʒi] *n* ❶ *esp* AM *(funeral oration)* Grabrede *f*
❷ *(speech of praise)* Lobrede *f*, Eloge *f geh;* **to deliver** [*or* **pronounce**] **a** ~ eine Lobrede halten
EU mem·ber state *n* EU-Mitgliedsstaat *m*
eunuch ['juːnək] *n* ❶ *(castrated man)* Eunuch *m*, Kastrat *m*
❷ *(fig pej: ineffective person)* Versager(in) *m(f)*, Niete *f fam;* **intellectual** ~ intellektueller Tiefflieger *sl*
euphemism ['juːfəmɪzəm] *n* ❶ *(paraphrase)* Euphemismus *m geh*
❷ *no pl (use of paraphrase)* Beschönigung *f*, Euphemismus *m geh*
euphemis·tic [ˌjuːfə'mɪstɪk] *adj* beschönigend, euphemistisch *geh*
euphemis·ti·cal·ly [ˌjuːfə'mɪstɪkəli] *adv* beschönigend, euphemistisch *geh*
eupho·ni·ous [juː'fəʊniəs, AM -'foʊ-] *adj (form)* wohlklingend *geh*, euphonisch *fachspr*
eupho·nium [juː'fəʊniəm, AM -'foʊ-] *n* MUS Baritonhorn *nt*, Euphonium *nt fachspr*
eupho·ny ['juːfəni] *n no pl (form)* Euphonie *f fachspr*, Wohlklang *m geh*
eupho·ria [juː'fɔːriə] *n no pl* Hochstimmung *f*, Euphorie *f geh*
euphor·ic [juː'fɔːrɪk] *adj* euphorisch *geh*
euphori·cal·ly [juː'fɔːrɪkəli] *adv* euphorisch *geh*
Euphra·tes [juː'freɪtiːz, AM ţiːz] *n no pl* Euphrat *m*
EUR *n see* **euro** EUR
Eura·sia [jʊ(ə)'reɪʒə, AM jʊ'reɪ-] *n no pl* Eurasien *nt*
Eura·sian [jʊ(ə)'reɪʒən, AM jʊ'reɪ-] **I.** *adj inv* eurasisch
II. *n* Eurasier(in) *m(f)*
Eur·at·om [jʊ(ə)'rætəm, AM jʊ'ræţ-] *n no pl, no art abbrev of* **European Atomic Energy Community** Euratom *f*
EU regu·'la·tion *n* EU-Verordnung *f*
eureka [jʊ(ə)'riːkə, AM jʊ'-] *interj (hum)* ■~! heureka! *geh*
eurhyth·mics, AM *esp* **euryth·mics** [jʊ(ə)'rɪðmɪks, AM jʊ'-] *n + sing vb* Eurhythmie *f*
euro ['jʊərəʊ, AM 'jʊroʊ] *n* Euro *m;* ***30 ~s*** 30 Euro; **introduction of the** ~ Einführung *f* des Euros; **transition** [*or* **changeover**] **to the** ~ Übergang *m* zum Euro; **fixing** [**of**] **the conversion rate of the** ~ Festsetzung *f* des Euro-Wertes; ~ **coins and notes** Euro-Münzen und -Banknoten; **phase of dual pricing in national currency and** ~ Phase *f* der doppelten Preisauszeichnung in nationalen Währungseinheiten und in Euro; **law on the introduction of the** ~ Euro-Einführungsgesetz *nt*
Euro- *in compounds* ECON, FIN Euro-; ~**MP** Europaabgeordnete(r) *f(m)*
'euro ac·count *n* FIN Euro-Konto *nt* **'euro area** *n* FIN Euroland *nt*, Euroraum *m* **'Euro·bond** *n* ECON, FIN Eurobond *m*, Euroanleihe *f* **'euro·card** *n* FIN Eurocard *f* **'euro·cent** *n* Eurocent *m*
Euro·cen·tric [ˌjʊərəʊ'sentrɪk, AM ˌjʊroʊ'-] *adj (pej)* eurozentrisch *pej*

'Euro·cheque *n* Euroscheck *m*
eurochic ['jʊərəʊʃiːk, AM 'jʊroʊ-] *adj (stylish in a European way)* schick mit Stil
'euro coins *npl* Euromünzen *pl* **Euro·com·mer·cial 'pa·per** *n*, **ECP** *n* ECON, FIN Euro-Wertpapier *nt (erstklassiges, kurzfristiges, ausländisches Geldmarktpapier)*
Euro·crat ['jʊərə(ʊ)kræt, AM 'jʊrə-] *n (usu pej)* Eurokrat(in) *m(f)*
'euro·cred·it *n* ECON, FIN Eurokredit *m* **'Euro·cur·ren·cy** *n* Euro-Währung *f* **euro 'cur·ren·cy area** *n* Euro-Währungsraum *m* **'euro·de·pos·it** *n* ECON, FIN Eurodollareinlage *f* **'Euro·dol·lar** *n* Eurodollar *m* **'euro·equi·ty** *n* ECON, FIN international gehandelte Aktie
'euro·fix·ing *n no pl* FIN Eurofixing *nt*
euroi·za·tion [ˌjʊərəʊ(a)ɪ'zeɪʃən, AM ˌjʊroʊɪ'-] *n no pl* FIN Euroisierung *f*
'Euro·land *n no pl (fam)* Eurozone *f*
'euro launch *n* FIN Euro-Einführung *f*
'Euro·mar·ket *n no pl* ECON, FIN ■**the** ~ der Euromarkt **'Euro-MP** *n* Europaabgeordnete(r) *f(m)*, Mitglied *nt* des Europaparlaments **'Euro·net** *n* TELEC Euronet *nt*
'euro·note *n* ECON, FIN kurzfristiger Eurowährungsinhaberschuldschein **'euro-op·tion** *n* ECON, FIN Eurooption *f*
Europe ['jʊərəp, AM 'jʊrəp] *n no pl* Europa *nt*
Euro·pean [ˌjʊərə'piən, AM ˌjʊrə'-] **I.** *adj* europäisch
II. *n* Europäer(in) *m(f)*
Euro·pean Bank for Re·con·struc·tion and De·vel·op·ment *n*, **EBRD** *n* ECON, FIN Europäische Bank für Wiederaufbau und Entwicklung **Euro·pean Cen·tral Bank** *n*, **ECB** *n* Europäische Zentralbank; **Executive Board of the** ~ Direktorium der Europäischen Zentralbank **Euro·pean Com·'mis·sion** *n* Europäische Kommission **Euro·pean Com·'mu·nity** *n*, **EC** *n no pl (hist)* ■**the** ~ die Europäische Gemeinschaft **Euro·pean 'Coun·cil** *n* Europäischer Rat, Rat *m* der Europäischen Union **Euro·pean Court of 'Audi·tors** *n* Europäischer Rechnungshof **Euro·pean Court of Hu·man 'Rights** *n* Europäischer Gerichtshof für Menschenrechte **Euro·pean Court of 'Jus·tice** *n* Europäischer Gerichtshof **Euro·pean 'cur·ren·cy unit** *n*, **ECU** *n* Europäische Währungseinheit *f* **Euro·pean De·'vel·op·ment Fund** *n* Europäischer Entwicklungsfonds **Euro·pean Eco·nom·ic and Mon·etary 'Un·ion** *n* Europäische Wirtschafts- und Währungsunion **Euro·pean Eco·nom·ic 'Area** *n*, **EEA** *n* ECON, FIN Europäisches Wirtschaftsgebiet, Europäischer Wirtschaftsraum **Euro·pean Eco·nom·ic Com·'mu·nity** *n*, **EEC** *n no pl (hist)* ■**the** ~ die Europäische Wirtschaftsgemeinschaft **Euro·pean Free Trade As·so·ci'a·tion** *n*, **EFTA** *n no pl, + sing/pl vb* ECON, FIN ■**the** ~ die Europäische Freihandelsgemeinschaft **Euro·pean In·'vest·ment Bank** *n* Europäische Investitionsbank **Euro·pean Mon·etary 'In·sti·tute** *n*, **EMI** *n* Europäisches Wirtschaftsinstitut **Euro·pean 'mon·etary sys·tem** *n*, **EMS** *n no pl* ■**the** ~ das Europäische Währungssystem **Euro·pean Mone·tary 'Union** *n* Europäische Währungsunion *f* **Euro·pean 'Par·lia·ment** *n*, **EP** *n no pl* ■**the** ~ das Europaparlament **Euro·pean Po·'lice Of·fice** *n* Europäisches Polizeiamt **Euro·pean Re·gion·al De·'vel·op·ment Fund** *n*, **ERDF** *n* Europäischer Fonds für Regionale Entwicklung **Euro·pean sin·gle 'cur·ren·cy** *n* europäische Gemeinschaftswährung *f* **Euro·pean Sin·gle 'Mar·ket** *n* Europäischer Binnenmarkt **Euro·pean Sys·tem of Cen·tral Banks** *n* Europäisches System der Zentralbanken **Euro·pean 'Un·ion** *n*, **EU** *n no pl* ■**the** ~ die Europäische Union
'euro re·gion *n* FIN Euro-Region *f*, Euro-Gebiet *nt*
Euro-'scep·tic *n* Euroskeptiker(in) *m(f)* **'euro·scep·ti·cal** *adj inv* euroskeptisch
Euro·stat ['jʊərəʊstæt, AM 'jʊroʊ-] *n no pl* Eurostat *f*
'Euro·trash ['jʊrəʊtræʃ] *n* AM *(fam)* ***Jill thinks her new boyfriend is really cool, but he's just ~*** Jill findet ihren neuen Freund echt cool, aber er lässt im-

mer den Europäer raushängen *sl*
Euro·vi·sion ['jʊərəʊvɪʒən, AM 'jʊrə-] *n no pl, + sing/pl vb* Eurovision *f*
'euro·yen ['jʊərəʊjen, AM 'jʊroʊ-] *n* ECON, FIN Euroyen *m* **'euro·zone** *n* Eurozone *f*, Euro-Raum *m*, Euroland *nt;* ~ **countries** Länder *pl* der Eurozone
Eusta·chian tube [ju:ˌsteɪʃən'-, AM -'steɪʃənˌ-] *n* ANAT Eustachische Röhre *fachspr*, Ohrtrompete *f*
eutec·tic [ju:'tektɪk] *n* CHEM Eutektikum *nt*
eutha·na·sia [ˌju:θə'neɪziə, AM -ʒə] *n no pl* Euthanasie *f*, Sterbehilfe *f*
EU 'trea·ty *n* EU-Vertrag *m*
eutrophi·ca·tion [ju:ˌtrəʊfɪ'keɪʃən, AM -ˌtroʊ-] *n no pl* ECOL Eutrophierung *f*
evacu·ate [ɪ'vækjueɪt] **I.** *vt* ① *(in an emergency)* ■ **to ~ sb** jdn evakuieren; ■ **to ~ sth** *building, house* etw räumen; **to ~ sb from a place** jdn aus einem Ort evakuieren; **to ~ sb to a place** jdn an einen sicheren Ort bringen
② *(euph or spec)* **to ~ one's bowels** seinen Darm entleeren, Stuhlgang haben
II. *vi* sich *akk* in Sicherheit bringen; MIL sich *akk* zurückziehen
evacu·ation [ɪˌvækju'eɪʃən] *n* ① *(of people)* Evakuierung *f*; *(of area, building)* Räumung *f*; ~ **of victims** Bergung *f* von Opfern; MIL Verlegung *f*, Abtransport *m;* ~ **of the army** Abzug *m* der Armee
② *(euph or spec)* ~ **of the bowels** [Darm]entleerung *f*, Stuhlgang *m*
evac·uee [ɪˌvækju'i:] *n* Evakuierte(r) *f(m)*
evade [ɪ'veɪd] *vt* ■ **to ~ sth** etw *dat* ausweichen; **to ~ the draft** sich *akk* der Einberufung zum Militär entziehen; **to ~ responsibility** sich *akk* einer Verantwortung entziehen; ■ **to ~ doing sth** etw umgehen; ■ **to ~ sb** jdn meiden, jdm aus dem Weg gehen *fam;* **to ~ the police** der Polizei entgehen; **to ~ the tax authorities** das Finanzamt umgehen
evalu·ate [ɪ'væljueɪt] *vt* ■ **to ~ sth** etw bewerten [*o* einschätzen]; *a value* etw berechnen; ***we need to ~ how the new material stands up to wear and tear*** wir müssen feststellen, wie das neue Material auf Verschleiß reagiert; **to ~ a loan** ein Darlehen festsetzen; **to ~ the results** die Ergebnisse auswerten; ■ **to ~ sb** jdn beurteilen; ■ **to ~ whether ...** beurteilen, ob ...
evalu·ation [ɪˌvælju'eɪʃən] *n* Schätzung *f; of damages* Festsetzung *f; of an experience* Einschätzung *f; of a treatment* Beurteilung *f; of a book* Bewertung *f;* **job** ~ Arbeitsplatzbewertung *f*
evalu·'ation of·fice *n* Evaluierungsbüro *nt*
evalu·ative [ɪ'væljuətɪv, AM -t̬ɪv] *adj (form)* bewertend; ~ **test** Einstufungstest *m*
evalu·ative 'ab·stract *n* COMPUT gewertete Kurzdarstellung
eva·nes·cence [ˌi:və'nesən(t)s, AM ˌevə'-] *n no pl (form)* Vergänglichkeit *f*
eva·nes·cent [ˌi:və'nesənt, AM ˌevə'-] *adj (form)* vergänglich; **an ~ boom** ein kurzzeitiger Boom
evan·geli·cal [ˌi:væn'dʒelɪkəl] **I.** *n* Mitglied *nt* der evangelischen Kirche
II. *adj* evangelisch; *(fig)* missionarisch
evan·geli·cal·ism [ˌi:væn'dʒelɪkəlɪzəm] *n no pl* evangelische Lehre
evan·gelism [ɪ'vændʒəlɪzəm] *n no pl* Verkündigung *f* des Evangeliums
evan·gelist [ɪ'vændʒəlɪst] *n* Wanderprediger(in) *m(f)*
Evan·gelist [ɪ'vændʒəlɪst] *n* Evangelist *m;* **the four ~s** die vier Evangelisten
evan·gelis·tic [ɪˌvændʒə'lɪstɪk] *adj* missionarisch
evan·gelize [ɪ'vændʒəlaɪz, AM -dʒə-] **I.** *vt* ■ **to ~ sb** jdn zum Christentum bekehren
II. *vi* das Evangelium predigen; *(fig)* eine Predigt halten; ■ **to ~ about sth** über etw *akk* predigen
evapo·rate [ɪ'væpəreɪt, AM -pər-] **I.** *vt* ■ **to ~ sth** etw verdampfen lassen, etw verdunsten
II. *vi* verdunsten; *(fig)* schwinden, sich in Luft auflösen
evapo·rat·ed 'milk *n no pl* Kondensmilch *f*
evapo·ra·tion [ɪˌvæpə'reɪʃən] *n no pl* Verdampfung *f*, Verdunstung *f*
evapo·ra·tor [ɪ'væpəreɪtəʳ, AM -reɪt̬ɚ] *n* TECH Verdampfer *m;* [**falling**] **film** ~ Fallfilmverdampfer *m;* **flash** ~ Schnellverdampfer *m*
eva·sion [ɪ'veɪʒən] *n* ① *(prevarication)* Ausweichen *nt;* **excuses and ~s** Entschuldigungen und Ausflüchte
② *no pl (avoidance)* Umgehung *f;* ***for me that was just an ~ of responsibility*** meiner Meinung nach wollte er/sie keine Verantwortung übernehmen; **fare** ~ Schwarzfahren *nt;* **tax** ~ Steuerhinterziehung *f*
eva·sive [ɪ'veɪsɪv] *adj* **to take ~ action** ein Ausweichmanöver machen; **to be very good at ~ answers** um etw *akk* gut herumreden können; **an ~ statement** eine Ausrede; ■ **to be ~** ausweichen
eva·sive·ly [ɪˌveɪsɪvli] *adv* ausweichend; **to behave very ~** ständig ausweichen
eva·sive·ness [ɪ'veɪsɪvnəs] *n no pl* ausweichendes Verhalten; ***he was well-known for his ~*** er war dafür bekannt, nie klar Stellung zu beziehen
eve [i:v] *n no pl* ① *(day before)* Vorabend *m;* **on the ~ of the election** am Vorabend der Wahl
② *(old: evening)* Abend *m*
Eve [i:v] *n no art* Eva *f; (fig)* Evastochter *f hum*
even ['i:vən] **I.** *adv* ① *(unexpectedly)* selbst BRD, ÖSTERR; ~ ***Jim was there*** selbst [*o* sogar] Jim war da
② *(indeed)* sogar; ***it might ~ take a year*** es könnte unter Umständen ein Jahr dauern; ***I never cry, not ~ when I hurt myself really badly*** ich weine nie, noch nicht mal, wenn ich mir sehr weh tue; ***he declined ~ to consider the idea*** er lehnte es schon ab, die Idee überhaupt in Erwägung zu ziehen
③ *(despite)* selbst BRD, ÖSTERR; ~ ***now I can't believe it*** ich kann es noch immer nicht ganz glauben; ***... but ~ then he managed to make a mess of it*** ... und trotzdem hat er es geschafft, alles durcheinanderzubringen; ~ **if ...** selbst [*o* SCHWEIZ auch] wenn ...; ~ **so ...** trotzdem ...; ***I had a terrible headache but ~ so I went to the concert*** ich hatte fürchterliche Kopfschmerzen, bin aber dennoch ins Konzert gegangen; ~ **though ...** selbst [*o* SCHWEIZ auch] wenn ...; ~ ***though he left school at 16, ...*** obwohl er mit sechzehn bereits von der Schule abging, ...
④ *(as intensifier)* nahezu, fast SCHWEIZ; ***I find his habits rather unpleasant, disgusting ~*** ich finde seine Gewohnheiten ziemlich unangenehm, um nicht zu sagen abstoßend
⑤ *+ comp (all the more)* noch; ~ **colder/faster** noch kälter/schneller
II. *adj* ① *(level)* eben; *two surfaces* auf gleicher Höhe; *(fig)* ausgeglichen; **to bring a boat onto an ~ keel** ein Boot in eine waagrechte Position bringen; **to put sth on an ~ keel** *(fig)* etw wieder auf die Beine bringen *fig;* **an ~ row** eine gerade Reihe; **an ~ surface** eine glatte Oberfläche
② *(equal)* gleich [groß]; *(size, amount)* gleich groß; ***the odds are quoted as ~ money*** die Gewinnquote steht fünfzig fünfzig; **there is an ~ chance of sth** die Chancen für etw *akk* stehen fünfzig zu fünfzig; ***there's an ~ chance of rain*** es sieht ganz nach Regen aus; **an ~ contest** ein ebenbürtiger Wettkampf; **an ~ distribution of wealth** eine gleichmäßige Verteilung des Reichtums; **an ~ game** ein ausgeglichenes Spiel; **to be on ~ terms** gleichgestellt sein; **to get ~ with sb** jdm etw heimzahlen
③ *(regular)* gleichmäßig; **to walk at an ~ pace** in gleichmäßigem Tempo gehen; **to work at an ~ rate** im regelmäßigen Rhythmus arbeiten; **to walk with ~ steps** gleichmäßigen Schrittes gehen; **to have an ~ temper** ausgeglichen sein
④ *(fair)* günstig; **an ~ bargain** ein Schnäppchen; **to distribute sth with an ~ hand** etw gleich verteilen; ■ **to be ~ [with sb]** [mit jdm] quitt sein
⑤ *inv* MATH gerade; **an ~ number** eine gerade Zahl; **an ~ page** eine Seite mit gerader Zahl
III. *vt* ① *(level)* **to ~ a floor/surface** einen Fußboden ebnen/eine Oberfläche glätten
② *(equalize)* ■ **to ~ sth** etw ausgleichen; **to ~ the score** das Gleichgewicht wiederherstellen; ■ **to ~ out** ↻ **sth** etw ausgleichen
③ *(balance out)* ■ **to ~ up** ↻ **sth** etw ausgleichen; *(give parity to)* aufeinander abgestimmt werden; ***that should ~ things up a bit*** das sollte alles etwas ausgleichen
IV. *vi* sich ausgleichen; *prices* sich einpendeln
even-'hand·ed *adj* gerecht; **to give ~ treatment to sb** jdn unvoreingenommen behandeln
even-'hand·ed·ly *adv inv* gleichermaßen, unterschiedslos; *(unbiased)* unparteiisch
eve·ning ['i:vnɪŋ] **I.** *n* Abend *m;* ***have a nice ~*** schönen Abend! *fam;* ***I only get one ~ off a week*** ich habe nur einen Abend in der Woche frei; **all ~** den ganzen Abend; **on Friday ~** am Freitagabend; **on Friday ~s** freitagabends; **this/tomorrow ~** heute/morgen Abend; **in the ~** am Abend; **in the ~s** abends
II. *n modifier (edition, meal, walk)* Abend-; ~ **service** Abendgottesdienst *m*
'eve·ning class *n* Abendkurs *m* **eve·ning 'dress** *n* ① *(dress)* Abendkleid *nt* ② *no pl (outfit)* **to wear ~** Abendkleidung [*o* SCHWEIZ Abendkleider] tragen **eve·ning 'gown** *n* Abendkleid *nt* **eve·ning 'news·pa·per, eve·ning 'pa·per** *n* Abendzeitung *f* **eve·ning per·'for·mance** *n* Abendvorstellung *f* **eve·ning 'prayer** *n* Abendgebet *nt* **eve·ning 'prim·rose** *n* BOT Nachtkerze *f* **eve·ning 'prim·rose oil** *n* Nachtkerzenöl *nt*
eve·nings ['i:vnɪŋz] *adv inv esp* AM abends
'eve·ning school *n* Abendschule *f* **eve·ning 'ser·vice** *n* Abendgottesdienst *m* **eve·ning 'star** *n* Abendstern *m*
even·ly ['i:vənli] *adv* ① *(placidly)* gelassen; **to state sth ~** etw gelassen [*o* in einem ruhigen Ton] erklären
② *(equally)* gleichmäßig; ***their chances of victory are ~ balanced*** sie haben gleich große Chancen auf einen Sieg; **to divide sth ~** etw gleichmäßig aufteilen; **to be ~ matched** einander ebenbürtig sein
even·ness ['i:vənnəs] *n no pl* Ebenheit *f*
evens ['i:vənz] BRIT **I.** *adj attr, inv (in betting)* **an ~ bet** eine eins zu eins Wette; *(fig: fifty-fifty)* ausgewogen; **the chances are ~** die Chancen stehen fünfzig zu fünfzig
II. *adv* **to bet ~ on the favourite** den doppelten Wetteinsatz für den Favoriten zurückbekommen
III. *n* **to lay ~** den Einsatz verdoppeln; **to quote at ~** die Gewinnquote mit 1:1 ansetzen; **to win at ~** eins zu eins gewinnen
even·song *n no pl esp* BRIT Abendgottesdienst *m*, Abendandacht *f*
even-steven(s) [-'sti:vən(z)] *adj pred, inv (fam)* ■ **to be ~** quitt sein
event [ɪ'vent] *n* ① *(occurrence)* Ereignis *nt;* **series of ~s** Reihe *f* von Vorfällen; **social ~** gesellschaftliches Ereignis; **sporting ~** Sportveranstaltung *f*, SCHWEIZ *a.* Sportanlass *m;* **to be swept along by the tide** [*or* **course**] **of ~s** von der Wucht der Ereignisse mitgerissen werden
② *(case)* Fall *m;* ***in that ~ I'll phone you*** falls es so ist, rufe ich dich an; ***we had expected to arrive late but in the ~ we were actually early*** wir hatten uns darauf eingestellt, zu spät zu kommen, aber waren dann doch zu früh dran; **in the ~ that ...** falls ...; **in the ~ of sb's death/an explosion** im Falle jds Todes/einer Explosion; **in any** [*or* **either**] ~ [*or* BRIT *also* **at all ~s**] auf jeden Fall, in jedem Fall, auf alle Fälle; **to be wise after the ~** es im Nachhinein besser wissen
③ SPORT Wettkampf *m*
e'vent-driv·en *adj* COMPUT anreizgesteuert
even-'tem·pered *adj (approv)* ausgeglichen
event·er [ɪ'ventəʳ, AM t̬ɚ] *n* BRIT SPORT Military-reiter(in) *m(f)*
event·ful [ɪ'ventfəl] *adj* ereignisreich
even·tide ['i:vəntaɪd] *n (poet)* Abendzeit *f;* ***~ rolled in*** der Abend brach an
event·ing [ɪ'ventɪŋ, AM t̬ɪŋ] *n no pl* BRIT SPORT *(horse-riding discipline)* Military
e'vent plan·ner *n* Veranstaltungsplaner(in) *m(f)*, Event-Manager(in) *m(f)*
even·tual [ɪ'ventʃuəl] *adj attr, inv* ① *(final)* schließ-

lich; the ~ cost die letztendlichen Kosten
❷ *(possible)* etwaig; ***we remain optimistic about an ~ agreement*** wir glauben, dass eine Übereinkunft doch noch möglich ist

even·tu·al·ity [ɪˌventʃu'æləti, AM -ət̬i] *n inv* Möglichkeit *f,* Eventualität *f;* **for all eventualities** für alle Eventualitäten; **for any ~** für alle Fälle; **in that ~** in diesem Fall

even·tu·al·ly [ɪ'ventʃuəli] *adv inv* ❶ *(finally)* schließlich; ***the bus ~ came*** der Bus kam endlich
❷ *(some day)* irgendwann; *(with time)* nach und nach; *(at one point in future)* eines Tages

ever ['evəʳ, AM -ɚ] *adv inv* ❶ *(at any time)* jemals; ***nothing ~ happens here in the evenings*** hier ist abends nie was los; ***have you ~ been to London?*** bist du schon einmal in London gewesen?; ***nobody has ~ heard of this book*** keiner hat je etwas von diesem Buch gehört; ***if ~ somebody was guilty, then that scumbag was*** dieser Mistkerl war todsicher schuldig; ***it was a brilliant performance if ~ there was one*** dies war eine wahrhaft ausgezeichnete Darbietung; ***if ~ you're in Dubai, ...*** solltest du je in Dubai sein, ...; ***he rarely, if ~ does any cleaning*** er putzt kaum, wenn überhaupt je; **hardly ~** kaum; **to hardly ~ do sth** etw so gut wie nie tun; **as good as ~** so gut wie eh und je; **worse/happier than ~** schlimmer/glücklicher als je zuvor; **never ~** *(fam)* nie im Leben, niemals
❷ *(always)* ***they lived happily ~ after*** sie lebten glücklich bis ans Ende ihrer Tage; *(in fairy tales)* und wenn sie nicht gestorben sind, dann leben sie noch heute; ***Yours ~, Chris*** BRIT *(dated)* Viele Grüße, dein Chris; **~ better** immer besser; **as ~** wie gewöhnlich; **~ since ...** seitdem ...
❸ *(of all time)* ***the biggest trade fair ~*** die größte Handelsmesse, die es je gab; ***the first performance ~*** die allererste Darbietung
❹ *(as intensifier)* ***how ~ could anyone ...?*** wie kann jemand nur ...?; ***what ~ have you done to him?*** was hast du ihm bloß angetan?; ***when ~ are we going to get this finished?*** wann haben wir das endlich fertig?; ***where ~ have I ...?*** wohin habe ich nur ...?; AM, AUS *(for emphasis)* ***am I ~!*** und wie!; ***was she ~ a fast runner!*** sie war wirklich eine schnelle Läuferin
❺ *esp* BRIT *(fam: exceedingly)* ***Mark got ~ so drunk last night*** Mark war gestern Abend wahnsinnig betrunken; ***thank you ~ so much*** tausend Dank

'ever·glade *n* Sumpfgebiet *nt;* ▪**the E~s** *pl* die Everglades *pl*

'ever·green I. *n (plant, shrub)* immergrüne Pflanze; *(tree)* immergrüner Baum **II.** *adj* immergrün; **~ forest** Nadelwald *m;* **~ tree** Nadelbaum *m; (fig)* immer aktuell; **an ~ performer** ein bewährter Künstler; **~ song** Evergreen *m* **ever-in·'creas·ing** *adj inv* ständig zunehmend *attr;* **~ demand for sth** ständig wachsende Nachfrage nach etw *dat* **ever·last·ing** [ˌevə'lɑːstɪŋ, AM ˌevɚ'læstɪŋ] *adj inv* ❶ *(undying)* immerwährend; ***an ~ place in history*** ein fester Platz in der Geschichte; **~ glory** unvergänglicher Ruhm; **~ gratitude** ewige Dankbarkeit; **the key to ~ happiness** der Schlüssel zum dauerhaften Glück ❷ *(pej: unceasing)* endlos; **~ lectures** stundenlange Vorträge **ever·last·ing·ly** [ˌevə'lɑːstɪŋli, AM ˌevɚ'læstɪŋ] *adv* unaufhörlich, unablässig, endlos **'ever·more** *adv inv (liter)* immerfort; **for ~** für alle Ewigkeit; **to live on for ~** ewig fortleben **ever·more-'com·plex** *adj inv rules* immer komplizierter werdend **ever-'pres·ent** *adj inv* allgegenwärtig; **~ threat** ständige Bedrohung

every ['evri] *adj* ❶ *(each)* jede(r, s); ***he seemed to dog her ~ step*** er folgte ihr auf Schritt und Tritt; **to cater to sb's ~ wish** auf alle Wünsche einer Person *gen* eingehen
❷ *(as emphasis)* ganz und gar; **~ bit** ganz genauso; **~ bit as ... as ...** genauso ... wie ...; **to have ~ chance that ...** die besten Chancen haben, dass ...; **to be ~ inch a gentleman** von Kopf bis Fuß ein Gentleman sein; **to be ~ inch a liberal** durch und durch liberal sein; **to know ~ nook and cranny of an area** jeden Winkel eines Gebiets kennen; **to have ~ reason to do sth** allen Grund haben, etw zu tun; **~ which way** *esp* AM *(sl)* in alle Richtungen; **to attend to sb's ~ whim and fancy** jdm jeden Wunsch von den Augen ablesen

every·body ['evriˌbɒdi, AM -ˌbɑːdi], **every·one I.** *pron indef, + sing vb (all people)* alle; *(anybody)* jeder; ***goodbye, ~*** auf Wiedersehen alle miteinander; **~ *but Jane*** alle außer Jane; ***would ~ listen please?*** alle herhören bitte!; ***it's not [to] ~'s taste*** es ist nicht jedermanns Geschmack; **~ else** alle anderen
II. *interj* **~!** ich bitte um Ihre Aufmerksamkeit!

'every·day *adj* alltäglich; ***death was an ~ occurrence back then*** damals war man täglich mit dem Tod konfrontiert; **to be an ~ event** gang und gäbe sein; **~ language** Alltagssprache *f;* **to write sth in ~ language** etw verständlich formulieren; **~ life** Alltagsleben *nt;* **~ topic** Allerweltsthema *nt;* **to attend in ~ wear** *(Brit)* in Alltagsklamotten [*o* ÖSTERR, SCHWEIZ Alltagsgewand] erscheinen *fam;* **a word in ~ use** ein umgangssprachlich verwendetes Wort

'Every·man *n no pl* jedermann; ***the main character in the film is an ~*** die Hauptrolle des Films handelt von Otto Normalverbraucher

every·one ['evriwʌn] *pron indef see* **everybody**

every·place ['evripleɪs] AM **I.** *adv inv (everywhere)* überallhin
II. *n no pl (everywhere)* überall

every·thing ['evriθɪŋ] *pron indef* ❶ *(all things)* alles; **~ *must go! (in sale)*** alles muss raus!; ***we did ~ we could*** wir taten alles, was in unserer Macht stand; **anything and ~** jede Kleinigkeit; **to blame ~ on sb/sth** [*or* **sb/sth for ~**] jdm/etw die ganze Schuld geben; **~ else** alles andere; **~ from sth to sth** alles von etw *dat* bis etw *akk;* **~ *from caviar to cut glass was on sale*** alles von Kaviar bis zu geschliffenem Glas stand zum Verkauf; **~ new/possible** alles Neue/Mögliche; **to reduce ~ to sth:** ***why do you reduce ~ to sex?*** warum läuft bei dir alles auf Sex hinaus?; ***he reduces ~ to a joke*** er zieht alles ins Komische
❷ *(most important thing)* alles; ***time is/money isn't ~*** Zeit ist/Geld [allein] ist nicht alles; **to be ~ [to sb]** jdm alles bedeuten; ***his son is ~ to him*** sein Sohn ist sein Ein und Alles; ***getting rich is ~ to her*** sie will unbedingt reich werden
❸ *(present)* ***is ~ all right?*** ist alles in Ordnung?; ***how's ~?*** wie steht's?; **despite** [*or* **in spite of**] **~** trotz allem
▸PHRASES: **and ~** *(fam: the lot)* mit allem Drum und Dran *fam; (associated)* und so weiter, und sonst noch was *fam;* **~ comes to him who waits** *(prov)* mit Geduld und Spucke [fängt man eine Mucke] BRD, ÖSTERR *sl,* mit Geduld kommt jeder ans Ziel; **to have ~** *(fam)* reich gesegnet sein; **sb who has ~** jd, der schon alles hat; **to have nothing to do with sth and ~ to do with sth** ***the charity had nothing to do with helping the needy and ~ to do with making its administrators rich*** der Wohltätigkeitsverein wollte nicht den Bedürftigen helfen, sondern nur ihre Angestellten reich machen

every·where ['evri(h)weəʳ, AM -wer] **I.** *adv inv* überall; ***reasonable people ~ ...*** jeder vernünftige Mensch auf dieser Welt ...; **~ in the world** auf der ganzen Welt; **~ else** überall sonst; **to look ~ for sth** überall nach etw *dat* suchen; **to travel ~** überallhin reisen
II. *n no pl* allerorts

evict [ɪ'vɪkt] *vt* **to ~ sb** *(from their home)* jdm kündigen; *(forcefully)* jdn zur Räumung seiner Wohnung zwingen; *(from a pub)* jdn rausschmeißen; ***tenants who fall behind in their rent risk being ~ed*** Mieter, die ihre Miete nicht zahlen, riskieren, auf die Straße gesetzt zu werden

evic·tion [ɪ'vɪkʃən] **I.** *n* Zwangsräumung *f;* ***a court order for the ~ of the squatters*** ein gerichtlich bestätigter Räumungsbefehl gegen die Hausbesetzer
II. *adj attr, inv* **~ notice/order** Räumungsbescheid *m/*-befehl *m*

evi·dence ['evɪdən(t)s] **I.** *n no pl* ❶ *(proof)* Beweis[e] *m[pl];* ***where is your ~?*** kannst du das beweisen?; ***is there any scientific ~ that ...?*** lässt es sich irgendwie wissenschaftlich beweisen, dass ...?; ***there is growing ~ that ...*** es gibt zunehmend Anhaltspunkte dafür, dass ...; **to believe the ~ of one's eyes** seinen eigenen Augen trauen; **all the ~** alle Anhaltspunkte; **documentary ~** dokumentarische Beweise; **to have documentary ~ of sth** stichfeste Belege für etw *akk* haben; **further ~** weitere Anhaltspunkte; ▪**on the ~ of sth** BRIT aufgrund einer S. *gen;* **on the ~ of recent developments** BRIT in Anbetracht der jüngsten Entwicklungen; ***on the ~ of their past encounters*** im Hinblick auf ihre letzten Begegnungen
❷ LAW Beweisstück *nt;* **Queen's/King's ~** BRIT Aussage *f* eines Kronzeugen [*o* Belastungszeugen]; **to give Queen's ~ against sb** als Kronzeuge gegen jdn aussagen; **to turn Queen's/King's ~** BRIT als Kronzeuge auftreten; **State's ~** AM Aussage *f* eines Staatszeugen [*o* Belastungszeugen]; **to give State's ~ against sb** als Staatszeuge gegen jdn aussagen; **to turn State's ~** als Staatszeuge aussagen; **rule of ~** Beweisregeln *pl;* **circumstantial ~** Indizienbeweis *m;* **convincing ~** überzeugende Beweise; **direct ~** unmittelbarer Beweis; **documentary ~** urkundliche Beweise; **forensic ~** gerichtlicher Beweis; **fresh ~** neues Beweismaterial; **insufficient ~** unzureichende Beweise; **oral ~** mündliche Aussage; **written ~** schriftliches Beweismaterial; **to find no ~ of sth** keinen Anhaltspunkt für etw *akk* haben; **to give ~ [against sb]** [gegen jdn] aussagen; **to give ~ in sb's favour** zu Gunsten von jdm aussagen; **to give ~ [on sth]** [über etw *akk*] aussagen; **to plant ~** Beweismaterial unterschieben
❸ *(be present)* Offenkundigkeit *f;* ***few police were in ~ outside the courtroom*** außerhalb des Gerichtssaals war nur ein geringes Polizeiaufgebot zu erkennen; ▪**to be [much] in ~** [deutlich] sichtbar sein
II. *vt* **to ~ interest in sth** Interesse an etw *dat* zeigen; ▪**to be ~d by sth** *esp* AM *(show, prove)* sich *akk* in etw *dat* ausdrücken; **as ~d by sth** LAW wie durch etw *akk* nachgewiesen, wie etw zeigt

evi·dence-based ['evɪdən(t)sbeɪst] *adj research, report, results* belegbar, belegt, nachgewiesen

evi·dent ['evɪdənt] *adj* offensichtlich; ***from the smell it was ~ that ...*** der Geruch ließ darauf schließen, dass ...; ***it only became ~ the following morning*** es war erst am nächsten Morgen zu erkennen; ▪**to be ~ in sth** in etw *dat* zu erkennen sein, sich *akk* in etw *dat* zeigen; ▪**to be ~ to sb** für jdn deutlich sichtbar sein

evi·dent·ly ['evɪdəntli] *adv* ❶ *(clearly)* offensichtlich
❷ *(form: so it seems)* ganz offensichtlich; **~ not** offensichtlich nicht

evil ['iːvəl] **I.** *adj* böse; **the ~ day** [*or* **hour**] *(hum)* die Stunde der Wahrheit; **to put off the ~ hour** der Stunde der Wahrheit aus dem Wege gehen; **the ~ hour is upon sb** jdm droht die Stunde der Wahrheit; **to use one's ~ influence on sb** auf jdn einen schlechten Einfluss ausüben; **a thoroughly ~ man** ein ausgesprochen gehässiger Mann; **~ odour** [*or* AM **odor**] übler Gestank; **to be of ~ repute** einen schlechten Ruf genießen; **~ spirit[s]** böse Geister; **to have an ~ tongue** eine bösartige Zunge haben
II. *n* Übel *nt;* LIT das Böse; **an aura of ~** eine Aura des Bösen; **to blame sb for all the ~s of the past** jdn für alles Schlechte der Vergangenheit verantwortlich machen; **good and ~** Gut und Böse; **the lesser ~** das geringere Übel; **the lesser of two ~s** das kleinere von zwei Übeln; **social ~** soziale Missstände

'evil·doer *n* Übeltäter(in) *m(f)*

evil 'eye *n (fig)* ▪**the ~** der böse Blick

evil·ly ['iːvəli] *adv* schlimm, übel, böse

evil-'mind·ed *adj (pej)* bösartig **'evil smell·ing** *adj* übel riechend **evil-'tem·pered** *adj (pej)* jähzornig

evince [ɪ'vɪn(t)s] *vt* ▪**to ~ sth** etw bekunden; **to ~ a desire to do sth** den Wunsch äußern, etw zu tun; **to ~ interest** Interesse zeigen; **to ~ a willingness to do sth** die Bereitschaft zeigen, etw zu tun

evis·cer·ate [ɪ'vɪsəreɪt] *vt (form)* ■**to ~ an animal/sb** ein Tier ausnehmen/jdm die inneren Organe entfernen; *(fig: remove beautiful/valuable part)* ■**to ~ sth** etw einer S. *gen* berauben *geh*

evis·cera·tion [ɪˌvɪsə'reɪʃᵊn] *n no pl (of animals)* Ausweidung *f; (of humans)* Entfernen *nt* der Eingeweide

e-vite ['iːvaɪt] *n short for* **electronic invitation** Einladung *f* per E-Mail

evo·ca·tion [ˌevə(ʊ)'keɪʃᵊn, AM ˌevə'-] *n (form)* Heraufbeschwören *nt*

evoca·tive [ɪ'vɒkətɪv, AM ɪ'vɑːkət̬ɪv] *adj* evokativ; *melodie* sinnträchtig; **an ~ image** ein plastisches Bildnis; ■**to be ~ of sth** an etw *akk* erinnern; **to be ~ of a decade** Erinnerungen an ein [bestimmtes] Jahrzehnt wachrufen

evoca·tive·ly [ɪ'vɒkətɪvli, AM ɪ'vɑːkət̬-] *adv* evokativ; **to read ~** etw anschaulich vortragen; **to write ~ of sth** etw in plastischer Weise beschreiben

evoke [ɪ'vəʊk, AM -'voʊk] *vt* ■**to ~ sth** etw hervorrufen; *a mental image* an etw *akk* erinnern; **to ~ a memory** eine Erinnerung wachrufen; **to ~ a smile** ein Lächeln bewirken; ***seeing the pictures of himself as a baby ~d a smile*** als er sich selbst als Baby auf den Bildern sah, musste er lächeln; **to ~ a suspicion** einen Verdacht erregen

evo·lu·tion [ˌiːvə'luːʃᵊn, AM ˌevə'-] *n no pl* Evolution *f; of animals* Entwicklung *f* [von Tieren]; *(fig)* Entwicklung *f*

evo·lu·tion·ary [ˌiːvə'luːʃᵊnᵊri, AM ˌevə'luːʃəneri] *adj* evolutionär; ***change should be ~ and not revolutionary*** *(fig)* die Änderungen sollten sich Schritt für Schritt und nicht drastisch vollziehen

evolve [ɪ'vɒlv, AM -'vɑːlv] **I.** *vi (develop)* entwickeln; *animals* sich entwickeln; *a species, theory* sich herausbilden; ***how do we know that humans ~d from apes?*** woher wissen wir, dass der Mensch vom Affen abstammt?
II. *vt* ■**to ~ sth** etw entwickeln; **to ~ new forms of life** neue Formen des Lebens herausbilden

'e-vot·ing *n no pl (fam) short for* **electronic voting** elektronische Wahl *(Stimmabgabe über elektronische Kanäle wie das Internet)* **'e-waste** *n short for* **electronics waste** E-Schrott [*o* e-Schrott] *m,* Elektronikabfall *m*

ewe [juː] *n* Mutterschaf *nt;* **~'s milk** Schafsmilch *f*

ewer ['juːəʳ, AM -ɚ] *n* Wasserkrug *m*

ex¹ *prep* 1 COMM *(out of, from)* ab; **price ~ warehouse/works** Preis ab Lager/Werk
2 *(without)* ohne; STOCKEX **~ all** ausschließlich aller Rechte; **~ cap** ex [*o* ohne] Berichtigungsaktien, ex Gratisaktien; **share quoted ~ div[idend]** ex Dividende notierte Aktie; **~ rights** ex [*o* ohne] Bezugsrechte

ex² <*pl* -es> [eks] *n (fam: lover)* Ex-Freund(in) *m(f),* Ex *m o f fam; (spouse)* Ex-Mann, Ex-Frau *m, f,* Ex *m o f fam*

ex- [eks] *in compounds* ehemalig; **~communist** Ex-Kommunist(in) *m(f);* **~husband** Ex-Mann *m;* **~prisoner** ehemaliger Häftling; **~wife** Ex-Frau *f*

ex·ac·er·bate [ɪg'zæsəbeɪt, AM -'zæsɚ-] *vt* ■**to ~ sth** etw verschlimmern; *drought, crisis* etw verschärfen; **to ~ relations** Beziehungen trüben; **to ~ tension** Spannungen vertiefen

ex·ac·er·ba·tion [ɪgˌzæsə'beɪʃᵊn, AM -ˌzæsɚ'-] *n no pl* Verschlimmerung *f; of crisis, etc.* Verschärfung *f;* **~ of a problem** Verschlechterung *f* eines Problems

ex·act [ɪg'zækt] **I.** *adj* 1 *(precise)* genau; ***£7.30 to be ~*** 7 Pfund und dreißig Pence, um genau zu sein; **the ~ circumstances** die genauen Umstände; **the ~ description of a person** die exakte Beschreibung [*o* SCHWEIZ *a.* der exakte Beschrieb] einer Person; **to be the ~ equivalent of sth** etw *dat* genau entsprechen; **to be ~ in one's evaluation** eine exakte Beurteilung abgeben; **to have the ~ fare ready** das Fahrgeld genau abgezählt bereithalten; **the ~ opposite** ganz im Gegenteil; **to be ~ in one's reporting** genauestens Bericht erstatten; **an ~ science** eine exakte Wissenschaft
2 *(same)* **at the ~ same moment** genau in dem Moment; **the ~ one** genau der/die/das
II. *vt* ■**to ~ sth** etw fordern; *(pej)* etw abverlangen; **to ~ tremendous concentration** ein erhebliches Maß an Konzentration erfordern; **to ~ obedience** Gehorsam fordern; **to ~ a high price from sb** einen hohen Preis von jdm fordern; **to ~ revenge on sb** an jdm Rache üben; ■**to ~ sth from sb** etw von jdm fordern; ■**to be ~ed by sth** durch etw *akk* verursacht werden

ex·act·ing [ɪg'zæktɪŋ] *adj* anstrengend, SCHWEIZ *a.* streng *fam;* **sb is very ~** jd verlangt sehr viel; **to conform to ~ safety standards** genauen Sicherheitsnormen entsprechen

ex·'act in·ter·est *n* AM ECON, FIN Zinsen *pl* auf der Basis von 365 Tagen

ex·ac·tion [ɪg'zækʃᵊn] *n (form)* 1 *no pl (action of demanding)* [An]forderung *f*
2 *(act of extortion)* Eintreibung *f,* erpresste Abgabe

ex·acti·tude [ɪg'zæktɪtjuːd, AM -tətuːd, -tjuːd] *n no pl (form)* Genauigkeit *f*

ex·act·ly [ɪg'zæktli] *adv* 1 *(precisely)* genau; ***we started going out with each other ~ four years ago today*** heute sind wir seit genau vier Jahren zusammen; ***this song sounds ~ like all his other songs*** dieses Lied unterscheidet sich nicht im Geringsten von seinen anderen Liedern; ***~!*** ganz genau!; **~ the same** genau dasselbe; ***if I had my life again, I'd do ~ the same things*** wenn ich nochmal zu leben hätte, würde ich alles nochmal ganz genauso machen; **to not ~ agree to sth** etw *dat* nicht gerade zustimmen; ***he didn't ~ agree with my proposal, but ...*** er stimmte meinem Vorschlag nicht gerade zu, aber ...; **to do ~ that** genau das tun; **how/what/when/where/who ~ ...** [*or* **~ how/what/when/where/who ...**] wie/was/wann/wo/wer genau ...; ***what ~ do you want from life?*** was erwartest du eigentlich vom Leben?
2 *(hardly)* ■**not ~** eigentlich nicht; ***he's not ~ good-looking but ...*** eigentlich sieht er gar nicht gut aus, aber ...; **to be not ~ the epitome of sth** *(iron)* etw *dat* nicht gerade entsprechen

ex·act·ness [ɪg'zæktnəs] *n* Genauigkeit *f*

ex·ag·ger·ate [ɪg'zædʒᵊreɪt, AM -dʒər-] **I.** *vt* ■**to ~ sth** etw übertreiben; **to ~ the effect of sth** die Wirkung von etw *dat* verstärken; **to ~ a situation** eine Situation übertrieben darstellen; **to ~ sth grossly** [*or* **wildly**] etw stark übertreiben
II. *vi* übertreiben; **let's not ~!** bloß nicht übertreiben!

ex·ag·ger·at·ed [ɪg'zædʒᵊreɪtɪd, AM -dʒəreɪt̬ɪd] *adj* übertrieben; ***he has an ~ idea of his own importance*** er nimmt sich selbst viel zu wichtig; **to pay ~ attention to sb** jdm übertriebene Aufmerksamkeit schenken; **wildly ~ claims** vollkommen überzogene Forderungen; **to attach ~ importance to sth** etw *dat* übertriebene Aufmerksamkeit schenken; **greatly ~** stark übertrieben

ex·ag·ger·at·ed·ly [ɪg'zædʒᵊreɪtɪdli, AM -dʒəreɪt̬ɪd-] *adv* übertrieben

ex·ag·gera·tion [ɪgˌzædʒᵊr'eɪʃᵊn] *n* Übertreibung *f;* ***it's not an ~ to say that ...*** es ist nicht übertrieben, wenn man behauptet, dass ...; ***it's a bit of an ~ to say that she's beautiful*** sie als schön zu bezeichnen wäre wohl ein bisschen übertrieben; **to have a tendency to ~** zu Übertreibungen neigen

ex 'all *adj after n* FIN ausschließlich aller Rechte

ex·alt [ɪg'zɔːlt] *vt* 1 *(praise)* ■**to ~ sb** jdn preisen; ***the new book about JFK does not exactly ~ him*** das neue Buch über John F. Kennedy ist nicht gerade eine Lobeshymne; **to ~ sth as a virtue** etw als eine Tugend preisen
2 *(promote)* jdn [in einen Stand] erheben

ex·al·ta·tion [ˌegzɔːl'teɪʃᵊn] *n no pl* Begeisterung *f*

ex·alt·ed [ɪg'zɔːltɪd] *adj* 1 *(elevated)* hoch; **to rise to an ~ post** zu einem hohen Posten aufsteigen; **~ rank** hoher Rang
2 *(overjoyed)* überschwänglich; ■**to be ~** überschwänglich reagieren; ***we were absolutely ~ when ...*** wir waren vor Freude vollkommen aus dem Häuschen, als ...

exam [ɪg'zæm] *n* Prüfung *f;* **to fail an ~** durch eine Prüfung fallen; **to take an ~** eine Prüfung machen; **to pass an ~** eine Prüfung bestehen

ex·ami·na·tion [ɪgˌzæmɪ'neɪʃᵊn] **I.** *n* 1 *(test)* Prüfung *f;* UNIV Examen *nt;* **to fail an ~** durch eine Prüfung fallen; **to pass/sit/take an ~** eine Prüfung bestehen/ablegen/machen
2 *(investigation)* Untersuchung *f;* **customs ~** ECON Zollkontrolle *f;* **~ of the evidence** Überprüfung *f* der Beweismittel; **research ~** Forschungsuntersuchungen; **on closer ~** bei genauerer Überprüfung; **to be under ~** untersucht werden; ***the evidence is still under ~*** die Beweismittel werden immer noch geprüft
3 MED Untersuchung *f;* **to undergo a medical ~** sich *akk* ärztlich untersuchen lassen; **post-mortem ~** Obduktion *f,* Autopsie *f;* **to have** [*or* **undergo**] **an ~** sich *akk* einer Untersuchung unterziehen
4 *(questioning) suspect, prisoner* Vernehmung *f,* Verhör *nt,* Einvernahme *f* SCHWEIZ; *witness* Zeugenvernehmung *f,* Zeugeneinvernahme *f* SCHWEIZ; **direct ~** AM erste Zeugenvernehmung [*o* SCHWEIZ Zeugeneinvernahme] *(durchgeführt von dem Anwalt der benennenden Partei);* **to conduct the ~ of a witness** die Zeugenvernehmung [*o* SCHWEIZ Zeugeneinvernahme] durchführen; **to undergo an ~** vernommen [*o* verhört] [*o* SCHWEIZ einvernommen] werden
II. *n modifier (questions, results, certificate)* Prüfungs-; **~ paper** Prüfungsunterlagen *pl*

ex·ami·'na·tion board *n* Prüfungsausschuss *m,* Prüfungskommission *f* ÖSTERR, SCHWEIZ

ex·am·ine [ɪg'zæmɪn] *vt* 1 *(test)* ■**to ~ sb [in sth]** jdn [in etw *dat*] prüfen; ■**to be ~d** geprüft werden
2 *(scrutinize)* ■**to ~ sth** etw untersuchen [*o* prüfen]; ***the council is to ~ ways of reducing traffic*** der Stadtrat versucht Wege zur Reduzierung des Verkehrs zu finden; **to ~ credentials/methods** Referenzen/Methoden überprüfen; **to ~ the effects of sth** die Auswirkungen von etw *dat* untersuchen
3 LAW ■**to ~ sb** jdn verhören [*o* vernehmen] [*o* SCHWEIZ einvernehmen]; **to ~ the accused** den Angeklagten verhören; **to ~ experts** Experten anhören; ■**to ~ sb on sth** jdn zu etw *dat* befragen [*o* hinzuziehen]
4 MED ■**to ~ sb/sth** jdn/etw untersuchen; **to ~ one's breasts [for lumps]** jds Brust [auf Knoten] abtasten

ex·ami·nee [ɪgˌzæmɪ'niː] *n* Examenskandidat(in) *m(f)*

ex·am·in·er [ɪg'zæmɪnəʳ, AM -ɚ] *n* 1 SCH, UNIV Prüfer(in) *m(f)*
2 MED **medical ~** Gerichtsmediziner(in) *m(f)*
3 IRISH ECON, FIN *(corporate administrator)* [vom Gericht bestimmter] Verwalter/[vom Gericht bestimmte] Verwalterin

ex·'am·in·ing board *n* Prüfungsausschuss *m,* Prüfungskommission *f* ÖSTERR, SCHWEIZ **ex·am·in·ing 'jus·tice, ex·am·in·ing 'mag·is·trate** *n* LAW Untersuchungsrichter *m*

ex·am·ple [ɪg'zɑːmpl, AM -'zæm-] *n* 1 *(illustration)* Beispiel *nt;* ***this painting is a marvellous ~ of her work*** dieses Bild verdeutlicht ihre Arbeit auf wunderbare Art und Weise; ***that was a perfect ~ of ...*** das war ein perfektes Beispiel für ...; **to give** [*or* **quote**] **[sb] an ~ [of sth]** [jdm] ein Beispiel [für etw *akk*] geben; **for ~** zum Beispiel
2 *(model)* Beispiel *nt;* **to set a good ~ to sb** jdm als Vorbild dienen; **to be a shining ~ for sth** ein leuchtendes Beispiel für etw *akk* sein; **to follow sb's ~** in die Fußstapfen einer Person *gen* treten; **to make an ~ of sb** an jdm ein Exempel statuieren; ***the judge made an ~ of him and gave him the maximum sentence*** der Richter belegte ihn exemplarisch mit der Höchststrafe

ex·as·per·ate [ɪg'zæspᵊreɪt, AM -pər-] *vt* ■**to ~ sb** *(infuriate)* jdn zur Verzweiflung bringen; *(irritate)* jdn verärgern [*o fam* auf die Palme bringen]; ■**to be ~d by** [*or* **at**] **sth** über etw *akk* verärgert sein

ex·as·per·at·ed [ɪg'zæspᵊreɪtɪd, AM -pəreɪt̬ɪd] *adj* *(irritated)* verärgert; *(infuriated)* aufgebracht; **to show an ~ reaction to sth** sehr aufgebracht auf etw *akk* reagieren; **to say sth in an ~ voice** etw in einem ärgerlichen Tonfall sagen; **to look ~** einen ärgerlichen Gesichtsausdruck haben; ■ **to be ~ at** [*or* **by**] **sth** über etw *akk* verärgert sein

ex·as·per·at·ed·ly [ɪg'zæspəreɪtɪdli, AM -pəreɪt̬ɪd-] *adv* verärgert; ***..., he spluttered ~ ...***, zischte er aufgebracht; **to talk ~ of sth** aufgebracht über etw *akk* berichten

ex·as·per·at·ing [ɪg'zæspəreɪtɪŋ, AM -pəreɪt̬ɪŋ] *adj* ärgerlich; **sth is really ~** etw bringt jdn auf die Palme

ex·as·per·at·ing·ly [ɪg'zæspəreɪtɪŋli, AM -pəreɪt̬ɪŋ-] *adv* zum Verzweifeln; ***they are ~ slow in processing any application*** es ist zum Verzweifeln, wie langsam sie Anträge bearbeiten; **to be ~ obstinate** zum Verzweifeln stur sein

ex·as·pera·tion [ɪg,zæspə'reɪʃən] *n no pl* Verzweiflung *f* (**at** über +*akk*); **to feel deep ~** zutiefst verzweifelt sein; **to drive sb to ~** jdn vollkommen zur Verzweiflung bringen; **in ~** verärgert, verzweifelt; ***he stormed out of the meeting in ~*** er stürmte völlig frustriert aus der Konferenz

ex ca·thedra [,ekskə'θi:drə] **I.** *adj inv* ❶ *(form: unchallengeable)* maßgeblich; **~ pronouncement** unumstößliche Erklärung
❷ REL ex cathedra
II. *adv inv (form)* autoritativ; ***when the pope says something he speaks ~*** alles was der Papst sagt, ist von maßgebender Bedeutung

ex·ca·vate ['ekskəveɪt] **I.** *vt* ■ **to ~ sth** ❶ ARCHEOL etw ausgraben; **to ~ a burial place** ein Grab ausheben; **to ~ a site** Ausgrabungen auf einem Gelände machen; **~d site** Ausgrabungsgelände *nt*
❷ *(dig)* etw ausheben; **to ~ a hole/tunnel** ein Loch/einen Tunnel graben
❸ *esp* BRIT *(fig: expose)* etw offenlegen; **to ~ details of sb's private life** Einzelheiten aus jds Privatleben an die Öffentlichkeit bringen
II. *vi* Ausgrabungen machen

ex·ca·va·tion [,ekskə'veɪʃən] *n* ARCHEOL Ausgrabung *f*; *(digging)* Ausheben *nt*; **~ of a tumulus** Aushebung *f* eines Hügelgrabs; **the ~ of a tunnel** das Graben eines Tunnels; **to carry out an ~** eine Ausgrabung durchführen; **to take part in an ~** an einer Ausgrabung teilnehmen

ex·ca·'va·tion site *n* Ausgrabungsstätte *f*

ex·ca·va·tor ['ekskəveɪtər, AM -t̬ɚ] *n* Bagger *m*

ex·ceed [ɪk'si:d] *vt* ■ **to ~ sth** etw übersteigen; *(outshine)* etw übertreffen; ***the total current must not ~ 13 amps*** es dürfen nicht mehr als 13 Ampere Strom fließen; ECON, FIN ***he has ~ed his credit limit*** er hat seinen Kredit überzogen; **to ~ the ceiling** *(fig)* die Höchstgrenze überschreiten; **to ~ sb's wildest dreams** jds kühnste Träume übertreffen; **to ~ sb's wildest expectations** all jds Erwartungen bei Weitem übertreffen; **to ~ a quota** eine Quote übersteigen; **to ~ one's powers** LAW seine Befugnisse überschreiten; **to ~ the speed limit** die Geschwindigkeitsgrenze überschreiten

ex·ceed·ing·ly [ɪk'si:dɪŋli] *adv* äußerst; **~ difficult** extrem schwierig; **~ good** überdurchschnittlich gut; **~ unpleasant** höchst unangenehm; **to disturb sb ~** *(old)* jdn aufs Äußerste beunruhigen

ex·cel <-ll-> [ɪk'sel] **I.** *vi* sich *akk* auszeichnen; ■ **to ~ at** [*or* **in**] **sth** sich *akk* bei etw *dat* hervortun; ***I've never ~led at diving*** ich war noch nie ein guter Taucher; ***she ~s in debates*** sie schlägt sich hervorragend bei Diskussionen; **to ~ at chess** im Schachspielen ein Ass sein *fam*; **to ~ at French** im Französischen eine Leuchte sein *fam*
II. *vt* ■ **to ~ oneself** sich *akk* selbst übertreffen

ex·cel·lence ['eksələn(t)s] *n no pl* Vorzüglichkeit *f*; *of a performance* hervorragende Qualität; **academic ~** *(of a university)* ausgezeichnetes akademisches Niveau

Ex·cel·len·cy ['eksələn(t)si] *n* Exzellenz *f*; **His/Her ~** Seine/Ihre Exzellenz; [**Your**] **~** [Eure] Exzellenz

ex·cel·lent ['eksələnt] *adj (approv)* ausgezeichnet; ***the fall in interest rates is ~ news for borrowers*** der niedrigere Zinssatz kommt Kreditnehmern wie gerufen; **in ~ condition** in einem ausgezeichneten Zustand; **to have ~ facilities** über ausgezeichnete Einrichtungen verfügen; **to be in ~ form** in Topform sein *fam*; **to achieve an ~ grade** eine überdurchschnittlich gute Zensur [*o* ÖSTERR, SCHWEIZ Note] bekommen; **to make an ~ impression on sb** einen sehr guten Eindruck bei jdm hinterlassen; **to have an ~ name** einen hervorragenden Ruf besitzen; **~ performance** hervorragende Leistung; **~ qualifications** sehr gute Qualifikationen; **to be of ~ quality** von hervorragender Qualität sein; **to have an ~ record** ausgezeichnete Leistungen vorweisen; **to have an ~ reputation for sth** in außergewöhnlichem Maße für etw *akk* bekannt sein; **to achieve ~ results** hervorragende Ergebnisse erzielen; **to have ~ taste** einen auserwählten Geschmack besitzen; **to be an ~ traveller** ein erfahrener Reisender sein; ■ **~!** ausgezeichnet!, hervorragend!

ex·cel·lent·ly ['eksələntli] *adv* ausgezeichnet; **to work ~** hervorragende Arbeit leisten; *computers, machines* hervorragend funktionieren

ex·cept [ɪk'sept] **I.** *prep* ■ **~** [**for**] *(but not)* außer +*dat*; *(other than)* bis auf +*akk*; ***open daily ~ Mondays*** täglich geöffnet außer montags; **~ for the fact that ...** außer [*o* abgesehen von] [*o* SCHWEIZ *meist* nebst] der Tatsache, dass ...
II. *conj* ❶ *(only)* doch, nur; ***I would come to see you ~ I haven't any time*** ich würde dich ja gerne besuchen kommen, nur ich habe keine Zeit
❷ *(besides)* außer; ***we can do nothing ~ appeal to their conscience*** wir können nur an ihr Gewissen appellieren
III. *vt (form)* ■ **to ~ sb/sth from sth** jdn/etw von etw *dat* ausschließen; ***I ~ no one from this criticism*** keiner ist von dieser Kritik ausgeschlossen; **to be ~ed from a fine/tax** eine Geldstrafe/eine Steuer nicht bezahlen müssen; **to be ~ed from a law** von einem Gesetz ausgenommen sein

ex·cept·ed [ɪk'septɪd] *adj after n* außer; ***Peter ~, ...*** außer Peter ...; **errors and omissions ~** ECON, FIN Irrtümer und Auslassungen vorbehalten; **present company ~** Anwesende ausgenommen; *(in insurance policy)* **~ persons** ausgenommene Personen

ex·cept·ing [ɪk'septɪŋ] *prep* außer +*dat*; **not ~** nicht ausgenommen; **always ~** natürlich mit Ausnahme

ex·cep·tion [ɪk'sepʃən] *n* Ausnahme *f*; ***you must report here every Tuesday without ~*** du musst dich hier ausnahmslos jeden Dienstag melden; **to make/be an ~** eine Ausnahme machen/sein; **to take ~** [**to sth**] Anstoß *m* [an etw *dat*] nehmen; ***I take great ~ to your last comment*** deine letzte Bemerkung verbitte ich mir *geh*; **with the ~ of ...** mit Ausnahme von ...
▶PHRASES: **the ~ proves the rule** *(prov)* die Ausnahme bestätigt die Regel *prov*

ex·cep·tion·able [ɪk'sepʃənəbl̩] *adj (form)* anfechtbar; *(not appropriate)* unschicklich; ***many people find that sort of newspaper article highly ~*** viele Leute nehmen starken Anstoß an solch einem Zeitungsartikel; **an ~ programme** [*or* AM **program**] ein anstößiges Programm; **an ~ speech** eine ungebührliche Rede

ex·cep·tion·al [ɪk'sepʃənəl] *adj (approv)* außergewöhnlich; ***she has ~ qualities as a pianist*** sie ist eine ganz hervorragende Pianistin; ***her ~ pallor attracted me*** mir gefiel ihre auffallende Blässe; **an ~ case** ein ungewöhnlicher Fall; **~ circumstances** außergewöhnliche Umstände; **~ needs payment** außergewöhnliche Sozialleistungen

ex·'cep·tion·al items *npl* ECON, FIN einmalige Aufwendungen

ex·cep·tion·al·ly [ɪk'sepʃənəli] *adv (approv)* außergewöhnlich; **to be ~ clever/cold** ungewöhnlich intelligent/kalt sein; **to be ~ talented** überdurchschnittliches Talent besitzen

ex·cerpt I. *n* ['eksɜ:pt, AM -sɜ:rpt] Auszug *m*, Exzerpt *nt form* (**from** aus +*dat*)
II. *vt* [ek'sɜ:pt, AM -'sɜ:rpt] *usu passive esp* AM ■ **to be ~ed from sth** *(from a collection)* aus etw *dat* stammen; ***this passage of text has been ~ed from her latest novel*** diese Textpassage wurde ihrem letzten Roman entnommen

ex·cess [ɪk'ses, ek-] **I.** *n* <*pl* -es> ❶ *no pl (overindulgence)* Übermaß *nt*; ***another night of ~ yesterday?*** hast mal wieder maßlos über die Stränge geschlagen gestern Abend?; **an ~ of alcohol** ein Übermaß an Alkohol; **~ of jurisdiction** LAW Kompetenzüberschreitung *f* eines Richters/einer Richterin
❷ *(surplus)* Überschuss *m*; ***an ~ of enthusiasm is not always a good thing*** allzu viel Enthusiasmus ist nicht immer gut; **to have an ~ of energy** überschüssige Energie besitzen; ■ **to do sth to ~** bei etw *dat* übertreiben; **to make love to ~** sich exzessiv lieben; **to eat to ~** übermäßig viel essen; **in ~ of ...** mehr als ...
❸ *(insurance)* Selbstbehalt *m*
II. *adj attr* ❶ *(additional)* Überschuss *m*; **~ amount** Mehrbetrag *m*; **~ capacity** Überkapazität *f*; **~ charge** Zusatzgebühr *f*; **~ income** Mehreinkommen *nt*; **~ production** Überschussproduktion *f*; **~ supply** Überangebot *nt*
❷ *(surplus)* überschüssig; **~ alcohol in the blood** zu hoher Blutalkoholgehalt; **~ allowance** Zusatzbewilligung *f*; **~ fare** Zuschlag *m*; **~ fat** überschüssiges Fett

ex·cess 'bag·gage, ex·cess 'lug·gage *n no pl* Übergepäck *nt*

ex·cesses [ɪk'sesɪz, ek-] *npl* ❶ *(outrageousness)* Exzesse *pl*; **to commit ~** Exzesse begehen
❷ *(overabundance)* Unmenge *f*; ***as for shoes her ~ were well known*** es war bekannt, dass sie eine Unmenge von Schuhen besaß

ex·cess ex·'pendi·ture *n* Mehrausgabe *f*

ex·ces·sive [ɪk'sesɪv, ek-] *adj* übermäßig; ***~ exercise can cause health problems*** zu viel Sport kann Gesundheitsschäden verursachen; **~ claim** übertriebene Forderung; **~ spending** überhöhte Ausgaben; **~ taxation** Übersteuerung *f*; **~ violence** übermäßige Gewalt[anwendung]; **~ zeal** Übereifer *m*

ex·ces·sive·ly [ɪk'sesɪvli, ek-] *adv* übermäßig; ***he behaved ~ at the party*** er benahm sich auf der Party total daneben; **~ high salaries** überzogene Gehälter; **to not be ~ bright** nicht gerade eine Leuchte sein; **~ direct/rigorous** allzu direkt/streng; **~ persistent** übertrieben hartnäckig

ex·cess li·'quid·ity *n no pl* ECON, FIN Überliquidität *f*

ex·change [ɪks'tʃeɪndʒ, eks-] **I.** *vt* ❶ *(trade)* ■ **to ~ sth** [**for sth**] etw [gegen etw *akk*] austauschen; *in a shop* etw [gegen etw *akk*] umtauschen; **to ~ apartments** einen Wohnungstausch vornehmen
❷ *(interchange)* ■ **to ~ sth** etw austauschen; **to ~ addresses/greetings/opinions** Adressen/Grüße/Meinungen austauschen; **to ~ banter with sb** mit jdm herumalbern [*o* ÖSTERR, SCHWEIZ herumblödeln]; **to ~ looks** Blicke wechseln; **to ~ words** einen Wortwechsel haben
II. *n* ❶ *(trade)* Tausch *m*; ***he gave me some tomatoes in ~ for a lift into town*** er gab mir ein paar Tomaten und dafür nahm ich ihn mit in die Stadt; **~ of contracts** Vertragsabschluss *m*; **~ of letters** Briefwechsel *m*; **~ of proposals** Austausch *m* von Vorschlägen
❷ FIN, ECON Währung *f*; **foreign ~** Devisen *pl*; *(money)* ausländische Zahlungsmittel; **rate of ~** Wechselkurs *m*; **rate of ~ of the dollar** Wechselkurs *m* des Dollars; **~ regulations** Devisenbestimmungen *pl*
❸ STOCKEX *(shares market)* Börse *f*; **commodity ~** Warenbörse *f*; **stock ~** Börse *f*; **London International Financial Futures and Options E~** *Internationale Londoner Finanzterminbörse;* **Baltic International Freight and Futures E~** *Londoner Börse für Warentermingeschäfte;* **London Metal E~** *Londoner Metallbörse*
❹ *(interchange)* Wortwechsel *m*; ***there was a brief ~ between the two leaders*** die beiden Führungskräfte tauschten sich kurz aus; **~ of blows** Schlagabtausch *m*; **~ of fire** Feuergefecht *nt*, Schusswechsel *m*; **~ of threats** gegenseitige Drohungen; **bitter ~** erbitterter Wortwechsel
III. *adj attr, inv* **~ conditions** Wechselbedingungen *pl*; **~ market** Devisenmarkt *m*; **~ teacher** Austauschlehrer(in) *m(f)*; **~ value** Tauschwert *m*

ex·change·able [ɪks'tʃeɪndʒəbl̩, eks-] *adj inv* austauschbar; *goods* umtauschbar; ~ **currency** Tauschwährung *f;* ~ **token** einlösbarer Gutschein
ex·'change bro·ker *n* Devisenmakler(in) *m(f),* Börsenmakler(in) *m(f)* **ex·'change bu·reau** *n* Wechselstube *f* **ex·'change con·trol** *n* FIN Devisenbewirtschaftung *f,* Devisenkontrolle *f;* ***the government has imposed ~s*** die Regierung hat Beschränkungen im freien Devisenverkehr eingeführt; **to lift ~s** Devisenbeschränkungen aufheben **ex·'change coun·cil** *n* STOCKEX Börsenrat *m* **ex·'change count·er** *n* Wechselschalter *m* **ex·change 'cross rates** *n* FIN Usancekurs *m* **ex·'change deal·er** *n* ECON, FIN Devisenmakler(in) *m(f)* **ex·'change deal·ings** *npl* STOCKEX Börsenhandel *m* **Ex·change Equali·'za·tion Ac·count** *n* FIN Währungsausgleichsfonds *m* **ex·'change floor** *n* STOCKEX Börsenparkett *nt* **ex·'change house, ex·'change of·fice** *n* Wechselstube *f* **ex·'change plate** *n* CHEM Rektifizierboden *m* **ex·'change price** *n* STOCKEX Börsenpreis *m,* Börsenkurs *m* **ex·'change rate** *n* Wechselkurs *m,* Devisenkurs *m,* Währungskurs *m;* **official** ~ amtlicher Umrechnungskurs; ~ **adjustment** Devisenkursanpassung *f;* ~ **assessment** Wechselkursbeurteilung *f;* ~ **development** Devisenkursentwicklung *f;* ~ **fluctuations** Wechselkursschwankungen *pl;* ~ **model** Wechselkursmodell *nt;* ~ **parity** Wechselkursparität *f;* ~ **policy** Wechselkurspolitik *f;* ~ **stability** Wechselkursstabilität *f;* ~ **system** Wechselkurssystem *nt;* ~ **swap** Wechselkurstauschgeschäft *nt*
Ex·change Rate 'Mecha·nism *n,* **ERM** *n* Wechselkursmechanismus *m*
ex·change regu·'la·tions *npl* ECON, FIN Devisenbestimmungen *pl* **ex·'change re·stric·tions** *npl* ECON, FIN Devisenbewirtschaftung *f,* Devisenkontrolle *f* **ex·'change risk** *n* Wechselkursrisiko *nt* **ex·'change shark** *n* STOCKEX *(sl)* Börsenhai *m* **ex·'change stu·dent** *n* SCH Austauschschüler(in) *m(f);* UNIV Austauschstudent(in) *m(f)* **ex·'change sys·tem** *n* ECON Wechselkurssystem *nt* **ex·'change tax** *n* Devisentransaktionssteuer *f* **ex·'change trad·er** *n* STOCKEX Börsenhändler(in) *m(f)* **ex·'change trad·ing** *n no pl* STOCKEX Börsenhandel *m* **ex·'change trans·ac·tion** *n* Devisengeschäft *nt,* Börsentransaktion *f*
ex·cheq·uer [ɪks'tʃekəʳ, eks-, AM -ɚ] *n no pl* BRIT Finanzministerium *nt,* Finanzdepartement *nt* SCHWEIZ
Ex·cheq·uer [ɪks'tʃekəʳ, eks-] *n no pl* BRIT ECON, FIN ■**the** ~ ① *(government funds)* der Fiskus
② *(government account)* die Staatskasse
③ + *sing/pl vb (government department)* das Finanzministerium [*o* Schatzamt]; **Chancellor of the** ~ Finanzminister(in) *m(f),* Schatzkanzler(in) *m(f);* ~ **stocks** britische Staatstitel
ex·cise[1] ['eksaɪz] **I.** *n no pl* FIN Verbrauchssteuer *f;* ~ **on alcohol** Alkoholsteuer *f;* **local** ~ örtliche Verbrauchssteuer; **to increase** [*or* **raise**]/**lower** ~ die Verbrauchssteuer erhöhen [*o* anheben]/senken; **Customs and E~** Behörde *f* für Zölle und Verbrauchssteuern
II. *adj attr* ~ **duty** [**on sth**] Verbrauchssteuern [für etw *akk*]; ~ **duty on beer** Biersteuer *f;* ~ **law** Verbrauchssteuergesetz *nt;* ~ **regulations** verbrauchssteuerrechtliche Bestimmungen
ex·cise[2] [ek'saɪz] *vt* ■**to** ~ **sth** *(remove)* etw entfernen (**from** von +*dat*); *from list* etw streichen; FILM etw herausschneiden; **to** ~ **a chapter** ein Kapitel herausnehmen; **to** ~ **a tumour** [*or* AM **tumor**] einen Tumor entfernen
'Ex·cise De·part·ment *n* BRIT ECON Behörde *f* für Zölle und Verbrauchssteuern **'ex·cise·man** *n* HIST Steuereinnehmer *m* **'ex·cise tax** *n* Verbrauchssteuer *f,* Aufwandsteuer *f*
ex·ci·sion [ek'sɪʒən] *n* MED Entfernung *f*
ex·cit·able [ɪk'saɪtəbl̩, ek-, AM -t̬ə-] *adj* erregbar; **to have an** ~ **temper** reizbar sein
ex·ci·ta·tion [ˌeksɪ'teɪʃən, AM -saɪ-] *n* SCI Erregung *f,* Anregung *f;* ~ **band** Anregungsband *nt;* ~ **energy** Anregungsenergie *f*
ex·cite [ɪk'saɪt, ek-] *vt* ① *(stimulate)* ■**to** ~ **sb** jdn erregen; *(make enthusiastic)* jdn begeistern; **to** ~ **an audience** ein Publikum begeistern; **to be ~d about an idea** von einer Idee begeistert sein; **to be ~d about a prospect/discovery** eine Aussicht/eine Entdeckung aufregend finden
② *(awaken)* ■**to** ~ **sth** etw hervorrufen, SCHWEIZ *a.* etw *dat* rufen *selten;* **to** ~ **sb's curiosity** jds Neugierde wecken; **to** ~ **feelings** Gefühle verursachen; **to** ~ **sb's imagination** jds Fantasie anregen; **to** ~ **passion** Leidenschaft hervorrufen, SCHWEIZ *a.* der Leidenschaft rufen; **to** ~ **speculation** zu Spekulationen führen
ex·cit·ed [ɪk'saɪtɪd, ek-, AM -t̬ɪd] *adj* aufgeregt; *(enthusiastic)* begeistert; *(sexually)* erregt; **to be** ~ **about sth** *(in present)* von etw *dat* begeistert sein; *(in near future)* sich auf etw *akk* freuen; **nothing to get** ~ **about** nichts Weltbewegendes [*o* Besonderes]; ***the progress made is nothing to get ~ about*** es sind keine überwältigenden Fortschritte gemacht worden
ex·cit·ed·ly [ɪk'saɪtɪdli, ek-, AM -t̬ɪd-] *adv* aufgeregt; **to talk** ~ erregt sprechen
ex·cite·ment [ɪk'saɪtmənt, ek-] *n* ① *(strong arousal)* Aufregung *f;* ~ **of anticipation** angespannte Erwartungshaltung; **to be in a state of** ~ in heller Aufregung sein; **what ~!** wie aufregend!
② *no pl (stimulation)* Erregung *f; (commotion)* Aufruhr *m; (agitation)* Aufregung *f;* ***if you want ~ you should try parachuting*** wenn du Action haben willst, solltest du Fallschirmspringen versuchen
ex·cit·ing [ɪk'saɪtɪŋ, ek-, AM -t̬ɪŋ] *adj (approv) discovery, life* aufregend; *development, match, story* spannend; *(stimulating)* anregend; **to have an** ~ **life** ein aufregendes Leben führen
ex·cit·ing·ly [ɪk'saɪtɪŋli, ek-, AM -t̬ɪŋli] *adv (approv)* aufregend; *describe, tell, write* spannend
excl. I. *adj abbrev of* **exclusive** exkl.
II. *prep abbrev of* **excluding** exkl.
ex·claim [ɪks'kleɪm, eks-] **I.** *vi* aufschreien; **to** ~ **in delight** vor Freude aufschreien
II. *vt* ■**to** ~ **that ...** ausrufen, dass ...; ***he ~ed that his pocket had been picked*** er sei beraubt worden, schrie er
ex·cla·ma·tion [ˌeksklə'meɪʃən] *n* Ausruf *m;* ~ **of anger** Wutschrei *m;* ~**s of happiness** Freudengeschrei *nt*
ex·cla·'ma·tion mark, ex·cla·'ma·tion point *n* Ausrufezeichen *nt*
ex·clama·tory [ɪks'klæmətəri, AM tɔːri] *adj* lautstark
ex·clude [ɪks'kluːd, eks-] *vt* ① *(keep out)* ■**to** ~ **sb/sth** [**from sth**] jdn/etw [von etw *dat*] ausschließen; **to** ~ **sb from a club** jdn für einen Verein nicht zulassen; **to be ~d from school** von der Schule ausgeschlossen sein
② *(leave out)* ***the price ~s local taxes*** im Preis sind die Kommunalsteuern nicht inbegriffen; **to** ~ **a possibility** eine Möglichkeit ausschließen
ex·clud·ing [ɪks'kluːdɪŋ, eks-] **I.** *prep* ausgenommen +*gen*
II. *adj* unzugänglich; ***I realised how ~ these clubs were*** ich merkte, wie wenig man in diesen Klubs willkommen war
ex·clu·sion [ɪks'kluːʒən, eks-] *n* Ausschluss *m* (**from** von +*dat*); ■**to the** ~ **of sb** unter Ausschluss einer Person *gen;* ~ **order** Ausschließung *f* aus dem Familienheim; ~ **of liability** Haftungsausschluss *m;* ~ **of risks** Risikoausschluss *m*
ex·clu·sion·ary [ɪks'kluːʒənəri, eks-, AM -neri] *adj* ausschließend; ~ **area** Ausschlusszone *f;* ~ **rule** AM LAW Ausschließungsregel *f;* ~ **zone** abgegrenzte Zone
ex·'clu·sion pro·cedure *n* FIN Abzugsverfahren *nt* **ex·'clu·sion zone** *n* Sperrgebiet *nt*
ex·clu·sive [ɪks'kluːsɪv, eks-] **I.** *adj* ① *(excluding)* ausschließlich; ***is the total ~ of service charge?*** ist das Bedienungsgeld nicht im Gesamtpreis enthalten?; **to be mutually** ~ nicht zu vereinbaren sein, einander ausschließen
② *(limited to)* exklusiv; ***this room is for the ~ use of our guests*** dieser Raum ist nur für unsere Gäste bestimmt; ~ **interview** Exklusivinterview *nt;* ~ **license** Alleinlizenz *f;* ~ **privilege** alleiniges Privileg; ~ **right** Exklusivrecht *nt;* ■**to be** ~ **to sb** auf jdn beschränkt sein; ***these items are ~ to the outlets we own*** diese Waren sind nur an unseren Verkaufsstellen zu erhalten
③ *(select)* vornehm; ~ **clientele/membership** exklusive Kundschaft/Mitgliedschaft; **in** ~ **circles** in besseren Kreisen
④ *(sole)* einzig; ***singing is not her ~ interest outside work*** außerhalb ihrer Arbeit interessiert sie sich nicht nur fürs Singen; ~ **occupation** einzige Beschäftigung
II. *n* MEDIA Exklusivbericht *m*
ex·clu·sive 'con·tract *n* LAW Alleinauftrag *m*
ex·clu·sive·ly [ɪks'kluːsɪvli, eks-] *adv* ausschließlich, exklusiv; **to be** ~ **owned by sb** sich im alleinigen Besitz von jdm befinden
ex·clu·sive·ness [ɪks'kluːsɪvnəs, eks-] *n no pl* ① *(being limited)* Ausschließlichkeit *f*
② *(luxuriousness)* Exklusivität *f*
ex·clu·sivi·ty [ˌeksklu:'sɪvəti, AM -ət̬i] *n no pl* Exklusivität *f;* **sb's** ~ jds exklusives Verhalten
ex·com·muni·cate [ˌekskə'mjuːnɪkeɪt] *vt* ■**to** ~ **sb** jdn exkommunizieren, jdn aus der Kirchengemeinschaft ausschließen
ex·com·muni·ca·tion [ˌekskəˌmjuːnɪ'keɪʃən] *n* Exkommunikation *f;* **to risk** ~ den Ausschluss aus der Kirchengemeinschaft riskieren
ex·co·ri·ate [ek'skɔːrieɪt] *vt (form)* ■**to** ~ **sth** etw heftig angreifen; *idea* etw verurteilen; **to** ~ **a book** eine vernichtende Kritik über ein Buch schreiben
ex·cre·ment ['ekskrəmənt] *n (form)* Kot *m,* Exkremente *pl*
ex·cres·cence [ɪk'skresən(t)s, ek-] *n* MED Wucherung *f; (fig pej)* Auswuchs *f*
ex·cre·ta [ɪk'skriːtə, ek-, AM -t̬ə] *n no pl (form or spec)* Exkrete *pl fachspr,* Ausscheidungen *pl*
ex·crete [ɪk'skriːt, ek-] **I.** *vt* ■**to** ~ **sth** etw ausscheiden; *secretion* etw absondern
II. *vi* Exkremente ausscheiden
ex·cre·tion [ɪk'skriːʃən, ek-] *n (form)* ① *(matter)* Exkret *nt fachspr*
② *no pl (act)* Ausscheidung *f,* Exkretion *f fachspr*
ex·cru·ci·at·ing [ɪk'skruːʃieɪtɪŋ, ek-, AM -t̬ɪŋ] *adj* ① *(painful)* schmerzhaft; **to have an** ~ **attack of sth** von etw *dat* stark befallen sein; **to have an** ~ **pain** fürchterliche Schmerzen haben; **to suffer from** [**an**] ~ **pain** unter fürchterlichen Schmerzen leiden; ~ **suffering** entsetzliches Leiden
② *(fig)* qualvoll; **in** ~ **detail** in allen qualvollen Einzelheiten
ex·cru·ci·at·ing·ly [ɪk'skruːʃieɪtɪŋli, ek-, AM -t̬ɪŋ-] *adv* entsetzlich, furchtbar; *funny* wahnsinnig; ~ **boring** todlangweilig; ~ **difficult** extrem schwierig; ~ **funny** urkomisch; ~ **long** überlang; ~ **painful** entsetzlich schmerzhaft
ex·cul·pate ['ekskʌlpeɪt] *vt (form)* ■**to** ~ **sb** [**from sth**] jdn [von etw *dat*] freisprechen
ex·cul·pa·tory [ek'skʌlpətəri, AM -tɔːri] *adj inv (form)* entlastend
ex·cur·sion [ɪk'skɜːʃən, eks-, AM -'skɜːrʒ-] *n* Ausflug *m;* **annual** ~ Jahresausflug *m;* **to go on** [*or* **make**] **an** ~ einen Ausflug machen; *(fig)* Abstecher *m;* **to make an** ~ einen Abstecher machen
ex·cur·sion·ist [ɪk'skɜːʃənɪst, AM 'skɜːrʒən] *n* Ausflügler(in) *m(f)*
ex·'cur·sion tick·et *n* verbilligte Fahrkarte **ex·'cur·sion train** *n* Sonderzug *m,* Extrazug *m* SCHWEIZ
ex·cus·able [ɪk'skjuːzəbl̩, ek-] *adj* verzeihlich, entschuldbar
ex·cuse I. *vt* [ɪk'skjuːz, ek-] ① *(forgive)* ■**to** ~ **sth** etw entschuldigen; *(make an exception)* über etw *akk* hinwegsehen; ~ ***the mess in my room*** entschuldige bitte meine Unordnung; ***please ~ me for arriving late*** entschuldigen Sie bitte mein Zuspätkommen; **to** ~ **sb's behaviour** jds Verhalten rechtfertigen; **to** ~ **sb's lateness** über jds Unpünktlichkeit hinwegsehen; ■**to** ~ **sb** [**for**] **sth** jdm etw entschuldigen; ***many of the war criminals were ~d their crimes*** vielen Kriegsverbrechern wurden

ihre Verbrechen nicht angerechnet; ■ **to ~ sb from sth** jdn von etw *dat* befreien; ***may I be ~d from cricket practice?*** dürfte ich dem Cricket-Training fernbleiben?
❷ *(attract attention)* **~ me!** entschuldigen Sie bitte!, Entschuldigung!; *(beg pardon)* [ich bitte vielmals um] Entschuldigung; ***my name is Dedijer — ~ me?*** mein Name ist Dedijer – wie bitte?; *(on leaving)* [***if you'll***] **~ *me*** wenn Sie mich jetzt entschuldigen würden; ***may I be ~d?*** dürfte ich mal auf die Toilette gehen?
II. *n* [ɪk'skju:s, ek-] ❶ *(reason)* Entschuldigung *f*, Grund *m*; ***please make my ~s at Thursday's meeting*** entschuldige mich bitte bei der Sitzung am Donnerstag
❷ *(pej: justification)* Ausrede *f*; *(cause, reason)* Anlass *m*; ***there is no ~ for their behaviour*** ihr Verhalten lässt sich nicht entschuldigen; **poor ~** schlechte Ausrede; **to look for an ~** nach einer Ausrede suchen; **to make an ~** sich *akk* entschuldigen; ***I make no ~s for my views*** ich entschuldige meine Ansichten nicht; **to be always making ~s** sich *akk* immer herausreden
❸ *(fam: poor example)* ■ **an ~ for sth** eine armselige Ausführung von etw *dat*; ***it was a miserable ~ for a meal*** das war ein jämmerliches Essen

ex·di·rec·tory [,eksdə'rekt^ə^ri] BRIT, AUS **I.** *adj inv* **~ number** Geheimnummer *f*; ■ **to be ~** nicht im Telefonbuch stehen
II. *adv inv* **to go ~** eine Geheimnummer beantragen

ex 'div *adj inv* STOCKEX ex Dividende; ■ **to be ~** ex Dividende notierte Aktien sein

ex·eat ['eksiæt] *n* BRIT UNIV, SCH *(or form)* Beurlaubung *f*

exec [ɪg'zek, eg-] *n (fam) short for* **executive** leitender Angestellter/leitende Angestellte, Geschäftsführer(in) *m(f)*; ***he's a young ~ with a Porsche and five credit cards*** er ist ein Jungmanager mit einem Porsche und fünf Kreditkarten

ex·ecrable ['eksɪkrəbl̩] *adj (pej form)* scheußlich, grässlich, abscheulich; **an ~ meal** ein abscheuliches Essen; **an ~ show** eine miserable Show

ex·ecrably ['eksɪkrəbli] *adv (pej)* scheußlich, abscheulich; **to behave ~** sich *akk* widerlich benehmen; **to perform sth ~** etw miserabel aufführen; **to treat sb ~** jdn scheußlich behandeln

ex·ecrate ['eksɪkreɪt] *vt (form)* ■ **to ~ sth** etw verabscheuen; **to ~ a symbol** ein Symbol verfluchen

ex·ecra·tion [,eksɪ'kreɪʃ^ə^n] *n* ❶ *(great loathing)* Abscheu *m*
❷ *(old: curse)* Fluch *m*, Verwünschung *f*

ex·ecut·able file ['eksɪ,kju:təbl̩-] *n* COMPUT ausführbare Datei **ex·ecut·able 'form** *n* COMPUT ausführbare Form

ex·ecu·tant [ɪg'zekjətənt] *n (form)* Ausführende(r) *f(m)*; *music* Vortragende(r) *f(m)*

ex·ecute ['eksɪkju:t] *vt* ❶ *(form: carry out)* ■ **to ~ sth** etw durchführen; **to ~ a manoeuvre** [*or* AM **maneuver**] ein Manöver ausführen; **to ~ an order** einen Befehl ausführen; **to ~ a plan** einen Plan ausführen [*o* durchführen]; **to ~ a play** ein Stück aufführen; **to ~ a somersault** einen Purzelbaum schlagen
❷ LAW **to ~ sb's will** das Testament von jdm vollstrecken
❸ *(kill)* ■ **to ~ sb** jdn hinrichten

ex·ecu·tion [,eksɪ'kju:ʃ^ə^n] *n* ❶ *no pl (carrying out)* Durchführung *f*; **the ~ of an idea** die Verwirklichung einer Idee; **the ~ of a duty** die Wahrnehmung einer Pflicht; **to put** [*or* **carry**] **a plan into ~** einen Plan ausführen; **the ~ of a sonata** die Ausführung einer Sonate
❷ *(killing)* Hinrichtung *f*, Exekution *f form*
❸ LAW **stay of ~** Vollstreckungsaufschub *m*

ex·ecu·tion·er [,eksɪ'kju:ʃ^ə^nə^r^, AM -ə] *n* Scharfrichter *m*

ex·e'cu·tion or·der *n* Durchführungsverordnung *f*

ex·ecu·tive [ɪg'zekjətɪv, eg-, AM -t̬ɪv] **I.** *n* ❶ *(manager)* leitender Angestellter/leitende Angestellte; **advertising ~** Werbemanager(in) *m(f)*; **bank ~** Bankmanager(in) *m(f)*; **junior/senior ~** untere/höhere Führungskraft [*o* SCHWEIZ *a.* Kaderkraft]
❷ + *sing/pl vb (body)* Exekutive *f*; *(committee)* Vorstand *m*; **~ of the party** Parteivorstand *m*; **~ of the union** Gewerkschaftsvorstand *m*; **local ~** örtliche Exekutive; **national ~** Nationalexekutive *f*
❸ *(in law office)* **legal ~** [qualifizierter] Mitarbeiter in einem Anwaltsbüro
❹ *(section of government)* **the E~** die Exekutive, die vollziehende Gewalt; AM *(president)* der Präsident
II. *adj attr* ❶ *(administrative)* Exekutiv-; **~ branch** Exekutivzweig *m* BRD, ÖSTERR; **~ council** Ministerrat *m*
❷ *(managerial)* **~ car** Vorstandswagen *m*; **~ decisions** Führungsentscheidungen *pl*; **~ editor** Chefredakteur(in) *m(f)*; **~ position** Führungsposition *f*; **~ powers** ausübende Gewalt, Exekutivgewalt *f*; **~ producer** leitender Produzent/leitende Produzentin; **~ secretary** Direktionssekretär(in) *m(f)*; **~ skills** Führungsfähigkeiten *pl*; **~ suite** Vorstandsetage *f*; *in a hotel* Chefsuite *f*; **~ share option scheme** *Optionen, die leitenden Angestellten auf Aktien ihrer Unternehmungen eingeräumt werden*

ex·ecu·tive 'clem·en·cy *n* AM Begnadigung *f* durch den Präsidenten **ex·ecu·tive com·'mit·tee** *n* Führungsgremium *m*, Führungsausschuss *m* **ex·ecu·tive di·'rec·tor** *n* Generaldirektor(in) *m(f)*, geschäftsführender Direktor/geschäftsführende Direktorin **ex·ecu·tive 'docu·ment** *n* AM dem Senat vom Präsidenten zur Zustimmung vorgelegter [Staats-]Vertrag **ex·ecu·tive 'or·der** *n* Exekutivorder *f*, Vollzugsanordnung *f* **ex·ecu·tive 'privi·lege** *n* AM Vorrecht *nt* des Präsidenten [, bestimmte Informationen nicht offenzulegen] **ex·ecu·tive-pro·'duce** *vt* FILM, TV ■ **to ~ sth** etw als leitender Produzent *m*/leitende Produzentin *f* übernehmen **ex·ecu·tive 'ses·sion** *n* AM Geheimsitzung *f* [des Senats]

ex·ecu·tor [ɪg'zekjətə^r^, eg-, AM -t̬ə] *n* LAW Testamentsvollstrecker(in) *m(f)*; **the ~ of the will** der Vollstrecker/die Vollstreckerin des Testaments; **literary ~** literarischer Testamentsvollstrecker

ex·ecu·tory [ɪg'zekjət^ə^ri, AM -t̬ɔ:ri] *adj* LAW **~ consideration** wechselseitiges Leistungsversprechen

ex·ecu·trix <*pl* -trices> [ɪg'zekjətrɪks, *pl* -traɪsi:z] *n* LAW Testamentsvollstreckerin *f*

ex·egesis <*pl* -geses> [,eksɪ'dʒi:sɪs, *pl* -si:z] *n* ❶ *(critical interpretation)* Auslegung *f*, Exegese *f fachspr*
❷ *(fig)* Einschätzung *f*

ex·egeti·cal [,eksɪ'dʒetɪk^ə^l, AM -'dʒet̬-] *adj* auslegend, exegetisch *geh*

ex·em·plar [ɪg'zemplə^r^, eg-, AM -ə] *n (approv)* Musterbeispiel *nt*

ex·em·pla·ry [ɪg'zempl^ə^ri, eg-] *adj (approv)* vorbildlich; ***his tact was ~*** er erwies einen beispielhaften Takt; **~ damages** *(form)* über den verursachten Schaden hinausgehende Entschädigung; **~ persistence** bewundernswerte Ausdauer; **~ punishment** exemplarische Strafe; **~ restraint** beachtliche Beherrschung

ex·em·pli·fi·ca·tion [ɪg,zemplɪfɪ'keɪʃ^ə^n, eg-, AM -plə-] *n* Erläuterung *f* durch Beispiele; **~ of an adage** Verdeutlichung *f* eines Sprichworts; **~ of an idea** Veranschaulichung *f* einer Idee

ex·em·pli·fy <-ie-> [ɪg'zemplɪfaɪ, eg-] *vt* ■ **to ~ sth** *person* etw erläutern; *thing* etw veranschaulichen; **to ~ a fashion** eine Mode darstellen; **to ~ a strategy** eine Strategie verdeutlichen

ex·empt [ɪg'zempt, eg-] **I.** *vt* ■ **to ~ sb/sth from sth** jdn/etw von etw *dat* befreien; **to ~ sb from military service** jdn vom Militärdienst freistellen
II. *adj inv* befreit; ■ **to be ~ from sth** von etw *dat* befreit sein; ***goods ~ from this tax*** von dieser Steuer ausgenommene Waren; **~ from duty** gebührenfrei; **~ from excise** von der Verbrauchssteuer ausgenommen

ex·emp·tion [ɪg'zempʃ^ə^n, eg-] *n* ❶ *no pl (exempting)* Befreiung *f* (**from** von +*dat*); **~ clause** Freizeichnungsklausel *f*; **to be granted ~ from a payment** von einer Zahlung befreit werden; **~ from military service** Freistellung *f* vom Militärdienst; **~ from taxes** Steuerfreiheit *f*
❷ *(dispensation)* Erlass *m*; **tax ~** Steuerbefreiung

ex·'emp·tion cer·tifi·cate *n* Freistellungserklärung *f*

ex·er·cise ['eksəsaɪz, AM -sə-] **I.** *vt* ❶ *(physically)* ■ **to ~ sth** etw trainieren; **to ~ a dog** einen Hund spazieren führen; **to ~ a horse** ein Pferd bewegen; **to ~ one's muscles/memory** seine Muskeln/sein Gedächtnis trainieren
❷ *(form: mentally)* **to ~ sb's mind** jdn sehr beschäftigen
❸ *(form: use)* ■ **to ~ sth** etw üben; **to ~ one's authority** seine Autorität ausüben; **to ~ caution** Vorsicht walten lassen; **to ~ common sense** den gesunden Menschenverstand benutzen; **to ~ control over sth** Kontrolle über etw *akk* ausüben; **to ~ discretion in a matter** eine Angelegenheit mit Diskretion behandeln; **to ~ leadership** die Leitung innehaben; **to ~ an option** ein Optionsrecht ausüben; **to ~ one's power** seine Macht in Anspruch nehmen; **to ~ one's privilege** von seinem Privileg Gebrauch machen; **to ~ one's right** sein Recht geltend machen; **to ~ self-denial** sich *akk* selbst verleugnen; **to ~ self-discipline** Selbstdisziplin ausüben; **to ~ tact** mit Takt vorgehen; **to ~ one's veto** sein Vetorecht einlegen
II. *vi* trainieren
III. *n* ❶ *(physical exertion)* Bewegung *f*; *(training)* Übung *f*; **breathing ~** Atemübung *f*; **outdoor ~** Bewegung *f* im Freien; **physical ~** körperliche Bewegung; **to do ~s** Gymnastik machen; **to do leg ~s** Beinübungen machen; **to take ~** sich *akk* bewegen; ***you really should take more ~*** du solltest dich wirklich mehr sportlich betätigen
❷ *(practice)* Übung *f*; SCH, UNIV Aufgabe *f*; **written ~s** schriftliche Übungen
❸ MIL Übung *f*; **to take part in an ~** an einer Übung teilnehmen; **a military ~** eine militärische Übung; **a naval ~** eine Marineübung; **tactical ~s** taktische Übungen
❹ *usu sing (act)* Aufgabe *f*; *(iron)* Meisterstück *nt iron fam*; **damage limitation ~** Versuch *m* der Schadensbegrenzung; ■ **an ~ in sth** ein Paradebeispiel für etw *akk*; **an ~ in compromise** ein wahrhafter Kompromiss
❺ *no pl (use)* Ausübung *f*; **the ~ of tolerance** die Gewährung von Toleranz
❻ STOCKEX **~ of an option** Ausübung *f* einer Option
❼ ECON *(fiscal year)* Geschäftsjahr *nt*
❽ *esp* AM ■ **~s** *pl* Feierlichkeiten *pl*; **graduation ~s** Abschlussfeierlichkeiten *pl*; **inauguration ~s** Einweihungsfeierlichkeiten *pl*
IV. *n modifier (programme, session, studio)* Trainings-; **~ class** Fitnessklasse *f*; **~ video** Übungsvideo *nt*

'ex·er·cise bike, 'ex·er·cise bi·cy·cle *n* Heimfahrrad *nt*, Heimtrainer-Fahrrad *nt*, ÖSTERR, SCHWEIZ *a.* Hometrainer *m* **'ex·er·cise book** *n* Heft *nt* **'ex·er·cise date** *n* STOCKEX Ausübungstag *m*, Erklärungstag *m*, Zeitpunkt *m* der Ausübung einer Option **'ex·er·cise price** *n* STOCKEX Basispreis *m*, Ausübungskurs *m*, Optionsprämie *f*

ex·er·cis·er ['eksəsaɪzə^r^, AM -səsaɪzə] *n* Trainingsgerät *nt*; COMPUT Testgerät *nt*

ex·er·cy·cle® ['eksəsaɪkl̩, AM -sə-] *n* Exercycle® *nt*, Hometrainer *m*

ex·ert [ɪg'zɜ:t, eg-, AM -'zɜ:rt] *vt* ❶ *(utilize)* ■ **to ~ sth** etw ausüben; **to ~ control** Kontrolle ausüben; **to ~** [**one's**] **influence** [seinen] Einfluss geltend machen
❷ *(labour)* ■ **to ~ oneself** sich *akk* anstrengen

ex·er·tion [ɪg'zɜ:ʃ^ə^n, eg-, AM -'zɜ:r-] *n* ❶ *no pl (utilization)* Ausübung *f*
❷ *(strain)* Anstrengung *f*; **to be a major ~** eine größere Anstrengung sein; **physical ~** körperliche Anstrengung

ex·fo·li·ant [eks'fəʊliənt, AM -'foʊ-] *n* ❶ *(cosmetic)* Rubbelcreme *f* BRD, ÖSTERR, Peeling *nt*
❷ *(of skin, bark)* Exfoliant *nt*

ex·fo·li·ate [eks'fəʊlieɪt, AM -'foʊ-] **I.** *vi skin, bark* sich *akk* abschälen; *(fig: changing)* sich *akk* entwickeln

II. *vt* ■**to ~ sth** etw abrubbeln; **to ~ one's face** ein Peeling machen

ex·'fo·li·at·ing cream *n* Rubbelcreme *f* BRD, ÖSTERR, Peeling *nt*

ex·fo·lia·tion [eks,fəʊli'eɪʃən, AM -,foʊ-] *n no pl* Haut[ab]schälung *f*

ex gra·tia [eks,greɪʃə] *adj inv (form)* freiwillig; **~ payment** Kulanzzahlung *f*

ex·ha·la·tion [,eks(h)ə'leɪʃən] *n* Ausatmen *nt,* SCHWEIZ *a.* Ausschnaufen *nt fam*

ex·hale [eks'heɪl] **I.** *vt* **to ~ a gas/scent** Gas ausstoßen/Duft verströmen; **to ~ smoke** Rauch ausatmen [*o* SCHWEIZ *a.* ausschnaufen] *fam; (fig: exude)* **to ~ charisma** Charisma verbreiten; **to ~ charm** Charme ausstrahlen

II. *vi* ausatmen

ex·haust [ɪg'zɔːst, eg-, AM *esp* -'zɑːst] **I.** *vt* ❶ *(tire)* ■**to ~ sb** jdn ermüden; ■**to ~ oneself** sich *akk* strapazieren

❷ *(use up)* ■**to ~ sth** etw erschöpfen; **to ~ sb's patience** jds Geduld erschöpfen; **to ~ a topic** ein Thema erschöpfend behandeln

II. *n* ❶ *no pl (gas)* Abgase *pl*

❷ *(tailpipe)* Auspuff *m*

III. *adj* **~ fumes** Abgase *pl*

ex·haust·ed [ɪg'zɔːstɪd, eg-, AM *esp* -'zɑːst-] *adj (very tired)* erschöpft; *(used up also)* aufgebraucht; **~ reserves/supplies** aufgebrauchte Reserven/Vorräte; **~ soil** ausgelaugter Boden

ex·haust·ible [ɪg'zɔːstəbl̩, eg-, AM *esp* -'zɑːst-] *adj* erschöpfbar

ex·haust·ible re·'source *n* nicht erneuerbare Ressource

ex·haust·ing [ɪg'zɔːstɪŋ, eg-, AM *esp* -'zɑːst-] *adj* anstrengend, SCHWEIZ *a.* streng *fam*

ex·haus·tion [ɪg'zɔːstʃən, eg-, AM *esp* -'zɑːst-] *n no pl* Erschöpfung *f;* **to suffer from ~** an einem Erschöpfungszustand leiden

ex·haus·tive [ɪg'zɔːstɪv, eg-, AM *esp* -'zɑːst-] *adj* erschöpfend; **~ inquiry** eingehende Erkundigung; **an ~ list** eine vollständige Liste; **~ probe** tiefgehende Nachforschung; **an ~ report** ein ausgiebiger Bericht; **~ research** tiefgreifende Forschung; **an ~ study** eine detaillierte Untersuchung; **~ treatment of a subject** ausgiebige Behandlung eines Themas

ex·haus·tive·ly [ɪg'zɔːstɪvli, eg-, AM *esp* -'zɑːst-] *adv* erschöpfend; **to document sth ~** etw eingehend dokumentieren; **to list sth ~** etw vollständig auflisten; **to treat a subject ~** ein Thema ausgiebig behandeln

ex·'haus·tive search *n* COMPUT erschöpfende Suche

ex·'haust pipe *n* Auspuffrohr *nt* **ex·'haust system** *n* Abgasanlage *f; of car* Auspuff *m; of train* Abgasleitung *f*

ex·hi·b·it [ɪg'zɪbɪt, eg-] **I.** *n* ❶ *(display)* Ausstellungsstück *nt*

❷ LAW *(evidence)* Beweisstück *nt*

II. *vt* ❶ *(display)* ■**to ~ sth** etw ausstellen; **to ~ a parking ticket in the car window** einen Parkschein in der Windschutzscheibe auslegen; **to ~ one's works** seine Werke ausstellen

❷ *(manifest)* ■**to ~ sth** etw zeigen; ***your son ~s some talent for languages*** Ihr Sohn ist recht sprachbegabt; **to ~ belligerency** Streitlust an den Tag legen; **to ~ bias** voreingenommen sein; **to ~ bravery** Mut beweisen; **to ~ rudeness** unhöflich sein; **to ~ shame** sich *akk* schämen

III. *vi* ausstellen

ex·hi·bi·tion [,eksɪ'bɪʃən] *n (display)* Ausstellung *f* (**about** über +*akk*); *(performance)* Vorführung *f;* ***an ~ of skill and strength*** eine Darstellung von Kunstfertigkeit und Stärke; **~ of paintings** Gemäldeausstellung *f;* ■**to be on ~** ausgestellt werden

▸PHRASES: **to make an ~ of oneself** *(pej)* sich *akk* zum Gespött machen

ex·hi·bi·tion·er [,eksɪ'bɪʃənəʳ, AM ɚ] *n* BRIT UNIV Stipendiat(in) *m(f)*

ex·hi·bi·tion·ism [,eksɪ'bɪʃənɪzəm] *n no pl* Exhibitionismus *m a. fig*

ex·hi·bi·tion·ist [,eksɪ'bɪʃənɪst] *n* ❶ PSYCH Exhibitionist(in) *m(f)*

❷ *(attention-seeker)* exhibitionistische Person

ex·hi·'bi·tion match *n* Schaukampf *m*

ex·hi·bi·tor [ɪg'zɪbɪtəʳ, eg-, AM -t̬ɚ] *n* Aussteller(in) *m(f)*

ex·hila·rate [ɪg'zɪləreɪt, eg'-, AM -lər-] *vt* ■**to ~ sb** ❶ *(thrill)* jdn berauschen [*o geh* in ein Hochgefühl versetzen]; ***they were both ~d by the motorbike ride*** sie waren beide von der Motorradfahrt begeistert

❷ *(delight) news* jdn froh machen [*o geh* freudig erregen]

❸ *(energize) brisk air* jdn beleben [*o* erfrischen]

ex·hila·rat·ed [ɪg'zɪləreɪtɪd, eg'-, AM -t̬-] *adj* ❶ *(thrilled)* begeistert; **to feel ~** ein Hochgefühl haben

❷ *(delighted)* fröhlich gestimmt, freudig erregt

❸ *(energized)* belebt, erfrischt

ex·hila·rat·ing [ɪg'zɪləreɪtɪŋ, eg'-, AM -t̬-] *adj* ❶ *(thrilling)* berauschend; *(exciting)* aufregend; **the ~ sense of freedom** das berauschende Gefühl der Freiheit

❷ *(delighting)* hinreißend

❸ *(energizing)* belebend, erfrischend

ex·hila·ra·tion [ɪg,zɪlə'reɪʃən, eg,-] *n no pl* Hochstimmung *f,* Hochgefühl *nt; (excitement)* überschwängliche Freude; **the ~ of liberty/speed** der Freiheitsrausch/Geschwindigkeitsrausch; **the ~ of seeing sb again** die übergroße Wiedersehensfreude

ex·hort [ɪg'zɔːt, eg'-, AM -'zɔːrt] *vt (form)* ■**to ~ sb to do sth** jdn ermahnen, etw zu tun, jdn zu etw *dat* anhalten

ex·hor·ta·tion [,egzɔː'teɪʃən, AM -zɔːr'-] *n* ❶ *no pl (exhorting)* Ermahnung *f* (**to** zu +*dat*)

❷ *(address)* [dringender] Appell (**to** zu +*dat*)

ex·hu·ma·tion [,eks(h)juː'meɪʃən] *n no pl* Exhumierung *f*

ex·hume [eks'(h)juːm, AM eg'zuːm] *vt* ■**to ~ sb** jdn exhumieren

ex-'husband *n* Exmann *m*

exi·gence ['eksɪdʒən(t)s], **exi·gen·cy** ['eksɪdʒən(t)si] *n (form)* ❶ *(urgent needs)* ■**exigenc[i]es** *pl* Anforderungen *pl; of situation* Erfordernisse *pl*

❷ *no pl (emergency)* Notlage *f;* POL kritische [*o* zugespitzte] Lage

❸ *no pl (extreme urgency)* Dringlichkeit *f*

exi·gent ['eksɪdʒənt] *adj (form)* ❶ *(demanding)* anspruchsvoll; **an ~ father** ein fordernder Vater; **an ~ manager** ein Manager *m*/eine Managerin mit hohen Ansprüchen

❷ *(urgent)* dringend, dringlich; **an ~ issue** ein brennendes Problem; **an ~ necessity** eine zwingende Notwendigkeit

ex·igu·ous [eg'zɪgjuəs] *adj* gering, dürftig *pej;* **~ reserves** knappe Vorräte

ex·ile ['eksaɪl] **I.** *n* ❶ *no pl (banishment)* Exil *nt,* Verbannung *f* (**from** aus +*dat*); **to be in ~** im Exil leben; **to go into ~** ins Exil gehen

❷ *(person)* Verbannte(r) *f(m),* Exilierte(r) *f(m) form;* ***he's been a political ~ from his homeland*** er musste aus politischen Gründen ins Exil gehen; **tax ~** Steuerflüchtling *m*

❸ REL ■**the E~** die Babylonische Gefangenschaft

II. *vt* ■**to ~ sb** jdn verbannen [*o* ins Exil schicken] [*o form* exilieren]; **the ~d author** der im Exil lebende Schriftsteller/die im Exil lebende Schriftstellerin, der Exilschriftsteller/die Exilschriftstellerin

ex·ist [ɪg'zɪst, eg'-] *vi* ❶ *(be)* existieren, bestehen; ***I will find it, if such a thing ~s*** wenn es so etwas gibt, dann finde ich es; ***the realities of poverty ~ for a great many people across the globe*** Armut ist weltweit für sehr viele Menschen Realität; ***there still ~s a shadow of doubt*** es bestehen immer noch kleine Zweifel

❷ *(live)* leben, existieren; *(survive)* überleben; ■**to ~ on sth** von etw *dat* leben; ***few people can ~ without water for long*** nur wenige Menschen können längere Zeit ohne Wasser auskommen

❸ *(occur)* vorkommen; ***some species only ~ in this area of forest*** einige Tierarten finden sich nur in diesem Waldgebiet

ex·ist·ence [ɪg'zɪstən(t)s, eg'-] *n* ❶ *no pl (state)* Existenz *f,* Bestehen *nt;* ***this is the only one in ~*** das ist das einzige Exemplar, das es [davon] gibt; **the continued ~ of sth** der Fortbestand einer S. *gen;* **to be in ~** existieren, bestehen; ***there are three different versions of that manuscript in ~*** von diesem Manuskript gibt es drei verschiedene Fassungen; **to come into ~** entstehen; **to go out of ~** verschwinden, zu bestehen aufhören

❷ *(life)* Leben *nt,* Existenz *f;* **means of ~** Lebensgrundlage *f,* Existenzgrundlage *f;* **a miserable/pitiful ~** ein elendes/kümmerliches Dasein

ex·ist·ent [ɪg'zɪstənt, eg-] *adj inv* existent, bestehend *attr,* vorhanden; **the only ~ copy** die einzig vorhandene Kopie

ex·is·ten·tial [,egzɪ'sten(t)ʃəl] *adj* ❶ BIOL existenziell *fachspr*

❷ PHILOS existenzialistisch *fachspr;* **the ~ philosopher** der Existenzialphilosoph/die Existenzialphilosophin

ex·is·ten·tial·ism [,egzɪ'sten(t)ʃəlɪzəm] *n no pl* Existenzphilosophie *f,* Existenzialismus *m fachspr*

ex·is·ten·tial·ist [,egzɪ'sten(t)ʃəlɪst] **I.** *n* Existenzialist(in) *m(f)*

II. *adj* existenzialistisch

ex·ist·ing [ɪg'sɪstɪŋ, eg-] *adj attr, inv* existierend, bestehend; **under the ~ conditions** unter den gegebenen Umständen; **the ~ laws** die geltenden Gesetze; **the ~ rules** die gegenwärtigen [*o* gültigen] Bestimmungen

exit ['eksɪt, 'egz-] **I.** *n* ❶ *(way out)* Ausgang *m;* **emergency ~** Notausgang *m;* **fire ~** Notausgang *m,* Feuertreppe *f*

❷ *(departure)* Weggehen *nt kein pl,* Abgang *m; (from room)* Hinausgehen *nt kein pl;* **to make an ~** weggehen, einen Abgang machen *fam; from room* hinausgehen; ***you made a dramatic ~*** dein Abgang war dramatisch

❸ *(road off)* Ausfahrt *f,* Abfahrt *f* BRD, ÖSTERR; **to take an ~** eine Ausfahrt nehmen

❹ THEAT Abgang *m;* **to make one's ~ [from the stage]** [von der Bühne] abgehen

II. *vt* ■**to ~ sth** *building, road* etw verlassen; COMPUT *program* etw verlassen, aus etw *dat* aussteigen ÖSTERR, SCHWEIZ

III. *vi* ❶ *(leave)* hinausgehen, einen Abgang machen *fam;* ***he ~ed without a word*** er verließ wortlos den Raum

❷ *(leave road)* eine Ausfahrt [*o* BRD, ÖSTERR Abfahrt] nehmen

❸ *(leave the stage)* abgehen; **~ *Ophelia*** Ophelia [tritt] ab

'exit agree·ment *n* FIN Ausstiegsvereinbarung *f*

'exit docu·ments *npl,* **'exit per·mit** *n* Ausreisegenehmigung *f,* Ausreiseerlaubnis *f* **'exit poll** *n* Wählerbefragung *f (nach Verlassen des Wahllokals)* **'exit visa** *n* Ausreisevisum *nt*

exo·dus ['eksədəs] *n* <*pl* -es> ❶ *(mass departure)* Auszug *m,* Exodus *m geh;* ***there is always an ~ to the coast at holiday times*** während der Ferienzeit setzt immer eine Völkerwanderung zur Küste ein; **mass ~** Massenabwanderung *f,* Massenflucht *f;* **general ~** allgemeiner Aufbruch

❷ REL ■**E~** Zweites Buch Mose, Exodus *m fachspr*

ex of·fi·cio [,eksə'fɪʃiəʊ, AM -oʊ] *inv* **I.** *adv* ADMIN *(form)* von Amts wegen, ex officio *geh;* **to attend sth ~** an etw *dat* in amtlicher Funktion teilnehmen

II. *adj* ADMIN *(form)* amtlich, von Amts wegen *nach n;* **to be an ~ member of a body** amtliches Mitglied eines Gremiums sein

ex·og·enous [ek'sɒdʒənəs, AM -'sɑː-] *adj inv* exogen

ex·on·er·ate [ɪg'zɒnəreɪt, eg-, AM -'zɑːnər-] *vt* ■**to ~ sb [from sth]** jdn [von etw *dat*] freisprechen; *(partially)* jdn [von etw *dat*] entlasten; **to ~ sb from a duty/task** jdn von einer Verpflichtung/Aufgabe entbinden

ex·on·era·tion [ɪg,zɒnə'reɪʃən, eg-, AM -,zɑːnə'-] *n no pl* Entlastung *f; from duty, task* Entbindung *f* (**from** von +*dat*)

ex·or·bi·tance [ɪg'zɔːbɪtən(t)s, eg-, AM -'zɔːrbət̬-] *n no pl* Maßlosigkeit *f,* Unverhältnismäßigkeit *f*

ex·or·bi·tant [ɪgˈzɔːbɪtᵊnt, eg-, AM -ˈzɔːrbət̬-] *adj* überhöht, exorbitant *geh;* ~ **demands** maßlose [*o* übertriebene] Forderungen; ~ **price** überhöhter [*o pej* unverschämter] [*o* SCHWEIZ übersetzter] Preis, Wucherpreis *m pej*

ex·or·bi·tant·ly [ɪgˈzɔːbɪtᵊntli, AM ˈzɔːrbət̬ᵊnt] *adv* exorbitant *geh,* außerordentlich

ex·or·cism [ˈeksɔːsɪzᵊm, AM -sɔːr-] *n* 1 *no pl (driving out)* Exorzismus *m fachspr; of evil spirits* Austreibung *f* böser Geister *(durch Beschwörung),* Geisterbeschwörung *f; of the devil* Teufelsaustreibung *f*
2 *(particular case)* **to perform an** ~ eine Geister-/Teufelsaustreibung durchführen

ex·or·cist [ˈeksɔːsɪst, AM -sɔːr-] *n* Exorzist(in) *m(f) fachspr; of evil spirits* Geisterbeschwörer(in) *m(f); of devil* Teufelsaustreiber(in) *m(f)*

ex·or·cize [ˈeksɔːsaɪz, AM -sɔːr-] *vt* 1 *(expel)* ■**to** ~ **sth** etw exorzieren *fachspr;* **to** ~ **the spirits** die Geister beschwören [*o geh* bannen]
2 *(free)* ■**to** ~ **sb/sth** *evil spirits* jdm/etw die bösen Geister austreiben; *the devil* jdm/etw den Teufel austreiben
3 *(fig)* ■**to** ~ **sth** *experience* etw [aus dem Gedächtnis] streichen; **to** ~ **the memory of sth** die Erinnerung an etw *akk* löschen

exo·skele·ton [ˌeksəʊˈskelɪtᵊn, AM -soʊˈskelə-] *n* ZOOL Ektoskelett *nt fachspr,* Außenskelett *nt*

ex·ot·ic [ɪgˈzɒtɪk, eg-, AM -ˈzɑːt̬-] **I.** *adj* exotisch; *(fig)* fremdländisch; ~ **fruit** exotische Früchte *pl;* ~ **holidays** Urlaub *m* in exotischen Ländern
II. *n* Exot(in) *m(f)*

ex·oti·ca [ɪgˈzɒtɪkə, eg-, AM -ˈzɑːt̬-] *npl* Exotika *pl fachspr,* fremdländische Kunstwerke

ex·oti·cal·ly [ɪgˈzɒtɪkᵊli, eg-, AM -ˈzɑːt̬-] *adv* exotisch; ~ **named** mit exotischem [*o* ausgefallenem] Namen *nach n*

ex·ot·ic ˈdanc·er *n* Stripteasetänzer(in) *m(f),* Stripper(in) *m(f) fam*

ex·oti·cism [ɪgˈzɒtɪsɪzᵊm, eg-, AM -ˈzɑːt̬ə-] *n no pl* Exotik *f;* **the lure of** ~ der Reiz des Exotischen

ex·ot·ic ˈop·tion *n* FIN exotische Option

ex·pand [ɪkˈspænd, ek-] **I.** *vi* 1 *(increase)* zunehmen, expandieren; *population, trade* wachsen; *horizon, knowledge* sich *akk* erweitern
2 ECON expandieren; ***our company is ~ing into other markets*** unsere Firma dringt in weitere Märkte vor
3 PHYS *(swell) gas, liquids, metal* sich *akk* ausdehnen, expandieren
4 *(become sociable)* aus sich *dat* herausgehen, locker werden
II. *vt* ■**to** ~ **sth** 1 *(make larger) business, trade* etw erweitern [*o* ausweiten] [*o* ausdehnen] [*o* ausbauen]; **to** ~ **one's exports** den Export ausdehnen; **to** ~ **the programme** das Programm erweitern; **to** ~ **one's retail operations** den Einzelhandel ausweiten
2 PHYS *gas, liquids, metal* etw ausdehnen
3 *(elaborate) reasoning, arguments* etw weiter ausführen; **to** ~ **a concept/an idea** ein Konzept/eine Idee ausarbeiten
4 MATH **to** ~ **sth into factors** etw in Faktoren zerlegen
◆**expand on, expand upon** *vi* ■**to** ~ **[up]on sth** etw weiter ausführen [*o* erläutern]

ex·pand·able [ɪkˈspændəbl̩, ek-] *adj material* dehnbar; *business, project* entwicklungsfähig; *installation, system* ausbaufähig; ~ **bag** elastische Tasche; ~ **documentation** erweiterungsfähige Dokumentation

ex·pand·ed poly·sty·rene [ɪkˈspændɪd, ek-] *n no pl* CHEM schaumfähiges Polystyrol *fachspr*

ex·pand·er [ɪkˈspændəʳ, AM ɚ] *n* Expander *m*

ex·panse [ɪkˈspæn(t)s, ek-] *n* weite Fläche, Weite *f;* ***vast ~s of sand and pine*** ein riesiges Gebiet mit Sand und Pinien; ~ **of grass/lawn** ausgedehnte Grün-/Rasenfläche; **the** ~ **of the prairie/sea** die Weite der Prärie/des Meeres

ex·pan·sion [ɪkˈspæn(t)ʃᵊn, ek-] *n* 1 *no pl (increase) of knowledge* Erweiterung *f; of territory, rule* Expansion *f; of population, trade* Wachstum *nt,* Zunahme *f;* ~ ***into new areas of research might be possible*** ein Vorstoß in neue Forschungsgebiete könnte möglich sein
2 *no pl* ECON Expansion *f fachspr,* Erweiterung *f; of a company, division* Ausbau *m,* Ausweitung *f;* ~ **opportunity** Expansionsmöglichkeit *f;* ~ **strategy** Expansionsstrategie *f;* **a company geared towards** ~ ein wachstumsorientiertes Unternehmen
3 *no pl* PHYS *of gas, metal* Ausdehnung *f,* Expansion *f fachspr*
4 *(elaboration)* Erweiterung *f,* erweiterte Darstellung

ex·pan·sion·ary [ɪkˈspæn(t)ʃᵊnᵊri, ek-, AM -neri] *adj* expansionistisch

ex·ˈpan·sion board, ex·ˈpan·sion card *n* Erweiterungsplatine *f* **ex·pan·sion ˈfi·nanc·ing** *n no pl* Expansionsfinanzierung *f*

ex·pan·sion·ism [ɪkˈspæn(t)ʃᵊnɪzᵊm, ek-] *n no pl (pej)* Expansionspolitik *f,* Expansionsbestrebungen *pl;* ~ **in business** Expansionsbestrebungen *pl* in der Wirtschaft; **policy of** ~ Expansionspolitik *f*

ex·pan·sion·ist [ɪkˈspæn(t)ʃᵊnɪst] **I.** *adj* expansionistisch, Expansions-; ~ **policy** Expansionspolitik *f*
II. *n* Expansionspolitiker(in) *m(f)*

ex·ˈpan·sion joint *n* Dehnungsfuge *f fachspr*

ex·pan·sive [ɪkˈspæn(t)sɪv] *adj* 1 *(approv: sociable)* umgänglich, mitteilsam; *(effusive)* überschwänglich; ~ **gratitude/speech** überschwängliche Dankbarkeit/Ausdrucksweise; ~ **nature/personality** offenes Wesen/aufgeschlossene Persönlichkeit
2 *(broad)* weit; *area* ausgedehnt; **an** ~ **gesture** eine weit ausholende Geste; **an** ~ **view** ein weiter Blick
3 ECON expandierend *attr; business, trade* expansiv
4 *(elaborated)* ausführlich, detailliert, SCHWEIZ *a.* einlässlich; **an** ~ **critique** eine eingehende [*o* SCHWEIZ *a.* einlässliche] Kritik; **an** ~ **report** ein umfassender Bericht

ex·pan·sive·ly [ɪkˈspæn(t)sɪvli] *adv* 1 *(approv: effusively)* überschwänglich; **to throw open one's arms** ~ die Arme freudig ausbreiten
2 *(broadly)* weit; **to gesture/wave** ~ mit weit ausholenden Bewegungen gestikulieren/winken
3 *(in detail)* ausführlich, detailliert, SCHWEIZ *a.* einlässlich; **to speak** ~ **about sth** in aller Ausführlichkeit [*o* SCHWEIZ *a.* einlässlich] über etw *akk* sprechen

ex·pan·sive·ness [ɪkˈspæn(t)sɪvnəs] *n no pl* 1 *(approv: effusiveness)* Überschwänglichkeit *f*
2 *(detailed nature)* Ausführlichkeit *f*

ex par·te [eksˈpɑːteɪ, AM -ˈpɑːr-] LAW **an** ~ **application** Antrag *m* [nur] einer Partei

ex·pat [ˌeksˈpæt] *n (fam) short for* **expatriate** im Ausland Lebende(r) *f(m)*

ex·pa·ti·ate [ekˈspeɪʃieɪt] *vi (pej form)* ■**to** ~ **[up]on sth** sich *akk* über etw *akk* verbreiten *pej form,* sich *akk* [lang und breit] über etw *akk* auslassen *pej fam*

ex·pa·tia·tion [ekˌspeɪʃiˈeɪʃᵊn] *n (form)* [weitschweifige] Erörterung ([**up**]**on** +*gen)*

ex·pat·ri·ate *(form)* **I.** *n* [ɪkˈspætriət, ekˈ-, AM ekˈspeɪ-, ɪkˈ-] 1 *(person living abroad)* [ständig] im Ausland Lebende(r) *f(m)*
2 *(foreigner)* Ausländer(in) *m(f);* **proportion of ~s** Ausländeranteil *m*
3 *(exile)* im Exil Lebende(r) *f(m) a. hum,* Exilant(in) *m(f) geh*
II. *n* [ɪkˈspætriət, AM ekˈspeɪ-] *modifier* 1 *(of people abroad)* Exil-, Auslands-, im Ausland lebend *attr;* **German** ~ im Ausland lebende(r) Deutsche(r), Auslandsdeutsche(r) *f(m) veraltend*
2 *(of foreigners)* Ausländer-; ~ **community** Ausländergemeinde *f;* ~ **worker** ausländischer Arbeiter/ausländische Arbeiterin
III. *vt* [ɪkˈspætrieɪt, ekˈ-, AM ekˈspeɪ-, ɪkˈ-] ■**to** ~ **sb** jdn ausbürgern [*o fachspr* expatriieren]
IV. *vi* [ɪkˈspætrieɪt, ekˈ-, AM ekˈspeɪ-, ɪkˈ] *(move abroad)* seinen Wohnsitz ins Ausland verlegen, im Ausland ansässig werden

ex·pat·ria·tion [ɪkˌspætriˈeɪʃᵊn, ekˈ-, AM ekˈspeɪ-, ɪkˈ] *n* LAW Ausbürgerung *f*

ex·pect [ɪkˈspekt, ek-] *vt* 1 *(anticipate)* ■**to** ~ **sb/sth** jdn/etw erwarten, mit jdm/etw rechnen; ***as was to be ~ed, grandma was fine*** wie erwartet ging es Oma gut; ***that was to be ~ed*** das war zu erwarten, damit musste man rechnen; ***I ~ed as much*** damit habe ich gerechnet, ich habe nichts anderes erwartet; **to half** ~ **sth** fast mit etw *dat* rechnen, fast von etw *dat* ausgehen; ***we were half ~ing you to not come back*** wir haben Sie eigentlich schon nicht mehr zurückerwartet; **it is to be ~ed that ...** man kann davon ausgehen [*o* damit rechnen], dass ...; ■**to** ~ **to do sth** damit rechnen, etw zu tun
2 *(demand)* ■**to** ~ **sth of** [*or* **from**] **sb** etw von jdm erwarten; ***I ~ed better of you than that*** von dir habe ich mir eigentlich mehr erhofft; ***what can you ~ at that price!*** für den Preis kann man das nicht erwarten!; ■**to** ~ **sb to do sth** erwarten, dass jd etw tut; ***borrowers are ~ed to return their books on time*** Entleiher müssen ihre Bücher rechtzeitig zurückgeben
3 *(fam: suppose)* ■**to** ~ **sth** etw glauben [*o* denken]; ***don't you think? — I ~ so/not*** glaubst du? – ich denke schon/nicht; ■**to** ~ [**that**] ... glauben [*o* annehmen], [dass] ...; ***I ~ that it is somewhere in your bedroom*** ich schätze, es ist irgendwo in deinem Schlafzimmer; ***I ~ you'd like a rest*** Sie möchten sich sicher ausruhen
4 *(wait for)* ■**to** ~ **sb/sth** jdn/etw erwarten; ***is someone ~ing you?*** werden Sie erwartet?; **to be ~ing a baby** ein Kind erwarten; ■**to** ~ **sb/sth to do sth** erwarten, dass jd/etw etw tut; ***we ~ed the letter to arrive yesterday*** wir haben den Brief für gestern erwartet; ***so, we may ~ to see you next Thursday*** wir dürfen Sie also am nächsten Donnerstag erwarten
▶PHRASES: **I'll** ~ **you when I see you** *(fam)* wenn du kommst, bist du da *fam;* ~ **me when you see me** *(fam)* wenn ich komme, bin ich da *fam*

ex·pec·tan·cy [ɪkˈspektᵊn(t)si, ek-] *n no pl* Erwartung *f;* **air of** ~ erwartungsvolle Atmosphäre; ***there was an air of ~ in her eyes*** sie hatte einen erwartungsvollen Blick in den Augen; **life** ~ Lebenserwartung *f;* **look of** ~ erwartungsvoller Blick

ex·pec·tant [ɪkˈspektᵊnt, ek-] *adj* 1 *(awaiting)* erwartungsvoll; ~ **right** ADMIN Anwartschaftsrecht *nt*
2 *attr (expecting a baby)* ~ **mother** werdende Mutter, Schwangere *f;* ~ **parents** werdende Eltern

ex·pec·tant·ly [ɪkˈspektᵊntli] *adv* erwartungsvoll; **to pause** ~ eine erwartungsvolle Pause machen; **to wait** ~ gespannt warten

ex·pec·ta·tion [ˌekspekˈteɪʃᵊn] *n* 1 *(act of expecting)* Erwartung *f;* **to be in** ~ **of sth** in Erwartung einer S. *gen* sein *geh,* mit etw *dat* rechnen
2 *(thing expected)* Erwartung *f;* ~ **of life** Lebenserwartung *f;* **to have great ~s for sb/sth** große Erwartungen in jdn/etw setzen; **to be beyond** [**all**] ~[**s**] die [*o* alle] Erwartungen übertreffen; **to live** [*or* **come**] **up to sb's expectations** jds Erwartungen erfüllen [*o* entsprechen]; **against** [*or* **contrary to**] [**all**] ~[**s**] entgegen den [*o* allen] Erwartungen, wider [alles] Erwarten *geh*
3 *(prospect)* Aussicht[en] *f[pl]* (**of** auf +*akk);* ■~**s** *pl (of inheriting money)* ausstehendes Erbe *f*

ex·pec·to·rant [ɪkˈspektᵊrᵊnt, ek-] *n* schleimlösendes Mittel, Expektorans *nt fachspr*

ex·pec·to·rate [ɪkˈspektᵊreɪt, ek-] *vi (form) phlegm* [Schleim] abhusten, expektorieren *fachspr; blood* [Blut] husten [*o fam* spucken]

ex·pedi·ence [ɪkˈspiːdiən(t)s, ek-], **ex·pedi·en·cy** [ɪkˈspiːdiən(t)si, ek-] *n no pl* 1 *(suitability)* Zweckmäßigkeit *f,* Zweckdienlichkeit *f; (advisability)* Ratsamkeit *f;* ~ ***requires that we raise the fees*** aus Sachzwängen müssen wir die Gebühren anheben
2 *(pej: personal advantage)* Eigennutz *m pej,* Berechnung *f;* **to act on the basis of** ~ aus Eigeninteresse handeln

ex·pedi·ent [ɪkˈspiːdiənt, ek-] **I.** *adj* 1 *(useful)* zweckmäßig, zweckdienlich; *(advisable)* ratsam, angebracht; **to take** ~ **measures** geeignete Maßnahmen ergreifen [*o* treffen]
2 *(pej: advantageous)* eigennützig *pej,* berechnend; **to take** ~ **action** eigennützig handeln
II. *n* 1 *(measure)* Maßnahme *f,* Vorgehen *nt;* ***before deciding, we took the ~ of asking friends for advice*** bevor wir uns entschieden,

fragten wir Freunde um Rat

(2) *(resource)* [Hilfs]mittel *nt,* [Not]lösung *f;* **to do sth as an ~** sich *dat* mit etw *dat* behelfen; ***the company is having to cut jobs as an ~*** zur Not wird die Firma Stellen streichen müssen

ex·pedi·ent·ly [ɪk'spiːdiəntli, ek-] *adv* zweckmäßig, sachgemäß; **to act ~** angemessen handeln

ex·pedite ['ekspɪdaɪt] *vt* ■**to ~ sth** (1) *(hasten)* etw beschleunigen [*o* vorantreiben]

(2) *(carry out)* etw schnell erledigen [*o* ausführen]; **to ~ one's duties** seine Aufgaben zügiger erledigen

ex·pedi·tion [ˌekspɪ'dɪʃᵊn] *n* (1) *(journey)* [Forschungs]reise *f,* Expedition *f fachspr;* MIL Feldzug *m;* **shopping ~** Einkaufstour *f,* SCHWEIZ *meist* Shoppingtour *f;* **to be on an ~** sich *akk* auf einer Expedition befinden; **to go on an ~** eine Forschungsreise unternehmen

(2) *no pl (form: swiftness)* Schnelligkeit *f;* **with the greatest possible ~** schnellstmöglich

ex·pedi·tion·ary [ˌekspɪ'dɪʃᵊnᵊri, AM eri] *adj attr, inv* Expeditions-

ex·pe'di·tion·ary force *n* MIL Expeditionskorps *nt fachspr*

ex·pedi·tious [ˌekspɪ'dɪʃəs] *adj (form)* (1) *(swift)* prompt, schnell; ■**to be ~ in doing sth** etw zügig erledigen

(2) *(swiftly done)* schnell durchführbar

ex·pedi·tious·ly [ˌekspɪ'dɪʃəsli] *adv (form)* prompt, schnell

ex·pel <-ll-> [ɪk'spel, ek-] *vt* (1) *(force to leave)* ■**to ~ sb [from sth]** *member* jdn [aus etw *dat*] ausschließen [*o geh* ausstoßen]; **to ~ sb [from a country]** jdn ausweisen [*o* des Landes verweisen]; **to ~ sb from school/university** jdn von der Schule/Universität verweisen [*o fachspr* relegieren]

(2) *(force out)* ■**to ~ sb [from sth]** jdn [aus etw *dat*] vertreiben [*o* verjagen]; ■**to ~ sth [from sth]** *odour, smell* etw [aus etw *dat*] vertreiben

(3) *(eject)* ■**to ~ sth** *breath, gas* etw ausstoßen; *liquid* etw austreiben

ex·pend [ɪk'spend, ek-] *vt* (1) *(spend)* ■**to ~ sth [on sth]** *time, effort* etw [für etw *akk*] aufwenden; **to ~ money** Geld ausgeben [*o* verwenden]

(2) *(use up)* ■**to ~ sth** etw aufbrauchen; **to ~ resources** Rohstoffe verbrauchen

ex·pend·able [ɪk'spendəbl̩, ek-] *adj inv* (1) *(dispensable)* entbehrlich; *(unnecessary)* überflüssig

(2) *(not reused)* zum Verbrauch *nach n;* **~ materials** Verbrauchsmaterial *nt;* **~ pack** Einwegpackung *f;* **~ supplies** Verbrauchsgüter *pl*

ex·pendi·ture [ɪk'spendɪtʃəʳ, ek-, AM -ɚ] *n* (1) *no pl (spending) of money* Ausgabe *f; (using) of energy, resources* Verbrauch *m* (**of** von +*dat*), Aufwand *m* (**of** an +*dat*); **~ in manpower** Personalaufwand *m;* **~ of strength** Kraftaufwand *m;* **~ of time** Zeitaufwand *m;* **capital ~** Investitionen *pl; (major costs)* Ausgaben der öffentlichen Hand

(2) *(sum spent)* Ausgaben *pl* (**on** für +*akk*), Aufwendungen *pl* (**on** für +*akk*)

ex·'pendi·ture item *n* FIN Ausgabenposten *m*

ex·pense [ɪk'spen(t)s, ek-] *n* (1) *(payment)* [Geld]ausgabe *f,* [finanzielle] Aufwendungen

(2) *no pl (cost)* [Un]kosten *pl,* Ausgaben *pl;* **at great ~** mit großen Kosten, unter großem Kostenaufwand; **to go to great ~** sich *akk* in Unkosten stürzen; **at one's own ~** auf eigene Kosten; **to be worth the ~** die Kosten lohnen, das Geld wert sein ÖSTERR, SCHWEIZ; **to put sb to ~** jdm Kosten verursachen; **to put sb to the ~ of sth** jdm die Kosten für etw *akk* zumuten; *(fig)* jdm etw zumuten; ***I don't want to put you to the ~ of coming to the airport to meet me*** es ist wirklich nicht nötig, dass Sie mich am Flughafen abholen

(3) *(reimbursed money)* ■**~s** *pl* Spesen *pl;* ***please detail any ~s incurred*** bitte führen Sie alle entstandenen Auslagen auf; **to be on ~s** BRIT auf Spesen gehen; **to put sth on ~s** etw auf die Spesenrechnung setzen

(4) *(fig)* **at sb's ~** [*or* **at the ~ of sb**] auf jds Kosten; **at the ~ of sth** auf Kosten einer S. *gen*

▶PHRASES: **all ~[s] paid** ohne Unkosten; ***his company sent him to Boston, all ~s paid*** seine Firma schickte ihn auf Geschäftskosten nach Boston; **no ~[s] spared** [die] Kosten spielen keine Rolle

ex·'pense ac·count I. *n* Spesenkonto *nt,* Spesen[ab]rechnung *f;* **to put sth on one's ~** etw auf seine Spesenrechnung setzen **II.** *n modifier (life, meal)* auf Spesen *nach n* **ex·'pense al·low·ance** *n* Aufwandsentschädigung *f,* SCHWEIZ *a.* Umtriebsentschädigung *f* **ex·'pense item** *n* FIN Ausgabenposten *m,* Aufwandsposten *m*

ex·pen·sive [ɪk'spen(t)sɪv, ek-] *adj* teuer; **~ film production** aufwändige Filmproduktion; **~ hobby** kostspieliges Hobby; **to be an ~ mistake for sb** jdn teuer zu stehen kommen; **to have ~ tastes** einen teuren Geschmack haben

ex·pen·sive·ly [ɪk'spen(t)sɪvli, ek-] *adv* teuer; **~ staged play** aufwändig inszeniertes Stück; **to be ~ dressed** teure Kleidung tragen; **~ priced** teuer

ex·peri·ence [ɪk'spɪəriən(t)s, ek-, AM -'spɪr-] **I.** *n* (1) *no pl (practical knowledge)* Erfahrung *f;* **~ of life** Lebenserfahrung *f;* **driving ~** Fahrpraxis *f;* **professional ~** Berufserfahrung *f;* **to learn by ~** durch Erfahrung lernen; ***the best way to learn is by ~*** aus Erfahrung wird man klug; **from my own ~** aus eigener Erfahrung; **to know sth from ~** etw aus Erfahrung wissen; ■**to have ~ in sth** *field* Erfahrung in etw *dat* haben; ■**to have ~ of sth** Erfahrung mit [*o* in] etw *dat* haben

(2) *(particular instance)* Erfahrung *f,* Erlebnis *nt;* ***enjoy the real coffee ~*** erleben Sie den wahren Kaffeegenuss!; ***that can be a painful ~*** das kann ganz schön weh tun; **~ of pain** Schmerzempfinden *nt;* **to have an ~** eine Erfahrung machen

▶PHRASES: **to put sth down to ~** etw als Erfahrung abbuchen [*o* betrachten]

II. *vt* ■**to ~ sth** (1) *(undergo)* etw erleben; *(endure)* etw kennenlernen, etw erfahren; *hard times* etw durchmachen [*o fam* mitmachen]; **to ~ difficulties** auf Schwierigkeiten stoßen

(2) *(feel)* etw empfinden [*o* fühlen]; **to ~ a loss** einen Verlust erleiden

ex·peri·enced [ɪk'spɪəriən(t)st, ek-, AM -'spɪr-] *adj (approv)* erfahren; **an ~ eye** ein geschultes Auge; **someone ~** *applicant* jemand mit mehr Erfahrung; ■**to be ~ at** [*or* **in**] **sth** Erfahrung in etw *dat* haben, in etw *dat* erfahren sein

ex·'peri·ence ho·ri·zon *n* Erfahrungshorizont *m*

ex·peri·en·tial [ɪkˌspɪəri'en(t)ʃᵊl, ek-, AM -ˌspɪr-] *adj* empirisch; **~ knowledge** praktische Erfahrung

ex·peri·ment I. *n* [ɪk'sperɪmənt, ek-] Experiment *nt,* Versuch *m* (**on** an/mit +*dat*); **to do** [*or* **conduct**] **an ~** ein Experiment [*o* einen Versuch] machen; **by ~** mit Hilfe eines Versuchs; ***we can only find the best solution by ~*** die beste Lösung können wir nur durch Ausprobieren herausfinden

II. *vi* [ɪk'sperɪment] experimentieren; ■**to ~ with sth** mit etw *dat* [herum]experimentieren, etw ausprobieren; ■**to ~ on sb/sth** an jdm/etw Versuche machen [*o* SCHWEIZ *a.* herumpröbeln] *fam;* **to ~ on animals** Tierversuche machen

ex·peri·men·tal [ɪkˌsperɪ'mentᵊl, ekˌ-, AM *esp* ekˌ-] *adj* (1) *(for experiment)* Versuchs-; **~ conditions** *pl* Versuchsbedingungen *pl;* **~ game** Planspiel *nt;* **~ laboratory** Versuchslabor *nt;* **to be still at the ~ stage** sich *akk* noch im Versuchsstadium befinden

(2) *(using experiments)* experimentell, Experimentier-; **~ physics** Experimentalphysik *f fachspr;* **~ psychology** experimentelle Psychologie *fachspr;* **~ researcher** Experimentalforscher(in) *m(f);* **~ theatre** Experimentiertheater *nt fachspr;* **to be purely ~** rein experimentell sein

(3) *(fig: provisional)* vorläufig; **on an ~ basis** versuchsweise

ex·peri·men·tal·ist [ɪkˌsperɪ'mentᵊlɪst, ek-, AM ekˌsperɪ'menṭ-, ɪkˌ-] *n* Experimentator(in) *m(f) fachspr*

ex·peri·men·tal·ly [ɪkˌsperɪ'mentᵊli, ek-, AM ekˌsperɪ'menṭ-] *adv* (1) *(by experiment)* experimentell; **to prove sth ~** etw experimentell nachweisen

(2) *(as experiment)* versuchsweise; **to be tried ~** versuchsweise eingesetzt werden

ex·peri·men·ta·tion [ɪkˌsperɪmen'teɪʃᵊn, ek-] *n no pl* (1) *(doing experiments)* Experimentieren *nt*

(2) *(fig: trying out)* Ausprobieren *nt,* Experimentieren *nt;* **~ with drugs** Drogenexperimente *pl*

ex·peri·ment·er [ɪk'sperɪmentəʳ, ek-, AM -ṭɚ] *n* Neuerer, Neuerin *m, f,* Vordenker(in) *m(f)*

ex·pert ['ekspɜːt, AM -spɜːrt] **I.** *n* Experte, Expertin *m, f,* Fachmann, -frau *m, f;* LAW Sachverständige(r) *f(m);* **gardening ~** Fachmann, -frau *m, f* für Gartenbau; **with the eye of an ~** mit fachmännischem Blick; **the help of an ~** fachkundige Hilfe; **the foremost ~** der führende Experte/die führende Expertin; **to call in an ~** einen Experten/eine Expertin hinzuziehen [*o* SCHWEIZ beiziehen]; **among ~s** in der Fachwelt, unter Fachleuten; ■**to be an ~ at doing sth** ein Experte *m*/eine Expertin in etw *dat* sein, sich *akk* in etw *dat* gut auskennen; ■**to be an ~ on** [*or* **in**] **sth** Experte/Expertin für etw *akk* sein, fachkundig in etw *dat* sein; ***he is an ~ on that subject*** er ist ein Fachmann auf diesem Gebiet

II. *adj* (1) *(specialist)* fachmännisch, eines Fachmanns/einer Fachfrau *nach n; (skilled)* erfahren; *(clever)* geschickt; ***he's an ~ orator*** er ist ein gewandter Redner; **~ analysis** fachkundige Analyse; **~ hands** erfahrene Hände; **~ swimmer** erfahrener Schwimmer/erfahrene Schwimmerin

(2) *(excellent)* ausgezeichnet; ***she is an ~ liar*** sie ist eine perfekte Lügnerin; ■**to be ~ at sth** sehr gut in etw *dat* sein; ■**to be ~ at** [*or* **in**] **doing sth** wissen, wie man etw macht

ex·pert ad·'vice *n no pl* fachmännischer Rat; **to offer ~** fachmännischen Rat erteilen; **to seek ~** fachmännischen Rat einholen, einen Fachmann/eine Fachfrau zurate ziehen **ex·pert ad·'vi·sor** *n* Fachberater(in) *m(f)* **ex·pert com·'mit·tee** *n* Gutachterausschuss *m* **'ex·pert-de·signed** *adj inv* von Experten zusammengestellt [*o* entworfen]

ex·per·tise [ˌekspɜː'tiːz, AM -spɜːr'-] *n no pl (knowledge)* Fachkenntnis *f,* Sachkunde *f,* Sachverstand *m* (**in** in +*dat*); *(capability)* Kompetenz *f; (skill)* Geschick *nt* (**in** bei +*dat*), Können *nt;* ***I have no sewing ~*** vom Nähen verstehe ich nichts

ex·pert 'knowl·edge *n no pl* Fachkenntnis *f,* Fachwissen *nt,* Sachkunde *f*

ex·pert·ly ['ekspɜːtli, AM -spɜːr-] *adv (with expert knowledge)* fachmännisch; *(skilfully)* geschickt, gekonnt; *(brilliantly)* meisterhaft; **to tune a machine ~** eine Maschine ordnungsgemäß einstellen

ex·pert o'pin·ion *n* Expertenmeinung *f;* LAW Sachverständigengutachten *nt* **ex·pert re·'port, ex·pert's re·'port** *n* Gutachterbericht *m,* Expertise *f* **'ex·pert sys·tem** *n* COMPUT Expertensystem *nt* **ex·pert 'wit·ness** *n* LAW Sachverständige(r) *f(m),* Gutachter(in) *m(f)*

ex·pi·ate ['ekspieɪt] *vt (form)* ■**to ~ sth** etw sühnen *geh* [*o* büßen]

ex·pia·tion [ˌekspi'eɪʃᵊn] *n (form)* Sühne *f geh,* Buße *f geh;* **to do sth in ~** [**of** [*or* **for**] **sth**] etw als Sühne [*o* Buße] [für etw *akk*] tun

ex·pia·tory ['ekspiətᵊri, AM -tɔːri] *adj attr* Sühne-; **~ sacrifice** Sühneopfer *nt*

ex·pi·ra·tion [ˌekspɪ'reɪʃᵊn, AM -ə'-] *n no pl* (1) *(spec: exhalation)* Ausatmung *f,* Exspiration *f fachspr*

(2) *(running out)* Ablauf *m;* **the ~ of a subscription/visa** der Ablauf eines Abonnements/Visums

ex·pi·'ra·tion date *n* FOOD Verfallsdatum *nt,* SCHWEIZ *meist* Ablaufdatum *nt;* ***what's the ~ on these eggs?*** wann laufen diese Eier ab?; FIN *(due date)* Ablaufdatum *nt,* Fälligkeitstermin *m*

ex·pire [ɪk'spaɪəʳ, AM -ɚ] **I.** *vi* (1) *(become invalid) licence, period* ablaufen, enden; *contract* auslaufen, enden; *patent* erlöschen; *coupon, ticket* verfallen, ablaufen SCHWEIZ; *lease, passport* ablaufen, ungültig werden; *drugs, food* ablaufen, das Verfallsdatum [*o* SCHWEIZ *meist* Ablaufdatum] überschreiten *geh*

(2) *(form: die)* verscheiden *geh; (fig fam)* den Geist aufgeben *fam*

II. *vt (spec: exhale)* ■**to ~ sth** etw ausatmen

ex·pi·ry [ɪk'spaɪ(ə)ri, AM -'spaɪri] *n no pl* (1) *(running out)* Ablauf *m; becoming invalid* Verfall *m,* Ablauf *m;* **date of ~** *of drugs, food* Verfallsdatum *nt,*

SCHWEIZ *meist* Ablaufdatum *nt; of credit card, passport* Ablaufdatum *nt;* ■**before/on the ~ of sth** vor/nach Ablauf einer S. *gen*
② *(form: death)* Verscheiden *nt euph geh*
ex·'pi·ry date *n* Verfallsdatum *nt* **ex·'pi·ry time** *n* Verfallzeit *f*
ex·plain [ɪk'spleɪn, ek'-] **I.** *vt* ① *(make understandable)* ■**to ~ sth [to sb]** [jdm] etw erklären; *reason, motive* [jdm] etw erläutern; ***our guide ~ed where the cathedral was*** unser Führer erklärte uns den Weg zur Kathedrale
② *(give reasons)* ■**to ~ sth** etw erklären; *secret* etw aufklären; ***no one has been able to ~ the accident*** niemand hat bisher eine Erklärung für den Unfall; ***please could you ~ why you're so late?*** könntest du mir bitte erklären, warum du so spät kommst?; ■**to ~ that ...** erklären, dass...
③ *(make clear)* ■**to ~ oneself** sich *akk* [deutlich] ausdrücken; ***please ~ yourself more clearly*** bitte drücken Sie sich etwas genauer aus
④ *(justify)* ■**to ~ oneself** sich *akk* rechtfertigen; ***you'd better ~ yourself*** du solltest mir das erklären
II. *vi* eine Erklärung geben; ***I just can't ~*** ich kann es mir einfach nicht erklären; ***let me ~*** lassen Sie es mich erklären
◆**explain away** *vt* ■**to ~ away ↔ sth** ① *(dispel doubts)* eine [einleuchtende] Erklärung für etw *akk* haben, sich *dat* etw erklären
② *(pej: minimize)* etw bagatellisieren [*o fam* abtun]
ex·plain·able [ɪk'spleɪnəbl̩, ek'-] *adj* erklärlich; **to be ~** sich *akk* erklären lassen
ex·pla·na·tion [ˌeksplə'neɪʃᵊn] *n* ① *(clarifying statement)* Erklärung *f; of reason, motive* Erläuterung *f;* **to give [sb] an ~ for [*or* of] sth** [jdm] etw erklären [*o* erläutern]; **to need an ~** einer Erklärung *f* [*o* Erläuterung *f*] bedürfen
② *(reason)* Erklärung *f;* LAW Aussage *f;* **to give [sb] an ~ for [*or* of] sth** [jdm] eine Erklärung für etw *akk* geben, [jdm] etw erklären
③ *no pl (act of explaining)* Erklärung *f;* **in ~ [of sth]** [*or* **by way of ~ [for sth]**] als Erklärung [für etw *akk*]
ex·plana·tory [ɪk'splænətᵊri, ek'-, AM -tɔːri] *adj* erklärend *attr; footnotes, statement* erläuternd *attr;* **~ diagram** Schaubild *nt* zur Erläuterung
ex·ple·tive [ɪk'spliːtɪv, ek'-, AM 'eksplət̬-] **I.** *n* ① *(form: swear word)* Kraftausdruck *m,* Fluch *m;* **to let out a row [*or* string] of ~s** einen Schwall von Flüchen loslassen, laut drauflosfluchen; **~ deleted** *(im Deutschen meist durch ‚...' gekennzeichnete Streichung eines vulgären Ausdrucks)*
② LING Füllwort *nt,* Expletivum *nt fachspr*
II. *n modifier (word)* Füll-
ex·pli·cable [ɪk'splɪkəbl̩, ek'-] *adj* erklärbar
ex·pli·cably [ɪk'splɪkəbli, ek'-] *adv* erklärlicherweise, verständlicherweise
ex·pli·cate ['eksplɪkeɪt] *vt (form)* ■**to ~ sth** ① *(elaborate)* etw ausführen
② *(make clear)* etw [im Einzelnen] erläutern [*o* darlegen] [*o geh* explizieren]
ex·pli·ca·tion [ˌekspl'keɪʃᵊn] *n no pl (form)* ① *(elaboration)* Ausführung *f*
② *(clarification)* Erklärung *f,* Erläuterung *f*
ex·plic·it [ɪk'splɪsɪt, ek'-] *adj* ① *(precise)* klar, deutlich; *agreement, consent, order* ausdrücklich; ***could you please be more ~?*** könnten Sie bitte etwas deutlicher werden?; ***she made no ~ mention of her plans*** sie erwähnte ihre Pläne nicht ausdrücklich; **~ directions** klare Anweisungen; ■**to be ~ about sth** etw offen [*o* unverhohlen] aussprechen
② *(detailed)* eindeutig; *(with sexual details)* eindeutig; *film, picture, sex* freizügig; *pornography* unverhüllt
ex·plic·it ad·'dress *n* COMPUT absolute Adresse
ex·plic·it·ly [ɪk'splɪsɪtli, ek'-] *adv* ① *(precisely)* [klar und] deutlich; **to tell sb sth ~** jdm etw ausdrücklich sagen
② *(outspokenly)* unverhohlen; *(sexually explicit)* freizügig, explizit *geh*
ex·plic·it·ness [ɪk'splɪsɪtnəs, ek'-] *n no pl* Klarheit *f,* Deutlichkeit *f;* **sexual ~** sexuelle Freizügigkeit
ex·plode [ɪk'spləʊd, ek'-, AM -oʊd] **I.** *vi* ① *(blow up)* explodieren; *bomb* explodieren, hochgehen *fam; tyre* platzen
② *(fig: give vent)* sich *akk* entladen, explodieren *fam; (lose temper)* in die Luft gehen *fam;* ***the peaceful protest ~d into a riot*** die friedliche Protestkundgebung schlug in öffentlichen Aufruhr um; **to ~ in [*or* with] anger [*or* fury] [*or* rage]** vor Wut platzen [*o* in die Luft gehen] *fam;* **to ~ into giggles** plötzlich loskichern; **to ~ in laughter/tears** in Gelächter/Tränen ausbrechen; ■**to ~ at sb** auf jdn losgehen
③ *(fig: grow rapidly) population* explodieren, explosionsartig zunehmen [*o* wachsen]
II. *vt* ■**to ~ sth** ① *(blow up)* etw zur Explosion bringen; *bomb* etw zünden; *container* etw sprengen, etw zum Bersten bringen; *ball* etw zum Platzen bringen [*o* platzen lassen]
② *(refute)* etw widerlegen; **to ~ a theory** eine Theorie ad absurdum führen *geh* [*o fam* über den Haufen werfen]
③ *(show details) diagram, drawing* etw [in Einzelteile] aufgelöst [perspektivisch] darstellen
▸PHRASES: **to ~ a myth** einen Mythos zerstören, mit einem Mythos aufräumen *fam*
ex·plod·ed view [ɪkˌspləʊdɪd'-, ek'-, AM -oʊd-] *n* Explosionsdarstellung *f,* [perspektivische] Darstellung der Einzelteile
ex·plod·ing [ɪk'spləʊdɪŋ, ek'-, AM -oʊd-] *adj inv (also fig)* explodierend; **~ population** explosionsartig wachsende [*o* zunehmende] Bevölkerung
ex·plod·ing 'cot·ton *n no pl* CHEM Schießbaumwolle *f*
ex·ploit I. *n* ['eksplɔɪt] Heldentat *f a. hum,* Großtat *f*
II. *vt* [ɪk'splɔɪt, ek'-] ① *(pej: take advantage)* ■**to ~ sb** *worker* jdn ausbeuten; *person, friend* jdn ausnutzen; ■**to ~ sth** *good-naturedness, situation, weakness* etw ausnutzen; **to ~ a colony** eine Kolonie ausbeuten
② *(utilize)* ■**to ~ sth** etw nutzen, sich *dat* etw zunutze machen; *resources* etw ausbeuten [*o* ausschöpfen]
ex·ploit·able [ɪk'splɔɪtəbl̩, ek'-, AM -t̬ə-] *adj* ① *(pej: vulnerable)* ■**to be ~** *workforce* auszubeuten sein; *person, friend* auszunutzen sein
② *(profitable)* nutzbar, verwertbar; ***he has a very ~ talent*** aus seinem Talent lässt sich viel machen; **to be commercially ~** kommerziell verwertbar sein
ex·ploi·ta·tion [ˌeksplɔɪ'teɪʃᵊn] *n no pl* ① *(pej: taking unfair advantage) of workforce* Ausbeutung *f; of person, situation, weakness* Ausnutzung *f;* **the ~ of employees** die Ausbeutung der Arbeitnehmerschaft
② *(profitable use)* Nutzung *f,* Verwertung *f; of resources* Ausbeutung *f*
ex·ploi·'ta·tion right *n* Verwertungsrecht *nt*
ex·ploita·tive [ɪk'splɔɪtətɪv, ek'-, AM -t̬ət̬ɪv] *adj (pej)* ausbeuterisch *pej;* **~ tactics** Ausbeutungstaktik *f*
ex·ploit·er [ɪk'splɔɪtəʳ, ek'-, AM -t̬ɚ] *n (pej)* Ausbeuter(in) *m(f) pej*
ex·plo·ra·tion [ˌeksplə'reɪʃᵊn, AM -splɔː'eɪ-] *n* ① *(journey)* Erforschung *f,* Exploration *f fachspr; of enclosed space* Erkundung *f;* **voyage of ~** Entdeckungsreise *f*
② *(examination)* Untersuchung *f* (**of** von +*dat*); **to carry out a full ~ of sth** etw eingehend untersuchen [*o geh* einer eingehenden Untersuchung unterziehen]
③ *no pl (searching)* Suche *f* (**for** nach +*dat*)
ex·plora·tory [ɪk'splɒrətᵊri, ek-, AM -'splɔːrətɔːri] *adj* Forschungs-, Erkundungs-; *drilling, well* Probe-, Versuchs-; **~ expedition** Forschungsexpedition *f;* **~ talks** Sondierungsgespräche *pl;* **~ test** MED Voruntersuchung *f;* **~ operation** MED explorativer Eingriff *fachspr*
ex·plore [ɪk'splɔːʳ, ek'-, AM -'splɔːr] **I.** *vt* ■**to ~ sth** ① *(investigate)* etw erforschen [*o* erkunden] [*o fachspr* explorieren]
② *(examine)* etw untersuchen; **to ~ one's feelings** in sich *akk* hineinfühlen; **to ~ sb's past** jds Vergangenheit überprüfen
II. *vi* ① *(investigate)* sich *akk* umschauen, etw in Erfahrung bringen; **to go exploring** auf Erkundung[stour] gehen
② *(look for)* **to ~ for gold/treasure** auf Gold-/Schatzsuche gehen
ex·plor·er [ɪk'splɔːʳəʳ, ek'-, AM -'splɔːrɚ] *n* Forscher(in) *m(f),* Forschungsreisende(r) *f(m)*
Ex·'plor·er Scout *n* AM Pfadfinder *m*
ex·plo·sion [ɪk'spləʊʒᵊn, ek'-, AM -'sploʊ-] *n* ① *(blowing up)* Explosion *f;* **bomb/gas ~** Bomben-/Gasexplosion *f*
② *(noise)* Explosion *f,* Knall *m;* **an ~ of applause** *(fig)* tosender [*o* donnernder] Applaus
③ *(fig: outburst)* Ausbruch *m;* ***there is an ~ of public protest*** plötzlich entlädt sich öffentlicher Protest; **~ of anger** Wutausbruch *m*
④ *(fig: rapid growth)* Explosion *f;* ***there has been an ~ in demand for computers in the last few years*** in den letzten Jahren ist die Nachfrage nach Computern explosionsartig angestiegen; **population ~** Bevölkerungsexplosion *f*
⑤ *(refutal)* Widerlegung *f;* **an ~ of a theory** die Verwerfung einer Theorie
ex·plo·sive [ɪk'spləʊsɪv, ek'-, AM -'sploʊ-] **I.** *adj* ① *(able to blow up)* explosiv; *of reaction* Explosions-; **~ force** Sprengkraft *f;* **~ mixture** explosives Gemisch; **~ substance** Explosivstoff *m;* **highly ~** hochexplosiv
② *(fig: very loud)* ohrenbetäubend; **an ~ clap of thunder** ein ohrenbetäubender Donnerschlag; **an ~ cough** ein bellender Husten
③ *(fig: volatile)* explosiv; *issue, situation* [hoch] brisant; *person* aufbrausend, jähzornig *pej;* **to have an ~ temper** cholerisch sein, zu Wutausbrüchen neigen
II. *n* ① *usu pl (substance)* Sprengstoff *m*
② LING [Ex]plosivlaut *m fachspr,* Verschlusslaut *m fachspr*
ex·plo·sive de·'vice *n* Sprengkörper *m*
ex·plo·sive·ly [ɪk'spləʊsɪvli, ek'-, AM -'sploʊ-] *adv* ① *(by blowing up)* explosiv; **to react ~** *flame, gas* verpuffen
② *(fig: with sudden outburst)* heftig; **to bark ~ at sb** jdn anschnauzen; **to laugh ~** schallend lachen; **to react ~** explodieren, heftig reagieren
③ *(fig: rapidly)* explosionsartig; **to grow ~** explosionsartig ansteigen [*o* wachsen]
ex·plo·sive·ness [ɪk'spləʊsɪvnəs, ek'-, AM -'sploʊ-] *n no pl (fig)* Explosivität *f; of an issue, situation* Brisanz *f; of a person* Jähzorn *m; of sb's temper* aufbrausende Art
Expo ['ekspəʊ, AM -spoʊ] *n short for* **exposition** Expo *f fam*
ex·po·nent [ɪk'spəʊnənt, ek'-, AM -'spoʊ-] *n (approv)* ① *(representative)* Vertreter(in) *m(f),* Exponent(in) *m(f); (advocate)* Verfechter(in) *m(f); (performer)* Interpret(in) *m(f);* ***she is a leading ~ of cello-playing*** sie ist eine führende Cellointerpretin; **an ~ of communism** ein Verfechter *m*/eine Verfechterin des Kommunismus
② MATH Exponent *m fachspr,* Hochzahl *f*
ex·po·nen·tial [ˌekspə(ʊ)'nen(t)ʃᵊl, AM -spoʊ'-] *adj inv* ① MATH exponentiell, Exponential-; **~ function** Exponentialfunktion *f*
② *(extremely fast)* exponentiell; **an ~ increase in world population** ein sprunghafter Anstieg der Weltbevölkerung
ex·po·nen·tial 'curve *n* MATH Exponentialkurve *f fachspr* **ex·po·nen·tial 'growth** *n* exponentielles Wachstum
ex·po·nen·tial·ly [ˌekspə(ʊ)'nen(t)ʃᵊli, AM -spoʊ'-] *adv inv* ① MATH exponentiell
② *(extremely quickly)* exponentiell; **to rise ~** steil [nach oben] ansteigen
ex·port I. *vt* [ɪk'spɔːt, ek'-, AM -'spɔːrt] ■**to ~ sth** ① *(sell abroad)* etw exportieren [*o* ausführen]; ***some cultural values have been ~ed all over the world*** *(fig)* einige kulturelle Werte haben weltweite Verbreitung gefunden
② COMPUT etw exportieren
II. *vi* [ɪk'spɔːt, AM -'spɔːrt] exportieren, ausführen
III. *n* ['ekspɔːt, ek'-, AM -spɔːrt] ① *no pl (selling*

abroad) Export *m,* Ausfuhr *f;* ~ **of capital** FIN Kapitalausfuhr *f;* ~ **of technology** Technologieexport *m;* **for** ~ für den Export
2 *(product)* Exportartikel *m*
IV. *n* ['ekspɔːt, AM -spɔːrt] *modifier* Export-

ex·port·able [ɪk'spɔːtəbl, ek'-, AM -'spɔːrt̬-] *adj* ausführbar, exportfähig; **to be highly** ~ für den Export sehr gut geeignet sein

ex·por·ta·tion [ˌekspɔː'teɪʃən, AM -spɔːr'-] *n no pl* Export *m,* Ausfuhr *f;* **for** ~ für den Export [bestimmt]

'ex·port ban *n* Exportverbot *nt,* Ausfuhrverbot *nt* **'ex·port busi·ness** *n* 1 *(company)* Exportgeschäft *nt* 2 *no pl (branch)* Exportgeschäft *nt;* **to be in the** ~ in der Exportbranche [*o* im Export] tätig sein **'ex·port defi·cit** *n* Außenhandelsdefizit *nt* **'ex·port de·mand** *n* Exportnachfrage *f* **'export-driven** *adj inv* exportinduziert **'ex·port duty** *n* Ausfuhrzoll *m,* Exportzoll *m*

ex·port·er [ɪk'spɔːtəʳ, AM -'spɔːrt̬ɚ] *n* Exporteur *m; (person)* Exporthändler(in) *m(f); (company)* Exportgeschäft *nt; (country)* Exportland *nt,* Ausfuhrland *nt;* ~ **of primary products** Rohstoffexporteur(in) *m(f)*

'ex·port goods *npl* Exportgüter *pl,* Exportartikel *pl* **'ex·port growth** *n no pl* Exportwachstum *nt* **'ex·port li·cence** *n* Ausfuhrgenehmigung *f,* Exportlizenz *f* **'ex·port mar·ket** *n no pl* Exportmarkt *m* **'ex·port mar·ket·ing** *n no pl* Exportmarketing *nt* **ex·port-'orient·ed** *adj* exportorientiert **'ex·port per·mit** *n* Ausfuhrerlaubnis *f,* Exporterlaubnis *f* **'ex·port regu·la·tions** *npl* Ausfuhrbestimmungen *pl* **'ex·port sec·tor** *n* Exportbranche *f* **'ex·port sur·plus** *n no pl* Exportüberschuss *m* **'ex·port trade** *n no pl* Exporthandel *m,* Außenhandel *m*

ex·po·sé [ek'spəʊzeɪ, ɪk-, AM ˌekspoʊ'zeɪ] *n* 1 *(informative report)* Exposé *nt,* Darstellung *f*
2 *(revealing report)* Enthüllung *f,* Aufdeckung *f;* **an** ~ **of corruption/scandal** die Aufdeckung einer Korruptionsaffäre/eines Skandals; **a shocking** ~ eine schockierende Enthüllung

ex·pose [ɪk'spəʊz, ek'-, AM -'spoʊz] *vt* 1 *(lay bare)* ■**to** ~ **sth** *bone, foundations* etw frei legen; *nerves* etw bloßlegen
2 *(leave vulnerable to)* ■**to** ~ **sb/sth to sth** jdn/etw etw *dat* aussetzen; **to** ~ **sth to cold/heat** etw der Kälte/Hitze aussetzen; **to** ~ **sb to danger** jdn einer Gefahr aussetzen; **to** ~ **sb to ridicule** *(fig)* jdn dem Spott [*o* der Lächerlichkeit] preisgeben
3 *(reveal)* ■**to** ~ **sth** etw offenbaren; *scandal, treachery, plot* etw aufdecken [*o* enthüllen]; ■**to** ~ **sb** jdn entlarven
4 *(put in contact)* ■**to** ~ **sb to sth** jdn mit etw *dat* vertraut machen; ■**to be** ~**d to sth** etw *dat* ausgesetzt sein, mit etw *dat* in Berührung kommen
5 *(show genitals)* ■**to** ~ **oneself** [**to sb**] sich *akk* [vor jdm] entblößen
6 PHOT ■**to** ~ **sth** etw belichten; **to over-/under~ sth** etw über-/unterbelichten
7 LAW *(abandon)* ■**to** ~ **sb/an animal** jdn/ein Tier aussetzen

ex·posed [ɪk'spəʊzd, ek'-, AM -'spoʊzd] *adj* 1 *(unprotected)* ungeschützt, exponiert *geh;* ~ **position** exponierte Lage; ***the house is in a very*** ~ ***position*** das Haus steht völlig frei; **to be** ~ **to rain/wind** dem Regen/Wind ausgesetzt sein; **to feel** ~ sich *akk* schutzlos [ausgeliefert] fühlen
2 *(bare)* frei gelegt; *part of body* unbedeckt, entblößt *geh*
3 PHOT belichtet

ex·po·si·tion [ˌekspə(ʊ)'zɪʃən, AM -pə'-] *n* 1 *(form: explanation)* Darlegung *f,* Ausführung[en] *f[pl]* (**of** zu +*dat*); *(commentary)* Kommentar *m* (**of** zu +*dat*)
2 *no pl (clarification)* Erklärung *f,* Erläuterung *f*
3 *(public show)* Ausstellung *f*
4 LIT, MUS *(introduction)* Exposition *f fachspr*

ex·posi·tory [ɪk'spɒzɪtəri, ek'-, AM -'spɑːzətɔːri] *adj attr* erklärend

ex post fac·to [ˌekspəʊst'fæktəʊ, AM -poʊst'fæktoʊ] LAW rückwirkend, retrospektiv

ex·pos·tu·late [ɪk'spɒstʃəleɪt, ek'-, AM -'spɑːs-] *vi* *(form)* [heftig] protestieren; ■**to** ~ **on** [*or* **about**] **sth** sich *akk* vehement gegen etw *akk* aussprechen; *(stronger)* etw scharf verurteilen; ■**to** ~ **with sb about sth** *(protest)* eine [heftige] Auseinandersetzung mit jdm wegen etw *dat* haben; *(criticize)* jdm [ernste] Vorhaltungen wegen einer S. *gen* machen *geh*

ex·pos·tu·la·tion [ɪkˌspɒstʃə'leɪʃən, ek'-, AM -ˌspɑːs-] *n (form: protest)* [heftiger] Protest; *(criticism)* [ernste] Vorhaltung[en]

ex·po·sure [ɪk'spəʊʒəʳ, ek'-, AM -'spoʊʒɚ] *n* 1 *(being unprotected)* Aussetzung *f kein pl;* ***you should always limit your*** ~ ***to the sun*** man sollte sich den Sonnenstrahlen immer nur eine begrenzte Zeit aussetzen; ~ **to radiation** MED Bestrahlung *f;* **indecent** ~ LAW unsittliche Entblößung
2 *no pl (contact with elements)* Ausgesetztsein *nt;* **to die of/suffer from** ~ an Unterkühlung sterben/leiden
3 *no pl (revelation) of a person* Entlarvung *f; of a plot, scheme* Aufdeckung *f; of an affair* Enthüllung *f*
4 *no pl (media coverage)* Berichterstattung *f* [in den Medien], Publicity *f;* **to get lots of** ~ ganz groß herauskommen, große Beachtung finden
5 PHOT *(contact with light)* Belichtung *f; (duration)* Belichtungszeit *f*
6 PHOT *(shot)* Bild *nt,* Aufnahme *f*
7 *(position)* Lage *f;* ***the room has a northern*** ~ das Zimmer geht nach Norden
8 *no pl (contact)* Kontakt *m,* Berührung *f* (**to** mit +*dat*)
9 ECON *(risk assessment)* Verlustrisiko *nt*
10 STOCKEX Haltedauer *f*

ex·'po·sure me·ter *n* PHOT Belichtungsmesser *m*

ex·pound [ɪk'spaʊnd, ek'-] **I.** *vt (form)* 1 *(explain)* ■**to** ~ **sth** etw darlegen [*o* [näher] ausführen]
2 *(interpret)* ■**to** ~ **sth** etw erläutern [*o* im Einzelnen erklären]; **to** ~ **the Bible** die Bibel auslegen
II. *vi* ■**to** ~ **on sth** etw darlegen [*o* [näher] ausführen]

ex·press [ɪk'spres, ek'-] **I.** *vt* 1 *(communicate)* ■**to** ~ **sth** etw ausdrücken [*o geh* zum Ausdruck bringen]; *(say)* etw aussprechen; ***there are no words to*** ~ ***what that means to me*** was das für mich bedeutet, lässt sich nicht in Worte fassen; ***he is not able to*** ~ ***properly what he means*** er kann nie richtig sagen, was er meint; **to** ~ **one's thanks** seinen Dank zum Ausdruck bringen; ■**to** ~ **oneself** sich *akk* ausdrücken; ***children often*** ~ ***themselves in painting*** Kinder drücken ihre Gefühle oft in Bildern aus
2 *(reveal)* ■**to** ~ **sth** etw ausdrücken [*o geh* offenbaren]; ***her eyes*** ~***ed deep sadness*** aus ihren Augen sprach eine tiefe Traurigkeit; **to** ~ **one's feelings** seine Gefühle zeigen
3 MATH *(symbolize)* ■**to** ~ **sth as sth** etw als etw *akk* darstellen
4 *(squeeze out)* ■**to** ~ **sth** etw ausdrücken [*o* [aus]pressen]
5 *(send quickly)* ■**to** ~ **sth to sb** [*or* **sb sth**] jdm etw per Express [*o* als Eilsendung] schicken
II. *adj attr* 1 *inv (rapid)* express, Eil-; **by** ~ **delivery** per Eilzustellung, als Eilsendung [*o* BRD, ÖSTERR Eilsache]
2 *(precise)* klar, bestimmt; *(explicit)* ausdrücklich; ~ **command** ausdrücklicher Befehl; ~ **instructions** klare Anweisungen; ~ **intention** [*or* **purpose**] bestimmte Absicht; **for the** ~ **purpose** eigens zu dem Zweck; ~ **warranty** COMM ausdrücklich erklärte Garantie
III. *adv* **to send sth** ~ etw per Express [*o* als Eilsache] schicken
IV. *n* 1 *(train)* Express[zug] *m,* Schnellzug *m,* D-Zug *m* BRD, ÖSTERR; **the Orient E**~ der Orient-Express
2 *no pl (messenger)* Eilbote, -botin *m, f;* **by** ~ per Eilboten BRD, ÖSTERR; *(delivery)* per Express
3 AM *(company)* Spedition *f,* Transportunternehmen *nt*

ex·'press bus *n* Überlandbus *m* BRD, ÖSTERR **ex·'press com·pa·ny** *n* AM Spedition *f,* Transportunternehmen *nt*

ex·pressed [ɪk'sprest, ek'-] *adj attr, inv* ausdrücklich; ~ **wish** ausdrücklicher Wunsch

ex·'press high·way *n* AUS Schnell[verkehrs]straße *f,* SCHWEIZ *meist* Autostrasse *f; (in town)* Stadtautobahn *f*

ex·pres·sion [ɪk'spreʃən, ek'-] *n* 1 *no pl (showing)* Ausdruck *m,* Äußerung *f;* ~ **of individuality** Ausdruck *m* von Individualität; **to find** ~ **in sth** in etw *dat* seinen Ausdruck finden; **to give** ~ **to sth** etw zum Ausdruck bringen, etw *dat* Ausdruck verleihen *geh*
2 *(demonstration)* Ausdruck *m kein pl,* Zeichen *nt;* ***as an*** ~ ***of his love*** zum Zeichen seiner Liebe; **an** ~ **of gratitude/sympathy** ein Ausdruck *m* [*o* Zeichen *nt*] der Dankbarkeit/Sympathie
3 *no pl (oral communication)* Äußerung *f;* **freedom of** ~ Freiheit *f* der Meinungsäußerung; **mode of** ~ Ausdrucksweise *f*
4 *(phrase)* Ausdruck *m,* Wendung *f*
5 *(facial look)* [Gesichts]ausdruck *m,* Miene *f;* ***I could tell from her*** ~ ***that ...*** ich konnte es ihrem Gesicht ansehen, dass ...; **to have a glum** ~ ein mürrisches [*o* SCHWEIZ *a.* hässiges] Gesicht machen *fam*
6 *(emotion)* Gefühlsausdruck *m,* [Gefühls]regung *f;* **without** ~ ausdruckslos
7 *no pl* MUS Ausdruck *m,* Gefühl *nt;* **with great** ~ sehr ausdrucksvoll
8 MATH Ausdruck *m*

Expres·sion·ism [ɪk'spreʃənɪzəm, ek'-] *n no pl* Expressionismus *m*

Expres·sion·ist [ɪk'spreʃənɪst, ek'-] **I.** *n* Expressionist(in) *m(f)*
II. *adj* expressionistisch

ex·pres·sion·is·tic [ɪkˌspreʃə'nɪstɪk, ek'-] *adj* expressionistisch

ex·pres·sion·less [ɪk'spreʃənləs, ek'-] *adj* 1 *(showing no emotion)* ausdruckslos; **an** ~ **face/voice** eine ausdruckslose Miene/Stimme
2 MUS ausdruckslos, ohne Gefühl *nach n*

ex·pres·sion·less·ly [ɪk'spreʃənləsli, ek'-] *adv* ausdruckslos, ohne eine Miene zu verziehen *fam*

ex·'pres·sion line *n* Fältchen *nt* **ex·'pres·sion mark** *n* MUS Vortragsbezeichnung *f fachspr*

ex·pres·sive [ɪk'spresɪv, ek'-] *adj* 1 *(showing feeling)* ausdrucksstark, ausdrucksvoll, expressiv *geh;* **an** ~ **face** ein ausdrucksvolles Gesicht; **an** ~ **shrug** ein viel sagendes Achselzucken; **an** ~ **voice** eine ausdrucksstarke Stimme
2 *(indicative)* ■**to be** ~ **of sth** etw ausdrücken; **to be** ~ **of joy/sorrow** Freude/Trauer ausdrücken

ex·pres·sive·ly [ɪk'spresɪvli, ek'-] *adv* ausdrucksvoll, expressiv *geh*

ex·pres·sive·nes·s [ɪk'spresɪvnəs, ek'-] *n no pl* Ausdruckskraft *f; of emotions* Ausdrucksfähigkeit *f*

ex·'press lane *n (for overtaking)* Schnellspur *f,* Überholspur *f; (in supermarket)* Schnellkasse *f,* Expresskasse *f* SCHWEIZ **ex·'press let·ter** *n* Eilbrief *m,* SCHWEIZ *meist* Expressbrief *m*

ex·press·ly [ɪk'spresli, ek'-] *adv* 1 *(explicitly)* ausdrücklich; **to prohibit sth** ~ etw ausdrücklich untersagen
2 *(particularly)* extra, eigens *geh;* ***I came*** ~ ***to see you*** ich bin eigens gekommen, um dich zu sehen

ex·presso *n see* **espresso**

ex·'press ser·vice *n* Expressdienst *m; (for mail)* Schnelltransport *m,* Eilzustellung *f* BRD, ÖSTERR **ex·'press train** *n* Express[zug] *m,* Schnellzug *m,* D-Zug *m* BRD, ÖSTERR

ex·'press·way *n* AM, AUS Schnellstraße *f,* SCHWEIZ *meist* Autostrasse *f*

ex-'prison·er *n* ehemaliger Häftling

ex·pro·pri·ate [ɪk'sprəʊprieɪt, ek'-, AM -'sproʊ-] *vt* 1 *(dispossess)* ■**to** ~ **sth** etw enteignen; ■**to** ~ **sb** jdn enteignen; ■**to** ~ **sb from sth** jds etw enteignen
2 *(appropriate)* ■**to** ~ **sth** sich *dat* etw [widerrechtlich] aneignen; **to** ~ **funds** Gelder veruntreuen; **to** ~ **ideas** fremde Ideen übernehmen *euph,* geistigen Diebstahl begehen

ex·pro·pria·tion [ɪkˌsprəʊpri'eɪʃən, ek'-, AM -ˌsproʊ-] *n* 1 *(dispossessing)* Enteignung *f,* Expropriation *f fachspr*

❷ *(appropriation)* [widerrechtliche] Aneignung; *of funds* Veruntreuung *f*

ex·pro·pria·tor [ɪkˈsprəʊprieɪtəʳ, ek'-, AM -ˈsproʊ-peieɪt̬ə] *n* Enteigner(in) *m(f)*, Expropriateur(in) *m(f) fachspr*

ex·pul·sion [ɪkˈspʌlʃən, ek'-] *n no pl from a club* Ausschluss *m* (**from** aus +*dat*); *from a country* Ausweisung *f* (**from** aus +*dat*); *from home* Vertreibung *f* (**from** aus +*dat*); *from school/university* Verweisung *f*, Relegation *f fachspr*

ex·punge [ɪkˈspʌn(d)ʒ, ek'-] *vt (form)* ■**to ~ sth** etw [aus]streichen [*o geh* tilgen]; *(fig)* etw löschen; **to ~ sb/sth from a list** jdn/etw von [*o* aus] einer Liste streichen; **to ~ a registration** eine Eintragung [*o* SCHWEIZ einen Eintrag] löschen; **to ~ sth from one's memory** etw aus seinem Gedächtnis streichen

ex·pur·gate [ˈekspəgeɪt, AM -spɚ-] *vt* ■**to ~ sth** *text* etw [von anstößigen Stellen] reinigen [*o pej* zensieren]

ex·pur·gat·ed [ˈekspəgeɪtɪd, AM -spɚgeɪt̬-] *adj* [von anstößigen Stellen] gereinigt, zensiert *pej*, zensuriert ÖSTERR *pej*; **~ version** bereinigte Fassung

ex·pur·ga·tion [ˌekspəˈgeɪʃən, AM -spɚ'-] *n* ❶ *(censored version)* bereinigte [*o pej* zensierte] [*o* ÖSTERR, SCHWEIZ *pej* zensurierte] Fassung

❷ *no pl (censorship)* Zensur *f*

ex·quis·ite [ɪkˈskwɪzɪt, ek'-] *adj* ❶ *(very fine)* erlesen, exquisit; **~ manners** ausgesuchtes Benehmen; **an ~ painting** ein ausnehmend schönes Gemälde; **an ~ piece of china** ein [aus]erlesenes Stück Porzellan; **to have ~ taste** einen exquisiten [*o* feinen] Geschmack haben; **showing ~ taste** von erlesenem Geschmack *nach n*; **an ~ view** ein bezaubernder Ausblick

❷ *(intense)* außerordentlich; **an ~ pain** ein bohrender Schmerz; **an ~ pleasure** ein köstliches [*o* königliches] Vergnügen

❸ *(precise)* ausgeprägt; **~ timing** ausgeprägtes Zeitgefühl

ex·quis·ite·ly [ɪkˈskwɪzɪtli, ek'-] *adv* ❶ *(beautifully)* vorzüglich; **an ~ behaved child** ein äußerst wohl erzogenes Kind; **an ~ crafted piece of furniture** ein kunstvoll angefertigtes Möbelstück; **an ~ furnished house** ein geschmackvoll [*o* ausnehmend schön] eingerichtetes Haus

❷ *(intensely)* außerordentlich; **an ~ painful sensation** ein außerordentlich starker [*o* heftiger] Schmerz; **~ sensitive** äußerst [*o* überaus] empfindlich

ex·quis·ite·ness [ɪkˈskwɪzɪtnəs, ek'-] *n no pl* ❶ *(fineness)* Erlesenheit *f*, Ausgesuchtheit *f*; *(perfection)* Vollendung *f*

❷ *(intensity)* Intensität *f*; **the ~ of the pain** die Heftigkeit des Schmerzes

ex-ˈser·vice·man *n* ehemaliger Militärangehöriger, Veteran *m* **ex-ˈser·vice·wom·an** *n* ehemalige Militärangehörige

ext. *n abbrev of* **extension** DW

ex·tant [ekˈstænt, AM ˈekstənt] *adj inv (form)* [noch] vorhanden [*o* existent]; ***he is the most famous writer ~*** er ist der berühmteste noch lebende Schriftsteller

ex·tem·po·ra·neous [ɪkˌstempəˈreɪniəs, ekˌ-] *adj inv* improvisiert, unvorbereitet; **an ~ speech** eine Rede aus dem Stegreif; **an ~ translation** eine Stegreifübersetzung

ex·tem·po·ra·neous·ly [ɪkˌstempəˈreɪniəsli, ekˌ-] *adv* unvorbereitet, aus dem Stegreif; ***they asked her to say a few words ~*** man bat sie um ein paar formlose Worte; **to speak ~** aus dem Stegreif sprechen

ex·tem·po·rari·ly [ɪkˈstempərərɪli, ek'-, AM -pərer-] *adv see* **extemporaneously**

ex·tem·po·rary [ɪkˈstempərəri, ek'-, AM -pəreri] *adj see* **extemporaneous**

ex·tem·po·re [ɪkˈstempəri, ek'-, AM -pəri] **I.** *adj inv* unvorbereitet, Stegreif-; **to give an ~ speech** eine Rede aus dem Stegreif halten, extemporieren *geh*

II. *adv* unvorbereitet, aus dem Stegreif, ex tempore *geh*; **to perform ~** improvisieren

ex·tem·po·rize [ɪkˈstempəraɪz, ek'-, AM -pər-] *vi* etw aus dem Stegreif tun, extemporieren *geh*; *(perform)* improvisieren

ex·tend [ɪkˈstend, ek'-] **I.** *vt* ❶ *(stretch out)* ■**to ~ sth** etw ausstrecken; **to ~ one's fingers** seine Finger ausstrecken; **to ~ one's hand to sb** jdm die Hand entgegenstrecken [*o geh* reichen]; **to ~ a line/rope** eine Leine/ein Seil spannen

❷ *(prolong)* ■**to ~ sth** *credit, visa* etw verlängern

❸ *(pull out)* ■**to ~ sth** etw verlängern; *ladder, table* etw ausziehen; *landing gear* etw ausfahren; *sofa* etw ausklappen

❹ *(expand)* ■**to ~ sth** etw erweitern [*o* vergrößern]; *influence, business* etw ausdehnen [*o* ausbauen]

❺ *(increase)* ■**to ~ sth** etw vergrößern [*o* verstärken]; **to ~ public awareness of sth** die Öffentlichkeit für etw *akk* sensibilisieren; **to ~ one's commitment** seine Bemühungen verstärken, sich *akk* stärker engagieren

❻ *(build)* ■**to ~ sth** [**to sth**] etw [an etw *akk*] anbauen; **to ~ one's house** sein Haus ausbauen; **to ~ a road/track** eine Straße/Fahrspur ausbauen

❼ *(offer)* ■**to ~ sth to sb** jdm etw erweisen [*o* zuteilwerden lassen]; *credit, protection* jdm etw gewähren [*o* SCHWEIZ *a.* zusprechen]; **to ~ money to sb** FIN jdm Geld zur Verfügung stellen; **to ~ one's thanks to sb** jdm seinen Dank aussprechen; **to ~ a welcome to sb** jdn willkommen heißen

❽ *(strain)* ■**to ~ sb** jdn [bis an seine Leistungsgrenze] fordern; ■**to ~ oneself** sich *akk* verausgaben

II. *vi* ❶ *(stretch)* sich *akk* erstrecken, sich *akk* ausdehnen; *over period of time* sich *akk* hinziehen *pej*, dauern; ***the fields ~ into the distance*** die Felder dehnen sich bis in die Ferne aus; ***rain is expected to ~ to all parts of the country by this evening*** bis heute Abend soll der Regen alle Landesteile erreicht haben; ***the last party ~ed throughout the night*** die letzte Party dauerte die ganze Nacht; ■**to ~ beyond sth** über etw *akk* hinausgehen; **to ~ for miles** sich *akk* meilenweit hinziehen

❷ *(include)* sich erstrecken; ■**to ~ to sb/sth** *restrictions* für jdn/etw gelten; ***his concern doesn't ~ as far as actually doing something*** seine Besorgnis geht nicht so weit, dass er tatsächlich etwas unternimmt

ex·tend·able [ɪkˈstendəbl̩, ek'-] *adj* ❶ *(prolongable) lease, passport, contract* verlängerbar; **~ deadline** verlängerbare Frist; **~ sentence** verlängerte Strafe

❷ *(telescopic)* ausziehbar; **~ ladder** Ausziehleiter *f*

❸ *(stretchable)* ausdehnbar

❹ *(make longer)* ausziehbar

ex·tend·ed [ɪkˈstendɪd, ek'-] *adj* ❶ *(prolonged)* verlängert; **an ~ holiday** ein ausgedehnter Urlaub

❷ *(comprehensive)* umfassend, erweitert; **~ coverage** erweiterter Versicherungsschutz; **an ~ news bulletin** ein umfassender [*o* ausführlicher] Bericht

ex·tend·ed ˈcred·it *n no pl* ❶ *(long-term credit)* langfristiger Kredit ❷ AM *(from the Federal Reserve)* erweiterter Kredit **ex·tend·ed ˈfami·ly** *n* Großfamilie *f* **ex·tend·ed-ˈstay** *adj attr, inv* Langzeit-, für Dauergäste *nach n*

ex·ten·sible [ɪkˈsten(t)səbl̩, ek'-] *adj see* **extendable**

ex·ten·sion [ɪkˈsten(t)ʃən, ek'-] **I.** *n* ❶ *no pl (stretching out) of extremities* Ausstrecken *nt*; *of muscles* Dehnung *f*, Streckung *f*

❷ *(lengthening)* Verlängerung *f*; **~ table** Ausziehtisch *m*

❸ *no pl (expansion)* Erweiterung *f*, Vergrößerung *f*; *of influence, power* Ausdehnung *f*, Ausbau *m*; **~ of business** Geschäftserweiterung *f*; **the ~ of police powers** die Verstärkung [*o* der Ausbau] von Polizeikräften; **~ of time** LAW Fristverlängerung *f*, Nachfrist *f*; **by ~** des Weiteren, im weiteren Sinne

❹ *(prolongation) of a credit, time, a visa* Verlängerung *f*; **~ of payment** Zahlungsaufschub *m*

❺ COMPUT Verlängerung *f*, Erweiterung *f*; **~ cable** Verlängerungskabel *nt*; **~ memory** Nebenspeicher *m*; **filename ~** Extension *f* beim Dateinamen

❻ *(added piece)* Anbau *m*; *of a building* Erweiterungsbau *m* (**to** an +*akk*); ***we're building an ~ to our house*** wir bauen gerade an

❼ *(phone line)* Nebenanschluss *m*, Nebenstelle *f*; *(number)* [Haus]apparat *m*

❽ *no pl (offering)* Bekundung *f*

❾ *(scope)* Umfang *m*

❿ *(logic)* Bedeutungsumfang *m*, Extension *f fachspr*

II. *n modifier* AM, AUS UNIV *(extramural)* Fern-; **~ course** Fernlehrgang *m*, Fernstudienkurs *m*

ex·ˈten·sion cord *n* AM, AUS *(extension lead)* Verlängerungskabel *nt*

ex·ten·sion ˈfi·nanc·ing *n no pl* Erweiterungsfinanzierung *f* **ex·ˈten·sion lad·der** *n* Ausziehleiter *f* **ex·ˈten·sion lead** *n* BRIT Verlängerungskabel *nt* **ex·ˈten·sion op·tion** *n* FIN Verlängerungsoption *f*

ex·ten·sive [ɪkˈsten(t)sɪv, ek'-] *adj* ❶ *(large)* weit, ausgedehnt; **~ grounds** weitläufiges Gelände; **~ journey** ausgedehnte Reise; **~ property** ausgedehnte Ländereien; **~ tracts of land** weite Landstriche

❷ *(far-reaching)* weitreichend; **~ political influence** weitreichender politischer Einfluss

❸ *(large-scale)* umfangreich, ausführlich; ***the royal wedding received ~ coverage in the newspapers*** über die königliche Hochzeit wurde in den Zeitungen ausführlich berichtet; **~ knowledge** breites [*o* umfassendes] Wissen; **~ repairs** umfangreiche Reparaturarbeiten; **to make ~ use of sth** von etw *dat* großen Gebrauch machen

❹ *(severe)* schwer; **~ bombing** schweres [*o* großflächiges] Bombardement; **~ damage** beträchtlicher [*o* erheblicher] Schaden

❺ AGR extensiv *fachspr*

ex·ten·sive·ly [ɪkˈsten(t)sɪvli, ek'-] *adv* ❶ *(for the most part)* weitgehend; **to be ~ rebuilt** weitgehend wiederaufgebaut werden

❷ *(considerably)* beträchtlich, erheblich; **to be ~ damaged** erheblich beschädigt werden

❸ *(thoroughly)* gründlich; *(in detail)* ausführlich; **to be ~ researched** genau untersucht werden; **to use sth ~** von etw *dat* ausgiebig Gebrauch machen

ex·tent [ɪkˈstent, ek'-] *n* ❶ *no pl (size) of an area, a city, a park* Größe *f*, Ausdehnung *f*; *(length) of a river* Länge *f*

❷ *no pl (range)* Umfang *m*; **the ~ of knowledge** der Wissensumfang

❸ *no pl (amount)* Ausmaß *nt*, Umfang *m*; *of a sum* Höhe *f*; ***the company is in debt to the ~ of a million pounds*** die Firma ist mit einer Million Pfund verschuldet; **the ~ of a credit** die Höhe eines Kredits; **the ~ of destruction** das Ausmaß der Zerstörung

❹ *(degree)* Grad *m kein pl*, Maß *nt kein pl*; **to a certain ~** in gewissem Maße; **to a great** [*or* **large**] **~** in hohem Maße, weitgehend; **to the same ~ as ...** in gleichem Maße wie ...; **to some ~** bis zu einem gewissen Grad; **to go to the ~ of doing sth** so weit gehen, etw zu tun; **to an ~** bis zu einem gewissen Grad, in gewissem Maße; **to such an ~ that ...** dermaßen [*o* derart], dass ...; ***the car was damaged to such an ~ that it could not be repaired*** der Wagen war so stark beschädigt, dass er nicht repariert werden konnte; **to that ~** in diesem Punkt, insofern; **to what ~** in welchem Maße, inwieweit

ex·tenu·ate [ɪkˈstenjueɪt, ek'-] *vt (form)* ■**to ~ sth** etw beschönigen [*o* verharmlosen]; **to ~ sb's behaviour** jds Verhalten entschuldigen [*o* rechtfertigen]; **to ~ sb's guilt** jds Schuld mindern

ex·tenu·at·ing [ɪkˈstenjueɪtɪŋ, ek'-, AM -t̬-] *adj attr (form)* mildernd; **to allow ~ circumstances** mildernde Umstände zubilligen

ex·tenu·ation [ɪkˌstenjuˈeɪʃən, ek'-] *n no pl (form)* Beschönigung *f*, Verharmlosung *f*; **in ~ of sb/sth** als Entschuldigung [*o* mildernder Umstand] für jdn/etw

ex·te·ri·or [ɪkˈstɪəriəʳ, ek'-, AM -ˈstɪriɚ] **I.** *n* ❶ *(outside surface) of a wall* Außenseite *f*; *of a building* Außenfront *f*, Außenwände *pl*; **on the ~** *(fig)* äußerlich

❷ *(outward appearance)* das Äußere, äußere Erscheinung; ***she has a tough ~*** sie hat ein hartes Auftreten

❸ FILM Außenaufnahme *f*

II. *adj* Außen-; **~ paint** Farbe *f* für den Außenanstrich; ~ **shots** Außenaufnahmen *pl;* ~ **walls** Außenwände *pl;* ■~ **to sth** außerhalb einer S. *gen*

ex·ter·mi·nate [ɪk'stɜːmɪneɪt, ek'-, AM -'stɜːr-] *vt* ■**to ~ sb/sth** *people, sect, species* jdn/etw ausrotten; *civilization, city, enemy* jdn/etw vernichten; *vermin, weeds* etw vertilgen [*o* vernichten]; *(fig) evil, superstition* etw ausrotten

ex·ter·mi·na·tion [ɪk,stɜːmɪ'neɪʃᵊn, ek'-, AM -,stɜːr-] *n no pl* Ausrottung *f,* Vernichtung *f; of vermin, weeds* Vertilgung *f*

ex·ter·mi·na·tor [ɪk'stɜːmɪneɪtəʳ, ek'-, AM -'stɜːrmɪneɪt̬ɚ] *n* ① *(person)* Kammerjäger(in) *m(f)*
② *(poison)* Insektenvertilgungsmittel *nt*

ex·ter·nal [ɪk'stɜːnᵊl, ek'-, AM -'stɜːr-] *adj inv* ① *(exterior)* äußerlich; *angle, pressure, world* Außen-; ■**to be ~ to sth** außerhalb einer S. *gen* liegen; ~ **appearance** Aussehen *nt;* ~ **calm/similarity** äußerliche Ruhe/Ähnlichkeit
② COMM *(outside of company)* ~ **growth** externes Wachstum
③ *(from the outside)* äußere(r, s), von außen *nach n,* extern *geh*
④ *(on body surface)* äußerlich; ~ **injury** äußer[lich]e Verletzung; **for ~ use only** PHARM nur zur äußerlichen Anwendung
⑤ *(foreign)* ausländisch, auswärtig, Außen-; ~ **affairs** auswärtige Angelegenheiten, Außenpolitik *f;* ~ **exchange** ECON Devisenkurs *m;* ~ **relations** auswärtige Beziehungen, Auslandsbeziehungen *pl*
⑥ UNIV per Fernstudium *nach n;* ~ **degree** Abschluss *m* eines Fernstudiums
⑦ ECON ~ **auditing** außerbetriebliche Revision
⑧ COMPUT extern, außerhalb; ~ **device** Hardwareteil *m; (device allowing communications)* Peripheriegerät *nt;* ~ **disk drive** externes Plattenlaufwerk; ~ **memory** Speicher *m;* ~ **modem** externes Modem; ~ **storage** [*or* **store**] Zubringerspeicher *m*

ex·ter·nal ac·'count *n* FIN Ausländerkonto *nt* **ex·ter·nal 'debt** *n* FIN Auslandsschulden *pl,* Auslandsverschuldung *f* **ex·ter·nal ex·ami·'na·tion** *n* externe Prüfung **ex·ter·nal ex·'am·in·er** *n* externer Prüfer/externe Prüferin **ex·ter·nal 'fi·nanc·ing** *n no pl* Fremdfinanzierung *f,* externe Finanzierung *f* **ex·ter·nal in·'debt·ed·ness** *n no pl* FIN Auslandsverschuldung *f*

ex·ter·nali·za·tion [ɪk,stɜːnᵊlaɪ'zeɪʃᵊn, ek'-, AM -'stɜːrnᵊlɪ'-] *n* ① *(expression) of emotions* Äußerung *f,* Ausdruck *m*
② PSYCH *of a conflict, a difficulty* Verlagerung *f* nach außen, Externalisierung *f fachspr,* Projektion *f fachspr*

ex·ter·nal·ize [ɪk'stɜːnᵊlaɪz, ek'-, AM -'stɜːr-] *vt* ■**to ~ sth** ① *(express) emotions* etw äußern
② PSYCH *conflict, difficulty* etw nach außen verlagern [*o fachspr* externalisieren] [*o fachspr* projizieren]

ex·ter·nal 'loan *n* FIN Auslandsanleihe *f*

ex·ter·nal·ly [ɪk'stɜːnᵊli, ek'-, AM -'stɜːr-] *adv inv* äußerlich; *(to the outside)* nach außen; *(from the outside)* von außen; *(on the outside)* außen; ~ ***she appeared calm*** nach außen hin wirkte sie gelassen

ex·ter·nals [ɪk'stɜːnᵊlz, ek'-, AM -'stɜːr-] *npl (also pej)* Äußerlichkeiten *pl a. pej,* Nebensächlichkeiten *pl pej*

ex·ter·nal 'stu·dent *n* Externe(r) *f(m)* **ex·ter·nal 'trade** *n no pl* Außenhandel *m;* ~ **statistics** Außenhandelsstatistik *f* **ex·'ter·nal world** *n no pl* Außenwelt *f; of phenomena* Welt *f* der Erscheinungen

ex·ter·ri·to·rial [,eksterɪ'tɔːriəl] *adj inv see* **extraterritorial**

ex·tinct [ɪk'stɪŋkt, ek'-] *adj inv* ① *(died out) animal, plant, species* ausgestorben; *dynasty, empire, people* untergegangen; **an ~ language** eine tote Sprache; **to become ~** aussterben
② *(no longer active) fire, love, volcano* erloschen; **an ~ firm** COMM eine gelöschte Firma; **to become ~** erlöschen
③ *(abolished) custom, practice* abgeschafft, verlorengegangen; **an ~ law** ein aufgehobenes Gesetz; **an ~ right** LAW ein erloschenes [*o* untergegangenes] Recht

ex·tinc·tion [ɪk'stɪŋkʃᵊn, ek'-] *n no pl* ① *(dying out)* Aussterben *nt; of a dynasty, an empire, a people* Untergang *m; (deliberate act)* Ausrottung *f,* Auslöschung *f; (fig) of traces* Verschwinden *nt; of memories* Auslöschung *f;* **to be in danger of** [*or* **threatened with**] ~ vom Aussterben bedroht sein
② *(becoming inactive) of fire, passion, volcano* Erlöschen *nt; of a firm* Löschung *f*
③ *(abolition)* Abschaffung *f; of a law* Aufhebung *f; of a right* Erlöschen *nt,* Untergang *m;* **the ~ of a debt** COMM die Tilgung einer Schuld

ex·tin·guish [ɪk'stɪŋgwɪʃ, ek'-] *vt* ■**to ~ sth** ① *(put out) fire* etw [aus]löschen [*o fam* ausmachen]; **to ~ a candle/the light** eine Kerze/das Licht ausmachen [*o geh veraltend* löschen]
② *(destroy)* etw auslöschen; *firm* etw löschen; **to ~ sb's love/passion** jds Liebe/Leidenschaft erlöschen lassen; **to ~ the memory of sth** die Erinnerung an etw *akk* auslöschen
③ *(fig: abolish) custom, practice* etw abschaffen; LAW etw aufheben; **to ~ a debt** COMM eine Schuld tilgen

ex·tin·guish·er [ɪk'stɪŋgwɪʃəʳ, ek'-, AM -ɚ] *n* Feuerlöscher *m,* Löschgerät *nt*

ex·tin·guish·ment [ɪk'stɪŋgwɪʃmənt] *n* LAW Löschung *f,* Aufhebung *f*

ex·tir·pate ['ekstɜːpeɪt, AM -stɚ-] *vt (form)* ■**to ~ sb/sth** *people, sect, species* jdn/etw [mit Stumpf und Stiel] ausrotten; *evil, heresy, prejudice* etw ausmerzen *geh; hair, plant* etw [mit der Wurzel] ausreißen; MED *growth* etw entfernen [*o fachspr* exstirpieren]; **to ~ an enemy** einen Feind vernichten; **to ~ ignorance** *(fig)* [dem Zustand] der Unwissenheit ein Ende bereiten *geh*

ex·tir·pa·tion [,ekstɜː'peɪʃᵊn, AM -stɚ'-] *n no pl (form) of a people, a sect, a species* Ausrottung *f; of heresy, prejudice* Ausmerzung *f geh;* MED *of a growth* Entfernung *f,* Exstirpation *f fachspr;* **the ~ of an enemy** die Vernichtung eines Feindes; **the ~ of ignorance** *(fig)* die Beseitigung der Unwissenheit

ex·tol <-ll-> [ɪk'stəʊl, ek'-, AM -'stoʊl] *vt (form)* ■**to ~ sth** etw rühmen [*o geh* [lob]preisen]; ■**to ~ sb as sb/sth** jdn als jdn/etw feiern [*o geh* preisen]; **to ~ sb as a hero** jdn als Held feiern [*o* verehren]; **to ~ the virtues of sb/sth** die Vorzüge einer Person/einer S. *gen* preisen

ex·tort [ɪk'stɔːt, ek'-, AM -'stɔːrt] *vt* ■**to ~ sth from sb** ① *(get with force)* etw von jdm erzwingen [*o* erpressen]; **to ~ a confession from sb** von jdm ein Geständnis erpressen [*o* erzwingen]; **to ~ money from sb** Geld von jdm erpressen [*o fam* aus jdm herausholen]
② *(get with effort)* jdm etw abringen [*o* abnötigen], jdn zu etw *dat* bewegen *fam;* **to ~ a promise from sb** jdm ein Versprechen abringen [*o* abnötigen]; **to ~ a secret from sb** jdm ein Geheimnis entlocken

ex·tor·tion [ɪk'stɔːʃᵊn, ek'-, AM -'stɔːr-] *n no pl* ① *(coercion)* Erzwingung *f; of money* Erpressung *f*
② *(demand) of money* überhöhte [*o* überzogene] Forderung, Wucher *m pej;* ~ **racket** [Schutzgeld]erpressung *f,* verbrecherische Erpressung

ex·tor·tion·ate [ɪk'stɔːʃᵊnət, ek'-, AM -'stɔːr-] *adj (pej)* ① *(exorbitant)* maßlos, übermäßig, überrissen SCHWEIZ; *(sum)* Wucher-, horrend, SCHWEIZ *a.* übersetzt; ~ **credit bargain** Wucherkreditgeschäft *nt;* **to make ~ demands of** [*or* **on**] **sb** übersteigerte [*o* übertrieben hohe] Erwartungen an jdn stellen; ~ **prices** horrende [*o fam* astronomische] [*o* SCHWEIZ *a.* übersetzte] Preise, Wucherpreise *pl pej*
② *(using force)* erpresserisch; ~ **methods** Erpressermethoden *pl*

ex·tor·tion·ate·ly [ɪk'stɔːʃᵊnətli, ek'-, AM -'stɔːr-] *adv (pej)* maßlos, übermäßig

ex·tor·tion·er [ɪk'stɔːʃᵊnəʳ, ek'-, AM -'stɔːrʃᵊnɚ] *n (pej)* ① *(coercing person)* Erpresser(in) *m(f)*
② *(usurer)* Wucherer, Wucherin *m, f*

ex·tor·tion·ist [ɪk'stɔːʃᵊnɪst, ek'-, AM -'stɔːr-] **I.** *n see* **extortioner**
II. *adj see* **extortionate**

ex·tra ['ekstrə] **I.** *adj inv* zusätzlich; ***I'll take some ~ clothes*** ich nehme noch Ersatzkleidung mit; ***we have an ~ bed — you can stay overnight if you want to*** wir haben noch ein Bett frei – wenn du willst, kannst du hier übernachten; ***I'll need some ~ time/money for the job*** für die Arbeit brauche ich etwas mehr Zeit/Geld; **to take ~ care** besonders vorsichtig sein; ~ **charge** Aufschlag *m,* Aufpreis *m,* SCHWEIZ *a.* Aufzahlung *m;* **to make an ~ effort** sich *akk* besonders anstrengen; **to work ~ hours** [*or* **long days**] Überstunden machen; ~ **income** zusätzliches Einkommen, Nebeneinkommen *nt;* ■**to be ~** extra gehen [*o* ÖSTERR, SCHWEIZ sein]; ***packing is ~*** die Verpackung geht extra
II. *adv inv* ① *(more)* mehr; **a** [**little**] **bit ~** ein [kleines] bisschen mehr; **to charge/pay ~** einen Aufpreis verlangen/bezahlen; **to cost ~** gesondert berechnet werden; **postage and packing ~** zuzüglich Porto und Versand
② *(especially)* besonders; ***I'll try ~ hard this time*** ich werde mich diesmal ganz besonders anstrengen; ~ **large** besonders groß; *(too large)* übergroß
III. *n* ① ECON *(perk)* Zusatzleistung *f,* Sonderleistung *f;* AUTO Extra *nt;* **lots of little ~s** eine Menge kleiner Extras
② *(charge)* Aufschlag *m,* Aufpreis *m*
③ *(actor)* Statist(in) *m(f),* Komparse, Komparsin *m, f*
④ SPORT *(additional run)* zusätzlicher Run

extra- ['ekstrə] *in compounds* ① *(outside)* außer-
② *(more than usual)* extra-, besonders

extra·budg·et·ary [,ekstrə'bʌdʒɪtᵊri, AM -teri] *adj inv* FIN außerbudgetär

ex·tra 'charge *n* Zuschlag *m,* Aufpreis *m,* Aufgeld *nt,* Aufschlag *m*

ex·tract I. *vt* [ɪk'strækt, ek'-] ① *(remove)* ■**to ~ sth** [**from sth**] *cork, splinter, stopper* etw [aus etw *dat*] [heraus]ziehen; **to ~ a bullet** eine Kugel entfernen; **to ~ papers from a folder** einem Ordner Unterlagen entnehmen; **to ~ a tooth** einen Zahn ziehen [*o fachspr* extrahieren]
② *(obtain)* ■**to ~ sth** [**from sth**] *resources* etw [aus etw *dat*] gewinnen [*o fachspr* extrahieren]; **to ~ iron ore** Eisenerz gewinnen; **to ~ oil** Erdöl fördern; ■**to ~ sth from sb** *secret* jdm etw entlocken; **to ~ a confession from sb** jdm ein Geständnis abringen; **to ~ information from sb** Informationen aus jdm herausquetschen *fam;* **to ~ money from sb** Geld aus jdm herausholen *fam*
③ *(select)* **to ~ sth from a text** etw aus einem Text [heraus]ziehen, etw exzerpieren *geh*
④ MATH **to ~ the root** [**from sth**] die Wurzel [aus etw *dat*] ziehen
II. *n* ['ekstrækt] ① *(excerpt)* Auszug *m,* Exzerpt *nt geh* (**from** aus +*dat*)
② COMM *(from official register)* Auszug *m*
③ *(derived substance)* Extrakt *m,* Auszug *m*
④ *no pl (concentrate)* Extrakt *m,* Essenz *f;* **malt/vanilla ~** Malz-/Vanilleextrakt *m*

ex·trac·tion [ɪk'strækʃᵊn, ek'-] *n* ① *no pl (removal) of a cork, splinter, stopper* Herausziehen *nt; of bullet* Entfernen *nt*
② *(obtainment) of resources* Gewinnung *f,* Abbau *m; of oil* Förderung *f; of secret* Entlocken *nt; of confession* Abringen *nt*
③ *(tooth removal)* [Zahn]ziehen *nt,* Extraktion *f fachspr*
④ *no pl (family origin)* Herkunft *f,* Abstammung *f*

ex·trac·tor [ɪk'stræktəʳ, ek'-, AM -ɚ] *n* ① *(squeezer)* [Saft]presse *f,* Entsafter *m*
② *(centrifuge)* Trockenschleuder *f*
③ MED Geburtszange *f; (in dentistry)* Zahn[wurzel]zange *f*
④ *(fan)* Dunstabzug *m,* SCHWEIZ *a.* Dampfabzug *m*
⑤ *(gun part)* Auswerfer *m,* Auszieher *m*

ex·'trac·tor fan *n* Dunstabzug *m,* SCHWEIZ *a.* Dampfabzug *m* **ex·'trac·tor hood** *n* Dunstabzugshaube *f,* SCHWEIZ *a.* Dampfabzugshaube *m*

extra·cur·ricu·lar [,ekstrəkə'rɪkjələʳ, AM -ɚ] *adj inv* ① SCH, UNIV außerhalb des Stundenplans [*o* Lehrplans] *nach n,* extracurricular *fachspr*
② *(fig)* außerplanmäßig; ~ **course** Wahlkurs *m*

extra·cur·ricu·lar ac·'tiv·ities *npl* ① SCH, UNIV Wahlveranstaltungen *pl,* extracurriculare Veranstaltungen *fachspr,* Wahlfächer *pl* ÖSTERR; *(in spare*

time) Freizeitbeschäftigung[en] *f[pl]*
❷ *(hum: sexual activities)* Liebschaften *pl,* amouröse Abenteuer *hum*
extra·dit·able ['ekstrədaɪtəbl̩, AM -t̬-] *adj inv offence* zur Auslieferung führend *attr; offender* auszuliefernd, SCHWEIZ *a.* auszuschaffend *attr,* auszuliefern, SCHWEIZ *a.* auszuschaffen *präd;* **an ~ crime** ein mit Auslieferung [*o* SCHWEIZ *meist* Ausschaffung] belegtes Verbrechen; **an ~ offender** ein auszuliefernder [*o* SCHWEIZ *a.* auszuschaffender] Straftäter/eine auszuliefernde [*o* SCHWEIZ *a.* auszuschaffende] Straftäterin
extra·dite ['ekstrədaɪt] *vt* **to ~ sb [from Germany to Great Britain]** jdn [von Deutschland an Großbritannien] ausliefern [*o* SCHWEIZ *a.* ausschaffen]; **to ~ an offender from one state to another state** AM einen Straftäter von einem Bundesstaat an einen anderen überstellen
extra·di·tion [,ekstrə'dɪʃən] *n no pl* Auslieferung *f;* AM Überstellung *f,* SCHWEIZ *a.* Ausschaffung *f*
extra·'di·tion trea·ty *n* Auslieferungsvertrag *m*
extra·ju·di·cial [,ekstrədʒuː'dɪʃəl] *adj inv* LAW außergerichtlich
extra·mari·tal [,ekstrə'mærɪtəl, AM -'merət̬əl] *adj inv* außerehelich
extra·mari·tal af·'fairs *npl* außereheliche Beziehungen
extra·mu·ral [,ekstrə'mjʊərəl, AM -'mjʊr-] *adj inv*
❶ *esp* BRIT *(outside university)* außeruniversitär, außerhalb der Universität *nach n*
❷ *(by correspondence)* Fernstudien-; *(part-time)* Teilzeit-; **~ courses** Fern[studien]kurse *pl*
extra·neous [ɪk'streɪniəs] *adj* ❶ *(external)* äußere(r, s), von außen *nach n;* MED körperfremd; CHEM Fremd-; **~ substance** Fremdstoff *m*
❷ *(form: unrelated)* nicht dazugehörig, sachfremd; **~ issues/matters** sachfremde Fragestellungen/Angelegenheiten; **an ~ remark** eine unpassende [*o geh* deplatzierte] Bemerkung
❸ *(irrelevant)* unwichtig, irrelevant, ohne Belang *form*
extra·net ['ekstrənet] *n* COMPUT Extranet *nt*
extraor·di·naire [ɪk,strɔːdɪ'neəʳ, AM ,strɔːrdə'ner] *n after n (fam)* der Sonderklasse *nach n fam*
extraor·di·nari·ly [ɪk'strɔːdənərəli, AM -'strɔːrdənerɪli] *adv (remarkably)* außerordentlich; *(unusually)* ungewöhnlich; *(positive)* ungemein
extraor·di·nary [ɪk'strɔːdənəri, AM -'strɔːrdəneri] *adj*
❶ *(remarkable)* außerordentlich, außergewöhnlich; *(unusual)* ungewöhnlich; **an ~ feat** eine herausragende Leistung; **an ~ success** ein erstaunlicher Erfolg
❷ *(strange)* merkwürdig, seltsam; *(approv)* erstaunlich; **an ~ coincidence** ein merkwürdiges Zusammentreffen
❸ *(additional)* außerordentlich; **~ resolution** außerordentlicher Beschluss; **~ expenditure** *no pl* außerordentliche Aufwendungen *pl;* **~ item** FIN Sonderposten *m*
extraor·di·nary am·'bas·sa·dor *n* Sonderbotschafter(in) *m(f)* **extraor·di·nary gen·er·al 'meet·ing** *n* COMM außerordentliche Hauptversammlung **ex'traor·di·nary items** *n* COMM *(on a balance sheet)* Sonderposten *pl* **ex'traor·di·nary meet·ing** *n* Sondersitzung *f,* außerordentliche Versammlung
ex·tra 'pay *n no pl (beyond regular pay)* Zulage *f; (from odd jobs)* Zusatzeinkommen *nt,* SCHWEIZ *a.* Zustupf *m fam;* **to get ~** eine Zulage bekommen; ECON Sondervergütung *f*
ex·trapo·late [ɪk'stræpəleɪt] **I.** *vt* ■**to ~ sth** etw erschließen [*o* ableiten]; MATH etw extrapolieren *fachspr;* **to ~ a trend from a survey** einen Trend aus einer Umfrage ableiten
II. *vi* ■**to ~ from sth to sth** von etw *dat* auf etw *akk* schließen
ex·trapo·la·tion [ɪk,stræpə'leɪʃən] *n no pl* Ableitung *f,* Folgerung *f;* MATH Extrapolation *f fachspr*
extra·sen·so·ry [,ekstrə'sen(t)səri] *adj inv* übersinnlich; **~ powers** übersinnliche Kräfte
extra·sen·so·ry per·'cep·tion *n,* **ESP** *n* übersinnliche Wahrnehmung
'extra-spe·cial *adj (fam)* ganz speziell
extra·ter·res·trial [,ekstrətə'restriəl], **ET I.** *adj* außerirdisch, extraterrestrisch *geh;* **~ being** außerirdisches Wesen; **~ life forms** außerirdische Lebensformen
II. *n* Außerirdische(r) *f(m),* außerirdisches [Lebe]wesen
extra·ter·ri·to·rial [,ekstrəterɪ'tɔːriəl] *adj inv* exterritorial; **to have ~ rights** LAW diplomatischen Status genießen
extra·ter·ri·to·ri·al·ity [,ekstrəterɪtɔːri'æləti, AM -ət̬i] *n* LAW Exterritorialität *f*
ex·tra 'time *n no pl* BRIT, AUS SPORT [Spiel]verlängerung *f; **they had to play** ~* sie mussten nachspielen
ex·trava·gance [ɪk'strævəgən(t)s] *n* ❶ *no pl (unrestrained excess)* Verschwendungssucht *f; (lifestyle)* extravaganter Lebensstil
❷ *no pl (excessive expenditure)* Verschwendung *f*
❸ *(unnecessary treat)* Luxus *m kein pl,* Extravaganz[en] *f[pl];* ***chocolate is my only ~*** Schokolade ist das Einzige, was ich mir gönne
❹ *no pl (exaggeration)* Übertriebenheit *f; of a claim, demand* Maßlosigkeit *f,* Überspanntheit *f*
ex·trava·gant [ɪk'strævəgənt] *adj* ❶ *(flamboyant) person, style* extravagant
❷ *(luxurious) meal, vegetation* üppig; **to lead an ~ life** ein Leben im Luxus führen; **~ lifestyle** aufwändiger Lebensstil; **to have ~ tastes** einen teuren Geschmack haben
❸ *(wasteful)* verschwenderisch
❹ *(excessively expensive)* extravagant; *hobbies* teuer, kostspielig
❺ *(exaggerated)* übertrieben; *claims, demands* maßlos, überspannt
ex·trava·gant·ly [ɪk'strævəgəntli] *adv* ❶ *(luxuriously)* verschwenderisch; *(flamboyantly)* extravagant; ***the table was laid out ~*** der Tisch war reich gedeckt; **to be furnished ~** teuer eingerichtet sein; **to live ~** ein aufwändiges Leben führen
❷ *(wastefully)* verschwenderisch; ***he spends his money ~*** er gibt sein Geld mit vollen Händen aus
❸ *(lavishly)* aufwändig, mit großem Aufwand
❹ *(exaggeratedly)* in übertriebener Weise, maßlos; *gesture* wild
ex·trava·gan·za [ɪk,strævə'gænzə] *n* ❶ *(fanciful composition)* opulente Veranstaltung; LIT fantastische Dichtung; MUS fantastische Komposition; **film/musical ~** aufwändige Film-/Musicalproduktion
❷ THEAT Ausstattungsstück *nt*
extra·vert *n, adj see* **extrovert**
ex·treme [ɪk'striːm] **I.** *adj* ❶ *(utmost)* äußerste(r, s); **~ caution** äußerste [*o* größte] Vorsicht; **~ cold/heat** extreme Kälte/Hitze; **~ difficulties** extreme [*o* ungeheure] Schwierigkeiten; **to feel ~ discomfort** sich *akk* höchst [*o* äußerst] unbehaglich fühlen; **~ distress** größte Not; **to feel ~ pain** extreme Schmerzen haben; **with ~ pleasure** mit größtem Vergnügen; **~ relief** außerordentliche Erleichterung; **~ value** MATH, TECH Extremwert *m,* Grenzwert *m;* **~ weather** extreme Wetterverhältnisse; **in his ~ youth** in seiner frühesten Jugend
❷ *(most remote)* äußerste(r, s); **in the ~ north** im äußersten Norden
❸ *(radical)* radikal, extrem; **to be ~ in one's views** radikale [*o* extreme] Ansichten vertreten
II. *n* ❶ *(furthest end) of a field* äußerstes Ende
❷ *(fig: furthest extent)* Extrem *nt;* **to go from one ~ to the other** von einem Extrem ins andere fallen; **to drive sb to ~s** jdn zum Äußersten treiben; **at the ~** im äußersten Fall, im Extremfall
❸ *(utmost)* **in the ~** äußerst; **to be disappointed in the ~** zutiefst enttäuscht sein; **to be surprised in the ~** aufs Höchste überrascht sein
ex·treme com·'mute *n* Fernpendeln *nt* **ex·treme com·'mut·er** *n* Fernpendler(in) *m(f)* **ex·treme com·'mut·ing** *n no pl* Fernpendeln *nt*
ex·treme·ly [ɪk'striːmli] *adv* äußerst, höchst; ***I'm ~ sorry*** es tut mir außerordentlich leid; **~ confusing/dull** äußerst [*o* höchst] verwirrend/langweilig; **to be ~ good-looking** äußerst gutaussehend sein
ex·treme ski·er [ɪk'striːm-] *n* Extremskifahrer(in) *m(f)* **ex·treme ski·ing** [ɪk'striːm-] *n* Extremskifahren *nt* **ex·'treme sport I.** *n* ❶ *(individual)* Extremsportart *f* ❷ *(collective)* ■**~s** *pl* Extremsport *m kein pl* **II.** *n modifier* Extremsport-; **~ event** Extremsportveranstaltung *f,* SCHWEIZ *a.* Extremsportanlass *m*
ex·trem·ism [ɪk'striːmɪzəm] *n no pl* Extremismus *m;* **political ~** politischer Extremismus
ex·trem·ist [ɪk'striːmɪst] **I.** *n* Extremist(in) *m(f)*
II. *adj* radikal; **to have ~ tendencies** zum Extremismus neigen
ex·trem·ity [ɪk'streməti, AM -ət̬i] *n* ❶ *(furthest end)* äußerstes Ende; ***the southern ~ of the estate*** die südliche Grenze des Anwesens
❷ *(hands and feet)* ■**extremities** *pl* Gliedmaßen *pl,* Extremitäten *pl geh*
❸ *(fig: near the limit)* Äußerste(s) *nt;* ***a decision of that type is at the ~ of a judge's powers*** eine solche Entscheidung bewegt sich gerade noch am Rande dessen, was ein Richter entscheiden kann
ex·tri·cate ['ekstrɪkeɪt] *vt (form)* ■**to ~ sb/sth from sth** jdn/etw aus etw *dat* befreien; ■**to ~ oneself from sth** sich *akk* aus etw *dat* befreien; **to ~ oneself from a ticklish situation** sich *akk* aus einer heiklen Situation herauswinden
ex·tri·ca·tion [,ekstrɪ'keɪʃən] *n no pl* Befreiung *f; (fig) of a victim* Rettung *f*
ex·trin·sic [ek'strɪn(t)sɪk] *adj inv* extrinsisch
ex·trin·sic 'evi·dence *n* LAW *Beweis, der nicht aus einer Urkunde ableitbar ist*
extro·ver·sion [,ekstrə'vɜːʃən, AM 'ekstrəvɜːʒən] *n no pl* ❶ *(social confidence)* Weltoffenheit *f*
❷ PSYCH *(concern with external things)* Extrovertiertheit *f*
extro·vert ['ekstrəvɜːt, AM -vɜːrt] **I.** *n* extravertierter Mensch; **to be an ~** extravertiert sein
II. *adj* extravertiert; **~ behaviour** Extravertiertheit *f,* extravertiertes Verhalten
extro·vert·ed ['ekstrəvɜːtɪd, AM -vɜːrt̬ɪd] *adj* extravertiert
ex·trude [ɪk'struːd] *vt* ■**to ~ sth** *feeler, proboscis* etw ausstrecken; *glue, toothpaste* etw herauspressen [*o* herausdrücken]; *metal* etw strangpressen [*o fachspr* fließpressen]; *molten rock* etw ausstoßen [*o* auswerfen] [*o* herausschleudern]; *plastic* etw formpressen [*o fachspr* extrudieren]
ex·trud·ed [ɪk'struːdɪd] *adj tube* ausgepresst, ausgedrückt; *metal* fließgepresst *fachspr,* stranggepresst *fachspr;* **~ dough** Spritzteig *m;* **~ snacks** *zu verschiedenen Formen gepresste Snacks aus Kartoffelteig oder Maisbrei*
ex·tru·sion [ɪk'struːʒən] *n no pl* ❶ *(squeezing out)* Herauspressen *nt,* Herausdrücken *nt*
❷ *(shaping) of metal* Strangpressen *nt fachspr,* Fließpressen *nt fachspr; of plastic* Formpressen *nt fachspr,* Extrudieren *nt fachspr*
exu·ber·ance [ɪg'zjuːbərən(t)s, AM ɪg'zuː-] *n no pl of a person* Überschwänglichkeit *f,* Ausgelassenheit *f,* überschäumende Lebensfreude; *of feelings* Überschwang *m;* **to sing with real ~** mit wahrer Begeisterung singen
exu·ber·ant [ɪg'zjuːbərənt, AM ɪg'zuː-] *adj* ❶ *(lively) person* überschwänglich, ausgelassen; *painting* lebendig; *dancing* schwungvoll, temperamentvoll; *mood* überschäumend; **young and ~** jung und dynamisch
❷ *(fig: luxuriant)* üppig; **~ growth** üppiger Wuchs
exu·ber·ant·ly [ɪg'zjuːbərəntli, AM 'zuː] *adv* ❶ *(with lively energy and excitement)* überschwänglich
❷ *(of an imaginative artistic style)* üppig
ex·ude [ɪg'zjuːd, AM ɪg'zuːd] *vt* ■**to ~ sth** etw ausscheiden; *aroma, smells* etw verströmen; **to ~ confidence/vitality** *(fig)* Zuversicht/Vitalität ausstrahlen; **to ~ pus/sweat** Eiter/Schweiß absondern; **to ~ resin** Harz absondern, harzen
ex·ult [ɪg'zʌlt] *vi* frohlocken *geh,* jubeln; ■**to ~ at [*or* in] [*or* over] sth** über etw *akk* jubeln [*o geh* frohlocken]; **to ~ over sb's defeat/misfortune** sich *akk* über jds Niederlage/Missgeschick freuen; **to ~ over an enemy** über einen Feind triumphieren

ex·ult·ant [ɪgˈzʌltᵊnt] *adj attr* jubelnd; ~ **crowd** jubelnde Menge; ~ **cheer** Jubelruf *m;* ~ **laugh** triumphierendes Lachen; ~ **mood** ausgelassene Stimmung

ex·ult·ant·ly [ɪgˈzʌltᵊntli] *adv* jubelnd; **to smile ~** triumphierend lächeln; **to throw up one's arms ~** jubelnd die Arme hochreißen

ex·ul·ta·tion [ˌɪgzʌlˈteɪʃᵊn] *n no pl* Jubel *m,* Frohlocken *nt veraltend geh* (**at** über +*akk)*

ex 'works *adv inv* COMM ab Werk, Ex Works

eye [aɪ] **I.** *n* ① *(organ)* Auge *nt;* **to give sb a black ~** *(fam)* jdm ein blaues Auge verpassen *fam;* **as far as the ~ can see** so weit das Auge reicht; **to blink one's ~s** [**in amazement/disbelief**] [erstaunt/ungläubig] [drein]schauen, [große] Augen machen; **to close one's ~s tightly** die Augen zu[sammen]kneifen; **to cross one's ~s** schielen; **to roll one's ~s** mit den Augen rollen, die Augen verdrehen; **to rub one's ~s** [**in amazement/disbelief**] sich *dat* [erstaunt/ungläubig] die Augen reiben
② *(needle hole)* Öhr *nt;* ~ **of a needle** Nadelöhr *nt*
③ *(eyelet)* Öse *f*
④ METEO Auge *nt;* **the ~ of a storm** das Zentrum eines Sturms; **the ~ of the hurricane** das Auge des Orkans
⑤ BOT *potato* Auge *nt; flower* Knospenansatz *m*
▶ PHRASES: **to be all ~s** ganz aufmerksam zusehen; **to not bat an ~** nicht mit der Wimper zucken; **to not believe one's ~s** seinen Augen nicht trauen; **his ~s were too big for his stomach** *(hum)* seine Augen waren größer als sein Mund; **to catch sb's ~, to clap** [*or* **lay**] [*or* **set**] **~s on sb/sth** *(fam)* jdn/etw zu Gesicht bekommen *fam;* **to catch sb's ~** *(sb's attention)* jdm ins Auge fallen [*o* springen]; **to close one's ~s to sth** seine Augen vor etw *dat* verschließen; **to cry one's ~s out** *(fam)* sich *dat* die Augen ausheulen [*o* aus dem Kopf heulen] *fam;* **to do sth with one's ~s open** *(fam)* etw mit vollem Bewusstsein [*o fig* mit offenen Augen] tun; **to get/have one's ~ in** BRIT *in ball games* Ballgefühl bekommen/haben; **to have one's ~ on sb/sth** *(fam: watch)* jdn/etw im Auge behalten, ein [wachsames] Auge auf jdn/etw haben; *(desire)* ein Auge auf jdn/etw geworfen haben; ***I have my ~ on her for the vacant position*** ich habe sie für die freie Stelle im Auge; **to have a good** [*or* **keen**] **~ for sth** ein Auge [*o* einen [guten] Blick] für etw *akk* haben; **she has ~s in the back of her head** *(fam)* sie hat ihre Augen überall, ihr entgeht nichts; **to have an ~ for the main chance** BRIT, AUS *(fam)* [immer nur] auf den eigenen Vorteil bedacht sein; **in sb's ~s** [*or* **in the ~s of sb**] in jds Augen; **in the ~s of the people/public** in den Augen der Leute/Öffentlichkeit; **to keep an** [*or* **one's**] **~ on sb/sth** *(fam)* ein [wachsames] Auge auf jdn/etw haben, jdn/etw im Auge behalten; **to keep an ~ out for sb/sth** *(fam)* nach jdm/etw Ausschau halten; **to keep one's ~s open** [*or* **peeled**] [*or* BRIT *fam* **skinned**] die Augen offenhalten *fam;* **to make ~s at sb** *(fam)* jdm [schöne] Augen machen *fam;* **there's more to her/it than meets the ~** in ihr/dahinter steckt mehr, als es zunächst den Anschein hat; **to be one in the ~ for sb** BRIT *(fam)* ein Schlag ins Kontor [*o* ÖSTERR, SCHWEIZ Gesicht] für jdn sein *fam;* **to open sb's ~s** [**to sth**] jdm die Augen [für etw *akk*] öffnen; **to see ~ to ~ with sb on sth** mit jdm einer Meinung über etw *akk* sein; **her ~s were popping out of her head** *(fam)* ihr gingen die Augen über; **with one's ~s shut** *(fam)* mit geschlossenen Augen *fig,* blind; **to be able to do sth with one's ~s shut** *(fam)* etw mit geschlossenen Augen [*o fam* im Schlaf] tun können; **to go around with one's ~s shut** blind durch die Gegend laufen; **to be a sight for sore ~s** ein erfreulicher [*o* wohltuender] Anblick sein; **to not take one's ~s off sb/sth** *(fam: admire)* ***he can't take his ~s off her*** er kann kein Auge [*o* seine Augen nicht] von ihr abwenden; *(watch)* ***you can't take your ~s off her for one minute*** man kann sie keine Minute aus den Augen lassen; **to sb's ~** in jds Augen; **an ~ for an ~, a tooth for a tooth** *(prov)* Auge um Auge, Zahn um Zahn *prov;* **to turn a blind ~** [**to sth**] [bei etw *dat*] beide Augen [*o* ein Auge] zudrücken *fig fam;* [**right**] **before** [*or* **under**] **sb's very ~s** [direkt] vor [*o* unter] jds Augen; **to be up to one's ~s in work** *(fam)* bis über beide Ohren [*o* bis zum Hals] in Arbeit stecken *fam*
II. *n modifier (disease, drops, operation)* Augen-; ~ **specialist** Augenarzt, -ärztin *m, f*
III. *vt* <-d, -d, -ing *or* eyeing> ■**to ~ sb/sth** ① *(look at carefully)* jdn/etw beäugen [*o geh* in Augenschein nehmen]; **to ~ sb/sth curiously/suspiciously/thoughtfully** jdn/etw neugierig/argwöhnisch/nachdenklich betrachten; **to ~ sb up and down** jdn von oben bis unten mustern
② *(look at desiringly)* jdn/etw mit begehrlichen Blicken betrachten *geh;* **to ~ sb/sth appreciatively** jdm/etw anerkennende Blicke zollen *geh*
◆**eye up** *vt* ① *(look at carefully)* ■**to ~ up** ○ **sb/sth** jdn/etw beäugen [*o geh* in Augenschein nehmen]; **to ~ sb/sth up curiously/thoughtfully/warily** jdn/etw neugierig/nachdenklich/argwöhnisch betrachten
② *(look at with desire)* ■**to ~ up** ○ **sb/sth** jdn/etw mit begehrlichen Blicken betrachten *geh*
③ *(look at covetously)* ■**to ~ up** ○ **sb** jdn mit Blicken verschlingen

'eye·ball I. *n* Augapfel *m* ▶ PHRASES: **to be drugged to the ~s** völlig zu sein *sl;* [**to be**] **~ to ~** [**with sb**] *(fam)* [jdm] Auge in Auge [gegenüberstehen]; **to be up to one's ~s in work** bis über beide Ohren in Arbeit stecken *fam* **II.** *vt (fam)* ① *(watch intently)* ■**to ~ sb** jdn mit einem durchdringenden Blick ansehen ② *(measure approximately)* ■**to ~ sth** etw nach Augenmaß einschätzen **'eye·brow** *n* Augenbraue *f;* **bushy ~s** buschige [*o* dichte] Augenbrauen; **to pluck one's ~s** sich *dat* die Augenbrauen zupfen; **to raise one's ~s** die Augenbrauen hochziehen; *(fig)* die Stirn runzeln **'eye·brow pen·cil** *n* Augenbrauenstift *m* **'eye-can·dy** *n no pl (fig sl)* Augenfutter *nt fam,* Fest *nt* fürs Auge; INET, COMPUT *Grafiken oder Animationen, die die Informationen auf einer Webseite oder in einer Software interessanter oder aufregender erscheinen lassen* **'eye·care I.** *n no pl* Eyecare *f,* Augenoptik *f;* **experts in ~** Experten rund ums Auge **II.** *n modifier (product)* Augenpflege- **'eye-catch·er** *n* Blickfang *m* **'eye-catch·ing** *adj* auffällig; ■**to be ~** auffallend sein, ins Auge fallen [*o* springen] **'eye con·tact** *n no pl* Blickkontakt *m;* **to avoid ~** [**with sb**] Blickkontakt [mit jdm] vermeiden, jds Blick[en] ausweichen; **to keep/make ~** [**with sb**] Blickkontakt [mit jdm] halten/aufnehmen **'eye·drops** *npl* Augentropfen *pl* **'eye·ful** *n* **to get an ~ of dust/soapy water** Staub/Seifenlauge ins Auge bekommen
▶ PHRASES: **to be an ~** *(fam)* etw fürs Auge sein *fam;* ***she's quite an ~*** sie sieht toll aus *fam;* **to get an ~ of sth** *(fam)* einen [verstohlenen] Blick auf etw *akk* werfen; ***we should have got an ~ of the contract*** wir hätten uns den Vertrag einmal ansehen sollen **'eye·glass** *n (dated)* Augenglas *nt veraltet* **'eye·glasses** *npl* AM *(spectacles)* Brille *f* **'eye·lash** *n* Wimper *f;* **false ~es** falsche [*o* künstliche] Wimpern; **long ~es** lange Wimpern **'eye·lash curl·er** *n* Wimpernformer *m*

eye·let [ˈaɪlət] *n* Öse *f*

'eye-lev·el *n* **at ~** in Augenhöhe; **to place sth at ~** etw in Augenhöhe anbringen **'eye·lid** *n* Augenlid *nt* **'eye·lin·er** *n no pl* Eyeliner *m* **'eye-open·er** *n (fig)* ■**to be an ~ for sb** *(enlightening)* jdm die Augen öffnen; *(startling)* alarmierend für jdn sein; ***seeing her son's friend smoking a joint was a real ~ for Mrs Drake*** Mrs. Drake fiel aus allen Wolken, als sie den Freund ihres Sohnes einen Joint rauchen sah **'eye-open·ing** *adj experiment* aufschlussreich, erhellend **'eye·patch** *n* Augenklappe *f* **'eye·piece** *n* Okular *nt* **'eye-pop·ping** *adj inv (fig)* spektakulär **'eye shad·ow** *n no pl* Lidschatten *m* **'eye·sight** *n no pl* Sehvermögen *nt,* Sehkraft *f,* Augenlicht *nt geh;* **bad/good/keen ~** schlechte/gute/scharfe Augen; **failing ~** nachlassende Sehkraft; **to have poor ~** schlecht sehen; **to lose one's ~** das Augenlicht verlieren *geh* **'eye sock·et** *n* Augenhöhle *f*

'eye·sore *n (fig)* Schandfleck *m;* ***the new building is an ~*** das neue Gebäude sieht einfach scheußlich aus

'eye·strain *n no pl* Überanstrengung *f* [*o* Ermüdung *f*] der Augen

Eye·tie [ˈaɪtaɪ] *n (pej! sl)* Itaker(in) *m(f),* Italo *m* SCHWEIZ *pej,* Spaghettifresser(in) *m(f) pej*

'eye tooth *n (tooth)* Augenzahn *m,* oberer Eckzahn; *(fig)* ***I'd give my eye teeth for that*** ich würde alles darum geben ▶ PHRASES: **to cut one's eye teeth** AM erwachsen werden; **to cut one's eye teeth on a career** erste Erfahrungen in einem Beruf sammeln

'eye·wash *n* ① *no pl* PHARM Augenwasser *nt* ② *no pl (fam: silly nonsense)* Blödsinn *m fam,* Quatsch *m fam; (empty statements)* leeres Gerede; *(pretentious nonsense)* Augenwischerei *f pej,* Augenauswischerei *f* ÖSTERR *pej* **'eye·wear** *n no pl* Brillen [und Kontaktlinsen] *pl* **eye·'wit·ness** *n* Augenzeuge, -zeugin *m, f* **eye·wit·ness ac·'count** *n* Augenzeugenbericht *m*

ey·ing [ˈaɪɪŋ] *vt present participle of* **eye**

ey·rie [ˈɪəri, AM ˈeri] *n* ORN Horst *m*

e-zine [ˈiːziːn] *n* E-Zine *nt,* Internet-Magazin *nt*

F

F <*pl* -'s>, **f** <*pl* -'s *or* -s> [ef] *n* ① *(letter)* F *nt,* f *nt;* ~ **for Frederick** [*or* AM **as in Fox**] F für Friedrich; *see also* **A 1**
② MUS F *nt,* f *nt;* ~ **flat** Fes *nt,* fes *nt;* ~ **sharp** Fis *nt,* fis *nt; see also* **A 2**
③ *(school mark)* ≈ Sechs *f,* ≈ Fünfer *m* ÖSTERR, ≈ Einer *m* SCHWEIZ, ≈ ungenügend, ≈ Nicht genügend ÖSTERR, ≈ schlecht SCHWEIZ, F; *see also* **A 3**
④ FIN **Schedule F** *(zu versteuernde) Erträge von Dividenden und sonstigen Ausschüttungen*

F *adj after n abbrev of* **Fahrenheit**

fa [fɑː] *n* MUS Fa *nt*

FA [ˌefˈeɪ] *n no pl abbrev of* **Football Association:** ■**the ~** ≈ der DFB [*o* ÖSTERR ÖFB] [*o* SCHWEIZ SFV]; ~ **Cup** ≈ DFB-Pokal *m,* ≈ Bundesligapokal *m* ÖSTERR, ≈ Meisterpokal *m* SCHWEIZ

fab [fæb] *adj inv (esp hum fam) short for* **fabulous** toll *fam,* dufte BRD *fam*

fa·ble [ˈfeɪbl̩] *n* ① *(story)* Fabel *f*
② *(genre)* Sage *f*
③ *(plan of literary work)* Plot *m*
④ *(made-up story)* Märchen *nt*

fa·bled [ˈfeɪbl̩d] *adj attr, inv* ① *(approv: famous)* legendär
② *(mythical)* sagenumwoben; ~ **creature** Fabelwesen *nt*

fab·ric [ˈfæbrɪk] *n* ① *no pl (textile)* Stoff *m;* **cotton ~** Baumwollstoff *m;* **fine/hard-wearing ~** feiner/strapazierfähiger Stoff; **high-quality ~** Qualitätsstoff *m;* **woollen ~** Wollstoff *m*
② *no pl (underlying structure)* Gefüge *nt,* Struktur *f;* **the ~ of society** die Gesellschaftsstruktur [*o* soziale Struktur]
③ *of building* Bausubstanz *f*

fab·ri·cate [ˈfæbrɪkeɪt] *vt* ① *(make)* ■**to ~ sth** *furniture, toys* etw herstellen [*o geh* fertigen]
② *(pej: make up)* ■**to ~ sth** etw erfinden; **to ~ an excuse** sich *dat* eine Ausrede ausdenken; **~d fact** LAW erfundene Tatsache
③ *(forge)* **to ~ banknotes/a document/a signature** Geldscheine/ein Dokument/eine Unterschrift fälschen

fab·ri·ca·tion [ˌfæbrɪˈkeɪʃᵊn] *n* ① *no pl (act)* Herstellung *f,* Fertigung *f*
② *no pl (pej: result)* Erfindung *f pej; (untrue story)* Märchen *nt,* Lügengeschichte *f;* **complete ~** reine Erfindung
③ *(fake)* Fälschung *f*

'fab·ric fil·ter *n* TECH Gewebefilter *nt*

fabu·lous ['fæbjələs] *adj* ① *(terrific)* fabelhaft, sagenhaft, fantastisch, toll *fam*; ~ prizes sagenhafte Preise; to look absolutely ~ einfach fabelhaft aussehen *fam*
② *inv (dated: mythical)* Fabel-; ~ beast Fabeltier *nt*; ~ creature Fabelwesen *nt*

fabu·lous·ly ['fæbjələsli] *adv* fabelhaft, sagenhaft, toll *fam*; ~ rich unvorstellbar reich; ~ wealthy unglaublich wohlhabend

fa·çade [fə'sɑ:d] *n* ① *(front)* Fassade *f*, Vorderseite *f*, Front *f*
② *(fig: false appearance)* Fassade *f*; he wears a ~ of happiness sein Glück ist nur gespielt; to maintain an amiable ~ nach außen hin freundlich bleiben

face [feɪs] **I.** *n* ① *(also fig: countenance)* Gesicht *nt a. fig*; *(expression)* Miene *f*; I don't want to see your ~ here again! *(fam)* ich will dich hier nie wieder sehen!; the expression on her ~ showed her disappointment die Enttäuschung stand ihr ins Gesicht geschrieben; to have a puzzled expression on one's ~ ein ratloses Gesicht machen; to have a smile on one's ~ lächeln; to keep a smile on one's ~ [immerzu] lächeln; to put a smile on sb's ~ jdn zum Lächeln bringen; with a ~ like thunder mit finsterer Miene; to have a ~ like thunder finster dreinblicken; to go blue/green/red in the ~ [ganz] blau/grün/rot im Gesicht werden; with a fierce/friendly ~ mit grimmiger/freundlicher Miene; with a happy/smiling ~ mit strahlender Miene; to pull a long ~ ein langes Gesicht machen [*o* ziehen]; a sad ~ eine traurige Miene, ein trauriges Gesicht; to pull a sad ~ ein trauriges Gesicht machen; to show one's true ~ sein wahres Gesicht zeigen; ~ down/up mit dem Gesicht nach unten/oben; to do one's ~ *(fam)* sich *akk* schminken; to look sb in the ~ jdm in die Augen schauen; to make [*or* pull] ~s Grimassen schneiden; to make [*or* pull] a ~ das Gesicht verziehen; she made a ~ of disgust sie verzog angewidert das Gesicht; to shut the door in sb's ~ jdm die Tür vor der Nase zuschlagen; to tell sth to sb's ~ jdm etw ins Gesicht sagen; ~ to ~ von Angesicht zu Angesicht
② *of a building* Fassade *f*; *of a cliff, mountain* Wand *f*; *of a clock, watch* Zifferblatt *nt*; *of a card, coin* Bildseite *f*; place the cards ~ down/up on the table legen Sie die Karten mit der Bildseite nach unten/oben auf den Tisch; north ~ *of a building* Nordseite *f*; *of a mountain* Nordwand *f*
③ *(surface)* Oberfläche *f*
④ *(fig: appearance)* Gesicht *nt fig*; *(aspect)* Seite *f*; Britain has many ~s Großbritannien hat viele Gesichter; poor quality is the unacceptable ~ of increased productivity schlechte Qualität ist die Kehrseite [*o* Schattenseite] erhöhter Produktivität
⑤ *no pl (reputation)* Gesicht *nt fig*; to lose/save ~ das Gesicht verlieren/wahren
⑥ *no pl (presence)* Angesicht *nt*; ■in the ~ of sth *(in view of)* angesichts einer S. *gen*; *(despite)* trotz einer S. *gen*; she left home in the ~ of strong opposition from her parents sie ist trotz starken Widerstands vonseiten ihrer Eltern ausgezogen; he maintained, in the ~ of all the facts, that he had told the truth obwohl alle Tatsachen dagegen sprachen, behauptete er, die Wahrheit gesagt zu haben; to show courage in the ~ of the enemy Mut vor dem Feind zeigen; in the ~ of adversity angesichts der widrigen Umstände; in the ~ of danger/death im Angesicht der Gefahr/des Todes
⑦ *no pl (fam: cheek)* to have the ~ to do sth die Unverfrorenheit [*o* Stirn] haben, etw zu tun
⑧ TYPO Schrift *f*, Schriftbild *nt*
⑨ MIN Abbaustoß *m fachspr*; to work at the ~ vor Ort arbeiten
▸PHRASES: to disappear [*or* be wiped] off the ~ of the earth wie vom Erdboden verschluckt sein; sb's ~ drops [*or* falls] jd ist sichtlich enttäuscht; her ~ fell when she opened the letter sie war sichtlich enttäuscht, als sie den Brief öffnete; sb's ~ fits BRIT *(fam)* jd ist allem Anschein nach der/die Richtige; get out of my ~! AM *(sl)* lass mich in Frieden [*o* Ruhe]!; to have a ~ like the back [end] of a bus *(fam)* potthässlich sein *fam*; to be in sb's ~ AM *(sl: impede)* jdm in die Quere kommen *fam*; *(bother)* jdm auf den Geist gehen *fam*; to be off one's ~ *(fig sl: drunk and/or high on drugs)* zu sein *sl*; on the ~ of it auf den ersten Blick, oberflächlich betrachtet; to put a brave ~ on it, to put on a brave ~ gute Miene zum bösen Spiel machen; to set one's ~ against sth sich *akk* gegen etw *akk* wenden; to show one's ~ sich *akk* blicken lassen; to struggle to keep a straight ~ sich *dat* nur mit Mühe das Lachen verkneifen können; to wash one's ~ *(sl)* in die Schwarzen rutschen *fam*
II. *vt* ① *(look towards) person* ■to ~ sb/sth sich *akk* jdm/etw zuwenden, zu jdm/etw blicken; *(sit opposite)* ■to ~ [*or* sit facing] sb jdm gegenübersitzen; ■to ~ [*or* sit facing] sth mit dem Gesicht zu etw *dat* sitzen; *(stand opposite)* ■to ~ [*or* stand facing] sb jdm gegenüberstehen; she sat down facing me sie setzte sich mir gegenüber; please ~ me when I'm talking to you schau mich bitte an, wenn ich mit dir rede; to ~ the audience sich dem Publikum zuwenden *akk*; to sit facing the engine [*or* front] in Fahrtrichtung sitzen
② ■to ~ sth *(point towards) object* zu etw *dat* [hin] zeigen [*o* gerichtet sein]; *(be situated opposite) building* gegenüber etw *dat* liegen; the school ~s the church die Schule liegt gegenüber der Kirche; our houses ~ each other unsere Häuser liegen einander gegenüber
③ *(look onto) room, window* to ~ the garden/sea/street auf den Garten/das Meer/die Straße [hinaus]gehen; *garden, house*; to ~ the mountains/sea auf die Berge/das Meer blicken; to ~ the street zur Straße [hin] liegen; we are looking for a house facing the market square wir suchen ein Haus mit Blick auf den Marktplatz
④ *(be confronted with)* ■to ~ sth sich *akk* etw *dat* gegenübersehen, etw *dat* gegenüberstehen; to ~ a charge angeklagt sein; to ~ a charge of theft sich *akk* wegen Diebstahls vor Gericht verantworten müssen; to ~ criticism Kritik ausgesetzt sein; to ~ death dem Tod ins Auge sehen; to ~ a difficult situation mit einer schwierigen Situation konfrontiert sein
⑤ *(confront)* ■to ~ sb with sth jdn mit etw *dat* konfrontieren; to be ~d with one's past/the truth mit seiner Vergangenheit/der Wahrheit konfrontiert werden; they are ~d with financial penalties sie müssen mit Geldstrafen rechnen
⑥ *(require the attention of)* ■to ~ sb *question* sich *akk* jdm stellen; the main problem facing us is how ... wir stehen hauptsächlich vor dem Problem, wie ...; ■to be ~d by sth vor etw *dat* stehen, sich *akk* etw *dat* gegenübersehen; we were ~d by a flooded cellar wir standen vor einem überfluteten Keller
⑦ *(accept, deal with)* to ~ the criticism sich *akk* der Kritik stellen; to ~ death/the facts dem Tod/den Tatsachen ins Auge sehen [*o* blicken]; let's ~ facts [*or* it] machen wir uns doch nichts vor; to ~ one's fears/problems sich *akk* seinen Ängsten/Problemen stellen
⑧ *(bear)* ■to ~ sth etw ertragen; I couldn't ~ another shock like that noch so einen Schock würde ich nicht verkraften; I can't ~ another drink! ich kann jetzt wirklich nichts mehr trinken!; he can't ~ work today er ist heute nicht imstande zu arbeiten; ■to ~ doing sth sich *akk* in der Lage sehen, etw zu tun; she can't ~ seeing him so soon after their break-up sie sieht sich außerstande, ihn so kurz nach ihrer Trennung wiederzusehen; I can't ~ climbing those stairs again! allein der Gedanke, noch einmal die Treppen hochsteigen zu müssen!; I can't ~ telling him the truth ich bringe es einfach nicht über mich, ihm die Wahrheit zu sagen
⑨ ARCHIT ■to ~ sth in [*or* with] sth etw mit etw *dat* verkleiden; to ~ sth in [*or* with] bricks etw mit Ziegelsteinen verblenden [*o* verschalen]
⑩ TECH ■to ~ sth etw planbearbeiten *fachspr*
⑪ FASHION ■to ~ sth etw einfassen
▸PHRASES: to ~ the music *(fam)* für die Folgen geradestehen, die Konsequenzen tragen; you had better go in and ~ the music now geh lieber gleich rein und stell dich der Sache *fam*
III. *vi* ① *(point)* to ~ backwards/downwards/forwards nach hinten/unten/vorne zeigen; a seat facing forwards TRANSP ein Sitz in Fahrtrichtung; to ~ downhill/east bergab/nach Osten zeigen
② *(look onto)* to ~ south/west *room, window* nach Süden/Westen [hinaus]gehen; *house, garden* nach Süden/Westen liegen
③ *(look) person* blicken; ~ right! MIL Abteilung rechts[um]!; to ~ away [from sb/sth] sich *akk* [von jdm/etw] abwenden; to sit/stand facing away from sb/sth mit dem Rücken zu jdm/etw sitzen/stehen; facing forwards/left mit dem Gesicht nach vorne/links; to ~ [*or* sit facing] backwards/forwards TRANSP entgegen der/in Fahrtrichtung sitzen

◆**face about** *vi* MIL kehrtmachen

◆**face down I.** *vt* AM ① *(confront)* ■to ~ down ⟲ sb/sth jdm/etw [energisch] entgegentreten
② *(pej: threaten)* ■to ~ down ⟲ sb jdn einschüchtern
II. *vi* nach unten zeigen

◆**face out I.** *vt* BRIT ■to ~ out ⟲ sth etw durchstehen
II. *vi* nach außen zeigen

◆**face up I.** *vi* ■to ~ up to sth *(accept)* etw *dat* ins Auge sehen; *(cope with)* mit etw *dat* fertigwerden; to ~ up to the knowledge that ... sich *akk* damit abfinden, dass ...; to ~ up to one's problems sich *akk* seinen Problemen stellen; ■to not ~ up to sth *(not accept)* etw nicht wahrhaben wollen; *(not cope)* mit etw *dat* nicht fertigwerden *fam*; she can't ~ up to being only second sie kann sich einfach nicht damit abfinden, nur Zweite zu sein
II. *vi* nach oben zeigen

'face amount *n* Nominalwert *m* **'face·cloth** *n* Waschlappen *m* **'face cream** *n no pl* Gesichtscreme *f*

face·less ['feɪsləs] *adj inv (pej)* gesichtslos, anonym

'face·lift *n* [Face]lifting *nt*, Gesichtsstraffung *f*; *(fig)* Renovierung *f*; to have a ~ sich *akk* liften lassen **'face mask** *n* Gesichtsmaske *f* **'face pack** *n* Gesichtspackung *f*, Gesichtsmaske *f*; to apply a ~ eine Gesichtsmaske auftragen **'face pow·der** *n no pl* Gesichtspuder *m*; to apply ~ Gesichtspuder auftragen **'face-sav·ing** *adj* a ~ compromise/gesture/tactic ein Kompromiss/eine Geste/eine Taktik, um das Gesicht zu wahren

fac·et ['fæsɪt] *n* ① *(side of cut gem)* Facette *f*, Schleiffläche *f*
② *(fig: aspect)* Seite *f*; *of a problem* Aspekt *m*; *of a personality* Facette *f*

fac·et·ed ['fæsɪtɪd, AM -ɪt̬ɪd] *adj inv* ① *(of sides)* facettiert; ~ eye Facettenauge *nt*
② *(of aspects)* -schichtig

fac·et·ed 'code *n* COMPUT Facettencode *m*

'face time *n no pl* ① *(fam: for meeting)* Zeit *f* für ein persönliches Treffen
② *(for interview)* Zeit *f* für ein persönliches Gespräch

fa·ce·tious [fə'si:ʃəs] *adj (usu pej)* ① *(flippant) comments, remarks* [gewollt] witzig *pej*; ■to be ~ about sth über etw *akk* witzeln [*o* spötteln], sich *akk* über etw *akk* mokieren *geh*
② *(frivolous)* leichtfertig, oberflächlich, ohne den nötigen Ernst *präd*; he is a ~ kind of guy ihm fehlt es am nötigen Ernst

fa·ce·tious·ly [fə'si:ʃəsli] *adv* witzelnd; *(pej)* spöttisch *pej*, mokant *pej geh*

fa·ce·tious·ness [fə'si:ʃəsnəs] *n no pl (usu pej)* ① *(pretended wittiness)* [ständiges] Gewitzel [*o* Witzeln] [*o* Geblödel]
② *(frivolousness)* Oberflächlichkeit *f*, Mangel *m* an Ernst

face-to-'face *adv* persönlich; to come ~ with sth direkt mit etw *dat* konfrontiert werden, etw am eigenen Leib erfahren; to come ~ with real pain Schmerzen am eigenen Leib erfahren; to speak [*or* talk] to sb ~ mit jdm persönlich sprechen **'face-track·ing** *n* Face-Tracking *nt;* **F~ software** Face-Tracking-Software *f* **face 'value** *n* ① FIN Nennwert *m,* Nominalwert *m* ② *(apparent value)* **to take sb at [his/her] ~** jdm [erst einmal] glauben; **to take sth at [its] ~** etw für bare Münze nehmen; ***I took the offer at ~*** ich habe das Angebot unbesehen angenommen **'face wash·er** *n* AUS Waschlappen *m*

fa·cial ['feɪʃᵊl] **I.** *adj inv* Gesichts-; **~ expression** Gesichtsausdruck *m;* **~ hair** Barthaare *pl;* **~ injury** Verletzung *f* im Gesicht; **to bear a strong ~ resemblance to sb** jdm wie aus dem Gesicht geschnitten sein

II. *n* [kosmetische] Gesichtsbehandlung; **to get a ~** sich *dat* einer Gesichtsbehandlung unterziehen

fa·cial·ly ['feɪʃᵊli] *adv inv* vom Gesicht her

fac·ile <-r, -st *or* more ~, most ~> ['fæsaɪl, AM -sɪl] *adj* ① *(effortless)* mühelos; *method* einfach; *victory* leicht

② *person* oberflächlich

③ *(unrestrained) style* flüssig, gewandt; **~ wit** reger Geist; **to have a ~ wit** sehr geistreich sein

④ *(pej: superficially easy)* [allzu] einfach; ***it would be easy, but ~, to ...*** man würde es sich einfach, ja zu einfach machen, ...

fa·cili·tate [fə'sɪlɪteɪt] *vt* ■**to ~ sth** ① *(make easier) process, work* etw erleichtern; ***this would ~ matters a lot*** das würde die Sache doch sehr erleichtern

② *(enable)* etw ermöglichen; **to ~ an enterprise/a project** ein Unternehmen/Projekt fördern

fa·cili·ta·tor [fə'sɪlɪteɪtəʳ, AM -t̬ɚ] *n* Vermittler(in) *m(f)*

fa·cil·ity [fə'sɪlɪti, AM -əti] *n* ① *no pl (ease)* Leichtigkeit *f,* Mühelosigkeit *f;* **~ of style** stilistische Gewandtheit; **to learn sth with great ~** etw mit großer Leichtigkeit lernen

② *(natural ability)* Begabung *f* (**for** für *+akk*); **~ for languages** Sprachbegabung *f;* **to have a ~ for memorizing numbers** ein gutes Zahlengedächtnis haben

③ *(extra feature)* Funktion *f,* Möglichkeit *f;* **memory ~** TELEC Speicherfunktion *f*

④ FIN *(credit facility)* Fazilität *f,* Überziehungsrahmen *m* ÖSTERR, SCHWEIZ; **~ [arrangement] fee** Provision *f* für eine Kreditgarantie oder andere Fazilitäten, Überziehungszinsen *pl* ÖSTERR, SCHWEIZ; **overdraft ~** Überziehungskredit *m,* Überziehungsrahmen *m* ÖSTERR; **a bank account with an overdraft ~** ein Bankkonto [*o* ÖSTERR -rahmen] mit Überziehungsmöglichkeit *nt*

⑤ *esp* AM *(building)* Einrichtung *f,* Anlage *f;* **holiday ~** Ferienanlage *f;* **military ~** militärische Anlage; **research ~** Forschungszentrum *nt*

⑥ *(equipment and buildings)* ■**facilities** *pl* Einrichtungen *pl,* Anlagen *pl;* **medical facilities** medizinische Einrichtungen; **sports facilities** Sportanlagen *pl;* **toilet facilities** Toiletten *pl*

⑦ *(services)* ■**facilities** *pl* **catering facilities** gastronomisches Angebot; **medical facilities** medizinische Versorgung; **shopping facilities** Einkaufsmöglichkeiten *pl*

fac·ing ['feɪsɪŋ] *n* ① *(outer layer: in wood)* Verkleidung *f; (in bricks)* Verblendung *f*

② *no pl* FASHION *(reinforcement)* Versteifungsband *nt,* Schrägband *nt* SCHWEIZ; *(decoration)* Besatz *m; (on sleeve)* Aufschlag *m*

fac·simi·le [fæksɪmᵊli] *n* ① *(copy)* Reproduktion *f,* Faksimile *nt fachspr*

② *no pl* TELEC *(method of transmission)* Bildübertragung *f,* Faksimileübertragung *f fachspr; (transmitted image)* Faksimile *nt fachspr,* Telefax *nt,* Fernkopie *f*

fac·'simi·le ma·chine *n* Faxgerät *nt*

fact [fækt] *n* ① *no pl (truth)* Wirklichkeit *f,* Wahrheit *f,* Übereinstimmung *f* mit den Tatsachen [*o* Fakten]

② *(single truth)* Tatsache *f,* Faktum *nt geh;* **matters of ~** Tatsachen *pl;* **the bare [***or* **hard] [***or* **plain] ~s** die nackten Tatsachen; **the ~ [of the matter] is that ...** Tatsache ist [*o* es stimmt], dass ...

▸PHRASES: **~s and figures** Fakten und Zahlen, genaue Daten; **in ~** [*or* **as a matter of ~**] [*or* **in point of ~**] genaugenommen; **to know the ~s of life** wissen, worauf es im Leben ankommt; **to be a ~ of life** die harte Wahrheit sein; **to tell sb the ~s of life** jdn über den Ernst des Lebens aufklären; **to tell a child the ~s of life** *(euph fam)* ein Kind sexuell aufklären

'fact-check *vt* ■**to ~ sth** etw auf Richtigkeit überprüfen **'fact-check·er** *n* Faktenprüfer(in) *m(f)*

'fact-find·ing *adj inv* Untersuchungs-; **~ committee** Untersuchungsausschuss *m;* **~ delegation** Ermittlungskommission *f,* Untersuchungsausschuss *m;* **~ mission** Erkundungsmission *f a. iron;* **~ study** klärende Untersuchung; **~ tour** Informationsreise *f*

fac·tion ['fækʃᵊn] *n* POL ① *(esp pej: dissenting part)* [Splitter]gruppe *f;* **radical ~** radikaler Flügel; *(group)* radikale Splittergruppe; **to split into ~s** in Splittergruppen zerfallen

② *(party within parliament)* Fraktion *f*

③ *no pl (disagreement)* interne Unstimmigkeiten

fac·tion·al ['fækʃᵊnᵊl] *adj* POL Gruppen-; **~ interests** Gruppeninteressen *pl;* **~ leaders** Anführer(innen) *mpl(fpl)* von Splittergruppen

fac·tion·al·ism ['fækʃᵊnᵊlɪzᵊm] *n no pl* POL ① *(grouping)* [parteiinterne] Gruppenbildung; *(pej)* Parteigeist *m*

② *(disagreement)* innere Zerspaltenheit

fac·tious ['fækʃəs] *adj* aufwieglerisch

fac·ti·tious [fæk'tɪʃəs] *adj inv (form)* ① *(produced artificially)* künstlich herbeigeführt; **~ demand/needs** künstlich hervorgerufene Nachfrage/Bedürfnisse; **~ tastes and values** künstlich beeinflusste Geschmacks- und Wertvorstellungen

② *(false)* falsch, unecht, nachgemacht; *(affected)* unnatürlich *pej; laughter* gekünstelt *pej; enthusiasm* geheuchelt; **a wholly ~ story** eine völlig konstruierte Geschichte

fac·toid ['fæktɔɪd] *n* ① *(assumption)* allgemeine Annahme, weitläufige Meinung

② AM *(brief fact)* Nachrichtenfetzen *m; (trivial fact)* nebensächliches Detail, Kinkerlitzchen *pl fam*

fac·tor ['fæktəʳ, AM -tɚ] *n* ① *(influence)* Faktor *m,* Umstand *m;* ***that was not a ~ in my decision*** das hat bei meiner Entscheidung keine Rolle gespielt; **contributory ~** fördernder Umstand; **to be a contributing ~ in sth** zu etw *dat* beitragen; **to be a crucial ~ in sth** etw entscheidend beeinflussen; **decisive [***or* **key]/unknown ~** entscheidender/unbekannter Faktor; **to be a major ~ in sth** auf etw *akk* einen großen Einfluss haben

② MATH Faktor *m;* ***two is a ~ of six*** sechs ist durch zwei teilbar; **by a ~ of four** um das Vierfache

③ *(for suncream)* [Lichtschutz]faktor *m;* **a ~ four sunscreen** eine Sonnencreme mit Schutzfaktor vier

④ TRANSP **load ~** *(in bus, plane or train)* Auslastung *f,* Kapazitätsfaktor *m*

⑤ FIN Factoringgesellschaft *f*

factor in *vt* ■**to ~ sth in** *(consider)* etw mitrechnen, etw mit einbeziehen, etw berücksichtigen

fac·tor·ing ['fæktᵊrɪŋ] *n no pl* FIN Factoring *nt;* **~ company** Factoringgesellschaft *f*

fac·tor·ize ['fæktᵊraɪz, AM -tə-] *vt* MATH ■**to ~ sth** etw in Faktoren zerlegen [*o fachspr* faktorisieren]

fac·tors of pro·'duc·tion *npl* COMM Produktionsfaktoren *pl*

fac·to·ry ['fæktᵊri] *n* Fabrik *f; (plant)* Werk *nt;* **car ~** Autofabrik *f;* **~ inspector** Gewerbeaufsichtsbeamte(r), -beamtin *m, f;* **~ manager** Betriebsleiter(in) *m(f);* **shoe/textile ~** Schuh-/Textilfabrik *f;* **~ worker** Fabrikarbeiter(in) *m(f);* **to work in [***or* **at] a ~** in einer Fabrik arbeiten

'fac·to·ry-farmed *adj inv* BRIT, AUS aus Massentierhaltung *nach n;* **~ eggs** Eier *pl* aus Legebatterien **'fac·tory farm·ing** *n no pl* BRIT, AUS [voll] automatisierte Viehhaltung [*o* Viehzucht] **fac·tory 'floor** *n (place)* Fertigungsfläche *f (eines Fabrikationsbetriebes); (workers)* Belegschaft *f* **fac·tory gate 'price** *n* BRIT Fabrikpreis *m* **fac·tory-re'fur·bished** *adj inv* generalüberholt, Factory-refurbished-, aufgemotzt *sl* **'fac·tory ship** *n* Fabrikschiff *nt*

fac·to·tum [fæk'təʊtəm, AM -'toʊt̬əm] *n (form)* Faktotum *nt;* **to be a general ~** *(hum)* Mädchen für alles sein *fam*

'fact sheet *n* Informationsblatt *nt* (**on** zu *+dat)*

fac·tual ['fæktʃʊəl, AM -tʃu:əl] *adj inv* ① *(based on fact)* sachlich, auf Tatsachen beruhend; **~ account** Tatsachenbericht *m;* **~ information** Sachinformationen *pl*

② *(actual)* tatsächlich

fac·tual·ly ['fæktʃʊəli, AM -tʃu:əli] *adv inv* sachlich; **~ correct** sachlich korrekt

fac·ul·ta·tive ['fækᵊltətɪv, AM -teɪt̬ɪv] *adj inv* fakultativ

fa·cul·ty ['fækᵊlti, AM -t̬i] *n* ① *(university department)* Fakultät *f,* Fachbereich *m;* **the F~ of Arts/Law/Science** die philosophische/juristische/naturwissenschaftliche Fakultät

② *no pl* AM SCH Lehrkörper *m,* Lehrerkollegium *nt;* UNIV [Lehrkörper *m* einer] Fakultät; *(all professors at university)* Professorenkollegium *nt;* **business/law ~** Lehrpersonal *nt* im Fachbereich Betriebswirtschaftslehre/Rechtswissenschaften; **the lower/upper school ~** die Lehrer *pl* der Sekundarstufe I/II

③ *(natural ability)* Fähigkeit *f,* Vermögen *nt kein pl;* **to be in command [***or* **possession] of all one's mental faculties** im Vollbesitz seiner geistigen Kräfte sein; **to have [all] one's faculties** im [Voll]besitz seiner [geistigen] Kräfte sein

④ *(skill)* Talent *nt,* Begabung *f* (**for** für *+akk)*

⑤ LAW Dispens *m*

'fa·cul·ty lounge *n* AM Lehrerzimmer *nt* **'fa·cul·ty meet·ing** *n* AM SCH Lehrerkonferenz *f;* **to attend a ~** an einer Lehrerkonferenz teilnehmen **Fa·cul·ty of 'Ad·vo·cates** *n* LAW Anwaltskammer *f* **'fa·cul·ty park·ing** *n no pl* AM SCH Lehrerparkplatz *m;* UNIV Parkplatz *m* für Universitätsangehörige

fad [fæd] *n (fam: fashion)* Modeerscheinung *f; (esp pej: craze)* Fimmel *m fam;* ***brown rice was the food ~ of the 70s*** Naturreis war das Modenahrungsmittel in den Siebzigerjahren; ***there was a ~ for wearing ripped jeans a few years ago*** vor einigen Jahren war es in, zerschlissene Jeans zu tragen; **the latest ~** der letzte Schrei

fad·di·ly ['fædɪli] *adv* BRIT *(esp pej fam)* dem neuesten Trend [*o* der neuesten Mode] folgend, trendig

fad·dish ['fædɪʃ] *adj (esp pej fam) see* **faddy**

fad·dish·ly ['fædɪʃli] *adv (esp pej fam) see* **faddily**

fad·dism ['fædɪzᵊm] *n no pl (esp pej fam)* Begeisterung *f* für jede neue Mode[welle]; **food ~** modische Essgewohnheiten

fad·dist ['fædɪst] *n (esp pej fam)* ■**to be a ~** jede neue Modewelle mitmachen; ***she's a health-food ~*** sie ist voll auf dem Reformkosttrip

fad·dy ['fædi] *adj (esp pej fam)* wählerisch; *person* exzentrisch *pej,* launenhaft *pej; interest* kurzfristig, vorübergehend; ■**to be ~ about sth** bei etw *dat* wählerisch sein

fade [feɪd] **I.** *vi* ① *(lose colour)* ausbleichen, verblassen

② *(lose intensity)* nachlassen; *light* schwächer werden; *(at end of day)* dunkel werden; *sound* verklingen; *smile* vergehen, [ver]schwinden; *suntan* verbleichen

③ *(disappear)* ■**to ~ from sth** von etw *dat* verschwinden; FILM, TV *picture* ausgeblendet werden; ***day slowly ~d into night*** der Tag ging langsam in die Nacht über; **to ~ from the picture [***or* **scene]** von der Bildfläche verschwinden *fam;* **to ~ from sight [***or* **view]** aus dem Blickfeld verschwinden

④ *(fig)* schwinden *geh; memories* verblassen; **to ~ fast** *(liter: weaken and die)* dahinwelken *euph liter,* dahinsiechen; *(fall asleep)* am Einschlafen sein

⑤ *(fam: to lose vitality)* abschlaffen *fam,* müde werden; ***we're fading, so we have coffee in the hotel café*** wir sind ziemlich fertig, wir trinken jetzt erst mal einen Kaffee im Hotelcafé

II. *vt* ■**to ~ sth** etw ausbleichen

◆**fade away** *vi* ① *(disappear gradually) courage, hope* schwinden *geh; memories* verblassen;

dreams, plans zerrinnen *geh; beauty* verblühen
❷ *(liter: weaken and die)* dahinwelken *euph liter,* dahinsiechen

◆**fade in** FILM, TV **I.** *vi picture* eingeblendet werden
II. *vt* ■**to ~ in ↔ sth** etw einblenden

◆**fade out I.** *vi* ausgeblendet werden; **to ~ out of sb's life** aus jds Leben verschwinden
II. *vt* ■**to ~ out ↔ sb/sth** jdn/etw ausblenden

fad·ed ['feɪdɪd] *adj carpet, wallpaper* ausgeblichen; *colour* verblichen; *flower, leaf* welk; *(fig) memory* verblasst; *beauty* verblüht

fade·less ['feɪdləs] *adj inv* TECH farbecht

'fade-out *n* Ausblenden *nt kein pl*

fae·cal, AM **fecal** ['fiːkəl] *adj inv (form)* Kot-, Fäkal- *geh;* ~ **contamination** Verunreinigung *f* durch Fäkalien; ~ **matter** Kot *m; of human beings* Stuhl *m;* ~ **sample** Kotprobe *f*

fae·ces, AM **fe·ces** ['fiːsiːz] *npl (form)* Fäkalien *pl geh,* Exkremente *pl geh,* Kot *m kein pl*

Fae·roe Islands ['feərəʊ-, AM 'feroʊ-] *npl see* **Faroe Islands**

faff [fæf] *vi* BRIT *(pej fam)* ■**to ~ about** [*or* **about**] herummachen *fam;* ***stop ~ing around*** komm endlich mal zu Potte *fam*

fag [fæg] **I.** *n* ❶ BRIT, AUS *(fam: cigarette)* Kippe *f fam,* Glimmstängel *m fam,* Zigi *f* SCHWEIZ *fam*
❷ *no pl esp* BRIT, AUS *(fam: bother)* Schinderei *f*
❸ *esp* AM *(pej sl: homosexual)* Schwule(r) *m sl,* Homo *m sl*
❹ BRIT SCH *(dated)* Diener *m (Schüler einer Privatschule, der einem älteren Mitschüler bestimmte Dienste leisten muss)*
II. *vt* <-gg-> *passive esp* BRIT, AUS *(fam)* ■**sb can't be ~ged to do sth** jd lässt sich *akk* nicht zwingen, etw zu tun
III. *vi* <-gg-> BRIT SCH *(dated)* [einem älteren Mitschüler] Dienste leisten

◆**fag out** *vt esp* BRIT, AUS *(fam)* ■**to ~ sb ↔ out** jdn völlig fertigmachen [*o* schaffen] *fam;* ■**to be ~ged out** fix und fertig sein *fam,* ausgepowert sein *sl*

'fag end *n* ❶ BRIT, AUS *(fam: cigarette butt)* Kippe *f fam,* Stummel *m fam*
❷ *(fig: last portion)* letzter Rest (**of** von +*dat*)

fagged [fægd] *adj esp* BRIT, AUS *(fam)* geschafft *fam,* fertig *fam,* fix und alle [*o* ÖSTERR, SCHWEIZ fertig] *sl,* völlig k.o. *sl*

fag·got ['fægət] *n* ❶ *esp* AM *(pej sl)* Schwule(r) *m fam,* Homo *m sl*
❷ *usu pl (dated: bundle of sticks)* Reisigbündel *nt*
❸ *usu pl* BRIT *(meatball)* Leberknödel *m*

'fag hag *n esp* AM *(pej sl) mit Homosexuellen verkehrende Frau*

fag·ot *n* AM *see* **faggot**

Fahr·en·heit ['færənhaɪt, AM *also* 'fer-] *n* Fahrenheit *nt;* [**at**] ***80 degrees*** ~ [bei] 80 Grad Fahrenheit; **in ~** in Fahrenheit

fail [feɪl] **I.** *vi* ❶ *(not succeed) person* versagen, scheitern; *attempt, plan* scheitern, fehlschlagen, missglücken; ***I tried to persuade him to come, but I ~ed*** ich habe versucht, ihn zum Kommen zu überreden, aber ich habe es nicht geschafft; ***this method never ~s*** diese Methode funktioniert immer; ***we ~ed in our efforts to find a compromise*** wir haben uns vergeblich um einen Kompromiss bemüht; ***he ~ed to convince the jury*** es ist ihm nicht gelungen, die Jury zu überzeugen; **to ~ completely** [*or* **utterly**] [*or* **miserably**] kläglich scheitern; **to be doomed to ~** zum Scheitern verurteilt sein; **if all else ~s** zur Not, wenn alle Stricke reißen *fam*
❷ *(not do)* ■**to ~ to do sth** versäumen, etw zu tun; ***she ~ed to arrive on time*** sie kam nicht pünktlich; **to ~ in one's duty** [**to sb**] seiner Pflicht [jdm gegenüber] nicht nachkommen; **to ~ to attend a meeting** an einem Treffen nicht teilnehmen; **to ~ to appreciate sth** etw nicht zu schätzen wissen
❸ *(not be able to do)* nicht umhin können *geh;* ***you couldn't ~ to be impressed by their efficiency*** man war unweigerlich von ihrer Effizienz beeindruckt; ***they surely can't ~ to notice that ...*** es kann ihnen nicht entgangen sein, dass ...; ***this trick never ~s to amuse the children*** dieser Trick bringt die Kinder immer zum Lachen; **I ~ to see** [*or* **understand**] **what/why/how ...** ich verstehe nicht, was/warum/wie ...
❹ SCH, UNIV durchfallen; **to ~ on a subject** in einem Fach durchfallen; **to ~ dismally** mit Pauken und Trompeten durchfallen *fam*
❺ TECH, TRANSP *(stop working) brakes* versagen; *generator, pump* ausfallen
❻ *(become weaker, stop)* nachlassen; *health* schwächer werden; *heart, voice* versagen; ***my courage ~ed*** der Mut verließ mich; **to be ~ing fast** im Sterben liegen
❼ *(go bankrupt)* bankrottgehen
❽ AGR *harvest, yield* ausfallen
II. *vt* ❶ *(not pass)* **to ~ a course/subject** einen Kurs/ein Fach nicht bestehen; **to ~ an exam/a test** bei einer Prüfung/einem Test durchfallen; **to ~ an interview** bei einem Bewerbungsgespräch versagen; **to ~ one's driving test** bei der Fahrprüfung durchfallen
❷ *(give failing grade)* ■**to ~ sb** *candidate* jdn durchfallen lassen
❸ *(let down)* ■**to ~ sb** jdn im Stich lassen [*o fam* hängenlassen]; ***my courage ~ed me*** mich verließ der Mut; ***words ~ me*** mir fehlen die Worte
III. *n* negative Prüfungsarbeit; ***John got four ~s in his exams*** John ist bei seinen Prüfungen in vier Fächern durchgefallen; ***is this one a pass or a ~?*** hat dieser Kandidat bestanden oder ist er durchgefallen?
▸PHRASES: **without** ~ auf jeden Fall, ganz sicher

failed [feɪld] *adj attr, inv person, marriage* gescheitert; *writer also* erfolglos; ~ **attempt** fehlgeschlagener [*o* missglückter] Versuch; ~ **policy** gescheiterte Politik

fail·ing ['feɪlɪŋ] **I.** *adj attr, inv* angeschlagen, angegriffen; ~ **eyesight** Sehschwäche *f;* **to be in ~ health** eine angeschlagene [*o* angegriffene] Gesundheit haben; **in the ~ light** in der Dämmerung *geh*
II. *n* Schwachstelle *f;* ***his one big ~ is that ...*** er hat einen großen Fehler: ...
III. *prep* mangels *geh* +*gen;* ~ ***sufficient aid*** mangels ausreichender Hilfe; ~ ***a more positive attitude ...*** wenn wir nicht alle eine positivere Haltung einnehmen, ...; ~ ***prompt payment*** bei nicht termingerechter Zahlung; ~ ***instructions to the contrary*** falls keine gegenteiligen Instruktionen erfolgen; ■**~ that** ansonsten, wenn das nicht geht; ***give her a book, or ~ that, buy her something to wear*** schenk ihr ein Buch, oder ansonsten, etwas zum Anziehen; **all else ~** wenn alle Stricke reißen

'fail-safe *adj inv* abgesichert, ausfallsicher; **a ~ system** ein Sicherungssystem *nt;* ~ **device** [*or* **mechanism**] Sicherheitsmechanismus *m*

fail·ure ['feɪljəʳ, AM -ɚ] *n* ❶ *no pl (lack of success)* Scheitern *nt,* Versagen *nt;* ***the thought of ~*** der Gedanke, versagen zu können; ~ **rate** Durchfallquote *f;* **to be doomed to ~** zum Scheitern verurteilt sein; **to end in ~** scheitern
❷ COMM *(bankruptcy)* **commercial ~** kommerzieller Misserfolg, kommerzielle Pleite
❸ *(unsuccessful thing)* Misserfolg *m;* **to be an utter ~** ein totaler Reinfall [*o fam* Flop] sein *m; person* Versager(in) *m(f);* ***I'm a bit of a ~ at making cakes*** ich bin im Kuchenbacken nicht besonders geschickt
❹ *no pl (omission)* Unterlassung *f;* ~ **to pay a bill** COMM Nichtbezahlen *nt* einer Rechnung; ~ ***to report an accident is a criminal offence*** es ist ein Vergehen, einen Unfall nicht zu melden
❺ TECH, ELEC *(breakdown)* Versagen *nt kein pl;* ~ **of brakes** Bremsversagen *nt;* ~ **of the engine/system** Ausfall *m* des Motors/Systems; ANAT **heart/liver/kidney** [*or* **renal**] ~ Herz-/Leber-/Nierenversagen *nt;* **electrical ~** Kurzschluss *m*
❻ ECON *(bankruptcy)* **business** [*or* **company**]**/bank** ~ Bankrott *m* einer Firma/Bank
❼ AGR **crop ~** Missernte *f*

fain [feɪn] *adv (old)* **I would ~ do sth** es verlangt mich danach, etw zu tun *liter,* ich möchte etw tun

faint [feɪnt] **I.** *adj* ❶ *(slight) light, colour, smile, voice* matt; *sound* leise; *scent* zart, dezent; *smell* schwach; ***there was only a ~ taste of vanilla in the pudding*** der Pudding schmeckte nur schwach nach Vanille; ***I had a ~ memory of him*** ich hatte eine schwache Erinnerung an ihn; ***I have a ~ suspicion that ...*** ich habe den leisen Verdacht, dass ...; ***I have a ~ idea*** [*or* ***notion***] ***that I've heard that name before*** ich meine, [mich daran erinnern zu können], den Namen schon einmal gehört zu haben; ***there's not the ~est hope*** es besteht nicht die leiseste Hoffnung; **to bear a ~ resemblance to sb** jdm ein wenig ähnlich sehen; **to not make the ~est attempt to do sth** nicht im Traum daran denken, etw zu tun; **a ~ chance** [*or* **possibility**] eine geringe Chance; ~ **pattern** zartes Muster; ~ **signs of a recovery in the economy** erste Anzeichen einer Erholung der Wirtschaft; **to not have the ~est** [**idea**] *(fam)* nicht die geringste Ahnung haben; **not in the ~est, not the ~est bit** nicht im Geringsten
❷ *(unclear) line* undeutlich; ***I could see the ~ outline of the headland through the haze*** ich konnte die Umrisse der Landspitze durch den Dunst schwach erkennen
❸ *pred (physically weak)* schwach; ***he was ~ with hunger*** er fiel fast um vor Hunger *fam*
II. *vi* ohnmächtig werden; ***he ~s at the sight of blood*** beim Anblick von Blut wird er ohnmächtig; **to ~ [dead] away** auf der Stelle umfallen, umkippen *fam*
III. *n* **to fall [down] in a [dead] ~** ohnmächtig umfallen

faint-'heart·ed *adj* zaghaft; **to not be for the ~** nichts für schwache Nerven sein

faint·ing fit ['feɪntɪŋ-] *n* Ohnmachtsanfall *m;* **to have a ~** ohnmächtig werden

faint·ly ['feɪntli] *adv* ❶ *(weakly)* leicht, schwach; ***the room smelled ~ of disinfectant*** das Zimmer roch leicht nach Desinfektionsmittel
❷ *(not clearly)* schwach, sacht *geh;* **to talk ~** leise sprechen, wispern; **to be ~ visible** schwach zu sehen sein; **to see** [*or* **glimpse**] [*or* **make out**] **sth ~** etw erspähen; **to glimpse sth ~ in the distance** etw in der Ferne erspähen
❸ *(slightly)* leicht, etwas; ***she seemed ~ embarrassed to see us there*** es war ihr scheinbar etwas unangenehm, uns dort zu sehen; ***if the talk had been even ~ informative, ...*** wenn das Gespräch auch nur annähernd informativ gewesen wäre, ...; **not [even] ~ funny** überhaupt nicht komisch; **to ~ resemble sth** entfernt an etw *akk* erinnern

faint·ness ['feɪntnəs] *n no pl* ❶ *(indistinctness) of a handwriting* Unleserlichkeit *f; of a signal* Verzerrtheit *f; of a sound, outline, image* Unschärfe *f*
❷ *(dizziness)* Ohnmacht *f;* **feeling of ~** Ohnmachtsgefühl *nt*

fair[1] [feəʳ, AM fer] **I.** *adj* ❶ *(reasonable, following the rules)* fair; *(legitimate, justifiable)* berechtigt; ***you're not being ~*** das ist unfair; ***the point she's making is a ~ one*** ihr Einwand ist berechtigt; ***to be ~, he didn't have much time*** zugegeben, er hatte nicht viel Zeit, er hatte zugegebenermaßen nicht viel Zeit; [***that's***] ~ ***enough!*** *(fam: approved)* na schön! *fam,* o.k.! *fam; (agreed)* dagegen ist nichts einzuwenden! *fam;* ***that seems ~ enough to me*** *(fam)* das halte ich nur für recht und billig; ***it's a ~ enough comment to make*** *(fam)* der Einwand ist durchaus berechtigt; ~ **contest** fairer Wettbewerb; ~ **dealing** FIN geordneter Effektenhandel *fachspr; of photocopies* Zulässigkeit *f* der Vervielfältigung zum persönlichen Gebrauch *fachspr;* ~ **dealing** [*or* **trading**] COMM, ECON lauterer Wettbewerb *fachspr;* ~ **price** annehmbarer [*o* fairer] Preis; ~ **question** berechtigte Frage; ~ **use** LAW legaler Nachdruck *fachspr;* ~ **wage** angemessener Lohn; **it's only ~ that/to ...** es ist nur recht und billig, dass/zu ...; **it's ~ to say that ...** man kann [wohl] sagen, dass ...; ■**to be ~ with sb** sich *akk* jdm gegenüber fair verhalten; ■**to not be ~ on sb** jdm gegenüber nicht fair sein
❷ *(just, impartial)* gerecht, fair; ***you're not being ~*** das ist ungerecht [*o* unfair]; **a ~ deal/trial** ein fairer Handel/Prozess; **a ~ hearing** eine faire Anhörung;

to get one's ~ share seinen Anteil bekommen, bekommen, was einem zusteht; to not get one's ~ share zu kurz kommen; ***Fred's had more than his ~ share of trouble*** Fred hat mehr als genug Ärger gehabt; ■**to be ~ to/towards sb** jdm gegenüber gerecht [*o* fair] sein, gerecht gegen jdn sein; ■**to be ~ with sb** gerecht [*o* fair] zu jdm sein, jdn gerecht [*o* fair] behandeln
❸ *attr, inv (large)* ziemlich *fam;* ***we've had a ~ amount of rain*** es hat ziemlich viel geregnet; ***there's still a ~ bit of work to do*** es gibt noch einiges zu tun; **a ~ number of people** ziemlich viele Leute; **to be a ~ size/weight** ziemlich groß/schwer sein
❹ *attr, inv (good)* ziemlich [*o* ganz] [*o* recht] gut; ***she's got a ~ chance of winning this year*** ihre Gewinnchancen stehen dieses Jahr ziemlich gut; ***there's a ~ prospect of ...*** es sieht ganz so aus, als ob ...; **to have a ~ idea of sth** sich *dat* etw [recht gut] vorstellen können; **to have a ~ idea that ...** sich *dat* ziemlich sicher sein, dass ...
❺ *pred, inv (average)* mittelmäßig *usu pej;* **to be ~ to middling** *(fam)* so lala sein *fam*
❻ *(blond)* blond; *(pale) skin* hell; *person* hellhäutig; **to have a ~ complexion** einen hellen Teint haben; **to have ~ hair** blond sein
❼ *(favourable) weather* schön; *wind* günstig; *(fig)* ***everything seems set ~*** BRIT alles scheint gut zu laufen
❽ *(old: beautiful)* liebreizend *veraltend geh,* schön; ***mirror, mirror on the wall, who is the ~est of them all?*** Spieglein, Spieglein an der Wand, wer ist die Schönste im ganzen Land?; **to do sth with one's own ~ hand** *esp* BRIT *(hum)* etw mit eigenen Händen tun; **to sign a letter with one's own ~ hand** einen Brief eigenhändig unterschreiben; **the ~[er] sex** *(dated or hum)* das schöne Geschlecht *hum fam*
▸PHRASES: **it's a ~ cop** *esp* BRIT [oh je], jetzt hat's mich erwischt! *fam;* **~ dinkum** AUS *(fam)* echt [wahr] *fam;* **to give sb a ~ crack of the whip** [*or* AM *also* **a ~ shake**] *(fam)* jdm eine faire Chance geben; **~ go** AUS sei/seid fair; **by ~ means or foul** koste es, was es wolle; **~'s ~,** BRIT **~ dos** *(fam)* sei/seid [doch] fair; ***~'s ~, it was your idea after all*** *(fam)* du musst [fairerweise] zugeben, es war deine Idee; ***~ dos, we've all paid the same money*** BRIT *(fam)* gleiches Recht für alle, wir haben [immerhin] alle gleich viel bezahlt
II. *adv* ❶ *(according to rules)* **to play ~** fair sein; SPORT fair spielen
❷ DIAL *(quite)* ganz schön *fam;* ***it ~ struck me speechless*** es hat mir glatt die Sprache verschlagen *fam*
▸PHRASES: **~ old ...** *(dated fam)* ziemlich *fam,* ganz schön *fam;* ***he made a ~ old mess of it*** er machte alles nur noch schlimmer; ***that machine makes a ~ old noise*** diese Maschine macht vielleicht einen Lärm; **~ and square** *(clearly)* [ganz] klar; BRIT, AUS *(accurately)* genau, voll; ***I told them ~ and square that ...*** ich sagte ihnen klar und deutlich, dass ...; ***he hit me ~ and square on the nose*** er schlug mir voll auf die Nase

fair² [feəʳ, AM fer] *n* ❶ *(funfair)* Jahrmarkt *m,* Rummelplatz *m,* Rummel *m* DIAL, BES NORDD, Messe *f* SCHWEIZ, Chilbi *f* SCHWEIZ *fam*
❷ *(trade, industry)* Messe *f; (agriculture)* [Vieh]markt *m;* **autumn ~** Herbstmesse *f;* **the Bristol Antiques F~** die Antiquitätenmesse von Bristol; **a county/state ~** AM *ein Markt in einem US-County/US-Bundesstaat;* **a local craft ~** ein Kunsthandwerkmarkt *m;* **the Frankfurt [Book] F~** die Frankfurter Buchmesse; **trade ~** Messe *f*

fair 'copy *n* Reinschrift *f;* **to make a ~ of a text** einen Text ins Reine schreiben

fair 'game *n no pl* Freiwild *nt;* **to be ~ between August and December** zwischen August und Dezember zum Abschuss freigegeben sein; ■**to be ~ for sb** *(fig)* für jdn Freiwild sein

'fair·ground *n* ❶ *(for roller coaster, etc.)* Rummelplatz *m fam*
❷ *(for trade fair)* Messegelände *nt*

fair-'haired <fairer-, fairest- *or* more ~, most ~> *adj* blond

fair·ing ['feərɪŋ, AM 'fer-] *n* AVIAT, NAUT Verkleidung *f*

fair·ish ['feərɪʃ, AM 'fer-] *adj inv* ❶ *(considerable)* beträchtlich, ziemlich *fam;* ***there's a ~ wind blowing*** es bläst ein recht starker Wind
❷ *(blond, pale)* hell; **~ complexion** heller Teint; **~ hair** dunkelblondes Haar
❸ *(quite good)* gering; ***her chances are ~*** ihre Aussichten sind so lala *fam*

Fair Isle ['feər,aɪl, AM 'fer,-] **I.** *n* Fair Isle *nt (eine der Shetlandinseln)*
II. *n modifier im spezifischen Muster der Shetlandinseln gestrickt;* **~ sweater** Shetlandpullover *m*

fair·ly ['feəli, AM 'ferli] *adv* ❶ *inv (quite, rather)* ziemlich, recht; ***I saw her ~ recently*** ich habe sie vor Kurzem [noch] gesehen; **to know sb ~ well** jdn recht gut kennen
❷ *(justly)* fair; **to allocate sth ~** etw gerecht verteilen; **~ traded** *foodstuffs* sozial verträglich hergestellt, aus fairem Handel *nach n*
❸ *inv (liter: actually)* geradezu, förmlich *geh;* ***the dog ~ flew out of the door to greet him*** der Hund flog nahezu durch die Tür, um ihn zu begrüßen
▸PHRASES: **~ and squarely** *esp* BRIT, AUS einzig und allein

fair mar·ket 'value *n* ECON, FIN Marktwert *m* **fair-'mind·ed** <fairer-, fairest- *or* more ~, most ~> *adj* unvoreingenommen

fair·ness ['feənəs, AM 'fer-] *n no pl* ❶ *(justice)* Fairness *f,* Gerechtigkeit *f;* **the ~ of a decision** die Gerechtigkeit einer Entscheidung; **lack of ~** Mangel *m* an Gerechtigkeit; **sense of ~** Gerechtigkeitsempfinden *nt;* **in [all] ~** fairerweise, zugegeben[ermaßen]; ***in ~ to John, you must let him have his say*** seid John gegenüber fair und lasst ihm seine Meinung; *(accept in sb's favour)* ***in ~ to Diana, she has at least told you the truth*** man muss Diana zugutehalten, dass sie dir wenigstens die Wahrheit gesagt hat
❷ *of hair, skin* Helligkeit *f*
❸ *(old: beauty)* Liebreiz *m geh*

fair 'play *n no pl* Fairplay *nt* (**between** zwischen +*dat*)

'fair-sized *adj inv* recht groß

'fair-skinned <fairer-, fairest- *or* more ~, most ~> *adj* hellhäutig

'fair trade *n no pl* Fair Trade *m*

fair 'value *n* ECON, FIN Marktwert *m*

'fair·way *n* ❶ *(in golf)* Fairway *nt*
❷ *(for shipping)* Fahrrinne *f*

fair-weath·er 'fan *n* Schönwetterfähnchen *nt fig (Fan, der sich nur in Erfolgszeiten für eine Mannschaft interessiert)* **fair-weath·er 'friend** *n* Freund(in), der/die nur in guten Zeiten zu einem hält

fairy ['feəri, AM 'feri] *n* ❶ *(imaginary creature)* Fee *f;* **the ~ king/queen** der König/die Königin der Feen; **a good/wicked ~** eine gute/böse Fee
❷ *(pej! sl: homosexual)* Tunte *f pej sl*

'fairy bread *n* AUS *no pl Butterbrot mit bunten Zuckerstreuseln, typisch australische Leckerei für Kinder* **'fairy cake** *n* BRIT *kleines Törtchen* **fairy 'god·moth·er** *n (in stories)* Märchenfee *f; (fig: in real life)* gute Fee; **to play ~ to sb** für jdn der rettende Engel sein **'fairy lamps** *npl* BRIT [*bunte*] *Lichterkette u.a. für den Weihnachtsbaum* **'fairy·land** *n* ❶ *no pl (home of fairies)* Feenreich *nt; (pej: realm of fantasy)* Märchenwelt *f,* Fantasiewelt *f;* ***his argument belongs to ~*** sein Argument ist utopisch
❷ *(place of beauty)* Paradies *nt; (from snow)* ***a white ~*** eine weiße Märchenlandschaft **'fairy lights** *npl* BRIT, AUS [*bunte*] *Lichterkette u.a. für den Weihnachtsbaum* **'fairy sto·ry, 'fairy tale** *n* ❶ *(story for children)* Märchen *nt;* **book of fairy stories** Märchenbuch *nt*
❷ *(also fig: lie, deception)* Märchen *nt;* **to tell sb a ~** jdm ein Märchen erzählen *euph* **'fairy-tale** *adj inv (from a fairy story)* Märchen-; **~ character** Märchenfigur *f;* **~ element/motif** märchenhaftes Element/Motiv; *(approv: special, magical)* Märchen-, Traum-; **~ atmosphere** magische Atmosphäre; **to create a ~ effect** einen magischen Effekt auslösen; **a ~ wedding** eine Märchenhochzeit; **a ~ romance** eine Bilderbuchromanze

fait ac·com·pli <*pl* faits accomplis> [,feɪtə'kɒmpliː, *pl* ,feɪz-, AM -əkɑːm'pliː, *pl* ,feɪt-] *n* Fait accompli *nt geh,* vollendete Tatsachen; **to present sb with a ~** jdn vor vollendeten Tatsachen stellen

faith [feɪθ] *n* ❶ *no pl (confidence, trust)* Vertrauen *nt;* **an act of ~** eine Vertrauenssache; **to have unshakeable ~ in sb** unerschütterliches Vertrauen in jdn haben; **to have ~** vertrauen, Vertrauen haben; ***you must have ~ that ...*** du musst darauf vertrauen, dass ...; **to have [complete] ~ in sb/sth** zu jdm/etw [volles] Vertrauen haben; **to lose ~ in sb/sth** das Vertrauen zu jdm/etw verlieren; **to put** [*or* **place**] **[one's] ~ in sb/sth** auf jdn/etw vertrauen; ***he placed complete ~ in his old friend's honesty*** er war völlig von der Ehrlichkeit seines alten Freundes überzeugt; **to restore [sb's] ~ in sb/sth** [jds] Vertrauen in jdn/etw wiederherstellen; **to shake sb's ~ in sth** jds Vertrauen in etw *akk* erschüttern
❷ REL *(in God)* Glaube *m* (**in** an +*akk*); *(religion)* Bekenntnis *nt,* Glaube *m;* **have ~, hope and charity** verwirkliche Glauben, Hoffnung und Großzügigkeit; **the Christian ~** der christliche Glaube; **the true ~** der wahre Glaube; **to keep the ~** am Glauben festhalten, sich *dat* den Glauben bewahren; *(fig)* den Mythos aufrechterhalten; **to lose one's ~** seinen Glauben verlieren; **to practise** [*or* AM **practice**] **a ~** eine Religion praktizieren; **to renounce one's ~** seinem Glauben abschwören
❸ *no pl (promise)* **to break ~ with sb** jdm gegenüber wortbrüchig werden; **to break ~ with one's principles** seine Prinzipien über Bord werfen; **to keep ~ with sb/sth** jdm/etw gegenüber Wort halten; *(continue to support)* jdn/etw weiterhin unterstützen
❹ *(sincerity)* **to act in good/bad ~** in gutem/bösem Glauben handeln

'faith-based *adj inv* glaubensorientiert; *groups* religiös **'Faith Churches** *npl* REL Glaubenskirchen *pl*

'faith cure *n* Heilung *f* durch Gesundbeten

faith·ful ['feɪθfəl] **I.** *adj* ❶ *(form: loyal)* treu; **~ companion** *(dog)* treuster Freund, treuer Gefährte; **to be sb's ~ companion** *(fig: object)* jdm gute Dienste leisten; **~ customer** Stammkunde, -kundin *m, f;* ■**to be ~ to sb/sth** jdm/etw treu sein; **to be ~ to one's principles** seinen Prinzipien treu bleiben
❷ REL *(stalwart)* gläubig; **~ believer** [*or* **follower**] treuer Anhänger/treue Anhängerin (**of** von +*dat*); **~ Christian** gläubiger Christ/gläubige Christin
❸ *(accurate)* originalgetreu; **a ~ account** ein detaillierter Bericht; **~ sound reproduction** MUS originalgetreue Tonwiedergabe; ■**to be ~ to sth** einer S. *dat* gerecht werden
II. *n* ■**the ~** *pl (religious believers)* die Gläubigen *pl; (supporters)* die Anhänger *pl;* **the party ~** die Parteifreunde *pl*

faith·ful·ly ['feɪθfəli] *adv* ❶ *(loyally)* treu; **to promise ~ to do sth** hoch und heilig versprechen, etw zu tun; **to serve sb ~** jdm treue Dienste leisten *geh;* **Yours ~** BRIT, AUS *(in business letters)* mit freundlichen Grüßen, hochachtungsvoll *geh*
❷ *(exactly)* genau; *reproduce* originalgetreu

faith·ful·ness ['feɪθfəlnəs] *n no pl* ❶ *(loyalty)* Loyalität *f* (**to** gegenüber +*dat*), Treue *f;* **to put sb's ~ to the test** jds Treue auf die Probe stellen; **~ in marriage** eheliche Treue
❷ *(accuracy)* Genauigkeit *f;* **the ~ of a translation** die Texttreue einer Übersetzung

'faith heal·er *n* Gesundbeter(in) *m(f)* **'faith heal·ing** *n no pl* Gesundbeten *nt*

faith·less ['feɪθləs] *adj (unfaithful)* untreu; *(disloyal)* treulos

faith·less·ly ['feɪθləsli] *adv* treulos; **to betray sb ~** jdn hintergehen

faith·less·ness ['feɪθləsnəs] *n no pl* Untreue *f*

faits ac·com·plis [ˌfeɪzə'kɒmpliː, AM ˌfeɪtəkɑːm'pliː] *n pl of* **fait accompli**

fake [feɪk] **I.** *n* ❶ *(counterfeit object)* Fälschung *f;* *(of a gun)* Attrappe *f*
❷ *(impostor)* Hochstapler(in) *m(f);* *(feigning illness)* Simulant(in) *m(f)*
II. *adj inv* ❶ *(imitated from nature) flowers, fur, leather* Kunst-; *flowers also* künstlich; ~ **blood** blutrote Flüssigkeit; ~ **jewel** imitiertes Juwel; **a ~ tan** Solariumsbräune *f*
❷ *(counterfeit)* ~ **antique** falsche Antiquität; **a ~ passport** ein gefälschter Pass
III. *vt* ❶ *(make a copy)* ■**to ~ sth** *antique, painting, document* etw fälschen
❷ *(pretend)* ■**to ~ sth** *a feeling* etw vortäuschen; *an illness* etw simulieren; ***they ~d astonishment*** sie taten so, als seien sie sehr erstaunt; **to ~ an orgasm** einen Orgasmus vortäuschen
IV. *vi (pretend)* markieren *fam,* so tun als ob, nur so tun

fak·er ['feɪkəʳ, AM -ɚ] *n (profession)* Fälscher(in) *m(f);* *(of fake emotions)* Schauspieler(in) *m(f) pej*

fa·kir ['feɪkɪəʳ, AM fɑː'kɪr] *n* Fakir *m*

fala·fel [fə'læfᵊl] *n* FOOD Falafel *f*

fal·con ['fɔːlkᵊn, AM 'fæl-] *n* Falke *m*

fal·con·er ['fɔːlkᵊnəʳ, AM 'fælkᵊnɚ] *n* Falkner(in) *m(f)*

fal·con·ry ['fɔːlkᵊnri, AM 'fæl-] *n no pl* Falknerei *f*

Falk·land 'Is·land·er *n* Bewohner(in) *m(f)* der Falklandinseln

Falk·land Is·lands, Falk·lands ['fɔːkləndz] *npl* ■**the ~** die Falklandinseln *pl;* **the ~ War** der Falklandkrieg

fall [fɔːl, AM *esp* fɑːl]

I. NOUN **II.** NOUN MODIFIER
III. INTRANSITIVE VERB

I. NOUN

❶ *(tumble, drop)* Fall *m;* *(harder)* Sturz *m;* ***she broke her leg in the ~*** sie brach sich bei dem Sturz das Bein; **to break sb's ~** jds Sturz abfangen; **to have a ~** hinfallen; *(harder)* stürzen; **to take a ~** stürzen; *(from a horse)* vom Pferd fallen; **to have** [*or* **take**] **a nasty ~** schwer stürzen
❷ *no pl (descent)* Fallen *nt; of leaves* Herabfallen *nt geh; (drop) of an axe, a guillotine* Herunterfallen *nt; of a level also* [Ab]sinken *nt;* ***the audience roared at the ~ of the curtain*** das Publikum brüllte, als der Vorhang fiel; **at the ~ of the tide** bei Ebbe *f;* **the rise and ~ of the tide** Ebbe und Flut
❸ METEO, GEOG ~ **of earth** Erdrutsch *m;* [**heavy**] **~s of rain/snow** [heftige] Regen-/Schneefälle; **~ of rock** Steinschlag *m*
❹ SPORT *(in wrestling)* Schultersieg *m*
❺ *no pl (slope)* Gefälle *nt*
❻ *no pl (decrease)* Rückgang *m* (**in** *+gen*); *in support* Nachlassen *nt* (**in** *+gen*); *in a level also* Sinken *nt* (**in** *+gen*); ***there was a ~ in support for his party at the last election*** die Unterstützung für seine Partei hat bei den letzten Wahlen nachgelassen; **~ in demand/price/temperature** Nachfrage-/Preis-/Temperaturrückgang *m;* ***there has been a slight ~ in the price of petrol*** der Benzinpreis ist leicht zurückgegangen; **sudden ~ in pressure** Druckabfall *m;* **~ in moral standards** Verfall *m* der Sitten; **a sharp ~ in temperature** ein Temperaturabfall *m,* ein Temperatursturz *m;* **~ in value** Wertverlust *m*
❼ *no pl (defeat) of a city* Einnahme *f; of a dictator, regime* Sturz *m;* **the ~ of the Berlin Wall/Iron Curtain** der Fall der Berliner Mauer/des Eisernen Vorhangs; **the ~ of Constantinople** die Eroberung Konstantinopels; **the ~ of the Roman Empire** der Untergang des Römischen Reiches; **~ from power** Entmachtung *f*
❽ *no pl* REL ■**the F~** [**of Man**] der Sündenfall
❾ AM *(autumn)* Herbst *m*
❿ *(waterfall)* ■**~s** *pl* Wasserfall *m;* [**the**] **Victoria F~s** die Viktoriafälle
▸PHRASES: **to be as innocent as Adam before the F~** *(saying)* so unschuldig sein wie Adam vor dem Sündenfall; **to take a** [*or* **the**] **~ for sb/sth** AM *(fam)* für jdn/etw die Schuld auf sich *akk* nehmen, für jdn/etw einstehen

II. NOUN MODIFIER

AM *(sun, weather)* Herbst-; **~ clothing** Herbstkleidung *f;* **~ collection** Herbstkollektion *f;* **~ plowing** Wintersaat *f*

III. INTRANSITIVE VERB

<fell, fallen> ❶ *(drop, tumble)* fallen; *(harder)* stürzen; *(topple) person* hinfallen; *(harder)* stürzen; *tree, post, pillar* umfallen; *(harder)* umstürzen; ***he fell badly and broke his arm*** er stürzte schwer und brach sich den Arm; ***the bridge fell into the river*** die Brücke stürzte ins Wasser; ***her horse fell at a fence*** ihr Pferd blieb an einem Hindernis hängen; ***the bomb fell on the church and totally destroyed it*** die Bombe fiel auf die Kirche und zerstörte sie vollständig; ***the picture's ~en behind the piano*** das Bild ist hinter das Klavier gefallen; **to ~ into sb's/each other's arms** jdm/sich in die Arme fallen; **to ~ into bed** ins Bett fallen; **to ~ under a bus/train** unter einen Bus/Zug geraten; **to ~ to one's death** in den Tod stürzen; **to ~ flat on one's face** aufs Gesicht [*o fam* auf die Nase] fallen; **to ~ on the floor/to the ground** auf den Boden fallen; **to ~ to one's knees** auf die Knie fallen; **to ~ down dead** tot umfallen
❷ *(hang)* fallen; **to ~ loosely** locker fallen; ■**to ~ around/on/to sth** auf etw *akk* fallen [*o geh* herabhängen]; ***his hair fell around his shoulders in golden curls*** sein Haar fiel ihm in goldenen Locken auf die Schulter; ***her hair fell to her waist*** ihr Haar reichte ihr bis zur Taille; ■**to ~ into sth** in etw *akk* fallen; ***a curl/a strand of hair fell into her face*** eine Locke/Strähne fiel ihr ins Gesicht
❸ *(descend)* fallen; *light, shadow;* ■**to ~ across/on/over sth** auf etw *akk* fallen; *blow, weapon;* ■**to ~ on sb/sth** jdn/etw treffen; *(fig) darkness, night* hereinbrechen; *(fig) silence;* ■**to ~ on sb/sth** jdn/etw überfallen; ***the audience was still laughing as the curtain fell*** als der Vorhang fiel, lachte das Publikum immer noch; ***the snow had been ~ing all day*** es hatte den ganzen Tag über geschneit; ***more rain had ~en overnight*** über Nacht hatte es noch mehr geregnet; ***darkness ~s early in the tropics*** in den Tropen wird es früh dunkel; ***night was already ~ing*** es begann bereits dunkel zu werden; ***the blows continued to ~ on him*** die Schläge prasselten weiter auf ihn nieder; ***the axe looks likely to ~ on 500 jobs*** 500 Stellen werden wahrscheinlich gestrichen werden; ***silence fell on the group of men*** [ein] Schweigen überfiel die Männer
❹ *(slope)* [steil] abfallen
❺ *(decrease)* sinken; *price, temperature, pressure, value also* fallen; *demand, sales, numbers also* zurückgehen; *(fig) barometer* fallen; ***water supplies have ~en to danger levels*** der Wasservorrat ist auf einen gefährlich niedrigen Stand abgesunken; ***the attendance fell well below the expected figure*** die Besucherzahlen blieben weit hinter den erwarteten Zahlen zurück; ***church attendance has ~en dramatically*** die Anzahl der Kirchenbesucher ist drastisch zurückgegangen [*o* gesunken]; **~ing prices** *pl* Preisrückgang *m*
❻ *(be defeated) government, regime, politician* gestürzt werden; *empire* untergehen; *city, town* eingenommen werden, fallen; **to ~ from power** seines Amtes enthoben werden; ■**to ~ to sb** jdm in die Hände fallen; ***Basildon finally fell to Labour at the last election*** Basildon fiel in der letzten Wahl Labour zu
❼ *(lose a position, status)* fallen; **to ~ in the charts/the table** in den Charts/der Tabelle fallen; **to have ~en to the bottom of the league table** ganz unten in der Tabelle stehen; **to ~ in sb's estimation** in jds Achtung sinken
❽ *(fail)* **to stand or ~ on sth** mit etw *dat* stehen und fallen; ***the proposal will stand or ~ on the possible tax breaks*** der Vorschlag wird mit den zu erwartenden Steuervergünstigungen stehen und fallen
❾ *(liter: die in a battle)* fallen
❿ *(be)* liegen; ***Easter ~s early/late this year*** Ostern ist dieses Jahr früh/spät; ***this year, my birthday ~s on a Monday*** diese Jahr fällt mein Geburtstag auf einen Montag; ***the accent ~s on the second syllable*** der Akzent liegt auf der zweiten Silbe
⓫ *(belong)* ■**to ~ into sth** in etw *akk* fallen; **to ~ into a category/class** in [*o* unter] eine Kategorie/Klasse fallen; ■**to ~ outside sth** nicht in etw *akk* fallen; ***this matter ~s outside the area for which we are responsible*** diese Sache fällt nicht in unseren Zuständigkeitsbereich; ■**to ~ under sth** in etw *akk* fallen; ***that side of the business ~s under my department*** dieser Geschäftsteil fällt in meinen Zuständigkeitsbereich; ***that ~s under the heading...*** das fällt unter die Rubrik ...; ■**to ~ within sth** in etw *akk* fallen; ***any offence committed in this state ~s within the jurisdiction of this court*** jedes Vergehen, das in diesem Staat begangen wird, fällt in den Zuständigkeitsbereich dieses Gerichts
⓬ *(be divided)* ■**to ~ into sth** sich in etw *akk* gliedern; ***the text ~s into three sections*** der Text gliedert sich in drei Kategorien
⓭ *(become)* **to ~ prey** [*or* **victim**] **to sb/sth** jdm/etw zum Opfer fallen; **to ~ asleep** einschlafen; **to ~ due** fällig sein; **to ~ foul of sb** mit jdm Streit bekommen; **to ~ foul of a law** [*or* **regulation**] ein Gesetz übertreten; **to ~ ill** [*or* **sick**] krank werden; **to ~ open** aufklappen; **to ~ silent** verstummen; **to ~ vacant** frei werden
⓮ *(enter a particular state)* **to ~ into debt** sich *akk* verschulden; **to ~ into disrepair** [*or* **decay**] verkommen; **to ~ into disrepute** in Misskredit geraten; **to ~ into disuse** nicht mehr benutzt werden; **to ~ into error/sin** REL sich *akk* versündigen; **to ~ out of favour** [*or* AM **favor**] [**with sb**] [bei jdm] nicht mehr gefragt sein; **to ~ into the habit of doing sth** sich *dat* angewöhnen, etw zu tun; **to ~ into hysterics** sich *akk* vor Lachen kringeln *fam;* **to ~ under the influence of sb/sth** unter den Einfluss einer Person/einer S. *gen* geraten; **to ~ in love** [**with sb/sth**] sich *akk* [in jdn/etw] verlieben; **to ~ out of love** [**with sb/sth**] nicht mehr [in jdn/etw] verliebt sein; **to ~ into a reflective mood** ins Grübeln kommen; **to have ~en under the spell of sb/sth** von jdm/etw verzaubert sein
▸PHRASES: **to ~ on deaf ears** auf taube Ohren stoßen; **to ~ out of one's dress** *(fam)* aus allen Wolken fallen *fam;* **sb's face fell** jd machte ein langes Gesicht; **to ~ into the hands** [*or* **clutches**] **of sb** jdm in die Hände fallen; **to ~ on hard times** harte Zeiten durchleben; **to ~ in** [*or* **into**] **line** [**with sth**] sich *akk* [etw *dat*] anpassen; **to ~ to pieces** *plan, relationship* in die Brüche gehen; *person* zerbrechen; **to ~ into place** *(work out)* sich *akk* von selbst ergeben; *(make sense)* einen Sinn ergeben, [einen] Sinn machen *fam;* **to ~ short** [**of sth**] etw nicht erreichen; **to ~ short of sb's expectations** hinter jds Erwartungen zurückbleiben; **to ~ on stony ground** auf felsigen Grund fallen *liter;* **to ~ among thieves** *(old)* unter die Räuber fallen *veraltet;* **to ~ into a/sb's trap** in die/jdm in die Falle gehen; ***I was afraid that I might be ~ing into a trap*** ich hatte Angst, in eine Falle zu laufen; ***they fell into the trap of overestimating their own ability*** sie haben ihre eigenen Fähigkeiten völlig überschätzt; **to ~ to a whisper** in einen Flüsterton verfallen

◆**fall about** *vi* BRIT, AUS *(fam)* ■**to ~ about** [**laughing**] sich *akk* vor Lachen schütteln

◆**fall apart** *vi* ❶ *(disintegrate)* auseinanderfallen; *furniture* auseinanderbrechen; *clothing* sich auflösen
❷ *(fig: fail) group, nation* auseinanderfallen, auseinanderbrechen; *system* zusammenbrechen; *organization, conference* sich *akk* auflösen; *marriage* auseinandergehen, in die Brüche gehen; *deal, plan* plat-

F

zen *fam*
3 *(fig: not cope)* zusammenbrechen; ***he fell apart when his wife died*** als seine Frau starb, brach für ihn eine Welt zusammen
◆**fall away** *vi* 1 *(detach)* abfallen; *(crumble)* abbröckeln
2 *(slope)* abfallen; **to ~ away sharply** steil abfallen
3 *(decrease)* sinken, zurückgehen; *sound* verebben *geh;* ***membership of the club has ~ away in recent months*** in den letzten Monaten ist die Mitgliederzahl des Klubs gesunken
4 *(disappear) drawback, feeling* [ver]schwinden
5 *(stop supporting) from a party* abfallen; *from sb* sich *akk* abwenden; ***one by one, the prime minister's supporters fell away*** ein Anhänger nach dem anderen fiel vom Premierminister ab; ***many supporters of the party fell away after the scandal*** nach dem Skandal fielen viele Anhänger von der Partei ab
◆**fall back** *vi* 1 *(move back)* zurückgehen, zurückweichen
2 MIL *(retreat)* sich *akk* zurückziehen
3 SPORT *(lose lead)* zurückfallen
4 *(decrease)* sinken, zurückgehen; **to ~ back by 15%** um 15 % sinken [*o* zurückgehen]
5 *(resort to)* ■**to ~ back [up]on sth** auf etw *akk* zurückgreifen; ■**to ~ back [up]on sb** auf jdn zurückkommen; ***if the worst comes to the worst I can ~ back on my parents*** wenn es hart auf hart kommt, kann ich mich immer an meine Eltern wenden
◆**fall behind** *vi* 1 *(slow)* zurückfallen; ***he began to limp and fell far behind*** er begann zu humpeln und fiel weit zurück; ■**to ~ behind sb/sth** hinter jdn/etw zurückfallen; **to ~ behind schedule** nicht in der Zeit liegen
2 *(achieve less)* zurückbleiben; *(at school)* hinterherhinken; ***because she's been ill for six months, she's ~en behind with her reading*** weil sie sechs Monate krank war, hinkt sie mit dem Lesen [etwas] hinterher; ■**to ~ behind sb/sth** hinter jdm/etw zurückbleiben
3 *(achieve late)* hinterherhinken; ■**to ~ behind with sth** mit etw *dat* in Verzug geraten
4 SPORT *(lose lead)* zurückfallen, in Rückstand geraten; ***my horse fell behind after the third fence*** mein Pferd fiel nach dem dritten Hindernis zurück; ■**to have ~en behind sb** hinter jdm liegen
◆**fall down** *vi* 1 *(drop, tumble)* hinunterfallen; *(topple) person* hinfallen; *(harder)* stürzen; *object* umfallen; *(harder)* umstürzen; ***she fell down and broke her arm*** sie stürzte und brach sich den Arm; **to ~ down dead** tot umfallen; ■**to ~ down sth** etw hinunterfallen; *(fall into)* in etw *akk* hineinfallen; **to ~ down a cliff/the steps** [*or* **the stairs**] die Klippen/die Treppe [*o* ÖSTERR Stiegen] hinunterfallen; **to ~ down a hole/shaft** in ein Loch/einen Schacht hineinfallen
2 *(collapse)* einstürzen; *tent* zusammenfallen; ***two days after the bombing the building fell down*** das Gebäude stürzte zwei Tage nach dem Bombenangriff ein; ■**to be ~ing down** *be derelict* abbruchreif sein
3 *(fail)* ■**to ~ down on sth** mit etw *dat* scheitern; ***their ideas are good, what they ~ down on is implementing them effectively*** ihre Ideen sind gut, aber es hapert an der effektiven Umsetzung
◆**fall for** *vt (fam)* 1 *(love)* ■**to ~ for sb** sich *akk* in jdn verlieben [*o sl* verknallen]
2 *(be deceived by)* ■**to ~ for sth** auf etw *akk* hereinfallen *fam*
◆**fall in** *vi* 1 *(drop)* hineinfallen; *(into water also)* ins Wasser fallen
2 *(collapse)* einstürzen; ***the ceiling fell in on them*** die Decke stürzte über ihnen ein
3 MIL *(line up)* antreten
4 *(join)* ■**to ~ in alongside** [*or* **beside**] **sb** sich *akk* jdm anschließen; ■**to ~ in behind sb** hinter jdm herlaufen
5 *(agree to)* ■**to ~ in with sth** etw *dat* zustimmen
6 ■**to ~ in with sb** *(become friends)* sich *akk* jdm anschließen; *(make the acquaintance of)* jds Bekanntschaft machen
◆**fall off** *vi* 1 *(drop)* ■**to ~ off sth** von etw *dat* fallen; **to ~ off a horse/bicycle** vom Pferd/Fahrrad fallen; **to ~ off the table/roof** vom Tisch/Dach [hinunter]fallen
2 *(decrease)* zurückgehen, sinken
3 *(decline)* abfallen
4 *(detach)* abfallen, herunterfallen; *wallpaper* sich *akk* lösen; ***your wing mirror has ~en off*** dein Außenspiegel ist abgefallen; ■**to ~ off sth** von etw *dat* fallen; ***bits keep ~ing off my car*** von meinem Auto fallen ständig Teile ab
◆**fall on** *vi* 1 *(trip)* ■**to ~ on sth** über etw *akk* fallen
2 *(attack)* ■**to ~ on sb** über jdn herfallen
3 *(liter: embrace)* ■**to ~ on sb** jdn in die Arme schließen *liter;* ***they fell on each other*** sie fielen sich in die Arme
4 *(be assigned to)* ■**to ~ on sb** jdm zufallen; ***the task of telling her the bad news fell on me*** mir fiel die Aufgabe zu [*o* ich hatte die Aufgabe], ihr die schlechte Nachrichten zu übermitteln; ***it fell on Henry to take the final decision*** die endgültige Entscheidung fiel Henry zu
5 *(be directed at)* ■**to ~ on sb** jdn treffen; *suspicion* auf jdn fallen; ***we haven't decided yet where the cuts will ~*** wir haben noch nicht entschieden, wer von den Kürzungen betroffen sein wird; ***we don't at this stage know where the blame will ~*** zum jetzigen Zeitpunkt wissen wir noch nicht, wer die Schuld trägt; ***suspicion immediately fell on him*** der Verdacht fiel sofort auf ihn
6 *(light on) gaze, eyes* ■**to ~ on sth/sb** auf etw/jdn fallen
◆**fall out** *vi* 1 *(drop)* herausfallen; *teeth, hair* ausfallen
2 *(fam: quarrel)* ■**to ~ out [with sb]** sich *akk* [mit jdm] [zer]streiten
3 MIL *(break line)* wegtreten
4 *(happen)* sich *akk* ergeben; ***in the end, things fell out favourably for us*** am Ende sah es für uns gut aus
◆**fall over** *vi* 1 *(topple) person* hinfallen; *(harder)* stürzen; *object* umfallen; *(harder)* umstürzen; ***he fell over and hit his head*** er stürzte und schlug sich den Kopf an
2 *(trip)* ■**to ~ over sth** über etw *akk* fallen [*o* SCHWEIZ stürcheln] *fam;* **to ~ over one's own feet/a step** über seine eigenen Füße/eine Stufe stolpern
3 *(fam: be keen)* ■**to ~ [AM all] over oneself to do sth** sich *akk* darum reißen, etw zu tun *fam*
◆**fall through** *vi* scheitern; *plan* ins Wasser fallen *fig fam*
◆**fall to** *vi* 1 *(liter: start, begin)* loslegen; *(start working also)* sich *akk* an die Arbeit machen; *(start eating)* reinhauen *fam;* ■**to ~ to doing sth** beginnen [*o* anfangen], etw zu tun
2 *(be assigned to)* ■**to ~ to sb** jdm zufallen; ***the worst job fell to me*** die schlimmste Arbeit fiel mir zu; ***clearing up fell to Tim and Stephen*** für das Aufräumen waren Tim und Stephen zuständig; ***it ~s to the committee to select the candidates*** es ist Aufgabe des Komitees, die Kandidaten auszuwählen

fal·la·cious [fəˈleɪʃəs] *adj (form)* abwegig *geh;* ***it is quite ~ to argue that ...*** es ist eine ziemlich irrige Ansicht, dass ...
fal·la·cious·ly [fəˈleɪʃəsli] *adv (form)* fälschlicherweise; **to argue/reason ~ that ...** fehl in der Annahme gehen, dass ... *geh*
fal·la·cious·ness [fəˈleɪʃəsnəs] *n no pl* Abwegigkeit *f geh;* **~ of an argument/claim/assertion** Unhaltbarkeit *f* eines Arguments/einer Behauptung/einer Annahme
fal·la·cy [ˈfæləsi] *n* 1 *(false belief)* Trugschluss *m,* Irrtum *m;* **a common ~** ein weit verbreiteter Irrtum; **a complete ~** ein absoluter Blödsinn *fam;* **it is a ~ to suppose** [*or* **think**] **that ...** es ist ein Irrtum anzunehmen, dass ...
2 *no pl (form: false reasoning)* Denkfehler *m,* Unlogik *f;* **~ of an argument** Fehlschluss *m*
ˈfall·back *esp* **I.** *n* Ersatz *m; person* Vertretung *f*
II. *adj attr, inv* Ersatz-; **~ plan** Ersatzplan *m;* **a ~ proposal** ein Kompromissvorschlag *m*
fall·en [ˈfɔːlən, AM *esp* ˈfɑːl-] **I.** *adj inv* 1 *attr (on the ground)* **~ apple** abgefallener Apfel; **~ arches** MED Senkfüße *pl;* **~ leaf** heruntergefallenes Blatt; **~ leaves** Laub *nt;* **~ tree** umgestürzter Baum
2 *attr (overthrown)* **a ~ politician/dictator** ein gestürzter Politiker/Diktator; *(disgraced)* **a ~ idol** ein einstiges Idol; **a ~ woman** *(old)* ein gefallenes Mädchen *veraltet*
3 REL *(sinful)* sündig; **a ~ angel** ein gefallener Engel
II. *n (liter)* ■**the ~** *pl* die Gefallenen *pl;* **a monument to the ~** ein Denkmal *nt* für die Gefallenen
fall·er [ˈfɔːləʳ, AM -ɚ] *n* 1 BRIT *Pferd, das in einem Jagdrennen über ein Hindernis fällt*
2 AM *(lumberjack)* Holzfäller *m*
ˈfall guy *n (sl)* Prügelknabe *m fam*
fal·libil·ity [ˌfæləˈbɪləti, AM -ət̬i] *n no pl* Fehlbarkeit *f;* **human ~** die menschliche Fehlerhaftigkeit
fal·lible [ˈfæləbl̩] *adj* fehlbar; *method, object, system* fehleranfällig
fall·ing [ˈfɔːlɪŋ, AM *esp* ˈfɑːl-] *adj attr, inv* 1 *(falling down) rocks* herabfallend; *trees* umstürzend; **~ masonry** bröckelndes Mauerwerk
2 *(declining, decreasing)* sinkend; **~ *standards in schools*** das sinkende [Lern]niveau in den Schulen; **~ interest rates** fallende Zinsen; **~ membership** zurückgehende Mitgliederzahl; **~ population** sinkende Bevölkerungszahl; FIN **~ pound/dollar/yen** der fallende [*o* sinkende] Kurs des Pfundes/Dollars/Yen
fall·ing-ˈoff <*pl* fallings-off> *n* Rückgang *m* (**in** bei +*dat*) **fall·ing-ˈout** <*pl* fallings-out> *n* Streit *m;* **to have a ~ [with sb] [over sth]** sich *akk* [mit jdm] [über etw *akk*] streiten **ˈfall·ing sick·ness** *n no pl* MED *(old)* Fallsucht *f veraltet,* Epilepsie *f* **fall·ing ˈstar** *n* ASTROL Sternschnuppe *f*
ˈfall-off *n no pl* Rückgang *m,* Abfall *m* (**in** +*gen*); *of team* Abstieg *m*
fal·lo·pian tube [fəˌləʊpiənˈ-, AM -ˌloʊpiənˈ-] *n* ANAT, MED Eileiter *m*
ˈfall·out *n no pl* 1 NUCL radioaktive Strahlung
2 *(consequences)* ■**the ~** die Konsequenzen *pl,* die Nachwirkungen *pl* (**from** +*gen*)
ˈfall·out shel·ter *n* Atombunker *m*
fal·low [ˈfæləʊ, AM -loʊ] *adj inv* 1 AGR *(not planted)* brach liegend *attr;* **a ~ field** ein Brachfeld *nt,* eine Brache; **to lie ~** brach liegen
2 *(unproductive)* still, ruhig; **a ~ period** eine ruhige Zeit
fal·low ˈdeer *n* Damwild *nt kein pl*
false [fɔːls, AM *esp* fɑːls] **I.** *adj* 1 *inv (untrue, incorrect)* falsch; ***is that true or ~?*** stimmt das oder nicht?; ***her whole theory is based on a ~ premise*** ihre ganze Theorie geht von falschen Voraussetzungen aus; **a ~ alarm** ein falscher Alarm; **a ~ dawn [of hope]** eine trügerische Hoffnung; **~ friend** LING falscher Freund; **to raise ~ hopes** falsche Hoffnungen wecken; **to have a ~ idea of sth** falsche Vorstellungen von etw *dat* haben; **to give sb a ~ impression** jdm einen falschen Eindruck vermitteln; **~ imprisonment** LAW unrechtmäßige Verhaftung; **a ~ move** [*or* **step**] eine unbedachte Bewegung; ***one ~ move and I'll shoot!*** eine falsche Bewegung und ich schieße!; **to make a ~ move, to take a ~ step** *(wrong action)* unbedacht [*o* unüberlegt] handeln; **~ pregnancy** MED, PSYCH Scheinschwangerschaft *f;* **a ~ rib** ANAT eine falsche Rippe; **a ~ start** SPORT ein Fehlstart *m a. fig;* **to turn out** [*or* **prove**] **to be ~** sich *akk* als falsch erweisen
2 *inv (artificial) beard, moustache, eyelashes, teeth* falsch; **a ~ bottom** ein doppelter Boden *(in einem Behälter)*
3 *inv (fake) name, address, identity* falsch; ***thou shalt not bear ~ witness*** REL du sollst kein falsches Zeugnis geben; **~ accounting** LAW, FIN Unterschlagung *f;* **~ claim** [*or* **information**] falsche Angaben *pl;* **under ~ colours** [*or* AM **colors**] *(liter)* unter falscher Flagge; **~ evidence** LAW Falschaussage *f;* **to give ~ evidence in court** vor Gericht falsch aussa-

gen; **to give ~ information** falsche Angaben machen; **under ~ pretences** unter Vorspiegelung falscher Tatsachen
④ *(insincere) person, smile, laugh, manner, modesty* falsch, unehrlich; **~ optimism** trügerischer Optimismus; *(intending to deceive)* **a ~ front** *(fig)* eine Fassade; **to put on** [*or* **up**] **a ~ front** sich *dat* einen gewissen Anschein geben; ***they put up a ~ front of friendly concern*** sie gaben vor, sehr besorgt zu sein; **to be in a ~ position** in der Bredouille sein *fam;* **to put sb in a ~ position** jdn in die Bredouille bringen *fam*
⑤ *(esp liter: disloyal)* untreu; ***he turned out to be a ~ friend*** er war mir ein schöner Freund *hum iron;* ■**to be ~ to sb/sth** jdm/etw untreu werden; ***you have been ~ to your principles*** du hast deine Prinzipien verraten
II. *adv (old)* **to play sb ~** jdn betrügen

false·hood [ˈfɔːls(h)ʊd, AM ˈfɑːlshʊd] *n* ① *no pl (not truth)* Unwahrheit *f; of a person* Falschheit *f*
② *(form: lie)* Unwahrheit *f euph geh;* **injurious** [*or* **malicious**] **~** LAW Rufschädigung *f;* **to tell a ~** die Unwahrheit sagen

false·ly [ˈfɔːlsli, AM *esp* ˈfɑːl-] *adv* ① *(wrongly)* fälschlicherweise; *(untruthfully)* zu Unrecht; **to be ~ accused of sth** zu Unrecht einer S. *dat* beschuldigt werden
② *(insincerely)* **~ cheerful/optimistic** gespielt munter/optimistisch; ***... he said, smiling ~ ...,*** sagte er mit aufgesetztem Lächeln

false ˈmar·ket *n* COMM verfälschter Markt

false·ness [ˈfɔːlsnəs, AM *esp* ˈfɑːl-] *n no pl* ① *(inaccuracy) of statement, report* Unkorrektheit *f,* Unrichtigkeit *f; (untruthfulness) of claim, accusation* Unhaltbarkeit *f*
② *(insincerity)* Falschheit *f,* Verlogenheit *f*

fal·set·to [fɒlˈsetəʊ, AM fɔːlˈset̬oʊ] MUS I. *n* ① *(voice)* Kopfstimme *f,* Falsett *nt fachspr;* **to speak in a high ~** im Falsett sprechen
② *(person)* Falsettist *m*
II. *adj inv part, passage* Falsett-; **~ voice** Falsettstimme *f,* Kopfstimme *f*
III. *adv inv* **to sing ~** Falsettstimme singen

fal·sies [ˈfɔːlsiːz, AM *esp* ˈfɑːl-] *npl (fam)* BH-Einlage *f*

fal·si·fi·ca·tion [ˌfɔːlsɪfɪˈkeɪʃən, AM *esp* ˌfɑːl-] *n no pl* Fälschung *f,* Falsifikation *f geh;* **~ of accounts** Fälschung *f* von Konten oder Unterlagen; **~ of evidence** Fälschung *f* von Beweismaterial

fal·si·fy <-ie-> [ˈfɔːlsɪfaɪ, AM *esp* ˈfɑːl-] *vt* ■**to ~ sth** etw fälschen

fal·sity [ˈfɔːlsəti, AM -ət̬i] *n no pl* ① *(incorrectness) of statement, report* Unkorrektheit *f; of claim, accusation* Unhaltbarkeit *f*
② *(insincerity)* Falschheit *f,* Verlogenheit *f*

fal·ter [ˈfɔːltər] I. *vi* ① *speaker, voice, conversation* stocken
② *(fig: lose strength)* nachlassen; ***their courage never ~ed for a second*** ihr Mut verließ sie nicht eine Sekunde lang; ***her friends never ~ed in their belief in her*** ihre Freunde verloren nie den Glauben an sie; *(hesitate)* zögern; **without ~ing** ohne zu zögern
③ *(movement)* seinen Schritt verlangsamen; *(move unsteadily)* schwanken; *horse* straucheln
II. *vt* **to ~ an apology** [*or* **an excuse**]**/a question** [**out**] eine Entschuldigung/eine Frage stammeln

fal·ter·ing [ˈfɔːltərɪŋ] *adj attr* ① *(hesitant) words* zögerlich; *step, voice* stockend; **in a ~ voice** mit stockender Stimme; **with ~ steps** mit stockendem Schritt
② *inv (lose strength)* zögerlich; **the ~ economy** die stagnierende Wirtschaft

fal·ter·ing·ly [ˈfɔːltərɪŋli] *adv* stockend; *(hesitantly)* zögerlich; **to say** [*or* **speak**] **~** stockend sprechen

fame [feɪm] *n no pl* ① *(being famous)* Ruhm *m;* **~ and fortune** Ruhm und Reichtum; **to be of Hollywood ~** ein Hollywoodstar sein; **worldwide ~** Weltruhm *m;* **to win** [*or* **achieve**] **~** berühmt werden, Ruhm erlangen *geh*
② *(reputation)* Ruf *m,* Ansehen *nt;* ***his main claim to ~ is that he was one of Beethoven's early teachers*** er erlangte vor allem als einer von Beethovens frühen Lehrern Berühmtheit

famed [feɪmd] *adj* berühmt; ***their ~ efficiency*** ihre sprichwörtliche Effizienz; ■**to be ~ for sth** *(be known)* für etw *akk* bekannt sein; *(be famous)* für etw *akk* berühmt sein

fa·mil·ial [fəˈmɪliəl] *adj attr, inv* Familien-, familial *fachspr,* innerhalb einer Familie *nach n;* **~ relationship** [*or* **tie**]**/duties** familiäre Bindung/Verpflichtungen

fa·mili·ar [fəˈmɪliər, AM -jər] I. *adj* ① *(well-known)* vertraut; ***this looks ~ to me*** das kommt mir irgendwie bekannt vor; **~ faces** bekannte Gesichter; ***his face has become ~*** man kennt sein Gesicht
② *(acquainted)* ■**to be ~ with sth/sb** etw/jdn kennen; ***yours is not a name I'm ~ with*** Ihr Name kommt mir nicht bekannt vor; **to become** [*or* **get**] [*or* **grow**] **~ with sth/sb** mit etw/jdm vertraut werden, sich *akk* an etw *akk* gewöhnen
③ *(informal)* vertraulich; **~ name** [*or* **term**] gebräuchliche Bezeichnung; **to be on ~ terms** [**with sb**] *(be friends)* [mit jdm] befreundet sein; **the ~ form** LING die Du-Form; **~ form of address** vertrauliche Anrede
④ *(too friendly)* allzu vertraulich; ■**to be/get ~ with sb** mit jdm vertraut sein/werden; **to get too ~ with sb** zu vertraulich mit jdm werden *fam*
II. *n* ① *(witch's companion)* Schutzgeist *m*
② *(old: close friend)* enger Freund/enge Freundin

fa·mili·ar·ity [fəˌmɪliˈærəti, AM -ˈerət̬i] *n no pl* ① *(well-known)* Vertrautheit *f; of home* Geborgenheit *f*
② *(knowledge)* Kenntnis *f;* **her ~ with pop music** ihr Wissen im Bereich Popmusik; **~ *with French law*** Kenntnisse in französischem Recht
③ *(overfriendly)* Vertraulichkeit *f;* **excessive ~** allzu große Vertraulichkeit
▸PHRASES: **~ breeds contempt** *(prov)* allzu große Vertrautheit erzeugt Verachtung

fa·mil·iari·za·tion [fəˌmɪliəraɪˈzeɪʃən, AM -jərɪˈ-] *n no pl* Vertrautwerden *nt*

fa·mil·iar·ize [fəˈmɪliəraɪz, AM -jər-] *vt* ■**to ~ oneself/sb with sth** sich/jdn mit etw *dat* vertraut machen; **to ~ oneself with working methods** sich *akk* einarbeiten

fa·mili·ar·ly [fəˈmɪliəli, AM -jər-] *adv* **~ known as ...** besser bekannt als ...

fa·mili·ar ˈspir·it *n* Schutzgeist *m*

fami·ly [ˈfæməli] I. *n* ① + *sing/pl vb (relations)* Familie *f;* **a ~ of robins/squirrels** eine Rotkehlchen-/Eichhörnchenfamilie; **a ~ of four/six** eine vier-/sechsköpfige Familie; LING Sprachfamilie *f;* **the Indo-European ~** die indoeuropäische Sprachfamilie
② *no pl,* + *sing/pl vb (family members)* Familie *f;* ***we've got ~ coming to visit*** wir bekommen Familienbesuch; **a friend of the ~, a ~ friend** ein Freund *m*/eine Freundin der Familie; **nontraditional ~** unkonventionelle Familie; **to keep sth in the ~** *(not sell)* etw in Familienbesitz behalten; **to keep a secret in the ~** ein Geheimnis für sich *akk* behalten; **to have** [**got**] **~** eine Familie haben; ***she's got ~ in the States*** sie hat Verwandte in den Staaten; **to start a ~** eine Familie gründen; ■**to be ~** zur Familie gehören; **to be** [**like**] **one of the ~** [praktisch] zur Familie gehören
③ + *sing/pl vb (lineage)* Familie *f,* Vorfahren *pl;* ***they're one of the old county families*** sie gehören zu den alteingesessenen Familien dieses Bezirks; **to run in the family** *talent, character* in der Familie liegen
④ BIOL Familie *f;* **the cat/rose ~** die Familie der Katzen/Rosen
⑤ *(employees, staff)* Belegschaft *f,* Familie *f fig;* **the Acme ~** die Belegschaft [*o* Familie] von Acme
⑥ *(sl: group of gangsters)* Clan *m*
II. *adj attr, inv* ① *(involving family)* Familien-; **~ business** [*or* **firm**] Familienunternehmen *nt;* **~ celebration** [*or* **party**] Familienfeier *f;* **~ council** Familienrat *m;* **~ feud** [*or* **quarrel**] Familienfehde *f geh,* familiäre Streitigkeiten *pl;* **to settle down to ~ life** eine Familie gründen; **~ likeness** Familienähnlichkeit *f;* **~ reunion** Familientreffen *nt*
② *(including children)* Familien-; **~ entertainment** Familienspaß *m; (film, programme)* Unterhaltung für die ganze Familie; **~ fare** Familienpreis *m;* **~ hotel** Familienhotel *nt;* **~ rate** Familienrabatt *m;* **~ show** Familiensendung *f;* **~ ticket** Familienkarte *f;* **~ viewing** Familienfernsehen *nt*
▸PHRASES: **to be in the ~ way** *(dated fam)* in anderen Umständen sein *euph veraltend fam*

fami·ly alˈlow·ance *n* BRIT *(dated)* ≈ Kindergeld *nt,* ≈ Kinderbeihilfe *f* ÖSTERR; **~ system** Familienleistungsausgleich *m* **fami·ly ˈBi·ble** *n* [Familien]stammbuch *nt,* Familienbibel *f* SCHWEIZ **fami·ly ˈcir·cle** *n no pl* Familienkreis *m* **fami·ly ˈcom·pa·ny** *n* Familienunternehmen *nt* **fami·ly ˈcred·it** *n no pl* BRIT ≈ Kindergeld *nt,* ≈ Kinderbeihilfe *f* ÖSTERR *(britische Einrichtung zur Unterstützung von finanzschwachen Familien)* **ˈFami·ly Di·vi·sion** *n* BRIT ■**the ~** das Familiengericht *(Abteilung des High Court of Justice in England und Wales)* **fami·ly ˈdoc·tor** *n* Hausarzt, -ärztin *m, f* **fami·ly ˈlaw** *n* Familienrecht *nt* **ˈfami·ly man** *n* ① *(homeloving)* Familienmensch *m* ② *(with family)* Familienvater *m* **fami·ly ˈname** *n* Nachname *m,* Familienname *m* **fami·ly-ˈowned** *n* **~ business** Familienunternehmen *nt;* **~ company** Familiengesellschaft *f,* Familien-AG *f* **fami·ly ˈplan·ning** *n no pl* Familienplanung *f;* **a ~ clinic** Familienberatungsstelle *f* **fami·ly ˈsa·loon** *n* BRIT Kombi *m,* Familienkutsche *f fam* **ˈfami·ly-sized** *adj inv* Familien-, Groß-; **~ jar** Familiendose *f;* **~ pack**[**et**] Familienpackung *f,* Großpackung *f* **fami·ly ˈthera·py** *n no pl* PSYCH Familientherapie *f* **fami·ly ˈtree** *n* Familienstammbaum *m* **fami·ly ˈvalues** *n* der Wertbegriff der Familie, die Werte Ehe und Familie

fam·ine [ˈfæmɪn] *n* ① *(shortage of food)* Hungersnot *f;* **the Irish F~** *große Hungersnot in Irland im 19. Jahrhundert*
② *no pl (starvation)* Hungertod *m;* **to die of ~** verhungern

fam·ished [ˈfæmɪʃt] *adj pred (fam)* ■**to be** [*or* **feel**] **~** ausgehungert sein, vor Hunger umfallen *fam*

fa·mous [ˈfeɪməs] *adj* berühmt; **to become ~** berühmt werden; ■**to be ~ for sth** für etw *akk* berühmt sein
▸PHRASES: **~ last words** *(fam)* wer's glaubt, wird selig!

fa·mous·ly [ˈfeɪməsli] *adv* ① *(well-known)* bekanntermaßen, bekanntlich
② *(dated fam: very friendly)* **to get on ~** sich *akk* blendend verstehen

fan[1] [fæn] *n (enthusiast)* Fan *m; (admirer)* Bewunderer, Bewunderin *m, f;* ■**to be a ~ of sb/sth** ein Fan von jdm/etw sein; ***I'm a great ~ of your work*** ich schätze Ihre Arbeit sehr; **a Beatles ~** ein Fan *m* von den Beatles; **a football/tennis/baseball ~** ein Fußball-/Tennis-/Baseballfan *m;* **~ of a star/pop group** Fan *m* eines Stars/einer Popgruppe

fan[2] [fæn] I. *n* ① *(hand-held)* Fächer *m*
② *(electrical)* Ventilator *m;* **ceiling ~** Deckenventilator *m*
II. *vt* <-nn-> ① *(cool)* ■**to ~ sb/oneself** jdm/sich Luft zufächeln
② *(burn better)* **to ~ fire/flames** ein Feuer/Flammen anfachen *geh;* **to ~ fears/passions/resentment** *(fig: heighten)* Ängste/Leidenschaften/Ablehnung entfachen *geh* [*o* schüren]
◆**fan out** I. *vi* ① *(spread out)* sich *akk* in alle Richtungen verteilen; *(search)* ausschwärmen
② *(fan-shaped)* auffächern; ***the streets ~ out from the main square*** die Straßen gehen vom Hauptplatz in alle Richtungen auseinander
II. *vt* ■**to ~ sth** ⊂ **out** *cards, feathers* fächerförmig ausbreiten

fan-as·sist·ed ˈoven *n* Umluftherd *m,* Umluft[back]ofen *m* SCHWEIZ

fa·nat·ic [fəˈnætɪk, AM -t̬-] I. *n* ① *(pej: obsessed)* Fanatiker(in) *m(f);* **right-wing ~** Rechtsextreme(r) *f(m),* Rechtsextremist(in) *m(f)*
② *(enthusiast)* Begeisterte(r) *f(m),* Fan *m,* Freak *m sl;* **fellow ~** Mitbegeisterte(r) *f(m);* **a fitness/film/**

sports ~ ein Fitness-/Film-/Sportfan *m*
II. *adj* fanatisch

fa·nati·cal [fəˈnætɪkəl, AM -t̬-] *adj* ■**to be ~ about sth** ① *(obsessed)* von etw *dat* besessen sein; **~ support** bedingungslose Unterstützung
② *(enthusiastic)* von etw *dat* total begeistert sein, auf etw *akk* total abfahren *sl;* ***she's a bit ~ about tidiness*** sie hat einen Reinlichkeitsfimmel *fam*

fa·nati·cal·ly [fəˈnætɪkəli, AM -t̬-] *adv* fanatisch, extrem; **to be ~ determined to do sth** wild entschlossen sein, etw zu tun *fam*

fa·nati·cism [fəˈnætɪsɪzəm, AM -t̬-] *n no pl (pej)* Fanatismus *m pej*

ˈfan base *n* harter Kern der Fans, Anhängerschaft *f*

ˈfan belt *n* AUTO Keilriemen *m*

fan·ci·able [ˈfæn(t)siəbl] *adj* BRIT *(fam)* hübsch, gut aussehend, attraktiv, ÖSTERR *a.* fesch *fam*

fan·cied [ˈfæn(t)sid] *adj attr* ① *inv (imaginary)* eingebildet, vermeintlich
② SPORT, POL *(tipped to win)* favorisiert

fan·ci·er [ˈfæn(t)siəʳ, AM -ɚ] *n* SPORT Züchter(in) *m(f);* **pigeon ~** Taubenzüchter(in) *m(f)*

fan·ci·ful [ˈfæn(t)sifəl] *adj* ① *(unrealistic)* unrealistisch, aus der Luft gegriffen; **~ notion[s]** Fantastereí[en] *f[pl] pej;* ***someone's been filling his head with ~ notions*** jemand hat ihm einen Floh ins Ohr gesetzt *fam*
② *(elaborate) design, style* aufwändig
③ *person* überspannt *pej,* versponnen *pej fam;* ***am I just being ~?*** bilde ich mir das nur ein?

fan·ci·ful·ly [ˈfæn(t)sifəli] *adv* ① *(unrealistically)* großartig *pej*
② *(elaborately)* **~ decorated/embroidered** aufwändig geschmückt/bestickt

ˈfan club *n + sing/pl vb* Fanclub *m*

fan·cy [ˈfæn(t)si] **I.** *vt* <-ie-> ① *esp* BRIT *(want)* ■**to ~ sth** etw wollen [*o* mögen]; *(would like to have)* ■**sb fancies sth** jd hätte gerne etw; *(feel like)* ■**to ~ sth** Lust auf etw *akk* haben; *(like)* ■**sb fancies sth** jdm gefällt etw; ***I don't ~ swimming in such dirty water*** in derart schmutzigem Wasser will [*o* möchte] ich nicht schwimmen; ***I ~ a house with a big garden*** ich hätte gerne ein Haus mit einem großen Garten; ***do you ~ a drink this evening?*** hast du Lust, heute Abend was trinken zu gehen? *fam;* ***do you ~ a spin in my new car?*** *(fam)* hast du Lust auf eine Spritztour in meinem neuen Wagen? *fam;* ***I'm not sure I ~ the idea of going there*** ich weiß nicht, ob mir der Gedanke gefällt, dort hinzufahren; **to ~ the prospect of doing sth** von der Aussicht, etw zu tun, begeistert sein
② *esp* BRIT ■**to ~ sb** *(find attractive)* jdn attraktiv finden, auf jdn stehen *fam; (be sexually attracted by)* etw von jdm wollen *fam;* ***I always liked her without ever really ~ ing her*** ich mochte sie immer, ohne dass ich je was von ihr wollte *fam*
③ *(be full of)* ■**to ~ oneself** BRIT *(pej)* sich *dat* toll vorkommen
④ *(imagine as winner)* **to ~ a horse/team/candidate** ein Pferd/ein Team/einen Kandidaten favorisieren; ***who do you ~ to win the Cup this year?*** wer, glaubst du, wird dieses Jahr den Cup gewinnen?
⑤ *(believe)* **to ~ one's chances [of doing sth]** sich *dat* Chancen ausrechnen [etw zu tun]; **to not ~ sb's chances** jdm keine großen Chancen geben; ***I didn't ~ his chances of ever getting his novel published*** ich habe nicht daran geglaubt, dass er seinen Roman jemals veröffentlichen würde
⑥ *esp* BRIT *(imagine, think)* ■**to ~ [that] ...** denken, dass ...; ***I fancied I saw something in the corner*** ich meinte, etwas in der Ecke gesehen zu haben; ***she fancies herself a rebel*** sie hält sich für eine Rebellin; ***Dick fancies himself as a singer*** Dick bildet sich ein, ein großer Sänger zu sein; ***I used to ~ myself captaining a great ocean liner*** ich habe mir früher immer vorgestellt, einen großen Ozeandampfer zu steuern; ***there's rather more to this [than meets the eye], I ~*** *(dated)* ich denke, da steckt mehr dahinter [als es auf den ersten Blick scheint]; ~ [***that***]! stell dir das [mal] vor!; ~ ***seeing you again!*** schön dich wiederzusehen!; ~ ***seeing you here!*** das ist aber eine Überraschung, dich hier zu sehen!, na, so was! du hier! *fam;* ~ ***you knowing old Ben!*** nicht zu fassen, dass du den alten Ben auch kennst!; ~ ***saying that to you of all people!*** [unglaublich,] dass man das ausgerechnet zu dir gesagt hat!
II. *n* ① *no pl (liking)* Vorliebe *f;* **to catch** [*or* **take**] **sb's ~** jdm gefallen; **to have a ~ for sth/sb** eine Vorliebe für etw/jdn haben; **to take a ~ to sth/sb** Gefallen an etw/jdm finden; ***Laura's taken a ~ to Japanese food*** Laura hat ihre Liebe zur japanischen Küche entdeckt; ***I've taken a ~ to that old car of yours*** dein altes Auto hat es mir angetan; **to tickle sb's ~** jdn reizen
② *no pl (whim)* Laune *f;* ***he only comes when the ~ takes him*** er kommt nur, wenn ihm gerade danach ist; **to be no passing ~** nicht nur eine vorübergehende Laune sein
③ *(idea)* Vorstellung *f,* Fantasie *f; (whimsical idea)* Laune *f,* Grille[n] *f[pl] veraltend; (notion)* **to have a ~ that ...** so ein Gefühl haben, dass ...; **idle** [*or* **vain**] **~** Spinnerei *f pej;* ***these are just idle fancies of yours*** das sind nur so Grillen von dir *fam*
④ *no pl (imagination)* Fantasie *f;* **flight of ~** Fantasterei *f pej*
⑤ BRIT *(cakes)* ■**fancies** *pl* Gebäck *nt (mit Zuckerguss u. ä. Verzierungen),* Confiserie *pl* SCHWEIZ
III. *adj* ① *(elaborate) decoration, frills* aufwändig; *pattern* ausgefallen; *hairdo* kunstvoll; *car* schick; *(fig) talk* geschwollen *pej;* ***I wanted a simple black dress, nothing ~*** ich wollte ein einfaches schwarzes Kleid, nichts Ausgefallenes; ***never mind the ~ phrases, just give us the facts*** reden Sie nicht lange drum herum, nennen Sie uns einfach die Fakten *fam;* **~ footwork** FBALL gute Beinarbeit
② *(whimsical)* versponnen; **~ ideas** Fantastereien *pl pej;* ***don't you go filling his head with ~ ideas*** setz ihm keinen Floh ins Ohr *fam*
③ *(fam: expensive)* nobel, Nobel-; ***I keep away from the ~ shops*** ich meide die teuren Nobelgeschäfte; ***Eastbourne is a ~ place*** Eastbourne ist ein teures Pflaster *fam;* **to live in a ~ area** in einem Nobelviertel wohnen; **~ car** Nobelkarosse *f fam,* Luxusschlitten *m fam;* **~ foods** Delikatessen *pl;* **~ prices** astronomische Preise
④ *attr (fashion)* Mode-; **~ article** Modeartikel *m*
⑤ *attr* BOT, ZOOL speziell gezüchtet
▸PHRASES: **~ footwork** *(fam)* Geschick *nt;* ***she did some ~ footwork to get out of a tight corner*** sie zog sich geschickt aus der Affäre *fam*

fan·cy ˈdress *n no pl esp* BRIT, AUS Verkleidung *f,* Kostüm *nt;* **to go/come in ~** verkleidet sein; **to wear ~** sich *akk* verkleiden **ˈfan·cy-dress** *adj attr, inv esp* BRIT Kostüm-; **~ ball** Kostümball *m;* **~ party** Kostümfest *nt* **fan·cy-ˈfree** *adj pred* sorglos; **to be [footloose and] ~** frei und ungebunden sein **ˈfan·cy goods** *npl esp* BRIT Nippes *pl,* Nippsachen *pl* **ˈfan·cy man** *n (dated or pej fam: lover)* Liebhaber *m* **ˈfan·cy wom·an** *n (dated or pej fam: lover)* Geliebte *f* **ˈfan·cy·work** *n no pl (needlework)* Spitze *f; (round the edge)* Spitzenbesatz *m*

fan·dan·go [fænˈdæŋgəʊ, AM -goʊ] *n* Fandango *m*

fan·fare [ˈfænfeəʳ, AM -fer] *n* Fanfare *f*

ˈfan·fold *n* COMPUT Zickzackfaltung *f*

fang [fæŋ] *n of a dog, wolf* Fang *m,* Fangzahn *m; of a snake* Giftzahn *m;* **~ of a vampire** Vampirzahn *m*

ˈfan heat·er *n* Heizlüfter *m*

ˈfan·light *n* Oberlicht *nt;* **a semicircular ~** ein halbrundes Oberlicht

ˈfan mail *n no pl* Fanpost *f*

ˈfan mile *n* Fanmeile *f*

Fan·nie Mae [ˌfæniˈmeɪ] *n* AM ECON, FIN *(fam) short for* **Federal National Mortgage Association** Bundeshypothekenvereinigung *f*

fan·ny [ˈfæni] *n* ① BRIT, AUS *(vulg: female genitals)* Fotze *f vulg,* Möse *f derb*
② AM, AUS *(sl: backside)* Hintern *m fam*

ˈfan·ny pack *n* AM *(bumbag)* Gürteltasche *f*

ˈfan oven *n* Umluftherd *m,* Umluft[back]ofen *m* SCHWEIZ **ˈfan-shaped** *adj* fächerförmig

fan·tabu·lous [fænˈtæbjələs] *adj (sl)* spitzenmäßig *sl*

fan·tail [ˈfænteɪl] *n* Pfautaube *f*

fan·ta·sia [fænˈteɪziə, AM -ʒə] *n* MUS Fantasie *f*

fan·ta·sist [ˈfæntəsɪst] *n* Fantast(in) *m(f)*

fan·ta·size [ˈfæntəsaɪz, AM -t̬-] **I.** *vi* fantasieren, sich *dat* etw vorstellen
II. *vt* ■**to ~ that ...** davon träumen, dass ...

fan·tas·tic [fænˈtæstɪk] *adj* ① *(fam: wonderful)* fantastisch *fam;* ***we had an absolutely ~ time on holiday*** unsere Ferien waren total super *sl;* ***they've won a prize? ~!*** sie haben etwas gewonnen? toll!; ***I've just had a ~ idea!*** ich habe eine Superidee! *fam;* **a ~ opportunity** eine einzigartige Gelegenheit; **to look ~** *person* umwerfend aussehend
② *(fam: extremely large)* enorm; ***a ~ amount of money*** ein Haufen *m* Geld *fam;* **to take a ~ effort to do sth** unwahrscheinlich viel Mühe kosten, etw zu tun
③ *(not real, strange)* Fantasie-; **~ animal** Fabeltier *nt;* **~ figure/image** Fantasiegestalt *f*/Fantasiebild *nt*
④ *(unbelievable)* unwahrscheinlich; *(unreasonable)* unsinnig, abstrus; **by the most ~ coincidence** durch absoluten Zufall; **a ~ plan** ein absurder Plan

fan·tas·ti·cal [fænˈtæstɪkəl] *adj (liter)* fantastisch *liter;* **~ account** [*or* **tale**] fantastische Erzählung

fan·tas·ti·cal·ly [fænˈtæstɪkəli] *adv* ① *(extremely)* unwahrscheinlich *fam,* unglaublich *pej;* **~ arrogant** unglaublich arrogant; **~ rich** unvorstellbar reich
② *(fam: wonderfully well)* ganz wunderbar; ***everything's going ~*** es läuft alles ausgesprochen gut; ***we were treated ~*** wir wurden hervorragend behandelt
③ *(strange shapes)* **~ carved/shaped** bizarr geschnitzt/geformt

fan·ta·sy [ˈfæntəsi, AM -t̬-] *n* ① *(pleasant fancy)* Vorstellung *f;* ***Steve's favourite ~ was that ...*** Steve träumte am liebsten davon, ...; **sexual ~** sexuelle Fantasie[n] *f[pl];* ■**to have fantasies about sth** [*or* **doing sth**] von etw *dat* träumen
② *(pej: unreal, imagined thing)* Hirngespinst *nt pej*
③ *no pl (unreal, imagined things)* Einbildung *f;* **a world of ~** eine Traumwelt
④ *no pl (literary genre)* Fantasy *f*
⑤ *(imagination)* Fantasie *f;* ***it's a product of your ~*** es ist ein Produkt Ihrer Fantasie
⑥ MUS Fantasie *f*

ˈfan·tasy·land *n* Fabelwelt *f* **ˈfan·tasy world** *n* Traumwelt *f*

fan ˈvault·ing *n no pl* ARCHIT Fächergewölbe *nt*

fan·zine [ˈfænziːn] *n* Fanmagazin *nt,* Fanzeitschrift *f*

FAO [ˌefeɪˈəʊ, AM -ˈoʊ] *n abbrev of* **Food and Agriculture Organization** Organisation *f* für Ernährung und Landwirtschaft der Vereinten Nationen

FAQ [ˌefeɪˈkjuː, fæk] *n + sing vb* INET *abbrev of* **frequently asked questions** FAQ

far <farther *or* further, farthest *or* furthest> [fɑːʳ, AM fɑːr] **I.** *adv* ① *(in place)* weit; ***it's too ~ to walk*** es ist zu weit zu Fuß; ***how much further is it?*** wie weit ist es denn noch?; ***he can't walk that ~*** er kann nicht so weit laufen; ***have you come very ~?*** kommen Sie von weit her?; ***do you have ~ to travel to work?*** haben Sie es weit zu Ihrer Arbeitsstelle?; ***she doesn't live ~ from here*** sie wohnt nicht weit von hier [entfernt]; ***his name is fairly ~ down the list*** sein Name steht ziemlich weit unten auf der Liste; ***you can see how ~ up the wall the water came during the flood*** man kann sehen, wie hoch das Wasser während der Flut an der Mauer stieg; *(liter)* ***a traveller from some ~ distant land*** ein Reisender aus einem fernen Land; **~ away in the distance** in weiter Ferne; **~ from home** fern der Heimat; **~ and wide** weit und breit; **from ~ and wide** [*or* **near**] aus Nah und Fern
② *(in time)* weit; ***some time ~ in the past/future*** irgendwann in ferner Vergangenheit/Zukunft; ***one day, perhaps ~ in the future, you'll regret what you've done*** irgendwann einmal wirst du bereuen, was du getan hast; ***your birthday's not ~ away*** bis zu deinem Geburtstag ist es nicht mehr lang; ***he's not ~ off seventy*** er geht auf die siebzig zu; ***we're***

not ~ off finishing now es dauert nicht mehr lange, und wir sind fertig; **to work ~ into the night** bis spät in die Nacht hinein arbeiten; **to plan further ahead** weiter voraus planen; **as ~ back as:** *as ~ back as I can remember ...* so weit ich zurückdenken kann ...; *we warned you about this as ~ back as 1977* wir haben Sie bereits 1977 davor gewarnt; *it probably dates from as ~ back as the end of the last century* es geht wahrscheinlich sogar bis auf das Ende des letzten Jahrhunderts zurück

③ *(in progress)* weit; *how ~ have you got? — I'm on page 17* wie weit bist du? – ich bin jetzt auf Seite 17; *how ~ have you got with your new play?* wie weit bist du mit deinem neuen Stück gekommen?; **to not get very ~ with [doing] sth** mit etw *dat* nicht besonders weit kommen; **to not get very ~ with sb** bei jdm nicht viel erreichen; *she tried to talk him round, but she didn't get very ~ with him* sie versuchte ihn zu überreden, kam aber nicht sonderlich weit

④ *inv (much)* weit, viel; *she was not sure how ~ he was committed* sie war sich nicht sicher, wie sehr er engagiert war; *this is a claim too ~* diese Forderung geht zu weit; **~ better/nicer/warmer** viel besser/netter/wärmer; **~ more difficult** viel schwieriger; **~ too expensive** viel zu teuer; **by ~** bei Weitem, mit Abstand; *it would be better by ~ to accept the offer* es wäre sehr viel besser, das Angebot anzunehmen

▸PHRASES: **as ~ as** *(in place)* bis; *I can take you as ~ as Bristol* ich kann Sie bis Bristol mitnehmen; *as ~ as the eye can see* so weit das Auge reicht; *(in degree)* *as ~ as I can, I avoid using my car* soweit es mir möglich ist, benutze ich mein Auto nicht; *I use public transport as ~ as possible* ich benutze so oft wie möglich öffentliche Verkehrsmittel; *as ~ as I can see ...* so wie ich es beurteilen kann, ...; *he isn't coming today as ~ as I know* soweit ich weiß, kommt er heute nicht; *as ~ as I'm concerned ...* wenn es nach mir geht ...; *as ~ as Bob is concerned, he's one hell of a nice fellow* Bob? der ist ein wirklich netter Kerl!; *he's a good mechanic, but that's as ~ as it goes* er ist ein guter Mechaniker, aber das ist auch alles; **~ and away** mit Abstand, bei Weitem; *your entry was ~ and away the best* dein Auftritt war einsame Spitze *fam;* **sb would ~ do sth** BRIT *I'd ~ prefer to go with you* ich würde viel lieber mit dir gehen; *I'd ~ rather stay at home* ich würde viel lieber zu Hause bleiben; *she'd ~ sooner go on her own* sie würde viel lieber allein gehen; **~ from sth** *we're ~ from happy with the situation* wir sind alles andere als zufrieden mit der Situation; **~ from it!** weit gefehlt; *Jim selfish? ~ from it!* Jim egoistisch? alles nur das nicht!; **~ be it from [or for] me ...** es liegt mir fern ...; *~ be it from me to blame anyone, it was a total accident* ich will unter keinen Umständen jemanden beschuldigen, es war ein Unfall; **to go too ~** zu weit gehen; **to [not] go ~ enough** [nicht] weit genug gehen *fig;* *stop it now, the joke has gone ~ enough* hör jetzt auf damit, man kann den Spaß auch zu weit treiben; **to go so ~ as to do sth** *surely they wouldn't go so ~ as to break in?* sie würden doch sicher nicht so weit gehen und einen Einbruch wagen?; **sb will go ~** jd wird es zu etwas bringen; **sth will go ~ to sth** etw wird entscheidend zu etw *dat* beitragen; **sth won't go very ~** etw wird nicht lange vorhalten; *a hundred pounds won't go very ~ if you're going abroad for two weeks* mit hundert Pfund kommt man nicht weit, wenn man zwei Wochen lang im Ausland ist; **~ gone** *(in a bad state)* beschädigt; *(advanced in time)* fortgeschritten; **so ~ so good** *(saying)* so weit, so gut; **so [or thus] ~** *(until now)* bisher; *so ~ everything's been going according to plan* so weit ist alles nach Plan gelaufen; *any problems? — not so ~* Probleme? – bis jetzt nicht; *(to a limited extent)* *I trust her only so ~* ich traue ihr nicht so ganz; *vitamins can protect you only so ~* Vitamine bieten nur bedingt Schutz; **to not trust sb as ~ as one could throw him/her** jdm nicht über den Weg trauen

II. *adj attr* ① *(further away)* *at the ~ end of the room* am anderen Ende des Raumes; *the ~ bank of the river* das gegenüberliegende Ufer des Flusses

② *(extreme)* **the ~ left/right [of a party]** die extreme Linke/Rechte [einer Partei]

③ *(distant)* **a ~ country** *(liter)* ein fernes Land *liter;* **in the ~ distance** in weiter Ferne

▸PHRASES: **to be a ~ cry from sth/sb** mit etw/jdm nicht zu vergleichen sein

far·ad [ˈfærəd, AM ˈfer-] *n* ELEC Farad *nt*

Faraday cage [ˈfærədeɪ-, AM ˈfer-] *n* COMPUT Faradaykäfig *m*

far·away [ˌfɑːrəˈweɪ] *adj attr, inv* ① *(distant)* *location* fern; *sound, voice* weit entfernt [*o fam* weg]; **a ~ land [or country]** ein fernes Land *liter*

② *(dreamy)* *look* verträumt, abwesend

farce [fɑːs, AM fɑːrs] *n* ① THEAT Farce *f;* **a Feydeau ~** eine Farce von Feydeau

② *(situation)* Farce *f pej geh*

far·ci·cal [ˈfɑːsɪkəl, AM ˈfɑːrs-] *adj* ① THEAT *(like a farce)* farcenhaft

② *(pej: ridiculous)* grotesk *geh,* absurd

far·ci·cal·ly [ˈfɑːsɪkəli, AM ˈfɑːrs-] *adv (pej: ridiculously)* grotesk *geh*

fare [feəʳ, AM fer] **I.** *n* ① *(money)* Fahrpreis *m;* *~s, please!* die Fahrkarten bitte!; **bus/train/taxi ~** Bus-/Bahn-/Taxifahrpreis *m;* **single/return ~** Einzel-/Rückfahrkarte *f,* einfaches Billet/Retourbillet *nt* SCHWEIZ; **to pay the [*or* one's] ~** den Fahrpreis bezahlen

② *(traveller in a taxi)* Taxifahrgast *m*

③ *no pl (food)* Kost *f;* **boarding-school ~** Internatsessen *nt;* **traditional British ~** traditionelle britische Küche

II. *vi (form: get on)* [er]gehen; *how did you ~ in your exams?* wie ist es dir bei der Prüfung gegangen?; HORT gedeihen; **to ~ badly/well** schlecht/gut ergehen

Far ˈEast *n no pl* ■**the ~** der Ferne Osten **Far ˈEast·ern** *adj inv* fernöstlich

ˈfare stage *n* BRIT ① *(section of bus route)* Fahrzone *f*

② *(bus stop)* Zonengrenze *f*

fare·well [ˌfeəˈwel, AM ˌferˈ-] **I.** *interj (form)* leb wohl *geh;* *~, until we meet again* leb wohl, bis bald; **to bid [or say] ~ to sb/sth** sich *akk* von jdm/etw verabschieden

II. *n* Lebwohlsagen *nt kein pl veraltet geh,* Verabschieden *nt kein pl;* **to bid sb a fond ~** sich *akk* herzlich von jdm verabschieden; **to bid sb a last ~** von jdm Abschied nehmen

III. *n modifier (dinner, gift, kiss)* Abschied[s]-; **~ hug** Umarmung *f* zum Abschied; **a ~ party** eine Abschiedsparty

ˈfare zone *n* Tarifzone *f (für öffentliche Verkehrsmittel)*

far-ˈfetched *adj* weit hergeholt **far-ˈflung** *adj usu attr (liter)* ① *(widely spread)* weitläufig; *network* weit verzweigt ② *(remote)* abgelegen **far-ˈgone** *adj usu pred* ① *(advanced stage)* tief; *the night was ~* es war tiefe Nacht; **a ~ romance** eine innige Liebesbeziehung ② *(drunk)* stark angetrunken, besoffen *sl*

fari·na·ceous [ˌfærɪˈneɪʃəs, AM ˌfer-] *adj inv (spec)* mehlhaltig

farm [fɑːm, AM fɑːrm] **I.** *n* Bauernhof *m;* **chicken ~** Hühnerfarm *f;* **health ~** Schönheitsfarm *f;* **trout ~** Forellenzucht *f*

II. *vt* **to ~ land/a number of acres** Land/eine Anzahl Hektar bebauen

III. *vi* Land bebauen; *the family still ~s in Somerset* die Familie hat immer noch Farmland in Somerset

◆**farm out** *vt* **to ~ out ○ work [to sb]** Arbeit [an jdn] abgeben; **to ~ out ○ children [to sb]** BRIT [jdm] Kinder anvertrauen

ˈfarm ani·mal *n* Nutztier *nt*

farm·er [ˈfɑːməʳ, AM ˈfɑːrməʳ] *n* Bauer, Bäuerin *m, f,* Farmer(in) *m(f);* **a Wiltshire ~** ein Bauer *m*/eine Bäuerin aus Wiltshire

farm·ers' ˈmar·ket *n* Bauernmarkt *m*

ˈfarm·hand *n* Landarbeiter(in) *m(f)* **ˈfarm·house I.** *n* Bauernhaus *nt* **II.** *adj attr, inv* Bauern-; **~ cheese** Bauernkäse *m;* **~ cheddar** Cheddar *m* nach Bauernart

farm·ing [ˈfɑːmɪŋ, AM ˈfɑːr-] *n no pl* Ackerbau und Viehzucht

ˈfarm·land *n no pl* Ackerland *nt* **ˈfarm pro·duce** *n Obst und Gemüse vom Bauernhof*

farm·stead [ˈfɑːrmsted] *n* AM Farm *f,* Gehöft *nt*

ˈfarm·work·er *n* Landarbeiter(in) *m(f)* **ˈfarm·yard** *n* Hof *m*

faro [ˈfeərəʊ, AM ˈferoʊ] *n no pl* Phar[a]o *nt (Kartenspiel)*

ˈFaroe Is·lands [ˈfeərəʊ-, AM ˈferoʊ-] *npl* Färöer[-Inseln] *pl*

Faroes [ˈfeərəʊz, AM ˈferoʊz] *npl* ■**the ~** die Färöer[-Inseln]

Faro·ese [ˈfeərəʊiːz, AM ˈferoʊ-] *adj inv* färöisch, Färöer-

ˈfar-off I. *adj* ① *(distant)* *place, country* fern *geh;* *(remote)* [weit] entfernt; *you're not ~ with this answer (fig)* du liegst mit dieser Antwort nicht schlecht; **a ~ country** ein weit entferntes Land ② *(time)* **a ~ time** eine lang vergangene Zeit; *(future)* eine ferne Zukunft; *lunch isn't ~* wir essen bald zu Mittag **II.** *adv* weit entfernt; *in the distance* in der Ferne **far-ˈout** *adj* ① *(fam: strange)* abstrus; *music* abgedreht *sl,* schräg ÖSTERR, SCHWEIZ *sl* ② AM *(dated sl: wonderful)* toll *fam,* super *sl;* *you got the job? ~!* du hast die Stelle bekommen? toll!

far·ra·go <*pl* -s *or* AM -es> [fəˈrɑːgəʊ, AM -goʊ] *n (pej)* Quatsch *m fam*

far-ˈreach·ing *adj* weitreichend, umfassend

far·ri·er [ˈfæriəʳ] *n* BRIT Hufschmied(in) *m(f)*

ˈfar-right *adj* POL rechtsextrem

far·row [ˈfærəʊ, AM ˈferoʊ] **I.** *n* Wurf *m*

II. *vi* ferkeln, werfen SCHWEIZ

III. *vt* **to ~ piglets** ferkeln

far-ˈsee·ing *adj decision, move, policy* weitsichtig; *person* vorausschauend, umsichtig **far-ˈsight·ed** *adj* ① *(shrewd)* *decision, move, policy* weitsichtig; *person* vorausschauend, umsichtig ② AM, AUS *(longsighted)* weitsichtig

fart [fɑːt, AM fɑːrt] **I.** *n* ① *(fam!: gas)* Furz *m derb;* **to do [or let off] a ~** furzen *derb*

② *(pej sl: unpleasant person)* Sack *m pej sl;* **a boring/stupid old ~** ein langweiliger/dummer alter Sack *pej sl;* **silly ~** blöder Idiot *pej fam*

II. *vi (fam!)* furzen *derb*

◆**fart around,** BRIT **fart about** *vi* herumhängen *fam,* herumlungern *sl;* ■**to ~ about with sth** mit etw *dat* herumhantieren *fam;* *(meddle with)* an etw *dat* herumfummeln *sl*

far·ther [ˈfɑːðəʳ, AM ˈfɑːrðəʳ] **I.** *adv comp of* **far** weiter ① *(at, to a greater distance)* weiter entfernt; *how much ~ is it to the airport?* wie weit ist es noch zum Flughafen?; *it was ~ than expected to the shops* der Weg zu den Geschäften war weiter als erwartet; *could you stand ~ off?* könnten Sie etwas zur Seite gehen?; **~ away** weiter weg; **~ down/up [sth]** weiter unten/oben; **~ east/west/north/south** weiter östlich/westlich/nördlich/südlich; **~ on along the road** weiter die Straße entlang

② *(at, to a more advanced point)* **~ back** weiter zurück

③ *(additional)* weitere(r, s)

II. *adj comp of* **far** weiter; **at the ~ end** am anderen Ende; **to the ~ side** zum anderen Ufer

far·thest [ˈfɑːðɪst, AM ˈfɑːr-] **I.** *adv superl of* **far** am weitesten; **the ~ east/west/north/south** am weitesten östlich/westlich/nördlich/südlich

II. *adj superl of* **far** am weitesten; **the ~ place** der am weitesten entfernte Ort

far·thing [ˈfɑːðɪŋ, AM ˈfɑːr-] *n (hist)* ① *(coin) alte britische Münze mit dem Wert eines Viertel-Penny*

② *(fig dated: small value)* Tand *m veraltet;* **to not be worth a ~** keinen Pfifferling [*o* ÖSTERR Groschen] [*o* SCHWEIZ Rappen] wert sein *fam;* **to not care a ~** völlig gleichgültig sein

fart·lek [ˈfɑːtlek, AM ˈfɑːrt-] *n* SPORT Fartlek *nt*

F

FAS[1] [ˌefeɪ'es] *npl* AM ECON, FIN *abbrev of* **Federal Accounting Standards** *staatliche Grundsätze des Rechnungswesens*

FAS[2] [ˌefeɪ'es] *adj inv* COMM *abbrev of* **free alongside ship** FAS

fas·cia ['feɪʃə, AM 'fæʃiə] *n* 1 BRIT *(dated: dashboard)* Armaturenbrett *nt*
2 *(above shop)* Ladenschild *nt*
3 ARCHIT Faszie *f*

'fas·cia plate *n* COMPUT Frontplatte *f*

fas·ci·cle ['fæsɪkl], **fas·ci·cule** ['fæsɪkju:l] *n* 1 LIT [Teil]lieferung *f,* Einzelheft *nt*
2 *(files)* Aktenbündel *nt*

fas·ci·nate ['fæsɪneɪt, AM -sᵊn-] *vt* ■ **to ~ sb** jdn faszinieren

fas·ci·nat·ed ['fæsɪneɪtɪd, AM -sᵊneɪt̬ɪd] *adj* fasziniert

fas·ci·nat·ing ['fæsɪneɪtɪŋ, AM -sᵊneɪt̬ɪŋ] *adj* faszinierend; ***it's been ~ to talk to you*** es war sehr anregend, sich mit Ihnen zu unterhalten; ***she's a ~ person to watch*** es ist faszinierend, sie zu beobachten

fas·ci·nat·ing·ly ['fæsɪneɪtɪŋli] *adv* in faszinierender Weise

fas·ci·na·tion [ˌfæsɪ'neɪʃᵊn, AM -sᵊn'eɪ-] *n no pl* 1 *(strong interest)* Faszination *f,* Begeisterung (**with/for** für +*akk*); **to listen/watch in ~** fasziniert zuhören/zusehen
2 *(attraction)* Anziehungskraft *f;* **to hold** [*or* **have**] **a ~ for sb** jdn faszinieren [*o* anziehen]; ***Mahler's music has always held a particular ~ for me*** Mahlers Musik hat mich immer ganz besonders angezogen

fas·cism, Fas·cism ['fæʃɪzᵊm] *n no pl* Faschismus *m*

fas·cist, Fas·cist ['fæʃɪst] **I.** *n* 1 *(party member)* Faschist(in) *m(f)*
2 *(pej: overbearing person)* Tyrann *m pej; (woman)* Dragoner *m pej sl,* Drachen *m* ÖSTERR, SCHWEIZ *pej sl*
II. *adj* 1 *(politics)* faschistisch
2 *(pej: repressive)* tyrannisch *pej*

fas·cis·tic [fæ'ʃɪstɪk] *adj* 1 *(politics)* faschistisch
2 *(pej: repressive)* tyrannisch *pej*

fash·ion ['fæʃᵊn] **I.** *n* 1 *(popular style)* Mode *f;* ***there's a ~ for denim overalls*** Jeansoveralls sind im Moment in Mode; **to be the ~** schick [*o* Mode] sein *fam;* ***long curly hair is the ~ this summer*** diesen Sommer trägt man langes gelocktes Haar; **to be all the ~** der [absolute] Renner sein *fam;* **to be dressed in the latest ~** nach der neuesten Mode gekleidet sein; **to be in ~** in Mode [*o* modern] sein; **to be out of ~** aus der Mode [*o* unmodern] [*o* SCHWEIZ out] sein *fam;* ***old-world courtesy is out of ~ these days*** altväterliche Höflichkeit ist heutzutage nicht mehr gefragt; **to go out of ~** aus der Mode kommen, unmodern werden
2 *(newly designed clothes)* ■ **~s** *pl* Mode *f,* Kollektion *f;* **the latest Paris ~s** die neueste Pariser Mode; **the spring ~s** die Frühjahrsmode
3 *no pl (industry)* Modebranche *f;* **the world of ~** die Modewelt; **Italian ~** die italienische Mode[branche]
4 *(manner)* ■ **to do sth in a certain ~** etw auf eine bestimmte Art und Weise tun; ***why is he scratching his nose in that peculiar ~?*** warum kratzt er sich so an der Nase?; ***she held the fork in her right hand, American ~*** sie hielt die Gabel in der rechten Hand, wie es für einen Amerikaner typisch ist; **after a ~** einigermaßen; ***the machine works, after a ~*** die Maschine funktioniert einigermaßen; ***I can cook, after a ~*** ich kann so halbwegs kochen
II. *vt* ■ **to ~ sth** etw fertigen *geh; (fig: create)* etw ausarbeiten

fash·ion·able ['fæʃᵊnəbl] *adj* modisch; *person* extravagant; *(for stylish people)* schick[imicki] *sl,* Schickeria- *sl;* ■ **to be/become ~** in Mode [*o fam* in] sein/werden, in Mode kommen; **a suit of a ~ cut** ein modisch geschnittener Anzug; **~ restaurant** Schickerialokal *nt sl,* Schickimickilokal *nt* ÖSTERR, SCHWEIZ *fam;* **a ~ couple** ein Paar *nt* aus dem Jetset

fash·ion·ably ['fæʃᵊnəbli] *adv* modisch; **to be ~ dressed** modisch gekleidet sein

'fash·ion-con·scious *adj* modebewusst **'fash·ion de·sign·er** *n* Modedesigner(in) *m(f),* Modeschöpfer(in) *m(f),* SCHWEIZ *a.* Couturier *m* **'fash·ion-for·ward** *adj inv* modebewusst **'fash·ion house** *n* Modehaus *nt,* Modesalon *m,* SCHWEIZ *a.* Kleiderladen *m* **'fash·ion in·dus·try** *n* ■ **the ~** die Modeindustrie [*o* Modebranche]

fash·ion·ista [fæʃᵊn'i:stə] *n (follower, buyer)* Modefreak *m; (designer)* Modepapst, -päpstin *m, f; (journalist)* Trendjournalist(in) *m(f)*

'fash·ion maga·zine *n* Modezeitschrift *f* **'fash·ion mod·el** *n* Model *nt* **'fash·ion pa·rade** *n* Modenschau *f* **'fash·ion show** *n* Modenschau *f* **'fash·ion vic·tim** *n (pej)* Modepuppe *f pej fam;* ***she hasn't got her own style, she's just a ~*** sie hat keinen eigenen Stil, sie folgt immer nur der neuesten Mode

fast[1] [fɑ:st, AM fæst] **I.** *adj* 1 *(moving quickly)* schnell; **to be a ~ driver/runner** schnell fahren/laufen
2 *(performing quickly)* schnell; **to be a ~ reader/typist/worker** schnell lesen/tippen/arbeiten
3 *(short)* schnell
4 *attr (permitting speed)* schnell; ***can you tell me the ~est way to get from here to Gloucester?*** können Sie mir sagen, wie man von hier am schnellsten nach Gloucester kommt?; **~ train** Schnellzug *m,* D-Zug *m*
5 PHOT **~ film** lichtempfindlicher Film; **~ shutter speed** kurze Belichtungszeit
6 *pred (ahead of time)* ■ **to be ~** *clock, watch* vorgehen
7 *pred, inv (firm)* ■ **to be ~** fest sein; **to make ~ [to sth]** NAUT [an etw *dat*] anlegen; **to make sth ~ [to sth]** etw [an etw *dat*] festmachen
8 *inv (permanent)* **~ colour** [*or* AM **color**] waschechte Farbe
9 *(pej dated: bad)* unmoralisch; **~ living** flottes Leben, lockerer Lebenswandel; **~ woman** leichtlebige Frau
▶ PHRASES: **to be a ~ <u>worker</u>** *(fam)* schnell arbeiten, ein Draufgänger/eine Draufgängerin sein *fam; see also* **pull**
II. *adv* 1 *(at speed)* schnell; ***it all happened so ~*** es ging alles so schnell; ***not so ~!*** nicht so schnell!; **as ~ as one's legs would carry one** so schnell seine Beine ihn trugen; **to be ~ approaching sth** rasch auf etw *akk* zugehen; ***the time is ~ approaching when ...*** der Zeitpunkt rückt schnell näher, an dem ...
2 *(soon)* schnell, bald
3 *inv (firmly)* fest; ***the glue had set and my hand was stuck ~*** der Leim war getrocknet und meine Hand klebte fest; **to cling on ~ to sth** sich *akk* an etw *dat* festhalten; **to stand ~** ausharren, standhalten
4 *inv* **to be/lie ~ asleep** tief schlafen
▶ PHRASES: **to <u>hold</u> ~ to an idea/a principle** an einer Idee/einem Prinzip festhalten; **to <u>play</u> ~ and loose with sb** *(dated)* mit jdm ein falsches Spiel treiben; **to <u>play</u> ~ and loose with sth** *(dated)* mit etw *dat* Schindluder treiben *fam*

fast[2] [fɑ:st, AM fæst] **I.** *vi* fasten
II. *n* Fastenzeit *f;* **to break one's ~** das Fasten brechen

fast-'act·ing *adj pain-killer* schnell wirkend *attr;* ■ **to be ~** schnell wirken **fast and 'fu·ri·ous I.** *adj final* rasant **II.** *adv* rasant **'fast·back** *n* AUTO 1 *(car)* Auto *nt* mit Fließheck 2 *(rear)* Fließheck *nt* **'fast·ball** *n* AM *(in baseball)* Fastball *m* **fast 'breed·er, fast breed·er re·'ac·tor** *n* schneller Brüter

fas·ten ['fɑ:sᵊn, AM 'fæs-] **I.** *vt* 1 *(close)* ■ **to ~ sth** etw schließen [*o fam* zumachen]; **to ~ a button/coat** einen Knopf/Mantel zumachen; **to ~ one's seat belt** sich *akk* anschnallen
2 *(secure)* ■ **to ~ sth** etw befestigen; ■ **to ~ sth on/to sth** etw an etw *dat* befestigen; *(with glue)* etw an etw *dat* festkleben; *(with rope)* etw an etw *dat* festbinden
▶ PHRASES: **to ~ one's <u>eyes</u>** [*or* **<u>gaze</u>**] **on sb/sth** den Blick auf jdn/etw heften, jdn/etw [mit den Augen] fixieren
II. *vi* 1 *(close)* geschlossen werden, sich *akk* schließen lassen; ***the zip won't ~*** der Reißverschluss geht nicht mehr zu; ***the door ~s with a bolt*** die Tür wird mit einem Riegel verschlossen; ***this dress ~s at the back/with a zip*** dieses Kleid wird hinten/mit einem Reißverschluss zugemacht
2 *(focus)* ■ **to ~ [up]on sth** sich *akk* auf etw *akk* konzentrieren
3 *(follow)* ■ **to ~ on to** [*or* **onto**] **sb** jdm folgen

◆**fasten down** *vt* ■ **to ~ down** ○ **sth** etw befestigen; ***they steal anything that's not actually ~ed down*** sie stehlen alles, was nicht niet- und nagelfest ist

◆**fasten on** *vt* ■ **to ~ on** ○ **sth** etw befestigen [*o fam* festmachen]

◆**fasten together** *vt* ■ **to ~ together** ○ **sth** etw miteinander verbinden; *sheets of paper* etw zusammenheften

◆**fasten up I.** *vt* ■ **to ~ up** ○ **sth** *dress, coat* etw zumachen *fam; buttons* etw zuknöpfen
II. *vi dress, coat* zugemacht [*o* geschlossen] werden

fas·ten·er ['fɑ:sᵊnəʳ, AM 'fæsᵊnɚ] *n* Verschluss *m; on door, window* Verriegelung *f,* Riegel *m* SCHWEIZ; **snap ~** Druckknopf *m;* **zip ~** Reißverschluss *m*

fas·ten·ing ['fɑ:sᵊnɪŋ, AM 'fæs-] *n* Verschluss *m*

fast 'food *n no pl* Fastfood *nt* **'fast-food** *n modifier (chain, freak)* Fastfood-; **~ restaurant** Fastfood-Restaurant *nt,* Schnellgaststätte *f,* ÖSTERR *a.* Imbissstube *f* **fast-'for·ward I.** *vt* **to ~ a tape/video** eine Kassette/ein Video vorspulen **II.** *vi* vorspulen **III.** *n* Vorspultaste *f* **fast 'green** *n no pl* CHEM Malachitgrün *nt* **fast-'grow·ing** *adj business* schnell wachsend, sich schnell etablierend, wachstumsstark

fas·tidi·ous [fæs'tɪdiəs] *adj* 1 *(correct)* anspruchsvoll, wählerisch; **~ taste** anspruchsvoller Geschmack; **to be very ~ about sth** über etw *akk* eine sehr genaue Vorstellung haben; **to be very ~ about doing sth** sehr sorgsam darauf bedacht sein, etw zu tun
2 *(cleanly)* pingelig

fas·tidi·ous·ly [fæs'tɪdiəsli] *adv* mit peinlicher Genauigkeit, sorgfältig; **~ clean** peinlich sauber

fas·tidi·ous·ness [fæs'tɪdiəsnəs] *n no pl* Genauigkeit *f,* Pedanterie *f pej;* **the studied ~ of sb's clothes** jds sorgfältig ausgesuchte Kleidung; **the ~ of sb's taste** jds anspruchsvoller Geschmack

fast·ing ['fɑ:stɪŋ, AM 'fæst-] *n no pl* Fasten *nt*

'fast lane *n* Überholspur *f* ▶ PHRASES: **<u>life</u> in the ~** Leben *nt* auf der Überholspur, exzessive [*o* ausschweifende] Lebensweise **'fast link** *n* Schnellverbindung *f* **fast-'mov·ing** *adj* 1 *(exciting)* spannend 2 *(selling)* schnell verkäuflich

fast·ness <*pl* -es> ['fɑ:stnəs, AM 'fæst-] *n* 1 *no pl (permanence)* Beständigkeit *f;* **colour** [*or* AM **color**] **~** Farbechtheit *f*
2 *(liter: refuge)* Festung *f;* **mountain ~** Bergfeste *f*

'fast-paced *adj novel* temporeich, tempogeladen **fast-'talk** *vt esp* AM *(pej)* ■ **to ~ sb into sth/doing sth** jdn beschwatzen [*o* ÖSTERR, SCHWEIZ überreden], etw zu tun *fam;* **to ~ one's way into sth** sich *dat* etw erschwatzen; **to ~ one's way out of a situation** sich *akk* aus einer Situation herausreden **fast-'talk·er** *n (pej)* Überredungskünstler(in) *m(f),* Schwätzer(in) *m(f) pej* **fast-'talk·ing** *adj attr, inv (pej)* beredsam **'fast track** *n* Sprungbrett *nt fig;* ***~ to the top*** Sprungbrett *nt* nach oben **'fast-track I.** *adj attr, inv* Sprungbrett-, Karriere fördernd **II.** *vt* ■ **to ~ sth** etw beschleunigen

FAT [ˌefeɪ'ti:] *n* COMPUT *abbrev of* **file allocation table** FAT

fat [fæt] **I.** *adj* <-tt-> 1 *(fleshy)* dick, fett *pej; animal* fett; **~ stock** Mastvieh *nt;* **to get** [*or* **grow**] **~** dick werden
2 *(thick)* dick; **~ wallet** dicke Brieftasche
3 *attr (substantial)* fett; **~ profits** fette Gewinne
4 *attr, inv (fam: little)* **~ *chance we've got of being invited*** die Chancen stehen schlecht, dass wir eingeladen werden; ***a ~ lot he cares about what happens to us!*** er schert sich einen Dreck

darum, was mit uns passiert! *sl;* ***a ~ lot of use you are!*** du bist mir eine schöne Hilfe!
▸PHRASES: **the opera ain't over until the ~ lady sings** *(prov)* das ist noch nicht das Ende
II. *n* ① *no pl (body tissue)* Fett *nt;* **layer of ~** Fettschicht *f*
② *no pl (food)* Fett *nt;* **animal/vegetable ~** tierisches/pflanzliches Fett
▸PHRASES: **ye shall eat the ~ of the land** REL *(saying)* ihr sollt das Fett des Landes essen; **the ~ is in the fire** *(fam)* der Teufel ist los; **to live off the ~ of the land** in Saus und Braus leben
fa·tal ['feɪtəl, AM -t̬əl] *adj inv* ① *(lethal)* tödlich; ***this illness is ~ in almost all cases*** diese Krankheit führt fast immer zum Tod; **~ accident/dose** tödlicher Unfall/tödliche Dosis; **~ blow** Todesstoß *m*
② *(disastrous)* fatal, verhängnisvoll; ■**to be ~ to sth** für etw *akk* fatal sein
③ *(liter: fateful)* schicksalhaft
fa·tal 'er·ror *n* COMPUT unkorrigierbarer Abbruchfehler
fa·tal·ism ['feɪtəlɪzəm, AM -t̬əl-] *n no pl* Fatalismus *m*
fa·tal·ist ['feɪtəlɪst, AM -t̬əl-] *n* Fatalist(in) *m(f)*
fa·tal·is·tic [ˌfeɪtəl'ɪstɪk, AM -t̬əl-] *adj* fatalistisch
fa·tal·is·ti·cal·ly [ˌfeɪtəl'ɪstɪkli, AM -t̬əl-] *adv* mit Fatalismus; ***he shrugged ~*** schicksalsergeben zuckte er mit den Achseln
fa·tal·ity [fə'tæləti, AM -əti] *n* Todesopfer *nt*
fa·tal·ly ['feɪtəli, AM -t̬əli] *adv inv* ① *(mortally)* tödlich; **~ ill** sterbenskrank
② *(disastrously)* hoffnungslos; ***his reputation was ~ damaged*** sein Ansehen war für immer geschädigt
'fat ass *n* AM *(pej fam!)* Fettsack *m pej sl* **'fat-burn·ing** *adj attr, inv* fettverbrennend **'fat cat** *n esp* AM *(fam)* Bonze *m pej fam* **fat 'coal** *n no pl* TECH Fettkohle *f* **'fat con·tent** *n no pl* Fettgehalt *m* **'fat-dis·solv·ing agent** *n* TECH Fettlösungsmittel *nt,* Fettlöser *m*
fate [feɪt] *n* ① *usu sing (destiny)* Schicksal *nt,* Geschick *nt,* Los *nt;* **to decide sb's ~** über jds Schicksal entscheiden; **to decide one's own ~** sein Schicksal selbst bestimmen [*o* in die Hand nehmen]; **to leave sb to his/her ~** jdn seinem Schicksal überlassen; **to meet one's ~** den Tod finden; **to seal sb's ~** jds Schicksal besiegeln; **to share** [*or* **suffer**] **the same ~** dasselbe Schicksal erleiden
② *no pl (power)* Schicksal *nt;* **it must be ~** das muss Schicksal sein; **~ ordained** [*or* **decreed**] **that ...** das Schicksal wollte es, dass ...; *see also* **tempt 3, twist III 4**
▸PHRASES: **a ~ worse than death** *(unpleasantness)* Unerfreulichkeit *f;* *(old: pregnancy)* illegitime Schwangerschaft
fat·ed ['feɪtɪd, AM -t̬ɪd] *adj pred, inv* vom Schicksal bestimmt; ***you're obviously ~ to be the odd one out*** du scheinst offensichtlich zum Außenseiter verdammt zu sein; ***it seemed ~ that we should get married*** wir schienen füreinander bestimmt zu sein; ■**it was ~ that ...** das Schicksal wollte es, dass ...
fate·ful ['feɪtfəl] *adj* schicksalhaft; *decision* verhängnisvoll
Fates [feɪts] *npl* ■**the ~** die Parzen *pl*
'fat farm *n esp* AM *(fam)* Erholungsfarm *f* für Fettleibige **'fat-free** *adj yogurt, diet* fettfrei **'fat·head** *n (fam)* Schafskopf *m fam,* Blödmann *m fam* **'fat·head·ed** *adj (fam)* idiotisch *fam,* blöd *fam*
fa·ther ['fɑːðəʳ, AM -ɚ] **I.** *n* ① *(parent)* Vater *m;* **on one's ~'s side** väterlicherseits; **like ~, like son** wie der Vater, so der Sohn; **from ~ to son** vom Vater auf den Sohn; **to be like a ~ to sb** zu jdm wie ein Vater sein; *(form: form of address)* Vater *m*
② *(founder)* Vater *m*
③ *(senior)* [dienst]ältestes Mitglied; **the ~ of the House** BRIT das dienstälteste Mitglied des britischen Unterhauses
④ *pl (liter: ancestors)* ■**~s** Ahnen *pl*
▸PHRASES: **how's your ~** BRIT *(euph fam)* was macht dein Sexualleben
II. *vt* **to ~ a child** ein Kind zeugen
Fa·ther ['fɑːðəʳ, AM -ɚ] *n* ① *(priest)* Pater *m,* Pfarrer *m,* Pastor *m;* **~ O'Casey/Jack** Pater *m* O'Casey/Jack
② *(God)* Vater *m;* **God the ~** Gott Vater; **our ~ who** [*or* **which**] **art in heaven** Vater unser im Himmel
③ *(early writer)* **the ~s of the Church** die Kirchenväter
Fa·ther 'Christ·mas *n esp* BRIT der Weihnachtsmann **fa·ther con·'fes·sor** *n* Beichtvater *m* **'fa·ther fig·ure** *n* Vaterfigur *f* **'fa·ther file** *n* COMPUT Vaterdatei *f*
fa·ther·hood ['fɑːðəhʊd, AM -ɚ-] *n no pl* Vaterschaft *f*
fa·ther·ing ['fɑːdərɪŋ] *n no pl* Vatersein *nt*
'fa·ther-in-law <*pl* fathers-in-law *or* BRIT *also* -s> *n* Schwiegervater *m* **'fa·ther·land** *n* Vaterland *nt*
fa·ther·less ['fɑːðələs, AM -ɚ-] *adj inv* vaterlos; **to have a ~ childhood** ohne Vater aufwachsen
fa·ther·ly ['fɑːðəli, AM -ɚli] *adj* väterlich, wie ein Vater
'Fa·ther's Day *n no pl* Vatertag *m*
Fa·ther 'Time *n* ■[**Old**] **~** Kronos, Vater *m* des Zeus
fath·om ['fæðəm] **I.** *n* Faden *m (= ca. 1,8 m)*
II. *vt* ① *(understand)* ■**to ~ sb/sth** jdn/etw begreifen; ***we haven't yet ~ed why/how ...*** wir sind noch nicht dahinter gekommen, warum/wie ...
② NAUT *(sound)* ■**to ~ sth** etw ausloten
◆**fathom out** *vt* ■**to ~ out** ⊂ **sb/sth** jdn/etw verstehen; ***we're still trying to ~ out why/how ...*** wir versuchen immer noch herauszukriegen, warum/wie ...
fath·om·less ['fæðəmləs] *adj inv (esp liter)* ① *(deep) ocean, depths* unergründlich
② *(complex) mystery* unbegreiflich
fa·tigue [fə'tiːg] **I.** *n* ① *no pl (tiredness)* Ermüdung *f,* Erschöpfung *f;* **combat ~** Kampfesmüdigkeit *f;* **donor ~** *(hum)* Nachlassen *nt* der Spendenfreudigkeit; **to suffer from ~** unter Erschöpfung leiden
② *(form: effort)* Anstrengung *f,* Strapaze[n] *f[pl]*
③ *no pl* TECH *(failure)* Ermüdung *f;* **metal ~** Metallermüdung *f*
④ *usu pl* MIL *(chore)* Arbeitsdienst *m;* **cookhouse ~** Küchendienst *m;* **~ dress** Drillichanzug *m;* **~ duty** Arbeitsdienst *m*
⑤ MIL ■**~s** *pl (uniform)* Arbeitskleidung *f kein pl*
II. *vt* ① *(tire)* ■**to ~ sb** jdn ermüden
② TECH *(strain)* ■**to ~ sth** *metal* etw ermüden
III. *vi* ermüden
fat·less ['fætləs] *adj* fettfrei
'fat-load·ed *adj inv (fig)* fetttriefend *attr*
fat·ness ['fætnəs] *n no pl* Beleibtheit *f,* Korpulenz *f geh;* **the ~ of sb's stomach/thighs** jds dicker Bauch/dicke Oberschenkel
fat·so <*pl* -s *or* -es> ['fætsəʊ, AM -soʊ] *n (pej hum fam)* Dickerchen *nt pej hum fam,* Pummerchen *nt* SCHWEIZ *pej hum fam,* Fettsack *m pej sl*
fat·ted ['fætɪd, AM -t̬ɪd] *adj* gemästet; *see also* **kill**
fat·ten ['fætən] *vt* ① *(feed)* ■**to ~ an animal** ein Tier mästen; ■**to ~ sb** *(hum)* jdn herausfüttern
② *(increase)* **to ~ one's profits** seine Profite erhöhen
◆**fatten up** *vt* ■**to ~ up** ⊂ **an animal** ein Tier mästen; ■**to ~ up** ⊂ **sb** *(hum)* jdn herausfüttern
fat·ten·ing ['fætənɪŋ] *adj* **to be ~** dick machen
fat·tist ['fætɪst, AM -t̬ɪst] *adj* Anti-Dicken-; **a ~ joke** ein Dickenwitz
'fat trans·fer *n* MED Fettunterspritzung *f,* Lipotransfer *nt fachspr*
fat·ty ['fæti, AM -t̬i] **I.** *adj* ① *(containing fat) food* fetthaltig, fett
② *(consisting of fat)* Fett-; **~ tissue** Fettgewebe *nt*
II. *n (pej hum fam)* Dickerchen *nt hum fam,* Pummerchen *nt* SCHWEIZ *pej hum fam*
fat·ty 'acid *n* Fettsäure *f* **fat·ty de·gen·e'ra·tion** *n no pl* Verfettung *f*
fa·tu·ity [fə'tjuːəti, AM -'tuːət̬i] *n no pl (form)* Albernheit *f,* Lächerlichkeit *f*
fatu·ous ['fætjuəs, AM -tʃu-] *adj (form)* albern, dumm, bescheuert *sl*
fatu·ous·ly ['fætjuəsli, AM -tʃu-] *adv (form)* dümmlich
fatu·ous·ness ['fætjuəsnəs, AM -tʃu-] *n no pl (form)* Albernheit *f,* Lächerlichkeit *f*
fat·wa ['fætwɑː] *n* Fetwa *nt,* Rechtsgutachten *nt (im Islam)*
fau·cet ['fɑːsɪt] *n* AM *(tap)* Wasserhahn *m;* **to turn a ~ on/off** einen Wasserhahn auf-/abdrehen
fault [fɔːlt, AM *also* fɑːlt] **I.** *n* ① *no pl (responsibility)* Schuld *f;* ***it's all your ~*** das ist ganz allein deine Schuld, nur du bist schuld daran; ***it's your own ~*** du bist selbst schuld daran; ***it's the ~ of the judicial system that cases take so long to come to trial*** es liegt am Rechtssystem, dass Fälle so spät zur Verhandlung kommen; **to find ~ with sb/sth** etw an jdm/etw auszusetzen haben; **the ~ lies with sb/sth** die Schuld liegt bei jdm/etw; ***the ~ lay with the organizers*** Schuld hatten die Organisatoren; **to be at ~** die Schuld tragen, schuld sein; **through no ~ of sb's own** ohne jds eigenes Verschulden
② *(weakness)* Fehler *m,* Schwäche *f;* ***we all have ~s*** wir haben alle unsere Fehler; ***our electoral system has its ~s*** unser Wahlsystem hat seine Schwächen; ***she was generous to a ~*** sie war zu großzügig; **a ~ in sb's character** jds Charakterfehler; **his/her main ~** seine/ihre größte Schwäche
③ *(mistake)* Fehler *m*
④ *(defect)* Fehler *m,* Defekt *m;* ***there seems to be a ~ on the line*** es scheint eine Störung in der Leitung zu geben; **electrical/technical ~** elektrischer/technischer Defekt, elektrische/technische Störung
⑤ GEOL *(rift)* Verwerfung *f*
⑥ TENNIS Fehler *m;* **double ~** Doppelfehler *m;* **foot ~** Fußfehler *m;* **to call a ~** einen Fehler anzeigen; ***~ called!*** Fehler!
II. *vt* ■**to ~ sb/sth** [einen] Fehler an jdm/etw finden; ***you can't ~ her arguments*** gegen ihre Argumente ist nichts einzuwenden; ***you can't ~ him on his logic*** an seiner Logik ist nichts auszusetzen
III. *vi* TENNIS ■**to ~** [**on sth**] [bei etw *dat*] einen Fehler machen
'fault-find·er *n* ① *(person)* Nörgler(in) *m(f) pej*
② ELEC Fehlersuchgerät *nt* **'fault-find·ing I.** *n no pl* ① *(criticism)* Nörgelei *f pej* ② ELEC Fehlersuche *f*
II. *adj attr, inv* nörglerisch *pej* **'fault-in·di·ca·tor** *n* ELEC Störungsmelder *m*
fault·less ['fɔːltləs] *adj (approv) French, Spanish* fehlerfrei; *performance also* fehlerlos, einwandfrei
fault·less·ly ['fɔːltləsli] *adv* fehlerlos, einwandfrei
'fault line *n* ① GEOL Verwerfungslinie *f*
② *(division)* Streitgegenstand *m*
③ *(fig: between two religions, political systems etc.)* Gefahrenzone *f,* Schnittstelle *f*
faulty ['fɔːlti] *adj* ① *(unsound)* fehlerhaft; **~ logic** falsche Logik
② *(defect)* defekt
faun [fɔːn, AM *esp* fɑːn] *n* Faun *m*
fau·na ['fɔːnə, AM *esp* 'fɑː-] *n no pl, + sing/pl vb* Fauna *f*
faux [fəʊ, AM foʊ] *adj fur* Web-; *leather* Kunst-; *gemstones* unecht, -Imitate; *pearls* falsch
faux-fur [ˌfəʊ'fɜːʳ, AM ˌfoʊ'fɜr] *n modifier* Webpelz-, aus Webpelz *nach n;* **~ coat** Webpelz[mantel] *m*
faux pas <*pl* -> [ˌfəʊ'pɑː, AM ˌfoʊ'-] *n* Fauxpas *m kein pl;* **to commit** [*or* **make**] **a ~** einen Fauxpas begehen
fave [feɪv] *esp* BRIT *short for* **favourite I.** *adj attr, inv (fam) (number)* Lieblings-
II. *n (fam)* ① *(most-liked) person* Liebling *m*
② *(contestant)* Favorit(in) *m(f)*
③ *(privileged person)* Liebling *m*
fa·vor *n, vt* AM *see* **favour**
fa·vor·able *adj* AM *see* **favourable**
fa·vor·ably *adv* AM *see* **favourably**
fa·vored *adj* AM *see* **favoured**
fa·vor·ite *adj, n* AM *see* **favourite**
fa·vor·it·ism *n no pl* AM *see* **favouritism**
fa·vour, AM **fa·vor** ['feɪvəʳ, AM -ɚ] **I.** *n* ① *no pl (approval)* Befürwortung *f;* **to come down** [*or* **out**] **in ~ of sth** sich *akk* für etw *akk* aussprechen; **to decide in ~ of sth** sich *akk* für etw *akk* entscheiden; **to speak in ~ of sth** für etw *akk* sprechen; **to vote in ~ of sth** für etw *akk* stimmen; ■**to be in ~** dafür sein; ***all those in ~, please raise your hands*** alle, die dafür sind, heben bitte die Hand; ■**to be in ~ of**

sth für etw *akk* sein, etw befürworten
❷ *no pl (preference)* Bevorzugung *f;* **to gain** [*or* **win**] **sb's ~** [*or* **~ with sb**] jds Gunst erlangen, jdn für sich *akk* gewinnen; **to show ~ to sb** jdn bevorzugen
❸ *no pl (popularity)* Gunst *f;* **to find ~ with sb** bei jdm Gefallen finden; **to return to** [*or* **get back into**] **~** [**with sb**] wieder beliebt werden; ***his style has now returned to ~*** sein Stil ist jetzt wieder gefragt; ***he's trying to get back into ~*** er versucht, sich wieder beliebt zu machen; ■**to be in ~** [**with sb**] [bei jdm] hoch im Kurs stehen; **to be/fall** [*or* **go**] **out of ~** *person* in Ungnade sein/fallen; *object* aus der Mode sein/kommen
❹ *no pl (advantage)* **to decide in ~ of sth** sich *akk* für etw *akk* entscheiden; **to find in ~ of sb** für jdn entscheiden; **to have sth in one's ~** etw als Vorteil haben; **to reject** [*or* **turn down**] **sb/sth in ~ of sb/sth** jdm/etw gegenüber jdm/etw den Vorzug geben; **to rule in sb's ~** SPORT für jdn entscheiden; ■**to be in sb's ~** zu jds Gunsten sein; ***you must stand a good chance, there are so many things in your ~*** du hast sicherlich eine gute Chance, so viele Dinge sprechen für dich; ***the wind was in our ~*** der Wind war günstig für uns; ***bank error in your ~*** Bankirrtum zu Ihren Gunsten
❺ *(kind act)* Gefallen *m kein pl;* ***I'm not asking for ~s*** ich bitte nicht um Gefälligkeiten; ***do it as a ~ to me*** tu es mir zuliebe; **to ask sb** [**for**] **a ~** [*or* **to ask a ~ of sb**] jdn um einen Gefallen bitten; **to dispense ~s to sb** jdm Gefälligkeiten erweisen; **to do sb a ~** [*or* **a ~ for sb**] jdm einen Gefallen tun; **to not do sb/oneself any ~s** jdm/sich *dat* keinen Gefallen tun; **to grant sb a ~** jdm einen Gefallen tun
❻ AM *(present)* kleines Geschenk; **party ~** kleines Geschenk *(das auf einer Party verteilt wird)*
❼ *pl (dated: sex)* ■**~s** Gunst *f veraltet o hum,* Liebesdienste *pl;* **to be free with one's ~s** freizügig sein, nicht mit seinen Reizen geizen
▸PHRASES: **do me a ~!** *esp* BRIT *(fam)* tu mir einen Gefallen! *fam*
II. *vt* ❶ *(prefer)* ■**to ~ sth** etw vorziehen [*o* bevorzugen]; **to ~ an explanation/a theory** für eine Erklärung/eine Theorie sein, eine Erklärung/eine Theorie vertreten
❷ *(approve)* ■**to ~ sth** etw gutheißen; ■**to ~ doing sth** es gutheißen, etw zu tun
❸ *(benefit)* ■**to ~ sb/sth** jdn/etw begünstigen
❹ *(be partial)* ■**to ~ sb** jdn bevorzugen; SPORT jdn favorisieren; **to ~ one person above the other** eine Person einer anderen vorziehen
❺ *(form: bestow)* ■**to ~ sb with sth** jdm etw huldvoll gewähren *geh;* ***he has not yet ~ed me with an explanation*** *(iron)* er war noch nicht so gnädig, mir eine Erklärung zu geben
❻ *(look like)* ■**to ~ sb** jdm ähneln; ***I ~ my grandmother*** ich schlage nach meiner Großmutter

fa·vour·able, AM **fa·vor·able** ['feɪvᵊrəbl̩] *adj* ❶ *(approving) response* positiv, zustimmend; **to make a ~ impression** [**on sb**] einen sympathischen Eindruck [auf jdn] machen; **to view sth in a ~ light** etw mit Wohlwollen betrachten
❷ *(advantageous) circumstances, prognosis* günstig; ■**~ to sb/sth** für jdn/etw günstig, zum Vorteil einer Person/einer S. *gen;* **on ~ terms** COMM zu sehr günstigen Bedingungen; **~ for the economy** wirtschaftsfreundlich

fa·vour·ably, AM **fa·vor·ably** ['feɪvᵊrəbli] *adv* ❶ *(approvingly)* positiv, wohlwollend; **to be ~ disposed towards sb** jdm gewogen sein *geh;* **to be ~ inclined** nicht abgeneigt sein
❷ *(pleasingly)* **to compare ~ with sb/sth** im Vergleich zu jdm/etw gut abschneiden; **to impress sb ~** jdn positiv beeindrucken
❸ *(advantageously)* vorteilhaft, günstig; ***things didn't turn out ~ for us*** die Dinge entwickelten sich nicht in unserem Sinn

fa·voured, AM **fa·vored** ['feɪvəd, AM -ɚd] *adj* ❶ *(preferred)* bevorzugt
❷ *(privileged)* begünstigt, SCHWEIZ *a.* privilegiert; **~ customer** Kunde, Kundin *m, f* mit besonderen Vergünstigungen

fa·vour·ite, AM **fa·vor·ite** ['feɪvᵊrɪt] **I.** *adj attr, inv colour, songs, books, etc.* Lieblings-; **~ son** AM POL *amerikanischer Präsidentschaftskandidat, der beim Nationalkonvent von Delegierten seines Heimatstaates nominiert wird*
II. *n* ❶ *(best-liked) person* Liebling *m;* ***Sinatra's been a ~ of mine ever since I was a teenager*** schon seit meiner Teenagerzeit ist Sinatra einer meiner Lieblingsstars; *thing;* ***which one's your ~ out of these three?*** welches von den dreien magst du am liebsten?; ***I'd like to play you a particular ~ of mine*** ich möchte dir ein Stück vorspielen, das ich besonders gerne mag; ■**to be a ~ with sb** bei jdm sehr beliebt sein
❷ *(contestant)* Favorit(in) *m(f);* ***Brazil are ~s to win the World Cup*** die Brasilianer haben die größten Aussichten, die Weltmeisterschaft zu gewinnen
❸ *(privileged person)* Liebling *m,* Günstling *m pej*

fa·vour·it·ism, AM **fa·vor·it·ism** ['feɪvᵊrɪtɪzᵊm] *n no pl (pej)* Begünstigung *f,* Vetternwirtschaft *f,* ÖSTERR *a.* Freunderlwirtschaft *f*

fawn[1] [fɔːn, AM *esp* fɑːn] **I.** *n* ❶ *(deer)* Rehkitz *nt,* Hirschkalb *nt*
❷ *(brown)* Rehbraun *nt*
II. *adj* rehbraun

fawn[2] [fɔːn, AM *esp* fɑːn] *vi (pej)* ■**to ~** [**up**]**on sb** vor jdm katzbuckeln [*o* ÖSTERR, SCHWEIZ kriechen] *fam o pej; dog* jdn umschwänzeln; ■**to ~ over sb/sth** um jdn/etw [herum]scharwenzeln [*o* ein Getue machen] *pej fam,* jdn/etw hofieren *pej*

fawn·ing ['fɔːnɪŋ, AM *esp* 'fɑːn-] *adj inv (pej)* kriecherisch *pej;* **~ review** schmeichelhafte Rezension

fax [fæks] **I.** *n* ❶ *(machine)* Fax[gerät] *nt;* ■**by ~** per Fax; **to send sth by ~** etw faxen [*o* per Fax senden]
❷ *(document)* Fax *nt*
II. *vt* ■**to ~** [**sb**] **sth** [*or* **sth to sb**] jdm etw faxen; ■**to ~ sth through** [*or* **over**] **to sb** jdm etw durchfaxen

'fax ma·chine *n* Fax[gerät] *nt* **'fax mo·dem** *n* COMPUT Faxmodem *nt*

faze [feɪz] *vt usu passive esp* AM, AUS *(fam)* ■**to ~ sb** jdn aus der Fassung bringen

FBI [ˌefbiː'aɪ] *n no pl abbrev of* **Federal Bureau of Investigation**: ■**the ~** das FBI

FB'I agent *n* FBI-Agent(in) *m(f)*

f-bomb ['efbɑːm] *n* AM *(sl) euphemistischer Ausdruck für „fuck";* **to drop the ~** „fuck" sagen

FC [ˌef'siː] *n* BRIT *abbrev of* **Football Club** FC *m*

FCB [ˌefsiː'biː] *n* COMPUT *abbrev of* **file control block** FCB

FCC [ˌefsiː'siː] *n* AM *abbrev of* **Federal Communications Commission** Medienkontrollbehörde *f*

FCL [ˌefsiː'el] COMM *abbrev of* **full container load** Vollcontainerladung *f*

FCO [ˌefsiː'əʊ] *n* BRIT POL *abbrev of* **Foreign and Commonwealth Office** britisches Außen- und Commonwealthministerium

FD [ˌef'diː] *n* COMPUT *abbrev of* **floppy disk** [Floppy] Disk *f*

FDA [ˌefdiː'eɪ] *n no pl* AM *abbrev of* **Food and Drug Administration**: ■**the ~** *Amt, das für die Zulassung von Lebensmittelzusätzen und Arzneimitteln zuständig ist*

FDD [ˌefdiː'diː] *n* COMPUT *abbrev of* **floppy disk drive** Diskettenlaufwerk *nt*

fe·al·ty ['fiːlti] *n no pl* HIST Lehnstreue *f;* **to swear** [**an oath of**] **~ to sb** jdm Lehnstreue schwören

fear [fɪəʳ, AM fɪr] **I.** *n* ❶ *no pl (dread)* Angst *f,* Furcht *f* (**of** vor +*dat*); **to put the ~ of God into sb** jdm einen heiligen Schrecken einjagen; **~ of heights** Höhenangst *f;* **in ~ of one's life** in Todesangst; **in ~ and trembling** zitternd vor Angst; **to go in ~ of sth** in ständiger Angst vor etw *dat* leben; **to have a ~ of sth** vor etw *dat* Angst haben; ■**for ~ of doing sth** aus Angst, etw zu tun; ■**for ~ that** [*or liter* **lest**] **...** aus Angst, dass ...; ■**to be in ~ of sth** vor etw *dat* Angst haben; ***he was in ~ of his life*** er fürchtete um sein Leben; ■**to do sth out of ~** etw aus Angst tun; *see also* **strike**
❷ *(worry)* Sorge *f kein pl,* Befürchtung *f;* ■**there are ~s that ...** es gibt Befürchtungen, dass ...; **~s for sb's life/safety** Sorge *f* um jds Leben/Sicherheit; **sb's worst ~s** jds schlimmste Befürchtungen
❸ *no pl (old: respect)* Ehrfurcht *f;* **~ of God** [*or* **the Lord**] Gottesfurcht *f*
▸PHRASES: **without ~ or <u>favour</u>** völlig unparteiisch; **<u>no</u> ~!** BRIT, AUS *(fam)* bestimmt nicht!; **there's <u>no</u>** [*or* **isn't <u>any</u>**] **~ of that!** das ist nicht zu befürchten!; ***there isn't any ~ of your getting lost*** du brauchst keine Angst zu haben, dass du dich verirrst
II. *vt* ❶ *(dread)* ■**to ~ sb/sth** jdn/etw fürchten; ***what do you ~ most?*** wovor hast du am meisten Angst?; **to have nothing to ~** nichts zu befürchten haben; ■**to ~ doing/to do sth** Angst davor haben [*o* sich *akk* davor fürchten], etw zu tun
❷ *(form: regret)* ■**to ~** [**that**] ... befürchten, dass ...
❸ *(old: respect)* **to ~ God** Gott fürchten
III. *vi* ❶ *(form: worry)* ■**to ~ for sb/sth** sich *dat* um etw *akk* Sorgen machen; **to ~ for sb's life/sanity** um jds Leben/Verstand fürchten; **never ~, ~ not** *(dated)* keine Angst
❷ *(liter: be afraid)* sich *akk* fürchten

feared [fɪəd, AM fɪrd] *adj* gefürchtet

fear·ful ['fɪəfᵊl, AM 'fɪr-] *adj* ❶ *pred (anxious)* ängstlich; ■**to be ~ of sb/sth** Angst vor jdm/etw haben; ***she was ~ of what he might say*** sie hatte Angst davor, was er sagen würde; **~ *of causing a scene, he said nothing*** aus Angst, eine Szene auszulösen, sagte er nichts; ■**to be ~ that ...** Angst haben, dass ...
❷ *usu attr (terrible) consequences, accident* schrecklich
❸ *attr (dated fam: great) argument* furchtbar *fam,* fürchterlich *fam*

fear·ful·ly ['fɪəfᵊli, AM 'fɪr-] *adv* ❶ *(anxiously)* ängstlich, angsterfüllt
❷ *(dated: very)* furchtbar *fam;* ***I'm ~ sorry*** es tut mir schrecklich leid

fear·ful·ness ['fɪəfᵊlnəs, AM 'fɪr-] *n no pl* ❶ *(anxiety)* Ängstlichkeit *f*
❷ *(frightfulness)* Furchtbarkeit *f,* Entsetzlichkeit *f*

fear·less ['fɪələs, AM 'fɪr-] *adj* furchtlos; ■**to be ~ of sth** vor etw *dat* keine Angst haben

fear·less·ly ['fɪələsli, AM 'fɪr-] *adv* furchtlos, unerschrocken

fear·less·ness ['fɪələsnəs, AM 'fɪr-] *n no pl* Furchtlosigkeit *f*

'fear·rid·den *adj* angsterfüllt

fear·some ['fɪəsəm, AM 'fɪr-] *adj (form or hum)* Furcht einflößend, Furcht erregend

fear·some·ly ['fɪəsəmli, AM 'fɪr-] *adv* Furcht erregend

fea·sance ['fiːzən(t)s] *n* AM LAW Erfüllung *f*

fea·sibil·ity [ˌfiːzə'bɪləti, AM -əṭi] *n no pl* Machbarkeit *f; of plan, project* Durchführbarkeit *f,* Realisierbarkeit *f;* ***I'm doubtful about the ~ of financing this project with private capital*** ich zweifle daran, dass es möglich sein wird, das Projekt mit Privatkapital zu finanzieren

fea·si'bil·ity study *n* Machbarkeitsstudie *f,* Durchführbarkeitsstudie *f,* Projektstudie *f*

fea·sible ['fiːzəbl̩] *adj* ❶ *(practicable)* durchführbar, ausführbar; **~ objective** realisierbares Ziel; **financially/politically ~** finanziell/politisch möglich; **technically ~** technisch machbar
❷ *(possible)* möglich; ***it's quite ~ that ...*** es ist ziemlich wahrscheinlich, dass ...
❸ *(fam: plausible)* glaubhaft

fea·sibly ['fiːzəbli] *adv* durchaus; ***he could quite ~ attack someone*** es ist sehr gut möglich, dass er jemanden angreift

feast [fiːst] **I.** *n* ❶ *(meal)* Festmahl *nt,* Festessen *nt*
❷ *(presentation)* [Hoch]genuss *m;* **a ~ for the ear** ein Ohrenschmaus *m fam;* **a ~ for the eye, a visual ~** eine Augenweide
❸ *esp* REL *(holiday)* Feiertag *m;* **the ~ of the Passover** das Passahfest; **the F~ of St James** das Fest des hl. Jakobus; **movable ~** beweglicher Feiertag
II. *vi* schlemmen; ■**to ~ on** [*or* **off**] **sth** sich *akk* an etw *dat* gütlich tun *geh*
III. *vt* ■**to ~ sb** jdn festlich bewirten

▸PHRASES: **to ~ one's eyes on sth** sich *akk* am Anblick einer S. *gen* weiden *geh*

'feast day *n esp* REL Feiertag *m*

feast·ing ['fi:stɪŋ] *n no pl* Schlemmerei *f*

feat [fi:t] *n* ❶ *(brave deed)* Heldentat *f,* Großtat *f;* **heroic ~** Heldentat *f*

❷ *(skill)* [Meister]leistung *f;* **~ of engineering** technische Großtat; **~ of organization** organisatorische Meisterleistung; **~ of skill** Kunststück *nt;* **to be no mean ~** keine schlechte Leistung sein

feath·er ['feðəʳ, AM -ɚ] **I.** *n* Feder *f;* **an eagle['s]/a peacock['s] ~** eine Adler-/Pfauenfeder; **tail/wing ~** Schwanz-/Schwungfeder *f;* **to ruffle its ~s** seine Federn zersausen

▸PHRASES: **a ~ in sb's cap** etwas, worauf jd stolz sein kann; **in fine ~** *(dated: in good spirits)* in blendender Laune; *(in top form)* in Hochform; **you could have knocked me down with a ~** *(fam)* ich war total platt [*o* ÖSTERR, SCHWEIZ völlig perplex] *fam;* **as light as a ~** federleicht

II. *n modifier (pillow)* Feder-

III. *vt* **to ~ an oar** SPORT ein Ruder flachdrehen; **to ~ a propeller** AVIAT einen Propeller auf Segelstellung bringen

▸PHRASES: **to ~ one's [own] nest** *(esp pej)* seine Schäfchen ins Trockene bringen *fam*

feath·er·'bed <-dd-> *vt (pej)* ■**to ~ sb** jdn protegieren; ■**to ~ sth** etw subventionieren **feath·er·'bed·ding** *n no pl (pej)* ❶ *(subsidization)* Subventionierung *f* ❷ *(overemployment)* Überbesetzung *f* mit Arbeitskräften **feath·er 'boa** *n* Federboa *f* **'feath·er·brained** *adj (fam)* schwachköpfig, schwachsinnig **feath·er 'dust·er** *n* Staubwedel *m*

feath·ered ['feðəd, AM -ɚd] *adj inv* gefiedert; **our ~ friends** *(hum: birds)* unsere gefiederten Freunde

feath·er 'edge *n* scharfe Kante, Falzung *f* **feath·er 'pil·low** *n* Federkissen *nt* **feath·er 'quilt** *n* Federbett *nt,* Duvet *nt* SCHWEIZ **'feath·er stitch** *n* Hexenstich *m*

'feath·er·weight I. *n* BOXING Federgewicht *nt* **II.** *n modifier* BOXING Federgewichts- **feath·er·weight 'box·er** *n* Federgewichtler *m*

feath·ery ['feðəri] *adj (covered with feathers)* gefiedert; *(like a feather)* fed[e]rig; *cake* locker; **~ leaves** federförmige Blätter; **~ snowflakes** dicke Schneeflocken

fea·ture ['fi:tʃəʳ, AM -ɚ] **I.** *n* ❶ *(aspect)* Merkmal *nt,* Kennzeichen *nt,* Charakteristikum *nt;* **key ~** Hauptmerkmal *nt;* **the best ~ of sb/sth** das Beste an jdm/etw; **distinguishing ~** besonderes Merkmal, Unterscheidungsmerkmal *nt;* **redeeming ~** ausgleichendes Moment, Lichtblick *m;* **regular ~** fester Bestandteil; **the worst ~ of sb/sth** die negativste Eigenschaft einer Person/einer S. *gen;* **to make a ~ of sth** *(in room)* etw zu einem Blickfang machen; *(event)* etw zu einer Attraktion machen

❷ *(equipment)* Ausrüstung *f;* **special ~** Besonderheit *f;* *(in a car)* Extra *nt;* **standard ~** serienmäßiges Zubehörteil

❸ *usu pl (land)* Besonderheit *f;* **landscape ~** landschaftliche Besonderheit

❹ *(of face)* ■**~s** *pl* Gesichtszüge *pl;* **to have regular/strong ~s** regelmäßige/ausgeprägte Gesichtszüge haben

❺ *(report)* Sonderbeitrag *m* (**on** +*gen*)

❻ *(film)* Spielfilm *m;* **double ~** zwei Spielfilme in einem; **main ~** Hauptfilm *m*

II. *vt* ❶ *(show)* ■**to ~ sth** etw aufweisen; ***the new model ~s air-conditioning as standard*** das neue Modell ist serienmäßig mit einer Klimaanlage ausgestattet

❷ *(star)* ■**to ~ sb** jdn in der Hauptrolle zeigen

❸ *(exhibit)* ■**to ~ sth** etw groß herausbringen; *in an exhibition* etw ausstellen [*o* zeigen]

❹ *(report)* ■**to ~ sth** über etw *akk* groß berichten

❺ *(advertise)* **to ~ a product** für ein Produkt besonders werben

III. *vi* ❶ *(appear)* ■**to ~ somewhere** irgendwo erscheinen [*o* vorkommen]; ***a good salary ~s high on the list of things she wants from a job*** ein gutes Gehalt steht ganz oben auf der Liste der Dinge, die sie von einer Stelle erwartet; ■**to ~ in sth** *in one's plans* in etw *dat* vorkommen

❷ *(act)* **to ~ in a film** in einem Film [mit]spielen

'fea·ture ar·ti·cle *n* Feature *nt,* Sonderbeitrag *m* **'fea·ture film** *n* Spielfilm *m* **'fea·ture-length** *adj inv* mit [*o* von] Spielfilmlänge *nach n*

fea·ture·less ['fi:tʃələs, AM -ɚ-] *adj* ❶ *land* ohne Besonderheiten *nach n*

❷ *(dull)* nichtssagend; **to be pretty ~** ziemlich nichtssagend sein

'fea·ture pres·en·ta·tion *n* AM FILM Spielfilm *m* **'fea·ture sto·ry** *n* Sonderbericht *m*

fea·tur·ette [ˌfi:tʃər'et] *n (on DVD)* Extra *nt,* (z.B. eine Dokumentation zu den Dreharbeiten eines Films oder Biografien der Hauptrollen und -darsteller)

'fea·ture writ·er *n* Feuilletonist(in) *m(f)*

fea·tur·ing ['fi:tʃərɪŋ] *adv* **~ ...** in den Hauptrollen ...

Feb. *n abbrev of* **February** Febr.

fe·brile ['fi:braɪl, AM 'febrɪl, fi:brɪl] *adj (liter) intensity* fiebrig

Feb·ru·ary ['februəri, AM -ru:eri] **I.** *n* Februar *m;* **at the beginning of** [*or* **in early**] **~** Anfang Februar; **at the end of** [*or* **in late**] **~** Ende Februar; **in the middle of ~, in mid-~** Mitte Februar; **in the first/second** [*or* **latter**] **half of ~** in der ersten/zweiten Februarhälfte; **during the course of ~** im Laufe des Februars [*o* des Monats Februar]; **for the whole of ~** den ganzen Februar über; **every ~** jeden Februar; **last/next/this ~** vergangenen [*o* letzten]/kommenden [*o* nächsten]/diesen Februar; **to be ~** Februar sein [*o* haben]; ***it's ~ already*** wir haben [*o* es ist] schon Februar; **to be in/schedule for ~** in den Februar fallen/legen; **in/during [the month of] ~** im [Monat] Februar; **until [well] into ~** bis in den Februar hinein; **on ~ 14** [*or* BRIT *also* **14th ~**] am 14. Februar; ***on Friday, ~ 14*** am Freitag, dem [*o* den] 14. Februar; ***her birthday is on ~ 12*** sie hat am 12. Februar Geburtstag; ***Hamburg, ~ 14, 2005*** Hamburg, den 14. Februar 2005; **to fall on/to schedule for ~ 14** auf den 14. Februar fallen/legen

II. *n modifier* **the ~ issue** *magazine* die Februarausgabe

fe·cal *adj inv* AM *see* **faecal**

fe·ces *npl* AM *see* **faeces**

feck·less ['fekləs] *adj (form)* ❶ *(idle)* nutzlos; *person* nichtsnutzig

❷ *(careless)* verantwortungslos

fe·cund ['fekənd, AM *esp* 'fi:-] *adj (form) earth, animal* fruchtbar; *(fig)* **~ imagination** lebhafte Fantasie

fe·cund·ity [fɪ'kʌndəti, AM -əṭi] *n no pl (form)* Fruchtbarkeit *f*

fed[1] [fed] *pt, pp of* **feed**

fed[2] [fed] AM **I.** *adj inv* ECON, FIN *(fam) short for* **federal**: **~ funds rate** Tagesgeldsatz *m*

II. *n no pl, + sing/pl vb (fam)* ECON, FIN *short for* **Federal Reserve Board**

Fed [fed] *n* AM *(fam)* ❶ *(federal police)* FBI-Agent(in) *m(f)*

❷ *(bank)* ■**the ~** der Zentralbankrat

fe·da·yeen [ˌfeda:'ji:n] *npl* MIL Fedajin *m*

fed·er·al ['fedərəl, AM -ɚəl] *adj inv* ❶ *(of independent states)* föderativ; **~ republic/state** Bundesrepublik *f*/-staat *m;* **the F~ Republic of Germany** die Bundesrepublik Deutschland; **~ system** föderalistisches System

❷ *(of central government)* Bundes-, bundesstaatlich; **at ~ level** auf Bundesebene; **under ~ law** nach Bundesrecht

fed·er·al 'bank *n* Bundesbank *f* **fed·er·al 'budg·et** *n* Bundeshaushalt *m* **Fed·er·al Bu·reau of In·ves·ti·'ga·tion** *n,* **FBI** *n* LAW FBI, Bundeskriminalamt *nt* **fed·er·al 'court** *n* Bundesgericht *nt* **fed·er·al 'cred·it agen·cies** *npl* FIN Bundeskreditbehörden *pl* **fed·er·al 'funds** *npl* FIN *täglich fällige Forderungen gegenüber der Federal Reserve Bank* **fed·er·al 'gov·ern·ment** *n* Bundesregierung *f* **Fed·er·al Home Loan 'Mort·gage Cor·po·ra·tion** *n no pl, + sing/pl vb* AM ECON, FIN ■**the ~** *größtes Realkreditinstitut in den USA* **Fed·er·al Home Loans 'Banks** *npl* AM ECON, FIN Zentralbanksystem *nt* der Sparkassen in den USA

fed·er·al·ism ['fedərəlɪzəm, AM -ɚəl-] *n no pl* Föderalismus *m*

fed·er·al·ist ['fedərəlɪst, AM -ɚəl-] **I.** *n* Föderalist(in) *m(f)*

II. *adj* föderalistisch

fed·er·alize ['fedərəlaɪz, AM -ɚəl-] *vt* ■**to ~ sth** ❶ *(unite) states* etw zu einer Föderation [*o* einem Staatenbund] zusammenschließen

❷ *(control) states* etw unter bundesstaatliche Kontrolle bringen

Fed·er·al 'Re·serve *n no pl, + sing/pl vb* AM ECON, FIN ■**the ~** die Bundesaufsicht der US-Banken **Fed·er·al 'Re·serve Bank** *n* AM Bundeszentralbank *f (US-amerikanische Notenbank)* **Fed·er·al 'Re·serve Board** *n* AM Zentralbankrat *m (Notenbankausschuss der USA)* **Fed·er·al Re·serve 'Sys·tem** *n* AM Zentralbankensystem *nt* **Fed·er·al Re·serve 'Wire Sys·tem** *n* AM ECON, FIN *elektronisches Kommunikationssystem im Zentralbanksystem der USA* **Fed·er·al 'Trade Com·mis·sion** *n no pl, + sing/pl vb* AM ECON, FIN ■**the ~** die Wettbewerbsaufsichtsbehörde, das Kartellamt

fed·er·ate ['fedəreɪt, AM -əreɪt] **I.** *vt* ■**to ~ sth** *states* etw zu einer Föderation [*o* einem Staatenbund] zusammenschließen

II. *vi* sich *akk* zu einem Staatenbund zusammenschließen

fed·era·tion [ˌfedər'eɪʃən, AM -ə'reɪ-] *n* ❶ *(group)* Föderation *f,* Bundesstaat *m*

❷ ECON, FIN *(group of companies)* Verband *m,* Syndikat *nt*

❸ *no pl (uniting)* Föderation *f,* politischer Zusammenschluss

Fed·era·tion of Euro·pean 'Stock Ex·changes *n* STOCKEX Europäischer Börsenverband

FedEx® ['fedeks] *vt* ■**to ~ sth** etw mit Boten verschicken

fed 'funds *npl* FIN Federal Funds *pl*

fe·do·ra [fɪ'dɔ:rə, AM fə'-] *n* Filzhut *m*

'fed up *adj pred (fam)* ■**to be ~ up** ❶ *(angry)* sauer sein *fam;* ■**to be ~ up about sth** wegen einer S. *gen* sauer sein *fam,* SCHWEIZ *a.* einer Sache *gen* überdrüssig sein; ■**to be ~ up with sb/sth** von jdm/etw die Nase voll haben *fam,* jdn/etw satthaben *fam;* ***I'm ~ up with being treated as a child*** ich habe es satt, wie ein Kind behandelt zu werden

❷ *(disappointed)* enttäuscht sein

❸ *(bored)* sich *akk* langweilen

▸PHRASES: **to be ~ up to the [back] teeth with sb/sth** *esp* BRIT, AUS jdn/etw gründlich satthaben *fam*

fee [fi:] *n* ❶ *(charge)* Gebühr *f;* **contingent ~** Erfolgshonorar *nt;* **director's ~s** Verwaltungsratsbezüge *pl;* **doctor's/lawyer's ~** Arzt-/Rechtsanwaltshonorar *nt;* **member ~** Mitgliedsbeitrag *m;* **school ~s** Schulgeld *nt;* **tuition ~s** Studiengebühren *pl;* **legal/medical ~s** Rechts-/Arztkosten *pl;* **for a ~** gegen Entgelt *nt;* **to charge/receive a ~ for sth** für etw *akk* eine Gebühr berechnen/einziehen

❷ *no pl* LAW Eigentumsrecht *nt;* **estate in ~ [simple]** unbeschränkt vererbbarer Grundbesitz; **~ simple** freier Eigenbesitz; **~ tail** Grundbesitz *m* mit Erbbeschränkungen

fee·ble <-r, -st> ['fi:bl] *adj* ❶ *(weak)* schwach; **~ light** schwaches Licht; **old and ~** alt und gebrechlich

❷ *(bad) joke, excuse* lahm; **~ attempt** müder Versuch; **~ performance** schwache Vorstellung

fee·ble-'mind·ed *adj* ❶ *(retarded)* geistig zurückgeblieben

❷ *(stupid)* schwachsinnig *pej fam*

fee·ble·ness ['fi:blnəs] *n no pl* ❶ *(weakness)* Schwäche *f*

❷ *(badness)* Schwäche *f pej,* Kläglichkeit *f pej;* ***the ~ of her attempts*** ihre müden Versuche

fee·bly ['fi:bli] *adv* ❶ *(weakly)* schwach

❷ *(badly)* schwach *pej*

feed [fi:d] **I.** *n* ❶ *no pl (fodder)* Futter *nt;* **cattle ~** Viehfutter *nt;* **to be off its ~** die Nahrungsaufnahme verweigern; *animal* nicht fressen wollen

❷ *(meal) for baby* Mahlzeit *f;* *for animals* Fütterung *f;* ***the baby had a ~ an hour ago*** das Baby ist vor

F

einer Stunde gefüttert worden
③ TECH *(supply)* Zufuhr *f;* **paper/petrol ~** Papier-/Benzinzufuhr *f*
④ COMPUT **continuous ~** Endlospapiereinzug *m;* **sheet ~** Einzelblatteinzug *m*
II. *vt* <fed, fed> ① *(give food to)* ■**to ~ sb** jdm zu essen geben; ***the baby's old enough now to ~ herself*** das Baby ist jetzt alt genug, allein zu essen; **to ~ an animal** ein Tier füttern; **to ~ a baby** ein Baby füttern; *(breast-feed)* ein Baby stillen; *(with bottle)* einem Baby die Flasche geben; **to ~ a plant** eine Pflanze düngen; ■**to ~ sb sth** jdm etw zu essen geben; ■**to ~ an animal sth** einem Tier etw zu fressen geben; ■**to ~ an animal on sth** ein Tier mit etw *dat* füttern, einem Tier etw zu fressen geben; ■**to ~ sth to an animal** etw an ein Tier verfüttern; ■**to ~ an animal with sth** ein Tier mit etw *dat* füttern
② *(provide food for)* ■**to ~ sb** jdn satt machen; *(support) a family* jdn ernähren; ***this amount of pasta is not going to ~ ten people*** diese Menge Nudeln reicht nicht für zehn Personen; **to ~ hungry mouths** hungrige Mäuler stopfen
③ *(supply)* ***the river is fed by several smaller streams*** der Fluss wird von einigen kleineren Flüssen gespeist; ***~ the vegetables into the machine*** füllen Sie das Gemüse in das Gerät ein; **to ~ data into a computer** Daten in einen Computer eingeben
④ *(thread)* ■**to ~ sth somewhere** etw irgendwohin führen; **to ~ a rope through sth** ein Seil durch etw *akk* fädeln
⑤ *(stoke)* **to ~ the fire/furnace** das Feuer/den Ofen schüren
⑥ *(fam: insert coins)* **to ~ a parking meter/slot machine** Münzen in eine Parkuhr/einen Spielautomaten einwerfen
⑦ *(give)* ■**to ~ sth to sb** [*or* **sb sth**] jdn mit etw *dat* versorgen; ***I think they've been ~ing us false information*** ich glaube, man hat uns falsche Informationen gegeben
⑧ THEAT **to ~ sb a line** jdm ein Stichwort geben
⑨ SPORT ■**to ~ sb** jdm [den Ball] zuspielen
▶ PHRASES: **to be fed to the lions** den Löwen zum Fraß vorgeworfen werden; **to ~ sb a line** *(fam)* jdm einen Bären aufbinden
III. *vi* <fed, fed> ① *(eat) animal* weiden; *baby* gefüttert werden
② *(enter)* ■**to ~ into sth** *a river* in etw *akk* münden
◆**feed in** *vt* COMPUT ■**to ~ in sth** etw eingeben
◆**feed off, feed on** *vi* ① *(eat)* ■**to ~ on** [*or* **off**] **sth** sich *akk* von etw *dat* ernähren
② *(fig: increase)* ■**to ~ on** [*or* **off**] **sth** von etw *dat* genährt werden
◆**feed up** *vt* ■**to ~ up** ↔ **sb** jdn aufpäppeln *fam;* ■**to ~ up** ↔ **an animal** ein Tier mästen
'feed·back *n no pl* ① *(opinion)* Feedback *nt* (**from** von +*dat*), Rückmeldung *f* (**from** von +*dat*); **positive/negative ~** positives/negatives Feedback
② *(return)* Rückkopplung *f* (**from** an +*akk*) **'feed·bag** *n* AM *(nosebag)* Futtersack *m*
feed·er ['fi:dəʳ, AM -ɚ] *n* ① *(eater)* Esser(in) *m(f);* **to be a fussy/messy/noisy ~** beim Essen heikel sein/kleckern [*o* ÖSTERR patzen]/schmatzen
② BRIT *(bib)* Babylätzchen *nt,* ÖSTERR *a.* Barterl *nt*
③ *(device)* Zuführapparat *m;* ELEC Versorgungsleitung *f,* Zuleitung *f;* COMPUT automatische Papierzuführung
④ *(river)* Zufluss *m*
'feed·er line *n* ① RAIL Zubringerstrecke *f* ② AVIAT Zubringerlinie *f* **'feed·er road** *n* Zubringerstraße *f* **'feed·er school** *n* BRIT *Grundschule, von der eine höhere Schule ihre Schüler bekommt*
'feed·ing bot·tle *n* Fläschchen *nt,* Schoppen *m* SCHWEIZ **'feed·ing fren·zy** *n* Futterstreit *m* **'feed·ing fun·nel** *n* CHEM Fülltrichter *m* **'feed·ing ground** *n* Fressplatz *m* **'feed·ing time** *n* Fütterungszeit *f* ▶ PHRASES: **to be like ~ at the zoo** wie im Irrenhaus zugehen *fam*
'feed wa·ter *n no pl* TECH Speisewasser *nt*
feel [fi:l] **I.** *vt* <felt, felt> ① *(sense)* ■**to ~ sth** etw fühlen [*o* spüren]; **to ~ one's age** sein Alter spüren; **to ~ anger/jealousy** wütend/eifersüchtig sein; **to ~ it in one's bones** [**that ...**] es im Gefühl haben[, dass ...]; **to ~ the cold/heat** unter der Kälte/Hitze leiden; ***she ~s the cold more than most people*** sie ist kälteempfindlicher als die meisten Menschen; **to ~ an idiot** sich *dat* wie ein Idiot vorkommen; ***you made me ~ a real idiot*** du hast mir das Gefühl gegeben, ein richtiger Idiot zu sein; **to ~ joy** sich *akk* freuen; **to ~ nothing for sb** für jdn nichts empfinden; ***do you still ~ anything for Robert?*** hast du noch etwas für Robert übrig?; **to ~ one's old self** [**again**] [wieder] ganz der/die Alte sein
② *(think)* ***what do you ~ about it?*** was hältst du davon?; **to ~ it appropriate/necessary/right to do sth** es für angebracht/notwendig/richtig halten, etw zu tun; ■**to ~ that ...** der Meinung sein, dass ...
③ *(touch)* ■**to ~ sth** etw fühlen; ***I had to ~ my way along the wall*** ich musste mich die Wand entlangtasten; *(fig)* ***they're ~ing their way towards a solution*** sie tasten sich an eine Lösung heran
II. *vi* <felt, felt> ① + *adj (sense)* ***my mouth ~s very dry*** mein Mund fühlt sich ganz trocken an; ***my eyes ~ sore from the smoke*** meine Augen brennen von dem Rauch; ***it ~s awful to tell you this*** ich fühle mich ganz schrecklich dabei, dir das zu sagen; ***it ~s all wrong somehow*** ich habe ein ganz schlechtes Gefühl dabei; ***how do you ~ about it?*** was sagst du dazu?; ***how does it ~ to be world champion?*** wie fühlt man sich als Weltmeister?; **to ~ angry/glad/sad** wütend/froh/traurig sein; **to ~ better/ill/well** sich *akk* besser/krank/wohl fühlen; **to ~ certain** [*or* **convinced**] [*or* **sure**] sich *dat* sicher sein; **to ~ foolish** sich *dat* dumm vorkommen; **to ~ free to do sth** etw ruhig tun *fam;* ***~ free to visit any time you like*** du kannst uns gern [*o* *fam* ruhig] jederzeit besuchen; **to ~ good/bad** sich *akk* gut/schlecht fühlen; **sb ~s hot/cold** jdm ist heiß/kalt; **sb ~s hungry/thirsty** jd ist hungrig/durstig [*o* hat Hunger/Durst]; **to ~ safe** sich *akk* sicher fühlen; ■**to ~ as if one were doing sth** das Gefühl haben, etw zu tun; ■**to ~ for sb** mit jdm fühlen; ■**to ~ like sth** sich *akk* wie etw fühlen; ***I ~ like nothing on earth*** *(fam)* ich fühle mich hundeelend *fam;* ***what does it ~ like?*** was für ein Gefühl ist das?
② + *adj (seem)* scheinen; ***the bag felt heavy*** die Tasche kam mir schwer vor; ***how do the shoes ~?*** was für ein Gefühl hast du in den Schuhen?
③ *(search)* tasten; ■**to ~ along sth** etw abtasten; ■**to ~ for sth** nach etw *dat* tasten
④ *(want)* ■**to ~ like sth** zu etw *dat* Lust haben; ■**to ~ like doing sth** Lust haben, etw zu tun
III. *n no pl* ① *(texture)* ***the ~ of wool*** das Gefühl von Wolle [auf der Haut]; ***you can recognize high-quality leather simply by the ~ of it*** hochwertiges Leder kann man schon beim Anfassen erkennen; ***the material has a nice ~ to it*** das Material fühlt sich gut an
② *(touch)* Berühren *nt;* *(by holding)* Anfassen *nt;* ***she had a ~ around in the bottom of the trunk*** sie tastete den Boden der Truhe ab; ***she let me have a ~*** *(fam)* ich durfte sie betatschen *fam*
③ *(air)* Ambiente *nt;* *(positive also)* Flair *nt;* **a ~ of mystery** eine geheimnisvolle Atmosphäre
④ *(talent)* Gespür *nt;* **to get the/have a ~ for sth** ein Gespür für etw *akk* bekommen/haben
◆**feel about for, feel around for** *vi* ■**to ~ about for sth** nach etw *dat* tasten
◆**feel for** *vt* ① *(sympathize with)* ■**to ~ for sb** mit jdm Mitgefühl [*o* Mitleid] haben; ***I ~ for Sarah, but I've got my own family to look out for*** Sarah tut mir leid, aber ich muss mich um meine eigene Familie kümmern
② *(grope for)* ■**to ~ for sth** nach etw *dat* tasten; *(in bag, pocket)* nach etw *dat* kramen
◆**feel out** *vt (fam)* ■**to ~ out** ↔ **sb** jdn aushorchen; ■**to ~ out** ↔ **sth** etw sondieren
◆**feel up** *vt (fam)* ■**to ~ up** ↔ **sb** jdn begrapschen, SCHWEIZ *a.* betatschen *fam*
◆**feel up to** *vi* ■**to ~ up to sth** sich *akk* etw *dat* gewachsen fühlen; ***can we go tomorrow? I don't really ~ up to it today*** können wir morgen gehen? mir ist heute nicht danach
feel·er ['fi:ləʳ, AM -ɚ] *n usu pl* Fühler *m*
▶ PHRASES: **to put out ~s** seine Fühler ausstrecken
'feel·er gauge *n* TECH Fühlerlehre *f*
'feel-good *adj attr, inv* ein Wohlgefühl erzeugend; **a ~ movie** ein Film *m,* der gute Laune macht **'feel-good fac·tor** *n* Faktor *m* des allgemeinen Wohlbefindens
feel·ing ['fi:lɪŋ] *n* ① *(emotion)* Gefühl *nt;* ■**sb's ~s for sb** jds Gefühle für jdn; ***I wanted to spare his ~s*** ich wollte ihn nicht kränken; ***no hard ~s!*** *(don't be angry)* nicht böse sein!; *(no offence meant)* nichts für ungut!; **mixed ~s** gemischte Gefühle; ***I have mixed ~s about letting her go on her own*** es ist mir nicht ganz wohl dabei, wenn ich sie allein gehen lasse; **to hurt sb's ~s** jds Gefühle verletzen
② *(sensation)* Gefühl *nt* (**of** +*gen*/von +*dat*); **dizzy ~** Schwindelgefühl *nt;* **to have a ~ of sth** etw verspüren; ***I had a ~ of sheer elation*** ich war einfach begeistert; ***when he died, I had this enormous ~ of loss*** als er starb, fehlte er mir so sehr
③ *(reaction)* Gefühl *nt;* **bad ~** [*or* AM **~s**] böses Blut; **to cause bad ~** [*or* AM **~s**] böses Blut verursachen
④ *(impression)* Gefühl *nt,* Eindruck *m;* ***it's just a ~*** es ist nur so ein Gefühl; ***I got the ~ that I wasn't welcome*** ich hatte den Eindruck, nicht willkommen zu sein; **to have the distinct/strong ~ that ...** das bestimmte/starke Gefühl haben, dass ...
⑤ *(opinion)* Meinung *f,* Ansicht *f* (**about/on** über +*akk*); ***what are your ~s about the present crisis?*** wie denken Sie über die derzeitige Krise?; **to have strong ~s about sth** strenge Ansichten über etw *akk* haben
⑥ *no pl (passion)* Gefühl *nt,* Emotion *f;* **with ~** gefühlvoll; ***one more, please, with ~*** bitte noch einmal, mit Gefühl
⑦ *no pl (touch)* Gefühl *nt;* **to lose the ~ in one's arm/leg** das Gefühl in seinem Arm/Bein verlieren
⑧ *no pl (atmosphere)* Stimmung *f;* **~ of tension** angespannte Stimmung; **welcoming ~** einladende Atmosphäre
⑨ *no pl (talent)* ■**to get/have a ~ for sth** für etw *akk* ein Gespür bekommen/haben; **~ for language** Sprachgefühl *nt*
⑩ *no pl (character)* Ambiente *nt,* Flair *nt*
feel·ing·ly ['fi:lɪŋli] *adv* mitfühlend
'fee or·di·nance *n* LAW Gebührenverordnung *f*
'fee-pay·ing *adj inv* BRIT, AUS gebührenpflichtig; **~ school** Privatschule *f* **'fee rate** *n* FIN *(taxes)* Hebesatz *m* **'fee regu·la·tions** *n no pl* STOCKEX Gebührenordnung *f* **'fee rev·enue** *n* Honorareinnahme *f*
feet [fi:t] *n pl of* **foot**
feign [feɪn] *vt* ■**to ~ sth** etw vortäuschen; ■**to ~ that ...** vortäuschen, dass ...
feigned [feɪnd] *adj inv* vorgetäuscht; **~ indifference** gespielte Gleichgültigkeit
feint [feɪnt] SPORT **I.** *vi* täuschen, fintieren *fachspr;* ***Callas ~ed to pass the ball*** Callas täuschte an, den Ball zuzuspielen; **to ~ left/right** links/rechts antäuschen
II. *vt* ■**to ~ sth** etw antäuschen
III. *n* Finte *f,* Täuschungsmanöver *nt;* **to make a ~** ein Täuschungsmanöver machen
feisty ['faɪsti] *adj* ① *(active) person* resolut, entschlossen
② *(aggressive)* lebhaft
fela·fel [fə'læfᵊl] *n see* **falafel**
feld·spar ['feldspɑ:ʳ, AM -spɑ:r] *n no pl* Feldspat *m*
fe·lici·ta·tions [fɪˌlɪsɪ'teɪʃᵊnz] *npl (hum)* Glückwünsche *pl* (**on** zu +*dat*)
fe·lici·tous [fɪ'lɪsɪtəs, AM -t̬əs] *adj (liter form)* ① *(pleasing)* glücklich; **~ choice** glückliche Wahl
② *(suited) description, phrase* treffend
fe·lici·tous·ly [fɪ'lɪsɪtəsli, AM -t̬əs-] *adv (liter form)* treffend
fe·lic·ity [fɪ'lɪsəti, AM -əţi] *n (liter form)* ① *no pl (fortune)* Glückseligkeit *f;* **dubious ~** zweifelhaftes Glück
② *(phrase)* sprachlicher Glücksgriff, treffender Aus-

druck
③ *no pl (suitability)* Trefflichkeit *f*
④ *no pl (ability)* Fähigkeit *f* sich treffend auszudrücken; **linguistic** ~ Sprachgewandtheit *f*
fe·line ['fi:laɪn] **I.** *adj* ① *(of cat family) species* Katzen-; **our** ~ **friends** *(hum)* unsere Freunde, die Katzen
② *(approv: catlike)* katzenartig; ~ **eyes** Katzenaugen *pl*
II. *n* ZOOL *(form)* Katze *f*
fell[1] [fel] *pt of* **fall**
fell[2] [fel] **I.** *vt* ① *(cut down)* ■**to** ~ **sth** etw fällen
② *(knock down)* ■**to** ~ **sb** jdn niederstrecken
II. *n* ① NENG, SCOT *(land)* Hochmoor *nt (in Nordengland und Schottland)*
② *(old: skin)* Fell *nt*
III. *adj (old: evil)* fürchterlich
▸PHRASES: **at** [*or* **in**] [*or* **with**] **one** ~ **swoop** auf einen Streich
fel·la ['felə] *n (fam)* Typ *m sl*
fel·lah <*pl* fellahin> ['felə] *n* Fellache, Fellachin *m, f*
fel·late [fel'eɪt] *vt* ■**to** ~ **sb** jdn fellationieren *geh*
fel·la·tio [fə'leɪʃiəʊ, AM -oʊ] *n no pl* Fellatio *f*
fel·ler ['felə^r, AM -ɚ] *n (fam)* Typ *m sl*
fel·low ['feləʊ, AM -oʊ] **I.** *n* ① *(fam: man)* Kerl *m fam;* ***he's not the sort of ~ who makes friends easily*** er ist nicht der Typ, der sich leicht mit jdm anfreundet; **old** ~ *esp* BRIT *(dated)* alter Knabe *fam*
② *(fam: boyfriend)* Freund *m,* Typ *m*
③ BRIT *(scholar)* Fellow *m,* Mitglied *nt* eines College
④ *(award-holder)* Fellow *m,* Preisträger *m* SCHWEIZ; **research** ~ Forschungsstipendiat(in) *m(f)*
⑤ *(expert)* Fellow *m,* Mitglied *nt*
⑥ *usu pl (colleague)* Kollege, Kollegin *m, f*
⑦ *usu pl (contemporary)* Zeitgenosse, -genossin *m, f,* Mitmensch *m*
II. *adj attr, inv* ~ **being/citizen** Mitmensch *m*/Mitbürger(in) *m(f);* ~ **countryman** Landsmann *m,* Landsmännin *f;* ~ **countrymen** Landsleute *pl;* ~ **student** Kommilitone, Kommilitonin *m, f;* ~ **sufferer** Leidensgenosse, -genossin *m, f;* ~ **worker** Arbeitskollege, -kollegin *m, f*
fel·low 'feel·ing *n* Zusammengehörigkeitsgefühl *nt,* Gefühl *nt* der Verbundenheit **fel·low 'mem·ber** *n* POL Parteigenosse, -genossin *m, f; of a club* Klubkamerad(in) *m(f)* **fel·low 'men** *npl* Mitmenschen *pl* **fel·low 'pas·sen·ger** *n* Mitreisende(r) *f(m)*
fel·low·ship ['felə(ʊ)ʃɪp, AM -oʊ-] *n* ① *(group)* Gesellschaft *f*
② *no pl (dated: comradeship)* Kameradschaft *f*
③ *(studentship)* Fellowship *f,* Studentenschaft *f* SCHWEIZ
④ *(award)* Stipendium *nt;* **research** ~ Forschungsstipendium *nt*
⑤ *(membership)* Mitgliedschaft *f*
fel·low 'trav·el·ler, AM *usu* **fel·low 'trav·el·er** *n*
① *(traveller)* Mitreisende(r) *f(m)*
② *(supporter)* Mitläufer(in) *m(f) pej,* Sympathisant(in) *m(f)*
fel·on ['felən] *n* LAW [Schwer]verbrecher(in) *m(f)*
fe·lo·ni·ous [fə'ləʊniəs, AM -'loʊ-] *adj (old)* verbrecherisch
felo·ny ['feləni] *n esp* AM [Schwer]verbrechen *nt,* schweres Verbrechen; ~ **charge** Anklage *f* wegen eines Schwerverbrechens
fel·spar ['felspɑ:^r, AM -spɑ:r] *n no pl* Feldspat *m*
felt[1] [felt] *pt, pp of* **feel**
felt[2] [felt] **I.** *n no pl* Filz *m*
II. *n modifier (hat)* Filz-
'felt-tip, felt-tip 'pen *n* Filzstift *m*
fe·luc·ca [fə'lʌkə] *n* NAUT Feluke *f*
fem[1] *adj (sex) abbrev of* **female** weibl.
fem[2] *adj* LING *abbrev of* **feminine** fem.
fe·male ['fi:meɪl] **I.** *adj inv* ① *(sex)* weiblich
② TECH Innen-; ~ **connector** [Stecker]buchse *f;* ~ **part** hohles Gegenstück
II. *n* ① *(animal)* Weibchen *nt*
② *(woman)* Frau *f; (pej!)* Weibsstück *nt pej fam*
fe·male geni·tal mu·ti·'la·tion *n* weibliche Beschneidung
fe·male·ness ['fi:meɪlnəs] *n no pl* Weiblichkeit *f*

fe·male 'suf·frage *n no pl* Frauenstimmrecht *nt*
feme cov·ert [,fi:m'kəʊvət, AM ,fem'kʌvɚt] LAW verheiratete Frau **feme sole** [,fi:m'səʊl, AM ,fem'soʊl] LAW unverheiratete Frau
femi·dom® ['femɪdɒm] *n* BRIT *(condom)* Femidom *nt*
femi·nazi [,femɪ'nɑ:zi] *n* aggressive Feministin
femi·nine ['femɪnɪn] **I.** *adj* ① *(pretty)* feminin
② *(of women) company* weiblich; ~ **hygiene** Damenhygiene *f*
③ *inv* LING feminin
II. *n* Femininum *nt;* **in the** ~ in der femininen Form
femi·nine 'rhyme *n* LIT weiblicher [*o* klingender] Reim
femi·nin·ity [,femɪ'nɪnəti, AM -əṭi] *n no pl* Weiblichkeit *f*
femi·nism ['femɪnɪzᵊm] *n no pl* Feminismus *m*
femi·nist ['femɪnɪst] **I.** *n* Feminist(in) *m(f)*
II. *adj inv movement, literature, issues* feministisch
femi·ni·za·tion [,femɪnaɪ'zeɪʃᵊn, AM -nɪ'-] *n no pl* Feminierung *f*
femi·nize ['femɪnaɪz] *vt* ■**to** ~ **sth** etw verweiblichen [*o* weiblich[er] machen]
femme fa·tale <*pl* femmes fatales> [,fæmfə'tɑ:l, AM ,femfə'tæl] *n* Femme fatale *f*
fe·mur <*pl* -s *or* -mora> ['fi:mə^r, *pl* 'femᵊrə, 'fi:-, AM -ɚ, *pl* -mərə] *n* ANAT Oberschenkelknochen *m,* Femur *m fachspr*
fen [fen] *n* BRIT Sumpfland *nt;* **the F~s** *die Niederungen in East Anglia*
fence [fen(t)s] **I.** *n* ① *(barrier)* Zaun *m,* Hag *m* SCHWEIZ; **to put up a** ~ einen Zaun errichten
② *(in horse race)* Hindernis *nt*
③ *(dated sl: criminal)* Hehler(in) *m(f)*
▸PHRASES: **to come off the** ~ Partei ergreifen; **to mend** [**one's**] ~**s** [**with sb**] seine Beziehungen [zu jdm] in Ordnung bringen; **to sit** [*or* **be**] **on the** ~ neutral bleiben
II. *vi* ① *(fight)* fechten; ■**to** ~ **with sb** mit jdm fechten
② *(form: evade)* ausweichen, Ausflüchte machen; ■**to** ~ **with sb** jdm ausweichend antworten
III. *vt* ① *(put fence around)* ■**to** ~ **sth** etw *akk* einzäunen, SCHWEIZ *a.* etw *akk* einhagen
② *(sell stolen goods)* ■**to** ~ **sth** mit etw *dat* hehlen
◆**fence in** *vt* ① *(enclose)* ■**to** ~ **in** ↔ **sth** etw einzäunen
② *(pej: limit)* ■**to** ~ **sb** ↔ **in** jdn einschränken
◆**fence off** *vt* ■**to** ~ **off** ↔ **sth** etw absperren
'fence post *n* Zaunpfahl *m*
fenc·er ['fen(t)sə^r, AM -ɚ] *n* Fechter(in) *m(f)*
fenc·ing ['fen(t)sɪŋ] **I.** *n no pl* ① SPORT Fechten *nt*
② *(barrier)* Einzäunung *f*
③ *(materials)* Einzäunungsmaterial *nt*
II. *n modifier (foil, mask, tournament)* Fecht-
fend [fend] **I.** *vi (care)* ■**to** ~ **for oneself** für sich *akk* selbst sorgen
II. *vt* ① *(defend)* ■**to** ~ **off sb/sth** jdn/etw wegstoßen; **to** ~ **off attackers/a blow** Angreifer/einen Schlag abwehren
② *(evade)* **to** ~ **off criticism** Kritik zurückweisen; **to** ~ **off a question** einer Frage ausweichen
fend·er ['fendə^r, AM -ɚ] *n* ① *(frame)* Kamingitter *nt,* Cheminéegitter *nt* SCHWEIZ
② AM *(wing)* Kotflügel *m*
③ NAUT Fender *m fachspr*
'fend·er bend·er *n* AM *(fam)* Unfall *m* mit Blechschaden
fen·es·tra·tion [,fenɪ'streɪʃᵊn] *n no pl* ARCHIT Fenstergestaltung *f,* Fensterwerk *nt*
feng shui [,feŋ'ʃu:i, AM ,fʌŋ'ʃweɪ] **I.** *n* Feng-Shui *nt (chinesische Kunst der harmonischen Lebens- und Wohnraumgestaltung)*
II. *n modifier* Feng-Shui-
III. *vt* ■**to** ~ **sth** etw nach Feng-Shui gestalten
fen·nel ['fenᵊl] *n no pl* Fenchel *m*
fenu·greek ['fenjʊgri:k, AM -ju:-] *n no pl* Bockshornklee *m*
feoff [fi:f] *n* LAW *see* **fief**
fe·ral ['ferᵊl] *adj inv animals* wild [geworden], ungezähmt

fer·ment **I.** *vt* [fə'ment, AM fɚ'-] ■**to** ~ **sth**
① *(change)* etw fermentieren
② *(form: rouse)* etw anzetteln; **to** ~ **rebellion** den Aufstand schüren
II. *vi* [fə'ment, AM fɚ'-] ① *(change)* gären
② *(form: develop)* gären
III. *n* ['fɜ:ment, AM 'fɜ:r-] *no pl* ① *(form: agitation)* Erregung *f,* Unruhe *f*
② CHEM ~ **of rennet** Labferment *nt*
fer·men·ta·tion [,fɜ:men'teɪʃᵊn, AM ,fɜ:r-] *n no pl* Gärung *f,* SCHWEIZ *a.* Fermentierung *f*
fern [fɜ:n, AM fɜ:rn] *n* Farn *m*
fe·ro·cious [fə'rəʊʃəs, AM -'roʊ-] *adj dog, headache* wild; ~ **argument** heftige Auseinandersetzung; ~ **battle** [*or* **fighting**] heftiger Kampf; ~ **competition** harter Wettbewerb; ~ **criticism** scharfe Kritik; ~ **heat** brütende Hitze; ~ **temper** hitziges Temperament
fe·ro·cious·ly [fə'rəʊʃəsli, AM -'roʊ-] *adv* ① *(fiercely)* wild; **to criticize sb/sth** ~ jdn/etw heftig kritisieren; **to defend sb/sth** ~ jdn/etw erbittert verteidigen; **to snarl** ~ grimmig fauchen
② *esp* BRIT *(hum: fast)* wie wild *fam*
fe·ro·cious·ness [fə'rəʊʃəsnəs, AM -'roʊ-], **fe·roc·ity** [fə'rɒsəti, AM -'rɑ:səṭi] *n no pl of animal, person* Wildheit *f,* Grausamkeit *f; of attack* Heftigkeit *f,* Wucht *f; of storm, wind* Heftigkeit *f*
fer·ret ['ferɪt] **I.** *n* Frettchen *nt*
II. *vi (fam)* ① *(search)* wühlen; ■**to** ~ [**around** [*or* **about**]] **in sth** [**for sth**] in etw *dat* [nach etw *dat*] wühlen
② *(hunt with ferrets)* **to go** ~**ing** mit Frettchen auf die Jagd gehen
◆**ferret out** *vt* ■**to** ~ **out** ↔ **sth** etw herausfinden; ■**to** ~ **out** ↔ **sb** jdn aufstöbern
fer·ric ['ferɪk] *adj inv* Eisen-
fer·ric 'ox·ide, fer·rite ['feraɪt] *n* CHEM Eisenoxid *nt*
fer·ri·cya·nide [,ferɪ'saɪənaɪd] *n no pl* CHEM Hexacyanoferrat(III) *nt*
Fer·ris wheel ['ferɪs,-] *n esp* AM, AUS *(big wheel)* Riesenrad *nt*
fer·rite ['feraɪt] *n* CHEM Eisenoxid *nt*
fer·rite 'core *n* ELEC Ferritkern *m,* Magnetkern *m*
fer·ro·con·crete [,ferə(ʊ)'kɒŋkri:t, AM -oʊ'kɑ:ŋ-] TECH **I.** *n no pl* Stahlbeton *m*
II. *n modifier (tank, support, bridge, structure)* Stahlbeton-
fer·ro·hydro·dy·nam·ic flu·id [,ferə(ʊ),haɪdrə(ʊ)daɪ,næmɪk'flu:ɪd, AM ,feroʊ,haɪdroʊ-] *n* PHYS magnetische Flüssigkeit
fer·rous ['ferəs] *adj inv* CHEM Eisen-
fer·rule ['feru:l, AM -rᵊl] *n* Zwinge *f*
fer·ry ['feri] **I.** *n* Fähre *f;* **car/train** ~ Auto-/Eisenbahnfähre *f;* **on the** [*or* **by** [**the**]] ~ mit der Fähre
II. *vt* <-ie-> ■**to** ~ **sb/sth somewhere** ① *(across water)* jdn/etw irgendwohin übersetzen; **to** ~ **sb across to the island/shore** jdn auf die Insel/ans andere Ufer übersetzen
② *(transport)* jdn/etw irgendwohin befördern; **to** ~ **sb about** jdn herumfahren [*o pej fam* herumkutschieren]
'fer·ry boat *n* Fährschiff *nt* **'fer·ry cross·ing** *n* Überfahrt *f* mit der Fähre **'fer·ry·man** *n* Fährmann *m* **'fer·ry port** *n* Fährhafen *m* **'fer·ry ser·vice** *n* Fährbetrieb *m*
fer·tile ['fɜ:taɪl, AM 'fɜ:rṭᵊl] *adj* ① *(of soil, life form)* fruchtbar
② *(esp liter: inventive)* schöpferisch, kreativ; ~ **imagination** lebhafte Fantasie
▸PHRASES: **to be** ~ **ground for sth** ein fruchtbarer Boden für etw *akk* sein
fer·til·ity [fə'tɪləti, AM fɚ'tɪləṭi] *n no pl* ① *of soil* Fruchtbarkeit *f*
② *of life form* Fruchtbarkeit *f,* Fertilität *f fachspr*
③ *(liter: inventiveness)* Fruchtbarkeit *f,* Kreativität *f*
fer·'til·ity drug *n* Fruchtbarkeitspille *f* **fer·'til·ity rate** *n* Fruchtbarkeitsrate *f* **fer·'til·ity rite** *n* Fruchtbarkeitsritual *nt* **fer·'til·ity sym·bol** *n* Fruchtbarkeitssymbol *nt* **fer·'til·ity treat·ment** *n* Fruchtbarkeitsbehandlung *f*
fer·ti·li·za·tion [,fɜ:tɪlaɪ'zeɪʃᵊn, AM ,fɜ:rṭᵊlɪ'-] *n no pl*

F

Befruchtung *f*

fer·ti·lize ['fɜ:tɪlaɪz, AM 'fɜ:rt̬əl-] *vt* ① *(enrich)* ■ **to ~ sth** etw düngen
② *life form* ■ **to ~ sb/sth** jdn/etw befruchten

fer·ti·liz·er ['fɜ:tɪlaɪzəʳ, AM 'fɜ:rt̬əlaɪzɚ] *n* Dünger *m*

fer·ven·cy ['fɜ:vən(t)si, AM 'fɜ:r-] *n no pl (form) see* **fervour**

fer·vent ['fɜ:vənt, AM 'fɜ:r-] *adj (form)* ① *(intense) hope, prayer* inbrünstig *geh*
② *(devoted) supporter, admirer* glühend

fer·vent·ly ['fɜ:vəntli, AM 'fɜ:r-] *adv (form)* inbrünstig *geh*

fer·vid ['fɜ:vɪd, AM 'fɜ:r-] *adj (form) see* **fervent**

fer·vour, AM **fer·vor** ['fɜ:vəʳ, AM 'fɜ:rvɚ] *n no pl (form)* Leidenschaft *f*, Inbrunst *f geh*; ***he lacks any real ~ for the cause*** er begeistert sich nicht wirklich für die Sache

fes·cue ['feskju:] *n* BOT Schwingel *m*

fess up [fes'ʌp] *vi* ■ **to ~ up** [**to sb/sth**] [jdm/etw] etw gestehen [*o* beichten] *fam*

fest [fest] *n short for* **festival** Festival *nt*

fes·ter ['festəʳ, AM -ɚ] *vi* ① *(suppurate)* eitern; **~ing sore** eitrige Wunde
② *(run down)* herunterkommen *fam*, verkommen, verwahrlosen
③ *(embitter) anger* gären; **~ing conflict** schwelender Konflikt

fes·ti·val ['festɪvəl] *n* ① *(holy day)* Fest *nt*
② *(event)* Festival *nt*; **the Salzburg F~** die Salzburger Festspiele; **folk/pop/rock ~** Folk-/Pop-/Rockfestival *nt*; **to hold a ~** ein Fest veranstalten

fes·tive ['festɪv] *adj* festlich; **~ mood** Feststimmung *f*

'fes·tive sea·son *n* ■ **the ~** die Festzeit

fes·tiv·ity [fes'tɪvəti, AM -ət̬i] *n* ① *(celebrations)* ■ **festivities** *pl* Feierlichkeiten *pl*, Fest *nt*
② *no pl (festiveness)* Feststimmung *f*, Festlaune *f*
③ *(festival)* Fest *nt*

fes·toon [fes'tu:n] **I.** *n* Girlande *f*
II. *vt* ■ **to ~ sth** etw mit Girlanden schmücken; **to ~ sth with flowers/lights** etw mit Blumengirlanden/Lichterketten schmücken

feta, feta cheese ['fetə-, AM 'fet̬ə-] *n no pl* FOOD Feta[-käse] *m*

fe·tal *adj inv esp* AM *see* **foetal**

fetch [fetʃ] **I.** *n* COMPUT Abruf *m*
II. *vt* ① *(get)* ■ **to ~ sth** etw holen; *dog* etw apportieren; ■ **to ~ sb** jdn holen; **to ~ sb from the station** jdn vom Bahnhof abholen; ■ **to ~ sb sth** [*or* **sth for sb**] jdm etw holen
② *(sell)* **to ~ a price** einen Preis erzielen
③ *(dated fam: hit)* **to ~ sb a blow** jdm einen Schlag [*o* Hieb] versetzen
III. *vi* **~!** *(to dog)* bring [es] her!; **to ~ and carry** [**for sb**] [jds] Handlanger sein
◆ **fetch up** *(fam)* **I.** *vi esp* AM ■ **to ~ up somewhere** irgendwo landen *fam*
II. *vt* BRIT ■ **to ~ up** ⊂ **sth** etw erbrechen

fetch·ing ['fetʃɪŋ] *adj (hum dated) clothes* bezaubernd

fetch·ing·ly ['fetʃɪŋli] *adv (hum)* bezaubernd

fête [feɪt] **I.** *n* BRIT, AUS Fest *nt*; **church/school/village ~** Kirchen-/Schul-/Dorffest *nt*; **to hold a ~** ein Fest veranstalten
II. *vt usu passive* ■ **to ~ sb** jdn feiern

fet·id ['fetɪd, AM -t̬ɪd] *adj air* übel riechend *attr*; *water* stinkend *attr*; **~ smell** übler Geruch

fet·id·ness ['fetɪdnəs, 'fi:tɪd-, AM 'fet̬ɪd-, 'fi:t̬ɪd-] *n no pl* Gestank *m*

fet·ish ['fetɪʃ, AM -t̬-] *n* ① *(obsession)* Fetisch *m*; **to have a shoe ~** [*or* **a ~ for shoes**] ein Schuhfetischist/eine Schuhfetischistin sein; **to make a ~ of sth** etw zum Fetisch erheben
② REL *(talisman)* Fetisch *m*

fet·ish·ism ['fetɪʃɪzəm, AM 'fet̬-] *n no pl* ① *(obsession)* Fetischismus *m*
② REL *(belief)* Fetischkult *m*, Fetischismus *m*

fet·ish·ist ['fetɪʃɪst, AM 'fet̬-] *n* Fetischist(in) *m(f)*

fet·ish·is·tic [,fetɪ'ʃɪstɪk, AM ,fet̬-] *adj* ① *(obsessed)* fetischistisch
② REL fetischistisch

fet·ish·ize ['fetɪʃaɪz, AM 'fet̬-] *vt* ■ **to ~ sth/sb** etw/jdn fetischisieren [*o* zum Fetisch erheben] *geh*

fet·lock ['fetlɒk, AM -lɑ:k] *n* Fessel *f*, Fesselgelenk *nt*

fet·ter ['fetəʳ, AM -ɚ] *vt usu passive* ■ **to ~ sb** ① *(chain)* jdn fesseln; **to ~ a horse** ein Pferd anbinden
② *(liter: restrict)* jdn einschränken; **to be ~ed by superstition** im Aberglauben befangen sein

fet·ters ['fetəz, AM -ɚz] *npl* ① *(chains)* Fußfesseln *pl*
② *(esp liter: restrictions)* Fesseln *pl*, Beschränkungen *pl*; **the ~ of a mortgage** die Belastung durch eine Hypothek

fet·tle ['fetl̩, AM 'fet̬l̩] *n no pl (fam)* **to be in fine ~** in guter Verfassung sein; ***oh, she's in fine ~*** oh, ihr geht es bestens

fe·tus *n esp* AM *see* **foetus**

feu [fju:] *n* SCOT LAW Dauerpacht *f*

feud [fju:d] **I.** *n* Fehde *f* (**between** zwischen +*dat*, **over** wegen +*gen*, **with** mit +*dat*); **family ~** Familienfehde *f*; ■ **to have a ~ with sb** mit jdm in Fehde liegen
II. *vi* ■ **to ~** [**with sb**] [**over sth**] [mit jdm] [wegen einer S. *gen*] in Fehde liegen

feu·dal ['fju:dəl] *adj inv monarchy* feudal, Feudal-; **the ~ system** das Feudalsystem

feu·dal·ism ['fju:dəlɪzəm] *n no pl* Feudalismus *m*

feud·ing ['fju:dɪŋ] *adj attr, inv* verfeindet

fe·ver ['fi:vəʳ, AM -ɚ] *n* ① *(temperature)* Fieber *nt kein pl*; **to have** [**a**] [*or* **be running a**] **~** Fieber haben
② *(disease)* Fieberkrankheit *f*
③ *(excitement)* Aufregung *f*; **election/football ~** Wahl-/Fußballfieber *nt*; **a ~ of excitement** fieberhafte Erregung; ■ **to be in a ~** [ganz] aufgeregt sein; **at a ~ pitch** fieberhaft

fe·vered ['fi:vəd, AM -ɚd] *adj* ① *(ill) eyes* fiebrig
② *(excited) brain* aufgeregt, fieberhaft; **~ imagination** übersteigerte Fantasie

fe·ver·ish ['fi:vərɪʃ] *adj* ① *(ill)* fiebrig
② *(frantic)* fieberhaft

fe·ver·ish·ly ['fi:vərɪʃli] *adv* fieberhaft, hektisch

'fe·ver pitch *n no pl* Siedepunkt *m*; ■ **at ~** auf dem Siedepunkt [*o* Höhepunkt]; **to rise to ~** den Höhepunkt erreichen; **to work at ~** fieberhaft arbeiten

few [fju:] **I.** *adj* ① *attr, inv (some)* einige; ***there are a ~ sandwiches left over from the party*** es sind noch ein paar Sandwiches von der Feier übrig; ***I've got to get a ~ things*** ich muss ein paar Dinge kaufen; ***may I ask a ~ questions?*** darf ich ein paar Fragen stellen?; ***I'll be ready in just a ~ minutes*** ich bin gleich fertig; ***can I have a ~ words with you?*** kann ich mal kurz mit dir sprechen?; **every ~ days/minutes/weeks** alle paar Tage/Minuten/Wochen
② *(emph: not many)* wenige; ***he is among the very ~ people I can trust*** er gehört zu den ganz wenigen Leuten, denen ich vertrauen kann; ***so ~ people attended the party that it was embarrassing*** auf der Party waren so wenige Leute, dass es peinlich war; ***there are only a ~ days left before we leave for France*** in ein paar Tagen fahren wir nach Frankreich; ***there are ~ things in this world that give me more pleasure than a long bath*** nur weniges auf der Welt bereitet mir mehr Vergnügen als ein langes Bad; ***~er people smoke these days than used to*** heute rauchen weniger Menschen als früher; ***the benefits of this scheme are ~*** dieser Plan hat nur wenige Vorteile; ***he's a man of ~ words*** er sagt nie viel; *(form)* ***I've warned him on no ~er than five occasions*** ich habe ihn schon mindestens fünf Mal gewarnt; ***his fiction has caused not a ~ readers to see red*** bei seinen Romanen sehen nicht wenige Leser rot; **as ~ as ...** nur ...; ***precious ~ ...*** *(fam)* reichlich wenig ... *fam*
③ *attr, inv (many)* viele; ***I know a ~ people who ...*** ich kenne einige Leute, die ...; BRIT ***she put on a good ~ pounds over Christmas*** sie hat über Weihnachten einige Pfunde zugelegt; **quite a ~** [**people**] ziemlich viele
▶ PHRASES: **to be ~ and <u>far</u> between** dünn gesät sein; ***such opportunities are ~ and far between*** solche Gelegenheiten gibt es nicht oft
II. *pron* ① *(small number)* ***a ~ of these apples*** ein paar von diesen Äpfeln; ***many believe it but only a ~ are prepared to say*** viele glauben es, aber nur wenige sagen es; **a ~ of us/you/them** einige von uns/euch/ihnen
② *(emph: not many)* wenige; ***precious ~ will finish the course*** nur wenige werden den Kurs zu Ende bringen; ***~ can remember back that far*** nur wenige können sich so weit zurückerinnern; ***not many showed up and the ~ who did left early*** es kamen nicht viele, und die paar, die kamen, gingen bald; ***~ if any still believe that ...*** kaum einer glaubt heute noch, dass ...; ***only some ~ master more than ten languages*** nur ein paar wenige sprechen mehr als zehn Sprachen; ***~ of the houses in the village made it through the hurricane*** nur wenige Häuser in dem Ort überstanden den Hurrikan; ***~ of them actually got an interview*** nur wenige wurden zu einem Gespräch eingeladen; ***there were too ~ of us to charter the plane*** wir waren nicht genug, um das Flugzeug chartern zu können; **not a ~** nicht wenige; ***though she's young, her talents are not a ~*** obwohl sie jung ist, hat sie viele Talente
③ *(many)* **a good ~** BRIT ziemlich viele; **quite a ~** eine ganze Menge
▶ PHRASES: **to have <u>had</u> a ~** einen sitzen haben *fam*; **to have <u>had</u> a ~ too many** etwas zu viel getrunken haben
III. *n* ① *(elite)* ■ **the ~** *pl* die Auserwählten; ***only the ~ can say they've dined with the Queen*** nur wenige Auserwählte können von sich sagen, dass sie mit der Queen gespeist haben
② *(minority)* ■ **the ~** *pl* die Minderheit; ***I was one of the lucky ~ who ...*** ich gehörte zu den wenigen Glücklichen, die ...; **one of the fortunate** [*or* **happy**] **~** eine(r) der wenigen Glücklichen
③ BRIT HIST ■ **the F~** *pl RAF-Piloten (Zitat aus einer Rede von Winston Churchill)*

fey [feɪ] *adj (liter)* ① *(strange)* schrullig, kurlig SCHWEIZ *dial*, hellseherisch
② *(insincere)* übersinnlich

fey·ness ['feɪnəs] *n no pl (liter)* Schrulligkeit *f fam*

fez <*pl* -zzes> [fez] *n* Fes *m*

ff[1] *n abbrev of* [**and**] **the following pages** ff.

ff[2] *n* MUS *abbrev of* **fortissimo** ff

FHSA [,efeɪtʃes'eɪ] *n + sing/pl vb* BRIT *abbrev of* **Family Health Services Authority** ≈ Gesundheitsamt *nt*

fi·an·cé [fi'ɑ̃:(n)seɪ, AM ,fiɑ:n'seɪ] *n* Verlobte(r) *m*

fi·an·cée [fi'ɑ̃:(n)seɪ, AM ,fiɑ:n'seɪ] *n* Verlobte *f*

fi·as·co <*pl* -s *or esp* AM -es> [fi'æskəʊ, AM -oʊ] *n* Fiasko *nt*; **to be a complete** [*or* **total**] **~** ein einziges Fiasko sein; **to end in a ~** in einem Fiasko enden

fiat ['faɪæt, AM 'fiət] *n (form)* [formelle] Genehmigung [*o* Erlaubnis]

'fiat mon·ey *n no pl* ECON, FIN ungedecktes Geld

fib [fɪb] *(fam)* **I.** *vi* <-bb-> schwindeln; ■ **to ~ to sb** jdn anschwindeln
II. *n* Schwindelei *f*; **to tell a ~** schwindeln, flunkern

fib·ber ['fɪbəʳ, AM -ɚ] *n (fam)* Schwindler(in) *m(f)*, Flunkerer *m fam*

fi·ber *n* AM *see* **fibre**

fi·ber·glass *n no pl* AM *see* **fibreglass**

FIBOR ['faɪbɔ:ʳ, AM -bɔr] *n* ECON, FIN *acr for* **Frankfurt Interbank Offered Rate** *Referenzsatz für internationale Banken, die in Frankfurt tätig sind*

fi·bre, AM **fi·ber** ['faɪbəʳ, AM -ɚ] *n* ① *(thread)* Faden *m*; *(for cloth)* Faser *f*
② *(cloth, material)* Faser *f*; **artificial** [*or* **man-made**] **~** Kunstfaser *f*, Chemiefaser *f*; **natural ~** Naturfaser *f*
③ ANAT Faser *f*, Fiber *f fachspr*; **muscle ~** Muskelfaser *f*
④ *no pl (fig: strength)* **moral ~** Rückgrat *nt*
⑤ *no pl* FOOD Ballaststoffe *pl*
▶ PHRASES: **with <u>every</u> ~ of one's being** mit jeder Faser [seines Herzens] *geh*; ***she wanted to win the race with every ~ of her being*** sie war fest entschlossen, alles zu tun, um das Rennen zu gewinnen

'fi·bre·board *n no pl* Holzfaserplatte *f*, Presssan-

platte *f* SCHWEIZ **'fi·bre·glass**, AM **'fi·ber·glass** *n no pl* ① *(plastic)* glasfaserverstärkter Kunststoff
② *(fabric)* Glasfaser *f* **fi·bre op·tic 'ca·ble** *n* TELEC, MED faseroptisches Kabel *fachspr,* Glasfaserkabel *nt* **fi·bre 'op·tics** I. *n + sing vb* TELEC, COMPUT Glasfasertechnik *f,* Lichtwellenleitertechnik *f fachspr;* MED, PHYS, CHEM [Glas]faseroptik *f fachspr* II. *n modifier* TELEC, COMPUT *(cable, technology)* Glasfaser-; MED, PHYS, CHEM Faseroptik- *fachspr* **fi·bre-tip 'pen** *n* BRIT Filzstift *m*

fi·brin ['faɪbrɪn] MED I. *n* Fibrin *nt fachspr*
II. *n modifier* Fibrin- *fachspr*

fi·brino·gen [faɪ'brɪnədʒən] *n* MED Fibrinogen *nt*

fi·bro ['faɪbrəʊ] *n* AUS ① *no pl (material)* Asbestzement *m,* Eternit *m*
② *(house) mit Asbestzement erstelltes Haus*

fi·broid ['faɪbrɔɪd] MED I. *adj* faserartig
II. *n* Fibrom *nt fachspr*

fi·brous ['faɪbrəs] *adj* fas[e]rig

fibu·la <*pl* -s *or* -lae> ['fɪbjələ, *pl* -li:] *n* ANAT Wadenbein *nt*

fiche <*pl* -s *or* -> ['fi:ʃ] *n* [Mikro]fiche *m o nt*

fick·le ['fɪkl] *adj (pej)* ① *(vacillating)* wankelmütig *pej geh; (moody)* launisch *pej*
② METEO ~ **weather** unbeständiges [*o* wechselhaftes] Wetter
③ *(not loyal)* ~ **lover** untreuer Liebhaber

fick·le·ness ['fɪklnəs] *n no pl* ① *(moodiness)* Launenhaftigkeit *f*
② *of the weather* Unbeständigkeit *f pej geh*
③ *(lack of loyalty)* Untreue *f*

fic·tion ['fɪkʃən] I. *n* ① *no pl* LIT Erzählliteratur *f,* Prosaliteratur *f;* **work of** ~ *(long)* Roman *m; (short)* Erzählung *f;* **light** ~ Unterhaltungsliteratur *f*
② *(fabrication)* Erfindung *f,* Fiktion *f geh,* Märchen *nt fam;* ***at work she managed to keep up the ~ that she had a university degree*** bei der Arbeit konnte sie das Märchen aufrecht erhalten, sie habe einen Universitätsabschluss *fam*
③ *(falsehood)* kleine Unaufrichtigkeit; ***he maintains the ~ that he is still cohabiting with his wife*** er tut so, als würde er noch mit seiner Ehefrau zusammenleben; **legal** ~ Rechtsfiktion *f,* juristische Fiktion; **polite** ~ Notlüge *f*
II. *n modifier* Literatur-; ~ **author** Romanautor(in) *m(f);* ~ **book** Roman *m;* ~ **writer** Prosaschriftsteller(in) *m(f)*

fic·tion·al ['fɪkʃənəl] *adj* erfunden, fiktiv *geh;* ~ **autobiography** fiktive Autobiografie

fic·tion·ali·za·tion [ˌfɪkʃənəlaɪ'zeɪʃən, AM -lɪ'-] *n* LIT Fiktionalisierung *f geh*

fic·tion·al·ize ['fɪkʃənəlaɪz] *vt* **to ~ a biography** eine Biografie als Fiktion darstellen

fic·tion of 'law *n* Gesetzesfiktion *f,* Rechtsfiktion *f*

fic·ti·tious [fɪk'tɪʃəs] *adj* ① *(false)* falsch
② *(imaginary)* [frei] erfunden, fiktiv *geh;* ~ **character** fiktive [*o* erfundene] Person; ***some of the characters in the book are ~*** einige der Figuren im Buch sind frei erfunden; ~ **profit** FIN Scheingewinn *m*

fic·ti·tious 'as·sets *npl* ECON, FIN Scheinaktiva *pl*

fi·cus ['fi:kəs] *n* BOT Ficus *m*

fid·dle ['fɪdl] I. *n* ① MUS *(fam)* Geige *f,* Fi[e]del *f hum o pej;* **to play the** ~ Geige spielen
② *esp* BRIT *(fam: fraud)* Betrug *m kein pl,* Schwindel *m kein pl;* ***this is some sort of ~*** hier ist was faul *fam;* **to be on the** ~ faule Geschäfte machen *fam,* krumme Dinger drehen *fam*
③ BRIT *(fam: task)* kniff[e]lige Angelegenheit; ***it's a real ~ to assemble because of all the small parts*** all die kleinen Teile machen das Zusammensetzen ganz schön schwierig *fam*
▶PHRASES: **sb's face is as long as a ~** *esp* BRIT *(fam)* jd macht ein Gesicht wie drei Tage Regenwetter *fam;* **to be [as] fit as a ~** kerngesund sein; **to play first/second ~** die erste/zweite Geige spielen *fam;* **to play second ~ to sb** in jds Schatten stehen
II. *interj* AM *(dated)* Unsinn *m fam,* Quatsch *m fam*
III. *vt (fam)* ■**to ~ sth** ① *(falsify)* etw frisieren *fam; (manipulate)* etw manipulieren; **to ~ the accounts/books** die Rechnungen/Bücher frisieren *fam;* **to ~ it** [*or* **things**] **so that ...** es so hindrehen [*o* hinbiegen], dass ... *fam*
② *(obtain fraudulently)* [sich *dat*] etw ergaunern; **to ~ money out of a company** ein Unternehmen um Geld betrügen *fam*
IV. *vi* ① *(finger)* herumfummeln *fam;* ■**to ~ with sth** an etw *dat* herumspielen [*o* herumfummeln] *fam; (play)* mit etw *dat* herumspielen *fam*
② *(tinker)* herumbasteln *fam;* ■**to ~ with sth** an etw *dat* herumhantieren [*o* herumfummeln] [*o* herumbasteln] *fam*
③ MUS *(fam)* geigen, fiedeln *hum o pej*
▶PHRASES: **to ~ while Rome burns** den Kopf in den Sand stecken

◆**fiddle about, fiddle around** *vi* ① *(waste time)* herumtrödeln *fam*
② *(finger)* herumfummeln *fam;* ■**to ~ about** [*or* **around**] **with sth** an etw *dat* herumspielen [*o* herumfummeln] *fam; (play)* mit etw *dat* herumspielen *fam*
③ *(tinker)* herumbasteln *fam;* ■**to ~ about** [*or* **around**] **with sth** an etw *dat* herumhantieren [*o* herumfummeln] [*o* herumbasteln] *fam*

fid·dle-fad·dle ['fɪdlˌfædl] *(dated)* I. *n no pl* Unfug *m*
II. *interj* Unsinn *m fam,* Quatsch *m fam*
III. *vi* ■**to ~ about** dummes Zeug reden *pej fam*

fid·dler ['fɪdləʳ, AM -ɚ] *n (fam)* ① MUS Geiger(in) *m(f)*
② BRIT *(swindler)* Betrüger(in) *m(f),* Gauner(in) *m(f) pej*

fid·dle·stick ['fɪdlstɪk] I. *n* MUS *(fam)* Geigenbogen *m*
II. *interj (dated)* ■**~s** Unsinn *m fam,* Quatsch *m fam*

fid·dling ['fɪdlɪŋ] I. *adj* ① *(insignificant)* läppisch *pej,* belanglos; *(small)* geringfügig; *(narrow-minded)* kleinkariert *pej fam,* kleinlich *pej;* ~ **restrictions** kleinliche Einschränkungen
② *attr (swindling)* betrügerisch
II. *n no pl* Geigen *nt,* Geigespielen *nt*

fid·dly <-ier, -iest *or* more ~, most ~> ['fɪdli] *adj* BRIT *(fam)* kniff[e]lig; ***repairing something as small as a watch is a very ~ job*** die Reparatur einer Armbanduhr ist eine sehr diffizile Angelegenheit

fi·del·ity [fɪ'deləti, AM -əṱi] *n no pl (form)* ① *(loyalty)* Treue *f* (**to** gegenüber +*dat*)
② *(sexual loyalty)* Treue *f;* **marital** ~ eheliche Treue
③ *(exactness)* [Werk]treue *f,* Genauigkeit *f;* ELEC Wiedergabetreue *f;* ~ **to detail** Detailtreue *f;* ~ **of translation** Worttreue *f*

fidg·et ['fɪdʒɪt] I. *n* ① *(person)* Zappelphilipp *m pej fam*
② *(condition)* ■**the ~s** *pl* nervöse Unruhe; ***she's got [a bad case of] the ~s today*** sie ist heute extrem unruhig [*o* nervös] [*o fam* zapp[e]lig]
II. *vi* ① *(move)* zappeln, herumzappeln *fam;* ***stop ~ing!*** hör auf so rumzuzappeln! *fam*
② *(play)* ■**to ~ with sth** mit etw *dat* herumspielen *fam*
③ *(be eager, restless)* ■**to ~ to do sth** brennen, etw zu tun, darauf aus sein, etw zu tun
III. *vt* ■**to ~ sb** jdn nervös machen

◆**fidget about, fidget around** *vi* herumzappeln *fam*

fidg·ety ['fɪdʒəti, AM -ṱi] *adj* unruhig, nervös, zapp[e]lig *fam*

fi·du·ci·ary [fɪ'dju:ʃiəri, AM -'du:ʃieri] ECON, FIN I. *n* ① LAW Treuhänder(in) *m(f);* ~ **account** Treuhandkonto *nt;* ~ **assets** *pl* Treuhandvermögen *nt;* ~ **investment** Treuhandanlage *f,* fiduziarische Anlage; ~ **security** fiduziarische Sicherheit
② FIN ~ **money** Papiergeld *nt* ohne Edelmetalldeckung
II. *adj inv* ① *(involving trust)* treuhänderisch, Treuhand-; ~ **deposits** treuhänderisch verwaltete Einlagen
② *(old: held or given in trust)* fiduziarisch

fie [faɪ] *interj (old or hum)* pfui! *hum*

fief [fi:f] *n (hist)* Lehen *nt hist; (fig)* Machtbereich *m*

fief·dom ['fi:fdəm] *n* HIST Lehnsgut *nt*

field [fi:ld] I. *n* ① *(meadow)* Wiese *f; (pasture)* Weide *f; (for crops)* Feld *nt,* Acker *m;* **to cut across the ~s** quer über die Felder gehen
② *(for sports)* Spielfeld *nt,* Platz *m;* **to take the ~** einlaufen
③ *(expanse)* [weite] Fläche; **ice/snow** ~ Eis-/Schneefläche *f*
④ *of deposits* Feld *nt;* **coal** ~ Kohleflöz *m;* **gas/oil** ~ Gas-/Ölfeld
⑤ *(battlefield)* Schlachtfeld *nt; (scene)* ~ **of battle** Kriegsschauplatz *m;* **to take the** ~ ins Feld ziehen; **in the** ~ an der Front
⑥ *(working area)* Arbeitsbereich *m,* Einsatzgebiet *nt;* ~ **of activity** Tätigkeitsgebiet *nt,* Tätigkeitsfeld *nt*
⑦ *(area of knowledge)* Arbeitsfeld *nt,* Gebiet *nt,* Bereich *m;* **to be first in the** ~ der/die Beste auf dem Gebiet sein; **to be outside sb's** ~ außerhalb jds Kompetenzbereich liegen, nicht mehr in jds Ressort *nt* fallen
⑧ COMPUT Datenfeld *nt fachspr*
⑨ *+ sing/pl vb (contestants)* [Teilnehmer]feld *nt;* ***once again Jones finished ahead of the ~*** wieder einmal gewann Jones vor dem Rest des Feldes; ***we have a strong ~ this afternoon*** wir haben heute Nachmittag eine starke Besetzung
⑩ *(side in cricket)* Fängerpartei *f; (player)* Fänger(in) *m(f)*
⑪ PHYS Feld *nt;* **gravitational** ~ Schwerefeld *nt fachspr,* Gravitationsfeld *nt fachspr;* **magnetic** ~ Magnetfeld *nt*
⑫ MATH Feld *nt*
▶PHRASES: **to leave the ~ clear for sb** jdm das Feld überlassen; ***John's transfer left the ~ clear for Judy to get the job*** weil John versetzt wurde, konnte sich Judy um seinen Job bewerben
II. *n modifier* Feld-; ~ **interview** Befragung *f;* ~ **observations** Freilandbeobachtungen *pl,* Feldbeobachtungen *pl*
III. *vi* als Fänger spielen *m*
IV. *vt* ① *(stop)* **to ~ the ball** den Ball fangen
② *(have playing)* **to ~ a team** ein Team aufs Feld schicken; *(fig)* **to ~ a group of experts** eine Expertengruppe zusammenstellen
③ *(offer as candidate)* ■**to ~ sb** jdn aufstellen
④ *(display)* **to ~ an army** eine Armee aufmarschieren lassen
⑤ *(handle)* **to ~ questions** Fragen abblocken [*o* parieren]; **to ~ telephone calls** Telefonanrufe abweisen

'field ar·til·lery *n no pl* MIL Feldartillerie *f fachspr* **'field day** *n* ① *(opportunity)* **to have a ~** seinen großen Tag haben ② MIL *(exercise)* Manöver *nt; (parade)* Truppenparade *f* ③ AM, AUS SCH, SPORT [Schul]sportfest *nt,* Sporttag *m* SCHWEIZ

field·er ['fi:ldəʳ, AM -ɚ] *n* SPORT *(stopping the ball)* Fänger(in) *m(f); (playing on the field)* Feldspieler(in) *m(f)*

'field events *npl* SPORT technische Disziplinen, Sprung- und Wurfdisziplinen *pl* **'field glasses** *npl* Feldstecher *m,* Fernglas *nt* **'field goal** *n* AM *(American football)* Feldtor *nt; (basketball)* Feldkorb *m* **'field hock·ey** *n no pl* AM [Feld]hockey *nt* **'field hos·pi·tal** *n* MIL Feldlazarett *nt* **field 'mar·shal** *n* BRIT MIL Feldmarschall *m* **'field mouse** *n* Feldmaus *f* **'field of·ficer** *n* AM MIL Stabsoffizier(in) *m(f)* **field of 'vi·sion** <*pl* fields of vision> *n* Gesichtsfeld *nt,* Blickfeld *nt; (fig)* Horizont *m* **'field ser·vice** *n* COMM Außendienst *m*

'fields·man *n* SPORT *(stopping the ball)* Fänger *m; (playing on the field)* Feldspieler *m*

'field sports *npl* Sport *m* im Freien *(bes. Jagen und Fischen)*

Field's pur·ple [ˌfi:ldz'pɜ:pl, AM -'pɜr-] *n no pl* CHEM Krapp-Purpur *nt*

'field test *n* Feldversuch *m* **'field-test** *vt* ■**to ~ sth** etw in einem Feldversuch [*o* in der Praxis] erproben [*o* testen] **'field trial** *n* Feldversuch *m* **'field trip** *n* Exkursion *f* **'field·work** *n no pl* ① *(collecting data)* Feldarbeit *f,* Feldforschung *f* ② MIL Feldbefestigung *f* **'field·work·er** *n (gathering data)* Feldforscher(in) *m(f); (interviewer)* Befrager(in) *m(f),* Interviewer(in) *m(f); (representative)* Außendienstmitarbeiter(in) *m(f)*

fiend [fi:nd] *n* ① *(demon)* Dämon *m*
② *(Satan)* ■**the ~** der Teufel [*o* Satan]

❸ *(pej: evil person)* Scheusal *nt pej* ❹ *(annoying person)* Nervensäge *f sl* ❺ *(fig fam: enthusiast)* Fanatiker(in) *m(f)*; ***she's a ~ for chocolate*** sie ist ganz verrückt auf Schokolade *fam;* **fresh-air** ~ Frischluftfanatiker(in) *m(f)*

fiend·ish ['fi:ndɪʃ] *adj* ❶ *(pej: cruel)* grausam, unmenschlich; *(sadistic)* teuflisch, gemein ❷ *(complex)* verzwickt *fam; (cunning)* gerissen *fam,* schlau ❸ Brit *(exceptional) difficulty, problem* höllisch *fam,* teuflisch *fam;* ~ **costs** horrende Kosten; **to be in a ~ hurry** es tierisch eilig haben *fam*

fiend·ish·ly ['fi:ndɪʃli] *adv* ❶ *(diabolically)* teuflisch ❷ Brit *(exceptionally)* höllisch *fam,* teuflisch *fam*

fiend·ish·ness ['fi:ndɪʃnəs] *n no pl (pej)* ❶ *(cruelty)* Grausamkeit *f* ❷ *(nasty trick)* teuflische Bosheit

fierce [fɪəs, Am fɪrs] *adj* ❶ *(hostile)* heftig, ungestüm *geh;* ~ **attack** scharfer Angriff; ~ **combat** [*or* **fighting**] erbitterter Kampf; ~ **competition** erbarmungslose [*o* scharfe] Konkurrenz; ~ **opposition** entschlossener Widerstand; ~ **struggle** heftiger Streit ❷ *(untamed) animal* wild ❸ *(intense)* stark, intensiv; ~ **debate/discussion** hitzige Debatte/Diskussion; ~ **hate** wilder [*o* blinder] Hass; ~ **jealousy** heftige [*o* blinde] Eifersucht; ~ **love** leidenschaftliche Liebe ❹ *(destructive)* heftig, stürmisch; ~ **weather** stürmisches Wetter; ~ **winds** tobende [*o* kräftige] Winde ❺ Am *(fam: difficult)* schwer, schwierig

▸PHRASES: **something** ~ Am *(fam)* unbedingt; ***I need a cold drink something ~*** ich muss unbedingt etwas Kaltes trinken

fierce·ly ['fɪəsli, Am 'fɪrs-] *adv* ❶ *(hostilely)* wild ❷ *(very)* extrem; *(intensely)* ausgesprochen, äußerst; **a ~ competitive school system** ein äußerst konkurrenzorientiertes Schulsystem ❸ *(destructively)* heftig

fierce·ness ['fɪəsnəs, Am 'fɪrs-] *n no pl* ❶ *(hostility)* Wildheit *f* ❷ *(intensity)* Intensität *f* ❸ *(destructiveness)* Heftigkeit *f*

fi·eri fa·ci·as [ˌfaɪəraɪ'feɪʃiæs, Am -ri:'feɪʃiəs], **fi. fa.** Law **writ of** ~ Vollstreckungsbefehl *m,* Pfändungsbefehl *m*

fiery ['faɪ(ə)ri, Am -ɚi] *adj* ❶ *(consisting of fire)* glühend, brennend; ~ ***tongues were playing about the house*** rote Flammen züngelten an dem Haus empor ❷ *(spicy) food* scharf, feurig ❸ *(bright)* feuerrot, glutrot ❹ *(passionate)* leidenschaftlich, hitzig; ~ **lover** feuriger Liebhaber ❺ *(angry)* hitzig; ***he has a ~ temper*** er ist ein Hitzkopf

fi·es·ta [fi'estə] *n* ❶ *(holiday)* Fiesta *f,* Feiertag *m* ❷ *(event)* Fiesta *f,* Fest *nt*

fi. fa. Law *abbrev of* **fieri facias**

FIFA ['fi:fə] *n no pl, + sing/pl vb* FBALL *acr for* **Fédération internationale de football association** FIFA *f*

fife [faɪf] Mus **I.** *n* ❶ *(instrument)* Querpfeife *f,* Piccolo *nt* schweiz ❷ *(player)* [Quer]pfeifer(in) *m(f)* **II.** *vi* [auf der Querpfeife] pfeifen

FIFO ['faɪfəʊ, Am -foʊ] *adj, adv* COMPUT, ECON *acr for* **first in, first out** FIFO, wie eingetroffen; ~ **method** Fifo-Methode *f*

fif·teen [fɪf'ti:n] **I.** *adj* ❶ *(number)* fünfzehn; ***there are ~ of us*** wir sind zu fünfzehnt; **one in** ~ jeder Fünfzehnte; *see also* **eight I 1** ❷ *(age)* fünfzehn; *see also* **eight I 2** ❸ *(time)* ~ **hundred hours** *spoken* fünfzehn Uhr; **1500 hours** *written* 15:00

▸PHRASES: **to have** ~ **minutes of fame** [*or* **to be famous for ~ minutes**] für kurze Zeit im Rampenlicht stehen

II. *n* ❶ *(number, symbol, quantity)* Fünfzehn *f* ❷ + *sing/pl vb* Brit *(in rugby union)* Rugbymannschaft *f;* ***the Scottish ~*** die Rugbynationalmannschaft von Schottland ❸ Brit FILM **to be given a 15 certificate** ab 15 [Jahren] freigegeben sein

fif·teenth [fɪf'ti:nθ] **I.** *adj inv* fünfzehnte(r, s) **II.** *n* ❶ *(in date, order)* ■**the** ~ der/die/das Fünfzehnte ❷ *(fraction)* Fünfzehntel *nt*

fifth [fɪfθ] **I.** *adj* ❶ *(in sequence)* fünfte(r, s); ***you're the ~ person to put your name down*** du bist der Fünfte, der sich einträgt; ~ **form** Brit zehnte Klasse, die Zehnte; ~ **grade** Am fünfte Klasse, die Fünfte; *see also* **eighth I 1** ❷ *(in a race)* **to be/come** [*or* **finish**] ~ [**in a race**] [bei einem Rennen] Fünfter sein/werden; *see also* **eighth I 2**

II. *n* ❶ *(order)* ■**the** ~ der/die/das Fünfte; *see also* **eighth II 1** ❷ *(date)* ■**the** ~ *spoken* der Fünfte; ■**the 5th** *written* der 5.; *see also* **eighth II 2** ❸ *(in titles)* **Edward the F~** *spoken* Edward der Fünfte; **Edward V** *written* Edward V. ❹ *(fraction)* Fünftel *nt* ❺ *(gear position)* fünfter Gang; ***now put it into ~*** schalten Sie jetzt in den fünften Gang [*o fam* Fünften] ❻ *(in ballet)* fünfte [Tanz]position ❼ Mus *(interval)* Quinte *f; (chord)* Quintenakkord *m* ❽ Am *(fam: measure)* **a ~ of a gallon** ein Dreiviertelliter *m; (bottle)* **a ~ of whisky** eine Dreiviertelliterflasche Whisky ❾ Am Law *(fam)* **to plead** [*or* **take**] **the F~** die Aussage verweigern

III. *adv inv* fünftens

fifth 'col·umn *n + sing/pl vb* POL fünfte Kolonne

fifth 'col·umn·ist *n* POL Mitglied *nt* der fünften Kolonne

fifth gen·e'ra·tion *n* COMPUT ~ **computer** Computer *m* der fünften Generation

fif·ti·eth ['fɪftiəθ] **I.** *adj inv* fünfzigste(r, s); *see also* **eighth I**

II. *n* ❶ *(order)* ■**the** ~ der/die/das Fünfzigste; *see also* **eighth II 1** ❷ *(fraction)* Fünfzigstel *nt*

III. *adv inv* fünfzigstens

fif·ty ['fɪfti] **I.** *adj inv* fünfzig; *see also* **eight I**

II. *n* ❶ *(number)* Fünfzig *f,* Fünfziger *m* schweiz, österr; *see also* **eighty II 1** ❷ *(age)* **to be in one's fifties** in den Fünfzigern sein; *see also* **eighty II 2** ❸ *(decade)* ■**the fifties** *pl* die Fünfzigerjahre *pl,* die Fünfziger *pl; see also* **eighty II 3** ❹ *(fam: speed: 50 mph)* ca. achtzig km/h; *see also* **eighty II 5** ❺ *(public transport)* ■**the** ~ die Fünfzig, der Fünfziger ❻ *(temperature)* **to be in the fifties** um die 50 Grad Fahrenheit sein ❼ *(banknote)* Fünfziger *m,* Fünfzigernote *f* schweiz

fif·ty-cent 'piece *n* Fünfzig-Cent-Münze *f,* Fünfzig-Cent-Stück *nt*

fif·ty-'fif·ty *inv* **I.** *adj (fam)* halbe-halbe *präd fam,* fifty-fifty *präd fam;* ***we should share the work on a ~ basis*** jeder von uns sollte die Hälfte der Arbeit machen *fam;* ***there's only a ~ chance*** die Chancen stehen nur fifty-fifty *fam* **II.** *adv* halbe-halbe *fam,* fifty-fifty *fam;* ***let's go ~!*** lass uns halbe-halbe [*o* fifty-fifty] machen! *fam*

fif·ty'·some·thing I. *n* jd in den Fünfzigern **II.** *adj* in den Fünfzigern *nach n*

fig[1] [fɪg] *n* ❶ FOOD Feige *f* ❷ *(tree)* Feigenbaum *m,* Feige *f*

▸PHRASES: **to not care** [*or* **give**] **a ~ about** [*or* **for**] **sb/sth** *(dated fam)* sich *akk* keinen Deut um jdn/etw scheren; ***she doesn't care a ~ for him*** er ist ihr vollkommen gleichgültig; ***I don't care a ~ about that!*** das kümmert mich nicht die Bohne! *fam;* **to be not worth a ~** *(fam)* keine müde Mark [*o* keinen Pfifferling] [*o* österr keinen Groschen] [*o* schweiz keinen Rappen] wert sein *fam*

fig[2] [fɪg] *(fam)* **I.** *n no pl* ❶ *(dress)* Aufmachung *f,* Kleidung *f;* **in full** ~ in vollem Staat ❷ *(condition)* Form *f,* Verfassung *f;* **to be in great ~** hervorragend in Form sein

II. *vt* <-gg-> *(dated)* ■**to ~ sb out** jdn herausputzen

fig[3] [fɪg] **I.** *n abbrev of* **figure** Abb. *f* **II.** *adj inv abbrev of* **figurative** fig.

figgy pud·ding [fɪgi'-] *n kuchenartiger Nachtisch aus Feigen, Rosinen, Nüssen, Datteln und Gewürzen, der lange im Wasserbad gedämpft wird und früher oft in den Wintermonaten gegessen wurde*

fight [faɪt] **I.** *n* ❶ *(violent combat)* Kampf *m* (**against/for** gegen/um *+akk*); *(brawl)* Rauferei *f; (involving fists)* Schlägerei *f;* **to give up without a ~** kampflos aufgeben ❷ BOXING Kampf *m,* Fight *m* ❸ MIL Gefecht *nt* (**against** gegen *+akk)* ❹ *(struggle, resistance)* Kampf *m* (**against/for** gegen/um *+akk)* ❺ *(quarrel)* Streit; **to have a ~ on one's hands** Ärger am Hals haben *fam* ❻ *no pl (inclination)* Kampfgeist *m;* **to knock** [*or* **take**] **the ~ out of sb** jdm seinen Kampfgeist nehmen; **to show some ~** *(defend oneself)* Widerstand leisten, sich *akk* zur Wehr setzen; *(show appetite for fighting)* Kampfgeist demonstrieren, sich *akk* kampflustig zeigen

▸PHRASES: ~ **or flight!** friss oder stirb! *fam;* **to put up a** [**good**] ~ sich *akk* [tapfer] zur Wehr setzen; **to put up a ~ about sth** sich *akk* gegen etw *akk* wehren

II. *vi* <fought, fought> ❶ *(combat violently)* kämpfen; ***the children were ~ing in the playground*** die Kinder rauften sich auf dem Spielplatz; **to ~ like cats and dogs** wie Hund und Katze sein; ■**to ~ against/for sth/sb** gegen/für etw/jdn kämpfen; ■**to ~ with each other** miteinander kämpfen ❷ *(wage war)* kämpfen; **to ~ to the death** auf Leben und Tod kämpfen; **to ~ to the bitter end** bis zum bitteren Ende kämpfen; **to ~ to the finish** bis zum Schluss [*o* letzten Augenblick] kämpfen; ■**to ~ on** weiterkämpfen, den Kampf fortsetzen; ■**to ~ against/for sb/sth** gegen/für jdn/etw kämpfen; **to ~ for the winning side** für die Sieger kämpfen; ■**to ~ with sb** *(battle against)* gegen jdn kämpfen; *(battle on same side)* an jds Seite kämpfen ❸ *(quarrel)* sich *akk* streiten; ■**to ~ about sb/sth** sich *akk* über jdn/etw [*o* wegen einer Person/einer S. *gen*] streiten; ■**to ~ over sth/sb** sich *akk* um etw/jdn streiten ❹ *(struggle)* kämpfen; **to ~ at** [*or* **in**] **an election** bei einer Wahl kandidieren; **to ~ to clear one's name** um seinen guten Ruf kämpfen; ■**to ~ against sth** gegen etw *akk* [an]kämpfen, etw bekämpfen; ■**to ~ against sb** gegen jdn [an]kämpfen; ■**to ~ for sth** um etw *akk* kämpfen; **to ~ for breath** nach Luft ringen; **to ~ for a cause** für eine Sache kämpfen; **to ~ for life** um sein Leben kämpfen ❺ BOXING boxen; ■**to ~ against sb** gegen jdn boxen

III. *vt* <fought, fought> ❶ *(wage war)* ■**to ~ sb/sth** gegen jdn/etw kämpfen; **to ~ a delaying action** den Feind im Kampf hinhalten; **to ~ a battle** eine Schlacht schlagen; **to ~ a duel** ein Duell austragen, sich *akk* duellieren ❷ *(dated: manoeuvre)* **to ~ ships/troops** Schiffe/Truppen kommandieren ❸ *(struggle to extinguish)* **to ~ a fire** ein Feuer bekämpfen, gegen ein Feuer ankämpfen ❹ *(strive to win)* **to ~ an action** einen Prozess durchkämpfen; **to ~ a case in** [*or* **through**] **the courts** einen Fall vor Gericht durchfechten; *(strive to beat)* ■**to ~ sb for sth** gegen jdn wegen einer S. *gen* einen Prozess führen ❺ *(struggle against, resist)* ■**to ~ sth** etw bekämpfen, gegen etw *akk* [an]kämpfen; **to ~ crime** das Verbrechen bekämpfen; **to ~ a disease** gegen eine Krankheit ankämpfen; ■**to ~ sb** gegen jdn [an]kämpfen ❻ *(in boxing)* ■**to ~ sb** gegen jdn boxen ❼ *(battle)* **to ~ one's way** [**out of sth**] sich *dat* den Weg [aus etw *dat*] freikämpfen; **to ~ one's way through the crowd** sich *dat* einen Weg durch die Menge bahnen; **to ~ one's way to the top** sich *akk* an die Spitze kämpfen

▸PHRASES: **to not be able to ~ one's way out of a**

brown paper bag absolut bescheuert sein *fam;* **to ~ one's corner** BRIT seinen Standpunkt verfechten; **to ~ fire with fire** mit den gleichen Waffen kämpfen; **to ~ a losing battle** auf verlorenem Posten kämpfen; **to ~ shy of sb/sth** jdm/etw aus dem Weg gehen

◆**fight back** I. *vi* zurückschlagen; *(defend oneself)* sich *akk* zur Wehr setzen; *(struggle, resist)* sich *akk* wehren

II. *vt* ■**to ~ back** ↔ **sth** etw unterdrücken [*o* zurückhalten], gegen etw *akk* ankämpfen; **to ~ back the** [*or* **one's**] **tears** gegen die Tränen ankämpfen, die Tränen unterdrücken [*o* zurückhalten]

◆**fight down** *vt see* **fight back II**

◆**fight off** *vt* ❶ *(hit)* ■**to ~ off** ↔ **sb** jdn abwehren; **to ~ off a reporter** einen Reporter abwimmeln *pej*
❷ *(master)* ■**to ~ off** ↔ **sth** etw bekämpfen, gegen etw *akk* [an]kämpfen; **to ~ off a cold/depression** gegen eine Erkältung/Depression ankämpfen

◆**fight out** *vt* ■**to ~ it out** es ausfechten; *(compete also)* es austragen; **~ *it out between you!*** *(fam)* macht das unter euch aus!

'fight·back *n* BRIT *esp* SPORT *(also fig)* Gegenwehr *f,* Zurückschlagen *nt*

fight·er ['faɪtəʳ, AM -t̬ɚ] *n* ❶ *(boxer)* Boxer(in) *m(f),* Fighter(in) *m(f)*
❷ *(plane)* Jäger *m,* Kampfflugzeug *nt*
❸ *(one who fights)* Kämpfer(in) *m(f)*
❹ *(one who resists)* Kämpfernatur *f*

fight·er 'air·plane *n* AM Kampfflugzeug *nt,* Jäger *m*
fight·er-'bomb·er *n* Jagdbomber *m* **'fight·er pi·lot** *n* Jagdflieger(in) *m(f)*

fight·ing ['faɪtɪŋ, AM -t̬-] I. *n no pl* ❶ *(hostilities)* Kämpfe *pl,* Gefechte *pl;* ***the ~ on the Eastern Front lasted for four years*** die Kämpfe an der Ostfront dauerten vier Jahre an
❷ *(fist fights)* Schlägereien *pl,* Prügeleien *pl*
II. *adj attr, inv* kämpferisch, streitlustig; ***they were in a ~ mood*** sie waren kämpferisch gestimmt

fight·ing 'chance *n* reelle Chance; ***although the odds are against us we do have a ~ of getting a mortgage*** obwohl unsere Chancen schlechtstehen, besteht die Möglichkeit, dass wir ein Hypothekendarlehen bekommen; **there's a ~ that ...** es gibt eine reelle Chance, dass ... **fight·ing 'fit** *adj pred* topfit *fam* **fight·ing 'spir·it** *n no pl* Kampfgeist *m* **'figh·ting talk** *n no pl,* **figh·ting 'words** *npl (fam)* Kampfparolen *pl*

'fig leaf *n* Feigenblatt *nt; (fig)* Tarnung *f,* Feigenblatt *nt*

fig·ment ['fɪgmənt] *n* Fantasieprodukt *nt,* Hirngespinst *nt pej;* **to be a ~ of sb's** [*or* **the**] **imagination** reine [*o* pure] Einbildung sein; ***this is a ~ of her imagination*** das bildet sie sich nur ein

fig·ura·tive ['fɪgjᵊrətɪv, AM -jɚət̬ɪv] *adj inv* ❶ *(metaphorical)* bildlich; LING figurativ *fachspr;* **~ expression** bildlicher Ausdruck; **~ meaning** übertragene Bedeutung; **~ sense** übertragener [*o fachspr* figurativer] Sinn
❷ ART gegenständlich

fig·ura·tive·ly ['fɪgjᵊrətɪvli, AM -jɚət̬-] *adv inv* bildlich, figurativ *fachspr;* **to express sth ~** etw bildlich ausdrücken; **to be used ~** im übertragenen Sinn [*o fachspr* figurativ] gebraucht sein; **~ speaking** bildlich gesprochen

fig·ure ['fɪgəʳ] I. *n* ❶ *(silhouette of body)* Gestalt *f; (personality)* Persönlichkeit *f; (in novel)* Gestalt *f;* **a ~ of fun** [*or* AM *usu* **ridicule**] eine Spottfigur [*o pej fam* Witzfigur]; **to be a mother ~ to sb** für jdn die Mutterrolle einnehmen; **to cut an elegant/a sorry ~** eine elegante/traurige Figur abgeben
❷ *(shape of body)* Figur *f;* **a fine ~ of a man** *(dated or hum)* ein Bild *nt* von einem Mann; **a fine ~ of a woman** eine stattliche Frau; **to be ~-conscious** figurbewusst sein; **to get one's ~ back** seine alte Figur wiederbekommen; **to keep one's ~** schlank bleiben
❸ MATH *(digit)* Ziffer *f; (numeral)* Zahl *f,* Wert *m;* ***he is good at ~s*** er ist ein guter Rechner; **column of ~s** Zahlenreihen *pl;* **to have a head for ~s** sich *dat* Zahlen gut merken können; **double/single ~s** zweistellige/einstellige Zahlen; **to run into double ~s** im zweistelligen Bereich liegen; ***his income runs into five ~s*** [*or* ***he has a five-~ income***] er hat ein fünfstelliges Einkommen; **to put a ~ on sth** etw in Zahlen ausdrücken; **in four/five ~s** vier-/fünfstellig; **in round ~s** gerundet; **to work out the ~s** Kalkulationen vornehmen
❹ *(amount of money, cash)* Betrag *m;* **a high** [*or* **large**] **~** ein hoher Preis; *amount* eine hohe Summe; **sales ~s** Verkaufszahlen *pl,* Absatzzahlen *pl*
❺ *(bookkeeping, economic data)* ■**the ~s** *pl* Zahlenwerk *nt;* ***Ms Smith, could you bring in the ~s for the Miller contract?*** Frau Schmitt, könnten Sie das Zahlenmaterial für den Miller-Vertrag bringen?; **unemployment ~s** Arbeitslosenzahlen *pl*
❻ *(illustration, representation)* Abbildung *f; (diagram)* Diagramm *nt*
II. *vt* ❶ *esp* AM *(think, reckon)* ■**to ~ sth** *(anticipate, envisage)* etw voraussehen; *(predict)* etw voraussagen; *(estimate)* etw schätzen
❷ *(comprehend, work out)* ■**to ~ sth/sb** etw/jdn verstehen; ■**to ~ why/who/how ...** verstehen, warum/wer/wie ...; ***can you ~ how to open this box?*** hast du eine Ahnung, wie der Kasten aufgeht?
III. *vi* ❶ *(feature)* eine Rolle spielen; *(appear)* erscheinen, auftauchen; ***he ~d prominently in my plans*** er spielte eine bedeutende Rolle in meinen Plänen; ***where does pity ~ in your scheme of things?*** welche Rolle spielt Mitleid in deiner Weltordnung?
❷ *esp* AM *(count on)* ■**to ~ on sth** mit etw *dat* rechnen
❸ *(make sense)* ***that*** [*or* ***it***] **~s** *esp* AM das hätte ich mir denken können; ***it doesn't ~*** das passt nicht zusammen
❹ *(fam: imagine)* **go ~** stell dir vor

◆**figure out** *vt* ❶ *(fam: comprehend)* ■**to ~ out** ↔ **sth** etw herausfinden; ***I can't ~ out why he did it*** ich kann mir nicht erklären, warum er es tat; ***can you ~ out how to open this box?*** weißt du, wie man diese Schachtel aufmacht?; **to ~ out a problem** ein Problem lösen
❷ *(fam: calculate)* ■**to ~ out** ↔ **sth** etw ausrechnen
❸ *(understand)* ■**to ~ out** ↔ **sb** jdn verstehen [*o* begreifen]

◆**figure up** *vi* zusammenzählen; ***the holiday in Spain ~s up to $200*** die Urlaubskosten in Spanien belaufen sich auf 200 Dollar

-fig·ure ['fɪgəʳ, AM -jɚ] *in compounds* -stellig; **a four/five/six~ salary** ein vier-/fünf-/sechsstelliges Gehalt

fig·ure 'eight *n* AM SPORT *(figure of eight)* Achter *m* **'fig·ure·head** *n (also fig)* Galionsfigur *f a. fig* **'fig·ure-hug·ging** *adj inv* hauteng **fig·ure of 'eight** <*pl* figures of eight> *n* BRIT, AUS SPORT Achter *m* **fig·ure of 'speech** <*pl* figures of speech> *n (rhetorical device)* Redefigur *f,* Redensart *f; (simile)* Redewendung *f;* ***it's just a ~*** *(fam)* das habe ich nur so gesagt *fam* **'fig·ure-skat·er** *n* Eiskunstläufer(in) *m(f)* **'fig·ure-skat·ing** *n no pl* Eiskunstlauf *m*

figu·rine ['fɪgjəri:n, AM ˌfɪgju:'ri:n] *n* ART Figurine *f fachspr,* Statuette *f*

Fi·ji ['fi:dʒi:] *n* Fidschi *nt;* ■**the ~ Islands** die Fidschiinseln *pl*

Fi·jian [fi:'dʒi:ən] I. *adj inv* Fidschi-, der Fidschi-Inseln *nach n*
II. *n* Fidschi-Insulaner(in) *m(f)*

fila·ment ['fɪləmənt] *n* ❶ *(fibre)* Faden *m,* Faser *f*
❷ ELEC Glühfaden *m*
❸ BOT Filament *nt fachspr,* Staubfaden *m*

fil·bert ['fɪlbət, AM -bɚt] *n* ❶ *(tree)* Haselnussstrauch *m*
❷ *(nut)* Haselnuss *f*

filch [fɪltʃ] *vt (fam)* ■**to ~ sth** etw mitgehen lassen *fam,* etw mopsen *fam*

file¹ [faɪl] I. *n* ❶ *(folder)* [Akten]hefter *m; (hardback with a spine)* [Akten]ordner *m; (loose-leaf)* [Akten]mappe *f;* **box ~** kastenförmiger Aktenordner; ***you'll find it in the ~s under C*** das muss in den Akten unter C sein
❷ *(information, database)* Akte *f* (**on** über +*akk*); **the Reg Jones ~** die Akte Reg Jones; **to place sth on ~** etw zu den Akten nehmen; **to keep a ~ on sb/sth** eine Akte über jdn/etw führen; **to open** [*or* **start**] **a ~** eine Akte anlegen
❸ *(records)* ■**~s** *pl* Unterlagen *pl,* Akten *pl;* ***your report will be put into our ~s*** wir werden ihren Bericht zu unseren Akten nehmen; **to be in** [*or* **on**] **sb's ~** in jds Akten [*o* Unterlagen] sein
❹ COMPUT Datei *f;* **to copy/delete/save a ~** eine Datei kopieren/löschen/speichern
▸PHRASES: **to keep sth on ~** etw aufbewahren
II. *n modifier* **~ copy** Aktenkopie *f*
III. *vt* ❶ *(put in folder)* ■**to ~ sth** etw ablegen; *(not loose also)* etw abheften; ***we ~ these reports under country of origin*** wir ordnen diese Berichte unter dem Ursprungsland ein; ***these scripts are ~d according to the author's last name*** diese Texte werden nach dem Nachnamen des Autors archiviert
❷ *(submit)* **to ~ a bid** ein Angebot abgeben; **to ~ a claim for sth** einen Anspruch auf etw *akk* erheben; ***claims were ~d for enormous damages against tobacco companies*** die Zigarettenindustrie wurde mit enormen Schadenersatzforderungen konfrontiert; **to ~ a petition** einen Antrag stellen; **to ~ a petition in bankruptcy** *(one's own)* Konkurs anmelden; *(sb else's)* Konkurs beantragen; **to ~ a protest** Einspruch einlegen; **to ~ a suit against sb/sth** eine Klage gegen jdn/etw einreichen; **to ~ a tax return** eine Steuererklärung abgeben
❸ JOURN **to ~ a copy/report/story** ein Manuskript/einen Bericht/eine Geschichte einsenden
IV. *vi* LAW ■**to ~ for sth** auf etw *akk* klagen; **to ~ for bankruptcy** einen Konkursantrag stellen, Konkurs anmelden; **to ~ for divorce** die Scheidung beantragen

◆**file away** *vt* ■**to ~ away** ↔ **sth** etw zu den Akten legen; *(fig)* etw im Gedächtnis behalten

file² [faɪl] I. *n* ❶ *(line)* Reihe *f;* **a ~ of children** eine Reihe Kinder; **in ~** in Reih und Glied; **in single ~** im Gänsemarsch; **to stand in single ~** in Reihe stehen
❷ + *sing/pl vb* MIL Abteilung *f*
❸ CHESS Reihe *f*
II. *vi* ■**to ~ into sth** nacheinander in etw *akk* [herein]kommen; ***the guests ~d out of the hall*** ein Gast nach dem anderen verließ den Saal; ***hundreds of tourists ~d past the monument*** Hunderte von Touristen defilierten an dem Denkmal vorbei; ***the visitors ~d through the entrance to the ticket offices*** die Besucherschlange reichte durch den Eingang bis zum Kartenschalter

file³ [faɪl] I. *n (tool)* Feile *f*
II. *vt (smooth)* ■**to ~ sth** etw feilen; **to ~ one's nails** sich *dat* die Nägel feilen; ■**to ~ sth down** etw abfeilen

◆**file away, file off** *vt* ■**to ~ away** [*or* **off**] ↔ **sth** etw abfeilen

◆**file through** *vi* ■**to ~ through sth** etw durchfeilen

'file cabi·net *n* AM Aktenschrank *m* **'file ex·ten·sion** *n* COMPUT Datei[namen]erweiterung *f,* Dateikennung *f* **'file man·ag·er** *n* COMPUT Dateimanager *m* **'file name** *n* COMPUT Dateiname *m* **'file serv·er** *n* COMPUT File Server *m fachspr*

fi·let ['fɪleɪ, AM fɪ'leɪ] *n* ❶ FOOD *see* **fillet**
❷ *no pl (net)* Filetarbeit *f,* Netzstickerei *f*

fi·let 'mi·gnon *n no pl* FOOD Filet mignon *nt*

'file trans·fer *n* COMPUT Dateitransfer *m*

fil·ial ['fɪliəl] *adj attr, inv (form)* ❶ *(of a son, daughter)* Kindes-; **~ duty** Kindespflicht *f geh; (of a son also)* Sohnespflicht *f geh;* **~ obedience/respect** kindlicher Gehorsam/Respekt; **~ piety** kindliche Ergebenheit
❷ BIOL Filial- *fachspr;* **~ generation** Filialgeneration *f fachspr*

fili·bus·ter ['fɪlɪbʌstəʳ, AM -ɚ] I. *n esp* AM ❶ *(obstruction)* Verschleppung *f,* Obstruktion *f geh*
❷ *(obstructing person)* Dauerredner(in) *m(f)*
II. *vi esp* AM Obstruktion betreiben *geh*
III. *vt* **to ~ legislation/a measure** ein Gesetz/eine Maßnahme [durch Verschleppung] zu Fall bringen

fili·bus·ter·ing ['fɪlɪbʌstərɪŋ] *n no pl esp* POL Filibustern *nt,* Obstruktionismus *nt,* Verschleppungstaktik *f (durch endloses Redenhalten)*

fili·gree ['fɪlɪgri:] **I.** *n no pl* Filigran *nt,* Filigranarbeit *f* **II.** *n modifier* Filigran-; ~ **ornament** feingliedrige Verzierungen; ~ **silverwork** sorgfältige Silberarbeit

fil·ing ['faɪlɪŋ] *n* ① *no pl (archiving)* Ablage *f;* ***her job involves*** ~ zu ihren Aufgaben gehört auch die Ablage
② *(registration)* Einreichung *f;* **bankruptcy** ~ Konkursanmeldung *f*
③ *no pl* COMPUT Archivierung *f*

'fil·ing cabi·net *n* ① *(furniture)* Aktenschrank *m* ② *(container for file cards)* Karteikasten *m* **'fil·ing clerk** *n* Archivangestellte(r) *f(m),* Registrator(in) *m(f)*

fil·ings ['faɪlɪŋz] *npl (particles)* [Feil]späne *pl;* **iron** ~ Eisenspäne *pl*

'fil·ing sys·tem *n* ECON Ablagesystem *nt;* COMPUT Archivierungssystem *nt*

Fili·pi·no [ˌfɪlɪ'pi:nəʊ, AM noʊ] **I.** *adj inv* philippinisch **II.** *n* <*pl* -s> Philippiner(in) *m(f),* Filipino, Filipina *m, f,* Bewohner(in) *m(f)* der Philippinen

fill [fɪl] **I.** *n* ① *(bearable amount)* **to drink one's** ~ seinen Durst stillen; **to eat one's** ~ sich *akk* satt essen; **to have one's** ~ **of sth** von etw *dat* genug haben
② *(space full)* Füllung *f;* ~ **of gasoline** [*or* **petrol**] Tankfüllung *f;* **a** ~ **of tobacco** eine Pfeife Tabak; **to have had one's** ~ **of sth** genug von etw *dat* haben
③ *no pl (material)* Verfüllung *f,* Aufschüttung *f*
II. *vt* ① *(make full)* ■**to** ~ **sth** etw füllen; **to** ~ **a bottle** eine Flasche [voll] füllen [*o* abfüllen]; **to** ~ **a pipe** eine Pfeife stopfen
② *(occupy to capacity)* ■**to** ~ **sth** etw füllen; **to** ~ **a stadium** ein Stadion füllen
③ *(seal, block)* ■**to** ~ **sth** [**with sth**] etw [mit etw *dat*] füllen; **to** ~ **a cavity** [*or* **hole**] ein Loch füllen [*o* SCHWEIZ stopfen]; **to** ~ **a crack** einen Spalt [*o* Riss] verspachteln; **to** ~ **a tooth** einen Zahn plombieren
④ FOOD ■**to** ~ **sth** [**with sth**] etw [mit etw *dat*] füllen; ~ ***the mushrooms with the prepared stuffing*** die Pilze mit der vorbereiteten Füllung füllen
⑤ *(pervade)* ■**to** ~ **sth** etw erfüllen; ***happy sounds*** ~***ed the room*** der Raum war mit [*o* von] fröhlichen Klängen erfüllt; ***a strong sweet smell*** ~***ed the air*** ein starker, süßer Geruch lag in der Luft
⑥ *(cause to feel)* ■**to** ~ **sb with sth** jdn mit etw *dat* erfüllen *geh;* **to** ~ **sb with fear** jdn mit Furcht erfüllen *geh*
⑦ NAUT **to** ~ **a sail** ein Segel aufblähen
⑧ *(appoint to hold)* **to** ~ **a vacancy/job/position** [**with sb**] eine freie Stelle/Position [mit jdm] besetzen
⑨ *(carry out duties of)* **to** ~ **a role/position** eine Rolle/Position übernehmen
⑩ *(utilize)* ■**to** ~ **the day/time** [**with sth**] den Tag/die Zeit [mit etw *dat*] ausfüllen [*o* verbringen]; **to** ~ **the day/time** [**by**] **watching television** den Tag/die Zeit mit Fernsehen verbringen; *(bridge)* **to** ~ **time** die Zeit überbrücken
⑪ *(satisfy)* **to** ~ **a need** einen Bedarf [ab]decken; **to** ~ **a gap** [*or* **need**] **in the market** eine Marktlücke schließen, in eine Marktlücke stoßen; **to** ~ **an order** einen Auftrag ausführen; **to** ~ **a prescription** AM eine Medizin zubereiten; **to** ~ **a vacuum** [*or* **void**] eine Lücke schließen
⑫ *(satiate)* ■**to** ~ **sb** jdn sättigen [*o* satt machen]; *(fig)* jdn zufriedenstellen
III. *vi* ① *(make full)* sich *akk* füllen; ■**to** ~ **with sth** sich *akk* mit etw *dat* füllen; ***their eyes*** ~***ed with tears*** sie hatten Tränen in den Augen, ihnen traten [die] Tränen in die Augen; ***the buckets were quickly*** ~***ing with water*** die Eimer waren schnell voller Wasser
② AM ECON, FIN ~ **or kill** [einen/den Börsenauftrag] unverzüglich ausführen oder stornieren, [eine/die Option] ausüben oder aufgeben

◆**fill in I.** *vt* ① *(inform)* ■**to** ~ **in** ⊂ **sb** [**on sth**] jdn [über etw *akk*] informieren [*o* unterrichten]
② BRIT *(fam: hit)* ■**to** ~ **in** ⊂ **sb** jdn zusammenschlagen [*o* krankenhausreif schlagen] *fam*
③ *(seal)* ■**to** ~ **in** ⊂ **sth** etw [aus]füllen; **to** ~ **in a hole with putty/cracks in the plaster** ein Loch mit Kitt/Risse im Putz zuspachteln [*o* verspachteln]
④ ART ■**to** ~ **in** ⊂ **sth** etw ausmalen
⑤ *(complete)* ■**to** ~ **in** ⊂ **sth** etw ausfüllen; **to** ~ **in a form** ein Formular ausfüllen
⑥ *(enter)* ■**to** ~ **in** ⊂ **sth** etw eintragen; ***please*** ~ ***in your name and address*** bitte Namen und Anschrift eintragen
⑦ *(occupy)* ■**to** ~ **in the time** [**by**] **doing sth** die Zeit mit etw *dat* ausfüllen [*o* verbringen]; *(bridge)* **to** ~ **in the time** die Zeit überbrücken
II. *vi* ■**to** ~ **in** [**for sb**] [für jdn] einspringen

◆**fill out I.** *vt* ■**to** ~ **out** ⊂ **sth** etw ausfüllen; **to** ~ **out a form** ein Formular ausfüllen
II. *vi (expand)* sich *akk* ausdehnen; *(gain weight)* fülliger werden

◆**fill up I.** *vt* ① *(render full)* ■**to** ~ **up** ⊂ **sth** etw vollfüllen; **to** ~ **up a bucket with water** einen Eimer [*o* SCHWEIZ *a.* Kessel] mit Wasser [voll]füllen
② *(occupy entire space)* ■**to** ~ **up** ⊂ **sth** etw ausfüllen; ***the painting*** ~***s up the entire wall*** das Bild füllt die gesamte Wand aus
③ BRIT *(fill in)* ■**to** ~ **up** ⊂ **sth** etw ausfüllen; **to** ~ **up a document** ein Dokument ausfüllen
④ AUTO **to** ~ **up a car/the petrol** [*or* AM **gas**] **tank** ein Auto volltanken/den Tank voll machen; ***I*** ~***ed up the car with diesel fuel*** ich tankte das Auto mit Diesel voll; ~ ***it up with unleaded, please!*** einmal bleifrei volltanken, bitte!
⑤ *(occupy)* ***after her death he*** ~***ed up his timetable with as many appointments as possible to take his mind off the tragedy*** nach ihrem Tod traf er jeden Tag so viele Verabredungen wie möglich, um sich von der Tragödie abzulenken; **to** ~ **up the day with appointments** den Tag mit Terminen vollpacken *fam;* **to** ~ **up one's time** sich *dat* viel vornehmen
⑥ FOOD ■**to** ~ **up** ⊂ **sb** jdn satt bekommen; ■**to** ~ **oneself up** sich *akk* vollstopfen *fam*
II. *vi* ① *(become full)* sich *akk* füllen; ■**to** ~ **up with sth** sich *akk* mit etw *dat* füllen; ***the hall*** ~***ed up with visitors*** die Halle füllte sich mit Besuchern
② AUTO [voll] tanken

filled 'band *n* PHYS vollbesetztes Energieband **filled 'gold** *n no pl* Golddoublé *nt* **filled 'mar·ket** *n* gesättigter Markt **filled 'milk** *n no pl mit Pflanzenöl verstärkte Magermilch*

fill·er ['fɪləʳ, AM -ɚ] *n* ① *(sb that fills)* Abfüller(in) *m(f)*
② *(sth that fills)* Füllvorrichtung *f; (funnel)* Trichter *m*
③ *no pl (for cracks)* Spachtelmasse *f;* **wood** ~ Porenfüller *m*
④ *(for adding bulk)* Füllmaterial *nt,* Füllmittel *nt;* **foam** ~ Schaumfüllstoff *m*
⑤ JOURN, TV, RADIO Lückenfüller *m*
⑥ LING Füllwort *nt*
⑦ *no pl* AM *(tobacco)* Tabak *m*

'fill·er cap *n* Tankdeckel *m,* Tankverschluss *m*

fil·let¹ ['fɪlɪt] FOOD **I.** *n* Filet *nt*
II. *vt* ① *(remove bones)* **to** ~ **a fish** einen Fisch entgräten
② *(cut into pieces)* **to** ~ **fish/meat** Fisch/Fleisch filetieren

fil·let² ['fɪlɪt] *n* ① *(headband)* Stirnband *nt*
② *(separating mouldings)* Leiste *f,* Rippe *f; (between flutes)* Kannelüre *f fachspr*
③ TYPO, PUBL Filet *nt fachspr,* [Buch]zierstreifen *m; (tool)* Filete *f fachspr*
④ *(on walls, furniture, windows)* Hohlkehle *f,* Deckleiste *f*

'fil·let steak *n* Filetsteak *nt*

fill·ing ['fɪlɪŋ] **I.** *n* ① *(material)* Füllmasse *f,* Füllmaterial *nt*
② *(for dental cavities)* Füllung *f,* Plombe *f veraltend*
③ FOOD Füllung *f; (in a sandwich)* Belag *m*
II. *adj* sättigend

'fill·ing sta·tion *n* Tankstelle *f*

fil·lip ['fɪlɪp] **I.** *n* ① *usu sing (stimulus)* Ansporn *m kein pl; (boost)* Auftrieb *m;* **to give sb a** ~, **to provide a** ~ **for** [*or* **to**] **sb** *(encourage)* jdn anspornen; *(give a boost)* jdm Auftrieb geben; **to give sth a** ~, **to provide a** ~ **for** [*or* **to**] **sth** *(stimulate)* etw beleben [*o fam* in Schwung bringen]; *(give a boost)* etw *dat* Auftrieb geben; ***the news gave the stock market a big*** ~ die Meldungen führten zu einer deutlichen Belebung des Aktienmarkts
② *(dated: flick)* Schnipser *m,* Schnalzer *m*
③ *(strike)* Klaps *m*
II. *vt* ① *(dated: flick)* ■**to** ~ **sth** mit etw *dat* schnippsen [*o* schnalzen]
② *(strike)* ■**to** ~ **sb/sth** jdm/etw einen Klaps geben
③ *(stimulate)* ■**to** ~ **sth** etw beleben [*o fam* in Schwung bringen]; *(encourage)* ■**to** ~ **sb** jdn anspornen; **to** ~ **sb's memory** jds Gedächtnis auf die Sprünge helfen *fam*

'fill-up *n* ① *(making full)* Auftanken *nt,* Volltanken *nt*
② *(filler)* Füller *m,* Füllmaterial *nt pej*

fil·ly ['fɪli] *n* ① ZOOL Stutenfohlen *nt,* junge Stute
② *(dated: girl)* Bienchen *nt hum veraltend*

film [fɪlm] **I.** *n* ① *(motion picture)* Film *m;* ***she's had a long career in*** ~***s*** sie hat eine lange Filmkarriere hinter sich; **to get into the** ~**s** zum Film gehen; **to make** [*or* **shoot**] **a** ~ einen Film drehen; **to see** [*or* **watch**] **a** ~ sich *dat* einen Film ansehen
② *no pl (for cameras)* Film *m;* **a roll of** ~ eine Rolle Film; **to develop a roll of** ~ einen Film entwickeln; **to catch** [*or* **record**] **sth on** ~ etw auf Film festhalten; **to run out of** ~ keinen Film mehr haben
③ *(layer)* Schicht *f,* Film *m;* ~ **of grease/oil** Schmier-/Ölfilm *m*
④ *(sheet)* Folie *f;* **plastic** ~ Kunststofffolie *f,* Plastikfolie *f*
II. *n modifier (actor, career, industry, producer)* Film-; ***Hollywood is the*** ~ ***capital of the world*** Hollywood ist die Filmhauptstadt der Welt; ~ **buff** Filmfan *m;* ~ **censorship** Filmzensur *f;* ~ **scenario** FILM Szenario *nt fachspr*
III. *vt* ① *(photograph)* ■**to** ~ **sb/sth** jdn/etw filmen; *(shoot)* **to** ~ **a scene** eine Szene drehen
② *(reproduce)* **to** ~ **a book** ein Buch verfilmen
IV. *vi* ① *(make a movie)* filmen, drehen
② *(transfer to film)* **to** ~ **well/badly** *book, story* sich *akk* gut/schlecht verfilmen lassen; *person* fotogen/nicht fotogen sein; ***this story*** ~***s well*** diese Geschichte eignet sich gut zum Verfilmen

◆**film over** *vi (become tearful)* ***suddenly, her eyes*** ~***ed over*** [***with tears***] plötzlich traten Tränen in ihre Augen *akk; (haze)* anlaufen, beschlagen

film ad·'he·sives *npl* TECH Klebefilm *m*

'film ar·chives *npl* Filmarchiv *nt* **'film cam·era** *n* Filmkamera *f* **'film clip** *n* [Film]ausschnitt *m*

film co·ef·'fi·cient *n* PHYS Grenzschichtkoeffizient *m*

'film cred·its *npl* [Film]abspann *m* **'film crit·ic** *n* Filmkritiker(in) *m(f)* **'film di·rec·tor** *n* Filmregisseur(in) *m(f)* **'film·goer** *n* Kinobesucher(in) *m(f); (regular)* Kinogänger(in) *m(f)* **'film·going** *n no pl* Kinobesuch *m;* ~ ***is for her something of a luxury*** ins Kino zu gehen ist für sie fast schon Luxus

film·ic ['fɪlmɪk] *adj (form)* filmisch *attr,* Film-

filmi·ness ['fɪlmɪnəs] *n no pl* ① *(translucence)* Durchsichtigkeit *f*
② *(haziness)* Verschwommenheit *f;* ***there was a*** ~ ***in her eyes*** sie hatte ganz verschwommene Augen

film·ing ['fɪlmɪŋ] *n no pl* ① *(making of a film)* Dreharbeiten *pl;* ~ ***is taking place in the Spanish countryside*** die Dreharbeiten finden in Spanien auf dem Land statt; ***after three weeks of*** ~ ***there is not a great deal more that a director can teach the actors*** nach drei Wochen Dreharbeiten kann der Regisseur den Schauspielern nicht viel mehr Neues vermitteln
② *(making into a film)* **the** ~ **of a book** die Verfilmung eines Buchs

'film-mak·er *n* Filmemacher(in) *m(f)* **'film-mak·ing** *n no pl* Filmproduktion *f* **film noir** [-'nwɑ:ʳ, AM -'nwɑ:r] *n* ① *no pl (genre)* Film noir *m* ② *(film)* düsterer Film

fil·mog·ra·phy [fɪl'mɒgrəfi, AM -'mɑ:grə-] *n* Filmografie *f*

'film pro·duc·er *n* Filmproduzent(in) *m(f)* **'film**

pro·jec·tor *n* [Film]projektor *m* **'film rent·al** *n* ❶ *(price)* [Film]leihgebühr *f* ❷ *(company)* Filmverleih *m* **'film rights** *npl* Filmrechte *pl* **'film script** *n* Drehbuch *nt*, Skript *nt* **'film set** *n* ❶ *(model)* Filmkulisse *f*, Dekoration *f* ❷ *(location)* Drehort *m*, Filmset *nt* **'film speed** *n* ❶ *(sensitivity)* Lichtempfindlichkeit *f*, Filmempfindlichkeit *f* ❷ *(pace)* Laufgeschwindigkeit *f*, Frequenz *f* **'film star** *n* Filmstar *m* **'film star·let** *n* *(dated)* Filmsternchen *nt*, [Film]starlet *nt hum pej* **'film·strip** *n* FILM, TECH Filmstreifen *m*, Bildstreifen *m*; *esp* SCH *(sequence)* Filmabschnitt *m*; *(scene)* Filmszene *f* **'film stu·dio** *n* Filmstudio *nt*, Filmatelier *nt*

filmy ['fɪlmi] *adj* ❶ *(translucent)* hauchdünn, durchscheinend; ~ **textile** durchsichtiger Stoff
❷ *(hazy)* trüb; ~ **gaze** verschleierter Blick; ~ **mist/smoke** leichter Nebel/Rauch

filo ['faɪləʊ, AM -loʊ] *n* Filo-Teig *m*

FILO ['faɪləʊ-, AM -loʊ] COMPUT *acr for* **first in, last out** FILO

Filo·fax®, **filo·fax®** ['faɪlə(ʊ)fæks] *n* BRIT Filofax® *m*, Terminplaner *m*

FILO method ['faɪləʊ-, AM -loʊ] *n* COMPUT Filo-Methode *f*

fi·lo pas·try, **fi·lo dough** [ˌfaɪləʊ'-, AM ˌfiːloʊ'-] *n no pl* griechischer Blätterteig

fil·ter ['fɪltəʳ, AM -ɚ] **I.** *n* ❶ *(porous device)* Filter *m*; **water** ~ Wasserfilter *m*; *(for coffee)* Kaffeefilter *m*, Filtertüte *f*
❷ *(for light)* Filter *m o nt*; **light** ~ Lichtfilter *m*, optischer Filter
❸ *(for frequencies)* Frequenzfilter *m*
❹ BRIT [**traffic**] ~ *(lane)* Abbiegespur *f*; *(light)* grünes Licht für Abbieger
❺ COMPUT, INET Filter *m*
II. *n modifier* Filter-; ~ **program** COMPUT Filterprogramm *nt fachspr*
III. *vt* ❶ *(process, purify)* ■**to** ~ **sth** etw filtern [*o bes fachspr* filtrieren]
❷ *(extract)* ■**to** ~ **sth from sth** etw aus etw *dat* herausfiltern
❸ *(fig: select)* **to** ~ **calls/people** Anrufe/Leute selektieren [*o* auswählen]
IV. *vi* ❶ BRIT AUTO **to** ~ **left/right** sich *akk* links/rechts einordnen
❷ *(get)* ■**to** ~ **into/out of sth** *liquid* in etw *akk*/aus etw *dat* sickern; *light, sound* in etw *akk*/aus etw *dat* dringen
◆**filter down I.** *vi* durchsickern; ***news ~ ed down to us during the day*** die Neuigkeiten sind im Lauf des Tages bis zu uns durchgesickert
II. *vt* ■**to** ~ **down** ⊂ **sth** [**to sb**] etw [zu jdm] durchsickern lassen
◆**filter in** *vi* ❶ *(become known)* durchsickern
❷ BRIT AUTO sich *akk* einfädeln
◆**filter out I.** *vi* ❶ *(leak)* durchsickern
❷ *(leave)* nacheinander herausgehen [*o* herauskommen]
II. *vt* ■**to** ~ **sth** ⊂ **out** [**from sth**] etw [aus etw *dat*] herausfiltern
◆**filter through** *vi light* durchscheinen, durchschimmern; *liquid* durchsickern; *sound* durchdringen; *(fig) news, reports* durchsickern

'fil·ter aid *n* CHEM Filterhilfsstoff *m* **'fil·ter bed** *n* ❶ *(sewage treatment plant)* Kläranlage *f*, Klärbecken *nt* ❷ *(filtering layer)* Filterschicht *f*, Filterbett *nt* **'fil·ter cake** *n* CHEM Filterkuchen *m* **'fil·ter cof·fee**, **fil·tered 'cof·fee** *n no pl* Filterkaffee *m* **'fil·ter lane** *n* BRIT Abbiegespur *f* **'fil·ter pa·per** *n esp* BRIT Filterpapier *nt* **'fil·ter tip** *n* ❶ *(cigarette)* Filterzigarette *f* ❷ *(filter)* Filter *m* **fil·ter-tipped ciga·'rette** *n* Filterzigarette *f*

filth [fɪlθ] *n no pl* ❶ *(dirt)* Dreck *m*, Schmutz *m*; *(faeces)* Kot *m*
❷ *(pej: obscenity)* Schmutz *m pej*, Schund *m pej fam*
❸ *(foul language)* Obszönitäten *pl*, Schweinereien *pl pej fam*
❹ + *sing/pl vb* BRIT *(pej! sl: police)* ■**the** ~ die Bullen *pl pej sl*

filthi·ly ['fɪlθɪli] *adv* ❶ *(disgustingly)* widerlich *pej*, ekelhaft *pej fam*
❷ *(very)* schrecklich *fam*, furchtbar *fam*; ~ **rich** stinkreich *sl*

filthi·ness ['fɪlθɪnəs] *n no pl* Schmutzigkeit *f fam*

filthy ['fɪlθi] **I.** *adj* ❶ *(dirty)* schmutzig, dreckig *fam*, verdreckt *pej fam*
❷ *(bad-tempered)* furchtbar; ***he was in a ~ mood*** er hatte furchtbare Laune; ***he's got a ~ temper*** er hat ein aufbrausendes Temperament; ~ **look** vernichtender Blick; BRIT *(fam: unpleasant) night, afternoon* scheußlich, furchtbar; ~ **weather** Schmuddelwetter *nt fam*
❸ *(pej fam: obscene)* schmutzig *pej*, unanständig; ~ **language** obszöne [*o geh* unflätige] Sprache; ~ **mind** schmutzige Fantasie *pej*; ~ **habit** *(pej)* widerliche Angewohnheit *pej*
▶PHRASES: ~ **lucre** schnöder Mammon *iron geh*
II. *adv (fam)* schrecklich *fam*, furchtbar *fam*; ~ **rich** stinkreich *sl*

fil·tra·tion [fɪl'treɪʃᵊn] *n no pl* Filterung *f*, Filtrierung *f*, Filtration *f fachspr*

fil·'tra·tion plant, **fil·'tra·tion unit** *n* Filteranlage *f*, Filtrationsanlage *f fachspr*

FIMBRA ['fɪmbrə] *n* ECON, FIN *acr for* **Financial Intermediaries, Managers and Brokers Regulatory Association** *Aufsichtsvereinigung für Finanzmakler, Finanzverwalter und Makler*

fin [fɪn] **I.** *n* ❶ *(appendage)* Flosse *f*
❷ *(flipper)* [Schwimm]flosse *f*
❸ AVIAT Seitenflosse *f*; AUTO Heckflosse *f*; NAUT Kielflosse *f*, Ruderflosse *f*
❹ AM *(dated sl: money)* Fünfdollarschein *m*
II. *vi* <-nn-> schwimmen
III. *vt* <-nn-> ■**to** ~ **sth** etw mit Flossen versehen

fi·na·gle [fɪ'neɪgl] *(fam)* **I.** *vt* ❶ *(cheat)* ■**to** ~ **sb out of sth** jdn um etw *akk* betrügen
❷ *(fam: obtain)* ■**to** ~ **sth** [sich *dat*] etw ergaunern, etw für sich *akk* rausholen
II. *vi* ■**to** ~ **around** herumgaunern *fam*; ■**to** ~ **over sth** sich *akk* mit etw *dat* herumschlagen

fi·nal ['faɪnᵊl] **I.** *adj inv* ❶ *attr (last)* letzte(r, s); ***in the ~ analysis the client has the freedom to refuse the offer*** letzten Endes hat der Kunde die Freiheit, das Angebot abzulehnen; ~ **chapter** Schlusskapitel *nt*; ~ **closing date** letzter Schlusstag; ~ **date for payment** letzter Zahlungstermin; ~ **instalment** [*or* AM **installment**] [*or* **part**] letzte Rate, Abschlusszahlung *f*; ~ **phase** [*or* **stage**] Endphase *f*; ~ **product** Endprodukt *nt*; **to be in the** ~ **stages** sich *akk* im Endstadium befinden; ***the game was in the ~ stages*** das Spiel befand sich in der Schlussphase; **to give sth the** ~ **touch, to put the** ~ **touches to sth** etw *dat* den letzten Schliff geben; ~ **result** Endergebnis *nt*
❷ *(decisive)* entscheidend; ~ **decision** endgültige Entscheidung; ~ **judgment** rechtskräftiges Urteil; **to have the** ~ **say** [**on sth**] [bei etw *dat*] das letzte Wort haben
❸ *(indisputable)* endgültig, definitiv; **that's** ~**!** *(fam)* und damit basta! *fam*; ***you're not going on that holiday and that's ~!*** du machst diesen Urlaub nicht und damit basta! *fam*
II. *n* ❶ *(concluding match)* Endspiel *nt*, Finale *nt*; **to get** [*or* **go**] [**through**] **to the** ~ ins Finale kommen
❷ *(final stage)* ■~**s** *pl* Finale *nt*
❸ BRIT *(series of exams)* ■~**s** *pl* [Schluss]examen *nt*, Diplomprüfung *f* ÖSTERR, SCHWEIZ; **to take one's** ~**s** Examen [*o* ÖSTERR, SCHWEIZ Diplomprüfung] machen
❹ AM *(exam)* Abschlussprüfung *f*
❺ PUBL, JOURN, MEDIA Spätausgabe *f*
❻ MUS Schlusssatz *m*

fi·nal de·'mand *n* FIN letzte Mahnung [*o* Zahlungsaufforderung]; COMM Endnachfrage *f* **fi·nal 'dis·charge** *n* ECON, FIN [letzte] Tilgungsrate *f* **fi·nal 'divi·dend** *n* FIN [Ab]schlussdividende *f*

fi·na·le [fɪ'nɑːli, AM -'næli] *n* Finale *nt*; **grand** ~ großes Finale; *(fig)* [krönender] Abschluss; ***the ovations were a rousing ~ to the match*** der Applaus war ein fulminanter Abschluss für das Spiel

fi·nal ex'am *n* AM *(last test)* Abschlussprüfung *f*; *(written test)* Abschlussklausur *f*, Diplomprüfung *f* ÖSTERR, SCHWEIZ; ***when is your algebra ~?*** wann schreibst du deine Algebraprüfung?

fi·nal·ist ['faɪnᵊlɪst] *n* ❶ UNIV Examenskandidat(in) *m(f)*, Prüfungskandidat(in) *m(f)* ÖSTERR, SCHWEIZ
❷ SPORT Finalteilnehmer(in) *m(f)*, Finalist(in) *m(f)*

fi·nal·ity [fɪ'næləti, AM faɪ'næləṭi] *n* ❶ *no pl (irreversible conclusion)* Endgültigkeit *f*
❷ *no pl (determination)* Entschiedenheit *f*, Bestimmtheit *f*
❸ *(final act)* abschließende Handlung

fi·na·li·za·tion [ˌfaɪnᵊlaɪ'zeɪʃᵊn, AM -lɪ'-] *n no pl* ❶ *(conclusion)* endgültiger Abschluss
❷ *(agreement)* endgültige Festlegung

fi·nal·ize ['faɪnᵊlaɪz] *vt* ■**to** ~ **sth** ❶ *(complete)* etw zum Abschluss [*o* unter Dach und Fach] bringen
❷ *(agree on)* etw endgültig festlegen; **to** ~ **plans** Pläne endgültig ausarbeiten

fi·nal·ly ['faɪnᵊli] *adv inv* ❶ *(at long last)* schließlich; *(expressing relief)* endlich, SCHWEIZ *a.* schlussendlich
❷ *(lastly)* zum Schluss
❸ *(in conclusion)* abschließend, zum Schluss
❹ *(conclusively)* endgültig; *(decisively)* bestimmt, entschieden

fi·nal 'prod·uct *n* COMM Endprodukt *nt*, Enderzeugnis *nt* **fi·nal pro·'vi·sion** *n* LAW Schlussbestimmung *f* **fi·nal re·'port** *n* Abschlussbericht *m*, Abschlussprotokoll *nt* **fi·nal so·'lu·tion** *n (hist)* ■**the** ~ die Endlösung *euph hist*

fi·nance ['faɪnæn(t)s] **I.** *n* ❶ *no pl (money management)* Finanzwirtschaft *f*, Finanzwesen *nt*, Geldwesen *nt*; **corporate** ~ Unternehmensfinanzen *pl*, Betriebsfinanzen *pl*; **personal** ~ private Finanzen *pl*; **public** ~ Staatsfinanzen *pl*
❷ *no pl (money)* Geldmittel *pl*, Geld *nt*; **to raise** ~ Geld aufbringen [*o* beschaffen]
❸ FIN ■~**s** *pl (assets)* Finanzen *pl*; *(fam: personal cash flow situation)* Finanzlage *f kein pl*; ***my ~s are quite low at the moment*** ich habe zurzeit nicht gerade viel Geld; ***my ~s won't run to a new car this year*** BRIT, AUS *(fam)* ich kann mir in diesem Jahr keine neues Auto leisten
II. *n modifier* ECON, FIN ~ **charge** Finanzierungskosten *pl*; ~ **house deposits** Einlagen *pl* von Banken bei Finanzierungsgesellschaften
III. *vt* ■**to** ~ **sb/sth** jdn/etw finanzieren

'fi·nance bill *n* ECON, FIN ❶ BRIT *(listing chancellor's budget)* jährlicher Haushaltsgesetzentwurf ❷ *(short-term credit bill)* Finanzwechsel *m* **'fi·nance cen·tre**, AM **'fi·nance cen·ter** *n* Finanzcenter *nt* **'fi·nance com·pa·ny**, **'fi·nance house** *n* Finanzierungsgesellschaft *f*; BRIT Kundenkreditbank *f* **'fi·nance cy·cle** *n* Finanzzyklus *m* **'fi·nance group** *n* Finanzgruppe *f*, Finanzkonzern *m* **'fi·nance house** *n* Finanzierungsgesellschaft *f* **'fi·nance sec·tor** *n* Finanzsektor *m*

fi·nan·cial [faɪ'næn(t)ʃᵊl] *adj inv* finanziell, Finanz-; *(fiscal)* Fiskal-; *(monetary)* Geld-; ***we've hired an attorney to look after her ~ affairs*** wir haben einen Anwalt mit der Verwaltung ihres Vermögens beauftragt; **for** ~ **reasons** aus finanztechnischen Gründen; ~ **adviser** [*or esp* AM **advisor**] Finanzberater(in) *m(f)*; ~ **difficulties** finanzielle Schwierigkeiten; ~ **institution** Finanz[ierungs]institut *nt*; ~ **intermediary** Finanzintermediär *m*, Kapitalsammelstelle *f*; ~ **ratios** finanzwirtschaftliche Kennzahlen; ~ **resources** Geldmittel *pl*, Resourcen *pl* SCHWEIZ; ~ **success** finanzieller Erfolg; ~ **supermarket** Finanzsupermarkt *m*

fi·nan·cial ac·'count *n* FIN Kapitalbilanz *f* **fi·nan·cial ad·'vis·er**, **fi·nan·cial ad·'vi·sor** *n* FIN Finanzberater(in) *m(f)* **fi·nan·cial ad·'vi·so·ry ser·vice** *n* Finanzberatungsleistung *f* **fi·nan·cial a'naly·sis** *n* Finanzanalyse *f* **fi·nan·cial 'as·sets** *npl* ECON, FIN Finanzvermögen *nt*, finanzielle Aktiva [*o* Vermögenswerte] **fi·nan·cial as·'sis·tance** *n no pl* Beihilfe *f* **fi·nan·cial 'cal·en·dar** *n* Finanzkalender *m* **fi·nan·cial 'cen·tre** *n* Finanzplatz *m*, Finanzzentrum *nt* **fi·nan·cial com·pen·'sa·tion** *n* ECON, FIN Finanzausgleich *m* **fi·nan·cial 'coun·sel·ling** *n no pl* Finanzberatung *f* **fi·nan·cial 'cri·**

F

sis *n* Finanzkrise *f* **fi·nan·cial eco·'nom·ics** *n + sing vb* Finanzökonomie *f* **fi·nan·cial en·gi·'neer·ing** *n no pl* Finanzierungstechnik *f*, Financial Engineering *nt* **fi·nan·cial 'fu·tures** *npl* Finanztermingeschäfte *pl* **fi·nan·cial 'fu·tures con·tract** *n* STOCKEX Finanzterminkontrakt *m* **fi·nan·cial 'group** *n* Finanzkonzern *m* **fi·nan·cial 'in·di·ca·tor** *n* Finanzindikator *m* **fi·nan·cial in·sti·'tu·tion** *n* Finanzinstitut *nt*, Finanzgesellschaft *f* **fi·nan·cial 'in·stru·ment** *n* ECON, FIN Finanzpapier *nt*, Finanztitel *m*, Finanzinstrument *nt*

Fi·nan·cial Inter·medi·aries, Man·ag·ers and Bro·kers Regu·la·tory As·so·cia·tion *n*, **FIMBRA** *n no pl, + sing/pl vb* ECON, FIN ▪**the** ~ *Selbstüberwachungsorganisation der Londoner City für Treuhänder, Finanz- und andere Makler*

fi·nan·cial·ly [faɪ'næn(t)ʃəli] *adv inv* finanziell; **to be ~ dependent on sb/sth** von jdm/etw finanziell abhängig sein; ~ **sound** finanziell gesund; **to be ~ viable** finanziell rentabel sein; ~ **weak** kapitalschwach

fi·nan·cial 'man·age·ment *n no pl* Finanzmanagement *nt* **fi·nan·cial 'man·ag·er** *n* Finanzmanager(in) *m(f)* **fi·nan·cial 'mar·ket** *n oft pl* Finanzmarkt *m*; ~ **analysis** Finanzmarktanalyse *f*; ~ **crisis** Finanzmarktkrise *f* **fi·nan·cial 'part·ner** *n* Wirtschaftspartner(in) *m(f)* **fi·nan·cial 'plan** *n* Finanzplan *m* **fi·nan·cial 'plan·ning** *n no pl (for future projects)* Finanzplanung *f*; *(of present assets)* Vermögensstrukturierung *f*; ~ **data** Finanzplandaten *pl* **fi·nan·cial 'poli·cy** *n* Finanz[ierungs]politik *f* **fi·nan·cial port·'fo·lio** *n* Finanzportfolio *nt*; ~ **management** Finanzportfolioverwaltung *f* **fi·nan·cial re·'sources** *npl* Finanzmittel *pl*

fi·nan·cials [faɪ'næn(t)ʃəlz] *npl* ECON, FIN *see* **financial futures**

Fi·nan·cial Sec·re·tary to the 'Treas·ury *n* BRIT Staatssekretär(in) *m(f)* für Finanzen

fi·nan·cial se·'cu·rity *n (document)* Finanztitel *m* **fi·nan·cial 'ser·vices** *npl* Finanzdienstleistungen *pl*; ~ **company** Finanzdienstleistungsunternehmen *nt*; ~ **industry** Finanzgewerbe *nt*; ~ **provider** Finanzdienstleister(in) *m(f)*, Finanzdienstleistungsunternehmen *nt*; ~ **sector** Finanzdienstleistungssektor *m* **Fi·nan·cial 'Ser·vices Act** *n* ECON, FIN Bestimmungen *pl* des britischen Finanzsektors **fi·nan·cial sta·'bil·ity** *n* Finanzmarktstabilität *f* **fi·nan·cial 'stand·ing** *n no pl* Kreditfähigkeit *f* **Fi·nan·cial 'State·ment** *n* BRIT ▪**the** ~ Stellungnahme *f* der Regierung zur Finanzpolitik **fi·nan·cial 'strength** *n* Finanzstärke *f* **fi·nan·cial 'struc·ture** *n* Finanzstruktur *f* **fi·nan·cial 'sys·tem** *n* Finanzsystem *nt* **fi·nan·cial 'ties** *npl* Finanzbeziehungen *f* **Fi·nan·cial Times 'In·dex, Fi·nan·cial Times 'Stock Ex·change In·dex** *n* Financial Times Index *m*, Footsie *m*, FT-SE *m (der maßgebliche Aktienindex für den britischen Aktienmarkt, der 100 Werte umfasst)* **fi·nan·cial 'trad·ing** *n no pl* Finanz[ierungs]geschäft *nt* **fi·nan·cial 'year** *n* BRIT *(business year)* Geschäftsjahr *nt*; *(fiscal year)* Finanzjahr *nt*, Rechnungsjahr *nt*

fi·nan·cier [faɪ'næn(t)siəʳ, AM fɪ'næn(t)siɚ] *n* ① *(expert)* Finanzexperte, -expertin *m, f*
② *(capitalist)* Geldgeber(in) *m(f)*, Finanzier *m*

fi·nanc·ing ['faɪnæn(t)sɪŋ] *n* Finanzierung *f*; ~ **from one's own resources** Eigenfinanzierung *f*

'fi·nanc·ing agree·ment *n* Finanzierungsvertrag *m* **'fi·nanc·ing com·pa·ny** *n* Finanzunternehmen *nt* **'fi·nanc·ing con·tract** *n* Finanzierungskontrakt *m* **'fi·nanc·ing fa·cil·ity** *n* Finanzierungsfazilität *f*, Finanzierungsmechanismus *m* **'fi·nanc·ing fund** *n* Finanzfonds *m*; ▪**~s** Finanzierungsmittel *pl* **'fi·nanc·ing in·stru·ment** *n* Finanzierungsinstrument *nt* **fi·nanc·ing 'man·age·ment** *n no pl* Finanzierungsmanagement *nt* **'fi·nanc·ing mod·el** *n* Finanzierungsmodell *nt* **'fi·nanc·ing pack·age** *n* Finanz[ierungs]paket *nt* **'fi·nanc·ing plan** *n* Finanzierungsplan *m* **'fi·nanc·ing plan·ning** *n no pl* Finanzierungsplanung *f* **'fi·nanc·ing pro·gramme** *n* Finanzierungsprogramm *nt* **'fi·nanc·ing proj·ect** *n* Finanzierungsvorhaben *nt*

finch <*pl* -es> [fɪn(t)ʃ] *n* Fink *m*

find [faɪnd] **I.** *n* ① *(approv: asset, bargain)* Fund *m*; *(approv: person previously undiscovered)* Entdeckung *f*
② *(discovery, location)* Fund *m*
II. *vt* <found, found> ① *(chance upon, come across)* ▪**to ~ oneself somewhere**: ***when we woke up we found ourselves in Calais*** als wir aufwachten, befanden wir uns in Calais; **to ~ happiness with sb** mit jdm glücklich werden; **to ~ support** Unterstützung finden
② *(track down, search for)* ▪**to ~ sth/sb** etw/jdn finden; ***the bullet found its mark*** die Kugel fand ihr Ziel; ***I wish I could ~ more time to do the reading*** ich wünschte, ich hätte mehr Zeit für die Lektüre; ***she found her boyfriend a job*** sie besorgte ihrem Freund eine Stelle; **to ~ excuses** Ausreden finden; **to ~ a place/town/village on a map** eine Stelle/eine Stadt/ein Dorf auf einer Karte finden; **to ~ no reason** [*or* **cause**] **why ...** keinen Grund sehen, warum ...; **to ~ a replacement for sb/sth** Ersatz für jdn/etw finden; **to ~ the strength** [**to do sth**] die Kraft finden[, etw zu tun]; **to ~ the truth** die Wahrheit finden; **to ~ a use for sth** für etw *akk* Verwendung finden; ▪**to ~ oneself** zu sich *dat* selbst finden; ▪**to ~ what/where/who ...** herausfinden, was/wo/wer ...
③ *(acquire, get)* ▪**to ~ sth** etw aufbringen; *money* etw auftreiben *fam*
④ MATH ~ ***the cube root of eight*** wie heißt die dritte Wurzel aus acht?
⑤ *(experience)* ▪**to ~ sb/sth** [**to be sth**] jdn/etw [als etw *akk*] empfinden; *(observe)* ▪**to ~ sb/sth** jdn/etw antreffen [*o* vorfinden]; *(perceive)* jdn/etw sehen; ***do you also ~ Clive to be a nuisance?*** findest du auch, dass Clive total lästig ist?; ***Linda found living in Buenos Aires a fascinating experience*** für Linda war es eine faszinierende Erfahrung, in Buenos Aires zu leben
⑥ *+ adj (in certain state)* ▪**to ~ sb/sth ...** jdn/etw ... [auf]finden; ***she was found unconscious*** sie wurde bewusstlos aufgefunden; ***one day I found myself homeless*** eines Tages war ich plötzlich obdachlos; **to ~ oneself alone** auf einmal alleine sein; **to ~ sb guilty/innocent** LAW jdn für schuldig/unschuldig erklären
⑦ *(ascertain, discover)* ▪**to ~ that ...** feststellen, dass ...; *(come to realize)* sehen, dass ...; ***you will ~ that I am right*** Sie werden schon sehen, dass ich Recht habe; ***I eventually found her reading a newspaper in the library*** ich fand sie schließlich Zeitung lesend in der Bibliothek
⑧ *(exist)* ▪**to ~ sth** etw [vor]finden; ***you won't ~ many people cycling to work in New York*** du wirst nicht viele Leute finden, die in New York mit dem Rad zur Arbeit fahren
▸PHRASES: **to ~ <u>fault</u> with sb/sth** an jdm/etw etwas auszusetzen haben; **to ~ one's <u>feet</u>** Fuß fassen; **to ~ it in <u>oneself</u>** [*or* **one's <u>heart</u>**] **to do sth** es fertigbringen, etw zu tun; **to ~ one's <u>tongue</u>** die Sprache wiederfinden
III. *vi* <found, found> ▪**to ~ against sb/sth** gegen jdn/etw entscheiden; ▪**to ~ for sb/sth** zu Gunsten einer Person/einer S. *gen* entscheiden
▸PHRASES: **<u>seek</u> and you shall ~** *(prov)* wer such[e]t, der findet
◆**find out I.** *vt* ① *(detect)* ▪**to ~ out ↔ sb** jdn erwischen [*o* ertappen]; **to ~ out a thief** einem Dieb auf die Schliche kommen
② *(discover)* ▪**to ~ out ↔ sth** etw herausfinden [*o* herausbekommen]; ▪**to ~ out when/where/who ...** herausfinden [*o* herausbekommen], wann/wo/wer ...; ▪**to ~ out that ...** herausfinden [*o* herausbekommen], dass ...
II. *vi* dahinter kommen; ▪**to ~ out about sb/sth** *(get information)* sich *akk* über jdn/etw informieren [*o* erkundigen]; *(learn)* über jdn/etw etwas erfahren

find·er ['faɪndəʳ, AM -ɚ] *n* ① *(person) of sth lost* Finder(in) *m(f)*; *of sth unknown* Entdecker(in) *m(f)*
② *(telescope)* Sucherteleskop *nt*, Sucherfernrohr *nt*
③ *(of a camera)* Sucher *m*
▸PHRASES: **~s <u>keepers</u>[, losers weepers]** *(fam)* wer's findet, dem gehört's *fam*

'find·er's fee *n* ECON, FIN Vermittlungsprovision *f*, Finderlohn *m*

fin de siè·cle <fins de siècle> [ˌfɛ̃(n)də'sjekl, AM ˌfɛ̃ndəsi'eklə] *n* Ende *nt* eines Jahrhunderts, Jahrhundertwende *f*; *(end of the 19th century)* Fin de Siècle *nt kein pl*

fin-de-siè·cle [ˌfɛ̃(n)də'sjekl, AM ˌfɛ̃ndəsi'eklə] *adj attr, inv* ① ART, LIT Fin-de-Siècle-; ~ **art** die Kunst des Fin de Siècle
② *(decadent)* [Welt]untergangs-, Endzeit-; ~ **feel** Endzeitstimmung *f*

find·ing ['faɪndɪŋ] *n* ① *(discovery)* Entdeckung *f*
② *(result of inquiry)* [Urteils]spruch *m*, Entscheidung *f*; *usu pl (result of investigation)* Ergebnis *nt*; *(statement)* Feststellung *f*, Befund *m*; ***the ~ was that the evidence is inadmissible*** das Gericht hat entschieden, dass die Beweise nicht zulässig sind
③ AM *(tools)* ▪**~s** *pl* Handwerkszeug *nt kein pl*
④ LAW ▪**~s** *pl* **the ~ of a commission of enquiry** die Ergebnisse einer Untersuchungskommission

fine[1] [faɪn] **I.** *adj* ① *pred, inv (acceptable, satisfactory)* in Ordnung *fam*, gut; ***seven's ~ by me*** sieben [Uhr] passt mir gut; *(iron)* ***that's all fine, but ...*** das ist schön und gut, aber ...
② *(admirable, excellent)* glänzend, ausgezeichnet, hervorragend; *performance, player* großartig; ***the ~st English painting of its time*** das beste englische Gemälde seiner Zeit; ***the ~st wines in the world*** die erlesensten Weine der Welt; **a ~ example** ein gutes Beispiel; ~ **food** ausgezeichnetes Essen
③ *(iron: unpleasantly intense, nasty)* schön *iron fam*, fein; *(iron)* ***I had a ~ time repairing your car*** ich hatte meine helle Freude daran, dein Auto zu reparieren; ~ **words** schöne Worte *iron*
④ *(slender, cut small)* fein; *slice* dünn; ~ **features** *(approv)* feine Gesichtszüge
⑤ *(cloudless, pleasant)* schön; ~ **weather** schönes Wetter
⑥ *(distinguished, noble)* edel *geh*; *manners* fein; *house* vornehm; *(sophisticated)* verfeinert; ***he appealed to my ~r feelings*** er appellierte an meine edleren Gefühle; ~ **character** edler Mensch
⑦ *(understated)* fein; *(ingenious)* scharfsinnig; *(fig)* ***there's a ~ line between genius and madness*** Genie und Wahnsinn liegen oft nah beieinander; ~ **distinction** feiner Unterschied; ~ **nuance** feine Nuance; **~r points** Feinheiten *pl*; ***not to put too ~ a point on it ...*** um ganz offen zu sein ...
II. *adv* ① *inv (acceptably, all right)* fein, [sehr] gut, prima *fam*; **to feel ~** sich *akk* gut fühlen; **to suit sb ~** jdm [sehr] gut passen; **to work ~** gut funktionieren
② *(thinly)* fein; ***the garlic wasn't cut ~ enough*** der Knoblauch war nicht fein genug geschnitten
▸PHRASES: **to <u>cut</u> sth ~** etw mit Mühe und Not erreichen

fine[2] [faɪn] **I.** *n (punishment)* Geldstrafe *f*; **heavy/small ~** hohe/niedrige Geldstrafe; *(for minor offences)* Geldbuße *f*, Bußgeld *nt*; *administrative* Ordnungsgeld *nt*, Organstrafmandat *nt* ÖSTERR
II. *vt* ▪**to ~ sb** [**for sth**] jdn [wegen einer S. *gen*] zu einer Geldstrafe verurteilen; *(for minor offences)* gegen jdn [wegen einer S. *gen*] ein Bußgeld verhängen; ***FIFA ~d the club $50,000 for bribing the referee*** die FIFA verurteilte den Klub zu einer Geldstrafe von 50.000 Dollar für die Bestechung des Schiedsrichters

fine 'art *n*, **fine 'arts** *npl* schöne Künste; ***she's a great lover of ~*** sie ist eine große Liebhaberin der schönen Künste; **to get** [*or* **have**] **sth down** [*or* **off**] **to a ~** *(fig)* etw zu einer wahren Kunst entwickeln

fine 'gold *n no pl* Feingold *nt*

'fine-grained *adj* ① *(detailed)* eingehend, detailgenau
② *(consisting of small particles)* feinkörnig

fine·ly ['faɪnli] *adv* ① *(elegantly)* elegant, fein
② *(delicately, subtly)* fein; **a ~ balanced decision** ein wohl bedachter [*o geh* wohl erwogener] Ent-

schluss; **to have ~ chiselled** [**facial**] **features** ein fein geschnittenes Gesicht [*o* Profil] haben; **~ tuned** fein eingestellt

③ *(small)* fein; **~ ground** fein gemahlen

fine·ness [ˈfaɪnnəs] *n no pl (lightness)* Feinheit *f; (thinness, slenderness)* Zierlichkeit *f,* Dünnheit *f; (sharpness)* Schärfe *f; (approv: delicacy, ornateness)* Feinheit *f; (elegance)* Eleganz *f; (beauty)* Schönheit *f; (exactness)* Genauigkeit *f; (exclusiveness)* Vornehmheit *f; (purity)* Reinheit *f; (precious metal content)* Feingehalt *m*

fine ˈounce, fine troy ˈounce *n* Troyunze *f* Feingold

ˈfine print *n no pl* ■ **the ~** das Kleingedruckte

fin·ery [ˈfaɪnəri, AM -ɚi] *n no pl* ① *(clothing)* Staat *m veraltend fam; (appearance)* Pracht *f;* ***we watched the stars arriving for the awards ceremony dressed up in all their ~*** wir beobachteten, wie die Stars prachtvoll gekleidet [*o veraltend* in vollem Staat] zur Preisverleihung erschienen

② TECH Raffinerie *f,* Affinerie *f*

fines herbes [ˌfiːnˈeəb, AM -ˈzerb] *npl* Fines Herbes *pl,* fein gehackte Kräuter *(Petersilie, Schnittlauch, Estragon und Thymian)*

fi·nesse [fɪˈnes] **I.** *n no pl* ① *(delicacy)* Feinheit *f,* Finesse *f geh*

② *(skill)* Geschick *nt,* Gewandtheit *f*

③ *(manipulation)* Kunstgriff *m,* Kniff *m*

④ CARDS Schneiden *nt*

II. *vt* ① *(achieve with skill)* ■ **to ~ sth** etw deichseln [*o* drehen] *fam*

② *(trick)* ■ **to ~ sb/sth** jdn/etw austricksen

③ CARDS **to ~ a card** eine Karte schneiden

fine-tooth ˈcomb, fine-toothed ˈcomb *n* fein gezahnter Kamm

▶ PHRASES: **to examine** [*or* **go through**] [*or* **go over**] **sth with a ~** etw sorgfältig unter die Lupe nehmen *fam* **fine-ˈtune** *vt* ■ **to ~ sth** etw fein [*o* genau] abstimmen; *(fig)* **to ~ the economy** die Wirtschaftsfaktoren genau aufeinander abstimmen

f'ing [ˈefɪŋ] *adv (fam!)* verdammt *fam,* verflucht *fam*

fin·ger [ˈfɪŋgəʳ, AM -ɚ] **I.** *n* ① ANAT Finger *m;* ***the attendance at the poetry reading was dismal — the audience could be counted on the ~s of one hand*** das Interesse an der Gedichtlesung war enttäuschend – die Besucher konnte man an einer Hand abzählen; ***if you ever lay a ~ on him, you're in trouble!*** wenn du ihm auch nur ein Haar krümmst, bekommst du Ärger! *fam;* **first** [*or* **index**] **~** Zeigefinger *m;* **middle** [*or* **second**] **~** Mittelfinger *m;* **ring ~** [*or* **third**] Ringfinger *m;* **little ~** kleiner Finger

② *(glove part)* Fingerling *m*

③ *of alcohol* Fingerbreit *m*

④ *(object)* schmaler Streifen, längliches Stück; **a ~ of bread** ein Streifen *m* [*o* Stück] *nt* [*o* ÖSTERR eine Scheibe] Brot

▶ PHRASES: **to catch sb with their ~s in the till** jdn beim Griff in die Kasse ertappen *euph fam;* **to get** [*or* **pull**] **one's ~ out** BRIT, AUS *(fam)* sich *akk* ranhalten *fam,* Gas geben ÖSTERR, SCHWEIZ *fam,* Dampf dahinter machen *fam;* **to give sb the ~** AM *(fam)* jdm den Stinkefinger zeigen *fam;* **to have a ~ in every pie** überall die Finger drin [*o* im Spiel] haben *fam;* **to have** [*or* **put**] **a ~ in the pie** AM die Hand im Spiel haben, mitmischen; **to have one's ~s in the till** sich *akk* bedienen *euph,* in die Kasse greifen *euph fam;* **to keep one's ~s crossed** [**for sb**] [jdm] die Daumen drücken *fam;* **to not lift** [*or* **raise**] **a ~** keinen Finger rühren [*o* krummmachen] *fam;* ***he never lifts a ~ when it comes to cooking or washing up*** er kümmert sich überhaupt nicht um Kochen und Abspülen; **to put one's ~ on sth** den Finger auf etw *akk* legen; *(fig)* etw genau ausmachen; ***something seemed to be wrong but I couldn't put my ~ on exactly what it was*** irgendwas schien falsch zu sein, aber ich konnte nicht genau sagen, was es war; **to put the ~ on sb** *(fam)* jdn verpfeifen *fam;* **the ~ of suspicion** die Verdachtsmomente *pl;* ***the ~ of suspicion is pointing right at him*** die Verdachtsmomente weisen direkt auf ihn; **to be all ~s and thumbs** BRIT, AUS *(fam)* zwei linke Hände haben; **to twist sb around one's little ~** *(fam)* jdn um den [kleinen] Finger wickeln *fam*

II. *vt* ① *(touch)* ■ **to ~ sth** etw anfassen [*o* berühren]; *(feel, play with)* etw befingern *sl,* an etw *dat* herumfingern *fam*

② *(vulg: fondle)* ■ **to ~ sb** jdn befummeln *pej fam*

③ *(play upon)* **to ~ an instrument** mit den Fingern spielen; **to ~ the strings** in die Saiten greifen

④ *(fam: inform on)* ■ **to ~ sb** [**to sb**] jdn [bei jdm] verpfeifen *pej fam;* ***his brother ~ed him for arson*** sein Bruder hat ihn wegen Brandstiftung verpfiffen

⑤ AM *(choose)* ■ **to ~ sb for sth** jdn für etw *akk* aussuchen

⑥ *(play)* **to ~ a passage** eine Passage spielen

⑦ *(mark)* **to ~ music** Musik mit einem Fingersatz versehen

ˈfin·ger·board *n of string instruments* Griffbrett *nt; of keyboard instruments* Klaviatur *f; of an organ* Manual[e] *nt* **ˈfin·ger bowl** *n* Fingerschale *f* **ˈfin·ger buf·fet** *n* kaltes Buffet

ˈfin·ger food *n no pl* Fingerfood *nt*

fin·ger·ing [ˈfɪŋgərɪŋ, AM -ɚ-] *n* MUS ① *no pl (technique)* Fingertechnik *f*

② *(marking)* Fingersatz *m*

ˈfin·ger·mark *n* Fingerabdruck *m* **ˈfin·ger·nail** *n* Fingernagel *m* **ˈfin·ger paint·ing** *n* Malen *nt* mit Fingern **ˈfin·ger-point·ing** *n no pl* Schuldzuweisungen *pl* **ˈfin·ger·print I.** *n* ① *(mark)* Fingerabdruck *m;* **to take sb's ~s** von jdm die Fingerabdrücke nehmen, jdm die Fingerabdrücke abnehmen

② *(characteristic)* unverwechselbares Kennzeichen

II. *vt* ■ **to ~ sb** von jdm die Fingerabdrücke nehmen, jdm die Fingerabdrücke abnehmen **ˈfin·ger·tip** *n* Fingerspitze *f* ▶ PHRASES: **to have sth at one's ~s** etw perfekt [*o fam* aus dem Effeff] beherrschen; **to be sth to one's ~s** BRIT, AUS durch und durch etw sein; ***she is French to the very ~s*** sie ist durch und durch Französin

fi·nial [ˈfɪniəl] *n* ① ARCHIT Kreuzblume *f*

② *(at end of object)* [Gardinenstangen]endstück *nt*

fin·icky [ˈfɪnɪki] *adj (pej)* ① *(fussy)* wählerisch, heikel DIAL *fam*

② BRIT *(fiddly)* kniff[e]lig, verzwickt, vertrackt; **~ job** komplizierte [*o* kniff[e]lige] Angelegenheit

fin·ing [ˈfaɪnɪŋ] *n no pl* TECH Läutern *nt,* Schönen *nt,* Frischen *nt*

fin·ish [ˈfɪnɪʃ] **I.** *n* ① *(conclusion of race)* Endspurt *m,* Finish *nt; (point at which race ends)* Ziel *nt;* **close ~** Kopf-an-Kopf-Rennen *nt;* **to be in at the ~** in der Endrunde sein

② *(final stage)* Ende *nt;* **from start to ~** von Anfang bis Ende

③ STOCKEX Börsenschluss *m*

④ *(result, outcome)* Ergebnis *nt;* **close ~** POL knappes Ergebnis

⑤ *(surface)* Oberflächenbeschaffenheit *f*

⑥ *(workmanship)* Verarbeitung *f*

⑦ *(final treatment)* letzter Schliff; *(sealing, varnishing)* Finish *nt; of fabric* Appretur *f; of furniture* Politur; *of coatings* letzte Schicht, Überzug *m*

▶ PHRASES: **a fight to the ~** *(hard fought throughout)* ein Kampf *m* bis aufs Messer *fam; (decisive result)* ein Kampf *m* bis zur Entscheidung

II. *vi* ① *(cease, conclude)* enden, aufhören; ***I'm going to ~ with a new song*** ich werde mit einem neuen Lied schließen

② *(stop talking)* zum Ende kommen; **to ~ on an optimistic note** mit einer optimistischen Anmerkung schließen; ***have you quite ~ed?*** *(iron)* bist du endlich fertig? *fam*

③ *(to come to the end of sth)* fertig werden; **to ~ first/second** als Erster/Zweiter fertig sein; SPORT Erster/Zweiter werden

④ *(come to an end)* enden, zu Ende gehen

⑤ *(stop using)* ■ **to ~ with sth** etw nicht mehr brauchen; *(end involvement in)* mit etw *dat* fertig sein *fam;* ***I'm ~ed with politics*** ich bin mit der Politik fertig *fam*

⑥ *(conclude dealings with)* ■ **to ~ with sb** mit jdm fertig sein *fam; (conclude love relationship)* mit jdm Schluss machen

III. *vt* ① *(bring to end)* ■ **to ~ sth** etw beenden; **to ~ a sentence** einen Satz zu Ende sprechen; ■ **to ~ doing sth** mit etw *dat* fertig sein; ***have you ~ed reading?*** hast du zu Ende gelesen?; **to ~ reading a book** ein Buch zu Ende lesen [*o* fertig lesen] [*o* auslesen]; ***they ~ed the concert with their first hit*** sie ließen das Konzert mit ihrem ersten Hit ausklingen

② *(complete education)* **to ~ college/school** das College/die Schule abschließen

③ *(bring to completion)* etw fertigstellen; *(give final treatment)* etw *dat* den letzten Schliff geben

④ *(stop)* ■ **to ~ sth** mit etw *dat* aufhören; ***I ~ work at 5 p.m. every day*** ich mache jeden Tag um 5 Uhr Feierabend

⑤ FOOD ■ **to ~ sth** *(eat)* etw aufessen; *(drink)* etw austrinken

◆ **finish off I.** *vt* ① *(get done)* ■ **to ~ sth ↔ off** etw fertigstellen; ***I want to ~ off this essay soon*** ich möchte diesen Aufsatz bald fertig schreiben

② *(make nice)* ■ **to ~ sth ↔ off** etw *dat* den letzten Schliff geben

③ FOOD ■ **to ~ sth ↔ off** *(eat)* etw aufessen; *(drink)* etw austrinken

④ *(beat)* ■ **to ~ sb off** jdn bezwingen; *(tire out)* jdn schaffen [*o* fertigmachen] *fam;* AM *(sl: murder)* jdn erledigen *fam* [*o sl* alle machen] [*o* ÖSTERR kaltstellen] [*o* SCHWEIZ *a.* kaltmachen] *sl*

II. *vi* ① *(end)* abschließen; ***dinner was delicious — let's ~ off with a coffee*** das Abendessen war vorzüglich – trinken wir doch einen Kaffee zum Abschluss

② *(get work done)* zum Abschluss kommen; ***if we don't ~ off today, ...*** wenn wir heute nicht fertig werden, ...

◆ **finish up I.** *vi* ① *(get work done)* fertig werden; ***I have to ~ up before I can leave*** ich kann erst gehen, wenn ich fertig bin; ***let's ~ up with the dishes so we can go to bed*** bringen wir den Abwasch hinter uns, damit wir zu Bett gehen können

② *esp* BRIT, AUS *(end up)* enden; **to ~ up bankrupt/drunk/ruined** am Ende bankrott/betrunken/ruiniert sein; ***if you drive like that, you'll ~ up dead*** wenn du so fährst, bist du irgendwann tot; ■ **to ~ up doing sth**: ***I ~ed up spending more than I had planned*** am Ende gab ich mehr aus, als ich geplant hatte; **to ~ up at home/in California/on a farm** sich *akk* zu Hause/in Kalifornien/auf einer Farm wiederfinden; **to ~ up in debt/trouble** am Ende in Schulden/Schwierigkeiten stecken; **to ~ up in hell/hospital/jail** in der Hölle/im Krankenhaus/im Gefängnis landen *fam*

II. *vt* ■ **to ~ up ↔ sth** *(eat)* etw aufessen; *(drink)* etw austrinken

fin·ished [ˈfɪnɪʃt] *adj inv* ① *pred (done)* fertig, beendet; ■ **to be ~ with sth** mit etw *dat* fertig sein

② *(completed)* fertig; ***the ~ product*** das Endprodukt; **half-~** halb fertig

③ *(of refined workmanship)* vollendet, vollkommen, makellos; **beautifully/masterfully ~** wunderbar/meisterhaft bearbeitet; **~ wooden surface** ebenmäßige Holzoberfläche; **~ metal surface** polierte Metalloberfläche

④ *(used up)* verbraucht, aufgebraucht; ***the juice is ~ and so are the cookies*** der Saft ist leer und Plätzchen sind auch keine mehr da

⑤ *(worn out)* erschöpft, erledigt *fam;* ***after that run yesterday, I was ~*** nach dem Lauf war ich gestern fix und fertig

⑥ *(ruined)* erledigt *fam; career* zu Ende

fin·ish·ing [ˈfɪnɪʃɪŋ] *adj attr* Schluss-, abschließend; ***the ~ stroke to the detective story was that ...*** als krönender Abschluss des Krimis stellte sich heraus, dass ...

ˈfin·ish·ing line, ˈfin·ish·ing post *n* SPORT Ziellinie *f* **ˈfin·ish·ing school** *n* Mädchenpensionat *nt* **ˈfin·ish·ing tape** *n* SPORT Ziellinie *f* **fin·ish·ing ˈtouch** *n* letzter Schliff; **to put the ~es to** [*or* AM, AUS **on**] **sth** einer Sache *dat* den letzten Schliff geben

fi·nite ['faɪnaɪt] *adj* ❶ *(limited)* begrenzt; **a ~ number of possibilities** eine begrenzte Anzahl an Möglichkeiten; MATH endlich; **~ number** endliche Zahl
❷ *inv* LING finit; **~ form** Personalform *f*
fi·ni·to [fɪ'ni:təʊ, AM -oʊ] *adj pred, inv (fam: completed, accomplished)* finito *fam; (over and done with)* aus und vorbei; ***if you don't finish this one on time you're ~*** wenn du dieses Mal nicht rechtzeitig fertig wirst, ist es ein für alle Mal vorbei
fink [fɪŋk] **I.** *n* AM, AUS *(pej fam!)* ❶ *(informer)* Spitzel *m pej; (tattletale)* Lästermaul *nt pej*
❷ *(spoiler of fun)* Spielverderber(in) *m(f) pej*
❸ *(strikebreaker)* Streikbrecher(in) *m(f)*
II. *vi* AM *(sl)* ■**to ~ on sb** *(betray)* jdn verpfeifen *pej sl; (tattletale)* über jdn lästern *pej*
♦**fink out** *vi* AM *(sl)* einen Rückzieher machen, abspringen *fam,* aussteigen *sl*
Fin·land ['fɪnlənd] *n* Finnland *nt*
Finn [fɪn] *n* Finne, Finnin *m, f*
Fin·nic ['fɪnɪk] **I.** *n* Finnisch *nt*
II. *adj* finnisch
Finn·ish ['fɪnɪʃ] **I.** *n* Finnisch *nt*
II. *adj* finnisch; ***the ~ people*** die Finnen
Finno-Ugrian [,fɪnəʊ'ju:grɪən, AM -noʊ'u:-] **I.** *n* Finnougrisch *nt*
II. *adj* finnougrisch
fiord [fjɔ:d, AM fjɔ:rd] *n* Fjord *m*
fir [fɜ:ʳ, AM fɜ:r] *n (tree)* Tanne *f; (wood)* Tannenholz *nt*
'fir-cone *n* BRIT Tannenzapfen *m*
fire ['faɪəʳ, AM -ɚ] **I.** *n* ❶ *no pl (flame)* Feuer *nt,* Flamme *f;* ***don't play with ~!*** spiel nicht mit dem Feuer!; **open ~** Lagerfeuer *nt*
❷ *(on hearth)* [Herd]feuer *nt;* **open ~** Kaminfeuer *nt,* Cheminéefeuer *nt* SCHWEIZ; **to light a ~** Feuer *nt* machen
❸ *(stove)* Ofen *m;* **to put** [*or* **switch**] [*or* **turn**] **the ~ on** den Ofen anmachen [*o* ÖSTERR aufdrehen] [*o* SCHWEIZ anstellen]; BRIT *(heating appliance)* Heizgerät *nt;* **electric ~** Elektroofen *m;* **gas ~** Gasofen *m;* **open ~** offener Kamin, Cheminée *nt* SCHWEIZ
❹ *(destructive burning)* Brand *m;* **~!** Feuer!; ***the library was destroyed by ~*** die Bibliothek ist völlig abgebrannt; **to be on ~** brennen, in Flammen stehen; **to catch ~** Feuer fangen, in Brand geraten; **to set sb/sth on ~, to set ~ to sb/sth** jdn/etw anzünden [*o* in Brand stecken]
❺ *(conflagration)* Feuersbrunst *f,* Großfeuer *nt,* Großbrand *m;* ***he lost his house in a ~ recently*** sein Haus ist vor Kurzem bei einem Großfeuer heruntergebrannt; **forest ~** Waldbrand *m;* **to put out the ~** das Feuer löschen
❻ *no pl (hail of bullets)* Feuer *nt,* Beschuss *m;* ■**to be under ~** beschossen werden; MIL unter Feuer stehen; **to come under ~ from sb** von jdm unter Beschuss genommen werden, von jdm beschossen werden; **to come under ~ for sth** *(fig)* wegen einer S. *gen* unter Beschuss geraten *a. fig fam; (shooting)* Schießen *nt;* **in the line of ~** in der Schusslinie; **covering ~** Feuerschutz *m;* **killed by enemy/friendly ~** von feindlichem/eigenem Feuer getötet; **to cease ~** das Feuer einstellen; **to open ~ on sb** das Feuer auf jdn eröffnen; **to return ~** das Feuer erwidern
❼ *no pl (fervour)* Feuer *nt;* LIT Glut *f; (burning passion)* Leidenschaft *f; (enthusiasm)* Begeisterung *f;* ***he is filled with the ~ of youth and his convictions*** er ist voller jugendlicher Leidenschaft und Begeisterung für seine Überzeugungen; ■**to be on ~** begeistert sein; ***my heart is on ~ for her*** mein Herz sehnt sich nach ihr
▸PHRASES: **to breathe ~ and brimstone** Gift und Galle spucken [*o* speien]; **~ and brimstone** REL Hölle und Verdammnis; *(fig)* Tod und Verderben; **to get on like a house on ~** hervorragend miteinander auskommen; **to go through ~ and water for sb** *(dated)* für jdn durchs Feuer gehen *fig;* **to hang ~** auf sich warten lassen; **to have ~ in one's** [*or* **the**] **belly** *(have ambition)* Ehrgeiz haben; *(have enthusiasm)* begeisterungsfähig sein; **to jump out of the frying pan and into the ~** *(prov)* vom Regen in die Traufe kommen; **to play with ~** mit dem Feuer spielen *fig;* **to pull the chestnuts** [*or* **fat**] **out of the ~** BRIT die Kastanien aus dem Feuer holen *fig fam;* **to set the world** [*or esp* BRIT **Thames**] **on ~** die Welt erschüttern; **there's no smoke without a ~** *(prov)* wo Rauch ist, ist auch Feuer *prov*
II. *n modifier* Feuer-; **~ control** Brandschutz *m;* MIL Feuerleitung *f;* **~ damage** Brandschaden *m,* Feuerschaden *m;* **~ precautions** Brandschutz *m,* Brandschutzmaßnahmen *pl;* **~ prevention** Brandschutz *m,* Brandprävention *f;* **~ regulations** Feuerschutzbestimmungen *pl;* **~ risk** Brandrisiko *nt,* Feuergefahr *f*
III. *vt* ❶ *(bake in kiln)* ■**to ~ sth** etw brennen
❷ *(shoot)* ■**to ~ sth** etw abfeuern; **to ~ a broadside** eine Breitseite abgeben; **to ~ a bullet** [*or* **shot**] einen Schuss abgeben; ***he ~d a warning shot into the air*** er feuerte einen Warnschuss in die Luft ab; **to ~ a gun at sb/sth** auf jdn/etw schießen; *(fig)* **to ~ questions at sb** jdn mit Fragen bombardieren; **to ~ a round** [*or* **volley**] einen Schuss [*o* eine Salve] abgeben; **to ~ a salute** Salut schießen
❸ *(launch)* ■**to ~ sth** etw abschießen [*o* abfeuern]; ***bazookas were ~d almost every day that month at Sarajevo*** in diesem Monat wurde Sarajevo fast jeden Tag mit Bazookas beschossen; **to ~ a rocket** eine Rakete zünden [*o* abfeuern]
❹ *(dismiss)* ■**to ~ sb** jdn feuern [*o* rausschmeißen] *fam;* ***this company uses a hire and ~ strategy*** diese Firma stellt ein und entlässt schnell
❺ *(excite, electrify)* ■**to ~ sb** jdn begeistern [*o* in Begeisterung versetzen]; *(inspire)* jdn anregen [*o geh* inspirieren]; ***it ~d me with enthusiasm for literature*** es weckte die Begeisterung für Literatur in mir; **to ~ sb's imagination** jds Fantasie beflügeln
IV. *vi* ❶ *(shoot)* feuern, schießen; ***without warning he started to ~ into the crowd*** er schoss ohne Vorwarnung in die Menge; ■**to ~ at sb/sth** auf jdn/etw feuern [*o* schießen]
❷ *(start up)* zünden; *(be operating)* funktionieren; **to ~ on all four cylinders** auf allen vier Zylindern laufen; *(fig)* voll funktionstüchtig sein; ***coffee might help — I'm not firing on all four cylinders today*** vielleicht hilft ja ein Kaffee – ich bin heute nicht so ganz da *fam*
♦**fire away** *vi (fam)* losschießen *fam;* ***I have a few questions — ~ away!*** ich habe ein paar Fragen – fangen Sie an!
♦**fire off** *vt* ■**to ~ sth** ⇄ **off** etw abfeuern [*o* abschießen]; **to ~ off a gun** eine Schusswaffe abfeuern; **to ~ off a bullet** [*or* **shot**] einen Schuss abgeben, abfeuern
♦**fire up** *vt (fam)* ❶ *(excite, inspire)* ■**to ~ sb** ⇄ **up** jdn begeistern (**about** für *+akk)*
❷ *(start)* ■**to ~ sth** ⇄ **up** etw zünden
'fire alarm *n* ❶ *(instrument)* Feuermelder *m;* **to sound the ~** den Feuermelder auslösen; ***if the ~ goes off leave the building quickly and calmly*** wenn der Feuermelder Alarm gibt, verlassen Sie das Gebäude schnell und in Ruhe ❷ *(sound)* Feueralarm *m* **'fire alarm sys·tem** *n* Feuermeldeanlage *f,* Brandmeldeanlage *f*
'fire·arm *n* Schusswaffe *f,* Feuerwaffe *f*
'fire·arms cer·tifi·cate *n* Waffenschein *m*
'fire·ball *n* ❶ *(ball of flame)* Feuerball *m* ❷ ASTRON Feuerkugel *f* ❸ METEO Kugelblitz *m* **'fire blan·ket** *n* ❶ *(covering)* Feuerlöschdecke *f* ❷ *(apparatus)* Feuerpatsche *f* **'fire·bomb I.** *vt* ■**to ~ sth** eine Brandbombe auf etw *akk* werfen **II.** *n* Brandbombe *f* **'fire·bombing** *n* Brandbombenanschlag *m;* ***their offices were destroyed by ~*** ihre Büros wurden durch einen Brandanschlag zerstört **'fire·brand** *n* Brandfackel *f; (fig)* Aufwiegler(in) *m(f),* Unruhestifter(in) *m(f)* **'fire·break** *n* Feuerschneise *f,* Brandschneise *f* **'fire·brick** *n* Schamottestein *m,* feuerfester Stein **'fire bri·gade** *n* BRIT Feuerwehr *f* **'fire·bug** *n* Brandstifter(in) *m(f),* Feuerteufel *m fam* **'fire cer·tifi·cate** *n* Brandschutzbescheinigung *f* **'fire·crack·er** *n* Kracher *m,* Knallkörper *m; (fig)* **a ~ of an idea** eine zündende Idee, eine umstrittene [*o* heftig diskutierte] Idee; **a ~ of a policy** eine kontroverse Politik; **a ~ of a politician** ein entflammter Politiker/eine entflammte Politikerin, ein aufrührerischer Politiker/eine aufrührerische Politikerin **'fire dam·age** *n* Brandschaden *m*
'fire-damp *n no pl (sl)* Grubengas *nt,* Schlagwetter *nt*
'fire de·part·ment *n* AM *(fire brigade)* Feuerwehr *f* **'fire de·tec·tion sys·tem** *n* Brandmeldeanlage *f,* Feuermeldeanlage *f* **'fire door** *n* Brandschutztür *f* **'fire drill** *n (for firemen)* Feuerwehrübung *f; (for others)* Feueralarmübung *f* **'fire-eat·er** *n* Feuerschlucker(in) *m(f)* **'fire en·gine** *n* Feuerwehrauto *nt,* [Feuer]löschfahrzeug *nt* **'fire es·cape** *n (staircase)* Feuertreppe *f,* Nottreppe *f,* Feuerstiege *f* ÖSTERR, Notstiege *f* ÖSTERR; *(ladder)* Feuerleiter *f,* Rettungsleiter *f* **'fire exit** *n* Notausgang *m* **'fire exit route** *n* Fluchtweg *m* **'fire ex·tin·guish·er** *n* Feuerlöscher *m* **'fire·fight** *n* MIL Feuergefecht *nt* **'fire·fight·er** *n* Feuerwehrmann, -frau *m, f* **'fire·fight·ing I.** *n no pl* Brandbekämpfung *f* **II.** *adj attr, inv* Feuerwehr-, Lösch-; **~ equipment** [Feuer]löscheinrichtung *f* **'fire·fly** *n* Leuchtkäfer *m,* Glühwürmchen *nt fam* **'fire·guard** *n (in front of fireplace)* Kamingitter *nt,* Cheminéegitter *nt* SCHWEIZ; *(person)* Brandwache *f* **'fire haz·ard** *n* Brandrisiko *nt,* Brandgefahr *f;* **to be a ~** ein Brandrisiko darstellen **'fire hose** *n* Feuerwehrschlauch *m,* [Feuer]löschschlauch *m* **'fire house** *n* AM Feuerwache *f* **'fire hy·drant** *n* Hydrant *m* **'fire in·sur·ance** *n* Feuerversicherung *f,* Brandversicherung *f;* **~ policy** Feuerversicherungsschein *m;* **~ value** Brandversicherungswert *m*
'fire-irons *npl* Kaminbesteck *nt,* Cheminéebesteck *nt* SCHWEIZ
'fire·light *n no pl* Schein *m* des Feuers; **lit by ~** im Feuerschein, vom Feuer erleuchtet **'fire·light·er** *n* Feueranzünder *m* **'fire loss** *n (in insurance)* Feuerschaden *m* **'fire·man** *n* Feuerwehrmann *m* **'fire·place** *n* Kamin *m,* Cheminée *nt* SCHWEIZ, Feuerplatz *m* SCHWEIZ **'fire-plug** *n* Hydrant *m* **'fire·pow·er** *n no pl (amount of ammunition)* Feuerkraft *f; (fig: aggressive potential)* Schlagkraft *f* **'fire·proof I.** *adj* feuerfest, brandsicher; ELEC feuersicher; MECH feuerfest, feuersicher; **~ building board** Feuerschutzplatte *f;* **~ coating** Brandschutzbeschichtung *f;* **~ material** feuerbeständiges Material, feuerfester Stoff; **~ pottery** feuerfeste Töpferwaren; **~ wall** Brandmauer *f* **II.** *vt* ■**to ~ sth** etw feuerfest machen
'fire-rais·er *n* BRIT Brandstifter(in) *m(f)* **'fire-rais·ing** *n no pl* BRIT Brandstiftung *f* **'fire-re·tar·dant** *adj* feuerhemmend; **~ materials** feuerhemmende Materialien **'fire sale** *n* ECON, FIN Abverkauf *m* brandgeschädigter Waren **'fire·screen** *n* AM, AUS Kamingitter *nt,* Schutzgitter *nt,* Cheminéegitter *nt* SCHWEIZ **'fire·side** *n* [offener] Kamin; ■**by the ~** am Kamin; *(fig dated)* häuslicher Herd **fire·side 'chat, fire·side ad·'dress** *n* informelles Gespräch; POL, MEDIA informelle Fernsehansprache **'fire start·er** *n esp* AM [Feuer]anzünder *m* **'fire sta·tion** *n* Feuerwache *f* **'fire·storm** *n* Feuersturm *m* **'fire·trail** *n* AUS Feuerschneise *f* **'fire·trap** *n* ❶ *(inflammable area)* feuergefährdeter Bereich ❷ *(place in a fire)* Feuerfalle *f* **'fire wall** *n* ❶ ARCHIT Brandmauer *f,* Feuermauer *f* ❷ COMPUT Firewall *f fachspr* **'fire war·den** *n* AM ❶ *(watchman)* Brandwache *f,* Feuerwache *f* ❷ *(professional firefighter)* Feuerwehrmann, -frau *m, f; (voluntary firefighter)* Feuerwehrhelfer(in) *m(f);* ***he was a volunteer ~*** er war bei der freiwilligen Feuerwehr **'fire·wa·ter** *n no pl (hum fam)* Feuerwasser *nt fam* **'fire·wom·an** *n* Feuerwehrfrau *f* **'fire·wood** *n no pl* Brennholz *nt* **'fire·work** *n* ❶ *(explosive)* Feuerwerkskörper *m;* **to let** [*or* AM **set**] **off ~s** Feuerwerkskörper anzünden [*o* abbrennen] ❷ *(display)* ■**~s** *pl* Feuerwerk *nt sing; (fig)* [Riesen]krach *m sing fam;* ***there'll be ~s if I get home too late*** wenn ich zu spät heimkomme, fliegen die Fetzen
fir·ing ['faɪərɪŋ, AM 'faɪɚ-] *n* ❶ *no pl (shooting) of a gun* Abfeuern *nt; of a rocket* Abschießen *nt; of a shot* Abgeben *nt,* Abfeuern *nt;* **~ practice** Schieß-

übung *f*
❷ *no pl (in a kiln)* Brennen *nt*
❸ *(dismissal from work)* Rauswurf *m fam,* Rausschmiss *m fam*
'fir·ing line *n* Feuerlinie *f; (fig also)* Schusslinie *f;* ▪**in** [*or* AM **on**] **the ~** in der Schusslinie (**of** *+gen)* **'fir·ing range** *n* Schussweite *f,* Reichweite *f* **'fir·ing squad** *n (at execution)* Exekutionskommando *nt; (at funeral)* Ehrensalutkommando *nt*
firm[1] [fɜːm, AM fɜːrm] *n* Firma *f,* Unternehmen *nt;* **~ of lawyers** [Rechts]anwaltsbüro *nt,* [Rechts]anwaltskanzlei *f;* **small ~** kleine Firma; **state-owned ~** staatliches Unternehmen
firm[2] [fɜːm, AM fɜːrm] **I.** *adj* ❶ *(steady)* stabil, fest; ***keep a ~ hold of the railing*** halten Sie sich am Geländer fest
❷ *(secure)* sicher, robust; ***the pole is ~ in its base*** der Pfosten ist gut befestigt; COMM *currency, market, shares* stabil
❸ *(strong)* fest, stark; **~ grip** fester Griff; **to have a ~ grip on sth** etw fest in der Hand haben; **with a ~ hand** mit starker Hand; **~ handshake** kräftiger [*o* fester] Händedruck
❹ *(strict)* entschieden, streng; ▪**to be ~ with sb** gegenüber jdm bestimmt auftreten; ***love and a ~ hand are keys to successful childrearing*** Liebe und Disziplin sind die Grundlagen jeder erfolgreichen Kindererziehung
❺ *(thorough)* zuverlässig, sicher; **~ basis** sichere Grundlage; **~ understanding** feste Vereinbarung
❻ *(sure)* fest, sicher; ***we're appealing to the government for a ~ commitment to help the refugees*** wir fordern die Regierung dazu auf, eine definitive Zusage zur Unterstützung der Flüchtlinge abzugeben; ***some still claim that there is no ~ evidence linking smoking with cancer*** manche Leute behaupten noch immer, es gebe keine eindeutige Verknüpfung zwischen Rauchen und Krebs; **~ offer** verbindliches Angebot; ECON, FIN, STOCKEX **~ order** *(irrevocable)* Festauftrag *m,* feste Bestellung; *(to broker) Kundenauftrag zum Kauf oder Verkauf von Wertpapieren zu einem bestimmten Termin;* **~ sale** Festkauf *m*
❼ *(hard)* fest, hart; **~ ground** fester Boden
❽ *(staunch)* standhaft, beständig; **~ ally** enger Verbündeter/enge Verbündete; **~ friend** enger Freund/enge Freundin; *(resolute)* entschlossen; **to be a ~ believer in sth** fest an etw *akk* glauben; **~ *in the belief that they could never be caught they didn't bother to hide the clues*** fest davon überzeugt, niemals gefasst zu werden, kümmerten sie sich nicht darum, die Hinweise zu beseitigen
II. *adv* fest; **to hold ~** standhaft bleiben, nicht nachgeben; **to stand ~** eine feste Haltung einnehmen; *(fig)* unnachgiebig sein; **to stand ~ in sth** unerschütterlich bei etw *dat* bleiben; **to stay ~ in sth** bei etw *dat* standhaft bleiben
III. *vi* sich *akk* stabilisieren [*o* festigen]; FIN *bonds* fester tendieren, anziehen; ***Eurobonds have been ~ing lately*** Euroanleihen tendieren seit einiger Zeit fester
◆**firm up I.** *vt* ECON, FIN ▪**to ~ sth** ↔ **up** etw festmachen, etw abschließen; **to ~ up a deal** *(fig)* ein Geschäft unter Dach und Fach bringen *fig*
II. *vi* endgültig festlegen; *negotiations* konkret werden; *date* fest vereinbaren
fir·ma·ment ['fɜːməmənt, AM 'fɜːrm-] *n no pl (liter)* ▪**the ~** das Firmament *poet,* der Himmel
firm·ly ['fɜːmli, AM 'fɜːrm-] *adv* ❶ *(securely)* fest, sicher; ***sometimes it takes more courage to admit you are wrong than to stand ~*** manchmal braucht man mehr Mut, einen Fehler einzugestehen, als auf etwas zu beharren; **to be attached/held ~** fest angebracht [*o* gut befestigt] sein
❷ *(strongly)* fest; **to grip/hold sth ~** etw fest halten; **to shake sb's hand ~** jdm kräftig die Hand schütteln; *(with decision)* **to insist sth ~** auf etw *dat* fest beharren; **to say sth ~** etw mit Entschiedenheit sagen
❸ *(strictly)* entschieden, bestimmt; **to deal ~ with sb/sth** jdm/etw gegenüber bestimmt auftreten; **to reprimand sb ~** jdn entschieden zurechtweisen [*o* scharf tadeln]
❹ *(resolutely)* fest, bestimmt; ***we are ~ committed to reducing unemployment*** wir sind fest entschlossen, die Arbeitslosigkeit zu verringern; **to believe ~ that ...** fest glauben, dass ...; *(unchangingly)* entschlossen, fest; ***his beliefs are ~ rooted in the Bible*** sein Glaube ist tief in der Bibel verwurzelt
firm·ness ['fɜːmnəs, AM 'fɜːrm-] *n no pl* ❶ *(hardness)* Härte *f; (solidity)* Festigkeit *f,* Stabilität *f*
❷ *(strictness)* Strenge *f; (strength of will)* Entschlossenheit *f,* Entschiedenheit *f*
❸ ECON, FIN Stabilität *f,* Festigkeit *f,* Beständigkeit *f*
'firm·ware *n no pl* COMPUT Festprogramm[e] *nt[pl],* Firmware *f fachspr*
first [fɜːst, AM fɜːrst] **I.** *adj* erste(r, s); **at ~ appearance** auf den ersten Blick; **in the ~ flush of youth** in der ersten Jugendblüte *poet;* ***he's no longer in the ~ flush of youth*** er ist nicht mehr ganz taufrisch *hum;* **~ half** ECON, FIN erstes Halbjahr; **~ impressions** der erste Eindruck; **~ option** [*or* **refusal**] Vorkaufsrecht *nt;* **F~ Reading** POL erste Lesung; **it won't be the ~ time that ...** es wäre nicht das erste Mal, dass ...; **for the ~ time** zum ersten Mal; **~ thing** als Allererstes; ***I'll do that ~ thing tomorrow*** ich mache das morgen als Allererstes; ***it was the ~ thing that came into my head*** es war das Erstbeste, das mir einfiel; **the ~ ever** *(fam)* der/die/das Allererste; ***when was the ~ ever radio broadcast made?*** wann wurde die allererste Rundfunksendung gemacht?
▸PHRASES: **~ among equals** Primus inter pares *geh;* **to not know the ~ thing about sth** von etw *dat* keinen blassen Schimmer haben *fam;* **in the ~ place** *(at beginning)* zunächst [einmal], an erster Stelle; *(from the beginning)* von vornherein; *(most importantly)* in erster Linie; **~ things ~** eins nach dem anderen; **to take ~ things ~** Prioritäten setzen
II. *adv* ❶ *(before doing something else)* zuerst, als Erstes; ▪**~ of all** zu[aller]erst; ▪**~ off** *(fam)* erst [einmal]
❷ *(before other things, people)* als Erste(r, s); **head ~** mit dem Kopf voraus; **to leave ~** als Erster gehen
❸ *(rather)* lieber; ***I would die ~*** *(fam)* lieber [*o* eher] würde ich sterben
▸PHRASES: **~ come ~ served** *(prov)* wer zuerst kommt, mahlt zuerst *prov;* **~ and foremost** vor allem; **~ and last** in erster Linie
III. *n* ❶ *(that before others)* ▪**the ~** der/die/das Erste; ▪**to be the ~ to do sth** etw als Erster/Erste tun; ***he was one of the ~ to climb this mountain*** er hat als einer der Ersten diesen Berg bestiegen
❷ *(of monarchs)* **William the F~** Wilhelm der Erste
❸ *(start)* ▪**at ~** anfangs, zuerst; **from the** [**very**] **~** von Anfang an
❹ *(top-quality product)* Spitzenerzeugnis *nt; (achievement)* Errungenschaft *f;* ***this new surgical technique is a ~ for Britain*** diese neue Operationstechnik sichert Großbritannien einen Spitzenplatz
❺ BRIT UNIV Eins *f,* Einser *m* ÖSTERR, Sechs(er) *f(m)* SCHWEIZ; ***she's got a ~ in English*** sie hat Englisch mit einer Eins [*o* [der Note] ‚sehr gut'] bestanden
❻ AUTO der erste Gang; **to put the car in ~** den ersten Gang einlegen
First [fɜːst, AM fɜːrst] *adj attr, inv* AM **~ baby/cat** Baby *nt*/Katze *f* des Präsidenten; **the ~ couple** der Präsident und die First Lady; **the ~ marriage** die Ehe des Präsidenten
first 'aid I. *n* Erste Hilfe; **to give** [*or* **render**] **sb ~** jdm Erste Hilfe leisten; ***he had to be given ~ for his injuries*** er benötigte Erste Hilfe für seine Verletzungen **II.** *n modifier (room, teacher, treatment)* Erste-Hilfe-; **~ certificate** Erste-Hilfe-Schein *m,* Erste-Hilfe-Ausweis *m* SCHWEIZ **first 'aid box** *n* Verbandskasten *m* **first-'aid·er** *n jd, der Erste Hilfe leistet/leisten kann* **first 'aid kit** *n* Erste-Hilfe-Ausrüstung *f* **first 'base** *n* AM *(in baseball)* erste Base; *(fig)* **to get to ~** etwas erreichen; *(phase one)* erste Stufe; ***his weak proposal won't even make it to ~ with the directors*** sein schwacher Vorschlag kommt bei den Direktoren nicht einmal in die Vorauswahl; *(kiss)* jdn küssen; ***he couldn't even get to ~ with his date*** *(fig)* er konnte bei ihr überhaupt nicht landen *fig* **'first-born I.** *adj* erstgeboren **II.** *n* Erstgeborene(r) *f(m)* **first 'chair** *n* MUS Stimmführer(in) *m(f);* ***she's ~ in the cellos*** sie ist die erste Cellistin **first 'class** *n* erste Kategorie; TRANSP erste Klasse; ECON Klasse A **'first-class I.** *adj* ❶ *(best quality)* Erste[r]-Klasse-; **~ article** Spitzenerzeugnis *nt,* Spitzenprodukt *nt;* **~ compartment** Erste[r]-Klasse-Abteil *nt;* **~ mail** bevorzugt beförderte Post; BRIT [bevorzugt beförderte] Inlandspost; AM Briefpost *f;* **~ restaurant** Restaurant *nt* der Spitzenklasse ❷ *(approv: wonderful)* erstklassig, erstrangig **II.** *adv* erster Klasse; **to travel ~** erster Klasse reisen **first class de·'gree** *n* BRIT *(form)* Spitzenexamen *nt,* erstklassiges Examen **first 'cous·in** *n* Cousin *m*/Cousine *f* ersten Grades **first-day 'cov·er** *n* Ersttagsbrief *m* **first-de·gree 'burn** *n (dated)* Verbrennung *f* ersten Grades **first-de·gree 'mur·der** *n* AM schwerer Mord **first e'di·tion** *n* Erstausgabe *f*
First 'Fleet *n* AUS *(hist) Flotte, mit der die ersten europäischen Einwanderer nach Australien kamen*
first 'fleet·er *n* AUS *(hist) Abkömmling der ersten europäischen Einwanderer in Australien*
first 'floor *n* BRIT *(floor above ground level)* erster Stock, erste Etage; AM *(floor at ground level)* Erdgeschoss *nt,* Parterre *nt* **first 'fruit** *n (fig)* erste Ergebnisse; ART Erstlingswerk *nt;* BIOL Erstlinge *pl* **first 'gear** *n* AUTO erster Gang; **to put a car into ~** in einem Auto den ersten Gang einlegen, ein Auto in den ersten Gang schalten **first gen·e'ra·tion** *n* COMPUT **~ computer** Computer *m* der ersten Generation; **~ image** Quelldokument *nt,* Ursprungsdokument *nt* **'first-hand I.** *adj attr* aus erster Hand *nach n* **II.** *adv* aus erster Hand
first in, first out *n,* **FIFO** ECON, FIN FIFO-Verfahren *nt; (redundancy policy)* Personalpolitik *f* nach der FIFO-Methode; *(accounting policy)* FIFO-Abschreibungsmethode *f;* COMPUT FIFO-Methode *f,* wie eingetroffen
first in, last 'out *n,* **FILO** COMPUT Filo-Methode *f;* TECH, ECON Stapelspeicher *m* **first 'lady** *n* AM ▪**the ~** die First Lady **first 'lan·guage** *n* Muttersprache *f* **first-lev·el ad·'dress** *n* COMPUT Erstadresse *f* **first 'light** *n no pl* Tagesanbruch *m,* Morgengrauen *nt;* ***to wait until ~*** bis zum Tagesanbruch warten; **at ~** bei Tagesanbruch, im Morgengrauen
first·ly ['fɜːs(t)li, AM 'fɜːr-] *adv inv* erstens
first 'mate *n* NAUT Erster Offizier, Erste Offizierin *m, f* **'first name** *n* Vorname *m,* Rufname *m form;* **to call sb by their ~** jdn beim Vornamen nennen [*o* mit dem Vornamen anreden] **'first-name ba·sis** *n no pl* **to be on/get onto a ~** [**with sb**] [jdn] mit dem Vornamen anreden; *(address familiarly)* [mit jdm] per du sein; ***they are on a ~*** sie duzen sich **'first-name terms** *npl* AM ***we are on ~ now*** wir reden uns jetzt mit dem Vornamen an; *(familiar form of address)* wir duzen uns jetzt **first 'night** *n* THEAT Premiere *f,* Uraufführung *f* **first of·'fend·er** *n* LAW Ersttäter(in) *m(f),* nicht Vorbestrafte(r) *f(m)* **first 'of·fic·er** *n* NAUT Erster Offizier/Erste Offizierin **first-past-the-'post** *adj* BRIT ❶ *(winner of race)* Erste(r) *f(m),* Sieger(in) *m(f);* ***my horse was ~*** mein Pferd wurde Erster ❷ POL *(not proportional)* Mehrheits-; **~ electoral system** Mehrheitswahlrecht *nt* **first 'per·son** *n* LING **the ~** [**singular/plural**] die erste Person [Singular/Plural]; **to write in the ~** in der ersten Person schreiben **first 'prin·ci·ples** *npl* Grundprinzipien *pl* **'first-rate** *adj (approv)* erstklassig, hervorragend, ausgezeichnet **first re·'fus·al** *n* LAW Vorkaufsrecht *nt;* ***he has the ~*** er besitzt das Vorkaufsrecht; **right of ~** Vorkaufsrecht *nt;* **to offer** [*or* **give**] **sb the ~ on sth** jdm das Vorkaufsrecht auf etw *akk* einräumen **first 'run·nings** *npl* CHEM Vorlauf *m* **'first school** *n* BRIT Grundschule *f* **first 'ser·geant** *n* AM Hauptfeldwebel *m* **first 'strike** *n* MIL Erstschlag *m* **'first-strike** *adj attr, inv* Erstschlags-; **~ capability** Erstschlagsfähigkeit *f* **first-time 'buy·er** *n jd, der zum ersten Mal ein*

F

eigenes Haus/eine eigene Wohnung kauft **first vio·'lin** *n (first violinist)* erste Geige; *(leader of an orchestra)* Konzertmeister(in) *m(f)*; **to play ~ in an orchestra/a quartet** in einem Orchester/Quartett die erste Geige spielen **First World 'War** *n* Erster Weltkrieg **'first year** *adj attr* UNIV im ersten Studienjahr *nach n*; **to be ~ student** im ersten Jahr seines Studiums sein; **to be ~ med/MBA student** AM Medizin/BWL im ersten Jahr studieren

firth [fɜːθ] *n* SCOT Förde *f*, Meeresarm *m*

'fir tree *n* Tanne *f*

fis·cal ['fɪskəl] *adj inv* ECON, FIN fiskalisch, steuerlich, Finanz-, Steuer-; **~ agent** *Bank, die die technische Abwicklung einer Emission übernimmt*; **~ drag** Progressionsbremse *f*; **~ law** Steuerrecht *nt*; **~ measures** finanzpolitische Maßnahmen; **~ policy** Finanzpolitik *f*

fis·cal ad·'just·ment *n* ECON Haushaltskonsolidierung *f* **fis·cal 'agent** *n* FIN Fiskalagent(in) *m(f)*, Fiscal Agent *m* **fis·cal au'thor·ity** *n* ECON Steuerbehörde *f* **fis·cal 'code** *n* LAW Abgabenordnung *f* **fis·cal 'drag** *n* ECON fiskalpolitische Bremse, Fiscal Drag *m* **fis·cal ex·'pendi·ture** *n no pl* ECON Haushaltsausgaben *pl*

fis·cali·za·tion [ˌfɪskəl(a)ɪ'zeɪʃən, AM -lɪ'-] *n no pl* ECON Budgetierung *f*, Budgetaufstellung *f*

fis·cal 'law *n* Steuerrecht *nt*

fis·cal·ly ['fɪskəli] *adv* fiskalisch; ***raising the interest rates would be ~ unsound at this juncture*** eine Erhöhung der Zinssätze wäre zu diesem Zeitpunkt fiskalpolitisch unklug

fis·cal mo·'nopo·ly *n* POL Finanzmonopol *nt* **fis·cal 'plan·ning** *n no pl* ECON Haushaltsplanung *f* **fis·cal 'poli·cy** *n* FIN Fiskalpolitik *f*, Finanzpolitik *f*, Haushaltspolitik *f* **fis·cal 'rev·enue** *n* ECON Steuereinnahme *f* **fis·cal 'year** *n (for management)* Geschäftsjahr *nt*; *(for public finance)* Haushaltsjahr *nt*, Rechnungsjahr *nt*, Etatjahr *nt*; BRIT *(for taxation)* Steuerjahr *nt*

fish [fɪʃ] **I.** *n* <*pl* -es *or* -> ❶ *(animal)* Fisch *m*
❷ *no pl (as food)* Fisch *m*
❸ *(person)* **a cold ~** ein kalter Fisch *fam o pej*; **an odd** [*or* **queer**] **~** ein komischer Kauz
❹ TECH *(fastener)* Lasche *f*
▸ PHRASES: **to have bigger** [*or* **other**] **~ to fry** Wichtigeres [*o* Besseres] zu tun haben; **to drink like a ~** wie ein Loch saufen *fam*; **there are** [**plenty**] **more ~ in the sea** *(a lot of other people)* es gibt noch andere auf der Welt; *(a lot of other opportunities)* es gibt noch andere Möglichkeiten auf der Welt; **to be a small ~ in a big pond** nur einer von vielen sein; **like a ~ out of water** wie ein Fisch auf dem Trockenen
II. *vi* ❶ *(catch fish)* fischen; *(with rod)* angeln; **to ~ for bass/perch/trout** auf Barsche/Flussbarsche/Forellen angeln *fachspr*, nach Barschen/Flussbarschen/Forellen fischen ÖSTERR, SCHWEIZ
❷ *(look for)* ■**to ~ in sth** in etw *dat* herumsuchen; ***she ~ed in her purse for the keys*** sie kramte in ihrer Handtasche nach den Schlüsseln; ■**to ~ for sth** *(fig)* nach etw *dat* suchen; ***he ~ed for information on her whereabouts*** er ist auf Informationen über ihren Aufenthaltsort aus; **to ~ for compliments** sich *dat* gerne Komplimente machen lassen
▸ PHRASES: **to ~ or cut bait** AM *(decide)* eine Entscheidung fällen; *(marry)* sich *akk* für jdn entscheiden; **to ~ in troubled waters** im Trüben fischen
III. *vt* **to heavily ~ a lake/ocean/sea** einen See/Ozean/ein Meer intensiv befischen
◆**fish out** *vt* ❶ *(fish too much)* ■**to ~ out** ↻ **sth** *with fishing boat* etw leer fischen; *with rod* etw leer angeln
❷ *(remove)* ■**to ~ out** ↻ **sb/sth** jdn/etw herausfischen *fam*; ***the police ~ed another corpse out of the river today*** die Polizei zog heute eine weitere Leiche aus dem Fluss; *(extract/find with difficulty)* ■**to ~ sth out** etw hervorkramen *fam*, etw heraussuchen

fish and 'chips *n esp* BRIT Fisch *m* mit Pommes frites **fish and 'chip shop** *n esp* BRIT Fischimbiss *m* **'fish·bone** *n* [Fisch]gräte *f* **'fish·bowl** *n* AM [Gold]fischglas *nt* **'fish·cake** *n* Fischfrikadelle *f*, Fischlaibchen *nt* ÖSTERR, SCHWEIZ *a.* Fischplätzchen *nt*

fish·er ['fɪʃəʳ, AM ɚ] *n (liter)* Fischer *m*; **~ of men** Menschenfischer *m*

'fish·er·man *n (professional)* Fischer *m*; *(for hobby)* Angler *m* **'fish·er·wom·an** *n* Fischerin *f*

fish·ery ['fɪʃəri] *n (industry)* Fischerei[wirtschaft] *f*; *(fishing)* Fischfang *m*, Fischerei *f*; *(fishing-grounds)* Fischereizone *f*, Fischfanggebiet *nt*; **offshore ~** Küstenfischgründe *pl*

fish-eye 'lens *n* PHOT Fischauge *nt* **'fish farm** *n* Fischzuchtanlage *f* **fish 'fin·ger** *n* BRIT, AUS Fischstäbchen *nt* **'fish-hook** *n* Angelhaken *m*

fish·ing ['fɪʃɪŋ] *n no pl* ❶ *(catching fish)* Fischerei *f*, Fischen *nt*; **salmon ~** Lachsfischen *nt*; *(with rod)* Angeln *nt*
❷ *(looking for)* Suche *f*; **~ for compliments** Suche *f* nach Komplimenten; **~ for information** Informationssuche *f*

'fish·ing boat *n* Fischerboot *nt*, Fischereifahrzeug *nt* **'fish·ing ex·pedi·tion** *n* ❶ *(for industry)* Fangfahrt *f*; *(for sport)* Angelausflug *m* ❷ *(information search)* Recherche *f*; *(under false pretences)* Schnüffeltour *f fam o pej* **'fish·ing gear** *n no pl* Angelausrüstung *f* **'fish·ing grounds** *npl* Fischgründe *pl* **'fish·ing lake** *n* Fischweiher *m* **'fish·ing line** *n* Angelleine *f*, Angelschnur *f* **'fish·ing net** *n* Fisch[er]netz *nt* **'fish·ing pole** *n* AM Angelrute *f* **'fish·ing port** *n* Fischereihafen *m* **'fish·ing rod** *n* Angel[rute] *f* **'fish·ing sea·son** *n (for industry)* Fangsaison *f*; *(for sport)* Angelsaison *f* **'fish·ing smack** *n* Fischkutter *m* **'fish·ing-tack·le** *n no pl* *(for industry)* Fischereigeräte *pl*; *(for sport)* Angelgeräte *pl* **'fish·ing trip** *n* Angeltour *f*, Angelausflug *m* **'fish·ing vil·lage** *n* Fischerdorf *nt*

'fish ket·tle *n* Fischkessel *m* **'fish knife** *n* Fischmesser *nt* **'fish mar·ket** *n* Fischmarkt *m*

'fish·monger *n esp* BRIT Fischhändler(in) *m(f)*; ■**the ~'s** *(shop)* Fischgeschäft *nt*, Fischhandlung *f*; *(at market)* Fischstand *m*

'fish·net *n* ❶ *(net)* Fisch[er]netz *nt* ❷ *no pl (material resembling nets)* Netz *nt* **fish·net 'stock·ings, fish·net 'tights** *npl* Netzstrümpfe *pl* **fish-out-of-'water** *adj attr, inv* ungewohnt; ***it's a ~ story about a couple stranded in Nebraska*** es ist eine Geschichte über ein Paar, das sich plötzlich in Nebraska in einer völlig fremden Umgebung findet **'fish·pond** *n* Fischteich *m* **'fish slice** *n (for frying)* Wender *m*; *esp* BRIT *(for serving)* Fischvorlegemesser *nt* **'fish stick** *n* AM *(fish finger)* Fischstäbchen *nt* **'fish story** *n (about the sea)* Seemannsgarn *nt*; *(tall tale)* Räuberpistole *f* **'fish tank** *n (at home)* Aquarium *nt*; *(public aquarium)* Ozeanarium *nt*; *(for breeding)* Fischteich *m* **'fish·wife** *n (dated or pej)* Fischweib *nt veraltend*, Marktweib *nt meist pej sl*; **to shout/swear like a ~** keifen/fluchen wie ein Marktweib *pej sl*

fishy ['fɪʃi] *adj* ❶ *(tasting of fish)* fischig; **~ smell** Fischgeruch *m*; ***there is a ~ smell in here*** hier riecht es nach Fisch; *(like fish)* fischartig, fischähnlich
❷ *(pej fam: dubious)* verdächtig, zweifelhaft; **~ excuse** faule Ausrede *fam*; ***there is something ~ about that*** daran ist irgendetwas faul *fam*

fis·sile ['fɪsaɪl, AM -sɪl] *adj inv* spaltbar; **~ material** spaltbares Material, Spaltmaterial *nt*

fis·sion ['fɪʃən, AM *also* -ʒ-] **I.** *n no pl* ❶ PHYS [Kern]spaltung *f*, Fission *f fachspr*; **~ energy** Kernspaltungsenergie *f*; **~ product** Spaltprodukt *nt*; **~ threshold** Energieschwelle *f* [der Spaltung]
❷ BIOL [Zell]teilung *f*, Fission *f fachspr*
❸ *(fig: splitting)* Spaltung *f*, Teilung *f*
II. *vi* PHYS sich *akk* spalten; BIOL sich *akk* teilen

fis·sion·able ['fɪʃənəbl̩, AM *also* -ʒ-] *adj inv* spaltbar, spaltfähig

'fis·sion bomb *n* Atombombe *f*

fis·sure ['fɪʃəʳ, AM -ɚ] *n* ❶ *(cleavage)* Spalte *f*, Spalt *m*; *(fig: split)* Riss *m*; *(long split)* Furche *f*
❷ *(deep crack)* tiefer Spalt, tiefe Spalte; *(in glacier)* Gletscherspalte *f*; *(in earth)* Erdspalte *f*
❸ *(tiny crack)* Riss *m*, Sprung *m*; **~ in the rock** Felsspalte *f*
❹ *(fig)* Spaltung *f*; POL **there is a ~ in the party** durch die Partei geht ein Riss

fis·sured ['fɪʃəd, AM ɚd] *adj* gespalten, rissig

fist [fɪst] *n* Faust *f*; **to clench one's ~s** die Fäuste ballen; **to go for sb with one's ~** auf jdn mit geballter Faust losgehen; **to shake one's ~ at sb** jdm mit der Faust drohen
▸ PHRASES: **to make a ~ of sth** *task, career* etw ganz gut meistern

'fist-fight *n* Schlägerei *f*; BOXING Boxkampf *m*

'fist·ful *n* Hand *f* voll; *(fig)* Vielzahl *f*

fisti·cuffs ['fɪstɪkʌfs] *npl (old or hum)* Handgreiflichkeiten *pl*; **to resort to ~** handgreiflich werden; ***the quarrel ended in ~*** der Streit endete in einer Schlägerei; BOXING Boxen *nt*, Faustkampf *m geh*

fit[1] [fɪt] *n* ❶ *(attack)* Anfall *m*; **epileptic ~** epileptischer Anfall
❷ *(brief spell of sickness)* Anfall *m*; **coughing ~** Hustenanfall *m*
❸ *(fig fam: outburst of rage)* [Wut]anfall *m*; **to have** [*or* **throw**] **a ~** einen Anfall bekommen *fam*, Zustände kriegen *fam*
❹ *(burst)* **~ of laughter** Lachkrampf *m*; **to be in ~s of laughter** sich *akk* kaputtlachen *fam*; **to get the audience in ~s** das Publikum zum Lachen bringen
❺ *(caprice, mood)* Anwandlung *f*; **in a ~ of generosity** in einer Anwandlung von Großzügigkeit
▸ PHRASES: **by** [*or* **in**] **~s and starts** *(erratically)* sporadisch; *(in little groups)* stoßweise

fit[2] [fɪt] **I.** *adj* <-tt-> ❶ *(suitable)* geeignet; ***they served a meal ~ for a king*** sie trugen ein königliches Mahl auf; **to be ~ for human consumption** zum Verzehr geeignet sein; **to be ~ for human habitation** bewohnbar sein; **to be no ~ way to do sth** kein geeigneter [*o* tauglicher] Weg sein, etw zu tun; **to be ~ to eat** essbar [*o* genießbar] sein
❷ *(qualified)* geeignet; **that's all sb's ~ for** *(fam)* das ist alles, wozu jd taugt
❸ *(up to)* fähig; ***she's not ~ for this responsibility*** sie ist dieser Verantwortung nicht gewachsen; **to be ~ for military service/the tropics** wehrdienst-/tropentauglich sein; ■**to be** [**not**] **~ to do sth** nicht fähig [*o* in der Lage] sein, etw zu tun; **to be ~ to travel** reisetauglich sein; **to be ~ to work** arbeitsfähig sein
❹ *(appropriate)* angebracht; **to do what one sees** [*or* **thinks**] **~** tun, was man für richtig hält
❺ *(worthy)* würdig; **to be not ~ to be seen** sich *akk* nicht sehen lassen können
❻ *(ready, prepared)* bereit; ■**to be ~ to do sth** nahe daran sein, etw zu tun; **to be ~ to drop** zum Umfallen müde sein
❼ *(healthy)* fit; **to keep ~** sich *akk* fit halten
❽ BRIT *(sl: physically alluring)* geil *sl*
▸ PHRASES: **to be** [**as**] **~ as a fiddle** [*or* BRIT *also* **flea**] *(fam: merry)* quietschvergnügt sein *fam*; *(healthy)* fit wie ein Turnschuh sein *fam*; **to laugh ~ to burst** *(fam)* vor Lachen beinahe platzen *fam*; **to be ~ to be tied** AM [vor Wut] kochen *fam*
II. *n no pl* ❶ FASHION Sitz *m*, Passform *f*; **bad/good/perfect ~** schlechter/guter/tadelloser Sitz; ***these shoes are a good ~*** diese Schuhe passen gut
❷ TECH Passung *f*
III. *vt* <BRIT -tt- *or* AM *usu* -t-> ❶ *(be appropriate)* ■**to ~ sb/sth** sich *akk* für jdn/etw eignen; ***he should ~ the sales job perfectly*** er müsste die Verkäuferstelle perfekt ausfüllen
❷ *(correspond with)* ■**to ~ sth** etw *dat* entsprechen; ***the punishment should always ~ the crime*** die Strafe sollte immer dem Vergehen angemessen sein; ***the key ~s the lock*** der Schlüssel passt ins Schloss; ***the description ~ted the criminal*** die Beschreibung passte auf den Täter; **to ~ sb's plans** in jds Pläne passen
❸ *(make correspond)* ■**to ~ sth to sth** etw etw *dat* anpassen; ***he had to ~ his plans to the circumstances*** er musste sich mit seinen Plänen nach den Gegebenheiten richten
❹ FASHION ■**to ~ sb** jdm passen; **to ~ a dress/a suit**

on sb jdm ein Kleid/ein Kostüm anprobieren [*o* ÖSTERR anpassen]
⑤ *(mount)* ■**to ~ sth** etw montieren; **to ~ a bulb** eine Glühbirne einschrauben
⑥ *(shape as required)* ■**to ~ sth** etw anpassen
⑦ *(position as required)* ■**to ~ sth** etw einpassen
⑧ *(supply)* ■**to ~ sth with sth** etw mit etw *dat* versehen [*o* ausstatten]
▶PHRASES: **to ~ the bill** seinen Zweck erfüllen
IV. *vi* <BRIT -tt- *or* AM *usu* -t-> ① *(be correct size)* passen; FASHION *also* sitzen; **to ~ like a glove** wie angegossen passen [*o* sitzen]; ■**to ~ into sth** in etw *akk* hineinpassen
② *(accord) facts* übereinstimmen, zusammenpassen
③ *(have required characteristics)* ■**to ~ into sth** zu etw *dat* passen; *(adapt)* sich *akk* in etw *akk* einfügen; ***how do you ~ into all this?*** was für eine Rolle spielen Sie in dem Ganzen?
▶PHRASES: **if the shoe** [*or* BRIT *also* **cap**] **~s, wear it** wem der Schuh passt, der soll ihn sich anziehen *fig*
◆**fit in I.** *vi* ① *(get on well in group)* sich *akk* einfügen; **to ~ in with a team** sich *akk* in ein Team einfügen
② *(conform, correspond)* dazupassen; ■**to ~ in with sth** *(match)* zu etw *dat* passen; *(be compatible)* mit etw *dat* vereinbar sein; ***this doesn't ~ in with my plans*** das passt mir nicht in den Plan
II. *vt* ① *(make time for)* ■**to ~ sb** ⊂ **in** jdn einschieben; *(for treatment, talks)* jdm einen Termin geben; ■**to ~ sth** ⊂ **in** etw einschieben; **to ~ sth in one's schedule** etw in seinem Terminkalender unterbringen
② *(put down as)* ■**to ~ sb in** [**somewhere**] jdn [irgendwo] einordnen
◆**fit out** *vt* ■**to ~ sb/sth** ⊂ **out** *(equip)* jdn/etw ausstatten; *(for a purpose, task)* jdn/etw ausrüsten; ***they will ~ her out with a suitable dress*** sie werden sie mit einem passenden Kleid ausstatten
◆**fit up** *vt* ① *(position furnishings somewhere)* ■**to ~ sth** ⊂ **up** *room* etw einrichten
② *(provide necessary equipment)* ■**to ~ sb** ⊂ **up** jdn ausstatten [*o* ausrüsten]
③ BRIT *(sl: frame, rig accusations)* ■**to ~ sb up** jdn anschwärzen *pej fam*
◆**fit together** *vi* zusammenpassen
fit-and-for·'get *adj attr equipment, lighting* wartungsfrei
fit·ful ['fɪtfᵊl] *adj* unbeständig; **~ breath** unregelmäßige Atmung; **~ gusts of wind** vereinzelte Windböen; **~ progress** sprunghafter Fortschritt; **~ sleep** unruhiger Schlaf; **~ weather** unbeständiges [*o* launenhaftes] Wetter; **~ working** stoßweises Arbeiten
fit·ful·ly ['fɪtfᵊli] *adv* unbeständig; ***the wind blew ~*** der Wind blies ab und zu; **to breathe ~** unregelmäßig atmen; **to sleep ~** unruhig schlafen; **to work ~** stoßweise [*o* sporadisch] arbeiten
fit·ment ['fɪtmənt] *n (part of equipment)* Zubehörteil *nt; esp* BRIT *(piece of furniture)* Einrichtungsgegenstand *m*
fit·ness ['fɪtnəs] *n no pl* ① *(competence)* Eignung *f,* Tauglichkeit *f* (**for** für +*akk*); **~ for purpose** ECON Zweckdienlichkeit *f,* Eignung *f*
② *(good health)* Gesundheit *f; (good condition)* Fitness *f;* **physical ~** [körperliche] Fitness
③ *(class)* Fitnesstraining *nt;* **~ class/training** Fitnesstraining *nt*
'fit-out *n* Ausrüstung *f*
fit·ted ['fɪtɪd, AM -t̬ɪd] *adj attr, inv (adapted, suitable)* passend, geeignet; *(tailor-made)* maßgeschneidert; **~ carpet** [*or* **carpeting**] BRIT Teppichboden *m*
fit·ted 'kitch·en *n* BRIT Einbauküche *f* **fit·ted 'sheet** *n* Spannbetttuch *nt,* Spannleintuch *nt* ÖSTERR, Fixleintuch *nt* SCHWEIZ
fit·ter ['fɪtəʳ, AM -t̬ɚ] *n* ① *(tailor's aid)* Zuschneider(in) *m(f)*
② *(person maintaining machinery)* [Maschinen]schlosser(in) *m(f); (of engines)* Monteur(in) *m(f); (of pipes)* Installateur(in) *m(f)*
fit·ting ['fɪtɪŋ, AM -t̬-] **I.** *n* ① *(fixtures)* ■**~s** *pl* Ausstattung *f;* **bathroom ~s** Badezimmereinrichtung *f;* **electric light ~s** Beleuchtungskörper *pl,* Leuchte *f;* BRIT, AUS *(movable furnishing items)* Einrichtungsgegenstände *pl*
② *(of clothes)* Anprobe *f;* ***I'm having the final ~ of my wedding dress today*** ich probiere heute zum letzten Mal mein Hochzeitskleid an
II. *adj (form)* passend, geeignet; ***it is ~ that we should remember those who died*** es schickt sich, dass wir die Toten in Erinnerung behalten; **a ~ comment** eine treffende Bemerkung; **a ~ end** ein passender [Ab]schluss; **a ~ occasion** eine günstige Gelegenheit
fit·ting·ly ['fɪtɪŋli, AM -t̬-] *adv* passend[erweise]; **to behave ~** sich *akk* schicklich benehmen; **to dress ~** sich *akk* passend anziehen; **to end ~** angemessen enden; **to remark ~ that...** treffend bemerken, dass...
five [faɪv] **I.** *adj* ① *(number)* fünf; ***there were ~ of us*** wir waren zu fünft; **the ~ senses** die fünf Sinne *pl; see also* **eight I 1**
② *(age)* fünf; ***a boy of ~*** ein fünfjähriger Junge; *see also* **eight I 2**
③ *(time)* **~ am/pm** fünf Uhr morgens [*o* früh]/nachmittags [*o* siebzehn Uhr]; **half past** [*or* BRIT *fam* **half**] **~** halb sechs; **at ~ thirty** um halb sechs, um fünf [*o* siebzehn] Uhr dreißig; **at ~ forty-five** um Viertel vor sechs [*o* drei viertel sechs]; **to have a ~ o'clock shadow** am Nachmittag bereits wieder einen Bartschatten haben; *see also* **eight I 3**
II. *n* ① *(number, symbol, quantity)* Fünf *f; (group of five)* Fünfergruppe *f; see also* **eight II 1**
② BRIT *(shoe size)* [Schuhgröße] 38; AM [Schuhgröße] 36
③ CARDS Fünf *f;* **~ of clubs/hearts** Kreuz-/Herz-Fünf *f*
④ *(public transport)* **the ~** die Fünf, der Fünfer
⑤ *(greeting)* ***gimme ~!*** *esp* AM *(fam) Aufforderung, zur Begrüßung o nach einem Erfolg die Hand hochzuheben, sodass man mit der eigenen Hand dagegenschlagen kann*
⑥ *(5 minutes)* **to give oneself ~, to have** [*or* **take**] **~** *(fam)* sich *dat* eine kurze Pause genehmigen *hum fam*
⑦ BRIT *(currency note)* Fünfpfundnote *f;* AM *(currency note)* Fünfdollarschein *m*
five-and-'dime, five-and-'dime store *n* AM Billigladen *m* **five-a-side** [ˌfaɪvə'saɪd] SPORT **I.** *n no pl* Fußball *m* mit Fünfermannschaften **II.** *adj* mit fünf Spielern pro Mannschaft **'five·fold I.** *adj* fünffach; ***there has been a ~ fall in the value of money*** das Geld ist nur noch ein Fünftel wert **II.** *adj* fünffach; **to increase ~** um das Fünffache zunehmen, sich *akk* verfünffachen **five-mem·ber·ed 'ring** *n* CHEM Fünfring *m*
fiv·er ['faɪvəʳ, AM -ɚ] *n (fam)* ① BRIT *(£5 note)* Fünfpfundnote *f; (£5)* fünf Pfund
② AM *($5 bill)* Fünfdollarschein *m; ($5)* fünf Dollar
fives [faɪvz] *n + sing vb* BRIT *ein dem Squash ähnliches Spiel*
'fives court *n* BRIT *ein Raum, in dem ein dem Squash ähnliches Spiel gespielt wird*
'five star *adj attr (approv)* Fünf-Sterne-; **~ hotel** Fünf-Sterne-Hotel *nt*
fix [fɪks] **I.** *n* ① *usu sing (fam: dilemma)* Klemme *f fam,* Patsche *f fam;* **to be in a ~** in der Klemme [*o* Patsche] [*o* SCHWEIZ *a.* Tinte] sitzen *fam;* ***this was something of a ~*** es war schon ein Dilemma; ***he's in a real ~ — he's got two meetings booked for three o'clock*** er steckt in einer echten Zwangslage – er hat zwei Besprechungen für drei Uhr eingetragen
② *(sl: dosage of injectable narcotics)* **a ~ of amphetamine** eine Ladung Amphetamine *fam;* **a ~ of cocaine/heroin** ein Schuss *m* Kokain/Heroin *sl*
③ NAUT, AVIAT *(position)* Position *f,* Standort *m; (determination of position)* Standortbestimmung *f,* Ortung *f;* ***do we still have a ~ on that plane?*** haben wir die Position dieses Flugzeuges noch?; **to take a ~ on a plane/ship** ein Flugzeug/Schiff orten
II. *vt* ① *(fasten)* ■**to ~ sth** etw festmachen [*o* befestigen]; ■**to ~ sth to sth** etw an etw *dat* anbringen; **to ~ a picture to the wall** ein Bild an der Wand aufhängen; *(fig)* **to ~ sth in one's mind** sich *dat* etw einprägen; **to ~ the blame on sb** die Schuld auf jdn schieben
② *(decide)* ■**to ~ sth** etw festlegen [*o* festsetzen]; **to ~ a border** [*or* **boundary**]/**a price**/**a time** eine Grenze/einen Preis/eine Zeit festlegen; ***so can we ~ two o'clock tomorrow for the presentation?*** können wir dann die Präsentation für morgen zwei Uhr ansetzen?; ***the rent is ~ed at £750 a month*** die Miete wurde auf 750 Pfund pro Monat festgesetzt
③ *(arrange)* ■**to ~ sth** etw arrangieren; **to ~ a trip** einen Ausflug organisieren
④ *(repair)* ■**to ~ sth** etw reparieren; *(put to rights)* etw in Ordnung bringen; **to ~ a blowout** *esp* AM eine Reifenpanne beheben, einen Platten [*o* SÜDD, ÖSTERR, SCHWEIZ Patschen] richten; **to ~ sb's flat** BRIT jds Wohnung sauber machen
⑤ *(fam: improve appearance of)* ■**to ~ oneself** sich *akk* zurechtmachen; **to ~ one's hair** sich *akk* frisieren
⑥ *esp* AM *(fam: make food ready)* ■**to ~ sth** etw zu essen machen; ***shall I ~ you sth?*** soll ich dir was zu essen machen?
⑦ *(fam: manipulate crookedly)* **to ~ a ballot/a fight/a race** eine Wahl/einen Kampf/ein Rennen manipulieren; **to ~ the jury** die Geschworenen bestechen
⑧ *(sl: take revenge on)* ■**to ~ sb** es jdm heimzahlen *fam*
⑨ *(sl: inject narcotics)* ■**to ~ sth** [sich *dat*] etw spritzen *fam*
⑩ ART, PHOT **to ~ the colour** die Farbe fixieren
⑪ BIOL, MED ■**to ~ sth** etw präparieren
⑫ *(concentrate)* **to ~ one's eyes/one's thoughts on sth** die Augen/seine Gedanken auf etw *akk* richten; ***she could not ~ her thoughts upon anything*** sie konnte keinen klaren Gedanken fassen; ***his eyes were ~ed on the distant yacht*** er hatte den Blick auf die Yacht in der Ferne gerichtet
⑬ *(stare at)* ■**to ~ sb/sth** jdn/etw fixieren [*o* anstarren]; ***he ~ed me with a stare of disapproval*** er durchbohrte mich mit missbilligenden Blicken
⑭ MIL **to ~ the bayonet** das Seitengewehr aufpflanzen
⑮ AM *(fam: sterilize)* **to ~ an animal** ein Tier sterilisieren
III. *vi* ① *(sl) drugs* fixen *fam,* drücken *sl*
② *(fam: make definite)* ■**to ~ on** [*or* **upon**] **sth** sich *akk* auf etw *akk* festlegen
◆**fix up** *vt* ① *(supply)* ■**to ~ sb** ⊂ **up** [**with sth**] jdn [mit etw *dat*] versorgen; ■**to ~ sb** ⊂ **up with sb** [*or* **up sb with sb**] für jdn mit jdm eine Verabredung arrangieren; ***his roommate ~ed him up with a date*** sein Zimmergenosse hat ihm eine Verabredung arrangiert
② *(arrange)* ■**to ~ up sth** etw arrangieren; ***shall we ~ up a time for our next meeting?*** sollen wir eine Zeit für unser nächstes Treffen vereinbaren?
③ *(construct out of necessity)* **to ~ up a tent** ein Zelt aufschlagen
④ *(fam: mend, restore)* ■**to ~ sth** ⊂ **up** etw in Ordnung bringen; **to ~ up a house** ein Haus renovieren
fix·at·ed [fɪk'seɪtɪd, AM -t̬ɪd] *adj pred* fixiert; ■**to be ~ on** [*or* **with**] **sth** auf etw *akk* fixiert sein; ***the boss is ~ with automating the office*** der Chef ist ganz darauf versessen, das Büro zu automatisieren
fixa·tion [fɪk'seɪʃᵊn] *n* ① PSYCH Fixierung *f* (**with** auf +*akk*); **mother ~** Mutterfixierung *f*
② ECON, FIN Fixing *nt*
fixa·tive ['fɪksətɪv, AM -t̬ɪv] *n* Fixiermittel *nt;* **denture ~** Haftcreme *f*
fixed [fɪkst] *adj* ① *inv (unmoving)* fest, unbeweglich; **~ gaze** starrer Blick
② *(unchanging)* fest[gesetzt], unveränderlich; **~ idea** fixe Idee; PSYCH Zwangsvorstellung *f;* **~ opinion** vorgefasste Meinung
③ *(permanent)* fest, beständig; **to be of** [*or* **have**]

no ~ **abode** [*or* **address**] keinen festen Wohnsitz haben

4 *(same amount)* fest; ~ **allowance** fester Zuschuss; ECON Fixum *nt;* ~ **costs** Fixkosten *pl;* ~ **deposit** Festgeld *nt;* ~ **exchange rate** fester Wechselkurs; ~ **income** festes Einkommen, feste Einkünfte; ~ **rate** Festsatz *m;* ~ **rate loan** Festzinskredit *m;* ~ **repayment terms** feste Rückzahlungskonditionen

5 *(decided on)* fest; ~ **plans** feste Pläne; ~ **term** *of a contract* festgesetzte Dauer *(eines Vertrages)*

6 *pred, inv esp* BRIT *(having an appointment)* verabredet; ***can you have dinner with us on Friday? — how are you ~ ?*** kannst du am Freitag zum Essen zu uns kommen? – wie sieht es da bei dir aus? *fam;* ***how are you ~ for Saturday evening?*** hast du am Samstagabend schon etwas vor?

7 *pred, inv (having money)* gut versorgt; ***how are you ~ for cash?*** wie steht's bei dir mit Geld?

fixed 'as·sets *npl,* **fixed 'capi·tal** *n no pl* FIN Anlagevermögen *nt; (unmovable assets)* feste Anlagen **fixed 'charge** *n* ECON, FIN 1 *(costs)* ■ **~s** *pl* Fixkosten *pl,* gleich bleibende Belastungen 2 *(linked to assets)* dingliche Sicherung *(an Grundstücken, Gebäuden oder Maschinen)* **fixed 'costs** *npl* Fixkosten *pl* **fixed-'in·ter·est** *adj* ECON, FIN ~ **agreement** Festzinsvereinbarung *f;* ~ **investments** festverzinsliche Kapitalanlagen; ~ **loan** festverzinsliche Anleihe; ~ **period** Zinsbindungsfrist *f;* ~ **rate** Festzinssatz *m;* ~ **securities** festverzinsliche Werte, Wertpapiere *pl* mit festem Zinssatz

fix·ed·ly ['fɪksɪdli] *adv inv* starr, unbeweglich

fixed-'price *n* ECON, FIN Festpreis *m;* ~ **agreement** Festpreisvereinbarung *f;* ~ **offer for sale** Festpreiszeichnungsofferte *f* **fixed 'star** *n* ASTRON Fixstern *m* **'fixed-term** *adj* ~ **deposits** Festgeldanlagen *pl* **'fixed-wing** *adj attr, inv* AVIAT mit starren Flügeln *nach n*

fix·er ['fɪksəʳ, AM -ɚ] *n* 1 *(fam: person organizing illegally)* Schieber(in) *m(f); (person dealing illegally)* Dealer(in) *m(f)*

2 CHEM Fixiermittel *nt,* Fixierer *m*

3 ECON, FIN Fixer(in) *m(f)*

'fix·er-'up·per I. *n* renovierungsbedürftiges Haus [*o* Gebäude]

II. *adj (fam) property* renovierungsbedürftig

fix·ing ['fɪksɪŋ] *n no pl* ECON, FIN 1 *(regular meeting)* [Preis]feststellung *f;* **gold** ~ Goldfixing *nt*

2 *(illegal agreement)* **price** ~ Preisabsprache *f*

'fix·ing bath *n* PHOT Fixierbad *nt*

'fix·ings *npl* AM *(fam)* Beilagen *pl*

fix·ity ['fɪksəti, AM -ət̬i] *n no pl (form)* Beständigkeit *f;* ~ **of purpose** Zielstrebigkeit *f*

fix·ture ['fɪkstʃəʳ, AM -ɚ] *n* 1 *(immovable object)* Inventarstück *nt,* eingebautes Teil; **bath ~s** Badezimmerarmaturen *pl;* **~s and fittings** bewegliches und unbewegliches Inventar *form;* **light** ~ Lampe *f fam;* TECH Beleuchtungskörper *m;* **to be a permanent** ~ *(fig hum)* zum [lebenden] Inventar gehören *fig hum*

2 *esp* BRIT, AUS *(sporting contest)* [Sport]veranstaltung *f; (with players)* Spiel *nt;* ~ **list** Spielplan *m*

fizz [fɪz] I. *vi* 1 *(bubble)* sprudeln

2 *(make sound)* zischen

II. *n no pl* 1 *(bubbles)* Sprudeln *nt;* ***the tonic water has lost its ~*** in dem Tonic Water ist keine Kohlensäure mehr

2 *(champagne)* Schampus *m fam; (effervescent drink)* Sprudel *m,* kohlensäurehaltiges Getränk ÖSTERR, SCHWEIZ; *(sweet bubbly lemonade)* Brause[limonade] *f veraltend fam,* Limonade *f,* Zitro *nt* SCHWEIZ *veraltend*

3 *(sibilant 's' sound)* Zischen *nt*

fizzi·ness ['fɪzɪnəs] *n no pl* starkes Sprudeln

fiz·zle ['fɪzl] *vi* zischen

◆**fizzle out** *vi fireworks, enthusiasm* verpuffen; *attack, campaign, plan* im Sand verlaufen; *interest* stark nachlassen [*o* zurückgehen]; ***the concert began promisingly but then ~d out*** das Konzert begann viel versprechend, hat die Erwartungen aber nicht erfüllt

fizzy ['fɪzi] *adj (bubbly)* sprudelnd *attr;* **to be** ~ sprudeln; *(carbonated)* kohlensäurehaltig; ~ **drink** Getränk *nt* mit Kohlensäure; *(water)* Sprudel *m,* Mineralwasser *nt* ÖSTERR, SCHWEIZ; *(cola)* Cola *f; (lemonade)* Limonade *f,* Zitro *nt* SCHWEIZ *veraltend*

fjord [fjɔːd, AM fjɔːrd] *n* Fjord *m*

Fla. AM *abbrev of* **Florida**

flab [flæb] *n no pl (pej fam)* Speck *m hum fam,* Fett *nt*

flab·ber·gast ['flæbəgɑːst, AM -ɚgæst] *vt usu passive (fam)* ■ **to be ~ed** völlig platt [*o* SCHWEIZ baff] [*o* ÖSTERR, SCHWEIZ hin und weg] sein *fam;* ***I was ~ed*** mir blieb die Spucke weg *fam*

flab·ber·gast·ed ['flæbəgɑːstɪd, AM -ɚgæst-] *adj (fam)* total von den Socken *fam;* ***she gave me a ~ look*** sie warf mir einen verstörten Blick zu

flab·bi·ness ['flæbɪnəs] *n no pl (pej fam)* 1 *(lack of firmness)* Schlaffheit *f; (fam) of arms, thighs* Wabbeligkeit *f fam*

2 *(fig: ineffectiveness) of a person* Schlappheit *f,* Schwäche *f; of a minister* Konturlosigkeit *f; of a debate* Schwammigkeit *f; of a department* Ineffizienz *f*

flab·by ['flæbi] *adj* 1 *(flaccid)* schwabbelig *fam;* ~ **thighs** wabbelige [Ober]schenkel *fam*

2 *(pej: feeble)* schlapp *fam;* ~ **leadership** kraftlose Führung; *(weak)* schwach; ~ **argument** schwammiges Argument *pej*

flac·cid ['flæksɪd, 'flæsɪd] *adj (form)* 1 *(not firm)* schlaff

2 *(fig: lacking power)* schlapp *fam,* lasch *fam; (weak)* schwach; ~ **performance** schwache Leistung; ~ **rhetoric** schlechte Ausdrucksweise

flack[1] *n no pl (fam)* Medienheini *m fam o pej*

flack[2] *n no pl see* **flak**

flag[1] [flæg] I. *n (flagstone)* [Stein]platte *f; (also for floor)* Fliese *f,* Kachel *f* SCHWEIZ

II. *vt* ■ **to ~ sth** *(pave)* etw mit Steinplatten belegen; *(also for floor)* etw fliesen, etw *akk* plätteln [*o* SCHWEIZ kacheln] [*o* mit Fliesen belegen]

flag[2] [flæg] *n* BOT Schwertlilie *f*

flag[3] [flæg] I. *n* 1 *(pennant, standard)* Fahne *f; (national, on ship)* Flagge *f;* ~ **of truce** Parlamentärflagge *f;* **to fly** [*or* **show**] [*or* **wave**] **the** ~ *(fig)* Flagge zeigen *fig;* **to keep the ~ flying** *(fig)* die Fahne hochhalten *fig;* **to raise** [*or* **hoist**] **a** ~ *(raise a pennant)* eine Fahne hissen; *(raise a national flag)* eine Flagge hissen; **to wave a** ~ eine Fahne schwenken [*o* SCHWEIZ schwingen]

2 *(marker)* Markierung *f; (bookmark)* Lesezeichen *nt,* Buchzeichen *nt* SCHWEIZ; *(tab)* Karteireiter *m*

3 ECON, FIN *Ausdruck der Chartisten für eine Periode der Konsolidierung*

▸PHRASES: **to put out the ~s** [*or* **put the ~s out**] BRIT drei Kreuze machen *fig fam;* ***we won — let's put out the ~s and party*** wir haben gewonnen – jetzt können wir aufatmen und feiern

II. *vt* <-gg-> 1 *(docket, mark)* ■ **to ~ sth** etw markieren [*o* kennzeichnen]; *computer data* etw markieren; ***we'll ~ the records of interest in the database*** wir markieren die betreffenden Datensätze in der Datenbank

2 *(signal to)* **to ~ a taxi** ein Taxi anhalten

III. *vi* <-gg-> *enthusiasm* abflauen; *interest, strength* nachlassen, abnehmen; *child, person* ermüden; *vigour* erlahmen

◆**flag down** *vt* ■ **to ~ down** ○ **sb/sth** jdn/etw anhalten; ***the police ~ged him down for speeding*** die Polizei hat ihn wegen zu hoher Geschwindigkeit angehalten

'flag day *n* BRIT *Tag, an dem für wohltätige Zwecke gesammelt wird* **'Flag Day** *n* AM *Jahrestag der amerikanischen Nationalflagge*

flag·el·lant ['flædʒələnt] *n (form)* 1 REL Flagellant(in) *m(f),* Geißler(in) *m(f)*

2 *(in sex)* Flagellant(in) *m(f)*

flag·el·late ['flædʒəleɪt] *vt (form)* 1 REL ■ **to ~ sb/oneself** jdn/sich geißeln

2 *(in sex)* ■ **to ~ sb** jdn züchtigen; *(with whip)* jdn [aus]peitschen

flag·el·la·tion [ˌflædʒə'leɪʃən] *n no pl (form)* 1 REL Geißelung *f;* PSYCH Flagellation *f fachspr*

2 *(in sex)* Züchtigung *f; (with whip)* [Aus]peitschen *nt*

flag·ging ['flægɪŋ] *adj attr* AM nachlassend, erlahmend *geh;* ~ **sales** Absatzrückgang *m*

flag of con·'veni·ence <*pl* flags of convenience> *n* Billigflagge *f*

flag·on ['flægən] *n (old)* 1 *(serving container)* Kanne *f;* ~ **of wine** Bocksbeutel *m*

2 *(drinking container)* Krug *m*

'flag·pole *n* Fahnenstange *f,* Fahnenmast *m,* Flaggenmast *m*

fla·gran·cy ['fleɪgrən(t)si] *n* 1 *(barefaced audacity)* Schamlosigkeit *f;* ***the ~ of his disregard for authority shocked his parents*** seine schamlose Missachtung jeder Autorität schockierte seine Eltern; *(shameless openness)* Unverhohlenheit *f,* Unverfrorenheit *f*

2 *(shocking horror)* Schändlichkeit *f;* **the ~ of the action/crime** die Ungeheuerlichkeit der Tat/des Verbrechens

fla·grant ['fleɪgrənt] *adj (blatant)* offenkundig; *(unconcealed)* unverhohlen; *(scandalous)* ungeheuerlich; **a ~ breach of trust** ein eklatanter Vertrauensbruch; **a ~ misuse of privilege** ein offenkundiger Missbrauch von Privilegien; **a ~ waste of resources** eine skandalöse Verschwendung von Ressourcen

fla·grant·ly ['fleɪgrəntli] *adv (blatantly)* offenkundig, eklatant; *(unconcealedly)* unverhohlen, unverfroren; *(scandalously)* ungeheuerlich, skandalös

'flag·ship I. *n* 1 *(thing of quality)* Flaggschiff *nt fig,* Aushängeschild *nt fig* 2 *(vessel)* Flaggschiff *nt*

II. *adj attr, inv* führend; ~ **company** Vorzeigeunternehmen *nt;* ~ **model** Topmodell *nt;* ~ **product** Spitzenprodukt *nt;* ~ **store** Hauptgeschäft *nt* **'flag·staff** *n* Fahnenstange *f,* Fahnenmast *m,* Flaggenmast *m*

'flag·stone *n (paving stone)* [Stein]platte *f; (also for floor)* Fliese *f,* Kachel *f* SCHWEIZ

'flag-wav·ing I. *n* Hurrapatriotismus *m pej veraltend*

II. *adj* naiv patriotisch

flail [fleɪl] I. *n* Dreschflegel *m*

II. *vi* heftig um sich *akk* schlagen; ■ **to ~ about** herumfuchteln; **to ~ away at sb/sth** wild auf jdn/etw einschlagen

III. *vt* ■ **to ~ sth** etw dreschen; **to ~ one's arms** wild mit den Armen fuchteln; **to ~ the air/water** [**with one's arms/legs**] [mit den Armen/Beinen] in der Luft/im Wasser herumschlagen

flair [fleəʳ, AM fler] *n no pl (approv)* 1 *(natural talent)* Talent *nt,* Veranlagung *f;* **to have a ~ for sth** für etw *akk* Talent haben; **to have a ~ for music** musikalisch veranlagt [*o* ÖSTERR, SCHWEIZ musikalisch] sein; **to have a ~ for languages** sprachbegabt sein

2 *(panache)* Eleganz *f;* **to dress with** ~ sich *akk* elegant anziehen; **to have** ~ Stil [*o* Geschmack] haben

flak [flæk] *n no pl* 1 *(shooting)* Flakfeuer *nt; (guns)* Flak *f*

2 *(criticism)* scharfe Kritik; **to receive** [*or* **get**] ~ **about** [*or* **for**] **sth** wegen einer S. *gen* unter Beschuss geraten *fig;* **to take** ~ [**from sb**] [von jdm] scharf kritisiert werden; *(significant opposition)* Gegenwehr *f,* Widerstand *m;* **to come** [*or* **run**] **into** ~ auf Gegenwehr [*o* Widerstand] stoßen

flake [fleɪk] I. *n* 1 *of bread* Brösel *m,* Brösmeli *nt* SCHWEIZ *dial; of chocolate* Raspel *f; of metal* Span *m; of pastry* Krümel *m; of plaster* Klümpchen *nt; of wallpaper* Fetzen *m; of wood* Splitter *m;* **~s of skin** [Haut]schuppe *f;* ~ **of snow** Schneeflocke *f;* **soap** ~ Seifenflocke *f*

2 *esp* AM *(pej fam: odd person)* Spinner(in) *m(f) pej fam; (forgetful person)* vergesslicher Mensch; ■ **to be a** ~ vergesslich sein

3 *no pl (sl: cocaine)* Koks *m sl; (crack)* Crack *nt*

II. *vi* 1 *skin* sich *akk* schuppen [*o* schälen]; *paint* abblättern; *wood* absplittern; *plaster* abbröckeln

2 AM *(fam: forget)* nicht dran denken *fam;* ***don't ~!*** denk dran!; *(be absentminded)* zerstreut sein; ***don't***

depend on her — she'll ~ on you every time! verlass dich nicht auf sie — die lässt dich doch sowieso immer im Stich!
③ *(fam: quit, back out)* aussteigen *fam*

◆**flake off** *vi paint* abblättern; *skin* sich *akk* schuppen [*o* schälen]

◆**flake out** *vi (fam)* ① BRIT *(lose consciousness)* umkippen *fam; (pass out)* aus den Latschen kippen *sl*
② BRIT *(fall asleep)* einpennen *sl,* wegschlafen ÖSTERR *fam; (be exhausted)* zusammenklappen; ■**to be ~d out** fix und fertig sein *fam*
③ AM *(fam: forget)* nicht dran denken *fam;* ***don't ~ out!*** denk dran!; *(be absentminded)* zerstreut sein; ***if you promised to do it, don't ~ out on me and forget!*** wenn du es mir versprochen hast, dann vergiss es nicht und denk dran!

'flak jack·et *n* kugelsichere Weste

flaky ['fleɪki] *adj* ① *(with layers)* flockig; *pastry* blättrig; *paint* bröcklig; *skin* schuppig
② *esp* AM *(fam: odd)* verdreht *fam,* merkwürdig; *(eccentric)* exzentrisch, skurril; *(forgetful)* zerstreut, vergesslich
③ COMPUT unberechenbar, launisch

flaky 'pas·try *n no pl* Blätterteig *m*

flam·bé ['flɑ̃(m)beɪ, AM flɑːm'beɪ] **I.** *vt* ■**to ~ sth** etw flambieren
II. *adj after n* flambiert; **steak ~** flambiertes Steak

flam·boy·ance [flæm'bɔɪən(t)s] *n no pl* ① *(extravagance)* Extravaganz *f*
② *(showiness)* Grellheit *f*
③ *(approv: excitement)* Aufregung *f*

flam·boy·ant [flæm'bɔɪənt] *adj* ① *(ostentatious)* extravagant; **~ colours** [*or* AM **colors**] prächtige Farben; **~ gesture** großartige Geste; **~ lifestyle** aufwändiger Lebensstil
② *(conspicuously coloured)* grell; *(showy)* auffällig, auffallend

flam·boy·ant·ly [flæm'bɔɪəntli] *adv* ① *(ostentatiously)* extravagant; ***the theatre set live quite ~*** das Leben im Theatermilieu ist ziemlich hemmungslos
② *(with conspicuous colours)* grell; *(showily)* auffällig; ***she was ~ dressed*** sie war auffallend angezogen

flame [fleɪm] **I.** *n* ① *(fire)* Flamme *f;* **naked ~** offene Flamme; ■**to be in ~s** in Flammen stehen; **to burst into ~** in Brand geraten; **to go up in ~s** in Flammen aufgehen
② *(fig) passion* Flamme *f fig geh,* Feuer *nt; (fig: ardour)* Glut *f geh,* Hitze *f;* **~ of freedom** Freiheitsliebe *f;* **~s of love/lust** Feuer *nt* der Liebe/Lust *fig geh;* **~s of passion** Glut *f* der Leidenschaft *geh*
③ INET beleidigende [*o* ÖSTERR, SCHWEIZ beleidigendes] E-Mail
④ *(dated sl: sweetheart)* Flamme *f fam;* **his old high school ~** seine alte Flamme aus der Schulzeit
⑤ *(failure)* Misserfolg *m*
II. *vi* ① *(blaze)* brennen, lodern; *(be brightly coloured)* leuchten
② *(fig: become red)* glühen; ***her cheeks ~d*** sie errötete; **to ~ red** rot leuchten
③ *(fig: burn with passion)* glühen *fig;* ***seeing the damage made the hatred ~ within her*** als sie den Schaden sah, flammte der Hass in ihr auf
④ AM *(pej fam: act gay)* sich *akk* tuntig aufführen *fam o pej*
III. *vt (sl)* ■**to ~ sb** COMPUT jdn per E-Mail beleidigen

◆**flame up** *vi person* in Wut geraten, aufbrausen; *anger, hate* aufflammen *fig,* auflodern *fig*

fla·men·co [flə'meŋkəʊ, AM -oʊ] **I.** *n* Flamenco *m*
II. *n modifier (cafe, dancer)* Flamenco-; **~ music** Flamenco *m*

'flame·out *n* AM Misserfolg *m* **'flame·proof** *adj* feuerfest, feuersicher; **~ textiles** flammensichere Textilien

flam·er ['fleɪmɚ] *n* AM *(pej fam)* Tunte *f sl o pej*

flame re·'ac·tion *n* CHEM, GEOL Flammprobe *f* **flame re·'sist·ant** *adj* TECH flammwidrig, flammfest **'flame re·tard·ant** *n* Flamm[en]schutzmittel *nt* **'flame-throw·er** *n* MIL Flammenwerfer *m*

flam·ing ['fleɪmɪŋ] **I.** *adj attr* ① *(fig: angry)* glühend; **to fly into a ~ rage** in helle Wut geraten
② *(fig: passionate)* heftig, leidenschaftlich
③ *(bright)* hell; **a ~ orange/red** ein flammendes Orange/Rot
④ *inv* BRIT *(fam!: intensifier)* verdammt *fam;* ***put that down, you ~ idiot*** lass das sein, du Vollidiot! *fam o pej;* ***this ~ pencil always breaks!*** dieser blöde Bleistift bricht dauernd ab! *fam*
⑤ *(pej fam: homosexual)* tuntig
II. *n no pl* INET, COMPUT *heftiges Beleidigen beim Chatten im Internet*

fla·min·go <*pl* -s *or* -es> [flə'mɪŋgəʊ, AM -oʊ] *n* Flamingo *m*

flam·mable ['flæməbl̩] *adj* AM leicht entflammbar [*o* entzündlich]; **highly ~** feuergefährlich

flan [flæn] **I.** *n* ① *(with fruit)* Obsttorte *f; (salty) Pastete mit Käse oder Schinken*
② AM *(custard pie) Kuchen mit einer Füllung aus Vanillepudding; (in slapstick)* Sahnetorte *f,* Cremetorte *f* ÖSTERR, Rahmtorte *f* SCHWEIZ
II. *vt (fam)* ■**to ~ sb** jdn mit Sahnetorte bewerfen, jdm eine Torte ins Gesicht werfen ÖSTERR, jdn torten ÖSTERR

Flan·ders ['flɑːndəz, AM 'flændɚz] *n* Flandern *nt*

flange [flændʒ] *n* ① *(connecting rim)* Flansch *m;* **~ of a pipe** Rohrflansch *m*
② *(around rail wheels)* Spurkranz *m*

flanged [flændʒd] *adj inv* [an]geflanscht; *wheel* mit Radkranz versehen

flank [flæŋk] **I.** *n* ① *(hip to rib area)* Seite *f; (of an animal)* Weiche *f,* Flanke *f*
② MIL Flanke *f,* Flügel *m*
③ *(side)* Seite *f*
II. *vt* ■**to ~ sb/sth** jdn/etw flankieren; ***bodyguards ~ed the president*** der Präsident wurde von Bodyguards flankiert

'flank at·tack *n* MIL Flankenangriff *m*

flan·nel ['flænᵊl] **I.** *n* ① *no pl (fabric)* Flanell *m*
② BRIT *(facecloth, washcloth)* Waschlappen *m*
③ *no pl* BRIT *(fam: verbose hedging)* Geschwafel *nt pej fam,* Gelaber *nt fam o pej*
④ *(trousers)* ■**~s** *pl* Flanellhose *f sing;* AM *(underwear)* Flanellunterwäsche *f kein pl*
II. *vt* <-ll-> BRIT, AUS *(fam)* ■**to ~ sb** *(deceive)* jdn einwickeln *fam; (flatter)* jdm schmeicheln
III. *vi* <-ll-> BRIT, AUS *(fam: deceive)* schummeln *fam,* mogeln *fam; (flatter)* Süßholz raspeln *fam*

flan·nel·ette [ˌflænᵊl'et] *n no pl* Baumwollflanell *m*

flap [flæp] **I.** *vt* <-pp-> **to ~ one's wings** mit den Flügeln schlagen; *(in short intervals)* mit etw *dat* flattern
II. *vi* <-pp-> ① *(fly)* flattern; ***the geese have ~ped slowly out of sight*** die Gänse sind langsam davongeflattert; *wings* schlagen; *door* klappern
② *(flutter)* flattern; ***the sails ~ped in the wind*** die Segel flatterten im Wind
③ *esp* BRIT *(pej fam: fuss)* sich *akk* aufregen, die Nerven verlieren; ***don't ~!*** reg dich nicht auf!; ■**to ~ about** [*or* **around**] nervös auf und ab laufen, SCHWEIZ *a.* herumtigern
III. *n* ① *(flutter)* Flattern *nt; (with wings)* Flügelschlag *m,* Flattern *nt*
② *(noise)* Flattern *nt*
③ *(overlapping part) of cloth* Futter *nt; of shoe* Lasche *f;* **~ of flesh** Fleischfetzen *m;* **pocket ~** Taschenklappe *f;* **~ of skin** Hautlappen *m*
④ AVIAT Landeklappe *f*
⑤ *(pej fam: commotion)* helle Aufregung; *(panic)* Panik *f;* ■**to be in a ~** schrecklich aufgeregt sein *fam;* **to get in** [*or* **into**] **a ~** sich *akk* furchtbar aufregen *fam;* ***what was the big ~ about?*** warum waren denn alle so aus dem Häuschen? *fam*
▸PHRASES: **to cause a ~** [einen Sturm der] Entrüstung auslösen

flap·jack ['flæpdʒæk] *n* ① *esp* BRIT, AUS *(chewy cake)* Haferkeks *m*
② *esp* AM *(pancake)* Pfannkuchen *m,* Palatschinke *f* ÖSTERR, Omelette *f* SCHWEIZ

flap·per ['flæpəʳ, AM -ɚ] *n (fam or dated) emanzipierte Frau der 20er-Jahre*

flare [fleəʳ, AM fler] **I.** *n* ① *(fire)* Aufflackern *nt kein pl,* Auflodern *nt kein pl; (light)* Lichtschein *m*
② *(light signal)* Lichtsignal *nt; (smoke and fire signal)* Leuchtfeuer *nt*
③ *(signalling device)* Leuchtrakete *f; (from pistol)* Leuchtkugel *f*
④ *usu sing (wide area)* ausgestellter Schnitt; *(of trousers)* Schlag *m*
⑤ *(bell-bottoms)* ■**~s** *pl* Schlaghose *f sing*
II. *vi* ① *(burn up)* aufflammen, auflodern; *(light up)* aufleuchten, aufblitzen
② *(broaden at end) trousers, skirt* aufweiten
③ *(open more)* sich *akk* blähen; ***the horse's nostrils ~d*** die Nüstern des Pferdes blähten sich
III. *vt* ① *(widen at end)* **to ~ a skirt/sleeves/trouser legs** einen Rock/Ärmel/Hosenbeine ausstellen
② *(open)* **to ~ one's nostrils** die Nasenflügel aufblähen

◆**flare up** *vi* ① *(become alight)* aufflammen, auflodern
② *(fig: intensify)* aufflammen *fig,* auflodern *fig,* aufflackern *fig;* ***violence ~d up again*** Gewalt flammte wieder auf
③ *(fig: rise)* ausbrechen; ***once tempers have ~d up they seem to take hours to cool down*** wenn sich die Gemüter erst einmal erhitzt haben, dauert es Stunden, bis sie sich wieder beruhigen; *(burst with anger)* aus der Haut fahren *fam*
④ *(fig: get mad)* aufbrausen
⑤ *(fig: break out) disease, epidemic* [wieder] ausbrechen

flared [fleəd, AM flerd] *adj skirt, sleeve* ausgestellt; *trousers* mit Schlag

'flare-up *n* ① MIL Auflodern *nt fig,* Aufflammen *nt fig,* Aufflackern *nt fig;* **the ~ of protests/riots/violence** das Ausbrechen der Proteste/Unruhen/Gewalt; ***they hoped another ~ wouldn't disturb the peace process*** sie hofften, dass der Friedensprozess nicht durch weitere Unruhen gestört wird
② MED [erneuter] Ausbruch; ***he had a ~ of his old back injury*** sein altes Rückenleiden brach wieder aus

flash [flæʃ] **I.** *n* <*pl* -es> ① *(light)* [Licht]blitz *m,* Aufblitzen *nt kein pl,* Aufleuchten *nt kein pl; of jewellery, metal* [Auf]blitzen *nt kein pl,* [Auf]blinken *nt kein pl;* **~ of light** Lichtblitz *m;* **~ of lightning** Blitz *m;* **to give sb a ~** AUTO jdm Lichthupe machen *fam*
② *(flame) of an explosion* Stichflamme *f*
③ *(fig: feeling)* Blitz *m;* **~ of anger/temper** Wut-/Temperamentsausbruch *m;* **~ of hope** Hoffnungsstrahl *m;* **~ of inspiration** [*or* **wit**] Geistesblitz *m;* **~ of intuition** plötzliche Eingebung; **~ of pity** Aufwallung *f* von Mitleid
④ *(glimpse)* **to catch a ~ of sth** einen Blick von etw *dat* erhaschen; **to give sth a ~** einen Blick auf etw *akk* werfen
⑤ *(moment)* Augenblick *m,* Moment *m;* **for a ~** einen Augenblick [*o* Moment] lang
⑥ MEDIA *(bulletin)* Kurzmeldung *f*
⑦ AM ELEC *(fam: lamp)* Taschenlampe *f*
⑧ PHOT *(light)* Blitz *m,* Blitzlicht *nt;* **a built-in ~** ein eingebauter Blitz; **to use a ~** [**for sth**] [etw] blitzen [*o* mit Blitzlicht fotografieren]
⑨ BRIT MIL *(insignia)* [Uniform]besatz *m,* [Uniform]abzeichen *nt meist pl,* [Kragen]spiegel *m meist pl,* [Schulter]streifen *m meist pl*
⑩ FILM, TV *(insert)* [kurze] Einblendung *fachspr; (interference)* [kurzzeitige] Bildstörung *fachspr*
⑪ MECH, TECH *(excess material)* [starker] Grat, überfließendes Material *fachspr; in casting* Gussgrat *m fachspr; in forging* Schmiedegrat *m fachspr; in pressing* Pressgrat *m fachspr*
⑫ MED *(sl: effect) drug addict* Flash *m sl*
⑬ *(fam)* Großspurigkeit *f*
▸PHRASES: **to be back in a ~** sofort [*o* gleich] wieder da sein; **in a ~** in Sekundenschnelle, im Nu [*o* Handumdrehen]; **like a ~** blitzartig, wie der Blitz; **a ~ in the pan** *(pej: short-lived effect)* ein Strohfeuer *nt pej,* eine Eintagsfliege *pej; (miss)* ein Schuss *m* in

F

den Ofen *pej fam; (sl: in sexual act)* unvollendeter Quickie *fam;* **quick as a** ~ blitzschnell, wie ein geölter Blitz
II. *adj (esp pej fam)* ❶ *(showy) clothing* [sehr] auffällig, protzig *pej fam;* **a** ~ **car** ein protziges Auto *pej fam;* ~ **outfit** protzige Aufmachung
❷ *(pretentious)* großspurig, großkotzig *pej fam;* **a** ~ **Harry** BRIT ein Protz [*o pej fam* feiner Pinkel] [*o pej sl* Großkotz] *m*
III. *vt* ❶ *(signal)* **to** ~ **a light** ein Licht aufleuchten lassen; **to** ~ **a light at sb** *(in a car)* jdm Lichthupe machen *fam; with a torch* jdn anleuchten; **to** ~ **a message** eine Nachricht blinken; **to** ~ **a mirror** [**at sb**] [jdn] mit einem Spiegel blenden
❷ *(look)* **to** ~ **a glance/smile at sb** jdm einen Blick/ein Lächeln zuwerfen
❸ *(communicate)* ▪**to** ~ **sth** *message, news* etw übermitteln [*o* durchgeben]
❹ *(fig pej fam: show)* ▪**to** ~ **sth about** [*or* **around**] *one's car, success* mit etw *dat* protzen; **to** ~ **one's money around** mit dem Geld [nur so] um sich *akk* werfen, den reichen Mann markieren *pej fam;* **to** ~ **a credit card/money/a wallet** eine Kreditkarte/Geld/eine Brieftasche zücken *fam*
IV. *vi* ❶ *(shine)* blitzen; AUTO Lichthupe machen; ***the lightning*** ~***ed*** es blitzte; ***Jane's eyes*** ~***ed with rage*** Janes Augen funkelten vor Zorn
❷ *(fig: appear)* kurz [*o* plötzlich] auftauchen; ***a smile*** ~***ed across her face*** ein Lächeln huschte über ihr Gesicht; ***a thought*** ~***ed through her mind*** ein Gedanke schoss ihr durch den Kopf; ***my whole life*** ~***ed before me*** mein ganzes Leben lief im Zeitraffer vor mir ab
❸ *(move)* ▪**to** ~ **by** [*or* **past**] vorbeirasen *fam,* vorbeiflitzen *fam;* ***the time is just*** ~***ing past*** die Zeit rast nur so dahin
❹ *(fam: expose genitals)* ▪**to** ~ [**at sb**] *male* sich *akk* [jdm] exhibitionistisch zeigen
◆ **flash back** *vi in memory* [plötzlich] wiederkommen; ▪**to** ~ **back to sth** sich *akk* plötzlich [wieder] an etw *akk* erinnern
'flash·back *n* ❶ FILM, LIT Flashback *m fachspr,* Rückblende *f fachspr* ❷ CHEM *(flame)* [Flammen]rückschlag *m,* [Flammen]durchschlag *m fachspr;* ELEC *in rectifier* Rückzündung *f,* Durchzündung *f fachspr* **'flash·bulb** *n* PHOT Blitz[licht]lampe *f,* Blitzlicht *nt* **'flash card** *n* SCH Zeigekarte *f* **'flash cube** *n* PHOT Blitzwürfel *m*
flash·er ['flæʃəʳ, AM -ɚ] *n* ❶ AUTO *(device)* Lichthupe *f fachspr; (signal)* Lichthupensignal *nt*
❷ *(fam: exhibitionist) male* Exhibitionist *m,* Blitzer *m fam,* Flitzer *m* SCHWEIZ *fam*
flash 'es·ti·mate *n* FIN Blitzprognose *f* **flash 'flood** *n* flutartige Überschwemmung, Sintflut *f fig fam* **'flash-fry** *vt* **to** ~ **a steak** ein Steak kurz [an]braten **'flash·gun** *n* PHOT Blitzlicht *nt,* Metallpolizist *m* SCHWEIZ *fam,* [Elektronen]blitz[licht]gerät *nt fachspr* **'flash-heat** *vt* ▪**to** ~ **sth** etw blitzschnell erhitzen
flashi·ly ['flæʃɪli] *adv (esp pej fam)* ❶ *(showily)* [sehr] auffällig, protzig *pej fam;* ~ **dressed** auffällig gekleidet
❷ *(pretentiously)* großspurig *pej,* großkotzig *pej fam;* **to act** [*or* **behave**] ~ großspurig [*o* großkotzig] auftreten, sich *akk* protzig geben
flashi·ness ['flæʃɪnəs] *n no pl (esp pej fam)* ❶ *(showiness) of appearance, clothing* [übertriebene] Auffälligkeit, Protzigkeit *f pej fam*
❷ *(pretentiousness) of behaviour* Großspurigkeit *f pej,* Großkotzigkeit *f pej fam*
flash·ing ['flæʃɪŋ] **I.** *n* ARCHIT Dichtungsblech *nt fachspr*
II. *adj inv* aufleuchtend, [auf]blinkend; *lightning* zuckend
'flash·light *n* ❶ *(signal)* Blinklicht *nt; in lighthouse* Leuchtfeuer *nt* ❷ AUTO *(device)* Blinklicht *nt,* Lichthupe *f fachspr; (lamp)* Scheinwerfer *m,* Suchlicht *nt fachspr* ❸ PHOT *(artificial light)* Blitzlicht *nt fachspr* ❹ *esp* AM *(torch)* Taschenlampe *f* **'flash·point** *n* ❶ CHEM Flammpunkt *m fachspr* ❷ *(fig: stage)* Siedepunkt *m,* Höhepunkt *m* ❸ *(fig: situation)* kritische Lage ❹ *(fig: trouble spot)* Unruheherd *m,* Krisenherd *m,* Pulverfass *nt fam*
flashy ['flæʃi] *adj (esp pej fam)* ❶ *(showy)* [sehr] auffällig, protzig *pej fam;* ~ **jewellery** protziger Schmuck
❷ *(pretentious)* großspurig *pej,* großkotzig *pej fam;* ~ **people** Schickimickis *pl pej fam,* Schickeria *f kein pl pej fam*
flask [flɑːsk, AM flæsk] *n* ❶ *(bottle) for liquids* [bauchige] Flasche; *for wine* Ballonflasche *f; for spirits* Flachmann *m fam; for carrying* kleine Flasche, Taschenflasche *f; for travelling* Feldflasche *f,* Reiseflasche *f;* **thermos** ~ Thermosflasche® *f,* Thermoskrug *m* SCHWEIZ; **a** ~ **of whisky** ein Fläschchen *nt* Whisky
❷ CHEM [Glas]kolben *m,* [Glas]ballon *m,* Destilliergefäß *nt fachspr;* **conical** [*or* **Erlenmeyer**] ~ Erlenmeyerkolben *m fachspr;* **flat-bottomed** ~ Stehkolben *m*
❸ *(container) for gunpowder* Pulverflasche *f,* Pulverhorn *nt; for nuclear fuel, radioactive waste* Transportbehälter *m,* Kastor *m fachspr;* **vacuum** ~ Vakuumkolben *m fachspr*
❹ MECH, TECH *(frame) in casting* [Form]kasten *m fachspr*
flat[1] [flæt] **I.** *adj* <-tt-> ❶ *(not raised, horizontal) inclination* flach; *(even) floor, ground* flach; *ground, path, territory* eben; *face, nose* platt; ***people used to believe that the earth was*** ~ früher glaubten die Menschen, die Erde sei eine Scheibe; ~ **hand** flache [*o* offene] Hand; ~ **heel/shoe** flacher Absatz/Schuh; **to be** [**as**] ~ **as a pancake** *ground* topfeben [*o* ÖSTERR brettleben] sein; *(fam) woman* flach wie ein [Bügel]brett sein *fam;* ~ **roof** flaches Dach, Flachdach *nt*
❷ *(shallow) cup, plate* flach
❸ *(smooth)* glatt; *surface* eben
❹ *attr, inv (fig: absolute)* entschieden, kategorisch, glatt *fam;* **to be met with** ~ **denial** [*or* **refusal**] auf entschiedene [*o fam* glatte] Ablehnung stoßen, rundweg abgelehnt werden *fam*
❺ *(also fig pej: dull)* langweilig, lahm *pej fam,* öd[e] *pej fam; of conversation, writing* geistlos, flach *pej*
❻ *(monotone) voice* ohne Modulation *nach n,* ausdruckslos *pej;* LIT *(lacking delineation) character* eindimensional *fachspr,* einfach gestrickt *fam; (lacking depth, contrast) of a photo, picture* flach, kontrastarm
❼ *(not shiny) of colour, paint, varnish* matt, stumpf
❽ *(tasteless) cooking* fad[e]; *drinks* schal, abgestanden; **to go** ~ schal werden
❾ BRIT, AUS *(exhausted) battery* leer
❿ *(deflated)* platt; ~ **tyre** platter Reifen, Plattfuß *m fam,* Patschen *m* ÖSTERR *sl,* Platten *m* SCHWEIZ
⓫ COMM, ECON *(not active) business, market prices* flau, lustlos *fachspr;* ~ **market** flauer [*o* ruhiger] Markt, lustlose Börse
⓬ *pred* AM *(fam: without funds)* pleite *fam*
⓭ MUS *(lower in pitch) note* [um einen Halbton] erniedrigt; *key* mit B-Vorzeichen *nach n; (below intended pitch) string, voice* zu tief [gestimmt]; **E** ~ **major** Es-Dur
⓮ *attr, inv* COMM *(fixed)* einheitlich, Einheits-, Pauschal-; ~ **charge** Pauschale *f fachspr;* ~ **fee** Pauschalgebühr *f,* Pauschalhonorar *nt fachspr;* ~ **price/tariff** Einheitspreis/Einheitstarif *m fachspr;* ~ **rate** Einheitssatz *m,* Pauschalsatz *m fachspr;* ~ **yield** Umlaufrendite *f*
▶ PHRASES: **and <u>that's</u>** ~ und dabei bleibt es [*o fam* damit basta]
II. *adv* <-tt-> ❶ *(horizontally)* flach; **to fall** ~ **on one's face** der Länge nach hinfallen, ÖSTERR, SCHWEIZ *a.* auf die Nase fallen *fam;* **to lie** ~ **on one's back** flach [*o* lang hingestreckt] auf dem Rücken liegen
❷ *(levelly)* platt; **to fold sth** ~ *napkin, sheet* etw zusammenfalten; *ironing, napkin, tablecloth* etw zusammenlegen; *deckchair* etw zusammenklappen; **to knock** [*or* **lay**] **sth** ~ *building, wall* etw plattwalzen [*o* einebnen] [*o a. fig* dem Erdboden gleichmachen]
❸ *inv (fam: absolutely)* rundheraus, glattweg; ***she told him*** ~ ***that she would not go to the show*** sie sagte ihm klipp und klar, dass sie nicht zu der Show gehen werde; **to be** ~ **against the rules** eindeutig gegen die Regeln verstoßen
❹ *inv (fam: completely)* völlig, total *fam;* **to be** ~ **broke** total [*o* völlig] pleite [*o* ÖSTERR *a.* abgebrannt] sein *fam;* **to be** ~ **out** völlig alle [*o* total erledigt] sein [*o* ÖSTERR *a.* hin] *fam*
❺ *(fam: exactly)* genau
❻ MUS *(below intended pitch) sing, play* zu tief
▶ PHRASES: **to <u>fall</u>** ~ *(fail) attempt, effort* scheitern, danebengehen *fam; stage performance* durchfallen; *joke* nicht ankommen *fam;* **in no <u>time</u>** ~ *(fam)* in Sekundenschnelle [*o fam* null Komma nichts]
III. *n* ❶ *(level surface)* flache Seite; *of a knife, sword* Breitseite *f;* ~ **of the hand** Handfläche *f;* ***he hit me with the*** ~ ***of his hand*** er schlug mich mit der flachen Hand
❷ *(level ground)* Fläche *f,* Ebene *f;* ***most of the path is on the*** ~ der größte Teil des Weges ist eben
❸ GEOG *(land)* Flachland *nt,* Niederung *f fachspr;* ▪**the** ~**s** *pl ground* die Ebenen *pl fachspr; seafloor* die Untiefen *pl,* die Sandbänke *pl fachspr;* **the mud** ~**s** *pl* die Sumpfebene *sing fachspr;* **the salt** ~**s** *pl* die Salzwüste *sing fachspr*
❹ MUS *(sign)* Erniedrigungszeichen *nt fachspr,* b *nt; (tone)* [um einen halben Ton] erniedrigter Ton *fachspr*
❺ BRIT SPORT *(horse race)* Flachrennen *nt fachspr; (season)* Saison *f* für Flachrennen
❻ THEAT *(scenery)* Schiebewand *f,* Kulisse *f fachspr*
❼ *esp* BRIT, AUS *(tyre)* Platte(r) *m,* Plattfuß *m fam,* Patschen *m* ÖSTERR, Platten *m* SCHWEIZ
flat[2] [flæt] *n* BRIT, AUS [Etagen]wohnung *f,* Mietwohnung *f;* **company** ~ Firmenwohnung *f,* Dienstwohnung *f;* ▪~**s** *pl* Wohnblock *m,* Mietblock *m,* Mehrfamilienhaus *nt* SCHWEIZ
'flat-bot·tomed *adj attr, inv* NAUT *boat* flach, mit Flachkiel *nach n* **'flat·car** *n* RAIL Flachwaggon *m* **flat-'chest·ed** *adj attr, inv woman* flachbrüstig, flachbusig **flat 'fee** *n* Pauschalgebühr *f* **flat 'feet** *npl* MED, ANAT Plattfüße *pl* **'flat·fish** *n* Plattfisch *m* **flat-'foot·ed** *adj* ❶ *attr, inv* ANAT, MED plattfüßig *fachspr;* **to be** ~ Plattfüße haben ❷ *attr, inv* AM *(explicit)* entschieden, kategorisch; **a** ~ **denial** eine entschiedene Ablehnung ❸ *(unskilful)* linkisch, unbeholfen, plump *pej;* ~ **style** schwerfälliger Stil
▶ PHRASES: **to <u>catch</u> sb** ~ *(fam)* jdn [völlig] umhauen
'flat·head *n* ❶ *(fish)* Platy *m* ❷ <*pl* - *or* -s> AM *(Indian tribe)* ▪**the F**~ die Flachkopf-Indianer *pl* ❸ AM *(sl: stupid person)* Flachkopf *m pej fam,* ÖSTERR A., SCHWEIZ Schwachkopf *m pej fam*
'flat-hunt·ing *n no pl* BRIT Wohnungssuche *f*
'flat iron *n (hist)* Bügeleisen *nt*
flat·let ['flætlət] *n* BRIT Kleinwohnung *f,* kleine Mietwohnung *f*
flat·ly ['flætli] *adv* ❶ *(dully)* ausdruckslos, lahm *pej fam*
❷ *inv (absolutely)* kategorisch, glatt[weg]; **to** ~ **deny sth** etw strikt leugnen
'flat·mate *n* BRIT Mitbewohner(in) *m(f)*
flat·ness ['flætnəs] *n no pl* ❶ *(horizontality) of an inclination, roof* Flachheit *f; (levelness) of a ground, territory, track* Ebenheit *f; (evenness) of a face, nose* Plattheit *f; of a heel, shoe* Flachheit *f; (smoothness) of a rug, surface* Glätte *f*
❷ *(absoluteness) of a denial, refusal* Entschiedenheit *f,* Deutlichkeit *f*
❸ *(also fig pej: dullness) of a conversation, performance* Langweiligkeit *f,* Geistlosigkeit *f,* Flachheit *f pej; of a joke, remark* Geschmacklosigkeit *f,* Abgeschmacktheit *f; of a colour, paint, varnish* Mattheit *f,* Stumpfheit *f; of a photo, picture* Flachheit *f,* Kontrastmangel *m; of a voice* Klanglosigkeit *f,* Tonlosigkeit *f;* LIT *of a character* Eindimensionalität *f fachspr*
❹ *(tastelessness) of food* Fadheit *f; of drinks* Schalheit *f,* Abgestandenheit *f*
❺ ECON *(inactivity) of business, a market* Flauheit *f,* Lustlosigkeit *f fachspr*
flat 'out *adv (fam)* ❶ AM *(absolutely)* total, völlig, glattweg *fam;* **to be** ~ **mad** völlig ausgerastet sein *fam*

❷ *(vigorously)* voll, mit Volldampf *fam,* volle Pulle *sl;* **to tackle sth ~** voll an etw *akk* rangehen, voll in etw *akk* hineinschmeissen SCHWEIZ *fam;* **to work ~** mit Volldampf [*o* volle Pulle] arbeiten
❸ *(fast)* mit Vollgas; **to drive ~** mit Vollgas fahren
flat-'out *adj* AM *(fam)* ❶ *(absolute)* total, völlig, glatt *fam;* **a ~ lie** eine glatte Lüge; **~ madness** totaler Wahnsinn
❷ *(vigorous)* mit voller Kraft [*o* vollem Einsatz] *nach n;* **a ~ commitment** volles Engagement; **to make a ~ effort** alles geben *fam*
❸ *(fast)* mit Vollgas *nach n fam;* **to drive at ~ speed** mit Vollgas fahren
'flat-pack *adj attr furniture* zur Selbstmontage *nach n,* im Flachkarton *nach n* **'flat pan·el, 'flat screen** I. *n (monitor)* Flachbildschirm *m;* TV Fernsehgerät *nt* mit Flachbildschirm
II. *n modifier (monitor, display)* Flachbildschirm-, mit Flachbildschirm *nach n;* **15-inch ~ monitor** 15-Zoll-Flachbildschirm *m* **flat 'rate** *n* Pauschalsatz *m*
flats [flæts] *npl* flache Schuhe
'flat screen *n* Flachbildschirm *m*
flat·ten ['flætᵊn] *vt* ❶ *(level)* ■**to ~ sth** *roof, slope* etw flach machen [*o* abflachen]; *ground, path, road* etw eben machen [*o* planieren]; *dent* etw ausbeulen; *board, cloth, surface* etw glätten; ***he folded the bag and ~ed it*** er faltete die Tüte und strich sie glatt; ■**to ~ oneself against sth** sich *akk* platt gegen etw *akk* drücken
❷ *(knock down)* ■**to ~ sth** *building, wall* etw einebnen [*o fam* plattwalzen] [*o a. fig* dem Erdboden gleichmachen]; **to ~ a tree** *storm* einen Baum umlegen [*o* umknicken]; ■**to ~ sb** *(fam) boxer, wrestler* jdn niederstrecken [*o* flachlegen]; *(fig: defeat)* jdn fertigmachen *fam; (fig: depress)* jdn niederschmettern [*o* am Boden zerstören]
❸ MUS **to ~ a note** eine Note [um einen Halbton] erniedrigen; **to ~ a string** eine Saite tiefer stimmen
◆**flatten out** I. *vi* ❶ *(become flatter) inclination* flach[er] werden; *ground, path* eben[er] werden
❷ AVIAT *(fly level) plane* sich *akk* fangen, ausschweben
❸ *(stabilize) demand, inflation* sich *akk* abflachen; *prices, numbers* auf dem gleichen Stand [*o* unverändert] bleiben
II. *vt* ❶ *(make flatter)* ■**to ~ out** ↔ **sth** etw ebnen; *blanket, map, tablecloth* etw ausbreiten; *dent* etw ausbeulen; *paper, bag* etw glatt streichen
❷ *(make equal)* **to ~ out a difference/variation** eine Differenz/Abweichung ausgleichen
flat·ter¹ ['flætəʳ, AM -t̬ɚ] *vt* ❶ *(praise)* ■**to ~ sb** jdm schmeicheln; **to feel ~ed** sich *akk* geschmeichelt fühlen
❷ *(also euph: represent favourably)* ■**to ~ sb** jdm schmeicheln *euph,* jdn gut aussehen lassen; ***the photo ~s her*** das Foto schmeichelt ihr
❸ *(show to advantage)* ■**to ~ sth** *lips, nose, skin* etw [gut] zur Geltung bringen; ***short skirts don't ~ me*** kurze Röcke stehen mir nicht
❹ *(pej: imagine)* ***don't ~ yourself!*** bilde dir ja nichts ein!; ■**to ~ oneself** [**that**] ... sich *dat* etw [darauf] einbilden, [dass] ... *pej;* ***you're ~ing yourself if you think she'll go out with you*** du machst dir selbst etwas vor, wenn du denkst, dass sie mit dir ausgeht
▶PHRASES: **to ~ to <u>deceive</u>** einen falschen Eindruck erwecken, ein falsches Bild geben
flat·ter² ['flætəʳ, AM -t̬ɚ] *adj comp of* **flat**
flat·tered ['flætəd, AM -t̬ɚd] *adj* geschmeichelt; **to be ~** sich *akk* geschmeichelt fühlen
flat·ter·er ['flætᵊrəʳ, AM -t̬ɚɚ] *n* Schmeichler(in) *m(f)*
flat·ter·ing ['flætᵊrɪŋ, AM -t̬ɚ-] *adj* ❶ *(complimentary)* schmeichelhaft, schmeichlerisch *pej;* **~ remarks/words** schmeichlerische [*o* schmeichelhafte] Bemerkungen/Worte; **in a ~ voice** in schmeichlerischem Ton
❷ *(also euph: enhancing)* schmeichelhaft *a. euph,* vorteilhaft; ***that suit is very ~*** dieser Anzug steht Ihnen gut
flat·ter·ing·ly ['flætᵊrɪŋli, AM 'flæt̬] *adv* schmeichelhaft
flat·tery ['flætᵊri, AM -t̬əri] *n no pl* Schmeicheleien *pl*
▶PHRASES: **~ will <u>get</u> you nowhere** *(prov)* mit Schmeicheleien erreicht man nichts
'flat-top *n* ❶ AM *(fam: aircraft carrier)* Flugzeugträger *m* ❷ *(sl: man's hairstyle)* Rappo *m fam* **flat T'V** *n* Fernsehgerät *nt* mit Flachbildschirm
flatu·lence ['flætjələn(t)s, AM 'flætʃə-] *n no pl (form)* ❶ MED Blähung[en] *f[pl],* Flatulenz *f fachspr;* **to cause ~** Blähungen verursachen; **to suffer from ~** an Blähungen leiden, Blähungen haben
❷ *(fig pej: pretentiousness) of style* Schwülstigkeit *f pej; of rhetoric, speech* Aufgeblähtheit *f pej*
flatu·lent ['flætjələnt, AM 'flætʃə-] *adj (form)* ❶ MED blähend *attr,* flatulent *fachspr;* **to become ~** an Blähungen leiden, Blähungen haben
❷ *(fig pej: pretentious) style* schwülstig *pej; rhetoric, speech* aufgebläht *pej*
'flat·ware *n no pl* ❶ *(dishes)* [flaches] [Ess]geschirr
❷ AM *(cutlery)* Besteck *nt;* **silver ~** Silberbesteck *nt*
'flat·worm *n* Plattwurm *m* **flat 'yield** *n* FIN Umlaufrendite *f*
flaunt [flɔːnt, AM flɑːnt] *vt (esp pej)* ■**to ~ sth** *money, wealth* etw zur Schau stellen *pej,* mit etw *dat* protzen *pej fam;* ***when you've got it, ~ it*** *(fam)* wer [es] hat, der hat [es] *fam;* ■**to ~ oneself** sich *akk* in Szene setzen *pej,* seine Show abziehen *fam*
flaut·ist ['flɔːtɪst, AM 'flɑːt̬-, 'floʊ-] *n* Flötist(in) *m(f) fachspr*
fla·vo·noid ['fleɪvənɔɪd] *n* CHEM Flavonoid *nt*
fla·vor *n* AM *see* **flavour**
fla·vor·ful *adj* AM *see* **flavourful**
fla·vor·ing *n* AM *see* **flavouring**
fla·vor·less *adj* AM *see* **flavourless**
fla·vor·some *adj* AM *see* **flavoursome**
fla·vory *adj* AM *see* **flavoury**
fla·vour, AM **fla·vor** ['fleɪvəʳ, AM -ɚ] I. *n* ❶ *(taste)* [Wohl]geschmack *m,* Aroma *nt; (particular taste) of ice cream, lemonade* Geschmacksrichtung *f,* Sorte *f;* ***the soup lacked ~*** die Suppe schmeckte fade [*o fam* gerade heraus]; **to add ~ to sth** etw *dat* Geschmack verleihen
❷ *(fig: characteristic)* Einschlag *m,* eigene Note, Fluidum *nt geh*
❸ *(fig: quality)* Anflug *m,* Anstrich *m pej,* Touch *m pej;* **a city with a cosmopolitan ~** eine Stadt mit weltmännischer Atmosphäre; **nostalgic ~** nostalgischer Touch, Anflug *m* von Nostalgie
❹ *esp* AM *(substance)* Aroma *nt,* Geschmacksstoff *m*
▶PHRASES: **~ of the <u>month</u>** *(fam: ice cream)* Eis *nt* [*o* SCHWEIZ *f* Glace] des Monats; *(favourite person or thing)* die derzeitige Nummer eins *fam*
II. *vt* ■**to ~ sth** *dish, soup* etw würzen [*o* abschmecken]
-fla·voured, AM **-fla·vored** ['fleɪvəd, AM -ɚd] *in compounds* mit ...-geschmack *nach n;* **chocolate/fruit~** mit Schokoladen-/Fruchtgeschmack *nach n;* **chocolate~ ice cream** Schokoladeneis *nt,* Schokoladenglacé *nt* SCHWEIZ
fla·vour·ful, AM **fla·vor·ful** ['fleɪvəfᵊl, AM -vɚ-] *adj* ❶ *(odorous)* wohl riechend, aromatisch
❷ *(tasty)* wohl schmeckend, geschmackvoll, aromatisch
fla·vour·ing, AM **fla·vor·ing** ['fleɪvᵊrɪŋ, AM -vɚ-] *n* Aroma *nt,* Geschmacksstoff *m;* **artificial ~s** künstliche Aromen; **vanilla ~** Vanillearoma *nt*
fla·vour·less, AM **fla·vor·less** ['fleɪvələs, AM -vɚ-] *adj* ❶ *(without physical taste) liquid, medicine* geschmacklos, geschmacksneutral; *(not tasty)* ohne Geschmack *nach n;* ***these grapes are completely ~*** diese Weintrauben schmecken nach gar nichts
❷ *(fig pej: flat)* geschmacklos *pej; person* farblos *pej,* fad[e] *pej;* **~ platitudes** geschmacklose Plattituden
fla·vour·some, AM **fla·vor·some** ['fleɪvəsəm, AM -vɚ-] *adj see* **flavoury**
fla·voury, AM **fla·vory** ['fleɪvᵊri, AM -vɚi] *adj* schmackhaft, aromatisch; **~ tea** aromatischer Tee
flaw [flɔː, AM flɑː] I. *n* ❶ *(fault)* Fehler *m,* Mangel *m;* MECH, TECH *of machine* Defekt *m,* [Fabrikations]fehler *m; in casting* Gussblase *f,* Lunker *m fachspr;* **beauty without ~** makellose Schönheit; **~ in material** Materialfehler *m;* **the ~s of** [*or* **in**] **a plan/an argument** die Schwachstellen eines Plans/in einer Argumentation; **to have a ~ in one's character** einen Charakterfehler haben
❷ *(break) in china, glass* Sprung *m; in floor, wall* Riss *m,* Spalt *m; in pipe* Bruch *m*
❸ LAW *of a contract, will* Formfehler *m*
II. *vt* ■**to ~ sth** etw beeinträchtigen; *brick, material* etw brüchig [*o* rissig] machen; *body, face* etw verunstalten [*o* entstellen]; ***our holiday was ~ed by heavy rains*** unser Urlaub wurde von schweren Regenfällen getrübt
flawed [flɔːd, AM flɑːd] *adj* ❶ *(faulty)* fehlerhaft, mangelhaft; *machine* defekt; *diamond* unrein; ***his argument is deeply ~*** seine Argumentation hat große Schwachstellen; **~ reasoning** mangelnde Beweisführung
❷ *(broken) china, glass* gesprungen; *floor, wall* rissig, brüchig; *pipe* gebrochen
flaw·less ['flɔːləs, AM 'flɑː-] *adj inv pronunciation, workmanship* fehlerlos, fehlerfrei; *beauty, style* makellos; *behaviour, character* einwandfrei, untadelig; **~ diamond** lupenreiner Diamant; **~ performance** vollendete Aufführung
flax [flæks] *n no pl* ❶ *(plant)* Flachs *m*
❷ *(thread)* Flachsgarn *nt*
flax·en ['flæksᵊn] *adj* ❶ *(of flax)* flächse[r]n, Flachs-
❷ *(fig liter: coloured like flax)* flachsfarben; **~ haired** flachsblond
flay [fleɪ] *vt* ❶ *(strip off)* ■**to ~ sth** *animal* ein Tier [ab]häuten, einem Tier die Haut [*o* das Fell] abziehen; *lumber, timber* etw abschälen [*o* abrinden]; **to ~ a rabbit** HUNT einen Hasen abbalgen, einem Hasen den Balg abziehen *fachspr*
❷ *(fig: punish)* ■**to ~ sb** jdn auspeitschen, jdm das Fell gerben *fam*
❸ *(fig: criticize)* ■**to ~ sb/sth** jdn/etw heruntermachen *fam;* **to ~ a book/film/play** ein Buch/einen Film/ein Stück zerreißen
▶PHRASES: **to ~ sb <u>alive</u>** *(criticize)* kein gutes Haar an jdm lassen; *(punish)* jdm eine gehörige Tracht Prügel verpassen
flea [fliː] *n* Floh *m*
▶PHRASES: **to <u>get</u> a ~ in one's ear** *(be criticized)* eins übergebügelt [*o* einen eingeschenkt] [*o* SCHWEIZ auf den Deckel] bekommen *fam; (be rejected)* eine Abfuhr bekommen, abblitzen *fam; (be humiliated)* wie ein begossener Pudel dastehen *fam;* **to <u>go</u> <u>away</u>** [*or* <u>**leave**</u>] **with a ~ in one's ear** wie ein begossener Pudel abziehen *fam;* **to <u>send</u> sb <u>away</u>** [*or* <u>**off**</u>] **with a ~ in their ear** *(criticize)* jdm eins überbügeln [*o* einen einschenken] *fam; (reject)* jdm eine Abfuhr erteilen, jdn abblitzen lassen *fam; (humiliate)* jdn wie einen begossenen Pudel dastehen lassen *fam*
'flea·bag *n* ❶ *(pej sl: dirty person or animal)* verwahrloster Streuner, Flohfänger *m pej fam; (disliked person)* Ekel *nt pej,* Mistkerl *m pej fam; (disliked animal)* Mistvieh *nt pej fam* ❷ AM *(pej fam: cheap hotel)* Absteige *f pej fam; (run-down place)* Bruchbude *f pej fam* ❸ AM *(pej fam: worthless horse)* Schindmähre *f pej,* Klepper *m pej* ❹ AM *(pej fam: bed)* Flohkiste *f fam; (sleeping bag)* Flohsack *m fam*
'flea·bite *n* ❶ *(bite)* Flohstich *m* ❷ *(fig fam: wound)* [kleine] Schramme, geringfügige Verletzung
❸ *(fig fam: small problem)* Kleinigkeit *f,* Klacks *m fam* **'flea·bit·ten** *adj* ❶ *(bitten)* voller Flohbisse *präd* ❷ *esp* BRIT *(fig pej fam: shabby)* verlottert *pej fam,* lausig *pej fam* **'flea cir·cus** *n* Flohzirkus *m* **'flea col·lar** *n* Flohhalsband *nt* **'flea mar·ket** *n* Flohmarkt *m,* Trödel[markt] *m* **'flea·pit** *n* BRIT *(dated fam)* Flohkino *nt fam*
fleck [flek] I. *n* ❶ *(speck)* Fleck[en] *m,* Tupfen *m; (blotch)* [Schmutz]fleck *m;* ***his hair was dark, with ~s of grey*** er hatte dunkles, stellenweise graues Haar; **~ of colour** Farbfleck *m,* Farbtupfen *m;* **~ of light** Lichtfleck *m*
❷ *(bit) of dust* Teilchen *nt,* Partikel *f geh; of mud, paint* Spritzer *m*
❸ *(freckle)* Leberfleck *m;* ■**~s** *pl* Sommersprossen *pl*

II. *vt (liter)* ■ **to ~ sth** etw sprenkeln; *textiles* etw [farblich] mustern; *hair, yarn* etw melieren; ■ **to be ~ed** gesprenkelt [*o* gefleckt] sein; *textiles* gemustert sein; *hair, yarn* meliert sein; ***the bird's chest is ~ed with red*** die Brust des Vogels ist rot gesprenkelt

flecked [flekt] *adj* gesprenkelt, gefleckt; *textiles* farblich gemustert; *hair, yarn* meliert

flec·tion *n* AM *see* **flexion**

fled [fled] *vt, vi pp, pt of* **flee**

fledged [fledʒd] *adj inv* ❶ *(able to fly) bird* flügge *präd*, flugfähig; *insect* geflügelt
❷ *(fig: mature) child* flügge *fam; person* ausgebildet, fertig; **to be fully ~** [völlig] selbstständig sein; **newly ~ dancer** frischgebackener Tänzer/frischgebackene Tänzerin

fledg(e)·ling [ˈfledʒlɪŋ] I. *n* ❶ *(bird)* Jungvogel *m*, [gerade] flügge gewordener Vogel
❷ *(fig, usu pej: inexperienced person)* Grünschnabel *m meist pej fam*
II. *adj* unerfahren, neu, Jung-; **~ business** neu gegründetes Unternehmen; **~ democracy/republic** junge Demokratie/Republik; **~ manager** Jungmanager(in) *m(f)*; **~ player** Nachwuchsspieler(in) *m(f)*

flee <fled, fled> [fli:] I. *vi* ❶ *(run away)* fliehen; *(seek safety)* flüchten; ***she fled from the room in tears*** sie rannte weinend aus dem Zimmer; **to ~ to the country** sich *akk* aufs Land flüchten; **to ~ from justice** sich *akk* der Strafverfolgung entziehen
❷ *(fig: fade)* vergehen, schwinden; ***all our dreams have fled*** *(liter)* all unsere Träume sind dahin *liter*
II. *vt* ❶ *(avoid)* ■ **to ~ sb/sth** *adversary, danger* vor jdm/etw fliehen [*o* flüchten], jdm/etw entfliehen *geh*
❷ *(leave)* ■ **to ~ sth** *country, home* aus etw *dat* fliehen, etw fluchtartig verlassen
❸ *(liter: abandon)* ■ **to ~ sth** *city, people, society* etw fliehen *liter*

fleece [fli:s] I. *n* ❶ *(coat) of sheep* Schaffell *nt*, Vlies *nt*
❷ *(quantity shorn)* Schur *f*
❸ *no pl (fabric)* Flausch *m*, weicher Wollstoff; **~ gloves** Handschuhe *pl* aus weicher Wolle
II. *vt* ❶ *(shear)* **to ~ a sheep** ein Schaf scheren
❷ *(fig pej fam: cheat)* ■ **to ~ sb** jdn schröpfen *pej fam;* **to ~ sb of money** jdm Geld abknöpfen *pej*, jdn um sein Geld bringen

fleecy [ˈfli:si] *adj* ❶ *(like fleece)* flauschig; **~ clouds** Schäfchenwolken *pl;* **~ towel** flauschiges Handtuch
❷ *(of fleece)* [Schaf]fell-; **~ lining** Fellfutter *nt*

fleet[1] [fli:t] *n + sing/pl vb* ❶ NAUT *(of ships)* Flotte *f*, Staffel *f;* **fishing/merchant ~** Fischerei-/Handelsflotte *f;* **a peace-keeping ~** eine Friedensflotte; **a ~ of warships** ein Geschwader *nt* von Kriegsschiffen, eine Kriegsflotte; ■ **the F~** die Marine
❷ AVIAT *(group of planes)* Staffel *f*, Geschwader *nt*
❸ *(group of vehicles)* Fuhrpark *m*, Flotte *f fig;* **a ~ of cars** ein Wagenpark *m; when moving* eine Autokolonne *f;* **a ~ of trucks** ein Lastwagen[fuhr]park *m*

fleet[2] [fli:t] *adj (liter)* flink, schnell; **to be ~ of foot** schnell zu Fuß sein

fleet ˈad·mi·ral *n* ❶ AM *(naval officer)* Großadmiral *m*
❷ BRIT Oberbefehlshaber *m* [*o* Oberkommandierender *m*] der Flotte

fleet·ing [ˈfli:tɪŋ, AM -t̬-] *adj* flüchtig, vergänglich; **~ beauty** vergängliche Schönheit; **~ encounter/glance** flüchtige Begegnung/flüchtiger Blick; **~ idea** [*or* **thought**] plötzlicher Einfall; **for a ~ moment** für einen kurzen Augenblick; **~ opportunity** kurzfristige Gelegenheit; **~ smile** flüchtiges Lächeln; **~ time** schnell vergehende Zeit; **~ visit** Kurzbesuch *m*, Stippvisite *f fam*

fleet·ing·ly [ˈfli:tɪŋli, AM -t̬-] *adv (briefly)* kurz; *(transiently)* flüchtig

fleet·ness [ˈfli:tnəs] *n no pl (liter)* ❶ *(quickness)* Flinkheit *f*, Schnelligkeit *f*
❷ *(transience)* Flüchtigkeit *f*

ˈFleet Street *n no pl* BRIT ❶ *+ sing/pl vb (media)* das [britische] Zeitungswesen, die [britische] Presse
❷ *(quarter)* die Fleet Street

ˈFleet Street·er *n* BRIT [Zeitungs]journalist(in) *m(f)*

Flem·ing [ˈflemɪŋ] *n* Flame, Flämin *m, f*

Fleming valve [ˈflemɪŋ-] *n* ELEC Gleichrichterröhre *f*

Flem·ish [ˈflemɪʃ] I. *adj* flämisch
II. *n* ❶ *no pl (language)* Flämisch *nt*
❷ *(people)* ■ **the ~** *pl* die Flamen *pl*

flesh [fleʃ] I. *n no pl* ❶ *(substance) of animals, humans* Fleisch *nt; of fruit* [Frucht]fleisch *nt*, Fruchtmark *nt; (old: meat)* Fleisch *nt*
❷ *(also fig: fat)* Fett *nt; (corpulence)* [Körper]fülle *f*, Korpulenz *f geh;* **to be in ~** fett sein *pej*, gut im Futter stehen [*o* SCHWEIZ beieinander sein] *euph fam;* **to lose ~** abnehmen, abspecken *fam;* **to put on ~** zunehmen, [Fett] ansetzen *fam;* **to put ~ on sth** *(fig) argument, idea, plan* etw *dat* mehr Substanz [*o* Form] geben
❸ *(fig: human body)* ■ **the ~** der [menschliche] Körper [*o geh* Leib]; **all ~** die gesamte Menschheit; **one ~** *(fig)* ein Leib und eine Seele
❹ REL *(fig, usu pej: human nature)* ■ **the ~** das Fleisch *geh;* **desires of the ~** fleischliche [*o* sinnliche] Begierden *geh;* **pleasures of the ~** Freuden des Fleisches *geh*, sinnliche Freuden; **sins of the ~** fleischliche Sünden *meist pej*
❺ *(fig, also pej: skin)* [nacktes] Fleisch, [nackte] Haut; ***he stripped down to his bare ~*** er zog sich bis auf die Haut aus
▸PHRASES: **to be [only] ~ and blood** auch [nur] ein Mensch sein; **more than ~ and blood can bear** [*or* **stand**] [einfach] nicht zu ertragen; **one's own ~ and blood** sein eigen[es] Fleisch und Blut; **to go the way of all ~** *(saying)* den Weg allen Fleisches gehen *prov;* **to have/want one's pound of ~** seinen vollen Anteil bekommen/wollen; **in the ~** *(in person)* live, in Person; *(alive)* [quick]lebendig; **to make one's ~ crawl** [*or* **creep**] eine Gänsehaut bekommen; **to press the ~** AM POL *(fam)* [Wähler]hände schütteln; **the spirit is willing but the ~ is weak** *(saying)* der Geist ist willig, aber das Fleisch ist schwach *prov;* **to be a thorn in sb's ~** jdm ein Dorn im Auge sein
II. *vt* ❶ *(embody)* ■ **to ~ sth** etw verkörpern
❷ HUNT **to ~ a hawk/hound** einen Falken/Jagdhund Wild schmecken lassen *fachspr;* **to ~ a hide** eine Tierhaut abschaben [*o* ausfleischen]

◆**flesh out** *vt* ■ **to ~ out** ↻ **sth** *draft, paper, study* etw ausarbeiten [*o* ausgestalten]; *assumption, thesis* etw untermauern [*o* zusätzlich belegen]; **to ~ out a character** eine Figur mit mehr Leben füllen [*o* lebendig gestalten]

ˈflesh-col·oured, AM **ˈflesh-col·ored** *adj* fleischfarben **ˈflesh-eat·ing** *adj* Fleisch fressend

flesh·er [ˈfleʃəʳ] *n* SCOT *(butcher)* Metzger(in) *m(f)*, Fleischer(in) *m(f) bes* NORDD, Fleischhauer(in) *m(f)* ÖSTERR

flesh·ings [ˈfleʃɪŋz] *npl* [blickdichte fleischfarbene] Strumpfhose

flesh·ly [ˈfleʃli] *adv (liter)* ❶ *inv (physical)* körperlich, leiblich
❷ *(fig, usu pej: sensual) desires, pleasures, sins* fleischlich, sinnlich *a. pej*
❸ *(fig: worldly)* irdisch, menschlich

ˈflesh·pot *n* ❶ *(vessel)* Fleischtopf *m*, Fleischpfanne *f* SCHWEIZ
❷ *(fig: good life)* ■ **the ~s** *pl* das Wohlleben [*o* süße Leben]
❸ *(fig, also pej: place)* ■ **the ~s** *pl* das Vergnügungsviertel, die Lasterhöhlen *pl pej*

ˈflesh-tone *adj* AM *(flesh-coloured)* fleischfarben

ˈflesh wound *n* Fleischwunde *f*

fleshy [ˈfleʃi] *adj* ❶ *(also fig euph: plump) person* beleibt, füllig, korpulent *euph*, fett *pej; arm, hand* fleischig *oft pej*
❷ *(succulent) fruit* fleischig, saftig
❸ *(colour) skin* fleischfarben

fleur-de-lis <*pl* fleurs-de-lis>, **fleur-de-lys** <*pl* fleurs-de-lys> [ˌflɜ:dəˈli:, AM ˌflɜ:r-] *n* ❶ BOT *(flower)* Schwertlilie *f fachspr*
❷ *(hist: device)* [heraldische] Lilie *hist*
❸ *(hist: arms of France)* bourbonische Lilie *hist*

flew [flu:] *vt, vi pp, pt of* **fly**

flex[1] [fleks] I. *vt* ■ **to ~ sth** ❶ *(bend) arms, knees* etw beugen; *metal strap* etw biegen
❷ *(tighten) muscles* etw [an]spannen; **to ~ one's ankle** seinen Fuß strecken
II. *vi* ❶ *(bend) arms, limbs, knees* sich *akk* beugen; *metal strap* sich *akk* biegen
❷ *(tighten) muscles* sich *akk* [an]spannen
▸PHRASES: **to ~ one's muscles** seine Muskeln spielenlassen; *(fig)* Stärke demonstrieren

flex[2] <*pl* -es> [fleks] *n* [Anschluss]kabel *nt;* **a piece of ~** ein Kabel *nt*, eine Schnur

flex·ecu·tive [flekˈzekjətɪv] *n jd, der hinsichtlich der Arbeitszeit und des Arbeitsortes flexibel ist*

flex·ibil·ity [ˌfleksɪˈbɪləti, AM -ət̬i] *n no pl* ❶ *(pliability) Biegsamkeit f; of body* Beweglichkeit *f*, Gelenkigkeit *f; of joints, limbs* Biegsamkeit *f*, Beweglichkeit *f; of material* Elastizität *f; (fig) of a person* Nachgiebigkeit *f a. pej*
❷ *(also fig: adaptability) of an arrangement, policy, schedule* Flexibilität *f; of a person* Flexibilität *f*, [geistige] Beweglichkeit, Anpassungsfähigkeit *f*

flex·ible [ˈfleksɪbl] *adj* ❶ *(pliable)* biegsam; *body* gelenkig; *joints, limbs* biegsam, beweglich; *(fig) person* nachgiebig *a. pej;* **~ leather** geschmeidiges Leder; **~ material** biegsames [*o* elastisches] Material
❷ *(also fig: adaptable) arrangement, policy, schedule* flexibel; *person* flexibel, beweglich, anpassungsfähig; **~ car** wendiger Wagen; **~ working hours** gleitende [*o* flexible] Arbeitszeit, Gleitzeit *f*

flex·ibly [ˈfleksɪbli] *adv material* elastisch; *person, arrangement* flexibel; **to organize a schedule ~** ein Programm flexibel gestalten; **to respond ~** flexibel reagieren

flex·ion, AM **flec·tion** [ˈflekʃᵊn] *n* ❶ *(curve)* Biegung *f*
❷ LING Beugung *f*, Flexion *f fachspr*

flexi·tar·ian [ˌfleksiˈteəriən, AM -ˈter-] *n jd, der sich aus Gesundheitsgründen hauptsächlich vegetarisch ernährt, manchmal jedoch durchaus Fleisch oder Fisch isst*

flexi·time [ˈfleksitaɪm] *n no pl* Gleitzeit *f*, gleitende Arbeitszeit; **to work** [*or* **be on**] **~** gleitende Arbeitszeit haben

flex·or, ˈflex·or mus·cle [ˈfleksəʳ-, AM -ɚ-] *n* Beuger *m*

flib·ber·ti·gib·bet [ˌflɪbətiˈdʒɪbɪt, AM -bɚt̬iˈ-] *n (pej dated: talkative person)* Klatschmaul *nt pej fam*, Plaudertasche *f hum o pej fam; (flighty person)* Flattergeist *m pej fam; (light-headed person)* Luftikus *m pej fam*, Leichtfuß *m pej fam*

flick [flɪk] I. *n* ❶ *(blow)* [kurzer [*o* leichter]] Schlag, Klaps *m*
❷ *sing (sound) of fingers* Schnipsen *nt*, Schnalzen *nt; of tongue* Schnalzen *nt; of switch* Klicken *nt; of whip* Schnalzen *nt*, Knallen *nt*
❸ *(movement)* kurze [*o* schnelle] Bewegung; ***at the ~ of a switch, the room was in darkness*** ein Knipser und schon war es dunkel im Zimmer; ***he gave the room a ~ with the duster*** er ging mal eben mit dem Staubtuch durch das Zimmer; **a ~ of the wrist** eine kurze [*o* schnelle] Drehung des Handgelenks
❹ BRIT *(dated fam: movie)* Film *m*, Streifen *m fam;* ■ **the ~s** *pl (cinema)* Kintopp *m o nt kein pl* DIAL *veraltet fam*
▸PHRASES: **a ~ of a switch** ein Kinderspiel; **with a ~ of a switch** im Handumdrehen, in null Komma nichts *fam*
II. *vt* ❶ *(strike)* ■ **to ~ sb/sth** jdm/etw einen [leichten] Schlag versetzen; ***horses ~ their tails to make flies go away*** Pferde schlagen mit dem Schweif, um Fliegen zu verjagen
❷ *(move)* ■ **to ~ sth** etw mit einer schnellen [*o* kurzen] Bewegung ausführen; ***you hit a squash ball by ~ing your wrist*** man schlägt einen Squashball mit einer schnellen Drehung des Handgelenks; **to ~ channels** *(fam)* durch die Kanäle zappen; **to ~ a knife [open]** ein Messer aufschnappen lassen; **to ~ the light switch [on/off]** das Licht an-/ausknipsen

❸ *(remove)* ■**to ~ sth** etw wegwedeln [*o* wegfegen]; *with fingers* etw wegschnippen [*o* wegschnipsen]
❹ *(produce sound)* **to ~ one's fingers** mit den Fingern schnipsen [*o* schnalzen]; **to ~ one's tongue** mit der Zunge schnalzen; **to ~ a whip** mit einer Peitsche schnalzen [*o* knallen]
III. *vi* sich *akk* schnell [und ruckartig] bewegen; ELEC *arc* flattern *fachspr;* ***I saw her eyes ~ away towards the door*** ich sah, wie ihr Blick zur Tür schnellte
◆**flick off** *vt* ■**to ~ off ↔ sth** etw wegwedeln [*o* wegfegen]; *with fingers* etw wegschnippen [*o* wegschnipsen]
◆**flick out I.** *vt* ■**to ~ out ↔ sth** etw herausschnellen [*o* hervorschnellen]; *tongue* etw herausschnalzen; *claws* etw herausfahren
II. *vi* hervorschießen; *claws* plötzlich hervorkommen; *tongue* hervorschnellen
◆**flick over** *vi (fam)* ■**to ~ over sth** *page, report* etw überfliegen, einen [flüchtigen] Blick auf etw *akk* werfen
◆**flick through** *vi (fam)* ■**to ~ through sth** *book, pages, report* etw [schnell] durchblättern
flick·er [ˈflɪkəʳ, AM -ɚ] **I.** *vi* ❶ *(shine unsteadily) candle, fire, light* flackern; *TV* flimmern; *(move unsteadily) eyes* unruhig sein; *eyelids* zucken; *flag* flattern; *tongue* züngeln
❷ *(fig: appear)* aufkommen; *hope* aufflackern; ***a look of horror ~ed across her face*** ihr stand plötzlich das Entsetzen ins Gesicht geschrieben; ***the thought ~ed into my head that ...*** der Gedanke schoss mir durch den Kopf, dass ...
II. *vt* **to ~ an eyelid** mit dem Augenlid zucken
III. *n* ❶ *(movement) of a candle, fire, light* Flackern *nt kein pl; of TV pictures* Flimmern *nt kein pl; of eyelids* Zucken *nt kein pl; of flag* Flattern *nt kein pl*
❷ *(fig: appearance)* Anflug *m;* **a ~ of hope** ein Hoffnungsschimmer *m*
flick·er·ing [ˈflɪkᵊrɪŋ, AM -ɚ-] *adj (also fig) candle, fire, light* flackernd *attr;* **a ~ hope** *(fig)* eine aufflackernde Hoffnung; **~ image** flimmerndes Bild; **~ shape** zuckendes Etwas
ˈ**flick knife** *n* BRIT, AUS Klappmesser *nt*
fli·er [ˈflaɪəʳ, AM -ɚ] *n* ❶ *(bird)* Vogel *m; (insect)* Fluginsekt *nt;* **to be a good/bad ~** ein guter/schlechter Flieger sein
❷ *(pilot)* Flieger(in) *m(f),* Pilot(in) *m(f); (traveller)* [Stamm]fluggast *m;* **frequent ~** Vielflieger(in) *m(f) fam;* **to be a good/poor ~** das Fliegen gut/schlecht vertragen
❸ *(trapeze artist)* Trapezkünstler(in) *m(f),* Springer(in) *m(f)*
❹ *(fig: fast horse)* Renner *m fam;* AM *(fig fam: fast vehicle)* Flitzer *m fam; (coach)* Expressbus *m; (train)* Expresszug *m*
❺ *(leaflet)* Flugblatt *nt; in commerce* Handzettel *m,* Reklamezettel *m; of police* Steckbrief *m*
❻ AM STOCKEX *(fig fam: venture)* Spekulationsgeschäft *nt*
❼ AM *(fig fam: jump)* Riesensatz *m fam*
❽ ARCHIT *(step)* Absatz *m fachspr;* ■**~s** *pl* Außentreppe *f,* Freitreppe *f*
flies [flaɪz] *npl* BRIT Reißverschluss *m*
flight¹ [flaɪt] *n* ❶ *sing (action)* Fliegen *nt; (single instance) of a ball, bird, plane* Flug *m;* **to take ~** auffliegen; **in ~** im Flug
❷ *(extent)* Flug *m; (distance)* Flugstrecke *f;* ***a ~ of five hours*** ein fünfstündiger Flug
❸ *(journey)* Flug *m;* ***we were booked on the same ~*** wir hatten denselben Flug gebucht; **long-distance ~** Langstreckenflug *m;* **space ~** Weltraumflug *m;* **to call a ~** einen Flug aufrufen
❹ *+ sing/pl vb (group) of birds* Schwarm *m,* Schar *f geh; of migrating birds* [Vogel]zug *m; of aircraft* [Flieger]staffel *f; of insects* Schwarm *m;* **a ~ of geese** eine Gänseschar; **a ~ of swallows** ein Schwalbenschwarm *m;* **to be in the first** [*or* **top**] **~** *(fig)* zur ersten Garnitur [*o* Spitze] gehören; ***she's in the top ~ of actresses*** sie gehört mit zu den Spitzenschauspielerinnen
❺ *(series)* **a ~** [**of stairs**] eine [geradläufige] Treppe; ***we live three ~s up*** wir wohnen drei Treppen hoch; **a ~ of hurdles** eine Hürdenreihe
❻ *(also hum: whim)* Höhenflug *m;* **a ~ of fancy** ein geistiger Höhenflug; *(imaginative idea)* ein kühner Gedanke, eine tolle Idee *fam; (crazy idea)* eine Schnapsidee *a. hum fam*
❼ SPORT *in darts* Befiederung *f*
flight² [flaɪt] *n* Flucht *f;* **~ of investment** Kapitalflucht *f;* **~ of funds** Kapitalflucht *f;* **to be in full ~** mitten auf der Flucht sein; **to put sb to ~** jdn in die Flucht schlagen; **to take** [**to**] **~** *(dated)* die Flucht ergreifen
ˈ**flight at·tend·ant** *n* Flugbegleiter(in) *m(f),* Steward, Stewardess *m, f veraltend* ˈ**flight bag** *n* Schultertasche *f* ˈ**flight con·trol** *n (external)* Flugsicherung *f; (internal)* [Flug]steuerung *f* ˈ**flight con·trol·ler** *n* Fluglotse, -lotsin *m, f* ˈ**flight deck** *n* ❶ *(on carrier)* Flugdeck *nt* ❷ *(compartment)* Cockpit *nt,* Kanzel *f* ˈ**flight en·gi·neer** *n* Flug[zeug]ingenieur(in) *m(f)* ˈ**flight feath·er** *n* Schwungfeder *f*
flighti·ly [ˈflaɪtɪli, AM -t̬-] *adv (usu pej)* ❶ *(moodily)* launisch *pej,* flatterhaft *pej,* kapriziös *pej geh*
❷ *(light-headedly)* gedankenlos, fahrig *pej,* wirr *pej*
❸ *(carelessly)* leichtsinnig *pej*
flighti·ness [ˈflaɪtɪnəs, AM -t̬-] *n no pl (usu pej)* ❶ *(moodiness)* Launenhaftigkeit *f pej,* Flatterhaftigkeit *f pej*
❷ *(light-headedness) of words* Gedankenlosigkeit *f pej; of movements* Fahrigkeit *f pej; of promises* Leichtherzigkeit *f pej; of thoughts* Wirrheit *f pej*
❸ *(carelessness)* Leichtsinn *m pej*
flight·less [ˈflaɪtləs] *adj inv* flugunfähig; ***the ostrich is a ~ bird*** Strauße können nicht fliegen
ˈ**flight lieu·ten·ant** *n* BRIT Hauptmann *m* der Luftwaffe ˈ**flight me·chan·ic** *n* Bordmechaniker(in) *m(f)* ˈ**flight num·ber** *n* Flugnummer *f*
flight of ˈ**capi·tal** *n* ECON, FIN Kapitalflucht *f*
ˈ**flight path** *n of an aircraft* Flugroute *f; of an object, spacecraft* Flugbahn *f* ˈ**flight re·cord·er** *n* Flugschreiber *m*
ˈ**flight risk** *n* ***he's a ~ and should be held in detention*** es besteht die Gefahr, dass er flüchtet, daher sollte er in polizeilichem Gewahrsam bleiben
ˈ**flight simu·la·tor** *n* Flugsimulator *m* ˈ**flight-test** *vt* ■**to ~ sth** *aircraft, spacecraft* etw im Flug testen
flight to ˈ**qual·ity** *n* ECON, FIN Flucht *f* in [Aktien]spitzenwerte
flighty [ˈflaɪti, AM -t̬-] *adj (usu pej)* ❶ *(moody)* launisch *pej,* flatterhaft *pej,* kapriziös *geh*
❷ *(light-headed) answer, words* gedankenlos *pej; promise* leichtherzig *pej; movements* fahrig *pej; thoughts* wirr *pej*
❸ *(careless)* leichtsinnig *pej*
flim·flam [ˈflɪmflæm] *n no pl (fig pej fam)* ❶ *(nonsense)* Quatsch *m pej fam,* Blödsinn *m pej*
❷ *(talk)* Geschwätz *nt pej fam*
❸ *(deception)* Schwindel *m,* fauler Zauber *pej*
flim·flam·ming [ˈflɪmflæmɪŋ] *adj inv (fam)* mauschelnd *fam,* intrigant
flim·si·ly [ˈflɪmzɪli] *adv* notdürftig
flim·si·ness [ˈflɪmzɪnəs] *n no pl* ❶ *(inadequacy)* schlechte [*o* mindere] Qualität, Minderwertigkeit *f*
❷ *(fragility) of material* mangelnde Festigkeit; *of a structure* mangelnde Stabilität
❸ *(lightness) of a fabric, paper* Dünnheit *f,* Dünne *f*
❹ *(fig pej: weakness) of a performance* Dürftigkeit *f pej; of an excuse, pretext* Fadenscheinigkeit *f pej*
flim·sy [ˈflɪmzi] **I.** *adj* ❶ *(inadequate)* schlecht, minderwertig
❷ *(fragile)* unsolide; **~ construction** instabile Konstruktion; **~ huts** windschiefe Hütten; **~ structure** unsolider Bau
❸ *(light) dress, blouse* dünn, leicht
❹ *(fig pej: weak)* **~ excuse** schwache [*o* fadenscheinige] Ausrede *pej*
II. *n* BRIT *(paper)* Durchschlagpapier *nt; (document)* Durchschlag *m;* **credit card ~** Kreditkartenkopie *f* auf Durchschlagpapier
flinch [flɪn(t)ʃ] *vi* ❶ *(wince)* [zusammen]zucken, zusammenfahren; ***she listened to the teacher's criticisms without ~ing*** sie hörte sich die Kritik des Lehrers an, ohne eine Miene zu verziehen
❷ *(avoid)* ■**to ~** [**away**] **from sth** vor etw *dat* zurückschrecken; *fire, syringe* vor etw *dat* zurückzucken; *(fig) responsibility, task* sich *akk* etw *dat* entziehen; ***we should not ~ from the facts*** wir sollten den Tatsachen ins Auge sehen; ■**to ~ from doing sth** *unpleasant jobs* davor zurückschrecken, etw zu tun
fling [flɪŋ] **I.** *n usu sing* ❶ *(also fig: throw)* [mit Schwung [*o* Wucht] ausgeführter] Wurf; **to give sth a ~** *(throw)* etw werfen; *(fig: give up)* etw hinwerfen [*o fam* hinschmeißen]
❷ *(fig: try)* Versuch *m;* **to give sth a ~** [*or* **to take a ~ at** [**doing**] **sth**] es mit etw *dat* versuchen; **to take a ~ at a novel/writing** sich *akk* an einem Roman/ als Schriftsteller versuchen
❸ *(fig, usu euph fam: good time)* ausgelassene [*o* wilde] Zeit *oft euph;* **to have a** [*or* **one's**] **~** ausgelassen [*o* wild] feiern, einen draufmachen *fam*
❹ *(fig, usu euph fam: relationship)* **to have a ~ with sb** mit jdm etw haben *euph fam;* ***I had a few ~s in my younger days*** als ich noch jünger war, hatte ich ein paar Geschichten
❺ SCOT *(dance)* **Highland F~** Schottentanz *m*
II. *vt* <flung, flung> ❶ *(throw)* ■**to ~ sb/sth** jdn/ etw werfen [*o* schleudern]; ***could you ~ the paper over here?*** könntest du mal die Zeitung rüberwerfen?; **to ~ a door/window open** eine Tür/ein Fenster aufstoßen [*o* aufreißen]; **to ~ sb to the ground** jdn zu Boden werfen; **to ~ sb into prison** jdn ins Gefängnis werfen [*o fam* stecken]
❷ *(move part of body)* ■**to ~ sth** etw werfen; ***they flung their arms*** [***a***]***round each other*** sie sind sich [*o* einander] um den Hals gefallen; **to ~ one's arms round sb's neck** jdm die Arme um den Hals werfen; **to ~ one's head back** den Kopf in den Nacken werfen
❸ *(fam: move violently)* ■**to ~ oneself at sb/sth** sich *akk* auf jdn/etw stürzen; **to ~ oneself at sb's feet** sich *akk* vor jds Füße werfen; ■**to ~ oneself into sth** sich *akk* in etw *akk* werfen [*o* fallen lassen]; ***she flung herself into bed*** sie ließ sich ins Bett fallen; **to ~ oneself in front of a train** sich *akk* vor einen Zug werfen
❹ *(fig pej: express)* ■**to ~ sth at sb** *accusations, insults* jdm etw entgegenschleudern [*o* an den Kopf werfen]; **to ~ sth in sb's teeth** jdm etw an den Kopf werfen [*o* ins Gesicht sagen]
❺ *(fig: get involved)* ■**to ~ oneself into sth** sich *akk* in [*o* auf] etw *akk* stürzen; ■**to ~ oneself at sb** sich *akk* jdm an den Hals werfen *pej fam*
◆**fling away** *vt* ■**to ~ away ↔ sth** ❶ *(discard)* etw wegwerfen [*o fam* wegschmeißen]
❷ *(fig: waste) money* etw verschleudern; *time* etw vergeuden
◆**fling off I.** *vt* ❶ *(also fig: remove)* ■**to ~ off ↔ sth** *coat, jacket* etw abwerfen; *blanket, sheet* etw wegstoßen; **to ~ off a burden/yoke** *(fig)* eine Last/ ein Joch abwerfen; **to ~ off scruples** *(fig)* Bedenken über Bord werfen
❷ *(rid)* ■**to ~ off ↔ sb** *attacker, pursuer* jdn abschütteln
❸ *(fig pej: write quickly)* ■**to ~ off ↔ sth** *essay, letter* etw hinhauen *pej fam; poem* etw herunterrasseln *pej fam*
❹ *(say quickly)* ■**to ~ off ↔ sth** *hint, insult, remark* etw fallenlassen
II. *vi* davonstürzen, abzischen *fam;* ***he flung off in a temper*** er zischte wütend ab
◆**fling on** *vt (fam)* ■**to ~ on ↔ sth** *clothes* sich *dat* etw überwerfen [*o* überziehen] *fam*
◆**fling out I.** *vt (fam)* ❶ *(throw away)* ■**to ~ out ↔ sth** etw wegschmeißen [*o fam* ausrangieren]
❷ *(fam: expel)* ■**to ~ out ↔ sb** jdn hinauswerfen [*o fam* rausschmeißen]
❸ *(fig: utter)* ■**to ~ out ↔ sth** etw hervorstoßen
II. *vi of a room, house* hinausstürzen
◆**fling up** *vt* **to ~ up one's arms** [**for joy**] [jubelnd] die Arme hochreißen; **to ~ up one's hands** [**in hor-**

ror] [entsetzt] die Hände über dem Kopf zusammenschlagen

flint [flɪnt] *n* ❶ *(stone)* Feuerstein *m,* Flint[stein] *m veraltet; (in cigarette lighter)* [mit Zereisen legierter] Feuerstein; *(in old gun)* [Feuer]stein *m;* ~ **tools** Werkzeuge *pl* aus Feuerstein
❷ *(substance)* harte Substanz, hartes Material
▸PHRASES: **to be as hard as ~** hartherzig [*o fam* knallhart] sein; **to have a heart like ~** ein Herz aus Stein haben; **to skin a ~** ein Pfennigfuchser [*o* SCHWEIZ Rappenspalter] sein *pej fam*

'flint glass *n no pl* Flintglas *nt*

flint·lock ['flɪntlɒk, AM -lɑ:k] **I.** *n* Steinschloss[gewehr] *nt*
II. *n modifier* Steinschloss-

flinty ['flɪnti, AM -ţ-] *adj* ❶ *(composed of flint)* aus Feuerstein *nach n*
❷ *(containing flint)* feuersteinhaltig
❸ *(fig pej: unyielding)* hart[herzig], gefühllos; *(impervious)* abweisend, unzugänglich *pej;* ***the headmaster has a rather ~ manner*** der Direktor ist ziemlich abweisend

flip[1] [flɪp] **I.** *vt* <-pp-> ❶ *(throw)* ■**to ~ sth** etw werfen; **to ~ a coin** eine Münze werfen
❷ *(remove)* ■**to ~ sth** etw [weg]schnippen [*o* [weg]schnipsen]
❸ *(sl)* ■**to ~ sth** *property, a home* etw weiterverkaufen [*o fam* losschlagen]
❹ *(strike)* ■**to ~ sb/sth** jdm/etw einen Klaps geben; **to ~ one's fingers** mit den Fingern schnipsen; **to ~ a switch** einen Knopf drücken [*o* Schalter anknipsen]
❺ *(turn over)* ■**to ~ sth** etw umdrehen; **to ~ a book open** ein Buch aufschlagen; **to ~ a pancake** einen Pfannkuchen [*o* ÖSTERR eine Palatschinke] [*o* SCHWEIZ eine Omelette] wenden
❻ *(manipulate)* ■**to ~ sb to do sth** jdn so bearbeiten, dass er etw tut; ***will they be able to ~ them to testify against higher-ups?*** werden sie sie umdrehen können und dazu bringen, gegen die höheren Tiere auszusagen?
▸PHRASES: **to ~ sb the bird** AM *(fam)* jdm einen Vogel zeigen *fam;* **to ~ one's lid** [*or* **top**] [*or* AM *also* **stack**] *(sl)* durchdrehen *fam,* ausrasten *sl,* ausflippen *fam*
II. *vi* <-pp-> ❶ *(strike)* [leicht] schlagen
❷ *(move)* sich *akk* ruckartig bewegen; *seal* robben
❸ *(jump)* einen Salto machen
❹ *(turn over)* sich *akk* [schnell] [um]drehen, eine [schnelle] [Um]drehung machen; ***the car ~ped and crashed into a wall*** der Wagen überschlug sich und krachte gegen eine Mauer; ***the pages of my book ~ped over in the wind*** der Wind verblätterte die Seiten in meinem Buch
❺ *(sl: go mad)* durchdrehen *fam,* ausrasten *sl,* ausflippen *fam; (fig: be enthusiastic)* ganz [*o* völlig] aus dem Häuschen sein *fam*
III. *n* ❶ *(throw)* Wurf *m;* ~ **of a coin** Werfen *nt* einer Münze
❷ *(also fig: movement)* Ruck *m,* schnelle [*o* kurze] Bewegung; **to have a [quick] ~ through sth** *(fig)* etw im Schnellverfahren tun; ***could you have a ~ through my files?*** könnten Sie mal kurz meine Akten durchgehen?
❸ *(fam: short flight)* kurzer [Rund]flug; *(trip by car)* Spritztour *f fam; (short walk)* kurze [*o* kleine] Runde; **to do** [*or* **go for**] **a ~** eine kurze Runde drehen
❹ *(snap) of fingers* Schnipser *m,* Schnippen *nt kein pl*
❺ SPORT Salto *m,* Überschlag *m;* **backward ~** Salto *m* rückwärts
◆**flip out** *vi* ausflippen *fam*
◆**flip through** *vi (fig fam)* ■**to ~ through sth** *book, pages, file* etw [schnell] durchblättern

flip[2] [flɪp] *n (egg-nog)* Flip *m*

'flip chart *n* Flipchart *m o nt (an einer Stelltafel aufklappbare Schaubilder)*

'flip-flop *n* ❶ *usu pl (shoe)* [Gummi- [*o* Plastik-]]sandale *f,* Gummilatsche *f pej fam; (for beach, swimming pool)* Badesandale *f,* Badelatsche *f pej fam*
❷ AM SPORT *(jump)* Flickflack *m fachspr*
❸ ELEC *(circuit)* [bistabile] Kippschaltung *fachspr; (switch)* Ein-Aus-Schalter *m,* Kippschalter *m fachspr*
❹ *(fig fam: change)* [plötzliche] Kehrtwende *f* [**on** hinsichtlich +*gen*]; *in attitude, belief, policy* plötzlicher Gesinnungswandel

flip-flopper ['flɪp,flɒpəʳ, AM -,flɑ:pɚ] *n (fam)* wankelmütiger Mensch

flip-fold seat [,flɪpfəʊld'si:t, AM -foʊld-] *n* umklappbarer [*o* hochfaltbarer] Sitz

flip·pan·cy ['flɪpən(t)si] *n no pl* ❶ *(frivolousness)* Leichtfertigkeit *f,* Oberflächlichkeit *f*
❷ *(disrespectfulness)* vorlaute [*o* kecke] Art, Schnodd[e]rigkeit *f fam,* Flapsigkeit *f fam*

flip·pant ['flɪpənt] *adj* ❶ *(frivolous)* leichtfertig, oberflächlich
❷ *(disrespectful)* vorlaut, flapsig *fam,* schnodd[e]rig *pej fam*

flip·pant·ly ['flɪpəntli] *adv* ❶ *(frivolously)* leichtfertig, oberflächlich
❷ *(disrespectfully)* vorlaut, flapsig *fam,* schnodd[e]rig *pej fam*

flip·per ['flɪpəʳ, AM -ɚ] *n* ❶ ZOOL *(limb)* [Schwimm]flosse *f fachspr*
❷ *(swimming aid)* Schwimmflosse *f*
❸ *(dated sl: hand)* Flosse *f fam*
❹ *(sl: in real estate) jd, der Immobilien kauft, um sie zu renovieren und mit Gewinn wieder zu verkaufen*

flip·ping ['flɪpɪŋ] *(sl)* **I.** *adj* echt *fam,* verflixt *fam;* ***it's a ~ nuisance!*** das ist echt ärgerlich!
II. *adv* echt *fam,* verflixt *fam;* ***she was ~ tired of his excuses*** sie hatte seine Ausreden bis oben satt; ***you'll do as you're ~ well told!*** du tust gefälligst das, was man dir sagt!; ***what a ~ awful film!*** ein echt schrecklicher Film!
III. *n no pl (of opinions)* Umschwenken *nt fig* [**on** bei +*dat*]

'flip side *n* ❶ *(back) of a record* B-Seite *f*
❷ *(effect) of an activity, policy* Kehrseite *f*

flirt [flɜ:t, AM flɜ:rt] **I.** *vi* ❶ *(act playfully)* flirten; ■**to ~ with sb** mit jdm flirten
❷ *(fig: consider)* ■**to ~ with sth** mit etw *dat* spielen [*o* liebäugeln]; **to ~ with the idea of doing sth** mit dem Gedanken spielen, etw zu tun
❸ *(fig pej: risk)* ■**to ~ with sth** [leichtfertig] mit etw *dat* spielen; ***you know you're ~ing with disaster if you invite Aunt Fern to the wedding*** dir ist klar, dass du eine Katastrophe heraufbeschwörst, wenn du Tante Fern zur Hochzeit einlädst; **to ~ with danger/death** [leichtfertig] mit dem Feuer/Leben spielen
❹ *(move)* sich *akk* schnell [*o* ruckartig] fortbewegen; *butterfly* flattern
II. *n* ❶ *(man)* [gern] flirtender Mann, Charmeur *m; (woman)* [gern] flirtende Frau, Kokette *f;* ***he's a dreadful ~*** er kann das Flirten nicht lassen
❷ *(motion)* kurze [*o* ruckartige] Bewegung; **with a ~ of one's hand** mit einer schnellen Handbewegung

flir·ta·tion [flɜ:'teɪʃən, AM flɜ:r'-] *n* ❶ *(behaviour)* Flirt *m;* ***a lot of ~ goes on in this office*** in diesem Büro wird viel geflirtet; **to have a ~ [with sb]** [mit jdm] flirten; *(affair)* [mit jdm] etwas haben *euph*
❷ *(consideration)* [spielerische] Überlegung; *(risk)* [gefährliches] Spiel; ***we had a brief ~ with the idea of starting our own business*** wir haben mal kurz mit dem Gedanken geliebäugelt, eine eigene Firma zu gründen

flir·ta·tious [flɜ:'teɪʃəs, AM flɜ:r'-] *adj* kokett; **to be ~ with sb** mit jdm [herum]flirten

flir·ta·tious·ly [flɜ:'teɪʃəsli, AM flɜ:r'-] *adv* kokett; ***she danced with him very ~*** beim Tanzen flirtete sie heftig mit ihm

flir·ta·tious·ness [flɜ:'teɪʃəsnəs, AM flɜ:r'-] *n no pl* Koketterie *f,* Flirten *nt kein pl*

flirty ['flɜ:ti, AM 'flɜ:rţi] *adj* ❶ *(coquet)* zum Flirten aufgelegt; *women* kokett; *men* schäkernd
❷ *(moving to and fro)* hin- und herschnellend

flit <-tt-> [flɪt] **I.** *vi* ❶ *(also fig: move)* huschen, flitzen; *(fly) bats, birds, butterflies* flattern; *bees* fliegen; *beetles, insects* schwirren; ■**to ~ about** [*or* **around**] herumflitzen; *bats, birds, butterflies* herumflattern; *bees* herumfliegen; *beetles, insects* herumschwirren; *(fig)* verfliegen; **to ~ from one thing to another** *(fig pej)* sich *akk* von einer Sache in die andere stürzen *pej;* **to ~ across** [*or* **into**] [*or* **through**] **one's mind** *(fig)* einem durch den Kopf schießen
❷ BRIT *(fig, also pej fam: escape)* abhauen, die Kurve kratzen *a. pej sl*
❸ NENG, SCOT *(change home)* umziehen
II. *n* ▸PHRASES: **to do a moonlight ~** BRIT sich *akk* bei Nacht und Nebel davonmachen *fam*

flitch <*pl* -es> [flɪtʃ] *n of bacon* Speckseite *f*

float [fləʊt, AM floʊt] **I.** *n* ❶ *(boat)* Floß *nt; (buoy)* Boje *f; (platform)* schwimmende Landebrücke; *(buoyant material) on a fishing line* [Kork]schwimmer *m; on a net* Schwimmkörper *m*
❷ TECH *(device) in a carburettor, cistern, on a seaplane* Schwimmer *m fachspr*
❸ *(swimming aid)* Schwimmkork *m; (inflated bag)* Schwimmweste *f*
❹ ANAT *(organ)* Schwimmblase *f fachspr*
❺ *(vehicle) for goods* Lieferwagen *m; for festivities* Festzugswagen *m;* **carnival ~** Karnevalswagen *m,* Fasnachtswagen *m* SCHWEIZ; **milk ~** Milch[auslieferer]wagen *m*
❻ BRIT, AUS *(capital) as an advance* Spesenvorschuss *m,* Kostenvorschuss *m; as cheques, commercial papers* umlaufendes Geld; *as a loan* Startanleihe *f; in a till* Wechselgeldbetrag *m,* Wechselgeld *nt;* **cash ~** Wechselgeld *nt*
❼ *(in exchange rates)* flexible Wechselkurse; **clean ~** sauberes Floaten, völlig freigegebene Wechselkurse *pl;* **dirty** [*or* **managed**] **~** schmutziges [*o* kontrolliertes] Floaten, beschränkt freigegebene Wechselkurse *pl*
❽ ECON, STOCKEX *(starting a company)* Gesellschaftsgründung *f* durch Emission von Aktien an der Börse
❾ THEAT *(lights)* ■**~s** *pl* Rampenlicht *nt kein pl*
❿ COMPUT Speicherauszug *m* des gesamten Systems; **~ factor** Startadresse *f;* **~ relocate** Umsetzung *f* relativer in absolute Adressen
II. *vi* ❶ *(be buoyant)* schwimmen, oben bleiben
❷ *(move in liquid or gas) objects* treiben; *people* sich *akk* treiben lassen; ***the boat ~ed downstream*** das Boot trieb flussabwärts; **to ~ to the surface** an die Oberfläche treiben
❸ *(fig: move graciously)* schweben *geh o iron*
❹ *(move in air) clouds* ziehen; *leaves* segeln; ***the sound of piano-playing ~ed from the open window*** aus dem offenen Fenster drang Klavierspiel nach draußen
❺ *(appear)* **to ~ across/into/through one's mind** jdm in den Sinn kommen
❻ ECON *(fluctuate) currency* frei konvertierbar sein; *exchange rate* schwanken, floaten *fachspr*
❼ *(also fig: move about)* herumziehen *fam; rumours* herumgehen; AM häufig den Wohnort wechseln; **to ~ from place to place** von Ort zu Ort ziehen
III. *vt* ❶ FIN *(launch)* **to ~ a business/company** ein Unternehmen/eine Gesellschaft gründen; **to ~ a loan** eine Anleihe auflegen; **to ~ shares** Aktien ausgeben [*o* begeben] [*o* in Umlauf bringen]
❷ ECON *(fluctuate)* **to ~ a currency** eine Währung freigeben [*o fachspr* floaten lassen]
❸ *(cause to move)* ■**to ~ sth** etw treiben [*o* schwimmen] lassen; **to ~ logs** Baumstämme flößen; **to ~ a ship** ein Schiff zu Wasser lassen
❹ *(introduce)* **to ~ an idea/plan** eine Idee/einen Plan in den Raum [*o* zur Diskussion] stellen
❺ *(test)* **to ~ an opinion** eine Meinung testen
◆**float about, float around** *vi (fig fam) rumour* in Umlauf sein, die Runde machen *fam; objects* [he]rumfliegen *fam,* [he]rumliegen *fam;* ***have you heard the rumours ~ing about that ...*** hat es sich schon bis zu dir herumgesprochen, dass ...; **to ~ around** [*or* **about**] **doing nothing** *person* sich *akk* in der Gegend herumtreiben *fam*
◆**float off** *vi (on water)* abtreiben, wegtreiben; *(in air)* davonschweben

floata·tion *n see* **flotation**

floa·tel [flə(ʊ)'tel, AM floʊ'-] *n* schwimmendes Hotel

float·er ['fləʊtəʳ, AM 'floʊt̬ə] *n* ❶ *(insurance policy)* Versicherung *f* für bewegliches Eigentum; **office** ~ Versicherung *f* für Büroeinrichtung
❷ AM ECON, FIN zinsvariabler Schuldtitel

float·ing ['fləʊtɪŋ, AM 'floʊt̬-] **I.** *adj attr, inv* ❶ *(in water)* schwimmend, treibend; *garden, hotel, restaurant* schwimmend; *body, crane, dock* Schwimm-; *anchor, ice* Treib-
❷ *(fluctuating) population* fluktuierend *geh,* wandernd, mobil; ~ **workforce** Arbeiterschaft, die häufig den Arbeitsplatz wechselt
❸ FIN *(unfunded)* ~ **assets** flüssige Aktiva *fachspr;* ~ **capital** Umlaufvermögen *nt fachspr;* ~ **debt** [**of a business**] schwebende [*o* kurzfristige] Schuld [eines Unternehmens] *fachspr;* ~ **interest rate** gleitender [*o* variabler] Zinssatz *fachspr;* ~ **liability** laufende Verbindlichkeit *fachspr*
❹ ECON, FIN *(variable)* ~ **charge** schwebende Belastung; ~ **rate** *(on loan)* variabler Zinssatz; *(on currency)* variabler Wechselkurs
❺ COMPUT, MATH Gleit-; ~ **point** bewegliches Komma, Gleitkomma *nt*
❻ MED *(displaced)* Wander-; ~ **kidney** Wanderniere *f fachspr;* ~ **rib** freie Rippe *fachspr*
II. *n* ❶ *(founding)* ~ **of a company** Gesellschaftsgründung *f* durch Aktienemission
❷ *(in exchange rates)* Floating *nt;* ~ **assets** BRIT Umlaufvermögen *nt;* **the** ~ **of the pound** das Floaten [*o* die Wechselkursfreigabe] des Pfundes; **managed** ~ kontrolliertes Floaten

float·ing 'as·sets *npl* Umlaufvermögen *nt* **float·ing 'bridge** *n* ❶ *(bridge)* Pontonbrücke *f* ❷ *(ferry)* Kettenfähre *f* **float·ing 'dock** *n* Schwimmdock *nt* **float·ing 'is·land** *n Nachtisch aus Eiercreme mit Baiser- oder Sahnehäubchen* **float·ing 'light** *n* ❶ *(buoy)* Leuchtboje *f* ❷ *(ship)* Feuerschiff *nt* **float·ing 'poli·cy** *n* FIN Generalpolice *f,* offene Police **float·ing quo·'ta·tion** *n* STOCKEX variabler Kurs **float·ing 'rate** *n* FIN Floating-Rate *m,* variabler Zins **float·ing 'vot·er** *n* Wechselwähler(in) *m(f)*

flocculate ['flɒkjəleɪt, AM 'flɑːkjuː-] *vi* [aus]flocken

floc·cu·lat·ing ['flɒkjəleɪtɪŋ, AM 'flɑːkjuːleɪt̬-] *adj* CHEM ~ **agent** Flockungsmittel *nt*

floc·cu·la·tion [ˌflɒkjə'leɪʃᵊn, AM ˌflɑːkjuː'-] *n* CHEM [Aus]flockung *f*

flock[1] [flɒk, AM flɑːk] **I.** *n + sing/pl vb* ❶ *(group of animals) goats, sheep* Herde *f; birds* Schar *f,* Schwarm *m*
❷ *(group of people)* Schar *f,* Horde *f pej;* REL Herde *f geh,* Gemeinde *f,* Schäfchen *pl fam;* **a** ~ **of sightseers/tourists** eine Besucherschar/Schar von Touristen
II. *vi* sich *akk* scharen; ***crowds of people ~ed to see the Picasso exhibition*** es kamen Scharen von Menschen, um die Picassoausstellung zu sehen; ■**to** ~ **around sb/sth** sich *akk* um jdn/etw scharen, jdn/etw umringen; ■**to** ~ **in/out of somewhere** irgendwo [scharenweise] hinein-/hinausströmen; ■**to** ~ **to sth** zu etw *dat* in Scharen kommen [*o* strömen]

flock[2] [flɒk, AM flɑːk] *n* ❶ *(tuft) of cotton, wool* [Woll]flocke *f*
❷ *no pl (material)* Reißwolle *f; (for coating)* Wollpulver *nt,* Wollstaub *m; (as stuffing)* Flockwolle *f*
❸ *no pl (fibre)* Velours *m*

flock 'wall·pa·per *n* Velourstapete *f*

floe [fləʊ, AM floʊ] *n* Eisscholle *f,* Treibeis *nt kein pl*

flog <-gg-> [flɒg, AM flɑːg] *vt* ❶ *(punish)* ■**to** ~ **sb** jdn prügeln [*o* züchtigen]; *with a whip* jdn auspeitschen (**for** wegen *+gen)*
❷ BRIT *(fam: sell)* ■**to** ~ **sth** etw verscheuern *fam* [*o sl* verkloppen] [*o* SCHWEIZ verscherbeln]
▶PHRASES: **to be** ~**ging a dead horse** *(fam)* seine Kraft und Zeit verschwenden; **to** ~ **sth to death** *(fam)* etw zum hundertsten Mal durchkauen [*o* zu Tode reiten] *pej fam;* **to** ~ **oneself to death** sich *akk* zu Tode rackern *fam;* **to** ~ **oneself into the ground** sich *akk* völlig verausgaben

flog·ging ['flɒgɪŋ, AM 'flɑːg-] *n* Prügeln *nt kein pl,* Züchtigen *nt kein pl; with a whip* Auspeitschen *nt kein pl*

flo·ka·ti rug [flə'kɑːti-] *n* Flokati *m*

flood [flʌd] **I.** *n* ❶ *(flowing)* Überschwemmung *f,* Hochwasser *nt kein pl;* ***we had a ~ in the cellar*** wir hatten den Keller unter Wasser; ***when the snow melts, this little stream becomes a ~*** wenn der Schnee schmilzt, wird dieser kleine Bach ein reißender Fluss; **to be in full** ~ *(fig) activity, discussion* in vollem Gang sein; ■**the F~** REL die Sintflut
❷ *(outpouring)* Flut *f,* Schwall *m;* ***a ~ of cheap imports came into the shops*** ein ganzer Schwung Billigimporte kam in die Läden; **to let out a** ~ **of abuse** eine Schimpfkanonade loslassen; ~ **of calls/letters** eine Flut von Anrufen/Briefen; ~ **of complaints** ein Haufen *m* Beschwerden; ~ **of tears** Strom *m* von Tränen; ~ **of words** Redeschwall *m*
❸ *(tide)* ~ [**tide**] Flut *f;* **on the** ~ bei [*o* mit der] Flut
▶PHRASES: **before the F~** *(hum)* vorsintflutlich *hum*
II. *vt* ■**to** ~ **sth** ❶ *(overflow)* etw überschwemmen [*o* überfluten]; *(deluge) kitchen, bathroom* etw unter Wasser setzen; ***don't ~ the bathtub*** lass die Badewanne nicht überlaufen
❷ *(fig: overwhelm)* etw überschwemmen [*o* überfluten]; ***the calls for tickets ~ed the switchboard*** die Kartenanfragen führten zu einer völligen Überlastung der Telefonzentrale; **to be** ~**ed with joy** überglücklich sein; **to be** ~**ed with responses** mit Antworten überhäuft werden
❸ AUTO *(supply) carburettor, engine* etw absaufen lassen *fam*
❹ *(fill with water) a dam, submarine, valley* etw fluten *fachspr; a river* etw über die Ufer treten lassen
III. *vi* ❶ *(overflow) place* überschwemmt werden, unter Wasser stehen; *river* über die Ufer treten; *container, bathtub* überlaufen
❷ *(fig: pour)* strömen, sich *akk* ergießen *geh;* ■**to** ~ **into sb/sth** jdn/etw überschwemmen [*o* überfluten]; ***donations are ~ing into the relief fund*** Spenden gehen zu Tausenden bei dem Hilfsfonds ein; ***colour ~ed into her cheeks*** sie wurde ganz rot im Gesicht; ***anger ~ed into him*** Wut stieg in ihm hoch
◆**flood back** *vi (fig) memories* wiederaufkommen, hochsteigen
◆**flood in** *vi (also fig)* hereinströmen; *sunlight* hereinfluten
◆**flood out** *vt usu passive* ■**to be** ~**ed out** vom Hochwasser vertrieben werden, [wegen Hochwassers] obdachlos werden

'flood con·trol *n no pl* Hochwasserschutz *m* **'flood dam·age** *n no pl* Hochwasserschaden *m* **'flood de·fences** *npl* Hochwasserschutzmaßnahme[n] *f[pl]* **'flood dis·as·ter** *n* Überschwemmungskatastrophe *f*

flood·ed ['flʌdɪd] *adj* METEO *(submerged) fields, meadows, plains* überflutet, überschwemmt

'flood·gate *n* Schleusentor *nt,* Schleuse *f;* **to open the** ~**s to sth** *(fig pej)* etw *dat* Tür und Tor öffnen *pej,* die Schleusen öffnen *fig*

flood·ing ['flʌdɪŋ] *n no pl* Überflutung *f,* Überschwemmung *f*

'flood·light I. *n (lamp)* Scheinwerfer *m; (light)* Scheinwerferlicht *nt,* Flutlicht *nt;* **under** ~**s** bei Flutlicht **II.** *vt* <-lit, -lit> ■**to** ~ **sth** *building* etw [mit Scheinwerfern] anstrahlen; *plaza, square* etw hell erleuchten [*o* beleuchten]; *stadium* etw mit Flutlicht ausleuchten **'flood·light·ing** *n no pl* ❶ *(light)* Flutlichtanlage *f* ❷ *(illumination)* [helle] Beleuchtung **'flood·lit** *adj inv building* angestrahlt; *plaza, square* hell erleuchtet [*o* beleuchtet]; *stadium* in Flutlicht getaucht; ~ **match** Spiel *nt* bei Flutlicht **'flood plain** *n* GEOG Überschwemmungsgebiet *nt fachspr* **'flood tide** *n* Flut *f* **a.** *fig;* **a** ~ **of calls/letters** eine Flut von Anrufen/Briefen

floor [flɔːʳ, AM flɔːr] **I.** *n* ❶ *(ground)* [Fuß]boden *m;* GEOG Boden *m,* Grund *m; of a mine, river, valley* Sohle *f fachspr;* **bathroom** ~ Badezimmerboden *m;* **ocean** [*or* **sea**] ~ Meeresboden *m,* Meeresgrund *m;* **inlaid** ~ Parkettboden *m,* Parkett *nt;* **tiled** ~ gekachelter [*o* gefliester] Boden; **to take the** ~ *(form: dance)* sich *akk* aufs Parkett begeben *geh o hum*
❷ *(storey)* Stock *m,* Stockwerk *nt,* Etage *f;* **ground** ~ Erdgeschoss *nt,* Parterre *nt;* **first** ~ BRIT erster Stock; AM Erdgeschoss *nt;* **on the third** ~ im dritten Stock
❸ *(room)* Saal *m; (in parliament)* Sitzungssaal *m,* Plenarsaal *m; (in stock exchange)* Börsensaal *m,* Börsenparkett *nt; (people)* Auditorium *nt geh;* POL Plenum *nt geh;* **on the** ~ **of the House of Commons** im Sitzungssaal des Unterhauses; POL **to cross the** ~ POL *(fig)* sich *akk* der Gegenpartei [*o* Opposition] anschließen
❹ *(area)* Bereich *m,* Sektor *m;* **to work on the factory/trading** ~ im Industriebereich/auf dem Handelssektor arbeiten; *(production area)* **the factory** ~ die Fabrikhalle; **on the shop** ~ im Betrieb; *(of broking house)* **dealing** [*or* **trading**] ~ *Geschäftsstelle einer Brokerfirma zur Abwicklung des Effektenhandels mit elektronischer Datenverbindung zum Börsenplatz*
❺ *(minimum)* Mindestpreis *m; of prices, wages* Minimum *nt;* ECON, FIN [Zins]untergrenze *f;* **to go** [*or* **drop**] **through the** ~ ins Bodenlose fallen, in den Keller gehen *fam;* **to establish a** ~ **at an auction** bei einer Auktion den Mindestpreis festsetzen; ~ **price** Mindestpreis *m*
▶PHRASES: **to give sb the** ~ POL jdm das Wort geben; **to hold** [*or* **have**] **the** ~ POL das Wort haben; **to take the** ~ das Wort ergreifen
II. *n modifier* ❶ *(leads, mat, space)* Boden-; ~ **cover**[**ing**] [Fuß]bodenbelag *m;* ~ **heating** Fußbodenheizung *f*
❷ AM STOCKEX ~ **broker** Börsenmakler(in) *m(f);* ~ **trader** Eigenmakler(in) *m(f)*
III. *vt* ❶ *(cover)* **to** ~ **sth** *room, space* etw mit einem [Fuß]boden auslegen
❷ *(knock down)* ■**to** ~ **sb** jdn zu Boden schlagen [*o geh* niederstrecken]
❸ *(fig: confuse)* ■**to** ~ **sb** jdn umhauen *fig;* **to be completely** ~**ed** *(confused)* völlig platt [*o* geplättet] [*o* SCHWEIZ baff] sein *fam; (sl: drunk)* stockbesoffen sein *sl*
❹ AM *(sl: accelerate)* **to** ~ **it** losrasen

'floor·board *n* Diele *f,* Dielenbrett *nt* **'floor bro·ker** *n* STOCKEX Floor-Broker(in) *m(f)* **'floor·cloth** *n* Putzlappen *m,* ÖSTERR *a.* Putzfetzen *m,* SCHWEIZ *a.* Putzlumpen *m,* Wischlappen *m*

floored [flɔːd, AM flɔːrd] *adj inv* ■**to be** ~ **with sth** *carpeting* mit etw *dat* ausgelegt sein; *tiles* mit etw *dat* gefliest [*o* SCHWEIZ gekachelt] sein

floor·ing ['flɔːrɪŋ] *n no pl* ❶ *(space)* [Fuß]boden *m*
❷ *(material)* Boden[belag] *m;* **parquet** ~ Parkettboden *m;* **stone** ~ Steinboden *m;* **wooden** ~ Holzboden *m*

'floor lamp *n esp* AM *(standard lamp)* Stehlampe *f* **'floor man·ag·er** *n of a store* Abteilungsleiter(in) *m(f);* TV Aufnahmeleiter(in) *m(f)* **'floor plan** *n* Grundriss *m (eines Stockwerks)* **'floor·plate** *n* ARCHIT Nettogrundfläche *f* **'floor pol·ish** *n no pl* Bohnerwachs *nt* **'floor show** *n* Varietévorstellung *f,* Varieténummer *f* **'floor space** *n* Bodenfläche *f; (for storing)* Stellfläche *f* **'floor trad·er** *n* STOCKEX Local *m,* Scalper *m (Börsenhändler, der im eigenen Namen und auf eigene Rechnung handelt)* **'floor trad·ing** *n no pl* STOCKEX Parketthandel *m,* Scalping *nt* **'floor·walk·er** *n* AM *(shopwalker)* Abteilungsleiter(in) *m(f)*

floo·zie, floo·sie, floo·zy ['fluːzi] *n (pej or hum fam)* Flittchen *nt pej fam*

flop [flɒp, AM flɑːp] **I.** *vi* <-pp-> ❶ *(move clumsily)* plumpsen *fam,* sich *akk* fallen lassen; ■**to** ~ **over** sich *akk* umwälzen; **to** ~ **into bed** sich *akk* ins Bett hauen *sl*
❷ *(drop)* fallen; ***the baby's head kept ~ping backwards*** der Kopf des Babys kippte immer wieder nach hinten
❸ *(fail)* ein Flop [*o* ein Reinfall] [*o* eine Pleite] sein; *performance, play* durchfallen
II. *n* ❶ *no pl (movement, sound)* Plumps *m fam;* ***he fell with a ~ on the bed*** er ließ sich aufs Bett plumpsen
❷ *usu sing (fig pej fam: failure) business, enterprise*

F

Flop *m fam*, Reinfall *m fam*, Pleite *f fam; person* Niete *f pej fam;* **to be a commercial ~** ein wirtschaftlicher Misserfolg sein

❸ *no pl* AM ■**the ~** *bei 'Texas Hold 'Em' (Pokerspiel): die ersten drei Karten, die alle Spieler zugeteilt bekommen*

◆**flop down** *vi (fam)* sich *akk* plumpsen lassen *fam*, sich *akk* hinhauen *sl*

'flop·house *n* AM *(fam)* Absteige *f fam*, Penne *f* BRD *fam*, billige Pension

flop·pi·ness ['flɒpɪnəs, AM 'flɑːp-] *n no pl* ❶ *(flexibility)* Biegsamkeit *f*, Weichheit *f*

❷ *(limpness) of a body, limb, rope* Schlaffheit *f*, Schlappheit *f fam; of clothing, trousers* Schlott[e]rigkeit *f*, Flatt[e]rigkeit *f*

flop·py ['flɒpi, AM 'flɑːpi] **I.** *adj* ❶ *(flexible)* biegsam, weich

❷ *(limp) body, limb, rope* schlaff, schlapp *fam; clothing, trousers* schlott[e]rig, flatt[e]rig; **~ ears** Schlappohren *pl;* **~ hair** [immer wieder] herabfallendes Haar; **~ hat** Schlapphut *m*

II. *n* COMPUT *(fam)* Floppy Disk *f fachspr*, Diskette *f fachspr*

flop·py 'disk *n*, **FD** *n* COMPUT [Floppy]disk *f fachspr*

flo·ra ['flɔːrə] *n no pl* ❶ BIOL *(plants)* Flora *f fachspr*, Pflanzenwelt *f;* **~ and fauna** Flora und Fauna

❷ BIOL *(treatise)* [systematische] Pflanzenabhandlung *fachspr; as a book* Pflanzenbestimmungsbuch (**of** über +*akk)*

❸ MED *(microorganisms)* Flora *f fachspr;* **intestinal ~** Darmflora *f*

flo·ral ['flɔːrəl] *adj* ❶ *inv (of flowers)* Blumen-; **~ arrangement** Blumenarrangement *nt*, Blumengesteck *nt;* **~ display** Blumenschau *f;* **~ leaf** BOT Blütenblatt *nt fachspr;* **~ tribute** Blumengruß *m*

❷ *inv (patterned) curtain, dress* geblümt, mit Blumenmuster *nach n;* **~ wallpaper** Blumentapete *f*

❸ *(like flowers) scent* blumig

Flor·ence ['flɒrən(t)s, AM 'flɔːr-] *n no pl* Florenz *nt*

Flor·en·tine ['flɒrəntaɪn, AM 'flɔːr-] **I.** *adj* florentinisch

II. *n* ❶ *(inhabitant of Florence)* Florentiner(in) *m(f)*

❷ *(pastry)* Florentiner *m*

flo·res·cence [flɔː'resən(t)s] *n* Blütenstand *m*, Floreszenz *f fachspr*

flo·ret ['flɒrɪt, AM 'flɔːr-] *n* ❶ BOT *(part) of a composite* Einzelblüte *f fachspr; of a broccoli, cauliflower* Röschen *nt fachspr*

❷ *(flower)* kleine Blume, Blümchen *nt*

flor·id ['flɒrɪd, AM 'flɔːr-] *adj* ❶ *(form: ruddy)* kräftig rot; **~ complexion** kräftig rote [*o* gesunde] Gesichtsfarbe

❷ *(fig, usu pej: decorated)* überladen; *style* blumig *pej; prose, rhetoric* schwülstig, überschwänglich; *of music* figuriert *fachspr;* ***why does he always have to use such ~ rhetoric?*** warum muss er sich immer so geschwollen ausdrücken?; **~ architectural style** überladener [*o* überreich verzierter] Baustil

❸ MED *(fig: developed) disease* voll ausgeprägt, florid *fachspr;* **a ~ flu** eine ausgewachsene Grippe *fam*

Flori·da ['flɒrɪdə, AM 'flɔːr-] *n* Florida *nt*

Flo·rid·ian [flɒ'rɪdiən, AM flɔː'-] *n* Bewohner(in) *m(f)* Floridas

flor·id·ly ['flɒrɪdli, AM 'flɔːr-] *adv (fig pej)* blumig *pej*, schwülstig *pej;* **~ figurative prose** bildüberfrachtete Prosa

flor·in ['flɒrɪn, AM 'flɔːr] *n* ❶ BRIT HIST Zweischillingstück *nt*

❷ *(coin of precious metal)* Gulden *m*

❸ *(Aruban currency)* Florin *m*

flo·rist ['flɒrɪst, AM 'flɔːr-] *n* Florist(in) *m(f)*, Blumenhändler(in) *m(f);* ■**~'s** Blumengeschäft *nt*

floss [flɒs, AM flɑːs] **I.** *n no pl* ❶ *(fibre) of silkworm* Kokonseide *f fachspr; of silk-cotton tree* Seidenbaumwolle *f fachspr*

❷ FASHION *(filaments)* ungezwirnte Seidenfäden *pl fachspr*

❸ FASHION *(waste)* Florettseide *f*, Flockseide *f fachspr; as yarn* Florettgarn *nt fachspr*

❹ MED *(thread)* Zahnseide *f*

II. *vt* **to ~ one's teeth** seine Zähne mit Zahnseide reinigen

floss 'silk *n no pl* FASHION Florettseide *f fachspr*

flo·ta·tion [fləʊ'teɪʃən, AM floʊ'-] *n* ❶ ECON, FIN *(launching) of a business* Gründung *f; of a loan, shares* Ausgabe *f*, Begebung *f;* **stock-market ~** Börsengang *m;* **to launch a stock-market ~** [mit einem Wertpapier] an die Börse gehen

❷ *no pl* CHEM, TECH *(separation) of minerals* Schwimmaufbereitung *f*, Flotation *f fachspr;* **~ chamber** Schwimmkammer *f*

❸ *no pl (being buoyant)* Schwimmen *nt; (buoyancy)* Schwimmfähigkeit *f;* PHYS Auftrieb *m fachspr*

flo·tel [flə(ʊ)'tel, AM floʊ'-] *n* schwimmendes Hotel

flo·til·la [flə(ʊ)'tɪlə, AM floʊ'-] *n + sing/pl vb* Flotille *f*

flot·sam ['flɒtsəm, AM 'flɑːt-] *n no pl* ❶ *(wreckage)* Treibgut *nt; (ashore)* Strandgut *nt;* **~ and jetsam** Strandgut *nt*

❷ *(useless items)* Krimskrams *m fam*, Krempel *m fam;* **~ and jetsam** unnütze Sachen

❸ *+ sing/pl vb (fig pej: vagrants)* [**human**] **~** [menschliches] Treibgut, gestrandete Existenzen *pl pej*

flounce[1] [flaʊn(t)s] *vi* ❶ *(fling the body)* zappeln, zucken, sich *akk* ruckartig bewegen

❷ *(pej: move affectedly)* stolzieren, rauschen *pej;* ***mortally wounded, she ~d out of the room*** tief beleidigt rauschte sie aus dem Zimmer

flounce[2] [flaʊn(t)s] FASHION **I.** *n* Rüsche *f*, Volant *m*, Falbel *f fachspr*

II. *vt* ■**to ~ sth** etw falbeln [*o* fälbeln] *fachspr; blouse* etw mit Rüschen verzieren; *skirt* etw mit Volants versehen

flounced [flaʊnst] *adj inv* FASHION mit Volants besetzt

flouncy[1] ['flaʊn(t)si] *adj (affected)* stolzierend *attr*, rauschend *attr;* ***her ~ departure amused everybody*** ihr rauschender Abgang diente der allgemeinen Belustigung

flouncy[2] ['flaʊn(t)si] *adj* FASHION *(adorned)* Rüschen-, Volant-; **~ blouse** Rüschenbluse *m;* **~ skirt** Volantrock *m*

floun·der[1] <*pl* - *or* -s> ['flaʊndəʳ, AM -ɚ] *n (flatfish)* Flunder *f*

floun·der[2] ['flaʊndəʳ, AM -ɚ] *vi* ❶ *(move with difficulty)* stolpern; *in mud, snow* waten; *in water* [herum]rudern [*o* strampeln]

❷ *(fig: be in difficulty)* sich *akk* abmühen [*o fam* abzappeln] [*o fam* abstrampeln]; *(be confused)* nicht weiterwissen; ***her answer surprised him and he ~ed at first*** ihre Antwort überraschte ihn und er wusste zuerst nicht, was er sagen sollte; ■**to be ~ing** *organization* auf der Kippe stehen, sich *akk* in einer Krise befinden; *person* ins Schwimmen kommen; ***the job was new, and at the moment he was ~ing a bit*** die Arbeit war neu und im Augenblick war er etwas ins Schwimmen geraten

❸ *(fig pej: proceed clumsily)* murksen *pej fam*, wursteln *pej fam;* ■**to ~ through sth** sich *akk* durch etw *akk* [durch]wursteln

◆**flounder about, flounder around** *vi* ❶ *(move with difficulty)* herumstolpern; *in mud, snow* herumwaten; *in water* herumrudern, herumstrampeln

❷ *(fig pej: act with difficulty)* sich *akk* herumquälen [*o* herumschlagen]

flour ['flaʊəʳ, AM -ɚ] **I.** *n no pl* ❶ *(ground grain)* Mehl *nt*

❷ *(ground matter)* [feines] Mehl, Pulver *nt*

II. *vt* ■**to ~ sth** ❶ *(cover) plate, dough* etw bemehlen [*o* mit Mehl bestäuben]; *cake pan, tin* etw mit Mehl ausstreuen

❷ AM *(grind) grain, wood* etw [zu Mehl [*o* zu Pulver] [*o* fein]] mahlen

flour·ish ['flʌrɪʃ, AM 'flɜːr-] **I.** *vi* ❶ *(also fig: grow well) plants* blühen *a. fig*, gedeihen *a. fig geh; (fig) business, industry* blühen, florieren; ***the country's tourist industry is ~ing*** der Tourismus des Landes floriert

❷ *(fig: mature)* zu voller Blüte gelangen; ***rock 'n' roll ~ed in the 1950s*** der Rock 'n' Roll hatte seine Blütezeit in den Fünfzigerjahren

II. *vt (wave)* ■**to ~ sth** mit etw *dat* herumfuchteln; *(display)* etw [mit großer Geste] schwingen *pej;* ***he arrived ~ing a bunch of flowers*** er kam an, mit einem Blumenstrauß winkend; **to ~ a baton** einen Taktstock schwingen

III. *n* ❶ *(also pej: movement)* schwungvolle Bewegung; *(gesture)* überschwängliche [*o* große] Geste *a. pej;* ***the team produced a late ~ scoring twice to clinch the match*** mit zwei entscheidenden Treffern brachte die Mannschaft gegen Ende noch einmal Bewegung ins Spiel

❷ *(decoration) in handwriting* Schnörkel *m*

❸ *(expression)* blumiger Ausdruck *pej*, Ausschmückung *f*

❹ MUS *(fanfare)* Fanfare *f; (passage)* Figuration *f fachspr*, Verzierung *f*

flour·ish·ing ['flʌrɪʃɪŋ, AM 'flɜːr-] *adj (also fig) plants* prächtig, blühend; *business, market* blühend, florierend; **a ~ trade** ein blühender [*o* florierender] Handel; **~ tradition** blühende Tradition

'flour mill *n* Getreidemühle *f*, Mahlmühle *f*

floury ['flaʊəri, AM -ɚi] *adj* ❶ *(covered with flour)* mehlig, voller Mehl *nach n*

❷ *(dry) potato* mehlig; *make-up* pulv[e]rig

flout [flaʊt] *vt* ■**to ~ sth** ❶ *(disregard)* etw [offen] missachten, sich *akk* [offen] über etw *akk* hinwegsetzen; **to ~ convention/tradition** sich *akk* Konventionen/Traditionen widersetzen; **to ~ a law/rule** ein Gesetz/eine Regel missachten

❷ *(disdain)* etw [öffentlich] verspotten, sich *akk* über etw *akk* lustig machen

flow [fləʊ, AM floʊ] **I.** *vi* ❶ *(also fig: stream)* fließen *a. fig; air, light, warmth* strömen *a. fig;* ***many rivers ~ into the Pacific Ocean*** viele Flüsse münden in den Pazifischen Ozean; ***the beer was ~ing*** das Bier floss in Strömen; ***the conversation began to ~*** die Unterhaltung kam in Gang; ***a wash of sympathy ~ed over him*** eine Welle des Mitgefühls stieg in ihn auf; ***her long red hair ~ed down over her shoulders*** ihr langes rotes Haar wallte über ihre Schultern; **to keep the money ~ing in** dafür sorgen, dass [weiterhin] Geld reinkommt *fam*

❷ *(fig: originate)* ■**to ~ from sth** von etw *dat* herrühren, sich *akk* aus etw *dat* ergeben; ***many benefits will ~ from our collaboration*** unsere Zusammenarbeit wird viel Gutes mit sich bringen

❸ *(rise) tide* steigen, hereinkommen

II. *n usu sing* ❶ *(also fig: movement)* Fluss *m a. fig*, Strom *m a. fig;* **~ of funds** Geldstrom *m*, Kapitalfluss *m;* **~ of goods** [*or* **supplies**] Güterverkehr *m*, Warenverkehr *m;* **~ of ideas/information** Ideen-/Informationsfluss *m;* **~ of traffic** Verkehrsfluss *m;* **~ of words/conversation** Rede-/Gesprächsfluss *m;* **~ of visitors** Besucherstrom *m;* **cut off** [*or* **stop**] **the ~** die Zufuhr [*o* den Zufluss] stoppen *a. fig*

❷ *(volume of fluid)* Durchflussmenge *f*

❸ *(also fig: outpouring)* Ausfluss *m;* ***she tried to stem the ~ of blood*** sie versuchte, das Blut zu stillen; **~ of capital** [*or* **funds**] Kapital[ab]wanderung *f*

▶PHRASES: **to be in full ~** *(speaking)* mitten im Redefluss sein; *(acting)* voll in Fahrt [*o* dabei] sein; **to go** [*or* **move**] **against/with the ~** gegen den/mit dem Strom schwimmen

III. *adv* ■**in ~** fließend, im Fluss *nach n;* ***a mind in ~ can make an athlete seem invincible*** wenn Geist und Körper eine Einheit bilden, scheint ein Athlet unbesiegbar

'flow analy·sis *n* TECH Strömungsanalyse *f* **'flow·chart, 'flow dia·gram** *n* Flussdiagramm *nt*

flow·er ['flaʊəʳ, AM -ɚ] **I.** *n* ❶ BOT *(plant)* Blume *f; (plant part)* Blüte *f;* ***no ~s by request*** wir bitten von Blumenspenden abzusehen; ***"say it with ~s"*** „lass Blumen sprechen"; **to be in ~** blühen, in Blüte stehen *geh;* **to come into ~** zu blühen beginnen

❷ *(fig liter: prime)* Blüte *f;* **in the ~ of** [**one's**] **youth** in der Blüte des [*o* seines] Lebens

❸ CHEM **~s** *pl* **of sulphur** Schwefelblume *f*, Schwefelblüte *f*

II. *vi* ❶ *(also fig: be productive) plant, arts, place* blühen; *business, industry* blühen, gedeihen

❷ *(fig: mature)* zur Entfaltung kommen; *talent* in voller Blüte stehen

'flow·er ar·range·ment *n* Blumengesteck *nt*

'flow·er ar·rang·ing *n no pl* Blumenbinden *nt* **'flow·er·bed** *n* Blumenbeet *nt* **'flow·er chil·dren** *npl* Blumenkinder *pl,* Hippies *pl*

flow·ered ['flaʊəd, AM -ɚd] *adj* geblümt, mit Blumenmuster *nach n;* ~ **curtains** geblümte Vorhänge; ~ **wallpaper** Blumentapete *f*

'flow·er gar·den *n* Blumengarten *m* **'flow·er girl** *n* ① *(vendor)* Blumen[straßen]händlerin *f,* Blumenmädchen *nt* ② *(at weddings)* Blumenmädchen *nt,* Blumen streuendes Mädchen **'flow·er head** *n* BOT Blütenköpfchen *nt,* Blütenstand *m*

flow·er·ing ['flaʊərɪŋ] *adj inv* blühend, Blüten-

flow·er·ing 'plant *n* Blütenpflanze *f,* Zierpflanze *f* **'flow·er·ing season** *n* Blütezeit *f*

'flow·er peo·ple *npl* Blumenkinder *pl* **'flow·er·pot** *n* Blumentopf *m* **'flow·er pow·er** *n no pl* Flower-Power *f* **'flow·er shop** *n* Blumengeschäft *m* **'flow·er show** *n* Blumenschau *f*

flow·ery ['flaʊəri] *adj* ① *(patterned) clothes, material* geblümt, mit Blumenmuster *nach n*
② *(fig, also pej: ornate) language, speech, style* blumig *a. pej*
③ *(with flowers)* voller Blumen *nach n;* **a** ~ **meadow** eine Blumenwiese

flow·ing ['fləʊɪŋ, AM 'floʊ-] *adj* ① *(fluent) style, script* flüssig
② *(smooth)* flüssig; *line* fließend; ~ **movement** fließende Bewegung
③ *(unconfined) beard, hair* wallend *attr; clothing* fließend *attr;* **a** ~ **beard** ein wallender Bart [*o fam* Rauschebart]; **a** ~ **robe** ein fließendes Gewand

flown [fləʊn, AM floʊn] *vt, vi pp of* **fly**

flu [flu:] *short for* **influenza I.** *n no pl (illness)* Grippe *f;* **a wave of** ~ eine Grippewelle; **gastric** ~ Magengrippe *f;* **to catch** [*or* **get**] [**the**] ~ sich *dat* die Grippe holen [*o* eine Grippe einfangen] *fam*
II. *n modifier (epidemic, virus, symptoms)* Grippe-; ~ **shot** [*or* **vaccination**] Grippeimpfung *f*

flub <-bb-> [flʌb] *vt (fam)* ■ **to** ~ **sth** etw vermasseln [*o* ÖSTERR *a.* verhauen] *fam*
◆ **flub around** *vi (fam)* ■ **to** ~ **around with sth** mit etw *dat* herummachen *fam,* an etw *dat* herumpfuschen *fam*

fluc·tu·ate ['flʌktʃueɪt] *vi numbers, prices, feelings* schwanken; ECON *business cycle, market* sich *akk* ständig verändern, fluktuieren *fachspr*

fluc·tu·at·ing ['flʌktʃueɪtɪŋ, AM -t̬ɪŋ] *adj* ECON, FIN fluktuierend, schwankend

fluc·tua·tion [ˌflʌktʃu'eɪʃən] *n of numbers, prices, feelings* Schwankung *f;* ECON *of business cycle, market* ständige Veränderung, Fluktuation *f fachspr;* ~ **in foreign currency** Währungsschwankung *f;* ~ **in the exchange rate** Wechselkursschwankung *f;* ~ **in quality** Qualitätsschwankung *f;* ~ **in temperature** Temperaturschwankung[en] *f[pl]*

fluc·tu'a·tion band *n* Schwankungsbandbreite *f* **fluc·tu'a·tion mar·gin** *n* Schwankungsbandbreite *f* **fluc·tu'a·tion rate** *n* Fluktuationsquote *f,* Fluktuationsrate *f*

flue [flu:] *n* ① *(chimney)* Rauchfang *m,* Rauchabzug *m;* TECH Feuerzug *m,* Heizkanal *m*
② *(passage)* Abzugsrohr *nt,* Zug *m; (for air)* Luftkanal *m; (for boiler)* Flammrohr *nt*

'flue gas *n* Rauchgas *nt,* Verbrennungsgase *pl*

flu·en·cy ['flu:ən(t)si] *n no pl of a conversation, movements, speech* Fluss *m; of script, style* Flüssigkeit *f; of articulation, rhetoric* Gewandtheit *f,* Eleganz *f; of foreign language* Beherrschung *f*

flu·ent ['flu:ənt] *adj foreign language* fließend, geläufig *präd; style* flüssig, elegant; *orator, rhetoric* gewandt; *movements* flüssig; ***the football match was scrappy with little ~ passing*** das Fußballspiel war nichts und das Passspiel war nicht sehr flüssig; **to be** ~ **in a language** eine Sprache fließend beherrschen [*o* sprechen]

flu·ent·ly ['flu:əntli] *adv speak* flüssig, gewandt; *speak a foreign language* fließend, geläufig; *move* flüssig; ***he passed the ball ~*** er spielte den Ball flüssig weiter; **to speak/write** ~ flüssig sprechen/schreiben

'flue pipe *n (organ pipe)* Labialpfeife *f fachspr*

fluff [flʌf] **I.** *n no pl* ① *(particle)* Fusseln *pl,* Flusen *pl; (dust)* Staubflocke[n] *pl*
② ORN, ZOOL *(fur or feathers) on young animals* Flaum *m*
③ *(fig pej fam: mistake)* Patzer *m pej fam*
④ AM *(fig pej fam: nonsense)* Blödsinn *m fam,* dummes Zeug *pej fam*
⑤ *(fig, usu pej fam: girl)* Mieze *f pej fam;* **a bit of** ~ ein Betthäschen *nt euph fam*
II. *vt (pej fam)* ■ **to** ~ **sth** etw verpatzen [*o* vermasseln] *pej fam;* **to** ~ **an exam/a test** ein Examen/eine Prüfung verhauen [*o* versieben] *sl;* **to** ~ **one's driving test** durch die Fahrprüfung fallen; **to** ~ **a joke** einen Witz vermasseln; **to** ~ **one's lines** seinen Text verpatzen
◆ **fluff up** *vt* ■ **to** ~ **up** ⊂ **sth** *feathers* etw aufplustern; *pillows* etw aufschütteln; *(fig)* etw auflockern

fluffi·ness ['flʌfɪnəs] *n no pl* ① *(softness) of feathers* Flaumigkeit *f; of towels* Flauschigkeit *f; of pillows* Weichheit *f*
② *(lightness) of food, hair* Lockerheit *f; of egg white* Schaumigkeit *f; of snow* Flockigkeit *f*

fluffy ['flʌfi] *adj* ① *(soft) feathers* flaumig; *pillows* flaumig weich; *towels* flauschig, kuschelweich; *animal* kuschelig [weich], flauschig; ~ **toy** Stofftier *nt,* Kuscheltier *nt,* SCHWEIZ *a.* Plüschtier *nt*
② *(light) clouds* aufgelockert; *food, hair* locker; *egg white* schaumig; *snow* flockig; ~ **clothes** leichte Kleidung

flu·id ['flu:ɪd] **I.** *n* Flüssigkeit *f;* CHEM *(gas, liquid)* Fluid *nt fachspr;* ***she's on ~s*** sie kann nur flüssige Nahrung zu sich nehmen; **loss of** ~**s** Flüssigkeitsverlust *m;* **bodily** ~**s** Körpersäfte *pl*
II. *adj* ① *(liquid)* flüssig; CHEM *gas, liquid* flüssig, fluid *fachspr*
② *(fig: free-flowing)* ~ **movements** fließende [*o* flüssige] Bewegungen
③ *(fig: tending to change)* veränderlich, instabil; ~ **plan** vages Vorhaben; ~ **situation** ungewisse [*o* instabile] Lage

'flu·id bed *n* TECH Wirbelbett *nt,* Fließbett *nt;* ~ **dryer** Wirbelschichttrockner *m*

flu·id·ity [flu'ɪdəti, AM -ət̬i] *n no pl* ① *(nature of movements)* Flüssigkeit *f,* Leichtigkeit *f*
② *(tendency to change)* Veränderlichkeit *f,* Instabilität *f;* **the** ~ **of a situation** die Ungewissheit einer Situation

flu·id·ize ['flu:ɪdaɪz] *vt* TECH ■ **to** ~ **sth** etw aufwirbeln [*o* auflockern]

flu·id 'ounce *n* BRIT 28,41 cm^3; AM 29,57 cm^3

fluke[1] [flu:k] *n usu sing (fam: chance)* Dusel *m fam,* Schwein *fam;* ***it was just a ~*** das war einfach nur Dusel; **by some amazing** ~ durch einen glücklichen Zufall

fluke[2] [flu:k] *n* ① <*pl* - *or* -s> ZOOL *(flatworm)* Plattwurm *m,* Trematode *f fachspr*
② <*pl* - *or* -s> ZOOL *(flatfish)* Flunder *f*
③ ANAT *(part of a whale's tail)* Fluke *f*
④ NAUT *of harpoon* Widerhaken *m*

fluk(e)y ['flu:ki] *adj (fam)* glücklich, zufällig; **a** ~ **result** ein glückliches Ergebnis; ~ **shot** Zufallstreffer *m*

flume [flu:m] *n* ① *(channel)* [Ablauf]kanal *m,* Abflussrinne *f*
② *(slide)* Klamm *f*

flum·mox ['flʌməks] *vt (fam)* ■ **to** ~ **sb** jdn verwirren [*o* aus dem Konzept bringen]

flum·moxed ['flʌməkst] *adj (fam)* verwirrt, perplex

flung [flʌŋ] *pp, pt of* **fling**

flunk [flʌŋk] *vt* AM *(fam)* **to** ~ **an exam** in einer Prüfung durchfallen *fam,* durch eine Prüfung rasseln *fam*
◆ **flunk out** *vi* AM **to** ~ **out** [**of college/school**] von der Uni/Schule fliegen *fam (wegen schlechter Noten)*

flunk·ey, flunky ['flʌŋki] *n* Lakai *m oft pej*

fluo·res·cence [flɔ:'resən(t)s] *n no pl* Fluoreszenz *f*

fluo·res·cent [flɔ:'resənt] *adj* fluoreszierend; ~ **light** Neonlicht *nt;* ~ **tube** Leuchtstoffröhre *f;* ~ **whitening agent** CHEM optischer Aufheller

fluor·hy·dric acid [flɔ:ˌhaɪdrɪk'æsɪd, AM flɔ:r,-] *n no pl* CHEM Fluorwasserstoffsäure *f,* Flusssäure *f*

fluori·date ['flɔ:rɪdeɪt, AM -rə-] *vt* ■ **to** ~ **sth** etw fluoridieren [*o* fluorieren]; **to** ~ **water** Wasser mit Fluor anreichern

fluori·da·tion [ˌflɔ:rɪ'deɪʃən, AM -rə'-] *n no pl* Fluoridierung *f,* Anreicherung *f* mit Fluor

fluo·ride ['flɔ:raɪd] *n no pl* Fluorid *nt*

fluo·rine ['flɔ:ri:n] *n no pl* CHEM Fluor *nt*

fluo·ro·car·bon [ˌflɔ:rə(ʊ)'kɑ:bən, AM -rə'kɑ:r-] *n* CHEM Fluorkohlen[wasser]stoff *m*

fluo·ro·si·lic·ic acid [ˌflɔ:rə(ʊ)sɪˌlɪsɪk'æsɪd, AM -roʊ-] *n no pl* CHEM Hexafluorokieselsäure *f*

flur·ried ['flʌrid, AM 'flɜ:rid] *adj* aufgeregt, nervös; **to become** ~ sich *akk* aufregen

flur·ry ['flʌri, AM 'flɜ:ri] *n* ① *(swirl)* Schauer *m;* ~ **of snow** Schneeschauer *m*
② *(excitement)* Unruhe *f;* ~ **of excitement** große Aufregung; **to prompt a** ~ **of speculation** heftige Spekulationen auslösen

flush[1] [flʌʃ] *adj* ① *(flat)* eben, plan *geh;* ~ **with sth** mit etw *dat* auf gleicher Ebene
② *pred (fam: rich)* reich; **to feel** ~ sich *dat* reich vorkommen; **to be** ~ **with cash** gut bei Kasse sein *fam,* reichlich Bargeld zur Verfügung haben

flush[2] [flʌʃ] *n (in cards)* Flush *m*

flush[3] [flʌʃ] **I.** *vi* ① *(blush)* erröten, rot werden; **to** ~ **with embarrassment/pleasure** vor Verlegenheit/Freude *dat* erröten
② *(empty)* spülen; ***the toilet won't ~*** die Spülung geht nicht
II. *vt* ① *(on toilet)* **to** ~ **the toilet** [hinunter]spülen; **to** ~ **sth down the toilet** etw die Toilette hinunterspülen
② *(purge)* ■ **to** ~ **sth out of sth** etw aus etw *dat* spülen; ***you're supposed to drink a lot to ~ the toxins out of your system*** du musst viel trinken, um die Giftstoffe aus deinem Körper zu spülen
③ *(drive out)* ■ **to** ~ **sb/an animal from** [*or* **out of**] **sth** jdn/ein Tier aus etw *dat* hinaustreiben
▸ PHRASES: **to** ~ **sth down the toilet** etw das Klo hinunterspülen *fam*
III. *n* ① *usu sing (blush)* Röte *f kein pl;* ~ **of anger** Zornesröte *f*
② *(emptying)* Spülen *nt kein pl*
◆ **flush out** *vt* ① *(cleanse)* ■ **to** ~ **out** ⊂ **sth** etw ausspülen [*o* auswaschen]; ***his wife ~ed out the catheter*** seine Frau wusch den Katheder aus
② *(drive out)* ■ **to** ~ **out** ⊂ **sb/an animal** jdn/ein Tier hinaustreiben; ***we used a dog to ~ out the rabbits*** wir trieben die Kaninchen mit Hilfe eines Hundes aus dem Bau
③ *(purge)* ■ **to** ~ **out** ⊂ **sth** etw entleeren

flushed [flʌʃt] *adj* rot im Gesicht, mit rotem Kopf; ~ **cheeks** gerötete Wangen; ~ **with anger** wutentbrannt; ~ **with joy** freudestrahlend; ~ **with success** triumphierend

flus·ter ['flʌstəʳ, AM -ɚ] **I.** *vt* ■ **to** ~ **sb** jdn nervös machen
II. *n no pl* ■ **to be/get in a** ~ nervös [*o* aufgeregt] sein/werden

flus·tered ['flʌstəd, AM -ɚd] *adj* nervös, aufgeregt; **to look** ~ einen gehetzten Eindruck machen

flute [flu:t] *n* ① *(instrument)* Flöte *f*
② *(for champagne)* Sektflöte *f*

flut·ed ['flu:tɪd, AM -t̬-] *adj* gerillt; *edges* bogenförmig; *column* kanneliert; *paper* gewellt

flutey <-ier, -iest> [flu:ti] *adj see* **fluty**

flut·ing ['flu:tɪŋ, AM -t̬-] *n* Riffelung *f*

flut·ist ['flu:t̬ɪst] *n* AM *(flautist)* Flötist(in) *m(f)*

flut·ter ['flʌtəʳ, AM -t̬ɚ] **I.** *vi* ① *(quiver) heart, stomach* flattern
② *(flap) flags* flattern, wehen; *wings* flattern
③ *(fall)* ■ **to** ~ **somewhere** irgendwohin flattern
▸ PHRASES: **to make one's heart** ~ das Herz höher schlagen lassen
II. *vt* ■ **to** ~ **sth** etw flattern lassen; ***the bird ~ed its wings*** der Vogel schlug mit den Flügeln; **to** ~ **one's eyelashes/eyelids** *(hum)* mit den Wimpern/Augendeckeln klimpern *fam*
III. *n* ① *usu sing* BRIT, AUS *(fam: bet)* kleine Wette; **to have a** ~ ein paar Mark riskieren

❷ *(flapping)* Flattern *nt kein pl*
❸ *(nervousness)* Aufregung *f;* **to put sth in a ~** etw in Aufregung *akk* versetzen; **to be all of a ~** völlig aus dem Häuschen sein *fam*
◆**flutter about, flutter around** *vi* ❶ *(fly)* herumflattern
❷ *(dash)* nervös herumgehen
◆**flutter down** *vi leaves* herabschweben
fluty [ˈfluːti] *adj* flötentonartig, flötend
flu·vial [ˈfluːviəl] *adj inv* GEOL Fluss-, fluvial *fachspr*
flux [flʌks] *n no pl* ❶ *(change)* Fluss *m;* **to be in a state of ~** sich *akk* ständig verändern, im Fluss sein
❷ CHEM *(solder)* Flussmittel *nt*
flux·ion [ˈflʌkʃən] *n* MATH Differenzial *nt (in einem Vektorfeld)*
fly [flaɪ] **I.** *vi* <flew, flown> ❶ *(through the air)* fliegen; ***we're ~ing at 9000 metres*** wir fliegen in 9000 Meter Höhe; ***he flew across the Atlantic*** er überflog den Atlantik; ***we flew from Heathrow*** wir flogen von Heathrow ab; ■**to ~ [out] from** [*or* AM *also* **out of**] **somewhere** von irgendwo wegfliegen; ■**to ~ in sth** *plane, helicopter* in etw *dat* fliegen
❷ *(in the air)* flattern, wehen; ***the flag was ~ing at half-mast*** die Fahne wehte auf Halbmast
❸ *(speed)* ■**to ~ somewhere** irgendwohin sausen [*o* stürmen]; ***the door suddenly flew open*** die Tür flog plötzlich auf; ■**to ~ by** [*or* **past**] **sb** an jdm vorübersausen; *see also* **send**
❹ *(fam: leave)* sich *akk* sputen; ***I must ~*** ich muss mich sputen
❺ *(fam: be successful)* Erfolg haben, groß rauskommen; **to make sth ~ or flop** etw zu einem Renner oder einem Flop machen
▶PHRASES: **to ~ in the face of logic/reason** gegen jede Logik/Vernunft verstoßen; **sb flies off the handle** jdm brennt die Sicherung durch *fam;* **to ~ high** AM im siebten Himmel sein; **to be ~ing low** *(dated or hum)* den Hosenschlitz offen haben; **time flies when you're having fun** *(prov)* wenn man Spaß hat, vergeht die Zeit wie im Flug
II. *vt* <flew, flown> ❶ *(pilot)* ■**to ~ sth** *a plane* etw fliegen
❷ *(transport)* ■**to ~ sb/sth somewhere** jdn/etw irgendwohin fliegen
❸ *(raise)* ■**to ~ sth** etw wehen lassen; **to ~ a flag** eine Fahne hissen; ***the ship was ~ing the Spanish flag*** das Schiff fuhr unter spanischer Flagge; **to ~ a kite** einen Drachen steigen lassen
❹ *(travel)* ***I usually ~ Lufthansa*** für gewöhnlich fliege ich mit Lufthansa
▶PHRASES: **to ~ the coop** *(fam)* sich *akk* aus dem Staub machen; **to ~ a kite [for sth]** einen Versuchsballon steigen lassen; **go ~ a kite!** *esp* AM *(fam)* verzieh dich! *fam,* ÖSTERR, SCHWEIZ *a.* zieh' Leine! *fam;* **to ~ the nest** *(fam)* das Nest verlassen
III. *n* ❶ *(insect)* Fliege *f*
❷ *(bait)* [künstliche] Fliege
❸ *(zip)* Hosenschlitz *m*
❹ AM *(flysheet)* Überdach *f,* Überzelt *nt*
❺ *pl* THEAT Schnürboden *m*
▶PHRASES: **to drop [off] like flies** *(fam: collapse)* sterben wie die Fliegen *fam; (stop)* massenweise aufhören; **sb wouldn't harm** [*or* **hurt**] **a ~** jd würde keiner Fliege etwas zuleide tun; **to like** [*or* **love**] **to be a ~ on the wall** gerne Mäuschen sein [*o* spielen]; **the ~ in the ointment** *(fam)* das Haar in der Suppe; **there are no flies on sb** jdn legt man nicht so leicht rein; **~ the fly** schnell
IV. *adj* <-er, -est> *(fam)* ❶ BRIT *(sly)* gerissen; **to be ~ enough** gerissen genug sein
❷ AM *(sl: modern) clothing* cool *sl,* hip *sl,* in *fam,* schick; ■**to be ~** ein [*o* der] Hit sein
◆**fly about, fly around** *vi* ❶ *(circulate)* im Umlauf sein; ***there is a rumour ~ing about that ...*** es geht das Gerücht [um], dass ...
❷ *(travel)* herumfliegen
◆**fly away** *vi* ❶ AVIAT abfliegen
❷ *bird, insect* wegfliegen
◆**fly at** *vi* ■**to ~ at sb/sth** auf jdn/etw losgehen
▶PHRASES: **to ~ at sb's face** jdm ins Gesicht springen
◆**fly by** *vi* ❶ *(rush)* vorbeisausen
❷ *(elapse) holiday, time* wie im Flug vergehen
◆**fly in I.** *vi* einfliegen; ***my wife's ~ing in from New York tonight*** meine Frau kommt heute Abend mit dem Flugzeug aus New York
II. *vt* ■**to ~ in ↔ sth** etw einfliegen; ***the restaurant flies its fish in daily from Scotland*** das Restaurant lässt seinen Fisch täglich aus Schottland einfliegen
◆**fly into** *vi* **to ~ into a panic** in Panik geraten; **to ~ into a fury** [*or* **rage**] [*or* BRIT *also* **temper**] einen Wutanfall bekommen
◆**fly off** *vi person, plane* abfliegen; *bird, insect, hat* wegfliegen, fortfliegen; *(come off) button* abspringen; ***she flew off to India*** sie flog nach Indien
◆**fly out I.** *vi* ausfliegen; ***he's ~ing out to Australia next week*** er fliegt nächste Woche nach Australien
II. *vt* ■**to ~ out ↔ sb/sth** jdn/etw ausfliegen
ˈfly·away *adj* **~ hair** feines Haar **fly·away ˈhair** *n* fliegendes Haar **ˈfly·back** *n* ELEC Rücklauf *m* **ˈfly·ball** *n Staffellauf für Hunde, die in Viererteams einen Ball auflesen und zum Ziel zurückbringen müssen* **ˈfly·boy** *n* AM *(fam)* Flieger(in) *m(f)* **ˈfly·by** *n* ❶ *(approach)* Flyby *nt* ❷ AM *(flypast)* Vorbeiflug *m* **ˈfly-by-night** *adj inv (pej fam) organization* zweifelhaft *pej;* **~ company** dubiose Firma **ˈfly-by-wire** *n modifier* mit elektronischer Flugsteuerung *nach n* **ˈfly·catch·er** *n* Fliegenschnäpper *m,* Fliegenfänger *m* SCHWEIZ **fly-drive ˈholi·day,** AM **fly-drive va·ˈca·tion** *n* Fly-&-Drive-Urlaub *m*
fly·er *n see* **flier**
ˈfly-fish·ing *n no pl* Fliegenfischen *nt;* **to go ~** Fliegenfischen gehen
fly ˈhalf <*pl* halves> *n* SPORT *(in rugby)* Mittelfeldspieler *m*
fly·ing [ˈflaɪɪŋ] **I.** *n no pl* Fliegen *nt;* **to be scared of ~** Angst vorm Fliegen haben
II. *adj attr, inv* ❶ *(winged) ant* Flug-, fliegend *attr*
❷ *(quick) glass* fliegend; **to take a ~ jump/leap** einen großen Satz machen
ˈfly·ing boat *n* Flugboot *nt* **fly·ing ˈbut·tress** *n* ARCHIT Strebebogen *m* **fly·ing ˈcol·ours** *npl* ***she passed the test with ~ colours*** sie bestand die Prüfung mit Bravour **fly·ing ˈdoc·tor** *n* AUS fliegender Arzt **fly·ing ˈfish** *n* fliegender Fisch **fly·ing ˈfox** *n* Flughund *m* **fly·ing ˈhead** *n* COMPUT fliegender Lese-/Schreibkopf **fly·ing ˈpick·et** *n esp* BRIT mobiler Streikposten **fly·ing ˈsauc·er** *n* fliegende Untertasse **ˈfly·ing squad** *n* Überfallkommando *nt (der Polizei)* **fly·ing ˈstart** *n* fliegender Start ▶PHRASES: **to get** [*or* **be**] **off to a ~** einen glänzenden Einstand haben **ˈfly·ing time** *n* Flugzeit *f* **fly·ing tra·ˈpeze** *n see* **trapeze fly·ing ˈvis·it** *n* Stippvisite *f fam*
ˈfly·leaf *n* Vorsatzblatt *nt* **ˈfly·over** *n* ❶ BRIT *(bridge)* Überführung *f,* SCHWEIZ *a.* Passarelle *f* ❷ AM *(flight)* Luftparade *f* **ˈfly·pa·per** *n* Fliegenpapier *nt* **ˈfly·past** *n* Luftparade *f* **ˈfly·post·er** *n* BRIT ❶ *(bill)* nicht genehmigtes Plakat ❷ *(person)* illegaler Plakatierer, jd, der nicht genehmigte Plakate anbringt **ˈfly·post·ing** *n no pl* BRIT illegales Plakatieren **ˈfly·screen** *n* AUS Fliegengitter *nt* **ˈfly·sheet** *n* BRIT Überdach *nt,* Überzelt *nt* **ˈfly·speck** *n* Fliegendreck *m kein pl* **ˈfly spray** *n* Fliegenspray *m* **ˈfly swat, ˈfly swat·ter** *n* Fliegenklatsche *f* **ˈfly·tip I.** *vi* illegal Müll abladen **II.** *n* illegaler Müllplatz **ˈfly tow·er** *n* THEAT Schnürboden *m* **ˈfly·trap** *n* Insekten fressende Pflanze; **Venus ~** Venusfliegenfalle *f* **ˈfly·weight** *n* BOXING Fliegengewicht *nt* **ˈfly·wheel** *n* TECH Schwungrad *nt*
FM [ˌefˈem] **I.** *n no pl abbrev of* **frequency modulation** FM; **on ~** auf FM
II. *n modifier radio [station]* FM-
FNMA [ˌefenemˈeɪ] *n* ECON, FIN *abbrev of* **Federal National Mortgage Association** Bundeshypothekenvereinigung *f*
FO [ˌefˈəʊ] *n no pl, + sing/pl vb abbrev of* **Foreign Office** AA *nt,* BMAA *nt* ÖSTERR, EDA *nt* SCHWEIZ
foal [fəʊl, AM foʊl] **I.** *n* Fohlen *nt;* ■**to be in** [*or* **with**] **~** trächtig sein
II. *vi* fohlen
foam [fəʊm, AM foʊm] **I.** *n no pl* ❶ *(bubbles)* Schaum *m;* **shaving ~** Rasierschaum *m*
❷ *(plastic)* Schaumstoff *m*
II. *n modifier* ❶ *(containing foam) (cushion, mattress, pillow)* Schaumstoff-
❷ *(foamed) (plastic, rubber)* Schaum-
III. *vi* schäumen
▶PHRASES: **to be ~ing at the mouth** vor Wut schäumen [*o* fast platzen]
ˈfoam bath *n no pl* Schaumbad *nt* **ˈfoam in·hibi·tor** *n* TECH Schaumverhütungsmittel *nt* **foam ˈplas·tic** *n no pl* Schaumstoff *m* **foam ˈrub·ber** *n no pl* Schaumgummi *m*
foamy [ˈfəʊmi, AM ˈfoʊmi] *adj shampoo* schaumig
fob[1] [fɒb, AM fɑːb] **I.** *n* ❶ *(chain)* Uhrband *nt,* Uhrkette *f*
❷ *(tab)* Schlüsselanhänger *m*
II. *vt* <-bb-> ■**to ~ off ↔ sb with sth** jdn mit etw *dat* abspeisen *fam;* ■**to ~ off ↔ sth on sb** jdm etw andrehen *fam*
fob[2] [ˌefəʊˈbiː, AM -oʊˈ-] ECON *abbrev of* **free on board** fob *fachspr*
fo·cac·cia [fəˈkætʃe] *n* Focaccia *f (flaches Hefebrot mit Olivenöl und Kräutern)*
fo·cal [ˈfəʊkəl, AM ˈfoʊ-] *adj* im Brennpunkt stehend *attr;* **~ figure** zentrale Figur
fo·cal ˈlength *n* PHYS Brennweite *f* **fo·cal ˈpoint** *n* ❶ *(centre)* Brennpunkt *m,* Mittelpunkt *m,* Schwerpunkt *m;* **~ of a discussion/problem** Kernpunkt *m* einer Diskussion/eines Problems ❷ PHYS *(focus) of the lens* Brennpunkt *m*
fo·cus [ˈfəʊkəs, AM ˈfoʊ-, *pl* ˈfəʊsaɪ] **I.** *n* <*pl* -es *or form* -ci> ❶ *(centre)* Mittelpunkt *m* (**on** *+gen*), Brennpunkt *m* (**on** *+gen*), SCHWEIZ *a.* Fokus *m;* ***the main ~ of interest was ...*** das Hauptinteresse galt *dat ...*; **to be the ~ of attention** im Mittelpunkt stehen; **~ of discontent** Quelle *f* der Unzufriedenheit; **~ of a policy/programme** Schwerpunkt *m* einer Politik/eines Programms; **to bring sth in[to] ~** etw in den Brennpunkt rücken; **out of ~** unklar, unscharf
❷ PHYS Brennpunkt *m;* PHOT *of a lens* Fokus *m;* ■**to be in/out of ~** scharf/nicht scharf eingestellt sein
II. *vi* <-s- *or* -ss-> ❶ *(concentrate)* sich konzentrieren; ■**to ~ [up]on sth** sich *akk* auf etw *akk* konzentrieren
❷ *(see)* klar sehen; ■**to ~ on sth** auf etw *akk* fokussieren
❸ PHYS fokussieren
III. *vt* <-s- *or* -ss-> ❶ *(concentrate)* **to ~ one's attention on sth** seine Aufmerksamkeit auf etw *akk* konzentrieren; **to ~ one's energies on sth** seine Energien auf etw *akk* konzentrieren
❷ *(direct)* **to ~ a camera/telescope [on sb/sth]** eine Kamera/ein Teleskop scharf [auf jdn/etw *akk*] einstellen; **to ~ one's eyes on sb/sth** den Blick auf jdn/etw *akk* richten; ***all eyes were ~ed on the actress*** alle Augen waren auf die Schauspielerin gerichtet
ˈfo·cus group *n (in marketing)* [ausgewählte] Testgruppe
fo·cus(s)ed [ˈfəʊkəst, AM ˈfoʊ-] *adj image* fokussiert *fachspr*
fod·der [ˈfɒdəʳ, AM ˈfɑːdɚ] *n no pl* ❶ *(food)* Futter *nt;* **~ crop** Futterpflanze *f*
❷ *(fam: material)* Stoff *m* (**for** für *+akk*); ***politicians are good ~ for comedians*** Politiker sind ein gefundenes Fressen für Komiker; **literary ~** Lesestoff *m*
foe [fəʊ, AM foʊ] *n (liter)* Feind *m*
FoE [ˌefəʊˈiː, AM -oʊˈ-] *n no pl abbrev of* **Friends of the Earth** FoE
foe·tal, AM **fetal** [ˈfiːtəl] *adj inv* fötal, fetal, Fötus-, Fetus-
foet·id [ˈfiːtɪd, AM ˈfeṭɪd] *adj see* **fetid**
foe·tus, AM **fetus** [ˈfiːtəs] *n* Fötus *m,* Fetus *m*
fog [fɒg, AM fɑːg] **I.** *n* ❶ *(mist)* Nebel *m;* **thick ~** dichter Nebel
❷ *no pl (complexity) of details* Schleier *m;* **a ~ of conditions** verworrene Zustände; **to be wrapped in the ~ of history** in den Nebel der Geschichte

gehüllt sein
▶PHRASES: **in** a ~ *(fam)* ratlos; ***I felt in a ~ about what to do next*** ich war ratlos, was ich als Nächstes tun sollte
II. *vt* <-gg-> ■**to ~ sth** etw verschleiern; ***alcohol ~s his brain*** Alkohol benebelt sein Gehirn
◆**fog in** *vt usu passive* ■**to ~ in** ↔ **sth** etw einnebeln
◆**fog up** I. *vi* anlaufen, sich *akk* beschlagen
II. *vt* ■**to ~ up** ↔ **sth** *mirror* etw beschlagen [*o* verschleiern]
'fog bank *n* Nebelbank *f*
'fog·bound *adj inv* wegen Nebels geschlossen
fo·gey ['fəʊgi, AM 'foʊgi] *n (fam)* Mensch *m* mit verstaubten Ansichten *pej;* **old ~** alter Kauz *pej;* **young ~** *junger Mensch, der sich bewusst altmodisch gibt*
fo·gey·ish ['fəʊgiɪʃ, AM 'foʊgi-] *adj* verknöchert *pej;* **to have a ~ attitude towards sth** verstaubte Ansichten über etw *akk* haben
fog·gy ['fɒgi, AM 'fɑːgi] *adj* neblig
▶PHRASES: **to not have the foggiest** [**idea** [*or* **notion**]] *(fam)* keine blasse [*o* nicht die leiseste] Ahnung haben
'fog·horn *n* Nebelhorn *nt;* **to have a voice like a ~** [*or* **a ~ voice**] *(hum)* eine dröhnende Stimme haben
'fog·lamp, 'fog·light *n* Nebelscheinwerfer *m*
fogy *n see* **fogey**
FOIA [ˌefəʊaɪ'eɪ, AM -oʊ-] *n no pl* LAW, POL *abbrev of* **Freedom of Information Act** Gesetz *nt* zum freien Informationszugang
foi·ble ['fɔɪbl] *n usu pl* Eigenart *f kein pl,* [kleine] Schwäche, Macke *f fam,* SCHWEIZ *a.* Schrulle *f*
foil[1] [fɔɪl] *n* ① *(sheet)* Folie *f*
② *(contrast)* Hintergrund *m;* ***the cynical character in the play is the perfect ~ for the innocent William*** die zynische Figur in dem Stück ist das perfekte Gegenstück zum unschuldigen William
③ *(sword)* Florett *nt*
foil[2] [fɔɪl] *vt* ■**to ~ sth** etw verhindern; **to ~ a coup** einen Coup vereiteln; **to ~ a plan** einen Plan durchkreuzen; ■**to ~ sb** jdn vereiteln; **~ed again!** *(hum)* wieder mal alles umsonst!
foist [fɔɪst] *vt* ■**to ~ sth** [**up**]**on sb** jdm etw aufzwingen
fo·late ['fəʊleɪt] *n no pl* Folacin *nt*
fold [fəʊld, AM foʊld] I. *n* ① *(crease)* Falte *f*
② *(pen)* Pferch *m*
③ *(home)* Schoß *m;* **to go back** [*or* **return**] **to the ~** in den Schoß der Familie zurückkehren
④ GEOL Falte *f*
II. *vt* ① *(bend)* ***we ~ed the car roof down*** wir schlugen das Verdeck zurück; **to ~ a letter** einen Brief zusammenfalten; **to ~ a piece of paper** ein Blatt Papier falten; **to ~ an umbrella** einen Schirm zusammenklappen
② *(wrap)* ***he ~ed his arms around her*** er schloss sie in die Arme; **to ~ one's arms** die Arme verschränken; **to ~ one's hands** seine Hände verschränken; **to ~ one's legs under one** seine Beine verschränken; ■**to ~ sb/sth in sth** jdn/etw in etw *akk* einwickeln
③ *(make by folding)* ***she ~ed the newspaper into a hat*** sie faltete die Zeitung zu einem Hut
④ *(mix)* ~ ***the eggs into the melted chocolate*** heben Sie die Eier unter die geschmolzene Schokolade
III. *vi* ① *(bend)* zusammenklappen; ***the chairs ~ flat*** die Stühle lassen sich flach zusammenklappen
② *(fail)* eingehen *fam*
③ *(admit defeat)* ■**to ~** sich *akk* beugen, nachgeben
◆**fold in** *vt* ■**to ~ in** ↔ **sth** ① *(crease)* etw falten
② *(mix)* etw untermischen
◆**fold up** I. *vt* ■**to ~ up** ↔ **sth** *clothes* etw zusammenfalten
II. *vi* zusammenfalten
fold·away ['fəʊldəweɪ, AM 'foʊld-] *adj inv bed, table* Klapp-
fold·ed fil·ter [ˌfəʊldɪd'fɪltəʳ, AM -t̬ɚ] *n* CHEM Faltenfilter *nt*
fold·er ['fəʊldəʳ, AM 'foʊldɚ] *n* ① *(holder)* Mappe *f,* Schnellhefter *m,* Ordner *m* SCHWEIZ
② COMPUT Ordner *m*
fold·ing ['fəʊldɪŋ, AM 'foʊld-] *adj inv* Klapp-; **~ bed** Klappbett *nt;* **~ door** Falttür *f*
'fold-out *adj inv* Ausklapp-; **a ~ map** eine Faltkarte
fo·li·age ['fəʊliɪdʒ, AM 'foʊ-] *n no pl* Laub *nt*
fo·lic 'acid [ˌfɒlɪk'-, AM ˌfoʊ-] *n* Folsäure *f*
fo·lio <*pl* -s> ['fəʊliəʊ, AM 'foʊlioʊ] I. *n* Foliant *m,* Folio *nt*
II. *vt* ■**to ~ sth** etw paginieren [*o* mit Seitenzahlen versehen]
folk [fəʊk, AM foʊk] I. *n* ① *pl (people)* Leute *pl;* **farming ~** Landvolk *nt;* **old/ordinary ~** alte/normale Leute
② *no pl (music)* Folk *m*
II. *n modifier* ① *(art)* [*art, club, singer*] Folk-
② *(traditional)* [*customs, culture, religion*] Volks-
'folk dance *n* Volkstanz *m* **'folk hero** *n* Volksheld *m* **'folk·lore** *n no pl* Folklore *f,* Brauchtum *nt* **'folk medi·cine** *n no pl* überlieferte Heilkunde **'folk memo·ry** *n* Erinnerung *f* des Volkes **'folk mu·sic** *n no pl* Folk *m* **'folk rock** *n no pl* Mischung *f* aus traditioneller und moderner Musik
folks [fəʊks, AM foʊks] *npl* ① AM *see* **folk I 1**
② *(fam: form of address)* Leute *pl fam*
③ *esp* AM *(parents)* ■**the/one's ~** die/seine Eltern *pl,* seine Leute *pl fam*
'folk song *n* Volkslied *nt*
folk·sy ['fəʊksi, AM 'foʊ-] *adj* ① *(simple)* gesellig
② *(traditional)* folkloristisch
'folk tale *n* Volkssage *f* **'folk wis·dom** *n no pl* Volksweisheit *f*
foll.[1] *abbrev of* **following** f., ff.
foll.[2] *abbrev of* **followed** gefolgt
fol·li·cle ['fɒlɪkl, AM 'fɑː-] *n* Follikel *nt*
fol·licu·lar [fɒ'lɪkjʊlə] *adj inv* follikular, Haar-
fol·low ['fɒləʊ, AM 'fɑːloʊ] I. *vt* ① *(take same route as)* ■**to ~ sb/sth** jdm/etw folgen; **to ~ sb about** [*or* **around**] jdm überallhin folgen; **to ~ sb close** jdm auf dem Fuß folgen
② *(pursue)* ■**to ~ sb/sth** jdn/etw verfolgen
③ *(keep to)* ■**to ~ sth** etw *dat* folgen; ***after that, the train ~s/the railway lines ~ the coastline*** danach fährt der Zug/führen die Bahnschienen die Küste entlang; **to ~ a road/sign** einer Straße/einem Schild folgen
④ *(come/happen next)* ■**to ~ sth** auf etw *akk* folgen; ■**~ by** gefolgt von; ***we had roast lamb ~ed by a soufflé*** [*or* ***with a soufflé to ~***] es gab Lammbraten, gefolgt von einem Soufflé
⑤ *(succeed)* ■**to ~ sb** jdm nachfolgen; ***he ~ed his father as head of the firm*** er folgte seinem Vater als Firmenchef nach
⑥ *(imitate)* ■**to ~ sb** es jdm gleichtun; ■**to ~ sth** etw nachmachen; ***Sophie always ~s what her sister does*** Sophie macht ihrer Schwester alles nach; **~ *that!*** mach mir das erst mal nach!
⑦ *(obey)* ■**to ~ sth** etw befolgen; *(go along with)* etw *dat* folgen; ***he ~s the teachings of the Koran*** er hält sich an die Lehren des Koran; **to ~ one's conscience** seinem Gewissen gehorchen; **to ~ fashion** mit der Mode gehen; **to ~ ancient traditions** nach alten Bräuchen leben; **to ~ a trend** einem Trend folgen
⑧ *(support)* ■**to ~ a team** Anhänger(in) *m(f)* einer Mannschaft sein; **to ~ sb's view** jds Ansichten zustimmen
⑨ *(understand)* ■**to ~ sb/sth** jdm/etw folgen; ***his lecture was difficult to ~*** man konnte seinem Vortrag nur schwer folgen; ***do you ~ me?, can you ~?*** können Sie mir folgen?
⑩ *(try to achieve)* ■**to ~ sth** etw verfolgen; ***he ~s the law*** er will Jurist werden; **to ~ one's pleasure** seinem Vergnügen nachgehen
⑪ *(have an interest in, watch)* ■**to ~ sth** etw verfolgen; ■**to ~ sth** etw verfolgen; **to ~ sth on television** sich *dat* etw regelmäßig [im Fernsehen] ansehen
▶PHRASES: **to ~ the crowd** der Herde folgen *fig,* mit der Herde laufen *fig;* **to ~ sb/sth with one's eyes** jdm/etw mit den Blicken [*o* Augen] folgen; *(watch leaving, moving away)* jdm/etw nachsehen; *(watch every move)* jdn/etw mit Blicken verfolgen; ***my eyes ~ed him as he walked up to the stage*** mein Blick folgte ihm, als er zur Bühne hinaufschritt; **to ~ in sb's footsteps** in jds Fußstapfen treten; **~ your nose** *(fam: trust your instincts)* vertrau deinem Instinkt; *(go straight ahead)* immer der Nase nach; **to ~ suit** nachziehen *fam,* dasselbe machen
II. *vi* ① *(take the same route)* folgen; MIL nachstoßen; ■**to ~ after sb/sth** jdm/etw folgen
② *(come/happen next)* folgen; ***letter to ~*** Brief folgt; ***in the hours/days that ~ed ...*** in den darauf folgenden Stunden/Tagen ...; **as ~s** wie folgt
③ *(result)* sich ergeben; *(be the consequence)* die Folge sein; ■**to ~ from/upon sth** *(be the result)* sich aus etw *dat* ergeben; *(be the deduction)* aus etw *dat* folgen [*o* resultieren]; *(be the consequence)* die Folge einer S. *gen* sein; ***just because I agreed last time, it doesn't necessarily ~ that ...*** nur weil ich das letzte Mal zugestimmt habe, heißt das noch lange nicht, dass ...
◆**follow on** *vi* ① *(come after) person* nachkommen, später folgen
② *(be logical consequence)* ■**to ~ on** [**from sth**] sich *akk* [aus etw *dat*] ergeben, etw *dat* folgen
③ *(in cricket)* zwei Innings unmittelbar hintereinanderspielen *(dazu kann die Mannschaft, die als zweite schlägt und 150 Runs zurückliegt, vom gegnerischen Kapitän aufgefordert werden)*
◆**follow out** *vt* ① *(obey)* ■**to ~ out sth** etw befolgen; **to ~ out an order** einem Befehl Folge leisten; **to ~ out sb's teachings** jds Lehren befolgen
② *(pursue)* ■**to ~ out sth** etw zu Ende führen; **to ~ out a plan/project** einen Plan/ein Projekt durchziehen *fam* [*o* zu Ende führen]
③ *(go outside with)* ■**to ~ sb out** jdm nach draußen folgen
◆**follow through** I. *vt* ① *(pursue)* **to ~ through** ↔ **sth** etw zu Ende führen; **to ~ through** ↔ **an aim/a desire** ein Ziel/einen Wunsch zu Ende verfolgen; **to ~ through** ↔ **a plan/project** einen Plan/ein Projekt durchziehen *fam* [*o* zu Ende führen]
② *(have an interest in, watch)* **to ~ through** ↔ **sth** etw bis zum Ende verfolgen; ***the journalist ~ed the story through*** der Journalist verfolgte die Story bis zum Ende
③ *(study)* **to ~ through** ↔ **sth** sich *akk* bis ins Letzte mit etw *dat* auseinandersetzen
II. *vi* SPORT *movement* durchschwingen
◆**follow up** I. *vt* ① *(investigate)* ■**to ~ up** ↔ **sth** etw weiterverfolgen; **to ~ up a rumour** einem Gerücht nachgehen
② *(do next)* ■**to ~ up** ↔ **sth by** [*or* **with**] **sth** etw *dat* etw folgen lassen; ***his first single was ~ed up by three more top ten hits*** seiner ersten Single folgten drei weitere Top-Ten-Hits
③ MED **to ~ up sb** jdn nachuntersuchen
II. *vi* ■**to ~ up with sth** etw folgen lassen
fol·low·er ['fɒləʊəʳ, AM 'fɑːloʊɚ] *n* ① *(fan)* Anhänger(in) *m(f)*
② *(attendant)* Mitläufer(in) *m(f) pej*
fol·low·ing ['fɒləʊɪŋ, AM 'fɑːloʊ-] I. *adj attr, inv* folgende(r, s); ***we didn't arrive until the ~ day*** wir kamen erst am nächsten Tag an
II. *n* ① + *pl vb (listed)* ■**the ~** *persons* folgende Personen, die Folgenden; *objects* Folgendes, das Folgende; **in the ~** im Folgenden
② *usu sing, + sing/pl vb (fans)* Anhänger *pl,* Gefolgschaft *f; of shop* treue Kundschaft; **a** [**large**] **~ among sb/sth** [viele] Anhänger unter jdm/etw
III. *prep* nach + *dat;* **~ *the dinner*** nach dem Essen
fol·low·ing 'wind *n* Rückenwind *m*
fol·low-my-'lead·er *n* BRIT, AUS, **fol·low-the-'lead·er** *n* AM *Kinderspiel, bei dem die Teilnehmer alles nachmachen müssen, was der Anführer vormacht* **'fol·low-up** I. *n* Fortsetzung *f* (**to** von + *dat*); **to do a ~ on sth** eine Fortsetzung von etw *akk* schreiben II. *n modifier* [*visit, interviews*] Folge-; **~ treatment** Nachbehandlung *f;* **~ financing** Anschlussfinanzierung *f;* **~ investment** Folgeinvestition *f*
fol·ly ['fɒli, AM 'fɑːli] *n* ① *no pl (stupidity)* Dummheit

f, Torheit *f*; ■to be ~ töricht sein; ■it is ~ [for sb] to do sth es ist töricht [von jdm], etw zu tun
❷ *(something stupid)* Dummheit *f*, Torheit *f*
❸ *esp* BRIT *(building)* [verschwenderischer] Prachtbau

fo·ment [fəʊ'ment, AM foʊ'-] *vt (form)* ■to ~ sth zu etw *dat* aufhetzen, etw schüren *geh*

fond [fɒnd, AM fɑːnd] *adj attr* ❶ *(affectionate) smile* liebevoll; ■to be ~ of sb/sth jdn/etw gerne mögen; ■to be ~ of doing sth etw gerne machen
❷ *(tender)* zärtlich, liebevoll; ~ **memories** teure Erinnerungen
❸ *(naive)* töricht, übertrieben; ~ **hope** kühne Hoffnung

fon·dant ['fɒndənt, AM 'fɑː-] *n* Fondant *m o nt*

fon·dle ['fɒndl̩, AM 'fɑː-] *vt* ❶ *(lovingly)* ■to ~ sb/sth jdn/etw streicheln
❷ *(erotically)* ■to ~ sb jdn begrapschen *fam*

fond·ly ['fɒndli, AM 'fɑː-] *adv* ❶ *(lovingly)* liebevoll
❷ *(foolishly)* törichterweise

fond·ness ['fɒndnəs, AM 'fɑː-] *n no pl* Vorliebe *f* (for für +*akk)*

fon·due ['fɒndjuː, AM fɑːn'duː] *n* Fondue *nt*; **cheese** ~ Käsefondue *nt*; **meat** ~ Fleischfondue *nt*

'fon·due set *n* Fonduegeschirr *nt*, Fondueset *nt*

font [fɒnt, AM fɑːnt] *n* ❶ *(basin)* Taufbecken *nt*
❷ *(type)* Schriftart *f*

fon·ta·nelle, AM **fon·ta·nel** [ˌfɒntə'nel, AM ˌfɑːntən'el] *n* ANAT Fontanelle *f*

food [fuːd] *n* ❶ *no pl (nutrition)* Essen *nt*, Nahrung *f*; ***there was lots of ~ and drink at the party*** auf der Party gab es viel zu essen und zu trinken; **baby** ~ Babynahrung *f*; **cat** ~ Katzenfutter *nt*; **to be off one's** ~ keinen Appetit haben
❷ *(foodstuff)* Nahrungsmittel *pl*
▶PHRASES: ~ **for thought** Stoff *m* zum Nachdenken

'food ad·di·tive *n* Nahrungsmittelzusatz[stoff] *m*

'food·borne *adj inv* durch Nahrungsmittel übertragen

'food chain *n* Nahrungskette *f*

foodie *n* ['fuːdi] *(fam)* Feinschmecker(in) *m(f)*, Gourmet *m*

food in·'tol·er·ance *n* Lebensmittelunverträglichkeit *f* **'food poi·son·ing** *n no pl* Lebensmittelvergiftung *f* **'food pro·ces·sor** *n* Küchenmaschine *f* **'food sci·en·tist** *n* Lebensmittelwissenschaftler(in) *m(f)* **'food stamp** *n* AM Lebensmittelmarke *f*

'food·stuff *n* Nahrungsmittel *pl*

'food sup·plies *npl* Lebensmittellieferung *f* **'food value** *n* BIOL Nährwert *m*

fool [fuːl] **I.** *n* ❶ *(idiot)* Dummkopf *m*; ***you ~!*** du Idiot!; ***any ~ can do that*** jeder Idiot kann das machen *pej fam*; **to act** [*or* **play**] **the** ~ sich *akk* dumm stellen; **to make a ~ of sb/oneself** jdn/sich lächerlich machen; **to be ~ enough to do sth** dumm genug sein, etw zu tun; **to be no** [*or* **no one's**] [*or* **nobody's**] ~ nicht blöd sein *fam*; ***he's no ~*** er ist nicht blöd *fam*; ***he's a ~ to think she still loves him*** er ist ein Idiot, wenn er glaubt, dass sie ihn noch immer liebt
❷ *(jester)* [Hof]narr *m*
❸ *(dessert) cremiges Fruchtdessert*
▶PHRASES: **a ~ and his money are soon parted** *(prov)* Dummheit und Geld lassen sich nicht vereinen; **more ~ you** *esp* BRIT selber schuld; **there's no ~ like an old ~** *(prov)* Alter schützt vor Torheit nicht *prov*; **~s rush in where angels fear to tread** *(prov)* blinder Eifer schadet nur
II. *adj attr, inv esp* AM *(fam)* blöd *fam*; ***you've done some ~ things in your time*** du hast zu deiner Zeit so manchen Blödsinn getrieben
III. *vt* ■to ~ sb jdn täuschen [*o* zum Narren halten]; ***we weren't ~ed by his promises*** wir sind auf seine Versprechungen nicht hereingefallen; ■to ~ **oneself in doing sth** sich *akk* in etw *dat* täuschen; ■to ~ **sb into doing sth** jdn [durch einen Trick] dazu bringen, etw zu tun
▶PHRASES: **you could have ~ed me** *(fam)* das kannst du mir nicht weismachen
IV. *vi* einen Scherz machen

◆**fool about, fool around** *vi* ❶ *(carelessly)* ■to ~ **around** [*or* **about**] **with sth** mit etw *dat* herumspielen; ■to ~ **around** [*or* **about**] **doing sth** seine Spielchen mit etw *dat* treiben
❷ *(amusingly)* herumblödeln *fam*
❸ *(idly)* seine Zeit verschwenden
❹ *esp* AM *(sexually)* ■to ~ **around with sb** es mit jdm treiben *sl*

fool·ery ['fuːləri, AM -əri] *n* Dummheit *m*, Torheit *f*

fool·har·di·ness ['fuːlˌhɑːdɪnəs, AM -ˌhɑːr-] *n no pl* Tollkühnheit *f*, Verwegenheit *f*

fool·hardy ['fuːlˌhɑːdi, AM -ˌhɑːrdi] *adj* verwegen; ~ **attempt** tollkühner Versuch; **to be ~ enough to do sth** verwegen genug sein, etw zu tun; ■**it is ~** [**of sb**] **to do sth** es ist tollkühn [von jdm], etw zu tun

fool·ish ['fuːlɪʃ] *adj* töricht; ***she was afraid that she would look ~*** sie hatte Angst, sich zu blamieren; ■to be ~ to do sth töricht sein, etw zu tun; ■it is ~ [of sb] to do sth es ist töricht [von jdm], etw zu tun

fool·ish·ly ['fuːlɪʃli] *adv* töricht; *(at start of a sentence)* törichterweise

fool·ish·ness ['fuːlɪʃnəs] *n no pl* Dummheit *f*; ■it is ~ to do sth es ist dumm, etw zu tun

'fool·proof *adj* idiotensicher *hum fam*

fools·cap ['fuːlzkæp] **I.** *n no pl britisches Papierformat (330 x 200 mm)*
II. *adj inv* in britischem Papierformat (330 x 200 mm)

fool's 'er·rand *n* ▶PHRASES: **to be a ~** vergebliche Liebesmühe sein **fool's 'gold** *n no pl* ❶ *(mineral)* Katzengold *nt* ❷ *(failure)* Reinfall *m*, Rohrkrepierer *m fam* **fool's 'para·dise** *n* Traumwelt *f*

foot [fʊt] **I.** *n* <*pl* feet> [*pl* fiːt] ❶ *(limb)* Fuß *m*; ***what size are your feet?*** welche Schuhgröße haben Sie?; **to be** [**back**] **on one's feet** [wieder] auf den Beinen sein; **sb can barely** [*or* **hardly**] **put one ~ in front of the other** jd hat Schwierigkeiten beim Laufen; **to be fast** [*or* **quick**] **on one's feet** schnell auf seinen Beinen sein; **to drag one's feet** schlurfen; **to get** [*or* **rise**]/**jump** [*or* **leap**] **to one's feet** aufspringen; **to put one's feet up** die Füße hochlegen; **to set ~ in sth** einen Fuß in etw *akk* setzen; **at sb's feet** zu jds Füßen; **on ~** zu Fuß; *see also* **sweep**
❷ <*pl* foot *or* feet> *(length)* Fuß *m (= 0,3048 Meter)*
❸ <*pl* feet> *(base)* Fuß *m*; **at the ~ of one's bed** am Fußende des Betts; **at the ~ of the page** am Seitenende
❹ <*pl* feet> LIT *(poetry)* Versfuß *m*
▶PHRASES: **to be** [**caught**] **on the back ~** unvorbereitet sein; **the boot** [*or* **shoe**] **is on the other ~** die Situation ist umgekehrt; ***see, the boot is on the other ~ now*** siehst du, das Blatt hat sich gewendet; **to drag one's feet** herumtrödeln; **to fall** [*or* **land**] **on one's feet** Glück haben; **to get a ~ in the door** einen Fuß in die Tür kriegen *fam*, [mit einem Fuß] hineinkommen; **to get one's feet under the table** BRIT sich etablieren; **to get off on the right/wrong foot** einen guten/schlechten Start haben; **to get one's feet wet** nasse Füße bekommen; **to have both feet on the ground** mit beiden Beinen fest auf der Erde stehen; **to have a ~ in both camps** auf beiden Seiten beteiligt sein; **to have feet of clay** auch nur ein Mensch sein, seine Schwächen haben; **to have the world at one's feet** die Welt in seiner Macht haben; **to have one ~ in the grave** mit einem Bein im Grab stehen; **my ~** *(dated)* so ein Quatsch! *fam*; **to put one's ~ down** *(insist)* ein Machtwort sprechen; *esp* BRIT *(accelerate)* Gas geben; **to put one's ~** [*or esp* AM **one's mouth**] **in it** ins Fettnäpfchen treten; **to put one's best ~ forward** sich *akk* anstrengen; **to put one's ~ to the floor** AM Gas geben; **to never/not put** [*or* **set**] **a ~ wrong** nie einen Fehler machen; **to run** [*or* **rush**] **sb off his/her feet** jdn beschäftigen; **to think on one's feet** eine schnelle Entscheidung treffen; **to be under sb's feet** zwischen jds Füßen herumlaufen
II. *vt* ❶ *(fam: pay)* ■to ~ sth etw bezahlen; **to ~ the bill** die Rechnung begleichen [*o* bezahlen]
❷ AM ECON *(add up)* **to ~ up an account** die Spalten eines Kontos addieren

foot·age ['fʊtɪdʒ, AM -ţ-] *n no pl* Filmmaterial *nt*

foot-and-'mouth dis·ease *n* Maul- und Klauenseuche *f*

foot·ball ['fʊtbɔːl] **I.** *n* ❶ *no pl esp* BRIT *(soccer)* Fußball *m*
❷ *no pl* AM *(American football)* Football *m*
❸ *(ball)* Fußball/Football *m*
II. *n modifier* BRIT *(celebrity, commentator, field, pitch, season, stadium)* Fußball-; AM Football-

'foot·ball boots *npl* BRIT Fußballschuhe *pl* **'foot·ball cleats** *npl* AM Stollen *pl* **'foot·ball club** *n* BRIT Fußballverein *m*, Fussballclub *m* SCHWEIZ

foot·ball·er ['fʊtbɔːləʳ] *n* BRIT Fußballspieler(in) *m(f)*, SCHWEIZ *a.* Fussballer(in) *m(f)*; AM Footballspieler(in) *m(f)*

'foot·ball fan *n* BRIT Fußballfan *m*; AM Footballfan *m* **'foot·ball game, 'foot·ball match** *n* BRIT Fußballspiel *nt*, [Fussball]match *m* SCHWEIZ; AM Footballspiel *nt* **'foot·ball hoo·li·gan** *n* Fußballrowdy *m*

foot·ball·ing ['fʊtbɔːlɪŋ] *adj attr* Fußball spielend, Fußball-

'foot·ball play·er *n see* **footballer** **'foot·ball pools** *npl* BRIT *see* **pools** Fußballtoto *nt o m* **'foot·ball sup·port·er** *n see* **football fan** **'foot·ball team** *n* BRIT Fußballmannschaft *f*; AM Footballteam *nt*

'foot·board *n* Trittbrett *nt* **'foot brake** *n* Fußbremse *f* **'foot·bridge** *n* Fußgängerbrücke *f*, SCHWEIZ *a.* Passarelle *f* **'foot·care** *n no pl* Fußpflege *f* **'foot·drag·ger** *n* Zauderer, Zauderin *m, f* **'foot-drag·ging** *n no pl (fam)* Verzögerung *f* (**on** +*gen)*

foot·er ['fʊtəʳ, AM 'fʊţɚ] *n* ❶ *(measured object)* ***he was a tall, sturdy six ~*** er war ein großer, kräftiger Mann von über ein Meter achtzig
❷ *(kick of a football)* Balltritt *m*; **a left-~** ein Schuss *m* mit dem linken Fuß
❸ BRIT *(fam: footy)* Fußballspielen *nt*
❹ TYPO Fußzeile *f*

'foot·fall *n* ❶ *(footstep)* Tritt *m*, Schritt *m*; ***I heard echoing ~s in the corridor*** ich hörte Schritte im Korridor hallen ❷ *no pl* COMM Kundenfrequenz *f*

'foot fault *n* TENNIS Fußfehler *m* **'foot·hills** *npl* Vorgebirge *nt*; *(of the Alps)* Voralpen *pl*

'foot·hold *n* Halt *m* [für die Füße]
▶PHRASES: **to gain** [*or* **get**] [*or* **secure**] **a ~** [**in sth**] Fuß [in etw *dat*] fassen

footie ['fʊti] *n no pl (fam)* ❶ BRIT *(soccer)* Fußball *m*
❷ AUS *(rugby)* Rugby *nt*

foot·ing ['fʊtɪŋ, AM -ţ-] *n no pl* ❶ *(foothold)* Halt *m*; **to lose one's ~** seinen Halt verlieren
❷ *(basis)* **on a commercial/an equal/a friendly ~** auf kommerzieller/gleicher/freundlicher Basis; **on a war ~** im Kriegszustand

'foot·lights *npl* Rampenlicht *nt*

foot·ling ['fʊtlɪŋ] *adj task, complaint* albern, läppisch *fam*

'foot·loose *adj* ungebunden; **~ and fancy-free** frei und ungebunden

foot·loose 'funds *npl* vagabundierende Gelder *pl*, heißes Geld

'foot·man *n* Lakai *m* **'foot·mark** *n see* **footprint** Fußabdruck *m*, Fußspur *f* **'foot·note** *n* ❶ *(reference)* Fußnote *f* (**to** zu +*dat)* ❷ *(addition)* Anmerkung *f* ❸ *(triviality)* Nebensächlichkeit *f* (**to** +*gen)*; **a ~ to history** eine Nebensächlichkeit der Geschichte **'foot·path** *n* Fußweg *m* **'foot ped·al** *n* Fußpedal *nt* **'foot·plate** *n* RAIL Führerstand *m (in Lokomotive)* **'foot·print** *n* ❶ *(impression of foot)* Fußabdruck *m*; **to leave ~s in sth** Fußabdrücke in etw *dat* hinterlassen ❷ *of appliance, printer etc.* [benötigte] Standfläche ❸ *(space taken up on a surface by sth)* Footprint *m*; *(by a satellite) Abbild des Empfangsbereichs auf der Erde* **'foot·rest** *n* Fußstütze *f*

foot·sie ['fʊtsi] *n no pl (fam) see* **play**

Foot·sie ['fʊtsi] *n no pl (fam: FTSE 100)* Footsie[-Index]

'foot·slog <-gg-> *vi (fam)* ■to ~ **somewhere** irgendwohin marschieren [*o fam* latschen]; **to**

~ **around shops** Geschäfte abklappern **'foot·slog·ging** *n no pl (fam)* Marschieren *nt; **we had to do a lot of ~*** wir mussten weite Strecken zu Fuß zurücklegen **'foot sol·dier** *n* ① MIL Infanterist(in) *m(f)* ② *(fig)* Fußvolk *nt kein pl* **'foot·sore** *adj (liter)* fußwund *geh;* ■ **to be ~** wunde Füße haben **'foot·step** *n* ① *(footfall)* Schritt *m* ② *(progress)* Schritt *m;* **the first ~ on the road to sth** der erste Schritt auf dem Weg zu etw *dat* ▶PHRASES: **to dog sb's ~** jdm auf den Fersen sein; **to follow** [*or* **tread**] **in sb's ~** in jds Fußstapfen treten **'foot·stool** *n* Fußbank *f,* Schemel *m* SÜDD, ÖSTERR, SCHWEIZ **'foot·way** *n* ① *(footpath)* Fußweg *m* ② BRIT *(form: pavement)* Bürgersteig *m,* Gehsteig *m* ÖSTERR, Trottoire *nt* SCHWEIZ **'foot·wear** *n no pl* Schuhe *pl,* Schuhwerk *nt* **'foot·well** *n* AUTO Fußraum *m* **'foot·work** *n no pl* Beinarbeit *f* ▶PHRASES: **fancy ~** *(fam)* Geschick *nt*

footy *n no pl* BRIT *(fam) see* **footie**

fop [fɒp, AM fɑ:p] *n* Geck *m pej veraltet*

fop·pish ['fɒpɪʃ, AM 'fɑ:p-] *adj (old or pej or hum) man* geckenhaft *veraltend,* dandyhaft ÖSTERR; *clothes* stutzerhaft, dandyhaft ÖSTERR

for [fɔ:ʳ, fəʳ, AM fɔ:r, fɚ] **I.** *conj (liter or dated)* denn **II.** *prep* ① *(intended to be given to)* für *+akk; **I bought a new collar ~ my dog*** ich habe ein neues Halsband für meinen Hund gekauft; ***this is a birthday present ~ you*** hier ist ein Geburtstagsgeschenk für dich; ***there are government subsidies available ~ farmers*** für Bauern gibt es Zuschüsse vom Staat
② *(in support of)* für *+akk;* **to vote ~ sb/sth** für jdn/etw stimmen; ***they voted ~ independence in a referendum*** sie haben sich in einem Referendum für die Unabhängigkeit ausgesprochen; ■ **to be ~ sb/sth** für jdn/etw sein; ***his followers are still ~ him*** seine Anhänger unterstützen ihn noch immer; **to be ~ a good cause** für einen guten Zweck sein; **to be all ~ sth** ganz für etw *akk* sein; **to be ~ doing sth** dafür sein, dass etw getan wird; ***are you ~ banning smoking in public places?*** sind Sie dafür, das Rauchen in der Öffentlichkeit zu verbieten?
③ *(regarding sb)* für *+akk; **I'm happy ~ you that it finally worked out*** ich freue mich für dich, dass es endlich geklappt hat; ***you're not making it easy ~ me to tell you the truth*** du machst es mir nicht gerade einfach, dir die Wahrheit zu sagen; ***the coffee was too strong ~ me*** der Kaffee war mir zu stark; ***luckily ~ me, I already had another job*** zu meinem Glück hatte ich bereits eine andere Stelle; ***the admiration she felt ~ him soon died*** ihre Bewunderung für ihn war schnell verflogen; ***is this seat high enough ~ you?*** ist Ihnen dieser Sitz hoch genug?; ***I feel sorry ~ her*** sie tut mir leid; **to feel nothing but contempt ~ sb/sth** nichts als Verachtung für jdn/etw empfinden; ■ **to be concerned ~ sb/sth** um jdn/etw besorgt sein; **to feel ~ sb** mit jdm fühlen; **as ~ me** was mich betrifft [*o* angeht]; ***Jackie's already left and, as ~ me, I'm going at the end of the month*** Jackie ist schon weg, und was mich angeht, ich gehe Ende des Monats
④ *(regarding sth)* für *+akk; **how are you doing ~ money?*** wie sieht es bei dir mit dem Geld aus?; **~ my part** was mich betrifft; **~ all I know** möglicherweise; ***~ all I know, he could have left the country*** möglicherweise hat er schon das Land verlassen; **to be responsible ~ sth** für etw *akk* verantwortlich sein; **to prepare ~ sth** sich *akk* auf etw *akk* vorbereiten
⑤ *(comparing)* für *+akk; **the summer has been quite hot ~ England*** für England war das ein ziemlich heißer Sommer; ■ **to be too big/fast ~ sb/sth** zu groß/schnell für jdn/etw sein; ***she's very mature ~ her age*** sie ist für ihr Alter schon sehr reif; ***the weather is warm ~ the time of year*** für diese Jahreszeit ist das Wetter mild; ***he's quite thoughtful ~ a child of 8*** für einen Achtjährigen ist er ziemlich rücksichtsvoll
⑥ *(to get, have)* ***oh ~ something to drink!*** hätte ich doch bloß etwas zu trinken!; ***oh ~ a strong black coffee!*** und jetzt einen starken schwarzen Kaffee!; ***he did it ~ the fame*** er tat es, um berühmt zu werden; ***even though he's in this ~ the money, we still need him*** auch wenn er es nur wegen des Geldes tut, wir brauchen ihn; ***she's eager ~ a chance to show that she's a capable worker*** sie möchte gerne beweisen, dass sie eine fähige Mitarbeiterin ist; **demand ~ money** Bedarf *m* an Geld; **to send ~ the doctor** den Arzt holen; **to apply ~ a job** sich *akk* um eine Stelle bewerben; **to have a need ~ sth** etw brauchen; **to look ~ a way to do sth** nach einer Möglichkeit suchen, etw zu tun; **to ask ~ sth** um etw *akk* bitten
⑦ *(on behalf of, representing)* für *+akk; **he's an agent ~ models and actors*** er ist Agent für Models und Schauspieler; ***next time you see them, say hi ~ me*** grüß sie von mir, wenn du sie wieder siehst; ***the messenger was there ~ his boss*** der Bote war in Vertretung seines Chefs dort; **to do sth ~ sb** etw für jdn tun; **to do sth ~ oneself** etw selbst tun
⑧ *(as ordered by)* für *+akk;* ■ **to do sth ~ sb/sth** etw für jdn/etw tun; ***they had to do extra work ~ their boss*** sie mussten noch zusätzliche Arbeiten für ihren Chef erledigen; ***I have some things to do ~ school*** ich muss noch etwas für die Schule machen
⑨ *(employed by)* bei *+dat; **she is a tutor ~ the Open University*** sie ist Tutorin an der Fernuniversität; **to work ~ sb/sth** bei jdm/etw [*o* für jdn/etw] arbeiten
⑩ *(purpose, aim)* für *+akk; **what's that ~?*** wofür ist das?; ***that's useful ~ removing rust*** damit kann man gut Rost entfernen; ***that's not ~ eating*** das ist nicht zum Essen; **a course ~ beginners in Russian** ein Russischkurs für Anfänger; **~ your information** zu Ihrer Information; **~ the record** der Ordnung halber; ***the spokesman told the press ~ the record that the president was in good health*** der Sprecher sagte der Presse für das Protokoll, der Präsident sei bei guter Gesundheit; **for rent/sale** zu vermieten/verkaufen; **bikes ~ rent** Räder zu vermieten; **to be not ~ sale** unverkäuflich sein; **to wait ~ sb/sth** auf jdn/etw warten; **to wait ~ sb to do sth** darauf warten, dass jd etw tut; ■ **to do sth ~ sth/sb** etw für etw/jdn tun; ***what did you do that ~?*** wozu hast du das getan?; ***what do you use these enormous scissors ~?*** wozu brauchst du diese riesige Schere?; ***he is taking medication ~ his heart condition*** er nimmt Medikamente für sein Herz; ***you need to move closer ~ me to hear you*** du musst ein bisschen näher herkommen, damit ich dich hören kann
⑪ *(because of)* wegen *+gen; (out of)* aus *+dat; (with)* vor *+dat; **I don't eat meat ~ various reasons*** ich esse aus verschiedenen Gründen kein Fleisch; ***I could dance and sing ~ joy!*** ich könnte vor Freude tanzen und singen!; ***he apologized ~ being late*** er entschuldigte sich wegen seiner Verspätung; ***Bob was looking all the better ~ his three weeks in Spain*** nach seinen drei Wochen Spanien sah Bob viel besser aus; ***how are you? — fine, and all the better ~ seeing you!*** wie geht's? – gut, und jetzt wo ich dich sehe, gleich noch viel besser!; ***I could not see ~ the tears in my eyes*** ich konnte vor Tränen in den Augen gar nicht sehen; ***if it hadn't been ~ him, we wouldn't be here right now*** *(form)* ohne ihn wären wir jetzt nicht hier; **~ fear of sth** aus Angst vor etw *dat;* **~ lack of sth** aus Mangel an etw *dat;* **to be arrested ~ murder** wegen Mordes verhaftet werden; **~ that** [*or* **this**] **reason** aus diesem Grund; **to be famous ~ sth** für etw *akk* berühmt sein; **to love sb ~ sth** jdn für etw *akk* lieben; ***she loves him just ~ being himself*** sie liebt ihn einfach dafür, dass er so ist, wie er ist
⑫ *(as destination)* nach *+dat; **this train is ~ Birmingham*** dieser Zug fährt nach Birmingham; ***he made ~ home in a hurry*** er eilte schnell nach Hause; ***just follow signs ~ the town centre*** folgen Sie einfach den Schildern in die Innenstadt; **to go ~ sb** [**with one's fists**] [mit den Fäusten] auf jdn losgehen; **to run ~ sb/sth** zu jdm/etw laufen; ***I had to run ~ the bus*** ich musste laufen, um den Bus noch zu kriegen
⑬ *(meaning)* **to be ~ sth** für etw *akk* stehen; ***A is ~ 'airlines'*** A steht für ‚Airlines'; **to stand ~ sth** etw bedeuten, für etw *akk* stehen; ***what does the M.J. stand ~? María José?*** was bedeutet M.J.? María José?; ***what's the Spanish word ~ 'vegetarian'?*** was heißt ‚Vegetarier' auf Spanisch?
⑭ *(in return, exchange)* für *+akk; **she paid a high price ~ loyalty to her boss*** sie hat einen hohen Preis für die Loyalität zu ihrem Chef gezahlt; ***that's ~ cheating on me!*** das ist dafür, dass du mich betrogen hast!; ***how much did you pay ~ your glasses?*** wie viel hast du für deine Brille gezahlt?; **a cheque ~ £100** eine Scheck über 100 Pfund; **not ~ a million dollars** [*or* **~ all the world**] um nichts in der Welt; ***I wouldn't go out with him ~ a million dollars*** ich würde für kein Geld der Welt mit ihm ausgehen; **to do sth ~ nothing** etw umsonst machen; **to buy/sell sth ~ 100 euro/a lot of money** etw für 100 Euro/viel Geld kaufen/verkaufen; ***you can buy a bestseller ~ about £6*** Sie bekommen einen Bestseller schon für 6 Pfund; **to trade sth ~ sth** etw gegen etw *akk* [ein]tauschen
⑮ *(with a period of time)* für *+akk; (ongoing)* seit *+dat; **I'm just going to sleep ~ half an hour*** ich lege mich mal eine halbe Stunde schlafen; ***he was jailed ~ twelve years*** er musste für zwölf Jahre ins Gefängnis; ***my father has been smoking ~ 10 years*** mein Vater raucht seit 10 Jahren; **~ the next two days** in den beiden nächsten Tagen; **~ a bit/while** ein bisschen/eine Weile; ***play here ~ a while!*** spiel doch mal ein bisschen hier!; ***I'm just going out ~ a while*** ich gehe mal kurz raus *fam;* **~ eternity/ever** bis in alle Ewigkeit; ***this pact is ~ ever*** dieser Pakt gilt für immer und ewig; **~ the moment** im Augenblick; **~ a time** eine Zeit lang; **~ a long time** seit Langem; ***I hadn't seen him ~ such a long time that I didn't recognize him*** ich hatte ihn schon so lange nicht mehr gesehen, dass ich ihn nicht erkannte; **~ some time** seit Längerem; **~ the time being** für den Augenblick, vorübergehend
⑯ *(a distance of)* **~ a kilometre/mile** einen Kilometer/eine Meile; ***he always jogs ~ 5 kilometres before breakfast*** er joggt immer 5 Kilometer vor dem Frühstück
⑰ *(at a certain date, time, occasion)* für *+akk; **he booked a table at the restaurant ~ nine o'clock*** er reservierte in dem Restaurant einen Tisch für neun Uhr; ***they set their wedding date ~ September 15*** sie setzten ihre Hochzeit für den 15. September fest; ***I need some money ~ tonight*** ich brauche etwas Geld für heute Abend; ***what did you buy him ~ Christmas?*** was hast du ihm zu Weihnachten gekauft?; ***he arrived at 8.00 ~ dinner at 8.30*** er kam um acht zu dem für halb neun verabredeten Abendessen; **to invite sb ~ dinner/lunch** jdn zum Abendessen/Mittagessen einladen; **~ the first time** zum ersten Mal; **~ the** [**very**] **last time** zum [aller]letzten Mal; **~ the first/second time running** im ersten/zweiten Durchlauf
⑱ *(despite)* trotz *+gen,* ungeachtet *+gen geh;* **~ all that** trotz alledem; ***~ all his effort, the experiment was a failure*** das Experiment war trotz all seiner Anstrengungen ein Fehlschlag
⑲ *(per)* für *+akk; **there is one teacher ~ every 25 students in our school*** in unserer Schule kommt auf 25 Schüler ein Lehrer; ***~ every cigarette you smoke, you take off one day of your life*** mit jeder Zigarette, die du rauchst, verkürzt sich dein Leben um einen Tag; **to repeat sth word ~ word** etw Wort für Wort wiederholen
⑳ *(the duty of)* ■ **to** [**not**] **be ~ sb to do sth** [nicht] jds Sache sein, etw zu tun; ***it's not ~ me to tell her what to do*** es ist nicht meine Aufgabe, ihr vorzuschreiben, was sie zu tun hat; ***the decision is not ~ him to make*** die Entscheidung liegt nicht bei ihm

㉑ *(as)* für +*akk;* ***she thought it ~ a lie but didn't say anything*** sie hielt es für gelogen, sagte aber nichts; ***I ~ one am sick of this bickering*** ich für meinen Teil habe genug von diesem Gezänk
▶PHRASES: ~ **Africa** SA *(fam)* Unmengen +*gen;* ***I've got homework ~ Africa*** ich habe noch jede Menge Hausaufgaben *fam;* **to be** [**in**] ~ **it** *(fam)* Schwierigkeiten bekommen; ***you're in ~ it!*** jetzt bist du dran! *fam;* ~ **crying out loud** um Himmels willen; **an eye ~ an eye** Auge um Auge; **that's Jane/Mark/etc. ~ you** so ist Jane/Mark/etc. eben!, das sieht Jane/Mark/etc. mal wieder ähnlich!, das ist wieder mal typisch für Jane/Mark/etc.!; ***that's children ~ you!*** so sind Kinder eben!; **that's/there's sth ~ you** *(pej)* ***there's gratitude ~ you!*** und so was nennt sich Dankbarkeit! *fam;* ***there's manners ~ you!*** das sind [mir] ja schöne Manieren! *iron fam*

for·age [ˈfɒrɪdʒ, AM ˈfɔːr-] **I.** *vi* ■**to ~** [**about** [*or* **around**]] **for food** *person* nach etwas Essbarem suchen; *animal* nach Futter suchen
II. *n no pl* Viehfutter *nt*

for·ay [ˈfɒreɪ, AM ˈfɔːr-] *n* ① *(raid)* Beutezug *m;* **to make a ~** auf Beutezug gehen; ***the soldiers made the first of several ~s into enemy-occupied territory*** die Soldaten unternahmen den ersten von mehreren Überfällen auf feindlich besetztes Gebiet
② *(attempt)* Ausflug *m* (**into** in +*akk*); ***she made a brief ~ into acting before starting a career as a teacher*** sie wandte sich kurz der Schauspielerei zu, bevor sie eine Lehrerlaufbahn antrat
③ *(fam: visit)* Abstecher *m* (**into** in +*akk*)

for·bad, for·bade [fəˈbæd, AM fɚ-] *pt of* **forbid**

for·bear¹ <forbore, forborne> [fɔːˈbeəʳ, AM fɔːrˈber] **I.** *vi (form or dated)* ■**to ~ from doing** [*or* **to do**] **sth** darauf verzichten, etw zu tun; ***even his critics could scarcely ~ from congratulating him*** selbst seine Kritiker konnten kaum umhin, ihm zu gratulieren; ***the doctor said she was optimistic but forbore to make any promises*** die Ärztin sagte, sie sei optimistisch, nahm aber davon Abstand, irgendwelche Versprechungen zu machen *geh*
II. *vt (form or dated)* ■**to ~ sth** *a smile* sich *dat* etw verkneifen

for·bear² *n usu pl see* **forebears**

for·bear·ance [fɔːˈbeərən(t)s, AM fɔːrˈber-] *n no pl (dated form)* Nachsicht *f,* Geduld *f*

for·bear·ing [fɔːˈbeərɪŋ, AM fɔːrˈber-] *adj (dated form)* nachsichtig

Forbes 500 [fɔːbz-, AM fɔrbz-] *n* ECON, FIN *Liste der 500 größten amerikanischen Unternehmen, ernannt von 'Forbes' Magazine*

for·bid <-dd-, forbade *or old* forbad, forbidden> [fəˈbɪd, AM fɚ-] *vt* ① *(legally)* ■**to ~ sth** etw verbieten
② *(refuse)* ■**to ~ sth** *(form)* etw verbieten; ■**to ~ sb sth** [*or* **sth to sb**] *(form)* jdm etw verbieten; ■**to ~ sb from doing sth,** ■**to ~ sb to do sth** jdm verbieten, etw zu tun
▶PHRASES: **God** [*or* **heaven**] ~ [**that ...**] Gott behüte [*o* bewahre] mich [davor, dass ..]

for·bid·den [fəˈbɪdᵊn, AM fɚ-] **I.** *adj* verboten, nicht zulässig; ~ **transition** NUCL verbotener Übergang
▶PHRASES: ~ **fruit** *(liter)* verbotene Früchte
II. *pp of* **forbid**

for·bid·ding [fəˈbɪdɪŋ, AM fɚ-] *adj* abschreckend

for·bid·ding·ly [fəˈbɪdɪŋli, AM fɚ-] *adv* abschreckend; ~ **cold** ungemütlich kalt

for·bore [fɔːˈbɔːʳ, AM fɔːrˈbɔːr] *pt of* **forbear**

for·borne [fɔːˈbɔːn, AM fɔːrˈbɔːrn] *pp of* **forbear**

force [fɔːs, AM fɔːrs] **I.** *n* ① *no pl (power)* Kraft *f; (intensity)* Stärke *f; of a blow, impact* Wucht *f;* ***she slapped his face with unexpected ~*** sie versetzte ihm eine unerwartet kräftige Ohrfeige; **by ~ of arms** mit Waffengewalt; **the ~ of an earthquake/a hurricane** die Stärke eines Erdbebens/Wirbelsturms; **with full ~** mit voller Wucht
② *no pl (violence)* Gewalt *f;* **to use ~** Gewalt anwenden; **by ~** gewaltsam, mit Gewalt
③ *no pl (coercion)* Zwang *m;* **under the ~ of circumstances** unter dem Zwang der Verhältnisse
④ PHYS Kraft *f;* ~ **of attraction** Anziehungsvermögen *nt;* ~ **of current** Stromstärke *f;* ~ **of gravity** Schwerkraft *f,* Erdanziehungskraft *f;* ~ **of inertia** Trägheitskraft *f*
⑤ *no pl (large numbers)* ■**in ~** in großer Zahl
⑥ *no pl (influence)* Macht *f; (powerful effect)* Kraft *f;* **the ~ of sb's arguments** jds Überzeugungskraft *f;* ~ **of habit** die Macht der Gewohnheit; **from ~ of habit** aus reiner Gewohnheit
⑦ *(person or thing with influence)* Kraft *f,* Macht *f;* ***he was a powerful ~ in politics*** er war ein einflussreicher Mann in der Politik; **the ~s of evil** die Mächte des Bösen; **the ~s of nature** *(liter)* die Naturgewalten *pl*
⑧ *no pl (validity)* Gültigkeit *f;* **to have the ~ of law** rechtsverbindlich sein; **to be in/come** [*or* **be brought**] **into ~** in Kraft sein/treten; **to put sth in**[**to**] ~ etw in Kraft setzen
⑨ *(group)* Truppe *f;* **police ~** Polizei *f;* **air ~** Luftwaffe *f;* **labour ~** Arbeitskräfte *pl;* **armed ~s** Streitkräfte *pl*
▶PHRASES: **to combine** [*or* **join**] **~s** zusammenhelfen; **with combined ~s** mit vereinten Kräften; **by sheer ~ of numbers** aufgrund zahlenmäßiger Überlegenheit
II. *vt* ① *(compel)* ■**to ~ sb/oneself** [**to do sth**] jdn/sich zwingen [etw zu tun]; **to ~ sb out of the car** jdn zwingen auszusteigen; **to ~ sb out of the house** jdn zwingen das Haus zu verlassen; **to ~ sb to the floor** jdn zu Boden zwingen; ■**to be ~d to do sth** gezwungen werden etw zu tun; *(feel the necessity)* gezwungen sein etw zu tun; *(feel obliged)* sich *akk* gezwungen sehen etw zu tun; ■**to ~ sb into doing sth** jdn [dazu] zwingen, etw zu tun; ■**to ~ sb into sth** *(an act)* jdn zu etw *dat* zwingen; *(a space)* jdn in etw *akk* zwingen *geh;* ***the ~d us into the cellar*** sie zwangen uns in den Keller [zu gehen]; **to ~ sb into the car** jdn [dazu] zwingen, einzusteigen [*o* in den Wagen zu steigen]; **to ~ sb into prostitution/resignation** jdn zur Prostitution/zum Rücktritt zwingen
② **to ~ oneself on sb** *(impose)* sich *akk* jdm aufdrängen; *(sexually)* jdm Gewalt antun
③ *(get, produce)* ■**to ~ sth** etw erzwingen; ***the burglar ~d an entry*** der Einbrecher verschaffte sich mit Gewalt Zutritt; **to ~ a confession out of sb** jdn zu einem Geständnis zwingen, ein Geständnis von jdm erzwingen; **to ~ a smile** gezwungen lächeln, sich *akk* zu einem Lächeln zwingen; **to ~ one's way into/through/out of sth** sich *dat* seinen Weg in/durch etw *akk*/aus etw *dat* bahnen; **to ~ words out of sb** jdm die Worte aus der Nase ziehen *fam*
④ *(make accept)* ■**to ~ sth on sb** jdm etw aufzwingen
⑤ *(push, squeeze)* ■**to ~ sth into sth** etw in etw *akk* [hinein]zwängen; **to ~ a nail into a wall** einen Nagel in eine Wand treiben
⑥ LAW **to ~ a bill through the legislature** ein Gesetz durchbringen [*o fam* durchpeitschen]
⑦ *(open)* **to ~ a door/a lock** eine Tür/ein Schloss aufbrechen; **to ~ a zip** einen Reißverschluss mit Gewalt öffnen
⑧ *(make grow faster)* **to ~ fruits/vegetables** Früchte/Gemüse treiben *fachspr;* **~d salad** getriebener Salat *fachspr*
▶PHRASES: **to ~ sb's hand** jdn zum Handeln zwingen; **to ~ an issue** eine Entscheidung erzwingen; **to ~ the pace** das Tempo forcieren

◆**force back** *vt* ① *(repel)* ■**to ~ back** ⊂ **sth/sb** etw/jdn zurückdrängen; *(fig)* **to ~ back** ⊂ **the tears** die Tränen unterdrücken
② *(push back)* ■**to ~ back** ⊂ **sth** etw zurückdrücken

◆**force down** *vt* ① *(compel to land)* **to ~ down** ⊂ **a plane** ein Flugzeug zur Landung zwingen
② *(choke down)* **to ~ down** ⊂ **food** Essen hinunterwürgen
③ *(push)* ■**to ~ down** ⊂ **sth** etw nach unten drücken

◆**force off** *vt* ■**to ~ sth** ⊂ **off** etw gewaltsam abmachen

◆**force open** *vt* ■**to ~ open** ⊂ **sth** etw mit Gewalt öffnen; **to ~ open** ⊂ **a door/a window** eine Tür/ein Fenster aufbrechen

◆**force upon** *vt* ■**to ~ sth upon sb** jdm etw aufzwingen

forced [fɔːst, AM fɔːrst] *adj inv* ① *(imposed)* erzwungen; ~ **labour** Zwangsarbeit *f;* ~ **march** Gewaltmarsch *m*
② *(emergency)* erzwungen; ~ **landing** Notlandung *f*
③ *(unnatural) laughter, smile* gezwungen
④ ~ **fruit/vegetables** getriebenes Obst/Gemüse

ˈforced en·try *n no pl* gewaltsames Eindringen

ˈforced mar·riage *n* Zwangsehe *f*

forced ˈstate *n* PHYS erzwungener Zustand

ˈforce-feed *vt* ① *(with food)* ■**to ~ sb** [**sth**] jdn [mit etw *dat*] zwangsernähren ② *(fig)* ***the whole nation was force-fed government propaganda about how well the country was doing*** die ganze Nation bekam ständig nur die Propaganda der Regierung zu hören, wie gut es dem Land ginge

ˈforce field *n (in sci-fi)* Kraftfeld *nt*

force·ful [ˈfɔːsfᵊl, AM ˈfɔːrs-] *adj attack* kraftvoll; ~ **personality** starke Persönlichkeit

force·ful·ly [ˈfɔːsfᵊli, AM ˈfɔːrs-] *adv* kraftvoll; **to argue ~** überzeugend argumentieren

force·ful·ness [ˈfɔːsfᵊlnəs, AM ˈfɔːrs-] *n no pl* Stärke *f; of argument* Eindringlichkeit *f*

force ma·jeure [ˌfɔːsmæˈʒɜːʳ, AM ˌfɔːrsmæˈʒɜːr] *n no pl (form)* ① *(unforeseeable circumstances)* höhere Gewalt
② *(superior strength)* überirdische Kraft

for·ceps [ˈfɔːseps, AM ˈfɔːr-] *npl* Zange *f;* **a pair of ~** eine Zange; **obstetric ~** gynäkologische Zange

for·ceps de·ˈliv·ery *n* Zangengeburt *f*

for·cible [ˈfɔːsəbl, AM ˈfɔːr-] *adj* ① *(violent) entry* gewaltsam; ~ **entry** gewaltsames Eindringen; ~ **feeding** Zwangsernährung *f*
② *(effective) appeal* eindrucksvoll, eindringlich

for·cibly [ˈfɔːsəbli, AM ˈfɔːr-] *adv* gewaltsam, mit Gewalt

ford [fɔːd, AM fɔːrd] **I.** *n* Furt *f*
II. *vt* ■**to ~ sth** *(with vehicle)* etw durchqueren; *(on foot)* etw durchwaten

ford·able [fɔːdəbl, AM fɔːr-] *adj (with vehicle)* durchquerbar; *(on foot)* durchwatbar

fore [fɔːʳ, AM fɔːr] **I.** *adj inv* vordere(r, s)
II. *n no pl* Vordergrund *m; of ship* Bug *m;* **to bring sb/sth to the ~** *(also fig)* jdn/etw in den Vordergrund rücken *a. fig;* **to come to the ~** *(also fig)* in den Vordergrund treten *a. fig;* ■**to be to the ~** *(also fig)* im Vordergrund stehen *a. fig*
III. *interj (golfer's warning)* Achtung!

fore- [ˈfɔːʳ, AM ˈfɔːr] *in compounds* Vorder-; **~wings** Vorderflügel *pl*

fore and ˈaft *adv inv* ① NAUT, AVIAT *(at bow and stern)* vorn und achtern
② NAUT *(along ship)* längsschiffs *fachspr*

fore·arm¹ [ˈfɔːrɑːm, AM ˈfɔːrɑːrm] *n* Unterarm *m*

fore·arm² [fɔːrˈɑːm, AM fɔːrˈɑːrm] *vt (liter)* ■**to ~ oneself** [**against sth**] sich *akk* [gegen etw *akk*] wappnen *geh*

fore·bears [ˈfɔːˈbeəʳs, AM ˈfɔːrbers] *npl (form)* Vorfahren *pl,* Ahnen *pl*

fore·bode [fɔːˈbəʊd, AM fɔːrˈboʊd] *vt (liter)* ■**to ~ sth** etw prophezeien; ***there were several incidents during the voyage that seemed to ~ disaster*** es gab verschiedene Vorfälle während der Reise, die eine Katastrophe ankündigten; **to ~ evil** Unheil verkünden

fore·bod·ing [fɔːˈbəʊdɪŋ, AM fɔːrˈboʊd-] **I.** *n (liter)* ① *no pl (anticipation)* [düstere] Vorahnung; ***there was a sense of ~ in the capital as if fighting might at any minute break out*** es hing eine düstere Vorahnung über der Hauptstadt, so als könnte jede Minute ein Kampf losbrechen
② *(presentiment)* [düstere] Prophezeiung; **to have a ~** [**that**] ... das [ungute] Gefühl haben, [dass] ...
II. *adj* Unheil verkündend

fore·brain [ˈfɔːbreɪn, AM ˈfɔːr] *n* ANAT Vorderhirn *nt*

fore·cast [ˈfɔːkɑːst, AM ˈfɔːrkæst] **I.** *n* ① *(prediction)* Prognose *f* (**for** für +*akk*)

② *of weather* [Wetter]vorhersage *f* (**for** für *+akk*), [Wetter]prognose *f* SCHWEIZ (**for** für *+akk*)
II. *vt* <-cast *or*-casted, -cast *or*-casted> ▪ **to ~ sth** METEO etw vorhersagen; ECON etw prognostizieren; ▪ **to ~ that/what/who ...** prophezeien, dass/was/wer ...; ▪ **to be ~ to do sth** laut Vorhersage etw tun; ***she was ~ to win by three newspapers*** drei Zeitungen prophezeiten, dass sie gewinnen würde; ***environmentalists ~ that we humans will destroy the planet*** Umweltschützer sagen voraus, dass wir Menschen unseren Planeten zerstören werden

fore·cast 'di·vi·dend *n* FIN zu erwartende Dividende

fore·cast·er ['fɔːʳkɑːstəʳ, AM 'fɔːrkæstɚ] *n* ECON Prognostiker(in) *m(f);* STOCKEX Analyst(in) *m(f);* **economic ~** Konjunkturprognostiker(in) *m(f);* [**weather**] **~** Meteorologe, Meteorologin *m, f*

fore·cas·tle ['fəʊksᵊl, AM 'foʊ-] *n* NAUT *(hist)* Vorderdeck *nt*

'fore·cast pe·ri·od *n* Prognosezeitraum *m*

fore·close [fɔː'kləʊz, AM fɔːr'kloʊz] **I.** *vt* ① FIN *(take possession)* ▪ **to ~ sth** etw geltend machen; **to ~ a mortgage** eine Hypothekenforderung geltend machen ② *(form: rule out)* ▪ **to ~ sth** etw ausschließen; **to ~ a chance** eine Chance zunichtemachen; **to ~ a possibility** eine Möglichkeit ausschließen **II.** *vi* FIN aufkündigen; **to ~ on a loan/mortgage** einen Kredit/eine Hypothek [gerichtlich] für verfallen erklären; ▪ **to ~ on sb** jdm eine Hypothek kündigen

fore·clo·sure [fɔː'kləʊʒəʳ, AM fɔːr'kloʊʒɚ] *n no pl* Zwangsvollstreckung *f;* **~ order nisi** LAW vorläufige Verfallserklärung; **~ order absolute** LAW endgültige Verfallserklärung **'fore·court** *n* ① *(of building)* Vorhof *m;* **station ~** Bahnhofsplatz *m* ② *(in tennis)* Halfcourt *m fachspr* **'fore·deck** *n* NAUT Vorderdeck *nt* **fore·'doomed** *adj (liter)* zum Scheitern verurteilt **'fore·fa·thers** *npl (liter)* Ahnen *pl,* Vorfahren *pl* **'fore·fin·ger** *n* Zeigefinger *m* **'fore·foot** *n* Vorderfuß *m* **'fore·front** *n no pl* vorderste Front; ***his team are at the ~ of scientific research into vaccines*** sein Team steht an der Spitze der wissenschaftlichen Erforschung von Impfstoffen

fore·'gath·er *vi see* **forgather**

fore·go¹ <-went, -gone> *vt see* **forgo**

fore·go² <-went, -gone> [fɔː'gəʊ, AM fɔːr'goʊ] *vi (old: precede)* vorausgehen, vorangehen

fore·go·ing [fɔː'gəʊɪŋ, AM fɔːr'goʊ-] *(form)* **I.** *adj attr, inv* vorhergehend
II. *n no pl* ▪ **the ~** das Vorangehende [*o* Vorhergehende]; ***I can testify to the ~ since I was actually present*** ich kann bezeugen, was gerade gesagt wurde, da ich tatsächlich dabei war; ***as must be clear from the ~, the situation is already grave*** wie sich aus dem gerade Gesagten ergibt, ist die Situation schon jetzt [sehr] ernst

fore·gone [fɔː'gɒn, AM fɔːr'gɑːn] *pp of* **forego**

fore·gone con·'clu·sion *n* ausgemachte Sache; ***the results of the coming election seem like a ~*** die kommenden Wahlergebnisse scheinen von vorn[e]herein festzustehen

'fore·ground I. *n no pl* ① *(of painting)* Vordergrund *m;* **in the ~** im Vordergrund ② *(prominent position)* Mittelpunkt *m;* **to put oneself in the ~** sich *akk* in den Vordergrund drängen; ▪ **to be in the ~** im Vordergrund stehen **II.** *vt* ▪ **to ~ sth** etw hervorheben **'fore·hand I.** *n* ① *(tennis shot)* Vorhand *f* ② *no pl (player's side)* Vorhandseite *f;* **to take a ball on the ~** einen Ball mit der Vorhand nehmen **II.** *adj attr, inv* SPORT Vorhand-; **~ shot** Vorhandschlag *m*

fore·head ['fɒrɪd, AM 'fɔːrhed] *n* Stirn *f*

for·eign ['fɒrɪn, AM 'fɔːrɪn] *adj* ① *inv (from another country)* ausländisch, fremd; **~ banks** Auslandsbanken *pl;* **~ countries** Ausland *nt kein pl;* **~ currency** Fremdwährung *f,* Devisen *pl;* **~ national** Ausländer(in) *m(f);* **~ notes and coins** Sorten; *pl;* **~ parts** *(hum)* Ausland *nt;* **~ soil** *(form)* fremder Boden; **to rest in ~ soil** in fremder Erde begraben sein [*o geh* ruhen]
② *(of other countries)* Außen-; **~ policy** Außenpolitik *f;* **~ relations** Auslandsbeziehungen *pl;* **~ trade** Außenhandel *m;* **~ travel** Auslandsreise *f*
③ *pred (not known)* unbekannt; ▪ **to be ~ to sb** jdm nicht bekannt sein; ***deception was ~ to her nature*** Täuschung war ihrem Wesen fremd
④ *inv (not belonging)* fremd; **a ~ body** ein Fremdkörper *m*

for·eign 'affairs *npl* Außenpolitik *f kein pl;* **Minister of Foreign Affairs** Außenminister(in) *m(f)* **for·eign 'aid** *n no pl* Auslandshilfe *f* **For·eign and 'Com·mon·wealth Of·fice** *n no pl* BRIT ▪ **the ~** das Außenministerium **for·eign 'as·sets** *npl* FIN Auslandsguthaben *nt,* Auslandsvermögen *nt* **for·eign 'bank** *n* Auslandsbank *f* **for·eign 'bond** *n* FIN Fremdwährungsanleihe *f,* Auslandsanleihe *f,* Auslandsobligation *f* **'for·eign-born** *adj inv* im Ausland geboren **for·eign 'bor·row·ing** *npl* Kreditaufnahme *f* im Ausland **for·eign 'branch** *n* Auslandsfiliale *f* **for·eign 'busi·ness** *n* Auslandsgeschäft *nt* **for·eign 'capi·tal** *n no pl* FIN Auslandskapital *nt* **for·eign cor·re·'spond·ent** *n* JOURN Auslandskorrespondent(in) *m(f)* **for·eign 'cur·ren·cy** *n* Valuta *f,* Devisen *pl;* **~ assets** *pl* Fremdwährungsaktiva *pl;* **~ cheque** Währungsscheck *m;* **~ department** *(in bank)* Sortenabteilung *f;* **~ loan** Fremdwährungsanleihe *f*

for·eign·er ['fɒrɪnəʳ, AM 'fɔːrɪnɚ] *n* ① *(from another country)* Ausländer(in) *m(f)*
② *(from another district)* Auswärtige(r) *f(m)*

for·eign ex'change *n no pl* ① *(system)* Devisenkurs *m;* *(business)* Devisenhandel *m* ② *(currency)* Devisen *pl;* **~ market** Devisenmarkt *m;* **~ policy** Wechselkurspolitik *f;* **~ swap** Devisen-Swapgeschäft *nt;* **~ trade** [*or* **dealings**] Devisenhandel *m,* Devisengeschäft *nt* **for·eign ex'change deal·er** *n* FIN Devisenhändler(in) *m(f),* Devisenmakler(in) *m(f)* **for·eign ex'change deal·ing** *n* FIN Devisenhandel *m*

for·eign in·'vest·ment *n* Auslandsinvestition *f* **for·eign 'lan·guage** *n* Fremdsprache *f a. fig;* ***legal documents are written in a ~ as far as most people are concerned*** Rechtsdokumente sind nach Meinung der meisten Menschen in einer absolut unverständlichen Sprache geschrieben **For·eign 'Le·gion** *n* ▪ **the ~** die Fremdenlegion **for·eign 'min·is·ter** *n* Außenminister(in) *m(f)*

for·eign·ness ['fɒrɪnəs, AM ˌfɔːrɪn-] *n no pl* ① *(from another country)* Fremdartigkeit *f*
② *(unfamiliarity)* Fremdheit *f;* ***the ~ of this concept to their culture is demonstrated by the fact that they have no word for it*** das diese Vorstellung ihrer Kultur fremd ist, zeigt sich in der Tatsache, dass sie keine Bezeichnung dafür haben

'For·eign Of·fice *n,* **FO** *n no pl* BRIT ▪ **the ~** das Außenministerium, das Departement des Äusseren SCHWEIZ **For·eign 'Sec·re·tary** *n* BRIT Außenminister(in) *m(f)* **for·eign 'ser·vice** *n* BRIT *see* **diplomatic service** **for·eign sub·'sidi·ary** *n* Auslandstochter *f*

for·eign 'trade *n no pl* Außenhandel *m,* Außenwirtschaft *f* **for·eign trade 'defi·cit** *n* ECON Außenhandelsdefizit *nt* **for·eign trade 'fi·nanc·ing** *n no pl* FIN Außenhandelsfinanzierung *f*

fore·'knowl·edge *n no pl (form)* vorherige Kenntnis; ***she denied any ~ of the appointment*** sie leugnete, von der Verabredung gewusst zu haben; **to have ~ of sth** von etw *dat* im Voraus wissen; ***he always claimed to have had no ~ of the impending crisis*** er behauptete stets, keine Anzeichen von der bevorstehenden Krise wahrgenommen zu haben

'fore·land *n (cape)* Kap *nt;* *(peninsula)* Landzunge *f* **'fore·leg** *n* Vorderbein *nt* **'fore·lock** *n* Stirnlocke *f;* *of horse* Mähne *f;* **to touch** [*or* **tug**] **one's ~** *(also fig)* jdm seine Referenz erweisen, einen Diener machen ▸ PHRASES: **to take time by the ~** *(liter)* die Gelegenheit beim Schopf packen **'fore·man** *n* ① *(workman)* Vorarbeiter *m* ② LAW Vorsitzender *m,* Obmann *m (der Geschworenen)* **'fore·mast** *n* NAUT Fockmast *m fachspr*

fore·most ['fɔːməʊst, AM 'fɔːrmoʊst] *inv* **I.** *adj* ① *(important)* führend; ***they were ~ among those seeking to bring about reforms*** sie waren federführend unter denjenigen, die versuchten, Reformen einzuleiten
② *(at the front)* vorderste(r, s)
II. *adv* ① *(position)* an vorderster Stelle *dat;* **first and ~** zuallererst; **to come** [*or* **rank**] **~ among sth** an der Spitze einer S. *gen* stehen
② *(at the front)* zuerst; **feet/head ~** mit den Füßen/dem Kopf voraus [*o* voran]; **to be carried out feet ~** mit den Füßen zuerst hinausgetragen werden *fam*

'fore·name *n (form)* Vorname *m* **'fore·noon** *n usu sing* AM NAUT Vormittag *m*

fo·ren·sic [fə'ren(t)sɪk] *adj inv* gerichtsmedizinisch, forensisch *fachspr;* **~ evidence** Indizienbeweis *m*

fo·ren·sic 'medi·cine *n no pl* Gerichtsmedizin *f*

fo·ren·sics [fə'ren(t)sɪks] *n + sing vb* ① *(subject)* Kriminalistik *f*
② *(department)* gerichtsmedizinische Abteilung

fo·ren·sic 'sci·ence *n* Kriminalistik *f*

fore·or·'dain [ˌfɔːrɔː'deɪn, AM ˌfɔːrɔːr'-] *vt* ▪ **to ~ sth** etw vorherbestimmen **'fore·paw** *n* Vorderpfote *f* **'fore·per·son** *n* Vorarbeiter(in) *m(f)* **'fore·play** *n no pl* Vorspiel *nt* **'fore·quar·ters** *npl* Vorderteil *nt* **'fore·run·ner** *n* ① *(version)* Vorläufer(in) *m(f)* (**of** *+gen*) ② *(sign)* Vorzeichen *nt,* Anzeichen *nt;* ▪ **~ of sth** Vorzeichen einer S. *gen* ③ *(hist: messenger)* [Vor]bote, -botin *m, f* **'fore·sail** *n* NAUT Focksegel *nt fachspr*

fore·saw [fɔː'sɔː, AM fɔːr'sɑ] *pt of* **foresee**

fore·see <-saw, -seen> [fɔː'siː, AM fɔːr'-] *vt* ▪ **to ~ sth** etw vorhersehen [*o* voraussehen]; ***I don't ~ any difficulties*** ich sehe keine Schwierigkeiten; ▪ **to ~ that/how/what ...** vorhersehen, dass/wie/was ...

fore·see·abil·ity [fɔːˌsiːə'bɪləti, AM fɔːrˌsiːəbɪləṭi] *n* LAW **~ test** Prüfung *f,* ob Fahrlässigkeit vorliegt

fore·see·able [fɔː'siːəbḷ, AM fɔːr'-] *adj* absehbar; **in the ~ future** in absehbarer Zeit; **for the ~ future** in der nächsten Zeit

fore·seen [fɔː'siːn, AM fɔːr'-] *pp of* **foresee**

fore·'shad·ow *vt usu passive* ▪ **to be ~ed** [**by sth**] [durch etw *akk*] angedeutet werden **'fore·shore** *n no pl* ① *(undeveloped land)* Uferland *nt,* Uferschutzgürtel *m* ÖSTERR ② *(beach)* Strand *m* **fore·'short·en** *vt* ▪ **to ~ sth** ① ART etw perspektivisch verkürzen ② *(fig: make shorter)* etw verkürzen **fore·'short·ened** *adj* ① ART perspektivisch verkürzt ② *(fig: reduced)* verkürzt **fore·'short·en·ing** *n no pl* perspektivische Verkürzung **'fore·sight** *n* ① *no pl (prediction)* Weitblick *m;* ▪ **to have the ~ to do sth** so vorausschauend sein, etw zu tun ② *(on a gun)* Korn *nt* **'fore·skin** *n* Vorhaut *f*

for·est ['fɒrɪst, AM 'fɔːrɪst] **I.** *n* ① *(area)* Wald *m;* **the Black F~** der Schwarzwald
② *no pl (woods)* Wald *m,* Holz *nt fachspr;* **deciduous ~** Laubwald *m*
③ *usu sing (cluster)* Wald *m fig;* ***when the teacher asked a question, a ~ of hands went up*** als die Lehrerin eine Frage stellte, gingen jede Menge Hände hoch; **a ~ of television aerials** BRIT ein Antennenwald, SCHWEIZ *a.* ein Antennendschungel *m*
II. *n modifier (animal, plant, region)* Wald-

fore·stall [fɔː'stɔːl, AM fɔːr'-] *vt* ▪ **to ~ sth** etw *dat* zuvorkommen; **to ~ an attempt** einen Versuch abschmettern *fam;* **to ~ criticism** Kritik vorwegnehmen **fore·stay** ['fɔːsteɪ, AM 'fɔːr-] *n* NAUT Fockstag *nt fachspr*

for·est·er ['fɒrɪstəʳ, AM 'fɔːrɪstɚ] *n* Förster(in) *m(f)*

for·est 'fire *n* Waldbrand *m* **for·est 'fly** *n* Pferdelausfliege *f* **for·est 'man·age·ment** *n no pl* Forstwirtschaft *f* **for·est 'rang·er** *n esp* AM Förster(in) *m(f)*

for·est·ry ['fɒrɪstri, AM 'fɔːr-] *n no pl* Forstwirtschaft *f*

'For·est·ry Com·mis·sion *n* BRIT Forstbehörde *f*

fore·taste ['fɔːteɪst, AM 'fɔːr-] *n usu sing* Vorgeschmack *m;* ***we wanted to get a ~ of what it would be like to live without a car*** wir wollten schon mal einen Vorgeschmack davon bekommen, wie ein Leben ohne Auto aussehen würde; ***she read a poem as a ~ of her new collection*** sie las ein

F

Gedicht vor, um auf ihren neuen Sammelband einzustimmen

fore·tell <-told, -told> [fɔːˈtel, AM fɔːr-] *vt* ▪**to ~ sth** etw vorhersagen; ▪**to ~ how/what ...** vorhersagen, wie/was ...

fore·thought [ˈfɔːθɔːt, AM ˈfɔːrθɑːt] *n no pl* Weitblick *m;* ▪**to have the ~ to do sth** den Weitblick haben, etw zu tun

for·ever [fəˈrevəʳ, AM fɔːrˈevɚ] *adv inv* ❶ *(for all time)* ewig
❷ *(fam: long time)* **to last** [*or* **take**] **~** ewig dauern *fam*
❸ *(fam: continually)* ständig; ▪**to be ~ doing sth** etw ständig machen
▸PHRASES: **speak now or ~ hold your peace** *(saying)* sprich jetzt oder schweige für immer; **a thing of beauty is a joy ~** BRIT *(saying)* etwas Schönes gewährt Freude ohne Unterlass *geh*

for ever·more, for·ever more, AM **for·ever·more** *adv* auf immer [*o* alle Zeiten]

fore·warn [fɔːˈwɔːn, AM fɔːrˈwɔːrn] *vt* ▪**to ~ sb** jdn vorwarnen; ***there was no-one left in the village — they'd obviously been ~ed about the raid*** es war niemand mehr im Dorf – offensichtlich waren sie vor dem Angriff gewarnt worden; ▪**to ~ sb [that] ...** jdn vorwarnen, dass ...
▸PHRASES: **~ed is forearmed** *(prov)* bist du gewarnt, bist du gewappnet

fore·went [fɔːˈwent, AM fɔːr-] *pt of* **forego**

ˈfore·wing *n* ZOOL Vorderflügel *m* **ˈfore·wom·an** *n* ❶ *(worker)* Vorarbeiterin *f* ❷ *esp* AM LAW Vorsitzende *f*, Obfrau *f (der Geschworenen)* **ˈfore·word** *n* Vorwort *nt*

forex [ˈfɔːreks] *n short for* **foreign exchange** Devisen *pl*

for·fait·er [ˈfɔːfɪtəʳ, AM ˈfɔːrfɪt̬ɚ] *n* FIN Forfaiteur *m*

for·fait·ing [ˈfɔːfɪtɪŋ, AM ˈfɔːrfɪt̬ɪŋ] *n no pl* FIN Forfaitierung *f*

for·fait·ing house *n* FIN Forfaiteur *m*

for·feit [ˈfɔːfɪt, AM ˈfɔːr-] **I.** *vt* ▪**to ~ sth** etw einbüßen; ***I ~ed my lunchbreak in order to finish this report*** ich habe meine Mittagspause geopfert, um diesen Bericht zu beenden; **to ~ a bail/a deposit/money** eine Kaution/eine Anzahlung/Geld verlieren; **to ~ a chance** eine Chance verspielen; **to ~ a right** ein Recht verwirken *geh*
II. *n* ❶ *(penalty)* Pfand *nt;* **to pay a ~** ein Pfand *nt* hinterlegen
❷ *(game)* ▪**~s** *pl* Pfänderspiel *nt;* **to play ~s** Pfänderspiele machen
❸ LAW *(form: penalty)* Strafe *f*
III. *adj pred, inv (form)* verfallen; ▪**to be ~ [to sb]** [an jdn] übergehen; ***the bail was ~*** die Kaution verfiel; ***a traitor's lands were ~ to the Crown*** die Ländereien eines Betrügers gingen an die Krone über

for·fei·ture [ˈfɔːfɪtʃəʳ, AM ˈfɔːrfə-] *n* LAW ❶ *no pl (loss) of property, money* Verlust *m; (of claim, right)* Verwirkung *f*
❷ *(penalty)* Beschlagnahme *f*

for·gath·er [fɔːˈgæðəʳ, AM fɔːrˈgæðɚ] *vi (form)* zusammenkommen; ***the small crowd ~ed in the church*** die kleine Gruppe versammelte sich in der Kirche

for·gave [fəˈgeɪv, AM fɚ-] *n pt of* **forgive**

forge [fɔːdʒ, AM fɔːrdʒ] **I.** *n* ❶ *(furnace)* Glühofen *m*
❷ *(smithy)* Schmiede *f*
II. *vt* ▪**to ~ sth** ❶ *(copy)* etw fälschen
❷ *(heat and shape)* etw schmieden; **to ~ iron/metal** Eisen/Metall schmieden
❸ *(fig: form with effort)* etw mühsam schaffen; ***a new Britain ~d in the white heat of the technological revolution*** ein neues Großbritannien, das in der Glut der technologischen Revolution entstand; **to ~ a bond/link** eine Verbindung schaffen; **to ~ a career** eine Karriere schmieden
III. *vi* ▪**to ~ somewhere** irgendwohin rasen; **to ~ into the lead** die Führung übernehmen
◆**forge ahead** *vi* ❶ *(progress)* [rasch] Fortschritte machen; ▪**to ~ ahead with sth** mit etw *dat* vorankommen
❷ *(take lead)* die Führung übernehmen; ***he ~d ahead of the Finn to cross the line first*** er setzte sich vor den Finnen an die Spitze und überquerte als Erster die Ziellinie

forged [fɔːdʒd, AM fɔːr-] *adj* gefälscht

forg·er [ˈfɔːdʒəʳ, AM ˈfɔːrdʒɚ] *n* Fälscher(in) *m(f)*

forg·ery [ˈfɔːdʒəri, AM ˈfɔːr-] *n* ❶ *(copy)* Fälschung *f*
❷ *no pl (crime)* Fälschen *nt*

for·get <-got, -gotten *or* AM *also* -got> [fəˈget, AM fɚ-] **I.** *vt* ❶ *(not remember)* ▪**to ~ sb/sth** jdn/etw vergessen, sich *akk* nicht an jdn/etw erinnern
❷ *(omit to keep)* ▪**to ~ sth** etw vergessen; ***she clean forgot our date*** sie hat unsere Verabredung glatt vergessen *fam;* ***my uncle forgot my birthday last year*** mein Onkel hat letztes Jahr meinen Geburtstag vergessen; ***I'd like to thank all my family, not ~ting my cousin Jerome*** ich möchte meiner ganzen Familie danken, nicht zu vergessen meinem Cousin Jerome; **to ~ an appointment** einen Termin vergessen [*o fam* verschwitzen]; ▪**to ~ to do sth** vergessen, etw zu tun; ▪**to ~ [that]/how/what/who ...** vergessen, dass/wie/was/wer ...
❸ *(leave behind)* ▪**to ~ sth** etw vergessen [*o* liegenlassen]
❹ *(stop thinking about)* ▪**to ~ sth/sb** etw/jdn vergessen, an etw/jdn nicht mehr denken; **to ~ the past** die Vergangenheit ruhenlassen; **to ~ one's quarrels** die Streitereien begraben; **forgive and ~** vergeben und vergessen
❺ *(fam: give up)* ▪**to ~ sth** etw aufgeben; ***you can ~ any ideas you may have of taking the day off*** Sie können es sich aus dem Kopf schlagen, dass Sie den Tag frei bekommen *fam;* **~ it!** vergiss es!
❻ *(pej: disregard)* ▪**to ~ sth** etw vergessen; ***have you forgotten your manners?*** wo sind deine Manieren?; **to ~ one's dignity** seine Würde fallenlassen; **and don't you ~ it!** lass dir das gesagt sein!
❼ *(form: behave badly)* ▪**to ~ oneself** sich *akk* vergessen
II. *vi* ❶ *(not remember)* vergessen; ▪**to ~ about sth/sb** jdn/etw vergessen; ▪**to ~ about doing sth** vergessen, etw zu tun
❷ *(stop thinking about)* ▪**to ~ about sth/sb** etw/jdn vergessen, an etw/jdn nicht mehr denken; **to ~ about a plan** einen Plan fallenlassen; ***I suggest we ~ all about it*** ich schlage vor, wir vergessen das alles; ▪**to ~ about doing sth** sich *dat* etw aus dem Kopf schlagen *fam*

for·get·ful [fəˈgetfəl, AM fɚ-] *adj* ❶ *(unable to remember)* vergesslich
❷ *pred (form: oblivious)* ▪**to be ~ of sth** etw vergessen; ***~ of the time, he hadn't even begun to get ready*** da er vergessen hatte, wie spät es war, hatte er noch nicht einmal begonnen, sich fertig zu machen

for·get·ful·ly [fəˈgetfəli, AM fɚ-] *adv* [ganz] in Gedanken

for·get·ful·ness [fəˈgetfəlnəs, AM fɚ-] *n no pl* Vergesslichkeit *f*

for·ˈget-me-not *n* BOT Vergissmeinnicht *nt*

for·get·table [fəˈgetəbl̩, AM fɚˈget̬-] *adj* unbedeutend; ***he scored a brilliant goal in an otherwise ~ match*** er schoss ein großartiges Tor in einem Spiel, das man ansonsten vergessen konnte

forg·ing [ˈfɔːdʒɪŋ, AM ˈfɔːr-] *n* Schmiedearbeit *f*

for·giv·able [fəˈgɪvəbl̩, AM fɚ-] *adj* verzeihlich

for·giv·ably [fəˈgɪvəbli, AM fɚ-] *adv* verständlicherweise

for·give <-gave, -given> [fəˈgɪv, AM fɚ-] **I.** *vt* ❶ *(cease to blame)* ▪**to ~ sb** jdm vergeben [*o* verzeihen]; ▪**to ~ sb [for] sth** jdm etw verzeihen; ***they've never ~n me for leaving them in the lurch that time*** sie haben mir nie verziehen, dass ich sie damals im Stich gelassen habe; **to ~ an insult/a sin** eine Beleidigung verzeihen/eine Sünde vergeben
❷ *(form: pardon)* ***please ~ me for asking*** verzeihen Sie bitte, dass ich frage; ***you could be ~n for thinking they were lovers, they behave as though they were*** es ist verständlich, dass du sie für ein Liebespaar hieltest, sie benehmen sich genau so; **may God ~ me** möge Gott mir vergeben; **~ my ignorance/language** verzeihen Sie meine Unwissenheit/Ausdrucksweise; **~ me [for] mentioning it** [*or* **my mentioning it**] tut mir leid, dass ich es erwähne; **~ me, but ...** Entschuldigung, aber ...
❸ *(not ask for payment)* **to ~ sb a debt** [*or* **payment**] jdm eine Schuld erlassen
▸PHRASES: **to understand all is to ~ all** alles verstehen, heißt alles verzeihen
II. *vi* verzeihen, vergeben; **to ~ and forget** vergeben und vergessen

for·giv·en [fəˈgɪvən, AM fɚ-] *pp of* **forgive**

for·give·ness [fəˈgɪvnəs, AM fɚ-] *n no pl* ❶ *(pardon)* Vergebung *f* (**for** für +*akk*); **~ of one's sins** Vergebung *f* seiner Sünden *geh;* **to ask/beg [for] ~** um Vergebung bitten *geh*
❷ *(forgiving quality)* Versöhnlichkeit *f;* **to show ~** Versöhnungsbereitschaft zeigen

for·giv·ing [fəˈgɪvɪŋ, AM fɚ-] *adj* nachsichtig; **~ nature/person** versöhnlicher Charakter/Mensch

for·go <-went, -gone> [fɔːˈgəʊ, AM fɔːrˈgoʊ] *vt* ▪**to ~ sth** auf etw *akk* verzichten; **to ~ the chance** die Chance verpassen

for·gone [fɔːˈgɒn, AM fɔːrˈgɑːn] *pp of* **forgo**

for·got [fəˈgɒt, AM fɚˈgɑːt] *pt of* **forget**

for·got·ten [fəˈgɒtən, AM fɚˈgɑːt-] **I.** *pp of* **forget**
II. *adj* vergessen; ***some things are best ~ in the interests of a quiet life*** manche Dinge vergisst man besser im Interesse eines ruhigen Lebens

for·int [ˈfɒrɪnt, AM ˈfɔːr-] *n (Hungarian currency)* Forint *m*

fork [fɔːk, AM fɔːrk] **I.** *n* ❶ *(cutlery)* Gabel *f*
❷ *(tool) garden* Gabel *f; farm* Heugabel *f*, Mistgabel *f*
❸ *(division)* Gabelung *f; branch* Astgabel *f;* ***take the left/right ~*** nehmen Sie die linke/rechte Abzweigung; **a ~ in the road/river** eine Straßen-/Flussgabelung
❹ *of bicycle* ▪**~s** *pl* [Rad]gabel *f*
II. *vt* ❶ *(with tool)* ***he ~ed the fertilizer round the shrubs*** er verteilte den Dünger mit einer Gabel um die Büsche; ***the labourers were ~ing hay into the cart*** die Arbeiter luden mit einer Gabel Heu auf den Wagen
❷ *(with cutlery)* ***he was busy ~ing peas into his mouth*** er war damit beschäftigt, sich Erbsen mit der Gabel in den Mund zu schaufeln; ***she ~ed a slice of ham onto her plate*** sie holte sich mit der Gabel eine Scheibe Schinken auf den Teller; ***~ the meringue into peaks*** häufen Sie die Baisermasse mit der Gabel auf; ***she ~ed a pattern on the top of the cake*** sie zeichnete mit der Gabel Muster auf den Kuchen
III. *vi* ❶ *(also liter: divide)* sich *akk* gabeln
❷ *(go)* **to ~ left/right** nach links/rechts abzweigen
◆**fork out** *(fam)* **I.** *vi* ▪**to ~ out [for sth]** [für etw *akk*] zahlen [*o fam* blechen]
II. *vt* **to ~ money out** ↻ **[for** [*or* **on**] **sth]** [für etw *akk*] Geld herausrücken [*o* lockermachen] *fam;* ***can you persuade him to ~ out the money for my trip to Alaska?*** kannst du ihn überreden, das Geld für meinen Alaska-Urlaub herauszurücken? *fam*
◆**fork over I.** *vi* AM, AUS *(fam)* ▪**to ~ over [for sth]** [für etw *akk*] zahlen [*o fam* blechen]
II. *vt* ❶ *(turn)* ▪**to ~ over** ↻ **sth** etw mit einer Gabel wenden; *bed* mit einer Gabel umgraben; *soil* mit einer Gabel lockern
❷ *(fam)* **to ~ over money [for sth]** [für etw *akk*] Geld herausrücken [*o* lockermachen] *fam*
◆**fork up I.** *vi (fam)* ▪**to ~ up [for sth]** [für etw *akk*] zahlen [*o fam* blechen]
II. *vt* ❶ *(put on fork)* ▪**to ~ up** ↻ **sth** etw auf eine Gabel laden; ***she ~ed up the meringue into peaks*** sie häufte die Baisermasse mit der Gabel auf
❷ *(fig fam)* **to ~ up money [for sth]** [für etw *akk*] zahlen [*o fam* blechen]

forked [fɔːkt, AM fɔːrkt] *adj inv* gegabelt; **~ lightning** Linienblitz *m;* **~ tongue** gespaltene Zunge
▸PHRASES: **to speak with a ~ tongue** mit gespaltener Zunge sprechen [*o* reden]

fork·ful ['fɔ:kfʊl, AM 'fɔ:r-] *n* ■**a** ~ eine Gabel voll

'fork-lift, fork-lift 'truck *n* Gabelstapler *m*

for·lorn [fə'lɔ:n, AM fɔ:r'lɔ:rn] *adj* 1 *(alone)* einsam 2 *(desolate)* verlassen; ~ **place** trostlose Gegend 3 *inv (despairing)* verzweifelt; **a ~ hope** verlorene Liebesmühe; **in the ~ hope** in der schwachen Hoffnung

for·lornly [fə'lɔ:nli, AM fɔ:r'lɔ:rn-] *adv* 1 *(sadly)* unglücklich 2 *(unsuccessfully)* vergeblich

form [fɔ:m, AM fɔ:rm] **I.** *n* 1 *(type, variety)* Form *f*, Art *f*; *of a disease* Erscheinungsbild *nt*; *of energy* Typ *m*; ***the dictionary is also available in electronic ~*** es ist auch eine elektronische Version des Wörterbuchs erhältlich; ***flu can take several different ~s*** eine Grippe kann sich in verschiedenen Formen äußern; **art ~** Kunstform *f*; **~ of exercise** Sportart *f*; **~ of government** Regierungsform *f*; **~ of language** Sprachvariante *f*; **life ~** Lebensform *f*; **~ of transport** Transportart *f*; **~s of worship** Formen *fpl* der Gottesverehrung 2 *no pl (particular way)* Form *f*, Gestalt *f*; ***support in the ~ of money*** Unterstützung in Form von Geld; ***help in the ~ of two police officers*** Hilfe in Gestalt von zwei Polizeibeamten; ***the training programme takes the ~ of a series of workshops*** die Schulung wird in Form einer Serie von Workshops abgehalten; **in any** [**shape or**] **~** in jeglicher Form; ***he's opposed to censorship in any shape or ~*** er ist gegen jegliche Art von Zensur; **in some ~ or other** auf die eine oder andere Art 3 *(document)* Formular *nt*; **application ~** Bewerbungsbogen *m*; **booking ~** BRIT, **reservation ~** AM Buchungsformular *nt*; **entry ~** Anmeldeformular *m*; **order ~** Bestellschein *m*; **printed ~** Vordruck *m*; **to complete** [*or esp* BRIT **fill in**] [*or esp* AM **fill out**] **a ~** ein Formular ausfüllen 4 *(shape)* Form *f*; *of a person* Gestalt *f*; ***her slender ~*** ihre schlanke Gestalt; ***the lawn was laid out in the ~ of a figure eight*** der Rasen war in Form einer Acht angelegt; ***they made out a shadowy ~ in front of them*** vor ihnen konnten sie den Umriss einer Gestalt ausmachen; **the human ~** die menschliche Gestalt; **to take ~** Form [*o* Gestalt] annehmen 5 *no pl* ART, LIT, MUS *(arrangement of parts)* Form *f*; **~ and content** Form und Inhalt; **shape and ~** Form und Gestalt 6 *no pl (physical condition)* Form *f*, Kondition *f*; ***I really need to get back in ~*** ich muss wirklich mal wieder etwas für meine Kondition tun; **to be in excellent** [*or* **superb**] **~** in Topform sein; **to be in good ~** [gut] in Form sein; **to be out of ~** nicht in Form sein 7 *no pl (performance)* Leistung *f*; ***the whole team was on good ~*** die ganze Mannschaft zeigte vollen Einsatz; ***she was in great ~ at her wedding party*** bei ihrer Hochzeitsfeier war sie ganz in ihrem Element 8 SPORT *(in horse racing)* Form *f fachspr*; ***Sunset's recent ~s are excellent*** die letzten Formen von Sunset sind hervorragend; **to study the ~** die Form prüfen 9 *no pl esp* BRIT *(procedure)* Form *f*; BRIT ***what's the ~?*** was ist üblich [*o* das übliche Verfahren]?; ***conventional social ~s*** konventionelle Formen gesellschaftlichen Umgangs; **a matter of ~** eine Formsache; ***partners of employees are invited as a matter of ~*** die Partner der Angestellten werden der Form halber eingeladen; **for ~['s sake]** aus Formgründen; **to be good/bad ~** BRIT *(dated)* sich gehören/nicht gehören; **in due** [*or* **proper**] **~** formgerecht; **to run true to ~** wie zu erwarten [ver]laufen; ***true to ~ he arrived an hour late*** wie immer kam er eine Stunde zu spät 10 *esp* BRIT SCH *(class)* Klasse *f*; *(secondary year group)* Jahrgangsstufe *f* 11 LING Form *f*; ***what's the infinitive ~ of the verb?*** wie lautet der Infinitiv von dem Verb? 12 *no pl* BRIT *(sl: criminal record)* Vorstrafenregister *nt*; **to have ~** vorbestraft sein 13 *esp* AM TYPO *(forme)* [**printing**] **~** [Satz]form *f* 14 TECH *(shuttering)* Verschalung *f fachspr* 15 BRIT HUNT *(hare's lair)* Sasse *f fachspr* 16 BOT Form *f*, Forma *f fachspr* 17 *(formula)* Formel *f* 18 PHILOS Form *f*; **matter and ~** Stoff und Form ▸PHRASES: **attack is the best ~ of defence** *(saying)* Angriff ist die beste Verteidigung *prov*
II. *vt* 1 *(shape)* ■**to ~ sth** etw formen; ***~ the dough into balls*** den Teig zu Bällchen formen; ***these islands were ~ed as a result of a series of volcanic eruptions*** diese Inseln entstanden durch eine Reihe von Vulkanausbrüchen 2 *(arrange)* ■**to ~ sth** etw bilden; ***they ~ed themselves into three lines*** sie stellten sich in drei Reihen auf; **to ~ a circle/queue** einen Kreis/eine Schlange bilden; **to ~ groups** Gruppen bilden 3 *(set up)* ■**to ~ sth** etw gründen; ***the company was ~ed in 1892*** die Firma wurde 1892 gegründet; ***they ~ed themselves into a pressure group*** sie gründeten eine Pressuregroup; **to ~ an alliance with sb** sich *akk* mit jdm verbünden; **to ~ a band** eine Band gründen; **to ~ committee/government** ein Komitee/eine Regierung bilden; **to ~ friendships** Freundschaften schließen; **to ~ an opinion about sth** sich *dat* eine Meinung über etw *akk* bilden; **a newly-~ed political party** eine neu gegründete politische Partei; **to ~ a relationship** eine Verbindung eingehen 4 *(constitute)* ■**to ~ sth** etw bilden [*o* darstellen]; ***the trees ~ a natural protection from the sun's rays*** die Bäume stellen einen natürlichen Schutz gegen die Sonnenstrahlen dar; **to ~ the basis of sth** die Grundlage einer S. *gen* bilden; **to ~ the core** [*or* **nucleus**] **of sth** den Kern einer S. *gen* bilden; **to ~ part of sth** Teil einer S. *gen* sein 5 LING **to ~ a sentence/the past tense/a new word** einen Satz/die Vergangenheit[szeit]/ein neues Wort bilden 6 *(form: influence)* ■**to ~ sth/sb** etw/jdn formen; ***the media play an important role in ~ing public opinion*** die Medien spielen eine große Rolle bei der öffentlichen Meinungsbildung; **to ~ sb's character** jds Charakter formen
III. *vi* sich *akk* bilden; *idea, plan* Gestalt annehmen; ■**to ~ into sth** sich *akk* zu etw *akk* formen; ***his strong features ~ed into a smile of pleasure*** ein vergnügtes Lächeln legte sich auf seine markanten Züge

◆**form up I.** *vt* **to ~ up troops** Truppen aufstellen
II. *vi* sich *akk* aufstellen [*o* formieren]; ■**to ~ up in sth** sich *akk* zu etw *dat* formieren

for·mal ['fɔ:məl, AM 'fɔ:r-] *adj* 1 *(ceremonious)* formell; **~ dress** Gesellschaftskleidung *f* 2 *(serious)* förmlich; **~ person** förmliche Person; *(pej)* steife Person 3 *(official)* offiziell; **~ education** ordentliche [Schul]bildung; **~ procedures** offizielles Verfahren 4 *(laid out)* sorgfältig angelegt; **~ flower arrangement** symmetrisch angeordnetes Blumengesteck; **~ garden** architektonischer Garten 5 *(nominal)* formal; **~ interest** höfliches Interesse 6 *(form: of artistic form)* formal

for·mal·de·hyde [fɔ:'mældɪhaɪd, AM fɔ:r'-] *n no pl* Formaldehyd *m*

for·mal 'docu·ments *npl* ECON, FIN **~ documents** *förmlicher Schriftsatz, der alle Einzelheiten eines Übernahmeangebots aufführt*

for·ma·lin ['fɔ:məlɪn, AM 'fɔ:rmə-] *n no pl* CHEM Formalin *nt*

for·mal·ism ['fɔ:məlɪzəm, AM 'fɔ:r] *n* 1 *no pl (exaggeration of formal aspects)* Formalismus *m*, [leeres] Formenwesen 2 ART, LIT [ästhetischer] Formalismus

for·mal·is·tic ['fɔ:məlɪstɪk, AM 'fɔ:r] *adj* formalistisch

for·mal·ity [fɔ:'mæləti, AM fɔ:r'mæləṭi] *n* 1 *no pl (ceremoniousness)* Förmlichkeit *f* 2 *no pl (for form's sake)* Formalität *f*; **to be** [**just/merely**] **a ~** [eine] [reine] Formsache sein 3 *(necessary activities)* ■**the formalities** *pl* die Formalitäten *pl*; ECON, FIN **customs formalities** Zollformalitäten *pl*

for·mal·ize ['fɔ:məlaɪz, AM 'fɔ:rmə-] *vt* 1 *(make official)* **to ~ an agreement/a procedure** eine Abmachung/ein Verfahren formell bekräftigen; ***they began as informal gatherings, but have become increasingly ~d in recent years*** sie fingen mit informellen Treffen an, aber in den letzten Jahren haben sie sich zunehmend regelmäßig getroffen 2 *(give shape to)* **to ~ one's thoughts** seine Gedanken ordnen

for·mal·ly ['fɔ:məli, AM 'fɔ:r-] *adv* 1 *(ceremoniously)* formell 2 *(officially)* offiziell 3 *(for form's sake)* formal

for·mat ['fɔ:mæt, AM 'fɔ:r-] **I.** *n* 1 *(of production)* Format *nt*; **two-colour ~** Zweifarbendruck *m* 2 *(of organization)* Ablauf *m* 3 COMPUT Format *nt*
II. *vt* <-tt-> COMPUT **to ~ a disk/a text** eine Diskette/einen Text formatieren

for·ma·tion [fɔ:'meɪʃən, AM fɔ:r'-] *n* 1 *no pl (creation)* Bildung *f*; **process of ~** Entstehungsprozess *m* 2 *(shape)* Formation *f*; **a cloud/rock ~** eine Wolkenbildung/Gesteinsformation 3 *usu sing* MIL Formation *f*; **in battle ~** in Gefechtsformation; **in** [**close**] **~** in [enger [*o* geschlossener]] Formation

for·ma·tion 'danc·ing *n no pl* Formationstanz *m*

for·ma·tion 'fly·ing *n no pl* Formationsflug *m*

for·ma·tive ['fɔ:mətɪv, AM 'fɔ:rməṭɪv] *adj* prägend; **the ~ years** die prägenden [*o* entscheidenden] Jahre

for·mat·ter ['fɔ:mætər, AM 'fɔ:rmæṭɚ] *n* COMPUT Formatierungsprogramm *nt*

'for·mat·ting ['fɔ:mætɪŋ, AM 'fɔ:rmæṭɪŋ] *n* COMPUT Formatierung *f*

forme [fɔ:m, AM fɔ:r] *n* TYPO [Druck]form *f*

for·mer ['fɔ:mər, AM 'fɔ:rmɚ] **I.** *adj attr, inv* 1 *(previous)* ehemalige(r, s), frühere(r, s); **to restore sth to its ~ glory** etw wieder in seinem alten Glanz erstrahlen lassen; **in a ~ life** in einem früheren Leben 2 *(first of two)* erstere(r, s)
II. *n* ■**the ~** der/die/das Erstere

for·mer·ly ['fɔ:məli, AM 'fɔ:rmɚ-] *adv inv* früher

'form feed *n* COMPUT Papiereinzug *m*

For·mi·ca® [fɔ:'maɪkə, AM fɔ:r'-] *n no pl* Resopal® *nt*

for·mic acid [,fɔ:mɪk'-, AM ,fɔ:r'-] *n no pl* Ameisensäure *f*, Methansäure *f fachspr*

for·mi·dable ['fɔ:mɪdəbl, AM 'fɔ:rmə-] *adj* 1 *(difficult)* schwierig; *(enormous)* riesig; *(tremendous)* kolossal *fam*; **~ adversary** schwieriger Gegner/schwierige Gegnerin; **~ obstacle** ernstliches Hindernis; **~ opposition** erbitterter Widerstand; **~ person** Furcht erregende Person; **~ task** schwierige Aufgabe 2 *(powerful)* eindrucksvoll

for·mi·dably ['fɔ:mɪdəbli, AM 'fɔ:rmə-] *adv* ungeheuer; ***how will he succeed with these forces so ~ ranged against him?*** wie kann er Erfolg haben, wenn sich alles gegen ihn verschworen hat?

form·ing ['fɔ:mɪŋ, AM 'fɔ:r-] *n no pl* ECON, FIN Gründung *f*

form·less ['fɔ:mləs, AM 'fɔ:r-] *adj* formlos

form·less·ness ['fɔ:mləsnəs, AM 'fɔ:r-] *n no pl* Formlosigkeit *f*, Gestaltlosigkeit *f*

'form let·ter *n* Briefvorlage *f*, Standardbrief *m*

For·mo·sa [fɔ:'məʊsə, AM fɔ:r'moʊ-] *n (hist)* Formosa

'form room *n* BRIT Klassenzimmer *nt*

'form teach·er *n* BRIT Klassenlehrer(in) *m(f)*, Klassenvorstand *m* ÖSTERR

for·mu·la <*pl* -s *or* -e> ['fɔ:mjələ, AM 'fɔ:rmjʊ-, *pl* -li:] *n* 1 *(rule)* Formel *f* (**for** für +*akk*); **a chemical/mathematical ~** eine chemische/mathematische Formel 2 ECON *(recipe for product)* Formel *f* 3 *(plan)* Rezept *nt fig*; **~ for success** Erfolgsrezept *nt* 4 *(for book)* Schema *nt* 5 *(of words)* Formel *f*; *(formulation)* Formulierung *f* 6 *no pl (baby food)* Babymilchpulver *nt*

for·mu·laic [,fɔ:mjə'leɪɪk, AM ,fɔ:rmjʊ-] *adj (pej)* formelhaft

for·mu·la in·'vest·ing *n no pl* ECON, FIN Anlage *f* nach festen Kriterien

For·mu·la 'One *n* Formel 1 *f*

for·mu·late ['fɔ:mjəleɪt, AM 'fɔ:rmjʊ-] *vt* ■**to ~ sth** ❶ *(draw up)* etw ausarbeiten; **to ~ a law** ein Gesetz formulieren; **to ~ a theory** eine Theorie entwickeln ❷ *(articulate)* etw formulieren [*o* in Worte fassen]

for·mu·la·tion [ˌfɔ:mjə'leɪʃᵊn, AM ˌfɔ:rmjʊ'-] *n* ❶ *no pl (drawing up) of plan, strategy, theory* Entwicklung *f; of law* Fassung *f* ❷ *(articulation)* Formulierung *f* ❸ *(mixture)* Rezeptur *f*

form·work ['fɔ:mwɜ:k, AM 'fɔ:rmwɜ:rk] *n no pl* ARCHIT Verschalung *f*

for·myl chlo·ride [ˌfɔ:maɪl'klɔ:raɪd, AM ˌfɔ:rmɪl'-] *n no pl* CHEM Chloroform *nt*

for·ni·cate ['fɔ:nɪkeɪt, AM 'fɔ:r-] *vi (old or hum)* ■**to ~ [with sb]** [mit jdm] Unzucht treiben *veraltend*

for·ni·ca·tion [ˌfɔ:nɪ'keɪʃᵊn, AM ˌfɔ:r-] *n no pl (old or hum)* Unzucht *f veraltend*

for·ni·ca·tor ['fɔ:nɪkeɪtəʳ, AM 'fɔ:rnɪkeɪt̬ɚ] *n (old)* Hurenbock *m pej fam*

for-prof·it [fə'prɒfɪt, AM fɚ'prɑ:-] *adj attr* Gewinnerwirtschaftungs-

for·sake <forsook, -n> [fə'seɪk, AM fɔ:r'-] *vt (liter)* ❶ *(old: abandon)* ■**to ~ sb** jdn verlassen; ***his nerve forsook him*** er verlor die Nerven ❷ *(give up)* ■**to ~ sth** etw aufgeben ❸ *(old liter: leave)* ■**to ~ sth** etw verlassen; **like rats forsaking a sinking ship** wie Ratten das sinkende Schiff verlassen *prov*

for·sak·en [fə'seɪkᵊn, AM fɔ:r'-] **I.** *pp of* **forsake** **II.** *adj (neglected)* verwahrlost

for·sook [fə'sʊk, AM fɔ:r'-] *pt of* **forsake**

for·swear <-swore, -sworn> [fɔ:'sweəʳ, AM fɔ:r'swer] *vt (old: give up)* ■**to ~ sth** etw *dat* abschwören *geh;* ***during the boycott many citizens forswore the buying of goods from this country*** während des Boykotts lehnten es viele Bürger und Bürgerinnen strikt ab, Waren aus diesem Land zu kaufen

for·swore [fɔ:'swɔ:ʳ, AM fɔ:r'swɔ:r] *pt of* **forswear**

for·sworn [fɔ:'swɔ:n, AM fɔ:r'swɔ:rn] *pp of* **forswear**

for·sythia [fɔ:'saɪθiə, AM fɔ:r'sɪθ-] *n* BOT Forsythie *f*

fort [fɔ:t, AM fɔ:rt] *n* Fort *nt,* Festung *f*
▸PHRASES: **to hold the ~** die Stellung halten

forte ['fɔ:teɪ, AM 'fɔ:r-] **I.** *n usu sing* Stärke *f;* ■**to not be sb's ~** nicht jds Stärke sein **II.** *adv* MUS forte

forth [fɔ:θ, AM fɔ:rθ] *adv inv* ❶ *(form)* **to put ~ roots/shoots** Wurzeln treiben/Triebe hervorbringen ❷ **[and so on] and so ~** und so weiter [und so fort]; **back and ~** vor und zurück; **to go/set ~** hinausgehen/ausziehen; **to pace back and ~** auf und ab gehen ❸ *(form: forward)* nach vorne ❹ *(form: in time)* weiter; **from that day ~** von jenem Tag an

forth·com·ing [ˌfɔ:θ'kʌmɪŋ, AM ˌfɔ:r-] *adj* ❶ *attr, inv (planned)* bevorstehend ❷ *(coming out soon)* in Kürze erscheinend; **~ film** in Kürze anlaufender Film ❸ *pred, inv (available)* verfügbar; ■**to be ~ [from sb]** [von jdm] zur Verfügung gestellt werden; ***no explanation for his absence was ~*** für seine Abwesenheit gab es keine Erklärung; ***the promised answer to this question has not yet been ~*** die versprochene Antwort auf diese Frage ist noch nicht erfolgt ❹ *pred* ■**to be ~** *(informative)* mitteilsam sein; *(helpful)* hilfsbereit sein; *(courteous)* zuvorkommend sein; ■**to be ~ about sth** über etw *akk* offen sprechen

forth·right ['fɔ:θraɪt, AM 'fɔ:r-] *adj* direkt; ■**to be ~ about sth** unumwunden über etw *akk* sprechen

forth·right·ly ['fɔ:θraɪtli, AM 'fɔ:r-] *adv* offen, freimütig

forth·right·ness ['fɔ:θraɪtnəs, AM 'fɔ:r-] *n no pl* Freimütigkeit *f;* ***she's never forgiven Martin for his ~ about the quality of her work*** sie hat Martin nie seine offen geäußerte Meinung über die Qualität ihrer Arbeit verziehen

forth·with [ˌfɔ:θ'wɪθ, AM ˌfɔ:r-] *adv inv (form)* unverzüglich

for·ties ['fɔ:tiz, AM 'fɔ:rt̬iz] *npl* ❶ *(temperature)* ■**the ~:** ***the temperature seldom rises above the ~*** die Temperatur steigt selten über vierzig Grad Fahrenheit [an]; **to be in the ~** zwischen 40 und 50 Grad Fahrenheit sein; *see also* **eight II 4** ❷ *(age)* ***she must be in her ~*** sie muss in den Vierzigern sein; **[in] one's early/late ~** Anfang/Ende vierzig; *see also* **eight II 2** ❸ *(of century)* ■**the ~** die Vierzigerjahre *pl;* **~' fashions/music** die Mode/Musik der Vierzigerjahre; *see also* **eight II 3** ❹ GEOG ■**the F~** *Gebiet der Nordsee zwischen Schottland und Norwegen;* **the Roaring F~** *stürmisches Meergebiet zwischen dem 40. und 50. südlichen Breitengrad*

for·ti·eth ['fɔ:tiəθ, AM 'fɔ:rt̬i-] **I.** *adj inv* vierzigste(r, s); *see also* **eighth I** **II.** *n* ❶ *(order)* ■**the ~** der/die/das Vierzigste; *see also* **eighth II 1** ❷ *(fraction)* Vierzigstel *nt* **III.** *adv inv* vierzigstens

for·ti·fi·ca·tion [ˌfɔ:tɪfɪ'keɪʃᵊn, AM ˌfɔ:rt̬ə-] *n* ❶ *no pl (reinforcing)* Befestigung *f* ❷ *(reinforcement)* ■**~s** *pl* Befestigungsanlagen *pl*

for·ti·fied ['fɔ:tɪfaɪd, AM 'fɔ:rt̬ə-] *adj place* befestigt; *person* bestärkt; *food* angereichert

for·ti·fied 'wine *n* Dessertwein *m*

for·ti·fy <-ie-> ['fɔ:tɪfaɪ, AM 'fɔ:rt̬ə-] *vt* ❶ MIL ■**to ~ sth [with sth]** etw [mit etw *dat*] befestigen ❷ *(strengthen)* ■**to ~ oneself [with sth]** sich *akk* [mit etw *dat*] stärken; **to ~ [sb's] confidence/resolve** *(form)* jds Selbstvertrauen/Entschlusskraft stärken ❸ *usu passive (enrich)* ■**to be fortified [with sth]** [mit etw *dat*] angereichert sein; ***the fruit drink is fortified with vitamin C*** der Fruchtsaft ist mit Vitamin C angereichert

for·tis·si·mo [fɔ:'tɪsɪməʊ, AM fɔ:r'tɪsəmoʊ] *adv* MUS fortissimo

for·ti·tude ['fɔ:tɪtju:d, AM 'fɔ:rt̬ətu:d, -tju:d] *n no pl (form)* [innere] Stärke

Fort Knox [ˌfɔ:t'nɒks, AM ˌfɔ:rt'nɑ:ks] *n no pl* Fort Knox *nt;* ***their house is like ~*** *(hum)* ihr Haus wird bewacht wie Fort Knox

fort·night ['fɔ:tnaɪt, AM 'fɔ:rt-] *n usu sing esp* BRIT, AUS zwei Wochen, vierzehn Tage; **a ~'s holiday/stay** ein zweiwöchiger [*o* vierzehntägiger] Urlaub/Aufenthalt; **a ~ on Monday** [*or* BRIT *fam* **on Monday ~**] Montag in zwei Wochen [*o* vierzehn Tagen]; **in a ~['s time]** in zwei Wochen [*o* vierzehn Tagen]; **once a ~** [einmal] alle zwei Wochen [*o* vierzehn Tage]

fort·night·ly ['fɔ:tnaɪtli, AM 'fɔ:rt-] *inv* **I.** *adj* vierzehntägig **II.** *adv* alle zwei Wochen [*o* vierzehn Tage]

for·tress <*pl* -es> ['fɔ:trəs, AM 'fɔ:r-] *n* Festung *f*

for·tui·tous [fɔ:'tju:ɪtəs, AM fɔ:r'tu:ət̬əs] *adj (form)* zufällig

for·tui·tous·ly [fɔ:'tju:ɪtəsli, AM fɔ:r'tu:ət̬-] *adv (form)* zufällig

for·tui·tous·ness [fɔ:'tju:ɪtəsnəs, AM fɔ:r'tu:ət̬-] *n no pl (form)* Zufälligkeit *f*

for·tu·nate ['fɔ:tʃᵊnət, AM 'fɔ:r-] *adj* ❶ *(lucky)* glücklich; ***I feel I'm a very ~ person having so many choices*** ich schätze mich sehr glücklich, so viele Wahlmöglichkeiten zu haben; ■**to be ~** Glück haben; ***you're very ~ to have found such a pleasant house*** Sie können von Glück sagen, dass Sie so ein schönes Haus gefunden haben; ***we were particularly ~ in the weather*** wir hatten besonderes Glück mit dem Wetter; ■**it is ~ [for sb] that ...** es ist [jds] Glück, dass ...; **to count oneself ~** sich *akk* glücklich schätzen ❷ *(well-off)* vom Glück begünstigt

for·tu·nate·ly ['fɔ:tʃᵊnətli, AM 'fɔ:r-] *adv inv* zum Glück; **~ *for him, the referee was looking the other way*** zu seinem Glück sah der Schiedsrichter gerade in die andere Richtung

for·tune ['fɔ:tʃu:n, AM 'fɔ:rtʃən] *n* ❶ *(money)* Vermögen *nt;* **fame and ~** Ruhm und Reichtum; **a small ~** *(fam)* ein kleines Vermögen; **to be worth a ~** *(fam)* ein Vermögen wert sein; **to cost a ~** *(fam)* ein Vermögen kosten; **to make a/one's ~** zu Reichtum kommen, ein Vermögen machen ❷ *no pl (form: luck)* Schicksal *nt;* **a stroke of good ~** ein Glücksfall *m;* **good/ill ~** Glück/Pech *nt;* **to have the good ~ to do sth** das Glück haben, etw zu tun; **to read/tell sb's ~** jds Schicksal vorhersagen; **to seek one's ~** sein Glück suchen ❸ *no pl (liter: luck personified)* Glück *nt,* Fortuna *f geh;* **~ *always seems to be smiling on him*** Fortuna scheint ihm immer gewogen zu sein *geh* ❹ *(sb's fate)* ■**~s** *pl* Geschick *nt;* **the ~s of war** die Wechselfälle [*o* das Auf und Ab] des Krieges
▸PHRASES: **~ favours the brave** *(prov)* das Glück ist mit den Tüchtigen; **the slings and arrows of [outrageous] ~** BRIT die Stricke und Fallen des [entfesselten] Schicksals

'for·tune cookie *n* Glückskeks *m o* ÖSTERR *a. nt*

Fortune 500 ['fɔ:tʃu:n-, AM 'fɔ:rtʃən-] *n* ECON, FIN *Liste der 500 größten amerikanischen Unternehmen, ernannt von 'Fortune' Magazine*

'for·tune hunt·er *n (pej)* Mitgiftjäger *m pej veraltend* **'for·tune tell·er** *n* Wahrsager(in) *m(f)*

for·ty ['fɔ:ti, AM 'fɔ:rt̬i] **I.** *adj* ❶ *(number)* vierzig; *see also* **eight I**
▸PHRASES: **to be fair, fat and ~** BRIT den Zenith überschritten haben *geh;* **to have** [*or* AM **take**] **~ winks** *(fam)* ein Nickerchen [*o* SCHWEIZ *esp* [Mittags]schläfchen] machen *fam*
II. *n* ❶ *(number)* Vierzig *f,* Vierziger *m* SCHWEIZ, ÖSTERR; *see also* **eighty II 1** ❷ *(fam: speed: 40 mph)* ca. fünfundsechzig km/h; *see also* **eighty II 5** ❸ *(public transport)* ■**the ~** die Vierzig, der Vierziger ❹ TENNIS **~ all** vierzig beide ❺ <pl> *see* **forties**

for·ty·ish ['fɔ:tiɪʃ, AM 'fɔ:rt̬-] *adj pred* ■**to be ~** um die vierzig sein

for·ty-'nin·er *n* Goldgräber *m (während des Goldrausches 1849 in Kalifornien)*

for·ty-track 'disk *n* COMPUT Diskette *f* mit 40 Spuren

fo·rum ['fɔ:rəm] *n* ❶ <*pl* -s> *(for discussion)* Forum *nt;* **a ~ for debate** ein Diskussionsforum *nt* ❷ <*pl* fora> HIST *(in ancient Rome)* Forum *nt,* [Markt]platz *m* ❸ LAW Gerichtsstand *m*

for·ward ['fɔ:wəd, AM 'fɔ:rwɚd] **I.** *adv* ❶ *(towards front)* nach vorn[e]; ***the traffic moved ~ slowly*** der Verkehr bewegte sich langsam vorwärts; ***there was a general movement ~*** es gab eine allgemeine Vorwärtsbewegung; **to lean ~** sich *akk* vorlehnen; **to be backwards in coming ~** *(fig)* sich *akk* nur zögerlich melden ❷ *(fig: progress)* weiter; **a leap/step ~** ein Sprung/Schritt nach vorn[e]; **to be [no] further ~** [nicht] weiter sein ❸ *(close to front)* vorn[e]; ■**to be ~ of sth** vor etw *dat* liegen [*o* gelegen sein]; ***all the main cargo holds are ~ of the bridge*** alle Hauptfrachträume liegen vor der Brücke ❹ *(earlier in time)* ***we brought the starting time ~ an hour*** wir verlegten die Startzeit eine Stunde vor; **to put the clock/one's watch ~** die Uhr/seine Armbanduhr vorstellen ❺ *(form: onwards in time)* **from that day/time ~** von jenem Tag/jener Zeit an
II. *adj* ❶ *attr, inv (towards front)* Vorwärts-; **~ movement** Vorwärtsbewegung *f;* **~ gear** AUTO Vorwärtsgang *m;* **a ~ pass** SPORT Vorpass *m* ❷ *(near front)* vordere(r, s) ❸ MIL *(close to enemy)* vordere(r, s) ❹ *attr, inv (of future)* voraus-; **~ look** Vorschau *f;* **~ planning** Vorausplanung *f* ❺ *(for future delivery)* Termin-; **~ buying** Terminkauf *m* ❻ *(also pej: bold)* vorlaut ❼ *(fig: judicious)* **~ step** Schritt *m* nach vorn ❽ HORT *(early)* frühe(r, s); *(nearing maturity)* frühreif

III. *n* SPORT Stürmer(in) *m(f)*; **centre ~** Mittelstürmer(in) *m(f)*
IV. *vt* ① *(pass on)* ■**to ~ sth [to sb]** etw [an jdn] weiterleiten; **"please ~"** „bitte nachsenden"
② *(form: send)* ■**to ~ sb sth** [*or* **sth to sb**] jdm etw senden
③ *(form: help to progress)* ■**to ~ sth** etw vorantreiben; **to ~ sb's interests** jds Interessen vertreten

for·warda·tion [ˌfɔːwəˈdeɪʃən, AM ˌfɔːrwɚ-] *n* ECON, FIN *Situation, in der der Kassapreis niedriger als der Preis für die Terminware ist*

for·ward 'buy·er *n* STOCKEX Terminkäufer(in) *m(f)* **for·ward 'buy·ing** *n no pl* STOCKEX Terminkauf *m* **for·ward 'cof·fee ex·change** *n no pl* STOCKEX Kaffeeterminbörse *f* **for·ward 'com·mod·ity** *n* STOCKEX Terminware *f* **'for·ward con·tract** *n* FIN Terminkontrakt *m*, Terminvertrag *m* **for·ward 'cot·ton ex·change** *n no pl* STOCKEX Baumwollbörse *f* **for·ward 'cov·er** *n* STOCKEX Terminsicherung *f*, Termindeckung *f* **for·ward 'deal, for·ward 'deal·ings** *n* STOCKEX Termingeschäft *nt* **for·ward de·'liv·ery** *n* STOCKEX Terminlieferung *f* **for·ward ex·'change** *n* STOCKEX Devisenterminmarkt *m*, Devisenterminbörse *f*; **~ dealing** Devisenhandel *m*

'for·ward·ing ad·dress *n* Nachsendeadresse *f*

'for·ward·ing agent *n* BRIT Spediteur(in) *m(f)*

'for·ward-look·ing *adj* vorausschauend, zukunftsorientiert **for·ward 'mar·gin** *n* FIN Spanne *f* zwischen Kassapreis und Terminpreis **for·ward 'mar·ket** *n* STOCKEX Terminmarkt *m*, Terminbörse *f*

for·ward·ness [ˈfɔːwədnəs, AM ˈfɔːrwɚd-] *n no pl* *(pej)* Dreistigkeit *f*

for·ward 'op·tion *n* STOCKEX Terminoption *f* **'for·ward price** *n* FIN Terminkurs *m* **for·ward 'pur·chase** *n* STOCKEX Terminkauf *m*, Zeitkauf *m* **for·ward quo·'ta·tion** *n* STOCKEX Terminnotierung *f* **for·ward 'rate** *n* STOCKEX Terminkurs *m*

for·wards [ˈfɔːwədz, AM ˈfɔːrwɚ-] *adv see* **forward**

for·ward 'sale *n* STOCKEX Terminverkauf *m* **for·ward se·'cu·rities** *npl* STOCKEX Terminpapiere *pl* **for·ward se·'cu·rity** *n* FIN Terminpapier *nt* **for·ward 'trad·ing** *n no pl* STOCKEX Börsenterminhandel *m*

for·went [fɔːˈwent, AM fɔːr-] *pt of* **forgo**

Fosbury flop [ˈfɒzbəri-, AM ˈfɑːzbəri-] *n* *(high-jump style)* Fosburyflop *m*

fos·sick [ˈfɒsɪk] *vi* AUS, NZ *(fam)* ■**to ~ about in** [*or* **through**] **sth** in etw *dat* herumsuchen *fam*

fos·sil [ˈfɒsəl, AM ˈfɑː-] I. *n* ① GEOL Fossil *nt*
② *(pej fam: person)* Fossil *nt*; **an old ~** ein altes Fossil
II. *adj attr, inv* versteinert

fos·sil 'fuel *n* fossiler Brennstoff

fos·sili·za·tion [ˌfɒsəlaɪˈzeɪʃən, AM ˌfɑːsəlɪˈ-] *n no pl* Versteinerung *f*, Fossilisation *f geh*

fos·sil·ize [ˈfɒsəlaɪz, AM ˈfɑːsə-] I. *vi* versteinern, fossilisieren *geh*
II. *vt usu passive* ■**to be ~d** versteinert sein/werden

fos·sil·ized [ˈfɒsəlaɪzd, AM ˈfɑːsə-] *adj* ① *inv (turned into rock)* versteinert, fossilisiert *geh*
② *(pej fam: outdated)* verknöchert

fos·ter [ˈfɒstəʳ, AM ˈfɑːstɚ] I. *vt* ① *(as family)* ■**to ~ sb** jdn aufziehen
② *(encourage development)* ■**to ~ sth [in sb]** etw [bei jdm] fördern; ***what is the best way to ~ democracy in former communist countries?*** wie kann man am besten die Demokratie in den ehemaligen kommunistischen Staaten begünstigen?
II. *vi* ein Kind in Pflege nehmen
III. *n modifier (brother, child, family, home, mother, parents)* Pflege-

'fos·ter broth·er *n* Pflegebruder *m* **'fos·ter child** *n* Pflegekind *nt* **'fos·ter fa·ther** *n* Pflegevater *m* **'fos·ter home** *n* Pflegefamilie *f* **'fos·ter moth·er** *n* Pflegemutter *f* **'fos·ter sis·ter** *n* Pflegeschwester *f*

Foucault cur·rent [ˌfuːkəʊˈkʌrənt, AM ˌfuːˈkoʊˌkʌr-] *n* PHYS Wirbelstrom *m*

Foucault pen·du·lum [ˌfuːkəʊˈpendjələm, AM ˌfuːˈkoʊˌpendʒə-] *n* PHYS Foucaultsches Pendel

fought [fɔːt, AM *esp* fɑːt] *pt, pp of* **fight**

foul [faʊl] I. *adj* ① *(dirty)* verpestet; **~ air** stinkende Luft; **~ smell/stench** fauler Geruch/Gestank; **~ taste** schlechter Geschmack; **~ water** schmutziges Wasser
② *(unpleasant)* grauenhaft, schrecklich; **~ mood** [*or* **temper**] fürchterliche Stimmung [*o* Laune]; ■**to be ~ to sb** abscheulich zu jdm sein
③ *(morally objectionable)* schmutzig, unanständig; **by fair means or ~** auf faire oder unfaire Weise
④ *(of words)* **~ word** Schimpfwort *nt*; ***she called him a lot of ~ names*** sie beschimpfte ihn heftig; **to have a ~ mouth** ein loses Maul haben *fam*
⑤ *(old: wicked)* schändlich
⑥ **to fall ~ of sb** mit jdm in Konflikt geraten
II. *n* SPORT Foul *nt* (**on** an +*dat*)
III. *vt* ① *(pollute)* ■**to ~ sth** etw verschmutzen
② *esp* BRIT *(defecate on)* ■**to ~ sth** etw beschmutzen [*o geh* verunreinigen]
③ SPORT ■**to ~ sb** jdn foulen
④ NAUT *(collide with)* ■**to ~ sth** etw rammen
▶ PHRASES: **to ~ one's own nest** das eigene Nest beschmutzen
◆ **foul up** I. *vt* ■**to ~ up** ⇄ **sth** ① *esp* BRIT *(block)* etw blockieren [*o* verklemmen]; *(entangle)* sich *akk* in etw *akk* verwickeln; ***something's got stuck inside and is ~ing up the mechanism*** irgendwas ist innen drin stecken geblieben und blockiert jetzt den Mechanismus; ***the seaweed ~ed up the propeller*** der Seetang verhedderte sich in der Schraube
② *(fam: spoil)* etw verpatzen [*o fam* vermasseln] [*o* ÖSTERR *fam a.* verhauen]
II. *vi* ① *(stop working)* sich *akk* aufhängen *fam*
② *(fam: spoil things)* Mist bauen *pej fam*

fou·lard [ˈfuːlɑː(d), AM fuːˈlɑːrd] *n* Halstuch *nt* aus Foulard [*o* Kunstseide], Foulard *nt* SCHWEIZ

foul 'ball *n (in baseball)* Aus-Schlag *m* **'foul line** *n (in baseball) Linie vom Ziel über das 1. und 3. Mal bis zur Spielfeldgrenze*

foul·ly [ˈfaʊlli] *adv* ① *(badly)* übel, schlimm
② *(indecently)* anstößig, gemein, unfair
③ *(feloniously)* verbrecherisch, ruchlos *geh*

foul-'mouthed *adj* unflätig

foul·ness [ˈfaʊlnəs] *n no pl* ① *(dirtiness)* Schmutzigkeit *f*; **~ of a smell** schlechter Geruch; *(stronger)* Gestank *m*
② *(unpleasantness)* Schlechtigkeit *f*
③ *(coarseness)* Verdorbenheit *f*

foul 'play *n no pl* ① *(criminal activity)* Verbrechen *nt*; **~ is not suspected** ein Verbrechen wird ausgeschlossen ② SPORT Foulspiel *nt*, unfaires Spiel

'foul-up *n* Fehler *m*

found¹ [faʊnd] I. *pt, pp of* **find**
II. *adj object, image* gesammelt, zusammengetragen; **~ objects** Fundstücke *pl*

found² [faʊnd] *vt* ① *(establish)* ■**to ~ sth** etw gründen
② *(base)* ■**to ~ sth on sth** etw auf etw *dat* gründen; ***her lawyer accused the prosecution of ~ing its case on insufficient evidence*** ihre Anwältin beschuldigte die Anklage, den Fall auf ungenügenden Beweisen aufzubauen
③ *usu passive (build)* ■**to be ~ed on sth** auf etw *dat* errichtet sein

found³ [faʊnd] *vt* ■**to ~ sth** etw gießen; *(melt)* etw [ein]schmelzen

foun·da·tion [faʊnˈdeɪʃən] *n* ① *usu pl (of building)* Fundament *nt*; **to lay the ~[s] [of** [*or* **for**] **sth]** das Fundament [zu etw *dat*] legen; **to shake sth to its ~s** etw in seinem Fundament erschüttern
② *usu pl (fig: basis)* Basis *f*; **to lay the ~[s] [of** [*or* **for**] **sth]** den Grundstein [zu etw *dat*] legen; **to shake sth to its ~s** etw in seinen Grundfesten erschüttern
③ *no pl (evidence)* Grundlage *f*; **to have no** [*or* **be without**] **~** der [*o* jeglicher] Grundlage entbehren *geh*
④ *no pl (establishing)* Gründung *f*
⑤ *(organization)* Stiftung *f*
⑥ *no pl (of make-up)* Grundierung *f*

foun·'da·tion course *n* BRIT SCH Grundkurs *m*; UNIV Einführungskurs *m* **foun·'da·tion cream** *n no pl* Grundierung *f* **foun·'da·tion gar·ment** *n* Mieder *nt* **foun·'da·tion stone** *n* Grundstein *m*; **to lay the ~** den Grundstein legen **foun·'da·tion sub·ject** *n* BRIT Pflichtfach *nt*, Pflichtgegenstand *m* ÖSTERR

found·er¹ [ˈfaʊndəʳ, AM -ɚ] *n* ① *(person who founds sth)* Gründer(in) *m(f)*; ECON, FIN **~'s shares** Gründeraktien *pl*
② *(maker of metal objects)* Gießer(in) *m(f)*; **iron ~** Eisengießer(in) *m(f)*

found·er² [ˈfaʊndəʳ, AM -ɚ] *vi* ① *(sink)* sinken
② *(fig: fail)* scheitern; ***they acted too late to prevent the project from ~ing*** man handelte zu spät, um das Projekt noch vor dem Scheitern zu bewahren

found·er 'mem·ber *n* Gründungsmitglied *nt*

found·ing [ˈfaʊndɪŋ] *n no pl* Gründung *f*

found·ing 'fa·ther *n* Begründer *m* **Found·ing 'Fa·thers** *npl* ■**the ~** AM die Gründerväter **found·ing 'mem·ber** *n* Gründungsmitglied *nt* **found·ing 'moth·er** *n* Begründerin *f* **found·ing 'part·ner** *n* COMM Gründungspartner(in) *m(f)*

found·ling [ˈfaʊndlɪŋ] *n (dated)* Findelkind *nt*, Findling *m*

found·ry [ˈfaʊndri] *n* Gießerei *f*

fount [faʊnt] *n* ① *(source)* Quelle *f*; **to be the ~ of all knowledge/wisdom** *(hum)* die Quelle allen Wissens/aller Weisheit sein
② *(old liter)* Brunnen *m*, Born *m poet*

foun·tain [ˈfaʊntɪn, AM -tən] I. *n* ① *(ornamental jet)* Brunnen *m*; **drinking ~** Trinkbrunnen *m*; **the Trevi F~** der Trevibrunnen
② *(fig: spray)* Schwall *m*; **~ of water** Wasserstrahl *m*
③ *(liter: source)* Quelle *f*
II. *vi* spritzen

foun·tain·head [ˈfaʊntɪnhed, AM -tən-] *n (also fig)* Quelle *f*, Ursprung *m*

'foun·tain pen *n* Füllfederhalter *m*, Füllfeder *f bes* ÖSTERR, SÜDD, SCHWEIZ

four [fɔːʳ, AM fɔːr] I. *adj* ① *(number)* vier; ***there were ~ of us*** wir waren zu viert; **open to the ~ winds** Wind und Wetter ausgesetzt; **scattered to the ~ winds** in alle vier Winde zerstreut; *see also* **eight I 1**
② *(age)* vier; *see also* **eight I 2**
③ *(time)* vier; **~ am/pm** vier Uhr morgens [*o* früh]/nachmittags [*o* sechzehn Uhr]; **half past** [*or* BRIT *fam* **half**] **~** halb fünf; **at ~ thirty** um halb fünf, um vier [*o* sechzehn] Uhr dreißig; **at ~ forty-five** um Viertel vor fünf [*o* drei viertel fünf]; *see also* **eight I 3**
▶ PHRASES: **the ~ hundred** AM die oberen zehntausend *(die soziale Elite einer Gemeinschaft oder Bevölkerungsgruppe)*; **the ~ noble truths** *(in Buddhism)* die vier edlen Wahrheiten
II. *n* ① *(number, symbol)* Vier *f*; *(group of four)* Vierergruppe *f*; *see also* **eight II 1**
② SPORT *(in rowing)* Vierer *m*; *(four runs: cricket)* vier Punkte; **to hit a ~** vier Punkte erzielen
③ BRIT *(clothing size)* [Kleidergröße] 32; AM [Kleidergröße] 34; BRIT *(shoe size)* [Schuhgröße] 37; AM [Schuhgröße] 35
④ CARDS Vier *f*, Vierer *m* ÖSTERR, SCHWEIZ; **~ of clubs/hearts** Kreuz-/Herz-Vier *f*
⑤ *(public transport)* **the ~** die Vier, der Vierer ÖSTERR, SCHWEIZ
⑥ *(on hands and knees)* **to be/crawl on all ~s** auf allen vieren sein/kriechen

'four-by-four *n* AM AUTO allrad-/vierradangetriebenes Auto **four-di·'men·sion·al** *adj inv* vierdimensional **'four-door** *adj* viertürig **'four-eyes** *n* + *sing vb (hum pej! sl)* Brillenschlange *f hum pej fam*

'fourfold I. *adj* vierfach
II. *adv* vierfach; **to increase ~** um das Vierfache steigen

four-'foot·ed *adj inv* vierfüßig **four-'hand·ed** *adj inv* ① *(for four people)* für vier Personen *nach n*; ***bridge is a ~ game*** Bridge ist ein Spiel für vier Personen ② *(for two pianists)* vierhändig **four-leaf 'clo·ver, four-leaved 'clo·ver** *n* vierblättriges Kleeblatt **four-'leg·ged** *adj inv* vierbeinig; **a ~ friend** *(euph)* ein vierbeiniger Freund **four-let·ter 'word** *n* ① *(swearword)* Schimpfwort *nt; (dirty word)* unanständiges Wort ② *(hum: taboo word)* Tabuwort *nt*

404 [ˌfɔːrəʊ'fɔːʳ, AM -oʊ'fɔːr] *adj pred (fam)* ratlos; ■**to be ~** keine Ahnung haben

'four-pack *n* Viererpack *m* **'four-ply I.** *n* vierfädige [Strick]wolle **II.** *adj of paper* vierlagig; *of wool* vierfädig

four-'post·er, four-post·er 'bed *n* Himmelbett *nt*

four-'score *adj (liter or old)* achtzig

four-'seat·er *n* Viersitzer *m*

'four·some *n* ① *(of people)* Vierergruppe *f,* Quartett *nt oft iron;* **to make up a ~** eine Vierergruppe bilden

② *(of golf players)* Vierer *m*

'four-speed *adj inv* mit Viergangschaltung *nach n;* **~ gearbox** Vierganggetriebe *nt*

four-'square *adj* ① *(solid) building* klotzig *pej; person, physique* robust

② *(resolute)* standhaft, unerschütterlich; **to be/stand ~ behind sb/sth** fest hinter jdm/etw stehen

'four-star *adj inv* Viersterne- **four-star 'pet·rol** *n no pl* BRIT Super[benzin] *nt* **'four-stroke** *adj* Viertakt-; **~ engine** Viertaktmotor *m*

four·teen [ˌfɔː'tiːn, AM ˌfɔːr'-] **I.** *adj* ① *(number)* vierzehn; ***there are ~ of us*** wir sind zu vierzehnt; **one in ~** jeder Vierzehnte; *see also* **eight I 1**

② *(age)* vierzehn; *see also* **eight I 2**

③ *(time)* **~ hundred hours** *spoken* vierzehn Uhr; **1400 hours** *written* 14:00

II. *n* ① *(number, symbol, quantity)* Vierzehn *f; see also* **eight II 1**

② BRIT *(clothing size)* [Kleidergröße] 42; AM [Kleidergröße] 44

③ *(public transport)* ■**the ~** die Vierzehn, der Vierzehner

four·teenth [ˌfɔː'tiːnθ, AM ˌfɔːr'-] **I.** *adj* vierzehnte(r, s)

II. *n* ① *(fraction)* Vierzehntel *nt*

② *(day of month)* ■**the ~** der Vierzehnte

fourth [fɔːθ, AM fɔːrθ] **I.** *adj* ① *(in sequence)* vierte(r, s); ***you're the ~ person to put your name down*** du bist der Vierte, der sich einträgt; **~ form** BRIT neunte Klasse, die Neunte; **~ grade** AM vierte Klasse, die Vierte; *see also* **eighth I 1**

② *(in a race)* **to be/come [***or* **finish] ~ [in a race]** [bei einem Rennen] Vierter sein/werden; *see also* **eighth I 2**

▸PHRASES: **the ~ estate** die Presse

II. *n* ① *(order)* ■**the ~** der/die/das Vierte; *see also* **eighth II 1**

② *(date)* ■**the ~** *spoken* der Vierte; ■**the 4th** *written* der 4.; **the F~ of July** der vierte Juli *(Nationalfeiertag in den USA); see also* **eighth II 2**

③ *(in titles)* **Edward the F~** *spoken* Edward der Vierte; **Edward IV** *written* Edward IV.

④ AM *(fraction)* Viertel *nt*

⑤ *(gear position)* vierter Gang; ***now put it into ~*** schalten Sie jetzt in den vierten Gang [*o fam* Vierten]

⑥ *(in ballet)* vierte [Tanz]position

⑦ *(in baseball)* vierte Base, Homebase *f*

⑧ MUS *(interval)* Quart[e] *f; (chord)* Quartenakkord *m*

III. *adv* viertens

fourth di·'men·sion *n no pl* ■**the ~** die vierte Dimension **Fourth Es·'tate** *n no pl* ■**the ~** die Presse **fourth gen·e'ra·tion** *n* COMPUT **~ computer** Computer *m* der vierten Generation; **~ language** Programmiersprache *f* der vierten Generation

fourth·ly ['fɔːθli, AM 'fɔːr-] *adv* viertens

fourth 'mar·ket *n* AM ECON, FIN vierter Markt

four-way 'stop *n* AM *mit Stopptafeln geregelte Kreuzung* **four-wheel 'drive, 4WD I.** *n* Allrad-/Vierradantrieb *m*

II. *adj inv* mit Allrad-/Vierradantrieb *nach n*

fowl <*pl* - *or* -s> [faʊl] *n* Geflügel *nt kein pl*

fowl pest ['faʊlpest] *n no pl* Hühnerpest *f*

fox [fɒks, AM fɑːks] **I.** *n* ① *(animal)* Fuchs *m;* **a red/silver ~** ein Rot-/Silberfuchs *m*

② *no pl (fur)* Fuchspelz *m*

③ *(fam: cunning person)* **an old ~** ein gerissener Kerl [*o* alter Fuchs] *fam*

④ AM *(fam: sexy woman)* scharfe Braut *pej sl*

▸PHRASES: **as cunning as a ~** schlau wie ein Fuchs

II. *vt* ① *(mystify)* ■**to ~ sb** jdn verblüffen

② *(trick)* ■**to ~ sb [into doing sth]** jdn täuschen[, damit er/sie etw macht]

③ *usu passive (discolour)* ■**to be ~ed** fleckig sein/werden

FOX [fɒks, AM fɑːks] *n* ECON, FIN *acr for* **Futures & Options Exchange** *Londoner Warenbörse*

'fox cub *n* Fuchswelpe *m*

'fox·glove *n* BOT Fingerhut *m*

'fox·hole *n* MIL Schützenloch *nt* **'fox·hound** *n* Foxhound *m* **'fox·hunt** *n* Fuchsjagd *f* **'fox·hunt·ing** *n no pl* Fuchsjagd *f;* **to go ~** auf die Fuchsjagd gehen **'fox·tail** *n* HORT Fuchsschwanz *m* **fox 'ter·ri·er** *n* Foxterrier *m*

'fox·trot I. *n* Foxtrott *m*

II. *vi* <-tt-> Foxtrott tanzen

foxy ['fɒksi, AM 'fɑːksi] *adj* ① *(like fox)* fuchsig

② *(crafty)* gerissen *fam*

③ AM *(fam: sexy)* sexy *fam*

④ *(of paper)* fleckig

foy·er ['fɔɪeɪ, AM 'fɔɪɚ] *n* ① *(of public building)* Foyer *nt*

② AM *(of house)* Vorraum *m,* Diele *f,* ÖSTERR *a.* Vorzimmer *nt,* [Haus]gang *m* SCHWEIZ

Fr[1] *n* REL *abbrev of* **Father** P.

Fr[2] *n* FIN *abbrev of* **franc** fr

fra·cas <*pl* - *or* AM -es> ['frækɑː, *pl* -kɑz, AM 'freɪkəs, *pl* -ɪz] *n* ① *(fight)* Tumult *m*

② *(dispute)* hitzige Debatte

frac·tal ['fræktᵊl] **I.** *n* MATH Kurve *f*

II. *adj* Kurven-; **~ geometry** Kurvengeometrie *f*

frac·tion ['frækʃᵊn] *n* ① *(number)* Bruchzahl *f,* Bruch *m*

② *usu sing (proportion)* Bruchteil *m;* **a ~ of an inch** eine Spur; **a ~ of a second** ein Bruchteil *m* einer Sekunde; **by a ~** um Haaresbreite

③ *(a bit)* ***I suggest we shorten the sleeves a ~*** ich schlage vor, wir kürzen die Ärmel ein bisschen

④ CHEM Fraktion *f*

frac·tion·al ['frækʃᵊnᵊl] *adj inv* minimal; **~ arithmetic** *no pl* Bruchrechnung *f;* **~ part** Bruchteil *m*

frac·tion·al cer·'tifi·cate *n* ECON, FIN **~ certificate** Bruchteilsaktie *f* **frac·tion·al dis·til·'la·tion** *n no pl* CHEM fraktionierte Destillation

frac·tion·al·ly ['frækʃᵊnᵊli] *adv inv* minimal; ***the patient's chances are ~ better*** die Chancen der Patientin sind [nur] geringfügig besser

frac·tion·al 'own·er·ship *n no pl of a private aircraft* Eigentumsanteil *m (an einem Firmenjet)*

frac·tion·ate ['frækʃᵊneɪt] *vt* CHEM ■**to ~ sth** etw fraktionieren [*o* rektifizieren]

'frac·tion bar *n* MATH Bruchstrich *m*

frac·tious ['frækʃəs] *adj* reizbar, grantig SÜDD, ÖSTERR *fam;* **~ child** quengeliges Kind *fam*

frac·tious·ness ['frækʃəsnəs] *n no pl* Reizbarkeit *f,* Grant *m* SÜDD, ÖSTERR *fam*

frac·ture ['fræk(t)ʃəʳ, AM -ɚ] **I.** *vt* ① MED ■**to ~ sth** sich *dat* etw brechen; **to ~ one's leg** sich *dat* das Bein brechen

② *(hard material)* ■**to ~ sth** etw brechen

③ *(fig: destroy)* **to ~ sth** etw auflösen; **to ~ an accord** ein Abkommen brechen

II. *vi* brechen

III. *n* ① MED Bruch *m,* Fraktur *f fachspr;* **hairline ~** Haarriss *m;* **a ~ of the skull** ein Schädelbruch *m*

② *(crack)* Riss *m*

frac·tured ['fræk(t)ʃəd, AM -tʃɚd] *adj* ① *inv* MED gebrochen; **~ skull** Schädelbruch *m*

② *(incorrect)* gebrochen; *(jerky)* holprig; **to speak ~ English** gebrochen Englisch sprechen

frag·ile ['frædʒaɪl, AM -ᵊl] *adj* ① *(breakable)* zerbrechlich; *(on packages)* **"~"** „zerbrechlich"

② *(unstable)* brüchig; *agreement, peace, relationship* unsicher; ***happiness is a ~ thing*** das Glück ist eine unsichere Angelegenheit

③ *(in health)* schwach; **to feel ~** sich *akk* schwach fühlen; *(fam: after overindulgence)* sich *akk* schlecht fühlen

fra·gil·ity [frə'dʒɪləti, AM -əṭi] *n no pl* ① *(breakableness)* Zerbrechlichkeit *f*

② *(weakness)* Brüchigkeit *f; (of agreement)* Unsicherheit *f*

③ *(delicacy)* Zartheit *f,* Fragilität *f geh*

frag·ment I. *n* ['frægmənt] ① *(broken piece)* Splitter *m;* **to burst [***or* **fly] [***or* **shatter] into ~s** zerspringen, zersplittern; **to shatter [***or* **smash] sth [in|to ~s** etw in Stücke schlagen

② *(incomplete piece)* Brocken *m*

③ LIT, MUS *(uncompleted work)* Fragment *nt*

II. *vi* [fræg'mənt, AM 'frægmənt] ① *(break into pieces)* [zer]brechen; *(burst)* zerbersten

② *(fig: break up) relationship* zerbrechen; ***the party ~ed while in opposition*** die Partei zersplitterte, während sie in der Opposition war

III. *vt* [fræg'mənt, AM 'frægmənt] ■**to ~ sth** ① *(break into pieces)* etw in Stücke brechen

② *(fig: break up)* etw aufsplittern; ***various trends in modern society have combined to ~ the traditional family unit*** verschiedene Tendenzen der modernen Gesellschaft haben zur Auflösung der traditionellen Familieneinheit geführt

frag·men·tary ['frægməntᵊri, AM -teri] *adj* bruchstückhaft, fragmentarisch; ***I have only a ~ knowledge of Swedish*** ich habe nur sehr rudimentäre Schwedischkenntnisse

frag·men·ta·tion [ˌfrægmən'teɪʃᵊn] *n no pl (fig) of group* Zersplitterung *f;* COMPUT Fragmentierung *f*

frag·men·'ta·tion bomb *n* MIL Splitterbombe *f*

frag·ment·ed [fræg'məntɪd, AM 'fræg-] *adj* zersplittert

fra·grance ['freɪgrən(t)s] *n* ① *(smell)* Duft *m*

② *(perfume)* Parfüm *nt; (aftershave)* Rasierwasser *nt*

fra·granced ['freɪgrən(t)st] *adj* parfümiert

'fra·grance-free *adj inv* parfümfrei

fra·grant ['freɪgrənt] *adj* duftend

'fraid [freɪd] *(fam)* = **I'm afraid** *see* **afraid**

frail [freɪl] *adj* ① *(of old person)* gebrechlich; *(of voice)* schwach

② *(of construction)* schwach

③ *(fig: not strongly based) of system* zerbrechlich; ***the evidence against him is too ~ for a successful prosecution*** die Beweislage gegen ihn ist zu dürftig für eine erfolgreiche Anklage; **~ hope** schwache Hoffnung

④ *(liter: morally weak)* schwach

frail·ty ['freɪlti, AM -ṭi] *n* ① *no pl (of old person)* Gebrechlichkeit *f*

② *no pl of object, structure* Zerbrechlichkeit *f*

③ *no pl (moral weakness)* Schwachheit *f*

④ *(moral flaw)* Schwäche *f*

frame [freɪm] **I.** *n* ① *(of picture)* Bilderrahmen *m;* ■**to be in the ~** *(fig: be centre of attention)* im Mittelpunkt stehen; *(be under suspicion)* unter Verdacht stehen

② *(of door, window)* Rahmen *m*

③ *(of spectacles)* ■**~s** *pl* Brillengestell *nt*

④ *(fig also: support)* Rahmen *m a. fig;* **a ~ of metal poles** ein Metallgestänge *nt;* **climbing ~** Klettergerüst *nt;* **walking [***or* **zimmer] ~** BRIT Laufgestell *nt,* Gehhilfe *f*

⑤ *(body)* Körper *m,* Gestalt *f;* **sb's burly/large/slender ~** jds stämmiger/großer/schlanker Körper

⑥ *(of film strip)* Bild *nt*

⑦ *(for plants)* Frühbeet *nt;* **cold ~** Frühbeetkasten *m*

⑧ *(for snooker balls)* [dreieckiger] Rahmen

⑨ *(of snooker match)* Spiel *nt*

⑩ *(liter or dated: nature of person)* Verfassung *f,* Zustand *m*

II. *vt* ① *(put in surround)* ■**to ~ sth** etw einrahmen

② *(act as surround)* ■**to ~ sth** etw umrahmen

③ *(put into words)* ■**to ~ sth** etw formulieren

④ *(fam: falsely incriminate)* ■**to ~ sb** jdm etwas anhängen

framed [freɪmd] *adj inv* ① *(in surround)* gerahmt

② *(fam: falsely incriminated)* verleumdet

'frame house *n esp* AM Holzhaus *nt,* SCHWEIZ *a.* Riegelhaus *nt* **frame of 'mind** <*pl* frames of mind>

n Stimmung *f*, Verfassung *f*; ***I'm not in the right ~ at the moment*** ich bin im Moment nicht in der richtigen Stimmung **frame of 'ref·er·ence** <*pl* frames of reference> *n* Bezugsrahmen *m*, Bezugssystem *nt*

fram·er ['freɪmə^r^, AM -ɚ] *n* ① *(of pictures)* Rahmer(in) *m(f)*
② *(writer)* Verfasser(in) *m(f)*

'frame saw *n* Spannsäge *f* **'frame-up** *n (fam)* abgekartetes Spiel

'frame·work *n* ① *(support)* Gerüst *nt*, Gestell *nt*
② *(fig: principle)* Rahmen *m*

'frame·work agree·ment *n* LAW Rahmenvertrag *m*; *(insurance)* Mantelvertrag *m*

franc [fræŋk] *n* Franc *m*; **Swiss ~** Schweizer Franken *m*

France [frɑːn(t)s, AM fræn(t)s] *n no pl* ① *(country)* Frankreich *nt*
② + *sing/pl vb (French team)* Frankreich; **~ *were leading 1-0 at half time*** Frankreich führte zur Halbzeit 1-0

fran·chise ['fræn(t)ʃaɪz] **I.** *n* ① ECON Franchise *nt* (**for** für +*akk*)
② POL *(right)* **universal ~** allgemeines Wahlrecht
II. *vt* ■**to ~ sth** etw auf Franchisebasis vergeben

fran·chisee [ˌfræn(t)ʃaɪ'ziː], **'fran·chise hold·er** *n* Franchisenehmer(in) *m(f)*

fran·chis·er ['fræn(t)ʃaɪzə^r^, AM -ɚ] *n* Franchisegeber(in) *m(f)*

fran·chis·ing ['fræn(t)ʃaɪzɪŋ] *n no pl* Franchising *nt*

Fran·cis·can [fræn'sɪskən] REL **I.** *n* Franziskaner(in) *m(f)*
II. *adj inv* Franziskaner-; **~ friar** Franziskanermönch *m*

Fran·co- ['fræŋkəʊ, AM -koʊ] *in compounds* französisch-; **~German** deutsch-französisch

Fran·co·nian [fræŋ'kəʊniən, AM -'koʊ-] **I.** *n* Franke, Fränkin *m, f*
II. *adj* fränkisch

fran·co·phile ['fræŋkə(ʊ)faɪl, AM -koʊ-] **I.** *adj* frankophil *geh*
II. *n* Frankophile(r) *f(m) geh*

fran·co·phobe ['fræŋkə(ʊ)fəʊb, AM -koʊfoʊb] **I.** *adj* franzosenfeindlich, frankophob *geh*
II. *n* Frankophobe(r) *f(m) geh*

fran·co·phone ['fræŋkəʊfəʊn, AM -koʊfoʊn] **I.** *adj* französischsprachig, frankophon *geh*
II. *n esp* CAN *Person, deren Muttersprache Französisch ist*

fran·gi·pani <*pl* -s> [ˌfrændʒɪ'pɑːni] *n* ① *(plant)* Frangipanibaum *m*
② *no pl (perfume from this plant)* Frangipaniduftstoff *m*

frang·lais ['frɑ̃ːŋgleɪ, AM frɑ̃ːn'gleɪ] *n no pl* LING Franglais *nt*

frank[1] [fræŋk] *adj* ① *(open)* aufrichtig; ■**to be ~ [with sb] [about sth]** ehrlich [zu jdm] [über etw *akk*] sein; **to be ~ [with you]** ehrlich gesagt
② MED *(obvious)* eindeutig

frank[2] [fræŋk] *vt* ■**to ~ sth** ① *(cancel stamp)* etw freistempeln
② *(mark for postage)* etw frankieren

frank[3] [fræŋk] *n* AM *(fam) short for* **frankfurter** Frankfurter *f*

Frank·en·food ['fræŋk^ə^nfuːd] *n* gentechnisch manipulierte Nahrungsmittel *pl*

Frankenstein, Frankenstein's 'mon·ster ['fræŋk^ə^nstaɪn-] *n* Frankenstein *m*

Frank·furt ['fræŋkfɜːt, AM -fɜːrt] *n* ECON, FIN **~ Interbank Offered Rate** Interbankenangebotssatz *m* am Finanzplatz Frankfurt

frank·furt·er ['fræŋkfɜːtə^r^, AM -fɜːrt̬ɚ] *n* Frankfurter *f*, Wienerli *nt* SCHWEIZ

frank·in·cense ['fræŋkɪnsen(t)s] *n no pl* Weihrauch *m*

frank·ing ['fræŋkɪŋ] *n* ① *no pl (act of applying) to letter, parcel* Frankieren *nt*; **~ machine** Frankiermaschine *f*
② *(official mark)* Frankierung *f*

Frank·ish ['fræŋkɪʃ] *adj inv* fränkisch, Franken-

Frank·lin ['fræŋklɪn] *n* AM *(sl)* 100-Dollarschein *m*

frank·ly ['fræŋkli] *adv* ① *(candidly)* offen
② *inv* **~ [speaking]** *(be frank)* ehrlich [*o* offen] gesagt
③ *inv (in fact)* tatsächlich

frank·ness ['fræŋknəs] *n no pl* Offenheit *f*

fran·tic ['fræntɪk, AM -t̬-] *adj* ① *(distracted)* verzweifelt; **to be ~ with rage/worry** verrückt vor Zorn/Sorge sein *fam*; **to drive sb ~** jdn verrückt machen *fam*
② *(hurried)* hektisch; ***rescuers were engaged in a ~, all-night effort to reach the survivors*** die Retter waren die ganz Nacht verzweifelt damit beschäftigt, zu den Überlebenden vorzudringen

fran·ti·cal·ly ['fræntɪk^ə^li, AM -t̬-] *adv* ① *(wildly)* wie wild *fam*
② *(desperately)* verzweifelt; **to be ~ busy** im Stress sein; **to work ~** hektisch arbeiten

frap·pé ['fræpeɪ, AM fræ'peɪ] *n (iced drink)* Frappee, SCHWEIZ Frappé *nt*

frap·puc·ci·no® [ˌfræpʊ'tʃiːnəʊ, AM ˌfræpə'tʃiːnoʊ] *n ein kaltes Getränk aus Kaffee und/oder Espresso, zerstoßenem Eis, Sirup und meist auch geschlagener Sahne*

frat [fræt] *n* AM *(fam) short for* **fraternity** Verbindung *f*

frat-boy ['frætbɔɪ] *n* AM UNIV *(pej fam) Mitglied einer männlichen Studentenverbindung an amerikanischen oder kanadischen Universitäten, der viel trinkt und ständig hinter Frauen her ist*

fra·ter·nal [frə'tɜːn^ə^l, AM -'tɜːr-] *adj* ① *(brotherly)* brüderlich
② *(fig: friendly)* freundschaftlich

fra·ter·nal·ly [frə'tɜːn^ə^li, AM -'tɜːr-] *adv* brüderlich

fra·ter·nity [frə'tɜːnəti, AM -'tɜːrnət̬i] *n* ① *no pl (feeling)* Brüderlichkeit *f*; ***liberty, equality, ~*** Freiheit, Gleichheit, Brüderlichkeit
② + *sing/pl vb (group of people)* Vereinigung *f*, Zunft *f hum fam*; **the criminal/legal/medical ~** die Kriminellen *pl*/Juristen *pl*/Ärzteschaft *f*
③ + *sing/pl vb* AM UNIV *(of male students)* Burschenschaft *f*

frat·er·ni·za·tion [ˌfræt^ə^naɪ'zeɪʃ^ə^n, AM -ɚnɪ'-] *n no pl (pej)* Verbrüderung *f*

frat·er·nize ['frætənaɪz, AM -t̬ɚ-] *vi* ■**to ~ with sb** sich *akk* mit jdm verbrüdern; ***he accused the England team of fraternizing too much with the opposition*** er beschuldigte die englische Mannschaft, zu freundschaftlich mit dem Gegner zu sein; **to ~ with the enemy** sich *akk* mit dem Feind verbünden

frat·ri·cid·al ['frætrɪsaɪd^ə^l, AM -trə-] *adj inv* sich *akk* gegenseitig vernichtend; ***the civil war is just the latest outbreak of ~ strife in that area*** der Bürgerkrieg ist nur der jüngste Ausbruch der inneren Zerrissenheit in diesem Gebiet; ***in-party debate was reduced to ~ sniping*** die innerparteiliche Debatte reduzierte sich zum Schluss auf Angriffe untereinander

frat·ri·cide ['frætrɪsaɪd, AM -trə-] *n* ① *no pl (crime)* Geschwistermord *m*; *(by brothers)* Brudermord *m*; *(by sisters)* Schwestermord *m*
② *(criminal)* Geschwistermörder(in) *m(f)*; *(killing one's brother)* Brudermörder(in) *m(f)*; *(killing one's sister)* Schwestermörder(in) *m(f)*
③ MIL *unabsichtliches Vernichten einer eigenen Einheit*

fraud [frɔːd, AM frɑːd] *n* ① *no pl (deceit)* Betrug *m*
② LAW [arglistige] Täuschung; ■**~s** *pl* Betrügereien *pl*
③ *(thing intended to deceive)* Schwindel *m pej fam*
④ *(deceiver)* Betrüger(in) *m(f)*

'Fraud Squad *n* + *sing/pl vb* BRIT Betrugsdezernat *nt*

fraud·ster ['frɔːdstə^r^, AM 'frɑːdstɚ] *n (fam)* Betrüger(in) *m(f)*

fraudu·lence ['frɔːdjələn(t)s, AM 'frɑːdʒə-] *n no pl* ① *(deception)* Betrügerei *f*
② *(form: false nature)* Falschheit *f*

fraudu·lent ['frɔːdjələnt, AM 'frɑːdʒə-] *adj* ① *(involving fraud)* betrügerisch; **~ conveyance** Vermögensveräußerung *f (zur Vollstreckungsvereitelung)*; **~ preference** Gläubigerbegünstigung *f*; **~ trading** betrügerisches Geschäftsgebaren
② *(false)* falsch; ***the fall in unemployment is based on a ~ manipulation of statistics*** der Rückgang der Arbeitslosenzahlen basiert auf einer arglistigen Manipulation der Statistik

fraudu·lent·ly ['frɔːdjələntli, AM 'frɑːdʒə-] *adv* ① *(by fraud)* auf betrügerische [*o* in betrügerischer] Weise
② *(intentionally deceptive)* falsch; ***he had obtained entrance to the premises ~*** er hatte sich den Zugang zum Gebäude erschlichen

fraught [frɔːt, AM frɑːt] *adj* ① *pred (full)* **to be ~ with difficulties/problems** voller Schwierigkeiten/Probleme stecken; **~ with risk** risikobehaftet
② *(tense)* [an]gespannt; *atmosphere, situation* stressig *fam*; *person* gestresst *fam*

fray [freɪ] **I.** *vi* ① *(come apart)* ausfransen; **to ~ at the edges** sich *akk* abnutzen [*o bes* SÜDD, ÖSTERR, SCHWEIZ abnützen] *a. fig*
② *(become strained)* anspannen; ***tempers ~ed in the long traffic jam*** die Stimmung wurde in dem langen Verkehrsstau gereizt
II. *n* ■**the ~** die Auseinandersetzung; **to be ready for the ~** *(fig)* kampfbereit sein; **to enter [*or* join] the ~** sich *akk* einmischen

frayed [freɪd] *adj* ① *edges* ausgefranst
② *nerves* angespannt; *temper* gereizt

fraz·zle ['fræzl̩] *n no pl (fam)* ① *(worn-out condition)* [völlige] Erschöpfung; **a ~ of tangled nerves** ein Nervenbündel *nt fam*; **to wear oneself/sb to a ~** sich/jdn fix und fertigmachen *fam*
② *(burned thing)* **to burn sth to a ~** etw völlig verkohlen

fraz·zled ['fræzl̩d] *adj (fam)* ① *(exhausted)* erschöpft, ausgebrannt
② *(burned)* verkohlt; ***her back was totally ~ after she fell asleep in the sun*** ihr Rücken war völlig verbrannt, nachdem sie in der Sonne eingeschlafen war

freak [friːk] **I.** *n* ① *(abnormal thing)* etwas Außergewöhnliches; **a ~ of nature** eine Laune der Natur
② *(abnormal person)* Missgeburt *f*, Monstrosität *f fachspr*; *(fig hum)* Monster *nt hum*
③ *(fanatic)* Fanatiker(in) *m(f)*, Irre(r) *f(m) fam*; **cleanliness ~** Sauberkeitsfreak *m sl*, Sauberkeitsfanatiker(in) *m(f)*
II. *n modifier (result, storm)* Ausnahme-; **~ accident** außergewöhnliches Missgeschick
III. *vi (fam)* ausflippen *fam*, SCHWEIZ *a.* ausrasten *fam*
IV. *vt (fam: scare, alarm)* ■**to ~ sb** jdn durchdrehen [*o* ausflippen] lassen *fam*; ***it really ~s me to think that ...*** ich könnte ausflippen bei dem Gedanken, dass ... *fam*
◆**freak out** *(fam)* **I.** *vi* ausflippen *fam*, SCHWEIZ *a.* ausrasten *fam*
II. *vt* ■**to ~ out** ⊂ **sb** jdn ausflippen lassen *fam*

freaked [friːkt] *adj (fam)* total erschrocken *fam*

freak·ing ['friːkɪŋ] *adj attr* AM *(euph fam)* Mist- *fam*

freak·ish ['friːkɪʃ] *adj* sonderbar; **~ weather conditions** verrücktes Wetter *fam*

freak·ish·ly ['friːkɪʃli] *adv* außergewöhnlich

freak·ish·ness ['friːkɪʃnəs] *n no pl* Absonderlichkeit *f*

'freak show *n* Monstrositätenschau *f*, Monstrositätenkabinett *nt*

freaky ['friːki] *adj (fam)* irre *fam*

freck·le ['frekl̩] *n usu pl* Sommersprosse *f*

freck·led ['frekl̩d] *adj* sommersprossig

'freck·le-faced *adj* sommersprossig

freck·ly ['frekl̩i] *adj* sommersprossig

Fred·die Mac [ˌfrediː'mæk] *n* AM ECON, FIN *(fam) abbrev of* **Federal Home Loan Mortgage Corporation** *größtes Realkreditinstitut in den USA*

free [friː] **I.** *adj* ① *(not physically impeded)* frei; **to break ~ [of [*or* from] sth]** *(also fig)* sich *akk* [aus etw *dat*] befreien; **to break [*or* cut] ~ [of [*or* from] sb]** *(also fig)* sich *akk* [von jdm] losreißen *a. fig*; **to roam/run ~** frei herumlaufen; **to set sb/an animal ~** *(also fig)* jdn/ein Tier freilassen
② *(not confined)* frei; ***she left the court a ~ woman*** sie verließ das Gericht als freie Frau; **to go**

[*or* **walk**] ~ straffrei ausgehen
③ *(not under compulsion)* frei; ***you are ~ to come and go as you please*** Sie können kommen und gehen, wann Sie wollen; ***you're ~ to refuse*** es steht Ihnen frei abzulehnen; ***am I ~ to leave now?*** kann ich jetzt gehen?; ***did you do this of your own ~ will?*** haben Sie das aus freiem Willen getan?; ~ **choice** freie Wahl; **to feel ~** sich *dat* keinen Zwang antun; ***can I get myself a drink? — feel ~*** kann ich mir etwas zu trinken nehmen? – bedienen Sie sich nur; ***feel ~ to interrupt me*** unterbrechen Sie mich ruhig
④ *(without obstruction)* frei; ~ **movement of capital** freier Kapitalverkehr; ~ **movement of labour** Freizügigkeit *f* für Arbeitnehmer und Selbstständige; ~ **play** MECH Spielraum *m;* **to allow** [*or* **give**] **one's emotions ~ play** [*or* ~ **play to one's emotions**] seinen Gefühlen freien Lauf lassen
⑤ *(disposable)* frei; ~ **capital** freies Kapital; ~ **reserves** freie Rücklagen
⑥ POL *elections, press* frei; ***it's a ~ country!*** das ist ein freies Land!; ~ **speech** Redefreiheit *f*
⑦ *pred (rid of)* frei (**of/from** von +*dat*); **to be ~ of** [*or* **from**] **a disease** eine Krankheit nicht haben; ***my doctor told me I would never be completely ~ of the disease*** mein Arzt sagte mir, dass ich die Krankheit niemals ganz loswerden würde *fam;* ~ **of charge** kostenlos; **to be ~ of** [*or* **from**] **customs/tax** zoll-/steuerfrei sein; ~ **of** [*or* **from**] **dirt** schmutzfrei; ~ **of pain** schmerzfrei; ■**to be ~ of sb** jdn los sein *fam*
⑧ *inv (not attached or entangled)* lose; ***I want the bookcase to stand ~ of the wall*** ich will, dass der Bücherschrank nicht an der Wand steht; **to get/pull sth ~** etw freibekommen/losreißen; **to work** [**itself/sth**] **~** [sich/etw *akk*] lösen
⑨ *pred (not busy) person* **to leave sb ~ to do sth** es jdm ermöglichen, etw zu tun; ■**to be ~** [**to do sth**] Zeit haben[, etw zu tun]
⑩ *inv (without appointments) time* frei; ***I've got a ~ evening next Monday*** ich habe nächsten Montag einen freien Abend; ~ **time** Freizeit *f*
⑪ *inv (not occupied) object* frei; *seat* unbesetzt; ***excuse me, is this seat ~?*** Entschuldigung, ist dieser Platz frei?; ***if you take these bags that will give me a free hand to open the door*** wenn Sie diese Tüten nehmen, habe ich die Hand frei, um die Türe zu öffnen; **to leave sth ~** etw freilassen
⑫ *inv (costing nothing)* gratis, unentgeltlich; ***admission is ~*** der Eintritt ist frei; ***entrance is ~ for pensioners*** Rentner haben freien Eintritt; ~ **copy** Freiexemplar *nt;* ~ **issue** STOCKEX Emission *f* von Gratisaktien; ~ **ticket** Freikarte *f*
⑬ *(generous)* freigiebig; ■**to be ~ with sth** mit etw *dat* großzügig sein; **to make ~ with sth** mit etw *dat* großzügig umgehen; ***don't her parents mind her making ~ with their house while they're on holiday?*** haben ihre Eltern nichts dagegen, dass sie so frei über ihr Haus verfügt, während sie im Urlaub sind?
⑭ *(inexact)* frei, nicht wörtlich; ~ **translation** freie Übersetzung
⑮ *(frank)* offen; *(casual) manners* ungezwungen; *(pej)* unverschämt
⑯ *(public) library* öffentlich
⑰ LIT, MUS, SPORT *(not restricted by convention)* frei; ~ **section** Kür *f*
⑱ CHEM *oxygen, radical* frei, nicht gebunden
▸PHRASES: **to be as ~ as the** **air** [*or* **a** **bird**] frei wie ein Vogel sein; **the** **best** **things in life are ~** *(saying)* das Beste im Leben ist umsonst; ~ **and** **easy** entspannt, locker; **there's no such** **thing** **as a ~ lunch** nichts ist umsonst
II. *adv inv* frei, gratis; ~ ***of charge*** kostenlos; ***~, gratis, and for nothing*** *(hum)* gratis und umsonst; ***for ~*** *(fam)* gratis, umsonst
III. *vt* ① *(release)* ■**to ~ sb/an animal** jdn/ein Tier freilassen; ■**to ~ sb/an animal** [**from sth**] jdn/ein Tier [von [*o* aus] etw *dat*] befreien; ■**to ~ sth** [**from sth**] *part of the body* etw [von etw *dat*] frei machen; ***he tried to ~ his hands from the rope*** er versuchte, seine Hände aus dem Seil zu befreien
② *(relieve)* ■**to ~ sb/sth/oneself from** [*or* **of**] **sth** jdn/etw/sich von etw *dat* befreien [*o* frei machen]; **to ~ sb from a contract** jdn aus einem Vertrag entlassen
③ *(make available)* ■**to ~ sth** etw frei machen; ***I need to ~ the afternoon to write this report*** ich muss mir den Nachmittag frei machen, um diesen Bericht zu schreiben; **to ~ funds** Gelder flüssigmachen; **to ~ a space** Platz schaffen; ■**to ~ sb to do sth** jdm Freiraum geben, etw zu tun
④ *(loosen)* ■**to ~ sth** *rusty bolt, cog, tap* etw lösen; ***we managed to ~ the propeller from the rope*** wir konnten den Propeller vom Seil losmachen
◆**free up** *vt* ■**to ~ up** ○ **sth** *time* etw freimachen; *money, resources* etw verfügbar machen

-free [fri:] *in compounds* ① *(without)* -frei; **hassle~** problemlos; **lead~** bleifrei; **meat~** fleischlos
② *(with no extra charge)* -frei; **interest~** zinsfrei; **post~** portofrei; **rent~** mietfrei

free 'agent *n (fig)* eigener Herr; **to be a ~** sein eigener Herr sein **free along·side 'ship** *adj inv* COMM frei längsseits Schiff **free-and-'easy** *adj inv* zwanglos, ungeniert *geh* **free as·so·ci'a·tion** *n no pl* PSYCH freie Assoziation

'free·base *vi (sl)* Koks rauchen *sl*

'free·bas·ing *n no pl (sl)* Rauchen *nt* von Koks *sl*

free·bie ['fri:bi] *(fam)* **I.** *n* Werbegeschenk *nt*
II. *adj attr, inv* Gratis-

'free·board *n* NAUT Freibord *nt*

'free·booter *n* Freibeuter(in) *m(f)*

'free·born *adj inv* freigeboren

'Free Church *n* BRIT Freikirche *f* **free col·lec·tive 'bar·gain·ing** *n no pl* Tarifautonomie *f* **'free·cy·cle** *vt* ■**to ~ sth** freecyceln *(etw durch einen unentgeltlichen Onlineservice tauschen)* **'free·cy·cling** *n* Freecycling *nt (Tausch durch einen unentgeltlichen Onlineservice)* **'free div·er** *n* Freitaucher(in) *m(f)* **'free-diving** *n* Freitauchen *nt (ohne Sauerstoffflasche)*

freed·man ['fri:dmæn] *n* HIST Freigelassene(r) *f(m)*

free·dom ['fri:dəm] *n* ① *no pl (at liberty)* Freiheit *f*
② *no pl (unrestricted)* Freiheit *f,* Unabhängigkeit *f;* ***if parents do not allow their children any ~, they will never learn to be independent*** wenn Eltern Kindern keine Freiheiten lassen, werden diese nie selbstständig werden; ~ **of action/movement** Handlungs-/Bewegungsfreiheit *f;* ~ **of assembly** [*or* **meeting**] Versammlungsfreiheit *f;* ~ **of association** Vereinsfreiheit *f,* Koalitionsfreiheit *f;* ~ **of choice** Wahlfreiheit *f;* ~ **of information** freier Informationszugang; ~ **of the press** Pressefreiheit *f;* ~ **of speech/thought** Rede-/Gedankenfreiheit *f;* **testamentary ~** Testierfreiheit *f;* ■[**to have**] **the ~ to do sth** die Freiheit [haben], etw zu tun; *(opportunity)* die Möglichkeit [haben], etw zu tun; ~ **to conduct business** Geschäftsfreiheit *f;* ~ **to provide services** Dienstleistungsfreiheit *f*
③ *no pl (unaffected)* ~ **from persecution** Schutz *m* vor [politischer] Verfolgung *dat*
④ *(right)* Grundrecht *nt*
⑤ *(room for movement)* Bewegungsfreiheit *f*
⑥ *(unrestricted use)* freie Verfügung; **to give sb the ~ of the city** jdm die Ehrenbürgerschaft verleihen; **to have the ~ of sb's garden/house** freien Zutritt zu jds Garten/Haus haben

'free·dom fight·er *n* Freiheitskämpfer(in) *m(f)*

free 'en·ter·prise *n no pl* freies Unternehmertum

free en·ter·prise e'cono·my *n* freie Marktwirtschaft **'free fall** *n no pl* freier Fall; **to go into ~** FIN *(fig)* ins Bodenlose fallen; ***the company's shares have gone into ~*** die Aktien des Unternehmens sind abgestürzt **'free·fall·ing** *adj inv* rapide verfallend **free 'fight** *n esp* BRIT *(also fig)* allgemeine Schlägerei **free 'flight** *n no pl* AEROSP Gleitflug *m* **free 'float** *n* STOCKEX Streubesitz *m,* Free-Float *m* **'free-float·ing** *adj* ungebunden; ~ **anxiety** PSYCH unbegründete Angst; ~ **voter** Wechselwähler(in) *m(f)*

Free·fone® ['fri:fəʊn] *n* BRIT gebührenfreie Telefonnummer

'free-for-all *n* ① *(quarrel)* allgemeines Gerangel *fam*
② *(uncontrolled situation)* Anarchie *f* **'free-form** *adj* ART in freier Form *nach n;* ~ **skating** Kür *f*

free·gan ['fri:gən] *n Gegner der Konsumgesellschaft, der nur das Nötigste an Essen kauft und hauptsächlich von ausrangierten Lebensmitteln aus Supermärkten oder Restaurants lebt*

free 'hand *n no pl* freie Hand; **to give sb/have a ~** [**to do sth**] jdm freie Hand lassen/freie Hand haben[, etw zu tun] **'free·hand I.** *adj* Freihand- **II.** *adv* freihändig **free-'hand·ed** *adj* freigebig, großzügig

'free·hold I. *n* Eigentumsrecht *nt (an Grundbesitz)*
II. *adj inv* Eigentums-; ~ **flat** BRIT Eigentumswohnung *f;* ~ **property** unbeschränkter Grundbesitz
III. *adv inv* unter Eigentumsrecht

'free·hold·er *n* Eigentümer(in) *m(f)*

free·hold 'prop·er·ty *n* LAW Grundeigentum *nt*

'free house *n* BRIT *Pub, das an keine Brauerei gebunden ist* **free 'jazz** *n no pl* Free Jazz *m* **free 'kick** *n* SPORT Freistoß *m* **free 'la·bour** *n no pl* BRIT nicht gewerkschaftlich organisierte Arbeitnehmer(innen) *mpl(fpl)*

free·lance ['fri:lɑ:n(t)s, AM -læn(t)s] **I.** *n* Freiberufler(in) *m(f)*
II. *adj inv* freiberuflich; **to work ~** frei[beruflich] arbeiten
III. *adv inv* freiberuflich
IV. *vi* frei[beruflich] arbeiten

free·lanc·er ['fri:lɑ:n(t)səʳ, AM -læn(t)sɚ] *n* Freiberufler(in) *m(f),* Selbstständige(r) *f(m)*

'free·load *vi (pej)* schnorren *fam,* erbetteln SCHWEIZ; ■**to ~ off sb** bei jdm schnorren *fam* **'free·load·er** *vi (pej)* Schnorrer(in) *m(f) fam* **'free·load·ing** *n no pl (pej)* Schnorren *nt fam* **free 'love** *n (dated)* freie Liebe

free·ly ['fri:li] *adv* ① *(unrestrictedly)* frei; ~ **available** frei zugänglich
② *(without obstruction)* ungehindert
③ *(frankly)* offen
④ *(generously)* großzügig
⑤ *(willingly)* freiwillig

'free·man *n* ① *(hist: not enslaved)* freier Mann
② *(honorary citizen)* Ehrenbürger *m* **free 'mar·ket** *n usu sing* ECON freier Markt; ~ **price** Freiverkehrskurs *m;* ~ **pricing** marktwirtschaftliche Preissetzung **free-mar·ket e'cono·my** *n* ECON freie Marktwirtschaft **'Free·ma·son** *n* Freimaurer *m* **'free·ma·son·ry** *n no pl* Zusammengehörigkeitsgefühl *nt* **'Free·ma·son·ry** *n no pl* Freimaurerei *f* **free on 'board** *adj inv* COMM frei an Bord, free on board *fachspr* **free 'par·don** *n* BRIT Begnadigung *f;* **to grant a ~ to sb** jdn begnadigen **free 'pass** *n* ① *(official document)* Sonderausweis *m* ② *(for admission)* Freikarte *f;* *(for travel)* Freifahrkarte *f* **free 'pe·ri·od** *n* Freistunde *f*

'Free·phone BRIT **I.** *n no pl* gebührenfreie Telefonnummer
II. *adj attr, inv* gebührenfrei

free 'port *n* Freihafen *m*

'Free·post® *n no pl* BRIT gebührenfreie Postsendung, Gratissendung *f* SCHWEIZ

free 'press *n no pl* freie Presse **free 'radi·cal** *n* CHEM freies Radikal **'free-range** *adj inv* Freiland-; ~ **chicken** Freilandhuhn *nt;* ~ **eggs** Eier *pl* aus Freilandhaltung **'free·rid·er** *n* AM *(fam: fare dodger)* Trittbrettfahrer(in) *m(f),* Freerider(in) *m(f)* **'free·rid·ing** *n no pl* Freeriding *nt* **free 'sam·ple** *n* Probepackung *f,* Gratisprobe *f* **'free·sheet** *n* BRIT Gratiszeitung *f,* kostenlose Zeitung

free·sia ['fri:ziə, AM -ʒiə] *n* BOT Freesie *f*

'free skat·ing *n no pl* Kürlaufen *nt* **free 'speech** *n no pl* Redefreiheit *f;* **right to ~** Recht *nt* auf freie Meinungsäußerung **free 'spir·it** *n* Freigeist *m* **free-'spok·en** *adj (dated)* offen; ■**to be ~** offen und ehrlich seine Meinung sagen **free-'stand·ing** *adj inv* ① *(not fixed)* frei stehend; ~ **bookcase/wardrobe** frei stehender Bücherschrank/frei stehende Garderobe ② *(independent)* frei, unabhängig; **a ~ organization** eine unabhängige Organisation **'free·style I.** *n no pl* ① *(swimming style)* Freistil *m,* Freistilschwimmen *nt* ② *(swimming race)* Freistilwettschwimmen *nt* ③ *(style of wrestling)* Freistil *m,* Freistilringen *nt* **II.** *adj attr, inv* Freistil-; ~ **race** Freistilwettkampf *m* **free·'think·er** *n* Freidenker(in) *m(f)* **free·'think·ing** *adj* freidenkerisch **free 'throw** *n* SPORT Freiwurf *m*

free 'trade *n no pl* ECON Freihandel *m* **'free-trade** *adj attr, inv* Freihandels-; ~ **agreement/area** Freihandelsabkommen *nt/*-zone *f* **free 'trade zone, 'free zone** *n* Freihandelszone *f,* Zollfreigebiet *nt;* **industrial** ~ Freihandelszone *f* für die Exportindustrie

free 'verse *n no pl* freier Vers **free 'vote** *n* BRIT POL freie Abstimmung *(ohne Fraktionszwang)*

'free·ware *n no pl* Gratissoftware *f,* Freeware *f*

'free·way *n* AM, AUS *(motorway)* Autobahn *f* **free 'wheel** *n* Freilaufrad *nt* **'free·wheel** *vi* **to** ~ **[downhill]** im Freilauf [den Hügel hinunter]fahren **'free·wheel·ing** *adj (fam)* unbekümmert, sorglos **free 'will I.** *n no pl* freier Wille; ■ **to do sth of one's own** ~ etw aus freien Stücken tun **II.** *adj* freiwillig **'free·wom·an** *n* ① *(hist: non-slave)* freie Frau ② *(citizen)* ~ **of a city** Ehrenbürgerin *f* einer Stadt **free 'world** *n no pl* ■ **the** ~ die freie Welt

freeze [fri:z] **I.** *n* ① *(fam: cold weather)* Frost *m;* **big** ~ harter Frost
② *(stoppage)* Einfrieren *nt fam;* **a wage/price** ~ [*or* **a** ~ **on wage/prices**] ein Einfrieren *nt* der Löhne/der Preise *fam;* ~ **on wages and prices** Lohn- und Preisstopp *m*
③ *(still picture)* Standbild *nt; (device on video player)* Standbildfunktion *f*
II. *vi* <froze, frozen> ① *(become solid) water* gefrieren; *pipes* einfrieren; *lake* zufrieren; **to** ~ **solid** *water* festfrieren
② *(also fig: get very cold)* [sehr] frieren; **to** ~ **to death** erfrieren
③ *impers (be below freezing point)* ■ **it's freezing** es friert; ***it froze three nights in a row*** es gab drei Nächte hintereinander Frost
④ *(store in freezer)* einfrieren
⑤ *(be still)* erstarren; ~**, *or I'll shoot!*** keine Bewegung oder ich schieße!
⑥ *(be jammed) screw, nail* klemmen
III. *vt* <froze, frozen> ① *(turn to ice)* ■ **to** ~ **sth** etw gefrieren lassen
② *(preserve)* ■ **to** ~ **sth** etw einfrieren
③ *(make sb stop)* ■ **to** ~ **sb** jdn erstarren lassen; **to** ~ **sb with a look/stare** jdn mit einem Blick zum Erstarren bringen
④ *(on a film)* **to** ~ **an action/image** ein Geschehnis/Bild festhalten; **to** ~ **a film** einen Film anhalten
⑤ *(fix at particular level)* **to** ~ **a salary/programme** ein Gehalt/Programm einfrieren *fam*
⑥ *(prevent from being used)* ■ **to** ~ **sth** etw sperren; **to** ~ **an account** ein Konto einfrieren *fam;* ***his assets have been frozen by the court*** seine Vermögenswerte wurden vom Gericht blockiert
⑦ *(anaesthetize)* ■ **to** ~ **sth** etw vereisen
▸ PHRASES: **to [be cold enough to]** ~ **the balls off a brass monkey** *(fam!)* so kalt sein, dass es einem die Eier abfriert *derb;* **to make sb's blood** ~ [*or* ~ **sb's blood**] jdm das Blut in den Adern gefrieren lassen *geh*
◆**freeze out** *vt* ■ **to** ~ **out** ○ **sb [of sth]** jdn [von etw *dat*] ausschließen
◆**freeze over** *vi* zufrieren; *water* frieren; *window* vereisen
◆**freeze up** *vi* ① *(block with ice) pipes* einfrieren
② *(jam)* klemmen

'freeze-dried *adj inv* gefriergetrocknet **'freeze-dry** *vt* ■ **to** ~ **sth** etw gefriertrocknen **'freeze-frame** *n* ① *(still picture)* Standbild *nt* ② *(device on video player)* Standbildfunktion *f* **'freeze-out** *n* Ausschluss *m*

freez·er ['fri:zəʳ, AM -ɚ] *n* Gefrierschrank *m,* Tiefkühler *m* SCHWEIZ; **a chest/upright** ~ eine Gefriertruhe/ein Gefrierschrank *m*

'freez·er bag *n* ① *(for use in freezer)* Gefrierbeutel *m* ② BRIT *(cold bag)* Kühltasche *f* **'freez·er com·part·ment** *n* Gefrierfach *nt,* SCHWEIZ *a.* Tiefkühlfach *nt* **'freez·er pack** *n* Kühlbeutel *m*

'freeze-up *n* starker Frost

freez·ing ['fri:zɪŋ] **I.** *adj inv (very cold)* frostig; ■ **it's** ~ es ist eiskalt; ***I'm*** ~ mir ist eiskalt
II. *n no pl* ① *(0°C)* Gefrierpunkt *m;* **above** ~ über dem Gefrierpunkt
② *(preserving)* Einfrieren *nt*

freez·ing 'cold *adj* eiskalt **'freez·ing com·part·ment** *n* Gefrierfach *nt,* SCHWEIZ *a.* Tiefkühlfach *nt* **'freez·ing in·struc·tions** *npl* Gefrieranleitung *f* **'freez·ing mix·ture** *n* SCI Kältemischung *f* **'freez·ing point** *n* Gefrierpunkt *m* **freez·ing 'rain** *n no pl* gefrorener Regen *m* **'freez·ing works** *n + sing vb* AUS, NZ Kühlhaus *nt*

freight [freɪt] **I.** *n no pl* ① *(goods)* Frachtgut *nt*
② *(transportation)* Fracht *f;* **air/rail** ~ Luft-/Bahnfracht *f;* **to send sth by** ~ etw als Fracht senden
③ *(charge)* Frachtgebühr *f*
④ AM TRANSP *(freight train)* Güterzug *m*
II. *n modifier (for freight)* Fracht-
III. *adv inv* als Fracht; **to send sth** ~ etw als Fracht[gut] senden
IV. *vt usu passive* ① *(transport)* ■ **to** ~ **sth** etw als Frachtgut befördern
② *(fig liter)* ■ **to be** ~**ed with sth** mit etw *dat* beladen sein

freight·age ['freɪtɪdʒ] *n* ① *no pl (transporting of goods)* Frachtbeförderung *f*
② *(goods)* Fracht *f*

'freight car *n* AM Güterwagen *m*

freight·er ['freɪtəʳ, AM -t̬ɚ] *n* ① *(ship)* Frachter *m*
② *(plane)* Frachtflugzeug *nt*

'freight ex·change, 'freight mar·ket *n* STOCKEX Frachtenbörse *f* **'freight in·sur·ance** *n no pl* Frachtversicherung *f*

'Freight·lin·er® *n* BRIT RAIL Containergüterzug *m* **'freight train** *n* AM Güterzug *m* **'freight yard** *n* AM Güterbahnhof *m,* ÖSTERR *a.* Frachtbahnhof *m*

French [fren(t)ʃ] **I.** *adj* ① *(of France)* französisch; ~ **people** Franzosen *pl*
② *(of language)* Französisch-, französisch; ~ **class** Französischstunde *f;* ~ **grammar/verbs** französische Grammatik/Verben
II. *n* ① *no pl (language)* Französisch *nt;* ***excuse my*** ~***!*** *(hum)* entschuldige meine Ausdrucksweise!
② *(people)* ■ **the** ~ *pl* die Franzosen

French 'bean *n* BRIT Buschbohne *f,* Gartenbohne *f* **French 'bread** *n no pl* Baguette *nt,* französisches [Stangen]weißbrot **French-bread 'piz·za** *n* überbackenes Baguette **French Ca·'na·dian I.** *n* Frankokanadier(in) *m(f)* **II.** *adj* frankokanadisch **French 'chalk** *n no pl* Schneiderkreide *f* **French 'cuff** *n* FASHION doppelte Manschette **French 'doors** *npl esp* AM Verandatür *f* **French 'dress·ing** *n no pl* ① *(salad dressing)* Vinaigrette *f,* SCHWEIZ *a.* Salatsauce *f* ② AM *(American salad dressing)* American Dressing *nt* **French For·eign 'Le·gion** *n no pl* ■ **the** ~ die Fremdenlegion **French fried po·'ta·toes, French 'fries** *npl* Pommes frites *pl* **French Gui·'ana** *n no pl* Französisch Guayana *nt* **French 'horn** *n* MUS Waldhorn *nt* **French 'kiss** *n* Zungenkuss *m* **French 'knick·ers** *npl* Culotte *f,* French Knickers *pl* **French 'leave** *n no pl (dated)* **to take** ~ sich *akk* aus dem Staub machen *fam* **French 'let·ter** *n* BRIT, AUS *(old fam)* Pariser *m sl* **French 'loaf** *n* Baguette *nt*

'French·man *n* Franzose *m*

French 'mani·cure *n* French Manicure *f* **French 'mus·tard** *n* BRIT französischer Senf **French 'plait** *n* französischer Zopf **French 'pleat** *n Frauenfrisur, bei der die Haare zurückgekämmt und in einer länglichen Rolle aufgesteckt werden* **French 'pol·ish** BRIT, AUS **I.** *n no pl* Schellackpolitur *f* **II.** *vt* ■ **to** ~ **sth** etw mit Schellackpolitur behandeln **French 'pol·ish·er** *n* BRIT, AUS Schellackpolierer(in) *m(f)* **French Re·'pub·lic** *n* Französische Republik **French 'roll** *n see* **French pleat French 'seam** *n* Rechts-Links-Naht *f* **'French-speak·ing** *adj inv* französischsprachig **French 'stick** *n* Baguette *nt* **French 'toast** *n no pl* armer Ritter, Fotzelschnitte *f* SCHWEIZ **French 'win·dow** *n usu pl* Verandatür *f* **'French·wom·an** *n* Französin *f*

Frenchy ['fren(t)ʃi] *(usu pej!)* **I.** *adj (fam)* [betont] französisch
II. *n* ① *(fam: sb from France)* Franzmann *m veraltend fam,* Franzose, Französin *m, f*
② *(French-Canadian)* Frankokanadier(in) *m(f)*
③ BRIT *(dated fam: condom)* Pariser *m sl*

fre·net·ic [frə'netɪk, AM -t̬-] *adj* hektisch, SCHWEIZ *a.* frenetisch; ~ **activity** fieberhafte Aktivität

fre·neti·cal·ly [frə'netɪkəli, AM -t̬-] *adv* [wie] wild; **to work** ~ fieberhaft arbeiten

frenu·lum <*pl* -la> ['frenjələm] *n* Frenulum *nt fachspr*

fren·zied ['frenzɪd] *adj* ① *(frantic)* fieberhaft
② *(emotionally wild)* ungestüm; ~ **attack** wilder Angriff; ~ **barking** wildes Gebell; **the** ~ **crowd** die aufgebrachte Menge; ~ **yell** durchdringender Schrei

fren·zied·ly ['frenzɪdli] *adv* rasend, wie wild

fren·zy ['frenzi] *n no pl* Raserei *f;* ***they whipped up the crowd into a*** ~ ***of excitement*** sie brachten die Menge zum Rasen; ***in a*** ~ ***of frustration, ...*** in einem wahren Anfall von Frustration ...; **a** ~ **of activity** eine fieberhafte Aktivität; **a media** ~ ein Medienspektakel *nt;* **jealous** ~ Eifersuchtswahn *m;* **to work oneself up into a** ~ sich *akk* in eine Raserei [hinein]steigern

fre·quen·cy ['fri:kwən(t)si] *n* ① *no pl (rate)* Häufigkeit *f;* **with increasing** ~ immer öfter
② *no pl (number of occurrences)* häufiges Vorkommen; ***the*** ~ ***of terrorist attacks seems to have fallen recently*** in letzter Zeit scheint es nicht mehr so viele Angriffe von Terroristen gegeben zu haben
③ RADIO Frequenz *f;* **high/low** ~ Hoch-/Niederfrequenz *f*

'fre·quen·cy band *n* RADIO Frequenzband *nt* **'fre·quen·cy dis·tri·bu·tion** *n* MATH, FIN Häufigkeitsverteilung *f* **'fre·quen·cy modu·la·tion** *n,* **FM** RADIO Frequenzmodulation *f*

fre·quent I. *adj* ['fri:kwənt] ① *(happening often)* häufig
② *(regular)* regelmäßig; ***I'm not a very*** ~ ***attender at club meetings*** ich besuche Klubsitzungen nicht sehr regelmäßig; ~ **flyer** Vielflieger(in) *m(f)*
II. *vt* [frɪ'kwent, AM 'fri:kwent] **to** ~ **a place** einen Ort häufig besuchen

fre·quent·er [frɪ'kwentəʳ, AM 'fri:kwent̬ɚ] *n* häufiger Besucher/häufige Besucherin

fre·quent 'fly·er *n modifier* Vielflieger-; **unlimited** ~ **miles** unbegrenzte Flugmeilen für Vielflieger

fre·quent·ly ['fri:kwəntli] *adv* häufig

'fre·quent-user *n modifier* für Vielnutzer *nach n* **fre·quent 'user** *n (of drugs)* großer Konsument/große Konsumentin; *(of train, tunnel, facility* häufiger Benutzer/häufige Benutzerin

fres·co <*pl* -s *or* -es> ['freskəʊ, AM -oʊ] *n* ① *(painting)* Fresko *nt*
② *no pl (technique)* Freskomalerei *f*

fresh [freʃ] *adj* ① *attr (new)* neu; ***there has been*** ~ ***fighting between police and demonstrators*** es kam zu erneuten Auseinandersetzungen zwischen Polizei und Demonstranten; ***we need to get some*** ~ ***blood into our department*** wir brauchen frisches Blut in unserer Abteilung; **to make a** ~ **start** einen Neuanfang machen
② *(unused)* ungebraucht, neu
③ *(recent)* frisch; ***the paint's still*** ~ die Farbe ist noch feucht; ***the shopkeeper said she was*** ~ ***out of soap*** die Ladenbesitzerin sagte, Seife sei gerade ausgegangen; ~ **snow** Neuschnee *m;* ~ **from the factory/oven** fabrik-/ofenfrisch; **to be** ~ **in sb's mind** jdm noch frisch im Gedächtnis sein; **to be** ~ **from New York** gerade von New York kommen; ~ **off the presses** druckfrisch; ~ **from the suppliers** frisch vom Lieferanten; **to be** ~ **from university** frisch von der Universität kommen
④ *(not stale)* frisch; ~ **bread/fruit** frisches Brot/Obst
⑤ *attr (not processed)* frisch; ~ **fish** frischer Fisch
⑥ *(clean and pleasant)* frisch; **to be like a breath of** ~ **air** *(fig)* erfrischend [anders] sein; **to get a breath of** ~ **air** frische Luft schnappen; ~ **breath/smell** frischer Atem/Duft; ~ **taste** erfrischender Ge-

schmack

7 *usu pred (cool, windy)* frisch, kühl; ***it will be rather ~ tomorrow morning*** es wird morgen früh ziemlich frisch werden

8 *(strong)* kräftig; ~ **breeze** frische Brise

9 *pred (not tired)* ausgeruht; **as ~ as a daisy** putzmunter *fam*

10 *(healthy-looking)* gesund; *skin* frisch

11 *(exciting)* frisch, neu

12 *(not salty)* ~ **water** Süßwasser *nt*

13 *usu pred (fam)* **to get ~ with sb** *(be disrespectful)* jdm frech kommen; *(make sexual advances)* jdm gegenüber zudringlich sein

14 AM *(sl: Black English)* megacool *sl*

▸PHRASES: **to be neither** <u>**fish**</u>**, flesh nor good ~ meat** BRIT weder Fisch noch Fleisch sein

fresh- [freʃ] *in compounds* frisch-

fresh·en ['freʃᵊn] **I.** *vt* 1 *(make more pleasant)* **to ~ a room** einen Raum durchlüften; **to ~ one's lipstick/make-up** den Lippenstift/das Make-up auffrischen [*o* erneuern]

2 *esp* AM **to ~ sb's drink/glass** jds Getränk/Glas auffüllen

II. *vi* frischer werden; *wind* auffrischen

◆**freshen up I.** *vt* ■**to ~ up** ⊂ **sth** 1 *(make cleaner)* etw frisch machen; ■**to ~ oneself up** sich *akk* frisch machen

2 *(make pleasanter)* etw aufpeppen *fam*

3 *(fig: make more interesting)* etw beleben

II. *vi* sich *akk* frisch machen

fresh·er ['freʃəʳ] *n* BRIT, AUS *(fam)* Studienanfänger(in) *m(f)*; **~'s week** BRIT *erste Woche des neuen Studienjahres, in der die Studienanfänger in das Studentenleben eingeführt werden*

'fresh-faced *adj* jugendfrisch

fresh·ly ['freʃli] *adv* 1 *inv (newly)* frisch; ~ **baked bread** frisch gebackenes Brot

2 METEO *(strongly)* kräftig

fresh·man ['freʃmən] AM **I.** *n* 1 *(fresher)* Studienanfänger *m*

2 *(first-year high school student)* Gymnasiast *m* im ersten Jahr

3 *(beginner)* Neuling *m*

II. *n modifier* frischgebacken *hum fam*

'fresh·man year *n* AM *erstes Jahr an der Universität*

fresh·ness ['freʃnəs] *n no pl* 1 *(pleasant quality)* Frische *f*

2 *(newness)* Neuheit *f*

'fresh·wa·ter *adj attr, inv* Süßwasser-

fret[1] [fret] **I.** *vi* <-tt-> sich *dat* Sorgen machen; ■**to ~ about** [*or* **over**] **sth** sich *dat* über etw *akk* Gedanken machen

II. *vt* <-tt-> 1 *(distress)* ■**to ~ sb** jdn beunruhigen; ***don't ~ yourself about it*** mach dir keine Sorgen darüber; ■**to ~** [**that**] ... *(worry)* sich *akk* sorgen, dass ...

2 *(wear)* ■**to ~ sth** etw abnutzen [*o* ÖSTERR, SCHWEIZ abnützen]; *sea, water* an etw *dat* nagen

III. *n esp* BRIT ■**to be in a ~** *(worry)* in Sorge sein, sich *dat* Sorgen machen; *(be upset)* aufgebracht sein; **to get into a ~** sich *akk* aufregen

fret[2] [fret] *n* MUS Bund *m*

fret[3] [fret] *n* ARCHIT, ART gitterartige Verzierung

fret·board ['fretbɔːd, AM -bɔːrd] *n* MUS Griffbrett *nt*

fret·ful ['fretfᵊl] *adj* 1 *(irritable)* quengelig *fam*

2 *(anxious)* unruhig; ~ **voice** besorgte Stimme

fret·ful·ly ['fretfᵊli] *adv* unruhig; **to complain ~** sich *akk* besorgt beklagen

fret·ful·ness ['fretfᵊlnəs] *n no pl* Verdrießlichkeit *f*, mürrische Art

fret·saw ['fretsɔː, AM -sɑː] *n* Laubsäge *f*

fret·ted ['fretɪd, AM -t̬-] *adj inv* 1 *(of instrument)* mit Bünden versehen; ~ **instrument** Zupfinstrument *nt*

2 *(of notes)* gezupft

3 ARCHIT, ART gitterartig verziert

fret·work ['fretwɜːk, AM -wɜːrk] *n no pl (in wood)* Laubsägearbeit *f*

Freud·ian ['frɔɪdiən] *adj* freudianisch

Freud·ian 'slip *n* freudscher Versprecher *fam*

FRG [ˌefɑːʳ'dʒiː, AM -ɑːr'-] *n (hist) abbrev of* **Federal Republic of Germany**: ■**the ~** die BRD

Fri *n abbrev of* **Friday** Fr.

fri·able ['fraɪəbl̩] *adj (form)* bröckelig

fri·ar ['fraɪəʳ, AM -ɚ] *n* Mönch *m*

fri·ar's 'bal·sam, fri·ars' 'bal·sam *n no pl benzoinhaltiges Mittel zum Inhalieren bei Erkältungen*

fri·ary ['fraɪəri] *n* Mönchskloster *nt*

fric·as·see [ˌfrɪkə'siː] *n* Frikassee *nt*; **chicken/veal ~** Hühner-/Kalbsfrikassee *nt*

frica·tive ['frɪkətɪv, AM -t̬-] LING **I.** *adj* Reibe-, frikativ *fachspr*

II. *n* Reibelaut *m*, Frikativ *m fachspr*

fric·tion ['frɪkʃᵊn] *n no pl* 1 *(force)* Reibung *f*

2 *(disagreement)* Reiberei[en] *f[pl]*

fric·tion·al ['frɪkʃᵊnᵊl] *adj* Reibungs-; ~ **electricity** Reibungselektrizität *f*

'fric·tion tape *n* AM Isolierband *nt*

Fri·day ['fraɪdeɪ] *n* Freitag *m*; *see also* **Tuesday**

fridge [frɪdʒ] *n (fam)* Kühlschrank *m*

fridge-'freez·er *n esp* BRIT kombinierter Kühl- und Gefrierschrank

fried [fraɪd] *adj* 1 *inv (of food)* gebraten; ~ **chicken** Brathähnchen *nt*, Grillpoulet *nt* SCHWEIZ; ~ **potatoes** Bratkartoffeln *pl*

2 *pred esp* AM *(fam: exhausted)* ■**to be ~** gerädert [*o* fertig] sein *fam*

fried 'egg *n* Spiegelei *nt*

friend [frend] *n* 1 *(companion)* Freund(in) *m(f)*; **bosom ~** Busenfreund(in) *m(f)*; **childhood ~** Freund(in) *m(f)* aus der Kindheit, Jugendfreund(in) *m(f)* SCHWEIZ; **a ~ of the family** [*or* **family ~**] ein Freund/eine Freundin der Familie; **sb's best ~** jds bester Freund/beste Freundin; **close ~** enger Freund/enge Freundin; **our feathered/four-footed ~s** unsere gefiederten/vierbeinigen Freunde; **to be just good ~s** nur gute Freunde sein; **to be a** [**good**] **~ to sb** jdm ein [guter] Freund/eine [gute] Freundin sein; **sb's old ~** *(hum)* jds alter Freund/alte Freundin *fam*; **to make ~s** [**with sb**] sich *akk* [mit jdm] anfreunden, einen Freund gewinnen *geh*; **a ~ of mine/his/hers/yours** ein Freund *m*/eine Freundin von mir/ihm/ihr/dir; ■**to be ~s** [**with sb**] [mit jdm] befreundet sein

2 *(form of address)* mein Freund/meine Freundin; **my honourable ~** BRIT POL mein Herr Vorredner/meine Frau Vorrednerin; **my right honourable ~** BRIT POL mein sehr verehrter Herr Kollege Abgeordneter/meine sehr verehrte Frau Kollegin Abgeordnete; **my learned ~** BRIT LAW mein verehrter Herr Kollege/meine verehrte Frau Kollegin; **my noble ~** BRIT POL mein verehrter Freund/meine verehrte Freundin

3 *(sympathizer)* Freund(in) *m(f)*, Befürworter(in) *m(f)*; ***she's no ~ of the Socialists*** sie ist keine Anhängerin der Sozialisten; **to be a ~ of a society** unterstützendes Mitglied einer Gesellschaft sein

▸PHRASES: **what are ~s** <u>**for**</u>**?** wofür hat man Freunde?; **to** <u>**have**</u> **a ~ at court** [*or* <u>**have**</u> **~s in high places**] einen einflussreichen Freund [*o* einflussreiche Freunde] haben; **a ~ in** <u>**need**</u> **is a ~ indeed** *(prov)* ein Freund in der Not ist ein wahrer Freund; **with ~s like these, who** <u>**needs**</u> **enemies?** wer braucht Feinde, wenn er Freunde wie diese hat?; <u>**that's**</u> **what ~s are for** dafür hat man Freunde; **how to** <u>**win**</u> **~s and influence people** *(esp iron)* wie man sich *dat* Freunde und Einfluss verschafft

Friend [frend] *n* Quäker(in) *m(f)*; **the Society of ~s** die Gemeinschaft der Quäker [*o* Gesellschaft der Freunde]

friend·less ['frendləs] *adj inv* ohne Freund[e]

friend·li·ness ['frendlɪnəs] *n no pl* Freundlichkeit *f*; **to show ~ towards** [*or* **to**] **sb** jdm freundlich gesinnt sein *geh*

friend·ly ['frendli] **I.** *adj* 1 *(showing friendship)* freundlich; **to be on ~ terms with sb** mit jdm auf freundschaftlichem Fuß stehen; ■**to be ~ towards** [*or* **to**] **sb** zu jdm freundlich sein; ■**to be ~ with sb** mit jdm befreundet sein

2 *(of place, atmosphere)* angenehm

3 *(not competitive)* freundschaftlich; ~ **match** Freundschaftsspiel *nt*

4 *(allied)* freundlich gesinnt; ~ **country** befreundetes Land

II. *n* BRIT SPORT Freundschaftsspiel *nt*

friend·ly 'fire *n no pl* MIL Beschuss *m* durch die eigene Seite **'friend·ly so·ci·ety** *n* BRIT Versicherungsverein *m* auf Gegenseitigkeit

friend·ship ['fren(d)ʃɪp] *n* 1 *(relationship)* Freundschaft *f* (**with** mit +*dat*); **close/deep ~** enge/tiefe Freundschaft; **to strike up a ~** [**with sb**] [mit jdm] Freundschaft schließen, sich *akk* [mit jdm] anfreunden

2 *no pl (feeling)* Freundschaftlichkeit *f*; **to hold out the hand of ~ to sb** jdm die Freundschaft anbieten; **the ties of ~** die freundschaftlichen Bande *geh*

'friend·ship brace·let *n* Freundschafts[arm]band *nt*

Friends of the 'Earth *npl*, **FoE** *n* Friends of the Earth *(britische Umweltvereinigung)*

fri·er *n see* **fryer**

fries [fraɪz] *npl* AM Pommes frites *pl*

Frie·sian ['friːziən] *n* BRIT, AUS, **Fries·land** ['friːzlənd] *n* SA [holstein-]friesisches Rind

frieze [friːz] *n* ARCHIT Fries *m*

frig[1] [frɪdʒ] *n* BRIT *(old) see* **fridge**

frig[2] [frɪg] *(vulg sl)* **I.** *n (exclamation)* ■**~!** Wichser! *pej derb*

II. *vi* <-gg-> 1 *(have sex)* vögeln *vulg*, ficken *derb*

2 *(masturbate)* man sich *dat* einen runterholen *vulg*, wichsen *derb*

III. *vt* <-gg-> ■**to ~ sb** jdn vögeln *vulg* [*o derb* ficken]

◆**frig about, frig around** *vi (fam!)* herumblödeln *fam*

frig·ate ['frɪgət] *n* MIL, NAUT Fregatte *f*

frig·ging ['frɪgɪŋ] *adj attr, inv (fam!)* verdammte(r, s) *fam*; ***don't drop the ~ thing*** lass das verdammte Ding nicht fallen *fam*

fright [fraɪt] *n* 1 *no pl (feeling)* Angst *f*; **to take ~** [**at sth**] [vor etw *dat*] Angst bekommen

2 *usu sing (experience)* Schrecken *m*; **to get a ~** erschrecken; **to give sb a ~** jdn erschrecken, jdm einen Schrecken einjagen; **to have the ~ of one's life** zu Tode erschrecken, den Schock seines Lebens bekommen *fam*

3 *(dated fam: of appearance)* Vogelscheuche *f*; **to look a ~** scheußlich [*o* wie eine Vogelscheuche] aussehen *fam*

fright·en ['fraɪtᵊn] **I.** *vt* ■**to ~ sb** jdn erschrecken, jdm Angst machen; **to ~ sb to death** jdn zu Tode erschrecken; **to ~ the life** [*or* **the** [**living**] **daylights**] **out of sb** jdn furchtbar erschrecken; **to ~ sb into silence/submission** jdn zum Schweigen/Aufgeben bringen; ■**to ~ sb out of doing sth** jdn von etw *dat* abschrecken

II. *vi* erschrecken; **to** [**not**] **~ easily** [nicht] leicht Angst bekommen

◆**frighten away** *vt* 1 *(scare off)* ■**to ~ away** ⊂ **sb/an animal** jdn/ein Tier verscheuchen

2 *(deter)* ■**to ~ away** ⊂ **sb** jdn abschrecken

◆**frighten off** *vt* ■**to ~ sb** ⊂ **off** [**sth**] jdn [von etw *dat*] abschrecken

fright·ened ['fraɪtᵊnd] *adj* verängstigt; ■**to be ~ of sth/sb** sich *akk* vor etw/jdm fürchten; ■**to be ~ of doing** [*or* **to do**] **sth** Angst [davor] haben, etw zu tun; ■**to be ~** [**that**] ... Angst haben, [dass] ...; **to be ~ to death** zu Tode erschrocken sein

fright·en·ers ['fraɪtᵊnəz] *npl* BRIT *(fam)* **to put the ~ on sb** jdm Angst einjagen

fright·en·ing ['fraɪtᵊnɪŋ] *adj* Furcht erregend, beängstigend

fright·en·ing·ly ['fraɪtᵊnɪŋli] *adv* erschreckend

fright·ful ['fraɪtfᵊl] *adj* 1 *(bad)* entsetzlich *a. fam*

2 *(extreme)* schrecklich *a. fam*, furchtbar *a. fam*; **to get into ~ trouble** furchtbaren Ärger bekommen

fright·ful·ly ['fraɪtfᵊli] *adv (fam)* schrecklich *fam*; ***that's ~ decent of you*** das ist furchtbar nett von Ihnen *fam*

frig·id ['frɪdʒɪd] *adj* 1 *(of temperature)* eisig, saukalt *fam*

2 *(sexually)* frigid[e]

3 *(of manner)* frostig

frig·id·ity [frɪ'dʒɪdəti, AM -t̬-] *n no pl* 1 *(of sexuality)*

Frigidität *f*
② *(of temperature)* Kälte *f*
③ *(fig: of manner)* Kälte *f,* Frostigkeit *f*
frig·id·ly ['frɪdʒɪdli] *adv* frostig
'Frig·id Zone *n* Polarzone *f*
frill [frɪl] *n* ① *(cloth)* Rüsche *f*
② *(paper)* [Papier]manschette *f*
③ ZOOL Kragen *m*
④ *(fig fam: extras)* ■ **~s** *pl* Schnickschnack *m fam;* **no ~s** ohne Schnickschnack *fam*
frilled [frɪld] *adj* gekräuselt; **~ skirt** Rüschenrock *m*
frilly ['frɪli] *adj* Rüschen-
fringe [frɪndʒ] **I.** *n* ① *(edging)* Franse *f;* **~ of bushes/reeds** Busch-/Schilfgürtel *m*
② BRIT, AUS *(hair)* Pony *m,* Franseln *pl* SCHWEIZ
③ *(of area)* Rand *m;* **on the ~ of the wood** am Waldrand
④ + *sing/pl vb (fig: of group, activity)* ***the radical ~ of the party*** der radikale Flügel der Partei; **on the ~s of society** am Rand der Gesellschaft; **the lunatic ~** die Extremisten *pl*
⑤ BRIT ART ■**the ~** die Alternativszene; ***the Edinburgh F~ Festival*** das Alternativfestival von Edinburgh
II. *vt usu passive* ■**to ~ sth** *area, water* etw umgeben; *cloth* etw umsäumen
III. *adj inv* ① *(not mainstream)* Rand-; **~ character** FILM, THEAT Nebenrolle *f;* **~ medicine** BRIT Alternativmedizin *f*
② BRIT *(of art)* Alternativ-
fringe 'amount *adj attr, inv* FIN Rahmenbetrag *m*
fringe 'ben·efit *n* ECON Zusatzleistung *f*
fringed [frɪndʒd] *adj inv* umgrenzt; ***handkerchiefs ~ with lace*** spitzenumrandete Taschentücher; **to be ~ with flowers/hedges** *(fig)* von Blumen/Hecken umgeben sein
'fringe dwell·er *n* AUS Bewohner(in) *m(f)* eines Armutsviertels *(am Rande einer Stadt)* **'fringe group** *n* Randgruppe *f* **fringe 'thea·tre** *n no pl* BRIT Alternativtheater *nt*
frip·pery ['frɪpəri] *n (pej)* ① *no pl (decoration)* Tand *m veraltend; (knick-knacks)* Kinkerlitzchen *pl fam*
② *(objects)* ■**fripperies** *pl* Firlefanz *m pej fam*
fris·bee® ['frɪzbi] *n* ① *(toy)* Frisbee® *nt*
② *no pl (game)* Frisbeespiel *nt;* **to play ~** Frisbee spielen
fri·sée ['fri:zeɪ, AM fri:'zeɪ] *n no pl* Frisée *m*
Fri·sian ['frɪziən, AM 'frɪʒən] **I.** *adj inv* friesisch, Friesen-
II. *n* Friese, Friesin *m, f*
frisk [frɪsk] **I.** *vi* ■**to ~ [about]** herumtollen
II. *vt* ① *(search)* ■**to ~ sb** jdn abtasten; ■**to ~ sb for sth** jdn nach etw *dat* durchsuchen
② *(move back and forth)* ■**to ~ sth [about]** etw hin- und herbewegen; ***the cat ~ed her tail about*** die Katze wedelte mit ihrem Schwanz herum; ***the pony ~ed its ears*** das Pony stellte seine Ohren vor und zurück
III. *n* ① *(body search)* Durchsuchen *nt,* Filzen *nt fam*
② *(skip)* [Freuden]sprung *m*
friski·ly ['frɪskɪli] *adv* ausgelassen
friski·ness ['frɪskɪnəs] *n no pl* Ausgelassenheit *f; of young animals* Verspieltheit *f*
frisky ['frɪski] *adj* ① *(energetic)* ausgelassen; **~ horse** lebhaftes Pferd
② *(fam: sexually playful)* verspielt
fris·son ['fri:sɔ̃:(ŋ), AM fri:'soʊn] *n* Schauer *m*
frit [frɪt] *n no pl* CHEM Fritte *f*
frit·ta·ta [frɪ'tɑ:tə, AM -ɑ:t̬ə] *n* FOOD Frittate *f*
frit·ter ['frɪtəʳ, AM -t̬ɚ] **I.** *n* Fettgebackenes *nt (mit Obst-/Gemüsefüllung);* **apple/corn ~s** ausgebackene Apfelscheiben [*o* ÖSTERR gebackene Mäuse]/überbackener Mais [*o* SCHWEIZ Apfelküchli] *nt*
II. *vt* ■**to ~ away** ↔ **sth** etw vergeuden; *money* etw verschleudern; **to ~ away the day/time** den Tag/die Zeit vertrödeln *fam*
fritz [frɪts] *n no pl* **to go on the ~** AM *(sl)* den Geist aufgeben *fam*
fri·vol·ity [frɪ'vɒləti, AM -'vɑ:lɪt̬i] *n* ① *no pl (lack of seriousness)* Frivolität *f*
② *(activities)* ■**frivolities** *pl* Banalitäten *pl*
frivo·lous ['frɪvələs] *adj* ① *(pej: silly)* leichtfertig; **~ complaint** LAW leichtfertig erhobene Beschwerde; **~ action** LAW leichtfertig erhobene Klage
② *(pej: unimportant)* belanglos
③ *(not serious)* frivol; ***I want to spend this money on completely ~ things*** ich möchte das Geld für völlig verrückte Dinge ausgeben *fam*
frivo·lous·ly ['frɪvələsli] *adv* leichtfertig
frivo·lous·ness ['frɪvələsnəs] *n no pl* ① *(silliness)* Leichtfertigkeit *f*
② *(irrelevance)* Bedeutungslosigkeit *f*
frizz [frɪz] **I.** *vt* **to ~ one's/sb's hair** das/jds Haar kräuseln
II. *vi hair* sich *akk* kräuseln
III. *n no pl* ① *(usu pej: curly state)* Krause *f*
② *(curly hairstyle)* Kraushaar *nt,* gekraustes Haar
friz·zle ['frɪz!] **I.** *vt* ■**to ~ sth** etw brutzeln [*o* braten]
II. *n no pl* Brutzeln *nt*
friz·zled ['frɪz!d] *adj* verbraten
friz·zy ['frɪzi] *adj* gekräuselt
FRN [ˌefɑ:r'en] *n* ECON, FIN *abbrev of* **floating rate note** *Schuldverschreibung mit variabler Verzinsung*
fro [frəʊ, AM froʊ] *adv* **to and ~** hin und her
frock [frɒk, AM frɑ:k] *n (dated)* Kleid *nt;* **a posh ~** BRIT *(hum)* ein Ausgehkleid *nt*
frock 'coat *n* Gehrock *m*
frog¹ [frɒg, AM frɑ:g] *n (animal)* Frosch *m*
▸ PHRASES: **to have a ~ in one's throat** einen Frosch im Hals haben *fam;* **~s and snails and puppy dogs' tails** *(saying)* lauter unangenehme Dinge
frog² [frɒg, AM frɑ:g] *n (fastening)* Posamentenverschluss *m*
Frog [frɒg, AM frɑ:g] *(pej!)* **I.** *n (fam)* Franzmann *m veraltend fam*
II. *adj (fam)* französisch
frog·ging ['frɒgɪŋ, AM 'frɑ:g-] *n no pl* Posament *nt*
Frog·gy <*pl* -ies> ['frɒgi, AM 'frɑ:gi] *n* BRIT *(pej fam)* Franzmann *m veraltend fam,* Franzose, Französin *m, f*
'frog·man *n* Froschmann *m* **'frog·march** *vt* ■**to ~ sb somewhere** jdn irgendwohin [fort]schleppen; ***soldiers ~ed several protesters away from the square*** Soldaten führten mehrere Demonstranten gewaltsam vom Platz ab **'frog·spawn** *n no pl* Froschlaich *m*
frol·ic ['frɒlɪk, AM 'frɑ:-] **I.** *vi* <-ck-> ① *(play)* herumtollen
② *(be flirtatious)* [herum]flirten *fam*
II. *n usu pl* ① *(play)* Herumgetolle *nt; (fun)* Spaß *m kein pl;* **fun and ~s** Spaß und Vergnügen
② *(flirt)* Flirt *m*
③ LAW **~ of his own** zum eigenen Vergnügen
frol·ic·some ['frɒlɪksəm, AM 'frɑ:-] *adj (dated)* ausgelassen
from [frɒm, frəm, AM frɑ:m, frəm] *prep* ① *(off)* von +*dat;* ***please get me that letter ~ the table*** gib mir bitte den Brief von dem Tisch; *(out of)* aus +*dat;* ***he took a handkerchief ~ his pocket*** er nahm ein Taschentuch aus seiner Hosentasche; *after vb;* ***I'm so happy that the baby eats ~ the table already*** ich bin so froh, dass das Baby jetzt schon am Tisch isst
② *(as seen from)* von *dat* ... [aus]; ***you can see the island ~ here*** von hier aus kann man die Insel sehen; *(fig)* ***she was talking ~ her own experience of the problem*** sie sprach aus eigener Erfahrung mit dem Problem; **~ sb's point of view** aus jds Sicht
③ *after vb (as starting location)* von +*dat;* ***the wind comes ~ the north*** der Wind kommt von Norden; **a flight leaving ~ the nearest airport** ein Flug vom nächstgelegenen Flughafen; *after n;* **the flight ~ Amsterdam** der Flug von Amsterdam; ***the water bubbled out ~ the spring*** das Wasser sprudelte aus der Quelle; ■**~ sth to sth** *(between places)* von etw *dat* nach etw *dat;* ***my dad goes often ~ Washington to Florida*** mein Vater reist oft von Washington nach Florida; *(indicating desultoriness)* von etw *dat* in etw *dat;* ***the woman walked ~ room to room*** die Frau lief vom einen Raum in den anderen
④ *(as starting time)* von +*dat,* ab +*dat;* ***the price will rise by 3p a litre ~ tomorrow*** der Preis steigt ab morgen um 3 Pence pro Liter; **~ the thirteenth century** aus dem dreizehnten Jahrhundert; ■**~ sth to sth** von etw *dat* bis etw *dat;* ***the show will run ~ 10 a.m. to 2 p.m.*** die Show dauert von 10.00 Uhr bis 14.00 Uhr; **~ start to finish** vom Anfang bis zum Ende; **~ day to day** von Tag zu Tag, täglich; ***her strength improved steadily ~ day to day*** sie wurden jeden Tag ein bisschen stärker; **~ hour to hour** von Stunde zu Stunde, stündlich; **~ time to time** von Zeit zu Zeit, ab und zu; **~ that day** [*or* **time**] **on**[**wards**] von diesem Tag [an], seitdem; ***they were friends ~ that day on*** seit diesem Tag sind sie Freunde; **~ now/then on** von da an, seither; **as ~ ...** *esp* BRIT ab ... +*dat;* ***as ~ 1 January, a free market will be created*** ab dem 1. Januar haben wir einen freien Markt
⑤ *(as starting condition)* bei +*dat;* ***prices start ~ £2.99*** die Preise beginnen bei 2,99 Pfund; ■**~ sth to sth** von etw *dat* auf etw *dat;* ***the number has risen ~ 25 to 200 in three years*** die Anzahl ist in drei Jahren von 25 auf 200 gestiegen; ***she translated into German ~ the Latin text*** sie übersetzte aus dem Lateinischen ins Deutsche; ***things went ~ bad to worse*** die Situation wurde noch schlimmer; **~ strength to strength** immer besser; ***she has gone ~ strength to strength*** sie eilte von Erfolg zu Erfolg; ***tickets will cost ~ $10 to $45*** die Karten kosten zwischen 10 und 45 Dollar; **~ soup to nuts** alles zusammen; ***the whole dinner, ~ soup to nuts, costs $55*** das ganze Essen mit allem drum und dran kostet 55 Dollar; ***anything ~ geography to history*** alles von A bis Z
⑥ *after n (at distance to)* von +*dat;* ***we're about a mile ~ home*** wir sind ca. eine Meile von zu Hause entfernt; **a day's walk ~ her camping spot** eine Tageswanderung von ihrem Zeltplatz; ■**~ sth to sth** von etw *dat* zu etw *dat;* ***it's about two kilometres ~ the airport to your hotel*** der Flughafen ist rund zwei Kilometer vom Hotel entfernt
⑦ *(originating in)* ■**~ sth** aus +*dat;* ***though ~ working-class parents, he made it to the Fortune 500 list*** obwohl er als Arbeiterkind aufwuchs, ist er heute unter den 500 Reichsten der Welt; ***my mother is ~ France*** meine Mutter stammt aus Frankreich; ***I'm ~ New York*** ich komme aus New York; ***daylight comes ~ the sun*** das Tageslicht kommt von der Sonne
⑧ *after vb (in temporary location)* von +*dat,* aus +*dat;* ***he hasn't returned ~ work yet*** er ist noch nicht von der Arbeit zurück; ***she called him ~ the hotel*** sie rief ihn aus dem Hotel an; *after adj* ***they're here fresh ~ the States*** sie sind gerade aus den USA angekommen; *after n* ***his return ~ the army was celebrated*** seine Rückkehr aus der Armee wurde gefeiert; ■**sb ~ sth** von +*dat;* ***they sent someone ~ the local newspaper*** sie schickten jemanden von der örtlichen Zeitung
⑨ *after vb (as source)* von +*dat;* ***can I borrow $10 ~ you?*** kann ich mir 10 Dollar von dir leihen?; ***the vegetables come ~ an organic farm*** das Gemüse kommt von einem Biobauernhof; *after n;* ■**sth ~ sb [to sb/sth]** etw von jdm (für jdn/etw); ***I wonder who this card is ~*** ich frage mich, von wem wohl diese Karte ist; ***this is a present ~ me to you*** das ist ein Geschenk von mir für dich
⑩ *(made of)* ■**~ sth** aus etw *dat;* ***the seats are made ~ leather*** die Sitze sind aus Leder; *after n;* ***in America, most people buy toys ~ plastic*** in Amerika kaufen die meisten Leute Spielzeug aus Plastik
⑪ *after vb (removed from)* aus +*dat;* **to extract usable fuel ~ crude oil** verwertbaren Brennstoff aus Rohöl gewinnen; ***they took the child ~ its parents*** sie nahmen das Kind von seinen Eltern weg; *after adj;* ***he knows right ~ wrong*** er kann gut und böse unterscheiden; **sth [subtracted] ~ sth** MATH etw minus etw *dat;* ***three ~ sixteen is thirteen*** sechzehn minus drei ist dreizehn
⑫ *(considering)* aufgrund +*gen,* wegen +*gen;* **to**

F

conclude ~ the evidence that aufgrund des Beweismaterials zu dem Schluss kommen, dass; **to make a conclusion from sth** wegen einer S. *gen* zu einem Schluss kommen; **information obtained ~ papers and books** Informationen aus Zeitungen und Büchern; ~ ***looking at the clouds, I would say it's going to rain*** wenn ich mir die Wolken so ansehe, würde ich sagen, es wird Regen geben

⓭ *after vb (caused by)* an *+dat;* ***he died ~ his injuries*** er starb an seinen Verletzungen; ***she suffers ~ arthritis*** sie leidet unter Arthritis; ■**to do sth ~ sth** etw aus etw *dat* tun; ***he did it ~ jealousy*** er hat es aus Eifersucht getan; ■**to do sth ~ doing sth** etw durch etw *akk* tun; ***she made her fortune ~ investing in property*** sie hat ihr Vermögen durch Investitionen in Grundstücke gemacht; *after adj;* **to get sick ~ salmonella** sich *akk* mit Salmonellen infizieren; *after n;* **to reduce the risk ~ radiation** das Risiko einer Verstrahlung reduzieren; ***they got a lot of happiness ~ hearing the news*** sie haben sich über die Neuigkeiten unheimlich gefreut

⓮ *after vb (indicating protection)* vor *+dat;* **to guard sb ~ sth** jdn vor etw *dat* schützen; ***they insulated their house ~ the cold*** sie dämmten ihr Haus gegen die Kälte; *after n;* ***they found shelter ~ the storm*** sie fanden Schutz vor dem Sturm

⓯ *after vb (indicating prevention)* vor *+dat;* ***the truth was kept ~ the public*** die Wahrheit wurde vor der Öffentlichkeit geheim gehalten; ***the bank loan saved her company ~ bankruptcy*** das Bankdarlehen rettete die Firma vor der Pleite; ***he saved him ~ death*** er rettete ihm das Leben; ***he has been banned ~ driving for six months*** er darf sechs Monate lang nicht Auto fahren; ■**~ doing sth** von etw *dat;* ***he boss tried to discourage her ~ looking for a new job*** ihr Chef versuchte, sie davon abzubringen, nach einem neuen Job zu suchen

⓰ *after vb (indicating distinction)* von *+dat;* ***conditions vary ~ one employer to another*** die Bedingungen sind von Arbeitgeber zu Arbeitgeber unterschiedlich; ***he knows his friends ~ his enemies*** er kann seine Freunde von seinen Feinden unterscheiden; *after adj;* ***his opinion could hardly be more different ~ mine*** unsere Meinungen könnten kaum noch unterschiedlicher sein

▸PHRASES: **~ the <u>bottom</u> of one's heart** aus tiefstem Herzen

fro·mage frais [ˌfrɒmɑːʒ'freɪ, AM frəˌmɑːʒ'-] *n no pl* Frischkäse *m*

frond [frɒnd, AM frɑːnd] *n* Wedel *m;* **palm ~** Palmwedel *m*

front [frʌnt] **I.** *n* ❶ *usu sing (forward-facing part)* Vorderseite *f;* ***shall I lie on my ~ or my back?*** soll ich mich auf den Bauch oder auf den Rücken legen?; ***please turn round and face the ~*** bitte drehen Sie sich um und schauen Sie nach vorn; **~ of a building** Front *f* eines Gebäudes; **~ of a pullover** Vorderteil *m* eines Pullovers; **to put sth on back to ~** etw verkehrt herum anziehen; ■**from the ~** von vorne; **to lead from the ~** die Spitze anführen

❷ *(front area)* ■**the ~** der vordere Bereich; ***we want seats as near the ~ as possible*** wir wollen möglichst weit vorne sitzen; **the ~ of a crowd** die Spitze einer Menge; ■**at the ~** vorn[e]; ***she got us seats right at the ~*** sie hat uns Sitze in der vordersten Reihe besorgt

❸ *(ahead of)* ■**in ~** vorn[e]; ***the lady in the row in ~*** die Dame in der Reihe vor uns; ■**to be in ~** SPORT in Führung liegen; ■**in ~ of sth/sb** vor etw/jdm; **in ~ of other people/the children/witnesses** vor anderen Menschen/den Kindern/Zeugen

❹ *(book cover)* [vorderer] Buchdeckel; *(first pages)* Anfang *m*

❺ THEAT *(in the auditorium)* ■**out ~** im Publikum; **to go out ~** vor den Vorhang treten

❻ *(fam: in advance)* ■**up ~** im Voraus

❼ *(fig: deception)* Fassade *f oft pej;* ***the restaurant is a ~ for a drug-smuggling gang*** das Restaurant dient nur als Deckadresse für eine Drogenschmugglerbande; **to put on a bold** [*or* **brave**] **~** kühn [*o* mutig] auftreten

❽ MIL, METEO, POL Front *f;* ***the ~ for the Liberation of Palestine*** die palästinensische Befreiungsarmee; ■**the ~** MIL die Front; **a cold/warm ~** METEO eine Kalt-/Warmfront; **a united ~** POL eine geschlossene Front

❾ *(area of activity)* Front *f;* **on the domestic/work ~** an der Heimatfront/Arbeitsfront; **on the employment ~** im Beschäftigungsbereich

❿ *usu sing (beside sea)* [Strand]promenade *f;* **the lake/river ~** die Uferpromenade

⓫ *no pl (fam: impudence)* Unverschämtheit *f,* Frechheit *f*

II. *adj inv* ❶ *(at the front)* vorderste(r, s); ***I like sitting in the ~ seats at the cinema*** ich sitze gerne auf den vorderen Plätzen im Kino; **~ leg** Vorderbein *nt;* **~ teeth** Schneidezähne *pl;* **~ wheel** Vorderrad *nt*

❷ *(concealing)* Deck-; **~ operation** Deckfirma *f*

III. *vt* ❶ *(face onto)* ■**to ~ sth** einer S. *dat* gegenüberliegen; ***all the apartments ~ the sea*** alle Wohnungen gehen zum Meer hinaus

❷ *usu passive* ARCHIT *(put a facade on)* ■**to be ~ed** verkleidet sein; **to be ~ed with timber** mit Holz verkleidet sein

❸ *(be head of)* ■**to ~ sth** einer S. *dat* vorstehen; **to ~ a department** eine Abteilung leiten

❹ TV *(be presenter)* ■**to ~ sth** etw moderieren

IV. *vi* ❶ *(face)* ***the house ~s north*** das Haus geht nach Norden [hinaus]; ***our cottage ~s onto the village green*** unser Häuschen liegt zur Dorfwiese hin

❷ *(be front man)* ■**to ~ for sth** für etw *akk* den Strohmann spielen

front·age ['frʌntɪdʒ, AM -t̬-] *n* ❶ *(side of building)* [Vorder]front *f*

❷ *(direction)* Ausrichtung *f;* ***these apartments have a delightful dockside ~*** diese Wohnungen liegen wunderbar am Hafen

❸ *(land)* Grundstück *nt;* ***the accommodation is set in a garden with canal ~*** die Unterkunft befindet sich in einem Garten, der sich zum Kanal hin öffnet

'front·age road *n* AM *(service road)* Nebenfahrbahn *f*

front·al ['frʌntᵊl, AM -t̬-] **I.** *adj attr, inv* Frontal-; **~ assault** [*or* **attack**] Frontalangriff *m;* **~ impact** Frontalzusammenstoß *m;* **~ nudity** völlige Nacktheit; **~ view** Vorderansicht *f*

II. *n* REL Antependium *nt fachspr,* Frontale *nt*

front·al 'lobe *n* ANAT Stirnlappen *m* **front·al lo'boto·my** *n* MED Frontotomie *f* **'front·al sys·tem** *n* METEO Frontensystem *nt*

front 'bench *n* BRIT POL vordere Sitzreihe *(für führende Regierungs- und Oppositionspolitiker)* **'front-bench** *adj attr, inv* BRIT POL der führenden Fraktionsmitglieder *nach n;* **~ team** politische Führungsmannschaft **front·'bench·er** *n* BRIT POL führender Politiker/führende Politikerin **front 'cov·er** *n* Titelseite *f* **front 'door** *n* Vordertür *f; of a house* Haustür *f* **'front-end I.** *adj attr* ❶ AUTO Vorder- ❷ COMPUT Frontend- ❸ *(fam: of money)* Voraus-; ECON, FIN am Anfang der Laufzeit liegend; **~ fee** Gebühren *pl,* die zu Beginn der Laufzeit fällig sind; **~ loaded** Fälligkeit *f* anfallender Gebühren am Anfang der Laufzeit **II.** *n* COMPUT Front End *nt fachspr,* Emulator *m fachspr* **front 'gar·den** *n* Vorgarten *m*

fron·tier [frʌn'tɪəʳ, AM -'tɪr] *n* ❶ *(boundary)* Grenze *f;* **internal ~** Binnengrenze *f*

❷ *esp* AM *(outlying areas)* ■**the ~** das Grenzland

❸ *(of knowledge)* Neuland *nt kein pl*

'fron·tiers·man *n* Grenzer *m*

'fron·tier sta·tion *n* Grenzstation *f*

'fron·tiers·wom·an *n* Grenzerin *f*

fron·tis·piece ['frʌntɪspiːs, AM -t̬-] *n* Frontispiz *nt fachspr,* Titelbild *nt*

front 'line *n* ❶ MIL *(combat zone)* Frontlinie *f* ❷ *(fig: position)* vorderste Front; ***our undercover agents are in the ~ of the fight against drugs*** unsere verdeckten Ermittler kämpfen an vorderster Front gegen Drogen **'front-line** *adj attr, inv* MIL Front- **front-line 'states** *npl Länder, die an Kriegsgebiete grenzen* **front 'load·er** *n* Frontlader *m* **front·load·ing** [ˌfrʌnt'ləʊdɪŋ, AM -'loʊd-] *n no pl* EU Frontloading *nt,* Vorverteilung *f* **'front man** *n* ❶ *(for illegal organization)* Strohmann *m* ❷ *(presenter)* Moderator *m* ❸ *(of pop group)* Leadsänger *m* **'front mon·ey** *n no pl* ECON, FIN Vorauszahlung *f* **front 'of·fice** *n* Frontoffice *nt;* **~ system** Frontoffice-Handelssystem *nt* **front-of-'house I.** *n no pl* THEAT Organisation *f* **II.** *adj attr, inv* ❶ THEAT Organisations- ❷ *(coming into direct contact) staff* Bedienungs- **front 'page** *n* Titelseite *f;* **to make the ~** auf die Titelseite kommen **'front-page** *adj attr, inv* auf der Titelseite [*o* ersten Seite] *nach n;* **~ story** Titelgeschichte *f* **front 'room** *n esp* BRIT Wohnzimmer *nt* **front-row 'for·ward** *n (in rugby)* Stürmer(in) *m(f)* **'front-run·ner** *n (also fig)* Spitzenreiter(in) *m(f)* **front 'seat** *n* ❶ AUTO Vordersitz *m* ❷ *(theatre, cinema seat)* Platz *m* in den ersten Reihen; **to have a ~** [**for sth**] *(fig)* [bei etw *dat*] einen Logenplatz haben *fig* **front-wheel 'drive I.** *n* Vorderradantrieb *m* **II.** *adj inv* mit Vorderradantrieb *nach n* **'front wom·an** *n* ❶ *(for illegal organization)* Strohmännin *m* (**for** für *+akk*) ❷ *(presenter)* Moderatorin *f* ❸ *(of pop group)* Leadsängerin *f* **front 'yard** *n* Vorhof *m;* AM *(planted strip)* Vorgarten *m*

frosh [frɑːʃ] *n* AM *(fam: fresher)* Erstsemester *nt fam,* Erstsemestrige(r) *f(m)* ÖSTERR *fam*

frost [frɒst, AM frɑːst] **I.** *n* ❶ *(cold period)* Frost *m;* **early/late ~** früher/später Frost

❷ *no pl (sub-zero temperature)* Frost *m;* **12/15 degrees of ~** 12/15 Grad minus [*o* unter null]; **ground ~** Bodenfrost *m*

❸ *(hoarfrost)* Raureif *m*

❹ *(of manner)* Frostigkeit *f*

II. *vt* ❶ *(cover with frost)* ■**to ~ sth** *tree, leaves, bush* etw mit Raureif überziehen

❷ AM *(cover with icing)* ■**to ~ sth** etw glasieren

❸ AM *(of streaks)* **to have one's hair ~ed** sich *dat* blonde Strähnchen machen lassen

❹ *usu passive (damage or kill by frost)* ■**to be ~ed** erfroren sein

❺ *(make opaque)* **to ~ glass** Glas mattieren; **~ed glass** Milchglas *nt*

♦**frost over, frost up** *vi* Raureif bilden; ***the lawn had ~ed over during the night*** auf dem Rasen hatte sich über Nacht Raureif gebildet

'frost·bite *n no pl* Erfrierung *f;* *(chilblain)* Frostbeule *f* **'frost·bit·ten** *adj person, toes, fingers* erfroren **'frost·bound** *adj* [hart] gefroren

frost·ed ['frɒstɪd, AM 'frɑːs-] *adj inv* ❶ *(covered with frost)* mit Raureif bedeckt

❷ AM *(covered with icing)* glasiert

❸ *(opaque)* matt[iert]; **~ glass** Milchglas *nt*

'frost-free *adj fridge, freezer* mit Abtauautomatik *nach n*

frosti·ly ['frɒstɪli, AM 'frɑːst-] *adv* frostig, eisig

frosti·ness ['frɒstɪnəs, AM 'frɑːst-] *n no pl* ❶ *(of weather)* Eiseskälte *f*

❷ *(unfriendliness)* Frostigkeit *f;* *(of atmosphere)* kühle Atmosphäre

frost·ing ['frɒstɪŋ, AM 'frɑːst-] *n no pl* ❶ *(of surface)* Mattierung *f*

❷ AM *(icing)* Glasur *f*

'frost line *n* AM Frostgrenze *f*

frosty ['frɒsti, AM 'frɑːsti] *adj* ❶ *(very cold)* frostig

❷ *(covered with frost)* vereist

❸ *(unfriendly)* frostig; *atmosphere* kühl

froth [frɒθ, AM frɑːθ] **I.** *n no pl* ❶ *(small bubbles)* Schaum *m*

❷ *(soft mass)* Stoffgebilde *nt*

❸ *(esp pej: light entertainment)* seichte Unterhaltung

▸PHRASES: **to <u>get</u> into a ~** durchdrehen, ausflippen *fam*

II. *vi* schäumen; **to ~ at the mouth** *(form bubbles)* Schaum vor dem Mund haben; *(fig: be very angry)* vor Wut schäumen

III. *vt* ■**to ~ sth** [**up**] etw aufschäumen; ***shake the drink before you serve it to ~ it up*** das Getränk vor dem Servieren durch Schütteln aufschäumen

frothy ['frɒθi, AM 'frɑ:-] *adj* ① *(of substance)* schaumig
② *(of entertainment)* seicht
frou-frou ['fru:fru:] *n* ① *(exaggerated clothing)* Flitter *m pej*
② *no pl (noise)* Rascheln *nt,* Rauschen *nt; (of wood, fire)* Knistern *nt*
frown [fraʊn] **I.** *vi* ① *(showing displeasure)* die Stirn runzeln; ■**to ~ at sb/sth** jdn/etw missbilligend ansehen; ■**to ~ on** [*or* **upon**] **sth** etw missbilligen; ***that sort of behaviour is definitely ~ed upon in polite society*** dieses Benehmen ist in der feinen Gesellschaft absolut verpönt
② *(in thought)* nachdenklich die Stirn runzeln; ■**to ~ at sth** etw nachdenklich betrachten
II. *n* Stirnrunzeln *nt kein pl;* ***she threw him a warning ~ as he prepared to scold the child*** sie warf ihm einen warnenden Blick zu, als er das Kind ausschimpfen wollte
frows·ty ['fraʊsti] *adj* BRIT *(fam)* stickig, miefig *pej fam; (smelly)* muffig *fam*
frowsy, frowzy ['fraʊzi] *adj* BRIT ① *(unkempt)* ungepflegt
② *(stuffy)* stickig, miefig *pej fam; (smelly)* muffig *fam*
fro-yo ['froʊjoʊ] *n short for* **frozen yogurt** Joghurteis *nt (das aus fettarmen Joghurt hergestellt wird),* Joghurtglacé *nt* SCHWEIZ
froze [frəʊz, AM froʊz] *pt of* **freeze**
froz·en [frəʊzən, AM froʊz-] **I.** *pp of* **freeze**
II. *adj inv* ① *(of water)* gefroren
② *(of food)* [tief]gefroren, tiefgekühlt SCHWEIZ
③ *(fig: of person)* erfroren; ***you must be ~ — come inside*** dir muss [doch] eiskalt sein – komm rein
④ ECON, FIN *(blocked by bank)* eingefroren *fam;* **~ account** gesperrtes Konto; **~ assets** eingefrorene Vermögenswerte [*o* Guthaben]; **~ credits** eingefrorene Kredite
froz·en 'shoul·der *n no pl* steife Schulter
fruc·ti·fy <-ie-> ['frʌktɪfaɪ, AM -tə-] *(form)* **I.** *vi* Früchte tragen
II. *vt* ■**to ~ sth** etw befruchten
fruc·tose ['frʌktəʊs, AM -oʊs] *n no pl* Fruchtzucker *m,* Fructose *f fachspr*
fru·gal ['fru:gəl] *adj* ① *(economical)* sparsam; *lifestyle* genügsam; ■**to be ~** *(live modestly)* bescheiden leben; *(be economical)* sparsam sein (**with** mit +*dat)*
② *(of quantity)* karg, frugal; **a ~ portion** eine knapp bemessene Portion
fru·gal·ity [fru:'gæləti, AM -əṭi] *n no pl* Genügsamkeit *f*
fru·gal·ly ['fru:gəli] *adv* sparsam; **to live ~** genügsam leben
fruit [fru:t] **I.** *n* ① *no pl (edible seedcase)* Frucht *f; (collectively)* Obst *nt;* **to bear ~** Früchte tragen; ■**to be in ~** reife Früchte tragen; ***the cherry tree in our garden is in ~*** an dem Kirschbaum in unserem Garten sind die Früchte reif
② *(type of fruit)* Frucht *f;* **the ~s of the earth** *(liter)* die Früchte des Feldes *geh*
③ BOT *(seed-bearing part)* Frucht *f*
④ *(fig: results)* Ergebnis *nt,* Frucht *f;* **to enjoy the ~s of one's labour** die Früchte seiner Arbeit genießen; **to bear ~** *work* Früchte tragen
⑤ *(liter)* **the ~ of the/his loins** die Frucht seiner Lenden *geh;* **the ~ of the/her womb** die Frucht ihres Leibes *geh*
⑥ AM, AUS *(pej! sl: homosexual)* Warmer *m pej fam*
⑦ *(dated fam: form of address)* **old ~** alter Knabe *oft hum fam*
▸PHRASES: **forbidden ~** [**is sweetest**] *(saying)* verbotene Früchte [schmecken am besten]
II. *vi* [Früchte] tragen; ***over the last few years, our apple trees have been ~ing much earlier than usual*** in den letzten paar Jahren haben unsere Apfelbäume viel früher als sonst getragen
'fruit bat *n* Flughund *m* **'fruit·cake** *n* ① *no pl* Früchtebrot *nt* ② *(fam!: eccentric)* Spinner(in) *m(f) pej fam* **fruit 'cock·tail** *n* Früchtecocktail *m* **fruit 'cup** *n* ① BRIT *(drink)* [frisch gepresster] Fruchtsaft ② AM *(fruit salad)* Früchtebecher *m,* Fruchtsalat *m* SCHWEIZ
fruit·er·er ['fru:tərəʳ, AM -ṭəɚ] *n esp* BRIT Obsthändler(in) *m(f)*
'fruit fly *n* Fruchtfliege *f*
fruit·ful ['fru:tfəl] *adj* ① *(productive)* ertragreich; **~ discussion** fruchtbare Diskussion
② *(liter: fertile)* fruchtbar; ***be ~ and multiply*** seid fruchtbar und mehret euch
fruit·ful·ly ['fru:tfəli] *adv* nützlich
fruit·ful·ness ['fru:tfəlnəs] *n no pl* ① *(productivity)* Ergiebigkeit *f*
② *(liter: bearing fruit)* Fruchtbarkeit *f*
fruiti·ness ['fru:ti:nəs, AM -ṭi:nəs] *n no pl* Fruchtigkeit *f; of voice* Timbre *nt*
frui·tion [fru'ɪʃən] *n no pl* Verwirklichung *f;* **to come to** [*or* **reach**] **~** verwirklicht werden
'fruit knife *n* Obstmesser *nt,* SCHWEIZ *a.* Früchtemesser *nt*
fruit·less ['fru:tləs] *adj* fruchtlos
fruit·less·ly ['fru:tləsli] *adv* erfolglos
fruit·less·ness ['fru:tləsnəs] *n no pl* Fruchtlosigkeit *f; (fig)* Erfolglosigkeit *f*
'fruit ma·chine *n* BRIT Spielautomat *m*
fruit 'sal·ad *n no pl* Obstsalat *m,* Fruchtsalat *m* SCHWEIZ **'fruit sug·ar** *n no pl* ① *(fructose)* Fruchtzucker *m* ② CAN *(fine sugar)* feiner Zucker, Kristallzucker *m* SCHWEIZ **'fruit tree** *n* Obstbaum *m*
fruity ['fru:ti, AM -ṭi] *adj* ① *(of taste)* fruchtig
② *(of sound, voice)* klangvoll, sonor
③ *(fam: risqué)* anzüglich; **~ remarks** schlüpfrige Bemerkungen
frump [frʌmp] *n (pej)* Vogelscheuche *f;* ***this dress makes me look a total ~*** in diesem Kleid sehe ich absolut unmöglich aus
frump·ish ['frʌmpɪʃ], **frumpy** ['frʌmpi] *adj* altmodisch; *woman* unattraktiv
frus·trate [frʌs'treɪt, AM 'frʌstreɪt] *vt* ■**to ~ sb**
① *(annoy)* jdn frustrieren
② *(prevent)* jdn hindern; ***in his attempt to speed up operations he was ~d by the lack of computing facilities*** sein Versuch, die Operationen zu beschleunigen, war wegen der fehlenden Computerausstattung vergebens; ■**to ~ sth** etw zunichtemachen
frus·trat·ed [frʌs'treɪtɪd, AM 'frʌstreɪṭɪd] *adj* ① *(annoyed)* frustriert
② *attr (prevented)* gescheitert
③ *attr (sexually neglected)* unbefriedigt
frus·trat·ing [frʌs'treɪtɪŋ, AM 'frʌstreɪṭɪŋ] *adj* frustrierend
frus·trat·ing·ly [frʌs'treɪtɪŋli, AM -ṭɪŋli] *adv* frustrierend[erweise]
frus·tra·tion [frʌs'treɪʃən] *n* ① *no pl (annoyance)* Frustration *f*
② *(feeling)* Frustriertheit *f,* Niedergeschlagenheit *f kein pl;* ***she understood the ~s he was feeling*** sie verstand seine Enttäuschung
③ *no pl (prevention)* Vereitelung *f;* **the ~ of desires** die Nichterfüllung von Sehnsüchten
fry [fraɪ] **I.** *npl* junger Fisch
▸PHRASES: **small ~** kleine Fische *fam; (person)* kleiner Fisch *fam*
II. *vt* <-ie-> ① *(cook)* ■**to ~ sth** etw braten [*o* SCHWEIZ frittieren]
② AM *(fam: execute)* ■**to ~ sb** jdn auf dem elektrischen Stuhl hinrichten
III. *vi* <-ie-> ① *(cook)* braten
② *(fig fam: get sunburnt)* schmoren *fig fam*
③ AM *(fam: be executed)* auf dem elektrischen Stuhl hingerichtet werden
◆**fry up** *vt* ■**to ~ up** ↻ **sth** etw [auf]braten [*o* in der Pfanne aufwärmen]
fry·er ['fraɪəʳ, AM -ɚ] *n* ① *(utensil)* Bratpfanne *f;* **deep-fat ~** Fritteuse *f*
② AM *(chicken)* Brathuhn *nt,* [Grill]poulet *nt* SCHWEIZ
fry·ing pan ['fraɪɪŋ-] *n* Bratpfanne *f*
▸PHRASES: **out of the ~ into the fire** vom Regen in die Traufe *fam*
'fry-up *n* BRIT *(fam)* Pfannengericht *nt;* ***shall we have a ~ of yesterday's leftovers for supper?*** sollen wir die Reste von gestern zum Abendessen aufbraten?
FSB [,efes'bi:] *n abbrev of* **front side bus** FSB
FT [,ef'ti:] *n abbrev of* **Financial Times** Financial Times *f (Wirtschaftszeitung)*
ft *n abbrev of* **foot, feet** ft
FT Ac·tu·aries 'Share In·di·ces *npl* ECON, FIN Aktienindizes *pl* der Financial Times
F2F *adv abbrev of* **face-to-face** persönlich
f2f-sex [eftəef-] *n (sl) short for* **face-to-face sex** bezeichnet die physische Begegnung zweier Menschen, im Gegensatz zu Cybersex
FTP [,efti:'pi:] *n* COMPUT *abbrev of* **file transfer protocol** FTP
FTSE ['fʊtsi], **FTSE 100** [,fʊtsiwʌn'hʌndrəd] *n* FIN *acr for* **Financial Times Stock Exchange** FT-SE *m,* Footsie *m,* Financial Times Index *m*
fuch·sia ['fju:ʃə] **I.** *n* ① *(plant)* Fuchsie *f*
② *no pl (colour)* Fuchsia *nt*
II. *adj inv* fuchsiafarben
fuck [fʌk] *(vulg sl)* **I.** *n* ① *(act, sexual partner)* Fick *m vulg*
② *no pl (used as expletive)* ***they screamed like ~ until someone heard them*** sie schrien wie wild, bis jemand sie hörte; ***who gives a ~ what they think?*** wen interessiert es schon, was sie denken?; ***shut the ~ up!*** halt verdammt noch mal das Maul! *derb;* ***for ~'s sake!*** zum Teufel! *sl;* ■**what/who/why/where the ~ ...** was/wer/warum/wo zum Teufel ... *fam*
II. *interj* Scheiße! *derb*
III. *vt* ① *(have sex with)* ■**to ~ sb** jdn vögeln *vulg;* ***go ~ yourself!*** verpiss dich! *sl*
② *(damn)* ■**to ~ sb/sth** jdn/etw verfluchen; ***~ what she says*** scheiß doch auf das, was sie sagt; ***~ that idea*** scheiß auf diese Idee; ***~ the boss, this is between us*** zum Teufel mit dem Chef, das geht nur uns beide was an; [***oh***] ***~ it!*** verdammte Scheiße! *derb;* ***~ me!*** ich glaub, ich spinne! *sl;* ***~ you!*** leck mich am Arsch! *derb*
IV. *vi* ① *(have sex)* ficken *vulg*
② *(play mind-games)* ■**to ~ with sb** jdn verscheißern [*o* verarschen] *derb*
◆**fuck about, fuck around** *(vulg sl)* **I.** *vi* herumgammeln *fam,* herumsandeln ÖSTERR *fam*
II. *vt* ■**to ~ sb** ↻ **about** [*or* **around**] jdn verarschen *derb*
◆**fuck off** *(vulg sl)* **I.** *vi* sich *akk* verpissen *sl,* ÖSTERR *a.* sich *akk* schleichen *fam*
II. *vt* ■**to ~ sb off** jdn ankotzen *derb;* ***it really ~s me off when he says things like that*** es kotzt mich echt an, wenn er solche Sachen sagt
◆**fuck over** *vt* AM *(vulg sl)* ■**to ~ sb over** jdn ausnutzen [*o* ÖSTERR, SCHWEIZ ausnützen]
◆**fuck up** *(vulg sl)* **I.** *vt* ① *(make a mess of)* ■**to ~ up** ↻ **sth** etw versauen *fam*
② *(psychologically disturb)* ■**to ~ up** ↻ **sb** jdn fertigmachen *fam;* ***she's been really ~ed up since her parents' divorce*** seit der Scheidung ihrer Eltern ist sie wirklich total fertig
II. *vi* Scheiß machen *pej derb;* ***please don't ~ up this time*** bau dieses Mal bitte keinen Scheiß *pej derb*
fuck 'all BRIT **I.** *n no pl (vulg sl)* ein Dreck *m fam;* ***I know sweet ~ about this subject*** ich weiß einen Scheißdreck von dieser ganzen Sache
II. *adj attr, inv (vulg sl)* ***it makes ~ difference who tells her*** es ist vollkommen scheißegal, wer es ihr sagt; ***they've got ~ idea what to do*** die haben keinen blassen Schimmer, was sie tun sollen *fam*
fucked [fʌkt] *adj pred, inv (vulg sl)* ① *esp* BRIT *(kaputt)* im Arsch *derb;* ***the TV's ~*** der Fernseher ist im Arsch *derb*
② *(stymied)* aufgeschmissen *fam;* ***well, if the last bus has gone, we're ~!*** wenn der letzte Bus wirklich schon weg ist, dann sind wir ganz schön beschissen dran *vulg*
③ *(exhausted)* am Ende *fam;* ***we walked fifteen miles and got home totally ~*** wir liefen fünfzehn Meilen und waren total am Arsch, als wir nach

F

Hause kamen *derb*
fuck·er ['fʌkəʳ, AM -ɚ] *n (vulg sl)* ① *(stupid person)* Arsch *m derb*
② *(problematic thing)* Dreck *m,* Scheiß *m derb;* ***you hold the ~ and I'll hit it*** du hältst den Scheiß, und ich schlage drauf *pej sl*
'fuck·head *n (vulg sl)* Arsch *m derb*
fuck·ing ['fʌkɪŋ] *(vulg sl)* **I.** *adj* verdammt *fam;* ~ ***hell!*** verdammte Scheiße! *derb*
II. *adv* verdammt *fam;* ***he ran ~ fast*** er rannte verdammt schnell
III. *n no pl* Ficken *nt vulg*
'fuck-up *n no pl (vulg sl)* ① *(mess)* Scheiße *f pej derb* ② *(person)* Tollpatsch *m* **'fuck·wit** *n esp* BRIT *(vulg sl)* Scheißkerl *m derb*
fud·dle ['fʌdl] **I.** *vt* ■**to ~ sb** jdn verwirren
II. *n no pl* ① *(fam: confusion)* Verwirrung *f;* **to be in a ~** durcheinander sein; **to get in a ~** durcheinanderkommen
② *(intoxication) of alcohol* Rausch *m,* Schwips *m*
fud·dled ['fʌdld] *adj* ① *(confused)* verwirrt
② *(intoxicated)* benebelt, beschwipst
fuddy-duddy ['fʌdi,dʌdi] *(fam)* **I.** *n* Grufti *m sl*
II. *adj* altmodisch
fudge [fʌdʒ] **I.** *n* ① *no pl (sweet)* Fondant *m o nt,* Karamellbonbon *nt* ÖSTERR, Schmelzbonbon *nt* SCHWEIZ
② *usu sing (pej: compromise)* [fauler] Kompromiss; *(evasion)* Ausweichmanöver *nt*
II. *vt (pej)* ■**to ~ sth** ① *(deal with evasively)* einer S. *dat* ausweichen; **to ~ an issue** einem Thema ausweichen
② *(falsify)* etw frisieren *fam*
III. *vi (pej)* ausweichen, sich *akk* drücken *pej*
fuel ['fju:əl, AM *also* fju:l] **I.** *n* ① *no pl (power source)* Brennstoff *m;* **nuclear ~ reprocessing plant** atomare Wiederaufbereitungsanlage
② *(petrol)* Benzin *nt;* **leaded/unleaded ~** verbleites/bleifreies Benzin
③ *(type of fuel)* Kraftstoff *m,* Treibstoff *m*
④ *no pl (fig: material)* Nahrung *f;* **to add ~ to the fire** [*or* **flames**] Öl ins Feuer gießen
II. *vt* <BRIT -ll- *or* AM *usu* -l-> ① *usu passive (provide with fuel)* ■**to be ~led [by sth]** [mit etw *dat*] betrieben werden; ***our central heating system is ~led by gas*** unsere Zentralheizung läuft mit Gas
② *(fig: increase)* ■**to ~ sth** etw nähren *geh;* **to ~ sb's hatred/resentment** jds Hass/Unmut schüren *geh;* **to ~ speculation** Spekulationen anheizen
'fuel bill *n* Heizkosten *pl* **'fuel ca·pac·ity** *n no pl* Fassungsvermögen *nt* des Tanks **'fuel cell** *n* Brennstoffzelle *f* **'fuel-cell car** *n* AUTO brennstoffzellenangetriebenes Auto **'fuel con·sump·tion** *n no pl* Brennstoffverbrauch *m;* TRANSP Treibstoffverbrauch *m* **fuel-ef'ficient** *adj inv* Benzin sparend **'fuel el·ement** *n* NUCL Brennelement *nt* **'fuel gauge,** AM **'fuel gage** *n* Tankanzeige *f* **'fuel-in·ject·ed** *adj inv* mit Treibstoffeinspritzung *nach n,* Einspritz- **'fuel in·jec·tion** *n no pl* Treibstoffeinspritzung *f* **fuel-in·jec·tion 'en·gine** *n* Einspritzmotor *m* **'fuel oil** *n no pl* Heizöl *nt* **fuel 'pov·er·ty** *n no pl Situation, in der Personen mit niedrigem Einkommen einen Großteil ihres Einkommens für Heizkosten u.Ä. ausgeben müssen* **'fuel pump** *n* Kraftstoffpumpe *f* **'fuel rod** *n* NUCL Brennstab *m* **'fuel tank** *n* Treibstofftank *m*
fug [fʌg] *n no pl* BRIT *(pej)* stickige Luft, Mief *m pej sl*
fug·gy ['fʌgi] *adj* BRIT stickig
fu·gi·tive ['fju:dʒətɪv, AM -t̬-] **I.** *n* Flüchtige(r) *f(m);* **a ~ from justice** ein flüchtiger Rechtsbrecher/eine flüchtige Rechtsbrecherin; **a ~ from war** ein Kriegsflüchtling *m*
II. *adj* ① *attr, inv (escaping)* flüchtig; **~ offender** flüchtiger Straftäter
② *(liter: fleeting)* vergänglich; **~ impressions** flüchtige Eindrücke
fugue [fju:g] *n* MUS Fuge *f*
ful·crum <*pl* -s *or* -ra> ['fʊlkrəm, *pl* -krə] *n* ① *(of balance)* Drehpunkt *m*
② *(fig: central point)* Angelpunkt *m*
ful·fil <-ll->, AM, AUS **ful·fill** [fʊl'fɪl] *vt* ① *(satisfy)* ■**to ~ sth** etw erfüllen; **to ~ an ambition** ein Ziel erreichen; **to ~ one's potential** sein Potenzial ausschöpfen
② *(carry out)* ■**to ~ sth** einer S. *dat* nachkommen; **to ~ a contract/promise** einen Vertrag/ein Versprechen erfüllen; **to ~ a function/role** eine Funktion/Rolle einnehmen
③ *(make satisfied)* ■**sth ~s sb** etw erfüllt jdn; ■**to ~ oneself** sich *akk* verwirklichen
④ *(make come true)* **to ~ a prophecy** eine Prophezeiung erfüllen
ful·filled [fʊl'fɪld] *adj* ① *(of conditions)* erfüllt
② *(happy)* ausgefüllt; **~ life** erfülltes Leben *geh*
ful·fill·ing [fʊl'fɪlɪŋ] *adj* erfüllend; **a ~ sex life** ein befriedigendes Sexualleben
ful·fil·ment, AM, AUS **ful·fill·ment** [fʊl'fɪlmənt] *n no pl* Erfüllung *f*
full [fʊl] **I.** *adj* ① *usu pred (no space)* voll; *cinema, theatre* ausverkauft; ***her eyes were ~ of tears*** ihre Augen waren voller Tränen; **to be ~ to the brim [with sth]** bis zum Rand [mit etw *dat*] gefüllt sein; **to talk with one's mouth ~** mit vollem Mund sprechen; **to do sth on a ~ stomach** etw mit vollem Magen tun; **to be ~ to bursting [with sth]** [mit etw *dat*] zum Brechen [*o* brechend] voll sein; ***they kept packing people in until the hall was ~ to bursting*** man hat so lange immer wieder Leute reingelassen, bis die Halle zum Brechen voll war
② *pred (having a lot)* ***I couldn't speak, my heart was too ~*** ich konnte nicht sprechen, denn mir ging das Herz über; ***she was ~ of praise for your work*** sie war voll des Lobes über deine Arbeit; ***he shot her a look ~ of hatred*** er warf ihr einen hasserfüllten Blick zu; **to be ~ of surprises** voller Überraschungen sein; **to be ~ of oneself** [*or* **one's own importance**] *(pej fam)* eingebildet sein
③ *pred (after eating)* ■**to be ~** satt sein; **to be ~ to the brim** [*or* **to bursting**] platzen *fam*
④ *(omitting nothing)* voll, vollständig; **~ employment** Vollbeschäftigung *f;* **~ explanation** vollständige Erklärung; **the ~ form of a word** die Vollform eines Wortes; **to write one's ~ name and address** den Vor- und Zunamen und die volle Adresse angeben; **to give/write a ~ report** einen vollständigen Bericht geben/schreiben
⑤ *(entire)* voll, vollständig; ***he was suspended on ~ pay*** er wurde bei vollen Bezügen freigestellt; ***they had a furious row outside their house in ~ view of their neighbours*** sie hatten eine wilde Auseinandersetzung vor dem Haus, direkt vor den Augen der Nachbarn; **~ fare** voller Fahrpreis; **to be in ~ flow** in voller Fahrt sein; **~ member** Vollmitglied *nt;* **~-price ticket** Fahrkarte *f* zum vollen Preis; **to be under ~ sail** NAUT mit vollen Segeln fahren; **to be in ~ swing** voll im Gang sein
⑥ *(maximum)* voll; ***his headlights were on ~*** seine Scheinwerfer waren voll aufgeblendet; **[at] ~ blast** [*or* **volume**] mit voller Lautstärke; **to be in ~ cry [after sb/sth]** [jdn/etw] begeistert verfolgen; **[at] ~ speed** [*or* **tilt**] [*or* BRIT **pelt**] mit voller Geschwindigkeit; **~ steam ahead** NAUT Volldampf voraus; **at ~ stretch** völlig durchgestreckt; *(fig)* mit vollen Kräften
⑦ *(busy and active)* ausgefüllt
⑧ *pred (preoccupied)* ■**to be ~ of sth** von etw *dat* völlig in Anspruch genommen sein; *(enthusiastic)* von etw *dat* ganz begeistert sein; ***did the kids enjoy their day at the beach? — oh yes, they're still ~ of it*** haben die Kinder den Tag am Strand genossen? – oh ja, sie sind noch immer ganz begeistert davon
⑨ *(rounded)* voll; **for the ~er figure** für die vollschlanke Figur
⑩ *(wide)* weit geschnitten; **~ skirt** weiter Rock
⑪ *(rich and deep)* voll; **~ voice** sonore Stimme; **~ wine** vollmundiger Wein
▶PHRASES: **to be ~ of beans** wie ein Sack [voller] Flöhe sein; **to have one's hands ~** alle Hände voll zu tun haben; **to be ~ of the joys of spring** prächtig aufgelegt sein; **to be ~ of the milk of human kindness** vor Freundlichkeit [geradezu] überströmen; **the wheel has** [*or* **things have**] **come ~ circle** der Kreis hat sich geschlossen
II. *adv inv* ① *(completely)* voll; **to be ~ on/off** *tap* voll auf-/abgedreht sein
② *(directly)* direkt
③ *(very)* sehr; **to know ~ well [that ...]** sehr gut [*o* wohl] wissen, [dass ...]
III. *n* **in ~** zur Gänze; **to the ~** bis zum Äußersten
full 'age *n* LAW Volljährigkeit *f*
'full·back *n* SPORT ① *(defending player)* Außenverteidiger(in) *m(f)* ② *(near end of the field)* Schlussspieler(in) *m(f)* **full-'blood·ed** *adj* ① *(vigorous)* kraftvoll ② *(wholehearted)* rückhaltlos ③ *attr (of descent)* reinrassig **full-'blown** *adj* ① *(developed)* ausgereift; **~ disease** voll ausgebrochene Krankheit ② *(in bloom) flower* voll aufgeblüht **full 'board** BRIT **I.** *n no pl* Vollpension *f* **II.** *adj inv* mit Vollpension *nach n* **full-'bodied** *adj (of food)* mächtig; *(of sound)* voll; **~ wine** vollmundiger [*o fachspr* körperreicher] Wein **full 'bore** *adv esp* AM mit voller Geschwindigkeit **full-'calo·rie** *adj attr, inv* mit voller Kalorienzahl *nach n* **full-cream 'milk** *n no pl* Vollmilch *f* **full 'dress** *n no pl* MIL Galauniform *f* **'full-dress** *adj* ① MIL Gala-; **~ parade** Galaparade *f* ② *attr (fig: formal)* formell
ful·ler's earth [,fʊləz'-, AM -ɚz'-] *n no pl* Fullererde *f,* Bleicherde *f*
full 'face PHOT **I.** *adj attr* En-face- *fachspr* **II.** *adv* en face *fachspr;* ***she looked at the camera ~*** sie sah direkt in die Kamera **'full-faced** *adj* vollgesichtig **full-'fash·ioned** *adj* AM mit Passform *nach n;* **~ stockings** Strümpfe *pl* mit Passform **full-'fledged** *adj* AM ① *(with feathers)* flügge ② *(developed)* ausgereift ③ *(trained)* ausgebildet **full-'frontal** **I.** *adj inv* ① *nudity, picture* völlig nackt ② *(extreme)* Frontal-; **a ~ attack against sth** ein Frontalangriff gegen etw *akk* **II.** *n* Nacktfoto *nt* **full-'grown** *adj* ausgewachsen **full 'house** *n* ① THEAT volles [*o* ausverkauftes] Haus ② *(in poker)* Fullhouse *nt* **full-'length** **I.** *adj inv* ① *(reaching floor)* **~ gown** bodenlanges Abendkleid; **~ mirror** großer Spiegel ② *(not short) film, play* abendfüllend; **~ novel** längerer Roman **II.** *adv* **to lie/throw oneself ~ on the floor** sich *akk* der Länge nach auf den Boden legen/werfen **full 'list·ing** *n* ECON, FIN **~ listing** Notierung *f* am Hauptaktienmarkt **full 'marks** *npl* ① *(in exam)* volle Punktzahl; **to get ~ [for sth]** [für etw *akk*] die volle Punktzahl bekommen ② *(fig: praise)* Anerkennung *f,* Lob *nt;* **~ *to her for all her selfless work*** alle Achtung für ihren selbstlosen Einsatz **full 'mer·chant** *n* LAW Vollkaufmann, -kauffrau *m, f* **full 'mon·ty** *n* BRIT *(sl)* ■**the ~** das volle Programm *fig* **full 'moon** *n* Vollmond *m* **full nel·son** [-'nelsᵊn] *n (in wrestling)* Doppelnelson *m fachspr*
full·ness ['fʊlnəs] *n no pl* ① *(being full)* Völle *f;* **feeling of ~** Völlegefühl *nt;* **to speak out of the ~ of one's heart** aus dem Herzen sprechen
② *(completeness)* Vollständigkeit *f;* **in the ~ of time** zu gegebener Zeit
③ *(roundedness)* Fülle *f*
④ *(looseness)* Weite *f; of hair* Volumen *nt;* **~ of a dress** weiter Schnitt eines Kleides
⑤ *(richness)* Vollmundigkeit *f*
full-'on *adj inv account, details* schonungslos **full 'on** **I.** *adj pred* **to have the heater/radio ~** den Ofen/das Radio voll aufgedreht haben **II.** *adv* **to hit sth ~** etw voll treffen **'full-page** *adj* ganzseitig; **~ advertisement** ganzseitige Anzeige **full-'rigged** *adj* NAUT vollgetakelt **'full-scale** *adj inv* ① *(same size as original)* in Originalgröße *nach n* ② *(all-out)* umfassend; **a ~ war** ein ausgewachsener Krieg **full-ser·vice 'bank** *n* AM ECON, FIN Bank *f* mit vollem Service; *(general bank)* Universalbank *f* **full-ser·vice 'bank·ing** *n* AM ECON, FIN umfassender Bankservice **'full-size(d)** *adj inv* ① *(life-sized)* lebensgroß ② *(of normal size)* normal [groß] **full 'stop** *n* ① BRIT, AUS *(punctuation mark)* Punkt *m* ② *(complete halt)* Stillstand *m;* **to come to a ~** zum Stillstand kommen ③ BRIT *(no more to be said)* Schluss *m fam;* ***I'm not going to the party*** ~ ich gehe nicht auf die Party und damit Schluss **'full-term** *adj inv*

❶ MED voll ausgetragen ❷ UNIV die Vorlesungszeit betreffend **full-text 'search** *n* COMPUT Volltextrecherche *f fachspr* **full-'throat·ed** *adj* lauthals **full 'time** *n* SPORT Spielende *nt* **'full-time** *inv* I. *adj* ❶ *(not part-time)* Ganztags-, Vollzeit-; ~ **employee** Vollzeitbeschäftigte(r) *f(m)*; ~ **job** Vollzeitbeschäftigung *f* ❷ SPORT End-; ~ **score** Endstand *m* II. *adv* ganztags **full 'ti·tle** *n* POL *of an Act of Parliament* Haupttitel *m* **full 'trial** *n* LAW Hauptverfahren *nt*

ful·ly ['fʊli] *adv* ❶ *(completely)* völlig; ***I left, ~ intending to return within the month*** ich ging mit der vollen Absicht, während des Monats zurückzukommen; **to be ~ booked** ausgebucht sein
❷ *(in detail)* detailliert
❸ *(of time, amount)* voll; ~ ***two-thirds of the students were dissatisfied with their courses*** ganze zwei Drittel der Studierenden waren mit ihren Seminaren nicht zufrieden; ~ **ten hours** volle zehn [*o* zehn volle] Stunden

ful·ly-'fash·ioned *adj* mit Passform *nach n* **ful·ly-'fledged** *adj* BRIT, AUS ❶ *(with feathers)* flügge ❷ *(developed)* ausgereift ❸ *(trained)* ausgebildet **'fully-grown** *adj esp* BRIT ausgewachsen **fully 'owned** *adj inv* ~ **subsidiary** hundertprozentige Tochtergesellschaft

ful·mi·nate ['fʊlmɪneɪt] I. *vi* ❶ ■**to ~ against** [*or* **about**] **sth** über etw *akk* schimpfen, gegen etw *akk* wettern *fam*
❷ *(liter: explode)* explodieren, detonieren
II. *n* CHEM ~ **of mercury** Knallquecksilber *nt*, Quecksilberfulminat *nt*

ful·min·at·ing cot·ton [ˌfʌlmɪneɪtɪŋ'kɒtən, AM -t̬ɪŋ'kɑ:t-] *n no pl* CHEM Schießbaumwolle *f*

ful·mi·na·tion [ˌfʊlmɪ'neɪʃən] *n* Wettern *nt* (**against/about** gegen *+akk*), Schimpfen *nt* (**against/about** über *+akk*)

ful·some ['fʊlsəm] *adj (pej) praise* überschwänglich; *compliments, flattery* übertrieben; **to receive ~ praise** über den grünen Klee gelobt werden *fam*

ful·some·ly ['fʊlsəmli] *adv (pej)* überschwänglich; **to flatter sb ~** jdm übertrieben schmeicheln; **to thank sb ~** sich *akk* überschwänglich bei jdm bedanken

ful·some·ness ['fʊlsəmnəs] *n no pl (pej form)* Überschwänglichkeit *f*

fu·mar·ic acid [fju:ˌmærɪk'-] *n no pl* CHEM Fumarsäure *f*

fum·ble ['fʌmbl] I. *vi* ❶ *(manipulate)* ■**to ~** [**around** [*or* **about**]] **with sth** an etw *dat* [herum]fingern, [ungeschickt] mit etw *dat* [herum]hantieren
❷ *(caress)* ■**to ~** [**around** [*or* **about**]] [herum]fummeln *fam*
❸ *(feel for)* ■**to ~ around** [*or* **about**] [herum]tasten; ■**to ~ for** [*or* **about**] **sth** nach etw *dat* tasten; ~ **around** [*or* **about**] **in the dark** im Dunkeln [umher]tappen; **to ~ in one's pockets** in seinen Taschen kramen
❹ *(in speech)* **to ~ for the right phrase/word** [krampfhaft] nach dem passenden Ausdruck/Wort suchen
❺ *(in American football)* den Ball fallen lassen, patzen *fam*
II. *vt* ❶ *(say wrong)* **to ~ one's lines/a speech** seinen Text/eine Rede stammeln
❷ SPORT **to ~ the ball** [*or* **catch**] *(in American football)* den Ball verlieren; **to ~ a play** ein Spiel vermasseln [*o* ÖSTERR *a.* verhauen] *fam*
III. *n* SPORT [Ballannahme]fehler *m*

'fum·ble fin·gers <*pl* -> *n* AM *(hum fam)* Tollpatsch *m*

fum·bler ['fʌmblə^r, AM -ɚ] *n (pej)* Tölpel *m pej*, Tollpatsch *m*, Stümper(in) *m(f) pej*; ■**to be a ~** zwei linke Hände haben

fume [fju:m] *vi* ❶ *(fig: rage)* vor Wut schäumen [*o fam* kochen], auf hundertachtzig sein *sl*; **to fuss** [*or* **fret**] **and ~** sich *akk* unnötig aufregen
❷ *(emit fumes)* Abgase produzieren

'fume cup·board, 'fume hood *n* CHEM Abzug *m*

fumes [fju:mz] *npl* ❶ *(unpleasant gas)* Dämpfe *pl*; [**car**] **exhaust ~** [Auto]abgase *pl*; **petrol** [*or* AM **gasoline**] ~ Benzindämpfe *pl*; **to breathe poisonous ~** giftige Dämpfe einatmen; **to give off ~** Dämpfe abgeben
❷ *(smoke)* Rauch *m*; **cigar ~** Zigarrenrauch *m*

fu·mi·gate ['fju:mɪgeɪt] *vt* **to ~ a building/room** ein Gebäude/Zimmer ausräuchern

fu·mi·ga·tion [ˌfju:mɪ'geɪʃən] *n* ❶ *no pl (method)* Ausräuchern *nt*
❷ *(instance)* Ausräucherung *f*

fu·mi·ga·tor ['fju:mɪgeɪtə^r, AM -t̬ɚ] *n* Kammerjäger(in) *m(f)*

fun [fʌn] I. *n no pl* Spaß *m*, SCHWEIZ *a.* Vergnügen *nt*; ***it was good ~*** es hat viel Spaß gemacht; *(funny)* es war sehr lustig [*o* witzig]; ***it's no ~ having to work on Saturdays*** es ist nicht lustig, samstags arbeiten zu müssen; ***that sounds like ~*** das klingt gut; **to be full of ~** *(be active)* immer unternehmungslustig sein; *(be mischievous)* nur Dummheiten im Kopf haben; **to do sth for ~** [*or* **the ~ of it**] [*or* **the ~ of the thing**] etw nur [so] zum Spaß [*o* spaßeshalber] [*o fam* aus Jux und Tollerei] machen; **to do sth in ~** etw im [*o* zum] Spaß tun; ***I didn't mean what I said, it was only in ~*** ich hab's nicht so gemeint, das war doch nur Spaß; **to get a lot of ~ out of** [*or* **from**] **sth** viel Spaß an etw *dat* haben; ***children get a lot of ~ out of playing with water*** Kindern macht es großen Spaß, mit Wasser zu spielen; **to have** [**a lot of**] **~** [viel] Spaß haben, sich *akk* [gut [*o* köstlich]] amüsieren; ***have ~!*** viel Spaß!; ***have ~ on your vacation!*** schöne Ferien!; **to have ~ at sb's expense** sich *akk* auf jds Kosten amüsieren; **to make ~ of** [*or* **poke ~ at**] **sb** sich *akk* über jdn lustig machen; **to put the ~ back into sth** etw [doch noch] retten; **to spoil sb's/the ~** [**of sth**] jdm den/den Spaß [an etw *dat*] verderben; **to take the ~ out of sth** etw verderben; ***Rolf broke his leg when we went skiing and that took all the ~ out of it*** als wir im Skiurlaub waren, hat sich Rolf das Bein gebrochen, das hat uns den ganzen Spaß verdorben; ***like ~!*** *(fam)* Pustekuchen! *fam*; ***what ~!*** super! *fam*
▶ PHRASES: ~ **and games** das reine Vergnügen; **it's not all ~ and games being/doing sth** *(not easy)* es ist nicht immer einfach, etw zu sein/zu tun; *(not fun)* es ist nicht immer lustig, etw zu sein/zu tun; ~ **is ~ and work is work** *(prov)* erst die Arbeit, dann das Vergnügen
II. *adj attr (fam)* ❶ *(enjoyable) activity* lustig; **sth is a ~ thing to do** etw macht Spaß; ***going camping would be a real ~ thing to do*** ich hätte schrecklich Lust, campen zu gehen *fam*
❷ *(entertaining) person* lustig, witzig; ***she's a real ~ person*** *(fam)* sie ist echt witzig *fam*

func·tion ['fʌŋ(k)ʃən] I. *n* ❶ *(task) of a person* Aufgabe *f*, Pflicht *f*; *of the heart, a tool* Funktion *f*; ***in my ~ as mayor*** [in meiner Eigenschaft] als Bürgermeister; **to fulfil** [*or* **perform**] **the ~ of sth** zu etw *dat* dienen
❷ *usu sing (result)* ■**to be a ~ of sth** das Resultat einer S. *gen* sein, aus etw *dat* resultieren
❸ MATH Funktion *f*
❹ *(ceremony)* Feier *f*; *(social event)* Veranstaltung *f*; ***he has a lot of official ~s to attend*** er hat viele soziale Verpflichtungen; **social ~** Benefizveranstaltung *f*, Wohltätigkeitsveranstaltung *f*
II. *vi* funktionieren; ***the lungs ~ to supply the body with oxygen*** die Lungen versorgen den Körper mit Sauerstoff; ***I'm so tired today, I can barely ~*** ich bin heute so müde, dass ich zu nichts zu gebrauchen bin; ■**to ~ as sth** *thing* als etw dienen; *person* als etw fungieren; ***while the president has been ill, the vice president has been ~ing as the country's leader*** als der Präsident krank war, hat der Vizepräsident die Rolle des Staatsführers übernommen

func·tion·al ['fʌŋ(k)ʃənəl] *adj* ❶ *(with purpose)* funktional; ■**to be ~** einen Zweck erfüllen; ~ **shift** LING Funktionswechsel *m*
❷ *(operational)* funktionstüchtig; ■**to be ~** funktionieren
❸ MED Funktions-, funktionell; ~ **disorder** Funktionsstörung *f*

func·tion·al il·'lit·era·cy *n no pl* funktionaler Analphabetismus **func·tion·al il·'lit·er·ate** *n* funktionaler Analphabet/funktionale Analphabetin

func·tion·al·ism ['fʌŋ(k)ʃənəlɪzəm] *n no pl* Funktionalismus *m*

func·tion·al·ist ['fʌŋ(k)ʃənəlɪst] I. *n* Funktionalist(in) *m(f)*
II. *adj* funktionalistisch

func·tion·al·ly ['fʌŋ(k)ʃənəli] *adv* funktional; **to be ~ equivalent to sth** dieselbe Funktion wie etw haben

func·tion·al 'pa·per *n* MATH Millimeterpapier *nt*

func·tion·ary ['fʌŋ(k)ʃənəri, AM -neri] *n* Funktionär(in) *m(f)*; **government/party ~** Regierungs-/Parteifunktionär(in) *m(f)*

func·tion·ing ['fʌŋ(k)ʃənɪŋ] *adj attr, inv* funktionsfähig

'func·tion key *n* COMPUT Funktionstaste *f* **'func·tion word** *n* LING Funktionswort *nt*

func·tus of·fi·cio <*pl* functi officio> [ˌfʌŋ(k)təsə'fɪʃiəʊ, AM -oʊ] LAW seines Amtes entbunden [sein]

fund [fʌnd] I. *n* ❶ *(stock of money)* Fonds *m*; **contingency ~** Fonds *m* für außerordentliche Rückstellungen; **disaster ~** Notfonds *m*, Fonds *m* für Notfälle; **investment/trust ~** Investment-/Treuhandfonds *m*; **pension ~** Pensionsfonds *m*, Pensionskasse *f*; **sinking ~** Tilgungsfonds *m*, Amortisationsfonds *m*
❷ *(money invested)* Investmentfonds *m*; **managed ~** [*or* ~ **of ~s**] Investitionsfonds *m* mit auswechselbarem Portefeuille
❸ *(money)* ■**~s** *pl* [finanzielle] Mittel, Geldmittel *pl*; *(available to spend)* verfügbares Kapital; **public ~s** öffentliche Mittel; **conversion of ~s** Veruntreuung *f* von Geldmitteln, Umleitung *f* von Geldmitteln für eigene Zwecke; **shareholders' ~s** Eigenkapital *nt*; **to allocate ~s to sb/sth** jdm/etw Gelder bewilligen; **to be in ~s** *person* gut bei Kasse sein *fam*; *institution* reichlich [Geld]mittel zur Verfügung haben; **to be short of** [*or* **low on**] **~s** über wenig Geld verfügen; ***I'm a bit low on ~s*** bei mir herrscht Ebbe in der Kasse *fam*; **to convert ~s to another purpose** Gelder veruntreuen; **to convert ~s to one's own use** Gelder veruntreuen [*o* umleiten]; **to disburse ~s to sb/sth** jdm/etw Gelder zuteilen, an jdn/etw Gelder verteilen; **to raise ~s** [**for sth**] [für etw *akk*] Geld [*o* Spenden] sammeln; **sb runs out of ~s** das Geld geht jdm aus
❹ *(fig: source)* Vorrat *m* (**of** an *+dat*); **a ~ of information/knowledge** eine Fülle von Informationen/Kenntnissen
II. *vt* ■**to ~ sth** *(finance)* etw finanzieren; *(invest)* in etw *akk* investieren; **to ~ a company** ein Unternehmen finanzieren; **to ~ a debt** einen Kredit konsolidieren; **to ~ debts** FIN Schulden fundieren [*o* in langfristige Schulden umwandeln]; **privately ~ed** frei finanziert

fun·da·men·tal [ˌfʌndə'mentəl, AM -t̬əl] *adj* grundlegend; ■**to be ~ to doing sth** für etw *akk* unabdingbar sein; ~ **difference** wesentlicher Unterschied; **to be of ~ importance to sth** für etw *akk* von zentraler Bedeutung sein; ~ **issues** Hintergrunddaten *pl*; ~ **need/principle/right** Grundbedürfnis *nt*/-prinzip *nt*/-recht *nt*; ~ **problem** grundsätzliches [*o* grundlegendes] Problem; ~ **question** entscheidende Frage; ~ **research** [*or* **analysis**] Grundlagenforschung *f*; ~ **tenet** zentraler Lehrsatz

fun·da·men·tal 'fre·quen·cy *n* COMPUT Grundfrequenz *f*

fun·da·men·tal·ism [ˌfʌndə'mentəlɪzəm, AM -t̬əl-] *n no pl* Fundamentalismus *m*

fun·da·men·tal·ist [ˌfʌndə'mentəlɪst, AM -t̬əl-] I. *n* Fundamentalist(in) *m(f)*
II. *adj* fundamentalistisch

fun·da·men·tal·ly [ˌfʌndə'mentəli, AM -t̬əli] *adv* ❶ *(basically)* im Grunde [*o* Prinzip]; ***I believe that people are ~ good*** ich glaube, dass die Menschen im Grunde gut sind
❷ *(in all important aspects)* grundsätzlich, prinzipiell; ***I disagree ~ with what you're saying*** ich stimme dem, was du sagst, grundsätzlich nicht zu

F

fun·da·men·tals [ˌfʌndəˈmentəlz, AM -t̬əlz] *npl* Grundlagen *pl;* ***let's get down to ~*** lasst uns zum Wesentlichen [*o* Eigentlichen] kommen

'fund as·sets *npl* FIN Fondsvermögen *nt;* **~ management** Fondsvermögensverwaltung *f*

fund·ed [ˈfʌndɪd] *adj inv* ECON, FIN fundiert; **~ debt** BRIT *(long-term debt)* fundierte Schulden *pl; (of British National Debt)* langfristige Verpflichtungen *pl*

fund·hold·ing [ˈfʌndhəʊldɪŋ] *n no pl* BRIT ≈ staatliches Krankenkassensystem

fund·ing [ˈfʌndɪŋ] *n no pl* ECON, FIN *(financing)* Finanzierung *f;* **government ~** staatliche Finanzierung; **private ~** Privatfinanzierung *f; (loan conversion)* Fundieren *nt,* Konsolidieren *nt,* finanzielle Ausstattung *f*

fund in·'vest·ment *n* FIN Fondsanlage *f;* **~ business** *no pl* Fondsanlagegeschäft *nt* **fund in·'ves·tor** *n* Fondsanleger(in) *m(f)* **fund 'man·age·ment** *n* FIN Vermögensverwaltung *f,* Fondsmanagement *nt;* **~ company** Fondsgesellschaft *f,* Kapitalanlagegesellschaft *f* **fund 'man·ag·er** *n* Fondsmanager(in) *m(f),* Fondsanbieter(in) *m(f)* **'fund pick·er** *n* FIN Fondspicker(in) *m(f)* **'fund pick·ing** *n no pl* FIN Fonds-Picking *nt* **'fund-rais·er** *n* ❶ *(person)* Spendenbeschaffer(in) *m(f),* Spendensammler(in) *m(f)* ❷ *(event)* Wohltätigkeitsveranstaltung *f,* Benefizveranstaltung *f* **'fund-rais·ing I.** *adj attr, inv* Wohltätigkeits-, Benefiz-; **~ campaign** Spendenaktion *f;* **~ event** Wohltätigkeitsveranstaltung *f* **II.** *n no pl* Geldbeschaffung *f*

Funds [fʌndz] *npl* BRIT *(government stocks)* ■**the ~** Staatspapiere *pl*

fu·ner·al [ˈfjuːnərəl] **I.** *n (burial)* Begräbnis *nt,* Beerdigung *f;* **to attend a ~** auf eine Beerdigung gehen
▸PHRASES: **that's your/his etc. ~** *(fam)* [das ist] dein/sein etc. Pech [*o fam* Problem]
II. *n modifier (guests)* Trauer-; **~ preparations** Beerdigungsvorbereitungen *pl;* **~ service** Trauergottesdienst *m*

'fu·ner·al di·rec·tor *n* Bestattungsunternehmer(in) *m(f)* **'fu·ner·al home** *n* AM *(funeral parlour)* Bestattungsunternehmen *nt* **'fu·ner·al march** *n* MUS Trauermarsch *m* **'fu·ner·al ora·tion** *n* Trauerrede *f* **'fu·ner·al par·lour,** AM **'fu·ner·al par·lor** *n* Bestattungsunternehmen *nt* **'fu·ner·al pro·ces·sion** *n* Trauerzug *m* **'fu·ner·al pyre** *n* Scheiterhaufen *m*

fu·nereal [fjuːˈnɪəriəl, AM -ˈnɪr-] *adj* ❶ *inv (of a funeral)* Beerdigungs-, Begräbnis-
❷ *(fig: slow and sad)* gedrückt; *music* getragen; **at a ~ pace** im Schneckentempo

fu·nereal·ly [fjuːˈnɪəriəli, AM -ˈnɪr-] *adv* ***don't play this song so ~!*** spiel das Lied doch nicht so, als ob du auf einer Beerdigung wärst! *fam*

'fun·fair *n* BRIT *(amusement park)* Vergnügungspark *m; (fair)* Jahrmarkt *m,* Messe *f* SCHWEIZ, Chilbi *f* SCHWEIZ *fam,* Kirmes *f* NORDD, MITTELD, Kir[ch]tag *m* ÖSTERR **'fun-filled** *adj* ❶ *(enjoyable)* sehr schön ❷ *(funny)* sehr lustig [*o* unterhaltsam]

fun·gal [ˈfʌŋgəl] *adj inv* Pilz-; **~ disease** Pilzerkrankung *f,* Pilzkrankheit *f*

fun·gi [ˈfʌŋgaɪ] *n pl of* **fungus**

fun·gibil·ity [ˌfʌndʒɪˈbɪləti, AM -ət̬i] *n no pl* ECON, FIN Fungibilität *f*

fun·gible [ˈfʌndʒɪbl] *adj inv* ECON, FIN, LAW fungibel, vertretbar; **~ nature** Fungibilität *f*

fun·gible 'goods, 'fun·gibles *npl* LAW vertretbare Sachen

fun·gi·cide [ˈfʌŋgɪsaɪd, AM ˈfʌndʒ-] *n* Fungizid *nt*

fun·goid [ˈfʌŋgɔɪd] *adj inv* pilzähnlich, pilzartig

fun·gus <*pl* -es *or* -gi> [ˈfʌŋgəs, *pl* -gaɪ] *n* Pilz *m;* BOT, MED Fungus *m fachspr*

'fun house *n* AM ≈ Geisterbahn *f,* ≈ Gruselkabinett *nt*

fu·nicu·lar, fu·nicu·lar 'rail·way [fjuːˈnɪkjələʳ-, AM -juːlɚ-] *n* Seilbahn *f,* Funiculaire *nt* SCHWEIZ

funk [fʌŋk] **I.** *n no pl* ❶ AM, AUS *(fam: depression)* Tief *nt fam;* **to be in a [blue] ~** deprimiert [*o fam* down] sein
❷ BRIT *(fam: panic)* Schiss *m fam;* **to be in blue ~** von blanker Panik ergriffen sein, riesigen Schiss haben *fam*
❸ *(music style)* Funk *m*
❹ AM *(pej: bad smell)* Gestank *m*
II. *vt esp* BRIT **to ~ it** kneifen *fam*
◆**funk up** *vt* ■**to ~ up** ⟲ **sth** *music* etw in Schwung bringen; *clothes* etw aufpeppen *sl*

funky [ˈfʌŋki] *adj (sl)* ❶ *(hip)* flippig *sl;* **~ clothes** abgefahrene [*o* flippige] Klamotten *sl,* ausgeflipptes Gewand *kein pl* ÖSTERR *fam*
❷ *(bluesy)* funkig *sl*
❸ *(pej: odd)* merkwürdig, komisch
❹ AM *(pej: stinking)* **~ smell** muffiger Geruch; **to smell ~** streng riechen
❺ BRIT *(cowardly)* ■**to be ~** Bammel haben *sl*

'fun-lov·ing *adj* lebenslustig

fun·nel [ˈfʌnəl] **I.** *n* ❶ *(tool)* Trichter *m*
❷ *(on train, ship)* Schornstein *m,* Rauchfang *m* ÖSTERR, SCHWEIZ
II. *vt* <BRIT -ll- *or* AM *usu* -l-> ❶ *(pour)* **to ~ sth into sth** etw [mit einem Trichter] in etw *akk* einfüllen
❷ *(fig: direct)* ■**to ~ sth to sb** jdm etw zuleiten; **to ~ information/money/weapons to sb** jdn mit Informationen/Geld/Waffen versorgen; ■**to ~ sth on sth** etw auf etw *akk* richten; **to ~ one's attention on sth** sich *akk* [voll und ganz] auf etw *akk* konzentrieren
III. *vi people* drängen; *liquids* fließen; *gases* strömen; ***the wind ~s down these narrow streets*** der Wind pfeift durch diese engen Gassen

fun·nel-web 'spi·der *n* Röhrenspinne *f*

fun·nies [ˈfʌniz] *npl* AM ■**the ~** *der Witzteil einer Zeitung*

fun·ni·ly [ˈfʌnɪli] *adv* komisch, merkwürdig, seltsam; **~ enough** merkwürdigerweise, komischerweise

fun·ny [ˈfʌni] **I.** *adj* ❶ *(amusing)* lustig, witzig, komisch; ***breaking your leg isn't ~*** es ist nicht lustig, sich das Bein zu brechen; ***there seems to be a ~ side to everything*** alles scheint auch seine komischen Seiten zu haben; **~ face** *(hum approv)* Kleine(r) *f(m) hum fam;* **a ~ joke** ein guter Witz; ■**to be ~** Spaß machen; ***are you trying to be ~ with me?*** willst du mich auf den Arm nehmen?; ***did you mean what you said or were you just being ~?*** war das, was du gesagt hast, ernst gemeint oder hast du nur Spaß gemacht?; ***very ~!*** *(iron)* wirklich komisch!
❷ *(strange)* komisch, merkwürdig, seltsam; ***a ~ thing happened to me*** mir ist etwas Komisches [*o* Merkwürdiges] passiert; ***the television's gone ~*** mit dem Fernseher stimmt etwas nicht; ***it must be ~ to be famous and have everyone looking at you*** es muss ein komisches Gefühl sein, wenn man berühmt ist und einen jeder anstarrt; **to have a ~ feeling that ...** so eine Ahnung haben, dass ...; **to have got ~ ideas** merkwürdige [*o* komische] Ideen haben; **to look ~** komisch aussehen
❸ *(dishonest)* verdächtig; ***there's something ~ going on here*** hier ist doch was faul *fam;* **~ business** krumme Sachen *sl;* **~ tricks** faule Tricks *sl*
❹ *(ill)* **sb feels/goes ~** jdm ist/wird schlecht [*o* übel]; **to be a bit ~ in the head** ein bisschen verrückt [*o* nicht ganz richtig im Kopf] *fam* sein; **to go ~ in the head** verrückt werden
❺ *(fam: unfriendly)* komisch; *(disrespectful)* ***don't you try to be ~ with me!*** komm mir nicht auf diese Tour! *fam*
▸PHRASES: **~ ha-ha or ~ peculiar?** lustig oder merkwürdig?; ***she's a very ~ woman — ~ ha-ha or ~ peculiar?*** sie ist eine sehr komische Frau – meinst du mit komisch lustig oder merkwürdig?
II. *adv (fam)* komisch, merkwürdig
III. *n* **to crack a ~** AM *(sl)* einen Witz reißen *fam*

'fun·ny bone *n (fam)* Musikantenknochen *m,* narrisches Bein ÖSTERR, Narrenbein *nt* SCHWEIZ **'fun·ny farm** *n (hum fam)* Klapsmühle *f sl,* Irrenhaus *nt fam* **'fun·ny man** *n* Komiker *m* **fun·ny 'mon·ey** *n no pl* Falschgeld *nt;* FIN krumme Wertpapiere *pl* **'fun·ny pa·pers** *npl* AM ■**the ~** die Witzseiten

'fun run *n* Wohltätigkeitslauf *m*

fur [fɜːʳ, AM fɜːr] **I.** *n* ❶ *no pl (on animal)* Fell *nt;* **~ and feather** Haar- und Federwild *nt*
❷ FASHION Pelz *m;* **fake/real ~** künstlicher/echter Pelz; **fun ~** Kunstpelz *m*
❸ HUNT ■**~s** Pelztiere *pl;* FASHION Pelze *pl,* Rauchwaren *pl*
❹ *no pl (in pipes, pots)* Kesselstein *m; on tongue* Belag *m* auf der Zunge; **to have ~ on one's tongue** eine belegte Zunge haben
▸PHRASES: **the ~ flies** die Fetzen fliegen *fam;* ***the only reason Mark said that was to make the ~ fly*** Mark sagte das nur, um einen Riesenkrach zu provozieren *fam*
II. *n modifier (gloves, hat)* Pelz-; **~ lining** Pelzbesatz *m*
III. *vi* <-rr-> ■**to ~ up** *kettle, pipes* verkalken

fur·bish [ˈfɜːbɪʃ, AM ˈfɜːr-] *vt (dated)* ■**to ~ sth** ❶ *(polish)* etw polieren [*o* abreiben]
❷ *(renovate)* etw renovieren

fur 'coat *n* Pelzmantel *m* **'fur farm** *n* Pelztierfarm *f*

fu·ri·ous [ˈfjʊəriəs, AM ˈfjʊr-] *adj* ❶ *(angry)* [sehr] wütend; ■**to be ~** toben; ■**to be ~ with** [*or* **at**] **sb** wütend auf jdn sein; ■**to be ~ about** [*or* **at**] **sth** über etw *akk* erzürnt sein *geh,* sich *akk* über etw *akk* aufregen *fam;* **to have a ~ argument** [*or* **quarrel**] [*or* **row**] einen heftigen Streit haben, sich *akk* heftig streiten; **~ outburst** heftiger Gefühlsausbruch; **to be in a ~ temper** sehr gereizt sein [*o* schlechte Laune haben]
❷ *(intense) debate, storm* heftig; *wind* stürmisch; **in a ~ effort** mit einer gewaltigen Anstrengung; **at a ~ pace** [*or* **speed**] in rasender Geschwindigkeit; **fast and ~** rasant; ***the questions came fast and ~ from the reporters*** die Fragen der Reporter kamen Schlag auf Schlag

fu·ri·ous·ly [ˈfjʊəriəsli, AM ˈfjʊr-] *adv* ❶ *(angrily)* wütend; **to quarrel ~** sich *akk* heftig streiten
❷ *(intensely)* heftig, wie wild *fam*

fu·ri·ous·ness [ˈfjʊəriəsnəs, AM ˈfjʊr-] *n no pl* ❶ *(fury)* Wut *f,* Raserei *f fam*
❷ *(intenseness) of a storm* Heftigkeit *f*

furl [fɜːl, AM fɜːrl] *vt* **to ~ fabric/a flag/an umbrella** Stoff/eine Flagge/einen Regenschirm einrollen [*o* zusammenrollen]; **to ~ the sails** die Segel einholen

fur-lined 'jack·et *n* Jacke *f* mit Pelzbesatz

fur·long [ˈfɜːlɒŋ, AM ˈfɜːrlɑːŋ] *n* Achtelmeile *f*

fur·lough [ˈfɜːləʊ, AM ˈfɜːrloʊ] MIL **I.** *n* Urlaub *m;* **to be on ~** auf [*o* in] Urlaub sein; **to go on ~** in Urlaub gehen; **to grant sb a ~** jdm Urlaub bewilligen
II. *vt* AM ■**to ~ sb** jdn beurlauben

fur·nace [ˈfɜːnɪs, AM ˈfɜːr-] *n* ❶ *(in smelting)* Hochofen *m,* Schmelzofen *m*
❷ *(in homes)* [Haupt]heizung *f;* **gas/oil ~** Gas-/Ölheizung *f*
❸ *(fig: hot place)* Backofen *m fig fam*

fur·nish [ˈfɜːnɪʃ, AM ˈfɜːr-] *vt* ❶ *(provide furniture)* ■**to ~ sth** etw einrichten
❷ *(supply)* ■**to ~ sth** etw liefern; ■**to ~ sb with sth** jdn mit etw *dat* versorgen, jdm etw liefern; ■**to be ~ed with sth** mit etw *dat* ausgestattet sein

fur·nished [ˈfɜːnɪʃt, AM ˈfɜːr-] *adj house* eingerichtet; *apartment, flat, room* möbliert; **partly ~** teilmöbliert

fur·nish·ing [ˈfɜːnɪʃɪŋ, AM ˈfɜːr] **I.** *n no pl* Einrichtung *f*
II. *n modifier* Einrichtungs-

fur·nish·ings [ˈfɜːnɪʃɪŋz, AM ˈfɜːr-] *npl* Einrichtung *f*

fur·ni·ture [ˈfɜːnɪtʃəʳ, AM ˈfɜːrnɪtʃɚ] **I.** *n no pl* ❶ *(in a home)* Möbel *pl;* **piece** [*or* **item**] **of ~** Möbelstück *nt;* **to be part of the ~** *(fig)* zum Inventar gehören *fig fam;* **to treat sb as part of the ~** jdn behandeln, als gehöre er zur Einrichtung
❷ *(fig: knowledge)* **mental ~** geistiges Rüstzeug
II. *n modifier (store, salesman)* Möbel-

'fur·ni·ture pol·ish *n no pl* Möbelpolitur *f* **'fur·ni·ture re·mov·er** *n* BRIT *(company)* Möbelspedition *f,* Umzugsunternehmen *nt; (person)* Möbelpacker(in) *m(f)* **'fur·ni·ture van** *n* Möbelwagen *m*

fu·ro·re [fjʊ(ə)ˈrɔːri], AM **fu·ror** [ˈfjʊrɔːr] *n no pl* ❶ *(excitement)* Wirbel *m* (**over** um +*akk*), Aufregung *f* (**over** über +*akk*); **to cause a ~** für Wirbel [*o* Aufregung] sorgen
❷ *(uproar)* Aufruhr *m*

fur·phy [ˈfɜːfi] *n* AUS *(sl)* Gerücht *nt*

furred [fɜːd, AM fɜːrd] *adj* MED *tongue* belegt
fur·ri·er ['fʌriəʳ, AM 'fɜːriɚ] *n* ❶ *(fur dealer)* Pelzhändler(in) *m(f)*
❷ *(fur dresser)* Kürschner(in) *m(f)*
fur·row ['fʌrəʊ, AM 'fɜːroʊ] **I.** *n* ❶ *(groove)* Furche *f* ❷ *(wrinkle)* Falte *f;* **with ~s in one's brow** mit gerunzelter Stirn
▶PHRASES: **to have a hard ~ to plough** es schwer haben; **to plough a lonely ~** allein auf weiter Flur stehen
II. *vt* ■**to ~ sth** etw pflügen; **to ~ one's brow** die Stirn runzeln [*o* in Falten legen]
fur·rowed ['fʌrəʊd, AM 'fɜːroʊd] *adj* **~ brow** [*or* **forehead**] gerunzelte Stirn
fur·ry ['fɜːri] *adj* ❶ *(short fur)* pelzig; *(long fur)* wollig; **~ tongue** belegte [*o* pelzige] Zunge
❷ *(fuzzy)* Plüsch-; **~ toy** Kuscheltier *nt;* **to be soft and ~** kuschelig weich sein
fur·ther ['fɜːðəʳ, AM 'fɜːrðɚ] **I.** *adj comp of* **far**
❶ *(more distant)* weiter [entfernt], ferner; **at the ~ end of the room** am anderen Ende des Raums
❷ *(additional)* weiter; **~ problems** noch mehr Probleme; **~ use** weitere Verwendung; ***I've no ~ use for it*** ich kann es nicht mehr gebrauchen; **until ~ notice** bis auf Weiteres
II. *adv comp of* **far** ❶ *(more distant)* weiter; ***we didn't get much ~*** wir sind nicht viel weiter gekommen; ***nothing could be ~ from my mind*** nichts liegt mir ferner; **~ back** *(in place)* weiter zurück; *(in time)* früher; **~ on** weiter; **a bit ~ on** [noch] etwas weiter
❷ *(to a greater degree)* weiter, außerdem; ***he's a nice person, but I wouldn't go any ~ than that*** er ist sehr nett, aber mehr möchte ich nicht sagen [*o* weiter möchte ich nicht gehen]; ***this mustn't go any ~*** sag es nicht weiter; **~ and ~** [immer] weiter, mehr und mehr; **to go ~ with sth** mit etw *dat* weitermachen; **to take sth ~** mit etw *dat* weitermachen; *(pursue) matter* etw vertiefen [*o* weiterverfolgen]
❸ *(more)* [noch] weiter; ***I have nothing ~ to say in this matter*** ich habe zu dieser Sache nichts mehr zu sagen [*o* hinzuzufügen]; **~ to your letter, ...** BRIT, AUS *(form)* Bezug nehmend auf Ihren Brief, ...; **to not go any ~** nicht weitergehen; ***we kissed, but we didn't go any ~*** wir haben uns geküsst, aber dabei blieb es auch; **to make sth go ~** *food* etw strecken
III. *vt (promote)* ■**to ~ sth** etw fördern; **to ~ a cause** eine Sache voranbringen; **to ~ sb's interests** jds Interessen förderlich sein
fur·ther·ance ['fɜːðəʳn(t)s, AM 'fɜːrðɚ-] *n no pl (form)* Förderung *f*
fur·ther de·'vel·op·ment *n* Fortentwicklung *f,* Weiterentwicklung *f* **fur·ther edu·'ca·tion** *n no pl* BRIT, AUS *(personal)* Weiterbildung *f;* *(professional)* Fortbildung *f;* **college of ~** ≈ Kolleg *nt (zur beruflichen Weiterbildung)*
fur·ther·more [ˌfɜːðə'mɔːʳ, AM 'fɜːrðɚmɔːr] *adv inv* außerdem, ferner
fur·ther·most ['fɜːðəməʊst, AM 'fɜːrðɚmoʊst] *adj attr, inv* fernste(r, s), äußerste(r, s)
fur·ther 'train·ing *n no pl* Weiterbildung *f*
fur·thest ['fɜːðɪst, AM 'fɜːr-] **I.** *adj superl of* **far**
❶ *(most distant)* am weitesten entfernte(r, s)
❷ *attr (fig: most extreme)* extremste(r, s)
II. *adv superl of* **far** ❶ *(greatest distance)* am weitesten; ***prices have fallen ~ in the South*** im Süden sind die Preise am stärksten gefallen; ■**the ~:** ***that's the ~ I can see*** weiter [entfernt] erkenne ich nichts mehr; ***I wanted to be an actress but the ~ I ever got was selling ice-creams in a theatre*** eigentlich wollte ich Schauspielerin werden, aber ich habe es nur bis zur Eisverkäuferin am Theater gebracht
❷ *(to greatest extent)* am weitesten; ■**the ~:** ***that's the ~ I'll go*** *(when haggling)* das ist mein letztes Angebot
fur·tive ['fɜːtɪv, AM 'fɜːrt̬-] *adj glance, look* verstohlen; *action* heimlich; *manner* verschlagen; **to have a ~ air** heimlichtuerisch wirken
fur·tive·ly ['fɜːtɪvli, AM 'fɜːrt̬-] *adv (secretly)* heimlich; *(slyly)* verschlagen *pej;* **to glance** [*or* **look**] **~** verstohlen blicken
fur·tive·ness ['fɜːtɪvnəs, AM 'fɜːrt̬-] *n no pl* Verstohlenheit *f;* *(secretiveness)* Heimlichkeit *f,* Heimlichtuerei *f pej*
'fur trade *n no pl* Pelzhandel *m,* Fellhandel *m* **'fur trad·er** *n* Pelzhändler(in) *m(f),* Fellhändler(in) *m(f)* **'fur trap·per** *n* Fallensteller(in) *m(f);* *(in North America)* Trapper(in) *m(f)*
fury ['fjʊəri, AM 'fjʊri] *n no pl* ❶ *(rage)* Wut *f,* Rage *f fam;* **fit of ~** Wutanfall *m;* **in a ~** wütend, zornig; **in a cold ~** mit kalter Wut; **to fly into a ~** in Rage kommen *fam;* **like ~** wie verrückt *fam*
❷ *(intensity)* Ungestüm *nt;* *of a storm* Heftigkeit *f;* *of passion* Wildheit *f;* **to do sth in a ~** etw ungestüm tun
furze [fɜːz, AM fɜːrz] *n no pl* Stechginster *m*
fuse [fjuːz] **I.** *n* ❶ *(in a house)* Sicherung *f;* ***the ~ has blown*** [*or* BRIT, AUS ***gone***] die Sicherung ist durchgebrannt
❷ *(device) of a bomb* Zündvorrichtung *f;* *(string)* Zündschnur *f*
▶PHRASES: **to blow one's ~** ausflippen *sl,* [vor Wut] explodieren *fam;* **sb has a short ~** jd wird schnell wütend, [bei] jdm brennen schnell die Sicherungen durch *fam;* **to light the ~** das Fass zum Überlaufen bringen *fig*
II. *vi* ❶ *esp* BRIT *(blow a fuse)* **a hairdryer/toaster ~s** bei einem Föhn/Toaster brennt die Sicherung durch; *(fig: stop working) brain* überlastet sein
❷ *(join together)* sich *akk* vereinigen; *metals, sperm with egg* verschmelzen; **to ~ together** miteinander verschmelzen
❸ ECON *companies* sich *akk* zusammenschließen, fusionieren
III. *vt* ■**to ~ sth** ❶ *esp* BRIT ELEC die Sicherung einer S. *gen* zum Durchbrennen bringen; ***the lights have ~d*** die Sicherungen der Lampen sind durchgebrannt
❷ *(join together)* etw verbinden; *(with heat)* etw verschmelzen; ■**to ~ sth together** etw [miteinander] verschmelzen
❸ *(install a fuse)* **to ~ a bomb** eine Bombe mit einer Zündvorrichtung versehen
'fuse box *n* Sicherungskasten *m*
fused [fjuːzd] *adj inv* ■**to be ~** eine Sicherung haben
fu·selage ['fjuːzəlɑːʒ, AM -səl-] *n* [Flugzeug]rumpf *m*
fu·si·lier [ˌfjuːzəl'ɪəʳ] *n* BRIT *(hist)* Füsilier *m veraltet,* Infanterist(in) *m(f)*
fu·sil·lade [ˌfjuːzə'leɪd, AM -sə'lɑːd] *n* Salve *f a. fig,* Bombardement *nt a. fig;* **~ of bullets** Kugelhagel *m kein pl*
fu·sion ['fjuːʒən] *n* ❶ *(of metals)* Verschmelzung *f kein pl,* Verschmelzen *nt kein pl*
❷ *(fig: combination)* Verbindung *f,* Verschmelzung *f kein pl* (**of** von +*dat*)
❸ ECON *of companies* Zusammenschluss *m,* Fusion *f*
❹ *no pl* PHYS Verschmelzung *f,* Fusion *f;* **nuclear ~** Kernverschmelzung *f,* Kernfusion *f*
❺ MUS Stilmix *m;* *(jazz and rock)* Jazzrock *m*
'fu·sion bomb *n* Wasserstoffbombe *f* **'fu·sion food** *n no pl* Fusion-Food *f (Kombination von Zutaten und Zubereitungsarten aus den Küchen der Welt)* **'fu·sion re·ac·tor** *n* [Kern]fusionsreaktor *m*
fuss [fʌs] **I.** *n* ❶ *(excitement)* [übertriebene] Aufregung; ■**to be in a ~** in heller Aufregung sein
❷ *(attention)* [übertriebener] Aufwand, Getue *nt pej fam;* ***it's a lot of ~ about nothing*** das ist viel Lärm um nichts; **to make** [*or* **kick up**] [**such**] **a ~** einen Aufstand machen *fam,* sich *akk* anstellen *fam;* **to make a ~ of** [*or* AM **over**] **sb** für jdn einen großen Aufwand betreiben; **to make a ~ about sth** um etw *akk* viel Aufhebens machen; ***I don't see what the ~ is about*** ich verstehe nicht, was der ganze Zirkus soll *fam*
II. *vi (be nervously active)* [sehr] aufgeregt sein; ***please, stop ~ing*** hör bitte auf, so einen Wirbel zu machen; ■**to ~ at sb** jdm keine Ruhe lassen; ■**to ~ over sb/sth** *(treat with excessive attention)* für jdn/etw einen großen Aufwand betreiben; *(overly worry)* sich *dat* übertriebene Sorgen um jdn/etw machen; ■**to ~ with sth** [hektisch] an etw *dat* herumhantieren; ■**to be ~ed** *(be nervous)* hektisch sein; *(complain) baby* unruhig sein; *child* quengeln; *adult* sich *akk* aufregen, ÖSTERR *a.* raunzen
III. *vt* ■**to ~ sb** jdn nicht in Ruhe lassen, jdm auf die Nerven gehen *pej fam*
'fuss·budg·et *n esp* AM *(fam)* Nörgler(in) *m(f) pej,* Raunzer(in) *m(f)* ÖSTERR; **to be a ~** pedantisch [*o fam* pingelig] sein
fussed [fʌst] *adj pred* BRIT *(fam)* verärgert
'fuss-free *adj (fam)* problemlos, unkompliziert
fussi·ly ['fʌsɪli] *adv (pej)* ❶ *(in picky way)* pingelig *pej fam;* *(with criticism)* nörgelig *pej,* mäkelig *pej,* raunzig ÖSTERR *fam*
❷ *(with much care)* penibel; *decorate* überladen
fussi·ness ['fʌsɪnəs] *n no pl* ❶ *(pickiness)* Pingeligkeit *f pej fam*
❷ *(decoration)* Überladenheit *f pej*
❸ *(detail)* Übergenauigkeit *f*
'fuss·pot *n (fam)* Nörgler(in) *m(f) pej,* Raunzer(in) *m(f)* ÖSTERR; **to be a ~** penibel [*o fam* pingelig] sein
fussy ['fʌsi] *adj* ❶ *usu pred (pej: about clothes, neatness)* pingelig *pej fam;* *(about people)* [zu] wählerisch; *(about food)* mäkelig *pej,* heikel DIAL O ÖSTERR, SCHWEIZ, schnäkig DIAL; ■**to be ~ about sth** etw sehr genau nehmen; **he's/we're/they're not ~** [**about sth**] *(not demanding)* er ist/wir sind/sie sind [bei etw] nicht wählerisch; BRIT *(indifferent)* ihm/uns/ihnen ist es egal [was/wie ...]
❷ *(pej: overly-decorated) curtains, clothing* [zu] verspielt, überladen *pej*
❸ *(overly-detailed) writing* ausgeklügelt
❹ *(needing much care)* fisselig DIAL, fuzelig ÖSTERR; **~ job** Fisselarbeit *f* DIAL, Fuzelarbeit *f* ÖSTERR
fus·tian ['fʌstiən, AM -tʃən] **I.** *n (cloth)* Barchent *m*
II. *adj* ❶ *(of fustian cloth)* Barchent-
❷ *(fig pej: pompous)* pompös *pej,* bombastisch *pej;* *phrases* groß *pej*
fus·ty ['fʌsti] *adj (pej)* ❶ *(musty) smell, room* muffig *fam*
❷ *(fig: old-fashioned)* verstaubt *fig, oft pej;* *people* altmodisch
fu·tile ['fjuːtaɪl, AM -t̬əl] *adj* ❶ *(in vain)* sinnlos; *(pointless)* nutzlos, zwecklos; **~ attempt** vergeblicher Versuch; **~ effort** vergebliches Bemühen; **to prove ~** vergebens sein
❷ *(unimportant)* unsinnig, überflüssig; *idea, remark* unwichtig
fu·til·ity [fjuː'tɪləti, AM -ət̬i] *n no pl* Sinnlosigkeit *f;* **an exercise in ~** vergebliche Liebesmüh
fu·ton ['fuːtɒn, AM -tɑːn] *n* Futon *m*
fu·ture ['fjuːtʃəʳ, AM -ɚ] **I.** *n usu sing* ❶ *(in time)* Zukunft *f;* ***nobody knows what the ~ holds*** niemand weiß, was die Zukunft bringt; **to have plans for the ~** Zukunftspläne haben [*o geh* hegen]; **at some point in the ~** irgendwann einmal; **to plan for the ~** Pläne für die Zukunft machen, Zukunftspläne schmieden; ■**in** [AM *usu* **the**] **~** in Zukunft; **in the** [**not too**] **distant/near ~** in [nicht allzu] ferner/naher Zukunft
❷ LING **~ tense** Futur *nt;* **to be in the ~ tense** im Futur stehen
❸ *(prospects)* Zukunft *f,* Zukunftsaussichten *pl;* ***she has a great ~ ahead of her*** sie hat eine große Zukunft vor sich; ***there's no ~ for this company*** diese Firma hat keine Zukunft; ***there's no ~ for me in this company*** in dieser Firma habe ich keine Aussichten; **to not have much of a ~** keine [guten] Zukunftsaussichten haben; **to face an uncertain ~** einer ungewissen Zukunft entgegengehen
II. *adj attr, inv* zukünftig, kommend, später; **~ delivery** ECON Terminlieferung *f;* **for ~ delivery** für [*o* auf] zukünftige Lieferung; **~ generations** kommende Generationen; **~ husband** zukünftiger Ehemann; **in a ~ life** in einem Leben nach dem Tod; **for ~ reference** zur späteren Verwendung
future-'oriented *adj* zukunftsgerichtet **fu·ture 'per·fect** *n no pl* vollendetes Futur, Futur *nt* II **fu·ture po·'ten·tial** *n no pl* Zukunftsfähigkeit *f,* Zukunftspotenzial *nt* **'fu·ture-proof** *adj* zukunftssicher **fu·ture 'pros·pects** *npl* Zukunftsaussicht *f*

F

oft pl

fu·tures ['fju:tʃəz, AM -ɚz] **I.** *npl* ① *(goods)* Terminwaren *pl*

② STOCKEX [Waren]termingeschäfte *pl*, Terminkontrakte *pl;* **financial ~** Finanztermingeschäfte *pl;* **to work in ~** Warentermingeschäfte machen, mit Terminwaren handeln

II. *n modifier* **~ commodity** Terminware *f;* [**commodity**] **~ market** Terminbörse *f*, Terminmarkt *m*

Fu·tures & 'Op·tions Ex·change *n*, **FOX** *n Londoner Warenbörse* **'fu·tures con·tract** *n* Terminkontrakt *m* **'fu·tures deal** *n* Termingeschäft *nt* **'fu·tures ex·change** *n* Terminbörse *f*, Terminmarkt *m* **'fu·tures fund** *n* FIN Futures-Fonds *m* **'fu·tures mar·ket** *n* Terminbörse *f*, Terminmarkt *m;* **financial ~** Finanzterminbörse *f* **'fu·tures op·tion** *n* FIN Option *f* auf einen Terminkontrakt **'fu·tures trad·er** *n* Warenterminhändler(in) *m(f)*

fu·ture 'tense *n no pl* Futur *nt;* **to be in the ~** im Futur stehen

fu·tur·ism ['fju:tʃərɪzəm] *n no pl* Futurismus *m*

fu·tur·ist ['fju:tʃərɪst] **I.** *n* Futurist(in) *m(f)*

II. *adj* futuristisch

fu·tur·is·tic [,fju:tʃə'rɪstɪk] *adj* ① *(ultra-modern)* futuristisch

② *(fantasy)* Sciencefiction-

fu·tur·ity <*pl* -ties> [fju:'tjʊərəti, AM 'tʊrəṭi] *n* ① *no pl (future time)* Zukunft *f*

② *(future event)* zukünftiges Ereignis

fu·tur·olo·gist [,fju:tʃə'rɒlədʒɪst, AM -'rɑ:lə-] *n* Futurologe, Futurologin *m, f*

fuze *n, vt* AM *see* **fuse**

fuzz [fʌz] *n no pl* ① *(fluff)* Fussel[n] *pl*

② *(fluffy hair)* Flaum *m*, feine Härchen; **adolescent ~** [Bart]flaum *m*, erster Bartwuchs; **peach ~** Pfirsichhaut *f*

③ *(frizzy hair)* Wuschelhaare *pl; (beard)* Stoppeln *pl*

④ *(distorted sound)* Unschärfen *pl*

⑤ BRIT, AM *(dated sl: police)* ■ **the ~** die Bullen *pl pej sl*, die Polypen *pl pej sl*

'fuzz·ball *n* Staubwolke *f*

fuzzi·ly ['fʌzɪli] *adv* undeutlich, unklar, verschwommen

fuzzi·ness ['fʌzɪnəs] *n no pl* ① *(fluffiness)* Flauschigkeit *f*

② *(distortion) of an image* Unklarheit *f*, Undeutlichkeit *f*, Verschwommenheit *f; of a photograph* Unschärfe *f; (fig) of thinking* Wirrheit *f*

fuzzy ['fʌzi] **I.** *adj* ① *(fluffy)* flaumig; *skin* samtig

② *(frizzy)* wuschelig; *beard* stoppelig; *(curly)* lockig; ***my hair went ~ in the rain*** meine Haare lockten sich im Regen

③ *(distorted) image* unklar, verschwommen; *photograph* unscharf; *sound, reception* schlecht; ***my head is so ~*** ich bin ganz benommen; **~ memory** verschwommene Erinnerung

II. *n* ■ **the fuzzies** *pl* **to give sb the warm fuzzies** *(fam)* jdm das Gefühl von Wärme und Geborgenheit vermitteln

fuzzy-'head·ed *adj usu pred (thinking unclearly)* nicht [ganz] klar [*o* wirr] im Kopf; *(from alcohol)* benebelt; **to feel a bit ~** sich *akk* etw angeheitert fühlen **fuzzy 'log·ic** *n no pl* MATH, PHILOS Fuzzylogik *f* **fuzzy 'math** *n no pl (fam)* Rechenfehler *m*, faule Zahlen *pl fam*

'F-word *n (euph fam)* ■ **the ~** *euphemistische Abkürzung von 'fuck', ‚Scheiße', um eine vulgäre Ausdrucksweise zu vermeiden*

FX [,ef'eks] *npl* FILM *(sl)* Special Effects *pl*

G

G <*pl* -'s>, **g** <*pl* -'s *or* -s> [dʒi:] *n* ① *(letter)* G *nt*, g *nt;* **~ for** [*or* AM *also* **as in**] **George** G für Gustav; *see also* **A 1**

② MUS G *nt*, g *nt;* **~ flat** Ges *nt*, ges *nt;* **~ sharp** Gis *nt*, gis *nt;* **key of ~** G-Schlüssel *m*, Violinschlüssel *m; see also* **A 2**

g[1] [dʒi:] *n* <*pl* -> *abbrev of* **gram** g

g[2] [dʒi:] *n* <*pl* -'s> PHYS *abbrev of* **gravitational acceleration** g

G[1] [dʒi:] **I.** *n* <*pl* -'s> AM, AUS *(fam) abbrev of* **grand** ≈ Tausender *m fam*, ≈ Riese *m fam*

II. *adj inv* AM FILM *abbrev of* **General-Audience** Familien-, jugendfrei; **~ movie** jugendfreier Film; **rated ~** ohne Altersbeschränkung

G[2] *n no pl* CHEM *abbrev of* **Gibbs' function** freie Enthalpie, Gibb'sches Potenzial

Ga. AM *abbrev of* **Georgia**

GAAP [,dʒi:eɪeɪ'pi:] *n* FIN *abbrev of* **generally accepted accounting principles** Rechnungslegungsgrundsatz *m*, Grundsätze *pl* ordnungsgemäßer Buchführung

gab [gæb] **I.** *vi* <-bb-> *(pej fam)* quatschen *pej fam*, schwätzen *pej fam*, SCHWEIZ *a.* schwatzen *pej fam*, ÖSTERR *a.* tratschen *pej fam*

II. *n (pej)* Gequassel *nt fam;* **to have the gift of the ~** *(without interruption)* wie ein Wasserfall reden können; *(persuasive)* überzeugend reden können

gab·ar·dine [,gæbə'di:n, AM 'gæbɚdi:n] *n see* **gaberdine**

gab·ble ['gæbl] **I.** *vi (slur)* nuscheln *fam*, undeutlich sprechen; *(talk quickly)* quasseln *pej fam; goose* schnattern; **to ~ away** *(pej)* [drauflos] quasseln *pej fam;* **to ~ away at sb** auf jdn einreden, jdn vollquasseln *fam*

II. *vt* ■ **to ~ sth** *(quickly)* etw herunterrasseln; *(indistinctly)* etw nuscheln *fam;* **to ~ one's words** die Wörter verschlucken

III. *n no pl (slurred)* Gebrabbel *nt fam; (rapid)* Gequassel *nt fam; of geese* Geschnatter *nt*

gab·by ['gæbi] *adj (fam)* geschwätzig *pej*, schwatzhaft *pej*

gab·er·dine [,gæbə'di:n, AM 'gæbɚdi:n] *n* ① *no pl (cloth)* Gabardine *m o f*

② *(coat)* Gabardinemantel *m*

ga·ble ['geɪbl] *n* Giebel *m*

ga·bled ['geɪbl̩d] *adj* gegiebelt, Giebel-

Ga·bon [gæb'ɒn, AM -'oʊn] *n* Gabun *nt*

Ga·bon·ese [,gæbɒ'ni:z, AM -ə'ni:z] **I.** *n* Gabuner(in) *m(f)*

II. *adj* gabunisch

Ga·bon·ese Re·'pub·lic *n* Republik *f* Gabun

'gab ses·sion *n (fam)* Plauderstündchen *nt*

gad [gæd] *(dated)* **I.** *vi* <-dd-> *(fam)* ■ **to ~ about** [*or* **around**] sich *akk* herumtreiben

II. *interj (fam or old)* ■ **by ~!** bei Gott!

gad·about ['gædəbaʊt] *n (dated)* Herumtreiber(in) *m(f) fam*

gad·fly ['gædflaɪ] *n* ① *(insect)* Stechfliege *f*, Bremse *f*

② *(fig: person)* Nervensäge *f pej fam*

gadg·et ['gædʒɪt] *n* [praktisches] Gerät; ■ **~s** *pl* [praktische] Gerätschaften

gadg·eteer [,gædʒɪ'tɪəʳ, AM -tɪr] *n* Technikfreak *m sl*, jd, der technische Spielereien liebt

gad·get·ry ['gædʒɪtri] *n no pl* Gerätschaften *pl*

Gael·ic ['geɪlɪk, 'gæl-] **I.** *n* Gälisch *nt*, das Gälische

II. *adj* gälisch

gaff [gæf] *n* ① NAUT Gaffel *f; (in fishing)* Landungshaken *m*

② BRIT *(fam)* Domizil *nt hum*, Bleibe *f fam*

▶ PHRASES: **to <u>blow</u> the ~** BRIT *(sl)* nicht dichthalten *fam*, die Klappe nicht halten können *sl;* **to <u>blow</u> the ~ on sth** etw ausplaudern *fam;* **to <u>blow</u> the ~ on sb** jdn verpfeifen *fam*

gaffe [gæf] *n* Fauxpas *m;* **to make a ~** einen Fauxpas begehen

gaff·er ['gæfəʳ, AM -ɚ] *n* ① BRIT *(fam: foreman)* Vorarbeiter *m; (fig)* Boss *m fam*, Chef *m fam*

② FILM, TV ≈ Filmtechniker *m*

③ BRIT *(fam: old man)* Opa *m pej o hum sl*

gag[1] [gæg] **I.** *n* ① *(cloth)* Knebel *m*

② *(joke)* Gag *m*, Witz *m;* **opening ~s** Gags, um das Publikum aufzuwärmen; **to do** [*or* **pull**] **a ~** einen Witz reißen; **to do sth for** [*or* AM, AUS **as**] **a ~** etw [nur] zum Spaß [*o fam* aus Jux] machen

II. *vt* <-gg-> *usu passive* ■ **to ~ sb** jdn knebeln; *(fig)* jdm einen Maulkorb verpassen *fig*, jdn mundtot machen

III. *vi* <-gg-> ■ **to ~** [**on sth**] [an etw *dat* herum]würgen

gag[2] [gæg] *vi* ① BRIT *(sl: be desperate)* ■ **to be ~ging for sth** *(sl) drink, cigarette* etw *akk* dringend brauchen, nach etw *dat* gieren *fam*

② *(sl: eager for sex)* ***she's ~ging for it*** die braucht's *sl*

gaga ['gɑ:gɑ:] *adj pred* ① *(fam: senile)* senil, vertrottelt *fam*, SCHWEIZ *a.* gaga; **to go ~** senil [*o* SCHWEIZ gaga] werden

② *(fam: infatuated)* ■ **to be ~ about** [*or* **over**] **sb/sth** verrückt nach jdm/etw sein; *(enthusiastic)* von jdm/etw hin und weg sein

gage *n, vt* AM *see* **gauge**

gagging *pres part* **gag**

gag·ging or·der ['gægɪŋ-] *n (fam)* Nachrichtensperre *f*

gag·gle ['gægl] *n (geese)* **~ of geese** Gänseherde *f; (pej: people)* Horde *f pej*, Schar *f*

'gag or·der, AM **'gag rule** *n* Maulkorberlass *m fam;* **to issue a ~** einen Maulkorberlass herausgeben *fam*

gai·ety ['geɪəti, AM -əṭi] *n* ① *no pl* Fröhlichkeit *f*, Frohsinn *m veraltend;* **forced ~** gezwungene [*o* gekünstelte] Fröhlichkeit

② *usu pl (dated: festivity)* Festlichkeiten *pl*, Feierlichkeiten *pl*, Fest *nt;* **to take part in the gaieties** am Fest teilnehmen

gai·ly ['geɪli] *adv* ① *(happily)* fröhlich

② *(brightly)* freundlich, hell; **~ coloured** farbenfroh

gain [geɪn] **I.** *n* ① *no pl (increase)* Anstieg *m kein pl*, Zunahme *f kein pl; in speed* Erhöhung *f kein pl;* **~ in height** Höhengewinn *m;* **~ in numbers** zahlenmäßiger Zuwachs; **~ in profits/productivity** Gewinn-/Produktivitätssteigerung *f;* **weight ~** Gewichtszunahme *f*

② ECON, FIN *(profit)* Gewinn *m;* **net ~** Nettogewinn *m*, Reingewinn *m;* **pre-tax ~** Vorsteuergewinn *m*

③ *(achievement)* Gewinn *m kein pl*, Erfolg *m*

④ *no pl (advantage)* Vorteil *m;* **personal/political ~** persönlicher/politischer Vorteil; **to do sth for ~** etw zu seinem eigenen Vorteil tun; *(for money)* etw für Geld tun

⑤ *no pl* ELEC, TECH Verstärkungsgrad *m*

II. *vt* ① *(obtain)* ■ **to ~ sth** etw bekommen [*o* erlangen]; ***you've got nothing to lose and everything to ~*** du hast nichts zu verlieren, aber alles zu gewinnen; ***what do you hope to ~ from the course?*** was versprechen Sie sich von diesem Kurs?; ***her performance ~ed her international fame*** durch ihre Leistung erlangte sie internationalen Ruhm; ***the party have ~ed a lot of support*** die Partei ist in der Sympathie der Wähler stark gestiegen; **to ~ acceptance/popularity** akzeptiert/populär werden; **to ~ access to sth** sich *dat* Zugang zu etw *dat* verschaffen; **to ~ sb's confidence** jds Vertrauen gewinnen; **to ~ control of sth** etw unter [seine] Kontrolle bekommen; **to ~ entrance/entry** [**to sth**] sich *dat* Zutritt [zu etw *dat*] verschaffen; **to ~ experience** Erfahrungen sammeln; **to ~ freedom/independence** die Freiheit/Unabhängigkeit erlangen; **to ~ ground** [an] Boden gewinnen; *disease* um sich *akk* greifen; *rumours* sich *akk* verbreiten; **to ~ ground on sb** gegenüber jdm an Boden gewinnen; **to ~ an impression** einen Eindruck gewinnen; **to ~ insight** [**into sth**] einen Einblick [in etw *akk*] bekommen, [etw] verstehen; **to ~ recognition** Anerkennung finden; **to ~ a reputation for being sth** sich *dat* einen Namen als etw machen; **to ~ success** Erfolg haben; **to ~ the upper hand** die Oberhand gewinnen; **to ~ a victory** einen Sieg er-

ringen
② *(increase)* ■to ~ sth an etw *dat* gewinnen; ***the share index ~ed ten points*** der Aktienindex stieg um 10 Punkte an; **to ~ altitude** [an] Höhe gewinnen; **to ~ knowledge** sein Wissen erweitern; **to ~ prestige** an Prestige gewinnen; **to ~ self-confidence** Selbstvertrauen entwickeln; **to ~ strength** kräftiger werden, an Kraft zunehmen; **to ~ time** Zeit gewinnen; **to ~ velocity** [*or* **speed**] schneller werden; **to ~ weight** zunehmen
③ *(reach)* erreichen; **to ~ one's destination** sein Ziel erreichen
▸PHRASES: **to ~ a foothold** Fuß fassen; **nothing ventured, nothing ~ed** *(prov)* wer wagt, gewinnt
III. *vi* ① *(increase)* zunehmen; *prices, numbers* [an]steigen, zulegen; *clock, watch* vorgehen; ***the share index ~ed by ten points*** der Aktienindex stieg um 10 Punkte an; **to ~ in height** an Höhe gewinnen; **to ~ in numbers** zahlenmäßig ansteigen; **to ~ in profits/productivity** einen Gewinn-/Produktivitätszuwachs verzeichnen; **to ~ in weight** zunehmen
② *(profit)* profitieren; ■**to ~ from sth** von etw *dat* profitieren; ■**to ~ by doing sth** durch etw *akk* profitieren
③ *(catch up)* ■**to ~ on sb** jdn mehr und mehr einholen; ***they're ~ing on us*** sie kommen immer näher
gain·er ['geɪnəʳ, AM -ɚ] *n* Gewinner(in) *m(f)*
gain·ful ['geɪnfᵊl] *adj inv* Gewinn bringend; **~ employment** Erwerbstätigkeit *f*
gain·ful·ly ['geɪnfᵊli] *adv inv* Gewinn bringend; **~ employed** erwerbstätig; **to keep sb ~ employed** jdn [gegen Bezahlung] beschäftigen
gain·say <-said, -said> [ˌgeɪn'seɪ] *vt (form)* ■**to ~ sth** etw abstreiten [*o* leugnen]; ***there's no ~ing her brilliance as an actress*** ihre brillante schauspielerische Leistung lässt sich nicht leugnen
gait [geɪt] *n* Gang *m kein pl; of a horse* Gangart *f;* **to walk with a clumsy/slow ~** einen schwerfälligen/langsamen Gang haben
gait·er ['geɪtəʳ, AM -ɚ] *n usu pl* Gamasche *f*
gal[1] [gæl] *n* AM *(hum fam: girl)* Mädchen *nt,* ÖSTERR *a.* Mädl *nt fam*
gal[2] <*pl* - *or* -s> *n abbrev of* **gallon**
gala ['gɑːlə, AM 'geɪlə, 'gælə] **I.** *n* ① *(social event)* Gala *f*
② BRIT *(competition)* Sportfest *nt*
II. *adj attr, inv (festive)* Gala-, [sehr] festlich; **~ affair/occasion** festliche Angelegenheit/Gelegenheit; **~ night** Galaabend *m;* **~ performance** Galavorstellung *f*
ga·lac·tic [gə'læktɪk] *adj inv* galaktisch; **inter-~** intergalaktisch
gal·act·uron·ic acid [gəˌlæktjʊəˌrɒnɪk'-, AM -jʊˌrɑːn-] *n no pl* CHEM Galakturonsäure *f*
ga·lah [gə'lɑː] *n* ① ORN Rosenkakadu *m*
② AUS *(sl: idiot)* Blödmann *m pej sl,* Dummkopf *m pej fam*
Ga·la·pa·gos Is·lands [gə'læpəgəs-, AM -'lɑːpəgoʊs] *npl* Galapagosinseln *pl*
gal·axy ['gæləksi] *n* ① *(star system)* Galaxie *f*
② *(the Milky Way)* ■**the ~** die Milchstraße
③ *(fig: group)* erlesene Gesellschaft; ***the whole ~ of actors and musicians*** die ganze Schar prominenter Schauspieler und Musiker
gale [geɪl] *n* Sturm *m,* Orkan *m;* **~-force wind** Wind *m* mit Sturmstärke; **~s of laughter** stürmisches Gelächter
'gale warn·ing *n* Sturmwarnung *f*
Ga·li·cia [gə'lɪsiə, AM 'lɪʃə] *n no pl* Galizien *nt*
Ga·li·cian [gə'lɪsiən, AM 'lɪʃən] *adj inv* galizisch
Gali·lean [ˌgælɪ'liːən, AM -ə'liː] **I.** *n* Galiläer(in) *m(f)*
II. *adj inv* galiläisch
Gali·lee ['gælɪliː, AM əliː] *n no pl* Galiläa *nt*
gall[1] [gɔːl] **I.** *n* ① *(bile)* Galle *f,* Gallenflüssigkeit *f*
② *(something bitter)* Bitternis *f geh,* Bitterkeit *f;* **to be ~ and wormwood for sb** *(liter)* für jdn ausgesprochen bitter sein
③ *(annoyance)* Ärger *m*
▸PHRASES: **to have the ~ to do sth** die Frechheit besitzen, etw zu tun
II. *vt* ■**sth ~s sb** etw ist bitter für jdn; ***it ~s him to [have to] take orders from a younger colleague*** es wurmt ihn, Anweisungen von einem jüngeren Kollegen entgegennehmen zu müssen *fam*
gall[2] *n* BRIT *abbrev of* **gallon**
gal·lant ['gælənt] **I.** *adj* ① *(chivalrous)* charmant, zuvorkommend, galant *veraltend geh*
② *(brave)* tapfer; **to make a ~ effort** sich *akk* tapfer [*o* wacker] schlagen *fam*
③ *(fine)* prächtig; *horse* edel
II. *n (dated liter)* Stutzer *m pej veraltet,* Geck *m* ÖSTERR *pej*
gal·lant·ly ['gæləntli] *adv* ① *(with charm)* galant *veraltend geh*
② *(bravely)* tapfer
③ *(politely)* höflich, zuvorkommend
④ *(finely)* prächtig, stattlich
gal·lant·ry ['gæləntri] *n* ① *no pl (chivalry)* Zuvorkommenheit *f,* galantes Benehmen, Galanterie *f* SCHWEIZ
② *no pl (courage)* Tapferkeit *f*
③ *(polite deed)* charmante Geste
'gall blad·der *n* Gallenblase *f,* Galle *f*
gal·leon ['gæliən] *n* NAUT *(hist)* Galeone *f*
gal·ler·ist ['gælərɪst] *n* Galerist(in) *m(f)*
gal·lery ['gælᵊri] *n* ① *(for art)* Galerie *f; (for paintings)* Gemäldegalerie *f*
② *(balcony)* Balkon *m,* Galerie *f; (in church)* Empore *f*
▸PHRASES: **to play to the ~** sich *akk* in Szene setzen
gal·ley ['gæli] *n* ① *(kitchen) of a ship* Kombüse *f; of an airplane* Bordküche *f*
② *(hist: ship)* Galeere *f*
③ *usu pl* TYPO **final ~** [Druck]fahne *f*
gal·ley 'kitch·en *n* Küchenzeile *f*
'gal·ley proof *n* TYPO *(dated)* [Druck]fahne *f*
'gal·ley slave *n* Galeerensklave *m*
Gal·lic ['gælɪk] *adj (hist)* ① *(of Gaul)* gallisch; **the ~ Wars** die Gallischen Kriege
② *(typically French)* [sehr] französisch
gal·li·mau·fry [ˌgælɪ'mɔːfri, AM -ə'mɑː-] *n* Gemisch *nt*
gall·ing ['gɔːlɪŋ] *adj* kränkend, bitter; ***the defeat was ~ to his pride*** sein Stolz war durch die Niederlage zutiefst verletzt
gal·li·vant ['gælɪvænt, AM -ləv-] *vi (fam)* ■**to ~ about** [*or* **around**] sich *akk* herumtreiben *pej*
gal·li·vant·ing ['gælɪvæntɪŋ, AM -ləv-] *n no pl* Herumtreiberei *f pej*
gal·lon ['gælən] *n* Gallone *f;* **imperial/US ~** britische/amerikanische Gallone; ■**~s** *(fig)* Unmengen *pl fam;* ***I drink ~s of milk*** ich trinke literweise Milch
gal·lop ['gæləp] **I.** *vi* ① *(run fast) horse* galoppieren; *rider* galoppieren, im Galopp reiten
② *(fig: hurry)* [schnell] laufen, eilen; ■**to ~ into sth** sich *akk* [Hals über Kopf] in etw *akk* stürzen
II. *vt (cause to gallop)* **to ~ a horse** ein Pferd galoppieren lassen
III. *n usu sing* Galopp *m;* **to break into a ~** in Galopp verfallen; **at a ~** *(fig)* sehr schnell, in einem Wahnsinnstempo *fam*
gal·lop·ing ['gæləpɪŋ] *adj attr, inv* galoppierend; **~ inflation/tuberculosis** galoppierende Inflation/Schwindsucht
gal·lows ['gæləʊz, AM -loʊz] *n* Galgen *m;* **to send sb to the ~** jdn an den Galgen bringen
'gal·lows bird *n* Galgenvogel *m fam* **gal·lows 'hu·mour** *n no pl* Galgenhumor *m* **'gal·lows tree** *n (dated)* Galgenbaum *m*
'gall·stone *n* Gallenstein *m*
Gal·lup poll® ['gæləp,-] *n* Meinungsumfrage *f*
ga·loot [gə'luːt] *n (sl)* Muskelpaket *nt,* Zyklop *m,* Goliath *m*
ga·lore [gə'lɔːʳ, AM -'lɔːr] *adj inv, after n* im Überfluss
ga·loshes [gə'lɒʃɪz, AM -'lɑː-] *npl (dated)* Galoschen *pl;* **rubber ~** Gummigaloschen *pl*
ga·lumph [gə'lʌm(p)f] *vi (fam)* [herum]trampeln *fam*
ga·lumph·ing [gə'lʌm(p)fɪŋ] *adj attr, inv (fam)* ungeschickt, trottelig *fam*
gal·van·ic [gæl'vænɪk] *adj* ① *inv* galvanisch
② *(sudden and dramatic)* unvermittelt
gal·va·nize ['gælvənaɪz] *vt* ① *(coat with zinc)* ■**to ~ sth** etw galvanisieren
② *(fig: spur into action)* ■**to ~ sb** jdn elektrisieren; ■**to ~ sb into doing sth** jdn dazu veranlassen, etw schnell zu tun; **to ~ sb into action** jdn plötzlich aktiv werden lassen, jdm Beine machen *fam*
gal·va·nized ['gælvənaɪzd] *adj inv* galvanisiert
gal·va·nom·eter [ˌgælvə'nɒmɪtəʳ, AM 'nɑːmət̬ɚ] *n* Galvanometer *nt*
gam [gæm] *n (fam)* Bein *nt (vor allem von Frauen)*
gam·ba ['gæmbə, AM 'gɑːmbə] *n see* **viola da gamba**
Gam·bia ['gæmbiə] *n* Gambia *nt*
Gam·bian ['gæmbiən] **I.** *adj inv* gambisch
II. *n* Gambier(in) *m(f)*
gam·bit ['gæmbɪt] *n* ① *(in chess)* Gambit *nt*
② *(fig: tactic)* Schachzug *m,* Manöver *nt;* **clever ~** geschickter Schachzug; **opening ~** Eröffnungsmanöver *nt*
③ *(remark)* **conversational** [*or* **opening**] **~** *Satz, mit dem man ein Gespräch anfängt*
gam·ble ['gæmbl̩] **I.** *n usu sing* Risiko *nt,* Wagnis *nt;* **business ~** Geschäftsrisiko *nt;* **to take a ~** etw riskieren [*o* wagen], ein Risiko eingehen
II. *vi* ① *(bet)* [um Geld] spielen, zocken *sl;* **to ~ at cards** um Geld Karten spielen; **to ~ on dogs/horses** auf Hunde/Pferde wetten; **to ~ on the stock market** [*or* **exchange**] an der Börse spekulieren
② *(take a risk)* ■**to ~ that ...** sich *akk* darauf verlassen, dass ...; ***I'm gambling that he'll forget my promise from last year*** ich spekuliere darauf, dass er mein Versprechen vom Vorjahr vergessen wird; ■**to ~ on sth** auf etw *akk* setzen; ***we're gambling on the weather being good for our picnic*** wir verlassen uns darauf, dass das Wetter für unser Picknick gut sein wird; ■**to ~ with sth** etw aufs Spiel setzen
III. *vt* ■**to ~ sth** etw aufs Spiel setzen; **to ~ one's fortune/future/money** sein Vermögen/seine Zukunft/sein Geld aufs Spiel setzen; **to ~ everything on sb/sth** für jdn/etw alles aufs Spiel setzen
◆**gamble away** *vt* ■**to ~ away** ⊂ **sth** etw verspielen
gam·bler ['gæmbləʳ, AM -ɚ] *n* Spieler(in) *m(f);* **compulsive ~** Spielsüchtige(r) *f(m),* Spieler(in) *m(f)*
gam·bling ['gæmbl̩ɪŋ] *n no pl* Glücksspiel *nt*
'gam·bling ca·si·no *n* Spielkasino *nt* **'gam·bling debt** *n* Spielschulden *pl* **'gam·bling den** *n (pej)* Spielhölle *f pej* **'gam·bling house** *n* Spielkasino *nt* **'gam·bling joint** *n (pej)* Spielhölle *f pej* **'gam·bling tsar** *n* AM *(pej)* Spielkasinobesitzer(in) *m(f)*
gam·bol <BRIT -ll- *or* AM *usu* -l-> ['gæmbᵊl] *vi (liter) animals, children* herumspringen; ■**to ~ about** [*or* **around**] herumtollen; **to ~ through the meadow** über die Wiese springen
game[1] [geɪm] **I.** *n* ① *(match)* Spiel *nt;* ***let's play a ~ of football/tennis*** lass uns Fußball/Tennis spielen; **board ~** Brettspiel *nt;* **a ~ of chance** ein Glücksspiel *nt;* **a ~ of chess** eine Partie Schach; **computer ~** Computerspiel *nt;* **party ~** Gesellschaftsspiel *nt;* **a ~ of skill** *(tactics)* Taktikspiel *nt; (agility)* Geschicklichkeitsspiel *nt;* **to win/lose a ~** ein Spiel gewinnen/verlieren; **waiting ~** Hinhaltetaktik *f;* **to play the waiting ~** erst mal abwarten *fam*
② *(general play)* Spiel *nt;* **a ~ of cops and robbers** Räuber und Gendarm
③ SPORT *(skill)* ***my ~ is a bit off today*** ich bin heute nicht in Form; **to play a good** [*or fam* **mean**] **~** ein gutes [*o* beachtliches] Spiel spielen; **to be off one's ~** nicht zu seinem Spiel finden, schlecht spielen; **to be on one's ~** gut in Form sein
④ *(amusement)* Spiel *nt;* ***that's enough fun and ~s!*** Schluss jetzt mit den Scherzen!; **to be just a ~ to sb** für jdn nur ein Spiel sein
⑤ *(scheme)* Spiel *nt;* ***what's your ~?*** *(fam)* was soll das?; ***he found out her little ~*** er kam ihr auf die Schliche; **to be up to one's old ~s** es mit der alten Masche versuchen *fam;* **to play ~s with sb** mit jdm

spielen; **to play sb's ~** *(willingly)* jds Spiel mitspielen; *(unwillingly)* jdm in die Hände [*o* Hand] arbeiten; **to see through sb's ~** jds Spiel durchschauen

6 ■**~s** *pl (organized)* Spiele *pl;* BRIT SCH [Schul]sport *m kein pl;* **the Olympic ~s** die Olympischen Spiele

▸PHRASES: **to beat sb at their own ~** jdn mit seinen eigenen Waffen schlagen *geh;* **the beautiful ~** der Fußball; **to give the ~ away** alles verraten; **to make [a] ~ of sb** BRIT sich *akk* über jdn lustig machen; **that's the name of the ~** *(fam)* darum geht es; ***power is the name of the ~ in the business world*** in der Geschäftswelt geht es nur um Macht; **to be on the ~** BRIT *(fam: be a prostitute)* auf den Strich gehen *sl;* AM *(fam: be a criminal)* seine Finger in unsauberen Geschäften haben *fam;* **the only ~ in town** *(fam)* das einzig Wahre [*o* Erstrebenswerte]; **~ over** AM *(fam)* das Spiel ist aus *fam;* **to play the ~** BRIT *(dated)* sich *akk* an die Spielregeln halten; **two can play at that ~** was du kannst, kann ich schon lange; **the ~'s up** das Spiel ist aus *fam;* **the ~ is not worth the candle** die Mühe lohnt sich nicht

II. *adj* 1 *usu pred (willing)* ■**to be ~ [to do sth]** bereit sein[, etw zu tun]; ***I'm going for a drink — are you ~?*** ich gehe was trinken – bist du dabei? *fam;* ***she's a real ~ kid*** AM *(sl)* sie ist zu allem bereit; **to be ~ for anything** zu allem bereit sein

2 *(dated: lame)* lahm, angeknackst *fam*

III. *vi* spielen

game² [geɪm] *n no pl* 1 *(animal)* Wild *nt;* **big ~** Großwild *nt;* **small ~** kleine Wildtiere

2 *(meat)* Wild *nt,* Wildbret *nt geh*

▸PHRASES: **fair ~** Freiwild *nt*

'game bird *n* ■**~s** *pl* Federwild *nt kein pl*

'Game·boy® *n* Gameboy® *m*

'game-cock *n* Kampfhahn *m* **'game·keep·er** *n* Wildhüter(in) *m(f),* Wildheger(in) *m(f)*

gam·elan ['gæməlæn] *n* MUS Gamelan *nt*

'game laws *npl* Jagdgesetz *nt* **'game li·cence** *n* Jagdschein *m*

game·ly ['geɪmli] *adv* tapfer

'game·pad *n* Gamepad *nt,* Spielpad *nt*

'game pad·dle *n* COMPUT Spielkonsole *f,* Steuerknüppel *m*

'game park *n* Wildpark *m*

'game plan *n* SPORT [Spiel]taktik *f,* [Spiel]strategie *f;* ECON Taktik *f,* Strategie *f* **'game·play** *n no pl* Spielablauf *m* **game 'point** *n (in tennis)* Satzball *m; (in handball)* [entscheidender] Punkt

gamer ['geɪməʳ] *n* COMPUT Gamer(in) *m(f),* Spieler(in) *m(f)*

'game re·serve *n* Wildschutzgebiet *nt,* Wildreservat *nt*

'game room *n* Spielzimmer *nt* **'game show** *n* Spielshow *f; (quiz show)* Quizsendung *f,* Quizshow *f;* **TV ~** Spielshow *f* [im Fernsehen]; *(quiz show)* Quizsendung *f* **'game show host** *n* TV Moderator(in) *m(f)* einer Spielshow; *(in quiz show)* Moderator(in) *m(f)* einer Quizshow

games·man·ship ['geɪmzmənʃɪp] *n no pl Kunst, mit fraglichen Mitteln zu gewinnen, ohne tatsächlich gegen die Regeln zu verstoßen*

'games port *n* Spieleport *m o nt* **'games teach·er** *n* BRIT Sportlehrer(in) *m(f),* Turnlehrer(in) *m(f)* SCHWEIZ

gam·ete ['gæmi:t] *n* Geschlechtszelle *f,* Gamet *m fachspr*

'game theo·ry *n no pl* MATH Spieltheorie *f fachspr*

'game war·den *n* Jagdaufseher(in) *m(f)*

gamey ['geɪmi] *adj see* **gamy**

gam·ine [gæ'mi:n] *(approv)* **I.** *n* knabenhafte Frau **II.** *adj* jungenhaft, knabenhaft, androgyn

gam·ing ['geɪmɪŋ] *n no pl* Spielen *nt* [um Geld]

'gam·ing house *n* Spielkasino *nt* **'gam·ing ma·chine** *n* Spielautomat *m* **'gam·ing table** *n* Spieltisch *m*

gam·ma ['gæmə] *n* 1 *(in Greek alphabet)* Gamma *nt*

2 BRIT SCH *(rare: school mark)* ≈ ‚befriedigend', ≈ ‚ungenügend' SCHWEIZ, ≈ Drei *f,* ≈ Dreier *m* ÖSTERR, SCHWEIZ

'gam·ma ef·fect *n* FIN Gamma-Effekt *m* **gam·ma 'globu·lin** *n no pl* MED Gammaglobulin *nt fachspr* **gam·ma ra·di'a·tion** *n no pl,* **gam·ma 'rays** *npl* Gammastrahlen *pl*

gam·mon ['gæmən] **I.** *n no pl esp* BRIT 1 *(bacon)* leicht geräucherter Schinken; *(ham)* [gekochter] Schinken

2 *(dated fam: nonsense)* Quatsch *m pej fam,* Blödsinn *m pej fam*

II. *interj* BRIT *(dated fam)* **~!** [so'n] Quatsch! *pej fam,* [so'n] Blödsinn! *pej fam*

gam·my ['gæmi] *adj* BRIT *(fam)* lahm

gam·ut ['gæmət] *n* Spektrum *nt;* **the whole ~ of emotions** das ganze Spektrum der Gefühle; **to run the ~ of sth** *(experience the entire range)* die ganze Skala einer S. *gen* durchmachen; *all tasks* alle Stationen einer S. *gen* durchlaufen; *all aspects* alle Facetten einer S. *gen* kennenlernen

gamy ['geɪmi] *adj* **~ taste** Wildgeschmack *m;* ***there was a ~ smell*** es roch nach Wild

ga·nache [gə'næʃ] *n no pl* Ganache *f (Creme aus Butter, süßer Sahne oder Crème fraîche und geriebener Schokolade, zum Füllen von Torten u. Ä.)*

gan·der ['gændəʳ, AM -dɚ] *n* 1 *(goose)* Gänserich *m,* Ganter *m* NORDD *fam,* Ganser[t] *m* SÜDD *fam*

2 *(fam: look)* **to have [***or* **take] a ~ at sth** einen kurzen Blick auf etw *akk* werfen

▸PHRASES: **what's sauce [***or* AM **good] for the goose is sauce [***or* AM **good] for the ~** *(prov)* was dem einen recht ist, ist dem anderen billig

G & T [,dʒi:ən(d)'ti:] *n abbrev of* **gin and tonic** Gin Tonic *m*

gang [gæŋ] **I.** *n (group) of people* Gruppe *f; of criminals* Bande *f; of youths* Gang *f; (fam) of friends* Clique *f,* Haufen *m fam; of workers, prisoners* Kolonne *f,* Trupp *m;* ***the ~'s waiting for us, hurry up*** beeil dich, die Jungs warten auf uns *fam;* **chain ~** aneinandergekettete Sträflingskolonne

II. *vi* ■**to ~ up** sich *akk* zusammentun [*o* zusammenschließen] *fam;* ■**to ~ up against [***or* **on] sb** sich *akk* gegen jdn verbünden

gang-bang ['gæŋ,bæŋ] **I.** *n (fam: voluntarily) Gruppensex mit einer Frau und mehreren Männern; (rape)* Gruppenvergewaltigung *f*

II. *vt* ■**to ~ sb** jdn zum Opfer einer Gruppenvergewaltigung machen; *(sl)* ■**to be ~ed** *woman* von mehreren Männern überfallen und vergewaltigt werden

gang·er ['gæŋəʳ] *n* BRIT Vorarbeiter *m,* Vormann *m*

gang·land ['gæŋlænd] **I.** *n usu sing* Unterwelt *f kein pl,* Gangstermilieu *nt* **II.** *adj attr, inv* unterweltlich, Unterwelt-; **~ feud** Bandenfehde *f;* **~ killing** Mord *m* im Gangstermilieu; **~ warfare** Bandenkrieg *m*

gang leader *n* Bandenführer(in) *m(f)*

gan·gling ['gæŋglɪŋ] *adj* schlaksig

gan·glion <*pl* -s *or* -lia> ['gæŋgliən, *pl* -liə] *n* MED 1 *(nerve cells)* Nervenknoten *m,* Ganglion *nt fachspr*

2 *(cyst)* Überbein *nt*

3 *(fig: center of activity)* Zentrum *nt*

gan·gly <-ier, -iest> ['gæŋgli] *adj* schlaksig

'gang·mas·ter *n (of illegal immigrants)* Anführer(in) *m(f)* einer Schlepperbande; LAW, HIST *jd, der saisonale Kräfte an Farmer vermietet*

'gang·plank *n* Landungssteg *m,* SCHWEIZ *a.* Lände *f*

gang 'rape *n* Gruppenvergewaltigung *f*

gan·grene ['gæŋgri:n] *n no pl* 1 MED Brand *m,* Gangrän *f fachspr;* **gas ~** Gasbrand *m,* Gasödem *nt,* Gasgangrän *f fachspr*

2 *(fig: moral corruption)* Krebsgeschwür *nt fig*

gan·gre·nous ['gæŋgrɪnəs] *adj* 1 *(with gangrene)* von Brand befallen, brandig [entzündet]

2 *attr (fig: corrupt)* [alles] zersetzend

gang·sta ['gæŋ(k)stə] *n (sl)* 1 *(nonconformist person)* Rebell(in) *m(f)* gegen die Normen der [weißen] Gesellschaft

2 *(African-American rap star)* Gangsta *f o m*

gang·sta 'rap *n no pl* Gangsta Rap *m sl*

gang·ster ['gæŋ(k)stəʳ, AM -ɚ] *n* Gangster(in) *m(f),* Verbrecher(in) *m(f)*

'gang·ster film *n* Gangsterfilm *m*

gang·ster·ism ['gæŋstərɪzᵊm] *n no pl* Gangstertum *nt*

'gang war *n* Bandenkrieg *m* **gang 'war·fare** *n no pl* Bandenkrieg *m*

'gang·way I. *n* 1 NAUT, AEROSP Gangway *f*

2 *(gangplank)* Landungsbrücke *f; (ladder)* Fallreep *nt*

3 BRIT *(aisle)* [Durch]gang *m*

II. *interj (fam)* **~!** Platz da! *fam,* Bahn frei! *fam*

gan·ja ['gændʒə, AM 'gɑ:n-] *n no pl (sl)* Marihuana *nt,* Gras *nt fam*

gan·net ['gænɪt] *n* 1 *(bird)* Tölpel *m*

2 BRIT *(fam: person)* Raffzahn *m pej fam,* Gierhals *m pej fam*

gan·try ['gæntri] *n (support)* Gerüst *nt,* Montageturm *m; (for a crane)* Krangerüst *nt,* Portal *nt; for a rocket* Abschussrampe *f,* Startrampe *f;* RAIL **signal ~** Signalbrücke *f*

gaol [dʒeɪl] *n* BRIT *(dated) see* **jail**

gaol·bird *n* BRIT *(dated) see* **jailbird** **gaol·break** *n* BRIT *(dated) see* **jailbreak**

gaol·er *n* BRIT *(dated) see* **jailer**

gap [gæp] *n* 1 *(empty space)* Lücke *f;* **to leave some ~s** etwas Platz [frei]lassen

2 *(fig: something missing)* Lücke *f fig; (inconsistency)* Ungereimtheit *f;* **credibility ~** mangelnde Glaubwürdigkeit; **~ in knowledge** Wissenslücke *f;* **market ~** Marktlücke *f;* **to fill a ~** eine Lücke schließen [*o* füllen] *fig*

3 *(in time)* Pause *f,* Unterbrechung *f*

4 *(difference)* Unterschied *m; (in attitude)* Kluft *f;* **age ~** Altersunterschied *m;* **generation ~** Generationsunterschied *m;* **to bridge/close the ~** die Kluft überbrücken/überwinden; ***he must close the ~ between his income and his expenditures*** er muss die Lücke zwischen seinem Einkommen und seinen Ausgaben schließen

5 COMPUT *(space between recorded data)* Spalt *m,* Zwischenraum *m*

6 COMPUT *(method)* Funkübertragungssystem *nt*

gape [geɪp] **I.** *vi* 1 *(stare)* starren, glotzen *pej fam,* [an]stieren SCHWEIZ *pej fam;* ■**to ~ at sb/sth** jdn/etw [mit offenem Mund] anstarren; ***what are you gaping at, idiot?*** was glotzt du denn so, du Idiot? *pej fam*

2 *(hang open)* offen sein; *door, gate* offen stehen; ***Peter's jacket ~d at the seams*** die Nähte von Peters Jacke waren aufgeplatzt

II. *n* Starren *nt*

gap 'fi·nanc·ing *n no pl* Defizitfinanzierung *f*

gap·ing ['geɪpɪŋ] *adj* weit geöffnet; *wound* klaffend; *hole, chasm* gähnend

gap·per ['gæpəʳ, AM -ɚ] *n (fam) jd, der ein Jahr Auszeit nimmt, oft zwischen Schule und Studienantritt*

'gap-toothed *adj (with missing teeth)* mit Zahnlücken *nach n; (with irregular teeth)* mit schiefen Zähnen *nach n; (with spaces between teeth)* mit Lücken zwischen den Zähnen *nach n;* ■**to be ~** *(with missing teeth)* Zahnlücken haben; *(with irregular teeth)* schiefe Zähne haben; *(with spaces between teeth)* Lücken zwischen den Zähnen haben; **~ grin** schiefes Lächeln **'gap year** *n* Gap-Year *nt (ein freies Jahr, oft zwischen Schule und Studienantritt)*

gar·age ['gærɑ:ʒ, AM gə'rɑ:ʒ] **I.** *n* 1 *(for cars)* Garage *f;* **one-car ~** einfache Garage; **two-car ~** Doppelgarage *f*

2 BRIT, AUS *(petrol station)* Tankstelle *f*

3 *(repair shop)* [Kfz-]Werkstatt *f*

4 BRIT *(dealer)* Autohändler(in) *m(f)*

5 STOCKEX *(part of New York Stock Exchange)* Garage *f*

II. *vt* **to ~ a car** ein Auto in die Garage stellen

III. *vi* FIN Vermögenswerte transferieren [aus steuerlichen Gründen]

ga·'rage sale *n esp* AM *privater Flohmarkt in der Garage*

garb [gɑ:b] *(liter)* **I.** *n no pl* Kleidung *f,* Gewand *nt* ÖSTERR *geh;* **to be dressed in cook's/nun's ~** als Koch/Nonne gekleidet sein

II. *vt* ■**to ~ oneself** sich *akk* kleiden; ■**to be ~ed in sth** in etw *akk* gekleidet sein

gar·bage ['gɑːbɪdʒ, AM 'gɑːr-] *n no pl* ① AM, AUS, CAN *(rubbish)* Müll *m,* Abfall *m,* SCHWEIZ *a.* Kehricht *m;* COMPUT ~ ***in,* ~ *out*** Garbage in, Garbage out *sl;* ***there's nothing wrong with the software — it's a clear case of* ~ *in,* ~ *out*** mit der Software ist alles in Ordnung – wenn der Input Müll ist, taugt auch der Output nichts *fam;* **to take the ~ out** den Müll rausbringen *fam*
② *(pej: nonsense)* Blödsinn *m pej fam,* Quatsch *m pej fam,* Müll *m fig pej fam; (useless data)* Müll *m,* Schrott *m;* **to talk ~** Blödsinn reden *pej fam,* [nur] Müll erzählen *pej fam*
③ AM *(sl: stuff)* Zeug[s] *nt pej fam; (junk)* Mist *m pej fam,* Müll *m fig pej fam; (bad literature)* Schund *m pej fam*
④ *(radio interference)* Rauschen *nt*

'**gar·bage bag** *n* AM, AUS, CAN *(dustbin bag)* Müllbeutel *m,* Müllsack *m* ÖSTERR, Kehrichtsach *m* SCHWEIZ '**gar·bage can** *n* AM, CAN *(dustbin)* Mülleimer *m,* Abfalleimer *m,* SCHWEIZ *a.* Kehrichteimer *m* '**gar·bage chute** *n esp* AM, CAN *(rubbish chute)* Müllschlucker *m* '**gar·bage col·lec·tion** *n no pl* AM *(waste collection)* Müllabfuhr *f,* Kehrichtabfuhr *f* SCHWEIZ '**gar·bage col·lec·tor** *n* AM, CAN *(dustman)* Müllmann *m fam,* Kehrichtmann *m* SCHWEIZ, Müllwerker *m form* '**gar·bage dis·pos·al,** AM, CAN *also* '**gar·bage dis·pos·er** *n (rubbish disposer)* Müllschlucker *m* '**gar·bage dump** *n* AM, CAN *(rubbish dump)* Mülldeponie *f,* Abfalldeponie *f* SCHWEIZ, Müllabladeplatz *m* '**gar·bage man** *n* AM, AUS, CAN *(dustman)* Müllmann *m fam,* Kehrichtmann *m* SCHWEIZ, Müllwerker *m form* '**gar·bage truck** *n* AM, AUS, CAN *(dustbin lorry)* Müllwagen *m,* Kehrichtwagen *f* SCHWEIZ, Müllauto *nt*

gar·bagy ['gɑːrbɪdʒi] *adj* AM, CAN *(pej: bad)* schlecht, niveaulos; *(messy)* unordentlich; *(dirty)* versifft *sl*

gar·ban·zo, gar·ban·zo bean [gɑː'bænzəʊ-, AM gɑːr'bɑːnzoʊ-] *n* AM Kichererbse *f*

gar·ble ['gɑːbl̩, AM 'gɑːr-] *vt* ■**to ~ sth** ① *(mix up)* etw durcheinanderbringen; *words, message* etw verdrehen; *(distort)* etw verzerren; ***the fax seems to have been* ~ *d in transmission*** das Fax ist anscheinend nicht richtig übertragen worden
② *(misrepresent)* etw verzerrt darstellen [*o pej fam* verdrehen]; **to ~ the facts** die Fakten verdrehen *pej fam*

gar·bled ['gɑːbl̩d, AM 'gɑːr-] *adj account, message* verworren; *data* fehlerhaft; *fax* unleserlich

gar·çon ['gɑːsɒn, AM gɑːr'sɒn] *n* Garçon *m veraltet;* **~!** Herr Ober! *veraltend*

Gar·da <*pl* Gardai> ['gɑːdə, AM 'gɑːr] *n* ① *no pl, + sing/pl vb (Irish police force)* ■**the ~** die [irische] Polizei
② *(policeman)* [irischer] Polizist, [irische] Polizistin

gar·den ['gɑːdᵊn, AM 'gɑːr-] **I.** *n* ① BRIT *(of house)* Garten *m;* **back ~** Garten *m* hinter dem Haus; **front ~** Vorgarten *m*
② *(planted area)* Garten *m;* **flower/vegetable ~** Blumen-/Gemüsegarten *m;* **herb** [*or* **kitchen**] **~** Kräutergarten *m;* **to plant a ~** einen Garten anlegen
③ *(ornamental grounds)* ■**~s** *pl* Gartenanlage *f sing,* Park *m sing,* Gärten *pl;* **botanical ~s** botanischer Garten; **public ~s** öffentliche Gartenanlage, öffentlicher Park
▸ PHRASES: **to lead sb up the ~ path** jdn an der Nase herumführen *fam,* jdm einen Bären aufbinden *fam*
II. *n modifier (furniture, hose, vegetable)* Garten-; **~ gnome** Gartenzwerg *m;* **~ plot** Gartenbeet *nt;* **~ produce** Gartenerzeugnisse *pl*
III. *vi* im Garten arbeiten, gärtnern

gar·den a'part·ment *n* AM *(garden flat)* Souterrainwohnung *f* '**gar·den cen·tre** *n* BRIT, CAN Gartencenter *nt,* Gärtnereimarkt *m* **gar·den 'city** *n* BRIT Gartenstadt *f*

gar·den·er ['gɑːdᵊnəʳ, AM 'gɑːrdᵊnɚ] *n (professional)* Gärtner(in) *m(f),* Gartenarbeiter(in) *m(f); (for pleasure)* Gärtner(in) *m(f)*

gar·den 'flat *n* BRIT Souterrainwohnung *f,* SCHWEIZ *a.* Kellerwohnung *f*

gar·denia [gɑː'diːniə, AM gɑːr'-] *n* Gardenie *f*

gar·den·ing ['gɑːdᵊnɪŋ, AM 'gɑːr-] **I.** *n no pl* Gartenarbeit *f,* Gärtnern *nt;* **a book on ~** ein Buch *nt* über Gartenpflege; **to do ~** Gartenarbeit machen
II. *n modifier* Garten-; **~ tools** Gartengeräte *pl*

'**gar·den·ing leave** *n no pl* BRIT *Beurlaubung bei voller Bezahlung, um keinen Überlauf zum Konkurrenten zu gewährleisten*

Gar·den of 'Eden *n* ■**the ~** der Garten Eden; *(fig)* das Paradies '**gar·den par·ty** *n* [großes] Gartenfest, [große] Gartenparty '**gar·den-va·ri·ety** *adj attr, inv* AM alltäglich, banal, gewöhnlich

gar·gan·tuan [gɑː'gæntjuən, AM gɑːr'gæntʃu-] *adj* riesig, gewaltig; **~ debts** enormer Schuldenberg

gar·gle ['gɑːgl̩, AM 'gɑːr-] **I.** *vi* gurgeln; **to ~ with mouthwash/salt water** mit Mund-/Salzwasser gurgeln
II. *n no pl* ① *(act)* Gurgeln *nt*
② *(liquid)* Gurgelwasser *nt*
③ BRIT *(sl: drink)* **to have a ~** sich *dat* einen [Kleinen] genehmigen *fam*

gar·goyle ['gɑːgɔɪl, AM 'gɑːr-] *n* Wasserspeier *m*

gar·ish ['geərɪʃ, AM 'ger-] *adj (pej)* knallig *fam,* knallbunt *fam;* ***her make-up looks downright* ~** sie sieht aus, als wäre sie in einen Farbtopf gefallen *fam;* **~ colours** schreiende [*o* grelle] Farben

gar·ish·ly ['geərɪʃli, AM 'ger] *adv* grell

gar·ish·ness ['geərɪʃnəs, AM 'ger-] *n no pl (pej)* Grellheit *f*

gar·land ['gɑːlənd, AM 'gɑːr-] **I.** *n* Kranz *m; for a Christmas tree* Girlande *f;* **~ of roses** Rosenkranz *m*
▸ PHRASES: **to win the ~** *(liter)* einen Preis bekommen, die Palme erringen *geh*
II. *vt* ■**to ~ sb** jdn bekränzen; *with flowers* jdm Blumenkränze umhängen

gar·lic ['gɑːlɪk, AM 'gɑːr-] **I.** *n no pl* Knoblauch *m;* **bulb of ~** Knoblauchknolle *f;* **clove of ~** Knoblauchzehe *f*
II. *n modifier (smell, sauce)* Knoblauch-; **to have ~ breath** nach Knoblauch riechen

gar·lic 'bread *n no pl* Knoblauchbrot *nt*

gar·licky ['gɑːlɪki, AM 'gɑːr-] *adj* ■**to be ~** *(smell)* nach Knoblauch riechen; *(taste)* nach Knoblauch schmecken; ***he refuses to eat* ~ *food*** er isst nichts mit Knoblauch; **~ sauce/salad dressing** Soße *f*/Salatdressing *nt* mit Knoblauch

'**gar·lic press** *n* Knoblauchpresse *f* **gar·lic 'salt** *n* Knoblauchsalz *nt*

gar·ment ['gɑːmənt, AM 'gɑːr-] **I.** *n* Kleidungsstück *nt*
II. *n modifier* Textil-; **~ designer** Textildesigner(in) *m(f);* **~ industry** Bekleidungsindustrie *f*

'**gar·ment bag** *n* AM, CAN *(suit bag)* Reisetasche *f*

gar·ner ['gɑːnəʳ, AM 'gɑːrnɚ] *vt (liter)* ■**to ~ sth** etw sammeln; **to ~ knowledge** Wissen erwerben

gar·net ['gɑːnɪt, AM 'gɑːr-] **I.** *n* Granat *m*
II. *n modifier (bracelet, earrings, ring)* Granat-; **~ stone** Granat *m*

gar·nish ['gɑːnɪʃ, AM 'gɑːr-] **I.** *vt* ① FOOD ■**to ~ sth** etw garnieren; *(fig)* etw ausschmücken
② LAW ■**to ~ sb** einem Drittschuldner einen Pfändungsbeschluss zukommen lassen; **to ~ sb's earnings/wages** Einkünfte/Löhne von jdm pfänden
II. *n* <*pl* -es> Garnierung *f*

gar·nish·ment or·der ['gɑːnɪʃmənt-, AM 'gɑːr-] *n* LAW Pfändungs- und Überweisungsbeschluss *m*

ga·rotte *n, vt see* **garrotte**

gar·ret ['gærət, AM 'ger-] *n* ARCHIT *(attic)* Dachboden *m,* Estrich *m* SCHWEIZ; *(attic room)* Dachkammer *f,* Mansarde *f*

gar·ri·son ['gærɪsᵊn, AM 'gerə-] **I.** *n* Garnison *f*
II. *n modifier* ① *(at the garrison)* **~ duty** Dienst *m* in der Garnison
② *(with a garrison)* **~ town** Garnisonsstadt *f*
III. *vt* ■**to be ~ed** in Garnison liegen; **to ~ a place** einen Ort mit einer Garnison belegen

gar·rotte, AM **gar·rote** [gə'rɒt, AM -'rɑːt] **I.** *n* Gar[r]otte *f,* Halseisen *nt,* Würgschraube *f*
II. *vt* ■**to ~ sb** jdn erdrosseln; *(with a garrote)* jdn gar[r]ottieren [*o* durch die Gar[r]otte hinrichten]

gar·ru·lity [gæ'ruːləti, AM ge'ruːləṭi] *n no pl (talkativeness)* Schwatzhaftigkeit *f pej,* Redseligkeit *f; (wordiness)* Langatmigkeit *f*

gar·ru·lous ['gærᵊləs, AM 'ger-] *adj (talkative)* schwatzhaft *pej,* redselig; ■**to be ~** ein Schwätzer/eine Schwätzerin sein *pej; (wordy)* langatmig

gar·ru·lous·ly ['gærᵊləsli, AM 'ger-] *adv (talkatively)* schwatzhaft *pej,* redselig; *(wordily)* langatmig

gar·ru·lous·ness ['gærᵊləsnəs, AM 'ger-] *n no pl (talkativeness)* Schwatzhaftigkeit *f pej,* Redseligkeit *f; (wordiness)* Langatmigkeit *f*

gar·ter ['gɑːtəʳ, AM 'gɑːrṭɚ] **I.** *n* ① *(band)* Strumpfband *nt;* AM *(suspenders)* Strumpfhalter *m,* Strapse *pl*
② BRIT **the Order of the G~** der Hosenbandorden
II. *vt* ■**to be ~ed** *(wear a band)* ein Strumpfband tragen; AM *(wear suspenders)* Strapse tragen

'**gar·ter belt** *n* AM, CAN Hüftgürtel *m,* Strapse *pl* '**gar·ter snake** *n* AM *(grass snake)* Ringelnatter *f* '**gar·ter stitch** *n* [kraus] rechts gestricktes Muster

gas [gæs] **I.** *n* <*pl* -es *or* -ses> ① *(vapour)* Gas *nt*
② *no pl (fuel)* Gas *nt;* **natural ~** Erdgas *nt;* **to cut off the ~** das Gas abdrehen
③ *no pl* MED *(fam: anaesthetic)* Lachgas *nt*
④ *no pl (weapon)* [Gift]gas *nt;* **poison ~** Giftgas *nt;* **poison ~ attack** Giftgasangriff *m;* **to use ~** Giftgas einsetzen
⑤ *no pl* AM, CAN *(fam: petrol)* Benzin *nt;* **high-octane ~** Super[benzin] *nt;* **leaded/unleaded ~** verbleites/bleifreies Benzin; **to get ~** tanken; **to step on the ~** aufs Gas treten *fam,* Gas geben; *(fig: hurry)* Gas geben *fam*
⑥ *no pl* AM MED *(euph fam: flatulence)* Blähungen *pl*
⑦ *esp* AM *(fam: laugh)* **to be a ~** zum Brüllen [*o* Schreien] sein *fam*
II. *n modifier (grill, heater, stove)* Gas-, gasbetrieben
III. *vt* <-ss-> ■**to ~ sb** ① *(kill)* jdn vergasen
② MED *(sl: make unconscious)* jdn [mit Lachgas] betäuben
IV. *vi* <-ss-> *(dated fam)* quatschen *fam,* tratschen ÖSTERR *fam*
◆**gas up I.** *vt* AM, CAN **to ~ up** ↻ **a car** ein Auto auftanken
II. *vi* AM, CAN volltanken

'**gas·bag** *n (pej sl)* Quasselstrippe *f pej fam* '**gas cham·ber** *n* Gaskammer *f*

Gas·con ['gæskən] **I.** *n* ① *(person)* Gascogner(in) *m(f)*
② *no pl (language)* Gascognisch *nt*
II. *adj* gascogner

Gas·co·ny ['gæskəni] *n no pl* Gascogne *f*

'**gas cook·er** *n* BRIT Gasherd *m; (small device)* Gaskocher *m*

gas·eous ['gæsiəs] *adj* gasförmig

'**gas field** *n* [Erd]gasfeld *nt* '**gas fire** *n* BRIT Gaskaminofen *m* '**gas-fired** *adj inv* gasbetrieben '**gas fit·ter** *n* BRIT Gasinstallateur(in) *m(f)* '**gas fit·tings** *npl* BRIT Gasleitungen *pl* '**gas fur·nace** *n* Gasofen *m* '**gas gauge** *n* AM, CAN *(petrol gauge)* Benzinuhr *f* '**gas guz·zler** *n* AM, CAN *(fam)* Benzinfresser *m fam,* Benzinschlucker *m fam*

gash [gæʃ] **I.** *n* <*pl* -es> *on the body* tiefe Schnittwunde; *in cloth* Schnitt *m,* Schlitz *m; in upholstery* tiefer Schlitz; *in a tree* [klaffende] Spalte; *in the ground* tiefe Kerbe **II.** *vt* ■**to ~ sth** etw aufschlitzen; ■**to ~ sth open** *leg, arm* sich *dat* etw aufreißen; *head, knee, elbow* sich *dat* etw aufschlagen '**gas heat·er** *n* AM *(gas fire)* Gasofen *m*

gas 'heat·ing, AM '**gas heat** *n no pl* [zentrale] Gasheizung '**gas·hold·er** *n* Gascontainer *m,* SCHWEIZ *a.* Gasflasche *f,* Gasometer *m veraltend* '**gas jet** *n* Gasdüse *f*

gas·ket ['gæskɪt] *n* Dichtung *f;* **to blow a ~** eine Dichtung platzen lassen; *(fig)* **sb blows a ~** bei jdm brennen die Sicherungen durch *fig fam,* jd wird [sehr] wütend

'**gas lamp** *n* Gaslampe *f* '**gas·light** *n* ① *no pl (system)* Gasbeleuchtung *f,* Gaslicht *nt* ② *(lamp)* Gaslampe *f* '**gas light·er** *n (for igniting)* Gasanzünder *m; for cigarettes* Gasfeuerzeug *nt* **gas·lit** ['gæslɪt] *adj inv* mit Gaslicht beleuchtet '**gas main** *n* Gas[haupt]leitung *f* '**gas·man** *n* BRIT *(fam)* Gasab-

G

leser(in) *m(f)*, Gasmann *m fam* **'gas mark** *n* BRIT Stufe *f (beim Gasherd)* **'gas mask** *n* Gasmaske *f* **'gas me·ter** *n* Gaszähler *m*, Gasuhr *f*; **to read the ~** den Gaszähler ablesen

gaso·line ['gæsᵊli:n] **I.** *n* AM, CAN *(petrol)* Benzin *nt*; **leaded/lead-free ~** verbleites/bleifreies Benzin **II.** *n modifier (tank)* Benzin-; **~ tax** Kraftstoffsteuer *f*

gas·om·eter [gæs'ɒmɪtəʳ, AM -'ɑ:mət̬ɚ] *n* Gasometer *m veraltend*, [großer] Gasbehälter

'gas oven *n* Gasherd *m*; **to put one's head in a ~ oven** den Gashahn aufdrehen *euph fam*, sich *akk* mit Gas vergiften

gasp [gɑ:sp, AM gæsp] **I.** *vi* ❶ *(pant)* keuchen; *(catch one's breath)* tief einatmen, hörbar die Luft einziehen; *(be surprised, shocked, in pain)* ■**sb ~s** jdm stockt der Atem, jdm bleibt die Luft weg *fam*; **to ~ for air** [*or* **breath**] [*or* **oxygen**] nach Luft schnappen; **sb ~s in amazement** [*or* **surprise**] jdm stockt vor Überraschung der Atem; **sb ~s in shock** jdm bleibt vor Schreck die Luft weg *fam*

❷ *(speak breathlessly)* nach Luft ringen

❸ BRIT *(fam: be thirsty)* ■**to be ~ing** durstig sein; *(very)* [fast] verdursten

II. *vt* ■**to ~ out** ⊂ **sth** etw [atemlos] hervorstoßen

III. *n* hörbares Lufteinziehen, plötzliches Luftholen; ***he gave a ~ of amazement*** ihm blieb vor Überraschung die Luft weg

▸PHRASES: **to do sth to the last ~** etw bis zum letzten Atemzug tun; **to be at one's last ~** in den letzten Zügen liegen

'gas ped·al *n* AM, CAN *(accelerator)* Gaspedal *nt*; **to have a heavy foot on the ~** einen Bleifuß haben *fig fam*

gasp·er ['gɑ:spəʳ] *n* BRIT *(dated fam)* Klimmstängel *m fam*

'gas pipe *n* Gasleitung *f* **'gas pump** *n* AM, CAN *(petrol pump)* Zapfsäule *f*; **full-service ~** Zapfsäule *f* mit Bedienung; **self-service ~** Selbstbedienungszapfsäule *f* **'gas ring** *n* BRIT Gaskocher *m* **'gas sta·tion** *n* AM, CAN *(petrol station)* Tankstelle *f* **'gas sta·tion op·era·tor** *n* AM, CAN *(petrol station operator)* Tankwart(in) *m(f)* **'gas stove** *n* Gasherd *m*; *(small device)* Gaskocher *m*

gas·sy ['gæsi] *adj* ❶ *(full of gas)* kohlensäurehaltig

❷ *(dated fam: wordy)* langatmig; *(talkative) person* redselig, geschwätzig *pej*; *language* wortreich, langatmig *pej*

'gas tank *n* AM, CAN *(petrol tank)* Benzintank *m*

gas·tric ['gæstrɪk] *adj inv* MED Magen-, gastrisch *fachspr*; **~ juices** Magensäfte *pl*; **~ ulcer** Magengeschwür *nt*; **~ upset** Magenprobleme *pl*

gas·tric 'flu *n* Darmgrippe *f*

gas·tri·tis [gæs'traɪtɪs, AM -t̬əs] *n no pl* MED Magenschleimhautentzündung *f*, Gastritis *f fachspr*

gas·tro·en·teri·tis [,gæstrəʊ,entə'raɪtɪs, AM -troʊ,ent̬ə'raɪt̬əs] *n no pl* MED Magen-Darm-Entzündung *f*, Magen-Darm-Katarrh *m fachspr*, Gastroenteritis *f fachspr*

gas·tro·en·ter·olo·gist [,gæstrəʊ,entə'rɒlədʒɪst, AM -troʊ,ent̬ə'rɑ:-] *n* MED Gastroenterologe, Gastroenterologin *m, f*

gas·tro·en·ter·ol·ogy [,gæstrəʊ,entə'rɒlədʒi, AM -troʊ,ent̬ə'rɑ:-] *n no pl* MED Gastroenterologie *f fachspr*

gas·tro·in·tes·ti·nal [,gæstrəʊ,ɪntes'taɪnᵊl, AM -troʊ,ɪn'testᵊnᵊl] *adj inv* ANAT, MED Magen-Darm-, gastrointestinal *fachspr*; **to have ~ problems** Magen-Darm-Probleme [*o euph* Durchfall] haben; **the ~ tract** der Magen-Darm-Trakt

gas·tro·nome ['gæstrənəʊm, AM -noʊm] *n* Feinschmecker(in) *m(f)*, Gourmet *m*

gas·tro·nom·ic [,gæstrə'nɒmɪk, AM -'nɑ:-] *adj* kulinarisch

gas·tro·nomi·cal·ly [,gæstrə'nɒmɪkli, AM -'nɑ:-] *adv* kulinarisch

gas·trono·my [gæs'trɒnəmi, AM -'trɑ:-] *n no pl* Gastronomie *f*

gas·tro·scope ['gæstrəskəʊp, AM -skoʊp] *n* MED Gastroskop *nt fachspr*

gas·tros·co·py [gæs'trɒskəpi, AM 'trɑ:s-] *n* MED ❶ *(examination)* Gastroskopie *f fachspr*; **to do a ~** eine Gastroskopie machen

❷ *no pl (technique)* Gastroskopieren *nt fachspr*

gas 'tur·bine *n* Gasturbine *f* **'gas·works** *n + sing vb* Gaswerk *nt*

gat [gæt] *vi, vt (old) pt of* **get**

gate [geɪt] **I.** *n* ❶ *(at an entrance)* Tor *nt*; *at a level-crossing* Schranke *f*; *at a canal lock* Schleusentor *nt*; *at an airport* Flugsteig *m*, Gate *nt*; *(of an animal pen)* Gatter *nt*; *(to a garden, courtyard)* Pforte *f*; **safety ~** Sicherheitstür *f*

❷ SPORT *(for horses)* **starting ~** Startmaschine *f*

❸ *(spectators)* Zuschauerzahl *f*

❹ *no pl (money)* Einnahmen *pl*

❺ COMPUT *(of FET device)* Torschaltung *f*

❻ *(in camera/projector)* Justiervorrichtung *f*

II. *vt* ❶ *usu passive* BRIT ■**to be ~d** *(be confined)* Arrest bekommen; *(hist: at university)* in den Karzer geworfen werden *hist*; *(be under curfew)* Ausgehverbot *nt* bekommen

❷ *enclosure, entrance* ■**to ~ sth** etw mit einem Tor versehen; *(restrict access to)* den Zugang zu etw *dat* versperren

-gate *in compounds* AM -skandal, -affäre; **file~** Aktenskandal *m*; **Water~** Watergate *kein art*, die Watergateaffäre

ga·teau <*pl* -x> ['gætəʊ] *n esp* BRIT Torte *f*

'gate·crash *(fam)* **I.** *vt (attend uninvited)* **to ~ a meeting/a party** in eine Versammlung/Party reinplatzen *fam*; *(without paying)* ■**to ~ sth** sich *dat* ohne zu bezahlen Eintritt zu etw *dat* verschaffen **II.** *vi (attend uninvited)* uneingeladen kommen; *(without paying)* sich *dat* ohne zu bezahlen Eintritt verschaffen **'gate·crash·er** *n (fam)* un[ein]geladener Gast

gat·ed com·mu·nity [,geɪtɪdkə'mju:nəti, AM -t̬i] *n Gemeinde mit Schranken am Eingang versehen*

'gate·house *n* Pförtnerhaus *nt* **'gate·keep·er** *n* Pförtner(in) *m(f)*; *at a level-crossing* Schrankenwärter(in) *m(f)* **gate-leg·ged 'ta·ble, gate-leg 'ta·ble** *n* Klapptisch *m (mit hochklappbaren Seitenteilen)* **'gate mon·ey** *n no pl* BRIT, AUS Einnahmen *pl (aus Eintrittskartenverkäufen)* **'gate·post** *n* Torpfosten *m* ▸PHRASES: **between you and me and the ~** unter uns [gesagt] **'gate·way** *n* ❶ *(entrance)* Eingangstor *nt*, Toreinfahrt *f*; *(archway)* Torbogen *m*

❷ *(fig: means of access)* Tor *nt*; **the ~ to the North/West** das Tor zum Norden/Westen ❸ COMPUT Gateway *nt* **'gate·way drug** *n* Einstiegsdroge *f*

gath·er ['gæðəʳ, AM -ɚ] **I.** *vt* ❶ *(collect)* ■**to ~ sth** etw sammeln; ***we ~ed our things together*** wir suchten unsere Sachen zusammen; **to ~ berries/herbs/honey** Beeren/Kräuter/Honig sammeln; **to ~ the crops** die Ernte einbringen; **to ~ flowers** Blumen pflücken; **to ~ information** Informationen sammeln; *(by asking)* Informationen einholen; **to ~ intelligence** sich *dat* [geheime] Informationen beschaffen; **to ~ one's thoughts** seine Gedanken sammeln, nachdenken; *(accumulate)* **to ~ dirt** ein Schmutzfänger sein; **to ~ dust** *(also fig)* verstauben *a. fig*

❷ *(pull nearer)* **to ~ sb in one's arms** jdn in die Arme nehmen; ***she ~ed the blanket around her*** sie wickelte sich enger in die Decke

❸ FASHION ■**to ~ sth** etw kräuseln [*o* raffen]

❹ *(increase)* **to ~ courage** seinen Mut zusammennehmen; **to ~ momentum** in Fahrt kommen *fam*; **to ~ speed** schneller werden; **to ~ one's strength** seine Kräfte sammeln

❺ *(understand)* ■**to ~ sth** etw verstehen

❻ *(believe)* ■**to ~ that ...** glauben, dass ...; ***Harry's not happy, I ~*** *(think)* wie ich die Sache sehe, ist Harry nicht glücklich; *(hear)* wie ich höre, ist Harry nicht glücklich

❼ *(infer)* ■**to ~ from sth that ...** aus etw *dat* schließen, dass ...; *(read)* ***I didn't ~ much from his speech*** ich konnte seiner Rede nicht viel entnehmen

❽ *(hear)* ■**to ~ that ...** gehört haben, dass ...; *(find out)* ■**to ~ from sb that ...** von jdm erfahren haben, dass ...

▸PHRASES: **to be ~ed to one's fathers** *(euph liter)* aus diesem Leben abberufen werden *geh*

II. *vi* ❶ *(come together)* sich *akk* sammeln; *people* sich *akk* versammeln; *(accumulate)* sich *akk* ansammeln; *clouds* sich *akk* zusammenziehen; *a storm* heraufziehen, sich *akk* zusammenbrauen; ***we are ~ed here today to ...*** wir haben uns heute hier versammelt, um ...; ***the clouds of war had been ~ing for several years*** schon seit einigen Jahren hatte der Krieg seine dunklen Schatten vorausgeworfen

❷ FASHION **to ~ at the middle/sides** in der Mitte/an den Seiten gerafft sein

◆**gather around** *vi (fam)* zusammenkommen, sich *akk* versammeln; ■**to ~ around sb/sth** sich *akk* um jdn/etw [ver]sammeln

◆**gather in** *vt (bring to safety)* ■**to ~ in** ⊂ **sb/sth** jdn/etw in Sicherheit bringen; *(harvest)* ■**to ~ sth** ⊂ **in** etw ernten; **to ~ the crops/the harvest in** das Getreide/die Ernte einbringen

◆**gather round** *esp* BRIT **I.** *vt* ■**to ~ sb round sth** jdn um etw *akk* versammeln

II. *vi (fam)* zusammenkommen, sich *akk* versammeln; ■**to ~ round sth/sb** sich *akk* um jdn/etw versammeln

◆**gather up** *vt* ■**to ~ up** ⊂ **sth** etw aufsammeln [*o* zusammensammeln]; **to ~ oneself up to one's full height** sich *akk* zu seiner vollen Größe aufrichten; **to ~ up one's skirt** seinen Rock [hoch]raffen

gath·ered ['gæðəd, AM -ɚd] *adj clothing* gekräuselt, gerafft

gath·er·er ['gæðərəʳ, AM ɚɚ] *n* Sammler(in) *m(f)*; **tax ~** Steuereintreiber *m*

gath·er·ing ['gæðᵊrɪŋ] **I.** *n* Treffen *nt*, Zusammenkunft *f*, Versammlung *f*; **a family ~** ein Familientreffen *nt*; **a social ~** ein gemütliches Beisammensein

II. *adj attr, inv clouds* heraufziehend; *storm* sich *akk* zusammenbrauend, heraufziehend; *darkness* zunehmend

gath·er·ing 'an·ode *n* PHYS Fangelektrode *f*

gath·ers ['gæðəz, AM -ɚz] *npl* Kräusel[n] *pl*, Kräuselfalten *pl*

ga·tor ['geɪt̬ɚ] *n* AM *(sl) short for* **alligator** Alligator *m*

GATT [gæt] *n no pl acr for* **General Agreement on Tariffs and Trade** GATT *nt*

gauche [gəʊʃ, AM goʊʃ] *adj* unbeholfen, linkisch

gauche·ness ['gəʊʃnəs, AM 'goʊʃ] *n no pl* linkische Art

gau·cherie ['gəʊʃᵊri, AM 'goʊʃeri] *n no pl* linkische Art

gau·cho ['gaʊtʃəʊ, AM -tʃoʊ] *n* Gaucho *m*

gaudi·ly ['gɔ:dɪli, AM gɑ:] *adv* grell

gaudi·ness ['gɔ:dinəs, AM 'gɑ:-] *n no pl (garishness)* Auffälligkeit *f*; *(tastelessness)* Kitschigkeit *f*

gaudy[1] ['gɔ:di, AM 'gɑ:-] *adj (tasteless)* kitschig; *(too bright)* knallig *fam*, knallbunt *fam*; **~ colours** grelle [*o* schreiende] Farben

gaudy[2] ['gɔ:di, AM 'gɑ:-] *n* BRIT *alljährliches offizielles Essen für ehemalige Mitglieder eines College*

gauge [geɪdʒ] **I.** *n* ❶ *(device)* Messgerät *nt*; *(for tools)* [Mess]lehre *f fachspr*; *(for water level)* Pegel *m*; *(for rings)* Ringmaß *nt*; **fuel ~** Benzinuhr *f*, Benzinanzeige *f*; **heat ~** Temperaturanzeige *f*; **pressure ~** Druckmesser *m*; **rain ~** Niederschlagsmesser *m*; **tyre ~** Reifendruckmesser *m*

❷ *(thickness) of metal, plastic* Stärke *f*; *of a wire, tube* Dicke *f*; *(diameter) of a gun, bullet* Durchmesser *m*, Kaliber *nt*

❸ RAIL Spurweite *f*; **standard ~** Normalspur *f* [*o* Regelspur *f*]; **narrow ~** Schmalspur *f*

❹ *(fig: measure)* Maßstab *m* (**of** für *+akk)*

II. *vt* ■**to ~ sth** ❶ *(measure)* etw messen

❷ *(judge, assess)* etw beurteilen [*o* einschätzen]; *(estimate, guess)* etw [ab]schätzen

Gaul [gɔ:l] *n no pl* GEOG ❶ *(ancient region of Europe)* Gallien *nt*

❷ *(native of Gaul)* Gallier(in) *m(f)*

Gaull·ism ['gɔ:lɪzᵊm] *n no pl* Gaullismus *m*

Gaull·ist ['gɔ:lɪst] **I.** *adj inv* gaullistisch

II. *n* Gaullist(in) *m(f)*

gaunt [gɔ:nt, AM gɑ:nt] *adj* ❶ *(thin)* hager, dünn;

(too thin) abgemagert, dürr; *(from illness)* ausgemergelt; **a ~ face** ein hageres Gesicht
② *(desolate)* öde, karg
gaunt·let ['gɔ:ntlət, AM 'gɑ:nt-] *n* Handschuh *m;* TECH Industriehandschuh *m;* MED Schutzhandschuh *m; for armour* Panzerhandschuh *m*
▶PHRASES: **to run the ~** Spießruten laufen; **to take up/throw down the ~** den Fehdehandschuh aufnehmen/hinwerfen *geh*
gaunt·ness ['gɔ:ntnəs, AM 'gɑ:nt-] *n no pl (thinness)* Hagerkeit *f; (extreme)* Abgemagertheit *f; from illness* Ausgemergeltsein *nt*
Gauss·ian ['gaʊsɪən] *adj inv* MATH **~ curve** Gauß'sche Normalverteilungskurve; **~ distribution** Normalverteilung *f;* **~ noise** Gauß'sches Rauschen; **~ random function** Gauß'sche Zufallsfunktion
gauze [gɔ:z, AM gɑ:z] **I.** *n no pl* ① *also* MED *(fabric)* Gaze *f;* **cotton/silk ~** Gaze *f* aus Baumwolle/Seide
② CHEM *(wire gauze)* Gewebedraht *m*
③ *(fig: haze)* [leichter] Dunst
II. *n modifier* ① *(fabric)* Gaze-; **~ pad** Gazetupfer *m;* **~ scarf** Gazeschal *m*
② *(wire)* **~ screen** [*or* **sieve**] Gazesieb *nt fachspr*
gauze 'ban·dage *n* Gazeverband *m,* Mullverband *m*
gauzy ['gɔ:zi, AM 'gɑ:zi] *adj (thin)* hauchdünn; *(translucent)* durchscheinend
gave [geɪv] *pt of* **give**
gav·el ['gævᵊl] **I.** *n* Hammer *m*
II. *vt* ■**to ~ down** ↻ **sb** jdn zur Ordnung rufen
ga·votte [gə'vɒt, AM -'vɑ:t] *n* Gavotte *f*
Gawd [gɔ:d, AM *also* gɑ:d] *interj (euph fam)* Gott *m;* ***oh my ~!*** oh Gott! *fam*
gawk [gɔ:k, AM gɑ:k] *vi (fam)* glotzen *a. pej fam;* ***don't stand there ~ing!*** glotz nicht so blöd! *fam;* ■**to ~ at sb/sth** jdn/etw anstarren [*o fam* anglotzen] [*o* SCHWEIZ *a.* [an]stieren]
gawky ['gɔ:ki, AM 'gɑ:ki] *adj (lanky)* schlaksig; *(awkward)* linkisch; *(clumsy)* unbeholfen
gawp [gɔ:p, AM gɑ:p] **I.** *vi* BRIT *see* **gawk**
II. *n (fam)* langer Blick; ***have a ~ at sth*** etw *akk* unverwandt anstarren
gay [geɪ] **I.** *adj* ① *(homosexual)* homosexuell, schwul *fam,* gay *sl; (lesbian)* lesbisch; **~ activist** Mitglied *nt* der Schwulenbewegung, Schwulenrechtler(in) *m(f) sl;* **~ bar** Schwulenlokal *nt;* **~ community** Schwulengemeinschaft *f;* **~ marriage** Schwulenehe *f;* **~ scene** Schwulenszene *f*
② *(cheerful)* fröhlich, heiter
II. *n* Homosexuelle(r) *m,* Schwule(r) *m fam*
gay·dar ['geɪdɑ:ʳ, AM -dɑ:r] *n Fähigkeit von Homosexuellen, sich gegenseitig zu erkennen*
gay-'friend·ly *adj inv* schwulenfreundlich **gay lib·e'ra·tion** *n no pl (dated)* Schwulenbewegung *f* **gay 'mar·riage** *n* ① *no pl (institution)* Ehe *f* zwischen Schwulen ② *(instance)* Schwulenhochzeit *f* **'gay move·ment** *n no pl* Schwulenbewegung *f*
gay·ness ['geɪnəs] *n no pl (fam)* Homosexualität *f*
gay 'pride *n no pl* Stolz *m,* schwul zu sein **gay 'rights** *npl* Schwulenrechte *pl* **gay rights 'ac·tiv·ist** *n* Mitglied *nt* der Schwulenbewegung, Schwulenrechtler(in) *m(f) sl*
Gaza Strip [,gɑ:zə'strɪp] *n no pl* ■**the ~** der Gazastreifen
gaze [geɪz] **I.** *vi* starren; **to ~ into the distance/out of the window** ins Leere/aus dem Fenster starren; ■**to ~ around oneself** um sich *akk* schauen; ■**to ~ at** [*or dated* **on**] **sb/sth** jdn/etw anstarren; *admiringly* jdn/etw anhimmeln
II. *n* Blick *m;* **reproachful/steady ~** vorwurfsvoller/unverwandter Blick; **to avert one's ~** [**from sth/sb**] seinen Blick [von etw/jdm] abwenden; *(fig)* **to be exposed to the public ~** im Licht der Öffentlichkeit stehen
ga·ze·bo [gə'zi:bəʊ, AM -boʊ] *n* Gartenlaube *f*
ga·zelle [gə'zel] *n* Gazelle *f*
ga·zette [gə'zet] *n* Blatt *nt,* Anzeiger *m;* **the Evening G~** das Abendblatt, der Abendanzeiger; *(hist)* Gazette *f veraltet o pej*
gaz·et·teer [,gæzə'tɪəʳ, AM -'tɪr] *n* ① *(dictionary)* alphabetisches Ortsverzeichnis *(mit geografischen Angaben)*
② *(hist: publisher)* Zeitungsverleger(in) *m(f),* Zeitungsherausgeber(in) *m(f)*
ga·zil·lion [gə'zɪljən] *n (fam)* Abertausend *kein art geh;* ***we've heard this opera a ~ times*** wir haben diese Oper schon x-mal [*o* hundertmal] gehört
gaz·pa·cho [gæs'pætʃəʊ, AM gə'spɑ:tʃoʊ] *n no pl* Gazpacho *m o* ÖSTERR *meist nt*
ga·zump [gə'zʌmp] *vt* BRIT, AUS *(fam)* ■**to ~ sb** *ein Haus, das jd kaufen will, entgegen mündlicher Zusage an einen Höherbietenden verkaufen*
ga·zump·ing [gə'zʌmpɪŋ] *n no pl* LAW *(of a buyer)* das akzeptierte Angebot eines Käufers für ein Haus überbieten; *(of a seller)* vom Verkauf eines Hauses zu Gunsten eines höheren Angebotes zurücktreten
ga·zun·der [gə'zʌndəʳ] *vt* BRIT *(fam)* **to ~ the seller** *beim Hauskauf betrügerisch den vereinbarten Preis drücken, indem man kurz vor Vertragsunterzeichnung dem Verkäufer einen niedrigeres Kaufangebot macht*
ga·zun·der·ing [gə'zʌndᵊrɪŋ] *n no pl* BRIT *(fam) betrügerische Praxis beim Hauskauf*
GB, Gb <*pl* -> *n abbrev of* **Gigabyte** GByte *nt*
GB [,dʒi:'bi:] *n abbrev of* **Great Britain** GB
GBH [,dʒi:bi:'eɪtʃ] *n no pl* BRIT LAW *abbrev of* **grievous bodily harm** schwere Körperverletzung
GBP *n* FIN *abbrev of* **British pound** GBP *nt*
GCE [,dʒi:si:'i:] *n* BRIT SCH *(dated) abbrev of* **General Certificate of Education** ≈ Mittlere Reife, ≈ Hauptschulabschluss *m* ÖSTERR
GCHQ [,dʒi:si:eɪtʃ'kju:] *n* BRIT *abbrev of* **Government Communications Headquarters** *technischer Aufklärungsdienst Großbritanniens*
'G clef *n no pl* G-Schlüssel *m,* Violinschlüssel *m*
GCSE [,dʒi:si:es'i:] *n* BRIT *abbrev of* **General Certificate of Secondary Education** *Abschluss der Sekundarstufe*
Gdańsk [gə'dæn(t)sk, AM -'dɑ:n(t)sk-] *n* Danzig *nt;* **~ Bay** Danziger Bucht *f*
g'day [gə'deɪ] *interj* AUS *(fam)* Tag *fam,* hi *fam,* hallo *fam*
Gdns *abbrev of* **Gardens** *bei Adressenangaben, z. B.: 25 Egerton Gdns*
GDP [,dʒi:di:'pi:] *n abbrev of* **gross domestic product** BIP *nt*
GDR [,dʒi:di:'ɑ:ʳ, AM -'ɑ:r] *n (hist) abbrev of* **German Democratic Republic** DDR *f hist*
gear [gɪəʳ, AM gɪr] **I.** *n* ① *(toothed wheel)* Zahnrad *nt*
② *(transmission)* ■**~s** *pl in a car* Übersetzung *f,* Getriebe *nt; on a bicycle* Gangschaltung *f*
③ *(setting)* Gang *m;* **first/second/third ~** erster/zweiter/dritter Gang; **high/low ~** hoher/niedriger Gang; **to be in neutral ~** im Leerlauf sein, ausgekuppelt sein; **to change** [*or* AM **shift**] **~s** [von einem Gang in den anderen] schalten; **to shift into high** [*or* **top**] **~** in den höchsten Gang schalten
④ *no pl (fig: performance)* **to shift into high ~** auf volle Touren kommen *fam;* **to be in low ~** nicht in die Gänge kommen *fam;* **to operate in top ~** optimal funktionieren; **to move** [*or* **step**] **up a ~** einen Gang zulegen *fam*
⑤ *no pl (equipment)* Ausrüstung *f,* Sachen *pl fam; (clothes)* Kleidung *f,* Sachen *pl fam,* Gewand *nt* ÖSTERR; *(trendy clothes)* Klamotten *pl fam;* **riot ~** Schutz[be]kleidung *f*
⑥ *(sl: heroin)* Zeug *nt;* **to do ~** *(sl)* auf Heroin sein *fam,* Heroin nehmen
▶PHRASES: **to change** [*or* AM **shift**] **~s** *(change the subject)* das Thema wechseln; *(change tactics)* seine Taktik ändern; **to get one's arse** [*or* AM **ass**] **in ~** *(fam!)* in die Gänge kommen *fam,* seinen Arsch hochkriegen [*o* bewegen] *derb;* **to be in/out of ~** im/aus dem Lot sein *fig*
II. *vi* ■**to ~ down** runterschalten *fam; (fig)* es langsamer angehen lassen *fam*
III. *vt* **a highly-~ed company** ECON ein Unternehmen mit hohem Anteil an Fremdkapital
◆**gear to, gear towards,** AM **gear toward** *vt* ① *usu passive (design to suit)* ■**to be ~ed to** [*or* **toward**] [*or* **towards**] **sb/sth** auf jdn/etw ausgerichtet sein, auf jdn/etw abgestimmt sein; ***the workshops are ~ed towards helping people to become more employable*** die Workshops sind darauf zugeschnitten, die Chancen der Teilnehmer auf dem Arbeitsmarkt zu verbessern; **salary ~ed to the cost of living** Gehalt, das den Lebenshaltungskosten angepasst ist
② *(prepare)* ■**to ~ oneself to** [*or* **toward**] [*or* **towards**] **sth** sich *akk* auf etw *akk* einstellen
◆**gear up I.** *vi* ■**to ~ up for sth** sich *akk* für etw *akk* bereit machen, sich *akk* auf etw *akk* vorbereiten
II. *vt* ■**to ~ oneself up for sth** sich *akk* auf etw *akk* einstellen [*o* vorbereiten]; **to be all ~ed up to do sth** *(fam)* sich *akk* total darauf freuen, etw zu tun *fam*
'gear·box *n* Getriebe *nt*
gear·ing ['gɪərɪŋ, AM 'gɪr-] *n no pl* ① TECH *(transmission)* Getriebeabstufung *f,* Übersetzung[sstufe] *f,* Antrieb *m; (system) of gears* Getriebe *nt; of toothed wheels* Verzahnung *f,* Eingriff *m*
② BRIT FIN, ECON [**equity**] **~** Verhältnis *nt* zwischen Eigen- und Fremdkapital, Verschuldungsgrad *m;* **income ~** Verhältnis *nt* von Finanzaufwendungen zum Gewinn nach Steuern, Zinsbelastung *f* der Gewinne; **high/low ~** hoher/niedriger Verschuldungsgrad
③ FIN *(borrowing money)* [festverzinsliche] Fremdkapitalaufnahme *f*
④ STOCKEX einfacher Hebel
'gear·ing ra·tio *n* FIN Hebelwirkung *f*
'gear stick, BRIT, AUS **'gear lev·er,** AM **'gear·shift** *n* Schalthebel *m,* Schaltknüppel *m* **'gear·wheel** *n* Zahnrad *nt*
gecko <*pl* -es *or* -s> ['gekəʊ, AM -koʊ] *n* Gecko *m*
geddit ['gedɪt] *interj* BRIT *(fam)* **~?** [na,] kapiert? *fam,* hat's geklingelt? *fam*
gee [dʒi:] *interj* AM, CAN *(fam)* Wahnsinn *fam,* Mannomann *fam,* wow *fam*
gee-gee ['dʒi:dʒi:] *n* BRIT *(childspeak)* Hottehü *nt Kindersprache*
geek [gi:k] *n esp* AM *(pej fam)* Außenseiter(in) *m(f)*
geese [gi:s] *n pl of* **goose**
gee up I. *interj (fam)* hü[ah]
II. *vt* BRIT *(fam)* ■**to ~ up** ↻ **sb** jdn auf Trab bringen *fam*
gee-whiz [,dʒi:'wɪz] **I.** *interj* AM, AUS, CAN *(dated)* Mensch Meier *fam*
II. *adj* AM, AUS *(pej fam)* unkritisch, naiv
gee·zer ['gi:zəʳ, AM -ɚ] *n (dated fam)* [**old**] **~** Alte(r) *m fam,* Opa *m oft pej o hum fam;* **funny old ~** schrulliger Alter
Geiger count·er ['gaɪgə,-, AM -ɚ,-] *n* Geigerzähler *m*
G8 [,dʒi:'eɪt] **I.** *n abbrev of* **Group of 8:** ■**the ~** die G8
II. *n modifier* G8-; **~ countries** G8-Staaten; **~ decision** Entscheidung *f* der G8; **~ meeting** G8-Konferenz *f*
gei·sha, gei·sha girl ['geɪʃə-] *n* Geisha *f*
gel [dʒel] **I.** *n* Gel *nt*
II. *vi* <-ll-> ① *(form a gel)* gelieren, fest werden
② *(fig: take form)* Form [*o* Gestalt] annehmen
gela·tin ['dʒelətɪn], *esp* AM, AUS *also* **gela·tine** ['dʒeləti:n] *n no pl* Gelatine *f*
ge·lati·nous [dʒə'lætɪnəs, AM -'lætᵊnəs] *adj* gelatinös, gallertartig
geld [geld] *vt* ■**to ~ an animal** ein Tier kastrieren
geld·ing ['geldɪŋ] *n* ① *(animal)* kastriertes Tier; *(horse)* Wallach *m hist*
② *(man)* Kastrat *m veraltet*
'gel fire *n* Gelfeuer *nt*
gel·ig·nite ['dʒelɪgnaɪt] *n no pl* Plastiksprengstoff *m*
gem [dʒem] *n* ① *(jewel)* Edelstein *m,* Juwel *nt o m*
② *(person)* Schatz *m fam,* Engel *m fam;* ***you've been an absolute ~*** du bist ein Schatz [*o* Engel] *fam;* ■**to be a ~ of a ...** ein Juwel von einem/einer ... sein; ***our Mary is a real ~ of a cleaning woman*** unsere Putzfrau Mary ist eine wahre Perle
③ *(very good thing)* Juwel *nt; painting, antique, book* Meisterwerk *nt; (clever remark)* **a ~** [**of a remark**] eine schlaue Bemerkung; *(iron)* ein schlauer Spruch *pej iron fam;* ***that joke was a ~*** der Witz war Spitzenklasse *fam;* **a ~ of a car/house** ein

klasse [*o* ÖSTERR, SCHWEIZ tolles] Auto/prunkvolles Haus

Gemi·ni ['dʒemɪnaɪ, -ni:] *n* 1 *no art (sign of the zodiac)* Zwillinge *pl;* **to be born under** ~ im [Stern]zeichen [der] Zwillinge geboren sein
2 *(person)* Zwilling *m;* **to be a** ~ [ein] Zwilling sein

'gem·stone *n* Edelstein *m*

gen [dʒen] **I.** *n no pl* BRIT *(dated sl)* Informationen *pl;* **to give sb the** ~ **about** [*or* **on**] **sth** jdn über etw *akk* informieren
II. *vi* <-nn-> BRIT *(dated sl)* ▪**to** ~ **up on sth** sich *akk* über etw *akk* informieren

Gen. *n abbrev of* **General** Gen.

gen·der ['dʒendəʳ, AM -dɚ] **I.** *n* 1 *(male, female)* Geschlecht *nt*
2 LING Genus *nt fachspr,* Geschlecht *nt*
II. *n modifier* Geschlechter-; ~ **balance** AM ausgewogenes Verhältnis der Geschlechter; ~ **question** Geschlechterfrage *f;* ~ **role** Geschlechterrolle *f*

'gen·der bend·er *n (sl)* Transvestit *m* **gender-bending** ['dʒendəbendɪŋ, AM -dɚ-] *adj attr (fam) chemicals* hormonell wirksam; ~ **hormones** sich auf die Geschlechtsmerkmale auswirkende Hormone

gen·dered ['dʒendəd, AM -dɚd] *adj* geschlechtsspezifisch

'gen·der gap *n no pl* Geschlechtsunterschied *m* **gen·der-in·'clu·sive** *adj* geschlechtergerecht **gen·der-spe·'cif·ic** *adj inv therapy, treatment* geschlechtsspezifisch **gen·der ste·reo·typ·ing** [-'steriə(ʊ)taɪpɪŋ, AM -'steriət̬-] *n no pl* geschlechtsspezifische Rollenverteilung; ***why does this ~ still happen?*** warum gibt es noch immer diese Klischeevorstellungen von Männern und Frauen?

gene [dʒi:n] **I.** *n* Gen *nt;* **defective** ~ beschädigtes [*o* krankhaft verändertes] Gen
II. *n modifier* Gen-; ~ **test** Gentest *m*

ge·nea·logi·cal [,dʒi:niə'lɒdʒɪkᵊl, AM -'lɑ:-] *adj* genealogisch; ~ **chart** [*or* **table**] Ahnentafel *f;* ~ **tree** Stammbaum *m*

ge·nea·logi·cal·ly [,dʒi:niə'lɒdʒɪkᵊli, AM -'lɑ:-] *adv* genealogisch

ge·ne·alo·gist [,dʒi:ni'ælədʒɪst] *n* Genealoge, Genealogin *m, f,* Ahnenforscher(in) *m(f)*

ge·neal·ogy [,dʒi:ni'ælədʒi] *n* 1 *no pl (subject)* Genealogie *f,* Ahnenforschung *f,* Geschlechterforschung *f*
2 *(chart)* Ahnentafel *f*

'gene bank *n* Genbank *f* **'gene pool** *n* BIOL Genpool *m fachspr*

gen·era ['dʒenᵊrə] *n pl of* **genus**

gen·er·al ['dʒenᵊrᵊl] **I.** *adj* 1 *(widespread)* allgemein; *rain* verbreitet; ***the confusion was*** ~ es herrschte allgemeine Verwirrung; **the** ~ **feeling** das vorherrschende Gefühl; **a** ~ **idea** eine verbreitete Vorstellung; ~ **impression** Gesamteindruck *m;* **to be of** ~ **interest** von allgemeinem Interesse sein; **it is** ~ **practice to do sth** es ist allgemein üblich, etw zu tun; **the** ~ **reader** der Durchschnittsleser/die Durchschnittsleserin; **as a** ~ **rule** in der Regel, im Allgemeinen, normalerweise; **to be in** ~ **use** allgemein benutzt [*o* gebraucht] werden; **in** ~ im Allgemeinen, generell
2 *(for everybody)* allgemein, generell; ***most of the soldiers lived in ~ quarters*** die meisten Soldaten lebten in der Kaserne; ***most of the books in this library are available for ~ circulation*** die meisten Bücher dieser Bücherei können von jedem ausgeliehen werden; ~ **amnesty** Generalamnestie *f;* ~ **meeting** Vollversammlung *f;* ~ **mobilization** Generalmobilmachung *f;* **for** ~ **use** für den allgemeinen [*o* normalen] Gebrauch; **to serve the** ~ **welfare** im öffentlichen Interesse sein
3 *(unspecific)* allgemein; ~ **American** AM LING die amerikanische Standardsprache; ~ **cargo** Stückgut *nt,* Partiefracht *f fachspr;* ~ **costs** allgemeine Kosten; ~ **semantics** LING allgemeine Semantik
4 *(wide)* allgemein; ***the school gives the children a ~ background*** die Schule vermittelt den Kindern einen allgemeinen Hintergrund; ~ **education** Ausbildung *f* in den Standardfächern
5 *(not detailed)* allgemein; ~ **idea** ungefähre Vorstellung; **to talk in** ~ **terms** [nur] allgemein gültige Aussagen machen, nichts Spezifisches sagen
6 *attr (main)* General-; ~ **comptroller** Hauptrechnungsprüfer(in) *m(f);* ~ **consulate** Generalkonsulat *nt;* ~ **contractor** Hauptunternehmer(in) *m(f)*
7 *after n (in titles)* **Attorney G~** Generalstaatsanwalt, -anwältin *m, f;* **Consul G~** Generalkonsul(in) *m(f);* **Surgeon G~** AM Gesundheitsminister(in) *m(f)*
II. *n* MIL General(in) *m(f);* ~ **in the Salvation Army** General(in) *m(f)* der Heilsarmee *f;* **four-star** ~ Viersternegeneral(in) *m(f)*

gen·er·al 'agen·cy *n* Generalagentur *f,* Generalvertretung *f* **gen·er·al 'agent** *n* BRIT Generalagent(in) *m(f),* Generalvertreter(in) *m(f),* Handlungsbevollmächtigte(r) *f(m)* **Gen·er·al Agree·ment on Tariffs and Trade, GATT** allgemeines Zoll- und Handelsabkommen **gen·er·al an·aes·'thet·ic** *n no pl* Vollnarkose *f;* **under** ~ unter [Voll]narkose **Gen·er·al As·'sem·bly** *n no pl* UNO-Vollversammlung *f,* Generalversammlung *f* der UNO **gen·er·al com·'mit·tee** *n* ADMIN Hauptkommission *f* **gen·er·al con·'trac·tor** *n* COMM Generalunternehmer(in) *m(f)* **gen·er·al de·'liv·ery** *n no pl* AM *(poste restante)* postlagernd **gen·er·al di·'rec·tor** *n* Generaldirektor(in) *m(f)* **gen·er·al 'edi·tor** *n* Herausgeber(in) *m(f)* **gen·er·al e'lec·tion** *n* Parlamentswahlen *pl* **gen·er·al en·'dorse·ment** *n* FIN Blankogiro *nt fachspr,* Blankoindossament *nt fachspr* **gen·er·al head·'quar·ters** *n,* **GHQ** *n + sing/pl vb* Generalhauptquartier *nt* **gen·er·al 'hos·pi·tal** *n* allgemeines Krankenhaus **gen·er·al in·'sur·ance con·di·tions** *npl* allgemeine Versicherungsbedingungen *pl* **gen·er·al 'in·ter·est** *n no pl* **to be in the** ~ im öffentlichen Interesse sein

gen·er·al·is·si·mo [,dʒenᵊrə'lɪsɪməʊ, AM -əmoʊ] *n* MIL Generalissimus *m fachspr,* oberster Befehlshaber/oberste Befehlshaberin

gen·er·al·ist ['dʒenᵊrᵊlɪst] **I.** *n* Generalist(in) *m(f),* vielseitiger Mensch
II. *adj* universalistisch, generalistisch

gen·er·al·ity [,dʒenᵊ'rælɪti, AM -ət̬i] *n* 1 *(general statement)* Allgemeinheiten *pl,* allgemeine Aussagen; **to talk in generalities** verallgemeinern; **to talk of generalities** sich *akk* über Allgemeines unterhalten
2 *no pl (vagueness)* Allgemeingültigkeit *f,* Unbestimmtheit *f,* Schwammigkeit *f pej fam*
3 *no pl (form: majority)* ▪**the** ~ die Mehrheit

gen·er·ali·za·tion [,dʒenᵊrᵊlaɪ'zeɪʃᵊn, AM -lɪ'-] *n* 1 *(instance)* Verallgemeinerung *f;* **to make a sweeping** ~ *(esp pej)* voreilige Schlüsse ziehen
2 *no pl (technique)* Abstraktion *f,* Generalisierung *f*

gen·er·al·ize ['dʒenᵊrᵊlaɪz, AM -əlaɪz] **I.** *vi* verallgemeinern; ▪**to** ~ **about sth** etw verallgemeinern; ▪**to** ~ **from sth** *(make conclusions)* aus etw *dat* allgemeine Schlussfolgerungen ziehen [*o* ableiten]; *(deduce a rule)* von etw *dat* eine Regel ableiten
II. *vt usu passive* 1 *(make a general statement)* ▪**to** ~ **sth** etw verallgemeinern [*o geh* generalisieren]
2 *(make widespread)* ▪**to** ~ **sth** [**to sb**] [jdm] etw allgemein zugänglich machen

gen·er·al·ized ['dʒenᵊrᵊlaɪzd, AM -əlaɪzd] *adj* 1 *(widespread)* allgemein, [weit]verbreitet
2 *(widely applicable)* allgemein, universalistisch; *(in education)* allgemein bildend
3 MED *(in the whole body)* ganzkörperlich; ~ **myalgia** Muskelschmerzen *pl* am ganzen Körper

gen·er·al 'knowl·edge *n no pl* Allgemeinbildung *f,* Allgemeinwissen *nt*

gen·er·al·ly ['dʒenᵊrᵊli] *adv* 1 *(usually)* normalerweise, im Allgemeinen
2 *(mostly)* im Allgemeinen, im Großen und Ganzen; ***the proposal has received a ~ favourable reaction*** der Vorschlag stieß im Großen und Ganzen auf positive Resonanz
3 *(in a general sense)* allgemein, generell; ~ **speaking** im Allgemeinen
4 *(widely, extensively)* allgemein; **to be** ~ **available** der Allgemeinheit zugänglich sein; **it is** ~ **believed that ...** es wird allgemein angenommen, dass ...; **to be** ~ **known/understood** allgemein bekannt sein; **to be** ~ **reputed to be sth** allgemein als etw bekannt sein
5 *(not in detail)* allgemein

gen·er·al·ly ac·cept·ed ac·'count·ing prin·ci·ples *npl* FIN Rechnungslegungsgrundsätze *pl,* Grundsätze *pl* ordnungsgemäßer Buchführung

gen·er·al 'man·age·ment *n no pl* 1 *(managers)* Gesamtgeschäftsführung *f,* Gesamtvorstand *m*
2 *(managing)* allgemeine Verwaltung, Gesamtgeschäftsführung *f* **gen·er·al 'man·ag·er** *n,* **GM** *n* geschäftsführender Direktor(in) *m(f),* Geschäftsführer(in) *m(f)* **gen·er·al 'meet·ing** *n* ~ **of shareholders** Generalversammlung *f,* Hauptversammlung *f* **gen·er·al 'part·ner** *n* ADMIN Vollhafter(in) *m(f),* Komplementär(in) *m(f)* **gen·er·al 'part·ner·ship** *n* offene Handelsgesellschaft **Gen·er·al 'Post Of·fice** *n,* **GPO** *n* Hauptpost *f,* Hauptpostamt *nt* **gen·er·al 'prac·tice** *n no pl esp* BRIT, AUS Allgemeinmedizin *f;* **to be in** ~ Arzt/Ärztin für Allgemeinmedizin sein, praktischer Arzt/praktische Ärztin sein **gen·er·al prac·'ti·tion·er** *n,* **GP** *n* Arzt, Ärztin *m, f* für Allgemeinmedizin, praktischer Arzt/praktische Ärztin, SCHWEIZ *a.* Allgemeinpraktiker(in) *m(f)* **gen·er·al 'pub·lic** *n no pl* ▪**the** ~ die Allgemeinheit, die Öffentlichkeit **'gen·er·al-pur·pose** *adj attr, inv* Allgemein-, Universal-; ~ **cleaner** Allzweckreiniger *m;* ~ **dictionary** allgemeinsprachliches Wörterbuch; ~ **hall** Mehrzweckhalle *f;* ~ **spot remover** Universalfleckentferner *m*

gen·er·al'ship ['dʒenᵊrᵊlʃɪp] *n no pl* Führung *f*

gen·er·al 'staff *n + sing/pl vb* MIL Generalstab *m* **gen·er·al stand·ard terms and con·'di·tions** *npl* COMM allgemeine Geschäftsbedingungen *pl* **gen·er·al 'store** *n* AM, CAN Gemischtwarenladen *m* **gen·er·al 'strike** *n* Generalstreik *m* **gen·er·al 'tax code** *n* FIN, LAW Abgabenordnung *f* **gen·er·al 'view** *n no pl* ▪**the** ~ die öffentliche [*o* allgemein verbreitete] Meinung; ***I do not subscribe to the ~ that ...*** ich schließe mich nicht der allgemein verbreiteten Meinung an, dass ...

gen·er·ate ['dʒenᵊreɪt, AM -əreɪt] *vt* ▪**to** ~ **sth** 1 *(bring about)* etw hervorrufen; **to** ~ **controversy/tension** Kontroversen/Spannungen hervorrufen, zu Kontroversen/Spannungen führen; **to** ~ **excitement/enthusiasm/interest** Aufregung/Begeisterung/Interesse hervorrufen; ***I'm afraid I can't ~ much enthusiasm for the idea*** ich fürchte, ich kann für diese Idee nicht sonderlich viel Begeisterung aufbringen
2 *(create)* etw erzeugen; **to** ~ **electricity/energy** [**from sth**] [aus etw *dat*] Strom/Energie erzeugen; **to** ~ **fumes** Dämpfe entwickeln; **to** ~ **income** Gewinne erzielen; **to** ~ **jobs** Arbeitsplätze schaffen
3 MATH, LING *(form)* etw generieren *fachspr*

'gen·er·at·ing sta·tion *n* Elektrizitätswerk *nt,* Kraftwerk *nt*

gen·era·tion [,dʒenə'reɪʃᵊn] **I.** *n* 1 *(set of people)* Generation *f;* ~ **X** Generation X; **future** ~**s** kommende Generationen; **the next/older/younger** ~ die nächste/ältere/jüngere Generation; **from one** ~ **to the next, down the** ~**s** von einer Generation zur anderen; **for** ~**s** seit Generationen
2 *(developmental stage)* Generation *f;* **the next** ~ **of computers** die nächste Computergeneration
3 *no pl (production)* Erzeugung *f;* **electricity/energy** [*or* **power**] ~ Strom-/Energieerzeugung *f*
4 COMPUT *(production) of images* Generierung *f*
5 COMPUT *(version)* **first** ~ **backup** Backup *nt o m* der ersten Generation
II. *in compounds* **first-/second-/third-**~ der ersten/zweiten/dritten Generation *nach n;* **first- and second-**~ **immigrants** Einwanderer *pl* [*o* Immigranten *pl*] der ersten und zweiten Generation

gen·era·tion·al [,dʒenə'reɪʃᵊnᵊl] *adj inv* Generations-

gen·e'ra·tion gap *n no pl* ▪**the** ~ der Generationskonflikt, der Generationsunterschied; **to bridge** [*or* **cross**] **the** ~ die Kluft zwischen den Generationen überbrücken

gen·era·tion X [,dʒenəreɪʃᵊn'eks] *n no pl* Generation X *f (Altersgruppe der etwa zwischen 1965 und*

1975 Geborenen, denen Orientierungslosigkeit und Desinteresse unterstellt werden)

gen·era·tion-Xer [-'eksəʳ, AM -ɚ] *n* der Generation X Zugehörige(r)

gen·era·tive ['dʒenᵊrətɪv, AM -t̬-] *adj* ❶ BIOL *(form)* generativ *fachspr,* Fortpflanzungs- ❷ LING generativ *fachspr;* ~ **grammar** generative Grammatik *fachspr;* ~ **linguistics** generative Sprachwissenschaft *fachspr*

gen·era·tor ['dʒenᵊreɪtəʳ, AM -t̬ɚ] *n* ❶ *(dynamo)* Generator *m* ❷ *(form: producer)* Erzeuger(in) *m(f);* ~ **of new ideas** Ideenlieferant(in) *m(f);* ~ **of income** Einkommensquelle *f*

ge·ner·ic [dʒə'nerɪk] **I.** *adj* ❶ *(general)* artmäßig, SCHWEIZ *a.* generisch, gattungsmäßig; ***this is only a ~ picture of a bird*** dieses Bild ist nur exemplarisch für einen Vogel; ***the new types of engine all had a ~ problem*** die neuen Motorenmodelle hatten alle die für diese Bauart typischen Probleme; ~ **term** Oberbegriff *m;* BIOL Gattungsbegriff *m* ❷ *inv (ordinary)* unspezifisch; ***the band played fairly ~ heavy rock*** die Band spielte recht typischen Heavy Rock ❸ *inv esp* AM, AUS *(not name-brand)* markenlos, No-Name- ❹ COMPUT auswählbar
II. *n* ❶ *esp* AUS *(no-name product)* No-Name-Produkt *nt* ❷ PHARM Generikum *nt*

ge·neri·cal·ly [dʒə'nerɪkᵊli] *adv* allgemein

ge·ner·ic 'brand, ge·ner·ic 'la·bel *n* ❶ *(no-name product)* No-Name-Produkt *nt* ❷ PHARM Generikum *nt*

gen·er·os·ity [ˌdʒenᵊ'rɒsəti, AM -rɑːsət̬i] *n no pl* ❶ *(being giving)* Großzügigkeit *f,* Freigebigkeit *f* ❷ *(kindness)* Großzügigkeit *f*

gen·er·ous ['dʒenᵊrəs] *adj* ❶ *(giving)* großzügig, freigebig, SCHWEIZ *a.* generös; ***he is ~ in defeat/victory*** er ist ein guter [*o* fairer] Verlierer/fairer Gewinner; ~ **contribution** großzügige Spende; **to be ~ with money/talents/time** großzügig [*o* freigebig] mit Geld/Talent/Zeit umgehen; **to have a ~ nature** großzügig sein ❷ *(kind)* wohlwollend, wohlmeinend ❸ *(ample)* großzügig; **a ~ helping** [*or* **portion**] eine große Portion; **a ~ tip** ein großzügiges Trinkgeld

gen·er·ous·ly ['dʒenᵊrəsli] *adv* ❶ *(kindly)* großzügig[erweise] ❷ *(amply)* großzügig, SCHWEIZ *a.* generös; **to be ~ cut** groß[zügig] geschnitten sein; **to ~ reimburse sb** jdn großzügig entschädigen; **to tip ~** reichlich Trinkgeld geben

gen·esis <*pl* -ses> ['dʒenəsɪs, *pl* -siːz] *n usu sing (form: origin)* Ursprung *m; (development)* Entstehung *f,* Genese *f fachspr; (history)* Entstehungsgeschichte *f*

Gen·esis ['dʒenəsɪs] *n* [**the Book of**] ~ die Genesis [*o* Schöpfungsgeschichte]

gene 'thera·py *n usu sing* MED Gentherapie *f fachspr*

ge·net·ic [dʒə'netɪk, AM -t̬-] *adj* genetisch, Erb-; ~ **counselling** genetische Beratung; ~ **defect** genetischer [*o* erblich bedingter] Defekt; ~ **disease** Erbkrankheit *f;* ~ **inheritance** genetisches Erbe; ~ **susceptibility** genetisch [*o* erblich] bedingte Anfälligkeit

gen·et·ical·ly [dʒə'netɪkᵊli, AM -t̬ɪk-] *adv* genetisch; ~ **altered** genetisch verändert; ~ **engineered** gentechnisch verändert

gen·eti·cal·ly 'modi·fied *adj inv crop, food, vegetable* genmanipuliert

gen·et·ic 'blue·print *n* genetischer Fingerabdruck **ge·net·ic 'bot·tle·neck** *n* BIOL genetischer Engpass **gen·et·ic 'code** *n* genetischer Code **gen·et·ic 'drift** *n no pl* BIOL genetische Abweichung **gen·et·ic 'elite** *n no pl* genetische Elite *(Menschen ohne genetische Defekte oder Erbkrankheiten)* **gen·et·ic en·gi·'neer·ing** *n no pl* Gentechnik *f,* Gentechnologie *f* **gen·et·ic 'fin·ger·print** *n* genetischer Fingerabdruck **gen·et·ic 'fin·ger·print·ing** *n no pl* Identifizierung durch die Untersuchung von genetischen Fingerabdrücken **gen·et·ic in·for·'ma·tion** *n no pl* genetische Information, Erbinformation *f*

gen·eti·cist [dʒə'netɪsɪst, AM -'net̬ə-] *n* Genetiker(in) *m(f)*

gen·et·ics [dʒə'netɪks, AM -'net̬ɪks] *n no pl* Genetik *f,* Vererbungslehre *f*

gen·et·ic 'test *n no pl* Gentest *m* **gen·et·ic 'test·ing** *n no pl* Durchführung *f* von Gentests **gen·et·ic 'trait** *n* erbliches Merkmal; ***eye colour is a ~*** die Augenfarbe ist erblich bedingt **gen·et·ic 'un·der·class** *n no pl* genetische Unterschicht *(Menschen mit genetischen Defekten)*

Ge·neva [dʒə'niːvə] *n* Genf *nt*

Ge·neva Con·ven·tion ['dʒəniːvə-] *n* ■**the** ~ die Genfer Konvention

gen·ial ['dʒiːniəl] *adj* freundlich; *climate* angenehm

ge·ni·al·ity [ˌdʒiːni'æləti, AM -ət̬i] *n no pl* Freundlichkeit *f*

gen·ial·ly ['dʒiːniəli] *adv* freundlich

ge·nie <*pl* -nii *or* -s> ['dʒiːni, *pl* -niaɪ] *n* Geist *m (aus einer Flasche oder Lampe)*
▶PHRASES: **to let the ~ out of the bottle** etw bewirken [*o* auslösen]

geni·tal ['dʒenɪtᵊl, AM -ət̬ᵊl] *adj attr, inv* Genital-; ~ **area** Genitalbereich *m;* ~ **herpes** Herpes *m* [im Genitalbereich]; ~ **hygiene** Intimhygiene *f;* ~ **organs** Geschlechtsorgane *pl;* ~ **sex** Geschlechtsverkehr *m;* ~ **warts** Feigwarzen *pl*

geni·ta·lia [ˌdʒenɪ'teɪliə] *npl (form),* **geni·tals** ['dʒenɪtᵊlz, AM -ət̬ᵊlz] *npl* Geschlechtsorgane *pl,* Genitalien *pl*

geni·tive ['dʒenɪtɪv, AM -ət̬ɪv] **I.** *adj inv* ~ **case** Genitiv *m*
II. *n* Genitiv *m;* **to be in the ~** im Genitiv stehen

geni·to-uri·nary [ˌdʒenɪtəʊ'-, AM -ət̬oʊ'-] *adj inv* ANAT, MED urogenital *fachspr;* ~ **system** Urogenitalsystem *nt fachspr;* ~ **tract** Urogenitaltrakt *m fachspr*

ge·ni·us <*pl* -es *or* -nii> ['dʒiːniəs, *pl* niaɪ] *n* ❶ *(person)* Genie *nt;* **to be a ~ with colour/money** ein Genie im Umgang mit Farben/Geld sein, genial mit Farben/Geld umgehen können *fam;* **to be a ~ with words** sich *akk* genial ausdrücken können; **a budding ~** ein zukünftiges Genie ❷ *no pl (intelligence, talent)* Genialität *f;* **a stroke of ~** eine geniale Idee, ein Geniestreich *m;* **to have a ~ for sth** eine [besondere] Gabe für etw *akk* haben; ***she has a ~ for raising money*** was das Geldsammeln anbetrifft, ist sie ein echtes Genie; **to show ~** von Genialität zeugen

Genoa ['dʒenəʊə, AM 'dʒenəwə] *n no pl* Genua *nt*

geno·cid·al [ˌdʒenə'saɪdᵊl] *adj* völkermordähnlich; ■**to be ~** einem Völkermord gleichen

geno·cide ['dʒenəsaɪd] *n no pl* Völkermord *m,* Genozid *m geh;* **to commit ~** [**against sb**] Völkermord [an jdm] begehen

Geno·ese [ˌdʒenəʊ'iːz, AM -oʊ'iːz] **I.** *adj inv* genuesisch
II. *n* <*pl* -> Genueser(in) *m(f)*

ge·nome ['dʒiːnəʊm, AM -noʊm] *n* BIOL *(spec)* Genom *nt fachspr*

ge·nom·ic [dʒiː'nɒmɪk, AM -'nɑːmɪk] *adj* genomisch *fachspr,* des Genoms *nach n fachspr,* Erb-; **the ~ information** die Informationen *pl* des Genoms *fachspr,* die Erbinformationen *pl*

ge·nom·ics [dʒɪ'nɒmɪks, AM -'nɑːm-] *n + sing vb* Genforschung *f*

geno·type ['dʒenə(ʊ)taɪp, AM -noʊ-] *n* BIOL Genotyp *m fachspr*

gen·re ['ʒɑ̃ː(n)rə, AM 'ʒɑː(n)rə] **I.** *n* Genre *nt,* Gattung *f*
II. *adj attr, inv* LIT Genre-

'gen·re paint·ing *n* ❶ *no pl* Genremalerei *f* ❷ *(picture)* Genrebild *nt*

gent [dʒent] *n (hum fam) short for* **gentleman** Gentleman *m;* **city ~** BRIT Geschäftsmann *m*

gen·teel [dʒen'tiːl] *adj* vornehm, elegant; ~ **elegance** vornehme Eleganz; ~ **poverty** stolze [*o* vornehme] Armut; ~ **table manners** feine [*o* vornehme] Tischsitten [*o* ÖSTERR, SCHWEIZ *a.* Tischmanieren]

gen·teel·ly [dʒentiːli] *adv* ❶ *(refined)* fein ❷ *(well-bred)* vornehm

gen·tian ['dʒentiən] **I.** *n* ❶ *(plant)* Enzian *m* ❷ *(liqueur)* Enzian *m*
II. *n modifier* ~ **bitter** Enzian *m;* ~ **violet** Enzianviolett *nt,* Gentianaviolett *nt,* Enzianblau *nt* ÖSTERR, SCHWEIZ

gen·tile ['dʒentaɪl] **I.** *n* Nichtjude, -jüdin *m, f*
II. *adj inv* nichtjüdisch

gen·til·ity [dʒen'tɪləti, AM -ət̬i] *n no pl (high social class)* hohe gesellschaftliche Stellung; *(superiority)* Vornehmheit *f; (politeness)* [erlesene] Höflichkeit

gen·tle <-er, -est *or* more ~, most ~> ['dʒentḷ] *adj* ❶ *(tender)* sanft; *(considerate)* behutsam; **to be as ~ as a lamb** sanft wie ein Lamm sein, keiner Fliege was zuleide tun können; ~ **touch** zärtliche [*o* sanfte] Berührung; ~ **words** liebenswürdige Worte; ■**to be ~ with sb** behutsam mit jdm umgehen ❷ *(subtle)* sanft; ~ **hint** zarter Wink; ~ **humour** freundlicher Humor; ~ **persuasion** sanfte Überredung; ~ **reminder** vorsichtige [*o* sanfte] Ermahnung ❸ *(moderate)* sanft; **a ~ breeze** eine sanfte [*o* leichte] Brise; ~ **exercise** nicht allzu anstrengende [*o* leichte] sportliche Betätigung; ~ **motion** sanfte Bewegung; **a ~ slope** ein leichtes [*o* ÖSTERR *a.* sanftes] Gefälle ❹ *(old: high-born)* adelig, vornehm; **to be of ~ birth** von edler [*o* vornehmer] Herkunft sein; ~ **reader** *(liter or hum)* verehrter Leser/verehrte Leserin

'gen·tle·folk *npl (dated)* feine [*o* vornehme] Leute

gen·tle·man ['dʒentḷmən, AM 'dʒent̬ḷ-] **I.** *n* ❶ *(polite man)* Gentleman *m;* **a ~ of the old school** ein Kavalier *m* der alten Schule; **a perfect** [*or* **real**] ~ ein wahrer Gentleman, ein echter Kavalier; **to behave like a ~** sich *akk* wie ein Kavalier benehmen ❷ *(man)* Herr *m;* **~'s club** Herrenklub *m* ❸ *(to audience)* ■**gentlemen** *pl* meine Herren; **gentlemen of the jury** meine Herren Geschworenen; **ladies and gentlemen** meine Damen und Herren ❹ *(dated: of the upper class)* vornehmer Herr
II. *n modifier* ~ **friend** *(dated)* Bekannte(r) *m fam*

gen·tle·man 'farm·er <*pl* gentlemen farmers> *n* Gutsbesitzer *m*

gen·tle·man·ly ['dʒentḷmənli, AM 'dʒent̬ḷ-] *adj* gentlemanlike, ritterlich

gen·tle·man's a'gree·ment *n* Gentleman's Agreement *nt,* Vereinbarung *f* auf Treu und Glauben **gen·tle·man's 'gen·tle·man** *n* [Kammer]diener *m* **gen·tle·men's agree·ment** [ˌdʒentḷmənzə'-, AM ˌdʒent̬ḷ-] *n* AM *see* **gentleman's agreement**

gen·tle·ness ['dʒentḷnəs] *n no pl* Sanftheit *f; (consideration)* Behutsamkeit *f*

'gen·tle·wom·an *n (dated)* vornehme Frau

gen·tly ['dʒentli] *adv* ❶ *(kindly)* sanft; *(considerately)* behutsam; **to break the news ~ to sb** jdm etw schonend [*o* behutsam] beibringen ❷ *(moderately)* sanft; ~ **rolling hills** sanfte Hügel ❸ *(carefully)* vorsichtig; ***~ does it!*** BRIT sachte sachte! *fam;* ***take it ~ !*** BRIT sei vorsichtig!

gen·tri·fi·ca·tion [ˌdʒentrɪfɪ'keɪʃᵊn] *n no pl* Sanierung *f;* **to undergo ~** saniert werden

gen·tri·fy <-ie-> ['dʒentrɪfaɪ] *vt* **to ~ a** [**residential**] **area** eine Wohngegend sanieren

gen·try ['dʒentri] *n no pl* BRIT *(dated)* ■**the ~** die Gentry, der niedere Adel; **landed ~** niederer Landadel

gents [dʒents] *n* BRIT, AUS *(hum fam: lavatory)* Herrentoilette *f,* SCHWEIZ *a.* Männer-WC *nt;* ***'Gents'*** ‚Herren'

genu·flect ['dʒenjʊflekt] *vi* niederknien, einen Kniefall machen; *(fig)* in die Knie gehen *fig*

genu·flec·tion [ˌdʒenjʊ'flekʃᵊn] *n* ❶ *(instance)* Kniefall *m; (fig: sign of respect)* Verbeugung *f fig* (**to** vor *+dat*) ❷ *no pl (activity)* Niederknien *nt;* ***she bent her knees in ~*** sie kniete nieder

genu·ine ['dʒenjuɪn] *adj* ❶ *(not fake)* echt; **the ~ article** *(fam)* das Original ❷ *(sincere)* ehrlich; ~ **laughter** natürliches Lachen;

~ **pleasure/repentance** echte Freude/Reue; **in ~ surprise** ehrlich überrascht

genu·ine·ly ['dʒenjuɪnli] *adv* ❶ *(truly)* wirklich
❷ *(sincerely)* aufrichtig; **to ~ believe that ...** ernsthaft glauben, dass ...

genu·ine·ness ['dʒenjuɪnnəs] *n no pl* ❶ *(authenticity)* Echtheit *f*
❷ *(sincerity)* Aufrichtigkeit *f,* Ernsthaftigkeit *f*

ge·nus <*pl* -nera> ['dʒenəs, *pl* -ərə] *n* BIOL Gattung *f*

Gen X [ˌdʒen'eks] **I.** *n short for* **Generation X** Generation X *f*
II. *n modifier short for* **Generation X** [aus] der Generation X *nach n*

Gen Y [ˌdʒen'waɪ] *n short for* **Generation Y** Generation Y *f (Altersgruppe der etwa zwischen 1975 und 1985 Geborenen)*

geo (**marketing**) ['dʒi:əʊ-] *n* Geomarketing *nt*

geo·cach·er ['dʒi:əʊkæʃəʳ, AM 'dʒi:oʊkæʃɚ] *n* Geocacher(in) *m(f) (jd, der an einer Art Schnitzeljagd mit GPS-Geräten teilnimmt)*

geo·cach·ing ['dʒi:əʊkæʃɪŋ, AM 'dʒi:oʊ-] *n no pl* Geocaching *nt (eine Art Schnitzeljagd mit GPS-Geräten)*

geo·cen·tric [ˌdʒi:ə(ʊ)'sentrɪk, AM -oʊ'-] *adj* geozentrisch

geo·chem·ist [ˌdʒi:ə(ʊ)'kemɪst, AM -oʊ'-] *n* Geochemiker(in) *m(f)*

geo·chem·is·try [ˌdʒi:ə(ʊ)'kemɪstri, AM -oʊ'-] *n no pl* Geochemie *f*

geo·des·ic [ˌdʒi:ə(ʊ)'desɪk, AM ˌdʒi:ə'-] *adj* GEOG geodätisch

geo·des·ic 'dome *n* geodätische Kuppel; *(air hall)* Traglufthalle *f*

geod·esy [dʒi:'ɒdɪsi, AM -'ɑ:də-] *n no pl* Vermessungswesen *nt,* Geodäsie *f fachspr*

ge·og·ra·pher [dʒi:'ɒgrəfəʳ, AM -'ɑ:grəfɚ] *n* Geograf(in) *m(f)*

geo·graph·ic(**al**) [ˌdʒi:ə(ʊ)'græfɪk(əl), AM ˌdʒi:ə'-] *adj* geografisch

geo·graph·ical·ly [ˌdʒi:ə(ʊ)'græfɪkəli, AM ˌdʒi:ə'-] *adv* geografisch

Geo·graph·ic In·for·'ma·tion Sys·tem *n* geografisches Informationssystem

geo·graph·ic 'pro·fil·ing, geo·pro·fil·ing [ˌdʒi:əʊ'prəʊfaɪlɪŋ, AM ˌdʒi:oʊ'proʊ-] *n no pl, no art* Täterprofilerstellung *f,* Geoprofiling *nt*

ge·og·ra·phy [dʒi:'ɒgrəfi, 'dʒɒg-, AM dʒi:'ɑ:g-] *n no pl*
❶ *(study)* Erdkunde *f,* Geografie *f;* **human ~** Humangeografie *f;* **physical/political ~** Geophysik/-politik *f*
❷ *(layout)* Geografie *f,* geografische Beschaffenheit; **~ of a building** geografische Ausrichtung eines Gebäudes

'ge·og·ra·phy book *n* Geografiebuch *nt* **'ge·og·ra·phy les·son** *n* Geografiestunde *f* **'ge·og·ra·phy teach·er** *n* Geografielehrer(in) *m(f)*

geo·logi·cal [ˌdʒi:ə(ʊ)'lɒdʒɪkəl, AM -ə'lɑ:dʒ-] *adj* geologisch

geo·logi·cal·ly [ˌdʒi:ə(ʊ)'lɒdʒɪkəli, AM -ə'lɑ:dʒ-] *adv* geologisch

ge·olo·gist [dʒi:'ɒlədʒɪst, AM -'ɑ:lə-] *n* Geologe, Geologin *m, f*

ge·ol·ogy [dʒi:'ɒlədʒi, AM -'ɑ:lə-] *n no pl* ❶ *(study)* Geologie *f;* **historical/physical ~** Geogeschichte/-physik *f*
❷ *(features)* geologische Beschaffenheit

'ge·ol·ogy teach·er *n* Geologielehrer(in) *m(f)*

geo·man·cy ['dʒi:əʊmænsi, AM -əmænsi] *n no pl* Geomantie *f,* Geomantik *f*

geo·met·ric(**al**) [ˌdʒi:ə(ʊ)'metrɪk(əl), AM ˌdʒi:ə'-] *adj* geometrisch

geo·met·ri·cal·ly [ˌdʒi:ə(ʊ)'metrɪkəli, AM ˌdʒi:ə'-] *adv* geometrisch; **to arrange sth ~** etw regelmäßig anordnen

ge·om·etri·cian [ˌdʒi:ə(ʊ)me'trɪʃən, AM ˌdʒi:əmə'-] *n* Spezialist(in) *m(f)* für Geometrie, Geometer(in) *m(f)* ÖSTERR, SCHWEIZ *veraltet*

geo·met·ric pro·'gres·sion *n* MATH geometrische Progression [*o* Folge] **geo·met·ric 'se·ries** *n* MATH geometrische Reihe

ge·om·etry [dʒi:'ɒmɪtri, AM dʒi:'ɑ:m-] *n no pl* ❶ *(field of mathematics)* Geometrie *f;* **the laws of ~** die Gesetze der Geometrie; **Euclidean ~** euklidische Geometrie
❷ *(layout)* Aufbau *m;* **~ of a DNA molecule** Aufbau *m* eines DNA-Moleküls

geo·mor·pho·log·ic(**al**) [ˌdʒi:ə(ʊ),mɔ:fə'lɒdʒɪk(əl), AM -oʊ,mɔ:rfə'lɑ:dʒ-] *adj* geomorphologisch

geo·mor·pholo·gist [ˌdʒi:ə(ʊ),mɔ:'fɒlədʒɪst, AM -oʊ,mɔ:r'fɑ:l-] *n* Geomorphologe, Geomorphologin *m, f*

geo·mor·pholo·gy [ˌdʒi:ə(ʊ),mɔ:'fɒlədʒi, AM -oʊ,mɔ:r'fɑ:l-] *n no pl* Geomorphologie *f*

geo·physi·cal [ˌdʒi:ə(ʊ)'fɪzɪkəl, AM -oʊ'-] *adj* geophysikalisch

geo·physi·cist [ˌdʒi:ə(ʊ)'fɪzɪsɪst, AM -oʊ'-] *n* Geophysiker(in) *m(f)*

geo·phys·ics [ˌdʒi:ə(ʊ)'fɪzɪks, AM -oʊ'-] *n no pl* Geophysik *f*

geo·po·liti·cal [ˌdʒi:ə(ʊ)pə'lɪtɪkəl, AM -oʊpə'-] *adj* geopolitisch

geo·poli·tics [ˌdʒi:ə(ʊ)'pɒlətɪks, AM -oʊ'pɑ:l-] *n*
❶ + *sing vb (politics)* Geopolitik *f*
❷ + *sing/pl vb (political activity)* Geopolitik *f*

geo·pro·fil·er [ˌdʒi:əʊ'prəʊfaɪləʳ, AM ˌdʒi:oʊ'proʊfaɪlɚ] *n short for* **geographic profiler** geografischer Fallanalyst *m*/geografische Fallanalystin *f,* Geoprofiler(in) *m(f)*

geo·pro·fil·ing *n no pl, no art short for* **geographic profiling**

Geor·die ['dʒɔ:di] BRIT **I.** *n* ❶ *(person) Person aus Tyneside, Nordengland*
❷ *no pl (dialect) Dialekt in Tyneside um Newcastle*
II. *adj* Tyneside-; **~ accent** Tyneside-Akzent *m*

geor·gette [dʒɔ:'dʒet, AM dʒɔ:r'] *n no pl* FASHION Georgette *m,* dünner Seidenkrepp

Geor·gia ['dʒɔ:dʒə, AM 'dʒɔ:r-] *n* ❶ *(European country)* Georgien *nt*
❷ *(US state)* Georgia *nt*

Geor·gian ['dʒɔ:dʒən, AM 'dʒɔ:r-] **I.** *adj* ❶ *(style)* georgianisch
❷ *(of Republic)* georgisch
❸ *(of US state)* in/aus/von Georgia
II. *n* ❶ *(native)* Georgier(in) *m(f); (language)* georgische Sprache
❷ *(native of US state)* Einwohner aus Georgia

geo·sta·tion·ary [ˌdʒi:ə(ʊ)'steɪʃənəri, AM -oʊ'steɪʃəneri], **geo·syn·chro·nous** [ˌdʒi:ə(ʊ)'sɪŋkrənəs, AM -oʊ'-] *adj* geostationär

geo·ther·mal [ˌdʒi:ə(ʊ)'θɜ:məl, AM -oʊ'θɜ:r-] *adj* GEOL *fluids* geothermisch

geo·ther·mal 'pow·er *n no pl* geothermische Energie **geo·ther·mal 'pow·er sta·tion** *n* geothermisches Kraftwerk

ge·ra·nium [dʒə'reɪniəm] *n* Geranie *f,* Pelargonie *f*

ger·bil ['dʒɜ:bəl, AM 'dʒɜ:r-] *n* Wüstenspringmaus *f*

ger·enuk ['gerənʊk] *n* Giraffengazelle *f*

geri·at·ric [ˌdʒeri'ætrɪk] **I.** *adj* ❶ *(for old people)* geriatrisch; **~ hospital** geriatrische Klinik; **~ nursing** Altenpflege *f;* **~ nurse** Altenpfleger(in) *m(f)*
❷ *(pej: decrepit)* altersschwach
II. *n* alter Mensch

geria·tri·cian [ˌdʒeriə'trɪʃən] *n* Facharzt, -ärztin *m, f* für Geriatrie, SCHWEIZ *a.* Geriater(in) *m(f)*

geri·at·rics [ˌdʒeri'ætrɪks] *n* + *sing vb* Altersheilkunde *f,* Geriatrie *f fachspr*

germ [dʒɜ:m, AM dʒɜ:rm] *n* ❶ *usu pl (microbe)* Keim *m;* **to spread ~s** Keime verbreiten
❷ BIOL *(gamete) see* **germ cell**
❸ *(tiny amount)* Körnchen *nt;* **a ~ of truth** ein Funken *m* Wahrheit
❹ *(rudiment)* **the ~ of an idea** der Ansatz einer Idee

Ger·man ['dʒɜ:mən, AM 'dʒɜ:r-] **I.** *n* ❶ *(person)* Deutsche(r) *f(m)*
❷ *no pl (language)* Deutsch *nt*
II. *adj* deutsch

Ger·man Demo·crat·ic Re·'pub·lic *n (hist)* Deutsche Demokratische Republik

ger·mane [dʒə'meɪn, AM dʒɚ'-] *adj (form)* relevant *geh* (**to** für +*akk*)

Ger·man·ic [dʒə'mænɪk, AM dʒɚ'-] *adj* [indo]germanisch

Ger·man·ic 'lan·guage *n* indogermanische Sprache

ger·ma·nium [dʒə'meɪniəm, AM dʒɚ'-] *n no pl* CHEM Germanium *nt*

Ger·man·ize ['dʒɜ:mənaɪz, AM 'dʒɜ:r-] **I.** *vt* ■ **to ~ sb/sth** jdn/etw eindeutschen, jdn/etw germanisieren
II. *vi* deutsch werden

Ger·man 'mark *n (hist)* Deutsche Mark **Ger·man 'mea·sles** *n* + *sing vb* Röteln *pl;* **to catch** [*or* **come down with**] **~** Röteln bekommen; **to be vaccinated against ~** gegen Röteln geimpft sein **Ger·man 'shep·herd** *n esp* AM *(Alsatian)* Schäferhund *m*

Ger·ma·ny ['dʒɜ:məni, AM 'dʒɜ:r-] *n* Deutschland

'germ cell *n* BIOL ❶ *(embryonic cell)* Keimzelle *f*
❷ *(gamete)* Geschlechtszelle *f,* Gamet *m fachspr*

'germ-free *adj* keimfrei, steril; **~ environment** sterile Umgebung

ger·mi·cid·al [ˌdʒɜ:mɪ'saɪdəl, AM ˌdʒɜ:rmə-] *adj* keimtötend

ger·mi·cide [ˌdʒɜ:mɪ'saɪd, AM ˌdʒɜ:rmə-] *n* keimtötendes Mittel, Antiseptikum *nt fachspr*

ger·mi·nal ['dʒɜ:mɪnəl, AM 'dʒɜ:rmə-] *adj* ❶ *(of germs)* Keim-; **~ properties** bakterielle Eigenschaften
❷ *(rudimentary) ideas* rudimentär *geh*
❸ *(creative)* produktiv

ger·mi·nate ['dʒɜ:mɪneɪt, AM 'dʒɜ:rmə-] **I.** *vi* ❶ BIOL *(start to grow)* keimen
❷ *(start to develop) idea* keimen, aufkeimen
II. *vt* BIOL ■ **to ~ sth** etw zum Keimen bringen

ger·mi·na·tion [ˌdʒɜ:mɪ'neɪʃən, AM ˌdʒɜ:rmə'-] *n no pl* Keimen *nt*

'germ-kil·ling *adj inv* keimtötend

germ·line en·gi·neer·ing ['dʒɜ:mlaɪn-, AM 'dʒɜ:rm-] *n no pl (as science)* Keimbahnmanipulation *f; (as therapy)* Keimbahntherapie *f*

germ·'phob·ic *adj inv* mit Bazillenphobie *nach n*

germ 'war·fare *n* bakteriologische Kriegsführung, Bakterienkrieg *m*

germy ['dʒɜ:mi, AM dʒɜ:rm-] *adj (fam)* voller Bazillen *nach n,* bazillenstrotzend *hum*

ger·on·to·logi·cal [ˌdʒerɒntə'lɒdʒikəl, AM ˌdʒerəntə'lɑ:dʒ-] *adj* gerontologisch; **~ nursing** Altenpflege *f*

ger·on·tolo·gist [ˌdʒerɒn'tɒlədʒist, AM ˌdʒerən'tɑ:l-] *n* Gerontologe, Gerontologin *m, f*

ger·on·tol·ogy [ˌdʒerɒn'tɒlədʒi, AM ˌdʒerən'tɑ:l-] *n no pl* Altersforschung *f,* Gerontologie *f fachspr*

ger·ry·man·der ['dʒeri,mændəʳ, AM -ɚ] **I.** *vi* POL die Wahlbezirksgrenzen manipulieren
II. *vt* ■ **to ~ sth** ❶ POL *(manipulate electoral boundaries)* **to ~ election/voting districts** Wahlkreisverschiebungen vornehmen
❷ *(turn to one's advantage)* etw zu seinem Vorteil manipulieren

ger·ry·man·der·ing ['dʒeri,mændərɪŋ, AM -ɚɪŋ] *n no pl* Manipulation *f* von Wahlbezirksgrenzen, Wahlkreisschiebungen *pl,* Wahlkreisverschiebungen *pl* ÖSTERR

ger·und ['dʒerənd] *n* LING Gerundium *nt;* **to put a verb in the ~** ein Verb ins Gerundium setzen

ges·so <*pl* -es> ['dʒesəʊ, AM -oʊ] *n* ART Gips *m*

ge·stalt [gə'ʃtælt, AM -'ʃtɑ:lt] *n usu sing* PSYCH Gestalt *f*

ge·stalt psy·'chol·ogy *n no pl* Gestaltpsychologie *f* **ge·stalt psycho·'thera·py** *n no pl* Gestalttherapie *f*

Ge·sta·po [ges'tɑ:pəʊ, AM gə'stɑ:poʊ] *n no pl,* + *sing/pl vb* ■ **the ~** die Gestapo

ges·tate [dʒes'teɪt, AM 'dʒesteɪt] **I.** *vi* ❶ *(be pregnant) animal* trächtig sein, tragen; *human being* schwanger sein
❷ *(develop)* sich *akk* entwickeln
II. *vt* ■ **to ~ sth** ❶ *(carry in womb)* **to ~ a baby** ein Kind austragen
❷ *(develop) plan* in sich *dat* reifen lassen

ges·ta·tion [dʒes'teɪʃən] *n no pl* ❶ *(pregnancy) of humans* Schwangerschaft *f; of animals* Trächtigkeit *f*
❷ *(development)* Reifwerden *nt*

ges·'ta·tion pe·ri·od *n* ❶ *(period of gestation) of humans* Schwangerschaftsperiode *f; of animals* Tragezeit *f*

❷ *(development)* Reifeprozess *m*

ges·ticu·late [dʒesˈtɪkjəleɪt] *vi (form)* gestikulieren; **to ~ frantically** [*or* **wildly**] wild gestikulieren

ges·ticu·la·tion [dʒesˌtɪkjəˈleɪʃᵊn] *n (form)* Gestik *f*

ges·ture [ˈdʒestʃəʳ, AM -tʃɚ] **I.** *n* ❶ *(body movement)* Handbewegung *f*, Geste *f*; **a ~ of defiance** eine trotzige Geste; **to make a ~** eine Handbewegung machen
❷ *(act)* Geste *f*; **a ~ of goodwill** eine Geste des guten Willens; **welcoming ~** einladende Geste; **to make a ~ towards sth** einen Beitrag zu etw *dat* leisten
II. *vi* deuten; ***asked where the children were, she ~d vaguely in the direction of the beach*** auf die Frage, wo die Kinder seien, deutete sie vage zum Strand hin; ***he was gesturing that he needed help*** er gab zu verstehen, dass er Hilfe brauchte
III. *vt* ❶ *(beckon)* ■**to ~ sb somewhere** jdm irgendwohin winken
❷ *(instruct)* ■**to ~ sb to do sth** jdm deuten, etw zu tun
❸ *(show)* ■**to ~ sth** etw gestikulierend zum Ausdruck bringen

ge·sund·heit [gəˈzʊndhaɪt] *interj esp* AM *(fam)* Gesundheit!

get <got, got *or* AM, CAN *usu* gotten> [get]

I. TRANSITIVE VERB **II.** INTRANSITIVE VERB
III. NOUN

I. TRANSITIVE VERB

❶ *(obtain)* ■**to ~ sth** [**from sb**] etw [von jdm] erhalten [*o* bekommen]; ***let's ~ some breakfast/groceries*** lass uns frühstücken/Lebensmittel besorgen; ***have you got a moment?*** haben Sie einen Augenblick Zeit?; ***where did you ~ your radio from?*** woher hast du dein Radio?; **to ~ a glimpse of sb/sth** einen Blick auf jdn/etw erhaschen; **to ~ a radio station** einen Sender empfangen [*o fam* reinbekommen]; **to ~ time off** freibekommen
❷ *(receive)* ■**to ~ sth** [**from sb**] etw [von jdm] bekommen [*o fam* kriegen]; **to ~ sth for one's birthday** etw zum Geburtstag bekommen; **to ~ a** [**telephone**] **call from sb** von jdm angerufen werden
❸ *(experience)* ■**to ~ sth** etw erleben; ***we don't ~ much snow in this country*** in diesem Land schneit es nicht sehr viel; ***I got quite a shock*** ich habe einen ganz schönen Schock bekommen! *fam;* ***I got quite a surprise*** ich war ganz schön überrascht; **to ~ the impression that ...** den Eindruck gewinnen, dass ...
❹ *(deliver)* ■**to ~ sth to sb** jdm etw bringen
❺ *(fam: contract)* ■**to ~ sth** sich *dat* etw holen *fam;* ***you can't ~ measles twice*** Masern kannst du nicht zweimal bekommen; **to ~ the flu** sich *dat* die Grippe einfangen [*o* ÖSTERR *a.* holen] *fam;* **to ~ food poisoning** sich *dat* eine Lebensmittelvergiftung zuziehen [*o* ÖSTERR *fam a.* holen]
❻ *(fetch)* ■**to ~** [**sb**] **sth** [*or* **sth for sb**] jdm etw besorgen [*o* holen]; ***can I ~ you a drink?*** möchtest du was trinken?, kann ich Ihnen etwas zu trinken anbieten?; *(form)* ***could you ~ a newspaper for me, please?*** könntest du mir bitte eine Zeitung mitbringen?
❼ *(come across)* ■**to ~ sth somewhere** irgendwo auf etw *akk* treffen; ***you ~ lions in Africa*** in Afrika gibt es Löwen
❽ **to ~ a plane/train** *(travel with)* ein Flugzeug/einen Zug nehmen; *(catch)* ein Flugzeug/einen Zug erwischen *fam*
❾ *(earn)* ■**to ~ sth** etw verdienen
❿ *(exchange)* ■**to ~ sth for sth** etw für etw *akk* bekommen
⓫ *(buy)* ■**to ~ sth** etw kaufen
⓬ *(derive)* ■**to ~ sth out of sth**: ***what do I ~ out of it?*** was habe ich davon?; **sb ~s a lot of pleasure out of** [*or* **from**] **sth** etw bereitet jdm viel Freude; **to ~ something out of sth** aus etw *dat* seine Vorteile ziehen
⓭ *(calculate)* ■**to ~ sth** etw berechnen
⓮ *(capture)* ■**to ~ sb/sth** jdn/etw fangen
⓯ *(fam: punish)* ■**to ~ sb** [**for sth**] jdn [für etw *akk*] kriegen *fam;* ***I'll ~ you for this/that!*** ich kriege dich dafür! *fam*
⓰ *(fam: suffer)* **to ~ it** es bekommen, bestraft werden
⓱ *(buttonhole)* ■**to ~ sb to oneself** jdn für sich *akk* haben
⓲ *(answer)* **to ~ the door** die Tür aufmachen; **to ~ the telephone** das Telefon abnehmen, ans Telefon gehen
⓳ AM *(fam: pay for)* ■**to ~ sth** etw bezahlen
⓴ *+ adj, pp (cause to be)* ***he got his bag caught in the door*** seine Tasche verfing sich in der Tür; ***she got the kids ready*** sie machte die Kinder fertig; **to ~ sth confused** etw verwechseln; **to ~ sth delivered** sich *dat* etw liefern lassen; **to ~ sth finished** etw fertig machen; **to ~ sth typed** etw tippen lassen
㉑ *(induce)* ■**to ~ sb/sth doing sth**: ***we'll soon ~ you talking*** wir werden Sie schon zum Reden bringen; ***haven't you got the photocopier working yet?*** hast du den Kopierer noch nicht zum Laufen gekriegt? *fam;* ■**to ~ sb/sth to do sth** jdn/etw dazu bringen, etw zu tun; **to ~ one's computer to work** seinen Computer zum Laufen [*o* ÖSTERR, SCHWEIZ *a.* Funktionieren] kriegen *fam*
㉒ *(transport)* ■**to ~ sb/sth somewhere** jdn/etw irgendwohin bringen; ***we can't ~ the bed through the door*** wir bekommen das Bett nicht durch die Tür
㉓ *(learn)* ■**to ~ sth** etw herausbekommen [*o fam* herauskriegen]
㉔ *(understand)* ■**to ~ sth** etw verstehen; **to ~ the meaning** es verstehen; **to ~ the message** es kapieren *fam;* **to ~ the picture** *(fam)* kapieren *fam;* ***~ the picture?*** kapiert? *fam,* kapische? *fam;* **to ~ sb/sth wrong** jdn/etw falsch verstehen
㉕ **to ~ dinner** *(prepare)* das Abendessen zubereiten; *(eat)* zu Abend essen
㉖ *(baffle)* ■**to ~ sb** jdn verwirren; ***this problem's simply got me*** mit diesem Problem bin ich einfach überfordert; ***you've got me there*** da bin ich [aber] überfragt; ***we'll get them with this tactic*** mit dieser Taktik kriegen wir sie *fam*
㉗ *(fam: amuse)* ■**to ~ sb** jdn amüsieren
㉘ *(fam: irk)* ■**to ~ sb** jdm auf die Nerven gehen *fam*
㉙ *(fam: sadden)* ■**to ~ sb** jdm unter die Haut gehen *fam*
㉚ *(hit)* ■**to ~ sb** [**in sth**]: ***that nearly got me in the eye!*** das ist mir fast ins Auge geflogen!; ***she got him right in the face*** sie hat ihn mitten ins Gesicht getroffen; ***the shot got him in the arm*** der Schuss traf ihn in den Arm [*o fam* erwischte ihn am Arm]
㉛ *usu imper (fam: look at)* ***~ him/her!*** sieh dir mal den/die an!

▸PHRASES: **to get one's own back** [**on sb**] BRIT *(fam)* sich *akk* [an jdm] rächen; **to ~ it on** *(fam: succeed)* es schaffen; *(fam: fight)* es sich *dat* geben; *(fam: have sex)* es treiben *euph fam*

II. INTRANSITIVE VERB

❶ *+ adj (become)* werden; ***are you ~ting better?*** geht es dir besser?; **to ~ real** *(sl)* am Boden bleiben *fam;* **to ~ used to sth** sich *akk* an etw *akk* gewöhnen
❷ *+ vb (become)* **to ~ to be sth** etw werden; ***how did you ~ to be a belly dancer?*** wie bist du zu einer Bauchtänzerin geworden?; **to ~ to like sth** etw langsam mögen
❸ *+ pp (in passives)* werden; ***the dog got drowned*** der Hund ist ertrunken; ***this window got broken*** jemand hat dieses Fenster zerbrochen; **to ~ married** heiraten
❹ *(reach)* ■**to ~ somewhere** irgendwohin kommen; **to ~ home** [**from somewhere**] [von irgendwo] nach Hause kommen
❺ *(progress)* **to get nowhere/somewhere** [**with sth**] es nicht weit/weit [mit etw *dat*] bringen; ***we were not ~ting far with the negotiations*** unsere Verhandlungen kamen nicht weit voran
❻ *(have opportunity)* ■**to ~ to do sth** die Möglichkeit haben, etw zu tun; **to ~ to see sb** jdn zu Gesicht bekommen
❼ *(succeed)* ■**to ~ to do sth** schaffen, etw zu tun
❽ *(must)* ■**to have got to do sth** etw machen müssen
❾ *(start)* ■**to ~ doing sth** anfangen, etw zu tun; **to ~ going** [*or* **moving**] gehen; ***we'd better ~ going*** wir sollten besser gehen
❿ *(understand)* **to ~ with it** sich *akk* informieren; ***~ with it!*** setz dich damit auseinander!
⓫ *usu imper (fam: go)* [**go on,**] **~!** hau [doch] ab! *fam*

III. NOUN

❶ BRIT *(pej sl) see* **git**
❷ COMPUT Holanweisung *f*

◆**get about** *vi* herumkommen *fam*

◆**get above** *vi* ■**to ~ above oneself** arrogant werden

◆**get across** *vt* ■**to ~ across ↔ sth** etw verständlich machen; **to ~ across a message** eine Botschaft rüberbringen *fam*

◆**get after** *vi* ■**to ~ after sb** ❶ *(pursue)* jdn verfolgen
❷ *(reprimand)* sich *dat* jdn vorknöpfen *fam*

◆**get ahead** *vi* vorwärtskommen; ■**to ~ ahead in sth** mit etw *dat* Erfolg haben; ■**to ~ ahead of sb** zu jdm einen Vorsprung gewinnen

◆**get along** *vi* ❶ *(be on good terms)* ■**to ~ along** [**with sb**] sich *akk* [mit jdm] verstehen; ***they ~ along quite well*** sie kommen ganz gut miteinander aus; ***they don't ~ along at all*** sie verstehen sich gar nicht
❷ *esp* BRIT *(manage)* zurechtkommen; *(progress)* Fortschritte machen, vorankommen
❸ *(go)* gehen; *(hurry)* weitermachen; ***I should be ~ting along*** ich sollte mich auf den Weg machen; ***~ along, children, or we'll be late!*** beeilt euch, Kinder, sonst kommen wir zu spät
❹ BRIT *(dated fam)* **~ along with you!** jetzt hör aber auf!

◆**get around** *vi* ❶ *see* **get round I 1, 2, II 1, 2**
❷ *see* **get about**

◆**get at** *vi* ❶ *(fam: imply)* ■**to ~ at sth** auf etw *akk* hinauswollen *fam*
❷ BRIT, AUS *(fam: criticize)* ■**to ~ at sb** jdn kritisieren
❸ *(assault)* ■**to ~ at sb** jdn angreifen
❹ *(fam: bribe)* ■**to ~ at sb** jdn bestechen [*o fam* schmieren]
❺ *(reach)* ■**to ~ at sth** an etw *akk* rankommen *fam,* zu etw *dat* hinkommen ÖSTERR *fam;* ***I'll put the cake there where he can't ~ at it*** ich stelle den Kuchen darauf, wo er nicht drankommen kann
❻ *(access)* ■**to ~ at sth** Zugriff auf etw *akk* haben
❼ *(discover)* ■**to ~ at sth** etw aufdecken; **to ~ at the truth/the real reason** die Wahrheit/den wahren Grund aufdecken

◆**get away** *vi* ❶ *(leave)* fortkommen, wegkommen (**from** von *+dat*)
❷ *(escape)* ■**to ~ away** [**from sb**] [vor jdm] flüchten; ***she got away from her pursuers*** sie konnte ihren Verfolgern entrinnen; ■**to ~ away with sth** mit etw *dat* ungestraft davonkommen *fam;* **to ~ away with one's life** mit seinem Leben davonkommen
❸ *(dated fam)* **~ away** [**with you**]! ach, hör auf!
❹ *(evade punishment)* ■**to ~ away with sth** mit etw *dat* davonkommen *fam*
❺ *(succeed)* ■**to ~ away with sth** mit etw *dat* durchkommen; ***it is a close-fitting dress but you're slim enough to ~ away with it*** das ist ein enges Kleid, aber du bist so schlank, dass du es tragen kannst

▸PHRASES: **to ~ away with murder** *(fam)* sich *dat* alles erlauben können

◆**get back I.** *vt* ■**to ~ back ↔ sth** etw zurückbekommen
II. *vi* ❶ *(return)* zurückkommen
❷ *(have revenge)* ■**to ~ back at sb** [**for sth**] sich

akk [für etw *akk*] an jdm rächen
③ *(reassume)* ■ **to ~ back into sth** wieder mit etw *dat* beginnen [*o* anfangen]; ***I'd like to ~ back into acting*** ich möchte wieder anfangen zu schauspielern; ■ **to ~ back to [doing] sth** zu etw *dat* wieder zurückgehen; **to ~ back to sleep** wieder einschlafen; **to ~ back to work** sich *akk* wieder der Arbeit widmen
④ *(contact)* ■ **to ~ back to sb** sich *akk* wieder bei jdm melden
⑤ *(be told)* zu hören kriegen *fam,* vorgehalten bekommen
◆ **get behind** *vi* ① *(support)* ■ **to ~ behind sb/sth** jdn/etw unterstützen
② *(be late)* ■ **to ~ behind with sth** mit etw *dat* in Rückstand geraten
◆ **get beyond** *vi* ■ **to ~ beyond sth** etw überwinden
◆ **get by** *vi* ■ **to ~ by [on [*or* with] sth]** mit etw *dat* auskommen
◆ **get down** I. *vt* ① *(remove)* ■ **to ~ sth down from [*or* off] sth** etw von etw *dat* runternehmen
② *(disturb)* ■ **to ~ sb down** jdn fertigmachen *fam;* ***don't let it ~ you down*** lass es nicht zu nah an dich heran
③ *(note)* ■ **to ~ down ⇄ sth** etw niederschreiben
④ *(swallow)* ■ **to ~ sth down** etw runterschlucken *fam;* ***you've got ten minutes to ~ your dinner down [you]*** *(hum fam)* du hast zehn Minuten Zeit, dein Abendessen runterzuwürgen *fam*
II. *vi* ① *(descend)* ■ **to ~ down [from [*or* off] sth]** [von etw *dat*] herunterkommen; **to ~ down from the table** vom Tisch aufstehen
② *(bend down)* sich *akk* runterbeugen; *(kneel down)* niederknien
③ *(start)* ■ **to ~ down to [doing] sth** sich *akk* an etw *akk* machen, mit etw *dat* beginnen; **to ~ down to work** sich *akk* an die Arbeit machen
④ *(fam: dance)* tanzen gehen; ***let's ~ down!*** lass uns tanzen gehen!
◆ **get in** I. *vt* ① *(fam: find time for)* ■ **to ~ in ⇄ sb/sth** jdn/etw reinschieben; *doctor* jdn/etw dazwischenschieben
② *(say)* ■ **to ~ in ⇄ sth** etw einwerfen
③ *(bring inside)* ■ **to ~ in ⇄ sth** etw hereinholen
④ *(purchase)* ■ **to ~ in ⇄ sth** etw beschaffen; ***who's ~ting in the drinks?*** BRIT *(fam)* wer schmeißt die Runde? *fam*
⑤ *(ask to come)* ■ **to ~ in ⇄ sb** jdn kommen lassen; **to ~ in a specialist** einen Spezialisten hinzuziehen
⑥ *(submit)* ■ **to ~ in ⇄ sth** etw absenden; **to ~ in an application** eine Bewerbung einreichen
II. *vi* ① *(become elected)* an die Macht kommen
② *(enter)* hineingehen/hereinkommen
③ *(arrive)* ankommen
④ *(return)* ■ **to ~ in [from sth]** von etw *dat* zurückkehren; **to ~ in from work** von der Arbeit heimkommen
⑤ *(join)* ■ **to ~ in on sth** sich *akk* an etw *dat* beteiligen
⑥ *(be friendly)* ■ **to ~ in with sb** mit jdm auskommen
⑦ *(fam: take action)* **~ in there!** mach mit!
◆ **get into** *vi* ① *(enter)* ■ **to ~ into sth** *car* in etw *akk* [ein]steigen
② *(have interest for)* ■ **to ~ into sth** sich *akk* für etw *akk* interessieren
③ *(affect)* ■ **to ~ into sb:** ***what's got into you?*** was ist in dich gefahren?
④ *(become involved)* **to ~ into an argument/a fight** in eine Auseinandersetzung/einen Kampf verwickelt werden
◆ **get off** I. *vi* ① *(fall asleep)* **to ~ off [to sleep]** einschlafen
② *(evade punishment)* davonkommen *fam*
③ *esp* AM *(have orgasm)* den Höhepunkt erreichen
④ *(exit)* aussteigen; **to ~ off the bus/train** aus dem Bus/Zug steigen
⑤ *(depart)* losfahren
⑥ *(stop work)* Schluss machen; ***can you ~ off this afternoon?*** kannst du dich heute Nachmittag freimachen?
⑦ *(fam: yell at)* ■ **to ~ off on sth** bei etw *dat* ausflippen *fam*
⑧ *(fam!: masturbate)* sich *dat* einen runterholen *sl*
II. *vt* ① *(send to sleep)* **to ~ a baby off [to sleep]** ein Baby in den Schlaf wiegen
② *(help evade punishment)* ■ **to ~ sb off [sth]** jdn freibekommen, jdm aus etw *dat* raushelfen
③ *esp* AM *(cause orgasm)* ■ **to ~ sb off** jdn zum sexuellen Höhepunkt bringen
④ *(send)* ■ **to ~ off ⇄ sth** etw versenden
⑤ *(remove)* ■ **to ~ sth off sth** etw von etw *dat* nehmen; **to ~ one's hands off sb/sth** seine Hände von jdm/etw nehmen
◆ **get off with** *vi* ① *(evade punishment)* ■ **to ~ off with sth** mit etw *dat* davonkommen
② *(escape injury)* ■ **to ~ off with sth** mit etw *dat* davonkommen
③ BRIT *(fam: have sexual encounter with)* ■ **to ~ off with sb** mit jdm herumfummeln *fam,* mit jdm bumsen *sl*
◆ **get on** I. *vt (sl)* **to ~ it on [with sb]** es [mit jdm] treiben *euph fam,* etwas mit jdm haben *euph fam*
II. *vi* ① *(fare)* ■ **to ~ on [with sb]** sich *akk* [mit jdm] verstehen; **to ~ on badly/well** sich *akk* schlecht/gut verstehen
② *esp* BRIT *(manage, progress)* Fortschritte machen; ■ **to ~ on [with sth]** [mit etw *dat*] vorankommen
③ *(start)* ■ **to ~ on sth** etw angehen, sich *akk* an etw *akk* heranmachen *fam*
④ *(continue)* weitermachen; ■ **to ~ on with sth** mit etw *dat* weitermachen
⑤ BRIT *(succeed)* erfolgreich sein
⑥ *(age)* alt werden; **to be ~ting on in years** an Jahren zunehmen
⑦ *time* spät werden; ***it's ~ting on — we'd better go*** es wird langsam spät – wir sollten besser gehen
⑧ *(be nearly)* ***there were ~ting on a hundred people there*** sie waren schon um die hundert Leute
⑨ *(criticize)* ■ **to ~ on at sb** auf jdm herumhacken *fam*
⑩ *(discuss)* ■ **to ~ on to [*or* onto] sth** auf etw *akk* kommen
⑪ *(contact)* ■ **to ~ on to [*or* onto] sb [about sth]** sich *akk* mit jdm [wegen einer S. *gen*] in Verbindung setzen
⑫ *(find out)* ■ **to ~ on to [*or* onto] sb** jdm auf die Schliche kommen *fam;* ■ **to ~ on to [*or* onto] sth** hinter etw *akk* kommen
◆ **get out** I. *vi* ① *(become known)* herauskommen
② AM *(in disbelief)* ***~ out [of here], you're lying!*** ach komm, du lügst!
③ *(sell out)* aussteigen
II. *vt* ① *(leave)* ■ **to ~ out sth** aus etw *dat* herauskommen
② *(fam: issue)* ■ **to ~ out ⇄ sth** etw herausbringen
③ BRIT *(solve)* ■ **to ~ out ⇄ sth** etw lösen [*o fam* herauskriegen]
◆ **get out of** *vi* ① *(leave)* ■ **to ~ out of sth** aus etw *dat* hinauskommen; ***~ out of here/my house!*** verschwinde von hier/aus meinem Haus!
② *(escape)* ■ **to ~ out of sth** aus etw *dat* herauskommen
③ *(avoid)* ■ **to ~ out of [doing] sth** sich *akk* [vor etw *dat*] drücken *fam*
④ *(stop)* ■ **to ~ out of sth** sich *dat* etw abgewöhnen; **to ~ out of a habit** eine Gewohnheit ablegen
⑤ AM **~ out of here!** das glaub ich dir nicht!
◆ **get over** I. *vi* ① *(recover from)* ■ **to ~ over sth** über etw *akk* hinwegkommen; **to ~ over an illness/a shock** sich *akk* von einer Krankheit/einem Schock erholen
② *(overcome)* **to ~ over a difficulty/one's fear** über eine Schwierigkeit/seine Angst hinwegkommen
③ *(forget)* ■ **to ~ over sb/sth** über jdn/etw hinwegkommen
④ *(be shocked)* ■ **sb can't ~ over sth** jd kommt über etw *akk* nicht hinweg; ***I can't ~ over the way he behaved at your party*** ich komme nicht darüber hinweg, wie er sich auf
⑤ *(complete)* ■ **to ~ sth over [with]** etw hinter sich *akk* bringen
II. *vt (convey)* ■ **to ~ sth ⇄ over** etw rüberbringen
◆ **get round** I. *vi* ① *(spread) news* sich *akk* verbreiten
② *(do)* ■ **to ~ round to [doing] sth** es schaffen, etw zu tun
II. *vt* ① *(evade)* ■ **to ~ round sth** etw umgehen
② *(deal with)* ■ **to ~ round sth** etw angehen
③ BRIT *(persuade)* ■ **to ~ sb round to do sth** jdn dazu bringen, etw zu tun
◆ **get through** I. *vi* ① *(make oneself understood)* ■ **to ~ through to sb** zu jdm durchdringen; ■ **to ~ through to sb that/how ...** jdm klarmachen, dass/wie ...
② *(phone)* ■ **to ~ through to sb** zu jdm durchkommen; ***I got through to the wrong department*** ich bin mit der falschen Abteilung verbunden worden
③ *(use up)* ■ **to ~ through sth** etw aufbrauchen
④ *(finish)* ■ **to ~ through sth** etw erledigen; ***I can ~ through a lot more work when I'm on my own*** wenn ich alleine bin, schaffe ich mehr Arbeit
⑤ *(survive)* ■ **to ~ through sth** etw überstehen
⑥ *(pass)* **to ~ through a test/an exam** einen Test/eine Prüfung bestehen; ***she easily got through her exams*** sie bewältigte ihre Prüfungen mit Leichtigkeit
II. *vt* ① *(convey)* ■ **to ~ sth through to sb** jdm etw überbringen; ■ **to ~ it through to sb that ...** jdm klarmachen, dass ...
② *(help to pass)* **to ~ sb through a test** jdn durch einen Test bringen
◆ **get to** I. *vi* ① *(be)* ***where have my glasses got to?*** wo ist meine Brille [geblieben]?
② *(fam: affect)* ■ **to ~ to sb** jdn in Mitleidenschaft ziehen
③ *(reach)* ■ **to ~ to sth** etw erreichen; ***it had got to the third day when ...*** es war bereits der dritte Tag, da ...; **to ~ to a top position** eine Spitzenstellung erlangen
II. *vt (fam)* **to ~ oneself to a place** es zu einem Ort schaffen *fam*
◆ **get together** I. *vi* ① *(meet)* sich *akk* treffen
② *(agree)* ■ **to ~ together on sth** sich *akk* auf etw *akk* einigen
II. *vt* **to ~ it together** sich *akk* mausern *fam,* es zu etwas bringen
◆ **get up** I. *vt* ① *(organize)* ■ **to ~ up ⇄ sth** etw zusammenstellen
② *(cause)* **to ~ up ⇄ the courage to do sth** den Mut aufbringen, etw zu tun
③ *(fam: dress)* ■ **to ~ up ⇄ sb/~ oneself up [as sth]** jdn/sich [als etw *akk*] verkleiden; **to ~ oneself up like a Christmas tree** *esp* BRIT sich *akk* wie ein Christbaum aufputzen *fam;* ***she appeared got up like a Christmas tree*** sie erschien geschmückt wie ein Weihnachtsbaum
④ *(fam: wake)* ■ **to ~ up ⇄ sb** jdn wecken
⑤ *(sl: have erection)* ■ **to ~ it up** einen hochkriegen *sl*
II. *vi* ① BRIT *wind* auffrischen
② *(get out of bed)* aufstehen
③ *(stand up)* ■ **to ~ up [from sth]** sich *akk* [von etw *dat*] erheben
④ *(do mischief)* ■ **to ~ up to sth** etw aushecken *fam*
⑤ *(climb)* ■ **to ~ up sth** etw hinaufsteigen

get-'at-able *adj (fam)* zugänglich
'get·away *n (fam)* ① *(escape)* Flucht *f;* **to make a [*or* one's] ~** entwischen *fam*
② *(holiday)* Trip *m;* **a family ~** ein Familienausflug
'get·away car *n* Fluchtauto *nt*
get-rich-'quick scheme *n (fam) Programm, das schnellen Reichtum verspricht*
'get-togeth·er *n (fam)* Treffen *nt;* **to have a family ~** ein Familientreffen haben [*o geh* veranstalten]
'get-up *n (fam: outfit)* Kluft *f fam;* ***he was in a sort of Mafia ~ with a pin-striped suit and wide tie*** er sah aus wie eine Art Mafia-Verschnitt mit Nadel-

streifenanzug und breiter Krawatte

get-up-and-'go *n no pl (fam)* Elan *m;* ***we need someone with a bit of ~*** wir benötigen jemanden, der Schwung in die Sache bringt

get-'well card *n* Genesungskarte *f*

gey·ser ['gaɪzəʳ, AM -ɚ] *n* ❶ GEOL *(hole)* Geysir *m* ❷ BRIT *(heater)* Durchlauferhitzer *m*

GF [dʒiː'ef] *adj inv abbrev of* **gluten-free** glutenfrei

G force ['dʒiːfɔːs, AM -fɔːrs] *n* AEROSP Fliehkraft *f*

Gha·na ['gɑːnə] *n* Ghana *nt*

Gha·na·ian [gɑː'neɪən, AM -'niː-] **I.** *adj inv* ghanaisch **II.** *n* Ghanaer(in) *m(f)*

ghast·li·ness ['gɑːstlinəs, AM 'gæst-] *n no pl (fam)* ❶ *(grisliness) of a crime* Grässlichkeit *f* ❷ *(unpleasantness)* Unfreundlichkeit *f;* ***I'm so put off by the ~ of this month's weather*** dieses grässliche Wetter diesen Monat geht mir auf die Nerven *fam* ❸ *(ugliness)* Hässlichkeit *f*

ghast·ly ['gɑːstli, AM 'gæst-] *adj* ❶ *(fam: frightful) report* schrecklich; **a ~ experience** eine fürchterliche Erfahrung ❷ *(fam: unpleasant) weather, mistake* grässlich ❸ *(fam: ugly)* scheußlich ❹ *(fam: unwell)* unwohl; **to feel ~** sich *akk* grässlich [*o* scheußlich] fühlen ❺ *(liter: pallid)* **~ white/pale** totenbleich

ghee [giː] *n no pl* Ghee *m o nt (reines Butterfett)*

Ghent [gent] *n* Gent *nt*

gher·kin ['gɜːkɪn, AM 'gɜːr-] *n* Essiggurke *f*

ghet·to ['getəʊ, AM -t̬oʊ] **I.** *n* <*pl* -s *or* -es> G[h]etto *nt;* **an inner-city/urban ~** ein G[h]etto *nt* in der (Innen-)Stadt **II.** *n modifier* **~ area** G[h]ettobezirk *m*

'ghet·to blast·er *n (sl)* Ghettoblaster *m*

ghet·to-fabu·lous [,getəʊ'fæbjələs, AM -toʊ-] *adj jewellery* ***~ rocks*** Riesenklunker *pl*

ghet·to·ize ['getəʊaɪz, AM -t̬oʊ-] *vt* ▪**to ~ sb** jdn g[h]ettoisieren *geh,* jdn isolieren

ghil·lie ['gɪli] *n see* **gillie**

ghost¹ [gəʊst, AM goʊst] **I.** *n* ❶ *(spirit)* Geist *m;* ***the gardens are said to be haunted by the ~ of a dead child*** in den Gärten soll der Geist eines toten Kindes spuken; **to believe in ~s** an Geister glauben; **to exorcize a ~** einen Geist austreiben ❷ *(memory)* quälende Erinnerung; **the ~ of the past** das Gespenst der Vergangenheit ❸ TV, COMPUT Geisterbild *nt*
▸PHRASES: **to give up the ~** den Geist aufgeben *hum fam;* **not to have** [*or* **stand**] **a** [*or* **the**] **~ of a chance** *(fam)* nicht die geringste Chance haben; **to look as though** [*or* **if**] **one's** [**just**] **seen a ~** so blass aussehen, als ob man einen Geist gesehen hätte
II. *vt* ***his autobiography was ~ed*** seine Autobiografie wurde von einem Ghostwriter geschrieben
III. *vi* ▪**to ~ for sb** für jdn als Ghostwriter tätig sein

ghost² [gəʊst, AM goʊst] *n short for* **ghost-writer** Ghostwriter(in) *m(f)*

ghost·li·ness ['gəʊstlinəs, AM 'goʊst-] *n no pl of a voice* Geisterhaftigkeit *f*

ghost·ly ['gəʊstli, AM 'goʊst-] *adj* ❶ *(ghost-like)* geisterhaft; **a ~ figure** eine unheimliche Figur ❷ *(eerie) voice* gespenstisch

'ghost ship *n* Geisterschiff *nt* **'ghost sto·ry** *n* Gespenstergeschichte *f* **'ghost town** *n* Geisterstadt *f* **'ghost train** *n* Geisterbahn *f;* **to go on** [*or* **ride**] **a ~** Geisterbahn fahren **'ghost-write** *vt* **to ~ a book** ein Buch als Ghostwriter schreiben **'ghost-writ·er** *n* Ghostwriter *m;* **to hire a ~** einen Ghostwriter beschäftigen

ghoul [guːl] *n* ❶ *(spirit)* Ghul *m* ❷ *(pej: morbid person)* Mensch *m* mit schaurigen Gelüsten

ghoul·ish ['guːlɪʃ] *adj* ❶ *(scary) face, smile* schaurig ❷ *(pej: macabre) delight, humour* makaber *geh*

ghoul·ish·ly ['guːlɪʃli] *adv* ❶ *(scarily)* schaurig; **to smile ~** ein schauriges Lächeln haben ❷ *(pej: macabre)* makaber

GHQ [,dʒiːeɪtʃ'kjuː] *n* MIL *abbrev of* **general headquarters** Hauptquartier *nt;* **to report to ~** im Hauptquartier melden

ghrelin ['grelɪn] *n no pl* BIOL Ghrelin *nt*

GI¹ [,dʒiː'aɪ] *n (fam)* GI *m*

GI² [,dʒiː'aɪ] *n abbrev of* **glycaemic index** glykämischer Index

gi·ant ['dʒaɪənt] **I.** *n* ❶ *(monster)* Riese *m;* **sleeping ~** *(fig)* schlafender Riese ❷ *(big person)* Riese *m,* Hüne *m* ❸ *(leader)* Gigant *m;* **industrial ~s** Industriegiganten ❹ *(celebrity)* Superstar *m*
II. *adj inv machine* riesig; ***she took a ~ bite of my pizza*** sie nahm einen riesigen Biss von meiner Pizza; **to walk with ~ steps** mit riesigen Schritten gehen; **to make ~ strides** große Fortschritte machen

gi·ant·ess ['dʒaɪəntes, AM -t̬əs] *n* Riesin *f*

'gi·ant-kill·er *n (fig)* Goliathbezwinger(in) *m(f)* **gi·ant 'pan·da** *n* Riesenpanda *m* **gi·ant 'red·wood, gi·ant se·'quoia** *n* Riesenmammutbaum *m*

gib·ber ['dʒɪbəʳ, AM -ɚ] *vi (esp pej)* stammeln, SCHWEIZ *a.* stottern; **to ~ with fear** mit vor Angst zitternder Stimme sprechen

gib·ber·ing ['dʒɪbərɪŋ, AM -bɚɪŋ] *adj (esp pej)* stammelnd; **~ idiot** Volltrottel *m pej fam*

gib·ber·ish ['dʒɪbərɪʃ, AM -ɚɪʃ] *n no pl (pej)* ❶ *(spoken)* Gestammel *nt,* SCHWEIZ *a.* Gestotter *nt;* ***stop talking ~!*** hör auf rumzustammeln! ❷ *(written)* Quatsch *m fam* ❸ COMPUT Datensalat *m*

gib·bet ['dʒɪbɪt] *n* ❶ *(frame)* Galgen *m* ❷ *(execution)* ▪**the ~** Tod *m* durch Erhängen

gib·bon ['gɪbən] *n* ZOOL Gibbon *m*

gibe *n, vi see* **jibe**

gib·lets ['gɪbləts] *npl* Innereien *pl*

Gi·bral·tar [dʒɪ'brɔːltəʳ, AM -'brɑːltɚ] *n* Gibraltar *nt*

Gi·bral·tar·ian [,dʒɪbrɔːl'teəriən, AM -brɑːl'ter-] *n* Bewohner(in) *m(f)* Gibraltars

GI 'bride *n* Soldatenbraut *f*

gid·di·ly ['gɪdɪli] *adv* ❶ *(dizzily)* benommen, Schwindel erregend, taum[e]lig ❷ *(frivolously)* leichtfertig, SCHWEIZ *a.* leichtsinnig, unbesonnen

gid·di·ness ['gɪdinəs] *n no pl* Schwindelgefühl *nt,* Schwindel *m*

gid·dy ['gɪdi] *adj* ❶ *(dizzy)* schwind(e)lig; ***I feel ~*** mir ist schwindelig; ***that makes me feel ~*** davon wird mir schwindelig ❷ *(causing dizziness) heights* Schwindel erregend ❸ *(excited)* ausgelassen; ***she was feeling ~ with pleasure*** sie war ganz außer sich vor Freude

gift [gɪft] *n* ❶ *(present)* Geschenk *nt;* **a birthday ~** ein Geburtstagsgeschenk *nt;* **to bear ~s** Geschenke mitbringen ❷ *(donation)* Spende *f* ❸ *(giving)* Schenkung *f* ❹ *(fam: bargain)* Geschenk *nt;* **it's/that's a ~!** das ist geschenkt! ❺ *(fam: easy task)* Geschenk *nt;* ***that goal was a ~!*** das Tor war ja geschenkt! ❻ *(talent)* Talent *nt,* Gabe *f* (**for** für *+akk*); **to have the ~ of gab** AM [*or* BRIT, AUS **the gab**] *(fam)* ein großes Mundwerk haben *fam;* **to have a ~ for languages** sprachbegabt sein
▸PHRASES: **to be a ~ from the Gods** ein Geschenk *nt* Gottes sein

'gift aid *n no pl* BRIT Schenkungssteuererstattung *f* **'gift box** *n* Geschenkschachtel *f* **'gift card** *n wiederaufladbare oder prepaid elektronische Gutscheinkarte, die wie eine Kunden- oder Kreditkarte entweder überall oder nur bei bestimmten Vertragspartnern als Zahlungsmittel eingesetzt werden kann* **'gift cer·tifi·cate** *n* Geschenkgutschein *m*

gift·ed ['gɪftɪd] *adj* ❶ *(talented)* talentiert; **~ dancer** begnadeter Tänzer/begnadete Tänzerin ❷ *(versatile)* vielseitig talentiert ❸ *(clever)* begabt; **~ child** hoch begabtes Kind

'gift horse *n* ▸PHRASES: **never look a ~ in the mouth** *(prov)* einem geschenkten Gaul guckt [*o* ÖSTERR, SCHWEIZ schaut] man nicht ins Maul *prov* **'gift shop** *n* Geschenkartikelladen *m,* Geschenkboutique *f* SCHWEIZ **'gift tax** *n* Schenkungssteuer *f* **'gift to·ken, 'gift vouch·er** *n* Geschenkgutschein *m*

'gift wrap *n* Geschenkpapier *nt* **'gift-wrap** *vt* ▪**to ~ sth** etw als Geschenk verpacken [*o* einpacken]

'gift-wrapped *adj* als Geschenk verpackt

gig¹ [gɪg] **I.** *n (fam)* Auftritt *m,* Gig *m sl;* **to be** [*or* **get**] **paid per ~** pro Auftritt bezahlt werden; **to do a ~** irgendwo auftreten *fam;* **to have a ~** einen Auftritt haben
II. *vi* <-gg-> auftreten

gig² [gɪg] *n (hist)* Gig *nt veraltend,* Einspänner *m*

giga·byte ['gɪgəbaɪt] *n* COMPUT Gigabyte *nt* **giga·elec·tron·volt** [,gɪgəɪ'lektrɒnvəʊlt, AM -trɑːnvoʊlt] *n* PHYS Gigaelektronenvolt *nt* **giga·hertz** ['giːgəhɜːts, AM -hɜːrts] *n* ELEC Gigahertz *nt* **giga·joule** ['giːgədʒuːl] *n* PHYS Gigajoule *nt*

giga·li·cious [gɪgə'lɪʃəs] *adj (sl: sexy)* scharf *sl,* heiß *fam; (fantastic)* geil *sl,* fantastisch

gi·gan·tic [dʒaɪ'gæntɪk, AM -t̬ɪk] *adj* gigantisch, riesig; **~ bite** Riesenbissen *m*

gi·gan·ti·cal·ly [dʒaɪ'gæntɪkəli, AM -t̬ɪk-] *adv* gigantisch

giga·watt ['giːgəwɒt, AM -wɑːt] *n* ELEC Gigawatt *nt*

gig·gle ['gɪgl̩] **I.** *vi* kichern, SCHWEIZ *a.* giggeln *fam;* ▪**to ~ at sth** über etw *akk* kichern
II. *n* ❶ *(laugh)* Gekicher *nt kein pl;* **to have a ~ over sth** sich *akk* über etw *akk* amüsieren ❷ *no pl* BRIT, AUS *(fam: joke)* Spaß *m;* ***it was just a ~*** das war bloß Spaß; **to do sth for a ~** etw zum Spaß machen ❸ *pl (fam: laughing fit)* **to get/have** [**a fit of**] **the ~s** einen Lachanfall bekommen

gig·gler ['gɪgləʳ, AM -ɚ] *n* Kichermonster *nt hum fam,* Giggelisuppe *f* SCHWEIZ *fam*

gig·gly ['gɪgli] *adj (esp pej)* albern, kicherig *fam;* **to be in a ~ mood** in aufgekratzter Stimmung sein *fam;* **to get** [*or* **go**] **all ~** haltlos zu kichern beginnen

gigo·lo ['dʒɪgələʊ, AM -loʊ] *n (dated)* Gigolo *m veraltend geh*

gi·got ['dʒɪgət] *n* FOOD Lammkeule *f*

Gila mon·ster ['hiːlə] *n* ZOOL Gilakrustenechse *f*

Gil·ber·tese [,gɪlbə'tiːz, AM -bɚ-] *n* Bewohner(in) *m(f)* der Gilbert Inseln

Gil·bert Is·lands ['gɪlbət-, AM -bɚt] *npl* Gilbertinseln *pl*

gild [gɪld] *vt* ▪**to ~ sth** ❶ *(coat)* etw vergolden ❷ *(light up)* etw zum Leuchten bringen; ***sunlight ~ed the children's faces*** das Sonnenlicht brachte die Gesichter der Kinder zum Strahlen
▸PHRASES: **to ~ the lily** *(pej)* des Guten zu viel tun

gild·ed ['gɪldɪd] *adj inv* ❶ *(coated)* vergoldet ❷ *(rich)* begütert; **~ youth** Jeunesse dorée *f veraltend geh*

gild·er ['gɪldəʳ, AM -dɚ] *n* Vergolder(in) *m(f)*

gild·ing ['gɪldɪŋ] *n no pl (also fig)* Vergoldung *f*

gill¹ [gɪl] *n usu pl* Kieme *f*
▸PHRASES: **to be** [*or* **look**] **green** [*or* **pale**] **about the ~s** *(hum)* grün im Gesicht sein *fam;* **to be packed** [*or* **full**] **to the ~s** *(fam)* zum Bersten voll sein; ***the restaurant was packed to the ~s*** das Restaurant war proppenvoll *fam;* **to be stuffed** [*or* **full**] **to the ~s** *(fam)* bis oben hin voll sein *fam;* **to the ~s** *(fam)* bis oben hin

gill² [dʒɪl] *n (measure)* Gill *nt (0,148 l)*

gil·lie ['gɪli] *n* SCOT ❶ HIST *(a Highland chief's attendant)* Diener *m,* Knecht *m* ❷ HUNT Jagdgehilfe *m*

gilt [gɪlt] **I.** *adj inv picture* vergoldet
II. *n* Vergoldung *f*
▸PHRASES: **to take the ~ off the gingerbread** BRIT *(fam)* einer Sache den Reiz nehmen

gilt-'edged *adj* ❶ *(having gilded edges)* mit Goldschnitt versehen ❷ BRIT FIN erstklassig, solide **gilt-edged se·'cur·ities** *n,* **gilt-edged 'stocks** *n,* **gilts** [gɪlts] *npl* BRIT FIN mündelsichere Staatspapiere; **short-dated ~** kurzfristige Staatsanleihen

gim·crack ['dʒɪmkræk] *(pej)* **I.** *adj* minderwertig; **~ furniture** Schrott-/Billigmöbel *pl;* **~ architecture** baufällige Architektur
II. *n* nette Kleinigkeit

gim·let ['gɪmlət] *n* ❶ *(tool)* Schneckenbohrer *m* ❷ AM *(drink) Cocktail aus Gin, Wodka und Limettensaft*

G

'gim·let-eyed *adj* mit durchdringendem Blick *nach n;* **to give sb a ~ stare** jdn durchdringend anblicken, SCHWEIZ *a.* jdn anstieren; ■**to be ~** einen durchdringenden Blick haben **gim·let 'eyes** *npl* durchdringender Blick

gim·me ['gɪmi] *(fam)* = **give me** *see* **give**

gim·mick ['gɪmɪk] *n (esp pej)* ① *(trick)* Trick *m;* **sales ~** Verkaufstrick *m;* **advertising/promotional ~** Werbetrick *m*
② *(attraction)* Attraktion *f*

gim·mick·ry ['gɪmɪkri] *n no pl (esp pej)* Effekthascherei *f*

gim·micky ['gɪmɪki] *adj (esp pej)* marktschreierisch

gimp [gɪmp] **I.** *n* AM *(fam)* Krüppel *m pej*
II. *adj esp* AM *(pej sl: contemptible) nomination, role, part, performance* schwach, verkrüppelt *fig*

gin¹ [dʒɪn] *n* ① *(drink)* Gin *m*
② *(game)* Rommé *nt* mit Zehn

gin² [dʒɪn] *n* ① *(trap)* Falle *f*
② AGR Entkörnungsmaschine *f*
◆**gin up** *vt* ■**to ~ up ↔ sth** *(fam)* etw entwickeln [*o* zustande bringen]; ***they couldn't ~ up any objections*** sie hatten keine Einwände auf Lager

gin and 'ton·ic *n,* **G & 'T** *n* Gin Tonic *nt*

gin·ger ['dʒɪndʒəʳ, AM -ɚ] **I.** *n no pl* ① *(spice)* Ingwer *m*
② *(colour)* gelbliches Braun
③ *(spirit)* Geist *m;* ***he puts some ~ in the book*** er möbelt das Buch ein wenig auf
④ BRIT *(drink)* Gingerale *nt*
II. *n modifier biscuits, tea, soup* Ingwer-
III. *adj* gelblich braun
IV. *vt (fam)* ■**to ~ up ↔ sth** etw aufpeppen *sl;* **to ~ up a party** eine Party in Schwung bringen

gin·ger 'ale *n* Gingerale *nt* **gin·ger 'beer** *n* Ingwerbier *nt* **gin·ger 'bis·cuit** *n* BRIT, AUS Ingwerkeks *m o* ÖSTERR *a. nt* **'gin·ger·bread** *n no pl* Lebkuchen *m* **'gin·ger·bread man** *n* Lebkuchenfigur *f* **'gin·ger group** *n* BRIT, AUS POL Aktionsgruppe *f* **gin·ger-'haired** *adj* dunkelblond

gin·ger·ly ['dʒɪndʒəli, AM -dʒɚli] *adv* behutsam, vorsichtig

'gin·ger nut, *esp* AM **'gin·ger snap** *n* Ingwerkeks *m o* ÖSTERR *a. nt* **gin·ger 'wine** *n* Ingwerwein *m*

gin·gery ['dʒɪndʒəri] *adj* ① *(flavoured)* Ingwer-; **~ taste** Geschmack *m* nach Ingwer
② *(coloured)* gelblich braun

ging·ham ['gɪŋəm] **I.** *n no pl* Gingan *m,* Gingham *m*
II. *n modifier* Gingham-; **~ dress** Ginghamkleid *nt*

gin·gi·vi·tis [ˌdʒɪndʒɪ'vaɪtɪs, AM -dʒə'vaɪt̬əs] *n no pl* Zahnfleischentzündung *f,* Gingivitis *f fachspr*

gink [gɪŋk] *n* AM *(pej fam)* Alter *m pej sl*

ginned up [ˌdʒɪnd'ʌp] *adj (fam)* ■**to get ~** sich *akk* aufregen (**about** über *+akk)*

gi·nor·mous [dʒaɪ'nɔːməs] *adj* BRIT, AUS *(hum fam)* enorm

gin 'rum·my *n* Rommé *nt* mit Zehn

gin·seng ['dʒɪnseŋ] *n no pl* Ginseng *m*

gip·py tum·my [ˌdʒɪpi'-] *n* BRIT *(fam)* **to have [a] ~** Dünnpfiff haben *sl*

gip·sy *n esp* BRIT *see* **gypsy**

gi·raffe <*pl* -s *or* -> [dʒɪ'rɑːf, AM dʒə'ræf] *n* Giraffe *f*

gird <girded *or* girt, girded *or* girt> [gɜːd, AM gɜːrd] *vt (old)* ■**to ~ oneself for sth** sich *akk* für etw *akk* rüsten *geh;* ***we ~ed ourselves for the fray*** *(hum)* wir rüsteten uns zum Kampf
►PHRASES: **to ~ [up] one's loins** *(hum)* sich *akk* wappnen *geh*

gird·er ['gɜːdəʳ, AM 'gɜːrdɚ] *n* Träger *m*

gir·dle ['gɜːdl̩, AM 'gɜːrdl̩] *(dated)* **I.** *n* ① *(belt)* Gürtel *m*
② *(corset)* Korsett *nt*
③ *(liter: surround)* Umrahmung *f*
II. *vt (liter or dated)* ■**to ~ sth** etw umgeben; ***the garden was beautifully ~d by apple trees*** der Garten war wunderschön mit Apfelbäumen umsäumt *liter*

girl [gɜːl, AM gɜːrl] *n* ① *(young woman)* Mädchen *nt*
② *(daughter)* Mädchen *nt,* Tochter *f*
③ *(girlfriend)* **my ~** meine Freundin
④ *pl (group of women)* ***mum says she's going out with the ~s tonight*** Mama möchte heute Abend mit ihren Freundinnen ausgehen
⑤ AM *(fam: breasts)* ■**~s** *pl* Brüste *pl,* Möpse *pl fam*

girl 'Fri·day *n (dated)* Allroundsekretärin *f* **'girl·friend** *n* ① *(partner)* Freundin *f; (woman's female friend)* [Busen-]freundin *f; (man's female friend)* Freundin *f;* **to have a steady ~** eine feste Freundin haben ② *(sl: Black English: term of address to any female)* Mädchen *nt,* Schwester *f sl; (general term of address: used for either men or women, usually in black or gay communities)* Mensch, Mann; *(in gay communities)* Schwester *f* ÖSTERR, SCHWEIZ **Girl 'Guide** *n* BRIT *(dated)* Pfadfinderin *f*

girl·hood ['gɜːlhʊd, AM 'gɜːrl-] *n no pl (dated)* Mädchenjahre *pl*

girlie, girly ['gɜːli, AM 'gɜːrli] *adj* mädchenhaft

'girlie maga·zine *n* Zeitschrift *f* mit nackten Mädchen **'girlie pic·ture** *n* Foto *nt* eines nackten Mädchens

girli·ness ['gɜːlinəs] *n no pl of decor, fashion* Girlie-Stil *m,* Mädchenhaftigkeit *f*

girl·ish ['gɜːlɪʃ, AM 'gɜːrl-] *adj* mädchenhaft

girl·ish·ly ['gɜːlɪʃli, AM 'gɜːrl-] *adv* mädchenhaft; **to dress ~** sich *akk* wie ein Mädchen kleiden

girl·ish·ness ['gɜːlɪʃnəs, AM 'gɜːrl-] *n no pl* Mädchenhaftigkeit *f*

girl's 'blouse *n* BRIT *(hum fam)* Feigling *m pej,* Waschlappen *m fam o pej*

Girl 'Scout *n* AM Pfadfinderin *f* **'girl talk** *n no pl (fam)* Gespräch *nt* unter Frauen, Frauengespräch *nt*

girly *adj see* **girlie**

girn, gurn [gɜːn] *vi* SCOT ① *(complain)* herumjammern, herummeckern, plärren *pej*
② *(pull faces)* Grimassen ziehen

giro ['dʒaɪ(ə)rəʊ, AM 'dʒaɪroʊ] *n* ① *no pl* BRIT *(system)* Postscheckdienst *m,* Giro *nt,* Gironetz *nt;* **National G~** Postgirodienst *m;* **to transfer sth by ~** etw per Scheck überweisen
② <*pl* -s> BRIT *(cheque)* Giroscheck *m*

'giro ac·count *n* Girokonto *nt* **'giro as·so·cia·tion** *n* FIN Giroverband *m* **'giro busi·ness** *n no pl* Girogeschäft *nt* **'giro cheque,** AM **'giro check** *n* Giroscheck *m* **'giro sys·tem** *n* Postscheckdienst *m,* Giro *nt* **'giro trans·fer** *n* Giroüberweisung *f*

girt [gɜːt, AM gɜːrt] *pp of* **gird**

girth [gɜːθ, AM gɜːrθ] *n* ① *(circumference)* Umfang *m;* **in ~** an Umfang
② *(hum: fatness)* Körperumfang *m*
③ *(saddle strap)* Sattelgurt *m;* **to loosen the ~** den Gurt lösen

GIS [ˌdʒiːaɪ'es] *n abbrev of* **geographic information system** GIS

gis·mo *n see* **gizmo**

gist [dʒɪst] *n* ■**the ~** ① *(essence)* das Wesentliche; **to give sb the ~ [of sth]** jdm eine Zusammenfassung [von etw *dat*] geben; **to read for ~** quer lesen
② *(main points)* Hauptpunkte *pl;* **to get the ~ of sth** den Sinn von etw *dat* verstehen; **to give sb the ~** jdm die Hauptpunkte nennen

git [gɪt] *n* BRIT *(pej sl)* Widerling *m pej;* **stupid ~!** ekelhafter Kerl!

gîte [ʒiːt] *n* BRIT französisches Ferienhaus; **to take a ~** ein Ferienhaus in Frankreich mieten

gîte 'holi·day *n* Urlaub *m* in einem Ferienhaus

give [gɪv]

I. TRANSITIVE VERB **II.** INTRANSITIVE VERB
III. NOUN

I. TRANSITIVE VERB

<gave, given> ① *(in collocations) see* **birth 1, blood I 1, call I 1, chase I 1, evidence I 2, kiss² I 1, look I 1, smile I**
② *(hand over)* ■**to ~ sb sth** [*or* **sth to sb**] jdm etw geben; **to ~ sb a cold** jdn mit seiner Erkältung anstecken; **to ~ a woman in marriage to sb** eine Frau an jdn verheiraten; ***she gave him two sons*** sie schenkte ihm zwei Söhne
③ *(administer)* ■**to ~ sb sth** *medicine* jdm etw geben; **to ~ sb a sedative** jdm ein Beruhigungsmittel geben
④ *(as present)* ■**to ~ sb sth** [*or* **sth to sb**] jdm etw schenken; *(donate)* jdm etw spenden; ***this book was given to me by my best friend*** dieses Buch hat mir meine beste Freundin geschenkt; ***please ~ generously*** wir bitten um großzügige Spenden; **to ~ sb a present** jdm etwas schenken; **to ~ sb sth as a present** jdm etw schenken
⑤ *(offer)* ■**to ~ sb sth** jdm etw geben; **to ~ sb an excuse for sth/for doing** [*or* **to do**] **sth** jdm als Entschuldigung für etw *akk* dienen; **to ~ sb food** jdm zu essen geben; **to ~ sb one's seat** jdm seinen Platz anbieten; **to ~ sb something to eat/drink** jdm etwas zu essen/trinken anbieten; ***they gave us pork for dinner*** zum Abendessen servierten sie Schweinefleisch; ***~ n the choice*** wenn ich die Wahl hätte; *see also* **example 1, strength 12, support II 2, 4**
⑥ *(entrust)* **to ~ one's baby/sth into sb's care** jdm sein Baby/etw anvertrauen; **to ~ sb the power to do sth** jdn dazu bevollmächtigen, etw zu tun
⑦ *(sacrifice)* ***I'd ~ anything*** [*or* ***the world***] [*or* ***my right arm***] ***to be ...*** ich würde alles dafür geben [*o* tun], ... zu sein
⑧ *(sell, pay)* **to ~ sb sth for £20** jdm etw für 20 Pfund verkaufen; **to ~ sb £20 for sth** jdm für etw *akk* 20 Pfund zahlen; ***how much did you ~ for that?*** wie viel hast du dafür gezahlt?; ***I'll ~ you the camera for £100*** für 100 Pfund gehört die Kamera dir!
⑨ *(cause)* ■**to ~ sb sth** etw bei jdm hervorrufen; **sth ~s sb a headache** jd bekommt von etw *dat* Kopfschmerzen; *(fig)* etw bereitet jdm Kopfschmerzen; **to ~ sb/sth a bad name** jdn/etw in Verruf bringen; **to ~ sb to understand that ...** jdm zu verstehen geben, dass ...; ***the fresh air has ~n us an appetite*** die frische Luft hat uns Appetit gemacht; ***that will ~ you something to think about!*** darüber kannst du ja mal nachdenken!; ***what gave you that idea?*** wie kommst du denn auf die Idee?; *see also* **joy 1, pleasure 1, pain I 1, 2, trouble I 4**
⑩ *(grant)* ■**to ~ sb sth** jdm etw geben; **to ~ sb his/her due** jdm Ehre erweisen; ***~ the devil his due*** Ehre, wem Ehre gebührt; **to ~ sb encouragement** jdn ermutigen; **to ~ sb permission [to do sth]** jdm die Erlaubnis erteilen[, etw zu tun]
⑪ *(impart)* **to ~ one's age/name** sein Alter/seinen Namen angeben; **to ~ a decision** *court* ein Urteil fällen; **to ~ sb the news of sth** jdm etw mitteilen; ***can you ~ me any details?*** können Sie mir irgendwelche Einzelheiten nennen?; ***she wouldn't ~ me her opinion*** sie wollte mir nicht sagen, was sie denkt; ***he couldn't ~ me a reason why ...*** er konnte mir auch nicht sagen, warum ...; ***~ him my thanks*** richten Sie ihm meinen Dank aus; ***~ her my regards*** [*or* ***my best wishes***] grüß' sie schön von mir!; *see also* **advice 1, answer I 1, information I 1, notice II 4, warning 2**
⑫ *(assign)* **to be given full sentence/life imprisonment** die Höchststrafe/lebenslang bekommen; ***the teacher gave us no exercises today*** der Lehrer hat uns heute nichts aufgegeben
⑬ *usu imper (connect with)* ***~ me the police/sales department/Mr Smith*** verbinden Sie mich bitte mit der Polizei/der Verkaufsabteilung/Mr. Smith
⑭ *(allow)* ■**to ~ sb sth** *time* jdm etw geben; ***just ~ me two more days*** geben Sie mir noch zwei Tage extra; ***I'll ~ you a day to think it over*** ich lasse dir einen Tag Bedenkzeit; ***~ yourself time to get over it*** lass' dir Zeit, um darüber hinwegzukommen; **~ or take** mehr oder weniger; ***he came at six o'clock, ~ or take a few minutes*** er kam so gegen sechs
⑮ *(predict)* **to ~ sb/sth three months/five years** *marriage, relationship* jdm/etw drei Monate/fünf Jahre geben
⑯ *(present)* **to ~ a concert** ein Konzert geben; **to ~ a speech/lecture** eine Rede/einen Vortrag halten; ***~ us a song, John*** sing uns was vor John!
⑰ *(host)* **to ~ a party/reception** eine Party/einen Empfang geben

⑱ *(utter, emit)* **to ~ a bark** bellen; **to ~ a cry/groan** aufschreien/-stöhnen; **to ~ a noise** ein Geräusch von sich *dat* geben; *see also* **laugh I 1, sigh I**
⑲ *(like best)* ***~ me PONS every time** [or **any day**]* es geht doch nichts über PONS!
⑳ *(value)* **to not ~ much** [*or* **anything**] **for sth** nicht viel auf etw *akk* geben *fam*
㉑ *(devote)* **to ~ one's life to sth** etw *dat* sein Leben widmen
㉒ *(fam: punish)* ***I'll ~ you what for, young lady, coming home at 2 o'clock in the morning!*** ich geb' dir gleich was, junge Dame – um zwei Uhr morgens nach Hause zu kommen!
㉓ *(produce)* ■**to ~ sth** *result, number* etw ergeben; **to ~ milk/light** Milch/Licht geben; **to ~ warmth** Wärme spenden
㉔ *(do)* **to ~ sb's hand a squeeze** jdm die Hand drücken; **to ~ sb a** [**dirty/friendly**] **look** jdm einen vernichtenden/freundlichen Blick zuwerfen; **to ~ a shrug** mit den Schultern [*o* Achseln] zucken
㉕ *(admit/grant)* ***she's quite brave, I'll ~ you that*** das gestehe ich dir zu – Mut hat sie; ***I'll ~ you that*** das muss man dir lassen
㉖ *(form: prone to)* ■**to be ~n to sth** zu etw *dat* neigen
㉗ *(toast)* **to ~ a toast to sb** auf jdn einen Tost ausbringen; ***I ~ you the president*** auf den Präsidenten!; *(as speaker)* das Wort hat der Präsident
▸PHRASES: **~ me a break!** jetzt mach aber mal halblang! *fam; (stop)* jetzt hör' aber auf! *fam; (don't believe)* das glaubst du doch selbst nicht! *fam;* **I don't ~ a damn** *fam* [*or fam!* **a shit**] [*or vulg* **a fuck**] das ist mir scheißegal! *derb;* **to ~ a dog a bad name** BRIT *(saying)* alte Geschichten [wieder] aufwärmen; **don't ~ me that!** komm mir doch nicht damit! *fam;* **you just have to ~ it a go** du musst es einfach versuchen! *fam*

II. INTRANSITIVE VERB

<gave, -n> ① *(donate)* ■**to ~ to sth** *charity* für etw *akk* spenden; **to ~ of one's best** sein Bestes geben; **to ~ of one's money/time** sein Geld/seine Zeit opfern; **to ~ generously** großzügig spenden; **to ~ and take** [gegenseitige] Kompromisse machen
② *(bend, yield)* *rope* reißen; *bed* federn; *knees* weich werden; ■**to ~** [**under** [*or* **with**] **sth**] *weight* [unter etw *dat*] nachgeben
③ *(collapse)* *bridge* einstürzen; *seam* platzen; ***you can't work so hard all the time, something's bound to ~*** du kannst nicht die ganze Zeit so hart arbeiten, sonst wird das irgendwann mal ganz böse ausgehen! *sl*
④ *(be at an end)* ■**sth ~s** *patience* mit etw *dat* ist es vorbei; *nerves, voice* etw versagt
⑤ *(fam: what's happening)* ***what ~s?*** was gibt's Neues?; ***what ~s here?*** was ist hier so los? *fam*
⑥ *(tell)* ***~!*** erzähl' schon! *fam*
▸PHRASES: **it is better** [*or* **more blessed**] **to ~ than to receive** *(prov)* Geben ist seliger denn Nehmen *prov;* **to ~ as good as one gets** Gleiches mit Gleichem vergelten

III. NOUN

no pl Nachgiebigkeit *f; (elasticity)* Elastizität *f; of bed* Federung *f;* **to** [**not**] **have much ~** [nicht] sehr nachgeben; *(elastic)* [nicht] sehr elastisch sein

◆**give away** *vt* ① *(offer for free)* ■**to ~ away** ○ **sth** etw verschenken; **to ~ away samples** Gratisproben verteilen
② *(at wedding)* ■**to ~ away** ○ **sb** *father of the bride* jdn zum Altar führen
③ *(fig: lose)* ■**to ~ away** ○ **sth** *victory, penalty* etw verschenken
④ *(reveal, expose)* ■**to ~ away** ○ **sth** *secret, details* etw verraten; **to ~ the game** [*or* **show**] **away** alles verraten; ■**to ~ away** ○ **sb** jdn verraten; ■**to ~ oneself away** sich *akk* verraten

◆**give back** *vt* ■**to ~ back** ○ **sth to sb,** ■**to ~ sb back** ○ **sth** jdm etw zurückgeben [*o* wiedergeben] [*o* SCHWEIZ *a.* retournieren]

◆**give in I.** *vi* ① *(cave to pressure)* nachgeben; ■**to ~ in to sth** etw *dat* nachgeben, sich *akk* etw *dat* beugen; **to ~ in to blackmail** auf Erpressung eingehen; **to ~ in to majority** sich *akk* der Mehrheit beugen; **to ~ in to temptation** der Versuchung erliegen
② *(surrender)* aufgeben
II. *vt* ① *(hand in)* ■**to ~ in** ○ **sth** *one's homework, keys* etw abgeben; **to ~ in a document** ein Dokument einreichen
② BRIT SPORT *(rule inside)* **to ~ the ball in** den Ball gut geben

◆**give off** *vt* ■**to ~ off sth** etw abgeben; *smell, smoke* etw ausströmen; **to ~ off heat** Wärme abgeben; ***the walls gave off a strong smell of fresh paint*** die Wände rochen stark nach frischer Farbe

◆**give on to, give onto** *vi* ■**to ~ on to** [*or* **onto**] **sth** *doors, steps* auf etw *akk* hinausführen; *window* auf etw *akk* hinausgehen

◆**give out I.** *vi* ① *(run out) food, supplies* ausgehen; *energy* zu Ende gehen; ***then her patience gave out*** dann war es mit ihrer Geduld vorbei
② *(stop working)* *machines* versagen; ***my voice gave out*** mir versagte die Stimme; ***my clutch has ~n out*** meine Kupplung funktioniert nicht mehr
II. *vt* ① *(distribute)* ■**to ~ out** ○ **sth to sb** *food, leaflats* etw an jdn verteilen; *pencils, books* etw an jdn austeilen
② *(announce)* ■**to ~ out** ○ **sth** etw verkünden [*o* bekanntgeben]
③ *(pretend)* ■**to ~ oneself out as sth** [*or* **to be sth**] sich *akk* als etw *akk* ausgeben
④ *(emit)* ■**to ~ out sth** *noise* etw von sich *dat* geben
⑤ BRIT SPORT *(rule out)* **to ~ the ball out** den Ball Aus geben

◆**give over I.** *vt* ① *(set aside)* ■**to be given over to sth** für etw *akk* beansprucht werden; *(devoted)* etw *dat* gewidmet sein/werden; ■**to ~ oneself over to sth** sich *akk* etw ganz hingeben
② *(hand over)* ■**to ~ over** ○ **sth to sb** jdm etw übergeben
③ *(abandon)* ■**to ~ over** ○ **sth to sb** jdm etw überlassen; ■**to ~ over** ○ **sb to sb** jdn jdm ausliefern
II. *vi* BRIT ① *(fam: stop)* aufhören; [***do***] ***~ over!*** jetzt hör' doch auf! *fam;* ■**to ~ over doing sth** aufhören, etw zu tun
② *(fam: disbelief)* ***they've doubled your salary? ~ over!*** sie haben wirklich dein Gehalt verdoppelt?!

◆**give up I.** *vi* aufgeben, resignieren *geh*
II. *vt* ① *(quit)* ■**to ~ up** ○ **sth** etw aufgeben; ■**to ~ up doing sth** *smoking, drinking* mit etw *dat* aufhören; **to ~ up a habit** eine Gewohnheit ablegen; ***his girlfriend has given him up*** seine Freundin hat ihn fallengelassen; ***he would have ~n up everything for her*** für sie hätte er alles aufgegeben
② *(surrender)* ■**to ~ up** ○ **sth to sb** *place, seat* jdm etw überlassen; *territory* etw an jdn abtreten; **to ~ oneself up** [**to the police**] sich *akk* [der Polizei] stellen
③ *(devote)* ■**to ~ oneself up to sth** sich *akk* etw *dat* hingeben; ***after her death he gave himself up to grief*** nach ihrem Tod verfiel er dem Schmerz; **to ~ up** ○ **one's life to sth/doing sth** sein Leben etw *dat* verschreiben *geh*
④ *(consider lost)* ■**to ~ sb up** jdn aufgeben *fam;* **to ~ up sb/sth as a bad job** jdn/etw abschreiben *fam;* **to ~ sb up for dead** jdn für tot halten; **to ~ sb/sth up as lost** jdn/etw verloren glauben

give-and-'take *n no pl* ① *(compromise)* Geben und Nehmen *nt*
② AM *(debate)* Meinungsaustausch *m;* **to enter into a ~** eine Diskussion beginnen

'give·away I. *n* ① *no pl (fam: telltale)* **to be a dead ~** alles verraten
② *(freebie)* Werbegeschenk *nt,* SCHWEIZ *a.* Giveaway *nt;* **to get a ~** ein Geschenk bekommen
II. *adj* ① *(low)* **~ price** Schleuderpreis *m*
② *(free)* kostenlos; **~ newspaper** Gratiszeitung *f*

giv·en [ˈgɪvᵊn] **I.** *n* ■**to be ~s/a ~** selbstverständlich sein; **to take sth as a ~** etw als gegeben annehmen
II. *adj inv* ① *(certain)* gegeben
② *(specified)* festgelegt; ***at any ~ time and in any ~ place*** jederzeit und überall
③ *(tend)* ■**to be ~ to sth** zu etw *akk* neigen; **to be ~ to anger** sich leicht ärgern; ■**to be ~ to doing sth** [daran] gewöhnt sein, etw zu tun
④ MATH vorausgesetzt; **~ error** vorgegebene Abweichung, vorgegebener Fehler
III. *pp of* **give**
IV. *prep* ■**~ sth** angesichts einer S. *gen geh;* ***given his age, he's a remarkably fast runner*** für sein Alter läuft er ausgesprochen schnell; **~ the fact that ...** angesichts der Tatsache, dass ... *geh*

'giv·en name *n* Vorname *m*

giv·er [ˈgɪvəʳ, AM -ɚ] *n* Spender(in) *m(f);* **~ of blood/organs** Blut-/Organspender(in) *m(f)*

giz·mo [ˈgɪzməʊ, AM -moʊ] *n (fam)* Ding *nt fam;* ***do you understand how these electronic ~s function?*** verstehst du, wie diese elektronischen Dinger funktionieren?

giz·zard [ˈgɪzəd, AM ɚd] *n* ① *(a bird's stomach)* Muskelmagen *m*
② *(fam: sb's stomach or throat)* oberer Speisetrakt; **to stick in sb's ~** *(fig)* jdm [schwer] im Magen liegen *fig*

gla·cé [ˈglæseɪ, AM glæsˈeɪ], AM *also* **gla·céed** [glæsˈeɪd] *adj attr, inv* **~ fruit** kandierte Früchte

gla·cial [ˈgleɪsiəl, AM ˈgleɪʃəl] *adj inv* ① *(left by glacier)* **~ deposits** glaziale Ablagerungen; **~ lake** Gletschersee *m*
② *(freezing)* eisig; **~ wind** eiskalter Wind
③ *(hostile)* feindlich; ***she gave me a ~ stare*** sie warf mir einen eisigen Blick zu

'gla·cial epoch, 'gla·cial pe·ri·od *n* Eiszeit *f*

gla·ci·at·ed [ˈgleɪsieɪtɪd, AM ˈgleɪʃieɪt̬ɪd] *adj* GEOL ① *(covered with glaciers) peak* vergletschert
② *(shaped by glaciers) valley* durch Gletscher entstanden

gla·cia·tion [ˌgleɪsiˈeɪʃᵊn, ˌglæs-, AM ˌgleɪʃiˈ-] *n* Eiszeit *f*

glaci·er [ˈglæsiəʳ, AM ˈgleɪʃɚ] *n* Gletscher *m*

glad <-dd-> [glæd] *adj* ① *(happy)* glücklich; ***we were ~ about her success*** wir freuten uns über ihren Erfolg; ***I'd be** [**only too**] **~ to help you*** es freut mich, dass ich dir helfen kann; ■**to be ~ for sb** sich *akk* für jdn freuen; ■**to be ~ of sth** über etw *akk* glücklich sein; ■**to be ~** [**that**] ... froh sein, dass ...
② *(grateful)* dankbar; **~ and relieved** froh und erleichtert

glad·den [ˈglædᵊn] *vt (form)* ■**to ~ sb** jdn erfreuen; ***the news ~ed his heart*** die Nachricht stimmte sein Herz froh

glade [gleɪd] *n (esp liter)* Lichtung *f*

'glad eye *n (dated sl)* ▸PHRASES: **to give sb the ~** jdm schöne Augen machen **'glad hand** *(fam)* **I.** *n* ■**the ~** Einschmeicheln *nt kein pl;* ***the politician gave everyone the ~*** der Politiker begrüßte jeden äußerst überschwänglich **II.** *vi* sich *akk* einschmeicheln **glad-'hand·ing** *n no pl (fam)* Einschmeicheln *nt*

gladia·tor [ˈglædieɪtəʳ, AM -t̬ɚ] *n* Gladiator *m*

gladia·to·rial [ˌglædiəˈtɔːriəl] *adj inv* Gladiatoren-; **~ combat** Gladiatorenkampf *m*

gladio·la [ˌglædiˈəʊlə, AM -ˈoʊlə] *n esp* AM *(gladiolus)* Gladiole *f*

gladio·lus <*pl* -es *or* -li> [ˌglædiˈəʊləs, AM -ˈoʊləs, *pl* -ˈəʊlaɪ] *n* Gladiole *f*

glad·ly [ˈglædli] *adv* gerne

glad·ness [ˈglædnəs] *n no pl* Freude *f;* **to do sth with ~** etw gerne machen

'glad rags *npl (hum)* Sonntagsstaat *m hum;* **to put on one's ~** sich *akk* in Schale werfen *fam* **glad 'tid·ings** *n no pl (old or hum)* **to give sb ~/the ~** jdm gute Nachrichten/die guten Nachrichten überbringen

glam [glæm] *esp* BRIT **I.** *adj (fam) short for* **glamorous** bezaubernd, betörend; **to look ~** bezaubernd aussehen
II. *n no pl (fam) short for* **glamour** Glamour *m*
III. *vt* ■**to ~ oneself up** sich *akk* zurechtmachen
IV. *vi* ■**to ~ up** sich *akk* zurechtmachen

glam·or *n no pl* AM *see* **glamour**
glam·or·ize ['glæmᵊraɪz, AM -əraɪz] *vt* ■**to ~ sth** etw verherrlichen
glam·or·ous ['glæmᵊrəs] *adj outfit, clothes* glamourös
glam·or·ous·ly ['glæmᵊrəsli] *adv* glamourös
glam·or·ous·ness ['glæmᵊrəsnəs] *n no pl* Glanz *m*
glam·our, AM **glam·or** ['glæmər, AM -ɚ] *n no pl* Zauber *m;* ***the ~ of a theatre première*** der Glanz einer Theaterpremiere
'glam·our boy *n* Schönling *m,* Beau *m geh* **'glam·our girl** *n* Glamourgirl *nt fam* **glam·our·puss** ['glæməpʊs, AM -mɚ-] *n (dated)* Glamourgirl *nt fam* **'glam·our stocks** *n* STOCKEX *stark gefragte Aktien mit spekulativem Charakter*
glam 'rock *n no pl* Glamrock *m*
glance [glɑːn(t)s, AM glæn(t)s] **I.** *n* Blick *m;* **to take** [*or* **cast**] **a ~ at one's watch** auf die Uhr schauen; **at first ~** auf den ersten Blick; **a meaningful/knowing ~** ein bedeutender/wissender Blick; **to exchange ~s** Blicke austauschen; **to give sth a ~** [*or* **to have a ~ at sth**] etw flüchtig anblicken; **to see at a ~** mit einem Blick erfassen
II. *vi* ① *(look)* **to ~ over** [*or* **through**] **a letter** einen Brief überfliegen; ■**to ~ at sth** *watch* auf etw *akk* schauen; ■**to ~ around** [*or* **round**] **sth** einen Blick in etw *akk* werfen; **to ~ around a room** sich *akk* in einem Zimmer umschauen; ■**to ~ up** [**from sth**] [von etw *dat*] aufblicken
② *(shine)* ***the sunshine ~d off her sunglasses and into my eyes*** das Sonnenlicht wurde von ihrer Sonnenbrille reflektiert und blendete mich
◆**glance off** *vi* abprallen; ***the bullets ~d off the car*** die Kugeln prallten vom Auto ab
glanc·ing ['glɑːn(t)sɪŋ, AM 'glæn(t)s-] *adj attr, inv* streifend; ***he received a ~ blow on his head*** der Schlag streifte ihn am Kopf
gland¹ [glænd] *n* Drüse *f*
gland² [glænd] *n* TECH Stopfbüchse *f,* Stopfbuchse *f*
glan·du·lar ['glændjʊlər, AM -dʒəlɚ] *adj* Drüsen-; **~ problems** Drüsenprobleme
glan·du·lar 'fe·ver *n no pl* Drüsenfieber *nt* **glan·du·lar se·'cre·tion** *n* Drüsenabsonderung *f*
glare [gleər, AM gler] **I.** *n* ① *(stare)* wütender Blick; **to give sb a ~** jdn wütend anfunkeln
② *no pl (light)* grelles Licht; ***I was dazzled by the ~ of the oncoming headlights*** ich wurde durch die entgegenkommenden Scheinwerfer geblendet; **~ of the sun** grelles Sonnenlicht; **to give off ~** Strahlung abgeben
③ *no pl (public view)* **to be in the** [**full**]**/in a ~ of publicity** im [vollen] Scheinwerferlicht der Öffentlichkeit stehen
II. *vi* ① *(stare)* ■**to ~** [**at sb**] [jdn an]starren
② *(shine)* blenden; ***the sun is glaring in my eyes*** die Sonne blendet mich in den Augen; ***the car lights ~d out*** die Autoscheinwerfer blendeten
III. *vt* **to ~ defiance** [**at sb/sth**] jdn/etw trotzig anstarren
glar·ing ['gleərɪŋ, AM 'gler-] *adj* ① *(staring)* **~ eyes** stechender Blick
② *(blinding) sun* blendend; *light* grell
③ *(obvious) mistake, error* eklatant; **~ weakness** krasse Schwäche; **~ injustice** himmelschreiende Ungerechtigkeit
glar·ing·ly ['gleərɪŋli, AM 'gler-] *adv* offensichtlich; ***that's ~ obvious*** das liegt ganz klar auf der Hand
glas·nost ['glæznɒst, AM nɑːst] *n no pl* POL Glasnost *f*
glass [glɑːs, AM glæs] **I.** *n* ① *no pl (material)* Glas *nt;* **pane of ~** Glasscheibe *f;* **broken ~** Glasscherben *pl;* **coloured ~** Buntglas *nt;* **under ~** im Gewächshaus
② *(glassware)* Glas *nt,* Glaswaren *pl*
③ *(receptacle)* Trinkglas *nt;* **straight ~** Glas *nt* ohne Henkel; **to raise one's ~** sein Glas zum Toast erheben
④ *(drink)* Glas *nt;* **a ~ of water/wine** ein Glas *nt* Wasser/Wein
⑤ *pl (spectacles)* [**pair of**] **~es** Brille *f*
⑥ *(binoculars)* ■**~es** *pl* Fernglas *nt*
⑦ *(dated: mirror)* Spiegel *m*
⑧ *(dated: barometer)* ■**the ~** das Barometer; **the falling/rising ~** das fallende/steigende Barometer
II. *n modifier* Glas-; **~ vase** Glasvase *f*
▸PHRASES: **people who live in ~ houses shouldn't throw stones** *(prov)* wer im Glashaus sitzt, sollte nicht mit Steinen werfen *prov*
III. *vt* BRIT *(fam)* ■**to ~ sb** jdn mit Glas schlagen
◆**glass in** *vt* ■**to ~ in** ○ **sth** etw verglasen
◆**glass over** *vt* ■**to ~ over** ○ **sth** etw einglasen
'glass-blow·er *n* Glasbläser(in) *m(f)* **'glass break·age** *n (insurance)* Bruchschaden *m;* **~ insurance** Glasbruchversicherung *f* **glass 'ceil·ing** *n* ▸PHRASES: **to hit a ~** an die Grenzen stoßen **'glass-cut·ter** *n* Glasschneider *m* **glass 'cyl·in·der** *n* CHEM Standzylinder *m* **glass 'eye** *n* Glasauge *nt* **glass 'fi·bre** *n* ① *no pl (fibreglass)* Glasfasern *pl* ② *(filament)* Glasfaser *f*
'glass·ful *n* Glas *nt* voll; **a ~ of orange juice** ein Glas *nt* voll Orangensaft
'glass·house *n* Gewächshaus *nt* **'glass in·sur·ance** *n no pl* Glasversicherung *f* **glass 'jar** *n* CHEM Glasgefäß *nt* **glass 'sand** *n no pl* Quarzsand *m* **glass 'stop·per** *n* CHEM Glasstopfen *m*
'glass·ware *n no pl* Glaswaren *pl*
'glass·works *n + sing/pl vb* Glasfabrik *f*
glassy ['glɑːsi, AM 'glæsi] *adj* ① *(liter: smooth) surface* spiegelglatt
② *(fixed)* **~ eyes** glasige Augen
Glas·we·gian [glæz'wiːdʒᵊn, AM glæs'-] **I.** *n* ① *(person)* Glasgower(in) *m(f)*
② *no pl (accent)* Glasgower Dialekt
II. *adj inv* aus Glasgow *nach n;* ■**to be ~** aus Glasgow kommen
glau·co·ma [glɔː'kəʊmə, AM glɑː'koʊ-] *n no pl* grüner Star, Glaukom *nt fachspr;* **to have ~** an grünem Star leiden
glau·cous ['glɔːkəs, AM 'glɑː-] *adj* ① *(greenish-blue)* blaugrün
② BOT mit weißlichem Film überzogen
glaze [gleɪz] **I.** *n on cake, pottery* Glasur *f*
II. *vt* ① *(make shiny)* **to ~ a cake** einen Kuchen glasieren; **to ~ paper** Papier satinieren
② *(fit with glass)* **to ~ windows** Fenster verglasen
◆**glaze in** *vt* **to ~ in** ○ **windows** Fenster verglasen
◆**glaze over** *vi eyes* glasig werden
glazed [gleɪzd] *adj* ① *(shiny)* glänzend; **~ finish** Glanzappretur *f*
② *(fitted with glass) doors* verglast
③ *(dull) expression, look* glasig
④ FOOD *(coated in glazed sugar)* glasiert
glaz·er ['gleɪzər, AM -ɚ] *n* Glasierer(in) *m(f)*
gla·zi·er ['gleɪziər, AM gleɪʒɚ] *n* Glaser(in) *m(f)*
glaz·ing ['gleɪzɪŋ] *n no pl* Verglasung *f*
GLC [ˌdʒiːel'siː] *n no pl, + sing/pl vb* BRIT *(hist) abbrev of* **Greater London Council** *ehemaliger Verwaltungsbezirk von London und Umgebung*
gleam [gliːm] **I.** *n* ① *(light)* Schimmer *m*
② *(sign)* Schimmer *m;* **~ of hope** Hoffnungsschimmer *m;* **~ of interest/pride** Zeichen *nt* von Interesse/Stolz
II. *vi light* schimmern; **to ~ with pleasure** vor Freude strahlen
gleam·ing ['gliːmɪŋ] *adj* glänzend, funkelnd
glean [gliːn] *vt* ■**to ~ sth** [**from sb**] etw [von jdm] in Erfahrung bringen; ***from what I was able to ~, the news isn't good*** ausgehend von dem, was ich in Erfahrung bringen konnte, sind die Neuigkeiten nicht gut
glean·er ['gliːnər, AM ɚ] *n* Ährenleser(in) *m(f); (also fig)* Nachleser(in) *m(f) a. fig*
glean·ing ['gliːnɪŋ] *n no pl* HIST Ährenlesen *nt; (also fig)* Nachlesen *nt a. fig*
glean·ings ['gliːnɪŋz] *npl (information)* Nachrichten *pl; (fig)* Ausbeute *f*
glebe [gliːb] *n* HIST Pfarrland *nt*
glee [gliː] *n no pl* Entzücken *nt;* **shouts of ~** Schreie des Entzückens; **to do sth with** [*or* **in**] **~** etw mit Freude machen
'glee club *n* Gesangsverein *m*
glee·ful ['gliːfᵊl] *adj* ausgelassen; **~ smile** fröhliches Lächeln
glee·ful·ly ['gliːfᵊli] *adv* ausgelassen; **to smile ~** ausgelassen lächeln
glen [glen] *n* Schlucht *f*
glib <-bb-> [glɪb] *adj* ① *(hypocritical) person* heuchlerisch *pej,* aalglatt; **a ~ answer** eine unbedachte Antwort; ■**to be ~** ein Heuchler *m*/eine Heuchlerin sein
② *(facile) person* zungenfertig; ■**it's ~ to do sth** es ist einfach, etw zu tun; ***it's just too ~ to blame crime on unemployment*** es ist zu einfach, die Verbrechensrate auf die Arbeitslosigkeit zurückzuführen
glib·ly ['glɪbli] *adv* heuchlerisch *pej; assume, talk* leichtfertig; **to reply ~** vorschnell antworten
glib·ness ['glɪbnəs] *n no pl* Heuchelei *f*
glide [glaɪd] **I.** *vi* ① *(move smoothly)* ■**to ~ somewhere** irgendwo hingleiten; ***she ~d*** [***gracefully***] ***into the ballroom*** sie schwebte [graziös] in den Tanzsaal
② *(fly)* gleiten, im Gleitflug fliegen; **to take sb gliding** mit jdm Segelfliegen gehen
③ *(experience)* **to ~ through life** durch das Leben schreiten
II. *n* Gleiten *nt kein pl;* **with a ~** mit einer Gleitbewegung
glid·er ['glaɪdər, AM -ɚ] *n* ① *(plane)* Segelflugzeug *nt*
② AM *(chair)* Hollywoodschaukel *f*
'glid·er pi·lot *n* Segelflieger(in) *m(f)*
glid·ing ['glaɪdɪŋ] *n no pl* Segelfliegen *nt*
'glid·ing club *n* Segelflugverein *m*
glim·mer ['glɪmər, AM -ɚ] **I.** *vi* ① *(shine) light* schimmern
② *(show)* schimmern; ■**to ~ through** durchschimmern
II. *n* ① *(light)* Schimmer *m kein pl;* **~ of light** Lichtschimmer *m*
② *(sign)* Schimmer *m kein pl;* **~ of hope** Hoffnungsschimmer *m;* **~ of interest** Funken *m* des Interesses; **~ of light** Lichtschimmer *m*
glim·mer·ing ['glɪmᵊrɪŋ, AM -ɚɪŋ] *n see* **glimmer II**
glimpse [glɪm(p)s] **I.** *vt* ■**to ~ sb/sth** jdn/etw flüchtig sehen; ***signs that the economy is improving are beginning to be ~d*** Anzeichen für eine Verbesserung der Wirtschaftslage beginnen sich abzuzeichnen
II. *n* [kurzer/flüchtiger] Blick; **to catch a ~ of sb** von jdm einen flüchtigen Blick erhaschen; **to catch a ~ of sb's life** einen kurzen Einblick in jds Leben bekommen
glint [glɪnt] **I.** *vi* ① *(shine) diamond, stream* glitzern
② *(sparkle) eyes* glitzern; ***his eyes ~ed with excitement*** seine Augen funkelten vor Begeisterung
II. *n of gold, eyes* Glitzern *nt*
glis·sade [glɪ'sɑːd] *n* ① *(in ballet)* Schleifschritt *m,* Glissade *f fachspr*
② *(in climbing)* Abfahrt *f,* Rutschpartie *f*
glis·san·do [glɪ'sændəʊ, AM -'sɑːndoʊ] *n* MUS Glissando *nt fachspr*
glis·ten ['glɪsᵊn] *vi* glitzern, glänzen; ***fry the onions in the olive oil until they ~*** die Zwiebeln in Olivenöl glasig anbraten; ***his eyes ~ed*** seine Augen wurden feucht
glitch [glɪtʃ] *n* ① *(fam: fault)* Fehler *m;* **computer ~** Computerstörung *f*
② *(setback)* Verzögerung *f*
③ ELEC *(surge)* Spannungsspitze *f*
glit·ter ['glɪtər, AM -t̬ɚ] **I.** *vi* ① *(shine) diamond* glitzern, strahlen
② *(sparkle) eyes* funkeln; ***his dark eyes ~ed*** [***with anger***] seine dunklen Augen sprühten vor Zorn
▸PHRASES: **all that ~s is not gold** *(prov)* es ist nicht alles Gold, was glänzt *prov*
II. *n no pl* ① *(sparkling) of sea, fireworks* Glitzern *nt; of eyes* Funkeln *nt,* Strahlen *nt*
② *(appeal)* Prunk *m*
③ *(decoration)* Glitter *m,* SCHWEIZ *a.* Glimmer *m*
glit·tera·ti [ˌglɪtə'rɑːtiː, AM -t̬ɑːt̬i] *npl* ■**the ~** die Reichen und Berühmten
glit·ter·ing ['glɪtᵊrɪŋ, AM -t̬ɚ-] *adj* ① *(sparkling) skyline* glitzernd

② *(impressive)* **a ~ career** eine glanzvolle Karriere ③ *(appealing)* prächtig

glit·tery ['glɪtᵊri, AM -t̬ᵊri] *adj* glitzernd

glitz [glɪts] *n no pl* Glanz *m*

'glitzed-out *adj attr, inv* aufgedonnert, schmuckbehängt

glitzy ['glɪtsi] *adj party* glanzvoll; ~ **car** protziges Auto *fam*

gloam·ing ['gləʊmɪŋ] *n no pl* SCOT *(liter)* ■**the ~** die Abenddämmerung

gloat [gləʊt, AM gloʊt] **I.** *vi* ① *(boast)* angeben, protzen *fam;* ■**to ~ over** [*or* **about**] **sth** mit etw *dat* angeben; ■**to ~ that ...** sich *akk* damit brüsten, dass ...
② *(dwell on)* sich hämisch freuen; ■**to ~ over sth** sich *akk* an etw *dat* weiden; **to ~ over sb's misfortune** sich *akk* an jds Unglück weiden
II. *n* Schadenfreude *f*

gloat·ing·ly ['gləʊtɪŋli, AM 'gloʊt-] *adv* schadenfroh

glob [glɒb, AM glɑːb] *n (fam)* Klumpen *m,* Patzen *m* ÖSTERR, SÜDD *fam;* ***a ~ of chewing gum*** ein Klumpen *m* Kaugummi; **a ~ of honey/cream** ein Klecks *m* [*o* SCHWEIZ Tupfen *m*] Honig/Sahne [*o* ÖSTERR Obers] [*o* SCHWEIZ Rahm] *fam*

glob·al ['gləʊbᵊl, AM 'gloʊ-] *adj* ① *(worldwide)* global; ~ **catastrophe** weltweite Katastrophe; **to go ~** *(fam)* auf den Weltmarkt vorstoßen, weltweit Bedeutung erlangen
② *(complete)* umfassend; **to give a ~ picture of sth** ein umfassendes Bild von etw *dat* abgeben

glob·al a'naly·sis *n* Globalanalyse *f* **glob·al 'capi·tal·ism** *n no pl* globale Marktwirtschaft **glob·al cer·'tifi·cate** *n* FIN Sammelurkunde *f* **glob·al de·'mand** *n no pl* COMM Weltnachfrage *f* **glob·al e'cono·my** *n* Weltwirtschaft *f,* Weltkonjunktur *f*

glob·al·ism ['gləʊbᵊlɪzᵊm, AM 'gloʊ-] *n no pl* Globalismus *m*

glob·al·ist ['gləʊbᵊlɪst, AM 'gloʊ-] **I.** *n* Globalist(in) *m(f)*
II. *adj* globalistisch

glob·ali·za·tion [ˌgləʊbᵊlaɪ'zeɪʃᵊn, AM ˌgloʊbᵊlɪ'-] *n no pl* Globalisierung *f*

glob·al·ize ['gləʊbᵊlaɪz, AM 'gloʊbəl-] **I.** *vt* ■**to ~ sth** etw globalisieren; ***satellite broadcasting is helping to ~ television*** die Satellitenübertragung ermöglicht eine Globalisierung des Fernsehens
II. *vi* weltweit ausgerichtet sein

glob·al·ly ['gləʊbᵊli, AM 'gloʊ-] *adv* ① *(worldwide)* global
② *(generally)* allgemein

glob·al 'play·er *n* COMM Global Player *m* **glob·al 'poli·cy** *n (insurance)* Mantelpolice *f* **glob·al sa·tis·'fac·tion** *n* COMM Globalzufriedenheit *f* **glob·al 'search** *n* COMPUT allgemeine Suche; **to do a ~** im gesamten Dokument suchen **glob·al 'stock mar·ket** *n* STOCKEX Weltbörse *f* **glob·al 'vil·lage** *n* ■**the ~** das Weltdorf **glob·al 'warm·ing** *n no pl* Erwärmung *f* der Erdatmosphäre; **to limit ~** die Erwärmung der Erdatmosphäre eindämmen

globe [gləʊb, AM gloʊb] *n* ① *(Earth)* ■**the ~** die Erde; **to circle the ~** die Welt umreisen
② *(map)* Globus *m;* **to spin the ~** den Globus drehen
③ *(sphere)* Kugel *f;* **glass ~** Glaskugel *f*
④ AUS *(bulb)* Glühbirne *f*

globe 'ar·ti·choke *n* Artischocke *f*

globe mi·cell(e) [-mɪ'sel] *n* CHEM Kugelmizelle *f*

'globe·trot·ter *n* Globetrotter(in) *m(f)* **'globe·trot·ting I.** *n no pl* Globetrotten *nt* **II.** *adj attr, inv* weltreisend; ~ **business people** Geschäftsreisende *pl*

glo·bo·cop ['gləʊbəʊkɒp, AM 'gloʊboʊkɑːp] *n* Weltpolizist(in) *m(f);* ■**~s** *pl* Weltpolizei *f*

globu·lar ['glɒbjʊləʳ, AM 'glɑːbjələ˞] *adj shape* kugelförmig

globu·lar 'clus·ter *n* ASTRON Kugel[stern]haufen *m*

glob·ule ['glɒbjuːl, AM 'glɑːb-] *n* Kügelchen *nt*

glock·en·spiel ['glɒkᵊnʃpiːl, AM 'glɑːkᵊnspiːl] *n* MUS Glockenspiel *nt*

GloFish® <*pl* -> ['gləʊfɪʃ, AM 'gloʊ-] *n* GloFish® *m,* Glühfisch *m (genmanipulierter, rot fluoreszierender Aquariumfisch)*

gloom [gluːm] **I.** *n no pl* ① *(depression)* Hoffnungslosigkeit *f;* ~ **and despondency** Resignation *f geh;* **to express one's ~ about sth** seine Niedergeschlagenheit über etw *akk* zum Ausdruck bringen
② *(darkness)* Düsterheit *f;* ***a figure emerged from the ~ of the corridor*** aus dem Dunkel des Flures tauchte eine Figur auf
II. *vi* ■**to ~ about sth** über etw *akk* resigniert sein

gloomi·ly ['gluːmɪli] *adv* düster

gloomi·ness ['gluːmɪnəs] *n no pl* ① *(depression)* Hoffnungslosigkeit *f*
② *(darkness)* Düsterheit *f;* ***the ~ of the weather is driving me nuts*** dieses düstere Wetter treibt mich zum Wahnsinn *fam*

gloomy ['gluːmi] *adj* ① *(dismal)* trostlos; ~ **thoughts** trübe Gedanken; ■**to be ~ about** [*or* **over**] **sth** für etw *akk* schwarzsehen *fam*
② *(dark) weather, room* düster; **to turn ~** trüb werden

gloopy ['gluːpi] *adj (pej fam) paint, lipstick* schmierig

glop [glɑːp] *n no pl esp* AM *(pej fam)* [zähe] Masse

glo·ri·fi·ca·tion [ˌglɔːrɪfɪ'keɪʃᵊn, AM -rəfə'-] *n no pl* ① *(honouring)* Lobpreisung *f poet*
② *(make more splendid)* Glorifizierung *f,* Verherrlichung *f*

glo·ri·fied ['glɔːrɪfaɪd, AM -rə-] *adj attr, inv (usu pej)* ***that bistro is actually just a ~ bar*** dieses Bistro ist eigentlich nur eine bessere Bar; ***my computer is a kind of ~ typewriter*** mein Computer ist nur eine bessere Schreibmaschine

glo·ri·fy <-ie-> ['glɔːrɪfaɪ, AM -rə-] *vt* ① *(make seem better)* ■**to ~ sth** *the past, war* etw verherrlichen [*o* glorifizieren]
② *(honour)* ■**to ~ sb** jdn ehren; ***a statue was erected to ~ the country's national heroes*** zu Ehren der Nationalhelden wurde eine Statue errichtet; **to ~ Allah/God** REL Allah/Gott [lob]preisen

glo·ri·ous ['glɔːriəs] *adj* ① *(honourable, illustrious) victory* glorreich, SCHWEIZ *a.* glorios *hum; person* ruhmvoll
② *(splendid)* prachtvoll, prächtig; *day, weather* herrlich; *(iron: dreadful)* schön *iron*

glo·ri·ous·ly ['glɔːriəsli] *adv* ① *(honourably)* ruhmvoll, ehrenvoll
② *(splendidly)* herrlich, wunderbar

Glo·ri·ous Revo·'lu·tion *n no pl* BRIT HIST ■**the ~** die Glorreiche Revolution

glo·ry ['glɔːri] **I.** *n* ① *no pl (honour)* Ruhm *m;* ***in the days of its ~, this city was the world's cultural centre*** in ihrer Blütezeit war diese Stadt das kulturelle Zentrum der Welt; ***he didn't exactly cover himself in*** [*or* ***with***] **~** er hat sich nicht gerade mit Ruhm bekleckert *iron fam;* **in a blaze of ~** ruhmvoll, glanzvoll; **to bask** [*or* **bathe**] **in reflected ~** sich *akk* in unverdientem Ruhm sonnen *geh;* **to deserve/get all the ~ for sth** die ganzen Lorbeeren für etw *akk* verdienen/ernten
② *(splendour)* Herrlichkeit *f,* Pracht *f;* ***the museum houses many of the artistic glories of the ancient world*** das Museum beherbergt viele der Kunstschätze des Altertums; ***how long will it take to restore the castle to its former ~?*** wie lange wird es dauern, der Burg wieder zu ihrer alten Pracht zu verhelfen?
③ *(attracting honour)* ruhmreiche Tat; *(achievement)* Glanzleistung *f;* ***this pupil is the school's ~*** dieser Schüler ist der Stolz der Schule; **past glories** vergangene Ruhmestaten; *of soldiers* vergangene Heldentaten
④ *no pl* REL *(praise)* Ehre *f;* ***~ to God in the highest*** Ehre sei Gott in der Höhe
⑤ *no pl (heaven)* Himmel *m,* Himmelreich *nt;* ■**to be in ~** im Himmel sein; **to go to ~** *(euph)* sterben, ins ewige Reich eingehen *euph*
▸PHRASES: **~ be!** Gott [*o* dem Himmel] sei Dank!
II. *vi* <-ie-> ■**to ~ in** [**doing**] **sth** etw genießen; ***she's always gloried in the fact that she's better qualified than her sister*** sie hat sich immer gerühmt, eine bessere Ausbildung zu haben als ihre Schwester; ***my sister glories in pointing out my failings*** meine Schwester kostet es richtig aus, meine Fehler hervorzuheben; **to ~ in one's success** sich *akk* in seinem Erfolg sonnen [*o* baden]

'glo·ry box *n* AUS, NZ Aussteuertruhe *f* **'glo·ry days** *npl* ruhmreiche Tage **'glo·ry hole** *n (fam)* Rumpelkammer *f fam*

Glos BRIT *abbrev of* **Gloucestershire**

gloss¹ [glɒs, AM glɑːs] **I.** *n no pl* ① *(shine)* Glanz *m;* ***her hair has a beautiful ~ to it*** ihr Haar glänzt wunderschön; **high ~** Hochglanz *m;* **in ~ or matt** *photos* glänzend oder matt; *(fig)* **to put a ~ on sth** etw [besonders] hervorheben; **to take the ~ off sth** einer S. *dat* den Glanz nehmen *geh*
② *(paint)* Glanzlack *m*
③ *(cosmetic)* **lip ~** Lipgloss *nt*
II. *n modifier* Glanz-; **a ~ finish** ein Glanzanstrich *m;* ~ **paint** Glanzlack *m;* ~ **photos** Glanzfotos *pl*
◆**gloss over** *vt* ■**to ~ over** ○ **sth** ① *(deal with quickly)* etw flüchtig abhandeln
② *(conceal)* etw überdecken [*o fam* unter den Teppich kehren]

gloss² [glɒs, AM glɑːs] **I.** *n* <*pl* -es> Anmerkung *f,* [erklärender] Kommentar; LING Glosse *f fachspr*
II. *vt* ■**to ~ sth** etw kommentieren

glos·sa·ry ['glɒsᵊri, AM 'glɑːs-] *n* Glossar *nt*

glossi·ly ['glɒsɪli, AM 'glɑːs-] *adv* glänzend

glossi·ness ['glɒsɪnəs, AM 'glɑːs-] *n no pl* Glanz *m*

glossy ['glɒsi, AM 'glɑːsi] **I.** *adj* ① *(shiny)* glänzend; ~ **brochure** TYPO [Hoch]glanzbroschüre *f;* ~ **magazine** BRIT TYPO Hochglanzmagazin *nt;* ~ **paper** [Hoch]glanzpapier *nt*
② *(also pej: superficially attractive)* glänzend
II. *n* ① AM, AUS *(picture)* [Hoch]glanzabzug *m*
② *(magazine)* Hochglanzmagazin *nt*

glot·tal ['glɒtᵊl, AM 'glɑːt̬əl] *adj inv* glottal, Stimmritzen-

'glot·tal stop *n* LING Knacklaut *m,* Glottisverschlusslaut *m fachspr*

glot·tis <*pl* -es> ['glɒtɪs, AM 'glɑːt̬ɪs] *n* ANAT Glottis *f*

glove [glʌv] **I.** *n usu pl* Handschuh *m;* **leather/rubber/woollen ~s** Leder-/Gummi-/Wollhandschuhe *pl;* **a pair of ~s** ein Paar *nt* Handschuhe; **to fit like a ~** wie angegossen passen; **to do sth with the ~s off** *(fig)* etw schonungslos tun; ***we need to deal with vandals with the ~s off*** wir müssen gegen die Rowdies mit härteren Bandagen vorgehen
▸PHRASES: **to work hand in ~ with sb** mit jdm Hand in Hand arbeiten
II. *n modifier (department, manufacturer)* Handschuh-
III. *vt* ① AM *(dress in gloves)* **to ~ one's hands** sich *dat* Handschuhe anziehen
② SPORT *(in baseball)* **to ~ the ball** *(catch)* den Ball fangen; *(in cricket)* den Ball abfälschen

'glove box *n* ① AUTO Handschuhfach *nt* ② TECH Handschuhkasten *m* **'glove com·part·ment** *n* Handschuhfach *nt*

gloved [glʌvd] *adj attr, inv hands* behandschuht; *person* mit Handschuhen *nach n*

'glove pup·pet *n* Handpuppe *f,* SCHWEIZ *a.* Kasperlifigur *f*

glov·er ['glʌvəʳ, AM -ə˞] *n* Handschuhmacher(in) *m(f)*

glow [gləʊ, AM gloʊ] **I.** *n no pl* ① *(radiance)* Leuchten *nt; of a lamp, the sun* Scheinen *nt; of a cigarette, the sunset* Glühen *nt; (gleam) of fire* Schein *m; (hot mass)* Glut *f; (light)* Licht *nt;* ***her cheeks had a healthy ~ after the walk*** ihre Wangen hatten eine gesunde Farbe nach dem Spaziergang
② *(fig: good feeling)* ***there was a ~ about her that radiated happiness*** sie strahlte Fröhlichkeit aus; ~ **of happiness** Glücksgefühl *nt;* ~ **of pride** glühender Stolz *geh;* ~ **of satisfaction** tiefe Befriedigung; **to have a healthy ~** ein gesundes Aussehen haben
II. *vi* ① *(illuminate)* leuchten; *fire, light* scheinen
② *(be red and hot)* glühen; ***the embers ~ed dimly in the grate*** die Glut glimmte im Kamin; ***her cheeks ~ed with excitement*** ihre Wangen glühten vor Aufregung
③ *(fig: look radiant)* strahlen; **to ~ with health** vor Gesundheit strotzen; **to ~ with pride** vor Stolz

schwellen

glow 'dis·charge *n* PHYS Glimmentladung *f*

glow·er ['glaʊəʳ, AM 'glaʊɚ] **I.** *vi* verärgert aussehen; ■**to ~ at sb** jdn zornig anstarren; ***large black rain clouds ~ed in the sky*** *(fig liter)* große schwarze Regenwolken hingen bedrohlich am Himmel
II. *n* finsterer Blick; *(angry look)* ärgerlicher Blick

glow·er·ing ['glaʊəʳɪŋ, AM 'glaʊɚ-] **I.** *n no pl* finsterer Blick; *(angry look)* ärgerlicher Blick
II. *adj attr* finster, düster; *(angry)* verärgert; **to give sb a ~ look** jdm einen düsteren Blick zuwerfen; **the ~ sky** *(fig liter)* der bedrohlich aussehende Himmel

glow·ing ['gləʊɪŋ, AM 'gloʊ-] *adj attr* ❶ *(radiating light) candle* leuchtend; *sun* scheinend; *cigarette* glühend
❷ *(red and hot) embers, cheeks* glühend
❸ *(radiant)* leuchtend; **to be in ~ health** bei bester Gesundheit sein
❹ *(very positive)* begeistert; ***his latest book has received ~ reviews*** sein jüngstes Buch hat überschwängliche Kritiken bekommen; **to paint sth in ~ colours** *(fig)* etw in leuchtenden Farben beschreiben; **a ~ letter of recommendation** ein glänzendes Empfehlungsschreiben; **to describe sth in ~ terms** etw in begeisterten Worten beschreiben *geh*

glow·ing·ly ['gləʊɪŋli, AM 'gloʊ-] *adv* begeistert

'glow-lamp, 'glow·light *n* Leuchtstofflampe *f*, Leuchtstoffröhre *f* **'glow wire** *n* PHYS Glühfaden *m* **'glow-worm** *n* Glühwürmchen *nt*

glu·ci·tol ['glu:sɪtɒl, AM -tɑ:l] *n no pl* CHEM Sorbitol *nt*

glu·con·ic acid [glu:ˌkɒnɪk'-, AM -ˌkɑ:n-] *n no pl* CHEM Gluconsäure *f*

glu·cosa·mine [glu:'kəʊsəmi:n, AM -'koʊ-] *n* Glucosamin *nt*

glu·cose ['glu:kəʊs, AM -koʊs] **I.** *n no pl* Traubenzucker *m*, Glukose *f fachspr*
II. *n modifier (solution, syrup)* Glukose-

glue [glu:] **I.** *n no pl* ❶ *(adhesive)* Klebstoff *m*, SCHWEIZ *a.* Leim *m;* **to fix sth with ~** etw kleben; **to mend sth with ~** etw mit Klebstoff reparieren [*o* [wieder zusammen]kleben]; **to sniff ~** Klebstoff schnüffeln *fam;* **to stick to sb like ~** an jdm kleben *fam; (more negative)* an jdm wie eine Klette hängen *pej*
❷ *(fig: connecting link)* Bindeglied *nt*
II. *vt* ❶ *(stick)* ■**to ~ sth** etw kleben [*o* SCHWEIZ leimen]; ■**to ~ sth on** etw ankleben [*o* SCHWEIZ anleimen]; ■**to ~ sth together** etw zusammenkleben
❷ *(fig: close to)* ■**to be ~d to sth** an etw *dat* kleben *fam;* ***we were ~d to the television watching the election results come in*** wir klebten am Fernseher und verfolgten die eingehenden Wahlergebnisse; **to keep one's eyes ~d to sb/sth** seine Augen auf jdn/etw geheftet haben *geh;* **to be ~d to the spot** wie angewurzelt dastehen

glue 'ear *n no pl* MED Mittelohrentzündung *f*, Otitis media *f fachspr* **glue-etched glass** [ˌglu:etʃt'glɑ:s, AM -'glæs] *n no pl* TECH Eisblumenglas *nt* **'glue-sniff·er** *n* Schnüffler(in) *m(f) fam* **'glue-sniff·ing** *n no pl* Schnüffeln *nt fam* **'glue stick** *n* Klebestift *m*

gluey ['glu:i] *adj* ❶ *(full of glue)* klebrig, verklebt
❷ *(fig, usu pej) food* klebrig, zähflüssig

glum <-mm-> [glʌm] *adj* ❶ *person* niedergeschlagen; *look* bedrückt; *expression* mürrisch; *face* bedrückt; **~ thoughts** schwarze Gedanken; **to feel ~ [about sth]** sich *akk* [wegen einer S. *gen*] niedergeschlagen fühlen; ■**to be ~ [about sth]** [wegen einer S. *gen*] niedergeschlagen sein
❷ *place* trist *geh*, trostlos

glum·ly ['glʌmli] *adv (in a morose manner)* mürrisch; *(in a depressed manner)* niedergeschlagen; *(in a sad manner)* bedrückt

glum·ness ['glʌmnəs] *n no pl* ❶ *(depression)* Niedergeschlagenheit *f; (atmosphere)* gedrückte Stimmung
❷ *(drabness)* Trostlosigkeit *f*

glut [glʌt] **I.** *n* Überangebot *nt;* **~ of graduates** Akademikerschwemme *f fam;* **a ~ on the market** eine Marktschwemme; **an oil ~** eine Ölschwemme
II. *vt* <-tt-> ❶ *(overstock)* ■**to ~ sth [with sth]** etw [mit etw *dat*] überschwemmen
❷ *(overeat)* ■**to ~ oneself on sth** sich *akk* an etw *dat* satt essen; *(gorge)* sich *akk* mit etw *dat* vollstopfen

glu·ten ['glu:tᵊn] *n no pl* Gluten *nt*

glu·ten-'free *adj* glutenfrei; **to have a ~ diet** sich *akk* glutenfrei ernähren

glu·ti·nous ['glu:tɪnəs, AM -tᵊn-] *adj* klebrig

glut·ton ['glʌtᵊn] *n* ❶ *(pej: overeater)* Vielfraß *m fam*, Fresssack *m pej fam*
❷ *(fig: enthusiast)* Unersättliche(r) *f(m);* **a ~ for books** ein Bücherwurm *m hum;* **a ~ for punishment** ein Masochist *m*/eine Masochistin; **a ~ for work** ein Arbeitswütiger *m*/eine Arbeitswütige *hum*

glut·ton·ous ['glʌtᵊnəs] *adj* ❶ *(eating excessively)* gefräßig, verfressen *sl*
❷ *(fig: greedy)* gierig; *consumption* unersättlich

glut·ton·ous·ly ['glʌtᵊnəsli] *adv* ❶ *(excessively)* gefräßig
❷ *(fig: greedily)* gierig

glut·tony ['glʌtᵊni] *n no pl* Gefräßigkeit *f fam*, Verfressenheit *f sl; (deadly sin)* Völlerei *f*

gly·cae·mic in·dex [glaɪˌsi:mɪk'-] *n* glykämischer Index

gly·ca·tion [glaɪ'keɪʃᵊn] *n no pl* MED Glykation *f*

gly·cer·ol ['glɪsᵊrɒl, AM -rɑ:l], **gly·cer·ine** ['glɪsᵊri:n], AM **gly·cer·in** ['glɪsᵊrɪn] *n no pl* Glyzerin *nt*

gly·col ['glaɪkɒl, AM -kɑ:l] *n no pl* CHEM Glykol *nt*

glyph [glɪf] *n* Hieroglyphe *f*

gm *n abbrev of* **gram** g.

GM[1] [ˌdʒi:'em] *n* ECON *abbrev of* **general manager** Hauptgeschäftsführer(in) *m(f)*, Generaldirektor(in) *m(f)* ÖSTERR, SCHWEIZ

GM[2] [ˌdʒi:'em] *n no pl* AM *abbrev of* **General Motors** GM

GM[3] [ˌdʒi:'em] *n* BRIT MIL *abbrev of* **George Medal** *Tapferkeitsmedaille*

GM[4] [ˌdʒi:'em] *n* CHESS *abbrev of* **grandmaster** Großmeister(in) *m(f)*

GM[5] [ˌdʒi:'em] *adj inv* BRIT SCH *abbrev of* **grant-maintained** öffentlich bezuschusst, mit staatlichen Mitteln gefördert, staatlich subventioniert ÖSTERR, SCHWEIZ

GM[6] [ˌdʒi:'em] *adj abbrev of* **genetically modified** *food, crops* GM, genmanipuliert

'G-man *n* AM *(fam)* FBI-Mann *m*

GMO [ˌdʒi:em'əʊ, AM -'oʊ] *n abbrev of* **genetically modified organism** gentechnisch veränderter Organismus

G'M-school *n* BRIT SCH *see* **grant-maintained school**

GMT [ˌdʒi:em'ti:] *n no pl abbrev of* **Greenwich Mean Time** WEZ

gnarled [nɑ:ld, AM nɑ:rld] *adj tree, piece of wood* knorrig; *finger, hand* knotig; *(fig) person* bucklig

gnash [næʃ] *vt* **to ~ one's teeth** mit den Zähnen knirschen; **to ~ one's teeth about sth** *(fig)* wegen einer S. *gen* murren

gnash·ers ['næʃəz] *npl* BRIT *(fam: teeth)* Kauwerkzeuge *pl*

gnash·ing ['næʃɪŋ] *n no pl* Knirschen *nt;* **~ of teeth about sth** *(fig)* Zähneknirschen *nt* wegen etw *gen*

gnat [næt] *n* [Stech]mücke *f*
▶ PHRASES: **to strain at a [*or* every] ~** sich *dat* ständig über alles den Kopf zerbrechen

gnaw [nɔ:, AM nɑ:] **I.** *vi* ❶ *(chew)* ■**to ~ on/at sth** an etw *dat* nagen; *person* auf/an etw *dat* kauen
❷ *(fig: deplete)* ■**to ~ away at sth** an etw *akk* zehren [*o fig* nagen]; *corrosion, rust* etw zerfressen
❸ *(fig: bother)* ■**sth ~s at sb** *feeling* etw nagt an jdm, etw quält jdn
II. *vt* ❶ *(chew)* ■**to ~ sth** an etw *dat* kauen; *animal* an etw *dat* fressen [*o* nagen]; ***rats had ~ed their way into a sack of corn*** Ratten hatten sich in einen Getreidesack hineingefressen; **to ~ one's fingernails** an seinen Fingernägeln kauen; **to ~ the flesh off the bone** das Fleisch vom Knochen abnagen
❷ *usu passive (fig: pursue)* **to be ~ed by doubt/fear/guilt** von Zweifel/Angst/Schuld geplagt sein

gnaw·ing ['nɔ:ɪŋ, AM 'nɑ:-] **I.** *adj attr* nagend; ***she had the ~ feeling that she had forgotten something*** sie wurde das Gefühl nicht los, etwas vergessen zu haben; **~ doubts** nagende Zweifel; **~ pain** bohrender Schmerz
II. *n no pl* Nagen *nt; person* Kauen *nt*

gneiss [naɪs] *n no pl* GEOL Gneis *m*

gnoc·chi ['njɒki, AM 'njɑ:ki] *npl* FOOD Gnocchi *pl*

gnome [nəʊm, AM noʊm] *n* ❶ *(dwarf)* Gnom *m*, Zwerg *m;* [**garden**] ~ Gartenzwerg *m*
❷ FIN **the ~s of Zurich** die Zürcher Gnome [*o* Bankiers] *pl*
❸ AM *(fam: boffin)* [technischer] Bastler/[technische] Bastlerin *fam*
❹ LIT Sinnspruch *m*, Gnome *f fachspr*

gno·mic ['nəʊmɪk, AM 'noʊm-] *adj* LIT gnomisch; **~ utterances** kluge Sprüche *pej fam*

GNP [ˌdʒi:en'pi] *n no pl abbrev of* **gross national product** BSP *nt*

gnu <*pl* - *or* -s> [nu:] *n* Gnu *nt*

go [gəʊ, AM goʊ]

I. INTRANSITIVE VERB	II. AUXILIARY VERB
III. TRANSITIVE VERB	IV. NOUN
V. ADJECTIVE	

I. INTRANSITIVE VERB

<goes, went, gone> ❶ *(proceed)* gehen; *vehicle, train* fahren; *plane* fliegen; ***don't ~ any closer — that animal is dangerous*** geh' nicht näher ran – das Tier ist gefährlich; ***the bus ~es from Vaihingen to Sillenbuch*** der Bus verkehrt zwischen Vaihingen und Sillenbuch; ***a shiver went down my spine*** mir fuhr ein Schauer über den Rücken; ***you ~ first!*** geh du zuerst!; ***you ~ next*** du bist als Nächste(r) dran!; ***hey, I ~ now*** he, jetzt bin ich dran! *fam;* ***the doll ~es everywhere with him*** die Puppe nimmt er überallhin mit; ***drive to the end of the road, ~ left, and ...*** fahren Sie die Straße bis zum Ende entlang, biegen Sie dann links ab und ...; ***~ south till you get to the coast*** halte dich südlich, bis du zur Küste kommst; ***we have a long way to ~*** wir haben noch einen weiten Weg vor uns; ***we've completed all of our goals — where do we ~ from here?*** wir haben all unsere Ziele erreicht – wie geht es jetzt weiter?; ***the train hooted as it went into the tunnel*** der Zug pfiff, als er in den Tunnel einfuhr; ***who ~es there?*** wer da?; *(to dog)* ***~ fetch it!*** hol'!; ■**to ~ towards sb/sth** auf jdn/etw zugehen; **to ~ home** nach Hause gehen; **to ~ to hospital/a party/prison/the toilet** ins Krankenhaus/auf eine Party/ins Gefängnis/auf die Toilette gehen; **to ~ across to the pub** rüber in die Kneipe gehen *fam;* **to ~ to sea** zur See gehen *fam;* **to ~ across the street** über die Straße gehen; **to ~ aboard/ashore** an Bord/Land gehen; **to ~ below** nach unten gehen; **to ~ below deck** unter Deck gehen; **to ~ downhill** *(also fig)* bergab gehen; **to have it far to ~** es weit haben; **to ~ offstage** [von der Bühne] abgehen; **to ~ round** sich *akk* drehen
❷ *(in order to get)* ***could you ~ into the kitchen and get me something to drink, please?*** könntest du bitte in die Küche gehen und mir was zu trinken holen?; ***would you ~ and get me some things from the supermarket?*** würdest du mir ein paar Sachen vom Supermarkt mitbringen?; ***I just want to ~ and have a look at that antique shop over there*** ich möchte nur schnell einen Blick in das Antiquitätengeschäft da drüben werfen; ***would you wait for me while I ~ and fetch my coat?*** wartest du kurz auf mich, während ich meinen Mantel hole?; ***I'll just ~ and put my shoes on*** ich ziehe mir nur schnell die Schuhe an; ***~ and wash your hands*** geh und wasch deine Hände; ***she's gone to meet Brian at the station*** sie ist Brian vom Bahnhof abholen gegangen; **to ~ and get some fresh air** frische Luft schnappen gehen; **to ~ to see sb** jdn aufsuchen
❸ *(travel)* reisen; ***have you ever gone to Africa before?*** warst du schon einmal in Afrika?; **to ~ by**

bike/car/coach/train mit dem Fahrrad/Auto/Bus/Zug fahren; **to ~ on a cruise** eine Kreuzfahrt machen; **to ~ on** [a] **holiday** in Urlaub gehen; **to ~ to Italy** nach Italien fahren; ***last year I went to Spain*** letztes Jahr war ich in Spanien; **to ~ on a journey** verreisen, eine Reise machen; **to ~ by plane** fliegen; **to ~ on a trip** eine Reise machen; **to ~ abroad** ins Ausland gehen

4 *(disappear)* *stain, keys* verschwinden; ***where have my keys gone?*** wo sind meine Schlüssel hin?; ***ah, my tummy ache is gone!*** ah, meine Bauchschmerzen sind weg!; ***I really don't know where all my money ~ es*** ich weiß auch nicht, wo mein ganzes Geld hinverschwindet!; ***half of my salary ~ es on rent*** die Hälfte meines Gehaltes geht für die Miete drauf; ***gone are the days when ...*** vorbei sind die Zeiten, wo ...; ***here ~ es my free weekend ...*** das war's dann mit meinem freien Wochenende ...; ***all his money ~ es on his car*** er steckt sein ganzes Geld in sein Auto; ***there ~ es another one!*** und wieder eine/einer weniger!; ***hundreds of jobs will ~*** das wird Hunderte von Arbeitsplätzen kosten; ***the president will have to ~*** der Präsident wird seinen Hut nehmen müssen; ***that cat will have to ~*** die Katze muss verschwinden!; ***all hope has gone*** jegliche Hoffnung ist geschwunden; **to ~ adrift** NAUT abtreiben, wegtreiben; *(fig)* gestohlen werden; ***one of my books has gone adrift from my desk*** eines meiner Bücher ist von meinem Schreibtisch verschwunden; **to ~ missing** BRIT, AUS verschwinden

5 *(leave)* gehen; ***we have to ~ now*** [*or* ***it's time to ~***] wir müssen jetzt gehen; ***I must be ~ ing*** ich muss jetzt allmählich gehen; ***has she gone yet?*** ist sie noch da?; ***the bus has gone*** der Bus ist schon weg; *(old)* ***be gone!*** hinweg mit dir *veraltet;* **to let sth/sb ~, to let ~ of sth/sb** etw/jdn loslassen

6 *(do)* **to ~ biking/jogging/shopping/swimming etc.** Rad fahren/joggen/einkaufen/schwimmen etc. gehen; **to ~ looking for sb/sth** jdn/etw suchen gehen; ***if you ~ telling all my secrets, ...*** wenn du hergehst und alle meine Geheimnisse ausplauderst, ...; ***don't you dare ~ crying to your mum about this*** untersteh dich, deswegen heulend zu deiner Mama zu laufen

7 *(attend)* **to ~ to church/a concert** in die Kirche/ins Konzert gehen; **to ~ to the cinema** [*or* AM **a movie**] [*or* BRIT *fam* **the pictures**] ins Kino gehen; **to ~ to the doctor** zum Arzt gehen; **to ~ to kindergarten/school/university** in den Kindergarten/in die Schule/auf die Universität gehen; **to ~ on a pilgrimage** auf Pilgerfahrt gehen

8 *(answer)* ***I'll ~*** *(phone)* ich geh' ran; *(door)* ich mach' auf

9 *(dress up)* ■**to ~ as sth** *witch, pirate* als etw gehen; ***what shall I ~ in?*** als was soll ich gehen?

10 *+ adj* *(become)* werden; ***the line has gone dead*** die Leitung ist tot; ***the milk's gone sour*** die Milch ist sauer; ***the tyre has gone flat*** der Reifen ist platt; ***my mind suddenly went blank*** ich hatte plötzlich wie ein Brett vorm Kopf *sl;* ***I always ~ red when I'm embarrassed*** ich werde immer rot, wenn mir etwas peinlich ist; ***he described the new regulations as bureaucracy gone mad*** er bezeichnete die neuen Bestimmungen als Ausgeburt einer wild gewordenen Bürokratie; ***I went cold*** mir wurde kalt; ***she's gone Communist*** sie ist jetzt Kommunistin; ***he's gone all environmental*** er macht jetzt voll auf Öko *fam;* **to ~ bad** *food* schlecht werden; **to ~ bald/grey** kahl/grau werden; **to ~ bankrupt** bankrottgehen; **to ~ haywire** *(out of control)* außer Kontrolle geraten; *(malfunction)* verrücktspielen *fam;* **to ~ public** an die Öffentlichkeit treten; STOCKEX an die Börse gehen; **to ~ to sleep** einschlafen

11 *+ adj* *(be)* sein; **to ~ hungry** hungern; **to ~ thirsty** dursten, durstig sein ÖSTERR; **to ~ unmentioned/unnoticed/unsolved** unerwähnt/unbemerkt/ungelöst bleiben

12 *(turn out)* gehen; ***how did your party ~?*** und, wie war deine Party?; ***how's your thesis ~ ing?*** was macht deine Doktorarbeit?; ***how are things ~ ing?*** und, wie läuft's? *fam;* ***if everything ~ es well ...*** wenn alles gutgeht ...; ***things have gone well*** es ist gut gelaufen; ***the way things ~*** wie das halt so geht; ***the way things are ~ ing at the moment ...*** so wie es im Moment aussieht ...; **to ~ like a bomb** ein Bombenerfolg sein *fam;* **to ~ according to plan** nach Plan laufen; **to ~ from bad to worse** vom Regen in die Traufe kommen; **to ~ against/for sb** *election* zu jds Ungunsten/Gunsten ausgehen; **to ~ wrong** schiefgehen, schieflaufen *fam*

13 *(pass)* vergehen, verstreichen; ***time seems to ~ faster as you get older*** die Zeit scheint schneller zu vergehen, wenn man älter wird; ***only two days to ~ ...*** nur noch zwei Tage ...; ***one week to ~ till Christmas*** noch eine Woche bis Weihnachten; ***in days gone by*** in längst vergangenen Zeiten; ***two exams down, one to ~*** zwei Prüfungen sind schon geschafft, jetzt noch eine, dann ist es geschafft!; ***I've three years to ~ before I can retire*** mir fehlen noch drei Jahre bis zur Rente!

14 *(begin)* anfangen; ***ready to ~?*** bist du bereit?; ***one, two, three, ~!*** eins, zwei, drei, los!; ***we really must get ~ ing with these proposals*** wir müssen uns jetzt echt an diese Konzepte setzen; ***let's ~!*** los!; ***here ~ es!*** jetzt geht's los!

15 *(fail)* kaputtgehen; *hearing, health, memory* nachlassen; *rope* reißen; ***our computer is ~ ing*** unser Computer gibt seinen Geist auf *hum fam;* ***my jeans is gone at the knees*** meine Jeans ist an den Knien durchgescheuert; ***her mind is ~ ing*** sie baut geistig ganz schön ab! *fam*

16 *(die)* sterben; ***she went peacefully in her sleep*** sie starb friedlich im Schlaf

17 *(belong)* hingehören; ***I'll put it away if you tell me where it ~ es*** ich räum's weg, wenn du mir sagst, wo es hingehört; ***the silverware ~ es in the drawer over there*** das Silber kommt in die Schublade da drüben; ***those tools ~ in the garage*** diese Werkzeuge gehören in die Garage; ***that is to ~ into my account*** das kommt auf mein Konto; ***where do you want that to ~?*** wo soll das hin?; ***that ~ es under a different chapter*** das gehört in ein anderes Kapitel

18 *(be awarded)* ■**to ~ to sb** *prize, house* an jdn gehen; *property* auf jdn übergehen *geh;* ***Manchester went to Labour*** Manchester ging an Labour

19 *(lead)* *road* führen; ***where does this trail ~?*** wohin führt dieser Pfad?

20 *(extend)* gehen; ***the meadow ~ es all the way down to the road*** die Weide erstreckt sich bis hinunter zur Straße; ***your idea is good enough, as far as it ~ es ...*** deine Idee ist so weit ganz gut, ...; ***the numbers on the paper ~ from 1 to 10*** die Nummern auf dem Blatt gehen von 1 bis 10

21 *(in auction)* gehen; ***I'll ~ as high as £200*** ich gehe bis zu 200 Pfund

22 *(function)* *watch* gehen; *machine* laufen; ***our business has been ~ ing for twenty years*** unser Geschäft läuft seit zwanzig Jahren; ***I'm not saying anything as long as the tape recorder is ~ ing*** ich sage gar nichts, solange das Tonbandgerät läuft; **to ~ slow** ECON einen Bummelstreik machen; *watch* nachgehen; **to get sth ~ ing** [*or* **to ~**] [*or* **to make sth ~**] etw in Gang bringen; **to get a party ~ ing** eine Party in Fahrt bringen; **to get** [*or* **set**] **sb ~ ing** jdn in Fahrt bringen; **to keep ~ ing** *person* weitermachen; *car* weiterfahren; ***come on! keep ~ ing!*** ja, weiter! *fam;* **to keep sth ~ ing** etw in Gang halten; *factory* in Betrieb halten; **to keep a conversation ~ ing** eine Unterhaltung am Laufen halten; **to keep a fire ~ ing** ein Feuer am Brennen halten; ***that thought kept me ~ ing*** dieser Gedanke ließ mich durchhalten; ***here's some food to keep you ~ ing*** hier hast du erst mal was zu essen

23 *(have recourse)* gehen; **to ~ to court over sth** wegen einer S. *gen* vor Gericht gehen; **to ~ to the police** zur Polizei gehen; **to ~ to war** in den Krieg ziehen

24 *(match, be in accordance)* ■**to ~** [**with sth**] [zu etw *dat*] passen; ***these two colours don't ~*** diese beiden Farben beißen sich; **to ~ against logic** unlogisch sein; **to ~ against one's principles** gegen jds Prinzipien verstoßen

25 *(fit)* ***five ~ es into ten two times*** [*or* ***five into ten ~ es twice***] fünf geht zweimal in zehn; ***do you think all these things will ~ into our little suitcase?*** glaubst du, das ganze Zeug wird in unseren kleinen Koffer passen? *fam*

26 *(be sold)* weggehen *fam;* ***~ ing, ~ ing, gone!*** zum Ersten, zum Zweiten, [und] zum Dritten!; ***pocketbooks are ~ ing for $10 for the next two days*** in den nächsten zwei Tagen sind die Taschenbücher für 10 Dollar zu haben; ■**to ~ to sb** an jdn gehen; **to ~ like hot cakes** weggehen wie warme Semmeln *fam;* **to be ~ ing cheap** billig zu haben sein

27 *(serve, contribute)* ■**to ~** [**to sth**] [zu etw *dat*] beitragen; ***the money will ~ to the victims of the earthquake*** das Geld ist für die Erdbebenopfer bestimmt; ***this will ~ towards your holiday*** das [Geld] ist für deinen Urlaub bestimmt; ***your daughter's attitude only ~ es to prove how much ...*** die Einstellung deiner Tochter zeigt einmal mehr, wie sehr...

28 *(move)* machen; ***when I ~ like this, my hand hurts*** wenn ich so mache, tut meine Hand weh; ***~ like this with your hand to show that ...*** mach so mit deiner Hand, um zu zeigen, dass ...

29 *(sound)* machen; ***I think I heard the doorbell ~ just now*** ich glaube, es hat gerade geklingelt; ***there ~ es the bell*** es klingelt; ***ducks ~ 'quack'*** Enten machen ‚quack'; **with sirens ~ ing** *ambulance* mit heulender Sirene

30 *(accepted)* ***anything ~ es*** alles ist erlaubt; ***that ~ es for all of you*** das gilt für euch alle!

31 *(be told, sung)* gehen; *title, theory* lauten; ***I can never remember how that song ~ es*** ich weiß nie, wie dieses Lied geht; ***the story ~ es that ...*** es heißt, dass ...; ***the rumour ~ es that ...*** es geht das Gerücht, dass ...

32 *(compared to)* **as hospitals/things ~** verglichen mit anderen Krankenhäusern/Dingen; ***as things ~ today it wasn't that expensive*** für heutige Verhältnisse war es gar nicht so teuer

33 *(fam: use the toilet)* ***I really have to ~*** ich muss ganz dringend mal! *fam*

34 *(fam: expressing annoyance)* ***I've gone and lost my earring*** ich habe meinen Ohrring verloren; ***you've really gone and done it now!*** jetzt hast du aber was Schönes angerichtet! *iron;* *(pej!)* ***~ to hell!*** geh [*o* scher dich] zum Teufel! *fam*

35 AM *(in restaurant)* ***do you want that pizza here or to ~?*** möchten Sie die Pizza hier essen oder mitnehmen?; AM ***I'd like a cheeseburger to ~, please*** ich hätte gerne einen Cheeseburger zum Mitnehmen

36 *(available)* ***is there any beer ~ ing?*** gibt es Bier?; ***I'll have whatever is ~ ing*** ich nehme das, was gerade da ist

37 *(fam: treat)* **to ~ easy on sb** jdn schonend behandeln, jdn glimpflich davonkommen lassen

▶PHRASES: **to ~ all out to do sth** alles daransetzen, etw zu tun; **to ~ Dutch** getrennt zahlen; **easy come, easy ~** *(prov)* wie gewonnen, so zerronnen *prov;* **~** [**and**] **get stuffed!** *(fam)* du kannst mich mal! *fam;* **to ~ halves on sth** sich *dat* etw je zur Hälfte teilen; **here we ~ again** *(fam)* jetzt geht das wieder los! *fam;* **~** [**and**] **take a running jump!** mach bloß, dass du abhaust [*o* ÖSTERR verschwindest]! *fam;* **there you ~** bitte schön!; *(told you so)* sag ich's doch! *fam;* **there he ~ es again** *(fam)* jetzt fängt er schon wieder damit an! *fam;* **don't ~ there** *(fam)* lass dich nicht darauf ein; **that ~ es without saying** das versteht sich von selbst

II. AUXILIARY VERB

future tense ■**to be ~ ing to do sth** etw tun werden; ***we are ~ ing to have a party tomorrow*** wir geben morgen eine Party; ***he was ~ ing to phone me this morning*** er wollte mich heute Morgen anrufen; ***isn't she ~ ing to accept the job after all?*** nimmt sie den Job nun doch nicht an?

III. TRANSITIVE VERB

<goes, went, gone> ① *esp* AM *(travel)* ■**to ~ sth** *a route, a highway* etw nehmen
② *(fam: say)* ■**to ~ sth:** ***she ~ es to me: I never want to see you again!*** sie sagt zu mir: ich will dich nie wieder sehen!
③ CARDS ■**to ~ sth** etw reizen; **to ~ nap** die höchste Zahl von Stichen ansagen
④ BRIT *(like)* **to not ~ much on sth** sich *dat* nicht viel aus etw *dat* machen
⑤ *(become)* ■**to ~ sth:** ***my mind went a complete blank*** ich hatte voll ein Brett vorm Kopf! *fam*
▸PHRASES: **to ~ it alone** im Alleingang tun; **to ~ it** *(fam)* es toll treiben *fam; (move quickly)* ein tolles Tempo drauf haben; *(work hard)* sich *akk* reinknien; **to ~ a long way** lange [vor]halten; **sb will ~ a long way** jd wird es weit bringen; **to ~ nap** alles auf eine Karte setzen; **to ~ it some** es laufenlassen *fam*

IV. NOUN

<*pl* -es> ① *(turn)* ***I'll have a ~ at driving if you're tired*** ich kann dich mit dem Fahren ablösen, wenn du müde bist *fam;* ***you've had your ~ already!*** du warst schon dran!; ***hey, it's Ken's ~ now*** he, jetzt ist Ken dran; ***can I have a ~ ?*** darf ich mal?; **to miss one ~** einmal aussetzen; *(not voluntarily)* einmal übersprungen werden
② *(attempt)* Versuch *m;* ***have a ~ !*** versuch' es doch einfach mal! *fam;* **at one ~** auf einen Schlag; *(drink)* in einem Zug *fam;* **all in one ~** alle[s] auf einmal; **at the first ~** auf Anhieb; **to give sth a ~** etw versuchen; **to have a ~ at sb** *(criticize)* jdn runtermachen *fam; (attack)* über jdn herfallen; ***his boss had a ~ at him about his appearance*** sein Chef hat sich ihn wegen seines Äußeren vorgeknöpft *fam;* ***members of the public are strongly advised not to have a ~ at this man*** die Öffentlichkeit wird eindringlich davor gewarnt, etwas gegen diesen Mann zu unternehmen; **to have a ~ at doing sth** versuchen, etw zu tun; **to have several ~ es at sth** für etw *akk* mehrere Anläufe nehmen
③ *no pl (energy)* Antrieb *m,* Elan *m;* **to be full of ~** voller Elan sein
④ *esp* BRIT *(fam: dose)* Anfall *m;* ***she had such a bad ~ of the flu that she took a week off from work*** sie hatte so eine schlimme Grippe, dass sie eine Woche in Krankenstand ging
⑤ *(fam: lots of activity)* ***it's all ~ here*** hier ist immer was los *fam;* ***it's all ~ and no relaxing on those bus tours*** auf diesen Busfahrten wird nur gehetzt und man kommt nie zum Ausruhen *fam;* ***I've got two projects on the ~ at the moment*** ich habe momentan zwei Projekte gleichzeitig laufen; **to be on the ~** [ständig] auf Trab sein; ***I've been on the ~ all day long*** ich war den ganzen Tag auf Achse *fam;* **to keep sb on the ~** jdn auf Trab halten *fam*
▸PHRASES: **to be all the ~** BRIT *(dated fam)* der letzte Schrei sein; **to make a ~ of sth** mit etw *dat* Erfolg haben; ***she's making a ~ of her new antique shop*** ihr neues Antiquitätengeschäft ist ein voller Erfolg *fam;* **that was a near ~** das war knapp; **it's no ~** da ist nichts zu machen; **to be touch and ~** auf der Kippe stehen *fam;* **from the word ~** von Anfang an

V. ADJECTIVE

pred [start]klar, in Ordnung; ***all systems*** [***are***] ***~*** alles klar; ***all systems ~ , take-off in t minus 10*** alle Systeme zeigen grün, Start in t minus 10

◆**go about I.** *vi* ① *(walk around)* herumlaufen *fam,* herumgehen; *(with car)* herumfahren; **to ~ about in leather gear** in Lederklamotten herumlaufen *fam;* **to ~ about in groups** in Gruppen herumziehen
② NAUT wenden
③ *(be in circulation) rumour, illness* [he]rumgehen
④ *(do repeatedly)* ■**to ~ about doing sth** etw ständig tun; ***I've got a song ~ ing about in my head*** mir geht schon die ganze Zeit ein Lied im Kopf herum
II. *vt* ① *(proceed with)* ■**to ~ about sth** *problem, task* etw angehen; ***how does one ~ about it?*** wie geht man das am besten an?
② *(occupied with)* ■**to ~ about sth** etw *dat* nachgehen; **to ~ about one's business** seinen Geschäften nachgehen
③ *(spend time together)* Zeit miteinander verbringen; ***I don't want you ~ ing about with people like that*** ich möchte nicht, dass du dich mit solchen Leuten herumtreibst

◆**go after** *vi* ① *(follow)* ■**to ~ after sb** nach [*o* SCHWEIZ *a.* hinter] jdm gehen
② *(chase)* ■**to ~ after sb** sich *akk* an jds Fersen heften, jdn verfolgen
③ *(fig: try to get)* ■**to ~ after sth** sich *akk* um etw *akk* bemühen; *(have one's eye on)* es auf etw *akk* abgesehen haben *fam; goal* etw verfolgen; ■**to ~ after sb** *(for a date)* sich *akk* um jdn bemühen; *(more forcefully)* jdm nachstellen

◆**go against** *vi* ① *(be negative for)* ■**to ~ against sb/sth** *vote, election* zu jds Ungunsten ausgehen; ***the jury's decision went against the defendant*** die Entscheidung der Jury fiel gegen den Angeklagten aus
② *(not agree)* ■**to ~ against sth:** ***public opinion is ~ ing against the government on this issue*** die Öffentlichkeit ist in dieser Angelegenheit nicht der gleichen Meinung wie die Regierung
③ *(contradict)* ■**to ~ against sth** zu etw *dat* im Widerspruch stehen; ***what you're asking me to do ~ es against everything I believe in*** was du da von mir verlangst, geht gegen all das, woran ich glaube
④ *(disobey)* ■**to ~ against sb** sich *akk* jdm widersetzen, jdm zuwiderhandeln *geh;* ***he's always ~ ing against his father's advice*** er handelt immer entgegen den Ratschlägen seines Vaters
▸PHRASES: **to ~ against the grain for sb to do sth** jdm gegen den Strich gehen, etw zu tun

◆**go ahead** *vi* ① *(go before)* vorgehen; *(in vehicle)* vorausfahren; *(in sports)* sich *akk* an die Spitze setzen; ***you ~ ahead, I'll catch you up later*** geh schon mal vor, ich komm dann später nach *fam;* ***even though I was here first, she went ahead of me and got served first*** obwohl ich zuerst hier war, hat sie sich vorgedrängt und ist zuerst drangekommen *fam*
② *(proceed)* vorangehen; *event* stattfinden; ***the music festival is now ~ ing ahead as planned*** das Musikfestival geht nun wie geplant vonstatten; ***the building went ahead as soon as the building permit was issued*** sobald die Baugenehmigung vorlag, wurde mit dem Bau begonnen; ***— of course, ~ ahead!*** – natürlich, schieß los! *fam;* ***~ ahead, try it*** komm, versuch's doch einfach! *fam;* ***in the end I just went ahead and did it myself*** am Ende habe ich es einfach selbst gemacht!; ■**to ~ ahead with sth** etw durchführen

◆**go along** *vi* ① *(move onward)* weitergehen; *vehicle* weiterfahren
② *(walk along)* entlanggehen; *(in vehicle)* entlangfahren; ***we were ~ ing along the coast road when ...*** wir fuhren die Küstenstraße entlang, als ...
③ *(at same time)* ***she's been marking papers all afternoon, and ticking off the students' names as she ~ es along*** sie hat den ganzen Nachmittag Arbeiten korrigiert und gleichzeitig die Namen der Schüler abgehakt; ***I compiled the guest list as I went along*** nebenbei habe ich auch noch gleich die Gästeliste erstellt; ***a flexible approach allows us to make changes as we ~ along*** ein flexibler Ansatz ermöglicht es uns, Änderungen direkt während des Vorgangs vorzunehmen
④ *(accompany)* ■**to ~ along with sb** mit jdm mitgehen [*o* mitkommen]
⑤ *(belong)* ■**to ~ along with sth** zu etw *dat* gehören
⑥ *(agree)* ■**to ~ along with sth/sb** etw/jdm zustimmen; *(join in)* sich *akk* etw/jdm anschließen; ***I'll ~ along with your joke as long as ...*** ich mach bei deinem Streich mit, solange ...
▸PHRASES: **~ along with you!** *(fam)* jetzt hör' aber auf! *fam*

◆**go around** *vi* ① *(move around)* ■**to ~ around sth:** ***they went around the room*** sie liefen im Zimmer herum; ***they went around Europe for two months*** sie reisten zwei Monate lang durch Europa
② *(move in a curve)* ■**to ~ around sth** um etw *akk* herumgehen; *vehicle* um etw *akk* herumfahren; *(circumnavigate)* etw umrunden; **to ~ around the bend** um die Kurve fahren; **to ~ around the block** um den Block laufen; **to ~ around the world** eine Weltreise machen
③ *(visit)* ■**to ~ around to sb's** zu jdm [hin]gehen; ***I'm just ~ ing around to Mario's for half an hour*** ich gehe nur mal schnell für eine halbe Stunde zu Mario; **to ~ around and see sb** bei jdm vorbeischauen *fam*
④ *(visit successively)* ***we've been ~ ing around the local schools today trying to find out ...*** wir haben heute die örtlichen Schulen abgeklappert, um herauszufinden, ... *fam;* ***we haven't got enough time to ~ around all the exhibits*** wir haben nicht genügend Zeit, uns alle Ausstellungsstücke [genau] anzusehen
⑤ *(rotate)* sich *akk* drehen; ***my head's ~ ing round and round*** mir dreht sich alles
⑥ *(be in circulation) rumour, illness* [he]rumgehen
⑦ *(be enough)* ***there won't be enough soup to ~ around*** die Suppe wird nicht für alle reichen
⑧ *(spend time together)* Zeit miteinander verbringen; ***I don't want you ~ ing around with people like that*** ich möchte nicht, dass du dich mit solchen Leuten herumtreibst; ***she's ~ ing around with Harry*** sie treibt sich mit Harry rum *fam;* ***we don't ~ around together much these days*** wir sehen uns nur noch selten
⑨ *(do repeatedly)* ■**to ~ around doing sth** etw ständig tun; ***I've got a song ~ ing around in my head*** mir geht schon die ganze Zeit ein Lied im Kopf herum
▸PHRASES: **what ~ es around, comes around** *(saying)* alles rächt sich früher oder später

◆**go at** *vi* ① *(attack)* ■**to ~ at sb** [**with sth**] [mit etw *dat*] auf jdn losgehen *fam; (fig: eat ravenously)* ■**to ~ at sth** über etw *akk* herfallen
② *(work hard)* ■**to ~ at sth** sich *akk* an etw *akk* machen *fam,* sich *akk* hinter etw *akk* klemmen; **to ~ at it** loslegen; **to ~ at sth with determination** etw mit Entschlossenheit angehen

◆**go away** *vi* ① *(travel)* weggehen; *(for holiday)* wegfahren; ***we're ~ ing away to France this summer*** wir fahren diesen Sommer nach Frankreich
② *(leave)* [weg]gehen; ***~ away!*** geh' weg!
③ *(disappear)* verschwinden; ***your problems won't just ~ away*** deine Probleme werden sich nicht einfach so in Luft auflösen

◆**go back** *vi* ① *(return) also goods* zurückgehen; *school* wieder anfangen; ***I have to ~ back for my gloves*** ich muss nochmal zurück und meine Handschuhe holen; ***when are these books due to ~ back?*** wann muss ich die Bücher wieder abgeben?; ■**to ~ back somewhere** irgendwohin zurückkehren; ***we want to ~ back to Greece someday*** wir wollen eines Tages wieder nach Griechenland zurückkehren; ***I want to ~ back there one day*** da will ich irgendwann noch mal hin *fam;* ***there's no ~ ing back now*** [*or* ***you can't ~ back now***] jetzt gibt es kein Zurück mehr; **to ~ back to sb** zu jdm zurückkehren; ■**to ~ back to sth** *former plan* auf etw *akk* zurückgreifen; **to ~ back to the beginning** noch mal von vorne anfangen; **to ~ back to a subject** auf ein Thema zurückkommen; **to ~ back to one's old ways** wieder in seine alten Gewohnheiten fallen; **to ~ back to normal** sich wieder normalisieren; *person* wieder normal werden; ■**to ~ back to doing sth** wieder mit etw *dat* anfangen
② *(move backwards)* zurückgehen; *(from platform)*

zurücktreten
❸ *(date back)* **to ~ back** [**to the 18th century**] [bis ins 18. Jahrhundert] zurückgehen [*o* zurückreichen]; **to ~ back 300 years** 300 Jahre zurückreichen; ***our friendship ~es back a long way*** wir sind schon lange befreundet; ***our relationship ~es back to when we were at university together*** wir sind befreundet, seit wir zusammen auf der Uni waren
❹ *(be set earlier)* ***don't forget that the clocks ~ back tonight*** vergiss nicht, dass die Uhren heute Nacht zurückgestellt werden
❺ *(not fulfil)* **to ~ back on a deal** ein Geschäft rückgängig machen; **to ~ back on a decision** von einer Entscheidung zurücktreten; **to ~ back on one's promise/word** sein Versprechen/Wort nicht halten
❻ *(look at again)* ■**to ~ back over sth** etw noch einmal durchgehen
◆**go before** *vi* ❶ *(precede)* ■**to ~ before sb:** ***you can ~ before me in the queue*** ich lasse Sie vor; ■**to ~ before sth** vor etw *dat* kommen; ***A ~es before B in the alphabet*** A kommt im Alphabet vor B
❷ *(appear in presence of)* **to ~ before the court/a judge** vor Gericht/einem Richter erscheinen
❸ *(live before)* in früheren Zeiten leben; *(happen before)* früher geschehen
◆**go beyond** *vi* ■**to ~ beyond sth** ❶ *(proceed past)* an etw *dat* vorübergehen; ***you have to ~ beyond that row of houses*** Sie müssen bis jenseits dieser Häuserreihe fahren
❷ *(exceed)* über etw *akk* hinausgehen; **to ~ beyond the call of duty** über die [normale] Pflichterfüllung hinausgehen; **to ~ beyond sb's capabilities** jds Fähigkeiten übersteigen; **to ~ beyond sb's wildest dreams** jds kühnste [*o* wildeste] Träume übersteigen
◆**go by** *vi* ❶ *(move past)* vorbeigehen; *vehicle* vorbeifahren
❷ *(of time)* vergehen; **in days gone by** *(form)* in früheren Tagen; ***the house was a railway station in days gone by*** das Haus war früher einmal eine Bahnstation
❸ AM *(visit)* ■**to ~ by sb** bei jdm vorbeischauen *fam*
❹ *(be guided by)* ■**to ~ by sth** nach etw *dat* gehen; ***~ing by what they said ...*** nach dem, was sie gesagt haben, ...; ***that's not much to ~ by*** das hilft mir nicht wirklich weiter; ***if this is anything to ~ by ...*** wenn man danach gehen kann, ...; **to ~ by the book** sich *akk* an die Vorschriften halten; **to ~ by the rules** sich *akk* an die Regeln halten
❺ *(be known by)* **to ~ by the name of MacKentyre** MacKentyre heißen; ***when she writes, she ~es by the name of JoAnn Gouvney*** als Autorin kennt man sie unter dem Namen JoAnn Gouvney
❻ *(not challenge)* **to let sth ~ by** etw über sich *akk* ergehen lassen
❼ *(not take advantage of)* **to let sth ~ by** *chance, opportunity* sich *dat* etw *akk* entgehen lassen
◆**go down** *vi* ❶ *(move downward)* hinuntergehen; *sun, moon* untergehen; *ship also* sinken; *plane* abstürzen; *boxer* zu Boden gehen; *curtain* fallen; ***he went down on his knees and begged for forgiveness*** er bat auf Knien um Verzeihung; ***the striker went down in the penalty area*** der Stürmer kam im Strafraum zu Fall; **to ~ down on all fours** sich *akk* auf alle viere begeben; ■**to ~ down sth** etw hinuntergehen; *(climb down)* etw hinuntersteigen; **to ~ down the pit** MIN Bergmann werden; **to ~ down with a/the ship** mit einem/dem Schiff untergehen
❷ *(decrease)* *swelling* zurückgehen; *attendance, wind* nachlassen; *crime rate, fever, water level* zurückgehen; *prices, taxes, temperature* sinken; *currency* fallen; ***one of the tyres on my car has gone down*** einer meiner Autoreifen hat Luft verloren
❸ *(decrease in quality)* nachlassen; ***this restaurant has really gone down in the last few years*** dieses Restaurant hat in den letzten Jahren echt nachgelassen *fam;* **to ~ down in sb's opinion** in jds Ansehen sinken
❹ *(break down)* *computer* ausfallen
❺ *(be defeated)* verlieren; SPORT *also* unterliegen; **to ~ down fighting/without a fight** kämpfend/kampflos untergehen; ■**to ~ down to sb** gegen jdn verlieren
❻ *(get ill)* **to ~ down with a cold/the flu** eine Erkältung/die Grippe bekommen
❼ *(move along)* entlanggehen; *vehicle* entlangfahren; ***she was ~ing down the road on her bike*** sie fuhr auf ihrem Fahrrad die Straße entlang; **to ~ down to the beach** runter zum Strand gehen; **to ~ down a list** eine Liste [von oben nach unten] durchgehen
❽ *(visit quickly)* vorbeigehen; ***they went down to the pub for a quick drink*** sie gingen noch schnell einen trinken *fam*
❾ *(travel southward)* ***are you ~ing down to Florida this year?*** fahrt ihr dieses Jahr runter nach Florida? *fam*
❿ *(extend)* hinunterreichen; ***the tree's roots ~ down three metres*** die Wurzeln des Baumes reichen drei Meter in die Tiefe
⓫ *(be received)* **to ~ down badly/well** [**with sb**] [bei jdm] schlecht/gut ankommen
⓬ *(be recorded)* schriftlich vermerkt werden; **to ~ down in history/the record books** [**as sth**] [als etw] in die Geschichte/Geschichtsbücher eingehen; **to ~ down in writing** schriftlich festgehalten werden
⓭ *(fam) food, drink* runtergehen *fam;* ***the wine went down easily*** der Wein war wirklich lecker! *fam;* ***a cup of coffee would ~ down nicely now*** eine Tasse Kaffee wäre jetzt genau das Richtige; ***a bit of sugar will help the medicine ~ down*** mit etwas Zucker kriegst du die Medizin besser runter *fam*
⓮ *(sl: happen)* passieren; ***the police had been informed about what was ~ing down, so were ready and waiting*** die Polizei war darüber informiert worden, was vorging, daher war sie bereits in Wartestellung
⓯ BRIT *(dated: leave university)* abgehen; *(for vacation)* in die Semesterferien gehen
⓰ *(fam: have oral sex)* ■**to ~ down on sb** jdn oral befriedigen
⓱ CARDS *(bridge)* den Kontrakt nicht erfüllen
◆**go for** *vi* ❶ *(fetch)* ■**to ~ for sth** etw holen; *(get) food, etc.* etw besorgen
❷ *(try to achieve)* ■**to ~ for sth** auf etw *akk* aus sein *fam;* *(try to get hold of)* es auf etw *akk* abgesehen haben; ***~ for it!*** nichts wie ran! *fam;* ***he was shown the red card for ~ing for the man*** er bekam die Rote Karte, weil er gegen den Mann ging; ***if I were you I'd ~ for it*** ich an deiner Stelle würde zugreifen; **to ~ for broke** aufs Ganze gehen *fam*
❸ *(choose)* ■**to ~ for sth** sich *akk* für etw *akk* entscheiden; ***that's the sofa I'd ~ for*** ich würde *dieses* Sofa nehmen
❹ *(attack)* ■**to ~ for sb** [**with sth**] [mit etw *dat*] auf jdn losgehen *fam*
❺ *(be true for)* ***what Mary just said ~es for me too*** was Mary gerade gesagt hat, gilt auch für mich; ***all my pious resolutions went for nothing*** aus all meinen frommen Vorsätzen wurde nichts
❻ *(fam: like)* ■**to ~ for sth/sb** auf etw/jdn stehen *fam*
❼ *(believe)* ■**to ~ for sth** etw glauben; ***they told me that ... but I don't ~ for that*** sie sagten, dass ..., aber das kaufe ich ihnen nicht ab *fam*
❽ *(have as advantage)* ***he's got real talent and creative ideas ~ing for him, but ...*** für ihn sprechen sein großes Talent und seine kreativen Ideen, aber ...; ***this film has absolutely nothing ~ing for it*** an diesem Film gibt es absolut nichts Positives
❾ *(do)* **to ~ for a drive** [ein bisschen] rausfahren *fam;* **to ~ for a newspaper** eine Zeitung holen gehen; **to ~ for a ride** *(on a horse)* reiten gehen; *(in a vehicle)* rumfahren *fam;* **to ~ for a sail/swim/walk** segeln/schwimmen/spazieren gehen; **to ~ for a spin** *(fam)* eine Spritztour machen *fam*
◆**go forth** *vi* ❶ *(form liter: move onward)* weitergehen; **to ~ forth into battle** in die Schlacht ziehen
❷ *(hum: become widespread)* ***the word has gone forth that ...*** es geht das Gerücht [um], dass ...
◆**go forward** *vi* ❶ *(move toward front) traffic, etc.* sich *akk* vorwärtsbewegen
❷ *(progress)* vorangehen, SCHWEIZ *a.* vorwärtsgehen; ***as soon as the loan comes in, construction can ~ forward*** sobald der Kredit da ist, können die Bauarbeiten beginnen; ***it looks as if we can ~ forward with our project*** es sieht so aus, als ob wir mit unserem Projekt weitermachen können
❸ *(be set earlier) clocks* vorgestellt werden
❹ *(be proposed)* vorgeschlagen werden; ***his name went forward as the new minister of education*** er wurde als neuer Bildungsminister vorgeschlagen
◆**go in** *vi* ❶ *(enter)* hineingehen; ***it's really cold, why don't we ~ in?*** es ist echt kalt, warum gehen wir nicht rein? *fam*
❷ *(fit)* hineinpassen; ***it won't ~ in, it's too big*** es geht nicht rein, es ist zu groß *fam*
❸ *(go to work)* arbeiten gehen
❹ TECH *(be installed)* installiert [*o* eingebaut] werden
❺ *(go behind cloud)* ***when the sun ~es in, it gets pretty chilly*** sobald es sich bewölkt, wird's echt frisch
❻ *(fam: be understood)* in den Kopf gehen *fam;* ***no matter how many times you tell him something, it just won't ~ in*** egal, wie oft du ihm was sagst, es geht einfach nicht in seinen Kopf rein *fam*
❼ *(work together)* ■**to ~ in with sb** sich *akk* mit jdm zusammentun *fam*
❽ *(fam: participate in)* ■**to ~ in for sth** an etw *dat* teilnehmen; ***have you ever considered ~ing in for medicine?*** hast du jemals daran gedacht, in die Medizin zu gehen?; ***I wanted to ~ in for cooking*** ich wollte Koch werden; **to ~ in for an exam** eine Prüfung machen
❾ *(fam: enjoy)* ■**to ~ in for sth** etw mögen; ***I've never really gone in for classical music*** auf klassische Musik stand ich noch nie sonderlich *fam;* ***she really ~es in for travelling*** sie reist total gerne *fam*
❿ *(fam: indulge in)* ■**to ~ in for sth** auf etw *akk* abfahren *fam*
◆**go into** *vi* ❶ *(start)* ■**to ~ into sth:** ***he went into the election with good chances of beating the incumbent*** er ging mit guten Chancen, den Amtsinhaber zu schlagen, in den Wahlkampf; ***they went into gales of laughter at his sight*** bei seinem Anblick brachen sie in schallendes Gelächter aus; ***they were ~ing into this project with very little experience*** sie gingen mit nur sehr wenig Erfahrung in dieses Projekt; ***the restaurant is ~ing into its second year of business*** das Restaurant geht jetzt in sein zweites Geschäftsjahr; ***the new trains went into service last month*** die neuen Züge wurden letzten Monat in Dienst gestellt; **to ~ into action** in Aktion treten; **to ~ into a coma** ins Koma fallen; **to ~ into effect** in Kraft treten; **to ~ into hiding** sich *akk* verstecken, untertauchen *fam;* **to ~ into hysterics** hysterisch werden; **to ~ into labour** [*or* AM **labor**] [die] Wehen bekommen; **to ~ into mourning** trauern; **to ~ into reverse** in den Rückwärtsgang schalten; **to ~ into a trance** in Trance [ver]fallen
❷ *(begin career in)* **to ~ into journalism** Journalist/Journalistin werden; **to ~ into medicine/politics** in die Medizin/die Politik gehen; **to ~ into service** BRIT *(dated)* [als Dienstbote/Dienstbotin] in Stellung gehen
❸ *(begin producing)* ■**to ~ into sth:** ***after working for us for five years, he went into business for himself*** nachdem er fünf Jahre lang für uns gearbeitet hatte, machte er sich selbstständig; **to ~ into production** in Produktion gehen
❹ *(examine)* ■**to ~ into sth** etw untersuchen; *(discuss)* etw erörtern; ***I don't want to ~ into that right now*** ich möchte jetzt im Moment nicht darauf eingehen; **to ~ into detail** ins Detail gehen
❺ *(be invested in)* ■**to ~ into sth:** ***a considerable amount of money has gone into this exhibition*** in dieser Ausstellung steckt eine beträchtliche Menge [an] Geld

⑥ *(be used in)* ■**to ~ into sth**: ***butter is supposed to ~ into the cake but you can also use margarine*** eigentlich kommt Butter in den Kuchen, aber man kann auch Margarine nehmen
⑦ *(join)* ■**to ~ into sth** etw *dat* beitreten; **to ~ into the army** zur Armee gehen; **to ~ into a club/an organization** einem Klub/einer Organisation beitreten; **to ~ into hospital/a nursing home** ins Krankenhaus/in ein Pflegeheim gehen
⑧ *(crash into)* ■**to ~ into sth** in etw *akk* hineinfahren; *tree, wall* gegen etw *akk* fahren
⑨ MATH ■**to ~ into sth**: ***seven won't ~ into three*** sieben geht nicht in drei
◆**go off** *vi* ① *(leave)* weggehen; THEAT abgehen; ***don't ~ off the path*** verlassen Sie den Weg nicht; ***they went off on their own through the city*** sie erkundeten die Stadt auf eigene Faust; ***he went off into the blue*** er verschwand spurlos
② *(stop working) light* ausgehen; *electricity* ausfallen; ***the TV station usually ~es off at 3 a.m.*** der Sender stellt normalerweise um 3 Uhr morgens den Betrieb ein; **to ~ off the air** den Sendebetrieb einstellen
③ *(ring) alarm* losgehen; *alarm clock* klingeln; *bomb* hochgehen; ***didn't you hear your alarm clock ~ off this morning?*** hast du heute Morgen deinen Wecker nicht gehört?; ***his gun went off accidentally*** aus seiner Waffe löste sich versehentlich ein Schuss
④ BRIT, AUS *(decrease in quality)* nachlassen; *food* schlecht werden; *milk* sauer werden; *butter* ranzig werden; *pain* nachlassen
⑤ *(happen)* vonstattengehen, verlaufen; **to ~ off badly/smoothly/well** schlecht/reibungslos/gut [ver]laufen
⑥ *(fall asleep)* einschlafen; *(into trance)* in Trance [ver]fallen
⑦ *(diverge)* abgehen; ***pass the road that ~es off to Silver Springs*** fahren Sie an der Straße vorbei, die nach Silver Springs abzweigt; **to ~ off the subject** vom Thema abschweifen; **to ~ off at** [*or* **on**] **a tangent** plötzlich [völlig] vom Thema abkommen
⑧ *(stop liking)* ■**to ~ off sth/sb** etw/jdn nicht mehr mögen; ***I went off him after ...*** ich konnte ihn nicht mehr leiden, nachdem ...; ***she went off skiing after she broke her leg*** sie ist vom Skifahren abgekommen, nachdem sie sich das Bein gebrochen hatte
▸PHRASES: **to ~ off the deep end** *(fam)* völlig außer sich geraten *fam*
◆**go off with** *vt* ① *(leave partner for another)* ■**to ~ off with sb** mit jdm durchbrennen *fam*
② *(take away, steal)* ■**to ~ off with sth** sich *akk* mit etw *dat* davonmachen *fam;* ***who's gone off with my keys again?*** wer hat schon wieder meine Schlüssel mitgenommen?; ***someone has gone off with my purse*** jemand hat sich mit meinem Geldbeutel davongemacht *fam*
◆**go on** *vi* ① *(go further)* weitergehen; *vehicle* weiterfahren; **to ~ on ahead** vorausgehen; *vehicle* vorausfahren
② *(extend)* sich *akk* erstrecken; *time* voranschreiten; ***the forests seemed to ~ on for ever*** die Wälder schienen sich bis in die Unendlichkeit zu erstrecken; ***it'll get warmer as the day ~es on*** im Laufe des Tages wird es wärmer; ***as time went on, their friendship blossomed*** im Laufe der Zeit wurde ihre Freundschaft immer tiefer
③ *(continue)* weitermachen; *fights* anhalten; *negotiations* andauern *fam;* ***I can't ~ on*** ich kann nicht mehr; ***you can't ~ on like that indefinitely*** du kannst nicht ewig so weitermachen; ***we can't ~ on arguing like this*** wir können nicht immerzu so weiter streiten; ***how can you ~ on as if nothing has happened?*** wie kannst du nur einfach so weitermachen, als sei nichts passiert?; **to ~ on trying** es weiter versuchen; **to ~ on working** weiterarbeiten; **to ~ on and on** kein Ende nehmen [wollen]
④ *(continue speaking)* weiterreden; *(speak incessantly)* unaufhörlich reden; ***sorry, please ~ on*** Entschuldigung, bitte fahren Sie fort; ***he just ~es on and on*** er redet echt wie ein Wasserfall *fam;* ***she went on to talk about her time in Africa*** sie erzählte weiter von ihrer Zeit in Afrika; ***he went on to say that ...*** dann sagte er, dass ...; ***"... and then," he went on ...*** „... und dann", fuhr er fort ...; ■**to ~ on about sb/sth** stundenlang über jdn/etw reden; **to always ~ on** [**about sth**] andauernd [über etw *akk*] reden
⑤ *(criticize)* ■**to ~ on about sb/sth** dauernd über jdn/etw klagen; ■**to ~ on at sb** an jdm herumnörgeln [*o* herummäkeln] *fam*
⑥ *(happen)* passieren; ***this has been ~ing on for months now*** das geht jetzt schon Monate so!; ***what on earth's been ~ing on here?*** was um alles in der Welt ist denn hier passiert?; ***what's ~ing on here?*** was geht denn hier vor?
⑦ *(move on, proceed)* ***I always knew that he would ~ on to a successful career*** ich wusste schon immer, dass er es mal zu etwas bringen würde; ***she went on to do a PhD*** sie strebte einen Doktortitel an; ***he went on to become a teacher*** später wurde er Lehrer; ***what proportion of people who are HIV-positive ~ on to develop AIDS?*** bei wie viel Prozent der HIV-Infizierten bricht tatsächlich AIDS aus?
⑧ *(start, embark on)* anfangen; ***this is the second fishing trip he's gone on this summer*** das ist dieses Jahr schon sein zweiter Angelurlaub; **to ~ on** [*or* **onto**] **the attack** den Angriff starten; **to ~ on a diet** auf Diät gehen; **to ~ on the dole** stempeln gehen *fam;* **to ~ on an expedition** auf eine Expedition gehen; **to ~ on a half-day week** halbtags arbeiten; **to ~ on** [**a**] **holiday** in Urlaub gehen, auf Urlaub fahren ÖSTERR, in die Ferien fahren SCHWEIZ; **to ~ on honeymoon** auf Hochzeitsreise gehen, eine Hochzeitsreise machen ÖSTERR; **to ~ on a journey** eine Reise machen; **to ~ on the pill** MED die Pille nehmen; **to ~ on strike** in den Streik treten; **to ~ on tour** auf Tournee gehen
⑨ TECH *lights* angehen
⑩ THEAT auftreten; ***I don't ~ on until the second act*** ich komme erst im zweiten Akt dran
⑪ SPORT an der Reihe sein
⑫ *(base conclusions on)* ■**to ~ on sth** *evidence* sich *akk* auf etw *akk* stützen; ***we haven't got any anything to ~ on yet*** wir haben noch keine Anhaltspunkte
⑬ *(fit)* ■**to ~ on** [**sth**]: ***these boots won't ~ on over my thick socks*** diese Stiefel passen nicht über meine dicken Socken; ***this shoe just won't ~ on*** ich kriege diesen Schuh einfach nicht an *fam*
⑭ *(belong on)* ■**to ~ on sth** auf etw *akk* gehören; ***that vice ~es on the workbench*** diese Schraubzwinge gehört auf die Werkbank
⑮ FIN *(be allocated to)* ■**to ~ on sth** *expenses* auf etw *akk* gehen; ***all travel expenses ~ on the company account*** die Firma übernimmt alle Reisekosten
⑯ *(as encouragement)* ***~ on, have another drink*** na komm, trink noch einen; ***~ on and ask directions*** komm, frag nach dem Weg; ***~ on!*** los, mach schon!; ***~ on, tell me!*** jetzt sag schon! *fam*
⑰ *(expressing disbelief)* ***what, they eloped? ~ on, you must be kidding!*** was, sie sind abgehauen? das ist nicht dein Ernst! *fam*
⑱ *(ride on)* ■**to ~ on the swings** auf die Schaukel gehen
⑲ *(approach)* ***my granny is ~ing on*** [***for***] ***ninety*** meine Oma geht auf die neunzig zu; ***it's ~ing on*** [***for***] ***nine o'clock*** es geht auf neun zu; ***I'm ~ing on*** [***for***] ***ten!*** ich bin [schon] fast zehn!
◆**go on with** *vi* ① *(continue)* ■**to ~ on with sth** etw fortsetzen, mit etw *dat* fortfahren; ***please ~ on with your work and don't let us interrupt you*** bitte arbeiten Sie einfach weiter und lassen Sie sich durch uns nicht stören
② *(fam: have for the present)* ***I have enough work to be ~ing on with*** ich habe fürs Erste genug zu tun; ***here's a cup of coffee to ~ on with*** hier hast du erst einmal einen Kaffee *fam*
▸PHRASES: **~ on** [**BRIT with you**]! ach was, erzähl mir doch nichts! *fam*
◆**go out** *vi* ① *(leave)* [hinaus]gehen; ***he went out to pick up some copies*** er holt gerade ein paar Kopien ab; ***the company sent representatives to colleges to ~ out and recruit graduates*** die Firma schickte Vertreter an die Hochschulen, um dort Absolventen zu werben; **to ~ out for a breath of fresh air** frische Luft schnappen gehen; **to ~ out to work** arbeiten gehen; **to ~ out jogging/shopping** joggen/einkaufen gehen; **to ~ out riding** ausreiten
② *(depart)* ***they went out to Australia*** sie gingen nach Australien; *(emigrate)* auswandern
③ *(enjoy social life)* ausgehen; **to ~ out for a meal** essen gehen
④ *(date)* ■**to ~ out with sb** mit jdm gehen *fam*
⑤ *(be extinguished) fire* ausgehen; *light also* ausfallen; ***the fire's gone out*** das Feuer ist erloschen; **to ~ out like a light** *(fig)* sofort einschlafen
⑥ *(be sent out)* verschickt werden; MEDIA ausgestrahlt werden; *(be issued)* verteilt werden; ***the letters went out on Thursday*** die Briefe sind am Donnerstag verschickt worden; ***word has gone out that ...*** es wurde bekannt, dass ...
⑦ *(sympathize)* ***our thoughts ~ out to all the people who ...*** unsere Gedanken sind bei all denen, die ...; ***my heart ~es out to him*** ich fühle mit ihm
⑧ *(recede) water* zurückgehen; ***when the tide ~es out ...*** bei Ebbe ...
⑨ *esp* AM *(be spent)* ausgegeben werden; ***our money ~es out before we've even got it*** unser Geld ist schon weg, bevor wir es überhaupt zu Gesicht bekommen *fam*
⑩ *(become unfashionable)* unmodern werden, aus der Mode kommen; *custom* aussterben
⑪ *(strike)* streiken; **to ~ out on strike** in den Ausstand treten
⑫ BRIT SPORT *(be eliminated)* ■**to ~ out** [**to sb**] [gegen jdn] ausscheiden
⑬ *(in golf)* ***he went out in 36*** für die Hinrunde benötigte er 36 Schläge
⑭ CARDS ablegen
⑮ *(end) month, year* zu Ende gehen
⑯ POL *government* abgelöst werden
⑰ *(lose consciousness)* das Bewusstsein verlieren
▸PHRASES: **to ~ all out** sich *akk* ins Zeug legen *fam*
◆**go out of** *vi* ① *(leave)* [hinaus]gehen; ***I have to ~ out of town on business*** ich muss die Stadt geschäftlich verlassen; ■**to ~ out of sb/sth** *(fig)* jdn/etw verlassen; ***all energy has gone out of her since she lost her job*** seit sie ihren Job verloren hat, fehlt ihr jeglicher Antrieb; ***the magic has gone out of their relationship*** der Zauber ihrer Beziehung ist verflogen
② *(close shop)* **to ~ out of business** zumachen *fam*
③ *(become unfashionable)* **to ~ out of fashion** [*or* **style**] aus der Mode kommen
④ *(stop being printed)* **to ~ out of print** nicht mehr aufgelegt werden
▸PHRASES: **to ~ out of one's way to do sth** sich *akk* für etw *akk* ins Zeug legen *fam*
◆**go over** *vi* ① *(cross)* hinübergehen; *(in vehicle)* hinüberfahren; **to ~ over a border/river/street** eine Grenze/einen Fluss/eine Straße überqueren; **to ~ over the edge of a cliff** über eine Klippe stürzen
② *(visit)* ■**to ~ over to sb** zu jdm rübergehen *fam;* ***I'm just ~ing over to the chemist's*** ich gehe nur mal schnell in die Apotheke rüber *fam*
③ *(fig: change)* ■**to ~ over to sth** *different party* zu etw *dat* überwechseln; *faith* zu etw *dat* übertreten; *habit* zu etw *dat* übergehen; ***most motorists have gone over from leaded to unleaded fuel*** die meisten Autofahrer sind von verbleitem auf bleifreies Benzin umgestiegen; **to ~ over to the enemy** zum Feind überlaufen
④ *(be received)* **to ~ over** [**badly/well**] [schlecht/gut] ankommen; ***his speech went over like a ton of bricks*** seine Rede war ein Flop
⑤ *(examine)* ■**to ~ over sth** *report, lines* etw durchgehen; *flat, car* etw durchsuchen; *problem*

sich *dat* etw durch den Kopf gehen lassen; ***don't sign anything until you have gone over it thoroughly*** unterschreib nichts, bevor du es nicht genauestens durchgesehen hast; ▪**to ~ over sb** jdn untersuchen; **to ~ over sth in one's mind** etw in Gedanken durchgehen
⑥ TV, RADIO ▪**to ~ over to sb** zu jdm umschalten; **to ~ over to Glasgow** nach Glasgow umschalten
⑦ *(sl: attack brutally)* ▪**to ~ over sb with sth** jdn mit etw *dat* zusammenschlagen
⑧ *(exceed)* **to ~ over a budget/limit** ein Budget/eine Grenze überschreiten; **to ~ over a time limit** überziehen
⑨ *(wash)* **to ~ over a room** mal schnell ein Zimmer [durch]putzen
⑩ *(redraw)* ▪**to ~ over sth** etw nachzeichnen; **to ~ over a line** eine Linie nachziehen
◆**go overboard** *vi* ① NAUT über Bord gehen
② *(fig: be excessive)* es übertreiben; ***I like red, but this is ~ing overboard*** ich mag zwar rot, aber das ist dann doch zu viel
◆**go round** *vi* BRIT *see* **go around**
◆**go short** *vi* STOCKEX Wertpapiere leerverkaufen
◆**go through** *vi* ① *(pass in and out of)* durchgehen; *vehicle* durchfahren; ▪**to ~ through sth** durch etw *akk* durchlaufen; *(in vehicle)* durch etw *akk* durchfahren; ***he went right through the garden*** er lief mitten durch den Garten durch; **to ~ through customs/the door** durch den Zoll/die Tür gehen
② *(experience)* ▪**to ~ through sth** etw durchmachen; ***your daughter won't always be so difficult — she's just ~ing through a stage*** Ihre Tochter wird nicht immer so schwierig sein – das ist nur so eine Phase; **to ~ through an operation** MED operiert werden; **to ~ through a bad patch** eine schwere Zeit durchmachen
③ *(review, discuss)* ▪**to ~ through sth** *act, issue, checklist* etw durchgehen
④ *(be approved) plan* durchgehen; *bill* durchkommen; *business deal* [erfolgreich] abgeschlossen werden; ***now that the new legislation/the divorce has gone through, ...*** jetzt, da das neue Gesetz/die Scheidung durch ist, ...
⑤ *(use up)* ▪**to ~ through sth** etw aufbrauchen; ***I went through two hundred quid on my last trip to London*** auf meiner letzten Londonreise habe ich zweihundert Pfund ausgegeben; **to ~ through a pair of shoes** ein Paar Schuhe durchlaufen
⑥ *(wear through)* ▪**to ~ through** sich *akk* durchscheuern; ***my jeans always ~ through at the knees first*** meine Jeans wetzt sich immer zuerst an den Knien ab
⑦ *(look through)* ▪**to ~ through sth** *essay, piece of work* etw durchsehen
⑧ *(be felt by)* ***shock went through him as he heard the news*** ihm fuhr der Schock durch alle Glieder, als er die Neuigkeiten erfuhr
⑨ *(carry out)* ▪**to ~ through with sth** *programme, threat* etw durchziehen *fam;* ▪**to ~ through sth** etw erledigen; **to ~ through a course** einen Kurs absolvieren; **to ~ through the marriage ceremony** sich *akk* trauen lassen; ***after the two foreign ministers had gone through the formalities ...*** nachdem die beiden Außenminister die Förmlichkeiten hinter sich gebracht hatten, ...; ***he had to ~ through with it now*** jetzt gab es kein Zurück mehr für ihn
⑩ PUBL **to have gone through several editions** schon durch mehrere Auflagen gegangen sein
⑪ *(be routed through)* ***you must ~ through the central operator before you can be connected with the person you are calling*** Sie müssen über die zentrale Vermittlung gehen, bevor Sie zu ihrem Gesprächspartner durchgestellt werden können
▸PHRASES: **to ~ through the mill** viel mitmachen *fam;* **to ~ through the roof** an die Decke gehen *fam*
◆**go together** *vi* ① *(harmonize)* zusammenpassen; ***do you think that a red wine sauce ~es together with fish?*** findest du, dass Rotweinsauce zu Fisch passt?; ***coffee and cake ~ together like bees and honey*** Kaffee und Kuchen passen wunderbar zueinander
② *(date)* miteinander gehen *fam*
③ *(coincide) events* zusammen auftreten
◆**go under** *vi* ① *(sink)* untergehen
② *(fail) person* scheitern; *business* eingehen
③ *(be known by)* ***she went under the name of Cora Whiplash*** sie war unter dem Namen Cora Whiplash bekannt; ***the campaign ~es under the slogan '...'*** die Kampagne läuft unter dem Motto ‚...'
④ *(move below)* ▪**to ~ under sth** unter etw *akk* druntergehen *fam;* ***we went under an awning until the rain had abated a little*** wir suchten unter einem Vordach Unterschlupf, bis der Regen ein wenig nachgelassen hatte; ***they went under the English Channel*** sie fuhren unter dem Ärmelkanal durch; ***the old road ~es under the railway bridge*** die alte Straße führt unter der Eisenbahnbrücke durch
▸PHRASES: **to ~ under the hammer** unter den Hammer kommen
◆**go up** *vi* ① *(move higher)* hinaufgehen; *(onto a ladder)* hinaufsteigen; *curtain* hochgehen; *balloon* aufsteigen; ***I was ~ing up the stairs when ...*** ich ging gerade die Treppe hinauf, als ...
② *(increase) prices, interest rates, temperature* steigen; ***I can ~ up as far as that, but that's my limit*** bis dahin kann ich gehen, aber das ist mein letztes Gebot; ***everything is ~ing up*** alles wird teurer!; **to ~ up 2%** um 2 % steigen
③ *(approach)* ▪**to ~ up to sb/sth** auf jdn/etw zugehen
④ *(move along)* ▪**to ~ up to sth** [bis] zu etw *dat* hingehen; *(in vehicle)* [bis] zu etw *dat* hinfahren; ***~ up to the next street light and ...*** fahren Sie bis zur nächsten Straßenlaterne und ...; ***let's ~ up to the pub and have a drink*** lass uns in die Kneipe gehen und was trinken *fam;* ***~ing up the river is harder because ...*** den Fluss hinaufzufahren ist schwerer, da ...
⑤ *(travel northwards)* **to ~ up to Maine/Edinburgh** hoch nach Maine/Edinburgh fahren
⑥ *(extend to)* hochreichen, hinaufreichen; *(of time)* bis zu einer bestimmten Zeit gehen; ***their property ~es up to the top of that hill*** ihr Grundstück reicht bis zu dem Gipfel des Hügels dort hinauf; ***the sale ~es up to Sunday*** der Ausverkauf geht noch bis zum Sonntag
⑦ *(be built)* entstehen; ***a new factory is ~ing up on the old airport*** beim alten Flughafen entsteht eine neue Fabrik
⑧ *(burn up)* hochgehen *fam,* in die Luft gehen; **to ~ up in flames/smoke** in Flammen/Rauch aufgehen; **to ~ up in smoke** *(fig)* sich *akk* in Rauch auflösen
⑨ *(be heard)* ertönen; ***a shout went up from the crowd as ...*** ein Schrei stieg von der Menge auf, als ...
⑩ BRIT UNIV *(begin university)* zu studieren anfangen; *(return to university)* nach den Semesterferien wieder weiterstudieren; ***he is ~ing up to Oxford this year*** er nimmt dieses Jahr sein Studium in Oxford auf
▸PHRASES: **to ~ up against sb** sich *akk* jdm widersetzen; *(in a fight)* auf jdn losgehen *fam*
◆**go with** *vt* ① *(accompany)* ▪**to ~ with sb** mit jdm mitgehen, jdn begleiten; ***I have to go to town — do you want to ~ with me?*** ich muss in die Stadt – möchtest du mitkommen?; ▪**to ~ with sth** zu etw *dat* gehören
② *(be associated with)* ▪**to ~ with sth** mit etw *dat* einhergehen; **to ~ hand in hand with sth** *(fig)* mit etw *dat* Hand in Hand gehen
③ *(harmonize)* ▪**to ~ with sth** zu etw *dat* passen
④ *(agree with)* ▪**to ~ with sth** mit etw *dat* einverstanden sein; ***your first proposal was fine, but I can't ~ with you on this one*** dein erster Vorschlag war o.k., aber diesem hier kann ich nicht zustimmen
⑤ *(follow)* **to ~ with the beat** mit dem Rhythmus mitgehen; **to ~ with the flow** [*or* **tide**] *(fig)* mit dem Strom schwimmen; **to ~ with the majority** sich *akk* der Mehrheit anschließen
⑥ *(date)* ▪**to ~ with sb** mit jdm gehen *fam; (have sex with)* mit jdm schlafen
◆**go without** *vi* ▪**to ~ without sth** ohne etw *akk* auskommen; ***I'd rather ~ without food than work for him*** ich würde lieber auf Essen verzichten als für ihn arbeiten; **to ~ without breakfast** nicht frühstücken; **to have gone without sleep** nicht geschlafen haben; **to have to ~ without sth** ohne etw *akk* auskommen müssen; ▪**to ~ without doing sth** darauf verzichten, etw zu tun

goad [gəʊd, AM goʊd] **I.** *n* Stachelstock *m; (fig: motivating factor)* Ansporn *m*
II. *vt* ① *(spur)* ▪**to ~ sb [to sth]** jdn [zu etw *dat*] antreiben [*o* anspornen]; **to ~ sb's curiosity** jds Neugier wecken
② *(tease)* ▪**to ~ sb** jdn ärgern; *child* jdn hänseln; ***he refused to be ~ed by their insults*** er ließ sich von ihren Beleidigungen nicht aus der Ruhe bringen
③ *(provoke)* ▪**to ~ sb into [doing] sth** jdn dazu anstacheln [*o* anspornen], etw zu tun
◆**goad on** *vi usu passive* ▪**to ~ sb on** *(urge forward)* jdn antreiben; *(motivate)* jdn anspornen

go-ahead [ˈgəʊəhed, AM ˈgoʊ-] **I.** *n no pl* ① *(permission)* Erlaubnis *f,* Zustimmung *f* (**for** zu +*dat*); **to give/get** [*or* **receive**] **the ~** grünes Licht geben/erhalten
② COMPUT Startsignal *nt*
II. *adj* BRIT, AUS fortschrittlich

goal [gəʊl, AM goʊl] *n* ① *(aim)* Ziel *nt;* **to achieve/pursue a ~** ein Ziel erreichen/verfolgen; **to set oneself a ~** sich *dat* ein Ziel setzen
② SPORT *(scoring area)* Tor *nt,* Goal *nt* SCHWEIZ; **~ area** Torraum *m;* **to keep ~** das Tor hüten; **to play in ~** BRIT im Tor stehen
③ SPORT *(point)* Tor *nt,* Goal *nt* SCHWEIZ; **~ difference** Tordifferenz *f;* **penalty ~** Elfmeter *m;* **to score a ~** ein Tor schießen

goalie [ˈgəʊli, AM ˈgoʊ-] *(fam),* **ˈgoal·keep·er** *n* Tormann, Torfrau *m, f,* Goalie *m* SCHWEIZ

ˈgoal·keep·ing *n no pl* Torhüten *nt*

goal ˈkick *n* FBALL Abstoß *m* [vom Tor]

goal·less [ˈgəʊlləs, AM ˈgoʊ-] *adj inv* torlos; ***the match ended in a ~ draw*** das Spiel endete null zu null

ˈgoal line *n* Torlinie *f* **ˈgoal·mouth I.** *n* Torraum *m* **II.** *n modifier* unmittelbarer Torbereich; **~ action** Handlung *f* im unmittelbaren Torbereich **goal-ˈori·ent·ed** *adj* zielorientiert, ergebnisorientiert **ˈgoal·post** *n* Torpfosten *m,* Goalpfosten *m* SCHWEIZ
▸PHRASES: **to move the ~s** *(fam)* die Bedingungen einer Abmachung einseitig ändern **ˈgoal·scor·er** *n esp* BRIT Torschütze, -schützin *m, f;* **leading** [*or* **top**] **~** Torschützenkönig(in) *m(f)* **ˈgoal·scor·ing** *esp* BRIT **I.** *n no pl* Torschießen *nt* **II.** *n modifier* Tor-; **~ opportunity** Torchance *f* **ˈgoal·tend·er** *n* AM *(in soccer)* Torwart(in) *m(f),* Tormann, -frau *m, f* ÖSTERR, Goalie *m* SCHWEIZ; *(in hockey)* Torhüter(in) *m(f),* Goalie *m* SCHWEIZ

go·an·na [gəʊˈænə, AM goʊˈ-] *n* ZOOL Waran *m*

goat [gəʊt, AM goʊt] *n* ① *(animal)* Ziege *f,* Geiss *f* SCHWEIZ; **billy ~** Ziegenbock *m,* Geissbock *m* SCHWEIZ; **mountain ~** Bergziege *f,* Berggeiss *f* SCHWEIZ; **~'s milk** Ziegenmilch *f,* Geissmilch *f* SCHWEIZ
② *(pej dated fam: lecher)* [alter] Bock *m pej fam*
③ ASTROL ▪**the G~** der Steinbock
▸PHRASES: **to act** [*or* **play**] **the ~** BRIT *(fam)* herumalbern *fam;* **to get sb's ~** jdn auf die Palme bringen *fam;* **to separate the sheep from the ~s** die Spreu vom Weizen trennen

goatee [gəʊˈtiː, AM goʊˈ-] *n* Spitzbart *m,* Ziegenbart *m*

ˈgoat·herd *n* Ziegenhirte, -hirtin *m, f,* Geisshirte, -hirtin *m, f* SCHWEIZ

ˈgoat('s) cheese *n no pl* Ziegenkäse *m,* Geisskäse *m* SCHWEIZ

ˈgoat·skin I. *n* Ziegenleder *nt*
II. *n modifier (bag, boots, jacket)* Ziegenleder-

gob [gɒb, AM gɑːb] **I.** *n* ① BRIT, AUS *(sl: mouth)* Maul *nt sl;* ***shut your ~!*** halt's Maul! *sl;* **to keep one's ~ shut** die Klappe halten *sl*

② AM *(fam: lump)* Klumpen *m*, Batzen *m fam*
③ BRIT, AUS *(lump of spit)* Schleimklumpen *m fam;* *(snot)* Rotz *m fam*, Schnuder *m* SCHWEIZ *fam*
④ AM *(sl: many)* ■ **~s** *pl* Haufen *m fam*, jede Menge *fam;* ■ **in ~s** in rauen Mengen *fam*
II. *vi* <-bb-> BRIT, AUS *(fam)* spucken; ■ **to ~ at sb** jdn anspucken
gob·bet ['gɒbɪt, AM 'gɑ:b-] *n* ① *(fam: lump)* Brocken *m;* **~ of flesh** Fleischbrocken *m*
② *(piece of text)* [Text]passage *f*
gob·ble ['gɒbl̩, AM 'gɑ:bl̩] **I.** *n* Kollerlaut *m*
II. *vi* ① *(fam: eat quickly)* schlingen
② *turkey* kollern
III. *vt* ① *(fam: eat quickly)* ■ **to ~ sth** etw [hinunter]schlingen
② AM *(vulg sl: perform oral sex)* ■ **to ~ sb** jdm einen blasen *vulg*
◆ **gobble down** *vt (fam)* ■ **to ~ down** ↻ **sth** etw hinunterschlingen
◆ **gobble up** *vt* ■ **to ~ up** ↻ **sth** ① *(eat quickly)* etw verschlingen
② ECON *(fig: take over)* etw schlucken *fam; (use up)* etw aufbrauchen [*o fam* schlucken]
gob·ble·de·gook, gob·ble·dy·gook ['gɒbl̩di-ˌgu:k, AM 'gɑ:bl̩-] *n no pl (pej fam)* Kauderwelsch *nt*
go-between ['gəʊbɪˌtwi:n, AM 'goʊbə-] *n* Vermittler(in) *m(f); (between lovers)* Liebesbote, -botin *m, f*, Kuppler(in) ÖSTERR; **to act** [*or* **serve**] **as a ~ for sb** als Vermittler(in) *m(f)* für jdn fungieren
Gobi ['gəʊbi, AM 'goʊbi] *n* **the ~** [**Desert**] die Wüste Gobi
gob·let ['gɒblət, AM 'gɑ:b-] *n* Kelch *m*
gob·lin ['gɒblɪn, AM 'gɑ:b-] *n* Kobold *m*
gobo <*pl* -s *or* -es> ['gəʊbəʊ, AM 'goʊboʊ] *n* ① *(round a microphone)* Schalltilgungsschirm *m*
② *(round a lens)* Blendenschirm *m*
gobs [gɑ:bz] *npl* AM *(fam)* ■ **~ of sth** ein Haufen einer S. *fam gen;* **~ of money** ein Haufen [*o* haufenweise] Geld *fam*
gob·shite ['gɒbʃaɪt] *n* IRISH *(vulg sl)* Idiot(in) *m(f)* *pej fam*
gob·smacked ['gɒbsmækt] *adj* BRIT *(fam)* baff *fam*, platt *fam;* ■ **to be ~** völlig baff sein
gob·smack·ing ['gɒbsmækɪŋ] *adj* BRIT *(fam)* umwerfend, einmalig
gob·stop·per *n esp* BRIT Dauerlutscher *m (mit verschiedenen Farbschichten)*
goby <*pl* - *or* -bies> ['gəʊbi, AM 'goʊ] *n* Meergrundel *f*
GOC [ˌdʒi:əʊ'si:] *n abbrev of* **General Officer Commanding** Oberbefehlshaber(in) *m(f)*
go-cart *n* AM *see* **go-kart**
go-cart·ing *n* AM *see* **go-karting**
god [gɒd, AM gɑ:d] *n* ① *(male deity, idol)* Gott *m;* **Greek/Roman ~s** griechische/römische Götter; **~ of war** Kriegsgott *m*
② *(fig: sb idolized)* Gott *m*, Idol *nt; (sth idolized)* Heiligtum *nt;* ***keeping fit is a good idea, but there's no need to make a ~ of it*** sich fit halten ist eine gute Sache, aber man muss ja keine Religion daraus machen; **to be sb's ~** jds großes Vorbild sein
God [gɒd, AM gɑ:d] **I.** *n no pl, no art* Gott *kein art;* ***do you believe in ~?*** glaubst du an Gott?; ***~ be with you!*** Gott sei mit dir!; ***~ bless this house!*** Gott segne dieses Haus!; **an act of ~** höhere Gewalt; **~ Almighty** [*or* **Lord ~**] Gott, der Allmächtige; **~ the Father, ~ the Son and ~ the Holy Ghost** Gott Vater, Sohn und Heiliger Geist; **~'s will** Gottes Wille; **to be with ~** *(euph form)* beim Herrn [*o* Herrgott] sein *euph;* **to be ~'s gift to sb/sth** *(iron pej)* ein Geschenk Gottes [*o* des Himmels] für jdn/etw sein; ***he thinks he's ~'s gift to women*** er hält sich für das Beste, was den Frauen passieren konnte; **to play ~** *(pej)* Gott spielen *pej;* **to swear before ~** vor Gott schwören
▸ PHRASES: **~ helps those who help themselves** *(prov)* hilf dir selbst, so hilft dir Gott *prov*
II. *interj (fam!)* [**oh**] [**my**] **~!**, **~ Almighty!** oh [mein] Gott!, großer Gott!, Allmächtiger!; **~ *damn them!*** Gott verfluche sie! *pej sl;* **~ *damn it!*** Gott verdammt! *sl;* **~ *forbid!*** Gott bewahre!; **~ *help us!*** Gott stehe uns bei!; ***where's Bob? — ~ knows!*** wo ist Bob? – weiß der Himmel! *fam;* ***I did my best, ~ knows!*** Gott weiß, dass ich mein Bestes gegeben habe!; **by ~** bei Gott; ***dear*** [*or* ***good***] ***~!*** du liebe Güte!; **please ~** gebe Gott; **thank ~**[**!**] Gott [*o* dem Himmel] sei Dank[!]; **~ willing** so Gott will; **in ~'s name** in Gottes Namen; **for ~'s sake** um Himmels [*o* Gottes] willen; **~'s truth** [*or* **as ~ is my witness**] Gott ist mein Zeuge; **honest to ~** ich schwöre [es] bei Gott; **to hope/swear/wish to ~** [**that**] ... bei Gott hoffen/schwören/wünschen, dass ...; ***I swear to ~ it wasn't me*** ich schwöre bei Gott, ich war es nicht
god-'aw·ful *adj (fam)* beschissen *sl* '**god·child** *n* Patenkind *nt*, SCHWEIZ *a.* Götti-/Gottekind *nt* '**god·damn**, *esp* AM '**god·dam** *(fam!)* **I.** *adj attr* ① *inv (pej!: emphasizing annoyance)* gottverdammt *pej sl*
② AM *(emphasizing peculiarity)* seltsam; ***that is the ~ est dog I've ever seen*** das ist der merkwürdigste Hund, den ich jemals gesehen habe
II. *adv* verdammt *fam;* ***don't drive so ~ fast!*** fahr nicht so verdammt schnell!
III. *interj* verdammt *fam;* ***~, how much longer will it take?*** verdammt [nochmal], wie lange dauert das denn noch? '**god·damned I.** *adj attr* ① *inv (pej!: emphasizing annoyance)* gottverdammt *pej fam* ② *(emphasizing peculiarity)* seltsam **II.** *adv* verdammt *fam;* ***don't drive so ~ fast!*** fahr nicht so verdammt schnell! '**god·daugh·ter** *n* Patentochter *f*, SCHWEIZ *a.* Göttimaitli *nt dial*
god·dess <*pl* -es> ['gɒdes, AM 'gɑ:dɪs] *n* ① *(female deity)* Göttin *f*
② *(idolized woman)* Göttin *f*, Gottheit *f;* **screen ~** [Film]diva *f veraltend*
'**god·fa·ther** *n* ① *(male godparent)* Patenonkel *m*, Pate *m*, SCHWEIZ *a.* Götti *m* ② *(Mafia leader)* Pate *m* '**god-fear·ing** *adj (approv)* gottesfürchtig '**god-for·sak·en** *adj attr (pej) place, land* gottverlassen *pej fam*
'**God-giv·en** *adj inv* gottgegeben; ***she has a ~ talent as a painter*** sie ist eine begnadete Malerin '**God·head**, '**god·head** *n no pl* REL ① *(state of deity)* Gottheit *f; (divinity)* Göttlichkeit *f*, göttliche Natur
② *(God)* die Heilige Dreifaltigkeit
god·less ['gɒdləs, AM 'gɑ:d-] *adj* gottlos
god·less·ly ['gɒdləsli, AM 'gɑ:d-] *adv* gottlos
god·less·ness ['gɒdləsnəs, AM 'gɑ:d-] *n no pl* Gottlosigkeit *f*
god·like ['gɒdlaɪk, AM 'gɑ:d-] *adj* ① *(similar to God) person* gottähnlich; *powers* göttlich
② *(beautiful)* göttlich
god·li·ness ['gɒdlɪnəs, AM 'gɑ:d-] *n no pl* Frömmigkeit *f*, Gottesfurcht *f*
▸ PHRASES: **cleanliness is next to ~** *(prov)* Reinlichkeit kommt gleich nach Frömmigkeit
god·ly ['gɒdli, AM 'gɑ:d-] *adj* fromm; **to lead** [*or* **live**] **a ~ life** ein frommes [*o* gottesfürchtiges] Leben führen
'**god·moth·er** *n* Patentante *f*, Patin *f*, SCHWEIZ *a.* Gotte *f;* **fairy ~** gute Fee *fig*
go·down ['gəʊdaʊn] *n* IND Lagerhaus *nt*
'**god·par·ent** *n* Pate, Patin *m, f*, SCHWEIZ *a.* Götti, Gotte *m, f*
gods [gɒdz] *npl* BRIT, AUS THEAT *(fam)* ■ **the ~** die billigen Plätze *fam*
'**god·send** *n (fam)* Gottesgeschenk *nt;* ■ **to be a ~ to sb** ein Geschenk Gottes für jdn sein '**God slot** *n* BRIT MEDIA *(fam)* religiösen Programmen vorbehaltene Sendezeit '**god·son** *n* Patensohn *m*, SCHWEIZ *a.* Göttibueb *m dial* '**God squad** *n (usu pej fam)* Armee *f* Gottes
'**god·wit** *n* ORN Uferschnepfe *f*
goer ['gəʊəʳ, AM 'goʊɚ] *n* ① *(fam: person or thing that goes)* Geher *m;* ***that horse is a good ~*** das Pferd läuft gut; ***my car's not much of a ~*** mein Auto ist nicht besonders schnell
② *(fam: worker)* **to be a slow ~** langsam arbeiten
③ BRIT *(fam: party person)* Partylöwe *m; (promiscuous person)* Feger *m* BRD *sl*
④ *(viable proposition)* Erfolg *m*
-goer ['gəʊəʳ, AM 'goʊɚ] *in compounds* -besucher(in) *m(f)*, -gänger(in) *m(f);* **church~** Kirchgänger(in) *m(f);* **film~** [*or esp* AM **movie~**] Kinogänger(in) *m(f);* **restaurant~** Restaurantbesucher(in) *m(f);* **theatre~** Theaterbesucher(in) *m(f)*
goes [gəʊz, AM goʊz] *3rd pers. sing of* **go**
go·fer ['gəʊfəʳ, AM 'goʊfɚ] *n* AM, AUS *(fam)* Botengänger(in) *m(f)*, Laufbursche *m fam*
go-get·ter *n* tatkräftige Person, Tatmensch *m*
go-get·ting *adj* tatkräftig, einsatzfreudig
gog·gle ['gɒgl̩, AM 'gɑ:gl̩] **I.** *vi (fam) person* staunen, starren, glotzen *fam; eyes* weit aufgerissen sein; ■ **to ~ at sb/sth** jdn/etw anstarren [*o* anglotzen [*o* SCHWEIZ anstieren]] *fam*
II. *n* ① *(wide-eyed stare)* stierer Blick
② *(close-fitting glasses)* ■ **~s** *pl* [Schutz]brille *f;* **a pair of ~s** eine [Schutz]brille; **safety ~s** Schutzbrille *f;* **ski/swim**[**ming**] **~s** Ski-/Schwimmbrille *f*
'**gog·gle-box** *n* BRIT *(dated fam)* Glotze *f sl* **gog·gle-'eyed** *adj inv (fam)* mit Kulleraugen; ***he stared in ~ amazement*** vor Erstaunen fielen ihm fast die Augen aus dem Kopf
go-go ['gəʊgəʊ, AM 'goʊgoʊ] *adj attr, inv* ① *(type of dancing)* Go-go-; **~ dancing** Go-go *nt;* **~ girl** [*or* **dancer**] Go-go-Tänzerin *f*, Go-go-Girl *nt*
② AM COMM *(fam)* Boom-, der Hochkonjunktur *nach n;* **the ~ years/days** die Boomjahre, die Jahre/Zeit der Hochkonjunktur; **the ~ 80s** die vom Boom geprägten 80er
'**go-go danc·er** *n (dated)* Go-Go-Tänzer(in) *m(f)* '**go-go danc·ing** *n no pl* Go-Go *m*
go·ing ['gəʊɪŋ, AM 'goʊ-] **I.** *n* ① *(act of leaving)* Gehen *nt*
② *(departure)* Weggang *m; from job* Ausscheiden *nt*
③ *(conditions)* Bedingungen *pl;* **easy/rough ~** günstige/ungünstige Bedingungen; **to leave** [*or* **go**] **while the ~ is good** sich *akk* rechtzeitig absetzen *fam;* ***while the ~ is good*** solange es gut läuft
④ *(of a racetrack)* Bahn *f*
⑤ *(progress)* Fortgang *m*, Vorankommen *nt;* ***the ~ of the project has been slower than anticipated*** das Projekt geht langsamer voran als erwartet; **to be heavy** [*or* **rough**] **~** mühsam sein
▸ PHRASES: **when the ~ gets tough, the tough get ~** was uns nicht umbringt, macht uns nur noch härter
II. *adj inv* ① *pred (available)* vorhanden; ***do you know if there are any jobs ~ around here?*** weißt du, ob es hier in der Gegend Arbeit gibt?; ***he's the biggest crook ~*** er ist der größte Gauner, den es gibt
② *pred (in action)* am Laufen, in Gang; **to get/keep sth ~** etw in Gang bringen/halten
③ *(current)* aktuell, gegenwärtig; ***what's the ~ rate for babysitters nowadays?*** wie viel zahlt man heutzutage üblicherweise für einen Babysitter?
④ ECON *(profitable)* **~ concern** gut gehendes Unternehmen
-go·ing ['gəʊɪŋ, AM 'goʊ-] *in compounds* ① *(attending)* -besuch; ***movie~ is enjoying a revival*** die Leute gehen wieder häufiger ins Kino; **church~** Kirchgang *m;* **the church~ members of the community** die Gemeinde-Mitglieder, die regelmäßig in die Kirche gehen
② *(travelling)* **ocean~ yacht** hochseetaugliche Yacht
go·ing-a'way *adj attr* **~ clothes/dress** Reisekleidung *f*/-kleid *nt;* **~ party** Abschiedsparty *f*
'**go·ing on**, BRIT *also* **go·ing 'on for** *adv inv* fast, beinahe; ***it was ~ midnight when we left the party*** es war fast Mitternacht, als wir die Party verließen; ***she is 16 ~ 17*** sie geht auf die 17 zu
go·ing-'over <*pl* goings-over> *n usu sing* ① *(beating)* Tracht *f* Prügel; **to get a ~** eine Tracht Prügel [verpasst] bekommen
② *(fig: defeat)* Abreibung *f fam*
③ *(criticism)* Rüffel *m fam;* **to give sb a good ~** jdm einen ordentlichen Rüffel verpassen
④ *(examination)* Untersuchung *f;* **to give sth a thorough ~** *flat, house* etw gründlich durchsuchen
⑤ *(cleaning)* Reinigung *f*
'**go·ing price** *n* ① *(market price)* Marktwert *m;* **to**

pay more than the ~ mehr als das Übliche bezahlen
2 *(current price)* aktueller Preis
go·ings-'on *npl* 1 *(unusual events)* Vorfälle *pl;* ***there've been a lot of strange ~ in that house recently*** in diesem Haus passieren in letzter Zeit viele seltsame Dinge
2 *(activities)* Verhalten *nt kein pl,* Handlungsweise *f*
goi·tre, AM **goi·ter** ['gɔɪtəʳ, AM -t̬ɚ] *n no pl* MED Kropf *m*
'go-kart, AM **'go-cart** *n* Gokart *m*
'go-kart·ing, AM **'go-cart·ing** *n no pl* Gokartfahren *nt*
gold [gəʊld, AM goʊld] **I.** *n* 1 *no pl (precious metal)* Gold *nt;* **to pan for ~** nach Gold schürfen; **to strike ~** auf Gold stoßen
2 *no pl (golden objects)* Gold *nt;* **to be dripping with ~** *(pej fam)* mit Gold behängt sein *pej fam*
3 *(medal)* Goldmedaille *f,* Gold *nt fig*
4 *(colour)* Gold *nt*
5 *(sell a lot)* **to go ~** *album, record* vergoldet werden
▸PHRASES: **all that glitters is not ~** *(prov)* es ist nicht alles Gold was glänzt *prov;* **to be [as] good as ~** mustergültig sein; **to have a heart of ~** ein Herz aus Gold haben; **to be worth one's weight in ~** sein Gewicht in Gold wert sein
II. *n modifier (made of gold) (chain, coin, locket, necklace, nugget, ring, wristwatch)* Gold-; *(fig)* ~ **medal** Goldmedaille *f;* ~ **record** goldene Schallplatte
III. *adj* golden, Gold-; ~ **braid** Goldtresse *f;* ~ **ink** goldene Tinte; ~ **paint** Goldfarbe *f*
'gold as·sets *npl* ECON Goldreserve *f* **'gold-backed** *adj inv* FIN durch Gold gedeckt **'gold brick** AM **I.** *n (pej fam)* 1 *(sham)* Mogelpackung *f* 2 *(lazy person)* Faulenzer(in) *m(f) pej* **II.** *vt* ■**to ~ sb** jdn betrügen [*o* hintergehen] **III.** *vi* faulenzen **gold 'bul·lion** *n no pl* Barrengold *nt,* Goldbarren *m* **'gold card** *n* goldene [Kredit]karte, Goldkarte *f* **gold 'coin** *n* Goldmünze *f* **'gold con·tent** *n no pl* Goldgehalt *m*
gold·crest <*pl* - *or* -s> ['gəʊl(d)krest, AM 'goʊl(d)-] *n* Goldhähnchen *nt*
gold 'cur·ren·cy *n* Goldwährung *f* **'gold dig·ger** *n* Goldgräber *m;* ***she's a classic ~*** *(fig)* sie ist nur auf Geld aus **'gold dig·ging** *n no pl* Goldgraben *nt* **gold 'disc**, AM **gold 'disk** *n* goldene [Schall]platte **'gold dust** *n no pl* Goldstaub *m;* ***tickets for the concert are [like] ~*** *(fig)* Eintrittskarten für das Konzert sind sehr schwer zu bekommen
gold·en ['gəʊldᵊn, AM 'goʊl-] *adj inv* 1 *(made of gold)* aus Gold, golden, Gold-
2 *(concerning gold)* golden; ~ **anniversary** goldene Hochzeit; **the G~ state** *umgangssprachliche Bezeichnung für Kalifornien*
3 *(colour) hair* golden; ~ **brown** goldbraun
4 *(fig: very good)* ausgezeichnet; *memories, opportunity* golden; **sb's ~ years** *(euph)* jds beste [*o* goldene] Jahre
5 ECON *(fam)* ~ **handcuffs** *langfristige Vergünstigungen für einen leitenden Angestellten(, um ihn zum Bleiben zu bewegen);* ~ **handshake** großzügige Entlassungsabfindung; ~ **parachute** großzügige Entlassungsabfindung im Falle einer Übernahme
▸PHRASES: **silence is ~** *(prov)* Schweigen ist Gold
'gold·en age *n* goldenes Zeitalter **'gold·en boy** *n* Goldjunge *m fam* **gold·en 'calf** *n* REL ■**the ~** das Goldene Kalb **gold·en 'eagle** *n* Steinadler *m* **'gold·en·eye** *n* ORN Schellente *f* **Gold·en 'Fleece** *n* LIT ■**the ~** das Goldene Vlies **'gold·en girl** *n* Goldmädchen *nt fam* **gold·en 'goose** *n* Goldgrube *f fam* **gold·en 'hand·cuffs** *npl (fig) Vergünstigungen für leitende Angestellte, um diese längerfristig an ein Unternehmen zu binden* **gold·en 'hand·shake** *n (fig fam)* großzügige Abfindung **gold·en 'ju·bi·lee** *n esp* BRIT goldenes Jubiläum **gold·en 'mean** *n no pl* goldene Mitte **gold·en 'oldie** *n (fam)* 1 MUS, FILM [Golden] Oldie *m fam* 2 *(usu hum: person)* alter Fuchs *fam* **gold·en 'ori·ole** *n* ORN Pirol *m* **gold·en 'para·chute** *n (fam: payment)* großzügige Abfindung; *(clause)* Abfindungsklausel *f* **gold·en 'pheas·ant** *n* Goldfasan *m* **gold·en 'plov·er** *n* ORN Goldregenpfeifer *m* **gold·en re·'triev·er** *n* Golden Retriever *m* **gold·en 'rice** *n no pl* Golden Rice *m (mit Vitamin A angereicherter Reis)*
'gold·en·rod *n* BOT Goldrute *f*
gold·en 'rule *n* goldene Regel **gold·en 'sec·tion** *n* MATH Goldener Schnitt **gold·en 'syr·up** *n no pl* BRIT, AUS Sirup *m (helle Melasse)* **gold·en 'tri·an·gle** *n no pl* ■**the ~** das goldene Dreieck **gold·en 'wed·ding** *n* goldene Hochzeit
'gold·field *n* Goldfeld *nt*
'gold·finch *n* Stieglitz *m,* Distelfink *m*
'gold·fish *n* Goldfisch *m* **'gold·fish bowl** *n* Goldfischglas *nt* **'gold fix·ing** *n no pl* FIN Goldfixing *nt* **gold 'foil** *n no pl* Goldfolie *f*
goldi·locks ['gəʊldɪlɒks, AM 'goʊldilɑ:ks] *n (fam)* Goldlöckchen *nt fam*
gold·ish ['gəʊldɪʃ, AM 'goʊl-] *adj* gold-; ~**-brown** goldbraun
gold 'leaf *n no pl* Blattgold *nt* **gold 'med·al** *n* Goldmedaille *f* **'gold·mine** *n* Goldmine *f; (fig)* Goldgrube *f fam* **gold 'plate I.** *n* 1 *(layer of gold)* Vergoldung *f,* Goldauflage *f* 2 *(objects)* Goldgeschirr *nt* **II.** *vt* ■**to gold-plate sth** etw vergolden **gold-'plat·ed** *adj inv* vergoldet **gold 'plat·ing** *n no pl* 1 *(layer of gold)* Vergoldung *f,* Goldauflage *f* 2 *(process)* Vergoldung *f* **'gold points** *npl* ECON Goldpunkte *pl* **'gold re·serve** *n* Goldreserve *f,* Goldbestand *m* **'gold rush** *n* Goldrausch *m* **'gold·smith** *n* Goldschmied(in) *m(f)* **'gold stand·ard** *n* ECON Goldwährung *f,* Goldstandard *m;* ***the pound came off the ~*** das Pfund wurde von der Goldwährung gelöst
'gold trad·ing *n no pl* Goldhandel *m,* Goldgeschäft *nt*
golf [gɒlf, AM gɑ:lf] **I.** *n no pl* Golf *nt;* **a round of ~** eine Runde Golf; **mini[ature] ~** Minigolf *nt*
II. *n modifier (bag, instructor, professional, shoes)* Golf-; ~ **cart** Golfwagen *m*
III. *vi* golfen, Golf spielen
'golf bag *n* Golftasche *f* **'golf ball** *n* Golfball *m* **golf-ball 'type·writ·er** *n* Kugelkopfschreibmaschine *f* **'golf club** *n* 1 *(implement)* Golfschläger *m* 2 *(association, building)* Golfclub *m* **'golf course** *n* Golfplatz *m*
golf·er ['gɒlfəʳ, AM 'gɑ:lfɚ] *n* Golfer(in) *m(f),* Golfspieler(in) *m(f)*
golf·ing ['gɒlfɪŋ, AM 'gɑ:lf-] **I.** *n no pl* Golfspielen *nt,* Golfen *nt;* **to go ~** Golfspielen gehen
II. *adj attr, inv* Golf-; ~ **holiday** Golfurlaub *m*
'golf links *npl* AM Golfplatz *m;* BRIT Golfplatz *m* an der Küste **'golf tour·na·ment** *n* Golfturnier *nt*
Goliath [gə(ʊ)'laɪəθ, AM gə'-] *n* REL *(also fig)* Goliath *m a. fig;* **a David and ~ battle** [*or* **contest**] ein Kampf *m* David gegen Goliath
gol·li·wog, **gol·ly·wog** ['gɒlɪwɒg] *n* BRIT, AUS *(dated)* Negerpuppe *f*
gol·ly ['gɒli, AM 'gɑ:li] *interj (dated fam)* Donnerwetter *fam,* Menschenskind *fam;* ***by ~!*** zum Donnerwetter!
gom·pho·lite ['gɒmfəʊlaɪt, AM 'gɑ:mfoʊ-] *n no pl* GEOL Nagelfluh *f*
go·nad ['gəʊnæd, AM 'goʊ-] *n* ANAT Gonade *f*
gon·do·la ['gɒndᵊlə, AM 'gɑ:n-] *n* 1 AVIAT, NAUT, TRANSP Gondel *f*
2 AM NAUT flacher Lastkahn
3 AM RAIL offener Güterwagen
gon·do·lier [ˌgɒndə'lɪəʳ, AM ˌgɑ:ndə'lɪr] *n* Gondoliere *m*
gone [gɒn, AM gɑ:n] **I.** *pp of* **go**
II. *prep* BRIT ***it's just ~ ten o'clock*** es ist kurz nach zehn Uhr
III. *adj pred, inv* 1 *(no longer there)* weg *fam; (used up)* verbraucht; ***one minute they were here, the next they were ~*** kaum waren sie da, waren sie auch schon wieder weg
2 *(dead)* tot; **to be dead and ~** tot und unter der Erde sein *fam;* **to be pretty far ~** beinahe tot sein; **to be too far ~** dem Tode zu nah sein
3 *(fam: pregnant)* schwanger; ***how far ~ is she?*** im wievielten Monat ist sie?
4 *(fam: drunk)* betrunken, zu *sl*
5 *(fam: infatuated)* ■**to be ~ on sb** auf jdn abfahren *sl*
gon·er ['gɒnəʳ, AM 'gɑ:nɚ] *n (fam)* 1 *(be bound to die)* **to be a ~** es nicht mehr lange machen *fam*
2 *(be in trouble)* **to be a ~** geliefert [*o* dran] sein *sl*
3 *(be irreparable)* hoffnungslos kaputt sein *fam;* ***your bike's a ~, I'm afraid*** ich fürchte dein Rad ist endgültig hinüber
gon·fa·lon ['gɒnfᵊlən, AM 'gɑ:n-] *n* Banner *nt*
gong [gɒŋ, AM gɑ:ŋ] *n* 1 *(instrument)* Gong *m*
2 BRIT, AUS *(fam: award)* Auszeichnung *f;* **to pick up** [*or* **win**] **a ~** [**for sth**] eine Auszeichnung [für etw *akk*] erhalten
▸PHRASES: **to be all ~ and no dinner** *(hum)* viel versprechen, aber nichts halten
go·ni·om·eter [ˌgəʊni'ɒmɪtəʳ, AM ˌgoʊni'ɑ:mət̬ɚ] *n* MATH Goniometer *m*
gon·na ['gᵊnə, AM 'gɑ:nə] *esp* AM *(sl) see* **going to:** ***what you ~ do about it?*** was willst du dagegen machen?
gon·or·rhoea, AM **gon·or·rhea** [ˌgɒnə'ri:ə, AM ˌgɑ:nə'-] *n no pl* Tripper *m,* Gonorrhöe *f fachspr;* **to get/have ~** den Tripper bekommen/haben
gon·zo ['gɒnzəʊ, AM 'gɑ:nzoʊ] *adj* AM, AUS 1 JOURN *(sl)* stark übertrieben
2 *(fam) person* exzentrisch, übertreibend
goo [gu:] *n no pl (fam)* 1 *(sticky substance)* Schmiere *f,* klebrige Masse, Papp *m*
2 *(sentimentality)* Schmalz *m pej fam*

good [gʊd]

I. ADJECTIVE	II. ADVERB
III. NOUN	

I. ADJECTIVE

<better, best> 1 *(of high quality)* gut; ***there's nothing like a ~ book*** es geht nichts über ein gutes Buch; ***she speaks ~ Spanish*** sie spricht gut Spanisch; ***dogs have a ~ sense of smell*** Hunde haben einen guten Geruchssinn; ***he's got ~ intuition about such matters*** er hat in diesen Dingen ein gutes Gespür; ***your reasons make ~ sense but ...*** deine Gründe sind durchaus einleuchtend, aber ...; ***~ show*** [*or* ***job***]***!*** gut gemacht!; ***I need a ~ meal now*** jetzt brauche ich was Ordentliches zu essen!; ***the child had the ~ sense to ...*** das Kind besaß die Geistesgegenwart ...; ***he only has one ~ leg*** er hat nur ein gesundes Bein; ***that's a ~ one*** *(iron)* haha, der war gut! *iron;* ~ **appetite** gesunder Appetit; **to be a ~ catch** eine gute Partie sein; **a ~ choice/decision** eine gute Wahl/Entscheidung; ~ **ears/eyes** gute Ohren/Augen; **to do a ~ job** gute Arbeit leisten; **to be in ~ shape** in guter [körperlicher] Verfassung sein; ~ **thinking** gute Idee; ~ **timing** gutes Timing; **to be/not be ~ enough** gut/nicht gut genug sein; ***that's just not ~ enough!*** so geht das nicht!; ***if she says so that's ~ enough for me*** wenn sie es sagt, reicht mir das; **to be ~ for nothing** zu nichts taugen; **to feel ~** sich *akk* gut fühlen; ***I don't feel too ~ today*** heute geht's mir nicht besonders *fam*
2 *(skilled)* gut, begabt; ■**to be ~ at sth** gut in etw *dat* sein; ***he's a ~ runner*** [*or* ***he's ~ at running***] er ist ein guter Läufer; ***she's very ~ at learning foreign languages*** sie ist sehr sprachbegabt; ***he's not very ~ at maths*** [*or* AM ***in math***] er ist nicht besonders gut in Mathe; ***this book is ~ on international export law*** dieses Buch ist sehr gut, wenn man etwas über internationale Exportbestimmungen erfahren möchte; ***he is particularly ~ on American history*** besonders gut kennt er sich in amerikanischer Geschichte aus; ■**to be ~ with sth** *with children* mit etw *dat* gut umgehen können; **to be ~ with one's hands** geschickt mit seinen Händen sein; **to be ~ in bed** gut im Bett sein *fam;* **to be ~ with people** gut mit Leuten umgehen können

③ *(pleasant)* schön; ***that was a really ~ story, Mummy*** das war echt eine tolle Geschichte, Mama *fam; **that was the best party in a long time*** das war die beste Party seit Langem; ***it's ~ to see*** [*or* ***seeing***] ***you after all these years*** schön, dich nach all den Jahren wiederzusehen!; ~ ***morning/evening*** guten Morgen/Abend; ~ ***day*** *esp* BRIT, AUS guten Tag; *(dated: said at departure)* guten Tag; **to have a ~ day/evening** einen schönen Tag/Abend haben; ***have a ~ day*** schönen Tag noch!; ~ **news** gute Neuigkeiten; **to have a ~ time** [viel] Spaß haben; ~ **weather** schönes Wetter; **to have a ~ one** *(fam)* einen schönen Tag haben
④ *(appealing to senses)* gut, schön; ***after a two-week vacation, they came back with ~ tans*** nach zwei Wochen Urlaub kamen sie gut gebräunt zurück; ***most dancers have ~ legs*** die meisten Tänzer haben schöne Beine; **to look/smell/sound/taste ~** gut aussehen/riechen/klingen/schmecken; **sb looks ~ in sth** *clothes* etw steht jdm; **to have ~ looks, to be ~-looking** gut aussehen
⑤ *(favourable)* gut; ***he made a very ~ impression at the interview*** er hat beim Vorstellungsgespräch einen sehr guten Eindruck gemacht; ***there's a ~ chance*** [***that***] ... die Chancen stehen gut, dass ...; ***we got a ~ deal on our new fridge*** wir haben unseren neuen Kühlschrank günstig erstanden; ***the play got ~ reviews*** [*or* ***a ~ press***] das Stück hat gute Kritiken bekommen; ***it's a ~ job we didn't go camping last weekend — the weather was awful*** zum Glück sind wir letztes Wochenende nicht campen gegangen – das Wetter war schrecklich; **the ~ life** das süße Leben; ~ **luck** [**on sth**] viel Glück [bei etw *dat*]; ***best of luck on your exams today!*** alles Gute für deine Prüfung heute!; **a ~ omen** ein gutes Omen; **to be too much of a ~ thing** zu viel des Guten sein; ***you can have too much of a ~ thing*** man kann es auch übertreiben; ~ **times** gute Zeiten; **to be too ~ to be true** zu schön, um wahr zu sein; **to have** [**got**] **it ~** *(fam)* es gut haben
⑥ *(beneficial)* vorteilhaft; ▪**to be ~ for sb** gut für jdn sein; ***milk is ~ for you*** Milch ist gesund; **to be ~ for business/for headaches** gut fürs Geschäft/gegen Kopfschmerzen sein
⑦ *(useful)* nützlich, sinnvoll; ***we had a ~ discussion on the subject*** wir hatten eine klärende Diskussion über die Sache; ***it's ~ that you checked the door*** gut, dass du die Tür nochmal überprüft hast
⑧ *(on time)* **in ~ time** rechtzeitig; ***be patient, you'll hear the result all in ~ time*** seien Sie geduldig, Sie erfahren das Ergebnis noch früh genug; **in one's own ~ time** in seinem eigenen Rhythmus
⑨ *(appropriate)* **to be a ~ time to do sth** ein guter Zeitpunkt sein, [um] etw zu tun
⑩ *inv (kind)* freundlich, lieb; ***the college has been very ~ about her health problem*** die Hochschule zeigte sehr viel Verständnis für ihr gesundheitliches Problem; ***it was very ~ of you to help us*** es war sehr lieb von dir, uns zu helfen; ***he's got a ~ heart*** er hat ein gutes Herz; ***be so ~ as to ...*** sei doch bitte so nett und ...; ***would you be ~ enough to ...*** wären Sie so nett und ...; ~ **deeds/works** gute Taten; **to do a ~ deed** eine gute Tat tun
⑪ *(moral)* gut; **the G~ Book** die [heilige] Bibel; **for a ~ cause** für einen guten Zweck; **to set a ~ example to sb** jdm ein gutes Vorbild sein; **sb's ~ name/reputation** jds guter Name/guter Ruf; **to be** [**as**] **~ as one's word** vertrauenswürdig sein
⑫ *(well-behaved)* gut; ~ ***dog!*** braver Hund!; ***be a ~ girl and ...*** sei ein liebes Mädchen [*o* sei so lieb] und ...; ***OK, I'll be a ~ sport*** o.k., ich will mal kein Spielverderber sein; ***she's been as ~ as gold all evening*** sie hat sich den ganzen Abend über ausgezeichnet benommen; **to be on ~/one's best behaviour** sich *akk* gut benehmen/von seiner besten Seite zeigen; ~ **loser** guter Verlierer/gute Verliererin
⑬ *attr, inv (thorough)* gut, gründlich; ***the house needs a ~ clean***[***ing***] das Haus sollte mal gründlich geputzt werden; ***have a ~ think about it*** lass es dir noch einmal gut durch den Kopf gehen; ***now, now — have a ~ cry*** schon gut – wein dich mal so richtig aus; ***they have built a ~ case against the suspect*** sie haben einen hieb- und stichfesten Fall gegen den Verdächtigen aufgebaut; ***we had some ~ fun at the amusement park*** wir hatten so richtig viel Spaß im Vergnügungspark; **a ~ beating** eine gründliche Tracht Prügel; **to have a ~ laugh** ordentlich lachen; **to have a ~ look at sth** sich *dat* etw genau ansehen; **a ~ talking to** eine Standpauke
⑭ *pred, inv (valid)* gültig; *(not forged) banknote* echt; *(usable)* gut; ***this car should be ~ for another year or so*** dieses Auto hält wohl schon noch ein Jahr oder so; ***he gave us a gift certificate ~ for $100*** er hat uns einen Geschenkgutschein über 100 Dollar überreicht; ***this ticket is only ~ on weekends*** dieses Ticket gilt nur an Wochenenden; ***my credit card is only ~ for another month*** meine Kreditkarte ist nur noch einen Monat gültig
⑮ *attr, inv (substantial)* beträchtlich; ***we walked a ~ distance today*** wir sind heute ein ordentliches Stück gelaufen; ***she makes ~ money at her new job*** sie verdient in ihrem neuen Job gutes Geld; ***it's a ~ half hour's walk to the station from here*** von hier bis zum Bahnhof ist es zu Fuß eine gute halbe Stunde; **a ~ deal** jede Menge; ***you're looking a ~ deal better now*** du siehst jetzt ein gutes Stück besser aus; **to make a ~ profit** einen beträchtlichen Profit machen; **a ~ few/many** eine ganze Menge
⑯ *pred, inv* FOOD *(not rotten)* gut
⑰ *pred, inv (able to provide)* gut; ***he is always ~ for a laugh*** er ist immer gut für einen Witz; ***thanks for the loan and don't worry, I'm ~ for it*** danke für den Kredit und keine Sorge, ich zahle ihn zurück; ***her credit is ~*** sie ist kreditwürdig
⑱ *(almost, virtually)* ▪**as ~ as ...** so gut wie ...; ***our firewood is as ~ as gone*** unser Feuerholz ist nahezu aufgebraucht; **to be as ~ as dead/new** so gut wie tot/neu sein; ***they as ~ as called me a liar*** sie nannten mich praktisch eine Lügnerin!
⑲ *attr, inv (to emphasize)* schön; ***I need a ~ long holiday*** ich brauche mal wieder so einen richtig schönen langen Urlaub!; ***what you need is a ~ hot cup of coffee*** was du brauchst, ist eine gute Tasse heißen Kaffee; ▪**~ and ...:** ***she's really ~ and mad*** sie ist so richtig sauer; ***I'll do it when I'm ~ and ready, and not one minute before*** ich mache es, sobald ich fertig bin und keine Minute früher!
⑳ BRIT *(said to accept order)* ***very ~*** sehr wohl! *veraltet*
㉑ *(in exclamations)* ~ ***Lord*** [*or* ***heavens***]***!*** gütiger Himmel! *geh;* ~ ***gracious!*** ach du liebe Zeit!; ~ ***grief!*** du meine Güte!; ~ ***egg!*** BRIT *(dated)* ausgezeichnet!; *(iron)* ***oh, — ~ for you!*** oh, schön für dich! *iron*
㉒ *attr, inv (said to express affection)* ~ ***old James!*** der gute alte James!; **the ~ old days** die gute alte Zeit
▸PHRASES: **if you can't be ~, be careful** *(prov)* wenn man schon was anstellt, sollte man sich wenigstens nicht [dabei] erwischen lassen; **it's as ~ as it gets** besser wird's nicht mehr; **to give as ~ as one gets** es [jdm] mit gleicher Münze heimzahlen; ~ **to go** fertig, bereit; **to have a ~ innings** BRIT ein schönes Leben haben; **to make ~** zu Geld kommen; **to make sth ⟳ ~** *(repair)* etw reparieren; *mistake* etw wiedergutmachen; *(pay for)* etw wettmachen *fam; (do successfully)* etw schaffen; **to make ~ time** gut in der Zeit liegen; **for ~ measure** als Draufgabe, obendrein; ~ **riddance** Gott sei Dank!; **she's ~ for another few years!** mit ihr muss man noch ein paar Jahre rechnen!

II. ADVERB

① *esp* AM DIAL *(fam: well)* gut; ***boy, she can sure sing ~, can't she?*** Junge, die kann aber gut singen, oder?
② *(fam: thoroughly)* gründlich; **to do sth ~ and proper** etw richtig gründlich tun; ***well, you've broken the table ~ and proper*** na, den Tisch hast du aber so richtig ruiniert!

III. NOUN

no pl ① *(moral force)* Gute *nt;* ~ **and evil** Gut und Böse; **to be up to no ~** nichts Gutes im Schilde führen; **to do ~** Gutes tun; ▪**the ~** *pl* die Guten *pl*
② *(benefit)* Wohl *nt; **this medicine will do you a*** [*or* ***the***] ***world of ~*** diese Medizin wird Ihnen unglaublich gut tun; **to do more harm than ~** mehr schaden als nützen; **for the ~ of his health** zum Wohle seiner Gesundheit, seiner Gesundheit zuliebe; **for the ~ of the nation** zum Wohle der Nation; **for one's own ~** zu seinem eigenen Besten
③ *(purpose)* Nutzen *m;* **to be no** [*or* **not to be any**]**/not much ~** nichts/wenig nützen; ***that young man is no ~*** dieser junge Mann ist ein Taugenichts; **to not do much/any ~** nicht viel/nichts nützen; ***even a small donation can do a lot of ~*** auch eine kleine Spende kann eine Menge helfen; ***that won't do much ~*** das wird auch nicht viel nützen; ***it's no ~ complaining all day*** den ganzen Tag rumzujammern bringt auch nichts! *fam; **what ~ is sitting alone in your room?*** was bringt es, hier alleine in deinem Zimmer zu sitzen?; *(iron)* ***a lot of ~ that'll do*** [***you***]! das wird [dir] ja viel nützen! *iron*
④ *(profit)* ***we were £7,000 to the ~ when we sold our house*** als wir unser Haus verkauften, haben wir einen Gewinn von 7.000 Pfund eingestrichen; *(fig)* ***he was two gold medals to the ~ by the end of the day*** am Ende des Tages war er um zwei Goldmedaillen reicher
⑤ *(ability)* ▪**to be no ~ at sth** etw nicht gut können, bei etw *dat* nicht [sonderlich] gut sein
⑥ COMM Gut *nt,* Ware *f*
▸PHRASES: **for ~** [**and all**] für immer [und ewig]

Good 'Book *n no pl* ▪**the ~** die Bibel

good·bye I. *interj* [gʊ(d)ˈbaɪ] ① *(bid adieu)* auf Wiedersehen; ***see you tomorrow, ~!*** auf Wiedersehen, bis morgen!; **to kiss sb ~** jdm einen Abschiedskuss geben; **to say ~** [**to sb**] [jdm] Auf Wiedersehen sagen, sich *akk* [von jdm] verabschieden; **to wave ~** zum Abschied winken
② *(fam: said to indicate loss)* [**to say**] **~ to sth** sich *akk* von etw *dat* verabschieden; ***it's cloudy and rainy — I guess we can say ~ to the day at the beach*** es ist bewölkt und regnerisch – ich glaube wir können unseren Tag am Strand abschreiben; **to kiss sth ~** etw abschreiben *fam*
II. *n* [gʊdˈbaɪ] Abschied *m,* Lebewohl *nt; **they said a tearful ~*** sie verabschiedeten sich unter Tränen

good 'faith *n no pl* guter Glaube, Gutgläubigkeit *f;* **to do sth in ~** etw in gutem Glauben [*o* gutgläubig] tun; **contrary to ~** LAW entgegen den Geboten von Treu und Glauben **good·fel·la** [ˈgʊdfelə] *n* AM *(sl)* Mafioso *m fam* **'good-for-noth·ing I.** *n (pej)* Taugenichts *m pej veraltend,* Nichtsnutz *m pej veraltend* **II.** *adj attr, inv (pej)* nichtsnutzig *pej veraltend,* zu nichts zu gebrauchen; ~ **layabout** nichtsnutziger Faulenzer **good for the 'day** *adj pred, inv,* **good-for-the-'day** *adj attr, inv* FIN tagesgültig; ~ **order** Good-for-the-day-Auftrag *m,* tagesgültiger Auftrag **Good 'Fri·day** *n no art* Karfreitag *m* **good-'heart·ed** *adj* gutherzig **good-'hu·moured,** AM **good-'hu·mored** [ˌgʊdˈhjuːməd, AM -mɚd] *adj* fröhlich; **to have a ~ way about one** eine fröhliche Art an sich *dat* haben

good·ish [ˈgʊdɪʃ] *adj inv (fam)* ① *(somewhat good)* einigermaßen [*o* recht] gut
② *(fairly large)* ziemlich; ***it's a ~ distance from here*** es ist ein ganz schönes Stück von hier

good-'look·er *n (dated)* **to be a real ~** wirklich gut aussehen *fam* **good-'look·ing I.** *adj* <more ~, most ~ *or* better-looking, best-looking> gut aussehend **II.** *n* Hübsche(r) *f(m)* **good 'looks** *npl* gutes Aussehen

good·ly [ˈgʊdli] *adj attr, inv (old)* ansehnlich, stattlich *geh;* **a ~ amount of food** eine ordentliche Menge zu essen

good-'na·tured *adj* ① *(having pleasant character)* gutmütig
② *(not malicious) fun, joke* harmlos
good-na·tured·ly [ˌgʊd'neɪtʃədli, AM -tʃɚdli] *adv* gutmütig
good·ness ['gʊdnəs] **I.** *n no pl* ① *(moral virtue)* Tugendhaftigkeit *f*
② *(kindness)* Freundlichkeit *f,* Güte *f;* ***would you have the ~ to phone me as soon as they arrive*** *(form)* wären Sie bitte so nett, mich anzurufen, sobald sie angekommen sind?
③ FOOD Wertvolle(s) *nt,* wertvolle Stoffe *pl*
④ *(said for emphasis)* **for ~' sake** du liebe Güte; **honest to ~** ehrlich *fam;* **to hope/wish to ~ that ...** bei Gott hoffen/wünschen, dass ...; **~ knows** weiß der Himmel *fam;* **thank ~** Gott sei Dank
II. *interj* [**my**] **~** [**me**] ach du meine [*o* liebe] Güte, du liebe Zeit; [**my**] **~ gracious** [**me**] [du] liebe Güte
good·night [ˌgʊd'naɪt] **I.** *n* gute Nacht; **to say ~** [**to sb**] [jdm] gute Nacht sagen [*o* wünschen]
II. *n modifier (kiss)* Gutenacht-
goodo [ˌgʊd'əʊ] *adj* AUS, NZ gut
good 'of·fices *npl (form)* Unterstützung *f kein pl*
goodoh [ˌgʊd'əʊ] *interj* super *fam,* prima *fam*
good ol' boyism [ˌgʊdoʊl'bɔɪɪzᵊm] *n* AM *Floskel, die typisch ist für die weißen, konservativen und religiösen männlichen Südstaatenbewohner*
goods [gʊdz] **I.** *npl* ① *(freight)* Fracht *f,* Frachtgut *nt*
② *(wares)* Waren *pl,* Güter *pl;* **consumer ~** Verbrauchsgüter *pl,* Konsumgüter *pl;* **consumer ~ industry** Konsumgüterindustrie *f;* **household/leather ~** Haushalts-/Lederwaren *pl;* **luxury ~** Luxusgüter *pl;* **sports ~** Sportartikel *pl;* **dry ~** Textilwaren *pl,* Textilien *pl* SCHWEIZ; **finished ~** Fertigwaren *pl;* **manufactured ~** Fertigprodukte *pl;* **stolen ~** Diebesgut *nt;* **~ and services** Waren und Dienstleistungen
③ *(personal belongings)* persönliche Habe; **~ and chattels** *(form)* Hab und Gut *nt*
▸PHRASES: **sb/sth comes up with** [*or* **delivers**] [*or* **produces**] **the ~** jd/etw hält, was er/es verspricht; **to get/have the ~ on sb** *(fam)* gegen jdn etw in die Hand bekommen/in der Hand haben
II. *n modifier* BRIT *(delivery, depot, lorry, train, wagon, station)* Güter-; **~ traffic** Frachtverkehr *m;* **~ vehicle** Nutzfahrzeug *nt*
good Sa·mari·tan [-sə'mærɪtᵊn, AM -'merə-] *n* ① *no pl* REL ■**the ~** der barmherzige Samariter ② *(fig: helpful person)* barmherziger Samariter **'good-sized** *adj inv* [recht] groß **good-'tem·pered** *adj inv* ① *(having an equable nature)* freundlich; *smile* gutmütig; *discussion* freundschaftlich **'good-time girl** *n (fam)* ① *(party girl)* Partymaus *f fam* ② *(pej: promiscuous woman)* leichtes Mädchen *pej,* ÖSTERR, SCHWEIZ *a.* Flittchen *nt pej fam* ③ *(pej: prostitute)* Prostituierte *f,* Nutte *f pej sl* **good 'turn** *n* Gefallen *m,* guter Dienst; **to do sb a ~** jdm einen Gefallen erweisen ▸PHRASES: **one ~ deserves another** *(prov)* eine Hand wäscht die andere *prov* **'good·will I.** *n no pl* ① *(friendly feeling)* guter Wille (**towards** gegenüber +*dat*); **feeling of ~** Atmosphäre *f* des guten Willens; **to retain sb's ~** sich *dat* jds Wohlwollen erhalten ② AM *(charity organization)* ■**the G~** der Goodwill ③ *(willingness to cooperate)* Verständigungsbereitschaft *f; of a comapny* Kulanz *f;* **a gesture of ~** eine Geste des guten Willens ④ *(established reputation)* [guter] Ruf *m;* ECON Goodwill *m,* Geschäftswert *m,* Firmenwert *m* **II.** *n modifier* **a ~ gesture** eine Geste des guten Willens; **~ mission/tour** Goodwillreise *f*/-tour *f* **good 'word** *n* gutes Wort; **to put in a ~ for sb** für jdn ein gutes Wort einlegen
goody ['gʊdi] **I.** *n* ① *(desirable object)* tolle Sache *fam;* ***there's more to life than acquiring goodies*** es gibt Wichtigeres im Leben als Vermögenswerte anzuhäufen
② FOOD Leckerbissen *m; sweets* Süßigkeit *f*
③ *(good person)* Gute(r) *f(m);* **a ~-two-shoes** *(pej dated)* ein Tugendbold *m iron*
II. *interj (usu childspeak)* klasse *fam,* spitze *fam,* ÖSTERR *a.* klass *fam;* **~ gumdrops** *(dated)* juhu
'goody bag *n (fam)* Goody-Bag *m fam,* Tüte *f* mit Geschenken [*o* Gratisproben] *(kleine Geschenke bei einer (Kinder)party oder Werbeveranstaltung)*
'goody-goody I. *adj attr, inv (pej)* tugendhaft *iron* **II.** *n (pej)* Tugendbold *m iron* **goody-'two-shoes** *n (pej fam)* Tugendbold *m pej,* Moralapostel *m pej*
goo·ey ['gu:i] *adj (fam)* ① *(sticky)* klebrig; FOOD *pudding* pampig; *toffees* weich und klebrig; *cake* üppig
② *(fig: overly sentimental)* schmalzig *pej fam*
goof [gu:f] *esp* AM **I.** *n (fam)* ① *(mistake)* Patzer *m*
② *(silly person)* Idiot *m pej fam,* Trottel *m pej fam*
II. *vi (fam)* sich *dat* einen Schnitzer leisten, Mist bauen *fam*
III. *vt (fam)* ■**to ~ on sb** jdn veräppeln *fam*
◆**goof about, goof around** *vi* AM *(fam)*
① *(clown around)* herumblödeln *fam*
② *(do nothing productive)* herumhängen *sl*
◆**goof off** *vi esp* AM *(fam)* ① *(do nothing)* herumlungern *sl,* herumhängen *sl*
② *(in school)* schwänzen *fam; (at work)* **to ~ off on the job** blaumachen *fam*
◆**goof up** *vt* AM *(fam)* ■**to ~ up** ⊂ **sth** etw vermasseln *sl*
'goof·ball *n esp* AM *(fam)* Doofmann *m fam,* Blödmann *m fam,* Depp *m* SCHWEIZ *fam*
goofi·ness ['gu:fɪnəs] *n no pl* Herumalbern *nt*
'goof-off *n* AM *(pej fam)* Faulenzer(in) *m(f) pej fam*
'goof-proof *adj inv* idiotensicher, einfach
goofy ['gu:fi] *adj esp* AM *(fam)* doof, blöd; **~ charm** naiver Charme
google ['gu:gl] INET **I.** *vi (fam)* googeln
II. *vt (fam)* ■**to ~ sth** *name* nach etw *dat* googeln
goog·ly ['gu:gli] *n (in cricket)* Googly *m*
goo·gol [gu:gɒl, AM -gɑ:l] *n* MATH Googol *f*
goo-goo ['gu:gu:] *adj attr, inv (fam)* ▸PHRASES: **to make ~ eyes at sb** jdm schöne Augen machen
gook [gu:k, AM *also* gʊk] *n esp* AM *(pej sl)* Schlitzauge *nt pej*
gooky ['gu:ki, 'gʊki] *adj* AM *(slimey)* schleimig; *(sticky)* klebrig
goolies ['gu:liz] *npl* BRIT *(fam)* Eier *pl derb*
goon [gu:n] *n (fam)* ① *(pej: silly person)* Blödmann *m pej fam,* Blödel *m pej fam*
② *esp* AM *(thug)* Schläger *m*
goop [gu:p] *n* AM Schmiere *f;* **silicon ~** klebrige Silikonmasse
goo·roo nut ['gu:ru:] *n* BOT *(cola nut)* Kolanuss *f*
goos·an·der [gu:'sændəʳ, AM -ɚ] *n* ORN Gänsesäger *m*
goose [gu:s] **I.** *n* ① <*pl* geese> ORN, FOOD Gans *f;* **Canadian ~** kanadische Gans
② <*pl* -es> *(dated fam: silly person)* [**silly**] **~** [dumme] Gans *pej fam*
▸PHRASES: **to cook sb's ~** jdm die Suppe versalzen *fam;* **sb's ~ is cooked** jd ist fällig [*o* dran] *fam;* **to cook one's** [**own**] **~** sich *akk* selbst in Schwierigkeiten bringen; **to kill the ~ that lays the golden eggs** den Ast absägen, auf dem man sitzt; **what's sauce for the ~ is sauce for the gander, what's good for the ~ is good for the gander** [*or* AM **good for the gander is good for the ~**] *(prov)* was für den einen gut ist, kann für den anderen nicht schlecht sein; **to send sb on a wild ~ chase** jdn auf eine sinnlose Suche schicken
II. *vt (fam)* ① *(poke in the bottom)* ■**to ~ sb** jdn kneifen; **to ~ sb in the butt** [*or* **rear end**] AM jdn in den Hintern kneifen *fam*
② AM *(motivate)* ■**to ~ sb** jdn antreiben
③ AM *(increase)* **to ~ up profits** Gewinne steigern
III. *n modifier (egg, farm, feathers, meat)* Gänse-; **a ~ egg** AM *(fig fam)* überhaupt nichts
goose 'bar·na·cle *n* Entenmuschel *f*
goose·ber·ry ['gʊzbᵊri, AM 'gu:sˌberi] **I.** *n* Stachelbeere *f* ▸PHRASES: **to play ~** BRIT *(fig fam)* das fünfte Rad am Wagen sein *fam* **II.** *n modifier (jam)* Stachelbeer- **'goose·bumps** *npl see* **goose pimples**
'goose·flesh *n no pl see* **goose pimples** **'goose·foot** <*pl* -s> *n* BOT Gänsefuß *m*
goose·gog ['gʊzgɒg] *n* BRIT *(fam)* Stachelbeere *f*
'goose·grass *n* BOT klebriges Laubkraut **'goose·neck** *n* NAUT Lümmel *m;* TECH Schwanenhals *m* **'goose pim·ples** *npl,* **'goose·flesh** *n no pl, esp* AM **'goose bumps** *npl* Gänsehaut *f kein pl,* Hühnerhaut *f* SCHWEIZ **'goose-pim·ply** *adj pred, inv (fam)* **to get** [*or* **go**] [**all**] **~** eine Gänsehaut [*o* SCHWEIZ Hühnerhaut] kriegen *fam* **'goose·step I.** *vi* <-pp-> im Stechschritt marschieren **II.** *n no pl* Stechschritt *m;* **to do the ~** im Stechschritt marschieren
goos(e)y ['gu:si] *adj* AUS **to get** [*or* **go**] [**all**] **~** eine Gänsehaut [*o* SCHWEIZ Hühnerhaut] kriegen *fam*
GOP [ˌdʒi:oʊ'pi:] *n no pl* AM *abbrev of* **Grand Old Party**: ■**the ~** die Republikanische Partei
go·pher ['gəʊfəʳ, AM 'goʊfɚ] *n* ZOOL ① *(rodent)* **pocket ~** Taschenratte *f*
② AM *(fam: ground squirrel)* Ziesel *m o* ÖSTERR *meist nt*
Gor·dian knot [ˌgɔ:diən'-, AM ˌgɔ:r-] *n (fig)* gordischer Knoten; **to cut the ~** den gordischen Knoten durchhauen
Gordon Bennett [ˌgɔ:dᵊm'benɪt] *interj* BRIT *(dated sl)* du meine Güte *fam*
gore[1] [gɔ:ʳ, AM gɔ:r] **I.** *n no pl* Blut *nt;* **to lie in one's own ~** *(liter)* in seinem eigenen Blut liegen
II. *vt* ■**to ~ sb** jdn aufspießen; ***a bullfighter was almost ~d to death*** ein Stierkämpfer wurde von einem Stier aufgespießt und fast getötet
gore[2] [gɔ:ʳ, AM gɔ:r] FASHION **I.** *n* Zwickel *m,* [eingenähter] Keil, Spickel *m* SCHWEIZ
II. *vt* ■**to ~ sth** einen Keil [*o* Zwickel] [*o* SCHWEIZ Spickel] einnähen; **~d skirt** Bahnenrock *m*
gorge [gɔ:dʒ, AM gɔ:rdʒ] **I.** *n* ① *(wide ravine)* Schlucht *f*
② *(throat)* Schlund *m;* **sb's ~ rises** jdm wird schlecht [*o* übel]; *(fig)* jdm dreht es den Magen um *fig fam;* ***my ~ rose at the reports of how the prisoners had been beaten*** es drehte mir den Magen um, als ich las, wie die Gefangenen misshandelt worden waren
II. *vi* schlemmen, sich *akk* vollessen; ■**to ~ on sth** etw verschlingen [*o fam* mampfen]
III. *vt* ■**to ~ oneself on** [*or* **with**] **sth** sich *akk* mit etw *dat* vollstopfen *fam*
gor·geous ['gɔ:dʒəs, AM 'gɔ:r-] *adj* ① *(very beautiful)* herrlich, großartig; ***the bride looked ~*** die Braut sah zauberhaft aus; ***hello, G~!*** hallo, du Schöne!; **~ autumnal colours** prächtige Herbstfarben
② *(fig: very pleasurable)* ausgezeichnet, fabelhaft; ***that was an absolutely ~ meal*** das Essen war einfach hervorragend
gor·geous·ly ['gɔ:dʒəsli, AM 'gɔ:r-] *adv* herrlich, großartig; *(beautifully)* hinreißend, prunkvoll; *(colourfully)* [farben]prächtig
gor·geous·ness ['gɔ:dʒəsnəs, AM 'gɔ:r-] *n no pl* Großartigkeit *f,* Pracht *f; (beauty)* hinreißende Schönheit; *(colourfulness)* [Farben]pracht *f*
gor·gon ['gɔ:gᵊn, AM 'gɔ:r-] *n* ① LIT ■**the G~s** *pl* die Gorgonen
② *(fig: frightening woman)* Drachen *m pej sl*
go·ril·la [gə'rɪlə] *n (also fig)* Gorilla *m a. fig*
gorm·less ['gɔ:mləs] *adj* BRIT *(fam)* dämlich *pej fam*
gorp [gɔ:p, AM gɔ:rp] *n* AM Studentenfutter *nt*
gorse [gɔ:s, AM gɔ:rs] *n no pl* [Stech]ginster *m*
gory ['gɔ:ri] *adj* ① *(bloody)* blutig
② *(fig: cruel) film* blutrünstig
③ *(fig hum: explicit, juicy)* peinlich; ***come on, I want to know all the ~ details about your date*** los, erzähl schon, ich will all die intimen Details deines Rendezvous erfahren
gosh [gɒʃ, AM gɑ:ʃ] *interj (fam)* Mensch *fam,* Mann *fam*
gos·hawk ['gɒshɔ:k, AM 'gɑ:shɑ:k] *n* ORN [Hühner]habicht *m*
gos·ling ['gɒzlɪŋ, AM 'gɑ:z-] *n* ORN Gänseküken *nt*
go-'slow *n* BRIT Bummelstreik *m*
gos·pel ['gɒspᵊl, AM 'gɑ:s-] *n* ① *(New Testament)* ■**the G~** das Evangelium; **the G~ according to Saint Mark** [*or* **St Mark's Gospel**] das Evangelium

G

nach Markus [*o* Markusevangelium]; **to preach/spread the ~** das Evangelium predigen/verbreiten
② *(fig: principle)* Grundsätze *pl,* Prinzipien *pl; of religion* Lehre *f;* **to spread the feminist ~** sich *akk* für den Feminismus einsetzen
③ *no pl (absolute truth)* absolute [*o* reine] Wahrheit; **to take sth as ~** etw für bare Münze nehmen
④ *no pl (music)* Gospel *nt*
'gos·pel mu·sic *n no pl* Gospel *m o nt* **'gos·pel sing·er** *n* Gospelsänger(in) *m(f)* **'gos·pel song** *n* Gospelsong *m* **'gos·pel sto·ry** *n* Geschichte *f* vom Leben und Wirken Jesu **gos·pel 'truth** *n no pl* absolute [*o* reine] Wahrheit; **to take sth as ~** etw für bare Münze nehmen
gos·sa·mer ['gɒsəməʳ, AM 'gɑːsəmɚ] **I.** *n no pl* Spinnfäden *pl*
II. *adj attr, inv veil* hauchdünn, hauchzart
gos·sip ['gɒsɪp, AM 'gɑːsəp] **I.** *n (usu pej)* ① *no pl (rumour)* Klatsch *m fam,* Tratsch *m fam,* Gerede *nt;* **idle ~** *(pej)* leeres Geschwätz *pej fam;* **the latest ~** der neueste Tratsch *fam;* **to have a ~ about sb** über jdn tratschen [*o* klatschen] *fam*
② *(pej: person)* Tratschbase *f pej fam,* Klatschmaul *nt pej sl*
③ *(conversation)* Schwatz *m fam*
II. *n modifier* Klatsch-; ***let's have a good ~ session!*** AM lass uns mal richtig ausgiebig tratschen *fam*
III. *vi* ① *(chatter)* schwatzen *fam,* plauschen *fam*
② *(spread rumours)* tratschen *pej fam,* klatschen *pej fam;* ■ **to ~ about sb** über jdn tratschen [*o* klatschen]
'gos·sip col·umn *n* Klatschspalte *f pej fam* **gos·sip 'col·umn·ist** *n* Klatschkolumnist(in) *m(f) pej fam*
'gos·sip·mon·ger *n (pej)* Klatschmaul *nt pej fam*
gos·sipy ['gɒsɪpi, AM 'gɑːsəpi] *adj* ① *(rumour-spreading)* schwatzhaft *fam;* **~ person** Klatschmaul *nt fam*
② *(containing gossip)* Klatsch-; ***she always writes long ~ letters*** sie schreibt immer höchst ausführliche Briefe; **~ style** Plauderton *m*
gossy pine [ˌgɒsi'-, AM ˌgɑːsi'-] *n no pl* CHEM Cholin *nt*
got [gɒt, AM gɑːt] *pt, pp of* **get**
got·cha ['gɒtʃə, AM 'gɑː-] *interj (fam)* ① *(when seizing sb)* hab dich *fam*
② *(to express understanding)* alles klar *fam*
Goth [gɒθ, AM gɑːθ] *n* ① HIST Gote, Gotin *m, f*
② *no pl* MUS *(style of rock music)* ■ **g~** Gothic *nt*
③ *(pej: person)* ■ **g~** Grufti[e] *m*
Goth·ic ['gɒθɪk, AM 'gɑː-] **I.** *adj* ① ARCHIT gotisch
② LIT Schauer-; **~ tale** Schauergeschichte *f*
③ HIST *(of Goths)* gotisch
④ *inv* TYPO gotisch; **~ script** die gotische [*o* altdeutsche] Schrift
II. *n no pl* ① LING Gotisch *nt,* das Gotische
② TYPO Gotisch *nt,* die gotische [*o* altdeutsche] Schrift
goth·ic 'nov·el *n* Schauerroman *m*
got·ta¹ ['gɒtə, AM 'gɑːt̬ə] *(fam)* = [**have**] **got to** müssen; ■ **to ~ do sth** etw tun müssen; ***I ~ go now*** ich muss jetzt los *fam;* ***I ~ go*** *(euph)* ich muss mal *fam;* ***he's ~ be kidding*** das kann er nicht ernst meinen
▸ PHRASES: **a man's ~ do what a man's ~ do** ein Mann muss tun, was ein Mann tun muss
gotta² ['gɒtə, AM 'gɑːt̬ə] *(fam)* = **have you got a** haste mal *sl,* hast' ÖSTERR, SCHWEIZ *fam;* **~ *minute?*** haste [mal] 'ne Minute Zeit? *fam*
gotta-'have-it *adj inv* besitzgierig; **~ attitude** muss-haben-Einstellung *f*
got·ten ['gɒtᵊn, AM 'gɑː-] AM, AUS *pp of* **got**
gouache [gu'ɑːʃ] *n* ART Guasch *f,* Gouache *f*
gouge [gaʊdʒ] **I.** *n* ① *(chisel)* Meißel *m*
② *(indentation)* Rille *f*
II. *vt* ① *(force into)* ■ **to ~ sth in[to] sth** etw in etw *akk* hineintreiben; ***the meteor had ~d a great crater*** der Meteor hatte einen riesigen Krater gerissen; **to ~ a hole into sth** *(pierce)* ein Loch in etw *akk* hineinstechen; *(drill)* ein Loch in etw *akk* hineinbohren
② AM *(fam: overcharge)* ■ **to ~ sb** jdn betrügen [*o fam* über den Tisch ziehen]
◆**gouge out** *vt* ■ **to ~ out** ⟲ **sth** etw aushöhlen; **to ~ out sb's eyes** jdm die Augen ausstechen
gou·lash ['guːlæʃ, AM -lɑːʃ] *n no pl* Gulasch *nt*
gourd [gʊəd, AM gɔːrd] *n* ① BOT Kürbis *m*
② *(hollow shell)* Kürbisflasche *f*
③ AM *(fig sl: mind)* **to be off** [*or* **out of**] **one's ~** den Verstand verloren haben; ***are you off your ~?*** bist du noch zu retten? *fam*
gourde [gʊəd, AM gɔːrd] *n (Haitian currency)* Gourde *f*
gour·mand ['gʊəmənd, AM 'gʊrmɑːnd] *n* Schlemmer(in) *m(f),* Gourmand *m*
gour·met ['gʊəmeɪ, AM 'gʊr-] **I.** *n* Feinschmecker(in) *m(f),* Gourmet *m*
II. *n modifier (food counter, meal, recipe, restaurant)* Feinschmecker-, Gourmet-
gout [gaʊt] *n no pl* Gicht *f*
gouty ['gaʊti, AM -t̬-] *adj inv* gichtig
Gov *n* ① *abbrev of* **government**
② AM *abbrev of* **governor**
gov·ern ['gʌvᵊn, AM -ɚn] **I.** *vt* ① POL **to ~ sb/a country** jdn/ein Land regieren
② *(be in charge of)* **to ~ an organization** eine Organisation leiten
③ LAW *(regulate)* ■ **to ~ sth** etw regeln; ■ **to ~ how/when/what ...** regeln, wie/wann/was ...
④ *usu passive (be determined by)* ■ **to be ~ed by sth** durch etw *akk* beeinflusst [*o* bestimmt] werden; ***the movement of the tides is ~ed mainly by the moon*** der Gezeitenwechsel ist hauptsächlich vom Mond abhängig
⑤ LING ■ **to ~ sth** *case* etw regieren
II. *vi* regieren; **to be fit/unfit to ~** regierungsfähig/-unfähig sein
gov·ern·able ['gʌvᵊnəbl̩, AM -vɚn-] *adj* regierbar
gov·ern·ance ['gʌvᵊnənts, AM -ɚnᵊnts] *n* Kontrolle *f*
gov·er·ness <*pl* -es> ['gʌvᵊnəs, AM -ɚnəs] *n* Gouvernante *f veraltet,* Hauslehrerin *f*
gov·ern·ing ['gʌvᵊnɪŋ, AM -vɚn-] *adj attr, inv government* regierend; *management* leitend; **~ body** Vorstand *m;* **self-~** autonom, mit Selbstregierung *nach n*
gov·ern·ment ['gʌvᵊnmənt, AM -vɚ(n)-] **I.** *n* ① *(body)* Regierung *f;* **federal/state ~** Bundes-/Staatsregierung *f;* **local ~** Kommunalverwaltung *f;* **military/provisional ~** Militär-/Übergangsregierung *f;* **His/Her Majesty's G~** die Regierung Seiner/Ihrer Königlichen Majestät; **to be in ~** BRIT, AUS an [*o* ÖSTERR in] der Regierung sein; **to form a ~** eine Regierung bilden
② *(system)* Regierung *f;* **communist/democratic ~** kommunistische/demokratische Regierung
③ *no pl (act)* Regieren *nt;* ***the party has no experience of ~*** die Partei hat keinerlei Regierungserfahrung
II. *n modifier (buildings, funding, offices, officials, sources, spokesperson)* Regierungs-; **~ agency** Behörde *f;* **~ aid** [*or* **support**] staatliche Unterstützung; **~ bonds** [*or* **loan**]/**paper** Staatsanleihe *f*/-papier *nt;* **~ department** Regierungsstelle *f;* **~ grant** staatlicher Zuschuss, staatliche Beihilfe; **G~ House** BRIT Regierungsgebäude *nt;* **~ intervention** Eingreifen *nt* der Regierung; **~ issue equipment** MIL vom Staat bereitgestellte Ausrüstung; **~ organization** Regierungsorganisation *f;* **~ policy** Regierungspolitik *f;* **~ property** Staatseigentum *nt,* Staatsbesitz *m,* fiskalisches Eigentum; **~ revenue/spending** Staatseinnahmen *pl*/-ausgaben *pl;* **~ security** Staatspapier *nt,* staatliches Wertpapier; **~ subsidy** Subvention *f*
gov·ern·ment 'aid *n* Fördermittel *pl,* staatliche Förderung
gov·ern·men·tal [ˌgʌvᵊn'mentᵊl, AM -vɚ(n)'ment̬ᵊl] *adj inv* ① *(by the government)* Regierungs-; **~ decision** Entscheidung *f* auf Regierungsebene; **~ publication** Veröffentlichung *f* der Regierung
② *(state)* staatlich
gov·ern·ment 'bond *n* FIN Staatsanleihe *f,* Staatsobligation *f,* Staatstitel *m;* **~ market** Staatsanleihemarkt *m* **gov·ern·ment 'bonds** *npl* Staatsanleihen *pl* **gov·ern·ment con·'trol** *n no pl* Reglementierung *f* **gov·ern·ment cor·po·'ra·tion** *n* staatliches Unternehmen **gov·ern·ment ex·'pendi·ture** *n no pl* Staatsausgabe *f* **gov·ern·ment 'grant** *n* Zuschuss *m;* **~ for building purposes** Bausparförderung *f* **gov·ern·ment lia·'bil·ity** *n (insurance)* Staatshaftung *f* **gov·ern·ment 'loans** *npl* Bundesmittel *pl* **gov·ern·ment 'pa·per** *n* Staatspapier *nt* **gov·ern·ment 'rev·enue** *n* Staatseinnahme *f* **'gov·ern·ment sec·tor** *n* Staatssektor *m* **gov·ern·ment se·'cu·rity** *n* FIN Staatspapier *nt*
gov·er·nor ['gʌvᵊnəʳ, AM -ənɚ] *n* ① POL Gouverneur *m*
② BRIT ADMIN Vorstand *m,* Direktor(in) *m(f);* **the G~ of the Bank of England** der Präsident der Bank von England; **the ~s of the school** [*or* **the school ~s**] der Schulbeirat, die Schulpflege SCHWEIZ; **board of ~s** Vorstand *m; of a bank* Direktorium *nt; of a school* Schulbeirat *m,* Rektor(in) *m(f)* SCHWEIZ; *of a prison* Direktor *m*
③ BRIT *(fam: one's boss)* Chef(in) *m(f)*
④ AM FIN Direktionsmitglied *nt* der Federal Reserve Bank; *of NCB* Präsident(in) *m(f)*
⑤ AUTO, MECH Regler *m*
gov·er·nor-'gen·er·al <*pl* governors-general *or* -s> *n* Generalgouverneur *m*
gov·er·nor·ship ['gʌvᵊnəʃɪp, AM -vɚnɚ-] *n no pl* ① *(office)* Gouverneursamt *nt*
② *(period of office)* Amtszeit *f*
govt *n abbrev of* **government**
gown [gaʊn] *n* ① FASHION Kleid *nt;* **ball/evening ~** Ball-/Abendkleid *nt*
② MED Kittel *m;* **hospital/surgical ~** Krankenhaus-/Operationskittel *m*
③ UNIV Robe *f,* Talar *m*
gowned [gaʊnd] *adj inv* MED ***the doctors and nurses are ~ up ready for the operation*** die Ärzte und Schwestern sind für die Operation gekleidet
goy [gɔɪ] *n (pej)* Goi *m,* Gojim *f (Nichtjude/-jüdin)*
goy·ish ['gɔɪɪʃ] *adj esp* AM *(pej sl)* ① *(non-Jewish)* nicht jüdisch
② *(fig: not okay)* nicht koscher *fig,* nicht geheuer
GP [ˌdʒiː'piː] *n* MED *abbrev of* **general practitioner** Arzt, Ärztin *m, f* für Allgemeinmedizin, praktischer Arzt, praktische Ärztin ÖSTERR, Allgemeinpraktiker(in) *m(f)* SCHWEIZ
GPO¹ [ˌdʒiːpiː'əʊ, AM -'oʊ] *n* BRIT *abbrev of* **General Post Office** Hauptpost *f,* Hauptpostamt *nt*
GPO² [ˌdʒiːpiː'əʊ, AM -'oʊ] *n* AM PUBL *abbrev of* **Government Printing Office** Staatsdruckerei *f*
GPRS [ˌdʒiːpiːɑː'es, AM -ɑːr'-] *n no pl abbrev of* **General Packet Radio Service** GPRS
GPS [ˌdʒiːpiː'es] *n abbrev of* **Global Positioning System** GPS *nt*
GPU [ˌdʒiːpiː'juː] *n* COMPUT *abbrev of* **graphics processing unit** Grafikprozessor *m*
grab [græb] **I.** *n* ① *(snatch)* Griff *m;* **to make a ~ at** [*or* **for**] **sth** nach etw *dat* greifen [*o fam* grabschen]
② MECH Greifer *m*
▸ PHRASES: **to be up for ~s** zu haben sein
II. *vt* <-bb-> ① *(snatch)* ■ **to ~ sth** sich *dat* etw schnappen; **to ~ sth out of sb's hands** jdm etw aus den Händen reißen; ■ **to ~ sth [away] from sb** jdm etw entreißen
② *(take hold of)* ■ **to ~ sth** [sich *dat*] etw schnappen *fam;* ■ **to ~ sb** jdn packen; *(arrest)* jdn festnehmen; *(sl: kidnap)* sich *dat* jdn schnappen *fam;* ■ **to ~ hold of sb/sth** jdn/etw festhalten; ***he ~bed hold of his child's arm to stop her from running into the road*** er packte seine Tochter am Arm, damit sie nicht auf die Straße lief
③ *(fam: get, acquire)* ■ **to ~ sth** sich *dat* etw schnappen *fam;* ■ **to ~ sb** sich *dat* jdn greifen *fam;* ***can I just ~ you for a minute?*** kann ich dich mal für 'ne Minute haben?; *(fam)* **to ~ sb's attention** jds Aufmerksamkeit erregen; **to ~ a bite [to eat]** schnell einen Happen essen; **to ~ a chance/an opportunity** eine Chance/eine Gelegenheit wahrnehmen [*o fam*

beim Schopf[e] packen]; **to ~ some sleep** [ein wenig] schlafen
④ *(fam: touch up)* ■**to ~ sb/sth** jdn/etw begrapschen *pej fam*
⑤ *(sl: impress)* ■**to ~ sb** jdn beeindrucken; ***how does that [idea] ~ you?*** wie findest du das?, was hältst du davon?
III. *vi* <-bb-> ① *(snatch)* grapschen; ■**to ~ at sb** jdn begrapschen *pej fam;* ■**to ~ at sth** nach etw *dat* greifen
② MECH *brake* [ruckartig] greifen
③ *(take advantage of)* **to ~ at a chance/an opportunity** eine Chance/eine Gelegenheit wahrnehmen

grab-and-'go *adj inv (fam) meal* zum Mitnehmen *nach n*

'grab bag *n* ① AM, CAN, AUS *(anonymous gift exchange)* Grabbelsack *m* DIAL, Engerl-Bengerl-Spiel *nt* ÖSTERR; **to do a ~** einen Grabbelsack machen DIAL, Engerl-Bengerl spielen ÖSTERR
② AM, CAN, AUS *(lucky dip)* Glücksbeutel *m (auf einem Jahrmarkt),* Wundertüte *f* SCHWEIZ
③ AUS *(wide variety)* Sammelsurium *nt hum*

grab·by ['græbi] *adj esp* AM *(pej fam)* ① *(grasping)* gierig
② *(constantly touching)* ■**to be ~** immer alles anfassen müssen; ***don't be so ~*** fass nicht immer alles an

gra·ben ['grɑːbən] *n* GEOL Graben *m*

'grab han·dle *n* Haltegriff *m* **'grab rail** *n* Haltestange *f* **'grab strap** *n* Halteriemen *m*

grace [greɪs] **I.** *n* ① *no pl (of movement)* Grazie *f*
② *no pl (of appearance)* Anmut *f*
③ *(of behaviour)* Anstand *m kein pl;* **to do sth with [a] good/bad ~** etw anstandslos/widerwillig tun; **to have the [good] ~ to do sth** den Anstand besitzen, etw zu tun; **social ~s** gesellschaftliche Umgangsformen
④ *no pl (mercy)* Gnade *f;* **to be in a state of ~** REL im Zustand der Gnade Gottes sein; **divine ~** göttliche Gnade; **in the year of ~ 1558** *(form)* im Jahre des Herrn 1558; **by the ~ of God** durch die Gnade Gottes; **there, but for the ~ of God go I/we** *(saying)* das hätte auch mich/uns erwischen können
⑤ *(favour)* Gnade *f;* **~ and favour** BRIT *(house, apartment) kostenlose Unterbringung, die die Königliche Familie z.B. pensionierten Beamten gewährt;* **to be in sb's good ~s** bei jdm gut angeschrieben sein; **to get into sb's good ~s** jds Gunst erlangen; **to fall from [sb's] ~** [bei jdm] in Ungnade fallen
⑥ *(prayer)* Tischgebet *nt;* **to say ~** ein Tischgebet sprechen
⑦ *no pl (leeway)* Aufschub *m;* ***we're supposed to pay the bill this month, but we've been given a month's ~*** wir müssten die Rechnung diesen Monat bezahlen, aber sie geben uns noch einen Monat Aufschub
⑧ *(Highness)* **Your/His/Her G~** Euer/Seine/Ihre Gnaden *veraltet;* **Your G~** *(duke, duchess)* Eure Hoheit; *(archbishop)* Eure Exzellenz
⑨ LIT *(goddesses)* ■**the G~s** die Grazien
⑩ FIN **~ period** [*or* **period of ~**] Nachfrist *f,* Zahlungsfrist *f*
II. *vt (form)* ① *(honour)* **to ~ sb/sth [with one's presence]** jdn/etw [mit seiner Anwesenheit] beehren *geh o hum*
② *(adorn)* ■**to ~ sth** etw schmücken [*o geh* zieren]

'grace day *n* LAW Fristtag *m*

grace·ful ['greɪsfəl] *adj* ① *(in movement)* graziös, anmutig
② *(in appearance)* elegant
③ *(in behaviour)* würdevoll

grace·ful·ly ['greɪsfəli] *adv* ① *(move)* graziös, anmutig
② *(behave)* würdevoll; ***they are trying to handle their divorce as ~ as possible*** sie versuchen, ihre Scheidung mit so viel Anstand wie möglich hinter sich zu bringen

grace·ful·ness ['greɪsfəlnəs] *n no pl* ① *(of movement)* Grazie *f,* Anmut *f*
② *(of behaviour)* Anstand *m*

grace·less ['greɪsləs] *adj* ① *(inelegant) clothes* ohne jede Eleganz *nach n; gait* plump, schwerfällig
② *(impolite)* unhöflich, taktlos

grace·less·ly ['greɪsləsli] *adv* ① *(not elegantly)* plump; **to move ~** sich *akk* schwerfällig bewegen
② *(impolitely)* unhöflich, taktlos

grace·less·ness ['greɪsləsnəs] *n no pl* ① *(clumsiness)* Plumpheit *f; of movement* Schwerfälligkeit *f*
② *(rudeness)* Unhöflichkeit *f*

'grace note *n* MUS Manier *f fachspr* **'grace pe·ri·od** *n* Gnadenfrist *f;* ECON Nachfrist *f;* **to allow a ~** eine rückzahlungsfreie Zeit gewähren [*o* einräumen]

gra·cious ['greɪʃəs] **I.** *adj* ① *(kind)* liebenswürdig, freundlich; ***Caroline was very ~ to all her guests*** Caroline war zu all ihren Gästen sehr zuvorkommend
② *(dignified)* würdevoll; ***the losing team were ~ in their defeat*** die geschlagene Mannschaft nahm ihre Niederlage mit Würde hin
③ *(elegant)* kultiviert; **~ living** gehobener Lebensstil
④ *(merciful)* gnädig, gütig
II. *interj (dated)* [**good** [*or* **goodness**]] **~ [me]** [du] meine Güte [*o* lieber Himmel]

gra·cious·ly ['greɪʃəsli] *adv* ① *(kindly)* liebenswürdig, freundlich
② *(mercifully)* gütig, gnädig

gra·cious·ness ['greɪʃəsnəs] *n no pl* ① *(kindness)* Liebenswürdigkeit *f,* Freundlichkeit *f*
② *(mercy)* Güte *f*

grad [græd] *n (fam) short for* **graduate**

grad·able ['greɪdəbl] *adj inv* LING steigerbar

gra·da·tion [grə'deɪʃən, AM greɪ'-] *n* ① *(stage, step)* Abstufung *f*
② *(marking)* Skalierung *f*
③ ART, MUS *(change)* Übergang *m;* **the ~ in** [*or* **of**] **tempo/colour** der Tempo-/Farbübergang *m*

grade [greɪd] **I.** *n* ① *(rank)* Rang *m;* ***the higher ~s of staff*** die höheren [*o* leitenden] Angestellten
② *(of salary)* Gehaltsstufe *f*
③ SCH *(mark)* Note *f*
④ AM SCH *(class)* Klasse *m;* ***she is in sixth ~*** sie ist in der sechsten Klasse; **to skip a ~** eine Klasse überspringen
⑤ *(of quality)* Qualität *f;* **high/low ~** hohe/niedrige Qualität
⑥ AM *(gradient)* Neigung *f;* **[gentle/steep] ~** *(upwards)* [geringe/starke] Steigung; *(downwards)* [schwaches/starkes] Gefälle
⑦ AGR *(mix-bred animal)* Kreuzung *f*
▶ PHRASES: **to be on the <u>down</u>/<u>up</u> ~** AM schlechter/besser werden; ***things seem to be on the up ~*** es scheint aufwärtszugehen; **to <u>make</u> the ~** den Anforderungen gerecht werden
II. *n modifier* **a dozen ~ A eggs** ein Dutzend Eier Klasse A
III. *vt* ① SCH, UNIV *(evaluate)* ■**to ~ sb/sth** jdn/etw benoten [*o* bewerten]; ■**to ~ sth up/down** etw besser/schlechter benoten
② *(categorize)* ■**to ~ sth** etw einteilen [*o* klassifizieren]
③ AM TRANSP *(level)* ■**to ~ sth** etw einebnen

-grade [greɪd] *in compounds* -gradig; **industrial~ flooring** industriegenormter Boden; **low~ fever** niedriges Fieber, niedrige Temperatur SCHWEIZ; **low~ infection** leichte Infektion; **weapons~ plutonium** waffentaugliches Plutonium

'grade cross·ing *n* AM [schienengleicher] Bahnübergang

grad·ed ['greɪdɪd] *adj* ① *inv (calibrated)* genormt
② TRANSP geebnet
③ FIN *(credit limits)* abgestuft

grade point 'av·er·age *n* AM, AUS SCH Notendurchschnitt *m;* **a 2.0 ~** ein Notendurchschnitt *m* von 2,0

grad·er ['greɪdəʳ, AM -ɚ] *n* Straßenhobel *m*

'grade school *n* AM *(elementary school)* Grundschule *f,* Volksschule *f* ÖSTERR, Primarschule *f* SCHWEIZ

gra·di·ent ['greɪdiənt] *n* Neigung *f;* **[gentle/steep] ~** *(upwards)* [leichte/starke] Steigung; *(downwards)* [schwaches/starkes] Gefälle; ***the ~ of the road is 1 in 10*** die Straße hat ein Gefälle von 10 %

'grad·ing ['greɪdɪŋ] *n* ① *(gradation)* Maßeinteilung *f*
② *(of colours etc)* Abstufung *f*
③ *(classification)* Klassifizierung *f,* Einstufung *f,* Beurteilung *f;* SCH Benotung *f*

grad·ual ['grædʒuəl] *adj* ① *(not sudden) decrease, increase* allmählich
② *(not steep) incline* sanft

grad·ual 'fil·ter *n* CHEM Vorlauffilter *nt*

grad·ual·ism ['grædʒuəlɪzəm] *n no pl* langsame Herangehensweise; *(policy)* Stufenreformpolitik *f*

grad·ual·ly ['grædʒuəli] *adv* ① *(not suddenly)* allmählich
② *(not steeply)* sanft

gradu·ate **I.** *n* ['grædʒuət] ① UNIV Absolvent(in) *m(f);* ***he is a ~ in physics*** [*or* ***a physics ~***] er hat einen [Universitäts]abschluss in Physik; **university ~** Hochschulabsolvent(in) *m(f)*
② AM SCH Schulabgänger(in) *m(f)*
II. *adj* ['grædʒuət] *attr, inv* ① *(relating to people with college degrees)* Graduierten-, Akademiker- ÖSTERR, SCHWEIZ; **~ unemployment** Akademikerarbeitslosigkeit *f*
② *(postgraduate)* weiterführend, SCHWEIZ *a.* Nachdiplom-; **~ course** Kurs *m* im höheren Fachsemester; **~ student** Student(in) *m(f)* mit Universitätsabschluss
III. *vi* ['grædʒueɪt] ① UNIV einen akademischen Grad [*o* Universitätsabschluss] erwerben; ***she ~d from the University of London*** sie hat an der Universität von London ihren Abschluss gemacht; **to ~ with honours** seinen Abschluss mit Auszeichnung machen; **to ~ [magna/summa] cum laude** AM [magna/summa] cum laude abschließen
② AM SCH die Abschlussprüfung bestehen; **to ~ from high school** das Abitur [*o* ÖSTERR Matura] [*o* SCHWEIZ die Matur] machen
③ *(move up)* aufsteigen; ***she ~d from being a secretary to running her own department*** sie ist von einer Sekretärin zur Leiterin ihrer eigenen Abteilung aufgestiegen; ■**to ~ on to sth** AM zu etw *dat* übergehen
IV. *vt* ['grædʒueɪt] ① *(calibrate)* ■**to ~ sth** *thermometer* etw einteilen [*o* in Grade unterteilen]
② FIN etw staffeln
③ AM *(award degree)* ■**to ~ sb** jdn graduieren; ***the college ~s hundreds of students each year*** an dieser Hochschule machen jedes Jahr Hunderte ihren Abschluss

gradu·at·ed ['grædʒueɪtɪd, AM -t̬-] *adj inv* ① FIN gestaffelt; **~ price** Staffelpreis *m*
② COMPUT mit Maßeinteilung versehen
③ *(marked out in degrees)* **~ burette** Messbürette *f;* **~ cylinder** Messzylinder *m;* **~ measuring glass** Messgefäß *nt,* Mensur *f*

'gradu·ate school *n* AM Universität *f* für höhere Fachsemester *(nach Erlangen eines BAs)*

gradua·tion [ˌgrædʒu'eɪʃən] **I.** *n* ① *no pl* SCH, UNIV *(completion of studies)* [Studien]abschluss *m*
② *(ceremony)* Abschlussfeier *f,* Sponsion *f* ÖSTERR; *(PhD graduation)* Promotion *f* ÖSTERR
③ *(promotion)* Beförderung *f* (**to** zu +*dat*)
④ *(mark of calibration)* Skala *f,* [Grad]einteilung *f*
II. *n modifier* SCH, UNIV *(ceremony, day, present, programme, speaker)* Abschluss-, Sponsions- ÖSTERR; *(PhD graduation)* Promotions- ÖSTERR

Graeco-Ro·man [ˌgriːkəʊ'rəʊmən, AM ˌgriːkoʊ'roʊmən] *adj inv* griechisch-römisch

graf·fi·ti [grə'fiːti, AM -t̬i] **I.** *n no pl* Graffiti *nt*
II. *n modifier (artist, damage, work)* Graffiti-

graft [grɑːft, AM græft] **I.** *n* ① HORT Setzling *m*
② MED Transplantat *nt;* **bone/skin ~** Knochen-/Hauttransplantat *nt*
③ *no pl (corruption)* Schiebung *f fam,* Mauschelei *f fam*
④ BRIT *(sl: work)* [**hard**] **~** Schufterei *f fam,* Plackerei *f fam,* Schinderei *f fam*
II. *vt* ■**to ~ sth on** [*or* **onto**] **sth** ① HORT etw auf etw *akk* aufpfropfen; ■**to ~ sth together** etw miteinander kombinieren
② MED etw auf etw *akk* übertragen, verpflanzen
③ *(fig: add on)* etw zu etw *dat* hinzufügen

III. *vi* ① *(act corruptly)* Amtsmissbrauch treiben
② BRIT *(sl: work hard)* schuften *fam;* ■**to ~ away** sich *akk* abrackern *fam*

graft·er [ˈgrɑːftəʳ, AM ˈgræftɚ] *n* ① HORT *jd, der auf das Veredeln von Pflanzen spezialisiert ist*
② BRIT *(sl: hard worker)* Arbeitstier *nt oft pej fam*

graft ˈpoly·mer *n* CHEM Pfropfpolymer *nt*

Grail [greɪl] *n* REL, HIST ■**the ~** der Gral

grain [greɪn] I. *n* ① *(particle)* Korn *nt,* Körnchen *nt;* **~ of salt/sand** Salz-/Sandkorn *nt*
② BOT *(kernel)* Korn *nt;* **~ of barley/corn/rice/wheat** Gersten-/Mais-/Reis-/Weizenkorn *nt*
③ *no pl (cereal)* Getreide *nt*
④ *no pl (texture) of wood, marble* Maserung *f; of meat* Faser *f;* **wood ~** Holzmaserung *f*
⑤ *(dated: 0.0648 grams)* Gran *nt;* **a ~ of gold/silver** ein Gran Gold/Silber
⑥ *(fig: small amount)* **a ~ of comfort** ein kleiner Trost; **a ~ of common sense** eine Spur gesunden Menschenverstands; **a ~ of hope** ein Fünkchen Hoffnung; **a ~ of truth** ein Körnchen Wahrheit
⑦ *no pl* PHOT, FILM Korn *nt fachspr*
▶PHRASES: **to go against the ~ for sb** jdm gegen den Strich gehen *fam;* **to take something with a ~ of salt** etw nicht so wörtlich nehmen
II. *n modifier (exports, harvest, prices, production, storage)* Getreide-; **~ alcohol** Äthylalkohol *m*
III. *vt* ■**to ~ sth** ① *(granulate)* etw mahlen
② *(paint a grain pattern)* etw masern
③ *(texturize)* etw aufrauen [*o fachspr* grainieren]
④ *(remove hair from) hide* etw narben

grain ˈal·co·hol *n no pl* CHEM Ethanol *nt,* Weingeist *m* **ˈgrain el·eva·tor** *n* Getreideheber *m* **ˈgrain ex·port** *n* Getreideexport *m* **ˈgrain mar·ket** *n* Getreidemarkt *m* **ˈgrain sort·er** *n* Getreidesortierer *m*

grainy [ˈgreɪni] *adj* ① FOOD *sauce* klumpig; *meat* sehnig, flachsig ÖSTERR
② PHOT, FILM [grob]körnig
③ *wood* gemasert

gram, BRIT *also* **gramme** [græm] *n* Gramm *nt*

gram·mar [ˈgræməʳ, AM -ɚ] LING I. *n* ① *no pl (rules)* Grammatik *f;* **to be good/bad ~** grammatikalisch richtig/falsch sein
② *(book)* Grammatik *f*
II. *n modifier (lesson, mistake, rule)* Grammatik-

ˈgram·mar book *n* Grammatik *f* **ˈgram·mar check·er** *n* COMPUT Grammatikprüfung *f,* Grammatikprüfprogramm *nt*

gram·mar·ian [grəˈmeəriən, AM -ˈmeri-] *n* Grammatiker(in) *m(f)*

ˈgram·mar school *n* ① AM *(elementary school)* Grundschule *f,* Volksschule *f* ÖSTERR, Primarschule *f* SCHWEIZ
② BRIT *(upper level school)* ≈ Gymnasium *nt*

gram·mati·cal [grəˈmætɪkᵊl, AM -ˈmæt̬-] *adj* ① *inv (concerning grammar)* grammati[kali]sch
② *(following language rules)* grammati[kali]sch; ***she speaks good ~ French*** sie spricht grammatikalisch gutes Französisch

gram·mati·cal·ity [grəˌmætɪˈkæləti, AM -ˌmæt̬əˈkæləti] *n no pl* LING Grammatikalität *f*

gram·mati·cal·ly [grəˈmætɪkᵊli, AM -ˈmæt̬-] *adj* ① *inv (concerning language rules)* grammat[ikal]isch
② *(reflecting correct usage)* grammat[ikal]isch korrekt; **~, *the text is quite okay*** von der Grammatik her ist der Text in Ordnung

Gram·my <*pl* -s *or* -mies> *n,* **Gram·my award** [ˈgræmi-] *n* MUS Grammy *m;* **to win a ~** einen Grammy gewinnen [*o* bekommen]

gramo·phone [ˈgræməfəʊn, AM -foʊn] *n (hist)* Grammophon *nt hist*

gramps [græmps] *n* AM *(fam: grandfather)* Opa *m fam,* Opi *m fam; (fig)* Opa *m hum fam*

gram·pus <*pl* -es> [ˈgræmpəs] *n* ZOOL ① *(round-nosed dolphin)* Rundkopfdelfin *m,* Rissosdelfin *m,* Grampus *m fachspr*
② *(killer whale)* Killerwal *m*
③ *(fig fam)* **to puff like a ~** wie eine Lokomotive schnaufen *fam*

gran [græn] *n (fam) short for* **grandmother** Oma *f fam,* Omi *f fam*

grana·ry [ˈgrænᵊri, AM -ɚi] I. *n* ① *(silo)* [Getreide]silo *m o nt*
② *(grain region)* Kornkammer *f*
II. *n modifier* Getreide-; **~ states** Getreideländer *pl*

ˈgrana·ry bread *n no pl* BRIT, **ˈgrana·ry loaf** *n* BRIT ≈ Mehrkornbrot *nt*

grand [grænd] I. *adj* ① *(splendid)* prächtig, großartig; **to make a ~ entrance** einen großen Auftritt haben; **to make ~ gestures** ausladende Gesten machen; **in ~ style** in großem Stil
② *(fam: excellent)* großartig; ***you've done a ~ job*** das hast du großartig gemacht; ***we had a ~ time*** wir haben uns glänzend amüsiert
③ *(of age)* **~ old age** hohes Alter; ***he lived to the ~ old age of 97*** er erreichte das gesegnete Alter von 97 Jahren
④ *(important)* groß, bedeutend; ***they think they're very ~*** sie halten sich für etwas Besseres; ***she's always acting the ~ lady*** *(pej)* sie spielt immer die große Dame
⑤ *(large, far-reaching)* **~ ambitions/ideas** große [*o* hochfliegende] Pläne/Ideen; **on a ~ scale** in großem Rahmen
⑥ *(overall)* **~ total** Gesamtsumme *f,* Endbetrag *m*
II. *n* ① <*pl* -> *(fam: one thousand dollars/pounds)* Mille *f fam,* Riese *m fam;* ***he earns over 90 ~ a year*** er verdient über 90 Mille [*o* Riesen] im Jahr *fam*
② <*pl* -s> *(grand piano)* Flügel *m;* **baby/concert ~** Stutz-/Konzertflügel *m*

gran·dad [ˈgrændæd] *n* ① *(grandfather)* Opa *m fam,* Opi *m fam,* SCHWEIZ *a.* Grosspapa *m* ② *(pej or hum: old man)* Opa *m pej o hum fam,* Alter *m pej fam*

ˈgran·dad·dy [ˈgrændædi] *n* AM *(fam)* ① *(grandfather) see* **grandad 1** ② *(progenitor)* [geistiger] Vater *m* ③ *(fam: very big)* Riesen-; ***that's a ~ of a bump on your forehead*** das ist ja eine Riesenbeule auf deiner Stirn

Grand ˈCan·yon *n* ■**the ~** der Grand Canyon **ˈgrand·child** *n* Enkelkind *nt* **ˈgrand·dad** *n (fam) see* **grandad** **ˈgrand·daugh·ter** *n* Enkeltochter *f* **grand ˈduch·ess** *n* Großherzogin *f* **grand ˈduke** *n* Großherzog *m*

gran·de [ˈgrændɪ] *adj inv* AM *Cappucino* normal[groß]

gran·dee [grænˈdiː] *n* ① *(nobleman)* Grande *m*
② *(fig)* Größe *f;* ***the ~s of film and television*** die Größen von Film und Fernsehen

gran·deur [ˈgrændjəʳ, AM -dʒɚ] *n no pl* ① *(splendour)* Größe *f; of scenery, music* Erhabenheit *f;* **faded ~** verblasster Glanz
② *(nobility)* Vornehmheit *f;* **delusions of ~** Größenwahn *m pej*

ˈgrand·fa·ther *n* Großvater *m* **ˈgrand·fa·ther clause** *n* AM LAW *eine Vertragsklausel, die sich nur auf zukünftige Gegebenheiten, nicht jedoch auf bereits bestehende bezieht* **grand·fa·ther ˈclock** *n* Standuhr *f*

grand ˈfi·nal *n* SPORT Endspiel *nt* **grand fi·ˈna·le** *n* THEAT großes Finale

Grand Gui·gnol [ˌgrɑ̃ːgiːˈnjɒl, AM -ˈnjoʊl] *n modifier theatrical genre, play* Grand-Guignol-, im Stil eines grotesken Schauerdramas

gran·dilo·quence [grænˈdɪləkwən(t)s] *n (esp pej form)* Großsprecherei *f pej*

gran·dilo·quent [grænˈdɪləkwənt] *adj (usu pej form)* großsprecherisch *pej,* hochtrabend *pej;* **~ language** schwülstige Sprache

gran·dilo·quent·ly [grænˈdɪləkwəntli] *adv (usu pej form)* hochtrabend, geschwollen *pej fam*

gran·di·ose [ˈgrændiəʊs, AM -oʊs] *adj* ① *(extremely grand) plan* grandios, großartig; *palace* prunkvoll
② *(pej: excessively splendid)* bombastisch *fam*

grand ˈjury *n* AM Anklagejury *f,* Geschworene *pl* ÖSTERR, SCHWEIZ **grand ˈlar·ceny** *n no pl* schwerer Diebstahl

grand·ly [ˈgrændli] *adv* ① *(splendidly)* prachtvoll
② *(pej: over-importantly)* prahlerisch *pej,* angeberisch *pej fam*
③ *(in a dignified way)* würdevoll

ˈgrand·ma *n (fam)* Oma *f fam,* Omi *f fam* **ˈgrand·mas·ter** I. *n* ① *(chess pro)* Großmeister(in) *m(f)*
② *(head of Free Masons)* Großmeister *m* II. *n modifier* [Groß]meister-; **~ norm** Großmeistervorgabe *f* **ˈgrand·moth·er** *n* Großmutter *f* ▶PHRASES: **don't teach your ~ to suck eggs** da will das Ei wieder klüger sein als die Henne **ˈgrand·moth·er·ly** *adj* großmütterlich **grand·moth·er's ˈfoot·steps** *n (game)* eins, zwei, drei - Ochs am Berg, Donnerwetter, Blitz ÖSTERR

grand·ness [ˈgrændnəs] *n no pl* ① *(splendour)* Pracht *f,* Großartigkeit *f*
② *(importance)* Bedeutung *f*
③ *(pej: self-importance)* Überheblichkeit *f pej*
④ *(nobility)* Würde *f*

grand old ˈman *n* großer alter Mann; ■[**to be**] **the ~ of sth** der Vater einer S. *gen* sein **Grand Old ˈPar·ty** *n,* **GOP** *n no pl* AM ■**the ~** die Republikanische Partei **grand ˈop·era** *n* große Oper **ˈgrand·pa** *n (fam)* Opa *m fam,* Opi *f fam* **ˈgrand·par·ent** *n* Großelternteil *m geh,* Großmutter *f,* Großvater *m;* ■**~s** *pl* Großeltern *pl;* **one's ~s on one's father's/mother's side** seine Großeltern väterlicher-/mütterlicherseits **grand piˈa·no** *n* [Konzert]flügel *m*

Grand Prix <*pl* grands prix> [ˌgrɑ̃(n)ˈpriː, AM ˌgrɑːnˈ-] *n* SPORT Grand Prix *m,* großer Preis; **the British ~** der Große Preis von England

grand ˈslam® *n* ① TENNIS Grand Slam® *m;* **to win a ~** ein Grand-Slam-Turnier gewinnen; **to win** [*or* **do**] [*or* **complete**] **the ~** den Grand Slam gewinnen
② *(in European rugby)* ■**to do the ~** die Meisterschaft gewinnen ③ *(in baseball) Homerun mit 3 besetzten Bases* ④ CARDS Großschlemm *m;* **to make a ~** einen Großschlemm spielen **ˈgrand·son** *n* Enkel[sohn] *m*

ˈgrand·stand I. *n* [Haupt]tribüne *f*
II. *n modifier (seat, ticket)* Tribünen-; **~ finish** Entscheidung *f* auf den letzten Metern; **~ view** direkter Blick

ˈgrand·stand·ing *n no pl* AM *(usu pej fam)* Selbstdarstellung *f pej;* ***you can stop ~ now*** du kannst aufhören eine Schau abzuziehen *fam*

grand ˈsum, grand ˈto·tal *n* Gesamtsumme *f,* Endbetrag *m* **grand ˈtour** *n* ① TOURIST, HIST Bildungsreise *f,* Kavaliersreise *f hist* ② *(fig hum: full tour)* komplette Führung; **a ~ of the house** eine Führung durch das ganze Haus

grange [greɪndʒ] *n* Gutshof *m*

gran·ite [ˈgrænɪt] I. *n no pl* Granit *m;* **a will of ~** *(fig)* ein unbeugsamer Willen
II. *n modifier (quarry, slab, wall)* Granit-; *(fig)* **~ determination** starke Entschlossenheit; **~ jaw** Kiefer *m* hart wie Granit

gran·nie, gran·ny [ˈgræni] I. *n (fam)* ① *(grandmother)* Oma *f fam,* Omi *f fam*
② *see* **granny knot**
II. *n modifier (shoes)* Oma-, Grossmutter- SCHWEIZ; **~ glasses** Omabrille *f*

ˈgran·ny bond *n* BRIT FIN *(fam)* indexgebundenes Sparzertifikat **ˈgran·ny flat** *n* Einliegerwohnung *f* **ˈgran·ny knot** *n* NAUT [Alt]weiberknoten *m*

gra·no·la [grəˈnoʊlə] *n* AM Knuspermüsli *nt;* **~ bar** Müsliriegel, Müesliriegel *m* SCHWEIZ

grant [grɑːnt, AM grænt] I. *n* ① UNIV Stipendium *nt;* [**government**] **~** ≈ Bafög *nt* BRD *(das nicht zurückgezahlt wird),* Stipendium *nt* für Studienzwecke; **research ~** Forschungsstipendium *nt;* **student ~** Stipendium *nt;* **to be** [*or* **live**] **on a ~** ein Stipendium erhalten; *(government grant)* ≈ Bafög erhalten BRD; **to give** [*or* **award**] **sb a ~** jdm ein Stipendium gewähren; *(government grant)* ≈ jdm Bafög bewilligen BRD
② *(from authority)* Zuschuss *m oft pl,* Fördermittel *pl; (subsidy)* Subvention *f;* **local authority ~** kommunaler Zuschuss; **federal ~** Bundeszuschuss *m,* Bundesbeihilfe *f;* **maternity ~** BRIT Mutterschaftsgeld *nt;* **overseas ~** Entwicklungshilfe *f;* **to apply for** [*or* **claim**] **a ~** einen Zuschuss [*o* Fördermittel] beantragen
③ LAW *(form)* [urkundliche] Übertragung [*o* Übereig-

nung]
II. *vt* ❶ *(allow)* ■ **to ~ sb sth** [*or* **sth to sb**] jdm etw gewähren [*o* einräumen]; *money* jdm etw bewilligen; **to ~ sb asylum/access to a lawyer** jdm Asyl/das Recht auf einen Anwalt gewähren; **to ~ sb a pension** jdm eine Pension bewilligen; **to ~ sb permission/a visa** [*or* **to ~ permission/a visa to sb**] jdm eine Erlaubnis/ein Visum erteilen; **to ~ diplomatic recognition to a state** einem Staat diplomatische Anerkennung gewähren
❷ *(transfer legally)* ■ **to ~ sb sth** [*or* **sth to sb**] jdm etw [formell] übertragen; **to ~ sb a pardon** jdn begnadigen, jdm Straferlass gewähren
❸ *(form: consent to fulfil)* ■ **to ~ sb sth** [*or* **sth to sb**] jdm etw zusichern; **to ~ sb a favour** [*or* AM **favor**] jdm eine Gefälligkeit erweisen; **to ~ sb a request** jds Anliegen stattgeben; **to ~ sb a wish** jdm einen Wunsch gewähren
❹ *(admit to)* ■ **to ~ sth** etw zugeben; ***~ed, this task isn't easy*** zugegeben, diese Aufgabe ist nicht leicht; ***I ~ you, it's a difficult situation*** du hast ganz recht, die Situation ist schwierig; ***I ~ that it must have been upsetting but ...*** die Sache war sicher nicht einfach für Sie, aber...
▸PHRASES: **~ed** [es sei dir] gewährt *hum;* **to take sth for ~ed** etw für selbstverständlich halten [*o* [einfach] annehmen]; *(not appreciate)* etw als [allzu] selbstverständlich betrachten; ***I just took it for ~ed that they were married*** ich habe einfach angenommen, dass sie verheiratet sind; ***she just took all the work he did for the company for ~ed*** sie nahm die ganze Arbeit, die er für den Betrieb leistete, als selbstverständlich hin

grant-'aid·ed *adj* BRIT finanziell gefördert; *(subsidized)* subventioniert

grant·ed ['grɑːntɪd, AM 'grænt̬-] *conj* ■ **~** [**that**] ... angenommen, ...; **~** ***that the story is true, what are you going to do about it?*** nehmen wir einmal an, die Geschichte ist wahr, was werden Sie dann tun?

grant-in-'aid <*pl* grants-in-aid> *n* AM Zuschuss *m,* Beihilfe *f;* **to receive a ~** einen Zuschuss [*o* eine Beihilfe] erhalten **grant-main·tained** [ˌgrɑːntmeɪn'teɪnd] *adj,* **GM** *inv* BRIT SCH öffentlich bezuschusst, mit staatlichen Mitteln gefördert; **~ school** staatlich finanzierte Schule

granu·lar ['grænjələʳ, AM -ɚ] **I.** *adj* körnig, gekörnt, granulös *fachspr*
II. *adv (sl)* **to get ~** in Einzelheiten gehen; **to get ~ on sth** sich *dat* etw genau ansehen, etw genau unter die Lupe nehmen

granu·late ['grænjəleɪt] *vt* ■ **to ~ sth** etw granulieren; **to ~ salt/sugar** Salz/Zucker auskristallisieren

granu·lat·ed ['grænjəleɪtɪd, AM -t̬ɪd] *adj inv* ❶ *(in grains)* granuliert, gekörnt; **~ sugar** Kristallzucker *m,* [Zucker]raffinade *f*
❷ *(raised) surface of gold* granuliert *(mit aufgelöteten Goldkörnchen verziert)*

granu·la·tion [ˌgrænjə'leɪʃᵊn] *n no pl* MED Granulation *f fachspr*

gran·ule ['grænjuːl] *n* Körnchen *nt;* **a ~ of sugar** ein Zuckerkörnchen *nt;* ■ **~s** *pl* Granulat *nt;* **instant coffee ~s** Kaffeegranulat *nt*

grape [greɪp] **I.** *n* ❶ *(fruit)* [Wein]traube *f,* Weinbeere *f;* **seedless ~s** kernlose Weintrauben; **a bunch of ~s** eine [ganze] Traube
❷ *(hum: wine)* ■ **the ~** der Rebensaft *hum,* der Wein
II. *n modifier (jelly, juice)* Trauben-

'grape·fruit <*pl* - *or* -s> ['greɪpfruːt] **I.** *n* Grapefruit *f,* Pampelmuse *f* BRD *fam; (tree)* Grapefruitbaum *m*
II. *n modifier (juice)* Grapefruit-

'grape-pick·ing *n no pl* Traubenlese *f,* Weinlese *f* **'grape·shot** *n no pl* MIL, HIST Kartätsche *f* **'grape·vine** *n* ❶ *(plant)* Weinstock *m* ❷ *(in aerobics)* Grapevine *m* ▸PHRASES: **sb hears sth on** [*or* **through**] **the ~** etw kommt jdm zu Ohren; ***I heard on the ~ that ...*** ich habe munkeln hören, dass ...

graph[1] [grɑːf, AM græf] **I.** *n* MATH Diagramm *nt,* Graf *m; (curve)* Kurve *f;* **bar** [*or* **block**] **~** Säulendiagramm *nt;* **temperature ~** Temperaturkurve *f*
II. *vt* ■ **to ~ sth** etw grafisch darstellen

graph[2] [grɑːf, AM græf] *n* LING Graf *nt fachspr*

graph·eme ['græfiːm] *n* LING Grafem *nt fachspr*

graph·ic ['græfɪk] *adj* ❶ *inv (diagrammatic)* grafisch; **a ~ representation** eine grafische Darstellung
❷ *(vividly descriptive)* anschaulich, plastisch; **to describe sth in ~ detail** etw haarklein [*o* bis ins kleinste Detail] beschreiben
❸ *attr (of drawing and printing)* Grafik-; **~ works** [**of an artist**] [Künstler]grafiken *pl*

graphi·cal ['græfɪkᵊl] *adj inv* grafisch

graphi·cal·ly ['græfɪkᵊli] *adv inv* ❶ *(using a graph)* grafisch
❷ *(vividly)* anschaulich, plastisch

graph·ic 'art·ist *n* Grafiker(in) *m(f)* **graph·ic 'arts** *npl* Grafik *f kein pl* **graph·ic de·'sign** *n* Grafikdesign *nt,* Gebrauchsgrafik *f* **graph·ic de·'sign·er** *n* Grafikdesigner(in) *m(f),* [Gebrauchs]grafiker(in) *m(f)* **graph·ic 'nov·el** *n* Bildergeschichte *f*

graph·ics ['græfɪks] *npl* ❶ *(drawings)* Grafik[en] *f*[*pl*], grafische Darstellung[en]; **computer ~** Computergrafik[en] *f*[*pl*]
❷ + *sing vb (presentation)* Grafik *f kein pl,* grafische Gestaltung *kein pl;* **computer ~** Computergrafik *f*

'graph·ics card *n* Grafikkarte *f* **'graph·ics screen** *n* Grafikbildschirm *m*

graph·ite ['græfaɪt] *n no pl* Grafit *m*

graph·olo·gist [græf'ɒlədʒɪst, AM -'ɑːl-] *n* Grafologe, Grafologin *m, f*

graph·ol·ogy [græf'ɒlədʒi, AM -'ɑːl-] *n no pl* Grafologie *f*

'graph pa·per *n* Millimeterpapier *nt*

grap·nel ['græpnᵊl] *n* NAUT ❶ *(multiple hook)* Enterhaken *m fachspr*
❷ *(small anchor)* Draggen *m fachspr,* Dregge *f fachspr*

grap·pa ['græpə, AM -ɑːpə] *n* Grappa *m o f*

grap·ple ['græpl] **I.** *vi* ■ **to ~ with sb** mit jdm ringen [*o* kämpfen]; ■ **to ~ for sth** um etw *akk* kämpfen; **to ~ with a problem** mit einem Problem zu kämpfen haben
II. *vt* ■ **to ~ sb** jdn fassen

'grap·pling iron, 'grap·pling hook *n* NAUT Enterhaken *m fachspr*

GRAS [ˌdʒiːɑːʳeɪ'es, AM -ɑːr-] *adj inv* FOOD *abbrev of* **generally recognized as safe** unbedenklich

grasp [grɑːsp, AM græsp] **I.** *n no pl* ❶ *(grip)* Griff *m;* ***he shook my hand with a firm ~*** mit festem Händedruck schüttelte er mir die Hand; ***I lost my ~ on the suitcase*** der Koffer rutschte mir aus der Hand
❷ *(fig: attainability)* Reichweite *f;* **to slip from sb's ~** jdm entgleiten [*o* aus den Händen gleiten]; **to be beyond sb's ~** für jdn unerreichbar sein; **to be within sb's ~** sich *akk* in jds Reichweite befinden, zum Greifen nahe sein; ***the presidency at last looked within her ~*** die Präsidentschaft schien für sie endlich in greifbare Nähe gerückt
❸ *(fig: understanding)* Verständnis *nt,* Begriffsvermögen *nt;* **to have a good ~ of a subject** ein Fach gut beherrschen; **to lose one's ~ on sth** etw nicht mehr im Griff haben; **to lose one's ~ on reality** den Bezug zur Wirklichkeit verlieren
II. *vt* ❶ *(take firm hold)* ■ **to ~ sth** etw [fest] [er]greifen [*o* fassen] [*o* packen]; **to ~ sb by the arm/hand** jdn am Arm/an der Hand fassen; **to ~ any opportunity to do sth** jede Gelegenheit nutzen, um etw zu tun
❷ *(fig: understand)* ■ **to ~ sth** etw begreifen [*o* erfassen]; ***the government has failed to ~ the scale of the problem*** die Regierung hat das Ausmaß des Problems nicht erkannt
▸PHRASES: **to ~ the nettle** BRIT, AUS *(become active)* den Stier bei den Hörnern packen *fam; (do sth unpleasant)* in den sauren Apfel beißen *fam*
III. *vi* ❶ *(try to hold)* ■ **to ~ at sth** nach etw *dat* greifen
❷ *(fig)* **to ~ at the chance** [*or* **opportunity**] die Chance nutzen, die Gelegenheit beim Schopfe packen
▸PHRASES: **to ~ at a straw** [*or* **straws**] sich *akk* [wie ein Ertrinkender] an einen Strohhalm klammern

grasp·ing ['grɑːspɪŋ, AM 'græsp-] *adj (fig pej)* habgierig, habsüchtig

grass <*pl* -es> [grɑːs, AM græs] **I.** *n* ❶ *(genus of plant)* Gras *nt;* ***a vase of dried flowers and ~es*** eine Vase mit Trockenblumen und Gräsern
❷ *no pl (plant)* Gras *nt;* ***we put most of the garden down to ~*** wir haben den größten Teil des Gartens mit Rasen bepflanzt; **a blade/tuft of ~** ein Grashalm *m*/Grasbüschel *nt*
❸ *no pl (area of grass)* Wiese *f; (lawn)* Rasen *m;* **to cut the ~** den Rasen mähen
❹ *no pl* TENNIS Rasen *m;* **to play on ~** auf Rasen spielen
❺ *no pl (pasture)* Weideland *nt,* Grasland *nt,* Weide *f;* **to be at ~** *cattle* auf der Weide sein; **to put cattle out to ~** [das] Vieh auf die Weide treiben; **to put an animal out to ~** *(fig)* einem Tier das Gnadenbrot geben; **to put sb out to ~** *(fig)* jdn in Rente [*o* ÖSTERR, SCHWEIZ Pension] schicken [*o* in den Ruhestand versetzen]; ***he felt much too young to be put out to ~*** er fühlte sich noch viel zu jung, um schon aufs Abstellgleis geschoben zu werden
❻ *no pl (sl: marijuana)* Gras *nt sl*
❼ BRIT *(sl: informer)* Spitzel(in) *m(f)*
▸PHRASES: **the ~ is** [**always**] **greener on the other side** [**of the fence**] *(prov)* die Kirschen in Nachbars Garten schmecken immer süßer *prov;* **to** [**not**] **let the ~ grow under one's feet** etw [nicht] auf die lange Bank schieben
II. *n modifier (path, roof)* Gras-; **~ matting** Grasmatten *pl;* **~ player** TENNIS Rasenspieler(in) *m(f);* **~ skirt** Bastrock *m;* **~ verges** BRIT Grünstreifen *pl*
III. *vt* ■ **to ~ sth** etw mit Gras [*o* Rasen] bepflanzen
IV. *vi* BRIT, AUS *(sl)* singen *sl;* ■ **to ~ on sb** jdn verpfeifen *fam*
◆**grass over** *vt* ■ **to ~ over** ↔ **sth** etw mit Gras bepflanzen; **to be/become ~ed over** von Gras überwuchert sein/werden

'grass·hop·per *n* Heuschrecke *f,* Grashüpfer *m fam*
▸PHRASES: **to be knee-high to a ~** ein Dreikäsehoch sein *hum fam*

'grass·land *n* Grasland *nt,* Weideland *nt* **'grass pol·len** *n no pl* Gräserpollen *m* **grass·'roots** **I.** *npl (ordinary people)* Volk *nt kein pl; of a party, organization* Basis *f kein pl* **II.** *adj* Basis-; **~ activity** Arbeit *f* an der Basis; **~ opinion** Volksmeinung *f;* **~ politics** volksnahe Politik **'grass snake** *n* AM Grasnatter *f;* BRIT Ringelnatter *f* **'grass tree** *n* Grasbaum *m* **grass 'wid·ow** *n* Strohwitwe *f* **grass 'wid·ow·er** *n* Strohwitwer *m*

grassy ['grɑːsi, AM 'græsi] *adj* grasbewachsen, mit Gras bewachsen, grasig

grate[1] [greɪt] *n* ❶ *(fireplace)* Kamin *m,* Cheminée *nt* SCHWEIZ
❷ *(grid)* Rost *m*

grate[2] [greɪt] **I.** *vi* ❶ *(annoy) noise* in den Ohren weh tun; **to ~ on sb**[**'s nerves**] jdm auf die Nerven gehen [*o* fallen]; ***it's the way he's always talking about himself — it just ~s on me!*** die Art, wie er immer nur über sich spricht – ich kann es nicht mehr hören!
❷ *(rasp)* kratzen; ***the noise of the chair grating on the stone floor*** das Geräusch, wenn der Stuhl über den Steinboden schrammt; ***the hinges of the old wooden door ~d*** die alte Holztür quietschte in den Angeln; ■ **to ~ against one another** gegeneinanderreiben
II. *vt* ❶ *(grind)* **to ~ one's teeth** mit den Zähnen knirschen
❷ *(shred)* ■ **to ~ sth** *cheese, nutmeg* etw reiben; *vegetables* etw raspeln; **to finely/coarsely ~ sth** etw fein/grob reiben

grat·ed ['greɪtɪd, AM -t̬ɪd] *adj (finely)* gerieben; *(coarsely)* geraspelt

'G-rated *adj inv film* jugendfrei

grate·ful ['greɪtfᵊl] *adj* dankbar; ***I would be most ~ if you could send us the forms as soon as possible*** ich wäre Ihnen sehr verbunden, wenn Sie uns die Formulare so schnell wie möglich zusenden könnten; ***in the end we were ~ to be alive*** am Ende waren wir froh, mit dem Leben davongekommen zu sein; ***I'm just ~ that I'm not still working for***

him ich bin bloß froh, dass ich nicht mehr für ihn arbeiten muss; ***he was very ~ to her for all her support*** er war ihr für ihre Unterstützung sehr dankbar; ■ **to be ~ for sth** für etw *akk* dankbar sein; *(be glad)* über etw *akk* froh sein

grate·ful·ly ['greɪtfəli] *adv* dankbar

grate·ful·ness ['greɪtfəlnəs] *n no pl* Dankbarkeit *f;* **to show one's ~** seine Dankbarkeit zeigen

grat·er ['greɪtəʳ, AM -t̬ɚ] *n* Reibe *f,* Raspel *f,* Raffel *f* SCHWEIZ

grati·cule ['grætɪkju:l, AM -tə-] *n* PHYS Raster *nt,* Fadenkreuz *nt*

grati·fi·ca·tion [,grætɪfɪ'keɪʃən, AM -t̬əfɪ'-] *n* Genugtuung *f; of a wish* Erfüllung *f;* **sexual ~** sexuelle Befriedigung; **with [some] ~** mit [einer gewissen] Genugtuung

grati·fy <-ie-> ['grætɪfaɪ, AM -t̬ə-] *vt* ❶ *usu passive (please)* ■ **to be gratified at [*or* by] sth** über etw *akk* [hoch] erfreut sein; ***I was gratified to hear that I had been right*** mit Genugtuung habe ich gehört, dass ich Recht gehabt hatte; ***he was ~ to see how well his students had done*** er war mit den guten Ergebnissen seiner Studenten sehr zufrieden
❷ *(satisfy)* ■ **to ~ sth** *curiosity, desire, wish* etw befriedigen

grati·fy·ing ['grætɪfaɪɪŋ, AM -t̬ə-] *adj* erfreulich; ***it must be ~ to see all your children happy*** es muss sehr schön für dich sein, dass alle deine Kinder glücklich sind

grati·fy·ing·ly ['grætɪfaɪɪŋli, AM -t̬ə-] *adv* erfreulich

grat·in ['grætɛ̃(ŋ), AM 'grɑ:tən] *n* Gratin *nt;* ***aubergine and tomato au ~*** überbackene [*o* gratinierte] Auberginen und Tomaten

'grat·in dish *n* Auflaufform *f*

grat·ing ['greɪtɪŋ, AM -t̬ɪŋ] **I.** *n* Gitter *nt;* **~ constant** Gitterkonstante *f;* **~ spectrum** Gitterspektrum *nt,* Beugungsspektrum *nt*
II. *adj* ❶ *(grinding)* knirschend; *(rasping)* kratzend; *(squeaking)* quietschend; ***the iron gate dragged on the flagstones, making a ~ noise*** das Eisentor schleifte knirschend über die Steinplatten; **a ~ voice** eine raue Stimme [*o* eine Stimme wie ein Reibeisen] *fam*
❷ *(annoying)* nervtötend *fam*

gra·tis ['grɑ:tɪs, AM 'græt̬əs] **I.** *adj pred, inv* gratis
II. *adv* gratis

grati·tude ['grætɪtju:d, AM -t̬ətu:d, -tju:d] *n no pl* Dankbarkeit *f* (**for** für +*akk*); **as a token of my/our ~** als [ein] Zeichen meiner/unserer Dankbarkeit; **to show/express deep/sincere/everlasting ~** tiefe/aufrichtige/ewige Dankbarkeit zeigen/zum Ausdruck bringen

'grati·tude re·search *n Forschung zu dem Thema, wie Anerkennung und Dankbarkeit positive Auswirkungen auf einen Menschen haben*

gra·tui·tous [grə'tju:ɪtəs, AM -'tu:ət̬əs, -'tju:-] *adj* ❶ *(pej: uncalled-for)* grundlos, unberechtigt; *(unnecessary)* überflüssig; **~ bad language** unnötige Kraftausdrücke
❷ *(free of charge)* unentgeltlich, kostenlos

gra·tui·tous·ly [grə'tju:ɪtəsli, AM -'tu:ət̬əs-, -'tju:-] *adv* unnötig, grundlos

gra·tui·tous·ness [grə'tju:ɪtəsnəs, AM -'tu:ət̬əs-, -'tju:-] *n no pl* Entbehrlichkeit *f; (exaggerated use)* unnötige [*o* übertriebene] Verwendung

gra·tu·ity [grə'tju:əti, AM -'tu:ət̬i, -'tju:-] *n* ❶ *(tip)* Trinkgeld *nt*
❷ BRIT *(payment)* Sonderzuwendung *f,* Gratifikation *f geh*
❸ AM *(bribe)* **illegal ~** Bestechungsgeld *nt*
❹ LAW Geldgeschenk *nt*

grave¹ [greɪv] *n* Grab *nt;* **mass ~** Massengrab *nt;* **unmarked ~** anonymes Grab; **to go to one's ~** *(liter)* dahinscheiden *geh,* heimgehen *euph geh*
▸ PHRASES: **beyond the ~** *(liter)* über den Tod hinaus; ***do you believe there is life beyond the ~?*** glaubst du an ein Leben nach dem Tode?; **from beyond the ~** *(liter)* aus dem Jenseits; **from the cradle to the ~** ein Leben lang, von der Wiege bis zur Bahre *meist hum;* **to dig one's own ~** sich *dat* sein eigenes Grab schaufeln; **to have one foot in the ~** mit einem Bein im Grab stehen; **as silent as the ~** mucksmäuschenstill *fam; (gloomy)* totenstill; **to take one's secret to the ~** sein Geheimnis mit ins Grab nehmen; **to turn in one's ~** sich *akk* im Grabe [her]umdrehen; ***that version of Beethoven's Fifth is ghastly, I can hear the poor man turning in his ~*** diese Version von Beethovens Fünfter ist entsetzlich, der arme Mann würde sich im Grabe umdrehen

grave² [grɑ:v] *adj face, music* ernst; *(seriously bad) news* schlimm; *(worrying) conditions, symptoms* bedenklich, ernst zu nehmend; **a ~ crisis** eine schwere Krise; **a ~ decision** ein schwerwiegender Entschluss; **a ~ mistake** ein gravierender Fehler; **a ~ risk** ein hohes [*o* großes] Risiko; **a ~ situation** eine ernste Lage

grave accent [grɑ:v'-] *n* LING Gravis *m,* Accent grave *m*

'grave-dig·ger *n* Totengräber(in) *m(f)*

grav·el ['grævəl] **I.** *n no pl* ❶ *(small stones)* Kies *m;* GEOL Schotter *m;* **coarse ~** Grobkies *m;* **fine ~** Feinkies *m*
❷ MED Harngrieß *m,* Nierengrieß *m*
II. *n modifier (path)* Kies-; **~ drive[way]** mit Kies aufgeschüttete Auffahrt; **~ road** Schotterstraße *f,* SCHWEIZ *a.* Kiesweg *m*
III. *vt* <BRIT -ll- *or* AM *usu* -l-> ❶ *(cover with gravel)* ■ **to ~ sth** etw mit Kies [*o* Schotter] bedecken; *path, road* etw schottern
❷ AM *(fam: make angry)* ■ **to ~ sb** jdn ärgern; ■ **it ~led him that ...** es fuchste [*o* wurmte] ihn, dass ... *fam*

grav·elled, AM **grav·eled** ['grævəld] *adj inv* Kies-, mit Kies bedeckt; **~ path** gekiester Weg

grav·el·ly ['grævəli] *adj* kiesig; *(stony)* steinig; **~ soil** steiniger Boden; **a ~ voice** *(fig)* eine raue Stimme

'grav·el-pit *n* Kiesgrube *f*

grave·ly ['greɪvli] *adv* ernst; **~ ill** ernstlich [*o* schwer] krank

'grave mound *n* Grabhügel *m*

grav·en ['greɪvən] *adj (liter)* eingehauen (**on/in** in +*akk*); **sth is [*or* remains] ~ in [*or* on] sb's memory** *(fig)* etw gräbt sich in jds Gedächtnis ein

grav·en 'im·age *n* Götzenbild *nt*

'grave rob·ber *n* Grabräuber(in) *m(f)* **'grave·side** *n* **~ speech** Grabrede *f;* **at the ~** am Grab[e] **'grave·stone** *n* Grabstein *m* **'grave·yard** *n* ❶ *(burial ground)* Friedhof *m* ❷ ECON Flaute *f* **'grave·yard shift** *n (fam)* Nachtschicht *f*

gravi·met·ric [,grævɪ'metrɪk, AM -və-] *adj inv* CHEM gravimetrisch, gewichtsanalytisch; **~ analysis** Gewichtsanalyse *f,* gravimetrische Analyse

'grav·ing dock ['greɪvɪŋ-] *n* Trockendock *nt*

gravi·tas ['grævɪtæs] *n no pl (form)* Würde *f*

gravi·tate ['grævɪteɪt] *vi* ■ **to ~ to[wards] sth/sb** von etw/jdm angezogen werden, sich *akk* zu etw/jdm hingezogen fühlen, zu etw/jdm tendieren; ***in their search for work, people are gravitating to the cities*** auf der Suche nach Arbeit zieht es die Menschen in die großen Städte

gravi·ta·tion [,grævɪ'teɪʃən] *n no pl* ❶ *(movement)* ■ **~ to[wards] sth** Bewegung *f* zu etw *dat* hin; *(fig: tendency)* Hinwendung *f* [*o* Tendenz *f*] zu etw *dat;* ***the ~ of country people to the cities began in the 1920s*** die Abwanderung der Landbevölkerung in die Städte begann in den 20er Jahren; ***the last few years has seen a ~ of this age group towards more active sports*** in den letzten Jahren hat sich diese Altersgruppe den aktiveren Sportarten zugewendet
❷ *(attracting force)* Schwerkraft *f,* Gravitation *f*

gravi·ta·tion·al [,grævɪ'teɪʃənəl] *adj inv* Gravitations-

gravi·ta·tion·al 'field *n* Gravitationsfeld *nt,* Schwerefeld *nt* **gravi·ta·tion·al 'force** *n* Gravitationskraft *f,* Schwerkraft *f* **gravi·ta·tion·al 'pull** *n no pl* Anziehungskraft *f*

grav·ity ['grævəti, AM -ət̬i] *n no pl* ❶ PHYS Schwerkraft *f,* Gravitation *f;* **the force of ~** die Schwerkraft; **the law of ~** das Gesetz der Schwerkraft
❷ *(seriousness)* Ernst *m; of speech* Ernsthaftigkeit *f*

grav·lax ['grævlæks, AM 'grɑ:vlɑ:ks] *n no pl* Gravad Lachs *m,* marinierter Räucherlachs

gra·vure [grə'vjʊəʳ, AM -'vjʊr] *n* ❶ *(etching)* Tiefdruck *m kein pl,* Tiefdruckätzung *f kein pl*
❷ *(picture)* Tiefdruck *m,* Ätzung *f*

gra·vy ['greɪvi] *n no pl* ❶ *(meat juices)* Bratensaft *m; (meat sauce)* [Braten]soße *f*
❷ *esp* AM *(fig sl: easy money)* schnell [*o* leicht] verdientes Geld; **to make some ~** schnelles Geld machen, 'ne schnelle Mark verdienen BRD *fam*

'gra·vy boat *n* Sauciere *f,* Soßenschüssel, Saucenschüssel *f* SCHWEIZ **'gra·vy train** *n (sl)* ▸ PHRASES: **to get on the ~** sich *dat* ein Stück vom Kuchen abschneiden *fam;* **to be on the ~** schnelles Geld machen *fam*

gray *adj* AM *see* **grey**

graze¹ [greɪz] **I.** *n* Abschürfung *f,* Schürfwunde *f*
II. *vt* ■ **to ~ sth** etw streifen; ***the bullet just ~d his leg*** die Kugel hat sein Bein nur gestreift; **to ~ one's knee/elbow** sich *dat* das Knie/den Ellbogen aufschürfen

graze² [greɪz] **I.** *vi* ❶ *(eat grass) cattle, sheep* grasen, weiden
❷ *(fam: eat)* die ganze Zeit irgendwelche Kleinigkeiten essen *fam;* **to ~ on sweets** sich *akk* nur von Süßigkeiten ernähren
❸ *(in food halls: sample casually)* durchstreifen, durchprobieren
II. *vt* **to ~ animals** Tiere weiden [*o* grasen] lassen; ***the shepherds ~d their sheep*** die Schäfer weideten ihre Schafe; **to ~ a meadow** Weideland abgrasen

gra·zi·er ['greɪzɪəʳ, AM ʒɚ] *n* Viehzüchter(in) *m(f)*

graz·ing ['greɪzɪŋ] *n no pl* ❶ *(for cattle)* Weideland *nt*
❷ *(in food halls: casual sampling)* Durchprobieren *nt*
❸ *(of TV programmes)* Zappen *nt*

'graz·ing land ['greɪzɪŋ-] *n* Weideland *nt kein pl,* Grasland *nt kein pl,* Weide *f*

grease [gri:s] **I.** *n* ❶ *(fat)* Fett *nt;* **goose ~** Gänsefett *nt*
❷ *(lubricating oil)* Schmierfett *nt,* Schmiere *f*
II. *n modifier* **~ mark** [*or* **spot**] Fettfleck *m*
III. *vt* ■ **to ~ sth** etw [ein]fetten [*o* einschmieren]; MECH, TECH etw schmieren
▸ PHRASES: **like ~d lightning** wie ein geölter Blitz *fam;* **to ~ sb's palm** jdn schmieren *fam*

'grease gun *n* Fettspritze *f,* Fettpresse *f* **'grease mon·key** *n esp* AM *(dated sl)* [ölverschmierter] Mechaniker[lehrling] **'grease·paint** *n* THEAT Fettschminke *f* **grease·proof 'pa·per** *n* Pergamentpapier *nt,* Butterbrotpapier *nt,* Backpapier *nt* ÖSTERR, SCHWEIZ

greas·er ['gri:səʳ, AM -ɚ] *n* ❶ *(motor mechanic)* Kfz-Mechaniker(in) *m(f),* Auto-Mechaniker(in) *m(f)* SCHWEIZ; *(on ship)* ungelernter Mechaniker/ungelernte Mechanikerin
❷ *(dated sl: motorcycle fanatic)* Rocker(in) *m(f) fam*
❸ AM *(pej! sl: Hispanic American) abwertende Bezeichnung für Lateinamerikaner, besonders Mexikaner*

'grease spot *n* Fettfleck *m*

greasi·ness ['gri:sɪnəs] *n no pl* Fettigkeit *f,* Schmierigkeit *f*

greasy ['gri:si] *adj* ❶ *(covered with grease) hair, skin* fettig; *fingers, objects also* schmierig; *(full of grease) food* fett; *(slippery) floor* glitschig
❷ *(fig pej: effusively polite) person, manner* schmierig *pej*

greasy 'pole *n (fig)* mit Hindernissen gespickte Karriereleiter

greasy 'spoon *n (pej fam)* [billige] Fressbude *pej fam*

great [greɪt] **I.** *adj* ❶ *(very big)* groß, riesig; ***it gives us ~ pleasure to announce the engagement of our daughter*** es ist uns eine große Freude, die Verlobung unserer Tochter bekanntzugeben; ***it is with ~ sorrow that I inform you of the death of our director*** zu meinem tiefsten Bedauern muss ich Ihnen mitteilen, dass unser Direktor verstorben ist;

I feel ~ sympathy for you ich fühle mit dir von ganzem Herzen mit dir; **a ~ amount** [*or* **quantity**] eine große Menge, sehr viel; **a ~ deal of time/money** eine Menge [*o* sehr viel] Zeit/Geld; **to a ~ extent** im Großen und Ganzen; **a ~ joy** eine große Freude; **the ~ majority of people** die überwiegende Mehrheit der Leute; **a ~ many** [*or* **number of**] **people** sehr viele Menschen; **a ~ sadness** eine tiefe Traurigkeit
② *(famous)* groß; *(important)* bedeutend; *(outstanding)* überragend; **the ~est boxer/show** der größte Boxer/die größte Show; **a ~ personality** eine überragende Persönlichkeit
③ *(wonderful)* großartig, wunderbar; ***we had a ~ time at the party*** wir haben uns auf der Party großartig amüsiert; ***it's ~ to be back home again*** es ist richtig schön, wieder zu Hause zu sein; ***it was ~ driving over the mountains*** es war wunderschön, durch die Berge zu fahren; **~!** *(iron fam)* na prima! *iron fam,* klasse! *iron fam,* wunderbar! ÖSTERR *iron fam,* super! SCHWEIZ *iron fam;* **the ~ thing about sth/sb is** [that] ... das Tolle an etw/jdm ist[, dass] ... *fam;* ***the ~ thing about my job is the flexitime*** was mir an meiner Arbeit besonders gefällt, ist die Gleitzeit; **to be a ~ one for sth** genau der/die Richtige für etw *akk* sein; ***he's a ~ one for getting other people to do his work*** er hat den Bogen raus, wie er andere Leute dazu kriegt, seine Arbeit zu machen *fam;* ▪**to be ~ at doing sth** *(fam)* etw sehr gut können; ***my sister's ~ at playing football*** meine Schwester spielt klasse Fußball
④ *inv (for emphasis)* ausgesprochen; **~ fool** Volltrottel *m fam;* **~ friend** guter Freund/gute Freundin; ***as children they were ~ friends*** als Kinder waren sie dicke Freunde *fam*
⑤ *(very good)* hervorragend, toll *fam;* ***she is a ~ organizer*** sie kann hervorragend organisieren; ***he is a ~ storyteller*** er ist ein fantastischer Geschichtenerzähler; **to feel ~** sich *akk* großartig fühlen; **to feel not all that ~** sich *akk* gar nicht gut fühlen
⑥ *(enthusiastic)* begeistert; ***our kids are ~ partygoers*** unsere Kinder sind begeisterte Partygänger
▸PHRASES: **to be going ~ guns** *(dated fam)* richtig [toll] in Schwung [*o* in Fahrt] sein *fam;* **~ minds think alike**[**, fools seldom differ**] *(prov hum)* große Geister denken gleich *prov hum,* zwei Dumme, ein Gedanke *prov hum;* **to be no ~ shakes** nicht besonders gut sein; ***I'm no ~ shakes as a cook/at cooking*** als Koch/im Kochen bin ich nicht gerade ein Meister; **to be the ~est thing since sliced bread** *(prov fam)* genial [*o* großartig] sein; **to not be the ~est thing since sliced bread** *(prov fam)* nicht gerade das Gelbe vom Ei sein *fam*
II. *adv inv (extremely)* sehr; **~ big** riesengroß; **a ~ big spider** eine dicke, fette Spinne; **a ~ long queue** [*or* AM **line**] eine riesenlange Schlange *fam*
III. *n (person)* Größe *f; (in titles)* ***Alexander/Catherine the G~*** Alexander der Große/Katharina die Große; **the ~ and the good** die Prominenz; **an all-time ~** ein unvergesslicher Star; **to be an all-time ~** unerreicht sein; **one of the ~s** einer/eine der ganz Großen

'great-aunt *n* Großtante *f* **Great 'Ba·sin** *n* Großes Becken **Great 'Bear** *n* ASTRON Großer Bär **Great 'Brit·ain** *n,* **GB** *n* Großbritannien *nt* **'great·coat** *n esp* BRIT Überzieher *m,* Paletot *m;* **army ~** Militärmantel *m* **Great 'Dane** *n* [Deutsche] Dogge **Great De·'pres·sion** *n* HIST *Weltwirtschaftskrise (1929)*

Great·er ['greɪtəʳ, AM -t̬ɚ] *(in cities)* **~ London** Groß-London *nt;* **~ Manchester** Großraum *m* Manchester; *(county)* [Grafschaft *f*] Greater Manchester *nt;* **~ New York** Großraum *m* New York

'Great·er Ve·hi·cle, 'Larg·er Ve·hi·cle *n no pl* REL Großes Fahrzeug

great-'grand·child *n* Urenkel(in) *m(f)* **great-'grand·daugh·ter** *n* Urenkelin *f* **great-'grand·fa·ther** *n* Urgroßvater *m* **great-'grand·moth·er** *n* Urgroßmutter *f* **great-'grand·son** *n* Urenkel *m* **great-great-'grand·fa·ther** *n* Ururgroßvater *m* **great-great-'grand·moth·er** *n* Ururgroßmutter *f* **Great 'Lakes** *npl* GEOG ▪**the ~** die Großen Seen

great·ly ['greɪtli] *adv* sehr; **to be ~ impressed** tief beeindruckt sein; **to improve ~** große Fortschritte machen; **to ~ regret sth** etw zutiefst bedauern

great-'neph·ew [,greɪt'nefju:] *n* Großneffe *m*

great·ness ['greɪtnəs] *n no pl* Bedeutsamkeit *f,* [große] Bedeutung

great-'niece [,greɪt'ni:s] *n* Großnichte *f* **great-'un·cle** *n* Großonkel *m* **Great Wall of 'Chi·na** *n* ▪**the ~** die Chinesische Mauer **Great 'War** *n* HIST ▪**the ~** der Erste Weltkrieg

grebe [gri:b] *n* ORN Seetaucher *m*

Gre·cian ['gri:ʃᵊn] *adj inv* ① *(Greek)* griechisch ② *(of Ancient Greece) column, temple* griechisch; *(like Greek statues)* klassisch [griechisch]; **~ features** klassische Gesichtszüge; **a ~ nose/profile** eine klassische Nase/ein klassisches Profil

Greco-Ro·man [,gri:kəʊ'rəʊmᵊn, AM ,gri:koʊ'roʊmᵊn] *adj inv esp* AM griechisch-römisch

Greece [gri:s] *n* Griechenland *nt*

greed [gri:d] *n no pl* Gier *f* (**for** nach +*dat*); **~ for food** Essgier *f,* Gefräßigkeit *f;* **~ for money** Geldgier *f;* **~ for power** Machtgier *f,* Machthunger *m*

greedi·ly ['gri:dɪli] *adv* gierig

greedi·ness ['gri:dɪnəs] *n no pl* Gier *f*

greedy ['gri:di] *adj* gierig; *(for money, things)* habgierig *pej,* raffsüchtig *pej; (fig)* ▪**to be ~ for sth** gierig nach etw *dat* sein, nach etw *dat* gieren; **~** [**guzzle-**]**guts** BRIT, AUS *(esp childspeak fam)* [kleiner] Vielfraß *fam;* **~ pig** *(fam)* Vielfraß *m pej fam;* **~ for power** machthungrig; **~ for success/victory** erfolgs-/siegeshungrig

Greek [gri:k] **I.** *n* ① *(person)* Grieche, Griechin *m, f* ② *no pl (language)* Griechisch *nt;* **ancient ~** Altgriechisch *nt;* **modern ~** Neugriechisch *nt;* **in ~** auf Griechisch
II. *adj inv* griechisch; **~ cuisine** griechische Küche
▸PHRASES: **it's all ~ to me** das sind alles böhmische Dörfer für mich; **beware** [*or* **fear**] **the ~s bearing gifts** *(prov)* Vorsicht vor falschen Freunden *prov,* trau, schau, wem *prov*

Greek 'cross *n* griechisches Kreuz **Greek 'key pat·tern** *n* Mäander *m*

green [gri:n] **I.** *n* ① *no pl (colour)* Grün *nt;* ***it's not easy being ~*** es ist nicht einfach, grün zu sein; **pale/bottle/lime ~** Blassgrün/Flaschengrün/Lindgrün *nt*
② *(shade of green)* Grünton *m,* Grün *nt;* **to paint sth in ~s and blues** etw in Grün- und Blautönen streichen
③ FOOD ▪**~s** *pl* Blattgemüse *nt kein pl,* Grünzeug *nt kein pl fam;* **dandelion/salad ~s** Löwenzahn-/Salatblätter *pl*
④ *(member of Green Party)* ▪**G~** Grüne(r) *f(m)*
⑤ *no pl (area of grass)* Grün *nt,* Grünfläche *f;* SPORT Rasen *m,* Rasenplatz *m; (part of name)* ***Sheep's G~*** Sheep's Green; **bowling ~** *Rasenfläche zum Bowlen;* **cricket ~** Kricketplatz *m;* **golf** [*or* **putting**] **~** Grün *nt;* **village ~** Dorfwiese *f,* Dorfanger *m*
II. *adj* ① *(green coloured)* grün; **~ salad** grüner Salat; **to turn** [*or* **go**] **~** BOT grün werden; *(of traffic lights)* grün werden, auf Grün umspringen; *(feel ill)* grün [*o* blass] werden
② *(environmentally conscious)* grün, umweltfreundlich, ökologisch; **~ campaigners** Umweltschutzaktivisten, -aktivistinnen *mpl, fpl;* **~ issues** Umweltschutzfragen *pl;* **~ policies** umweltfreundliche [politische] Maßnahmen; **~ politics** Umwelt[schutz]politik *f;* **to go ~** umweltbewusst werden
③ *(unripe)* grün; **~ bananas/tomatoes** grüne Bananen/Tomaten; **~ wood** grünes Holz
④ *(inexperienced)* unerfahren, grün hinter den Ohren *präd; (naive)* naiv
⑤ *(covered with plants)* grün, mit Pflanzen bewachsen
⑥ *(fig: jealous)* **~** [**with envy**] grün [*o* gelb] vor Neid
III. *vt* ▪**to ~ sth** *industry, production process* etw umweltbewusster gestalten

green ac·'count·ing *n no pl* FIN umweltbezogene Buchhaltung [*o* Rechnungslegung]

'green·back *n (fam)* ① AM *(dollar)* Dollar[schein] *m,* Dollar[bank]note *f* ② *(animal)* Laubfrosch *m*

'green ban *n* AUS [gewerkschaftliche] Baubeschränkung, [gewerkschaftliches] Bauverbot *(aus Naturschutzgründen)* **green 'beans** *npl* grüne Bohnen, Fisolen *pl* ÖSTERR **'green belt** *n* Grüngürtel *m* **green 'card** *n* ① BRIT *(car insurance document)* [internationale] Grüne [Versicherungs]karte ② AM *(residence and work permit)* Aufenthaltserlaubnis *f* mit Arbeitsgenehmigung, Greencard *f* ③ FIN grüne Versicherungskarte *f*

green 'chem·ist *n* umweltbewusster Chemiker, umweltbewusste Chemikerin, Öko-Chemiker(in) *m(f)* **green 'chem·is·try** *n no pl* Öko-Chemie *f*

green 'cin·na·bar *n no pl* CHEM Chromoxidgrün *nt*

green con·'sum·er·ism *n no pl* Konsum *m* von umweltfreundlichen Produkten [*o* SCHWEIZ Bioprodukten], umweltbewusstes Konsumverhalten **green elec·'tric·ity** *n no pl* Ökostrom *m*

green·ery ['gri:nᵊri] *n no pl* Grün *nt,* grüne Zweige

'green-eyed *adj* ① *(with green eyes)* grünäugig; **to be ~** grüne Augen haben ② *(fig: jealous)* ▪**to be ~** neidisch [*o* missgünstig] sein; **the ~ monster** der blasse Neid **green 'fam·ine** *n no pl* Hungersnot *f* trotz grüner Felder *(bei durch Regenmangel oder Krieg bedingtem Ernteausfall)* **'green·field** *adj attr, inv* BRIT ① *(not built on)* **~ land** unerschlossenes Land; **~ site** unerschlossenes Baugrundstück [*o* Bauland] ② *(on newly developed land)* **~ factory** Fabrik *f* auf der grünen Wiese

'green·finch *n* Grünfink *m*

green 'fin·gers *npl* BRIT ▸PHRASES: **to have ~** einen grünen Daumen haben **'green·fly** <*pl* - *or*-flies> *n esp* BRIT Blattlaus *f;* **to have ~** *plant* von Blattläusen befallen sein

'green·gage *n* Reineclaude *f,* Reneklode *f,* Ringlotte *f* ÖSTERR; **~ tree** Reneklode *f,* Ringlotte *f* ÖSTERR

'green·gro·cer *n esp* BRIT Obst- [*o* SCHWEIZ Früchte-] und Gemüsehändler(in) *m(f); (shop)* Obst- [*o* SCHWEIZ Früchte-] und Gemüseladen *m;* **at the ~'s** im Obst- und Gemüseladen, beim Obst- und Gemüsehändler **green·gro·cery** <*pl* -ries> [gri:n'grəʊsᵊri] *n* ① *no pl (trade)* Obst- [*o* SCHWEIZ Früchte-] und Gemüsehandel *m* ② *(shop)* Obst- [*o* SCHWEIZ Früchte-] und Gemüsegeschäft *nt* [*o* -handlung *f*] ③ *usu pl (goods)* Obst- und Gemüsewaren *pl,* Grünzeug *nt fam*

'green·horn *n* Greenhorn *nt,* Grünschnabel *m;* ***as a ~ journalist, I made a lot of mistakes*** als ich noch ganz neu im Journalismus war, habe ich eine Menge Fehler gemacht

'green·house *n* Gewächshaus *nt,* Treibhaus *nt* **'green·house ef·fect** *n no pl* ▪**the ~** der Treibhauseffekt **'green·house gas** *n* Treibhausgas *nt*

greenie ['gri:ni] *n (pej)* Öko *m oft pej fam*

green·ing ['gri:nɪŋ] *n no pl* ① *(environmental awareness)* Steigerung *f* des Umweltbewusstseins ② *(introducing plants)* Begrünung *f*

green·ish ['gri:nɪʃ] *adj* grünlich

green·keep·er, AM **greens·keep·er** ['gri:n(s)ki:pəʳ, AM -ɚ] *n* Platzwart(in) *m(f)*

Green·land ['gri:nlənd] *n* Grönland *nt*

Green·land·er ['gri:nləndəʳ, AM -ɚ] *n* Grönländer(in) *m(f)*

green 'light *n (fig fam)* grünes Licht (**to** für +*akk*); **to give sb the ~** jdm grünes Licht [*o fam* das Okay] geben **green-'light** <-lighted, -lighted> *vt (fam)* ▪**to ~ sth** grünes Licht für etw *akk* geben

green·ness ['gri:nnəs] *n no pl* Grün[e] *nt*

Green 'Pa·per *n* BRIT POL *von der Regierung veröffentlichtes Diskussionspapier über Gesetzesänderungen* **'Green Par·ty** *n + sing/pl vb* die Grünen *pl*

'Green·peace ['gri:npi:s] *n no pl, + sing/pl vb* Greenpeace *nt*

green 'pep·per *n* grüne Paprikaschote [*o* SCHWEIZ Peperoni]; **stuffed ~** gefüllte [grüne] Paprikaschote **Green Revo·'lu·tion** *n* Grüne Revolution, Agrarrevolution *f* **'green roof** *n see* **ecoroof green 'rub·ber** *n no pl* TECH Rohgummi *m* **green 'sal·ad** *n* grüner Salat

greens·keep·er ['gri:nzki:pəʳ, AM -ɚ] *n* AM *see*

greenkeeper
green·stick 'frac·ture *n* MED Grünholzfraktur *f fachspr*
green·sward ['gri:nswɔ:d, AM -swɔ:rd] *n (liter)* Au[e] *f liter,* Wiese *f*
green 'tax *n* Umweltsteuer *f* **green 'tea** *n* grüner Tee **green 'thumb** *n* AM ▶PHRASES: **to have a ~** einen grünen Daumen haben
Green·wich ['grenɪdʒ] *n* Greenwich *nt (Stadtteil Groß-Londons)*
Green·wich 'Mean Time *n,* **GMT** *n* Greenwicher [*o* westeuropäische] Zeit
Green·wich 'Vil·lage *n* Greenwich Village *nt (Stadtteil New Yorks)*
green·wood ['gri:nwʊd] *n (old)* grün belaubter Wald
greeny <-ier, -iest> ['gri:ni] *adj* grünlich
greet [gri:t] *vt* ❶ *(welcome)* ■**to ~ sb** jdn [be]grüßen; *(receive)* jdn empfangen; ***the porter always ~s me*** der Portier grüßt mich immer; ***we were ~ed by a wonderful smell of coffee*** *(fig)* wir wurden von einem wunderbaren Kaffeeduft empfangen; **to ~ each other** [**by shaking hands**] sich *akk* [mit Handschlag] begrüßen
❷ *(react)* ■**to ~ sth with sth** auf etw *akk* mit etw *dat* reagieren; ***the unions have ~ed his decision with delight/ anger*** die Gewerkschaften haben seine Entscheidung sehr begrüßt/mit Zorn aufgenommen; ***his speech was ~ed with applause by the audience*** er erntete mit seiner Rede einen Applaus vom Publikum
❸ *(fig: be noticeable) sight, view* sich *akk* jdm bieten; ***a scene of chaos ~ed us*** ein chaotischer Anblick bot sich uns dar
greet·ing ['gri:tɪŋ, AM -t̬ɪŋ] *n* Begrüßung *f;* ***she smiled at me in ~*** sie begrüßte mich mit einem Lächeln; ■**~s** *pl* Grüße *pl;* ***warm ~s to you all*** herzliche Grüße an euch alle; ***~s to you, my friends and colleagues*** seid gegrüßt, meine Freunde und Kollegen *form o hum;* **birthday ~s** Geburtstagsglückwünsche *pl;* **to exchange ~s** sich *akk* [gegenseitig] begrüßen
'greet·ings card, AM, AUS **'greet·ing card** *n* Grußkarte *f,* SCHWEIZ *a.* Postkarte *f*
gre·gari·ous [grɪ'geəriəs, AM -geri-] *adj* ❶ *(liking company)* gesellig
❷ ZOOL *(living in groups)* Herden-; **~ animal** Herdentier *nt;* ***sheep and cattle are ~*** Schafe und Rinder sind Herdentiere
gre·gari·ous·ly [grɪ'geəriəsli, AM -geri-] *adv* gesellig
gre·gari·ous·ness [grɪ'geəriəsnəs, AM -geri-] *n no pl* ❶ *(love of company)* Geselligkeit *f*
❷ ZOOL *(tendency to group)* Herdentrieb *m*
Gre·go·rian cal·en·dar [grɪ,gɔ:riən'-] *n no pl* gregorianischer Kalender **Gre·go·rian 'chant** *n* gregorianischer Gesang
greige [greɪʒ] *adj* ❶ *(undyed, unfinshed) textile* Roh-
❷ *(fig pej fam: colourless) clothing, surroundings, decor* farblos wirkend *attr*
grem·lin ['gremlɪn] *n* ❶ *(goblin)* Kobold *m,* kleines Monster; *(fig)* ***we must have a ~ in the engine*** in der Maschine steckt irgendwo der Wurm drin; ***our biggest ~ was rust*** gegen den Rost hatten wir am meisten zu kämpfen
❷ COMPUT *(fam)* Maschinenteufelchen *nt*
Gre·na·da [grə'neɪdə] *n* Grenada *nt*
gre·nade [grə'neɪd] *n* Granate *f;* **~ attack** Granatenangriff *m;* **hand ~** Handgranate *f*
Gre·na·dian [grə'neɪdiən] **I.** *n* Grenader(in) *m(f)*
II. *adj* grenadisch
grena·dier [,grenə'dɪəʳ, AM -'dɪr] *n* HIST Grenadier *m;* ■**the G~s** [*or* **the G~ Guards**] *pl* BRIT die Grenadiergarde
grena·dine ['grenədi:n] *n no pl* Grenadine *f,* Granatapfelsirup *m*
Grena·dine Is·lands ['grenədi:n-] *npl* Grenadinen *pl*
grew [gru:] *pt of* **grow**
grey, AM **gray** [greɪ] **I.** *n* ❶ *no pl (colour)* Grau *nt*
❷ *(shade of grey)* Grauton *m;* **to paint sth in ~s and blues** etw in Grau- und Blautönen streichen
❸ BRIT *(regiment)* ■**the** [**Royal Scots**] **G~s** *pl Schottisches Reiterregiment*
❹ *(white horse)* Schimmel *m*
II. *adj (coloured grey)* grau; *face* [asch]grau, fahl; *horse* [weiß]grau; *person* grauhaarig; *(fig)* grau, öde, trostlos; **a ~ day** ein trüber [*o* grauer] Tag; **~ weather** trübes Wetter; **to go** [*or* **turn**] **~** *person* grau werden, ergrauen, graue Haare bekommen
'grey area *n* Grauzone *f* **'grey·beard** *n* Graubart *m* **grey 'emi·nence** *n* graue Eminenz **'grey·hound** *n* Windhund *m* **'grey·hound race** *n* Windhundrennen *nt* **'grey·hound rac·ing** *n no pl* Windhundrennen *nt*
grey·ing, AM **gray·ing** ['greɪɪŋ] *adj* ergrauend; ■**to be ~** ergrauen, grau werden; **~ hair** leicht ergrautes [*o* angegrautes] Haar
grey·ish, AM **gray·ish** ['greɪɪʃ] *adj* gräulich
grey·lag <*pl* - *or* -s> *n,* **grey·lag 'goose** ['greɪlæg-] *n* ORN Graugans *f*
grey 'mar·ket *n* FIN grauer Markt **'grey mat·ter** *n (fam)* **the** [**old**] **~** die grauen Zellen
grey·ness, AM **gray·ness** ['greɪnəs] *n no pl* Grau *nt; (fig)* Trübheit *f,* Trostlosigkeit *f*
grey 'pound *n* BRIT Finanzkraft *f* der Senioren
grid [grɪd] *n* ❶ *(grating)* Gitter *nt*
❷ *(pattern)* Gitternetz *nt,* Raster *nt*
❸ *(in motor races)* Start[platz] *m*
❹ ELEC Netz *nt*
grid·dle ['grɪdl̩] **I.** *n runde Gusseisenplatte, die zum Backen oder Garen erhitzt wird*
II. *vt* **to ~ food** *Speisen auf einer runden, heißen Gusseisenplatte zubereiten*
'grid·dle cake *n* ≈ Pfannkuchen *m,* ≈ Omelette *f* SCHWEIZ
grid·iron ['grɪdaɪən, AM -aɪɚn] *n* ❶ *(metal grid)* [Grill]rost *m*
❷ AM *(American football field)* Footballfeld *nt*
❸ NAUT *(framework)* Balkenrostwerk *nt fachspr,* Kielbank *f fachspr*
❹ THEAT Schnürboden *m fachspr*
'grid·lock ['grɪdlɒk, AM -lɑ:k] *n no pl* ❶ *(traffic jam)* Stau *m; (breakdown)* Verkehrskollaps *m,* Zusammenbruch *m* des Verkehrs; **to cause ~** den [gesamten] Verkehr lahmlegen ❷ *(fig: work blockage)* Arbeitshemmnis *nt,* Blockade *f* **'grid·locked** *adj* überlastet; *(at a standstill)* lahmgelegt; *(blocked)* blockiert **'grid ref·er·ence** *n* Planquadratangabe *f* **'grid square** *n* Planquadrat *nt* **'grid sys·tem** *n* Raster *nt;* ***the streets in this city are laid out in a ~*** die Straßen dieser Stadt sind rasterförmig angelegt
grief [gri:f] *n no pl* ❶ *(sadness)* tiefe Trauer, Kummer *m,* Leid *nt; (pain)* Schmerz *m;* **to cause sb ~** jdm Kummer bereiten
❷ *(trouble)* **good ~!** du liebe Zeit!; **to cause ~** *(fam)* für Ärger sorgen *fam;* **to cause sb ~** *(fam)* jdm Ärger bereiten; **to come to ~** *(fail)* fehlschlagen, scheitern; *(have an accident)* sich *akk* verletzen, zu Schaden kommen; ***I came to ~ on an icy patch*** ich stürzte unglücklich auf einer vereisten Stelle; **to give sb** [**a lot of**] **~** *(fam)* jdm gegenüber keinen Hehl aus seiner/ihrer Verärgerung machen; ***my parents gave me a lot of ~ about my bad marks*** meine Eltern haben mir wegen meiner schlechten Noten ganz schön die Leviten gelesen *fam*
'grief-strick·en *adj* untröstlich, voller Trauer *präd;* **a ~ look** ein kummervoller [*o* [tief]trauriger] Blick
griev·ance ['gri:vᵊn(t)s] *n* ❶ *(complaint)* Beschwerde *f,* Klage *f*
❷ *(sense of injustice)* Groll *m kein pl;* **to harbour** [*or* AM **harbor**] [*or* **nurse**] **a ~ against sb** einen Groll gegen jdn hegen
grieve [gri:v] **I.** *vi (be sad)* bekümmert sein; *(mourn)* ■**to ~ for sb** um jdn trauern; ■**to ~ over sth** über etw *akk* betrübt sein, sich *akk* über etw *akk* grämen *geh*
II. *vt* ■**to ~ sb** *(distress)* jdm Kummer bereiten; *(make sad)* jdn traurig machen [*o* stimmen], jdn betrüben; *(annoy)* jdn ärgern [*o* verdrießen]; ***it ~ me to see all that money go down the drain*** es ärgert mich, zu sehen, wie das ganze Geld zum Fenster hinausgeworfen wird
griev·ous ['gri:vəs] *adj crime* schwer; *injury also* ernst; *error also* schwerwiegend; *news* schlimm, schmerzlich; **~ danger** große Gefahr
griev·ous bodi·ly 'harm *n,* **GBH** *n* LAW schwere Körperverletzung
griev·ous·ly ['gri:vəsli] *adj* ernsthaft, schwer; ***we have been ~ hurt by your accusations*** Ihre Anschuldigungen haben uns schwer getroffen; **to be ~ mistaken** sich *akk* gewaltig im Irrtum befinden, einem großen Irrtum [unt]erliegen
grif·fin, grif·fon ['grɪfᵊn] *n* Greif *m*
grift·er ['grɪftɚ] *n* AM *(sl)* kleiner Gauner/kleine Gaunerin, Ganove, Ganovin *m, f pej fam*
grill [grɪl] **I.** *n (in cooker)* Grill *m; (over charcoal)* [Grill]rost *m; esp* AM *(restaurant)* Grillrestaurant *nt,* Grillroom *m*
II. *vt* ❶ *(cook)* ■**to ~ sth** etw grillen, etw grillieren SCHWEIZ
❷ *(fig fam: interrogate)* ■**to ~ sb about sth** jdn über etw *akk* ausquetschen *fam;* ■**to be ~ed by sb** von jdm in die Mangel genommen werden *fam*
grille [grɪl] *n* Gitter *nt; (of windows)* Fenstergitter *nt; (of doors)* Türgitter *nt; (speak through)* Sprechgitter *nt*
grill·ing ['grɪlɪŋ] *n (fig fam)* strenges Verhör; **to give sb a** [**good**] **~** jdn grillen *sl,* jdn [ordentlich] in die Mangel nehmen *fam*
'grill pan *n* Grillpfanne *f,* Bratpfanne *f* SCHWEIZ
grilse [grɪls] *n* <*pl* -> junger Lachs
grim [grɪm] *adj* ❶ *(forbidding) expression, face* grimmig, verbissen; ***he was ~-faced as he stared into the camera*** mit finsterem Blick starrte er in die Kamera; **~ determination** eiserne Entschlossenheit; **~ humour** [*or* AM **humor**] Galgenhumor *m*
❷ *(very unpleasant) situation* schlimm; *(horrible) news* entsetzlich, grauenhaft; *(inhospitable) landscape* unwirtlich; ***they lived in a ~ flat in a high-rise building*** sie wohnten in einer trostlosen Wohnung in einem Hochhaus; ***we were running out of money and things were looking ~*** unser Geld wurde knapp und die Lage sah langsam düster aus; **a ~ outlook** düstere Aussichten; **a ~ picture** ein trostloses Bild; **a ~ reminder** eine bittere [*o* schmerzliche] Erinnerung; **to feel ~** *(fig fam)* sich *akk* miserabel [*o* elend] fühlen
▶PHRASES: **to hang** [*or* **hold**] **on like ~ death** *dog* sich *akk* festbeißen; *person* verbissen an etw *dat* festhalten
gri·mace [grɪ'meɪs, AM *esp* 'grɪməs] **I.** *n* ❶ *(facial expression)* [verzerrter] Gesichtsausdruck; **to make a ~ of disgust/hatred/pain** ein angewidertes/hasserfülltes/schmerzverzerrtes Gesicht machen
❷ *(exaggerated expression)* Grimasse *f,* Fratze *f;* **to make a ~** eine Grimasse schneiden
II. *vi* das Gesicht verziehen; **to ~ with pain** das Gesicht vor Schmerz verziehen
grime [graɪm] **I.** *n no pl (ingrained dirt)* Schmutz *m; (soot)* Ruß *m;* **to be covered with ~** von einer Schmutzschicht überzogen sein
II. *vt usu passive* **to be ~d with dust** von einer [dicken] Staubschicht überzogen sein; **to be ~d with soot** rußverschmiert sein
grim·ly ['grɪmli] *adv* verbissen, hart; *(threateningly)* grimmig
grim·ness ['grɪmnəs] *n no pl* Verbissenheit *f,* Grimmigkeit *f; (unpleasantness)* Trostlosigkeit *f,* Düsterkeit *f;* ***the ~ of his voice told me there was something wrong*** der grimmige Ton in seiner Stimme sagte mir, dass etwas nicht stimmte
Grim 'Reap·er *n* ■**the ~** der Sensenmann
grimy ['graɪmi] *adj* schmutzig; *(sooty)* rußig, verrußt
grin [grɪn] **I.** *n* Grinsen *nt kein pl*
II. *vi* grinsen; *(beam)* strahlen; **to ~ impishly at sb** jdn verschmitzt anlachen
▶PHRASES: **to ~ and bear it** *(accept without complaining)* gute Miene zum bösen Spiel machen; *(suffer pain)* die Zähne zusammenbeißen
grind [graɪnd] **I.** *n* ❶ *no pl (crushing sound)* Knirschen *nt;* ***the slow ~ of the legal system*** *(fig)* die langsamen Mühlen der Justiz

② *no pl (fam: of work)* Plackerei *f fam;* **the daily ~** der tägliche Trott; **to be a real ~** sehr mühsam sein
③ *(fam)* Arbeitstier *nt fig fam*
④ *esp* BRIT *(vulg: have sexual intercourse)* ■**to have a [good] ~** [ordentlich] vögeln *vulg*
II. *vt* <ground, ground> ① *(crush)* ■**to ~ sth** *coffee, pepper* etw mahlen; **freshly ground coffee** frisch gemahlener Kaffee; **to ~ sth [in]to flour/a powder** etw fein zermahlen; **to ~ meat** AM, AUS Fleisch fein hacken; **to ~ one's teeth** mit den Zähnen knirschen
② *(press firmly)* ■**to ~ sth** *cigarette* etw ausdrücken; *(with foot)* etw austreten; ***Sara ground her cigarette into the ashtray*** Sara drückte ihre Zigarette im Aschenbecher aus
③ *(sharpen)* ■**to ~ sth** etw schleifen [*o* schärfen] [*o* wetzen]
►PHRASES: **to ~ the faces of the poor** BRIT *(fig liter)* die Armen [schändlich] ausbeuten
III. *vi* <ground, ground> **to ~ to a halt** *car, machine* [quietschend] zum Stehen kommen; *production* stocken; *negotiations* sich *akk* festfahren
►PHRASES: **the mills of God ~ slowly [but they ~ exceeding small]** *(prov)* Gottes Mühlen mahlen langsam [aber trefflich fein] *prov*
◆**grind away** *vi (fam)* sich *akk* schinden [*o fam* abschuften]; ***there are many who ~ away at boring factory jobs*** es gibt viele, die sich mit eintöniger Fabrikarbeit herumplagen müssen
◆**grind down** *vt* ① *(file)* ■**to ~ down ↔ sth** etw abschleifen [*o* abwetzen]; *mill* etw zerkleinern; **to ~ down cereal** Getreide schroten; **to ~ sth down to flour** etw zermahlen
② *(wear)* ■**to ~ down ↔ sth** etw abtragen
③ *(mentally wear out)* ■**to ~ down ↔ sb** jdn zermürben; *(oppress)* jdn unterdrücken; *(treat cruelly)* jdn schinden [*o* quälen]; ***she was ground down by years of abuse*** die jahrelangen Misshandlungen hatten sie zermürbt
◆**grind on** *vi* [ewig so] weitergehen, sich *akk* [weiter] hinziehen; **to ~ on and on** genau so weitermachen wie bisher
◆**grind out** *vt* ① *(produce continuously)* ■**to ~ out ↔ sth** ununterbrochen etw produzieren; ***as a museum guide you ~ out the same boring old information every day*** als Museumsführer muss man jeden Tag das gleiche Programm abspulen
② *(extinguish)* **to ~ out ↔ a cigarette** eine Zigarette ausdrücken; *(with foot)* eine Zigarette austreten
◆**grind through** *vi* ■**to ~ through sth** sich *akk* durch etw *akk* [hindurch]arbeiten [*o fam* [hindurch]ackern]
◆**grind up** *vt* ■**to ~ up ↔ sth** etw fein zerkleinern

grind·er ['graɪndəʳ, AM -ɚ] *n* ① *(mill)* Mühle *f;* **coffee ~** Kaffeemühle *f;* **a hand/an electric ~** eine handbetriebene/elektrische Mühle; **spice ~** Gewürzmühle *f*
② *(sharpener)* Schleifmaschine *f;* **knife ~** Messerschärfer *m;* **scissor ~** Scherenschleifgerät *nt*
③ *(dated: man who sharpens things)* Schleifer *m;* **knife/scissor ~** Messerschleifer/Scherenschleifer *m*
④ AM *(sandwich)* Jumbosandwich *nt*

'grind·er at·tach·ment *n* Mahlvorrichtung *f,* Mahlaufsatz *m*

grind·ing ['graɪndɪŋ] *adj inv noise* knirschend; *hardship* zermürbend
►PHRASES: **to come to a ~ halt** [*or* **standstill**] *car, machine* [quietschend] zum Stehen kommen; *(fig)* [endlich] aufhören

grind·ing·ly ['graɪndɪŋli] *adv* ① *(harshly, gratingly)* in [stark] angreifender Weise, mit erosiver Wirkung
② *(oppressively, endlessly)* [nerven]aufreibend, quälerisch, zermürbend

grind·stone ['graɪn(d)stəʊn, AM -stoʊn] *n* Schleifstein *m*
►PHRASES: **to get back to the ~** sich *akk* wieder an die Arbeit machen; **to keep one's nose to the ~** sich *akk* [bei der Arbeit] ranhalten *fam*

grin·go ['grɪŋgəʊ, AM -goʊ] *n (pej)* Gringo *m pej*

grip [grɪp] **I.** *n* ① *(hold)* Griff *m kein pl;* **to keep a [firm] ~ on sth** etw festhalten; ***he kept a firm ~ on the briefcase*** er hielt die Aktentasche fest in der Hand
② *(fig: control)* Gewalt *f kein pl;* ***rebels have tightened their ~ on the city*** die Rebellen haben die Stadt zunehmend in ihrer Gewalt; **to be in the ~ of sth** von etw *dat* betroffen sein; ***the whole country was in the ~ of a flu epidemic*** das ganze Land wurde von einer Grippeepidemie heimgesucht; **to come to ~s with sth** etw in den Griff bekommen; **to get to ~s with sth** etw [geistig] erfassen können; **to keep a ~ on oneself** sich *akk* im Griff haben; ***"get a ~ on yourself!" she said angrily*** „jetzt reiß dich aber zusammen!" sagte sie ärgerlich
③ *(dated: bag)* Reisetasche *f*
④ TV, FILM Bühnenarbeiter *m*
II. *vt* <-pp-> ① *(hold firmly)* ■**to ~ sth** etw packen [*o* ergreifen]
② *(overwhelm)* ■**to ~ sb** jdn packen; *(interest deeply) book, film* jdn fesseln; ***he was ~ped by fear*** ihn packte die Angst; **to be ~ped by emotion** von Gefühlen ergriffen werden
III. *vi* <-pp-> greifen; ***worn tyres don't ~ very well*** abgefahrene Reifen greifen schlecht

gripe [graɪp] *(fam)* **I.** *n* Nörgelei *f pej,* Meckerei *f pej fam,* ÖSTERR *a.* Raunzerei *f pej fam;* ***if you've got any ~s, don't come to me, go to the boss*** wenn du etwas zu meckern hast, komm nicht zu mir, sondern geh gleich zum Chef *fam*
II. *vi* nörgeln *pej,* meckern *pej fam,* ÖSTERR *a.* raunzen *pej fam,* mosern DIAL *pej fam*

'gripe wa·ter *n no pl* BRIT *Mittel gegen [Drei-Monats-]Koliken*

grip·ping ['grɪpɪŋ] *adj* packend, fesselnd

grip·ping·ly ['grɪpɪŋli] *adv* spannend, packend, fesselnd

'grip·py *adj inv sole* rutschfest

gris·ly ['grɪzli] *adj* grässlich, grausig, scheußlich

grist [grɪst] *n* ►PHRASES: **it's all ~ to the mill** das kann nur nützlich sein [*o* Vorteile bringen]; ***I can't pay you very much — never mind, it's all ~ to the mill*** ich kann Ihnen nicht viel zahlen – das macht nichts, Kleinvieh macht auch Mist *fam*

gris·tle ['grɪsl̩] *n no pl* Knorpel *m*

gris·tly ['grɪsl̩i] *adj* knorpelig

grit [grɪt] **I.** *n no pl* ① *(small stones)* Splitt *m,* Streusand *m*
② *(fig: courage)* Schneid *m,* Mumm *m fam;* ***he showed true ~*** er hat echten Mut bewiesen
II. *vt* <-tt-> ① *(scatter)* ■**to ~ sth** etw streuen
② *(press together)* **to ~ one's teeth** die Zähne zusammenbeißen *a. fig*

grits [grɪts] *npl* AM Maisschrot *m kein pl; (dish)* Maisgrütze *f kein pl* BRD

grit·ter ['grɪtəʳ] *n* BRIT Streuwagen *m*

grit·ty ['grɪti, AM -t̬i] *adj* ① *(like grit)* grob[körnig]
② *(full of grit)* sandig
③ *(brave)* mutig, tapfer; ***she showed ~ courage when it came to fighting her illness*** sie kämpfte mit verbissenem Mut gegen ihre Krankheit an; **to show ~ determination** fest [*o* wild] entschlossen sein
④ *(frank) article, documentary, report* schonungslos offen

griz·zle ['grɪzl̩] *vi esp* BRIT *(pej fam)* ① *(cry) baby, small child* quengeln *fam*
② *(complain)* sich *akk* beklagen, meckern *pej fam,* ÖSTERR *a.* raunzen *pej fam*

griz·zled ['grɪzl̩d] *adj (liter: greying)* angegraut; *(grey)* ergraut; *person* grauhaarig

griz·zly ['grɪzli] **I.** *adj esp* BRIT quengelig *fam*
II. *n* Grislibär *m,* Grizzlybär *m*

'griz·zly bear *n* Grislibär *m,* Grizzlybär *m*

groan [grəʊn, AM groʊn] **I.** *n* Stöhnen *nt kein pl; of floorboards* Ächzen *nt kein pl*
II. *vi* ① *(in pain, despair)* [auf]stöhnen, ächzen; ***"not again!" he ~ed*** „nicht schon wieder!" stöhnte er; **to ~ in pain** vor Schmerzen [auf]stöhnen; **to ~ inwardly** in sich *akk* hineinseufzen, einen inneren Seufzer ausstoßen
② *(make a creaking sound) hinges* ächzen; *floorboards also* knarren, knarzen; ***the table ~ed under the vast assortment of foods*** *(fig)* der Tisch bog sich unter der Last des reichhaltigen Büfetts
③ *(fam: complain)* stöhnen, klagen; ■**to ~ about sth** sich *akk* über etw *akk* beklagen [*o* beschweren]; ***what are you moaning and ~ing about now?*** was hast du denn jetzt schon wieder zu jammern?; ■**to ~ beneath** [*or* **under**] **sth** unter etw *akk* zu leiden haben

groat [grəʊt, AM groʊt] *n* HIST *alte englische Silbermünze im Wert von 4 alten Pence*

groats [grəʊts, AM groʊts] *n pl* Getreideschrot *m kein pl; (oats)* Haferschrot *m kein pl; (cooked as a cereal)* [Hafer]grütze *f kein pl* BRD

gro·cer ['grəʊsəʳ, AM 'groʊsɚ] *n* Lebensmittelhändler(in) *m(f),* Greißler(in) *m(f)* ÖSTERR; *(of a general store)* Gemischtwarenhändler(in) *m(f) veraltend;* ***the little ~ on the corner went out of business when the supermarket opened*** der kleine Laden an der Ecke musste zumachen, als der Supermarkt eröffnet wurde

gro·ceries ['grəʊsəʳiz, AM 'groʊ-] *npl* Lebensmittel *pl*

gro·cer's <*pl* grocers *or* grocers'> ['grəʊsəz, AM 'groʊsɚz] *n (food shop)* Lebensmittelgeschäft *nt,* Greißlerei *f* ÖSTERR; *(general store)* Gemischtwarenhandlung *m veraltend;* **at the ~** beim Lebensmittelhändler [*o* ÖSTERR Greißler]

gro·cery ['grəʊsəʳi, AM 'groʊ-] **I.** *n* Lebensmittelgeschäft *nt,* Greißlerei *f* ÖSTERR
II. *n modifier* Lebensmittel-; **the ~ business** [*or* **trade**] das Geschäft mit Lebensmitteln, der Lebensmittelhandel; **~ sales** Umsatz *m* bei Lebensmitteln

grog [grɒg, AM grɑːg] *n* Grog *m*

grog·gi·ly ['grɒgɪli, AM 'grɑː-] *adv* angeschlagen, halb betäubt, schlapp [und matt] *fam*

grog·gy ['grɒgi, AM 'grɑːgi] *adj* angeschlagen, groggy *präd fam,* wack[e]lig auf den Beinen *präd*

groin¹ [grɔɪn] *n* ① ANAT Leiste *f,* Leistengegend *f;* **a ~ injury** eine Leistenverletzung; **to kick sb in the ~** jdm in die Eier treten *derb*
② ARCHIT [Kreuz]grat *m*

groin² [grɔɪn] *n* AM *(groyne)* Buhne *f*

grok [grɑːk] *n* ■**to ~ sth** etw schnallen

grom·met ['grɒmɪt, AM 'grɑː-] *n* ① *(eyelet placed in a hole)* eingebettete Halterungsöse
② MED *(eardrum implant)* Trommelfellkatheter *m*

groom [gruːm] **I.** *n* ① *(caring for horses)* Pferdepfleger(in) *m(f); (young man also)* Stallbursche *m*
② *(bridegroom)* Bräutigam *m;* **the bride and ~** Braut und Bräutigam
II. *vt* ① *(clean fur)* ■**to ~ an animal** das Fell eines Tieres pflegen; ***he ~s his dog every day*** er bürstet seinen Hund jeden Tag; ***the apes ~ each other*** die Affen lausen sich; ***that cat's been washing and ~ing itself for over an hour!*** die Katze wäscht sich und putzt sich seit über einer Stunde!; **to ~ a horse** ein Pferd striegeln
② *(prepare)* ■**to ~ sb** *politician, singer* jdn aufbauen; ■**to ~ sb for sth** jdn auf etw *akk* vorbereiten; ■**to ~ sb to do sth** jdn darauf vorbereiten, etw zu tun

groomed [gruːmd] *adj inv* ① *(well-dressed)* zurechtgemacht, gepflegt; **impeccably/carefully ~** tadellos/sorgfältig zurechtgemacht; **well-~** ordentlich, gepflegt
② *(cleaned)* gepflegt; *horse* gestriegelt; *dog* gebürstet

groom·ing ['gruːmɪŋ] *n no pl* ① *of people* gepflegtes Äußeres; *of animals* Pflege *f;* **~ salon** [*or* **parlour**] [*or* AM **parlor**] Hundesalon *m*
② INET **internet ~** *Kontaktaufnahme über das Internet mit Minderjährigen mit sexuellen Absichten*

groove [gruːv] **I.** *n* Rille *f;* TECH Nut *f fachspr; (in gramophone record)* Rille *f*
►PHRASES: **to be** [*or* **get stuck**] **in a ~** sich *akk* in eingefahrenen Bahnen bewegen, im [gleichen] alten Trott stecken; **to get back into the ~** *(fam)* wieder in Form kommen; **get into the ~!** *(fam)* komm, mach mit!; **things are going well, we're in the ~ now!** *(dated)* alles läuft gut, wir haben freie Bahn!

II. *vt* ■**to ~ sth** etw furchen; ***deep lines ~d her face*** tiefe Linien hatten sich in ihr Gesicht eingegraben
III. *vi (dated fam)* Spaß haben, ausgelassen sein; **let's ~** lass uns was losmachen *fam,* hauen wir auf den Putz ÖSTERR, SCHWEIZ *fam*

grooved [gruːvd] *adj inv* mit Rillen versehen; *column* geriffelt, genutet *fachspr;* **a ~ pattern** ein eingekerbtes Muster

groov·er [ˈgruːvəʳ, AM -ɚ] *n (dated fam)* Musikfreak *m fam;* **movers and ~s** flippige Typen *fam*

groovy [ˈgruːvi] *adj (dated sl)* doll *veraltend fam,* klasse *fam,* super ÖSTERR, SCHWEIZ *fam*

grope [grəʊp, AM groʊp] **I.** *n* ❶ *(touch with hands)* Griff *nt,* Tasten *nt kein pl*
❷ *(usu fam: clumsy touch)* Fummeln *nt kein pl fam,* Fummelei *f fam; (sexual touch)* Betatschen *nt kein pl,* Befummeln *nt kein pl fam,* Begrapschen *nt kein pl fam;* ***she accused him of trying to have a ~*** sie warf ihm vor, er habe versucht, sie zu betatschen *fam*
II. *vi* tasten; ■**to ~ for sth** nach etw *dat* tasten; *(fig)* nach etw *dat* suchen; **to ~ for the right words** nach den richtigen Worten suchen
III. *vt* ❶ *(search)* **to ~ one's way** sich *dat* tastend seinen Weg suchen
❷ *(fam: touch sexually)* ■**to ~ sb** jdn befummeln [*o* betatschen] *fam;* **to ~ each other** sich *akk* gegenseitig befummeln *fam*

grop·er [ˈgrəʊpəʳ, AM ˈgroʊpɚ] *n (pej fam)* Fummler(in) *m(f) pej fam,* Grapscher(in) *m(f) pej fam*

grop·ing·ly [ˈgrəʊpɪŋli, AM ˈgroʊp-] *adv* tastend

gross¹ <*pl* - *or* -es> [grəʊs, AM groʊs] *n (dated: a group of 144)* Gros *nt;* **by the ~** en gros

gross² [grəʊs, AM groʊs] **I.** *adj* ❶ *also* LAW *(form: unacceptable)* grob; ***this child has suffered ~ neglect*** dieses Kind ist grob vernachlässigt worden; ***I am the victim of ~ injustice*** ich bin das Opfer einer großen Ungerechtigkeit; **~ error** grober Fehler; **~ negligence** grobe Fahrlässigkeit
❷ *(before deductions) amount, income, pay, profit* Brutto-; **~ amount paid out** Bruttoauszahlung *f;* **~ output** Bruttoproduktionswert *m;* **~ pay** Bruttozahlung *f;* **~ receipts** Bruttoeinnahmen *pl;* **~ return** Bruttorendite *f;* **~ value** Bruttowert *m*
❸ *(very fat)* fett; *(big and ugly)* abstoßend, unansehnlich
❹ *(offensive)* derb, grob; *(revolting)* ekelhaft
❺ *(overall)* **~ weight** Bruttogewicht *nt,* Gesamtgewicht *nt,* Rohgewicht *nt*
II. *vt* FIN ■**to ~ sth** etw brutto einnehmen [*o* verdienen]; ***last year I ~ed $52,000*** letztes Jahr habe ich 52.000 Dollar brutto verdient
◆**gross out I.** *vt esp* AM *(fam)* ■**to ~ out** ↻ **sb** jdn anwidern [*o* abstoßen]
II. *vi esp* AM *(fam)* angewidert sein, sich *akk* ekeln
◆**gross up** FIN **I.** *vt* ■**to ~ up** ↻ **sth** den Bruttowert von etw *dat* [*o* einer S. *gen*] errechnen
II. *vi* den Bruttowert errechnen

gross ˈbor·row·ings *npl* FIN Bruttokredit *m* **gross ˈcash flow** *n* Bruttocashflow *m kein pl,* Bruttoliquidität *f kein pl* **gross ˈdivi·dend** *n* Bruttodividende *f;* **~ per share** Bruttodividende *f* pro Aktie **gross do·mes·tic ˈprod·uct** *n,* **GDP** *n* Bruttoinlandsprodukt *nt* **gross ˈin·come** *n* ECON ❶ *(profit)* Bruttoerlös *m,* Bruttoeinnahmen *pl;* **~ yield** Bruttoeinkommensrendite *f* ❷ *(earnings)* Bruttoeinkommen *nt*

gross·ly [ˈgrəʊsli, AM ˈgroʊs-] *adv* extrem; **to ~ mistreat an animal** ein Tier brutal [*o* grob] misshandeln; **to be ~ unfair** extrem [*o* äußerst] ungerecht sein

gross ˈmar·gin *n* ❶ *(difference between cost and sales price)* Handelsspanne *f,* Bruttospanne *f* ❷ FIN Bruttogewinnspanne *f* **gross na·tion·al ˈprod·uct** *n,* **GNP** *n* Bruttosozialprodukt *nt* **gross ˈneg·li·gence** *n no pl* LAW grobe Fahrlässigkeit

gross·ness [ˈgrəʊsnəs, AM ˈgroʊs] *n no pl* ❶ *(blatancy)* Gröblichkeit *f* BRD, Ungeheuerlichkeit *f*
❷ *(unpleasantness, repulsiveness)* Unansehnlichkeit *f; body* Plumpheit *f*
❸ *(vulgarity)* Rohheit *f,* Rüpelhaftigkeit *f,* Unmanierlichkeit *f,* SCHWEIZ *a.* Grobheit *f; language* Unflätigkeit *f*
❹ *(bloatedness)* [Auf]gedunsenheit *f,* Klobigkeit *f*

gross-out [ˈgrəʊsaʊt, AM ˈgroʊs-] *adj (fam)* derb, widerlich

gross ˈprof·it *n* FIN Bruttogewinn *m* **gross reˈceipts** *npl* ECON Bruttoeinnahmen *pl* **gross ˈspend·ing** *n* **~ on capital equipment** Bruttoanlageinvestition *f* **gross ˈton** *n* Bruttoregistertonne *f* **gross ˈton·nage** *n* Bruttotonnage *f* **gross ˈturn·over** *n* BRIT ECON Bruttoumsatz *m* **gross ˈyield** *n* BRIT FIN Bruttoertrag *m*

grot [grɒt] *n no pl* BRIT *(sl)* ❶ *(junk)* Gerümpel *nt,* Plunder *m*
❷ *(filth)* Schmutz *m,* Dreck *m*

gro·tesque [grə(ʊ)ˈtesk, AM groʊˈ-] **I.** *n* ART, LIT Groteske *f*
II. *adj* grotesk, absurd

gro·tesque·ly [grə(ʊ)ˈteskli, AM groʊˈ-] *adv* auf groteske Weise; **~ fat** entsetzlich fett

grot·to <*pl* -es *or* -s> [ˈgrɒtəʊ, AM ˈgrɑːt̬oʊ] *n* Grotte *f,* Höhle *f*

grot·ty [ˈgrɒti] *adj* BRIT *(fam)* ❶ *(bad quality) hotel, room* schäbig, heruntergekommen; **~ souvenirs** billige Souvenirs
❷ *(in a bad state) clothing* gammelig *fam,* abgesandelt ÖSTERR *fam,* vergammelt SCHWEIZ *fam;* **~ jeans** abgewetzte Jeans; **to feel ~** sich *akk* mies fühlen
❸ *(filthy)* dreckig *fam,* versifft *sl*

grouch [graʊtʃ] **I.** *n* <*pl* -es> ❶ *(grudge)* Groll *m kein pl; (complaint)* Beschwerde *f*
❷ *(person)* Nörgler(in) *m(f) pej,* Miesepeter *m pej fam,* Grantler *m* ÖSTERR *pej*
II. *vi* [herum]nörgeln; ■**to ~ about sth/sb** über etw/jdn schimpfen [*o fam* meckern]

grouchi·ness [ˈgraʊtʃɪnəs] *n no pl* schlechte Laune, miese Stimmung *fam,* Grant *m* ÖSTERR *fam*

grouchy [ˈgraʊtʃi] *adj* miesepet[e]rig, griesgrämig, mürrisch, grantig ÖSTERR *fam*

ground¹ [graʊnd] **I.** *n no pl* ❶ *(Earth's surface)* [Erd]boden *m,* Erde *f;* **to be burnt** [*or* AM **burned**] **to the ~** vollständig [*o* bis auf die Grundmauern] niedergebrannt werden; **to get off the ~** *plane* abheben; *(fig fam) project* in Gang kommen; *plan* verwirklicht werden; **to get sth off the ~** *(fig fam) plan, programme* etw realisieren; **to go to ~** *animal* in Deckung gehen; *fox, rabbit* im Bau verschwinden; *criminal* untertauchen; **to be razed to the ~** dem Erdboden gleichgemacht werden; **to run an animal to ~** ein Tier aufstöbern; *(fig)* **to run sb to ~** jdn aufspüren [*o* ausfindig machen]; **above/below ~** über/unter der Erde; MIN über/unter Tage; *(fig fam: alive/dead)* am Leben/unter der Erde; **above ~ lines/pipes** oberirdische Leitungen/Rohre
❷ *no pl (soil)* Boden *m,* Erde *f*
❸ *no pl (floor)* Boden *m;* **to fall to the ~** zu Boden fallen; *(fig) plans* sich *akk* zerschlagen
❹ *no pl (area of land)* [ein Stück] Land *nt;* **hilly/level/steep ~** hügeliges/flaches/steiles Gelände; **waste ~** brach liegendes Land; **to gain/lose ~** MIL Boden gewinnen/verlieren; *(fig) idea, politician* an Boden/gewinnen/verlieren; **to give ~ to sb/sth** vor jdm/etw zurückweichen; **to make up ~** SPORT den Abstand verringern, aufholen; **to stand one's ~** nicht von der Stelle weichen; MIL die Stellung behaupten; *(fig)* festbleiben, nicht nachgeben
❺ *(surrounding a building)* ■**~s** *pl* Anlagen *pl*
❻ *(for outdoor sports)* Platz *m,* [Spiel]feld *nt;* **cricket ~** Cricketfeld *nt;* **football ~** Fußballplatz *m*
❼ *(for animals)* **breeding ~** *(also fig)* Brutplatz *m,* Brutstätte *f a. fig;* **fishing ~s** Fischgründe *pl,* Fischfanggebiet *nt;* **spawning ~** Laichplatz *m*
❽ *(of a body of water)* Grund *m;* **to touch ~** NAUT auf Grund laufen
❾ AM ELEC *(earth)* Erdung *f,* Masse *f*
❿ *no pl (fig: area of discussion, experience)* Gebiet *nt;* **common ~** Gemeinsame(s) *nt;* LAW Unstreitige(s) *nt;* **to be on common ~** eine gemeinsame Basis haben; ***we had soon found some common ~*** wir hatten schnell einige Gemeinsamkeiten entdeckt; **to be on dangerous ~** sich *akk* auf gefährlichem Terrain bewegen *fig;* **to be on familiar** [*or* **on one's own**] **~** sich *akk* auf vertrautem Boden bewegen; *(fig)* sich *akk* auskennen; **to be on safe ~** sich *akk* auf sicherem Boden bewegen *fig;* **to stick to safe ~** auf Nummer Sicher gehen *fam;* **to go over the same ~** sich *akk* wiederholen; **to cover the ~ well** ein Thema umfassend behandeln; ***in his lectures he covered a lot of ~*** in seinen Vorträgen sprach er vieles an
⓫ *usu pl (reason)* Grund *m,* Ursache *f;* ***your fears have no ~ at all*** deine Ängste sind absolut unbegründet; ***you have no ~s for your accusations*** deine Anschuldigungen sind völlig unbegründet [*o* haltlos]; ***there are no ~s for the assumption that ...*** es gibt keinen Grund zur Annahme, dass ...; **~s for divorce** Scheidungsgrund *m;* **~ for exclusion** Ausschließungsgrund *m;* **~s for a judgement** Urteilsgründe *pl;* **statement of ~s** Begründung *f;* **legal ~** Rechtsgrund *m;* **on medical ~s** aus medizinischen Gründen; **substantial/valid ~s** erhebliche/stichhaltige Gründe; **to give sb ~s to complain** jdm Grund zur Klage geben; **to have ~s to do sth** einen Grund [*o* Anlass] haben, etw zu tun; **to have ~s to believe that ...** Grund zu der Annahme haben, dass ...; **on the ~[s] of sth** aufgrund einer S. *gen;* **on the ~s that ...** mit der Begründung, dass ...
⓬ *no pl also* ART *(background)* Grund *m; (first coat of paint)* Grundierung *f;* **on a black ~** auf schwarzem Grund
▸PHRASES: **to break new ~** *person* Neuland betreten; *achievement* bahnbrechend sein; ***the airline's latest idea is breaking new ~ in the world of air transport*** die neueste Idee der Luftfahrtgesellschaft wird die Welt der Luftfahrt revolutionieren [*o* grundlegend verändern]; **to cut the ~ from under sb's feet** jdm den Boden unter den Füßen wegziehen; **down to the ~** BRIT *(fam)* völlig, total *fam;* **to drive** [*or* **run**] [*or* **work**] **oneself into the ~** seine Gesundheit ruinieren, sich *akk* kaputtmachen *fam;* **to fall on stony ground** auf taube Ohren stoßen; **to have both one's feet** [**flat**] **on the ~** mit beiden Beinen [fest] auf der Erde stehen; **to shift one's ground** seinen Standpunkt ändern; **sb's stamping ~** *(fam)* jds Revier *nt fig;* ***this part of town used to be my old stamping ~*** diesen Teil der Stadt habe ich früher unsicher gemacht *hum;* **sth is thick on the ~** etw gibt es wie Sand am Meer *fam;* ***in Hollywood talent scouts are thick on the ~*** in Hollywood gibt es Talentsucher wie Sand am Meer *fam;* **on the ~** in der breiten Öffentlichkeit; ***their political ideas have a lot of support on the ~*** ihre politischen Ziele finden breite Unterstützung; **from the ~ up** AM *(fam)* von Grund auf; **to work** [*or* **think**] **sth out from the ~ up** *(fam)* etw komplett [*o* von Grund auf] überarbeiten; **to wish the ~ would open up and swallow one** am liebsten im [Erd]boden versinken wollen; ***I wished the ~ would open up and swallow me*** ich wäre am liebsten im Erdboden versunken
II. *vt* ❶ *usu passive* AVIAT ■**to be ~ed** *(unable to fly)* nicht starten können; *(forbidden to fly) plane* Startverbot haben; *pilot* nicht fliegen dürfen, Flugverbot haben; *esp* AM, AUS *(fig fam)* Hausarrest haben; ***the plane was ~ed by bad weather*** das Flugzeug konnte wegen schlechten Wetters nicht starten; ***my father has ~ed me for a week*** mein Vater hat mir eine Woche Hausarrest erteilt
❷ NAUT ■**to ~ a ship** ein Schiff auf Grund setzen [*o* auflaufen lassen]; ■**to be ~ed** auflaufen, auf Grund laufen; **to be ~ed on a sandbank** auf eine[r] Sandbank auflaufen
❸ *usu passive (be based)* ■**to be ~ed upon sth** auf etw *dat* basieren; ■**to be ~ed in sth** *(have its origin)* von etw *dat* herrühren; *(have its reason)* in etw *dat* begründet liegen; **to be well ~ed** [wohl]begründet sein
❹ *(teach fundamentals)* ■**to ~ sb in sth** jdm die Grundlagen einer S. *gen* beibringen; **to be well ~ed in German** über gute Deutschkenntnisse ver-

fügen
⑤ ELEC ■**to ~ sth** etw erden
III. *vi* ① SPORT *(in baseball)* einen Bodenball schlagen
② NAUT auflaufen, auf Grund laufen; **to ~ on a sandbank** auf eine Sandbank auflaufen

ground² [graʊnd] **I.** *vt pt of* **grind**
II. *adj* gemahlen
III. *n* ■**~s** *pl* [Boden]satz *m kein pl;* **coffee ~s** Kaffeesatz *m*

'ground·bait *n no pl* BRIT Grundköder *m* **'ground ball** *n* AM SPORT Bodenball *m* **ground 'beef** *n no pl* AM *(mince)* Rinderhackfleisch [*o* SCHWEIZ Rinds-] *nt,* Rindsfaschiertes *nt* ÖSTERR **'ground-break·ing** *adj inv* bahnbrechend, wegweisend **'ground cloth** *n* AM *(groundsheet)* Bodenplane *f* [im Zelt] **'ground con·trol** *n* AVIAT Bodenkontrolle *f* **'ground cov·er** *n no pl* HORT Bodenvegetation *f,* Bodenwuchs *m; **this is a good ~ plant*** diese Pflanze ist gut geeignet für die Bodenbepflanzung **'ground crew** *n* AVIAT Bodenpersonal *nt kein pl,* Bodenbedienstete *pl*

ground·ed ['graʊndɪd] *adj (sensible)* bodenständig; *(spiritually)* erdverbunden; ***the process of cooking makes her feel ~*** beim Ritual des Kochens fühlt sie sich im Einklang mit der Welt

ground·er ['graʊndɚ] *n* AM SPORT *(fam)* Bodenball *m*

ground 'floor I. *n* Erdgeschoss *nt,* Parterre *nt;* **to live on the ~** Parterre [*o* im Erdgeschoss] wohnen
▸ PHRASES: **to go** [*or* **get**] **in on the ~** [**of sth**] von Anfang [*o* Beginn] an [bei etw *dat*] dabei sein **II.** *n modifier (apartment)* Erdgeschoss-, Parterre-; **~ entrance** Parterreeingang *m;* **~ level** [im] Erdgeschoss *nt* **'ground fog** *n no pl* Bodennebel *m* **'ground frost** *n* Bodenfrost *m* **'ground·hog** *n* AM Waldmurmeltier *nt* **'Ground·hog Day** *n* AM Murmeltiertag *m (nach der Legende kommt am 2. Februar das Murmeltier aus seiner Winterschlafhöhle. Wenn an diesem Tag die Sonne scheint und es sieht seinen Schatten, soll winterliches Wetter in den nächsten 6 Wochen anhalten.)*

ground·ing ['graʊndɪŋ] *n no pl* Grundlagen *pl,* Basiswissen *nt;* **to give sb a good ~ in sth** jdm die wesentlichen Grundlagen in etw *dat* vermitteln

ground·less ['graʊndləs] *adj worries, fears* unbegründet, grundlos

ground 'lev·el *n* Boden *m kein pl,* Bodenhöhe *f kein pl;* **above ~** über der Erde [*o* dem Boden]; **at ~** am Boden, auf Bodenhöhe **'ground·nut** *n* Erdnuss[pflanze] *f;* **~ oil** *esp* BRIT Erdnussöl *nt* **'ground·out** *n [für den Schläger verlorener] Schlag beim Baseball* **'ground per·son·nel** *n + pl vb* AVIAT Bodenpersonal *nt* **'ground plan** *n* ① *(plan of building)* Grundriss *m* ② *esp* AM *(basic plan)* [Grund]konzept *nt* **'ground rent** *n* BRIT *erbbauzinsähnliches Nutzungsentgelt* **'ground rules** *npl* Grundregeln *pl*

ground·sel ['graʊn(d)sᵊl] *n* Kreuzkraut *nt*

'ground·sheet *n esp* BRIT Bodenplane *f*

'grounds·man, AM **'grounds·keep·er** *n* Platzwart *m*

'ground speed *n* AVIAT Geschwindigkeit *f* über Grund **'ground staff** *n no pl, + sing/pl vb* ① SPORT Wartungspersonal *nt (für Platzanlagen)* ② AVIAT Bodenpersonal *nt,* Bodenbedienstete *pl* **'ground-sta·tion** *n* RADIO, TV Bodenstation *f* **'ground stroke** *n* TENNIS Grundschlag *m* **'ground·swell** *n no pl* ① NAUT *(heavy sea)* [Grund]dünung *f fachspr* ② *(increase)* Anschwellen *nt,* Anwachsen *nt; **there is a ~ of opinion against the new rules*** es werden immer mehr Stimmen gegen die neuen Richtlinien laut **ground-to-air 'mis·sile** *n* MIL Boden-Luft-Rakete *f* **'ground troops** *npl* MIL Bodentruppen *pl* **'ground·wa·ter** *n no pl* Grundwasser *nt* **'ground wire** *n* Erdungsdraht *m,* Masseleitung *f fachspr*

'ground·work *n no pl* Vorarbeit *f; (for further study)* Grundlagenarbeit *f;* **to lay** [*or* **do**] **the ~ for sth** die Vorarbeit für etw *akk* leisten, die Grundlagen [*o* das Fundament] für etw *akk* schaffen

Ground 'Zero, ground 'zero *n* Ground Zero *m (Ort der Terroranschläge vom 11. September 2001 in NY)*

group [gruːp] **I.** *n* ① *+ sing/pl vb (several together)* Gruppe *f; (specially assembled also)* [Personen]kreis *m; **I'm meeting a ~ of friends for dinner*** ich treffe mich mit ein paar Freunden zum Essen; ***we'll split the class into ~s of four or five*** wir werden die Klasse in Vierer- oder Fünfergruppen aufteilen; **~ of trees** Baumgruppe *f;* **to get into ~s** sich *akk* in Gruppen zusammentun; **in ~s** in Gruppen, gruppenweise
② CHEM *(category)* Gruppe *f*
③ ECON *(association)* Konzern *m,* Konzernverbund *m,* Unternehmensgruppe *f*
④ *(musicians)* [Musik]gruppe *f*
⑤ COMPUT *(six-character word)* Gruppe *f*
⑥ COMPUT *(in a GUI)* Programmgruppe *f*
⑦ COMPUT *(in a network)* Benutzergruppe *f*
II. *n modifier* Gruppen-, gemeinsam; **~ photo** Gruppenfoto *nt,* Gruppenaufnahme *f;* **~ sex** Gruppensex *m;* **~ work** Gruppenarbeit *f,* Teamarbeit *f*
III. *vt* ■**to ~ sth** etw gruppieren; ***the magazines were ~ed according to subject matter*** die Zeitschriften waren nach Themenbereichen geordnet; ***the books were ~ed by size*** die Bücher waren nach der Größe sortiert; ■**to ~ sb:** ***I ~ed the children according to age*** ich habe die Kinder dem Alter nach in Gruppen eingeteilt
IV. *vi* sich *akk* gruppieren; **to ~ together** sich *akk* zusammentun; **to ~ together around sb** sich *akk* um jdn herumstellen [*o* [herum]gruppieren]

group ac·'count·ing *n no pl* Konzernrechnungslegung *f* **group 'as·sets** *npl* FIN Konzernaktiva *pl* **group 'board** *n* ADMIN Konzernvorstand *m* **'group cap·tain** *n* BRIT AVIAT, MIL Oberst *m (der Royal Air Force)* **group di·'vis·ion** *n* ADMIN Unternehmensbereich *m* **group dy·'nam·ics** *npl* Gruppendynamik *f kein pl*

groupie ['gruːpi] *n (fam)* Groupie *nt sl*

group·ing ['gruːpɪŋ] *n* Gruppierung *f,* Anordnung *f*

group in·'sur·ance *n no pl* FIN Firmenkollektivversicherung *f* **'group lev·el** *n* ADMIN Konzernebene *f* **Group of 'Sev·en** *n* ① POL *(hist: organization)* ■**the ~** die Siebenergruppe [*o* G7] *hist* ② CAN ART *1920 gegründete Gruppe kanadischer Landschaftsmaler* **Group of 'Ten** *n* POL G10 *f* **group 'prac·tice** *n* Gemeinschaftspraxis *f* **group 'thera·py** *n no pl* Gruppentherapie *f* **group 'tick·et** *n* TRANSP Sammelfahrschein *m;* TOURIST Gruppenticket *nt,* Gruppenkarte *f,* Gruppenbillet *nt* SCHWEIZ

grouse¹ [graʊs] **I.** *n* <*pl* -> Raufußhuhn *nt;* **black ~** Birkhuhn *nt;* **red ~** [Schottisches] Moorschneehuhn
II. *n modifier* **~ season** Jagdzeit *f* für Moorhühner; **~ shooting** Moorhuhnjagd *f*

grouse² [graʊs] *(fam)* **I.** *n* Nörgelei *f pej,* Klage *f; **his biggest ~ is about ...*** er meckert oft und gerne über +*akk* ... *fam*
II. *vi* nörgeln, meckern *fam,* mosern DIAL *fam; **everyone is grousing about the new boss*** über den neuen Chef wird nur gemeckert; ■**to ~ at sb** jdn anmeckern *pej fam;* ■**to ~ to sb** sich *akk* bei jdm beklagen; ■**to ~ to sb about sth/sb** sich *akk* bei jdm über etw/jdn auslassen

grous·er ['graʊsəʳ, AM -ɚ] *n (fam)* Meckerer *m pej fam,* Nörgler(in) *m(f) pej*

grout [graʊt] **I.** *n* Mörtel *m*
II. *vt* ■**to ~ sth** etw verfugen [*o* mit Mörtel ausfüllen]

grout·ing ['graʊtɪŋ, AM -t̬ɪŋ] *n no pl* ① *(material)* Mörtel *m*
② *(act)* Verfugen *nt*

grove [grəʊv, AM groʊv] *n* Wäldchen *nt; (orchard)* Hain *m; (as street name)* **olive ~** Olivenhain *m*
▸ PHRASES: **the ~s of Academe** BRIT *(hum liter)* die akademische Welt

grov·el <BRIT -ll- *or* AM *usu* -l-> ['grɒvᵊl, AM 'grɑːv-] *vi* ① *(behave obsequiously)* ■**to ~** [**before sb**] [vor jdm] zu Kreuze kriechen, katzbuckeln; ***they wrote a ~ling letter of apology*** sie schrieben einen unterwürfigen Entschuldigungsbrief; ***the dog ~led before his master*** der Hund winselte vor seinem Herrn
② *(crawl)* kriechen; ***I ~led under the sofa*** ich kroch unters Sofa; **to ~ about in the dirt** im Schmutz [herum]wühlen; **to ~ on one's knees** [*or* **on all fours**] auf [den] Knien rutschen, auf allen Vieren kriechen

grov·el·ling ['grɒvᵊlɪŋ, AM 'grɑː] *adj* unterwürfig, kriecherisch *pej*

grow <grew, grown> [grəʊ, AM groʊ] **I.** *vi* ① *(increase in size)* wachsen; ***haven't you ~n!*** bist du aber gewachsen [*o* groß geworden]!; ***roses grew up against the wall*** Rosen rankten sich an der Wand hoch; **to ~ taller** größer werden, wachsen
② *(flourish) plants* gedeihen
③ *(increase)* wachsen, zunehmen, steigen; ***football's popularity continues to ~*** Fußball wird immer populärer; **to ~ by 2%** um 2 % wachsen [*o* zunehmen]
④ *(develop)* sich *akk* [weiter]entwickeln
⑤ *(become)* werden; ***he is finding it hard to cope with ~ing old*** er tut sich mit dem Älterwerden schwer; ***she has ~n to hate him*** mit der Zeit lernte sie, ihn zu hassen; **to ~ wiser** weiser werden; **to ~ to like sth** langsam beginnen, etw zu mögen
▸ PHRASES: **to let the grass ~ under one's feet** etw [ewig] aufschieben [*o* vor sich *dat* her schieben]; **money doesn't ~ on trees** *(prov)* Geld fällt nicht vom Himmel [*o* wächst nicht auf Bäumen] *prov;* **tall oaks from little acorns ~** *(prov)* große Dinge beginnen im Kleinen
II. *vt* ■**to ~ sth** ① *(cultivate)* etw anbauen; **to ~ coffee/maize/tomatoes** Kaffee/Mais/Tomaten anbauen; **to ~ flowers** Blumen züchten; **to ~ one's own fruit/vegetables** selbst Obst/Gemüse anbauen; **to ~ sth from seed** etw aus Samen ziehen
② *(let grow)* etw wachsen lassen; **to ~ a beard/moustache** sich *dat* einen Bart/Schnurrbart wachsen [*o* stehen] lassen; **to ~ one's hair** [sich *dat*] die Haare wachsen lassen
③ *(develop)* etw entwickeln; ***the male deer ~s large antlers*** dem Hirsch wächst ein mächtiges Geweih; ***furry animals ~ a thicker coat in winter*** Pelztiere bekommen im Winter ein dichteres Fell

◆**grow apart** *vi people* sich *akk* auseinanderleben

◆**grow away** *vi* **to ~ away from sb** sich *akk* jdm [allmählich] entfremden

◆**grow into** *vi* ■**to ~ into sth** in etw *akk* hineinwachsen; *(fig)* sich *akk* in etw *akk* eingewöhnen; ***it may take you a few weeks to ~ into the work*** es wird einige Wochen dauern, bis Sie sich eingearbeitet haben

◆**grow on** *vi* ■**sth ~s on sb** jd findet [mit der Zeit] Gefallen [*o* Geschmack] an etw *dat;* ***the more I visit France, the more it ~s on me*** je häufiger ich nach Frankreich fahre, um so besser gefällt es mir

◆**grow out** *vi* ■**to ~ out of sth** aus etw *dat* herauswachsen; *(become too adult)* für etw *akk* [schon] zu alt sein; *(change with increasing age)* mit der Zeit seine Einstellung [*o* Haltung] [gegenüber etw *dat*] ändern; ***the kids need new shoes, they've ~n out of the old ones*** die Kinder brauchen neue Schuhe, sie sind aus den alten herausgewachsen; ***our daughter's ~n out of dolls*** unsere Tochter ist aus dem Puppenalter heraus; ***he wants to join the army when he leaves school, but I hope he'll ~ out of it*** er will nach der Schule zum Militär, aber ich hoffe, er hat bis dahin seine Einstellung wieder geändert; **to ~ out of a habit** eine Angewohnheit ablegen; ***you should have ~n out of that habit by now*** das solltest du dir inzwischen abgewöhnt haben

◆**grow up** *vi* ① *(become adult)* erwachsen werden; ***when I ~ up I'm going to ...*** wenn ich erwachsen bin, werde ich ...; ***for goodness' sake ~ up!*** Menschenskind, wann wirst du endlich erwachsen? *fam;* ***my husband's sulking again — I wish he'd ~ up*** mein Mann schmollt schon wieder – wenn er sich doch einmal wie ein Erwachsener benehmen könnte!; ■**to ~ up on sth** mit etw *dat* aufwachsen; ***of course I've had porridge — I practically grew up on it*** natürlich habe ich Porridge gegessen – ich wurde sozusagen damit aufgezogen; ***people of my generation grew up on Enid Bly-***

ton books meine Generation ist mit den Büchern von Enid Blyton groß geworden
❷ *(arise)* entstehen, sich *akk* bilden

grow·er ['grəʊəʳ, AM 'groʊɚ] *n* ❶ *(plant)* ***the new varieties of wheat are good ~ s even in poor soil*** die neuen Weizensorten gedeihen sogar auf minderwertigem Boden gut; **a fast/slow ~** eine schnell/langsam wachsende Pflanze
❷ *(market gardener)* Erzeuger *m*, [An]bauer *m;* **coffee/tobacco ~** Kaffee-/Tabakpflanzer(in) *m(f);* **flower ~** Blumenzüchter(in) *m(f);* **fruit/vegetable ~** Obst-/Gemüsebauer, -bäuerin *m, f*

grow·ing ['grəʊɪŋ, AM 'groʊ-] **I.** *n no pl* Anbau *m;* **bulb-~** Blumenzwiebelanbau *m;* **cotton-~** Baumwollanbau *m*
II. *adj attr, inv* ❶ *(developing) boy, girl* heranwachsend *attr*, im Wachstumsalter *präd;* ***you don't want to go on a diet — you're a ~ girl*** du willst doch wohl keine Diät machen – du bist noch im Wachstum!
❷ *(increasing)* zunehmend, steigend; ***there is a ~ awareness of the seriousness of this disease*** man wird sich zunehmend der Tragweite dieser Krankheit bewusst
❸ ECON *(expanding) business, industry* wachsend, auf Wachstumskurs *präd*

'grow·ing pains *npl* MED Wachstumsschmerzen *pl; (problems of adolescence)* Pubertätsprobleme *pl; (initial difficulties)* Anfangsschwierigkeiten *pl*, Startschwierigkeiten *pl*

growl [graʊl] **I.** *n of animal* Knurren *nt kein pl; of machine* Brummen *nt kein pl*
II. *vi* knurren; ■**to ~ at sb** jdn anknurren; ■**to ~ out sth** etw in einem knurrigen Ton sagen

grown [grəʊn, AM groʊn] **I.** *adj* ausgewachsen; *(adult)* erwachsen
II. *pp of* **grow**

grown-up ['grəʊnʌp, AM 'groʊ-] *(fam)* **I.** *n* Erwachsene(r) *f(m)*
II. *adj* erwachsen

growth [grəʊθ, AM groʊθ] *n* ❶ *no pl (in size)* Wachstum *nt;* **plant ~** Pflanzenwuchs *m*, Pflanzenwachstum *nt;* **to reach full ~** ausgewachsen sein
❷ *no pl (increase)* Wachstum *nt*, Zunahme *f*, Anstieg *m;* **rate of ~** Wachstumsrate *f*, Zuwachsrate *f;* **~ industry** Wachstumsindustrie *f*
❸ *no pl (development)* Entwicklung *f; of sb's character, intellect* Entfaltung *f; (in importance)* Wachstum *nt;* **~ area** Entwicklungsgebiet *nt*
❹ *(of plant)* Trieb *m*, Schössling *m;* ***there is new ~ sprouting in spring*** im Frühling sprießen neue Triebe
❺ *no pl (whiskers)* [wenige Tage alter] Bartwuchs; **to have a three days' ~ on one's chin** einen Drei-Tage-Bart haben
❻ MED Geschwulst *f*, Wucherung *f; (cancerous)* Tumor *m*

'growth com·pa·ny *n* Wachstumsunternehmen *nt* **'growth driv·er** *n* COMM Wachstumsträger *m*, Wachstumslokomotive *f* **'growth hor·mone** *n* Wachstumshormon *nt* **'growth mar·ket** *n* Wachstumsmarkt *m* **'growth op·por·tu·nity** *n* COMM Wachstumschance *f* **growth-'ori·ent·ed** *adj inv* COMM wachstumsorientiert; **~ adjustment** wachstumsorientierte Anpassung **growth po·'ten·tial** *n no pl* COMM Wachstumspotenzial *nt* **'growth pros·pect** *n* COMM Wachstumsaussicht *f* **'growth rate** *n* FIN Zuwachsrate *f*, Steigerungsrate *f* **'growth ring** *n* HORT Jahresring *m* **'growth sec·tor** *n* COMM Wachstumsbereich *m* **'growth stock** *n* ECON Wachstumsaktie *f*, Wachstumswert *m*

groyne [grɔɪn] *n* Buhne *f fachspr*

grub [grʌb] **I.** *n* ❶ *(larva)* Larve *f*, Made *f*
❷ *no pl (fam: food)* Fressalien *pl fam*, Futterage *f fam;* **~[*'s*] *up!*** Essen fassen! *hum fam*, ran an die Futterkrippe! *hum fam;* **pub ~** Kneipenessen *nt fam*, Beislessen *nt* ÖSTERR
II. *vi* <-bb-> [herum]stöbern; **to ~ about** [*or* **around**] [**for sth**] [nach etw *dat*] wühlen
III. *vt* <-bb-> ❶ ■**to ~ up** [*or* **out**] ○ **sth** etw ausgraben; **to ~ up roots/tree stumps** Wurzeln/Baumstümpfe ausroden
❷ AM *(fam: cadge)* ■**to ~ sth off** [*or* **from**] **sb** etw bei jdm schnorren *fam*, jdn um etw *akk* anhauen *fam*

grub·ber ['grʌbəʳ, AM -ɚ] *n* ❶ Rodewerkzeug *nt*, Rodehacke *f*
❷ AM *(fam: cadger)* Schnorrer(in) *m(f)*

grub·by ['grʌbi] *adj (fam) clothing* schmudd[e]lig; *hands* schmutzig; *(not honourable)* schäbig, schmutzig

grudge [grʌdʒ] **I.** *n* Groll *m kein pl;* ***he tends to bear ~ s*** er kann ziemlich nachtragend sein; **to have** [*or* **hold**] [*or* **bear**] **a ~ against sb** einen Groll gegen jdn hegen [*o* auf jdn haben]
II. *vt* ■**to ~ sth** *(regret)* etw bereuen [*o* bedauern]; ***she ~ d every hour*** ihr tat es um jede Stunde leid; ■**to ~ sb sth** *(be resentful)* jdm etw missgönnen [*o* neiden]; ***I don't ~ you your holiday*** ich neide dir deinen Urlaub nicht

grudg·ing ['grʌdʒɪŋ] *adj* widerwillig, unwillig

grudg·ing·ly ['grʌdʒɪŋli] *adv* widerwillig, widerstrebend

gru·el [grʊəl, AM 'gru:əl] *n no pl* Haferschleim *m*, Grütze *f*

gru·el·ing *adj* AM *see* **gruelling**

gru·el·ing·ly *adv* AM *see* **gruellingly**

gru·el·ling, AM **gru·el·ing** ['grʊəlɪŋ, AM 'gru:ᵊl-] *adj day, week* aufreibend, zermürbend, mörderisch *fam; journey* strapaziös

gru·el·ling·ly, AM **gru·el·ing·ly** ['grʊəlɪŋli, AM 'gru:ᵊl-] *adv* mörderisch *fam;* ***it was a ~ long journey*** die lange Reise war äußerst strapaziös

grue·some ['gru:səm] *adj* grausig, schaurig, schauerlich

grue·some·ly ['gru:səmli] *adv* grausig, grauenhaft, schauerlich; ***he died very ~*** er starb auf grausame Weise

gruff [grʌf] *adj voice* schroff, barsch; ***"I'm sorry," he said in a ~ voice*** „tut mir leid", sagte er schroff; ■**to be ~ with sb** zu jdm grob sein

gruff·ly ['grʌfli] *adv* barsch, schroff; *(awkwardly)* unbeholfen

gruff·ness ['grʌfnəs] *n no pl* Schroffheit *f*, Barschheit *f*

grum·ble ['grʌmbḷ] **I.** *n* Gemurre *nt kein pl*, Gemecker *nt kein pl fam*, Geraunze *nt kein pl* ÖSTERR *pej*
II. *vi* murren, meckern *fam*, raunzen; *stomach* knurren; ***mustn't ~*** ich kann nicht klagen; ***my stomach's been grumbling all morning*** mir knurrt schon den ganzen Morgen der Magen; **a grumbling appendix** eine Blinddarmreizung; ■**to ~ about sth/sb** über etw/jdn schimpfen; ***I can't ~ about the service*** ich kann mich über den Service nicht beklagen

grum·bler ['grʌmbḷəʳ, AM -ɚ] *n* Meckerer *m pej fam*, Nörgler(in) *m(f) pej*, Raunzer(in) *m(f)* ÖSTERR *pej fam*

grump [grʌmp] **I.** *n (fam)* Griesgram *m pej*, Murrkopf *m veraltet o pej fam*, Grantscherben *m* ÖSTERR *pej fam*
II. *vi (fam)* ■**to ~ about sth** über etw *akk* meckern, grantig über etw *akk* sein

grumpi·ly ['grʌmpɪli] *adv (fam)* grantig, mürrisch, übellaunig

grumpi·ness ['grʌmpɪnəs] *n no pl* Grantigkeit *f*, Gereiztheit *f*

grumpy ['grʌmpi] *adj (fam: bad-tempered)* mürrisch, brummig *fam; (temporarily annoyed)* schlecht gelaunt, grantig *fam;* ***what are you so ~ about?*** was ist denn der Grund für deine schlechte Laune?

grunge [grʌndʒ] *n* ❶ *no pl esp* AM *(dirt)* Dreck *m*
❷ AM *(fam: dirty person)* Drecksack *m fam*
❸ *no pl* MUS, FASHION Grunge *m*

grungy ['grʌndʒi] *adj* AM *(sl)* schmuddelig, im Grunge[-Look] *nach n (lässig, bewusst unansehnlich gekleidet)*

grunt [grʌnt] **I.** *n* ❶ *(snorting sound)* Grunzen *nt kein pl; (groan)* Ächzen *nt kein pl;* **to give a ~** grunzen
❷ AM *(fam: low-ranking soldier)* gemeiner Soldat/gemeine Soldatin
❸ AM *(fam: unskilled worker)* Hilfsarbeiter(in) *m(f)*
II. *vi* grunzen; *(groan)* ächzen; **to ~ with pain** vor Schmerz aufseufzen

grun·tled ['grʌntᵊld] *adj (hum fam)* froh, vergnügt

Gru·yère ['gru:jeəʳ, AM gru'jer] *n* Gruyère[käse] *m; (from Switzerland also)* Greyerzer *m*

gry·phon *n* MYTH *see* **griffin**

G7 [,dʒi:'sevᵊn] **I.** *n (hist) abbrev of* **Group of 7:** ■**the ~** die G7
II. *n modifier* G7-

GSM [,dʒi:es'em] *n no pl, modifier abbrev of* **Global System for Mobile Communications** GSM-

gsm [,dʒi:es'em] *n abbrev of* **grams per square metre** g/m^2

G-spot ['dʒi:spɒt, AM -spɑ:t] *n* G-Punkt *m*

GST [dʒi:es'ti:] *n* CAN *abbrev of* **Goods and Services Tax** Mehrwertsteuer *f* auf Bundesebene

G-string ['dʒi:strɪŋ] *n* ❶ *(string on an instrument)* G-Saite *f*
❷ *(clothing)* String-Tanga *m*

G10 [,dʒi:'ten] *n* POL *abbrev of* **Group of Ten** G10 *f*

GTI [,dʒi:ti:'aɪ] *n* AUTO *abbrev of* **Gran Turismo injection** GTi

guac [gwɑ:k] *n no pl* AM *short for* **guacamole** Guacamole *nt o f*

gua·ca·mo·le [,gwɑ:kə'məʊli, AM -'moʊli] *n no pl* Guacamole *nt o f (mexikanisches Avocado-Püree)*

Gua·de·loupe [,gwɑ:də'lu:p] *n* Guadeloupe

guai·ac ['gwaɪæk] *n no pl* CHEM Guajakharz *nt;* **~ gum, resin** Guajakharz *nt*

guaia·col ['gwaɪəkɒl, AM -kɑ:l] *n no pl* CHEM Guajakol *nt*

Guam [gwɑ:m] *n* Guam *nt*

Gua·ma·nian [gwɑ:'meɪniən] **I.** *n* Guamer(in) *m(f)*
II. *adj* guamisch

gua·no ['gwɑ:nəʊ, AM -noʊ] *n no pl* Guano *m*

gua·rana [gwə'rɑ:nə] *n* Guarana *nt*

guarani [,gwɑ:rə'ni:] *n (Paraguayan currency)* Guarani *m*

Guarani [,gwɑ:rə'ni:] *n* ❶ <*pl* -> *(American Indian of Paraguay)* Guarani *m, f*, Guarani-Indianer(in) *m(f)*
❷ *(language)* Guarani *nt*

guar·an·tee [,gærᵊn'ti:, AM *esp* ,ger-] **I.** *n* ❶ *(promise)* Garantie *f*, Zusicherung *f;* **to demand a ~ that ...** eine Garantie [*o* Zusicherung] verlangen, dass ...; **to give sb one's ~** jdm etw garantieren
❷ COMM *(of repair, replacement)* Garantie *f;* **a money-back ~** eine Rückerstattungsgarantie [*o* Rückvergütungsgarantie]; **a two-year ~** eine Garantie auf 2 Jahre; **to come with** [*or* **have**] **a ~** Garantie haben; **to be** [**still**] **under ~** *appliances, gadgets* [noch] Garantie haben; ***the radio doesn't work — is it still under ~ ?*** das Radio funktioniert nicht – ist noch Garantie drauf?
❸ *(document)* Garantieschein *m*
❹ *(certainty)* Garantie *f; (person, institution)* Garant(in) *m(f);* ***his name is a ~ of success*** sein Name bürgt für Erfolg; **it's** [*or* **there's**] **no ~ that ...** es gibt keine Garantie dafür, dass ..., es ist nicht sicher, dass ...
❺ *(item given as security)* Garantie *f*, Sicherheit *f*
❻ LAW *see* **guaranty**
❼ FIN *(bank guarantee)* Aval *m*, Bürgschaft *f* ÖSTERR
❽ BRIT *(surety)* Bürgschaft *f*
II. *vt* ■**to ~ sth** ❶ *(promise)* etw garantieren, für etw *akk* bürgen; ***we ~ this product to be free from artificial flavourings*** wir garantieren, dass dieses Produkt keine künstlichen Aromastoffe enthält; **~d pure wool** garantiert reine Wolle; **~d free from** [*or* **free of**] **sth** garantiert frei von etw *dat;* **~d suitable for sth** garantiert geeignet für etw *akk;* ■**to ~ sb sth** [*or* **sth for sb**] jdm etw garantieren [*o* zusichern]; ■**to ~ that ...** *(make certain)* gewährleisten [*o* sicherstellen], dass ...; ***the £50 deposit ~ s that people return the boats after the hour has finished*** mit dem Pfand von 50 Pfund soll sichergestellt werden, dass die Boote nach einer Stunde auch wieder zurückgebracht werden
❷ COMM *(promise to correct faults)* eine Garantie für [*o* auf] etw *akk* geben; **to be ~d for three years** drei Jahre Garantie haben

❸ LAW *(underwrite debt)* für etw *akk* bürgen
guar·an·'tee bank *n* Bürgschaftsbank *f*
guar·an·teed [ˌgærᵊn'tiːd, AM ˌger] *adj inv* garantiert, zugesichert
guar·an·tee dec·la·'ra·tion *n* LAW Garantieerklärung *f*
guar·an·tor [ˌgærᵊn'tɔːʳ, AM ˌgerᵊn'tɔːr] *n* Garant(in) *m(f);* LAW Bürge, Bürgin *m, f,* Gewährträger(in) *m(f),* Gewährsmann, -frau *m, f* SCHWEIZ
guar·an·ty ['gærᵊnti, AM 'gerᵊnti] *n* LAW ❶ *(underwriting of debt)* Bürgschaft *f*
❷ *(as security)* Garantie *f,* Sicherheit *f*
guard [gɑːd, AM gɑːrd] **I.** *n* ❶ *(person)* Wache *f; (sentry)* Wach[t]posten *m;* **border** ~ Grenzsoldat(in) *m(f),* Grenzposten *m;* **gate** ~ Wach[t]posten *m;* **prison** ~ AM Gefängniswärter(in) *m(f),* Gefängnisaufseher(in) *m(f);* **security** ~ Sicherheitsbeamte(r), -beamtin *m, f; (man also)* Wachmann *m;* **to be on** [*or* **keep**] [*or* **stand**] ~ Wache halten [*o* stehen]; **to be under** ~ unter Bewachung stehen, bewacht werden; **to keep ~ over sth/sb** etw/jdn bewachen; **to post ~s** Wachen aufstellen
❷ *(defensive stance)* Deckung *f;* **to be on one's ~ [against sth/sb]** *(fig)* [vor etw/jdm] auf der Hut sein, sich *akk* [vor etw/jdm] in Acht nehmen; **to be caught off one's ~** SPORT [von einem Schlag] unvorbereitet getroffen werden; *(fig)* auf etw *akk* nicht vorbereitet [*o* gefasst] sein; **to drop** [*or* **lower**] **one's ~** SPORT seine Deckung vernachlässigen; *(fig)* nicht [mehr] wachsam [*o* vorsichtig] [genug] sein; **to get in under sb's ~** SPORT jds Deckung durchbrechen; *(fig)* jds Verteidigung außer Gefecht setzen; *(get through to sb)* jds Panzer durchdringen; **to let one's ~ slip** SPORT seine Deckung fallenlassen; *(fig)* alle Vorsicht außer Acht lassen
❸ *(protective device)* Schutz *m,* Schutzvorrichtung *f;* **face~** Gesichtsschutz *m;* **fire~** Kamingitter *nt,* Cheminéegitter *nt* SCHWEIZ, Schutzgitter *nt*
❹ BRIT *(railway official)* Zugbegleiter(in) *m(f);* **chief** ~ Zugführer(in) *m(f)*
❺ BRIT MIL *(army regiment)* ■**the G~s** *pl* das Garderegiment, die Garde; **the Grenadier G~s** die Grenadiergarde
II. *vt* ❶ *(keep watch)* ■**to ~ sth/sb** etw/jdn bewachen; **heavily ~ed** scharf bewacht; *(protect)* ■**to ~ sth/sb against sth/sb** etw/jdn vor etw/jdm [be]schützen
❷ *(keep secret)* ■**to ~ sth** etw für sich *akk* behalten, etw nicht preisgeben; **a jealously** [*or* **closely**] **~ed secret** ein sorgsam gehütetes Geheimnis
III. *vi* ■**to ~ against sth** sich *akk* vor etw *dat* schützen; ***the best way to ~ against financial problems is to avoid getting into debt*** man schützt sich am besten vor finanziellen Problemen, indem man Schulden vermeidet
'guard dog *n* Wachhund *m* **'guard duty** *n* Wachdienst *m;* **to be on** [*or* **do**] **~ duty** Wachdienst [*o* Wache] haben, auf Wache sein
guard·ed ['gɑːdɪd, AM 'gɑːrd-] *adj (reserved)* zurückhaltend; *(cautious)* vorsichtig
guard·ed·ly ['gɑːdɪdli, AM 'gɑːrd-] *adv (reservedly)* zurückhaltend; *(cautiously)* vorsichtig; **to be ~ optimistic** verhaltenen Optimismus zeigen
'guard·house *n* Wache *f,* Wachlokal *nt*
guard·ian ['gɑːdiən, AM 'gɑːrd-] *n* ❶ *(responsible person)* Vormund *m,* Erziehungsberechtigte(r) *f(m)*
❷ *(form: protector)* Hüter(in) *m(f),* Wächter(in) *m(f);* **to be ~ of sth** Hüter(in) einer S. *gen* sein
❸ LAW *(adviser)* Beistand *m,* Vormund *m*
guard·ian 'an·gel *n (also fig)* Schutzengel *m a. fig*
guard·ian·ship ['gɑːdiənʃɪp, AM 'gɑːrd-] *n no pl* ❶ *(being a guardian)* Vormundschaft *f;* ~ **court** Vormundschaftsgericht *nt*
❷ *(form: care)* Obhut *f,* Schutz *m;* **to be in sb's ~** unter jds Obhut [*o* Schutz] stehen
guard of 'hon·our, AM **guard of 'hon·or** *n + sing/pl vb* Ehrenwache *f,* Ehrengarde *f* **'guard post** *n* Wachhäuschen *nt* **'guard rail** *n* [Schutz]geländer *nt* **'guard·room** *n* Wachstube *f,* Wachlokal *nt*
'guards·man *n* Wach[t]posten *m;* BRIT *(in the Guards)* Gardesoldat *m*
'guard's van *n* BRIT RAIL Schaffnerabteil *nt*
Gua·te·ma·la [ˌgwætə'mɑːlə, ˌgwɑː-, AM -t̬ə'-] *n* Guatemala *nt*
Gua·te·ma·la 'City *n* Guatemala City *kein art*
Gua·te·ma·lan [ˌgwætə'mɑːlən, AM -t̬ə'-] *adj inv* guatemaltekisch
gua·va ['gwɑːvə] *n* ❶ *(tree)* Guave *f,* Guajavabaum *m*
❷ *(fruit)* Gua[ja]ve *f*
gub·bins ['gʌbɪnz] *n + sing vb* BRIT *(fam)* ❶ *(stuff)* Krempel *m kein pl fam,* Zeug *nt kein pl fam; (rubbish)* Schund *m kein pl fam,* Ramsch *m kein pl fam*
❷ *(gadget)* Ding *nt*
gu·ber·na·to·rial [ˌguːbəˈnə'tɔːriəl] *adj inv* AM Gouverneurs-
gudg·eon <*pl* - *or* -s> ['gʌdʒᵊn] *n* ZOOL Gründling *m*
Guern·sey ['gɜːnzi, AM 'gɜːrn-] *n* Guernsey *nt*
Guern·sey·man ['gɜːnzɪmən, AM 'gɜːrn-] *n* Bewohner *m* Guernseys
Guern·sey·wom·an ['gɜːnzɪwʊmən, AM 'gɜːrn-] *n* Bewohnerin *f* Guernseys
gue(r)·ril·la [gə'rɪlə] **I.** *n* Guerilla *m,* Guerillakämpfer(in) *m(f)*
II. *n modifier (tactics)* Guerilla-; ~ **sniper** Guerillakämpfer(in) *m(f);* ~ **warfare** Guerillakrieg *m*
guess [ges] **I.** *n* <*pl* -es> Vermutung *f,* Annahme *f; (act of guessing)* Raten *nt kein pl;* ***you've got three ~es*** dreimal darfst du raten; **a lucky ~** ein Glückstreffer [*o* Zufallstreffer] *m;* **to have** [*or* **hazard**] [*or* **make**] [*or esp* AM **take**] **a ~** raten, schätzen; **to make a wild ~** einfach [wild] drauflosraten [*o* [ins Blaue hinein] tippen] *fam;* **at a ~** grob geschätzt, schätzungsweise; ■**sb's ~ is that ...** jd vermutet [*o* nimmt an], dass ...; ***your ~ is as good as mine*** da kann ich auch nur raten
▸ PHRASES: **it's anybody's** [*or* **anyone's**] **~** weiß der Himmel *fam*
II. *vi* ❶ *(conjecture)* [er]raten; ***how did you ~?*** wie bist du darauf gekommen?; **to ~ right/wrong** richtig/falsch raten; **to keep sb ~ing** jdn auf die Folter spannen; ■**to ~ at sth** etw raten; *(estimate)* etw schätzen; *(suspect)* über etw *akk* Vermutungen anstellen
❷ *esp* AM *(suppose)* denken, meinen; *(suspect)* annehmen, vermuten; ***I ~ you're right*** du wirst wohl Recht haben; ***I ~ I'd better go now*** ich werde jetzt wohl besser gehen
III. *vt* ■**to ~ sth** etw raten; ***he ~ed her age to be 48*** er schätzte sie auf 48; ~ ***what?*** stell dir vor!, rate mal!; **to keep sb ~ing** jdn im Ungewissen [*o* Unklaren] lassen; ■**to ~ that ...** vermuten, dass ...; ***I bet you can't ~ how old she is*** ich wette, du kommst nicht darauf, wie alt sie ist; ~ ***where I'm calling from*** rate mal, woher ich anrufe
guess·ing game ['gesɪŋ-] *n (also fig)* Ratespiel *nt a. fig*
guess·ti·mate, gues·ti·mate ['gestɪmət] **I.** *n (fam)* grobe Schätzung
II. *vt* ■**to ~ sth** etw grob schätzen
guess·work ['geswɜːk, AM -wɜːrk] *n no pl* Spekulation *f oft pl;* ***it's a matter of ~*** darüber kann man nur spekulieren [*o* Vermutungen anstellen]; ***this is pure ~*** da kann man nur raten, das ist reine Spekulation
guest [gest] **I.** *n* ❶ *(invited person)* Gast *m;* **paying ~** zahlender Gast; *(lodger)* Untermieter(in) *m(f);* ***he's been our paying ~ for a long time*** er logiert schon lange bei uns; **special ~** besonderer Gast, Stargast *m*
❷ TOURIST Gast *m; (in guesthouse)* [Pensions]gast *m,* Pensionär *m* SCHWEIZ; *(hotel customer)* [Hotel]gast *m*
▸ PHRASES: **be my ~** nur zu! *fam*
II. *vi esp* TV als Gaststar auftreten; **to ~ on an album** als Gaststar an einem Album mitwirken
guest ap·'pear·ance *n* Gastauftritt *m;* **to make a ~** als Gaststar auftreten, einen Gastauftritt haben
'guest beer *n* BRIT *nicht in der Hausbrauerei gebraute Biersorte zu besonderen Anlässen* **'guest book** *n* Gästebuch *nt* **guest con·'duc·tor** *n* Gastdirigent(in) *m(f)* **'guest·house** *n* Gästehaus *nt,* Pension *f* **'guest-judge** *vt* ■**to ~ sth** Gast-Jurymitglied bei etw *dat* sein **'guest list** *n* Gästeliste *f*
guest of 'hon·our, AM **guest of 'hon·or** *n* Ehrengast *m* **'guest·room** *n* Gästezimmer *nt* **guest 'speak·er** *n* Gastredner(in) *m(f)* **'guest star** *n* Stargast *m* **guest 'voc·als** *npl* Gastauftritt *m* als Sänger/Sängerin **'guest work·er** *n* Gastarbeiter(in) *m(f)*
guff [gʌf] *n (fam)* Quatsch *m fam,* Mumpitz *m fam;* **a load** [*or* **lot**] **of ~** jede Menge [*o* ein Haufen *m*] Unsinn
guf·faw [gʌ'fɔː, AM *esp* -'ɑː] **I.** *n* schallendes Gelächter; ***his story was greeted with ~s*** seine Geschichte wurde mit schallendem Gelächter bedacht; **to let out a loud ~** in schallendes Gelächter ausbrechen
II. *vi* laut[hals] [*o* schallend] lachen
guid·ance ['gaɪdᵊn(t)s] *n no pl* ❶ *(advice)* Beratung *f; (direction)* [An]leitung *f,* Führung *f*
❷ *(steering system)* Steuerung *f;* ~ **system** *(of rocket)* Lenksystem *nt,* Leitsystem *nt; (of missile)* Leitstrahlsystem *nt*
guide [gaɪd] **I.** *n* ❶ *(person)* Führer(in) *m(f);* TOURIST *also* Fremdenführer(in) *m(f);* **mountain ~** Bergführer(in) *m(f);* **tour ~** Reiseführer(in) *m(f),* Reiseleiter(in) *m(f)*
❷ *(book)* Reiseführer *m;* ***a ~ to the British Isles*** ein Reiseführer über die Britischen Inseln; **tourist ~** Reiseführer(in) *m(f)*
❸ *(help)* Leitfaden *m,* Richtschnur *f;* **rough ~** grobe Richtschnur
❹ *(indication)* Anhaltspunkt *m*
❺ *esp* BRIT *(girls' association)* ■**the G~s** *pl* die Pfadfinderinnen *fpl*
II. *vt* ❶ *(show)* ■**to ~ sb** jdn führen; *(show the way)* jdm den Weg zeigen [*o* weisen]; ***the shop assistant ~d me to the shelf*** die Verkäuferin führte mich zum Regal; ■**to ~ sb through** [*or* BRIT **round**] **sth** jdn durch etw *akk* führen; ***the old man ~d us through the maze of alleyways*** der alte Mann führte uns durch das Gewirr der Gassen; ***the manual will ~ you through the programme*** das Handbuch wird Sie durch das Programm führen
❷ *(instruct)* ■**to ~ sb** jdn anleiten [*o* unterweisen]; ***the computer has a learning programme that will ~ you through it*** der Computer hat ein Lernprogramm, das Sie in den Anwendungen unterweisen wird
❸ *(steer)* ■**to ~ sth** *vehicle* etw führen [*o* lenken] [*o* steuern]; ***the plane was ~d in to land*** das Flugzeug wurde zur Landung eingewiesen
❹ *(influence)* ■**to ~ sb** jdn leiten [*o* beeinflussen]; ■**to ~ sth** etw bestimmen [*o* leiten]; ***she had ~d company policy for twenty years*** sie hatte zwanzig Jahre lang die Firmenpolitik geprägt; ■**to be ~d by sth/sb** sich *akk* von etw/jdm leiten lassen; **to be ~d by one's emotions** sich *akk* von seinen Gefühlen leiten lassen
'guide·book *n* Reiseführer *m* **'guide com·pa·ny** *n* BRIT Pfadfinderinnengruppe *f*
guid·ed ['gaɪdɪd] *adj inv* ❶ *(led by a guide)* geführt; ~ **tour** Führung *f*
❷ *(automatically steered)* [fern]gelenkt, [fern]gesteuert; ~ **missile** Lenkflugkörper *m,* [Fern]lenkwaffe *f*
'guide dog *n* Blindenhund *m* **'guide horse** *n Pferd, das Blinde führt wie sonst ein Blindenhund*
'guide·line *n usu pl* Richtlinie *f,* Leitlinie *f,* Leitfaden *m* SCHWEIZ; **government ~s** staatliche Richtlinien **'guide-post** *n* Wegweiser *m*
Guid·er ['gaɪdəʳ, AM -ɚ] *n* BRIT Aufsichtsperson *f* bei den Pfadfinderinnen, Pfadiführer(in) *m(f)* SCHWEIZ
guid·ing hand [ˌgaɪdɪŋ'-] *n (fig)* ■**a ~** eine leitende Hand; ***I believe in giving children a ~ from the start*** ich denke, Kinder brauchen eine feste Hand, die sie führt; ***at school you always had help, at university there will be no ~*** in der Schule wurde dir immer geholfen, aber auf der Universität wirst du ganz auf dich gestellt sein **guid·ing 'light** *n (fig)* lenkende [*o* inspirierende] Kraft **guid·ing 'prin·ci·ple** *n* Leitmotiv *nt,* [oberste] Maxime; ■**the ~ of/for sth** die Richtschnur einer S. *gen*/für etw **guid·ing 'spir·it** *n (fig)* lenkende [*o* inspirierende] Kraft;

G

John was my ~ during the last two years of school John hat mir in den letzten zwei Schuljahren mit Rat und Tat zur Seite gestanden

guild [gɪld] *n of merchants* Gilde *f; of craftsmen* Zunft *f;* **Writers' ~** Schriftsteller-Verband *m*

guil·der ['gɪldəʳ, AM -ɚ] *n* Gulden *m*

'guild·hall *n* BRIT Rathaus *nt,* Stadthalle *f;* HIST *of merchants* Gildehaus *nt; of craftsmen* Zunfthaus *nt*

guile [gaɪl] *n no pl* Tücke *f,* Arglist *f*

guile·ful ['gaɪlfᵊl] *adj (form)* arglistig, hinterhältig, tückisch

guile·less ['gaɪlləs] *adj* unschuldsvoll, arglos, unschuldig

guil·lemot ['gɪlɪmɒt, AM -əmɑ:t] *n* ORN Lumme *f;* **black ~** Gryllteiste *f*

guil·loche de·sign [gɪ'lɒʃ-, -ləʊʃ-, AM -'lɑ:ʃ-] *n* ECON *(on banknotes)* Guilloche *f*

guil·lo·tine ['gɪləti:n] *n* ① HIST Guillotine *f,* Fallbeil *nt;* **to go to the ~** unter der Guillotine sterben
② BRIT, AUS *(paper cutter)* Papierschneidemaschine *f*
③ BRIT POL Begrenzung *f* der Beratungszeit *(beim Gesetzgebungsverfahren im britischen Unterhaus)*

guilt [gɪlt] *n no pl* Schuld *f; (shame for wrongdoing)* Schuldgefühl *nt;* **feelings of ~** Schuldgefühle *pl;* **collective ~** Kollektivschuld *f;* **to admit one's ~** seine Schuld zugeben; **to establish sb's ~** jds Schuld beweisen [*o* nachweisen]; **to feel** [*or* **be overcome by**] **~** sich *akk* schuldig fühlen; ***~ overcame him and he confessed*** er fühlte sich schuldig und gestand
◆**guilt out** *vt* ■**to get ~ed out** sich sehr schuldig fühlen

'guilt com·plex *n* Schuldkomplex *m*

guilti·ly ['gɪltɪli] *adv* schuldbewusst

guilt·less ['gɪltləs] *adj* schuldlos, unschuldig

'guilt-rid·den *adj inv* von Schuldgefühlen geplagt

'guilt trip *n (fam)* Schuldgefühle *pl;* **to lay a** [**heavy**] **~ on sb** jdm [starke] Schuldgefühle einreden **'guilt-trip** *vt* ■**to ~ sb** jdm Schuldgefühle [*o* ein schlechtes Gewissen] einreden

guilty ['gɪlti] *adj* ① *(with guilt)* schuldig; ***she felt ~ at having deceived him*** sie fühlte sich schuldig, weil sie ihn betrogen hatte; **to have a ~ conscience** ein schlechtes Gewissen [*o* Gewissensbisse] haben; **to feel ~ about sth** ein schlechtes Gewissen [*o* Gewissensbisse] wegen einer S. *gen* haben; **to look ~** schuldbewusst aussehen
② LAW *(responsible)* schuldig; ***he is ~ of theft*** er hat sich des Diebstahls schuldig gemacht; **to plead ~/not ~** sich *akk* schuldig/nicht schuldig bekennen; ***he pleaded ~ to the charge of attempted murder*** er bekannte sich des versuchten Mordes schuldig; **to prove sb ~** jds Schuld beweisen [*o* nachweisen], jdn [als schuldig] überführen; **until proven ~** bis die Schuld erwiesen ist

guilty 'par·ty *n* Schuldige(r) *f(m),* schuldige Partei

guinea ['gɪni] *n* BRIT HIST Guinea *f,* Guinee *f (21 Shillings)*

Guinea ['gɪni] *n* Guinea *nt*

'guinea fowl *n* Perlhuhn *nt*

Guin·ean ['gɪniən] **I.** *n* Guineer(in) *m(f)*
II. *adj* guineisch

'guinea pig *n* Meerschweinchen *nt; (fig)* Versuchskaninchen *nt hum o pej* **'guinea tee** *n (sl)* ärmelloses T-Shirt

guise [gaɪz] *n no pl* ① *(appearance)* Gestalt *f;* ***the spy went in the ~ of a monk*** der Spion ging als Mönch verkleidet; ***it was an old idea in new ~*** *(fig)* es war eine alte Idee in neuem Gewand
② *(pretence)* Vorwand *m;* **under the ~ of friendship** unter dem Deckmantel der Freundschaft; **under the ~ of doing sth** unter dem Vorwand, etw zu tun

gui·tar [gɪ'tɑ:ʳ, AM -ɑ:r] *n* Gitarre *f;* ***he sat on the grass, strumming his ~*** er saß auf der Wiese und klimperte auf seiner Gitarre; **acoustic/electric ~** akustische/elektrische Gitarre; **to play air ~** Luftgitarre spielen; **to strum/pluck the ~** die Gitarre schlagen/zupfen

gui·tar·ist [gɪ'tɑ:rɪst] *n* Gitarrist(in) *m(f)*

gu·lag ['gu:læg, AM -lɑ:g] *n no pl (Russian jail)* Gulag *m*

gulch [gʌl(t)ʃ] *n* AM *(gully)* Schlucht *f*

gulf [gʌlf] *n* ① *(area of sea)* Golf *m,* Meerbusen *m;* **the G~ of Alaska/Gascony/Mexico** der Golf von Alaska/Gascogne/Mexiko
② *(Persian Gulf)* ■**the G~** der [Persische] Golf; **the G~ states** die Golfstaaten *pl*
③ *(abyss)* [tiefer] Abgrund; *(chasm)* [tiefe] Kluft *a. fig;* **to bridge a ~** *(fig)* eine Kluft überbrücken [*o* schließen]

'Gulf Stream *n* Golfstrom *m* **Gulf 'War** *n* ① *(between Iran-Iraq 1980-88)* [1.] Golfkrieg *m* ② *(after invasion of Kuwait 1990)* [2.] Golfkrieg *m* **Gulf War 'syn·drome** *n* Golfkriegssyndrom *nt (in der Folge des 2. Golfkrieges bei amerikanischen Soldaten aufgetretenes Krankheitsbild)*

gull[1] [gʌl] *n* Möwe *f*

gull[2] [gʌl] *vt usu passive (fam)* ■**to ~ sb** jdn übertölpeln; ***they were ~ed into believing that it was a bargain buy*** man hatte ihnen eingeredet, dass sie ein Schnäppchen machen würden

gul·let ['gʌlɪt] *n* ANAT Speiseröhre *f*
▶PHRASES: **sth <u>sticks</u> in sb's ~** etw geht jdm gegen den Strich

gul·ley *n see* **gully**

gul·li·bil·ity [ˌgʌlɪ'bɪləti, AM lə'bɪləṭi] *n no pl* Leichtgläubigkeit *f,* Einfältigkeit *f*

gul·lible ['gʌlɪbl] *adj* leichtgläubig

gul·ly ['gʌli] *n* ① *(narrow gorge)* [enge] Schlucht *f (mit tief eingeschnittenem Wasserlauf);* ***heavy rainfall had cut deep gullies into the side of the hill*** starke Regenfälle hatten tiefe Furchen in den Hang gegraben
② *(gutter)* Gully *m,* Senkloch *nt,* Güllegrube *f* SCHWEIZ

gulp [gʌlp] **I.** *n* ① *(act of swallowing)* [großer] Schluck; **to get a ~ of air** Luft holen; **to take a ~ of milk/tea** einen [großen] Schluck Milch/Tee nehmen; **to give a ~** aufstoßen; **in one** [*or* **at a**] **~** in einem Zug
② COMPUT Zwei-Byte-Wortgruppe *f*
II. *vt* ■**to ~ sth** etw [hinunter]schlucken; *liquid* etw hinunterstürzen [*o fam* hinunterkippen]; *food* etw verschlingen
III. *vi* ① *(with emotion)* schlucken; ***I ~ed with surprise*** vor lauter Überraschung musste ich erst einmal schlucken
② *(breathe)* tief Luft holen [*o* einatmen]; **to ~ for air** nach Luft schnappen
◆**gulp back** *vt* ■**to ~ back** ○ **sth** *emotion* etw hinunterschlucken; **to ~ back a sob** einen Schluchzer unterdrücken; **to ~ back the tears** die Tränen hinunterschlucken
◆**gulp down** *vt* ■**to ~ down** ○ **sth** *drink* etw [hastig] hinunterstürzen; *food* etw hinunterschlingen

gum[1] [gʌm] *n* ANAT ■**~s** *pl* Zahnfleisch *nt kein pl;* **~ shield** BOXING, MED Mundschutz *m*

gum[2] [gʌm] *n* NENG *(dated fam)* ***by ~!*** Teufel noch mal!

gum[3] [gʌm] **I.** *n* ① *no pl (sticky substance)* Gummi *nt;* BOT Gummi[harz] *nt; (on stamps, etc.)* Gummierung *f; (glue)* Klebstoff *m*
② *(sweet)* **bubble ~** Kaugummi *m o nt (mit dem man gut Blasen machen kann);* **chewing ~** Kaugummi *m o nt;* **wine/fruit ~** BRIT Fruchtgummi/Weingummi *m o nt*
③ *(gum tree)* Gummibaum *m*
II. *vt* <-mm-> ■**to ~ sth** etw kleben; ■**to ~ sth down** etw zukleben
III. *vi* <-mm-> BOT Harz absondern
◆**gum up** *vt* ■**to ~ up** ○ **sth** etw verkleben
▶PHRASES: **to ~ up the <u>works</u>** *(stop operation)* [den Ablauf] blockieren; *(interfere)* alles vermasseln

gum 'ara·bic *n no pl* Gummiarabikum *nt*

gum·bo ['gʌmbəʊ, AM -boʊ] *n* ① *no pl (soup) eingedickte Suppe mit Okraschoten, Spezialität aus der Cajun-Küche*
② AM *(okra)* Okraschote *f*

'gum·boil *n* MED Zahnfleischabszess *m*

'gum·boot *n* BRIT, AUS *(dated)* Gummistiefel *m*

'gum·drop *n* Weingummi *m o nt*

gum 'dy·na·mite *n no pl* Sprenggelatine *f,* Plastiksprengstoff *m*

gummed [gʌmd] *adj inv* gummiert

Gum·mi Bear® ['gʌmiber] *n pl* Gummibärchen *nt*

gum·mi·ness ['gʌminəs] *n no pl* Klebrigkeit *f*

gum·my ['gʌmi] *adj* ① *(sticky)* klebrig; *(with glue on)* gummiert
② *(without teeth)* zahnlos; **a ~ grin** ein zahnloses Grinsen

gump·tion ['gʌm(p)ʃᵊn] *n no pl (fam)* ① *(intelligence)* Grips *m*
② *(courage)* Schneid *m,* Mumm *m*

'gum·shoe **I.** *n* ① *(dated)* [wasserdichter] Überschuh
② AM *(sl: detective)* Schnüffler(in) *m(f) pej fam*
II. *vi* AM *(sl)* herumschnüffeln *pej fam*

gum traga·canth [-'trægəkæn(t)θ] *n no pl* CHEM Tragant[gummi] *nt* **'gum tree** *n* BOT [Australischer] Gummibaum ▶PHRASES: **to be <u>up</u> a ~** BRIT *(dated fam)* in großen Schwierigkeiten stecken, in der Patsche sitzen *fam*

gun [gʌn] **I.** *n* ① *(weapon)* [Schuss]waffe *f,* [Feuer]waffe *f; (cannon)* Geschütz *nt,* Kanone *f; (pistol)* Pistole *f; (revolver)* Revolver *m; (rifle)* Gewehr *nt;* **like a bullet out of** [*or* **from**] **a ~** blitzschnell; *answer* wie aus der Pistole geschossen; **big ~** Kanone *f; (fig)* hohes Tier; ***we've got the big ~s coming from head office this afternoon*** heute Nachmittag kriegen wir hohen Besuch aus der Geschäftsleitung; **to do sth with ~s blazing** *(fig)* etw mit wilder Entschlossenheit angehen; **to use/carry** [*or* **wear**] **a ~** eine [Schuss]waffe benutzen/tragen
② SPORT Startpistole *f;* **to jump the ~** einen Frühstart verursachen; *(fig)* voreilig handeln; **to wait for the starting ~** auf den Startschuss warten; **at the ~** mit dem Startschuss, beim Start
③ *(device)* Pistole *f;* **spray ~** Spritzpistole *f*
④ *esp* AM *(person)* Bewaffnete(r) *f(m);* **hired ~** bezahlter Killer/bezahlte Killerin, Auftragskiller(in) *m(f)*
▶PHRASES: **to <u>stick</u> to one's ~s** auf seinem Standpunkt beharren, sich *akk* nicht beirren lassen
II. *vt* <-nn-> AM *(fam)* **to ~ the engine** den Motor hochjagen *fam,* mit dem Bleifuß fahren *fam;* ***he ~ned the engine to get there on time*** er drückte ganz schön auf die Tube, um noch pünktlich da zu sein
III. *vi* <-nn-> *vehicle* schießen, jagen
◆**gun down** *vt* ■**to ~ down** ○ **sb** jdn niederschießen; *(fig)* ■**to ~ down** ○ **sth** etw niedermachen
◆**gun for** *vi* ① *(look for)* ■**to be ~ning for sb** jdn suchen; *(be on sb's trail)* jdn verfolgen; *(cause trouble)* es auf jdn abgesehen haben, jdn auf dem Kieker [*o* ÖSTERR der Schaufel] haben *fam*
② SPORT *(fam: support)* ■**to be ~ning for sth/sb** etw/jdn unterstützen
③ *esp* SPORT *(try for)* ■**to be ~ning for sth** etw zu erlangen versuchen, sich *akk* um etw *akk* bemühen, etw anstreben

'gun bar·rel *n of a rifle* Gewehrlauf *m; of a pistol* Pistolenlauf *m* **'gun·boat** *n* Kanonenboot *nt;* **~ diplomacy** Kanonenbootdiplomatie *f* **'gun car·riage** *n* MIL [Geschütz]lafette *f* **'gun dog** *n* Jagdhund *m* **'gun·fight** *n* Schießerei *f,* Schusswechsel *m* **'gun·fight·er** *n* Revolverheld(in) *m(f)* **'gun·fire** *n (gunfight)* Schießerei *f; (shots)* Schüsse *pl;* MIL *(cannonfire)* Geschützfeuer *nt,* Artilleriefeuer *nt*

gunge [gʌndʒ] *n no pl* BRIT *(fam)* schmieriges [*o* klebriges] Zeug *fam,* Schmiere *f*

gung-ho [ˌgʌŋ'həʊ, AM -'hoʊ] *adj (enthusiastic)* fanatisch, übereifrig; *(adventurous)* draufgängerisch

gunk [gʌŋk] *n no pl (fam)* Schmutz *m a. fig,* Dreck *m a. fig*

gunky ['gʌŋki] *adj (pej)* pappig, schmierig *pej*

'gun-li·cence, AM **'gun-li·cense** *n* Waffenschein *m* **'gun·man** *n* Bewaffnete(r) *m* **gun·met·al 'grey** *adj inv* dunkelblaugrau

gun·nel ['gʌnᵊl] *n see* **gunwale**

gun·ner ['gʌnəʳ, AM -ɚ] *n* Artillerist *m,* Kanonier *m*

gun·nery ['gʌnᵊri, AM -əri] *n no pl* ❶ *(firing of guns)* Schießkunst *f*
❷ *(guns collectively)* [Schuss]waffen *pl,* [Feuer]waffen *pl*
'gun·point *n no pl* **at ~** mit vorgehaltener Waffe; **to hold sb at ~** jdn mit einer Waffe [*o* Pistole] bedrohen **'gun·pow·der** *n no pl* Schießpulver *nt* **Gun·pow·der 'plot** *n* ■**the ~** BRIT HIST die Pulververschwörung *(Verschwörung von katholischen Edelleuten, u. a. Guy Fawkes, um Jakob I. und das Parlament am 5.11.1605 in die Luft zu sprengen)* **'gun·room** *n* Waffenkammer *f* **'gun-run·ner** *n* Waffenschmuggler(in) *m(f),* Waffenschieber(in) *m(f)* **'gun-run·ning** *n no pl* Waffenschmuggel *m,* illegaler Waffenhandel **'gun·ship** *n* MIL Kampfhubschrauber *m* **'gun·shot** *n* ❶ *(shot)* Schuss *m; (of rifle)* Gewehrschuss *m; (of pistol)* Pistolenschuss *m; (of revolver)* Revolverschuss *m;* **~ wound** Schusswunde *f,* Schussverletzung *f* ❷ *no pl (firing)* [Gewehr]schüsse *pl* ❸ *(range)* Schussweite *f;* ***we came within ~*** wir kamen in Schussweite
gun·sling·er ['gʌn,slɪŋəʳ, AM -ɚ] *n (hist)* Pistolenheld(in) *m(f);* BRIT *(fig)* Kraftprotz *m fam*
'gun·smith *n* Büchsenmacher *m*
gun-tot·ing ['gʌn,təʊtɪŋ, AM -toʊt-] *adj inv* bewaffnet
gun·wale ['gʌnᵊl] *n* NAUT Dollbord *nt fachspr*
▸PHRASES: **full [up] to the ~s** bis oben hin voll *fam,* voll bis zum [*o* an den] Rand
gup·py <*pl* - *or* -pies> ['gʌpi] *n* ZOOL Guppy *m*
gur·gle ['gɜːgl̩, AM 'gɜːr-] **I.** *n no pl* Glucksen *nt; of water* Gurgeln *nt,* Gluckern *nt; of stream* Plätschern *nt*
II. *vi* ❶ *(make noise) baby* glucksen; **to ~ with pleasure/with delight** vor Vergnügen/Freude glucksen
❷ *(babble) stream* plätschern; *water* gluckern
gur·gler ['gɜːgləʳ] *n* AUS *(fam) (drain)* Abfluss *m,* Abflussloch *nt*
▸PHRASES: **sth has gone down the ~** etw ist futsch *fam,* etw ist wie vom Erdboden verschluckt *fig fam*
Gur·kha ['gɜːkə, AM 'gɜːr] *n* Gurkha *m,* Angehörige(r) *f(m)* des Gurkha-Stammes
gur·ney <*pl* -s> ['gɜːrni] *n* AM Rollbahre *f*
guru ['gʊruː, AM 'guːruː] *n* Guru *m a. fig*
gush [gʌʃ] **I.** *n no pl* Schwall *m,* [kräftiger] Strahl; *(fig)* Erguss *m; of words* Schwall *m;* ***she was quite unprepared for the ~ of praise she received*** sie war völlig unvorbereitet auf das Lob, das sich über sie ergoss; **a ~ of water** ein Wasserschwall *m*
II. *vi* ❶ *(flow out) liquid* [hervor]strömen, [hervor]sprudeln; *(at high speed)* [hervor]schießen
❷ *(praise)* [übertrieben] schwärmen, lobhudeln *pej fam;* **to ~ to sb about sth** jdm von etw *dat* vorschwärmen; ■**to ~ over sth** über etw *akk* ins Schwärmen geraten
III. *vt* ■**to ~ sth** *(let out strongly)* etw ausstoßen; ***her injured arm ~ed blood*** aus ihrem verletzten Arm schoss Blut; *(fig)* ***"it was a fairy-tale wedding!" she ~ed*** „es war eine Traumhochzeit!", sagte sie schwärmerisch; **to ~ compliments about sth/sb** von etw/jdm [übertrieben] schwärmen
gush·er ['gʌʃəʳ, AM -ɚ] *n* [natürlich sprudelnde] Ölquelle
gushi·ly ['gʌʃɪli] *adv* schöntuerisch *pej fam; (enthusiastically)* überschwänglich, schwärmerisch
gush·ing ['gʌʃɪŋ] *adj* schöntuerisch *pej fam; (enthusiastic)* überschwänglich, schwärmerisch
gush·ing·ly ['gʌʃɪŋli] *adv* schöntuerisch *pej fam; (enthusiastically)* überschwänglich, schwärmerisch
gushy ['gʌʃi] *adj* schöntuerisch *pej fam; (enthusiastic)* überschwänglich, schwärmerisch
gus·set ['gʌsɪt] *n* Einsatz *m,* Keil *m,* Zwickel *m,* Spickel *m* SCHWEIZ
gust [gʌst] **I.** *n of wind* [Wind]stoß *m,* Bö[e] *f; (fig liter)* Anfall *m,* Ausbruch *m;* **a ~ of laughter** ein Lachanfall
II. *vi wind* böig wehen, stark blasen
gus·ta·tory ['gʌstətᵊri, AM -tɔːri] *adj inv (form)* Geschmacks-
gusti·ly ['gʌstɪli] *adv* stoßweise, vernehmlich
gus·to ['gʌstəʊ, AM -toʊ] *n no pl* ■**with ~** mit Begeisterung [*o* Genuss]
gusty ['gʌsti] *adj* böig, windig, stürmisch
gut [gʌt] **I.** *n* ❶ *(intestine)* Darm[kanal] *m*
❷ *(for instruments, rackets)* Darmsaite *f; (for fishing)* Angelsehne *f;* MED Katgut *nt kein pl*
❸ *(sl: abdomen)* Bauch *m;* ***my ~ s hurt*** mein Bauch tut weh; **beer ~** Bierbauch *m*
❹ *(fam: bowels)* ■**~s** *pl* Eingeweide *pl,* Gedärme *pl*
❺ *(fam: courage)* ■**~s** *pl* Mumm *m kein pl fam,* Courage *f kein pl;* ***it takes ~ s to admit to so many people that you've made a mistake*** man braucht Mut, um vor so vielen Leuten zuzugeben, dass man einen Fehler gemacht hat
▸PHRASES: **to bust a ~** sich *akk* abrackern *fam,* sich *dat* den Arsch aufreißen *derb;* AM *(sl)* sich *akk* krank lachen *fam;* **to hate sb's ~s** *(fam)* jdn auf den Tod nicht ausstehen können [*o sl* wie die Pest hassen]; **to have sb's ~s for garters** BRIT *(hum fam)* Hackfleisch aus jdm machen *hum fam;* **to work one's ~s out** *(sl)* sich *akk* abrackern *fam,* sich *dat* den Arsch aufreißen *derb*
II. *vt* <-tt-> ❶ *(remove the innards)* **to ~ an animal** ein Tier ausnehmen
❷ *usu passive (destroy by fire)* ■**to be ~ted** [völlig] ausbrennen; ***the whole building was ~ted in the fire*** das ganze Gebäude brannte bei dem Feuer aus
III. *adj attr, inv (fam)* gefühlsmäßig, aus dem Bauch heraus *nach n;* **a ~ feeling** Bauchgefühl *nt;* **~ issue** zentrales Thema, Kernpunkt *m;* **a ~ reaction** eine gefühlsmäßige Reaktion; *(spontaneous)* eine spontane Reaktion
gut·buck·et ['gʌtbʌkɪt] *n (sl or pej)* Fettsack *m pej*
gut·less ['gʌtləs] *adj (fam: lacking courage)* feige; *(lacking enthusiasm)* lahm *pej,* schlaff *pej*
gut·sy ['gʌtsi] *adj* ❶ *(brave)* mutig; *(adventurous)* draufgängerisch
❷ *(strong) food, drink* kräftig, aromatisch; *(powerful) voice* kraftvoll; *(vivid)* leben[s]sprühend, temperamentvoll
gut·ted ['gʌtɪd] *adj pred* BRIT *(sl) person* am Boden zerstört, völlig fertig *fam,* total down *sl*
gut·ter ['gʌtəʳ, AM -t̬ɚ] **I.** *n of road* Rinnstein *m,* Gosse *f; (of roof)* Dachrinne *f,* Dachkännel *m* SCHWEIZ, Regenrinne *f; (fig)* Gosse *f pej*
II. *vi candle, flame* flackern; ■**to ~ [out]** [langsam] ausbrennen [*o* verlöschen]
gut·ter·ing ['gʌtᵊrɪŋ] **I.** *n no pl* Abflussrinnen *pl,* Regenrinnen *pl*
II. *adj* flackernd
gut·ter 'jour·nal·ism *n no pl* Sensationsjournalismus *m pej* **gut·ter 'press** *n no pl esp* BRIT Sensationspresse *f pej,* Boulevardpresse *f meist pej,* Skandalpresse *f pej*
'gut·ter·snipe *n (pej dated)* Straßenkind *nt*
gut·tur·al ['gʌtᵊrᵊl, AM -t̬-] **I.** *adj (throaty)* kehlig; LING guttural *fachspr,* Kehl-, Guttural- *fachspr;* **~ sound** Kehllaut *m,* Gutturallaut *m fachspr*
II. *n* LING Kehllaut *m,* Gutturallaut *m fachspr*
'gut-wrench·ing *adj* herzzerreißend
guv [gʌv], **guv'nor** ['gʌvnəʳ] *n* BRIT *(dated sl)* Meister *m veraltend fam,* Chef *m fam*
guy¹ [gaɪ] *n (fam)* ❶ *(man)* Kerl *m,* Typ *m,* Bursche *m;* **fall ~** *(fam: scapegoat)* Sündenbock *m,* Prügelknabe *m; (stooge)* Hanswurst *m,* dummer August; ***I'm sick of playing the fall ~ for other people*** ich bin's leid, für andere meinen Buckel hinzuhalten [*o* den Prügelknaben zu spielen]
❷ *pl esp* AM, AUS *(people)* ***hi ~ s!*** hallo Leute! *fam;* ***are you ~s coming to lunch?*** kommt ihr [mit] zum Essen?
❸ BRIT *(dated: sb with a strange appearance)* Schießbudenfigur *f;* ***he looks a proper ~ in that outfit*** in dieser Aufmachung sieht er aus wie eine Schießbudenfigur
❹ BRIT *(effigy of Guy Fawkes) Guy Fawkes verkörpernde Puppe, die in der Guy Fawkes Night auf einem Scheiterhaufen verbrannt wird*
guy² [gaɪ] *n,* **'guy rope** *n,* **guy line** ['gaɪlaɪn] *n* AM Spannseil *nt,* Halteseil *nt; (for tent)* Zeltschnur *f*
Guy·ana [gaɪ'ænə, gi'ɑːnə, AM gi'ænə] *n* Guyana *nt*
Guya·nese [,gaɪə'niːz, AM ,giːə'] *adj inv* guayanisch
Guy Fawkes Night ['gaɪfɔːksnaɪt] *n in der ‚Guy Fawkes Night' am 5. Nov. wird mit Feuerwerk und der feierlichen Verbrennung einer Guy-Fawkes-Puppe der missglückten Pulververschwörung aus dem Jahr 1605 gedacht*
guz·zle ['gʌzl̩] **I.** *vt* ■**to ~ sth** *(fam: drink)* etw in sich *akk* hineinkippen *fam;* BRIT *(eat)* etw futtern [*o* in sich *akk* hineinstopfen] *fam*
II. *vi* schlingen *fam,* stopfen *fam*
guz·zler ['gʌzl̩əʳ, AM -ɚ] *n (fam: drinker)* Schluckspecht *m meist hum fam,* Säufer(in) *m(f) fam;* **gas ~** *esp* AM Spritfresser *m fam;* BRIT *(eater)* gieriger Esser/gierige Esserin, Fresssack *m pej fam*
gym¹ [dʒɪm] *n short for* **gymnastics** Turnen *nt kein pl*
gym² [dʒɪm] *n short for* **gymnasium** Turnhalle *f*
gym³ [dʒɪm] *n no pl* AM *(physical education) short for* **gymnastics** [Schul]sport *m*
'gym·goer *n* AM *(fam)* Besucher(in) *m(f)* eines Fitnesscenters
gym·kha·na [dʒɪm'kɑːnə] *n* SPORT Gymkhana *nt*
gym·na·sium <*pl* -s *or* -sia> [dʒɪm'neɪziəm, *pl* -ziə] *n* Turnhalle *f,* Sporthalle *f*
gym·nast ['dʒɪmnæst] *n* Turner(in) *m(f)*
gym·nas·tic [dʒɪm'næstɪk] *adj attr* turnerisch, Turn-, gymnastisch
gym·nas·tics [dʒɪm'næstɪks] *npl* Turnen *nt kein pl; (fig)* **mental ~** Gehirnakrobatik *f hum*
'gym shoes *npl* Turnschuhe *pl* **'gym shorts** *npl* Turnhose *f*
'gym·slip ['dʒɪmslɪp] *n* BRIT *(dated)* Trägerrock *m (als Schulkleidung)*
gy·nae·co·logi·cal, AM, AUS **gy·ne·co·logi·cal** [,gaɪnəkə'lɒdʒɪkᵊl, AM -'lɑːdʒ-] *adj* gynäkologisch
gy·nae·colo·gist, AM, AUS **gy·ne·colo·gist** [,gaɪnə'kɒlədʒɪst, AM -'kɑːl-] *n* Gynäkologe, Gynäkologin *m, f,* Frauenarzt, -ärztin *m, f*
gy·nae·col·ogy, AM, AUS **gy·ne·col·ogy** [,gaɪnə'kɒlədʒi, AM -'kɑːl-] *n no pl* Gynäkologie *f*
gy·ne·co·logi·cal *adj* AM, AUS *see* **gynaecological**
gy·ne·colo·gist *n* AM, AUS *see* **gynaecologist**
gyp¹ [dʒɪp] *n no pl* BRIT, AUS *(fam)* **to give sb ~** jdm [arg] zu schaffen machen *fam,* jdn plagen
gyp² [dʒɪp] *(fam)* **I.** *n* Schwindel *m kein pl fam,* Betrug *m kein pl;* ***that was a real ~!*** das war der reinste Nepp! *fam*
II. *vt* <-pp-> ■**to ~ sb** jdn austricksen *fam,* jdn anschmieren *fam;* ***he ~ped people into buying stuff they didn't like*** er quatschte den Leuten Zeug auf, das ihnen gar nicht gefiel *fam*
gyp·po <*pl* -s> [dʒɪpəʊ, AM poʊ] *n (pej fam)* Zigeuner(in) *m(f)*
gyp·py tum·my *n* BRIT *see* **gippy tummy**
gyp·sum ['dʒɪpsəm] *n no pl* Gips *m;* **~ burning** TECH Gipsbrennen *nt;* **~ cast** Gipsabdruck *m*
gyp·sy ['dʒɪpsi] **I.** *n* Zigeuner(in) *m(f)*
II. *n modifier* Zigeuner-; **~ caravan** Zigeunerwagen *m;* **~ encampment** Zigeunerlager *nt*
gy·rate [dʒaɪ(ə)'reɪt, AM 'dʒaɪreɪt] *vi* sich *akk* drehen, kreisen; *(fig: dance)* [aufreizend] tanzen, die Hüften kreisen lassen
gy·ra·tion [dʒaɪ(ə)'reɪʃᵊn, AM dʒaɪ'-] *n* Drehung *f,* Drehbewegung *f,* Kreiselbewegung *f;* **~s on the stock exchange** *(fig)* der Schlingerkurs der Börse
gyro¹ ['dʒaɪroʊ] *n* AM Gyros *nt*
gyro² ['dʒaɪərəʊ] *n short for* **gyrocompass** Kreiselkompass *m*
gyro³ ['dʒaɪərəʊ] *n* GEOL *short for* **gyroscope** Gyroskop *nt*
gyro·com·pass <*pl* -es> ['dʒaɪ(ə)rəʊ,kʌmpəs, AM 'dʒaɪroʊ,-] *n* Kreiselkompass *m*
gyro·scope ['dʒaɪ(ə)rəskəʊp, AM 'dʒaɪrəskoʊp] *n* NAUT, AVIAT Gyroskop *nt*

H

H <pl -'s>, **h** <pl 's or -s> [eɪtʃ] *n* H *nt*, h *nt*; ~ **for Harry** [*or* AM **as in How**] H für Heinrich; *see also* **A 1**
h¹ *n abbrev of* **hour[s]** h; ***at 0900 h*** um 9h
h² *n abbrev of* **hand[s]** *Stockmaß für Pferde*
H [eɪtʃ] **I.** *adj inv abbrev of* **hard** H
II. *n no pl abbrev of* **hydrogen** H *nt*
h & c *abbrev of* **hot and cold** [**water**] heißes und kaltes Wasser
ha [hɑː] *interj (esp hum)* ah
ha·beas cor·pus [ˌheɪbiəsˈkɔːpəs, AM -ˈkɔːr-] *n no pl* LAW **Habeas Corpus Act** Habeaskorpusakte *f*; **a writ of** ~ gerichtliche Anordnung eines Haftprüfungstermins; **to seek a writ of** ~ Haftbeschwerde einlegen
hab·er·dash·er [ˈhæbədæʃəʳ, AM -ɚdæʃɚ] *n* ① BRIT *(seller of dress-making goods)* Kurzwarenhändler(in) *m(f)*
② AM *(dealer in men's fashions)* Herrenausstatter *m*
hab·er·dash·ery [ˈhæbədæʃəri, AM -ɚdæʃɚi] *n* ① BRIT *(sewing wares)* Kurzwaren *pl*; *(shop)* Kurzwarenladen *m*, Kurzwarenhandlung *f*
② AM *(male clothing)* Herrenmode *f*, Herrenbekleidung *f*; *(shop)* Herrenausstatter *m*, Geschäft *nt* für Herrenmoden
hab·it [ˈhæbɪt] **I.** *n* ① *(repeated action)* Gewohnheit *f*; ■**to be in the** ~ **of doing sth** die Angewohnheit haben, etw zu tun; ***I'm really not in the ~ of looking at other people's clothes*** für gewöhnlich achte ich nicht auf die Kleidung anderer Leute; ***on holidays I'm in the ~ of rising late*** im Urlaub pflege ich erst spät aufzustehen; ■**to do sth out of** [*or* **from**] ~ etw aus Gewohnheit tun; ■**to have a** [*or* **the**] ~ **of doing sth** die Angewohnheit haben, etw zu tun; **from force of** ~ aus [reiner] Gewohnheit; **to do sth by sheer force of** ~ etw aus reiner Gewohnheit tun; ~ **of mind** Denkweise *f*; **a bad/good** ~ eine schlechte/gute [An]gewohnheit; **to break a** ~ sich *dat* etw abgewöhnen; **to get into/out of the** ~ **of sth** sich *dat* etw angewöhnen/abgewöhnen, eine Gewohnheit annehmen/ablegen; **to make a** ~ **of sth** etw zur Gewohnheit werden lassen, sich *dat* etw zur Gewohnheit machen; ***don't make a ~ of smoking!*** fangen Sie bloß nicht das Rauchen an!; **to pick up a** ~ eine Gewohnheit annehmen *f*
② *(fam: drug addiction)* Sucht *f*, Abhängigkeit *f*; **to have a heroin** ~ heroinsüchtig sein
③ *(special clothing)* REL Habit *m o nt*, Ornat *m*; SPORT **riding** ~ Reitkleidung *f*
④ PSYCH Habit *nt o m*
▸ PHRASES: **old** ~**s die hard** *(prov)* der Mensch ist ein Gewohnheitstier *prov*
II. *vt (form)* ■**to** ~ **sb** jdn kleiden
hab·it·able [ˈhæbɪtəbl̩, AM -t̬ə-] *adj* bewohnbar
hab·it·ant [æbiːˈtɔ̃] *n* CAN *(hist) kanadischer Siedler französischer Herkunft*
habi·tat [ˈhæbɪtæt] *n* Lebensraum *m*; BIOL Habitat *nt fachspr*; *of plants* Standort *m*
habi·ta·tion [ˌhæbɪˈteɪʃən] *n* ① *no pl (living in a place)* [Be]wohnen *nt*; ***there were no signs of ~ at this place*** der Ort sah unbewohnt aus; **fit/unfit for human** ~ menschenwürdig/menschenunwürdig
② *(form: home)* Wohnstätte *f geh*, Behausung *f pej*; *(shelter)* Unterschlupf *m*
'hab·it-form·ing *adj* ■**to be** ~ *activity* zur Gewohnheit werden; *drug* süchtig [*o* abhängig] machen; ***cocaine is a ~ drug*** Kokain ist eine Suchtdroge
ha·bitu·al [həˈbɪtʃuəl] *adj inv* ① *(constant)* ständig
② *(usual)* gewohnt; ***he'll wear his ~ jeans*** er wird wie üblich seine Jeans anhaben; **to become** ~ zur Gewohnheit werden
③ *(due to habit)* gewohnheitsmäßig; *of bad habit* notorisch; ~ **drinker** notorischer Trinker/notorische Trinkerin *pej*; ~ **smoker** Gewohnheitsraucher(in) *m(f) pej*
ha·bitu·al·ly [həˈbɪtʃuli] *adv* ① *(constantly)* ständig
② *(regularly)* regelmäßig
③ *(due to habit)* gewohnheitsmäßig
ha·bitu·ate [həˈbɪtʃueɪt] *vt* ■**to** ~ **sb/sth** [**to sb/sth**] jdn/etw [an jdn/etw] gewöhnen
ha·bitu·at·ed [həˈbɪtʃueɪtɪd, AM -t̬ɪd] *adj pred (form)* ■**to be** ~ **to sth** etw gewohnt sein; ■**to be** ~ **to doing sth** [daran] gewohnt sein, etw zu tun; **to become** ~ [**to sth**] sich *akk* [an etw *akk*] gewöhnen
ha·bitué [həˈbɪtjueɪ, AM -ˌbɪtʃuˈeɪ] *n (form)* regelmäßiger Besucher/regelmäßige Besucherin, Habitué *m* ÖSTERR, SCHWEIZ *geh*; *of pub* Stammgast *m* (**of** *+gen*)
H 'acid *n no pl* CHEM H-Säure *f*
hack¹ [hæk] **I.** *vt* ① *(chop roughly)* ■**to** ~ **sth** etw hacken; **to** ~ **sb to death** jdn [mit einem Beil] erschlagen; **to** ~ **sb/sth to pieces** [*or* **bits**] jdn/etw zerstückeln; **to** ~ **an article to pieces** [*or* **bits**] *(fig)* einen Artikel verreißen
② SPORT *(kick)* ■**to** ~ **sb** BRIT jdn [vors [*o* gegen das] Schienbein] treten; **to** ~ **the ball** dem Ball einen Tritt versetzen
③ *(clear a way)* **to** ~ **one's way through** [*or* **out of**] **sth** sich *dat* einen Weg durch etw *akk* [frei]schlagen
④ COMPUT ■**to** ~ **sth** in etw *akk* [illegal] eindringen
⑤ *usu neg* AM, AUS *(sl: cope with)* ■**to** ~ **sth** etw aushalten; ***he just can't ~ it to sit in traffic jams every morning*** er kann die ewigen Staus am Morgen einfach nicht ausstehen; **to** ~ **it** es bringen; ***he can't ~ it*** er bringt's einfach nicht
II. *vi* ① *(chop roughly)* ■**to** ~ [**away**] **at sth** auf etw *akk* einhacken; ***he ~ed away at the tree trunk with his axe*** er hackte mit der Axt auf dem Baumstamm herum; ■**to** ~ **through sth** *trees* sich *akk* durch etw *akk* schlagen
② COMPUT ■**to** ~ **into sth** in etw *akk* [illegal] eindringen
III. *n* ① *(kick)* Tritt *m*
② BRIT *(wound)* [Ein]schnitt *m*, Wunde *f*
③ *(cough)* trockener Husten; **smoker's** ~ Raucherhusten *m*
hack² [hæk] **I.** *n* ① *(horse)* Reitpferd *nt*; *(hired horse)* Mietpferd *nt*; *(worn-out horse)* Klepper *m pej*, Gaul *m* ÖSTERR, SCHWEIZ; *(horse-ride)* Ausritt *m*
② *(pej or hum fam: writer)* Schreiberling *m pej*, Schmierfink *m pej*; **newspaper** ~ Zeitungsschreiber(in) *m(f)*
③ *(unskilled worker)* Gelegenheitsarbeiter(in) *m(f)*
④ AM *(fam: taxi)* Taxi *nt*; *(taxi driver)* Taxifahrer(in) *m(f)*, SCHWEIZ *a.* Taxichauffeur(in) *m(f)*
⑤ *(pej fam: non-committed person)* Mitläufer(in) *m(f) pej*
II. *adj attr (pej: routine)* mittelmäßig; ~ **politician/writer** Mitläufer(in) *m(f)*/Schreiberling *m pej*; ~ **work** stumpfsinnige Arbeit *pej*
III. *vi* BRIT ausreiten
◆**hack about** *vt (fig)* ■**to** ~ **sth** ↔ **about** *wording* etw zerstückeln; **to** ~ **about a text** einen Text auseinandernehmen [*o fam* zerpflücken]
◆**hack down** *vt* ■**to** ~ **sth** ↔ **down** etw zerhacken; ***he went berserk and started to ~ down people*** er drehte durch und fing an Leute niederzumetzeln; **to** ~ **down a tree** einen Baum fällen
◆**hack into** *vt* COMPUT **to** ~ **into a system** in ein Computersystem eindringen, den Code eines Computersystems knacken
◆**hack off** *vt* ① *(cut off)* ■**to** ~ **sth** ↔ **off** etw abhacken [*o* abschlagen]
② *esp* BRIT *(fam: annoy)* ■**to** ~ **sb** ↔ **off** jdn nerven, jdm auf die Nerven [*o fam* den Keks] gehen
◆**hack out** *vt* ■**to** ~ **out** ↔ **sth** etw herausschlagen [*o* heraushauen]; ***she ~ed her way out of the dense jungle*** sie schlug sich den Weg aus dem Dschungel frei
hacked off [hækt-] *adj pred esp* BRIT *(fam)* ① *(annoyed)* genervt *fam*; **to be** ~ **off with** [*or* **about**] **sth/sb** von jdm/etw genervt sein *fam*; ***she's really ~ off with her son for not tidying up his room*** sie ist echt sauer auf ihren Sohn, weil er sein Zimmer nicht aufgeräumt hat
② *(dejected)* niedergeschlagen; **to be** ~ **off with** [*or* **about**] **sth** von etw *dat* mitgenommen [*o fam* gestresst] sein
hack·er [ˈhækəʳ, AM -ɚ] *n* COMPUT Hacker(in) *m(f)*; *esp* AM Computerfreak *m*
hackie [ˈhæki] *n* AM *(fam: taxi driver)* Taxifahrer(in) *m(f)*, SCHWEIZ *a.* Taxichauffeur(in) *m(f)*, Taxler(in) *m(f)* ÖSTERR *fam*
hack·ing [ˈhækɪŋ] *n* ① *(breaking into computers)* Hacken *nt*
② BRIT *(horse-riding)* **to go** ~ ausreiten, einen Ausritt machen
hack·ing 'cough *n* trockener Husten
'hack·ing jack·et *n esp* BRIT Reitjacke *f*
hack·les [ˈhæklz] *npl (animals' hairs)* [aufstellbare] Nackenhaare; ***the dog's ~ were up*** dem Hund sträubte sich das Fell; *(feathers)* [aufstellbare] Nackenfedern, Nackengefieder *nt*; **to get sb's** ~ **up, to make sb's** ~ **rise** jdn wütend machen, jdn in Wut [*o* Rage] bringen, jdn auf die Palme bringen *fam*
hack·ney [ˈhækni] *n* ① *(horse)* Pferd *nt*, Gaul *m fam*, Ross *nt* SCHWEIZ
② *(horse-pulled carriage)* [Pferde]droschke *f*, [Pferde]kutsche *f* ÖSTERR, [Ross]kutsche *f* SCHWEIZ
③ *esp* BRIT *(taxi)* Taxi *nt*
'hack·ney car·riage *n* ① *(horse-pulled carriage)* [Pferde]droschke *f*, [Pferde]kutsche *f* ÖSTERR, [Ross]kutsche *f* SCHWEIZ
② *esp* BRIT *(form: taxi)* Taxi *nt*
hack·neyed [ˈhæknid] *adj (pej)* abgedroschen *pej*, abgenutzt; ~ **phrase** stereotype Redensart
'hack·saw *n* Bügelsäge *f*
'hack·work *n no pl (pej)* ① *(banal writing)* Geschmiere *nt pej*
② *(uninteresting work)* Routinearbeit *f*, Nullachtfünfzehn-Arbeit *f fam*
had [hæd, həd] **I.** *vt* ① *pt, pp of* **have**
② *(fam)* **to have** ~ **it** *(want to stop)* genug haben; *(to be broken)* kaputt [*o fam* hinüber] sein; ***I've ~ it for today — I'll do the rest tomorrow*** mir reicht's für heute – den Rest erledige ich morgen; ***this kettle's ~ it*** der Kessel ist hin *fam*; **to have** ~ **it** [**up to here**] **with sb/sth** von jdm/etw die Nase [gestrichen] voll haben *fam*
II. *adj pred, inv (fam)* ■**to be** ~ [he]reingelegt werden; ***this is a fake: you've been ~!*** die haben dich reingelegt: das hier ist eine Fälschung!
had·dock <pl -> [ˈhædək] *n* Schellfisch *m*
Ha·des [ˈheɪdiːz] *n no pl, no art* ① *(Greek mythology)* Hades *m*, Unterwelt *f*
② *(fam: hell)* Hölle *f*
hadj <pl -es> [hædʒ] *n see* **hajj**
hadn't [ˈhædənt] = **had not** *see* **have**
had 'up *adj pred, inv* BRIT *(fam)* ■**to be** ~ **up for sth** wegen einer S. *gen* dran sein *fam*; ***she's been ~ up for speeding*** sie wurde wegen überhöhter Geschwindigkeit drangekriegt; **to be** ~ **up in court** vor den Kadi gebracht werden *fam*
haema·tite, AM **hema·tite** [ˈhiːmətaɪt, ˈhem-] *n* GEOL Hämatit *m fachspr*
haema·tolo·gist, AM **hema·tolo·gist** [ˌhiːməˈtɒlədʒɪst, AM -ˈtɑːl-] *n* MED Hämatologe, Hämatologin *m, f*
haema·tol·ogy, AM **hema·tol·ogy** [ˌhiːməˈtɒlədʒi, AM -ˈtɑːl-] *n no pl* MED Hämatologie *f*
haema·to·ma, AM **hema·to·ma** <pl -s or -mata> [ˌhiːməˈtəʊmə, AM -ˈtoʊ-, *pl* -mətə] *n* MED Bluterguss *m*, Hämatom *nt fachspr*
haemo·glo·bin, AM **hemo·glo·bin** [ˌhiːmə(ʊ)ˈgləʊbɪn, AM -oʊˈgloʊ-] *n no pl* MED Hämoglobin *nt*
haemo·philia, AM **hemo·philia** [ˌhiːməˈfɪliə, AM -moʊˈ-] *n no pl* MED Bluterkrankheit *f*, Hämophilie *f fachspr*
haemo·phili·ac, AM **hemo·phili·ac** [ˌhiːməˈfɪliæk, AM -moʊˈ-] *n* MED Bluter(in) *m(f)*
haem·or·rhage, AM **hem·or·rhage** [ˈhemərɪdʒ, AM -ɚɪdʒ] **I.** *n* ① MED [starke] Blutung, Hämorrhagie *f fachspr*; **brain** ~ Hirnblutung *f*
② *(fig: damaging loss)* Ausbluten *nt*; ***in 1992 Britain's economy suffered a ~*** 1992 blutete Großbritannien wirtschaftlich aus; ~ **of investment** drastischer Investitionsrückgang; ~ **of talent** Abwanderung *f* von Talenten

II. *vi* ① MED [stark] bluten
② *(fig: diminish)* einen großen Verlust erleiden; ***the share price began to ~*** der Aktienkurs begann stark nachzugeben

haem·or·rhoids, AM **hem·or·rhoids** ['hemᵊrɔɪdz, AM -ər-] *npl* MED Hämorrhoiden *pl fachspr*

haft [hɑ:ft, AM hæft] *n (handle) of axe* Griff *m; of sword, knife* Heft *nt*

hag [hæg] *n (pej: witch)* Hexe *f; (old woman)* hässliches altes Weib

hag·gard ['hægəd, AM -ɚd] *adj (tired)* abgespannt; *(exhausted)* ausgezehrt; *(worried)* verhärmt; ***she had a ~ look on her face*** sie sah erschöpft aus

hag·gis ['hægɪs] *n no pl* SCOT FOOD *schottisches Gericht aus in einem Schafsmagen gekochten Schafsinnereien und Haferschrot*

hag·gle ['hægḷ] I. *vi* ① *(bargain)* ■**to ~ [over** [*or* **about**] **sth**] [um etw *akk*] feilschen [*o pej* schachern]
② *(argue)* ■**to ~ over sth** [sich *akk*] über etw *akk* streiten, [sich *akk*] um etw *akk* rangeln
II. *n* ① *(bargaining)* Gefeilsche *nt pej*
② *(wrangle)* Gerangel *nt*

hag·gling ['hæglɪŋ] *n no pl* Feilschen *nt,* Gefeilsche *nt pej*

hagi·og·ra·pher [ˌhægi'ɒgrəfəʳ, AM -'ɑ:grəfɚ] *n* REL Hagiograf(in) *m(f) a. fig*

hagio·graph·ic(al) [ˌhægiə(ʊ)'græfɪk(ᵊl), AM -iə'-] *adj* ① REL heiligengeschichtlich, hagiografisch *fachspr*
② *(fig pej form: over-flattering)* schmeichelhaft

hagi·og·ra·phy [ˌhægi'ɒgrəfi, AM -'ɑ:g-] *n* ① *no pl (biographies of saints)* Heiligengeschichte *f,* Hagiografie *f fachspr*
② LIT *(pej form: over-flattering biography)* zu schmeichelhafte Biografie; **to degenerate** [*or* **turn**] **into ~** in [einen] Personenkult ausarten

'hag-rid·den *adj* verhärmt; ■**to be ~ by sth** von etw *dat* gepeinigt werden

Hague [heɪg] *n* ■**The ~** Den Haag *kein art;* **The ~ Conventions** die Haager Konventionen; **The ~ Tribunal** der Internationale Gerichtshof

hah [hɑ:] *interj (fam) see* **ha** ah

ha-ha ['hɑ:hɑ:] *n* [eingelassener] Begrenzungszaun

ha ha [hɑ:'hɑ:] *interj (iron)* haha[ha]

hai·ku <*pl* -> ['haɪku:] *n* LIT Haiku *nt*

hail¹ [heɪl] I. *vt* ① *(greet)* ■**to ~ sb** jdn [be]grüßen
② *(form: call)* ■**to ~ sb** jdn rufen; ■**to ~ sth** etw anrufen; ***I tried to ~ her from the car window*** ich versuchte, sie durch Zurufen aus dem Autofenster auf mich aufmerksam zu machen; **to ~ a taxi** [*or* **cab**] ein Taxi rufen [*o* herbeiwinken]
③ *(acclaim)* ■**to ~ sb/sth** jdm/etw zujubeln; ■**to ~ sb/sth as sth** jdn/etw als etw bejubeln; ***the film was ~ed as a masterpiece in its day*** der Film wurde als ein Meisterwerk seiner Zeit gepriesen
II. *vi (form or hum)* ■**to ~ from sth** von etw *dat* stammen, in etw *dat* beheimatet sein; ***this yacht ~s from Brighton*** der Heimathafen dieser Yacht ist Brighton; ***where do you ~ from?*** woher kommen Sie?, wo stammen Sie her? *geh*
III. *n* ① *(greeting)* Gruß *m*
② *(earshot)* Rufweite *f;* **out of/within ~** außer/in Rufweite
IV. *interj (poet or old)* sei/seid gegrüßt *veraltet o hum;* ***~ thee Caesar!*** heil dir Cäsar!

hail² [heɪl] I. *n no pl* Hagel *m;* **a ~ of bullets/stones** ein Kugel-/Steinhagel *m;* **a ~ of insults** ein Schwall *m* von Beschimpfungen
II. *vi* ■**it's ~ing** *impers* es hagelt
◆**hail down** *vi* ■**to ~ on sb/sth** auf jdn/etw niederprasseln [*o a. fig* niederhageln]

'hail-fel·low, hail-fel·low-well-'met *adj pred (dated or hum)* plumpvertraulich; ***Arnold was very sociable in a ~ sort of way*** Arnold war einer von diesen geselligen Typen, die sich gerne anbiedern

hail·ing ['heɪlɪŋ] *adj inv* **out of/within ~ distance** *(dated)* außer/in Rufweite; *(fig)* [sehr] nah; ***he was born within ~ distance of here*** er wurde nur einen Steinwurf weit von hier geboren

'hail in·sur·ance *n no pl* Hagelversicherung *f*

Hail 'Mary *n* Ave Maria *nt*

'hail·stone *n* Hagelkorn *nt* **'hail·storm** *n* Hagelschauer *m*

hair [heəʳ, AM her] *n* ① *(single strand)* Haar *nt;* **to lose/win by a ~** *(fig)* ganz knapp verlieren/gewinnen
② *no pl (on head)* Haar *nt,* Haare *pl; (on body)* Behaarung *f;* ***he had lost his ~ by the time he was twenty-five*** mit fünfundzwanzig hatte er schon keine Haare mehr; **to have a good** [*or* **fine**] **head of ~** schönes, volles Haar haben; **to have** [*or* **get**] **one's ~ cut** sich *dat* die Haare schneiden lassen; **to let one's ~ down** seine Haare aufmachen; **to wash one's ~** sich *dat* die Haare waschen
③ *(hairstyle)* Frisur *f;* ***I like your ~*** deine Frisur gefällt mir; **to do sb's/one's ~** jdn/sich *akk* frisieren
④ *(on plant)* Haar *nt,* Härchen *nt; (on animal)* Haar *nt*
▶PHRASES: **the ~ of the dog** [ein Schluck] Alkohol, um einen Kater zu vertreiben; **to <u>get</u> in sb's ~** jdm auf den Geist gehen *fam;* ***get out of my ~!*** lass mich [endlich] in Ruhe!; **to not <u>harm</u>** [*or* **<u>touch</u>**] **a ~ on sb's head** jdm kein Haar krümmen; **<u>keep</u> your ~ on!** BRIT, AUS *(usu hum fam)* immer mit der Ruhe!, ruhig Blut!; **to <u>let</u> one's ~ down** *(fam)* sich *akk* gehenlassen; **that'll <u>make</u> your ~ curl** davon wirst du groß und stark; **to <u>make</u> sb's ~ stand on end** *(fam)* jdm die Haare zu Berge stehen lassen; **that'll <u>put</u> ~s on your chest** *(hum fam: before drinking)* das zieht dir die Schuhe aus; *(before eating)* das wird dich satt machen; **to not <u>see</u> hide nor ~ of sb** jdn nicht zu Gesicht bekommen; **to not <u>turn</u> a ~** nicht mit der Wimper zucken

'hair·band *n* Haarband *nt* **'hair·breadth** *n see* **hair's breadth** **'hair·brush** *n* Haarbürste *f* **'hair·care** I. *n* Haarpflege *f* II. *n modifier product* Haarpflege- **'hair·con·di·tion·er** *n* Pflegespülung *f* **'hair·curl·er** *n* Lockenwickler *m* **'hair·cut** *n* ① *(hairstyle)* Haarschnitt *m,* Frisur *f; (cutting)* Haareschneiden *nt;* ***I need a ~*** ich muss mal wieder zum Friseur; **to get** [*or* **have**] **a ~** sich *dat* die Haare schneiden lassen ② AM ECON, FIN Differenz *f* zwischen Beleihungswert und Beleihungsgrenze **'hair·do** *n (esp hum fam)* [kunstvolle] Frisur **'hair·dress·er** *n* Friseur, Friseuse *m, f,* Coiffeur, Coiffeuse *m, f* SCHWEIZ; ■**the ~'s** der Friseur[salon]; **to go to the ~'s** zum Friseur gehen **'hair·dress·ing** *n no pl* ① *(profession)* Friseurberuf *m,* Coiffeur *m* SCHWEIZ; ***have you ever thought of ~ as a career?*** hast du jemals daran gedacht, Friseur zu werden? ② *(action)* Frisieren *nt* ③ *(lotion)* Haarwasser *nt* **'hair·dress·ing sa·lon** *n* Friseursalon *m,* Coiffeursalon *m* SCHWEIZ **'hair-dry·er, 'hair-dri·er** *n* Föhn *m,* Haartrockner *m; (with hood)* Trockenhaube *f*

-haired ['heəd, AM 'herd] *in compounds + adj* -haarig; ***did you see this curly~ blonde?*** hast du die Blonde da mit den Locken gesehen?; **long/red~** lang-/rothaarig

'hair ex·ten·sion *n usu pl* Haarverlängerung *f* **'hair fol·li·cle** *n* Haarbalg *m* **'hair gel** *n* Haargel *nt* **'hair·grip** *n* BRIT Haarklammer *f*

hairi·ness ['heərɪnəs, AM 'her-] *n no pl* Behaarung *f*

hair·less ['heələs, AM 'her-] *adj* unbehaart; *person* glatzköpfig; *plant* haarlos

'hair·line *n* ① *(edge of hair)* Haaransatz *m;* **receding ~** zurückweichender Haaransatz, Geheimratsecke[n] *f[pl]*
② *(thin line)* [dünne] Linie
③ TYPO Haarstrich *m*

hair·line 'crack *n in glass, porcelain* Haarriss *m* **hair·line 'frac·ture** *n* MED [Knochen]fissur *f*

'hair loss *n* Haarausfall *m;* **to suffer ~** unter Haarausfall leiden, Haarausfall haben **'hair lo·tion** *n* Haarwasser *nt* **'hair mask** *n* Haarmaske *f (Conditioner mit Tiefenwirkung zum Ausspülen)* **'hair mousse** *n* Haarfestiger *m* **'hair·net** *n* Haarnetz *nt* **'hair per·fume** *n* Duftspray *m* für die Haare **'hair·piece** *n* Haarteil *nt* **'hair·pin** *n* Haarnadel *f* **hair·pin 'bend, hair·pin 'curve,** AM **hair·pin 'turn** *n* Haarnadelkurve *f* **'hair-rais·ing** *adj (fam)* haarsträubend; *experience* Furcht erregend **'hair re·mov·er** *n* Enthaarungsmittel *nt* **'hair re·stor·er** *n* Haarwuchsmittel *nt* **'hair sa·lon** *n* Friseursalon *m,* Coiffeursalon *m* SCHWEIZ

'hair's breadth I. *n* Haaresbreite *f;* ■**by a ~** um Haaresbreite; ***she came within a ~ of losing her life*** um ein Haar hätte sie ihr Leben verloren; **to be within a ~ of disaster/ruin** einer Katastrophe/dem Ruin nahe sein, am Rande einer Katastrophe/des Ruins stehen
II. *adj attr* haarbreit; **to have a ~ escape** mit knapper Not entkommen [*o* davonkommen]; **~ finish** [äußerst] knapper Endspurt; **~ victory** hauchdünner Sieg

hair 'shirt *n* REL härenes Gewand *geh; (fig)* Büßerhemd *nt* **'hair·slide** *n* BRIT, AUS Haarspange *f* **'hair space** *n* TYPO Haarspatium *nt fachspr* **'hair-split·ter** *n (pej)* Haarspalter(in) *m(f),* Pedant(in) *m(f) geh* **'hair-split·ting** *(pej)* I. *n* Haarspalterei *f pej* II. *adj* haarspalterisch, pedantisch *geh* **'hair·spray** *n* Haarspray *nt* **'hair·style** *n* Frisur *f* **'hair·styl·ist** *n* Friseur, Friseuse *m, f,* Coiffeur, Coiffeuse *m, f* SCHWEIZ **'hair ton·ic** *n* Haarwasser *nt* **hair-'trig·ger** I. *n (on firearm)* Stecher *m* II. *adj (fam) person* launisch, reizbar; *situation* labil; **to have a ~ temper** reizbar sein

hairy ['heəri, AM 'heri] *adj* ① *(having much hair)* haarig, stark behaart
② *(made of hair)* aus Haar *nach n,* hären *geh*
③ *(fig fam: dangerous)* haarig *fig; driving* riskant; *(pleasantly risky)* aufregend; **a ~ situation** eine brenzlige Situation

Hai·ti ['heɪti, AM 'heɪṭi] *n* Haiti *nt*

Hai·tian ['heɪʃᵊn] I. *n* ① *(person)* Haitianer(in) *m(f);* **to be a ~** Haitianer(in) *m(f)* sein
② *(language)* Haitianisch *nt*
II. *adj* haitisch, haitianisch

hajj, haj <*pl* -es> [hædʒ] *n* REL Hadsch *m*

haj·ji <*pl* -s> ['hædʒi] *n* REL Hadschi *m*

haka ['hɑ:kə] *n* NZ *Kriegstanz der Maoris, der in abgewandelter Form von neuseeländischen Rugbymannschaften vor einem Spiel aufgeführt wird*

hake <*pl* - *or* -s> [heɪk] *n* Seehecht *m,* Hechtdorsch *m*

hal·al [hæl'æl] I. *vt* ■**to ~ sth** etw nach islamischem Ritus schlachten
II. *n* **~ [meat]** Halalfleisch *nt (nach islamischem Ritus geschlachtetes Fleisch)*

hal·berd ['hælbəd, AM -bɚd] *n* HIST Hellebarde *f*

hal·ber·dier [ˌhælbə'dɪəʳ, AM -bɚ'dɪr] *n* HIST Hellebardier *m,* Hellebardist *m*

hal·cy·on days [ˌhælsiən'-] *npl (approv liter)* glückliche Tage, [h]alkyonische Tage *liter*

hale [heɪl] *adj inv (liter or dated)* gesund, wohlauf *geh; old person* rüstig; **~ and hearty** gesund und munter

half [hɑ:f, AM hæf] I. *n* <*pl* halves> ① *(fifty per cent)* Hälfte *f;* ***roughly ~ of the class are Spanish*** die Klasse besteht ungefähr zur Hälfte aus Spaniern; ***what's ~ of ninety-six?*** was ist die Hälfte von sechsundneunzig?; **a kilo and a ~** eineinhalb [*o* DIAL anderthalb] Kilo; **~ an apple** ein halber Apfel; **~ a dozen** ein halbes Dutzend; **~ the amount** der halbe Betrag; ■**by ~** um die Hälfte; **bigger by ~** eineinhalbmal so groß; **to divide sth by ~** etw durch zwei teilen; **to reduce sth by ~** etw um die Hälfte reduzieren; ■**in ~** [*or* **into halves**] in zwei Hälften; **to cut sth into halves** etw halbieren; **to cut in ~** in der Mitte durchschneiden, halbieren; **to fold in ~** zur Mitte falten
② BRIT *(fam: half pint of beer)* kleines Bier *(entspricht ca. 1/4 Liter),* ÖSTERR *a.* Seidel *nt,* ÖSTERR *a.* Seitel *nt,* Stange *f* SCHWEIZ
③ BRIT *(child's ticket)* ***two adults and three halves, please!*** zwei Erwachsene und drei Kinder, bitte!
④ FBALL *(midfield player)* Läufer(in) *m(f);* **first/second ~** erste/zweite Spielhälfte [*o* Halbzeit]
⑤ *(fam: the whole)* ***you haven't heard the ~ of it yet!*** das dicke Ende kommt ja noch!; ***that's ~ the fun*** [***of it***] das ist doch gerade der Spaß daran
⑥ *(fam: most)* der/die/das meiste ...; **~ *of them***

didn't turn up die meisten von ihnen sind gar nicht erschienen; ***our boss has lost ~ his authority*** unser Chef hat seine Autorität zum größten Teil eingebüßt; ***if you are ~ the man I think you are, you'll succeed*** wenn du auch nur im entferntesten der Mann bist, für den ich dich halte, dann schaffst du das; ~ [**of**] **the time** die meiste Zeit

▶PHRASES: **to be ~ the battle** ***for jobs like that, getting an interview is ~ the battle*** bei Stellen wie diesen hat man schon halb gewonnen, wenn man ein Vorstellungsgespräch bekommt; **given ~ a chance** wenn man die Möglichkeit hätte; ***I'd go to India, given ~ a chance*** wenn ich die Möglichkeit hätte, würde ich nach Indien gehen; **to be too clever by ~** ein Schlaumeier sein; **to not do things by halves** keine halben Sachen machen *fam;* **a game/meal and a ~** ein Bombenspiel *nt*/Bombenessen *nt fam;* **to go halves** [**on sth**] *(fam)* sich *dat* die Kosten [für etw *akk*] teilen; ***I'll go halves with you*** ich teile mit dir, ich mach mit dir halbe-halbe *fam;* **my other** [*or* **better**] ~ meine zweite [*o* bessere] Hälfte; **how the other ~ lives** *(prov)* wie andere Leute leben; ~ **a second** [*or* BRIT **tick**] einen Moment; ***I'll be with you in ~ a second*** ich bin sofort bei dir

II. *adj* halbe(r, s) *attr;* ***a centaur is half man half horse*** ein Zentaur ist halb Mensch halb Pferd; ~ [**a**] **per cent** ein halbes Prozent; **a ~ pint of lager** ein kleines Helles

III. *adv* ① *(almost)* fast, nahezu, beinahe; ***they had been frightened ~ out of their minds*** sie wären fast verrückt geworden vor Angst

② *(partially, to some extent)* halb, zum Teil; ***she was ~ afraid she'd have to make a speech*** sie hatte schon fast befürchtet, eine Rede halten zu müssen; ***I was ~ inclined to call you last night*** ich hätte dich gestern Abend fast angerufen; ***it wasn't ~ as good*** das war bei Weitem nicht so gut; ~ **asleep** halb wach; ~ **cooked** halb gar; ~ **empty/full** halb leer/voll; ~ **naked** halb nackt; **to be ~ right** *person* zum Teil Recht haben; *thing* zur Hälfte richtig sein

③ *(time)* [**at**] ~ **past nine** [um] halb zehn; *(fam)* ***meet me at home at ~ past on the dot, okay?*** du bist dann um Punkt halb bei mir, o. k.? *fam*

④ *(by fifty percent)* ■ ~ **as ... as ...** halb so ... wie ...; ***my little brother is ~ as tall as me*** mein kleiner Bruder ist halb so groß wie ich; ***he is ~ my weight*** er wiegt halb so viel wie ich

⑤ *(intensifies negative statement)* **not ~** BRIT *(fam)* unheimlich *fam,* wahnsinnig *fam,* irre *sl;* ***he wasn't ~ handsome*** er sah unverschämt gut aus *fam;* ***she didn't ~ shout at him*** sie hat ihn vielleicht angebrüllt *fam; (affirms positive opinion)* ***did you enjoy the film? — not ~!*** hat dir der Film gefallen? – und wie!

half a 'crown [ˌhɑːfəˈkraʊn] *n no pl* BRIT HIST *see* **half-crown** Halbkronenstück *nt* **half a 'doz·en** [ˌhɑːfəˈdʌzᵊn, AM ˌhæf-] *n no pl see* **half-dozen** ein halbes Dutzend **half-arsed** [ˈhɑːfɑːst], AM **half-assed** [ˈhæfæst] *adj (pej sl)* idiotisch *fam,* bescheuert *sl* **'half·back** *n* FBALL Läufer(in) *m(f); (in rugby)* Halbspieler(in) *m(f)* **half-'baked** *adj (fig fam)* ① *(not well planned) idea, plan* unausgereift, unausgegoren ② *(not committed) person* fade **half-'bind·ing** *n (of book)* Halb[leder]band *m* **'half-blood** *n see* **half-breed** **half-'board** *n esp* BRIT Halbpension *f* **'half-boot** *n* Halbstiefel *m,* Stiefelette *f* SCHWEIZ **'half-bot·tle** *n of wine* kleine Flasche, Stifterl *nt* ÖSTERR **'half-breed** **I.** *n* ① *(pej!: person)* Mischling *m pej,* Halbblut *nt pej* ② *(animal)* [Rassen]kreuzung *f; (horse)* Halbblut *nt* **II.** *adj* ① *(pej!: of mixed parentage)* Mischlings- *pej;* ~ **child** Mischlingskind *nt pej* ② *(animal)* ~ **dog** Promenadenmischung *f hum;* ~ **horse** Halbblut *nt* **'half-broth·er** *n* Halbbruder *m* **'half-caste** *(pej!)* **I.** *n* Mischling *m pej,* Halbblut *nt pej;* AM Mestize, Mestizin *m, f* **II.** *adj* Mischlings- *pej;* AM wie ein Mestize/eine Mestizin *nach n;* ***he looks ~*** er sieht aus wie ein Mestize **half-'circle** *n* MATH Halbkreis *m* **half-'cock** *n* ① *(on pistol)* Vorderladerstellung *f* ② *esp* AM *(go wrong)* **to go off at ~** *plan* danebengehen; *party* ein Reinfall sein *fam* **half-cocked** [-ˈkɒkt, AM -ˈkɑːkt] *adj* ① *(pistol)* in Vorderladerstellung ② *esp* AM **to go off ~** *(fail) plan* danebengehen; *party* ein Reinfall sein *fam; (act prematurely) person* voreilig handeln

half-'crown *n (hist)* Halbkronenstück *nt,* Zweieinhalbschillingstück *nt*

half-'cut *adj* BRIT *(pej sl)* besoffen *sl,* blau *fam* **half-'day** **I.** *n* halber [Arbeits]tag **II.** *adj attr* halbtägig, SCHWEIZ *a.* halbtags **half-'dead** *adj (fam)* halb tot *hum* (**with** vor +*dat*) **half-'de·cent** *adj (fam)* anständig *fam;* **any ~** ***sprinter can run 100m in 11 seconds*** jeder einigermaßen anständige Läufer kann 100m in 11 Sekunden laufen **'half-doz·en,** **half a 'doz·en** *n (fam)* ein halbes Dutzend **half-'dressed** *adj inv* spärlich bekleidet, halb nackt **half-'emp·ty** *adj* halb leer *attr,* halb leer *präd;* ***the event was ~*** die Veranstaltung war schlecht besucht **half-'fare** **I.** *n* ① *(price)* halber Fahrpreis ② *(ticket)* Fahrkarte *f* [*o* SCHWEIZ Billet] zum halben Preis **II.** *adj* zum halben Preis *nach n* **half-'full** *adj* halb voll **half-'har·dy** *adj* BOT *plants* nicht winterhart **half-'heart·ed** *adj attempt* halbherzig; *manner* lustlos **half-'heart·ed·ly** *adv* halbherzig, halben Herzens; ■ **to do sth ~** etw lustlos tun **half-'heart·ed·ness** *n* Halbherzigkeit *f; of manner* Lustlosigkeit *f* **half 'holi·day** *n* halber Urlaubstag **half-'hour** **I.** *n* halbe Stunde; **in a ~** in einer halben Stunde; **on the ~** jede halbe Stunde, alle dreißig Minuten **II.** *adj attr* dreißigminütig **half-'hour·ly** **I.** *adj* halbstündlich; ~ **intervals** halbstündliche Pausen **II.** *adv* jede [*o* alle] halbe Stunde; ***the buses to the centre of town are ~*** die Busse ins Stadtzentrum fahren jede halbe Stunde **half-'inch** **I.** *n* halber Zoll **II.** *vt* BRIT *(rhyming sl: pinch)* ■ **to ~ sth** etw klauen *fam* **half-'joke** *vi* ■ **to ~ about sth** mehr oder weniger im Spaß über etw *akk* sprechen **half-'jok·ing** *adj* halb im Ernst, halb im Spaß, SCHWEIZ *a.* halbernst; ***she was only ~ when she said that ...*** mit einem ernsten Unterton sagte sie, dass ... **half-'jok·ing·ly** *adv* halb im Ernst, halb im Spaß **half 'land·ing** *n* BRIT Treppenabsatz *m* **'half-length** *adj inv* ① *(half the normal length)* halblang ② ART *portrait* Brust- **'half-life** *n* ① PHYS Halbwertszeit *f* ② ECON, FIN Zeitraum *m* vor Rückzahlung der Hälfte einer Anleihe **'half-light** *n* Halbdunkel *nt,* Dämmerlicht *nt* **half-'mara·thon** *n* Halbmarathonlauf *m* **half-'mast** *n* ① *(of flag)* halbmast; ■ **at ~** auf halbmast; **to fly a flag at ~** eine Fahne auf halbmast setzen; **to lower to ~** auf halbmast setzen ② *(hum: too short)* **trousers at ~** Hochwasserhosen *pl hum* **half-'meas·ure** *n* halbe Sache **half 'moon** *n* ① ASTRON *(also fig)* Halbmond *m; (in shape)* halbmondförmig ② ANAT [Nagel]möndchen *nt* **'half-moon** *adj* halbmond-; ~ **shaped** halbmondförmig **half-moon 'glasses,** **'half moons** *npl* Halbbrille *f* **'half note** *n esp* AM MUS halbe Note **half-'pay** *n* halber Lohn; *of employees* halbes Gehalt; ***he has been suspended on ~*** er wurde suspendiert und auf halben Lohn gesetzt

half·pence [ˈheɪpᵊn(t)s], **half·pen·ny** [ˈheɪpeni] *n (hist)* halber Penny

half·pen·ny·worth [ˈheɪpniwəθ], **ha'p'orth** [ˈheɪpəθ] *n* BRIT ① *(hist: worth a halfpenny)* **a ~ of sth** etw für einen halben Penny; ***he bought a ~ of chocolate*** er kaufte sich für einen halben Penny Schokolade

② *(fam or dated: small amount)* ein kleines bisschen; [**not**] **a ~ of difference** BRIT *(fam or dated)* nicht der geringste Unterschied

half-'price **I.** *adj* ■ **at ~** zum halben Preis *nach n;* ***these books were ~ in the sale*** diese Bücher waren im Schlussverkauf um die Hälfte reduziert **II.** *adv* zum halben Preis **half-seas-'over** *adj* BRIT *(sl: drunk)* beduselt *fam* **'half-sister** *n* Halbschwester *f* **half-'size** **I.** *n* Zwischengröße *f,* halbe Größe **II.** *adj* halb so groß **half-'staff** *n* AM *(half-mast)* halbmast **'half step** *n* AM MUS *(semitone)* Halbton *m* **half-'term** *n Ferien nach ca. der Hälfte eines Trimesters;* ■ **at ~** in den Trimesterferien

half-'tim·bered *adj* Fachwerk-, aus Fachwerk *präd;* **a ~ house** ein Fachwerkhaus *nt*

half-'time **I.** *n* ① SPORT Halbzeit *f; (break)* Halbzeitpause *f;* **at ~** zur [*o* bei] Halbzeit ② *(work)* Kurzarbeit *f;* **to be put on ~** kurzarbeiten müssen **II.** *n modifier (results, score)* Halbzeit- **III.** *adv* halbtags; **to work ~** halbtags arbeiten **'half-ti·tle** *n* PUBL Schmutztitel *m,* Kurztitel *m* **'half-tone** *n* ① *(printing method)* Halbtonverfahren *nt; (picture)* Halbtonbild *nt;* **in ~** nach dem Halbtonverfahren erzeugt ② AM MUS *(semitone)* Halbton *m* **'half-track** *n* ① *(propulsion system)* Halbkettenantrieb *m* ② *(vehicle)* Halbkettenfahrzeug *nt* **'half-tracked** *adj* Halbketten-; ~ **vehicle** Halbkettenfahrzeug *nt* **'half-truth** *n* Halbwahrheit[en] *f[pl]* **half-'vol·ley** *n* TENNIS Halfvolley *m,* Halbflugball *m*

half·'way **I.** *adj attr, inv* Mittel-, halb; ***at ~ point of the race*** nach der Hälfte des Rennens; ***by the ~ stage of the final round his lead had fallen to three*** in der Mitte der letzten Runde war seine Führung auf drei Punkte zurückgegangen; ~ **state** Zwischenstadium *nt*

II. *adv inv* in der Mitte; ***York is ~ between Edinburgh and London*** York liegt auf halber Strecke zwischen Edinburgh und London; ***she started feeling sick ~ through dinner*** mitten beim Abendessen wurde ihr übel; ~ **decent** *(fig fam)* halbwegs anständig *fam;* ***he's incapable of producing anything even ~ decent*** er bekommt nicht einmal etwas halbwegs Anständiges zustande; **to go ~ towards** *(fig)* den halben Weg entgegengehen; ***the management's proposals don't even go ~ towards meeting our demands*** die Vorschläge der Geschäftsleitung erfüllen unsere Forderungen nicht einmal halbwegs; **to meet sb ~** *(fig)* jdm [auf halbem Weg] entgegenkommen; ~ **down** in der Mitte +*gen;* ***the diagram is ~ down page 27*** das Diagramm befindet sich auf Seite 27 Mitte; ~ **through the year** nach der ersten Jahreshälfte; ~ **up** auf halber Höhe; ~ ***up the mountain she began to feel tired*** als sie den Berg zur Hälfte bestiegen hatte, wurde sie langsam müde

half·way 'house *n* ① *(inn)* Rasthaus *nt* [auf halbem Weg] ② *(compromise)* Kompromiss *m; of thing* Mittelding *nt* ③ *(rehabilitation centre)* Rehabilitationszentrum *nt; (for prisoners)* offene Anstalt **half·way 'line** *n* SPORT Mittellinie *f*

'half-width *n* MATH, SCI Halbwertsbreite *f* **'half-wit** *n (pej)* Dummkopf *m pej,* Schwachkopf *m pej,* ÖSTERR *a.* Trottel *m sl,* SCHWEIZ *a.* Depp *m pej* **half-'wit·ted** *adj (pej)* dumm, schwachsinnig *pej* **half-'year** *n* Halbjahr *nt* **half-'year·ly** **I.** *adj* halbjährlich; ~ **report** Halbjahresbericht *m* **II.** *adv* halbjährlich, jedes [*o fam* alle] halbe Jahr **half-year re·'sult** *n* FIN Halbjahresergebnis *nt*

hali·but <*pl* - *or* -s> [ˈhælɪbət] *n* Heilbutt *m*

hal·ide [ˈheɪlaɪd] *n* CHEM Halogenid *nt;* ~ **lamp** Halogenmetalldampflampe *f*

Hali·go·nian [hælɪˈɡoʊniən] *n* CAN Bewohner(in) *m(f)* von Halifax und Nova Scotia

hali·to·sis [ˌhælɪˈtəʊsɪs, AM -ˈtoʊ-] *n no pl (spec)* Mundgeruch *m,* Halitosis *f fachspr*

hall [hɔːl] *n* ① *(room by front door)* Korridor *m,* Diele *f,* Flur *m,* Gang *m* SCHWEIZ

② *(large public building)* Halle *f; (public room)* Saal *m;* **bingo ~** Bingosalon *m,* Spielsalon *m;* **church** [*or* **village**] ~ Gemeindesaal *m,* Gemeindehaus *nt;* **concert ~** Konzerthalle *f;* **music ~s** Varieté *nt;* **school ~** Aula *f;* **town** [*or* AM **city**] ~ Rathaus *nt*

③ *(large country house)* Herrenhaus *nt,* Herrensitz *m;* ***Bramell ~ is an old mansion*** Haus Bramell ist ein altes Herrenhaus

④ *(student residence)* [Studenten]wohnheim *nt;* ~ **of residence** [Studenten]wohnheim *nt;* **to live in ~**[**s**] im Wohnheim wohnen

⑤ BRIT SCH *(dining room)* Speisesaal *m,* Mensa *f;* *(meal)* [Mensa]essen *nt*

hal·le·lu·jah [ˌhælɪˈluːjə] **I.** *interj* halleluja; *(hum fam)* Gott sei Dank! *fam*

II. *n* Halleluja *nt; (fig)* Jubel *m*

hall·mark [ˈhɔːlmɑːk, AM -mɑːrk] **I.** *n* ① BRIT *(on*

precious metals) Feingehaltsstempel *m*, Repunze *f fachspr*
❷ *(distinctive feature)* Kennzeichen *nt; of excellence* Gütesiegel *nt;* ***the blast bore all the ~ s of a terrorist attack*** die Explosion hatte alle Anzeichen eines terroristischen Anschlags; ***her ~ in business is her personal involvement with all her clients*** beruflich zeichnet sie sich dadurch aus, dass sie sich jedem ihrer Klienten persönlich annimmt
II. *vt* ■**to ~ sth** etw stempeln; **to ~ gold** Gold repunzieren *fachspr*

hal·lo *interj, n esp* BRIT *see* **hello**

Hall of 'Fame *n* AM Ruhmeshalle *f; (fig)* Reihe *f* der Berühmtheiten; ***to guarantee your presence in the ~ of sports you need to win more than once*** um zu den Berühmtheiten des Sports zu gehören, musst du mehr als einmal gewinnen

hal·loo [hə'luː] I. *interj* ❶ *esp* BRIT HUNT horrido
❷ *(call)* hallo
II. *n esp* BRIT HUNT Horrido *nt*
III. *vi* hallo rufen
IV. *vt esp* BRIT ■**to ~ an animal** *dog* ein Tier [auf etw *akk*] hetzen

hal·low ['hæləʊ, AM -loʊ] *vt (form)* ■**to ~ sb/sth**
❶ *(consecrate)* jdn/etw heiligen [*o* weihen]
❷ *(revere)* jdn/etw verehren

hal·lowed ['hæləʊd, AM -loʊd] *adj* ❶ *(approv: venerated)* [als heilig] verehrt; ~ ***be Thy name*** geheiligt werde Dein Name; ~ **ground** geweihter Boden
❷ *(fig: respected)* verehrt, gefeiert; ~ **names** [alt]ehrwürdige Namen; ~ **traditions** geheiligte Traditionen

Hal·low·een [ˌhæləʊ'wiːn, AM -loʊ'-] *n* Halloween *nt (31. Oktober, Tag vor Allerheiligen, an dem man maskiert und in Verkleidung Partys feiert oder anderen Streiche spielt)*

'hall por·ter *n* BRIT Portier *m* **'hall-stand** *n* Flurgarderobe *f*

hal·lu·ci·nate [hə'luːsɪneɪt] *vi* halluzinieren; *(fig)* Wahnvorstellungen haben

hal·lu·ci·na·tion [həˌluːsɪ'neɪʃ^ən] *n no pl* ❶ *(act of perceiving)* Halluzinieren *nt*
❷ *(illusion)* Halluzination *f; (fig)* Wahnvorstellung *f*

hal·lu·ci·na·tory [hə'luːsɪnət^əri, AM -tɔːri] *adj* ❶ MED *(inducing hallucinations)* halluzinatorisch, halluzinogen *fachspr;* ***LSD is ~*** LSD löst Halluzinationen aus; ~ **drug** Droge, die Halluzinationen auslöst
❷ *(illusory)* halluzinatorisch; **a ~ fantasy** ein Hirngespinst *nt*
❸ *(resembling a hallucination) effect, image* halluzinatorisch

hal·lu·cino·gen [ˌhæluː'sɪnədʒ^ən, AM hə'luːsɪn-] *n* MED Halluzinogen *nt fachspr*

hal·lu·cino·gen·ic [həˌluːsɪnə(ʊ)'dʒenɪk, AM -noʊ'-] *adj* MED halluzinogen *fachspr*

hall·way ['hɔːlweɪ] *n* Korridor *m*, Diele *f*, Flur *m*, Gang *m* SCHWEIZ

halo <*pl* -s *or* -es> ['heɪləʊ, AM -loʊ] I. *n* ❶ *(light around head)* Heiligenschein *m a. hum*
❷ *(glory)* Nimbus *m kein pl*
❸ ASTRON *(light circle)* Hof *m*, Halo *m fachspr*
❹ *(circle)* Ring *m;* ~ **of light** Lichtkranz *m*
❺ COMPUT Lichthof *m*
II. *vt (also fig)* ■**to ~ sb/sth** jdn/etw mit einem Heiligenschein umgeben

halo·gen ['hælədʒen, AM -loʊ-] *n* Halogen *nt*

halo·gen·ate ['hælədʒəneɪt, AM -loʊ-] *vt* CHEM ■**to ~ sth** etw halogenieren

halo·gen·at·ed ['hælədʒəneɪtɪd, AM -loʊ-] *adj inv* CHEM halogeniert; ~ **hydrocarbon** Halogenkohlenwasserstoff *m*

halo·gen 'bulb *n* Halogenglühbirne *f* **halo·gen 'hob** *n* BRIT Halogenkochfeld *nt* **halo·gen hy·drac·id** [-haɪdrəʊ'æsɪd, AM -droʊ'-] *n no pl* CHEM Halogenwasserstoffsäure *f*

halo·gen·ide ['hælədʒənaɪd, AM -loʊ-] *n* CHEM Halogenid *nt*, Halid *nt*

halo·gen 'lamp *n* Halogenlampe *f*

halt¹ [hɒlt, AM hɔːlt] I. *n no pl* ❶ *(stoppage)* Stillstand *m*, Stopp *m;* **to bring sth to a ~** etw zum Stillstand bringen; **to call a ~** [**to sth**] [einer S. *dat*] ein Ende machen; ***the government has called a ~ to the fighting*** die Regierung hat zur Beendigung der Kämpfe aufgerufen; **to come to a ~** zum Stehen kommen; **to grind** [*or* **screech**] **to a ~** quietschend zum Stehen kommen; **to grind to a ~** *(fig)* zum Erliegen kommen *geh*, lahmgelegt werden; ***if traffic increases, the city will grind to a ~*** wenn der Verkehr zunimmt, kommt die Stadt zum Erliegen
❷ *(interruption)* Unterbrechung *f; (break)* Pause *f*, Rast *f;* MIL Halt *m;* **to have a ~** eine Pause einlegen
❸ BRIT RAIL *(small station)* Haltestelle *f*
❹ COMPUT Halt *m*
II. *vt* ■**to ~ sb/sth** jdn/etw zum Stillstand bringen; ■**to ~ sth** COMPUT etw anhalten; ***the trial was ~ed when a member of the jury died*** durch den Tod eines Jurymitglieds geriet der Prozess ins Stocken; **to ~ a fight** einen Kampf beenden
III. *vi* ❶ *(stop)* zum Stillstand kommen, anhalten; ***production has ~ed at all the company's factories*** die Produktion ist in allen Fabriken der Firma zum Erliegen gekommen
❷ *(break)* eine Pause machen, innehalten *geh;* MIL haltmachen
IV. *interj* halt

halt² [hɒlt, AM hɔːlt] I. *vi* ❶ *(speak hesitatingly)* stocken, holpern
❷ *(hesitate)* zögern; ***the politician ~ed between two views*** der Politiker schwankte zwischen zwei Ansichten
❸ *(old: limp)* hinken
II. *adj (old)* lahm
III. *n (old)* ■**the ~** die Lahmen

'halt con·di·tion *n* COMPUT Haltbedingung *f*

hal·ter ['hɒltə^r, AM 'hɔːltɚ] I. *n* ❶ *(for horse)* Halfter *nt; (for cattle)* Strick *m*
❷ AM FASHION Nackenband *nt*, SCHWEIZ *a.* Nackenhalter *m; (shirt)* rückenfreies Oberteil *(mit Nackenverschluss)*
❸ *(for hanging)* Strick *m*
II. *vt* **to ~ a horse** ein Pferd halftern

'hal·ter·neck I. *n* BRIT rückenfreies Oberteil *(mit Nackenverschluss)* II. *adj* rückenfrei; **a ~ dress** ein rückenfreies Kleid *(mit Nackenverschluss)* **'hal·ter top** *n* AM *(halterneck)* rückenfreies Oberteil *(mit Nackenverschluss)*

halt·ing ['hɒltɪŋ, AM 'hɔːlt-] *adj (hesitant)* zögernd; *of language* holp[e]rig; ~ **gait** unsicherer Gang; ~ **speech** stockende Redeweise

halt·ing·ly ['hɒltɪŋli, AM 'hɔːlt-] *adv* zögernd; **to speak ~** stockend sprechen; **to walk ~** unsicher gehen

'halt in·struc·tion *n* COMPUT Haltbefehl *m*

halve [hɑːv, AM hæv] I. *vt* ■**to ~ sth** ❶ *(cut in two)* etw halbieren
❷ *(lessen by 50 per cent)* um die Hälfte reduzieren; ***her jail sentence was ~d after appeal*** nach der Berufung wurde ihre Gefängnisstrafe auf die Hälfte verkürzt
II. *vi* sich *akk* halbieren; ***profits nearly ~d to £5m*** die Gewinne haben sich um fast die Hälfte auf 5 Millionen Pfund halbiert

halves [hɑːvz, AM hævz] *n pl of* **half**

hal·yard ['hæljəd, AM -jɚd] *n* NAUT Fall *nt*, Flaggleine *f*

ham [hæm] I. *n* ❶ *no pl (cured pork meat)* Schinken *m;* **a slice of ~** eine Scheibe Schinken
❷ ANAT *of animal* [Hinter]keule *f; (fam) of person* [hinterer] Oberschenkel
❸ THEAT *(pej sl: bad actor)* Schmierenkomödiant(in) *m(f); (bad acting)* Schmierentheater *nt*
❹ *(fam: non-professional radio operator)* Amateurfunker(in) *m(f);* **radio ~** Amateurfunker(in) *m(f)*
II. *n modifier* ❶ *(made with ham)* Schinken-; ~ **sandwich** Schinkenbrot *nt*
❷ *(incompetently acting)* Schmieren-; ~ **actor** Schmierenkomödiant(in) *m(f)*
III. *vt* THEAT, FILM **to ~ it up** übertrieben darstellen, zu dick auftragen *fam*

ham·burg·er ['hæmˌbɜːgə^r, AM -ˌbɜːrgɚ] *n* FOOD
❶ *(cooked)* Hamburger *m*
❷ *no pl* AM *(raw)* Hackfleisch *nt (für Hamburger)*, Faschierte[s] *nt* ÖSTERR

'ham·burg·er stand *n* Hamburgerstand *m*

ham-'fist·ed, AM **ham-'hand·ed** *adj (pej)* ungeschickt; *action* plump *pej;* ***you are far too ~ to become a surgeon!*** mit deinen zwei linken Händen kannst du doch kein Chirurg werden!

Hamito-Semitic [ˌhæmɪtəʊsə'mɪtɪk, AM -t̬oʊsə'mɪt̬-] *n* Hamito-Semitisch *nt*

ham·let ['hæmlət] *n* Weiler *m*

ham·mer ['hæmə^r, AM -ɚ] I. *n* ❶ *(tool)* Hammer *m;* ~ **and sickle** Hammer und Sichel; **to come** [*or* **go**] **under the ~** versteigert werden, unter den Hammer kommen *fam*
❷ *(part of gun)* [Abzugs]hahn *m*
❸ SPORT [Wurf]hammer *m;* [**throwing**] **the ~** das Hammerwerfen
▶PHRASES: **to go at sth ~ and tongs** *(work hard)* sich *akk* [mächtig] ins Zeug legen *fam; (argue)* sich *akk* streiten, dass die Fetzen fliegen *fam*
II. *vt* ❶ *(hit)* ■**to ~ sth** *nail* etw einschlagen; *(hit hard)* etw schlagen; *(with hammer)* etw hämmern; ***the batsman ~ed the ball into the outfield*** der Schlagmann schlug den Ball mit Wucht ins Außenfeld; **to ~ a nail** [**into sth**] einen Nagel [in etw *akk*] einschlagen; **to ~ sth into sb** [*or* **into sb's head**] *(fig)* jdm etw einhämmern [*o* einbläuen] *fam*
❷ *(fam: defeat)* ■**to ~ sb** jdm eine Schlappe beibringen *fam*, jdm haushoch überlegen sein; MIL jdn vernichtend schlagen; ***France ~ed Italy 6-1*** Frankreich war Italien mit 6:1 haushoch überlegen
❸ BRIT STOCKEX *(sl)* ■**to ~ sb** jdn für zahlungsunfähig erklären
❹ ECON ■**to ~ sth** *price* etw drücken; *business* etw schaden; ***share prices have been ~ed by the latest economic statistics*** die Aktienpreise wurden durch die jüngsten Wirtschaftsstatistiken nach unten gedrückt; ***business has been ~ed by recession*** die Rezession schadet dem Geschäft
❺ *(criticize)* ■**to ~ sth** [**for sth**] etw [wegen einer S. *gen*] verreißen; **to be ~ed by sb** [**for sth**] von jdm [wegen einer S. *gen*] zur Schnecke [*o* SÜDD, SCHWEIZ *sl* Sau] gemacht werden
❻ *(become very drunk)* **to be/get ~ed** [**on sth**] *(fam)* [von etw *dat*] besoffen sein/werden *sl*
▶PHRASES: **to ~ sth home** einer S. *dat* Nachdruck verleihen, etw mit Nachdruck zu verstehen geben; ***the advertising campaign tries to ~ home that smoking is a health risk*** die Werbekampagne versucht den Leuten einzubläuen, dass Rauchen gesundheitsgefährdend ist
III. *vi* hämmern *a. fig;* ■**to ~ at** [*or* **on**] **sth** gegen etw *akk* hämmern

◆**hammer away** *vi* ■**to ~ away at sth** *(work hard)* sich *akk* mit etw *dat* plagen; *(think hard)* sich *dat* über eine S. *akk* den Kopf zerbrechen; ***Mark's been ~ing away at his homework all weekend*** Mark ist das ganze Wochenende über seinen Hausaufgaben gesessen

◆**hammer down** *vt* ■**to ~ down** ⊃ **sth** etw festhämmern; **to ~ down a nail** einen Nagel einschlagen

◆**hammer in** *vt* ■**to ~ sth** ⊃ **in** ❶ *(hit)* etw einschlagen [*o* einhämmern]; ***he ~ed in the ball*** *(fig)* er hämmerte den Ball ins Tor *fam;* **to ~ in a nail** einen Nagel einschlagen
❷ *(fig: urge)* [jdm] etw einhämmern [*o* einbläuen] *fam*

◆**hammer out** *vt* ■**to ~ sth** ⊃ **out** ❶ *(shape metal)* etw [glatt] hämmern; **to ~ out a dent** eine Delle ausbeulen
❷ *(find solution)* etw aushandeln; *difficulties* etw bereinigen; ***the employers are threatening to abandon procedures that have been ~ed out over the years*** die Arbeitgeber drohen damit, von Verfahren Abstand zu nehmen, die über Jahre hinweg mühsam erarbeitet wurden; **to ~ out a plan** einen Plan ausarbeiten; **to ~ out a settlement** einen Vergleich aushandeln
❸ *(fig: play loudly on piano) tune* etw hämmern

'ham·mer beam *n* Stichbalken *m* **'ham·mer drill** *n* Schlagbohrmaschine *f* **'ham·mer·head** *n* Hammerhai *m*

ham·mer·ing ['hæməʳrɪŋ, AM -ɚ-] *n* 1 *(using hammer)* Hämmern *nt*
2 SPORT, ECON *(fam: decisive defeat)* Schlappe *f fam;* ***you should have seen the ~ I gave her in the second game*** du hättest sehen müssen, wie ich sie im zweiten Spiel fertiggemacht habe; **to take a ~** eine Schlappe einstecken [müssen]
3 *(heavy losses)* schwere Verluste *pl;* **to suffer/take a ~** schwere Verluste erleiden/hinnehmen müssen
4 *(criticism)* Beschuss *m fam;* **to take a ~** Federn lassen [müssen] *fam*
5 STOCKEX *(on London Stock Exchange)* Insolvenzfeststellung *f*
6 AM STOCKEX *(selling of stock)* massive Verkäufe an der Börse

'ham·mer throw·ing *n no pl* SPORT Hammerwerfen *nt* **'ham·mer toe** *n* Hammerzehe *f,* Hammerzeh *m*

ham·mock ['hæmək] *n* Hängematte *f*

ham·my ['hæmi] *adj* 1 *(of ham)* schinkenartig, Schinken-; **~ taste** Schinkengeschmack *m*
2 *(pej) acting* übertrieben theatralisch, zu dick aufgetragen *fam*

ham·per¹ ['hæmpəʳ, AM -ɚ] *n* 1 *(large basket)* [Deckel]korb *m;* **[picnic] ~** Picknickkorb *m*
2 BRIT, AUS *(basket for presents)* Geschenkkorb *m; (for food)* Präsentkorb *m*
3 AM *(basket for dirty linen)* Wäschekorb *m*

ham·per² ['hæmpəʳ, AM -ɚ] *vt* 1 *(restrict)* ■**to ~ sth** etw verhindern; ■**to ~ sb** jdn hindern
2 *(limit extent of activity)* ■**to ~ sb** jdn behindern, jdm Schwierigkeiten bereiten; ■**to ~ sth** etw behindern [*o* erschweren]
3 *(disturb)* ■**to ~ sb** jdn stören

ham·ster ['hæm(p)stəʳ, AM -ɚ] *n* Hamster *m;* **idea ~** *(fig)* Ideenbündel *nt fam*

ham·string ['hæmstrɪŋ] **I.** *n* ANAT Kniesehne *f; of animal* Achillessehne *f;* **strained ~** gezerrte Kniesehne; **to pull a ~** sich *dat* eine Kniesehnenzerrung zuziehen
II. *vt* <-strung, -strung> *usu passive* 1 *(cut the tendon)* ■**to ~ sb/an animal** jdm/einem Tier die Knie-/Achillessehne durchschneiden
2 *(fig: prevent)* ■**to ~ sth** etw lähmen [*o* lahmlegen]; *attempt, plan* etw vereiteln; **to be hamstrung** lahmliegen, lahmgelegt sein; ***a lack of funds has hamstrung restoration work on the church*** wegen mangelnder Gelder sind die Restaurationsarbeiten an der Kirche lahmgelegt

'ham·string in·ju·ry *n* Kniesehnenverletzung *f*

hand [hænd]

I. NOUN

1 ANAT Hand *f;* ***all these toys are made by ~*** das ganze Spielzeug hier ist handgemacht; ***get*** [*or* ***keep***] ***your ~s off!*** Hände [*o fam* Pfoten] weg!; ***~s up!*** Hände hoch!; ***~s up who wants to come!*** Hand hoch, wer kommen will; ***he had his ~s in his pockets*** er hatte die Hände in den Hosentaschen; ***they were just holding ~s*** sie hielten doch nur Händchen; ***the letter was delivered by ~*** der Brief wurde durch einen Boten überbracht; ***the student put up her ~*** die Schülerin meldete sich; **to crawl on ~s and knees** auf allen vieren kriechen; **to get down on one's ~s and knees** auf die Knie gehen; **pen in ~** mit gezücktem Stift; **to have one's ~s full** die Hände voll haben; **to be good with one's ~s** geschickte Hände haben, manuell geschickt sein; **in one's [left/right] ~** in der [linken/rechten] Hand; **to get one's ~s dirty** *(also fig)* sich *dat* die Hände schmutzig machen; **to change ~s** *(fig)* in andere Hände übergehen; **to do sth by ~** *(not by machine) work* etw von Hand machen; *product* etw von Hand fertigen; **to hold sb's ~** jdm die Hand halten; **to keep one's ~s off sth** die Finger von etw *dat* lassen; ■**to keep one's ~s off sb** die Hände von jdm lassen; **to put sth into sb's ~s** jdm etw in die Hand geben; **to shake ~s with sb, to shake sb's ~** jdm die Hand schütteln; *(done when introducing)* sich *dat* die Hand geben; **to take sth out of sb's ~s** jdm etw aus der Hand nehmen; **to take sb by the ~** jdn an die [*o* bei der] Hand nehmen; **to lead sb by the ~** jdn an der Hand führen; **~ in ~** Hand in Hand; *(give assistance)* jdn bei der Hand nehmen
2 *(needing attention)* ■**at ~** vorliegend; **the job at ~** die Arbeit, die zu tun ist; **the problem in ~** das anstehende Problem; **the matter in ~** die vorliegende Angelegenheit
3 *(at one's disposal)* ■**in ~** bei der Hand, verfügbar; ***he had a lot of money in ~*** er hatte viel Geld zur Verfügung
4 *(close, within reach)* **at** [*or* **to**] **~** nah, in Reichweite; **to ~** COMM zur Hand; **to keep sth close at ~** etw in Reichweite haben; **to keep sth ready at ~** etw bereithalten; **to be at ~** zur Verfügung stehen, verfügbar sein; ***we want to ensure that help is at ~ for all*** wir wollen sicherstellen, dass allen geholfen werden kann; **to have sth to ~** etw zur Verfügung haben; ***he uses whatever materials come to ~*** er verwendet einfach alle Materialien, die ihm in die Hände kommen; **to have sth on one's ~s** etw an der Hand haben, über etw *akk* verfügen; ***she's got a lot of work on her ~s*** sie hat wahnsinnig viel zu tun; ***he's got a lot of time on his ~s*** er hat viel Zeit zur Verfügung; ***we've got a problem on our ~s*** wir haben ein Problem am Hals
5 *(at one's service)* ■**on ~** *(available)* bereit, zur Verfügung; ***my bank always has an advisor on ~*** in meiner Bank steht den Kunden immer ein Berater zur Verfügung
6 *(responsibility, involvement)* Hand *f;* ***it's the ~ of fate*** das ist die Hand des Schicksals; ■**at** [*or* **by**] **the ~s of sb/sth** durch jdn/etw; ***my life is in your ~s*** mein Leben liegt in Ihren Händen; ***your life is in your own ~s*** Sie haben Ihr Leben selbst in der Hand; **to be in good** [*or* **excellent**] **~s** in guten Händen sein; **to be in safe ~s** in sicheren Händen sein; **to get sb/sth off one's ~s** jdn/etw los sein; ***we can relax now that we've got the kids off our ~s*** jetzt wo man uns die Kinder abgenommen hat, können wir etwas ausspannen; **to have a ~ in sth** bei etw *dat* seine Hand [*o* die Finger] [mit] im Spiel haben, bei etw *dat* mitmischen; ***it is thought that terrorists had a ~ in this explosion*** man geht davon aus, dass der Bombenanschlag auf das Konto von Terroristen geht; **to leave sth/sb in sb's ~s** jdm etw überlassen/jdn in jds Obhut lassen; **to put sth into the ~s of sb/sth** jdm/etw etw übergeben [*o* überlassen]; ***there's no more we can do except leave it in the solicitor's ~s*** jetzt können wir nichts weiter tun als alles dem Anwalt zu überlassen; ***my ~s are tied*** mir sind die Hände gebunden
7 *(control, power)* ■**sth is in ~** *(receiving attention, being arranged)* für etw *akk* ist gesorgt; **to be well in ~** gut laufen *fam;* **to have sth well in ~** etw gut im Griff haben; **a firm ~** eine [ge]strenge Hand; **to fall into the wrong ~s** in die falschen Hände geraten [*o* gelangen]; **to be in/out of sb's ~s** unter/außerhalb jds Kontrolle sein; ***it's in your ~s now, you deal with it*** das liegt jetzt in deiner Hand, du bearbeitest das; **to have everything in ~** alles unter Kontrolle haben; **to get out of ~** *situation, matter* außer Kontrolle geraten; *children* nicht mehr zu bändigen sein; ***the horse got out of ~*** ich/er, usw. verlor die Kontrolle über das Pferd; ***the party got out of hand*** die Party ist ausgeartet; **to have sth in ~** etw unter Kontrolle haben; **to take sb/sth in ~** sich *dat* jdn/etw vornehmen
8 *(assistance)* Hilfe *f;* ***would you like a ~ with that bag?*** soll ich Ihnen helfen, die Tasche zu tragen?; ***would you like a ~ carrying those bags?*** soll ich Ihnen beim Tragen der Taschen helfen?; **to give** [*or* **lend**] **sb a ~** [**with sth**] jdm [bei etw *dat*] helfen [*o* behilflich sein]; **to** [**be able to**] **use a ~ with sth** *esp* AM bei etw *dat* Hilfe gebrauchen [können]
9 *(manual worker)* Arbeiter(in) *m(f),* Kraft *f,* Mann *m;* ***how many extra ~s will we need?*** wie viele Leute brauchen wir extra?; *(sailor)* Matrose *m;* **factory ~** ungelernter Fabrikarbeiter/ungelernte Fabrikarbeiterin
10 *(skilful person)* Könner(in) *m(f);* [**to be**] **a dab ~ at sth** ein Könner/eine Könnerin auf seinem/ihrem Gebiet [sein], ein Geschick *nt* für etw *akk* haben; ***he's quite a ~ at wallpapering*** er ist ziemlich gut beim Tapezieren; ***he's a real Russia ~*** er ist ein echter Russlandkenner; ***I'm an old ~ at ...*** ich bin ein alter Hase im/in der ...; **to be good with one's ~s** handfertig sein; **to keep one's ~ in** *(stay in practice)* in Übung bleiben; **to turn one's ~ to sth** sich *akk* an etw *akk* machen; ***Jane can turn her ~ to just about anything*** Jane gelingt einfach alles, was sie anpackt
11 *(on clock, watch)* Zeiger *m;* **minute ~** Minutenzeiger *m;* **the big/little ~** der große/kleine Zeiger
12 CARDS Blatt *nt;* **to deal a ~** ein Blatt *nt* austeilen; **to show one's ~** seine Karten [*o* sein Blatt] zeigen; **a ~ of poker** eine Runde Poker
13 *(horse measurement)* Handbreit *f*
14 *(handwriting)* Handschrift *f;* **in sb's ~** in jds Handschrift; ***the note was written in someone else's ~*** jemand anders hatte die Nachricht geschrieben
15 *(applause)* **to give sb a big ~** jdm einen großen Applaus spenden, jdn mit großem Beifall begrüßen
16 *(without consideration)* ■**out of ~** kurzerhand, mir nichts dir nichts *fam;* ***they rejected any negotiations out of ~*** sie schlugen jedwelche Verhandlungen kurzerhand aus
17 COMM *(in stock)* **goods on ~** Vorräte *pl;* **inventory on ~** FIN Vorratsbestand *m;* **stock on ~** verfügbarer Bestand *m*
18 FIN **note of ~** Schuldschein *m*
19 COMPUT **~s off** automatisches System; **~s on** operatorbedientes System
▸PHRASES: **to ask for sb's ~ in marriage** *(form)* jdn um ihre/seine Hand bitten, jdm einen Heiratsantrag machen; **a bird in the ~** [**is worth two in the bush**] *(prov)* ein Spatz in der Hand ist besser als die Taube auf dem Dach *prov;* **to eat out of sb's ~s** jdm aus der Hand fressen; **at first/second ~** aus erster/zweiter Hand; **to get one's ~s on sb** jdn zu fassen kriegen *fam,* jdn schnappen *fam;* **to be ~ in glove** [**with sb**] [*or* AM **~ and ~**] [mit jdm] unter einer Decke stecken *pej;* **to go ~ in ~** [**with sth**] Hand in Hand gehen [mit etw *dat*]; **to have got** [**sb**] **on one's ~s** [mit jdm] zu tun haben; **to have one's ~s full** jede Menge zu tun haben; **to only have one pair of ~s** auch nur zwei Hände haben; **to keep a firm ~ on sth** etw fest im Griff behalten; **to lay** [*or* **get**] [*or* **put**] **one's ~s on sth** etw erwerben [*o* erstehen] [*o fam* kriegen]; **to live from ~ to mouth** von der Hand in den Mund leben, sich *akk* gerade so durchschlagen *fam,* gerade so über die Runden kommen *fam;* **to lose/make money ~ over fist** Geld schnell verlieren/scheffeln; **many ~s make light work** *(prov)* viele Hände machen der Arbeit bald ein Ende *prov;* **on the one ~ ... on the other** [~] ... einerseits ... andererseits; **to put in ~** *esp* BRIT ausführen; ***all hospitals now have disaster plans to put in ~*** allen Krankenhäusern stehen jetzt Katastrophenvorkehrungen zur Verfügung; **to put** [*or* **dip**] **one's ~ in the till** in die Kasse greifen, einen Griff in die Kasse tun; **with one ~ tied** ***I could beat you with one ~ tied*** ich könnte dich mit links schlagen; **to have one's ~s tied** nichts tun können; **my ~s have been tied** mir sind die Hände gebunden; **to wait on sb ~ and foot** jdn von vorne bis hinten bedienen; **to win ~s down** spielend [*o* mit links] gewinnen

II. TRANSITIVE VERB

■**to ~ sb sth** [*or* **to ~ sth to sb**] jdm etw [über]geben [*o* [über]reichen]
▸PHRASES: **you've got to ~ it to sb** man muss es jdm lassen; **to ~ sb a line** [*or* **a line to sb**] *(fam)* jdn anlügen; *(less seriously)* jdn anschwindeln

◆**hand back** *vt* 1 *(give back)* ■**to ~ sth** ○ **back** etw zurückgeben; ■**to ~ sb sth** ○ **back** [*or* **sth back to sb**] jdm etw zurückgeben [*o* wiedergeben]
2 TV *(return broadcasting to studio)* ■**to ~ sb back**

[to sth] jdn [an etw *akk*] zurückgeben

◆**hand down** *vt* ■**to ~ sth** ○ **down** ① *usu passive (pass on) skills, heirlooms* etw weitergeben [*o* vererben]; *tradition* etw überliefern; ■**to ~ sth down** [*or* **down sth**] **to sb** jdm etw vererben; **to ~ sth down from one generation to another** etw von Generation zu Generation [*o* einer Generation zur anderen] weitergeben

② *esp* AM LAW *(make decision public)* etw verkünden; **to ~ down judgement on sb** das Urteil über jdn verkünden; **to ~ down a sentence to sb** eine Strafe über jdn verhängen

◆**hand in** *vt* ■**to ~ sth** ○ **in** ① *(deliver completed task)* etw einreichen; **to ~ in one's homework/a report** seine Hausaufgaben/einen Bericht abgeben

② *(resign)* **to ~ in one's notice/resignation** seine Kündigung/seinen Rücktritt einreichen

③ *(return)* etw einreichen [*o* vorlegen]; *(give to authority)* etw aushändigen; ***they ~ed in their weapons to the police*** sie händigten ihre Waffen der Polizei aus; **to ~ in books** Bücher abgeben

◆**hand on** *vt* ■**to ~ sth** ○ **on** [**to sb**] ① *(pass through family)* [jdm] etw vererben

② *(pass on)* etw [an jdn] weitergeben [*o* weiterreichen]

◆**hand out** *vt* ■**to ~ sth** ○ **out** [**to sb**] ① *(distribute)* etw [an jdn] austeilen [*o* verteilen]; ***would you ~ the cake out?*** würdest du den Kuchen austeilen?

② *(give)* [jdm] etw geben; ***the teacher ~ed out our next homework*** der Lehrer gab uns unsere nächste Hausaufgabe; **to ~ out advice** [**to sb**] [jdm] Rat geben

③ *(set legal punishment)* etw [über jdn] verhängen; **to ~ out a punishment/sentence** eine Strafe/ein Urteil verhängen

◆**hand over** *vt* ① *(pass)* ■**to ~ over** ○ **sth** [**to sb**] [jdm] etw herüber-/hinüberreichen; *(present)* [jdm] etw übergeben [*o geh* überreichen]; **to ~ over a cheque** [*or* AM **check**] einen Scheck überreichen

② TV, RADIO ■**to ~ sb over to sb/sth** *(transfer conversation)* jdn an jdn/etw weitergeben [*o* übergeben]; *(refer to competent person)* jdn an jdn/etw verweisen; *(on the telephone)* jdn mit jdm/etw verbinden; ***with that I'll ~ you over to Frank in London*** damit schalte ich zurück an Frank in London

③ *(transfer authority, control)* ■**to ~ sth over to sb** jdm etw übergeben, etw an jdn abtreten *geh;* ■**to ~ sb over** [**to sb**] jdn [an jdn] ausliefern; *person* jdn [jdm] übergeben; ***his father ~ed him over to the police*** sein Vater übergab ihn der Polizei; **to ~ oneself over to the police** sich *akk* der Polizei stellen

◆**hand round** *vt* BRIT ■**to ~ round** ○ **sth** etw herumreichen; **to ~ round papers** Prüfungsbögen austeilen

◆**hand up** *vt* ■**to ~ up** ○ **sth** [**to sb**] [jdm] etw hinaufreichen

'hand·bag *n* Handtasche *f* **'hand bag·gage** *n no pl* Handgepäck *nt* **'hand·ball** *n* ① *(kind of sport)* Handball *m* ② FBALL Handspiel *nt* **'hand-bar·row** *n* BRIT Schubkarren *m,* ÖSTERR *a.* Scheibtruhe *f,* SCHWEIZ *a.* Garette *f* **'hand·basin** *n* BRIT Waschbecken *nt* **'hand·bell** *n* [Hand]glocke *f,* [Hand]schelle *f* **'hand·bill** *n* Handzettel *m,* Flugblatt *nt* **'hand-blocked** *adj wallpaper, fabric* handbedruckt **'hand·book** *n* Handbuch *nt; (for tourists)* Führer *m;* **student ~** Vorlesungsverzeichnis *nt* **'hand·brake** *n* Handbremse *f;* **to put on/release the ~** die Handbremse ziehen/lösen

h. & c. *abbrev of* **hot and cold** [**water**] k.u.w.

'hand·cart *n* Handkarren *m* **'hand·clap** *n* Händeklatschen *nt;* ***a brief round of ~s*** ein kurzer Applaus **'hand·clasp** *n* AM Händedruck *m* **'hand·craft I.** *n* AM *(handicraft)* [Kunst]handwerk *nt kein pl* **II.** *vt* ■**to ~ sth** etw kunsthandwerklich herstellen **'hand·crafts** *npl* AUS Kunsthandwerk *nt kein pl* **'hand-cranked** *adj attr generator, motor* von Hand angekurbelt **'hand cream** *n* Handcreme *f* **'hand·cuff I.** *vt* ■**to ~ sb** jdm Handschellen anlegen; ■**to ~ sb to sb/sth** jdn mit Handschellen an jdn/etw fesseln; *(fig)* jdn [in seiner Freiheit] beschränken; **to be ~ed by a contract** durch einen Vertrag gebunden sein **II.** *n* ■**~s** *pl* Handschellen *pl;* **in ~s** in Handschellen **hand-'eye co·or·di·na·tion** *n* Sicht-Körper-Koordination *f*

'hand·ful ['hæn(d)fʊl] *n* ① *(quantity holdable in hand)* Handvoll *f;* ***he threw ~s of snow on her*** er bewarf sie händeweise mit Schnee; **a ~ of hair** ein Büschel *nt* Haare

② *(small number)* Handvoll *f;* ***only a ~ of people turned up for the party*** nur wenige Leute kamen zu der Party

③ *no pl (person hard to manage)* Nervensäge *f,* Plage *f;* ***she's a bit of a ~*** sie ist eine ziemliche Nervensäge

④ *(iron: a lot)* **quite** [*or* **rather**] **a ~** eine ganze Menge

hand-ge·om·etry tech·'nol·ogy *n* Handgeometrie-Technologie *f* **'hand gre·nade** *n* Handgranate *f* **'hand·grip** *n* ① *(handle)* Griff *m* ② *(handclasp)* Händedruck *m* ③ *(soft bag with handles)* Reisetasche *f* **'hand·gun** *n* Handfeuerwaffe *f* **'hand-held I.** *adj* tragbar; **a ~ camera** eine Handkamera; **~ computer** Taschencomputer *m* **II.** *n* tragbares Gerät **'hand·hold** *n* SPORT *(support)* Halt *m kein pl; (grip)* Haltegriff *m*

handi·cap ['hændɪkæp] **I.** *n* ① SPORT *(help for weaker player)* Handicap *nt,* Handikap *nt,* [Ausgleichs]vorgabe *f; (race)* Vorgaberennen *nt*

② *(in golf)* Handicap *nt*

③ *(disadvantage)* Handikap *nt,* Handicap *nt,* Nachteil *m; (restriction)* Einschränkung *f*

④ *(dated: disability)* Behinderung *f;* **mental/physical ~** geistige/körperliche Behinderung

II. *vt* <-pp-> *(restrict)* ■**to ~ sb/sth** jdn/etw beeinträchtigen [*o* SCHWEIZ *a.* handicapieren]; ■**to ~ sth** etw behindern [*o* erschweren]; ■**to ~ sb/oneself** jdn/sich *akk* behindern; *(disadvantage)* ■**to ~ sb** jdn benachteiligen

handi·capped ['hændɪkæpt] **I.** *adj (dated)* behindert; **~ people** Behinderte *pl;* **mentally/physically ~** geistig/körperlich behindert [*o* SCHWEIZ *a.* handicapiert]

II. *n (dated)* ■**the ~** die Behinderten; **the mentally/physically ~** die geistig/körperlich Behinderten

handi·craft ['hændɪkrɑːft, AM -kræft] **I.** *n esp* AM *(handicrafts)* [Kunst]handwerk *nt kein pl; (needlework, knitting)* Handarbeit *f*

II. *n modifier* handwerklich, Handwerks-; **~ class** Bastelkurs *m;* **~ skills** handwerkliche Fähigkeiten, Handfertigkeit *f*

handi·crafts ['hændɪkrɑːfts, AM -kræfts] *npl (industry)* Kunsthandwerk *nt kein pl;* ***at the Craft Market you can buy a wide range of ~*** auf dem Kunstgewerbemarkt kann man eine Vielzahl kunsthandwerklicher Gegenstände kaufen

handi·ly ['hændɪli] *adv* ① *(conveniently)* praktisch, günstig; ***the switch for the radio is ~ located next to the steering wheel*** der Schalter für das Radio befindet sich leicht erreichbar neben dem Lenkrad

② AM *(without difficulty)* mühelos, mit Leichtigkeit

handi·ness ['hændɪnəs] *n* ① *(skill)* Geschicklichkeit *f,* Geschick *nt*

② *(nearness)* günstige Lage

handi·work ['hændɪwɜːk, AM -wɜːrk] *n no pl* ① *(working)* handwerkliches Arbeiten; SCH *(subject) for girls* Handarbeiten *nt; for boys* Werken *nt;* **to do ~** handwerklich arbeiten; SCH handarbeiten/werken

② *(piece of manual work)* [Hand]arbeit *f; (work by a single person)* Werk *nt; (approv)* Meisterwerk *nt*

③ *(fig iron)* [Mach]werk *nt iron;* ***the broken window was John's ~*** das kaputte Fenster war Johns Werk

'hand job *n (vulg)* **to do a ~** sich/jdm einen runterholen *vulg*

hand·ker·chief ['hæŋkətʃiːf, AM -kɚtʃɪf] *n* Taschentuch *nt,* SCHWEIZ *a.* Nastuch *nt*

han·dle ['hændl̩] **I.** *n* ① *(handgrip)* Griff *m; of a pot, basket* Henkel *m; of a door* Klinke *f,* Schnalle *f* ÖSTERR; *of a handbag* Bügel *m; of a broom, comb* Stiel *m; of a pump* Schwengel *m;* **to turn a** [**door**] **~** eine [Tür]klinke hinunterdrücken

② *(fig: pretext)* Vorwand *m;* **to serve as a ~ for sth** als Vorwand für etw *akk* dienen

③ *(fam: title)* [Adels]titel *m; (posh name)* hochtrabender Name *pej; (nickname)* Beiname *m;* ***he is knighted and has a ~ to his name*** er ist zum Ritter geschlagen worden und trägt [*o* hat] einen [Adels]titel; ***his meanness earned him a ~ to his name*** sein Geiz brachte ihm einen Beinamen ein

④ AM *(on CB radio)* Code *m*

⑤ COMPUT *(in programming)* Dateinummer *f,* Handle *m fachspr*

⑥ COMPUT *(in a GUI)* Anfasser *m fachspr*

▶PHRASES: **to fly off the ~** *(fam)* hochgehen *fig fam;* **to get a ~ on sth** *(get under control)* etw in den Griff bekommen; *(gain understanding of)* einen Zugang zu etw *dat* finden

II. *vt* ① *(feel, grasp)* ■**to ~ sth** etw anfassen; ***"~ with care"*** „Vorsicht, zerbrechlich!"; ***"~ with care, glass!"*** „Vorsicht, Glas!"

② *(move, transport)* ■**to ~ sth** etw befördern [*o* transportieren]

③ ■**to ~ sth** *(work on, process)* etw bearbeiten; *(be in charge of)* für etw *akk* zuständig sein; **to ~ sb's affairs** sich um jds Angelegenheiten kümmern; **to ~ sb's business** jds Geschäfte führen; **to ~ luggage** Gepäck abfertigen

④ ■**to ~ sth** *(manage)* etw bewältigen; *(sort out)* etw regeln; ***can you ~ it alone?*** schaffst du das alleine?; ***I'll ~ this*** ich mach das schon; **to ~ a problem** *(cope with)* mit einem Problem fertigwerden; *(sort out)* ein Problem regeln

⑤ *(treat, deal with)* mit etw umgehen; ■**to ~ sb** mit jdm umgehen; ***he was ~d with great tact*** er wurde sehr taktvoll behandelt; ***I find it hard to ~ this subject*** ich kann nur sehr schwer mit diesem Thema umgehen; ***I just didn't know how to ~ the situation*** ich wusste einfach nicht, wie ich mich in dieser Situation verhalten sollte [*o* wie ich mit der Situation umgehen sollte]; ***I find him hard to ~*** ich komme nur schwer mit ihm zurecht

⑥ *(discuss, write about)* ■**to ~ sth** etw behandeln, sich *akk* mit etw *dat* befassen; ***this writer ~s the subject of pornography very sensitively*** dieser Autor geht sehr behutsam mit dem Thema Pornografie um

⑦ ■**to ~ sth** *(use)* mit etw *dat* umgehen; *(operate)* etw handhaben; ***have you ever ~d a gun before?*** hattest du jemals eine Pistole in der Hand?; **to ~ a machine** eine Maschine bedienen; **to ~ a car/motorbike safely** sicher Auto/Motorrad fahren, ein Fahrzeug fahren; **to be able to ~ sth** mit etw *dat* umgehen können

⑧ *esp* BRIT *(buy and sell)* ■**to ~ sth** mit etw *dat* handeln; ***we only ~ cosmetics which have not been tested on animals*** wir führen nur Kosmetik[artikel] ohne Tierversuche [*o* tierversuchsfreie Kosmetik]

III. *vi + adv* sich handhaben lassen; ***this car ~s really well*** dieser Wagen fährt sich wirklich gut

'han·dle·bar, han·dle·bar mous·'tache *n* Schnauzer *m,* Schnauz *m* SCHWEIZ, gezwirbelter Schnauzbart **'han·dle·bars** *npl* Lenkstange *f,* Lenker *m*

han·dler ['hændlə', AM -ɚ] *n* ① *(dog trainer)* Hundeführer(in) *m(f),* Dresseur(in) *m(f)*

② *esp* AM *(counsellor)* Berater(in) *m(f)*

③ COMPUT *(section of operating system)* Treiber *m*

④ COMPUT *(software routine)* Handler *m,* Unterprogramm *nt*

han·dling ['hændlɪŋ] *n no pl* ① *(act of touching)* Berühren *nt*

② *(treatment)* Handhabung *f* (**of** *+gen*); *of person* Behandlung *f* (**of** *+gen*), Umgang *m* (**of** mit *+dat*); *of a theme* [literarische] Abhandlung; ***he made his reputation through his ~ of the Cuban missile crisis*** er erwarb sich seinen Ruf durch die erfolgreiche Bewältigung der Kubakrise

③ *(settlement)* Erledigung *f,* Abwicklung *f* (**of** *+gen)*

H

❹ *(using a machine)* Umgang *m* (**of** mit *+dat)*, Handhabung *f* (**of** *+gen)*; *of vehicle* Fahrverhalten *nt; **power steering improves a car's ~*** eine Servolenkung erleichtert die Lenkung eines Autos
❺ *(processing of material)* Verarbeitung *f* (**of** *+gen)*; *(treating of material)* Bearbeitung *f* (**of** mit *+dat)*

'han·dling charge, **'han·dling fee** *n* Bearbeitungsgebühr *f*, Umschlagspesen *pl;* FIN Kontoführungsgebühr *f*

hand·list ['hændlɪst] *n* Leseliste *f*, Aufstellung *f* von Büchern

'hand lug·gage *n no pl* Handgepäck *nt* **hand·'made** *adj inv* handgefertigt, handgearbeitet, SCHWEIZ *a.* handgemacht; ***this pullover is ~*** dieser Pullover ist Handarbeit; **~ paper** handgeschöpftes Papier **'hand·maid**, **'hand·maid·en** *n* ❶ *(liter or hist: servant)* Zofe *f hist*, Magd *f veraltet*, Dienerin *f*
❷ *(fig form: helper)* Handlanger(in) *m(f)* **'hand-me-down I.** *n* abgelegtes Kleidungsstück; ***this suit is a ~ from my father*** diesen Anzug habe ich von meinem Vater geerbt **II.** *adj attr clothes* abgelegt, geerbt *hum* **hand-'op·er·at·ed** *adj* handbetrieben, von Hand bedient [*o* betätigt]

'hand·out *n* ❶ *(usu pej: money for needy)* Almosen *nt; (goods)* Zuwendung[en] *f[pl]*; **cash ~** finanzielle Zuwendung, Geldzuwendung *f*; **government ~** staatliche Unterstützung; *(social benefit payments)* Sozialhilfe *f*
❷ *(leaflet)* Flugblatt *nt; (brochure)* Broschüre *f; for reporters* Informationsmaterial *nt; for students* Arbeitsblatt *nt*, Handout *nt;* **press ~** Presseerklärung *f*

'hand·over *n no pl* Übergabe *f;* **~ of power** Machtübergabe *f*

hand-'picked *adj fruit* handverlesen, von Hand geerntet; *(fig) people* sorgfältig ausgewählt, handverlesen *hum;* **~ candidate** eigener Kandidat/eigene Kandidatin **'hand·rail** *n on stairs* Geländer *nt; on ship* Reling *f* **'hand saw** *n* Handsäge *f*, Fuchsschwanz *m*

hands 'down *adv* ❶ *(very easily)* mühelos, mit links *fam;* **to beat sb ~** jdn mit links schlagen; **to win sth ~** etw mit links gewinnen
❷ *esp* AM *(without doubt)* zweifellos, ganz klar *fam*, zweifelsohne *geh*

'hand·set *n* TELEC Hörer *m* **'hand·shake** *n* ❶ *(handclasp)* Händeschütteln *nt*, Händedruck *m*
❷ *(compensation)* **golden ~** großzügige Abfindung
❸ COMPUT Quittungsbetrieb *m* **hand·shak·ing** ['hæn(d)ʃeɪkɪŋ] *n no pl* Händeschütteln *nt*

hands-'off *adj* ECON interventionsfrei; **a ~ approach to sth** *Befürwortung eines Führungsstils, der unteren Führungskräften große Freiheit lässt;* ***as a manager he has a ~ approach*** als Geschäftsführer lässt er die Zügel etwas lockerer; **~ management style** passiver Führungsstil

hand·some <-er, -est *or* more ~, most ~> ['hæn(d)səm] *adj* ❶ *(attractive) man* gut aussehend; *woman* attraktiv; **~ face** hübsches Gesicht; **the most ~ man** der bestaussehende Mann
❷ *(impressive) object, furniture* schön; *building* imposant
❸ *(approv: larger than expected) number* beachtlich, beträchtlich; **a ~ sum** eine stolze [*o* stattliche] Summe
❹ *(approv: generous)* großzügig, nobel *fam;* **a ~ apology** eine mehr als ausreichende Entschuldigung; **a ~ praise** ein dickes Lob; **a ~ present** ein großzügiges Geschenk
▸ PHRASES: **~ is as ~ <u>does</u>** *(prov)* gut ist, wer Gutes tut *prov*, man soll jdn nicht nach seinem Äußeren beurteilen

hand·some·ly ['hæn(d)səmli] *adv* ❶ *(attractively)* schön
❷ *(generously)* großzügig, reichlich; **to praise sb/sth ~** jdm/etw ein dickes Lob spenden; **to tip ~** ein großzügiges Trinkgeld geben; **to win ~** deutlich gewinnen
❸ *(with good intentions)* nobel *fam;* **to act** [*or* **behave**] **~** sich *akk* anständig verhalten

hand·some·ness ['hæn(d)səmnəs] *n no pl* gutes Aussehen

hands-'on *adj* ❶ ECON *(non-delegating)* interventionistisch, aktiv; ***she's very much a ~ manager*** sie ist eine Geschäftsführerin, die die Zügel gern fest in der Hand hält ❷ *(practical) experience* praktisch **hands on 'con·test** *n Wettbewerb, bei dem derjenige gewinnt, der seine Hand am längsten auf dem Preis liegen lässt*

'hand·spring *n* Handstandüberschlag *m;* **backward ~** Handstandüberschlag rückwärts, Flickflack *m;* **forwards ~** Handstandüberschlag vorwärts **'hand·stand** *n* Handstand *m kein pl;* **to do ~s** einen Handstand machen **hand-to-'hand I.** *adj* MIL Mann gegen Mann; **~ combat** [*or* **fighting**] Nahkampf *m* **II.** *adv* Mann gegen Mann **hand-to-'mouth I.** *adj* kümmerlich, ärmlich; **to lead a ~ existence** von der Hand in den Mund leben; **a ~ lifestyle** ein Leben in Armut **II.** *adv* kümmerlich, ärmlich; **to live** [**from**] **~** von der Hand in den Mund leben **'hand tow·el** *n* Handtuch *nt (für die Hände)* **'hand truck** *n* AM Sackkarren *m* **'hand wipe** *n* Erfrischungstuch *nt* **'hand·work** *n no pl* Handarbeit *f* **'hand-wring·ing** *n no pl* Händeringen *nt fig;* ***this task prompts plenty of earnest ~ among teachers*** die Lehrer stehen händeringend vor dieser Aufgabe

'hand·writ·ing *n* ❶ *no pl of person* Handschrift *f*
❷ COMPUT Handschrift *f fachspr* **'hand·writ·ing analy·sis** *n no pl* Handschriftendeutung *f*, Grafologie *f fachspr* **'hand·writ·ing ex·pert** *n* Schriftsachverständige(r) *f(m)*, Grafologe, Grafologin *m, f fachspr*

'hand·writ·ten *adj inv* handgeschrieben, handschriftlich

handy ['hændi] *adj* ❶ *(user-friendly)* praktisch, nützlich, geschickt SÜDD; *(easy to handle)* handlich; **a ~ size** eine handliche Größe
❷ *(convenient)* nützlich; **a ~ excuse** eine passende Ausrede; **a ~ hint** ein nützlicher [*o* brauchbarer] Hinweis; **to come in ~** [**for sb/sth**] [jdm/etw] gelegen [*o* gerade recht] kommen
❸ *(conveniently close) thing* griffbereit, greifbar; *place* in der Nähe *präd*, leicht erreichbar; ■**to be ~** *thing* griffbereit sein; *place* günstig liegen; **to keep sth ~** etw bereithalten
❹ *pred (skilful)* geschickt; ■**to be ~ with sth** mit etw *dat* gut umgehen können; **to be ~ about the house** im Haus vieles selbst erledigen können

'handy·man *n* Mädchen *nt* für alles, Faktotum *nt geh; (DIY)* Bastler(in) *m(f)*, Heimwerker(in) *m(f)*

hang [hæŋ] **I.** *n no pl* ❶ *(fall) of drapery* Fall *m; of clothes* Sitz *m*
❷ *(position) of pictures, exhibits* Platzierung *f; of sb's head* [Kopf]haltung *f*
❸ *(fig fam)* **to get the ~ of sth** *(master a skill)* bei etw *dat* den [richtigen] Dreh [*o* Bogen] herausbekommen *fam; (understand)* auf den [richtigen] Trichter kommen BRD *fam;* ***he managed to get the ~ of philosophy*** er kriegte einen Draht zur Philosophie *fam*
II. *vt* <hung, hung> ❶ *(put on hook, hanger)* ■**to ~ sth** etw aufhängen; ■**to ~ sth** [**up**]**on sth** *clothing on hanger* etw an etw *dat* aufhängen, etw an etw *akk* hängen; **to ~ sth from a hook** etw an einem Haken aufhängen
❷ *(put on wall)* ■**to ~ sth** *painting, etc.* etw aufhängen; ***the Tate Gallery hung her works*** die Tate Gallery stellte ihre Werke aus; **to ~ a door** eine Tür einhängen; **to ~ sth from a nail** etw an einem Nagel aufhängen, etw an einen Nagel hängen; **to ~ wallpaper** [**on a wall**] [eine Wand] tapezieren
❸ *(decorate)* ■**to ~ sth with sth** etw mit etw *dat* behängen
❹ <hung *or* -ed, hung *or* -ed> *(execute)* ■**to ~ sb** jdn [auf]hängen; ■**to ~ oneself** sich *akk* aufhängen [*o* erhängen]; **to ~ sb in effigy** jdn symbolisch aufhängen; **to be hung** [*or* **~ed**], **drawn and quartered** *(hist)* gehängt, gestreckt und gevierteilt werden; **the ~ 'em and flog 'em** BRIT *(pej)* die Befürworter der Todesstrafe
❺ *(let droop)* **to ~ one's head** den Kopf hängen lassen; **to ~ one's head in shame** beschämt den Kopf senken
❻ *(fig: postpone)* **to ~ fire** [es] abwarten [können]
❼ FOOD *meat* etw abhängen [lassen]
▸ PHRASES: **~ the <u>cost</u>** [*or* **<u>expense</u>**]**!** ganz egal, was es kostet!; **<u>I'll</u> be** [*or* **<u>I'm</u>**] **~ed!** da will ich verdammt sein! *fam;* **<u>I'll</u> be ~ed if ...** der Teufel soll mich holen, wenn ... *fam;* **<u>I'm</u>** [*or* **<u>I'll</u> be**] **~ed if I know** das juckt mich nicht die Bohne! *fam*, das ist mir Wurst! ÖSTERR, SCHWEIZ *fam*, das ist mir Blunzen [*o* ÖSTERR Powidl]! *sl;* **~ <u>it</u>** [**all**]! zum Henker [*o* Kuckuck] damit! *fam*, verdammt! *fam;* **you <u>might</u> as well be ~ed** [*or* **hung**] **for a sheep as for a lamb** *esp* BRIT, AUS *(prov)* wenn schon, denn schon
III. *vi* ❶ <hung, hung> *(be suspended)* hängen; *(fall) clothes* fallen, herunterhängen *pej;* ***the curtains ~ in thick folds*** die Vorhänge werfen breite Falten; ***a heavy gold necklace hung around her neck*** eine schwere Goldkette lag um ihren Hals; **to ~ from a hook** an einem Haken hängen; ■**to ~ down** herunterhängen, herabhängen *geh*
❷ <hung, hung> *(bend)* behangen sein; ***the branches hung heavy with snow*** die Äste hingen voll Schnee
❸ <hanged, hanged> *(die by execution)* hängen; **let sb/sth go ~** *(hum)* jdn/etw abschreiben *fam*
❹ <hung, hung> *(remain in air) mist, smoke, smell* hängen, schweben *geh;* **to ~ in the balance** *(fig)* in der Schwebe sein; ■**to ~ above** [*or* **over**] **sb/sth** über jdm/etw hängen [*o geh* schweben]
❺ <hung, hung> *(rely on)* ■**to ~** [**up**]**on sb/sth** von jdm/etw abhängen
❻ <hung, hung> *(listen carefully)* ■**to ~ upon sth** etw *dat* folgen; **to ~ on sb's** [**every**] **word** an jds Lippen hängen
❼ <hung, hung> *(keep)* ■**to ~ onto sth** etw behalten
❽ <hung, hung> AM *(fam: expression of negative emotion)* **sb can go ~!** zum Henker [*o* Kuckuck] mit jdm!, jd kann mir [mal] gestohlen bleiben!
❾ <hung, hung> AM *(fam: loll about)* **to ~ at a place** an einem Ort rumhängen [*o* herumlümmeln] *fam*, sich *akk* an einem Ort herumtreiben [*o fam* herumdrücken]
❿ COMPUT sich aufhängen
▸ PHRASES: **to ~ by a <u>hair</u>** [*or* **<u>thread</u>**] an einem [dünnen [*o* seidenen]] Faden hängen; **to ~ in** [BRIT **on**] **<u>there</u>** *(fam)* am Ball [*o* bei der Stange] bleiben *fam*

◆**hang about** *vi* ❶ *(fam: waste time)* herumtrödeln *fam*
❷ *(wait)* warten; BRIT *(stop for a moment)* ***~ about, let's just check we've got everything*** Moment mal, sehen wir noch mal nach, ob wir alles haben; **to keep sb ~ing about** jdn warten lassen
❸ *esp* BRIT *(fam: pass time)* ■**to ~ about with sb** [ständig] mit jdm zusammenstecken *fam*, sich *akk* mit jdm herumtreiben *pej fam*

◆**hang around, hang round** *vi* ❶ *(fam: waste time)* herumtrödeln *fam*
❷ *(fam: wait)* warten; *(loiter)* herumlungern, rumhängen *fam*, rumgammeln *fam*
❸ *(fam: pass time)* ■**to ~ around sb** bei jdm rumhängen *fam;* ■**to ~ around with sb** [ständig] mit jdm zusammenstecken [*o* rumhängen] *fam*, sich *akk* mit jdm herumtreiben *fam*
❹ *(fam: get on sb's nerve)* **to ~ around sb's neck** jdn am Hals haben *pej fam*
❺ *(not use)* ***I've got a spare pair of boots ~ing around somewhere that you can use*** ich habe irgendwo ein paar Stiefel, die ich nicht brauche, die du haben kannst

◆**hang back** *vi* ❶ *(be slow)* sich *akk* zurückhalten; *(hesitate)* zögern; ***don't ~ back, go and ask him!*** stell dich nicht so an [*o* worauf wartest du], geh und frag ihn!
❷ *(stay behind)* zurückbleiben, Abstand halten; ***Jake hung back for fear of being discovered*** Jake hielt sich vor Angst entdeckt zu werden im Hintergrund

◆**hang behind** *vi* hinterhertrödeln

◆**hang in** *vi* **~ in there!** halt durch!

◆**hang on** **I.** *vi* ① *(wait briefly)* [kurz] warten; *(on the telephone)* am Apparat bleiben, dranbleiben *fam;* ~ **on a minute** [*or* **second**]**!** [wart mal,] einen Augenblick!, Sekunde!; ***now ~ on a minute, I thought we'd agreed to go tomorrow?*** Moment mal, ich dachte wir wollten morgen gehen?; ~ **on!** *(fam)* sofort!, Moment[chen]! *fam*
② *(grasp tightly)* sich *akk* festhalten; **to ~ on for dear life** [*or* **tight**] sich *akk* festklammern, sich *akk* gut festhalten
③ *(fam: persevere)* durchhalten; **to ~ on by the skin of one's teeth** auf dem Zahnfleisch kriechen *fam;* **to ~ on in there** *(fam)* am Ball bleiben *fam;* ***~ on in there, things will soon improve*** halt durch [*o* nicht aufgeben], bald wird alles besser
II. *vt* ① *(depend on)* ■**to ~ on sth** von etw *dat* abhängen
② *(listen intently)* **to ~ on sb's every word** an jds Lippen hängen; ***the children hung on his every word, not wanting the story to end*** die Kinder hörten gespannt zu und wollten nicht, dass die Geschichte endete
③ *(blame)* ■**to ~ sth on sb** jdm etw anlasten
◆**hang on to** *vt* ① *(retain)* ■**to ~ on to sth** etw behalten
② *(hold tight)* sich *akk* an etw *dat* festhalten; *(stronger)* sich *akk* an etw *akk* klammern
③ *(fam: keep)* ■**to ~ on to sth** etw behalten, etw aufheben; ***could you ~ on to my seat till I get back?*** kannst du meinen Platz so lange freihalten, bis ich wiederkomme?
◆**hang out** **I.** *vt* ■**to ~ sth** ○ **out** etw heraushängen; **to ~ out a white flag** die weiße Fahne [*o* Flagge] zeigen; **to ~ the washing** ○ **out** die Wäsche [draußen] aufhängen
▸PHRASES: **to ~ sb out to dry** jdn seinem Schicksal überlassen
II. *vi* ① *shirt tail, tongue* heraushängen
② *(sl: spend time)* sich *akk* aufhalten, sich *akk* herumtreiben *fam; (loiter)* rumhängen *fam; (live)* hausen, wohnen; **to ~ out with sb** Zeit mit jdm verbringen, sich *akk* mit jdm herumtreiben
▸PHRASES: **to let it all ~ out** *(sl)* die Sau rauslassen *sl*
◆**hang out for** *vt* ■**to ~ out for sth** ① *(insist upon)* auf etw *akk* bestehen, an etw *dat* festhalten
② *(crave)* sich *akk* nach etw *dat* sehnen
◆**hang over** *vt* ***there is a big question mark ~ing over the future of the peace negotiations*** der weitere Verlauf der Friedensverhandlungen ist infrage gestellt; ***the threat of nuclear war hung over the world in 1962*** 1962 drohte der Welt ein Atomkrieg
◆**hang round** *vi* BRIT *see* **hang around**
◆**hang together** *vi* ① *(be logical) argument* schlüssig sein; *alibi, statements* keine Widersprüche aufweisen; *story* zusammenhängend sein
② *(remain associated)* zusammenbleiben, beieinanderbleiben; *(support one another)* zusammenhalten
◆**hang up** **I.** *vi* ① *(dangle)* hängen
② *(finish phone call)* auflegen, einhängen; ***he just hung up on me!*** er hat einfach aufgelegt!
③ *(be very concerned with)* ■**to be hung up on** [*or* **about**] **sth** Komplexe wegen etw *gen* haben; *(be obsessed with)* von etw besessen sein; ***she's completely hung up on him*** sie steht total auf ihn, sie ist total besessen von ihm
II. *vt* ① *(suspend)* ■**to ~ up** ○ **sth** etw aufhängen; **to ~ up curtains** Vorhänge aufhängen; **to ~ up a notice** einen Anschlag machen
② *(finish phone call)* **to ~ up the phone** [*or* **receiver**] [den Hörer] auflegen
③ *(delay)* ■**to ~ up** ○ **sb/sth** jdn/etw aufhalten [*o* verzögern]
④ *(fig fam: retire)* **to ~ up** ○ **sth** etw aufgeben [*o* seinlassen]; *job, hobby* etw an den Nagel hängen *fam;* **to ~ up one's football boots/boxing gloves/golf clubs** die Fußballschuhe/Boxhandschuhe/Golfschläger an den Nagel hängen
◆**hang with** *vi* ■**to ~ with sb** *(fam)* sich *akk* bei jdm herumtreiben, seine Zeit mit jdm verbringen

hang·ar [ˈhæŋgəʳ, AM -ɚ] *n* AVIAT Hangar *m,* Flugzeughalle *f*
hang·dog [ˈhæŋdɒg, AM -dɑ:g] *adj attr (dejected)* niedergeschlagen; *(feeling guilty)* zerknirscht; **to have a ~ expression** [*or* **look**] **on one's face** ein Gesicht wie vierzehn Tage Regenwetter machen *fam*
hang·er [ˈhæŋəʳ, AM -ɚ] *n (for clothes)* [Kleider]bügel *m; (loop)* Aufhänger *m*
hanger-'on <*pl* hangers-on> *n (pej: follower)* Trabant(in) *m(f) pej; (groupie)* Groupie *nt;* ■**the hangers-on** *pl* das Gefolge, der Anhang *kein pl*
'hang-glide *vi* Drachen fliegen **'hang-glid·er** *n (person)* Drachenflieger(in) *m(f); (device)* Drachen *m* **'hang-glid·ing** *n no pl* Drachenfliegen *nt*
hang·ing [ˈhæŋɪŋ] **I.** *n* ① *(decorative fabric)* Behang *m; (curtain)* Vorhang *m;* [**wall**] **~s** Wandbehänge *pl,* Wandteppiche *pl*
② *(act of execution)* Hinrichtung *f* durch den Strang, Erhängen *nt*
③ *no pl (system of execution)* [Er]hängen *nt,* Tod *m* [*o* Hinrichtung *f*] durch den Strang
II. *adj* hängend; **the H~ Gardens of Babylon** die Hängenden Gärten von Babylon; **~ judge** *(hist) Richter, der häufig Todesurteile fällt;* **~ matter** *(hist) Vergehen, das mit Erhängen bestraft wird;* ■**to be ~** aufgehängt sein, hängen
hang·ing 'bas·ket *n* Blumenampel *f* **hang·ing 'bridge** *n* Hängebrücke *f*
hang·ings [ˈhæŋɪŋz] *npl see* **hanging** Wandbehänge *pl,* Wandteppiche *pl*
hang·ing 'val·ley *n* GEOG Hängetal *nt*
'hang·man *n* ① *(executioner)* Henker *m* ② *(game)* Galgen *m,* Galgenmännchen *nt* **'hang·nail** *n* MED Niednagel *m*
'hang·out *n* ① *(fam: favourite place)* Stammlokal *nt;* ***the cafe is a favourite ~ for artists*** das Café ist ein beliebter Künstlertreff
② *(fam: dwelling)* Bude *f fam*
'hang·over *n* ① *(from drinking)* Kater *m*
② *(relic)* Überbleibsel *nt,* Relikt *nt geh;* **to be a ~ from one's schooldays/childhood** in jds Schulzeit/Kindheit begründet sein [*o* liegen]
③ COMPUT *(image effect)* Auftreten *nt* von Fahnen
④ *(tone change)* Farbtonänderung *f*
'hang-up *n* ① *(fam: complex)* Komplex *m* (**about** wegen +*gen*); *(quirk)* Tick *m fam;* ***he has a terrible ~ about being bald*** er hat einen großen Komplex wegen seiner Glatze
② COMPUT Abbruch *m*
hank [hæŋk] *n* Strang *m; of wool* [Woll]faden *m; of hair* Büschel *nt*
hank·er [ˈhæŋkəʳ, AM -ɚ] *vi* ■**to ~ after** [*or* **for**] **sb/sth** sich *akk* nach jdm/etw sehnen, sich *dat* etw sehnlichst wünschen; **to ~ after the past** der Vergangenheit nachtrauern
hank·er·ing [ˈhæŋkərɪŋ, AM -ɚɪŋ] *n* Sehnsucht *f kein pl,* Verlangen *nt kein pl;* **to have a ~ for sb/sth** sich *akk* nach jdm/etw sehnen, nach jdm/etw Sehnsucht [*o* Verlangen] haben
hankie, hanky [ˈhæŋki] *n (fam) short for* **handkerchief** Taschentuch *nt,* SCHWEIZ *a.* Nastuch *nt*
hanky-panky [ˌhæŋkiˈpæŋki] *n no pl (fam)* ① *(love affair)* Techtelmechtel *nt fam*
② *(kissing)* Geknutsche *nt kein pl fam; (groping)* Gefummel *nt kein pl fam*
③ *(fiddle)* Mauschelei *f pej,* krumme Geschäfte; ***there was some ~ going on in the government*** in der Regierung wurde ganz schön gemauschelt
Hano·ver [ˈhænə(ʊ)vəʳ, AM -noʊvɚ] *n* Hannover *kein art;* **the House of ~** *(hist)* das Haus Hannover
Hano·verian [ˌhænəʊvɪəriən, AM əvɪriən] **I.** *adj inv* hannoverisch
II. *n* ① *(British sovereigns)* ■**the ~s** *pl* das Haus Hannover *kein pl*
② *(medium-built horse)* Hannoveraner *m*
Han·sard [ˈhæn(t)sɑ:d] *n no pl, no def art* BRIT, AUS Hansard *m (britische, kanadische bzw. australische Parlamentsberichte)*
Han·seat·ic [ˌhæn(t)siˈætɪk, AM -ˈæt̬ɪk] *adj* hanseatisch; **~ town** Hansestadt *f*
Han·seat·ic 'League *n + sing/pl vb (hist)* ■**the ~** die Hanse

han·som, 'han·som cab [ˈhæn(t)səm-] *n (hist)* Einspänner *m,* Hansom *m*
Hants BRIT *abbrev of* **Hampshire**
Ha·nuk·kah [ˈhɑ:nəkə] *n* REL Hanukkah *nt*
hap [hæp] *n (old)* Zufall *m*
hap·haz·ard [ˌhæpˈhæzəd, AM -ɚd] **I.** *adj* ① *(pej: disorganized)* planlos, unüberlegt; **to do sth in a ~ manner** etw völlig unüberlegt anpacken
② *(arbitrary)* zufällig, willkürlich
II. *adv* zufällig, willkürlich
hap·haz·ard·ly [ˌhæpˈhæzədli, AM -ɚd-] *adv* ① *(unmethodically)* planlos, wahllos
② *(arbitrarily)* willkürlich, auf gut Glück
hap·less [ˈhæpləs] *adj attr (liter)* unglückselig, glücklos; **a ~ person** ein Pechvogel *m;* **~ victims** die Leidtragenden
hap·less·ly [ˈhæpləsli] *adv* unglücklich, unglückselig; ***he behaved ~ as ever*** es ging ihm, wie immer, alles daneben
ha'p'orth [ˈheɪpəθ] *n no pl* BRIT *(dated fam) abbrev of* **halfpennyworth**: [**not**] **a ~ of difference** nicht der geringste Unterschied
hap·pen [ˈhæpᵊn] **I.** *adv inv* NENG vielleicht, möglicherweise; **~ *it'll rain later*** es könnte später regnen
II. *vi* ① *(occur)* geschehen, passieren *fam; event* stattfinden, sich *akk* ereignen *geh; process* vor sich *dat* gehen, ablaufen *fam;* ***don't let that ~ again!*** dass das nicht nochmal vorkommt!; ***if anything ~s to me ...*** falls mir etwas zustoßen sollte, ...; ***I can't see this ~ing*** ich kann mir das nicht vorstellen; ***these things ~*** das kann vorkommen; ***what's ~ing?*** was geht? *fam,* was ist los?; ***nothing ever ~s here*** hier ist tote Hose *fam;* ***it ~ed like this: ...*** das war so: ...; **whatever ~s** was auch immer geschieht, wie es auch kommen mag; **it's all ~ing** *(fam)* es ist ganz schön [*o fam* schwer] was los
② *(by chance)* ■**to ~ to do sth** zufällig etw tun; ***we ~ to know each other*** zufällig kennen wir uns; ■**it ~ed** [**that ...**] der Zufall wollte es[, dass ...]; ***it just so ~s that ...*** wie's der Zufall will, ...; ***how does it ~ that you know her?*** wie kommt es, dass du sie kennst?; **as it** [*or* **it so**] **~ed ...** wie es sich so traf, ..., zufälligerweise ...
③ *(liter or dated: come across)* ■**to ~** [**up**]**on sb/sth** jdm/etw zufällig begegnen
④ *(indicating contradiction)* ■**to ~ to do sth** etw trotzdem tun; ***I ~ to think he's right whatever you say*** sag was du willst, ich glaube trotzdem, dass er Recht hat
⑤ *(actually)* **as it ~s** tatsächlich
◆**happen along, happen by** *vi* AM *(fam: by chance)* zufällig vorbeikommen; *(unexpectedly)* unerwartet vorbeikommen; ***we ~ed by your house*** wir kamen zufällig an eurem Haus vorbei
◆**happen on,** *liter* **happen upon** *vi* ■**to ~** [**up**]**on sb/sth** zufällig auf jdn/etw stoßen [*o* treffen]
◆**happen past** *vi* AM *(fam) see* **happen along**
hap·pen·ing [ˈhæpᵊnɪŋ] **I.** *n usu pl* ① *(occurrence)* Ereignis *nt; (unplanned occurrence)* Vorfall *m; (process)* Vorgang *m;* **strange ~s** sonderbare Dinge
② ART *(improvised performance)* Happening *nt*
II. *adj (sl)* angesagt *fam;* ***hey, this party's really ~!*** hey, hier auf der Fete ist echt was los! *fam*
hap·pen·stance [ˈhæpᵊnstæn(t)s] *n esp* AM [glücklicher] Zufall; **by ~** durch Zufall
hap·pi·ly [ˈhæpɪli] *adv* ① *(contentedly)* glücklich, zufrieden; *(cheerfully)* fröhlich, vergnügt; **~ married** glücklich verheiratet; **and they all lived ~ ever after** und sie lebten glücklich und zufrieden bis an ihr Lebensende; *(fairytale ending)* und wenn sie nicht gestorben sind, dann leben sie noch heute
② *(willingly)* gern, mit Freuden; ***I'll ~ take you to the station*** ich fahr' dich gern zum Bahnhof
③ *(luckily)* glücklicherweise, zum Glück; ***~ for the success of the festival, there was a favourable review in the papers*** zum Erfolg des Festivals trug bei, dass in der Zeitung ein positiver Bericht darüber stand
④ *(suitably)* glücklich, treffend; ***his words were ~ chosen*** seine Worte waren gut gewählt

hap·pi·ness ['hæpɪnəs] *n no pl* Glück *nt; (contentment)* Zufriedenheit *f; (cheerfulness)* Fröhlichkeit *f;* **to wish sb every ~** *(form)* jdm alles Gute wünschen

hap·py ['hæpi] *adj* ① *(pleased)* glücklich; *(contented)* zufrieden; *(cheerful)* fröhlich; ***I'm perfectly ~ in my work*** ich bin mit meiner Arbeit[sstelle] absolut zufrieden; **a ~ childhood** eine glückliche Kindheit; **the happiest day/days of one's life** der schönste Tag/die beste Zeit in jds Leben; **to have a ~ expression on one's face** glücklich aussehen; **a ~ lot** ein glückliches Schicksal; **~ marriage** glückliche Ehe; **~ mood** gute Laune; **~ occasion** gelungenes Fest; **in happier times** in glücklicheren Zeiten; ■**to be ~ about sb/sth** *person, arrangement, situation* mit jdm/etw zufrieden sein; ■**to be ~ with sb/sth** *quality, standard* mit jdm/etw zufrieden sein; ■**to be ~ to do sth** sich *akk* freuen, etw zu tun; ***you'll be ~ to know that ...*** es wird dich freuen, zu hören, dass ...; ■**to be ~ that ...** froh [darüber] sein, dass ...
② *(willing)* ■**to be ~ to do sth** etw gerne tun; *(form)* etw tun können; ***the manager will be ~ to see you this afternoon*** der Geschäftsführer hat heute Nachmittag Zeit, Sie zu empfangen; ***excuse me, can you help me? — I'd be ~ to!*** Entschuldigung, können Sie mir helfen? – aber gern!; **to be perfectly ~ to do sth** etw mit größtem Vergnügen tun
③ *(fortunate)* glücklich; **~ accident** glücklicher Zufall
④ *(liter: suitable)* gut gewählt, passend; **a ~ choice of language** eine glückliche Wortwahl; **a ~ phrase** ein treffender Satz; **a ~ thought** eine geniale Idee
⑤ *(fam: drunk)* angeheitert
⑥ *attr, inv (in greetings)* **~ birthday** alles Gute zum Geburtstag; **~ Easter** frohe Ostern; **merry Christmas and a ~ New Year** frohe Weihnachten und ein glückliches [*o* gutes] neues Jahr; **many ~ returns [of the day]** herzlichen Glückwunsch zum Geburtstag
▸PHRASES: **[as] ~ as a sandboy** [*or* **a lark**] [*or* BRIT **Larry**] [*or* AM **a clam**] quietschfidel, quietschvergnügt

hap·py-'clap·py *adj* BRIT *(pej fam)* fröhlich und ausgelassen *(in religiösem Zusammenhang)* **hap·py 'day** *n (hum: day of wedding)* großer Tag *(Hochzeitstag)* **hap·py 'end·ing** *n* Happyend *nt* **hap·py e'vent** *n (hum: birth of a child)* freudiges [*o* frohes] Ereignis **hap·py 'fam·ilies** *n + sing vb* CARDS Quartett *nt* **hap·py-go-'lucky** *adj* sorglos, unbekümmert; ***you need to be a bit ~ in this business*** für dieses Geschäft brauchst du ein bisschen Gelassenheit; **to be a ~ fellow** [*or* **chap**] ein Leichtfuß sein **'hap·py hour** *n (Zeit, gewöhnlich am frühen Abend, in der Getränke in Lokalitäten billiger sind)* **hap·py 'hunt·ing ground** *n* ■**the ~s** *pl* die ewigen Jagdgründe; *(fig: place for finding success)* Paradies *nt* **hap·py 'me·dium** *n (approv)* goldene Mitte; **to strike a ~** die goldene Mitte finden **hap·py re·'lease** *n (euph: death)* Erlösung *f euph*

ha·ra-ki·ri [ˌhærə'kɪri, AM ˌhɑːr-] *n no pl* Harakiri *nt;* **to commit ~** Harakiri [*o* Selbstmord] begehen

ha·rangue [hə'ræŋ] **I.** *n* Strafpredigt *f,* Tirade *f pej geh*
II. *vt* ■**to ~ sb** ① *(lecture forcefully)* jdm eine Strafpredigt halten, jdm Vorhaltungen machen; ***a drunk in the station was haranguing passers-by*** ein Betrunkener im Bahnhof beschimpfte Passanten; ■**to ~ sb into sth** *(forcefully persuade)* jdn zu etw *dat* überreden
② *(nag)* jdm in den Ohren liegen *fam*

har·ass ['hærəs, AM *esp* hə'ræs] *vt* ■**to ~ sb** ① *(intimidate)* jdn schikanieren; *(pester)* jdn ständig belästigen [*o* bedrängen]; ***she was sexually ~ed by her neighbour*** sie wurde von ihrem Nachbarn sexuell belästigt; ***they ~ed him into signing the contract*** sie setzten ihm so lange zu, bis er den Vertrag unterschrieb; **to ~ sb with questions** jdn mit Fragen quälen
② *(attack continually)* jdn ständig angreifen

har·assed ['hærəst, AM *esp* hə'ræst] *adj (strained by demands)* abgespannt, gestresst *fam; (worried)* geplagt, gequält

har·ass·ment ['hærəsmənt, AM *esp* hə'ræs-] *n no pl* ① *(pestering)* Belästigung *f; (intimidation)* Schikane *f;* **police ~** Polizeischikane *f;* **sexual ~** sexuelle Belästigung
② MIL *(attack)* [ständiger] Beschuss

har·bin·ger ['hɑːbɪndʒəʳ, AM 'hɑːrbɪndʒɚ] *n (liter: person)* [Vor]bote, -botin *m, f,* Herold *m liter; (signal)* Vorzeichen *nt,* [Vor]bote *m;* **the ~[s] of doom** schlechte Vorzeichen *pl;* **to be the ~ of spring/winter** der Vorbote des Frühlings/Winters sein, den Frühling/Winter ankündigen

har·bour, AM **har·bor** ['hɑːbəʳ, AM 'hɑːrbɚ] **I.** *n* ① *(for ships)* Hafen *m;* **to arrive at** [*or* **in**] **~** im Hafen einlaufen
② *(shelter)* Unterschlupf *m*
II. *vt* ① *(keep in hiding)* ■**to ~ sb/an animal** jdm/einem Tier Unterschlupf gewähren
② *(cling to ideas)* ■**to ~ sth** etw hegen *geh,* etw haben; **to ~ doubts about sb/sth** Zweifel an jdm/etw hegen; **to ~ feelings of hatred for sb** Hassgefühle gegen jdn hegen; **to ~ a grudge [against sb]** einen Groll [gegen jdn] hegen; **to ~ an illusion** sich *akk* einer Illusion hingeben; **to ~ thoughts of sth** sich *akk* mit dem Gedanken an etw *akk* tragen
III. *vi* [in einem Hafen] anlegen

'har·bour-mas·ter *n* Hafenmeister(in) *m(f)*

hard [hɑːd, AM hɑːrd] **I.** *adj* ① *(solid)* hart; **~ cash** Bargeld *nt;* **~ cheese** Hartkäse *m;* **~ currency** harte Währung; **[as] ~ as iron** [*or* **a rock**] [*or* **stone**] steinhart
② *(tough) person* zäh, hart; ***he's a ~ one*** er ist ein ganz Harter; **to be ~ enough to do sth** das Zeug dazu haben, etw zu tun *fam*
③ *(difficult)* schwierig; ***she had a ~ time [of it]*** es war eine schwere Zeit für sie; ***it's ~ being a widow*** es ist nicht einfach, Witwe zu sein; ***if she won't listen, she'll have to learn the ~ way*** wer nicht hören will, muss fühlen; **to be ~ to come by** schwierig aufzutreiben sein; **to do sth the ~ way** sich *dat* etw schwermachen; **to find sth ~ to believe** [*or* **swallow**] etw kaum glauben können; **to get ~** [*or* **~er**] schwer [*o* schwerer] werden; **it's ~ to say** es ist schwer zu sagen
④ *(laborious)* anstrengend, mühevoll; ***the mountain there is a ~ climb*** der Berg dort ist schwer zu besteigen; **a ~ fight** ein harter Kampf *a. fig;* **to give sth a ~ push** etw kräftig anschieben; **to be ~ work** harte Arbeit sein; *studies* anstrengend [*o* schwer] sein; *text* schwer zu lesen sein, sich *akk* schwer lesen; **to be a ~ worker** fleißig sein
⑤ *(severe)* hart, unnachgiebig; *voice* schroff, barsch; ***she's finding the bad news ~ to take*** es fällt ihr schwer, die schlechte Nachricht zu verkraften; **a ~ blow** ein harter Schlag; **a ~ heart** ein hartes Herz; **a ~ life** ein hartes Leben; **~ luck** [*or esp* BRIT **lines**]! *(fam),* **~ cheese!** BRIT *(fam)* [so ein *fam*] Pech!; ***that's your ~ luck!*** *(fam)* das ist dein Pech! *fam;* **to be [as] ~ as nails** knallhart [*o* ein knallharter Typ] sein *fam;* **a ~ taskmaster** ein strenger Arbeitgeber; **to give sb a ~ time** jdm das Leben schwermachen; ■**to be ~ on sb/sth** mit jdm/etw hart ins Gericht gehen
⑥ *(harmful)* ■**to be ~ on sth** etw stark strapazieren; ***I'm very ~ on shoes*** ich habe einen extrem hohen Schuhverschleiß; **to be ~ on the eyes** *monitor* die Augen überanstrengen
⑦ *(unfortunate)* hart; ■**to be ~ on sb** hart für jdn sein; **to go ~ with sb** *(dated)* jdm nur Nachteile bringen, jdm zum Nachteil gereichen *geh*
⑧ *(extreme)* hart; **~ frost/winter** strenger Frost/Winter; **the ~ left/right** *esp* BRIT POL die harte Linke/Rechte; **a ~ light** ein grelles Licht; **to take a ~ line** eine harte Linie verfolgen
⑨ *(reliable)* sicher, fest; **~ facts** *(verified)* gesicherte Fakten; *(blunt)* nackte Tatsachen
⑩ *(potent)* stark; **~ drinks/drugs** harte Getränke/Drogen; **a ~ drinker** ein starker Trinker/eine starke Trinkerin; **~ drinking** starker Alkoholkonsum; **to be into** [*or* **to do**] **~ drugs** harte Drogen nehmen
⑪ *(with lime)* **~ water** hartes Wasser
⑫ *(scrutinizing)* **to take a [good] ~ look at sth** sich *dat* etw genau ansehen, etw gründlich betrachten
⑬ TYPO **~ copy** *(printout)* Ausdruck *m; (duplicate)* Kopie *f; (printed copy)* Abzug *m*
⑭ LING **~ consonant** harter Konsonant
⑮ NUCL **~ radiation** harte Strahlung *fachspr,* Hartstrahlung *f fachspr*
▸PHRASES: **to be ~ at it** ganz bei der Sache sein; **to drive a ~ bargain** knallhart verhandeln [*o usu pej* feilschen] *fam;* **~ and fast** *information, facts* zuverlässig; *rule* verbindlich; **to be ~ on sb's heels** jdm dicht auf den Fersen sein
II. *adv* ① *(solid)* hart; **boiled ~** hart gekocht; **frozen ~** *liquid* hart gefroren; *clothing, plants* steif gefroren; **to set ~** *glue, varnish* hart werden, aushärten *fachspr; concrete, mortar* fest werden, abbinden *fachspr*
② *(vigorously)* fest[e], kräftig; ***think ~!*** denk mal genau nach!; **to not do sth very ~** etw nicht sehr gründlich tun; **to exercise ~** hart trainieren; **to fight ~ [for sth]** *(fig)* [um etw *akk*] hart kämpfen; **to play ~** *(intensely)* ausgiebig spielen; *(roughly)* hart spielen; **to press/pull ~** kräftig drücken/ziehen; **to study ~** fleißig lernen; **to try ~ to do sth** sich *akk* sehr bemühen [*o fam* ranhalten], etw zu tun; **to work ~** hart arbeiten
③ *(severely)* schwer; ***his parents took the news of his death ~*** seine Eltern traf die Nachricht von seinem Tod schwer; **to be ~ pressed** [*or* **pushed**] [*or* **put**] **to do sth** große [*o* die größte] Mühe haben, etw zu tun
④ *(closely)* knapp; **~ by** in nächster Nähe; **~ by sb/sth** ganz in der Nähe einer Person/einer S. *gen,* ganz nahe von jdm/etw *geh;* **to follow ~ [up]on** [*or* **after**] [*or* **behind**] **sb/sth** jdm/etw knapp folgen, jdm/etw dicht auf den Fersen sein
⑤ *(copiously)* ***it was raining ~*** es regnete stark
⑥ *(fig: stubbornly)* **to die ~** [nur] langsam sterben; ***the old idea of state ownership of all firms dies ~*** die alte Vorstellung von einer Verstaatlichung aller Firmen stirbt einfach nicht aus
▸PHRASES: **to be ~ done by** BRIT unfair behandelt werden; **old habits die ~** *(saying)* der Mensch ist ein Gewohnheitstier

'hard and fast *adj attr, inv* fest[stehend]; **~ rules** verbindliche [*o* bindende] Regeln **'hard·back I.** *adj* PUBL gebunden; **~ edition** gebundene Ausgabe **II.** *n* gebundenes Buch, gebundene Ausgabe; ■**in ~** gebunden **'hard·backed** *adj see* **hardback** **'hard·ball** AM **I.** *n* ① *(baseball)* Baseball *m* ② *(sl: tough methods)* Kampf *m* mit harten Bandagen, rücksichtsloses [*o* gnadenloses] Vorgehen; **to play ~** mit harten Bandagen kämpfen **II.** *vt (sl)* ■**to ~ sb** jdn erpressen **hard-'bit·ten** *adj* abgebrüht *pej fam,* hart gesotten *pej; boss* knallhart *pej* **'hard·board** *n no pl* Hartfaserplatte *f* **hard-'boiled** *adj* ① *egg* hart gekocht ② *(fig fam: emotionless)* abgebrüht *pej fam,* hart gesotten *pej; boss* knallhart *pej* ③ *(fig fam: clever)* ausgekocht *pej,* durchtrieben *pej* ④ *(fig fam: realistic)* sachlich, nüchtern; ***he had a ~ approach to the matter*** er ging nüchtern an die Sache heran **hard 'by** *prep (liter)* [sehr] nahe bei *+dat* **'hard case** *n* ① *(criminal person)* schwerer [*o fam* schlimmer] Fall ② AUS, NZ *(fam: unreformed person)* hoffnungsloser Fall; *(difficult person)* schwieriger Mensch; **a ~ nonconformist** ein hoffnungsloser Nonkonformist ③ *(social hardship)* Härtefall *m* **hard 'cash** *n no pl* Bargeld *nt,* Bares *nt fam;* **to pay in ~** bar bezahlen **'hard coal** *n* Anthrazit *m* **hard 'copy** *n* COMPUT Ausdruck *m,* Hartkopie *f;* ■**in ~** als Ausdruck **'hard core** *n* ① *(central part)* Kern *m; (fig) of group* harter Kern ② *esp* BRIT *(for road construction)* Schotter *m* **'hard·core I.** *adj attr* ① *(dedicated)* eingefleischt; **~ fans** der harte Kern der Fans [*o* Fangemeinde] ② *(die-hard)* stur, unbelehrbar, unverbesserlich; **a ~ drug user** ein Abhängiger/eine Abhängige von harten Drogen; ***she is a ~ drug user*** sie nimmt harte Drogen ③ *(sexually* *explicit)* hart; ~ **pornography** harter Porno **II.** *n* MUS Hardcore *m* **'hard court** *n* TENNIS Hartplatz *m* **'hard·cov·er** AM, AUS **I.** *adj* PUBL gebunden, Hardcover-; ~ **edition** gebundene Ausgabe **II.** *n* gebundenes Buch, Hardcover *nt;* **in** ~ gebunden **hard 'cur·ren·cy** *n* harte Währung, Hartwährung *f;* ~ **reserve** Hartwährungsreserve *f* **'hard disk** *n* COMPUT Festplatte *f* **hard-'done-by** *adj* BRIT, AUS benachteiligt; **to feel** ~ sich *akk* benachteiligt fühlen **hard-'drink·ing** *adj inv* trinkfest **'hard drug** *n* harte Droge **hard-'earned** *adj reward, praise* ehrlich [*o* redlich] verdient; *wages, pay* hart verdient; ~ **retirement/holiday** wohlverdienter Ruhestand/Urlaub **hard-'edged** *adj (fig)* hart; *style* nüchtern; *painting* klar

hard·en ['hɑ:dᵊn, AM 'hɑ:rd-] **I.** *vt* ■**to** ~ **sth** ① *(make harder)* etw härten; *arteries* etw verhärten ② *(make tougher) attitude* etw verhärten; **to ~ one's heart** sein Herz verhärten; ***if she could ~ her heart ...*** wenn sie weniger sensibel wäre ...; ■**to ~ sb [to sth]** jdn [gegen etw *akk*] abstumpfen *pej,* jdn [gegen etw *akk*] unempfindlich machen; ***the terrorists were ~ed to killing*** den Terroristen machte das Töten nichts mehr aus
③ *(make stronger) muscles* etw kräftigen; **to ~ one's body** seinen Körper stählen; ■**to ~ sb [to sth]** jdn [gegen etw *akk*] abhärten
II. *vi* ① *(become hard)* sich *akk* verfestigen, hart werden
② *(become tough)* sich *akk* verhärten; *attitude* unnachgiebig werden; *face* sich versteinern; ***the government has ~ed to the view that ...*** die Regierung ist zu der festen Ansicht gelangt, dass ...
③ ECON *prices* anziehen
◆**harden off** *vt* ■**to ~ off** ↔ **sth** *plant* etw widerstandsfähig machen

hard·ened ['hɑ:dᵊnd, AM 'hɑ:rd-] *adj* ① *(pej: not reformable)* starrsinnig; *attitude* verhärtet; ~ **criminal** Gewohnheitsverbrecher(in) *m(f)*
② *(tough)* abgehärtet, abgestumpft *pej,* abgebrüht *pej;* **to become ~ to sth** sich an etw *akk* gewöhnen; ***she was ~ to his compliments*** sie war für seine Komplimente unempfänglich
③ *(experienced)* erfahren, versiert *geh*

hard·en·ing ['hɑ:dᵊnɪŋ, AM 'hɑ:rd-] *n no pl* ① *(process of making hard)* Härten *nt*
② *(fig: process)* Verhärten *nt; (result)* Verhärtung *f*
③ MED ~ **of the arteries** Arterienverkalkung *f*
④ ECON, FIN *of market* Anziehen *nt; of a currency* Festigung *f*

hard 'er·ror *n* SCI hartnäckiger Fehler **hard-'fea·tured** *adj inv* mit harten Gesichtszügen *nach n,* hart **hard 'feel·ings** *npl* Ressentiments *pl geh;* ***let's not have any ~*** lasst uns einander vertragen; ***no ~?*** alles klar?; **to bear sb [no] ~** [keine] Vorbehalte [*o* [keinen] Groll] gegen jdn hegen **hard-'fought** *adj* ① *(relentless)* hart; **a ~ battle** ein erbitterter [*o* harter] Kampf ② *(achieved)* hart erkämpft **hard 'graft** *n* BRIT *(sl)* [ewige] Schufterei *f* **'hard hat** *n* ① *(helmet)* [Schutz]helm *m* ② *(fam: worker)* Bauarbeiter(in) *m(f)* **hard-'head·ed** *adj* nüchtern, realistisch **hard-'heart·ed** *adj (pej)* hartherzig, unbarmherzig; **to be ~ towards sb/sth** jdm/etw gegenüber kalt sein **hard-'hit** *adj (fig)* schwer getroffen; ■**to be ~ by sth** von etw *dat* schwer mitgenommen sein, unter etw *dat* sehr zu leiden haben **hard-'hit·ting** *adj article, documentary, report* sehr [*o* äußerst] kritisch, schonungslos

har·di·hood ['hɑ:dihʊd, AM 'hɑ:rd-] *n (courage)* Mut *m,* Kühnheit *f pej; (impudence)* Unverfrorenheit *f pej*

har·di·ness ['hɑ:dɪnəs, AM 'hɑ:rd-] *n no pl* ① *(robustness)* Zähigkeit *f,* Ausdauer *f; of plants* Widerstandsfähigkeit *f*
② *(boldness)* Kühnheit *f*

hard 'knocks *npl (fig)* harte Schläge; **to take ~** harte Schläge einstecken **hard 'la·bour,** AM **hard 'la·bor** *n no pl* Zwangsarbeit *f* **hard 'land·ing** *n* AVIAT harte Landung **hard 'line** *n* POL harte Linie; **to take a hard line on sth** einen harten Kurs gegen etw *akk* fahren **'hard-line** *adj attr, inv* POL *belief, plan* kompromisslos; *person* extrem **hard·'lin·er** *n* POL Hardliner *m,* Anhänger(in) *m(f)* eines harten Kurses **hard 'lines** *interj* BRIT *(fam)* Pech gehabt! **hard 'luck** *n (fam)* Pech; ***that's just your ~!*** da hast du eben Pech gehabt! **'hard-luck sto·ry** *n (fam)* Mitleid erregende [*o pej* rührselige] Geschichte, Leidensgeschichte *f*

hard·ly ['hɑ:dli, AM 'hɑ:rd-] *adv inv* ① *(scarcely)* kaum; ***I can ~ hear you*** ich kann dich fast nicht verstehen; ***we ~ knew our neighbours*** wir kannten unsere Nachbarn nur wenig; ***he ~ speaks a word*** er sagt so gut wie nichts; ~ **anything** kaum etwas, fast nichts; ~ **ever** fast nie, so gut wie nie
② *(certainly not)* wohl kaum, schwerlich; *(as a reply)* sicher [*o* bestimmt] nicht; ***it's ~ my fault!*** ich kann ja wohl kaum was dafür!

hard 'mar·gin *n* IRISH befestigter Seitenstreifen, Bankett *nt*

hard·ness ['hɑ:dnəs, AM 'hɑ:rd-] *n no pl* ① *(solidity)* Härte *f*
② *(lack of emotion)* Härte *f,* Strenge *f*
③ *(harshness)* Härte *f,* Heftigkeit *f; of weather* Strenge *f*
④ *(lime content)* Härte *f;* **the ~ of the water** die Wasserhärte
⑤ ECON, FIN ~ **of the market** Festigung *f* des Marktes

hard-'nosed *adj (realistic)* nüchtern, realistisch; *person* abgebrüht *pej; (unwavering)* unnachgiebig, kompromisslos **hard 'nut** *n esp* BRIT *(sl)* Grobian *m* **hard of 'hear·ing** *adj pred* schwerhörig **'hard on** *prep* ~ **sb's heels** dicht auf jds Fersen **'hard-on** *n (vulg)* Ständer *m vulg sl* **hard 'pal·ate** *n* ANAT harter Gaumen, Palatum *nt fachspr* **hard 'porn I.** *n no pl* harter Porno **II.** *n modifier (magazine, film)* Hartporno- **hard-'pressed** *adj* ① *(in difficulty)* bedrängt, in Schwierigkeiten *präd;* ■**to be ~ to do sth** Mühe [*o* Probleme] haben, etw zu tun ② *(overtaxed)* **with work** stark beansprucht **hard 'rock** *n no pl* MUS Hardrock *m* **hard 'sci·ence** *n* exakte Wissenschaft

hard·scrab·ble ['hɑ:rd,skræbl̩] *adj attr* beinhart *fig*

hard 'sell I. *n* aggressive Verkaufsmethoden; **to come on with the ~** aggressive Verkaufsmethoden anwenden
II. *adj attr, inv* aggressiv

hard·ship ['hɑ:dʃɪp, AM 'hɑ:rd-] *n* ① *no pl (privation)* Not *f,* Elend *nt,* Entbehrung[en] *f[pl];* ***I'd love to if it's not too much of a ~ for you*** gerne, wenn es dir nicht zu viele Unannehmlichkeiten bereitet; **economic ~** wirtschaftliche Notlage; **to live in ~** Not leiden
② *(condition)* Härte *f,* Belastung *f*

'hard·ship fund, 'hard·ship grant *n* BRIT Notfonds *m (für bedürftige Studenten),* Notstandshilfe *f* ÖSTERR

hard 'shoul·der *n* BRIT befestigter Seitenstreifen, Bankett *nt* **hard·'stand·ing** *n no pl* BRIT asphaltierter Abstellplatz *(für Fahrzeuge)* **'hard stuff** *n (fam)* hartes Zeug *fam,* hochprozentiger Alkohol; **a drop of the ~** einen Tropfen vom Hochprozentigen **'hard tack** *n* [Schiffs]zwieback *m* **hard 'tar·get** *n* MIL, POL hartes Ziel **'hard·top** *n* AUTO Hardtop *nt o m* **hard 'up** *adj (fam)* ① *(broke)* knapp bei Kasse *präd fam,* in finanziellen Schwierigkeiten *präd* ② *(lacking)* ■**to be ~ for sth** etw entbehren; **to be ~ for suggestions** um Vorschläge verlegen sein

'hard·ware *n no pl* ① *(tools)* Eisenwaren *pl; (household items)* Haushaltswaren *pl* ② *(material)* Material *nt,* Ausrüstung *f;* MIL *machinery* Rüstungsmaterial *nt* ③ COMPUT Hardware *f;* **computer ~** Computerhardware *f* ④ *(fam: a gun)* Kanone *f fam* **'hard·ware deal·er** *n* AM Baustoffhändler(in) *m(f); (in household goods)* Haushaltswarenhändler(in) *m(f)* **'hard·ware store** *n* AM, AUS Baumarkt *m; (for household goods)* Haushaltswarenladen *m*

hard-'wear·ing *adj* widerstandsfähig; *fabric, shoes* strapazierfähig **hard 'wheat** *n no pl* Hartweizen *m* **'hard-wire** *vt* ■**to be ~d into sth/sb** mit etw/jdm fest verdrahtet sein *fig;* ■**to be ~d for sth** *person* für etw *akk* gemacht [*o* wie geschaffen] sein; *machine* für etw *akk* konstruiert sein **'hard-wired** *adj* COMPUT fest verdrahtet **hard-'won** *adj* hart [*o* schwer] erkämpft; *money* hart [*o* schwer] erarbeitet; ~ **victory** schwer erkämpfter Sieg **'hard·wood** *n* Hartholz *nt* **hard-'work·ing** *adj* fleißig; ■**to be ~** hart arbeiten

har·dy ['hɑ:di, AM 'hɑ:rdi] *adj* ① *(tough)* zäh, robust; *(toughened)* abgehärtet; ~ **breed** zäher Menschenschlag
② BOT winterhart; ~ **annual/perennial** einjährige/mehrjährige [winterharte] Pflanze
③ *(courageous)* kühn

hare [heəʳ, AM her] **I.** *n* ① <*pl* -s *or* -> [Feld]hase *m*
② BRIT *(topic in conversation)* **to start a ~** ein Thema anschneiden
▸PHRASES: **to run with the ~ and hunt with the hounds** es sich mit niemandem verderben wollen; POL, MIL ein Doppelagent/eine Doppelagentin sein, ein doppeltes Spiel treiben
II. *vi esp* BRIT *(fam)* wie ein geölter Blitz laufen *fam;* ■**to ~ off** davonsausen *fam*

hare and 'hounds *n (game)* Schnitzeljagd *f*

'hare·bell *n* BOT Glockenblume *f*

'hare·brained *adj person* verrückt, bekloppt *fam; plan* unrealistisch; ~ **scheme** verrückter Plan **'hare cours·ing** *n no pl esp* BRIT Hasenjagd *f*

Ha·re Krish·na [,hæri'krɪʃnə, AM ,hɑ:ri'-] *n* ① *(Hindu sect)* Hare-Krishna-Sekte *f*
② *(fam: member of sect)* Hare-Krishna-Jünger(in) *m(f)*

hare·'lip *n* MED Hasenscharte *f*

har·em ['hɑ:ri:m, 'herəm, AM 'herəm] *n (also fig, hum)* Harem *m*

hari·cot, hari·cot 'bean ['hærɪkəʊ-, AM 'herɪkoʊ-] *n* Gartenbohne *f*

ha·ris·sa [hɑ'ri:sə] *n no pl* Harissa *nt (sehr scharfe Würzpaste aus Nordafrika)*

hark [hɑ:k, AM hɑ:rk] *vi (liter)* horchen *liter;* ***~ at him!*** hör dir den an!; ■**~!** horch!/horcht!; ■**to ~ to sb/sth** jdm/etw lauschen *liter*
◆**hark back** *vi* ■**to ~ back to sth** ① *(evoke)* an etw *akk* erinnern, an etw *akk* anklingen; ***his latest film ~s back to the early years of cinema*** sein jüngster Film spielt in den frühen Jahren des Kinos
② *(originate in) tradition* auf etw *akk* zurückgehen
③ *(return to previous topic)* auf etw *akk* zurückkommen, etw wieder aufgreifen

har·le·quin ['hɑ:lɪkwɪn, AM 'hɑ:r-] *adj* bunt

Har·le·quin ['hɑ:lɪkwɪn, AM 'hɑ:r-] *n (esp hist)* Harlekin *m veraltet; (also fig)* Hanswurst *m,* Kasper *m,* ÖSTERR *a.* Kasperl *m o nt fam*

har·lot ['hɑ:lət, AM 'hɑ:r-] *n (old)* Metze *f veraltet,* Dirne *m veraltend,* Hure *f*

harm [hɑ:m, AM hɑ:rm] **I.** *n no pl (damage)* Schaden *m; (injury)* Verletzung *f;* ***there's no ~ in asking*** Fragen kostet nichts; ***there's no ~ in trying*** ein Versuch kann nichts schaden; ***... never did anyone any ~*** es hat noch niemandem geschadet, ...; **to mean no harm** es nicht böse meinen; ***that will do more ~ than good*** das wird mehr schaden als nützen; ***I can see no ~ in going out for a drink on my own*** ich kann nichts dabei finden, alleine etwas trinken zu gehen; ***what's the ~ in drinking beer every night?*** was macht das schon, jeden Abend Bier zu trinken?; **out of ~'s way** in Sicherheit, außer Gefahr; **to stay** [*or* **keep**] **out of ~'s way** der Gefahr *dat* aus dem Weg gehen; **[grievous] bodily ~** [schwere] Körperverletzung; **to come to [no] ~** [nicht] zu Schaden kommen; **to do ~ to sb** jdm Schaden zufügen [*o* schaden]; *(hurt)* jdm eine Verletzung zufügen, jdn verletzen; ***this mistake will do his credibility no ~*** dieser Fehler wird seiner Glaubwürdigkeit keinen Abbruch tun; **to do ~ to sth** etw *dat* Schaden zufügen [*o* schaden]
II. *vt* ■**to ~ sth** etw *dat* Schaden zufügen [*o* schaden]; ■**to ~ sb** jdm schaden; *(hurt)* jdn verletzen, jdm etwas antun; ***it wouldn't ~ you to see a doctor*** *(iron)* es könnte dir nichts schaden, zum Arzt zu gehen; ■**to be ~ed** Schaden erleiden

harm·ful ['hɑ:mfᵊl, AM 'hɑ:rm-] *adj* schädlich; *words* verletzend; ***smoking is ~ to your health*** Rauchen ist gesundheitsgefährdend; ~ **effects** schädliche Nebenwirkungen

harm·ful·ness ['hɑːmfᵊlnəs, AM 'hɑːrm-] *n no pl* Schädlichkeit *f*

harm·less ['hɑːmləs, AM 'hɑːrm-] *adj* ❶ *(not dangerous)* harmlos, ungefährlich; **to render sth** ~ etw unschädlich machen; *bomb* etw entschärfen
❷ *(innocuous)* harmlos; ~ **fun** ein harmloser Scherz

harm·less·ly ['hɑːmləsli, AM 'hɑːrm-] *adv* ❶ *(not detrimentally)* harmlos
❷ *(innocuously)* harmlos; **to live** ~ friedlich leben, niemandem schaden [*o* weh tun]

harm·less·ness ['hɑːmləsnəs, AM 'hɑːrm-] *n no pl* Unschädlichkeit *f; of a person* Harmlosigkeit *f*

har·mon·ic [hɑː'mɒnɪk, AM hɑːr'mɑːn-] **I.** *adj* MUS, PHYS harmonisch; ~ **progression** MATH harmonische Sequenz
II. *n* ❶ MUS Oberton *m*
❷ PHYS [harmonische] Oberwelle, harmonische Oberschwingung

har·moni·ca [hɑː'mɒnɪkə, AM hɑːr'mɑːn-] *n* Mundharmonika *f*

har·mon·ics [hɑː'mɒnɪks, AM hɑːr'mɑːn-] *n + sing vb* MUS Harmonik *f fachspr*

har·moni·ous [hɑː'məʊniəs, AM hɑːr'moʊn-] *adj* ❶ *(tuneful)* harmonisch, wohl klingend
❷ *(fig: pleasing) colours* harmonisch; **a ~ blend** eine gelungene Mischung
❸ *(fig: friendly)* harmonisch; *relations* ungetrübt; *agreement* glücklich

har·moni·ous·ly [hɑː'məʊniəsli, AM hɑːr'moʊn-] *adv* harmonisch, in Harmonie; **to get on** ~ gut miteinander auskommen

har·mo·nium [hɑː'məʊniəm, AM hɑːr'moʊ-] *n* Harmonium *nt*

har·mo·ni·za·tion [ˌhɑːmənaɪ'zeɪʃᵊn, AM ˌhɑːrmənɪ'-] *n no pl* ❶ MUS Harmonisierung *f fachspr*
❷ *(act of harmonizing)* Herstellen *nt* von Harmonie
❸ POL *(standardization) of a system* Vereinheitlichung *f*, Harmonisierung *f*

har·mo·nize ['hɑːmənaɪz, AM 'hɑːr-] **I.** *vt* ■**to ~ sth** ❶ MUS etw harmonisieren
❷ *(bring together)* etw in Einklang bringen, etw aufeinander abstimmen; *(make similar)* etw vereinheitlichen
II. *vi* ❶ MUS harmonieren
❷ *(fig)* ■**to ~ [with sb/sth]** *(match)* [mit jdm/etw] harmonieren; *(be consistent) approach, facts* [mit jdm/etw] übereinstimmen

har·mo·ny ['hɑːməni, AM 'hɑːr-] *n* ❶ MUS Harmonie *f; (science)* Harmonielehre *f;* ■**in** ~ mehrstimmig
❷ *no pl (rapport)* Harmonie *f; (concord)* Eintracht *f;* **peace and** ~ Friede[n] und Eintracht; **racial** ~ harmonisches Verhältnis zwischen den Rassen; **to live in** ~ in Eintracht [miteinander] leben; ■**to be in ~ with sb/sth** mit jdm/etw harmonieren [*o* in Einklang stehen]; **in ~ with nature** im Einklang mit der Natur; **in perfect** ~ in vollkommener Harmonie
❸ *no pl (symmetry)* Ebenmäßigkeit *f*, Symmetrie *f*

har·ness ['hɑːnɪs, AM 'hɑːr-] **I.** *n* <*pl* -es> ❶ *for animal* Geschirr *nt; for person* Gurtzeug *nt;* **baby** ~ Laufgeschirr *nt;* **parachute** ~ Gurtwerk *nt;* **safety** ~ Sicherheitsgürtel *m;* **in** ~ angeschirrt, aufgezäumt
❷ *(fig: cooperation)* ■**in** ~ gemeinsam; **to work in ~ with sb** mit jdm gut zusammenarbeiten [*o* ein gutes Team abgeben]
❸ *(fig: everyday life)* tägliche Routine; **back in** ~ wieder im Alltagstrott
II. *vt* ❶ *(attach)* ■**to ~ an animal** ein Tier anschirren [*o* anspannen]; *(secure)* ■**to ~ sb/sth into sth** jdn/etw in etw *dat* anschnallen; ***she ~ed her child into the baby seat*** sie schnallte ihr Kind in den Kindersitz
❷ *(fig: exploit)* ■**to ~ sth** etw nutzen; **to ~ [the forces of] nature** [sich *dat*] die [Kräfte der] Natur nutzbar machen

harp [hɑːp, AM hɑːrp] **I.** *n* Harfe *f*
II. *vi (esp pej fam)* ■**to ~ on** immer dieselbe Leier vorbringen [*o* anbringen] *fam;* ■**to ~ on about sth** auf etw *dat* herumreiten *fam*, die ganze Zeit von etw *dat* reden; ***don't keep ~ing on about it!*** hör endlich auf damit!

harp·ist ['hɑːpɪst, AM 'hɑːrp-] *n* Harfenist(in) *m(f)*, Harfenspieler(in) *m(f)*

har·poon [hɑː'puːn, AM ˌhɑːr'-] **I.** *n* Harpune *f*
II. *vt* **to ~ a whale** einen Wal harpunieren

har·'poon gun *n* Harpunenkanone *f*

harp·si·chord ['hɑːpsɪkɔːd, AM 'hɑːrpsɪkɔːrd] *n* Cembalo *nt*

har·py ['hɑːpi, AM 'hɑːrpi] *n* ❶ *(Greek mythology)* Harpyie *f*
❷ *(pej: strident woman)* Hyäne *f pej*, Xanthippe *f fig geh*, Keifzange *m pej fam*

'har·py eagle *n* ORN Harpyie *f*

har·ri·dan ['hærɪdᵊn, AM 'her-] *n (pej)* Drache *m pej*

har·ried ['hærid, AM 'herid] *adj* geplagt; **to look** ~ [*fam* schwer] mitgenommen aussehen

har·ri·er ['hæriəʳ, AM 'heriɚ] *n* ❶ *(hound)* [Jagd]hund *m (für Hasenjagd)*
❷ SPORT Querfeldeinläufer(in) *m(f)*, SCHWEIZ *a.* Orientierungsläufer(in) *m(f)*
❸ ORN Weihe *f*

Har·ro·vian [hæ'rəʊviən, AM hə'roʊ-] *n* Harrow-Absolvent(in) *m(f)*, Harrow-Schüler(in) *m(f)*

har·row ['hærəʊ, AM 'heroʊ] **I.** *n* Egge *f*
II. *vt* ❶ *(plough)* **to ~ sth** etw eggen
❷ *usu passive (fig)* ■**to ~ sb** *(agonize)* jdn quälen [*o* plagen]; *(frighten)* jdn ängstigen

har·rowed ['hærəʊd, AM 'heroʊd] *adj (in agony)* gequält; *(frightened)* verängstigt; **[with a] ~ expression** [mit] sorgenvolle[r] Miene

har·row·ing ['hærəʊɪŋ, AM 'heroʊ-] *adj* entsetzlich, grauenvoll; **a ~ experience** ein qualvolles Erlebnis; **a ~ story** eine schreckliche Geschichte

har·rumph [hə'rʌm(p)f] **I.** *vi (esp hum fam: clear throat)* sich *akk* räuspern
II. *vt* ■**to ~ sth** etw schnauben [*o* schnaubend sprechen]

har·ry <-ie-> ['hæri, AM heri] *vt (form)* ❶ *(plunder)* ■**to ~ sb/sth** jdn/etw ausplündern
❷ *(harass)* ■**to ~ sb** jdm zusetzen, jdn bedrängen

harsh [hɑːʃ, AM hɑːrʃ] *adj* ❶ *(rough)* rau; ~ **terrain** unwirtliches Gelände; ~ **winter** strenger [*o* harter] Winter
❷ *(disagreeable) colours, light* grell; *fabric* kratzig; *sound* schrill; *scream* gellend; ~ **voice** raue Stimme
❸ *(rigorous)* hart, streng; *(critical)* scharf; ~ **criticism/words** scharfe Kritik/Worte; ~ **education** strenge Erziehung; **the ~ reality** die harte Realität; ~ **reprisal** gnadenlose Vergeltungsmaßnahme; ~ **sentence** harte Strafe; ■**to be ~ on sb** jdn hart anfassen, streng mit jdm sein
❹ *(sharp)* scharf; ~ **contrast** scharfer Kontrast
❺ *(brusque) tone of voice* barsch, schroff

harsh·ly ['hɑːʃli, AM 'hɑːrʃ-] *adv* ❶ *(rigorously)* hart, streng; **to criticize sb/sth** ~ jdn/etw scharf kritisieren; **to judge/punish sb** ~ jdn hart verurteilen/bestrafen; **to treat sb** ~ streng mit jdm sein [*o* ins Gericht gehen]
❷ *(brusquely)* schroff, barsch; ***she spoke ~ to her children*** sie redete in einem schroffen Ton mit ihren Kindern

harsh·ness ['hɑːʃnəs, AM 'hɑːrʃ-] *n no pl* ❶ *(roughness)* Rauheit *f; of weather* Härte *f*, Strenge *f; of terrain* Unwirtlichkeit *f*
❷ *(disagreeableness) of colours, light* Grelle *f; of fabric* Rauheit *f; of voice* Heiserkeit *f*
❸ *(rigour)* Härte *f*, Strenge *f; (criticism)* Schärfe *f*
❹ *(brusqueness)* Schroffheit *f*

hart [hɑːt, AM hɑːrt] *n* Hirsch *m*

harum-scarum [ˌheərəm'skeərəm, AM ˌherəm'skerəm] **I.** *adj pred* unbesonnen, unbedacht
II. *n* unbedachter Mensch

har·vest ['hɑːvɪst, AM 'hɑːr-] **I.** *n* ❶ *(yield)* Ernte *f; of grapes* Lese *f; (process)* Ernten *nt; (season)* Erntezeit *f;* **apple** ~ Apfelernte *f;* **a bumper** ~ eine Rekordernte; **to reap the** ~ die Ernte einbringen
❷ *(fig: result)* Ernte *f*, Ertrag *m;* **a rich ~ of information** eine Fülle von Informationen; **to reap the ~ of sth** *(benefit)* die Ernte einer S. *gen* einfahren; *(suffer)* den Misserfolg einer S. *gen* ernten
II. *vt* ■**to ~ sth** ❶ *(gather)* etw ernten; **to ~ fish** Fische fangen; **to ~ grapes** Trauben lesen; **to ~ timber** Holz schlagen
❷ *(fig: receive)* etw erhalten [*o* ernten]
III. *vi* die Ernte einbringen

har·vest·er ['hɑːvɪstəʳ, AM 'hɑːrvɪstɚ] *n* ❶ *(dated: reaper)* Erntearbeiter(in) *m(f)*
❷ *(machine)* Erntemaschine *f; (for crops)* Mähmaschine *f;* **combined** ~ Mähdrescher *m*

har·vest 'fes·ti·val *n* BRIT Erntedankfest *nt* **har·vest 'home** *n (end of harvest)* Ende *nt* der Ernte; BRIT *(festival)* Erntefest *nt*

'har·vest·ing *n no pl rainwater* Sammeln *nt*

'har·vest·man *n* BRIT Weberknecht *m*

har·vest 'moon *n* Herbstmond *m*, Vollmond *m (zur Tagundnachtgleiche im September)*

has [hæz, həz] *3rd pers. sing of* **have**

has-been ['hæzbiːn, AM -bɪn] *n (pej fam)* ehemalige Größe; ***it's every actor's greatest fear to become a ~*** jeder Schauspieler hat große Angst davor, in Vergessenheit zu geraten; **to be an old** ~ seine Glanzzeit hinter sich *dat* haben

hash¹ [hæʃ] *n (fam) short for* **hashish** Hasch *nt fam*

hash² [hæʃ] **I.** *n* ❶ FOOD Haschee *nt*, Gehacktes *kein pl* SCHWEIZ; **corned beef** ~ Cornedbeefeintopf *m*
❷ *no pl (fam: shambles)* Kuddelmuddel *nt fam*, Durcheinander *nt;* **to make a ~ of sth** etw vermasseln [*o pej* verpfuschen] *fam*
❸ COMPUT Hashzeichen *nt*
II. *vt* ❶ FOOD ■**to ~ sth** etw hacken; *meat* etw haschieren
❷ *(fam: mess up)* ■**to ~ sth** ↄ **up** etw vermasseln [*o pej* verpfuschen] *fam*
❸ COMPUT ■**to ~ sth** etw mit Hilfe der Streuspeichertechnik abbilden
◆**hash over** *vt* AM *(fam)* ■**to ~ over** ↄ **sth** etw breittreten *fam*

hash 'browns *npl esp* AM ≈ Rösti *pl* SÜDD, SCHWEIZ *(Bratkartoffeln aus geriebenen Kartoffeln)*

'hash code *n* COMPUT Hashcode *m*

hash·ish ['hæʃɪʃ] *n no pl* Haschisch *nt*

Has·id <*pl* -im> ['hæsɪd] *n* Chassid *m (Mitglied einer im 18. Jhd. gegründeten jüdischen Sekte)*

Has·id·ic [hæs'ɪdɪk] *adj* chassidisch; ~ **Jews** Chassidim *pl*

hasn't ['hæzᵊnt] = **has not** *see* **have**

hasp [hæsp] *n* ❶ *(on a trunk or suitcase)* Spange *f*
❷ *(on a door or lid)* Klappe *f*

has·sle ['hæsl̩] **I.** *n (fam)* ❶ *(bother)* Mühe *f kein pl*, Theater *nt kein pl fam;* ***parking in town is such a ~*** in der Stadt zu parken ist vielleicht ein Aufstand; ***it's one of the few bars that women can go in and not get any ~*** das ist eine der wenigen Bars, in die Frauen gehen können, ohne belästigt zu werden; ***what's all the ~ about?*** was soll der ganze Aufstand?; ***it is just too much ~*** es ist einfach zu umständlich; **to give sb** ~ *(pester)* jdn schikanieren; *(harass)* jdm Schwierigkeiten machen
❷ *(argument)* Streit *m*, Krach *m fam;* **heavy ~s** heftige [*o* DIAL arge] Auseinandersetzungen
II. *vt (fam)* ■**to ~ sb** *(pester)* jdn schikanieren [*o* drängen]; *(harass)* jdn bedrängen [*o* unter Druck setzen]; ***just don't ~ me*** lass mich einfach in Ruhe
III. *vi* streiten

has·sock ['hæsək] *n* ❶ *(cushion)* [Knie]kissen *nt*
❷ *(tuft of grass)* Grasbüschel *nt*

hast [hæst] *vt, vi (old) 2nd pers. sing pres of* **have**

haste [heɪst] *n no pl (hurry)* Eile *f; (rush)* Hast *f pej;* **to make** ~ sich *akk* beeilen; ■**in** ~ hastig; ***in her ~ to leave the house she forgot her keys*** vor lauter Eile, aus dem Haus zu kommen, ließ sie ihre Schlüssel liegen; **to do sth in** ~ etw in [aller] Eile tun
▸PHRASES: **more ~ less speed** *(prov)* eile mit Weile *prov*

has·ten ['heɪsᵊn] **I.** *vt* ■**to ~ sb** jdn drängen; ■**to ~ sth** etw beschleunigen; **to ~ sb's demise** jds Fall beschleunigen
II. *vi* ❶ *(do fast)* ■**to ~ to do sth** sich *akk* beeilen, etw zu tun; **to ~ to add/say** sich *akk* beeilen hinzuzufügen/zu sagen
❷ *(hurry)* eilen, hasten *pej*

has·ti·ly ['heɪstɪli] *adv* ❶ *(hurriedly)* eilig, hastig *pej*

② *(too quickly)* übereilt, überstürzt; *(without thinking)* vorschnell, voreilig; **to ~ add** schnell hinzufügen

has·ti·ness ['heɪstɪnəs] *n no pl* ① *(hurry)* Eile *f; (rush)* Hastigkeit *f*
② *(overhaste)* Übereile *f,* Überstürzung *f; (without thought)* Voreiligkeit *f*

has·ty ['heɪsti] *adj* ① *(hurried)* eilig, hastig *pej; (very quick)* flüchtig; **~ kiss** ein flüchtiger Kuss; **to beat a ~ retreat** *(fam)* sich *akk* schnell aus dem Staub machen, Fersengeld geben
② *(rashly)* übereilt, überstürzt; *(badly thought out)* vorschnell, voreilig; **to leap to ~ conclusions** voreilige Schlüsse ziehen; **to make ~ decisions** vorschnelle Entscheidungen treffen

hat [hæt] *n* ① *(headgear)* Hut *m;* **fur ~** Pelzmütze *f;* **knitted ~** Strickmütze *f,* Strickhaube *f* ÖSTERR; **straw ~** Strohhut *m;* **woolly ~** [Woll]mütze *f,* [Woll]haube *f* ÖSTERR; **to put on/take off/wear a ~** einen Hut aufsetzen/abnehmen/tragen
② *(fig: particular role)* Rolle *f;* **to wear a ~** eine Rolle spielen
▸PHRASES: **to draw** [*or* **pick**] **sb out of the ~** jdn zufällig auswählen; **at the drop of a ~** auf der Stelle; **to eat one's ~ if ...** *(fam)* einen Besen fressen, wenn ...; **to keep sth under one's ~** etw für sich *akk* behalten; **~s off to sb/sth** Hut ab vor jdm/etw; **to be old ~** ein alter Hut sein; **to pass the ~** [a]round den Hut herumgehen lassen, Geld sammeln; **to take one's ~ off to sb** vor jdm den Hut ziehen; **to talk through one's ~** dummes Zeug reden, Blödsinn verzapfen *fam;* **to throw** [*or* **toss**] **one's ~ into the ring** die Karten auf den Tisch legen; *esp* AM *(become candidate)* kandidieren

'hat·band *n* Hutband *nt* **'hat·box** *n* Hutschachtel *f*

hatch¹ <*pl* -es> [hætʃ] *n* ① *(opening)* Durchreiche *f*
② NAUT Luke *f;* **cargo ~** Ladeluke *f*
▸PHRASES: **down the ~!** runter damit!

hatch² [hætʃ] *vt* ART ■**to ~ sth** etw schraffieren

hatch³ [hætʃ] **I.** *vi* schlüpfen; ***the eggs have started to ~*** die Küken haben begonnen zu schlüpfen
II. *vt* ① *(incubate)* **to ~ an egg** ein Ei ausbrüten
② *(fig: devise)* ■**to ~ sth** etw ausbrüten; *plan, plot* etw aushecken

◆**hatch out** *vi* [aus]schlüpfen; ***the eggs ~ed out into grubs*** aus den Eiern schlüpften Larven

hatch·back ['hætʃbæk] *n* ① *(door)* Hecktür *f,* Heckklappe *f*
② *(vehicle)* Wagen *m* mit Hecktür [*o* Heckklappe]

hatch·ery ['hætʃᵊri] *n for poultry* Brutplatz *m,* Brutstätte *f; for fish* Laichplatz *m*

hatch·et ['hætʃɪt] *n* Beil *nt*
▸PHRASES: **to bury the ~** das Kriegsbeil begraben *hum;* **to bury the ~ over sth** einen Streit [*o* Zwist] um etw *akk* begraben

'hatch·et-face *n (fam)* scharf geschnittene Gesichtszüge **'hatch·et-faced** *adj inv (pej fam)* ■**to be ~** scharfe Gesichtszüge haben [*o geh* aufweisen] **'hatch·et job** *n (pej fam: written)* verleumderischer Angriff; *(spoken)* [unfaire] Verbalattacke; **to do a ~ on sb/sth** jdn/etw fertigmachen *fam* [*o sl* niedermachen] **'hatch·et man** *n (fam: ruthless person) for sabotage, redundancy* Hintermann *m fam;* ECON, FIN Sparkommissar *m fam sl,* Krisenmanager *m (mit rigorosem Sanierungsprogramm); (fam: hit man)* professioneller [*o* gedungener] Killer; *(critic)* Verfasser *m* hetzerischer Artikel; *(slanderer)* Verfasser *m* verleumderischer Artikel

hatch·ing ['hætʃɪŋ] *n no pl* ① *(emerge) of eggs* Ausbrüten *nt; of young* Schlüpfen *nt; (fig) of plan, plot* Aushecken *nt,* Ausknobeln *nt fam*
② *(parallel marks)* Schraffierung *f,* Schraffur *f*

hatch·ling ['hætʃlɪŋ] *n* Junge *nt*

hatch·way ['hætʃweɪ] *n (aperture) through wall* Luke *f; through floor* Bodenluke *f; to the rooftop* Dachluke *f; (on ship) for cargo* [Lade]luke *f*

hate [heɪt] **I.** *n* ① *no pl (emotion)* Hass *m* (**for/of** auf +*akk*); **feelings of ~** Hassgefühle *pl;* **love and ~** Liebe *f* und Hass *m;* **pure ~** blanker Hass; **to feel** [*or* **harbour**] **~ for sb** jdn hassen, jdm gegenüber Hass empfinden; **to give sb a look of ~** jdn hasserfüllt ansehen
② *no pl (aversion)* Abscheu *m*
③ *(object of hatred)* **pet ~** Gräuel *nt;* ***pot noodles are her pet ~*** Instantnudeln sind ihr ein Gräuel; ***toads are my pet ~*** Kröten kann ich auf den Tod nicht ausstehen
II. *n modifier* Hass-; **~ crime** Verbrechen *nt* aus Hass; **~ mail** hasserfüllte Briefe *pl;* **~ stuff on the internet** von Hass getriebene Veröffentlichung im Internet
III. *vt* ① *(dislike)* ■**to ~ sb/sth** jdn/etw hassen; *(feel aversion to)* jdn/etw verabscheuen; **to ~ the sight/sound/smell of sth** etw nicht hören/sehen/riechen können; ■**to ~ doing sth** [*or* **to do sth**] etw äußerst ungern tun; *(stronger)* es hassen, etw zu tun; **I ~ to admit/say it, but ...** es fällt mir äußerst schwer, das zuzugeben/sagen zu müssen, aber ...; ■**to ~ sb doing sth** es nicht ausstehen können, wenn jd etw tut; ***I ~ him telling me what to do all the time*** ich hasse es, wenn er mir immer vorschreibt, was ich tun soll; ■**to ~ sb for doing sth** etw jdm nicht verzeihen können [*o* [*fam* schwer] übelnehmen]
② *(politely regret)* ■**to ~ to do sth** etw [nur] äußerst ungern tun; ***I ~ to interrupt, but it's time we left*** ich störe nur ungern, aber es ist Zeit, aufzubrechen; ***I'd ~ you to think that I was being critical*** ich möchte auf keinen Fall, dass Sie denken, ich hätte Sie kritisiert
▸PHRASES: **to ~ sb's guts** *(fam)* jdn wie die Pest hassen [*o* auf den Tod nicht ausstehen können] *fam;* **sb would ~ to be in sb's shoes** jd möchte nicht in jds Haut stecken
IV. *vi* hassen, Hass empfinden

'hate cam·paign *n* Hasskampagne *f* **'hate crime** *n* LAW *Verbrechen, das aus [Rassen]hass oder Vorurteilen begangen wird*

hat·ed ['heɪtɪd, AM -t̬-] *adj* verhasst

hate·ful ['heɪtfᵊl] *adj (dated)* ① *(filled with hate) person* hasserfüllt; *(detesting, spiteful)* gemein, fies *fam*
② *(unpleasant) action, clothes, comment* abscheulich; *person* unausstehlich; **~ remarks** hässliche [*o* abscheuliche] Bemerkungen

hate·ful·ly ['heɪtfᵊli] *adv* auf gehässige Weise

hate·ful·ness ['heɪtfᵊlnəs] *n no pl* ① *(emotional nature) person* Hasserfülltheit *f* (**towards** gegenüber +*dat)*
② *(dated: unpleasantness)* Abscheulichkeit *f* (**towards** gegenüber +*dat)*

'hate group *n* von Hass getriebene Gruppierung **'hate mail** *n no pl* hasserfüllte Briefe

hate·mon·ger ['heɪt,mʌŋgəʳ, AM -,mɑːŋgɚ] *n* POL Hetzer(in) *m(f),* Aufwiegler(in) *m(f)*

hath [hæθ] *vi, vt (old) 3rd pers. sing pres of* **have**

hat·less ['hætləs] *adj inv* ohne Hut *nach n,* barhäuptig *liter*

'hat·pin *n* Hutnadel *f*

ha·tred ['heɪtrɪd] *n no pl* ① *(emotion)* Hass *m* (**of/for** auf +*akk*); **to nurse an irrational ~ of sb/sth** einen unbegründeten Hass gegen jdn/etw hegen; **racial/self-~** Rassen-/Selbsthass *m*
② *(aversion)* Abscheu *m* (**of** vor +*dat)*

'hat·stand *n* Garderobenständer *m*

hat·ter ['hætəʳ, AM -t̬ɚ] *n (hat-maker)* Hutmacher(in) *m(f)*
▸PHRASES: **to be as mad as a ~** total verrückt sein, einen Dachschaden haben *fam*

'hat-trick *n* Hattrick *m;* **to make** [*or* **score**] **a ~** einen Hattrick erzielen; ***after two election victories the government has hopes of a ~*** nach zwei Wahlsiegen rechnet die Regierung jetzt wohl damit, dass aller guter Dinge drei sind

haugh·ti·ly ['hɔːtɪli, AM 'hɑːt̬-] *adv (pej) of attitude, manner, personality* überheblich *pej,* arrogant *pej; of person* hochmütig *pej,* hochnäsig *pej; of look, remark* geringschätzig *pej*

haugh·ti·ness ['hɔːtɪnəs, AM 'hɑːt̬-] *n no pl (pej) of attitude, manner, personality* Überheblichkeit *f pej,* Arroganz *f pej; of person* Hochmut *m pej,* Überheblichkeit *f pej; of look, remark* Geringschätzigkeit *f pej*

haugh·ty ['hɔːti, AM 'hɑːt̬i] *adj (pej) attitude, manner, personality* überheblich *pej,* arrogant *pej; person* hochmütig *pej,* hochnäsig *pej,* eingebildet *pej; look, remark* geringschätzig *pej*

haul [hɔːl, AM *esp* hɑːl] **I.** *n* ① *usu sing (drag, pull)* **to give a ~** [kräftig] ziehen; **to give sb a ~ up onto a/the wall** jdn eine/die Mauer hochziehen [*o* hochwuchten]
② *(quantity caught)* Ausbeute *f; of fish* Fang *m* (**of** an +*dat)*, Ausbeute *f* (**of** von/an +*dat)*; **poor ~** ein magerer Fang; *of stolen goods* magere Beute
③ *(distance covered)* Strecke *f;* TRANSP Transport[weg] *m;* **long ~** Güterfernverkehr *m;* **short ~** Nahtransport *m;* **long-/short-~ flight** Kurzstrecken-/Langstreckenflug *m;* ***it was a long ~, but we are finished at last*** *(fig)* es hat sich zwar lange hingezogen, aber jetzt sind wir endlich fertig
II. *vt* ① *(pull with effort)* ■**to ~ sb/sth** jdn/etw ziehen; *sb, sth heavy* jdn/etw schleppen; *vehicle* etw [ab]schleppen; **to ~ oneself out of bed** sich *akk* aus dem Bett hieven *fam;* **to ~ a boat out of the water** ein Boot aus dem Wasser ziehen; *(fig fam: bring before authority)* **to ~ sb before the court/a magistrate** jdn vors Gericht/vor einen Richter [*o sl* den Kadi] schleppen
② *(transport goods)* ■**to ~ sth** etw befördern [*o* transportieren]
③ *(make tell)* ■**to ~ sth out of sb** etw aus jdm herausbekommen [*o fam* herausquetschen]
▸PHRASES: **to ~ ass** AM *(fam!)* die Hufe schwingen *sl,* die Beine in die Hände nehmen *sl*
III. *vi* zerren, fest[e] [*o* kräftig] ziehen; **to ~ on a rope/the reins** an einem Seil/den Zügeln zerren

◆**haul away I.** *vt* ■**to ~ away** ○ **sth** *vehicle, big animal* etw wegziehen; *(with more effort)* etw mit aller Kraft ziehen; *(more brutally)* etw wegzerren
II. *vi* ■**to ~ away on sth** kräftig [*o* mit aller Kraft] an etw *dat* ziehen; *(more brutally)* an etw *dat* zerren

◆**haul down** *vt* **to ~ down a flag/sail** eine Fahne/ein Segel einholen

◆**haul in** *vt (fam)* ■**to ~ in** ○ **sb** *suspect* jdn einkassieren *sl,* sich *dat* jdn schnappen *fam*

◆**haul off I.** *vt* ■**to ~ off** ○ **sb/sth** *sb, sth heavy* jdn/etw wegziehen; *(more brutally)* jdn/etw wegzerren; **to ~ sb off to jail** jdn ins Gefängnis werfen [*o fam sl* verfrachten]
II. *vi* AM *(fam)* [zum Schlag] ausholen

◆**haul up** *vt (fig fam)* ■**to ~ up** ○ **sb/sth** jdn/etw hochziehen [*o* hinaufziehen]; *(with more effort)* jdn/etw hochschleppen [*o* hinaufschleppen]; **to ~ sb up before a court** jdn vor Gericht stellen; **to ~ sb up in front of a magistrate** jdn vor den Kadi bringen *sl*

haul·age ['hɔːlɪdʒ, AM *esp* 'hɑːl-] *n no pl* ① *(transportation)* Transport *m,* Beförderung *f;* **road ~** Straßentransport *m*
② *(transportation costs)* Transportkosten *pl,* Speditionsgebühren *pl*

'haul·age busi·ness, 'haul·age com·pa·ny *n* Transportunternehmen *nt,* Spedition[sfirma] *f,* Fuhrunternehmen *nt* **'haul·age con·trac·tor** *n* Transportunternehmer(in) *m(f),* Spediteur(in) *m(f),* Fuhrunternehmer(in) *m(f)* **'haul·age firm** *n* Transportunternehmen *nt,* Spedition[sfirma] *f,* Fuhrunternehmen *nt*

haul·ier, AM **haul·er** ['hɔːliəʳ, AM 'hɑːlɚ] *n* ① *(firm)* Frachtführer *m,* Spediteur *m,* Fuhrunternehmer *m*
② *(driver)* Fahrer(in) *m(f)*

haunch <*pl* -es> [hɔːn(t)ʃ, AM *esp* hɑːn(t)ʃ] *n* ① *(upper leg and buttock)* Hüfte *f;* **to sit** [*or* **squat**] **on one's ~es** in der Hocke sitzen *fam*
② *(cut of meat)* Keule *f;* **~ of venison** Rehkeule *f*

haunt [hɔːnt, AM *esp* hɑːnt] **I.** *vt* ① *(visit)* ■**to ~ sb** *fear, ghost* jdn verfolgen [*o* heimsuchen]; ***a lady in white ~s the stairway*** im Treppenaufgang spukt eine Frau in Weiß; ■**to be ~ed by sb/sth** von jdm/etw heimgesucht werden; ***that house is ~ed*** in diesem Haus spukt es
② *(trouble repeatedly)* ■**to ~ sb** *memories, experiences* jdn plagen [*o* quälen] [*o* verfolgen]; *anxiety, memories, nightmares* jdn heimsuchen; **to ~ sb's**

have to/must

Expressing necessity

When expressing necessity, *have to* has the same meaning as *must* and is translated by *müssen*:

We *have to* go now.	Wir *müssen* jetzt gehen.
Must we [*o* Do we *have to*] leave now?	*Müssen* wir jetzt gehen?

müssen is used to translate *have to* both where it indicates a habitual action and where it indicates a single action:

I *have to* walk the dog every day.	Ich *muss* jeden Tag mit dem Hund spazieren gehen.
I *have to* walk the dog this afternoon.	Ich *muss* heute Mittag mit dem Hund spazieren gehen.
You don't *have to* keep on telling me.	Du *musst* es mir nicht andauernd sagen.

Similarly, *müssen* is used in sentences where the inclusion of *got* indicates the one-off nature of an activity:

I've got to go to the bank.	Ich *muss* zur Bank gehen.
I *haven't got to* phone home (but I think I'd better).	Ich *muss* nicht zu Hause anrufen (aber ich glaube, es wäre besser).

However, when *have [got] to* indicates an obligation resulting from a command (in the sense of *have been told to*), it is usually translated with *sollen:*

I've got to be home by 10 o' clock.	Ich *soll* um 22 Uhr zu Hause sein.
I *have to* sit here.	Ich *soll* hier sitzen.

Since *must* has no infinitive or past tense, *have to* is used in these contexts. Again, it is translated by *müssen*.

I'm sorry to *have to* say this, but...	Es tut mir leid, (Ihnen) das sagen zu *müssen*, aber ...
She *had to* go to Munich.	Sie *musste* nach München fahren.
I *had to* promise her.	Ich *musste* es ihr versprechen.
He *had to* have seen something.	Er *musste* etwas gesehen *haben*.

müssen corresponds with *must* when it is used to express something which will be necessary in the future:

I *must* remember to buy some milk.	Ich *muss* daran denken, Milch zu kaufen.

In sentences with *will*, *have to* is used and is also translated by *müssen*:

Will we *have to* take an exam?	Werden wir eine Prüfung machen *müssen*?
You'll *have to* hurry if you want to catch your plane.	Du *musst* dich beeilen, wenn du den Flug nicht verpassen willst.
If you won't come, I'll *have to* go on my own.	Wenn du nicht mitkommst, *muss* ich wohl allein gehen.

Expressing (lack of) obligation

The negative *dürfen nicht* translates *must* when it is coupled with *not*, expressing a sense of obligation (or *not being allowed to*):

We *must not* be late.	Wir *dürfen* nicht zu spät kommen.
You *mustn't* do that.	Das *darfst* du nicht machen.
You *mustn't* say anything.	Du *darfst* nichts sagen.

In contrast, *müssen nicht* expresses a lack of obligation and can be used to translate *have to* when it is coupled with *not*:

You don't *have to* keep on telling me.	Du *musst* es mir nicht andauernd sagen.
You don't *have to* obey the rules.	Sie *müssen* sich nicht an die Regeln halten.
You didn't *have to* tell me.	Du *musstest* es mir nicht sagen.
We don't *have to* go.	Wir *müssen* nicht gehen.

However, this meaning is often expressed by *nicht brauchen*:

You don't *have to* come.	Du *brauchst nicht* mitzukommen.
You don't *have to* tell me.	Du *brauchst* es mir nicht zu sagen.
He wouldn't have *had to* apologise if ...	Er hätte sich *nicht* zu entschuldigen *brauchen*, wenn ...

Expressing belief

Must can be translated by *müssen* where it is used to express a strong belief or a sense of *being certain to*:

You've been up all night, you *must* be exhausted.	Du warst die ganze Nacht auf, du *musst* bestimmt erschöpft sein.
You *must* have been exhausted.	Du *musst* erschöpft gewesen sein.

However more frequently, *müssen* is replaced by the adverb *bestimmt*:

You've been up all night, you *must* be exhausted.	Du warst die ganze Nacht auf, du bist *bestimmt* erschöpft.
You *must* be furious.	Sie sind *bestimmt* sehr wütend.

Similarly, the adverb *sicher* can be used to emphasise a sense of logical deduction:

She *must* be working from home today.	Sie arbeitet heute *sicher* zu Hause.

dreams in jds Träumen herumgeistern
③ *(frequent)* ■ **to ~ sth** *place, pub* etw häufig besuchen [*o* frequentieren], in etw *dat* häufig verkehren *geh;* ***I knew he wouldn't ~ such pubs*** ich wusste, dass er in solchen Kneipen nicht verkehrt
II. *n (frequented place)* Treffpunkt *m; (pub)* Stammlokal *nt,* Stammkneipe *f fam,* Stammbeisl *nt* ÖSTERR; ***the village is a favourite tourist ~*** das Dorf ist ein beliebtes Ausflugsziel für Touristen; **the ~s of one's childhood** die Stätten seiner Kindheit

haunt·ed ['hɔ:ntɪd, AM 'hɑ:nt̬ɪd] *adj* ① *(with ghosts)* Spuk-; ***I wouldn't go there, it's ~!*** ich würde nicht dorthin gehen, dort spukt es!; **~ castle** Spukschloss *nt,* Geisterschloss *nt* SCHWEIZ; **~ house** Gespensterhaus *nt,* Haus *nt,* in dem es spukt
② *(troubled)* **~ look** gehetzter Blick; *(suffering)* **to have ~ eyes** einen gequälten Ausdruck in den Augen haben

haunt·ing ['hɔːntɪŋ, AM 'hɑːnt̬-] I. *n no pl* Spuken *nt,* Spukerei *f fam*
II. *adj* ❶ *(persistently disturbing)* **a ~ doubt** ein nagender Zweifel; **a ~ fear/memory** eine quälende Angst/Erinnerung
❷ *(stirring) melody, sound* sehnsuchtsvoll, schwermütig; **to have a ~ beauty** von unvergleichlicher Schönheit sein

haunt·ing·ly ['hɔːntɪŋli, AM 'hɑːnt] *adv* unwiderstehlich, ergreifend

Hau·sa ['haʊsə] *n* Hau[s]sa *nt*

haute cou·ture [ˌəʊtkʊ'tjʊəʳ, AM ˌoʊtkuː'tʊr] *n no pl* Haute Couture *f*

haute cui·sine [ˌəʊtkwɪ'ziːn, AM ˌoʊt-] *n no pl* Haute Cuisine *f*

hau·teur [əʊ'tɜːʳ, AM hoʊ'tɜːr] *n no pl (pej form liter)* Hochmut *m pej*

Ha·vana [hə'vænə] *n* ❶ *(cigar)* Havanna[zigarre] *f* ❷ *no pl* GEOG *(city)* Havanna *nt*

have [hæv, həv]

I. AUXILIARY VERB II. TRANSITIVE VERB III. NOUN

I. AUXILIARY VERB

<has, had, had> ❶ *(forming past tenses)* ***he has never been to Scotland before*** er war noch nie zuvor in Schottland; ***we had been swimming*** wir waren schwimmen gewesen; ***I've heard that story before*** ich habe diese Geschichte schon einmal gehört; ***I wish I'd bought it*** ich wünschte, ich hätte es gekauft; ***~ we been invited? — yes we ~*** sind wir eingeladen worden? – ja, sind wir; ***I've passed my test — ~ you? congratulations!*** ich habe den Test bestanden – oh, wirklich? herzlichen Glückwunsch!; ***they still hadn't had any news*** sie hatten immer noch keine Neuigkeiten
❷ *(experience)* ***she had her car stolen last week*** man hat ihr letzte Woche das Auto gestohlen; ***he had a window smashed*** es wurde ihm eine Scheibe eingeschlagen
❸ *(render)* ▪**to ~ sth done** etw tun lassen; **to ~ one's hair cut/done/dyed** sich *dat* die Haare schneiden/machen/färben lassen
❹ *(must)* ▪**to ~** [*or* **~ got**] **to do sth** etw tun müssen; ***what time ~ we got to be there?*** wann müssen wir dort sein?; ***do I ~ to?*** muss ich [das] wirklich?
❺ *(form: if)* **had I/she/he etc. done sth, ...** hätte ich/sie/er etc. etw getan, ..., wenn ich/sie/er etc. etw getan hätte, ...; ***if only I'd known this*** wenn ich das nur gewusst hätte

II. TRANSITIVE VERB

<has, had, had> ❶ *(possess)* ▪**to ~** [*or esp* BRIT, AUS **~ got**] **sth** etw haben; ***he's got green eyes*** er hat grüne Augen; *(own)* etw haben [*o* besitzen]; ***I don't have*** [*or* ***haven't got***] ***a car*** ich habe [*o* besitze] kein Auto; ***do you have a current driving licence?*** haben Sie einen gültigen Führerschein?; ***she has a degree in physics*** sie hat einen Hochschulabschluss in Physik; **to ~** [*or esp* BRIT, AUS **~ got**] **the time** *(know the time)* die Uhrzeit haben, wissen, wie spät [*o* wie viel Uhr] es ist; *(have enough time)* Zeit haben; ***~ you got the time?*** kannst du mir die Uhrzeit sagen?; ***will you ~ time to finish the report today?*** reicht es Ihnen, den Bericht heute noch zu Ende zu schreiben?
❷ *(suffer from)* ▪**to ~** [*or esp* BRIT, AUS **~ got**] **sth** *illness, symptom* etw haben; **to ~ cancer/polio** Krebs/Polio haben, an Krebs/Polio erkrankt sein; **to ~ a cold** erkältet sein, eine Erkältung haben
❸ *(feel)* ▪**to ~** [*or esp* BRIT, AUS **~ got**] **sth** etw haben; ***at least she had the good sense to turn the gas off*** zumindest war sie so schlau, das Gas abzudrehen; ***he had the gall to tell me that I was fat!*** hat er doch die Frechheit besessen, mir zu sagen, ich sei dick!; **to ~ the decency to do sth** die Anständigkeit besitzen, etw zu tun; **to ~ the honesty to do sth** so ehrlich sein, etw zu tun; **to ~ patience/sympathy** Geduld/Mitgefühl haben; ***I ~n't any sympathy for this troublemaker*** ich empfinde keinerlei Mitleid mit diesem Unruhestifter
❹ *(engage in)* **to ~ a bath/shower** ein Bad/eine Dusche nehmen, baden/duschen; **to ~ a nap** [*or fam* **snooze**] ein Schläfchen [*o fam* Nickerchen] machen; **to ~ a party** eine Party machen; **to ~ a swim** schwimmen; **to ~ a talk with sb** mit jdm sprechen; *(argue)* sich *akk* mit jdm aussprechen; **to ~ a try** es versuchen; ***I'd like to ~ a try*** ich würde es gern einmal probieren; **to ~ a walk** spazieren gehen, einen Spaziergang machen
❺ *(consume)* ▪**to ~ sth** etw zu sich *dat* nehmen; ***I'll ~ the trout, please*** ich hätte gern die Forelle; ***I haven't had shrimps in ages!*** ich habe schon ewig keine Shrimps mehr gegessen!; ***~ a cigarette/some more coffee*** nimm doch eine Zigarette/noch etwas Kaffee; ***we're having sausages for lunch today*** zum Mittagessen gibt es heute Würstchen; **to ~ a cigarette** eine Zigarette rauchen; **to ~ lunch/dinner** zu Mittag/Abend essen
❻ *(experience)* ***we're having a wonderful time in Venice*** wir verbringen eine wundervolle Zeit in Venedig; ***we didn't ~ any difficulty finding the house*** wir hatten keinerlei Schwierigkeiten, das Haus zu finden; ***we'll soon ~ rain*** es wird bald regnen; ***let's not ~ any trouble now!*** bloß kein Ärger jetzt!; **to ~ fun/luck** Spaß/Glück haben; **~ a nice day/evening!** viel Spaß!; *(to customers)* einen schönen Tag noch!
❼ *(receive)* ***I've just had a letter from John*** ich habe gerade erst einen Brief von John erhalten; ***okay, let's ~ it!*** okay, her [*o* rüber] damit! *fam;* **to let sb ~ sth back** jdm etw zurückgeben; **to ~ news of sb** Neuigkeiten von jdm erfahren
❽ *(receive persons)* ***my mother's having the children to stay*** die Kinder bleiben bei meiner Mutter; ***we had his hamster for weeks*** wir haben wochenlang für seinen Hamster gesorgt; ***they've got Ian's father staying with them*** Ians Vater ist bei ihnen zu Besuch; ***thanks for having us*** danke für Ihre Gastfreundschaft; **to ~ sb back** *(resume relationship)* jdn wieder [bei sich *dat*] aufnehmen; ***they solved their problems, and she had him back*** sie haben ihre Probleme gelöst und sie ist wieder mit ihm zusammen; **to ~ sb to visit** jdn zu [*o* auf] Besuch haben; **to ~ visitors** Besuch haben
❾ *(feature)* ▪**to ~** [*or esp* BRIT, AUS **~ got**] **sth** etw haben; ***the new model has xenon headlights*** das neue Modell ist mit Xenon-Scheinwerfern ausgestattet
❿ *(exhibit)* ▪**to ~** [*or esp* BRIT, AUS **~ got**] **sth** etw haben [*o* aufweisen]; ***this wine has a soft, fruity flavour*** dieser Wein schmeckt weich und fruchtig
⓫ *(comprise)* ▪**to ~** [*or esp* BRIT, AUS **~ got**] **sth** etw haben; ***a week has 7 days*** eine Wochen hat [*o geh* zählt] 7 Tage
⓬ *(have learned)* ▪**to ~** [*or esp* BRIT, AUS **~ got**] **sth** etw haben; **to ~ [a little] French/German** Grundkenntnisse in Französisch/Deutsch haben
⓭ *(think)* ▪**to ~** [*or esp* BRIT, AUS **~ got**] **sth** *idea, plan, reason, suggestion* etw haben; ***~ you reason to think he'll refuse?*** *(form)* haben Sie Grund zur Annahme, dass er ablehnen wird?
⓮ *(be obliged)* ▪**to ~** [*or esp* BRIT, AUS **~ got**] **sth to do** etw tun müssen; ***you simply ~ to see this film!*** diesen Film musst du dir unbedingt anschauen!
⓯ *(give birth to)* **to ~ a child** ein Kind bekommen; ***my mother was 18 when she had me*** meine Mutter war 18, als ich geboren wurde; **to be having a baby** *(be pregnant)* ein Baby bekommen, schwanger sein
⓰ *(render)* **to have** [*or esp* BRIT, AUS **~ got**] **the radio/TV on** das Radio/den Fernseher anhaben *fam;* **to ~** [*or esp* BRIT, AUS **~ got**] **sth ready** *(finish)* etw fertig haben; *(to hand)* etw bereit haben
⓱ *(induce)* ▪**to ~ sb do sth** jdn [dazu] veranlassen, etw zu tun; ▪**to ~ sb/sth doing sth** jdn/etw dazu bringen, etw zu tun; ***the film soon had us crying*** der Film brachte uns schnell zum Weinen; ***Guy'll ~ it working in no time*** Guy wird es im Handumdrehen zum Laufen bringen
⓲ *(request)* ▪**to ~ sb do sth** jdn [darum] bitten, etw zu tun; ***I'll ~ the secretary run you off a copy for you*** ich werde von der Sekretärin eine Kopie für Sie anfertigen lassen
⓳ *(find)* ▪**to ~** [*or esp* BRIT, AUS **~ got**] **sb/sth** jdn/etw [gefunden] haben
⓴ *(place)* ▪**to ~** [*or esp* BRIT, AUS **~ got**] **sb/sth somewhere** jdn/etw irgendwo haben; ***she had her back to me*** sie lag/saß/stand mit dem Rücken zu mir
㉑ *(hold)* ▪**to ~** [*or esp* BRIT, AUS **~ got**] **sb/sth by sth**: ***she had the dog by the ears*** sie hielt den Hund fest an den Ohren; **to ~** [*or esp* BRIT, AUS **~ got**] **sb by the throat** jdn bei [*o* an] der Kehle [*o* Gurgel] gepackt haben
㉒ *(fam!: have sex with)* ▪**to ~ sb** mit jdm Sex haben; ***how many men have you had?*** wie viele Männer hast du gehabt?
㉓ *(fam: deceive)* ***£80 for a CD? you've been had!*** 80 Pfund für eine CD? dich hat man ganz schön übern Tisch gezogen! *fam*
㉔ *(fam: confound)* ▪**to ~** [*or esp* BRIT, AUS **~ got**] **sb** jdn in Verlegenheit bringen; ***the GNP of Greece? you ~ me there*** das BSP von Griechenland? da hab ich nicht den leisesten Schimmer *fam*
㉕ *esp* AM *(fam: indulge)* ▪**to ~ oneself sth** sich *dat* etw gönnen [*o* genehmen]; ***I think I'm going to have myself an ice cream*** Ich glaub', ich gönne mir ein Eis; ***don't worry about it anymore — just go and have yourself a nice little holiday*** mach dir mal keine Gedanken mehr darüber – genieße erstmal deinen Urlaub
▸PHRASES: **to not ~ any [of it]** *(fam)* nichts von etw *dat* wissen wollen; **to not ~ sb/sth doing sth** nicht erlauben [*o* zulassen], dass jd/etw etw tut; **to ~ done with sth** mit etw *dat* fertig sein; **to ~ [got] it** *(find answer)* ***we ~ it!*** wir haben es!; **to ~ it that ...** *(claim)* ***rumour has it that ...*** es geht das Gerücht [um], dass ...; **to have had it** *(fam: be broken)* hinüber sein *fam,* ausgedient haben; *(be tired)* fix und fertig sein *fam; (be in serious trouble)* dran *fam* [*o sl* geliefert] sein; ***if she finds out, you've had it!*** wenn sie es herausfindet, bist du dran [*o* ist der Ofen aus]! *fam;* **to have had it with sb/sth** *(fam)* von jdm/etw die Nase [gestrichen] voll haben *fam,* jdn/etw satthaben; ***I've had it with his childish behaviour!*** sein kindisches Benehmen steht mir bis hier oben!; **there's none to be had of sth** etw ist nicht zu bekommen [*o fam* aufzutreiben]; ***there's no real Italian cheese to be had round here*** man bekommt hier nirgendwo echten italienischen Käse; **to not ~ sth** *(not allow)* etw nicht zulassen, [jdm] etw nicht abnehmen wollen; ***I won't ~ it!*** kommt nicht infrage [*o fam* in die Tüte]!; ***I'm not having any squabbling in this house*** ich toleriere in diesem Haus keine Zankerei; ***I'm not having your behaviour spoil my party*** ich werde mir meine Feier durch dein Benehmen nicht verderben lassen; ***I wont have you insult my wife*** ich lasse es nicht zu, dass Sie meine Frau beleidigen; **to ~** [*or esp* BRIT, AUS **~ got**] **nothing on sb** *(fam: be less able)* gegen jdn nicht ankommen, mit jdm nicht mithalten können; *(lack evidence)* nichts gegen jdn in der Hand haben, keine Handhabe gegen jdn haben; ***he's a good player, but he's got nothing on his brother*** er spielt gut, aber seinem Bruder kann er noch lange nicht das Wasser reichen; **and what ~ you** *(fam)* und wer weiß was noch *fam*

III. NOUN

(fam) ▪**the ~s** *pl* die gut Betuchten *fam,* die Reichen; **the ~s and the ~-nots** die Besitzenden und die Besitzlosen

◆**have against** *vt* **to ~ something against sb/sth** etwas gegen jdn/etw [*fam* einzuwenden] haben; **to not ~ anything** [*or* **to ~ nothing**] **against sb/sth** nichts gegen jdn/etw [*fam* einzuwenden] haben

◆**have around** *vt* ▪**to ~ sth around** etw zur Hand haben; ▪**to ~ sb around** jdn in der Nähe haben

H

◆**have away** *vt* BRIT *(vulg sl: have sex)* ■**to ~ it away [with sb]** es [mit jdm] treiben *fam*

◆**have back** *vt* ■**to ~ sth back** etw zurückhaben; ■**to ~ sb back** sich *akk* wieder mit jdm einlassen

◆**have in** *vt* ① *(call to do)* ■**to ~ in** [*or esp* BRIT, AUS **~ got in**] ○ **sb [to do sth]** jdn kommen lassen[, um etw zu tun]; ***I had someone in to fix the heating*** ich hatte einen Handwerker da, um die Heizung zu reparieren; ***we've had the painters in the house all week*** wir hatten die ganze Woche die Maler im Haus
② *(call in)* ■**to ~ sb in** ○: ***can I ~ the next patient in, please?*** der nächste Patient, bitte
③ *(show ability)* ■**to ~** [*or esp* BRIT, AUS **~ got**] **it in one** *(fam)* das Zeug[s] zu etw *dat* haben *fam;* ***I don't think she has it in her to become a model*** ich glaube nicht, dass sie das Zeug zu einem Model hat
▶PHRASES: **to ~ it in for sb** *(fam)* jdn auf dem Kieker haben *fam,* es auf jdn abgesehen haben ÖSTERR, SCHWEIZ *fam*

◆**have off** *vt* ① BRIT, AUS *(vulg sl: have sex)* ■**to ~ it off [with sb]** es [mit jdm] treiben *fam*
② *(take off)* ■**to ~** [*or esp* BRIT, AUS **~ got**] **sth off** *clothes* etw ausgezogen [*o fam* nicht an] haben; *hat* etw abgenommen [*o fam* nicht auf] haben; ***let's ~ your jumper off!*** runter mit deinem Pulli!
③ *(detach)* ■**to ~ sth off** etw abmachen *fam*

◆**have on** *vt* ① *(wear)* ■**to ~** [*or esp* BRIT, AUS **~ got**] **on** ○ **sth** *clothes* etw tragen [*o fam* anhaben]; *hat* etw tragen [*o fam* aufhaben]
② *(have running)* ■**to ~ sth on** *radio, heating* etw anhaben
③ *(carry)* ■**to ~** [*or esp* BRIT, AUS **~ got**] **sth on one** etw bei sich *dat* haben, etw mit sich *dat* führen; **~ *you got money on you?*** hast du Geld dabei?
④ *(know information about)* ■**to ~** [*or esp* BRIT, AUS **~ got**] **sth on sb/sth** *evidence, facts* etw über jdn/etw [in der Hand] haben; **~ *we got anything on this organization?*** haben wir irgendwelche Informationen über diese Organisation?; ***we've got nothing on him, we'll have to let him go*** wir haben keine Beweise gegen ihn, wir müssen ihn freilassen
⑤ BRIT *(fam: trick)* ■**to ~ sb on** jdn auf den Arm nehmen, jdn verkohlen [*o* veräppeln] [*o* SCHWEIZ *a.* auf die Rolle schieben] *fam;* ■**to ~ sb on that ...** jdm weismachen, dass ... *fam;* ***I thought he was having me on when he told me she was having an affair*** als er mir sagte, dass sie eine Affäre hat, dachte ich, er macht Witze
⑥ *(plan)* ■**to ~** [*or esp* BRIT, AUS **~ got**] **sth on** etw vorhaben; **~ *you got anything on this week?*** liegt bei dir diese Woche etwas an?; **to ~ a lot on** sehr beschäftigt sein, viel zu tun haben

◆**have out** *vt* ① *(remove)* ■**to ~ out** ○ **sth** sich *dat* etw herausnehmen lassen; ***he had his wisdom teeth out yesterday*** ihm sind gestern die Weisheitszähne gezogen worden
② *(fam: end an argument)* ■**to ~ it out [with sb]** es [mit jdm] ausdiskutieren; **to ~ it out with sb once and for all** es [ein für alle Mal] mit jdm klären; **to ~ the whole thing out** die ganze Sache [vollständig] klären, reinen Tisch machen *fam*
③ *(take out)* ■**to ~ out** ○ **sth** *bicycle, boat, car* etw herausholen

◆**have over,** *esp* BRIT **have round** *vt* ■**to ~ sb over** jdn zu Besuch haben; *(invite)* jdn zu sich einladen; ***we should ~ the Jones' over for a drink sometime*** wir sollten die Jones mal zu einem Drink einladen

◆**have up** *vt* ① BRIT *(fam: indict)* ■**to ~ sb up for sth** jdn wegen einer S. *gen* drankriegen *fam;* ***he was had up for burglary*** sie haben ihn wegen Einbruchs drangekriegt
② *(hang)* ■**to ~ sth up** *picture, photo, poster* etw aufgehängt haben

ha·ven [ˈheɪvᵊn] *n* Zufluchtsort *m,* Zufluchtsstätte *f geh;* **a peaceful ~** ein Hafen *m* der Ruhe; **a safe ~** ein sicherer Hafen [*o* Zufluchtsort]

ˈhave-not *n usu pl* Besitzlose(r) *f(m),* Habenichts *m pej*

haven't [ˈhævᵊnt] = **have not** *see* **have**

hav·er·sack [ˈhævəsæk, AM -vɚ-] *n (dated)* Brotbeutel *m hist*

hav·oc [ˈhævək] *n no pl* ① *(destruction)* Verwüstung *f,* verheerender Schaden; **the ~ of a fire/storm** die Verwüstungen *pl* durch ein Feuer/einen Sturm; **to wreak ~ [on sth]** sich *akk* verheerend [auf etw *akk*] auswirken, schlimme Schäden bei etw *dat* anrichten; ***the storm wreaked ~ on our garden*** der Sturm hat unseren Garten total verwüstet
② *(disorder)* [schlimmes] Durcheinander, Chaos *nt;* **to play ~ with sth, to wreak ~ [on sth]** etw völlig durcheinanderbringen; *(stronger)* sich *akk* verheerend auf etw *akk* auswirken; ***the pupils wreaked ~ in the classroom*** die Schüler haben das Klassenzimmer total auf den Kopf gestellt

Ha·vre [ˈ(h)ɑːvrə] *n* ■**Le ~** Le Havre *nt*

haw [hɔː, AM *esp* hɑː] **I.** *interj (also iron)* haha *a. iron*
II. *vi* ▶PHRASES: **to hum** [*or* AM **hem**] **and ~** herumdrucksen *fam*

Ha·waii [həˈwaɪiː, AM -ˈwɑːiː] *n no pl* Hawaii *nt*

Ha·wai·ian [həˈwaɪən, AM -ˈwɑːjən] **I.** *n* ① *(person)* Hawaiianer(in) *m(f)*
② *no pl (language)* Hawaiisch *nt*
II. *adj inv* hawaiisch

hawk¹ [hɔːk, AM *esp* hɑːk] *n* ① *(bird)* Habicht *m,* Sperber *m; (falcon)* Falke *m;* AM *a.* Greifvogel *m; (fig)* **to have eyes like a ~** Adleraugen haben; **to watch sb like a ~** jdn nicht aus den Augen lassen
② POL *(also fig: supporter of aggression)* Falke *m*

hawk² [hɔːk, AM *esp* hɑːk] *vt* ■**to ~ sth** etw auf der Straße verkaufen; *(door to door)* mit etw *dat* hausieren gehen

◆**hawk about, hawk around** *vt (also fig)* ■**to ~ sth around** [*or* **about**] *(in public) gossip, news* mit etw *dat* hausieren gehen

hawk³ [hɔːk, AM *esp* hɑːk] *vi* sich *akk* räuspern

◆**hawk up** *vt (sl)* ■**to ~ up** ○ **sth** etw aushusten; **to ~ up phlegm** Schleim aushusten

hawk·er [ˈhɔːkəʳ, AM ˈhɑːkɚ] *n* Hausierer(in) *m(f); (in the street)* fliegender Händler, Straßenhändler(in) *m(f)*

ˈhawk-eyed *adj* scharfsichtig *geh;* ■**to be ~** Adleraugen haben

hawk·ish [ˈhɔːkɪʃ, AM *esp* ˈhɑːk-] *adj* POL militant; ■**to be ~** einen harten [außen]politischen Kurs vertreten

hawk·ish·ness [ˈhɔːkɪʃnəs, AM *esp* ˈhɑːk-] *n no pl* POL militante Befürwortung eines harten [außen]politischen Kurses

ˈhawk moth *n* ZOOL Schwärmer *m*

haws·er [ˈhɔːzəʳ, AM ˈhɑːzɚ] *n* NAUT Trosse *f*

haw·thorn [ˈhɔːθɔːn, AM ˈhɑːθɔːrn] *n no pl* Weißdorn *m;* **pink ~** Rotdorn *m*

Hawthorne ef·fect [ˈhɔːθɔːn-, AM ˈhɑːθɔːrn-] *n* PSYCH Hawthorne-Effekt *m fachspr*

hay [heɪ] *n no pl* Heu *nt;* **to have a roll** [*or* **tumble**] **in the ~ [with sb]** *(fam)* [mit jdm] ins Heu gehen *fam;* **to make ~** Heu machen, heuen; *(fig)* einen Reibach machen *fam*
▶PHRASES: **to hit the ~** *(fam)* sich *akk* in die Falle [*o* aufs Ohr] hauen *fam;* **to make ~ while the sun shines** das Eisen schmieden, solange es heiß ist *prov*

ˈhay·cock *n* Heuhaufen *m* **ˈhay fe·ver** *n no pl* Heuschnupfen *m;* **to suffer from ~** Heuschnupfen haben **ˈhay·loft** *n* Heuboden *m* **ˈhay·mak·er** *n* ① *(person)* Heumacher(in) *m(f)* BRD ② *(fam: forceful blow)* heftiger Boxhieb, Schwinger *m* **ˈhay·mak·ing** *n no pl* Heumachen *nt,* Heuen *nt* SCHWEIZ **ˈhay·seed** *n* AM *(sl)* Bauer *m a. fig, pej,* Hinterwäldler(in) *m(f) pej,* Landei *nt pej fam* **ˈhay·stack, ˈhay·rick** *n* Heuhaufen *m*
▶PHRASES: **to be like looking for a needle in a ~** so sein, als suche man eine Nadel im Heuhaufen

ˈhay·wire *adj pred (fam)* **to go/be ~** verrücktspielen *fam; person* durchdrehen *fam*

haz·ard [ˈhæzəd, AM -ɚd] **I.** *n* ① *(danger)* Gefahr *f; (risk)* Risiko *nt;* **fire ~** Brandrisiko *nt;* **health ~** Gefährdung *f* der Gesundheit; ***smoking is a severe health ~*** Rauchen ist extrem gesundheitsgefährdend; ■**to be a ~ to sb/sth** eine Gefahr für jdn/etw darstellen
② *no pl (liter: chance)* Zufall *m*
③ COMPUT Störeffekt *m*
II. *vt* ■**to ~ sth** ① *(risk, venture)* etw wagen [*o* riskieren]; **to ~ a guess** sich *dat* eine Vermutung erlauben, eine Vermutung wagen; **to ~ a suggestion** es wagen, einen Vorschlag zu machen [*o fam* bringen]; **to ~ a try** einen Versuch wagen; ■**to ~ that ...** *(form)* vermuten, dass ...
② *(endanger)* etw gefährden [*o* aufs Spiel setzen]

ˈhaz·ard lights *npl* AUTO Warnblinkleuchte *f,* Warnblinkanlage *f,* Warnblinker *m* SCHWEIZ

haz·ard·ous [ˈhæzədəs, AM -ɚd-] *adj* gefährlich; *(risky)* riskant, gewagt, risikoreich; **to be ~ to one's health** gesundheitsgefährdend sein; **~ journey/occupation** riskante Fahrt/Arbeit; **~ material** Gefahrstoff[e] *m[pl]*; **~ sport** Risikosport *m;* **~ waste** Giftmüll *m*

haz·ard·ous·ly [ˈhæzədəsli, AM -ɚd-] *adv* gefährlich; *(riskily)* riskant, gewagt, risikoreich

ˈhaz·ard rate *n* TECH Versagungswahrscheinlichkeit *f* **haz·ard ˈwarn·ing lights** *npl* AUTO Warnblinkleuchte *f,* Warnblinkanlage *f,* Warnlichter *pl* SCHWEIZ

ˈhaz·ard zone *n* Gefahrenzone *f*

haze [heɪz] **I.** *n* ① *(mist) of water, fumes* Dunst[schleier] *m,* Nebel *m;* **~ of dust** Staubwolke *f;* **heat ~** Hitzeflimmern *nt*
② *usu sing (fig: mental vagueness)* Benommenheit *f,* Tran *m fam;* **in an alcoholic ~** vom Alkohol benebelt
II. *vt* AM ■**to ~ sb** *recruits* jdn schikanieren

◆**haze over** *vi* diesig werden, sich *akk* zuziehen *fam*

ha·zel [ˈheɪzᵊl] **I.** *adj* haselnussbraun; **~ eyes** haselnussbraune Augen
II. *n* Hasel[nuss]strauch *m,* Haselbusch *m*

ˈha·zel·nut I. *n* Haselnuss *f*
II. *n modifier (liqueur, tree)* Haselnuss-

hazi·ly [ˈheɪzɪli] *adv* ① *(with haze)* diesig, neblig, dunstig; ***the sun shone ~*** die Sonne schien durch einen Dunstschleier
② *(indistinctly)* verschwommen; *(vaguely)* vage

hazi·ness [ˈheɪzɪnəs] *n no pl* ① *(quality of atmosphere)* Diesigkeit *f*
② *(vagueness)* Unklarheit *f; (confusion)* Benommenheit *f*

Haz·mat [ˈhæzmæt] *n short for* **hazardous material** Gefahrgut *nt,* Gefahrstoff *m meist pl*

hazy [ˈheɪzi] *adj* ① *(with haze)* dunstig, diesig, leicht nebelig
② *(confused, unclear)* unklar; *(indistinct)* verschwommen; ■**to be ~ about sth** sich *akk* nur vage an etw *akk* erinnern [können]; **~ memories** vage Erinnerungen

HB [ˌeɪtʃˈbiː] **I.** *adj inv abbrev of* **hard black** HB-; **~ pencil** HB-Bleistift *m*
II. *n abbrev of* **hard black** HB

HBCI [ˌeɪtʃbiːsiːˈaɪ] *n* INET *abbrev of* **homebanking computer interface** Homebanking Computer Interface *nt*

HBO [ˌeɪtʃbiːˈəʊ, AM -ˈoʊ] *n abbrev of* **Home Box Office** *Kabelsender in den USA*

H-bomb [ˈeɪtʃbɒm, AM -bɑːm] *n abbrev of* **hydrogen bomb** H-Bombe *f*

HDMI [ˌeɪtʃdiːemˈaɪ] *n no pl abbrev of* **high-definition multimedia interface** HDMI

HDTV [ˌeɪtʃdiːtiːˈviː] *n* TV *abbrev of* **high-definition television** HDTV *nt*

he [hiː, hi] **I.** *pron pers* ① *(person)* er; *(form: him)* ***hello, is Mr Rodgers there? — yes, this is ~*** hallo, ist Mr. Rodgers da? – ja, am Apparat; ***who did that? — it was ~!*** wer war das? – er [war's]!
② *(animal)* er; *(unspecified)* er/sie/es; ***a strong horse you have there, does ~ work hard?*** ein starkes Pferd hast du, arbeitet es [*o* er] hart?
③ *(unspecified person)* er/sie/es; ***every child needs to know that ~ is loved*** jedes Kind muss wissen, dass es geliebt wird; **~ who ...** *(form)* wer ...; **~ *who is silent consents*** wer schweigt, stimmt zu
④ REL *(God)* ■**H~** Er

▸PHRASES: ~ **who laughs last, laughs best** [*or* **loudest**] [*or* **longest**] *(prov)* wer zuletzt lacht, lacht am besten

II. *n usu sing* Er *m fam;* ***is that a ~ or a she?*** ist das ein Er oder eine Sie? *fam*

III. *n modifier* männlich; **~-antelope/-zebra** Antilopen-/Zebramännchen *nt*

head [hed]

I. NOUN **II.** ADJECTIVE
III. TRANSITIVE VERB **IV.** INTRANSITIVE VERB

I. NOUN

① ANAT Kopf *m,* Haupt *nt geh;* **from ~ to foot** [*or* **toe**] von Kopf bis Fuß; **to bow one's ~** den Kopf senken; **to nod one's ~** mit dem Kopf nicken; **to shake one's ~** den Kopf schütteln

② *no pl (mental capacity)* Kopf *m,* Verstand *m;* **to put ideas into sb's ~** jdm Flausen in den Kopf setzen; ***what put that idea into your ~?*** wie kommst du denn darauf?; **to need a clear ~ to do sth** einen klaren Kopf brauchen, um etw zu tun; **to have a good ~ for sth** für etw *akk* begabt sein; ***she's got a good ~ for figures*** sie kann gut mit Zahlen umgehen; **to clear one's ~** einen klaren Kopf bekommen; **to get sb/sth out of one's ~** sich *dat* jdn/etw aus dem Kopf schlagen; ***I can't get that man out of my ~*** dieser Mann geht mir einfach nicht mehr aus dem Kopf; **to use one's ~** seinen Verstand benutzen

③ *no pl (person unit)* **a** [*or* **per**] **~** pro Kopf [*o fam* Nase]; ***dinner cost £20 a head*** das Abendessen kommt auf 20 Pfund pro Nase *fam; (animal unit)* Stück *nt;* **a hundred ~ of cattle** einhundert Stück Vieh; *(vegetable unit)* Kopf *m; of celery* Staude *f;* **a ~ of broccoli/cauliflower** ein Brokkoli/Blumenkohl; **a ~ of cabbage** ein Kohlkopf *m;* **a ~ of lettuce** ein Salat

④ *no pl (measure of length)* Kopf *m;* **to be a ~ taller than sb** [um] einen Kopf größer sein als jd; **to win by a ~** mit einer Kopflänge Vorsprung gewinnen

⑤ *no pl (top, front part)* **the ~ of the bed** das Kopfende des Bettes; **at the ~ of the queue** [*or* AM **line**] [ganz] am Anfang der Schlange; **at the ~ of the table** am Kopf[ende] des Tisches

⑥ *(blunt end) of a nail, pin, screw* Kopf *m; (end of tool) of a hammer* Haupt *nt,* Kopf *m; of a screwdriver* Griff *m; of tape, photographic film* Anfang *m;* **the ~ of a match** der Streichholzkopf

⑦ *(leader)* Chef(in) *m(f); of a project, department* Leiter(in) *m(f); of Church* Oberhaupt *nt;* **the ~ of the family** das Familienoberhaupt; **~ of section** ECON, FIN Fachbereichsleiter(in) *m(f);* **a ~ of state** ein Staatsoberhaupt *nt*

⑧ *esp* BRIT *(head teacher)* Schulleiter(in) *m(f),* Rektor(in) *m(f),* Direktor(in) *m(f)* ÖSTERR

⑨ *no pl (letterhead)* [Brief]kopf *m; (edge of book/page)* Kopf *m*

⑩ *usu pl (coin face)* Kopf *m;* **~s or tails?** Kopf oder Zahl?

⑪ *(beer foam)* Blume *f,* Krone *f* ÖSTERR, SCHWEIZ; ***you have to pour the beer slowly so there isn't too big a ~ on it*** man muss das Bier langsam einschenken, damit es nicht zu viel Schaum gibt

⑫ *(water source)* Quelle *f;* **the ~ of a river/stream** ein Fluss-/Bachoberlauf *m*

⑬ *(accumulated amount)* **~ of steam** Dampfdruck *m;* **to build up a ~ of steam** *(fig)* Dampf machen *fam*

⑭ *(of spot on skin)* Pfropf *m;* **the ~ of a boil/a pimple** der Eiterpfropf einer Beule/eines Pickels

⑮ TECH *of a tape recorder, video recorder* Tonkopf *m*

⑯ COMPUT *(data indicating start address)* Kopf *m*

▸PHRASES: **to not be able to get one's ~** [**a**]**round sth** *(fam)* etw nicht kapieren *fam;* **to not be able to make ~** [**n**]**or tail of sth** aus etw *dat* nicht schlau [*o* klug] werden, sich *dat* auf etw *akk* keinen Reim machen können; **to bang** [*or* **knock**] **sb's ~s together** jdm den Kopf zurechtrücken; **to beat** [*or* **bang**] [*or* **knock**] **one's ~ against a brick wall** mit dem Kopf durch die Wand wollen; **to bite** [*or* **snap**] **sb's ~ off** jdm den Kopf abreißen *fig fam,* jdn beschimpfen; **to bring sth to a ~** *(carry sth too far)* etw auf die Spitze treiben; *(force a decision)* etw forcieren [*o* zur Entscheidung bringen]; **to have one's ~ buried** [*or* **stuck**] **in a book** in ein Buch versunken sein; **to bury one's ~ in the sand, to have one's ~ buried in the sand** den Kopf in den Sand stecken; **to come to a ~** sich *akk* zuspitzen; **to do sb's ~ in** BRIT *(fam: annoy)* jdm auf den Wecker gehen *fam; (confuse)* jdn überfordern; **to do sth over sb's ~** etw über jds Kopf hinweg tun; **to fall ~ over heels in love with sb** sich *akk* bis über beide Ohren in jdn verlieben; **to get** [*or* **put**] **one's ~ down** BRIT *(concentrate)* sich *akk* [ganz auf eine Sache] konzentrieren; *(sleep)* sich *akk* aufs Ohr hauen *fam;* **to get sth into one's ~** etw begreifen; ***when will you get it into your thick ~ that ...?*** wann geht es endlich in deinen sturen Kopf [*o* kapierst du endlich], dass ...? *fam;* **to give sb ~** *(vulg sl)* jdm einen blasen *vulg,* jdn lecken *vulg;* **to give sb their ~** jdn gewähren lassen, jdm seinen Willen lassen; **to go over sb's ~** über jds Kopf hinweg handeln; **to go to sb's ~** *praise, success* jdm zu Kopf steigen *pej; alcohol, wine* jdm in den [*o* zu] Kopf steigen; **a good** [*or* **thick**] **~ of hair** schönes volles Haar; **to have one's ~ in the clouds** in höheren Regionen schweben *hum;* **to have a/no ~ for heights** BRIT schwindelfrei/nicht schwindelfrei sein; **to have a good ~ on one's shoulders** ein helles [*o* kluges] Köpfchen sein *fam;* **to have an old** [*or* **wise**] **~ on young shoulders** für sein Alter ziemlich erwachsen [*o* reif] sein; **to be ~ over heels in love** bis über beide Ohren verliebt sein *fam;* **to be in over one's ~** *(fam)* tief im Schlamassel stecken *fam;* **to keep one's ~ above water** sich *akk* über Wasser halten *fig;* **to keep a cool ~** einen kühlen Kopf bewahren; **to keep one's ~** einen klaren Kopf bewahren; **to keep one's ~ down** den Kopf einziehen, auf Tauchstation gehen *hum;* **to laugh one's ~ off** sich *akk* halb totlachen *fam;* **to be off one's ~** *(fam: be crazy, silly)* übergeschnappt [*o* von allen guten Geistern verlassen] sein *fam; (stoned)* total zu[gedröhnt] [*o* zugekifft] sein *sl;* ***Ben must be off his ~ if he thinks Dad'll give him the money*** Ben kann nicht ganz bei Trost sein, wenn er glaubt, Dad würde ihm das Geld geben; **to be** [*or* **go**] **over sb's ~** über jds Horizont gehen; **to put one's ~s together** die Köpfe zusammenstecken; **to put** [*or* **stick**] **one's ~ above the parapet** BRIT sich *akk* weit aus dem Fenster lehnen *fig;* **~s will roll** Köpfe werden rollen; **to scream** [*or* **shout**] **one's ~ off** sich *dat* die Lunge aus dem Leib schreien; ***the dog started barking its ~ off*** der Hund begann, wie verrückt zu bellen; **to have one's ~ screwed on** [**right** [*or* **the right way**]] ein patenter Mensch sein; **to be ~ and shoulders above sb/sth** jdm/etw haushoch überlegen sein; **to have taken sth into one's ~** sich *dat* etw in den Kopf gesetzt haben; **~s I win, tails you lose** *(saying)* ich gewinne auf jeden Fall

II. ADJECTIVE

attr leitende(r, s); **~ cook** Küchenchef(in) *m(f);* **~ office** Zentrale *f;* **~ waiter/waitress** Oberkellner *m*/Oberkellnerin *f,* SCHWEIZ *a.* Chef de service *m*

III. TRANSITIVE VERB

① *(be at the front of)* ■**to ~ sth** etw anführen; ***the procession was ~ed by the Queen*** die Queen ging der Prozession voran

② *(be in charge of)* **to ~ a firm/an organization** eine Firma/Organisation leiten [*o* führen]

③ PUBL *(have at the top)* ■**to ~ sth** etw überschreiben [*o* mit einer Überschrift versehen]; ***the article wasn't ~ed*** der Artikel hatte keine Überschrift

④ FBALL **to ~ the ball** den Ball köpfen

⑤ HORT **to ~ a tree** einen Baum kappen

IV. INTRANSITIVE VERB

① *+ adv (proceed in a certain direction)* **to ~ home** sich *akk* auf den Heimweg machen; **to ~ along a path** einen Weg entlanglaufen

② HORT *salad* einen Kopf ansetzen

③ *(go toward)* ■**to ~ for sth** auf dem Weg zu etw *dat* sein; ***he ~ed straight for the fridge*** er steuerte direkt auf den Kühlschrank zu; **to ~ for the exit** sich *akk* zum Ausgang begeben *geh,* zum Ausgang gehen; **to ~ for disaster** auf eine Katastrophe zusteuern; ■**to ~ into sth** auf etw *akk* zusteuern; **to be ~ing into** [**some**] **rough times** schweren Zeiten entgegengehen

◆**head back** *vi* zurückgehen; *with transport* zurückfahren; **to ~ back to the camp** sich *akk* zum Lager zurückbegeben; **to ~ back home** sich *akk* auf den Heimweg machen

◆**head for** *vi* ■**to ~ for sth** auf etw *akk* zusteuern

◆**head off I.** *vt* ① *(intercept)* ■**to ~ off ↔ sb** sich *akk* jdm in den Weg stellen; *(turn sb aside)* jdn abdrängen

② *(fig: avoid)* ■**to ~ off ↔ sth** etw abwenden [*o* verhindern]

II. *vi* ■**to ~ off to**[**wards**] **sth** sich *akk* zu etw *dat* begeben; ***the newlyweds ~ed off to bed*** das frisch verheiratete Paar steuerte direkt das Bett an *hum*

◆**head towards** *vi* ■**to ~ towards sth** ① *(move)* auf dem Weg zu etw *dat* sein; ***she was ~ing towards home*** sie war auf dem Heimweg

② *(fig: approach) crisis, disaster* auf etw *akk* zusteuern; ***the country is ~ing towards a period of economic growth*** das Land sieht einer Phase wirtschaftlichen Wachstums entgegen; **to be ~ing towards a crisis** sich *akk* einer Krise nähern, auf eine Krise zusteuern

◆**head up** *vt* ■**to ~ up ↔ sth** etw leiten

'head·ache *n* Kopfschmerzen *pl,* Kopfweh *nt kein pl; (fig)* Problem *nt;* ***that noise is giving me a ~*** von diesem Krach bekomme ich Kopfschmerzen; **a slight/splitting ~** leichte/rasende Kopfschmerzen

'head·achy *adj pred* **to feel ~** leichte Kopfschmerzen verspüren

'head·band *n* Stirnband *nt* **'head·bang·er** *n (sl)* Headbanger *m* **'head·bang·ing** *n no pl* Headbanging *nt* **'head·board** *n* Kopfteil *nt* **head 'boy** *n esp* BRIT Schulsprecher *m* **'head·butt I.** *n* Kopfstoß *m;* **to give sb a ~** jdm einen Stoß mit dem Kopf versetzen **II.** *vt* ■**to ~ sb** jdm einen Kopfstoß versetzen [*o fam* verpassen] **'head·case** *n (fam)* Spinner(in) *m(f) fam,* Bekloppte(r) *f(m)* BRD *pej fam* **'head·cheese** *n no pl* AM *(brawn)* Schweinskopfsülze *f* **'head cold** *n* Kopfgrippe *f* **'head count** *n (sl)* ① *(number of employees)* Kopfzahl *f,* Belegschaft *f,* Zahl *f* der Beschäftigten ② *(act of counting)* Abzählen *nt;* **to do a** [**quick**] **~** *of number of people, items* etw [schnell] abzählen; *of calculation* etw [schnell] überschlagen **'head·dress** <*pl* -es> *n* Kopfschmuck *m*

head·ed ['hedɪd] *adj pred, inv* ***which way are you ~?*** wohin gehst du?; **to be ~ in the wrong direction** auf dem falschen Weg sein; **to be ~ for disaster** *(fig)* auf eine Katastrophe zusteuern; **to be ~ for trouble** *(fig)* sich *akk* in Schwierigkeiten bringen [*o geh* begeben]

head·ed 'note·pa·per *n* Briefpapier *nt* mit [Brief]kopf

head·er ['hedəʳ, AM -ɚ] *n* ① *(head bounce)* Kopfball *m*

② *(head-first jump)* Kopfsprung *m,* Köpper *m* DIAL, Köpfler *m* ÖSTERR, SCHWEIZ *fam;* **to take a ~** [**into the water**] einen Kopfsprung [*o fam* Köpfer] [ins Wasser] machen

③ COMPUT *(packet of data)* Vorsatz *m*

④ COMPUT *(of a list of data)* Kopfzeile *f,* Anfangskennsatz *m*

⑤ *(of a page)* Kopfzeile *f,* Spitzmarke *f*

head 'first I. *adv inv* kopfüber; **to fall ~ into sth** kopfüber in etw *akk* [hinein]fallen; *(fig)* **to rush** [*or* **go**] **~ into** [**doing**] **sth** sich *akk* Hals über Kopf in etw *akk* [hinein]stürzen *fam* [*o geh* begeben], sich *akk* unbesonnen auf etw *akk* einlassen **II.** *adj inv* **~ dive/jump** Kopfsprung *m* **'head·gear** *n no pl* Kopfbedeckung *f; (as protection)* Kopfschutz *m; (of* *horses)* Zaum *m kein pl,* Zaumzeug *nt kein pl* **head 'girl** *n esp* BRIT Schulsprecherin *f* **'head·hunt I.** *vt (fam)* ■**to ~ sb** jdn abwerben **II.** *vi* ECON, FIN nach Führungskräften suchen **'head·hunt·er** *n* ① *(warrior)* Kopfjäger *m* ② *(fam: personnel specialist)* Abwerber(in) *m(f),* Talentsucher(in) *m(f),* Headhunter(in) *m(f)*

'head·hunt·ing *n no pl* ADMIN Headhunting *nt*

head·ing ['hedɪŋ] *n* ① *(title)* Überschrift *f,* Titel *m* ② *(header)* Kopfzeile *f,* Spitzmarke *f;* **letter ~, ~ on notepaper** Briefkopf *m* ③ *(division of subject)* Kapitel *nt; (keyword)* Stichwort *nt*

'head·lamp *n* Scheinwerfer *m* **'head·land** *n* Landspitze *f*

head·less ['hedləs] *adj inv* kopflos, ohne Kopf *nach n*

▸PHRASES: **to run around like a ~ chicken** *(hum)* wie ein aufgeregtes [*o* aufgescheuchtes] Huhn hin und her laufen *hum*

'head lice *npl* Läuse *pl* **'head·light** *n* Scheinwerfer *m;* **to dip** [*or* AM **dim**] **one's ~s** die Scheinwerfer abblenden; **to have one's ~s on** seine [*o* die] Scheinwerfer anhaben ▸PHRASES: **to look like a deer caught in the ~s** völlig perplex aussehen

'head·line I. *n (newspapers, radio, TV)* Schlagzeile *f;* ■**the ~s** *pl* die wichtigsten Schlagzeilen; **the eight o'clock ~s** das Neueste in den Acht-Uhr-Nachrichten; **to grab** [*or* **hit**] [*or* **make**] **the ~s** Schlagzeilen machen, in die Schlagzeilen kommen

II. *vt* ■**to ~ sth** ① *(provide with headline)* etw mit einer Schlagzeile versehen; ■**to be ~d** *story* [mit der Schlagzeile] überschrieben sein

② *(appear as star performer)* etw anführen [*o geh* küren]

head·line 'news *npl + sing vb* ■**the ~** die Kurznachrichten *pl,* die wichtigsten Nachrichten in Kürze; **to be ~** Schlagzeilen machen

'head·lin·er *n* ① *(star attraction)* Hauptattraktion *f; (protagonist)* Hauptdarsteller(in) *m(f); **the ~ is ...*** der Star des Abends ist ...

② *(journalist)* Schlagzeilenverfasser(in) *m(f)*

'head·lock *n* Schwitzkasten *m* **'head·long** AM, AUS **I.** *adv inv* ① *(with head first)* kopfüber; **to run ~ into sb** geradewegs in jdn hineinlaufen ② *(hurriedly, recklessly)* überstürzt; **to rush ~ into sth** sich *akk* Hals über Kopf in etw *akk* stürzen *fam* **II.** *adj attr, inv* ① *(with head first)* mit dem Kopf voran *nach n;* **~ dive/jump** Kopfsprung *m* ② *(hurried, reckless)* überstürzt; **to make a ~ rush for sth** sich *akk* Hals über Kopf [*o* blindlings] in etw *akk* stürzen **'head louse** *n* Kopflaus *f* **'head·man** *n* [Stammes]führer *m,* Stammesoberhaupt *nt* **head·'mas·ter** *n* Schulleiter *m,* Rektor *m,* Direktor *m* ÖSTERR **head·'mis·tress** *n* Schulleiterin *f,* Rektorin *f,* Direktorin *f* ÖSTERR **head of de·'part·ment** <*pl* heads of department> *n* SCH Fachbereichsleiter(in) *m(f),* Referatsleiter(in) *m(f);* ECON Abteilungsleiter(in) *m(f)* **head 'of·fice** *n* Zentrale *f,* Hauptverwaltung *f,* Hauptsitz *m* **head of 'state** <*pl* heads of state> *n* Staatsoberhaupt *nt* **head-'on I.** *adj attr, inv* Frontal-; **~ collision** Frontalzusammenstoß *m* **II.** *adv inv* frontal; *(fig)* direkt **'head·phones** *npl* Kopfhörer *m;* **set of ~** Kopfhörer *m* **head·'quar·ters** *npl + sing/pl vb,* **HQ** *n* MIL Hauptquartier *nt; (of firms, companies)* Hauptsitz *m,* Hauptgeschäftsstelle *f,* Zentrale *f; (of the police)* Polizeidirektion *f* **'head·rest** *n* Kopfstütze *f* **'head re·straint** *n* Kopfstütze *f* **'head·room** *n no pl* lichte Höhe; *for ceiling, roof* Kopfhöhe *f; (in cars)* Kopffreiheit *f* **'head·scarf** *n* Kopftuch *nt* **'head·set** *n* Kopfhörer *m*

head·ship ['hedʃɪp] *n* ① ADMIN *(position of authority)* oberste Leitung; *(period of post)* Amtszeit *f* als leitende Kraft

② *esp* BRIT *(position of headteacher)* Schulleiterposten *m,* [Di]rektorenposten *m; (period of post)* Amtszeit *f* als Schulleiter/Schulleiterin [*o* [Di]rektor/[Di]rektorin]

'head·shrink·er *n* ① *(tribesman)* Kopfjäger *m* ② *(pej fam: psychiatrist)* Seelenklempner(in) *m(f)* *pej sl* **'head-spin·ning** *adj inv* atemberaubend, supertoll *fam* **head 'start** *n* Vorsprung *m;* **to give sb a ~** jdm einen Vorsprung lassen **Head 'Start** *n* AM *Regierungsprogramm der USA zur Förderung unterprivilegierter Kinder* **'head·stone** *n* Grabstein *m* **'head·strong** *adj* eigensinnig, eigenwillig **'head tax** *n* Kopfsteuer *f* **head 'teach·er** *n esp* BRIT Schulleiter(in) *m(f),* Rektor(in) *m(f),* Direktor(in) *m(f)* ÖSTERR

head-to-head I. *adj race* Kopf-an-Kopf- **II.** *adv* **to go ~** gegeneinander antreten; **to lie ~ with sb** mit jdm Kopf an Kopf liegen **head-to-'head, head-to-head 'con·test** *n* Kopf-an-Kopf-Rennen *nt* **head-up dis·'play** *n* AVIAT, AUTO Blickfeldanzeige *f,* Headupdisplay *nt fachspr* **head 'wait·er** *n* Oberkellner *m,* Zahlkellner *m* **'head·wa·ter** *n* GEOG Quellgebiet *nt;* ■**~s** *pl* Quellgewässer *pl*

'head·way *n no pl* **to make ~** [gut] vorankommen, Fortschritte machen; **to make ~ in/with sth** bei/mit etw *dat* [gut] vorankommen [*o* Fortschritte machen]

'head·wind *n* Gegenwind *m;* **stiff** [*or* **strong**] **~** kräftiger Gegenwind **'head·word** *n* Stichwort *nt*

heady ['hedi] *adj (intoxicating)* berauschend; *(exciting)* aufregend; ***in the ~ days of their youth*** in den unbeschwerten Tagen ihrer Jugend

heal [hi:l] **I.** *vt* ■**to ~ sb/sth** jdn/etw heilen; **to ~ differences** Differenzen beilegen; **to ~ problems** Probleme lösen

II. *vi (also fig)* heilen; *wound, injury* [ver]heilen; ***his broken heart will take a long time to ~*** *(fig)* sein gebrochenes Herz wird lange brauchen, bis es wieder ganz ist

◆**heal over, heal up** *vi external wounds* zuheilen, verheilen

heal·er ['hi:ləʳ, AM -ɚ] *n* Heiler(in) *m(f)*

heal·ing ['hi:lɪŋ] **I.** *adj attr experience, process* heilsam, heilend; **~ properties** Heilwirkung *f; (stronger)* Heilkräfte *pl*

II. *n no pl* Heilung *f; (of wounds)* Verheilen *nt;* **gift of ~** Gabe *f* der Heilung; **~ process** Heilungsprozess *m*

health [helθ] *n no pl* ① *(bodily wellness)* Gesundheit *f; **how's your ~ these days?*** wie steht's mit deiner Gesundheit?; ***your ~!*** Prosit!; **for ~ reasons** aus gesundheitlichen Gründen; **for reasons of ill-~** krankheitshalber, krankheitsbedingt; **~ warning** *Warnhinweis auf einer Zigarettenpackung;* **to be in bad** [*or* **poor**] **~** gesundheitlich in keiner guten Verfassung sein; *(less severe)* kränklich sein, kränkeln; **to suffer from failing ~** gesundheitlich immer weiter abbauen; **to be in good ~** bei guter Gesundheit sein; **to enjoy good ~** sich *akk* bester Gesundheit erfreuen; **to drink to sb's ~** auf jds Gesundheit [*o* Wohl] trinken; **to look after one's ~** auf seine Gesundheit achten; **to regain one's ~** wieder [ganz] gesund werden; **to restore sb to ~** jdn gesundheitlich wiederherstellen

② *(fig: prosperity)* Gesundheit *f,* Wohlergehen *nt;* **to give a company a clean bill of ~** bescheinigen, dass eine Firma mit Profit arbeitet

'health author·ity *n* BRIT Gesundheitsbehörde *f* **'health·care I.** *n no pl* Gesundheitsfürsorge *f,* Gesundheitsversorgung *f* **II.** *n modifier (company, costs, plan, policy)* Gesundheits-; **~ worker** in der Gesundheitsfürsorge Beschäftigte(r) *f(m)* **'health·care pro·vid·er** *n* Anbieter *m* von Leistungen der Gesundheitsfürsorge **'health cen·tre,** AM **'health cen·ter** *n* Ärztezentrum *nt,* Gesundheitszentrum *nt* SCHWEIZ **'health cer·tifi·cate** *n* Gesundheitszeugnis *nt* **'health club** *n* Fitnessklub *m;* **~ facilities** Einrichtungen eines Fitnesscenters, Fitnesscenter *nt* **'health farm** *n* Gesundheitsfarm *f* **'health food** *n* Reformkost *f* **'health food shop,** *esp* AM **'health food store** *n* Naturkostladen *m,* Reformhaus *nt,* Bioladen *m fam*

health·ful ['helθfᵊl] *adj* AM gesund

'health·ful·ly *adv* gesund

'health haz·ard *n* Gesundheitsrisiko *nt; **smoking is a ~*** Rauchen gefährdet die Gesundheit

healthi·ly ['helθɪli] *adv* gesund; **to eat ~** sich *akk* gesund ernähren

healthi·ness ['helθɪnəs] *n no pl* ① *(good health)* Gesundheit *f*

② *(usefulness)* Zuträglichkeit *f,* Heilsamkeit *f*

'health in·sur·ance *n no pl* Krankenversicherung *f;* **~ company** Krankenkasse *f* **health insurance fund** *n* **company ~** Betriebskrankenkasse *f* **'health main·te·nance or·gani·za·tion** *n,* **HMO** *n* AM *eine in der Regel vom Arbeitgeber getragene, preisgünstige Krankenversicherung mit begrenzter Ärzteauswahl* **'health re·sort** *n* AM [Bade]kurort *m,* Erholungsort *f,* Sanatorium *nt* SCHWEIZ *veraltend* **'Health Ser·vice** *n* BRIT [staatlicher] Gesundheitsdienst, [staatliches] Gesundheitswesen **'health spa** *n* AM *(health farm)* [Bade]kurort *nt* **'health visi·tor** *n* BRIT Krankenpfleger/Krankenpflegerin [*o* Krankenschwester] der Sozialstation

healthy ['helθi] *adj* ① *(in good health)* gesund; **a ~ child** ein gesundes Kind; **~ teeth** gesunde Zähne; **fit and ~** fit und gesund; *(promoting good health)* gesundheitsfördernd; **~ appetite/diet/food** gesunder Appetit/gesunde Ernährung/gesundes Essen

② FIN *(strong, satisfactory)* gesund; **to make ~ profits** ordentliche [*o* beachtliche] Gewinne machen

③ *(well-balanced)* gesund, vernünftig; *(beneficial)* gesund; ***she has a ~ disrespect for authority*** sie hat der Obrigkeit gegenüber eine vernünftige gesunde Distanz; **~ attitude towards life/balance sheet** gesunde Lebenseinstellung/Bilanz; [**not**] **a ~ idea** [k]eine vernünftige Idee

heap [hi:p] **I.** *n* ① *(untidy pile)* Haufen *m;* **~ of clothes** Kleiderhaufen *m;* **to collapse in a ~** *(fig) person, animal* zu Boden sacken

② *(fam: large amount)* ■**a ~** [*or pl* **~s**] **of sth** ein Haufen *m* einer S. *gen;* **a** [**whole**] **~ of trouble** ein Riesenärger *m fam;* **a** [**whole**] **~ of work** jede Menge [*o fam* ein Haufen *m*] Arbeit

③ COMPUT *(data storage area)* Freispeicher *m*

④ COMPUT *(binary tree)* binärer Baum

▸PHRASES: **to be** [**struck**] **all of a ~** *(fam or hum)* völlig außer sich *dat* sein; **to be at the bottom of the ~** zu den Verlierern zählen; **to strike** [*or* **knock**] **sb all of a ~** jdn umhauen *fam;* **to be stuck at the bottom of the ~** nicht aus seinen ärmlichen Verhältnissen herauskommen; **to be at the top of the ~** zu den Gewinnern zählen, es [im Leben] geschafft haben

II. *vt* ■**to ~ sth** etw aufhäufen [*o* zu einem Haufen zusammentragen]; ***she ~ed coals in the grate*** sie schaufelte Kohle auf den Rost; ■**to ~ sth on sth** etw auf etw *akk* häufen; ***they ~ed the plates with food*** sie häuften bergeweise Essen auf die Teller; ■**to ~ sth on sb** *gifts* jdn mit etw *dat* überhäufen; *(fig form)* **to ~ criticism on sb** massive Kritik an jdm üben; **to ~ insults on sb** jdm Beleidigungen an den Kopf werfen; **to ~ praise on sb** jdn überschwänglich loben, über jdn voll des Lobes sein *geh*

◆**heap up** *vt* ■**to ~ up** ↻ **sth** etw aufhäufen [*o* zu einem Haufen stapeln]

heaped [hi:pt], AM **heap·ing** ['hi:pɪŋ] *adj* gehäuft; ***a ~ teaspoonful of sugar*** ein gehäufter Teelöffel Zucker

heaps [hi:ps] *(fam)* **I.** *npl* eine [*o* jede] Menge, ein Haufen *m fam; **have some more cake — there's ~*** nimm noch etwas Kuchen – es ist jede Menge da; ■**~ of sth** jede Menge einer S. *gen; **there's ~ of food in the fridge*** es gibt massig Essen im Kühlschrank; **~ of fun** jede Menge Spaß *fam;* **~ of money** Unmengen von Geld

II. *adv* viel; **~ bigger/better** viel größer/besser

hear <heard, heard> [hɪəʳ, AM hɪr] **I.** *vt* ① *(perceive with ears)* ■**to ~ sth/sb** etw/jdn hören; ***speak up, I can't ~ you*** sprich lauter, ich kann dich nicht hören; ***Jane ~d him go out*** Jane hörte, wie er hinausging

② *(be told)* ■**to ~ sth** etw hören [*o* erfahren]; ***have you ~d the news that she's pregnant?*** weißt du schon das Neueste? sie ist schwanger!; ***we haven't heard anything of Jan for months*** wir haben seit Monaten nichts von Jan gehört; ■**to ~ that/what**

... hören, dass/was ...; ***have you ~d what's happened?*** hast du schon gehört, was passiert ist?
❸ *(listen)* ■**to ~ sth** sich *dat* etw anhören; *(be there and listen)* etw hören; ***I ~d the orchestra play at Carnegie Hall*** ich habe das Orchester in der Carnegie Hall spielen hören
❹ *(form: receive)* ■**to ~ sth** etw anhören; LAW *case* etw verhandeln; ***the case will be ~d by the High Court*** der Fall wird vor dem Obersten Gericht verhandelt; ***Lord, ~ us/ our prayers*** Herr, erhöre uns/ unsere Gebete
▸PHRASES: **to be barely** [*or* **hardly**] **able to ~ oneself think** sich *akk* nur schwer konzentrieren können; **to never ~ the end of sth** sich *dat* etw noch bis zum Sankt-Nimmerleins-Tag anhören müssen *hum;* **to ~ what sb is saying, to ~ sb** *esp* AM *(fam)* verstehen, was jd sagt; ***yeah, I ~ what you're saying*** ja, ich weiß [schon], was du meinst; **to be ~ing things** *(fam)* sich *dat* etwas einbilden; ***he's offered to wash the dishes — I must be ~ing things!*** er hat mir angeboten, abzuwaschen – was, ich hör' wohl nicht richtig!; **to ~ wedding bells** *(fam)* schon die Hochzeitsglocken läuten hören *iron*
II. *vi* ❶ *(perceive with ears)* hören; ***it's a terrible line, I can't ~*** die Verbindung ist fürchterlich, ich kann nichts hören; **to ~ very well** sehr gut hören können
❷ *(be told about)* etw hören [*o* erfahren]; ***if you haven't ~d by Friday, assume I'm coming*** wenn du bis Freitag nichts gehört hast, kannst du davon ausgehen, dass ich komme; ***have you ~d about Jane getting married?*** hast du schon gehört, dass Jane heiratet?; **to ~ tell** [*or* **say**] **of sth** von etw *dat* erfahren [*o* hören]; ■**to ~ from sb** von jdm hören; ***we haven't ~d from her in ages*** wir haben seit Ewigkeiten nichts von ihr gehört; ***you'll be ~ing from my solicitor!*** Sie werden noch von meinem Anwalt hören!
❸ *(know of)* **to have ~d of sb/sth** von jdm/etw gehört haben; ***do you know Derrida? — I've ~d of him*** kennen Sie Derrida? – ich habe mal von ihm gehört; **to have never ~d of sb/sth** nie von jdm/ etw gehört haben
▸PHRASES: **do you ~?** verstehst du/verstehen Sie?, kapiert? *sl;* **sb won't ~ of sth** jd will von etw *dat* nichts hören; **~, ~!** ja, genau!, richtig [so]!
◆**hear out** *vt* ■**to ~ out** ⊂ **sb** jdn ausreden lassen; *narration* jdn zu Ende erzählen lassen

heard [hɜːd, AM hɜːrd] *pt, pp of* **hear**

hear·er [ˈhɪərəʳ, AM ˈhɪrɚ] *n* Hörer(in) *m(f)*

hear·ing [ˈhɪərɪŋ, AM ˈhɪr-] *n* ❶ *no pl (ability to hear)* Gehör *nt;* **to have excellent ~** ein sehr gutes Gehör haben; **to be hard of ~** schwerhörig sein
❷ *no pl (range of ability)* [**with**|**in** [**sb's**] **~** in [jds] Hörweite
❸ *(official examination)* Anhörung *f,* [Gerichts]verhandlung *f,* [Gerichts]sitzung *f;* **disciplinary ~** Disziplinarverfahren *nt,* Prozess *m;* **to give sb a fair ~** jdn richtig anhören; LAW jdm einen fairen Prozess machen

ˈhear·ing aid *n* Hörgerät *nt*

heark·en [ˈhɑːkᵊn, AM ˈhɑːr-] *vi (old liter)* lauschen, horchen; ■**to ~ to sth** etw *dat* lauschen

hear·say [ˈhɪəseɪ, AM ˈhɪr-] **I.** *n no pl* Gerüchte *pl;* ***that's just ~*** das sind doch alles nur Gerüchte
II. *adj inv* **~ evidence** Beweise *pl*/Zeugenaussagen *pl,* die auf Hörensagen beruhen

hearse [hɜːs, AM hɜːrs] *n* Leichenwagen *m*

heart [hɑːt, AM hɑːrt] **I.** *n* ❶ *(bodily organ)* Herz *nt;* ***his ~ stopped beating for a few seconds*** sein Herz setzte einige Sekunden lang aus; ***she felt her ~ pounding*** sie fühlte, wie ihr Herz wild pochte; **to have a bad** [*or* **weak**] **~** ein schwaches Herz haben
❷ *(lit: outside part of chest)* Brust *f;* ***he clasped the letter to his ~*** er drückte den Brief an die Brust
❸ *(emotional centre)* Herz *nt;* ***his election campaign won the ~s of the nation*** mit seiner Wahlkampagne hat er die Herzen der ganzen Nation erobert; ***let your ~ rule your head*** folge deinem Herzen; ***my ~ goes out to you*** ich fühle mit dir; ***his novels deal with affairs of the ~*** seine Romane handeln von Herzensangelegenheiten; ***their hospitality is right from the ~*** ihre Gastfreundschaft kommt von Herzen; ***an offer that comes from the ~*** ein Angebot, das von Herzen kommt; **from the bottom of the/one's ~** aus tiefstem Herzen; [**to eat/drink/dance**] **to one's ~'s content** nach Herzenslust [essen/trinken/tanzen]; **to give sb their ~'s desire** *(liter)* jdm geben, was sein Herz begehrt; **to have one's ~ in the right place** das Herz auf dem rechten Fleck haben; **to love sb ~ and soul** *(liter)* jdn von ganzem Herzen lieben; **sth does sb's ~ good** *(dated)* etw erfreut jds Herz; **to die of a broken ~** an gebrochenem Herzen sterben; **to be close** [*or* **dear**] [*or* **near**] **to sb's ~** jdm sehr am Herzen liegen; **to have a cold/hard ~** ein kaltes/hartes Herz haben; **to have a good/kind/soft ~** ein gutes/gütiges/weiches Herz haben; **to break sb's ~** jdm das Herz brechen; ***it breaks my ~ to see him so unhappy*** es bricht mir das Herz, ihn so unglücklich zu sehen; **to give one's ~ to sb** jdm sein Herz schenken; **to have a ~** ein Herz haben *fig;* ***he has no ~*** er hat kein Herz [*o* ist herzlos]; ***have a ~ and ...*** sei so gnädig und ...; ***have a ~!*** hab ein Herz!; ***come on, have a ~!*** komm, gib deinem Herz einen Ruck!; **to not have the ~ to do sth** es nicht übers Herz bringen, etw zu tun; **sb hardens his/her ~** jds Herz verhärtet sich; **sb's ~ leaps** [**with joy**] jds Herz macht einen Freudensprung, jdm hüpft das Herz im Leib[e] *geh;* **to lose one's ~ to sb** an jdn sein Herz verlieren; **to open** [*or* **pour out**] **one's ~ to sb** jdm sein Herz ausschütten; **to take sth to ~** sich *dat* etw zu Herzen nehmen; **with all one's** [*or* **one's whole**] **~** von ganzem Herzen; **sb's ~ is not in it** jd ist mit dem Herzen nicht dabei
❹ *no pl (courage)* Mut *m;* **in good ~** BRIT frohen Mutes; **to give sb** [**fresh**] **~** jdm [wieder] Mut machen; **to lose ~** den Mut verlieren; **sb's ~ sinks** *(with disappointment, sadness)* jdm wird das Herz schwer; *(with despondency)* jdm rutscht das Herz in die Hose *fam;* **to take ~** [**from sth**] [aus etw *dat*] neuen Mut schöpfen
❺ *no pl (enthusiasm)* **to put one's ~ in sth** sich *akk* voll für etw *akk* einsetzen; ***I put my ~ and soul into it and then got fired*** ich setzte mich mit Leib und Seele ein und wurde dann gefeuert; **to set one's ~** [*or* **have one's ~ set**] **on sth** sein [ganzes] Herz an etw *akk* hängen
❻ *no pl (centre)* Herz *nt;* ***she lives right in the ~ of the city*** sie wohnt direkt im Herzen der Stadt
❼ *no pl (important part)* Kern *m;* ***the distinction between right and wrong lies at the ~ of all questions of morality*** der Kernpunkt aller Fragen zur Moral ist die Unterscheidung zwischen richtig und falsch; **to get to the ~ of the matter** zum Kern der Sache kommen; **to tear** [*or* **rip**] **the ~ out of sth** etw *dat* die Basis entziehen
❽ FOOD *(firm middle) of salad, artichoke* Herz *nt*
❾ *(symbol)* Herz *nt*
❿ CARDS *(suit of cards)* ■**~s** *pl* Herz *nt kein pl; (one card)* Herz *nt;* ***he's got two ~s*** er hat zwei Herz; **the queen/king/jack of ~s** die Herzdame/der Herzkönig/der Herzbube
⓫ CARDS *(card game)* ■**~s** *pl* Herzeln *nt kein pl,* Hearts *pl*
⓬ AGR **to keep soils in good ~** die Bodenfruchtbarkeit erhalten
▸PHRASES: **to be after sb's own ~** genau nach jds Geschmack sein; **to be all ~** ***you think he deserves that? you're all ~!*** *(hum iron)* du findest, dass er das verdient hat? na, du bist mir ja einer! *fam;* **at ~** im Grunde seines/ihres Herzens; **my ~ bleeds for him!** *(hum iron)* der Ärmste, ich fang gleich an zu weinen! *hum iron;* **sb's ~ is in their boots** BRIT *(fam)* jdm rutscht das Herz in die Hose *fam;* [BRIT *also* **off**] **by ~** auswendig; **to learn/recite sth by ~** etw auswendig lernen/aufsagen; **to have a change of ~** sich *akk* anders besinnen; *(to change for the better)* sich *akk* eines Besseren besinnen; **to have a ~ of gold** ein herzensguter Mensch sein; **to have a ~ of stone** ein Herz aus Stein haben; **sb has his/her ~ in his/her mouth, sb's ~ is in his/her mouth** jdm schlägt das Herz bis zum Hals; **a man/ woman after one's own ~** ***she's a woman after my own ~*** wir haben dieselbe Wellenlänge *fam;* **sb's ~ misses** [*or* **skips**] **a beat** jdm stockt das Herz; **in my ~ of ~s** im Grunde meines Herzens; **to wear one's ~ on one's sleeve** sein Herz auf der Zunge tragen, aus seinem Herzen keine Mördergrube machen
II. *n modifier* ❶ *(heart-shaped)* **a ~ amulet** ein herzförmiger Anhänger
❷ *(of the organ)* Herz-; **to have a ~ condition** herzkrank sein; **~ disease** Herzkrankheit; **~ failure** Herzversagen *nt;* **~ trouble** Herzbeschwerden *pl;* **~ transplant** Herztransplantation *f*

ˈheart·ache *n no pl* Kummer *m,* Leid *nt* **ˈheart attack** *n* Herzinfarkt *m; (not fatal)* Herzanfall *m,* Herzattacke *f; (fatal)* Herzschlag *m;* ***I nearly had a ~*** *(fig fam: shock)* ich habe fast einen Herzschlag gekriegt *fam; (surprise also)* da hat mich fast der Schlag getroffen *fam* **ˈheart·beat** *n* Herzschlag *m,* Pulsschlag *m* **ˈheart·break** *n* ❶ *no pl (suffering)* Leid *nt,* großer Kummer, Herzeleid *nt geh;* ***the ~ he felt when his wife left him was crippling*** es brach ihm das Herz, als seine Frau ihn verließ ❷ *(terrible blow)* harter Schlag, [seelische] Katastrophe **ˈheart·break·er** *n* ❶ *(sad story)* Tragödie *f,* Trauerspiel *nt* ❷ *(handsome man)* Herzensbrecher *m,* Charmeur *m* **ˈheart·break·ing** *adj* herzzerreißend; ***it is ~ for him that he cannot see his children*** es bricht ihm das Herz, dass er seine Kinder nicht sehen kann **ˈheart·bro·ken** *adj* todunglücklich, untröstlich; ***if she ever left him he would be ~*** es bräche ihm das Herz, wenn sie ihn verlassen würde **ˈheart·burn** *n no pl* Sodbrennen *nt* **ˈheart dis·ease** *n* Herzkrankheit *f*

heart·en [ˈhɑːtᵊn, AM ˈhɑːr-] *vt usu passive* ■**to ~ sb** jdn ermutigen; ■**to be ~ed** [**by sth**] [von etw *dat*] ermutigt sein

heart·en·ing [ˈhɑːtᵊnɪŋ, AM ˈhɑːr-] *adj* ermutigend; **~ news** erfreuliche Nachrichten

ˈheart fail·ure *n no pl* Herzversagen *nt,* Herzinsuffizienz *f fachspr* **ˈheart·felt** *adj (strongly felt)* tief empfunden; *(sincere)* aufrichtig; ***please accept my ~ thanks!*** vielen herzlichen Dank!; **~ condolences** [*or* **sympathy**] herzliches [*o* aufrichtiges] Beileid; **~ relief** tiefe Erleichterung

hearth [hɑːθ, AM hɑːrθ] *n* ❶ *(fireplace)* Feuerstelle *f; (whole fireplace)* Kamin *m; (for cooking)* Herd *m*
❷ *(fig: home)* [heimischer] Herd, Heim *nt;* **to leave ~ and home** Heim und Herd verlassen

ˈheart-healthy *adj* **~ fats** Fette, die gut für das Herz sind

ˈhearth·rug *n* Kaminvorleger *m*

hearti·ly [ˈhɑːtɪli, AM ˈhɑːrt̬-] *adv* ❶ *(enthusiastically)* herzlich; **to applaud ~** begeistert applaudieren; **to eat ~** herzhaft zugreifen
❷ *(extremely)* von Herzen, äußerst; ***I'm ~ sick of his complaints*** ich habe seine Beschwerden echt satt; **to dislike sb/sth ~** jdn/etw von ganzem Herzen verabscheuen

heart·land [ˈhɑːtlænd, AM ˈhɑːrt-] *n of region* Kerngebiet *nt,* Herz *nt; of support, belief* Hochburg *f,* Zentrum *nt*

heart·less [ˈhɑːtləs, AM ˈhɑːrt-] *adj* herzlos, unbarmherzig

heart·less·ly [ˈhɑːtləsli, AM ˈhɑːrt] *adv* herzlos, kalt *fig*

heart·less·ness [ˈhɑːtləsnəs, AM ˈhɑːrt-] *n no pl* Herzlosigkeit *f,* Unbarmherzigkeit *f*

heart-ˈlung ma·chine *n* Herz-Lungen-Maschine *f* **ˈheart mur·mur** *n* Herzgeräusch[e] *nt*[*pl*] **ˈheart·rend·ing** *adj* herzzerreißend **ˈheart-search·ing** **I.** *n no pl* Gewissenserforschung *f,* Selbstprüfung *f* **II.** *adj* nachdenklich; ***it was a very ~ time in his life*** er dachte in dieser Zeit viel über sich nach

ˈhearts·ease, ˈheart's-ease *n* Stiefmütterchen *nt*

ˈheart-shaped *adj* herzförmig **ˈheart·sick** *adj* tief betrübt *geh,* todunglücklich **ˈheart-stop·ping** *adj* spannend, packend **ˈheart·strings** *npl* innerste Gefühle; **to pull** [*or* **tug**] [*or* **tear**] **at sb's ~** jdm ans Herz [*o* zu Herzen] gehen, bei jdm auf die Tränen-

H

drüse drücken *pej fam* **'heart sur·gery** *n no pl* Herzchirurgie *f*

'heart-throb *n (fam)* Schwarm *m fam*

heart-to-'heart I. *adj* [ganz] offen; **a ~ talk** ein offenes [*o* ehrliches] Gespräch II. *n* [offene] Aussprache; **to have a ~** sich *akk* aussprechen **'heart trans·plant** *n (surgery)* Herztransplantation *f fachspr,* Herzverpflanzung *f; (organ)* Herztransplantat *nt fachspr;* **to have a ~** sich *akk* einer Herztransplantation unterziehen **'heart trou·ble** *n* Herzbeschwerden *pl* **'heart valve** *n* Herzklappe *f* **'heart-warm·ing** *adj* herzerfreuend; *play, story* herzerwärmend *geh; friendliness, reception* herzlich; ***it's ~ to hear of your success*** es freut mich sehr für Sie/dich von Ihrem/deinem Erfolg zu hören; **~ news** frohe Nachricht; **to give sb a ~ welcome** jdn herzlich begrüßen, jdm einen herzlichen Empfang bereiten **'heart·wood** *n* Kernholz *nt*

hearty ['hɑ:ti, AM 'hɑ:rṭi] I. *adj* ❶ *(warm)* herzlich; ***she has a warm and ~ laugh*** sie hat ein warmes und herzliches Lachen; **~ congratulations** herzliche Glückwünsche; **a ~ welcome** ein herzlicher Empfang
❷ *(large)* herzhaft, kräftig; **~ appetite** gesunder Appetit; **~ breakfast** kräftiges [*o* deftiges] Frühstück
❸ *(strong)* kräftig, herzhaft; ***he gave me a ~ slap on my back*** er schlug mir beherzt auf den Rücken; **hale and ~** gesund und munter
❹ *(unreserved)* uneingeschränkt; **to have a ~ dislike for sb/sth** gegen jdn/etw eine tiefe Abneigung empfinden; **~ support** ungeteilte Unterstützung
II. *n (fam)* Freund(in) *m(f);* ***my hearties!*** NAUT Jungs!

heat [hi:t] I. *n* ❶ *no pl (warmth)* Wärme *f; (high temperature)* Hitze *f; (fig) of spices* Schärfe *f;* **~ insulating** TECH wärmedämmend, wärmeisolierend; **the ~ of the day** die heißeste Zeit des Tages; **to cook sth on a high/low ~** etw bei starker/schwacher Hitze kochen
❷ *no pl (appliance)* Heizung *f;* **to turn down/up the ~** die Heizung zurückdrehen/aufdrehen
❸ *no pl* PHYS [Körper]wärme *f*
❹ *no pl (fig: strong emotion)* Hitze *f,* Erregung *f;* ***this topic generated a lot of ~*** dieses Thema erhitzte die Gemüter; **in the ~ of the moment** in der Hitze [*o* im Eifer] des Gefechts; **in the ~ of passion** LAW im Affekt; **to take the ~ out of a situation** eine Situation entschärfen; **with ~** erregt; **without ~** gelassen
❺ *no pl (fig: peak)* Höhepunkt *m,* Gipfel *m;* **in the ~ of the argument/battle/campaign** auf dem Höhepunkt des Streits/der Schlacht/der Kampagne
❻ *no pl (fig: pressure)* Druck *m;* ***the ~ is on*** es weht ein scharfer Wind; ***the ~ is off*** die Sache hat sich gelegt; **to put the ~ on** Druck machen *fam;* **to put the ~ on sb** jdn unter Druck setzen; **to take the ~ off sb** jdn entlasten
❼ *(sports race)* Vorlauf *m;* **qualifying ~** Qualifikationsrunde *f*
❽ *no pl (readiness to breed)* Brunst *f; of deer* Brunft *f; of dogs, cats* Läufigkeit *f; of horses* Rossen *nt;* ■ **on** [*or* AM **in**] **~** brünstig; *deer* brunftig; *cat* rollig; *dog* läufig; *horse* rossig; *(fig vulg) woman* scharf *fam,* geil *vulg*
▸ PHRASES: **if you can't stand the ~, get out of the kitchen** *(prov)* wenn es dir zu viel wird, dann lass es lieber sein
II. *vt* ■ **to ~ sth** etw erhitzen [*o* heiß machen]; *food* etw aufwärmen; **to ~ a flat/an apartment** eine Wohnung [be]heizen; **to ~ a house/room** ein Haus/einen Raum heizen; **to ~ a pool** ein Schwimmbecken beheizen
III. *vi* warm werden, sich *akk* erwärmen; *emotionally* sich *akk* erregen [*o* erhitzen]
◆ **heat up** I. *vt* ■ **to ~ up** ◌ **sth** etw heiß machen [*o* erhitzen]; *food* etw aufwärmen; *(fig) argument, discussion* etw anheizen; **to ~ up a car** AM ein Auto heiß laufen lassen; **to ~ up a room/house** einen Raum/ein Haus [auf]heizen
II. *vi room* sich *akk* aufwärmen, warm werden; *engine* warm laufen; *fire, oven* heiß werden; *(fig) person* in Fahrt kommen; *(fig) argument, discussion* sich *akk* erhitzen; *(fig) situation* sich *akk* zuspitzen

'heat ca·pac·ity *n* Wärmekapazität *f* **heat con·duc·'tiv·ity** *n* SCI Wärmeleitfähigkeit *f* **'heat con·tent** *n* SCI Enthalpie *f,* Wärmeinhalt *m* **'heat death** *n* Wärmetod *m* **heat di·la·ta·tion** [-daɪlə'teɪʃᵊn, -dɪlə-] *n* SCI Wärmeausdehnung *f* **'heat dis·place·ment** *n* SCI Wärmeverschiebung *f* **'heat dis·si·pa·tion** *n* SCI Wärmeausstrahlung *f,* Wärmeabstrahlung *f* **'heat dis·tor·tion temp·era·ture** *n* TECH Erweichungstemperatur *f*

heat·ed ['hi:tɪd, AM -ṭ-] *adj* ❶ *(emotional)* hitzig, erregt; *argument, discussion* heftig; **to get ~ about sth** sich *akk* über etw *akk* aufregen [*o geh* erregen]
❷ *inv (warm)* erhitzt; *room* geheizt; **~ pool** beheiztes Schwimmbad; **~ seats** beheizte Sitze

heat·ed·ly ['hi:tɪdli, AM -ṭ-] *adv* hitzig, erregt; *argue, discuss* heftig; **to deny sth ~** etw vehement abstreiten

'heat ef·fi·cien·cy *n* SCI Wärmewirkungsgrad *m*

heat·er ['hi:təʳ, AM -ṭɚ] *n* ❶ *(appliance)* [Heiz]ofen *m; (radiator)* Heizgerät *nt,* Heizkörper *m; (for entire house)* [Zentral]heizung *f; (in car)* Heizung *f,* Heizgebläse *nt;* **gas ~** Gasofen *m;* **water ~** Boiler *m;* **electric ~** Heizgerät *nt;* **to turn the ~ on/off** die Heizung anstellen/abstellen
❷ *(sl: gun)* Knarre *f sl,* Kanone *f sl*

'heat ex·chang·er *n* Wärmetauscher *m* **'heat ex·haus·tion** *n no pl* Hitzschlag *m,* Hitzekollaps *m* **'heat flash** *n* Hitzeblitz *m* **'heat gain** *n no pl* Wärmegewinn *m* **'heat gauge** *n* Temperaturanzeiger *m*

heath [hi:θ] *n* ❶ *(land)* Heide *f,* Heideland *nt*
❷ BOT *(erica)* Glockenheide *f,* Erika *f; (calluna)* Heidekraut *nt*

'heat haze *n no pl* Hitzeflimmern *nt*

hea·then ['hi:ðᵊn] I. *n* ❶ *(old: non-believer)* Heide, Heidin *m, f;* ■ **the ~** *pl* die Heiden *pl*
❷ *(uncivilized person)* unzivilisierter Mensch, Barbar(in) *m(f) pej*
II. *adj* ❶ *(old: unbelieving)* heidnisch, gottlos *pej*
❷ *(uncivilized)* unzivilisiert, barbarisch *pej*

hea·then·ish ['hi:ðᵊnɪʃ] *adj* heidnisch

hea·then·ism ['hi:ðᵊnɪzᵊm] *n no pl* ❶ REL *(esp pej)* heidnische Zustände *pl; in theory* heidnische Anschauungen *pl*
❷ *(paganism)* Heidentum *nt*
❸ *(fam: unenlightenment)* barbarisches Wesen, Primitivität *f*

heath·er ['heðəʳ, AM -ɚ] *n no pl* BOT *(erica)* Erika *f; (calluna)* Heidekraut *nt*

heath·land ['hi:θlənd] *n* Heideland *nt,* Heide *f*

Heath Robinson [ˌhi:θ'rɒbɪnsᵊn] *adj inv* BRIT *(hum)* wunderlich, fantastisch *iron;* **a ~ contraption** eine fantastische Maschine

'heat index *n,* **HI** *n no pl* METEO Hitzeindex *m (Skala, die die Temperatur unter Berücksichtigung der Luftfeuchtigkeit angibt, um die so genannte gefühlte Temperatur zu ermitteln)*

heat·ing ['hi:tɪŋ, AM -ṭ-] *n no pl* ❶ *(action)* Heizen *nt; of room, house* [Be]heizen *nt; of substances* Erwärmen *nt,* Erhitzen *nt;* PHYS Erwärmung *f*
❷ *(appliance)* Heizung *f;* **central ~** Zentralheizung *f*

'heat·ing cham·ber *n* SCI Wärmeschrank *m* **'heat·ing el·ement** *n* Heizelement *nt,* Heizeinsatz *m* **'heat·ing en·gi·neer** *n* Heizungsmonteur(in) *m(f),* Heizungsinstallateur(in) *m(f)* **'heat·ing pad** *n* Heizkissen *nt* **'heat·ing sys·tem** *n (apparatus)* Heiz[ungs]anlage *f; (system)* Heizungssystem *nt*

'heat lamp *n* Heizlampe *f,* Bestrahlungslampe *f* **'heat light·ning** *n no pl* Wetterleuchten *nt* **'heat loss** *n* Wärmeverlust *m* **'heat-proof** I. *adj* hitzebeständig II. *vt* ■ **to ~ sth** etw hitzebeständig machen **'heat pros·tra·tion** *n no pl* AM *(heat exhaustion)* Hitzschlag *m,* Hitzekollaps *m* **'heat pump** *n* Wärmepumpe *f* **'heat rash** *n* Hitzeausschlag *m,* Hitzebläschen *pl* **'heat-re·sist·ant, 'heat-re·sist·ing** *adj* hitzebeständig; *ovenware* feuerfest; TECH thermoresistent *fachspr;* **~ glove** feuerfester Handschuh **'heat-re·tar·dant** *adj* hitzehemmend; **~ properties** hitzehemmende Eigenschaften **'heat-seek·ing** *adj inv* MIL wärmesuchend *attr;* **~ missile** wärmesuchende Rakete **'heat shield** *n (protection)* Hitzeschild *m,* Wärmeschild *m; (insulation)* Wärmeschutz *m* **'heat stroke** *n* Hitzschlag *m kein pl* **'heat-treat·ed** *adj inv* wärmebehandelt; **~ milk** pasteurisierte Milch; **~ steel** vergüteter Stahl **'heat treat·ment** *n* Wärmebehandlung *f;* **~ of milk** Pasteurisierung *f* von Milch; **~ of steel** Vergütung *f* von Stahl

'heat·wave *n* Hitzewelle *f*

heave [hi:v] I. *n* ❶ *(push or pull)* Ruck *m*
❷ *(up and down movement)* Auf und Ab *nt; of sea, chest* Wogen *nt geh; of stomach* Würgen *nt;* TECH Hub *m;* **~ of the sea** Seegang *m;* **the dry ~s** das trockene Würgen
❸ GEOL Verwerfung *f fachspr*
❹ *(fig: great effort)* Anstrengung *f*
II. *vt* ❶ *(move)* ■ **to ~ sth** etw [hoch]hieven [*o* [hoch]heben] [*o fam* wuchten]; ***he ~d himself out of his armchair*** er hievte sich aus seinem Stuhl; **to ~ sth open** etw aufstemmen
❷ *(utter)* **to ~ a sigh [of relief]** einen Seufzer [der Erleichterung] ausstoßen
❸ *(fam: throw)* ■ **to ~ sth at sb** etw [*o* mit etw *dat*] nach jdm werfen [*o fam* schmeißen]
❹ <hove, hove> NAUT ■ **to ~ sth** *(cast)* etw werfen; *(haul)* etw hieven; **to ~ anchor** den Anker lichten
III. *vi* ❶ *(pull, push)* hieven, ziehen
❷ *(move)* sich *akk* heben und senken; *ship* schwanken, stampfen *fachspr; sea, chest* wogen *geh;* ***after the race she was covered in sweat, her chest heaving*** nach dem Rennen war sie schweißgebadet und sie keuchte heftig
❸ *(vomit)* würgen; *stomach* sich *akk* umdrehen [*o geh* heben]
❹ <hove, hove> NAUT **to ~ in sight** in Sicht kommen
◆ **heave to** NAUT I. *vi* beidrehen
II. *vt* ■ **to ~ to** ◌ **sth** etw stoppen; **to ~ a boat/ship to** ein Boot/Schiff stoppen
◆ **heave up** I. *vi* brechen
II. *vt* ■ **to ~ up** ◌ **sth** etw [heraus]brechen [*o geh* erbrechen]

heave 'ho I. *interj* NAUT *(dated)* hau ruck!
II. *n (hum fam)* **to give sb the [old] ~** *(dismissal)* jdn hinauswerfen [*o fam* an die Luft setzen]; *(reject a friend)* jdm den Laufpass geben *fam,* mit jdm Schluss machen *fam*

heav·en ['hevᵊn] *n* ❶ *no pl (not hell)* Himmel *m; (fig)* Himmel *m,* Paradies *nt;* ***it's ~!*** *(fam)* es ist himmlisch! *fam;* ***this ice cream is ~*** dieses Eis ist ein Gedicht; **to be ~ on earth** *(fig)* der Himmel auf Erden sein; **to be in [seventh] ~** *(fig)* im [siebten] Himmel sein; **to go to ~** in den Himmel kommen; **to be sent from ~** *(fig hum)* vom Himmel geschickt sein
❷ *(poet: sky)* ■ **the ~s** *pl* das Firmament *poet,* der Himmel; ***the ~s opened*** der Himmel öffnete seine Schleusen; **in the ~s** am Firmament [*o* Himmel]
▸ PHRASES: **~s above!** du lieber Himmel!; **~ forbid!** Gott bewahre!, bloß nicht!; **good ~s!** großer Gott!, du lieber Himmel!; **~ help us!** der Himmel steh uns bei!; **to move ~ and earth to do sth** Himmel und Hölle in Bewegung setzen, um etw zu tun; **what/where/when/who/why in ~'s name ...?** was/wo/wann/wer/warum in Gottes Namen ...?; **~s no!** um Gottes willen!, bloß nicht!; **~ only knows** weiß der Himmel *fam;* **for ~s sake!** um Himmels [*o* Gottes] willen!; **to stink to high ~** zum Himmel stinken; **thank ~s!, ~ be thanked!** Gott [*o* dem Himmel] sei Dank!

heav·en-and-'hell bond *n* FIN *(fam)* Aktienindexanleihe *f,* Bull- und Bear-Anleihe *f*

heav·en·ly ['hevᵊnli] *adj* ❶ *inv (divine)* himmlisch, göttlich; **~ peace** himmlischer Frieden
❷ *inv (of the sky)* himmlisch, Himmels-
❸ *(fam: pleasure-giving)* himmlisch, paradiesisch, traumhaft

heav·en·ly 'body *n* Himmelskörper *m* **Heav·en·ly 'Fa·ther** *n* Vater *m* im Himmel **heav·en·ly 'host** *n no pl,* + *sing/pl vb* himmlische Heerscharen

'heav·en-sent *adj inv* vom Himmel gesandt, wie gerufen *präd; you're ~!* dich schickt der Himmel!

heav·en·ward(s) ['hev^ənwəd(z), AM -wɚd(z)] *adv inv* himmelwärts, zum [*o veraltend* gen] Himmel; **to lift** [*or* **raise**] **one's eyes ~** die Augen zum Himmel erheben

heavi·ly ['hevɪli] *adv* ① *(to great degree)* stark; ***she's ~ involved in the project*** sie ist sehr engagiert in dem Projekt; ***they rely ~ on his advice*** sie verlassen sich total auf seinen Rat *fam;* ***he is ~ in debt*** er ist stark verschuldet; ***they are ~ into property*** sie haben viel Grundbesitz; **~ armed/guarded** schwer bewaffnet/bewacht; **~ insured** hoch versichert; **~ populated** dicht besiedelt; **to be ~ into sth** *(fam)* auf etw *akk* voll abfahren *fam;* **to be ~ in debt** stark verschuldet sein; **to drink ~** ein starker Trinker/eine starke Trinkerin sein; **to gamble ~** leidenschaftlich spielen; **to invest ~** groß investieren; **to sleep ~** tief schlafen; **to tax sth ~** hohe Steuern auf etw *akk* erheben
② *(with weight)* schwer; *move* schwerfällig; **~ built** kräftig gebaut; **to weigh ~ on sb** *(fig)* schwer auf jdm lasten, jdm sehr zu schaffen machen
③ *(severely)* schwer; **to rain/snow ~** stark regnen/schneien
④ *(with difficulty)* schwer; **to breathe ~** schwer atmen; **to speak ~** schleppend sprechen

heavi·ness ['hevɪnəs] *n no pl* ① *(weight)* Gewicht *nt,* Schwere *f; of movement* Schwerfälligkeit *f*
② *(degree)* Schwere *f; of a problem* Ausmaß *nt; of an amount* Höhe *f*
③ *(seriousness) of mood* Bedrücktheit *f,* Niedergeschlagenheit *f; of punishment* Härte *f*
④ *(liter: sadness)* Niedergeschlagenheit *f;* **~ of heart** schweres Herz

heav·ing ['hi:vɪŋ] *adj* schwankend *attr*

heavy ['hevi] **I.** *adj* ① *(weighty)* schwer *a. fig;* ***her eyes were ~ with tiredness*** vor Müdigkeit fielen ihr fast die Augen zu; **to be ~ with child** *(liter)* schwanger sein, ein Kind unter dem Herzen tragen *liter;* **~ fall** schwerer Sturz; **~ food** schweres [*o* schwer verdauliches] Essen; **to do ~ lifting/carrying** schwere Sachen heben/tragen; **~ machinery** schwere Maschinen; **~ step** schwerer Schritt; **to lie ~ on sb's stomach** jdm schwer im Magen liegen; **~ work** Schwerarbeit *f*
② *(intense)* stark; **~ accent** starker Akzent; **~ bleeding** starke Blutung; **to be under ~ fire** MIL unter schwerem Beschuss stehen; **~ frost/gale/snow** starker Frost/Sturm/Schneefall; **~ rain** heftiger [*o* starker] Regen; **~ sea** hohe [*o* stürmische] See
③ *(excessive)* stark, übermäßig; ***the engine is rather ~ on fuel*** der Motor verbraucht ziemlich viel Benzin; **~ drinker** starker Trinker/starke Trinkerin; **~ sleep** tiefer Schlaf; **~ smoker** starker Raucher/starke Raucherin
④ *(severe)* schwer[wiegend]; ***the odds were ~ but they decided to go for it anyway*** sie entschieden sich, trotz der vielen Widrigkeiten weiterzumachen; **a ~ blow** ein schwerer Schlag *a. fig;* **~ offence** schweres Vergehen; **~ jail sentence** hohe Gefängnisstrafe
⑤ *(abundant)* viel, reichlich; *sum* hoch; ***the trees were ~ with fruit*** die Bäume trugen viele Früchte; **~ casualties** unzählige Opfer; MIL schwere [*o* hohe] Verluste; **~ crop** reiche Ernte; **~ fine** hohe Geldstrafe; **~ investment** hohe Investitionen *pl*
⑥ *(fig: oppressive)* drückend, lastend; *weather* schwül; ***the atmosphere was ~ with menace*** es lag Gefahr in der Luft; **~ responsibility** große Verantwortung; **~ silence** lähmende Stille
⑦ *(difficult)* schwierig, schwer; **~ breathing** schwerer Atem; **~ going** Schinderei *f,* Plackerei *f fam;* ***the book is rather ~ going*** das Buch ist schwer zu lesen; ***the going was ~*** wir kamen nur schwer voran
⑧ *(dense)* dicht; *(thick)* dick; **~ beard** dichter Bart; **~ coat** dicker Mantel; **~ clouds** schwere Wolken; **~ schedule** voller [*o* dicht gedrängter] Terminkalender; **~ shoes** feste Schuhe; **~ sky** bedeckter Himmel; **~ traffic** starker [*o* dichter] Verkehr; **~ undergrowth** dichtes Unterholz
⑨ *(not delicate)* grob; **~ features** grobe Züge
⑩ *(clumsy)* schwerfällig
⑪ *(strict)* streng; ▸**to be ~ on sb** streng mit jdm sein; **to play the ~ mother** die gestrenge Mutter spielen
▸ PHRASES: **to do sth with a ~ hand** etw mit eiserner Strenge machen; **with a ~ heart** schweren Herzens; **to make ~ weather of sth** etw unnötig komplizieren
II. *n* ① *(sl: thug)* Schläger[typ] *m sl*
② THEAT *(character)* Schurke, Schurkin *m, f;* **to be** [*or* **play**] **the ~ in sth** *(fig fam)* bei etw *dat* die Hauptrolle spielen
③ BRIT *(fam: newspapers)* ▸**the heavies** *pl* die seriösen Zeitungen
④ *esp* SCOT *(beer)* Starkbier *nt*

heavy 'bag *n* Sandsack *m* **heavy 'cream** *n no pl* AM Schlagsahne *f (mit hohem Fettgehalt),* ÖSTERR *a.* Schlagobers *nt,* Schlagrahm *m* SCHWEIZ **heavy-'duty** *adj* ① *inv (strong)* robust; *clothes* strapazierfähig; **~ machine** Hochleistungsmaschine *f;* **~ vehicle** Schwerlastfahrzeug *nt* ② *(fam: intense)* intensiv, heftig; *(abundant)* reichlich, sehr viel; ***there was a lot of ~ flirting going on there*** die Leute haben dort wie wild miteinander geflirtet; **a real ~ meeting** ein wirklich bedeutsames Treffen; **a ~ problem** ein kniffliges Problem **heavy-'foot·ed** *adj* schwerfällig **heavy 'go·ing** *n* ▸**to be ~** schwierig [*o* strapaziös] sein **heavy 'goods ve·hi·cle** *n,* **HGV** *n* Lastkraftwagen *m* **heavy-'hand·ed** *adj (clumsy)* ungeschickt, unbeholfen, schwerfällig; *(without subtlety)* plump **heavy-'hand·ed·ly** *adv (clumsily)* ungeschickt, unbeholfen, schwerfällig; *(without subtlety)* plump **heavy-'heart·ed** *adj* bedrückt, niedergeschlagen; **~ sigh** trauriger Seufzer **heavy 'hy·dro·gen** *n no pl* schwerer Wasserstoff **heavy 'in·dus·try** *n no pl* Schwerindustrie *f* **heavy ion ac·'cel·era·tor** *n* PHYS Schwerionenbeschleuniger *m* **heavy ion 'fu·sion** *n* PHYS Schwerionenfusion *f* **heavy-'lad·en** *adj (with weight)* schwer beladen *a. fig; (with troubles)* bedrückt, sehr niedergeschlagen **heavy-'lid·ded** *adj inv* schläfrig **heavy 'met·al** **I.** *n* ① *(metal)* Schwermetall *nt* ② *(music)* Heavymetal *m* **II.** *n modifier (music, band)* Heavymetal-, Metal- *fam* **heavy 'pet·ting** *n no pl* heftiges [*o* wildes] Petting **'heavy-set** *adj* mollig, korpulent *geh* **heavy 'type** *n* fette Schrift **heavy 'wa·ter** *n no pl* PHYS schweres Wasser; TECH Schwerwasser *nt,* Deuteriumoxid *nt*

'heavy·weight I. *n* ① SPORT Schwergewicht *nt; (person)* Schwergewicht *nt,* Schwergewichtler(in) *m(f)*
② *(fig)* Schwergewicht *nt,* Autorität *f,* Größe *f;* **a political/literary ~** ein politisches/literarisches Schwergewicht
II. *n modifier* SPORT Schwergewichts-, im Schwergewicht *nach n;* **~ boxer** Schwergewichtler(in) *m(f);* **~ champion** Meister(in) *m(f)* im Schwergewicht
III. *adj* ① *inv (weighty)* schwer; **~ cloth/paper** schwerer Stoff/schweres Papier
② *(fig: important) person* prominent, bedeutend; *problem* gewichtig; **a ~ report** ein ernst zu nehmender Bericht

He·bra·ic [hi:'breɪɪk] *adj inv* hebräisch

He·brew ['hi:bru:] **I.** *n* ① *(person)* Hebräer(in) *m(f)*
② *no pl (language)* Hebräisch *nt*
II. *adj inv* hebräisch

Heb·ri·des ['hebrɪdi:z] *npl* ▸**the ~** die Hebriden *pl;* **the Inner/Outer ~** die Inneren/Äußeren Hebriden

heck [hek] *interj (euph sl)* Mist! *sl;* ***where the ~ have you been?*** wo, zum Teufel, bist du gewesen?; ***it's a ~ of a walk from here*** es ist ein verdammt langer Weg von hier aus; ***oh ~!*** zum Kuckuck!; ***what the ~!*** wen kümmert's!, [scheiß]egal! *sl*

heck·le ['hekl] **I.** *vi* dazwischenrufen, Zwischenrufe machen
II. *vt* ▸**to ~ sb** jdn durch Zwischenrufe stören [*o* aus dem Konzept bringen]

heck·ler ['heklə^r, AM -ɚ] *n* Zwischenrufer(in) *m(f)*

heck·ling ['heklɪŋ] *n (act)* Zwischenrufen *nt; (instance)* Zwischenruf *m*

hec·tare ['hekteə^r, -tɑ:^r, AM -ter] *n* Hektar *m o nt*

hec·tic ['hektɪk] **I.** *adj* ① *(very fast)* hektisch; **~ pace** hektische Gangart; *(fig)* rasantes Tempo
② MED *(hist)* hektisch; **~ fever** hektisches Fieber, Febris hectica *f fachspr;* **~ flush** hektische Röte
II. *n (hist: fever)* hektisches Fieber; *(person)* Schwindsüchtige(r) *f(m)*

hec·to·li·tre, AM **hec·to·li·ter** ['hektə(ʊ),li:tə^r, AM -toʊ,li:t̬ɚ] *n* Hektoliter *m*

hec·tor ['hektə^r, AM -ɚ] **I.** *vt* ▸**to ~ sb** jdn tyrannisieren [*o fam* schikanieren]
II. *n* Tyrann(in) *m(f)*

hec·tor·ing ['hekt^ərɪŋ, AM -ɚɪŋ] *adj attr* tyrannisch

he'd [hi:d] = **he had/he would** *see* **have, will**[1]

hedge [hedʒ] **I.** *n* ① *(fence) of bushes* Hecke *f*
② *(fig: barrier)* Schutzwall *m; (protection)* Schutz *m* (**against** vor +*dat*), Absicherung *f* (**against** gegen +*akk*)
③ ECON, FIN Hedgegeschäft *nt fachspr,* Kurssicherungsgeschäft *nt fachspr*
II. *vt* ① *(surround)* ▸**to ~ sth** *garden, property* etw [mit einer Hecke] umgeben; ▸**to ~ sb/sth** *(fig)* jdn/etw einengen, einschränken
② ECON *(protect)* ▸**to ~ sth** etw absichern
▸ PHRASES: **to ~ one's bets** nicht alles auf eine Karte setzen, auf Nummer Sicher gehen *fam*
III. *vi* ① *(avoid action)* ausweichen, kneifen *pej fam; (avoid commitment)* sich *akk* nicht festlegen wollen; ***stop ~ and give me a straight answer*** weich mir nicht dauernd aus und gib mir eine klare Antwort
② ECON ▸**to ~ against sth** sich *akk* gegen etw *akk* absichern, sich *akk* vor etw *dat* schützen; **to ~ against inflation** sich *akk* gegen Inflationsverluste absichern

◆**hedge about, hedge around** *vt* ▸**to ~ about/around** ↔ **sth** etw behindern [*o* erschweren]; *(restrict)* etw einschränken

◆**hedge in** *vt* ① *(with bushes)* ▸**to ~ in** ↔ **sth** *garden, property* etw [mit einer Hecke] einfassen [*o* umgeben]
② ECON **to ~ in an investment** eine Investition absichern
③ *(fig: restrict)* ▸**to ~ in** ↔ **sb** jdn behindern [*o* beschränken] [*o* einengen]; ▸**to ~ in** ↔ **sth** etw behindern [*o* erschweren]

◆**hedge off** *vt* ▸**to ~ off** ↔ **sth** *garden, property, house* etw [mit einer Hecke] abgrenzen [*o* abtrennen]

◆**hedge round** *vt* BRIT *see* **hedge about**

'hedge clause *n* LAW Vorbehaltsklausel *f*

'hedge clip·pers *npl* Heckenschere *f;* **set of ~** Heckenschere *f*

'hedge fund *n* FIN Hedge-Fonds *m*

'hedge·hog *n* Igel *m*

'hedge-hop *vi* tieffliegen

hedg·er ['hedʒə^r, AM -ɚ] *n* FIN Hedger(in) *m(f)*

'hedge·row *n* Hecke *f,* Knick *m* NORDD

'hedge spar·row *n* Heckenbraunelle *f*

'hedge trans·ac·tion *n* FIN Sicherungsgeschäft *nt*

'hedge-trim·mer *n* [**a set of**] **~s** Heckenschneidemaschine *f,* elektrische Heckenschere

hedg·ing ['hedʒɪŋ] *n no pl* ECON, FIN Kurssicherungsgeschäft *nt,* Hedging *nt fachspr*

he·don·ism ['hi:d^ənɪz^əm] *n no pl* Hedonismus *m*

he·don·ist ['hi:d^ənɪst, 'hed-] *n* Hedonist(in) *m(f)*

he·don·is·tic [,hi:d^ən'ɪstɪk, 'hed-] *adj* hedonistisch

heebie-jeebies [,hi:bi'dʒi:biz] *npl* ▸**the ~** Beklemmung *f,* Zustände *pl fam;* **to get the ~** Zustände kriegen *fam;* **to give sb the ~** jdm eine Gänsehaut [*o* SCHWEIZ Hühnerhaut] machen

heed [hi:d] *(form)* **I.** *vt* ▸**to ~ sth** etw beachten, etw *dat* Beachtung schenken *geh;* **to ~ advice** einen Rat befolgen [*o geh* beherzigen]; **to ~ a warning** eine Warnung ernst nehmen
II. *n no pl* Beachtung *f;* **to pay ~ to sth, to take ~ of sth** etw beherzigen, auf etw *akk* achten

heed·ful ['hi:df^əl] *adj (form)* achtsam; ▸**to be ~ of sb/sth** jdn/etw beachten; **to be ~ of sb's advice** jds Rat befolgen [*o geh* beherzigen]

heed·less ['hi:dləs] *adj (form)* achtlos, unachtsam; ■**to be ~ of sth** etw nicht beachten, nicht auf etw *akk* achten; ■**~ of sth** ungeachtet einer S. *gen; ~* **of dangers** ungeachtet der Gefahren

heed·less·ly ['hi:dləsli] *adv* achtlos, unachtsam

hee-haw ['hi:,hɔ:, AM *esp* -,hɑ:] **I.** *interj* iah

II. *n* ❶ *(noise)* Iah *nt; (childspeak: donkey)* Esel *m*

❷ *(laugh)* wieherndes Gelächter, Gewieher *nt fam*

III. *vi* ❶ *(make noise)* iahen

❷ *(laugh)* wiehernd lachen, [vor Lachen] wiehern *fam*

heel[1] [hi:l] **I.** *n* ❶ *(body part)* Ferse *f; of animal* Hinterfuß *m,* Hinterlauf *m; of horse* hinterer Teil des Hufs; **the ~ of the hand** der Handballen; ■**to be at sb's ~s** *(follow)* jdm [dicht] folgen; *(fig: chase)* jdm auf den Fersen sein

❷ *(of shoe)* Absatz *m; (of sock)* Ferse *f;* ■**~s** *pl* hochhackige Schuhe, Stöckelschuhe *pl;* **to turn on one's ~** auf dem Absatz kehrtmachen

❸ *(end part)* Anschnitt *m,* Endstück *nt; of bread* [Brot]kanten *m bes* NORDD, Scherz *m* SÜDD, ÖSTERR, Knust *m* DIAL; *of violin bow* Frosch *m; of golf club* Ferse *f*

❹ *(pej dated fam: man)* Scheißkerl *m pej sl; (woman)* Miststück *nt pej sl*

►PHRASES: **to bring sb/an animal to ~** jdn/ein Tier gefügig machen; **to bring sth to ~** etw unter Kontrolle bringen; **to come to ~** *person* sich *akk* fügen, spuren *fam; dog* bei Fuß gehen; **to dig one's ~s in** sich *akk* auf die Hinterbeine stellen; **to be down at** [**the**] **~** *person* heruntergekommen sein; *shoe* abgetreten sein; **to follow close** [*or* **hard**] **on the ~s of sth** unmittelbar auf etw *akk* folgen; **to be hard** [*or* **close**] [*or* **hot**] **on sb's ~s** jdm dicht auf den Fersen sein; **to kick** [*or* **cool**] **one's ~s** *(wait)* sich *dat* die Beine in den Bauch stehen; *(do nothing)* Däumchen drehen *fam,* rumhängen *fam;* **to kick up one's ~s** auf den Putz hauen *fam;* **to show** [**sb**] **a clean pair of ~s** *(run away)* jdm die Fersen zeigen, Fersengeld geben; *(leave behind)* jdn abhängen; **to take to one's ~s** die Beine in die Hand nehmen *fam,* Fersengeld geben; **under the ~ of sb/sth** unter der Herrschaft einer Person/einer S. *gen*

II. *interj* ■**~!** bei Fuß!

III. *vt* ❶ *(in shoe-making)* **to ~ a shoe** einen neuen Absatz auf einen Schuh machen

❷ *(in golf)* **to ~ a ball** den Ball mit der Ferse schlagen

►PHRASES: **to be well ~ed** *(fam)* gut betucht sein

IV. *vi* FBALL mit dem Absatz kicken; *(in rugby)* einen Ball hakeln [*o* mit dem Absatz spielen]

heel[2] [hi:l] NAUT **I.** *vi* ■**to ~ over** sich *akk* auf die Seite legen, krängen *fachspr;* **to ~ hard over** sich *akk* stark auf die Seite legen, stark krängen *fachspr*

II. *vt* **to ~ a boat/ship** ein Boot/Schiff zum Krängen bringen [*o fachspr* krängen lassen]

III. *n* *(instance)* Seitenneigung *f,* Krängung *f fachspr; (angle)* Neigungswinkel *m*

'heel bar *n* Schuh[sofort]reparaturservice *m,* Absatzschnelldienst *m*

heel·er ['hi:lə^r] *n* AUS Schäferhund *m*

heft [heft] **I.** *vt* ■**to ~ sth** etw hochheben *(bes. um das Gewicht festzustellen)*

II. *n* AM *(weight)* Gewicht *nt*

hefty ['hefti] *adj* ❶ *(strong) person* kräftig [gebaut], stämmig; **~ push** kräftiger Stoß

❷ *(large)* mächtig; **a ~ book** ein Wälzer *m;* **~ workload** hohe Arbeitsbelastung

❸ *(considerable)* deutlich, saftig *fam;* **~ bonus** beträchtlicher Bonus; **~ commission** stattliche Provision; **~ price rise** deutliche Preiserhöhung

He·gelian [hɪ'geɪliən] **I.** *adj inv* ❶ *(by Hegel)* Hegelsch

❷ *(following Hegel)* Hegelianisch

II. *n* Hegelianer(in) *m(f)*

heg·emon·ic [,hegɪ'mɒnɪk, AM ,hedʒɪ'mɑ:n-] *adj inv* hegemonisch, hegemonial

he·gemo·ny [hɪ'geməni, AM -'dʒem-] *n no pl* Hegemonie *f*

hegi·ra ['hedʒɪrə] *n (hist)* Hedschra *f hist; (fig liter)* Exodus *m geh*

heif·er ['hefə^r, AM -ɚ] *n* Färse *f*

heigh-ho [,heɪ'həʊ, AM -'hoʊ] *interj* nun ja!, ach ja!

height [haɪt] *n* ❶ *(top to bottom)* Höhe *f; of a person* [Körper]größe *f;* ***his ~ is about 1.75 metres*** er ist ungefähr 1,75 Meter groß; **at chest/eye ~** in Brust-/Augenhöhe; **to adjust the ~ of sth** etw höher/niedriger stellen; **to gain/lose ~** an Höhe gewinnen/verlieren; **to be 6 metres in ~** 6 Meter hoch sein

❷ *(high places)* ■**~s** *pl* Höhen *pl;* **fear of ~s** Höhenangst *f;* **to be afraid of ~s** nicht schwindelfrei sein

❸ *(rare: hill)* ■**~s** *pl* Hügel *pl,* Anhöhen *pl*

❹ *(fig: peak)* Höhepunkt *m;* ***this is the ~ of pleasure for me*** das ist für mich das höchste der Gefühle; **to be at the ~ of one's career** auf dem Höhepunkt seiner Karriere sein; **to be dressed in the ~ of fashion** nach der neuesten Mode gekleidet sein; **to be at the ~ of one's power** auf dem Gipfel seiner Macht sein; **at the ~ of summer** im Hochsommer; **to rise to giddy** [*or* **dizzy**] **~s** *(fam)* in Schwindel erregende Höhen aufsteigen; **to attain great ~s, to scale ~s** den Höhepunkt erreichen; *shares, prices* Spitzenwerte erreichen

❺ *(of characteristic)* Höchstmaß *nt,* Maximum *nt;* **the ~ of bad manners** [*or* **ill manners**] der Gipfel der Unverschämtheit; **the ~ of folly/stupidity** der Gipfel der Torheit/Dummheit; **the ~ of kindness/patience** das Äußerste an Güte/Geduld

height·en ['haɪt^ən] **I.** *vt* ■**to ~ sth** ❶ *(raise)* etw höher machen [*o* stellen]; **to ~ a mirror/picture** einen Spiegel/ein Bild höher hängen

❷ *(increase)* etw steigern [*o* erhöhen]; *feeling, effect* etw verstärken; **to ~ one's awareness** seine Aufmerksamkeit erhöhen; **to ~ pleasure/tension** ein Vergnügen/eine Spannung steigern; **to ~ sb's suffering** jds Leiden verschlimmern; **to ~ the value of a house/painting** den Wert eines Hauses/Gemäldes erhöhen [*o* steigern]

❸ *(emphasize)* etw betonen [*o* hervorheben]; **to ~ one's cheekbones/eyes** seine Backenknochen/Augen betonen [*o* hervorheben]

II. *vi anger, panic, pleasure* ansteigen, wachsen, zunehmen

Heimlich ma·noeu·vre, AM **Heimlich ma·neu·ver, Heimlich pro·cedure** ['haɪmlɪk-] *n* Heimlich-Handgriff *m*

heinie ['haɪni:] *n* AM *(fam! sl)* Hinterteil *m vulg*

hei·nous ['heɪnəs, 'hi:-] *adj (form)* abscheulich, grässlich, verabscheuungswürdig *form*

hei·nous·ly ['heɪnəsli, 'hi:-] *adv* auf abscheuliche Weise

hei·nous·ness ['heɪnəsnəs] *n no pl* Schändlichkeit *f,* Abscheulichkeit *f*

heir [eə^r, AM er] *n* Erbe, Erbin *m, f;* **~ to the throne** Thronfolger(in) *m(f),* Thronerbe, -erbin *m, f;* **to be** [**the**] **~ to sb's estate/a fortune** jds Nachlass/ein Vermögen erben; **to be** [**the**] **~ to problems/a tradition** *(fig)* Probleme/eine Tradition übernehmen

heir ap·par·ent <*pl* heirs apparent> *n* gesetzlicher [*o* rechtmäßiger] Erbe/gesetzliche [*o* rechtmäßige] Erbin; **~ to the throne** rechtmäßiger Thronfolger/rechtmäßige Thronfolgerin *a. fig*

heir·ess <*pl* -es> ['eəres, AM 'erɪs] *n* Erbin *f*

heir·loom ['eəlu:m, AM 'er-] *n* Erbstück *nt;* **family ~** Familienerbstück *nt*

heist [haɪst] **I.** *n esp* AM *(fam)* bewaffneter Raub[überfall]; **jewelry ~** Juwelenraub *m*

II. *vt esp* AM *(fam)* ■**to ~ sth** *(steal)* etw rauben; *(rob)* etw ausrauben; **to ~ a car** ein Auto ausrauben; **to ~ jewels** Juwelen rauben

held [held] *vt, vi pt, pp of* **hold**

Helen ['helən] *n* Helena *f;* **~ of Troy** die schöne Helena

heli·cal ['helɪk^əl] *adj inv* spiralförmig; TECH schneckenförmig, schraubenförmig; **~ gear** Schrägstirnrad *nt;* **~ stair** Wendeltreppe *f*

heli·cal 'scan *n* COMPUT Schrägspurverfahren *nt*

heli·ces ['hi:lɪsi:z] *n pl of* **helix**

heli·cop·ter ['helɪkɒptə^r, AM -kɑ:ptɚ] **I.** *n* Hubschrauber *m,* Helikopter *m geh*

II. *n modifier (pad, pilot, radio)* Hubschrauber-

III. *vt* ■**to ~ sb/sth** jdn/etw mit dem Hubschrauber transportieren

heli·cop·ter 'gun·ship *n* Kampfhubschrauber *m*

heli-fish·ing ['helifɪʃɪŋ] *n no pl Transport im Hubschrauber zu Angelplätzen*

Heli·go·land ['helɪgə(ʊ)lænd, AM -goʊ-] *n no pl* Helgoland *nt*

helio·cen·tric [,hi:liə(ʊ)'sentrɪk, AM -oʊ'-] *adj inv* heliozentrisch

helio·graph [,hi:liə(ʊ)'grɑ:f, AM -oʊ'græf] **I.** *n* Heliograf *m*

II. *vt* ■**to ~ sth** *message* etw per Heliograf übermitteln

helio·trope ['hi:liətrəʊp, AM -troʊp] **I.** *n* ❶ BOT Heliotrop *nt*

❷ *(colour)* Blauviolett *nt*

II. *adj* ❶ *inv* BOT heliotrop

❷ *colour* blauviolett

helio·trop·ic [,hi:liə(ʊ)'trɒpɪk, AM -oʊ'trɑ:p-] *adj inv* fototropisch, heliotropisch *veraltend*

heli·pad ['helɪ-] *n* Hubschrauberlandeplatz *m* **'heli·port** *n* Heliport *m,* Hubschrauberlandeplatz *m* **'heli-ski·ing** *n* Heli-Skiing *nt fachspr (Skisportart, bei der der Skifahrer mit einem Hubschrauber auf den Berg geflogen wird)*

he·lium ['hi:liəm] *n no pl* Helium *nt*

he·lix <*pl* -lices> ['hi:lɪks, *pl* -lɪsi:z] *n* ❶ *(spiral)* Spirale *f*

❷ ARCHIT Volute *f fachspr*

❸ BIOL, CHEM Helix *f fachspr*

hell [hel] **I.** *n no pl* ❶ *(not heaven)* Hölle *f;* **to go to ~** in die Hölle kommen, zur Hölle fahren *geh o fig*

❷ *(fig fam)* Hölle *f fam;* ***to ~ with it!*** ich hab's satt!; ***to ~ with you!*** du kannst mich mal!; **to not have a chance/hope in ~** nicht die geringste Chance/leiseste Hoffnung haben; **~ on earth** die Hölle auf Erden; **to annoy the ~ out of sb** *(fam)* jdn schrecklich nerven, jdm fürchterlich auf den Keks gehen BRD *fam;* **to be ~** die Hölle sein *fam;* **to be ~ on sb/sth** für jdn/etw die Hölle sein; **to beat** [*or* **knock**] **the ~ out of sb** jdn windelweich prügeln *fam,* jdn grün und blau schlagen *fam;* ■**sth/sb from ~** etw/jd ist die reinste Hölle; **a job/winter from ~** eine höllische Arbeit/ein höllischer Winter; **to frighten** [*or* **scare**] **the ~ out of sb** jdn zu Tode erschrecken; **to go through ~** durch die Hölle gehen; **to have been to ~ and back** durch die Hölle gegangen sein; **to make sb's life ~** jdm das Leben zur Hölle machen; **to raise ~** *(complain)* Krach schlagen *fam; (be loud and rowdy)* einen Höllenlärm machen

❸ *(fam: for emphasis)* ***he's one ~ of a guy!*** er ist echt total in Ordnung!; ***they had a ~ of a time*** *(negative)* es war die Hölle für sie; *(positive)* sie hatten einen Heidenspaß; **a ~ of a decision** eine verflixt schwere Entscheidung *fam;* **a ~ of a lot** verdammt viel; **a ~ of a performance** eine Superleistung *fam;* **as cold as ~** saukalt *sl;* **as hard as ~** verflucht hart *sl;* **as hot as ~** verdammt heiß *sl;* **to do sth as quickly as ~** etw in einem Höllentempo machen *fam;* **to hope/wish to ~** *(fam)* etw inständig hoffen/wünschen

►PHRASES: **all ~ breaks loose** die Hölle [*o* der Teufel] ist los; **come ~ or high water** *(fam)* komme, was wolle; **to do sth for the ~ of it** etw aus reinem Vergnügen [*o* zum Spaß] machen; **until ~ freezes over** *(dated fam)* bis in alle Ewigkeit; ***she'll be waiting until ~ freezes over*** da kann sie warten, bis sie schwarz wird; **from ~** entsetzlich, schrecklich; ***we had a weekend from ~*** unser Wochenende war eine Katastrophe; **to give sb ~** *(scold)* jdm die Hölle heißmachen *fam; (make life unbearable)* jdm das Leben zur Hölle machen; **go to ~!** *(sl: leave me alone)* scher dich zum Teufel! *sl;* **to go to ~ in a handbasket** AM *(fam)* den Bach runtergehen *fam;* **to have ~ to pay** *(fam)* jede Menge Ärger haben *fam;* **like ~** wie verrückt *fam;* **to play ~ with sth** mit etw *dat* Schindluder treiben *fam;* **the road to ~ is paved with good intentions** *(prov)* es gibt nichts Gutes, außer man tut es *prov;* **to run ~ for leather** *(dated*

fam) wie der Teufel rennen *fam*
II. *interj* ***what the ~ are you doing?*** was zum Teufel machst du da?; ***get the ~ out of here, will you?*** mach, dass du rauskommst! *fam,* scher dich zum Teufel! *sl;* ***oh ~!*** Scheiße! *sl,* Mist! *fam;* ***~ no!*** bloß nicht!
▶PHRASES: **~'s bells** [*or* **teeth**]! verdammt nochmal! *sl;* **the ~ you do!** AM *(fam)* einen Dreck tust du! *sl;* **like ~!** *(sl)* nie im Leben! *sl;* **what the ~!** *(sl)* was soll's! *fam*

he'll [hi:l] = he will/he shall *see* **will**[1]/**shall**

'hell·bend·er *n* AM Schlammteufel *m* **'hell-bent** *adj pred* fest [*o* wild] entschlossen; **to be ~ on sth** etw um jeden Preis wollen **'hell·cat** *n (pej)* Teufelsweib *nt pej*

hel·le·bore <*pl* - *or* -s> ['helɪbɔːʳ, AM bɔːr] *n* BOT Nieswurz *f*

Hel·len·ic [hel'iːnɪk, AM hə'len-] I. *n no pl* Hellenisch *nt,* Griechisch *nt*
II. *adj inv* hellenisch, griechisch

Hel·len·ist ['helɪnɪst] *n* Hellenist(in) *m(f)*

Hel·len·is·tic [,helɪ'nɪstɪk] *adj inv* hellenistisch

'hell·fire I. *n no pl (fire in hell)* Höllenfeuer *nt; (purgatory)* Fegefeuer *nt* II. *n modifier* orthodox, gottesfürchtig; **~ preacher/puritanism** strenggläubiger [*o* orthodoxer] Prediger/Puritanismus **'hell·hole** *n (pej fam)* finsteres [*o* scheußliches] Loch **'hell·hound** *n (pej)* Höllenhund *m pej,* Teufel *m pej*

hel·lion ['heljən] *n* AM *(pej)* Satansbraten *m pej*

hell·ish ['helɪʃ] I. *adj* ❶ *inv (of hell)* höllisch, teuflisch
❷ *(fig fam: dreadful)* höllisch *fam,* scheußlich *fam;* **~ cold/heat** mörderische Kälte/Hitze; **a ~ day** ein grässlicher Tag; **a ~ experience** ein schreckliches Erlebnis; **a ~ noise** ein Höllenlärm *m*
II. *adv* BRIT *(fam)* verdammt *fam,* höllisch *fam*

hell·ish·ly ['helɪʃli] *adv (fam)* ❶ *(dreadfully)* höllisch *fam,* scheußlich *fam*
❷ *(extremely)* verdammt *fam,* höllisch *fam;* **~ cold/hot** verdammt kalt/heiß

hel·lo [hel'əʊ, AM -'oʊ] I. *n* ❶ *(greeting)* Hallo *nt;* ***a big ~ to all who've come*** ein herzliches Willkommen an alle, die gekommen sind; **to give sb a ~** jdn begrüßen; **to say ~ to sb** jdn [be]grüßen; ***say ~ to your family [from me]*** grüß deine Familie [von mir]
❷ ECON, FIN **golden ~** *Einstandszahlung an einen abgeworbenen leitenden Angestellten*
II. *interj* ❶ *(in greeting)* hallo!; *(on phone)* hallo!; *(attracting attention)* hallo!
❷ BRIT *(in surprise)* nanu!, holla!
❸ *(fam: get with it)* Moment mal! *fam*

'hell·rais·er *n* Unruhestifter(in) *m(f),* Randalierer(in) *m(f)*

Hell's 'An·gels *npl* Hell's Angels *pl*

hell·uva ['heləvə] *(fam)* = **hell of a** *see* **hell I 3**

helm[1] [helm] I. *n* Ruder *nt,* Steuer *nt;* **to be at the ~** am Ruder sein; *(fig)* an der Macht [*o* am Ruder] sein; **to take the ~** das Steuer übernehmen; *(fig)* die Führung [*o* das Ruder] übernehmen
II. *vt (fig)* ■**to ~ sth** *company, project* etw leiten

helm[2] [helm] *n (old: helmet)* Helm *m*

hel·met ['helmət] *n* Helm *m;* **bicycle ~** Fahrradhelm *m,* SCHWEIZ *a.* Velohelm *m;* **crash ~** Sturzhelm *m;* **fencing ~** Fechtmaske *f*

hel·met·ed ['helmətɪd, AM -t̬-] *adj inv* behelmt, mit Helm *nach n*

helms·man *n* Steuermann, -frau *m, f*

helms·wom·an *n* Steuerfrau *f*

help [help] I. *n* ❶ *no pl (assistance)* Hilfe *f; (financial)* Unterstützung *f;* ***do you need any ~ with those boxes?*** soll ich dir mit diesen Kisten helfen?; ***can I be of ~ to you?*** kann ich Ihnen irgendwie helfen?; ***the victims were beyond ~*** den Opfern war nicht mehr zu helfen; ***this guy is beyond ~!*** dem Typ ist nicht mehr zu helfen!; ***there's no ~ for it, I'll have to call the police*** ich werde wohl doch die Polizei rufen müssen; **to cry** [*or* **go crying**] **for ~** nach Hilfe schreien; **to give** [*or* **provide**] **~** Hilfe leisten; **to give ~ to sb** jdm helfen; **to run** [*or* **go running**] **for ~** Hilfe suchen; ■**to be of ~ to sth** für etw *akk* hilfreich sein; ■**to be of ~ to sb** für jdn eine Stütze [*o* Hilfe] sein
❷ *no pl (aid)* ■**to be a ~** helfen; ***a great ~ you are!*** *(iron)* eine tolle Hilfe bist du! *iron;* **to be a big ~ with sth** bei etw *dat* eine große Hilfe sein
❸ *(employee)* Aushilfe *f,* Hilfskraft *f;* ■**the ~** + *sing/pl vb* das Personal; **home ~** [Haushalts]hilfe *f,* Zugehfrau *f bes* SÜDD, ÖSTERR *a.* Bedienerin *f;* **to have** [AM **hired**] **~ come in** eine Haushaltshilfe haben; **to be short of ~** wenig Personal haben
❹ *no pl* COMPUT Hilfe[-Funktion] *f*
II. *interj* ■**~!** Hilfe!
III. *vi* ❶ *(assist)* helfen (**with** bei +*dat*); ***is there any way that I can ~?*** kann ich irgendwie behilflich sein?
❷ *(alleviate)* helfen; *medicine also* Abhilfe schaffen
IV. *vt* ❶ *(assist)* ■**to ~ sb** jdm helfen [*o* beistehen]; ***~ me!*** Hilfe!; ***God*** [*or* ***Heaven***] ***~ us!*** der Himmel stehe uns bei!; ***her local knowledge ~ed her*** ihre Ortskenntnisse haben ihr genützt SÜDD [*o* NORDD genutzt]; [***how***] ***can I ~ you?*** was kann ich für Sie tun?; *(in shop)* kann ich Ihnen behilflich sein?; ***nothing can ~ her now*** ihr ist nicht mehr zu helfen; ***I wonder if you could ~ me*** vielleicht könnten Sie mir weiterhelfen; ***so ~ me God*** so wahr mir Gott helfe; **to ~ sb down the stairs/into a taxi** jdm die Treppe hinunterhelfen/in ein Taxi helfen; **to ~ sb through their depression/a difficult time** jdm über eine Depression/eine schwierige Zeit hinweghelfen; ■**to ~ sb/sth [to] do sth** jdm/etw dabei helfen, etw zu tun; ■**to ~ sb with sth** jdm bei etw *dat* helfen; ***could you ~ me with my coat?*** würden Sie mir in den Mantel helfen?
❷ *(improve)* ■**to ~ sth** etw verbessern; *(alleviate)* etw lindern; ***a little make-up would ~ your appearance a lot*** mit ein bisschen Make-up würdest du viel besser aussehen
❸ *(contribute)* ■**to ~ sth** zu etw *dat* beitragen; ***the drought has ~ed to make this a disastrous year for Somalia*** die Dürre war auch ein Grund dafür, dass dies ein katastrophales Jahr für Somalia wurde
❹ *(prevent)* ***I can't ~ it*** [*or* ***myself***] ich kann nicht anders; ***stop giggling! — I can't ~ it!*** hör auf zu kichern! – ich kann nichts dagegen machen!; ***he can't ~ his looks*** er kann nichts für sein Aussehen; ***I can't ~ thinking that ...*** ich denke einfach, dass ...; ***she couldn't ~ wondering whether ...*** sie musste sich wirklich fragen, ob ...; ***I couldn't ~ staring at the strange man*** ich musste den seltsamen Mann einfach anstarren; ***not if I can ~ it*** nicht wenn ich es irgendwie verhindern kann; ■**sth can't be ~ed** etw ist nicht zu ändern, etw ist halt so *fam*
❺ *(take)* ■**to ~ oneself** sich *akk* bedienen; ***please ~ yourself*** bitte bedienen Sie sich; ***he ~ed himself from the sweets tray*** er nahm sich etwas aus der Bonbonschale; ■**to ~ oneself to sth** sich *dat* etw nehmen; *thief* sich *akk* an etw *dat* bedienen
❻ *(form: give)* ■**to ~ sb to sth** jdm etw reichen *geh;* ***shall I ~ you to more wine?*** darf ich Ihnen noch etwas Wein nachschenken? *geh*
▶PHRASES: **God ~s those who ~ themselves** *(prov)* hilf dir selbst, dann hilft dir Gott *prov*
V. *adj attr, inv* COMPUT *(display, menu, text)* Hilfe-

◆**help along** *vt* ■**to ~ along** ◯ **sb** jdm [auf die Sprünge] helfen; ■**to ~ along** ◯ **sth** etw vorantreiben

◆**help off** *vt* ■**to ~ sb off with sth** jdm helfen, etw auszuziehen; *coat* jdm aus etw *dat* helfen

◆**help on** *vt* ■**to ~ sb on with sth** jdm helfen, etw anzuziehen; *coat* jdm in etw *akk* helfen

◆**help out** I. *vt* ■**to ~ out** ◯ **sb** jdm [aus]helfen, jdn unterstützen
II. *vi* aushelfen; ■**to ~ out with sth** bei etw *dat* helfen

◆**help up** *vt* ■**to ~ up** ◯ **sb** jdm aufhelfen

'help desk *n* Information *f;* COMPUT Helpdesk *nt fachspr,* Störungsstelle *f*

help·er ['helpəʳ, AM -ɚ] *n (person)* Helfer(in) *m(f); (assistant)* Gehilfe, Gehilfin *m, f; (tool)* Hilfsmittel *nt;* **kitchen ~** *(person)* Küchenhilfe *f; (tool)* Küchengerät *nt*

help·ful ['helpfᵊl] *adj person* hilfsbereit; *tool, suggestion* hilfreich, nützlich; **to be ~** [**to sb**] [jdm] helfen; ***I'm sorry, I was only trying to be ~*** es tut mir leid, ich wollte nur helfen

help·ful·ly ['helpfᵊli] *adv (ready to help)* hilfsbereit; *(useful)* hilfreich; ***the man ~ took her bags*** der Mann war so nett und trug ihre Taschen

help·ful·ness ['helpfᵊlnəs] *n no pl of person* Hilfsbereitschaft *f; (usefulness) of tool, comment* Nützlichkeit *f*

help·ing ['helpɪŋ] I. *n of food* Portion *f;* **to take a second** [*or* **another**] **~** sich *dat* noch einmal nehmen [*o fam* auftun] [*o* SCHWEIZ *a.* schöpfen]
II. *adj attr, inv* hilfreich; **to give** [*or* **lend**] **sb a ~ hand** jdm helfen [*o geh* behilflich sein]; **to need a ~ hand** Hilfe gebrauchen

help·less ['helpləs] *adj (lacking help)* hilflos; *(weak)* machtlos; **to be ~ with laughter** sich *akk* vor Lachen kaum noch halten können

help·less·ly ['helpləsli] *adv (lacking help)* hilflos; *(weakly)* machtlos; ***she laughed ~*** sie hat sich halb totgelacht; ***they were ~ drunk*** sie waren völlig betrunken

help·less·ness ['helpləsnəs] *n no pl (lack of help)* Hilflosigkeit *f; (weakness)* Machtlosigkeit *f*

'help·line *n (for emergencies)* Notruf *m; (for information)* telefonischer Beratungsdienst

'help·mate *n (spouse)* Gefährte, Gefährtin *m, f geh o veraltet; (helper)* Gehilfe, Gehilfin *m, f veraltend*

'help screen *n* COMPUT Hilfebildschirm *m*

helter-skelter [,heltə'skeltəʳ, AM -ɚ'skeltɚ] I. *adj inv (hurried)* hektisch; *(messy)* chaotisch
II. *adv inv (hurriedly)* hastig, Hals über Kopf; *(messily)* chaotisch, durcheinander
III. *n* ❶ BRIT *(at funfair) spiralförmige Rutsche*
❷ *(mess)* Durcheinander *nt,* Chaos *nt*

helve [helv] *n (handle) of a weapon* Heft *nt; of a tool* Griff *m*

hem[1] [hem] I. *interj* hm!
II. *n* Räuspern *nt*
III. *vi* <-mm-> sich *akk* räuspern; **to ~ and haw** *(fam)* herumdrucksen *fam*

hem[2] [hem] I. *n* Saum *m;* **to let the ~ down** den Saum herauslassen; **to take the ~ up** den Saum aufnehmen
II. *vt* <-mm-> **to ~ trousers/a skirt/a dress** eine Hose/einen Rock/ein Kleid säumen

◆**hem about** *vt* ■**to ~ about** ◯ **sb/sth** jdn/etw umgeben [*o* einschließen]

◆**hem in** *vt* ❶ *(surround)* ■**to ~ in** ◯ **sb/sth** jdn/etw umgeben [*o* einschließen]
❷ *(fig: constrain)* ■**to ~ in** ◯ **sb** jdn einengen; **to feel ~med in** sich *akk* eingeengt fühlen

'he-man *n (fam)* Heman *m fam;* **a real ~** ein richtiger Mann

hema·tite *n* AM *see* **haematite**

hema·tolo·gist *n* AM *see* **haematologist**

hema·tol·ogy *n* AM *see* **haematology**

hemi·cy·cle ['hemisaɪkl] *n* MATH Halbkreis *m*

hemi·plegia [,hemi'pliːdʒiə] *n no pl* halbseitige Lähmung, Hemiplegie *f fachspr*

hemi·ple·gic [,hemi'pliːdʒɪk] *adj inv* halbseitig gelähmt

hemi·sphere ['hemɪsfɪəʳ, AM -fɪr] *n* ❶ GEOG, ASTRON *of earth* [Erd]halbkugel *f,* Hemisphäre *f geh;* **northern ~** nördliche Halbkugel [*o geh* Hemisphäre], Nordhalbkugel *f selten;* **southern ~** südliche Halbkugel [*o geh* Hemisphäre], Südhalbkugel *f selten*
❷ MED *of brain* Gehirnhälfte *f,* Hemisphäre *f fachspr;* **cerebral ~** Gehirnhälfte *f,* Gehirnhemisphäre *f fachspr*

hemi·spher·ic [,hemɪ'sferɪk, AM -'sfɪr-] *adj inv* ❶ GEOG hemisphärisch, der Halbkugel [*o geh* Hemisphäre] *nach n;* **the Southern ~ season** die Jahreszeit auf der südlichen Halbkugel
❷ MED hemisphärisch *fachspr*

hem·line ['hemlaɪn] *n* [Kleider]saum *m;* ***~s are up/down*** die Röcke sind kurz/lang

'hem·line theo·ry *n* STOCKEX Rocksaumtheorie *f*

hem·lock ['hemlɒk, AM -lɑːk] *n* ❶ *no pl (plant)* Schierling *m; (poison)* Schierlingssaft *m;* **cup of ~** Schierlingsbecher *m*

H

② *(pine tree)* Schierlingstanne *f*, Hemlocktanne *f*
hemo·glo·bin *n no pl esp* AM *see* **haemoglobin**
hemo·philia *n no pl esp* AM *see* **haemophilia**
hem·or·rhage *vi esp* AM, AUS *see* **haemorrhage**
hem·or·rhoids *npl esp* AM *see* **haemorrhoids**
hemp [hemp] I. *n no pl* ① *(plant)* Hanf *m*
② *(fibre)* Hanf *m*, Hanffaser *f*
③ *(drug)* Haschisch *nt*, Cannabis *m sl*
II. *n modifier (cloth, paper, rope)* Hanf-; ~ **fibre** Hanffaser *f*
hem·stitch ['hemstɪtʃ] I. *n* Hohlsaum *m*
II. *vt* ■**to** ~ **sth** etw mit Hohlsaum versehen
hen [hen] *n* ① *(chicken)* Henne *f*, Huhn *nt*, Hendel *nt* ÖSTERR *fam*
② *(female lobster, crab)* Weibchen *nt*
③ *(fam: mother)* Glucke *f pej fam*
④ SCOT *(to a woman)* Hasi *nt fam*, Mausi *nt fam*
hen·bane ['henbeɪn] *n* Bilsenkraut *nt*
hence [hen(t)s] *adv inv* ① *after n (from now)* von jetzt an; *(from then)* von da an; **four weeks** ~ in vier Wochen
② *(therefore)* daher, folglich, also
③ *(old: from here)* von hinnen *veraltet o hum;* **go** ~**!** hinweg [mit dir]! *veraltet o hum*
hence·forth [ˌhen(t)s'fɔːθ, AM -'fɔːrθ], **hence·for·ward** [ˌhen(t)s'fɔːwəd, AM -'fɔːrwɚd] *adv inv (form: from this time on)* fortan *geh*, künftig, von nun an; *(from that time on)* seither, von da an
hench·man ['hen(t)ʃmən] *n (criminal)* Spießgeselle *m*, Kumpan *m*, ÖSTERR *a.* Haberer *m sl*, Handlanger *m pej; (supporter)* Anhänger(in) *m(f)*
'hen·coop, **'hen·house** *n* Hühnerstall *m*
hen·na ['henə] I. *n* ① *no pl (shrub)* Hennastrauch *m*
② *(dye)* Henna *f o nt*
II. *vt* **to** ~ **one's hair** seine Haare mit Henna färben
'hen night *n* BRIT *(fam) Party am Abend vor der Hochzeit für die Braut und ihre Freundinnen* **'hen par·ty** *n* BRIT *(fam)* ① *(pej)* Damenkränzchen *nt fam*, Weiberrunde *f pej fam* ② *see* **hen night** **'hen·peck** I. *vt* ■**to** ~ **sb** jdn unter dem Pantoffel haben *fam* II. *vi* den Pantoffel schwingen *fam* **'hen·pecked** *adj* ~ **husband** Pantoffelheld *m fam;* ■**to be** ~ unter dem Pantoffel stehen *fam* **'hen-run** *n* Hühnerhof *m*, Auslauf *m* [für Hühner]
Henry <*pl* -ries *or* -s> ['henri] *n* Heinrich *m*
'hen week·end *n* BRIT *eine das ganze Wochenende dauernde Party, die die Braut vor der Hochzeit für ihre Freundinnen gibt*
he·pat·ic [hɪ'pætɪk, AM -t̬-] *adj inv* Leber-, hepatisch *fachspr;* ~ **artery** Leberarterie *f*
hepa·ti·tis [ˌhepə'taɪtɪs, AM -t̬-] *n no pl* Leberentzündung *f*, Hepatitis *f fachspr;* ~ **A/B** Hepatitis *f* A/B
hep·ta·gon ['heptəgən, AM -gɑːn] *n* Siebeneck *nt*, Heptagon *nt fachspr*
hep·tago·nal [hep'tægənəl] *adj inv* siebeneckig, heptagonal *fachspr*
hep·tath·lete [hep'tæθliːt] *n* Siebenkämpfer(in) *m(f)*
hep·tath·lon [hep'tæθlɒn, AM -lɑːn] *n* Siebenkampf *m*
her [hɜːʳ, həʳ, AM hɜːr, hɚ] I. *pron pers* ① *(person)* sie *akk*, die *fam akk*, ihr *dat*, der *fam dat;* ***I'm older than*** ~ ich bin älter als sie; ***did you give it to*** ~**?** hast du es ihr gegeben?; ***oh no, not*** ~ ***again!*** ach nein, nicht die schon wieder! *fam;* ***we shall always remember*** ~ wir werden ihrer immer gedenken *geh;* ***it must be*** ~ das wird sie sein
② *(animal, thing)* ihn/sie/es *akk*, den/die/das *fam akk*, ihm/ihr *dat*, dem/der *fam dat;* ***they went around the ship and pointed at*** ~ sie gingen um das Schiff herum und zeigten darauf
II. *adj poss* ① *(person)* ihr/ihre; *(thing)* ihr/ihre/sein/seine; ***she has*** ~ ***very own pony*** sie hat ein eigenes Pony; ***what's*** ~ ***name?*** wie heißt sie?; ***the boat sank with all*** ~ ***crew*** das Boot sank mit seiner ganzen Mannschaft
② AM *(old: herself)* sich; ***I told her to get*** ~ ***out*** ich sagte ihr, sie sollte verschwinden
III. *n (fam)* Sie *f fam;* ***is it a him or a*** ~**?** ist es ein Er oder eine Sie?
Heraclitus [ˌherə'klaɪtəs, AM -t̬əs] *n no pl* PHILOS Heraklit *m*
her·ald ['herəld] I. *n* ① *(messenger)* Bote, Botin *m, f*, Herold *m geh; (newspaper)* Bote *m;* **the Times** ~ der Times Herald *(häufiger Zeitungsname in Amerika)*
② *(sign)* Vorbote[n] *m[pl]*
③ *(hist)* Herold *m hist*, fürstlicher Bote und Ausrufer *hist*
II. *vt (form)* ■**to** ~ **sth** etw ankündigen; **to** ~ **a new era** eine neue Ära einläuten; **much** ~**ed** viel gepriesen
her·al·dic [hɪ'rældɪk, AM hə'-] *adj inv* Wappen-, heraldisch *geh;* ~ **shield** Wappenschild *m o nt*
her·ald·ist ['herəldɪst] *n* Heraldiker(in) *m(f)*
her·ald·ry ['herəldri] *n no pl* ① *(science)* Wappenkunde *f*, Heraldik *f geh*
② *(blazon)* Wappen *nt*
herb[1] [hɜːb, AM ɜːrb, hɜrb] I. *n (for cooking)* [Gewürz]kraut *nt meist pl; (for medicine)* [Heil]kraut *nt meist pl;* **dried/fresh** ~**s** getrocknete/frische Kräuter
II. *n modifier (tea, butter, ointment)* Kräuter-; ~ **garden** Kräutergarten *m*
herb[2] [hɜːrb] *n* AM *(sl)* Idiot(in) *m(f)*, Spastiker(in) *m(f) fig pej sl*
her·ba·ceous [hɜː'beɪʃəs, AM hɚ'-] *adj inv* krautartig, krautig
her·ba·ceous 'bor·der *n* [Stauden]rabatte *f*
herb·age ['hɜːbɪdʒ, AM 'ɜːr-, 'hɜːr-] *n* ① *(land for pasture)* Weide *f*, Weideland *nt*
② *(pasture)* Grünpflanzen *pl; (for animals)* Grünfutter *nt*
herb·al ['hɜːbəl, AM 'hɜːr-, 'ɜːr-] I. *adj inv* Kräuter-, Pflanzen-; ~ **remedy** Kräuterheilmittel *nt*, Naturheilmittel *nt;* ~ **tea** Kräutertee *m*
II. *n* Kräuterbuch *nt*, Herbarium *nt geh*
herb·al·ism ['hɜːbəlɪzəm, AM 'hɜːr-, 'ɜːr-] *n no pl* Kräuterheilkunde *f*
herb·al·ist ['hɜːbəlɪst, AM 'hɜːr-, 'ɜːr-] *n* ① MED *(healer)* Kräuterheilkundige(r) *f(m)*, Herbalist(in) *m(f) fachspr*
② *(dealer)* Kräutersammler(in) *m(f)*, Kräuterhändler(in) *m(f)*
③ *(hist: botanist)* Kräuterkenner(in) *m(f)*, Pflanzenkenner(in) *m(f)*
her·bar·ium <*pl* -ia> [hɜː'beəriəm, AM hɜːr'beri-, 'ɜːr-] *n* Herbarium *nt*
herbi·cide ['hɜːbɪsaɪd, AM 'hɜːr-, 'ɜːr-] *n* Unkrautvertilgungsmittel *nt*, Herbizid *nt fachspr*
her·bi·vore ['hɜːbɪvɔːʳ, AM 'hɜːrbɪvɔːr, 'ɜːr-] *n* Pflanzenfresser *m*, Herbivore *m fachspr*
her·bivo·rous [hɜː'bɪvərəs, AM hɜːr'bɪvɚ-, 'ɜːr-] *adj inv* Pflanzen fressend *attr*, herbivor *attr fachspr*
herby ['hɜːbi, AM 'ɜːrbi] *adj (fam)* **to taste** ~ nach Kräutern schmecken
her·cu·lean [ˌhɜːkjə'liːən, AM ˌhɜːrkjuː'-] *adj* übermenschlich, herkulisch *geh;* ~ **effort** übermenschliche Anstrengung; ~ **man** bärenstarker Mann, Herkules *m;* ~ **strength** ungeheure Kraft, Riesenkraft *f;* ~ **task** Herkulesarbeit *f; (fig)* unlösbare Aufgabe
Hercules ['hɜːkjəliːz, AM 'hɜːr-] *n* Herkules *m a. fig*
herd [hɜːd, AM hɜːrd] I. *n + sing/pl vb* ① *(group of animals)* Herde *f; of wild animals* Rudel *nt;* **a** ~ **of cattle** eine Viehherde
② *(pej: group of people)* Herde *f pej*, Masse *f;* **the common** ~ die breite Masse; **to follow the** ~ der Herde folgen, mit der Herde laufen
II. *vt* **to** ~ **animals** *(tend)* Tiere hüten; *(drive)* Tiere treiben
III. *vi* sich *akk* [zusammen]drängen
◆**herd together** I. *vt* **to** ~ **together** ⌒ **animals** Tiere zusammentreiben; **to** ~ **together** ⌒ **people** *(fig)* Menschen zusammenpferchen
II. *vi* sich *akk* zusammendrängen
◆**herd up** *vt* ■**to** ~ **up** ⌒ **animals** Tiere [wieder] zusammentreiben
'herd in·stinct *n* Herdentrieb *m a. pej*
'herds·man *n* Hirt[e] *m* **'herds·wom·an** *n* Hirtin *f*
here [hɪəʳ, AM hɪr] I. *adv inv* ① *(this place)* hier; *(with movement)* hierher, hierhin; ***come*** ~**!** komm [hier]her!; ***Smith? —*** ~**!** Smith? – hier!; ***Miller*** ~ *(on telephone)* [hier ist] Miller; ***give it*** ~**!** *(fam)* gib mal her! *fam;* ***how long are you over*** ~**?** wie lange wirst du hier sein?; ***bring it over*** ~ ***please*** bring es bitte hier herüber; ***please sign*** ~ bitte hier unterschreiben; ***John is*** ~ ***to answer your questions*** John ist da, um Ihre Fragen zu beantworten; ~ ***you are*** [*or* ***go***]**!** *(presenting)* hier, bitte!, bitte schön!; *(finding)* ach, hier [*o* da] bist du; **around** ~ ungefähr hier, hier so *fam;* **right** ~ genau hier; ~ **and there** hier und da, da und dort; ~**, there and everywhere** überall; **up/down to** ~ bis hierher [*o* hierhin]
② *(for introduction)* hier; ~ ***is Linda*** das hier ist Linda
③ *(show arrival)* da; ~ ***I am!*** hier bin ich!; ~ ***they are!*** da sind sie!; ***look, Grandma is*** ~**!** schau, die Oma ist da!; ***Christmas is finally*** ~ endlich ist es Weihnachten; ~ ***comes the train*** da kommt der Zug
④ *(now)* jetzt; ~ ***goes!*** *(fam)* los geht's!, dann mal los!; ~ ***we go!*** jetzt geht's los!; ~ ***we go again!*** jetzt geht das schon wieder los!; ~ ***'s to the future!*** *(toast)* auf die Zukunft!; ~ ***'s to you!*** auf Ihr/dein Wohl!; ~ **and now** [jetzt] sofort; **from** ~ **on in** *esp* AM ab heute, von jetzt an
▶ PHRASES: **to have had it up to** ~ etw bis hier stehen haben; ***I've had it up to*** ~ das steht mir bis hier!; **to be neither** ~ **nor there** Nebensache sein, keine Rolle spielen; ~ **today and gone tomorrow** *(travelling every day)* heute hier, morgen dort; *(getting and losing money)* wie gewonnen, so zerronnen
II. *interj* ■ ~**!** he!; ~**, *don't cry/worry!*** na komm, weine nicht/mach dir keine Sorgen!; ~**, *let me take a look at it!*** komm, lass mich das mal anschauen!
III. *n (form liter)* **the** ~ **and now** das Hier und Jetzt [*o* Heute] *geh;* PHILOS, REL das Diesseits
here·abouts [ˌhɪərə'baʊts], AM **here·about** [ˌhɪrə'baʊt] *adv inv* hier, in dieser Gegend
here·'af·ter *(form)* I. *adv inv (in text)* nachstehend, im Folgenden; *(in future)* in Zukunft, künftig; **life** ~ Leben *nt* im Jenseits
II. *n* Jenseits *nt;* **in the** ~ im Jenseits
'here·by *adv inv (form)* hiermit *form*
he·redi·table [hɪ'redɪtəbl̩, AM hə'redɪt̬-] *adj inv* vererbbar; BIOL [ver]erblich
her·edita·ment [ˌherɪ'dɪtəmənt, AM -ə'dɪt̬ə-] *n* LAW *(dated)* bebautes oder unbebautes Grundstück
he·redi·tary [hɪ'redɪtəri, AM hə'redɪteri] *adj inv*
① *(genetic)* angeboren, erblich, Erb-; ~ **characteristics** vererbte Eigenschaften; ~ **disease** angeborene Krankheit, Erbkrankheit *f*
② *(inherited)* [ver]erblich; ~ **monarchy** Erbmonarchie *f;* ~ **succession** gesetzliche Erbfolge; ~ **title** vererbbarer Titel
③ *(from ancestors)* althergebracht; ~ **enemy** Erbfeind(in) *m(f)*
he·redi·tary 'peer *n* Erbadlige(r) *f(m)* **he·redi·tary 'peer·age** *n + sing/pl vb* Erbadel *m*
he·red·ity [hɪ'redəti, AM hə'redɪ-] *n no pl (transmission of characteristics)* Vererbung *f; (genetic make-up)* Erbgut *nt*, Erbmasse *f; (hereditability)* Erblichkeit *f*, Vererbbarkeit *f; (origin)* Herkunft *f*
Her·efor·dian [ˌherɪ'fɔːdiən, AM -əfɔːr-] *n* Bewohner(in) *m(f)* Herefords
'here·in *adv inv (form)* hierin *geh*
here·in·'af·ter *adv inv (form)* in der Folge *form*, im [Nach]folgenden *form*, nachstehend *form*
here·'of *adv inv (form)* hiervon *form*, davon
her·esy ['herəsi] *n* ① *no pl* REL Ketzerei *f*, Häresie *f fachspr*
② REL *(false doctrine)* Irrlehre *f; (unorthodox opinion)* Irrglaube *m*
her·etic ['herətɪk] *n* Ketzer(in) *m(f)*, Häretiker(in) *m(f) fachspr*
he·reti·cal [hə'retɪkəl, AM -t̬-] *adj* ketzerisch, häretisch *fachspr*
here·'to *adv inv (form)* hierzu *form;* **the parties** ~ die beteiligten Parteien; **his reply** ~ seine Antwort hierauf [*o* darauf]; **attached** ~ beigefügt; ***you will***

find attached ~ the text of the treaty in der Anlage erhalten Sie den Vertragstext

here·to·'fore *adv inv (form)* bisher, bis jetzt

here·u'pon *adv inv (form)* hierauf *form,* darauf[hin]

here·'with *adv inv (form)* anbei *form,* hiermit *form;* **enclosed** ~ beiliegend; ***I enclose three documents*** ~ als Anlage sende ich drei Dokumente

her·it·able ['herɪtəbḷ, AM -ɪt̬ə-] *adj inv* ① BIOL erblich, Erb-
② LAW vererblich, vererbbar

her·it·age ['herɪtɪdʒ, AM -t̬-] *n no pl* Erbe *nt;* MED Erbgut *nt,* Erbanlagen *pl;* LAW Erbschaft *f,* Erbe *nt;* **cultural** ~ Kulturerbe *nt*

her·maph·ro·dite [hɜː'mæfrədaɪt, AM hə˞'mæfroʊ-] BIOL **I.** *n* Hermaphrodit *m fachspr,* Zwitter *m; (fig)* Zwitterwesen *nt,* Zwitter *m*
II. *adj inv* hermaphroditisch *fachspr,* zweigeschlechtig; *plant* zwittrig

her·maph·ro·dit·ic [hɜːˌmæfrə'dɪtɪk, AM hə˞ˌmæfroʊ-'dɪt̬ɪk] *adj inv* ① *(having organs of both sexes)* hermaphroditisch, Zwitter-; *(fig) mentality* zweigeschlechtlich
② *(combining opposite qualities)* mit gegensätzlichen Eigenschaften *nach n*

her·meneu·tics [ˌhɜːmɪ'njuːtɪks, AM ˌhɜːrmə'nuːt̬-] *n + sing vb* Hermeneutik *f*

her·met·ic [hɜː'metɪk, AM hə˞'met̬-] *adj inv* ① *(airtight)* hermetisch, luftdicht; *(fig)* hermetisch *geh;* ~ **existence** abgeschiedenes [*o* SCHWEIZ *a.* abgeschirmtes] Leben; ~ **seal** luftdichte Versiegelung
② *(old: magical)* magisch

her·meti·cal·ly [hɜː'metɪkəli, AM hə˞'met̬-] *adv inv* hermetisch; ~ **sealed** luftdicht verschlossen; *(fig)* hermetisch abgeriegelt

her·mit ['hɜːmɪt, AM 'hɜːr-] *n* REL *(also fig)* Eremit(in) *m(f),* Einsiedler(in) *m(f)*

her·mit·age ['hɜːmɪtɪdʒ, AM 'hɜːrmɪt̬-] *n* Einsiedelei *f,* Klause *f*

'her·mit crab *n* Einsiedlerkrebs *m*

her·nia <*pl* -s *or* -niae> ['hɜːniə, AM 'hɜːr-, *pl* -niiː] *n* MED Bruch *m,* Hernie *f fachspr*

hero <*pl* -es> ['hɪərəʊ, AM 'hɪroʊ] *n* ① *(courageous person)* Held *m a. hum; (admired person)* Idol *nt;* **to die a ~'s death** den Heldentod sterben; **the ~ of the hour** der Held des Tages
② LIT *(protagonist)* Held(in) *m(f),* Hauptperson *f*
③ *(mythology)* Heros *m geh*
④ AM *(sandwich) mit Fleisch, Käse und Salat gefülltes Sandwich*

Herod ['herəd] *n* Herodes *m*

he·ro·ic [hɪ'rəʊɪk, AM -'roʊ-] **I.** *adj* ① *(brave)* heldenhaft, heldenmütig, heroisch *geh;* ~ **attempt** kühner Versuch; ~ **deed** Heldentat *f*
② *inv* LIT *(epic)* heroisch, Helden-; ~ **age** Heldenzeitalter *nt;* ~ **couplet** Herioc Couplet *nt fachspr;* ~ **epic** Heldenepos *nt;* ~ **verse** heroischer Vers *fachspr*
③ *(fig: impressive)* erhaben
II. *n* ■ **~s** *pl* ① *(language)* hochtrabende Worte
② *(pej: action)* Heldentaten *pl pej*

he·roi·cal·ly [hɪ'rəʊɪkəli, AM -'roʊ-] *adv* heldenhaft, heldenmütig, heroisch *geh o a. fig;* **to die/fight ~** heldenhaft sterben/kämpfen

hero·in ['herəʊɪn, AM -roʊ-] **I.** *n no pl* Heroin *nt*
II. *n modifier (consumption, dealer, export, use)* Heroin-; ~ **fix** Heroinspritze *f;* ~ **overdose** Überdosis *f* [an] Heroin

'hero·in ad·dict *n* Heroinsüchtige(r) *f(m)*

hero·ine ['herəʊɪn, AM -roʊ-] *n* ① *(courageous person)* Heldin *f,* Heroin *f geh*
② *(protagonist)* Hauptdarstellerin *f,* Heldin *f,* Heroin[e] *f fachspr*

hero·ism ['herəʊɪzəm, AM -roʊ-] *n no pl (heroic qualities)* Heldentum *nt,* Heroismus *m geh; (courage)* Heldenmut *m;* **act of ~** heldenhafte Tat

her·on <*pl* -s *or* -> ['herən] *n* Reiher *m*

'hero wor·ship *n no pl of heros* Heldenverehrung *f* (**of** +*gen*)*; of idols* Schwärmerei *f* (**of** für +*akk*)

'hero-wor·ship *vt* ■**to ~ sb** *brave person* jdn [als Helden] verehren [*o* vergöttern]; *idol* für jdn schwärmen, jdn anbeten

her·pes ['hɜːpiːz, AM 'hɜːr-] *n no pl* Herpes *m;* **genital ~** Genitalherpes *m;* ~ **labialis** Lippenherpes *m*

her·ring <*pl* -s *or* -> ['herɪŋ] *n* ① *(fish)* Hering *m*
② *no pl (food)* Hering *kein art*

'her·ring·bone **I.** *n no pl* ① *(pattern)* Fischgratmuster *nt,* Fischgrätenmuster *nt* ② SKI Grätenschritt *m* **II.** *n modifier (design, pattern)* Fischgräten-; ~ **jacket** Jackett *nt* mit Fischgrätenmuster; ~ **stitch** [Fisch]grätenstich *m;* ~ **teeth** Pfeilverzahnung *f*

'her·ring gull *n* Silbermöwe *f* **'her·ring pond** *n no pl (hum fam)* großer Teich *hum fam,* Atlantik *m*

hers [hɜːz, AM hɜːrz] *pron pers* ① *(of person)* ihrer/ihre/ihrs [*o geh* ihres]; ***is that bag ~?*** gehört ihr die Tasche da?; ***the choice is*** ~ sie hat die Wahl; ~ ***is not an envious position*** sie ist in keiner beneidenswerten Lage; ***it's a habit of*** ~ es ist eine ihrer Gewohnheiten; ***a friend of*** ~ ein Freund von ihr
② *(of animal, thing)* ihrer/ihre/ihrs [*o geh* ihres]/seiner/seine/seins [*o geh* seines]

her·self [hə'self, AM hə˞'-] *pron reflexive* ① *after vb* sich; *(not others)* sich selbst; ***she enjoyed ~ at the party*** sie hatte Spaß auf der Party; ***she found ~ utterly lost*** sie bemerkte, dass sie sich hoffnungslos verirrt hatte
② *after prep* sich; *(not others)* sich selbst; ***she talks to ~*** sie spricht mit sich [selbst]; ***she voted for ~ in the election*** sie stimmte bei der Wahl für sich selbst
③ *(form: her)* sie/ihr [selbst]; ***like ~, many people had to start at the bottom*** wie sie [selbst] mussten viele Menschen von unten beginnen; ***like ~, many failed the first time*** wie ihr selbst gelang es vielen beim ersten Mal nicht
④ *(emph: personally)* selbst; ***she decorated the cake*** ~ sie verzierte die Torte selbst; ***she ~ admitted that ...*** sie gab selbst zu, dass ...; ***the president of the college*** ~ die Präsidentin des College persönlich; **for** ~ selbst
⑤ *(alone)* sich selbst; ***she's got the whole house to ~ now*** sie hat jetzt das ganze Haus für sich allein; [**all**] **by** ~ ganz allein [*o fam* alleine]; **for** ~ für sich
⑥ *(normal)* **to be** ~ sie selbst sein; ***she is now ~ again*** sie ist jetzt wieder ganz die Alte; ***she didn't look ~ in her new clothes*** sie sah in ihren neuen Kleidern ganz fremd aus

Herts BRIT *abbrev of* **Hertfordshire**

hertz <*pl* -> [hɜːts, AM hɜːrts] *n* Hertz *nt*

Her·ze·go·vina [ˌhɜːtsəgə(ʊ)'viːnə, AM ˌhɜːrtsəgoʊ'-] *n no pl* Herzegowina *f*

Her·ze·go·vi·nian [ˌhɜːtsəgə(ʊ)'viːnɪən, AM ˌhɜːrtsəgoʊ'-] *adj inv* herzegowinisch

he's [hiːz] = **he is/he has** *see* **be, have I, II**

hesi·tan·cy ['hezɪtən(t)si] *n no pl* ① *(instance)* Zögern *nt,* Zaudern *nt*
② *(reluctance)* Hemmungen *pl; (indecision)* Unschlüssigkeit *f*

hesi·tant ['hezɪtənt] *adj person* unschlüssig, unentschlossen; *reaction, answer, smile* zögernd, zögerlich; ■**to be ~ to do** [*or* **about doing**] **sth** zögern, etw zu tun; ~ **speech** stockende Rede

hesi·tant·ly ['hezɪtəntli] *adv act* unentschlossen, zögerlich; *smile* zögernd; *speak* stockend

hesi·tate ['hezɪteɪt] *vi* ① *(wait)* zögern, zaudern; *(with doubts)* Bedenken haben; ***don't ~ over such trivial matters!*** zögere nicht wegen solcher Kleinigkeiten!; ***that child ~s at nothing*** dieses Kind schreckt vor nichts zurück; ***I ~d to ask you*** ich hatte Bedenken, dich zu fragen; ***don't ~ to call me*** ruf mich einfach an
② *(falter)* stocken
▸PHRASES: **he who ~s is lost** *(prov)* man muss das Glück beim Schopfe packen

hesi·ta·tion [ˌhezɪ'teɪʃən] *n no pl (indecision)* Zögern *nt,* Unentschlossenheit *f,* Unschlüssigkeit *f; (reluctance)* Bedenken *pl,* Hemmungen *pl;* ***I have no ~ in recommending Ms Shapur for the job*** ich kann Frau Shapur ohne Weiteres für die Stelle empfehlen; **without** ~ *(indecision)* ohne zu zögern, sofort; *(reluctance)* bedenkenlos; **without the least** [*or* **slightest**] ~ *(indecision)* ohne einen Augenblick zu zögern; *(reluctance)* ohne den geringsten Zweifel

Hesse ['hesə] *n no pl* Hessen *nt*

hessian ['hesiən, AM -ʃən] *esp* BRIT **I.** *n no pl* Sackleinen *nt,* Sackleinwand *f*
II. *adj inv* sackleinen, aus Sackleinen [*o* Sackleinwand] *nach n*

Hes·sian ['hesiən, AM 'heʃən] **I.** *adj inv* hessisch
II. *n* Hesse, Hessin *m, f*

'Hes·sian fly *n* Hessenfliege *f*

hetero ['hetərəʊ, AM 'het̬əroʊ] *(fam) short for* **heterosexual I.** *adj inv* hetero *sl,* heterosexuell
II. *n* Hetero *m sl,* Heterosexuelle(r) *f(m)*

hetero·dox ['hetərə(ʊ)dɒks, AM 'het̬ə˞ədɑːks] *adj inv* ① *(differing)* abweichend; REL andersgläubig, heterodox *fachspr*
② *(fam)* unkonventionell, unüblich; ~ **opinion** abweichende Meinung

hetero·doxy ['hetərə(ʊ)dɒksi, AM 'het̬ə˞ədɑːksi] *n* ① REL *of opinion, doctrine* Andersgläubigkeit *f,* Heterodoxie *f fachspr,* Irrlehre *f pej*
② *no pl (quality)* unkonventioneller Charakter

hetero·geneity [ˌhetərə(ʊ)dʒə'niːəti, AM ˌhet̬əroʊdʒə'niːət̬i] *n no pl* Verschiedenartigkeit *f,* Heterogenität *f geh*

hetero·geneous [ˌhetərə(ʊ)'dʒiːniəs, AM ˌhet̬əroʊ'-] *adj* uneinheitlich, verschiedenartig, heterogen *geh*

hetero·geneous 'net·work *n* COMPUT heterogenes Netz

hetero·pho·bia [ˌhetərə(ʊ)'fəʊbiə, AM 'het̬əroʊ'foʊ-] *n (fam)* Heterophobie *f fachspr (krankhafte Angst vor einer Begegnung mit einem Angehörigen des anderen Geschlechts)*

hetero·sex·ism [ˌhetərə(ʊ)'seksɪzəm, AM ˌhet̬əroʊ'-] *n no pl* Heterosexismus *m*

hetero·sex·ist [ˌhetərə(ʊ)'seksɪst, AM ˌhet̬əroʊ'-] **I.** *adj* heterosexistisch
II. *n* Heterosexist(in) *m(f)*

hetero·sex·ual [ˌhetərə(ʊ)'sekʃuəl, AM ˌhet̬əroʊ'-] **I.** *adj inv* heterosexuell
II. *n* Heterosexuelle(r) *f(m)*

hetero·sexu·al·ity [ˌhetərə(ʊ)ˌsekʃu'æləti, AM ˌhet̬əroʊˌsekʃu'ælət̬i] *n no pl* Heterosexualität *f*

hetero·sexual·ly [ˌhetərə(ʊ)'sekʃuəli, AM ˌhet̬əroʊ'-] *adv inv* heterosexuell

het up [ˌhet'ʌp, AM ˌhet̬'-] *adj pred (fam)* wütend; ■**to get ~ about sth** sich *akk* über etw *akk* [*o* wegen einer S. *gen*] aufregen

heu·ris·tic [hjʊ(ə)'rɪstɪk, AM hjʊ'-] **I.** *adj inv* heuristisch
II. *n* ① *(field of study)* ■**~s** + *sing vb* Heuristik *f kein pl*
② *(method)* heuristische Methode

hew <hewed *or* hewn, hewed *or* hewn> [hjuː] **I.** *vt* ■**to ~ sth** ① *(cut) wood* etw hacken; *stone* etw hauen [*o* schlagen]; **to ~ sth to pieces** etw in Stücke hauen; **to be ~ in stone** in Stein gemeißelt sein; **to ~ a tree** einen Baum fällen
② *(shape) wood* etw schnitzen; *stone* etw behauen
II. *vi esp* AM ■**to ~ to sth** *party line, rules* sich *akk* an etw *akk* halten
◆**hew down** *vt* **to ~ down a tree** einen Baum fällen [*o* umhauen]
◆**hew off** *vt* ■**to ~ off** ↔ **sth** etw abhauen [*o* abhacken]
◆**hew out** *vt* ■**to ~ out sth** [**out of sth**] [*or* **sth out** [**of sth**]] etw [aus etw *dat*] heraushauen; *(fig: achieve)* sich *dat* etw erarbeiten; **to ~ out a statue/memorial/monument** eine Statue/ein Denkmal/ein Grabmal heraushauen

hew·er ['hjuːəʳ, AM ə˞] *n* ① *(cutter)* Hauer(in) *m(f)*
② *(coal miner)* Häuer *m*

hewn [hjuːn] *vt pp of* **hew**

hex[1] [heks] *n* COMPUT *short for* **hexidecimal notation** Hexadezimalschreibweise *f*

hex[2] [heks] AM, AUS **I.** *n* <*pl* -es> ① *(spell)* Fluch *m;* **to put a ~ on sb/sth** jdn/etw verhexen [*o geh* mit einem Fluch belegen]
② *(witch)* Hexe *f*
II. *vt* ■**to ~ sb/sth** jdn/etw verhexen [*o geh* mit einem Fluch belegen]
III. *vi* hexen

hexa·deci·mal, hexi·deci·mal [ˌheksə'desɪməl] *adj* MATH hexadezimal; ~ **notation** Hexadezimal-

H

schreibweise *f;* ~ **system** Hexadezimalsystem *nt*
hexa·gon ['heksəgən, AM -gɑ:n] *n* Sechseck *nt,* Hexagon *nt geh o fachspr*
hex·ago·nal [hek'sægənəl] *adv inv* sechseckig, hexagonal *geh o fachspr*
hexa·hydro·thy·mol [ˌheksəˌhaɪdrə(ʊ)'θaɪmɒl, AM -droʊ'θaɪmɑ:l] *n no pl* CHEM Menthol *nt*
hex·am·eter [hek'sæmɪtəʳ, AM -ət̬ɚ] *n* Hexameter *m fachspr;* **dactylic** ~ daktylischer Hexameter
hey [heɪ] *interj (fam)* ❶ *(to attract attention)* he! *fam,* hallo!
❷ *(in surprise)* [h]ei! *fam*
❸ AM *(euph: hell)* **but** ~ aber gut, nun gut; **what the ~!** *(why not)* was soll's!; *(emphasis)* zum Teufel!
hey·day ['heɪdeɪ] *n usu sing* Glanzzeit *f,* Blütezeit *f;* ■**in sb's** ~ zu jds besten Zeiten; **in the ~ of one's career** auf dem Höhepunkt seiner Karriere; **to have had one's ~** seinen Höhepunkt überschritten haben
hey 'pres·to *interj* BRIT, AUS *(fam)* simsalabim! *fam,* hokuspokus! *fam*
Hez·bol·lah, Hiz·bul·lah [ˌhɪzbɒl'ɑ:, AM ˌhezbə'lɑ:] *n* REL, MIL Hisbollah *f,* Hisb Allah *f*
HGH [ˌeɪtʃdʒi:'eɪtʃ] *n abbrev of* **human growth hormone** menschliches Wachstumshormon
HGV [ˌeɪtʃdʒi:'vi:] *n* BRIT *abbrev of* **heavy goods vehicle** LKW *m*
hi [haɪ] *interj* hallo!, hi!
HI AM *abbrev of* **Hawaii**
hia·tal her·nia [haɪˌeɪtəl'-, AM -t̬əl'-] *n* Zwerchfellbruch *m,* Hiatushernie *f fachspr*
hia·tus <*pl* -es> [haɪ'eɪtəs, AM -t̬əs] *n* ❶ *(gap)* Lücke *f; (interruption)* Unterbrechung *f*
❷ LING Hiat[us] *m fachspr*
❸ MED Spalt *m,* Hiatus *m fachspr*
hia·tus 'her·nia *n* MED *see* **hiatal hernia**
hi·ber·nate ['haɪbəneɪt, AM -bɚ-] *vi* Winterschlaf halten [*o* machen], überwintern
hi·ber·na·tion [ˌhaɪbə'neɪʃən, AM -bɚ'-] *n no pl* Winterschlaf *m;* **to go into** ~ in den Winterschlaf verfallen
Hi·ber·nian [haɪ'bɜ:niən, AM -'bɜ:r-] **I.** *adj inv* hibernisch, irisch
II. *n* Hibernier(in) *m(f),* Ire, Irin *m, f*
hi·bis·cus <*pl* - *or* -es> [haɪ'bɪskəs] *n no pl* Hibiskus *m*
hic [hɪk] *interj* hick!
hic·cough, hic·cup ['hɪkʌp] **I.** *n* ❶ *(sound)* Schluckauf *f;* **to give a** ~ schlucksen *fam,* hicksen DIAL
❷ *(attack)* ■**the ~s** *pl* Schluckauf[anfall] *m kein pl,* Hitsgi *m kein pl* SCHWEIZ *fam;* **to get/have [an attack of] the ~s** Schluckauf bekommen/haben
❸ *(fam: setback)* Schwierigkeit *f meist pl;* **without any** ~ ohne Störungen
II. *vi* Schluckauf [*o* ÖSTERR Schnackerl] haben *fam,* schlucksen *fam,* hicksen DIAL; ***I can't stop ~ing*** mein Schluckauf hört nicht auf
hick [hɪk] *n* AM, AUS *(pej fam)* Provinzler(in) *m(f) pej fam,* Hinterwäldler(in) *m(f) pej fam; (man)* Bauerntrampel *m pej fam; (woman)* Landpomeranze *f pej fam*
hick·ey ['hɪki] *n* AM *(fam)* ❶ *(gadget)* Spielzeug *nt fam*
❷ AM *(fam!: love bite)* Knutschfleck *m fam*
hicko·ry ['hɪkəri, AM -ɚi] **I.** *n* ❶ *(tree)* Hickory[baum] *m*
❷ *no pl (wood)* Hickory[holz] *nt*
II. *n modifier (nut, smoke, tree, wood)* Hickory-; ~ **chips** Hickoryfasern *pl*
hicks·ville ['hɪksvɪl] *n no pl* AM *(pej fam)* [Provinz]nest *nt pej fam,* Kaff *nt pej fam;* **to live out in** ~ in der tiefsten Provinz [*o fam* in einem Kaff] [*o sl* am Arsch der Welt] leben
hick 'town *n* AM, AUS *(pej fam)* [Bauern]kaff *nt pej fam,* [Provinz]nest *nt pej fam*
hid [hɪd] *vt pt of* **hide**
HID [ˌeɪtʃaɪ'di:] *n modifier abbrev of* **high intensity discharge** HID-
hid·den ['hɪdən] **I.** *vt pp of* **hide**
II. *adj inv* versteckt, verborgen; ~ **agenda** heimliches Motiv; ***she has a ~ agenda*** sie führt etwas im Schilde; ~ **assets** stille Reserven; ~ **hand** heimlicher Strippenzieher/heimliche Strippenzieherin; ~ **meaning** versteckte Bedeutung; ~ **reserves** stille Rücklagen, heimliche Reserven; ~ **subsidy** versteckte Subvention; ~ **talent** verborgenes Talent; ~ **tax** indirekte Steuer; ~ **threat** versteckte Drohung
hide¹ [haɪd] *n (skin) of animal* Haut *f; (with fur)* Fell *nt; (leather)* Leder *nt; (fig hum) of person* Haut *f fam,* Fell *nt hum fam;* **calf** ~ Kalbsleder *nt;* **to save one's [own]** ~ die eigene Haut retten
▸PHRASES: **neither ~ nor hair** [rein gar] nichts; ***I've seen neither ~ nor hair of Katey today*** ich habe Katey heute noch gar nicht gesehen; **to have a thick** ~ ein dickes Fell haben; **to skin** [*or* **tan**] [*or* **whip**] **sb's** ~ jdm das Fell gerben
hide² [haɪd] **I.** *n* BRIT, AUS Versteck *nt;* HUNT Ansitz *m fachspr*
II. *vt* <hid, hidden> ❶ *(keep out of sight)* ■**to ~ sb/sth [from sb/sth]** jdn/etw [vor jdm/etw] verstecken; ■**to ~ sb/sth** *curtain, cloth* jdn/etw verhüllen
❷ *(keep secret)* ■**to ~ sth [from sb]** *emotions, qualities* etw [vor jdm] verbergen; *facts, reasons* etw [vor jdm] verheimlichen; ***she's hiding something in her past from me*** sie verheimlicht mir etwas aus ihrer Vergangenheit; **to ~ the truth** die Wahrheit verheimlichen; **to have nothing to** ~ nichts zu verbergen haben
❸ *(block)* ■**to ~ sth** etw verdecken; **to be hidden from view** nicht zu sehen sein
▸PHRASES: **to ~ one's head** von der Bildfläche verschwinden *fam;* **don't ~ your light under a bushel** *(prov)* stell dein Licht nicht unter den Scheffel! *prov*
III. *vi* <hid, hidden> ■**to ~ [from sb/sth]** sich *akk* [vor jdm/etw] verstecken [*o* verbergen]; ***you can't ~ from the truth*** du musst der Wahrheit ins Auge sehen; ***don't try to ~ behind that old excuse!*** *(fam)* komm mir nicht wieder mit dieser alten Ausrede! *fam*
◆**hide away I.** *vt* ■**to ~ away** ○ **sb/sth** jdn/etw verstecken
II. *vi* sich *akk* verstecken [*o* verbergen]
◆**hide out, hide up** *vi* sich *akk* verstecken [*o* verbergen], sich *akk* versteckt [*o* verborgen] halten; ■**to ~ out from sb/sth** jdm/etw aus dem Weg gehen; **to ~ out** [*or* **up**] **in the woods/in an abandoned house** sich *akk* im Wald/in einem verlassenen Haus verstecken
'hide-and-seek *n no pl* Versteckspiel *nt;* **to play** ~ Verstecken spielen **'hide·away** *n (fam: hiding place)* Versteck *nt a. fig; (for partisans, criminals)* Unterschlupf *m; (refuge)* Zufluchtsort *m a. fig,* Zuflucht *f a. fig; (retreat)* Refugium *nt*
'hide·bound *adj* borniert *pej,* engstirnig *pej*
hide·ous ['hɪdiəs] *adj* ❶ *(ugly)* grässlich, scheußlich; ~ **monster** grauenhaftes Ungeheuer; ~ **scar** hässliche Narbe
❷ *(terrible)* schrecklich, furchtbar; ***that was an absolutely ~ thing to say*** das war schlimm, so etwas zu sagen; ~ **behaviour** furchtbares Verhalten; ~ **crime** abscheuliches Verbrechen
hide·ous·ly ['hɪdiəsli] *adv* ❶ *(in ugly manner)* grässlich, scheußlich
❷ *(unpleasantly)* furchtbar, schrecklich; ***it's not even ~ expensive*** es ist nicht einmal furchtbar teuer; **to act** [*or* **behave**] ~ sich *akk* schrecklich benehmen
hide·ous·ness ['hɪdiəsnəs] *n no pl* Scheußlichkeit *f,* Schrecklichkeit *f*
'hide·out *n* Versteck *nt;* **secret** ~ Geheimversteck *nt*
hidey-hole, hidy-hole ['haɪdihəʊl] *n* BRIT *(fam)* Versteck *nt*
hid·ing¹ ['haɪdɪŋ] *n usu sing* ❶ *(hum fam: beating)* Tracht *f* Prügel *fam;* **to give sb a good** ~ jdm eine ordentliche [*o* gehörige] Tracht Prügel verpassen *fam*
❷ *(fam: defeat)* Schlappe *f fam;* **to get a real** ~ eine schwere Schlappe einstecken *fam*
▸PHRASES: **to be on a ~ to nothing** BRIT *(fam)* kaum Aussicht auf Erfolg haben *iron;* **to be on a ~ to nothing trying to do sth** es wird jdm wohl kaum gelingen, etw zu tun
hid·ing² ['haɪdɪŋ] *n no pl (concealment)* **to be in** ~ sich *akk* versteckt halten; **to come out of** ~ aus seinem Versteck hervorkommen *fam;* **to go into** ~ sich *akk* verstecken, untertauchen
'hid·ing place *n* Versteck *nt*
hie <-y-, hied, hied> [haɪ] *vt (old liter or hum)* ■**to ~ oneself somewhere**: ***I must ~ me to the sales before all the bargains are gone*** *(hum)* ich muss schnell noch zum Schlussverkauf, bevor alle Schnäppchen weg sind; ~ ***thee hither to the stables*** *(hum)* eile hinweg zu den Ställen *hum*
hi·er·ar·chi·cal [ˌhaɪ(ə)'rɑ:kɪkəl, AM ˌhaɪ'rɑ:r-] *adj* hierarchisch; **to set sth in ~ order** etw hierarchisch ordnen
hi·er·ar·chi·cal·ly [ˌhaɪ(ə)'rɑ:kɪkəli, AM ˌhaɪ'rɑ:r-] *adv* hierarchisch
hi·er·ar·chy ['haɪ(ə)rɑ:ki, AM 'haɪrɑ:r-] *n* ❶ *(system)* Hierarchie *f,* Rangordnung *f;* **rigid** ~ strenge Hierarchie
❷ *(heads of organization)* Führung[sspitze] *f;* **the leaders in the party** ~ die Parteispitze
hi·er·at·ic [ˌhaɪə'rætɪk, AM ˌhaɪ'ræt̬-] *adj inv* REL hieratisch
hi·ero·glyph ['haɪ(ə)rə(ʊ)glɪf, AM 'haɪroʊ-] *n* Hieroglyphe *f*
hi·ero·glyph·ic [ˌhaɪ(ə)rə(ʊ)'glɪfɪk, AM ˌhaɪroʊ'-] *n* ❶ *usu pl (symbol)* Hieroglyphe[n] *f[pl]*
❷ *(fig hum)* ■**~s** *pl* Hieroglyphen *pl hum*
hi·fa·lu·tin [ˌhaɪfə'lu:tɪn] *adj (fam) person* aufgeblasen *pej fam,* hochnäsig *fam; language* geschwollen *pej; theory* hochtrabend
hi-fi [ˌhaɪ'faɪ] **I.** *n short for* **high fidelity** Hi-Fi-Anlage *f*
II. *n modifier short for* **high-fidelity** *record, sound* Hi-Fi-; ~ **equipment** Hi-Fi-Anlage *f*
higgledy-piggle·dy [ˌhɪg|di'pɪg|di] *(fam)* **I.** *adj pred* ■**to be** ~ wie Kraut und Rüben durcheinander sein *fam*
II. *adv* wie Kraut und Rüben *fam;* ***the books were standing ~ in the shelf*** die Bücher standen kreuz und quer im Regal
high [haɪ] **I.** *adj* ❶ *(altitude)* hoch *präd,* hohe(r, s) *attr;* ***he lives on the ~est floor*** er wohnt im obersten Stockwerk; ***I knew him when he was only so*** ~ ich kannte ihn schon als kleines Kind; ***the river is*** ~ der Fluss führt Hochwasser; ***she wore a dress with a ~ neckline*** sie trug ein hochgeschlossenes Kleid; **to fly at a ~ altitude** in großer Höhe fliegen; ***the rooms in our flat have ~ ceilings*** unsere Wohnung hat hohe Räume; **thirty centimetres/one metre** ~ dreißig Zentimeter/ein Meter hoch; ~ **cheekbones** hohe Wangenknochen; **to do a ~ dive** einen Kopfsprung aus großer Höhe machen; ~ **forehead** hohe Stirn; ~ **latitude** GEOG hohe Breite
❷ *(above average)* hohe(r, s) *attr,* hoch *präd;* ***she got very ~ marks*** sie bekam sehr gute Noten; ***the job demands a ~ level of concentration*** die Tätigkeit erfordert hohe Konzentration; **to have ~ hopes** sich *dat* große Hoffnungen machen; **to have ~ hopes for sb** für jdn große Pläne haben; **to have a ~ IQ** einen hohen IQ haben; **a ~-scoring match** ein Match *nt* mit vielen Treffern; **to have a ~ opinion of sb** von jdm eine hohe Meinung haben; **to be full of ~ praise [for sb/sth]** [für jdn/etw] voll des Lobes sein; **to pay a ~ price for sth** *(also fig)* für etw *akk* einen hohen Preis bezahlen *a. fig;* **to drive at ~ speed** mit hoher Geschwindigkeit fahren; **to demand ~ standards from sb/sth** hohe Ansprüche [*o* Anforderungen] an jdn/etw stellen
❸ *(of large numerical value)* ***the casualty toll from the explosion was*** ~ die Explosion forderte viele Opfer; ~ **calibre** [*or* AM **caliber**] **gun** großkalibrige Waffe; **of the ~est calibre** [*or* AM **caliber**] *(fig)* hervorragend; **the ~est common denominator** der größte gemeinsame Nenner; ~ **number** hohe [*o* große] Zahl
❹ *(important)* ***safety is ~ on my list of priorities*** Sicherheit steht weit oben auf meiner Prioritätenliste; **to have sth on the ~est authority** *(esp hum)*

etw aus zuverlässiger Quelle wissen; ~ **crimes** schwere Vergehen; **to hold/resign from ~ office** ein hohes Amt innehaben/niederlegen; **to have friends in ~ places** wichtige Freunde haben; **of ~ rank** hochrangig
❺ *(noble)* **to be of ~ birth** adliger Abstammung sein; **to have ~ principles** hohe Prinzipien haben
❻ *(pej: arrogant)* arrogant; **to be ~ and mighty** *(pej)* herablassend sein
❼ *(intense)* **to have a ~ complexion** ein gerötetes Gesicht haben; **to be ~ drama** hochdramatisch sein; ~ **wind** starker Wind
❽ MED ~ **blood-pressure** hoher Blutdruck; ~ **fever** hohes Fieber
❾ FOOD *(rich)* ~ **in calories** kalorienreich; **to be ~ in calcium/iron** viel Kalzium/Eisen enthalten
❿ *(intoxicated, euphoric)* high *a. fig fam;* **to be ~ on drugs** mit Drogen vollgepumpt sein; **to be [as] ~ as a kite** *(fam: euphoric)* total high sein *sl; (drunk)* stockbesoffen sein *sl*
⓫ *(shrill)* **to sing in a ~ key** in einer hohen Tonlage singen; **a ~ note** ein hoher Ton; **a ~ voice** eine schrille Stimme
⓬ LING ~ **vowel** hoher Vokal
⓭ *pred (gone off)* ■ **to be ~** *food* riechen; *game* Hautgout haben
►PHRASES: **with one's head held ~** hoch erhobenen Hauptes; **come hell or ~ water** um jeden Preis; ***come hell or ~ water, I'm going to get this finished by midnight*** und wenn die Welt untergeht, bis Mitternacht habe ich das fertig; **to leave sb ~ and dry** jdn auf dem Trockenen sitzen lassen; **to stink to ~ heaven** *(smell awful)* wie die Pest stinken *sl; (be very suspicious)* zum Himmel stinken *fig sl;* **sb's stock is ~** jds Aktien stehen gut *fig,* jd steht hoch im Kurs; ~ **time** höchste Zeit
II. *adv* ❶ *(position)* hoch; ***you have to throw the ball ~*** du musst den Ball in die Höhe werfen; ■ ~ **up** hoch oben
❷ *(amount)* hoch; ***the prices are running ~*** die Preise liegen hoch; ***he said he would go as ~ as 500 dollars*** er meinte, er würde maximal 500 Dollar ausgeben
❸ *(intensity)* ***the sea was running ~*** das Meer tobte; *(fig)* ***feelings were running ~*** die Gemüter erhitzten sich
►PHRASES: **to hold one's head ~** stolz sein; ~ **and low** überall; **to look [***or* **search] for sth ~ and low** das Unterste nach oben kehren *fig;* **to live ~ on [***or* **off] the hog** fürstlich leben
III. *n* ❶ *(high point)* Höchststand *m;* **to reach an all-time [***or* **a record] ~** einen historischen Höchststand erreichen
❷ METEO Hoch *nt*
❸ *(exhilaration)* ~**s and lows** Höhen und Tiefen *fig;* **to be on a ~** high sein *sl*
❹ *(heaven)* **on ~** im Himmel, in der Höhe *poet;* ***God looked down from on ~*** Gott blickte vom Himmel herab; *(hum fig fam)* ***the orders came from on ~*** die Befehle kamen von höchster Stelle
❺ AUTO höchster Gang; **to move into ~** den höchsten Gang einlegen

high 'al·tar *n* Hochaltar *m* **'high·ball** *esp* AM **I.** *n* Highball *m* **II.** *vi (fam)* ■ **to ~ somewhere** irgendwohin rasen *fam* **high 'beams** *npl* AM AUTO *(main beam)* Fernlicht *nt* **'high·born** *adj pred* ■ **to be ~** von edler Herkunft sein *geh*

'high·boy *n* AM *(chest of drawers)* hohe Kommode

'high·brow I. *adj (esp pej)* hochgeistig; ~ **assumption** arrogante Ansicht
II. *n (esp pej)* Intellektuelle(r) *f(m)*

'high-car·bon *adj attr* CHEM kohlenstoffreich **'high chair** *n* Hochstuhl *m* **High 'Church I.** *n* High Church *f (Richtung der anglikanischen Kirche)* **II.** *adj* High Church-; ■ **to be ~** der High Church angehören **'high-class** *adj* erstklassig; *product* hochwertig; ~ **restaurant** hervorragendes Restaurant **high com·'mand** *n* MIL *(staff)* Oberkommando *nt; (commander-in-chief)* Oberbefehlshaber *m* **high com·'mis·sion** *n* POL Hochkommissariat *nt* **High Com·'mis·sion** *n* POL Hochkommission *f* **high com·'mis·sioner** *n* POL Hochkommissar(in) *m(f)* **'high court** *n (supreme court)* oberstes Gericht; ■ **the ~ of Justice** BRIT das Oberste Gericht, der Oberste Gerichtshof **High Court of Aus·'tralia** *n* AUS ■ **the ~** der Oberste Gerichtshof von Australien **'high day** *n* BRIT [kirchlicher] Festtag **high defi·ni·tion 'tele·vi·sion** *n no pl* HDTV *nt,* hochauflösendes Fernsehen **high 'den·sity** *adj attr, inv* ❶ COMPUT mit hoher Dichte *nach n;* ~ **disk** HD-Diskette *f;* ~ **storage** hohe Speicherkapazität, Speicher *m* mit hoher Dichte ❷ *(closely packed)* kompakt; ~ **housing** dicht bebautes Wohngebiet **high 'div·ing board** *n* SPORT höchstes Sprungbrett **high-'dol·lar** *adj inv (sl)* sündhaft teuer **'high-end** *adj* nobel, luxuriös; ~ **hotel** Luxushotel *nt;* ~ **restaurant** Nobelrestaurant *nt*

high·er ['haɪəʳ, AM -ɚ] **I.** *adj comp of* **high**
❶ *(greater, larger)* höher; **to have ~ marks** bessere Noten haben; **to be destined for ~ things** zu Höherem berufen sein
❷ *attr, inv* ZOOL höhere(r, s); ~ **animals** höherentwickelte Tiere
❸ *attr, inv* SCH **H~ National Certificate** BRIT *Zertifikat von einer technischen Fachhochschule;* **H~ National Diploma** BRIT *Lehrgangsabschluss an einer technischen Fachhochschule*
II. *n* SCOT ■ **H~** *schottische Hochschulreife;* **to take one's H~s** ≈ sein Abitur [*o* ÖSTERR seine Matura] [*o* SCHWEIZ seine Matur] machen
III. *adv comp of* **high** ❶ *(altitude)* ***he lives ~ up the hill*** er wohnt weiter oben am Berg; ***she climbed ~ up the ladder*** sie kletterte weiter die Leiter hoch
❷ *(level)* ***he now has a position ~ up in administration*** er hat jetzt eine höhere Position in der Verwaltung; ***this season our team is ~ up in the league*** diese Saison steht unsere Mannschaft weiter oben in der Tabelle
►PHRASES: **the ~ you climb, the harder you fall** *(prov)* Hochmut kommt vor dem Fall *prov,* wer hoch steigt, der fällt auch tief ÖSTERR *prov*

high·er chain 'prod·ucts *npl* CHEM überschwere Elemente *pl,* Transurane *pl* **high·er de·'gree** *n* UNIV *auf den ersten akademischen Grad folgender Universitätsabschluss* **high·er edu·'ca·tion** *n no pl (training)* Hochschulbildung *f; (system)* Hochschulwesen *nt;* **students in ~** Studenten/Studentinnen *pl;* **to work in ~** im Hochschulwesen [*o* Hochschulbereich] arbeiten

'high·er-up *n (fam)* hohes Tier *fam*

high ex·'plo·sive I. *n* hochexplosiver Sprengstoff
II. *adj attr* hochexplosiv; ~ **bomb** Sprengbombe *f;* ~ **device** Sprengvorrichtung *f*

high·fa·lu·tin *adj see* **hifalutin**

high-'fi·bre *adj inv* ballaststoffreich **high fi·'del·ity** *n no pl* High Fidelity *f* **high 'fi·nance** *n no pl* Hochfinanz *f*

high-'five *n* Abklatschen *nt kein pl*

high·'fli·er *n* ❶ *person* Überflieger *m* ❷ STOCKEX schnell steigende Aktie **high-'flown** *adj* hochtrabend *pej,* geschwollen *pej;* ~ **ideas** abgehobene Ideen; ~ **phrases** hochgestochene Phrasen *pej fam* **high-'fly·er** *n see* **highflier** **'high-fly·ing** *adj* ❶ *(in high altitude)* **a ~ plane** ein hoch fliegendes Flugzeug ❷ *(fig: ambitious)* aufstrebend; *person* zielstrebig; *(successful)* erfolgreich **high 'fre·quen·cy I.** *n* PHYS, COMPUT Hochfrequenz *f fachspr* **II.** *adj attr, inv* Hochfrequenz- *fachspr* **high 'gear** *n* **to be [***or* **run] in ~** auf Hochtouren laufen *fig;* **to move into ~** voll durchstarten *fig fam* **High 'Ger·man** *n no pl* Hochdeutsch *nt* **'high-gloss** *adj* hochglänzend *attr,* Hochglanz-; ~ **paper** Hochglanzpapier *nt;* ~ **varnish** Hochglanzlack *m* **'high-grade** *adj* hochwertig; ~ **oil** qualitativ hochwertiges Öl; ~ **steel** Qualitätsstahl *m* **high-grade 'bond** *n* ECON, FIN erstklassige Anleihe **'high ground** *n* hoch liegendes Gebiet; ***there will be snow in ~*** in höheren Lagen schneit es; **to claim [***or* **take] the intellectual/moral ~** *(fig)* sich *dat* intellektuell/moralisch überlegen vorkommen **high-'hand·ed** *adj (not consulting others)* selbstherrlich; *(arrogant)* überheblich; *(thoughtless)* rücksichtslos; *(overbearing)* herrisch; ~ **action** rücksichtsloses Vorgehen; ~ **attitude/behaviour** [*or* AM **behavior**] selbstherrliche Einstellung/selbstherrliches Verhalten; ~ **treatment** herablassende Behandlung **high-'hand·ed·ness** *n no pl (not considering others)* Selbstherrlichkeit *f; (arrogance)* Arroganz *f pej,* Überheblichkeit *f; (thoughtlessness)* Rücksichtslosigkeit *f; (being overbearing)* herrisches Wesen **'high hat** *n* ❶ *(hat)* Zylinder *m* ❷ AM *(fam: person)* hochnäsige Person *pej* ❸ *(cymbals)* Becken *nt* **'high-heel·ed** *adj* hochhackig **high 'heels** *npl* ❶ *(shoes)* hochhackige Schuhe *pl,* Stöckelschuhe *pl* ÖSTERR, SCHWEIZ ❷ *(part of a shoe)* hohe Absätze **high 'horse** *n* ►PHRASES: **to get on one's ~** sich *akk* aufs hohe Ross setzen *fam;* ***she's always [or she always gets] on her ~ about how the office should be organized*** sie predigt ständig, wie das Büro besser zu organisieren wäre *fam;* **to be on one's ~** auf dem hohen Ross sitzen *fam* **high-'im·pact** *adj* hochwirksam; ~ **aerobics** High-Impact-Aerobic *nt* **'high·jack** *vt see* **hijack**

'high jinks *npl* Ausgelassenheit *f kein pl,* Halligalli *nt fam*

'high jump *n no pl* Hochsprung *m* ►PHRASES: **to be for the ~** BRIT in Teufels Küche kommen *fam* **'high jump·er** *n* Hochspringer(in) *m(f)* **'high kick** *n* Hochwerfen *nt* der Beine

high·land ['haɪlənd] *adj attr, inv* Hochland-, hochländisch **High·land 'clear·ances** *npl* BRIT *Vertreibung der schottischen Pächter von ihren Ländereien im Hochland* **High·land 'dress** schottische Tracht

High·land·er ['haɪləndəʳ, AM -ɚ] *n* Highlander *m (jd aus den schottischen Highlands)*

High·land 'fling *n* SCOT *schottischer Volkstanz*
High·land 'Games *npl* SCOT Hochlandspiele *pl*

high·lands ['haɪləndz] *npl* Hochland *nt kein pl;* ■ **the [Scottish] H~** das schottische Hochland, die Highlands *pl*

'high-lev·el *adj usu attr* ❶ *(important)* auf höchster Ebene *nach n;* ~ **negotiations** Verhandlungen auf höchster Ebene ❷ *(intense)* ~ **crop production** Pflanzung *f* von Hochertragsgetreide ❸ *(high above ground)* hoch gelegen **high-lev·el 'lan·guage, high-lev·el 'pro·gram·ming lan·guage** *n* COMPUT [benutzerfreundliche] Computersprache **high-lev·el 'waste** *n no pl* radioaktiver Müll **'high life** *n* exklusives Leben; **to live the ~** in Saus und Braus leben **'high·light I.** *n* ❶ *(most interesting part)* Höhepunkt *m,* Highlight *nt geh* ❷ *(in hair)* ■ ~**s** *pl* Strähnchen *pl,* Mèches *pl* SCHWEIZ, Highlights *pl* **II.** *vt* ❶ *(draw attention to)* ■ **to ~ sth** etw hervorheben [*o* unterstreichen]; **to ~ a problem** ein Problem [besonders] herausstreichen ❷ *(make visually prominent)* ■ **to ~ sth** etw hervorheben; *(with a highlighter)* etw anstreichen; **to ~ a text** einen Text markieren ❸ *(dye)* **to have one's hair ~ed** sich *dat* Strähnchen [*o* ÖSTERR *a.* Meschen] *f* machen lassen [*o* SCHWEIZ Mèches] **'high·light·er** *n* ❶ *(pen)* Textmarker *m,* Leuchtstift *m* SCHWEIZ ❷ *(cosmetics)* Highlighter *m*

high·ly ['haɪli] *adv* hoch-; ***this was a ~-publicized case*** um diesen Fall wurde ein großer Medienrummel veranstaltet *fam;* ~ **amusing** ausgesprochen amüsant; ~ **contagious** hoch ansteckend; ~**-educated** hoch gebildet; ~ **questionable** äußerst fragwürdig; ~ **paid** hoch bezahlt; ~ **placed official** hoch gestellter Beamter/hoch gestellte Beamtin; ~ **priced** teuer; ~**-skilled** hoch qualifiziert; **to speak ~ of someone** von jdm in den höchsten Tönen sprechen; **to think ~ of someone** eine hohe Meinung von jdm haben

'high·ly-col·oured, AM **'high·ly-col·ored** *adj* ❶ *(colourful)* bunt, vielfarbig SCHWEIZ ❷ *(fig: one-sided)* einseitig **high·ly-'paid** *adj* hoch bezahlt; **a ~ job** ein hoch dotierter Job **high·ly-'placed** *adj* ***she's very ~ in the organization*** sie steht mit an der Spitze der Organisation; **according to a ~ source** wie aus hohen Kreisen verlautet **high·ly-'priced** *adj* teuer **high·ly re·'gard·ed** *adj pred* ■ **to be ~** hoch angesehen sein *geh*

H

high·ly-'sea·soned *adj* stark gewürzt; *(hot)* scharf **high·ly-'strung** *adj esp* BRIT, AUS nervös; **to be too ~** zu schwache Nerven haben

high-'main·te·nance *adj* viel Aufmerksamkeit erfordernd *attr* **High 'Mass** *n* Hochamt *nt* **high-'mile·age** *adj inv* Benzin sparend, mit niedrigem Kraftstoffverbrauch *nach n* **high-'mind·ed** *adj* ① *(moralizing)* moralisierend *attr pej* ② *(intellectual)* intellektuell **'high-necked** *adj inv* hochgeschlossen

high·ness ['haɪnəs] *n* Höhe *f*

High·ness ['haɪnəs] *n (form)* Hoheit *f;* **Royal ~** Königliche Hoheit; **Your/Her/His ~** Eure/Ihre/Seine Hoheit

high 'noon *n* ① *(twelve noon)* zwölf Uhr mittags ② *(most important stage)* Höhepunkt *m; (fig)* Zeitpunkt *m* der Abrechnung; ■ **it's ~** es ist höchste Zeit *fig* **'high note** *n* Höhepunkt *m;* ***he wants to end his career on a ~*** er möchte dann aufhören, wenn seine Karriere auf dem Höhepunkt ist **high-'oc·tane** *adj* ① AUTO *petrol* mit hoher Oktanzahl *nach n;* ■ **to be ~** eine hohe Oktanzahl haben ② *(fig) politics* [hoch]explosiv *fig,* hyper-dynamisch **high-per·'for·mance** *adj attr* Hochleistungs- **high-per·for·mance e'quip·ment** *n* COMPUT Hochleistungsausrüstung *f* **high-'pitched** *adj* ① *(steep)* steil ② *(shrill)* schrill; *(high)* hoch ③ *(intense)* **~ battle** heftiger Kampf **'high point** *n (best part)* Höhepunkt *m; (most enjoyable part)* schönster Augenblick **high-'pow·ered** *adj* ① *machine* Hochleistungs-; **~ car/motorbike** starkes Auto/Motorrad; **~ computer system** leistungsstarkes Computersystem ② *(influential)* einflussreich; **~ delegation** hochrangige Delegation ③ *(advanced)* anspruchsvoll **high-'pres·sure** I. *n no pl* METEO Hochdruck *m fachspr;* **a ridge of ~** ein Hochdruckkeil *m fachspr* II. *n modifier* ① TECH *(pump, steam)* Hochdruck- ② ECON **~ sales techniques** aggressive Verkaufstechniken III. *vt esp* AM ■ **to ~ sb** jdn unter Druck setzen; ***stop trying to ~ me into doing something*** hör auf, mich mit aller Macht zu etwas überreden zu wollen **high 'priest** *n* REL Hohe Priester *m; (fig)* Doyen *m fig* **high 'priest·ess** *n* REL Hohe Priesterin *f; (fig)* Doyenne *f fig* **high 'pro·file** I. *n* **to have a ~** gerne im Rampenlicht stehen II. *adj* ***she's a ~ politician*** sie ist eine Politikerin, die im Rampenlicht steht; ***a vicar has a ~ job*** ein Pfarrer steht durch seinen Job viel in der Öffentlichkeit **high-'pro·tein** *adj* eiweißreich **high 'qual·ity** *adj pred,* **high-'qual·ity** *adj attr* hochwertig **high-'rank·ing** *adj attr* hochrangig **high-reso·'lu·tion** *n* COMPUT hohe Auflösung **high-reso·lu·tion 'moni·tor** *n* Monitor *m* mit hoher Auflösung

'high-rise *n* Hochhaus *nt; (very high)* Wolkenkratzer *m*

high-rise 'build·ing *n,* **high-rise 'flats** *npl* BRIT Hochhaus *nt* **high-'risk** *adj* hochriskant; **~ securities** Risikopapiere *pl;* **to be in a ~ category/group** einer Risikokategorie/-gruppe angehören **'high road** *n* BRIT Hauptstraße *f;* AM *(fig)* **to take the ~** den rechten Weg beschreiten *geh*

high 'roll·er *n* AM *(fam)* ① *(spendthrift)* verschwenderischer Mensch; ***she's something of a ~*** sie wirft das Geld mit beiden Händen zum Fenster raus *fam* ② *(gambler)* Glücksspieler(in) *m(f)*

high-'roll·ing *adj attr* **a ~ person** jd, der auf großem Fuß lebt

'high school *n* BRIT, AUS *Gymnasium oder Oberstufenschule (14-18 Jahre);* AM Highschool *f;* **junior ~** Junior Highschool *f* **high 'seas** *npl* hohe See; **on the ~** auf hoher See **high 'sea·son** *n* Hochsaison *f;* **at** [*or* **during**] [*or* **in**] **~** während [*o* in] der Hochsaison **high-se·'cu·rity** *adj attr* Hochsicherheits-; **~ jail** [*or* **prison**] Hochsicherheitsgefängnis *nt;* **~ wing** Hochsicherheitstrakt *m* **high so·'ci·ety** *n* High Society *f* **'high-sound·ing** *adj language* hochtrabend *pej; ideas* abgehoben **'high-speed** *adj usu attr* Hochgeschwindigkeits-; **~ drill** Schnellstahlbohrer *m;* **~ engine** Hochleistungsmotor *m;* **~ film** hochempfindlicher Film; **~ printer** Schnelldrucker *m* **high-speed 'train** *n,* **HST** *n* Hochgeschwindigkeitszug *m* **high-'spir·it·ed** *adj* ausgelassen; **~ horse** temperamentvolles Pferd **high 'spir·its** *npl* Hochstimmung *f kein pl;* **to be in ~** in Hochstimmung sein, gut drauf sein *fam* **'high spot** *n* Höhepunkt *m;* **to hit the ~s** BRIT *(fam)* die Szenetreffs aufsuchen **'high street** *n* BRIT Hauptstraße *f; (shopping road)* ■ **the ~** die Haupteinkaufsstraße **'high-street** *adj* BRIT ***there was a modest rise in ~ spending last month*** im letzten Monat ist der Umsatz in den Geschäften der Innenstadt leicht angestiegen; **~ banks** Geschäftsbanken *pl;* **~ fashion** konventionelle Mode **'high-strength** *adj* TECH hochwiderstandsfähig **'high-strung** *adj* AM *(highly-strung)* nervös **high 'sum·mer** *n no pl* Hochsommer *m* **high 'ta·ble** *n* BRIT *dem Lehrpersonal vorbehaltener Esstisch an Schulen und Universitäten* **'high·tail** *esp* AM I. *vi (fam)* abhauen *fam,* [schnell] verduften BRD *sl;* ***we'd better ~ out of here*** wir sollten besser von hier verduften *sl* II. *vt (fam)* **to ~ it** abhauen *sl,* sich *akk* aus dem Staub machen *fam;* **to ~ it out of town** aus der Stadt verschwinden *fam* **high 'tea** *n* BRIT *frühes Abendessen bestehend aus einem gekochten Essen, Brot und Tee* **high-'tech**[1] *adj* Hightech-; **~ enterprise** Hochtechnologie-Unternehmen *nt;* **~ industry** Hightechbranche *f;* **~ product** Hightechprodukt *nt* **high-tech**[2] *n no pl see* **high technology** Hightech *nt* **high-tech 'com·pa·nies** *npl* ECON Hightechunternehmen *pl* **high tech·'nol·ogy** *n no pl* Hightech *nt,* Hochtechnologie *f* **high-'ten·sion** *adj usu attr* Hochspannungs- **'high-test** *adj attr* ① *(meeting high standards)* Qualitäts-; **~ results** Ergebnisse aus der Qualitätskontrolle ② *(low boiling point)* **~ petrol** [*or* AM **gas**] Benzin *nt* mit niedrigem Siedepunkt **high 'tide** *n no pl* Flut *f;* **at ~** bei Flut; *(fig: most successful point)* Höhepunkt *m* **high 'trea·son** *n no pl* Hochverrat *m* **high 'up** *adj pred* ■ **to be ~** ein hohes Tier sein *fam,* hoch oben in der Hierarchie stehen **high 'volt·age** *n* Hochspannung *f* **high 'wa·ter** *n no pl* Flut *f* **high-'wa·ter mark** *n* Hochwassermarke *f; (fig)* Höhepunkt *m,* höchster Stand

'high·way I. *n* ① BRIT *(form)* Bundesstraße *f;* AM, AUS Highway *m;* **every ~ and byway** jeder Weg und Steg; **coastal ~** Küstenstraße *f;* **interstate ~** AM Interstate Highway *m (mindestens zwei Staaten verbindende Autobahn);* **to obstruct the ~** *(form)* die Straße blockieren

② COMPUT Vielfachleitung *f*

II. *n modifier (accident, billboard, user)* Straßen-; **~ fatalities** Verkehrstote *pl;* **~ restaurant** Autobahnrestaurant *nt*

High·way 'Code *n* BRIT Straßenverkehrsordnung *f* **'high·way·man** *n (hist)* Straßenräuber *m* **high·way 'rob·bery** *n* ① *(hist)* Straßenraub *m* ② *no pl (over-pricing)* **to be ~** Schröpferei [*o* der reinste Nepp] sein *fam* **'high wire** *n* Hochseil *nt* **'high-wire** *adj attr, inv* Hochseil-; **~ balancing act** *(also fig)* Drahtseilakt *m a. fig* **high-'yield** *adj* FIN *trade* hochrentierlich; *loan* hochverzinslich; **~ debt** hochverzinsliche Anleihe

hi·jack ['haɪdʒæk] I. *vt* **to ~ a plane** ein Flugzeug entführen; *(fig)* **to ~ sb's ideas/plans** jds Ideen/Pläne klauen *fam*

II. *n* Entführung *f*

hi·jack·er ['haɪdʒækəʳ, AM -ɚ] *n* Entführer(in) *m(f)*

hi·jack·ing ['haɪdʒækɪŋ] *n no pl* Entführung *f*

hike [haɪk] I. *n* ① *(long walk)* Wanderung *f; (fam)* ***that was quite a ~*** das war ein ganz schöner Marsch *fam;* **to go on a ~** wandern gehen; **to take a ~** AM *(fam)* abhauen *sl*

② AM *(fam: increase)* Erhöhung *f;* **~ in prices** Preiserhöhung *f,* SCHWEIZ *bes* Teuerung *f*

II. *vi* wandern

III. *vt* AM *(fam)* ■ **to ~ sth** etw erhöhen; **to ~ interest rates** die Zinsen [*o* Zinssätze] anheben

◆ **hike up** *vt* ① *(increase)* ■ **to ~ up** ↻ **sth** etw erhöhen; **to ~ up interest rates** die Zinssätze [*o* Zinsen] anheben

② *esp* AM *(lift)* ■ **to ~ sth** ↻ **up** etw hochheben; *piece of clothes* etw hochziehen; ***do you think we'll be able to ~ up the piano over that step?*** glaubst du wir schaffen es, das Klavier über diese Schwelle zu hieven?; ***his shirt was ~d up on one side*** sein Hemd war auf einer Seite hochgerutscht *fam*

hik·er ['haɪkəʳ, AM -ɚ] *n* Wanderer, Wanderin *m, f*

hik·ing ['haɪkɪŋ] *n no pl* Wandern *nt;* **to go ~** wandern gehen

'hik·ing boots *npl* Wanderschuhe *pl*

hi·lari·ous [hɪ'leəriəs, AM -'ler-] *adj* ① *(very amusing)* urkomisch, zum Brüllen *präd fam*

② *(boisterous)* ausgelassen; **~ party** stürmisches Fest

hi·lari·ous·ly [hɪ'leəriəsli, AM -'ler-] *adv* urkomisch; ***her new book's ~ funny*** ihr neues Buch ist zum Schreien *fam*

hi·lar·ity [hɪ'lærəti, AM -'lerət̬i] *n no pl* Ausgelassenheit *f;* ***his announcement was greeted with ~*** seine Ankündigung sorgte für große Belustigung; **to cause ~** Heiterkeit erregen

Hildebrand elec·trode [ˌhɪldəbrændɪ'lektrəʊd, AM -troʊd] *n* CHEM Wasserstoffelektrode *f*

hill [hɪl] *n* ① *(small mountain)* Hügel *m; (higher)* Berg *m;* **range of ~s** Hügelkette *f;* **on the top of a ~** [oben] auf einem Hügel; **rolling ~s** sanfte Hügel; ■ **the ~s** *pl (higher areas of land)* das Hügelland *kein pl*

② *(steep slope)* Steigung *f;* **a steep ~** eine starke Steigung

▸ PHRASES: **to be up ~ and down dale for sb** BRIT *(dated)* überall nach jdm suchen; **as old as the ~s** steinalt; ***the jokes she tells are as old as the ~s*** ihre Witze haben so einen Bart *fam;* **to be over the ~** *(fam)* mit einem Fuß im Grab stehen; **sth ain't worth** [*or* **doesn't amount** to] **a ~ of beans** AM *(fam)* etw ist keinen Pfifferling wert *fam*

hill·bil·ly ['hɪlˌbɪli] *n* AM *(dated or usu pej)* Hinterwäldler(in) *m(f) pej; (woman also)* Landpomeranze *f pej; (from the Southern US states)* Hillbilly *m pej*

hill·bil·ly 'mu·sic *n no pl* Hillbillymusik *f*

'hill fort *n* ARCHEOL befestigte Hügelanlage *(aus der Eisenzeit)*

hill·ock ['hɪlək] *n* kleiner Hügel

'hill·side *n* Hang *m* **hill 'start** *n* Anfahren *nt* am Berg; **to do a ~** am Berg anfahren **'hill sta·tion** *n Erholungsort im* [*kühlen*] *indischen Bergland* **'hill·top** I. *n* Hügelkuppe *f* II. *n modifier (farm)* auf einem Hügel gelegen *attr* **'hill·walk·er** *n* Wanderer, Wanderin *m, f* **'hill-walk·ing** *n no pl esp* BRIT Bergwandern *nt*

hilly ['hɪli] *adj* hügelig; **~ areas** Hügelland *nt*

hilt [hɪlt] *n* ① *(handle)* Griff *m; of a dagger, sword* Heft *nt*

② *(fig: limit)* ***the government is already borrowing up to the ~*** die Regierung ist bereits hoch verschuldet; **to be up to the ~ in debt** bis über beide Ohren in Schulden stecken *fam;* **to support sb to the ~** hundertprozentig hinter jdm stehen

him [hɪm, ɪm] *pron pers* ① *(person)* ihn *akk,* den *fam akk,* ihm *dat,* dem *fam dat;* ***Bob, give Paul's toy back to ~ now!*** Bob, gib Paul sofort sein Spielzeug zurück!; ***you have more than ~*** du hast mehr als er; ***he took the children with ~*** er nahm die Kinder mit; ***oh no, not ~ again!*** ach nein, nicht der schon wieder! *fam;* ***is this ~, perhaps?*** ist er das vielleicht?; ***that's ~ all right*** das ist er in der Tat; ***to ~ who is patient come all good things in their own time*** *(form)* dem, der Geduld hat, wird sich alles Gute erfüllen; **for ~ and her** für Sie und Ihn

② *(animal, thing, unspecified sex)* ihn/sie/es *akk,* den/die/das *fam akk,* ihm/ihr *dat,* dem/der *fam dat;* ***you have a baby/cat? what do you call ~?*** du hast ein Baby/eine Katze? wie heißt es/sie?

③ REL *(God)* ■ **H~** Ihm *dat,* Ihn *akk*

④ AM *(old: himself)* sich; ***in the depths of ~, he too didn't want to go*** im tiefsten Inneren wollte er auch nicht gehen

▸ PHRASES: **everything comes to ~ who waits** *(prov)* mit der Zeit werden sich alle Wünsche erfüllen

Hima·lay·an [ˌhɪmə'leɪjən] I. *n* Bewohner(in) *m(f)*

des Himalayas
II. *adj* aus dem Himalaya *nach n*
Hima·la·yas [ˌhɪmə'leɪjəz] *npl* Himalaya *m kein pl*
him·self [hɪm'self] *pron reflexive* ① *after vb* sich; *(not others)* sich selbst
② *after prep* sich; *(not others)* sich selbst; ***Jack talks to ~ when he works*** Jack spricht bei der Arbeit mit sich [selbst]
③ *(form: him)* ***the whole group, including ~*** die ganze Gruppe, er [*o* ihn] eingeschlossen
④ *(emph: personally)* selbst; ***the chairman ~*** der Vorsitzende persönlich; ***Fred has nobody but ~ to blame*** Fred ist ganz allein schuld; ***Thomas ~ laid down what we should do*** Thomas erklärte uns persönlich, was wir tun sollten; **for ~** selbst
⑤ *(alone)* ■**[all] by ~** ganz allein [*o fam* alleine]; **all to ~** ganz für sich; **for ~** für sich
⑥ *(normal)* ■**to be ~** er selbst sein; ***he's now ~ again*** er ist jetzt wieder ganz der Alte
⑦ IRISH *(important person)* der Herr; *(master of the house)* der Herr des Hauses
hind [haɪnd] I. *adj attr, inv* hintere(r, s); **~ leg** Hinterbein *nt; of game* Hinterlauf *m*
II. *n* <*pl* - *or* -s> Hirschkuh *f*
hin·der ['hɪndəʳ, AM -ɚ] *vt* ■**to ~ sb/sth** jdn/etw behindern; **to ~ progress** den Fortschritt hemmen; ■**to ~ sb from doing sth** jdn davon abhalten [*o* daran hindern], etw zu tun
Hin·di ['hɪndiː] *n no pl* Hindi *nt*
'hind legs *npl* Hinterbeine *pl;* **to get [*or* stand] up on one's ~** *(also fig, hum)* sich *akk* auf die Hinterbeine stellen *fig hum fam*
▸PHRASES: **[to be able] to talk the ~ off a donkey** *(fam)* ohne Punkt und Komma reden [können] *fam*
'hind·most *adj attr esp* BRIT letzte(r, s); ***although she was ~ of the walkers, ...*** obwohl sie hinter allen anderen Wanderern zurücklag, ...
▸PHRASES: **[let the] devil take the ~** den Letzten beißen die Hunde *prov*
'hind·quar·ters *npl* ZOOL Hinterteil *nt; (of a horse)* Hinterhand *f; (of a carcass)* Hinterviertel *nt*
hin·drance ['hɪndrən(t)s] *n* ① *(obstruction)* Behinderung *f,* Hindernis *nt;* ***I've never considered my disability a ~*** ich habe meine Behinderung nie als Einschränkung empfunden; **sb is more of a ~ than a help** jd stört mehr, als dass er/sie hilft; **to allow sb to enter without ~** jdm ungehinderten Zutritt gewähren; ■**to be a ~ to sth** etw behindern
② LAW *(or form)* **without let or ~** ungehindert
'hind·sight *n no pl* **but with [the benefit of] ~** ***I see how naive I was ...*** *jetzt* weiß ich natürlich, wie naiv ich war; **in ~** im Nachhinein
Hin·du [ˌhɪn'duː, AM 'hɪnduː] I. *n* Hindu *m o f*
II. *adj inv* hinduistisch, Hindu-
Hin·du·ism ['hɪnduːɪzᵊm] *n no pl* Hinduismus *m*
Hin·du·stan [ˌhɪndʊ'stɑːn] *n no pl (hist) see* **India** Hindustan *nt*
hinge [hɪndʒ] I. *n* Angel *f; of a chest, gate* Scharnier *nt;* **to take the door off its ~s** die Tür aus den Angeln heben
II. *n modifier* Scharnier-; **~ joint** Scharniergelenk *nt*
III. *vi* ① *(depend)* ■**to ~ [up]on sb/sth** von jdm/etw abhängen; ***the prosecution's case ~d on the evidence of this witness*** die Anklage steht und fällt mit der Aussage dieser Zeugin; ***the plot of the film ~s on a case of mistaken identity*** Aufhänger des Films ist eine Verwechslung
② *jaw* ■**to ~ down** nach unten klappen
hinged [hɪndʒd] *adj inv* mit einem Scharnier *nach n;* ■**to be ~** ein Scharnier haben
hint [hɪnt] I. *n* ① *usu sing (trace)* Spur *f;* ***white with a ~ of blue*** weiß mit einem Hauch von blau; ***at the slightest ~ of trouble*** beim leisesten Anzeichen von Ärger; ***he gave me no ~ that ...*** er gab mir nicht den leisesten Wink, ob ...
② *(allusion)* Andeutung *f;* ***you just can't take a ~, can you?*** du kapierst es einfach nicht, oder? *fam;* ***ok, I can take a ~*** o.k., ich verstehe schon; ***it's my birthday next week, ~, ~!*** ich habe nächste Woche Geburtstag - so ein dezenter Hinweis ... *fam;* **to drop a ~** eine Andeutung machen
③ *(advice)* Hinweis *m,* Tipp *m;* **to give sb a ~** jdm einen Hinweis [*o* Tipp] geben; **a handy ~** ein wertvoller Tipp
II. *vt* ■**to ~ that ...** andeuten, dass ...
III. *vi* andeuten, durchblicken lassen; ■**to ~ at sth** *(allude to)* auf etw *akk* anspielen; *(indicate)* etw andeuten, auf etw *akk* hindeuten; ■**to ~ to sb that ...** jdm andeuten, dass ...
hinter·land ['hɪntəlænd, AM -t̬ɚ-] *n no pl (behind coast or river)* Hinterland *nt; (undeveloped land)* Entwicklungsland *nt; (fig: unknown)* Zwischenreich *nt*
'hinter·lands [-lændz] *npl* AM Hinterland *nt kein pl*
hip[1] [hɪp] I. *n* ANAT Hüfte *f;* ***trousers to fit ~s up to 38 inches*** Hosen mit einer Hüftweite bis 96 cm; ***Liz stood with her hands on her ~s*** Liz hatte ihre Arme in die Hüften gestemmt; **to dislocate a ~** sich *dat* die Hüfte ausrenken
▸PHRASES: **to shoot from the ~** *(fam)* aus der Hüfte schießen *fig*
II. *n modifier* Hüft-; **~ replacement** künstliche Hüfte
hip[2] [hɪp] *n (rose hip)* Hagebutte *f,* Hetscherl *nt* ÖSTERR *fam*
hip[3] <-pp-> [hɪp] *adj (fam: fashionable)* hip *präd sl,* cool *sl,* total in *präd fam;* ■**to get ~ to sth** etw mitkriegen *fam*
hip[4] [hɪp] *interj* hipp(, hipp); **~ ~ *hooray*** [*or* ***hurray***]***!*** hipp, hipp, hurra!
'hip·bath *n* Sitzbad *nt* **'hip·bone** *n* ANAT Hüftknochen *m*
HIPC [ˌeɪtʃaɪpiː'siː] *n* ECON *abbrev of* **heavily indebted poor country** HIPC *nt*
'hip flask *n* Flachmann *m*
'hip-hop *n no pl* Hiphop *m*
'hip-hug·gers *npl* AM Hüfthose[n] *f[pl]*
'hip-hug·ging *adj* eng anliegend *(an den Hüften)*
hipped [hɪpt] *adj inv* ① ANAT -hüftig
② ARCHIT *(having a sharp edge)* **~ roof** Walmdach *nt*
hip·pie ['hɪpi] *n* Hippie *m*
hip·po ['hɪpəʊ, AM -oʊ] *n (fam) short for* **hippopotamus** Nilpferd *nt*
hip 'pock·et *n* Gesäßtasche *f*
Hip·po·crat·ic oath [ˌhɪpə(ʊ)krætɪk'-, AM -pəkræt̬ɪk'-] *n* MED hippokratischer Eid, Eid *m* des Hippokrates
'hip point·er *n* Prellung *f* des Hüftknochenmuskels
hip·po·pota·mus <*pl* -es *or* -mi> [ˌhɪpə'pɒtəməs, AM -'pɑːt̬ə-] *n* Nilpferd *nt;* **pygmy ~** Zwergnilpferd *nt*
hip·py ['hɪpi] *n* Hippie *m*
hip·py·ish ['hɪpiɪʃ] *adj (fam)* hippiemäßig; **~ atmosphere** lockere Atmosphäre
hip·ster ['hɪpstəʳ, AM -ɚ] *n* ① *(fam: person)* cooler Typ *sl*
② *(trousers)* ■**~s** *pl* Hüfthose[n] *f[pl]*
hire [haɪəʳ, AM haɪr] I. *n no pl esp* BRIT Mieten *nt;* ***we've got the ~ of the church hall for the whole evening*** wir haben den Gemeindesaal für den ganzen Abend gemietet; ***her wedding dress is on ~*** ihr Hochzeitskleid ist geliehen; ***'for ~'*** ‚zu vermieten'; ***this shop has tents for ~ at £10 a week*** in diesem Laden kann man für 10 Pfund die Woche Zelte leihen; ***there are bikes for ~ at the station*** am Bahnhof kann man Fahrräder mieten; **car ~ [*or* ~ car] business** BRIT Autoverleih *m,* Autovermietung *f*
II. *vt* ① *esp* BRIT *(rent)* ■**to ~ sth** etw mieten; **to ~ a cab** ein Taxi rufen; **to ~ a car** einen Wagen mieten; **to ~ a dress** ein Kleid ausleihen; **to ~ sth by the hour/day/week** etw stunden-/tage-/wochenweise mieten
② *esp* AM *(employ)* ■**to ~ sb** jdn einstellen; **to ~ an attorney** AM einen Rechtsanwalt/eine Rechtsanwältin beauftragen; **to ~ a gunman** einen Killer anheuern; **to ~ more staff** mehr Personal einstellen
◆**hire out** *vt esp* BRIT ■**to ~ out** ⊂ **sth** etw vermieten; *bicycle, clothes* etw verleihen; ***how much do you charge for hiring out a bicycle for a week?*** wie viel kostet es, ein Fahrrad für eine Woche zu leihen?; ***I've decided to go freelance and ~ myself out as a computer programmer*** ich habe beschlossen, freiberuflich zu arbeiten und meine Dienste als Computerprogrammierer anzubieten; **to ~ out** ⊂ **sth by the hour/day/week** etw stunden-/tage-/wochenweise vermieten
hire and 'fire *n Beschäftigen und Kündigen von Personal nach Bedarf* **'hire car** *n* BRIT Mietwagen *m,* Leihwagen *m*
hired [haɪəd, AM haɪrd] *adj inv* ① *(lent)* geliehen; *esp* BRIT *(rented)* gemietet; **~ bicycle** Leihfahrrad *nt;* **~ carnival costumes** geliehene Karnevalskostüme [*o* SÜDD, ÖSTERR Faschingskostüme] [*o* SCHWEIZ Fasnachtskostüme]
② *esp* AM *(employed)* **~ assassin** Auftragskiller(in) *m(f);* **~ hand** Lohnarbeiter(in) *m(f);* **~ help** Haushaltshilfe *f;* **~ man** Helfer *m* für Haus und Garten
hired 'gun *n* Profikiller(in) *m(f)*
hire·ling ['haɪəlɪŋ, AM 'haɪr-] *n (pej)* Mietling *m pej; (accomplice)* Helfershelfer *m pej*
hire 'pur·chase *n,* **HP** *n* BRIT Ratenkauf *m,* Teilzahlungskauf *m;* **to buy sth on ~** etw auf Raten kaufen; **to sign a ~ agreement** einen Teilzahlungsvertrag unterschreiben **hire 'pur·chase agree·ment** *n* BRIT Teilzahlungsvertrag *m,* Mietkaufvertrag *m*
hi-res [ˌhaɪrez'] *adj short for* **high-resolution**: **~ monitor** Monitor *m* mit hoher Auflösung
hir·ing ['haɪərɪŋ, AM 'haɪr-] *n no pl* ① *(employing)* Einstellen *nt*
② *esp* BRIT *(renting)* Mieten *nt;* ***~ a car is easy these days*** ein Auto zu mieten, ist heutzutage einfach
hir·sute ['hɜːsjuːt, AM 'hɜːrsuːt] *adj (liter or hum)* stark behaart
his [hɪz, ɪz] I. *pron poss* ① *(person)* seine/seiner/seins [*o geh* seines]; ***is this coat ~?*** gehört ihm dieser Mantel?, ist dieser Mantel seiner?; ***he took my hand in ~*** er nahm meine Hand; ***I don't know many John Lennon songs — 'Imagine' was one of ~, wasn't it?*** ich kenne nicht viele Lieder von John Lennon – ‚Imagine' ist von ihm, oder?; ***short-sheeting the bed is a favourite trick of ~*** die Bettlaken kürzen zählt zu seinen Lieblingsstreichen; ***some friends of ~*** einige seiner Freunde; ***that dog of ~ is so annoying*** sein doofer Hund nervt total! *sl;* ***each recruit receiving clothes should pick ~ up at the laundry department*** jeder Rekrut soll seine Kleider in der Wäscherei abholen
② *(animal, thing, unspecified sex)* seine/seiner/seins [*o geh* seines]/ihre/ihrer/ihrs [*o geh* ihres]
II. *adj poss (of person)* sein/seine; ***what's ~ name?*** wie heißt er?; ***he got ~ very own computer for Christmas*** er hat zu Weihnachten einen Computer ganz für sich alleine bekommen; **~ *and hers towels*** Handtücher für Sie und Ihn
His·pan·ic [hɪ'spænɪk] I. *adj inv* hispanisch
II. *n* Hispano-Amerikaner(in) *m(f)*
His·pani·cist [hɪ'spænɪsɪst], **His·pan·ist** [hɪ'spænɪst] *n* Hispanist(in) *m(f)*
His·panio·la [ˌhɪspæni'əʊlə, AM -pən'joʊ-] *n* Hispaniola *nt*
hiss [hɪs] I. *vi* zischen; *(whisper angrily)* fauchen; ■**to ~ at sb** jdn anfauchen
II. *vt* ① *(utter)* ■**to ~ sth** etw fauchen [*o* zischen]
② *(disapprove of)* ■**to ~ sb/sth** etw/jdn auszischen
III. *n* <*pl* -es> ① *(sound)* Zischen *nt kein pl; (on tapes)* Rauschen *nt kein pl*
② COMPUT Nebengeräusch *nt*
his·self [hɪz'self] *pron* DIAL *(fam) see* **himself**
'hiss-free *adj inv* rauschfrei
hissy fit ['hɪsiˌfɪt] *n* AM *(fam)* **to throw a ~** einen Koller kriegen *fam*
his·ta·mine ['hɪstəmiːn] *n* MED Histamin *nt fachspr*
his·to·gram ['hɪstəgræm, AM -stoʊ-] *n* COMPUT Histogramm *nt*
his·tol·ogy [hɪ'stɒlədʒi, AM -'tɑːl-] *n no pl* MED Histologie *f fachspr*
his·to·rian [hɪ'stɔːriən] *n* Historiker(in) *m(f);* **local ~** ortsansässiger Historiker/ortsansässige Historikerin
his·tor·ic [hɪ'stɒrɪk, AM -'stɔːr-] *adj* historisch; **a**

~ **moment in time** ein historischer Augenblick
his·tori·cal [hɪˈstɒrɪkəl, AM -ˈstɔːr-] *adj* ① *(concerning history)* geschichtlich, historisch; ~ **accuracy** Geschichtstreue *f;* ~ **documents** historische Dokumente; **famous ~ figures** berühmte historische Figuren; ~ **novel** historischer Roman
② FIN ~ **cost** historische Kosten *pl;* ~ **data** + *sing/pl vb* Vergangenheitsdaten *pl*
his·tori·cal·ly [hɪˈstɒrɪkəli, AM -ˈstɔːr-] *adv* geschichtlich, historisch; ***the film doesn't try to be ~ accurate*** der Film versucht nicht, geschichtstreu zu sein; ~ [**speaking**] ... historisch betrachtet ...
his·tori·cism [hɪˈstɒrɪsɪzəm, AM ˈstɑːrə] *n no pl* Historizismus *m*
his·to·ric·ity [ˌhɪstɒrˈɪsəti, AM təˈrɪsət̬i] *n no pl* Historizität *f geh*
his·tor·ic ˈpres·ent *n* LING historisches Präsens *fachspr* **his·tor·ic ˈsite** *n* historische Stätte
his·to·ri·og·ra·phy [hɪˌstɒrɪˈɒgrəfi, AM -ˈstɑːrˈɑːgrə-] *n no pl* Geschichtsschreibung *f,* Historiografie *f geh*
his·tory [ˈhɪstəri, AM *also* -əri] **I.** *n* ① *no pl (past events)* Geschichte *f; (study also)* Geschichtswissenschaft *f;* ***our house has a colourful ~*** unser Haus hat eine schillernde Vergangenheit; ***the rest is ~*** der Rest ist Geschichte [*o* bekannt]; **sb's life ~** jds Lebensgeschichte; **to go down in ~ as sth** als etw in die Geschichte eingehen; **to make ~** Geschichte schreiben
② *(fig)* ***that's all ~*** das gehört alles der Vergangenheit an; ***Tina and Charles went out together for five years, but they're ~ now*** Tina und Charles waren fünf Jahre ein Paar, aber jetzt sind sie nicht mehr zusammen; *(fam)* ***if that bullet had found its mark you'd be ~ by now*** wenn diese Kugel ihr Ziel nicht verfehlt hätte, wärst du jetzt mausetot *fam;* **ancient ~** *(fig)* kalter Kaffee *fam*
③ *usu sing (background)* Vorgeschichte *f;* ***her family has a ~ of heart problems*** Herzprobleme liegen bei ihr in der Familie; ***there's a long ~ of industrial disputes at that factory*** betriebliche Auseinandersetzungen haben in dieser Fabrik eine lange Tradition
II. *n modifier (book, class)* Geschichts-; ~ **question** geschichtliche Frage
his·tri·on·ic [ˌhɪstriˈɒnɪk, AM -ˈɑːn-] *adj* theatralisch
his·tri·oni·cal·ly [ˌhɪstriˈɒnɪkəli, AM -ˈɑːn-] *adv* theatralisch
his·tri·on·ics [ˌhɪstriˈɒnɪks, AM -ˈɑːn-] *npl* theatralisches Getue *pej fam;* ***his speech was full of ~ about patriotism*** seine Rede war voll von patriotischem Geschwafel *pej fam*
hit [hɪt] **I.** *n* ① *(blow)* Schlag *m;* **to give sb a ~** [**on the head**] jdm einen Schlag [auf den Kopf] versetzen
② *(verbal blow)* Seitenhieb *m* (**at** gegen *+akk)*
③ *(shot)* Treffer *m;* **to suffer** [*or* **take**] **a direct ~** direkt getroffen werden; ***the hurricane scored a direct ~ on Miami*** der Orkan traf Miami mit voller Wucht
④ *(collision)* Aufprall *m;* ***few animals survive a ~ from a speeding car*** nur wenige Tiere überleben es, wenn sie von einem Auto angefahren werden
⑤ *(success)* Hit *m fam;* **to be** [*or* **make**] **a** [**big**] **~ with sb** bei jdm gut ankommen; ***she's trying to make a ~ with my brother*** sie versucht, bei meinem Bruder zu landen *fam*
⑥ *(in baseball)* Hit *m;* **to score a ~** einen Punkt machen
⑦ *(sl: single dose of drug)* Schuss *m sl*
⑧ *esp* AM *(fam: murder)* **to score a ~** jdn umlegen *fam*
⑨ INET *(visit to a web page)* Besuch *m* einer Webseite
⑩ COMPUT *(in database)* Treffer *m*
▶ PHRASES: **to get a ~ from doing sth** *(sl)* von etw *dat* einen Kick kriegen *sl;* **to take a** [**big**] **~** einen [großen] Verlust hinnehmen [müssen]
II. *n modifier (CD, musical)* Hit-; ~ **song** Hit *m;* ***his musical was a ~ show*** sein Musical war ein Riesenerfolg; ***she had a one-~ wonder five years ago*** sie hatte vor fünf Jahren einen einzigen Hit
III. *vt* <-tt-, hit, hit> ① *(strike)* ■**to ~ sb/an animal** jdn/ein Tier schlagen; **to ~ sb a blow** jdm einen Schlag versetzen; **to ~ sb below the belt** *(also fig)* jdm einen Schlag unter die Gürtellinie versetzen *a. fig;* **to ~ sb on** [*or* **over**] **the head** jdn niederschlagen; **to ~ sb in the stomach** jdm einen Schlag in den Magen versetzen; **to ~ sb where it hurts** *(fig)* jdn an einer empfindlichen Stelle treffen *fig*
② *(come in contact)* ■**to ~ sb/sth** jdn/etw treffen; ***the house was ~ by lightning*** in das Haus schlug der Blitz ein; **to ~ sb hard** jdn schwer treffen
③ *(touch, press)* **to ~ a button** einen Knopf drücken; **to ~ a key** auf eine Taste drücken
④ *(crash into)* ■**to ~ sth** gegen etw *akk* stoßen; ***their car ~ a tree*** ihr Auto krachte gegen einen Baum *fam;* ***she ~ her head on the edge of the table*** sie schlug sich den Kopf an der Tischkante an; ***the glass ~ the floor*** das Glas fiel zu Boden; **to ~ an iceberg** mit einem Eisberg kollidieren
⑤ *(with missile)* ■**to be ~** getroffen werden; ***I've been ~!*** mich hat's erwischt! *fam;* ***John was ~ in the leg*** John wurde am Bein getroffen
⑥ SPORT **to ~ a ball** [**with a bat**] einen Ball [mit einem Schläger] treffen; **to ~ sb below the belt** jdn unter der Gürtellinie treffen; **to ~ a century** hundert Punkte erzielen; **to ~ a home run** einen Homerun erzielen
⑦ *(affect negatively)* ■**to ~ sb/sth** jdn/etw treffen; ***San Francisco was ~ by an earthquake last night*** San Francisco wurde letzte Nacht von einem Erdbeben erschüttert; **to be badly ~ by sth** von etw *dat* hart getroffen werden; ***production has been badly ~ by the strike*** die Produktion leidet sehr unter dem Streik
⑧ *(fam: arrive at)* ■**to ~ sth:** ***we should ~ the main road after five miles or so*** wir müssten nach ungefähr fünf Meilen auf die Hauptstraße stoßen; ***my sister ~ forty last week*** meine Schwester wurde letzte Woche 40; **to ~ the headlines** in die Schlagzeilen kommen; **to ~ an internet page** [*or* **a web site**] eine Webseite besuchen; **to ~ the market** auf den Markt kommen; **to ~ the papers** in die Zeitungen kommen; **to ~ 200 kph** 200 Sachen machen *fam;* **to ~ rock bottom** [*or* **an all-time low**] einen historischen Tiefstand erreichen; **to ~ a patch of ice** auf Glatteis geraten; **to ~ a reef/a sandbank** auf ein Riff/eine Sandbank auflaufen
⑨ *(fam: go to)* ***we ~ the snack bar for something to eat*** wir gingen in die Snackbar und kauften uns was zu essen; ***let's ~ the dance floor*** lass uns tanzen!
⑩ *(encounter)* **to ~ oil** auf Öl stoßen; **to ~ a bad** [*or* **sticky**] **patch** in eine Krise geraten; **to ~ a lot of resistance** auf heftigen Widerstand stoßen; **to ~ the rush hour/a traffic jam** in die Stoßzeit/einen Stau geraten; **to ~ trouble** in Schwierigkeiten geraten
⑪ *(occur to)* ■**to ~ sb** jdm aufgehen [*o* auffallen]; ***it suddenly ~ me that ...*** mir war plötzlich klar, dass; ***has it ever ~ you ...?*** ist dir schon mal aufgefallen, ...
⑫ *(produce)* **to ~ a** [**wrong**] **note** einen [falschen] Ton treffen; **to ~ the right note** *speech* den richtigen Ton treffen *fig*
⑬ *(fam: murder)* ■**to ~ sb** jdn umlegen *fam*
⑭ *(fam: ask for)* ■**to ~ sb** [**up**] **for sth** jdn nach etw *dat* fragen
▶ PHRASES: **to ~ the __books__** büffeln *fam;* **to ~ the __bottle__** zur Flasche greifen *fig;* **to ~ the __ceiling__** [*or* **__roof__**] an die Decke gehen *fig fam;* **to ~ the __deck__** [*or* **__dirt__**] sich *akk* zu Boden werfen; ~ ***the deck! someone's coming!*** alle Mann runter! da kommt jemand!; **sth ~s sb between the __eyes__** etw springt jdm ins Auge *fig;* **to ~ the __ground__ running** etw voller Begeisterung angehen *fam;* **to ~ the __hay__** [*or* **__sack__**] in die Falle gehen *fig fam;* **to ~ __home__** ***the full horror of the war only ~ home when we ...*** die Schrecklichkeit des Krieges wurde uns erst so richtig bewusst, als ...; ***his insults really ~ home!*** seine Beleidigungen saßen! *fam;* **to ~ the __jackpot__** das große Los ziehen; **to not __know__ what has ~ one** aus allen Wolken fallen *fam;* **to ~ the __nail__ on the head** den Nagel auf den Kopf treffen *fig;* **to ~ the __road__** sich *akk* auf den Weg machen; **to ~ sb for __six__** BRIT jdn hart treffen; **sth really ~s the __spot__** etw ist genau das Richtige; **to ~ one's __stride__** seinen Rhythmus finden
IV. *vi* ① *(strike)* ■**to ~** [**at sb/sth**] [nach jdm/etw] schlagen; **to ~ hard** kräftig zuschlagen
② *(collide)* ***two cars ~ on the sharp bend*** zwei Autos stießen in der scharfen Kurve zusammen
③ *(attack)* ■**to ~ at sb** *(also fig)* jdn attackieren *a. fig*
④ *(take effect)* wirken; ***we sat waiting for the alcohol to ~*** wir warteten, bis der Alkohol wirkte
◆ **hit back** *vi* zurückschlagen; ■**to ~ back at sb** jdm Kontra geben; **to ~ back with missiles** mit Waffengewalt zurückschlagen
◆ **hit off** *vt* ■**to ~ it off** [**with sb**] *(fam)* sich *akk* prächtig [mit jdm] verstehen
◆ **hit on** *vi* ① *(think of)* **to ~** [**up**]**on a solution** auf eine Lösung kommen; ***when we first ~*** [***up***]***on the idea, ...*** als uns die Idee zum ersten Mal in den Sinn kam, ...
② AM *(sl: make sexual advances)* ■**to ~ on sb** jdn anmachen *sl*
③ AM *(fam: attempt to extract money)* ■**to ~ on sb** jdn anpumpen *fam*
◆ **hit out** *vi* ■**to ~ out** [**at sb**] [auf jdn] einschlagen; *(fig)* [jdn] scharf attackieren; ***he was ~ting out in all directions*** er schlug nach allen Seiten um sich
◆ **hit up** *vt* AM *(fam)* **to ~ up** ↔ **sb** [**for money**] jdn [um Geld] anhauen *fam*
◆ **hit upon** *vi* **sb ~s upon an idea** jdm kommt eine Idee
hit-and-ˈmiss *adj* zufällig; ***getting to work on time is very much a ~ affair these days*** heutzutage pünktlich zur Arbeit zu kommen, ist mehr oder weniger Glückssache; ***the exam was all very ~*** die Prüfung war ein ziemliches Ratespiel **hit-and-ˈrun** **I.** *n no pl* AUTO Fahrerflucht *f;* MIL Überraschungsüberfall *m* **II.** *adj* ~ **accident** Unfall *m* mit Fahrerflucht; ~ **attack** MIL Blitzangriff *m;* ~ **driver** unfallflüchtiger Fahrer/unfallflüchtige Fahrerin; ~ **play** SPORT *Spieltaktik beim Baseball*
hitch [hɪtʃ] **I.** *n* <*pl* -es> ① *(difficulty)* Haken *m,* Schwierigkeit *f;* ***but there is a ~*** aber die Sache hat einen Haken; **a technical ~** ein technisches Problem; **to go off without a ~** reibungslos ablaufen
② *(short pull)* Ruck *m;* ***she gave her stockings a quick ~*** sie zog schnell ihre Strümpfe hoch
③ *(knot)* Knoten *m;* NAUT Stek *m fachspr*
II. *vt* ① *(fasten)* ■**to ~ sth to sth** etw an etw *dat* festmachen; ■**to ~ an animal to sth** ein Tier an etw *dat* festbinden; **to ~ a horse to a cart** ein Pferd vor einen Wagen spannen; **to ~ a trailer to a car** einen Anhänger an einem Auto anhängen
② *(fam: hitchhike)* **to ~ a lift** [*or* **ride**] trampen, per Anhalter fahren
III. *vi (fam)* trampen *fam*
◆ **hitch up I.** *vt* ① *(fasten)* ■**to ~ sth** ↔ **up** [**to sth**] etw [an etw *dat*] festmachen; **to ~ up an animal to a wagon** ein Tier vor einen Wagen spannen; **to ~ a trailer up to a car** einen Anhänger an ein Auto anhängen
② *(pull up)* ■**to ~ sth** ↔ **up** etw hochziehen; ***he ~ed up his trouser leg*** er schob das Hosenbein hoch
II. *vi esp* BRIT *(fam)* rüberrutschen *fam;* ***go on, ~ up a bit!*** los, rutscht mal zusammen! *fam*
hitched [hɪtʃt] *adj (fam)* **to get ~** in den Hafen der Ehe einlaufen *hum*
hitch·er [ˈhɪtʃəʳ, AM -ɚ] *n* Anhalter(in) *m(f),* Tramper(in) *m(f)*
ˈhitch-hike *vi* per Anhalter fahren, trampen *fam* **ˈhitch-hik·er** *n* Anhalter(in) *m(f),* Tramper(in) *m(f) fam* **ˈhitch-hik·ing** *n no pl* Trampen *nt*
hi-tech *n, adj see* **high-tech**
hith·er [ˈhɪðəʳ, AM -ɚ] *adv inv (dated form)* hierher; **come-~-look** auffordernder Blick; ~ **and thither** hierhin und dorthin
hith·er·to [ˌhɪðəˈtuː, AM -ɚˈ-] *adv inv (form)* bisher; ~ **unpublished** bisher unveröffentlicht
ˈhit·list *n (also fig)* Abschussliste *f a. fig* **ˈhit man** *n*

Killer *m* **hit-or-'miss** *adj see* **hit-and-miss** **'hit pa·rade** *n (dated)* Hitparade *f veraltend;* **to be at the top of the ~** die Hitparade anführen
hit·ter ['hɪt̬ɚ] *n* AM SPORT Schlagmann, -frau *m, f;* **leadoff ~** Aufschlagspieler(in) *m(f) fachspr;* **pinch ~** Ersatzspieler(in) *m(f)*
HIV [ˌeɪtʃaɪ'vi:] **I.** *n no pl abbrev of* **human immunodeficiency virus** HIV *nt*
II. *n modifier (clinic, test)* Aids-
hive [haɪv] **I.** *n* ① *(beehive)* Bienenstock *m; (bees)* ■**the ~** + *sing/pl vb* die Bienen *pl*
② *(busy place)* Ameisenhaufen *m fig;* ***the whole house was a ~ of activity*** das ganze Haus glich einem Ameisenhaufen
II. *vt* **to ~ bees** Bienen in den Stock bringen
III. *vi* in den Stock einfliegen
◆**hive off** *vt esp* BRIT, AUS ① *(separate)* ■**to ~ sth** ↻ **off** etw ausgliedern; **to ~ work off** Arbeit auslagern
② *(denationalize)* **to ~ off a company** einen Betrieb entstaatlichen [*o* privatisieren]
③ ECON, FIN ■**to ~ off** ↻ **sth** *company* etw abspalten [*o* ausgliedern]
'hive-down *n* ADMIN Ausgründung *f*
hives [haɪvz] *n + sing vb* MED Nesselsucht *f kein pl*
HIV-'posi·tive *adj* HIV-positiv
hiya ['haɪjə] *interj (fam)* hi *fam*
Hiz·bul·lah [ˌhɪzbʊl'ɑ:, AM ˌhezbə'lɑ:] *n see* **Hezbollah**
hl *abbrev of* **hectolitre** hl
HM [ˌeɪtʃ'em] BRIT *abbrev of* **His Majesty('s), Her Majesty('s)** S. M; *(Queen)* I. M
HMG [ˌeɪtʃem'dʒi:] *n + sing/pl vb* BRIT *abbrev of* **Her Majesty's Government, His Majesty's Government** ≈ britische Regierung
HMI [ˌeɪtʃem'aɪ] *n* BRIT HIST *(in schools) abbrev of* **Her Majesty's Inspector, His Majesty's Inspector** Schulrat, -rätin *m, f,* Schulinspektor(in) *m(f)* ÖSTERR, SCHWEIZ
hmm, h'm [həm] *interj* hm
HMO [ˌeɪtʃem'əʊ, AM -'oʊ] *n* AM *abbrev of* **health maintenance organization** *eine in der Regel vom Arbeitgeber getragene, preisgünstige Krankenversicherung mit begrenzter Ärzteauswahl*
HMS [ˌeɪtʃem'es] *n* BRIT *abbrev of* **Her/His Majesty's Ship** H.M.S.; ***~ Ark Royal will be sailing at dawn*** die H.M.S. Ark Royal läuft im Morgengrauen aus
HMSO [ˌeɪtʃemes'əʊ] *n no pl* BRIT *abbrev of* **Her/His Majesty's Stationery Office** *britischer Staatsverlag*
HNC [ˌeɪtʃen'si:] *n* BRIT SCH *abbrev of* **Higher National Certificate** *(diploma)* Fachhochschulzertifikat (**in** in *+dat*); *(course)* **to do an ~ course** einen Fachhochschulkurs besuchen
HND [ˌeɪtʃen'di:] *n* BRIT SCH *abbrev of* **Higher National Diploma** *(diploma)* Fachhochschuldiplom *nt* (**in** in *+dat*); *(course)* **to do an ~ course** einen Diplomlehrgang an einer Fachhochschule besuchen
ho¹ [həʊ, AM hoʊ] *interj (fam: scorn, surprise)* ha; *(attract attention)* he *fam; (expressing delight)* **what-~** *(hist)* hoho; NAUT *(hist)* ***land ~!*** Land in Sicht!; *(hist)* ***heave-~!*** hau ruck!; **to give sb the old heave-~** *(sl)* mit jdm Schluss machen
ho² [hoʊ] *n (pej! black sl)* ① *(whore)* Hure *f*
② *(tart)* Schlampe *f sl o pej*
hoa·gie ['hoʊgi] *n* AM *amerikanisches Riesensandwich*
hoar [hɔ:ʳ, AM hɔ:r] *(liter)* **I.** *adj (dated)* **~-headed** grauhaarig
II. *n no pl* Reif *m*
hoard [hɔ:d, AM hɔ:rd] **I.** *n (of money, food)* Vorrat *m* (**of** an *+dat*); *(treasure)* Schatz *m;* **~ [of weapons]** Waffenlager *nt*
II. *vt* ■**to ~ sth** etw horten; *food also* etw hamstern
III. *vi* Vorräte anlegen
◆**hoard away** *vt* ■**to ~ sth** ↻ **away** etw horten; *food also* etw hamstern; *(hide)* etw verstecken
◆**hoard up** *vt* ■**to ~ sth** ↻ **up** etw horten; *food also* etw hamstern
hoard·er ['hɔ:dəʳ, AM 'hɔ:rdɚ] *n* Sammler(in) *m(f),* Hamsterer *fam;* ***Meggie is a terrible ~*** Meggie hortet alles
hoard·ing ['hɔ:dɪŋ] *n* BRIT, AUS ① *(poster)* [**advertising**] **~** Plakatwand *f*
② *(fence)* Bauzaun *m*
③ *no pl (accumulating)* Horten *nt*
'hoar frost *n no pl* [Rau]reif *m*
hoarse [hɔ:s, AM hɔ:rs] *adj* heiser; ***you'll make yourself ~ if you keep shouting like that*** du wirst noch ganz heiser werden, wenn du so weiterschreist; **to shout/talk oneself ~** sich *akk* heiser schreien/reden
hoarse·ly ['hɔ:sli, AM 'hɔ:r-] *adv* heiser
hoarse·ness ['hɔ:snəs, AM 'hɔ:r-] *n no pl* Heiserkeit *f;* ***I detected a little ~ in her voice*** ihre Stimme klang etwas heiser
hoary ['hɔ:ri] *adj (liter)* ① *(white-haired)* ergraut; *(old)* altehrwürdig *geh*
② *(fig: old)* uralt; *(trite)* abgedroschen; **~ old excuse** lahme Ausrede; **~ old joke** uralter Witz
hoax [həʊks, AM hoʊks] **I.** *n (deception)* Täuschung *f; (trick)* Trick *m; (joke)* Streich *m; (false alarm)* falscher [*o* blinder] Alarm; **bomb ~** vorgetäuschte Bombendrohung
II. *adj* vorgetäuscht; **~ caller** *jd, der telefonisch falschen Alarm auslöst*
III. *vt* ■**to ~ sb** jdn [he]reinlegen *fam,* jdm einen Bären aufbinden *fam;* ***she ~ed him into financing the project*** durch falsche Informationen brachte sie ihn dazu, das Projekt zu finanzieren; ***the police were ~ed into evacuating the area but there was no bomb*** die Polizei wurde in die Irre geführt und evakuierte die Gegend, aber es wurde keine Bombe gefunden; **to ~ sb into believing** [*or* **thinking**] **sth** jdm etw weismachen
hoax·er ['həʊksəʳ, AM 'hoʊksɚ] *n jd, der falschen Alarm auslöst*
hob [hɒb] *n* BRIT Kochfeld *nt;* **ceramic ~** Cerankochfeld *nt*
hob·bit ['hɒbɪt, AM 'hɑ:b-] *n* LIT Hobbit *m*
hob·ble ['hɒbl̩, AM 'hɑ:bl̩] **I.** *vi* hinken, humpeln; **to ~ around on crutches** mit Krücken herumlaufen
II. *vt* ① *(liter: hinder)* ■**to ~ sth** etw behindern
② *(tie legs together)* **to ~ an animal** einem Tier die Beine zusammenbinden
III. *n* ① *(for a horse)* Fußfessel *f*
② *(awkward walk)* Hinken *nt kein pl,* Humpeln *nt kein pl;* ***by the end of the football match he was reduced to a ~*** am Ende des Spiels hinkte er nur noch
hob·by ['hɒbi, AM 'hɑ:bi] *n* Hobby *nt*
'hob·by-horse *n* ① *(dated: toy)* Steckenpferd *nt*
② *(favourite topic)* Steckenpferd *nt*
hob·by·ist ['hɒbiɪst, AM 'hɑ:b-] *n esp* AM Amateur(in) *m(f);* **computer ~** Computerfreak *m;* **professionals and ~s** Profis und Amateure
hob·gob·lin [ˌhɒb'gɒblɪn, AM 'hɑ:bˌgɑ:b-] *n* LIT Kobold *m*
hob·nail ['hɒbneɪl, AM 'hɑ:b-] *n* Schuhnagel *m*
hob·nailed boot [ˌhɒbneɪld'-, AM ˌhɑ:b-] *n* Nagelschuh *m,* genagelter Schuh
hob·nob <-bb-> ['hɒbnɒb, AM 'hɑ:bnɑ:b] *vi (pej fam)* ■**to ~ with sb** mit jdm verkehren; **to ~ with the rich and famous** sich *akk* unter die Reichen und Berühmten mischen
hobo <*pl* -s *or* -es> ['həʊbəʊ, AM 'hoʊboʊ] *n* AM, AUS *(tramp)* Penner(in) *m(f),* Sandler(in) *m(f)* ÖSTERR; *(itinerant worker)* Wanderarbeiter(in) *m(f)*
Hobson's choice [ˌhɒbsᵊnz'-, AM 'hɑ:b-] *n* ***but it was a case of ~*** ich hatte einfach keine andere Wahl *hum*
hock¹ [hɒk, AM hɑ:k] *n esp* BRIT *(wine) weißer Rheinwein*
hock² [hɒk, AM hɑ:k] *n (animal joint)* Sprunggelenk *nt; (of a horse)* Fesselgelenk *nt;* AM *(meat)* Hachse *f,* Haxe *f* SÜDD, ÖSTERR, SCHWEIZ *a.*
hock³ [hɒk, AM hɑ:k] **I.** *n* ① *(in debt)* **to be in ~** *(fam)* Schulden haben; **to be in ~ to sb** bei jdm in der Kreide stehen [*o* Schulden haben] *fam*
② *(pawned)* **to be in ~** *(fam)* verpfändet sein
II. *vt (fam)* ■**to ~ sth** etw verpfänden
hocked [hɒkt, AM hɑ:kt] *adj* **to be ~ up to the neck** *(fam)* bis zum Hals in Schulden stecken *fam*
hock·ey ['hɒki, AM 'hɑ:ki] *n no pl* Hockey *nt*
'hock·ey stick *n* Hockeyschläger *m*
hocus-pocus [ˌhəʊkəs'pəʊkəs, AM ˌhoʊkəs'poʊ-] *n no pl* Hokuspokus *m; (evil tricks)* fauler Zauber *fam*
hod [hɒd, AM hɑ:d] *n (for bricks, mortar)* Tragmulde *f; (for coal)* Kohleneimer *m*
hodge·podge ['hɑ:dʒpɑ:dʒ] *n* AM *see* **hotchpotch**
hoe [həʊ, AM hoʊ] **I.** *n* Hacke *f*
II. *vt* ■**to ~ sth** etw hacken
III. *vi* hacken
hoe·down ['hoʊdaʊn] *n* AM ① *(dance) amerikanischer Volkstanz; (party) amerikanisches Volkstanzfest*
② *(sl: noisy fight)* Keilerei *f,* Rauferei *f; (noisy argument)* Krach *m fam;* **to have a ~** sich in die Haare kriegen
hog [hɒg, AM hɑ:g] **I.** *n* ① AM *(pig)* Schwein *nt;* BRIT *(reared for meat)* Mastschwein *nt,* SCHWEIZ *a.* Mastsau *f*
② *(pej fam: greedy person)* Gierschlund *m pej fam*
▸PHRASES: **to <u>go</u> the whole ~** ganze Sache machen
II. *vt* <-gg-> *(fam)* ■**to ~ sb/sth** [**all to oneself**] jdn/etw [ganz für sich *akk*] in Beschlag nehmen; **to ~ the bathroom** das Badezimmer mit Beschlag belegen; **to ~ the limelight** *(fig)* im Rampenlicht stehen; **to ~ the road** *(fam)* die ganze Straße [für sich *akk*] beanspruchen
hog·gish ['hɒgɪʃ, AM 'hɑ:g-] *adj (pej)* [raff]gierig
Hog·ma·nay ['hɒgməneɪ] *n* SCOT *traditionelles schottisches Neujahrsfest*
'hogs·head *n (barrel)* großes Fass; *(measurement) Maßeinheit, entspricht ca. 225 Litern*
'hog-ty·ing *n* AM Fesseln *nt* am ganzen Körper
'hog·wash *n no pl (pej fam)* Quatsch *m pej fam;* ***the film was a load of ~*** der Film war völliger Schwachsinn *pej fam*
ho-ho(-ho) [ˌhəʊ'həʊ(həʊ), AM ˌhoʊ'hoʊ(hoʊ)] *interj* ha, ha
ho-hum [ˌhəʊ'hʌm, AM ˌhoʊ'-] **I.** *interj (boredom or indifference)* tja; *(inability to prevent sth)* na ja
II. *adj attr, inv (fam)* unspektakulär
hoick [hɔɪk] *vt* BRIT *(fam)* **to ~ one's trousers up** sich *dat* die Hose hochziehen
hoi pol·loi [ˌhɔɪpə'lɔɪ] *npl (pej hum fam)* ■**the ~** das gemeine Volk
hoist [hɔɪst] **I.** *vt (raise, lift)* ■**to ~ sth** etw hochheben; ***we certainly ~ed a few last night*** AM *(fig)* wir haben gestern ganz schön gebechert *fam;* ***he ~ed her onto his shoulders*** er hievte sie auf seine Schultern *fam;* **to ~ a flag** eine Flagge hissen; **to ~ the** [*or* **one's**] **flag** *(fig)* Flagge zeigen; NAUT, MIL das Kommando übernehmen; **to be ~ed to safety** mit dem Hubschrauber in Sicherheit gebracht werden; **to ~ the sail[s]** die Segel hissen
▸PHRASES: **to be ~[ed] with** [*or* **by**] **one's own <u>petard</u>** mit den eigenen Waffen geschlagen werden
II. *n* Winde *f*
hoity-toity [ˌhɔɪti'tɔɪti, AM -t̬i'tɔɪt̬i] *adj (dated or pej fam)* eingebildet *pej;* ***she's gone all ~*** sie trägt die Nase ganz schön hoch *fam*
hokey ['hoʊki] *adj* AM *film, story* rührselig; *excuse* abgedroschen; *song, picture* kitschig; ***that's ~*** das ist Quatsch *pej fam*
ho·key-co·key [ˌhəʊki'kəʊki], AM **ho·key-po·key** [ˌhoʊki'poʊki] *n* ■**the ~** Hokey-Pokey *m (Gruppentanz im Kreis)*
ho·kum ['həʊkəm, AM 'hoʊ-] *n no pl* Quatsch *m pej fam*

hold [həʊld, AM hoʊld]

I. NOUN

① *(grasp, grip)* Halt *m kein pl;* **to catch** [*or* **grab**] [*or* **get** [**a**]] [*or* **take** [**a**]] **~ of sb/sth** jdn/etw ergreifen; ***grab ~ of my hand and I'll pull you up*** nimm meine Hand und ich ziehe dich hoch; ***I just managed to grab ~ of Lucy before she fell in the pool*** ich konnte Lucy gerade noch schnappen, bevor sie in den Pool fiel *fam;* **to keep ~ of sth** etw

festhalten; **sb loses ~ of sth** jdm entgleitet etw; **sb loses ~ of the reins** jdm gleiten die Zügel aus der Hand
2 *(fig)* **to take ~ of sth** *custom, fashion* auf etw *akk* überschwappen *fam; fire, epidemic, disease* auf etw *akk* übergreifen
3 *(esp climbing)* Halt *m kein pl;* ***it's a difficult mountain to climb as there aren't many ~s*** der Berg ist schwierig zu erklettern, weil in der Wand nicht viele Griffe sind; **to lose one's ~** den Halt verlieren
4 *(wrestling, martial arts)* Griff *m;* **no ~s barred contest** *Wettbewerb, bei dem alle Griffe erlaubt sind;* **to break free from sb's ~** sich *akk* aus jds Griff befreien; **to loosen one's ~ on sb/sth** den Griff an jdm/etw lockern; **to release one's ~ on sb/sth** jdn/etw loslassen
5 TELEC **to be on ~** in der Warteschleife sein; **to put sb on ~** jdn in die Warteschleife schalten; ***his phone is engaged, can I put you on ~?*** bei ihm ist besetzt, wollen Sie warten?
6 *(delay)* **to be on ~** auf Eis liegen *fig;* **to put sth on ~** etw auf Eis legen *fig;* ***can we put this discussion on ~ until tomorrow?*** können wir diese Diskussion auf morgen verschieben?
7 *(control, influence)* Kontrolle *f;* ***the allies maintained their ~ on the port throughout the war*** die Alliierten hielten den Hafen während des gesamten Krieges besetzt; ***get ~ of yourself!*** reiß dich zusammen! *fam;* **to lose one's ~ on life** mit dem Leben nicht mehr fertigwerden; **to lose one's ~ on reality** den Sinn für die Realität verlieren; **to have a [strong] ~ on [*or* over] sb** [starken] Einfluss auf jdn haben; ***he hasn't got any ~ over [or on] me*** er kann mir nichts anhaben
8 *(fig: everything allowed)* **no ~s barred** ohne jegliches Tabu; ***when he argues with his girlfriend there are no ~s barred*** wenn er mit seiner Freundin streitet, kennt er kein Pardon
9 *(fig: find)* **to get ~ of sb/sth** jdn/etw auftreiben *fam;* ***I'll get ~ of some crockery for the picnic*** ich besorge Geschirr für das Picknick; ***I'll get ~ of John if you phone the others*** wenn du die anderen anrufst, versuche ich, John zu erreichen; **to get ~ of information** Informationen sammeln
10 *(understand)* **to get ~ of sth** etw verstehen; **to get ~ of the wrong idea** etw falsch verstehen; ***don't get ~ of the wrong idea*** versteh mich nicht falsch; ***the student already has a good ~ of the subject*** der Student weiß bereits recht gut über das Thema Bescheid
11 FASHION *of hairspray, mousse* Halt *m kein pl;* **normal/strong/extra strong ~** normaler/starker/extrastarker Halt
12 NAUT, AVIAT Frachtraum *m*
13 COMPUT Halteimpuls *m*

II. TRANSITIVE VERB

<held, held> 1 *(grasp, grip)* ■ **to ~ sb/sth [tight [*or* tightly]]** jdn/etw [fest]halten; **to ~ sb in one's arms** jdn in den Armen halten; **to ~ the door open for sb** jdm die Tür aufhalten; **to ~ a gun** eine Waffe [in der Hand] halten; **to ~ hands** Händchen halten *fam;* **to ~ sb's hand** jds Hand halten; **to ~ sth in one's hand** etw in der Hand halten; **to ~ one's nose** sich *dat* die Nase zuhalten; **to ~ sth in place** etw halten; AUTO **to ~ the road** eine gute Straßenlage haben; ***the latest model ~s the road well when cornering*** das neueste Modell weist in den Kurven gutes Fahrverhalten auf; **to ~ one's sides with laughter** sich *dat* die Seiten vor Lachen halten, sich *akk* vor Lachen krümmen
2 *(carry)* ■ **to ~ sb/sth** jdn/etw [aus]halten [*o* tragen]; ***will the rope ~ my weight?*** wird das Seil mein Gewicht aushalten?
3 *(maintain)* **to ~ one's head high** *(fig)* erhobenen Hauptes dastehen; **to ~ one's peace** *(fig)* den Mund halten *fam;* **to ~ oneself badly** sich *akk* gehenlassen *fam;* **to ~ oneself in readiness** sich *akk* bereithalten; **to ~ oneself upright** sich *akk* gerade halten; **to ~ oneself well** sich *akk* gut halten

4 *(retain, restrain)* **to ~ sb's attention [*or* interest]** jdn fesseln; **to ~ sb [in custody]/hostage/prisoner** jdn in Haft/als Geisel/gefangen halten; **to be able to ~ one's drink [*or* AM *also* liquor]** Alkohol vertragen; **to ~ [on to] the lead** in Führung bleiben; **to ~ sb to ransom** jdn bis zur Zahlung eines Lösegelds gefangen halten
5 *(keep)* **to ~ one's course** seinen Kurs [beibe]halten *a. fig;* **to ~ course for sth** NAUT, AVIAT auf etw *akk* Kurs nehmen; **to ~ a note** einen Ton halten; **to ~ the prices at an acceptable level** die Preise auf einem vernünftigen Niveau halten; **to ~ one's serve** SPORT den Aufschlag halten; **sth is ~ing its value** *pictures, antiques* etw behält seinen Wert; **to ~ sb to his/her word** jdn beim Wort nehmen
6 *(delay, stop)* ■ **to ~ sth** etw zurückhalten; ***we'll ~ lunch until you get here*** wir warten mit dem Essen, bis du hier bist; ***will you ~ my calls for the next half hour, please?*** können Sie bitte die nächste halbe Stunde niemanden durchstellen?; ***she's on the phone at the moment, will you ~ the line?*** sie spricht gerade, möchten Sie warten [*o fam* dranbleiben]?; ***we'll ~ the front page until we have all the details*** wir halten die erste Seite frei, bis wir alle Einzelheiten haben; ***~ everything!*** *(when sth occurs to sb)* stopp!, warte!; *(when sceptical)* Moment mal *fam;* ***~ it [right there]!*** stopp!; ***ok, ~ it!*** PHOT gut, bleib so!; **to ~ sth in abeyance** etw ruhenlassen; **to ~ one's breath** die Luft anhalten; ***he said he'd finish the report by tomorrow but I'm not ~ing my breath*** *(fig)* er sagte, er würde den Bericht bis morgen fertig machen, aber ich verlasse mich lieber nicht darauf; **to ~ one's fire** MIL das Feuer einstellen, nicht gleich sein ganzes Pulver verschießen *fig fam;* ***~ your fire!*** nicht schießen!; *(fig)* ***stop shouting at me and ~ your fire!*** hör auf mich anzubrüllen und reg dich ab! *fam;* **to ~ confiscated goods/a parcel** konfiszierte Waren/ein Paket einbehalten
7 *(have room for)* ■ **to ~ sth** *bottle, glass, box* etw fassen; COMPUT etw speichern; ***one bag won't ~ all of the shopping*** der Einkauf passt nicht in eine Tüte; ***this room ~s 40 people*** dieser Raum bietet 40 Personen Platz; ***the CD rack ~s 100 CDs*** in den CD-Ständer passen 100 CDs; ***my brain can't ~ so much information at one time*** ich kann mir nicht so viel auf einmal merken; ***this hard disk ~s 13 gigabytes*** diese Festplatte hat ein Speichervolumen von 13 Gigabyte
8 *(involve)* ■ **to ~ sth for sth** für jdn mit etw *dat* verbunden sein; ***fire seems to ~ a fascination for most people*** Feuer scheint auf die meisten Menschen eine Faszination auszuüben; ***death ~s no fear for her*** der Tod macht ihr keine Angst; **sth ~s many disappointments/surprises** etw hält viele Enttäuschungen/Überraschungen bereit
9 *(possess)* **to ~ land** Land besitzen
10 *(believe)* ■ **to ~ that ...** der Meinung sein, dass ...

◆ **hold against** *vt* ■ **to ~ sth against sb** jdm etw vorwerfen [*o* übelnehmen] [*o* verübeln]

◆ **hold back I.** *vt* 1 *(keep back)* ■ **to ~ sb ↻ back** jdn zurückhalten [*o* aufhalten]; ***nothing can ~ her back now*** jetzt ist sie nicht mehr aufzuhalten; ***she was tempted to tell him the truth, but something held her back*** sie wollte ihm die Wahrheit sagen, aber dann hielt sie doch etwas davon ab; ■ **to ~ sth ↻ back** *emotions* etw unterdrücken [*o* verbergen]; **to ~ back tears** Tränen unterdrücken [*o* zurückhalten]; **to ~ sb back from doing sth** jdn daran hindern, etw zu tun
2 *(withhold)* ■ **to ~ back ↻ sth** etw verheimlichen, etw verbergen; **to ~ back ↻ information** Informationen geheim halten
3 *(prevent from making progress)* ■ **to ~ back ↻ sb** jdn daran hindern, voranzukommen
II. *vi* 1 *(be unforthcoming)* nicht sehr mitteilsam sein; ***she held back from telling the truth*** sie rückte mit der Wahrheit nicht heraus
2 *(refrain)* **to ~ back from doing sth** etw unterlassen; ***I held back from telling her just what I thought*** ich unterließ es, ihr meine Meinung zu sagen

◆ **hold down** *vt* 1 *(keep in place)* ■ **to ~ down ↻ sb/sth** jdn/etw festhalten; *(keep near the ground)* etw niederhalten
2 *(keep low)* ■ **to ~ down ↻ sth** *levels, prices* etw niedrig halten
3 *(stay in work)* **to ~ down a job** sich in einer Stellung halten
4 *(control, suppress)* ■ **to ~ down ↻ sb/sth** jdn/etw unterdrücken
5 *(be quiet)* **to ~ down ↻ the noise** leise[r] sein, nicht so viel Lärm machen; ***hey, ~ it down over there!*** *(fam)* hey, Ruhe da drüben! *fam*

◆ **hold forth** *vi* ■ **to ~ forth [about sth]** sich *akk* [über etw *akk*] auslassen, ein Monolog [über etw *akk*] halten

◆ **hold in** *vt* ■ **to ~ sth ↻ in** *emotion* etw zurückhalten; **to ~ in one's fear** seine Angst unterdrücken; **to ~ one's stomach in** seinen Bauch einziehen

◆ **hold off I.** *vt* 1 *(delay)* ■ **to ~ off sth** mit etw warten; ***she held off serving dinner until he arrived*** sie wartete damit, das Essen zu servieren, bis er kam
2 *(resist)* ■ **to ~ off ↻ sb/sth** *attack, challenge* jdn/etw abwehren; **to ~ off inflation** die Inflation eindämpfen [*o* bekämpfen]; ***I don't think I can ~ him off much longer*** ich glaube, ich kann ihn nicht viel länger hinhalten
II. *vi rain, snow* ausbleiben; ***I hope the rain ~s off until tomorrow*** hoffentlich regnet es erst morgen

◆ **hold on** *vi* 1 *(hold tightly)* sich *akk* festhalten; ■ **to be held on by/with sth** mit etw *dat* befestigt sein; ***~ on tight - it'll be a bumpy ride!*** halt dich gut fest - es wird ziemlich holprig!; **to ~ on for dear life** sich *akk* gut festhalten, sich *akk* festklammern
2 *(wait)* warten; ***just ~ on a second, I'll be right there*** [einen] Augenblick [*o* Moment], ich bin gleich da; ***I can't ~ on much longer, the taxi's waiting*** ich kann nicht länger warten, das Taxi ist schon da; ***now just ~ on, that money is mine!*** Moment mal, das Geld gehört mir!
3 *(endure)* durchhalten, aushalten; *(manage to exist)* sich *akk* halten
4 *(barely survive)* ***he's just barely ~ing on*** er ringt um sein Leben

◆ **hold on to** *vt* 1 *(hold tightly)* ■ **to ~ on to sb/sth** jdn/etw festhalten, sich *akk* an jdn/etw *akk* festhalten; ***they held on to each other*** sie klammerten sich aneinander, sie hielten sich aneinander fest; ***~ on to this for a second, please*** halt das mal bitte kurz fest
2 *(keep)* ■ **to ~ on to sth** etw behalten [*o* aufheben] [*o* aufbewahren]; *staff* etw halten; ■ **to ~ on to sth for sb** etw für jdn aufbewahren
3 *(retain)* ■ **to ~ on to sth** *belief, hope* etw behalten, etw nicht aufgeben

◆ **hold out I.** *vi* 1 *(last) supplies* reichen
2 *(manage to resist)* durchhalten; *(refuse to yield)* nicht nachgeben; **to ~ out against sb/sth** sich gegen jdn/etw behaupten; **to be unable to ~ out** sich *akk* nicht behaupten können
II. *vt* 1 *(stretch out)* ■ **to ~ out ↻ sth** etw ausstrecken [*o* vorstrecken]; ■ **to ~ out ↻ sth to sb** jdm etw hinhalten; **to ~ out ↻ one's hand** die Hand ausstrecken; ***~ out your hand, I've got sth for you*** halt die Hand auf [*o* gib mir deine Hand], ich habe etwas für dich
2 *(offer)* ■ **to ~ out sth** etw bieten; ***the president's speech held out the possibility of an independent state for Palestinians*** der Präsident deutete in seiner Rede darauf hin, dass ein autonomer Palästinenser-Staat möglich sei; ***the drug ~s out new hope to cancer sufferers*** das Medikament bietet Krebserkrankte neue Hoffnung; ***I'm not ~ing out any hope of seeing my wallet again*** ich mache mir keine Hoffnungen, meinen Geldbeutel je wiederzusehen
3 *(pretend to be)* ■ **to ~ out oneself as sth** sich *akk* als etw *akk* ausgeben
▶ PHRASES: **to ~ out the hat** BRIT die Hand aufhalten,

betteln
◆**hold out for** *vt* ■**to ~ out for sth** auf etw *dat* bestehen
◆**hold out on** *vt* **to ~ out on sb** jdm etw verheimlichen [*o* vorenthalten]
◆**hold over** *vt* ① *(postpone)* ■**to ~ sth ⊂ over** etw vertagen, etw aufschieben
② *(allow to occupy property)* ■**to ~ sb ⊂ over** die Pachtsache [*o* Mietsache] von jdm nicht zurückverlangen
③ *(extend)* ■**to ~ sth ⊂ over** *film* etw verlängern
④ *(threaten)* ■**to ~ sth over sb** jdn etw nicht vergessen lassen
◆**hold to** *vt* LAW ■**to ~ to sth** an etw *akk* festhalten
◆**hold together I.** *vt* ■**to ~ together ⊂ sb/sth** *alliance, marriage* jdn/etw zusammenhalten
II. *vi* ① *(not fall apart)* zusammenhalten
② *(be logical or good) argument, theory* schlüssig sein
◆**hold up I.** *vi* ① *(remain strong)* aushalten, durchhalten; *weather* gut bleiben, sich halten; *belief* standhalten; ***how is she ~ing up under all the pressure?*** wie hält sie unter all dem Druck durch?; ***sales held up well last quarter*** die Verkaufszahlen hielten sich im letzten Quartal; ***the Labour vote held up despite fierce opposition*** Labour konnte sich trotz starker Opposition behaupten [*o* durchsetzen]
② *(not break down)* ***I'm keen to see how the new system ~s up*** ich bin gespannt, wie es das neue System schaffen wird [*o* wie das neue System zurecht kommt]
③ *(be valid) theory* sich halten lassen; *findings* sich bewahrheiten; ***will this evidence ~ up in court?*** werden diese Beweise vor Gericht standhalten können?
④ *(continue)* anhalten, fortbestehen
II. *vt* ① *(raise)* ■**to ~ up ⊂ sth** etw hochhalten; **to ~ up ⊂ one's hand** die Hand heben; **to ~ one's head up high** *(fig)* den Kopf hochhalten; ■**to be held up by [means of]/with sth** von etw *dat* gestützt werden
② *(delay)* ■**to ~ up sb/sth** jdn/etw aufhalten; ***we were held up in a traffic jam for three hours*** wir saßen drei Stunden im Stau fest; ***the letter was held up in the post*** der Brief war bei der Post liegen geblieben; ***protesters held up work on the new tracks for weeks*** Demonstranten verzögerten die Schienenbauarbeiten um Wochen
③ *(rob with violence)* ■**to ~ up sb/sth** jdn/etw überfallen; **to be held up at gunpoint** mit Waffengewalt überfallen [*o* bedroht] werden
④ *(support)* ■**to ~ up ⊂ sth** etw festhalten
◆**hold up as** *vt* **to ~ sb up as an example of sth** jdn als Beispiel für etw *akk* hinstellen; **to ~ sb up to public ridicule** jdn in der Öffentlichkeit lächerlich machen
◆**hold with** *vt* ■**to not ~ with sth** von etw nichts halten, etw *dat* nicht zustimmen

'hold·all *n* BRIT Reisetasche *f*
'hold·back *n (for curtains)* Raffarm *m*
hold·er ['həʊldəʳ, AM 'hoʊldɚ] *n* ① *(device)* Halter *m;* **cigarette ~** Zigarettenspitze *f;* **napkin ~** Serviettenhalter *m;* **on a ~** auf einem Halter
② *(person)* Besitzer(in) *m(f);* ***to be able to fish here you must be a permit-~*** um hier angeln zu dürfen, brauchen Sie einen Angelschein; **account ~** Kontoinhaber(in) *m(f);* **office-~** Amtsleiter(in) *m(f);* **passport ~** Passinhaber(in) *m(f);* **record ~** Rekordhalter(in) *m(f);* **~ of a bill** FIN Wechselinhaber(in) *m(f);* **~ of a pledge** FIN Pfandhalter(in) *m(f);* **~ of shares** Aktionär(in) *m(f)*
hold·ing ['həʊldɪŋ, AM 'hoʊld-] *n* ① *(tenure)* Pachtbesitz *m*
② *usu pl (stocks)* ■**~s** *pl* Anteile *pl;* ***they've got a 30% ~ in our company*** sie sind mit 30 % an unserer Firma beteiligt; **~s portfolio** Beteiligungsportefeuille *nt,* Beteiligungsportfolio *nt*
'hold·ing ac·count *n* FIN Beteiligungskonto *nt*
'hold·ing com·pa·ny *n* Dachgesellschaft *f,* Kapitalbeteiligungsgesellschaft *f,* Holding *f* **'hold·ing cor·po·ra·tion** *n* ADMIN Dachgesellschaft *f* **'hold·ing ground** *n* NAUT Ankergrund *m* **'hold·ing op·era·tion** *n* Stabilisierungsstrategie *f* **'hold·ing pat·tern** *n* AVIAT Warteschleife *f* **'hold·ing trust** *n* FIN Treuhänder(in) *m(f)*
'hold·out *n esp* AM Verweigerer *m* **'hold·over** *n* ① AM *(relic)* Überbleibsel *nt* (**from** von *+dat*)
② *(temporary) jd, der über das Ende seiner Amtsperiode hinaus im Amt bleibt* ③ AM LAW Inbesitzhalten *nt* [einer Pachtsache/Mietsache nach Vertragsablauf] **'hold-up** *n* ① *(crime)* Raubüberfall *m*
② *(delay)* Verzögerung *f* ③ COMPUT Aufrechterhaltung *f* der Spannung durch eine USV **'hold-ups** *npl* Hold-ups *pl,* halterlose Strümpfe *pl*
hole [həʊl, AM hoʊl] **I.** *n* ① *(hollow)* Loch *nt;* **to dig a ~** ein Loch graben
② *(gap)* Loch *nt;* **to need sth like one needs a ~ in the head** etw ist für jemanden so überflüssig wie ein Kropf *fam;* **to cut ~s in sth** Löcher in etw *akk* schneiden; **to make a ~ through a wall** ein Loch in eine Wand brechen
③ *(in golf)* Loch *nt;* **an 18-~ course** ein Golfplatz *m* mit 18 Löchern; **~-in-one** Hole in One *nt*
④ *(den) of mouse* Loch *nt; of fox, rabbit* Bau *m*
⑤ *(fam: place)* Loch *nt fam;* ***what a ~ that place was!*** war das vielleicht ein übles Loch!
⑥ *(fault)* Schwachstelle *f;* ***the new proposal has several ~s in it*** der neue Vorschlag weist einige Mängel auf; **to pick ~s [in sth]** [etw] kritisieren; ***be careful, some people will try to pick ~s in everything you say*** pass auf, einige Leute werden versuchen, alles, was du sagst, auseinanderzunehmen; ***stop picking ~s all the time*** hör auf, ständig das Haar in der Suppe zu suchen
⑦ *(fam: difficulty)* **to be in a [bit of a] ~** [ganz schön] in Schwierigkeiten stecken; **to get sb out of a ~** jdm aus der Patsche [*o* Klemme] helfen
⑧ *no pl (sl: jail)* **to be in the ~** eingelocht sein *fam;* ***he was in the ~ for six weeks*** er war sechs Wochen im Bau
⑨ COMPUT *(old: gap)* Loch *nt*
⑩ COMPUT *(method)* Defektelektron *nt*
▶PHRASES: **the black ~ of Calcutta** die reinste Hölle; **to blow a ~ in sth** etw über den Haufen werfen; **to have a ~** [*or* AM *also* **~s**] **in one's head** total bescheuert sein *fam;* **to be [half a million dollars] in the ~** AM *(fam)* [mit einer halben Million Dollar] in den Miesen sein BRD *fam;* **to make a ~ in sb's savings** ein Loch in jds Ersparnisse reißen; **money burns ~s** [*or* **a ~**] **in sb's pocket** jd wirft das Geld mit beiden Händen zum Fenster raus; **to be a round peg in a square ~** wie die Faust aufs Auge passen
II. *vt* ① MIL *(damage)* ■**to ~ sth** Löcher in etw *akk* reißen
② *(in golf)* **to ~ a ball** einen Ball einlochen
III. *vi (in golf)* **to ~ in one** einlochen
◆**hole out** *vi (in golf)* einlochen
◆**hole up** *vi (fam)* ■**to ~ up somewhere** sich *akk* irgendwo verkriechen *fam*
hole-in-the-'wall *n* ① AM *(place)* fertiger Laden *fam*
② BRIT *(fam: machine)* Geldautomat *m* **'hole punch, 'hole punch·er** *n* Locher *m*
holey ['həʊli, AM 'hoʊli] *adj* löchrig
holi·day ['hɒlədeɪ, AM 'hɑ:l-] **I.** *n* ① BRIT, AUS *(vacation)* Urlaub *m,* Ferien *pl;* **to go on an adventure/a sailing/a skiing ~** Abenteuer-/Segel-/Skiurlaub machen; **to be entitled to a certain amount of ~** einen gewissen Urlaubsanspruch haben; **to take three weeks' ~** drei Wochen Urlaub nehmen; **to be [away] on ~** Urlaub haben, in Urlaub [*o* SCHWEIZ *bes* in den Ferien] sein; **to go for a ~** in Urlaub fahren
② *(work-free day)* Feiertag *m;* **high days and ~s** BRIT Festtage und Feiertage; **a public ~** ein Feiertag *m*
▶PHRASES: **to have a busman's ~** BRIT im Urlaub weiterarbeiten
II. *vi* BRIT, AUS Urlaub [*o* SCHWEIZ Ferien] machen; **to ~ in Spain** Urlaub in Spanien machen
'holi·day ad·dress *n* BRIT, AUS ① *(temporary)* Urlaubsadresse *f,* Ferienadresse *f* SCHWEIZ ② *(for information)* Urlaubsinformationsadresse *f* **'holi·day camp** *n* BRIT, AUS Ferienlager *nt* **'holi·day course** *n* BRIT, AUS Ferienkurs *m;* **~ in English** Englisch-Ferienkurs *m* **holi·day des·ti·'na·tion** *n* BRIT, AUS Reiseziel *nt,* Ferienziel *nt;* **to arrive at** [*or* **reach**] **one's ~** sein Ferienziel erreichen **holi·day en·'ti·tle·ment** *n* BRIT, AUS Urlaubsanspruch *m,* Ferienanspruch *m* SCHWEIZ; **to have a ~ of thirty working days a year** einen Urlaubsanspruch von dreißig Werktagen im Jahr haben **'holi·day flat** *n* BRIT, AUS Ferienwohnung *f;* **to take** [*or* **rent**] **a ~** eine Ferienwohnung mieten **'holi·day house** *n* BRIT, AUS Ferienhaus *nt;* **to take** [*or* **rent**] **a ~** ein Ferienhaus mieten **'holi·day·mak·er** *n* BRIT, AUS Urlauber(in) *m(f)* **holi·day 'mood** *n* ① BRIT Urlaubsstimmung *f,* Ferienstimmung *f* SCHWEIZ; **to be in [a] ~** in Urlaubsstimmung sein ② AM Weihnachtsstimmung *f* **'holi·day pack·age** *n* BRIT, AUS Pauschalpaket *nt;* **to book a ~** eine Pauschalreise buchen **'holi·day re·sort** *n* BRIT, AUS Urlaubsort *m,* Ferienort *m* SCHWEIZ
holi·days ['hɒlədeɪz, AM 'hɑ:l-] *npl* ① BRIT, AUS Ferien *pl,* Urlaub *m;* **school ~** Schulferien *pl;* **to be on one's ~** im [*o* ÖSTERR auf] Urlaub [*o* SCHWEIZ in den Ferien] sein
② AM Weihnachtszeit *f kein pl*
'holi·day sea·son *n* ① BRIT, AUS *(in August)* Urlaubszeit *f,* Ferienzeit *f* SCHWEIZ; **during the ~** während der Urlaubszeit ② AM *(Christmas-time)* Weihnachtszeit *f* **'holi·day snaps** *npl* BRIT, AUS Urlaubsfotos *pl,* Ferienfotos *pl* SCHWEIZ
holier-than-thou [ˌhəʊliəðəⁿ'ðaʊ, AM ˌhoʊliɚ-] *adj (pej) attitude* selbstgerecht *pej; person* selbstgefällig
holi·ness ['həʊlɪnəs, AM 'hoʊl-] *n no pl* ① *(sanctity)* Heiligkeit *f*
② *(piety)* Frömmigkeit *f;* **to lead a life of ~** ein frommes Leben führen
③ *(title)* **His/Your H~** Seine/Eure Heiligkeit
ho·lism ['həʊlɪzəm, AM 'hoʊl-] *n no pl* PHILOS Holismus *m*
ho·lis·tic [hə(ʊ)'lɪstɪk, AM hoʊl'ɪs-] *adj inv* holistisch; **to be ~** ganzheitlich ausgerichtet sein; **~ approach** ganzheitlicher Ansatz
ho·lis·ti·cal·ly [hə(ʊ)'lɪstɪkəli, AM hoʊl'ɪs-] *adv inv* holistisch
ho·lis·tic 'medi·cine *n no pl* ganzheitliche Medizin
ho·lis·tic 'thera·py *n* ganzheitliche Therapie
Hol·land ['hɒlənd, AM 'hɑ:l-] *n no pl* ① *(fam: Netherlands)* Holland *nt*
② *(Dutch province)* Holland *nt*
hol·ler[1] ['hɒləʳ, AM 'hɑ:lɚ] **I.** *vi esp* AM *(fam)* ① *(scream)* schreien
② *(call)* brüllen; ***Ma's been ~ing for you!*** Mama hat nach dir gerufen!
II. *vt esp* AM *(fam)* ■**to ~ sth** etw brüllen
III. *n esp* AM *(fam)* Schrei *m;* **to let out a ~** einen Schrei ausstoßen
hol·ler[2] ['hɑ:lɚ] *n* AM Tal *nt*
hol·low ['hɒləʊ, AM 'hɑ:loʊ] **I.** *adj* ① *(empty)* hohl
② *(sunken)* hohl; **~ cheeks** eingefallene Wangen
③ *(sound)* hohl, dumpf
④ *(pej: false)* wertlos; ***there's a rather ~ ring to her profession of complete contentment*** ihre Behauptung, sie sei vollkommen zufrieden, kommt nicht sehr überzeugend rüber *fam;* **~ laughter** ungläubiges Gelächter; **~ promise** leeres Versprechen
⑤ *(pej: insignificant)* unbedeutend; **~ victory** schaler Sieg
▶PHRASES: **to beat sb ~** jdn haushoch schlagen; **to have ~ legs** BRIT *(hum)* wie ein Scheunendrescher fressen *sl*
II. *n* ① *(hole)* Senke *f,* SCHWEIZ *a.* Grube *f*
② AM *(valley)* Tal *nt*
▶PHRASES: **to have sb in the ~ of one's hand** jdn [fest] in der Hand haben
III. *adv* ① *(empty)* hohl; **to feel ~ [inside]** sich [*o* hohl] leer *akk* fühlen
② *(hungry)* **to feel ~ inside** ein Loch im Bauch haben *fam*

H

❸ *(sound)* **to sound ~** hohl klingen
IV. *vt* ■**to ~ sth** etw aushöhlen
◆**hollow out** *vt* ■**to ~ out** ↻ **sth** etw aushöhlen
hol·low-'cheeked *adj* hohlwangig **hol·low-'eyed** *adj* hohläugig
hol·low·ly ['hɒləʊli, AM 'hɑ:loʊ-] *adv* ❶ *(dully)* dumpf ❷ *(falsely)* falsch; **to laugh ~** gekünstelt lachen
hol·low·ness ['hɒləʊnəs, AM 'hɑ:loʊ-] *n no pl* ❶ *(emptiness)* Hohlheit *f*; ***the ~ of the tree affords a home to a number of small animals and insects*** der ausgehöhlte Baum bietet einer Reihe kleiner Tiere und Insekten eine Heimat ❷ *(falseness)* Falschheit *f*; ***the ~ of his promises convinces nobody anymore*** seine leeren Versprechungen überzeugen niemanden mehr ❸ *(insignificance)* Bedeutungslosigkeit *f*
hol·ly ['hɒli, AM 'hɑ:li] *n* Stechpalme *f*, Ilex *f o m*
hol·ly·hock ['hɒlihɒk, AM 'hɑ:lihɑ:k] *n* BOT Malve *f*
Holly·wood·ize ['hɒliwʊdaɪz, AM 'hɑ:li-] *vt* ■**to ~ sth** einer Sache Hollywood-Glamour verleihen
hol·mium ['həʊlmiəm, AM 'hoʊl-] *n no pl* CHEM Holmium *nt*
holm oak ['həʊm,-, AM 'hoʊ(l)m,-] *n* Steineiche *f*
holo·caust ['hɒləkɔ:st, AM 'hɑ:ləkɑ:st] *n* ❶ *(destruction)* Inferno *nt*; **nuclear ~** nuklearer Holocaust ❷ *(genocide)* Massenvernichtung *f*; ■**the H~** der Holocaust; **H~ survivor/victim** Überlebende(r) *f(m)*/Opfer *nt* des Holocaust[s]; **H~ suit** LAW Holocaust-Klage *f*
holo·gram ['hɒləgræm, AM 'hɑ:l-] *n* Hologramm *nt*
holo·graph ['hɒləgrɑ:f, AM 'hɑ:ləgræf] *n* Holografie *f*
holo·graph·ic [,hɒlə'græfɪk, AM ,hɑ:l-] *adj inv* holografisch; **~ picture** holografisches Bild
holo·graph·ic 'im·age *n* COMPUT Hologramm *nt*
holo·graph·ic 'will *n* AM LAW eigenhändiges [*o* holografisches] Testament
ho·log·ra·phy [hɒl'ɒgrəfi, AM hoʊ'lɑ:g-] *n no pl* Holografie *f*
hols [hɒlz] *n pl* BRIT *(fam) short for* **holidays** Ferien *pl*, Urlaub *m*
Hol·stein ['hoʊlstaɪn] *n* AM *(Friesian)* Holsteiner *m*
hol·ster ['həʊlstəʳ, AM 'hoʊlstɚ] *n* [Pistolen]halfter *nt o f*; **shoulder ~** Schulterhalfter *nt*
holy ['həʊli, AM 'hoʊli] *adj* ❶ *(sacred)* heilig; **~ scriptures** heilige Schriften ❷ *(devout)* gottesfürchtig ❸ *(fig fam: great)* **to have a ~ fear of sth** furchtbare Angst vor etw *dat* haben; **to be a ~ terror** ein furchtbarer Plagegeist sein
▸PHRASES: **~ cow** [*or* **mackerel**] [*or* **smoke**] [*or fam!* **shit**]! du heilige Scheiße! *derb*, du liebe Scheiße! ÖSTERR *derb*; **to swear by all that is ~ that ...** bei allem schwören, was einem heilig ist, dass ...
Holy 'Bi·ble *n* ■**the ~** die Bibel **Holy Com·'mun·ion** *n* ❶ *(service)* heilige Kommunion ❷ *(bread and wine)* heiliges Abendmahl **Holy 'Fa·ther** *n* ■**the ~** der Heilige Vater **Holy 'Ghost** *n* ■**the ~** der Heilige Geist **Holy 'Grail** *n* ❶ *(bowl)* ■**the ~** der Heilige Gral ❷ *(aim)* ■**the ~ of sb/sth** das ehrgeizigste Ziel einer Person/S. *gen* **holy of 'holies** *n* ❶ *(sanctum)* ■**the ~** das Allerheiligste ❷ *(hum: special place)* Heiligtum *nt* **holy 'or·ders** *npl* ❶ *(rites) of Catholic church* Priesterweihe *f*; *of Protestant church* Amtseinsetzung *f*, Ordination *f* SCHWEIZ; **to take ~** *(in Protestant church)* ins geistliche Amt eingesetzt werden; *(in Catholic church)* zum Priester geweiht werden ❷ *(ranks)* ■**the ~** der geistliche Stand; **to be in ~** dem geistlichen Stand angehören
holy 'roll·er *n* AM *(pej fam)* fanatische(r) Gläubige(r) *f(m) pej*
Holy 'Scrip·ture *n* ■**the ~** die Heilige Schrift **Holy 'See** *n* ■**the ~** der Heilige Stuhl **Holy 'Spir·it** *n* ■**the ~** der Heilige Geist **Holy 'Trini·ty** *n* ■**the ~** die Dreieinigkeit **holy 'war** *n* heiliger Krieg **holy 'war·ri·or** *n* Gotteskrieger *m* **holy 'wa·ter** *n* Weihwasser *nt* **'Holy Week** *n* Karwoche *f*, Passionswoche *f* **Holy 'Writ** *n* ■**the ~** die Heilige Schrift
hom·age ['hɒmɪdʒ, AM 'hɑ:m-] *n no pl* Huldigung *f* (**to** für +*akk*); ***many people came in ~ to the place where ...*** viele Menschen kamen voller Ehrerbietung an den Ort, wo ...; **to pay ~ [to sb]** [jdm] seine Ehrerbietung erweisen *veraltet*; ***on this occasion we pay ~ to him for his achievements*** bei dieser Gelegenheit ehren wir ihn für seine Verdienste
hom·burg ['hɒmbɜ:g, AM 'hɑ:mbɜ:rg] *n* Homburg *m*
home [həʊm, AM hoʊm] **I.** *n* ❶ *(abode)* Zuhause *nt*; ***haven't you got a ~ to go to?*** *(iron)* hast du [denn] kein Zuhause? *iron*; **away from ~** auswärts; **to be away from ~** von zu Hause weg sein; **to come straight from ~** direkt von zu Hause kommen; **to be a ~ from** [*or* AM, AUS **away from**] **~** ein zweites Zuhause sein; **to be ~ to sb/sth:** ***the city is ~ to about 700 refugees*** in der Stadt wohnen ca. 700 Flüchtlinge; ***the museum is ~ to a large collection of manuscripts*** das Museum besitzt eine große Manuskriptensammlung; **to be not at ~ to sb** für jdn nicht zu sprechen sein; **to give sb/an animal a ~** jdm/einem Tier ein Zuhause geben; **to leave ~** ausziehen; *child* das Elternhaus verlassen, von zu Hause ausziehen; **to make a country/town one's ~** sich in einer Stadt/einem Land niederlassen; **to make oneself at ~** es sich *dat* gemütlich machen; **to set up ~** sich *akk* häuslich niederlassen; **to work from ~** zu Hause [*o* von zu Hause aus] arbeiten; **at ~, in one's [own] ~, in the ~** zu Hause, zuhause ÖSTERR, SCHWEIZ ❷ *(house)* Haus *nt*; *(flat)* Wohnung *f*; **luxury ~** Luxusheim *nt*; **starter ~** erstes eigenes Heim; **to move ~** umziehen ❸ *(family)* Zuhause *nt kein pl*; **to come from a broken ~** aus zerrütteten Familienverhältnissen stammen, aus einem kaputten Zuhause kommen *fam*; **to come from a good ~** aus gutem Hause kommen *geh*; **happy ~** glückliches Zuhause ❹ *(institute)* Heim *nt*; **old people's ~** Altersheim *nt* ❺ *(place of origin)* Heimat *f*; *(of people also)* Zuhause *nt kein pl*; ***England feels like ~ to me now*** ich fühle mich inzwischen in England zu Hause; **at ~** in der Heimat, zu Hause; **at ~ and abroad** im In- und Ausland ❻ SPORT *(home ground)* **to loose/win away from ~** auswärts verlieren/gewinnen; **to play at ~** zu Hause spielen ❼ *(finish)* Ziel *nt* ❽ *(win)* Heimsieg *m* ❾ *no pl* COMPUT *(for the cursor)* Ausgangsstellung *f*; *(on the key)* **"~"** „Pos. 1"
▸PHRASES: **who's he/she when he's/she's at ~?** *(fam)* wer, bitteschön, ist er/sie [denn] überhaupt?; **charity begins at ~** *(prov)* man muss zuerst an die eigene Familie denken; **to be close** [*or* **near**] **to ~** ***that remark was close to ~*** das hat richtig gesessen *fam*; **to eat sb out of house and ~** *(fam)* jdm die Haare vom Kopf fressen *fam*; **an Englishman's ~ is his castle** *(prov) dem Engländer bedeutet sein Zuhause sehr viel*; **to be** [*or* **feel**] **at ~ with sb** sich *akk* bei jdm wohl fühlen; **~ is where the heart is** *(prov)* Zuhause ist, wo das Herz zu Hause ist; **there's no place like ~** *(prov)* daheim ist's doch am schönsten; **~ sweet ~** *(saying)* trautes Heim, Glück allein
II. *adv inv* ❶ *(at one's abode)* zu Hause, zuhause ÖSTERR, SCHWEIZ, daheim *bes* SÜDD, ÖSTERR, SCHWEIZ; *(to one's abode)* nach Hause, nachhause ÖSTERR, SCHWEIZ; ***are you ~ this afternoon?*** bist du heute Nachmittag zu Hause?; ***hello! I'm ~!*** hallo! ich bin wieder da!; **on my way ~** auf dem Nachhauseweg; **to come/go ~** nach Hause kommen/gehen ❷ *(to one's origin)* **to go/return ~** in seine Heimat zurückgehen/zurückkehren; **to send sb ~** jdn zurück in die [*o* seine] Heimat schicken ❸ *(to sb's understanding)* ***the danger really came ~ to me when I ...*** die Gefahr wurde mir erst richtig bewusst, als ich ...; **to bring sth ~ [to sb]** [jdm] etw klarmachen; **to drive** [*or* **hammer**] [*or* **ram**] **it ~ that ...** unmissverständlich klarmachen, dass ...; ***she really drove ~ the message that we need to economize*** sie machte uns unmissverständlich klar, dass wir sparen müssen; **sth hit** [*or* **went**] **~** etw hat gesessen *fam*; ***her remarks really hit ~*** ihre Bemerkungen haben echt gesessen! *fam*; **to push** [*or* **press**] **~** ↻ **sth** etw *dat* [besonderen] Nachdruck verleihen ❹ *(to a larger extent)* ***she pressed ~ her attack on his bishop*** sie verstärkte den Angriff auf seinen Läufer; **to push ~ an advantage** [*or* **an advantage ~**] einen Vorteil ausnutzen ❺ *(to its final position)* ***to push the bolt ~*** den Türriegel vorschieben; **to hit** [*or* **strike**] **~** *missile* das Ziel treffen; **to press/screw sth ~** etw gut festdrücken/festschrauben ❻ SPORT *(finish)* **to get ~** das Ziel erreichen
▸PHRASES: **to bring ~ the bacon** *(fam)* die Brötchen verdienen *fam*; **until** [*or* **till**] **the cows come ~** *(fam)* bis in alle Ewigkeit; ***I could drink this wine till the cows come ~*** diesen Wein könnte ich endlos weitertrinken *fam*; **to be ~ and dry** [*or* AUS **hosed**], AM **to be ~ free** seine Schäfchen ins Trockene gebracht haben *fig fam*; **it's nothing to write ~ about** es ist nicht gerade umwerfend [*o* haut einen nicht gerade vom Hocker] *fam*; **~, James[, and don't spare the horses]!** *(dated or hum)* so schnell wie nur möglich nach Hause!
III. *vi* *(fam)* ❶ *(find its aim)* [selbstständig] sein Ziel finden; *(move)* sein Ziel ansteuern; ■**to ~ in on sth** *(find its aim)* sich [selbstständig] auf etw *akk* ausrichten; *(move)* genau auf etw *akk* zusteuern ❷ *(focus)* ■**to ~ in on sth** [sich *dat*] etw herausgreifen
'home ac·count *n* FIN Heimkonto *nt* **'home ad·dress** *n* Heimatadresse *f*, Privatadresse *f* SCHWEIZ; ***I need your ~ and your office address*** ich brauche Ihre Privatanschrift und Ihre Geschäftsanschrift **'home ad·van·tage** *n* SPORT Heimvorteil *m* **'home af·fairs** *n pl* BRIT POL innere Angelegenheiten; **~ correspondent** Korrespondent(in) *m(f)* für Innenpolitik **home-'baked** *adj inv* selbst gebacken **home 'bank·ing** *n no pl* Homebanking *nt* **home·bank·ing com·'put·er inter·face** *n* INET Homebanking Computer Interface *nt* **'home bird** *n* BRIT *(fam)* häuslicher Mensch; *(pej)* Stubenhocker(in) *m(f) pej* **home 'birth** *n* Hausgeburt *f* **'home·body** *n esp* AM häuslicher Mensch; *(pej)* Stubenhocker(in) *m(f) pej*; *(man)* Hausmann *m oft pej*; *(woman)* Heimchen *nt* am Herd *meist pej* **home·bot** ['həʊmbɒt, AM 'hoʊmbɑ:t] *n* Heimroboter *m* **'home·boy** *n esp* AM ❶ *(local male)* Junge *m* aus dem Viertel ❷ *(sl: gang member)* Gangmitglied *nt* **home 'brew** *n* selbst gebrautes Bier **'home-brewed** *adj inv* selbst gebraut **'home buy·er** *n* Hauskäufer(in) *m(f)* **'home·com·ing** *n* ❶ *(return)* Heimkehr *f kein pl* ❷ AM *(reunion)* Ehemaligentreffen *nt*; **~ queen** *Schönheitskönigin beim Ehemaligentreffen* **home com·'put·er** *n (dated)* Heimcomputer *m veraltend* **home 'cook·ing** *n no pl* Hausmannskost *f* **Home 'Coun·ties** *npl* BRIT *an London angrenzende Grafschaften in Südostengland* **home eco·'nom·ics** *n + sing vb* Hauswirtschaft[slehre] *f* **home 'ex·er·cise ma·chine** *n* Heimtrainer *m*, Hometrainer *m* SCHWEIZ
home 'free *adj pred, inv* AM *(fam)* **to be ~** es geschafft haben
'home front *n* ■**the ~** ❶ *(civilians)* ***soldiers at the front are always pleased to get news from the ~*** Soldaten an der Front freuen sich immer über Neuigkeiten von Zuhause ❷ *(hum: at home)* ***how are things on the ~?*** na, wie läuft's denn so Zuhause? **'home game** *n* Heimspiel *nt* **'home girl** *n (sl: Black English)* Gleichgesinnte *f*, gute Freundin *(mit der man auf einer Linie ist)* **'home ground** *n* eigener Platz **home-'grown** *adj inv* aus dem eigenen Garten; **~ vegetables** Gemüse *nt* aus eigenem Anbau **home 'help** *n* BRIT Haushaltshilfe *f* **'home·land** *n* ❶ *(origin)* Heimat *f*, Heimatland *nt* ❷ *(hist: in South Africa)* Homeland *nt* **home·land se·'cu·rity** *n no pl* AM innere Sicherheit, Heimatschutz *m*
home·less ['həʊmləs, AM 'hoʊm-] **I.** *adj inv* heimatlos; ■**to be ~** obdachlos sein
II. *n* **the ~** *pl* die Obdachlosen *pl*
home·less·ness ['həʊmləsnəs, AM 'hoʊm-] *n no pl* Obdachlosigkeit *f*

home·like ['həʊmlaɪk, AM 'hoʊm-] *adj* heimelig
homeli·ness ['həʊmlɪnəs, AM 'hoʊm-] *n no pl* ❶ *esp* BRIT, AUS *(plainness, familiarity)* Vertrautheit *f*
❷ AM, AUS *(pej: ugliness)* Unansehnlichkeit *f*
'home loan *n* Hypothek *f,* Baufinanzierung *f*
home·ly ['həʊmli, AM 'hoʊm-] *adj* ❶ *esp* BRIT, AUS *(plain)* schlicht, aber gemütlich
❷ AM, AUS *(pej: ugly)* unansehnlich, hässlich
home-'made *adj inv* hausgemacht; **~ cake** selbst gebackener Kuchen; **~ jam** selbst gemachte Marmelade **'home·mak·er** *n* Hausmann, -frau *m, f;* **to be the ~** den Haushalt führen **home 'mar·ket** *n* Binnenmarkt *m,* Heimatmarkt *m;* ***the book sold better in the ~*** das Buch verkaufte sich besser auf dem inländischen Markt **home 'movie** *n* Amateurfilm *m* **home 'num·ber** *n* Privatnummer *f* **'Home Of·fice** *n + sing/pl vb* BRIT ■**the ~** das Innenministerium
homeo·path ['həʊmiə(ʊ)pæθ, AM 'hoʊmioʊ-] *n* Homöopath(in) *m(f)*
homeo·path·ic ['həʊmiə(ʊ)pæθɪk, AM 'hoʊmioʊ-] *adj inv* homöopathisch
homeopa·thy [ˌhəʊmi'ɒpəθi, AM ˌhoʊmi'ɑ:p-] *n no pl* Homöopathie *f*
homeo·sta·sis [ˌhəʊmiə(ʊ)'steɪsɪs, AM ˌhoʊmioʊ'-] *n no pl* physiologisches Gleichgewicht
homeo·stat·ic [ˌhəʊmiə(ʊ)'stætɪk, AM ˌhoʊmioʊ-'stæt̬ɪk] *adj inv* physiologisch; **to disrupt ~ balance** das physiologische Gleichgewicht stören
'home·own·er *n* Hausbesitzer(in) *m(f)* **home 'own·er·ship** *n no pl* Wohnungseigentum *nt* **'home page** *n* COMPUT Homepage *f* **home 'phone num·ber** *n* Privatnummer *f* **home 'plate** *n* AM *(in baseball)* Schlagmal *nt* **home 'port** *n* Heimathafen *m* **home po·'si·tion** *n* AM SPORT *im Baseball letztes Laufmal vor dem Ziel*
hom·er ['hoʊmɚ] *n* AM *(in baseball) Punkt bringender Lauf um alle vier Male beim Baseball*
'home re·cord *n* Heimrekord *m*
Ho·mer·ic [həʊ'merɪk, AM hoʊ'] *adj* ❶ *inv (of or in the style of Homer)* homerisch
❷ *(epic and large-scale)* episch
home 'rule *n no pl* [politische] Selbstverwaltung **home 'run** *n* AM *(in baseball) Punkt bringender Lauf um alle vier Male beim Baseball* ▶PHRASES: **to hit a ~** AM *(fig: to succeed in a big way)* das große Los ziehen **home 'sav·ings bank** *n* Bausparkasse *f* **home 'sav·ings de·pos·it** *n* Bauspareinlage *f* **home 'sav·ings in·sti·tu·tion** *n* Bausparinstitut *nt* **'home-school** *vt esp* AM ■**to ~ sb** jdm Hausunterricht erteilen, jdn zu Hause unterrichten **home-'school·ing** *esp* AM **I.** *n no pl* Unterricht *m* zu Hause **II.** *n modifier* **~ parents** Eltern, die ihre Kinder zu Hause unterrichten [*o* unterrichten lassen] **Home 'Sec·re·tary** *n* BRIT ■**the ~** der Innenminister/die Innenministerin **'home·sick** *adj* **to be** [*or* **feel**] **~** [**for sth**] [nach etw *dat*] Heimweh haben; **to be very ~** schlimmes Heimweh haben **'home·sick·ness** *n no pl* Heimweh *nt;* **to suffer terrible ~** schreckliches Heimweh haben **'home·spun** *adj* hausbacken *pej;* **~ philosophy** eigene Lebensphilosophie; **~ wisdom** Lebensweisheit *f*
home·stead ['həʊmsted, AM 'hoʊm-] *n* ❶ AUS, NZ *Wohnhaus auf einer Schaf- oder Rinderfarm*
❷ AM *(old) Stück Land, das den Siedlern zugewiesen wurde*
❸ AM LAW Familienheim *nt*
home 'straight, home 'stretch *n* Zielgerade *f a. fig;* **to be on the ~** auf der Zielgerade sein *a. fig* **'home team** *n* Heimmannschaft *f* **home-theater-in-a-'box** *n* Heimkino *nt* **home-'town** *esp* AM **I.** *n* Heimatstadt *f* **II.** *n modifier* heimische(r, s); **~ football team** Fußballmannschaft *f* der Heimatstadt; **~ newspaper** Lokalzeitung *f* **home 'truth** *n* bittere Wahrheit; **to tell sb a few ~s** jdm die Augen öffnen **home 'tu·tor** *n* Privatlehrer(in) *m(f),* Hauslehrer(in) *m(f) veraltend* **home 'vis·it** *n* Hausbesuch *m;* **to make** [*or* **go on**] **a ~** einen Hausbesuch machen
home·ward ['həʊmwəd, AM 'hoʊmwɚd] *inv* **I.** *adv* heimwärts, nach Hause; **~ bound journey** Heimreise *f*
II. *adj* heimwärts; **~ journey** Heimreise *f,* Rückreise *f*
home·wards ['həʊmwədz, AM 'hoʊmwɚdz] *adv inv* heimwärts
'home·work *n no pl* ❶ *(schoolwork, research)* Hausaufgaben *pl a. fig;* ***have you done your ~?*** hast du deine Hausaufgaben gemacht? ❷ *(paid work)* Heimarbeit *f;* **to do ~** Heimarbeit machen **'home·work·er** *n* Heimarbeiter(in) *m(f)* **'home·work·ing** *n no pl* Heimarbeit *f*
homey ['həʊmi, AM 'hoʊmi] *adj* AM, AUS heimelig
homi·ci·dal [ˌhɒmɪ'saɪdəl, AM ˌhɑ:mə'-] *adj* AM, AUS gemeingefährlich; **~ maniac** gemeingefährlicher Irrer/gemeingefährliche Irre; **to have ~ tendencies** einen Drang zum Töten haben
homi·cide ['hɒmɪsaɪd, AM 'hɑ:mə-] AM, AUS **I.** *n* LAW ❶ *no pl (murdering)* Tötung *f,* Mord *m;* **to be found** [**not**] **guilty of ~** des Mordes für [nicht] schuldig befunden werden; **to be convicted of ~** wegen Mordes verurteilt werden
❷ *(death)* Mordfall *m*
II. *n modifier* LAW **~ case** Mordfall *m;* **~ rate** Mordrate *f;* **~ squad** Mordkommission *f;* **~ victim** Mordopfer *nt*
homi·ly ['hɒmɪli, AM 'hɑ:mə-] *n (pej)* Moralpredigt *f* (**on** über *+akk*); **to deliver a ~** eine Moralpredigt halten
hom·ing ['həʊmɪŋ, AM 'hoʊm-] **I.** *adj attr, inv* **~ instinct** Heimfindevermögen *nt;* **~ device** Peilsender *m*
II. *n* COMPUT Quellenfindung *f*
'hom·ing pi·geon *n* Brieftaube *f*
homi·ny ['hɑ:mɪni] *n no pl* AM grobes Maismehl
homo ['həʊməʊ, AM 'hoʊmoʊ] **I.** *n (pej fam)* Homo *m pej fam*
II. *adj (esp pej fam: of homosexuals)* homo *sl*
homoeo·path *n see* **homeopath**
homoeo·path·ic *adj inv see* **homeopathic**
homoeopa·thy *n no pl see* **homeopathy**
homo·erot·ic [ˌhəʊməʊɪ'rɒtɪk, AM ˌhoʊmoʊɪ'rɑ:t̬ɪk] *adj* homoerotisch
homo·genei·ty [ˌhəʊmə(ʊ)dʒə'ni:əti, AM ˌhoʊmoʊdʒə'ni:ət̬i] *n no pl* Homogenität *f;* **cultural ~** kulturelle Ähnlichkeit
homo·geneous [ˌhɒmə'dʒi:niəs, AM ˌhoʊmoʊ'-] *adj* homogen, einheitlich; **~ computer network** homogenes Computernetz
ho·mog·enize [hə'mɒdʒənaɪz, AM -'mɑ:dʒ-] *vt* ❶ CHEM ■**to ~ milk** Milch homogenisieren
❷ *(unify)* ■**to ~ sth** etw homogenisieren; ***somehow we have to ~ this bunch of individuals*** irgendwie müssen wir diesen Haufen von Einzelkämpfern zusammenbringen
ho·mog·enized [hə'mɒdʒənaɪzd, AM -'mɑ:dʒ-] *adj inv* CHEM homogenisiert; **~ milk** homogenisierte Milch
ho·mog·enous [hə'mɒdʒənəs, AM -'mɑ:dʒ-] *adj* homogen
homo·graph ['hɒməgrɑ:f, AM 'hɑ:məgræf] *n* LING Homograf *nt fachspr*
ho·molo·gous [hə'mɒləgəs, AM hoʊ'mɑ:lə] *adj inv* BIOL, MATH, CHEM homolog; **~ polymer** homologes Polymer; **~ series** homologe Reihe
'homo milk *n no pl* CAN [homogenisierte] Vollmilch *f*
homo·nym ['hɒmənɪm, AM 'hɑ:m-] *n* LING Homonym *nt*
homo·phobe ['hɒməfəʊb, AM 'hoʊməfoʊb] *n* homophober Mensch *geh*
homo·pho·bia [ˌhɒmə'fəʊbiə, AM ˌhoʊmə'foʊ-] *n no pl* Homophobie *f*
homo·pho·bic [ˌhɒmə'fəʊbɪk, AM ˌhoʊmə'foʊ-] *adj* homophob
homo·phone ['hɒməfəʊn, AM 'hɑ:məfoʊn] *n* LING Homophon *nt fachspr*
homo·po·lar [ˌheʊməʊ'pəʊlər, AM ˌhoʊmə'poʊlɚ] *adj inv* CHEM unipolar, kovalent; **~ linkage** Elektronenpaarbindung *f,* kovalente Bindung, Atombindung *f*
Homo sa·pi·ens [ˌhəʊməʊ'sæpienz, AM ˌhoʊmoʊ'seɪp-] *n no pl* Homo sapiens *m*
homo·sex·ual [ˌhəʊmə(ʊ)'sekʃuəl, AM ˌhoʊmoʊ'-] **I.** *adj inv affair, desire* homosexuell
II. *n* Homosexuelle(r) *f(m)*
homo·sex·ual·ity [ˌhəʊmə(ʊ)ˌsekʃu'æləti, AM ˌhoʊmoʊˌsekʃu'ælət̬i] *n no pl* Homosexualität *f*
ho·mun·cu·lus <*pl* **homunculi** *or* **homuncules**> [hə'mʌŋkjələs, AM hoʊ'-] *n* Homunkulus *m*
hon[1] [hʌn] *n esp* AM *(fam) short for* **honey** Liebling *m,* Baby *nt sl*
hon[2] [ɒn] *adj attr, inv esp* BRIT *abbrev of* **honorary** Ehren-
Hon [ɒn] *adj attr, inv abbrev of* **Honourable** geehrt, ehrenhaft
hon·cho ['hɒn(t)ʃəʊ, AM 'hɑ:ntʃoʊ] *n (usu hum fam)* [**head**] **~** Leiter(in) *m(f),* ÖSTERR, SCHWEIZ *a.* Macher(in) *m(f) fam*
Hon·du·ran [hɒn'djʊərən, AM hɑ:n'dʊrən] **I.** *n* Honduraner(in) *m(f)*
II. *adj inv* honduranisch
Hon·du·ras [hɒn'djʊərəs, AM hɑ:ndʊ-] *n* Honduras *nt*
hone [həʊn, AM hoʊn] **I.** *n* Schleifstein *m,* Wetzstein *m*
II. *vt* ❶ *(sharpen)* ■**to ~ sth** etw schleifen
❷ *(refine)* ■**to ~ sth** etw verfeinern; ***her debating skills were ~d in the students' union*** ihre Redekünste bekamen ihren letzten Schliff in der Studentenvereinigung
❸ *(reduce)* ■**to ~ sth to sth** etw zu etw *dat* zusammenschrumpfen lassen
◆**hone down** *vt* ■**to ~ down** ⟲ **sth** etw reduzieren; **to ~ sth down to the bare bones** [*or* **essentials**] etw auf ein Minimum reduzieren
hon·est ['ɒnɪst, AM 'ɑ:n-] *adj* ❶ *(truthful)* ehrlich; ***what's your ~ opinion of her work?*** jetzt mal ehrlich – was halten Sie von ihrer Arbeit?; ■**to be ~ with oneself** sich *dat* selbst gegenüber ehrlich sein, ehrlich mit sich *dat* selbst sein
❷ *(trusty)* redlich; ***he had an ~ face*** er hatte ein ehrliches Gesicht
❸ *attr (correct)* ehrlich, ordentlich; **to make an ~ living** ein geregeltes Einkommen haben
❹ *(blameless) mistake* schuldlos
▶PHRASES: **to be ~** [**with you**], ... um [dir] die Wahrheit zu sagen, ...; **to be as ~ as the day** [**is long**] eine ehrliche Haut sein; **to earn** [*or* **turn**] **an ~ penny** [*or* AM **dollar**] ehrliches Geld verdienen; **~** [**to God**]! ehrlich!; ***I didn't take the money, ~ I didn't!*** ich habe das Geld nicht genommen, ich schwör's!; **to make an ~ woman of sb** *(dated or hum)* eine Frau ehelichen *veraltend;* **to play the ~ broker** die Rolle des Vermittlers spielen
hon·est 'bro·ker *n esp* BRIT Vermittler(in) *m(f)*
hon·est 'in·jun [-'ɪndʒən] *interj* AM *(usu childspeak fam)* **~!** [ganz] ehrlich!; ***I didn't do it, ~!*** ich habe nichts gemacht, ich schwör's!
hon·est·ly ['ɒnɪstli, AM 'ɑ:n-] **I.** *adv* ❶ *(truthfully)* ehrlich; ***I ~ didn't know*** ich hatte wirklich keine Ahnung!
❷ *(really)* wirklich; ***he couldn't quite ~ tell me whether ...*** er konnte mir nicht mit absoluter Sicherheit sagen, ob ...
II. *interj* ❶ *(promising)* [ganz] ehrlich!; ***I'll do it tomorrow, ~ I will*** ich mach's morgen, ich versprech's!
❷ *(disapproving)* also ehrlich!
hon·est-to-'God *adj attr, inv* ehrlich **hon·est-to-'good·ness** *adj attr, inv* ehrlich; ***he likes ~ home cooking*** er mag bodenständige Hausmannskost; **an ~ account** ein wahrheitsgetreuer Bericht
hon·es·ty ['ɒnɪsti, AM 'ɑ:n-] *n no pl* Ehrlichkeit *f;* **in all ~** ganz ehrlich; ■**to have the ~ to do sth** so ehrlich sein, etw zu tun
▶PHRASES: **~ is the best policy** *(prov)* ehrlich währt am längsten *prov*
'hon·es·ty box *n Kasten, in dem man Geld hinterlässt, wenn niemand da ist, um es zu kassieren, z. B. in Kirchen oder für Obst und Gemüse, das am Gartentor verkauft wird*
hon·ey ['hʌni] *n* ❶ *no pl (fluid)* Honig *m;* **clover ~** Kleehonig *m;* **heather ~** Heidehonig *m;* **runny/set ~** flüssiger/fester Honig

② *esp* AM *(sweet person)* Schatz *m; (sl: attractive young woman)* Süße *f,* Baby *nt sl*
③ *esp* AM *(fam: good thing)* ***that's a ~ of a dress*** das ist ja ein tolles Kleid
④ *(darling)* Schatz *m; (to little child)* Schätzchen *nt*
▸PHRASES: **a land flowing with milk and ~** ein Land, darin Milch und Honig fließen

'hon·ey·bee *n* [Honig]biene *f* **'hon·ey bun, 'hon·ey bunch** *n* AM Schatz *m,* Schätzchen *nt*

'hon·ey·comb I. *n* ① *(wax)* Bienenwabe *f*
② *(food)* Honigwabe *f*
③ *(complex)* Labyrinth *nt*
II. *n modifier* wabenförmig; **~ pattern** Wabenmuster *nt*

'hon·ey·combed *adj pred* ■**to be ~ with sth** von etw *dat* durchzogen sein

'hon·ey·dew *n* ① *no pl (on leaf)* Honigtau *m*
② *(melon)* Honigmelone *f*

hon·ey·dew 'mel·on *n* Honigmelone *f*

'hon·ey·eat·er *n* Honigfresser *m*

hon·eyed ['hʌnid] *adj speech, voice* honigsüß

'hon·ey·moon I. *n* ① *(after marriage)* Flitterwochen *pl; **where are you going on [your] ~?*** wohin geht eure Hochzeitsreise?; **~ couple** Flitterwöchner *pl*
② *usu sing (period)* Schonfrist *f*
II. *vi **they are ~ing in the Bahamas*** sie verbringen ihre Flitterwochen auf den Bahamas

'hon·ey·moon·ers *npl* Flitterwöchner *pl*

'hon·ey·moon pe·ri·od *n usu sing* Schonfrist *f*

'hon·ey-pot *n* Honigtopf *m;* **like bees round a ~** wie Motten ums Licht

'hon·ey·suck·le *n* Geißblatt *nt*

'hon·ey·trap *n* BRIT ① *(attraction)* Attraktion *f*
② *(lure)* ≈ Sexfalle *f*

Hong Kong [ˌhɒŋ'kɒŋ, AM ˌhɑːŋ'kɑːŋ] *n no pl* Hongkong *nt*

honk [hɒŋk, AM hɑːŋk] **I.** *n* ① *(by goose)* Schrei *m*
② *(beep)* Hupen *nt*
II. *vi* ① *(cry) goose* schreien
② *(beep)* hupen; ***the sound of the lorry ~ woke me up*** der hupende Lastwagen weckte mich auf
③ BRIT *(sl: vomit)* kotzen *sl*
III. *vt* ① *(cry)* ■**to ~ sth**: ***the geese ~ed a warning as we walked past*** die Gänse stießen Warnschreie aus, als wir vorbeigingen
② *(beep)* **to ~ one's horn** auf die Hupe drücken
◆**honk up** BRIT **I.** *vi (sl)* kotzen *sl derb*
II. *vt (sl)* ■**to ~ up** ↔ **sth** etw rauskotzen *sl derb*

honk·ing ['hɒŋkɪŋ, AM 'hɑːŋk-] *n* ① *(crying)* Schreien *nt;* **the ~ of geese** der Schrei der Gänse
② *(beeping)* Hupen *nt*

honky ['hɑːŋki] *n* AM *(pej sl)* Weiße(r) *f(m)*

honky-tonk ['hɑːŋkitɑːŋk] AM **I.** *n modifier*
① *(squalid)* schräg
② *(ragtime)* **~ piano** klimperndes Klavier
II. *n* Schuppen *m fam*

hon·or *n* AM *see* **honour**

hon·or·able *adj* AM *see* **honourable**

hon·or·able 'dis·charge *n* AM MIL ehrenvoller Abschied

hon·or·ab·ly *adv* AM *see* **honourably**

hono·rar·ium <*pl* -s *or* -ria> [ˌɒnə'reəriəm, AM ˌɑːnə'rer-, *pl* -riə] *n (form)* [freiwillig gezahltes] Honorar; **to pay/receive a ~** ein Honorar bezahlen/erhalten

hon·or·ary ['ɒnərəri, AM 'ɑːnəreri] *adj attr, inv* ① *(unpaid)* ehrenamtlich; **~ chair** Ehrenvorsitzende(r) *f(m);* **~ member/president** Ehrenmitglied *nt/* -präsident(in) *m(f)*
② UNIV **to award sb an ~ degree** [*or* **doctorate**] jdm die Ehrendoktorwürde verleihen

hon·or·if·ic [ˌɒnər'ɪfɪk, AM ˌɑːnə'rɪf-] *adj attr* ehrfürchtig; **~ form of address** respektvolle Anrede; **~ title** Ehrentitel *m*

hon·or·is causa [ɒˌnɔːrɪs'kaʊzə, AM həˌnɔːrɪs'kɔːzə] *adv inv* **to be awarded a degree ~** eine Ehrenauszeichnung bekommen

'hon·or roll *n* AM Ehrenrolle *f*

'hon·ors course *n* AM UNIV *Vorlesung für Hochbegabte* **'hon·ors de·gree** *n* AM UNIV Examen *nt* [*o* ÖSTERR, SCHWEIZ Diplomprüfung *f*] mit Auszeichnung

'hon·ors pro·gram *n* AM UNIV *Studium für Hochbegabte*

hon·our, AM **hon·or** ['ɒnəʳ, AM 'ɑːnɚ] **I.** *n* ① *no pl (honesty)* Ehre *f; **I want to win so that ~ is satisfied*** ich will gewinnen, damit meine Ehre wiederhergestellt ist *hum; **the children were on their ~ to go to bed at ten o'clock*** die Kinder hatten versprochen, um zehn Uhr ins Bett zu gehen; **one's word of ~** sein Ehrenwort *nt;* **to be/feel [in] ~ bound to do sth** es als seine Pflicht ansehen, etw zu tun
② *no pl (esteem)* **as a mark of ~** als Zeichen der Ehre; **in the place of ~** am Ehrenplatz; ■**in ~ of sb/sth** zu Ehren einer Person/S. *gen*
③ *usu sing (credit)* **to be** [*or* **bring**] [*or* **do**] **an ~ to sb/sth** jdm/etw Ehre machen; ***these women were an ~ to their country*** diese Frauen haben ihrem Land alle Ehre gemacht
④ *(privilege)* Ehre *f;* ■**to do sb the ~ of doing sth** *(form or hum)* jdm die Ehre erweisen, etw zu tun *geh; **she did me the ~ of allowing me to help her with the washing-up*** sie war so gnädig, mir zu gestatten, ihr beim Abwasch zu helfen *iron;* ■**to have the ~ of doing sth** die Ehre haben, etw zu tun *a. iron*
⑤ *(reputation)* guter Ruf; **to stake one's ~ on sth** sein Ehrenwort für etw *akk* geben
⑥ *(award)* Auszeichnung *f*
⑦ *no pl (competence)* **to acquit oneself with ~** sich *akk* durch gute Leistungen auszeichnen
⑧ *(title)* **Her H~** die vorsitzende Richterin; **His H~** der vorsitzende Richter; **Your H~** Euer Ehren
⑨ *(in golf) Recht, den Golfball vom ersten Abschlag zu spielen*
⑩ *no pl (dated: chastity)* **to defend one's ~** *(dated)* seine Ehre verteidigen
▸PHRASES: **~ bright** BRIT *(dated)* ehrlich; **on** [*or* **upon**] **my ~** bei meiner Ehre; **there's ~ among thieves** *(prov)* es gibt auch so etwas wie Ganovenehre
II. *vt* ① *(form: respect)* ■**to ~ sb/sth** jdn/etw in Ehren halten; **to be** [*or* **feel**] **~ed** sich *akk* geehrt fühlen
② *(praise)* ■**to ~ sb/sth [with sth]** jdn/etw [mit etw *dat*] ehren
③ *(fulfil)* ■**to ~ sth** *order* etw erfüllen
④ *(grace)* **to ~ sth with one's presence** etw mit seiner Gegenwart beehren
⑤ FIN *(accept)* ■**to ~ sth** etw anerkennen und bezahlen; *bill* etw begleichen

hon·our·able, AM **hon·or·able** ['ɒnərəbl̩, AM 'ɑːnɚ-] *adj* ① *(worthy)* ehrenhaft; **an ~ agreement** ein ehrenvolles Abkommen; **to have ~ intentions** *(dated or hum)* ehrliche Absichten haben; **~ person** ehrenwerter Mensch; ■**it is ~ to do sth** es ist ehrenhaft, etw zu tun
② *attr, inv* BRIT *(MP)* ***the ~ member for Bristol West will now address us*** der Herr Abgeordnete für West-Bristol wird nun zu uns sprechen

hon·our·able 'men·tion *n* besondere Ehrung; **to get an ~** lobend erwähnt werden

hon·our·ably, AM **hon·or·ably** ['ɒnərəbli, AM 'ɑːnɚ-] *adv* ehrenhaft

'hon·our kil·ling *n* Ehrenmord *m*

hon·ours, AM **hon·ors** ['ɒnəz, AM 'ɑːnɚz] *npl* ① *(respect)* Ehrerbietung *f geh; **he was buried with full military ~*** er wurde mit allen militärischen Ehren beigesetzt; **to do the ~** *(hum)* den Gastgeber/die Gastgeberin spielen; **to receive sb with full ~** jdn mit allen Ehren empfangen
② UNIV *(form)* ≈ höherer akademischer Grad *nt*
▸PHRASES: **~ are even** BRIT es herrscht Gleichstand

'hon·ours de·gree *n* BRIT UNIV Examen *nt* [*o* ÖSTERR, SCHWEIZ Diplomprüfung *f*] mit Auszeichnung

'hon·ours list *n* BRIT *Liste von Leuten, die öffentlich durch die Monarchin/den Monarchen geehrt werden und einen Titel (z.B. MBE, OBE) erhalten*

hons *n short for* **honours** ≈ höherer akademischer Grad

hooch [huːtʃ] *n no pl* AM *(sl)* Fusel *m fam*

hood[1] [hʊd] *n* ① *(cap)* Kapuze *f;* **sweatshirt with a ~** Kapuzensweatshirt *nt*
② *(mask)* Maske *f*
③ *(shield)* Haube *f;* **cooker ~** Abzugshaube *f;* **pram** [*or* AM **stroller**] **~** Kinderwagenschutzdach *nt*
④ AM AUTO *(bonnet)* [Motor]haube *f*
⑤ BRIT AUTO *(folding top)* Verdeck *nt*

hood[2] [hʊd] *n esp* AM ① *(gangster)* Kriminelle(r) *f(m),* Ganove *m veraltend*
② *(thug)* Rowdy *m*

hood[3] [hʊd] *n* AM *(sl)* Nachbarschaft *f; **... although he wasn't from the ~ ...,*** obwohl er nicht aus unserem Viertel kam

hood·ed ['hʊdɪd] *adj inv* ① *clothing* Kapuzen-; **~ anorak** Anorak *m* [*o* SCHWEIZ *a.* Windjacke *f*] mit Kapuze
② *(masked)* maskiert
③ *(eyes)* **to have ~ eyes** Schlupflider haben

hoodie, hoody *n* ['hʊdi] Kapuzenjacke *f,* Kapuzenshirt *nt*

hood·lum ['huːdləm, AM *usu* 'hʊd-] *n* ① *(gangster)* Kriminelle(r) *f(m),* Ganove *m veraltend*
② *(thug)* Rowdy *m*

hoo·doo ['huːduː] *n* ① *no pl (witchcraft, voodoo)* Voodoo *m*
② *(run of bad luck)* Pechsträhne *f*

hood·wink ['hʊdwɪŋk] *vt* ■**to ~ sb** jdn hereinlegen; ■**to ~ sb into doing sth** jdn dazu verleiten, etw zu tun; ■**to ~ sb out of sth** jdn um etw *akk* betrügen

hoo·ey ['huːi] *n no pl (fam)* dummes Zeug *fam,* Quatsch *m fam*

hoof [huːf, AM *esp* hʊf] **I.** *n* <*pl* hooves *or* -s> Huf *m; **beef was bought on the ~ at the market*** das Fleisch wurde auf dem Markt als lebende Ware gekauft
▸PHRASES: **to do sth on the ~** BRIT etw schlampig machen
II. *vt (fam)* **to ~ it** laufen, zu Fuß gehen

hoo-ha ['huːhɑː] *n no pl (fam)* Wirbel *m,* Trubel *m; **what a lot of ~ about nothing!*** was für ein Tamtam wegen nichts!; **to cause a lot of ~** viel Wirbel verursachen

hook [hʊk] **I.** *n* ① *(bent device)* Haken *m;* **coat ~** Kleiderhaken *m;* **crochet ~** Häkelnadel *f;* **~ and eye** Haken und Öse; **fish ~** Angelhaken *m*
② *(in boxing)* Haken *m*
③ *(in cricket) Schlag beim Cricket*
④ *(telephone cradle)* [Telefon]gabel *f;* **to leave the phone off the ~** den Telefonhörer nicht auflegen
⑤ COMPUT Hook *m*
▸PHRASES: **by ~ or by crook** auf Biegen und Brechen *fam;* **to fall for** [*or* **swallow**] **sth ~, line and sinker** voll auf etw *akk* hereinfallen *fam;* **to get the ~** AM *(fam)* entlassen werden; **to get one's ~s into** [*or* **on**] **sb** jdn unter Kontrolle haben; ***this product has really got its ~s into the American market*** dieses Produkt hat auf dem amerikanischen Markt wirklich eingeschlagen; **to get** [*or* **let**] **sb off the ~** jdn herauspauken *fam;* **to give sb the ~ [for sth]** AM *(fam)* jdn [für etw *akk*] entlassen; **to be off the ~** aus dem Schneider sein; **to sling one's ~** BRIT *(fam)* die Hufe schwingen *fam*
II. *vt* ① *(fish)* **to ~ a fish** einen Fisch an die Angel bekommen
② *(fasten)* ■**to ~ sth somewhere** etw irgendwo befestigen; ■**to ~ sth to sth** etw an etw *dat* festhaken; ***he ~ed the trailer to his car*** er hängte den Anhänger an seinem Auto an
③ *(fetch with hook)* ■**to ~ sth out of sth**: ***she ~ed the shoe out of the water*** sie angelte den Schuh aus dem Wasser; ***the lifeguard ~ed the troublemaker out of the swimming pool*** der Rettungsschwimmer fischte den Störenfried aus dem Schwimmbecken
④ *esp* BRIT *(dated fam: run away)* **to ~ it** wegrennen
III. *vi* AM *(fam)* auf den Strich gehen
◆**hook up I.** *vt* ① *(hang)* ■**to ~ up** ↔ **sth** etw aufhängen
② *(connect)* ■**to ~ up** ↔ **sb/sth [to sth]** jdn/etw [an etw *dat*] anschließen
③ *(fasten)* ■**to ~ up** ↔ **sth** etw zumachen; ***I can't reach at the back of my dress, can you ~ me***

up? ich komme nicht hinten an mein Kleid dran, kannst du mir mal die Haken zumachen?
④ AM *(fam: supply)* ■ **to ~ sb up with sth** jdm etw besorgen
II. *vi* ■ **to ~ up** [**to sth**] sich *akk* [an etw *akk*] anschließen
hook·ah ['hʊkə] *n* Huka *f (indische Wasserpfeife)*
hooked [hʊkt] *adj* ① *(curved)* hakenförmig; **~ nose** Hakennase *f*
② *pred (addicted)* abhängig; **to be ~ on drugs** drogenabhängig sein
③ *pred (interested)* ■ **to be ~** total begeistert sein *fam;* ***he's ~ on the idea of going on a round-the-world trip*** er ist völlig besessen von dem Einfall, auf Weltreise zu gehen; ■ **to be ~ on sb** total verrückt nach jdm sein *fam*
hook·er ['hʊkəʳ, AM -ɚ] *n* ① *esp* AM, AUS *(fam)* Nutte *f fam*
② SPORT Hakler(in) *m(f)*
'hook-nosed *adj* hakennasig; ■ **to be ~** eine Hakennase haben **hook-up** *n* ① *(link)* Verbindung *f;* **satellite ~** Satellitenverbindung *f* ② *(supply)* Anschluss *m* (**to** an +*dat)* ③ *(meeting)* Treffen *nt* (**with** mit +*dat)* **hook·worm** <*pl* - *or* -s> *n* ① *(parasite)* Hakenwurm *m* ② *(disease)* Hakenwürmer *pl*
hooky ['hʊki] *n no pl* AM, AUS *(fam)* **to play ~** die Schule schwänzen
hooley ['hu:li] *n (fam)* wilde Party
hoo·li·gan ['hu:lɪgᵊn] *n* Hooligan *m;* **football ~** Fußball-Hooligan *m*
hoo·li·gan·ism ['hu:lɪgᵊnɪzᵊm] *n no pl* Rowdytum *nt;* **football** [*or* **soccer**] **~** Ausschreitungen *pl* von Fußballfans
hoop [hu:p] *n* ① *(ring)* Reifen *m*
② *(earring)* ringförmiger Ohrring
③ *(semicircle)* Tor *nt*
▸ PHRASES: **to go through the ~s** sich *dat* ein Bein ausreißen; **to put sb through ~s** [*or* **the ~**[**s**]] jdn durch die Mangel drehen *fam*
hoop 'ear·ring *n* Kreole *f*
hoop·la ['hu:plɑ:] *n* ① BRIT, AUS *(game)* Ringewerfen *nt*
② AM *(fuss)* Rummel *m;* **media ~** Medienrummel *m*
③ AM *(nonsense)* Quatsch *m*
hoo·poe ['hu:pu:] *n* Wiedehopf *m*
hoops [hʊps] *n modifier (fam)* Basketball-; **~ game** Basketballspiel *nt*
'hoop star *n (sl)* Basketballstar *m*
hoop·ster ['hu:pstɚ] *n (sl)* Basketballer(in) *m(f)*
hoop·tie ['hu:pti] *n* AM *(sl: old car)* Kiste *f fam*
hoo·ray [hʊ'reɪ, hə-] *interj, n see* **hurray**
Hoo·ray Henry *n* BRIT *(pej) lautstark auftretender junger Angehöriger der Oberschicht*
hoo·roo [hʊ'ru:] I. *interj* AUS *(fam)* tschüss! *fam*
II. *n* AUS *(fam)* **to say one's ~** sich *akk* verabschieden
hoose·gow ['hu:sgaʊ] *n esp* AM *(sl)* Knast *m fam,* Häfen *m* ÖSTERR *sl,* Kiste *f* SCHWEIZ *fam*
hoot [hu:t] I. *n* ① *(beep)* Hupen *nt kein pl;* ***she gave three short ~s*** sie drückte dreimal kurz auf die Hupe
② *(owl call)* Schrei *m*
③ *(outburst)* **to give a ~ of laughter** losprusten *fam;* **~ of temper** Wutanfall *m*
④ *(fam: amusing person)* ein Witzbold *m;* **to be a** [**real**] **~** *person, situation* zum Brüllen sein *fam*
▸ PHRASES: **to not give** [*or* **care**] **a ~** [*or* **two ~s**] [**about sth**] sich *akk* keinen Deut um etw *akk* kümmern
II. *vi* ① *car* hupen
② *owl* schreien
③ *(utter)* **to ~ with laughter** in johlendes Gelächter ausbrechen
III. *vt* **to ~ one's horn** auf die Hupe drücken; **to ~ one's horn at sb** jdn anhupen
◆ **hoot down** *vt usu passive* ■ **to ~ down** ↔ **sb/sth** jdn/etw niederbrüllen; ■ **to ~ sb down** *(boo)* jdn ausbuhen
◆ **hoot off** *vt* ■ **to ~ off** ↔ **sb** jdn ausbuhen; **to be ~ off the stage** die Bühne verlassen müssen, weil man ausgebuht wird
hoot·er ['hu:təʳ, AM -t̬ɚ] *n* ① *(siren)* Sirene *f*
② *esp* BRIT, AUS *(dated: nose)* Zinken *m*
③ AM *(fam!: breasts)* ■ **~s** *pl* Titten *pl sl*
Hoo·ver® ['hu:vəʳ] BRIT, AUS I. *n* Staubsauger *m*
II. *vt* ■ **to ~ sth** etw staubsaugen; **to ~ the carpet** den Teppich saugen
III. *vi* staubsaugen
hooves [hu:vz, AM *esp* hʊvz] *n pl of* **hoof**
hop [hɒp, AM hɑ:p] I. *vi* <-pp-> ① *(jump)* hüpfen; *hare* hoppeln; **to ~ on one leg** auf einem Bein hüpfen
② SPORT *(triple jump)* springen
II. *vt* <-pp-> ① *(jump)* **to ~ the fence** über den Zaun springen
② AM *(fam: board)* ■ **to ~ sth:** ***they ~ped a plane for Chicago*** sie stiegen in ein Flugzeug nach Chicago
③ BRIT *(fam: run)* **to ~ it** abhauen *fam,* verschwinden *fam*
III. *n* ① *(jump)* Hüpfer *m,* Hopser *m*
② *(fam: dance)* Tanz *m;* **local ~** Dorftanz *m*
③ *(fam: trip)* [**short**] **~** [Katzen]sprung *m*
④ *(fam: flight stage)* Flugabschnitt *m*
⑤ *(vine)* Hopfen *m;* ■ **~s** *pl* [Hopfen]dolden *pl*
⑥ AUS, NZ *(fam: beer)* ■ **~s** *pl* Bier *nt*
⑦ *no pl* AM *(sl: drugs)* Droge *f;* **to be hooked on ~** drogenabhängig sein
⑧ COMPUT Funkfeld *nt*
▸ PHRASES: **to catch sb on the ~** BRIT *(fam)* jdn überrumpeln; **to be kept on the ~** BRIT *(fam)* auf Trab gehalten werden *fam;* **to be on the ~** BRIT *(fam)* auf dem Sprung sein
◆ **hop across** *vi (fam)* ① *(travel)* ■ **to ~ across to a place:** ***we ~ped across to London for the weekend*** wir waren am Wochenende kurz auf einen Sprung in London
② *(visit)* ■ **to ~ across to sb** jdn kurz besuchen
③ *(jump)* ■ **to ~ across sth** über etw *akk* springen
◆ **hop in** *vi (fam)* einsteigen; **~ *in, where shall I take you?*** spring rein, wohin kann ich dich mitnehmen?
◆ **hop into** *vi* ① *(fam: board)* ■ **to ~ into sth** *car, boat, taxi* in etw *akk* einsteigen
② *(jump)* **to ~ into bed** ins Bett hüpfen
◆ **hop off** *vi (fam)* schnell aussteigen; ***he ~ped off the bus at the traffic lights*** er sprang an der Ampel aus dem Bus; **to ~ off a bike** vom Fahrrad springen
◆ **hop on** *vi (fam)* schnell einsteigen; ***she ~ped on the train just as the guard blew the whistle*** sie sprang just in dem Moment auf den Zug auf, als der Schaffner pfiff
◆ **hop out** *vi* ① *(fam: leave)* ■ **to ~ out** [**of sth**] *a car* schnell aus etw *dat* aussteigen
② *(jump out)* **to ~ out of a chair** aus einem Stuhl [auf]springen
◆ **hop over** *vi see* **hop across**
hope [həʊp, AM hoʊp] I. *n* Hoffnung *f;* ***is there any ~ that ...?*** besteht da irgendeine Hoffnung, dass ...?; ***I don't hold out much ~ of getting a ticket*** ich habe nicht sehr viel Hoffnung, dass ich noch eine Karte bekomme; ***there is little ~ that ...*** es besteht wenig Hoffnung, dass ...; ***there is still ~*** [***that ...***] es besteht immer noch Hoffnung[, dass ...]; ***in the ~ that ...*** in der Hoffnung, dass ...; ***it is my ~ that ...*** ich hoffe, dass ...; **glimmer** [*or* **ray**] **of ~** Hoffnungsschimmer *m;* **sb's best/last/only ~** jds größte/letzte/einzige Hoffnung; **to have great** [*or* **high**] **~s** große Hoffnungen haben; **to have no ~** keine Hoffnung haben; **to abandon** [*or* **give up**] **~** die Hoffnung aufgeben; **to be beyond** [*or* **past**] [**all**] **~** [völlig] hoffnungslos sein; **to dash sb's ~s** jds Hoffnungen zerstören; **to give ~** Hoffnung geben; **to live in ~** hoffen; **to pin** [*or* **put**] [**all**] **one's ~s on sb/sth** seine ganze Hoffnung auf jdn/etw setzen; **to raise sb's ~s** jdm Hoffnung machen; **to see ~ for sb/sth** für jdn/etw Hoffnung sehen; ■ **in the ~ of doing sth** in der Hoffnung, etw zu tun
▸ PHRASES: **to not have a ~ in hell** nicht die geringste Chance haben; **some ~, not a ~** schön wär's; **~ springs eternal** *(prov)* und die Hoffnung währet ewiglich *prov*
II. *vi* hoffen; ***it's good news, I ~*** hoffentlich gute Nachrichten; **to ~ for the best** das Beste hoffen; **to ~ against hope** [[**that**] ...] wider alle Vernunft hoffen[, dass ...]; ***she was hoping against hope*** [***that***] ... sie hoffte wider alle Vernunft, dass ...; **to ~ and pray** [**that**] ... hoffen und beten, [dass] ...; ■ **to ~ for sth** auf etw *akk* hoffen; ■ **to ~** [**that**] ... hoffen, dass ...
'hope chest *n* AM *(trousseau)* Aussteuertruhe *f*
'hoped-for *adj attr* erhofft
hope·ful ['həʊpfᵊl, AM 'hoʊp-] I. *adj* zuversichtlich; ■ **to be ~ of sth** auf etw *akk* hoffen
II. *n usu pl* viel versprechende Personen; **young ~s** viel versprechende junge Talente
hope·ful·ly ['həʊpfᵊli, AM 'hoʊp-] *adv* ① *(in hope)* hoffnungsvoll
② *inv (it is hoped)* hoffentlich
hope·less ['həʊpləs, AM 'hoʊp-] *adj* hoffnungslos; **~ effort** verzweifelter Versuch; **to be in a ~ quandary** vollkommen entscheidungsunfähig sein; **~ situation** aussichtslose Situation; **a ~ task** ein sinnloses Unterfangen; ■ **to be ~** *(fam)* ein hoffnungsloser Fall sein; ***I'm ~ at cooking*** wenn es um's Kochen geht, bin ich eine absolute Null; ■ **it is ~ to do sth** es ist hoffnungslos, etw zu tun
hope·less·ly ['həʊpləsli, AM 'hoʊp-] *adv* hoffnungslos; ***he's ~ in love with her*** er ist bis über beide Ohren in sie verliebt; **~ lost** hoffnungslos verirrt
hope·less·ness ['həʊpləsnəs, AM 'hoʊp-] *n no pl* Hoffnungslosigkeit *f*
Hopi ['həʊpi, AM 'hoʊ-] I. *n* ① *(Native American)* Hopi *m o f*
② *(Indian tribe)* Hopi *pl*
③ *(Indian language)* Hopi *nt*
II. *adj* von den Hopi *nach n*
hop·lite ['hɒplaɪt, AM 'hɑ:p] *n (hist)* Hoplit *m*
hopped 'up *adj (fam)* ■ **to be ~ on sth** *drugs* von etw *dat* high sein *fam,* mit etw *dat* vollgedröhnt sein *pej sl*
hop·per ['hɒpəʳ, AM 'hɑ:pɚ] *n* ① TECH Einfülltrichter *m*
② COMPUT Kartenmagazin *nt*
▸ PHRASES: **to toss sth into the ~** etw in Betracht ziehen
'hop-pick·er *n* Hopfenpflücker(in) *m(f)*
hop·ping ['hɒpɪŋ, AM 'hɑ:p-] *adj inv (fam)* **to be ~** [**mad**] auf hundertachtzig sein; **to be ~ mad with sb** stinksauer auf jdn sein *fam*
hop·ple ['hɒpl̩, AM 'hɑ:pl̩] I. *vt* ■ **to ~ a donkey/horse** einem Esel/Pferd eine Fußfessel anlegen
II. *n* Fußfessel *f*
hop·py ['hɒpi, AM 'hɑ:pi] *adj* hopfig, Hopfen-
hops [hɒps, AM hɑ:ps] *npl* ① *(vine)* Hopfen *m*
② *(flower)* [Hopfen]dolden *pl*
hop·scotch ['hɒpskɒtʃ, AM 'hɑ:pskɑ:tʃ] *n no pl* Himmel und Hölle *nt;* **to play ~** Himmel und Hölle spielen
Ho·ra·tian [hə'reɪʃᵊn, AM hɔ:'] *adj inv* horazisch
horde [hɔ:d, AM hɔ:rd] *n* Horde *f;* ***there were ~s of fans waiting outside*** draußen wartete eine riesige Fangemeinde; **to come** [*or* **arrive**]/**leave in** [BRIT **their**] **~s** in Massen kommen/gehen
ho·ri·zon [hə'raɪzᵊn] *n* ■ **the ~** der Horizont; **to broaden** [*or* **expand**] [*or* **widen**] **one's ~s** *(fig)* seinen Horizont erweitern; **on the ~** am Horizont; ***with a long holiday abroad on the ~, she felt great*** mit der Aussicht auf einen langen Urlaub fühlte sie sich großartig
ho·ri·zon·tal [ˌhɒrɪ'zɒntᵊl, AM ˌhɔ:rɪ'zɑ:n-] I. *adj inv* horizontal, waag[e]recht; **~ lines** waag[e]rechte Linien
II. *n no pl* MATH ■ **the ~** die Horizontale [*o* Waag[e]rechte]
ho·ri·zon·tal·ly [ˌhɒrɪ'zɒntᵊli, AM ˌhɔ:rɪ'zɑ:n-] *adv inv* horizontal, waag[e]recht
hori·zon·tal op·posed 'en·gine *n* TECH Boxermotor *m*
hori·zon·tal 'spread *n* FIN horizontaler Spread
hor·mon·al [hɔ:'məʊnᵊl, AM hɔ:r'moʊ-] *adj inv* hormonal, hormonell

H

hor·mon·al im·'bal·ance *n* hormonelle Schwankung, Hormonschwankung *f*

hor·mone ['hɔːməʊn, AM 'hɔːrmoʊn] *n* Hormon *nt;* **female/male ~s** weibliche/männliche Hormone; **growth ~s** Wachstumshormone *pl*

hor·mone re·'place·ment thera·py *n,* **HRT** *n* Hormonbehandlung *f*

horn [hɔːn, AM hɔːrn] **I.** *n* ❶ *(growth)* Horn *nt*
❷ *no pl (substance)* Horn *nt*
❸ *(music)* Horn *nt*
❹ *(siren)* Hupe *f;* **to sound** [*or* **blow**] [*or fam* **honk**] **one's ~** auf die Hupe drücken *fam;* **to sound one's ~ at sb** jdn anhupen
❺ COMPUT Hornstrahler *m*
▶PHRASES: **to be on the ~s of a dilemma** in einer Zwickmühle stecken; **to draw** [*or* **pull**] **in one's ~s** kürzer treten; **on the ~** AM *(fam)* am Telefon; **to take the bull by the ~s** den Stier bei den Hörnern packen
II. *vi* AM ■**to ~ in** sich *akk* einmischen; ■**to ~ in on sth** bei etw *dat* mitmischen

horn·beam ['hɔːnbiːm, AM 'hɔːrn] *n* Hainbuche *f*

horn·bill ['hɔːnbɪl, AM 'hɔːrn] *n* Hornvogel *m*

horned [hɔːnd, AM hɔːrnd] *adj inv* gehörnt, mit Hörnern *nach n;* **~ cattle** Hornvieh *nt;* **~ lizard** [*or* **toad**] Krötenechse *f;* **~ owl** Ohreule *f*

Horner's meth·od ['hɔːnəz-, AM 'hɔːrnəz-] *n no pl* MATH Horner-Schema *nt*

hor·net ['hɔːnɪt, AM 'hɔːrn-] *n* Hornisse *f*

'hor·net's nest *n* Hornissennest *nt*
▶PHRASES: **to stir up a** [**real**] **~** in ein Wespennest stechen

horni·ness ['hɔːnɪnəs, AM 'hɔːrn-] *n no pl (fam)* Geilheit *f*

horn·ist ['hɔːnɪst, AM 'hɔːrn-] *n* MUS Hornist(in) *m(f)*

horn·less ['hɔːnləs, AM 'hɔːrn-] *adj inv* hornlos, ohne Hörner *nach n*

'horn·pipe *n* Hornpipe *f (traditioneller englischer Seemannstanz)*

'horn-play·er *n* Hornist(in) *m(f)*

'horn-rimmed *adj inv* **~ glasses** Hornbrille *f*

horny ['hɔːni, AM 'hɔːrni] *adj* ❶ *(hard)* hornartig; *(of horn)* aus Horn *nach n*
❷ *(fam: randy)* geil *sl;* ***he's a ~ little so-and-so*** er ist ein geiler Bock *sl;* **to feel ~** spitz sein *sl*

horo·scope ['hɒrəskəʊp, AM 'hɔːrəskoʊp] *n* Horoskop *nt;* **to read one's/sb's ~** sein/jds Horoskop lesen

hor·ren·dous [hɒ'rendəs, AM hɔː'ren-] *adj* ❶ *(bad) suffering* schrecklich; **~ conditions** entsetzliche Bedingungen; **a ~ crime** ein grausames Verbrechen; **a ~ tragedy** eine furchtbare Tragödie
❷ *(extreme)* übermäßig; *prices, losses* horrend

hor·ren·dous·ly [hɒ'rendəsli, AM hɔː'ren-] *adv* schrecklich; **~ expensive** entsetzlich teuer

hor·ren·dous·ness [hɒ'rendəsnəs, AM hɔː'ren-] *n no pl* Abscheulichkeit *f;* ***we were appalled by the ~ of the conditions in the refugee camp*** wir waren von den entsetzlichen Bedingungen im Flüchtlingslager geschockt

hor·ri·ble ['hɒrəbl̩, AM 'hɔːr-] *adj* ❶ *(shocking)* schrecklich
❷ *(unpleasant)* unerfreulich; ***isn't the weather ~ today?*** ist das Wetter heute nicht grauenhaft?; **a ~ suspicion** ein schrecklicher Verdacht; ■**it is ~ doing/to do sth** es ist schrecklich, etw zu tun; ■**to be ~ that ...** schrecklich sein, dass ...
❸ *(unkind)* gemein; ***don't be so ~*** sei nicht so gemein; ■**to be ~ to sb** gemein zu jdm sein

hor·ri·bly ['hɒrəbli, AM 'hɔːr-] *adv* ❶ *(shockingly)* schrecklich; **to go ~ wrong** entsetzlich schiefgehen
❷ *(unkindly)* gemein; **to behave ~** sich *akk* fürchterlich benehmen

hor·rid ['hɒrɪd, AM 'hɔːr-] *adj (fam)* ❶ *(shocking) nightmare* entsetzlich; **a ~ crime** ein abscheuliches Verbrechen; **a ~ sight** ein fürchterlicher Anblick
❷ *(unpleasant)* grauenhaft; **to be a ~ sight** grauenvoll aussehen
❸ *(unkind) child* gemein; ■**to be ~** [**to sb**] gemein [zu jdm] sein; ■**it is ~ of sb to do sth** es ist gemein von jdm, etw zu tun

hor·rid·ly ['hɒrɪdli, AM 'hɔːr-] *adv (fam)* schrecklich; ***he always speaks ~ to her*** er ist immer so hässlich zu ihr; ***stop behaving so ~!*** sei nicht immer so ekelhaft!

hor·rid·ness ['hɒrɪdnəs, AM 'hɔːr-] *n no pl* Abscheulichkeit *f*

hor·ri·fic [hɒr'ɪfɪk, AM hɔː'rɪf-] *adj* ❶ *(shocking)* entsetzlich; **a ~ accident/attack/murder** ein schrecklicher Unfall/Angriff/Mord
❷ *(extreme) losses, prices* horrend

hor·ri·fi·cal·ly [hɒr'ɪfɪkli, AM hɔː'rɪf-] *adv* ❶ *(shockingly)* entsetzlich; ***he was ~ injured*** er hatte schreckliche Verletzungen erlitten
❷ *(extremely)* horrend; **~ expensive** unglaublich überteuert

hor·ri·fied ['hɒrɪfaɪd, AM 'hɔːr-] *adj* entsetzt; ***I was ~ to hear of his death*** ich war von der Nachricht seines Todes völlig geschockt; **to give sb a ~ look** jdm einen entsetzten Blick zuwerfen; **to be ~ at** [*or* **by**] **sth** von etw *dat* völlig schockiert sein *fam*

hor·ri·fy <-ie-> ['hɒrɪfaɪ, AM 'hɔːr-] *vt* ■**to ~ sb** jdn entsetzen [*o* schockieren]

hor·ri·fy·ing ['hɒrɪfaɪɪŋ, AM 'hɔːr-] *adj* ❶ *(shocking) injuries, incidents* schrecklich; **~ conditions** entsetzliche Bedingungen; ■**it is ~ to do sth** es ist entsetzlich, etw zu tun
❷ *(unpleasant)* grauenhaft

hor·ri·fy·ing·ly ['hɒrɪfaɪɪŋli, AM 'hɔːr-] *adv* entsetzlich

hor·ror ['hɒrəʳ, AM 'hɔːrɚ] *n* ❶ *(feeling)* Entsetzen *nt,* Grauen *nt* (**at** über *+akk*); **to be filled with ~** von Schrecken [*o* Grauen] erfüllt sein; **to be paralysed with ~** vor Entsetzen wie gelähmt sein; **to express one's ~ at a crime** sein Entsetzen über ein Verbrechen zum Ausdruck bringen; **to have a ~ of sth** panische Angst vor etw *dat* haben; **to have a ~ of doing sth** einen Horror davor haben, etw zu tun; **in ~** entsetzt; **to sb's ~** zu jds Entsetzen
❷ *(fam: brat)* ***that child is a little ~!*** dieses Kind ist der reinste Horror!
▶PHRASES: [**~ of**] **~s!** ach, du liebes bisschen!

'hor·ror film, *esp* AM **'hor·ror movie** *n* Horrorfilm *m*

hor·rors ['hɒrəz, AM 'hɔːrɚz] *npl* ❶ *(horrifying thing)* Schrecken *pl;* **the ~ of war** die Schrecken des Krieges
❷ *(fear)* Horror *m kein pl;* **to give sb the ~** jdn zu Tode erschrecken *fam*

'hor·ror sto·ry *n* Horrorgeschichte *f* **'hor·ror-strick·en, 'hor·ror-struck** *adj* von Entsetzen gepackt; ***I was ~ to hear the dreadful news*** mich packte das kalte Grausen, als ich die schreckliche Nachricht hörte; **to listen/stand/watch ~** voller Entsetzen zuhören/da[bei]stehen/zusehen; ■**to be ~ at sth** über etw *akk* entsetzt sein

hors d'oeuvre <*pl* - *or* -s> [ˌɔː'dɜːv, AM ˌɔːr'dɜːrv] *n* ❶ BRIT, AUS *(starter)* Hors d'oeuvre *nt*
❷ AM *(canapés)* Appetithäppchen *nt,* Kanapee *nt,* Canapé *nt* SCHWEIZ

horse [hɔːs, AM hɔːrs] **I.** *n* ❶ *(animal)* Pferd *nt;* **~ and carriage** Pferdekutsche *f;* **~ and cart** Pferdefuhrwerk *nt;* **coach and ~s** Postkutsche *f;* **to eat like a ~** fressen wie ein Scheunendrescher *fam;* **to ride a ~** reiten; **to work like a ~** wie ein Pferd arbeiten
❷ *pl* ■**the ~s** *pl* das Pferderennen; **to play the ~s** beim Pferderennen wetten
❸ SPORT Pferd *nt;* **wooden vaulting ~** hölzernes Pferd
❹ *(helper)* **willing ~** fleißiger Helfer/fleißige Helferin
❺ *no pl (sl: heroin)* H *nt*
❻ *(fam) see* **horse power** PS
▶PHRASES: **to back the wrong ~** aufs falsche Pferd setzen; **it's a case** [*or* **question**] **of ~s for courses** BRIT, AUS dafür gibt es kein Patentrezept; **to change** [*or* **swap**] **~s** [**in**] **midstream** einen anderen Kurs einschlagen; **to flog a dead ~** sich *dat* die Mühe sparen können; **to drive a coach and ~s through sth** BRIT *(violate)* sich *akk* den Teufel um etw *akk* scheren *fam; (disprove)* ***she drove a coach and ~s through his arguments*** sie wischte seine Argumente einfach vom Tisch; ***you're flogging a dead ~ there*** das ist echt vergebliche Liebesmüh' *fam;* **to get on one's high ~** *(fam)* sich *akk* aufs hohe Ross setzen; **to hear** [*or* **get**] **sth** [**straight**] **from the ~'s mouth** etw aus erster Hand haben; **to be on one's high ~** auf dem hohen Ross sitzen; **to hold one's ~s** *(fam)* die Luft anhalten; ***hey! hold your ~s! not so fast!*** he, nun mal langsam, nicht so schnell!; **one has locked the stable door after the ~ has bolted** der Zug ist abgefahren; **never look a gift ~ in the mouth** *(prov)* einem geschenkten Gaul schaut man nicht ins Maul *prov;* **to put the cart before the ~** das Pferd am Schwanz aufzäumen; **you can take** [*or* **lead**] **a ~ to water, but you can't make him drink** *(prov)* man kann jdn nicht zu seinem Glück zwingen
II. *vi* ■**to ~ about** [*or* **around**] Blödsinn machen, herumblödeln

'horse·back I. *n* **on ~** zu Pferd, hoch zu Ross *poet;* **police on ~** berittene Polizei **II.** *adj attr, inv* **~ riding** Reiten *nt;* **~ rider** Reiter(in) *m(f)* **'horse·box,** AM **'horse·car** *n* Pferdetransporter *m* **horse 'chest·nut** *n* Rosskastanie *f* **'horse-drawn** *adj inv* von Pferden gezogen; **~ carriage** Pferdekutsche *f;* **~ cart** Pferdefuhrwerk *nt;* **~ vehicle** Pferdegespann *nt* **horse·flesh** *n no pl* Pferdefleisch *nt,* SCHWEIZ *a.* Rossfleisch *nt* **'horse float** *n* AUS Pferdetransporter *m* **'horse·fly** *n* [Pferde]bremse *f* **'horse·hair I.** *n no pl* Rosshaar *nt* **II.** *n modifier* **~ brush** Rosshaarbürste *f* **'horse laugh** *n* wieherndes Gelächter; ***she's got an awful ~*** sie wiehert echt wie ein Pferd! *fam* **horse·less** ['hɔːsləs, AM 'hɔːrs] *adj inv* ohne Pferd(e) **'horse·man** *n* Reiter *m*

'horse·man·ship *n no pl* Reitkunst *f*

'horse ma·nure *n no pl* ❶ *(droppings)* Pferdemist *m,* Pferdeäpfel *pl* ❷ *esp* AM *(rubbish)* Bockmist *m,* Blödsinn *m* ÖSTERR, SCHWEIZ *fam* **'horse·play** *n no pl* wilde Ausgelassenheit; ***I loathe these drunken parties where there's a lot of ~*** ich hasse diese Saufgelage, bei denen die Leute total über die Stränge schlagen **'horse·pow·er** *n* <*pl* ->, **hp** *n* Pferdestärke *f;* ***a 10-~ engine*** ein Motor *m* mit 10 PS **'horse race** *n* Pferderennen *nt* **'horse rac·ing** *n* Pferderennsport *m;* **to go ~** zum Pferderennen gehen **'horse·rad·ish** *n no pl* Meerrettich *m,* Kren *m* ÖSTERR **'horse rid·ing** *n no pl* Reiten *nt*

horse's 'ass *n* AM *(sl)* Arschloch *nt derb;* **to be a real ~** ein richtiges Arschloch sein *derb*

'horse sense *n no pl (fam)* gesunder Menschenverstand; ***has he got enough ~ to inform the police?*** hat er genug Grips im Hirn, um die Polizei zu rufen? **'horse·shit** *esp* AM **I.** *n no pl (fam!)* ❶ *(droppings)* Pferdescheiße *f derb,* Rossmist *m* SCHWEIZ ❷ *(rubbish)* Scheiße *f derb* **II.** *n modifier (fam!) excuse* Scheiß- *derb*

'horse·shoe *n* Hufeisen *nt* **horse·shoe 'bend, horse·shoe 'curve** *n* Haarnadelkurve *f* **horse·shoe 'mag·net** *n* Hufeisenmagnet *m*

'horse·shoes *n + sing vb* AM Hufeisenwerfen *nt* **'horse·trade** *vi* ■**to ~ with sb** mit jdm einen Kuhhandel machen **'horse·trad·ing** *n no pl (fig)* Kuhhandel *m* **'horse trail·er** *n* Pferdetransporter *m* **'horse van** *n* AM *see* **horsebox** **'horse·whip I.** *n* Pferdepeitsche *f* **II.** *vt* <-pp-> ■**to ~ sb** jdn [mit der Pferdepeitsche] auspeitschen **'horse·wom·an** *n* Reiterin *f*

hors(e)y ['hɔːsi, AM 'hɔːrsi] *adj (fam)* ❶ *(devoted)* pferdenärrisch
❷ *(pej: ugly)* pferdeähnlich; ■**to be ~** ein Pferdegesicht haben *fam*

hor·ti·cul·tur·al [ˌhɔːtɪ'kʌltʃərəl, AM ˌhɔːrt̬ɪ'kʌltʃɚ-] *adj inv* Gartenbau-; **~ show** Gartenbauausstellung *f;* **~ society** Gartenbauverein *m*

hor·ti·cul·tur·al·ist [ˌhɔːtɪ'kʌltʃərəlɪst, AM ˌhɔːrt̬ɪ'kʌltʃɚ-] *n* Gartenbauingenieur(in) *m(f),* SCHWEIZ *a.* Gartenarchitekt(in) *m(f)*

hor·ti·cul·ture ['hɔːtɪkʌltʃəʳ, AM 'hɔːrt̬ɪkʌltʃɚ] *n no pl* Gartenbau *m*

hor·ti·cul·tur·ist [ˌhɔːtɪ'kʌltʃərɪst, AM ˌhɔːrt̬ə'] *n* Gartenbauexperte, -expertin *m, f*

ho·san·na(h) [hə(ʊ)'zænə, AM hoʊ'-] *interj*

Hos[i]anna!

hose [həʊz, AM hoʊz] **I.** *n* ① *(tube)* Schlauch *m;* **garden ~** Gartenschlauch *m*
② *no pl* FASHION *(hosiery)* Strumpfwaren *pl*
II. *vt (fam)* ■**to ~ sb** jdn vernichtend schlagen [*o fam* in die Tasche stecken]
◆**hose down** *vt* ■**to ~ down** ○ **sb/sth** jdn/etw [mit einem Schlauch] abspritzen
◆**hose out** *vt* ■**to ~ out** ○ **sth** etw mit einem Schlauch säubern

'hose·pipe *n* BRIT Schlauch *m;* **~ ban** Spritzverbot *nt (durch Wasserknappheit bedingtes Verbot, Wasser zu verschwenden)*

ho·sier ['həʊziəʳ, AM 'hoʊʒɚ] *n* Strumpfwarenhändler(in) *m(f) veraltet*

ho·siery ['həʊziəri, AM 'hoʊʒɚi] *n no pl* Strumpfwaren *pl*

hos·pice ['hɒspɪs, AM 'hɑːs-] *n* Hospiz *nt*

hos·pi·table [hɒs'pɪtəbḷ, AM 'hɑːspɪt̬-] *adj* ① *(friendly)* gastfreundlich; ■**to be ~ to[wards] sb** jdn gastfreundlich aufnehmen
② *(pleasant) conditions* günstig; **~ climate** angenehmes Klima; **~ land** guter Boden

hos·pi·tably [hɒs'pɪtəbli, AM 'hɑːspɪt̬-] *adv* gastfreundlich

hos·pi·tal ['hɒspɪtəl, AM 'hɑːspɪt̬əl] *n* ① *(institute)* Krankenhaus *nt,* Spital *nt* SCHWEIZ, ÖSTERR; ***he went to the ~ to see his mother*** er ging seine Mutter im Krankenhaus besuchen; **children's ~** Kinderkrankenhaus *nt;* **maternity ~** Geburtsklinik *f;* **general ~** Krankenhaus *nt*
② *no pl (treatment)* **to be** [*or* **spend time**] **in** [AM **the**] **~** im Krankenhaus sein [*o* liegen]; **to be admitted to ~** ins Krankenhaus eingewiesen werden; **to be discharged from ~** aus dem Krankenhaus entlassen werden; **to go [in]to** [*or* AM **to the**] **~** ins Krankenhaus gehen; **to have to go to ~** ins Krankenhaus müssen

'hos·pi·tal bill *n* Krankenhausrechnung *f,* Spitalrechnung *f* SCHWEIZ **'hos·pi·tal gown** *n* Krankenhausnachthemd *nt,* Spitalnachthemd *nt* SCHWEIZ

hos·pi·tal·ism ['hɒspɪtəlɪzəm, AM 'hɑːspɪt̬-] *n no pl* MED Hospitalismus *m*

hos·pi·tal·ity [ˌhɒspɪ'tæləti, AM ˌhɑːspɪ'tælət̬i] **I.** *n no pl* ① *(welcome)* Gastfreundschaft *f*
② *(food)* Bewirtung *f*
II. *n modifier* **~ coach** kostenloser Zubringerbus; **~ suite** Gästelounge *f;* **~ tent** Partyzelt *nt*

hos·pi·tali·za·tion [ˌhɒspɪtəlaɪ'zeɪʃən, AM ˌhɑːspɪt̬əlɪ'-] *n no pl* ① *(admittance)* Krankenhauseinweisung *f,* Spitaleinweisung *f* SCHWEIZ
② *(treatment)* Krankenhausaufenthalt *m,* Spitalaufenthalt *m* SCHWEIZ

hos·pi·tali·'za·tion in·sur·ance *n no pl* Krankenhauszusatzversicherung *f,* Spitalzusatzversicherung *f* SCHWEIZ

hos·pi·tal·ize ['hɒspɪtəlaɪz, AM 'hɑːspɪt̬əl-] *vt* ① *usu passive (admit)* ■**to be ~d** ins Krankenhaus eingewiesen werden
② *(beat)* ■**to ~ sb** jdn krankenhausreif [*o* SCHWEIZ spitalreif] schlagen

'hos·pi·tal pa·tients *npl* Krankenhauspatienten *pl* **'hos·pi·tal ship** *n* MIL Lazarettschiff *nt* **'hos·pi·tal staff** *n + sing/pl vb* Krankenhauspersonal *nt,* Spitalpersonal *nt* SCHWEIZ **'hos·pi·tal train** *n* MIL Lazarettzug *m*

host¹ [həʊst, AM hoʊst] **I.** *n* ① *(party-giver)* Gastgeber(in) *m(f);* **mine ~** BRIT *(dated or hum)* der Herr Wirt *veraltet*
② *(event-stager)* Veranstalter(in) *m(f);* **to play ~ to sth** *conference, etc.* etw ausrichten
③ *(compère)* Showmaster(in) *m(f);* ***he is the ~ of a quiz show on the radio*** er moderiert eine Quizsendung im Radio
④ BIOL, CHEM Wirt *m;* **~ molecule** Wirtsmolekül *nt*
⑤ COMPUT Hauptrechner *m*
II. *n modifier* **~ family** Gastfamilie *f*
III. *vt* ■**to ~ sth** ① *(stage) event* etw ausrichten
② *(be compère for)* etw präsentieren; ***he ~ed a programme on the radio last night*** er hat letzte Nacht eine Radiosendung moderiert

host² [həʊst, AM hoʊst] *n usu sing* ■**a [whole] ~ of …** jede Menge … *+dat;* ***there's a whole ~ of reasons …*** es gibt eine Vielzahl an Gründen …

host³ [həʊst, AM hoʊst] *n no pl* REL ■**the ~** [*or* **H~**] die Hostie

hos·tage ['hɒstɪdʒ, AM 'hɑː-] *n* Geisel *f;* **to hold/take sb [as a] ~** jdn als Geisel festhalten/nehmen; **to seize a ~** eine Geisel nehmen
▶PHRASES: **to create** [*or* **give**] **a ~ to fortune** ein Risiko eingehen

'hos·tage-tak·er *n* Geiselnehmer(in) *m(f)* **'hos·tage-tak·ing** *n no pl* Geiselnahme *f*

host 'coun·try *n* Gastland *nt;* **the ~ to the Olympics** das Gastgeberland der Olympiade

hos·tel ['hɒstəl, AM 'hɑː-] *n* ① TOURIST Herberge *f veraltend,* [billiges] Hotel; **[youth] ~** Jugendherberge *f*
② SOCIOL Wohnheim *nt;* BRIT Obdachlosenheim *nt,* Obdachlosenasyl *nt;* **student ~** Studentenwohnheim *nt*

hos·tel·ler ['hɒstələʳ, AM 'hɑːstələr] *n* Heimbewohner(in) *m(f); (in youth hostel)* Herbergsgast *m*

hos·tel·ry ['hɒstəlri, AM 'hɑː-] *n (dated or hum)* Wirtshaus *nt*

host·ess [həʊstɪs, AM hoʊ-] **I.** *n* <*pl* -es> ① *(at home)* Gastgeberin *f*
② *(on TV)* Gastgeberin *f; (at restaurant)* Wirtin *f; (at hotel)* Empfangsdame *f; (in nightclub)* Animierdame *f; (at exhibition)* Hostess *f; (on aeroplane)* Stewardess *f*
③ *(euph: prostitute)* Hostess *f euph*
II. *vt* **to ~ an event** Gastgeberin *f* einer Veranstaltung sein; **to ~ a party** eine Party geben

host 'fami·ly *n* Gastfamilie *f*

hos·tile ['hɒstaɪl, AM 'hɑːstəl] *adj* ① *(unfriendly) mood, look, person* feindselig; ***why is John so ~ to me?*** warum verhält sich John mir gegenüber so feindselig?; **~ environment** TECH aggressive Umgebung; **~ environmental conditions** ECOL extreme Umweltbedingungen *pl*
② *(opposed)* ■**to be ~ to sth** etw *dat* abgeneigt sein [*o* ablehnend gegenüberstehen]; ***I'm not ~ to the idea of moving house*** ich hätte nichts dagegen umzuziehen; **to be ~ to technology** technikfeindlich sein
③ *(difficult)* hart, widrig; **~ climate** raues Klima; **~ work environment** ungünstige Arbeitsbedingungen
④ ECON, MIL feindlich; **~ bid** feindliches Übernahmeangebot

hos·tile 'take·over *n* ECON feindliche Übernahme **hos·tile 'wit·ness** *n* LAW feindlicher Zeuge/feindliche Zeugin

hos·til·ity [hɒs'tɪləti, AM hɑː'stɪlət̬i] *n* ① *no pl (unfriendliness)* Feindseligkeit *f;* **to show ~ to[wards] sb** sich *akk* jdm gegenüber feindselig verhalten
② *(aversion)* ablehnende Haltung; **~ to foreigners/technology** Ausländer-/Technikfeindlichkeit *f;* **to show ~ to sth** etwas gegen etw *akk* haben
③ MIL ■**hostilities** *pl* Feindseligkeiten *pl; (fighting)* Kampfhandlungen *pl;* **to suspend hostilities** die Kampfhandlungen einstellen

host·ler ['ɒsləʳ, AM 'ɑːslɚ] *n (hist) see* **ostler**

hot [hɒt, AM hɑːt] **I.** *adj* <-tt-> ① *(temperature)* heiß; ***she was ~*** ihr war heiß; **steaming** [*or* **piping**] **~** kochend heiß
② *(spicy) food* scharf
③ *(angry) argument, words* hitzig; *person* erregt; **to be ~ with rage** vor Wut kochen; **to have a ~ temper** leicht erregbar sein
④ *(close)* ***the gang drove off with the police in ~ pursuit*** die Bande fuhr davon mit der Polizei dicht auf den Fersen; ***you're getting ~*** *(in guessing game)* wärmer; **to be ~ on sb's heels** [*or* **tracks**] [*or* **trail**] jdm dicht auf den Fersen [*o* der Spur] sein
⑤ *(fam: good)* ***my Spanish is not all that ~*** mein Spanisch ist nicht gerade umwerfend *fam;* ***he's Hollywood's ~ test actor*** er ist Hollywoods begehrtester Schauspieler; ***I don't feel so ~*** mir geht es nicht so besonders *fam;* **to be ~ stuff** absolute Spitze sein *fam;* **to be ~ stuff at doing sth** in etw *dat* ganz groß sein *fam;* **~ tip** heißer Tipp *fam;* ■**to be ~ at sth** in etw *dat* ganz groß sein *fam*
⑥ *pred (fam: enthusiastic)* ■**to be ~ for** [*or* **on**] **sth** scharf auf etw *akk* sein *fam;* **to be ~ for fashion** einen Modefimmel haben *fam;* **to be ~ on punctuality** übertrieben großen Wert auf Pünktlichkeit legen; **to be ~ for travel/skiing** leidenschaftlich gern reisen/Ski fahren
⑦ *(dangerous) situation* gefährlich, brenzlig *fam; issue, stolen items* heiß *fam; criminal* gesucht; ***the mafia were making it too ~ for them*** die Mafia machte ihnen die Hölle heiß *fam;* **to be too ~ to handle** *issue* ein heißes Eisen sein
⑧ *(sl: sexy)* heiß *fam;* **~ romance** leidenschaftliche Liebesaffäre; **to be too ~ to handle** *person* heiß sein *fam*
⑨ *(new and exciting) music, news, party* heiß *fam;* ***the party became ~ and heavy*** auf der Party ging es heiß her *fam;* **~ gossip** das Allerneueste
⑩ *(fam: radioactive)* [schwer] radioaktiv, verseucht, heiß *fam;* ELEC *(at high voltage)* stark
▶PHRASES: **to be so much ~ air** nur heiße Luft sein *fam;* **to be all ~ and bothered** *(angry)* fuchsteufelswild sein; *(worried)* ganz aufgeregt sein; **to get [all] ~ under the collar** vor Wut kochen *fam;* **to get into ~ water** in Teufels Küche kommen *fam;* **sb goes ~ and cold** jdn überläuft es heiß und kalt; **~ off the presses** druckfrisch; **to be in ~ water** ganz schön in der Tinte sitzen *fam*
II. *vt* <-tt-> **to ~ up a car's engine** hochschalten; **to ~ up a party** eine Party in Schwung bringen; **to ~ up the speed** das Tempo steigern
III. *vi* <-tt-> ■**to ~ up** *pace* sich *akk* steigern; *situation* sich *akk* verschärfen
IV. *n* ▶PHRASES: **to have the ~s for sb** scharf auf jdn sein *sl*

hot-'air bal·loon *n* Heißluftballon *m* **hot-'air gun** *n* Heißluftpistole *f* **'hot·bed** *n* ① HORT Mistbeet *nt,* Frühbeet *nt* ② *(fig: centre)* **to be a ~ of crime/intrigue/radicalism** eine Brutstätte für Kriminalität/Intrigen/Radikalismus sein **hot-'blood·ed** *adj (easy to anger)* hitzköpfig; *(reckless)* hitzig, draufgängerisch; *(passionate)* heißblütig **'hot-but·ton** *adj attr, inv* AM *(sl) issue* heiß umstritten **'hot cake** *n* AM Pfannkuchen *m,* Omelette *f* SCHWEIZ ▶PHRASES: **to sell like ~s** wie warme Semmeln weggehen *fam* **hot 'choco·late** *n no pl* [heiße] Schokolade, Kakao *m*

hotch·potch ['hɒtʃpɒtʃ, AM 'hɑːtʃpɑːtʃ] *n no pl* Mischmasch *m fam* (**of** aus *+dat*)

hot cross 'bun *n* BRIT *Rosinenbrötchen mit Teigkreuz als Verzierung, das in der Karwoche gegessen wird*

'hot dog I. *n* ① *(sausage)* Wiener Würstchen *nt,* Wienerli *nt* SCHWEIZ, Frankfurter *nt* ÖSTERR; *(in a roll)* Hotdog *m*
② *esp* AM, AUS *(fig fam: show-off)* Angeber(in) *m(f) fam;* ***he was quite the ~ in skiing*** er zog beim Skifahren eine ganz schöne Schau ab *fam*
③ AM, AUS *(fam: dachshund)* Dackel *m*
II. *interj* AM *(fam)* super *sl,* toll *fam*

'hot·dog *vi* <-gg-> AM ① *surfers, skiers* Kunststücke machen
② *(boast)* angeben

'hot-dog·ging *adj attr (sl)* angeberisch

'hot dog stand *n* Hotdogstand *m,* Würstchenbude *f,* ÖSTERR *bes* Würstelstand *m*

ho·tel [hə(ʊ)'tel, AM hoʊ'-] **I.** *n* Hotel *nt*
II. *n modifier (food, room)* Hotel-

ho·tel ac·com·mo·'da·tion *n* ① *(room)* Hotelzimmer *nt* ② AM ■**~s** *pl* Hotelunterkunft *f kein pl,* Hotelunterbringung *f kein pl* **ho·'tel bill** *n* Hotelrechnung *f* **ho·tel 'chain** *n* Hotelkette *f*

ho·tel·ier [hə(ʊ)'telieɪ, AM hoʊ'təljeɪ] *n (owner)* Hotelbesitzer(in) *m(f),* Hotelier *m; (manager)* Hoteldirektor(in) *m(f),* Hotelmanager(in) *m(f)*

ho·tel 'in·dus·try *n no pl* Hotelgewerbe *nt,* Hotellerie *f*

ho·'tel·keep·er *n* Hoteldirektor(in) *m(f)*

ho·tel 'por·ter *n* Hotelportier *m,* Hoteldiener(in)

m(f) **ho·tel 'reg·is·ter** *n* Gästebuch *nt,* Fremdenbuch *nt* **ho·tel 'staff** *n + sing/pl vb* Hotelpersonal *nt* **ho·tel 'suite** *n* [Hotel]suite *f*

hot 'fa·vour·ite, AM **hot 'fa·vor·ite** *n* heißer Favorit/heiße Favoritin *fam* **hot 'flush,** AM **hot 'flash** *n* Hitzewallung *f;* **to suffer from ~es** Hitzewallungen haben, unter fliegender Hitze leiden **hot 'foot** *n usu sing* AM **to give sb a ~** jdm die Schuhe ansengen **'hot·foot I.** *adv inv* eilig; **to run/rush ~** schleunigst rennen/eilen **II.** *vt (fam)* **to ~ it home/down the street** schnell nach Hause/die Straße hinunterrennen; **to ~ it to the shops** schnell einkaufen gehen **III.** *vi* eilen; ***you'd better ~ home before it gets dark*** du machst besser, dass du nach Hause kommst, bevor es dunkel wird *fam* **hot-gos·pel·ler** [-'gɒspᵊləʳ, AM -'gɑːspᵊlɚ] *n (esp pej fam)* Erweckungsprediger(in) *m(f)* **'hot·head** *n* Hitzkopf *m* **hot-'head·ed** *adj* hitzköpfig, unbeherrscht **hot-'head·ed·ly** *adv* unbeherrscht **hot-'head·ed·ness** *n no pl* hitziges Temperament **'hot·house I.** *n* ❶ *(for plants)* Treibhaus *nt* ❷ *(fig: for development)* fruchtbarer Boden **II.** *n modifier* ❶ HORT *(tomatoes, cucumbers)* Treibhaus- ❷ *(fig: promoting development) (atmosphere)* förderlich **III.** *vt (fam)* **to ~ a child** ein Kind zu früh mit Lernstoff vollstopfen *fam;* ***I didn't want to isolate and ~ her*** ich wollte sie nicht absondern und zu früh mit Lernen überfordern **hot·house 'chil·dren** *npl* überbehütete, oft hoch begabte Kinder **'hot key I.** *n* Hot Key *m fachspr (vorprogrammierte Tastenkombination)* **II.** *n modifier* Hot-Key-; **~-combination** Tastenkombination *f* **'hot·line** *n* Hotline *f;* POL heißer Draht; **to set up a ~** eine Hotline einrichten

hot·ly ['hɒtli, AM 'hɑːt-] *adv* **~ contested** heiß umkämpft; **to ~ deny sth** etw heftig bestreiten; **~ disputed** heftig umstritten

hot 'met·al *n no pl* TYPO Bleisatz *m;* **~ composition** gegossener Hartbleisatz **hot 'mon·ey** *n* FIN heißes Geld, vagabundierende Gelder **'hot pants** *npl* heiße Höschen, Hotpants *pl* **'hot·plate** *n (on stove)* Kochplatte *f,* Heizplatte *f,* SCHWEIZ *a.* Herdplatte *f; (plate-warmer)* Warmhalteplatte *f,* Wärmplatte *f* **'hot·pot** *n* BRIT *Fleischeintopf mit Kartoffeln und Gemüse* **hot po·'ta·to** *n* POL *(fig)* heißes Eisen

'hot·rod *n (fam)* hochfrisiertes Auto *fam*

'hot seat *n* ❶ *(fig: difficult position)* Schleudersitz *m;* **to be in the ~** *(be under pressure)* unter Druck stehen; *(be in difficulties)* in der Bredouille [*o* in Bedrängnis] sein *fam; (be in the spotlight)* im Rampenlicht stehen ❷ LAW elektrischer Stuhl **hot-'sel·ling** *adj inv* heiß begehrt **hot 'shit** *n no pl* AM *(sl)* ■**to be ~** ein Ass *nt* sein *fam;* ***he thinks he's ~*** er hält sich für einen tollen Hecht *fam* **'hot·shot** *n esp* AM, AUS *(fam)* Kanone *f fam,* Ass *nt fam* **'hot spot** *n* ❶ *(fam: popular place)* heißer Schuppen *fam* ❷ *(area of conflict)* Krisenherd *m* ❸ COMPUT, PHOT intensiver Lichtfleck, Hotspot *m fachspr* ❹ INET drahtloser Internetzugangspunkt **'hot spring** *n* heiße Quelle, Thermalquelle *f* **hot 'stuff** *n no pl* ❶ *(fam: skilful)* ■**to be ~** ein Ass sein *fam* ❷ *(sl: sexy woman)* heiße Braut *sl; (sexy man)* heißer Typ *fam* **hot-'tem·pered** *adj* heißblütig

Hot·ten·tot ['hɒtᵊntɒt, AM 'hɑːtᵊntɑːt] *n* Hottentottisch *nt*

hot 'tick·et *n (sl)* der letzte Schrei *fam*

hot·tie ['hɒti, AM 'hɑːti] *n* ❶ *(sl: sexy woman)* heiße Braut *sl*
❷ AUS *(hot water bottle)* Wärmflasche *f*

hot to 'trot *adj pred, inv (fam)* scharf *fam* **'hot tub** *n* Warmwasserbecken *nt* **hot-'wa·ter bot·tle** *n* Wärmflasche *f,* Bettflasche *f* SCHWEIZ **hot wa·ter 'cyl·in·der** *n* BRIT Boiler *m,* Warmwasserbehälter *m* **hot 'wa·ter tank** *n* AM Boiler *m,* Heißwasserspeicher *m,* Warmwasserspeicher *m* **'hot-wire** *vt* **to ~ a car** ein Auto kurzschließen

hou·mmos ['huːmʊs, AM 'hʌməs] *n see* **hummus**

hound [haʊnd] **I.** *n* ❶ *(dog)* Hund *m; (hunting dog)* Jagdhund *m*
❷ *(fig: person)* **to be an attention ~** immer im Mittelpunkt stehen wollen; **to be a publicity ~** publicitysüchtig sein
II. *vt* ■**to ~ sb** jdn jagen [*o* hetzen]; *(in sports)* jdm hinterherjagen
◆**hound out** *vt* ■**to ~ out** ⊂ **sb** jdn vertreiben [*o* verjagen]

hounds·tooth <*pl* -s> ['haʊndztuːθ] *n* FASHION Hahnentritt *m*

hour [aʊəʳ, AM aʊr] *n* ❶ *(60 minutes)* Stunde *f;* ***weather conditions here change from ~ to ~*** das Wetter ändert sich hier stündlich; ***I'll be there within an ~*** ich bin in einer Stunde da; ***the gas station is open 24 ~s a day*** die Tankstelle hat 24 Stunden am Tag geöffnet; ***we work an eight-~ day*** wir haben einen Achtstundentag; **~ after** [*or* **upon**] **~** Stunde um Stunde; **in an ~['s time]** in einer Stunde; **50/90 kilometres an** [*or* **per**] **~** 50/90 Kilometer pro Stunde; **15 dollars/£10 an ~** 15 Dollar/10 Pfund die Stunde; **to be paid by the ~** pro Stunde bezahlt werden, Stundenlohn bekommen; **to do sth for ~s** etw stundenlang tun
❷ *(on clock)* [volle] Stunde; ***the clock struck the ~*** die Uhr schlug die volle Stunde; ***the train is scheduled to arrive on the ~*** der Zug kommt planmäßig zur vollen Stunde an; **ten minutes past/to the ~** zehn Minuten nach/vor [der vollen Stunde]; **every ~ on the ~** jede volle Stunde
❸ *(more general)* Stunde *f geh,* Zeit *f;* ***granny spent long ~s talking about her childhood*** Oma sprach oft Stunden über ihre Kindheit; ***he stays up drinking till all ~s*** er trinkt bis früh in den Morgen; **in one's ~ of need** in der Stunde der Not *geh;* **at the agreed ~** zur vereinbarten Zeit; **to keep late ~s** lange aufbleiben; **to keep regular ~s** geregelte Zeiten einhalten; **to work long ~s** lange arbeiten; **~s** *pl* **of work** ADMIN Arbeitszeit *f;* **at all ~s** zu jeder Tages- und Nachtzeit; **at any ~** jederzeit; **at this ~** in dieser Stunde; **after** [*or* BRIT *also* **out of**] **~s** nach [*o* außerhalb] der Polizeistunde
❹ *(present time)* **the man of the ~** der Mann der Stunde; **the problem of the ~** das aktuelle Problem
❺ *(for an activity)* ***what are the ~s in this office?*** wie sind die Arbeitszeiten in diesem Büro?; ***the shares rose in after-~ trading*** die Aktien stiegen an der Nachtbörse; **banking ~s** Schalterstunden *pl (einer Bank);* **business ~s** Geschäftsstunden *pl,* Geschäftszeit *f;* **doctor's ~s** Sprechstunden *pl;* **lunch ~** Mittagspause *f;* **office ~s** Bürozeit[en] *f;* **opening ~s** Öffnungszeiten *pl;* **outside ~s** außerhalb der Bürozeit[en]
❻ *(distance)* [Weg]stunde *f;* ***it's about 3 ~'s walk from here*** von hier sind es etwa 3 Stunden zu Fuß; **an ~ away** eine [Weg]stunde entfernt
❼ AM *(at university)* [**credit**] **~** Stunde *f*
▸PHRASES: **the eleventh ~** in letzter Minute, fünf vor Zwölf; **the witching ~** die Geisterstunde; **sb's ~ has come** jds [letzte] Stunde ist gekommen [*o* hat geschlagen] *veraltend o hum*

'hour·glass *n* Sanduhr *f,* Stundenglas *nt veraltet*

hour·glass 'fig·ure *n* kurvenreiche Figur *hum fam*

'hour hand *n* Stundenzeiger *m*

hour·ly ['aʊəli, AM 'aʊrli] *inv* **I.** *adv* stündlich; *(fig)* ständig
II. *adj* stündlich; ***there's an ~ bus service into town*** jede Stunde fährt ein Bus in die Stadt; **~ rate/wage** Stundensatz/-lohn *m*

'hour·ly-paid *adj* stundenweise bezahlt; **~ employee/job** Angestellte(r) *f(m)*/Job *m* auf Stundenlohnbasis

house I. *n* [haʊs] ❶ *(residence)* Haus *nt;* ***let's go to John's ~*** lass uns zu John gehen; ***Sam's playing at Mary's ~*** Sam spielt bei Mary; **~ and home** Haus und Hof; **to eat sb out of ~ and home** jdm die Haare vom Kopf fressen *fam;* **to be a mad ~** *(fig)* ein Irrenhaus sein; **to buy/own/rent a ~** ein Haus kaufen/besitzen/mieten; **to keep ~** den Haushalt führen; **to keep to the ~** zu Hause bleiben; **to set up ~** einen eigenen Hausstand gründen
❷ *(residents)* ***you woke the whole ~!*** du hast das ganze Haus geweckt!
❸ *(building)* Haus *nt;* **a ~ of prayer/worship** ein Haus *nt* des Gebets/der Andacht
❹ *(business)* Haus *nt;* ***the pastries are made in ~*** das Gebäck wird hier im Hause hergestellt; ***in a gambling casino, the odds always favour the ~*** in einem Spielkasino hat immer die Bank die größten Gewinnchancen; **the rules of the ~** die Hausordnung; **publishing ~** Verlag *m;* **on the ~** auf Kosten des Hauses
❺ THEAT Haus *nt;* **to dress the ~** mit Freikarten das Haus füllen; **to play to a full ~** vor vollem Haus spielen; **to set the ~ on fire** das Publikum begeistern
❻ BRIT, AUS *(at boarding school)* Gruppenhaus *nt; (at day school)* [Schüler]mannschaft *f*
❼ *(royal family)* **the H~ of Habsburg/Windsor** das Haus Habsburg/Windsor
❽ *+ sing/pl vb (legislative body)* Parlament *nt; (members collectively)* ■**the H~** das Parlament, die Abgeordneten *pl;* **upper/lower ~** Ober-/Unterhaus *nt*
❾ *(for animal)* **bird ~** Vogelhaus *nt,* Voliere *f;* **dog ~** Hundehütte *f; (at zoo)* **insect/monkey/reptile ~** Insekten-/Affen-/Reptilienhaus *nt*
❿ *no pl (house music)* House-Musik *f*
⓫ ASTROL Haus *nt*
▸PHRASES: **~ of cards** Kartenhaus *nt;* **to clean ~** ***it's time this company clean ~ and get some fresh blood into the management*** AM es ist an der Zeit, dass diese Firma Ordnung bei sich schafft und frisches Blut in das Management bringt; **to collapse like a ~ of cards** wie ein Kartenhaus in sich *akk* zusammenfallen; **a ~ divided cannot stand** *(prov)* man muss zusammenhalten; **to get on like a ~ on fire** ausgezeichnet miteinander auskommen; **to go all around the ~s** umständlich vorgehen; **to set one's ~ in order** seine Angelegenheiten in Ordnung bringen; **like the side of a ~** fett wie eine Tonne *pej*
II. *adj* [haʊs] *attr, inv* ❶ *(kept inside)* **~ cat/dog/pet** Hauskatze *f*/-hund *m*/-tier *nt*
❷ *(of establishment)* Haus-; **~ rules** Hausordnung *f;* **~ red/white wine** Rot-/Weißwein *m* der Hausmarke
III. *vt* [haʊz] ❶ *(accommodate)* ■**to ~ sb** jdn unterbringen [*o* beherbergen]; *criminal, terrorist* jdm Unterschlupf gewähren; ***the jail ~s 300 prisoners*** in dem Gefängnis können 300 Gefangene eingesperrt werden
❷ *(contain)* ■**to ~ sth:** ***the museum ~s a famous collection*** das Museum beherbergt eine berühmte Sammlung; ■**to be ~d somewhere** irgendwo untergebracht sein
❸ *(encase)* ■**to ~ sth** etw verkleiden

'house ac·count *n* Hauskonto *nt* **'house ar·rest** *n no pl* Hausarrest *m;* **to place sb under ~** jdn unter Hausarrest stellen **'house bank** *n* Hausbank *f* **'house·boat I.** *n* Hausboot *nt* **II.** *vi* in einem Hausboot fahren **'house·bound** *adj inv person* ans Haus gefesselt **'house·break** <-broke, -broken> *vt* AM *(house-train)* ■**to ~ an animal** ein Tier stubenrein machen **'house·break·er** *n* Einbrecher(in) *m(f)* **'house·break·ing** *n no pl* Einbruch *m* **'house·bro·ken** *adj inv* AM *(house-trained) animal* stubenrein **'house·buy·er** *n* Hauskäufer(in) *m(f)* **'house call** *n* Hausbesuch *m* **'house·coat** *n* Hausmantel *m,* Morgenmantel *m,* Morgenrock *m* **'house de·tec·tive** *n* AM Hausdetektiv(in) *m(f)* **'house doc·tor** *n* Wohnberater(in) *m(f) (in einer Fernsehserie, bei der es um Verbesserungen oder Reparaturen am Haus geht)* **'house dress** *n* Hauskleid *nt* **'house·fly** *n* Stubenfliege *f* **'house·ful** *n* **a ~ of antiques/guests** ein [ganzes] Haus voller Antiquitäten/Gäste **'house·guest** *n esp* AM, AUS Gast *m*

'house·hold I. *n* Haushalt *m*
II. *n modifier (appliance, member)* Haushalts-; *(expense, task, waste)* häuslich; **~ chores** Hausarbeit *f;* **~ items** [*or* **goods**] Hausrat *m*

'house·hold·er *n* ❶ *(owner)* Hauseigentümer(in) *m(f)*
❷ *(head of household)* Hausherr(in) *m(f)*

house·hold ex·'pendi·ture *n no pl* Konsumausgabe *f,* Verbrauchsausgabe *f* **house·hold 'god** *n*

Hausgott *m* **house·hold 'goods** *npl* BRIT Haushaltswaren *pl* **house·hold 'in·ven·tory** *n* FIN Hausrat *m;* ~ **insurance** Hausratversicherung *f* **house·hold 'name** *n* **to be a** ~ ein Begriff sein; **to become a** ~ zu einem Begriff werden **house·hold 'troops** *npl* Gardetruppen *pl* **house·hold 'word** *n* geläufiger Begriff

'house-hunt *vi* nach einem Haus suchen **'house-hunt·ing** *n no pl* Haussuche *f,* Suche *f* nach einem Haus **'house hus·band** *n* Hausmann *m* **'house jour·nal** *n* BRIT, AUS Firmenzeitung *f,* SCHWEIZ *a.* Hauszeitung *f* **'house·keep** <-kept, -kept> *vi* AM den Haushalt führen **'house·keep·er** *n* ① *(in a home)* Haushälter(in) *m(f),* Wirtschafter(in) *m(f); (at hotel, hospital)* Reinigungskraft *f* ② *(housewife)* Hausfrau *f* **'house·keep·ing** *n* ① *no pl (act)* Haushalten *nt* ② *no pl (housekeeping money)* Haushaltsgeld *nt* ③ *(in hotel, hospital)* Reinigungspersonal *nt* **'house·keep·ing mon·ey** *n no pl* Haushaltsgeld *nt* **'house lights** *npl* THEAT Lichter *pl* im Zuschauerraum **'house maga·zine** *n* Firmenzeitung *f,* SCHWEIZ *a.* Hauszeitung *f* **'house·maid** *n (dated)* Hausmädchen *nt* **house·maid's 'knee** *n* [Knie]schleimbeutelentzündung *f* **'house·man** *n* BRIT Assistenzarzt *m*

'house mar·tin *n* Mehlschwalbe *f*

'house·mas·ter *n* Erzieher *m; (on teaching staff)* Lehrer *m (für ein Gruppenhaus zuständiger Lehrer im Internat)*

'house·mate *n* Mitbewohner(in) *m(f),* Hausgenosse, -genossin *m, f* **'house·mis·tress** *n* Erzieherin *f; (on teaching staff)* Lehrerin *f (für ein Gruppenhaus zuständige Lehrerin im Internat)* **'house mu·sic** *n no pl* House *m* **House of 'Com·mons** *n no pl, + sing/pl vb* BRIT ▪ **the** ~ das [britische] Unterhaus **house of cor·'rec·tion** <*pl* houses of correction> *n* AM Besserungsanstalt *f veraltend* **house of de·'ten·tion** <*pl* houses of detention> *n* Untersuchungsgefängnis *nt* **house of 'God** <*pl* houses-> *n (esp liter, form)* Haus *nt* Gottes *liter geh,* Gotteshaus *nt oft geh* **House of 'Lords** *n no pl, + sing/pl vb* BRIT ▪ **the** ~ das [britische] Oberhaus **House of Rep·re·'sen·ta·tives** *n no pl, + sing/pl vb* AM, AUS, NZ ▪ **the** ~ das Repräsentantenhaus **'house or·gan** *n* AM *(house journal)* Firmenzeitung *f,* SCHWEIZ *a.* Hauszeitung *f* **'house par·ty** *n* mehrtägige Einladung **'house phone** *n* Haustelefon *nt* **'house phy·si·cian** *n* Krankenhausarzt, -ärztin *m, f,* Spitalarzt, -ärztin *m, f* SCHWEIZ **'house·plant** *n* Zimmerpflanze *f* **'house·proud** *adj esp* BRIT, AUS ▪ **to be** ~ *sich sehr um sein Zuhause kümmern, weil man sehr großen Wert auf Heimeligkeit etc. legt* **'house·room** *n* **to not give** ~ **to sth** etw nicht einmal geschenkt nehmen **'house-sit** <-tt-, -sat, -sat> *vi* auf ein Haus aufpassen *(solange der Besitzer abwesend ist)* **'house-sitter** *n* **the last** ~ **we had ...** der Letzte, der auf unser Haus aufgepasst hat, ...

Houses of 'Par·lia·ment *npl* BRIT ▪ **the** ~ das Parlament *(von Großbritannien)*

'house spar·row *n* Haussperling *m,* ÖSTERR, SCHWEIZ *a.* Spatz *m* **'house style** *n* PUBL hauseigener Stil **'house sur·geon** *n* BRIT Klinikchirurg(in) *m(f),* Anstaltschirurg(in) *m(f)* **house-to-'house** I. *adj usu attr, inv survey* von Haus zu Haus *nach n* II. *adv inv* von Haus zu Haus **house-to-house 'search** *n* Durchsuchung *f* von Häusern **house-to-house 'sell·ing** *n* Direktverkauf *m* **'house·top** *n* [Haus]dach *nt* **'house-train** *vt* ▪ **to** ~ **an animal** ein Tier stubenrein machen **'house-trained** *adj esp* BRIT, AUS stubenrein **'house·wares** *npl* AM *(household goods)* Haushaltswaren *pl* **'house·warm·ing, 'house-warm·ing par·ty** *n* Einweihungsparty *f,* SCHWEIZ *a.* Hausräuke *f* **'house·wife** *n* Hausfrau *f* **'house·wife·ly** *adj attr duties, concerns* hausfraulich, Hausfrauen- **'house·work** *n no pl* Hausarbeit *f*

hous·ing ['haʊzɪŋ] I. *n* ① *no pl (living quarters)* Wohnungen *pl;* ***volunteers have provided ~ for the flood victims*** Freiwillige haben Unterkünfte für die Flutopfer bereitgestellt ② *(casing)* Gehäuse *nt* ③ *(in wood)* Rahmen *m*

II. *adj attr, inv* Wohnungs-; ~ **market** Wohnungsmarkt *m*

'hous·ing as·so·cia·tion *n* Wohnungsbaugesellschaft *f,* Wohnungsunternehmen *nt,* Gesellschaft *f* für sozialen Wohnungsbau **'hous·ing ben·efit** *n* BRIT Wohngeld *nt kein pl* **'hous·ing com·pa·ny** *n* Wohnungsgesellschaft *f* **'hous·ing con·di·tions** *npl* Wohnbedingungen *pl* **'hous·ing con·struc·tion** *n no pl* Wohnungsbau *m;* ~ **loan** Wohnungsbaudarlehen *nt* **'hous·ing es·tate,** AM **'hous·ing de·vel·op·ment** *n* Wohnsiedlung *f* **'hous·ing fi·nance** *n no pl* Bausparen *nt* **'hous·ing proj·ect** *n* Sozialwohnungen *pl* **'hous·ing short·age** *n* Wohnungsmangel *m kein pl,* Wohnungsnot *f kein pl* **'hous·ing stock** *n no pl* Bestand *m* an Häusern und Wohnungen **'hous·ing sub·di·vi·sion** *n* AM, AUS *(housing estate)* Wohnsiedlung *f*

Hous·to·nian [hju:s'təʊniən, AM -'toʊ-] *n* Bewohner(in) *m(f)* Houstons

HOV [ˌeɪtʃoʊ'vi:] *n* AM AUTO *abbrev of* **high occupancy vehicle** Fahrzeug *nt* mit mindestens zwei Insassen; ~ **lane** Fahrspur *f* für Fahrzeuge mit mindestens zwei Insassen

hove [həʊv, AM hoʊv] *vi* NAUT *pt, pp of* **heave**

hov·el ['hɒvᵊl, AM 'hʌv-] *n* armselige Hütte, Bruchbude *f pej fam*

hov·er ['hɒvəʳ, AM 'hʌvɚ] *vi* ① *(stay in air)* schweben; *hawk also* stehen ② *(fig: be near)* ***her expression ~ ed between joy and disbelief*** ihr Gesichtsausdruck schwankte zwischen Freude und Ungläubigkeit; ***the patient was ~ ing between life and death*** der Patient schwebte zwischen Leben und Tod; ***inflation is ~ ing at 3 percent*** die Inflation bewegt sich um 3 Prozent; **to** ~ **in the background/near a door** sich *akk* im Hintergrund/in der Nähe einer Tür herumdrücken; **to** ~ **on the brink of disaster** am Rande des Ruins stehen; **to** ~ **on the brink of accepting sth** kurz davorstehen, etw zu akzeptieren; ▪ **to** ~ **over sb** jdm nicht von der Seite weichen; ***stop ~ ing over me!*** geh endlich weg!; ***the waiter ~ ed over our table*** der Kellner hing ständig an unserem Tisch herum

◆**hover about, hover around** *vi person* herumlungern *fam,* herumhängen *fam; (moving)* herumstreichen *fam; helicopter, bird, mosquito* kreisen; ▪ **to** ~ **about** [*or* **around**] **sb/sth** um jdn/etw herumschleichen, sich *akk* um jdn/etw herumdrücken *fam*

'hov·er·craft <*pl* - *or* -s> *n* Luftkissenboot *nt,* Hovercraft *nt* **'hov·er mow·er** *n* Luftkissenrasenmäher *m* **'hov·er·port** *n* Anlegestelle *f* für Luftkissenboote [*o* Hovercrafts] **'hov·er·train** *n* Schwebezug *m; (magnetic)* Magnetschwebebahn *f*

how [haʊ] I. *adv* ① *interrog (in what manner, way)* wie; ~ ***is it that you're here?*** wieso [*o* warum] bist du da?; ~ ***do you know the answer?*** woher weißt du die Antwort?; ~ ***do you mean? that I should go now?*** wie meinen Sie das, ich sollte jetzt gehen?; ~ ***do you mean he crashed the car?*** wie, er hat das Auto kaputtgefahren? *fam;* ***just do it any old ~*** mach's wie du willst *fam;* ~ ***come?*** wie das?; **to know** ~ **to cook/fix cars/swim** kochen/Autos reparieren/schwimmen können ② *interrog (for quantities)* wie; ~ **far/long/many** wie weit/lange/viele; ~ **much** wie viel; ~ ***much do you miss your family?*** wie sehr vermisst du deine Familie?; ~ ***much*** [*or* ***often***] ***do you visit Mary?*** wie oft besuchst du Mary?; ~ ***much is it?*** wie viel [*o* was] kostet es? ③ *(for emphasis)* ~ ***I laughed at that movie!*** was ich über diesen Film gelacht habe! *fam;* ~ ***I wish you wouldn't say things like that!*** ich wünschte wirklich, du würdest nicht solche Dinge sagen!; ***and ~!*** und ob [*o* wie]!; ~ ***about that!*** was sagt man dazu!; ~ ***'s that for a classy car*** wenn das kein nobles Auto ist!; ~ ***'s that for an excuse*** ist das nicht eine klasse Ausrede! *fam;* ~ **pretty/strange/terrible!** wie schön/seltsam/schrecklich!; ~ ***nice of you to stop by!*** wie nett von Ihnen vorbeizuschauen! ④ *interrog (about health, comfort)* ~ ***are you?*** wie geht es Ihnen?; ~ ***are things?*** wie geht's [denn so]? *fam;* ~ ***'s life been treating you?*** und wie ist es dir so ergangen?; ~ ***is your mother doing after her surgery?*** wie geht's deiner Mutter nach ihrer Operation?; ~ ***was your flight?*** wie war Ihr Flug?; ~ ***'s work?*** was macht die Arbeit?; ~ ***'s that?*** *(comfortable?)* wie ist das?; *(do you agree?)* passt das?; ~ ***do you do?*** *(meeting sb)* Guten Tag [*o* Abend]! ⑤ *interrog (inviting)* ~ ***about a movie?*** wie wäre es mit Kino?; ~ ***would you like to go have a drink?*** möchtest du vielleicht etwas trinken gehen?; ~ [*or fam* ~ ***'s***] ***about coming over tonight?*** wie wär's, willst du heute Abend zu mir kommen?; *(suggesting)* ~ ***about trying to expand our European market?*** sollten wir nicht versuchen, unseren europäischen Markt zu erweitern?; ***if your car's broken, ~ about taking the tram*** wenn dein Auto kaputt ist, könntest du doch die Straßenbahn nehmen; ***John suggested breaking for lunch — ~ about it?*** John hat vorgeschlagen, eine Mittagspause zu machen – was meinst du? ⑥ *rel (that)* dass; ***she explained ~ they had got stuck in traffic*** sie erklärte, dass sie im Verkehr stecken geblieben waren

II. *n usu pl* **the** ~ **s and whys** das Wie und Warum; ***the child's ~ s and whys seemed endless*** die Fragen des Kindes schienen kein Ende nehmen zu wollen; **the** ~ **s and whys of business/cooking/yoga** alles über das Geschäft/das Kochen/Yoga

how·dah ['haʊdə] *n* überdachter Elefantensattel

how-do-you-do [ˌhaʊdjʊ'du:, AM 'haʊdəju:du:] *n* ***that was a fine ~!*** das war ja eine schöne Bescherung! *iron fam*

how·dy ['haʊdi:] *interj* AM DIAL *(fam)* Tag *fam*

how·ever [haʊ'evəʳ, AM -ɚ] I. *adv inv* ① + *adj (to whatever degree)* egal wie *fam;* ~ ***hungry I am, ...*** ich kann so hungrig sein, wie ich will, ...; ~ **angry/inexpensive/small** egal wie böse/billig/klein ② *(showing contradiction)* jedoch; ***I love ice cream — ~, I am trying to lose weight, so ...*** ich liebe Eis – ich versuche jedoch gerade abzunehmen, daher ... ③ *(by what means)* wie um alles ... *fam;* ~ ***did you manage to get so dirty?*** wie hast du es bloß geschafft, so schmutzig zu werden?

II. *conj* ① *(nevertheless)* aber, jedoch; ***there may, ~, be other reasons*** es mag jedoch auch andere Gründe geben ② *(in any way)* wie auch immer; ***you can do it ~ you like*** du kannst es machen, wie du willst; ~ ***you do it, ...*** wie auch immer du es machst, ...

how·itz·er ['haʊɪtsəʳ, AM -sɚ] *n* Haubitze *f*

howl [haʊl] I. *n of person, child* Geschrei *nt kein pl,* Gebrüll *nt kein pl; of dog, wolf, wind* Heulen *nt kein pl;* **to give** [*or* **let out**] **a** ~ **of pain** einen Schmerzensschrei ausstoßen; ~ **s of protest** Protestgeschrei *nt*

II. *vi* ① *(make long sound) wolf, dog, wind* heulen; *child* schreien, heulen *fam,* brüllen *fam;* **to** ~ **in** [*or* **with**] **pain** vor Schmerzen heulen ② *(fam: laugh)* brüllen *fam*

◆**howl down** *vt* ▪ **to** ~ **down** ◌ **sb/sth** jdn/etw niederschreien [*o* niederbrüllen]

howl·er ['haʊləʳ, AM -lɚ] *n* ① *(mistake)* Schnitzer *m fam,* Hammer *m fam;* **to make a** ~ einen Schnitzer machen *fam,* sich *dat* einen Schnitzer leisten *fam* ② *(person)* Schreihals *m fam; (dog, wolf)* Heuler *m* ③ *(buzzer)* Summer *m*

howl·ing ['haʊlɪŋ] I. *adj attr* ① *(great)* riesig *fam;* **a** ~ **success** ein Riesenerfolg *m* ② *inv (crying) baby* schreiend, brüllend *fam; dog, wolf, wind* heulend

II. *n no pl of a person* Gebrüll *nt,* Geschrei *nt; of a dog* Heulen *nt,* Geheul *nt; of wind* Heulen *nt*

how·so·ever [ˌhaʊsəʊ'evəʳ, AM -soʊ'evɚ] *adv inv (liter form)* wie auch immer; ***each of us, ~ rich or poor, has something to contribute*** jeder von uns, egal wie reich oder arm, hat etwas beizutragen

how-to ['haʊtu:] I. *n* Ratgeber *m*

II. *adj attr, inv* ~ **book** Ratgeber *m,* Anleitung *f;* ~ **shows** Ratgebersendungen *pl*

hoy [hɔɪ] *interj* ❶ *(hey!)* he[da]!
❷ NAUT ahoi!

hoy·den ['hɔɪdᵊn] *n (dated)* wilde Range, Wildfang *m*

hp *n abbrev of* **horsepower** PS; ***this car has a 4 ~ engine*** dieses Auto hat einen Motor mit 4 PS

HP [ˌeɪtʃ'piː] *n* BRIT *(fam) abbrev of* **hire purchase**

HQ [ˌeɪtʃ'kjuː] *n abbrev of* **headquarters**

hr *n abbrev of* **hour** Std.

HRH [ˌeɪtʃɑːʳ'eɪtʃ] *n abbrev of* **His/Her Royal Highness** S. M./I. M.

HRT [ˌeɪtʃɑːʳ'tiː, AM -ɑːr'-] *n abbrev of* **hormone replacement therapy** Hormonbehandlung *f*

hryv·na, hryv·nia ['(h)rɪvnjə] *n (Ukrainian currency)* Griwna *f*

HST [ˌeɪtʃes'tiː] *n* BRIT *abbrev of* **high-speed train** Hochgeschwindigkeitszug *m*

ht *n abbrev of* **height**

HT *n* COMPUT *abbrev of* **handy talkies** Sprechfunkgeräte *pl*

HTML [ˌeɪtʃtiːem'el] *n no pl* COMPUT *abbrev of* **Hypertext Mark-up Language** HTML *nt*

HTTP [ˌeɪtʃtiːtiː'piː] *n* COMPUT *abbrev of* **Hypertext Transfer Protocol** HTTP *nt*

hub [hʌb] *n* ❶ TECH Nabe *f; (in floppy disk also)* Hub *m*
❷ *(of airline)* Basis *f*
❸ *(fig: centre)* Zentrum *nt,* Mittelpunkt *m,* Angelpunkt *m*
❹ COMPUT *(in star-topology network)* Netzknoten *m*

Hubbard squash <*pl* -> [ˌhʌbəd'-, AM -ɚd'-] *n* Squash-Kürbis *m*

hub·bub ['hʌbʌb] *n no pl (noise)* Lärm *m; (commotion)* Tumult *m*

hub·by ['hʌbi] *n (hum fam)* [Ehe]mann *m*

hub·cap ['hʌbkæp] *n* Radkappe *f*

hu·bris ['hjuːbrɪs] *n no pl (form)* Hybris *f geh,* Hochmut *m pej,* Überheblichkeit *f*

huck·er ['hʌkəʳ, AM -kɚ] *n* AM *(sl) Snowboarder oder Skater, der Luftsprünge macht und nicht richtig landet*

huck·le·ber·ry ['hʌk|beri] *n* AM *(berry)* amerikanische Heidelbeere; *(bush)* amerikanischer Heidelbeerstrauch

huck·ster ['hʌkstəʳ, AM -stɚ] *n* ❶ *(salesman)* penetranter Verkaufsfritze *pej fam*
❷ AM *(fam: advertisement writer)* Reklamefritze *m pej fam*

hud·dle ['hʌdl] I. *n* ❶ *(close group)* [wirrer] Haufen *fam; of people* Gruppe *f;* **to go into a ~** sich *akk* zur Beratung zurückziehen, Kriegsrat halten *hum;* **to stand/talk in a ~** dicht zusammengedrängt stehen/sprechen
❷ AM *(in football)* **to make** [*or* **form**] **a ~** die Köpfe zusammenstecken *fam;* ***the players discussed strategy in ~*** die Spieler steckten die Köpfe zusammen, um eine Strategie auszumachen
II. *vi* sich *akk* [zusammen]drängen; ***several small children were ~d in a corner*** mehrere Kleinkinder kauerten aneinandergedrängt in einer Ecke; **to ~ [a]round a fire** sich *akk* um ein Feuer [zusammen]drängen
◆**huddle down** *vi* sich *akk* niederkauern
◆**huddle together** *vi* sich *akk* zusammenkauern [*o* aneinanderkauern]; **to ~ together for warmth** sich *akk* wärmesuchend aneinanderschmiegen
◆**huddle up** *vi* sich *akk* zusammenkauern; ■**to ~ up against sb/sth** sich *akk* an jdn/etw schmiegen

Hud·son Bay [ˌhʌdsᵊn'beɪ] *n* Hudsonbucht *f*

hue [hjuː] *n (colour)* Farbe *f; (shade)* Schattierung *f; (complexion)* Gesichtsfarbe *f; (fig)* ***all ~s of political opinion were represented at the meeting*** auf der Versammlung waren Vertreter jeder politischen Couleur anwesend *geh*
▸PHRASES: ~ **and cry** *(pej)* Geschrei *nt pej fam,* Gezeter *nt pej*

huff [hʌf] I. *vi* ❶ *(breathe)* schnaufen *fam;* **to ~ and puff** schnaufen und keuchen
❷ *(fam: complain)* murren; **to ~ and puff** murren und klagen
II. *vt* ■**to ~ sth** etw schnauben
III. *n (fam)* **to be in a ~** eingeschnappt [*o* SCHWEIZ *a.* muff] sein *fam;* **to get** [*or* **go**] **into a ~** einschnappen *fam;* **to go off** [*or* **leave**] **in a ~** beleidigt abziehen *fam*

huffi·ly ['hʌfɪli] *adv* beleidigt

huffy ['hʌfi] *adj* ❶ *(easily offended)* empfindlich
❷ *(in a huff)* beleidigt, SCHWEIZ *a.* muff; **to be in a ~ mood** übel gelaunt sein; **to get ~ about sth** etw übelnehmen

hug [hʌg] I. *vt* <-gg-> ❶ *(with arms)* ■**to ~ sb** jdn umarmen; **to ~ a belief/an idea** an einem Glauben/einer Idee festhalten; **to ~ one's handbag** seine Handtasche an sich *akk* drücken [*o* pressen]; **to ~ one's knees** seine Knie umklammern; **to ~ oneself for warmth** die Arme verschränken, damit einem warm wird; **to ~ a secret** ein Geheimnis für sich *akk* behalten; *(fig)* ***the dress ~ged her body*** das Kleid lag eng an ihrem Körper an
❷ *(stay close to)* ■**to ~ sth:** ***the tables and chairs ~ged the walls in the tiny room*** die Tische und Stühle füllten den winzigen Raum aus; **to ~ the road/shore** sich *akk* dicht an der Straße/Küste halten
❸ *(congratulate)* ■**to ~ oneself** sich *akk* beglückwünschen
II. *vi* <-gg-> sich *akk* umarmen
III. *n* Umarmung *f;* **to give sb a ~** jdn umarmen

huge [hjuːdʒ] *adj* ❶ *(big)* riesig, riesengroß; ~ **responsibility** sehr große Verantwortung; ~ **success** Riesenerfolg *m*
❷ *(impressive)* gewaltig, ungeheuer; *costs* immens

huge·ly ['hjuːdʒli] *adv* ungeheuer

huge·ness ['hjuːdʒnəs] *n no pl (in size)* Größe *f; (in quantity)* [gewaltiges [*o* riesiges]] Ausmaß; *of a sum of money* Höhe *f*

hug·gable ['hʌgəbl] *adj (fam) stuffed toy, child* knuddelig

hug·ger-mug·ger ['hʌgəmʌgəʳ, AM 'hʌgɚmʌgɚ] *n no pl* Verwirrung *f*

Hu·gue·not ['hjuːgənəʊ, AM nɑːt] *n* Hugenotte, Hugenottin *m, f*

huh [hʌ] *interj (fam!: for sth not heard, in puzzlement)* hä? *sl; (in anger)* ***~! we'll see about that!*** hah! das werden wir schon sehen!; *(in disbelief)* ***I've given up smoking — ~! I'll believe it when I see it*** ich habe das Rauchen aufgehört – haha! das glaube ich erst, wenn ich es sehe; *(confirming question)* ***good movie, ~?*** guter Film, was?

hula, hula-hula [ˌhuːlə'huːlə] *n* Hula[-Hula] *m*

hula hoop ['huːləhuːp] *n* Hula-Hoop *m o nt,* Hula-[Hoop-]Reifen *m*

hulk [hʌlk] *n* ❶ *(ship)* [Schiffs]rumpf *m; (car)* Wrack *nt; (building)* Ruine *f*
❷ *(bulky person)* Brocken *m fam;* ***Henry's a real ~*** Henry ist vielleicht ein Hüne! *fam*

hulk·ing ['hʌlkɪŋ] *adj attr, inv (bulky)* massig, bullig *fam; (clumsy)* ungeschlacht *pej,* plump; ~ **great** BRIT monströs

hull [hʌl] I. *n* ❶ NAUT [Schiffs]rumpf *m,* Schiffskörper *m*
❷ BOT *(covering of seed)* Schale *f,* Hülle *f,* Hülse *f; of peas* Schote *f; of barley, wheat* Hülse *f,* Spelze *f fachspr; (calyx of strawberry)* Stielansatz *m* [mit Blättchen]
II. *vt* **to ~ beans/peas** Bohnen/Erbsen enthülsen; **to ~ strawberries** Erdbeeren entstielen

hul·la·ba·loo ['hʌləbəluː] *n usu sing (dated)*
❶ *(noise)* Lärm *m;* **to make a ~** einen Riesenlärm veranstalten *fam*
❷ *(commotion)* Trara *nt fam* (**about/over** um +*akk*)

hul·lo [hə'ləʊ] *interj* BRIT *see* **hello**

hum [hʌm] I. *vi* <-mm-> ❶ *(make sound) engine* brummen; *small machine, camera* surren; *bee* summen; *crowd, audience* murmeln
❷ *(fig: be active)* voller Leben sein; ***the pub was ~ming with activity*** in der Kneipe ging es hoch her; **to make things ~** die Sache in Schwung [*o fam* zum Laufen] bringen
❸ *(sing)* summen; **to ~ under one's breath** vor sich *akk* hinsummen
❹ BRIT *(smell bad)* stinken *fam*
▸PHRASES: **to ~ and haw** BRIT, AUS herumdrucksen *fam*
II. *vt* <-mm-> ■**to ~ sth** etw summen
III. *n* Summen *nt kein pl; of machinery* Brummen *nt kein pl; of insects* Summen *nt kein pl; of a conversation* Gemurmel *nt kein pl; of a small machine* Surren *nt kein pl;* ***I could hear the constant ~ of the traffic outside*** von draußen her konnte ich das stetige Brausen des Verkehrs hören

hu·man ['hjuːmən] I. *n* Mensch *m*
II. *adj behaviour, skeleton* menschlich; **to form a ~ chain** eine Menschenkette bilden; **to be beyond ~ power** nicht in der Macht des Menschen liegen; ~ **relationships/sexuality** die Beziehungen/die Sexualität des Menschen

hu·man 'be·ing *n* Mensch *m* **hu·man 'capi·tal** *n no pl* ADMIN Humankapital *nt* **hu·man con·'di·tion** *n no pl* ■**the ~** das Menschliche; ***this is part of the ~*** das ist ein ganz allgemeines menschliches Problem

hu·mane [hjuː'meɪn] *adj* human *geh,* menschlich

hu·mane·ly [hjuː'meɪnli] *adv* human *geh*

hu·man 'er·ror *n no pl* menschliches Versagen

hu·'mane so·ci·ety *n* Gesellschaft *f* zur Verhinderung von Grausamkeiten an Tieren

hu·man 'ge·nome proj·ect *n* Projekt *nt* zur Erforschung der menschlichen Gene

hu·mani·ma·tion [ˌhjuːmænɪ'meɪʃᵊn] *n no pl Animation, bei der die Bewegungen menschlicher Figuren möglichst naturgetreu sein sollen*

hu·man 'in·ter·est sto·ry *n* ergreifende Geschichte

hu·man·ism ['hjuːmənɪzᵊm] *n* Humanismus *m geh*

hu·man·ist ['hjuːmənɪst] *n* Humanist(in) *m(f)*

hu·man·is·tic [ˌhjuːmə'nɪstɪk] *adj* humanistisch

hu·mani·tar·ian [hjuːˌmænɪ'teəriən, AM -ə'teriən] I. *n* Menschenfreund(in) *m(f)*
II. *adj inv* humanitär

hu·mani·tar·ian·ism [hjuːˌmænɪ'teəriənɪzᵊm, AM -ə'teriən-] *n* Humanitarismus *m; (personal)* humanitäre Gesinnung

hu·man·ities [hjuː'mænətiːz, AM -ţ-] *npl* ■**the ~** die Geisteswissenschaften *pl*

hu·man·ity [hjuː'mænəti, AM -ţ-] *n no pl* ❶ *(people)* die Menschheit; **crimes against ~** Verbrechen *pl* gegen die Menschheit
❷ *(quality of being human)* Menschlichkeit *f,* Humanität *f geh;* **to treat sb with ~** jdn human behandeln

hu·mani·za·tion [ˌhjuːmənaɪ'zeɪʃᵊn, AM -nɪ'-] *n* ❶ *of a prison, politics* Humanisierung *f*
❷ *of a car, an animal* Vermenschlichung *f*

hu·man·ize ['hjuːmənaɪz] *vt* ❶ *(make acceptable)* ■**to ~ sth** etw humanisieren
❷ *(give human character)* **to ~ an animal/a car** ein Tier/ein Auto vermenschlichen

hu·man·'kind *n no pl* die Menschheit, die Menschen *pl*

'hu·man·like *adj inv* menschenähnlich

hu·man·ly ['hjuːmənli] *adv* menschlich; **to do/try everything ~ possible** alles Menschenmögliche tun/versuchen

hu·man 'na·ture *n no pl* die menschliche Natur

hu·man·oid ['hjuːmənɔɪd] I. *adj* menschenartig
II. *n* Menschenart *f;* ■**~s** *(in science fiction)* Menschenartige *pl*

hu·man 'race *n no pl* ■**the ~** die menschliche Rasse, die Menschheit **hu·man re·'la·tions** *npl* menschliche Beziehungen **hu·man re·'sources** *npl* ❶ + *sing vb (personnel department)* Personalabteilung *f;* ~ **committee** Personalausschuss *m;* ~ **marketing** Personalmarketing *nt;* ~ **section** Personalbereich *m* ❷ *(staff)* Arbeitskräfte *pl* **hu·man 'rights** *npl* Menschenrechte *pl* **hu·man 'ser·vices** *npl + sing vb* Sozialamt *nt* **hu·man 'shield** *n* menschliches Schutzschild **'hu·man touch** *n no pl* menschliche Wärme; **to have/lack the ~**

menschliche Wärme besitzen/vermissen lassen

hum·ble ['hʌmbl̩] **I.** *adj* <-r, -st> ❶ *(simple)* einfach; *(modest)* bescheiden; *(hum iron)* ***welcome to my ~ abode*** willkommen in meinem bescheidenen Heim *hum;* ~ **beginnings** bescheidene Anfänge; **of ~ birth** von niedriger Geburt; **in my ~ opinion** meiner bescheidenen Meinung nach
❷ *(respectful)* demütig, ergeben *geh;* ***please accept our ~ apologies for the error*** wir bitten ergebenst um Verzeihung für diesen Fehler *geh;* **your ~ servant** *(old)* Ihr ergebenster [*o* untertänigster] Diener *veraltet*
II. *vt usu passive* ■**to ~ oneself** sich *akk* demütigen [*o* erniedrigen]; ■**to be ~d by sth** durch etw *akk* gedemütigt [*o* erniedrigt] werden; ■**to be ~d by sb** SPORT von jdm vernichtend geschlagen werden
▶PHRASES: **to ~ one's** <u>**heart**</u> seinem Herzen einen Stoß geben

hum·ble·ness ['hʌmbl̩nəs] *n no pl (modesty)* Bescheidenheit *f; (simplicity)* Einfachheit *f; (meekness)* Demut *f*

hum·ble 'pie *n* ▶PHRASES: **to** <u>**eat**</u> ~ zu Kreuze kriechen *fam,* klein beigeben

hum·bling ['hʌmblɪŋ] *adj* demütigend

hum·bly ['hʌmbli] *adv* ❶ *(not proudly)* bescheiden; **to dress ~** sich *akk* einfach kleiden
❷ *(submissively)* demütig; ***he ~ said that he was sorry*** zerknirscht sagte er, dass es ihm leid täte
❸ *(of low status)* **to be ~ born** von niedriger Geburt sein

hum·bug ['hʌmbʌg] *n* ❶ *no pl (nonsense)* Humbug *m pej fam,* Unsinn *m; (fraud)* Schwindel *m;* ***~!*** Humbug!; ***there is no ~ about him — he says what he thinks*** er macht einem nichts vor – er sagt, was er denkt
❷ *(fam: person)* Gauner(in) *m(f),* Halunke *m*
❸ *(sweet)* Pfefferminzbonbon *nt o m*

hum·ding·er [hʌm'dɪŋəʳ, AM -ɚ] *n (hum dated: man)* toller Bursche *fam; (woman)* Klassefrau *f fam; (thing)* Wucht *f fam;* **to be a [real] ~** [absolut] spitze sein *fam;* ***that was a real ~ of a party*** das war echt eine Spitzenparty! *fam*

hum·drum ['hʌmdrʌm] **I.** *adj (dull)* langweilig, fade *fam,* fad *bes* SÜDD, ÖSTERR *fam; (monotonous)* eintönig
II. *n no pl* Stumpfsinnigkeit *f*

hu·mec·tant [hju:'mektᵊnt] *n* Befeuchter *m,* Feuchthaltemittel *nt*

hu·mer·us *<pl* -ri> ['hju:mᵊrəs] *n* Oberarmknochen *m*

hu·mic acid [ˌhju:mɪk'-] *n no pl* CHEM Huminsäure *f*

hu·mic 'sub·stance *n* CHEM Huminstoff *m*

hu·mid ['hju:mɪd] *adj* feucht, humid *fachspr;* ***New York is very hot and ~ in the summer*** im Sommer ist es in New York sehr schwül

hu·mi·dex ['hju:mɪdeks] *n no pl* CAN *Skala, die die Temperatur unter Berücksichtigung der Luftfeuchtigkeit angibt, um die so genannte gefühlte Temperatur zu ermitteln*

hu·midi·fi·er [hju:'mɪdɪfaɪəʳ, AM -ɚ] *n* Luftbefeuchter *m*

hu·midi·fy <-ie-> [hju:'mɪdɪfaɪ] *vt* **to ~ the air/a room** die Luft/ein Zimmer befeuchten

hu·mid·ity [hju:'mɪdəti, AM -əṭi] *n no pl* [Luft]feuchtigkeit *f;* **relative ~** relativer Feuchtigkeitsgehalt

hu·mi·dor ['hju:mɪdɔ:ʳ, AM dɔ:r] *n* ❶ *(cigar case)* Humidor *m*
❷ ARCHIT Feuchthaus *nt*

hu·mili·ate [hju:'mɪlieɪt] *vt* ❶ *(humble)* ■**to ~ sb** jdn demütigen [*o* erniedrigen]
❷ *(embarrass)* ■**to ~ sb/oneself** jdn/sich blamieren; ***don't ~ me in front of all my friends!*** stelle mich nicht vor all meinen Freunden bloß!
❸ SPORT *(defeat)* ■**to ~ sb** jdn vernichtend schlagen

hu·mili·at·ed [hju:'mɪlieɪtɪd, AM -ṭ-] *adj* ❶ *(ashamed)* gedemütigt; ***I was so ~ at the way you got drunk at the party*** ich habe mich so geschämt dafür, wie du dich auf der Party betrunken hast; **to feel totally ~** sich *akk* völlig gedemütigt fühlen
❷ *(embarrassed)* blamiert

hu·mili·at·ing [hju:'mɪlieɪtɪŋ, AM -ṭ-] *adj (humbling) treatment* erniedrigend; *defeat, experience* demütigend; *(embarrassing)* beschämend

hu·mili·at·ing·ly [hju:'mɪlieɪtɪŋli] *adv* auf demütigende [*o* erniedrigende] Art

hu·milia·tion [hju:ˌmɪli'eɪʃᵊn] *n* Demütigung *f,* Erniedrigung *f; (embarrassment)* Beschämung *f;* ***he couldn't hide his ~ in this matter*** er konnte nicht verbergen, dass er sich in dieser Sache zurückgesetzt fühlte; ***much to my ~ I must admit my mistake*** sehr zu meiner Schande muss ich meinen Fehler eingestehen

hu·mil·ity [hju:'mɪləti, AM -əṭi] *n no pl (submissiveness)* Demut *f; (modesty)* Bescheidenheit *f;* ***he doesn't have the ~ to admit when he's wrong*** er ist zu stolz, zuzugeben, wenn er Unrecht hat

Hum·mer® ['hʌməʳ] *n* Hummer® *m (Geländewagen, Jeepnachfolger der US-Armee)*

hum·ming·bird ['hʌmɪŋbɜ:d, AM -bɜ:rd] *n* Kolibri *m*

hum·mock ['hʌmək] *n* Hügel *m*

hum·mus, hoummos, humous ['hʊmʊs, AM 'hʊməs] *n no pl* FOOD Hummus *m o nt,* Hommos *m o nt (cremige Paste aus Kichererbsen, Sesammus, Knoblauch, Öl und Zitronensaft)*

hu·mon·gous [hju:'mʌŋgəs] *adj attr (fam)* riesig, wahnsinnig groß *fam,* Riesen- *fam*

hu·mor *n* AM *see* **humour**

hu·mor·ist ['hju:mᵊrɪst] *n* Humorist(in) *m(f)*

hu·mor·less *adj* AM *see* **humourless**

hu·mor·ous ['hju:mᵊrəs] *adj person* humorvoll; *book, situation* lustig, komisch; *speech* launig; *idea, thought* witzig; *smile, programme* lustig, heiter; ***a rather ~ thing happened to me yesterday*** gestern ist mir was Komisches passiert; ***there is a ~ side to this issue*** diese Sache hat auch ihre komische Seite

hu·mor·ous·ly ['hju:mᵊrəsli] *adv* humorvoll, witzig; **to smile/wink ~** verschmitzt lächeln/zwinkern

hu·mour, AM **hu·mor** ['hju:məʳ, AM -ɚ] **I.** *n* ❶ *no pl (capacity for amusement)* Humor *m;* ***his speech was full of ~*** seine Rede war voller Witz; ***where's the ~ in that?*** was ist daran so komisch?; **to have a/no sense of ~** einen/keinen Sinn für Humor haben
❷ *(mood)* Laune *f,* Stimmung *f;* **to be in [a] good/bad ~** gute/schlechte Laune haben, gut/schlecht gelaunt sein; **to be out of ~** schlechte Laune haben, schlecht gelaunt sein
❸ *(body fluid)* Körpersaft *m*
II. *vt* ■**to ~ sb** jdm seinen Willen lassen; **to ~ sb's demands** jds Forderungen nachgeben; **to ~ sb's wishes** sich *akk* jds Wünschen fügen

hu·mour·less, AM **hu·mor·less** ['hju:mələs, AM -məlɪs] *adj* humorlos

hu·mour·less·ly ['hju:mələsli, AM ɚləs] *adv* freudlos, missgestimmt

hum·ous ['hʊmʊs, AM 'hʊməs] *n no pl* FOOD *see* **hummus**

hump [hʌmp] **I.** *n* ❶ *(hill)* kleiner Hügel, Buckel *m fam; (in street)* Buckel *m fam; (at train yard)* Ablaufberg *m*
❷ *(on camel)* Höcker *m; (on a person)* Buckel *m*
▶PHRASES: **sb has** <u>**got**</u> **the ~** jd ist sauer *fam;* **to be** <u>**over**</u> **the ~** über den Berg sein *fam*
II. *vt* ❶ *(make round)* **to ~ one's back** einen Buckel machen
❷ *(fam: carry)* ■**to ~ sth** etw schleppen [*o* tragen]; ***he ~ed those heavy boxes out of the truck*** er hievte diese schweren Boxen aus dem LKW *fam*
❸ *(vulg sl: have sex with)* ■**to ~ sb** jdn bumsen *vulg*
III. *vi* ❶ *(arch)* den Rücken krumm machen
❷ AM *(fam!: move quickly)* sich *akk* beeilen; **to ~ home** nach Hause eilen

'hump·back *n* ❶ *(person)* Buck[e]lige(r) *f(m)*
❷ *(back)* Buckel *m*
❸ *(whale)* Buckelwal *m*

hump·back 'bridge *n* gewölbte Brücke

'hump·backed *adj* bucklig

hump·backed 'bridge *n* gewölbte Brücke

humph ['hʌmf] *interj* hm

humpy ['hʌmpi] *adj* ❶ *(showing protuberances)* buck[e]lig, höckerig
❷ *(rough)* holp[e]rig, uneben

hu·mus¹ ['hju:məs] *n no pl* HORT Humus *m*

hum·us² ['hʊməs] *n* AM *see* **hummus**

'hu·mus pan *n no pl* GEOL Ortstein *m*

Hun [hʌn] *n* ❶ HIST Hunne, Hunnin *m, f*
❷ *(pej!: German)* Deutsche(r) *f(m),* Boche *m pej fam;* ■**the ~s** die Deutschen

hunch [hʌntʃ] **I.** *n* <*pl* -es> ❶ *(protuberance)* Buckel *m*
❷ *(feeling)* Ahnung *f,* Gefühl *nt;* ***his ~es are never wrong*** sein Gefühl lässt ihn nie im Stich; **to act** [*or* **play**] **on a ~** nach Gefühl handeln; **to follow a ~** einem Gefühl folgen; **to have a ~ that ...** den [leisen] Verdacht [*o* das [leise] Gefühl] haben, dass ...; ***I had a ~ that you'd be here*** ich hatte schon so eine Ahnung, dass du da sein würdest
II. *vi* sich *akk* krümmen; **to ~ around the fire** sich *akk* um das Feuer zusammenkauern
III. *vt* **to ~ one's back** einen Buckel machen; **to ~ one's shoulders** die Schultern hochziehen

'hunch·back *n* ❶ *(rounded back)* Buckel *m* ❷ *(person)* Bucklige(r) *f(m)* **'hunch·backed** *adj* buck[e]lig

hunched ['hʌntʃt] *adj* gekrümmt

hun·dred ['hʌndrəd] **I.** *n* ❶ <*pl* -> *(number)* Hundert *f;* ***the chances are one in a ~ that he'll live*** die Chancen stehen eins zu hundert, dass er überlebt; ***sixty out of a ~ agree with the president*** sechzig von hundert stimmen dem Präsidenten zu; ***I'll bet you a ~ to one my team will win*** ich wette hundert zu eins, dass meine Mannschaft gewinnt; **two/three/eight ~** zwei-/drei-/achthundert; ***this new car is selling by the ~s*** dieses Auto wird zu Hunderten verkauft; **~s and ~s** Hunderte und aber Hunderte; **~s of cars/people/pounds** Hunderte von Autos/Leuten/Pfund
❷ <*pl* -> *(miles, kilometres per hour)* **to drive a ~** hundert [*o fam* mit hundert Sachen] fahren
❸ <*pl* -> *(years old)* **to be/turn a ~** hundert Jahre alt sein/werden; **to live to be a ~** hundert Jahre alt werden
❹ *(with centuries)* **the eighteen/fifteen/twelve ~s** das achtzehnte/fünfzehnte/zwölfte Jahrhundert
II. *adj attr, inv* hundert; ***we've driven a ~ miles in the last hour*** wir sind in der letzten Stunde [ein]hundert Meilen gefahren; **a ~ and one/five/nine** [ein]hundert[und]eins/-fünf/-neun; **~ and first/second/fifth** hundert[und]erste(r, s)/-zweite(r, s)/-fünfte(r, s); **to feel a ~ per cent fit** sich *akk* hundertprozentig fit fühlen; **to work a ~ per cent** hundertprozentig arbeiten; **never in a ~ years** nie im Leben

Hun·dred 'Days *n* HIST ■**the ~** die Hundert Tage

'hun·dred·fold *adv* hundertfach; ***sales have increased a ~*** der Verkauf ist um das Hundertfache gestiegen

hun·dreds and 'thou·sands *npl* BRIT Liebesperlen *pl*

hun·dredth ['hʌndrədθ] **I.** *n* ❶ *(in line)* Hundertste(r) *f(m);* ***he is now one ~ in world tennis*** er steht jetzt an hundertster Stelle auf der Tenniswelt-rangliste
❷ *(fraction)* Hundertstel *nt*
II. *adj attr, inv* ❶ *(in series)* hundertste(r, s); ***this is the ~ time*** dies ist das hundertste Mal; **for the ~ time** zum hundertsten Mal
❷ *(in fraction)* hundertstel

'hun·dred·weight <*pl* - *or* -s> *n* ≈ Zentner *m*

Hun·dred Years 'War *n no pl* ■**the ~** der Hundertjährige Krieg

Hund rule ['hʊnt-] *n no pl* CHEM Hund'sche Regel

hung [hʌŋ] **I.** *pt, pp of* **hang**
II. *adj* ❶ *attr* ohne klare Mehrheitsverhältnisse *nach n;* ~ **jury** *Jury, die zu keinem Mehrheitsurteil kommt;* ~ **parliament** Parlament *nt* ohne klare Mehrheitsverhältnisse
❷ *pred (fam!: penis size)* ***he's really ~*** er ist wirklich gut ausgestattet *fam*

Hun·gar·ian [hʌŋ'geəriən, AM -'geriən] **I.** *n* ❶ *(person)* Ungar(in) *m(f)*

H

② *no pl (language)* Ungarisch *nt*
II. *adj inv* ungarisch
Hun·gar·ian Peo·ple's Re·'pub·lic *n* Ungarische Republik
Hun·ga·ry ['hʌŋgəri] *n no pl* Ungarn *nt*
hun·ger ['hʌŋgəʳ, AM -gɚ] I. *n no pl* ① *(from no food)* Hunger *m;* ***my stomach is rumbling with*** ~ mir knurrt vor lauter Hunger schon der Magen; **to die of** ~ verhungern; **to never have known** ~ nie erfahren haben, was Hunger bedeutet
② *(fig: desire)* Hunger *m,* Verlangen *nt;* ***Kate has no*** ~ ***for adventure*** Kate ist nicht abenteuerlustig; ~ **for knowledge** Wissensdurst *m*
II. *vi* ■**to** ~ **after** [*or* **for**] **sth** nach etw *dat* hungern *geh*
'hun·ger march *n* Hungermarsch *m* **'hun·ger pangs** *npl* [quälender] Hunger **'hun·ger strike** *n* Hungerstreik *m;* **to go on a** ~ in [einen] Hungerstreik treten **'hun·ger strik·er** *n* Hungerstreikende(r) *f(m)*
hung-'over *adj* ■**to be** ~ verkatert sein *fam*
hun·gri·ly ['hʌŋgrɪli] *adv* ① *(with hunger)* hungrig
② *(fig: with desire)* hungrig *geh,* gierig
hun·gry ['hʌŋgri] *adj* ① *(for food)* hungrig; ~ **times** magere Zeiten; **to go** ~ hungern; ■**to be** ~ Hunger haben
② *(fig: wanting badly)* ■**to be** ~ **for sth** gierig [*o* hungrig] nach etw *dat* sein; ~ **for adventure/love/power** abenteuer-/liebes-/machthungrig; **to be** ~ **for companionship/fame** sich *akk* nach Gesellschaft/Ruhm sehnen; ~ **for knowledge** wissensdurstig; **to be** ~ **for news** sehnsüchtig auf Nachricht warten
hung 'up *adj pred (sl)* ① *(addicted)* ■**to be** ~ **about** [*or* **on**] **sb** noch immer verliebt [*o fam* total verknallt] in jdn sein; **to be** ~ **on alcohol/drugs** nicht von Alkohol/Drogen loskommen
② *(have complex)* **to be** ~ **about one's age/looks** wegen seines Alters/Aussehens Komplexe haben
③ *(neurotic)* **to be** ~ **on cleanliness** einen Sauberkeitsfimmel haben *fam;* **to be** ~ **on perfection** perfektionistisch sein; **to be** ~ **about privacy** eigenbrötlerisch sein; **to be** ~ **about washing one's hands** sich *dat* ständig die Hände waschen müssen
hunk [hʌŋk] *n* ① *(piece)* Stück *nt;* ~ **of bread/cheese/meat** Stück *nt* Brot/Käse/Fleisch
② *(approv fam: man)* **a** ~ **of a man** ein Bild *nt* von einem Mann *fam*
hunk·er down [ˌhʌŋkəʳ, AM -kɚ-] *vi* sich *akk* hocken; *(fig)* sich *akk* auf den Hosenboden setzen *fam*
hunk·iness ['hʌŋkinəs] *n no pl* Sexappeal *m*
hunky ['hʌŋki] *adj (approv fam) man* sexy *fam,* scharf *fam*
hunky dory [-'dɔːri] *adj pred, inv (fam)* bestens *fam,* prima *fam;* ***everything is*** ~ es ist alles in bester Ordnung
hunt [hʌnt] I. *n* ① *(chase)* Jagd *f;* ***the*** ~ ***is on*** die Jagd hat begonnen; **to go on a** ~ auf die Jagd gehen
② *(search)* Suche *f;* ***the*** ~ ***is on for a successor to Sir James Gordon*** man sieht sich bereits nach einem geeigneten Nachfolger für Sir James Gordon um; **to be on the** ~ **for sb** auf der Suche nach jdm sein; **to be on the** ~ **for a murderer** nach einem Mörder fahnden; **to have a** ~ **for sth/sb** hinter etw/jdm her sein
③ *(group of hunters)* Jagdgesellschaft *f*
④ *(hunting ground)* Jagdrevier *nt*
II. *vt* ① *(chase to kill)* ■**to** ~ **sth** etw jagen; **to** ~ **a horse/hounds** mit einem Pferd/mit Hunden auf die Jagd gehen
② *(search for)* ■**to** ~ **sb/sth** Jagd auf jdn/etw machen *fam;* ***the police are*** ~***ing the terrorists*** die Polizei fahndet nach den Terroristen; ~ **the thimble** *Suchspiel der Kinder, bei dem ein im Raum verstecktes Objekt über ‚heiß' und ‚kalt' gefunden werden muss*
III. *vi* ① *(chase to kill)* jagen
② *(search)* suchen; **to** ~ [**high and low**] **for sth** [überall/fieberhaft] nach etw *dat* suchen; ■**to** ~ **through sth** etw durchsuchen
◆**hunt about, hunt around** *vt* ■**to** ~ **about** ↻ **sb/sth** überall nach jdm/etw suchen
◆**hunt down** *vt* ■**to** ~ **down** ↻ **sb** jdn zur Strecke bringen; **to** ~ **down an animal** ein Tier erlegen; **to** ~ **down a killer** einen Mörder zur Strecke bringen
◆**hunt out** *vt* ■**to** ~ **out** ↻ **sth** etw heraussuchen; *facts* etw herausfinden
◆**hunt up** *vt* ■**to** ~ **up** ↻ **sb** jdn ausfindig machen [*o* aufspüren]; ■**to** ~ **up** ↻ **sth** *facts* etw ausfindig machen; ***he spends ages in the library,*** ~***ing up references*** er verbringt ewige Zeiten in der Bibliothek, um an passende Informationen zu kommen
hunt·ed ['hʌntɪd, AM -t̬-] *adj* ① *(chased)* gejagt
② *(fig: frightened)* gehetzt; **to have a** ~ **look** gehetzt aussehen
hunt·er ['hʌntəʳ, AM -t̬ɚ] *n* ① *(person)* Jäger(in) *m(f)*
② *(horse)* Jagdpferd *nt*
③ *(dog)* Jagdhund *m*
④ ASTRON ■**the H**~ Orion *m*
hunt·er-gath·er·er [ˌhʌntəˈgæðəʳəʳ, AM -t̬ɚˈgæðɚɚ] *n* Jäger und Sammler *m*
hunt·ing ['hʌntɪŋ, AM -t̬-] *n no pl* ① *(sport)* Jagen *nt,* Jagd *f;* **to go** ~ auf die Jagd gehen
② *(search)* Suche *f,* Suchaktion *f; (act of hunting)* Suchen *nt;* ***after a lot of*** ~ ***I finally found my glasses*** nach endlosem Herumsuchen habe ich meine Brille schließlich gefunden
③ *(bell ringing)* Wechselläuten *nt (Reihenfolge, in der verschiedene Glocken angeschlagen werden)*
'hunt·ing dog *n* Jagdhund *m* **'hunt·ing ex·pedi·tion** *n* Jagdausflug *m* **'hunt·ing ground** *n* ① *(place to hunt)* Jagdgebiet *nt,* Jagdrevier *nt* ② *(fig: place to look)* Jagdrevier *nt;* ***this market is a wonderful*** ~ ***for bargain hunters*** dieser Markt ist die reinste Fundgrube für Schnäppchenjäger **'hunt·ing li·cence** *n* Jagdschein *m* **'hunt·ing lodge** *n* Jagdhütte *f* **'hunt·ing ri·fle** *n* Jagdgewehr *nt,* Büchse *f* **'hunt·ing sea·son** *n* Jagdzeit *f*
Huntington's cho·rea [ˌhʌntɪŋtənskɒrˈiə, AM kəˈriə] *n no pl* MED Huntingtonsche Chorea, Chorea *f* chronica progressiva hereditaria *fachspr*
hunt·ress ['hʌntrɪs] *n* Jägerin *f*
'hunt sabo·teur *n* [militanter] Jagdgegner/[militante] Jagdgegnerin
'hunts·man *n* ① *(hunter)* Jäger *m (meist beritten)*
② *(keeper of dogs)* Rüdemann *m (Hundebetreuer bei der Jagd)*
'hunts·wom·an *n* Jägerin *f (meist beritten)*
hur·dle ['hɜːdl̩, AM 'hɜːrdl̩] I. *n* ① SPORT ■~**s** *pl (for people)* Hürdenlauf *m; (horseracing)* Hürdenrennen *nt,* Hindernisrennen *nt;* ***the American won the 400 metres*** ~***s*** der Amerikaner siegte über 400 Meter Hürden
② *(fig: obstacle)* Hürde *f,* Hindernis *nt;* **to fall at the first** ~ [bereits] an der ersten Hürde scheitern; **to overcome a** ~ eine Hürde nehmen *fig*
③ *(fence)* Hürde *f;* **to clear/take a** ~ eine Hürde überspringen/nehmen
II. *vi* Hürdenlauf machen
III. *vt* ■**to** ~ **sth** etw überspringen, über etw *akk* springen
hur·dler ['hɜːdləʳ, AM 'hɜːrdlɚ] *n* Hürdenläufer(in) *m(f)*
'hur·dle race *n of people* Hürdenlauf *m; of horses* Hürdenrennen *nt*
hurdy gurdy ['hɜːdiˌgɜːdi, AM 'hɜːrdiˌgɜːrdi] *n* Drehorgel *f,* Leierkasten *m fam*
hurl [hɜːl, AM hɜːrl] *vt* ① *(throw)* ■**to** ~ **sth** etw schleudern; ***he*** ~***ed the book across the room*** er pfefferte das Buch quer durchs Zimmer *fam;* ***the dog*** ~***ed itself at the attackers*** der Hund stürzte sich auf die Angreifer; ■**to** ~ **sth about** [*or* **around**] etw umherwerfen [*o* [herum]schleudern]
② *(fig)* ■**to** ~ **oneself at sb** sich *akk* jdm an den Hals werfen; **to** ~ **oneself into one's work** sich *akk* in die Arbeit stürzen; ***she*** ~***ed herself from the roof*** sie stürzte sich *akk* vom Dach; **to** ~ **abuse/insults at sb** jdm Beschimpfungen/Beleidigungen an den Kopf werfen
hurl·ing ['hɜːlɪŋ, AM 'hɜːrl-] *n* SPORT *dem Hockey ähnliches irisches Nationalspiel*
hurly-burly ['hɜːliˌbɜːli, AM 'hɜːrliˌbɜːrli] *n* Rummel *m,* Trubel *m;* **the** ~ **of city life** der Großstadtrummel
hur·rah [həˈrɑː], **hur·ray** [həˈreɪ] I. *interj* hurra; ~ ***for the Queen/King!*** ein Hoch der Königin/dem König!
II. *n* **last** ~ Schwanengesang *m geh,* letztes Werk
hur·ri·cane ['hʌrɪkən, AM 'hɜːrɪkeɪn] *n* Orkan *m; (tropical)* Hurrikan *m;* ~ **force wind** orkanartiger Wind; **to be hit by a** ~ von einem Orkan heimgesucht werden
'hur·ri·cane in·sur·ance *n* Versicherung *f* gegen Sturmschäden **'hur·ri·cane lamp** *n* Sturmlaterne *f* **'hur·ri·cane sea·son** *n Jahreszeit mit hoher Hurrikan-/ Wirbelsturmwahrscheinlichkeit* **'hur·ri·cane warn·ing** *n* Orkanwarnung *f*
hur·ried ['hʌrid, AM 'hɜːr-] *adj meal, goodbye* hastig; *departure* überstürzt; *essay* hastig geschrieben; *wedding* übereilt
hur·ried·ly ['hʌridli, AM 'hɜːr-] *adv* eilig, hastig, schleunig; **a** ~ **arranged press conference** eine flugs anberaumte [*o* hastig einberufene] Pressekonferenz; **a** ~ **arranged wedding** eine in sehr kurzer Zeit eilig arrangierte Hochzeit
hur·ry ['hʌri, AM 'hɜːri] I. *n no pl* Eile *f,* Hast *f;* ***what's*** [***all***] ***the*** ~ ***?*** wozu die Eile?; ***I'm in no*** ~ ***to leave home*** ich habe vorläufig noch nicht vor, auszuziehen; ***I need that money in a*** ~ ich brauche das Geld sofort; ***he won't do that again in a*** ~ das wird er so schnell nicht mehr machen; ***there's no*** [***great***] ~ es hat keine Eile [*o* eilt nicht]; ***in my*** ~ ***to leave on time I left my keys behind*** in der Hektik des Aufbruchs habe ich meine Schlüssel liegen gelassen; **to not forget sth in a** ~ etw so bald [*o* schnell] nicht vergessen; **to leave in a** ~ hastig [*o* überstürzt] aufbrechen
II. *vi* <-ie-> sich *akk* beeilen; ***there's no need to*** ~ lassen Sie sich ruhig Zeit
III. *vt* <-ie-> ■**to** ~ **sb** jdn hetzen [*o fam* scheuchen]; ***I hate to*** ~ ***you, but ...*** ich will ja nicht drängen, aber ...; ***I won't be hurried into making a snap decision*** ich lass' mich nicht dazu drängen, etwas zu entscheiden, ohne dass ich vorher darüber nachgedacht habe; ***he was hurried to hospital*** er wurde eilig ins Krankenhaus geschafft
◆**hurry along** I. *vi* sich *akk* beeilen; ***she hurried along the road*** sie ging schnell die Straße entlang
II. *vt* ■**to** ~ **sb along** jdn zur Eile antreiben; ■**to** ~ **sth along** etw vorantreiben
◆**hurry away, hurry off** I. *vi* schnell weggehen
II. *vt* ■**to** ~ **sb/sth away** jdn/etw schnell wegbringen; ***he hurried him away to the train*** er brachte ihn schnell zum Zug
◆**hurry on** I. *vi* weitereilen
II. *vt* ■**to** ~ **on** ↻ **sb** jdn antreiben; ■**to** ~ **on** ↻ **sth** etw vorantreiben
◆**hurry up** I. *vi* sich *akk* beeilen; ~ ***up!*** beeil dich!
II. *vt* ■**to** ~ **up** ↻ **sb** jdn zur Eile antreiben; ■**to** ~ **up** ↻ **sth** *sale* etw beschleunigen [*o* vorantreiben]
hurt [hɜːt, AM hɜːrt] I. *vi* <hurt, hurt> ① *(be painful)* weh tun, schmerzen; ***tell me where it*** ~***s*** sag' mir, wo es weh tut; ***that*** ~***s!*** *(also fig)* aua! *fam*
② *(do harm)* schaden; ***one more drink won't*** ~ ein Gläschen mehr macht den Kohl auch nicht mehr fett *fam; (fig)* ***it never*** ~***s to check the flight departure time before you go to the airport*** es kann nie schaden, die Abflugszeit nochmals zu überprüfen, bevor man zum Flughafen fährt
③ *(feel pain, suffer)* leiden; ***I know she's*** ~***ing badly right now, but she just doesn't want to talk about it*** ich weiß, dass sie großen Kummer hat, aber sie will einfach nicht darüber reden
II. *vt* <hurt, hurt> ① *(also fig: cause pain)* ■**to** ~ **sb** jdm weh tun, jdn verletzen; ***she was*** ~ ***by his refusal to apologize*** dass er sich absolut nicht entschuldigen wollte, hat sie gekränkt; ■**to** ~ **sth** sich *dat* etw weh tun; ■**sth** ~**s sb** *ear, head* etw tut jdm weh, etw schmerzt jdn; ***her ear*** ~***s*** [*or* ***is*** ~***ing***] ***her*** ihr Ohr tut ihr weh; ■**to** ~ **oneself** sich *akk* verletzen
② *(harm)* ■**to** ~ **sb/sth** jdm/etw schaden; ***it wouldn't*** ~ ***you to do the ironing for once*** es

würde dir nichts schaden, wenn du auch mal bügeln würdest; ***many businesses are being ~ by the high interest rates*** die hohen Zinssätze schaden vielen Branchen; **to ~ sb's feelings/pride** jds Gefühle/Stolz verletzen
III. *adj (in pain)* verletzt, verwundet; *(distressed)* verletzt, gekränkt
IV. *n (pain)* Schmerz *m; (injury)* Verletzung *f; (offence)* Kränkung *f*
hurt·ful ['hɜ:tfəl, AM 'hɜ:rt-] *adj* verletzend; *(physically)* schädlich; ***that was a very ~ remark!*** diese Bemerkung tat sehr weh!
hurt·ful·ly ['hɜrtfəli, AM 'hɜ:rt-] *adv* verletzend
hurt·ful·ness ['hɜ:tfəlnəs, AM 'hɜ:rt-] *n no pl* verletzende Wirkung
hur·tle ['hɜ:tl, AM 'hɜ:rtl] I. *vi* rasen, sausen, schießen; ***the boy came hurtling round the corner*** der Junge kam um die Ecke geschossen *fam*
II. *vt* ■**to ~ sb/sth against sth** jdn/etw gegen etw *akk* schleudern
hus·band ['hʌzbən(d)] I. *n* Ehemann *m*, Gatte *m geh;* ***that's my ~*** das ist mein Mann; **~ and wife** Mann und Frau
II. *vt* ■**to ~ sth** mit etw *dat* haushalten; **to ~ one's strength** seine Kräfte gezielt einsetzen
hus·band·ry ['hʌzbəndri] *n no pl* ① *(management)* Wirtschaften *nt;* **bad ~** schlechtes Wirtschaften; **good ~** sparsames Haushalten
② AGR Landwirtschaft *f*, [Boden]bewirtschaftung *f;* **animal ~** Viehhaltung *f*
hush [hʌʃ] I. *n no pl* Stille *f*, Schweigen *nt;* ***a ~ descended*** [*or* ***fell***] ***over the crowd*** die Menge verstummte plötzlich; **deathly ~** Totenstille *f;* **expectant ~** erwartungsvolle Stille; **to drop one's voice to a ~** seine Stimme immer mehr senken
II. *interj* ■**~!** pst!
III. *vi* still sein; *(become quiet)* verstummen; *wind* sich legen
IV. *vt* ■**to ~ sb** jdn zum Schweigen bringen; *(soothe)* jdn beruhigen; **~ *your tongue!*** sei still!
◆**hush up** *vt (pej)* ■**to ~ sth** ↔ **up** etw vertuschen
hushed [hʌʃt] *adj people* schweigend; *voices* gedämpft; **to speak in ~ tones** mit gedämpfter Stimme sprechen
hush-'hush *adj (fam)* [streng] geheim **'hush mon·ey** *n (fam)* Schweigegeld *nt*
husk [hʌsk] I. *n* ① *(outer covering)* Schale *f*, Hülse *f;* AM *of maize* Hüllblatt *nt*, Lieschen *pl fachspr*
② *(fig: person)* Mumie *f*
II. *vt* ■**to ~ sth** *corn, rice, wheat* etw schälen
huski·ly ['hʌskɪli] *adv* heiser, mit rauer [*o* heiserer] Stimme
huski·ness ['hʌskɪnəs] *n no pl* Heiserkeit *f*
husky[1] ['hʌski] *adj* ① *(low)* rau; **a ~ voice** eine raue [*o* rauchige] Stimme; ***his voice became ~ with anger*** seine Stimme klang vor Wut ganz heiser
② *(strong)* kräftig [gebaut], stämmig
husky[2] ['hʌski] *n (dog)* Husky *m*, Schlittenhund *m*
hus·sar [hʊ'zɑ:r, AM 'zɑ:r] *n* HIST, MIL Husar *m*
hus·sy ['hʌsi] *n (pej)* ① *(sexually immoral woman)* leichtes Mädchen *pej fam*
② *(girl)* Göre *f bes* NORDD; **a wanton little ~** ein rotzfreches Flittchen *pej fam*
hus·tings ['hʌstɪŋz] *npl* Wahlkampf *m;* **to do well at the ~** sich *akk* im Wahlkampf gut schlagen
hus·tle ['hʌsl] I. *vt* ① *(jostle)* ■**to ~ sb somewhere** jdn schnell irgendwohin bringen; ***the other boys ~d him along the street*** die anderen Jungen trieben ihn die Straße hinunter
② *(coerce)* ■**to ~ sb into doing sth** jdn [be]drängen, etw zu tun; ■**to ~ sth** *esp* AM *(fam)* etw [hartnäckig] erkämpfen; **to ~ money** auf krummen Wegen Geld beschaffen
II. *vi* ① *(push through)* sich *akk* durchdrängen, vorstoßen; ***the centre forward ~d into the penalty area*** die Sturmspitze drang in den Strafraum vor; **to ~ through a crowd** sich *dat* seinen Weg durch eine Menschenmenge bahnen
② *(fam: work quickly)* sich *akk* ins Zeug legen *fam*, unter Hochdruck arbeiten; **to ~ for business** sich *akk* fürs Geschäft abstrampeln *fam*
③ AM *(fam: be prostitute)* auf den Strich gehen *fam*, anschaffen gehen *sl*
III. *n* Gedränge *nt;* **~ and bustle** geschäftiges Treiben
◆**hustle up** *vt (fam)* ■**to ~ up** ↔ **sb** jdn auftreiben
hus·tler ['hʌslər, AM -lɚ] *n* ① *esp* AM *(dishonest)* Betrüger(in) *m(f)*, Schwindler(in) *m(f)*
② AM *(male prostitute)* Strichjunge *m*, Stricher *m; (female)* Strichmädchen *f*
'hus·tling ['hʌslɪŋ] *n no pl (drug dealing)* Dealen *nt; (prostitution)* [Straßen]prostitution *f*
hut [hʌt] *n* Hütte *f*
hutch [hʌtʃ] *n* ① *(cage)* Käfig *m; (for rabbits)* Stall *m*
② *(pej: hut)* Hütte *f pej*, Kaluppe *f* DIAL, Chaluppe *f* ÖSTERR
③ *(cabinet)* kleiner [Geschirr]schrank
Hu·tu <*pl* - *or* -s> ['hu:tu:] *n* Hutu *m o f*
hvac, HVAC *adj abbrev of* **heating, ventilation and air conditioning** *engineer, services, equipment* Heizungs-, Lüftungs- und Klimaanlagen-
hya·cinth ['haɪəsɪn(t)θ] *n* Hyazinthe *f*
hy·aena [haɪ'i:nə] *n* Hyäne *f*
hy·brid[1] ['haɪbrɪd] I. *n* ① BOT Kreuzung *f*, Hybride *m o f fachspr*
② LING hybride Bildung
③ *(fig: something mixed)* Mischform *f*
④ *(pej: person)* Mischling *m*
II. *adj* hybrid
hy·brid[2] ['haɪbrɪd] *n see* **hybrid car** Hybridauto *nt*, Auto *nt* mit Hybridmotor
'hy·brid car *n* Hybridauto *nt*, Auto *nt* mit Hybridmotor **'hy·brid cir·cuit** *n* COMPUT Hybridschaltung *f*
hy·bridi·za·tion [ˌhaɪbrɪdaɪ'zeɪʃən, AM dɪ'] *n no pl* BIOL Kreuzung *f*, Hybridisierung *f fachspr*
hy·brid·ize ['haɪbrɪdaɪz] *vt* ■**to ~ sth** ① BOT etw kreuzen
② LING etw hybridisieren *fachspr*
③ *(fig)* etw mischen
hy·dra ['haɪdrə] *n* ① *(in mythology)* ■**H~** Hydra *f*
② ASTRON ■**H~** Hydra *f*
③ *(fig: recurring problem)* ■**to be a ~** wie der Kopf einer Hydra sein
hy·dran·gea [haɪ'dreɪndʒə] *n* BOT Hortensie *f*, Hydrangea *f fachspr*
hy·drant ['haɪdrənt] *n* Hydrant *m*
hy·drar·gy·rism [haɪ'drɑ:gɪrɪzəm, AM -'drɑ:r-] *n no pl* MED Quecksilbervergiftung *f*
hy·drar·gy·rum [haɪ'drɑ:gɪrəm, AM -'drɑ:r-] *n no pl* CHEM *(old)* Quecksilber *nt*
hy·drate ['haɪdreɪt] *n* CHEM Hydrat *nt*
hy·dra·tion [haɪ'dreɪʃən] *n no pl* CHEM Hydratation *f*
hy·'dra·tion pack *n* Hydration Pack *nt (Rucksack mit Trinkblase und Schlauchverbindung mit Mundstück)*
hy·drau·lic [haɪ'drɔ:lɪk, AM -'drɑ:-] *adj inv* hydraulisch
hy·drau·lic 'brake *n* hydraulische Bremse **hy·drau·lic en·gi·'neer·ing** *n* Wasserbau *m* **hy·drau·lic 'press** *n* hydraulische Presse
hy·drau·lics [haɪ'drɔ:lɪks, AM -'drɑ:-] *n + sing vb* Hydraulik *f*
hy·dra·zo·ic acid [ˌhaɪdrəzəʊɪk'-, AM -zoʊ-] *n no pl* CHEM Stickstoffwasserstoffsäure *f*
hy·dri·od·ic acid ['haɪdrɪɒdɪk'-, AM -drɪɑ:d-] *n no pl* CHEM Iodwasserstoffsäure *f*
hy·dro ['haɪdroʊ] *n* CAN *(electricity)* Strom *m; (service)* Stromanbieter; **~ bill** Stromrechnung *f;* BRIT Wasserkuranstalt *f*
hydro·car·bon [ˌhaɪdrə(ʊ)'kɑ:bən, AM -droʊ'kɑ:r-] I. *n* Kohlenwasserstoff *m*
II. *n modifier (gas, chain, compound)* Kohlenwasserstoff-
hydro·cepha·lus [ˌhaɪdrəʊ'sefələs, AM droʊ] *n no pl* MED Wasserkopf *m*, Hydrocephalus *m fachspr*
hydro·chlo·ric acid [ˌhaɪdrə(ʊ)klɒrɪk'æsɪd, AM -droʊklɔ:r-] *n no pl* Chlorwasserstoffsäure *f*, Salzsäure *f*
hy·dro·col·la·tor [ˌhaɪdrəʊkə'leɪtər, AM -oʊkə'leɪtɚ] *n see* **hydroculator**
hydro·cor·ti·sone [ˌhaɪdrə(ʊ)'kɔ:tɪzəʊn, AM -droʊ'kɔ:rţəzoʊn] *n no pl* Hydrokortison *nt*
hy·dro·cu·la·tor [ˌhaɪdrəʊkjə'leɪtər, AM -oʊkjə'leɪtɚ] *n* Hydroculator *nt (Gerät zur Erhitzung von Hot-Packs, die feuchte Wärme spenden)*
hydro·dy·nami·cal·ly [ˌhaɪdrə(ʊ)daɪ'næmɪkəli, AM -droʊ-] *adv inv* hydrodynamisch
hydro·elec·tric [ˌhaɪdrəʊɪ'lektrɪk, AM -droʊ-] *adj* hydroelektrisch; **~ power station** Wasserkraftwerk *nt*
hydro·elec·tric·ity [ˌhaɪdrəʊɪlek'trɪsɪti, AM -droʊɪlek'trɪsɪţi] *n* Hydroelektrizität *f*
hydro·foil ['haɪdrə(ʊ)fɔɪl, AM -droʊ-] *n* Tragflächenboot *nt*, Tragflügelboot *nt*
hydro·for·my·la·tion [ˌhaɪdrəʊfɔ:mɪ'leɪʃən, AM -droʊfɔ:r-] *n* CHEM Hydroformylierung *f*, Oxosynthese *f*
hydro·gen ['haɪdrədʒən] *n no pl* Wasserstoff *m*, Hydrogenium *nt fachspr*
hydro·gen·at·ed [haɪ'drɒdʒɪneɪtɪd, AM -'drɑ:dʒə-] *adj* CHEM hydriert; **~ hydrocarbon** hydrierter Kohlenwasserstoff
'hydro·gen bomb *n* Wasserstoffbombe *f* **'hydro·gen bridge** *n* CHEM Wasserstoffbrückenbindung *f* **hydro·gen 'per·ox·ide** *n* Wasserstoffperoxid *nt* **hydro·gen 'sul·phide** *n* Schwefelwasserstoff *m*
hy·drol·ogy [haɪ'drɒlədʒi, AM 'drɑ:] *n no pl* SCI Gewässerkunde *f*, Hydrologie *f fachspr*
hy·droly·sis [haɪ'drɒləsɪs, AM -'drɑ:lɪ-] *n* CHEM Hydrolyse *f*
hydro·pho·bia [haɪdrə(ʊ)'fəʊbiə, AM -droʊ'foʊ-] *n* ① *no pl (fear of water)* krankhafte Wasserscheu, Hydrophobie *f fachspr*
② *(dated: rabies)* Tollwut *f*
hydro·plane ['haɪdrə(ʊ)pleɪn, AM -droʊ-] *n* ① AM *(motorboat)* Gleitboot *nt*
② *(seaplane)* Wasserflugzeug *nt*
③ *(of a submarine)* Tiefenruder *nt*
hydro·pon·ics [ˌhaɪdrə(ʊ)'pɒnɪks, AM -droʊ'pɑ:-] *n + sing vb* BOT Hydrokultur *f*, Hydroponik *f fachspr*
hydro·pow·er ['haɪdrə(ʊ)paʊər, AM -droʊpaʊɚ] *n no pl* Wasserkraft *f*
hydro·sen·sor ['haɪdrə(ʊ)sen(t)sər, AM -droʊsen(t)sɚ] *n* TECH Aquasensor *m*, Flüssigkeitsfühler *m*
hydro·thera·py [ˌhaɪdrə(ʊ)'θerəpi, AM -droʊ'-] I. *n no pl* Wasserbehandlung *f*, Hydrotherapie *f fachspr*
II. *adj* hydrotherapeutisch
hy·drox·ide [haɪ'drɒksaɪd, AM -'drɑ:-] *n* CHEM Hydroxid *nt fachspr*
hy·drox·onium ion [ˌhaɪdrɒk'səʊniəm-, AM -drɑ:k'soʊniəm-] *n* CHEM Oxoniumion *nt*
hy·droxyl group [haɪ'drɒksɪl-, AM -'drɑ:k-] *n* CHEM Hydroxylgruppe *f*
hy·ena [haɪ'i:nə] *n* Hyäne *f*
hy·giene ['haɪdʒi:n] *n no pl* Hygiene *f;* **feminine ~** Monatshygiene *f;* **personal ~** Körperpflege *f*
hy·gien·ic [haɪ'dʒi:nɪk, AM ˌhaɪdʒi'enɪk] *adj* hygienisch
hy·gieni·cal·ly [haɪ'dʒi:nɪkəli, AM haɪdʒi'enɪk] *adv* hygienisch, säuberlich *a. fig*
hy·gien·ist [haɪ'dʒi:nɪst] *n* Hygieniker(in) *m(f)*
hy·grom·eter [haɪ'grɒmɪtər, AM -'grɑ:məţɚ] *n* METEO Feuchtigkeitsmesser *m*, Hygrometer *nt fachspr*
hy·gro·scope ['haɪgrə(ʊ)skəʊp, AM -groʊskoʊp] *n* METEO Feuchtigkeitsanzeiger *m*, Hygroskop *nt fachspr*
hy·ing ['haɪɪŋ] *pp of* **hie**
hy·men ['haɪmən] *n* Jungfernhäutchen *nt*, Hymen *nt o m fachspr*
hymn [hɪm] *n* ① REL Kirchenlied *nt*
② *(praise)* Hymne *f*, Loblied *nt;* **to sing a ~ to sth** eine Hymne auf etw *akk* singen
hym·nal ['hɪmnəl], **hymn·book** ['hɪmbʊk] *n* Gesangbuch *nt*
hype [haɪp] I. *n no pl* Publicity *f; (deception)* Werbemasche *f*, Reklameaufwand *m;* **media ~** Medienrummel *m*
II. *vt* ■**to ~ sth** etw [in den Medien] hochjubeln, viel Wirbel um etw *akk* machen *fam*
◆**hype up** *vt* **to ~ up a product** ein Produkt marktschreierisch anpreisen; ***they ~d up the film simply because Saul Pullman was starring in it***

um den Film wurde viel Rummel gemacht, bloß weil Saul Pullman darin mitspielt
hyped up [ˌhaɪpt'-] *adj (fam)* überdreht, aufgedreht, aufgeputscht *fam;* ▪**to get ~ about sth** sich *akk* über etw *akk* aufregen; *(excited)* wegen einer S. *gen* aus dem Häuschen geraten; ▪**to be ~ for sth** [ganz] heiß auf etw *akk* sein *fam*
hy·per ['haɪpəʳ, AM -ɚ] *adj (fam)* aufgedreht, hyper *sl;* **to go ~** ausrasten *fam,* durchdrehen *fam*
hyper- *in compounds (energetic, aware, expensive)* über-/Über-, hyper-/Hyper- *fachspr;* **to be ~ambitious** übertrieben ehrgeizig sein
hyper·ac·tive [ˌhaɪpəʳ'æktɪv, AM -pɚ-] *adj* hyperaktiv
hyper·bo·la [haɪ'pɜːbələ, AM -'pɜːr-] *n* MATH Hyperbel *f*
hyper·bo·le [haɪ'pɜːbəli, AM -'pɜːr-] *n no pl* LIT Hyperbel *f*
hyper·bol·ic [haɪpə'bɒlɪk, AM -pɚ'bɑː-] *adj inv* LIT hyperbolisch; **~ phrase** überzogene Formulierung
hyper·'criti·cal *adj* übertrieben kritisch, hyperkritisch *geh* **hyper·in·'fla·tion** *n no pl* ECON Hyperinflation *f fachspr* **hyper·ki·net·ic** [ˌhaɪpəkɪ'netɪk, AM -pɚkɪ'neṭɪk] *adj inv* hyperkinetisch *fachspr,* hyperaktiv; *(fig: overly active)* überaktiv **hyper·lib·er·al** [ˌhaɪpə'lɪbərəl, AM -pɚ-] *adj inv* extrem liberal **'hyper·link** *n* INET Hyperlink *m* **'hyper·mar·ket** *n* Verbrauchermarkt *m,* Großmarkt *m* **hyper·'mod·ern** *adj inv* hypermodern **hyper·re·'al·ity** *n* Hyperrealität *f geh,* Überwirklichkeit *f* **hyper·'sen·si·tive** *adj inv* überempfindlich; ***he's ~ about his height*** wenn es um seine Größe geht, versteht er echt keinen Spaß *fam;* ▪**to be ~ to sth** auf etw *akk* überempfindlich reagieren **hyper·'sen·si·tize** *vt* ▪**to ~ sb to sth** jdn gegen etw *akk* [hyper]sensibilisieren **hyper·son·ic** [ˌhaɪpə'sɒnɪk, AM -pɚ'sɑːn-] *adj inv* hypersonisch **hyper·'ten·sion** *n no pl* MED erhöhter Blutdruck, Hypertonie *f fachspr* **'hyper·text** *n no pl* COMPUT Hypertext *m fachspr* **hyper·thread·ed** [ˌhaɪpə'θredɪd, AM -pɚ'-] *adj inv* COMPUT hyperthreaded- **hyper·thread·ing** [ˌhaɪpə'θredɪŋ, AM -pɚ'-] *n* COMPUT Hyperthreading *nt* **hyper·thy·roid·ism** [ˌhaɪpə'θaɪrɔɪdɪzəm, AM -pɚ-] *n* MED Überfunktion *f* der Schilddrüse **hyper·'ven·ti·late** *vi* ❶ MED hyperventilieren ❷ *(fig sl)* ▪**to ~ about** [*or* **over**] **sth** *(get upset)* sich *akk* wahnsinnig über etw *akk* aufregen *fam,* auf etw *akk* total überreagieren *fam* **hyper·ven·ti·'la·tion** *n no pl* MED Hyperventilation *f*
hy·phen ['haɪfən] *n (between words)* Bindestrich *m; (at end of line)* Trennstrich *m*
hy·phen·ate ['haɪfəneɪt, AM -fən-] *vt* ▪**to ~ sth** etw mit Bindestrich schreiben
hy·phen·at·ed ['haɪfəneɪtɪd, AM -fəneɪṭɪd] *adj* ▪**sth is ~** etw schreibt man mit Bindestrich
hy·phena·tion [ˌhaɪfə'neɪʃən] *n* [Silben]trennung *f; (between words)* Schreibung *f* mit Bindestrich
hyp·no·sis [hɪp'nəʊsɪs, AM -'noʊ-] *n no pl* Hypnose *f;* ▪**to be under ~** sich *akk* in Hypnose befinden, unter Hypnose stehen
hyp·no·thera·pist [ˌhɪpnə(ʊ)'θerəpɪst, AM -noʊ'-] *n* Hypnotherapeut(in) *m(f) fachspr*
hyp·no·thera·py [ˌhɪpnə(ʊ)'θerəpi, AM -'noʊ-] *n no pl* MED Hypnotherapie *f*
hyp·not·ic [hɪp'nɒtɪk, AM -'nɑːṭɪk] **I.** *adj* ❶ *(causing hypnosis)* hypnotisierend; *(referring to hypnosis)* hypnotisch; **~ state** Zustand *m* der Hypnose; **to have a ~ effect on sb** *(fig)* auf jdn einschläfernd wirken
❷ *(fascinating)* *eyes, voice, music* betörend, hypnotisierend
II. *n* ❶ *(drug)* Schlafmittel *nt,* Hypnotikum *nt fachspr*
❷ *(person)* [potenzielles] Hypnoseopfer
hyp·no·tism ['hɪpnətɪzəm] *n* Hypnotik *f,* Hypnotismus *m*
hyp·no·tist ['hɪpnətɪst] *n* Hypnotiseur *m,* Hypnotisiererin *f*
hyp·no·tize ['hɪpnətaɪz] *vt* ▪**to ~ sb** jdn in Hypnose versetzen [*o a. fig* hypnotisieren]
hypo·al·ler·gen·ic [ˌhaɪpə(ʊ)ˌælə'dʒenɪk, AM -poʊˌælɚ-] *adj* hypoallergen *fachspr*
hypo·chon·dria [ˌhaɪpə(ʊ)'kɒndriə, AM -poʊ'kɑːn-] *n no pl* Hypochondrie *f*
hypo·chon·dri·ac [ˌhaɪpə(ʊ)'kɒndriæk, AM -poʊ'kɑːn-] **I.** *n* Hypochonder(in) *m(f)*
II. *adj* hypochondrisch
hypo·chon·dria·cal [ˌhaɪpə(ʊ)kɒn'draɪəkəl, AM -poʊkɑːn'-] *adj* hypochondrisch
hy·poc·ri·sy [hɪ'pɒkrəsi, AM -pɑː-] *n no pl* Heuchelei *f,* Scheinheiligkeit *f*
hypo·crite ['hɪpəkrɪt] *n* Heuchler(in) *m(f),* Scheinheilige(r) *f(m),* Pharisäer *m*
hypo·criti·cal [ˌhɪpəʊ'krɪtɪkəl, AM -ə'krɪṭ-] *adj* geheuchelt, heuchlerisch, scheinheilig
hypo·criti·cal·ly [ˌhɪpə'krɪtɪkəli, AM pɚ'krɪṭ] *adv* scheinheilig, heuchlerisch
hypo·der·mic [ˌhaɪpə(ʊ)'dɜːmɪk, AM -poʊ'dɜːr-] *adj inv* subkutan *fachspr*
hypo·der·mic 'nee·dle *n* Subkutannadel *f*
hypo·gly·cae·mia, AM **hypo·gly·ce·mia** [ˌhaɪpə(ʊ)glaɪ'siːmiə, AM -poʊ-] *n no pl* MED Unterzuckerung *f,* Hypoglykämie *f fachspr*
hypo·gly·cae·mic, AM **hypo·gly·ce·mic** [ˌhaɪpə(ʊ)glaɪ'siːmɪk, AM -poʊ-] *adj inv* MED mit niedrigem Blutzuckerspiegel *nach n,* hypoglykämisch *fachspr*
hypo·gly·ce·mia *n* AM *see* **hypoglycaemia**
hypo·gly·ce·mic *n* AM *see* **hypoglycaemic**
hy·pote·nuse [haɪ'pɒtənjuːz, AM -'pɑːtənuːs] *n* MATH Hypotenuse *f*
hypo·tha·lam·ic [ˌhaɪpəʊθə'læmɪk] *adj inv* hypothalamisch
hypo·thala·mus <*pl* -mi> [ˌhaɪpəʊ'θæləməs, AM poʊ'] *n* ANAT Hypothalamus *m fachspr*
hy·pothe·cate [haɪ'pɒθəkeɪt, AM -'pɑːθə-] *vt* LAW ▪**to ~ sth** etw vorsehen
hy·poth·eca·tion [haɪˌpɒθə'keɪʃən, AM -ˌpɑːθə'-] *n* LAW Lombardierung *f,* Beleihung *f;* **~ statement** Zweck[bestimmungs]erklärung *f*
hypo·ther·mia [ˌhaɪpə(ʊ)θɜːmiə, AM -poʊθɜːr-] *n no pl* Unterkühlung *f,* Hypothermie *f fachspr*
hy·poth·esis <*pl* -ses> [haɪ'pɒθəsɪs, AM -'pɑːθə-] *n* Hypothese *f,* Annahme *f*
hy·poth·esize [haɪ'pɒθəsaɪz, AM -'pɑːθə-] **I.** *vt* ▪**to ~ sth** eine Hypothese/Hypothesen *pl* über etw *akk* aufstellen *geh,* etw annehmen
II. *vi* ▪**to ~ about sth** über etw *akk* mutmaßen [*o* spekulieren]
hypo·theti·cal [ˌhaɪpə(ʊ)'θetɪkəl, AM -poʊ'θeṭ-] *adj* hypothetisch, spekulativ
hypo·theti·cal·ly [ˌhaɪpəʊ'θetɪkəli, AM poʊ'θeṭ] *adv* [rein] hypothetisch, angenommenerweise
hypo·thy·roid·ism [ˌhaɪpə(ʊ)'θaɪrɔɪdɪzəm, AM -poʊ-] *n* MED Unterfunktion *f* der Schilddrüse
hys·ter·ec·to·my [ˌhɪstə'rektəmi] *n* MED Hysterektomie *f fachspr,* Totaloperation *f*
hys·te·re·sis ['hɪstə'riːsɪs] *n* **~ effect** Hysterese-Effekt *m*
hys·te·ria [hɪ'stɪəriə, AM -steri-] *n no pl* ❶ PSYCH Hysterie *f*
❷ *(excitement)* Hysterie *f;* ***she was close to ~*** sie stand kurz vor einem hysterischen Anfall
hys·ter·ic [hɪ'sterɪk] **I.** *adj* hysterisch
II. *n* Hysteriker(in) *m(f)*
hys·teri·cal [hɪ'sterɪkəl] *adj* ❶ *(emotional)* hysterisch
❷ *(fam: hilarious)* ausgelassen heiter
hys·teri·cal·ly [hɪ'sterɪkəli] *adv* ❶ *(emotionally)* hysterisch
❷ *(fam: hilariously)* **to be ~ funny** zum Schießen sein *fam*
hys·ter·ics [hɪ'sterɪks] *npl* hysterischer Anfall; **to be in ~** *(be excited)* hysterisch sein, einen hysterischen Anfall haben; *(fam: laugh uncontrollably)* sich *akk* totlachen *fam;* **to have/go into ~** einen hysterischen Anfall haben/bekommen
Hz *n abbrev of* **hertz** Hz

I

I <*pl* Is *or* I's>, **i** <*pl* i's> [aɪ] *n* ❶ *(letter)* I *nt,* i *nt;* **~ for Isaac** [*or* AM **as in Item**] I für Ida; *see also* **A 1**
❷ *(numeral)* I *nt,* i *nt*
▸PHRASES: **to dot the ~s and cross the t's** *(fam)* peinlich genau sein
I¹ [aɪ] **I.** *pron pers* ich; *(form: me)* ***it is ~, Paul*** ich bin es, Paul; ***hello, is Mr Rodgers there? — yes, this is ~*** hallo, ist Mr. Rodgers da? – ja, am Apparat; **~ for one ...** ich meinerseits ...; ***~ for one think ...*** ich für meine Person finde ...
II. *n* PHILOS ▪**the ~** das Ich
I² *n no pl* CHEM I
Ia. AM *abbrev of* **Iowa**
IAEA *n* [ˌaɪeɪ'iːeɪ] *abbrev of* **International Atomic Energy Agency** IAEO *f*
iam·bic [aɪ'æmbɪk] LIT **I.** *adj inv* jambisch *fachspr*
II. *n* <*pl* -bi *or pl* -buses> Jambus *m fachspr*
iam·bic pen·'tam·eter *n* fünffüßiger Jambus
iam·bus <*pl* -es *or* -bi> [aɪ'æmbəs, *pl* -biː] *n* LIT Jambus *m*
IATA [aɪ'ɑːtə, AM aɪˌeɪˌtiː'eɪ] *n no pl, + sing/pl vb acr for* **International Air Transport Association:** ▪**the ~** die IATA
iat·ro·gen·ic [aɪˌætrəʊdʒenɪk, AM roʊ'] *adj inv esp* MED durch ärztlichen Eingriff bewirkt, iatrogen *fachspr*
IBA [ˌaibiː'eɪ] *n no pl, + sing/pl vb* BRIT *abbrev of* **Independent Broadcasting Authority** *Gremium, das den Sendeinhalt des privaten Rundfunks und Privatfernsehens überwacht*
IBAN [ˌaɪbiːer'en] *n* COMM *abbrev of* **international bank account number** internationale Kontonummer
Iberian [aɪ'bɪəriən, AM -'bɪri-] **I.** *n* ❶ *(person)* Iberer(in) *m(f)*
❷ *(language)* Iberisch *nt*
II. *adj inv* iberisch
Iberian Pen·'in·su·la *n* ▪**the ~** die iberische Halbinsel
ibex <*pl* -es> ['aɪbeks] *n* Steinbock *m*
ibid [ɪ'bɪd], **ibidem** [ɪ'bɪdem] *adv inv* LIT ib., ibd.
ibis <*pl* - *or* -es> ['aɪbɪs] *n* ORN Ibis *m*
IBS [ˌaɪbiː'es] *n no pl* MED *abbrev of* **irritable bowel syndrome** Reizdarm *m*
ibu·pro·fen [ˌaɪbjuː'prəʊfen, AM -'proʊfən] *n no pl* Ibuprofen *nt fachspr*
IC *n abbrev of* **integrated circuit** integrierter Schaltkreis
i/c *abbrev of* **in charge** [**of**] v. D.
ICBM [ˌaɪsiːbiː'em] *n abbrev of* **intercontinental ballistic missile** Interkontinentalrakete *f*
ICD [ˌaɪsiː'diː] *n abbrev of* **implantable cardioverter defibrillator** ICD
ice [aɪs] **I.** *n no pl* ❶ *(frozen water)* Eis *nt; (ice cubes)* Eis *nt,* Eiswürfel *m;* ***my hands are like ~*** meine Hände sind eiskalt
❷ BRIT *(ice cream)* Eis *nt,* Eiscreme *f,* Glace *f* SCHWEIZ
❸ AM *(fam)* Diamant[en] *m[pl]*
▸PHRASES: **to break the ~** das Eis zum Schmelzen bringen; **sth cuts no ~ with sb** etw lässt jdn ziemlich kalt; **to put sth on ~** etw auf Eis legen; **to be treading** [*or* **skating**] **on thin ~** sich *akk* auf dünnem Eis bewegen
II. *vt* ❶ FOOD ▪**to ~ sth** etw glasieren [*o* mit einer Glasur überziehen]
❷ SPORT **to ~ the puck** den Puck glatt ans andere Ende schlagen
◆**ice over** *vi* ▪**to be ~d over** *road* vereist sein; *lake* zugefroren sein
◆**ice up** *vi pipes* einfrieren; *windscreen* zufrieren
'Ice Age *n* Eiszeit *f;* **Great ~** Pleistozän *nt* **'ice-axe** *n* Eispickel *m* **'ice·berg** *n* Eisberg *m* **ice·berg 'let·tuce** *n* Eisbergsalat *m* **'ice block** *n* AUS, NZ Eis *nt* am Stiel, Stängelglace *f* SCHWEIZ *fam* **ice-'blue** *adj* eisblau

'ice·bound *adj ship* eingefroren; *harbour* zugefroren
'ice·box *n* ① BRIT *(freezer)* Eisfach *nt,* Gefrierfach *nt* SCHWEIZ ② AM *(fridge)* Eisschrank *m,* Kühlschrank *m,* ÖSTERR *a.* Eiskasten *m* **'ice-break·er** *n* ① *(ship)* Eisbrecher *m* ② *(to break tension) Spiele zur Auflockerung der Atmosphäre* **'ice cap** *n* Eiskappe *f (an den Polen)* **ice-'cold** *n* eiskalt
ice 'cream *n* Eiscreme *f,* Eis *nt,* ÖSTERR *a.* Eiskrem *f,* Glace *f* SCHWEIZ **ice cream 'cone** *n* Hörnchen *nt,* Eistüte *f,* ÖSTERR *a.* Eisstanitzel *nt,* Cornet *nt* SCHWEIZ **ice-'cream mak·er** *n* Eismaschine *f* **ice-'cream par·lour** *n* Eisdiele *f,* Eissalon *m* ÖSTERR, SCHWEIZ *bes* Gelateria *f* **ice-cream 'soda** *n Eisbecher mit verschiedenen Zutaten (Eiscreme, Sirup, Soda)* **ice-'cream van** *n* Eiswagen *m,* Glacewagen *m* SCHWEIZ
'ice cube *n* Eiswürfel *m*
iced [aɪst] *adj inv* ① *(frozen)* eisgekühlt, tiefgekühlt SCHWEIZ
② *(covered with icing)* glasiert, mit einer Glasur überzogen
iced 'cof·fee *n* Eiskaffee *m* **iced 'tea** *n* Eistee *m*
'ice floe *n* Eisscholle *f* **'ice hock·ey** *n* Eishockey *nt* **'ice house** *n* Eishaus *nt; basement* Eiskeller *m*
Ice·land ['aɪslənd] *n* Island *nt*
Ice·land·er ['aɪsləndəʳ, AM -ɚ] *n* Isländer(in) *m(f)*
Ice·land·ic [aɪs'lændɪk] **I.** *n* Isländisch *nt*
II. *adj* isländisch
ice 'lol·ly *n* BRIT Eis *nt* am Stiel, Eisschlecker *m* ÖSTERR *fam,* Stängelglace *f* SCHWEIZ *fam* **'ice-maid·en** *n* Eisklotz *m fig,* frigide Frau **'ice-mak·er** *n* Eisspender *m (Gefriervorrichtung am Kühlschrank, die Eiswürfel bereitet)* **'ice·man** *n* AM Eisverkäufer *m,* Glaceverkäufer *m* SCHWEIZ **'ice pack** *n* ① *(for swelling)* Eisbeutel *m* ② *(sea ice)* Packeis *nt* **'ice pick** *n* Eispickel *m* **'ice rink** *n* Schlittschuhbahn *f,* Eisbahn *f* **'ice sheet** *n* Eisschicht *f* **'ice skate** *n* Schlittschuh *m* **'ice-skate** *vi* Schlittschuh laufen [*o* SCHWEIZ *bes* fahren], eislaufen **'ice-skat·ing** *n no pl* Schlittschuhlaufen *nt,* Eislaufen *nt* **'ice wa·ter** *n* Eiswasser *nt*
I Ching [ˌiː'tʃɪŋ] *n* I Ging *nt*
ich·thy·ol·ogy [ˌɪkθi'ɒlədʒi, AM 'ɑːlə-] *n* ZOOL Fischkunde *f,* Ichthyologie *f fachspr*
ici·cle ['aɪsɪkl̩] *n* Eiszapfen *m*
ici·ly ['aɪsɪli] *adv* ① *blow* eisig, frostig
② *(fig)* eiskalt, eisig; ***she looked ~ at him*** sie warf ihm einen eisigen Blick zu
ici·ness ['aɪsɪnəs] *n no pl* ① *(ice covering)* Vereisung *f*
② *(low temperature)* klirrende Kälte; *(also fig)* Eiseskälte *f a. fig*
ic·ing ['aɪsɪŋ] *n* ① FOOD Zuckerguss *m*
② AVIAT Vereisung *f*
▸PHRASES: **to be the ~ on the cake** *(pej: unnecessary)* [bloß] schmückendes Beiwerk sein; *(approv: unexpected extra)* das Sahnehäubchen sein *fam,* ein besonderes Zuckerl sein ÖSTERR
'ic·ing sug·ar *n* Puderzucker *m,* Staubzucker *m* ÖSTERR
ick [ɪk] AM **I.** *interj* igitt!, ih!
II. *n* Schlonz *m* DIAL *sl,* Ungustl ÖSTERR *sl*
icky ['ɪki] *adj (fam)* ① *(unpleasant)* eklig *fam,* ungustiös ÖSTERR *fam;* **to feel ~** sich *akk* beschissen fühlen *sl*
② *(sweet, sticky)* schlonzig DIAL *sl*
③ *(sentimental)* kitschig; ***the plot of the film was decidedly ~*** die Handlung des Films war der reine Kitsch
icon ['aɪkɒn, AM -kɑːn] *n* ① *(painting)* Ikone *f*
② *(star)* Idol *nt,* Ikone *f;* ***the skyscraper is an American ~*** der Wolkenkratzer ist ein Sinnbild Amerikas
③ COMPUT Ikon *nt*
icon·ic [aɪ'kɒnɪk, AM -'kɑːnɪk] *adj* ikonenhaft
icono·clasm [aɪ'kɒnə(ʊ)klæzᵊm, AM -kɑːnə-] *n no pl* Ikonoklasmus *m fachspr,* Bildersturm *m a. fig*
icono·clast [aɪ'kɒnə(ʊ)klæst, AM -kɑːnə-] *n* ① *(form: critic of beliefs)* Bilderstürmer *m fig*
② REL *(hist)* Ikonoklast *m fachspr,* Bilderstürmer(in) *m(f)*
icono·clast·ic [aɪˌkɒnə(ʊ)'klæstɪk, AM -ˌkɑːnə'-] *adj* ikonoklastisch *geh,* bilderstürmerisch *fig*
icono·graph·ic [ˌaɪkɒnəʊ'græfɪk, AM noʊ'] *adj inv* ART bildliche Darstellung[en] betreffend
ico·nog·ra·phy [aɪkə'nɒgrəfi, AM -'nɑːgrə-] *n no pl* REL Ikonographie *f*
ico·sa·he·dron <*pl* -dra *or* -s> [ˌaɪkɒsə'hiːdrən, *pl* -'hiːdrə, AM -koʊsə'-] *n* MATH Zwanzigflächner *m,* Ikosaeder *nt*
ICU [ˌaɪsiː'juː] *n abbrev of* **intensive care unit** Intensivstation *f*
icy ['aɪsi] *adj* ① *(full of ice) road* vereist; *(very cold)* eisig [kalt]; **~ conditions** *(on road)* Glatteis *nt;* **~ patches** stellenweise Glätte
② *(unfriendly)* frostig, eisig
id [ɪd] *n* PSYCH Es *nt*
Id. *abbrev of* **Idaho**
I'd [aɪd] = **I would, I had** *see* **would, have I, II**
I.D. [ˌaɪ'diː] *n no pl abbrev of* **identification** ① *card* ***sorry, I don't have any ~ on me*** ich habe leider keinen Ausweis dabei
② COMPUT *(code)* Kennzahl *f*
Ida·ho·an [ˌaɪdə'həʊən, AM -'hoʊən] **I.** *n* Bewohner(in) *m(f)* Idahos
II. *adj* aus Idaho *nach n*
I.'D. brace·let *n (jewelry)* Namenskettchen *nt; (for baby)* Namensband *nt* **I.'D. card** *n* [Personal]ausweis *m,* Identitätskarte *f* SCHWEIZ **I.'D. code** *n* COMPUT Identifizierungscode *m*
IDDD [ˌaɪdiːdiː'diː] AM *abbrev of* **international direct distance dialling** SWFD
idea [aɪ'dɪə, -'diːə, AM -'diːə] *n* ① *(notion)* Vorstellung *f;* ***what an ~!*** *(fam)* du hast Vorstellungen!; ***the [very] ~ of it!*** *(fam)* allein die Vorstellung!; ***that gives me an ~, we could ...*** da kommt mir [gerade] ein Gedanke – wir könnten ...; ***whatever gave you that ~?*** wie kommst du denn [bloß] darauf?; ***whose bright ~ was that?*** *(iron)* wessen Geistesblitz war das denn? *iron fam;* ***the ~ never entered my head*** der Gedanke ist mir nie in den Sinn gekommen; ***he's got the ~ into his head that ...*** er bildet sich doch glatt ein, dass ...; ***don't you start [or go] getting any ~s about a new carpet!*** den Gedanken an einen neuen Teppich kannst du gleich vergessen!; **to get ~s** *(fam)* auf dumme Gedanken kommen; **to give sb ~s** *(fam)* jdn auf dumme Gedanken bringen; **to put ~s into sb's head** jdm Flausen in den Kopf setzen, jdn auf dumme Gedanken bringen
② *(purpose)* ■**the ~** die Absicht, der Zweck; ***what's the big ~?*** *(usu iron)* wozu soll das gut sein?; ***the ~ behind all this ...*** das Ganze soll dazu dienen, ...; ***you're getting the ~ now*** allmählich kommst du dahinter; ***the ~ was to meet at the pub*** eigentlich wollten wir uns in der Kneipe treffen; ***what's the ~ of keeping us all waiting?*** was denken Sie sich eigentlich dabei, uns alle warten zu lassen?
③ *(suggestion)* Idee *f,* Einfall *m;* ***what a great ~!*** was für eine glänzende Idee!; ***that's an ~!*** *(fam)* das ist eine gute Idee!; ***I don't think it's a good ~ to ...*** ich halte es für keine gute Idee, ...; **to bubble with good ~s** vor [*o* von] guten Einfällen nur so übersprudeln; **to give sb the ~ of doing sth** jdn auf die Idee [*o* den Gedanken] bringen, etw zu tun; **to toy with the ~ of doing sth** mit der Idee [*o* dem Gedanken] spielen, etw zu tun
④ *(knowledge)* Begriff *m;* **to give sb an ~ of sth** jdm eine [ungefähre] Vorstellung von etw *dat* geben; **to have an ~ of sth** eine Vorstellung von etw *dat* haben; ***I've got a pretty good ~ why they left early*** ich kann mir denken, warum sie so früh gegangen sind; ***have you any ~ of what you're asking me to do?*** weißt du eigentlich, um was du mich da bittest?; **to have [got] no ~** *(fam)* keine Ahnung haben; **to have no ~ that ...** *(fam)* keine Ahnung [davon] haben, dass ...; **to not have the slightest [*or fam* faintest] ~** nicht die leiseste Ahnung [*o fam* den blassesten Schimmer] haben
⑤ *(conception)* Ansicht *f,* Auffassung *f;* ***his ~ of a good evening is loads of booze*** unter einem gelungenen Abend versteht er jede Menge Alkohol; ■**to not be sb's ~ of sth** *(fam)* nicht jds Vorstellung von etw *dat* entsprechen; ***this is not my ~ of fun*** *(fam)* das verstehe ich nicht unter Spaß!
ideal [aɪ'dɪəl, -'diːəl, AM -'diːəl] **I.** *adj inv* ideal; ***he is the ~ man for the job*** er ist genau der Richtige für diesen Job; **~ weight** Idealgewicht *nt;* **in an ~ world** in einer Idealwelt; *(fig)* im Idealfall
II. *n no pl* ① *(model of perfection)* Idealvorstellung *f,* Ideal *nt*
② *(principle)* Ideal *nt;* **to share the same ~s** die gleichen Ideale vertreten
ideal·ism [aɪ'dɪəlɪzᵊm, AM -'diːəl-] *n no pl also* PHILOS Idealismus *m*
ideal·ist [aɪ'dɪəlɪst, AM -'diːəl-] *n* Idealist(in) *m(f)*
ideal·is·tic [ˌaɪdɪə'lɪstɪk, AM -diːə'-] *adj* idealistisch
ideal·is·ti·cal·ly [ˌaɪdɪə'lɪstɪkli, AM -diːə'-] *adv* idealistisch
ideali·za·tion [aɪˌdɪəlaɪ'zeɪʃᵊn, AM -ˌdiːələ-] *n* Idealisierung *f,* idealisierte Darstellung
ideal·ize [aɪ'dɪəlaɪz, AM -'diːə-] *vt* ■**to ~ sb/sth** jdn/etw idealisieren
ideal·ized [aɪ'dɪəlaɪzd, AM -'diːə-] *adj* idealisiert
ideal·ly [aɪ'dɪəli, AM -'diːə-] *adv inv* ① *(best scenario)* idealerweise; ***~, I'd like to live in the country*** am liebsten würde ich auf dem Land wohnen
② *(perfectly)* genau richtig; ***our guest house is ~ located for ...*** unser Gästehaus ist idealer Ausgangspunkt für ...; ***as a couple, they're ~ matched*** die beiden sind wie geschaffen für einander
idée fixe <*pl* idées fixes> [ˌiːdeɪ'fiːks] *n* fixe Idee
iden·ti·cal [aɪ'dentɪkᵊl, AM -t̬ə-] *adj* identisch; ■**to be ~ to sth** mit etw *dat* identisch sein [*o* völlig übereinstimmen]
iden·ti·cal·ly [aɪ'dentɪkᵊli, AM -t̬ə-] *adv inv* identisch
iden·ti·cal 'twins *n* eineiige Zwillinge
iden·ti·fi·able [aɪˌdentɪ'faɪəbl̩, AM -t̬ə'-] *adj* erkennbar; *substance* nachweisbar
iden·ti·fi·ca·tion [aɪˌdentɪfɪ'keɪʃᵊn, AM -t̬ə-] *n no pl*
① *(determination of identity) of a dead person, criminal* Identifizierung *f; of a problem, aims* Identifikation *f; (of a virus, plant)* Bestimmung *f*
② *(papers)* Ausweispapiere *pl;* ***she had no ~ on her*** sie konnte sich nicht ausweisen
③ *(sympathy)* Identifikation *f* (**with** mit +*dat*)
④ *(association)* Parteinahme *f;* ***the politician's ~ with communism will not endear him to the voters*** mit seinem Eintreten für den Kommunismus wird der Politiker bei den Wählern auf wenig Gegenliebe stoßen
⑤ COMPUT Identifikation *f*
iden·ti·fi·'ca·tion num·ber *n* Identifikationsnummer *f* **iden·ti·fi·'ca·tion pa·pers** *npl* Ausweispapiere *pl* **iden·ti·fi·'ca·tion pa·rade** *n* BRIT *Gegenüberstellung, um einen Täter zu identifizieren*
iden·ti·fi·er [aɪ'dentɪfaɪəʳ, AM -t̬əfaɪɚ] *n* ① *(means of identification)* Identifikator *m*
② *(mark)* Kennzeichen *nt;* COMPUT *also* Identifier *m*
iden·ti·fy <-ie-> [aɪ'dentɪfaɪ, AM -t̬ə-] **I.** *vt* ① *(recognize)* ■**to ~ sb/sth** jdn/etw identifizieren
② *(establish identity)* ■**to ~ sb** jds Identität *f* feststellen; ***the judge ordered that the child in this case should not be identified*** der Richter entschied, den Namen des Kindes in diesem Fall nicht bekanntzugeben
③ *(associate)* ■**to ~ sb with sb/sth** jdn mit jdm/etw assoziieren [*o* in Verbindung bringen]; ■**to ~ oneself with sth** sich *akk* mit etw *dat* identifizieren
④ COMPUT ■**to ~ oneself** sich *akk* identifizieren
II. *vi* ■**to ~ with sb** sich *akk* mit jdm identifizieren; ■**to be identified with sth** mit etw *dat* in Verbindung gebracht werden
iden·ti·kit® [aɪ'dentɪkɪt] **I.** *n* BRIT, AUS Phantombild *nt*
II. *adj* ① *(made with identikit)* Phantom-; **~ picture** Phantombild *nt*
② *(pej: copied)* abgekupfert, nachgemacht, unoriginell
iden·ti·ty [aɪ'dentɪti, AM -t̬əti] *n* ① *(who sb is)* Identität *f;* ***you can use your driving licence as proof of ~*** Sie können sich über Ihren Führerschein ausweisen; ***but obviously it was a case of mistak-***

en ~ doch offensichtlich handelte es sich [nur] um eine Verwechslung; **loss of** ~ Identitätsverlust *m;* **to give sb a sense of** ~ jdm das Gefühl einer eigenen Identität vermitteln
❷ *(identicalness)* Übereinstimmung *f;* ~ **of interest** Interessengleichheit *f*
❸ COMPUT Identität *f*

i'den·ti·ty card *n* [Personal]ausweis *m,* Identitätskarte *f* SCHWEIZ **i'den·ti·ty cri·sis** *n* Identitätskrise *f* **i'den·ti·ty fraud** *n no pl* Identitätsbetrug *m* **i'den·ti·ty pa·rade** *n* BRIT Gegenüberstellung *f (bei der Polizei)* **i'den·tity theft** *n* Identitätsdiebstahl *m* **i'den·tity thief** *n* Identitätsdieb(in) *m(f)*

ideo·gram ['ɪdɪə(ʊ)græm, AM -oʊ-], **ideo·graph** ['ɪdɪə(ʊ)grɑ:f, AM -oʊgræf] *n* LING Ideogramm *nt fachspr*

ideo·logi·cal [,aɪdiə'lɒdʒɪkᵊl, AM -lɑ:dʒɪ-] *adj* ideologisch

ideo·logi·cal·ly [,aɪdiə'lɒdʒɪkᵊli, AM -lɑ:dʒɪ-] *adv* ideologisch

ideolo·gist [,aɪdi'ɒlədʒɪst, AM -'ɑ:lə-] *n* Ideologe, Ideologin *m, f*

ideo·logue ['aɪdiə(ʊ)lɒg, AM -əlɑ:g] *n* Ideologe, Ideologin *m, f*

ideol·ogy [,aɪdi'ɒlədʒi, AM -'ɑ:lə-] *n* Ideologie *f,* Weltanschauung *f*

ides [aɪdz] *npl* Iden *pl*

idio·cy ['ɪdiəsi] *n (foolishness)* Idiotie *f,* Schwachsinn *m; (act)* Dummheit *f*

idio·lect ['ɪdiəʊlekt, AM -oʊ-] *n* LING Idiolekt *m fachspr*

idiom ['ɪdiəm] *n* LING ❶ *(phrase)* [idiomatische] Redewendung
❷ *(language)* Idiom *nt,* Sprache *f; (dialect)* Dialekt *m,* Mundart *f*

idio·mat·ic [,ɪdiə(ʊ)'mætɪk, AM -ə'mæṭ-] *adj* idiomatisch

idio·syn·cra·sy [,ɪdiə(ʊ)'sɪŋkrəsi, AM -oʊ'sɪn-] *n* ❶ *(peculiarity)* Eigenart *f,* Eigenheit *f*
❷ LING Idiosynkrasie *f*

idio·syn·crat·ic [,ɪdiə(ʊ)sɪŋ'krætɪk, AM -oʊsɪn'kræṭ-] *adj* ❶ *(typical)* charakteristisch, typisch
❷ LING idiosynkratisch

idi·ot ['ɪdiət] *n* ❶ *(pej)* Idiot *m pej;* ***you stupid ~!*** du blöder Idiot!; ***that ~ sister of mine*** meine dämliche Schwester; ***I feel like a real ~*** ich komme mir wie ein völliger Idiot vor
❷ *(old)* Idiot(in) *m(f),* Schwachsinnige(r) *f(m)*

'idi·ot box *n* AM *(sl)* Glotze *f fam*

idi·ot·ic [,ɪdi'ɒtɪk, AM -'ɑ:ṭɪk] *adj* idiotisch; ***how ~ of him to forget the map!*** wie dumm von ihm, den Stadtplan zu vergessen!; **an ~ idea** eine hirnverbrannte Idee

idi·oti·cal·ly [,ɪdi'ɒtɪkᵊli, AM -'ɑ:ṭɪk-] *adv* idiotischerweise, blödsinnigerweise

idi·ot sa·vant <*pl* **idiots savants** *or* **idiot savants**> [,i:diəʊsæv'ɑ̃:, AM ,i:di:oʊsævɑ:n(t)] *n* Idiot Savant *m fachspr (geistig Zurückgebliebener, der auf einem bestimmten Gebiet außerordentliche Fähigkeiten hat)*

idle ['aɪdl̩] **I.** *adj* ❶ *(lazy)* faul, träge
❷ *(redundant)* **people** ohne Beschäftigung *präd, nach n,* erwerbslos
❸ *(not working)* **person** untätig; **machines** außer Betrieb *präd;* ***his bike lay ~ most of the time*** sein Fahrrad stand die meiste Zeit unbenutzt herum; ~ **capacity** ungenutzte Kapazität; ~ **resources** unproduktive Ressourcen *pl;* **the ~ rich** die reichen Müßiggänger; **to lie ~** *factory* stillstehen, stillliegen
❹ *moment* müßig; ***in my ~ moments I dream of sun-kissed beaches*** in Zeiten der Muße träume ich von sonnenverwöhnten Stränden
❺ *(pointless, unfounded)* ~ **boast** bloße Angeberei; ~ **chatter** hohles Geschwätz; ~ **fear** unbegründete Angst; ~ **rumours** reine Gerüchte; ~ **speculation** reine Spekulation; ~ **threat** leere Drohung
❻ FIN unproduktiv; ~ **capital** totes Kapital; **money lying ~** nicht angelegtes [*o* nicht arbeitendes] [*o* brachliegendes] Geld; **to sit ~** brach liegen
❼ *machine, telephone line* bereit
II. *vi* ❶ *(do nothing)* faulenzen, auf der faulen Haut liegen *fam;* ■ **to ~ about** [*or* **around**] herumtrödeln *fam,* faulenzen
❷ *(engine)* leerlaufen, im Leerlauf laufen
◆ **idle away** *vi* **to ~ away** [**the**] **time** die Zeit vertrödeln *fam*

idle·ness ['aɪdl̩nəs] *n no pl* Müßiggang *m; (not doing anything)* Untätigkeit *f*

idler ['aɪdləʳ, AM -ɚ] *n* ❶ *(person)* Faulenzer *m,* Müßiggänger(in) *m(f)*
❷ TECH *(wheel)* leerlaufendes Getriebeteil; *(pulley)* Laufrad *nt (am Flaschenzug)*

idling speed ['aɪdlɪŋ,-] *n* Leerlaufdrehzahl *f*

idly ['aɪdli] *adv* ❶ *(not doing anything)* untätig; **to stand ~ by** untätig dabeistehen
❷ *(lazily)* faul, träge

idol ['aɪdᵊl] *n* ❶ *(model)* Idol *nt;* ■ **to be sb's ~** jds Idol [*o* großes Vorbild] sein
❷ REL Götzenidol *nt,* Götzenbild *nt*

idola·trous [aɪ'dɒlətrəs, AM -'dɑ:lə-] *adj* REL götzendienerisch, Götzen-

idola·try [aɪ'dɒlətri, AM -'dɑ:lə-] *n no pl* Götzenanbetung *f,* Götzenverehrung *f; (fig)* Vergötterung *f*

idol·ize ['aɪdᵊlaɪz] *vt* ■ **to ~ sb/sth** jdn/etw vergöttern [*o* abgöttisch verehren]

IDP[1] [,aɪdi:'pi:] *abbrev of* **integrated data processing** integrierte Datenverarbeitung

IDP[2] [,aɪdi:'pi:] *abbrev of* **International Driving Permit** Internationaler Führerschein

idyll ['ɪdᵊl, AM 'aɪdᵊl] *n* ❶ *(blissful time)* Idyll *nt*
❷ LIT Idylle *f*

idyl·lic [ɪ'dɪlɪk, AM aɪ-] *adj* idyllisch

idyl·li·cal·ly [ɪ'dɪlɪkli, AM aɪ-] *adv* idyllisch

i.e. [,aɪ'i:] *n abbrev of* **id est** d. h.

IEP [,aɪi:'pi:] *n* AM *abbrev of* **Individual Education Plan** individueller Förderplan *(für Schüler mit Lernschwierigkeiten)*

IF [,aɪ'ef] *n see* **intermediate frequency** Zwischenfrequenz *f*

if [ɪf] **I.** *conj* ❶ *(in case)* wenn, falls; **as ~**: ***she talks to me as ~ I were an idiot*** sie redet mit mir, als ob ich ein Idiot wäre [*o* als wäre ich ein Idiot]; ~ **not/so** wenn nicht/ja; ~ **and when** wenn, falls; ■ ~ **..., then ...** wenn ..., dann ...; ~ ***A equals B and B equals C, then A equals C*** wenn A gleich B und B gleich C, dann ist A gleich C
❷ *(whenever)* jedes Mal [*o* immer], wenn
❸ *(despite)* auch wenn; **even ~** selbst [dann,] wenn; ***I'll do it even ~ it breaks me*** ich werd's tun, und wenn ich dabei zugrunde gehe
❹ *(unlikely)* wenn überhaupt
❺ *(whether)* ob
❻ *(in requests)* wenn; *(in opinions)* wenn; ~ ***I were you*** wenn ich du wäre, an deiner Stelle; ~ ***you ask me, ...*** wenn du mich fragst, ...; *(in exclamations)* ~ ***I had only known!*** hätte ich es nur gewusst!, wenn ich es nur gewusst hätte!; ~ ***it isn't my old friend!*** sieh [mal] [einer] an! das ist doch mein alter Freund! *fam*
❼ *(although)* wenn auch; ***that's a comfortable ~ old-fashioned sofa*** das Sofa ist [zwar] altmodisch, dafür aber bequem
▶PHRASES: ~ **anyone/anything/anywhere** wenn überhaupt; ***turn the music down? it needs to be louder ~ anything!*** die Musik leiser stellen? wenn schon, gehört sie lauter gestellt!; **barely/hardly/rarely ... ~ at all** kaum ..., wenn überhaupt; ~ **ever** wenn [überhaupt] je[mals]; ~ ***we ever got along, it was during our courtship*** falls wir je miteinander ausgekommen sind, dann in der Verlobungszeit; **little/few ~ any** wenn [überhaupt], dann wenig/wenige, wenig/wenige ..., wenn überhaupt; ***the desert gets little ~ any rain*** über der Wüste regnet es allenfalls wenig; **... ~ not ...** ..., wenn nicht [sogar] ...; ~ **and only ~** wenn, und nur wenn, nur dann, wenn; ~ **only to do sth** ***you should get a job, ~ only to stop you from being bored at home*** du solltest dir eine Arbeit suchen, und sei es auch nur als Mittel gegen die Langeweile zu Hause; ~ **only for ...** ***let's take a break, ~ only for a minute*** machen wir eine Pause, und sei's auch nur für eine Minute
II. *n* Wenn *nt;* ***there's a big ~ hanging over the project*** über diesem Projekt steht noch ein großes Fragezeichen
▶PHRASES: **no ~s and** [*or* **or**] **buts** kein Wenn und Aber

if·fy ['ɪfi] *adj (fam)* ungewiss, unsicher, fraglich

ig·loo ['ɪglu:] *n* Iglu *m o nt*

ig·ne·ous ['ɪgniəs] *adj inv* vulkanisch, Eruptiv- *fachspr*

ig·nite [ɪg'naɪt] **I.** *vi* sich entzünden, Feuer fangen; ELEC zünden
II. *vt (form)* ■ **to ~ sth** etw anzünden [*o* anstecken]; *(fig: set in motion)* etw entfachen; ***that murder was the spark which ~d the explosion of rioting*** dieser Mord war der Funke ins Pulverfass, der die Krawalle erst richtig anfachte

ig·ni·tion [ɪg'nɪʃᵊn] *n* ❶ AUTO Zündung *f;* ***he put the key in the ~*** er steckte den Schlüssel ins Zündschloss; AEROSP ***we have ~*** wir haben gezündet; **to switch** [*or* **turn**] **the ~ on** die Zündung betätigen
❷ *no pl (form: igniting)* Entzünden *nt*

ig·'ni·tion coil *n* MECH Zündspule *f* **ig·'ni·tion key** *n* MECH Zündschlüssel *m* **ig·'ni·tion switch** <-es> *n* Zündschalter *m,* Zündschloss *nt*

ig·no·ble [ɪg'nəʊbl̩, AM -'noʊ-] *adj* ❶ *(liter)* schändlich, unehrenhaft
❷ CHEM unedel; ~ **metal** unedles Metall

ig·no·bly [ɪg'nəʊbli, AM -'noʊ-] *adv (liter)* unehrenhaft, schändlich

ig·no·mini·ous [,ɪgnə(ʊ)'mɪniəs, AM -'nə'-] *adj (liter)* schmachvoll, schändlich; *(humiliating)* entwürdigend; ~ **behaviour** schändliches Verhalten; ~ **defeat** schmähliche Niederlage

ig·no·mini·ous·ly [,ɪgnə(ʊ)'mɪniəsli, AM -nə'-] *adv (liter)* schmachvoll, schändlich; *(humiliatingly)* entwürdigend

ig·no·miny ['ɪgnəmɪni] *n no pl* Schmach *f,* Schande *f*

ig·no·ra·mus [,ɪgnə'reɪməs] *n (form or hum)* Ignorant(in) *m(f),* Nichtskönner(in) *m(f)*

ig·no·rance ['ɪgnᵊrᵊn(t)s] *n no pl (unawareness)* Ignoranz *f,* Unwissenheit *f* (**about** über +*akk*); **to be left** [*or* **kept**] **in ~ of sth** über etw *akk* im Unklaren gelassen werden
▶PHRASES: ~ **is bliss** selig sind die Unwissenden; ***we could tell Mary, but ~ is bliss*** wir könnten es Mary erzählen, aber was sie nicht weiß, macht sie nicht heiß *fam*

ig·no·rant ['ɪgnᵊrᵊnt] *adj* unwissend, ungebildet; ■ **to be ~ about sth** sich *akk* in etw *dat* nicht auskennen; ■ **to be ~ of sth** von etw *dat* keine Ahnung haben *fam*

ig·no·rant·ly ['ɪgnᵊrᵊntli] *adv* unwissentlich

ig·nore [ɪg'nɔ:ʳ, AM 'nɔ:r] *vt* ■ **to ~ sb/sth** jdn/etw ignorieren [*o* nicht beachten]; ***I can't ~ the fact that he lied to me*** ich kann nicht einfach so darüber hinwegsehen, dass er mich belogen hat; ■ **to ~ sb** *(on purpose)* jdn übergehen; **to ~ a remark** eine Bemerkung überhören

igua·na [ɪ'gwɑ:nə] *n* Leguan *m*

ikon *n see* **icon**

ilex <*pl* - *or* -es> ['aɪleks] *n* BOT Ilex *m o f,* Stechpalme *f*

Ili·ad ['ɪliæd, AM əd] *n no pl* LIT ■ **the ~** die Ilias

ilk [ɪlk] *n no pl (pej liter)* **people of that ~** solche Leute; ***I can't stand game show hosts and others of their ~*** ich kann TV-Moderatoren und solche Typen einfach nicht ausstehen

I'll [aɪl] = **I will** *see* **will**

ill [ɪl] **I.** *adj inv* ❶ *(sick)* krank; ***I feel ~*** mir ist gar nicht gut; ***she's making herself ~ with worry*** sie macht sich vor lauter Sorgen noch ganz krank; **to be critically ~** in Lebensgefahr schweben, sterbenskrank sein ÖSTERR *fam;* **to fall** [*or* **be taken**] ~ krank werden, erkranken; ■ **to be ~ with sth** an etw *dat* erkrankt sein; ***my sister is ~ with a cold*** meine Schwester hat eine Erkältung
❷ *(bad)* schlecht, übel; *(harmful)* schädlich; *(unfavourable)* unerfreulich, schlecht; ***he doesn't bear you any ~ will*** er trägt dir nichts nach; ***no ~ feeling?*** du bist mir doch nicht böse?; ***no ~ feeling!*** Schwamm drüber!; **to suffer no ~ effects** keine

negativen Auswirkungen verspüren; ~ **fortune** Pech *nt,* unglückliche Fügung; ~ **health** angegriffene [*o* schlechte] Gesundheit; **an ~ omen** ein schlechtes [*o* böses] Omen
③ AM *(sl)* megacool *sl,* spitzenmäßig *fam;* ■**to be ~** spitze sein *fam*
▶PHRASES: **it's an ~ wind that blows nobody any good** *(prov)* es gibt nichts, das nicht zu irgendetwas gut wäre
II. *adv inv (form or dated: badly)* schlecht, nachteilig; ***they lost a lot of money at a time when they could ~ afford it*** ausgerechnet als sie es sich kaum leisten konnten, verloren sie eine Menge Geld; *(form or hum)* ***it ~ behoves you to criticize me*** es steht dir wirklich nicht zu, mich zu kritisieren; **to bode** [*or* **augur**] ~ nichts Gutes verheißen, ein schlechtes Zeichen sein; **to speak ~ of sb** schlecht über jdn [*o* von jdm] sprechen; ***don't speak ~ of the dead!*** die Toten soll man ruhen lassen!
III. *n* ① *(problems)* ■**~s** *pl* Missstände *pl,* Übel *nt*
② *(people)* ■**the ~** *pl* Kranke *pl;* **a day centre for the mentally ~** ein Tageszentrum für psychisch Kranke

Ill. *abbrev of* **Illinois**

ill-ad·'vised *adj* unklug; ■**to be ~ to do sth** schlecht beraten sein, etw zu tun **ill-as·'sort·ed** *adj esp* BRIT, AUS [kunter]bunt zusammengewürfelt *(ohne dass es besonders gut zusammenpasst)* **ill at 'ease** *adj* unbehaglich; **to feel ~ with sb** sich *akk* in jds Gegenwart unbehaglich fühlen **ill-'bred** *adj* schlecht erzogen, ungezogen, SCHWEIZ *a.* unerzogen **ill-'breed·ing** *n* schlechte Erziehung **ill-con·'ceived** *adj* schlecht durchdacht **ill-con·'sid·ered** *adj* unbedacht, unbesonnen **ill-dis·'posed** *adj* übel gesinnt; ■**to be ~ towards sb/sth** jdm/etw ablehnend gegenüberstehen [*o* übel gesinnt sein]

il·legal [ɪ'li:gᵊl] I. *adj* ungesetzlich, rechtswidrig, illegal
II. *n esp* AM *(fam)* Illegale(r) *f(m)*

il·legal 'im·mi·grant *n* illegaler Einwanderer/illegale Einwanderin

il·legal·ity [ˌɪli:'gæləti, AM -t̬i] *n* Illegalität *f,* Ungesetzlichkeit *f,* Gesetzwidrigkeit *f;* SPORT Regelwidrigkeit *f*

il·legal·ly [ɪ'li:gᵊli] *adv* ungesetzlich, illegal; ***he was convicted of ~ importing cigarettes*** er wurde wegen illegaler Einfuhr von Zigaretten verurteilt; **to park ~** widerrechtlich [*o fam* falsch] parken

il·leg·ible [ɪ'ledʒəbl] *adj* unleserlich

il·legi·bly [ɪ'ledʒəbli] *adv* unleserlich

il·le·giti·ma·cy [ˌɪlɪ'dʒɪtəməsi, AM -'dʒɪt̬-] *n no pl*
① *(having unmarried parents)* Unehelichkeit *f*
② *(against the law)* Unrechtmäßigkeit *f,* Unzulässigkeit *f; of a government* Ungesetzlichkeit *f*

il·le·giti·mate [ˌɪlɪ'dʒɪtəmət, AM -'dʒɪt̬-] *adj inv*
① *(child)* unehelich, nichtehelich *fachspr*
② *(unauthorized)* unrechtmäßig, unzulässig

il·le·giti·mate·ly [ˌɪlɪ'dʒɪtəmətli, AM 'dʒɪt̬] *adv* ① *(unauthorized by the law)* unrechtmäßig[erweise], rechtswidrig[erweise]
② *(against accepted rules)* unrichtigerweise, fälschlich[erweise]
③ *(born of parents unmarried)* unehelich

ill-e'quipped *adj* schlecht ausgestattet; ■**to be ~ to do sth** *(lack of equipment)* für etw *akk* nicht die nötigen Mittel haben; *(lack of ability)* nicht über die notwendigen Kenntnisse verfügen, um etw tun zu können **ill-'fat·ed** *adj person* vom Unglück [*o* Pech] verfolgt; ***the ~ expedition left at dawn*** die unselige Expedition brach in der Abenddämmerung auf **ill-'fa·voured**, AM **ill-'fa·vored** *adj* unerfreulich, unschön **ill-'fit·ting** *adj clothes, shoes, dentures* schlecht sitzend *attr* **ill-'found·ed** *adj* der Grundlage entbehrend, nicht stichhaltig **ill-'got·ten** *adj attr* unrechtmäßig erworben ▶PHRASES: **~ gains never prosper** *(prov)* unrecht Gut gedeiht nicht

il·lib·er·al [ɪ'lɪbᵊrᵊl] *adj (form)* ① *(repressive)* illiberal *geh,* unterdrückerisch
② *(narrow-minded)* engstirnig, intolerant

il·lic·it [ɪ'lɪsɪt] *adj* [gesetzlich] verboten; **~ sale of liquor** Schwarzverkauf *m* von Alkohol; **~ trade** Schwarzhandel *m*

il·lic·it·ly [ɪ'lɪsɪtli] *adv* verbotenerweise, illegalerweise

il·lim·it·able [ɪ'lɪmɪtəbl̩, AM -t̬ə-] *adj* grenzenlos, unbegrenzt; *sky* endlos; *ocean* unendlich

ill-in·'formed *adj* ① *(wrongly informed)* falsch informiert [*o* unterrichtet]
② *(ignorant)* schlecht [*o* unzureichend] informiert; **~ criticism** *Kritik, die jeglicher Sachkenntnis entbehrt;* **an ~ speech** *eine Rede, die von Unkenntnis geprägt ist*

Il·li·noi·an [ˌɪlɪ'nɔɪən] I. *n* Bewohner(in) *m(f)* Illinois
II. *adj* aus Illinois *nach n*

il·liq·uid·ity [ˌɪlɪ'kwɪdəti, AM -əti] *n no pl* FIN *of assets* Illiquidität *f; of projects* Unterdeckung *f,* Unterfinanzierung *f*

il·lit·era·cy [ɪ'lɪtᵊrəsi, AM -lɪt̬-] *n no pl* Analphabetentum *nt,* Analphabetismus *m*

il·'lit·era·cy rate *n* Zahl *f* der Analphabeten

il·lit·er·ate [ɪ'lɪtᵊrət, AM -lɪt̬-] I. *n* Analphabet(in) *m(f)*
II. *adj* des Lesens und Schreibens nicht kundig *präd,* analphabetisch; *(fig pej)* ungebildet, unkultiviert; ***many people are computer-~*** viele Leute können nicht mit einem Computer umgehen

ill-'judged *adj* unüberlegt, verfehlt **ill-'man·nered** *adj* mit schlechtem Benehmen *nach n,* unhöflich; **an ~ child** ein ungezogenes [*o* SCHWEIZ *a.* unerzogenes] Kind **ill-'matched** *adj* ① *(not suited)* **to be ~** schlecht aufeinander abgestimmt sein, nicht zusammenpassen; **an ~ couple** ein Paar, das nicht zueinanderpasst ② *(in contest)* **to be ~** nicht gleichwertig [*o* keine ebenbürtigen Gegner] sein **ill-'na·tured** *adj* boshaft, bösartig

ill·ness ['ɪlnəs] *n* Krankheit *f,* Erkrankung *f*

il·logi·cal [ɪ'lɒdʒɪkᵊl, AM -'lɑ:-] *adj* unlogisch

il·logi·cal·ity [ɪˌlɒdʒɪ'kæləti, AM -ˌlɑ:dʒɪ'kæləti] *n no pl* Unlogik *f,* Mangel *m* an Logik

il·logi·cal·ly [ɪ'lɒdʒɪkᵊli, AM -'lɑ:dʒ-] *adv* unlogisch, ohne [jede] Logik *präd*

ill-'omened *adj* unheilvoll; ***everything about their engagement was ~*** ihre Verlobung stand unter einem Unglücksstern **ill-'starred** *adj* unglücklich, vom Pech verfolgt; ***the tourist party had been ~ from the beginning*** die Reisegesellschaft stand von Anfang an unter keinem guten Stern **ill-'tem·pered** *adj (at times)* schlecht gelaunt; *(by nature)* mürrisch, übellaunig, grantig ÖSTERR *fam* **ill-'timed** *adj* [zeitlich] ungünstig, ungelegen **ill-'treat** *vt* ■**to ~ sb** jdn misshandeln **ill-'treat·ment** *n* Misshandlung *f,* schlechte Behandlung

il·lu·mi·nate [ɪ'lu:mɪneɪt] *vt* ■**to ~ sth** etw erhellen; *(spotlight)* etw beleuchten [*o* anstrahlen]; *(fig)* etw erläutern [*o* genauer] beleuchten]; **~d letters** kolorierte Buchstaben *(etwa die prachtvoll ausgemalten Initialen alter Codices)*

il·lu·mi·nat·ing [ɪ'lu:mɪneɪtɪŋ, AM -t̬-] *adj (form)* aufschlussreich

il·lu·mi·na·tion [ɪˌlu:mɪ'neɪʃᵊn] *n* ① *no pl (form: light)* Beleuchtung *f,* Lichtquelle *f*
② *no pl (in books)* Buchmalerei *f,* Illumination *f fachspr*
③ BRIT *(decorative lights)* ■**~s** *pl* Festbeleuchtung *f*

il·lu·mi·na·tor [ɪ'lu:mɪneɪtəʳ, AM neɪt̬ɚ] *n*
① *(painter)* Illuminator(in) *m(f) fachspr; book* Buchmaler(in) *m(f)*
② *(enlightener)* Aufklärer(in) *m(f)*

il·lu·mine [ɪ'lu:mɪn] *vt (liter)* ① *(light up)* ■**to ~ sth** *(also fig)* etw beleuchten, etw aufhellen *a. fig*
② *(clarify)* ■**to ~ sb** jdm Klarheit verschaffen; ■**to ~ sth** ein Licht auf etw *akk* werfen *fig*
③ *(enlighten)* ■**to ~ sb** jdn aufklären, jdn erleuchten *meist iron*

illus. ① *abbrev of* **illustrated** ill.
② *abbrev of* **illustration** Abb.

ill-use [ɪl'ju:z] *vt* ■**to be ~d** [**by sb**] von jdm misshandelt werden

il·lu·sion [ɪ'lu:ʒᵊn] *n (misleading appearance)* Trugbild *nt,* Illusion *f; (false impression)* Täuschung *f,* Illusion *f;* **to create the ~ of sth** die Illusion [*o* den [trügerischen] Eindruck] erwecken, dass ...; **to have** [*or* **be under**] **no ~s** [**about sth**] sich *dat* keine Illusionen [über etw *akk*] machen; **to labour under the ~ that ...** sich *akk* der Illusion hingeben, dass ..., sich *dat* einbilden, dass ...

il·lu·sion·ist [ɪ'lu:ʒᵊnɪst] *n* Illusionist(in) *m(f),* Zauberkünstler(in) *m(f)*

il·lu·sive [ɪ'lu:sɪv], **il·lu·sory** [ɪ'lu:sᵊri] *adj* ① *(deceptive)* illusorisch, trügerisch
② *(imaginary)* imaginär

il·lus·trate ['ɪləstreɪt] *vt* ■**to ~ sth** ① *(add pictures to)* etw illustrieren [*o* bebildern]; ***he ~d his talk with a selection of slides*** er veranschaulichte seinen Vortrag durch diverse Dias
② *(fig: show more clearly)* etw aufzeigen

il·lus·trat·ed ['ɪləstreɪtɪd, AM -t̬-] *adj* illustriert, bebildert

il·lus·tra·tion [ˌɪlə'streɪʃᵊn] *n* ① *(drawing)* Illustration *f,* Abbildung *f*
② *(fig: example)* Beispiel *nt;* **by way of ~** zur Veranschaulichung

il·lus·tra·tive ['ɪləstrətɪv, AM ɪ'lʌstrət̬ɪv] *adj (form)* erläuternd, verdeutlichend, beispielhaft; ■**to be ~ of sth** beispielhaft [*o* bezeichnend] für etw *akk* sein

il·lus·tra·tor ['ɪləstreɪtəʳ, AM -t̬ɚ] *n* Illustrator(in) *m(f)*

il·lus·tri·ous [ɪ'lʌstri:əs] *adj (form) person* berühmt, illustere(r, s) *attr geh,* illustre(r, s) *attr* SCHWEIZ *geh;* **~ deed** glanzvolle Tat

ill-'will *n* böswillige Gesinnung, Feindseligkeit *f;* **to bear sb ~, to feel ~ for sb** einen Groll auf jdn haben [*o* gegen jdn hegen]

ILO [ˌaɪel'əʊ, AM -'oʊ] *n no pl, + sing/pl vb abbrev of* **International Labour Organization**: ■**the ~** die ILO

ILS [ˌaɪel'es] *n abbrev of* **instrument landing system** Instrumentenlandesystem *nt*

I'm [aɪm] = **I am** *see* **be**

im·age ['ɪmɪdʒ] I. *n* ① *(likeness)* Ebenbild *nt,* Abbild *nt;* **to be the living** [*or fam* **spitting**] **~ of sb** jdm wie aus dem Gesicht geschnitten sein
② *(picture)* Bild *nt,* Bildnis *nt; (sculpture)* Skulptur *f*
③ *(mental picture)* Vorstellung *f,* Bild *nt*
④ *(reputation)* Image *nt,* Ruf *m*
⑤ LIT Metapher *f,* Bild *nt*
⑥ COMPUT Abbildung *f*
II. *vt* ■**to ~ sth** sich *dat* etw vorstellen, etw imaginieren *geh*

'im·age cam·paign *n* Imagekampagne *f* **'im·age·mak·er** *n* Imagemacher(in) *m(f)*

im·age·ry ['ɪmɪdʒᵊri] *n no pl* LIT Metaphorik *f,* Bildersprache *f*

'im·age·wise *adv inv* imagemäßig, was das Image angeht

im·agi·nable [ɪ'mædʒɪnəbl] *adj* vorstellbar, erdenklich, denkbar; **in all ~ subjects** in allen erdenklichen Fächern

im·agi·nary [ɪ'mædʒɪnəri, AM -dʒəneri] *adj* imaginär, eingebildet

im·agi·nary 'num·ber *n* MATH imaginäre Zahl

im·agi·na·tion [ɪˌmædʒɪ'neɪʃᵊn] *n* Fantasie *f,* Vorstellungskraft *f;* ***this is all*** [***in***] ***your ~!*** das bildest du dir alles nur ein!; ***use your ~!*** lassen Sie doch mal Ihre Fantasie spielen!; **lack of ~** Fantasielosigkeit *f;* **not by any stretch of the ~** beim besten Willen [*o* bei aller Liebe] nicht; **to catch sb's ~** jdn fesseln [*o* in seinen Bann ziehen]; **to leave nothing to the ~** für die Fantasie keinen Platz [mehr] lassen

im·agi·na·tive [ɪ'mædʒɪnətɪv, AM -t̬-] *adj* fantasievoll, einfallsreich

im·agi·na·tive·ly [ɪ'mædʒɪnətɪvli, AM -t̬-] *adv* fantasievoll, einfallsreich

im·ag·ine [ɪ'mædʒɪn] *vt* ① *(form mental image)* ■**to ~ sb/sth** sich *dat* jdn/etw vorstellen; ***you can just ~ how I felt*** Sie können sich bestimmt ausmalen, wie ich mich gefühlt habe; ■**to ~ oneself doing sth** sich *dat* vorstellen, etw zu tun
② *(suppose)* ■**to ~ sth** sich *dat* etw denken; ***I ~ her father couldn't come*** ich gehe davon aus, dass ihr Vater nicht kommen konnte; ***I cannot ~ what you mean*** ich weiß wirklich nicht, was du meinst; ***I can't ~ how this could happen*** ich kann mir

nicht erklären, wie das passieren konnte

❸ *(be under the illusion)* ■**to ~ sth** etw glauben; ***don't ~ that you'll get a car for your birthday*** glaub ja nicht, dass du zum Geburtstag ein Auto bekommst!

▶PHRASES: **to be imagining things** sich *dat* [ständig] etwas einbilden; **~ that!** stell dir das mal vor!

im·agi·neer·ing [ɪˌmædʒɪˈnɪərɪŋ, AM -ˈnɪrɪŋ] **I.** *n* Ausdenken und Durchführen *nt*

II. *adj attr group, research* planend und durchführend; **~ team** für die Planung und Umsetzung verantwortliches Team

im·ag·ing [ˈɪmɪdʒɪŋ] *n no pl* COMPUT digitale Bildverarbeitung

imam [ɪˈmɑːm] *n* ❶ *(Islamic leader)* Imam *m,* Gelehrter *m* des Islams

❷ *(prayer leader)* Imam *m,* Vorbeter *m* in der Moschee

IMAX® [ˈaɪmæks] *n* IMAX® *nt*

im·bal·ance [ɪmˈbælən(t)s] *n* Ungleichgewicht *nt,* Missverhältnis *nt;* **trade ~** ECON [Außen]handelsungleichgewicht *nt,* [Außen]handelsdefizit *nt*

im·becile [ˈɪmbəsiːl, AM -sɪl] **I.** *n* ❶ *(stupid person)* Dummkopf *m pej,* Schwachkopf *m pej,* Idiot *m pej fam;* **to behave like an ~** sich *akk* wie ein Vollidiot benehmen *pej fam*

❷ MED [mittelgradig] Schwachsinnige(r) *f(m)*

II. *adj* ❶ *(stupid)* schwachsinnig *pej fam,* idiotisch *pej fam,* blöd

❷ MED imbezil *fachspr,* mittelgradig schwachsinnig

im·becil·ic [ˌɪmbəˈsɪlɪk] *adj see* **imbecile II 1**

im·becil·ity <*pl* -ties> [ɪmbəˈsɪləti, AM -əṭi] *n* Geistesschwäche *f,* Schwachsinn *m a. pej*

im·bed <-dd-> *vt* AM *see* **embed**

im·bibe [ɪmˈbaɪb] **I.** *vt* ❶ *(form: drink)* ■**to ~ sth** etw einsaugen, etw [in sich *akk* hin]einschlürfen; **to ~ beer/wine** *(hum)* sich *akk* an Bier/Wein gütlich tun

❷ *(fig: absorb)* ■**to ~ sth** etw übernehmen [*o* sich *dat* zu eigen machen]; **to ~ propaganda/a philosophy** Propaganda/eine Weltanschauung [in sich *akk*] aufsaugen

II. *vi (form or hum)* sich *dat* einen genehmigen *fam o hum;* ***he tends to ~ too freely*** er neigt dazu, zu tief ins Glas zu schauen

im·bro·glio [ɪmˈbrəʊliəʊ, AM -ˈbroʊlioʊ] *n (liter)* Hexenkessel *m*

im·bue [ɪmˈbjuː] *vt usu passive* ❶ *(inspire)* ■**to ~ sb with sth** jdn mit etw *dat* erfüllen, jdm etw einflößen *fig*

❷ *(form: soak)* ■**to ~ sth** etw benetzen [*o* durchtränken]; *(dye)* etw [ein]färben

IMF [ˌaɪemˈef] *n no pl* FIN *abbrev of* **International Monetary Fund:** ■**the ~** der IWF

im·id·az·ole [ˌɪmɪˈdæzəʊl, AM ˌɪməˈdæzoʊl] *n no pl* CHEM Imidazol *nt*

imi·tate [ˈɪmɪteɪt] *vt* ■**to ~ sth/sb** etw/jdn imitieren [*o* nachahmen]; **to ~ a style** einen Stil kopieren

imi·ta·tion [ˌɪmɪˈteɪʃᵊn] **I.** *n* ❶ *no pl (mimicry)* Nachahmung *f,* Imitation *f*

❷ *(act of imitating)* Nachahmen *nt,* Imitieren *nt;* **to do an ~ of sb/sth** jdn/etw nachmachen [*o* imitieren]

❸ *(copy)* Kopie *f;* **to be a cheap/pale ~** eine billige/schlechte Kopie sein

II. *n modifier (leather, silk)* Kunst-; *(pearl, gold, silver)* unecht, künstlich; **~ diamonds** unechte Diamanten; **~ fur** Pelzimitation *f*

imi·ta·tive [ˈɪmɪtətɪv, AM -teɪṭɪv] *adj* ❶ *(esp pej: copying)* imitierend *meist pej;* ***he's an ~ artist*** er ist ein Künstler, der andere kopiert; **an ~ call** Lockruf *m (der Jäger)*

❷ *(onomatopoeic)* lautmalerisch

imi·ta·tor [ˈɪmɪteɪtəʳ, AM -teɪṭɚ] *n* Nachahmer(in) *m(f); of voices* Imitator(in) *m(f)*

IMM [ˌaɪemˈem] *n abbrev of* **International Monetary Market** internationaler Währungsmarkt

im·macu·late [ɪˈmækjələt] *adj (approv: neat)* makellos; *(flawless)* perfekt, makellos; *garden* säuberlich gepflegt; *product* einwandfrei; **an ~ performance** eine Bilderbuchvorstellung

Im·macu·late Con·ˈcep·tion *n no pl* REL ■**the ~** die Unbefleckte Empfängnis

im·macu·late·ly [ɪˈmækjələtli] *adv (neatly)* sehr ordentlich, säuberlich; *(flawlessly)* perfekt, makellos

im·ma·nence [ˈɪmənən(t)s] *n no pl* PHILOS Immanenz *f fachspr*

im·ma·nent [ˈɪmənənt] *adj* innewohnend, innerlich vorhanden; PHILOS immanent *fachspr;* ■**to be ~ in sth** etw *dat* zu eigen [*o fachspr* inhärent] sein *geh*

im·ma·terial [ˌɪməˈtɪəriəl, AM -ˈtɪriəl] *adj inv* ❶ *(not important)* unwesentlich, unwichtig; ***that's ~*** das spielt keine Rolle

❷ *(not physical)* immateriell

im·ma·ture [ˌɪməˈtjʊəʳ, AM -ˈtʊr, -ˈtjʊr] *adj* ❶ *(pej: not mature)* unreif; *(childish)* kindisch *meist pej*

❷ *(not developed)* unreif; *(sexually)* nicht geschlechtsreif; **an ~ fruit** eine unreife Frucht; **an ~ plan** ein unausgereifter Plan; **an ~ wine** ein junger Wein

❸ COMM, FIN *(not yet concluded)* schwebend

im·ma·tur·ity [ˌɪməˈtjʊərəti, AM -ˈtʃʊrəṭi, -ˈtʊrəṭi] *n no pl* Unreife *f*

im·meas·ur·able [ɪˈmeʒᵊrəbl] *adj inv (limitless)* grenzenlos, unermesslich; *(great) influence* riesig; **an ~ advantage** ein Riesenvorteil *m;* **to have an ~ effect** einen gewaltigen Einfluss haben

im·meas·ur·ably [ɪˈmeʒᵊrəbli] *adv inv* unendlich, unermesslich, enorm; **to be ~ better/greater/simpler** unvergleichlich [viel] besser/größer/einfacher sein

im·media·cy [ɪˈmiːdiəsi] *n no pl* Unmittelbarkeit *f; of a problem* Aktualität *f; (relevance)* Relevanz *f,* Bedeutung *f; (nearness)* Nähe *f;* ***the article gave a real sense of ~ to the civil war*** der Artikel ließ den Bürgerkrieg hautnah erscheinen

im·medi·ate [ɪˈmiːdiət] *adj* ❶ *(without delay)* umgehend, sofortig *attr,* prompt; **to take ~ action/effect** augenblicklich handeln/wirken; **~ consequences** unmittelbare Konsequenzen

❷ *attr (close)* unmittelbar; **in the ~ area/vicinity** in der unmittelbaren Umgebung/Nachbarschaft; **sb's ~ boss/superior** jds unmittelbarer [*o* direkter] Chef/Vorgesetzter; **sb's ~ family** jds nächste Angehörige; **sb's ~ friends** jds engste Freunde; **in ~ future** in nächster Zukunft

❸ *(direct)* direkt; **~ cause** unmittelbarer Grund; **an ~ result** ein sofortiges Ergebnis

❹ *(current)* augenblicklich, unmittelbar; **~ concerns/problems/needs** dringende Anliegen/Probleme/Bedürfnisse

im·medi·ate·ly [ɪˈmiːdiətli] **I.** *adv* ❶ *(at once)* sofort, gleich; ***~ after she'd gone, the boys started to mess about*** sie war kaum gegangen, als die Jungen auch schon anfingen, alles in Unordnung zu bringen

❷ *(closely)* direkt, unmittelbar; ***he stood ~ behind me*** er stand direkt hinter mir; ***was the president ~ involved in the scandal?*** war der Präsident unmittelbar in den Skandal verwickelt?

II. *conj* BRIT sobald

im·medi·ate·ness [ɪˈmiːdiətnəs] *n no pl see* **immediacy**

im·memo·rial [ˌɪmɪˈmɔːriəl] *adj inv (liter)* uralt; **from** [*or* **since**] **time ~** seit Urzeiten, von alters her *geh*

im·mense [ɪˈmen(t)s] *adj inv* riesig, enorm; **an ~ amount of money** eine riesige [*o* enorme] Menge Geld; **an ~ amount of time** eine Ewigkeit; **to be of ~ importance** immens [*o* überaus] wichtig sein

im·mense·ly [ɪˈmen(t)sli] *adv inv* extrem, ungeheuer

im·men·si·ty [ɪˈmen(t)səti, AM -səṭi] *n* ❶ *no pl (largeness)* Größe *f*

❷ *usu pl (boundlessness)* Endlosigkeit *f kein pl;* **the immensities of space** die Weiten des Weltraums

im·merse [ɪˈmɜːs, AM ɪˈmɜːrs] *vt* ❶ *(dunk)* ■**to ~ sth** etw eintauchen; ***~ the shells in boiling water for two minutes*** geben Sie die Muscheln für zwei Minuten in kochendes Wasser

❷ *(become absorbed in)* ■**to ~ oneself in sth** sich *akk* in etw *akk* vertiefen; **to be ~d in a book/one's thoughts/one's work** in ein Buch/in Gedanken/in seine Arbeit vertieft sein

❸ *(baptize)* ■**to ~ sb** jdn untertauchen *(als Taufhandlung)*

im·mer·sion [ɪˈmɜːʃᵊn, -ʒᵊn, AM ɪˈmɜːr-] *n* ❶ *(dunking)* Eintauchen *nt,* Untertauchen *nt; (baptizing)* Ganztaufe *f*

❷ *no pl (absorption)* Vertiefung *f fig*

❸ *no pl esp* AM *(teaching method) Unterrichtsmethode, bei der ausschließlich die zu erlernende Sprache verwendet wird*

im·ˈmer·sion course *n Sprachkurs, in dem ausschließlich die zu erlernende Sprache verwendet wird* **im·ˈmer·sion heat·er** *n* Tauchsieder *m*

im·mi·grant [ˈɪmɪgrənt] **I.** *n* Einwanderer(in) *m(f),* Immigrant(in) *m(f)*

II. *n modifier (numbers, vote, neighbourhood, worker)* Immigranten-, Einwanderer-; **~ family** Einwandererfamilie *f,* Immigrantenfamilie *f;* **the ~ population** die Einwanderer *pl*

im·mi·grate [ˈɪmɪgreɪt] *vi* einwandern, immigrieren; ***the whole family ~d to America*** die ganze Familie wanderte nach Amerika aus

im·mi·gra·tion [ˌɪmɪˈgreɪʃᵊn] *n no pl* ❶ *(action)* Einwanderung *f,* Immigration *f*

❷ *(immigration control)* Grenzkontrolle *f*

❸ AM *(immigration control)* ■**~s** *pl* ≈ Grenzschutz *m (an Flughäfen);* **~s and customs** Bereich *m* der Personen- und Zollkontrolle *(auf Flughäfen)*

im·mi·ˈgra·tion con·trol *n* Grenzkontrolle *f (zur Vermeidung illegaler Einwanderung)* **im·mi·ˈgra·tion coun·try** *n* Einwanderungsland *nt* **im·mi·ˈgra·tion laws** *npl* Einwanderungsgesetze *pl* **im·mi·ˈgra·tion of·fic·er** *n* Beamte(r), Beamtin *m, f* der Einwanderungsbehörde; *(at the border)* Grenzbeamte(r), -beamtin *m, f,* SCHWEIZ *a.* Zöllner(in) *m(f)*

im·mi·nence [ˈɪmɪnən(t)s] *n no pl* Bevorstehen *nt;* ***each of them reacted to the ~ of death in a different way*** jeder von ihnen reagierte anders auf den bevorstehenden Tod; **the ~ of an attack** der drohende Angriff

im·mi·nent [ˈɪmɪnənt] *adj* bevorstehend *attr;* **~ danger** drohende Gefahr

im·mis·cible [ɪˈmɪsəbl] *adj inv* CHEM unvermischbar

im·mo·bile [ɪˈməʊbaɪl, AM ɪˈmoʊbᵊl] *adj* ❶ *(motionless) stand* unbeweglich, bewegungslos; *sit* regungslos; *(unable to move)* unbeweglich

❷ *pred (fig fam: not have transportation)* **to be ~** nicht motorisiert sein; **to be rendered ~** zum Stillstand gebracht werden; ***without public transport, the whole city would be rendered ~*** ohne öffentliche Verkehrsmittel wäre die ganze Stadt lahmgelegt

im·mo·bil·ity [ˌɪməʊˈbɪləti, AM ˌɪmoʊˈbɪləṭi] *n no pl (motionlessness)* Bewegungslosigkeit *f,* Unbewegtheit *f; (of building, object)* Unbeweglichkeit *f; (because of damage)* Bewegungsunfähigkeit *f*

im·mo·bi·li·za·tion [ɪˌməʊbᵊlaɪˈzeɪʃᵊn, AM -ˌmoʊbəlɪˈ-] *n no pl* Unbeweglichmachen *nt,* Stilllegung *f;* FIN Sterilisierung *f*

im·mo·bi·lize [ɪˈməʊbᵊlaɪz, AM -ˈmoʊ-] *vt* ❶ *(prevent from functioning)* ■**to ~ sth** etw lahmlegen; **to ~ an army** eine Armee außer Gefecht setzen; **to ~ a car/machine** einen Wagen/eine Maschine betriebsuntauglich machen; *(render motionless)* ■**to ~ sb** jdn bewegungsunfähig machen; ***his indecision/fear ~d him*** seine Unentschlossenheit/Angst lähmte ihn

❷ *(set in cast)* ***my leg was ~d in a plaster cast*** mein Bein wurde mit einem Gipsverband ruhig gestellt

im·mo·bi·liz·er [ɪˈməʊbᵊlaɪzəʳ, AM -ˈmoʊbᵊlaɪzɚ] *n* AUTO Wegfahrsperre *f*

im·mo·der·ate [ɪˈmɒdᵊrət, AM -ˈmɑːdɚ-] *adj* maßlos; **~ demands** übertriebene Forderungen; **~ drinking** übermäßiger Alkoholkonsum

im·mo·der·ate·ly [ɪˈmɒdᵊrətli, AM -ˈmɑːdɚ-] *adv* maßlos; **to drink ~** exzessiv trinken; **to laugh ~** übertrieben [*o* aufdringlich] lachen

im·mod·est [ɪˈmɒdɪst, AM ɪˈmɑːd-] *adj (pej)* ❶ *(conceited)* eingebildet *pej,* überheblich, unbescheiden

❷ *(indecent) clothing* unanständig

im·mod·est·ly [ɪ'mɒdɪstli, AM ɪ'mɑ:d-] *adv (pej)* ❶ *(conceitedly)* eingebildet *pej,* überheblich, unbescheiden
❷ *(indecently)* unanständig; *dress* freizügig

im·mod·es·ty [ɪ'mɒdəsti, AM ɪ'mɑ:də-] *n no pl (pej)* ❶ *(conceit)* Überheblichkeit *f*
❷ *(indecency)* Ungehörigkeit *f,* Unschicklichkeit *f*

im·mo·late ['ɪməʊleɪt, AM 'ɪməleɪt] *vt* REL *(form: sacrifice)* ■ **to ~ an animal** ein Tier [rituell] opfern [*o* schlachten]; *(fig)* ■ **to ~ sth to sb** jdm etw *akk* [auf]opfern

im·mo·la·tion [ˌɪmə(ʊ)'leɪʃən, AM ˌɪmə'-] *n no pl* REL *(form)* [rituelles] Opfer

im·mor·al [ɪ'mɒrəl, AM ɪ'mɔ:r-] *adj* unmoralisch

im·mor·al 'earn·ings *npl* LAW Einnahmen *pl* aus der Prostitution

im·mo·ral·ity [ˌɪmə'ræləti, AM -mɔ:'rælət̬i] *n* ❶ *no pl (characteristic)* Unmoral *f,* Sittenlosigkeit *f*
❷ *(act)* Sittenverstoß *m;* **to commit immoralities** unanständige Dinge tun

im·mor·al·ly [ɪ'mɒrəli, AM -'mɔ:r-] *adv* unmoralisch, unanständig

im·mor·tal [ɪ'mɔ:təl, AM ɪ'mɔ:rt̬əl] **I.** *adj inv* ❶ *(undying) person, soul* unsterblich; **~ life** ewiges Leben
❷ *(unforgettable) of literature* unvergesslich
II. *n* ❶ *(in myths)* Unsterbliche(r) *f(m);* ■ **the ~s** *pl* die Unsterblichen
❷ *(famous person)* unvergessene Persönlichkeit

im·mor·tal·ity [ˌɪmɔ:'tæləti, AM -mɔ:r'tælət̬i] *n no pl* ❶ REL Unsterblichkeit *f*
❷ *(undying fame)* Unsterblichkeit *f,* ewiger Ruhm

im·mor·tal·ize [ɪ'mɔ:təlaɪz, AM ɪ'mɔ:rt̬əl-] *vt* ■ **to ~ sb** *(in a film/book)* jdn verewigen; **to be ~d in history for sth** wegen einer S. *gen* in die Geschichte eingehen

im·mov·able [ɪ'mu:vəbl̩] **I.** *adj inv* ❶ *(stationary)* unbeweglich
❷ *(unchanging)* fest, unerschütterlich; **~ belief/opinion** fester Glaube/feste Überzeugung; **~ opposition** starre Ablehnung
II. *n* LAW ■ **~s** Immobilien *pl,* Liegenschaften *pl*

im·mov·able 'prop·er·ty *n no pl* unbewegliches Vermögen

im·mune [ɪ'mju:n] *adj pred* ❶ MED immun (**to** gegen *+akk*)
❷ *(fig: not vulnerable)* immun; ***the press had criticised her so often that she became ~*** die Presse hatte sie so oft kritisiert, dass alles an ihr abprallte; **to be ~ to charm/criticism/flattery** für Reize/Kritik/Schmeichelei unempfänglich sein
❸ POL, LAW *(exempt)* immun; **to be ~** Immunität genießen; **to be ~ from the law** außerhalb des Gesetzes stehen
❹ *(fig: safe from)* sicher (**from** vor *+dat)*

im·'mune re·sponse *n* MED Immunreaktion *f* **im·'mune sys·tem** *n* Immunsystem *nt*

im·mu·nity [ɪ'mju:nəti, AM -nət̬i] *n no pl* ❶ MED Immunität *f;* ***the vaccination gives you ~ for up to six months*** der Impfschutz hält bis zu sechs Monaten an; **~ against** [*or* **to**] **a disease** Immunität *f* gegen eine Krankheit
❷ *(fig: lack of vulnerability)* Unempfindlichkeit *f;* **~ to criticism/flattery** Unzugänglichkeit *f* für Kritik/Schmeichelei
❸ LAW Immunität *f;* **~ from prosecution** Straffreiheit *f;* **diplomatic ~** diplomatische Immunität; **to have ~** Immunität genießen

im·mu·ni·za·tion [ˌɪmjənaɪ'zeɪʃən, AM -jənɪ'-] *n* MED Immunisierung *f*

im·mu·nize ['ɪmjənaɪz] *vt* ■ **to ~ sb** jdn immunisieren

im·mu·no- [ˌɪmjənə(ʊ)', AM -noʊ'] *in compounds* MED Immun-

im·mu·no·de·fi·cien·cy [ˌɪmjənə(ʊ)dɪ'fɪʃən(t)si, AM -noʊ-] *n* MED Immunschwäche *f*

im·mu·no·logi·cal [ˌɪmjənə(ʊ)'lɒdʒɪkəl, AM ˌɪmjənoʊ'lɑ:dʒɪ-] *adj* MED immunologisch *fachspr*

im·mu·nolo·gist [ˌɪmjə'nɒlədʒɪst, AM -'nɑ:lə-] *n* MED Immunologe, Immunologin *m, f fachspr*

im·mu·nol·ogy [ˌɪmjə'nɒlədʒi, AM -'nɑ:lə-] *n no pl* MED Immunologie *f fachspr,* Immunitätsforschung *f*

im·mu·no·sup·pres·sion [ˌɪmjənə(ʊ)sə'preʃən, AM -noʊ'-] *n no pl* MED Immun[o]suppression *f fachspr*

im·mu·no·thera·py [ˌɪmjənə(ʊ)'θerəpi, AM -noʊ'-] *n no pl* Immuntherapie *f fachspr*

im·mure [ɪ'mjʊəʳ, AM ɪ'mjʊr] *vt (liter form)* ■ **to ~ sb** jdn einkerkern *geh*

im·mured [ɪ'mjʊəʳd, AM ɪ'mjʊrd] *adj inv (liter form)* eingekerkert *geh*

im·mu·ta·bil·ity [ɪˌmju:tə'bɪləti, AM ɪˌmju:t̬ə'bɪlət̬i] *n no pl (unchangeable nature)* Unveränderlichkeit *f,* Unwandelbarkeit *f geh; (eternal nature)* Unvergänglichkeit *f*

im·mu·table [ɪ'mju:təbl̩, AM -t̬əbl̩] *adj inv (unchangeable)* unveränderlich, unwandelbar *geh; (ever-lasting)* unvergänglich

imp [ɪmp] *n* ❶ *(sprite)* Kobold *m*
❷ *(child)* Racker *m fam,* Göre *f* NORDD *oft pej,* Lauser *m* ÖSTERR, SCHWEIZ *fam*

im·pact I. *n* ['ɪmpækt] *no pl* ❶ *(contact)* Aufprall *m;* **on ~** beim Aufprall; *(force)* Wucht *f;* **the ~ of a crash** die Wucht eines Zusammenstoßes; *(of a bullet/meteor)* Einschlag *m;* **on ~** beim Einschlag
❷ *(fig: effect)* Auswirkung[en] *f[pl],* Einfluss *m;* **to have** [*or* **make**] **an ~ on sth** Auswirkungen auf etw *akk* haben; **to have an ~ on sb** einen Effekt bei jdm bewirken, Eindruck bei jdm machen
II. *vt* [ɪm'pækt] *esp* AM, AUS ■ **to ~ sb/sth** jdn/etw beeinflussen, Auswirkungen auf jdn/etw haben
III. *vi* [ɪm'pækt] ❶ *(hit ground)* aufschlagen
❷ *esp* AM, AUS *(have effect)* ■ **to ~ on sb/sth** jdn/etw beeinflussen, Auswirkungen auf jdn/etw haben

im·pact·ed [ɪm'pæktɪd] *adj* ❶ *inv* MED *tooth, bone* impaktiert *fachspr,* eingeklemmt
❷ *esp* AM, AUS *(affected)* betroffen

'impact-resistant *adj attr,* **'im·pact re·sist·ant** *adj pred* TECH schlagzäh

im·pair [ɪm'peəʳ, AM -'per] *vt* ■ **to ~ sth** *(disrupt)* etw behindern; **to ~ sb's ability to concentrate/walk/work** jds Konzentrations-/Geh-/Arbeitsfähigkeit beeinträchtigen; *(damage)* etw *dat* schaden, etw schädigen; **to ~ sb's health** jds Gesundheit schaden; **to ~ sb's hearing** jds Gehör schädigen

im·paired [ɪm'peəʳd, AM -'perd] *adj* geschädigt; **~ hearing/vision** Hör-/Sehbehinderung *f;* FIN Not *f* leidend, mit Risiken behaftet

im·pair·ment [ɪm'peəmənt, AM -'per-] *n* ❶ *no pl (damage)* Schädigung *f*
❷ *(disability)* Behinderung *f;* **hearing ~** Hörschaden *m*

im·pa·la <*pl* -> [ɪm'pɑ:lə] *n* Impala *f*

im·pale [ɪm'peɪl] *vt usu passive* ■ **to ~ sb/sth** jdn/etw aufspießen (**on** auf *+dat);* ■ **to ~ sb** *(hist)* jdn pfählen

im·pal·pable [ɪm'pælpəbl̩] *adj (liter)* undeutlich, ungreifbar; **an ~ change** eine kaum merkliche Veränderung

im·pan·el <BRIT -ll-> *vt* LAW **to ~ a jury** die Geschworenenliste aufstellen

im·part [ɪm'pɑ:t, AM -'pɑ:rt] *vt* ■ **to ~ sth** [**to sb/sth**] ❶ *(communicate) information, knowledge, wisdom* [jdm/etw] etw vermitteln
❷ *(bestow)* [jdm/etw] etw verleihen [*o* [mit]geben]

im·par·tial [ɪm'pɑ:ʃəl, AM -'pɑ:r-] *adj* unparteiisch, unvoreingenommen

im·par·tial·ity [ɪmˌpɑ:ʃi'æləti, AM -ˌpɑ:r-] *n no pl* Objektivität *f,* Unvoreingenommenheit *f,* Unparteilichkeit *f*

im·par·tial·ly [ɪm'pɑ:ʃəli, AM pɑ:r] *adv* unvoreingenommen, unparteiisch

im·pass·able [ɪm'pɑ:səbl̩, AM -'pæsə-] *adj inv (blocking vehicles)* unpassierbar; *(fig: blocking negotiations)* unüberwindlich

im·passe ['ɪmpɑ:s, AM 'ɪmpæs] *n* ❶ *(closed path)* Sackgasse *f*
❷ *(fig: deadlock)* Sackgasse *f fig;* **to reach an ~** in eine Sackgasse geraten *fig,* sich *akk* festfahren *fig*

im·pas·sioned [ɪm'pæʃənd] *adj* leidenschaftlich; **an ~ plea** ein sehr emotionaler Appell; **~ rhetoric** flammende Rhetorik

im·pas·sive [ɪm'pæsɪv] *adj (not showing emotion)* ausdruckslos; *(not sympathizing)* unbeteiligt, gleichgültig

im·pas·sive·ly [ɪm'pæsɪvli] *adv (without showing emotion)* ausdruckslos; *(without sympathy)* unbeeindruckt, gleichgültig

im·pas·siv·ity [ˌɪmpæs'ɪvəti, AM -ət̬i] *n no pl (expressionlessness)* Ausdruckslosigkeit *f; (lack of sympathy)* Gleichgültigkeit *f;* **with ~** ohne Gefühlsregung

im·pa·tience [ɪm'peɪʃən(t)s] *n no pl* ❶ *(eagerness for change)* Ungeduld *f*
❷ *(intolerance)* Unduldsamkeit *f;* ***his ~ with customers had cost him business*** seine mangelnde Bereitschaft auf Kunden einzugehen, hatte ihn sein Geschäft gekostet

im·pa·tient [ɪm'peɪʃənt] *adj* ungeduldig (**with** gegenüber *+dat);* ***I'm ~ for the weekend!*** ich wünschte, wir hätten schon Wochenende!; **to be ~ to do sth** etw kaum erwarten können; *(intolerant)* intolerant (**of** gegenüber *+dat)*

im·pa·tient·ly [ɪm'peɪʃəntli] *adv (eagerly)* ungeduldig; *(intolerantly)* ungehalten, unwillig

im·peach [ɪm'pi:tʃ] *vt* ❶ POL, LAW *(charge)* ■ **to ~ sb for sth** jdn wegen einer S. *gen* anklagen; **to ~ an official/the president** einen Amtsträger/den Präsidenten wegen eines Amtsvergehens anklagen
❷ *(call into question)* ■ **to ~ sth** etw anzweifeln [*o* infrage stellen]

im·peach·able [ɪm'pi:tʃəbl̩] *adj inv* POL, LAW ■ **to be ~** eine Anklage rechtfertigen; **an ~ offence** ein strafwürdiges Vergehen *(eines öffentlichen Amtsträgers)*

im·peach·ment [ɪm'pi:tʃmənt] *n* POL, LAW Amtsenthebungsverfahren *nt*

im·'peach·ment pro·ceed·ings *npl* POL, LAW Verfahren *nt* zur Amtsenthebung

im·pec·cable [ɪm'pekəbl̩] *adj inv* makellos, einwandfrei; **to have ~ manners** tadellose Manieren haben; **~ performance** perfekte Vorstellung; **an ~ reputation** ein untadeliger Ruf; **to have ~ taste** einen sicheren [*o* ausgesuchten] Geschmack haben

im·pec·cably [ɪm'pekəbli] *adv inv* makellos, perfekt

im·pecu·ni·ous [ˌɪmpɪ'kju:niəs] *adj (form)* mittellos

im·pede [ɪm'pi:d] *vt* ■ **to ~ sb** jdn behindern; ■ **to ~ sth** *movement, progress* etw behindern [*o* erschweren]; ***lack of government funding will ~ progress in cancer research*** das Ausbleiben öffentlicher Gelder wird die Krebsforschung zurückwerfen

im·pedi·ment [ɪm'pedɪmənt] *n* ❶ *(hindrance)* Hindernis *nt;* ■ **an ~ to sth** ein Hindernis *nt* für etw *akk;* **an ~ to progress/success** ein Stolperstein *m* auf dem Weg zum Fortschritt/Erfolg; *(added difficulty)* Erschwerung *f*
❷ MED Behinderung *f;* **to have a speech ~** einen Sprachfehler haben

im·pedi·men·ta [ɪmˌpedɪ'mentə] *npl (cumbersome articles)* [überflüssiges] Gepäck, Ballast *m; (equipment)* Ausrüstung *f*

im·pel <-ll-> [ɪm'pel] *vt* ■ **to ~ sb** *(drive)* jdn [an]treiben; *(force)* jdn nötigen; ***I wonder what ~s him to exercise so much*** was bringt ihn bloß dazu, so viel zu trainieren?

im·pelled [ɪm'peld] *adj pred, inv* **to feel ~ to do sth** sich *akk* genötigt sehen [*o* verpflichtet fühlen], etw zu tun

im·pend·ing [ɪm'pendɪŋ] *adj attr, inv (imminent)* bevorstehend; *(menacing)* drohend; **~ disaster** drohende Katastrophe

im·pen·etrabil·ity [ɪmˌpenɪtrə'bɪləti, AM -ət̬i] *n no pl* ❶ *(inaccessibility)* Unzugänglichkeit *f; of a fortress* Uneinnehmbarkeit *f; of a group* Exklusivität *f*
❷ *(incomprehensibility)* Unverständlichkeit *f,* Rätselhaftigkeit *f*

im·pen·etrable [ɪm'penɪtrəbl̩] *adj* ❶ *(blocking entrance)* unüberwindlich; *(dense)* undurchdringlich; *(exclusive)* exklusiv; **~ barrier/enemy line/wall** unüberwindliche Grenze/Feindeslinie/Mauer; **~ fog** dichter Nebel; **an ~ forest** ein undurchdringlicher Wald
❷ *(fig: incomprehensible)* unverständlich, rätselhaft

im·pen·etrably [ɪm'penɪtrəbli] *adv* ❶ *(densely)* undurchdringlich; *(impassably)* unüberwindlich;

~ **thick fog** undurchdringlich dichter Nebel
❷ *(fig: incomprehensibly)* unverständlich, rätselhaft

im·peni·tent [ɪm'penɪtᵊnt, AM -tənt] *adj (form)* uneinsichtig; ■**to be** ~ keine Reue zeigen

im·pera·tive [ɪm'perətɪv, AM -t̬ɪv] **I.** *adj* ❶ *(essential)* unbedingt [*o* dringend] erforderlich; ***it is ~ that ...*** es ist zwingend erforderlich, dass ...; ***it's ~ to act now*** es muss unverzüglich gehandelt werden
❷ *(commanding)* gebieterisch, herrisch; ***his ~ manner often turns people off*** sein Befehlston schreckt die Leute oftmals ab
❸ *inv* LING imperativisch *fachspr;* **the ~ form** der Imperativ
II. *n* ❶ *(necessity)* [Sach]zwang *m; (obligation)* Verpflichtung *f;* PHILOS Imperativ *m; (factor)* Erfordernis *f;* ***strict loyalty is an ~ if you want to work for this company*** absolute Loyalität ist Voraussetzung, wenn Sie für diese Firma arbeiten wollen; **financial ~s** finanzielle Zwänge; **a moral ~** eine moralische Verpflichtung
❷ *no pl* LING ■**the ~** der Imperativ, die Befehlsform; **to be in the ~** im Imperativ stehen

im·per·cep·tible [ˌɪmpə'septəbl̩, AM ˌɪmpɚ'-] *adj* unmerklich

im·per·cep·tibly [ˌɪmpə'septəbli, AM ˌɪmpɚ'-] *adv* unmerklich

im·per·fect [ɪm'pɜːfɪkt, AM -'pɜːr-] **I.** *adj (flawed)* fehlerhaft; *(incomplete)* unvollkommen; *(not sufficient)* unzureichend; ***though my understanding of the situation was ~, ...*** trotz meines mangelnden Verständnisses der Lage ...; **an ~ world** eine unvollkommene Welt
II. *n no pl* LING ■**the ~** das Imperfekt, die einfache Vergangenheit; **to be in the ~** im Imperfekt stehen

im·per·fec·tion [ˌɪmpə'fekʃᵊn, AM -pɜːr'-] *n* ❶ *(flaw)* Fehler *m,* Mangel *m,* Unzulänglichkeit[en] *f[pl]*
❷ *no pl (faultiness)* Unvollkommenheit *f,* Fehlerhaftigkeit *f*

im·per·fect·ly [ɪm'pɜːfɪktli, AM -'pɜːr-] *adv (in a flawed way)* fehlerhaft; *(not finished)* unvollkommen; *(not sufficiently)* unzureichend; **to understand sth ~** etw [nur] unzureichend verstehen

im·per·fect 'tense *n no pl* LING ■**the ~** das Imperfekt, die einfache Vergangenheit; **to be in the ~** im Imperfekt stehen

im·perial [ɪm'pɪəriəl, AM -'pɪr-] *adj inv* ❶ *(of an empire)* Reichs-, imperial *geh; (of an emperor)* kaiserlich, Kaiser-; *(imperialistic)* imperialistisch *oft pej;* ~ **ambitions** Großmachtstreben *nt;* **I~ China/Rome** das China/Rom der Kaiserzeit
❷ *(grand)* prächtig, üppig
❸ *(of British empire)* Empire-, des Empires *nach n*
❹ *(measure)* britisch; ~ **gallon** britische Gallone *(4,55 Liter);* **the ~ system** das britische System der Maße und Gewichte

im·peri·al·ism [ɪm'pɪəriəlɪzᵊm, AM -'pɪr-] *n no pl* Imperialismus *m meist pej;* **economic ~** Wirtschaftsimperialismus *m*

im·peri·al·ist [ɪm'pɪəriəlɪst, AM -'pɪri-] **I.** *n (usu pej)* Imperialist(in) *m(f) meist pej*
II. *adj* imperialistisch

im·peri·al·is·tic [ɪm'pɪəriəlɪstɪk, AM -'pɪri-] *adj (usu pej)* imperialistisch *meist pej*

im·per·il <BRIT, AUS -ll- *or* AM *usu* -l-> [ɪm'perᵊl] *vt* ■**to ~ sth** etw gefährden

im·peri·ous [ɪm'pɪəriəs, AM -'pɪri-] *adj* herrisch

im·peri·ous·ly [ɪm'pɪəriəsli, AM -'pɪri-] *adv* herrisch

im·peri·ous·ness [ɪm'pɪəriəsnəs, AM -'pɪri-] *n no pl* herrische Art

im·per·ish·able [ɪm'perɪʃəbl] **I.** *adj beauty* unvergänglich; *food* unverderblich, haltbar
II. *n* ■**~s** *pl* haltbare Lebensmittel, Dauerwaren *pl*

im·per·ma·nence [ɪm'pɜːmənən(t)s, AM -'pɜːr-] *n no pl* Unbeständigkeit *f*

im·per·ma·nent [ɪm'pɜːmənənt, AM -'pɜːr-] *adj (transitory)* unbeständig; *(temporary)* zeitlich begrenzt

im·per·meabil·ity [ɪmˌpɜːmiə'bɪləti, AM -ˌpɜːr-miəbɪlət̬i] *n no pl* Undurchlässigkeit *f,* Impermeabilität *f fachspr*

im·per·meable [ɪm'pɜːmiəbl̩, AM -'pɜːr-] *adj inv* undurchlässig, impermeabel *fachspr;* ~ **membrane** impermeable Membran *fachspr;* ~ ***to water*** wasserundurchlässig

im·per·mis·sible [ˌɪmpə'mɪsəbl̩, AM -pɚ'-] *adj inv (forbidden) by law* unzulässig; *by society* ungehörig

im·per·son·al [ɪm'pɜːsᵊnᵊl, AM -'pɜːr-] *adj* ❶ *(without warmth)* unpersönlich; *(anonymous)* anonym
❷ LING unpersönlich; ~ **pronoun/verb** unpersönliches Pronomen/Verb

im·per·son·al·ity [ˌɪmpɜːsᵊn'æləti, AM -pɜːrsᵊn'ælət̬i] *n no pl* Unpersönlichkeit *f*

im·per·son·al·ly [ɪm'pɜːsᵊnᵊli, AM -'pɜːr] *adv* unpersönlich

im·per·son·ate [ɪm'pɜːsᵊneɪt, AM -'pɜːr-] *vt* ■**to ~ sb** *(take off)* jdn imitieren; *(pretend to be)* vorgeben, jd zu sein, sich *akk* als jdn ausgeben

im·per·sona·tion [ɪmˌpɜːsᵊn'eɪʃᵊn, AM -ˌpɜːr-] *n* ❶ *(instance)* Imitation *f;* **to do an ~ of sb** *(take off)* jdn imitieren; *(pretend to be)* sich *akk* als jd ausgeben
❷ *no pl (activity)* Imitieren *nt,* Nachahmen *nt*

im·per·sona·tor [ɪm'pɜːsᵊneɪtəʳ, AM -'pɜːrsᵊneɪt̬ɚ] *n* Imitator(in) *m(f)*

im·per·ti·nence [ɪm'pɜːtɪnən(t)s, AM -'pɜːrt̬ᵊn-] *n* ❶ *no pl (disrespect)* Unverschämtheit *f,* Frechheit *f;* ***what ~!*** was für eine Unverschämtheit!
❷ *(remark)* Unverschämtheit *f,* Frechheit *f*

im·per·ti·nent [ɪm'pɜːtɪnənt, AM -'pɜːrt̬ᵊn-] *adj* ❶ *(disrespectful)* unverschämt
❷ *(irrelevant)* nebensächlich, unerheblich; ■**to be ~ to sth** nichts zu etw *dat* beitragen

im·per·ti·nent·ly [ɪm'pɜːtɪnəntli, AM -'pɜːrt̬ᵊn-] *adv* unverschämt, frech

im·per·turb·abil·ity [ˌɪmpəˌtɜːbə'bɪləti, AM -pɚˌtɜːrbə'bɪlət̬i] *n no pl* Unerschütterlichkeit *f,* Gleichmut *m;* ***nothing can ruffle her ~*** nichts kann sie aus der Ruhe bringen

im·per·turb·able [ˌɪmpə'tɜːbəbl̩, AM -pɚ'tɜːr-] *adj (form)* unerschütterlich, gelassen; ***she is quite ~*** sie hat die Ruhe weg

im·per·turb·ably [ˌɪmpə'tɜːbəbli, AM -pɚ'tɜːr-] *adv (form)* ruhig, gelassen

im·per·vi·ous [ɪm'pɜːviəs, AM -'pɜːr-] *adj* ❶ *inv (resistant)* undurchlässig; ~ **to fire/heat** feuer-/hitzebeständig; ~ **to water** wasserdicht
❷ *(fig: not affected)* gleichgültig, unempfindlich, immun (**to** gegenüber *+dat*)

im·peti·go [ˌɪmpɪ'taɪgəʊ, AM -pə'tiːgoʊ] *n no pl* MED Eiterflechte *f,* Impetigo *f fachspr*

im·petu·os·ity [ɪmˌpetju'ɒsəti, AM -ˌpetʃu'ɑːsət̬i] *n no pl (form)* Impulsivität *f,* Unbesonnenheit *f*

im·petu·ous [ɪm'petʃuəs] *adj person* impulsiv; *nature* hitzig; *decision, remark* unüberlegt

im·petu·ous·ly [ɪm'petʃuəsli] *adv* unvermittelt, ohne zu überlegen; **to buy sth ~** etw spontan kaufen

im·petu·ous·ness [ɪm'petʃuəsnəs] *n no pl* Impulsivität *f;* ***what ~!*** wie unüberlegt!

im·petus ['ɪmpɪtəs, AM -t̬əs] *n no pl* ❶ *(push)* Anstoß *m,* Schub *m; (driving force)* Antrieb *m;* **to give a fresh ~ to a struggling business** ein schleppendes Geschäft wieder ankurbeln; **commercial ~** wirtschaftlicher Anreiz; **to give sth new ~** einer Sache *dat* neue Impulse geben
❷ *(momentum)* Schwung *m*

im·pi·ety [ɪm'paɪəti, AM -ət̬i] *n* ❶ *no pl (irreverence)* Gottlosigkeit *f,* Pietätlosigkeit *f; (blasphemy)* Gotteslästerung *f*
❷ *(act)* gottlose Handlung, Frevel *m*

im·pinge [ɪm'pɪndʒ] *vi (form)* ■**to ~ on** [*or* **upon**] **sb/sth** *(affect)* sich *akk* [negativ] auf jdn/etw auswirken, [negative] Auswirkungen auf jdn/etw haben; *(restrict)* jdn/etw einschränken

im·pinge·ment [ɪm'pɪndʒmənt] *n* ❶ *(effect, impact)* Auswirkung *f*
❷ *(encroachment)* Eingriff *m*

im·pi·ous ['ɪmpiːəs, ɪm'paɪəs] *adj (irreverent)* pietätlos; *(blasphemous)* gotteslästerlich

im·pi·ous·ly ['ɪmpiːəsli, ɪm'paɪəs-] *adv (irreverently)* pietätlos; *(blasphemously)* gotteslästerlich

im·pi·ous·ness ['ɪmpiːəsnəs, ɪm'paɪəs-] *n no pl see* **impiety**

imp·ish ['ɪmpɪʃ] *adj (mischievous) child* lausbubenhaft; *look, grin* verschmitzt; *remark* frech; ~ **trick** frecher Streich

imp·ish·ly ['ɪmpɪʃli] *adv (mischievously)* lausbubenhaft; *smile, look* verschmitzt; *(cheekily)* frech

imp·ish·ness ['ɪmpɪʃnəs] *n no pl (mischievousness)* Lausbubenhaftigkeit *f; (boisterousness)* [kindlicher] Übermut; *(cheekiness)* Ungezogenheit *f,* Unartigkeit *f*

im·plac·able [ɪm'plækəbl] *adj (irreconcilable)* unversöhnlich; *(relentless)* unnachgiebig; ~ **enemy/opponent** unerbittlicher Feind/Gegner; ~ **thirst for adventure** unersättliche Lust auf Abenteuer; ~ **thirst for justice** rastloser Gerechtigkeitsdrang; ~ **thirst for knowledge** unstillbarer Wissensdurst

im·plac·ably [ɪm'plækəbli] *adv (without compromise)* unnachgiebig, unerbittlich; *(relentlessly)* unermüdlich

im·plant I. *n* ['ɪmplɑːnt, AM -plænt] Implantat *nt;* **a breast ~** ein Brustimplantat *nt*
II. *vt* [ɪm'plɑːnt, AM -'plænt] ❶ *(add surgically)* ■**to ~ sth** etw einpflanzen [*o fachspr* implantieren]
❷ *(fig: put in mind)* **to ~ ideas/worries in sb** [*or* **sb with ideas/worries**] jdm Ideen/Ängste einreden
❸ *(bond chemically)* ■**to ~ sth** etw implantieren

im·plan·ta·tion [ˌɪmplɑːn'teɪʃᵊn, AM plæn'] *n no pl* ❶ *(implanting)* Übertragung *f*
❷ MED, ZOOL Implantation *f fachspr*

im·plau·sibil·ity [ɪmˌplɔːzə'bɪləti, AM -ˌplɑːzə'bɪlət̬i] *n no pl* Unglaubwürdigkeit *f; excuse* Fadenscheinigkeit *f*

im·plaus·ible [ɪm'plɔːzəbl, AM -'plɑː-] *adj* unglaubwürdig, SCHWEIZ *a.* unplausibel; **an ~ lie** eine wenig glaubhafte Lüge

im·plaus·ibly [ɪm'plɔːzəbli, AM -'plɑː-] *adv* unglaubwürdig; **to be ~ stupid** unglaublich dumm sein

im·ple·ment I. *n* ['ɪmplɪmənt] *(utensil)* Gerät *nt; (tool)* Werkzeug *nt,* [Gebrauchs]gegenstand *m*
II. *vt* ['ɪmplɪment] ❶ *(put into effect)* ■**to ~ sth** etw einführen [*o* umsetzen]; *(put into effect)* etw ausführen [*o* durchführen]; **to ~ a plan** ein Vorhaben in die Tat umsetzen; **to ~ a reform** eine Reform einführen
❷ COMPUT ■**to ~ sth** etw implementieren [*o* realisieren]

im·ple·men·ta·tion [ˌɪmplɪmen'teɪʃᵊn] *n* ❶ *no pl of measures, policies* Einführung *f,* Vollzug *m; (putting into action)* Ausführung *f,* Durchführung *f,* Umsetzung *f*
❷ COMPUT Realisierung *f,* Implementierung *f*

im·pli·cate ['ɪmplɪkeɪt] *vt* ❶ *(involve)* ■**to ~ sb in sth** jdn mit etw *dat* in Verbindung bringen; **to be ~d in a crime/scandal** in ein Verbrechen/einen Skandal verwickelt sein
❷ *(imply)* ■**to ~ sth** etw andeuten; ***she waved her hand and ~d that he should come over to her*** sie winkte mit der Hand und gab ihm zu verstehen, dass er zu ihr kommen sollte
❸ *(affect)* ■**to ~ sth** etw zur Folge haben

im·pli·ca·tion [ˌɪmplɪ'keɪʃᵊn] *n* ❶ *(involvement)* Verwicklung *f*
❷ *no pl (hinting at)* Implikation *f geh;* ***the ~ is that ...*** daraus kann man schließen, dass ..., das impliziert, dass ...; **by ~** indirekt, implizit
❸ *usu pl (effect)* Auswirkung[en] *f[pl],* Folge[n] *f[pl];* ■**the ~s for sb/sth** die Folgen *pl* für jdn/etw; ***I'm not sure what the ~s are for us*** ich bin mir nicht sicher, was das für uns bedeutet; ***what are the ~s of the new law*** wie wird sich das neue Gesetz auswirken?
❹ MATH Implikation *f*

im·plic·it [ɪm'plɪsɪt] *adj* ❶ *(suggested)* implizit, indirekt; ~ **criticism** indirekte Kritik
❷ *pred (connected)* ■**to be ~ in sth** mit etw *dat* verbunden sein
❸ *attr, inv (total)* unbedingt, bedingungslos, anstandslos; ~ **confidence** unbedingtes Vertrauen; ~ **faith/obedience** vorbehaltloser [*o* bedingungsloser] Glaube/Gehorsam

im·plic·it·ly [ɪm'plɪsɪtli] *adv* ❶ *(indirectly)* implizit, indirekt
❷ *(completely)* völlig, bedingungslos

im·plied [ɪm'plaɪd] *adj inv* indirekt, implizit; ~ **agreement** stillschweigende Abmachung; ~ **criticism** indirekte Kritik

im·plode [ɪm'pləʊd, AM -'ploʊd] *vi (cave in)* implodieren; *(fig)* zusammenbrechen

im·plore [ɪm'plɔːʳ, AM -'plɔːr] *vt* ■**to** ~ **sb** jdn anflehen [*o* beschwören]

im·plor·ing [ɪm'plɔːrɪŋ, AM -'plɔːr-] *adj* flehend, beschwörend; ~ **look** [*or* **glance**] flehender Blick; **in an** ~ **tone of voice** mit flehender Stimme

im·plor·ing·ly [ɪm'plɔːrɪŋli, AM -'plɔːr-] *adv* flehentlich; **to beg sb** ~ jdn inständig bitten [*o* beschwören] [*o* anflehen]; **to glance at sb** ~ jdn flehentlich ansehen

im·plo·sion [ɪm'pləʊʒᵊn, AM -'ploʊ-] *n no pl* Implosion *f fachspr; (fig)* Zusammenbruch *m*, Auseinanderbrechen *nt*

im·ply <-ie-> [ɪm'plaɪ] *vt* ■**to** ~ **sth** *(suggest)* etw andeuten; *(as consequence)* etw erfordern [*o* voraussetzen]; ***are you ~ing that ...?*** wollen Sie damit andeuten, dass ...?; ***what*** [***exactly***] ***are you ~ing?!*** was willst du eigentlich damit sagen?!; ***getting married implies a commitment for life*** mit der Heirat geht man eine lebenslange Verpflichtung ein

im·po·lite [ˌɪmpᵊ'laɪt, AM -pə'-] *adj (without manners)* unhöflich; *(obnoxious)* frech, unverschämt

im·po·lite·ly [ˌɪmpᵊ'laɪtli, AM -pə'-] *adv (without manners)* unhöflich; *(obnoxiously)* frech, unverschämt

im·po·lite·ness [ˌɪmpᵊ'laɪtnəs, AM -pə'-] *n no pl (lack of manners)* Unhöflichkeit *f*; *(obnoxiousness)* Unverschämtheit *f*; ***such ~!*** wie unhöflich!, was für eine Unverschämtheit!

im·poli·tic [ɪm'pɒlətɪk, AM -'pɑːlə-] *adj* undiplomatisch, ungeschickt

im·pon·der·able [ɪm'pɒndᵊrəbl̩, AM -'pɑːn-] **I.** *adj inv question, theory* unergründbar; *impact, effect* nicht einschätzbar, unwägbar
II. *n usu pl* Unwägbarkeit[en] *f*[*pl*]; ■~**s** *pl* Imponderabilien *pl geh*

im·port **I.** *vt* [ɪm'pɔːt, AM -'pɔːrt] ❶ *(bring in)* ■**to** ~ **sth** [**from sth**] *products* etw [aus etw *dat*] importieren [*o* einführen]; *ideas, customs* etw [von etw *dat*] übernehmen
❷ COMPUT ■**to** ~ **sth** etw importieren
❸ *(form: signify)* ■**to** ~ **sth** etw bedeuten [*o* besagen]
II. *vi* [ɪm'pɔːt, AM -'pɔːrt] importieren, Importhandel treiben (**from** aus +*dat*)
III. *n* ['ɪmpɔːt, AM -pɔːrt] ❶ *(good)* Importware *f*, Import *m*; ~ **of capital** Kapitaleinfuhr *f*; ~ **duty** Einfuhrzoll *m*; **luxury** ~ Luxusimport *m*; ~**s** Importe *pl*, Einfuhren *pl*; **foreign** ~**s** Auslandsimporte *pl*
❷ *no pl (activity)* Import *m*, Importieren *nt*
❸ *no pl (form: significance)* Bedeutung *f*

im·por·tance [ɪm'pɔːtᵊn(t)s, AM -'pɔːr-] *n no pl* Bedeutung *f*, Wichtigkeit *f*, Belang *m*; **a matter of considerable** ~ eine Sache von großer Wichtigkeit; **to be full of one's own** ~ sich *akk* selbst für sehr wichtig halten; **to be of little** ~ von geringer Bedeutung sein, kaum eine Rolle spielen; **to attach** ~ **to sth/doing sth** etw *dat* Bedeutung beimessen, auf etw *akk* Wert legen

im·por·tant [ɪm'pɔːtᵊnt, AM -'pɔːr-] *adj* ❶ *(significant)* wichtig, wesentlich; ***her career is more ~ to her than I am*** ihre Karriere bedeutet ihr mehr als ich; ***it's pretty, but, most ~, it costs less*** es ist hübsch und ist vor allen Dingen billiger; **the** ~ **thing is ...** das Wichtigste [*o* die Hauptsache] ist ...
❷ *(influential)* bedeutend, einflussreich; ***stop trying to look/act ~*** tu doch nicht so wichtig; **to be an** ~ **figure in art/history/politics** eine bedeutende Größe in der Kunstszene/Geschichte/Politik sein

im·por·tant·ly [ɪm'pɔːtᵊntli, AM -'pɔːr-] *adv* wichtig, wesentlich; *(pej: self-importantly)* wichtigtuerisch

im·por·ta·tion [ˌɪmpɔː'teɪʃᵊn, AM -pɔːr'-] *n no pl* ❶ ECON Import *m*, Einfuhr *f*, Importieren *nt*
❷ COMPUT Importieren *nt*

'im·port bill *n* COMM Einfuhrrechnung *f* **'im·port duty** *n* [Import]zoll *m*, Einfuhrzoll *m*

im·port·er ['ɪmpɔːtəʳ, AM -pɔːrt̬ɚ] *n (company)* Importeur *m*; *(person)* Importeur(in) *m(f)*; *(country)* Importnation *f*

im·port 'fi·nanc·ing *n no pl* Importfinanzierung *f* **'im·port li·cence**, AM **'im·port li·cense** *n* Einfuhrgenehmigung *f* **'im·port price** *n* Einfuhrpreis *m* **'im·port sur·charge** *n* Importabgabe *f*, Einfuhrzusatzsteuer *f* **'im·port tar·iff** *n* [Import]zoll *m*

im·por·tu·nate [ɪm'pɔːtjʊnət, AM -'pɔːrtʃənɪt] *adj (form)* hartnäckig; *(annoyingly)* aufdringlich *pej*

im·por·tune [ˌɪmpə'tjuːn, AM -pɔːr'tuːn, -'tjuːn] *vt (form)* ■**to** ~ **sb** ❶ *(request insistently)* jdn bedrängen [*o* behelligen]
❷ *(proposition)* jdm Sex für Geld bieten

im·por·tun·ity <*pl* -ties> [ˌɪmpɔː'tjuːnəti, AM -pɔːr'tuːnət̬i] *n* Aufdringlichkeit *f kein pl*

im·pose [ɪm'pəʊz, AM -'poʊz] **I.** *vt (implement)* ■**to** ~ **sth** etw durchsetzen; *(order)* etw verhängen [*o* erlassen]; **to** ~ **a fine/military rule** eine Geldstrafe/das Kriegsrecht verhängen; **to** ~ **a law** ein Gesetz verfügen; **to** ~ **taxes on** [*or* **upon**] **sb** jdm Steuern auferlegen; **to** ~ **taxes on sth** Steuern auf etw *akk* erheben, etw mit Steuern belegen
II. *vi* ■**to** ~ **on** [*or* **upon**] **sb** sich *akk* jdm aufdrängen; ***I don't want to ~ on you*** ich möchte euch nicht zur Last fallen

im·pos·ing [ɪm'pəʊzɪŋ, AM -'poʊz-] *adj* beeindruckend, imposant; *person* stattlich

im·po·si·tion [ˌɪmpə'zɪʃᵊn] *n* ❶ *no pl (implementation)* Einführen *nt*, Einführung *f*; *of penalties/sanctions* Verhängen *nt*, Verhängung *f*
❷ *(inconvenience)* Belastung *f*; *(annoyance)* Aufdringlichkeit *f*; ***would it be an ~ if I spent the night here?*** würde ich dir sehr zur Last fallen, wenn ich über Nacht da bliebe?

im·pos·sibil·ity [ɪmˌpɒsə'bɪləti, AM -ˌpɑːsə'bɪlət̬i] *n* ❶ *(thing)* Ding *nt* der Unmöglichkeit; ***it's an ~*** das ist unmöglich [*o* ein Ding der Unmöglichkeit]
❷ *no pl (quality)* Unmöglichkeit *f*

im·pos·sible [ɪm'pɒsəbl̩, AM -'pɑːsə-] **I.** *adj inv* ❶ *(not possible)* unmöglich; ***that's ~!*** das ist unmöglich!; ***he made it ~ for me to say no*** er machte es mir unmöglich, Nein zu sagen; ■**it is** ~ **that ...** es ist unmöglich, dass ...; **it is/seems** ~ **to do sth** es ist/scheint unmöglich, etw zu tun; ***it seems ~ that I could have walked by and not noticed her*** es kann doch wohl nicht sein, dass ich vorbeiging, ohne sie zu bemerken
❷ *(not resolvable)* ausweglos; ~ **situation** ausweglose Situation
❸ *(difficult) person* unerträglich, unmöglich *pej fam*
II. *n* ■**the** ~ *no pl* das Unmögliche; **to ask the** ~ Unmögliches verlangen; **to do the** ~ das Unmögliche möglich machen

im·pos·sibly [ɪm'pɒsəbli, AM -'pɑːsə-] *adv inv* unglaublich, unvorstellbar

im·post·er, **im·post·or** [ɪm'pɒstəʳ, AM -'pɑːstɚ] *n* Hochstapler(in) *m(f)*

im·pos·ture [ɪm'pɒstʃəʳ, AM -'pɑːstʃɚ] *n* ❶ *no pl (activity)* Hochstapelei *f*
❷ *(instance)* Betrug *m*

im·po·tence ['ɪmpətən(t)s, AM -t̬ən(t)s] *n no pl* ❶ *(powerlessness)* Hilflosigkeit *f*, Machtlosigkeit *f*, Ohnmacht *f*, Unvermögen *nt*
❷ *(sexual)* Impotenz *f*

im·po·tent ['ɪmpətənt, AM -t̬ənt] *adj* ❶ *(powerless)* hilflos, machtlos, ohnmächtig
❷ *inv (sexually)* impotent

im·pound [ɪm'paʊnd] *vt* **to** ~ **a car/documents/goods** einen Wagen/Dokumente/Waren beschlagnahmen [*o* sequestrieren]; **to** ~ **a cat/dog** eine Katze/einen Hund [von Amts wegen] einsperren

im·pov·er·ish [ɪm'pɒvᵊrɪʃ, AM -'pɑːvɚ-] *vt* ❶ *(make poor)* ■**to** ~ **sb** jdn arm machen
❷ *(fig: deplete)* **to** ~ **the soil** den Boden auslaugen

im·pov·er·ished [ɪm'pɒvᵊrɪʃt, AM -'pɑːvɚ-] *adj* ❶ *(poor)* arm, verarmt
❷ *(fig: depleted)* **an** ~ **culture/language** eine verarmte Kultur/Sprache

im·pov·er·ish·ment [ɪm'pɒvᵊrɪʃmənt, AM -'pɑːvɚ-] *n no pl* ❶ *(becoming poor)* Verarmung *f*; ***it was sad to see the ~ of a once prosperous area*** es war traurig zu sehen, wie eine ehemals wohlhabende Gegend heruntergekommen ist
❷ *(fig: depletion)* Verarmung *f fig*; **the** ~ **of the mind/spirit** die geistige Verarmung

im·prac·ti·cabil·ity [ɪmˌpræktɪkə'bɪləti, AM -ət̬i] *n no pl* Undurchführbarkeit *f*

im·prac·ti·cable [ɪm'præktɪkəbl̩] *adj (unfeasible)* undurchführbar, nicht praktikabel; *(inaccessible)* ungangbar, unbefahrbar

im·prac·ti·cal [ɪm'præktɪkᵊl] *adj (not practical)* unpraktisch; *(unfit)* untauglich; *(unrealistic)* theoretisch, unausführbar, nicht anwendbar

im·prac·ti·cal·ity [ɪmˌpræktɪ'kæləti, AM -ət̬i] *n no pl (unsuitableness)* Untauglichkeit *f*; *(unfeasibility)* Unmöglichkeit *f*; *(lack of practical talents)* unpraktische Art; ***his ~ drives me mad!*** mit seinen zwei linken Händen macht er mich noch wahnsinnig!

im·prac·ti·cal·ly [ɪm'præktɪkᵊli] *adv (unsuitably)* unpraktisch; *(theoretically)* theoretisch, realitätsfern

im·pre·cate ['ɪmprɪkeɪt] *vt (form)* ■**to** ~ **sth upon sb** jdm etw [Schlimmes] wünschen

im·pre·ca·tion [ˌɪmprɪ'keɪʃᵊn] *n (form)* Fluch *m*, Verwünschung *f*; **to mutter** ~**s at sb** Verwünschungen gegen jdn ausstoßen, jdn verfluchen

im·pre·cise [ˌɪmprɪ'saɪs] *adj* unpräzise, ungenau

im·pre·cise·ly [ˌɪmprɪ'saɪsli] *adv* ungenau

im·pre·ci·sion [ˌɪmprɪ'sɪʒᵊn] *n no pl* Ungenauigkeit *f*; *of language* Nachlässigkeit *f*

im·preg·nable [ɪm'pregnəbl̩] *adj* ❶ *(not invadable)* uneinnehmbar
❷ BRIT, AUS *(fig: undefeatable)* unschlagbar; **an** ~ **argument** ein unschlagbares Argument

im·preg·nate ['ɪmpregneɪt, AM ɪm'pregneɪt] *vt* ❶ *usu passive (saturate)* ■**to** ~ **sth** etw imprägnieren
❷ *usu passive (make pregnant, fertilize)* **to** ~ **an animal** ein Tier befruchten; **to** ~ **an egg** ein Ei befruchten
❸ *(fig: inspire)* **to** ~ **sb with courage/fear** jdn mit Mut/Angst erfüllen

im·preg·na·tion [ˌɪmpreg'neɪʃᵊn] *n no pl* ❶ *(saturation, soaking)* Imprägnierung *f*
❷ *(fertilization)* Befruchtung *f*
❸ *(fig)* Indoktrinierung *f*

im·pre·sa·rio [ˌɪmprɪ'sɑːriəʊ, AM -prə'sɑːrioʊ] *n* Impresario *m*; *for artists* Agent(in) *m(f)*

im·press [ɪm'pres] **I.** *vt* ❶ *(evoke admiration)* ■**to** ~ **sb** jdn beeindrucken, jdm imponieren; ■**to be** ~**ed** [**by sb/sth**] [von jdm/etw] beeindruckt sein; ■**to be** ~**ed with sb/sth** von jdm/etw beeindruckt sein; ***it never fails to ~ me how elegant the people look in Paris*** ich bin immer aufs Neue von der Eleganz der Bewohner von Paris angetan
❷ *(make realize)* ■**to** ~ **sth on** [*or* **upon**] **sb** jdn von etw *dat* überzeugen, jdm etw einprägen; **to** ~ **sth on** [*or* **upon**] **one's memory** [*or* **mind**] sich *dat* etw einprägen
❸ *(stamp)* ■**to** ~ **sth** etw [auf]drucken
II. *vi* Eindruck machen, imponieren; **to fail to** ~ keinen [guten] Eindruck machen

im·pres·sion [ɪm'preʃᵊn] *n* ❶ *(general opinion)* Eindruck *m*; **to be under** [*or* **of**] **the** ~ **that ...** den Eindruck haben, dass ...; ***I was under the mistaken ~ that they were married*** ich habe irrtümlich angenommen, dass sie verheiratet seien; **to have/get the** ~ **that ...** den Eindruck haben/bekommen, dass ...
❷ *(feeling)* Eindruck *m*; **to create** [*or* **give**] **an** ~ **of elegance/power/tranquillity** einen Eindruck von Eleganz/Macht/Ruhe und Frieden vermitteln [*o* hervorrufen]; **to create** [*or* **give**] [*or* **make**] **a bad/good** ~ einen schlechten/guten Eindruck machen; **to make an** ~ **on sb** auf jdn Eindruck machen, jdn beeindrucken
❸ *(imitation)* Imitation *f*; **to do an** ~ **of sb/sth** jdn/etw imitieren [*o* nachahmen]; *(drawing)* Zeichnung *f*
❹ *(imprint)* Abdruck *m*; *(on skin)* Druckstelle *f*
❺ *usu sing (in publishing)* unveränderte Neuauflage

im·pres·sion·able [ɪmˈpreʃᵊnəbl] *adj* [leicht] beeinflussbar, manipulierbar *pej;* **to be at an ~ age** in einem Alter sein, in dem man leicht zu beeinflussen ist

im·ˈpres·sion cyl·in·der *n* TYPO Druckzylinder *m*

im·pres·sion·ism [ɪmˈpreʃᵊnɪzᵊm] *n no pl* Impressionismus *m*

im·pres·sion·ist [ɪmˈpreʃᵊnɪst] **I.** *n* ❶ LIT, MUS, ART Impressionist(in) *m(f)*
❷ *(imitator)* Imitator(in) *m(f)*
II. *adj inv* impressionistisch

im·pres·sion·is·tic [ɪmˈpreʃᵊnɪstɪk] *adj* impressionistisch

im·pres·sive [ɪmˈpresɪv] *adj* beeindruckend

im·pres·sive·ly [ɪmˈpresɪvli] *adv* beeindruckend

im·pri·ma·tur [ˌɪmprɪˈmeɪtəʳ, AM -prɪmˈɑːtɚ] *n (form: official approval)* Genehmigung *f;* REL *(licence to print)* Imprimatur *nt o* ÖSTERR, SCHWEIZ *a. f fachspr*

im·print **I.** *vt* [ɪmˈprɪnt] *usu passive* ❶ *(mark by pressing)* **to ~ coins/leather** Münzen/Leder prägen; **to ~ a seal on wax** ein Siegel auf Wachs drücken
❷ *(print)* **to ~ sth on cloth/paper** etw auf Stoff/Papier drucken; **to ~ sth on sb's mind** [*or* **memory**] *(fig)* jdm etw einprägen; ***that look of pure grief would be ~ed on her mind forever*** dieser Anblick tiefster Trauer sollte ihr für immer im Gedächtnis haften
❸ ZOOL *(bond to)* ■**to ~ an animal on/to sb** ein Tier auf jdn prägen
II. *n* [ˈɪmprɪnt] ❶ *(mark)* Abdruck *m; coin, leather* Prägung *f; paper, cloth* [Auf]druck *m; (fig)* Spuren *pl;* ***war has left its ~ on the faces of the people*** der Krieg hat die Gesichter der Menschen gezeichnet
❷ *(in publishing)* Impressum *nt*

im·print·ing [ɪmˈprɪntɪŋ] *n no pl* ZOOL Prägung *f*

im·pris·on [ɪmˈprɪzᵊn] *vt usu passive* ■**to ~ sb** *(put in prison)* jdn inhaftieren; *(sentence to prison)* jdn zu einer Gefängnisstrafe verurteilen; ***she felt ~ed in her own house*** *(fig)* sie fühlte sich in ihrem eigenen Haus als Gefangene; **to ~ sb for life** jdn zu einer lebenslangen Haft verurteilen

im·pris·on·ment [ɪmˈprɪzᵊnmənt] *n no pl* Gefängnisstrafe *f,* Haft *f; esp in war* Gefangenschaft *f;* **a term** [*or* **sentence**] **of ~** Haft *f;* **false ~** Freiheitsberaubung *f; (wrongly imprisoning sb)* ungesetzliche Festnahme

im·prob·abil·ity [ɪmˌprɒbəˈbɪləti, AM -ˌprɑːbəˈbɪləṱi] *n no pl* Unwahrscheinlichkeit *f*

im·prob·able [ɪmˈprɒbəbl, AM -ˈprɑːb-] *adj* unwahrscheinlich; **it is highly ~ that ...** es ist höchst [*o* äußerst] unwahrscheinlich, dass ...; **an ~ excuse/story** eine unglaubhafte Entschuldigung/Geschichte; **an ~ name** ein kurioser Name

im·prob·ably [ɪmˈprɒbəbli, AM -ˈprɑːb-] *adv* unwahrscheinlich, unglaublich

im·promp·tu [ɪmˈprɒm(p)tjuː, AM -ˈprɑːm(p)tuː] *adj inv* spontan

im·prop·er [ɪmˈprɒpəʳ, AM -ˈprɑːpɚ] *adj* ❶ *(not correct)* unrichtig, unzulässig, falsch; *(showing bad judgement)* fälschlich
❷ *(inappropriate) clothing, actions* unpassend, nicht korrekt; *(indecent)* unanständig; **~ conduct** unschickliches Benehmen [*o* Verhalten]; **to make ~ suggestions to sb** *(also iron)* jdm einen unsittlichen Antrag machen
❸ *(dishonest)* **~ use** Veruntreuung *f,* Zweckentfremdung *f* (**of** von +*dat*)

im·prop·er ˈfrac·tion *n* MATH unechter Bruch

im·prop·er·ly [ɪmˈprɒpəʳli, AM -ˈprɑːpɚ-] *adv* ❶ *(incorrectly)* nicht richtig; **to apply sth ~** etw unsachgemäß anwenden
❷ *(inappropriately)* unangemessen; **to be dressed ~** unpassend angezogen sein; *(indecently)* unanständig
❸ *(dishonestly)* auf unlautere [*o* unehrliche] Weise

im·pro·pri·ety [ˌɪmprəˈpraɪəti, AM -əṱi] *n* ❶ *usu pl (improper doings)* Betrügerei[en] *f[pl],* Betrug *m kein pl;* **alleged improprieties** angeblicher Betrug
❷ *no pl (indecency)* Unanständigkeit *f; (wrong use)* Unrichtigkeit *f,* falscher Gebrauch; *(unsuitableness)* Ungeeignetheit *f,* Untauglichkeit *f*

im·prove [ɪmˈpruːv] **I.** *vt* ■**to ~ sth** etw verbessern; ■**to ~ oneself** an sich *dat* arbeiten, sich *akk* verbessern
II. *vi* besser werden, sich *akk* verbessern; ***I hope the weather ~s*** ich hoffe, es gibt besseres Wetter; ■**to ~ on** [*or* **upon**] **sth** etw [noch] verbessern; ***you can't ~ on that!*** da ist keine Steigerung mehr möglich!; **to ~ with age** mit dem Alter immer besser werden; **to ~ in French/mathematics** sich *akk* in Französisch/in Mathematik verbessern; **to ~ with practice** mit der Übung immer besser werden; **to ~ dramatically** sich *akk* entscheidend [*o* erheblich] verbessern
◆**improve on** *vi (fig)* ■**to ~ on sth** *a price* etw übertreffen [*o* überbieten]

im·proved [ɪmˈpruːvd] *adj* verbessert

im·prove·ment [ɪmˈpruːvmənt] *n* ❶ *(instance)* Verbesserung *f;* ***the last year has seen a slight ~ in the economy*** im letzten Jahr hat sich die Wirtschaftslage leicht verbessert; **~ in efficiency** Effizienzsteigerung *f;* **~ in results** Ergebnisverbesserung *f;* **to be an ~ on the former design/the old house/the previous manager** im Vergleich zum früheren Entwurf/zum alten Haus/zum vorigen Geschäftsführer eine Verbesserung darstellen
❷ *no pl (activity)* Verbesserung *f; of illness* Besserung *f;* **room for ~** Steigerungsmöglichkeiten *pl*
❸ *(repair or addition)* Verbesserungsmaßnahme *f;* [**home**] **~s** Renovierungsarbeiten *pl (Ausbau- und Modernisierungsarbeiten an/in Wohnung/Haus)*

im·ˈprove·ment meas·ure *n* Verbesserungsmaßnahme *f*

im·provi·dence [ɪmˈprɒvɪdᵊn(t)s, AM -ˈprɑːvə-] *n no pl (form)* mangelnde Voraussicht, Unbedachtsamkeit *f*

im·provi·dent [ɪmˈprɒvɪdᵊnt, AM -ˈprɑːvə-] *adj (form: without foresight)* unbedacht, unbesonnen; *(careless)* unvorsichtig

im·provi·sa·tion [ˌɪmprəvaɪˈzeɪʃᵊn, AM ɪmˌprɑːvɪ-] *n* Improvisation *f*

im·pro·vise [ˈɪmprəvaɪz] **I.** *vt* ■**to ~ sth** etw improvisieren; **to ~ a speech** aus dem Stegreif eine Rede halten
II. *vi* improvisieren

im·pro·vised [ˈɪmprəvaɪzd] *adj inv* improvisiert

im·pru·dence [ɪmˈpruːdᵊn(t)s] *n no pl* Unüberlegtheit *f,* Unbesonnenheit *f,* Leichtsinn *m*

im·pru·dent [ɪmˈpruːdᵊnt] *adj* unbesonnen, leichtsinnig

im·pru·dent·ly [ɪmˈpruːdᵊntli] *adv* unverschämt

im·pu·dence [ˈɪmpjədᵊn(t)s] *n no pl* Unverschämtheit *f,* Dreistigkeit *f;* **to have the ~ to do sth** die Frechheit haben [*o* besitzen], etw zu tun

im·pu·dent [ˈɪmpjədᵊnt] *adj* unverschämt

im·pugn [ɪmˈpjuːn] *vt (form)* ■**to ~ sth** etw bestreiten, etw anfechten; *testimony, motives* etw bezweifeln [*o* in Zweifel ziehen]; ***his reputation had been ~ed*** sein guter Ruf war ruiniert

im·pulse [ˈɪmpʌls] *n* ❶ *(urge)* Impuls *m;* **to do sth on** [**an**] **~** etw aus einem Impuls heraus tun; **to have a** [**sudden**] **~ to do sth** plötzlich den Drang verspüren, etw zu tun; ***he couldn't resist the ~ to buy the computer game*** er konnte dem Drang nicht widerstehen, das Computerspiel zu kaufen
❷ ELEC *(of energy)* Impuls *m;* **an infra-red ~** ein Infrarotimpuls *m;* **a nerve ~** ein Nervenimpuls *m*
❸ *(motive)* Antrieb *m,* treibende Kraft

ˈim·pulse buy *n* kurz entschlossener Kauf, Spontankauf *m* **ˈim·pulse buy·ing** *n no pl* Spontankaufen *nt;* **to encourage ~** zu Spontankäufen verleiten **ˈim·pulse pur·chase** *n* Spontankauf *m*

im·pul·sion [ɪmˈpʌlʃᵊn] *n* ❶ *(urge)* Impuls *m; (compulsion)* Drang *m*
❷ *(motive)* Antrieb *m,* treibende Kraft

im·pul·sive [ɪmˈpʌlsɪv] *adj* impulsiv; *(spontaneous)* spontan

im·pul·sive·ly [ɪmˈpʌlsɪvli] *adv* impulsiv; *(spontaneously)* spontan; **to act ~** impulsiv [*o* spontan] handeln

im·pul·sive·ness [ɪmˈpʌlsɪvnəs] *n no pl* Impulsivität *f*

im·pun·ity [ɪmˈpjuːnəti, AM -əṱi] *n no pl* Straflosigkeit *f;* LAW Straffreiheit *f;* **to do sth with ~** etw ungestraft tun

im·pure [ɪmˈpjʊəʳ, AM -ˈpjʊr] *adj* ❶ *(unclean)* unrein, unsauber; *(contaminated) drinking water* verunreinigt; *drugs* gestreckt; *medication* nicht rein
❷ *(liter: not chaste)* unrein *veraltet,* unkeusch *veraltet;* **~ thoughts** unreine Gedanken

im·pur·ity [ɪmˈpjʊərəti, AM -ˈpjʊrəṱi] *n* ❶ *no pl (quality)* Verunreinigung *f,* Verschmutzung *f*
❷ *(element)* Verunreinigung *f,* Verschmutzung *f*
❸ *no pl (liter: of thought)* Unreinheit *f veraltet*

im·put·able [ɪmˈpjuːtəbl] *adj (form)* ■**to be ~ to sth** etw *dat* zugeschrieben werden können; ***that could be ~ to her lack of knowledge of the subject matter*** das könnte an ihrem mangelnden Fachwissen auf diesem Gebiet liegen

im·pu·ta·tion [ˌɪmpjʊˈteɪʃᵊn] *n (form)* Behauptung *f,* Unterstellung *f pej;* LAW Beschuldigung *f*

im·pute [ɪmˈpjuːt] *vt* ■**to ~ sth to sb** jdm etw unterstellen; **to ~ a crime to sb** jdn eines Verbrechens bezichtigen; **to ~ a motive to sb** jdm ein Motiv zuschreiben

im·put·ed [ɪmˈpjuːtɪd, AM -ṱɪd] *adj inv* FIN kalkulatorisch; **~ cost** kalkulatorische Kosten *pl;* **~ value** unterstellter Wert

---

in [ɪn]

I. PREPOSITION	**II.** ADVERB
III. ADJECTIVE	**IV.** NOUN

I. PREPOSITION

❶ *(position)* in +*dat;* ***the butter is ~ the fridge*** die Butter ist im Kühlschrank; ***I live ~ New York/Germany*** ich lebe in New York/Deutschland; ***he read it ~ the paper*** er hat es in der Zeitung gelesen; ***soak it ~ warm water*** lassen Sie es in warmem Wasser einweichen; ***I've got a pain ~ my back*** ich habe Schmerzen im Rücken; ***who's the woman ~ that painting?*** wer ist die Frau auf diesem Bild?; ***he is deaf ~ his left ear*** er hört auf dem linken Ohr nichts; ***down below ~ the valley*** unten im Tal; **~ a savings account** auf einem Sparkonto; **to lie in bed/the sun** im Bett/in der Sonne liegen; **to ride ~ a car** [im] Auto fahren; **to be ~ hospital** im Krankenhaus sein; **~ the middle of sth** in der Mitte von etw *dat;* **to be ~ prison** im Gefängnis sein; **to be ~ a prison** in einem Gefängnis sein *(als Besucher);* **~ the street** auf der Straße
❷ *after vb (into)* in +*dat;* ***I just put too much milk ~ my coffee*** ich habe zu viel Milch in meinen Kaffee getan; ***he went ~ the rain*** er ging hinaus in den Regen; ***slice the potatoes ~ two*** schneiden Sie die Kartoffel einmal durch; **to get ~ the car** ins Auto steigen; **to invest ~ the future** in die Zukunft investieren; **to invest one's savings ~ stocks** seine Ersparnisse in Aktien anlegen; **to get ~ trouble** Schwierigkeiten bekommen, in Schwierigkeiten geraten
❸ AM *(at)* auf +*dat;* ***is Erika still ~ school?*** ist Erika noch auf der Schule?; ***Boris is ~ college*** Boris ist auf dem College
❹ *(as part of)* in +*dat;* ***he was a singer ~ a band*** er war Sänger in einer Band; ***there are 31 days in March*** der März hat 31 Tage; ***get together ~ groups of four!*** bildet Vierergruppen!; ***you're with us ~ our thoughts*** wir denken an dich, in Gedanken sind wir bei dir
❺ *(state, condition)* in +*dat;* ***he cried out ~ pain*** er schrie vor Schmerzen; ***he always drinks ~ excess*** er trinkt immer zu viel; **~ anger** im Zorn; **dark ~ colour** dunkelfarbig; **difference ~ quality** Qualitätsunterschied *m;* **to be ~** [**no**] **doubt** [nicht] zweifeln [*o* im Zweifel sein]; **~ his excitement** in seiner Begeisterung; **~ horror** voller Entsetzen; **~ all honesty** in aller Aufrichtigkeit; **to be ~ a hurry** es eilig haben; **to be ~ love** [**with sb**] [in jdn] verliebt sein; **to fall ~ love** [**with sb**] sich *akk* [in jdn] verlieben; **to live ~ luxury** im Luxus leben; **to be ~ a**

good mood guter Laune sein; ~ **private** vertraulich; **to put sth** ~ **order** etw in Ordnung bringen; ~ **a state of panic** in Panik; ~ **secret** im Geheimen, heimlich; **to tell sb sth** ~ **all seriousness** jdm etw in vollem Ernst sagen

6 *(with)* mit +*dat,* in +*dat;* ***it was covered ~ dirt*** es war mit Schmutz überzogen; **to pay** ~ **cash** [in] bar bezahlen; **to pay** ~ **dollars** mit [*o* in] Dollar zahlen; **to write** ~ **ink/pencil** mit Tinte/Bleistift schreiben; **to paint** ~ **oils** in Öl malen; ~ **writing** schriftlich

7 *(language, music, voice)* ***Mozart's Piano Concerto ~ E flat*** Mozarts Klavierkonzert in E-Moll; ~ **English/French/German** auf Englisch/Französisch/Deutsch; **to listen to music** ~ **stereo** Musik stereo hören; **to speak to sb** ~ **a normal tone of voice** sich *akk* mit jdm normal unterhalten; **to speak** ~ **a loud/small voice** mit lauter/leiser Stimme sprechen; **to talk** ~ **a whisper** sehr leise reden, mit Flüsterstimme sprechen

8 *(time: during)* am +*dat,* in +*dat;* ***he's getting forgetful ~ his old age*** er wird vergesslich auf seine alten Tage; ***she assisted the doctor ~ the operation*** sie assistierte dem Arzt bei der Operation; ~ **1968** [im Jahre] 1968; ~ **the end** am Ende, schließlich; **to be with the Lord** ~ **eternity** bei Gott im Himmel sein; **to be** ~ **one's forties** in den Vierzigern sein; ~ **March/May** im März/Mai; ~ **the morning/afternoon/evening** morgens [*o* am Morgen]/nachmittags [*o* am Nachmittag]/abends [*o* am Abend]; ~ **the late 60s** in den späten Sechzigern; ~ **spring/summer/autumn/winter** im Frühling/Sommer/Herbst/Winter

9 *(time: within)* in +*dat;* ***dinner will be ready ~ ten minutes*** das Essen ist in zehn Minuten fertig; ***I'll be ready ~ a week's time*** in einer Woche werde ich fertig sein; ***he learnt to drive ~ two weeks*** in [*o* innerhalb von] zwei Wochen konnte er Auto fahren; **to return** ~ **a few minutes/hours/days** in einigen Minuten/Stunden/Tagen zurückkommen; ~ **record time** in Rekordzeit

10 *(time: for)* seit +*dat;* ***she hasn't heard from him ~ six months*** sie hat seit sechs Monaten nichts mehr von ihm gehört; ***I haven't done that ~ a long time*** ich habe das lange Zeit nicht mehr gemacht; ***I haven't seen her ~ years*** ich habe sie seit Jahren nicht gesehen

11 *(at a distance of)* nach +*dat;* ***the house should be coming up ~ about one mile*** das Haus müsste nach einer Meile auftauchen

12 *(job, profession)* ***he's ~ computers*** er hat mit Computern zu tun; ***she's ~ business/politics*** sie ist Geschäftsfrau/Politikerin; ***she works ~ publishing*** sie arbeitet bei einem Verlag; **to enlist** ~ **the army** sich *akk* als Soldat verpflichten

13 *(wearing)* in +*dat;* ***he was all ~ black*** er war ganz in Schwarz; ***you look nice ~ green*** Grün steht dir; ***the woman ~ the hat*** die Frau mit dem Hut; ***the man [dressed] ~ the grey suit*** der Mann in dem grauen Anzug; **to be** ~ **disguise** verkleidet sein; ~ **the nude** nackt; **to sunbathe** ~ **the nude** nackt sonnenbaden; **to be** ~ **uniform** Uniform tragen

14 *(result)* als; ~ **conclusion** schließlich, zum Schluss; ~ **exchange** als Ersatz, dafür; ~ **fact** tatsächlich, in Wirklichkeit; ~ **reply** [*or* **answer**] [*or* **response**] to als Reaktion [*o* Antwort] auf +*akk;* ~ **that ...** *(form)* insofern als; ***I was fortunate ~ that I had friends*** ich hatte Glück, weil ich Freunde hatte

15 + *-ing (while doing)* ~ ***attempting to save the child, he nearly lost his own life*** bei dem Versuch, das Kind zu retten, kam er beinahe selbst um; ~ ***refusing to work abroad, she missed a good job*** weil sie sich weigerte, im Ausland zu arbeiten, entging ihr ein guter Job; ~ ***saying this, I will offend him*** wenn ich das sage, würde ich ihn beleidigen; ~ **doing so** dabei, damit

16 *(with quantities)* ***temperatures tomorrow will be ~ the mid-twenties*** die Temperaturen werden sich morgen um 25 Grad bewegen; ***he's about six foot ~ height*** er ist ungefähr zwei Meter groß; ***a novel ~ 3 parts*** ein Roman in 3 Teilen; ***people died ~ their thousands*** die Menschen starben zu Tausenden; **to be equal** ~ **weight** gleich viel wiegen; ~ **total** insgesamt

17 *(comparing amounts)* pro +*dat;* ***the potatoes are twenty pence ~ the pound*** die Kartoffeln kosten zwanzig Pence pro Pfund; ***she has a one ~ three chance*** ihre Chancen stehen eins zu drei; **one** ~ **ten people** jeder zehnte

18 *after vb (concerning)* **to interfere** ~ **sb's business** sich *akk* in jds Angelegenheiten einmischen; **to share** ~ **sb's success** an jds Erfolg teilnehmen; **to be interested** ~ **in sth** sich *akk* für etw *akk* interessieren

19 *after n* ***she underwent a change ~ style*** sie hat ihren Stil geändert; ***she had no say ~ the decision*** sie hatte keinen Einfluss auf die Entscheidung; **to have confidence** ~ **sb** jdm vertrauen, Vertrauen zu jdm haben

20 *(in a person)* ■ ~ **sb** mit jdm; ***we're losing a very good sales agent ~ Kim*** mit Kim verlieren wir eine sehr gute Verkaufsassistentin; **it isn't** ~ **sb to do sth** jd ist nicht zu etw *dat* in der Lage; ***it's not ~ me to lie*** ich kann nicht lügen; **to not have it** ~ **oneself to do sth** nicht in der Lage sein, etw zu tun

21 *(author)* bei +*dat;* ***these themes can often be found ~ Schiller*** diese Themen kommen bei Schiller oft vor

▸PHRASES: ~ **all** insgesamt; ***there were 10 of us ~ all*** wir waren zu zehnt; **all** ~ **all** alles in allem; ***all ~ all it's been a good year*** insgesamt gesehen, war es ein gutes Jahr; ~ **between** dazwischen; **there's nothing** [*or* **not much**] [*or* **very little**] ~ **it** da ist kein großer Unterschied; **to be** ~ **and out of sth** ***she's been ~ and out of hospitals ever since the accident*** sie war seit dem Unfall immer wieder im Krankenhaus

II. ADVERB

1 *inv (into sth)* herein; ***come ~!*** herein!; ~ ***with you!*** rein mit dir!; ***he opened the door and went ~*** er öffnete die Tür und ging hinein; ***she was locked ~*** sie war eingesperrt; ***could you bring the clothes ~?*** könntest du die Wäsche hereinholen?; ***she didn't ask me ~*** sie hat mich nicht hereingebeten; ***the sea was freezing, but ~ she went*** das Meer war eiskalt, doch sie kannte nichts und ging hinein; **to bring the harvest** ~ die Ernte einbringen

2 *inv (at arrival point) train, bus* ***the train got ~ very late*** der Zug ist sehr spät eingetroffen; ***the bus is due ~ any moment now*** der Bus müsste jetzt jeden Moment kommen

3 *inv (towards land)* ***is the tide coming ~ or going out?*** kommt oder geht die Flut?; ***we watched the ship come ~*** wir sahen zu, wie das Schiff einlief

4 *inv (submitted)* **to get** [*or* **hand**] **sth** ~ etw abgeben [*o* einreichen]

5 *inv (elected)* **to get** ~ *candidate* gewählt werden; *party also* an die Regierung kommen

▸PHRASES: **day** ~, **day out** tagein, tagaus; **to get** ~ **with sb** sich *akk* bei jdm lieb Kind machen *fam;* **to get** ~ **on sth** über etw *akk* Bescheid wissen; **to let sb** ~ **on sth** jdn in etw *akk* einweihen

III. ADJECTIVE

1 *pred, inv (there)* da; *(at home)* zu Hause; ***is David ~?*** ist David da?; ***I'm afraid Mr Jenkins is not ~ at the moment*** Herr Jenkins ist leider gerade nicht im Hause *form;* **to have a quiet evening** ~ einen ruhigen Abend zu Hause verbringen

2 *inv (leading in)* einwärts; **door** ~ Eingangstür *f;* ~**-tray** AUS, BRIT, ~**-box** AM Behälter *m* für eingehende Post

3 *inv (in fashion)* in; ■ **to be** ~ in [*o* angesagt] sein; **to be the** ~ **place to dance/dine** ein angesagtes Tanzlokal/Restaurant sein

4 *pred, inv (submitted)* ***when does your essay have to be ~?*** wann musst du deinen Essay abgeben?; ***the application must be ~ by May 31*** die Bewerbung muss bis zum 31. Mai eingegangen sein

5 *pred, inv (elected)* ■ **to be** ~ *candidate* gewählt sein; *party also* an der Regierung sein

6 *pred, inv* SPORT *(within bounds)* ***the ball was definitely ~!*** der Ball war keineswegs im Aus!

7 *pred, inv* SPORT ■ **to be** ~ *player* am Ball sein; *(in cricket) team* am Schlag sein

8 *pred, inv (in season)* reif; ***pumpkins are ~!*** Kürbisse jetzt frisch!

▸PHRASES: **to be** ~ **at sth** bei etw *dat* dabei sein; **to be** ~ **for sth** sich *akk* auf etw *akk* gefasst machen müssen; ***you'll be ~ for it if ...*** du kannst dich auf was gefasst machen, wenn ...; **to be** ~ **on sth** über etw *akk* Bescheid wissen; **to be [well]** ~ **with sb** bei jdm gut angeschrieben sein; ***she just says those things to get ~ with the teacher*** sie sagt so was doch nur, um sich beim Lehrer lieb Kind zu machen

IV. NOUN

1 *(connection)* Kontakt[e] *m[pl];* ***he wants to get involved with that group but doesn't have an ~*** er würde gern mit dieser Gruppe in Kontakt kommen, aber bis jetzt fehlt ihm die Eintrittskarte

2 AM POL ■ **the** ~**s** die Regierungspartei

▸PHRASES: **to know the** ~**s and outs of sth** sich *akk* in einer S. *dat* genau auskennen; **to understand the** ~**s and outs of sth** etw hundertprozentig verstehen

in·abil·ity [ˌɪnəˈbɪləti, AM -əṭi] *n no pl* Unfähigkeit *f,* Unvermögen *nt;* ~ **to pay** Zahlungsunfähigkeit *f;* ~ **to pay interest** Zinszahlungsunfähigkeit *f*

in ab·sen·tia [ˌɪnæbˈsentiə, AM -ˈsen(t)ʃə] *adv inv* in Abwesenheit; LAW in absentia *fachspr*

in·ac·ces·sibil·ity [ˌɪnəksesəˈbɪləti, AM -əṭi] *n no pl physical* Unzugänglichkeit *f; mental* Unverständlichkeit *f*

in·ac·ces·sible [ˌɪnəkˈsesəbl̩] *adj* 1 *(hard to enter)* unzugänglich; *(hard to understand)* unverständlich 2 *pred (hard to relate to)* distanziert, unnahbar; ***they found him cold and ~*** sie fanden ihn kalt und abweisend; ■ **to be** ~ **to sb** sich *akk* jdm schwer erschließen; ***why is opera so ~ to so many people?*** warum tun sich so viele Leute so schwer mit der Oper?

in·ac·cu·ra·cy [ɪnˈækjərəsi, AM -jɚə-] *n* 1 *(fact)* Ungenauigkeit *f;* ***inaccuracies in bookkeeping*** Fehler *m* in der Buchführung 2 *no pl (quality)* Ungenauigkeit *f*

in·ac·cu·rate [ɪnˈækjərət, AM -jɚət] *adj (inexact)* ungenau; *(wrong)* falsch, fehlerhaft; **to be highly** [*or* **wildly**] ~ in höchstem Maße ungenau sein; ***this is a highly ~ presentation of the facts*** die Fakten werden hier völlig verdreht

in·ac·cu·rate·ly [ɪnˈækjərətli, AM -jɚət-] *adv inv (inexactly)* ungenau; *(incorrectly)* falsch

in·ac·tion [ɪnˈækʃᵊn] *n no pl* Untätigkeit *f,* Passivität *f*

in·ac·tive [ɪnˈæktɪv] *adj* untätig, passiv; *also* COMPUT inaktiv; ECON, FIN flau; ***the explosive remains ~ until set off by heat*** der Sprengstoff wird erst durch Hitze gezündet; ~ **market** umsatzschwacher Markt; **an** ~ **volcano** ein inaktiver Vulkan

in·ac·tiv·ity [ˌɪnækˈtɪvəti, AM -əṭi] *n no pl* Untätigkeit *f,* Inaktivität *f*

in·ad·equa·cy [ɪnˈædɪkwəsi] *n* 1 *(trait)* Unzulänglichkeit[en] *f[pl]* 2 *no pl (quality)* Unzulänglichkeit *f;* **feelings of** ~ Minderwertigkeitsgefühle *pl*

in·ad·equate [ɪnˈædɪkwət] *adj* unangemessen, unzureichend; ***he is wholly ~ to the demands of the job*** er genügt den beruflichen Anforderungen in keinster Weise; **woefully** ~ völlig unzulänglich; **to feel** ~ Minderwertigkeitsgefühle haben; *(insufficient or inappropriate)* inadäquat

in·ad·equate·ly [ɪnˈædɪkwətli] *adv* unzureichend, nicht ausreichend

in·admis·sibil·ity [ˌɪnədˌmɪsəˈbɪləti, AM əṭi] *n no pl* Unzulässigkeit *f*

in·admis·si·ble [ˌɪnədˈmɪsəbl̩] *adj inv* unzulässig; ~ **evidence** unzulässiger Beweis

in·ad·ver·tence [ˌɪnədˈvɜːtᵊn(t)s, AM -ˈvɜːr-] *n no pl (carelessness)* Unachtsamkeit *f; (error)* Versehen *nt;* ***it was a case of*** ~ es war schlicht ein Versehen

in·ad·ver·tent [ˌɪnədˈvɜːtᵊnt, AM -ˈvɜːr-] *adj (careless)* unachtsam; *(erroneous)* versehentlich; ***I'm sure it was*** ~ ich bin sicher, dass das ein Versehen war

in·ad·ver·tent·ly [ˌɪnədˈvɜːtᵊntli, AM -ˈvɜːr-] *adv (carelessly)* unachtsam; *(erroneously)* versehentlich

in·ad·vis·able [ˌɪnədˈvaɪzəbl̩] *adj* nicht empfehlenswert [*o* ratsam]

in·al·ien·able [ɪˈneɪliənəbl̩] *adj inv (form)* unveräußerlich *geh;* ~ **rights** nicht übertragbare [*o geh* unveräußerliche] Rechte

in·amo·ra·ta [ɪˌnæməˈrɑːtə, AM -t̬ə] *n (liter)* Liebste *f veraltet; (hum also)* Angebetete *f meist hum,* Liebste *f iron*

in·amo·ra·to [ɪˌnæməˈrɑːtəʊ, AM -t̬oʊ] *n (liter)* Liebster *m veraltet; (hum also)* Angebeteter *f meist hum,* Romeo *m iron*

in·ane [ɪˈneɪn] *adj (pej) story, TV show* belanglos, geistlos; *question, comment, remark* dämlich *pej*

in·ane·ly [ɪˈneɪnli] *adv (pej)* geistlos, albern *pej*

in·ani·mate [ɪˈnænɪmət] *adj inv (not living)* leblos, unbelebt, unbeseelt *geh;* **an ~ object** ein [toter] Gegenstand; *(not moving)* bewegungslos

ina·ni·tion [ˌɪnəˈnɪʃᵊn] *n no pl* MED Entkräftung *f,* Auszehrung *f*

in·an·ity [ɪˈnænəti, AM -t̬i] *n (pej)* ❶ *(lack of substance)* Belanglosigkeit *f,* Trivialität *f pej*
❷ *no pl (silliness)* Albernheit *f*

in·ap·pli·cable [ˌɪnəˈplɪkəbl̩, AM ɪˈnæp-] *adj inv* unanwendbar; *answer, question* unzutreffend, nicht zutreffend

in·ap·po·site [ɪnˈæpəzɪt] *n* unangemessen

in·ap·pro·pri·ate [ˌɪnəˈprəʊpriət, AM -ˈproʊ-] *adj (not of use)* ungeeignet; ~ **measures** ungeeignete Maßnahmen; *(inconvenient)* ungelegen; *time* unpassend; *(out of place)* unangebracht, unangemessen

in·ap·pro·pri·ate·ly [ˌɪnəˈprəʊpriətli, AM -ˈproʊ-] *adv* unpassend, unangemessen

in·ap·pro·pri·ate·ness [ˌɪnəˈprəʊpriətnəs, AM -ˈproʊ-] *n no pl (uselessness)* Untauglichkeit *f; (inconvenience)* Ungelegenheit *f; (impropriety)* Unangebrachtheit *f*

in·apt [ɪˈnæpt] *adj (form)* ❶ *(not suitable)* ungeeignet
❷ *(not skilful)* ungeschickt

in·ap·ti·tude [ɪˈnæptɪtjuːd, AM -tətuːd, -tjuːd] *n no pl (form)* Unvermögen *f*

in·ar·ticu·la·cy [ˌɪnɑːˈtɪkjələsi, AM -ɑːrˈ-] *n no pl (handicap)* mangelnde Wortgewandtheit; *(performance)* Gestammel *nt pej; (inability to speak)* Sprachlosigkeit *f*

in·ar·ticu·late [ˌɪnɑːˈtɪkjələt, AM -ɑːrˈ-] *adj* ❶ *(unable to express oneself)* ▪**to be** ~ unfähig sein, sich *akk* auszudrücken; ***she was ~ with rage/shame*** die Wut/Scham verschlug ihr die Sprache
❷ *inv (not expressed)* **an ~ fear/worry** eine unausgesprochene Angst/Sorge
❸ *(unclear)* undeutlich, unverständlich; *speech* zusammenhangslos

in·ar·ticu·late·ly [ˌɪnɑːˈtɪkjələtli, AM -ɑːrˈ-] *adv* undeutlich, unklar

in·ar·ticu·late·ness [ˌɪnɑːˈtɪkjələtnəs, AM -ɑːrˈ-] *n no pl see* **inarticulacy**

in·ar·tis·tic [ˌɪnɑːˈtɪstɪk, AM -ɑːrˈ-] *adj* unkünstlerisch, amusisch

in·as·much as [ɪnəzˈmʌtʃəz] *conj (form)* ❶ *(to the extent that)* insofern [als]; ~ ***you are their commanding officer, ...*** im Rahmen Ihrer Befehlsgewalt als Offizier ...
❷ *(because)* da [ja], weil; ~ ***Wednesday is a national holiday, banks and most businesses will be closed*** wegen des staatlichen Feiertags bleiben am Mittwoch die Banken und die meisten Geschäfte geschlossen

in·at·ten·tion [ˌɪnəˈten(t)ʃᵊn] *n no pl (distractedness)* Unaufmerksamkeit *f; (negligence)* Achtlosigkeit *f,* Gleichgültigkeit *f*

in·at·ten·tive [ˌɪnəˈtentɪv, AM -t̬ɪv] *adj (distracted)* unaufmerksam; *(careless)* achtlos, gleichgültig

in·at·ten·tive·ly [ˌɪnəˈtentɪvli, AM -t̬ɪv-] *adv* unkonzentriert; **to do sth** ~ *work, lessons* bei etw *dat* nicht bei der Sache sein

in·audibil·ity [ɪˌnɔːdəˈbɪləti, AM -ɑːdɪˈbɪlət̬i] *n no pl* Unhörbarkeit *f*

in·audible [ɪˈnɔːdəbl̩, AM *esp* ɪˈnɑː-] *adj* unhörbar

in·audibly [ɪˈnɔːdəbli, AM *esp* ɪˈnɑː-] *adv* unhörbar

in·augu·ral [ɪˈnɔːgjərᵊl, AM ɪˈnɑːgjʊrᵊl] *adj attr, inv* ❶ *(consecration)* Einweihungs-; *(opening)* Eröffnungs-
❷ *esp* AM POL *(at start of term)* Antritts-; ~ **address** Antrittsrede *f*

in·augu·rate [ɪˈnɔːgjəreɪt, AM ɪˈnɑːgjʊ-] *vt* ❶ *(start)* **to ~ an era** eine neue Ära einläuten [*o* einleiten]; **to ~ a policy** eine Politik [neu] einführen; *(open up)* ▪**to ~ sth** *new building* etw [neu] eröffnen
❷ *(induct into office)* ▪**to ~ sb** jdn in sein Amt einführen; **to ~ the president** *esp* AM den Präsidenten [feierlich] in sein Amt einführen

in·augu·ra·tion [ɪˌnɔːgjəˈreɪʃᵊn, AM ɪˌnɑːgjʊˈ-] *n* ❶ *no pl (starting) of museum, library* Eröffnung *f; of monument, stadium* Einweihung *f; of era, policy* Einführung *f,* Beginn *m*
❷ *(induction)* Amtseinführung *f*

in·augu·ˈra·tion cer·emo·ny *n* Amtseinführungszeremonie *f* **In·augu·ˈra·tion Day** *n* POL *Tag der Amtseinführung des Präsidenten der Vereinigten Staaten, am 20. Januar nach den Präsidentschaftswahlen*

in·aus·pi·cious [ˌɪnɔːˈspɪʃəs, AM *esp* ˌɪnɑːˈ-] *adj (form)* ungünstig, glücklos; ***her cinematic debut was*** ~ ihr Kinodebüt stand unter einem schlechten Stern

in·aus·pi·cious·ly [ˌɪnɔːˈspɪʃəsli, AM *esp* ˌɪnɑːˈ-] *adv (form)* ungünstig; ***he began rather*** ~ er hatte einen unglücklichen Start

in be·tween *prep* ❶ *(in middle of)* zwischen +*dat*
❷ *(at intervals in)* zwischen +*dat*

in-be·tween I. *adj attr, inv* Zwischen-, Übergangs-; ~ **phase** [*or* **stage**] Übergangsphase *f*
II. *n (often hum)* Zwischending *nt*

in·board [ˌɪnˈbɔːd, AM -ˈbɔːrd] I. *adj (towards inside)* einwärts, nach innen; *(inside)* innen, auf der Innenseite *nach n; (inside vehicle)* im Innenraum *nach n;* NAUT innenbords; ~ **engine** Innenbordmotor *m*
II. *adv* einwärts, [nach] innen; ***an aerial was mounted*** ~ eine Antenne wurde innenseitig angebracht

in·born [ˌɪnˈbɔːn, AM -ˈbɔːrn] *adj inv personality trait* angeboren; *physical trait* vererbt

in·bound [ˈɪnˌbaʊnd] *adj inv* hereinkommend *attr; airplanes* ankommend; *ships* einfahrend; **the city's ~ traffic** der Verkehr in Richtung Innenstadt

in·bounds [ˌɪnˈbaʊndz] *adj inv* SPORT auf dem Spielfeld; ***the ball was still*** ~ der Ball war noch nicht im Aus

ˈin-box *n* COMPUT Posteingangsordner *m*

in·bred [ˌɪnˈbred, AM ˈɪnbred] *adj inv* ❶ *(from inbreeding)* durch Inzucht erzeugt [*o* hervorgerufen]
❷ *(inherent)* angeboren; *charm, talent* naturgegeben

in·breed·ing [ˌɪnˈbriːdɪŋ, AM ˈɪnbriːd-] *n no pl* Inzucht *f*

in·built [ˌɪnˈbɪlt] *adj inv* BRIT eingebaut; *in people, animals* angeboren

Inc. *adj after n, inv* ECON *abbrev of* **incorporated**

Inca [ˈɪŋkə] *n* Inka *pl*

in·cal·cu·lable [ɪnˈkælkjələbl̩] *adj* ❶ *inv (very high)* unabsehbar, unkalkulierbar; *costs* unüberschaubar
❷ *(inestimable)* nicht zu ermessen *präd,* unvorstellbar; **of ~ value** von unschätzbarem Wert
❸ *(unpredictable) person* unberechenbar

in·cal·cu·lably [ɪnˈkælkjələbli] *adv (beyond imagination)* unvorstellbar; *(unpredictably)* unberechenbar

in ˈcam·era *adv inv* LAW unter Ausschluss der Öffentlichkeit; **to hold a trial ~** ein Verfahren unter Ausschluss der Öffentlichkeit abhalten

in ˈcam·era pro·cess *n* COMPUT Sofortbildentwicklung *f*

in·can·des·cence [ˌɪnkænˈdesᵊn(t)s] *n no pl (from heat)* Glühen *nt,* Weißglut *f; (fig)* Strahlen *nt fig*

in·can·des·cent [ˌɪnkænˈdesᵊnt] *adj* ❶ *inv (lit up)* [weiß]glühend *attr,* leuchtend hell; ~ **light bulb** Glühbirne *f*
❷ *(fig: aglow)* strahlend; ***her beauty had an ~ quality to it*** sie war von strahlender Schönheit; **to be ~ at sth** wegen einer S. *gen* vor Wut platzen *fam*
❸ *(brilliant)* glanzvoll; **an ~ performance** eine glänzende Vorstellung

in·cant [ɪnˈkænt] *vt* **to ~ psalms/words** Psalmen/Worte rezitieren [*o pej* herunterleiern]; **to ~ spells** Beschwörungen murmeln

in·can·ta·tion [ˌɪnkænˈteɪʃᵊn] *n* ❶ *no pl (activity)* Beschwörung *f,* [magischer] Sprechgesang
❷ *(spell)* Zauberspruch *m,* magische Formel

in·ca·pabil·ity [ɪnˌkeɪpəˈbɪləti, AM -ət̬i] *n no pl* Unfähigkeit *f,* Unvermögen *nt*

in·ca·pable [ɪnˈkeɪpəbl̩] *adj (incompetent)* unfähig, ungeeignet; *(unable)* ▪**to be ~ of doing sth** unfähig sein, etw zu tun; ***he is ~ of such dishonesty*** er ist zu einer solchen Unehrlichkeit gar nicht fähig

in·ca·paci·tate [ˌɪnkəˈpæsɪteɪt] *vt* ▪**to ~ sb** jdn außer Gefecht setzen [*o* handlungsunfähig machen]

in·ca·paci·tat·ing [ˌɪnkəˈpæsɪteɪtɪŋ, AM -t̬ɪŋ] *adj attr, inv* hinderlich, lähmend

in·ca·pac·ity [ˌɪnkəˈpæsəti, AM -ət̬i] *n no pl* Unfähigkeit *f;* ~ **for love** Liebesunfähigkeit *f;* ~ **of work** Arbeitsunfähigkeit *f*

in-car [ˈɪnkɑːʳ, AM kɑːr] *adj attr, inv* [in das Auto] eingebaut

in·car·cer·ate [ɪnˈkɑːsᵊreɪt, AM -ˈkɑːrsə-] *vt* ▪**to ~ sb** jdn einkerkern *liter;* ▪**to be ~d in sth** in etw *dat* eingesperrt [*o* gefangen] sein

in·car·cera·tion [ɪnˌkɑːsᵊrˈeɪʃᵊn, AM -ˌkɑːrsərˈ-] *n no pl* Einkerkerung *f liter*

in·car·nate I. *adj* [ɪnˈkɑːnət, AM -ˈkɑːr-] *after n, inv* personifiziert; **the devil ~** der personifizierte Teufel; **evil ~** das personifizierte Böse; **God ~** der menschgewordene Gott
II. *vt* [ˈɪnkɑːneɪt, AM ɪnˈkɑːr-] *(form)* ❶ *(embody)* ▪**to ~ sth** etw verkörpern, die Verkörperung einer S. *gen* sein
❷ *(make concrete)* ▪**to ~ sth** etw wiedergeben, etw beinhalten
❸ REL *(become human)* ***God ~d Himself in the person of Jesus*** Gott selber nahm in der Person Jesu Menschengestalt an

in·car·na·tion [ˌɪnkɑːˈneɪʃᵊn, AM -kɑːrˈ-] *n* ❶ *no pl (human form)* Inkarnation *f geh,* Verkörperung *f;* **to be the ~ of beauty/grace** die Schönheit/Anmut selbst sein; **to be the ~ of evil** die Inkarnation [*o* leibhaftige Verkörperung] des Bösen darstellen
❷ *(lifetime)* Inkarnation *f;* **another/a previous ~** ein anderes/früheres Leben
❸ *(realization)* Bearbeitung *f*
❹ REL **the I~** die Inkarnation

in·cau·tious [ɪnˈkɔːʃəs, AM *esp* -ˈkɑː-] *adj* unvorsichtig, unüberlegt

in·cau·tious·ly [ɪnˈkɔːʃəsli, AM *esp* -ˈkɑː-] *adv* unvorsichtig, unüberlegt

in·cen·di·ary [ɪnˈsendiᵊri, AM -dieri] I. *adj* ❶ *attr, inv (causing fire)* Brand-; ~ **bomb** Brandbombe *f,* SCHWEIZ *a.* Feuerbombe *f;* ~ **device** Brandsatz *m*
❷ *(fig: causing argument)* aufstachelnd *attr,* aufrührerisch; **an ~ remark** eine anstachelnde Bemerkung; ~ **speech** Brandrede *f*
❸ AM *(spicy)* sehr [*o* extra] scharf
II. *n* ❶ *(bomb)* Brandbombe *f,* SCHWEIZ *a.* Feuerbombe *f; (device)* Brandmittel *nt*
❷ *(form: arsonist)* Brandstifter(in) *m(f),* Feuerteufel *m fig*
❸ *(old: rabble-rouser)* Aufwiegler(in) *m(f)*

in·cense[1] [ˈɪnsen(t)s] *n no pl* ❶ *(substance)* Räuchermittel *nt; (in church)* Weihrauch *m;* **stick of ~** Räucherstäbchen *nt*
❷ *(smoke)* wohl riechender Rauch; *(in church)* Weihrauch *m*

in·cense[2] [ɪnˈsen(t)s] *vt* ▪**to ~ sb** jdn empören [*o* aufbringen]; **to be ~d by** [*or* **at**] **sb/sth** über jdn/etw erbost [*o* aufgebracht] sein; ▪**to ~ sth** etw aufstacheln; ***the judgement ~ d public opinion*** das Urteil empörte die Öffentlichkeit

in·censed [ɪn'sen(t)st] *adj pred* empört, wütend

in·cen·tive [ɪn'sentɪv, AM -t̬ɪv] **I.** *n (motivation)* Anreiz *m,* Ansporn *m;* **tax ~s** steuerliche Anreize; **financial ~s** finanzielle Anreize; **to provide an ~ to do sth** einen Anreiz schaffen, etw zu tun
II. *adj attr, inv* Vorteile bringend; **~ bonus** Bonus *m,* Prämie *f;* **~ discount** Treuerabatt *m;* **~ offer** Gratisangebot *nt,* Werbegeschenk *nt;* **~ price** Kennenlernpreis *m,* Schnupperpreis *m*

in·'cen·tive scheme *n* System *nt* von Kauf- und Leistungsanreizen, Prämiensystem *nt*

in·cen·ti·vize [ɪn'sentɪvaɪz, AM -t̬ɪv-] *vt* ■**to ~ sb** jdn motivieren, jdn [durch eine Belohnung] anspornen

in·cen·tiv·iz·ing [ɪn'sentɪvaɪzɪŋ, AM -t̬ɪv-] *adj inv* motivierend, attraktiv

in·cep·tion [ɪn'sepʃᵊn] *n no pl* Anfang *m,* Beginn *m; (of a company)* Gründung *f*

in·cer·ti·tude [ɪn'sɜːtɪtjuːd, AM -'sɜːrtɪtuːd] *n* Unsicherheit *f,* Ungewissheit *f*

in·ces·sant [ɪn'sesᵊnt] *adj inv* ununterbrochen, pausenlos; **~ chatter** unentwegtes Geplapper

in·ces·sant·ly [ɪn'sesᵊntli] *adv inv* ununterbrochen, pausenlos; **to talk ~** ununterbrochen reden

in·cest ['ɪnsest] *n no pl* Inzest *m,* Blutschande *f*

in·ces·tu·ous [ɪn'sestjuəs, AM -tʃu-] *adj* inzestuös; **an ~ relationship** eine inzestuöse Beziehung

in·ces·tu·ous·ly [ɪn'sestjuəsli, AM -tʃu-] *adv* inzestuös; **to be ~ involved** Inzest treiben

in·ces·tu·ous·ness [ɪn'sestjuəsnəs, AM -tʃu-] *n no pl* inzestuöser Charakter

inch [ɪn(t)ʃ] **I.** *n* <*pl* -es> ❶ *(measurement)* Zoll *m (2,54 cm)*
❷ *(person's measurement)* ■**~es** *pl* Körpergröße *f,* Statur *f*
❸ *(small distance)* Zollbreit *m,* Zentimeter *m fig;* **just an ~/just ~es** ganz knapp; **to avoid** [*or* **miss**] **sb/sth by ~es** jdn/etw [nur] um Haaresbreite verfehlen; ***we won the game by an ~*** wir haben das Spiel gerade mal eben gewonnen
❹ *(all)* **every ~** jeder Zentimeter; ***Caroline knows every ~ of London*** Caroline kennt London wie ihre Westentasche; ***she's every ~ a lady*** sie ist eine Dame vom Scheitel bis zur Sohle
▸PHRASES: **not to budge** [*or* **give**] [*or* **move**] **an ~** stur bleiben, nicht nachgeben; **to do sth by ~es** etw ganz allmählich tun; **if you give someone an ~ and they'll take a mile** *(prov)* wenn man jemandem den kleinen Finger reicht, will er gleich die ganze Hand *prov;* **within an ~ of one's life** um Haaresbreite am Tod vorbei; **to search sth ~ by ~** etw zentimetergenau absuchen
II. *vi* sich *akk* [ganz] langsam bewegen; ***we were ~ing along in a traffic jam*** wir steckten im Stau und kamen nur im Schritttempo voran
III. *vt* **to ~ sth across the room/towards the wall** etw [ganz] vorsichtig durch das Zimmer/gegen die Wand bewegen
◆**inch forward** *vi* sich *akk* stückchenweise vorwärtsbewegen

in·cho·ate [ɪn'kəʊeɪt, AM -'koʊ-] *adj (form liter)* [noch] im Anfangsstadium befindlich, unausgereift, unvollständig

in·ci·dence ['ɪn(t)sɪdᵊn(t)s] *n* ❶ *(occurrence)* Auftreten *nt,* Vorkommen *nt; **there is a higher ~ of...*** es gibt mehr ...; **an increased ~ of cancer** ein Anstieg der Krebsrate
❷ ECON **~ of customs duties** COMM Zollbelastung *f;* **~ of loss** *(insurance)* Schadenhäufigkeit *f*

'in·ci·dence an·gle *n* PHYS Einfallswinkel *m*

in·ci·dent ['ɪn(t)sɪdᵊnt] **I.** *n* ❶ *(occurrence)* [Vor]fall *m,* Zwischenfall *m,* Ereignis *nt;* **an isolated ~** ein Einzelfall *m;* **a minor ~** eine Bagatelle; **a shooting ~** eine Schießerei
❷ *(story)* Begebenheit *f,* Geschehen *nt*
II. *adj* ❶ *(resulting from)* **~ to sth** mit etw *dat* verbunden
❷ MATH ineinanderliegend *attr*

in·ci·den·tal [ˌɪn(t)sɪ'dentᵊl, AM -t̬ᵊl] *adj* ❶ *(related)* begleitend *attr,* verbunden; ■**to be ~ to sth** mit etw *dat* einhergehen; **expenses ~ to travel** bei Reisen anfallende Kosten; *(secondary)* nebensächlich, zweitrangig; ***these points are true but ~ to the main problem*** diese Punkte sind zwar zutreffend aber für das eigentliche Problem ohne Belang; **~ charges** Nebengebühren *pl;* **~ expenses** Nebenkosten *pl;* **~ wage costs** Lohnnebenkosten *pl*
❷ *(by chance)* zufällig; *(in passing)* beiläufig; **~ question/remark** beiläufige Frage/Bemerkung

in·ci·den·tal·ly [ˌɪn(t)sɪ'dentᵊli] *adv inv* ❶ *(by the way)* übrigens, apropos
❷ *(in passing)* nebenbei, beiläufig; *(accidentally)* zufällig, durch Zufall

in·ci·den·tal 'mu·sic *n* Begleitmusik *f (in einem Film, Theaterstück)*

in·ci·den·tals [ˌɪn(t)sɪ'dentᵊlz, AM -t̬ᵊls] *npl* Nebenkosten *pl*

'in·ci·dent room *n* Einsatzzentrale *f*

in·cin·er·ate [ɪn'sɪnᵊreɪt, AM -əreɪt] *vt* ■**to ~ sth** etw verbrennen [*o* einäschern]; **to ~ rubbish** [*or* AM **garbage**]**/waste** Müll/Abfall verbrennen

in·cin·era·tion [ɪnˌsɪnᵊr'eɪʃᵊn, AM -ə'reɪ-] *n no pl* Verbrennung *f,* Einäscherung *f*

in·cin·era·tor [ɪn'sɪnᵊreɪtəʳ, AM -əreɪt̬ɚ] *n* Verbrennungsanlage *f; for waste* Müllverbrennungsanlage *f,* Kehrichtverbrennungsanlage *f* SCHWEIZ; *for bodies* [Verbrennungs]ofen *m*

in·cipi·ent [ɪn'sɪpiənt] *adj (form)* beginnend *attr,* im Entstehen begriffen *präd;* **at an ~ stage** im Anfangsstadium

in·cise [ɪn'saɪz] *vt (form)* ■**to ~ sth** etw einritzen; *into wood* etw einschnitzen; *into metal, stone* etw eingravieren; **to ~ a wound** eine Wunde aufschneiden

in·ci·sion [ɪn'sɪʒᵊn] *n* MED [Ein]schnitt *m*

in·ci·sive [ɪn'saɪsɪv] *adj (clear) description* klar, prägnant; *(penetrating) remark* analysierend *attr,* schlüssig; *(clear-thinking) person* scharfsinnig; **~ mind** [messer]scharfer Verstand

in·ci·sive·ly [ɪn'saɪsɪvli] *adv (clearly)* klar, prägnant; *(penetratingly)* scharfsinnig

in·ci·sive·ness [ɪn'saɪsɪvnəs] *n no pl (clarity)* Klarheit *f,* Deutlichkeit *f; (penetrating quality)* Scharfsinnigkeit *f*

in·ci·sor [ɪn'saɪzəʳ, AM -ɚ] *n* ANAT Schneidezahn *m*

in·cite [ɪn'saɪt] *vt (pej)* ■**to ~ sb** jdn aufstacheln [*o* aufhetzen]; ■**to ~ sb to sth** jdn zu etw *dat* anstiften; **to ~ mutiny/a revolt/a riot** eine Meuterei/einen Aufstand/einen Krawall anzetteln

in·cite·ment [ɪn'saɪtmənt] *n no pl* Anstiftung *f,* Aufstachelung *f;* **~ of racial hatred** Aufwiegelung *f* zum Rassenhass

in·ci·vil·ity [ˌɪnsɪ'vɪləti, AM -t̬i] *n* ❶ *no pl (form: impoliteness)* Unhöflichkeit *f*
❷ *(disregard)* Respektlosigkeit *f*

incl I. *adj inv abbrev of* **inclusive** inkl.
II. *prep abbrev of* **inclusive** inkl.

in·clem·en·cy [ɪn'klemən(t)si] *n (harshness) of weather* Rauheit *f kein pl; of punishment* Härte *f*

in·clem·ent [ɪn'klemənt] *adj (form) weather* rau; *judge* unnachsichtig, gnadenlos

in·cli·na·tion [ˌɪnklɪ'neɪʃᵊn] *n* ❶ *(tendency)* Neigung *f,* Hang *m kein pl,* SCHWEIZ *a.* Tendenz *f kein pl;* **to have an ~ to do sth** dazu neigen, etw zu tun; ***his first ~ was to accept the invitation but later he reconsidered*** er war zunächst geneigt, die Einladung anzunehmen, aber später besann er sich anders; *(desire)* Lust *f; **I've no ~ to follow my mother into accountancy*** ich habe keine Lust, wie meine Mutter Buchhalterin zu werden
❷ *no pl (preference)* [besondere] Neigung
❸ *(slope)* Neigung *f,* Schräge *f;* **a light** [*or* **gentle**]**/steep** [*or* **sharp**] **~** ein sanfter/steiler Abhang; *of head* Neigen *nt*

in·cline I. *vi* [ɪn'klaɪn] ❶ *(tend)* ■**to ~ towards sth** zu etw *dat* tendieren [*o* neigen]
❷ *(lean)* sich *akk* neigen
II. *vt* [ɪn'klaɪn] ❶ *(form: make tend)* ■**to ~ to do sth** dazu neigen, etw zu tun; ***this ~s me to feel pessimistic about an early solution*** das lässt mich einer frühen Lösung eher pessimistisch entgegensehen
❷ *(bend)* **to ~ one's head** seinen Kopf neigen
III. *n* ['ɪnklaɪn] *(slope)* Schräge *f,* Neigung *f; of a hill/mountain* [Ab]hang *m*

in·clined [ɪn'klaɪnd] *adj* ❶ *pred (with tendency)* geneigt, bereit; ■**to be ~ to do sth** dazu bereit sein, etw zu tun; ***she's more ~ than most people to help out*** sie ist hilfsbereiter als die meisten Leute; **to be ~ to agree/disagree** eher zustimmen/nicht zustimmen; **to be mathematically/politically ~** eine Anlage für Mathematik/Politik haben
❷ PHYS *(not even)* **~ plane** schiefe Ebene

in·close *vt see* **enclose**

in·clude [ɪn'kluːd] *vt (contain)* ■**to ~ sth** etw beinhalten [*o* einschließen]; *(add)* etw beifügen; ***the bill ~s service*** die Rechnung ist inklusive Bedienung; ***your responsibilities will ~ making appointments*** zu Ihren Pflichten wird auch gehören, Termine zu vereinbaren; **to ~ sth with letter** etw [in einem Brief] beilegen; ■**to be ~d in sth** in etw *akk* eingeschlossen sein; ***do you think I'm ~d in the invitation?*** glaubst du, die Einladung schließt mich mit ein?; **to be ~d in a bill** in einer Rechnung enthalten sein; ■**to ~ sb/sth in sth** jdn/etw in etw *akk* einbeziehen [*o* aufnehmen]
◆**include out** *vt (hum sl)* ■**to ~ sb out** mit jdm nicht rechnen *fam; **you can ~ me out!*** mit mir braucht ihr nicht zu rechnen!

in·clud·ed [ɪn'kluːdɪd] *adj after n, inv* inklusive *nach n,* mitgerechnet *nach n*

in·clud·ing [ɪn'kluːdɪŋ] *prep* einschließlich +*gen;* ***there are ten of us ~ you and me*** wir sind zu zehnt, einschließlich dir und mir; **up to and ~** bis einschließlich

in·clu·sion [ɪn'kluːʒᵊn] *n no pl* ❶ *(being included)* Einbeziehung *f,* Aufnahme *f*
❷ MATH Inklusion *f*
❸ CHEM Einschluss *m;* **~ compound** Einschlussverbindung *f*

in·clu·sive [ɪn'kluːsɪv] *adj inv* ❶ *(containing)* einschließlich, inklusive; ***all our prices are ~ of VAT*** alle unsere Preise sind inklusive Mehrwertsteuer; **all-~** alles inklusive *nach n;* **all-~ rate** Pauschale *f*
❷ *after n (including limits)* [bis] einschließlich; ***from the 20th to the 31st of May ~*** vom 20. bis zum 31. Mai einschließlich
❸ *(involving all)* [all]umfassend

in·clu·sive·ly [ɪn'kluːsɪvli] *adv* einschließlich

in·cog·ni·to [ˌɪnkɒg'niːtəʊ, AM -kɑːg'niːt̬oʊ] **I.** *n* Inkognito *nt*
II. *adv inv* inkognito

in·co·her·ence [ˌɪnkə(ʊ)'hɪərᵊn(t)s, AM -koʊ'hɪr-] *n no pl (inconsistency)* Zusammenhanglosigkeit *f; of policy* Ungereimtheit *f; **I think his ~ was due to his being drunk*** ich glaube, er redete so zusammenhanglos [daher], weil er betrunken war

in·co·her·ent [ˌɪnkə(ʊ)'hɪərᵊnt, AM -koʊ'hɪr-] *adj* zusammenhanglos, unzusammenhängend, inkohärent *fachspr;* **sb is ~** jd redet wirr

in·co·her·ent·ly [ˌɪnkə(ʊ)'hɪərᵊntli, AM -koʊ'hɪr-] *adv* zusammenhanglos, unzusammenhängend

in·come ['ɪŋkʌm, AM *esp* 'ɪn-] *n* Einkommen *nt,* SCHWEIZ *bes* Lohn *m; of a company* Einnahmen *pl,* Einkünfte *pl; (proceeds, return)* Ertrag *m;* **government ~** Regierungseinnahmen *pl;* **personal ~** Privateinkommen *nt,* Einkommen *nt* der privaten Haushalte; **people on low ~s** Menschen mit niedrigem Einkommen; **~ from investment of capital** Einkünfte *pl* aus Kapitalvermögen; **~ from real estate holdings** Liegenschaftenerfolg *m;* **~ from trade investments** Beteiligungsertrag *m;* **~ from trading activities** Handelsergebnis *nt*

'in·come ac·count *n* Ertragskonto *nt* **'in·come bond** *n* Gewinnschuldverschreibung *f,* Gewinnobligation *f* **'in·come brack·et** *n* Einkommensstufe *f,* Lohnklasse *f* SCHWEIZ, Einkommensgruppe *f* **'income-earning** *adj attr, inv* Gewinn bringend **'in·come group** *n* Einkommensklasse *f* **'in·come lev·el** *n* Einkommensniveau *nt* **'in·come man·age·ment** *n* Ertragsmanagement *nt* **'in·come multi·pli·er** *n* Einkommensmultiplikator *m*

'in·come poli·cy *n* COMM Einkommenspolitik *f*
in·com·er ['ɪnkʌmə', AM -ɚ] *n* BRIT Zugezogene(r) *f(m)*
'in·come state·ment *n* Gewinn- und Verlustrechnung *f*, Ergebnisrechnung *f*, Erfolgsrechnung *f* **'in·come sup·port** *n no pl* BRIT ≈ Sozialhilfe *f*; **to be on ~** ≈ Sozialhilfe bekommen **'in·come tax** *n* Einkommensteuer *f*, Lohnsteuer *f*; **flat ~** Einkommensteuer *f* ohne Progression; **graduated ~** gestaffelte Einkommensteuer, Einkommensteuer *f* mit Progression; **personal ~** Steuer *f* auf privates Einkommen; **~ assessment** Einkommensteuerveranlagung *f*; **~ base** Einkommensteuerbemessungsgrundlage *f*; **~ liability** Einkommensteuerschuld *f*, Ertragsteuerverpflichtung *f*; **~ rate** Einkommensteuersatz *m*, Ertragsteuersatz *m*; **~ regulations** Einkommensteuerrichtlinien *f*; **~ scale** Einkommensteuertarif *m*; **to do one's ~** seine Einkommensteuererklärung machen; **to lower/raise ~** die Einkommensteuer senken/erhöhen **'in·come tax brack·et** *n* Einkommensteuergruppe *f* **'in·come tax re·turn** *n* Einkommensteuererklärung *f* **'in·come thresh·old** *n* Beitragsbemessungsgrenze *f* **'in·come units** *npl* Fondsanteile *pl*, auf die Erträge ausgeschüttet werden
in·com·ing [,ɪŋ'kʌmɪŋ, AM *esp* ,ɪn'-] *adj attr, inv (in arrival)* ankommend; **~ call** [eingehender] Anruf; **~ flight** ankommendes Flugzeug; **~ freshman** AM *Studienanfänger an einer amerikanischen Hochschule;* **~ message** COMPUT eingehende Nachricht; **~ missile** anfliegende Rakete; **~ tide** [ansteigende] Flut; *(immigrating)* ins Land kommend, zuwandernd; *(recently elected)* neu [gewählt]
in·com·ings [,ɪŋ'kʌmɪŋz, AM *esp* ,ɪn'-] *npl* Einkommen *nt*, SCHWEIZ *bes* Lohn *m*; *of a company* Einnahmen *pl*
in·com·men·su·rable [,ɪnkə'men(t)ʃᵊrəbl̩, AM -'men(t)sɚ-] *adj* inkommensurabel *geh*, nicht vergleichbar
in·com·men·su·rate [,ɪnkə'men(t)ʃᵊrət, AM -'men(t)sɚ-] *adj pred* ❶ *(out of proportion)* unangemessen; ■**to be ~ to** [*or* **with**] **sth** zu einer S. *dat* in keinem Verhältnis stehen
❷ *(not compatible)* unvergleichbar; ***A and B are ~*** A und B haben nichts miteinander gemeinsam
❸ MATH inkommensurabel *fachspr*
in·com·mode [,ɪnkə'məʊd, AM 'moʊd] *vt (form)* ■**to ~ sb** jdm Mühe bereiten; ■**to ~ oneself** sich *akk* abmühen
in·com·mo·di·ous [,ɪnkə'məʊdiəs, AM -'moʊ-] *adj (form)* unbequem
in·com·mu·ni·ca·do [,ɪnkə,mju:nɪ'kɑ:dəʊ, AM -doʊ] **I.** *adj pred, inv (form)* nicht erreichbar
II. *adv inv* isoliert; **to be held ~** in Isolationshaft sein
in·com·pa·rable [ɪn'kɒmpᵊrəbl̩, AM -'kɑ:m-] *adj inv (different)* unvergleichbar; *(superior)* unvergleichlich, unnachahmlich
in·com·pa·rably [ɪn'kɒmpᵊrəbli, AM -'kɑ:m-] *adv (relatively) healthier* ungleich; *better* unvergleichlich; *(superlatively)* einmalig
in·com·pat·ibil·ity [,ɪnkəm,pætə'bɪləti, AM -,pæt̬ə'bɪlət̬i] *n no pl* Unvereinbarkeit *f*; *of computers* Inkompatibilität *f fachspr*; **~ of blood** Unverträglichkeit *f* der Blutgruppen, Blutgruppeninkompatibilität *f fachspr*; **to divorce on grounds of ~** sich *akk* wegen Unvereinbarkeit der Charaktere scheiden lassen
in·com·pat·ible [,ɪnkəm'pætəbl̩, AM -'pæt̬-] *adj* unvereinbar; ■**to be ~** *persons* nicht zusammenpassen; ■**to be ~ with sth** mit etw *dat* unvereinbar sein; *machinery, computer systems* inkompatibel; *blood type* unverträglich; *colours* nicht kombinierbar
in·com·pe·tence [ɪn'kɒmpɪtᵊn(t)s, AM -'kɑ:mpət̬-], **in·com·pe·ten·cy** [ɪn'kɒmpɪtᵊn(t)si, AM -'kɑ:mpət̬-] *n no pl* Inkompetenz *f*
in·com·pe·tent [ɪn'kɒmpɪtᵊnt, AM -'kɑ:mpət̬ənt] **I.** *adj* ❶ *(incapable)* inkompetent; ■**to be ~ for sth** für etw *akk* ungeeignet [*o* nicht geeignet] sein
❷ LAW unzuständig; **mentally ~** unzurechnungsfähig
II. *n (pej)* Dilettant(in) *m(f) pej*; **a bunch of ~s** ein Haufen Dilettanten [*o* Nichtskönner] *pej fam*; **a bumbling ~** ein unorganisierter Dilettant/eine unorganisierte Dilettantin *pej*
in·com·pe·tent·ly [ɪn'kɒmpɪtᵊntli, AM -'kɑ:mpət̬ənt-] *adv (pej)* inkompetent, stümperhaft *pej*
in·com·plete [,ɪnkəm'pli:t] **I.** *adj inv form, application, collection* unvollständig; *construction, project* unfertig
II. *n* AM SCH, UNIV **'incomplete'** *Zeugnisvermerk, der besagt, dass ein Kurs noch nachträglich zu absolvieren ist*
in·com·plete·ly [,ɪnkəm'pli:tli] *adv* unvollständig
in·com·plete·ness [,ɪnkəm'pli:tnəs] *n no pl* Unvollständigkeit *f*
in·com·pre·hen·sibil·ity [ɪn,kɒmprɪ,hen(t)sə'bɪləti, AM -,kɑ:mprɪ,hen(t)sə'bɪlət̬i] *n no pl* Unverständlichkeit *f*
in·com·pre·hen·sible [ɪn,kɒmprɪ'hen(t)səbl̩, AM -,kɑ:m-] *adj* unverständlich; *act, event* unbegreiflich, unfassbar; ***it's ~ to me why ...*** es ist mir unbegreiflich, warum ...; **utterly ~** völlig unverständlich
in·com·pre·hen·sibly [ɪn,kɒmprɪ'hen(t)səbli, AM -,kɑ:m-] *adv* unverständlicherweise, unbegreiflicherweise
in·com·pre·hen·sion [ɪn,kɒmprɪ'hen(t)ʃᵊn, AM -,kɑ:m-] *n no pl* Unverständnis *nt*, Verständnislosigkeit *f*; **total** [*or* **utter**] **~** völliges Unverständnis
in·con·ceiv·able [,ɪnkən'si:vəbl̩] *adj inv* unvorstellbar, undenkbar; **to be almost** [*or* **virtually**] **~** undenkbar [*o* kaum vorstellbar] sein; ■**it is ~ that ...** es ist unvorstellbar, dass ...; ■**it is not ~ that ...** es ist denkbar, dass ...
in·con·ceiv·ably [,ɪnkən'si:vəbli] *adv* unvorstellbar, undenkbar
in·con·clu·sive [,ɪnkən'klu:sɪv] *adj argument* nicht [*o* wenig] überzeugend; *results, test* ergebnislos; **~ evidence** unzureichende Beweismittel
in·con·clu·sive·ly [,ɪnkən'klu:sɪvli] *adv argue* nicht [*o* wenig] überzeugend; *test, result* ergebnislos
in·con·gru·ity [,ɪnkɒŋ'gru:əti, AM -kən'gru:ət̬i] *n* ❶ *no pl (form: quality)* Missverhältnis *nt*
❷ *(instance)* Widerspruch *m*, Ungereimtheit *f*
in·con·gru·ous [ɪn'kɒŋgruəs, AM -'kɑ:ŋ-] *adj (not appropriate)* unpassend; ***I think it ~ that ...*** ich finde es unpassend, dass ...; *(not consistent)* widersprüchlich, unvereinbar
in·con·gru·ous·ly [ɪn'kɒŋgru:əsli, AM 'kɑ:ŋ] *adv* unpassend
in·con·sequence [ɪn'kɒn(t)sɪkwən(t)s, AM -'kɑ:n-] *n no pl (in logic)* Inkonsequenz *f*; *(in relevance)* Irrelevanz *f*
in·con·sequent [ɪn'kɒn(t)sɪkwənt, AM -'kɑ:n-] *adj (illogical)* unlogisch; *(irrelevant)* unwesentlich
in·con·sequen·tial [ɪn,kɒn(t)sɪ'kwen(t)ʃᵊl, AM -,kɑ:n-] *adj (illogical)* unlogisch; *(unimportant)* unbedeutend; *(irrelevant)* unwesentlich
in·con·sequen·tial·ly [ɪn,kɒn(t)sɪ'kwen(t)ʃᵊli, AM -,kɑ:n-] *adv (trivially)* unbedeutend, unwichtig; *(illogically)* unlogisch
in·con·sid·er·able [,ɪnkən'sɪdᵊrəbl̩] *adj* unerheblich, unbeträchtlich; **a not ~ amount** [*or* **sum**] eine nicht unbeträchtliche Summe
in·con·sid·er·ate [,ɪnkən'sɪdᵊrət] *adj (disregarding)* rücksichtslos; ■**to be ~ to** [*or* **towards**] **sb** jdm gegenüber rücksichtslos sein; *(insensitive)* gedankenlos, unsensibel; **an ~ remark** eine taktlose Bemerkung
in·con·sid·er·ate·ly [,ɪnkən'sɪdᵊrətli] *adv* rücksichtslos
in·con·sid·er·ate·ness [,ɪnkən'sɪdᵊrətnəs], **in·con·sid·era·tion** [,ɪnkən,sɪdə'reɪʃᵊn] *n no pl* Rücksichtslosigkeit *f*; ■**~ towards sb** Rücksichtslosigkeit gegenüber jdm
in·con·sist·en·cy [,ɪnkən'sɪstᵊn(t)si] *n* ❶ *(contradiction)* Unvereinbarkeit *f*, Widerspruch *m*; *(in a text)* Unstimmigkeit *f*
❷ *no pl (inconstancy)* Unbeständigkeit *f*, Veränderlichkeit *f*
in·con·sist·ent [,ɪnkən'sɪstənt] *adj* ❶ *(lacking agreement)* widersprüchlich, inkonsequent; ***her argument is very ~*** ihre Argumentation ist völlig widersprüchlich; ■**to be ~ with sth** im Widerspruch zu etw *dat* stehen
❷ *(unsteady)* unbeständig, unstet
in·con·sist·ent·ly [,ɪnkən'sɪstəntli] *adv* ❶ *(contradictorily)* widersprüchlich
❷ *(not steadily)* unbeständig, unregelmäßig
in·con·sol·able [,ɪnkən'səʊləbl̩, AM -'soʊl-] *adj inv* untröstlich
in·con·sol·ably [,ɪnkən'səʊləbli, AM -'soʊl-] *adv inv* untröstlich; ***the child was crying ~*** das Kind weinte und ließ sich gar nicht beruhigen
in·con·spicu·ous [,ɪnkən'spɪkjuəs] *adj* unauffällig; **highly ~** sehr unauffällig; **to try to look ~** versuchen, nicht aufzufallen
in·con·spicu·ous·ly [,ɪnkən'spɪkjuəsli] *adv* unauffällig
in·con·stan·cy [ɪn'kɒn(t)stᵊn(t)si, AM -'kɑ:n-] *n no pl (esp liter, form)* ❶ *(tendency to change)* Unbeständigkeit *f*, Veränderlichkeit *f*; *(unpredictably)* Unberechenbarkeit *f*
❷ *(unfaithfulness)* Treulosigkeit *f*
in·con·stant [ɪn'kɒn(t)stənt, AM -'kɑ:n-] *adj* ❶ *(changing)* unbeständig, wechselhaft; *(unpredictably)* unberechenbar
❷ *(unfaithful)* treulos
in·con·test·able [,ɪnkən'testəbl̩] *adj inv* unbestreitbar; **~ evidence** unwiderlegbare Beweise; **~ fact** unumstößliche Tatsache
in·con·test·ably [,ɪnkən'testəbli] *adv inv (form)* unbestreitbar, zweifellos
in·con·ti·nence [ɪn'kɒntɪnən(t)s, AM -'kɑ:ntᵊnᵊn(t)s] *n no pl* MED Inkontinenz *f*
in·'con·ti·nence pad *n* MED [Windel]einlage *f (bei Inkontinenz)*
in·con·ti·nent [ɪn'kɒntɪnənt, AM -'kɑ:ntᵊnᵊnt] *adj* ❶ MED inkontinent; **doubly ~** urin- und stuhlinkontinent
❷ *(fig form: uncontrollable)* unbeherrscht, haltlos; **~ temper** Unbeherrschtheit *f*
in·con·tro·vert·ible [,ɪn,kɒntrə'vɜ:təbl̩, AM -,kɑ:ntrə'vɜ:rt̬-] *adj inv (form)* unwiderlegbar, unbestreitbar; ***it is ~ that ...*** es steht zweifelsfrei fest, dass ...; **~ proof** [*or* **evidence**] unwiderlegbarer Beweis; **an ~ fact** eine unstreitige Tatsache
in·con·tro·vert·ibly [,ɪn,kɒntrə'vɜ:təbli, AM -,kɑ:ntrə'vɜ:rt̬-] *adv inv (form)* zweifellos, fraglos
in·con·ven·ience [,ɪnkən'vi:niən(t)s] **I.** *n* ❶ *no pl (trouble)* Unannehmlichkeit[en] *f[pl]*; ***we apologize for any ~ caused by the late arrival of the train*** für eventuelle Unannehmlichkeiten durch die Zugverspätung bitten wir um Entschuldigung; **to go to a great deal of ~ for sb** für jdn viel auf sich *akk* nehmen; ***he went to a great deal of ~ to help*** er hat keine Mühen gescheut zu helfen; **to cause sb ~** jdm Unannehmlichkeiten bereiten
❷ *(troublesome thing)* Unannehmlichkeit *f*, lästige Sache
II. *vt* ■**to ~ sb** jdm Unannehmlichkeiten bereiten; ***would it ~ you to pick something up for me?*** würde es dir etwas ausmachen, für mich etwas abzuholen?; ■**to ~ oneself** sich *akk* [um andere] bemühen; ***don't ~ yourselves for us — we'll be fine*** machen Sie sich keine Umstände – wir kommen zurecht
in·con·ven·ient [,ɪnkən'vi:niənt, AM *also* -njənt] *adj time* ungelegen; *things, doings* beschwerlich, lästig; *place* ungünstig [gelegen]
in·con·ven·ient·ly [,ɪnkən'vi:niəntli] *adv* unpassenderweise; **to be ~ located** [*or* **placed**] [*or* **situated**] ungünstig liegen [*o* gelegen sein]
in·cor·po·rate [ɪn'kɔ:pᵊreɪt, AM -'kɔ:rpər-] *vt* ❶ *(integrate)* ■**to ~ sth** etw einfügen [*o* einbeziehen]; *company, region* etw eingliedern [*o* angliedern]; *food* etw [hin]zugeben [*o* unterheben]; ***try to ~ these ideas into your work*** versuche, diese Gedanken in deiner Arbeit aufzunehmen; ***suggestions from the survey have been ~d into the final design*** Vorschläge aus dem Gutachten sind in die Schlussfassung mit eingegangen; **to ~ a city into a county**

eine Stadt in einen Verwaltungsbezirk eingemeinden
② *(contain)* ■**to ~ sth** etw enthalten [*o* beinhalten]
③ LAW, ECON *(form corporation)* **to ~ a company** eine Firma [als Kapitalgesellschaft] eintragen

in·cor·po·rat·ed [ɪnˈkɔːpᵊreɪtɪd, AM -ˈkɔːrpər-] *adj inv* ① *(integrated)* **an ~ city/town** *eine als Gebietskörperschaft anerkannte rechtlich selbstständige Stadt/Gemeinde*
② LAW, ECON [als Kapitalgesellschaft] eingetragen

in·cor·po·ra·tion [ɪnˌkɔːpᵊrˈeɪʃᵊn, AM -ˌkɔːrpəˈreɪ-] *n no pl* ① *(integration)* Einfügung *f*, Eingliederung *f*, Einbeziehung *f*; *region* Eingemeindung *f*; *food* Zugabe *f*, Beigabe *f*
② LAW, ECON Eintragung *f* [als Kapitalgesellschaft], Gründung *f*; **the ~ of a company** die Umwandlung einer Firma in eine Kapitalgesellschaft

in·cor·po·real [ˌɪnkɔːˈpɔːriəl, AM -kɔːrˈ-] *adj inv* ① *(no material existence)* körperlos, wesenlos *geh*; **an ~ being** [*or* **presence**] ein übernatürliches Wesen
② LAW immateriell, nicht körperlich; **~ chattels** immaterielle Vermögenswerte; **~ hereditaments** immaterielle vererbbare Vermögenswerte

in·cor·rect [ˌɪnˈkᵊrekt, AM -kəˈrekt] *adj* ① *(not true)* falsch, unrichtig; *(with mistakes)* fehlerhaft; **an ~ answer** eine falsche Antwort; **an ~ calculation** eine fehlerhafte Berechnung; **an ~ diagnosis** eine unkorrekte Diagnose; **to prove** [**to be**] **~** sich *akk* als falsch herausstellen
② *(improper)* unkorrekt; *behaviour* unangebracht

in·cor·rect·ly [ˌɪnˈkᵊrektli, AM -kəˈrekt-] *adv (wrongly)* falsch, fälschlicherweise; **to assume** [*or* **think**] **sth ~** etw fälschlicherweise annehmen; *(inappropriately)* unpassend; *behave* ungehörig; **to tip ~** nicht das richtige Trinkgeld geben

in·cor·rect·ness [ˌɪnkᵊˈrektnəs] *n no pl* Unrichtigkeit *f*

in·cor·ri·gible [ɪnˈkɒrɪdʒəbl̩, AM -ˈkɔːrədʒ-] *adj inv (esp hum)* unverbesserlich

in·cor·ri·gibly [ɪnˈkɒrɪdʒəbli, AM -ˈkɔːrədʒ-] *adv inv* unverbesserlich

in·cor·rupt·ibil·ity [ˌɪnkəˌrʌptəˈbɪləti, AM -t̬i] *n no pl (lack of corruption)* Unbestechlichkeit *f*; *(virtuousness)* Integrität *f*

in·cor·rupt·ible [ˌɪnkəˈrʌptəbl̩] *adj inv* ① *(not corrupt)* unbestechlich; *(virtuous)* integer
② *(not breaking down)* dauerhaft, haltbar

in·cor·rupt·ibly [ˌɪnkəˈrʌptəbli] *adv inv (not corrupt)* unbestechlich; *(virtuous)* geradlinig, pflichtgetreu

in·cor·rup·tion [ˌɪnkəˈrʌpʃᵊn] *n no pl (integrity)* Unbestechlichkeit *f*; *(virtue)* Unverdorbenheit *f*

in·crease I. *vi* [ɪnˈkriːs] *prices, taxes, interest rates* [an]steigen; *pain, troubles, worries* stärker werden, zunehmen; *in size* wachsen; **to ~ dramatically** [*or* **drastically**] dramatisch [*o* drastisch] [an]steigen; *population, wealth* anwachsen; **to ~ tenfold/threefold** sich *akk* verzehnfachen/verdreifachen
II. *vt* [ɪnˈkriːs] ■**to ~ sth** *(make more)* etw erhöhen; *(make stronger)* etw verstärken; *(make larger)* etw vergrößern; ***gently ~ the heat*** die Hitze langsam erhöhen; *reserves, finances* aufstocken
III. *n* [ˈɪnkriːs] Anstieg *m*, Zunahme *f*, Zuwachs *m*; *(growth)* Wachstum *nt*; **the ~ in the number of unemployed** der Anstieg der Arbeitslosenzahlen; **an ~ in production** eine Steigerung der Produktion; **~ in capacity** Kapazitätserweiterung *f*; **~ in efficiency** Effizienzsteigerung *f*; **~ in pollution** zunehmende Umweltverschmutzung; **~ in value** Wertsteigerung *f*; **~ in violence** zunehmende Gewalt; **price ~** Preisanstieg *m*, Teuerung *f* SCHWEIZ; **tax ~** Steuererhöhung *f*; **to be on the ~** ansteigen; *in numbers* [mehr und] [*o* [immer]] mehr werden; *in size* [immer] größer werden; *in reserves, finances* Aufstockung *f*

in·creased [ɪnˈkriːst] *adj attr, inv* erhöht, [an]gestiegen; **~ homelessness/unemployment** gestiegene Obdach-/Arbeitslosigkeit; **~ salary** gestiegener Lohn; **~ security** erhöhte Sicherheit[svorkehrungen]; **~ taxes** erhöhte Steuern; **~ traffic** gestiegenes Verkehrsaufkommen

in·creas·ing [ɪnˈkriːsɪŋ] *adj inv* steigend, zunehmend; **~ efforts** verstärkte Anstrengungen; **~ prices** steigende Preise

in·creas·ing·ly [ɪnˈkriːsɪŋli] *adv inv* zunehmend; ***she became ~ dismayed*** sie wurde immer verzweifelter; ***their argument became ~ bitter*** ihr Streit wurde immer erbitterter

in·cred·ible [ɪnˈkredɪbl̩] *adj* ① *(unbelievable)* unglaublich; ■**it is ~ that ...** es ist unglaublich [*o* kaum zu glauben], dass ...
② *(fam: very good)* fantastisch *fam*

in·cred·ibly [ɪnˈkredɪbli] *adv* ① *(strangely)* erstaunlicherweise; *(surprisingly)* überraschenderweise
② + *adj (very)* unglaublich

in·cre·du·lity [ˌɪnkrəˈdjuːləti, AM -ˈduːlət̬i, -djuː] *n no pl (disbelief)* [ungläubiges] Staunen; *(bewilderment)* Fassungslosigkeit *f*; **to give sb a look of ~** jdn fassungslos ansehen; **to feel a sense of ~** erstaunt sein; *(be bewildered)* fassungslos sein; **to greet sth with ~** etw mit Verwunderung aufnehmen

in·credu·lous [ɪnˈkredjələs, AM -ˈkredʒʊ-] *adj (disbelieving)* ungläubig; *(bewildered)* fassungslos; **an ~ look** ein erstaunter Blick; **an ~ smile** ein skeptisches Lächeln; ***they were ~ when they heard the news*** sie konnten die Neuigkeiten nicht glauben

in·credu·lous·ly [ɪnˈkredjələsli, AM -ˈkredʒʊ-] *adv (disbelievingly)* ungläubig; *(aghast)* fassungslos

in·cre·ment [ˈɪnkrəmənt] I. *n* ① *(increase)* Anwachsen *nt*, Erhöhung *f*, Zuwachs *m*; *of earnings* Mehreinnahme[n] *f*[*pl*]; **salary ~** Gehaltserhöhung *f*, SCHWEIZ *a.* Lohnerhöhung *f*
② *(division)* Stufe *f*; **by ~s** stufenweise; *on a scale* [Grad]einteilung *f*
③ *(value)* Inkrement *nt*
II. *vt* ■**to ~ sth** ① *(add)* etw hochzählen
② *(move forward) document, card* etw inkrementieren

in·cre·men·tal [ˌɪnkrəˈmentᵊl, AM -t̬ᵊl] *adj inv* stufenweise, schrittweise; **~ backup** COMPUT Differenzialsicherung *f*; **~ computer** COMPUT Inkrementalrechner *m*

in·cre·men·tal·ly [ˌɪnkrəˈmentᵊli, AM -t̬ᵊli] *adv inv* stufenweise, schrittweise

in·crimi·nate [ɪnˈkrɪmɪneɪt] *vt* ■**to ~ sb** jdn beschuldigen [*o* belasten]; ■**to ~ oneself** sich *akk* selbst belasten; **to ~ a company/an organization** [schwere] Vorwürfe gegen eine Firma/Organisation erheben

in·crimi·nat·ing [ɪnˈkrɪmɪneɪtɪŋ, AM -t̬ɪŋ] *adj* belastend; **~ evidence** belastendes Beweismaterial

in·crimi·na·tion [ɪnˌkrɪmɪˈneɪʃᵊn] *n no pl* Beschuldigung *f*, Belastung *f*; **self-~** Selbstbezichtigung *f*

in·crust [ɪnˈkrʌst] *vt see* **encrust**

in·crus·ta·tion [ˌɪnkrʌsˈteɪʃᵊn] *n* Verkrustung *f*, Krustenbildung *f*; GEOL Inkrustation *f fachspr*

in·cu·bate [ˈɪŋkjubeɪt] I. *vt* ① *(brood)* **to ~ an egg** *(keep warm)* ein Ei [be]brüten; *(hatch)* [ein Ei] ausbrüten; **to ~ bacteria/cells** Bakterien/Zellen heranzüchten
② *(fig: think up)* **to ~ an idea/a plan** eine Idee/einen Plan ausbrüten
③ *(fall ill)* **to ~ a disease** eine Krankheit entwickeln [*o fam* ausbrüten]
II. *vi (develop) egg* bebrütet werden; *idea, plan* reifen

in·cu·ba·tion [ˌɪŋkjuˈbeɪʃᵊn] *n no pl* ① ZOOL *(egg keeping)* [Be]brüten *nt*; *for hatching* Ausbrüten *nt*
② *(time period) for eggs* Brut[zeit] *f*; *for diseases* Inkubation[szeit] *f*

in·cu'ba·tion pe·ri·od *n (in egg)* Brut[zeit] *f*; *(for plan)* Planungsphase *f*, Vorbereitungszeit *f*; *(for disease)* Inkubationszeit *f*

in·cu·ba·tor [ˈɪŋkjubeɪtəʳ, AM -t̬ɚ] *n (for eggs)* Brutapparat *m*; *(for babies)* Brutkasten *m*, Inkubator *m fachspr*

in·cu·bus <*pl* -es *or* -bi> [ˈɪŋkjʊbəs, *pl* -baɪ] *n* ① *(demon)* Alp *m*, ÖSTERR *a.* Alb *m*
② *(fig: oppressive thing)* Albtraum *m*

in·cul·cate [ˈɪnkʌlkeɪt] *vt* ■**to ~ sth on** [*or* **in**] **sb** jdm etw einschärfen; ■**to ~ sb with sth** jdm etw beibringen

in·cul·ca·tion [ˌɪnkʌlˈkeɪʃᵊn] *n no pl* Einimpfen *nt fig*

in·cum·ben·cy [ɪnˈkʌmbən(t)si] *n* Amtszeit *f*

in·cum·bent [ɪnˈkʌmbənt] I. *adj* ① *attr, inv (in office)* amtierend
② *pred, inv (form: obligatory)* erforderlich, notwendig; ■**it is ~ on** [*or* **upon**] **sb to do sth** es obliegt jdm, etw zu tun *geh*
II. *n* Amtsinhaber(in) *m(f)*

in·cur <-rr-> [ɪnˈkɜːʳ, AM -ˈkɜːr] *vt* ■**to ~ sth** ① FIN, ECON etw hinnehmen müssen [*o* erleiden]; **to ~ costs** sich *dat* Unkosten aufladen; **to ~ debt** Schulden machen; **expenses ~red** entstandene [*o* anfallende] Kosten; **to ~ losses** Verluste erleiden
② *(bring upon oneself)* etw hervorrufen; **to ~ the anger** [*or* **wrath**] **of sb** jds Zorn auf sich *akk* ziehen, jdn verärgern; **to ~ the blame for sth** den Tadel für etw *akk* einstecken
③ *(make oneself liable to)* **to ~ the risk of a penalty** das Risiko einer Geldstrafe eingehen

in·cur·able [ɪnˈkjʊərəbl̩, AM -ˈkjʊr-] *adj inv* unheilbar; **an ~ habit** eine nicht ablegbare Angewohnheit; **an ~ illness** eine unheilbare Krankheit; *(fig)* unverbesserlich

in·cur·ably [ɪnˈkjʊərəbli, AM -ˈkjʊr-] *adv inv* unheilbar; **to be ~ ill** unheilbar krank sein; *(fig)* unverbesserlich

in·cu·ri·ous [ɪnˈkjʊəriəs, AM -ˈkjʊr-] *adj* gleichgültig, desinteressiert; ■**to be ~ about sth** einer S. *dat* gegenüber gleichgültig sein

in·cu·ri·ous·ly [ɪnˈkjʊəriəsli, AM ˈkjʊri] *adv* ohne Neugier

in·cur·sion [ɪnˈkɜːʃᵊn, AM -ˈkɜːrʒ-, -rʃ-] *n* [feindlicher] Einfall, Eindringen *nt kein pl*; **to make an ~ into an area/a country** in ein Gebiet/Land eindringen

Ind. AM *abbrev of* **Indiana**

'in-dash *adj inv* AUTO ins Armaturenbrett integriert

in·debt·ed [ɪnˈdetɪd, AM -t̬ɪd] *adj pred* ① *(obliged)* [zu Dank] verpflichtet; ■**to be ~ to sb for sth** jdm für etw *akk* dankbar sein
② *(having debt)* verschuldet; **to be deeply** [*or* **heavily**] **~** hoch verschuldet sein, [tief] in den roten Zahlen stehen *fam*

in·debt·ed·ness [ɪnˈdetɪdnəs, AM -t̬ɪd-] *n no pl* ① *(personal)* Verpflichtung *f*, Dankesschuld *f*
② *(financial)* Verschuldung *f*, Schulden *pl*

in·de·cen·cy [ɪnˈdiːsᵊn(t)si] *n no pl* ① *(impropriety)* Ungehörigkeit *f*, Unschicklichkeit *f*
② *(lewdness)* Anstößigkeit *f*, Unanständigkeit *f*
③ *(sexual assault)* sexueller Übergriff; ■**~ against sb** sexueller Übergriff auf jdn

in·de·cent [ɪnˈdiːsᵊnt] *adj* ① *(improper)* ungehörig; *(unseemly)* unschicklich; *(inappropriate)* unangemessen; **with ~ haste** mit ungebührlicher Eile
② *(lewd)* unanständig, unmoralisch; **an ~ proposal** [*or* **suggestion**] ein unsittlicher Antrag

in·de·cent as·'sault *n* LAW sexueller Übergriff, unzüchtige Handlung *(unter Androhung von Gewalt)* **in·de·cent ex·'po·sure** *n no pl* LAW Erregung *f* öffentlichen Ärgernisses *(durch exhibitionistische Handlungen)*

in·de·cent·ly [ɪnˈdiːsᵊntli] *adv* ① *(improper)* ungehörig; *(inappropriate)* unangemessen
② *(lewdly)* unanständig

in·de·cidu·ous [ˌɪndɪˈsɪdjuəs, AM -ˈsɪdʒu-] *adj inv* BOT immergrün

in·de·ci·pher·able [ˌɪndɪˈsaɪfᵊrəbl] *adj inv (impossible to read)* unlesbar; *(of handwriting)* kaum zu entziffern; *(impossible to understand)* unverständlich

in·de·ci·sion [ˌɪndɪˈsɪʒᵊn] *n no pl* Unschlüssigkeit *f*, Unentschlossenheit *f*

in·de·ci·sive [ˌɪndɪˈsaɪsɪv] *adj* ① *(wishy-washy)* unentschlossen; *person* nicht entscheidungsfreudig
② *(not conclusive)* unschlüssig, mehrdeutig; **~ results** keine eindeutigen Ergebnisse
③ *(not decisive)* nicht entscheidend [*o* ausschlaggebend]

in·de·ci·sive·ly [ˌɪndɪˈsaɪsɪvli] *adv* unentschlossen

in·de·ci·sive·ness [ˌɪndɪˈsaɪsɪvnəs] *n no pl* Unschlüssigkeit *f*, Unentschlossenheit *f*

in·de·clin·able [ˌɪndɪˈklaɪnəbl] *adj* LING undeklinierbar, indeklinabel *fachspr*

in·de·com·pos·able [ˌɪndiːkəmˈpəʊzəbl̩, AM -ˈpoʊz-]

adj CHEM unzersetzbar

in·deco·rous [ɪnˈdekərəs] *adj (form: improper)* unangemessen; *(undignified)* unwürdig, schamlos

in·deco·rous·ly [ɪnˈdekərəsli] *adv (form: improperly)* unangemessen; *(undignified)* unwürdig, schamlos

in·deed [ɪnˈdiːd] **I.** *adv inv* ❶ *(for emphasis)* in der Tat, wirklich; ***this is bad news ~!*** das sind allerdings schlechte Nachrichten!; *(actually)* tatsächlich; ***the limited evidence suggests that errors may ~ be occurring*** das eingeschränkte Beweismaterial lässt darauf schließen, dass tatsächlich Fehler auftreten; ***many people are very poor ~*** viele Menschen sind wirklich sehr arm; ***thank you very much ~!*** vielen herzlichen Dank!; **very disappointed/happy ~** *esp* BRIT wirklich enttäuscht/glücklich

❷ *(affirmation)* allerdings; ***is this your dog? — it is ~*** ist das Ihr Hund? – allerdings; ***yes, I did ~ say that*** ja, das habe ich allerdings gesagt

❸ *(for strengthening)* ja; ***he was too proud, too arrogant ~*** er war zu stolz, ja, zu arrogant

II. *interj* [ja,] wirklich, ach, wirklich *oft iron;* ***I saw you in the newspaper — ~?*** ich habe Sie in der Zeitung gesehen – sagen Sie bloß!; ***when will we get a pay rise? — when ~?*** wann bekommen wir eine Gehaltserhöhung? – ja, wann wohl?

in·de·fati·gable [ˌɪndɪˈfætɪgəbl̩, AM -fæt̬-] *adj inv* unermüdlich

in·de·fati·gably [ˌɪndɪˈfætɪgəbli, AM -fæt̬-] *adv inv* unermüdlich

in·de·fen·sible [ˌɪndɪˈfen(t)səbl̩] *adj* ❶ *(not justifiable) actions* unentschuldbar; *(not convincing) opinions, arguments* unhaltbar; *(not acceptable)* untragbar, inakzeptabel; **~ behaviour** unmögliches Benehmen; **morally ~** moralisch inakzeptabel [*o* nicht vertretbar]

❷ MIL nicht zu halten *präd*

in·de·fen·sibly [ˌɪndɪˈfen(t)səbli] *adv (unjustifiably)* unentschuldbar; *(unconvincingly)* unhaltbar; *(unacceptably)* inakzeptabel

in·de·fin·able [ˌɪndɪˈfaɪnəbl̩] *adj* undefinierbar, unbestimmt

in·de·fin·ably [ˌɪndɪˈfaɪnəbli] *adv* undefinierbar, unbestimmt

in·defi·nite [ɪnˈdefɪnət, AM -ənət] *adj* ❶ *inv (unknown)* unbestimmt; **an ~ number of chairs/guests/people** eine unbestimmte Zahl von Stühlen/Gästen/Leuten; **for an ~ period** für eine [*o* auf] unbestimmte Zeit

❷ *(vague)* unklar; *answer* nicht eindeutig; *date, time* [noch] nicht festgelegt, offen; *plans, ideas* vage

in·defi·nite ˈar·ti·cle *n* unbestimmter Artikel

in·defi·nite·ly [ɪnˈdefɪnətli, AM -ənət-] *adv* ❶ *inv (for unknown time)* auf unbestimmte Zeit; **to suspend** [*or* **postpone**] **sth** [*or* **to put sth off**] **~** etw auf unbestimmte Zeit verschieben

❷ *(vaguely)* vage

in·del·ible [ɪnˈdeləbl̩] *adj inv* ❶ *(staining)* unlöschbar; *colours, stains* unlöslich; **~ ink** unlöschbare Tinte; **~ mark** unlöslicher Fleck

❷ *(fig: permanent)* unauslöschlich; **to make an ~ mark** etw *dat* seinen Stempel aufdrücken; **an ~ memory** eine unvergessliche Erinnerung

in·del·ibly [ɪnˈdeləbli] *adv inv* unlöschbar; *(fig)* unauslöschlich *geh,* bleibend; **to be printed** [*or* **logged**] **~ in sb's memory** jdm unauslöschlich im Gedächtnis eingeprägt sein

in·deli·ca·cy [ɪnˈdelɪkəsi] *n no pl (lack of sensitivity)* Unsensibilität *f,* mangelnde Feinfühligkeit; *(lack of politeness)* Unhöflichkeit *f; (lack of tact)* Taktlosigkeit *f*

in·deli·cate [ɪnˈdelɪkət] *adj (not sensitive)* unsensibel, nicht feinfühlig *präd; (not polite)* unhöflich; *(tactless)* taktlos; **an ~ sense of humour** ein derber Sinn für Humor

in·dem·ni·fi·ca·tion [ɪnˌdemnɪfɪˈkeɪʃən] *n* LAW Entschädigung[sleistung] *f*

in·dem·ni·fy <-ie-> [ɪnˈdemnɪfaɪ] *vt* ❶ *(insure)* ■**to ~ sth/sb** etw/jdn versichern; *(secure)* ■**to ~ sb** jdn [gegen Ansprüche] sichern

❷ *(compensate)* ■**to ~ sb** jdn entschädigen [*o fachspr* schadlos halten], jdm Schadenersatz leisten

in·dem·ni·ty [ɪnˈdemnəti, AM -ət̬i] *n (form)* ❶ *no pl (insurance)* Versicherung *f; (protection)* Versicherungsschutz *m*

❷ *(compensation in case of responsibility)* Schaden[s]ersatz *m; (compensation without sb responsible)* Entschädigung *f;* **to pay ~** Schadensersatz leisten, eine Entschädigung bezahlen; *after war* Kriegsentschädigung *f;* **~ for damage to integrity** Integritätsentschädigung *f*

❸ LAW Versprechen *nt* der Schadloshaltung

in·ˈdem·nity agree·ment *n* LAW Gewährleistungsvertrag *m* **in·dem·nity lia·ˈbil·ity** *n* FIN Avalverpflichtung *f* **in·ˈdem·nity pay·ment** *n* Schadensersatzleistung *f*

in·dent I. *vi* [ɪnˈdent] ❶ TYPO *(make a space)* einrücken, einziehen

❷ BRIT, AUS ECON *(request goods)* anfordern, ordern

II. *vt* [ɪnˈdent] ❶ TYPO **to ~ a line/paragraph** eine Zeile/einen Absatz einrücken

❷ *(make depression)* ■**to ~ sth** etw eindrücken; *metal* etw einbeulen

III. *n* [ˈɪndent] ❶ TYPO Einzug *m*

❷ BRIT, AUS ECON *(request)* Auftrag *m,* Order *f (aus Übersee),* Indentgeschäft *nt fachspr;* **to make an ~ for sth** für etw *akk* eine Order erteilen

in·den·ta·tion [ˌɪndenˈteɪʃən] *n* ❶ TYPO Einzug *m*

❷ *(depression)* Vertiefung *f; in cheek, head* Kerbe *f; in car, metal* Beule *f; in rock, coastline* Einbuchtung *f; (cut)* [Ein]schnitt *m*

in·den·ture [ɪnˈdentʃəʳ, AM -ɚ] **I.** *vt* ■**to ~ sb** ❶ *(train)* jdn [als Lehrling] ausbilden, jdn in die Lehre nehmen

❷ *(hire)* jdn einstellen

II. *n* ❶ *(trainee's contract)* [**articles of**] **~** Lehrvertrag *m,* Ausbildungsvertrag *m*

❷ *(copied contract)* in mehrfacher Ausführung angefertigter Vertrag

❸ *(hist: colonial contract) Vertrag über eine zeitlich begrenzte Leibeigenschaft eines besitzlosen Auswanderers, dem dafür sein Grundherr in der Neuen Welt die Schiffspassage bezahlte*

❹ AM FIN Anleihevertrag *m*

in·den·tured [ɪnˈdentʃəd, AM -ɚd] *adj pred, inv* **to be ~ to sb** *(for training)* bei jdm [als Lehrling] angestellt sein [*o* in der Lehre sein]; **an ~ servant** *(hist) besitzloser Auswanderer, der einem Grundherrn in der Neuen Welt vertraglich zu jahrelangem Dienst verpflichtet war, da dieser ihm die Passage bezahlt hatte*

in·de·pend·ence [ˌɪndɪˈpendən(t)s] *n no pl* ❶ *(autonomy)* Unabhängigkeit *f;* **to achieve ~ from sth** POL seine Unabhängigkeit von etw *dat* erlangen; **to win** [*or* **gain**] **~ from sth** die Unabhängigkeit von etw *dat* erreichen

❷ *(without influence)* Unabhängigkeit *f; (impartiality)* Unparteilichkeit *f*

❸ *(self-reliance)* Selbstständigkeit *f*

In·de·ˈpend·ence Day *n* AM *amerikanischer Unabhängigkeitstag*

in·de·pend·ent [ˌɪndɪˈpendənt] **I.** *adj* ❶ *inv (autonomous, self-governing)* unabhängig; **to become ~ from sth** von etw *dat* unabhängig werden, seine Unabhängigkeit von etw *dat* erlangen

❷ *(uninfluenced)* unabhängig (**of** von +*dat*); *(impartial)* unparteiisch; **~ financial adviser** unabhängiger Finanzberater/unabhängige Finanzberaterin; **~ enquiry** [*or* AM *usu* **inquiry**] unabhängige Untersuchung

❸ *(unassisted)* selbstständig; **to have ~ means** private Mittel [*o* ein Privateinkommen] haben; **~ traveller** [*or* AM *usu* **traveler**] Individualreisende(r) *f(m);* **to be financially ~** finanziell unabhängig sein

❹ *(separate, unconnected)* unabhängig; ***... quite ~ of each other ...*** ganz unabhängig voneinander; **~ statements** voneinander unabhängige Aussagen; **~ witnesses** Zeugen, die nichts miteinander zu tun haben

❺ AUTO [**fully**] **~ suspension** Einzelradaufhängung *f*

❻ LING **~ clause** Hauptsatz *m,* übergeordneter Satz

II. *n* ❶ POL Unabhängige(r) *f(m),* Parteilose(r) *f(m)*

❷ COMM ■**the ~s** *pl* die unabhängigen Unternehmen

in·de·pend·ent·ly [ˌɪndɪˈpendəntli] *adv* ❶ *(separately)* unabhängig; ■**to do sth ~ of sb/sth** etw unabhängig von jdm/etw tun; *(not prompted by others)* etw von sich *dat* aus tun

❷ *(self-reliantly)* selbstständig, ohne fremde Hilfe; **to think ~** selbstständig denken

❸ *(regardless)* ■**~ of sth** unabhängig von etw *dat;* **~ *of that concern, I believe that ...*** aber ganz unabhängig davon meine ich, dass ...

in·de·pend·ent ˈmeans *npl* privates [*o* eigenes] Einkommen, Privateinkommen *nt;* **to have ~** über ein eigenes Einkommen verfügen **in·de·pend·ent-ˈmind·ed** *adj* selbstständig, unabhängig; ***a guide book for the ~ traveller*** ein Reiseführer für den Individualreisenden; ■**to be ~** eine eigene Meinung haben **in·de·pend·ent ˈschool** *n* BRIT Schule *f* in nichtstaatlicher Trägerschaft, Privatschule *f* SCHWEIZ **In·de·pend·ent ˈTele·vi·sion** *n,* **ITV** *n no pl, no art* BRIT ❶ *(commercial television) englisches Privatfernsehen* ❷ *(independent broadcaster)* private Fernsehanstalt, SCHWEIZ *a.* Privatsender *m*

in-depth [ˌɪnˈdepθ] *adj attr* gründlich; **~ investigation** eingehende Untersuchung; **~ report** detaillierter Bericht

in·de·scrib·able [ˌɪndɪˈskraɪbəbl̩] *adj* ❶ *(good)* unbeschreiblich; ***the food was ~*** das Essen war traumhaft

❷ *(bad)* unbeschreiblich, fürchterlich; **to live in ~ squalor** in entsetzlichen Verhältnissen leben

in·de·scrib·ably [ˌɪndɪˈskraɪbəbli] *adv* ❶ *(good)* unbeschreiblich; **~ beautiful** sagenhaft schön

❷ *(bad)* unbeschreiblich, entsetzlich *fam*

in·de·struct·ibil·ity [ˌɪndɪˌstrʌktəˈbɪləti, AM -ət̬i] *n no pl* Unzerstörbarkeit *f; of product, toy* Unverwüstlichkeit *f*

in·de·struct·ible [ˌɪndɪˈstrʌktəbl̩] *adj* unzerstörbar; **~ toy** unverwüstliches Spielzeug; **~ waste products** nichtabbaubare Abfallprodukte

in·de·ter·mi·nable [ˌɪndɪˈtɜːmɪnəbl̩, AM -ˈtɜːr-] *adj* ❶ *(unidentifiable, unascertainable)* unbestimmbar, undefinierbar, nicht zu bestimmen [*o* definieren] *präd*

❷ *(irresolvable) dispute, issue* nicht zu klärend *attr,* nicht zu klären *präd*

in·de·ter·mi·na·cy [ˌɪndɪˈtɜːmɪnəsi, AM -ˈtɜːr-] *n no pl* Unbestimmtheit *f; of definition* Vagheit *f*

in·de·ˈter·mi·na·cy prin·ci·ple *n no pl* PHYS Heisenbergsche Unschärfebeziehung

in·de·ter·mi·nate [ˌɪndɪˈtɜːmɪnət, AM -ˈtɜːr-] *adj* ❶ *(uncounted, immeasurable)* unbestimmt; **~ system** COMPUT unbestimmtes System

❷ *(vague)* unklar, vage; **~ colour** [*or* AM **color**] *(not distinct)* unbestimmbare Farbe; **to take an ~ stance** keinen klaren Standpunkt beziehen; **~ noise** undefinierbares Geräusch; **~ period of time** ungewisse Zeitspanne

in·dex <*pl* -es *or* indices> [ˈɪndeks, *pl* -dɪsiːz] **I.** *n* ❶ <*pl* -es> *(alphabetical list: in book)* Index *m; of sources* Quellenverzeichnis *nt; (in library)* Katalog *m; (register, list)* Register *nt,* Verzeichnis *nt; (in a computer memory)* Index *m;* ***look it up in the ~*** schlag's doch im Verzeichnis nach; **~ by author/keyword/subject-matter/title** [*or* **of authors/keywords/subject-matters/titles**] Autoren-/Stichwort-/Themen-/Titelverzeichnis *nt;* **card ~** Kartei *f;* **computer ~** [elektronisches] Datenverzeichnis; ***catalogued on a computer ~*** elektronisch erfasst; **~ number** Indexzahl *f; (percentage rise of sth over a period)* Indexziffer *f*

❷ <*pl* -es *or* indices> ECON Index *m fachspr,* Indexzahl *f fachspr;* STOCKEX Aktienindex *m,* Börsenindex *m;* **the cost-of-living ~** der Lebenshaltungskostenindex; **the Dow Jones I~** der Dow-Jones-Index *fachspr;* **FTSE 100 I~** [britischer] Aktienindex, FTSE 100 Index *m fachspr;* **price/wage ~** Preis-/Lohnkostenindex *m;* **~ of building costs** Baukostenindex *m*

3 <*pl* -es *or* indices> *(indicator, measure)* Hinweis *m* (**of** auf +*akk*), Anzeichen *nt* (**of** für +*akk*); **to be a reliable ~ of sth** ein verlässliches Anzeichen für etw *akk* sein, zuverlässig Aufschluss über etw *akk* geben
4 *no pl* REL *(hist)* ■**the I~** *of prohibited books* der Index
5 <*pl* indices> MATH Index *m fachspr*
6 COMPUT *(address to used)* Index *m*
7 *(on film strip)* Index *m*
II. *vt* 1 *(create index)* ■**to ~ sth** *in book* etw mit einem Verzeichnis [*o* Register] versehen; *in library* etw katalogisieren; *on computer* ein elektronisches Datenverzeichnis erstellen, etw elektronisch erfassen
2 *(record in index)* ■**to ~ sth** *in book* etw in ein Verzeichnis [*o* Register] aufnehmen; *in library* etw in einen Katalog aufnehmen; *on computer* etw in ein elektronisches Datenverzeichnis aufnehmen; **to ~ sth by author/keyword/subject-matter/title** etw mit einem Autoren-/Stichwort-/Themen-/Titelverzeichnis versehen
3 *usu passive* ECON *(link to)* **to be ~ed to** [*or* **in line with**] **sth** an etw *akk* gekoppelt [*o fachspr* indexiert] sein; ***wages have been ~ed to inflation*** die Lohntarife sind an die Inflation gekoppelt; **~ed pension** dynamische Rente; ■**to ~ sth** etw indexieren
4 MATH ■**to ~ sth** etw indizieren

in·dex·ation [ˌɪndek'seɪʃᵊn] *n no pl* ECON Indexierung *f fachspr*, Indexbindung *f fachspr*

'in·dex ba·sis *n* FIN Indexbasis *f* **'in·dex bond** *n* FIN Indexobligation *f* **'in·dex cal·cu·la·tion** *n* FIN Index[be]rechnung *f*

'in·dex card *n* Karteikarte *f*

'in·dex cer·tifi·cate *n* FIN Indexzertifikat *nt*

in·dexed ['ɪndekst] *adj* AM, AUS ECON indexiert *fachspr*, indexgebunden *fachspr*; ■**to be ~ to sth** an etw *akk* gekoppelt [*o fachspr* indexiert] sein

in·dexed 'bond *n* FIN Index-Schuldverschreibung *f*

in·dex·er ['ɪndeksəʳ, AM -sɚ] *n* Indexer *m*

'in·dex fin·ger *n* Zeigefinger *m*

'in·dex fund *n* FIN Indexfonds *m* **'in·dex fu·ture** *n* FIN Index-Future *nt* **in·dex-'linked** *adj* BRIT ECON indexgebunden *fachspr*, indexgekoppelt *fachspr*, indexiert *fachspr*, der Inflationsrate angeglichen; **~ insurance** Indexversicherung *f*; **~ loan** Indexanleihe *f*; **~ pension** dynamische Rente **'in·dex num·ber** *n* Indexzahl *f*, Katalognummer *f*; *(percentage rise over a period)* Indexziffer *f* **In·dex of Lead·ing Eco·nom·ic 'In·di·ca·tors** *n* AM ECON ■**the ~** der Index der führenden Wirtschaftsindikatoren **'in·dex op·tion** *n* FIN Indexoption *f* **'in·dex point** *n* FIN Indexpunkt *m* **'in·dex print** *n* Fotoindex *m* **'in·dex-tied** *adj inv* FIN indexgebunden, indexgekoppelt, indexiert

In·dia ['ɪndiə] *n no pl* Indien *nt*

In·dia 'ink *n* AM, AUS, CAN Tusche *f*

In·dian ['ɪndiən] **I.** *adj* 1 *(of Indian sub-continent)* indisch
2 *(often pej: of native Americans)* indianisch, Indianer-
II. *n* 1 *(of Indian descent)* Inder(in) *m(f)*
2 *(often pej: native American)* Indianer(in) *m(f)*; **American/Canadian ~s** amerikanische/kanadische Indianer; **to play cowboys and ~s** [Cowboy und] Indianer spielen

In·di·an·an [ˌɪndi'ænən] **I.** *n* Bewohner(in) *m(f)* Indianas
II. *adj* aus Indiana *nach n*

In·di·ana·poli·tan [ˌɪndiænə'pɒlɪtᵊn, AM -'pɑːlə-] *n* Bewohner(in) *m(f)* Indianapolis

In·dian 'club *n* Keule *f* **In·dian 'corn** *n no pl* AM Mais *m*, ÖSTERR *a.* Kukuruz *m* **In·dian 'file** *n esp* AM *(single file)* **in ~** im Gänsemarsch **In·dian 'ink** *n* Tusche *f* **In·dian 'Ocean** *n* ■**the ~** der Indische Ozean **In·dian 'sum·mer** *n* 1 *(in autumn)* Altweibersommer *m*, [warme] Nachsommertage 2 *(fig: in one's life)* zweiter Frühling *fig*

In·dia 'pa·per *n no pl* Dünndruckpapier *nt* **In·dia 'rub·ber** *n (dated: rubber)* [Radier]gummi *m*, Kautschuk *m*

In·dic ['ɪndɪk] **I.** *n* Indisch *nt*
II. *adj* indisch

in·di·cate ['ɪndɪkeɪt] **I.** *vt* 1 *(show)* ■**to ~ sth** etw zeigen; *apparatus, device, gauge* etw anzeigen; **~d in red/bold** rot/fett eingezeichnet [*o* gekennzeichnet]
2 *(strongly imply)* auf etw *akk* hindeuten [*o* schließen lassen], etw erkennen lassen, etw signalisieren; ***initial results ~ that ...*** die ersten Hochrechnungen deuten darauf hin, dass ...; **to ~ one's displeasure at sth** sein Missfallen über etw *akk* zum Ausdruck bringen [*o* geben]
3 *(point to)* ■**to ~ sb/sth** auf jdn/etw hindeuten [*o* hinweisen]; ***he ~d his girlfriend with a nod of his head*** nickend zeigte er auf seine Freundin
4 *usu passive* MED *(suggest as suitable)* ■**to be ~d** indiziert sein *fachspr*; *(fig hum fam)* angebracht [*o sl* angezeigt] [*o sl* angesagt] sein *hum*; ***I think a cool drink is ~d!*** ich glaube, jetzt ist erst einmal ein kühles Getränk angesagt!
5 *(state briefly)* ■**to ~** [**to sb**] **that ...** [jdm] zu verstehen geben, dass ...; ■**to ~ sth** *(in writing, on form)* etw angeben; **to ~ ingredients** Inhaltsstoffe aufführen
II. *vi* BRIT blinken, den Blinker setzen; **to ~ left/right** links/rechts blinken

in·di·ca·tion [ˌɪndɪ'keɪʃᵊn] *n* 1 *(evidence, sign)* [An]zeichen *nt* (**of** für +*akk*), Hinweis *m* (**of** auf +*akk*); ***the ~ from the trade figures is to reduce stock by at least 30%*** die Außenhandelsdaten legen nahe, die Bestände um mindestens 30 % zu reduzieren; **an ~ of willingness to do sth** ein Zeichen *nt* der Bereitschaft, etw zu tun; **to give a clear/no ~ of sth** etw klar/nicht erkennen lassen; ***he hasn't given any ~ of his plans*** er hat nichts von seinen Plänen verlauten lassen; ***he gave no ~ of having seen his daughter*** nichts wies darauf hin, dass er seine Tochter gesehen hatte; **early ~s** erste Anzeichen; **there is every/no ~ that ...** alles/nichts weist [*o* deutet] darauf hin, dass ...; ***there was little ~ that the protesters would leave peacefully*** es schien höchst unwahrscheinlich, dass die Demonstranten friedlich abziehen würden
2 *(reading) on gauge, meter* Anzeige *f*
3 MED Indikation *f fachspr*; ***heavy bleeding is an ~ of hysterectomy*** bei starken Blutungen ist eine Hysterektomie indiziert

in·dica·tive [ɪn'dɪkətɪv, AM -t̬ɪv] **I.** *adj* 1 *(suggestive)* hinweisend *attr*; ***there are ~ signs that the economy may be improving*** es weist einiges auf einen Konjunkturaufschwung hin; ■**to be ~ of sth** etw erkennen lassen, auf etw *akk* schließen lassen
2 LING *(not subjunctive)* indikativisch *fachspr*; **~ sentence** Indikativsatz *m fachspr*
II. *n* LING Indikativ *m fachspr*

in·di·ca·tor ['ɪndɪkeɪtəʳ, AM -t̬ɚ] **I.** *n* 1 *(evidence)* Indikator *m fachspr*; *of fact, trend* deutlicher Hinweis; **an ~ of an inflation/economic upswing** ein Indikator *m* für eine Inflation/einen Konjunkturaufschwung
2 BRIT *(turning light)* Blinker *m*, [Fahrt]richtungsanzeiger *m*
3 MECH *(gauge, meter)* Anzeige *f*, Anzeiger *m*; *(needle)* Zeiger *m*; **speed ~** Geschwindigkeitsmesser *m*
4 BRIT *(information board) at airport, station* Anzeigetafel *f*
5 COMPUT Anzeiger *m*, Melder *m*
II. *n modifier* **~ light** BRIT Kontrolllicht *nt*

in·di·ces ['ɪndɪsiːz] *n pl of* **index I 2,3,5**

in·dict [ɪn'daɪt] *vt* ■**to ~ sb** jdn anklagen [*o* beschuldigen], gegen jdn Anklage erheben; **to ~ sb on drug charges/for kidnapping** gegen jdn Anklage wegen Entführung/eines Drogendeliktes erheben; **to ~ sb for murder** jdn unter Mordanklage stellen

in·dict·able [ɪn'daɪtəbḷ, AM -t̬-] *adj inv* 1 *(liable to prosecution)* strafbar
2 *(chargeable) person* strafrechtlich verfolgbar

in·dict·able of·'fence, AM **in·dict·able of·'fense** *n* LAW schweres Vergehen

in·dict·ment [ɪn'daɪtmənt] *n* 1 LAW *(statement of accusation)* Anklage[erhebung] *f*; *(bill)* Anklageschrift *f*; **an ~ for conspiracy/on charges of attempted murder** eine Anklage wegen Verschwörung/wegen versuchten Mordes; **to quash an ~** eine Anklage verwerfen
2 *(fig: reason for blame)* Anzeichen *nt* (**of** für +*akk*), Hinweis *m* (**of** auf +*akk*); **to be a damning ~ of sth** ein Armutszeugnis für etw *akk* sein; ***a damning ~ of education policy*** eine vernichtende Anklage gegen die Bildungspolitik

in·die ['ɪndi] *adj inv short for* **independent** *film, industry, music* Indie-

In·dies ['ɪndiz] *npl (hist)* ■**the ~** der indische Subkontinent

in·dif·fer·ence [ɪn'dɪfᵊrən(t)s] *n no pl* Gleichgültigkeit *f*, Indifferenz *f geh* (**to**[**wards**] gegenüber +*dat*)

in·dif·fer·ent [ɪn'dɪfᵊrənt] *adj* 1 *(not interested)* gleichgültig; ■**to be ~ to sth/sb** etw/jdm gegenüber gleichgültig sein, kein[erlei] Interesse an jdm/etw haben; ***she seems completely ~ to him*** er scheint ihr völlig gleichgültig zu sein; *(unmoved)* ungerührt (**to** von +*dat*)
2 *(of poor quality)* [mittel]mäßig; **to play an ~ game** [nur] ein [mittel]mäßiges Spiel abliefern

in·dif·fer·ent·ly [ɪn'dɪfᵊrəntli] *adv* 1 *(without interest)* gleichgültig, indifferent *geh*; **to behave ~ towards sb** sich *akk* jdm gegenüber gleichgültig verhalten; *(unmoved)* ungerührt
2 *(not well)* [mittel]mäßig

in·di·gence ['ɪndɪdʒən(t)s] *n no pl (form)* Armut *f*, Bedürftigkeit *f*

in·dig·enous [ɪn'dɪdʒɪnəs] *adj inv* [ein]heimisch; **the ~ flora and fauna** die heimische Tier- und Pflanzenwelt; **~ people** Einheimische *pl*; **to be ~ to Europe** *plants, animals, etc* in Europa heimisch [*o* beheimatet] sein

in·di·gent ['ɪndɪdʒənt] *adj (form)* arm, bedürftig

in·di·gest·ibil·ity [ˌɪndɪˌdʒestə'bɪləti, AM -ət̬i] *n no pl* 1 *(physically)* Unverdaulichkeit *f*; *(bad quality)* Ungenießbarkeit *f*
2 *(fig: mentally)* Schwerverdaulichkeit *f fig*; *of report, statistics* Unverständlichkeit *f*

in·di·gest·ible [ˌɪndɪ'dʒestəbḷ] *adj* 1 *(food)* schwer verdaulich; *(bad, off)* ungenießbar
2 *(fig: information etc)* schwer verdaulich [*o* verständlich]

in·diges·tion [ˌɪndɪ'dʒestʃᵊn] *n no pl* 1 *(after meal)* Magenverstimmung *f*; **to get** [*or* **give oneself**] **~** eine Magenverstimmung bekommen; **to suffer from ~** eine Magenverstimmung haben, an einer Magenverstimmung leiden *geh*
2 *(chronic disorder)* Verdauungsstörung[en] *f*[*pl*], Indigestion *f fachspr*

in·dig·nant [ɪn'dɪgnənt] *adj* empört, entrüstet, aufgebracht, ungehalten *geh* (**at/about** über +*akk*); **to become ~** sich *akk* entrüsten [*o* aufregen] [*o* empören], ungehalten werden *geh*; ■**to be/feel ~** empört [*o* entrüstet] [*o geh* ungehalten] sein

in·dig·nant·ly [ɪn'dɪgnəntli] *adv* empört, entrüstet, aufgebracht, ungehalten *geh*

in·dig·na·tion [ˌɪndɪg'neɪʃᵊn] *n no pl* Entrüstung *f*, Empörung *f*, Ärger *m*, Unwille *m geh* (**at/about** über +*akk*); **righteous ~** gerechtfertigte Empörung

in·dig·nity [ɪn'dɪgnəti, AM -ət̬i] *n* Demütigung *f*; *(sth humiliating also)* Erniedrigung *f*; ***they were subjected to various indignities throughout the voyage*** auf ihrer Reise wurden sie äußerst demütigend behandelt

in·di·go ['ɪndɪgəʊ, AM -oʊ] **I.** *n* 1 *no pl (blue dye)* Indigo *m o nt*
2 *(blue)* Indigo[blau] *nt*
II. *adj inv* **~** [**blue**] indigoblau; **~ vat** CHEM Indigoküpe *f*

in·di·rect [ˌɪndɪ'rekt] *adj* 1 *(not straight)* indirekt; ***better take an ~ route through the suburbs*** fahr lieber einen [kleinen] Umweg über die Vororte; **~ flight** Flug *m* mit Zwischenstopp
2 *(not intended) benefits, consequences* mittelbar; **~ effect** Sekundäreffekt *m*; **~ evidence** indirekter Beweis

3 *(not done directly)* **by ~ means** auf Umwegen *fig*
4 *(avoiding direct mention)* indirekt; **~ attack/remark** Anspielung *f*

in·di·rect 'costs *npl* FIN indirekte Kosten **in·di·rect 'dis·course** *n no pl* AM LING indirekte Rede; **to use ~** die indirekte Rede benutzen **in·di·rect 'light·ing** *n no pl* indirekte Beleuchtung

in·di·rect·ly [ˌɪndɪ'rektli] *adv* indirekt, auf Umwegen; ***he was acting ~ on my behalf*** er handelte gemäß meiner indirekten Vollmacht

in·di·rect·ness [ˌɪndɪ'rektnəs] *n no pl* indirekte Art [und Weise]; *route* Umweg *m; expression* Anspielung *f*

in·di·rect 'ob·ject *n* LING indirektes Objekt, Dativobjekt *nt* **in·di·rect 'par·ity** *n* BRIT FIN Kreuzparität *f* **in·di·rect 'speech** *n no pl* LING indirekte Rede; **to use ~** die indirekte Rede benutzen **in·di·rect 'tax** *n* FIN *(money)* indirekte Steuer; *(system of taxation)* indirekte Besteuerung **in·di·rect tax'a·tion** *n no pl* FIN indirekte Besteuerung

in·dis·cern·ible [ˌɪndɪ'sɜːnəbl̩, AM -'sɜːr-] *adj (impossible to detect)* nicht wahrnehmbar; **an ~ change** eine unmerkliche Veränderung; **an almost ~ difference** ein kaum wahrnehmbarer Unterschied; *(not visible)* nicht erkennbar

in·dis·ci·pline [ɪn'dɪsəplɪn] *n no pl (form)* Disziplinlosigkeit *f,* Undiszipliniertheit *f*

in·dis·creet [ˌɪndɪ'skriːt] *adj (careless)* indiskret; *(tactless)* taktlos (**about** in Bezug auf +*akk)*

in·dis·creet·ly [ˌɪndɪ'skriːtli] *adv (carelessly)* indiskret; *(tactlessly)* taktlos

in·dis·cre·tion [ˌɪndɪ'skreʃᵊn] *n* 1 *no pl (carelessness)* Indiskretion *f; (tactlessness)* Taktlosigkeit *f*
2 *(indiscreet act)* Indiskretion *f; (thoughtless act)* unüberlegte Handlung; [**sexual**] **~**[**s**] Affäre[n] *f*[*pl*], Techtelmechtel *nt*[*pl*] *fam;* **youthful ~s** [kleine] Jugendsünden

in·dis·crimi·nate [ˌɪndɪ'skrɪmɪnət] *adj* 1 *(unthinking)* unüberlegt, unbedacht; *(uncritical)* unkritisch; ***the ~ use of fertilizers will cause major damages to the environment*** der willkürliche Einsatz von Düngemitteln wird große Umweltschäden anrichten
2 *(random)* wahllos, willkürlich; ***the terrorists have made ~ attacks on civilians*** die Terroristen verübten blinde Attacken auf Zivilisten; ■ **to be ~ in sth** bei etw *dat* keine Unterschiede machen

in·dis·crimi·nate·ly [ˌɪndɪ'skrɪmɪnətli] *adv* 1 *(without careful thought)* unüberlegt; *(uncritically)* unkritisch
2 *(at random)* wahllos, willkürlich; *(not discriminating)* unterschiedslos, ohne [irgendwelche] Unterschiede zu machen

in·dis·pen·sabil·ity [ˌɪndɪˌspen(t)sə'bɪləti, AM -ət̬i] *n no pl* Unentbehrlichkeit *f* (**to** für +*akk)*

in·dis·pen·sable [ˌɪndɪ'spen(t)səbl̩] *adj* unentbehrlich; ■ **to be ~** [**for** [*or* **to**] **sb/sth**] [für jdn/etw] unentbehrlich sein; **to make oneself ~ to sb** sich *akk* [bei jdm [*o* für jdn]] unentbehrlich machen

in·dis·posed [ˌɪndɪ'spəʊzd, AM -'spoʊzd] *adj pred, inv (form)* 1 *(slightly ill, unwell)* unpässlich; *artist, singer* indisponiert *geh*
2 *(unwilling)* ■ **to be/feel ~ to do sth** nicht gewillt [*o geh a. hum* geneigt] sein, etw zu tun

in·dis·po·si·tion [ˌɪndɪspə'zɪʃᵊn] *n (form)* 1 *usu sing (also euph: illness)* Unpässlichkeit *f,* Indisponiertheit *f kein pl geh*
2 *no pl (disinclination)* Abgeneigtheit *f* (**to** gegenüber +*dat)*, Widerwille *m* (**to** gegenüber +*dat)*; ***their ~ to cooperate has made things very difficult*** ihre mangelnde Bereitschaft zur Kooperation hat uns das Leben recht schwergemacht

in·dis·put·able [ˌɪndɪ'spjuːtəbl̩, AM -t̬-] *adj inv* unbestreitbar; **to present ~ evidence** einen unanfechtbaren Beweis erbringen; **~ skill/talent** unbestrittene Fähigkeit/unbestrittenes Talent; ■ **it is ~ that ...** es ist unbestritten [*o* unstreitig], dass ...

in·dis·put·ably [ˌɪndɪ'spjuːtəbli, AM -t̬-] *adv inv* unbestreitbar, unbestritten

in·dis·sol·ubil·ity [ˌɪndɪˌsɒljə'bɪləti, AM -ˌsɑːljə'bɪlət̬i] *n no pl* 1 *(unseverable)* Unauflöslichkeit *f; of friendship* Unzerbrechlichkeit *f*
2 *(not dissolving) of a substance* Unlöslichkeit *f,* Unauflösbarkeit *f*

in·dis·sol·uble [ˌɪndɪ'sɒljəbl̩, AM -'sɑːl-] *adj inv* 1 CHEM *substances* unlöslich, unauflösbar
2 *(fig)* unauflöslich, unauflösbar; *friendship* unzerbrechlich

in·dis·sol·ubly [ˌɪndɪ'sɒljəbli, AM -'sɑːl-] *adv inv* CHEM unlöslich; *(fig)* unauflöslich

in·dis·tinct [ˌɪndɪ'stɪŋ(k)t] *adj* 1 *(poorly defined)* undeutlich, nicht genau bestimmbar; *(blurred)* verschwommen
2 *(not clear)* unklar; *memory, recollection* verschwommen, dunkel; **~ smell** undefinierbarer Geruch

in·dis·tinct·ly [ˌɪndɪ'stɪŋ(k)tli] *adv (with poor definition)* undeutlich; *(out of focus)* verschwommen; *(unclearly)* unklar; **to speak ~** undeutlich sprechen

in·dis·tin·guish·able [ˌɪndɪ'stɪŋgwɪʃəbl] *adj inv (impossible to differentiate)* ununterscheidbar, nicht unterscheidbar; *(not perceptible)* nicht wahrnehmbar [*o* erkennbar]; ***the difference here is almost ~*** der Unterschied ist hier kaum feststellbar; ■ **to be ~ from sth** von etw *dat* nicht zu unterscheiden sein

in·dium ['ɪndiːəm] *n no pl* CHEM Indium *nt*

in·di·vid·ual [ˌɪndɪ'vɪdʒuəl] **I.** *n* 1 *(single person)* Einzelperson *f,* Einzelne(r) *f(m)*, Individuum *nt geh*
2 *(approv: distinctive person)* [selbstständige] Persönlichkeit
II. *adj* 1 *attr, inv (separate)* einzeln; **to receive ~ attention** individuell betreut werden; **~ case** Einzelfall *m*
2 *(particular)* individuell; **~ needs** individuelle Bedürfnisse, Bedürfnisse *pl* des/der Einzelnen
3 *(distinctive, original)* eigen, eigentümlich; ***she has an ~ style*** sie hat ihren ganz eigenen Stil

in·di·vidu·al·ism [ˌɪndɪ'vɪdʒuəlɪzᵊm] *n no pl* Individualismus *m*

in·di·vidu·al·ist [ˌɪndɪ'vɪdʒuəlɪst] *n* Individualist(in) *m(f)*

in·di·vidu·al·is·tic [ˌɪndɪˌvɪdʒuəl'ɪstɪk] *adj* individualistisch *geh*

in·di·vidu·al·is·ti·cal·ly [ˌɪndɪˌvɪdʒuəl'ɪstɪkli] *adv* individualistisch *geh*

in·di·vidu·al·ity [ˌɪndɪˌvɪdʒu'æləti, AM -ət̬i] *n* 1 *no pl (distinctiveness, originality)* Individualität *f*
2 *no pl (separate existence)* individuelle Existenz
3 *(characteristics, tastes)* ■ **individualities** *pl* Eigenarten *pl; (distinct tastes)* Geschmäcker *pl;* **for all sorts of individualities** für jeden Geschmack

in·di·vidu·al·ize [ˌɪndɪ'vɪdʒuəlaɪz] *vt* ■ **to ~ sth** 1 *(adapt)* etw nach individuellen Bedürfnissen ausrichten [*o* gestalten]; ***we have to ~ our service*** wir müssen unseren Service stärker an individuellen Kundenbedürfnissen orientieren
2 *(make distinctive)* etw individuell[er] gestalten, etw *dat* eine individuelle[re] [*o* persönliche[re]] [*o* eigene] Note verleihen [*o* geben]

in·di·vidu·al·ized [ˌɪndɪ'vɪdʒuəlaɪzd] *adj attr* 1 *(for the individual)* individuell; **~ attention/treatment** Einzelbetreuung *f*/-behandlung *f;* **~ medical care** persönliche ärztliche Betreuung; **~ holidays** Individualreisen *pl*
2 *(of product)* individuell gestaltet

in·di·vid·ual·ly [ˌɪndɪ'vɪdʒuəli] *adv* 1 *inv (as single entities)* einzeln; **to be working ~ on sth** für sich *akk* an etw *dat* arbeiten
2 *(in distinctive way)* individuell; *(distinctly)* eigen[tümlich]; ***she always thinks very ~*** sie hat ihre ganz eigene Denkweise

In·di·vid·ual Re·'tire·ment Ac·count *n,* **IRA** *n* ECON, FIN *steuerbegünstigte Sparanlage zur privaten Altersvorsorge,* Dritte Säule *f* SCHWEIZ

in·di·vis·ibil·ity [ˌɪndɪˌvɪzə'bɪləti, AM -ət̬i] *n no pl* Unteilbarkeit *f*

in·di·vis·ible [ˌɪndɪ'vɪzəbl] *adj inv* unteilbar

in·di·vis·ibly [ˌɪndɪ'vɪzəbli] *adv inv* unteilbar; **~ attached to one another/sth** untrennbar miteinander/mit etw *dat* verbunden

Indo·chi·na [ˌɪndəʊ'tʃaɪnə, AM -doʊ'-] *n (dated)* Indochina *nt*

in·doc·tri·nate [ɪn'dɒktrɪneɪt, AM -'dɑːk-] *vt* ■ **to ~ sb** jdn indoktrinieren *geh o pej* (**in/with** mit +*dat)*

in·doc·tri·na·tion [ɪnˌdɒktrɪ'neɪʃᵊn, AM -ˌdɑːk-] *n no pl (instruction)* Indoktrination *f geh o pej; (process)* Indoktrinierung *f geh o pej*

Indo-Euro·pean [ˌɪndə(ʊ)ˌ-, AM -doʊˌ-] LING **I.** *adj inv* indoeuropäisch, indogermanisch
II. *n* 1 *(proto-language)* Indoeuropäisch *nt,* Indogermanisch *nt*
2 *(person)* Indoeuropäer(in) *m(f)*, Indogermane, -germanin *m, f*

Indo-Ira·nian [ˌɪndəʊɪ'reɪniən, AM -doʊ-] **I.** *n* Indo-Iranisch *nt*
II. *adj* indo-iranisch

in·do·lence ['ɪndᵊlən(t)s] *n no pl (laziness)* Trägheit *f; (disinterestedness)* Gleichgültigkeit *f,* Indolenz *f geh*

in·do·lent ['ɪndᵊlənt] *adj (pej: lazy)* träge; *(without interest)* gleichgültig, indolent *geh*

in·do·lent·ly ['ɪndᵊləntli] *adv (lazily)* träge; *(without interest)* gleichgültig, indolent *geh*

in·domi·table [ɪn'dɒmɪtəbl̩, AM -'dɑːmət̬ə-] *adj (approv)* unbezähmbar; ***she is ~ in her fight for justice*** sie setzt sich unerschütterlich für Gerechtigkeit ein; **~ courage** unerschütterlicher Mut; **~ spirit** unbeugsamer Geist; **~ strength of character** unbezwingbare Charakterstärke; **~ will** eiserner [*o* unbändiger] Wille

in·domi·tably [ɪn'dɒmɪtəbli, AM -'dɑːmət̬ə-] *adv (approv)* unbezähmbar; *(indefatigably)* unerschütterlich

in·do·naph·thene [ˌɪndəʊ'næfθiːn, AM -doʊ'-] *n no pl* CHEM Inden *nt*

In·do·nesia [ˌɪndə(ʊ)'niːʒə, AM -də'-] *n* Indonesien *nt*

In·do·nesian [ˌɪndə(ʊ)'niːʒən, AM -də'-] **I.** *adj* indonesisch; **~ batik** indonesische(r) Batik
II. *n* 1 *(person)* Indonesier(in) *m(f)*
2 *(language)* Indonesisch *nt*

in·door [ˌɪn'dɔːʳ, AM -'dɔːr] *adj attr, inv* 1 *(situated inside)* Innen-; **~ plant** Zimmerpflanze *f;* ***we'll have to do ~ activities with the children today*** wir müssen heute mit den Kindern im Haus spielen; SPORT Hallen-; ***he's the international ~ champion*** er ist der internationale Hallenmeister; **~ racetrack** Hallenrennbahn *f*
2 *(for use inside)* Haus-, für zu Hause *nach n;* **~ plumbing** Wasseranschluss *m* im Haus; **~ shoes** Hausschuhe *pl,* SCHWEIZ *a.* Finken *pl;* SPORT Hallen-, für die Halle *nach n;* **~ trainers** Hallenturnschuhe *pl*

in·door 'pool *n* Hallen[schwimm]bad *nt*

in·doors [ˌɪn'dɔːz, AM -'dɔːrz] *adv inv (into a building)* hinein, herein, nach drinnen; *(within building, house)* drinnen; *(within house)* im Haus; ***come ~, it's cold outside*** komm herein, es ist kalt draußen

in·door 'sport *n* Hallensport *m kein pl; (individually)* Hallensportart *f*

in·dorse [ɪn'dɔːrs] *n* AM FIN *see* **endorse**

in·dor·see [ˌɪndɔːr'siː] *n* AM FIN *see* **endorsee**

in·du·bi·table [ɪn'djuːbɪtəbl̩, AM -'duːbɪt̬ə-, -'djuː-] *adj inv (form)* unzweifelhaft; **~ evidence** ein zweifelsfreier Beweis

in·du·bi·tably [ɪn'djuːbɪtəbli, AM -'duːbɪt̬ə-, -'djuː-] *adv inv (form)* zweifellos, zweifelsohne

in·duce [ɪn'djuːs, AM *esp* -'duːs] *vt* 1 *(persuade)* ■ **to ~ sb to do sth** jdn dazu bringen [*o geh* bewegen], etw zu tun; ***nothing could ~ me to do a bungee-jump!*** nicht um alles in der Welt würde ich Bungee-springen!
2 *(cause)* ■ **to ~ sth** etw hervorrufen [*o* bewirken]; ***these pills ~ drowsiness*** diese Tabletten machen schläfrig
3 *(cause birth)* ■ **to ~ sth** *abortion, birth, labour* etw einleiten; ***twins are often ~d*** Zwillingsgeburten werden häufig künstlich eingeleitet; **to ~ a pregnant woman** [**to give birth**] bei einer Schwangeren die Geburt künstlich einleiten
4 ELEC, PHYS ■ **to ~ sth** etw induzieren *fachspr;* **to ~ a**[**n**] [**electrical**] **current** Strom induzieren
5 MATH, PHILOS ■ **to ~ sth** etw induzieren *fachspr*

in·duce·ment [ɪn'djuːsmənt, AM *esp* -'duːs-] *n (also*

euph) Anreiz *m,* Ansporn *m,* Antrieb *m; (verbal)* Überredung *f;* **financial ~s** finanzielle Anreize

in·duc·ing re·ac·tion [ɪn'dju:sɪŋ-, AM -'du:s-] *n* CHEM Startreaktion *f*

in·duct [ɪn'dʌkt] *vt usu passive (form)* ❶ *(install in office)* **to be ~ed into office** in ein Amt eingesetzt werden

❷ *(initiate)* ■ **to be ~ed into sth** in etw *akk* eingeführt werden; **to ~ sb into an approach/a belief** jdn an einen Ansatz/Glauben heranführen; ***he was ~ed into certain rituals*** er wurde in bestimmte Rituale eingeweiht

❸ AM MIL *(conscript)* **to be ~ed [into the army]** eingezogen werden

in·duc·tion [ɪn'dʌkʃᵊn] **I.** *n* ❶ *(into office, post)* [Amts]einführung *f,* [Amts]einsetzung *f; (into organization)* ■ **~ into sth** Aufnahme *f* in etw *akk;* **~ into the military** AM MIL Einberufung *f* [zum Wehrdienst [*o* Militärdienst]]

❷ *(initiation)* Einführung *f;* **an ~ to a method/system** eine Einführung in eine Methode/ein System

❸ *no pl* PHILOS Induktion *f fachspr;* **process of ~** Induktionsprozess *m*

❹ MED *(act of causing) of abortion, birth, labour* Einleitung *f; of sleep* Herbeiführen *nt*

❺ *no pl* ELEC, PHYS, TECH Induktion *f fachspr;* TECH *also* Ansaugung *f*

II. *n modifier* ❶ *(of initiation) (ceremony)* Einführungs-

❷ ELEC *(heating, loop)* Induktions- *fachspr*

in·'duc·tion coil *n* ELEC Induktionsspule *f fachspr*

in·'duc·tion course *n* Einführungskurs *m*

in·duc·tive [ɪn'dʌktɪv] *adj inv* ELEC, MATH, PHILOS induktiv *fachspr;* **~ current** Induktionsstrom *m;* **~ reasoning** induktive Argumentation

in·duc·tive·ly [ɪn'dʌktɪvli, AM -t̬ɪv-] *adv inv* ELEC, MATH, PHILOS induktiv *fachspr*

in·due [ɪn'dju:] *vt see* **endue**

in·dulge [ɪn'dʌlʤ] **I.** *vt* ❶ *(allow pleasure)* ■ **to ~ sth** etw *dat* nachgeben; **to ~ one's passion [for sth]** leidenschaftlich gern etw tun, seiner Leidenschaft [für etw *akk*] frönen *a. hum;* **to ~ sb's every wish** jdm jeden Wunsch erfüllen; ***he ~d her every whim*** er gab jeder ihrer Launen nach

❷ *(spoil)* ■ **to ~ sb [with sth]** jdn [mit etw *dat*] verwöhnen; **to ~ a child** ein Kind verhätscheln; ■ **to ~ oneself with sth** *champagne, food, pleasurable activity* sich *akk* an etw *dat* gütlich tun *geh o a. hum, etw* [in verschwenderischer Fülle] genießen

❸ *(form: permit speech)* ■ **to ~ sb** jdn gewähren lassen; ***if you would ~ me for a moment, ...*** wenn Sie mir noch für einen Moment Ihre Aufmerksamkeit schenken, ...

II. *vi* ❶ *(euph: drink alcohol)* trinken, sich *dat* einen genehmigen *fam o euph; (too much)* einen über den Durst trinken *fam o euph;* ***he used to ~ heavily [in drink]*** er war früher dem Alkohol schwer zugetan

❷ *(in undesirable activity)* ■ **to ~ in sth** in etw *dat* schwelgen, etw *dat* frönen; **to ~ in fantasies** sich *akk* Fantasien hingeben *geh;* **to ~ in gossip** sich *akk* dem Tratsch [*o* Klatsch] hingeben; **to ~ in nostalgia** in nostalgischen Erinnerungen schwelgen

in·dul·gence [ɪn'dʌlʤən(t)s] *n* ❶ *(treat, pleasure)* Luxus *m; food, drink, activity* Genuss *m*

❷ *no pl (leniency)* Nachsichtigkeit *f* (**of** gegenüber *+dat*); *(softness)* Nachgiebigkeit *f* (**of** gegenüber *+dat*); ***she treats her son's laziness with ~*** sie kommt der Faulheit ihres Sohnes mit Nachsicht entgegen

❸ *no pl (in food, drink, pleasure)* Frönen *nt;* ***his ~ in casual affairs is unfortunate*** leider frönt er allzu gerne seinen Affären; **~ in drink/food/etc.** übermäßiges [*o* unmäßiges] Essen/Trinken/etc.; **gross ~, over-~** übermäßiger Genuss; *in rich food* Völlerei *f; in alcohol* übermäßiger Alkoholgenuss; **self-~** [ausschweifendes [*o* übermäßiges]] Genießen

❹ REL *(hist: Catholic doctrine)* Ablass *m;* **to sell ~s** Ablasshandel treiben *hist*

in·dul·gent [ɪn'dʌlʤənt] *adj* ❶ *(lenient)* nachgiebig, nachsichtig; ■ **to be ~ [towards [*or* to] sb/sth]** [jdm/etw gegenüber] [sehr] nachgiebig [*o* nachsichtig] sein; **~ parents** [zu] nachgiebige [*o* nachsichtige] Eltern

❷ *(tolerant)* nachsichtig, milde; **sb's ~ attitude toward sth** jds tolerante Einstellung gegenüber etw *dat*

in·dul·gent·ly [ɪn'dʌlʤəntli] *adv* nachsichtig

in·dus·trial [ɪn'dʌstriəl] **I.** *adj* ❶ *(of production of goods)* industriell; **~ expansion** industrielle Expansion; **~ output** Industrieproduktion *f; (of training, development)* betrieblich

❷ *(for use in manufacturing)* Industrie-; **~ equipment/tools** Industriewerkzeug[e] *nt*[*pl*]; **for ~ use** für die industrielle [*o* gewerbliche] Nutzung

❸ *(having industry)* Industrie-; **~ area/region** Industriegebiet *nt*

II. *n* STOCKEX ■ **~s** *pl* Industriewerte *pl*

in·dus·trial 'ac·tion *n no pl* BRIT *(working to rule)* Arbeitskampfmaßnahmen *pl,* gewerkschaftliche Kampfmaßnahme; *(strike)* Streik *m;* **to take ~** in den Ausstand treten **in·dus·trial ar·chae·'ol·ogy** *n no pl* Industriearchäologie *f* **in·dus·trial 'back·ground** *n* Berufserfahrung *f* im Industriebereich; **to have an ~** in der Industrie tätig gewesen sein **in·dus·trial 'bond** *n* FIN Industrieobligation *f* **in·dus·trial 'city** *n* Industriestadt *f* **in·dus·trial con·sti·'tu·tion** *n* LAW Betriebsverfassung *f;* **~ law** Betriebsverfassungsgesetz *nt* **in·dus·trial 'coun·try** *n* Industrieland *nt* **in·dus·trial di's·ease** *n* Berufskrankheit *f* **in·dus·trial dis·'pute** *n* Arbeitskampf *m,* [tarifpolitische] Auseinandersetzungen *pl* zwischen Arbeitgebern und Arbeitnehmern; *(strike)* Streik *m* **in·dus·trial 'equi·ties** *npl* FIN Industriewerte *pl* **in·dus·trial 'es·pio·nage** *n no pl* Industriespionage *f,* Werksspionage *f,* Wirtschaftsspionage *f* **in·dus·trial es·'tate** *n* BRIT Industriegebiet *nt* **in·dus·trial 'hold·ing** *n* ADMIN Industriebeteiligung *f;* **~s portfolio** industrielles Beteiligungsportfolio **in·dus·trial in·'sur·ance** *n no pl* Industrieversicherung *f*

in·dus·tri·al·ism [ɪn'dʌstriəlɪzᵊm] *n no pl* Industrialismus *m*

in·dus·tri·al·ist [ɪn'dʌstriəlɪst] *n* Industrielle(r) *f(m)*

in·dus·tri·ali·za·tion [ɪn,dʌstriəlaɪ'zeɪʃᵊn, AM -lɪ'-] *n no pl* Industrialisierung *f*

in·dus·tri·al·ize [ɪn'dʌstriəlaɪz] **I.** *vi country, state* zum Industriestaat [*o* Industrieland] werden; *area* Industrie ansiedeln; *business* industrielle Produktionsmethoden einführen

II. *vt* ■ **to ~ sth** etw industrialisieren; *area* Industrie ansiedeln; *business* industrielle Produktionsmethoden einführen

in·dus·tri·al·ized [ɪn'dʌstriəlaɪzd] *adj area, country, nation* industrialisiert

in·dus·trial·ized 'na·tion *n* Industriestaat *m*

in·dus·trial 'land·scape *n* Industrielandschaft *f* **in·dus·trial lo·'ca·tion** *n* Wirtschaftsstandort *m*

in·dus·tri·al·ly [ɪn'dʌstriəli] *adv* industriell; ***an ~ advanced nation*** eine hoch entwickelte Industrienation; **to develop ~** eine eigene Industrie aufbauen

in·dus·trial 'medi·cine *n* Arbeitsmedizin *f* **in·dus·trial 'na·tion** *n* Industrienation *f* **in·dus·trial 'park** *n* AM, AUS *(industrial estate)* Industriegebiet *nt* **in·dus·trial re·'la·tions** *npl* Arbeitgeber-Arbeitnehmer-Beziehungen *pl,* Industrial Relations *pl fachspr* **In·dus·trial Revo·'lu·tion** *n* HIST ■ **the ~** die Industrielle Revolution **in·dus·trial tri·'bu·nal** *n* BRIT Arbeitsgericht *nt* **in·dus·trial under·'tak·ing** *n* Industriebetrieb *m*

in·dus·tri·ous [ɪn'dʌstriəs] *adj (hard-working)* fleißig, arbeitsam *veraltend; (busy)* eifrig, emsig

in·dus·tri·ous·ly [ɪn'dʌstriəsli] *adv (hard-working)* fleißig; *(busily)* eifrig, emsig; **to work ~** fleißig arbeiten

in·dus·tri·ous·ness [ɪn'dʌstriəsnəs] *n no pl (diligence)* Fleiß *m; (being busy)* Eifrigkeit *f,* Emsigkeit *f*

in·dus·try ['ɪndəstri] *n* ❶ *no pl (manufacturing)* Industrie *f;* **captain of ~** Industriekapitän *m fam;* **capital-intensive ~** kapitalintensiver Industriezweig; **labour-intensive ~** arbeitsintensiver Industriezweig; **people from local business and ~** örtliche Geschäftsleute und Industrievertreter; **[leaders of] trade and ~** [führende Vertreter/führende Vertreterinnen aus] Industrie und Handel; **heavy/light ~** Schwer-/Leichtindustrie *f*

❷ *(type of trade)* Branche *f,* Gewerbe *nt,* Produktionszweig *m;* **the banking ~** das Bankgewerbe; **the communications ~** die Kommunikationsbranche; **the computer/electricity ~** die Computer-/Elektrizitätsindustrie; **the tourist ~** die Touristik[branche]

❸ *no pl (form: diligence)* Fleiß *m; (quality of being busy)* Emsigkeit *f;* ***sometimes the office is a hive of ~*** manchmal herrscht im Büro ein emsiges Treiben wie in einem Bienenstock

'in·dus·try group *n* Branchengruppe *f* **in·dus·try 'lead·er** *n* Industrieführer *m* **'in·dus·try sec·tor** *n* Industriezweig *m*

'in·dus·try·wide I. *adj inv* branchenweit; **an ~ practice** eine branchenübliche Praxis

II. *adv inv* branchenweit; **to develop ~** branchenweit entwickeln

in·ebri·ate I. *vt* [ɪ'ni:brieɪt] *(form)* ■ **to ~ sb** jdn betrunken machen

II. *n* [ɪ'ni:briət] *(dated form)* Trinker(in) *m(f)*

in·ebri·at·ed [ɪ'ni:brieɪtɪd, AM -t̬ɪd] *adj (form)* betrunken; **to be in an ~ condition** unter [starkem] Alkoholeinfluss stehen *form;* **in an ~ state** im betrunkenen [*o* in betrunkenem] [*o* SCHWEIZ *a.* in alkoholisiertem] Zustand

in·ebria·tion [ɪ,ni:bri'eɪʃᵊn] *n no pl (form)* Trunkenheit *f form;* **to be in a state of total ~** sich *akk* im Zustand völliger Trunkenheit befinden *form*

in·ed·ibil·ity [ɪ,nedɪ'bɪləti, AM -ət̬i] *n no pl* Ungenießbarkeit *f*

in·ed·ible [ɪ'nedɪbl, AM *esp* ɪn'ed-] *adj* ❶ *(unsuitable as food)* nicht essbar, nicht zum Verzehr geeignet

❷ *(pej: extremely unpalatable)* ungenießbar *pej*

in·edu·cable [ɪ'nedjəkəbl, AM ɪn'edʒʊ-] *adj* schwer erziehbar; *(due to a mental handicap)* lernbehindert

in·ef·fable [ɪ'nefəbl, AM *esp* ɪn'ef-] *adj (form)* unsagbar, unaussprechlich, unsäglich *geh*

in·ef·fec·tive [,ɪnɪ'fektɪv] *adj measure* unwirksam; *person* untauglich, ineffektiv *geh;* ***as a teacher he was fairly ~*** als Lehrer war er eher ungeeignet; **~ attempt** erfolgloser Versuch; **~ method/system** ineffiziente Methode/ineffizientes System

in·ef·fec·tive·ly [,ɪnɪ'fektɪvli] *adv of measure* unwirksam; *of person* ineffektiv *geh;* **to attempt ~ to do sth** erfolglos versuchen, etw zu tun

in·ef·fec·tive·ness [,ɪndɪ'fektɪvnəs] *n no pl* Wirkungslosigkeit *f,* Ineffektivität *f geh*

in·ef·fec·tual [,ɪnɪ'fektʃuᵊl] *adj* ineffektiv *geh;* ***he's been totally ~ at restoring order to the country*** er hat es nicht geschafft, dem Land zu Ordnung zu verhelfen; **~ efforts** fruchtlose Bemühungen; **an ~ leader** eine unfähige Führungskraft; **to be ~ at sth** in etw *dat* versagen

in·ef·fec·tu·al·ly [,ɪndɪ'fektʃuᵊli] *adv* wirkungslos, ohne etw *akk* zu erreichen

in·ef·fi·ca·cy [,ɪn'efɪkəsi] *n no pl* Unwirksamkeit *f*

in·ef·fi·cien·cy [,ɪnɪ'fɪʃᵊn(t)si] *n no pl of system, method* Ineffizienz *f geh; of person* Unfähigkeit *f,* Inkompetenz *f; of measure* Unwirksamkeit *f; of attempt* Erfolglosigkeit *f*

in·ef·fi·cient [,ɪnɪ'fɪʃᵊnt] *adj* ❶ *(dissatisfactory) organization, person* unfähig, inkompetent; *system* ineffizient; *(not productive)* unwirtschaftlich; **grossly ~** extrem ineffizient; ■ **to be ~ at doing sth** etw nicht beherrschen [*o* schaffen]

❷ *(wasteful)* unrationell; **~ machine/methods of production** leistungsschwache Maschine/Produktionsmethoden

in·ef·fi·cient·ly [,ɪnɪ'fɪʃᵊntli] *adv (not productively)* ineffizient *geh; (wastefully)* unrationell

in·elas·tic [,ɪnɪ'læstɪk, AM -ni:'-] *adj* ❶ *material, substance* unelastisch

❷ *(fig: unchanging)* inflexibel, nicht flexibel; *(not permitting change)* starr

in·el·egance [ɪ'nelɪgən(t)s, AM *esp* ,ɪn'el-] *n no pl of appearance* Mangel *m* an Eleganz, mangelnde Eleganz; *of speech, style* Ungeschliffenheit *f pej; of reply, gesture* Plumpheit *f*

in·el·egant [ɪ'nelɪgənt, AM *esp* ˌɪn'el-] *adj* ❶ *(unattractive)* unelegant, wenig elegant; *surroundings, appearance* ohne [jeden] Schick *nach n; speech* holprig; ***his new flat is totally*** ~ seine neue Wohnung hat absolut keinen Schick
❷ *(unrefined)* ungeschliffen; *gesture, movement* plump

in·el·egant·ly [ˌɪn'elɪgᵊntli] *adv* unelegant, ungewandt, stillos *pej*

in·eli·gibil·ity [ɪˌnelɪʤə'bɪləti, AM -əṭi] *n no pl* ❶ *(for funds, benefits)* Nichtberechtigtsein *nt; (for election)* Nichtwählbarkeit *f;* ~ **for jury service** Nichtwählbarkeit *f* als Jurymitglied
❷ *(unsuitability)* Untauglichkeit *f,* mangelnde Eignung; ~ **for the army** Militäruntauglichkeit *f*

in·eli·gible [ɪ'nelɪʤəbl̩, AM *esp* ˌɪn'el-] *adj inv* ❶ *(for funds, benefits)* nicht berechtigt (**for** zu *+dat*); *(for office)* nicht wählbar (**for** in *+akk*); ***they have become ~ to receive state aid*** sie haben ihre Berechtigung auf Sozialhilfe verloren
❷ *(not fit)* ▪**to be ~ for sth** *in character* für etw *akk* nicht geeignet sein; *physically* für etw *akk* untauglich sein; **to be ~ for the team** nicht teamtauglich sein; **to be ~ for military service** wehruntauglich sein

in·eluc·table [ˌɪnɪ'lʌktəbl̩] *adj (merciless)* unbarmherzig; *(relentless)* unausweichlich

in·ept [ɪ'nept, AM *esp* ˌɪn'ept] *adj (clumsy)* unbeholfen; *(unskilled)* ungeschickt; ***his ~ handling of the crisis*** sein unfähiges Krisenmanagement; ▪**to be ~ at sth** *(clumsy)* in etw *dat* unbeholfen sein; *(unskilled)* in etw *dat* ungeschickt sein; ***he's totally ~ at standing up for himself*** er ist nicht fähig, sich zu behaupten; ~ **comment** unangebrachter Kommentar; ~ **leadership** unfähige Führung; ~ **performance** stümperhafte Leistung; ~ **remark** unpassende Bemerkung; **to be socially ~** nicht [gut] mit anderen [Menschen] umgehen können

in·ep·ti·tude [ɪ'neptɪtju:d, AM ˌɪn'eptɪtu:d, ɪ'n-, -tju:d] *n (inability)* Unfähigkeit *f; (clumsiness)* Ungeschicktheit *f; of leadership* Unfähigkeit *f; of performance* Stümperhaftigkeit *f; of remark, reply* Unangebrachtheit *f,* Unangemessenheit *f;* **political ~** politische Unfähigkeit; **social ~** mangelnde Umgangsfähigkeit mit anderen [Menschen]; **sb's ~ in doing sth** jds Unvermögen, etw zu tun

in·equal·ity [ˌɪnɪ'kwɒləti, AM -'kwɑ:ləṭi] *n* ❶ *no pl (quality)* Ungleichheit *f;* **political/social ~** politisch/sozial bedingte Ungleichheit; **racial ~** rassenbedingte [*o* rassenspezifische] Ungleichheit; **sexual ~** Ungleichheit *f* der Geschlechter, geschlechtsspezifische Ungleichheit
❷ *(instance)* Unterschied *m,* Ungleichheit *f;* ***there remain major inequalities of opportunity in the workplace*** es herrscht immer noch enorme Chancenungleichheit am Arbeitsplatz

in·equi·table [ɪ'nekwɪtəbl̩, AM ˌɪn'ekwəṭə-] *adj (form)* ungerecht

in·equi·ty [ɪ'nekwəti, AM ˌɪn'ekwəṭi] *n (form)* Ungerechtigkeit *f*

in·eradi·cable [ˌɪnɪ'rædɪkəbl̩] *adj inv (form)* ~ **disease/prejudice** unausrottbare Krankheit/unausrottbares Vorurteil; ~ **hatred** ohnmächtiger Hass; ~ **impression** unauslöschlicher Eindruck; ~ **mistake** unabänderlicher [*o* unwiderruflicher] Fehler; ~ **state** unabänderlicher Zustand

in·ert [ɪn'ɜ:t, AM ˌɪn'ɜ:rt] *adj* ❶ *(not moving)* unbeweglich, reglos
❷ *(fig pej: sluggish, slow)* träge; *(lacking vigour)* kraftlos, schlaff *fam;* **an ~ political system** ein politisches System, dem es an Dynamik fehlt
❸ CHEM inert *fachspr,* inaktiv; ~ **gas** Edelgas *nt*

in·er·tia [ɪ'nɜ:ʃə, AM ˌɪn'ɜ:r-] *n no pl* ❶ *(inactivity)* Unbeweglichkeit *f,* Reglosigkeit *f*
❷ *(lack of will, vigour)* Trägheit *f;* ***the company is stifled by bureaucratic*** ~ die Bürokratie ist ein Hemmschuh für die Firma
❸ PHYS Trägheit *f*

in·er·tia reel 'seat belt *n* AUTO Automatikgurt *m*

i'n·er·tia sell·ing *n no pl* BRIT ECON Trägheitsverkauf *m,* unaufgeforderter Versandkauf

in·ert·ing [ɪ'nɜ:tɪŋ, AM -nɜ:rt-] *n no pl* PHYS, TECH Inertisierung *f*

in·ert·ness [ɪ'nɜ:tnəs, AM -nɜ:rt-] *n no pl* PHYS Trägheit *f*

in·es·cap·able [ˌɪnɪ'skeɪpəbl̩] *adj inv (unavoidable) fact, etc* unausweichlich, unvermeidlich; ~ **conclusion** zwangsläufige Schlussfolgerung; ~ **disaster** unabwendbares Unglück; ~ **fate** unentrinnbares Schicksal; *(undeniable)* unleugbar, unbestreitbar; ~ **fact** unleugbare Tatsache; ~ **truth** unbestreitbare Wahrheit

in·es·cap·ably [ˌɪnɪ'skeɪpəbli] *adv inv (unavoidably)* unausweichlich, unvermeidlich, unabwendbar; *(undeniably)* unbestreitbar

in·es·sen·tial [ˌɪnɪ'sen(t)ʃᵊl] **I.** *adj inv* nebensächlich, unwesentlich, unwichtig
II. *n usu pl* Nebensächlichkeit *f;* ***I regard telephones and televisions as ~s*** für mich sind Telefon und Fernseher etwas Unwesentliches

in·es·ti·mable [ɪ'nestɪməbl̩, AM *esp* ˌɪn'es-] *adj* unschätzbar; **to be of ~ value** von unschätzbarem Wert sein

in·es·ti·mably [ɪ'nestɪməbli, AM *esp* ˌɪn'es-] *adv* unschätzbar

in·evi·tabil·ity [ɪˌnevɪtə'bɪləti, AM ˌɪnˌevɪtɪ'bɪləṭi] *n no pl* Unvermeidlichkeit *f*

in·evi·table [ɪ'nevɪtəbl̩, AM ˌɪn'evɪṭə-] **I.** *adj inv* ❶ *(certain to happen)* unvermeidlich; ***it seems almost ~ that they'll discover the error*** es kann gar nicht ausbleiben, dass ihnen der Fehler auffallen wird; **an ~ conclusion/result** eine zwangsläufige Schlussfolgerung/ein zwangsläufiges Ergebnis; **an ~ consequence/defeat/situation** eine unabwendbare Folge/Niederlage/Lage
❷ *(pej: boringly predictable)* unvermeidlich *pej*
II. *n no pl* ▪**the ~** das Unvermeidbare [*o* Unabänderliche] *a. iron;* ***of course, the ~ happened!*** wie konnte es anders sein, das Unvermeidbare geschah auch wirklich!; **to accept the ~** sich *akk* in das Unabänderliche [*o* sein Schicksal] fügen

in·evi·tably [ɪ'nevɪtəbli, AM ˌɪn'evɪṭə-] *adv inv* unweigerlich, zwangsläufig

in·ex·act [ˌɪnɪg'zækt] *adj* ❶ *(uncertain)* ungenau, inexakt *geh;* **an ~ science** eine nicht genau beweisbare Wissenschaft
❷ *(euph: inaccurate)* ungenau; ***I'm afraid your calculations are a little*** ~ leider stimmen Ihre Berechnungen nicht ganz

in·ex·cus·able [ˌɪnɪk'skju:zəbl̩] *adj* unverzeihlich, unentschuldbar; ***it is ~ that such young children were left alone*** es ist unverzeihlich, solch kleine Kinder unbeaufsichtigt gelassen zu haben; **to be [morally] ~** [moralisch] nicht zu entschuldigen sein

in·ex·cus·ably [ˌɪnɪk'skju:zəbli] *adv* unverzeihlich, unentschuldbar

in·ex·haust·ible [ˌɪnɪg'zɔ:stəbl̩, AM *esp* -'zɑ:st-] *adj* unerschöpflich; ***her energy seemed ~*** sie schien eine unendliche Energie zu besitzen; **an ~ supply of sth** ein unerschöpflicher Vorrat an etw *dat*

in·exo·rabil·ity [ɪˌneksᵊrə'bɪləti, AM ˌɪnˌeksɚə'bɪləṭi] *n no pl (form)* Unerbittlichkeit *f,* Erbarmungslosigkeit *f*

in·exo·rable [ɪ'neksᵊrəbl̩, AM ˌɪn'ek-] *adj inv (form)* ❶ *(cannot be stopped)* unaufhaltsam; ***the progress of the disease was*** ~ das Fortschreiten der Krankheit war nicht aufzuhalten
❷ *(relentless) person* unerbittlich, erbarmungslos; ***Rebecca was ~ in her demands*** Rebecca beharrte unerbittlich auf ihren Forderungen; **to be ~ in one's criticism [of sb/sth]** unerbittlich [an jdm/etw] Kritik üben

in·exo·rably [ɪ'neksᵊrəbli, AM ˌɪn'ek-] *adv inv (form)* ❶ *(unstoppably)* unaufhaltsam; **to lead ~ to** [*or* **towards**] **sth** unausweichlich zu etw *dat* führen
❷ *(relentlessly)* unerbittlich, erbarmungslos

in·ex·pe·di·en·cy [ˌɪnɪk'spi:diən(t)si] *n no pl (form: unsuitability)* Ungeeignetheit *f,* Unzweckmäßigkeit *f; (inadvisability)* Unklugheit *f,* Unratsamkeit *f*

in·ex·pe·di·ent [ˌɪnɪk'spi:diənt] *adj (form: not practical, suitable)* ungeeignet, unzweckmäßig; *(not advisable)* nicht ratsam, unratsam, unklug; ***it would be ~ to approve of the decision*** es wäre unklug, die Entscheidung zu befürworten

in·ex·pen·sive [ˌɪnɪk'spen(t)sɪv] *adj* ❶ *(reasonably priced)* preisgünstig; **to be relatively ~** nicht allzu teuer sein
❷ *(euph: cheap)* billig

in·ex·pen·sive·ly [ˌɪnɪk'spensɪvli] *adv* preiswert, kostengünstig, zu erschwinglichem Preis

in·ex·pe·ri·ence [ˌɪnɪk'spɪəriən(t)s, AM -'spɪr-] *n no pl* Unerfahrenheit *f,* Mangel *m* an Erfahrung; ~ **in sth** mangelnde Erfahrung auf einem Gebiet

in·ex·pe·ri·enced [ˌɪnɪk'spɪəriən(t)st, AM -'spɪr-] *adj* unerfahren; ▪**to be ~ in sth** keine Erfahrung mit etw *dat* haben, mit etw *dat* nicht vertraut sein; *in skill* in etw *dat* nicht versiert sein; ***she's ~ in marketing*** sie hat keine Erfahrung im Bereich Marketing; ▪**to be ~ with sth** sich *akk* mit etw *dat* nicht auskennen, keine Erfahrung mit etw *dat* haben; **to be ~ with fire arms/young children** keine Erfahrung haben [*o* ungeübt sein] im Umgang mit Schusswaffen/kleinen Kindern

in·ex·pert [ɪ'nekspɜ:t, AM ˌɪn'ekspɜ:rt] *adj (unskilled)* laienhaft, ungeübt; ~ **attempt** stümperhafter Versuch; **to the ~ eye** für das ungeschulte Auge; ~ **handling** unsachgemäße Handhabung; ~ **treatment** unfachmännische Behandlung; ▪**to be ~ in** [*or* **at**] **sth** bei etw *dat* unbedarft sein; *attempt* etw stümperhaft angehen *fam; situation* etw unsachgemäß handhaben; *treatment* etw unfachmännisch handhaben; ▪**to be ~ at doing sth** keine Übung darin haben, etw zu tun

in·ex·pert·ly [ɪ'nekspɜ:tli, AM ˌɪn'ekspɜ:r-] *adv (without skill)* laienhaft, unsachgemäß; *(unprofessionally)* unfachmännisch

in·ex·pli·cable [ˌɪnɪk'splɪkəbl̩, AM ˌɪn'ekspl-] **I.** *adj inv* unerklärlich
II. *n no pl* ▪**the ~** das Unerklärliche

in·ex·pli·cably [ˌɪnɪk'splɪkəbli, AM ˌɪn'ekspl-] *adv* unerklärlich; *(sentence adverb)* unerklärlicherweise; ***the computer started ~ deleting data*** der Computer fing an, Daten ohne ersehbaren Grund zu löschen

in·ex·plic·it [ˌɪnɪk'splɪsɪt] *adj* unbestimmt, unausgesprochen

in·ex·press·ible [ˌɪnɪk'spresəbl̩] *adj inv* unbeschreiblich; **sth is ~ in words** etw ist nicht in Worte zu fassen, etw lässt sich nicht mit Worten beschreiben

in·ex·press·ibly [ˌɪnɪk'spresəbli] *adv inv* unbeschreiblich

in·ex·pres·sive [ˌɪnɪk'spresɪv] *adj face* ausdruckslos; *reply, response, words* nichtssagend; *style* fad[e], ohne Ausdruckskraft *nach n*

in·ex·tin·guish·able [ˌɪnɪk'stɪŋgwɪʃəbl̩] *adj inv* ❶ *(unstoppable burning) candle, flame, fire* unlöschbar
❷ *(fig: ineradicable)* beständig; ~ **courage** unbezwingbarer Mut; ~ **faith/hope/love** unerschütterlicher Glaube/unerschütterliche Hoffnung/Liebe; ~ **memory** unauslöschliche Erinnerung

in ex·tre·mis [ˌɪnɪk'stri:mɪs] *adv inv (form)* ❶ *(in emergency)* im äußersten Notfall
❷ MED *(about to die)* **to be ~** im Sterben liegen

in·ex·tri·cable [ˌɪnɪk'strɪkəbl̩] *adj* ❶ *(impossible to disentangle)* unentwirrbar, verwickelt; *(inseparable)* unlösbar
❷ *(inescapable) difficulty, situation* unentrinnbar

in·ex·tri·cably [ˌɪnɪk'strɪkəbli] *adv* ❶ *(inseparably)* untrennbar; **to be ~ linked with sth** untrennbar mit etw *dat* verbunden sein
❷ *(inescapably)* unentrinnbar

in·fal·libil·ity [ɪnˌfælə'bɪləti, AM -əṭi] *n no pl* Unfehlbarkeit *f;* **papal ~** REL die Unfehlbarkeit [*o fachspr* Infallibilität] des Papstes

in·fal·lible [ɪn'fæləbl̩] *adj inv* ❶ *(reliable)* unfehlbar; REL *also* infallibel *fachspr;* ~ **memory for detail/facts** lückenloses Gedächtnis für Einzelheiten/Fakten
❷ *(always effective)* unfehlbar, todsicher *sl;* **an ~ remedy** [*or* **cure**] ein zuverlässig [*o* [*sl* tod]sicher] wirkendes Mittel

in·fal·libly [ɪnˈfæləbli] *adv inv* ① *(without failing)* fehlerfrei, einwandfrei
② *(always)* immer

in·fa·mous [ˈɪnfəməs] *adj* ① *(notorious) criminal etc* berüchtigt; **to have an ~ reputation** [äußerst] verrufen sein; ■**to be ~ for doing sth** berüchtigt dafür sein, etw zu tun
② *(abominable) lie etc* infam *pej; person* niederträchtig *pej,* ÖSTERR *a.* gemein *pej; act etc* schändlich *pej geh*

in·fa·my [ˈɪnfəmi] *n* ① *no pl (notoriety)* Verrufenheit *f;* **to earn one's ~** *(form)* [zu Recht] in Verruf geraten
② *(shocking act)* Niederträchtigkeit *f pej,* Gemeinheit *f pej,* Infamie *f pej geh*

in·fan·cy [ˈɪnfən(t)si] *n* ① *(early childhood)* frühe[ste] Kindheit; **in ~** im Kleinkindalter, in der frühe[ste]n Kindheit
② *(fig: early stage of development)* Anfangsphase *f;* **to be in its ~** in den Kinderschuhen stecken *fig,* noch ganz am Anfang stehen

in·fant [ˈɪnfənt] **I.** *n* ① *(baby)* Säugling *m;* **newborn ~** Neugeborenes *nt*
② BRIT, AUS *(child between 4 and 7)* Kleinkind *nt,* Kind *nt* im Kindergartenalter
③ BRIT, AUS SCH ■**the I~s** *pl* die erste und zweite Grundschulklasse [*o* ÖSTERR Volksschulklasse] [*o* SCHWEIZ Primarschulklasse]
④ LAW *(or old)* Minderjährige(r) *f(m)*
II. *n modifier* **~ daughter** kleines Töchterchen; **~ prodigy** Wunderkind *nt;* BRIT, AUS **~ class** SCH erste Grundschulklasse [*o* ÖSTERR Volksschulklasse] [*o* SCHWEIZ Primarschulklasse]; **~ school** die erste und zweite Grundschulklasse [*o* ÖSTERR Volksschulklasse] [*o* SCHWEIZ Primarschulklasse]; **~ teacher** Grundschullehrer(in) *m(f),* Volksschullehrer(in) *m(f)* ÖSTERR, Primarlehrer(in) *m(f)* SCHWEIZ

in·fan·ta [ɪnˈfæntə, AM -t̬ə] *n* HIST Infantin *f*

in·fan·te [ɪnˈfænti, AM -teɪ] *n* HIST Infant *m*

in·fant ˈfor·mu·la *n usu no pl* AM, AUS Säuglingsnahrung *f*

in·fan·ti·cide [ɪnˈfæntɪsaɪd, AM -t̬ə-] *n no pl* Kindestötung *f fachspr,* Kindesmord *m*

in·fan·tile [ˈɪnfəntaɪl] *adj (pej)* infantil *geh o pej,* kindisch *meist pej*

in·fan·ti·lize [ɪnˈfæntɪlaɪz, AM ˈfənt̬ə] *vt* ■**to ~ sb** jdn wie ein Kind behandeln, jdn nicht für voll nehmen *fam*

in·fant mor·ˈtal·ity *n no pl* Säuglingssterblichkeit *f*

in·fan·try [ˈɪnfəntri] **I.** *n no pl* ■**the ~** + *sing/pl vb* die Infanterie; **heavy/light ~** schwere/leichte Infanterie; **to be in the ~** bei der Infanterie sein
II. *n modifier (brigade, corps, regiment, unit)* Infanterie-

ˈin·fant·ry·man *n* Infanterist *m*

in·farct [ˈɪnfɑːkt, AM fɑːrkt] *n* MED Infarkt *m fachspr*

in·farc·tion [ɪnˈfɑːkʃᵊn, AM fɑːrk] *n no pl* MED Behinderung *f* der Blutzufuhr, Blutgefäßverstopfung *f*

in·fatu·at·ed [ɪnˈfætjueɪtɪd, AM -tʃueɪt̬ɪd] *adj with sb* vernarrt, verknallt *fam,* verschossen *fam* (**with** in +*akk*); ***she's become ~ with her brother's friend*** sie hat sich in den Freund ihres Bruders verknallt; ■**to be ~ with sth** in etw *akk* vernarrt sein

in·fat·ua·tion [ɪnˌfætjuˈeɪʃᵊn, AM -ˌfætʃuˈ-] *n* ① *no pl (quality) with person, thing* Vernarrtheit *f; with person* Verliebtheit *f* (**with** in +*akk*)
② *(instance)* [große] Schwäche; ***it's just an ~, he'll get over it*** er hat sich da in etwas verrannt, er wird schon drüber wegkommen

in·fea·sible [ɪnˈfiːzəbl] *adj inv* nicht realisierbar [*o* durchführbar] [*o fam* machbar]

in·fect [ɪnˈfekt] *vt* ■**to ~ sb/sth [with sth]** ① *(contaminate) with disease, virus, etc* jdn/etw [mit etw *dat*] infizieren [*o* anstecken]; ■**to ~ sth with sth** COMPUT *with computer virus* etw mit etw *dat* infizieren
② *(fig pej: pass on sth undesirable)* jdn/etw [mit etw *dat*] infizieren *fig;* ***hysteria about AIDS ~ed the media*** die Aidshysterie griff auf die Medien über
③ *(fig approv: pass on sth desirable)* jdn/etw [mit etw *dat*] anstecken; ***she ~ed everyone with her cheerfulness*** ihr Frohsinn war ansteckend

in·fect·ed [ɪnˈfektɪd] *adj inv* infiziert; *cut, wound esp* entzündet; ***the wound became ~*** die Wunde hat sich infiziert; **~ computer** COMPUT infizierter [*o* befallener] Computer; ■**to be ~ with sth** mit etw *dat* infiziert sein

in·fec·tion [ɪnˈfekʃᵊn] *n* ① *no pl, no art (contamination)* Infektion *f,* Ansteckung *f;* **risk of ~** Infektionsgefahr *f,* Ansteckungsgefahr *f*
② *(instance)* Infektion *f;* **source of [an] ~** Infektionsherd *m;* **throat/ear ~, ~ of the throat/ear** Hals-/Mittelohrentzündung *f*

in·fec·tious [ɪnˈfekʃəs] *adj* ① *inv (transmissible)* ansteckend, infektiös *fachspr;* **~ disease** Infektionskrankheit *f,* ansteckende Krankheit
② *(fig: likely to influence)* ansteckend *fig;* **~ laugh** ansteckendes Lachen

in·fec·tious·ness [ɪnˈfekʃəsnəs] *n no pl* Ansteckungsgefahr *f,* Infektionsgefahr *f;* **the ~ of sb's enthusiasm/laughter** *(fig)* jds ansteckender [*o* mitreißender] Enthusiasmus/ansteckendes Lachen

in·fec·tive [ɪnˈfektɪv] *adj* ansteckend

in·fe·lici·tous [ˌɪnfəˈlɪsɪtəs, AM -t̬əs] *adj (pej form: inappropriate)* unangebracht, unpassend; *(hum: unfortunate)* unglücklich, ungeschickt

in·fe·lic·ity [ˌɪnfəˈlɪsəti, AM -əti] *n (form)* ① *(also hum: inappropriateness)* Ungeschicktheit *f; of reply, remark* Unpassendheit *f;* **verbal infelicities** ungeschickte Formulierungen
② *no pl (unhappiness, misfortune)* Unglückseligkeit *f,* Misslichkeit *f*

in·fer <-rr-> [ɪnˈfɜːʳ, AM -ˈfɜːr] *vt* ■**to ~ sth** *(come to conclusion)* etw schließen [*o* [schluss]folgern]; ■**to ~ sth from sth** etw aus etw *dat* schließen [*o* [schluss]folgern]; *(imply)* etw andeuten

in·fer·ence [ˈɪnfᵊrᵊn(t)s] *n (form)* ① *usu sing (conclusion)* Schlussfolgerung *f,* Schluss *m;* **to draw the ~ that ...** die Schlussfolgerung [*o* den Schluss] ziehen, dass ...; ***she said she'd think about it, the ~ being that ...*** sie meinte, sie würde es sich überlegen. Daraus war zu schließen, dass ...
② *no pl (process of inferring)* [Schluss]folgern *nt,* logisches Schließen, Inferenz *f fachspr;* **by ~** folglich
③ *(method of deducing)* Inferenz *f*

in·fer·en·tial [ˌɪnfəˈrenʃᵊl] *adj inv* herleitbar, sich [als Schlussfolgerung] ergebend, Schluss[folgerungs]-

in·fe·ri·or [ɪnˈfɪəriəʳ, AM -ˈfɪriɚ] **I.** *adj* ① *(of lesser quality) system, thing* minderwertig; *mind* unterlegen; ■**to be ~ to sth** *in quality* von minderer Qualität als etw sein; **intellectually/morally ~** geistig/moralisch unterlegen
② *(lower) in rank* [rang]niedriger, untergeordnet; *in status* untergeordnet; **socially ~** sozial niedrig gestellt; ■**to be ~ to sb/sth** jdm/etw untergeordnet sein; **to feel ~ to sb** sich *akk* jdm [gegenüber] unterlegen fühlen; **~ court** LAW untergeordnetes Gericht
③ TYPO **~ letters/numbers** tief stehende Buchstaben/Ziffern [*o* Indizes *pl fachspr*]
II. *n* ■**~s** *pl in rank* Untergebene *pl;* **intellectual/social ~s** sozial/geistig niedriger gestellte Personen

in·fe·ri·or·ity [ɪnˌfɪəriˈɒrəti, AM -ˌfɪriˈɔːrət̬i] *n no pl* ① *(lower quality)* Minderwertigkeit *f; of workmanship* schlechte Qualität; ***his latest novel's ~ to his earlier work*** die mindere Qualität des letzten Romans gegenüber seinen früheren Werken; **a strong sense of ~** ein starkes Minderwertigkeitsgefühl
② *(lower status, rank)* Unterlegenheit *f*

in·fe·ri·ˈor·ity com·plex *n* Minderwertigkeitskomplex *m*

in·fer·nal [ɪnˈfɜːnᵊl, AM -ˈfɜːr-] *adj* ① *inv* REL *(liter: of hell)* höllisch, Höllen-; **the ~ regions/world** die Unterwelt/Hölle
② *(dreadful)* höllisch, teuflisch, infernalisch *geh*
③ *attr (dated fam: annoying, detestable)* grässlich *fam,* abscheulich *fam,* grauslich ÖSTERR *fam;* ***what an ~ noise!*** was für ein höllischer Lärm!; **~ weather** hundserbärmliches [*o* ÖSTERR grausliches] Wetter *fam*

in·fer·no [ɪnˈfɜːnəʊ, AM -ˈfɜːrnoʊ] *n* ① *(fire)* flammendes Inferno, Flammenmeer *nt*
② *(liter: place like hell)* Inferno *nt geh;* **the ~ of war** das Inferno des Krieges; **Dante's I~** das dantesche Inferno

in·fer·tile [ɪnˈfɜːtaɪl, AM -ˈfɜːrt̬ᵊl] **I.** *adj inv* ① *person, animal* unfruchtbar, infertil *fachspr*
② *land* unfruchtbar
II. *n* ■**the ~** + *pl vb* zeugungsunfähige Personen

in·fer·til·ity [ˌɪnfəˈtɪləti, AM -fɚˈtɪlət̬i] *n no pl* ① *of person, animal* Unfruchtbarkeit *f,* Infertilität *f fachspr;* **male ~** Zeugungsunfähigkeit *f* des Mannes
② *of land* Unfruchtbarkeit *f*

in·fer·ˈtil·ity clin·ic *n Klinik oder Abteilung einer Klinik zur Behandlung zeugungsunfähiger Paare*

in·fest [ɪnˈfest] *vt* ■**to ~ sth** etw befallen; ***~ed with rats/cockroaches*** von Ratten/Kakerlaken befallen; *(fig: haunt)* etw heimsuchen; ***the town is currently ~ed with world cup fever*** die Stadt befindet sich derzeit im Weltmeisterschaftstaumel

in·fes·ta·tion [ˌɪnfesˈteɪʃᵊn] *n* ① *no pl (state)* Verseuchung *f,* Plage *f fam o pej;* **~ with cockroaches/parasites** Verseuchung *f* durch Kakerlaken/Parasiten; ***cases of human ~ with this parasite*** der Befall von Menschen durch diesen Parasiten
② *(instance)* Befall *m,* Plage *f fam o pej;* **~ of cockroaches/lice** Befall *m* durch Kakerlaken/Läuse; **~ of pests** Schädlingsbefall *m;* **~ of rats** Rattenplage *f*

in·fi·del [ˈɪnfɪdᵊl, AM -fədel] *n no pl (hist or pej)* Ungläubige(r) *f(m);* ■**the ~** *pl* die Ungläubigen

in·fi·del·ity [ˌɪnfɪˈdeləti, AM -fəˈdelət̬i] *n* ① *no pl (unfaithfulness)* Verrat *m* (**to** gegenüber/an +*dat*); *(sexual)* Untreue *f* (**to** an +*dat*); **~ to the cause** Verrat *m* an der Sache
② *(sexual peccadillos)* ■**infidelities** *pl* Seitensprünge *pl*

in·field [ˈɪnfiːld] *n (in baseball, cricket)* Innenfeld *nt; (players)* [Spieler(innen) *mpl(fpl)* im] Innenfeld *nt*

in·field·er [ˈɪnfiːldəʳ, AM -ɚ] *n* SPORT Spieler(in) *m(f)* im Innenfeld

in·fight·ing [ˈɪnfaɪtɪŋ] *n no pl* interne Machtkämpfe; **~ among [the] party leaders** Machtkämpfe *pl* zwischen [den] Parteibossen; **political ~** parteiinterner Machtkampf

in·fill [ˈɪnfɪl] **I.** *n no pl* ① *(filling material)* Füllstoff *m,* Füllung *f*
② *(building)* Zwischenbau *m*
II. *vt usu passive* ■**to ~ sth** etw auffüllen; *hole* etw schließen

in·fil·trate [ˈɪnfɪltreɪt, AM *esp* ɪnˈfɪl-] **I.** *vt* ■**to ~ sth** ① *(secretly penetrate) military units, organization* etw unterwandern [*o fachspr* infiltrieren]; *building, enemy lines* in etw *akk* eindringen; ■**to ~ sb into sth** *agent, spy* jdn in etw *akk* einschleusen
② *(influence thinking) of idea, theory* etw durchdringen; ***these new ideas have begun to ~ government*** diese neuartigen Ideen haben sich unbemerkt bis auf Regierungsebene ausgebreitet
③ CHEM, PHYS *(permeate)* etw durchdringen; *of liquid* in etw *akk* durchsickern
II. *vi* CHEM, PHYS ■**to ~ into sth** *gas, liquid* in etw *akk* eindringen; *liquid also* in etw *akk* einsickern; ■**to ~ through sth** etw durchdringen; *liquid* durch etw *akk* sickern

in·fil·tra·tion [ˌɪnfɪlˈtreɪʃᵊn] *n no pl* ① *(penetration by stealth)* Unterwanderung *f;* MIL Infiltration *f fachspr*
② *(influence on thinking)* starke Einflussnahme
③ CHEM, PHYS *(penetration)* Infiltration *f fachspr; of gas, liquid* Eindringen *nt; of liquid also* Einsickern *nt*

in·fil·tra·tor [ˈɪnfɪltreɪtəʳ, AM -t̬ɚ] *n also* MIL Eindringling *m*

in·fi·nite [ˈɪnfɪnət] **I.** *adj inv* ① *(unlimited)* unendlich; ***God, in His ~ mercy, ...*** Gott, in seiner unendlichen [*o* unermesslichen] Güte, ...; **~ loop** COMPUT Endlosschleife *f;* **~ space** unbegrenzter Raum
② *(very great)* grenzenlos, gewaltig; ***the authorities, in their ~ wisdom, decided to ...*** *(iron)* in ihrer grenzenlosen Weisheit entschied die Behörde ... *iron;* **to take ~ care** ungeheuer vorsichtig sein; **~ choice** unendlich große Auswahl; **~ pains/va-**

I

riety ungeheure Schmerzen/Vielfalt; **with ~ patience** mit unendlicher Geduld
❸ MATH *(unending)* unendlich
II. *n* ❶ REL der Unendliche; ■**the I~** Gott *m*
❷ *(space or quality)* ■**the ~** die Unendlichkeit, der unendliche Raum

in·fi·nite·ly [ˈɪnfɪnətli] *adv inv* ❶ *(extremely)* unendlich; **~ small** winzig klein
❷ *(very much)* unendlich viel; **~ better/worse** unendlich viel besser/schlechter

in·fini·tesi·mal [ˌɪnfɪnɪˈtesɪməl, AM *also* -ˈtez-] *adj* *(form)* winzig, unendlich klein; MATH infinitesimal *fachspr*

in·fini·tesi·mal ˈcal·cu·lus *n* MATH Infinitesimalrechnung *f fachspr*

in·fini·tesi·mal·ly [ˌɪnfɪnɪˈtesɪməli, AM *also* -ˈtez-] *adv* *(form)* **~ better/bigger/smaller/worse** [nur ganz] geringfügig [*o fam* minimal] besser/größer/kleiner/schlechter; **~ small** winzig [*o* verschwindend] klein

in·fini·tive [ɪnˈfɪnɪtɪv, AM -t̬ɪv] **I.** *n* LING Infinitiv *m*; **to be in the ~** im Infinitiv stehen
II. *adj attr, inv* Infinitiv-; **~ form** Grundform *f*, Infinitiv *m*

in·fini·tude [ɪnˈfɪnɪtjuːd] *n no pl* Unermesslichkeit *f*, Unbegrenztheit *f*, Unendlichkeit *f*

in·fin·ity [ɪnˈfɪnəti, AM -ət̬i] *n* ❶ *no pl* MATH ■**~** *(unreachable point)* das Unendliche; ■**to ~** [bis] ins Unendliche
❷ *no pl (state, sth immeasurable)* Unendlichkeit *f*; **into ~** [bis] in die Unendlichkeit; ***the mountain range stretched away into ~*** der Bergzug erstreckte sich unendlich weit
❸ *(huge amount)* gewaltige Menge (**of** an +*dat*); **an ~ of combinations/problems** unendlich viele Kombinationsmöglichkeiten/Probleme
❹ PHOT Unendlicheinstellung *f*

in·firm [ɪnˈfɜːm, AM -ˈfɜːrm] **I.** *adj* ❶ *(ill)* schwach, gebrechlich; **old and ~** alt und gebrechlich
❷ *(form: weak)* schwach; **to be of ~ mind** geistig nicht im Vollbesitz seiner Kräfte sein
II. *n* ■**the ~** *pl* die Kranken und Pflegebedürftigen; **the mentally ~** die Geistesschwachen

in·fir·mary [ɪnˈfɜːməri, AM -ˈfɜːrm-] *n* ❶ *(dated: hospital)* Krankenhaus *nt*, Spital *nt* ÖSTERR, SCHWEIZ
❷ AM *(sick room)* Krankenzimmer *nt*; *(in prison)* Krankenstation *f*

in·fir·mity [ɪnˈfɜːməti, AM -ˈfɜːrm-] *n* *(form)* ❶ *no pl (state)* Schwäche *f*, Gebrechlichkeit *f*
❷ *(illness)* Gebrechen *nt geh*, Krankheit *f*; **infirmities of old age** Altersgebrechen *pl*
▸ PHRASES: **~ of purpose** Willensschwäche *f*

in fla·gran·te de·lic·to [ɪnfləˌgrænteɪdɪˈlɪktəʊ, AM -ˌgrɑːnteɪdɪˈlɪktoʊ] *adv* in flagranti, auf frischer Tat; **to catch sb ~** jdn in flagranti [*o* auf frischer Tat] ertappen

in·flame [ɪnˈfleɪm] *vt* ❶ *(stir up)* ■**to ~ sth** etw entfachen [*o* entflammen]; **to ~ emotions** [*or* **feelings**] Gefühle entfachen
❷ *(make angry)* ■**to ~ sb** jdn aufbringen; *(stronger)* jdn erzürnen; **to ~ sb with anger** [*or* **fury**] jdn in Wut versetzen [*o* in Rage bringen]; **to ~ sb with desire/passion** jdn mit Verlangen/Leidenschaft erfüllen

in·flamed [ɪnˈfleɪmd] *adj* ❶ *(red and swollen) body part* entzündet; **to become ~** sich *akk* entzünden
❷ *pred (provoked)* **~ with anger** wutentbrannt, wutentflammt *geh*; **~ with desire/passion** von Verlangen/Leidenschaft entflammt

in·flam·mable [ɪnˈflæməbl] *adj* ❶ *(burning easily)* feuergefährlich, [leicht] entzündbar [*o* entflammbar]
❷ *(fig: volatile) temperament* explosiv; **a highly ~ situation/topic** eine höchst brisante Situation/ein höchst brisantes Thema

in·flam·ma·tion [ˌɪnfləˈmeɪʃən] *n* ❶ MED Entzündung *f*; **~ of the ear/eye** Ohren-/Augenentzündung *f*; **~ of the toe** entzündlicher [*o* entzündeter] Zeh
❷ CHEM, PHYS Aufflammen *nt*; **~ temperature** Zündtemperatur *f*

in·flam·ma·tory [ɪnˈflæmətəri, AM -tɔːri] *adj* ❶ MED entzündlich, Entzündungs-
❷ *(provoking)* hetzerisch; POL aufrührerisch; **to use ~ language** hetzerisch reden; **to make ~ remarks** hetzerische Kommentare abgeben *fam*

in·flat·able [ɪnˈfleɪtəbl, AM -t̬-] **I.** *adj inv* aufblasbar; **~ boat** Schlauchboot *nt*, SCHWEIZ *a.* Gummiboot *nt*; **~ doll/pillow** [aufblasbare] Gummipuppe/aufblasbares Kissen; **~ mattress** Luftmatratze *f*
II. *n esp* BRIT Schlauchboot *nt*

in·flate [ɪnˈfleɪt] **I.** *vt* ■**to ~ sth** ❶ *(fill with air)* etw aufblasen; *(with pump)* etw aufpumpen
❷ *(exaggerate)* etw aufblähen *fig pej*; ***they rather ~d their part in the rescue*** sie stellten ihre Rolle bei der Rettungsaktion ziemlich übertrieben dar
❸ ECON *(make bigger) value, prices etc* etw in die Höhe treiben; **to ~ the currency** die Währung inflationieren *fachspr*; **to ~ the economy** die Wirtschaft aufblähen
II. *vi hot air balloon, etc* sich *akk* mit Luft füllen

in·flat·ed [ɪnˈfleɪtɪd, AM -t̬ɪd] *adj inv* ❶ *(filled with air)* aufgeblasen
❷ *(pej: exaggerated)* aufgebläht *fig pej*, übertrieben, überzogen *fam*; **to have an ~ opinion of oneself** ein übersteigertes Selbstwertgefühl haben; **to have an ~ idea of sth** eine übertriebene Vorstellung von etw *dat* besitzen
❸ ECON *(higher)* überhöht; **~ currency/prices** inflationäre Währung/Preise; **~ income/salary** überhöhtes Einkommen/Gehalt
❹ *(pej form: bombastic)* schwülstig *pej*, geschwollen *pej*

in·fla·tion [ɪnˈfleɪʃən] *n no pl* ❶ ECON Inflation *f*, Preisauftrieb *m*, Preissteigerung *f*; **~-proof** ECON, FIN inflationssicher
❷ *(with air)* Aufblasen *nt*; *(with pump)* Aufpumpen *nt*

in·ˈfla·tion ac·count·ing *n no pl* FIN inflationsbereinigte [*o* inflationsneutrale] Rechnungslegung

in·fla·tion·ary [ɪnˈfleɪʃənəri, AM -eri] *adj* FIN inflationär, Inflations-, inflationsbedingt; **~ policies** Inflationspolitik *f*; **~ pressure** Inflationsdruck *m*, Teuerungsdruck *m*

in·fla·tion·ary ˈspi·ral *n* FIN Inflationsspirale *f fachspr*, Lohn-Preis-Spirale *f*

in·ˈfla·tion con·trol *n no pl* Inflationssteuerung *f* **in·ˈfla·tion cost** *n* Inflationskosten *pl* **in·ˈfla·tion ef·fect** *n* Inflationswirkung *f* **in·ˈfla·tion in·di·ca·tor** *n* Inflationsindikator *m* **in·ˈfla·tion lev·el** *n* Inflationsniveau *nt* **in·ˈfla·tion-proof** *adj* inflationssicher **in·ˈfla·tion rate** *n* Inflationsrate *f*, Teuerungsrate *f*

in·flect [ɪnˈflekt] *vt* ❶ LING ■**to ~ sth** etw beugen [*o fachspr* flektieren]
❷ *(modulate)* **to ~ one's voice** seine Stimme modulieren

in·flect·ed [ɪnˈflektɪd, AM -tɪd] *adj* LING flektiert *fachspr*; **~ language** flektierende Sprache *fachspr*

in·flec·tion [ɪnˈflekʃən] *n* ❶ LING *(change in form)* Flexion *f fachspr*, Beugung *f*
❷ *(affixes)* Flexionsform *f fachspr*
❸ *(modulation of tone)* Modulation *f fachspr*, Veränderung *f* des Tonfalls

in·flex·ibil·ity [ɪnˌfleksəˈbɪləti, AM -ət̬i] *n no pl* ❶ *(rigidity)* Starrheit *f*, Inflexibilität *f geh*; ***the ~ of his moral code*** die Unbeugsamkeit seines Moralbegriffs
❷ *(usu pej: stubbornness)* Sturheit *f*
❸ *(stiffness)* Steifheit *f*

in·flex·ible [ɪnˈfleksəbl] *adj* *(usu pej)* ❶ *(fixed, unchanging)* starr, inflexibel *geh*, unflexibel ÖSTERR, SCHWEIZ; ***the law is ~ on this point*** das Gesetz ist in diesem Punkt nicht beugbar; **to adopt an ~ position** auf seinem [festen] Standpunkt beharren; **~ rules** starre Regeln
❷ *(not adaptable)* unbeugsam, stur *pej*; **to be ~ in one's opinion** nicht von seiner Meinung abgehen; **~ worker** inflexible Arbeitskraft
❸ *(stiff) limb* steif

in·flex·ibly [ɪnˈfleksəbli] *adv* starr, inflexibel *geh*, unflexibel ÖSTERR, SCHWEIZ

in·flex·ion *n esp* BRIT LING *see* **inflection**

in·flict [ɪnˈflɪkt] *vt* ❶ *(impose)* ■**to ~ sth on sb** *pain, suffering torture, violence* jdm etw zufügen; **to ~ a fine/punishment on sb** jdm eine Geldbuße/Bestrafung [*o* Strafe] auferlegen; **to ~ one's opinion/views on sb** jdm seine Meinung/Ansichten aufzwingen [*o fam* aufdrücken]; ■**to ~ sth on oneself** *(hum)* sich *dat* selbst etw zufügen
❷ *(usu hum)* **to ~ oneself/one's company on sb** sich *akk* jdm aufdrängen; ***would you mind if I ~ed myself on you for a moment?*** dürfte ich Sie wohl für einen Moment belästigen? *hum iron*

in·flic·tion [ɪnˈflɪkʃən] *n no pl of suffering* Zufügen *nt*; *of torture also* Quälen *nt*; *of punishment, sentence* Verhängen *nt*; *of fine* Auferlegen *nt*

ˈin-flight *adj attr, inv* Bord-, während des Fluges *nach n*; **~ [customer] catering/service** Bordverpflegung *f*/-service *m*; **~ refuelling** Auftanken *nt* während des Flugs

in·flow [ˈɪnfləʊ, AM -floʊ] **I.** *n no pl* ❶ *(arrival)* Zustrom *m*; **~ of capital** Kapitalzufluss *m*; **~ of foreign exchange** Deviseneingänge *pl*; **~ of goods** Wareneingänge *pl*; **~ of immigrants** Einwandererzustrom *m*
❷ *(supply)* **~ of air/fuel** Luft-/Benzinzufuhr *f*
II. *adj attr, inv* AUTO **~ pipe** Ansaugrohr *nt*

in·flu·ence [ˈɪnfluən(t)s] **I.** *n* ❶ *(sth that affects)* Einfluss *m*; **to be an ~ on sb/sth** [einen] Einfluss auf jdn/etw ausüben, jdn/etw beeinflussen; ***Mary's a good ~ on him*** Mary hat einen guten Einfluss auf ihn; **to fall under the ~ of sb** *(usu pej)* unter jds Einfluss geraten *meist pej*; *(stronger)* in jds Bann geraten *meist pej*; **to have an ~ on sb/sth** [einen] Einfluss auf jdn/etw haben; *of weather* Auswirkungen auf jdn/etw haben
❷ *no pl (power to affect)* Einfluss *m* (**on** auf +*akk*); **to be/fall under sb's ~** *(usu pej)* unter jds Einfluss stehen/geraten *meist pej*; **to enjoy ~** einflussreich sein; **to exert** [*or* **use**] **one's ~** seinen [ganzen] Einfluss geltend machen
▸ PHRASES: **to be under the ~** *(form or hum)* betrunken sein; ***she was charged with driving under the ~*** sie wurde wegen Trunkenheit am Steuer belangt
II. *vt* ■**to ~ sb/sth** jdn/etw beeinflussen; ***what ~d you to choose a career in nursing?*** was hat dich dazu veranlasst, Krankenschwester zu werden?; **to be easily ~d** leicht zu beeinflussen [*o* beeinflussbar] sein

in·flu·en·tial [ˌɪnfluˈen(t)ʃəl] *adj* einflussreich; ***she was ~ in setting up the self-help group*** sie hat die Gründung der Selbsthilfegruppe [mit]beeinflusst

in·flu·en·za [ˌɪnfluˈenzə] *(form)* **I.** *n no pl* Grippe *f*, Influenza *f geh o veraltend*
II. *n modifier (epidemic, patient, virus)* Grippe-

in·flux [ˈɪnflʌks] *n no pl of tourists, etc* Zustrom *m* (**of** an +*dat*); **~ of refugees** Flüchtlingsstrom *m*; *of capital, etc* Zufuhr *f* (**of** an +*dat*)

info [ˈɪnfəʊ, AM -oʊ] *n (fam) short for* **information** Information *f*, Info *f fam*

ˈin·fo cen·tre, AM **ˈin·fo cen·ter** *n* Beratungsstelle *f*

info·ˈgraph·ic *n short for* **informational graphic** Informationsgrafik *f*

info·mer·cial [ˌɪnfə(ʊ)ˈmɜːʃəl, AM -foʊˈmɜːr-] *n* TV, MEDIA Infomercial *nt fachspr (als Informationssendung getarntes Werbevideo)*

in·form [ɪnˈfɔːm, AM -ˈfɔːrm] **I.** *vt* ❶ *(give information)* ■**to ~ sb** jdn informieren; **to ~ the police** die Polizei benachrichtigen [*o* verständigen]; ■**to ~ sb about** [*or* **of**] **sth** jdn über etw *akk* informieren [*o* in Kenntnis setzen] [*o* unterrichten]; ***why wasn't I ~ed about this earlier?*** warum hat man mir das nicht früher mitgeteilt?; ***we regret to have to ~ you that ...*** wir bedauern, Ihnen mitteilen zu müssen, dass ...
❷ *usu passive (guide)* ■**to be ~ed by sth** geprägt sein von etw *dat*; ***the debate on censorship is ~ed by the right to freedom of speech*** die Debatte zur Zensur steht im Zeichen des Rechts auf freie Meinungsäußerung
II. *vi* ■**to ~ against** [*or* **on**] **sb** jdn anzeigen [*o geh form* denunzieren]

in·for·mal [ɪnˈfɔːməl, AM -ˈfɔːrm-] *adj* ❶ *(not formal,*

casual) informell; ***'hi' is a rather ~ way of greeting people*** ‚hi' ist eine recht lockere Weise, jdn zu begrüßen; **to take an ~ approach to sth** etw zwanglos angehen; **~ atmosphere/party** zwanglose [*o* ungezwungene] Atmosphäre/Party; **~ clothing/manner** legere Kleidung/Art
❷ *(not official) meeting* inoffiziell
❸ *(approachable, not stiff) person* ungezwungen

in·for·mal·ity [ˌɪnfɔːˈmæləti, AM -fɔːrˈmælət̬i] *n no pl* ❶ *(casual quality)* Ungezwungenheit *f,* Zwanglosigkeit *f*
❷ *(unofficial character)* inoffizieller Charakter
❸ *(approachability) of person* Ungezwungenheit *f*

in·for·mal·ly [ɪnˈfɔːməli, AM -ˈfɔːrm-] *adv* ❶ *(not formally)* informell; *(casually)* zwanglos, ungezwungen; **to dine ~** gemütlich essen; **to dress ~** sich *akk* leger kleiden
❷ *(not officially)* inoffiziell

in·form·ant [ɪnˈfɔːmənt, AM -ˈfɔːr-] *n* Informant(in) *m(f);* **a reliable ~** ein zuverlässiger Informant; **to be told sth by a reliable ~** etw aus zuverlässiger Quelle erfahren

in·for·mat·ics [ˌɪnfəˈmætɪks, AM -fɚˈmæt̬-] *n + sing vb* Informatik *f kein pl*

in·for·ma·tion [ˌɪnfəˈmeɪʃən, AM -fɚˈ-] **I.** *n* ❶ *no pl (data)* Information *f,* Auskunft *f; (details)* Angaben *pl;* ***do you have any ~ about train times?*** können Sie mir Auskunft über die Abfahrtszeiten geben?; ***for further ~, please contact your local library*** für weitere Informationen setzen Sie sich bitte mit Ihrer Bibliothek in Verbindung; **a bit** [*or* **piece**] **of ~** eine Information; **a vital piece of ~** eine sehr wichtige Information; **to be a mine of ~** viel wissen; **a lot of/a little ~** viele/wenige Informationen; **to give sb ~ about sb/sth** jdm über jdn/etw Informationen geben; **to have ~ that ...** Informationen haben, dass ...; **to move ~** Informationen übertragen; *(from the internet)* Informationen aus dem Internet übertragen; **for your ~** als Information; *(annoyed)* damit Sie es wissen
❷ *(enquiry desk)* Information *f;* ***you can buy a museum guide at ~*** Sie können einen Museumsführer an der Information kaufen
❸ AM *(telephone operator)* Auskunft *f*
❹ LAW *(form: official charge)* Anklage *f;* **to lay an ~ against sb** jdn anklagen
II. *n modifier (pack, service, sheet)* Informations-; COMPUT Daten-; **~ content** Informationsgehalt *nt;* **~ exchange** Informationsaustausch *m;* **~ management** Datenmanagement *nt;* **~ system** Informationssystem *nt*

in·for·ˈma·tion ad·van·tage *n* COMM Informationsvorsprung *m* **in·for·ˈma·tion age** *n* Informationszeitalter *nt*

in·for·ma·tion·al [ˌɪnfəˈmeɪʃənəl, AM -fɚˈ-] *adj* Informations-, informationell *geh;* **~ content** Informationsgehalt *m*

in·for·ˈma·tion ban *n* POL Informationssperre *f* **in·for·ˈma·tion-based** *adj attr, inv* informationsgestützt, informationsorientiert **in·for·ˈma·tion bro·ker** *n* INET Information Broker(in) *m(f)* **in·for·ˈma·tion bu·reau** *n* Auskunftsbüro *nt* **in·for·ˈma·tion class** *n soziale Schicht, die das Internet als Informationsquelle nutzt* **in·for·ˈma·tion con·tent** *n no pl* COMPUT Informationsgehalt *m,* Informationsinhalt *m* **in·for·ˈma·tion desk** *n* die Information **in·for·ˈma·tion era** *n* Informationszeitalter *nt* **in·for·ˈma·tion flow** *n* Informationsfluss *m* **in·for·ˈma·tion gath·er·ing** *n no pl* Datenerhebung *f* **in·for·ˈma·tion lev·el** *n* Informationsstand *m* **in·for·ma·tion ˈover·load** *n no pl* Informationsüberfluss *m* **in·for·ˈma·tion pro·cess·ing** *n no pl* Informationsverarbeitung *f* **in·for·ˈma·tion re·quest** *n* Informationsanforderung *f* **in·for·ma·tion re·ˈtriev·al I.** *n no pl* COMPUT Wiederauffinden *nt* von Informationen; COMPUT Informationsabruf *m,* Informationswiedergewinnung *f* **II.** *n modifier* **~ system** Informationsaufrufsystem *nt,* Zentrale *f* für Informationsanbieter und Benutzer **in·for·ˈma·tion sci·ence** *n usu pl* Informatik *f kein pl* **in·for·ˈma·tion se·cu·rity** *n* COMPUT Informationssicherheit *f* **in·for·ma·tion ser·vices pro·ˈvid·er** *n* COMPUT Informationsdienstleister(in) *m(f)* **in·for·ma·tion ˈstor·age** *n no pl* COMPUT Datenspeicherung *f;* **~ and retrieval** Informationsspeicherung *f* und -wiederauffindung **in·for·ma·tion ˈsuper·high·way** *n* COMPUT ■**the ~** die Datenautobahn, das Internet **in·for·ˈma·tion sys·tem** *n* Informationssystem *nt* **in·for·ma·tion tech·ˈnol·ogy** *n,* **IT** *n no pl* Informationstechnologie *f*

in·forma·tive [ɪnˈfɔːmətɪv, AM -ˈfɔːrmət̬-] *adj (approv)* informativ

in·formed [ɪnˈfɔːmd, AM -ˈfɔːr-] *adj* [gut] informiert; **to make an ~ guess** etw [aufgrund von Informationen] vermuten; **an ~ opinion** eine fundierte Meinung; **to be well-~** gut informiert sein; **to keep sb ~** jdn auf dem Laufenden halten

in·form·er [ɪnˈfɔːməʳ, AM -ˈfɔːrmɚ] *n* Informant(in) *m(f),* Denunziant(in) *m(f);* **to turn ~** die Mittäter verraten

info·tain·ment [ˌɪnfə(ʊ)ˈteɪnmənt, AM ˈɪnfoʊteɪ-] *n no pl (esp pej)* Infotainment *nt*

in·fo·tise·ment [ˈɪnfə(ʊ)taɪzmənt, AM -foʊ-] *n* INET Infotisement *nt (Werbung mit informativem Inhalt)*

in·frac·tion [ɪnˈfrækʃən] *n* LAW *(form)* Verstoß *m* (**of** gegen +*akk*); **~ of a law** Gesetzesübertretung *f,* Gesetzesverstoß *m;* ***this is an ~ of the law*** das verstößt gegen das Gesetz; **~ of a rule** Regelverletzung *f; esp* SPORT Regelverstoß *m*

in·fra dig [ˌɪnfrəˈdɪg] *adj pred (dated or hum)* ■**to be ~** [**for sb**] unter jds Würde sein; ***they think it's a bit ~ to do your own housework*** sie sind sich für Hausarbeit zu fein

infra·red [ˌɪnfrəˈred] *adj inv* infrarot; **~ radiation** Infrarotstrahlung *f*

infra·struc·ture [ˈɪnfrəˌstrʌktʃəʳ, AM -ɚ] *n* Infrastruktur *f*

in·fre·quen·cy [ɪnˈfriːkwən(t)si] *n no pl* Seltenheit *f*

in·fre·quent [ɪnˈfriːkwənt] *adj* selten

in·fre·quent·ly [ɪnˈfriːkwəntli] *adv* selten

in·fringe [ɪnˈfrɪndʒ] **I.** *vt* ■**to ~ sth** etw verletzen, gegen etw *akk* verstoßen; **to ~ a law** gegen ein Gesetz verstoßen, ein Gesetz übertreten; **to ~ sb's rights** jds Rechte verletzen [*o* missachten]
II. *vi* ■**to ~ on** [*or* **upon**] **sth** *privacy, rights* etw verletzen; *area* in etw *akk* eindringen; *territory* auf etw *akk* übergreifen

in·fringe·ment [ɪnˈfrɪndʒmənt] *n* ❶ *(action)* Verstoß *m; (breach) of law* Gesetzesübertretung *f,* Gesetzesverstoß *m; of rules* Regelverletzung *f; esp* SPORT Regelverstoß *m;* **an ~ of copyright** ein Verstoß gegen das Urheberrecht
❷ *no pl (violation)* Übertretung *f*

in·furi·ate [ɪnˈfjʊərieɪt, AM -ˈfjʊr-] *vt* ■**to ~ sb** jdn wütend machen [*o* ärgern]

in·furi·at·ing [ɪnˈfjʊərieɪtɪŋ, AM -ˈfjʊrieɪt̬-] *adj* ärgerlich; **an ~ person** eine Person, die einen zur Raserei bringen kann; ***he's never more ~ than when ...*** er geht mir am meisten auf den Geist, wenn ...

in·furi·at·ing·ly [ɪnˈfjʊərieɪtɪŋli, AM -ˈfjʊrieɪt̬-] *adv* ärgerlich[erweise]; ***she was so ~ casual about the whole thing*** sie ging so aufreizend gelassen über die ganze Sache hinweg

in·fuse [ɪnˈfjuːz] **I.** *vt* ❶ *(fill)* ■**to ~ sb/sth with sth** jdn/etw mit etw *dat* erfüllen; **to ~ sb with courage** jdm Mut machen; **to ~ sb with energy** jdm Energie geben; ■**to ~ sth into sb/sth** jdm/etw etw einflößen; ***the arrival of a group of friends ~d life into the weekend*** die Ankunft einer Gruppe von Freunden brachte Leben in das Wochenende
❷ *(form: steep in liquid)* ■**to ~ sth** *tea, herbs* etw aufgießen
II. *vi* ziehen

in·fu·sion [ɪnˈfjuːʒən] *n* ❶ *(input)* Einbringen *nt;* ECON Infusion *f fachspr,* Input *m fachspr;* ***we need an ~ of new ideas in this company*** wir brauchen neue Ideen in dieser Firma; **an ~ of money** eine Geldspritze *f fam*
❷ *(brew)* Aufguss *m;* **~ of herbs, herbal ~** Kräutertee *m;* **~ of tea** Tee *m*
❸ *no pl (brewing)* Aufgießen *nt,* Aufguss *m*
❹ MED Infusion *f*

in·fu·so·rial earth [ˌɪnfjuːˌzɔːriəlˈ-, AM -ˈsɔːriəlˈ-] *n no pl* SCI Kieselgur *f,* Diatomeenerde *f*

in·gen·ious [ɪnˈdʒiːniəs, AM -njəs] *adj person* ideenreich, kreativ; *idea, method, plan* ausgeklügelt, raffiniert, genial; *device, machine* raffiniert

in·gen·ious·ly [ɪnˈdʒiːniəsli, AM -njəs] *adv* ausgeklügelt, genial, raffiniert

in·gé·nue [ˈɛ̃(n)ʒeɪnjuː, AM ˈænʒənuː] *n* gutgläubiges junges Mädchen; THEAT jugendliche Naive

in·genu·ity [ˌɪndʒɪˈnjuːəti, AM -ət̬i] *n no pl of a person* Ideenreichtum *m,* Einfallsreichtum *m; of an idea/a plan/a solution* Genialität *f; of machine/device* Raffiniertheit *f;* **to use one's ~** seinen Einfallsreichtum nutzen

in·genu·ous [ɪnˈdʒenjuəs] *adj (form)* ❶ *(naive)* naiv
❷ *(openly honest)* offen, ehrlich

in·genu·ous·ly [ɪnˈdʒenjuəsli] *adv (form)* ❶ *(naively)* naiv
❷ *(openly)* offen, ehrlich

in·gest [ɪnˈdʒest] *vt (form)* ■**to ~ sth** ❶ MED etw einnehmen
❷ *(fig) facts, information* etw verschlingen *fig*

in·ges·tion [ɪnˈdʒestʃən] *n no pl* MED *(form)* Aufnahme *f,* Ingestion *f fachspr*

ingle·nook [ˈɪŋglnʊk] *n esp* BRIT ARCHIT Kaminecke *f* [*o* SCHWEIZ *a.* Cheminéeecke] *f;* **~ fireplace** Kamin *m* [*o* SCHWEIZ Cheminée *nt*] mit Sitzecke

in·glo·ri·ous [ɪnˈglɔːriəs] *adj* unrühmlich; *defeat* schmählich BRD

in·glo·ri·ous·ly [ɪnˈglɔːriəsli] *adv* schmählich BRD

in·going [ˈɪnˌgəʊɪŋ, AM -ˈgoʊ-] *adj attr, inv* eingehend; *occupant, office holder* neu

in·got [ˈɪŋgət] *n* Ingot *m fachspr; of gold, silver* Barren *m*

in·grained [ɪnˈgreɪnd] *adj* ❶ *(embedded)* fest sitzend *attr;* **to be ~ with dirt** stark verschmutzt sein
❷ *(fig: deep-seated)* tief sitzend *attr,* fest verankert; ***some habits are very deeply ~*** einige Angewohnheiten sitzen sehr tief

in·grate [ˈɪngreɪt] *n (pej liter)* **to be an ~** undankbar sein

in·gra·ti·ate [ɪnˈgreɪʃieɪt] *vt no passive (usu pej)* ■**to ~ oneself** [**with sb**] sich *akk* [bei jdm] einschmeicheln

in·gra·ti·at·ing [ɪnˈgreɪʃieɪtɪŋ, AM -t̬-] *adj (usu pej)* schmeichlerisch

in·gra·ti·at·ing·ly [ɪnˈgreɪʃieɪtɪŋli] *adv* gewinnend, einnehmend

in·grati·tude [ɪnˈgrætɪtjuːd, AM -t̬ətuːd] *n no pl* Undankbarkeit *f*

in·gre·di·ent [ɪnˈgriːdiənt] *n* ❶ *(in recipe)* Zutat *f*
❷ *(component)* Bestandteil *m;* ***trust is an essential ~ in a successful marriage*** Vertrauen ist eine wichtige Voraussetzung für eine erfolgreiche Ehe; ***this has all the ~s of a really successful novel*** dieser Roman hat alles, um ein großer Erfolg zu werden

in·gress <*pl* -es> [ˈɪngres] *n (form)* ❶ *no pl (entering)* Eintritt *m;* **right of ~** Zutritt *m*
❷ *(entrance)* Eingang *m*

ˈin-group *n (usu pej fam)* angesagte Clique; **to be in with the ~** in der angesagten Clique sein

in·grow·ing [ɪnˈgrəʊɪŋ, AM ˈɪngroʊ-], **in·grown** [ɪnˈgrəʊn, AM ˈɪngroʊn] *adj usu attr, inv* eingewachsen; **an ~ toenail** ein eingewachsener Fußnagel

in·gui·nal [ˈɪŋgwɪnəl] *adj* inguinal *fachspr,* Leisten-

in·hab·it [ɪnˈhæbɪt] *vt* ■**to ~ sth** etw bewohnen

in·hab·it·able [ɪnˈhæbɪtəbl̩, AM -t̬-] *adj* bewohnbar

in·hab·it·ant [ɪnˈhæbɪtənt] *n of region* Einwohner(in) *m(f); of building* Bewohner(in) *m(f)*

in·hal·ant [ɪnˈheɪlənt] *n* MED Inhalat *nt*

in·ha·la·tion [ˌɪn(h)əˈleɪʃən] *n* ❶ *no pl (breathing in)* Einatmen *nt; (by smoker)* Inhalieren *nt; (of poison)* Rauchvergiftung *f*
❷ *(intake of breath)* Atemzug *m; of smoke* Zug *m; of vapours* Einatmen *nt kein pl*

in·ha·la·tion ˈan·thrax *n* Lungenmilzbrand *m*

in·ha·la·tor [ˌɪn(h)əˈleɪtəʳ, AM -t̬ɚ] *n* Inhalationsapparat *m,* Inhalator *m*

in·hale [ɪnˈheɪl] **I.** *vt* ■**to ~ sth** etw einatmen;

smoker etw inhalieren
II. *vi* einatmen; *smoker* inhalieren
in·hal·er [ɪnˈheɪləʳ, AM -ɚ] *n* Inhalationsapparat *m*, Inhalator *m*
in·har·mo·ni·ous [ˌɪnhɑːˈməʊniəs, AM -hɑːrˈmoʊ-] *adj* ❶ *(not friendly)* gespannt, problematisch
❷ MUS unharmonisch
❸ *(form: not blending well)* unharmonisch
in·here [ɪnˈhɪəʳ, AM -ˈhɪr] *vi (liter)* ■**to ~ in sb/sth** jdm/etw innewohnen *geh*
in·her·ent [ɪnˈherᵊnt, AM *esp* -ˈhɪr-] *adj* innewohnend *attr;* PHILOS inhärent *geh;* ***he has an ~ distrust of emotional commitment*** er hat ein tief sitzendes Misstrauen gegenüber gefühlsmäßigen Bindungen; ■**to be ~ in sth** etw *dat* eigen sein; ***there are dangers ~ in almost every sport*** fast jeder Sport bringt Gefahren mit sich
in·her·ent·ly [ɪnˈherᵊntli, AM *esp* -ˈhɪr-] *adv* von Natur aus
in·her·it [ɪnˈherɪt] I. *vt* ■**to ~ sth** [**from sb**] etw [von jdm] erben; *(fig)* etw [von jdm] übernehmen; ■**to ~ sth** COMPUT etw übernehmen
II. *vi* erben
in·her·it·able [ɪnˈherɪtəbl̩, AM -t̬-] *adj inv* ❶ *(transmissible)* vererbbar; ~ **characteristics** vererbbare Merkmale
❷ LAW *(able to inherit)* erbfähig
in·her·it·ance [ɪnˈherɪtᵊn(t)s] *n* ❶ *(legacy)* Erbe *nt kein pl,* Erbschaft *f* (**from** von +*dat*), SCHWEIZ *a.* Vermächtnis *nt;* **to come into one's ~** *(form)* sein Erbe antreten, etw erben; **a cultural/literary ~** *(fig)* ein kulturelles/literarisches Erbe
❷ *no pl (inheriting) of money, property* Erben *nt; of characteristics* Vererben *nt;* ***my collection was formed partly by ~*** meine Sammlung besteht zum Teil aus Erbstücken
❸ *no pl* COMPUT Übernahme *f*
in·ˈher·it·ance con·tract *n* Erbvertrag *m* **in·ˈher·it·ance tax** *n* Erbschaft[s]steuer *f,* Nachlasssteuer *f*
in·her·it·ed [ɪnˈherɪtɪd, AM -t̬-] *adj attr* **an ~ disease** eine Erbkrankheit
in·heri·tor [ɪnˈherɪtəʳ, AM -t̬ɚ] *n (also fig)* Erbe, Erbin *m, f*
in·hib·it [ɪnˈhɪbɪt] *vt* ❶ *(restrict)* ■**to ~ sth** etw hindern [*o* stören]
❷ *(deter)* ■**to ~ sb** jdn hemmen; ***fear of failure is an ~ing factor for many people*** Versagensangst verursacht vielen Menschen Hemmungen; ■**to ~ sb from doing sth** jdn daran hindern, etw zu tun
❸ COMPUT ■**to ~ sth** etw sperren
in·hib·it·ed [ɪnˈhɪbɪtɪd, AM -t̬-] *adj* ❶ *(self-conscious)* gehemmt; **to be/feel ~** Hemmungen haben
❷ *(repressed)* ■**to be ~** verklemmt sein *fam*
in·hi·bi·tion [ˌɪn(h)ɪˈbɪʃᵊn] *n* ❶ *usu pl (self-consciousness)* Hemmung *f;* **to have ~s** [**about doing sth**] Hemmungen haben[, etw zu tun]; **to lose one's ~s** alle Hemmungen verlieren
❷ *no pl (inhibiting)* Einschränken *nt; (prevention)* Verhindern *nt*
❸ SCI *(action of inhibiting)* Verhinderung *f*
in·hibi·tor [ɪnˈhɪbɪtəʳ, AM -ɪt̬ɚ] *n* CHEM Hemmstoff *m*
in·hibi·tory [ɪnˈhɪbɪtᵊri, AM ɪtɔːri] *adj inv esp* MED hemmend, Hemmungs-, inhibitorisch *fachspr*
in·homo·geneous [ˌɪnhɒməˈdʒiːniəs, AM -hoʊmoʊ'-] *adj* CHEM inhomogen
in·hos·pi·table [ˌɪnhɒsˈpɪtəbl̩, AM ɪnˈhɑːspɪt̬-] *adj* ❶ *(unwelcoming)* ungastlich
❷ *(unpleasant)* unwirtlich
in-ˈhouse I. *adj attr, inv* hauseigen, innerbetrieblich
II. *adv inv* intern, im Hause, innerbetrieblich; ADMIN ~ **banking policy** bankinterne Regelung; ~ **fund** Hausfonds *m*
in·hu·man [ɪnˈhjuːmən] *adj* ❶ *(pej: cruel)* unmenschlich
❷ *(non-human)* unmenschlich; *(superhuman)* übermenschlich
in·hu·mane [ˌɪnhjuːˈmeɪn] *adj* inhuman; *(barbaric)* barbarisch
in·hu·man·ity [ˌɪnhjuːˈmænəti, AM -ət̬i] *n no pl* Grausamkeit *f; (barbaric cruelty)* Barbarei *f;* **man's ~ to man** die menschliche Grausamkeit

in·imi·cal [ɪˈnɪmɪkᵊl] *adj (form)* ❶ *(harmful)* nachteilig; ■**to be ~ to sth** etw *dat* abträglich sein *geh;* ***that is ~ to free speech*** das ist ein Angriff auf die Redefreiheit
❷ *(hostile)* feindselig, feindlich; ■**to be ~ to sth/sb** etw/jdm feindlich gesonnen sein
in·imi·table [ɪˈnɪmɪtəbl̩, AM -t̬-] *adj* unnachahmlich
in·iqui·tous [ɪˈnɪkwɪtəs, AM -t̬-] *adj (form)* ungeheuerlich, skandalös
in·iquity [ɪˈnɪkwɪti, AM -t̬-] *n* ❶ *no pl (wickedness)* Bosheit *f; (unfairness)* Ungerechtigkeit *f; (sinfulness)* Verderbtheit *f geh;* **a den of ~** *(pej dated)* ein Sündenpfuhl *m veraltend o oft hum*
❷ *(wicked act)* Untat *f,* Missetat *f veraltend geh; (act of unfairness)* Ungerechtigkeit *f; (sin)* Sünde *f*
ini·tial [ɪˈnɪʃᵊl] I. *adj attr, inv* anfänglich, erste(r, s); ***my ~ surprise was soon replaced by delight*** meine anfängliche Überraschung wandelte sich schnell in Freude; ~ ***reports say that ...*** ersten Meldungen zufolge ...; **an ~ letter** ein erster Brief; **in the ~ phases** [*or* **stages**] in der Anfangsphase; ~ **concentration** CHEM Anfangskonzentration *f;* ~ **resistance** PHYS Anfangswiderstand *m;* ~ **voltage** ELEC Anfangsspannung *f*
II. *n* Initiale *f;* ***what does the ~, X, in your name stand for?*** wofür steht das X in deinem Namen?; ■**~s** *pl* Initialen *pl,* Anfangsbuchstaben *pl,* Initialen *pl* ÖSTERR, SCHWEIZ; **to mark** [*or* **sign**] **a page with one's ~s** seine Initialen unter eine Seite setzen
III. *vt* <BRIT -ll- *or* AM *usu* -l-> ■**to ~ sth** etw abzeichnen [*o* paraphieren]
ini·tial ˈcapi·tal *n no pl* Gründungskapital *nt* **ini·tial in·ˈvest·ment** *n* Ausgangsinvestition *f,* Ausgangsinvestment *nt*
ini·tiali·za·tion [ɪnɪʃᵊlaɪˈzeɪʃᵊn, AM -lɪ'-] *n* Initialisierung *f*
ini·tial·ize [ɪˈnɪʃᵊlaɪz] *vt* COMPUT ■**to ~ sth** etw initialisieren
ini·tial·ly [ɪˈnɪʃᵊli] *adv inv* anfangs, zu Anfang, zunächst
ini·tial quo·ˈta·tion *n* STOCKEX Eröffnungskurs *m*
ini·ti·ate I. *vt* [ɪˈnɪʃieɪt] ❶ *(start)* ■**to ~ sth** etw initiieren [*o* in die Wege leiten]; **to ~ proceedings against sb** LAW rechtliche Schritte gegen jdn einleiten
❷ *(teach)* ■**to ~ sb into sth** jdn in etw *akk* einweihen
❸ *(admit to group)* ■**to ~ sb** [**into sth**] jdn [in etw *akk*] einführen; *(make official member)* jdn [in etw *akk*] [feierlich] aufnehmen
II. *n* [ɪˈnɪʃiət] *(in a club, organization)* neues Mitglied; *(in a spiritual community)* Eingeweihte(r) *f(m)*
ini·ti·at·ing re·ac·tion [ɪˈnɪʃieɪtɪŋ-, AM -eɪt̬ɪŋ-] *n* CHEM Startreaktion *f*
ini·tia·tion [ɪˌnɪʃiˈeɪʃᵊn] *n* ❶ *no pl (start)* Einleitung *f;* **the ~ of talks** die Eröffnung der Gespräche
❷ *(introduction)* Einführung *f* (**into** in +*akk*); *(as a member)* Aufnahme *f* (**into** in +*akk*); *(in tribal societies)* Initiation *f* (**into** in +*akk*)
ini·tiˈa·tion cer·emo·ny *n* [feierliche] Aufnahmezeremonie; *(rite)* Initiationsritus *m*
ini·tia·tive [ɪˈnɪʃətɪv, AM -t̬-] *n* ❶ *no pl (approv: enterprise)* [Eigen]initiative *f;* **to show ~** Eigeninitiative zeigen; **to use one's ~** eigenständig handeln; **to take the ~** [**in sth**] [in etw *dat*] die Initiative ergreifen
❷ *no pl (power to act)* Initiative *f;* **to have the ~ in sth** in etw *dat* die Oberhand haben; **to lose the ~** die Handlungsfähigkeit einbüßen
❸ *(action)* Initiative *f*
ini·tia·tor [ɪˈnɪʃieɪtəʳ, AM eɪt̬ɚ] *n* Urheber(in) *m(f),* Initiator(in) *m(f)*
in·ject [ɪnˈdʒekt] *vt* ❶ MED ■**to ~ sth** [**into sth**] etw [in etw *akk*] spritzen [*o geh* injizieren]; ■**to ~ sb/oneself** jdn/sich spritzen; ■**to ~ sb/oneself with sth** jdm/sich etw spritzen; ■**to ~ sb against sth** BRIT, AUS jdn gegen etw *akk* impfen
❷ *(fig: introduce)* ■**to ~ sth into sth** etw in etw *akk* [hinein]bringen; **to ~ cash** [*or* **money**]/**capital into a project** Geld/Kapital in ein Projekt pumpen *fam*
❸ TECH ■**to ~ sth** etw einspritzen; **to ~ gas** Gas einblasen *fachspr*
❹ AEROSP **to ~ a spacecraft into an orbit** ein Raumfahrzeug in eine Umlaufbahn schießen
in·jec·tion [ɪnˈdʒekʃᵊn] *n* ❶ MED Injektion *f,* Spritze *f;* **an insulin/a pain-killing ~** eine Insulin-/Schmerzspritze; **a flu/tetanus ~** BRIT, AUS eine Grippe-/Tetanusspritze; **to give sb an ~** [BRIT, AUS **against sth**] jdm eine Spritze [gegen etw *akk*] geben; **to give sth by ~** etw spritzen
❷ *(addition)* **an ~ of cash** [*or* **funds**] [*or* **money**] eine Geldspritze *fam;* **a capital ~ of £100,000** [*or* **an ~ of £100,000 capital**] eine Kapitalzuführung von 100.000 Pfund; **an ~ of enthusiasm/new life/optimism** ein Schuss Enthusiasmus/neues Leben/Optimismus
❸ TECH Einspritzung *f; of gas* Einblasen *nt*
in·ˈjec·tion mould·ing, AM **in·ˈjec·tion mold·ing** *n no pl* Spritzguss *m*
in·jec·tor [ɪnˈdʒektəʳ, AM ɚ] *n (fuel injector)* Einspritzer *m,* Dampfstrahlpumpe *f*
ˈin-joke *n (fam)* Insiderwitz *m fam*
in·ju·di·cious [ˌɪndʒuːˈdɪʃəs] *adj (form)* unklug; *(ill-considered)* unüberlegt
in·junc·tion [ɪnˈdʒʌŋ(k)ʃᵊn] *n* ❶ LAW Anordnung *f,* [gerichtliche [*o* richterliche]] Verfügung; **temporary ~** einstweilige Verfügung; **to issue an ~** eine Verfügung erlassen; **to seek an ~** versuchen, eine Verfügung zu erwirken
❷ *(instruction)* Ermahnung *f*
in·junc·tive [ɪnˈdʒʌŋtɪv] *adj costs* entstandene(r, s)
in·jure [ˈɪndʒəʳ, AM -ɚ] *vt* ❶ *(wound)* ■**to ~ sb/oneself** jdn/sich verletzen; **to ~ one's back/leg** sich *dat* den Rücken/das Bein verletzen
❷ *(damage)* ■**to ~ sth** etw *dat* schaden; **to ~ one's health** seiner Gesundheit schaden
in·jured [ˈɪndʒəd, AM -ɚd] I. *adj* ❶ *(wounded)* verletzt; **badly** [*or* **seriously**]/**slightly ~** schwer/leicht verletzt
❷ *(offended)* verletzt, gekränkt; ~ **pride** verletzter Stolz
❸ LAW *(wronged)* **the ~ party** der/die Geschädigte
II. *n* ■**the ~** *pl* die Verletzten *pl*
in·jured ˈpar·ty *n* LAW Geschädigte(r) *f(m)*
in·ju·ri·ous [ɪnˈdʒʊəriəs, AM -ˈdʒʊr-] *adj* ❶ *(form: harmful)* schädlich; **to be ~ to one's health** gesundheitsschädlich sein
❷ *(form: insulting)* verletzend *attr,* beleidigend *attr*
in·ju·ry [ˈɪndʒᵊri] *n* ❶ *(wound)* Verletzung *f;* **a back/knee ~** eine Rücken-/Knieverletzung; **an ~ to the foot/head** eine Fuß-/Kopfverletzung; **to do oneself an ~** BRIT, AUS *(hum)* sich *akk* verletzen [*o fam* weh tun]; **to receive** [*or* **sustain**] **an ~** verletzt werden
❷ *no pl (wounding)* Verletzung *f*
ˈin·ju·ry time *n no pl* BRIT, AUS Nachspielzeit *f*
in·jus·tice [ɪnˈdʒʌstɪs] *n* Ungerechtigkeit *f;* **to do sb an ~** jdm Unrecht tun
ink [ɪŋk] I. *n* ❶ *no pl (for writing)* Tinte *f;* ART Tusche *f; (for stamp-pad)* Farbe *f;* TYPO Druckfarbe *f; (for newspapers)* Druckerschwärze *f;* ***the ~ was barely dry on the peace agreement when ...*** der Friedensvertrag war gerade erst unterzeichnet worden, als ...; **bottle of ~** Tintenfass *nt;* **to write in ~** mit Tinte schreiben; **to be as black as ~** pechschwarz sein
❷ BIOL *(from octopus)* Tinte *f*
▸ PHRASES: **to make ~** *(fam)* Auflage machen *fam*
II. *vt* ■**to ~ sth** ❶ TYPO etw einfärben
❷ ECON etw unterschreiben [*o* unterzeichnen]
❸ *(using pen)* ■**to ~ sth** etw mit Tinte zeichnen [*o* schreiben]
◆**ink in** *vt* ■**to ~ in ↔ sth** etw mit Tusche [*o* Tinte] ausmalen
◆**ink out** *vt* ■**to ~ sth ↔ out** etw mit Tinte übermalen
ˈink-blot test *n* PSYCH Rorschachtest *m* **ˈink bot·tle** *n* Tintenfass *nt* **ˈink car·tridge** *n* Tintenpatrone *f*
ˈin-kind *adj attr, inv* **~ contribution** FIN Sacheinlage *f*
ˈink jet *n* Tintenstrahl *m,* Farbstrahl *m* **ink-jet ˈprint·er** *n* Tintenstrahldrucker *m*
ink·ling [ˈɪŋklɪŋ] *n* ❶ *(suspicion)* Ahnung *f;* **sb has**

an ~ **of sth** jd ahnt etw; ***she didn't have even the slightest ~ of the truth*** sie ahnte noch nicht mal das kleinste bisschen; ***he must have had some ~ of what was happening*** er muss doch irgendwas davon geahnt haben; **to have an ~ that ...** ahnen, dass ...
② *(hint)* Hinweis *m;* **to give sb an ~** jdm einen Hinweis geben

'ink·pad *n* Stempelkissen *nt* **'ink·stain** *n* Tintenfleck *m; (on paper)* Tintenklecks *m* **'ink·stand** *n* Schreibtischgarnitur *f* **'ink·well** *n* [in das Pult eingelassenes] Tintenfass

inky ['ɪŋki] *adj* ① *(covered with ink)* tintenbefleckt
② *(very dark)* pechschwarz; ~ **blackness** tiefste Schwärze

in·laid [ɪn'leɪd, AM 'ɪnleɪd] **I.** *adj inv* mit Intarsien *nach n;* ~ **work** Einlegearbeit *f,* Intarsienarbeit *f;* ~ **gold/ivory/wood** Einlegearbeiten *pl* aus Gold/Elfenbein/Holz
II. *vt pt, pp of* **inlay**

in·land I. *adj* ['ɪnlənd] *usu attr, inv* ① *(not coastal) sea, shipping* Binnen-; *town, village* im Landesinneren *nach n*
② *esp* BRIT ADMIN, ECON *(domestic)* inländisch, Inland[s]-; ~ **flight** Inlandsflug *m;* ~ **haulage/trade** Binnentransport *m/*-handel *m;* ~ **postage rates** Inlandsporto *nt*
II. *adv* ['ɪnlænd] *(direction)* ins Landesinnere; *(place)* im Landesinneren

In·land 'Rev·enue *n* BRIT, NZ ■**the ~** ≈ das Finanzamt

in-laws ['ɪnlɔːz, AM *esp* -lɑːz] *npl* Schwiegereltern *pl*

in·lay I. *n* ['ɪnleɪ] ① *no pl (embedded pattern)* Intarsie[n] *f*[*pl*] *fachspr,* Einlegearbeit[en] *f*[*pl*]
② MED *(for tooth)* Inlay *nt*
II. *vt* <-laid, -laid> [ɪn'leɪ] *usu passive* ■**to ~ sth** [**with sth**] etw [mit etw *dat*] einlegen

in·let ['ɪnlet] *n* ① GEOG [schmale] Bucht; *(of sea)* Meeresarm *m*
② TECH *(part of machine)* Einlass[kanal] *m; (pipe)* Zuleitungsrohr *nt,* Zuleitung *f*

in-liner ['ɪnlaɪnə], **in-line 'skate** *n usu pl* Inliner *m,* Inline-Skate *m*

in-line 'skat·ing *n no pl* Inlineskaten *nt,* Inlineskating *nt*

in loco pa·ren·tis [ɪn,ləʊkəʊpə'rentɪs, AM -,loʊkoʊpə'renṭ-] **I.** *adj pred, inv (form)* an Elternstatt *nach n,* anstelle eines Elternteils; ■**to be ~** die Aufsichtspflicht haben
II. *adv inv (form)* an Elternstatt, in Vertretung der Eltern; ***teachers work ~*** Lehrer haben eine Aufsichtspflicht

in·mate ['ɪnmeɪt] *n* ① *(of institution)* Insasse, Insassin *m, f;* **prison ~** Gefängnisinsasse, -insassin *m, f*
② *(old form: resident)* Bewohner(in) *m(f)*

in·most ['ɪnmə(ʊ)st, AM -moʊst] *adj (liter)* ① *(furthest in)* innerste(r, s)
② *(most secret)* geheimste(r, s), intimste(r, s)

inn [ɪn] *n* ① *(public house)* Gasthaus *nt,* SCHWEIZ *bes* Restaurant *nt*
② BRIT LAW **the I~s of Court** Berufsorganisation *f* der Barrister

in·nards ['ɪnədz, AM -ɚdz] *npl (fam)* ① ANAT *(entrails)* Eingeweide *pl;* FOOD Innereien *pl*
② *(of machine)* Innere(s) *nt kein pl*

in·nate [ɪ'neɪt] *adj* natürlich, angeboren

in·nate·ly [ɪ'neɪtli] *adv* von Natur aus

in·ner ['ɪnəʳ, AM -ɚ] *adj inv, usu attr* ① *(interior)* Innen-, innere(r, s) *attr;* **in the ~ London area** in der Londoner Innenstadt; ~ **ear** Innenohr *nt*
② *(emotional)* innere(r, s) *attr,* tief; ***he struggled to hide his ~ turmoil*** er versuchte, den Aufruhr in seinem Inneren zu verbergen; ~ **feelings** tiefste Gefühle; ~ **life** Innenleben *nt;* ~ **strength** innere Kraft

in·ner 'cir·cle *n* engster Kreis **in·ner 'city** *n* Innenstadt *f,* [Stadt]zentrum *nt,* City *f fam* **'in·ner-city** *adj* Innenstadt-, in der Innenstadt *nach n;* ~ **area** Innenstadtgebiet *nt;* ~ **school** Schule *f* im Innenstadtgebiet; ~ **development** innerstädtische Entwicklung **in·ner 'man** *n* ① *(soul)* ■**the ~** das Innere *(eines Menschen)* ② *(hum: stomach)* Magen *m*

in·ner·most ['ɪnəmə(ʊ)st, AM -ɚmoʊst] *adj attr, inv* ① *(furthest in)* innerste(r, s); ***the ~ circle of presidential advisers*** der engste Kreis der Berater des Präsidenten
② *(most secret)* geheimste(r, s), intimste(r, s); ***in his ~ being ...*** im tiefsten Inneren seines Herzens ...; **sb's ~ feelings/thoughts** jds geheimste [*o* intimste] Gefühle/Gedanken

in·ner 'sanc·tum *n (dated or hum)* Heiligtum *nt hum,* heilige Hallen *pl hum* **in·ner 'sole** *n* Einlegesohle *f; (in-built part)* Innensohle *f* **'in·ner tube** *n* Schlauch *m* **in·ner 'wom·an** *n* ① *(soul)* ■**the ~** das Innere *(einer Frau)* ② *(hum: stomach)* Magen *m*

in·ning ['ɪnɪŋ] *n* SPORT ① AM *(in baseball)* Inning *nt;* **the top/bottom of an ~** die erste/zweite Halbzeit eines Inning
② BRIT ■**~s** + *sing vb (in cricket)* Durchgang *m,* Innings *nt fachspr*
▶ PHRASES: **to have a good ~s** BRIT lange leben

in·nings <*pl* - *or fam* -es> ['ɪnɪŋz] *n* SPORT *(also fig)* Dransein *nt,* Am-Spiel[*o* -Ball]-Sein *nt;* **to have one's ~** am Spiel sein, an der Reihe sein; *power* am Ruder sein

innit ['ɪnɪt] *esp* BRIT *(sl)* = **isn't it** *see* **be**

'inn·keep·er *n (old)* Gastwirt(in) *m(f),* Restaurateur(in) *m(f)* SCHWEIZ

in·no·cence ['ɪnəsᵊn(t)s] *n no pl* ① *(of crime)* Unschuld *f;* **to plead** [*or* **protest**] **one's ~** seine Unschuld beteuern
② *(naivety)* Unschuld *f,* Arglosigkeit *f;* **in all ~** ganz unschuldig; **to lose one's ~** seine Naivität verlieren
③ *(dated form: virginity)* Unschuld *f*

in·no·cent ['ɪnəsᵊnt] **I.** *adj* ① *(not guilty)* unschuldig; ■**to be ~ of sth** an etw *dat* unschuldig sein; ***she is ~ of the crime*** sie hat die Tat nicht begangen, sie ist unschuldig
② *(approv: artless)* unschuldig, arglos
③ *(uninvolved)* unschuldig, unbeteiligt; **an ~ bystander** ein unbeteiligter Passant/eine unbeteiligte Passantin; **an ~ victim** ein unschuldiges Opfer
④ *(intending no harm)* unschuldig; **an ~ mistake** ein unbeabsichtigter Fehler
⑤ *(harmless)* harmlos; **an ~ substance** ein harmloser Stoff
II. *n* **to be an ~** naiv [*o* unbedarft] sein; **to come** [*or* AM **play**] **the ~ with sb** *(fam)* jdm den Unschuldigen/die Unschuldige spielen *fam*

in·no·cent·ly ['ɪnəsᵊntli] *adv* ① *(not maliciously)* arglos
② *(not criminally)* ohne böse Absicht; ***he had obtained the stolen television ~*** er hatte den gestohlenen Fernseher in gutem Glauben gekauft

in·nocu·ous [ɪ'nɒkjuəs, AM ɪ'nɑːk-] *adj* harmlos

in·nocu·ous·ly [ɪ'nɒkjuəsli, AM ɪ'nɑːk-] *adv* [ganz] harmlos

in·nocu·ous·ness [ɪ'nɒkjuəsnəs, AM ɪ'nɑːk-] *n no pl (form)* Harmlosigkeit *f*

in·no·vate ['ɪnə(ʊ)veɪt, AM -nəv-] *vi* ① *(introduce sth new)* Neuerungen einführen, innovieren *fachspr; (be creative)* kreativ sein
② *(make changes)* sich *akk* erneuern [*o* ändern]

in·no·va·tion [,ɪnə(ʊ)'veɪʃᵊn, AM -nə'-] *n* ① *(new thing)* Neuerung *f,* Reform *f; (new product)* Innovation *f*
② *no pl (creating new things)* [Ver]änderung *f*

in·no·va·tion 'fi·nanc·ing *n no pl* Innovationsfinanzierung *f*

in·no·va·tive ['ɪnə(ʊ)veɪtɪv, AM -nəv-] *adj* ① *(original)* innovativ
② *(having new ideas)* kreativ

in·no·va·tor ['ɪnə(ʊ)veɪtəʳ, AM -nəveɪṭɚ] *n* Erneuerer, Erneuerin *m, f*

in·no·va·tory ['ɪnə(ʊ)veɪtᵊri, AM 'ɪnəvətɔːri] *adj* ① *(original)* innovativ
② *(having new ideas)* kreativ

Inns of 'Court *npl* BRIT LAW ① *(legal societies) die vier in London ansässigen britischen Anwaltsverbände*
② *(buildings) die Gebäude der Anwaltsverbände*

in·nu·en·do <*pl* -s *or* -es> [,ɪnju'endəʊ, AM -doʊ] *n* ① *(insinuation)* Anspielung *f* (**about** auf +*akk*), Andeutung *f* (**about** über +*akk*); **to make an ~ about sth** auf etw *akk* anspielen
② *(suggestive remark)* Zweideutigkeit *f;* **sexual ~s** sexuelle Anspielungen [*o* Zweideutigkeiten]
③ *no pl (suggestive quality)* Andeutungen *pl*

in·nu·mer·able [ɪ'njuːmᵊrəbl̩, AM *esp* ɪ'nuː-] *adj inv* unzählig, zahllos

in·nu·mera·cy [ɪ'njuːmᵊrəsi, AM *esp* -'nuː-] *n no pl esp* BRIT Unfähigkeit *f* im Rechnen

in·nu·mer·ate [ɪ'njuːmᵊrət, AM *esp* -'nuː-] *adj esp* BRIT ■**to be ~** nicht rechnen können; ~ **school leavers** Schulabgänger, die nicht rechnen können

in·ocu·late [ɪ'nɒkjəleɪt, AM -'nɑːk-] *vt* ■**to ~ sb** [**against sth**] jdn [gegen etw *akk*] impfen

in·ocu·la·tion [ɪ,nɒkjə'leɪʃᵊn, AM -,nɑːk-] *n* Impfung *f*

in·of·fen·sive [ɪnə'fen(t)sɪv] *adj* ① *(not causing offence) behaviour, person, remark* unauffällig, harmlos
② *(not unpleasant) pattern, design* unaufdringlich

in·op·er·able [ɪ'nɒpᵊrəbl̩, AM ,ɪn'ɑːpɚ-] *adj* ① *inv* MED *(not treatable)* inoperabel; ~ **cancer/tumour** [*or* AM **tumor**] nicht operierbarer Krebs/Tumor
② *(unable to function)* nicht funktionsfähig; *(not practicable)* undurchführbar; ■**to be ~** nicht funktionieren [können]; *proposal, suggestion* nicht praktikabel [*o* durchführbar] sein

in·op·era·tive [ɪ'nɒpᵊrətɪv, AM ,ɪn'ɑːpɚəṭ-] *adj inv (form)* ① *(not in effect)* ungültig; **to be/become ~** *rule, regulation* außer Kraft sein/treten
② *(not working)* nicht funktionsfähig; ■**to be ~** nicht funktionieren

in·op·por·tune [ɪ'nɒpətjuːn, AM ɪn,ɑːpɚ'tuːn, -tjuːn] *adj* ① *(inconvenient)* ungünstig; ***their visit was somewhat ~*** ihr Besuch kam irgendwie ungelegen; **an ~ moment** ein ungünstiger Zeitpunkt
② *(unsuitable) remark* unpassend, SCHWEIZ *a.* unangebracht

in·op·por·tune·ly [ɪ'nɒpətjuːnli, AM ɪn,ɑːpɚ'tuː-, -tjuː-] *adv* ① *(inconveniently)* ungünstig; **to arrive ~** ungelegen kommen
② *(unsuitably)* unpassend

in·or·di·nate [ɪ'nɔːdɪnət, AM ,ɪn'ɔːrdᵊnɪt] *adj (pej form)* ungeheuere(r, s) *attr,* ungeheuerlich; ***we've spent an ~ amount of time/energy on this project*** wir haben ungeheuer viel Zeit/Energie auf dieses Projekt verwendet

in·or·di·nate·ly [ɪ'nɔːdɪnətli, AM ,ɪn'ɔːrdᵊnɪt-] *adv (pej form)* ungeheuer, unmäßig; **to be ~ fond of sth** in etw *akk* vernarrt sein

in·or·gan·ic [,ɪnɔː'gænɪk, AM -ɔːr'-] *adj inv* CHEM anorganisch

in·or·gan·ic 'chem·is·try *n no pl* anorganische Chemie

'in-pa·tient *n* stationärer Patient/stationäre Patientin; **as an ~** stationär

in·pay·ment ['ɪnpeɪmənt] *n* STOCKEX Einzahlung *f*

in·put ['ɪnpʊt] **I.** *n* ① *no pl (resource put in)* Beitrag *m;* **power ~** Energiezufuhr *f; (of work)* [Arbeits]aufwand *m; (of ideas, suggestions)* Beitrag *m;* ***I didn't have much ~ into the project*** ich habe nicht viel zu dem Projekt beigetragen
② COMPUT, ELEC *(component)* Anschluss *m,* Eingang *m*
③ *no pl* COMPUT *(ingoing information)* Input *m; (the typing in)* Eingabe *f*
④ COMM, FIN **~s** *Einkäufe von Gütern, für die Mehrwertsteuer bezahlt wurde*
II. *n modifier* COMPUT *(buffer, file, port)* Eingabe-; ~ **device** COMPUT Eingabegerät *nt; (scanner also)* Einlesegerät *nt*
III. *vt* <-tt-, put, put> COMPUT ■**to ~ sth** *(store in computer)* etw eingeben; *(with a scanner)* etw einscannen

'in·put data *npl* Eingabedaten *pl* **'in·put field** *n* COMPUT Eingabefeld *nt* **'in·put tax** *n* FIN Vorsteuer *f;* ~ **deduction** Vorsteuerabzug *m*

in·quest ['ɪŋkwest, AM 'ɪn-] *n* LAW gerichtliche Untersuchung [der Todesursache]; **to hold an ~** [**into sth**] [etw] gerichtlich untersuchen

in·quire *vt, vi esp* AM *see* **enquire**
inquirer *n esp* AM *see* **enquirer**
inquiring *adj esp* AM *see* **enquiring**
inquiringly *adv esp* AM *see* **enquiringly**
in·quiry *n esp* AM *see* **enquiry**
in·qui·si·tion [ˌɪŋkwɪˈzɪʃən, AM ˌɪn-] *n* ❶ *(pej: unfriendly questioning)* Verhör *nt;* **to subject sb to an ~** jdn einem Verhör unterziehen, jdn verhören
❷ HIST ■**the I~** die Inquisition; **the Spanish I~** die spanische Inquisition
in·quisi·tive [ɪnˈkwɪzətɪv, AM -t̬-] *adj* ❶ *(eager to know)* wissbegierig; *(curious)* neugierig; *look, face* fragend *attr; child* fragelustig; ■**to be ~ about sth/sb** viel über etw/jdn wissen wollen
❷ *(pej: prying) person* neugierig
in·quisi·tive·ly [ɪnˈkwɪzətɪvli, AM -t̬-] *adv* ❶ *(enquiringly)* wissbegierig; *(curiously)* neugierig
❷ *(pej: intrusively)* neugierig; ***she peered ~ into the drawers*** sie schnüffelte in den Schubladen herum
in·quisi·tive·ness [ɪnˈkwɪzətɪvnəs, AM -t̬-] *n no pl* ❶ *(thirst for knowledge)* Wissbegier[de] *f,* Wissensdurst *m; (curiosity)* Neugier *f*
❷ *(pej: nosiness)* Neugier[de] *f*
in·quisi·tor [ɪnˈkwɪzɪtəʳ, AM -t̬ɚ] *n* ❶ *(pej: insistent questioner)* unbestechlicher Fragensteller/unbestechliche Fragenstellerin
❷ HIST ■**I~** Inquisitor *m*
in·quisi·to·rial [ɪnˌkwɪzɪˈtɔːriəl] *adj* ❶ *(pej: unpleasantly prying)* aufdringlich, inquisitorisch *geh*
❷ LAW *(form)* **~ legal system** *Rechtssystem, in dem die Richter aktiv in die Untersuchung eingreifen*
in·quisi·to·rial pro·ˈcedure *n* LAW Inquisitionsverfahren *nt*
in·quor·ate [ˌɪnˈkwɔːreɪt] *adj inv* BRIT nicht beschlussfähig
in·road [ˈɪnrəʊd, AM -roʊd] *n usu pl* ❶ *(reduce noticeably)* **to make ~s into** [*or* **on**] **sth** *money, savings* tiefe Löcher in etw *akk* reißen; *object, pile* sich *akk* an etw *dat* vergreifen *fam;* ***someone has been making ~s into the chocolate cake*** jemand hat sich am Schokoladenkuchen vergriffen; ***the Green Party failed to make significant ~s on the Labour vote*** die Grünen konnten der Labour-Partei keine wesentlichen Stimmenverluste zufügen
❷ *(make progress)* **to make ~s** [**into sth**] [bei [*o* mit] etw *dat*] weiterkommen [*o* Fortschritte machen]
❸ *(raid)* **to make ~s** [**into sth**] [in etw *akk*] vorstoßen; **to make ~s on sth** in etw *akk* einfallen
in·rush [ˈɪnrʌʃ] *n usu sing of water* Einbruch *m; of people* Zustrom *m*
ins *abbrev of* **inches** *see* **inch**
Ins *n* COMPUT *abbrev of* **insert key** Einfügetaste *f*
in·sa·lu·bri·ous [ˌɪnsəˈluːbriəs] *adj (form: unwholesome)* schädlich; *(unhealthy)* ungesund, der Gesundheit abträglich *geh; (dirty)* verschmutzt; **an ~ climate** ein ungesundes Klima
ins and outs [ˌɪnzən(d)ˈaʊts] *n* ■**the ~ of sth** die Details einer S. *gen;* **to know the ~ of sth** etw in- und auswendig kennen; **to understand the ~ of sth** etw bis ins Kleinste verstehen
in·sane [ɪnˈseɪn] **I.** *adj* ❶ PSYCH geistesgestört, geisteskrank, wahnsinnig; **clinically ~** geistesgestört; **to be/go ~** wahnsinnig sein/werden; **a fit of ~ jealousy** ein Anfall krankhafter Eifersucht
❷ *(fam: crazy)* verrückt, wahnsinnig
II. *n (dated)* ■**the ~** *pl* die Geisteskranken *pl*
in·sane·ly [ɪnˈseɪnli] *adv* wahnsinnig; **~ jealous** krankhaft eifersüchtig
in·sani·tary [ɪnˈsænɪtəri, AM -teri] *adj* unhygienisch
in·san·ity [ɪnˈsænəti, AM -ət̬i] *n no pl* ❶ PSYCH Wahnsinn *m,* Geisteskrankheit *f;* **by reason of ~** LAW wegen Unzurechnungsfähigkeit; **to plead** [**temporary**] **~** auf [vorübergehende] Unzurechnungsfähigkeit plädieren
❷ *(fam: stupidity)* Wahnsinn *m,* Irrsinn *m*
in·sa·tiable [ɪnˈseɪʃəbl̩] *adj appetite, demand, thirst* unstillbar; *person* unersättlich; ***Bob is simply ~!*** Bob ist einfach nicht satt zu bekommen!
in·scribe [ɪnˈskraɪb] *vt* ❶ *(form: write)* ■**to ~ sth** [**in/on sth**] etw [in/auf etw *akk*] schreiben; *(cut into metal)* etw [in/auf etw *akk*] eingravieren; *(cut into stone)* etw [in/auf etw *akk*] einmeißeln; ***the wall was ~d with the names of the dead*** auf der Mauer standen die Namen der Toten
❷ *(dedicate)* ■**to ~ sth to sb** jdm etw widmen
in·scrip·tion [ɪnˈskrɪpʃən] *n* ❶ *(inscribed words)* Inschrift *f*
❷ *(in book)* Widmung *f*
in·scru·tabil·ity [ɪnˌskruːtəˈbɪləti, AM -t̬əˈbɪlət̬i] *n no pl of an expression, a look, a smile* Undurchdringlichkeit *f; of a person* Undurchschaubarkeit *f*
in·scru·table [ɪnˈskruːtəbl̩, AM -t̬ə-] *adj expression, look, smile* undurchdringlich; *person* undurchschaubar
in·scru·tably [ɪnˈskruːtəbli, AM -t̬ə-] *adv* undurchdringlich; **to smile ~** unergründlich lächeln
in·seam [ˈɪnsiːm] *n* AM *(inside leg)* Schrittlänge *f*
in·sect [ˈɪnsekt] **I.** *n* Insekt *nt*
II. *n modifier* Insekten-; **~ bite** Insektenstich *m;* **~ pest** AGR Insektenbefall *m*
in·sec·tar·ium <*pl* -s *or* -ia> [ˌɪnsekˈteəriəm, AM -ter-, *pl* -iə] *n* Insektarium *nt*
ˈin·sect-eat·er *n* Insektenfresser *m*
in·sec·ti·cide [ɪnˈsektɪsaɪd] *n* Insektenvernichtungsmittel *nt,* Insektizid *nt form;* **to spray sth with ~** etw mit Insektenvernichtungsmittel besprühen
in·sec·ti·vore [ɪnˈsektɪvɔːʳ, AM -vɔːr] *n (animal)* Insektenfresser *m; (plant)* Fleisch fressende Pflanze
in·sec·tivo·rous [ˌɪnsekˈtɪvərəs] *adj* Insekten fressend *attr;* **to be ~** ein Insektenfresser sein
ˈin·sect re·pel·lent *n* Insektenschutzmittel *nt*
in·se·cure [ˌɪnsɪˈkjʊəʳ, AM -ˈkjʊr] *adj* ❶ *(lacking confidence)* unsicher; **to feel ~ about sth** sich *akk* in etw *dat* nicht sicher fühlen; *(stronger)* an etw *dat* zweifeln
❷ *(precarious)* instabil, unsicher; **an ~ future** eine unsichere Zukunft
❸ *(not fixed securely)* nicht fest, nicht sicher; *(unsafe)* unstabil
in·se·cure·ly [ˌɪnsɪˈkjʊəli, AM -ˈkjʊr-] *adv* ❶ *(not confidently)* unsicher
❷ *(precariously)* ungesichert
❸ *(not tightly)* nicht sicher; ***the boxes were ~ fastened*** die Kisten waren nicht ausreichend befestigt
in·se·cu·rity [ˌɪnsɪˈkjʊərəti, AM -ˈkjʊrət̬i] *n no pl* ❶ *(lack of confidence)* Unsicherheit *f;* **a sense of ~** eine innere Unsicherheit
❷ *(precariousness)* Instabilität *f,* Unsicherheit *f*
in·semi·nate [ɪnˈsemɪneɪt] *vt* ■**to ~ an animal** ein Tier besamen [*o* befruchten] [*o fachspr* inseminieren]; **to ~ a woman** *(form)* eine Frau [künstlich] befruchten [*o fachspr* inseminieren]
in·semi·na·tion [ɪnˌsemɪˈneɪʃən] *n no pl* Befruchtung *f,* Insemination *f fachspr; of animals* Besamung *f;* **artificial ~** künstliche Befruchtung
in·sen·sibil·ity [ɪnˌsen(t)səˈbɪləti, AM -ət̬i] *n no pl (form)* ❶ *(unconsciousness)* Bewusstlosigkeit *f;* **to be in a state of drunken/drugged ~** bis zur Bewusstlosigkeit betrunken/mit Drogen vollgepumpt sein
❷ *(pej: lack of feeling)* Gefühllosigkeit *f*
❸ *(lack of appreciation)* Unempfänglichkeit *f* (**to** für *+akk)*
in·sen·sible [ɪnˈsen(t)səbl̩] *adj (form)* ❶ *inv (unconscious)* bewusstlos
❷ *(physically)* gefühllos; *(not feeling pain)* [schmerz]unempfindlich
❸ *pred (indifferent)* unempfänglich (**to** für *+akk*); *(unfeeling)* gefühllos
❹ *pred (unaware)* ■**to be ~ of sth** sich *dat* einer S. *gen* nicht bewusst sein
❺ *(imperceptible)* unmerklich
in·sen·si·tive [ɪnˈsen(t)sətɪv, AM -t̬-] *adj* ❶ *(pej: uncaring) person* gefühllos; *remark* taktlos, unsensibel; ***it was a bit ~ of Fiona*** es war schon ein bisschen taktlos von Fiona
❷ *(pej: unappreciative)* gleichgültig; ■**to be ~ to sth** etw *dat* gegenüber gleichgültig sein
❸ *usu pred (physically)* unempfindlich; ■**to be ~ to sth** etw *dat* gegenüber unempfindlich sein
in·sen·si·tiv·ity [ɪnˌsen(t)səˈtɪvəti, AM -ət̬i] *n no pl* ❶ *(pej: lack of sympathy)* Gefühllosigkeit *f* (**to/towards** gegenüber *+dat)*
❷ *(lack of reaction)* Unempfindlichkeit *f* (**to** gegenüber *+dat)*
in·sepa·rabil·ity [ɪnˌsepərəˈbɪləti, AM ət̬i] *n no pl* Untrennbarkeit *f; people* Unzertrennlichkeit *f*
in·sepa·rable [ɪnˈsepərəbl̩] *adj* ❶ *(emotionally)* unzertrennlich
❷ *(physically)* untrennbar [miteinander verbunden]
❸ LING untrennbar
in·sepa·rably [ɪnˈsepərəbli] *adv* untrennbar
in·sert I. *vt* [ɪnˈsɜːt, AM -ˈsɜːrt] ■**to ~ sth** [**into** [*or* **in**] **sth**] ❶ *(put into)* etw [in etw *akk*] [hinein]stecken; *coins* etw [in etw *akk*] einwerfen; **~ *the key into the lock*** stecken Sie den Schlüssel ins Schloss
❷ *(into text)* etw [in etw *dat*] ergänzen, etw [in etw *akk*] einfügen; *(on form)* etw [in etw *dat*] eintragen
II. *n* [ˈɪnsɜːt, AM -sɜːrt] ❶ *(extra pages)* Werbebeilage[n] *f[pl]*
❷ *(in shoe)* Einlage *f; (in clothing)* Einsatz *m*
in·sert·ed [ɪnˈsɜːtɪd, AM -ˈsɜːrt-] *adj* CHEM ineinandergefügt; **~ balloons** ineinandergefügte Kolben
in·ser·tion [ɪnˈsɜːʃən, AM -ˈsɜːr-] *n* ❶ *no pl (act of inserting)* Einlegen *nt,* Einbringen *nt form,* Einsetzen *nt; (into a slot)* Einführen *nt; of coins* Einwurf *m; (into text)* Ergänzung *f*
❷ *(sth inserted)* Einfügung *f,* Zusatz *m*
❸ *(in newspaper)* Erscheinen *nt;* ***this advertisement will cost you $50 for each ~*** diese Anzeige kostet für jedes Mal, das sie geschaltet wird, 50 Dollar
ˈin·sert key *n* COMPUT Einfügetaste *f*
ˈin-ser·vice *adj attr* **~ course** [*or* **training**] [innerbetriebliche] Fortbildung [*o* Weiterbildung]; **~ seminar** Fortbildungsseminar *nt,* Weiterbildungsseminar *nt* SCHWEIZ
in-ˈser·vice day *n esp* BRIT Fortbildungstag *m* [*o* Weiterbildungstag] *m* SCHWEIZ
in·set I. *n* [ˈɪnset] ❶ *(inserted thing)* Einsatz *m*
❷ *(in map)* Nebenkarte *f; (in picture)* Nebenbild *nt*
❸ TYPO *(added page)* Einlage *f,* Beilage *f*
II. *vt* <-set *or* -setted, -set *or* -setted> [ˌɪnˈset, AM ˈɪn'-] ■**to ~ sth** [**into** [*or* **in**] **sth**] ❶ *(insert)* etw [in etw *akk*] einsetzen; **a gold necklace ~ with rubies** eine Goldkette mit eingelassenen Rubinen
❷ TYPO etw [in etw *akk*] einfügen
in·shore [ˌɪnˈʃɔːʳ, AM -ˈʃɔːr] **I.** *adj* Küsten-, in Küstennähe *nach n;* **~ waters** Küstengewässer *pl*
II. *adv* auf die Küste zu, in Richtung Küste
in·side [ˌɪnˈsaɪd] **I.** *n* ❶ *no pl (interior)* Innere *nt;* ***shall I clean the ~ of the car?*** soll ich das Auto innen putzen?; **from/to the ~** von/nach innen; **on the ~** innen
❷ *(inner side) of hand, door etc* Innenseite *f; (inner lane)* Innenspur *f;* SPORT Innenbahn *f*
❸ *(fam: in organization)* **someone on the ~** ein Insider *m*/eine Insiderin
❹ *(fam: viscera)* ■**~s** *pl* Innereien *pl usu hum fam*
❺ *(mind)* ■**on the ~** innerlich; ***who knows what she was feeling on the ~*** wer weiß, wie es in ihr aussah
❻ *(fam: information)* **to have the ~ on sth** vertrauliche Information[en] [*o* Insiderinformation[en]] über etw *akk* haben
II. *adv inv* ❶ *(in interior)* innen
❷ *(indoors)* drinnen; *(into)* hinein/herein; *(into the house)* ins Haus
❸ *(fig: in oneself)* im Inneren; **deep ~** tief im Inneren
❹ *(fam: in prison)* hinter Gittern *fam;* ***he's ~ for armed robbery*** er sitzt wegen bewaffnetem Raubüberfall *fam;* **to put sb ~** jdn hinter Gitter bringen *fam,* jdn einlochen *sl*
III. *adj attr, inv* ❶ *(inner)* Innen-, innere(r, s); **the ~ front/back cover** die vordere/hintere Innenseite des Umschlags
❷ *(indoor)* Innen-; **~ toilets** Innentoiletten *pl*
IV. *prep* ❶ ■**~ sth** *(moving into)* in etw *akk* [hinein]; *(situated in)* in etw *dat,* innerhalb einer S. *gen*

② *(less than)* ■ ~ [*or fam* ~ **of**] **sth** innerhalb einer S. *gen,* binnen etw *dat; **he finished it ~ two hours*** er war in weniger als zwei Stunden damit fertig; **to be ~ the record** unter der Rekordzeit liegen
③ *(of sensations)* ■ ~ [*or fam* ~ **of**] **sb/one** in jdm/sich; ***she felt a stirring ~ her*** etwas regte sich in ihr

in·side in·for·'ma·tion *n no pl* vertrauliche Information[en], Insiderinformation[en] *f[pl]* | **'in·side job** *n **the police think it's an ~*** die Polizei glaubt, dass einer der Angestellten für das Verbrechen verantwortlich ist **in·side 'lane** *n (on road)* Innenspur *f; (on racetrack)* Innenbahn *f* **in·side 'leg** *n* BRIT Schrittlänge *f* **in·side 'out I.** *adj* verkehrt herum; ***your pullover's ~*** du hast deinen Pullover verkehrt rum an *fam* **II.** *adv* verkehrt herum; **to have/put sth on ~** etw verkehrt herum anhaben/anziehen ▶PHRASES: **to know sth ~** etw bis ins kleinste Detail kennen; **to turn sth ~** etw auf den Kopf stellen *fam; **the police turned the house ~ but didn't find anything*** die Polizei hat das ganze Haus auf den Kopf gestellt, konnte aber nichts finden **in·side 'pock·et** *n* Innentasche *f*

in·sid·er [ɪn'saɪdəʳ, AM -ɚ] *n* Insider(in) *m(f)*

in·sid·er con·'trol *n* LAW, STOCKEX Insiderüberwachung *f* **in·sid·er 'deal·ing** *n* Insiderhandel *m kein pl,* Insidergeschäft *nt* **in·sid·er in·for·'ma·tion** *n* STOCKEX Insiderinformation *f* **in·sid·er 'rules** *npl* STOCKEX Insider-Regeln *f* **in·sid·er 'trade** *n no pl* STOCKEX Insidergeschäft *nt* **in·sid·er 'trad·ing** *n no pl* STOCKEX Insiderhandel *m kein pl,* Insidergeschäft *nt*

in·side 'story *n* Insidestory *f* **in·side 'track** *n* **to be on** [*or* **to have**] **the ~** im Vorteil sein

in·sidi·ous [ɪn'sɪdiəs] *adj* heimtückisch, schleichend *attr;* ~ **disease/problem** heimtückische Krankheit/kniffliges Problem

in·sidi·ous·ly [ɪn'sɪdiəsli] *adv* heimtückisch, schleichend *attr*

in·sight ['ɪnsaɪt] *n* ① *(perception)* Einsicht *f,* Einblick *m* (**into** in +*akk*); **to gain an ~ into sth/sb** jdn/etw verstehen lernen; **to give sb** [*or* **provide sb with**] **an ~ into sth** jdm einen Einblick in etw *akk* geben [*o* vermitteln]
② *no pl (perceptiveness)* Verständnis *nt; **the actor brought psychological ~ to his roles*** der Schauspieler gestaltete seine Rollen mit großem Einfühlungsvermögen; **to have ~ into sth** etw verstehen; *(sympathetically)* sich *akk* in etw *akk* einfühlen können; **to gain ~ into sth** etw verstehen lernen; *(sympathetically)* sich *akk* in etw *akk* einfühlen

in·sight·ful ['ɪnsaɪtfᵊl, AM 'ɪn,saɪt-] *adj (approv)* einfühlsam, verständnisvoll; *(intelligent)* scharfsinnig

in·sig·nia <*pl* - *or* -s> [ɪn'sɪgniə] *n* Insigne *nt,* Insignien *pl* ÖSTERR, SCHWEIZ

in·sig·nifi·cance [,ɪnsɪg'nɪfɪkᵊn(t)s] *n no pl* Unwichtigkeit *f,* Belanglosigkeit *f;* **to fade** [*or* **pale**] **into ~** verblassen *geh,* bedeutungslos werden

in·sig·nifi·cant [,ɪnsɪg'nɪfɪkᵊnt] *adj* ① *(trifling)* unbedeutend; **an ~ amount** ein unbedeutender Betrag
② *(trivial)* belanglos, unwichtig, trivial
③ *(undistinguished)* unbedeutend; **an ~ functionary** ein kleiner Angestellter

in·sin·cere [,ɪnsɪn'sɪəʳ, AM -'sɪr] *adj* unaufrichtig, unehrlich; *person* falsch; *smile, praise* unecht; *flattery* heuchlerisch

in·sin·cere·ly [,ɪnsɪn'sɪəli, AM -'sɪr-] *adv* unaufrichtig; *(smile, praise)* unecht; *(flatter)* heuchlerisch

in·sin·cer·ity [,ɪnsɪn'serəti, AM -əṭi] *n no pl* Unaufrichtigkeit *f,* Unehrlichkeit *f; (artificiality)* Falschheit *f*

in·sinu·ate [ɪn'sɪnjueɪt] *vt* ① *(imply)* ■ **to ~ sth** etw andeuten; ***are you insinuating that I'm losing my nerve?*** willst du damit sagen, dass ich die Nerven verliere?
② *(form liter: slide)* ■ **to ~ sth into sth** etw vorsichtig in etw *akk* schieben; ***he ~d his fingers into the narrow opening*** er schob seine Finger vorsichtig in die schmale Öffnung
③ *(pej form: worm one's way)* ■ **to ~ oneself into sth** sich *akk* in etw *akk* [ein]schleichen

in·sinu·at·ing [ɪn'sɪnjueɪtɪŋ, AM -ṭ-] *adj (implying sth unpleasant)* boshaft, provozierend; *(implying sth salacious)* zweideutig

in·sin·ua·tion [ɪn,sɪnju'eɪʃᵊn] *n* Unterstellung *f,* Andeutung *f*

in·sip·id [ɪn'sɪpɪd] *adj (pej)* ① *(dull)* stumpfsinnig, langweilig, fad ÖSTERR *fam*
② *(bland)* fade, ohne Geschmack *nach n*

in·sip·id·ity [,ɪnsɪ'pɪdəti, AM -əṭi] *n no pl* ① *(dullness)* Stumpfsinnigkeit *f,* Langweiligkeit *f*
② *(blandness)* Fadheit *f*

in·sip·id·ly [ɪn'sɪpɪdli] *adv (pej)* ① *(dully)* stumpfsinnig, langweilig
② *(blandly)* fade, ohne Geschmack

in·sip·id·ness [ɪn'sɪpɪdnəs] *n see* **insipidity**

in·sist [ɪn'sɪst] **I.** *vi* ① *(demand)* bestehen (**on/upon** auf +*dat*); ***please go first, I ~!*** geh bitte vor, ich bestehe darauf!; ***all right, if you ~*** also gut, wenn du darauf bestehst; ***she ~ed on seeing her lawyer*** sie bestand darauf, ihren Anwalt zu sprechen
② *(continue annoyingly)* ■ **to ~ on** [*or* **upon**] **doing sth** sich *akk* nicht von etw *dat* abbringen lassen; ***she will ~ on parking right in front of our garage door*** sie parkt einfach immer stur vor unserer Garagentür
③ *(maintain forcefully)* ■ **to ~ on** [*or* **upon**] **sth** auf etw *dat* beharren
II. *vt* ① *(state forcefully)* ■ **to ~ that ...** fest behaupten, dass ...; ***Greg still ~s he did nothing wrong*** Greg behauptet immer noch fest, dass er nichts Falsches getan hat; ***"but I've already paid what I owe", she ~ed*** „aber ich habe doch schon gezahlt", sagte sie bestimmt
② *(demand forcefully)* ■ **to ~ that ...** darauf bestehen, dass ...

in·sist·ence [ɪn'sɪstᵊn(t)s] *n no pl* Bestehen *nt,* Beharren *nt* (**on** auf +*akk*); ***at her father's ~, ...*** weil ihr Vater darauf bestand, ...

in·sist·ent [ɪn'sɪstᵊnt] *adj* ① *usu pred (determined)* beharrlich, hartnäckig; ■ **to be ~** [**that ...**] darauf bestehen, dass ...
② *(forceful) appeals, demands* nachdrücklich
③ *(repeated)* wiederholt, ständig

in·sist·ent·ly [ɪn'sɪstᵊntli] *adv* ① *(forcefully)* nachdrücklich, eindringlich
② *(repeatedly)* wiederholt

in situ [,ɪn'sɪtjuː, AM 'saɪtuː] *adj inv* vor Ort *nach n*

in·so·far as [,ɪnsə(ʊ)'fɑːræz, AM -sə'-] *adv inv (form)* soweit

in·sole ['ɪnsəʊl, AM -soʊl] *n* Einlegesohle *f; (part of shoe)* Innensohle *f*

in·so·lence ['ɪn(t)sᵊlən(t)s] *n no pl* Unverschämtheit *f,* Frechheit *f*

in·so·lent ['ɪn(t)sᵊlənt] *adj* unverschämt, frech

in·so·lent·ly ['ɪn(t)sᵊləntli] *adv* unverschämt, frech

in·sol·ubil·ity [ɪn,sɒljə'bɪləti, AM -,sɑːljə'bɪləṭi] *n no pl* ① *of a problem, dilemma* Unlösbarkeit *f*
② *of a substance* Unlöslichkeit *f*

in·sol·uble [ɪn'sɒljəbl̩, AM -'sɑːl-] *adj inv* ① *puzzle, problem* unlösbar, ausweglos
② *minerals, substances* nicht löslich; ~ ***in water*** nicht in Wasser löslich

in·solv·able [ɪn'sɒlvəbl̩, AM -'sɑːl-] *adj* AM, AUS unlösbar, ausweglos

in·sol·ven·cy [ɪn'sɒlvᵊn(t)si, AM -'sɑːl-] *n no pl* ECON, FIN Zahlungsunfähigkeit *f,* Insolvenz *f fachspr;* ~ **estate** LAW Insolvenzmasse *f;* ~ **insurance** Insolvenzversicherung *f;* ~ **order** Insolvenzordnung *f;* ~ **procedure** LAW Insolvenzverfahren *nt;* **in the event of ~** im Insolvenzfall

in·sol·vent [ɪn'sɒlvᵊnt, AM -'sɑːl-] **I.** *adj inv* zahlungsunfähig, insolvent *fachspr*
II. *n* **to be an ~** zahlungsunfähig [*o fachspr* insolvent] sein

in·som·nia [ɪn'sɒmniə, AM -'sɑːm-] *n no pl* Schlaflosigkeit *f*

in·som·ni·ac [ɪn'sɒmniæk, AM -'sɑːm-] *n* **to be an ~** an Schlaflosigkeit leiden

in·somuch [,ɪnsə(ʊ)'mʌtʃ, AM -soʊ'-] *adv* insofern

in·sou·ci·ance [ɪn'suːsiən(t)s, AM *esp* -ʃən(t)s] *n no pl (liter)* Unbekümmertheit *f,* Sorglosigkeit *f*

in·sou·ci·ant [ɪn'suːsiənt, AM *esp* -ʃənt] *adj (liter)* unbekümmert, sorglos

in·sourc·ing ['ɪnsɔːsɪŋ, AM -sɔːrs-] *n* ~ **service** Insourcing-Service *m*

in·spect [ɪn'spekt] *vt* ① *(examine carefully)* ■ **to ~ sth** etw untersuchen; **to ~ sth for damage** etw auf Schäden hin untersuchen
② *(examine officially)* ■ **to ~ sth** etw kontrollieren; **to ~ the books** die Bücher prüfen
③ MIL **to ~ the troops** die Truppen inspizieren

in·spec·tion [ɪn'spekʃᵊn] *n* ① *(examination)* [Über]prüfung *f; of documents* Urkundeneinsicht *f;* **on closer ~** bei genauerer [Über]prüfung; **to carry out** [*or* **make**] **an ~** etw [über]prüfen; **to carry out an ~ of sth** etw einer Überprüfung unterziehen
② *(by officials)* Kontrolle *f*
③ *(of troops)* Inspektion *f*

in·spec·tor [ɪn'spektəʳ, AM -ɚ] *n* ① *(person who inspects)* Inspektor(in) *m(f);* **government ~** Aufsichtsbeamte(r), -beamtin *m, f;* **school ~, ~ of schools** BRIT Schulrat, -rätin *m, f,* Schulinspektor(in) *m(f)* ÖSTERR, Schulpfleger(in) *m(f)* SCHWEIZ; **tax ~** Steuerprüfer(in) *m(f);* **ticket ~** [Fahrkarten]kontrolleur(in) *m(f)*
② *(police rank)* Inspektor(in) *m(f)*

in·spec·tor·ate [ɪn'spektᵊrət] *n* Aufsichtsbehörde *f,* Kontrollgremium *nt*

in·spi·ra·tion [,ɪn(t)spᵊr'eɪʃᵊn, AM -spə'reɪ-] *n* ① *no pl (creative stimulation)* Inspiration *f;* **to provide the ~ for sth** als Inspiration für etw *akk* dienen; **to lack ~** fantasielos sein; **divine ~** REL göttliche Eingebung
② *(sth inspiring)* Inspiration *f; **her work is an ~ to us all*** ihre Arbeit ist uns allen ein Beispiel
③ *(good idea)* Einfall *m,* Idee *f; **I've had an ~!*** ich hab' eine super Idee! *fam*
④ MED *(form: inhalation)* Einatmen *nt kein pl,* Inspiration *f kein pl fachspr*
⑤ TECH Ansaugen *nt*

in·spi·ra·tion·al [,ɪn(t)spᵊr'eɪʃᵊnəl, AM -spə'reɪ-] *adj* inspirierend, begeisternd *attr*

in·spire [ɪn'spaɪəʳ, AM -'spaɪr] *vt* ① *(stimulate creatively)* ■ **to ~ sb/sth** jdn/etw inspirieren; ***what ~d you to write this poem?*** was hat dich dazu inspiriert, dieses Gedicht zu schreiben?
② *(arouse)* ■ **to ~ sth** [**in sb**] *fear, hope, optimism* etw [bei [*o* in] jdm] hervorrufen [*o* wecken], [jdn] mit etw *dat* erfüllen; ■ **to ~ sb with sth:** ***they don't ~ me with confidence*** sie wirken nicht Vertrauen erweckend auf mich; ***their example ~d us to set up our own software company*** ihr Beispiel hat uns dazu ermutigt, unsere eigene Softwarefirma zu gründen
③ *(lead to)* ■ **to ~ sth** zu etw *dat* führen
④ MED *(form: inhale)* ■ **to ~ sth** etw einatmen

in·spired [ɪn'spaɪəd, AM -ɚd] *adj* ① *(stimulated) poet, athlete* inspiriert
② *(approv: excellent)* großartig, ausgezeichnet, genial
③ *(motivated) **a politically ~ strike*** ein politisch motivierter Streik; ***a Communist ~ coup*** ein Coup nach kommunistischem Vorbild

in·spir·ing [ɪn'spaɪərɪŋ, AM -'spaɪr-] *adj* inspirierend, [sehr] anregend

inst. I. *n abbrev of* **institute, institution** Inst. *nt*
II. *adv inv (dated) abbrev of* **instant**

in·sta·bil·ity [,ɪnstə'bɪləti, AM -əṭi] *n no pl* ① *of building, structure* Instabilität *f; (political, economic)* Instabilität *f,* Unsicherheit *f*
② PSYCH *of person* Labilität *f*

in·sta·ble ['ɪnsteɪbl] *adj* CHEM unstabil, instabil; ~ **equilibrium** labiles Gleichgewicht

in·stal, AM *usu* **in·stall** [ɪn'stɔːl, AM -'stɑːl] *vt* ① TECH *(put in position)* ■ **to ~ sth** *machinery* etw aufstellen; *heating, plumbing* etw installieren; *bathroom, kitchen* etw einbauen; *electrical wiring, pipes* etw verlegen; *telephone, washing machine* etw anschließen; **to ~ a carpet** [*or* **carpeting**] AM, AUS einen Teppich verlegen
② COMPUT ■ **to ~ sth** *program, software* etw installieren
③ *(ceremonially)* ■ **to ~ sb** jdn einsetzen; **to ~ sb as archbishop/mayor** jdn als Erzbischof/Bürgermeis-

ter in sein Amt einführen
④ *(position)* **to ~ sb/oneself at a desk** jdm einen Schreibtisch zuweisen/sich einen Schreibtisch aussuchen; ***he seems to have ~led himself in your spare room for good*** er bleibt jetzt anscheinend für immer in deinem Gästezimmer wohnen

in·stal·la·tion [ˌɪnstəˈleɪʃən] *n* ① *no pl* TECH *of machinery* Aufstellen *nt; of an appliance, heating, plumbing* Installation *f; of kitchen, bathroom* Einbau *m; of electrical wiring, pipes* Verlegung *f; of telephone, washing machine* Anschluss *m;* AM, AUS *of carpet* Verlegen *nt; (setting up system)* Montage *f*
② *(facility)* Anlage *f; (computer and equipment)* [Computer]anlage *f;* **military ~** militärische Anlage
③ *(in office)* Amtseinsetzung *f kein pl,* Amtseinführung *f*
④ ART *(sculpture)* Installation *f*

in·ˈstall·ment plan *n* AM ECON *(hire purchase)* Ratenzahlung *f,* Teilzahlung *f*

in·stal·ment, AM *usu* **in·stall·ment** [ɪnˈstɔːlmənt, AM -ˈstɑːl-] *n* ① *(part)* Folge *f*
② ECON, FIN Rate *f;* **payable in monthly ~s** in Monatsraten zahlbar; **to pay for sth by ~s** etw in Raten [*o* ratenweise] [ab]bezahlen; **payment of ~s** Abzahlung *f*

in·ˈstal·ment cred·it *n* ECON, FIN Teilzahlungskredit *m,* Ratenkredit *m*

in·stance [ˈɪn(t)stən(t)s] **I.** *n* ① *(particular case)* Fall *m;* ***there have been several ~s of planes taking off without adequate safety checks*** es ist schon öfters vorgekommen, dass Flugzeuge ohne die entsprechenden Sicherheitschecks gestartet sind; **in this** [*or* **the present**] **~** in diesem Fall
② *(example)* **for ~** zum Beispiel
③ *(form: in argumentation)* **in the first ~** *(at first)* zunächst, zuerst; *(in the first place)* von vorne herein [*o* SCHWEIZ *a.* zum vorn[e]herein] *fam;* **in the second ~** *(in the second place)* zum zweiten
④ *(form: urging)* Drängen *nt kein pl; (request)* Ersuchen *nt kein pl; (order)* Befehl *m*
⑤ COMPUT Exemplar *nt*
II. *vt (form)* ■**to ~ sth** etw anführen

in·stant [ˈɪn(t)stənt] **I.** *n* ① *(moment)* Moment *m,* Augenblick *m;* ***in an ~, the whole situation had changed*** von einem Augenblick zum anderen hatte sich die ganze Lage geändert; **the next ~** im nächsten Moment [*o* Augenblick]; **at the same ~** im selben Augenblick [*o* Moment]; **for an ~** für einen Moment [*o* Augenblick]; ***she didn't believe him for an ~*** sie glaubte ihm keine Sekunde lang; **this ~** sofort; ***stop that noise this ~!*** hör' sofort mit dem Lärm auf! *fam*
② *(as soon as)* ■**the ~** sobald; ***I tried phoning her the ~ I got home*** sobald ich nach Hause kam, versuchte ich sie anzurufen
③ *no pl (fam: instant coffee)* Pulverkaffee *m,* Löskaffee *m* ÖSTERR
II. *adj inv* ① *(immediate)* sofortige(r, s) *attr;* ***the effect was ~*** der Effekt stellte sich sofort ein; ***the film was an ~ success*** der Film war sofort ein Erfolg; **~ access to sth** sofortiger Zugriff auf etw *akk;* ***this sort of account offers you ~ access to your money*** mit diesem Konto haben Sie jederzeit Zugang zu ihrem Geld; **to take ~ effect** sofort wirken
② FOOD *(in bags)* Tüten-, Packerl- ÖSTERR, Päckli- SCHWEIZ; *(in tins)* Dosen-; **~ coffee** Pulverkaffee *m;* **~ soup** *(in bags)* Tütensuppe *f,* Packerlsuppe *f* ÖSTERR, Päcklisuppe *f* SCHWEIZ *fam; (in tins)* Dosensuppe *f*
③ *attr (liter: urgent)* dringend; ***their ~ needs are food and water*** sie brauchen jetzt als Erstes etwas zu essen und Wasser

in·stan·ta·neous [ˌɪn(t)stənˈteɪniəs] *adj inv effect, reaction* unmittelbar; ***death was ~*** der Tod trat sofort ein

in·stan·ta·neous·ly [ˌɪn(t)stənˈteɪniəsli] *adv inv* sofort, unmittelbar

in·stant·ly [ˈɪn(t)stəntli] *adv inv* sofort

In·stant ˈMes·sage *n* Onlinenachricht *f (Instant Message Service eines Internetproviders, der Online-Chatten ermöglicht)* **in·stant-ˈprint** *adj attr, inv* Sofortdruck- **in·stant ˈre·play** *n* TV Wiederholung *f*

in·stead [ɪnˈsted] **I.** *adv inv* stattdessen; ***I couldn't go, so my sister went ~*** ich konnte nicht gehen, also ist stattdessen meine Schwester gegangen
II. *prep* ■**~ of sth/sb** [an]statt einer S./einer Person *gen,* an jds Stelle/anstelle einer S. *gen;* ■**~ of doing sth** [an]statt etw zu tun

in·step [ˈɪnstep] *n* ① *(of foot)* Spann *m*
② *(of shoe)* Blatt *nt; of stocking* Strumpfteil über dem Spann

in·sti·gate [ˈɪn(t)stɪgeɪt] *vt* ■**to ~ sth** ① *(initiate)* etw einleiten [*o geh* initiieren]; ***she is threatening to ~ criminal proceedings*** sie droht damit, ein Strafverfahren anzustrengen; **to ~ new laws** eine Gesetzesinitiative starten
② *(pej: incite) revolt, strike* etw anzetteln

in·sti·ga·tion [ˌɪn(t)stɪˈgeɪʃən] *n no pl (form)* Anregung *f* (**of** zu +*dat*); *(incitement)* Anstiftung *f* (**of** zu +*dat*); **to do sth at the ~ of sb** [*or* **at sb's ~**] etw auf jds Initiative [*o* Betreiben] hin tun

in·sti·ga·tor [ˈɪn(t)stɪgeɪtəʳ, AM -t̬ɚ] *n* Initiator(in) *m(f); (inciter)* Anstifter(in) *m(f)*

in·stil <-ll->, AM *usu* **in·still** [ɪnˈstɪl] *vt* ■**to ~ sth into sb** *a feeling* jdm etw einflößen; *knowledge* jdm etw beibringen

in·stinct [ˈɪn(t)stɪŋ(k)t] *n* ① *(natural response)* Instinkt *m;* ***her first ~ was to shout*** ihr erster Impuls war zu schreien; ***her business ~s usually warn her when trouble is brewing*** ihr Geschäftssinn warnt sie normalerweise vor sich zusammenbrauenden Schwierigkeiten; **to have an ~ for sth** einen Riecher für etw *akk* haben *fam;* ***Bob seems to have an ~ for knowing which products will sell*** Bob scheint instinktiv zu wissen, welche Produkte sich verkaufen werden; **the ~ for self-preservation** der Selbsterhaltungstrieb
② *no pl (innate behaviour)* Instinkt *m;* **to do sth by** [*or* **on**] **~** etw instinktiv tun

in·stinc·tive [ɪnˈstɪŋ(k)tɪv] *adj* instinktiv; *(innate)* natürlich, angeboren; ***I have an ~ distrust of authority*** ich habe ein tief sitzendes Misstrauen gegenüber Autoritäten

in·stinc·tive·ly [ɪnˈstɪŋ(k)tɪvli] *adv* instinktiv

in·sti·tute [ˈɪn(t)stɪtjuːt, AM *esp* -tuːt] **I.** *n* Institut *nt; (of higher education)* Hochschule *f*
II. *vt* ■**to ~ sth** ① *(establish) system, reform* etw einführen
② *(initiate) steps, measures* etw einleiten; *legal action* etw anstrengen

in·sti·tu·tion [ˌɪn(t)stɪˈtjuːʃən, AM *esp* -ˈtuː-] *n* ① *no pl (establishment)* Einführung *f*
② *(esp pej: building)* Heim *nt,* Anstalt *f;* **correctional ~** Erziehungsanstalt *f,* Besserungsanstalt *f veraltend*
③ *(practice)* Institution *f;* **the ~ of marriage** die Institution der Ehe; *(fig fam)* ***Mrs Daly's an ~, she's been here 40 years*** Mrs Daly ist eine Institution, sie ist schon seit 40 Jahren hier
④ *(organization)* Einrichtung *f,* Institution *f*

in·sti·tu·tion·al [ˌɪn(t)stɪˈtjuːʃənəl, AM *esp* -ˈtuː-] *adj* ① *(pej: of, in or like an institution)* Anstalts-, Heim-; **~ care** Anstaltsfürsorge *f;* **~ food** Anstalts-/Heimessen *nt*
② *(organizational)* institutionell; *(established)* institutionalisiert, etabliert
③ ECON *(relating to an organization)* **~ advertising** Prestigewerbung *f,* institutionelle Werbung *fachspr;* **~ buyer** institutioneller Anleger, Kapitalsammelstelle *f fachspr;* **~ buying** Effektenverkauf *m* in Kapitalsammelstelle *fachspr*

in·sti·tu·tion·ali·za·tion [ˌɪn(t)stɪˌtjuːʃənəlaɪˈzeɪʃən, AM -ˌtuːʃənəlɪˈ-] *n no pl* Institutionalisierung *f*

in·sti·tu·tion·al·ize [ˌɪn(t)stɪˈtjuːʃənəlaɪz, AM *esp* -ˈtuː-] *vt* ① *(place in care)* ■**to ~ sb** jdn in ein Heim einweisen
② *(make into custom)* ■**to ~ sth** etw institutionalisieren *geh*

in·sti·tu·tion·al·ized [ˌɪn(t)stɪˈtjuːʃənəlaɪzd, AM *esp* -ˈtuː-] *adj* ① *pred (dependent)* unselbstständig; **to become ~** durch Heimaufenthalt/Strafvollzug unselbstständig werden; MED Hospitalismus bekommen *geh*
② *(established)* institutionalisiert *geh*

ˈin-store I. *adj* im Geschäft *nach n*
II. *adv* im Geschäft

in·struct [ɪnˈstrʌkt] *vt* ① *(teach)* ■**to ~ sb in sth** jdm etw beibringen; **to ~ the jury** LAW die Geschworenen belehren (**on** über +*akk*)
② *(order)* ■**to ~ sb** [**to do sth**] jdn anweisen[, etw zu tun]
③ BRIT, AUS LAW **to ~ a solicitor/counsel** einen Anwalt beauftragen

in·struc·tion [ɪnˈstrʌkʃən] *n* ① *usu pl (order)* Anweisung *f,* Instruktion *f;* ***I was acting on the ~s of a superior officer*** ich habe auf Anweisung eines ranghöheren Offiziers gehandelt; **to have ~s** [*or* **sb's ~s are**] **to do sth** jd ist angewiesen worden, etw zu tun; **to carry out sb's ~s** jds Anweisungen [be]folgen; **to give sb ~s** jdm Anweisungen geben
② *no pl (teaching)* Unterweisung *f;* **to give sb ~ in sth** jdm etw beibringen [*o* vermitteln]; ***the course gives you basic ~ in car repairs*** der Kurs vermittelt Grundkenntnisse darüber, wie man ein Auto repariert
③ *(directions)* ■**~s** *pl* Anweisung *f,* Instruktionen *pl;* **~s for use** Gebrauchsanweisung *f*

in·ˈstruc·tion book *n of a computer* Handbuch *nt; of a machine/device* Gebrauchsanweisung *f* **in·ˈstruc·tion leaf·let** *n* Informationsblatt *nt; (for use)* Gebrauchsanweisung *f* **in·ˈstruc·tion manu·al** *n of a computer* Handbuch *nt; of a machine/device* Gebrauchsanweisung *f*

in·struc·tive [ɪnˈstrʌktɪv] *adj (approv)* instruktiv, lehrreich, aufschlussreich

in·struc·tor [ɪnˈstrʌktəʳ, AM -ɚ] *n* ① *(teacher)* Lehrer(in) *m(f);* **driving/ski ~** Fahr-/Skilehrer(in) *m(f)*
② AM *(at university)* Dozent(in) *m(f)*

in·struc·tress <*pl* -es> [ɪnˈstrʌktrəs] *n (dated)* Lehrerin *f*

in·stru·ment [ˈɪnstrəmənt] *n* ① MUS Instrument *nt*
② *(tool, measuring device)* Instrument *nt,* Apparat *m;* **a blunt ~** ein schwerer, stumpfer Gegenstand; **surgical ~s** chirurgische Instrumente
③ *(means)* Mittel *nt;* ***he saw the theatre as an ~ of change*** er sah das Theater als Mittel, Veränderung zu bewirken
④ LAW *(form: document)* Urkunde *f*

in·stru·men·tal [ˌɪn(t)strəˈmentəl, AM -t̬-] **I.** *adj* ① *inv* MUS instrumental
② *(influential)* dienlich, förderlich; ***he was ~ in bringing about much needed reforms*** er war maßgeblich daran beteiligt, längst überfällige Reformen in Gang zu setzen
II. *n* Instrumentalstück *nt,* Instrumental *nt*

in·stru·men·tal·ist [ˌɪn(t)strəˈmentəlɪst, AM -t̬-] *n* Instrumentalist(in) *m(f)*

in·stru·men·tal·ity <*pl* -ties> [ˌɪnstrəmenˈtæləti, AM -ət̬i] *n* ① *no pl (quality)* Wirksamkeit *f*
② *no pl (action)* Instrumentalisierung *f*
③ *(instrument)* Werkzeug *nt,* Mittel *nt*

in·stru·men·ta·tion [ˌɪn(t)strəmenˈteɪʃən] *n* ① *no pl* MUS *(arrangement)* Instrumentation *f fachspr,* Arrangement *nt*
② MUS *(instruments)* Instrumentation *f fachspr,* Instrumentierung *f fachspr*
③ *no pl* TECH *(instruments collectively)* Instrumente *pl;* COMPUT Instrumentierung *f*

ˈin·stru·ment board, **ˈin·stru·ment pan·el** *n* AUTO Armaturenbrett *nt;* AVIAT, NAUT Instrumententafel *f*

in·sub·or·di·nate [ˌɪnsəˈbɔːdənət, AM -ˈbɔːrdənɪt] *adj* ungehorsam, aufsässig; **~ behaviour** [*or* AM **behavior**] Widersetzlichkeit *f;* MIL Ungehorsam *m*

in·sub·or·di·na·tion [ˌɪnsəˌbɔːdɪˈneɪʃən, AM -ˈbɔːr-] *n no pl* Widersetzlichkeit *f;* MIL Ungehorsam *m*

in·sub·stan·tial [ˌɪnsəbˈstæn(t)ʃəl] *adj* ① *(unconvincing) argument, evidence* wenig überzeugend, fadenscheinig; **an ~ plot/meal** eine dürftige Handlung/Mahlzeit
② *(small) meal* [sehr] klein, winzig
③ *(form: not real)* unbegründet, gegenstandslos

in·suf·fer·able [ɪnˈsʌfᵊrəbl̩] *adj (pej)* unerträglich; ■**to be** ~ nicht auszuhalten [*o* zu ertragen] sein; *person* unausstehlich

in·suf·fer·ably [ɪnˈsʌfᵊrəbli] *adv (pej)* unerträglich

in·suf·fi·cien·cy [ˌɪnsəˈfɪʃᵊn(t)si] *n no pl* ❶ *(inadequacy)* Knappheit *f,* Mangel *m* (**of** an *+dat)*
❷ MED Insuffizienz *f fachspr*

in·suf·fi·cient [ˌɪnsəˈfɪʃᵊnt] *adj inv* ungenügend, zu wenig *präd,* unzureichend, SCHWEIZ *a.* insuffizient; ***the means available are*** ~ die zur Verfügung stehenden Mittel sind unzureichend; **to release sb because of** ~ **evidence** jdn aus Mangel an Beweisen freilassen

in·suf·fi·cient·ly [ˌɪnsəˈfɪʃᵊntli] *adv inv* ungenügend, unzureichend, unzulänglich

in·su·lar [ˈɪn(t)sjələʳ, AM -sələ˞, -sjə-] *adj* ❶ *(pej: parochial)* provinziell
❷ GEOG Insel-, insular *attr geh*

in·su·lar·ity [ˌɪn(t)sjəˈlærəti, AM -səˈlerət̬i, -sjə-] *n no pl (pej)* Provinzialität *f*

in·su·late [ˈɪn(t)sjəleɪt, AM -(t)sə-] *vt* ❶ *(protect)* ■**to** ~ **sth** ELEC, COMPUT etw isolieren; *roof, room* etw isolieren; ***you can*** ~ ***a house against heat loss*** man kann ein Haus wärmeisolieren
❷ *(fig: shield)* ■**to** ~ **sb/sth** [**from sth**] jdn/etw [vor etw *dat*] [be]schützen [*o* abschirmen]

in·su·lat·ing [ˈɪn(t)sjəleɪtɪŋ, AM -səleɪt̬-] *adj layer, material* Isolier-

ˈ**in·su·lat·ing tape** *n* Isolierband *nt*

in·su·la·tion [ˌɪn(t)sjəˈleɪʃᵊn, AM -səˈ-] *n no pl* ❶ *(material, action)* Isolierung *f*
❷ *(fig: protection)* Schutz *m*

in·su·la·tor [ˈɪn(t)sjəleɪtəʳ, AM -səleɪt̬ə˞] *n* Isolator *m;* *(material)* Isoliermaterial *nt*

in·su·lin [ˈɪn(t)sjəlɪn, AM -sə-] **I.** *n no pl* Insulin *nt;* **to be** ~**-dependent** auf Insulin angewiesen sein
II. *n modifier (injection, level)* Insulin-

in·sult I. *vt* [ɪnˈsʌlt] ■**to** ~ **sb** jdn beleidigen; **to feel/be** ~**ed** beleidigt [*o* gekränkt] sein; **to** ~ **sb's intelligence/taste** jds Intelligenz/Geschmack beleidigen
II. *n* [ˈɪnsʌlt] ❶ *(offensive remark)* Beleidigung *f;* **to hurl** ~**s at sb** jdn mit Beleidigungen überschütten
❷ *(affront)* **to be an** ~ **to sb/sth** für jdn/etw eine Beleidigung sein; **an** ~ **to sb's intelligence** jds Intelligenz beleidigen
▸PHRASES: **to add** ~ **to injury** um dem Ganzen die Krone aufzusetzen

in·sult·ing [ɪnˈsʌltɪŋ] *adj* beleidigend

in·sult·ing·ly [ɪnˈsʌltɪŋli] *adv* beleidigend; ***the questions were*** ~ ***easy*** die Fragen waren lächerlich einfach

in·su·per·able [ɪnˈsuːpᵊrəbl̩] *adj (form)* unüberwindlich, unüberwindbar SCHWEIZ

in·su·per·ably [ɪnˈsuːpᵊrəbli] *adv (form)* unüberwindlich, unüberwindbar SCHWEIZ; ***the work proved to be*** ~ ***difficult*** es stellte sich heraus, dass die Arbeit nicht zu schaffen war

in·sup·port·able [ˌɪnsəˈpɔːtəbl̩, AM -ˈpɔːrt̬-] *adj* unerträglich

in·sur·able [ɪnˈʃʊərəbl̩, AM ˈʃʊr] *adj inv* ❶ *(capable)* versicherbar, versicherungsfähig
❷ *(obligatory)* versicherungspflichtig

in·sur·ance [ɪnˈʃʊərᵊn(t)s, AM -ˈʃʊr-] **I.** *n* ❶ *no pl (financial protection)* Versicherung *f,* Assekuranz *f veraltet;* ***our*** ~ ***doesn't cover household items*** unsere Versicherung deckt Hausrat nicht ab; **health/liability/life** ~ Kranken-/Haftpflicht-/Lebensversicherung *f;* **household goods** ~ Hausratsversicherung *f;* **to have** ~ [**against sth**] [gegen etw *akk*] versichert sein; **to take out** ~ [**against sth**] sich *akk* [gegen etw *akk*] versichern, eine Versicherung [gegen etw *akk*] abschließen; ~ **against breakage** Bruchschadenversicherung *f;* ~ **against damage by natural forces** Elementarschadenversicherung *f;* ~ **against natural disaster** Naturkatastrophenversicherung *f;* ~ **for theft** Diebstahlversicherung *f*
❷ *no pl (payout)* Versicherungssumme *f*
❸ *no pl (premium)* [Versicherungs]prämie *f,* Versicherungsbeitrag *m*
❹ *no pl (profession)* Versicherungswesen *nt;* ***she works in*** ~ sie arbeitet bei einer Versicherung
❺ *no pl (business)* Versicherungsgeschäft *nt,* Versicherungsgewerbe *nt*
❻ *(protective measure)* Absicherung *f*
II. *n modifier (payment, salesman, scheme)* Versicherungs-; ~ **adjustor** Schadenssachverständiger *m;* ~ **application** Versicherungsantrag *m;* ~ **business** Versicherungsgeschäft *nt*

in·ˈsur·ance agent *n* Versicherungsagent(in) *m(f),* Versicherungsvertreter(in) *m(f)* **in·ˈsur·ance bro·ker** *n* Versicherungsmakler(in) *m(f),* Versicherungsagent(in) *m(f)* **in·ˈsur·ance busi·ness** *n no pl* Versicherungsgeschäft *nt,* Versicherungsgewerbe *nt* **in·ˈsur·ance cer·tifi·cate** *n* Versicherungsnachweis *m,* Versicherungszertifikat *nt* **in·ˈsur·ance claim** *n* Schadensanspruch *m,* Sicherungsfall *m* **in·ˈsur·ance com·pa·ny** *n* Versicherung *f,* Versicherungsgesellschaft *f,* Versicherungsunternehmen *nt* **in·ˈsur·ance con·tract** *n* Versicherungsvertrag *m* **in·ˈsur·ance cov·er** *n no pl* Versicherungsschutz *m* **in·ˈsur·ance fraud** *n no pl* Versicherungsbetrug *m* **in·ˈsur·ance plan** *n* Versicherungslösung *f* **in·ˈsur·ance poli·cy** *n* ❶ *(contract)* Versicherungspolice *f,* Versicherungspolizze *f* ÖSTERR ❷ *(fig: alternative)* **as an** ~ sicherheitshalber, zur Sicherheit **in·ˈsur·ance pre·mium** *n* [Versicherungs]prämie *f,* Versicherungsbeitrag *m* **in·ˈsur·ance pro·tec·tion** *n no pl* Versicherungsschutz *m* **in·sur·ance ˈregu·la·tory body** *n* Versicherungsaufsichtsbehörde *f* **in·ˈsur·ance sec·tor** *n* Versicherungssektor *m,* Versicherungsbereich *m* **in·ˈsur·ance strat·egy** *n* Versicherungsstrategie *f* **in·ˈsur·ance tax** *n* Versicherungssteuer *f* **in·ˈsur·ance value** *n* Versicherungswert *m* **in·ˈsur·ance year** *n* Versicherungsjahr *nt*

in·sure [ɪnˈʃʊəʳ, AM -ˈʃʊr] **I.** *vt* ■**to** ~ **sth/sb/oneself** [**against sth**] etw/jdn/sich selbst [gegen etw *akk*] versichern; ***she has*** ~***d her face for £5 million*** sie hat ihr Gesicht für 5 Millionen Pfund versichern lassen
II. *vi* ❶ *(protect oneself)* ■**to** ~ **against sth** sich *akk* gegen etw *akk* absichern, sich *akk* vor etw *dat* schützen
❷ *(take insurance)* sich *akk* versichern (**with** bei *+dat*); **to** ~ **against fire/an illness/a risk** eine Feuer-/Kranken-/Risikoversicherung abschließen

in·sured [ɪnˈʃʊəd, AM -ˈʃʊrd] **I.** *adj* ■**to be** ~ *object, person* versichert sein; ***I'm not*** ~ ***to drive his car*** ich bin nicht in seine Kfz-Versicherung mit eingeschlossen; ~ **value** Versicherungswert *m,* versicherter Wert
II. *n* LAW ■**the** ~ der/die Versicherte, der Versicherungsnehmer/die Versicherungsnehmerin

in·sur·er [ɪnˈʃʊərəʳ, AM -ˈʃʊrə˞] *n* ❶ *(agent)* Versicherungsvertreter(in) *m(f),* Versicherungsträger(in) *m(f)*
❷ *esp in pl (company)* Versicherung[sgesellschaft] *f,* Versicherer *m,* Versicherungsgeber *m fachspr*

in·sur·gen·cy [ɪnˈsɜːdʒᵊn(t)si, AM -ˈsɜːr-] *n no pl* Unruhen *pl,* Aufstand *m meist pl*

in·sur·gent [ɪnˈsɜːdʒᵊnt, AM -ˈsɜːr-] **I.** *n* ❶ *(rebel)* Aufständische(r) *f(m),* Aufrührer(in) *m(f)*
❷ AM POL *Parteimitglied, das sich der Parteidisziplin nicht beugt*
II. *adj attr, inv* aufständisch

in·sur·mount·able [ˌɪnsəˈmaʊntəbl̩, AM -səˈmaʊnt̬-] *adj inv* unüberwindlich; **an** ~ **obstacle** ein unüberwindliches Hindernis

in·sur·rec·tion [ˌɪnsᵊrˈekʃᵊn, AM -səˈrek-] *n* Aufstand *m;* **to crush an** ~ einen Aufstand niederschlagen

in·sur·rec·tion·ary [ˌɪnsəˈrekʃᵊnᵊri, AM eri] *adj* aufrührerisch, aufständisch, Rebellen-

in·sur·rec·tion·ist [ˌɪnsəˈrekʃᵊnɪst] **I.** *n* Aufrührer(in) *m(f),* Aufständische(r) *f(m),* Rebell(in) *m(f)*
II. *adj see* **insurrectionary**

in·tact [ɪnˈtækt] *adj usu pred* ❶ *(physically)* intakt, unversehrt
❷ *(fig: morally)* unversehrt; ***it's difficult to emerge from such a scandal with your reputation still*** ~ nach einem solchen Skandal ist es schwer, sich einen guten Ruf zu bewahren

in·take [ˈɪnteɪk] **I.** *n* ❶ *(act) of drink, food, vitamins* Aufnahme *f;* ~ **of breath** Luftholen *nt,* Atmen *nt;* ***I heard a sharp*** ~ ***of breath behind me*** ich hörte, wie hinter mir jemand erschreckt laut Luft holte; ~ **of food** Nahrungsaufnahme *f*
❷ *(amount)* Aufnahme *f,* aufgenommene Menge; **alcohol** ~ Alkoholkonsum *m;* ~ **of calories** Kalorienzufuhr *f;* **daily** ~ *of vitamins, minerals* Tageszufuhr *f;* **to reduce one's meat** ~ weniger Fleisch essen
❸ *(number of people)* Aufnahmequote *f;* MIL Rekrutierung *f;* ***the first*** ~ ***of girls by the grammar school was in 1950*** im Jahr 1950 wurden an dem Gymnasium zum ersten Mal Mädchen zugelassen; ~ **of immigrants** Immigrantenaufnahme *f;* ~ **of students** Zulassung[szahl] *f* von Studenten/Studentinnen
❹ MECH, TECH Einlassöffnung *f,* Einlass *m;* **air** ~ Luftzufuhr *f*
II. *adj inv* Ansaug-, Saug-

ˈ**in·take class** *n* Anfängerklasse *f*

in·tan·gible [ɪnˈtændʒəbl̩] **I.** *adj* nicht greifbar; *fear, feeling, longings* unbestimmbar; ECON, FIN immateriell
II. *n* das Unbestimmte [*o* Undefinierbare]; *(personal quality)* Eigenschaft *f*

in·tan·gible ˈas·set *n* FIN immaterielles Vermögen, immaterielle Anlagewerte

in·tan·gibly [ɪnˈtændʒəbli] *adv* vage, unbestimmt

in·te·ger [ˈɪntɪdʒəʳ, AM -dʒə˞] *n* MATH ganze Zahl

in·te·gral [ˈɪntɪgrəl, AM -t̬ə-] **I.** *adj* ❶ *(central, essential)* wesentlich; ***schools are*** ~ ***to the local community*** Schulen sind für die Gemeinde von grundlegender Bedeutung; ~ **part** wesentlicher Bestandteil; ***he's an*** ~ ***part of the team*** er ist ein für unser Team unverzichtbares Mitglied
❷ *(whole)* vollständig
❸ *(built-in)* eingebaut; ***the prison has no*** ~ ***sanitation*** in dem Gefängnis gibt es keine Klos in den Zellen
❹ MATH Integral-; ~ **calculus** Integralrechnung *f;* ~ **equation** Integralgleichung *f*
II. *n* MATH Integral *nt*

in·te·grate [ˈɪntɪgreɪt, AM -t̬ə-] **I.** *vt* ❶ *(become accepted)* ■**to** ~ **sb/sth/oneself into sth** jdn/etw/sich in etw *akk* integrieren
❷ *(combine)* ■**to** ~ **sth** etw zusammenfassen; ■**to** ~ **sth with sth** etw [auf etw *akk*] abstimmen; ***the town's modern architecture is very well*** ~***d with the old*** der moderne Baustil fügt sich gut in das alte Stadtbild ein
II. *vi* sich *akk* integrieren [*o* einfügen]; AM SCH *(hist) Schulen für Schwarze zugänglich machen*

in·te·grat·ed [ˈɪntɪgreɪtɪd, AM -t̬əgreɪt̬ɪd] *adj plan, piece of work* einheitlich; COMPUT integriert; ■**to be** ~ **into sth** *ethnic community, person* in etw *akk* integriert sein; ~ **school** AM *(hist)* Schule *f* ohne Rassentrennung; ~ **transport system** vernetzte Verkehrsbetriebe

in·te·grat·ed ˈcir·cuit *n,* **IC** *n* ELEC integrierter Schaltkreis **in·te·grat·ed ser·vices di·gi·tal ˈnet·work** *n,* **ISDN** *n* TELEC Dienste integrierendes digitales [Nachrichten]netz, ISDN *nt*

in·te·gra·tion [ˌɪntɪˈgreɪʃᵊn, AM -əˈ-] *n no pl* ❶ *(cultural assimilation)* Integration *f,* Integrierung *f,* Einbindung *f;* ~ **of disabled people** Eingliederung *f* von Behinderten; **racial** ~ Rassenintegration *f*
❷ *(unification, fusion)* Zusammenschluss *m,* Zusammenschließen *nt;* *(combination)* Kombination *f*
❸ PHYS, PSYCH, COMPUT, MATH Integration *f fachspr;* ~ **by parts** partielle Integration

in·te·gra·tion·ist [ˌɪntɪˈgreɪʃᵊnɪst, AM t̬əˈ] *n* integrierend

in·teg·rity [ɪnˈtegrəti, AM -t̬i] *n no pl* ❶ *(moral uprightness)* Integrität *f;* ***he was keen to preserve his*** ~ ***as an actor*** er wollte seiner Linie als Schauspieler treu bleiben; **man/woman of** ~ unbescholtener Mann/unbescholtene Frau
❷ *(form: unity, wholeness)* Einheit[lichkeit] *f;* **structural** ~ **of a novel** Geschlossenheit *f* eines Romans; **to uphold territorial** ~ die territoriale Integrität

schützen
❸ COMPUT *of data* Integrität *f,* Vollständigkeit *f*
❹ *(unbrokenness) of object, receptacle* Unversehrtheit *f*

in·tegu·ment [ɪnˈtegjəmənt] *n* Hülle *f*

in·tel·lect [ˈɪntəlekt, AM -t̬əlekt] *n* ❶ *no pl (faculty)* Verstand *m,* Intellekt *m;* **a man/woman of keen ~** ein Mann/eine Frau mit scharfem Verstand; **sb's powers of ~** jds intellektuelle Fähigkeiten
❷ *(person)* großer Denker/große Denkerin

in·tel·lec·tual [ˌɪntəlˈektjuəl, AM -t̬əlˈektʃu-] **I.** *n* Intellektuelle(r) *f(m)*
II. *adj activity, climate, interests* intellektuell, geistig; ***that doesn't provide much ~ stimulation*** dabei ist man geistig nicht gerade gefordert; **~ capacity** intellektuelle Fähigkeiten; **~ curiosity** Wissensdurst *m;* **~ pursuits** geistige Beschäftigung, Kopfarbeit *f;* **~ snob** intellektueller Snob; **to read something ~** etwas Anspruchsvolles lesen

in·tel·lec·tu·al·ism [ˌɪntəlˈektjuəlɪzəm, AM -t̬əlˈektʃu-] *n no pl (usu pej)* Intellektualismus *m*

in·tel·lec·tu·al·ize [ˌɪntəˈlektjuəlaɪz, AM -t̬əlˈektʃuəl-] *vi* intellektualisieren *geh;* ***he ~d everything I said*** er ging immer alles, was ich sagte, völlig intellektuell an

in·tel·lec·tu·al·ly [ˌɪntəlˈektjuəli, AM -t̬əlˈektʃu-] *adv* intellektuell, geistig; **~ demanding** geistig anspruchsvoll

in·tel·lec·tual ˈprop·er·ty *n no pl* LAW geistiges Eigentum

in·tel·li·gence [ɪnˈtelɪdʒən(t)s] **I.** *n no pl* ❶ *(brain power)* Intelligenz *f;* ***if he hasn't got the ~ to put on a coat, ...*** wenn er so dumm ist, keinen Mantel anzuziehen, dann...; **the ~ of sb's writing** jds intelligenter Schreibstil
❷ *+ sing/pl vb (department)* Nachrichtendienst *m,* Geheimdienst *m;* **economic ~** Wirtschaftsspionage *f;* **military ~** militärischer Geheimdienst
❸ *+ sing/pl vb (inside information)* [nachrichtendienstliche] Informationen; ***they received ~ that ...*** sie erhielten vom Geheimdienst die Nachricht, dass ...; **according to our latest ~** unseren letzten Meldungen zufolge
II. *n modifier (department, service)* Nachrichten-; **the ~ community** die Geheimdienste *pl;* **~ report/source** Geheimdienstbericht *m/*-quelle *f*

in·ˈtel·li·gence agen·cy *n* Nachrichtendienst *m,* Geheimdienst *m* **in·ˈtel·li·gence agent** *n* Geheimagent(in) *m(f),* Spion(in) *m(f)* **in·ˈtel·li·gence de·part·ment** *n* Nachrichtendienst *m,* Geheimdienst *m* **in·ˈtel·li·gence of·fic·er** *n* Nachrichtenoffizier *m* **in·ˈtel·li·gence quo·tient** *n,* **IQ** *n* Intelligenzquotient *m* **in·ˈtel·li·gence ser·vice** *n* Nachrichtendienst *m,* Geheimdienst *m* **in·ˈtel·li·gence test** *n* Intelligenztest *m*

in·tel·li·gent [ɪnˈtelɪdʒənt] *adj* klug, intelligent; *(hum iron)* ***that was ~ of you*** das war ja sehr intelligent von dir *iron hum;* **~ beings** intelligente Lebewesen; **~ guess** kluge Schätzung

in·tel·li·gent ˈagent *n* intelligentes Programm **in·tel·li·gent de·ˈsign I.** *n no pl* Intelligent-Design *nt (Glaubensrichtung, die davon ausgeht, dass die Evolution von einer göttlichen Kraft gelenkt wurde)* **II.** *n modifier* Intelligent-Design- **in·tel·li·gent de·ˈsign·er** *n no pl* Intelligenter Designer

in·tel·li·gent·ly [ɪnˈtelɪdʒəntli] *adv* intelligent, klug

in·tel·li·gent·sia [ɪnˌtelɪˈdʒentsiə] *n + sing/pl vb* ■**the ~** die Intelligenzija *form,* die Intelligenz, die Intellektuellen *pl*

in·tel·li·gent ˈsoft·ware agent *n* INET ISA *m (weitgehend autonom arbeitendes Computerprogramm, das für Vermittlungsdienste zuständig ist)*

in·tel·li·gibil·ity [ɪnˌtelɪdʒəˈbɪləti, AM -əṯi] *n no pl* Verständlichkeit *f*

in·tel·li·gible [ɪnˈtelɪdʒəbl̩] *adj* verständlich; ***he was so drunk that he was hardly ~*** er war so betrunken, dass man ihn kaum noch verstehen konnte; **~ handwriting** leserliche Handschrift; **hardly ~** schwer verständlich

in·tel·li·gibly [ɪnˈtelɪdʒəbli] *adv speak, write* deutlich, verständlich

in·tem·per·ance [ɪnˈtempərən(t)s] *n no pl* Maßlosigkeit *f,* Unmäßigkeit *f; (addiction to alcohol)* Trunksucht *f*

in·tem·per·ate [ɪnˈtempərət, AM -prɪt] *adj (pej)* maßlos, unmäßig; *behaviour* zügellos; *action* unangemessen; **~ climate** extremes Klima; **~ haste** übertriebene Eile; **~ language** extremistische Ausdrucksweise; **~ rage** unbändige Wut; *(addicted to alcohol)* trunksüchtig

in·tem·per·ate·ly [ɪnˈtempərətli, AM -prɪtli] *adv* maßlos, unmäßig; **to act ~** unbeherrscht handeln; **to behave ~** zügellos sein

in·tend [ɪnˈtend] *vt* ❶ *(plan)* ■**to ~ sth** etw beabsichtigen [*o* planen]; ***that wasn't what I had ~ed at all*** das hatte ich nun wirklich nicht beabsichtigt; **to ~ no harm** nichts Böses wollen; ■**to ~ doing** [*or* **to do**] **sth** beabsichtigen [*o* planen], etw zu tun, etw vorhaben; ***I had ~ed leaving the party before midnight*** eigentlich hatte ich die Party vor Mitternacht verlassen wollen; ***what do you ~ to do about it?*** was willst du in der Sache unternehmen?; ***I fully ~ to see this project through*** ich bin fest entschlossen dieses Projekt zu Ende zu bringen; ■**to ~ sb to do sth** wollen, dass jd etw tut; ***I don't think she ~ed me to hear the remark*** ich glaube nicht, dass ich die Bemerkung hören sollte
❷ *(express, intimate)* ■**to be ~ed** beabsichtigt sein; ***I don't think there was any ~ed insult in the remark*** ich denke nicht, dass man Sie beleidigen wollte; ***it was ~ed as a compliment, honestly!*** es sollte ein Kompliment sein, ehrlich!; ***no disrespect ~ed*** [das] war nicht böse gemeint
❸ *usu passive (earmark, destine)* ■**to be ~ed for sth** für etw *akk* gedacht [*o* vorgesehen] sein; ***the party is really ~ed for new students*** die Party findet in erster Linie für die neuen Studenten statt; ***the bicycle paths are ~ed to make cycling safer*** die Radwege sollen das Radfahren sicherer machen

in·tend·ed [ɪnˈtendɪd] **I.** *adj* vorgesehen, beabsichtigt; **~ effect** beabsichtigte Wirkung; **~ murder** vorsätzlicher Mord; **~ target** anvisiertes Ziel; **~ victim** LAW geplantes Opfer
II. *n usu sing (dated or hum)* Zukünftige(r) *f(m) veraltet o hum*

in·tense [ɪnˈten(t)s] *adj* ❶ *(concentrated, forceful)* intensiv, stark; **~ ardour** heftige Leidenschaft; **~ cold** bittere Kälte; **~ desire** glühendes [*o* brennendes] Verlangen; **~ disappointment** herbe Enttäuschung; **~ excitement** große Aufregung; **~ feeling** tiefes [*o* starkes] Gefühl; **~ friendship** tiefe Freundschaft; **~ hatred** rasender Hass; **~ heat** glühende Hitze; **~ love** leidenschaftliche [*o* glühende] Liebe; **~ pain** heftiger Schmerz; **to be under ~ pressure** unter immensem Druck stehen; **to come under ~ pressure** unter immensen Druck geraten; **~ wind** starker Wind
❷ *(demanding, serious)* ernst; ***he can get very ~ about the question of Northern Ireland*** wenn es um die Nordirland-Frage geht, kann er ganz schön anstrengend werden

in·tense·ly [ɪnˈten(t)sli] *adv* ❶ *(extremely)* äußerst, ausgesprochen; **to be ~ dull** unglaublich langweilig sein; **~ hot** extrem heiß; **to hate sb ~** jdn zutiefst hassen; **to love sb ~** jdn abgöttisch lieben
❷ *(strong emotion)* intensiv; ***he spoke so ~ that ...*** er sprach mit solchem Nachdruck, dass ...

in·ten·si·fi·ca·tion [ɪnˌten(t)sɪfɪˈkeɪʃən] *n no pl* Verstärkung *f,* Intensivierung *f;* **~ of the fighting** Eskalierung *f* der Kämpfe

in·ten·si·fi·er [ɪnˈten(t)sɪfaɪəʳ, AM -faɪɚ] *n* LING Verstärkungswort *nt; (verb)* Intensivum *nt fachspr*

in·ten·si·fy <-ie-> [ɪnˈten(t)sɪfaɪ] **I.** *vt* ■**to ~ sth** etw intensivieren; **to ~ a conflict** einen Konflikt verschärfen; **to ~ sb's fears** jds Ängste verstärken; **to ~ the pressure** den Druck erhöhen
II. *vi heat* stärker werden; *fears, competition, pain also* zunehmen

in·ten·sity [ɪnˈten(t)səti, AM -səṯi] *n no pl* Stärke *f; of feelings* Intensität *f; of explosion, anger* Heftigkeit *f; of loudness* Lautstärke *f;* **~ of light** Lichtstärke *f*

in·ten·sive [ɪnˈten(t)sɪv] *adj* intensiv, stark; **~ analysis** gründliche Analyse; **~ bombardment** heftiger Beschuss; **~ course** Intensivkurs *m;* **to come under ~ fire** unter heftigen Beschuss geraten; **~ study** gründliche [*o* intensive] Studie

in·ten·sive ˈcare *n no pl* MED Intensivpflege *f;* **to be in ~** auf der Intensivstation sein [*o* liegen] **in·ten·sive-ˈcare unit** *n* MED Intensivstation *f* **in·ten·sive ˈfarm·ing** *n no pl* Intensivanbau *m,* intensive Landwirtschaft **in·ten·sive ˈlive·stock farm·ing** *n no pl* Intensivtierhaltung *f*

in·ten·sive·ly [ɪnˈtensɪvli] *adv* intensiv

in·tent [ɪnˈtent] **I.** *n* Absicht *f,* Vorsatz *m;* ***the ~ of that law is to enable people to get divorced with less difficulty*** mit dem Gesetz sollen Ehescheidungen erleichtert werden; LAW *(form)* ***he was picked up by the police for loitering with ~*** die Polizei griff ihn wegen auffälligen Verhaltens auf; **to** [*or* **for**] **all ~s and purposes** im Grunde; ■**with ~ to do sth** mit dem Vorsatz, etw zu tun; **with good ~** in guter Absicht
II. *adj* ❶ *pred (absorbed)* aufmerksam, konzentriert; **~ look** forschender Blick; ■**to be ~ on sth** sich *akk* auf etw *akk* konzentrieren; ***John was ~ on his maths homework*** John war völlig in seine Mathematikaufgaben versenkt
❷ *pred (determined)* ■**to be ~ on sth** auf etw *akk* versessen sein; ■**to be ~ on doing sth** fest entschlossen sein, etw zu tun; ***he seems ~ on riling everyone in the room*** er scheint es darauf anzulegen, jeden im Zimmer auf die Palme zu bringen

in·ten·tion [ɪnˈten(t)ʃən] *n* ❶ *(purpose)* Absicht *f,* Vorhaben *nt;* ***I still don't know what his ~s are*** ich weiß noch immer nicht, was er genau vorhat; ***it wasn't my ~ to exclude you*** ich wollte Sie nicht ausschließen; **to be full of good ~s** voller guter Vorsätze sein; **to have every ~ of doing sth** die feste Absicht haben, etw zu tun; **to have no ~ of doing sth** nicht die Absicht haben, etw zu tun
❷ *(fam: marriage plans)* ■**~s** *pl* Heiratsabsichten *pl*
❸ LAW Vorsatz *m*

in·ten·tion·al [ɪnˈten(t)ʃənəl] *adj* absichtlich, vorsätzlich; ***sorry, it wasn't ~*** tut mir leid, das war keine Absicht

in·ten·tion·al·ly [ɪnˈten(t)ʃənəli] *adv* absichtlich, mit Absicht

in·tent·ly [ɪnˈtentli] *adv* aufmerksam, gespannt, konzentriert; ***he observed the teacher ~*** er beobachtete den Lehrer genau

in·ter <-rr-> [ɪnˈtɜːʳ, AM -ˈtɜːr] *vt (form)* ■**to ~ sb** jdn bestatten [*o* beisetzen]

inter- [ɪntəʳ, AM ɪnt̬ɚ] *in compounds* inter-, Inter-, zwischen-, Zwischen-; **~war period** Zwischenkriegszeit *f*

inter·act [ˌɪntəʳˈækt, AM -t̬ɚ-] *vi* aufeinander einwirken, sich *akk* gegenseitig beeinflussen; PSYCH interagieren; ***buildings which will ~ with the user*** Gebäude, die auf die Bewohner abgestimmt sind

inter·ac·tion [ˌɪntəʳˈækʃən, AM -t̬ɚ-] *n* Wechselwirkung *f; of groups, people* Interaktion *f;* **human-computer ~** Interaktion *f* zwischen Mensch und Computer; **~ between two languages** Wechselwirkung *f* zwischen zwei Sprachen; **non-verbal ~** nonverbale Interaktion [*o* Kommunikation]

inter·ac·tive [ˌɪntəʳˈæktɪv, AM -t̬ɚ-] *adj also* COMPUT interaktiv

inter·ac·tive ˈdia·log sys·tem *n* TELEC Sprachverarbeitungsanlage *f*

inter·ac·tive·ly [ˌɪntəʳˈæktɪvli, AM -t̬ɚ-] *adv* interaktiv

inter·ac·tive TˈV *n no pl* interaktives Fernsehen

inter·ac·tiv·ity [ˌɪntəræk'tɪvəti, AM -t̬ɚækˈtɪvəṯi] *n* TV, COMPUT Interaktivität *f*

inter·agen·cy [ˌɪntəʳˈeɪdʒən(t)si, AM -t̬ɚ-] *adj inv* **~ cooperation** Kooperation *f* zwischen verschiedenen Agenturen

in·ter alia [ˌɪntəʳˈeɪliə, AM -t̬ɚˈɑːliə] *adv inv (form)* unter anderem

inter·bank [ˌɪntəˈbæŋk, AM -t̬ɚ-] *adj attr, inv* zwischenbanklich, unter Banken *nach n;* **~ business** Interbankgeschäft *nt;* **~ call rate** Satz *m* für Tagesgeld; **~ dealings** *pl* Interbankengeschäft *nt,* Interbankenhandel *m;* **~ deposits** *pl* Interbanken-Einlagen *pl;* ~ **operations** *pl* Interbankenhandel *m;* ~ **payment** Interbankenzahlung *f;* ~ **rate** Interbankrate *f,* Interbankenkurs *m,* Interbankensatz *m;* ~ **sector** Interbankensektor *m*

inter·breed <-bred, -bred> [ˌɪntəˈbriːd, AM -t̬ɚˈ-] **I.** *vt* ■**to ~ an animal with another animal** *cattle, sheep* ein Tier mit einem anderen Tier kreuzen **II.** *vi* sich *akk* kreuzen

inter·breed·ing [ˌɪntəˈbriːdɪŋ, AM -t̬ɚˈ-] *n no pl* Kreuzung *f,* Kreuzen *nt*

inter·cede [ˌɪntəˈsiːd, AM -t̬ɚˈ-] *vi* ■**to ~ [with sb on behalf of sb]** sich *akk* [bei jdm für jdn] einsetzen; **to ~ in an argument** in einem Streit vermitteln

inter·cel·lu·lar [ˌɪntəˈseljələʳ, AM ˌɪnt̬ɚˈseljəlɚ] *adj inv* BIOL interzellular, interzellulär

inter·cept [ˌɪntəˈsept, AM -t̬ɚˈ-] *vt* ■**to ~ sb/sth** *person, message, illegal goods* jdn/etw abfangen; ~ **a call** eine Fangschaltung legen; **to ~ a pass** SPORT einen Pass abfangen

inter·cep·tion [ˌɪntəˈsepʃən, AM -t̬ɚˈ-] *n* Abfangen *nt;* ***cannabis ~s account for 90% of drug seizures at customs*** von den am Zoll beschlagnahmten Drogen entfallen 90 % auf Cannabis; ~ **of calls** Abhören *nt* von Anrufen

inter·cep·tor [ˌɪntəˈseptəʳ, AM -t̬ɚˈseptɚ] *n* MIL Abfangjäger *m*

inter·ces·sion [ˌɪntəˈseʃən, AM -t̬ɚˈ-] *n* Fürsprache *f,* Vermittlung *f;* **prayer of ~** Fürbitte *f*

inter·change **I.** *n* [ˈɪntətʃeɪndʒ, AM -t̬ɚ-] ① *(form)* Austausch *m;* ~ **of ideas** Gedankenaustausch *m* ② *(road)* [Autobahn]kreuz *nt* ③ *(station)* Umsteigebahnhof *m* **II.** *vt* [ˌɪntəˈtʃeɪndʒ, AM -t̬ɚˈ-] ■**to ~ sth** *ideas, information* etw austauschen **III.** *vi* [ˌɪntəˈtʃeɪndʒ, AM -t̬ɚˈtʃeɪndʒ] [aus]wechseln

inter·change·able [ˌɪntəˈtʃeɪndʒəbl̩, AM -t̬ɚˈ-] *adj* austauschbar, auswechselbar; *word* synonym; ~ **word** Synonym *nt*

inter·change·ably [ˌɪntəˈtʃeɪndʒəbli, AM -t̬ɚˈ-] *adv* austauschbar, auswechselbar

inter·city [ˌɪntəˈsɪti, AM -t̬ɚˈsɪti] **I.** *n* Intercity *m* **II.** *adj attr, inv service, train* Intercity- *m*

inter·col·legi·ate [ˌɪntəkəˈliːdʒət, AM -t̬ɚkəˈliːdʒɪt] *adj* zwischen Colleges *nach n;* ~ **championships** Meisterschaften *pl* der Colleges

inter·com [ˈɪntəkɒm, AM -t̬ɚkɑːm] *n* [Gegen]sprechanlage *f;* **to speak over** [*or* **through**] **the ~** über die Sprechanlage reden

inter·com·mu·ni·cate [ˌɪntəkəˈmjuːnɪkeɪt, AM -t̬ɚ-] *vi* miteinander in Verbindung stehen, zueinander Kontakt haben; *rooms* miteinander verbunden sein

inter·com·pa·ny [ˌɪntəˈkʌmpəni, AM -t̬ɚˈ-] *adj inv* konzernintern; ~ **profit** Zwischengewinn *m*

inter·con·nect [ˌɪntəkəˈnekt, AM -t̬ɚ-] **I.** *vt* ■**to ~ sb/sth with sb/sth** jdn/etw mit jdm/etw verbinden; ***this system ~s all the computers in the building*** durch dieses System sind alle Computer in dem Gebäude vernetzt; **to ~ loudspeakers** Lautsprecher zusammenschalten; ~**ed terminals** COMPUT vernetzte Terminals **II.** *vi* miteinander in Zusammenhang stehen; ***poverty and homelessness are ~ed*** Armut und Obdachlosigkeit sind miteinander verknüpft

inter·con·nec·tion [ˌɪntəkəˈnekʃən, AM -t̬ɚ-] *n* Verbindung *f; of loudspeakers* Zusammenschaltung *f; of computers* Vernetzung *f;* ~ **of cultures** Kulturaustausch *m*

inter·con·ti·nen·tal [ˌɪntəˌkɒntɪˈnentəl, AM -t̬ɚˌkɑːn-təˈ-] *adj inv* interkontinental; ~ **ballistic missile** Interkontinentalrakete *f;* ~ **flight** Interkontinentalflug *m*

inter·cor·por·ate [ˌɪntəˈkɔːpərət, AM -t̬ɚˈkɔːr-] *adj* ~ **stockholding** FIN Schachtelbeteiligung *f*

inter·course [ˈɪntəkɔːs, AM -t̬ɚkɔːrs] *n no pl* ① *(sex)* [Geschlechts]verkehr *m;* **sexual ~** Geschlechtsverkehr *m* ② *(form: communication)* Umgang *m,* Verkehr *m;* **social ~** gesellschaftlicher Umgang

inter·cut [ˌɪntəˈkʌt, AM -t̬ɚˈ-] **I.** *vi* **to ~ between two or more scenes** zwei oder mehrere Szenen zusammenschneiden **II.** *vt* ■**to ~ sth** etw unterbrechen

inter·de·nomi·na·tion·al [ˌɪntədɪˌnɒmɪˈneɪʃənəl, AM -t̬ɚdɪˌnɑːməˈ-] *adj* interkonfessionell

inter·de·part·ment·al [ˌɪntəˌdiːpɑːtˈmentəl, AM -t̬ɚˌdiːpɑːrtˈment̬əl] *adj* zwischen den Abteilungen *nach n;* **an ~ committee** ein aus Angehörigen verschiedener Fachbereiche zusammengesetzter Ausschuss

inter·de·pend·ence [ˌɪntədɪˈpendən(t)s, AM -t̬ɚdiːˈ-] *n no pl* gegenseitige Abhängigkeit, Interdependenz *f geh;* **economic ~** wirtschaftliche Interdependenz

inter·de·pend·en·cy [ˌɪntədɪˈpendən(t)si, AM -t̬ɚdiːˈ-] *n (controlling)* Korrelation *f*

inter·de·pend·ent [ˌɪntədɪˈpendənt, AM -t̬ɚdiːˈ-] *adj* voneinander abhängig, interdependent *geh*

inter·dict *(form)* **I.** *vt* [ˌɪntəˈdɪkt, -ˈdaɪt, AM -t̬ɚ-] ① LAW ■**to ~ sth** etw untersagen [*o* verbieten]; ***he has been ~ed from consuming alcohol*** Alkoholgenuss wurde ihm untersagt ② *esp* AM MIL **to ~ a pass/supplies** einen Weg/die Versorgung abschneiden; **to ~ a route** eine Route unterbrechen; ***the armed forces tried to ~ the movement of narcotics*** die Streitkräfte versuchten den Drogenhandel zum Stillstand zu bringen **II.** *n* [ˈɪntədɪkt, -daɪt, AM -t̬ɚdɪkt] ① REL **papal ~** päpstliches Verbot, Interdikt *nt* ② LAW Verbot *nt;* SCOT einstweilige Verfügung

inter·dic·tion [ˌɪntəˈdɪkʃən, AM -t̬ɚˈ-] *n* Verbot *nt;* MIL Unterbrechung *f*

inter·dic·tory [ˌɪnt̬əˈdɪktəri] *adj* AM ~ **fire** Sperrfeuer *nt*

inter·dis·ci·plin·ary [ˌɪntəˈdɪsɪplɪnəri, AM -t̬ɚˈdɪsəplɪneri] *adj inv* fachübergreifend, interdisziplinär

in·ter·est [ˈɪntrəst, AM -trɪst] **I.** *n* ① *(concern, curiosity)* Interesse *nt; (hobby)* Hobby *nt;* ***she looked about her with ~*** sie sah sich interessiert um; **just out of ~** *(fam)* nur interessehalber; **vested ~** eigennütziges Interesse, Eigennutz *m;* **to have** [*or* **take**] **an ~ in sth** an etw *dat* Interesse haben, sich *akk* für etw *akk* interessieren; **to lose ~ in sb/sth** das Interesse an jdm/etw verlieren; **to pursue one's own ~s** seinen eigenen Interessen nachgehen, seine eigenen Interessen verfolgen; **to show an ~ in sth** an etw *dat* Interesse zeigen; **to take no further ~ in sth** das Interesse an etw *dat* verloren haben, kein Interesse mehr für etw *akk* zeigen; ■**sth is in sb's ~** etw liegt in jds Interesse ② *(profit, advantage)* ■**~s** *pl* Interessen *pl,* Belange *pl;* ***in the ~s of safety, please do not smoke*** aus Sicherheitsgründen Rauchen verboten; ***I'm only acting in your best ~s*** ich tue das nur zu deinem Besten; ***Jane is acting in the ~s of her daughter*** Jane vertritt die Interessen ihrer Tochter; **in the ~s of humanity** zum Wohle der Menschheit; **to look after the ~s of sb** jds Interessen wahrnehmen ③ *no pl (importance)* Interesse *nt,* Reiz *m;* **buildings of historical ~** historisch interessante Gebäude; **to be of ~ to sb** für jdn von Interesse sein; **to hold ~ for sb** jdn interessieren ④ *no pl* FIN Zinsen *pl; (paid on investments also)* Kapitalertrag *m;* ***at 5% ~*** zu 5 % Zinsen; ***what is the ~ on a loan these days?*** wie viel Zinsen zahlt man heutzutage für einen Kredit?; **rate of ~** [*or* **~ rate**] Zinssatz *m;* **~ on advance** Vorauszahlungszins *m;* **~ on arrears** Verzugszinsen *pl;* **~ on principal** Kapitalverzinsung *f;* **~ on savings deposits** Sparzinsen *pl;* **to earn/pay ~** Zinsen einbringen/zahlen; ***he earns ~ on his money*** sein Geld bringt ihm Zinsen [ein]; **to return sb's kindness with ~** *(fig)* jds Freundlichkeit um ein Vielfaches erwidern; **to pay sb back with ~** *(fig)* es jdm doppelt [*o* gründlich] heimzahlen ⑤ *(involvement)* Beteiligung *f;* ***the ~s of the company include steel and chemicals*** das Unternehmen ist auch in den Bereichen Stahl und Chemie aktiv; ***a legal ~ in a company*** ein gesetzlicher Anteil an einer Firma; **powerful business ~s** einflussreiche Kreise aus der Geschäftswelt; **foreign ~** ausländische Interessengruppen; **the landed ~[s]** die Großgrundbesitzer(innen) *mpl(fpl)* **II.** *vt* ■**to ~ sb [in sth]** jdn [für etw *akk*] interessieren, bei jdm Interesse [für etw *akk*] wecken; ***may I ~ you in this encyclopaedia?*** darf ich Ihnen diese Enzyklopädie vorstellen?; ***don't suppose I can ~ you in a quick drink before lunch, can I?*** kann ich dich vor dem Mittagessen vielleicht noch zu einem kurzen Drink überreden?; ■**to ~ oneself in sth/sb** sich *akk* für etw/jdn interessieren

ˈin·ter·est ac·count *n* Zinskonto *nt* **ˈin·ter·est ad·just·ment** *n* Zinsregulierung *f* **ˈin·ter·est-based** *adj inv* zinsabhängig **ˈin·ter·est-bear·ing** *adj inv* verzinst, zinsbringend **ˈin·ter·est cap** *n* FIN Höchstzins *m* **ˈin·ter·est charges** *npl* FIN Zinsbelastung *f,* Sollzinsen *pl* **ˈin·ter·est cost** *n* Zinskosten *pl* **ˈin·ter·est cou·pon** *n* FIN Zinsschein *m* **ˈin·ter·est defi·cit** *n* Zinsminus *nt*

in·ter·est·ed [ˈɪntrəstɪd, AM -trɪst-] *adj* ① *(concerned)* interessiert; ***I'm going for a drink, are you ~?*** ich geh noch was trinken – hättest du auch Lust?; ***I'm selling my stereo, are you ~?*** ich möchte meine Anlage verkaufen, hätten Sie Interesse?; ***I'd be ~ to know more about it*** ich würde gerne mehr darüber erfahren; ***are you ~ in a game of tennis?*** hast du Lust, mit mir Tennis zu spielen?; ***sorry, I'm not ~*** tut mir leid, kein Interesse; **to be ~ in sth/sb** sich *akk* für etw/jdn interessieren; **to be ~ in doing sth** daran interessiert sein, etw zu tun; **to get sb ~ in sth** jdn für etw *akk* interessieren ② *(involved)* beteiligt; ***she was an ~ party in the matter*** sie war in der Sache befangen; **~ witness** befangener Zeuge/befangene Zeugin

ˈin·ter·est fix·ing *n no pl* Zinsfestschreibung *f* **in·ter·est-ˈfree** *adj* FIN zinslos, unverzinslich; ~ **credit** unverzinsliches Darlehen

ˈin·ter·est group *n* Interessengruppe *f*

in·ter·est·ing [ˈɪntrəstɪŋ, AM -trɪst-] *adj* interessant; ***the ~ thing about it is ...*** das Interessante daran ist, ...; ***that's an ~-looking hat*** der Hut sieht ja interessant aus *iron euph;* **to be in an ~ condition** *(euph old)* in anderen Umständen sein *euph;* **to have ~ things to say** etwas zu sagen haben

in·ter·est·ing·ly [ˈɪntrəstɪŋli, AM ˈɪntrɪst-] *adv* interessant, interessanterweise; ~ **enough ...** interessanterweise ...

ˈin·ter·est load *n* FIN Zinsbelastung *f* **ˈin·ter·est mar·gin** *n* FIN Zinsspanne *f,* Zinsmarge *f* **ˈin·ter·est pay·ment** *n* FIN Verzinsung *f,* Zinszahlung *f* **ˈin·ter·est pe·ri·od** *n* Zinsperiode *f* **ˈin·ter·est rate** *n* FIN Zinsfuß *m,* Zinsrate *f,* Zinssatz *m;* **calculatory ~** FIN Rechnungszinsfuß *m;* **to raise/lower the ~** den Zinssatz anheben/senken **ˈin·ter·est re·turn** *n* Verzinsung *f* **ˈin·ter·est spread** *n* FIN Zinsspanne *f* **ˈin·ter·est terms** *npl* Zinskonditionen *pl* **ˈin·ter·est yield** *n* Verzinsung *f*

inter·face **I.** *n* [ˈɪntəfeɪs, AM -t̬ɚ-] Schnittstelle *f;* COMPUT, TECH *also* Interface *nt;* CHEM Grenzfläche *f;* ***his job is to be an ~ between the departments*** er soll die Kontakte zwischen den Abteilungen koordinieren; **network ~** COMPUT Netzwerkschnittstelle *f;* **user ~** COMPUT Benutzerschnittstelle *f* **II.** *vi* [ˌɪntəˈfeɪs, AM ˈɪnt̬ɚfeɪs] ■**to ~ with sth** mit jdm in Verbindung treten, sich *akk* mit jdm kurzschließen **III.** *vt* [ˈɪntəfeɪs, AM -t̬ɚ-] COMPUT, TECH ■**to ~ sth** etw koppeln

inter·fa·cial [ˌɪntəˈfeɪʃəl, AM -t̬ɚˈ-] *adj inv* CHEM Grenzflächen-; ~ **area** Phasengrenzfläche *f;* **lowering the ~ tension** grenzflächenaktiv; ~ **surface polycondensation** Grenzflächenpolykondensation *f;* ~ **tension** Grenzflächenspannung *f*

inter·fere [ˌɪntəˈfɪəʳ, AM -t̬ɚˈfɪr] *vi* ① *(meddle)* ■**to ~ [in sth]** sich *akk* [in etw *akk*] einmischen; ***she tried not to ~ in her children's lives*** sie versuchte, sich aus den Angelegenheiten ihrer Kinder herauszuhalten; **to ~ in sb's affairs** sich *akk* in jds Angelegenheiten einmischen ② *(disturb)* ■**to ~ with sb/sth** jdn/etw stören; ***even a low level of noise ~s with my concentration*** ich kann mich schon bei der geringsten Geräuschkulisse nicht mehr konzentrieren; ***somebody has been interfering with my papers again*** je-

mand hat sich wieder an meinen Papieren zu schaffen gemacht
③ RADIO, TECH, COMPUT *(hamper signals)* ■ **to ~ with sth** etw überlagern [*o* stören]
④ BRIT *(euph: molest sexually)* ■ **to ~ with sb** jdn sexuell missbrauchen; ***he was sent to prison for interfering with little boys*** er kam ins Gefängnis, weil er sich an kleinen Jungen vergangen hatte; ***the body has been ~d with*** die Leiche zeigt Spuren eines Sittlichkeitsverbrechens
⑤ *(strike against)* ■ **to ~ with one another** aneinanderstoßen
⑥ LAW **to ~ with witnesses** Zeugen beeinflussen

inter·fer·ence [ˌɪntəˈfɪərᵊn(t)s, AM -t̬ɚˈfɪrᵊn(t)s] *n no pl* ① *(meddling)* Einmischung *f;* ***the government's ~ in the strike has been widely criticized*** dass die Regierung sich in den Streik eingemischt hat, wurde von vielen kritisiert; **free from ~** ohne Beeinträchtigung
② RADIO, TECH Störung *f,* Überlagerung *f,* Interferenz *f;* ***there was some ~ on the television*** der Bildschirm wurde gestört

inter·fer·ing [ˌɪntəˈfɪərɪŋ, AM -t̬ɚˈfɪr-] *adj attr (pej)* sich *akk* einmischend *attr;* ***her ~ neighbours*** ihre Nachbarn, die sich in alles einmischen

inter·fer·on [ˌɪntəˈfɪərɒn, AM -t̬ɚˈfɪrɑːn] *n* BIOL Interferon *nt*

inter·ga·lac·tic [ˌɪntəgəˈlæktɪk, AM -t̬ɚ-] *adj attr, inv* intergalaktisch

inter·ˈgla·cial I. *adj period* interglazial
II. *n* Warmzeit *f*

in·ter·im [ˈɪntᵊrɪm, AM -t̬ɚ-] I. *n* ① *no pl (meantime)* Zwischenzeit *f;* **~ phase** Übergangsphase *f;* **in the ~** in der Zwischenzeit
② STOCKEX ■ **~s** *pl* Abschlagsdividende *f*
II. *adj attr, inv* einstweilig, vorläufig, Übergangs-; **~ government** Übergangsregierung *f,* Interimsregierung *f;* **~ measure** Übergangsmaßnahme *f;* **~ report** Zwischenbericht *m*

in·ter·im ˈaudit *n* LAW Zwischenrevision *f* **in·ter·im ˈbal·ance sheet** *n* Zwischenbilanz *f* **in·ter·im cer·ˈtifi·cate** *n* FIN Zwischenschein *m,* Interimsschein *m* **in·ter·im ˈcred·it** *n* FIN Überbrückungskredit *f* **in·ter·im dis·tri·ˈbu·tion** *n* STOCKEX Zwischenausschüttung *f* **in·ter·im ˈdivi·dend** *n* FIN Abschlagsdividende *f,* Interimsdividende *f,* Zwischendividende *f* **in·ter·im ˈfi·nanc·ing** *n no pl* Zwischenfinanzierung *f* **in·ter·im ˈin·ter·est** *n no pl* Zwischenzinsen *pl* **in·ter·im ˈpay·ment** *n* Interimsauszahlung *f* **in·ter·im ˈprof·it** *n* Zwischengewinn *m;* **~ tax** Zwischengewinnsteuer *f* **in·ter·im reˈport** *n* Zwischenbericht *m* **in·ter·im re·ˈsult** *n* Zwischenergebnis *nt* **in·ter·im so·ˈlu·tion** *n* Übergangslösung *f*

in·te·ri·or [ɪnˈtɪəriəʳ, AM -ˈtɪriɚ] I. *adj attr, inv* ① *(inside) of door, wall* Innen-; **~ light/space** Innenbeleuchtung *f*/-raum *m*
② *(country)* Inlands-, Binnen-; ***the ~ regions of the country*** die Gebiete im Landesinneren
II. *n* ① *(inside)* Innere *nt;* ***the ~ of the house has to be ripped out*** im Innenbereich des Hauses muss alles herausgerissen werden; **the ~ of the country** das Landesinnere
② POL ■ **the I~** das Innere; **~ minister** Innenminister(in) *m(f);* **the ministry** [*or* AM **department**] **of the ~** das Innenministerium; **the U.S. I~ Department** das Amerikanische Innenministerium

in·te·ri·or deco·ˈra·tion *n* Innenausstattung *f* **in·te·ri·or ˈdeco·ra·tor** *n* Innenausstatter(in) *m(f)* **in·te·ri·or de·ˈsign** *n* Innenarchitektur *f* **in·te·ri·or de·ˈsign·er** *n* Innenarchitekt(in) *m(f)* **in·te·ri·or ˈmono·logue** *n* LIT innerer Monolog

inter·ject [ˌɪntəˈdʒekt, AM -t̬ɚ-] I. *vt* ■ **to ~ sth** *comments, remarks, words* etw einwerfen
II. *vi* dazwischenreden, unterbrechen

inter·jec·tion [ˌɪntəˈdʒekʃᵊn, AM -t̬ɚ-] *n* ① *(interruption)* Einwurf *m,* Zwischenbemerkung *f;* **~s from the audience** Zwischenrufe *pl* aus dem Publikum
② LING Interjektion *f*

inter·lace [ˌɪntəˈleɪs, AM -t̬ɚ-] I. *vt* ■ **to ~ sth** etw kombinieren; ***in her book she ~s historical events with her own childhood memories*** in ihrem Buch vermischen sich historische Ereignisse mit ihren eigenen Kindheitserinnerungen
II. *vi also* COMPUT sich *akk* ineinander verflechten

inter·leave [ˌɪntəˈliːv, AM -t̬ɚ-] *vt* TYPO ■ **to ~ sth** etw mit Zwischenseiten versehen, etw durchschießen *fachspr*

inter·li·brary ˈloan *n* Fernleihe *f;* **to get a book on ~** ein Buch über Fernleihe bekommen

inter·line [ˌɪntəˈlaɪn, AM -t̬ɚ-] *vt* ■ **to ~ sth** etw mit Zwischenlinien versehen

inter·link [ˌɪntəˈlɪŋk, AM -t̬ɚ-] I. *vt* ■ **to ~ sth** etw miteinander verbinden [*o* verknüpfen]
II. *vi* miteinander verbunden [*o* verknüpft] sein

inter·linked [ˌɪntəˈlɪŋkt, AM -t̬ɚ-] *adj* [miteinander] verknüpft [*o* verbunden]; ■ **to be ~ with sth** mit etw *dat* verbunden sein, mit etw *dat* zusammenhängen

inter·link·ing [ˌɪntəˈlɪŋkɪŋ, AM -t̬ɚ-] I. *adj inv* Zwischen-, Verbindungs-
II. *n* Verzahnung *f,* Verknüpfung *f*

inter·lock [ˌɪntəˈlɒk, AM -t̬ɚˈlɑːk] I. *vt* ■ **to ~ sth** ① *(fit together)* etw zusammenstecken; *two subjects, themes* etw verknüpfen; **to ~ one's fingers** die Hände verschränken
② *(interdependent)* etw miteinander verflechten; ■ **to be ~ed with sth** *economies* mit etw *dat* eng verzahnt sein
③ COMPUT ■ **to ~ sth** etw verriegeln
II. *vi tooth, cog* ineinandergreifen

inter·lock·ing [ˌɪntəˈlɒkɪŋ, AM -t̬ɚˈlɑːkɪŋ] *adj inv* [ineinander] verflochten, [miteinander] verwoben; *teeth, fingers* ineinandergreifend; **~ directorate** Überkreuzverflechtung *f;* **~ interests** Interessenverflechtung *f*

inter·locu·tor [ˌɪntəˈlɒkjətəʳ, AM -t̬ɚˈlɑːkjət̬ɚ] *n (form)* Gesprächspartner(in) *m(f); (on behalf of sb else)* Sprecher(in) *m(f)*

inter·lop·er [ˈɪntəˌləʊpəʳ, AM ˈɪnt̬ɚˌloʊpɚ] *n (pej)* Eindringling *m*

inter·lude [ˈɪntəluːd, AM -t̬ɚluːd] *n* ① *(interval)* Periode *f,* Abschnitt *m; (between acts of play)* Pause *f;* **lunch-time ~** Mittagspause *f*
② *(entertainment)* Zwischenspiel *nt,* Intermezzo *nt,* Interludium *nt fachspr;* **musical ~** musikalisches Zwischenspiel
③ COMPUT Vorprogramm *nt*

inter·mar·riage [ˌɪntəˈmærɪdʒ, AM -t̬ɚˈmer-] *n no pl (between groups)* Mischehe *f; (between relatives)* Verwandtenehe *f*

inter·ˈmar·ried *adj inv* in einer Mischehe *nach n*

inter·mar·ry <-ie-> [ˌɪntəˈmæri, AM ˈɪnt̬ɚˈmeri] *vi* eine Mischehe schließen; ***the immigrants have intermarried with the natives*** die Immigranten haben sich durch Mischehen mit den Eingeborenen vermischt; ***brothers and sisters are not allowed to ~*** eine Heirat zwischen Geschwistern ist verboten

inter·medi·ary [ˌɪntəˈmiːdiəri, AM -t̬ɚˈmiːdieri] I. *n* Vermittler(in) *m(f),* Intermediär(in) *m(f);* ■ **through an ~** über einen Mittelsmann [*o* Vermittler]
II. *adj inv* vermittelnd; **~ role** Vermittlerrolle *f;* **~ stage** Zwischenstadium *nt*

inter·medi·ate [ˌɪntəˈmiːdiət, AM -t̬ɚ-] I. *adj inv* ① *(level)* mittel; *(between two things)* Zwischen-; **~ stage** Zwischenstadium *nt;* **~ stopover** Zwischenstopp *m;* **~ target** mittelfristiges Ziel; ■ **to be ~ between sth** sich *akk* zwischen etw *dat* befinden
② *(level of skill)* Mittel-; **~ course** Kurs *m* für fortgeschrittene Anfänger/Anfängerinnen; **~ students** fortgeschrittene Anfänger/Anfängerinnen
II. *n* fortgeschrittener Anfänger/fortgeschrittene Anfängerin
III. *vi* vermitteln

inter·medi·ate ˈfre·quen·cy *n,* **if** *n* TECH Zwischenfrequenz *f* **inter·ˈmedi·ate-range** *adj* Mittelstrecken-; **~ weaponry** Mittelstreckenwaffen *pl;* **~ missile** [*or* **rocket**] Mittelstreckenrakete *f* **inter·ˈmedi·ate school** *n* AM *die unteren Klassen der Highschool*

inter·media·tion [ˌɪntəˌmiːdiˈeɪʃᵊn, AM -t̬ɚˌ-] *n* Mittlertätigkeit *f*

in·ter·ment [ɪnˈtɜːmənt, AM -ˈtɜːr-] *n* Beerdigung *f,* Bestattung *f*

inter·mesh·ing [ˌɪntəˈmeʃɪŋ, AM -t̬ɚ-] *n no pl* Verzahnung *f,* Verflechtung *f*

inter·mez·zo <*pl* zi *or* -os> [ˌɪntəˈmetsəʊ, AM -t̬ɚˈmetsoʊ, *pl* -tsi] *n* Intermezzo *nt,* Zwischenspiel *nt*

in·ter·mi·nable [ɪnˈtɜːmɪnəbl̩, AM -ˈtɜːr-] *adj (pej)* endlos, nicht enden wollend *attr pej*

in·ter·mi·nably [ɪnˈtɜːmɪnəbli, AM -ˈtɜːr-] *adv (pej)* endlos, ewig; **~ long** endlos lang

inter·min·gle [ˌɪntəˈmɪŋgl̩, AM -t̬ɚ-] I. *vi* ■ **to ~** [**with sth**] sich *akk* [mit etw *dat*] vermischen
II. *vt usu passive* ■ **to be ~d** vermischt sein; *ethnic groups* sich vermischen; ***fact and fiction are ~d throughout the book*** Phantasie und Wirklichkeit gehen in dem Buch ständig durcheinander

inter·mis·sion [ˌɪntəˈmɪʃᵊn, AM -t̬ɚ-] *n* Pause *f,* Unterbrechung *f;* FILM, THEAT Pause *f;* **after/during ~** nach/während der Pause; **without ~** pausenlos

inter·mit·tent [ˌɪntəˈmɪtᵊnt, AM -t̬ɚ-] *adj* periodisch, intermittierend *geh;* ***there will be ~ rain in the south*** im Süden wird es mit kurzen Unterbrechungen regnen; ***she made ~ movie appearances*** sie hatte ab und zu eine Rolle in einem Kinofilm; **~ light** Blinklicht *nt;* **~ volcano** zeitweise aktiver Vulkan

inter·mit·tent·ly [ˌɪntəˈmɪtᵊntli, AM -t̬ɚ-] *adv* periodisch, intermittierend *geh;* ***hot water was only available ~*** es gab nur zeitweise heißes Wasser

inter·mix [ˌɪntəˈmɪks, AM -t̬ɚ-] I. *vt* ■ **to ~ sth** [**with sth**] etw [mit etw *dat*] vermischen
II. *vi* ■ **to ~ with sth** sich *akk* in etw *akk* einfügen

inter·mo·lecu·lar [ˌɪntəməˈlekjələʳ, AM -t̬ɚməˈlekjəlɚ] *adj inv* zwischenmolekular; **~ forces** *pl* Molekularkräfte *pl*

in·tern I. *vt* [ɪnˈtɜːn, AM -ˈtɜːrn] POL, MIL ■ **to ~ sb** jdn internieren [*o* gefangen nehmen]
II. *vi* [ɪnˈtɜːn, AM -ˈtɜːrn] *esp* AM ein Praktikum absolvieren
III. *n* [ˈɪntɜːn, AM -tɜːrn] *esp* AM Praktikant(in) *m(f);* **hospital ~** Assistenzarzt, -ärztin *m, f;* **summer ~** Ferienpraktikant(in) *m(f)*

in·ter·nal [ɪnˈtɜːnᵊl, AM -ˈtɜːr-] *adj inv* innere(r, s); *(within a company)* innerbetrieblich; *(within a country)* Binnen-; **~ affairs/bleeding** innere Angelegenheiten/Blutungen; **~ borders** Binnengrenzen *pl;* **~ investigation/memo** interne Nachforschungen/Mitteilung; **~ trade** Binnenhandel *m;* **for ~ use only** vertraulich

in·ter·nal ˈaudit *n* Innenrevision *f* **in·ter·nal ˈaudit·ing** *n no pl* interne Revision **in·ter·nal com·ˈbus·tion en·gine** *n* Verbrennungsmotor *m* **in·ter·nal ˈfi·nanc·ing** *n no pl* Innenfinanzierung *f,* interne Finanzierung, Kapitalbeschaffung *f* von innen

in·ter·nali·za·tion [ɪnˌtɜːnᵊlaɪˈzeɪʃᵊn, AM -ˌtɜːr-] *n no pl* PSYCH Verinnerlichung *f,* Internalisierung *f fachspr*

in·ter·nal·ize [ɪnˈtɜːnᵊlaɪz, AM -ˈtɜːr-] *vt* ■ **to ~ sth** etw verinnerlichen [*o fachspr* internalisieren]

in·ter·nal·ly [ɪnˈtɜːnᵊli, AM -ˈtɜːr-] *adv inv* innerlich; ***not to be taken ~*** nur zur äußeren Anwendung; **to develop sth ~** *(within company)* etw betriebsintern entwickeln

in·ter·nal ˈmedi·cine *n* AM Innere Medizin **in·ter·nal op·e·ra·tions** *npl* Innenbetrieb *m* **In·ter·nal ˈRev·enue Ser·vice** *n,* **IRS** *n* AM Finanzamt *nt*

inter·na·tion·al [ˌɪntəˈnæʃᵊnᵊl, AM -t̬ɚ-] I. *adj* international; **~ banking** internationales Bankwesen; **~ call** Auslandsgespräch *nt;* **~ flight** Auslandsflug *m;* **on the/an ~ level** auf internationaler Ebene; **~ financial system** internationales Finanzsystem; **~ trade** Welthandel *m;* **~ waters** internationale Gewässer
II. *n* ① BRIT SPORT *(player)* Nationalspieler(in) *m(f);* *(match)* Länderspiel *nt*
② *(communist organization)* ■ **I~** Internationale *f;* **the First/Second etc. I~** die Erste/Zweite etc. Internationale

inter·na·tion·al af·ˈfairs *npl* internationale Angelegenheiten **inter·na·tion·al 'bank ac·count num·ber** *n* COMM internationale Kontonummer, International Bank Account Number *f* **inter·na·tion·al 'bond** *n* FIN internationale Schuldverschreibung **inter·na·tion·al com·'mu·nity** *n* Völkergemeinschaft *f* **Inter·na·tion·al Court of 'Jus·tice** *n* Internationaler Gerichtshof **Inter·na·tion·al 'Date Line** *n* Datumsgrenze *f*

Inter·na·tion·ale [ˌɪntəˌnæʃəˈnɑːl, AM -t̬ɚˌnæʃəˈnæl] *n* Internationale *f*

inter·na·tion·al ex·'pan·sion *n* Internationalisierung *f* **inter·na·tion·al 'fi·nanc·ing** *n no pl* Auslandsfinanzierung *f*

inter·na·tion·al·ism [ˌɪntəˈnæʃənəlɪzəm, AM -t̬ɚˈ-] *n no pl* Internationalismus *m fachspr*

inter·na·tion·al·ist [ˌɪntəˈnæʃənəlɪst, AM -t̬ɚˈ-] *n* Internationalist(in) *m(f) fachspr; (law specialist)* Völkerrechtler(in) *m(f)*

inter·na·tion·ali·za·tion [ˌɪntəˌnæʃənəlaɪˈzeɪʃən, AM -t̬ɚˌnæʃənəlɪˈ-] *n no pl* Internationalisierung *f*

inter·na·tion·al·ize [ˌɪntəˈnæʃənəlaɪz, AM -t̬ɚˈ-] *vt* ■**to ~ sth** etw internationalisieren; ***we need to ~ the response to the problem*** wir müssen das Problem auf internationaler Ebene anpacken

inter·na·tion·al 'law *n* Völkerrecht *nt* **inter·na·tion·al 'loan** *n* internationale Anleihe

inter·na·tion·al·ly [ˌɪntəˈnæʃənəli, AM -t̬ɚˈ-] *adv inv* international, weltweit

Inter·na·tion·al 'Mon·etary Fund *n*, **IMF** *n* Internationaler Währungsfonds **inter·na·tion·al 'mon·etary sys·tem** *n* internationales Währungssystem **Inter·na·tion·al O'lym·pic Com·mit·tee** *n*, **IOC** *n* Internationales Olympisches Komitee **inter·na·tion·al 'pay·ments** *npl* internationaler Zahlungsverkehr **Inter·na·tion·al Pho·net·ic 'Al·pha·bet** *n*, **IPA** *n* Internationales Phonetisches Alphabet **inter·na·tion·al 'reach** *n* COMM Weltläufigkeit *f* **Inter·na·tion·al 'Stand·ards Or·gani·za·tion** *n*, **ISO** *n* Internationaler Normenausschuss

inter·naut [ˈɪntənɔːt, AM -t̬ɚ-] *n* Internetsurfer(in) *m(f)*

inter·necine [ˌɪntəˈniːsaɪn, AM -t̬ɚˈniːsɪn] *adj inv (form)* [für beide Seiten] vernichtend *attr;* ***torn by ~ strife*** von vernichtenden internen Kämpfen zerrissen; **~ feuds** interne Fehden; **~ struggle** mörderischer Kampf; **~ war** [*or* **warfare**] gegenseitiger Vernichtungskrieg

in·ternee [ˌɪntɜːˈni, AM -tɜːr-] *n* Internierte(r) *f(m)*

inter·net, Internet [ˈɪntənet, AM -t̬ɚ-] **I.** *n* Internet *nt;* **to browse** [*or* **cruise**] **the ~** im [*o* durchs] Internet surfen; **on the ~** im Internet

II. *n modifier (advertising, company, access)* Internet-; **~ cafe** Internet-Cafe *nt;* **the ~ community** die Internetgemeinde; **~ pioneer** Pionier(in) *m(f)* des Internets; **~ provider** Internet-Anbieter *m,* Internet-Provider *m;* **~ surfing** Surfen *nt* im Internet; **~ surfer** Internet-Surfer(in) *m(f)*

inter·net 'ac·cess *n no pl* Internetzugang *m;* ***do you have ~ at home?*** hast du einen Internetanschluss zu Hause? **inter·net 'bank·ing** *n no pl* Internetbanking *nt* **inter·net 'bro·ker** *n* Internetbroker(in) *m(f)* **inter·net 'bro·ker·age** *n no pl* Internetbrokerage *nt* **inter·net 'brok·ing** *n no pl* Internetbroking *nt* **inter·net 'com·pa·ny** *n* Internetgesellschaft *f* **inter·net con·'nec·tion** *n* Internetverbindung *f; (access)* Internetzugang *m* **inter·net 'cus·tom·er** *n* Internetkunde, -kundin *m, f* **inter·net di·'rec·tory** *n* Webverzeichnis *nt* **inter·net-en·'abled** [-ˈeɪbl̩d] *adj* internetfähig **inter·net Ho·'tel** *n* BRIT Colocation Provider *m fachspr,* Serverhousing *nt fachspr (Rechenzentrum, das unter strengen Sicherheitsvorkehrungen gegen Miete Server beheimatet)* **inter·net 'link** *n* Internetlink *m* **inter·net 'or·der·ing** *n no pl* Internet Ordering *nt*

inter·net 'page *n* Internetseite *f* **inter·net 'por·tal** *n* Internetportal *nt* **inter·net 'pres·ence** *n no pl* Internetauftritt *m* **inter·net 're·tail·er** *n* Internethändler *m,* Internetvertriebsunternehmen *nt* **inter·net 'search en·gine** *n* Internet-Suchmaschine *f* **inter·net 'ser·vice pro·vid·er** *n* [Internet-]Service-Provider *m* **inter·net 'site** *n* Internetsite *f* **inter·net 'tech·nol·ogy** *n* Internettechnik *f,* Internettechnologie *f* **internet-to-T'V** *adj attr, inv* mit digitaler Übertragung *nach n* **inter·net 'user** *n* Internetnutzer(in) *m(f),* Internetuser(in) *m(f)*

in·tern·ist [ˈɪntɜːnɪst] *n* AM Internist(in) *m(f),* Facharzt, -ärztin *m, f* für innere Medizin

in·tern·ment [ɪnˈtɜːnmənt, AM -ˈtɜːrn-] *n no pl* Internierung *f;* **~ without trial** Inhaftierung *f* ohne Prozess

in·'tern·ment camp *n* Internierungslager *nt*

in·tern·ship [ˈɪntɜːrnʃɪp] *n* AM Praktikum *nt;* MED Medizinalpraktikum *nt;* **summer ~** Ferienpraktikum *nt*

inter-of·fice [ˌɪnt̬ɚˈɑːfɪs] *adj attr, inv* AM innerbetrieblich; **~ memo** innerbetriebliche Mitteilung

inter·of·fice 'trad·ing *n no pl* STOCKEX Telefonhandel *m,* Telefonverkehr *m*

inter·'op·er·ate *vi (of computers)* kompatibel sein

inter·op·era·tion [ˌɪntəˌɒpəˈreɪʃən, AM ˌɪnt̬ɚɑːpə-] *n* Interoperabilität *f;* **~ of electronic payment systems** Interoperabilität *f* der Systeme zur elektronischen Zahlung

inter·pel·la·tion [ɪnˌtɜːpəˈleɪʃən, AM ˌɪnt̬ɚpə-] *n* POL Interpellation *f fachspr*

inter·pen·etrate [ˌɪntəˈpenɪtreɪt, AM -t̬ɚˈ-] **I.** *vi* sich *akk* durchdringen

II. *vt* ■**to ~ sth** etw durchdringen

inter·per·son·al [ˌɪntəˈpɜːsənəl, AM -t̬ɚˈpɜːr-] *adj inv* zwischenmenschlich; **~ relationships** zwischenmenschliche Beziehungen; **~ skills** soziale Kompetenz; **~ training** Praxis *f* im Umgang mit Menschen

'inter·phone *n* AM *see* **intercom**

inter·plane·tary [ˌɪntəˈplænɪtəri, AM -t̬ɚˈplænəteri] *adj attr, inv* interplanetarisch

inter·play [ˈɪntəpleɪ, AM -t̬ɚ-] *n no pl of forces, factors* Zusammenspiel *nt* (**of** von *+dat*), Wechselwirkung *f* (**between** zwischen *+dat*)

Inter·pol [ˈɪntəpɒl, AM -t̬ɚpɑːl] *n no art* Interpol *f*

in·ter·po·late [ɪnˈtɜːpəleɪt, AM -ˈtɜːr-] *vt (form)* ■**to ~ sth** etw einfügen; *(allow to influence) opinion etc* etw einfließen lassen; ■**to ~** [**that**] ... einwerfen, dass ...; **to ~ a remark** etw einwerfen

in·ter·po·la·tion [ɪnˌtɜːpəˈleɪʃən, AM -ˌtɜːr-] *n (form)* ① *(remark)* Einwurf *m; (adding words)* Einwerfen *nt; (in text)* Einfügung *f,* Interpolation *f fachspr*

② *no pl (insertion)* Eindringen *nt; (influence)* Einflussnahme *f*

③ COMPUT Interpolation *f*

inter·pose [ˌɪntəˈpəʊz, AM -t̬ɚˈpoʊz] **I.** *vt (form)* ① *(insert)* ■**to ~ sth** etw dazwischenbringen; ■**to ~ oneself between sb** sich *akk* zwischen jdn stellen

② *(esp liter: interrupt)* ■**to ~ sth** etw einwerfen; ■**to ~ that ...** einwerfen, dass ...; ***..., he ~d ...,*** warf er ein

II. *vi* eingreifen, sich *akk* einschalten

inter·po·si·tion [ˌɪntəpəˈzɪʃən, AM -t̬ɚ-] *n (form: active intervention)* Eingreifen *nt; (order to intervene)* Einschalten *nt*

in·ter·pret [ɪnˈtɜːprɪt, AM -ˈtɜːrprət] **I.** *vt* ■**to ~ sth** ① *(explain)* etw deuten [*o* interpretieren]; *(understand, take as meaning)* etw auslegen; ***the X-ray was ~ed as showing no breakages*** auf dem Röntgenbild waren keine Brüche zu erkennen; **to ~ a dream/the facts** einen Traum/die Fakten deuten; **to ~ a law** ein Gesetz auslegen; **~ a poem** ein Gedicht vortragen; **to ~ a text** einen Text interpretieren

② *(perform)* etw wiedergeben; ***the plays need to be ~ed in a modern style*** die Stücke müssen zeitgemäß inszeniert werden; **to ~ a role** eine Rolle auslegen

③ *(translate)* etw dolmetschen

II. *vi* dolmetschen

in·ter·pre·ta·tion [ɪnˌtɜːprɪˈteɪʃən, AM -ˌtɜːrprə-] *n* ① *(explanation)* Interpretation *f; of rules etc* Auslegung *f; of dream* Deutung *f;* SCI Auswertung *f;* **literal ~** wörtliche Auslegung; **to be open to ~** Interpretationssache sein; **to put an ~ on sth** etw deuten; ***he put quite a different ~ on their motives*** er hatte eine ganz andere Sicht ihrer Beweggründe

② THEAT, LIT Interpretation *f*

in·ter·pre·ta·tive [ɪnˈtɜːprɪtətɪv, AM -ˈtɜːrprəteɪt̬ɪv] *adj (form)* erklärend, interpretierend; **~ attempt** Erklärungsversuch *m*

in·ter·pre·ta·tive 'code *n* COMPUT Interpretiercode *m* **in·ter·pre·ta·tive 'pro·gram** *n* COMPUT Interpretierprogramm *nt*

in·ter·pret·er [ɪnˈtɜːprɪtəʳ, AM -ˈtɜːrprət̬ɚ] *n* ① LIT, THEAT Interpret(in) *m(f)*

② *(oral translator)* Dolmetscher(in) *m(f);* **to speak through an ~** sich *akk* über einen Dolmetscher verständigen

③ COMPUT Interpreter *m fachspr*

in·ter·pret·ing [ɪnˈtɜːprɪtɪŋ, AM -ˈtɜːrprət̬-] *n no pl* Dolmetschen *nt*

in·ter·pre·tive [ɪnˈtɜːprɪtɪv, AM -ˈtɜːrprət̬ɪv] *adj* erklärend, interpretierend

inter·ra·cial [ˌɪntəˈreɪʃəl, AM -t̬ɚˈ-] *adj inv* zwischen verschiedenen Rassen *nach n;* **~ hatred and violence** Hass *m* und Gewalt zwischen den Rassen; **~ marriage** gemischtrassige Ehe[schließung]

Inter-Rail® [ˈɪntəreɪl, AM -t̬ɚˈ-] **I.** *n* Interrail *nt;* **to travel Europe by ~** per Interrail durch Europa reisen

II. *vi* Interrail machen; **to go ~ing** Interrail machen

inter·reg·num <*pl* -s *or* -na> [ˌɪntəˈregnəm, AM -t̬ɚˈ-, *pl* -nə] *n* POL *(form)* Interregnum *nt fachspr;* ***after a brief ~, a new president was installed*** nach einer kurzen Übergangszeit wurde ein neuer Präsident gewählt

inter·re·late [ˌɪntərɪˈleɪt, AM -t̬ɚrɪˈ-] **I.** *vi* zueinander in Beziehung stehen, miteinander zusammenhängen

II. *vt* ■**to ~ sth** etw verbinden

inter·re·lat·ed [ˌɪntərɪˈleɪtɪd, AM -t̬ɚrɪˈ-] *adj inv* in einer Wechselbeziehung stehend *attr,* zusammenhängend *attr;* **~ problems** miteinander zusammenhängende Probleme; ■**to be ~ with sth** mit etw *dat* zusammenhängen

inter·re·la·tion [ˌɪntərɪˈleɪʃən, AM -t̬ɚrɪˈ-], **inter·re·la·tion·ship** [ˌɪntərɪˈleɪʃənʃɪp, AM -t̬ɚrɪˈ-] *n* Wechselbeziehung *f,* Zusammenhang *m*

in·ter·ro·gate [ɪnˈterəgeɪt] *vt* ① *(cross-question)* ■**to ~ sb** jdn verhören [*o* vernehmen]

② *(obtain data)* **to ~ a computer database** Daten abfragen

in·ter·ro·ga·tion [ɪnˌterəˈgeɪʃən] *n* ① *(being asked questions)* Verhör *nt,* Vernehmung *f;* **to take sb for ~** jdn verhören [*o* vernehmen]

② COMPUT [Ab]frage *f*

in·ter·ro·'ga·tion cham·ber *n* Verhörzimmer *nt,* Vernehmungszimmer *nt* **in·ter·ro·'ga·tion mark, in·ter·ro·'ga·tion point** *n* Fragezeichen *nt*

in·ter·ro·ga·tive [ˌɪntəˈrɒgətɪv, AM -t̬ɚˈrɑːgət̬ɪv] **I.** *n* LING Interrogativ *nt fachspr;* ■**the ~** das Interrogativum *fachspr*

II. *adj* ① *(liter: questioning)* fragend *attr;* ***the ~ expression on her face*** ihr fragender Gesichtsausdruck

② *(word type)* interrogativ *fachspr,* Frage-; **~ pronoun** Interrogativpronomen *nt fachspr,* Frage[für]wort *nt*

in·ter·ro·ga·tive·ly [ˌɪntəˈrɒgətɪvli, AM t̬ɚˈrɑːgət̬ɪv-] *adv* fragend

in·ter·ro·ga·tor [ɪnˈterəgeɪtəʳ, AM -ˈterəgeɪt̬ɚ] *n* Vernehmungsbeamte(r), -beamtin *m, f;* **his/their ~** die Person, die ihn/sie verhörte

in·ter·roga·tories [ˌɪntəˈrɒgətəriz, AM -t̬ɚˈrɑːgətɔːriz] *n pl* LAW schriftliche Beweisfragen *(die unter Eid zu beantworten sind)*

in·ter·roga·tory [ˌɪntəˈrɒgətəri, AM -t̬ɚˈrɑːgət̬ɔːri] *adj inv* fragend *attr*

in·ter·rupt [ˌɪntəˈrʌpt, AM -t̬ɚˈ-] **I.** *vt* ■**to ~ sb/sth** jdn/etw unterbrechen; *(rudely)* jdm ins Wort fallen; ***will you stop ~ing me!*** unterbrich mich nicht dauernd!; ***the doorbell ~ed his thoughts*** das Klingeln an der Tür riss ihn aus seinen Gedanken

II. *vi* unterbrechen, stören; SPORT ***~ed by rain*** wegen der Regenfälle unterbrochen

III. *n* ① COMPUT *(stopping of transmission)* Unter-

brechung *f*
❷ COMPUT *(signal)* Programmunterbrechung *f*

in·ter·rupt·er [ˌɪntəˈrʌptəʳ, AM -t̬ɚˈrʌptɚ] *n also* ELEC Unterbrecher *m*

in·ter·rup·tion [ˌɪntəˈrʌpʃᵊn, AM -t̬ɚˈ-] *n* Unterbrechung *f;* ***there was almost no ~ to his rise to the top*** bei seinem Aufstieg an die Spitze hatte er kaum Hindernisse zu überwinden; ***blocked arteries cause ~s in the blood supply*** durch verstopfte Arterien wird die Blutversorgung gestört; **without ~** ohne Unterbrechung

inter·scho·las·tic [ˌɪnt̬ɚˌskəˈlæstɪk] *adj attr, inv* AM zwischen mehreren Schulen *nach n,* Schulen übergreifend, schulübergreifend SCHWEIZ

inter·sect [ˌɪntəˈsekt, AM -t̬ɚˈ-] **I.** *vt* ❶ *(divide)* ■**to ~ sth** etw durchziehen; **to ~ a line** MATH eine Linie schneiden
❷ TRANSP ■**to be ~ed by sth** *roads* etw kreuzen
II. *vi* sich *akk* schneiden; ***the bus routes ~ with the railway network*** die Buslinien sind an das Schienennetz angebunden; **~ing roads** [Straßen]kreuzungen *pl*

inter·sec·tion [ˌɪntəˈsekʃᵊn, AM ˈɪnt̬ɚˌsekʃᵊn] *n*
❶ *(crossing of lines)* Schnittpunkt *m*
❷ AM, AUS *(junction)* [Straßen]kreuzung *f*
❸ COMPUT UND-Funktion *f,* Schnittmenge *f*

ˈinter·sex *n* Intersexualität *f*

inter·sperse [ˌɪntəˈspɜːs, AM -t̬ɚˈspɜːrs] *vt* ■**to ~ sth with sth** etw in etw *akk* einstreuen; ***periods of bright sunshine ~d with showers*** sonnige Abschnitte mit vereinzelten Regenschauern; **to be ~d throughout the text** über den ganzen Text verteilt sein

inter·state [ˌɪnt̬ɚˈsteɪt] AM **I.** *adj attr, inv* zwischenstaatlich, zwischen einzelnen Staaten bestehend *attr;* **~ banking** *Betreiben von Bankfilialen in mehreren Bundesstaaten der USA;* **~ commerce** *Wirtschaftsverkehr zwischen den Einzelstaaten der USA;* **~ highway** Bundesautobahn *f;* **~ trade** zwischenstaatlicher Wirtschaftsverkehr [*o* Handel]
II. *n* [Bundes]autobahn *f*

inter·state ˈhigh·way *n* AM [Bundes]autobahn *f*

inter·stel·lar [ˌɪntəˈsteləʳ, AM -t̬ɚˈstelɚ] *adj attr, inv* ASTRON interstellar *fachspr*

in·ter·stice [ɪnˈtɜːstɪs, AM -ˈtɜːr-] *n usu pl (form)* Zwischenraum *m,* Spalt *m; (between bricks)* Fuge *f; (in wall)* Riss *m*

in·ter·sti·tial [ˌɪntəˈstɪʃᵊl, AM -t̬ɚˈ-] *n* PHYS Zwischengitterplatz *m;* **~ compound** CHEM Einlagerungsverbindung *f*

inter·tex·tu·al·ity [ˌɪntəˈtekstjuˌælɪti, AM -t̬ɚˈtekstʃuː-] *n* LIT Intertextualität *f fachspr*

inter·trib·al [ˌɪntəˈtraɪbᵊl, AM -ˌɪnt̬ɚ-] *adj inv* zwischen den Stämmen *nach n*

inter·twine [ˌɪntəˈtwaɪn, AM -t̬ɚˈ] **I.** *vt usu passive* ■**to be ~d with sth** [miteinander] verflochten [*o* verschlungen] sein; *story lines, plots, destinies* miteinander verknüpft sein
II. *vi branches* sich [ineinander] verschlingen

inter·ur·ban [ˌɪnt̬ɚˈɜːrbᵊn] AM **I.** *adj (inter-city)* zwischen [den] Städten *nach n,* Städte verbindend; **~ connection** Städteverbindung *f;* **~ railroad** Intercity[zug]verkehr *m;* **~ travel** Überlandverkehr *m*
II. *n* Überlandbahn *f*

in·ter·val [ˈɪntəvᵊl, AM -t̬ɚ-] *n* ❶ *(in space, time)* Abstand *m,* Zwischenraum *m,* Intervall *nt geh;* **to do sth at 15-second/five-minute ~s** etw alle 15 Sekunden/fünf Minuten tun; **at regular ~s** in regelmäßigen Abständen
❷ METEO Abschnitt *m;* **with sunny ~s** mit sonnigen Abschnitten
❸ THEAT, MUS Pause *f;* MUS Intervall *nt*
❹ PHYS Interval *nt*

ˈin·ter·val train·ing *n no pl* Intervalltraining *nt*

inter·vene [ˌɪntəˈviːn, AM -t̬ɚˈ-] *vi* ❶ *(get involved)* einschreiten, intervenieren *geh;* ■**to ~ in sth** in etw *akk* eingreifen; **to ~ on sb's behalf** sich *akk* für jdn einsetzen; **to ~ in a dispute** bei einem Streit einschreiten; **to ~ militarily** militärisch intervenieren
❷ *(interrupt verbally)* sich *akk* einmischen; ***"but it's true," he ~d*** „es stimmt aber", unterbrach er
❸ *(come to pass)* dazwischenkommen; ***winter ~d and ...*** dann kam der Winter und ...
❹ LAW *(become party to action)* einem Prozess beitreten

inter·ven·ing [ˌɪntəˈviːnɪŋ, AM -t̬ɚˈ-] *adj attr, inv* dazwischenliegend *attr;* **in the ~ period** in der Zwischenzeit

inter·ven·tion [ˌɪntəˈven(t)ʃᵊn, AM -t̬ɚˈ-] *n* Eingreifen *nt,* Intervention *f geh;* COMPUT Eingriff *m;* **military ~** militärische Intervention; **~ in the internal affairs of a country** Einmischung *f* in die inneren Angelegenheiten eines Landes

inter·ven·tion·ism [ˌɪntəˈven(t)ʃᵊnɪzᵊm, AM -t̬ɚˈ-] *n no pl* POL Interventionismus *m fachspr*

inter·ven·tion·ist [ˌɪntəˈventʃᵊnɪst, AM -t̬ɚˈ-] POL **I.** *adj inv* interventionistisch *fachspr*
II. *n* Interventionist(in) *m(f) fachspr*

inter·view [ˈɪntəvjuː, AM -t̬ɚ-] **I.** *n* ❶ *(for job)* Vorstellungsgespräch *nt;* **to have a job ~** [*or* **an ~ for a job**] ein Vorstellungsgespräch haben
❷ *(with the media)* Interview *nt* (**with** mit +*dat*); **radio/television ~** Radio-/Fernsehinterview *nt;* **to give an ~** ein Interview geben
❸ *(formal talk)* Unterredung *f,* Gespräch *nt; (with police)* Verhör *nt;* **telephone ~** Telefonbefragung *f*
II. *vt* ■**to ~ sb** *(for job)* mit jdm ein Vorstellungsgespräch führen; **to be ~ed for a job** ein Vorstellungsgespräch haben; *(by reporter)* jdn interviewen; **to ~ sb on TV** ein Fernsehinterview mit jdm führen; *esp* BRIT *(by police)* jdn befragen; **to ~ a suspect** einen Verdächtigen vernehmen
III. *vi (for job)* ein Vorstellungsgespräch führen; *celebrity* ein Interview geben; **to ~ well/badly** bei einem Vorstellungsgespräch gut/schlecht abschneiden

inter·viewee [ˌɪntəvjuˈiː, AM -t̬ɚ-] *n* Interviewte(r) *f(m); (by police)* Befragte(r) *f(m);* **job ~** Kandidat(in) *m(f)*

inter·view·er [ˈɪntəvjuːəʳ, AM -t̬ɚvjuːɚ] *n (reporter)* Interviewer(in) *m(f); (in job interview)* Leiter(in) *m(f)* des Vorstellungsgesprächs; **market research ~** Marktforscher(in) *m(f)*

inter·war [ˌɪntəˈwɔːʳ, AM -t̬ɚˈwɔːr] *adj attr, inv* Zwischenkriegs-

inter·weave <-wove, -woven> [ˌɪntəˈwiːv, AM -t̬ɚˈ-] **I.** *vt* ■**to ~ sth** etw [miteinander] verweben; *(fig)* etw [miteinander] vermischen [*o* vermengen]; ■**to ~ sth with sth** *threads* etw mit etw *dat* verweben; *(fig)* etw mit etw *dat* vermischen
II. *vi branches* sich *akk* verschlingen

in·tes·tate [ɪnˈtesteɪt] *adj usu pred, inv* LAW **~ succession** gesetzliche Erbfolge; ■**to be ~** kein Testament besitzen; **to die ~** ohne Hinterlassung eines Testaments sterben

in·tes·tin·al [ɪnˈtestɪnᵊl] *adj inv* MED Darm-, intestinal *fachspr;* **~ flora** Darmflora *f*

in·tes·tin·al ˈfor·ti·tude *n* AM *(approv)* innere Stärke

in·tes·tine [ɪnˈtestɪn] *n usu pl* MED Darm *m,* Gedärme *pl,* Eingeweide *nt[pl]*

in·tex·ti·ca·tion [ɪntekstɪˈkeɪʃən] *n (fam) das Versenden von anzüglichen SMS unter dem Einfluss von Alkohol*

in·ti·fa·da [ˌɪntɪˈfɑːdə] *n* Intifada *f (palästinensischer Widerstand in den von Israel besetzten Gebieten)*

in·ti·ma·cy [ˈɪntɪməsi, AM -t̬ə-] *n* ❶ *no pl (closeness, familiarity)* Intimität *f,* Vertrautheit *f; (euph: sexual)* Intimitäten *pl;* ***~ between teachers and pupils*** eine [zu] enge Beziehung zwischen Lehrern und Schülern
❷ *(remarks)* ■**intimacies** *pl* Intimitäten *pl,* Vertraulichkeiten *pl*
❸ *(knowledge)* Vertrautheit *f*

in·ti·mate¹ [ˈɪntɪmət, AM -t̬əmət] **I.** *adj* ❶ *(close)* eng, vertraut; **~ atmosphere** gemütliche Atmosphäre; **sb's ~ circle of friends** jds engster Freundeskreis; **~ friend** enger Freund/enge Freundin; **~ searches** [*or* **body search**] Leibesvisitation *f;* **to be on ~ terms with sb** zu jdm ein enges Verhältnis haben; *(euph: sexual)* intim; ***he got a bit too ~ with my wife*** seine Vertraulichkeiten mit meiner Frau gingen etwas zu weit; **~ relationship** intime Beziehung; ■**to be ~ with sb** mit jdm intim sein
❷ *(very detailed)* gründlich, genau; ***she has an ~ knowledge of Tuscany*** sie kennt die Toskana wie ihre Westentasche; **to have an ~ understanding of sth** ein umfassendes Wissen über etw *akk* haben
❸ *(private, personal)* **sb's ~ involvement in sth** jds starkes persönliches Engagement für etw *akk;* **~ details** intime Einzelheiten
II. *n* ❶ *(person)* Vertraute(r) *f(m),* enger Freund/enge Freundin
❷ COMPUT hardwaregeeichte Software

in·ti·mate² [ˈɪntɪmeɪt, AM -t̬ə-] *vt* ■**to ~ sth** etw andeuten [*o* zu verstehen geben]; **to ~ one's feelings** seine Gefühle verraten; ■**to ~ [that] ...** andeuten [*o* zu verstehen geben, dass ...], dass ...

in·ti·mate·ly [ˈɪntɪmətli, AM -t̬ə-] *adv (confidentially)* vertraulich; *(thoroughly)* gründlich, genau; **to be ~ acquainted with sb** mit jdm gut bekannt sein; **to be ~ connected to sth** mit etw *dat* eng verknüpft sein; **to be ~ involved in sth** maßgeblich an etw *dat* beteiligt sein; **to speak ~** in einem vertraulichen Ton sprechen

in·ti·ma·tion [ˌɪntɪˈmeɪʃᵊn, AM -t̬əˈ-] *n* Anzeichen *nt,* Andeutung *f;* ***the pains were for him ~s of mortality*** durch die Schmerzen wurde ihm klar, dass auch er einmal sterben würde; ■**to be an ~ of sth** ein Anzeichen für etw *akk* sein

in·timi·date [ɪnˈtɪmɪdeɪt] *vt* ■**to ~ sb** jdn einschüchtern; ***I felt somewhat ~d by the amount of work*** bei diesem Arbeitspensum wurde mir doch etwas bange; ■**to ~ sb into doing sth** jdn unter Druck setzen etw zu tun

in·timi·dat·ing [ɪnˈtɪmɪdeɪtɪŋ, AM -deɪt̬ɪŋ] *adj* beängstigend, bedrohlich; **~ array of weapons** beeindruckendes Waffenarsenal; **~ manner** einschüchternde Art

in·timi·da·tion [ɪnˌtɪmɪˈdeɪʃᵊn] *n no pl* Einschüchterung *f;* ***there, the ~ of witnesses is a fact of life*** dort gehört es zum Alltag, dass Zeugen eingeschüchtert werden

in·timi·da·tory [ˌɪntɪmɪˈdeɪtᵊri, AM -tɔːri] *adj* einschüchternd

into [ˈɪntə, -tu] *prep* ❶ *(to inside)* in +*akk;* ***put the jar back ~ the cupboard*** stell das Glas zurück in den Schrank; **to put sth ~ place** etw auf/an seinen Platz stellen/legen; *(fig)* **to retreat ~ oneself** sich *akk* in sich *akk* selbst zurückziehen
❷ *(toward)* in *akk;* ***she looked ~ the mirror*** sie sah in den Spiegel
❸ *(against)* **to crash ~ sth** gegen etw *akk* krachen; *(fig)* ***I ran ~ a bargain*** ich habe zufällig ein Schnäppchen gesehen; **to bump ~ sb** jdm über den Weg laufen
❹ *(until)* bis in +*akk;* ***we worked late ~ the evening*** wir arbeiteten bis spät in den Abend; ***production should continue ~ 1999*** die Produktion sollte bis ins Jahr 1999 andauern
❺ *clothing* ***I can't get ~ these trousers*** ich komme in diese Hose nicht rein
❻ *(for attention)* ***I'll look ~ the matter*** ich kümmere mich um die Angelegenheit; ***don't delve ~ other people's problems*** misch dich nicht in anderer Leute Probleme ein
❼ *(changing)* ***translated ~ 19 languages*** in 19 Sprachen übersetzt; **to change ~ sth** sich *akk* in etw *akk* verwandeln
❽ *(involved)* **to get ~ a difficult situation** in eine schwierige Situation geraten; **to go ~ teaching** in den Lehrberuf gehen; **to get ~ trouble** Schwierigkeiten bekommen
❾ *(fam: attacking)* **to lay** [*or* **tear**] **~ sb for sth** jdn wegen etw *gen* anschreien
❿ *(starting)* **to burst ~ screams/tears** in Geschrei/Tränen ausbrechen
⓫ *(result)* ***the dog frightened her ~ running away*** der Hund machte ihr solche Angst, dass sie wegrannte; **to talk sb ~ doing sth** jdn dazu überreden, etw zu tun
⓬ *(division)* ***chop it ~ small cubes*** schneide es in

kleine Würfel; ***two goes ~ six three times*** die Zwei geht dreimal in die Sechs
⑬ *(fam: keen)* **to be ~ sth/sb** an etw/jdm interessiert sein; ***I'm ~ photography*** ich interessiere mich für Fotografie; ***she's really ~ her new job*** sie geht völlig in ihrer neuen Arbeit auf; ***what sort of music are you ~?*** auf welche Art von Musik stehst du? *fam*

in·tol·er·able [ɪn'tɒlərəbl̩, AM -'tɑːlɚ-] *adj* unerträglich, untolerierbar SCHWEIZ; **an ~ place to live in** ein Ort, an dem das Leben unerträglich ist

in·tol·er·ably [ɪn'tɒlərəbli, AM -'tɑːlɚ-] *adv* unerträglich

in·tol·er·ance [ɪn'tɒlərən(t)s, AM -'tɑːlɚ-] *n no pl* ① *(narrow-mindedness)* Intoleranz *f* (**of** gegenüber *+dat)*
② *(non-compatability)* Überempfindlichkeit *f;* MED Intoleranz *f* (**of** gegenüber *+dat)*; **~ of alcohol** Alkoholunverträglichkeit *f*

in·tol·er·ant [ɪn'tɒlərənt, AM -'tɑːlɚ-] *adj* ① *(narrow-minded)* intolerant; **to be ~ of different opinions** abweichenden Meinungen gegenüber intolerant sein
② MED überempfindlich (**of** gegenüber *+dat)*; **to be ~ of alcohol** keinen Alkohol vertragen

in·tol·er·ant·ly [ɪn'tɒlərəntli, AM -'tɑːlɚ-] *adv* intolerant

in·to·na·tion [ˌɪntə(ʊ)'neɪʃən, AM -toʊ'-] **I.** *n usu sing* ① LING Intonation *f fachspr,* Satzmelodie *f*
② MUS Intonation *f*
II. *adj attr, inv* Intonations-; **~ pattern** Intonationsmuster *nt*

in·tone [ɪn'təʊn, AM -'toʊn] *vt* ■ **to ~ sth** etw intonieren *fachspr;* **to ~ the liturgy** die Liturgie psalmodieren

in toto [ɪn'təʊtəʊ, AM -'toʊtoʊ] *adv inv (form)* im Ganzen, in Toto *geh*

in·toxi·cant [ɪn'tɒksɪkənt, AM -'tɑːk-] *n* Rauschmittel *nt*

in·toxi·cate [ɪn'tɒksɪkeɪt, AM -'tɑːk-] **I.** *vi* eine berauschende Wirkung haben, berauschen *a. fig*
II. *vt* ■ **to ~ sb** ① *(cause drunkenness)* jdn betrunken machen; *(fig)* ***the idea ~d him*** die Idee begeisterte ihn
② *(poison)* jdn vergiften

in·toxi·cat·ed [ɪn'tɒksɪkeɪtɪd, AM -'tɑːk-] *adj* ① *(by alcohol)* betrunken, alkoholisiert; ***she was charged with driving while ~*** sie wurde wegen Alkohols am Steuer angeklagt; ■ **to be ~ by sth** von etw *dat* betrunken sein *a. fig*
② *(fig: elated)* berauscht, begeistert

in·toxi·cat·ing [ɪn'tɒksɪkeɪtɪŋ, AM -'tɑːksɪkeɪt̬-] *adj* berauschend *a. fig;* **~ drink** berauschendes Getränk

in·toxi·cat·ing·ly [ɪn'tɒksɪkeɪtɪŋli, AM -'tɑːksɪkeɪt̬-] *adv* ansteckend, berauschend

in·toxi·ca·tion [ɪnˌtɒksɪ'keɪʃən, AM -ˌtɑːk-] *n no pl* ① *(from alcohol, excitement)* Rausch *m;* **in a state of ~** im Rausch, in betrunkenem Zustand; **~ of success** Euphorie *f* des Erfolgs
② MED Vergiftung *f,* Intoxikation *f fachspr*

intra- [ˌɪntrə] *in compounds* intra-

in·trac·tabil·ity [ɪnˌtræktə'bɪləti, AM -əṭi] *n no pl* Hartnäckigkeit *f,* Unnachgiebigkeit *f; of a conflict* Ausweglosigkeit *f; of a person* Sturheit *f*

in·trac·table [ɪn'træktəbl̩] *adj* unbeugsam; *problem, partygoer* hartnäckig; *pupil* widerspenstig; *situation* verfahren

in·trac·tably [ɪn'træktəbli] *adv* ausweglos, unlösbar

intra·cu·ta·neous [ˌɪntrəkjuː'teɪniəs] *adj* MED in der Haut [gelegen], intrakutan *fachspr;* **~ injection** intrakutane Injektion, Injektion *f* in die Haut

intra·day ['ɪntrədeɪ] *adj inv* STOCKEX Innertages-; **~ trader** Intradaytrader(in) *m(f);* **~ trading** Intradayhandel *m*

intra-'group *adj attr, inv* konzernintern

intra·mu·ral [ˌɪntrə'mjʊərəl, AM -'mjʊr-] *adj inv* innerhalb der Universität *nach n,* universitätsintern; **~ contest** inneruniversitärer Wettstreit

intra·mus·cu·lar [ˌɪntrə'mʌskjələʳ, AM -lɚ] *adj* MED intramuskulär; **~ injection** Injektion *f* in den Muskel

Intra·net [ˌɪntrə'net] *n* COMPUT Intranet *nt*

intra·net tech·'nol·ogy *n* Intranettechnik *f,* Intranettechnologie *f*

in·tran·si·gence [ɪn'træn(t)sɪdʒən(t)s, AM -'træn(t)sə-] *n no pl (form)* Unnachgiebigkeit *f*

in·tran·si·gent [ɪn'træn(t)sɪdʒənt, AM -sə-] *adj (form) attitude* unnachgiebig; **~ position** unversöhnliche Position

in·tran·si·gent·ly [ɪn'træn(t)sɪdʒəntli, AM -sə-] *adv (form)* unnachgiebig

in·tran·si·tive [ɪn'træn(t)sətɪv, AM -t̬ɪv] LING **I.** *adj inv* intransitiv; **~ verb** intransitives Verb
II. *n* Intransitivum *nt fachspr,* intransitives Verb

in·tran·si·tive·ly [ɪn'træn(t)sətɪvli, AM -t̬ɪvli] *adv inv* LING intransitiv

intra-uter·ine [ˌɪntrə'juːtəraɪn, AM -t̬ɚɪn] *adj inv* MED intrauterin

intra-uter·ine de·'vice *n,* **IUD** *n* MED Intrauterinpessar *nt*

intra·ve·nous [ˌɪntrə'viːnəs] *adj,* **IV** *inv* MED intravenös; **~ feeding** intravenöse Ernährung

intra·ve·nous·ly [ˌɪntrə'viːnəsli] *adv inv* intravenös

in-tray ['ɪntreɪ] *n* Ablage *f* für Eingänge

in·trep·id [ɪn'trepɪd] *adj* unerschrocken, furchtlos

in·tre·pid·ity [ˌɪntrə'pɪdəti, AM -t̬i] *n no pl* Unerschrockenheit *f*

in·trep·id·ly [ɪn'trepɪdli] *adv* unerschrocken, kühn

in·tri·ca·cy ['ɪntrɪkəsi] *n* ① *no pl (complexity)* Kompliziertheit *f;* **to increase the ~ of sth** etw noch komplizierter machen
② *(elaborateness)* ■ **intricacies** *pl* Feinheiten *pl*

in·tri·cate ['ɪntrɪkət] *adj* kompliziert, komplex; **~ plot** verschlungene Handlung; **~ question** verzwickte Frage

in·tri·cate·ly ['ɪntrɪkətli] *adv* kompliziert

in·trigue I. *vt* [ɪn'triːg] ■ **to ~ sb** *(fascinate)* jdn faszinieren; *(arouse curiosity)* jdn neugierig machen; ***it always ~s me how ...*** es gibt mir immer wieder Rätsel auf, wie ...; ■ **to be ~d by sth** von etw *dat* fasziniert sein
II. *vi* [ɪn'triːg] intrigieren
III. *n* ['ɪntriːg] Intrige *f* (**against** gegen *+akk)*; **political ~s** politische Machenschaften [*o* Intrigen]

in·tri·guer [ɪn'triːgəʳ, AM -ɚ] *n* Intrigant(in) *m(f) geh*

in·tri·guing [ɪn'triːgɪŋ] *adj* faszinierend, interessant

in·tri·guing·ly [ɪn'triːgɪŋli] *adv* faszinierend, interessant; **~, ...** interessanterweise ...

in·trin·sic [ɪn'trɪn(t)sɪk] *adj* ① *(belonging naturally)* innewohnend, immanent *geh;* **~ part** wesentlicher [*o* essenzieller] Bestandteil; **~ value** innerer Wert
② MATH, SCI unbezogen, frei; **~ angular momentum** Spin *m;* **~ conduction/conductivity** Eigenleitung *f;* **~ error** Grundfehler *m;* **~ viscosity** Grenzviskosität *f*

in·trin·si·cal·ly [ɪn'trɪn(t)sɪkli] *adv* an sich; ***there's nothing ~ wrong with your idea*** an sich ist deine Idee nicht schlecht

in·trin·sic con·'duc·tor *n* Eigenleiter *m*

in·tro [ɪntrə(ʊ), AM ɪntroʊ] *n short for* **introduction**
① MUS *(fam)* Intro *nt fachspr*
② *(present guests)* Vorstellung *f;* **to do the ~s** Leute einander vorstellen

intro·duce [ˌɪntrə'djuːs, AM -'duːs] *vt* ① *(acquaint)* ■ **to ~ sb [to sb]** jdn [jdm] vorstellen; ***I'd like to ~ my son Mark*** ich möchte meinen Sohn Mark vorstellen; ***have you two been ~d?*** hat man euch beide schon bekanntgemacht?; ***I don't think we've been ~d yet*** ich glaube, wir kennen uns noch nicht; ***let me ~ myself*** darf ich mich vorstellen?; *(arouse interest)* ***when were you first ~d to sailing?*** wann hast du mit dem Segeln angefangen?
② *(bring in)* ■ **to ~ sth** *fashion, reform, subject* etw einführen; ***you should try introducing a few jokes into your next speech*** du solltest in deine nächste Rede ein paar Witze einbauen; ***errors were ~d into the text at keyboarding*** bei der Eingabe des Textes schlichen sich Fehler ein; ***the tube is ~d into the abdomen*** MED die Röhre wird in den Unterleib eingeführt; **to ~ a bill** ein Gesetz einbringen; **to ~ controls on prizes/wages** Preis-/Lohnkontrollen einführen; **to ~ an era** eine Ära einleiten
③ *(announce)* ■ **to ~ sth** etw vorstellen; MUS etw einleiten; **to ~ a programme** ein Programm ankündigen

intro·duc·tion [ˌɪntrə'dʌkʃən] *n* ① *(first contact)* Vorstellung *f,* Bekanntmachung *f;* ***my next guest needs no ~*** meinen nächsten Gast brauche ich nicht vorzustellen; ***his textbook would serve as an ~ to this subject*** sein Lehrbuch soll in diese Materie einführen; **sb's ~ to smoking/alcohol** jds erste Bekanntschaft mit dem Rauchen/Alkohol; **to do** [*or* **make**] **the ~s** Leute einander vorstellen; ***she performed the ~s*** sie machte alle miteinander bekannt
② *(establishment)* Einführung *f;* **~ into the market** Markteinführung *f;* **~ of the euro** Euro-Einführung *f*
③ STOCKEX [Börsen]einführung *f*
④ MED *(insertion)* Einführen *nt*
⑤ *(preface)* Einleitung *f,* Vorwort *nt;* MUS Einleitung *f*

intro·'duc·tion price *n* COMM Einführungskurs *m*

intro·duc·tory [ˌɪntrə'dʌktəri] *adj inv* ① *(preliminary)* vorbereitend, einleitend; **~ chapter** Einleitung *f;* **~ remarks** einleitende Worte
② *(inaugural/starting)* einführend; **~ fee/price** Einführungsgebühr *f*/-preis *m*

intro·'duc·tory course *n* Einführungskurs *m*

intro·duc·tory 'of·fer *n* Einführungsangebot *nt*

intro·spec·tion [ˌɪntrə(ʊ)'spekʃən, AM -troʊ'-] *n no pl* Selbstbeobachtung *f,* Introspektion *f geh*

intro·spec·tive [ˌɪntrə(ʊ)'spektɪv, AM -troʊ'-] *adj* verinnerlicht, nach innen gerichtet, introspektiv *geh;* **to be in an ~ mood** gerade mit sich selbst beschäftigt sein

intro·spec·tive·ly [ˌɪntrə(ʊ)'spektɪvli, AM -troʊ'-] *adv* introspektiv *geh,* nach innen gerichtet

intro·ver·sion [ˌɪntrə(ʊ)'vɜːʃən, AM -troʊ'vɜːr-] *n no pl* Introvertiertheit *f,* Introversion *f fachspr*

intro·vert [ˌɪntrə(ʊ)'vɜːt, AM -troʊ'vɜːrt] *n* introvertierter Mensch

intro·vert·ed [ˌɪntrə(ʊ)'vɜːtɪd, AM -troʊ'vɜːrt̬ɪd] *adj* introvertiert

in·trude [ɪn'truːd] **I.** *vi* ① *(meddle)* stören; ■ **to ~ into sth** sich *akk* in etw *akk* einmischen
② *(unwelcome presence)* ***am I intruding?*** störe ich gerade?; ■ **to ~ into sth** in etw *akk* eindringen; ***inefficiency has ~d into every area*** in allen Bereichen breitete sich Ineffizienz aus; **to ~ on sb's grief** jdn in seiner Trauer stören; ■ **to ~ on sb's privacy** in jds Privatsphäre eindringen; **to ~ on sb's thoughts** jdn bei seinen Gedanken stören
II. *vt* ■ **to ~ sth** etw einbringen; ■ **to ~ oneself upon sb** sich *akk* jdm aufdrängen

in·trud·er [ɪn'truːdəʳ, AM -ɚ] *n* ① *(unwelcome visitor)* Eindringling *m; (thief)* Einbrecher(in) *m(f)*
② COMPUT Eindringling *m*

in·tru·sion [ɪn'truːʒən] *n (interruption)* Störung *f; (encroachment)* Verletzung *f;* GEOL Intrusion *f fachspr;* MIL Einmarsch *m;* **~ into sb's personal affairs** Eingriff *m* in jds Privatleben; **increased state ~** zunehmende Einmischung durch den Staat; **to be a welcome ~** eine willkommene Unterbrechung darstellen

in·tru·sive [ɪn'truːsɪv] *adj (pej) person, question* aufdringlich *pej;* GEOL intrusiv *fachspr*

in·tu·it [ɪn'tjuːɪt, AM -'tuː-] *vt* ■ **to ~ sth** etw intuitiv erfassen; ■ **to ~ that ...** intuitiv wissen, dass ...

in·tui·tion [ˌɪntju'ɪʃən, AM -tu'-] *n* Intuition *f;* ***my own ~ is that ...*** aus dem Bauch heraus würde ich sagen, dass ...; ***I just had an ~ that ...*** ich hatte einfach die Eingebung, dass ...; **to base one's judgement on ~** intuitiv entscheiden; ■ **~s** *pl* [Vor]ahnungen *pl*

in·tui·tive [ɪn'tjuːɪtɪv, AM -'tuːɪt̬-] *adj* intuitiv; **~ approach** gefühlsmäßiger [*o* intuitiver] Ansatz; **~ grasp** instinktives Verständnis

in·tui·tive·ly [ɪn'tjuːɪtɪvli, AM -'tuːɪt̬ɪvli] *adv* intuitiv, gefühlsmäßig

Inu·it <*pl* -s *or* -> ['ɪnuɪt] *n* Inuit *pl*

in·un·date ['ɪnʌndeɪt, AM -ən-] *vt* ■ **to ~ sth** etw überschwemmen [*o* überfluten]; *(fig)* ■ **to be ~d with sth** mit etw *dat* überschwemmt werden; ***we're ~d with work at the moment*** zurzeit ersticken wir fast in Arbeit

in·un·da·tion [ˌɪnʌnˈdeɪʃᵊn, AM -ənˈ-] *n no pl (form)* Überschwemmung *f,* Überflutung *f; (with work)* Überhäufung *f*

in·ure [ɪˈnjʊəʳ, AM -ˈnjʊr] *(form)* **I.** *vi* LAW in Kraft treten

II. *vt* ■**to ~ sb to sth** jdn an etw *akk* gewöhnen; ■**to ~ sb to** [*or* **against**] **sth** jdn gegen etw *akk* abhärten; ■**to be ~d to sth** gegen etw *akk* abgehärtet sein; ***they became ~d to the hardships*** sie gewöhnten sich an die Entbehrungen

in ut·ero [ɪnˈjuːtᵊrəʊ, AM -t̬əoʊ] *adv inv* intrauterin *fachspr*

in·vade [ɪnˈveɪd] **I.** *vt* ❶ *(occupy)* **to ~ a country** in ein Land einmarschieren; ***the squatters ~d the house*** die Hausbesetzer drangen in das Gebäude ein; **invading bacteria** MED eindringende Bakterien
❷ *(fig: violate)* **to ~ the peace** den Frieden verletzen; **to ~ sb's privacy** jds Privatsphäre verletzen

II. *vi* einfallen, einmarschieren

in·vad·er [ɪnˈveɪdəʳ, AM -ɚ] *n* MIL Angreifer(in) *m(f),* Invasor *m fachspr; (fig: unwelcome presence)* Eindringling *m*

in·va·lid¹ [ˈɪnvəlɪd] **I.** *n (requiring long-term care)* Invalide(r) *f(m);* **to treat sb like an ~** jdn wie einen Schwerbehinderten behandeln

II. *adj* invalide, körperbehindert; **~ chair** Rollstuhl *m;* **sb's ~ mother** jds gebrechliche Mutter

III. *vt* ❶ *(injure)* ■**to ~ sb** jdn zum Invaliden machen
❷ *usu passive* BRIT **to be ~ed out of the army** wegen Dienstuntauglichkeit aus dem Militärdienst entlassen werden

in·val·id² [ɪnˈvælɪd] *adj inv (not legally binding)* ungültig, unwirksam; COMPUT ungültig; **legally ~** rechtsunwirksam; *(unsound)* nicht stichhaltig [*o* triftig]; *theory* nicht begründet; **technically ~** technisch nicht zulässig

in·vali·date [ɪnˈvælɪdeɪt] *vt* ■**to ~ sth** etw unwirksam machen; LAW etw für nichtig erklären; **to ~ an argument** ein Argument widerlegen; **to ~ a ballot** eine Wahl für ungültig erklären; **to ~ criticisms** Kritik entkräften; **to ~ a decision** eine Entscheidung außer Kraft setzen; **to ~ a judgement** ein Urteil aufheben; **to ~ results** Ergebnisse annullieren; **to ~ a theory** eine Theorie entkräften

in·vali·da·tion [ɪnˌvælɪˈdeɪʃᵊn] *n no pl (nullification)* Ungültigkeitserklärung *f; (not legally binding)* Nichtigkeitsurteil *f;* **~ of a decision** Aufhebung *f* einer Entscheidung; **~ of a verdict** Außerkraftsetzung *f* [*o* Aufhebung *f*] eines Urteils; **~ of results** Annullierung *f* von Ergebnissen; LAW Kraftloserklärung *f*

in·va·lid·ism [ˈɪnvəlɪdɪzᵊm] *n no pl* AM MED Invalidität *f*

in·va·lid·ity [ˌɪnvəˈlɪdəti, AM -ət̬i] *n* ❶ *(bedridden/convalescent)* Invalidität *f*
❷ *(unsound argument)* [Rechts]ungültigkeit *f*
❸ *(not legally binding)* **~ of a contract** Nichtigkeit *f* eines Vertrags; **~ of a piece of evidence** Unzulässigkeit *f* eines Beweismittels; **~ of a theory** mangelnde Schlüssigkeit einer Theorie

in·va·ˈlid·ity al·low·ance *n* BRIT Pflegegeld *nt* **in·va·ˈlid·ity ben·efit** *n* BRIT Leistung *f* bei Invalidität **in·va·ˈlid·ity pen·sion** *n* BRIT Frührente *f* [wegen Arbeitsunfähigkeit], Invalidenrente *f* SCHWEIZ, Frühpension *f* ÖSTERR

in·val·id·ly [ɪnˈvælɪdli] *adv inv* fälschlich; LAW nicht ordnungsgemäß

in·valu·able [ɪnˈvæljuəbl̩] *adj inv advice, help* unbezahlbar; **~ source of information** unverzichtbare Informationsquelle; **to prove ~ to sb** sich *akk* für jdn als außerordentlich wertvoll erweisen; ■**to be ~ to sb** für jdn von unschätzbarem Wert sein

in·vari·able [ɪnˈveəriəbl̩, AM -ˈveri-] **I.** *adj inv* unveränderlich, gleich bleibend; ***the menu is ~*** die Speisekarte ändert sich nie; **~ bad luck** ständiges Pech

II. *n* ❶ LING *Substantiv, bei dem Singular und Plural gleich sind*
❷ MATH Konstante *f*

in·vari·ably [ɪnˈveəriəbli, AM -ˈveri-] *adv inv* ausnahmslos, immer

in·vari·ant [ɪnˈveəriənt, AM ˈveri] *adj inv* invariabel, unveränderlich

in·va·sion [ɪnˈveɪʒᵊn] *n* ❶ MIL Invasion *f,* Eindringen *nt;* **~ by enemy forces** Einmarsch *m* von feindlichen Truppen; **~ of a territory** Einfall *m* in ein Gebiet
❷ *(interference)* Eindringen *nt kein pl;* ECON *(expansion)* Ausbreitung *f;* **~ of privacy** Eingriff *m* in die Intimsphäre

in·va·sive [ɪnˈveɪsɪv, AM -zɪv] *adj* MIL Invasions-; *(intrusive)* aufdringlich *pej;* BOT wuchernd; MED invasiv, Invasiv-

in·vec·tive [ɪnˈvektɪv] *n no pl (form)* Beschimpfungen *pl,* Schmähungen *pl geh;* **a stream** [*or* **torrent**] **of ~** ein Schwall *m* von Beschimpfungen

in·veigh [ɪnˈveɪ] *vt (form)* ■**to ~ against sb/sth** sich *akk* über jdn/etw empören; **to ~ against immigrants** gegen Immigranten hetzen; **to ~ against the press** über die Presse herziehen

in·vei·gle [ɪnˈveɪgl̩] *vt (form)* ■**to ~ sb** jdn verlocken [*o geh* verleiten] (**into** zu +*dat*); ■**to ~ sb into doing sth** jdn verlocken [*o geh* verleiten], etw zu tun

in·vent [ɪnˈvent] *vt* ■**to ~ sth** ❶ *(create)* etw erfinden
❷ *(usu pej: fabricate)* etw erdichten, sich *dat* etw ausdenken; **to ~ an excuse** sich *dat* eine Ausrede ausdenken

in·ven·tion [ɪnˈven(t)ʃᵊn] *n* ❶ *(creation)* Erfindung *f*
❷ *no pl (creativity)* [schöpferische] Fantasie, Einfallsreichtum *m;* **power[s] of ~** Erfindungsgabe *f*
❸ *(usu pej: fabrication)* Erfindung *f,* Märchen *nt;* **pure ~** reine Erfindung

in·ven·tive [ɪnˈventɪv] *adj (approv) novel, design* erfinderisch, einfallsreich; *powers, skills* schöpferisch; **~ design** originelles Design; **~ illustration** fantasievolle Illustration; **~ mind** erfinderischer [*o* schöpferischer] Geist, findiger Kopf *fam;* **~ person** einfallsreicher Mensch; **~ radio play** geistreiches Hörspiel

in·ven·tive·ly [ɪnˈventɪvli] *adv (approv)* kreativ *geh,* fantasievoll; **~ written article** geistreich geschriebener Artikel; **~ designed pavilion** fantasievoll gestalteter Pavillon; **~ analysed problem** kreativ analysiertes Problem

in·ven·tive·ness [ɪnˈventɪvnəs] *n no pl* Erfindungsgabe *f,* Einfallsreichtum *m*

in·ven·tor [ɪnˈventəʳ, AM -ɚ] *n* Erfinder(in) *m(f)*

in·ven·tory [ˈɪnvᵊntri, AM -tɔːri] **I.** *n* ❶ ECON *(catalogue)* Inventar *nt,* Bestandsliste *f,* Lagerverzeichnis *nt fachspr;* **to draw up** [*or* **take**] **an ~** eine Bestandsliste aufstellen, Bestand [*o* Inventar] aufnehmen
❷ AM ECON *(stock)* [Lager]bestand *m,* [Waren]bestand *m,* Bestände *pl,* Vorräte *pl;* ***our ~ of used cars is the best*** wir haben das beste Angebot an Gebrauchtwagen
❸ ECON *(stock counting)* Inventur *f,* Bestandsaufnahme *f fachspr;* **to take ~** Inventur machen

II. *n modifier* Bestands-; **~ audit** Bestandsprüfung *f;* **~ card** Bestandskarte *f,* Lagerkarte *f;* **~ item/number** Inventarposten *m*/-nummer *f;* **~ level** Lagerbestand *m;* **~ liquidation** Lagerabbau *m;* **~ period** Inventarfrist *f;* **~ register** Inventurbuch *nt;* **~ shrinkage** Bestandsverlust *m;* **~ turnover** Lagerumschlag *m;* **~ valuation** Inventurbewertung *f;* **~ variation** Inventurabweichung *f;* **~ of assets** Vermögensinventar *nt*

III. *vt* ECON ■**to ~ sth** inventarisieren

ˈin·ven·tory ac·count *n* FIN Bestandskonto *nt* **ˈin·ven·tory bal·ance** *n* Bestandssaldo *m* **ˈin·ven·tory con·trol** *n* AM *(stock control)* Lagersteuerung *f* **ˈin·ven·tory item** *n* FIN Bestandsposition *f* **ˈin·ven·tory list** *n* FIN Bestandsverzeichnis *nt* **ˈin·ven·tory pe·ri·od** *n* Bestandsperiode *f* **ˈin·ven·tory track·ing** *n no pl* FIN Bestandsüberwachung *f* **ˈin·ven·tory value** *n* FIN Inventarwert *m*

in·verse [ɪnˈvɜːs, AM -ˈvɜːrs] **I.** *adj attr, inv* umgekehrt, entgegengesetzt; **~ function** MATH Umkehrfunktion *f,* inverse Funktion *fachspr;* **~ order** umgekehrte Reihenfolge; **to be in ~ proportion** [*or* **relation**] **to sth** im umgekehrten Verhältnis zu etw *dat* stehen, umgekehrt proportional zu etw *dat* sein; **~ ratio** umgekehrtes Verhältnis

II. *n no pl* Umkehrung *f,* Gegenteil *nt*

in·verse·ly [ɪnˈvɜːsli, AM -ˈvɜːr-] *adv* umgekehrt; **to be ~ proportional** [*or* **related**] **to sth** umgekehrt proportional zu etw *dat* sein

in·ver·sion [ɪnˈvɜːʃən, AM -ˈvɜːrʒən] *n no pl (form)* Umkehrung *f;* LING, MATH, MUS, COMPUT Inversion *f fachspr;* **~ of the facts** Verdrehung *f* der Tatsachen

in·vert [ɪnˈvɜːt, AM -ˈvɜːrt] *vt (form)* ■**to ~ sth** etw umkehren [*o* umdrehen]; **to ~ the order** die Reihenfolge umkehren

in·ver·te·brate [ɪnˈvɜːtɪbreɪt, AM -ˈvɜːrt̬əbrɪt] **I.** *n* ❶ ZOOL *(animal)* wirbelloses Tier, Invertebrat *m fachspr*
❷ *(fig: person)* charakterloser Mensch, ein Mensch *m* ohne Rückgrat

II. *adj* ❶ ZOOL *(with no backbone)* wirbellos
❷ *(fig pej: weak)* charakterlos, rückgratlos

in·vert·ed ˈcom·ma *n* BRIT Anführungszeichen *nt,* SCHWEIZ *a.* Gänsefüsschen *pl;* **single/double ~s** einfache/doppelte Anführungszeichen; **in ~s** in Anführungszeichen **in·vert·ed ˈmar·ket** *n* inverser Markt **in·vert·ed ˈsnob** *n esp* BRIT Snob *m* im Proletariergewand **in·vert·ed ˈsnob·bery** *n esp* BRIT Snobismus *m* im Proletariergewand *pej*

in·vest [ɪnˈvest] **I.** *vt* ❶ FIN *(put to use)* ■**to ~ sth** [**in sth**] etw [in etw *akk*] investieren; **to ~ money** Geld anlegen; **to ~ time and effort in sth** Zeit und Mühe in etw *akk* investieren
❷ *(form: install)* ■**to ~ sb** jdn [in Amt und Würden] einsetzen *form*
❸ *(form: furnish)* **to ~ sb with an order** jdm einen Orden verleihen *form;* **to ~ sb with** [**full**] **authority** [*or* **powers**] jdn bevollmächtigen [*o* mit Vollmacht ausstatten] *form;* **to ~ sth with importance** etw *dat* Bedeutung verleihen; **to ~ sb with rights** jdm Rechte übertragen *form*

II. *vi* ■**to ~ in sth** [sein Geld] in etw *akk* investieren [*o* anlegen]; **to ~ in a new washing machine** sich *dat* eine neue Waschmaschine zulegen

in·ves·ti·gate [ɪnˈvestɪgeɪt] *vt* ■**to ~ sth** etw untersuchen [*o* [über]prüfen]; *evidence, clues* etw *dat* nachgehen; ***police are investigating allegations of corruption*** die Polizei geht Korruptionsvorwürfen nach; **to ~ a case** LAW einen Fall untersuchen, in einem Fall ermitteln; **to ~ connections/methods** Zusammenhänge/Methoden erforschen; **to ~ a crime** ein Verbrechen untersuchen; **to ~ a subject** ein Thema untersuchen [*o geh* recherchieren]

in·ves·ti·ga·tion [ɪnˌvestɪˈgeɪʃᵊn] *n* Untersuchung *f; of an affair* [Über]prüfung *f; (by police)* Ermittlung *f; (looking for sth)* Nachforschung *f;* ***the ~ concluded that ...*** die Nachforschungen ergaben, dass ...; ***currently the two drivers are under ~*** gegen die beiden Fahrer wird derzeit ermittelt; **to be subject to** [*or* **under**] **~** untersucht [*o* überprüft] [*o geh* recherchiert] werden; **full** [*or* **thorough**] **~** umfassende Nachforschungen, gründliche Recherchen *geh;* **to carry out** [*or* **conduct**] **~s** Untersuchungen durchführen; **to make an ~** eine Prüfung vornehmen

in·ves·ti·ga·tive [ɪnˈvestɪgətɪv, AM -geɪt̬ɪv] *adj* Forschungs-, Untersuchungs-, Ermittlungs-; **to take an ~ approach** durch Entdeckungen lernen; **~ authority** Untersuchungsbehörde *f,* Ermittlungsbehörde *f;* **~ committee** Untersuchungsausschuss *m,* Ermittlungsausschuss *m;* **~ magistrate** Untersuchungsrichter(in) *m(f),* Ermittlungsrichter(in) *m(f);* **~ powers** Untersuchungsvollmachten *pl;* **~ report** Untersuchungsbericht *m;* **~ results** Untersuchungsergebnisse *pl,* Forschungsergebnisse *pl,* Ermittlungsergebnisse *pl;* **~ scientist** Forschungswissenschaftler(in) *m(f);* **~ surgery** MED explorativer Eingriff *fachspr*

in·ves·ti·ga·tive ˈjour·nal·ism *n no pl* Enthüllungsjournalismus *m* **in·ves·ti·ga·tive ˈjour·nal·ist** *n* Enthüllungsjournalist(in) *m(f)*

in·ves·ti·ga·tor [ɪnˈvestɪgeɪtəʳ, AM -t̬ɚ] *n (form)* Ermittler(in) *m(f) form; (in pending proceedings)* Untersuchungsführer(in) *m(f),* Untersuchungsbeamte(r), -beamtin *m, f,* Ermittlungsbeamte(r), -beamtin *m, f form; (in patent law)* Prüfer(in) *m(f) form*

in·ves·ti·ga·tory [ɪnˈvestɪɡətəri, AM -tɔːri] *adj (form)* Ermittlungs-, Untersuchungs-

in·ves·ti·ture [ɪnˈvestɪtʃəʳ] *n* BRIT *(form)* [feierliche] Amtseinführung [*o* Einsetzung] *form;* ***his ~ as Prince of Wales*** seine Einsetzung in das Amt des Prince of Wales

in·vest·ment [ɪnˈves(t)mənt] **I.** *n* ❶ *(act of investing)* Investierung *f*
❷ FIN *(instance of investing)* Investition *f,* [Kapital]anlage *f,* [Vermögens]anlage *f fachspr;* ***the company has made sizeable ~s in recent years*** das Unternehmen hat in den letzten Jahren erhebliche Investitionen getätigt; ■ **~s** *pl* Wertpapiere *pl fachspr;* **future ~** Zukunftsinvestition *f;* **to be a good ~** eine gute Kapitalanlage sein; **long-term ~s** langfristige Anlagen
❸ FIN *(share)* Einlage *f,* Beteiligung *f fachspr,* Anteilsbesitz *m fachspr*
II. *n modifier* Anlage-, Investitions-, Investment-; **~ account** Anlagekonto *nt;* **~ adviser** Anlageberater(in) *m(f);* **~ capital** Investitionskapital *nt;* **~ certificate** Investmentzertifikat *nt;* **~ company** Investmentgesellschaft *f,* Kapitalanlagegesellschaft *f;* **~ financing** Investitionsfinanzierung *f;* **~ income** Kapitalerträge *pl;* **~ policy/project** Investitionspolitik *f*/-vorhaben *nt;* **~ portfolio** Wertpapierbestand *m;* **~ rating/value** Anlagebewertung *f*/-wert *m;* **~ securities** Anlagepapiere *pl;* **~ abroad** Auslandsinvestition *f*

in·ˈvest·ment ac·count *n* FIN Anlagekonto *nt,* Investmentkonto *nt* **in·ˈvest·ment ad·vice** *n no pl* Anlageberatung *f* **in·ˈvest·ment ad·vis·er** *n* Anlageberater(in) *m(f)* **in·ˈvest·ment ana·lyst** *n* FIN Anlageberater(in) *m(f),* Vermögensberater(in) *m(f)* **in·ˈvest·ment as·sets** *npl* Investitionsmasse *f* **in·ˈvest·ment bank** *n* AM FIN Investmentbank *f,* Investitionsbank *f;* BRIT Emissionsbank *f* **in·ˈvest·ment bank·er** *n* FIN Bankier *m* im Investmentgeschäft *fachspr* **in·ˈvest·ment bank·ing** *n no pl* FIN Investmentbanking *nt,* Bankgeschäft *nt* in Anlagewerten, Emissionsgeschäft *nt fachspr* **in·ˈvest·ment be·hav·iour** *n no pl* Investitionsverhalten *nt* **in·ˈvest·ment bro·ker·age** *n* FIN Anlagevermittlung *f* **in·ˈvest·ment budg·et** *n* Investitionsbudget *nt* **in·ˈvest·ment busi·ness** *n no pl* Anlagegeschäft *nt,* Investmentgeschäft *nt* **in·ˈvest·ment capi·tal** *n no pl* Investitionskapital *nt;* **~ funding** Investitionsmittelfinanzierung *f* **in·ˈvest·ment cer·tifi·cate** *n* Investmentanteil *m* **in·ˈvest·ment com·mit·tee** *n* Investitionsausschuss *m,* Kapitalanlagenausschuss *m* **in·ˈvest·ment com·pa·ny** *n* Investmentgesellschaft *f,* Investmentunternehmen *nt,* Beteiligungsunternehmen *nt* **in·ˈvest·ment con·sult·ant** *n see* **investment analyst** **in·ˈvest·ment costs** *npl* Investitionskosten *pl* **in·ˈvest·ment coun·sel·ling** *n no pl* Anlageberatung *f* **in·ˈvest·ment cus·tom·er** *n* Anlagekunde, -kundin *m, f* **in·ˈvest·ment de·ci·sion** *n* Anlageentscheidung *f*

in·vest·ment di·ver·si·fi·ˈca·tion *n no pl* FIN Anlagestreuung *f*

in·ˈvest·ment earn·ing *n* Investitionsertrag *m* **in·ˈvest·ment fi·nanc·ing** *n no pl* Investitionsfinanzierung *f* **in·ˈvest·ment for·mu·la** *n* Investitionsformel *f* **in·ˈvest·ment fund** *n* FIN Investmentfonds *m,* Anlagefonds *m fachspr* **in·ˈvest·ment goods** *npl* Investitionsgüter *pl* **in·ˈvest·ment in·come** *n no pl* Investmentertrag *m,* Kapitalertrag *m;* **~ tax** Kapitalertragsteuer *f* **in·ˈvest·ment in·dus·try** *n* Investmentbranche *f* **in·ˈvest·ment in·stru·ment** *n* Anlageinstrument *nt* **in·ˈvest·ment man·age·ment** *n no pl* Investment-Management *nt;* **~ policy** Anlagepolitik *f* **in·ˈvest·ment mar·ket** *n* Anlagemarkt *m* **in·ˈvest·ment mod·el** *n* Investitionsmodell *nt,* Anlagemodell *nt,* Anlagekonzept *nt* **in·ˈvest·ment mon·ey** *n* Anlagegeld *nt* **in·ˈvest·ment or·der** *n* Anlageauftrag *m* **in·ˈvest·ment pe·ri·od** *n* Investitionsdauer *f,* Anlagezeitraum *m* **in·ˈvest·ment plan·ner** *n* Investitionsplaner(in) *m(f)* **in·ˈvest·ment poli·cy** *n* Kapitalanlagepolitik *f* **in·ˈvest·ment port·fo·lio** *n* Finanzanlagenportfolio *nt,* Anlagebestand *m,* Anlagebuch *nt,* Anlagevermögen *nt* **in·ˈvest·ment pro·gramme** *n* Investitionsprogramm *nt;* **~ planning** Investitionsprogrammplanung *f* **in·ˈvest·ment proj·ect** *n* Investitionsvorhaben *nt* **in·ˈvest·ment sec·tor** *n* Investitionsbereich *m*

in·ˈvest·ments port·fo·lio *n* Beteiligungsportefeuille *nt,* Beteiligungsportfolio *nt*

in·ˈvest·ment strat·egy *n* Investitionsstrategie *f,* Anlagestrategie *f* **in·ˈvest·ment trust** *n* Investmentgesellschaft *f,* Kapitalanlagegesellschaft *f fachspr* **in·ˈvest·ment yield** *n* Anlagenutzen *m*

in·ves·tor [ɪnˈvestəʳ, AM -ɚ] *n* [Kapital]anleger(in) *m(f),* Kapitalgeber(in) *m(f),* Investor(in) *m(f) fachspr;* **institutional ~** institutioneller Anleger; **private ~** Privatanleger(in) *m(f);* **small ~s** Kleinanleger(innen) *mpl(fpl)*

in·ves·tor ad·ˈvis·ory board *n* Anlegerbeirat *m* **in·ves·tor be·ˈhav·iour** *n* Anlegerverhalten *nt* **in·ˈves·tor group** *n* Anlegergruppe *f,* Kapitalgebergruppe *f* **in·ves·tor port·ˈfo·lio** *n* Anlegerportefeuille *nt*

in·vet·er·ate [ɪnˈvetərət, AM -t̬ɚət] *adj attr (usu pej) custom, prejudice* tief verankert; **~ bachelor** eingefleischter Junggeselle; **~ drinker** Gewohnheitstrinker(in) *m(f);* **~ hatred** tief verwurzelter Hass; **~ optimist** unverbesserlicher Optimist/unverbesserliche Optimistin; *disease, prejudice* hartnäckig; **an ~ evil** ein hartnäckiges Übel

in·vidi·ous [ɪnˈvɪdiəs] *adj* ❶ *(unpleasant)* unerfreulich, unersprießlich *veraltend;* ***he considered his promotion to be an ~ honour*** er betrachtete seine Beförderung als zweifelhafte Ehre; **~ incident** unangenehmer [*o* unerfreulicher] Vorfall; **~ negotiations** unerfreuliche Verhandlungen; **to be in an ~ position** in einer unangenehmen [*o* unerfreulichen] Lage sein; **~ task** undankbare Aufgabe
❷ *(discriminatory)* ungerecht, unfair; **~ comparison** unpassender Vergleich
❸ *(offensive)* gehässig, boshaft; **~ remark** gehässige [*o* boshafte] Bemerkung

in·vidi·ous·ly [ɪnˈvɪdiəsli] *adv* ❶ *(unpleasantly)* unerfreulich
❷ *(discriminatorily)* unpassend; ***his comparisons were drawn ~*** er wählte sehr unpassende Vergleiche
❸ *(offensively)* gehässig, boshaft; **~ worded** boshaft formuliert

in·vid·ious·ness [ɪnˈvɪdiəsnəs] *n no pl* ❶ *(unpleasantness)* Unerfreulichkeit *f;* **the ~ of a situation** das Unerfreuliche [*o* Unangenehme] an einer Situation
❷ *(unfairness)* Ungerechtigkeit *f,* Unangemessenheit *f*
❸ *(offensiveness)* Gehässigkeit *f,* Boshaftigkeit *f*

in·vigi·late [ɪnˈvɪdʒəleɪt] *vt* BRIT, AUS SCH, UNIV **to ~ an examination** die Aufsicht bei einer Prüfung führen

in·vigi·la·tor [ɪnˈvɪdʒəleɪtəʳ] *n* BRIT, AUS SCH, UNIV Aufsicht *f,* Aufsichtsführende(r) *f(m)*

in·vig·or·ate [ɪnˈvɪɡəreɪt, AM -ɡər-] *vt* ■ **to ~ sb/sth** ❶ *(make stronger)* jdn/etw stärken [*o* kräftigen]; **to ~ the body** den Körper stärken; **to ~ the muscles/heart** die Muskeln/das Herz kräftigen
❷ *(fig: stimulate)* jdn/etw beleben [*o* erfrischen] *fig;* ***a cup of coffee will ~ you*** eine Tasse Kaffee wird Sie beleben; ***she managed to ~ the sleepy class*** es gelang ihr, die müde Klasse aufzumuntern; **to ~ the economy** die Wirtschaft beleben [*o* ankurbeln]; **to ~ sb's imagination** jds Fantasie anregen

in·vig·or·at·ing [ɪnˈvɪɡəreɪtɪŋ, AM -ɡəreɪt̬-] *adj (approv)* ❶ *(strengthening) medicine, sleep* stärkend; *climate, drink, food* kräftigend
❷ *(fig: stimulating)* belebend, erfrischend, anregend; **~ conversation** anregende Unterhaltung; **~ drink** belebendes Getränk; **~ walk** erfrischender Spaziergang

in·vin·cibil·ity [ɪnˌvɪn(t)səˈbɪləti, AM -ət̬i] *n no pl* ❶ *(imperviousness to defeat) of an army, team* Unbesiegbarkeit *f,* Unbezwingbarkeit *f,* Unüberwindlichkeit *f,* Unschlagbarkeit *f*
❷ *(insuperability) of difficulties, obstacles* Unüberwindlichkeit *f*
❸ *(absoluteness) of beliefs, will* Unerschütterlichkeit *f*
❹ *(unavoidability)* Unabänderlichkeit *f*

in·vin·cible [ɪnˈvɪn(t)səbl̩] *adj* ❶ *(impossible to defeat) army, team* unbesiegbar, unbezwingbar, unschlagbar; **to look** [*or* **seem**] **~** unbesiegbar [*o* unschlagbar] erscheinen
❷ *(impossible to overcome)* unüberwindlich; **~ aversion/difficulties** unüberwindliche Abneigung/Schwierigkeiten
❸ *(absolute)* unerschütterlich; **~ belief** unerschütterlicher Glaube; **~ will** unerschütterlicher [*o* eiserner] Wille
❹ *(unavoidable)* unabänderlich; **~ ignorance** unabänderliche Unwissenheit

in·vin·cibly [ɪnˈvɪn(t)səbli] *adv* ❶ *(extremely)* unschlagbar
❷ *(insuperably)* unüberwindlich
❸ *(firmly)* unerschütterlich

in·vio·labil·ity [ɪnˌvaɪələˈbɪləti, AM -ət̬i] *n no pl (form)* ❶ *(unassailability) of frontiers, rights* Unverletzlichkeit *f form; of principles, rights* Unantastbarkeit *f form*
❷ *(incorruptibility) of loyalty, secrecy* Unverbrüchlichkeit *f form; of conscience* Unbestechlichkeit *f*

in·vio·lable [ɪnˈvaɪələbl̩] *adj (form)* ❶ *(unassailable)* unverletzlich, unantastbar *form;* **~ border** unverletzliche Grenze; **~ rights** unverletzliche [*o* unantastbare] Rechte
❷ *(incorruptible) loyalty, secrecy* unverbrüchlich *form; conscience* unbestechlich

in·vio·late [ɪnˈvaɪələt] *adj pred, inv (fig form)* ❶ *(intact) culture, landscape* unversehrt; ***the tomb lay ~ for centuries*** das Grab blieb jahrhundertelang unangetastet
❷ *(unbroken) agreement, treaty* ungebrochen *form;* **to keep an oath ~** einen Eid nicht brechen
❸ *(undisturbed) peace, quietude* ungestört

in·vis·ibil·ity [ɪnˌvɪzəˈbɪləti, AM -ət̬i] *n no pl* ❶ *(to the eye)* Unsichtbarkeit *f*
❷ *(hiddenness)* Verborgenheit *f;* **the ~ of white-collar crime** die Anonymität der Wirtschaftskriminalität
❸ *(inconspicuousness)* Undeutlichkeit *f,* Unauffälligkeit *f;* ***the letters were small to the point of ~*** die Buchstaben waren nahezu unleserlich klein; ***the social ~ of middle-aged women*** die unauffällige gesellschaftliche Rolle der Frau mittleren Alters
❹ ECON, FIN *(intangibility) of a transaction* Unsichtbarkeit *f fachspr*

in·vis·ible [ɪnˈvɪzəbl̩] *adj inv* ❶ *(to the eye)* unsichtbar; **~ to the naked eye** mit bloßem Auge nicht zu erkennen
❷ *usu attr (hidden)* verborgen, nicht sichtbar; **~ mending** Kunststopfen *nt*
❸ *(inconspicuous) contour, shape* undeutlich; *appearance* unauffällig, unscheinbar
❹ ECON, FIN *(intangible) transactions* unsichtbar *fachspr;* **~ assets** unsichtbare Vermögenswerte

in·vis·ible ˈex·ports *npl* ECON unsichtbare Ausfuhren [*o* Exporte] *fachspr* **in·vis·ible ˈink** *n no pl* Geheimtinte *f,* SCHWEIZ *a.* Zaubertinte *f;* **in ~** mit Geheimtinte geschrieben **in·vis·ible ˈitem** *n* COMM unsichtbare Leistung

in·vis·ibles [ɪnˈvɪzəbl̩z] *npl esp* BRIT ECON unsichtbare Ein- und Ausfuhren *fachspr*

in·vis·ibly [ɪnˈvɪzəbli] *adv inv* ❶ *(indiscernibly)* unsichtbar; ***the repairs had been done almost ~*** von den Ausbesserungen war fast nichts zu sehen
❷ *(concealedly)* im Verborgenen; ***the animals were observing us ~ from the jungle*** die Tiere beobachteten uns im Verborgenen vom Dschungel aus

in·vi·ta·tion [ˌɪnvɪˈteɪʃən] *n* ❶ *(request to attend)* Einladung *f* (**to** zu +*dat*); **~ to tea** Einladung *f* zum Tee; **to have an open** [*or* **a standing**] **~** jederzeit willkommen sein; ***you have an open ~ to visit us*** unser Haus steht Ihnen jederzeit offen; **to accept/**

decline [*or* **turn down**] **an** ~ eine Einladung annehmen/ablehnen; **to receive an** ~ eine Einladung erhalten; **by** ~ [**only**] [nur] für geladene Gäste ❷ *(incitement)* Aufforderung *f* (**to** zu *+dat*); ***leaving your house unlocked is an open ~ to burglars*** ein unverschlossenes Haus ist eine Aufforderung an jeden Einbrecher ❸ *(opportunity)* Gelegenheit *f* ❹ ECON *(offer)* Ausschreibung *f fachspr* ❺ COMPUT Aufruf *m*

in·vi·ta·tion·al [ˌɪnvɪ'teɪʃənəl] AM **I.** *adj* ❶ *(provided on request)* ~ **article** auf Anfrage geschriebener Artikel; ~ **exhibit** auf Anfrage überlassenes Exponat ❷ *(exclusive)* Gast-, für geladene Gäste *nach n;* ~ **art opening** Vernissage *f* für geladene Gäste; ~ **basketball tournament** Basketball-Gastturnier *nt;* ~ **track meet** Leichtathletik-Gastveranstaltung *f*
II. *n* Gastspiel *nt*

in·vite I. *n* ['ɪnvaɪt] *(fam)* Einladung *f* (**to** zu *+dat*)
II. *vt* [ɪn'vaɪt] ❶ *(ask to attend)* ■**to** ~ **sb** jdn einladen; ***I've ~d company for tonight*** ich habe für heute Abend Gäste eingeladen; **before an ~d audience** vor geladenen Gästen; **to** ~ **sb to dinner** jdn zum Essen einladen; **to** ~ **sb for talks** jdn zu Gesprächen einladen; ■**to** ~ **oneself** sich *akk* selbst einladen ❷ *(also form: request)* ■**to** ~ **sb to do sth** jdn auffordern [*o* bitten] [*o geh* ersuchen], etw zu tun; **to** ~ **donations** um Spenden ersuchen *geh* ❸ ECON *(solicit offer)* **to** ~ **applications** Stellen ausschreiben; **to** ~ **a bid** ein Angebot ausschreiben; **to** ~ **offers** zu Angeboten auffordern ❹ *(fig: provide opportunity)* ■**to** ~ **sth** etw herausfordern, [leicht] zu etw *dat* führen; **to** ~ **accidents** zu Unfällen führen; **to** ~ **criticism/protest** Kritik/Protest herausfordern; **to** ~ **a danger** eine Gefahr herausfordern [*o liter* heraufbeschwören]; **to** ~ **trouble** Unannehmlichkeiten hervorrufen ❺ *(fig: attract)* ■**to** ~ **sb to do sth** jdn verleiten [*o* [ver]locken], etw zu tun
◆**invite in** *vt* ■**to** ~ **in** ◌ **sb** jdn hereinbitten; ***he ~d me in for a nightcap*** er bat mich auf einen Schlummertrunk herein
◆**invite out** *vt* ■**to** ~ **sb** ◌ **out** [**for sth**] jdn [zu etw *dat*] einladen
◆**invite over**, BRIT *also* **invite round** *vt* **to** ~ **sb over** [*or* **round**] **to tea** jdn zum Tee einladen

in·vit·ing [ɪn'vaɪtɪŋ, AM -t̬-] *adj* ❶ *(attractive) sight, weather* einladend; *appearance, fashion* ansprechend ❷ *(tempting) idea, prospect* verlockend; *gesture, smile* einladend; ~ **look** einladender Blick; **an** ~ **offer** ein verlockendes Angebot

in·vit·ing·ly [ɪn'vaɪtɪŋli, AM -t̬-] *adv* einladend, verlockend; **an** ~ **good offer** ein verlockend gutes Angebot; **an** ~ **blue sky** ein einladend blauer Himmel

in vi·tro [ɪn'vi:trəʊ, AM -oʊ] *inv* **I.** *adj* BIOL, SCI, ZOOL künstlich, In-vitro- *fachspr;* ~ **experiments** Laborversuche *pl*
II. *adv* künstlich, in vitro *fachspr*

in vi·tro fer·ti·li·'za·tion *n*, **IVF** *n no pl* MED künstliche Befruchtung, In-vitro-Fertilisation *f fachspr*

in·vo·ca·tion [ˌɪnvə(ʊ)'keɪʃən, AM -və'-] *n* ❶ *(form: supplication)* Anrufung *f;* ~ **of** [*or* **to**] **the gods/Muses** Anrufung *f* der Götter/Musen ❷ REL *(prayer)* Bittgebet *nt fachspr,* Fürbitte *f* SCHWEIZ ❸ *(calling forth)* Beschwörung *f;* **the** ~ **of memories** die Beschwörung von Erinnerungen; ~ **of spirits** Geisterbeschwörung *f* ❹ *(petition)* Erflehung *f,* flehentliche Bitte; ~ **of help** flehentliche Bitte um Hilfe ❺ *(appeal)* Appell *m;* ~ **of moral support** Appell *m* um moralische Unterstützung ❻ *no pl (reference)* Berufung *f;* ~ ***of obscure rules*** eine Berufung auf unklare Bestimmungen

in·voice ['ɪnvɔɪs] **I.** *vt* ECON ■**to** ~ **sb** jdm eine Rechnung ausstellen; ***all the parts need to be ~d*** alle Teile müssen berechnet werden; ■**to** ~ **sb for sth** [*or* **sth to sb**] jdm etw in Rechnung stellen; ■**to** ~ **sth** etw fakturieren
II. *n* ECON [Waren]rechnung *f,* Faktura *f fachspr* (**for** für *+akk*); **within thirty days of** ~ innerhalb von dreißig Tagen nach Rechnungserhalt; **payable against** ~ zahlbar bei Rechnungserhalt; **to make out an** ~ **of sth** eine Rechnung über etw *akk* ausstellen; **to submit an** ~ eine Rechnung vorlegen [*o* einreichen]; **as per** ~ laut Rechnung [*o fachspr* Faktura]

'in·voice ad·dress *n* Rechnungsadresse *f* **'in·voice amount** *n* Rechnungsbetrag *m* **'in·voice date** *n* Rechnungsdatum *nt* **'in·voice num·ber** *n* Rechnungsnummer *f* **'in·voice pay·ment** *n* Rechnungszahlung *f* **'in·voice tax** *n* Rechnungssteuer *f* **'in·voice to·tal** *n* Rechnungssumme *f* **'in·voice value** *n* Rechnungswert *m,* Fakturenwert *m*

in·voic·ing ['ɪnvɔɪsɪŋ] *n no pl* Abrechnung *f,* Rechnungsstellung *f,* Fakturierung *f*

in·voke [ɪn'vəʊk, AM -'voʊk] *vt (form)* ❶ *(call on)* **to** ~ **God's name** Gottes Namen anrufen ❷ *(call forth)* **to** ~ **memories** Erinnerungen [herauf]beschwören ❸ *(petition)* **to** ~ **God's blessing** Gottes Segen erflehen ❹ *(appeal to)* ■**to** ~ **sth** an etw *akk* appellieren; *(refer to)* sich *akk* auf etw *akk* berufen; **to** ~ **allegiance/morality** an die Treuepflicht/Moral appellieren ❺ COMPUT ■**to** ~ **sth** etw aufrufen

in·vol·un·tari·ly [ɪn'vɒləntərəli, AM -'vɑ:lənter-] *adv inv* ❶ *(not by own choice)* unfreiwillig, gezwungenermaßen ❷ *(unintentionally)* unbeabsichtigt, unabsichtlich; ***he ~ glanced again at his watch*** wieder schaute er ungewollt auf die Uhr; **to cry/laugh** ~ unwillkürlich [*o* ungewollt] weinen/lachen ❸ MED *(automatically)* unwillkürlich; **to blink** ~ unwillkürlich blinzeln

in·vol·un·tary [ɪn'vɒləntəri, AM -'vɑ:lənteri] *adj inv* ❶ *(not by own choice)* unfreiwillig, gezwungen, erzwungen; ~ **kindness** gezwungene Freundlichkeit; ~ **loyalty** erzwungene Loyalität; ~ **measure** unfreiwillige Maßnahme; ~ **servitude** unfreiwillige Knechtschaft ❷ *(unintentional)* unabsichtlich, unbeabsichtigt; ~ **criticism** unbeabsichtigte Kritik; ~ **manslaughter** LAW fahrlässige Tötung *fachspr;* ~ **movement** ungewollte Bewegung ❸ MED *(automatic)* unwillkürlich; ~ **muscle contraction** unwillkürliche Muskelkontraktion *fachspr*

in·volve [ɪn'vɒlv, AM -'vɑ:lv] *vt* ❶ ■**to** ~ **sth** *(include)* etw beinhalten; *(encompass)* etw umfassen; *(entail)* etw mit sich bringen, etw zur Folge haben; *(mean)* etw bedeuten; ***criminal law ~s acts which are harmful to society*** das Strafrecht beschäftigt sich mit Handlungen, die sich gegen die Gesellschaft richten; ***what does the work ~?*** worin besteht die Arbeit?; ***the operation ~s putting a tube into the heart*** während der Operation wird ein Röhrchen ins Herz eingeführt ❷ *(affect, concern)* ■**to** ~ **sb/sth** jdn/etw betreffen; ***that doesn't ~ her*** sie hat damit nichts zu tun; ***this incident ~s us all*** dieser Zwischenfall geht uns alle an [*o* betrifft uns alle]; **the person** ~**d** die betreffende Person ❸ *(feature)* ■**sth** ~**s sb/sth** jd/etw ist an etw *dat* beteiligt; ***the accident ~d two cars*** an dem Unfall waren zwei Fahrzeuge beteiligt; ***the crime ~d a drug dealing gang*** an dem Verbrechen war eine Drogenhändlerbande beteiligt; ***the crime ~d two schoolgirls*** [***as victims***] zwei Schulmädchen wurden Opfer dieses Verbrechens ❹ *(bring in)* ■**to** ~ **sb in sth** jdn an etw *dat* beteiligen; *(unwillingly)* jdn in etw *akk* verwickeln [*o* hineinziehen]; **to** ~ **sb in a discussion** jdn an einer Diskussion beteiligen; **to** ~ **sb in expense** jdm Kosten verursachen; **to get** ~**d in sth** in etw *akk* verwickelt [*o* hineingezogen] werden; ***I don't want to get ~d*** ich will damit nichts zu tun haben; ■**to** ~ **sb in doing sth**: ***they ~d the staff in designing the packaging*** sie ließen die Belegschaft am Entwurf der Verpackung mitwirken; ***you should ~ the kids more in cooking*** du solltest die Kinder mehr mitkochen lassen ❺ *(participate)* ■**to** ~ **oneself in sth** sich *akk* in etw *dat* engagieren; ***he's become very ~d in the community*** er engagiert sich sehr in der Gemeinde; **to** ~ **oneself in local politics** sich *akk* kommunalpolitisch [*o* in der Kommunalpolitik] engagieren ❻ *usu passive* ■**to be** ~**d in sth** *(be busy with)* mit etw *dat* zu tun haben, mit etw *dat* beschäftigt sein; *(be engrossed)* von etw *dat* gefesselt sein ❼ *usu passive* ■**to be** ~**d with sb** *(have to do with)* mit jdm zu tun haben; *(relationship)* mit jdm eine Beziehung haben; *(affair)* mit jdm ein Verhältnis haben

in·volved [ɪn'vɒlvd, AM -'vɑ:l-] *adj* ❶ *(intricate)* kompliziert; *story* verwickelt, verworren; *style* komplex; **an** ~ **affair** eine verwickelte [*o* verworrene] Angelegenheit; **an** ~ **issue** ein komplexer Sachverhalt; **an** ~ **poem** ein schwer verständliches Gedicht; **an** ~ **sentence structure** ein komplizierter Satzbau ❷ *after n (implicated)* beteiligt; **the modifications** ~ die einbegriffenen Abänderungen; **the persons** ~ die Beteiligten; *(affected)* betroffen; **the company** ~ das betroffene Unternehmen ❸ *(committed)* engagiert, interessiert; ***the peace demonstration attracted many ~ citizens*** die Friedensdemonstration rief viele engagierte Bürger auf den Plan

in·volve·ment [ɪn'vɒlvmənt, AM -'vɑ:l-] *n* ❶ *(intricacy)* Verworrenheit *f,* Kompliziertheit *f;* *(complexity)* Komplexität *f* ❷ *(participation)* Beteiligung *f* (**in** an *+dat*), Verwicklung *f* (**in** in *+akk*), Verstrickung *f* (**in** in *+akk*) ❸ *(affection)* Betroffensein *nt* ❹ *(relationship)* Verhältnis *nt,* Affäre *f;* **to have an** ~ **with sb** mit jdm ein Verhältnis haben ❺ *(commitment)* Engagement *nt*

in·vul·ner·abil·ity [ɪnˌvʌlnərə'bɪləti, AM -nərə'bɪləti] *n no pl* ❶ *(also fig: immunity to damage)* Unverwundbarkeit *f,* Unverletzbarkeit *f a. fig* ❷ *(fig: unassailability) of a position* Unangreifbarkeit *f; of a right* Unverletzlichkeit *f,* Unantastbarkeit *f* ❸ *(fig: strength) of an argument* Unwiderlegbarkeit *f; of a fortification* Uneinnehmbarkeit *f; of a position, theory* Unanfechtbarkeit *f*

in·vul·ner·able [ɪn'vʌlnərəbl̩, AM -nə-] *adj inv* ❶ *(also fig: immune to damage)* unverwundbar, unverletzbar *fig;* ■**to be** ~ **to sth** gegen etw *akk* gefeit sein ❷ *(fig: unassailable) position* unangreifbar; *right* unverletzlich, unantastbar ❸ *(fig: strong) argument* unwiderlegbar; *fortification* uneinnehmbar; *position, theory* unanfechtbar

in·ward ['ɪnwəd, AM -wəd] **I.** *adj inv* ❶ *(in-going)* nach innen gehend [*o* gerichtet]; ~ **spot** nach innen gehender [*o* gerichteter] Strahler ❷ *(incoming)* Eingangs-, eingehend; ~ **calls/enquiries** [*or* AM **inquiries**] eingehende Anrufe/Anfragen; *mail* eintreffend ❸ NAUT *(inbound)* Heim-; ~ **passage** Heimfahrt *f,* Heimreise *f* ❹ ECON *(import)* Eingangs-, Einfuhr- *fachspr;* ~ **customs clearance** Eingangszollabfertigung *f;* ~ **duty** Eingangszoll *m,* Einfuhrzoll *m;* ~ **trade** Einfuhrhandel *m* ❺ *(usu fig: internal)* innere(r, s), innerlich; ~ **laughter** innerliches Lachen; ~ **life** Innenleben *nt,* Seelenleben *nt;* ~ **parts** ANAT innere Organe *fachspr;* ~ **peace** innerer Frieden; ~ **room** innen gelegener Raum ❻ *(fig: intimate)* vertraut; **to be** ~ **with art** mit Kunst vertraut sein
II. *adv* einwärts, nach innen; ~ **bound road** stadteinwärtsführende Straße; **to be directed** ~ einwärtsgerichtet [*o* nach innen gerichtet] sein; **to slope** ~ *(crater, hole)* nach innen abfallen; **to turn** ~ *(fig)* in sich *akk* gehen; **to turn one's thoughts** ~ *(fig)* seine Gedanken auf sein Inneres richten

'in·ward-look·ing *adj* introvertiert, in sich *akk* gekehrt

in·ward·ly ['ɪnwədli, AM -wɚd-] *adv* ❶ *(fig: towards the inside)* nach innen; **to look** [*or* **see**] ~ in sein Inneres schauen
❷ *(usu fig: internally)* innerlich, im Innern; **to be ~ calm** innerlich ruhig sein; **to bleed ~** innere Blutungen haben
❸ *(fig: privately)* im Stillen, insgeheim; ***~, he disliked her lifestyle*** insgeheim mochte er ihren Lebensstil nicht
❹ *(fig: softly)* leise; **to say sth ~** sich *akk* leise äußern

in·ward·ness ['ɪnwədnəs, AM -wɚd-] *n no pl* ❶ *of a body's organ* Lage *f*
❷ *(fig: depth)* Innerlichkeit *f; of emotions* Innigkeit *f; of a thought* gedankliche [*o* geistige] Tiefe
❸ *(fig: essence)* innerste Natur; *(significance)* wahre Bedeutung; *(intimacy)* Vertrautheit *f*

in·wards ['ɪnwədz, AM -wɚdz] *adv inv* ❶ *(towards the inside)* einwärts, nach innen
❷ *(spiritually)* im Innern

in-word ['ɪn,wɜːd, AM -,wɜːrd] *n* Modewort *nt*

in-your-face *(fam)*, **in-yer-face** [,ɪnjə'feɪs, AM -jɚ'-] *adj (sl)* ❶ *(defiant)* frech; **~ lie** rotzfreche Lüge *sl*
❷ *(irritating) look, smile* herausfordernd, provozierend
❸ *(aggressive)* aggressiv, provokativ; *(confrontational)* auf offene Konfrontation angelegt *nach n;* **~ allegation** äußerst provozierende Behauptung

I/O COMPUT *abbrev of* **input/output** Input/Output *nt*

IOC [,aɪəʊ'siː, AM -oʊ'-] *n abbrev of* **International Olympic Committee** IOC *nt*

iodate ['aɪə(ʊ)deɪt, AM 'aɪədeɪt] *vt* CHEM ■**to ~ sth** etw iodieren

iod·ic acid [aɪ,ɒdɪk'æsɪd, AM -,ɑːd-] *n no pl* CHEM Iodsäure *f*

iodine ['aɪədiːn, AM -daɪn] *n no pl* CHEM, MED Jod *nt*, Iod *nt;* **tincture of ~** MED Jodtinktur *f*

iodized ['aɪədaɪzd] *adj* CHEM jodiert *fachspr*, mit Jod versetzt [*o* behandelt]; **~ food** jodierte Lebensmittel

iodized 'salt *n* Jodsalz *nt*

ion ['aɪən] *n* PHYS Ion *nt*

'ion ac·cel·era·tor *n* PHYS Ionenbeschleuniger *m*

Ionian [aɪ'əʊniən, AM 'oʊ] **I.** *n* Ionier(in) *m(f)*
II. *adj inv* ionisch; **~ Sea** Ionisches Meer

Ion·ic [aɪ'ɒnɪk, AM -'ɑːn-] *adj* ARCHIT, CHEM ionisch; **~ bond** Ionenbindung *f;* **~ lattice** Ionengitter *nt;* **~ strength** Ionenstärke *f*

ioni·za·tion [,aɪənaɪ'zeɪʃᵊn, AM -nɪ'-] *n* PHYS Ionisation *f*, Ionisierung *f*

ion·ize ['aɪənaɪz] *vt* PHYS ■**to ~ sth** etw ionisieren

ion·ized ['aɪənaɪzd] *adj* PHYS ionisiert; **~ atom** ionisiertes Atom

ion·iz·er ['aɪənaɪzəʳ, AM -ɚ] *n* PHYS Ionisator *m*

iono·sphere [aɪ'ɒnəsfɪəʳ, AM -'ɑːnəsfɪr] *n no pl* AEROSP, ASTRON Ionosphäre *f*

iono·spher·ic [aɪ,ɒnə'sferɪk, AM -,ɑːnə'sfɪr-] *adj inv* AEROSP, ASTRON ionosphärisch; **~ region** ionosphärische Schicht

iota [aɪ'əʊtə, AM -'oʊt̬ə] *n no pl, usu neg* Jota *nt;* **not an** [*or* **one**] **~** nicht ein Jota, kein bisschen; ***we won't change our policies one ~*** wir werden keinen Millimeter von unserem politischen Kurs abweichen; ***there is not an ~ of truth in that*** daran ist kein Jota wahr; **not to be able to produce an ~ of proof** nicht den kleinsten Beweis vorbringen können

IOU [,aɪəʊ'juː, AM -oʊ'-] *n* ECON *(fam) abbrev of* **I owe you** Schuldschein *m*

IOW *n abbrev of* **Isle of Wight** Isle of Wight *f*

Iowan ['aɪəwən] **I.** *n* Bewohner(in) *m(f)* Iowas
II. *adj* aus Iowa *nach n*

IPA [,aɪpiː'eɪ] *n abbrev of* **International Phonetic Alphabet** internationales phonetisches Alphabet

IPO [,aɪpiː'əʊ, AM -'oʊ] *abbrev of* **initial public offering** **I.** *n* STOCKEX Börsengang *m*, öffentliche Erstemission
II. *n modifier* Erstemissions-

ipso fac·to [,ɪpsəʊ'fæktəʊ, AM -soʊ'fæktoʊ] *adv inv* LAW durch die Tat selbst, eo ipso

IQ [,aɪ'kjuː] *n abbrev of* **intelligence quotient** Intelligenzquotient *m;* **~-test** IQ-Test *m*

IR [,aɪ'ɑːʳ, AM -'ɑːr] *abbrev of* **infrared (radiation)** **I.** *n no pl* IR
II. *n modifier* IR-

IRA[1] [,aɪɑː'reɪ, AM -ɑːr'eɪ] *n no pl abbrev of* **Irish Republican Army** IRA *f*

IRA[2] [,aɪɑː'reɪ, AM -ɑːr'eɪ] *n* AM FIN *abbrev of* **Individual Retirement Account** [steuerbegünstigte] Altersvorsorge, Dritte Säule *f* SCHWEIZ

Iran [ɪ'rɑːn, AM ɪ'ræn] *n* Iran *m*

Iran·gate [ɪ'rɑːn,geɪt, AM ɪ'ræn,-] *n* POL Irangate *nt*, Irangate-Affäre *f (auf das Jahr 1986 zurückgehender US-amerikanischer Waffenlieferungsskandal)*

Ira·nian [ɪ'reɪniən] **I.** *n* Iraner(in) *m(f)*
II. *adj* iranisch

Iraq [ɪ'rɑːk] *n* Irak *m*

Ira·qi [ɪ'rɑːki] **I.** *n* Iraker(in) *m(f)*
II. *adj* irakisch

iras·cibil·ity [ɪ,ræsə'bɪləti, AM -ət̬i] *n no pl (form)* Reizbarkeit *f*, Jähzorn *m*

iras·cible [ɪ'ræsəbl̩] *adj (form)* aufbrausend *geh*, reizbar, jähzornig

iras·cibly [ɪ'ræsəbli] *adv (form)* aufbrausend *geh*, jähzornig, heftig; **to react ~** heftig reagieren

irate [aɪ'reɪt] *adj (form)* wütend, zornig; ***~ phone calls from customers*** erzürnte Telefonanrufe von Kunden

IRBM [,aɪɑːbiː'em, AM -ɑːr-] *n abbrev of* **intermediate-range ballistic missile** Mittelstreckenraketengeschoss *nt*

IR-'ca·pable *adj inv short for* **infrared radiation-capable** IR-tauglich

ire [aɪəʳ, AM aɪr] *n no pl (liter)* Zorn *m*, Wut *f;* **to raise** [*or* **arouse**] **sb's ~** jds Zorn erregen

Ire·land ['aɪələnd, AM 'aɪr-] *n* Irland *nt*

IR-e'quip·ped *adj inv short for* **infrared radiation-equipped** mit Infrarotsensor *nach n*

iri·des·cence [,ɪrɪ'desᵊn(t)s] *n no pl* Schillern *nt* [in allen Regenbogenfarben], Regenbogenfarbenspiel *nt*, Irisieren *nt*

iri·des·cent [,ɪrɪ'desᵊnt] *adj* schillernd [in allen Regenbogenfarben], regenbogenfarben, irisierend

irid·ium [ɪ'rɪdiəm] *n no pl* CHEM Iridium *nt*

iris <*pl* -es> ['aɪ(ə)rɪs, AM 'aɪrɪs] *n* ❶ BOT *(flower)* Schwertlilie *f*, Iris *f*
❷ ANAT *(diaphragm)* Regenbogenhaut *f*, Iris *f*

Irish ['aɪ(ə)rɪʃ, AM 'aɪrɪʃ] **I.** *adj* irisch
II. *n pl* ■**the ~** die Iren *pl*

Irish A'meri·can *n* irischstämmiger Amerikaner/irischstämmige Amerikanerin **Irish 'cof·fee** *n no pl* Irishcoffee *m (Kaffee mit Schlagsahne und einem Schuss Whiskey)* **'Irish·man** *n* Ire *m* **Irish 'stew** *n no pl* Irishstew *nt (gekochtes Hammelfleisch mit Weißkraut und Kartoffeln)* **'Irish·wom·an** *n* Irin *f*

'iris rec·og·ni·tion *n no pl* Iriserkennung *f (zur Identifizierung einer Person)*

irk [ɜːk, AM ɜːrk] *vt* ■**to ~ sb** jdn ärgern [*o liter* verdrießen]; ***it ~ed her to wait in line*** ihr war das Schlangestehen lästig

irk·some ['ɜːksəm, AM 'ɜːrk-] *adj (form)* ärgerlich, lästig; **~ incident** ärgerlicher Vorfall; **~ task** lästige Aufgabe

iron ['aɪən, AM -ɚn] **I.** *n* ❶ *no pl* CHEM *(element)* Eisen *nt;* **rich in ~** reich an Eisen; *(as medical preparation)* Eisen[präparat] *nt; (metal)* Eisen *nt*
❷ *(fig)* **the I~ Lady** *(M. Thatcher)* die eiserne Lady; **will of ~** eiserne Wille
❸ *(appliance)* [Bügel]eisen *nt;* **steam ~** Dampfbügeleisen *nt*
❹ *(branding instrument)* Brandeisen *nt*
❺ SPORT *(club)* Golfschläger *m*
❻ *(shoe)* [Huf]eisen *nt*
❼ *(ring)* Steigbügel *m*
❽ *(weapon)* Eisen *nt*, Schwert *nt;* **to fall to the ~** durch das Eisen fallen; **to put to the ~** mit dem Eisen erschlagen
▶PHRASES: **to <u>have</u>** [*or* **<u>keep</u>**] [**too**] **many/other ~s in the fire** [zu] viele/andere Eisen im Feuer haben; **to <u>have</u> an ~ fist** [*or* **hand**] **in a velvet glove** freundlich im Ton, aber hart in der Sache sein; **to <u>rule</u> with a rod of ~** mit eiserner Faust regieren; **<u>strike</u> while the ~ is hot** *(prov)* das Eisen schmieden, solange es heiß ist *prov*
II. *n modifier (bar, mine, railing)* Eisen-
III. *adj* ❶ *(fig: strict)* eisern; **~ determination** [*or* **will**] eiserner [*o* stählerner] Wille; **~ discipline** eiserne Disziplin; **to rule with an ~ hand** [*or* **fist**] mit eiserner Faust regieren; **~ negotiator** eisenharter Unterhändler/eisenharte Unterhändlerin
❷ *(fig: strong)* **~ constitution** eiserne Gesundheit
IV. *vt* ■**to ~ sth** etw bügeln, SCHWEIZ *a.* etw *akk* glätten; **to ~ the laundry** die Wäsche bügeln
V. *vi* bügeln, SCHWEIZ *a.* glätten; ***cotton and silk ~ well*** Baumwolle und Seide lassen sich gut bügeln
◆**iron out** *vt* ■**to ~ sth** ⊂ **out** ❶ *(press)* **to ~ out a creased banknote** einen zerknitterten Geldschein glätten; **to ~ out the collar of a shirt** einen Hemdkragen ausbügeln; **to ~ out a crease** eine Falte glatt bügeln [*o* ausbügeln]
❷ *(also fig: remove)* **to ~ out difficulties** Schwierigkeiten aus der Welt schaffen; **to ~ out conflicting interests** Interessengegensätze ausgleichen; **to ~ out an awkward matter** eine unangenehme Sache ausbügeln [*o* bereinigen]; **to ~ out misunderstandings** Missverständnisse beseitigen; **to ~ out wrinkles** Falten glätten

'Iron Age **I.** *n* Eisenzeit *f*
II. *n modifier* eisenzeitlich; **~ settlement** Siedlung *f* aus der Eisenzeit

'iron·bark *n* AUS Eukalyptusbaum *m*

'iron-clad *adj* ❶ NAUT *(armoured)* gepanzert; **~ cruiser** Panzerkreuzer *m;* **~ naval vessel** gepanzertes Kriegsschiff; *(fig: unbreakable)* hieb- und stichfest; **~ argument** hieb- und stichfestes Argument ❷ *(fig: rigorous)* streng; **~ controls/provisions** strenge Kontrollen/Bestimmungen; **~ oath** heiliger Eid [*o* Schwur] ❸ *(fig: rigid)* starr; **~ rules** starre Regeln ❹ *(fig: resolute)* unbeugsam, eisern; **~ defence** Verteidigung *f* bis zum Letzten; **~ patriot** unbeugsamer Patriot/unbeugsame Patriotin; **~ proponent** eiserner Verfechter/eiserne Verfechterin **Iron 'Cross** *n* MIL *(hist)* Eisernes Kreuz *hist* **iron 'cur·tain** **I.** *n* ❶ POL *(hist: boundary)* ■**the I~** der Eiserne Vorhang *hist* ❷ *(fig: barrier)* Abschottung *f*, Schranke *f* **II.** *n modifier* **~ countries** Länder *pl* hinter dem Eisernen Vorhang; **~ mentality** Abschottungsmentalität *f*

iron·ic [aɪ(ə)'rɒnɪk, AM aɪ'rɑːn-] *adj* ❶ *(sarcastic) remark, smile* ironisch, [leicht] spöttisch; *commentator, critic* ironisch, [leicht] spottend
❷ *(unexpected)* ironisch; ***it was ~ that he should meet her there*** es hatte etwas Ironisches, dass er sie dort treffen sollte

ironi·cal·ly [aɪ(ə)'rɒnɪkᵊli, AM aɪ'rɑːn-] *adv* ironisch; **~, ...** ironischerweise ...; **to answer/remark/smile ~** ironisch antworten/bemerken/lächeln

iron·ing ['aɪənɪŋ, AM -ɚn-] *n no pl* ❶ *(pressing)* Bügeln *nt*, SCHWEIZ *a.* Glätten *nt*
❷ *(laundry)* Bügelwäsche *f;* **to put the ~ in a basket** die Bügelwäsche in einen Korb legen; **to do the ~** Wäsche bügeln

'iron·ing board *n* Bügelbrett *nt*

iron·ist ['aɪrᵊnɪst] *n* Ironiker(in) *m(f)*

iron 'lung *n* MED eiserne Lunge **'iron man** *n* ❶ *(athlete)* eisenharter [Ausdauer]athlet; *(worker)* unermüdlicher Arbeiter, Arbeitstier *nt fam o hum; (in a mine)* Eisenhüttenarbeiter *m; (in tracklaying)* Schienenarbeiter *m*, Schienenleger *m* ❷ *(machine)* [Stahl]roboter *m* ❸ AM *(sl: money)* Silberdollar *m*

'Iron·man *n* ❶ SPORT *(athlete)* Ironman *m*, Ironman-Triathlet *m* ❷ SPORT *(competition)* Ironman *m*, Ironman-Triathlon *nt o m*

iron·mon·ger ['aɪən,mʌŋgəʳ] *n* BRIT ❶ *(person)* Eisenwarenhändler(in) *m(f)*, Haushaltswarenhändler(in) *m(f)*
❷ *(shop)* ■**~'s** Eisen- und Haushaltswarenhandlung *f*

iron·mon·gery ['aɪən,mʌŋgᵊri] *n no pl* BRIT ❶ *(goods)* Eisenwaren *pl*, Haushaltswaren *pl*
❷ *(premises)* Eisenwarenhandlung *f*, Haushaltswarenhandlung *f*

iron 'ore *n* Eisenerz *nt* **'iron ra·tion** *n (dated)* eiserne Ration

irons ['aɪənz, AM -ɚnz] *npl* Hand- und Fußschellen *pl;* **to be clapped** [*or* **put**] **in ~** in Ketten [*o liter* Eisen] gelegt werden

'iron·wom·an *n* ❶ SPORT *(athlete)* Ironwoman *f,* Ironwoman-Triathletin *f*
❷ SPORT *(competition)* Ironwoman *m,* Ironwoman-Triathlon *nt o m*

'iron·work *n no pl* ❶ *(dressed iron)* Eisenwerk *nt,* schmiedeeiserne Verzierung
❷ *(part)* Eisenkonstruktion *f*
❸ *(goods)* Eisenzeug *nt,* Eisenbeschläge *pl*

'iron·works *n + sing/pl vb* Eisenhütte *f,* Eisenhüttenwerk *nt*

iro·ny ['aɪ(ə)rᵊni, AM 'aɪrᵊni] *n no pl* Ironie *f;* ***the ~ was that ...*** das Ironische war, dass ...; **the ~ of a remark** die in einer Bemerkung liegende Ironie; **~ of fate** Ironie *f* des Schicksals; **one of life's little ironies** eine kleine Ironie des Schicksals; **heavy with ~** voller Ironie; **tragic ~** tragische Ironie

Iro·quoi·an [ˌɪrə(ʊ)'kwɔɪən, AM ˌɪrə'kwɔɪ-] **I.** *n* Irokese, Irokesin *m, f*
II. *adj* irokesisch

IRR [ˌaɪɑ:r'ɑ:r] AM *abbrev of* **Individual Ready Reserve I.** *n no pl* IRR
II. *n modifier* IRR-

ir·ra·di·ate [ɪ'reɪdieɪt, AM ɪr'eɪ-] *vt* ■**to ~ sth** ❶ *(illuminate) sunlight* etw bestrahlen [*o* bescheinen]; *moonlight* etw erleuchten; *candle, lightning* etw erhellen; *spotlight, streetlight* etw beleuchten; ***the castle was dimly ~d*** das Schloss war schwach erleuchtet; **a romantically ~d lake** ein romantisch erleuchteter See; **to ~ an affair** *(fig)* Licht in eine Sache bringen
❷ MED, PHYS *(treat)* etw bestrahlen

ir·ra·di·at·ed [ɪ'reɪdieɪtɪd, AM ɪr'eɪdieɪt̬-] *adj* bestrahlt, strahlungsbehandelt; **~ food** bestrahlte Lebensmittel

ir·ra·dia·tion [ɪˌreɪdi'eɪʃᵊn] *n no pl* ❶ MED, PHYS *(treatment)* Bestrahlung *f;* **~ of food** Lebensmittelbestrahlung *f*
❷ MED *(spread) of pain* Ausstrahlung *f*

ir·ra·tion·al [ɪ'ræʃᵊnᵊl] *adj* ❶ *(unreasonable) action, behaviour* irrational; *(not sensible)* unvernünftig, vernunftwidrig; **~ decision/measure** unvernünftige Entscheidung/Maßnahme; **~ suggestion** unsinniger Vorschlag
❷ *(illogical) arguments, reasons* irrational, absurd
❸ ZOOL *(of lower animals)* vernunftlos, nicht vernunftbegabt

ir·ra·tion·al·ism [ɪ'ræʃᵊnᵊlɪzᵊm] *n* ❶ PHILOS *(reliance on faith)* Irrationalismus *m*
❷ *(lack of logic)* Irrationalität *f*

ir·ra·tion·al·ity [ɪˌræʃᵊn'æləti, AM -ət̬i] *n no pl* ❶ *(absence of reason)* Vernunftlosigkeit *f*
❷ *(lack of reason)* Irrationalität *f; (lack of good sense)* Vernunftwidrigkeit *f,* Unvernünftigkeit *f; of fear, belief* Unsinnigkeit *f*
❸ *(lack of logic) of arguments, reasons* Irrationalität *f,* Absurdität *f*

ir·ra·tion·al·ly [ɪ'ræʃᵊnᵊli] *adv* ❶ *(without reason)* irrational; *(not sensible)* unvernünftig, vernunftwidrig; **to act ~** irrational handeln; **to behave ~** sich *akk* unvernünftig [*o* irrational] verhalten
❷ *(without logic)* irrational; **to argue ~** irrational argumentieren

ir·ra·tion·al 'num·ber *n* MATH irrationale Zahl

ir·rec·on·cil·able [ɪˌrekᵊn'saɪləbl̩] *adj inv* ❶ *(diametrically opposed) ideas, views* unvereinbar; **~ accounts/facts** sich *akk* völlig widersprechende Berichte/Tatsachen; **~ differences of opinion** unüberbrückbare Meinungsgegensätze; ■**to be ~ with sth** mit etw *dat* nicht vereinbar sein
❷ *(implacably opposed) enemies, factions* unversöhnlich; ***their positions are ~*** sie sind unversöhnliche Meinungsgegner

ir·rec·on·cil·ably [ɪˌrekᵊn'saɪləbli] *adv inv* unvereinbar; **~ opposed camps** sich *dat* unversöhnlich gegenüberstehende Lager; **~ different views** unvereinbar weit auseinanderliegende Auffassungen

ir·re·cov·er·able [ˌɪrɪ'kʌvᵊrəbl̩, AM -vɚ-] *adj inv* ❶ *(irreparable) damage, loss* unersetzbar, unersetzlich, nicht wiedergutzumachend; **~ health** nicht wiederherstellbare Gesundheit; **~ injury** nicht ausheilbare Verletzung
❷ *(irretrievable) crew, ship* unrettbar [verloren]; *treasure, paradise* unwiederbringlich [verloren]; **~ loss** unwiederbringlicher Verlust; **~ debts** ECON nicht eintreibbare [*o* beitreibbare] Forderungen *fachspr*

ir·re·cov·er·ably [ˌɪrɪ'kʌvᵊrəbli, AM -vɚ-] *adv inv* ❶ *(irreparably)* **to be ~ damaged** nicht behebbare Schäden aufweisen; **to be ~ injured** nicht ausheilbare Verletzungen haben
❷ *(irretrievably)* **to be ~ lost** unwiederbringlich [*o* endgültig] verloren sein

ir·re·deem·able [ˌɪrɪ'di:mᵊbl̩] *adj inv (form)* ❶ *(irretrievable) crew, ship* unrettbar [verloren]; *treasure* unwiederbringlich [verloren]
❷ *(irremediable)* **~ case** hoffnungsloser Fall; **~ drinker** unverbesserlicher Trinker/unverbesserliche Trinkerin
❸ *(absolute) despair, gloom* völlig, absolut; **~ stupidity** reine Dummheit
❹ ECON, FIN *(not terminable)* **~ annuity** nicht ablösbare Rente *fachspr;* **~ debt** nicht tilgbare Schuld *fachspr;* **~ bond** untilgbare [*o* unkündbare] Schuldverschreibung *fachspr;* **~ paper money** nicht einlösbares Papiergeld *fachspr*

ir·re·deem·ably [ˌɪrɪ'di:mᵊbli] *adv inv (form)* ❶ *(irretrievably)* unwiederbringlich, unrettbar; **~ lost** unwiederbringlich verloren
❷ *(irremediably)* unverbesserlich, hoffnungslos, rettungslos
❸ *(absolutely)* völlig, absolut; ***he was ~ incompetent*** er war absolut inkompetent

ir·re·den·tism [ˌɪrɪ'dentɪzᵊm] *n* HIST, POL Irredentismus *m fachspr*

ir·re·den·tist [ˌɪrɪ'dentɪst] *n* HIST, POL Irredentist(in) *m(f) fachspr*

ir·re·duc·ible [ˌɪrɪ'dju:səbl̩, AM *esp* -'du:-] *adj inv (form)* ❶ *(indiminishable)* nicht [weiter] reduzierbar, äußerst klein [*o* gering]; **~ minimum** absolute Mindestmenge
❷ *(impossible to simplify)* nicht [weiter] zu vereinfachend; **~ formula** nicht weiter zu vereinfachende [*o* zerlegbare] Formel
❸ PHILOS, MATH *(underivable)* irreduzibel, unableitbar
❹ MED *(irreplaceable)* irreponibel *fachspr*

ir·re·duc·ibly [ˌɪrɪ'dju:səbli, AM *esp* -'du:-] *adv (form)* äußerst klein [*o* gering], minim SCHWEIZ, absolut minimal; ***the centre was ~ staffed*** die Zentrale war äußerst minimal besetzt; **~ small quantities** äußerst kleine Mengen

ir·refu·table [ˌɪrɪ'fju:təbl̩, AM *esp* ɪ'refjət̬ə-] *adj inv (form)* ❶ *(undisprovable) argument, proof* unwiderlegbar; **~ evidence** unwiderlegbarer Beweis
❷ *(uncontestable)* unbestreitbar; **~ fact/logic** unbestreitbare Tatsache/Logik

ir·refu·tably [ˌɪrɪ'fju:təbli, AM *esp* ɪ'refjət̬ə-] *adv inv (form)* ❶ *(undisprovably)* unwiderlegbar; **~ proven** unwiderlegbar [*o* eindeutig] bewiesen
❷ *(uncontestably)* unbestreitbar, unzweifelhaft; ***it's become ~ clear that ...*** es ist unzweifelhaft deutlich geworden, dass ...; **~ factual report** unbestreitbar den Tatsachen entsprechender Bericht

ir·regu·lar [ɪ'regjələʳ, AM -ɚ] **I.** *adj* ❶ *(unsymmetrical) arrangement, pattern* unregelmäßig, ungleichmäßig, uneinheitlich; **~ shape** ungleichförmige Gestalt; **~ surface/terrain** unebene Oberfläche/unebenes Gelände; **~ teeth** unregelmäßige Zähne; **~ verbs** unregelmäßige Verben
❷ *(intermittent)* unregelmäßig, ungleichmäßig; **at ~ intervals** in unregelmäßigen Abständen; **~ meals/payments** unregelmäßige Mahlzeiten/Zahlungen; **~ pulse** [*or* **heartbeat**] unregelmäßiger [*o* ungleichmäßiger] Herzschlag; ■**to be ~** AM, AUS MED *(fam)* unregelmäßigen Stuhlgang haben
❸ *(form: failing to accord) behaviour, conduct* regelwidrig, ordnungswidrig, vorschriftswidrig *form; document* nicht ordnungsmäßig *form;* **~ action** ungesetzliche Aktion; **~ banknote** ungültige Banknote; **~ economy** amtlich nicht erfasste Wirtschaft, Schattenwirtschaft *f fig;* **~ habits** ungeregelte Lebensweise; **~ method** unsystematische Methodik; **~ proceedings** an Formfehlern leidendes Verfahren; **~ shirt** Hemd *nt* mit Fabrikationsfehlern; *(peculiar) customs, practices* sonderbar, eigenartig, absonderlich; **most ~** höchst sonderbar; *(improper)* ungehörig, ungebührlich; **~ behaviour** [*or* AM **behavior**] ungebührliches Benehmen; **~ dealings** zwielichtige Geschäfte; **~ private life** ausschweifendes Privatleben
❹ MIL *(unofficial)* irregulär; **~ soldiers** Partisanen, Partisaninnen *mpl, fpl,* Freischärler(innen) *mpl(fpl);* **~ troops** irreguläre Truppen
II. *n* MIL Partisan(in) *m(f),* Freischärler(in) *m(f)*

ir·regu·lar·ity [ɪˌregjə'lærəti, AM -'lerət̬i] *n* ❶ *(form: lack of symmetry) of an arrangement* Unregelmäßigkeit *f,* Ungleichmäßigkeit *f; of prices* Uneinheitlichkeit *f; of a surface, terrain* Unebenheit *f;* **the ~ of the coastline** der unregelmäßige Verlauf der Küstenlinie
❷ *(intermittence) of intervals* Unregelmäßigkeit *f,* Ungleichmäßigkeit *f*
❸ *(form: lack of accordance) of behaviour, conduct* Regelwidrigkeit *f,* Ordnungswidrigkeit *f; of an action* Ungesetzlichkeit *f form;* **currency ~** Devisenvergehen *nt,* Verstoß *m* gegen die Devisenbestimmungen *form;* **~ in the procedure** Verfahrensfehler *m;* **to commit irregularities** sich *dat* Unregelmäßigkeiten zuschulden kommen lassen; **to uncover irregularities** Unregelmäßigkeiten aufdecken
❹ *(peculiarity) of customs, practices* Eigenartigkeit *f,* Absonderlichkeit *f; (impropriety) of behaviour* Ungehörigkeit *f,* Ungebührlichkeit *f;* **~ of dealings** Zwielichtigkeit *f* von Geschäften

ir·regu·lar·ly [ɪ'regjələli, AM -ɚli] *adv* ❶ *(unsymmetrically)* unregelmäßig; *(shaped)* ungleichmäßig, uneinheitlich; ***the chairs were ~ spaced around the room*** die Stühle waren ungleichmäßig im ganzen Raum verteilt; ***the garden was laid out ~*** der Garten war uneben angelegt; **prices marked ~** uneinheitlich ausgezeichnete Preise; **teeth shaped ~** unregelmäßig geformte Zähne
❷ *(intermittently)* ungleichmäßig, unregelmäßig; ***payments were made ~*** Zahlungen wurden unregelmäßig geleistet; **to meet ~** sich *akk* ab und an treffen

ir·rel·evance [ɪ'reləvᵊn(t)s, AM ɪr'el-], **ir·rel·evan·cy** [ɪ'reləvᵊn(t)si, AM ɪr'el-] *n (form)* Unerheblichkeit *f,* Unwesentlichkeit *f; of details* Bedeutungslosigkeit *f,* Irrelevanz *f form;* **to be an ~** unwesentlich [*o* ohne Belang] sein; ***sympathy is an ~ — we need practical help*** Anteilnahme ist nicht das Wesentliche – was wir brauchen, ist praktische Unterstützung; **to fade into ~** immer bedeutungsloser werden

ir·rel·evant [ɪ'reləvᵊnt, AM ɪr'el-] *adj* belanglos, unerheblich, irrelevant; ***making a large profit is ~ to us*** es kommt uns nicht darauf an, einen hohen Gewinn zu erzielen; ***don't be ~*** schweifen Sie nicht vom Thema ab; **an ~ question** eine nicht zur Sache gehörende Frage; **to be largely ~ to sth** für etw *akk* weitgehend unerheblich [*o* ohne Bedeutung] sein

ir·rel·evant·ly [ɪ'reləvᵊntli, AM ɪr'el-] *adv* **to ramble on ~** sich *akk* in Nebensächlichkeiten verlieren; **to speak ~** belangloses Zeug reden

ir·re·li·gious [ˌɪrɪ'lɪdʒəs] *adj* ❶ *(not practicing)* religionslos; *(unbelieving)* ungläubig; *(indifferent to religion)* areligiös
❷ *(impious)* gottlos; **~ heathen** gottloser Heide/gottlose Heidin
❸ *(anti-religious)* religionsfeindlich; **~ statements** religionsfeindliche Äußerungen

ir·re·medi·able [ˌɪrɪ'mi:diəbl̩] *adj inv (form)* nicht behebbar [*o* wiedergutzumachend]; **~ damage** nicht zu behebender [*o* wiedergutzumachender] Schaden; **~ defects of character** nicht zu beseitigende Charakterfehler; **~ error** nicht ungeschehen zu machender Irrtum; **~ flaw** nicht behebbarer Mangel [*o* Fehler]; **~ loss** nicht wettzumachender [*o* wiedergutzumachender] Verlust *fam*

ir·re·mov·able [ˌɪrɪˈmu:vəbl̩] *adj inv* ❶ *(not displaceable)* nicht wegzubewegen; ~ **boulder** nicht von der Stelle zu bewegender Felsen; ~ **boundary stone** nicht verrückbarer Grenzstein; ~ **obstacle** nicht wegzuräumendes [*o* zu beseitigendes] Hindernis
❷ *(also fig: inflexible)* unbeweglich
❸ *(permanent) judge* unabsetzbar; *officer* unkündbar, auf Lebenszeit ernannt

ir·repa·rable [ɪˈrepərəbl̩] *adj inv* irreparabel, nicht wiedergutzumachend; ~ **damage** nicht wiedergutzumachender Schaden; ~ **loss** unersetzlicher Verlust

ir·repa·rably [ɪˈrepərəbli] *adv inv* irreparabel; ***the ship has been ~ damaged*** der an dem Schiff entstandene Schaden ist nicht behebbar; ***his reputation was ~ damaged*** sein Ruf war irreparabel geschädigt

ir·re·place·able [ˌɪrɪˈpleɪsəbl̩] *adj inv* unersetzlich, unersetzbar; ~ **resources** nicht erneuerbare Ressourcen; ~ **vase** unersetzliche Vase

ir·re·press·ible [ˌɪrɪˈpresəbl̩] *adj* ❶ *(usu approv: unrestrainable) curiosity, desire* unbezähmbar; *anger, joy* unbändig; ***she's been ~ all morning*** sie ist schon den ganzen Morgen nicht zu bändigen; ~ **conflict** *(uncontrollable)* nicht zu verdrängender Konflikt; ~ **exuberance** helle Begeisterung; ~ **spirits** ausgelassene Stimmung; ~ **urge** unbezähmbarer Drang
❷ *(impossible to discourage)* unverwüstlich, unerschütterlich; ***she's an ~ chatterbox*** sie plappert unentwegt; ~ **optimist** unerschütterlicher Optimist/unerschütterliche Optimistin; ~ **pacifist** nicht unterzukriegender Pazifist/unterzukriegende Pazifistin; ~ **sense of humour** [*or* AM **humor**] unverwüstlicher Sinn für Humor

ir·re·press·ibly [ˌɪrɪˈpresəbli] *adv* ❶ *(usu approv: without restraint)* unbändig; **to be ~ happy** sich *akk* unbändig freuen
❷ *(without being discouraged)* unerschütterlich, unentwegt; ~ **optimistic** unerschütterlich optimistisch

ir·re·proach·able [ˌɪrɪˈprəʊtʃəbl̩, AM -ˈproʊ-] *adj inv* *(form) behaviour, character* untadelig, tadellos *form;* ~ **quality** tadellose Qualität; *behaviour, quality* einwandfrei; ~ **conduct** LAW einwandfreie Führung; ~ **past** makellose Vergangenheit

ir·re·proach·ably [ˌɪrɪˈprəʊtʃəbli, AM -ˈproʊ-] *adv inv* *(form)* untadelig *form,* einwandfrei; **to behave ~** sich *akk* einwandfrei benehmen [*o form* untadelig führen]

ir·re·sist·ible [ˌɪrɪˈzɪstəbl̩] *adj* ❶ *(powerful)* unwiderstehlich; ~ **argument** schlagendes [*o* überzeugendes] Argument; ~ **impulse/urge** unwiderstehlicher Impuls/Drang
❷ *(lovable) appearance* äußerst [*o* ungemein] anziehend; *personality* überaus einnehmend [*o* gewinnend]
❸ *(enticing)* äußerst [*o* ungemein] verführerisch; ~ **necklace** äußerst verlockendes Halsband

ir·re·sist·ibly [ˌɪrɪˈzɪstəbli] *adv* unwiderstehlich; **to be attracted ~** unwiderstehlich angezogen werden; **to argue ~** schlagende [*o* überzeugende] Argumente vorbringen; **to refute sth ~** etw überzeugend widerlegen

ir·reso·lute [ɪˈrezəlu:t] *adj (pej form)* ❶ *(doubtful)* unentschlossen, unschlüssig *geh;* **to be ~** unentschlossen sein, schwanken; **to adopt an ~ attitude** eine unschlüssige [*o* schwankende] Haltung einnehmen; ~ **reply** unklare Antwort
❷ *(lacking determination)* entschlusslos, entscheidungsschwach

ir·reso·lute·ly [ɪˈrezəlu:tli] *adv (pej form)* unentschlossen, unschlüssig *geh;* **to reply ~** unklar antworten

ir·reso·lu·tion [ɪˌrezəlˈu:ʃən] *n no pl (pej form)*
❶ *(doubtfulness)* Unentschlossenheit *f,* Unschlüssigkeit *f geh*
❷ *(lack of determination)* Entschlusslosigkeit *f,* Entscheidungsschwäche *f*

ir·re·spec·tive [ˌɪrɪˈspektɪv] *adv inv (form)* ■ **~ of sth** ohne Rücksicht auf etw *akk,* ungeachtet einer S. *gen;* ***candidates are assessed on merit, ~ of colour*** Bewerber werden nach Leistung beurteilt, ungeachtet ihrer Hautfarbe; ~ **of age/the cost** altersunabhängig/kostenunabhängig; ~ **of the consequences** ungeachtet der Folgen; ~ **of what ...** unabhängig davon, was ...; ~ **of whether ...** ohne Rücksicht darauf, ob ...

ir·re·spon·sibil·ity [ˌɪrɪˌspɒn(t)səˈbɪləti, AM -ˌspɑ:n(t)səˈbɪləṭi] *n no pl* ❶ *(pej: lack of consideration) of actions* Unverantwortlichkeit *f; of persons* Verantwortungslosigkeit *f;* ***an act of gross ~*** eine grob unverantwortliche Handlung
❷ LAW *(inadequacy)* Unzurechnungsfähigkeit *f;* **criminal ~** Strafunmündigkeit *f*

ir·re·spon·sible [ˌɪrɪˈspɒn(t)səbl̩, AM -ˈspɑ:-] *adj*
❶ *(pej: lacking consideration) action* unverantwortlich; *person* verantwortungslos
❷ *(form: unaccountable) body, state* nicht verantwortlich
❸ LAW *(inadequate)* unzurechnungsfähig; **financially ~** finanziell nicht verantwortlich

ir·re·spon·sibly [ˌɪrɪˈspɒn(t)səbli, AM -ˈspɑ:-] *adv (pej)* verantwortungslos, unverantwortlich; **to act ~** unverantwortlich handeln; **to behave ~** sich *akk* verantwortungslos verhalten

ir·re·triev·able [ˌɪrɪˈtri:vəbl̩] *adj inv* ❶ *(irreparable) loss* unersetzlich, unersetzbar
❷ *(irremediable)* irreparabel; ~ **mistake** nicht mehr zu behebender [*o* korrigierender] Fehler; ~ **situation** nicht mehr zu ändernde Situation; LAW unheilbare Zerrüttung der Ehe
❸ *(irrecoverable) crew, ship* unrettbar [verloren]; *treasure* unwiederbringlich [verloren]; ~ **loss** unwiederbringlicher [*o* endgültiger] Verlust
❹ COMPUT **sth is ~** *information, file* etw kann nicht mehr abgerufen werden

ir·re·triev·ably [ˌɪrɪˈtri:vəbli] *adv inv* unwiederbringlich, endgültig; ***their marriage had broken down ~*** ihre Ehe war unheilbar zerrüttet; ***the local ecosystem will be ~ damaged*** das lokale Ökosystem wird bleibend geschädigt; ~ **lost** unwiederbringlich [*o* endgültig] verloren

ir·rev·er·ence [ɪˈrevərən(t)s] *n no pl* Respektlosigkeit *f; (in religious matters)* Pietätlosigkeit *f geh;* **an act of ~** eine Respektlosigkeit; *(in religious matters)* eine Pietätlosigkeit

ir·rev·er·ent [ɪˈrevərənt] *adj* unehrerbietig, respektlos; *(in religious matters)* pietätlos *geh;* ***the programme takes an ~ look at the medical profession*** die Sendung nimmt die Ärzteschaft respektlos ins Visier; ~ **comment** respektloser Kommentar; ~ **humour** [*or* AM **humor**] pietätloser Humor

ir·rev·er·ent·ly [ɪˈrevərəntli] *adv* unehrerbietig, respektlos; *(in religious matters)* pietätlos; **to behave ~** sich *akk* unehrerbietig benehmen *geh*

ir·re·vers·ible [ˌɪrɪˈvɜ:səbl̩, AM -ˈvɜ:r-] *adj inv* ❶ *(impossible to change back) development, process* nicht umkehrbar, irreversibel; ~ **damage** irreversibler Schaden; ~ **decision** unwiderrufliche Entscheidung; ~ **facial injury** MED irreversible Gesichtsverletzung
❷ CHEM, TECH *engine* in einer Richtung laufend; *chemical synthesis* in einer Richtung verlaufend
❸ *(impossible to turn) cover, cushion* nicht doppelseitig wendbar

ir·re·vers·ibly [ˌɪrɪˈvɜ:səbli, AM -ˈvɜ:r-] *adv inv* unwiderruflich, irreversibel; ***the computer has impacted ~ on our society*** der Computer hat unwiderruflich Einzug in unsere Gesellschaft gehalten; ~ **damaged** für immer geschädigt

ir·revo·cable [ɪˈrevəkəbl̩] *adj inv* unwiderruflich, endgültig, unumstößlich; ~ **decision** unwiderrufliche [*o* endgültige] Entscheidung; ~ **decree** endgültiger Erlass; ~ **promise** festes Versprechen; ~ **right** unentziehbares Recht

ir·revo·cably [ɪˈrevəkəbli] *adv inv* unwiderruflich, endgültig, unumstößlich; ~ **determined** fest entschlossen

ir·ri·gate [ˈɪrɪgeɪt] *vt* ■ **to ~ sth** ❶ *(supply water)* etw bewässern; **to ~ land** Land bewässern
❷ MED *(wash)* **to ~ a wound** eine Wunde ausspülen

ir·ri·ga·tion [ˌɪrɪˈgeɪʃən] **I.** *n no pl* ❶ *(water supply) of land* Bewässerung *f; of crops* Berieselung *f;* **overhead ~** Beregnung *f*
❷ MED *(washing)* Spülung *f;* **colonic ~** Dickdarmspülung *f;* **gastric ~** Magenspülung *f*
II. *n modifier (plan, scheme, works)* Bewässerungs-

ir·ri·ˈga·tion plant *n* Bewässerungsanlage *f*

ir·ri·tabil·ity [ˌɪrɪtəˈbɪləti, AM -ṭəˈbɪləṭi] *n no pl (pej)* Reizbarkeit *f,* Gereiztheit *f;* MED *of an organ, tissue* Reizbarkeit *f,* [Über]empfindlichkeit *f,* Irritabilität *f fachspr*

ir·ri·table [ˈɪrɪtəbl̩, AM -ṭ-] *adj (pej)* reizbar, gereizt; MED *organ, tissue* reizbar, [über]empfindlich, irritabel *fachspr;* ~ **heart** überempfindliches Herz; ~ **to the touch** [sehr] berührungsempfindlich

ir·ri·table ˈbow·el, ir·ri·table ˈbow·el syn·drome *n* MED Darmreizung *f,* Reizdarm *m* SCHWEIZ, Reizkolon *m*

ir·ri·tably [ˈɪrɪtəbli, AM -ṭ-] *adv* gereizt, erregt, empfindlich; **to react ~** gereizt [*o* empfindlich] reagieren

ir·ri·tant [ˈɪrɪtənt, AM -ṭənt] *n* ❶ CHEM, MED *(substance)* Reizstoff *m,* Reizmittel *nt;* MIL Reizkampfstoff *m*
❷ *(annoyance)* Ärgernis *nt;* ***the noise of traffic is an ~ to us*** uns geht der Verkehrslärm auf die Nerven

ir·ri·tate [ˈɪrɪteɪt] *vt* ❶ *(pej: provoke)* ■ **to ~ sb** jdn [ver]ärgern [*o* reizen]; **to be intensely ~d** äußerst ungehalten [*o* verärgert] sein; **to feel ~d at sth** sich *akk* über etw *akk* ärgern
❷ MED *(pej: inflame)* **to ~ skin** Hautreizungen hervorrufen

ir·ri·tat·ing [ˈɪrɪteɪtɪŋ, AM -ṭ-] *adj (pej)* ärgerlich, lästig; ~ **affair/incident** ärgerliche Sache/ärgerlicher Vorfall; ~ **behaviour** [*or* AM **behavior**] irritierendes Verhalten; ~ **conflicts** unangenehme Konflikte; ~ **indifference** aufreizende Gleichgültigkeit; ~ **problems/questions** lästige Probleme/Fragen

ir·ri·tat·ing·ly [ˈɪrɪteɪtɪŋli, AM -ṭ-] *adv (pej)* ärgerlicherweise; ~ **blasé** [*or* **smug**] aufreizend blasiert; ~ **slow** unerträglich langsam

ir·ri·ta·tion [ˌɪrɪˈteɪʃən] *n* ❶ *(annoyance)* Ärger *m,* Verärgerung *f;* ■ **to be an ~ to sb** jdn [ver]ärgern [*o geh* irritieren]; **to cause ~** Ärger erregen, Verärgerung hervorrufen
❷ *(nuisance)* Ärgernis *nt;* **minor ~** kleineres Ärgernis
❸ MED *(inflammation)* Reizung *f;* ~ **of the eye** Augenreizung *f;* **skin ~** Hautreizung *f;* **to cause ~** eine Reizung hervorrufen

ir·rupt [ɪˈrʌpt] *vi* ❶ *(enter forcibly or suddenly)* eindringen
❷ *(migrate in large numbers)* einfallen

ir·rup·tion [ɪˈrʌpʃən] *n* ❶ *(forcible entry)* Eindringen *nt kein pl*
❷ *(migration in large numbers)* Einfall *m kein pl*

IRS [ˌaɪɑ:rˈes] *n* AM *abbrev of* **Internal Revenue Service** Finanzamt *nt*

is [ɪz, z] *aux vb 3rd pers. sing of* **be**

ISA [ˌaɪesˈeɪ] *n* INET *abbrev of* **intelligent software agent** ISA *m*

ISBN [ˌaɪesbi:ˈen] *n* PUBL *abbrev of* **International Standard Book Number** ISBN-Nummer *f*

ISD [ˌaɪesˈdi:] *n abbrev of* **international subscriber dialling** Ferngespräche ohne Vermittlung

ISDN [ˌaɪesdi:ˈen] *n* TELEC *abbrev of* **integrated services digital network** ISDN

-ish [ɪʃ] *in compounds* -lich, -haft; **blueish** bläulich; **boyish** jungenhaft; **smallish** ziemlich klein; **warmish** leicht warm; ***he'll be here about tenish*** er wird so gegen zehn Uhr hier sein; ***she's thirtyish*** [*or* ***30ish***] sie ist so um die 30

ISIN [ˌaɪesaɪˈen] *n abbrev of* **international standard identification number** ISIN *f*

Is·lam [ˈɪzlæm] *n no pl, no art* Islam *m*

Is·lam·ic [ɪzˈlæmɪk] *adj inv* REL *(hist)* islamisch; ~ **calendar** islamischer Kalender; ~ **law** islamisches Recht

Is·lam·ic ˈfund *n* Islamfonds *m*

Is·lam·ist [ˈɪzləmɪst] **I.** *n* Islamist(in) *m(f)*

II. *n modifier* islamistisch

Is·lam·ize ['ɪzləmaɪz] *vt* ■ **to ~ a country/a people** ein Land/ein Volk islamisieren

Is·lamo·pho·bia [ˌɪzlæmə'fəʊbiə, AM -'foʊ-] *n no pl* Anti-Islamismus *m*

is·land ['aɪlənd] *n* ❶ *(also fig: in the sea)* Insel *f;* **~ of calm** *(fig)* Insel *f* der Ruhe
❷ *(on street)* Verkehrsinsel *f*
▸PHRASES: **no man is an ~** *(prov)* niemand ist alleine auf der Welt

is·land·er ['aɪləndəʳ, AM -ɚ] *n* Inselbewohner(in) *m(f),* Insulaner(in) *m(f);* **the Falkland ~s** die Bewohner(innen) *mpl(fpl)* der Falklandinseln

'is·land-hop·ping *n* TOURIST Inselhüpfen *nt*

isle [aɪl] *n (esp form, poet)* [kleine] Insel, Eiland *nt poet;* **I~ of Man** die Insel Man; **I~ of Wight** Isle of Wight *f;* **the British I~s** die Britischen Inseln

is·let ['aɪlət, AM -lɪt] *n (liter)* Inselchen *nt,* winziges Eiland *liter*

ism [ɪzᵊm] *n (esp pej fam)* Ismus *m pej,* bloße [*o* reine] Theorie; ***we'll talk peace with anybody whatever their ~s are*** wir diskutieren mit jedem über Frieden, welche Ismen er auch vertreten mag

isn't [ɪzᵊnt] = **is not** *see* **be**

ISO [ˌaɪes'əʊ, AM -'oʊ] *n abbrev of* **International Standards Organization** ISO *f*

iso·bar ['aɪsə(ʊ)bɑːʳ, AM -soʊbɑːr] *n* METEO Isobare *f*

iso·bu·tyr·ic acid [ˌaɪsə(ʊ)bjʊˌtɪrɪk'-, AM -bjuː-] *n no pl* CHEM Isobuttersäure *f*

iso·late ['aɪsəleɪt] *vt* ❶ *(set apart)* ■ **to ~ sb/sth [from sb/sth]** jdn/etw [von jdm/etw] trennen [*o* isolieren]; ***it is impossible to ~ political responsibility from moral responsibility*** politische Verantwortung lässt sich nicht von moralischer Verantwortung trennen; ■ **to ~ oneself [from sb/sth]** sich *akk* [von jdm/etw] absondern [*o fam* abkapseln] [*o* SCHWEIZ *a.* separieren]
❷ CHEM, ELEC *(separate)* **to ~ sth from the electric circuit** etw vom Stromkreis trennen; **to ~ a substance** eine Substanz isolieren
❸ *(identify)* **to ~ a problem** ein Problem gesondert betrachten

iso·lat·ed ['aɪsəleɪtɪd, AM -t̬-] *adj* ❶ *(outlying)* abgelegen, abseits gelegen; *(detached) building, house* allein [*o* frei] stehend; **~ hotel** abgelegenes Hotel
❷ *(solitary)* einsam [gelegen], abgeschieden *geh;* **~ pawn** einsamer Bauer; **~ village** abgeschiedenes Dorf
❸ *(excluded) country* isoliert; **diplomatically/politically ~** diplomatisch/politisch isoliert
❹ *(lonely)* einsam, vereinsamt; **to feel ~** sich *akk* einsam fühlen
❺ *(single)* vereinzelt, einzeln; ***there have been a few ~ instances of racial problems*** es traten einige vereinzelte Rassenprobleme auf; **in ~ cases** in Einzelfällen; **~ phenomenon** Einzelphänomen *nt*

iso·la·tion [ˌaɪsᵊl'eɪʃᵊn] **I.** *n no pl* ❶ *(separation)* Isolation *f,* Isolierung *f,* Absonderung *f,* Trennung *f;* **~ from moisture/noise** Isolierung *f* gegen Feuchtigkeit/Schall; **to keep a patient in complete ~** einen Patienten/eine Patientin vollständig isolieren; **to keep a prisoner in ~** eine(n) Strafgefangene(n) in Einzelhaft verwahren
❷ *(remoteness) of a hotel, lake* Abgelegenheit *f*
❸ *(solitariness) of a village* Einsamkeit *f,* einsame Lage, Abgeschiedenheit *f geh*
❹ *(exclusion) of a country* Isolation *f*
❺ *(loneliness)* Isolation *f,* Vereinsamung *f,* Vereinzelung *f*
II. *n modifier (block, cell)* Isolations-; *(resistor, switch)* Trenn-

iso·'la·tion hos·pi·tal *n* Infektionskrankenhaus *nt*

iso·la·tion·ism [ˌaɪsᵊl'eɪʃᵊnɪzᵊm] *n no pl* POL, HIST Isolationismus *m*

iso·la·tion·ist [ˌaɪsᵊl'eɪʃᵊnɪst] POL, HIST **I.** *adj* isolationistisch
II. *n* Isolationist(in) *m(f)*

iso·'la·tion ward *n* Isolierstation *f*

iso·mer ['aɪsəməʳ, AM -soʊmɚ] *n* CHEM, NUCL Isomer(e) *nt*

isom·er·ism [aɪ'sɒmᵊrɪzᵊm, AM -'sɑːmɚ-] *n no pl* CHEM Isomerie *f*

iso·met·ric [ˌaɪsə(ʊ)'metrɪk, AM -soʊ'-] *adj* ❶ CHEM *(equiangular) crystals, rocks* isometrisch
❷ TECH *(to scale) drawing, map* längentreu, isometrisch
❸ MED *(with equal refraction) eyes* gleichsichtig, isometrisch, isometrop *fachspr*
❹ ANAT, MED *(strengthening muscles)* isometrisch *fachspr;* **~ exercises/relaxation** isometrische Übungen/Entspannung
❺ LIT *(with equal lines) stanza, strophe* gleich lang, isometrisch *fachspr*

iso·mor·phic [ˌaɪsəʊ'mɔːfɪk, AM soʊ'mɔːrfɪk] *adj inv* isomorph

isos·celes tri·an·gle [aɪˌsɒsᵊliːz'-, AM -ˌsɑːs-] *n* MATH gleichschenkliges Dreieck

iso·therm ['aɪsə(ʊ)θɜːm, AM -soʊθɜːrm] *n* METEO, PHYS Isotherme *f*

iso·ton·ic [ˌaɪsə'tɒnɪk, AM -'tɑːn-] *adj* PHYS isotonisch

iso·tope ['aɪsətəʊp, AM -toʊp] *n* CHEM Isotop *nt*

'iso·tope pat·tern *n* CHEM, PHYS Isotopenverteilung *f* **iso·tope sepa·'ra·tion** *n* CHEM, PHYS Isotopentrennung *f* **iso·tope 'shift** *n* CHEM, PHYS Isotopenverschiebung *f*

iso·top·ic [ˌaɪsə'tɒpɪk, AM -'tɑːp-] *adj inv* CHEM, PHYS isotop; **~ abundance** [natürliche] Isotopenhäufigkeit; **~ spin quantum number** Kernspinquantenzahl *f*

ISP [ˌaɪes'piː] *n* INET *abbrev of* **internet service provider** ISP *m*

Is·ra·el ['ɪzreɪ(ə)l, AM -riəl] *n* Israel *nt*

Is·rae·li [ɪz'reɪli] **I.** *n* Israeli *m o f*
II. *adj* israelisch

Is·rael·ite ['ɪzriəlaɪt] *n* Israelit(in) *m(f)*

is·su·ance ['ɪʃuᵊn(t)s] *n (form)* [Her]ausgabe *f,* Ausstellung *f form,* Begebung *f,* Emission *f;* **~ of a document** Ausstellung *f* einer Urkunde; **~ of a law** Erlass *m* eines Gesetzes; **~ of a licence** [*or* AM **license**] Erteilung *f* einer Lizenz; **~ of material** Materialausgabe *f;* **~ of an order** Erteilung *f* eines Befehls; **~ of securities** STOCKEX Ausgabe *f* von Wertpapieren, Effektenemission *f fachspr;* **~ of shares** [*or* **stocks**] Aktienausgabe *f*

'is·suance cost *n* FIN Emissionskosten *pl*

is·sue ['ɪʃuː] **I.** *n* ❶ *(topic)* Thema *nt; (question)* Frage *f; (dispute)* Streitfrage *f; (affair)* Angelegenheit *f; (problem)* Problem *nt;* ***she has changed her mind on many ~s*** sie hat ihre Einstellung in vielen Punkten geändert; ***they had prepared a report on the ~s of management and staff*** sie hatten einen Bericht über Management- und Personalfragen vorbereitet; ***what is the ~?*** worum geht es [hier]?; ***that's not the ~!*** darum geht es doch gar nicht!; ***what I want isn't the ~*** es geht hier nicht darum, was ich will; ***the main ~ is how/whether ...*** die zentrale Frage ist, wie/ob ...; **familiy ~s** Familienangelegenheiten *pl;* **the point at ~** der strittige Punkt; **side ~** Nebensache *f;* ***don't worry, that's just a side ~*** keine Sorge, das ist nur nebensächlich; **the ~ at stake** der springende Punkt; **a burning ~** eine brennende Frage; **ethical ~** ethische Frage; **the real ~s** die Kernprobleme *pl;* **to address an ~** ein Thema ansprechen; **to avoid the ~** [dem Thema] ausweichen; **to [not] be at** [*or* **an**] **~** [nicht] zur Debatte stehen; **to confuse an ~** etwas durcheinanderbringen; **to make an ~ of sth** etw aufbauschen, um etw *akk* Aufsehen machen; **to raise an ~** eine Frage aufwerfen; **to take ~ with sb [over sth]** *(form)* sich *akk* mit jdm auf eine Diskussion [über etw *akk*] einlassen; **at ~** strittig
❷ *(edition) of a magazine, newspaper* Ausgabe *f;* **date of ~** Erscheinungsdatum *nt;* **latest ~** aktuelle Ausgabe
❸ *no pl (copies produced)* Auflage *f;* ***there was an ~ of 60,000 in March*** im März lag die Auflage bei 60.000
❹ *no pl (making available) of goods, notes, stamps* Ausgabe *f; of shares* Emission *f,* Ausgabe *f; of a fund, loan* Auflegung *f; of a cheque, document* Ausstellung *f;* **date of ~** *of a passport, cheque* Ausstellungsdatum *nt*
❺ *no pl (form: pronouncement)* **the ~ of a statement** die Abgabe einer Erklärung
❻ FIN, STOCKEX **~ at par** Pari-Emission *f fachspr;* **~ of securities** Wertpapieremission *f;* **new ~** Neuemission *f;* **special ~** Sonderausgabe *f; (stamp)* Sondermarke *f*
❼ *no pl (coming out)* **~ of blood** Blutung *f*
❽ *no pl* LAW *(or dated: offspring)* Nachkommen *pl*
❾ *no pl (liter or dated: result)* Ausgang *m;* **to carry sth to a successful ~** etw zu einem erfolgreichen Abschluss bringen
II. *vt* ❶ *(produce)* ■ **to ~ sth** *licence, permit* etw ausstellen [*o* ausfertigen]; **to ~ an arrest warrant** AM einen Haftbefehl erlassen [*o* erteilen]; **to ~ banknotes** Banknoten in Umlauf bringen; **to ~ bonds** FIN Obligationen ausgeben [*o* emittieren]; **to ~ a newsletter** ein Rundschreiben veröffentlichen; **to ~ a passport** einen Pass ausstellen; **to ~ a patent** ein Patent erteilen; **to ~ shares/a fund** Aktien/einen Fonds auflegen
❷ *(make known)* **to ~ a call for sth** zu etw *dat* aufrufen; **to ~ a communique** ein Kommuniqué herausgeben; **to ~ an invitation/a warning** eine Einladung/Warnung aussprechen; **to ~ an order to sb** jdm einen Befehl erteilen; **to ~ a statement** eine Stellungnahme abgeben; **to ~ an ultimatum** ein Ultimatum stellen
❸ *(supply with)* ■ **to ~ sb with sth** jdn mit etw *dat* ausstatten [*o* versorgen]; *(distribute to)* etw an jdn austeilen
III. *vi (form)* ❶ *(come out)* ausströmen; *smoke* hervorquellen; ■ **to ~ from sth** aus etw *dat* dringen; *liquid, gas also* aus etw *dat* strömen; *smoke* aus etw *dat* quellen
❷ *(be born out of)* ■ **to ~ from sth** einer S. *gen* entspringen

'is·sue date *n* Ausstell[ungs]datum *nt*

'is·sue(d) price *n* Ausgabekurs *m,* Emissionskurs *m*

'is·sue price *n* STOCKEX Ausgabepreis *m,* Emissionskurs *m*

is·su·er ['ɪʃuːəʳ, AM -ɚ] *n* Emittent *m,* Emissionshaus *nt; of a document* Aussteller(in) *m(f)*

is·su·ing bank ['ɪʃuːɪŋ-] *n* Emissionsbank *f*

isth·mus ['ɪsməs] *n* ❶ GEOG *(strip)* Landenge *f,* Isthmus *m fachspr*
❷ ANAT, ZOOL *(passage)* Verengung *f,* Isthmus *m fachspr*

it [ɪt] *pron* ❶ *pers (unspecified thing)* es; *(specified thing)* er/sie/es; *(of unspecified sex)* es/er/sie; ***what is ~?*** was ist es?; **~*'s me*** ich bin's; **~*'s a boy/woman/horse*** es ist ein Junge/eine Frau/ein Pferd; **~*'s the neighbours*** es sind die Nachbarn; ***the key, do you have ~?*** der Schlüssel, haben Sie ihn?; ***great car, is ~ yours?*** tolles Auto, gehört es dir?; ***when fear grows ~ obsesses you*** wenn die Angst wächst, umfängt sie dich; ***she took up the child/kitten when it was sleeping*** sie hob das Kind/Kätzchen hoch, als es schlief; **against/into/through ~** dagegen/darein/dadurch; *(stressed)* gegen/in/durch ihn/sie/es; **..., has/is ~?** ..., oder?; **..., hasn't/isn't ~?** ..., nicht [wahr]?
❷ *(activity)* es; ***stop ~!*** hör auf [damit]!; **~*'s fun!*** es macht Spaß!; **to be at ~**: ***the arsonist is at ~ again*** der Brandstifter hat wieder zugeschlagen
❸ *(time)* **~*'s 3 o'clock*** es ist 3 Uhr; ***what time is ~?*** wie spät ist es?; **~ *is Wednesday*** es [*o* heute] ist Mittwoch; **~*'s the fifth of March*** heute ist der fünfte März; ***what day/date is ~?*** welcher Tag/welches Datum ist heute?
❹ *(weather)* es; **~*'s cold/hot*** es ist kalt/heiß; **~*'s getting dark/light*** es wird dunkel/hell; **~*'s raining/snowing*** es regnet/schneit
❺ *(distance)* es; ***how far is ~ to New Orleans?*** wie weit ist es bis New Orleans?; **~*'s 10 miles until we're home*** bis nach Hause sind es 10 Meilen; **~*'s just 15 minutes and we'll be there*** wir sind in nur 15 Minuten da; **~*'s a day's walk to town from the farm*** die Stadt liegt einen Tagesmarsch von dem Bauernhaus entfernt
❻ *(referring to following)* es; *as subject;* ■ **~ is ... to**

do sth es ist ..., etw zu tun; ~ *'s common to have that problem* dieses Problem ist weit verbreitet; ■ ~ **is ... doing sth** es ist ..., etw zu tun; ~ *'s no use knocking, she can't hear you* Klopfen hat keinen Sinn, sie hört dich nicht; ■ ~ **is ...** [**that**] ... es ist ..., dass ...; ~ *'s true I don't like Sarah* es stimmt, ich mag Sarah nicht; ~ *'s important that you should see a doctor* du solltest unbedingt zu einem Arzt gehen; ■ ~ **is ... how/what/when/where/why ...** es ist ..., wie/was/wann/wo/warum ...; *as object;* **to find ~ ... doing/to do sth** es ... finden, etw zu tun; *I found ~ impossible to get to sleep last night* ich konnte letzte Nacht einfach nicht einschlafen; **to like ~ when ...** es mögen, wenn ...; *I like ~ in the autumn when the weather is clear* ich mag den Herbst, wenn das Wetter klar ist; **to think ~ ... that ...** es ... finden, dass ...

⑦ *(form: generally)* ~ **is believed/suspected/thought that ...** man glaubt/vermutet/nimmt an, dass ...; ~ **is said that ...** es heißt, dass ...

⑧ *(emph)* ~ *was Paul who came in September, not Bob* Paul kam im September, nicht Bob; ~ *was in Paris where we met, not in Marseilles* wir trafen uns in Paris, nicht in Marseilles

⑨ *(situation)* es; ~ *appears that we have lost* mir scheint, wir haben verloren; ~ *looks unlikely that we shall get the order* es ist unwahrscheinlich, dass wir den Auftrag bekommen; ~ *sounds an absolutely awful situation* das klingt nach einer schrecklichen Situation; ~ *takes* [*me*] *an hour to get dressed in the morning* ich brauche morgens eine Stunde, um mich anzuziehen; *if you wait ~ out, ...* wenn du nur lange genug wartest, ...; *if ~'s convenient* wenn es Ihnen passt; *they made a mess of ~* sie versauten es *sl;* *we had a hard time of ~ during the drought* während der Dürre hatten wir es schwer

⑩ *(needed)* es; *that's absolutely ~ — what a great find!* das ist genau das – ein toller Fund!; *that's ~!* das ist es!; **to think one is ~** sich *akk* für den Größten/die Größte halten

⑪ *(fam: trouble)* **sb is in for ~** jdm blüht was *fam;* **to get ~** Probleme kriegen *fam*

⑫ *(the end)* **that's ~** das war's; *that's ~, I'm going* das war's, ich gehe

⑬ *(player)* **to be ~** dran sein; *John's ~ first* John ist als Erster dran

⑭ *(fam: sex)* es; **to do ~** es treiben *euph fam*

▸ PHRASES: **go for ~!** *(attack)* ran [mit dir]! *fam;* *(encouraging)* du schaffst es!; **to have ~ in for sb** *(fam)* es auf jdn abgesehen haben; **to run for ~** davonlaufen; **that's** [**just**] **~** das ist der Punkt; **this is ~** jetzt geht's los; **use ~ or lose ~** *(prov)* wer rastet, der rostet

IT [ˌaɪ'tiː] *n no pl* COMPUT *abbrev of* **Information Technology** IT *f,* Informationstechnologie *f*

ITA [ˌaɪtiː'eɪ] *n no pl, + sing/pl vb* BRIT *abbrev of* **Independent Television Authority:** ■ **the ~** die ITA

Ital·ian [ɪ'tæliən, AM -jən] **I.** *n* ① *(native)* Italiener(in) *m(f)*

② *(language)* Italienisch *nt*

II. *adj* italienisch

Ital·ian·ate [ɪ'tæliəneɪt, AM jənɪt] *adj inv* italianisiert

ital·ic [ɪ'tælɪk] **I.** *adj* TYPO kursiv; ~ **type** Kursivschrift *f*

II. *n* TYPO Kursive *f*

ital·ic·ize [ɪ'tælɪsaɪz] *vt* TYPO **to ~ a passage** eine Passage kursiv drucken

ital·ics [ɪ'tælɪks] *npl* TYPO Kursivschrift *f,* Kursivdruck *m;* **printed in ~** kursiv gedruckt

Italo-Ameri·can [ɪˌtæləʊə'merɪkən, AM -loʊə'-] *n* Italo-Amerikaner(in) *m(f)*

Italo·phile [ɪ'tæləʊfaɪl, AM -loʊ-] *n* Italienbewunderer, -bewunderin *m, f*

Ita·ly ['ɪtəli, AM -t̬ə-] *n* Italien *nt*

I'T area *n* COMPUT DV-Bereich *m*

ITC [ˌaɪtiː'siː] *n no pl, + sing/pl vb abbrev of* **Independent Television Commission:** ■ **the ~** die ITC

itch [ɪtʃ] **I.** *n* <*pl* -es> ① *(irritation)* Jucken *nt,* Juckreiz *m;* **to have got an ~** einen Juckreiz haben; *I've got an ~ on my back* es juckt mich am Rücken

② MED *(irritation)* Hautjucken *nt,* Pruritus *m fachspr;* ■ **the ~** die Krätze [*o fachspr* Skabies]

③ *(fig fam: desire)* **to have an ~ for sth** wild [*o* scharf] auf etw *akk* sein *sl*

II. *vi* ① *(prickle)* jucken; *my nose is ~ing* mir [*o* mich] juckt die Nase; *he was ~ing all over* es juckte ihn überall

② *(fig fam: desire)* ■ **to be ~ing** [*or* **to ~**] **to do sth** ganz wild [*o* scharf] darauf sein, etw zu tun *fam;* *he was ~ing to hear the results* er war ganz wild auf die Ergebnisse; *she was ~ing to clip him round the ear* es juckte ihr in den Fingern, ihm eine runterzuhauen *fig fam;* ■ **to ~ for sth** ganz wild [*o fam* scharf] auf etw *akk* sein *fam;* **to be ~ing for trouble/a fight** auf Ärger/Streit aus sein

itch·ing ['ɪtʃɪŋ] *n no pl* Jucken *nt,* Juckreiz *m*

itch·ing 'palm *n see* **itchy palm**

itchy ['ɪtʃi] *adj* ① *(rough) sweater etc* kratzend, kratzig; ~ **wool** kratzende Wolle

② *(causing sensation)* juckend; *I've got an ~ scalp* meine Kopfhaut juckt; *the dust made me feel ~ all over* der Staub löste bei mir einen Juckreiz am ganzen Körper aus; **to have ~ fingers** *(fig)* lange Finger machen *fig;* ~ **rash** juckender Ausschlag

itchy 'feet *npl (fig fam)* **to have ~** es irgendwo nicht mehr aushalten; *(want to travel)* den Reisetrieb haben; *(want new job)* sich *akk* nach einer anderen Stelle sehnen **itchy 'palm** *n (fig pej dated)* **to have an ~** gern die Hand aufhalten *fam*

it'd ['ɪtəd, AM -t̬-] = **it would/had** *see* **would, have I, II**

item ['aɪtəm, AM -t̬-] *n* ① *(single thing)* Punkt *m; (in catalogue)* Artikel *m; (in account book)* Position *f,* Posten *m;* ~ **on the agenda** Tagesordnungspunkt *m;* ~ **of the budget** ECON [Haushalts]titel *m;* ~ **of clothing** Kleidungsstück *nt;* ~ **in a contract** Ziffer *f* [*o* [Unter]absatz *m*] in einem Vertrag; ~ **of furniture** Einrichtungsgegenstand *m,* Möbelstück *nt;* ~ **of property** LAW Vermögensgegenstand *m;* ~ **in a list** Posten *m* auf einer Liste; **luxury ~** Luxusartikel *m;* ~ **of mail** Postsendung *f;* ~ **of news, news ~** Pressenotiz *f,* Zeitungsnotiz *f;* ~ **deducted** FIN Abzugsposten *m;* ~ **in transit** FIN durchlaufender Posten; **fast-selling ~** gut gehender Artikel; **down to the last ~** bis ins letzte Detail; **to buy miscellaneous ~s** verschiedene Dinge [*o* Sachen] kaufen; **to give relevant ~s** wichtige Details [*o* Einzelheiten] nennen; ~ **by ~** Punkt *m* für Punkt; *bread, milk, and other food ~s* Brot, Milch und andere Lebensmittel; *the restaurant has a menu of about fifty ~s* die Speisekarte des Restaurants umfasst rund fünfzig Gerichte; *we'll check various ~s in the tender* wir prüfen verschiedene Einzelheiten der Ausschreibung

② *(object of interest)* Frage *f,* Anliegen *nt,* Gegenstand *m;* **an ~ of great importance** ein wichtiges Anliegen; **an ~ of political interest** ein Gegenstand *m* des politischen Interesses

③ *(topic)* Thema *m; (on agenda)* Punkt *m;* *the index lists all ~s covered* in dem Verzeichnis sind alle behandelten Themen aufgeführt

④ *(fig fam: couple)* Zweierkiste *f,* Beziehungskiste *f fam;* *are you two an ~, or just friends?* habt ihr beiden etwas miteinander, oder seid ihr nur Freunde?

item·ize ['aɪtəmaɪz, AM -t̬-] *vt (form)* ■ **to ~ sth** etw näher angeben [*o* spezifizieren] [*o form* einzeln aufführen]; **to ~ an account** [*or* **a bill**] eine Rechnung spezifizieren; *I asked the telephone company to ~ my phone bill* ich bat die Telefongesellschaft, mir eine detaillierte Telefonrechnung auszustellen; **to ~ costs** Kosten aufgliedern; **to ~ the stock** den Bestand auflisten

item·ized bill [ˌaɪtəmaɪzd'-, AM -t̬-] *n* Einzelrechnung *f,* spezifizierte Rechnung **item·ized 'list** *n* Einzelaufstellung *f*

it·er·ate ['ɪtəreɪt, AM 'ɪt̬ər-] *vt (form)* ■ **to ~ sth** etw wiederholen; **to ~ a complaint** eine Beschwerde erneut vorbringen *form*

it·era·tion [ˌɪtə'reɪʃən, AM ˌɪt̬ə] *n* ① *(repetition)* Wiederholung *f*

② COMPUT, MATH Iteration *f*

③ *(software or hardware version)* Iteration *f*

'It girl *n* BRIT Glamourgirl *nt,* Sternchen *nt fig,* Debütantin *f*

itin·er·ant [aɪ'tɪnərənt, AM -nə-] **I.** *n* ① *(unsettled person)* Vagabund(in) *m(f),* SCHWEIZ *a.* Clochard *m*

② *(migrant worker)* Wanderarbeiter(in) *m(f),* Saisonarbeiter(in) *m(f); (traveller)* beruflich Reisender/beruflich Reisende, ambulanter Händler/ambulante Händlerin, Wandergewerbetreibende(r) *f(m); (as a minstrel)* Fahrende(r) *f(m) hist*

II. *adj* ① *(vagabond)* umherwandernd, umherziehend, fahrend *hist*

② *(migrant)* Wander-, Saison-; ~ **labourer** [*or* AM *usu* **worker**] Wanderarbeiter(in) *m(f)*

③ *(travelling)* reisend, Wander-, fahrend *hist;* ~ **judge** LAW, HIST fahrender Richter *hist;* ~ **merchant** reisender Händler/reisende Händlerin, Wandergewerbetreibende(r) *f(m)*

itin·er·ary [aɪ'tɪnərəri, AM -nəreri] *n* ① *(course)* Reiseroute *f,* Reiseweg *m*

② *(outline)* Reiseplan *m*

③ *(account)* Reisebericht *m*

④ *(book)* [Reise]führer *m*

IT 'infra·struc·ture *n* COMPUT IT-Infrastruktur *f*

I'T lev·el *n* COMPUT DV-Ebene *f*

it'll ['ɪtəl, AM 'ɪt̬-] = **it will/it shall** *see* **will[1], shall**

ITN [ˌaɪtiː'en] *n no pl* BRIT *abbrev of* **Independent Television News** *britischer Fernsehsender*

I'T proj·ect *n* COMPUT IT-Projekt *nt*

its [ɪts] *adj poss* sein(e), ihr(e)

it's [ɪts] = **it is/it has** *see* **be, have I, II**

I'T sec·tor *n* COMM IT-Branche *f*

it·self [ɪt'self] *pron reflexive* ① *after vb (oneself)* sich; *(not others)* sich selbst

② *after prep (oneself)* sich; *(not others)* sich selbst; *the stray had to fend for ~* das streunende Tier musste für sich selbst sorgen

③ *(specifically)* **to be sth ~** etw in Person sein

④ *(alone)* **to keep sth to ~** etw geheim halten; [**all**] **by ~** [ganz] allein

⑤ *(unaided)* **by ~** allein, [von] alleine *fam; (automatically)* von selbst

▸ PHRASES: **in ~** selbst; *the plan wasn't illegal in ~* der Plan selbst war nicht illegal; *creativity in ~ is not enough to succeed* Kreativität alleine genügt nicht, um erfolgreich zu werden

it·sy-bit·sy [ˌɪtsi'bɪtsi], *esp* AM, AUS **it·ty-bit·ty** [ˌɪti'bɪti, AM ˌɪt̬i'bɪt̬i] *adj (also childspeak hum fam)* klitzeklein *hum fam*

ITV [ˌaɪtiː'viː] *n no pl, no art* BRIT *abbrev of* **Independent Television**

IUD [ˌaɪjuː'diː] *n* MED *abbrev of* **intra-uterine device** Intrauterinpessar *nt*

IV [ˌaɪ'viː] *adj* MED *abbrev of* **intravenous** intravenös; ~ **drug users** sich *akk* intravenös spritzende Drogensüchtige; ~ **injection** intravenöse Injektion

I've [aɪv] = **I have** *see* **have I, II**

IVF [ˌaɪviː'ef] *n* MED *abbrev of* **in vitro fertilization** IVF *f*

ivied ['aɪvid] *adj (liter)* efeuumrankt *liter,* mit Efeu bewachsen

Ivo·rian [aɪ'vɔːriən] **I.** *n* Bewohner(in) *m(f)* der Elfenbeinküste

II. *adj* von der Elfenbeinküste *nach n*

ivo·ry ['aɪvəri] **I.** *n* ① *no pl (substance)* Elfenbein *nt*

② *(tusk)* Stoßzahn *m*

③ *(article)* Elfenbeinarbeit *f,* Elfenbeinschnitzerei *f*

④ *pl (hum fam: piano)* ■ **the ivories** die Tasten *pl,* der Klimperkasten *hum fam,* ÖSTERR *a.* die Klaviatur; **to tickle** [*or* **tingle**] **the ivories** ein bisschen auf dem Klavier herumklimpern

▸ PHRASES: **to show one's ivories** *(dated sl)* die Zähne zeigen *fam*

II. *n modifier* elfenbeinern, Elfenbein-; ~ **carving** Elfenbeinschnitzerei *f;* ~ **trade** Elfenbeinhandel *m*

III. *adj* elfenbeinfarben

'Ivo·ry Coast *n* Elfenbeinküste *f*

ivo·ry 'tow·er **I.** *n (fig pej form)* ① *(remote place)*

I

weltabgeschiedener [*o* weltabgewandter] Ort, Elfenbeinturm *m*
② *(aloofness)* Weltabgeschiedenheit *f,* Weltabgewandtheit *f,* Weltfremdheit *f;* **to live in an ~** im Elfenbeinturm leben [*o* sitzen]
II. *adj* weltfremd, weltabgewandt, weltabgeschieden
ivy ['aɪvi] *n* Efeu *m;* **variegated ivies** bunter Efeu
'Ivy League I. *n Eliteuniversitäten im Nordosten der USA*
II. *n modifier* der Ivy League angehörende Eliteuniversitäten

J

J <*pl* -'s>, **j** <*pl* 's *or* -s> [dʒeɪ] *n* J *nt,* j *nt;* **~ for Jack** [*or* AM **as in Jig**] J für Julius; *see also* **A 1**
J[1] *n no pl* PHYS *abbrev of* **joule[s]** J
J[2] *n* LAW *abbrev of* **Justice** Richter *m*
jab [dʒæb] **I.** *n* ① *(poke)* Stoß *m,* Schubs *m fam;* **to give sb a [sharp] ~** jdm einen [kräftigen] Stoß [*o fam* Schubs] versetzen
② BOXING Jab *m fachspr,* Gerade *f;* **a left/right ~** eine linke/rechte Gerade
③ BRIT, AUS *(fam: injection)* Spritze *f;* ***what ~s do I need for Egypt?*** welche Impfungen brauche ich für Ägypten?
④ *(also fig: sharp sensation)* Stich *m a. fig*
II. *vt* <-bb-> ① *(poke or prick)* ■**to ~ sb [with sth]** jdn [mit etw *dat*] stechen [*o fam* pik[s]en]; ■**to ~ sth at sb/sth** etw gegen jdn/etw stoßen; **to ~ a finger at sb/sth** auf jdn/etw mit dem Finger tippen; ■**to ~ sth in[to] sth** etw in etw *akk* hineinstechen; ***the doctor ~bed the needle in[to] my arm*** der Arzt verpasste mir eine Spritze in den Arm *fam*
② *(kick)* schießen; ***he ~bed the ball wide of the goal*** er schlug den Ball weit vom Tor ab
III. *vi* <-bb-> ① *(poke)* schlagen; BOXING eine [kurze] Gerade schlagen; ■**to ~ at sb** auf jdn einschlagen; BOXING jdm eine [kurze] Gerade verpassen *fam*
② *(thrust at)* ■**to ~ at sb/sth [with sth]** [mit etw *dat*] auf jdn/etw einstechen; ***he ~bed at the paragraph with his pencil*** er tippte mit dem Bleistift auf den Paragraphen
jab·ber ['dʒæbəʳ, AM -ɚ] *(pej)* **I.** *n no pl* ① *(talk)* Geplapper *nt pej fam,* Geschnatter *nt pej fam,* Gelafer *nt* SCHWEIZ *pej fam*
② COMPUT Störsignal *nt*
II. *vi* plappern, quasseln, ÖSTERR *a.* quatschen *fam;* ■**to ~ about sth** über etw *akk* quasseln [*o* ÖSTERR quatschen] *fam*
III. *vt (blurt out)* ■**to ~ out** ⊂ **sth** etw daherplappern *fam;* ***he ~ed out something about an accident*** er quasselte etwas von einem Unfall daher *fam*
◆**jabber away** *vi (pej)* [drauflos]quasseln *pej fam*
jab·ber·er ['dʒæbᵊrəʳ, AM -ɚɚ] *n (pej)* Dummschwätzer *m,* Schwätzer *m,* Schwatzmaul *nt* SCHWEIZ *pej fam*
jab·ber·ing ['dʒæbᵊrɪŋ, AM -ɚɪŋ] *n see* **jabber I**
jaca·ran·da <*pl* - *or* -s> [ˌdʒækə'rændə] *n* BOT Jakaranda[baum] *m*
jack [dʒæk] *n* ① *(tool)* Hebevorrichtung *f;* AUTO Wagenheber *m*
② CARDS Bube *m,* SCHWEIZ *a.* Bauer *m;* **the ~ of clubs/hearts** der Kreuz-/Herzbube [*o* SCHWEIZ *a.* Kreuz-/Herzbauer]
③ SPORT *(bowls or boules)* Zielkugel *f*
④ *(money)* **to not receive** [*or* **get**] **~** *(sl)* keinen Pfennig [*o* SCHWEIZ Rappen] [*o* ÖSTERR Groschen] sehen *fig fam*
⑤ COMPUT Stecker *m,* Buchse *f*
◆**jack around** *vt (fam)* ■**to ~ sb around** jdn an der Nase herumführen *fam*
◆**jack in** *vt* BRIT *(fam)* ■**to ~ in** ⊂ **sth** *job* etw hinschmeißen *fam,* etw stecken *sl;* ***I'm going to ~ it in — I'm really tired*** ich geb's auf – ich habe es echt satt
◆**jack off** *vi esp* AM *(vulg)* es sich *dat* besorgen *vulg,* sich *dat* einen runterholen *vulg*
◆**jack up I.** *vt* ■**to ~ up** ⊂ **sth** ① *(raise a heavy object)* etw hochheben; **to ~ up a car** ein Auto aufbocken
② *(fig fam: raise)* etw erhöhen; **to ~ up the prices/the rent** die Preise/die Miete in die Höhe treiben
II. *vi (sl)* fixen *fam,* drücken *fam*
Jack [dʒæk] *n* ▶PHRASES: **I'm all right ~** AM *(fam)* das kann mich überhaupt nicht jucken [*o* lässt mich völlig kalt] *fam;* **hit the road, ~** *(fam)* zieh Leine! *fam,* hau ab! *fam;* **you don't know ~ [shit]** *(fam!)* du hast doch keinen blassen Dunst! *fam;* **~ the Lad** BRIT *(fam)* Prahlhans *m fam,* Angeber(in) *m(f)* ÖSTERR *fam;* **every man ~** *(fam)* jedermann; **before you can [***or* **could] say ~ Robinson** im Handumdrehen *fam,* in null Komma nichts *fam*
jack·al ['dʒækɔːl, AM -kᵊl] *n* ① *(animal)* Schakal *m*
② *(fig pej: self-seeking person)* Handlanger(in) *m(f) pej,* Helfershelfer(in) *m(f) pej*
jacka·roo [ˌdʒækᵊr'uː] *n* AUS *(fam)* Neuling *m,* Lehrling *m (auf einer Schaf- oder Rinderfarm)*
jack·ass ['dʒækæs] *n* ① *(donkey)* Esel *m*
② *(fam: idiot)* Esel *m pej fam,* Trottel *m pej fam,* Depp *m* SÜDD, ÖSTERR, SCHWEIZ *pej fam*
③ AUS ORN *(dated: kookaburra)* Rieseneisvogel *m,* Lachender Hans *m*
jack·boot ['dʒækbuːt] *n* Schaftstiefel *m*
▶PHRASES: **to live under the ~** unter einem harten Regime leben
jack·boot·ed ['dʒækbuːtɪd] *adj* ■**to be ~** Schaftstiefel tragen
jack·daw ['dʒækdɔː, AM -dɑː] *n* Dohle *f*
jack·ed-'up *adj inv* ① *(fam: high) price* überhöht, horrend
② *(raised with a jack) vehicle* aufgebockt
jack·et ['dʒækɪt] *n* ① FASHION Jacke *f*
② *(of a book)* **[dust] ~** Schutzumschlag *m*
③ AM, AUS MUS [Schall]plattenhülle *f,* Cover *nt* SCHWEIZ, ÖSTERR
jack·et po·'ta·to *n* Folienkartoffel *f,* Ofenkartoffel *f*
Jack 'Frost *n (childspeak)* Väterchen *nt* Frost *hum*
'jack·ham·mer *n* AM, AUS Presslufthammer *m*
'jack-in-the-box *n* Schachtelmännchen *nt; (fig)* Hampelmann *m*
'jack·knife I. *n* ① *(knife)* Klappmesser *nt,* [großes] Taschenmesser [*o* SCHWEIZ *a.* Sackmesser]
② SPORT Hechtsprung *m,* gehechteter Kopfsprung
II. *vi* ① *(fold together)* [wie ein Taschenmesser] zusammenklappen; ***the truck ~d on the icy road*** der Lastwagen stellte sich auf der vereisten Straße quer
② SPORT hechten, einen Hechtsprung [*o* gehechteten Kopfsprung] machen
jack·knife 'dive *n* Hechtbeuge *f,* Hechtsprung *m,* Köpfler *m* ÖSTERR, SCHWEIZ *fam*
jack-of-'all-trades <*pl* jacks-of-all-trades> *n* ① *(handyman)* Mädchen *nt* für alles *hum;* ■**to be a ~** alle anfallenden Arbeiten erledigen ② *(able to do many jobs)* Alleskönner(in) *m(f),* Tausendsassa *m* ÖSTERR *fam* ▶PHRASES: **a ~, master of none** ein Hansdampf *m* in allen Gassen **jack-o'-'lan·tern** *n* AM Kürbislaterne *f*
'jack plug *n* BRIT ELEC Bananenstecker *m*
'jack·pot *n* Jackpot *m,* Hauptgewinn *m;* **to hit** [*or* **win**] **the ~** den Jackpot knacken *fam,* den Hauptgewinn ziehen
▶PHRASES: **to hit the ~** *(fig fam: have luck)* das große Los ziehen; *(have success)* einen Bombenerfolg haben *fam*
'jack·rab·bit *n* ZOOL Eselhase *m*
Jack Rus·sell [ˌdʒæk'rʌsᵊl] *n* Jack-Russell-Terrier *m*
jacks [dʒæks] *n + sing vb esp* AM *Kinderspiel, bei dem man einen Ball in die Luft werfen und vor dem Auffangen mit derselben Hand so viele Gegenstände wie möglich aufheben muss*
Jaco·bean [ˌdʒækə(ʊ)'biːən, AM -kə'-] *adj inv* aus der Zeit Jakobs I. *nach n;* **~ furniture** Möbel *pl* im Stil der Zeit Jakobs I.
Jaco·bin ['dʒækəʊbɪn] *n* HIST Jakobiner(in) *m(f)*
Jaco·bite ['dʒækəʊbaɪt, AM kəbaɪt] *n* HIST Jakobit(in) *m(f)*
ja·cuz·zi® [dʒə'kuːzi] *n* Whirlpool *m,* Jacuzzi® *m*
jade [dʒeɪd] **I.** *n* ① *no pl (precious green stone)* Jade *m o f*
② *(colour)* Jadegrün *nt*
③ *modifier (made of jade) (brooch, earrings)* Jade-, aus Jade *nach n*
II. *adj* jadegrün
jad·ed ['dʒeɪdɪd] *adj* ① *(exhausted)* erschöpft
② *(dulled)* übersättigt; ***perhaps some caviar can tempt your ~ palate*** vielleicht kann etwas Kaviar deinen verwöhnten Gaumen kitzeln; ■**to be ~ with sth** einer S. *gen* müde [*o* überdrüssig] sein
jag [dʒæg] **I.** *n* Zacke *f,* Spitze *f*
II. *vt* ■**to ~ sth** etw auszacken
Jag [dʒæg] *n* AUTO *(fam) short for* **Jaguar**® Jag *m*
jag·ged ['dʒægɪd] *adj* gezackt; *coastline, rocks* zerklüftet; *cut, tear* ausgefranst; **~ nerves** *(fig)* angeschlagene Nerven
jag·ged·ly ['dʒægɪdli] *adv* gezackt
jag·gies ['dʒægiz] *npl* COMPUT gezackte Ränder
jag·gy ['dʒægi] *adj* gezackt, zackig
jagu·ar ['dʒægjuəʳ, AM -wɑːr] *n* Jaguar *m*
jail [dʒeɪl] **I.** *n* Gefängnis *nt,* Kiste *f* SCHWEIZ *sl;* **to break out of ~** aus dem Gefängnis ausbrechen; **to go to ~** ins Gefängnis kommen, eingesperrt werden; ***"go directly to ~"*** *(Monopoly)* „gehen Sie direkt in das Gefängnis"; **to put sb in** [*or* **send sb to**] **~** jdn ins Gefängnis bringen; **to be released from ~** aus dem Gefängnis entlassen werden; **to be in ~ [for sth]** [wegen einer S. *gen*] im Gefängnis sitzen
II. *vt* ■**to ~ sb** jdn einsperren [*o* inhaftieren]; **to ~ sb for three months** jdn für drei Monate einsperren; ***she was ~ed for life*** sie wurde zu lebenslänglicher Haft verurteilt
'jail·bird *n (fam)* Knastbruder *m fam,* Häfenbruder *m* ÖSTERR *sl* **'jail·break** *n* Gefängnisausbruch *m;* **to attempt a ~** einen Ausbruchsversuch unternehmen; **to do a ~** *(fam)* aus dem Gefängnis ausbrechen
'jail-break·er *n* Ausbrecher(in) *m(f)*
jail·er ['dʒeɪləʳ, AM -ɚ] *n* Gefängnisaufseher(in) *m(f),* Gefängniswärter(in) *m(f)*
'jail·house *n esp* AM Gefängnis *nt,* Kiste *f* SCHWEIZ *fam,* Häfen *m* ÖSTERR *fam*
jail·or *n see* **jailer**
'jail sen·tence, 'jail term *n* Gefängnisstrafe *f;* **to receive a ~** zu einer Gefängnisstrafe verurteilt werden; **to serve a ~** eine Gefängnisstrafe absitzen *fam*
ja·lopy [dʒə'lɒpi, AM -'lɑːpi] *n (hum fam)* [Klapper]kiste *f hum fam*
jam[1] [dʒæm] *n* Marmelade *f,* Konfitüre *f* SCHWEIZ
▶PHRASES: **~ today** BRIT die sofortige Erfüllung eines Wunsches; **~ tomorrow** BRIT leere Versprechungen; ***as children we were always being promised ~ tomorrow*** als Kinder hat man uns immer leere Versprechungen gemacht; **you want ~ on it, too, do you?** BRIT *(hum)* du kriegst wohl nie den Hals voll? *fam*
jam[2] [dʒæm] **I.** *n* ① *(fam: awkward situation)* Patsche *f fam,* Klemme *f fam,* missliche Lage; **to be in [a bit of] a ~** [ziemlich] in der Klemme [*o* SCHWEIZ Tinte] sitzen *fam;* **to get into [a bit of] a ~** in eine [ziemlich] dumme Situation geraten
② *no pl (obstruction) of people* Gedränge *nt,* Andrang *m;* **paper ~** COMPUT Papierstau *m;* **[traffic] ~** Stau *m*
③ MUS Jamsession *f;* ***let's have a ~*** lasst uns improvisieren
II. *vt* <-mm-> ① *(block)* ■**to ~ sth** etw verklemmen [*o* blockieren]; *switchboard* etw überlasten; ***listeners ~med the radio station's switchboard with calls*** sämtliche Leitungen der Sendezentrale waren durch Höreranrufe blockiert; **to ~ sth open** etw aufdrücken [*o* aufstemmen]
② *(cram inside)* ■**to ~ sth into sth** etw in etw *akk* [hinein]zwängen [*o fam* [hinein]quetschen]; ***he ~med the bags into the boot of the car*** er stopfte die Taschen in den Kofferraum; ***my tape is ~med in the recorder*** ich habe Bandsalat *fam*

③ RADIO *(make unintelligible)* **to ~ a broadcast** eine Übertragung stören

III. *vi* <-mm-> ① *(become stuck)* sich *akk* verklemmen; *brakes* blockieren; ***the rifle ~med*** das Gewehr hatte eine Ladehemmung; ***the key ~med in the lock*** der Schlüssel steckte im Schlüsselloch fest; ***the door ~med behind me and I was locked out*** die Tür fiel hinter mir ins Schloss und ich war ausgesperrt

② *(play music)* [frei] improvisieren, jammen

◆**jam on** *vt* ① *(put on firmly)* ■**to ~ sth** ○ **on** etw fest aufsetzen; ***she ~med her hat back on her head*** sie setzte sich den Hut wieder fest auf den Kopf

② *(apply suddenly)* **to ~ on the brakes** voll auf die Bremse steigen [*o* treten], eine Vollbremsung machen [*o fam* hinlegen]

◆**jam up** *vt* ① *(fix in position)* ■**to ~ sth up [against sth]** etw dicht gegen etw *akk* rücken [*o* an etw *akk* heranrücken]; ***she ~med the ladder up against the windowsill*** sie stellte die Leiter von unten gegen das Fenstersims

② *(block up)* ■**to ~ up** ○ **sth** etw blockieren; **to ~ up a pipe** ein Rohr verstopfen; ***the bicycle gears had been ~med up with dirt*** Dreck hatte die Fahrradgänge völlig blockiert

Ja·mai·ca [dʒəˈmeɪkə] *n* Jamaika *nt*

Ja·mai·can [dʒəˈmeɪkən] **I.** *n (person)* Jamaikaner(in) *m(f)*

II. *adj* jamaikanisch; **~ rum** Jamaikarum *m*

jamb(e) [dʒæm(b)] *n* ARCHIT [Tür]pfosten *m*, [Fenster]pfosten *m*

jam·bo·ree [ˌdʒæmbᵊrˈiː, AM -bəˈriː] *n* ① *(large social gathering)* großes Fest, tolle Party *fam*

② *(Scouts' or Guides' rally)* Pfadfindertreffen *nt*

③ *(pej: political gathering)* Politparty *f fam*

James 'Bond·ian *adj inv (euph fam)* mit James Bond vergleichbar, in James-Bond-Manier

'jam jar *n* ① *(container)* Marmeladenglas *nt*, Konfitüreglas *nt* SCHWEIZ

② BRIT *(rhyming sl: car)* Blechkiste *f fam*

jammed [dʒæmd] *adj* verklemmt; ***the drawer is ~*** die Schublade hat sich verklemmt; ■**to be ~ up** *motorway* verstopft sein; *gun* eine Ladehemmung haben; *switchboard* überlastet sein; ***the traffic was ~ up for miles*** der Verkehr staute sich kilometerlang

jam·my [ˈdʒæmi] *adj* ① *(covered with jam)* marmelade[n]verschmiert [*o* -verklebt], konfitüreverschmiert [*o* -verklebt] SCHWEIZ; **~ fingermarks** Marmeladenabdrücke *pl*

② BRIT *(fam: unfairly lucky)* Glücks-; **~ bastard** [*or* **beggar**] [*or* **devil**] *(fam!)* [gott]verdammter Glückspilz *sl*; ***what a ~ shot!*** was für ein Glückstreffer!

③ BRIT *(fam: very easy)* kinderleicht *fam*

'jam-packed *adj (fam) bus, shop* proppenvoll *fam*, gerammelt [*o* brechend] voll *fam*; *bag, box* randvoll; *suitcase* vollgestopft; ***the streets were ~ with tourists*** in den Straßen wimmelte es von Touristen

jam 'roll *n* AUS Biskuitrolle *f*, Roulade *f* SCHWEIZ, ÖSTERR **jam 'sand·wich** *n* BRIT ① *(bread and jam)* zusammengelegtes Marmeladenbrot, Konfitüresandwich *nt* SCHWEIZ ② *(cake)* mit Marmelade gefüllte Biskuittorte

'jam ses·sion *n (fam)* Jamsession *f*, Jazzimprovisation *f*; **to have a ~** eine Jamsession abhalten, frei improvisieren

Jan. *n abbrev of* **January** Jan.

Jane Doe [ˌdʒeɪnˈdoʊ] *n no pl, no art* AM Frau Mustermann; AM LAW Frau X *f*, Frau Muster *f* SCHWEIZ

jan·gle [ˈdʒæŋgl] **I.** *vt* ① *(rattle)* ■**to ~ sth** [mit etw *dat*] klirren; **to ~ bells** Glocken bimmeln lassen; **to ~ coins** mit Münzen klimpern; **to ~ keys** mit Schlüsseln rasseln

② *(fig: upset)* **to ~ sb's nerves** jdm auf die Nerven gehen [*o fam* den Nerv töten], jds Nervenkostüm strapazieren *fam*

II. *vi* klirren; *bells* bimmeln

III. *n see* **jangling**

jan·gled [ˈdʒæŋgld] *adj* **~ nerves** angegriffene [*o* überreizte] Nerven; ***he got ~ nerves from the baby's incessant crying*** das ständige Schreien des Babys ging ihm an die Nerven

jan·gling [ˈdʒæŋglɪŋ] *n no pl of bells* Bimmeln *nt*; *of keys* Klirren *nt*, Rasseln *nt*; *of a telephone* Klingeln *nt*

jani·tor [ˈdʒænɪtəʳ, AM -ət̬ɚ] *n esp* AM, SCOT Hausmeister(in) *m(f)*, Hauswart(in) *m(f)* DIAL, Abwart(in) *m(f)* SCHWEIZ

jani·to·rial ser·vice [dʒænɪˌtɔːriəlˈ-] *n* AM *(caretaking service)* Hausmeisterdienst *m*

Janu·ary [ˈdʒænjuᵊri, AM -jueri] *n* Januar *m*, Jänner *m* SÜDD, ÖSTERR, SCHWEIZ; *see also* **February**

Jap [dʒæp] *(pej!)* **I.** *n (sl) short for* **Japanese** Japs *m pej sl*

II. *adj (sl) short for* **Japanese** Japsen- *pej sl*

ja·pan [dʒəˈpæn] **I.** *n no pl* Japanlack *m*

II. *vt* <-nn-> ■**to ~ sth** etw mit Japanlack überziehen; **~ned shoes** Lackschuhe *pl*

Ja·pan [dʒəˈpæn] *n* Japan *nt*

Japa·nese [ˌdʒæpᵊnˈiːz] **I.** *n* <*pl* -> ① *(person)* Japaner(in) *m(f)*

② *(language)* Japanisch *nt*

II. *adj* japanisch

jape [dʒeɪp] *(dated)* **I.** *n* Streich *m*; **jolly ~s** Dummejungenstreiche *pl*, Lausbubenstreiche *pl* ÖSTERR, SCHWEIZ

II. *vi* scherzen

ja·poni·ca <*pl* - *or* -s> [dʒəˈpɒnɪkə, AM ˈpɑːnɪ] *n* BOT Japanische Rose

jar¹ [dʒɑːʳ, AM dʒɑːr] *n* ① *(of glass)* Glas[gefäß] *nt*; *(of clay, without handle)* Topf *m*; *(of clay, with handle)* Krug *m*; *(of metal)* Topf *m*

② BRIT *(fam: glass of beer)* Bierchen *nt fam*; **to have a ~** ein Bierchen trinken [*o fam* zwitschern]; **to have a fair few ~s** so einiges wegkippen *fam*

jar² [dʒɑːʳ, AM dʒɑːr] **I.** *vt* <-rr-> ① *(strike)* ■**to ~ sb/sth against** [*or* **on**] **sth** jdn/etw gegen etw *akk* schleudern; ***the train stopped suddenly, ~ring me against the door*** der Zug hielt plötzlich an, dabei wurde ich gegen die Tür geschleudert

② *(influence unpleasantly)* ■**to ~ sth** etw verletzen; ***a screech of brakes ~red the silence*** das Kreischen von Bremsen zerriss die Stille; **to ~ the eye** dem Auge weh tun; ***the harsh colours ~red the eye*** die grellen Farben taten den Augen weh

③ *(send a shock through)* ■**to ~ sth** etw erschüttern [*o* durchrütteln]

II. *vi* <-rr-> ① *(cause unpleasant feelings)* ■**to ~ on sb** jdm auf den Nerv [*o* die Nerven] gehen *fam*

② *(make an unpleasant sound)* kreischen, quietschen; **to ~ on the ears** in den Ohren weh tun, die Ohren beleidigen

III. *n* ① *(sudden unpleasant shake)* Ruck *m*

② *(shock)* Erschütterung *f*, Schock *m*; **to give sb a ~** jdm einen Schock versetzen

jar·ful [ˈdʒɑːfʊl, AM ˈdʒɑːr-] *n* Topf *m*, Glas *nt*; **a whole ~ of jam** ein ganzes Glas Marmelade [*o* SCHWEIZ Konfitüre]; **two ~s of jam** zwei Gläser Marmelade

jar·gon [ˈdʒɑːgən, AM ˈdʒɑːr-] *n no pl* [Fach]jargon *m*, Kauderwelsch *nt pej*

jar·ring [ˈdʒɑːʳɪŋ, AM ˈdʒɑːr-] *adj* ① *(unpleasant) colours* grell; *scream* schrill; *sounds* misstönend; **~ experience** bittere [*o* unangenehme] Erfahrung

② *(unharmonious)* nicht miteinander im Einklang *präd*; **red and purple are ~ colours** Rot und Lila beißen sich; **~ points of view** auseinandergehende [*o* divergierende] Meinungen *geh*

jas·mine [ˈdʒæzmɪn] *n no pl* Jasmin *m*

jas·per [ˈdʒæspəʳ, AM -ɚ] *n no pl* MIN Jaspis *m*

jaun·dice [ˈdʒɔːndɪs, AM *esp* ˈdʒɑːn-] *n no pl* Gelbsucht *f*

jaun·diced [ˈdʒɔːndɪst, AM *esp* ˈdʒɑːn-] *adj* ① *(affected with jaundice)* gelbsüchtig

② *(form: bitter)* verbittert; *view* zynisch; **to look on sth with a ~ eye** etw *dat* gegenüber misstrauisch sein

jaunt [dʒɔːnt, AM *esp* dʒɑːnt] **I.** *n* Ausflug *m*, Trip *m fam*; **to go on** [*or* **for**] **a ~** einen Ausflug [*o* eine Spritztour] machen *fam*

II. *vi* einen Ausflug machen

jaun·ti·ly [ˈdʒɔːntɪli, AM ˈdʒɑːnt-] *adv* munter, unbeschwert

jaun·ti·ness [ˈdʒɔːndtɪnəs, AM ˈdʒɑːnt-] *n no pl of spirit* Unbeschwertheit *f*; *of manner* Munterkeit *f*, Fröhlichkeit *f*; ***the ~ of his step was something to watch*** sein schwungvoller [*o* beschwingter] Gang war sehenswert

jaun·ty [ˈdʒɔːnti, AM ˈdʒɑːnti] *adj* flott; *grin* fröhlich; *step* schwungvoll, beschwingt; ***his hat was at a ~ angle*** er hatte seinen Hut keck aufgesetzt; ***the TV adaptation has nothing of the ~ freshness of the original play*** die Fernsehbearbeitung hat nichts von der Spritzigkeit des Originalstücks

Java [ˈdʒɑːvə] *n no pl* GEOG Java *nt*

Java·nese [ˌdʒɑːvᵊnˈiːz] **I.** *n* <*pl* -> ① *(person)* Javaner(in) *m(f)*

② *no pl (language)* Javanisch *nt*

II. *adj inv* javanisch

jave·lin [ˈdʒævᵊlɪn] *n* ① *(light spear)* Speer *m*; **throwing the ~** Speerwerfen *nt*

② *(athletic event)* Speerwerfen *nt*, Speerwurf *m*; **in the ~** im [*o* beim] Speerwerfen

Jav·elle water [ʒæˈvel-] *n no pl* CHEM Eau de Javel *nt*, Kalibleichlauge *f*

jaw [dʒɔː, AM *esp* dʒɑː] **I.** *n* ① *(body part)* Kiefer *m*; **lower/upper ~** Unter-/Oberkiefer *m*; **sb's ~ drops in amazement** *(fig)* jdm fällt [vor Staunen] der Unterkiefer herunter *fam*

② *(large mouth and teeth)* ■**~s** *pl* Maul *nt*, Schlund *m a. fig*, Rachen *m a. fig*; **to be snatched from the ~s of death** den Klauen des Todes [*o* dem sicheren Tod] entrissen werden; **to be snatched from the ~s of defeat** der sicheren Niederlage entgehen

③ *(chat)* Schwatz *m fam*; **to have a [good] ~** sich *akk* [gut] unterhalten, ein [ausgiebiges] Schwätzchen halten *fam*

④ TECH [Klemm]backe *f*

II. *vi (pej fam)* quasseln *oft pej fam*, quatschen *fam*; ■**to ~ away [to sb]** *(fam)* [mit jdm] quatschen [*o* quasseln] [*o* SCHWEIZ, ÖSTERR *a.* plaudern]; ■**to ~ with sb** mit jdm quatschen *fam*

'jaw bone *n* Kieferknochen *m* **'jaw·bon·ing** *n no pl* AM *(sl)* Stimmungsmache *f*; ***she accused the committee of excessive ~ over the issue of trade talks with Europe*** sie beschuldigte das Komitee, in der Frage der Handelsgespräche mit Europa, massiv Stimmungsmache zu betreiben **'jaw·break·er** *n* ① *esp* AM, AUS FOOD großes, rundes, steinhartes Bonbon ② *(fam: tongue-twister)* Zungenbrecher *m fam* **'jaw-drop·ping** *adj (fam)* atemberaubend

jaw·ing match [ˈdʒɔːɪŋ-, AM ˈdʒɑː-] *n (hum)* Schlammschlacht *f fig pej*, Schlagabtausch *m*, Wortgefecht *nt*

'jaw·line *n usu sing* Kieferpartie *f*

jay [dʒeɪ] *n* Eichelhäher *m*

'jay·walk *vi* AM eine Straße unachtsam [*o* regelwidrig] überqueren

'jay·walk·er *n* unachtsamer Fußgänger/unachtsame Fußgängerin

'jay·walk·ing *n no pl* unachtsames Überqueren einer Straße

jazz [dʒæz] **I.** *n no pl* ① *(music)* Jazz *m*

② AM *(pej sl: nonsense)* Blödsinn *m pej fam*, Quatsch *m pej fam*, Stuss *m pej fam*; ***what's all this ~ about your leaving?*** was höre ich da für einen Quatsch, du willst gehen?; **a line** [*or* **lot**] **of ~** eine Menge Stuss *pej fam*; ***I asked him where he'd been, but he just gave me a line of ~*** ich fragte ihn, wo er gewesen sei, aber er erzählte mir nur eine Menge Stuss

▶PHRASES: **and all that ~** *(pej fam)* und all der Kram *pej fam*, und all so was *pej fam*

II. *n modifier (band, music)* Jazz-; **~ club** Jazzkeller *m*

III. *vt* AM *(sl)* ■**to ~ sb** jdn für dumm verkaufen, jdm einen Bären aufbinden

◆**jazz up** *vt (fam)* ■**to ~ sth** ○ **up** ① *(adapt for jazz)* etw verjazzen

② *(fig: brighten or enliven)* etw aufpeppen [*o* aufmotzen] *fam*; **to ~ up food with spices** Essen mit

J

Gewürzen verfeinern

jazzed [dʒæzd] *adj person* aufgeregt, aufgedreht; ■**to be ~** [ziemlich] durch den Wind sein *fam*

jazzed-'up *adj* verjazzt

'jazz·man *n* Jazzmusiker *m*

jazzy ['dʒæzi] *adj* ❶ *(of or like jazz)* Jazz-, jazzartig ❷ *(approv fam: bright and colourful) colours* knallig *fam; piece of clothing* poppig *fam; wallpaper* auffällig gemustert

JCB® [ˌdʒeɪsiː'biː] *n* BRIT [Erdräum]bagger *m*

J-cloth® ['dʒeɪklɒθ] *n* Wischtuch *nt,* Staubtuch *nt,* Staublappen *m* SCHWEIZ

jeal·ous ['dʒeləs] *adj* ❶ *(resentful)* eifersüchtig (**of** auf *+akk*); ~ **rage** rasende Eifersucht; ***he stabbed his wife in a ~ rage*** er erstach seine Frau in rasender Eifersucht; **to feel/get ~** eifersüchtig sein/werden

❷ *(envious)* neidisch, missgünstig; **to feel/get ~** neidisch sein/werden; ■**to be ~ of sb** auf jdn neidisch sein; ■**to be ~ of sb's sth** jdn um etw *akk* beneiden, jdm etw missgönnen *geh*

❸ *(fiercely protective)* [sehr] besorgt; **to keep a ~ watch over sb/sth** ein wachsames Auge auf jdn/etw haben; ■**to be ~ of sth** auf etw *akk* [eifrig] bedacht sein, um etw *akk* [sehr] besorgt sein; ***she was ~ of her independence and didn't want to get married*** sie war sehr auf ihre Unabhängigkeit bedacht und wollte sich nicht verheiraten

jeal·ous·ly ['dʒeləsli] *adv* ❶ *(resentfully)* eifersüchtig ❷ *(enviously)* neidisch

❸ *(extremely)* äußerst; **to be ~ protective of sth** ein sehr wachsames Auge auf etw *akk* haben

❹ *(carefully)* sorgsam; **a ~ guarded secret** ein streng gehütetes Geheimnis

jeal·ousy ['dʒeləsi] *n* ❶ *(resentment)* Eifersucht *f;* **to do sth in a fit of ~** etw in einem Anfall von Eifersucht tun; **petty jealousies** kleine Eifersüchteleien; **to be consumed by** [*or* **eaten up with**] ~ sich *akk* vor Eifersucht verzehren *geh*

❷ *no pl (envy)* Neid *m;* **to be consumed by** [*or* **eaten up with**] ~ von Neid zerfressen werden

jeans [dʒiːnz] *npl* Jeans[hose] *f,* Jeans[stoff] *m;* **a pair of ~** eine Jeans[hose]

jeep [dʒiːp] *n* Jeep *m,* Geländewagen *m*

jee·pers cree·pers ['dʒiːpəz'kriːpəz, AM -ɚz'kriːpɚz] *interj esp* AM *(dated or hum sl)* Mensch [Maier]! *hum fam,* Donnerwetter! *hum fam,* Manometer! *hum fam*

jeer [dʒɪəʳ, AM dʒɪr] **I.** *vt* ■**to ~ sb** jdn ausbuhen *fam*

II. *vi (comment)* spotten, höhnen *geh; (laugh)* höhnisch lachen; *(boo)* buhen; ■**to ~ at sb** über jdn spotten, jdn verhöhnen *geh;* **to ~ at a speaker** einen Redner ausbuhen

III. *n* höhnische [*o* spöttische] Bemerkung; **boos and ~s** Buhrufe *pl*

jeer·ing ['dʒɪəʳɪŋ, AM 'dʒɪr-] **I.** *n no pl (yell)* Johlen *nt,* Gejohle *nt; (remark)* Verhöhnung *f*

II. *adj audience* johlend *attr; laughter, shouts* höhnisch, spöttisch

jeez [dʒiːz] *interj* AM *(sl)* du meine Güte! *fam*

Je·ho·vah [dʒə'həʊvə, AM -'hoʊ-] *n no pl, no art* Jehova *m,* Jahve *m*

Jehovah's Witnesses *npl* REL Zeugen *pl* Jehovas

je·june [dʒɪ'dʒuːn] *adj (pej form: uninteresting)* fade, langweilig; *(naive)* naiv; *discussion* geistlos

Jekyll and Hyde [ˌdʒekəlnd'haɪd] **I.** *n (form)* gespaltene Persönlichkeit; ***he's become something of a ~ since he started drinking*** seit er angefangen hat zu trinken, ist es, als ob er zwei völlig verschiedene Persönlichkeiten hätte

II. *n modifier (personality)* Jekyll-und-Hyde-

jell *vi see* **gel**

jel·lied ['dʒelid] *adj inv* in Aspik [*o* Gelee] [*o* SCHWEIZ Sulz] eingelegt; ~ **eels** Aal *m* in Gelee [*o* Aspik] [*o* SCHWEIZ Sulz]

jel·lo®, **Jell-O**® ['dʒeləʊ, AM -oʊ] *n no pl* AM Wackelpudding *m fam,* Götterspeise *f*

jel·ly ['dʒeli] *n* ❶ *(substance)* Gelee *nt,* Gallert *nt,* Gallerte *f;* ***his knees turned to ~*** *(fig)* er bekam weiche Knie

❷ BRIT, AUS ~ [**mould**] *(dessert)* Wackelpudding *m fam,* Götterspeise *f; (meat in gelatine)* Sülze *f;* **raspberry ~** [**mould**] Himbeergrütze *f* BRD

❸ AM *(jam)* Gelee *m o nt*

▸PHRASES: **to beat sb to a ~** *esp* BRIT jdn windelweich schlagen *fam*

'jel·ly baby *n* BRIT Fruchtgummi *nt (in Form eines Babys)* **'jel·ly bean** *n* [bohnenförmiges] Geleebonbon **jel·ly 'dough·nut** *n* AM *mit Marmelade gefüllter Berliner Pfannkuchen* **'jel·ly·fish** *n* ❶ *(sea animal)* Qualle *f,* Meduse *f* ❷ *esp* AM *(pej fam: weak, cowardly person)* Waschlappen *m pej fam,* Feigling *m pej* **'jel·ly roll** *n* AM *(Swiss roll)* Biskuitrolle *f,* Roulade *f* SCHWEIZ, ÖSTERR **'jel·ly wax** *n* Gelwachs *nt*

jem·my ['dʒemi] BRIT, AUS **I.** *n* Brecheisen *nt,* Stemmeisen *nt*

II. *vt* <-ie-> ■**to ~ open** ⊂ **sth** etw aufbrechen

je ne sais quoi [ˌʒənəseɪ'kwɑː] *n no pl* **a certain ~** das gewisse Etwas; ***he has this ~ which makes him very popular with women*** er hat dieses gewisse Etwas, mit dem er bei den Frauen sehr gut ankommt

jen·ny ['dʒeni] *n* ❶ *(female donkey or ass)* Eselin *f* ❷ *(locomotive crane)* Laufkran *m*

jeop·ard·ize ['dʒepədaɪz, AM -pɚ-] *vt* ■**to ~ sth** etw gefährden; **to ~ one's career/future** seine Karriere/Zukunft aufs Spiel setzen; ■**to be ~d** in Gefahr sein

jeop·ardy ['dʒepədi, AM -pɚ-] *n no pl* ❶ *(danger)* Gefahr *f;* **to put sb/sth in ~** jdn/etw in Gefahr bringen; ■**to be in ~** in Gefahr [*o* bedroht] sein

❷ LAW **to put sb in ~ for an offence** jdn wegen einer Sache vor Gericht stellen

Jeri·cho ['dʒerɪkəʊ, AM koʊ] *n no pl* Jericho *nt*

jerk [dʒɜːk, AM dʒɜːrk] **I.** *n* ❶ *(sudden sharp movement)* Ruck *m; (pull)* Zug *m; twist* Dreh *m;* ***with a ~ of his thumb, he drew my attention to the notice*** mit einer Daumenbewegung machte er mich auf die Mitteilung aufmerksam

❷ *esp* AM *(pej sl: a stupid person)* Blödmann *m pej fam,* Trottel *m pej fam,* Depp *m* SÜDD, SCHWEIZ, ÖSTERR *pej fam;* **to feel** [**like** AM] **such a ~** sich *dat* wie ein [*o* der letzte] Trottel vorkommen *fam*

❸ *(weightlifting)* Stoß *m*

II. *vi* zucken; **to ~ upwards** hochschnellen; **to ~ to a halt** abrupt zum Stillstand kommen, ruckartig anhalten

III. *vt* ❶ *(move sharply)* ■**to ~ sb/sth** jdn/etw mit einem Ruck ziehen; ***the policeman ~ed the prisoner to his feet*** der Polizist zerrte den Gefangenen hoch; ***"why has she come?" he asked, ~ing his head towards the woman*** „warum ist sie gekommen?", fragte er und machte eine ruckartige Kopfbewegung zu der Frau hin; *(fig)* ■**to ~ sb out of sth** jdn aus etw *dat* reißen

❷ *(weightlifting)* ■**to ~ sth** etw stoßen

◆**jerk off** *vi (vulg)* wichsen *vulg*

◆**jerk out I.** *vt* **to ~ out words** Worte hervorstoßen

II. *vi words* hervorbrechen; ***"stop! she's got a gun!" his words ~ ed out*** „halt! sie ist bewaffnet!", brach es aus ihm hervor

jerki·ly ['dʒɜːkɪli, AM 'dʒɜːrk-] *adv* ruckartig

jer·kin ['dʒɜːkɪn, AM 'dʒɜːrk-] *n* ärmellose Jacke; *(hist)* [Leder]Wams *nt hist,* Gilet *nt* SCHWEIZ, ÖSTERR

jerki·ness ['dʒɜːkɪnəs, AM 'dʒɜːrk-] *n no pl* Ruckartigkeit *f*

'jerk-off *n* AM *(sl)* Blödmann *m,* Depp *m* SÜDD, SCHWEIZ, ÖSTERR *pej fam*

'jerk·wa·ter *adj* AM *(fam)* unbedeutend; ~ **town** Provinznest *nt fam,* Kaff *nt fam*

jerky ['dʒɜːki, AM 'dʒɜːr-] **I.** *adj movement* ruckartig, zuckend *attr; speech* abgehackt, unzusammenhängend *attr;* ~ **style** [**of writing**] abgehackter Stil

II. *n no pl* AM luftgetrocknetes Fleisch

jero·bo·am [ˌdʒerə'bəʊəm, AM -'boʊ-] *n* Riesenweinflasche *f*

jer·ri·can *n see* **jerrycan**

jer·ry-built ['dʒeribɪlt] *adj attr (pej)* schlampig gebaut *pej fam* **jer·ry·can** ['dʒerikæn] *n* Kanister *m*

jer·sey ['dʒɜːzi, AM 'dʒɜːr-] **I.** *n* ❶ *(garment)* Pullover *m* ❷ *(sports team shirt)* Trikot *nt*

❸ *no pl (cloth)* Jersey *m*

❹ *(type of cow)* ■**J~** Jerseyrind *nt*

II. *n modifier (dress)* Jersey-

Jer·sey ['dʒɜːzi, AM 'dʒɜːr-] *n* Jersey *nt*

Je·ru·sa·lem ar·ti·choke [dʒəˌruːsələm'] *n* Jerusalemartischocke *f,* Topinambur *m*

jest [dʒest] **I.** *n (form)* ❶ *(utterance)* Scherz *m,* Witz *m*

❷ *(mood)* Spaß *m;* **to do/say** [*or* **speak**] **sth in ~** etw im Spaß tun/sagen

▸PHRASES: **there's many a true word spoken in ~** *(prov)* im Spaß wird viel Wahres gesagt

II. *vi (form)* spaßen, scherzen; ■**to ~ about sth** sich *akk* über etw *akk* lustig machen; ■**to ~ with sb** mit jdm Späße treiben

jest·er ['dʒestəʳ, AM -ɚ] *n* HIST Spaßmacher *m;* **court ~** Hofnarr *m hist*

jest·ing ['dʒestɪŋ] **I.** *n* Scherzen *nt,* Gewitzel *nt pej*

II. *adj* scherzhaft; ***his ~ remarks were not appreciated*** seine Witzeleien waren nicht willkommen

Jesu·it ['dʒezjuɪt] **I.** *n* Jesuit *m*

II. *adj* jesuitisch, Jesuiten-

Jesu·iti·cal [ˌdʒezju'ɪtɪkəl] *adj* ❶ *(of or concerning Jesuits)* Jesuiten-, jesuitisch

❷ *(pej!: dissembling or equivocating)* verschlagen *pej*

Jesus, Jesus Christ [ˌdʒiːzəs'kraɪst] **I.** *n no pl, no art* Jesus *m*

II. *interj (pej sl)* Herrgott [noch mal]! *fam,* Mensch! *fam*

Jesus Murphy [-'mɜːfi, AM -'mɜːrfi] *interj* AM *(euph fam)* na so was! *fam*

jet[1] [dʒet] **I.** *n* ❶ AVIAT [Düsen]jet *m,* Düsenflugzeug *nt* ❷ *(thin stream)* Strahl *m;* ~ **of air/gas** [dünner] Luft-/Gasstrahl; ~ **of flame** Stichflamme *f*

❸ *(nozzle)* Düse *f*

II. *vi* <-tt-> mit einem Jet fliegen, jetten *fam;* ***she's ~ting in from New York tomorrow*** sie kommt morgen aus New York rüber; ***she's ~ting off to Jamaica on Friday*** sie jettet am Freitag nach Jamaica

jet[2] [dʒet] **I.** *n no pl* Gagat *m,* Jett *m o nt,* Pechkohle *f*

II. *n modifier (earrings)* Gagat-

jet 'air·lin·er *n* Düsenverkehrsflugzeug *nt*

'jet-black *adj inv* pechschwarz, tiefschwarz

jet 'en·gine *n* Düsentriebwerk *nt* **jet 'fight·er** *n* Düsenjäger *m* **'jet·foil** *n* Tragflügelboot *nt* **'jet·foil ser·vice** *n* Fährbetrieb mit Tragflügelbooten *m* **'jet fuel** *n no pl* Kerosin *nt* **'jet lag** *n no pl* Jetlag *m;* **to get/have ~** einen Jetlag bekommen/haben; **to suffer from ~** einen Jetlag haben, an Jetlag[beschwerden] leiden **'jet-lag·ged** *adj* ■**to be ~** einen Jetlag haben, an Jetlag[beschwerden] leiden; ***I've just got back from Hong Kong so I'm feeling totally ~*** ich bin gerade aus Hongkong zurückgekommen, deshalb ist meine innere Uhr noch ganz durcheinander **'jet·lin·er** *n* Düsenverkehrsflugzeug *nt* **'jet plane** *n* Düsenflugzeug *nt* **jet-pro·'pelled** *adj* mit Düsenantrieb *nach n;* ■**to be ~** einen Düsenantrieb haben **jet pro·'pul·sion** *n no pl* Düsenantrieb *m,* Strahlantrieb *m*

jet·sam ['dʒetsəm] *n no pl see* **flotsam**

'jet set *n no pl (fam)* Jetset *m;* **to be part of the ~** zum Jetset gehören; **to become part of the ~** in den Jetset aufgenommen werden **'jet-set·ter** *n (fam)* Mitglied *nt* des Jetset **'jet-set·ting** *adj (fam)* ~ **person** Jetsetter(in) *m(f);* ~ **lifestyle** Jetsetleben *nt* **'Jet Ski**® *n* Wassermotorrad *nt* **'jet-ski** *vi* [mit einem] Wassermotorrad fahren **'jet stream** *n* METEO Strahlstrom *m*

jet·ti·son ['dʒetɪsən, AM 'dʒet̬-] *vt* ❶ *(discard, abandon)* ■**to ~ sb** jdn fallenlassen, sich *akk* von jdm trennen *euph;* **to ~ an employee** einen Angestellten entlassen; ■**to ~ sth** etw aufgeben [*o* über Bord werfen]; **to ~ a plan** einen Plan verwerfen; ■**to ~ sth** [**for sth**] etw [zu Gunsten einer S. *gen*] aufgeben

❷ *(drop)* ■**to ~ sth** *from a ship* etw über Bord werfen; *from a plane* etw abwerfen

jet·ty ['ʤeti, AM -t̬i] *n* ① *(landing stage)* Pier *m,* Anlegesteg *m,* [Schiff]lände *f* SCHWEIZ
② *(breakwater)* Mole *f*
'jet·way *n* Gangway *f*
Jew [ʤu:] *n* Jude, Jüdin *m, f*
jew·el ['ʤu:əl] *n* ① *(precious stone)* Edelstein *m,* Juwel *m o nt;* [**to be**] **set with ~s** mit Juwelen besetzt [sein]
② *(sth beautiful or valuable)* Kostbarkeit *f,* Kleinod *nt geh*
③ *(watch part)* Stein *m*
④ *(dated: very kind)* **to be a** [**real**] **~** ein [echter] Schatz sein *fam*
►PHRASES: **the ~ in the <u>crown</u>** das Glanzstück [*o* Prunkstück]
'je·wel box, 'je·wel case *n* ① *(for jewellery)* Schmuckschatulle *f,* Schmuckkästchen *nt*
② COMPUT Jewelbox *f fachspr (Kunststoffbehälter für eine CD-ROM)*
je·wel·led, AM **je·wel·ed** ['ʤu:əld] *adj* mit Juwelen besetzt
je·wel·ler, AM **je·wel·er** ['ʤu:ələʳ, AM 'ʤu:ələ˞] *n* Juwelier(in) *m(f);* ■**at the ~'s** beim Juwelier/bei der Juwelierin; **~'s shop** Juweliergeschäft *nt,* Juwelierladen *m*
je·wel·lery, AM **je·wel·ry** ['ʤu:əlri] *n no pl* Schmuck *m*
'je·wel·lery box, 'je·wel·lery case *n* Schmuckschatulle *f,* Schmuckkästchen *nt*
'je·wel·ry *n* AM *see* **jewellery**
'je·wel·ry store *n* AM *(jeweller's shop)* Juweliergeschäft *nt*
Jew·ess <*pl* -es> ['ʤu:əs, AM -ɪs] *n (pej!)* Jüdin *f*
'jew·fish *n* Judenfisch *m*
Jew·ish ['ʤu:ɪʃ] *adj inv* jüdisch
Jew·ish·ness ['ʤu:ɪʃnəs] *n no pl* Judentum *nt*
Jew·ry ['ʤʊəri, AM 'ʤu:-] *n no pl, no art (form)* die Juden *pl,* das Judentum
Jew's 'harp *n* Maultrommel *f*
'Jeye cloth *n see* **J-cloth®**
Jezebel ['ʤezəbel] *n (pej)* unmoralische Frau
jib¹ [ʤɪb] *n* NAUT Klüver *m*
jib² [ʤɪb] *n* TECH Ausleger[arm] *m*
jib³ <-bb-> [ʤɪb] *vi* ① *(be reluctant)* ■**to ~ at doing sth** sich *akk* weigern [*o* [dagegen] sträuben], etw zu tun
② *(stop suddenly)* ■**to ~ at sth** *horse* vor etw *dat* scheuen
jibe [ʤaɪb] **I.** *n* Stichelei *f,* verletzende Bemerkung; **to indulge in ~s at other people's expense** sich *akk* auf Kosten anderer lustig machen
II. *vi* ① *(insult, mock)* ■**to ~ at sth** über etw *akk* spötteln
② AM, AUS *(fam: correspond)* ■**to ~ with sth** mit etw *dat* übereinstimmen [*o geh* konform gehen]
jif·fy ['ʤɪfi] *n no pl (fam)* Augenblick *m,* Moment *m;* **in a ~** in einer Sekunde, gleich, sofort; ***I won't be a ~!*** ich bin gleich wieder da!
'Jif·fy bag® *n* gepolsterte Versandtasche
jig [ʤɪg] **I.** *vt* <-gg-> ■**to ~ sb/sth** jdn/etw schütteln; ***she ~ged the baby up and down on her knee*** sie ließ das Baby auf ihren Knien reiten
II. *vi* <-gg-> ① *(move around)* **to ~ about** herumhopsen *fam;* **to ~ up and down** herumspringen
② *(dance a jig)* eine Gigue tanzen
III. *n* ① *(dance)* Gigue *f*
② *(music)* Gigue *f;* **to play a ~** eine Gigue spielen
③ TECH *(device)* Einspannvorrichtung *f*
►PHRASES: **the ~ is <u>up</u>!** AM das Spiel ist aus!
jig·ger ['ʤɪgəʳ, AM -ə˞] **I.** *n* ① *(container)* Messbecher *m* für Alkohol
② AM *(measure) 45 ml*
II. *vt* AM ■**to ~ sth** etw fälschen
jig·gered ['ʤɪgəd, AM -ə˞d] *adj inv* BRIT, AUS *(dated fam)* erschöpft; **to be completely ~** fix und fertig sein *fam;* **to feel completely ~** sich *akk* total kaputt fühlen *fam*
►PHRASES: **well, I'll <u>be</u> ~!** BRIT *(dated fam)* da bin ich aber platt! *fam*
jiggery-pokery [ˌʤɪgəri'pəʊkəri, AM -'poʊ-] *n no pl (dated fam)* Gemauschel *nt pej fam,* Schmu *m* BRD *pej fam; **I think there's been some ~ going on in the finance department*** ich glaube, in der Finanzabteilung sind so einige krumme Sachen gelaufen *fam*
jig·gle ['ʤɪgl] **I.** *vt* ■**to ~ sth** mit etw *dat* wackeln; ***stop jiggling your leg — it's making me nervous*** zappel nicht so mit den Beinen – das macht mich ganz nervös; ***if the door won't open, try jiggling the key in the lock*** wenn sich die Tür nicht öffnen lässt, versuch's mal damit, dass du den Schlüssel im Schloss hin und her bewegst; ■**to ~ sth about** etw schütteln; ***he ~d some loose coins about in his pocket*** er klapperte mit ein paar losen Münzen in seiner Tasche
II. *vi* wippen, hüpfen; ***his eyebrows ~d up and down in amusement*** amüsiert zuckte er mit den Augenbrauen
III. *n* Rütteln *nt; of a limb* Zucken *nt,* Zappeln *nt*
'jig·saw *n* ① *(mechanical)* Laubsäge *f; (electric)* Stichsäge *f* ② *(puzzle)* Puzzle[spiel] *nt* **'jig·saw puz·zle** *n* Puzzle[spiel] *nt; (fig)* Puzzle *nt; **the police are trying to piece together the ~ of how the dead man spent his last hours*** die Polizei versucht, die einzelnen Informationen darüber, wie der Tote seine letzten Stunden verbracht hat, zu einem Puzzle zusammenzufügen
ji·had [ʤɪ'hɑ:d] *n* ① REL *(Islamic holy war)* Dschihad *m,* Jihad *m,* Heiliger Krieg
② *(fig fam: obsessive struggle)* Glaubenskrieg *m fig*
ji·hadi [ʤɪ'hɑ:di, AM -'hædi] *n* Dschihadkämpfer(in) *m(f)*
ji·'had·ist *adj inv* Dschihad-, Jihad-
jil·bab [ʤɪl'bɑ:b] *n* REL Jilbab *nt o m,* Dschilbab *nt o m (das im Koran gebrauchte Wort für ein Kleidungsstück, das Frauen tragen sollen)*
jilla·roo [ˌʤɪlə'ru:] *n* AUS *Frau, die die Arbeiten auf einer Schaf- oder Rinderfarm erlernt*
jilt [ʤɪlt] *vt* ■**to ~ sb** [**for sb**] jdn [wegen jdm] sitzenlassen
jilt·ed ['ʤɪltɪd] *adj inv boyfriend, girlfriend* sitzengelassen; **~ lover** verschmähter Liebhaber/verschmähte Liebhaberin
Jim Crow ['ʤɪm,kroʊ] *n no pl, no art* AM *(pej dated)* Rassendiskriminierung *f*
Jim Crow 'laws *npl no art* AM *(pej dated)* Rassengesetze *pl (zur Diskriminierung der Schwarzen in den USA)* **Jim Crow 'school** *n* AM *(pej dated)* Schule *f* für Schwarze
jim-dan·dy [ˌʤɪm'dændi] AM **I.** *n (dated or hum fam)* Wucht *f fam,* Knüller *m fam*
II. *adj (dated or hum fam)* toll *fam,* prima *fam,* klasse *fam*
jim·jams ['ʤɪmʤæmz] *npl* ① BRIT *(fam: pyjamas)* Schlafanzug *m,* Pyjama *m* SCHWEIZ, ÖSTERR
② *(fam)* ■**the ~** *(alcohol-induced trembling)* Säuferwahnsinn *m; (fit of nerves)* Muffensausen *nt* BRD *fam*
jim·my ['ʤɪmi] *n, vt* AM *see* **jemmy**
jin·gle ['ʤɪŋgl] **I.** *vt* **to ~ bells** Glöckchen klingeln [*o* bimmeln] lassen; **to ~ coins** mit Münzen klimpern; **to ~ keys** mit Schlüsseln klirren [*o* rasseln]
II. *vi bells* klingeln, bimmeln, läuten SCHWEIZ, ÖSTERR; *coins* klimpern; *keys* klirren
III. *n* ① *no pl (metallic ringing) of bells* Klingeln *nt,* Bimmeln *nt,* Läuten *nt* SCHWEIZ; *of coins* Klimpern *nt; of keys* Klirren *nt*
② *(in advertisements)* Jingle *m,* Werbesong *m*
jin·go <*pl* -oes> ['ʤɪŋgəʊ, AM goʊ] *n (esp pej dated)* Chauvinist(in) *m(f)*
►PHRASES: **<u>by</u> ~!** alle Wetter!, Donnerkeil!, Donnerwetter! ÖSTERR
jin·go·ism ['ʤɪŋgəʊɪzᵊm, AM -goʊ-] *n no pl (pej)* Chauvinismus *m pej,* Hurrapatriotismus *m pej*
jin·go·ist ['ʤɪŋgəʊɪst, AM -goʊ-] *n (pej)* Hurrapatriot(in) *m(f) pej,* Chauvinist(in) *m(f) pej*
jin·go·is·tic [ˌʤɪŋgəʊ'ɪstɪk, AM -goʊ'-] *adj (pej)* hurrapatriotisch *pej,* chauvinistisch *pej*
jinks [ʤɪŋks] *npl* **high ~** Highlife *nt fam,* Remmidemmi *nt fam,* Rambazamba *nt* SCHWEIZ, ÖSTERR *fam; **there were high ~ at the party*** auf der Fete ging es hoch her
jinx [ʤɪŋks] **I.** *n no pl* Unglück *nt; **there's a ~ on this computer*** mit diesem Computer ist es wie verhext; **to break the ~** den Bann durchbrechen, den Fluch beseitigen; **to put a ~ on sb/sth** jdn/etw verhexen [*o geh* mit einem Fluch belegen]
II. *vt* ■**to ~ sb/sth** jdn/etw verhexen [*o geh* mit einem Fluch belegen]
jinxed [ʤɪŋkst] *adj* verhext; ***I must be ~ — whenever I touch a glass, it breaks*** auf mir muss ein Fluch lasten – jedes Mal wenn ich ein Glas anfasse, zerbricht es
jit·ney ['ʤɪtni] *n* AM billiger Bus
jit·ter ['ʤɪtəʳ, AM -t̬ə˞] *n* COMPUT *of screen* Flattern *nt*
jit·ter·bug ['ʤɪtəbʌg, AM -t̬ə˞-] **I.** *n* ① *(dance)* Jitterbug *m*
② *(dated fam: nervous person)* Nervenbündel *nt fam*
II. *vi* <-gg-> Jitterbug tanzen
jit·ters ['ʤɪtəz, AM -t̬ə˞z] *npl (fam)* Nervosität *f kein pl,* Bammel *m kein pl fam; of an actor* Lampenfieber *nt; **the collapse of the company has caused ~ in the financial markets*** die Pleite der Firma hat zu Nervosität auf den Finanzmärkten geführt; ■**the ~** das große Zittern *fam,* Muffensausen *nt* BRD *fam;* **to get the ~** Muffensausen kriegen BRD *fam;* **to give sb the ~** jdn ganz nervös [*o* rappelig] [*o* SCHWEIZ, ÖSTERR zappelig] machen *fam*
jit·tery ['ʤɪtᵊri, AM 'ʤɪt̬ə˞i] *adj (fam)* nervös; **to feel/get** [**all**] **~** [ganz] nervös [*o* rappelig] [*o* SCHWEIZ, ÖSTERR zappelig] sein/werden *fam*
jiu·jit·su *n no pl* AUS *see* **ju-jitsu**
jive [ʤaɪv] **I.** *n no pl* ① *(dance)* Jive *m; (music)* Swingmusik *f;* **to do the ~** Jive tanzen
② AM *(sl: dishonest talk)* Gewäsch *nt fam,* leeres Gerede; **a bunch of ~** ein Haufen *m* Mist *fam*
II. *vi* Jive tanzen; ■**to ~ to sth** zu etw *akk* Jive tanzen
III. *vt* AM *(sl)* ■**to ~ sb** jdn belügen [*o fam* für dumm verkaufen]
Jnr *adj after n, inv* BRIT, AUS *abbrev of* **junior** jun., jr.
job [ʤɒb, AM ʤɑ:b] **I.** *n* ① *(employment)* Stelle *f,* SCHWEIZ, ÖSTERR *a.* Anstellung *f,* Job *m fam; **250 ~s will be lost if the factory closes*** wenn die Fabrik schließt, gehen 250 Arbeitslätze verloren; ***it's more than my ~'s worth to give you the file*** BRIT *(fam)* ich riskiere meinen Job, wenn ich dir die Akte gebe; **full-time/part-time ~** Vollzeit-/Teilzeitstelle *f; **he has a part-time ~** [**working**] **in a bakery*** er arbeitet halbtags in einer Bäckerei; **holiday/Saturday job** Ferien-/Samstagsjob *m;* **nine-to-five ~** Achtstundentag *m;* **steady ~** feste Stelle; **to apply for a ~** [**with sb/sth**] sich *akk* um eine Stelle [bei jdm/etw] bewerben; **to be out of a ~** arbeitslos sein; **to create new ~s** neue Arbeitsplätze [*o* Stellen] schaffen; **to get a ~ as sth** eine Stelle [*o* SCHWEIZ, ÖSTERR *a.* Anstellung] als etw bekommen; **to give up one's ~** kündigen; **to hold down a regular ~** einer geregelten Arbeit nachgehen; **to know one's ~** sein Handwerk verstehen; **to lose one's ~** seinen Arbeitsplatz [*o* seine Stelle] verlieren; **on the ~** während [*o* bei] der Arbeit
② *(piece of work)* Arbeit *f; (task)* Aufgabe *f; **the living room badly needs a paint ~*** *(fam)* das Wohnzimmer müsste dringend gestrichen werden; ***will you be able to carry the shopping home, or will it have to be a car ~?*** *(fam)* kannst du die Einkäufe nach Hause tragen, oder brauchst du das Auto?; [**to be**] **just the man/woman for the ~** genau der/die Richtige dafür [sein]; **breast ~** *(fam: enlargement)* Brustvergrößerung *f;* **to have a breast ~** *(fam)* sich *dat* den Busen vergrößern lassen; **nose ~** *(fam)* Nasenkorrektur *f;* **to have a nose ~** *(fam)* sich *dat* die Nase operieren [*o fam* machen] lassen; **to make a bad/good ~ of doing sth** bei etw *dat* schlechte/gute/hervorragende Arbeit leisten; ***they've made a terrible ~ of the bath room*** sie haben beim Bad unheimlich gepfuscht; ***he's made a poor ~ of promoting her course*** er hat nicht gut für den Kurs geworben; ***he's made an excellent ~ of convincing her*** er hat bei ihr hervorragende Überzeugungsarbeit geleistet; **to do a good ~** gute Arbeit leisten;

good ~! gute Arbeit!, gut gemacht!; **to have an important ~ to do** etwas Wichtiges zu erledigen haben
③ *(fam: object)* Ding *nt fam;* ***my car's that red sports ~*** mein Wagen ist der rote Flitzer dort
④ *(sl: crime)* Ding *nt fam;* **to do** [*or* **pull**] **a ~** ein Ding drehen *fam*
⑤ *no pl (duty)* Aufgabe *f;* ***she's only doing her ~*** sie tut nur ihre Pflicht; ***that's not my ~*** das ist nicht meine Aufgabe, dafür bin ich nicht zuständig; ***concentrate on the ~ in hand*** konzentriere dich auf deine momentane Aufgabe; ***it's not my ~ to tell you how to run your life, but ...*** es geht mich zwar nichts an [*o* es ist deine Sache], wie du dein Leben regelst, aber ...
⑥ *no pl (problem)* **it is** [**quite**] **a ~ doing** [*or* **to do**] **sth** es ist [gar] nicht [so] einfach, etw zu tun; ***it was quite a ~*** das war gar nicht so einfach; ■**to have** [**quite**] **a ~ doing sth** [ziemliche] Schwierigkeiten [damit] haben, etw zu tun; ***I had*** [***quite***] ***a ~ taking the alternator out*** es war [gar] nicht [so] einfach, die Lichtmaschine auszubauen; ***you'll have a ~*** das wird nicht einfach
⑦ COMM *(order)* Auftrag *m*
⑧ COMPUT Job *m fachspr*
▸ PHRASES: **~ for the boys** BRIT *(pej fam)* unter der Hand vergebene Arbeit; **to do the ~** den Zweck erfüllen; ***this bag should do the ~*** diese Tasche müsste es tun *fam;* **to do a big/little ~** *(childspeak)* ein großes/kleines Geschäft machen *euph fam;* **to do a ~ on sb** *(fam)* jdn reinlegen [*o* übers Ohr hauen] *fam;* **to give sth/sb up as a bad ~** *(fam)* etw/jdn aufgeben; **what** [*or* **it is**] **a good ~ that ...** *(fam)* so ein Glück [*o* nur gut], dass ...; ***that's a good ~!*** *(fam)* so ein Glück!; **to be just the ~** BRIT *(fam)* genau das Richtige sein; **to be on the ~** BRIT *(sl)* eine Nummer schieben *sl*
II. *vt* <-bb-> ① AM *(fam: cheat)* ■**to ~ sb** jdn reinlegen [*o* übers Ohr hauen] *fam*
② STOCKEX **to ~ stocks** mit Aktien handeln
III. *vi* <-bb-> ① *(do casual work)* jobben *fam*
② STOCKEX als Broker tätig sein

'job ad·ver·tise·ment, 'job ad *n (fam)* Stellenanzeige *f,* Stelleninserat *nt* SCHWEIZ **'job analy·sis** *n* Arbeitsplatzanalyse *f* **'job ap·pli·ca·tion** *n* Bewerbung *f*

job·ber ['dʒɒbəʳ, AM 'dʒɑːbɚ] *n* ① BRIT *(hist: in stocks)* Jobber *m,* [Eigen]händler(in) *m(f) (eigenständiger Wertpapierhändler/eigenständige Wertpapierhändlerin)*
② AM *(wholesaler)* Großhändler(in) *m(f)*

job·bing ['dʒɒbɪŋ, AM 'dʒɑːb-] **I.** *adj attr, inv* Gelegenheits-; **~ gardener** Gelegenheitsgärtner(in) *m(f),* Aushilfsgärtner(in) *m(f);* **~ journalist** freier Journalist/freie Journalistin; **~ printer** Akzidenzdrucker *m*
II. *n no pl* ① *(occasional work)* Verrichten *nt* von Gelegenheitsarbeiten, Jobben *nt fam* ② BRIT STOCKEX Effektenhandel *m* **'job·cen·tre** *n* BRIT ≈ Agentur *f* für Arbeit *(für Arbeitsvermittlung, Durchführung arbeitsmarktpolitischer Maßnahmen und Gewährung von Lohnersatzleistungen zuständig)* **'job con·tract** *n* Arbeitsvertrag *m* **'job coun·sel·lor** *n* Arbeitsberater(in) *m(f)* **'job crea·tion** *n no pl* Arbeitsbeschaffung *f* **'job crea·tion meas·ure** *n* POL Arbeitsbeschaffungsmaßnahme *f* **'job crea·tion scheme** *n* BRIT, AUS Arbeits[platz]beschaffungsprogramm *nt* **'job cuts** *npl* Stellenabbau *m kein pl,* Arbeitsplatzabbau *m kein pl* **'job de·scrip·tion** *n* Stellenbeschreibung *f,* SCHWEIZ *a.* Stellenbeschrieb *m,* Tätigkeitsbeschreibung *f,* SCHWEIZ *a.* Tätigkeitsbeschrieb *m* **'job evalu·ation** *n* BRIT Arbeitsplatzbewertung *f* **'job fair** *n* Jobbörse *f* **'job hunt** *n (fam)* Stellensuche *f,* Stellenjagd *f fam;* **to be on the ~** einen Job suchen *fam,* auf Stellensuche sein **'job-hunt** *vi (fam)* Arbeit suchen **'job-hunt·ing** *n no pl (fam)* Stellenjagd *f fam,* Stellensuche *f* **'job inter·view** *n* Bewerbungsgespräch *nt,* Vorstellungsgespräch *nt*

job·less ['dʒɒbləs, AM 'dʒɑːb-] **I.** *adj inv* arbeitslos
II. *n esp* BRIT ■**the ~** *pl* die Arbeitslosen *pl*

'job·less fig·ures *npl esp* BRIT Arbeitslosenzahlen *pl*

job·less 'growth, job·less eco·nom·ic 'growth *n* Wirtschaftswachstum *nt* bei gleich bleibender oder absteigender Arbeitslosenzahl

job·less·ness ['dʒɒbləsnəs, AM 'dʒɑːb-] *n no pl* Arbeitslosigkeit *f*

'job·less to·tal *n esp* BRIT Gesamtzahl *f* der Arbeitslosen

'job losses *npl* Stellenabbau *m kein pl;* ***the closure of the factory will result in heavy ~*** durch die Schließung der Fabrik werden sehr viele Arbeitsplätze verlorengehen **job 'lot** *n* [Waren]posten *m;* ***I bought a ~ of children's books which were being sold off cheaply*** ich habe eine ganze Sammlung Kinderbücher gekauft, die verramscht wurden **'job mar·ket** *n* Arbeitsmarkt *m* **'job rat·ing** *n* Arbeitsbewertung *f* **'job sat·is·fac·tion** *n no pl* Zufriedenheit *f* mit der eigenen Tätigkeit; ***many people are more interested in ~ than in earning large amounts of money*** vielen Menschen ist es wichtiger, mit ihrer Arbeit zufrieden zu sein, als viel Geld zu verdienen **'job se·cu·rity** *n no pl* Arbeitsplatzsicherheit *f* **'job·seek·er** *n* Arbeitssuchende(r) *f(m)* **'job·share** BRIT **I.** *n* Arbeitsplatzteilung *f* **II.** *vi* sich *dat* einen Arbeitsplatz teilen **'job·shar·ing** *n no pl* BRIT Arbeitsplatzteilung *f,* Jobsharing *nt*

'jobs·worth *n* BRIT *(fam)* Aktenschieber(in) *m(f)* BRD *pej*

'job ti·tle *n* Berufsbezeichnung *f*

jock¹ [dʒɑːk] *n* AM *(pej fam)* Sportfanatiker(in) *m(f) pej*

jock² [dʒɒk, AM dʒɑːk] *n (sl)* SPORT *short for* **jockstrap** Suspensorium *nt*

Jock [dʒɒk] *n* BRIT *(sl)* Schotte, Schottin *m, f*

jock·ey ['dʒɒki, AM 'dʒɑːki] **I.** *n* Jockey *m*
II. *vi* ***the major oil companies were ~ing to appear environmentally concerned*** die großen Ölkonzerne rangelten darum, als jeweils besonders umweltbewusst dazustehen; ■**to ~ for sth** um etw *akk* konkurrieren; **to ~ for position** versuchen, sich *akk* in eine gute Position vorzuschieben
III. *vt* ■**to ~ sb into doing sth** jdn dazu drängen, etw zu tun

jocks [dʒɒks] *npl* AUS *(fam)* kurze Unterhose, Boxershorts *pl*

'jock·strap *n* Suspensorium *nt*

jo·cose [dʒə(ʊ)'kəʊs, AM dʒoʊ'koʊs] *adj (form liter)* scherzhaft, launig; *manner* witzig, humorvoll

jo·cose·ly [dʒə(ʊ)'kəʊsli, AM dʒoʊ'koʊs-] *adv (form liter)* scherzhaft, launig

jocu·lar ['dʒɒkjələʳ, AM 'dʒɑːkjəlɚ] *adj (form)* lustig; *comment* witzig; *person* heiter; **in a ~ fashion** im Spaß; **to be in a ~ mood** zu Scherzen aufgelegt sein; **in a ~ vein** in launiger Stimmung

jocu·lar·ity [ˌdʒɒkjə'lærəti, AM ˌdʒɑːkjə'lærəṭi] *n no pl (form) of a comment* Witzigkeit *f,* Scherzhaftigkeit *f; of a person* Heiterkeit *f*

jocu·lar·ly ['dʒɒkjələli, AM 'dʒɑːkjəlɚ-] *adv (form)* scherzhaft, im Scherz

joc·und ['dʒɒkənd, AM 'dʒɑːk-] *adj (liter)* fröhlich, heiter, lustig

jodh·purs ['dʒɒdpəz, AM 'dʒɑːdpɚs] *npl* Reithose *f;* **a pair of ~** eine Reithose

joe [dʒəʊ, AM dʒoʊ] *n* **a cup of ~** *esp* AM *(fam)* eine Tasse Kaffee

Joe Bloggs [ˌdʒəʊ'blɒgz] *n no pl, no art* BRIT *(fam)* Otto Normalverbraucher *m fam* **Joe Blow** [ˌdʒoʊ'bloʊ] *n no pl, no art* AM, AUS *(fam)* ① *(average, typical man)* Otto Normalverbraucher *m fam* ② *(man whose name is unknown)* Herr X *m* **Joe 'Citi·zen** *n* AM *(sl)* Otto Normalverbraucher *kein art* **'Joe job** *n* CAN *(menial, monotonous task)* Hilfsarbeiterjob *m* **Joe 'Pub·lic** *n no pl, no art* BRIT *(fam)* der kleine [*o* SCHWEIZ einfache] Mann *fam* **Joe 'Schmo** [-'ʃməʊ, AM -'ʃmoʊ] *n* AM *(sl)* Otto Normalverbraucher *kein art* **Joe 'Six-Pack** *n* AM *(sl)* Otto Normalverbraucher *kein art*

joey ['dʒəʊi] *n* AUS *(fam)* Kängurujunge(s) *nt*

jog [dʒɒg, AM dʒɑːg] **I.** *n* ① *no pl (run)* Dauerlauf *m;* **to go for a ~** joggen gehen *fam*
② *usu sing (push, knock)* Stoß *m,* Schubs *m fam;* **to give sth a ~** etw *dat* einen Schubs geben *fam*
▸ PHRASES: **to give sb's memory a ~** jds Gedächtnis nachhelfen, jds Erinnerung *f* auf die Sprünge helfen *fam*
II. *vi* <-gg-> ① *(run)* einen Dauerlauf machen, joggen
② *(video tape)* Videoband *nt* um ein Bild weiterstellen
III. *vt* <-gg-> ■**to ~ sb/sth** jdn/etw [an]stoßen [*o fam* schubsen]; **to ~ sb's elbow** jdn anrempeln *fam*
▸ PHRASES: **to ~ sb's memory** jds Gedächtnis nachhelfen, jds Erinnerung auf die Sprünge helfen *fam*
◆**jog along** *vi* ① *(fam: advance slowly) person* dahintrotten; *vehicle* dahinzuckeln, SCHWEIZ *a.* zuckeln
② *(continue in a routine manner)* [so] dahinwursteln, vor sich *dat* hinwursteln SCHWEIZ *fam;* ***they argue continually but somehow their marriage ~s along*** sie streiten sich andauernd, aber mit ihrer Ehe geht es doch immer irgendwie weiter

jog·ger ['dʒɒgəʳ, AM 'dʒɑːgɚ] *n* Jogger(in) *m(f)*

'jog·ger-friend·ly *adj inv* für Jogger *nach n*

jog·ging ['dʒɒgɪŋ, AM 'dʒɑːg-] *n no pl* Joggen *nt,* Jogging *nt;* **to go** [**out**] **~** joggen gehen

'jog·ging gear *n no pl* Joggingkleidung *f,* Lauf[be]kleidung *f* SCHWEIZ **'jog·ging suit** *n* Jogginganzug *m,* SCHWEIZ *a.* Trainer *m*

jog·gle ['dʒɒgl̩, AM 'dʒɑːgl̩] **I.** *vt (move jerkily)* ■**to ~ sth** etw [leicht] rütteln [*o* schütteln]; **to ~ a baby about** [*or* **around**] ein Baby [hin und her] wiegen
II. *n* [leichtes] Schütteln [*o* Rütteln]; **to give sth a ~** etw [leicht] schütteln

'jog·trot *n* ① *(slow regular trot)* Trott *m;* **to move at a ~** trotten ② *(fig pej: monotonous progression)* Trott *m pej* **'jog-trot** *vi* trotten

john [dʒɑːn] *n* ① AM, AUS *(fam: toilet)* Klo *nt fam,* WC *nt* SCHWEIZ *fam*
② AM *(sl: prostitute's client)* Freier *m fam*

John Bull [ˌdʒɒn'bʊl] *n no pl, no art* BRIT *(dated fam)* John Bull *m (Figur, die den typischen Engländer oder England repräsentiert)* **John Doe** [ˌdʒɑːn'doʊ] *n no pl, no art* AM ① LAW Herr X; ***the pop group is bringing a lawsuit against ~ Corporation*** die Popgruppe verklagt die Gesellschaft X ② *(average man)* Durchschnittsmann *m,* Otto Normalverbraucher *m fam* **John Dory** <*pl* -ries *or* -> [ˌdʒɒn'dɔːri, AM ˌdʒɑːn'-] *n* ZOOL Heringskönig *m* **John Hancock** [ˌdʒɑːn'hænkɑːk] *n* AM *(sl),* **John Henry** [ˌdʒɑːn'henri] *n* AM *(sl)* ***put your ~ here*** mach deinen Friedrich Wilhelm hier *fam*

john·nie, john·ny ['dʒɒni] *n* BRIT *(sl)* [**rubber**] **~** Pariser *m sl,* Gummi *m bes* ÖSTERR *fam*

john·ny-come-'late·ly <*pl* johnnys-come-lately *or* johnnies-come-lately> *n (pej)* Neuling *m pej*

John Q 'Pub·lic *n no pl, no art* AM *(fam)* Otto Normalverbraucher *m fam,* der kleine [*o* SCHWEIZ einfache] Mann *fam*

john·son ['dʒɒn(t)sən, AM 'dʒɑːn(t)sən] *n (sl: penis)* Schwanz *m derb,* Schniedel *m* SÜDD

joie de vi·vre [ˌʒwaːdə'viːvr(ə)] *n no pl (form)* Lebensfreude *f,* Lebenslust *f*

join [dʒɔɪn] **I.** *vt* ① *(connect)* ■**to ~ sth** [**to sth**] etw [mit etw *dat*] verbinden [*o* zusammenfügen]; *battery* etw [an etw *dat*] anschließen; *(add)* etw [an etw *akk*] anfügen; ***the River Neckar ~s the Rhine at Mannheim*** der Neckar mündet bei Mannheim in den Rhein ein; **to ~ hands** sich *dat* die Hände geben [*o geh* reichen]; ■**to ~ sth together** etw zusammenfügen [*o* miteinander verbinden]
② *(offer company)* ■**to ~ sb** sich *akk* zu jdm gesellen, jdm Gesellschaft leisten; ***would you like to ~ us for supper?*** möchtest du mit uns zu Abend essen?; ***do you mind if I ~ you?*** darf ich mich zu Ihnen setzen?; ***her husband ~ed her in Rome a week later*** eine Woche später kam ihr Mann nach Rom nach
③ *(enrol)* ■**to ~ sth** etw *dat* beitreten, in etw *akk* eintreten; *club, party* bei etw *dat* Mitglied werden; **to ~ the army** Soldat werden; **to ~ the ranks of the unemployed** sich *akk* in das Heer der Arbeits-

losen einreihen
4 *(participate)* ■ **to ~ sth** bei etw *dat* mitmachen; ***let's ~ the dancing*** lass uns mittanzen; **to ~ the line** AM [*or* BRIT **queue**] sich *akk* in die Schlange stellen [*o* einreihen]
5 *(support)* ■ **to ~ sb in** [**doing**] **sth** jdm bei [*o* in] etw *dat* [*o* der Ausführung einer S. *gen*] zur Seite stehen, sich *akk* jdm [bei der Ausführung einer S. *gen*] anschließen; ***I'm sure everyone will ~ me in wishing you a very happy birthday*** es schließen sich sicher alle meinen Glückwünschen zu Ihrem Geburtstag an
6 *(cooperate)* **to ~ forces with sb** sich *akk* mit jdm zusammentun
7 *(board)* **to ~ a plane/train** in ein Flugzeug/einen Zug zusteigen
▸PHRASES: **~ the club!** *(hum fam)* willkommen im Klub!
II. *vi* 1 *(connect)* ■ **to ~** [**with sth**] sich *akk* [mit etw *dat*] verbinden
2 *(cooperate)* ■ **to ~ with sb in doing sth** sich *akk* mit jdm *dat* zusammenschließen [*o* zusammentun], um etw zu tun
3 *(enrol)* beitreten, Mitglied werden
4 *(marry)* **to ~** [**together**] **in marriage** [*or form* **holy matrimony**] sich *akk* ehelich [miteinander] verbinden *geh*, in den heiligen Bund der Ehe treten *geh*
III. *n* 1 *(seam)* Verbindung[sstelle] *f*, Fuge *f*
2 MATH *(set theory)* Vereinigungsmenge *f fachspr*
◆**join in** *vi* teilnehmen, mitmachen; *(in game)* mitspielen; *(in song)* mitsingen; ***they began to sing and all the voices ~ed in*** sie begannen zu singen und alle Stimmen fielen ein; ■ **to ~ in with sth** in etw *akk* einstimmen; ■ **to ~ in sth** sich *akk* an etw *dat* beteiligen, bei etw *dat* mitmachen; **to ~ in the applause** mit applaudieren; **to ~ in the fun** auch Spaß haben
◆**join up I.** *vi* 1 BRIT, AUS MIL Soldat werden, zum Militär gehen, einrücken
2 *(connect)* sich *akk* verbinden; *cells* miteinander verschmelzen; *streets* aufeinandertreffen, zusammenlaufen
3 *(meet)* ■ **to ~ up for sth** sich *akk* zu etw *dat* zusammentun; ***let's ~ up later for a drink*** lasst uns später zusammen noch einen trinken gehen; ■ **to ~ up with sb** sich *akk* mit jdm zusammentun
4 *(cooperate)* ■ **to ~ up with sb/sth** sich *akk* mit jdm/etw zusammenschließen
II. *vt* ■ **to ~ up** ↔ **sth** etw [miteinander] verbinden; *parts* etw zusammenfügen
joined-up [dʒɔɪnd'ʌp] *adj* 1 *esp* BRIT *(not block letters)* zusammenhängend *attr*; **~ writing** Schreibschrift *f*
2 *(coherent) approach, policy, solution* sinnvoll und durchdacht; **~ thinking** logisches Denken
join·er ['dʒɔɪnəʳ, AM -ɚ] *n* 1 *(skilled worker)* Tischler(in) *m(f)*, Schreiner(in) *m(f)*
2 *(fam: activity-oriented person)* geselliger Typ
join·ery ['dʒɔɪnəri, AM -ɚi] *n no pl (product)* Tischlerarbeit *f*; *(craft)* Tischlerhandwerk *nt*
'join·ery work *n* Tischlerarbeit *f*
joint [dʒɔɪnt] **I.** *adj inv* gemeinsam; ***the research project is the work of a ~ French-Italian team*** das Forschungsprojekt ist die Gemeinschaftsarbeit eines französisch-italienischen Teams; **~ undertaking** Gemeinschaftsunternehmen *nt*; **~ winners** SPORT zwei Sieger/Siegerinnen; **to come ~ second** mit jdm zusammen den zweiten Platz belegen
II. *n* 1 *(connection)* Verbindungsstelle *f*, Anschluss *m*, Fuge *f*; [**soldering**] **~** Lötstelle *f*
2 ANAT Gelenk *nt*; **to put sth out of ~** etw ausrenken [*o* verrenken]; ***I've put my shoulder out of ~*** ich habe mir die Schulter verrenkt
3 *(meat)* Braten *m*; **~ of beef/lamb** Rinder- [*o* SCHWEIZ, ÖSTERR Rinds-] /Lammbraten *m*; **chicken ~s** Hähnchenteile *pl*, Pouletteilchen *pl* SCHWEIZ
4 *(fam: cheap bar, restaurant)* Laden *m fam*, Bude *f*, SCHWEIZ, ÖSTERR *a.* Schuppen *m fam*, Spelunke *f fam*; *(gambling den)* Spielhölle *f*
5 *(cannabis cigarette)* Joint *m sl*
▸PHRASES: **the ~ is jumpin'** in dem Laden [*o* der Bude] ist schwer was los *fam*, hier tanzt der Bär *fam*; **to put sth out of ~** etw außer Betrieb setzen; **to be out of ~** aus den Fugen [*o* dem Gleichgewicht] sein
joint ac·'count *n* Gemeinschaftskonto *nt* **joint and sev·er·al lia·'bil·ity** *n* LAW gesamtschuldnerische Haftung **Joint Chiefs of 'Staff** *npl* AM ■ **the ~** die vereinten Generalstabschefs *(die Oberkommandeure der Streitkräfte der USA)* **joint com·'mit·tee** *n* gemischter [*o* gemeinsamer] [Untersuchungs]ausschuss **joint 'cus·to·dy** *n no pl* gemeinsames Sorgerecht **joint 'debt·or** *n* Mitschuldner(in) *m(f)*
joint·ed ['dʒɔɪntɪd, AM -t̬ɪd] *adj inv* 1 *(having joints)* gegliedert, mit Gelenken versehen; **~ puppet** Gliederpuppe *f*; **double ~** extrem gelenkig
2 *(united)* verbunden
joint 'ef·forts *npl* gemeinsame Anstrengungen **joint es·'tate** *n* LAW Gütergemeinschaft *f* **joint-'fund·ed** *adj* AUS gemeinsam finanziert **joint 'hon·ours** *n modifier* BRIT **~** [**degree**] *‚Honours Degree' in zwei Fächern* **joint i'ni·tia·tive** *n* Gemeinschaftsinitiative *f* **joint lia·'bil·ity** *n* LAW Mithaftung *f*
joint·ly ['dʒɔɪntli] *adv inv* gemeinsam
joint·ly and 'sev·er·al·ly *adv inv* LAW gesamtschuldnerisch **'joint·ly fund·ed** *adj* BRIT gemeinsam finanziert
joint·ness ['dʒɔɪntnəs] *n in der Verteidigungspolitik: Zusammenlegung der verschiedenen Ämter, Aktivitäten, Einrichtungen, Waffengattungen, Kommunikationsmittel und Befehlsgewalt*
joint 'own·er *n* Miteigentümer(in) *m(f)*; *of a company* Mitinhaber(in) *m(f)*, Teilhaber(in) *m(f)* **joint 'own·er·ship** *n no pl* LAW Gesamteigentum *nt*; **~ of property** Gesamthandeigentum *nt* **joint 'prop·er·ty** *n* gemeinschaftliches Eigentum **joint 'proxy** *n* LAW Gesamtprokura *f* **joint reso·'lu·tion** *n* AM gemeinsamer Beschluss **joint 'stock** *n no pl* FIN Aktienkapital *nt* **joint-stock 'com·pa·ny** *n* BRIT Aktiengesellschaft *f* **joint 'ven·ture** *n* Joint Venture *nt*, Gemeinschaftsunternehmen *nt*; **~ bank** Joint-Venture-Bank *f*
joist [dʒɔɪst] *n* ARCHIT [Profil]träger *m*, [Quer]balken *m*
jo·jo·ba [hə'həʊbə, AM hə'hoʊ-] *n no pl* Jojoba *f*
jo·'jo·ba oil *n* Jojobaöl *nt*
joke [dʒəʊk, AM dʒoʊk] **I.** *n* 1 *(action)* Spaß *m*; *(trick)* Streich *m*; *(amusing story)* Witz *m*; **dirty ~** Zote *f* BRD; **to crack/tell ~s** Witze reißen *fam* /erzählen; **to get a ~** einen Witz verstehen [*o fam* kapieren]; **to get** [*or* **go**] **beyond a ~** nicht mehr witzig [*o* lustig] [*o* komisch] sein; **to make a ~ of sth** *(ridicule)* etw ins Lächerliche ziehen; *(laugh off)* ***they made a ~ of it, but it was obvious they were offended*** sie lachten darüber, aber es war offensichtlich, dass sie beleidigt waren; **to play a ~ on sb** jdm einen Streich spielen; **to not be able to take a ~** keinen Spaß vertragen [*o* verstehen]; **to do sth for a ~** etw zum [*o* aus] Spaß tun; **the ~ was on me** der Spaß ging auf meine Kosten
2 *(fam: sth very easy)* Kinderspiel *nt*, Witz *m fam*, Klacks *m fam*; **to be no ~** kein Kinderspiel [*o* keine Kleinigkeit] sein
3 *(fam: ridiculous thing or person)* Witz *m fam*; **what a ~!** das soll wohl ein Witz sein! *fam*, da lachen ja die Hühner! *fam*
II. *vi* scherzen, witzeln; ■ **to be joking** Spaß machen; ***don't worry, I was only joking when I said I'd go without you*** keine Bange, ich hab doch nur zum Spaß gesagt, dass ich ohne dich gehe; **you must be** [*or* **you've got to be**] **joking!** das meinst du doch nicht im Ernst!, das soll wohl ein Witz sein!; ■ **to ~ about sth** sich *akk* über etw *akk* lustig machen; ■ **to ~ that ...** scherzen, dass ...
jok·er ['dʒəʊkəʳ, AM 'dʒoʊkɚ] *n* 1 *(one who jokes)* Spaßvogel *m*, Witzbold *m*
2 *(fam: annoying person)* Kerl *m fam*, Typ *m fam*
3 CARDS Joker *m*
▸PHRASES: **to be the ~ in the pack** der Situation eine überraschende Wendung geben können
jok·ey ['dʒəʊki, AM 'dʒoʊki] *adj (fam)* witzig
joki·ly ['dʒəʊkɪli, AM 'dʒoʊk] *adv* spaßhaft, scherzweise
jok·ing ['dʒəʊkɪŋ, AM 'dʒoʊk-] **I.** *adj* scherzhaft
II. *n no pl* Scherzen *nt*; **~ apart** [*or* **aside**] Spaß beiseite; ***~ apart, what do you really think of your new job?*** jetzt mal ganz im Ernst, was hältst du wirklich von deinem neuen Job?
jok·ing·ly ['dʒəʊkɪŋli, AM 'dʒoʊk-] *adv* im Scherz
joky *adj (fam) see* **jokey**
jol·li·fi·ca·tion [ˌdʒɒlɪfɪ'keɪʃᵊn, AM ˌdʒɑːlə-] *n (fam)* 1 *no pl (merrymaking)* Festlichkeit *f*; *(boozy party)* feuchtfröhliches Fest
2 *(celebratory activities)* ■ **~s** *pl* [Festtags]trubel *m kein pl*
jol·lity ['dʒɒləti, AM 'dʒɑːlət̬i] *n no pl* Fröhlichkeit *f*, Lustigkeit *f*
jol·ly ['dʒɒli, AM 'dʒɑːli] **I.** *adj* 1 *(happy)* fröhlich, lustig, vergnügt
2 *(enjoyable or cheerful)* lustig; *evening* nett; *room* freundlich
II. *adv* BRIT *(fam)* sehr, mächtig *fam*, riesig *fam*; ***just tell her to ~ well hurry up*** sag ihr, sie soll sich endlich mal beeilen; ***I ~ well hope so!*** das will ich doch hoffen!; **~ expensive** ganz schön teuer; **~ good** bombig *fam*, lässig SCHWEIZ *fam*, prima, SCHWEIZ *a.* super *fam*, hervorragend; **~ good show** *(dated)* prima Arbeit!, gut gemacht!
III. *vt* ■ **to ~ sb along** 1 *(humour)* jdn bei Laune halten *fam*
2 *(encourage)* jdn ermutigen [*o* aufmuntern]
◆**jolly up** *vt* ■ **to ~ up** ↔ **sth** etw aufpeppen *fam*
jol·ly 'hock·ey sticks *n modifier* BRIT *(hum) bezeichnet Frauentyp der höheren Gesellschaft mit Privatschulhintergrund, der sich überall einmischt und damit anderen auf die Nerven fällt;* ***are you coming to Fiona's party tonight? — I don't think so, her last party was full of her awful ~ type friends*** kommst du heute Abend zu Fionas Party? – ich denke nicht: Auf ihrer letzten Party hat es nur so von ihren tussihaften Freundinnen gewimmelt **Jol·ly 'Rog·er** *n* Totenkopfflagge *f*
jolt [dʒəʊlt, AM dʒoʊlt] **I.** *n* 1 *(sudden jerk)* Stoß *m*, Ruck *m*, Erschütterung *f*; ***she felt every ~ of the wheels*** sie spürte jeden Stoß der Räder; ***the bus stopped with a ~*** der Bus hielt mit einem Ruck
2 *(shock)* Schock *m*, Schlag *m*; ***government hopes received a sharp ~ with the latest unemployment figures*** die Hoffnungen der Regierung erlitten angesichts der jüngsten Arbeitslosenzahlen einen empfindlichen Dämpfer; ***his self-confidence took a sudden ~*** sein Selbstvertrauen wurde plötzlich erschüttert; **to wake up with a ~** aus dem Schlaf hochschrecken
II. *vt* 1 *(jerk)* ■ **to ~ sb** jdn durchrütteln [*o* durchschütteln]; ***the train stopped unexpectedly and we were ~ed forwards*** der Zug hielt unerwartet und wir wurden nach vorne geschleudert; ***I was ~ed awake by a sudden pain*** ich wurde von einem plötzlichen Schmerz aus dem Schlaf gerissen
2 *(fig: shake)* ■ **to ~ sth** *relationship* etw erschüttern; **to ~ sb's conscience** jds Gewissen wachrütteln
3 *(fig: shock)* ■ **to ~ sb** jdm einen Schock versetzen; **to ~ sb into action** jdn [durch drastische Maßnahmen] zum Handeln veranlassen; **to ~ sb out of his/her lethargy** jdn aus seiner/ihrer Lethargie reißen
III. *vi vehicle* holpern, rumpeln; ***the truck ~ed along the rough track*** der Laster rumpelte den holprigen Weg entlang
jon·ing ['dʒəʊnɪŋ, AM 'dʒoʊ-] *n* AM *(sl) see* **baggin'**
Jor·dan ['dʒɔːdᵊn, AM 'dʒɔːrdᵊn] *n* 1 *(country)* Jordanien *nt*
2 *(river)* ■ **the river ~** der Jordan
Jor·da·nian [dʒɔː'deɪniən, AM dʒɔːr'-] **I.** *n* Jordanier(in) *m(f)*
II. *adj* jordanisch
josh [dʒɒʃ, AM dʒɑːʃ] *(fam)* **I.** *vt* ■ **to ~ sb** [**about sth**] jdn [wegen einer S. *gen*] aufziehen [*o fam* hochnehmen]
II. *vi* Spaß machen, scherzen; ***I was just ~ing when I said I'd lost the car keys*** ich habe nur

Spaß gemacht, als ich gesagt habe, dass ich die Autoschlüssel verloren hätte

joss stick ['dʒɒs-, AM 'dʒɑ:s-] *n* Räucherstäbchen *nt*

jos·tle ['dʒɒsl, AM 'dʒɑ:sl] **I.** *vt* ■**to ~ sb** jdn anrempeln [*o fam* schubsen] [*o* SCHWEIZ *fam* schupfen]; FBALL jdn rempeln; *(fig)* ■**to ~ sb off sth** jdn von etw *dat* verdrängen
II. *vi* ❶ *(push)* [sich *akk*] drängen [*o fam* drängeln]; ***crowds of people ~d at the main entrance to the concert hall*** Scharen von Menschen drängelten sich am Haupteingang zur Konzerthalle
❷ *(compete)* ■**to ~ for sth** *business, influence* um etw *akk* wetteifern [*o* konkurrieren] [*o* rangeln] *pej fam*

jos·tling ['dʒɒslɪŋ, AM 'dʒɑ:sl-] **I.** *n no pl* ❶ *(pushing)* Gedränge *nt*, Drängelei *f*, Rempelei *f*
❷ *(competition)* Gerangel *nt pej fam* (**for** um +*akk*)
II. *adj* ❶ *(pushing)* sich *akk* drängelnd *attr; (pushy) crowd* aufdringlich *pej*
❷ *(closely grouped)* dicht gedrängt

jot [dʒɒt, AM dʒɑ:t] **I.** *n no pl* ▸PHRASES: **to not give a ~ about sb/sth** sich *akk* nicht den Teufel um jdn/etw scheren *fam;* **not a ~ of good** keinerlei [*o* nicht der geringste] Wert [*o* Nutzen]; ***your apology won't do a ~ of good now*** deine Entschuldigung nützt jetzt auch nichts mehr; **every ~ and tittle** *(dated fam)* jedes kleinste bisschen; **not a ~ of truth** nicht ein Körnchen Wahrheit; ***there's not a ~ of truth in what she's saying*** von dem, was sie sagt, ist kein einziges Wörtchen wahr
II. *vt* <-tt-> ■**to ~ sth** etw notieren [*o* schnell hinschreiben]
◆**jot down** *vt* ■**to ~ sth** ↻ **down** etw notieren [*o* schnell aufschreiben]

jot·ter, jot·ter pad ['dʒɒtəʳ-] *n* BRIT, AUS Notizblock *m*, Notizbuch *nt*

jot·tings ['dʒɒtɪŋz, AM 'dʒɑ:t̬-] *npl* Notizen *pl*

joual [ʒwɑ:l] *n* CAN *das in Quebec gesprochene Französisch*

jouis·sance share ['ʒwi:sɑ̃s-] *n* FIN Genussaktie *f*, Genussschein *m*

joule [dʒu:l] *n* PHYS Joule *nt*

joun·cy ['jaʊn(t)si] *adj music* lebhaft

jour·nal ['dʒɜ:nᵊl, AM 'dʒɜ:r-] *n* ❶ *(periodical)* Zeitschrift *f*, SCHWEIZ *a.* Heftli *nt fam; (newspaper)* Zeitung *f;* **medical ~** medizinische Fachzeitschrift, Ärzteblatt *nt;* **quarterly ~** Vierteljahresschrift *f*
❷ *(diary)* Tagebuch *nt;* NAUT Logbuch *nt*, Schiffstagebuch *nt;* ECON Journal *nt*, Geschäftstagebuch *nt;* **to keep a ~** Tagebuch führen
❸ COMPUT Protokoll *nt*

jour·nal·ese [ˌdʒɜ:nᵊl'i:z, AM ˌdʒɜ:r-] *n no pl (pej)* Pressejargon *m pej*, Zeitungsstil *m pej*

jour·nal·ism ['dʒɜ:nᵊlɪzᵊm, AM 'dʒɜ:r-] *n no pl* Journalismus *m*

jour·nal·ist ['dʒɜ:nᵊlɪst, AM 'dʒɜ:r-] *n* Journalist(in) *m(f);* **freelance ~** freier Journalist/freie Journalistin

jour·nal·is·tic [ˌdʒɜ:nᵊl'ɪstɪk, AM ˌdʒɜ:r-] *adj* journalistisch

jour·nal·ling ['dʒɜ:nᵊlɪŋ, AM 'dʒɜ:r-] *n no pl* Führen *nt* eines Tagebuches

jour·ney ['dʒɜ:ni, AM 'dʒɜ:rni] **I.** *n* Reise *f;* ***have a safe ~!*** gute Reise!; **car/train ~** Auto-/Zugfahrt *f;* **~ of self-discovery** Selbsterfahrungstrip *m fam;* **~ time** Fahrzeit *f;* **a two-hour train ~** eine zweistündige Zugfahrt; **to set out on a ~** zu einer Reise aufbrechen
II. *vi (esp liter)* reisen; ***they ~ed into the desert on camels*** sie zogen auf Kamelen in die Wüste; **to ~ south** in den [*o* gen] Süden reisen *liter*

'jour·ney·man I. *n* ❶ *(experienced workman)* Fachmann *m*
❷ *(qualified workman)* Geselle *m*
II. *n modifier* -geselle; **~ carpenter** Tischlergeselle *m;* **~ professional** erfahrener Profi *fam;* **~ tennis player** routinierter Tennisspieler

joust [dʒaʊst] **I.** *vi* ❶ *(engage in a joust)* einen [Turnier]zweikampf austragen
❷ *(compete)* ■**to ~ for sth** um etw *akk* streiten [*o* konkurrieren]
II. *n* [Turnier]zweikampf *m*

joust·ing ['dʒaʊstɪŋ] *n no pl* HIST [Lanzen]stechen *nt*, Turnier[spiel] *nt*

Jove [dʒəʊv, AM dʒoʊv] *n* Jupiter *m*
▸PHRASES: **by ~!** *(dated)* Donnerwetter!, potz Blitz! *veraltet*

jo·vial ['dʒəʊviəl, AM 'dʒoʊ-] *adj* ❶ *(friendly) person* freundlich; *welcome* herzlich
❷ *(joyous) mood* heiter, lustig; *chat, evening* nett

jo·vi·al·ity [ˌdʒəʊvi'æləti, AM ˌdʒoʊvi'ælət̬i] *n no pl* ❶ *(friendliness)* Freundlichkeit *f*, Herzlichkeit *f*
❷ *(joyousness)* Fröhlichkeit *f*, Heiterkeit *f*

jo·vi·al·ly ['dʒəʊviəli, AM 'dʒoʊ-] *adv* freundlich, herzlich

jowl [dʒaʊl] *n* ❶ *(jaw)* Unterkiefer *m*
❷ *usu pl (hanging flesh)* Kinnbacke *f;* **heavy ~s** Hängebacken *pl*

jowly ['dʒaʊli] *adj* ■**to be ~** Hängebacken haben

joy [dʒɔɪ] *n* ❶ *(gladness)* Freude *f*, Vergnügen *nt;* ***one of the ~s of the job*** einer der erfreulichen Aspekte dieses Berufs; ***the ~s of living in the country*** die Freuden des Landlebens; ***her singing is a ~ to listen to*** ihrem Gesang zuzuhören ist ein Genuss; ***in spring the garden is a ~ to behold*** im Frühjahr ist der Garten eine wahre Augenweide; **to be filled with ~** voller Freude sein; **to be full of the ~s of spring** bestens aufgelegt [*o* [in] bester Stimmung] sein; **to be a [great] ~ to sb** jdm [große] Freude bereiten; **to give sb ~** jdm Freude bereiten; **to jump for ~** einen Freudensprung machen; **to shout for** [*or* **with**] **~** einen Freudenschrei ausstoßen; **to weep for** [*or* **with**] **~** vor Freude weinen
❷ *(liter: expression of gladness)* Fröhlichkeit *f*
❸ *no pl* BRIT *(fam: success)* Erfolg *m;* ***did you have any ~ finding the book you wanted?*** ist es dir gelungen, das Buch zu finden, das du wolltest?; ***I thought I might ask Josh to lend me some money — you won't get much ~ from him*** ich habe gedacht, ich könnte Josh bitten, mir etwas Geld zu borgen – du wirst nicht viel Glück bei ihm haben

joy·ful ['dʒɔɪfᵊl] *adj face, person* froh, fröhlich; *event, news* freudig; **to feel ~ about** [*or* **over**] **sth** sich *akk* über etw *akk* freuen

joy·ful·ly ['dʒɔɪfᵊli] *adv* fröhlich, vergnügt; ***we ~ announce the birth of our son*** wir freuen uns, die Geburt unseres Sohnes bekanntzugeben; **to welcome sb ~** jdn freudig begrüßen [*o* SCHWEIZ *a.* empfangen]

joy·ful·ness ['dʒɔɪfᵊlnəs] *n no pl* Fröhlichkeit *f*, Heiterkeit *f;* ***her ~ at his return was obvious*** ihre Freude über seine Rückkehr war offenkundig

joy·less ['dʒɔɪləs] *adj childhood, time* freudlos; *expression, occasion, news* traurig; **~ marriage** unglückliche Ehe

joy·less 'growth *n* Wirtschaftswachstum *nt* ohne Abnahme der Arbeitslosenzahl

joy·less·ly ['dʒɔɪləsli] *adv* traurig

joy·less·ness ['dʒɔɪləsnəs] *n no pl of a period, life* Freudlosigkeit *f; of a person* Traurigkeit *f*

joy·ous ['dʒɔɪəs] *adj (liter) event, news* freudig, erfreulich; *person, voice* fröhlich

joy·ous·ly ['dʒɔɪəsli] *adv (liter)* freudig, froh; **to be ~ happy** überglücklich sein

joy·ous·ness ['dʒɔɪəsnəs] *n no pl (liter)* Freude *f*

'joy·ride *n* [waghalsige] Spritztour *(in einem gestohlenen Auto)* **'joy·rid·er** *n jd, der eine waghalsige Spritztour in einem gestohlenen Auto unternimmt* **'joy·rid·ing** *n no pl in einem gestohlenen Wagen waghalsige Spritztouren unternehmen* **'joy·stick** *n* AVIAT Steuerknüppel *m*, SCHWEIZ *a.* Schalthebel *m;* COMPUT Joystick *m*

JP *n abbrev of* **Justice of the Peace** Friedensrichter(in) *m(f)*

JPY *n* FIN *abbrev of* **Japanese yen** JPY *m*

Jr *adj after n, inv esp* AM *short for* **junior** jun., jr.

jt *adj abbrev of* **joint I**

ju·bi·lant ['dʒu:bɪlənt] *adj* glücklich; *crowd* jubelnd *attr; expression, voice* triumphierend *attr; face* freudestrahlend *attr;* **~ cheers** Jubelgeschrei *nt;* **to be ~ at sb's failure** über jds Misserfolg frohlocken *geh;* **~ shouts** Jubelrufe *pl;* ■**to be ~ over sth** über etw *akk* jubeln

ju·bi·lant·ly ['dʒu:bɪləntli] *adv* jubelnd, triumphierend; ***he looked at her ~*** er sah sie freudestrahlend an

ju·bi·la·tion [ˌdʒu:bɪ'leɪʃᵊn] *n no pl* Jubel *m*

ju·bi·lee ['dʒu:bɪli:] *n* Jubiläum *nt;* **silver ~** fünfundzwanzigjähriges Jubiläum

Ju·daea [dʒu:'di:ə] *n no pl* HIST, GEOG Judäa *nt*

Ju·daeo-Chris·tian [dʒu:ˌdi:əʊ'krɪstʃən] *adj inv* jüdisch-christlich

Ju·da·ic [dʒu:'deɪɪk] *adj inv* jüdisch

Ju·da·ism ['dʒu:deɪɪzᵊm] *n no pl* Judaismus *m*, Judentum *nt*

Judas ['dʒu:dəs] *n* ❶ *(traitor)* Judas *m*, Verräter(in) *m(f)*
❷ REL Judas *m*

jud·der ['dʒʌdəʳ] BRIT, AUS **I.** *vi* [heftig] wackeln, ruckeln; ***the train ~ed to a halt*** der Zug ruckte und blieb stehen
II. *n no pl* ❶ *(rapid shaking)* Ruckeln *nt;* ***the car gave a sudden ~, then stopped dead*** das Auto machte einen Ruck und blieb dann schlagartig stehen
❷ COMPUT Ungleichförmigkeit *f*, Verwacklung *f*

Ju·deo-Chris·tian [dʒu:ˌdi:oʊ'krɪstʃən] *adj inv* AM judäisch-christlich

judge [dʒʌdʒ] **I.** *n* ❶ LAW Richter(in) *m(f)*
❷ *(at a competition)* Preisrichter(in) *m(f);* SPORT *(in boxing, gymnastics, wrestling)* Punktrichter(in) *m(f); (in athletics, swimming)* Kampfrichter(in) *m(f)*, Schiedsrichter(in) *m(f)*
❸ *(expert) of literature, music, wine* Kenner(in) *m(f);* ***let me be the ~ of that*** das überlassen Sie am besten meinem Urteil; **to be no ~ of art** kein Kunstkenner sein; **to be a good/bad ~ of character** ein guter/schlechter Menschenkenner sein; **to be [not] a good ~ of sth** etw [nicht] gut beurteilen können
II. *vi* ❶ *(decide)* urteilen; ***it's too soon to ~*** für ein Urteil ist es noch zu früh; ***you shouldn't ~ by*** [*or* ***on***] ***appearances alone*** man sollte nicht nur nach dem Äußeren gehen; ***judging by*** [*or* ***from***] ***his comments, he seems to have been misinformed*** seinen Äußerungen nach zu urteilen, ist er falsch informiert worden
❷ *(estimate)* schätzen; ***I'd ~ that it'll take us five years to cover our costs*** ich schätze mal, dass wir fünf Jahre brauchen werden, um unsere Unkosten zu decken
III. *vt* ❶ *(decide)* ■**to ~ sb/sth** jdn/etw beurteilen [*o* einschätzen]; ***everyone present ~d the meeting*** [***to have been***] ***a success*** jeder, der anwesend war, wertete das Treffen als Erfolg; ***she ~d it better not to tell him about the damage to the car*** sie hielt es für besser, ihm nichts von dem Schaden am Auto zu erzählen; ***you can ~ for yourself how angry I was*** Sie können sich vorstellen, wie zornig ich war
❷ *(estimate)* ■**to ~ sth** etw schätzen; **to ~ a distance** eine Entfernung [ab]schätzen
❸ *(pick a winner)* ■**to ~ sth** etw als Kampfrichter [*o* Preisrichter] bewerten, bei etw *dat* Kampfrichter [*o* Preisrichter] sein *m*
❹ *(rank)* ■**to ~ sb/sth** jdn/etw beurteilen [*o* einstufen]; ***our salespeople are ~d on*** [*or* ***according to***] ***how many cars they sell*** unsere Verkäufer werden nach der Anzahl der Autos, die sie verkaufen, eingestuft
▸PHRASES: **you can't ~ a book by its cover** *(saying)* man kann eine Sache nicht nach dem äußeren Anschein beurteilen

judg(e)·ment ['dʒʌdʒmənt] *n* ❶ LAW Urteil *nt*, gerichtliche Entscheidung; **to await ~** auf das Urteil warten; **to pass ~ [on sb]** *(also fig)* ein Urteil [über jdn] fällen *a. fig;* **to reserve ~** die Urteilsverkündung aussetzen; **to reverse a ~** ein Urteil aufheben; **to sit in ~ on a case** Richter/Richterin in einem Fall sein; **to sit in ~ on sb** über jdn zu Gericht sitzen; **to sit in ~ over sb** *(fig)* mit jdm ins Gericht gehen
❷ *(opinion)* Urteil *nt*, Ansicht *f*, Beurteilung *f*, Meinung *f;* **error of ~** Fehleinschätzung *f;* **a question of ~** eine Frage des Standpunkts; **value ~** Werturteil

nt; **against one's better ~** wider besseres Wissen; **to make a subjective ~ about sth** über etw *akk* subjektive Urteile fällen
③ *(discernment)* Urteilsfähigkeit *f,* Urteilsvermögen *nt;* **to show impaired/poor/sound ~** ein eingeschränktes/schwaches/gesundes Urteilsvermögen besitzen
④ REL Strafe *f* Gottes
judg(e)·men·tal [dʒʌdʒˈmentəl, AM -t̬əl] *adj* ① *inv (using judgement)* urteilend, Urteils-
② *(pej: highly critical)* [vorschnell] wertend [*o* urteilend] *attr;* ■**to be ~ about sb** ein [vorschnelles] Urteil über jdn fällen
judg(e)·men·tal·ly [dʒʌdʒˈmentəli, AM -t̬əli] *adv* vorschnell urteilend; ***he tends to deal ~ with others*** er neigt im Umgang mit anderen zu vorschnellen Urteilen
ˈJudg(e)·ment Day *n* REL das Jüngste Gericht
ˈjudg(e)·ment-im·pair·ing *adj inv* **a ~ drug** eine das Urteilsvermögen einschränkende Droge
ju·di·ca·ture [ˈdʒu:dɪkətʃəʳ, AM -ɚ] *n no pl* ① LAW *(system)* Justiz *f,* Gerichtswesen *nt*
② + *sing/pl vb (the judges)* ■**the ~** die Richterschaft
ju·di·cial [dʒu:ˈdɪʃəl] *adj inv* gerichtlich; **~ authorities/murder/reform** Justizbehörden *pl*/-mord *m*/-reform *f;* **~ discretion** richterliches Ermessen; **~ proceedings/system** Gerichtsverfahren *nt*/-wesen *nt;* **~ review** AM Normenkontrolle *f (Prüfung der Gesetze auf ihre Verfassungsmäßigkeit)*
ju·di·cial ˈac·tion *n* Anfechtungsklage *f*
ju·di·cial·ly [dʒu:ˈdɪʃəli] *adv* gerichtlich
ju·di·ci·ary [dʒu:ˈdɪʃəri, AM -ieri] *n* + *sing/pl vb* ■**the ~** *(people)* der Richterstand; *(system)* das Gerichtswesen
ju·di·cious [dʒu:ˈdɪʃəs] *adj choice, person* klug; *decision* wohl überlegt
ju·di·cious·ly [dʒu:ˈdɪʃəsli] *adv* klug
judo [ˈdʒu:dəʊ, AM -doʊ] *n no pl* Judo *nt*
jug [dʒʌg] I. *n* ① *(container)* Kanne *f,* Krug *m;* **a ~ of milk** eine Kanne Milch
② *no pl (dated sl: prison)* Kittchen *nt fam,* Knast *m fam,* SCHWEIZ *a.* Kiste *f fam,* ÖSTERR *a.* Häfen *m sl;* **to end up in ~** im Knast landen
II. *vt* <-gg-> ■**to ~ sth** etw schmoren
jug·ful [ˈdʒʌgfʊl] *n* Kanne *f,* Krug *m;* **a ~ of water** ein Krug *m* Wasser
jug·ger·naut [ˈdʒʌgənɔ:t, AM -ɚnɑ:t] *n* ① BRIT *(heavy lorry)* Schwerlastwagen *m,* Lastzug *m,* Brummi *m fam,* Camion *m* SCHWEIZ; NAUT Großkampfschiff *nt*
② *(pej: overwhelming force)* verheerende [*o* vernichtende] Gewalt, Moloch *m geh;* **the ~ of bureaucracy/war** der Moloch Bürokratie/Krieg
③ *(overpowering institution)* Gigant *m;* **a ~ of economy/industry** ein Wirtschafts-/Industriegigant *m*
jug·gle [ˈdʒʌgl] I. *vt* ■**to ~ sth** ① *(toss and catch)* mit etw *dat* jonglieren; *(fig)* ***it is quite hard to ~ children and a career*** es ist ziemlich schwierig, Familie und Beruf unter einen Hut zu bringen
② *(fig pej: manipulate)* etw manipulieren *pej;* **to ~ facts** Tatsachen verdrehen; **to ~ figures** Zahlen frisieren *pej fam*
II. *vi* ① *(fig pej: manipulate)* ■**to ~ with sth** *facts, information* etw manipulieren *pej;* **to ~ with figures** mit Zahlen jonglieren *pej*
② *(pej: fumble)* ■**to ~ with sth** mit etw *dat* jonglieren [*o* herumspielen] *pej*
jug·gler [ˈdʒʌgləʳ, AM -ɚ] *n* Jongleur(in) *m(f)*
jug·gling [ˈdʒʌglɪŋ] *n no pl* ① *(tossing and catching)* Jonglieren *nt*
② *(fig pej: manipulation)* Manipulieren *nt pej*
ˈjug·gling act *n* ① *(circus act)* Jonglierakt *m* ② *(fig: task management)* Balanceakt *m* **ˈjug·gling balls** *npl* Jonglierbälle *pl*
Ju·go·slav [ˈju:gə(ʊ)slɑ:v, AM -goʊ-] *(dated) see* **Yugoslav**
Ju·go·sla·via [ˌju:gə(ʊ)ˈslɑ:viə, AM -goʊˈ-] *n (dated) see* **Yugoslavia**
jugu·lar, jugu·lar ˈvein [ˈdʒʌgjələʳ-, AM -ɚ] *n* Drosselvene *f fachspr,* Jugularvene *f fachspr*
▸PHRASES: **to go for the ~** *(fig)* an die Gurgel springen *fam;* ***he went for the ~*** er sprang ihm an die Gurgel
juice [dʒu:s] I. *n* ① *no pl (of fruit, vegetable)* Saft *m,* SCHWEIZ *a.* jus *m;* **lemon ~** Zitronensaft *m,* SCHWEIZ *a.* Zitronenjus *m*
② *(liquid in meat)* ■**~s** *pl* [Braten]saft *m kein pl*
③ *(natural fluid)* ■**~s** *pl* Körpersäfte *pl;* **digestive/gastric ~s** Verdauungs-/Magensaft *m*
④ AM *(sl: influence, power)* Einfluss *m,* Macht *f;* **to have [all] the ~** das [absolute] Sagen haben *fam*
⑤ *(fig: energy)* **creative ~s** kreative Kräfte; **to get the creative ~s flowing** schöpferisch tätig [*o* kreativ] werden
⑥ *(sl: electricity)* Saft *m sl; (petrol)* Sprit *m fam*
⑦ *no pl* AM *(sl: steroids)* Steroide *pl*
II. *vt* ■**to ~ sth** *fruit, vegetables* etw entsaften
juiced [ˈdʒu:sd] *adj pred, inv* AM *(sl)* unter Steroiden *nach n*
juiced-ˈup *adj attr* aufgepeppt *fam*
ˈjuice ex·trac·tor *n* Entsafter *m*
juic·er [ˈdʒu:səʳ, AM -ɚ] *n* ① *(appliance)* Entsafter *m; (for citrus fruit)* Saftpresse *f*
② AM *(pej sl: drinker)* Säufer(in) *m(f) pej sl*
③ AM *(sl: in theatre)* Beleuchter(in) *m(f)*
juici·ness [ˈdʒu:sɪnəs] *n no pl* Saftigkeit *f*
juicy [ˈdʒu:si] *adj* ① *(succulent)* saftig
② *(fam: bountiful)* saftig *fam; profit* lukrativ, fett *fam*
③ *(fam: interesting)* interessant; *role, task* reizvoll
④ *(fam: suggestive) joke, story* schlüpfrig, anstößig; *details, scandal* pikant
ju-jit·su [dʒu:ˈdʒɪtsu:] *n no pl* Jiu-Jitsu *nt,* Ju-Jutsu *nt*
juju [ˈdʒu:dʒu:] *n no pl* Karma *nt*
juke [dʒu:k] *vt* AM *(sl: football)* ■**to ~ sb** jdn geschickt umgehen
juke·box [ˈdʒu:kbɒks, AM -bɑ:ks] *n* Musikautomat *m,* Musikbox *f,* Jukebox *f sl;* **to put a song on the ~** einen Titel aus der Jukebox wählen
Jul. *n abbrev of* **July** Juli
ju·lep [ˈdʒu:lɪp, AM -ləp] *n* Julep *m o nt (alkoholisches Eisgetränk, oft mit Pfefferminze)*
ju·li·enne [ˌdʒu:liˈen] *vt* **to ~ vegetables** Gemüse in schmale Streifen [*o fachspr* Julienne] schneiden
July [dʒʊˈlaɪ] *n* Juli *m; see also* **February**
jum·ble [ˈdʒʌmbl̩] I. *n no pl* ① *(also fig: chaos)* Durcheinander *nt a. fig,* Wirrwarr *m a. fig; of clothes, papers* Haufen *m*
② BRIT *(unwanted articles)* Ramsch *m fam*
II. *vt* ■**to ~ sth** etw in Unordnung bringen; *figures* etw durcheinanderbringen; ***don't ~ your clothes like that*** wirf deine Kleidungsstücke nicht einfach so auf einen Haufen; ***the events of the last few weeks are all ~d in my mind*** die Ereignisse der letzten Wochen sind in meiner Erinnerung alle durcheinandergeraten
◆**jumble up** *vt* ■**to ~ up** ↔ **sth** ① *(produce chaos)* etw durcheinanderwerfen
② *(mingle)* etw bunt zusammenmischen [*o* zusammenwürfeln]; ***I suggest jumbling up the prizes so that nobody will know what they are getting*** ich schlage vor, die Preise durchzumischen, damit niemand weiß, was er bekommt
ˈjum·ble sale *n* BRIT Flohmarkt *m; (for charity)* Wohltätigkeitsbasar *m*
jum·bo [ˈdʒʌmbəʊ, AM -boʊ] I. *adj attr* Riesen-; ***washing powder works out cheaper if you buy the ~ size*** Waschpulver kommt billiger, wenn man die Großpackung kauft
II. *n (fam)* Koloss *m;* AVIAT Jumbo *m fam*
jum·bo ˈjet *n* Jumbojet *m*
jump [dʒʌmp] I. *n* ① *(leap)* Sprung *m,* Satz *m;* SPORT Hoch-/Weitsprung *m;* **to make** [*or* **take**] **a ~** einen Sprung [*o* Satz] machen; **parachute ~** Fallschirmabsprung *m*
② *(fig: rise)* Sprung *m; of prices, temperatures, value* [sprunghafter] Anstieg; *of profits* [sprunghafte] Steigerung; ***the ~ from the junior to the senior team*** der Sprung von der Jugend- in die Erwachsenenmannschaft; **to take a sudden ~** *prices, temperatures, value* sprunghaft ansteigen
③ *(step)* Schritt *m; (head start)* Vorsprung *m;* **to be one ~ ahead of the competition** der Konkurrenz einen Schritt [*o* eine Nasenlänge] voraus sein; **to get/have the ~ on sb** AM *(fam)* sich *dat* einen Vorsprung vor jdm verschaffen/jdm gegenüber im Vorteil sein
④ *(shock)* [nervöse] Zuckung; **to give a ~** zusammenfahren, zusammenzucken; **to wake up with a ~** aus dem Schlaf hochfahren
⑤ *(hurdle)* Hindernis *nt*
⑥ *pl (fam: nervousness)* **to give sb the ~s** jdn ganz zappelig [*o* NORDD hibbelig] machen *fam;* **to have [got] the ~s** ganz fahrig [*o fam* zappelig] [*o fam* hibbelig] sein NORDD
⑦ AM *(vulg sl: sex)* Fick *m vulg*
II. *vi* ① *(leap)* springen; **to ~ to sb's defence** *(fig)* jdm zur Seite springen; **to ~ to one's feet** plötzlich aufstehen, aufspringen; **to ~ up and down** herumspringen *fam,* herumhüpfen *fam;* ■**to ~ in[to] sth** *car, water* in etw *akk* [hinein]springen; **to ~ into bed with sb** *(fig fam)* mit jdm ins Bett springen *fam*
② *(rise)* sprunghaft ansteigen, in die Höhe schnellen; **to ~ by 70%** einen Sprung um 70 % machen; **to ~ from £50 to £70** von 50 auf 70 Pfund schnellen
③ *(fig: change)* springen; ***the film keeps ~ing back to when she was a child*** der Film macht immer wieder einen Sprung zurück in ihre Kindheit; ***he kept ~ing from one thing to another*** er blieb nie bei der Sache
④ *(be startled)* einen Satz machen; **to make sb ~** jdn erschrecken [*o* aufschrecken]; ***oh, you made me ~!*** huch, hast du mich vielleicht erschreckt!
⑤ BRIT, AUS *(fig fam)* **to ~ up and down [about sth]** *(be annoyed)* sich *akk* maßlos [wegen einer S. *gen*] aufregen; **to ~ on** [*or* **all over**] **sb** *(criticize)* jdn [aus nichtigem Anlass] abkanzeln *fam* [*o sl* heruntermachen]
▸PHRASES: **to ~ to conclusions** voreilige [*o* vorschnelle] Schlüsse ziehen; **go [and] ~ in the lake!** *(fam)* geh [*o* scher dich] zum Teufel! *sl;* **to ~ for joy** einen Freudensprung machen; *heart* vor Freude hüpfen; **to ~ out of one's skin** *(fam)* zu Tode erschrecken; **to ~ down sb's throat** *(fam: address)* jdn [heftig] anfahren [*o pej fam* anblaffen] [*o* SÜDD, SCHWEIZ, ÖSTERR anmotzen]; *(answer)* jdm über den Mund fahren *fam;* **to be really ~ing** *(approv fam)* ***the place was really ~ing*** da war schwer was los *sl*
III. *vt* ① *(leap over)* ■**to ~ sth** etw überspringen, über etw *akk* springen; ***the horse ~ed a clear round*** das Pferd hat alle Hindernisse fehlerfrei übersprungen; **to ~ the rails** [*or* **track**] aus den Schienen springen, entgleisen
② *(skip)* ■**to ~ sth** *line, page, stage* etw überspringen
③ *esp* AM *(fam: attack)* ■**to ~ sb** über jdn herfallen, jdn überfallen
④ *(disregard)* ■**to ~ sth** etw missachten; **to ~ bail** AM *(fam)* die Kaution sausenlassen [und sich *akk* verdrücken] *fam;* **to ~ the [traffic] lights** [*or* **a light**] *(fam)* eine Ampel überfahren; **to ~ a/the queue** BRIT, AUS sich *akk* vordrängeln *fam; (fig)* aus der Reihe tanzen *fam*
⑤ AM *(vulg sl: have sex)* ■**to ~ sb** jdn bumsen *derb*
▸PHRASES: **to ~ the gun** *(fam)* vorpreschen, überstürzt handeln; SPORT einen Fehlstart verursachen; **to ~ ship** *politician, unionist* das sinkende Schiff verlassen; NAUT *sailor* sich *akk* [unter Bruch des Heuervertrags] absetzen; *passenger* vorzeitig von Bord gehen; **to ~ to it** *(fam)* sich *akk* ranhalten *fam,* hinmachen DIAL
◆**jump at** *vi* ① *(attack)* ■**to ~ at sb** auf jdn losgehen, jdn anspringen
② *(accept)* ■**to ~ at sth** *idea, suggestion* sofort auf etw *akk* anspringen *fam; offer* bei etw *dat* zuschlagen *fam,* sich *akk* auf etw *akk* stürzen; **to ~ at the chance** [*or* **opportunity**] **of doing sth** die Gelegenheit beim Schopfe packen, etw zu tun
◆**jump in** *vi* ① *(leap in)* hineinspringen; *(into vehicle)* einsteigen
② *(interrupt)* dazwischenreden
◆**jump out** *vi* ① *(leave)* ■**to ~ out of sth** *bed, car,*

window aus etw *dat* springen
② *(fig: stand out)* ■ **to ~ out at sb** jdm sofort auffallen [*o* ins Auge springen]
◆**jump up** *vi* aufspringen, hochspringen
'jump cut *n* FILM Jump-Cut *m*, Vorgriff *m*
jumped-up [ˌdʒʌm(p)tˈʌp] *adj* BRIT *(pej fam)* aufgeblasen *pej*, hochnäsig *pej*
jump·er [ˌdʒʌmpəʳ, AM -ɚ] *n* ① *(person)* Springer(in) *m(f)*; *(horse)* Springpferd *nt*
② BRIT, AUS *(pullover)* Pullover *m*, Pulli *m fam*
③ AM, AUS *(pinafore)* Trägerkleid *nt*, ärmelloses Kleid
④ COMPUT Jumper *m fachspr*
jump·ing 'jack *n* ① *(firework)* Knallfrosch *m* ② *(toy figure)* Hampelmann *m* ③ *(rhyming sl: snooker)* schwarze Kugel ④ SPORT Hampelmann *m* **jump·ing-'off place, jump·ing-'off point** *n* Ausgangspunkt *m*, Ausgangsbasis *f*, Sprungbrett *nt fig*
'jump jet *n* AVIAT Senkrechtstarter *m* **'jump leads** *npl* BRIT Starthilfekabel *nt*, Überbrückungskabel *nt* **'jump seat** *n* AM Klappsitz *m*, Notsitz *m* **'jump start I.** *vt* ① *(start a car)* **to ~ sb's car** jdm Starthilfe geben ② *(fig)* ■ **to ~ sth** *economy* etw [wieder] in Gang bringen **II.** *n* Starthilfe *f* **'jump·suit** *n* Overall *m*
jumpy [ˈdʒʌmpi] *adj (fam)* ① *(nervous)* nervös, unruhig; ***I'm rather ~ about travelling on the metro late at night*** der Gedanke, spät abends U-Bahn zu fahren, beunruhigt mich ziemlich
② *(easily frightened)* schreckhaft
③ *(jerky) movement* ruckartig
④ *(unsteady) market* unsicher
⑤ *(digressive) style* sprunghaft
Jun. *n abbrev of* **June** Juni
jun. *adj abbrev of* **junior** jun., jr.
junc·tion [ˈdʒʌŋkʃᵊn] *n* ① *(road)* Kreuzung *f*; *(motorway)* Anschlussstelle *f*, Autobahnkreuz *nt*; [**railway**] ~ [Eisenbahn]knotenpunkt *m*
② COMPUT *(connection between wires/cables)* Zusammenführung *f* [von Leitungen]
③ COMPUT *(region between areas)* Zonenübergang *m*
'junc·tion box *n* ELEC Verteilerkasten *m*, Abzweigdose *f*, Anschlussdose *f*
junc·ture [ˈdʒʌŋ(k)(t)ʃəʳ, AM -tʃɚ] *n no pl (form)* [kritischer] Zeitpunkt [*o* Moment]; **at this ~** zum jetzigen Zeitpunkt; ***we are at an important ~ in the negotiations*** wir sind in den Verhandlungen an einem sehr entscheidenden Punkt angelangt
June [dʒuːn] *n* Juni *m*; *see also* **February**
Jung·ian [ˈjʊŋiən] *adj* PSYCH Jungsche(r, s) *attr*; **in ~ theory** nach der jungschen Theorie
jun·gle [ˈdʒʌŋgl̩] *n* ① *(tropical forest)* Dschungel *m*, Urwald *m*
② *(fig: confused mass)* Gewirr *nt*, Dschungel *m*, Dickicht *nt*; **concrete ~** Großstadtdschungel *m*; **the law of the ~** das Gesetz des Dschungels
▸PHRASES: **it's a ~ out there** das Leben ist ein Kampf
'jun·gle fe·ver *n (sl)* gemischtrassige Beziehung **jun·gle 'gym** *n* AM, AUS Klettergerüst *nt* **'jun·gle juice** *n* [selbst gebrauter] Fusel *fam*
jun·ior [ˈdʒuːniəʳ, AM -njɚ] **I.** *adj* ① *inv (younger)* junior *nach n*; **James Dawson, J~** James Dawson junior
② *attr, inv* SPORT Junioren-, Jugend-
③ *attr, inv* SCH **~ college** AM Juniorencollege *nt*, Vorbereitungscollege *nt (die beiden ersten Studienjahre umfassende Einrichtung)*; **~ common room** BRIT studentischer Gemeinschaftsraum; **~ school** BRIT Grundschule *f*; **~ high school** AM Aufbauschule *f (umfasst in der Regel die Klassenstufen 7–9)*
④ *(low rank)* untergeordnet; ***I'm too ~ to apply for this job*** ich habe eine zu niedrige Position inne, um mich für diese Stelle bewerben zu können; **~ barrister** BRIT angehender Rechtsanwalt/angehende Rechtsanwältin, Rechtsanwaltspraktikant(in) *m(f)*; **~ officer/soldier** rangniederer Offizier/Soldat; **~ partner** Juniorpartner(in) *m(f)*
⑤ ECON, FIN *mortgage* nachrangig
II. *n* ① *no pl esp* AM *(son)* Sohn *m*, Junior *m hum*; ***I've asked Mom to take care of J~*** ich habe Mama gebeten, auf den Jungen [*o* unseren Sohn] aufzupassen
② *(younger)* Jüngere(r) *f(m)*; ***he's two years my ~*** er ist zwei Jahre jünger als ich
③ *(low-ranking person)* unterer Angestellter/untere Angestellte; **office ~** Bürogehilfe, -gehilfin *m, f*
④ BRIT SCH Grundschüler(in) *m(f)*, Primarschüler(in) *m(f)* SCHWEIZ
⑤ BRIT SCH ■ **the ~s** *pl* Grundschule *f kein pl*, Primarschule *f* SCHWEIZ; **to move up to the J~s** in die Grundschule [*o* SCHWEIZ Primarschule] kommen
⑥ AM UNIV Student (in) *m(f)* im vorletzten Studienjahr
⑦ LAW Nebenanwalt, -anwältin *m, f*; *(not Queen's Counsel)* Juniorgerichtsanwalt, -anwältin *m, f*
jun·ior·ity [ˌdʒuːniˈɒrɪti, AM -ˈɔːrət̬i] *n no pl, no art* ① *(being lower in rank than sb)* untergeordnete Stellung
② *(being younger than sb)* geringeres Alter; ***he could at least claim ~ to the former senator*** zumindest sprach für ihn, dass er jünger war als der vorige Senator
ju·ni·per [ˈdʒuːnɪpəʳ, AM -ɚ] *n* Wacholder *m*, Juniperus *m fachspr*
junk¹ [dʒʌŋk] **I.** *n* ① *no pl (worthless stuff)* Plunder *m pej fam*, Ramsch *m pej fam*, Krempel *m pej fam*; *(fig pej)* Schrott *m pej fam*, Mist *m pej fam*; *(literature)* Schund *m pej fam*
② *(sl: heroin)* Stoff *m sl*
II. *vt (fam)* ■ **to ~ sth** etw wegwerfen [*o fam* wegschmeißen]
junk² [dʒʌŋk] *n* NAUT Dschunke *f*
junk 'bonds *npl* AM Risikopapiere *nt*
jun·ket [ˈdʒʌŋkɪt] **I.** *n* ① *(pej: trip, celebration)* Vergnügungsreise [*o* so genannte Dienstreise] auf Staatskosten
② FOOD *Süßspeise aus mit Lab eingedickter Milch*
II. *vi* eine Vergnügungsreise auf Staatskosten machen
jun·ket·ing [ˈdʒʌŋkɪtɪŋ] *n (fam)* ① *(feast)* Festessen *nt*, Festschmaus *m*
② *(excursion)* Schlemmertour *f fam* [*o* Vergnügungsreise *f*] auf Staatskosten
junk 'food *n* Schnellgerichte *pl*; *(pej)* ungesundes Essen, Fraß *m pej fam* **'junk heap** *n* Müllhaufen *m*, Misthaufen *m* ÖSTERR
junkie [ˈdʒʌŋki] *n (sl)* Junkie *m sl*, Fixer(in) *m(f) fam*, Rauschgiftsüchtige(r) *f(m)*; **coffee ~** *(hum)* Kaffeetante *f hum*; **fitness ~** *(hum)* Fitnessfreak *m hum*
junk 'mail *n no pl* Post *f* für den Papierkorb, Wurfsendungen *pl*, Reklame *f* **'junk room** *n* Rumpelkammer *f fam*, ÖSTERR *a.* Abstellraum *m* **'junk shop** *n* Trödelladen *m fam*, Altwarenhändler *m* ÖSTERR **'junk·ware** *n no pl* Junkware *f*
junky [ˈdʒʌŋki] **I.** *n see* **junkie**
II. *adj (fam)* mies; *(not healthy)* ungesund
'junk·yard *n* Schrottplatz *m*
jun·ta [ˈdʒʌntə, AM ˈhʊn-] *n + sing/pl vb* Junta *f*; **military ~** Militärjunta *f*
Ju·pi·ter [ˈdʒuːpɪtəʳ, AM -ɚ] *n no art* Jupiter *m*
ju·ridi·cal [dʒʊ(ə)ˈrɪdɪkᵊl, AM dʒʊˈ-] *adj* ① *(of law)* Rechts-, juristisch, juridisch ÖSTERR; **~ person** juristische Person
② *(of court)* Gerichts-; **~ days** Gerichtstage *pl*, Verhandlungstage *pl*; **~ power** richterliche Gewalt
ju·ris·dic·tion [ˌdʒʊərɪsˈdɪkʃᵊn, AM ˌdʒʊrɪs'-] *n no pl* Jurisdiktion *f geh*, Gerichtsbarkeit *f*, Zuständigkeit *f*, Geltungsbereich *m*; **to be beyond** [*or* **outside**] **the ~ of a court** nicht in den Zuständigkeitsbereich eines Gerichts fallen; **to be under** [*or* **within**] **the ~ of a court** unter die Zuständigkeit eines Gerichts fallen, der Zuständigkeit eines Gerichts unterliegen; **to have** [**no**] **~ in** [*or* **over**] **sth** für etw *akk* [nicht] zuständig sein
ju·ris·pru·dence [ˌdʒʊərɪsˈpruːd(ə)n(t)s, AM ˌdʒʊrɪs'-] *n no pl* LAW Jurisprudenz *f geh*, Rechtswissenschaft *f*, SCHWEIZ, ÖSTERR *a.* Jura *f*; **comparative ~** vergleichende Rechtswissenschaft; **medical ~** Gerichtsmedizin *f*
ju·rist [ˈdʒʊərɪst, AM ˈdʒʊrɪst] *n* Jurist(in) *m(f)*, Rechtswissenschaftler(in) *m(f)*
ju·ror [ˈdʒʊərəʳ, AM ˈdʒʊrɚ] *n* Preisrichter(in) *m(f)*; LAW Geschworene(r) *f(m)*
jury [ˈdʒʊəri, AM ˈdʒʊri] *n + sing/pl vb* ① LAW ■ **the ~** die Geschworenen *pl*; **member of the ~** Geschworene(r) *f(m)*; **to be** [*or* **serve**] [*or* **sit**] **on a ~** auf der Geschworenenbank sitzen, Geschworene *f*/Geschworener *m* sein
② *(competition)* Jury *f*, Preisgericht *nt*; SPORT Kampfgericht *nt*
▸PHRASES: **the ~ is still out** das letzte Wort ist noch nicht gesprochen
'jury·man *n* Geschworener *m*, Schöffe *m*
jury-rigged [-rɪgd] *adj esp* AM improvisiert, behelfsmäßig zusammengeschustert
'jury·wom·an *n* Geschworene *f*
just I. *adv* [dʒʌst, dʒəst] *inv* ① *(in a moment)* gleich; ***we're ~ about to leave*** wir wollen gleich los; ***I was ~ going to phone you*** ich wollte dich eben [*o* gerade] anrufen; ***I'm ~ coming!*** ich komme gleich!
② *(directly)* direkt, gleich; **she lives ~ around the corner/by the station** sie wohnt gleich um die Ecke/direkt am Bahnhof; **~ after** gleich [*o* direkt] danach; **~ after getting up/finishing work** gleich [*o* direkt] nach dem Aufstehen/nach Arbeitsende
③ *(recently)* gerade [eben], [so]eben; ***they've ~ gone out this minute*** sie sind [eben] vor einer Minute gegangen
④ *(now)* gerade; ■ **to be ~ doing sth** gerade dabei sein, etw zu tun, gerade etw tun; ***I'm ~ coming!*** ich komme schon!
⑤ *(exactly)* genau; ***that's ~ what I was going to say*** genau das wollte ich gerade sagen; ***the twins look ~ like each other*** die Zwillinge sehen sich zum Verwechseln ähnlich; ***that's ~ like you!*** das sieht dir [ganz] ähnlich! *fam*; ***it's ~ like him to upset everybody*** es sieht ihm mal wieder ähnlich, alle zu verärgern *fam*; ***it's ~ like you to forget your purse*** es ist mal wieder typisch für dich, dass du deinen Geldbeutel vergessen hast; ***come ~ as you are*** kommen Sie, wie Sie sind; ***~ as I thought!*** das habe ich mir schon gedacht!; ***~ as I expected!*** ich hatte es nicht anders erwartet!; ***he reacted ~ as I expected*** er hat genauso reagiert, wie ich es erwartet hatte; ***that's ~ it!*** das ist es ja gerade!; **~ as bad/good** [**as**] genauso schlecht/gut [wie]; **~ as many ... as ...** genau so viele ... wie ...; **~ now** [*or* **at the moment**] gerade, im Augenblick; ***it's very hectic ~ now*** es ist im Augenblick [*o* gerade] sehr hektisch; ***please not ~ now*** jetzt bitte nicht; **~ on** *(fam)* genau; ***it was ~ on midnight when ...*** es war Schlag [*o* genau um] Mitternacht, als ...; **~ then** gerade in diesem Augenblick; **~ as well** ebenso gut; ***it's ~ as well you stayed at home*** es ist nur gut, dass du zu Hause geblieben bist; **~ as/when ...** gerade in dem Augenblick [*o* genau in dem Moment] als ...; ***he arrived ~ as the train was pulling out*** er kam gerade in dem Augenblick [*o* genau in dem Moment] an, als der Zug abfuhr
⑥ *(only)* nur, bloß *fam*; *(simply)* einfach; ***why don't you like him? — I ~ don't!*** warum magst du ihn nicht? – nur so!; ***she's ~ a baby/a few weeks old*** sie ist noch ein Baby/erst ein paar Wochen alt; ***can I ~ finish my coffee?*** kann ich noch kurz meine Kaffee austrinken?; **~ in case that ...** nur für den Fall, dass ...; **~ for fun** [*or fam* **kicks**] [*or fam* **a laugh**] nur [so] zum Spaß, einfach aus Jux *fam*; **~ like that** einfach so; [**not**] **~ anybody** [nicht] einfach irgendjemand
⑦ *(barely)* gerade noch; ***the stone ~ missed me*** der Stein hat mich nur knapp verfehlt; ***it's ~ possible that ...*** es ist nicht ganz ausgeschlossen, dass ...; ***it might ~ possibly help if ...*** es wäre eventuell hilfreich, wenn ...; ***there's ~ enough space for the two of us*** der Platz reicht gerade mal für uns beide; ***that will be ~ enough for a week*** das wird gerade mal für eine Woche reichen; **~ in time** gerade noch rechtzeitig
⑧ *(absolutely)* einfach, wirklich; **~ dreadful/wonderful** einfach furchtbar/wundervoll
⑨ *with imperatives* ***~ you dare!*** untersteh dich!; **~ *imagine*** [*or* ***think***] stell dir [bloß] mal vor; ***~ imagine!*** stell dir das mal vor!; ***~ listen!*** hör mal!;

~ ***look at this!*** schau dir das mal an!; ~ ***shut up!*** halt mal den Mund!; ~ ***taste this!*** das musst du unbedingt mal probieren!; ~ ***try!*** versuch's doch mal!; ~ ***watch it!*** pass bloß auf!, nimm dich ja in Acht!
▸PHRASES: **isn't it ~?** und ob!, und wie! *fam;* **that's ~ my luck** so etwas kann wirklich nur mir passieren; ~ **a minute** [*or* **moment**] [*or* **second**]**!** *(please wait)* einen Augenblick [*o* einen Moment] [*o* eine Sekunde] [bitte]!; *(as interruption)* Moment [mal]!; ~ **so** *(perfectly)* absolut perfekt; *(form: yes)* eben, ganz recht; **it's ~ one of those things** *(saying)* so etwas passiert eben [*o* kommt schon mal vor]
II. *adj* [dʒʌst] ❶ *(fair)* gerecht (**to** gegenüber +*dat)*
❷ *(justified) punishment* gerecht; *anger* berechtigt; *suspicion, indignation* gerechtfertigt; **to have ~ cause to do sth** einen triftigen [*o* guten] Grund haben, etw zu tun; **to be ~ reward for sth** ein gerechter Ausgleich für etw *akk* sein
▸PHRASES: **to get** [*or* **receive**] **one's ~ deserts** bekommen, was man verdient hat; ***it was no more than his ~ deserts*** er hatte es nicht anders verdient
III. *n* [dʒʌst] *(old)* ■**the ~** *pl* die Gerechten *pl*

jus·tice [ˈdʒʌstɪs] *n* ❶ *(fairness)* Gerechtigkeit *f;* **to do ~** Gerechtigkeit üben; ~ ***has been done*** [*or* ***served***] der Gerechtigkeit wurde Genüge getan; **to do sb ~** jdm Gerechtigkeit widerfahren lassen; ***to do him ~, he couldn't have foreseen this problem*** gerechterweise muss man sagen, dass er dieses Problem unmöglich vorausgesehen haben kann; ***you didn't do yourself ~ in the exams*** du hättest in den Prüfungen mehr leisten können; **to do sth ~** etw *dat* gerecht werden; ***this photo doesn't do her beauty ~*** dieses Foto bringt ihre Schönheit nicht richtig zur Geltung; ***they did ~ to the wine*** sie genossen den Wein in vollen Zügen
❷ *(administration of the law)* Justiz *f;* **a miscarriage of ~** ein Justizirrtum *m;* **to bring sb to ~** jdn vor Gericht bringen; **to obstruct** [**the course of**] **~** die Justiz behindern
❸ *(judge)* Richter(in) *m(f);* **Supreme Court ~** Richter (in) *m(f)* am Obersten Bundesgericht; **Mr ~ Ellis** Richter Ellis

Jus·tice of the ˈPeace *n,* **JP** *n* Friedensrichter(in) *m(f)*

jus·ti·fi·able [ˈdʒʌstɪfaɪəbl̩, AM -təfaɪ-] *adj* zu rechtfertigen *präd,* berechtigt, gerechtfertigt; *theory, argument* vertretbar; ~ **homicide** LAW entschuldbare Tötung

jus·ti·fi·ably [ˈdʒʌstɪfaɪəbli, AM -təfaɪ-] *adv* zu Recht, berechtigterweise

jus·ti·fi·ca·tion [ˌdʒʌstɪfɪˈkeɪʃən, AM -təfɪ'-] *n no pl* ❶ *(reason)* Rechtfertigung *f;* **to provide ~ for** [*or* **of**] **sth** Gründe für etw *akk* geltend machen; ***we expect you to provide a ~ for your actions*** wir erwarten von Ihnen eine plausible Erklärung für Ihr Verhalten; **to say sth with some ~** etw nicht ganz ohne Berechtigung sagen
❷ TYPO Bündigkeit *f*

jus·ti·fied [ˈdʒʌstɪfaɪd, AM -təfaɪd] *adj* gerechtfertigt, berechtigt; ***I think you were quite ~ in complaining*** ich glaube, du hast dich völlig zu Recht beschwert

jus·ti·fy <-ie-> [ˈdʒʌstɪfaɪ, AM -təfaɪ] *vt* ❶ *(show to be right)* ■**to ~ sth** etw rechtfertigen; ***these measures need to be justified first*** diese Maßnahmen müssen erst begründet werden; ***are these measures really justified?*** sind diese Maßnahmen wirklich gerechtfertigt?; ***that does not ~ him being late*** das entschuldigt nicht, dass er zu spät gekommen ist; **to ~ sb's faith in sb** jds Vertrauen in jdn rechtfertigen; ■**to ~ oneself** [**for sth**] sich *akk* [für etw *akk*] rechtfertigen; ■**to ~ oneself to sb** sich *akk* jdm gegenüber rechtfertigen
❷ TYPO ■**to ~ sth** *line* etw ausrichten

just·ly [ˈdʒʌstli] *adv* berechtigterweise, zu Recht; **to be ~ proud of sth** zu Recht auf etw *akk* stolz sein; **to act ~** gerecht handeln

just·ness [ˈdʒʌstnəs] *n no pl* Gerechtigkeit *f*

jut <-tt-> [dʒʌt] **I.** *vi* vorstehen, herausragen; **to ~ into the sky** in den Himmel ragen
II. *vt* ■**to ~ sth** etw vorschieben; ***he ~ted his chin defiantly*** trotzig schob er sein Kinn vor

◆**jut out I.** *vi* herausragen, hervorstehen; *chin* vorspringen; ■**to ~ out into sth** in etw *akk* hineinragen; ■**to ~ out of sth** aus etw *dat* herausragen
II. *vt* ■**to ~ out** ↻ **sth** etw vorschieben

jute [dʒuːt] *n no pl* Jute *f*

Jut·land [ˈdʒʌtlənd] *n no pl* GEOG Jütland *nt;* **the Battle of ~** die Schlacht am Skagerrak

jut·ting [ˈdʒʌtɪŋ, AM -t̬ɪŋ] *adj attr* herausragend *attr; eyebrows* hervortretend *attr; chin* vorspringend *attr*

ju·venile [ˈdʒuːvənaɪl, AM -vənəl] **I.** *adj* ❶ *(youth)* Jugend-, jugendlich; ~ **court** Jugendgericht *nt;* ~ **crime** Jugenddelikt *nt,* Jugendsache *f;* ~ **delinquency** Jugendkriminalität *f;* ~ **delinquent** [*or* **offender**] jugendlicher Straftäter/jugendliche Straftäterin; **to play the ~ lead** die jugendliche Hauptrolle spielen
❷ *(pej: childish)* kindisch *pej,* infantil *pej*
II. *n* Jugendliche(r) *f(m)*

ju·venilia [ˌdʒuːvəˈnɪliə] *npl* ART, LIT Jugendwerke *pl*

jux·ta·pose [ˌdʒʌkstəˈpəʊz, AM ˈdʒʌkstəpoʊz] *vt* ■**to ~ sth** etw nebeneinanderstellen; *ideas* etw einander gegenüberstellen, etw gegeneinanderhalten; ■**to ~ sth with** [*or* **to**] **sth** etw neben etw *akk* stellen; ***he ~d photos with oil paintings*** er hängte Fotografien neben Ölgemälden auf; ***the poem ~d pain to pleasure*** das Gedicht stellte die Freude dem Schmerz gegenüber

jux·ta·po·si·tion [ˌdʒʌkstəpəˈzɪʃən] *n no pl* Nebeneinanderstellung *f;* ***placing the two designs in ~ with each other highlights their differences*** wenn man die beiden Entwürfe nebeneinanderlegt, werden die Unterschiede zwischen ihnen deutlich

K

K <*pl* 's>, **k** <*pl* -'s *or* -s> [keɪ] *n* K *nt,* k *nt;* ~ **for** [*or* AM *also* **as in**] **King** K für Kaufmann; *see also* **A 1**

K¹ <*pl* -> *n abbrev of* **kilobyte** KB; **256~ of memory** 256 KB Arbeitsspeicher

K² <*pl* -> *n after n abbrev of* **kelvin** K

K³ <*pl* -> *n* BRIT, AUS *(fam)* 1000 Pfund; AM 1000 Dollar; ***£20~*** 20.000 Pfund

K2 [ˌkeɪˈtuː] *n* K2 *m*

Kab·ba·lah [kəˈbɑːlə] **I.** *n* Kabbala *f*
II. *adj attr, inv* Kabbala-, kabbalistisch

Kab·ba·list [ˈkæbəlɪst] *n* Kabbalist(in) *m(f)*

ka·bu·ki [kəˈbuːki] *n no pl* THEAT Kabuki *nt*

kafka·esque [ˌkæfkəˈesk, AM ˌkɑːf-] *adj* kafkaesk *geh*

kaf·tan *n see* **caftan**

ka·goul(e) *n see* **cagoul(e)**

kail [keɪl] *n no pl see* **kale**

Ka·lash·ni·kov [kəˈlæʃnɪkɒf, AM -ˈlɑːʃnɪkɑːf] *n* Kalaschnikow *f*

kale [keɪl] *n no pl* [Grün]kohl *m,* [Feder]kohl *m* SCHWEIZ

ka·lei·do·scope [kəˈlaɪdəskəʊp, AM -skoʊp] *n* ❶ *(toy)* Kaleidoskop *nt*
❷ *(fig: changing pattern)* Kaleidoskop *nt geh,* bunte Folge

ka·lei·do·scop·ic [kəˌlaɪdəˈskɒpɪk, AM -skɑːpɪk] *adj* kaleidoskopisch *geh,* in buntem Wechsel aufeinanderfolgend *attr*

ka·lei·do·scopi·cal·ly [kəˌlaɪdəˈskɒpɪkli, AM -skɑːp-] *adv* kaleidoskopisch *geh,* in buntem Wechsel

ka·mi·ka·ze [ˌkæmɪˈkɑːzi, AM ˌkɑːməˈ-] *adj attr* Kamikaze-; ~ **pilot** Kamikazeflieger *m*

ka·mi·ˈka·ze at·tack *n* Kamikazeangriff *m*

Kam·pu·chea [ˌkæmpʊˈtʃiːə, AM -puːˈ-] *n (hist)* Kampuchea *nt hist*

Kam·pu·chean [ˌkæmpʊˈtʃiːən, AM -puːˈ-] *(hist)* **I.** *adj* kampucheanisch *hist*
II. *n* Kampucheaner(in) *m(f) hist*

kan·ga·roo <*pl* -s *or* -> [ˌkæŋɡərˈuː, AM -ɡəˈruː] *n* ❶ *(animal)* Känguru *nt*
❷ LAW Befugnis *f (eine Debatte durch Nichtbehandeln von Änderungsanträgen zu verkürzen)*

kan·ga·roo ˈcourt *n* LAW Scheingericht *nt,* illegales Gericht **kan·ga·ˈroo pock·et** *n* Kängurutasche *f*

Kans. AM *abbrev of* **Kansas**

Kan·san [ˈkænzən] **I.** *n* Bewohner(in) *m(f)* Kansas
II. *adj* aus Kansas *nach n*

kao·lin [ˈkeɪəlɪn] *n no pl* Kaolin *m o nt fachspr,* Porzellanerde *f*

ka·pok [ˈkeɪpɒk, AM -pɑːk] *n no pl* Kapok *m*

Kaposi's sar·co·ma [kəˌpəʊzizsɑːˈkəʊmə, AM -ˈpoʊzizsɑːrˈkoʊmə] *n* MED Kaposi-Sarkom *nt*

ka·put [kəˈpʊt, AM *also* -ˈpuːt] *adj inv, pred (fam)* kaputt *präd fam,* hin[über] *präd fam;* ***I guess the dishwasher is ~*** ich glaube, der Geschirrspüler ist hin *fam;* **to go ~** kaputtgehen *fam*

ka·rao·ke [ˌkæriˈəʊki, AM ˌkeriˈoʊki] *n no pl* Karaoke *nt*

kar·at *n* AM *see* **carat**

ka·ra·te [kəˈrɑːti, AM kæˈrɑːt̬i] *n no pl* Karate *nt*

ka·ˈra·te chop *n* Karateschlag *m* **ka·ˈra·te-chop** *vi* Karateschläge *pl* versetzen

kar·ma [ˈkɑːmə, AM ˈkɑːr-] *n no pl* ❶ REL Karma[n] *nt;* *(fig)* Schicksal *nt*
❷ *(fig fam: vibes)* Schwingungen *pl*

kar·mic [ˈkɑːmɪk, AM ˈkɑːr-] *adj* karmisch *geh*

kart [kɑːt, AM kɑːrt] *n* Gokart *m*

kart·ing [ˈkɑːtɪŋ, AM ˈkɑːrt̬-] *n* Gokartfahren *nt*

Kash·mir [ˌkæʃˈmɪəʳ, AM ˈkæʃmɪr] *n no pl* Kaschmir *nt*

Kash·miri [kæʃˈmɪəri, AM -ˈmɪri] **I.** *n* ❶ *(inhabitant)* Kaschmiri *m o f*
❷ *(language)* Kaschmiri *nt*
II. *adj* kaschmiri, aus Kaschmir *nach n*

kay·ak [ˈkaɪæk] *n* Kajak *m o selten a. nt*

ˈkay·ak·ing [ˈkaɪækɪŋ] *n no pl* Kajakfahren *nt,* Kajaken *nt*

Ka·zakh [ˈkæzæk] **I.** *n* ❶ *(person)* Kasache, Kasachin *m, f*
❷ *(language)* Kasachisch *nt*
II. *adj* kasachisch

Ka·zakh·stan [ˌkæzækˈstɑːn] *n* Kasachstan *nt*

ka·zoo [kəˈzuː] *n* MUS Kazoo *nt*

KB *n,* **Kbyte** *n* COMPUT *abbrev of* **kilobyte** KB

KBE [ˌkeɪbiːˈiː] *n* BRIT *abbrev of* **Knight Commander of the Order of the British Empire** *britischer Verdienstorden*

KC [ˌkeɪˈsiː] *n* BRIT *abbrev of* **King's Counsel** Kronanwalt, -anwältin *m, f*

ke·bab [kɪˈbæb, AM -ˈbɑːb] *n* Kebab *m*

kecks [keks] *npl* BRIT *(fam)* [Unter]hosen *pl*

ked·geree [ˌkedʒəˈriː, AM ˈkedʒəriː] *n* Kedgeree *nt (mit Curry gewürztes Frühstücksgericht aus Reis, Fisch und hart gekochten Eiern)*

keel [kiːl] **I.** *n* NAUT Kiel *m;* *(liter)* Schiff *nt*
▸PHRASES: **to be back on an even ~** *person* wieder obenauf sein; *matter* wieder im Lot sein
II. *vi* ■**to ~ over** ❶ NAUT kentern
❷ *(fam: swoon)* umfallen *fam,* umkippen *fam;* **to ~ over in a dead faint** in eine tiefe Ohnmacht fallen

keel·haul [ˈkiːlhɔːl, AM -hɑːl] *vt* ❶ *(hist)* ■**to ~ sb** jdn kielholen
❷ *(fig fam)* ■**to ~ sb** jdn zusammenstauchen [*o* fertigmachen] *fam*

keen¹ [kiːn] *adj* ❶ *(enthusiastic)* begeistert, leidenschaftlich; ~ **hunter** begeisterter Jäger/begeisterte Jägerin; ■**to be ~ on doing sth** etw mit Begeisterung [*o* leidenschaftlich gern] tun; ■**to be ~ to do sth** etw unbedingt tun wollen; ***they were ~ for their children to go to the best schools*** sie wollten unbedingt, dass ihre Kinder die besten Schulen besuchen; ■**to be ~ on sb** auf jdn scharf sein *sl;* **to be ~ on football/horror movies/jazz** auf Fußball/Horrorfilme/Jazz versessen sein
❷ *(perceptive) eye* scharf; *ear* fein; ~ **eyesight** [*or* **vision**] scharfe Augen; ~ **mind** scharfer Verstand; ~ **sense of hearing** feines Gehör
❸ *(extreme) pain* heftig, stark; ~ **competition** scharfe Konkurrenz; **to have a ~ desire for sth** ein heftiges Verlangen nach etw *dat* spüren; ~ **interest** lebhaftes Interesse

❹ *(sharp) blade* scharf; *wind* beißend, schneidend; *noise, voice* schrill
❺ *pred* AM *(dated: very good)* toll *fam;* **peachy ~** *(also iron)* prima *a. iron;* ***how are you doing? — peachy ~! I've just gotten fired*** wie geht's dir denn so? – fantastisch, ich bin gerade gefeuert worden
❻ BRIT *(low) prices* günstig
▸PHRASES: **to be as ~ as mustard** [**on sth**] BRIT *(dated fam)* Feuer und Flamme [für etw *akk*] sein *fam,* ganz versessen [*o* erpicht] [auf etw *akk*] sein

keen² [ki:n] **I.** *n* Totenklage *f*
II. *vi* die Totenklage halten, wehklagen; ■**to ~ for sb** jdn betrauern

keen·er [ˈki:nəʳ] *n* CAN *(pej fam)* Schleimer *m*

keen·ly [ˈki:nli] *adv* ❶ *(strongly)* stark; **to feel sth ~** etw sehr intensiv empfinden
❷ *(extremely)* ungemein, brennend; **to be ~ interested in sth** sich *akk* brennend für etw *akk* interessieren
❸ *(attentively)* genau, streng

keen·ness [ˈki:nnəs] *n no pl* ❶ *(enthusiasm)* Begeisterung *f* (**for** für +*akk)*
❷ *(eagerness)* starkes [*o* lebhaftes] Interesse; *(desire)* starker Wunsch
❸ *(also fig: sharpness)* Schärfe *f a. fig*

keep [ki:p]

I. NOUN **II.** TRANSITIVE VERB
III. INTRANSITIVE VERB

I. NOUN

❶ *no pl (livelihood)* [Lebens]unterhalt *m;* **not to be worth one's ~** sein Geld nicht wert sein; **to earn one's ~** [sich *dat*] seinen Lebensunterhalt verdienen
❷ *(main tower of castle)* Bergfried *m; (dungeon)* Burgverlies *nt*

II. TRANSITIVE VERB

<kept, kept> ❶ *(hold onto)* ■**to ~ sth** etw behalten [*o* aufheben]; **to ~ bills/receipts** Rechnungen/Quittungen aufheben; **to ~ the change** das Wechselgeld behalten; **to ~ one's sanity** sich *akk* geistig gesund halten
❷ *(have in particular place)* ■**to ~ sth** etw [bereit] stehen haben [*o* SCHWEIZ, ÖSTERR *a.* parat haben]; ***he ~s a glass of water next to his bed*** er hat immer ein Glas Wasser neben seinem Bett stehen
❸ *(store)* ■**to ~ sth** *medicine, money* etw aufbewahren [*o* SCHWEIZ *a.* versorgen] [*o* ÖSTERR *a.* aufheben]; **to ~ sth safe** etw verwahren; ***where do you ~ your cups?*** wo sind die Tassen?
❹ *(run)* **to ~ a shop** ein Geschäft führen
❺ *(sell)* **to ~ sth** *shop* etw führen [*o* auf Lager haben]
❻ *(detain)* ■**to ~ sb** jdn aufhalten; **to ~ sb waiting** jdn warten lassen
❼ *(prevent)* ■**to ~ sb from doing sth** jdn davon abhalten, etw zu tun
❽ *(maintain)* ***you have to ~ your dog on a chain*** Hunde müssen an der Leine bleiben; **to ~ sb/sth under control** jdn/etw unter Kontrolle halten; **to ~ count of sth** etw mitzählen; ***I'll ~ count of how many times you jump*** ich zähle, wie oft du springst; **to ~ sth up-to-date** etw auf dem neuesten Stand halten; **to ~ one's eyes fixed on sb/sth** den Blick auf jdn/etw geheftet halten; **to ~ sth in one's head** etw im Kopf behalten; **to ~ house** den Haushalt führen; **to ~ sb in line** dafür sorgen, dass jd sich *akk* an die Ordnung hält; **to ~ sb/sth in mind** jdn/etw im Gedächtnis behalten; **to ~ a mistress** sich *dat* eine Geliebte halten; **to ~ one's mouth shut** [*or* **closed**] den Mund halten; **to ~ sb under observation** jdn beobachten lassen; **to ~ oneself to oneself** für sich *akk* [allein] bleiben, [die] Gesellschaft [anderer] meiden; **to ~ track of sb/sth** jdn/etw im Auge behalten; ***~ track of how many people have entered reception*** merken Sie sich, wie viele Leute die Eingangshalle betreten haben; ***I don't ~ track of the cats we've had any more*** ich weiß gar nicht mehr, wie viele Katzen wir schon gehabt haben; **to ~ sb awake** jdn wachhalten [*o* nicht einschlafen lassen]; **to ~ sth closed/open** etw geschlossen/geöffnet lassen; **to ~ sb/sth warm** jdn/etw warmhalten
❾ *(care for)* **to ~ children** Kinder betreuen
❿ *(own)* ■**to ~ animals** Tiere halten
⓫ *(guard)* ■**to ~ sth** etw bewachen; **to ~ goal** im Tor stehen *nt,* das Tor hüten; **to ~ watch** Wache halten
⓬ *(not reveal)* ■**to ~ sth from sb** jdm etw *akk* vorenthalten [*o* verschweigen]; ■**to ~ sth to oneself** etw *akk* für sich *akk* behalten
⓭ *(stick to)* ■**to ~ sth** etw [ein]halten [*o* befolgen]; **to ~ an appointment/a treaty** einen Termin/einen Vertrag einhalten; **to ~ the faith** fest im Glauben [*o* glaubensstark] sein; ***~ the faith!*** AM nur Mut!, Kopf hoch!; ***he's really nervous about the presentation but I told him to ~ the faith*** er ist wirklich aufgeregt wegen der Moderation, aber ich habe ihm gesagt, er solle zuversichtlich sein; **to ~ the law/the Ten Commandments** das Gesetz/die Zehn Gebote befolgen; **to ~ an oath/a promise** einen Schwur/ein Versprechen halten; **to ~ the sabbath** den Sabbat heiligen; **to ~ a tradition** eine Tradition wahren
⓮ *(make records)* **to ~ the books** die Bücher führen; **to ~ a diary** [*or* **journal**] ein Tagebuch führen; **to ~ a log** [*or* **record**] **of sth** über etw *akk* Buch führen; **to ~ the minutes** [das] Protokoll führen; **to ~ score** SPORT die Punkte anschreiben
⓯ *(provide for)* ■**to ~ sb/sth** jdn/etw unterhalten [*o* versorgen]; **to ~ sb in cigarettes/money** jdn mit Zigaretten/Geld versorgen; ***the news will ~ her in gossip for some time to come*** aufgrund dieser Meldung wird man noch einige Zeit über sie tratschen *fam*
▸PHRASES: **to ~ one's balance** [*or* **feet**] das Gleichgewicht halten; **to ~ an eye out for sth** nach etw *dat* Ausschau halten; **to ~ one's hand in sth** bei etw *dat* die Hand [weiterhin] im Spiel haben [*o fam* [nach wie vor] mitmischen]; **to ~ a secret** ein Geheimnis hüten [*o* bewahren]; **to ~ time** *watch* richtig [*o* genau] gehen; MUS Takt halten

III. INTRANSITIVE VERB

<kept, kept> ❶ *(stay fresh) food* sich *akk* halten
❷ *(wait)* Zeit haben; ***that gruesome story can ~ until we've finished eating, John*** diese Schauergeschichte hat Zeit bis nach dem Essen, John; ***your questions can ~ until later*** deine Fragen können noch warten
❸ *(stay)* bleiben; **to ~ to one's bed** im Bett bleiben; ***she's ill and has to ~ to her bed*** sie ist krank und muss das Bett hüten; **to ~ in line** sich *akk* an die Ordnung halten; **to ~ in step with sb** mit jdm Schritt halten; **to ~ awake/healthy** wach/gesund bleiben; **to ~ cool** einen kühlen Kopf [*o* die Ruhe] bewahren; **to ~ [to the] left/right** sich *akk* [mehr] links/rechts halten; **to ~ quiet** still sein
❹ *(continue)* ■**to ~ doing sth** etw weiter tun; ***don't stop, ~ walking*** bleib nicht stehen, geh weiter; ***he ~s trying to distract me*** er versucht ständig, mich abzulenken; ***don't ~ asking silly questions*** stell nicht immer so dumme Fragen; ■**to ~ at sth** mit etw *dat* weitermachen, an etw *dat* dranbleiben *fam*
❺ *(stop oneself)* ■**to ~ from doing sth** etw unterlassen, sich *dat* etw *akk* verkneifen *fam;* ***though the show was disgusting, he couldn't ~ from looking*** obwohl die Show abscheulich war, musste er sie sich einfach ansehen; ***how will I ever ~ from smoking?*** wie kann ich jemals mit dem Rauchen aufhören?
❻ *(adhere to)* ■**to ~ to sth** an etw *dat* festhalten; *(not digress)* bei etw *dat* bleiben; **to ~ to an agreement/a promise** sich *akk* an eine Vereinbarung/ein Versprechen halten; **to ~ to a schedule** einen Zeitplan einhalten; **to ~ to a/the subject** [*or* **topic**] bei einem/beim Thema bleiben
▸PHRASES: **how are you ~ing?** BRIT wie geht's dir so?

◆**keep abreast** *vi* ■**to ~ abreast of sth** mit etw *dat* Schritt halten

◆**keep away I.** *vi* ■**to ~ away** [**from sb/sth**] sich *akk* [von jdm/etw] fernhalten; ***I want you to ~ away and never come back to this house again*** ich will, dass du dich hier bei diesem Haus nie wieder blicken lässt *fam;* ***I just can't seem to ~ away from chocolate*** *(hum)* irgendwie kann ich Schokolade einfach nicht widerstehen *fam*
II. *vt* ■**to ~ sb/sth away** jdn/etw fernhalten; ***she wanted me to ~ him away*** sie wollte, dass ich ihn ihr vom Leib halte; ***~ your medications away from your children*** bewahren Sie Ihre Medikamente für Ihre Kinder unzugänglich auf

◆**keep back I.** *vi* zurückbleiben; *(stay at distance)* Abstand halten; ***~ back from that vicious dog, children*** bleibt von diesem bösartigen Hund weg, Kinder
II. *vt* ❶ *(hold away)* ■**to ~ back ↔ sb/sth** jdn/etw zurückhalten; ***security guards kept the fans back from the rock stars*** Sicherheitskräfte hielten die Fans von den Rockstars fern
❷ *(retain)* ■**to ~ back ↔ sth** etw verschweigen
❸ *(prevent advance)* ■**to ~ back ↔ sb** jdn aufhalten; ***the slower students were ~ing the more intelligent ones back*** die langsameren Schüler behinderten das Vorankommen der intelligenteren; ■**to ~ sb back from doing sth** jdn daran hindern, etw *akk* zu tun

◆**keep down I.** *vi* unten bleiben, sich *akk* ducken
II. *vt* ❶ *(suppress)* ■**to ~ down ↔ sb/sth** jdn/etw unterdrücken [*o fam* klein halten]
❷ *(not vomit)* ■**to ~ down ↔ sth** *food* etw *akk* bei sich *dat* behalten
▸PHRASES: **you can't ~ a good man down** der Tüchtige lässt sich nicht unterkriegen

◆**keep in I.** *vt* ❶ *(detain)* ■**to ~ in ↔ sb** jdn dabehalten; *(a pupil)* jdn nachsitzen lassen, SCHWEIZ *a.* jdm Arrest *m* geben; *(at home)* jdn nicht aus dem Haus [gehen] lassen, jdm Hausarrest geben ÖSTERR
❷ *(not reveal)* **to ~ in one's anger/emotions/tears** seinen Zorn/seine Gefühle/seine Tränen zurückhalten; **to ~ in one's wishes** seine Wünsche für sich *akk* behalten
II. *vi* ■**to ~ in with sb** mit jdm auf gutem Fuß stehen, sich *akk* gut mit jdm stellen

◆**keep off I.** *vi* wegbleiben; ***"Wet cement, ~ off!"*** „Frischer Zement, nicht betreten!"; ***this is my private stuff, so ~ off!*** das sind meine Privatsachen, also Finger weg!; **to ~ off alcohol/cigarettes/gambling** Alkohol/Zigaretten/das Glücksspiel meiden *geh,* das Trinken/Rauchen/Spielen lassen; **to ~ off a subject** ein Thema vermeiden
II. *vt* ❶ *(hold away)* ■**to ~ off ↔ sb/sth** jdn/etw fernhalten; ■**to ~ sb/sth off sth** jdn/etw von etw *dat* fernhalten; **to ~ one's hands off sb/sth** die Hände von jdm/etw lassen; **to ~ one's mind off sth** sich *akk* von etw *dat* ablenken
❷ *(protect from)* ■**to ~ off ↔ sth** etw abhalten, vor etw *dat* schützen; ***I hope my coat will ~ the rain off*** hoffentlich ist mein Mantel regendicht

◆**keep on I.** *vi* ❶ *(continue)* ■**to ~ on doing sth** etw weiter[hin] tun; ***I ~ on thinking I've seen her somewhere*** es will mir nicht aus dem Kopf, dass ich sie irgendwo schon einmal gesehen habe
❷ *(pester)* ■**to ~ on sb** jdm keine Ruhe lassen, jdn nerven *fam;* ■**to ~ on at sb** jdn nicht in Ruhe lassen, jdm [ständig] in den Ohren liegen *fam;* ***~ on at him about the lawn and he'll eventually mow it*** sprich ihn immer wieder auf den Rasen an, dann wird er ihn am Ende schon mähen
II. *vt* ■**to ~ on ↔ sth** *clothes* etw anbehalten [*o fam* anlassen]
▸PHRASES: **~ your shirt** [*or* **hair**] [*or* **pants**] **on** immer mit der Ruhe *fam,* nur ruhig Blut *fam*

◆**keep out** *vi* draußen bleiben; ***"Keep Out"*** „Zutritt verboten"; ■**to ~ out of sth** etw nicht betreten; *(fig)* sich *akk* aus etw *dat* heraushalten; ***you better ~ out of my room!*** du kommst besser nicht in mein Zimmer!; **to ~ out of sb's business** sich *akk* nicht in jds Angelegenheiten einmischen; **to ~ out of** trouble Ärger vermeiden; ***he tried to ~ out of trouble and get his work done*** er versuchte, sich keinen Ärger einzuhandeln und seine Arbeit zu erledigen; ***~ out of trouble, Johnny, do you hear me?*** stell nichts an, Johnny, hörst du?

◆**keep together** I. *vi* ① *(stay in a group)* zusammenbleiben; *(remain loyal)* zusammenhalten
② MUS Takt halten
II. *vt* ■**to ~ sth together** etw zusammenhalten

◆**keep up** I. *vt* ① *(hold up)* ■**to ~ up ○ sth** etw hochhalten; ***he wears suspenders to ~ his pants up*** er hat Hosenträger an, damit seine Hose nicht rutscht; ***these poles ~ the tent up*** diese Stangen halten das Zelt aufrecht
② *(hold awake)* ■**to ~ up ○ sb** jdn wachhalten
③ *(continue doing)* ■**to ~ up ○ sth** etw fortführen [*o* beibehalten] [*o* weiterhin tun]; ~ ***it up!*** [nur] weiter so!; ***I was quite keen to ~ up my French*** ich wollte unbedingt mit meinem Französisch in Übung bleiben; **to ~ up appearances** den Schein wahren [*o* aufrechterhalten]; **to ~ up a conversation** ein Gespräch in Gang halten
④ *(keep at certain level)* ■**to ~ up ○ sth** etw aufrechterhalten
II. *vi* ① *(continue)* *noise, rain* andauern, anhalten; *courage, fear, strength* bestehen bleiben; ***their love has kept up during bad as well as good times*** ihre Liebe hat gute wie schlechte Zeiten überdauert
② *(not fall behind)* ■**to ~ up with sb/sth** mit jdm/etw mithalten [*o* Schritt halten]
③ *(stay in touch)* ■**to ~ up with sb** mit jdm in Verbindung [*o* Kontakt] bleiben
▸PHRASES: **to ~ up with the Joneses** mit den anderen gleichziehen wollen

◆**keep ahead** *vi* ■**to ~ ahead of sb** jdm vorausbleiben; **to ~ ahead of the others** den anderen voraus sein

keep·er ['ki:pəʳ, AM -ɚ] *n* ① *(person in charge)* *of a shop* Inhaber(in) *m(f)*; *of a prison* Aufseher(in) *m(f)*, Wärter(in) *m(f)*; *of a zoo* Wärter(in) *m(f)*; *of a museum* Kustos *m*; *of an estate, house* Verwalter(in) *m(f)*; *of a park* Wächter(in) *m(f)*; *of keys* Verwahrer(in) *m(f)*; ***am I my brother's ~?*** soll ich meines Bruders Hüter sein?
② *(fam: sth longlasting)* **to be a good ~** lange haltbar sein; ***potatoes are good ~s*** Kartoffeln halten sich gut
③ *(sth worth keeping)* ■**to be a ~** es wert sein, aufgehoben zu werden; ***we're going to do an inventory and see which items don't sell and which ones are ~s*** wir wollen Inventur machen, um zu sehen, welche Artikel nicht gehen und welche im Sortiment bleiben sollen; ***I'm willing to sell some of my stock but my blue chips are ~s*** ich bin bereit, einige meiner Aktien zu verkaufen, aber von meinen Spitzenpapieren trenne ich mich nicht
④ AM [geangelter] Fisch normaler Größe *(wird nicht wieder ins Wasser geworfen)*
⑤ *(iron bar)* Schieber *m*
⑥ *(on earring)* Stecker *m*
⑦ *(guard ring)* Schutzring *m*

keep-'fit *n no pl* ① BRIT, AUS *(exercising)* Fitnesstraining *nt*
② AM *(physical fitness)* Fitness *f*

keep·ing ['ki:pɪŋ] *n no pl* ① *(guarding)* Verwahrung *f*; *(care)* Obhut *f*; **to leave sb/sth in sb's ~** jdn/etw in jds Obhut lassen
② *(maintenance)* **the ~ of the law** das Hüten des Gesetzes
③ *(obeying)* Einhalten *nt*, Befolgen *nt*; **in ~ with an agreement** im Einklang mit [*o* entsprechend] einer Vereinbarung

keep·net ['ki:pnet] *n* Fisch[er]netz *nt*

keeps [ki:ps] *npl (fam)* ■**for ~** für immer; ***can I have this doll for ~?*** darf ich die Puppe behalten?; ***let's tie the knot for ~, Marcia!*** lass uns den Bund fürs Leben schließen, Marcia!; **sb plays for ~** jdm ist es ernst

keep·sake ['ki:pseɪk] *n* Andenken *nt*; **to give sb sth as a ~** jdm etw zum Andenken schenken

keepy-uppy [ˌki:pi'ʌpi] *n no pl (fam)* *Kicken eines Balls von Fuß zu Fuß oder Kopf zu Fuß, ohne dass er den Boden berührt*

kef [kef] *n* ① *(state)* Rauschzustand *m*, Dröhnung *f sl*
② *(drug)* Joint *m*, Kif *m* BRD *sl*

keg [keg] *n* kleines Fass, Fässchen *nt*

'keg beer *n no pl* Fassbier *nt*

Keg·el ex·er·cise ['keɪgl̩-] *n* Kegelübung *f*, Beckenbodenübung *f*

keg·era·tor ['kegəreɪtəʳ, AM -tɚ], **'keg fridge** *n* Bierfasskühler *m*

keg·ger ['kegɚ], **'keg par·ty** *n* AM *(fam)* [Fass]bierparty *f*

keis·ter ['ki:stɚ] *n* ① AM *(sl: buttocks)* Hintern *m fam*, Arsch *m derb*
② *(old: suitcase)* [Hand]koffer *m*; *of a salesman* Musterkoffer *m*; *(handbag)* Handtasche *f*; *(chest)* Kiste *f*

keks [keks] *n* BRIT *(sl: trousers)* Hose *f*; **a pair of ~** eine Hose; *(underpants)* Unterhose *f*, Untergatte *f* ÖSTERR *sl*

kelch <*pl* -es> [keltʃ] *n* AM *(pej! sl)* Bleichgesicht *nt pej (von amerikanischen Schwarzen für Weiße bzw. hellhäutige Schwarze verwendetes Schimpfwort)*

ke·loid ['ki:lɔɪd] *n* MED Wulstnarbe *f*, Keloid *nt fachspr*

kelp [kelp] *n no pl* Seetang *m*

kel·pie ['kelpi] *n* ① SCOT *(spirit)* Wassergeist *m*, Nix *m*, Nixe *f* SCHWEIZ, ÖSTERR
② AUS *(breed of dog)* Kelpie *m*

keltch *n see* **kelch**

kel·vin ['kelvɪn] *n* Kelvin *nt*; **K~ thermodynamic scale of temperature** absolute Temperaturskala

'Kelvin scale *n* Kelvinskala *f*

kemp [kemp] *n no pl of furry animals* Grannenhaar *nt*; *of dogs* Stichelhaar *nt*

ken [ken] I. *n no pl (dated)* Gesichtskreis *m*, [geistiger] Horizont; **to be beyond sb's ~** über jds Horizont gehen, sich *akk* jds Kenntnis entziehen *geh*
II. *vt* <-nn-> SCOT, NENG ■**to ~ sb/sth** jdn/etw kennen [*o* verstehen]

ken·nel ['kenəl] I. *n* ① *(dog house)* Hundehütte *f*; *(dog boarding)* Hundepension *f*
② *(dog breeder)* Hundezüchter(in) *m(f)*
③ *(fig: shelter)* [armselige] Hütte, Loch *nt fam*
II. *vt* <BRIT -ll- *or* AM *usu* -l-> **to ~ a dog** einen Hund in Pflege geben

ken·nels ['kenəlz] *n + sing/pl vb* ■**the ~** die Hundepension

ke·no·sis [kɪ'nəʊsɪs, AM -'noʊ-] *n no pl* REL Kenose *f fachspr*, Selbstentäußerung *f* Christi

kent [kent] *vt* SCOT, NENG *pt, pp of* **ken**

Ken·tuck·ian [ken'tʌkiən] I. *n* Bewohner(in) *m(f)* Kentuckys
II. *adj* aus Kentucky *nach n*

Ken·ya ['kenjə] *n* Kenia *nt*

Ken·yan ['kenjən] I. *n* Kenianer(in) *m(f)*
II. *adj* kenianisch

kepi <*pl* -s> ['kepi] *n* Käppi *nt*

Kepler's Laws [ˌkepləz'-, AM -lɚz'-] *npl* keplersche Gesetze

kept [kept] I. *vt, vi pt, pp of* **keep**
II. *adj attr, inv* ausgehalten; ***he is a ~ man*** er lässt sich aushalten; **~ woman** Mätresse *f*

kera·tin ['kerətɪn, AM -t̬ɪn] *n no pl* Hornstoff *m*, Keratin *nt fachspr*

kera·ti·tis [ˌkerə'taɪtɪs, AM -t̬ɪs] *n no pl* Hornhautentzündung *f (des Auges)*, Keratitis *f fachspr*

kerb [kɜ:b] *n* BRIT, AUS Randstein *m*

'kerb crawl·er *n* BRIT Freier *m* beim Autostrich [*o* ÖSTERR Straßenstrich] *sl* **'kerb crawl·ing** *n no pl* BRIT Autostrich *m sl*, Straßenstrich *m* ÖSTERR **'kerb drill** *n* BRIT Verkehrserziehung *f*

'kerb·side *n* BRIT Straßenrand *m*; **~ collection of refuse** [Müll]straßensammlung *f*

kerb·side 'stand *n* BRIT Straßenstand *m*

'kerb·stone *n* BRIT Randstein *m*, Trottoir *nt* SCHWEIZ

'kerb trad·ing *n no pl* FIN nachbörslicher Handel

ker·chief ['kɜ:tʃɪf, AM 'kɜ:r-] *n for head* [Hals]tuch *nt*, [Kopf]tuch *nt*; *(handkerchief)* Taschentuch *nt*

Ke·re·san ['kerəsæn] I. *n* Keresan *nt*
II. *adj* keresanisch

ker·fuf·fle [kə'fʌfl̩, AM kɚ'-] *n no pl esp* BRIT *(sl)* Wirbel *m*, Aufruhr *m*, Tumult *m*

kern [kɜ:n] I. *n* TYPO Unterschnitt *m*, Einkerbung *f*
II. *vt* **to ~ a letter** einen Buchstaben unterschneiden [*o* an der Unterseite abschneiden]; **to ~ a type** eine Drucktype einkerben [*o* markieren]

ker·nel ['kɜ:nəl, AM 'kɜ:r-] *n* ① *(fruit centre)* Kern *m*; *(cereal centre)* Getreidekorn *nt*; **maize/wheat ~** Mais-/Weizenkorn *nt*
② *(essential part)* Kern *m fig*; **a ~ of truth** ein Körnchen *nt* Wahrheit
③ COMPUT Kernroutine *f*
④ CHEM, PHYS Atomkern *m*

kero·sene ['kerəsi:n] I. *n no pl esp* AM, AUS *(paraffin)* Petroleum *nt*, Petrol *nt* SCHWEIZ; PHARM Paraffin *nt*; *(for jet engines)* Kerosin *nt*
II. *n modifier (burner, lamp, lantern)* Petroleum-, Petrol- SCHWEIZ

kes·trel ['kestrəl] *n* Turmfalke *m*

keta·mine ['ki:təmi:n] *n no pl* PHARM Ketamin *nt*

ketch <*pl* -es> [ketʃ] *n* Ketsch *f fachspr*, zweimastige Segeljacht

ketch·up ['ketʃʌp] *n no pl* Ketchup *m o nt*

keto-cyclo·pen·tane [ˌki:təʊˌsaɪkləʊ'penteɪn, AM -t̬oʊˌsaɪkloʊ'-] *n no pl* CHEM Cyclopentanon *nt*

ke·tone ['ki:təʊn, AM -toʊn] *n* CHEM Keton *nt*

ket·tle ['ketl̩, AM -t̬l̩] *n* ① *(to boil water)* [Tee]kessel *m*, Wasserkocher *m*; *(cauldron)* [großer] Kessel; **to put the ~ on** Wasser aufsetzen
② *(kettledrum)* [Kessel]pauke *f*
▸PHRASES: **to be a different** [*or* **another**] **~ of fish** etwas ganz anderes sein; **a pretty** [*or* **fine**] **~ of fish** eine schöne Bescherung *iron fam*; **to be the pot calling the ~ black** ein Fall sein, bei dem ein Esel den anderen Langohr schimpft

ket·tle·ball ['ketlbɔ:l] *n* SPORT Kettlebell *m (aus einer Eisenkugel bestehendes Trainingsgerät)*

'ket·tle·drum *n* [Kessel]pauke *f*

key¹ [ki:] *n* [Korallen]riff *nt*, Korallenbank *f*; **the Florida ~s** die Florida Keys

key² [ki:] I. *n* ① *(for a lock)* Schlüssel *m*
② *(button)* *of a computer, piano* Taste *f*; *of a flute* Klappe *f*; **to hit** [*or* **strike**] [*or* **press**] **a ~** eine Taste drücken
③ COMPUT *(code)* Kennzahl *f*, Passwort *nt* SCHWEIZ, ÖSTERR
④ *no pl (essential point)* Schlüssel *m fig*; ***the ~ to confidence is liking yourself*** um Selbstvertrauen haben zu können, muss man sich *akk* selbst mögen; **the ~ to a mystery** der Schlüssel zu einem Geheimnis
⑤ *(to symbols)* Zeichenschlüssel *m*, Zeichenerklärung *f*, Legende *f*; *(for solutions)* Lösungsschlüssel *m*
⑥ MUS Tonart *f*; **change of ~** Tonartwechsel *m*; **in the ~ of C major** in C-Dur; **to sing in/off ~** richtig/falsch singen
II. *n modifier (factor, industry, role)* Schlüssel-; COMM Schwerpunkt-; **~ contribution/ingredient** Hauptbeitrag *m*/-zutat *f*; **~ currency** Leitwährung *f*; **~ decision** wesentliche Entscheidung; **~ point** springender Punkt; **~ witness** Hauptzeuge, -zeugin *m, f*, Kronzeuge, -zeugin *m, f*
III. *adj (of crucial importance)* **~ to the success of sth** wesentlich [*o* ausschlaggebend] für den Erfolg von etw *dat*
IV. *vt* ① *(type)* ■**to ~ sth** etw eingeben [*o* eintasten]; **to ~ data into a computer** Daten in einen Computer eingeben
② *(aimed at)* ■**to ~ sth to sb/sth** etw auf jdn/etw abstimmen
③ AM *(pej fam: to use a key to scratch something)* ■**to ~ sth** *vehicle* etw mit dem Schlüssel zerkratzen

◆**key in** *vt* ■**to ~ in ○ sth** etw eingeben [*o* eintasten]

◆**key into** *vi (fig)* ■**to ~ into sth** etw mitkriegen; *(get involved)* bei etw *dat* mitmischen *fam*, sich *akk* in etw *akk* einschalten [*o* ÖSTERR einmischen]

◆**key up** *vt* ■**to ~ up ○ sb** jdn aufregen; **to be ~ed up for sth** auf etw *akk* eingestimmt sein; ***the rowdies were ~ed up for a fight*** die Rowdys

K

waren in Kampfstimmung; **to be all ~ed up** völlig überdreht [*o* ganz aufgedreht] sein *fam*

'key ac·count man·ag·er *n* Key Account Manager(in) *m(f)*

'key·board I. *n* ① *(of a computer)* Tastatur *f; (of a piano)* Klaviatur *f; (of an organ)* Manual *nt*
② *(musical instrument)* Keyboard *nt*
II. *vt* ■**to ~ sth** etw tippen [*o* eingeben]
III. *vi* tippen

'key·board·er *n* Datentypist(in) *m(f)*

'key·board·ing *n no pl* Texteingabe *f*

key·board 'in·stru·ment *n* Tasteninstrument *nt*

'key·board·ist *n* Keyboarder(in) *m(f),* Keyboardspieler(in) *m(f)*

'key·board op·era·tor *n* Datentypist(in) *m(f)* **key·board 'over·lay** *n* COMPUT Tastaturschablone *f*

key 'busi·ness *n* Kerngeschäft *nt;* **~ segment** Kerngeschäftsgebiet *nt,* Kerngeschäftsfeld *nt* **'key·card** *n* [elektronische] Schlüsselkarte **key 'cur·ren·cy** *n* Leitwährung *f* **key 'el·ement** *n* Schlüsselelement *nt,* Kernstück *nt* **key 'field** *n* Schlüsselfeld *nt* **key 'fig·ure** *n* ① FIN *(data)* Kennziffer *f,* Kennzahl *f;* ■**~s** *pl* Eckdaten *pl* ② COMM *(factor)* Schlüsselgröße *f* ③ *(vital person)* Schlüsselfigur *f*

'key·hole *n* Schlüsselloch *nt*

key·hole 'sur·gery *n* endoskopische [*o* minimalinvasive] Chirurgie; **to do** [*or* **perform**] **~** einen minimalinvasiven Eingriff vornehmen

key 'in·ter·est rate *n* FIN Leitzins[satz] *m,* Schlüsselzins *m*

key·less 'en·try sys·tem *n* Zentralverriegelung *f* mit Funkfernbedienung

'key mon·ey *n no pl* Abstandsgeld *nt,* Kaution *f* SCHWEIZ, verlorener Mieterzuschuss

'key·note *n* Hauptthema *nt; of a speech* Grundgedanke *m,* Tenor *m;* AM Parteilinie *f*

'key·note ad·dress, 'key·note speech *n* programmatische Rede, Grundsatzreferat *nt*

'key·not·er *n* Hauptredner(in) *m(f)*

'key·pad *n* Kleintastatur *f*

key po·'si·tion *n* COMM Schlüsselstellung *f*

'key·punch *n* AM, AUS Locher *m (für Lochkarten)* **'key ring** *n* Schlüsselring *m*

'key sig·na·ture *n* MUS Vorzeichen *nt*

'key·stone *n* ① ARCHIT *(centre stone)* Schlussstein *m*
② *(fig: crucial part)* Grundpfeiler *m fig*

key 'string *n* COMPUT Schlüsselstring *m;* **~ conversion** Schlüsselstringumwandlung *f* **'key·stroke** *n* [Schreibmaschinen]anschlag *m,* Tastenanschlag *m* **key 'value** *n* Schlüsselwert *m* **'key·word** *n* ① *(cipher)* Schlüssel *m fig,* Code *m fachspr* ② *(important word)* Schlüsselwort *nt,* Stichwort *nt* ③ *(for identifying)* Passwort *nt,* Kennwort *nt*

kg *n abbrev of* **kilogram** kg

KG [ˌkeɪ'dʒiː] *n* BRIT *abbrev of* **Knight of the Order of the Garter** *Träger des Hosenbandordens*

KGB [ˌkeɪdʒiː'biː] *n no pl, + sing/pl vb (hist)* KGB *m hist*

kha·ki ['kɑːki, AM 'kæki] **I.** *n* ① *no pl (cloth)* Khaki[stoff] *m*
② *(pants)* ■**~s** Khakihose *f*
II. *adj* khakifarben

khan [kɑːn] *n* Khan *m*

Khmer [kmeəʳ, AM kə'mer] **I.** *n* ① HIST *(ancient kingdom in SE Asia)* Khmer-Republik *f*
② *(inhabitant of Cambodia)* Khmer *m o f*
③ *(language)* Khmer *nt*
II. *adj* khmer

Khmer Re·'pub·lic [kmeəʳ-, AM kə'mer-] *n (hist: Cambodia)* Khmer-Republik *f*

Khmer Rouge [ˌkmeə'ruːʒ, AM kə'mer-] *n no pl, + sing/pl vb* ■**the ~** die Roten Khmer *pl,* die Khmer Rouge

Khoi·san ['kɔɪsɑːn] **I.** *n* Khoisanisch *nt*
II. *adj* khoisanisch

kHz *n abbrev of* **kilohertz** kHz

KIA [ˌkeɪaɪ'eɪ] *adj abbrev of* **killed in action** gef.

kib·ble ['kɪbl] *n* AM Trockenfutter *nt*

kib·butz [kɪ'bʊts] *n* Kibbuz *m*

kib·itz ['kɪbɪts] *vi* AM DIAL ① CARDS kiebitzen
② *(chat)* ■**to ~ with sb** mit jdm quatschen *fam*
③ *(fam: advise)* ungebetene Ratschläge erteilen

kib·itz·er ['kɪbɪtsəʳ] *n esp* AM *(fam) jd, der ungebeten Ratschläge erteilt*

'kib·itz·ing *n no pl (fam)* ungebetene Erteilen von Ratschlägen

ki·bosh ['kaɪbɒʃ, AM -bɑːʃ] *n* ▶PHRASES: **to put the ~ on sth** *(sl)* etw zunichtemachen [*o fam* vermasseln]

kick [kɪk] **I.** *n* ① *(with foot)* [Fuß]tritt *m,* Stoß *m; (in sports)* Schuss *m; of a horse* Tritt *m;* ***that horse has quite a ~ when nervous*** dieses Pferd kann ganz schön ausschlagen, wenn es nervös ist; **to need a ~ up the arse** [*or* **backside**] [*or* **pants**] einen [kräftigen] Tritt in den Hintern nötig haben *fam;* **to take a ~ at a ball** einen Ball treten [*o fam* kicken]; **a ~ in the teeth** ein Schlag *m* ins Gesicht *fig;* **to give sth a ~** gegen etw *akk* treten; **to take a ~ at sb/sth** jdm/etw einen [Fuß]tritt versetzen
② *(exciting feeling)* Nervenkitzel *m,* Kick *m fam;* **to do sth for ~s** etw wegen des Nervenkitzels tun; ***he gets a ~ out of that*** das macht ihm einen Riesenspaß; ***she gets her ~s by bungee jumping*** sie holt sich ihren Kick beim Bungeespringen *fam;* **to have a ~** eine berauschende Wirkung haben; ***watch out for the fruit punch, it's got a real ~*** sei mit dem Früchtepunsch vorsichtig, der hat es in sich; ***the cocktail doesn't have much ~*** der Cocktail ist nicht sehr stark
③ *(trendy interest)* Fimmel *m fam,* Tick *m fam;* **health food/fitness ~** Reformkost-/Fitnesstick *m;* ***he's on a religious ~*** er ist [gerade] auf dem religiösen Trip *fam*
④ *(complaint)* **to have a ~ about sth** an etw *dat* etwas auszusetzen haben
⑤ *(gun jerk)* Rückstoß *m*
II. *vt* ① *(hit with foot)* ■**to ~ sb/sth** jdn/etw [mit dem Fuß] treten; **to ~ a ball** einen Ball schießen [*o fam* kicken]; **to ~ a goal** BRIT ein Tor schießen *nt;* **to ~ oneself** *(fig)* sich *akk* in den Hintern *m* beißen *fig fam*
② *(put)* **to ~ sth into high gear** etw auf Hochtouren bringen; **to ~ sth up a notch** *(stereo)* etw ein wenig lauter stellen; *(ride)* etw ein wenig beschleunigen
③ *(get rid of)* **to ~ an accent** einen Akzent ablegen; **to ~ drinking/smoking** das Trinken/Rauchen aufgeben; **to ~ drugs** von Drogen runterkommen *fam;* **to ~ a habit** eine Gewohnheit aufgeben; ***she used to be a heavy smoker but she ~ed the habit last year*** sie war eine starke Raucherin, aber letztes Jahr hat sie damit aufgehört
▶PHRASES: **to ~ sb's ass** AM *(fam!)* jdm eine Abreibung verpassen *fam;* **to ~ some ass** AM *(fam!)* Terror machen *fam;* **to ~ ass** AM *(fam!)* haushoch gewinnen; **to ~ the bucket** *(fam)* abkratzen *sl,* ins Gras beißen *fam;* **to ~ sb when he/she is down** jdm den Rest geben *fam;* **to be ~ing one's heels** BRIT ungeduldig warten; **to ~ sth into touch** etw auf einen späteren Zeitpunkt verschieben; **to be ~ed upstairs** durch Beförderung kaltgestellt werden *fam*
III. *vi* ① *(with foot)* treten; *horse* ausschlagen; *(in a dance)* das Bein hochwerfen; ■**to ~ at sb/sth** nach jdm/etw treten
② *esp* AM *(complain)* meckern, SCHWEIZ *a.* maulen *fam,* ÖSTERR *a.* raunzen *fam;* ■**to ~ about sth** über etw *akk* meckern [*o* ÖSTERR *a.* raunzen] *fam,* an etw *dat* herummeckern *fam;* **to ~ against sb** sich *akk* gegen jdn auflehnen, gegen jdn aufmucken *fam*
▶PHRASES: **to be alive** [*or* **about**] **and ~ing** *(fam)* gesund und munter [*o* quicklebendig] sein; *(fig)* ***traditional jazz is still alive and ~ing*** der klassische Jazz ist immer noch quicklebendig; **to ~ against the pricks** widerborstig sein, wider den Stachel löcken BRD *geh;* **to ~ and scream about sth** sich *akk* heftig und lautstark über etw *akk* beschweren

◆**kick about, kick around I.** *vi (fam)* [he]rumliegen *fam*
II. *vt* ① *(with foot)* ■**to ~ sth around** [*or* **about**] etw [in der Gegend] herumkicken *fam*
② *(consider)* **to ~ an idea around** *(fam)* einen Gedanken hin und her bewegen, eine Idee von allen Seiten beleuchten [*o* BRD *fam* [ausführlich] bekakeln]
③ *(mistreat)* ■**to ~ sb around** [*or* **about**] jdn herumstoßen *fam;* ■**to ~ sth around** [*or* **about**] etw herumliegen lassen *fam*

◆**kick away** *vt* ■**to ~ away** ↔ **sth** etw wegstoßen

◆**kick back I.** *vt* ■**to ~ back** ↔ **sth** etw zurücktreten; **to ~ the ball back** den Ball zurückschießen; **to ~ back the blanket** die Bettdecke wegschieben, sich *akk* aufdecken; **to ~ money back to sb** *(fam)* sich *akk* mit Geld *dat* bei jdm revanchieren, jdm etw *akk* zurückgeben
II. *vi* ① AM *(fam: relax)* sich *akk* entspannt zurücklehnen, relaxen *fam*
② *(gun)* einen Rückstoß haben

◆**kick down** *vt* **to ~ a door down** eine Tür eintreten

◆**kick in I.** *vt* ① *(with foot)* **to ~ a door/a window in** eine Tür/ein Fenster eintreten
② *esp* AM *(contribute)* ■**to ~ sth** ↔ **in** etw dazugeben [*o fam* beisteuern]; ***when you buy a table and four chairs, we'll ~ in an extra chair for free*** wenn Sie einen Tisch mit vier Stühlen kaufen, geben wir Ihnen einen weiteren Stuhl umsonst dazu
II. *vi* ① *(start) approach, drug, measure, method* wirken, Wirkung zeigen; ***the drug began to ~ in*** das Mittel begann anzuschlagen; *device, system* anspringen, sich *akk* einschalten; *maturity* sich *akk* einstellen
② *(to contribute)* ■**to ~ in for sth** einen Beitrag zu etw *dat* leisten, sich *akk* an etw *dat* beteiligen; ***if we all ~ in we can buy a microwave*** wenn wir alle zusammenlegen, dann können wir eine Mikrowelle kaufen

◆**kick into** *vi (fam)* ■**sth ~s into sth else** etw geht in etw *akk* über

◆**kick off I.** *vi* beginnen, anfangen; FBALL anstoßen, anspielen; **to ~ off with a bang** mit einem Knalleffekt beginnen
II. *vt* ■**to ~ off** ↔ **sth** etw beginnen; **to ~ off a discussion** eine Diskussion eröffnen; ***Terry ~ed off the party with a toast*** Terry ließ die Party mit einem Trinkspruch beginnen

◆**kick out I.** *vt* ■**to ~ out** ↔ **sb/sth** jdn/etw hinauswerfen [*o fam* hinausschmeißen]
II. *vi* ■**to ~ out against sb/sth** sich *akk* gegen jdn/etw heftig zur Wehr setzen [*o* mit Händen und Füßen gegen jdn/etw wehren]

◆**kick over** *vt* ■**to ~ over** ↔ **sb/sth** jdn/etw umrempeln *fam*
▶PHRASES: **to ~ over the traces** *(be disrespectful)* über die Stränge schlagen *fam*

◆**kick round** *vt, vi* BRIT *see* **kick around**

◆**kick up I.** *vt* ① *(whirl up)* **to ~ up dust** *(also fig)* Staub aufwirbeln *a. fig*
② *(increase)* ■**to ~ up** ↔ **sth** *price, rent* etw erhöhen
▶PHRASES: **to ~ up a fuss** [*or* **row**] [*or* **stink**] Krach schlagen *fam;* **to ~ up one's heels** auf den Putz [*o* die Pauke] hauen *fam;* **to ~ up a storm** viel Ärger verursachen
II. *vi* ① *(become stronger) wind* auffrischen
② *(malfunction) gadget* verrücktspielen

'kick·about *n* BRIT *(fam)* Kicken *nt fam;* **to have a ~** [herum]kicken *fam,* Fußball spielen **'kick-ass** *adj attr* AM *(fam!)* super *sl,* tolle(r, s) *fam,* Wahnsinns- *fam;* ***that was a ~ party you threw*** das war eine Wahnsinnsparty, die du da gegeben hast; ***that is one ~ car you've got there*** das Auto, das du da hast, ist echt spitze *fam* **'kick·back** *n* ① *(fam: money)* Schmiergeld *nt* ② *(reaction)* [heftige] Reaktion; **to feel the ~ from sth** die Auswirkungen einer S. *gen* spüren **'kick·ball** *n no pl* AM Kickball *m (Ballspiel mit dem Fuß, aber nach Baseballregeln)* **'kick·board, 'kick·board scoot·er** *n* ① *(scooter)* Kickboard *nt,* Kickboard-Roller *m*
② AM *(for swimming)* Schwimmbrett *nt* **'kick·box** *vi* kickboxen **'kick-box·ing** *n no pl* Kickboxen *nt* **'kick-butt** *adj* AM *(fam)* [knall]hart **'kick·down** *n* BRIT AUTO Kickdown *m*

kick·er ['kɪkəʳ, AM -əʳ] *n* ① SPORT Fußballspieler(in)

m(f), Kicker(in) *m(f) fam*
❷ AM *(fig: rebel)* Querulant(in) *m(f)*
❸ FIN *(inducement)* Vergünstigung *f*, Anreiz *m*

'kick·off *n* FBALL Anstoß *m*

kicks [kɪks] *npl* AM *(sl)* Latschen *pl sl*

'kick·stand *n* Fahrradständer *m*, SCHWEIZ *bes* Veloständer *m* **'kick-start I.** *n* ❶ *(on motorcycle)* Kickstarter *m* ❷ *(motivating force)* Auftrieb *m*, neuer Schwung; ***a dynamic, young manager would be just the ~ this company needs*** ein junger, dynamischer Manager wäre genau die treibende Kraft, die dieses Unternehmen braucht **II.** *vt* ■**to ~ sth** etw starten; **to ~ a motorcycle** ein Motorrad kickstarten; **to ~ a process** einen Prozess in Gang bringen **kick·start cer·'tifi·cate** *n* STOCKEX Kickstart-Zertifikat *nt*, Sprinterzertifikat *nt* **'kick·start·er** *n* Kickstarter *m* **'kick·tail** *vi (skateboards)* nach oben gebogen sein **'kick·turn** *n* SKI Spitzkehre *f*

kid [kɪd] **I.** *n* ❶ *(child)* Kind *nt*; AM, AUS *(young person)* Jugendliche(r) *f(m)*; *(male)* Bursche *m*, Junge *m*, ÖSTERR *a.* Bub *m*; *(female)* Mädchen *nt*; ***hey ~, what are you doing there?*** he, Kleiner, was machst du denn da? *fam*; **~ brother/sister** *esp* AM Brüderchen *nt*/Schwesterchen *nt*, kleiner Bruder/kleine Schwester; **to act like a ~** sich *akk* wie ein [kleines] Kind benehmen; **to be just/still a ~** nur/noch ein Kind sein
❷ *(young goat)* Zicklein *nt*, junge Ziege *f*
❸ *no pl (goat leather)* Ziegenleder *nt*, Kid *nt*
II. *vi* <-dd-> *(fam)* Spaß machen; ***just ~ding!*** war nur Spaß! [*o* nicht ernst gemeint!]; **no ~ding?** [ganz] im Ernst?, ohne Scherz?
III. *vt (fam)* ■**to ~ sb** jdn verulken [*o* veralbern] [*o* aufziehen] *fam*; ***you're ~ding me!*** das ist doch nicht dein Ernst!; ■**to ~ oneself** sich *dat* etwas vormachen; ***don't ~ yourself about your boss — he can be ruthless*** lass dich von deinem Chef nicht täuschen – er kann rücksichtslos sein

'kid art *n no pl* Kinderzeichnungen *pl*, Kinderbilder *pl*

kid·die ['kɪdi] **I.** *n (fam)* Kleine(r) *f(m) fam*, Kind *nt*, Kindchen *nt oft iron*
II. *adj attr, inv bike, car, seat* Kinder-; **~ kitchen** Puppenküche *f*, Spielzeugküche *f*

kid·do ['kɪdəʊ, AM -doʊ] *n* Kleine(r) *f(m) fam*

kid·dy *n, adj see* **kiddie**

'kid-friend·ly *adj programme, place, meal* für Kinder geeignet

kid 'gloves *npl* Glacéhandschuhe *pl* ▸ PHRASES: **to treat** [*or* **handle**] **sb with ~** jdn mit Glacéhandschuhen [*o* Samthandschuhen] anfassen **kid 'glove treat·ment** *n* Fingerspitzengefühl *nt*; ***he expects ~ since he considers himself so fragile*** er erwartet, mit Glacéhandschuhen angefasst zu werden, weil er sich für so zerbrechlich hält; ***this problem requires ~*** dieses Problem erfordert Fingerspitzengefühl

kid·nap ['kɪdnæp] **I.** *vt* <-pp-> ■**to ~ sb** jdn entführen [*o* kidnappen]
II. *n no pl* Entführung *f*, Kidnapping *nt*; LAW Menschenraub *m*

kid·nap·per ['kɪdnæpəʳ, AM -ɚ] *n* Entführer(in) *m(f)*, Kidnapper(in) *m(f)*

kid·nap·ping ['kɪdnæpɪŋ] *n* Entführung *f*, Kidnapping *nt*; LAW Menschenraub *m*

kid·ney ['kɪdni] *n* ❶ ANAT Niere *f*
❷ FOOD Niere *f*; **steak and ~ pie** Rindfleisch-Nieren-Pastete *f*
❸ *(temperament)* Schlag *m fam*; **to be of a different/the same ~** von unterschiedlichem/vom gleichen Schlag sein

kid·ney 'bean *n usu pl (any kind of edible bean)* Gartenbohne *f*; *(red bean)* Rote Bohne, Kidneybohne *f* **'kid·ney dish** *n* Nierenschale *f* **'kid·ney do·nor** *n* Nierenspender(in) *m(f)* **'kid·ney fail·ure** *n no pl* Nierenversagen *nt* **'kid·ney ma·chine** *n* künstliche Niere **'kid·ney punch** *n* Schlag *m* in die Nierengegend **'kid·ney-shaped** *adj inv* nierenförmig **'kid·ney stone** *n* Nierenstein *m* **'kid·ney trans·plant** *n* Nierentransplantation *f*

ki·dol·ogy [kɪ'dɒlədʒi, AM -'dɑ:l] *n no pl (fam)* Bluffen *nt*

kid-ori·ent·ed [ˌkɪd'ɔ:rientɪd] *adj inv* AM *(fam)* für Kinder [gemacht]

'kid('s) stuff *n* AM *(usu pej)* Kinderkram *m fam*; ***a two-mile race is just ~*** ein Zweimeilenrennen ist doch ein Kinderspiel

kid-'test·ed *adj attr, inv idea, tip, favourite* von Kindern getestet

kif [kɪf] *n* ❶ *(state)* Rauschzustand *m*, Dröhnung *f sl*
❷ *(drug)* Joint *m*, Kif *m* BRD *sl*

kike [kaɪk] *n* AM *(pej!)* Jude, Jüdin *m, f*

kill [kɪl] **I.** *n no pl* ❶ *(act) of animal* **to be on the ~** auf der Jagd sein; **to fly down for the ~** *bird* herabstoßen, um die Beute zu schlagen; **a fresh ~** eine frisch geschlagene Beute; **to make a ~** eine Beute schlagen
❷ HUNT *(prey)* [Jagd]beute *f*, Strecke *f fachspr*; **a fresh ~** ein frisch erlegte Beute
❸ MIL *(fam)* Zerstörung *f*; *of plane also* Abschuss *m*; *of ship also* Versenken *nt*
▸ PHRASES: **to go** [*or* **move**] [*or* **close**] **in for the ~** zum Todesstoß ansetzen, zum entscheidenden Schlag ausholen; **to be in at the ~** bei der Endabrechnung dabei sein
II. *vi* ❶ *(end life) criminal* töten; *disease* tödlich sein
❷ *(fig fam: hurt)* unheimlich schmerzen [*o* weh tun] *fam*
▸ PHRASES: **to be dressed to ~** todschick angezogen sein *fam*
III. *vt* ❶ *(end life)* ■**to ~ sb/oneself** jdn/sich *akk* töten [*o a. fig* umbringen]; ***my dad'll ~ me if he finds out!*** *(fig fam)* wenn mein Vater das rauskriegt, bringt er mich um!; **to ~ sb by drowning/strangling** jdn ertränken/erwürgen; **to ~ sb with poison/a gun/a knife** jdn vergiften/erschießen/erstechen; **to ~ a fly** eine Fliege totschlagen [*o* einer Fliege *dat* den Garaus machen] *hum fam*; ■**to be ~ed** getötet werden; *(murdered also)* umgebracht werden; *(accidentally also)* umkommen, ums Leben kommen; **to be ~ed in an accident** tödlich verunglücken, bei einem Unfall ums Leben kommen; **to be ~ed in action** MIL [im Kampf] fallen
❷ *(destroy)* ■**to ~ sth** etw zerstören; ***the frost ~ed my vegetable garden*** der Frost hat das Gemüse in meinem Garten vernichtet; **to ~ sb's chances of sth** jds Aussichten auf etw *akk* zunichtemachen; **to ~ sb's dreams/hopes** jds Träume/Hoffnungen zerstören; **to ~ the environment** die Umwelt zerstören; **to ~ a file** ADMIN *(fam)* eine Akte vernichten; COMPUT *(fam)* eine Datei löschen; **to ~ a friendship/marriage** eine Freundschaft/Ehe zerstören [*o* zerrütten]; **to ~ the smell/sound/taste of sth** einer S. *gen* den Geruch/Klang/Geschmack [völlig] nehmen
❸ *(spoil)* ■**to ~ sth** *fun, joke* etw [gründlich] verderben; ■**to ~ sth for sb** jdm den Spaß an etw *dat* [völlig] verderben [*o fam* vermiesen]; **to ~ a surprise** eine Überraschung kaputtmachen *fam*
❹ *(stop)* **to ~ a bill** eine Gesetzesvorlage zu Fall bringen [*o fam* abschmettern]; **to ~ a column/line/scene** *(not print)* eine Kolumne/Zeile/Szene herausnehmen; **to ~ the engine/lights/TV** *(fam)* den Motor/das Licht/den Fernseher ausmachen [*o* ausschalten] *fam*; **to ~ pain** Schmerzen stillen; **to ~ a plan/project** einen Plan/ein Projekt fallenlassen; **to ~ a program** COMPUT ein Programm abbrechen
❺ *(fam: consume)* ■**to ~ sth** etw vernichten; *food* etw aufessen [*o fam* verdrücken] [*o fam* verputzen]; *drink* etw austrinken [*o* leer machen]; **to ~ a bottle of whiskey** eine Flasche Whiskey köpfen
❻ *(fam: amuse)* ■**to ~ sb:** ***that story ~s me*** diese Geschichte find ich zum Totlachen *fam*; **to ~ oneself with laughter** sich *akk* totlachen *fam*
❼ *(fig fam: hurt)* ■**to ~ sb** jdn umbringen *fig*; ***my shoes/these stairs are ~ing me!*** meine Schuhe/diese Treppen bringen mich noch mal um! *fam*; ***it wouldn't ~ you to apologize*** du könntest dich ruhig mal entschuldigen; **to ~ sb with kindness** jdn mit seiner Güte fast umbringen [*o* erdrücken]
❽ *(fam: tire)* jdn völlig erschlagen [*o* fertigmachen] *fam*
❾ *(fig fam: overtax)* **to ~ oneself doing sth** sich *akk* mit etw *dat* umbringen, sich *dat* mit etw *dat* ein Bein ausreißen *fam*; ***they're not exactly ~ing themselves getting it finished in time*** sie reißen sich dabei nicht gerade ein Bein raus, rechtzeitig fertig zu werden; **... if it ~s sb** *(fam)* ***I'm going to finish it if it ~s me!*** ich werde's zu Ende bringen, und wenn ich draufgehe!
❿ SPORT **to ~ the ball** *(slam)* einen Wahnsinnsball spielen *fam*, einen Wahnsinnsschuss loslassen *fam*; *(stop)* den Ball stoppen
▸ PHRASES: **to ~ the fatted calf** ein üppiges Willkommensessen geben; **to ~ the goose that lays the golden egg** das Huhn schlachten, das goldene Eier legt *fam*; **to ~ time** *(spend time)* sich *dat* die Zeit vertreiben; *(waste time)* die Zeit totschlagen; **to ~ two birds with one stone** *(prov)* zwei Fliegen mit einer Klappe schlagen *prov*

◆**kill off** *vt* ❶ *(destroy)* ■**to ~ off ⊂ sth** *disease, species* etw ausrotten; **to ~ off ⊂ pests** Schädlinge vernichten
❷ *esp* AM *(fam: finish)* **to ~ off ⊂ a bottle** eine Flasche leeren; **to ~ off ⊂ a pack** eine Packung leer machen
❸ *writer* **to ~ off ⊂ a character** eine Romanfigur sterben lassen

kill·er ['kɪləʳ, AM -ɚ] **I.** *n* ❶ *(person)* Mörder(in) *m(f)*; *(thing)* Todesursache *f*; ***heart disease is the number-one ~ of American men*** bei amerikanischen Männern stehen Herzkrankheiten an erster Stelle der Todesursachen
❷ *(agent)* Vertilgungsmittel *nt*, SCHWEIZ, ÖSTERR *meist* Pestizid *nt*; **weed ~** Unkrautvertilgungsmittel *nt*
❸ *(fam: difficult thing)* ■**to be a ~** ein harter Brocken sein *fam*
❹ *(good joke)* ■**to be a ~** zum Totlachen sein *fam*; **the ~** AM *(funniest part)* das Tollste *a. iron fam*, die Krönung *fig, a. iron*, der Hammer *fig fam*
II. *n modifier* AM *(sl) product* Killer- *sl*, unschlagbar
III. *adj* ❶ *attr, inv (deadly) flu, virus* tödlich; *heat, hurricane, wave* mörderisch
❷ *inv* AM, AUS *(fam: excellent) car, job, party* Wahnsinns- *fam*, toll *fam*; ***my weekend was ~*** mein Wochenende war super *fam*

'kill·er cell *n* Killerzelle *f* **kill·er di's·ease** *n* tödliche Krankheit **'kill·er in·stinct** *n* ❶ *(in animals)* Tötungsinstinkt *m* ❷ *(mean streak)* **to have the ~** bereit sein, über Leichen zu gehen **'kill·er whale** *n* Schwertwal *m*, Killerwal *m fam*

kill·ing ['kɪlɪŋ] **I.** *n* ❶ *(act)* Tötung *f*, Töten *nt*; *(case)* Mord[fall] *m*
❷ *(fam or fig: lots of money)* **to make a ~** einen Mordsgewinn [*o* ein Riesengeschäft] machen *fam*
II. *adj attr, inv* ❶ *(causing death)* tödlich
❷ *(fig: difficult)* mörderisch *fam*
❸ *(funny)* urkomisch, zum Totlachen

kill·joy ['kɪldʒɔɪ] *n* Spaßverderber(in) *m(f)*, Spielverderber(in) *m(f)*, Miesmacher(in) *m(f) fam*

kiln [kɪln, kɪl] *n (for bricks)* [Brenn]ofen *m*; FOOD [Trocken]ofen *m*, Darre *f*

kilo ['ki:lə(ʊ), AM 'kɪloʊ] *n* Kilo *nt*

kilo·bit ['kɪləbɪt] *n* Kilobit *nt* **kilo·byte** ['kɪlə(ʊ)baɪt, AM -loʊ-] *n* COMPUT Kilobyte *nt* **kilo·cy·cle** ['kɪlə(ʊ)ˌsaɪkl̩, AM -loʊˌ-] *n (dated)* Kilohertz *nt* **kilo·gram**, BRIT *also* **kilo·gramme** ['kɪlə(ʊ)græm, AM -loʊ-] *n* Kilogramm *nt* **kilo·hertz** ['kɪlə(ʊ)hɜ:ts, AM -loʊhɜrts] *n* Kilohertz *nt* **kilo·joule** ['kɪlə(ʊ)dʒu:l, AM -loʊ-] *n* Kilojoule *nt* **kilo·me·tre** [kɪ'lɒmɪtəʳ, 'kɪlə(ʊ)mi:təʳ], AM **kilo·me·ter** [kɪ'lɑ:mət̬ɚ] *n* Kilometer *m* **kilo·volt** ['kɪlə(ʊ)vəʊlt, AM -loʊvoʊlt] *n* Kilovolt *nt* **kilo·watt** ['kɪlə(ʊ)wɒt, AM -loʊwɑ:t] *n* Kilowatt *nt* **kilo·watt 'hour** *n* Kilowattstunde *f*

kilt [kɪlt] *n* Kilt *m*, Schottenrock *m*

kil·ter ['kɪltəʳ, AM -t̬ɚ] *n* **to be out of ~** aus dem Gleichgewicht sein; ***my brain seems to be out of ~*** mit meinem Kopf scheint etwas nicht zu stimmen

ki·mo·no [kɪ'məʊnəʊ, AM kə'moʊnə, -noʊ] *n* Kimono *m*

kin [kɪn] *n + pl vb (dated)* [Bluts]verwandte *pl*, Ver-

K

wandtschaft *f,* Familie *f;* **the next of ~** die nächsten Verwandten [*o* Angehörigen]

ki·na·ra [kɪ'nɑːrə] *n* REL siebenarmiger Kerzenleuchter *(für die Kwanzaa-Feier)*

kind¹ [kaɪnd] *adj* ① *(generous, helpful)* nett, freundlich, liebenswürdig; ***thank you for giving me your seat, that was very ~ of you*** vielen Dank, dass Sie mir Ihren Platz überlassen haben, das war sehr nett von Ihnen; *(in a letter)* **with ~ regards** mit freundlichen Grüßen; ■**to be ~ to sb** nett [*o* freundlich] zu jdm sein; ***he is ~ to animals*** er ist gut zu Tieren
② *(gentle)* ■**to be ~ to sb/sth** jdn/etw schonen; ***this shampoo is ~ to your hair*** dieses Shampoo pflegt dein Haar auf schonende Weise; ***the years have been ~ to her*** die Zeit hat es gut mit ihr gemeint; ***soft lighting is ~ to your face*** gedämpftes Licht ist vorteilhaft für dein Gesicht

kind² [kaɪnd] **I.** *n* ① *(group)* Art *f,* Sorte *f;* ***I don't usually like that ~ of film*** normalerweise mag ich solche Filme nicht; ***he's not that ~ of person*** so einer ist der nicht *fam;* ***this car was the first of its ~ in the world*** dieses Auto war weltweit das erste seiner Art; **all ~s of animals/cars/people** alle möglichen Tiere/Autos/Menschen; **to claim/hear/say nothing of the ~** nichts dergleichen behaupten/hören/sagen; **to stick with one's ~** unter sich *dat* bleiben; **to be one of a ~** einzigartig sein; **his/her ~** *(pej)* so jemand [wie er/sie] *a. pej;* ***my mom always warned me about that ~*** vor so jemandem hat mich meine Mutter immer gewarnt; ***don't even talk to their ~*** mit solchen Leuten sollst du nicht einmal sprechen
② *(limited)* **... of a ~** so etwas wie ...; ***I guess you could call this success of a ~*** man könnte das, glaube ich, als so etwas wie einen Erfolg bezeichnen
③ *no pl (similar way)* ■**to do sth in ~** etw mit [*o* in] gleicher Münze zurückzahlen; ***I answered him in ~*** ich antwortete ihm im gleichen Ton; ***if he cheats me, I shall take my revenge in ~*** wenn er mich betrügt, werde ich mich in gleicher Weise an ihm rächen; **contribution in ~** FIN Sacheinlage *f;* **nothing of the ~** nichts dergleichen; ***mom, can I go to the movies tonight? — nothing of the ~*** darf ich heute Abend ins Kino, Mami? – kommt nicht infrage; ***has your daughter ever stolen before? — no she's done nothing of the ~*** hat Ihre Tochter jemals gestohlen? – nein, so etwas hat sie noch nie gemacht; **to pay sb in ~** jdn in Naturalien [*o* Sachleistungen] bezahlen
④ *(character)* ■**in ~** im Wesen, vom Typ her; ***they were brothers but quite different in ~*** sie waren Brüder, aber in ihrem Wesen ganz verschieden; ***Betty, Sally and Joan are three of a ~*** Betty, Sally und Joan sind alle drei vom gleichen Schlag; ■**to be true to ~** in typischer Weise reagieren; ***when I told him I passed my class, he was true to ~ asking if the exams had been that easy*** das war mal wieder typisch er, als ich ihm erzählte, dass ich mein Examen bestanden hätte, fragte er mich, ob die Prüfungen so leicht gewesen seien
II. *adv* ■**~ of** irgendwie; ***I ~ of hoped you would help me*** ich hatte irgendwie gehofft, du würdest mir helfen; ***are you excited? — yea, ~ of*** bist du aufgeregt? – ja, irgendwie schon

kinda ['kaɪndə] *inv (fam) see* **kind of** irgendwie [schon]

kin·der·gar·ten ['kɪndəˌgɑːtᵊn, AM -dɚˌgɑːr-] *n* ① *esp* BRIT *(nursery school)* Kindergarten *m*
② *no pl esp* AM SCH Vorschule *f*

kind-'heart·ed *adj* gütig, gutherzig

kin·dle ['kɪndl̩] *vt* **to ~ a fire** ein Feuer anzünden [*o geh* entzünden], SCHWEIZ *a.* anfeuern; **to ~ sb's desire** *(fig)* jds Begierde entfachen *geh;* **to ~ sb's imagination** jds Fantasie wecken

kind·li·ness ['kaɪndlɪnəs] *n no pl* Liebenswürdigkeit *f*

kin·dling ['kɪndlɪŋ] *n no pl* Anmachholz *nt,* Anzündholz *nt,* Anfeuerholz *nt* SCHWEIZ, Span *m meist pl* ÖSTERR

kind·ly ['kaɪndli] **I.** *adj person* freundlich, liebenswürdig; *smile, voice* sanft; ***she's a ~ soul*** sie ist eine gute Seele
II. *adv* ① *(in a kind manner)* gütig, freundlich; **to not take ~ to sb/sth** sich *akk* nicht mit jdm/etw anfreunden können
② *(please)* freundlicherweise, liebenswürdigerweise; ***you are ~ requested to leave the building*** sie werden freundlich[st] gebeten, das Gebäude zu verlassen

kind·ness ['kaɪndnəs] *n* <*pl* -es> ① *no pl (attitude)* Freundlichkeit *f,* Liebenswürdigkeit *f;* **an act of ~** eine Gefälligkeit; ***he offered to help her as an act of ~*** er bot ihr aus Gefälligkeit seine Hilfe an; **to treat sb with ~** freundlich zu jdm sein; **to show sb ~** jdm Gutes tun [*o geh* erweisen]; ■**out of ~** aus Gefälligkeit
② *(act)* Gefälligkeit *f*

kin·dred ['kɪndrəd] **I.** *n + pl vb (dated)* Verwandtschaft *f,* Verwandte *pl*
II. *adj* ① *(related) people* [bluts]verwandt; *languages* verwandt; ***Italian and French are ~ languages*** Italienisch und Französisch sind miteinander verwandte Sprachen
② *(similar)* gleichartig, ähnlich

kin·dred 'soul, kin·dred 'spir·it *n* Geistesverwandte(r) *f(m),* Gleichgesinnte(r) *f(m),* verwandte Seele

kin·emato·graph [ˌkɪnɪ'mætəgrɑːf, AM ə'mæṭəgræf] *n see* **cinematograph**

ki·net·ic [kɪ'netɪk, AM -ṭ-] *adj inv* kinetisch; **~ energy** kinetische Energie; **~ theory of gases** kinetische Gastheorie

ki·net·ics [kɪ'netɪks, AM -ṭ-] *n + sing vb* Lehre *f* von den Bewegungen, Kinetik *f fachspr*

kin·folk ['kɪnfoʊk] *n + pl vb* AM Verwandtschaft *f,* Verwandte *pl*

king [kɪŋ] *n* ① *(male ruler)* König *m;* **to be the ~ of the castle** [der] Herr im Hause sein, das Sagen haben *fam;* **~ of the jungle** König des Dschungels; **to be fit for a ~** höchsten Ansprüchen genügen *geh;* ***this meal is fit for a ~*** dieses Essen ist einfach köstlich; **to live like a ~** fürstlich leben
② REL *(Christ)* ■**K~** Gott *m;* **K~ of K~s** der König der Könige
③ CARDS, CHESS König *m*

'king·cup *n* BRIT Sumpfdotterblume *f*

king·dom ['kɪŋdəm] *n* ① *(country)* Königreich *nt*
② *(area of control)* Reich *nt;* **the ~ of God** [*or* **Heaven**] das Reich Gottes
③ *(area of activity)* Welt *f;* **the ~ of the theatre** die Welt des Theaters
④ *(domain)* **animal/plant ~** Tier-/Pflanzenreich *nt*
▸PHRASES: **to blow** [*or* **blast**] **sb/sth to ~ come** jdn/etw ins Jenseits befördern *fam;* **until** [*or* **till**] **~ come** bis in alle Ewigkeit

'king·fish·er *n* Eisvogel *m*

king·ly ['kɪŋli] *adj* königlich, majestätisch

'king·mak·er *n* Königsmacher *m* **'king·pin** *n* ① *(main bolt)* Achsschenkelbolzen *m,* Königszapfen *m* ② *(fig: important person)* Hauptperson *f;* ***he was the ~ of the Democratic organization in Chicago*** er war der wichtigste Mann in der Organisation der Demokraten von Chicago **king 'prawn** *n* [Riesen]garnele *f,* SCHWEIZ *meist* Riesenkrevette *f*

King's 'Bench *n* BRIT *Kammer des Obersten Gerichtshofs* **King's 'Coun·sel** *n,* **KC** *n* BRIT Kronanwalt, -anwältin *m, f* **King's 'Eng·lish** *n* die englische Hochsprache, reines Englisch **King's 'evi·dence** *n* BRIT Kronzeuge, -zeugin *m, f;* **to turn ~** als Kronzeuge , -zeugin *m, f* auftreten

king·ship ['kɪŋʃɪp] *n* Königtum *nt*

'king·side I. *n no pl* CHESS Königsflügel *m* **II.** *adj attr, inv* CHESS auf dem Königsflügel *nach n* **'king-size(d)** *adj inv* extragroß **king-size(d) 'bed** *n* extragroßes Bett, Kingsize-Bett *nt* **king-size(d) ciga·'rette** *n* überlange Zigarette, Kingsize-Zigarette *f* **king-size(d) 'sheet** *n* extragroßes Laken [*o* ÖSTERR Leintuch]

king's 'ran·som *n* Vermögen *nt,* Stange *f* Geld *fam*

kink [kɪŋk] *n* ① *(twist) in hair* Welle *f; in a pipe* Knick *m; in a rope* Knoten *m;* NAUT Kink *f fachspr*
② AM, AUS *(sore muscle)* [Muskel]krampf *m,* [Muskel]zerrung *f*
③ *(problem)* Haken *m fam;* **to iron out [a few] ~s** [ein paar] Mängel ausbügeln *fam*
④ *(habit)* Tick *m fam,* Fimmel *m fam,* Spleen *m fam;* ***everyone's got their ~s*** jeder hat so seinen Tick

kinky ['kɪŋki] *adj* ① *(tightly curled) hair* wirr, kraus
② *(unusual)* spleenig, ausgefallen, irre *fam;* **~ sex** Sex *m* der anderen Art

kins·folk ['kɪnzfəʊk, AM -foʊk] *n + pl vb* Verwandtschaft *f,* Verwandte *pl*

kin·ship ['kɪnʃɪp] *n* ① *no pl (family)* [Bluts]verwandtschaft *f;* ***you can see the ~ between my brother and I*** zwischen meinem Bruder und mir kann man eine Familienähnlichkeit feststellen
② *(connection)* Verwandtschaft *f fig;* **to feel a ~ with sb** sich *akk* jdm verbunden fühlen; ***there is a certain ~ between desire and violence*** Begierde und Gewalt gehören irgendwie zusammen

kins·man ['kɪnzmən] *n* Verwandte(r) *m* **kins·wom·an** ['kɪnzwʊmən] *n* Verwandte *f*

ki·osk ['kiːɒsk, AM -ɑːsk] *n* ① *(stand)* Kiosk *m,* [Verkaufs]stand *m*
② BRIT *(phone booth)* Telefonzelle *f,* Telefonkabine *f* SCHWEIZ

kip¹ [kɪp] BRIT, AUS **I.** *n no pl (fam)* Schläfchen *nt,* Nickerchen *nt fam;* **to get** [*or* **have**] **some ~** sich *akk* mal eben aufs Ohr hauen *fam,* ein Nickerchen machen ÖSTERR *fam*
II. *vi* <-pp-> *(fam)* ein Schläfchen halten [*o fam* Nickerchen machen]

kip² [kɪp] *n,* **LAK** *n (currency in Laos)* Kip *m*
◆**kip down** *vi* BRIT *(fam)* sich *akk* hinhauen *fam;* **to ~ down on an easy chair** sich *akk* in einen Sessel hauen *fam*

kip·per ['kɪpəʳ, AM -ɚ] *n* Räucherhering *m,* Bückling *m*

kir [kɪəʳ, AM kɪr] *n* Kir *m*

Kir·ghiz ['kɜːgɪz, AM kɪr'giːz] *n, adj see* **Kyrgyz**

Kir·ghi·zia [kɜː'gɪziə, AM kɪr'giːʒə] *n no pl see* **Kyrgyzstan** Kirgisien *nt*

Ki·ri·bati [ˌkɪrə'bæs, -rɪ-, AM 'kɪrəbæs] *n* Kiribati *nt*

kirk [kɜːk] *n* SCOT Kirche *f;* **the K~** die [presbyterianische] schottische Staatskirche

kirsch [kɪəʃ, AM kɪrʃ] *n* Kirsch *m,* Kirschwasser *nt*

kis·met ['kɪzmet] *n no pl* Kismet *nt (gottergeben hinzunehmendes Schicksal im Islam)*

kiss¹ [kɪs] *acr for* **keep it short and simple** mach es nicht zu kompliziert; ***your arguments may be correct but if you forget ~, no one will listen to them*** deine Argumente sind vielleicht gut, aber wenn du es zu kompliziert machst, wird dir keiner zuhören

kiss² [kɪs] **I.** *n* <*pl* -es> ① *(with lips)* Kuss *m;* **~ on the hand** Handkuss *m;* **French ~** Zungenkuss *m;* **love and ~es** *(in a letter)* alles Liebe; **to blow** [*or* **throw**] **sb a ~** jdm eine Kusshand zuwerfen; **to give sb a ~** jdn küssen, jdm einen Kuss geben
② *(in billiards)* leichte Berührung
II. *vi* [sich *akk*] küssen; **to ~ and make up** sich *akk* mit einem Kuss versöhnen; **to ~ and tell** mit intimen Enthüllungen an die Öffentlichkeit gehen
III. *vt* ① *(with lips)* ■**to ~ sb/sth** jdn/etw küssen; **to ~ sb on the cheek/lips** jdn auf die Wange/den Mund küssen; **to ~ sb on the hand** jdm die Hand küssen; **to ~ sb goodbye/goodnight** jdm einen Abschieds-/Gutenachtkuss geben; *(fig)* ***they can ~ their chances of winning the cup goodbye*** ihre Aussichten, den Cup zu gewinnen, können sie vergessen *fam;* **to ~ a knee better** *(childspeak)* ein Knie mit einem Küsschen wieder heil machen
② *(in billiards)* **to ~ the ball** die Kugel leicht berühren
▸PHRASES: **~ my** AM **ass** [*or* BRIT **arse**] *(sl)* du kannst mich mal! *fam;* **to ~ sb's ass** *esp* AM *(fam!)* vor jdm katzbuckeln, jdm in den Arsch kriechen *derb*
◆**kiss away** *vt* ■**to ~ away** ↻ **sth** etw wegküssen; **to ~ tears away** Tränen wegküssen
◆**kiss off I.** *vi* AM ① *(sl: go away)* abhauen *sl,* sich *akk* verziehen *fam;* **~ off!** hau ab! *sl*
② *(die)* abkratzen *sl; animal* eingehen
II. *vt* ■**to ~ sb off** jdn mit einem Kuss verabschie-

den

kissa·bil·ity [ˌkɪsəˈbɪləti] *n of lipsticks* Kussfestigkeit *f*

kissa·gram *n see* **kissogram**

kiss-and-'tell *adj attr, inv* ~ **book** Enthüllungsbuch *nt;* ~ **interview** *Interview, bei dem Intimes ausgeplaudert wird* **kiss-ass** [ˈkɪsæs] AM **I.** *n (fam!)* Speichellecker(in) *m(f) fam,* Arschkriecher(in) *m(f) derb* **II.** *adj attr, inv (fam!)* speichelleckerisch *fam,* arschkriecherisch *derb* **'kiss curl** *n* Tolle *f,* Schmachtlocke *f fam,* Schmalzlocke *f* ÖSTERR *fam*

kiss·er [ˈkɪsəʳ, AM -ɚ] *n* ① *(person)* **to be a lousy ~** miserabel küssen
② *(sl: jaw)* Fresse *f* BRD *derb,* Maul *nt derb;* **to give sb one in the ~** jdm eine aufs Maul geben *derb*

kiss·ing dis·ease [ˈkɪsɪŋ-] *n no pl (sl)* Pfeiffer-Drüsenfieber *nt,* Studentenkrankheit *f fam,* Mononukleose *f fachspr* **'kiss·ing gate** *n* BRIT Drehkreuz *nt*

kiss of 'death *n (fam)* Todesstoß *m fig,* Ende *nt;* ■ **to be the ~ for sth** für etw *akk* das Ende bedeuten

'kiss-off *n* AM *(fam)* Laufpass *m fam;* **to give sb the ~** *(lover)* jdm den Laufpass geben; *(employee)* jdn feuern *fam,* jdm seine Papiere geben *fam* **kiss of 'life** *n esp* BRIT *(fam)* Mund-zu-Mund-Beatmung *f;* **to give sb the ~** bei jdm eine Mund-zu-Mund-Beatmung durchführen

kisso·gram [ˈkɪsəgræm] *n Glückwunsch mit Küssen, der von einer fremden Person als Überraschungsgag überbracht wird*

'kiss-proof *adj* kussecht

kit [kɪt] **I.** *n* ① *(set)* Ausrüstung *f;* *(for a model)* Bausatz *m,* Bastelsatz *m;* **first aid ~** Verbandskasten *m;* **tool ~** Werkzeugkasten *m*
② *(outfit)* Ausrüstung *f,* Ausstattung *f*
③ *esp* BRIT *(uniform)* Montur *f;* *(sl: clothes)* Klamotten *pl sl,* Sachen *pl fam,* Gewand *nt* ÖSTERR; **to get one's ~ off** seine Klamotten [*o* ÖSTERR sein Gewand] ausziehen *sl*
II. *vt* <-tt-> *usu passive* ■ **to ~ out** ○ **sb/sth** jdn/etw ausrüsten [*o* ausstatten]

'kit bag *n* Kleidersack *m,* Seesack *m*

kitch·en [ˈkɪtʃɪn] **I.** *n* ① *(room)* Küche *f;* *(appliances)* Küche *f,* Küchenausstattung *f*
② *(cuisine)* Küche *f;* **the French ~** die französische Küche
II. *n modifier* ① *(of kitchen) (curtains, floor, window)* Küchen-; **~ counter** [Küchen]anrichte *f*
② *(basic)* **~ Latin** Küchenlatein *nt iron;* **~ Spanish** rudimentäres Spanisch

kitch·en 'cabi·net *n* ① *(for storage)* Küchenschrank *m,* Küchenkasten *m* ÖSTERR
② *(advisors)* Küchenkabinett *nt hum geh*

kitch·en·ette [ˌkɪtʃɪˈnet] *n* Kochnische *f,* Kleinküche *f*

'kitch·en foil *n no pl (plastic)* Frischhaltefolie *f;* *(aluminum)* Alufolie *f* **kitch·en 'gar·den** *n* Gemüsegarten *m,* Nutzgarten *m* **'kitch·en knife** *n* Küchenmesser *nt* **kitch·en 'pa·per** *n no pl* Küchenpapier *nt,* Küchentuch *nt* **'kitch·en roll** *n no pl* Rolle *f* Küchenpapier, Küchenrolle *f* ÖSTERR **kitch·en 'scis·sors** *npl* Küchenschere *f,* Haushaltsschere *f* **kitch·en 'sink** *n* Spüle *f,* ÖSTERR *a.* Abwasch *f,* Schüttstein *m* SCHWEIZ, [Spül]trog *m* SCHWEIZ ▸PHRASES: __everything__ but [*or* **except**] **the ~** aller nur mögliche Krempel *fam,* alles, was nicht niet- und nagelfest ist *fam* **'kitch·en-sink** *adj attr, inv* BRIT, AUS *play* sozialkritisch **kitch·en 'stove,** *esp* AM **kitch·en 'range** *n* [Küchen]herd *m,* [Koch]herd *m* **kitch·en 'ta·ble** *n* Küchentisch *m* **kitch·en 'tow·el** *n* ① *no pl* Küchenpapier *nt,* Küchentuch *nt* ② AM *(tea towel)* Geschirrtuch *nt* **kitch·en 'unit** *n* Küchenelement *nt (einer Einbauküche)*

'kitch·en·ware *n no pl* Küchengeschirr *nt,* Küchengeräte *pl*

kite [kaɪt] **I.** *n* ① *(toy)* Drachen *m;* **to fly a ~** einen Drachen steigen lassen
② ECON **to fly a ~** ein verlockendes Angebot machen
③ *(fam) see* **accommodation bill**
▸PHRASES: __go__ **fly a ~!** *(fam)* mach eine Fliege! *sl,* zieh Leine! *fam;* **to be as** __high__ **as a ~** *(drunk)* sternhagelvoll sein *fam;* *(high)* völlig zugedröhnt sein *sl*
II. *vi* ① AM ECON *(with cheques)* Kellerwechsel ausstellen, Wechselreiterei betreiben
② BRIT ECON *(use stolen credit cards)* gestohlene Kreditkarten ausstellen, Wechselreiterei betreiben

'kite·board·er *n* Kiteboarder(in) *m(f)*

'kite-fly·ing *n no pl* ① *(action)* Steigenlassen *nt* eines Drachens ② *(testing)* Sondierung *f* **'Kite·mark** *n* BRIT [amtliches] Qualitätssiegel [*o* Gütezeichen]

'kite·surf·ing *n no pl* SPORT Kitesurfing *nt*

kith [kɪθ] *n (esp old)* Verwandte *pl;* **~ and kin** Kind und Kegel

kitsch [kɪtʃ] **I.** *n no pl (pej)* Kitsch *m pej*
II. *adj* kitschig

kitschy [ˈkɪtʃi] *adj (pej)* kitschig *pej*

kit·ten [ˈkɪtᵊn] **I.** *n (young animal)* Junge(s) *nt;* *(cat)* Kätzchen *nt,* junge Katze
▸PHRASES: **to** __have__ **~s** ausrasten *fam,* ausflippen *sl,* Zustände kriegen *fam;* **to** __have__ **~s about sth** wegen einer S. *gen* ausrasten [*o* ausflippen] *fam*
II. *vi* [Junge] werfen, Junge bekommen

kit·ten·ish [ˈkɪtᵊnɪʃ] *adj (dated) child* verspielt; *woman* kokett

kit·ten·ish·ly [ˈkɪtᵊnɪʃli] *adv (dated)* kokett

kit·ti·wake <*pl* - *or* -s> [ˈkɪtɪweɪk, AM -kɪt̬] *n* Dreizehenmöwe *f*

kit·ty [ˈkɪti, AM -t̬i] *n* ① *(childspeak: kitten or cat)* Miezekatze *f fam,* Mieze *f fam;* *(call)* miez, miez
② *(money)* gemeinsame Kasse; *(in games)* [Spiel]kasse *f*

'kit·ty-cor·ner *adv inv* AM schräg gegenüber; ***there's a construction site ~ from our house*** schräg gegenüber unserem Haus ist eine Baustelle

kiwi [ˈkiːwiː] *n* ① *(bird)* Kiwi *m*
② *(fruit)* Kiwi *f*
③ *(fig fam: New Zealander)* Neuseeländer(in) *m(f)*

'kiwi fruit *n* Kiwi *f*

kJ *abbrev of* **kilojoule** kJ

KKK [ˌkeɪkeɪˈkeɪ] *n abbrev of* **Ku Klux Klan** Ku-Klux-Klan *m*

Klans·man [klænzmən] *n* Mitglied *nt* des Ku-Klux-Klan

klax·on® [ˈklæksᵊn] *n* Hupe *f*

Kleen·ex® [ˈkliːneks] *n* Tempo[taschentuch]® *nt,* Papiertaschentuch *nt*

klep·to·ma·nia [ˌkleptə(ʊ)ˈmeɪniə, AM -toʊˈ-] *n no pl* Kleptomanie *f*

klep·to·ma·ni·ac [ˌkleptə(ʊ)ˈmeɪniæk, AM -toʊˈ-] *n* Kleptomane, Kleptomanin *m, f*

klieg light [ˈkliːg-] *n starke Bogenlampe, mit der früher Filmstudios beleuchtet wurden;* *(fig)* ***~s are shining on the city*** die Stadt steht momentan im Rampenlicht; **to become a ~** *(fig)* zu einem hellen Stern werden *fig*

klutz <*pl* -es> [klʌts] *n esp* AM *(fam)* Trottel *m fam,* Tollpatsch *m fam*

km *n abbrev of* **kilometre** km

km/h *abbrev of* **kilometres per hour** km/h

knack [næk] *n no pl* ① *(trick)* Trick *m,* Dreh *m fam,* Kniff *m;* ***there's a ~ to getting this lock to open*** es gibt einen Dreh, wie man dieses Schloss aufkriegt *fam;* **to get the ~ of sth** herausfinden, wie etw geht *fam;* **to have the ~ of it** den Bogen [*o* ÖSTERR Dreh] raushaben *fam;* **to lose the ~ of sth** etw nicht mehr zustande bringen [*o fam* hinkriegen]; ***due to arthritis, he lost the ~ of playing the guitar*** wegen Arthritis kann er nicht mehr Gitarre spielen
② *(talent)* Geschick *nt;* **to have a ~ for sth** ein Talent [*o fam* Händchen] für etw *akk* haben; *(iron)* ***she has the ~ of putting her foot in her mouth*** sie hat ein Talent, ins Fettnäpfchen zu treten

knack·er [ˈnækəʳ, AM -ɚ] *n* ① *(of old animals)* Abdecker *m*
② *(salvager)* Abbruchunternehmer *m*
③ *(fam!: testicles)* ■ **~s** *pl* Eier *pl derb*
④ DIAL *(dated: harnessmaker)* Geschirrmacher *m*

knack·ered [ˈnækəd] *adj pred* BRIT, AUS *(fam)* kaputt *fam,* geschlaucht *fam,* [fix und] fertig *fam*

knack·er·ing [ˈnækᵊrɪŋ] *adj attr* BRIT *(fam)* anstrengend

'knack·er's yard *n* Abdeckerei *f*
▸PHRASES: **to** __end__ **up in the ~** *(fam)* Bankrott machen

knap·sack [ˈnæpsæk] *n* Rucksack *m;* MIL Tornister *m*

knave [neɪv] *n* ① *(old: man)* Schurke *m,* Halunke *m*
② CARDS Bube *m,* SCHWEIZ *a.* Bauer *m*

knav·ish [ˈneɪvɪʃ] *adj (old)* schurkisch *veraltend*

knead [niːd] *vt* **to ~ clay/wax** Ton/Wachs formen; **to ~ dough** Teig kneten; **to ~ sb's muscles** jds Muskeln [ordentlich] durchkneten [*o* massieren]

knee [niː] **I.** *n* ① *(on leg)* Knie *nt;* **on one's hands and ~s** auf Händen und Füßen [*o fam* allen vieren]; **to get down on one's ~s** niederknien; **to put sb across** [*or* **over**] **one's ~** jdn übers Knie legen *fam;* **to put** [*or* **sit**] **sb on one's ~** jdn auf den Schoß nehmen; **on your ~s!** auf die Knie!
② *(in trousers)* Knie[stück] *nt*
▸PHRASES: **to** __bring__ [*or* __force__] **sb to their ~s** jdn in [*o* auf] die Knie zwingen *geh;* **to** __learn__ **sth at sb's ~** etw in frühester Kindheit von jdm lernen; **to be/go** __weak__ **at the ~s** weiche Knie haben/bekommen
II. *n modifier (injury, support)* Knie-; **~ socks** Kniestrümpfe, SCHWEIZ *a.* Kniesocken *pl*
III. *vt* ■ **to ~ sb** jdn mit dem Knie stoßen

'knee bend *n* Kniebeuge *f;* **to do ~s** Kniebeugen machen **'knee breeches** *npl* Knie[bund]hose *f*

'knee·cap I. *n* ① *(patella)* Kniescheibe *f* ② *(covering)* Knieschützer *m* **II.** *vt* <-pp-> ■ **to ~ sb** jdm die Kniescheibe zerschießen **'knee-cap·ping** *n* Zerschießen *nt* der Kniescheibe **knee-'deep** *adj inv* knietief; ***the water was only ~*** das Wasser reichte mir nur bis zum Knie; ■ **to be ~ in sth** knietief [*o* bis zu den Knien] in etw *dat* stecken *a. fig* **knee-'high I.** *n* AM ■ **~s** *pl* Kniestrümpfe, SCHWEIZ *a.* Kniesocken *pl* **II.** *adj inv* kniehoch; **~ grass** kniehohes Gras; ***my nephew is only about ~*** mein Neffe geht mir gerade mal bis zum Knie *fam* ▸PHRASES: **to be ~ to a** __grasshopper__ AM *(hum fam)* ein Dreikäsehoch sein *hum fam;* ***I've loved music ever since I was ~ to a grasshopper*** Musik habe ich schon von klein auf geliebt **'knee-jerk I.** *n* Knie[sehnen]reflex *m,* Patellar[sehnen]reflex *m fachspr* **II.** *n modifier (pej) reaction* automatisch *pej;* AM *person* ideenlos, geistlos; ***some ~ kids went and vandalized the police station*** einige hirnlose Jugendliche gingen hin und verwüsteten die Polizeiwache *fam* **'knee joint** *n* ANAT Kniegelenk *nt;* TECH Kniehebel *m*

kneel <knelt *or esp* AM kneeled, knelt *or esp* AM kneeled> [niːl] *vi* knien; ■ **to ~ before sb** vor jdm niederknien
◆ **kneel down** *vi* sich *akk* hinknien, hinknien, niederknien

'knee-length *adj inv dress* knielang; *socks* kniehoch

kneel·er [ˈniːləʳ, AM -ɚ] *n* Kniebank *f*

'knee-slap·per *n* AM *(fam or also iron)* irrer Witz *fam o a. iron*

'knees-up *n* BRIT *(dated fam)* [ausgelassene] Tanzparty

knell [nel] *n* Totenglocke *f,* Grabgeläut *nt*

knelt [nelt] *pt of* **kneel**

Knes·set [ˈkneset] *n no pl, + sing/pl vb* ■ **the ~** die Knesset

knew [njuː, AM *esp* nuː] *pt of* **know**

knick·er·bock·er [ˈnɪkəˌbɒkəʳ, AM -ɚˌbɑːkɚ] *n*
① *(short trousers)* ■ **~s** *pl* Knickerbocker[s] *pl,* weite Kniehose
② AM *(knickers)* ■ **~s** *pl* [Damen]schlüpfer *m*
③ *(New Yorker)* Knickerbocker *m*

knick·er·bock·er 'glo·ry *n* BRIT Eisbecher *m* mit Früchten und Götterspeise

knick·ers [ˈnɪkəʳz, AM -ɚz] **I.** *npl* ① BRIT *(underwear)* [Damen]schlüpfer *m*
② AM *(knickerbockers)* Knickerbocker[s] *pl*
▸PHRASES: **to** __get__ **one's ~ in a twist** BRIT, AUS *(hum fam: get angry)* sich *akk* aufregen *fam;* *(get worried)* den Kopf [*o* die Nerven] verlieren; *(get confused)* nichts auf die Reihe kriegen *fam,* nur mehr Bahnhof verstehen ÖSTERR *fam*
II. *interj* BRIT *(sl)* Blödsinn! *fam,* Quatsch! *fam*

knick-knack [ˈnɪknæk] *n usu pl (fam)* Schnickschnack *m,* Nippes *pl*

knife [naɪf] **I.** *n* <*pl* knives> Messer *nt;* **to go under the ~** MED unters Messer kommen *fam;* **to pull** [*or* **draw**] **a ~** [**on sb**] ein Messer [gegen jdn] ziehen; **to wield** [*or* **brandish**] **a ~** ein Messer schwingen

K

▶PHRASES: **you could [have] <u>cut</u> the air with a ~** die Stimmung war zum Zerreißen gespannt; **to <u>get</u>** [*or* **<u>have</u>**] **your ~ into sb** jdm übel wollen, es auf jdn abgesehen haben, jdn gefressen haben BRD *fam;* **the <u>knives</u> are out for him** BRIT, AUS *(fam)* die Messer sind schon für ihn gewetzt; **to <u>put</u>** [*or* **<u>stick</u>**] **the ~ into sb** jdm in den Rücken fallen; **before you could <u>say</u> ~** ehe man sich's versah; ***we opened the door and before you could say ~, the dog shot out into the open*** wir öffneten die Tür, da schoss der Hund auch schon ins Freie; **to <u>turn</u>** [*or* **<u>twist</u>**] **the ~** [**in the wound**] Salz in die Wunde streuen
II. *vt* ■**to ~ sb** jdn mit dem Messer angreifen, auf jdn einstechen

'knife-blade *n* Messerklinge *f,* Messerschneide *f* **'knife-edge I.** *n* Messerschneide *f;* **to exist on a financial ~** am Rande des finanziellen Ruins existieren; **to be on a ~** *(fig)* auf Messers Schneide stehen **II.** *adj attr, inv* ❶ *(narrow)* messerscharf; **~ ridge** schmaler Grat ❷ *(fig: uncertain) situation* gefährlich, brenzlig *fam* **'knifeman** *n* Messerstecher *m* **'knifepoint** *n* Messerspitze *f;* **at ~** mit vorgehaltenem Messer **'knife sharp·en·er** *n* Messerschleifer(in) *m(f)*

knif·ing ['naɪfɪŋ] *n* Messerstecherei *f*

knight [naɪt] **I.** *n* ❶ *(title)* Ritter *m*
❷ *(hist: soldier)* Ritter *m,* Edelmann *m*
❸ CHESS Springer *m*
▶PHRASES: [**a**] **~ in <u>shining</u> armour** [ein] Ritter ohne Furcht und Tadel
II. *vt* ■**to ~ sb** jdn zum Ritter schlagen

knight-er·rant <*pl* knights-errant> [ˌnaɪt'erᵊnt] *n* fahrender Ritter

knight·hood ['naɪthʊd] *n* Ritterstand *m;* **to give sb a ~** [*or* **to bestow a ~ on sb**] jdn in den Ritterstand erheben *geh*

knight·ly ['naɪtli] *adj (liter)* ritterlich

knit [nɪt] **I.** *n* ❶ *(stitch)* Strickart *f*
❷ *(clothing)* ■**~s** *pl* Stricksachen *pl,* Gestrickte(s) *nt kein pl*
II. *vi* <knitted *or* knit, knitted *or* AM *also* knit>
❶ *(with yarn)* stricken; *(do basic stitch)* eine rechte Masche stricken; **~ *two, then purl one*** zwei rechts, eins links
❷ *(mend) broken bone* zusammenwachsen, verheilen
III. *vt* <knitted *or* knit, knitted *or* AM *also* knit>
❶ *(with yarn)* **to ~ a sweater** einen Pullover stricken; ■**to ~ sb sth** jdm etw stricken
❷ *(join)* ■**to ~ sth** etw [miteinander] verknüpfen [*o* verbinden]
▶PHRASES: **to ~ one's <u>brows</u>** die Augenbrauen zusammenziehen [*o* Stirn runzeln]

◆**knit together I.** *vi* ❶ *(combine)* sich *akk* zusammenfügen [*o* miteinander verbinden]; ***all the factors seem to be ~ting together*** alle Faktoren scheinen zusammenzuhängen
❷ *(mend) broken bone* zusammenwachsen, heilen
II. *vt* ■**to ~ together ↔ sth** ❶ *(by knitting)* etw zusammenstricken
❷ *(fig: join)* etw miteinander verbinden [*o* verknüpfen] [*o* SCHWEIZ *a.* verstricken]

◆**knit up I.** *vt esp* BRIT, AUS ■**to ~ up ↔ sth** etw [zusammen]stricken
II. *vi esp* BRIT, AUS **to ~ up easily** *wool* sich *akk* leicht stricken lassen

knit·ted ['nɪtɪd, AM -t̬ɪd] *adj inv* ❶ *(with yarn)* gestrickt, Strick-; **hand-~ sweater** handgestrickter Pullover
❷ *(frowning)* **~ brows** gerunzelte Stirn

knit·ter ['nɪtəʳ, AM -t̬ɚ] *n* Stricker(in) *m(f)*

knit·ting ['nɪtɪŋ, AM -t̬ɪŋ] *n no pl* ❶ *(action)* Stricken *nt*
❷ *(product)* Gestrickte(s) *nt; (unfinished)* Strickarbeit *f,* Strickzeug *nt*

'knit·ting-nee·dle *n* Stricknadel *f* **'knit·ting-yarn** *n* Strickgarn *nt*

'knit·wear *n no pl* Stricksachen *pl,* Strickkleidung *f*

knob [nɒb, AM nɑːb] **I.** *n* ❶ *(handle) of a cane, door* Knauf *m,* Griff *m; of a bedhead* rundes Teil; *(dial)* Knopf *m;* **to turn** [*or* **twiddle**] **a ~** an einem Knopf drehen
❷ *(on a tree)* Knoten *m,* Verdickung *f,* Knorren *m*
❸ *(small amount)* Klümpchen *nt,* Stückchen *nt;* **a ~ of sugar** ein Stückchen *nt* Zucker
❹ *esp* AM *(hill)* Kuppe *f,* Anhöhe *f*
❺ *(vulg sl: penis)* Schwanz *m vulg*
▶PHRASES: **with** [**brass**] **~s <u>on</u>** BRIT und wie!; **and the <u>same</u> to you with ~s on!** BRIT *(dated)* danke gleichfalls! *iron*
II. *vt* <-bb-> BRIT *(vulg sl)* ■**to ~ sb** jdn bumsen *fam*

knob·bly ['nɒbḷi] *adj* BRIT, **knob·by** ['nɑːbi] *adj* AM knubbelig, knotig ÖSTERR; *tree, wood* astreich, ästig; **~ knees** Knubbelknie *pl,* spitze Knie *pl* ÖSTERR; *(rhyming sl)* Schlüssel *pl*

knock [nɒk, AM nɑːk] **I.** *n* ❶ *(sound)* Klopfen *nt,* Pochen *nt liter;* **to give a ~** [**at** [*or* **on**] **the door**] an der Tür klopfen; ***there was a ~ on the door*** es hat [an der Tür] geklopft; ***can you give me a ~ in the morning?*** könntest du morgen früh an meiner Tür klopfen?; ***she heard a ~*** sie hat es klopfen hören
❷ *(blow)* Schlag *m,* Stoß *m;* ***he received a nasty ~ on the head*** er bekam einen bösen Schlag auf den Kopf; **to be able to withstand ~s** stoßsicher sein; ***the table has had a few ~s*** der Tisch hat schon ein paar Schrammen abbekommen
❸ *no pl* TECH *of engine* Klopfen *nt,* Klopfgeräusch *nt*
❹ *(fig: setback)* Schlag *m;* **to take a ~** *(fam)* einen Tiefschlag erleiden; *(in confidence)* einen Knacks bekommen *fam;* **to be able to take a lot of ~s** viel einstecken können; **the school of hard ~s** eine harte Schule; ***she has learned everything in the school of hard ~s*** sie ist [im Leben] durch eine harte Schule gegangen
❺ *(fam: critical comment)* Kritik *f*
❻ SPORT *(in cricket)* Innings *nt fachspr,* Durchgang *m,* Innenrunde *f*
II. *vi* ❶ *(strike noisily)* klopfen; ***a rope ~ed against the side of the ship*** ein Seil schlug gegen die Schiffswand; **to ~ at the door/on the window** an die Tür/ans Fenster klopfen; **sb's knees are ~ing** jdm schlottern die Knie *fam*
❷ *(collide with)* stoßen; ■**to ~ into/against sth** gegen etw stoßen, etw rammen; ■**to ~ into sb** mit jdm zusammenstoßen
❸ TECH *engine, pipes* klopfen
❹ *(fam: be approaching)* **to be ~ing on 40/50/60** auf die 40/50/60 zugehen
▶PHRASES: **to ~ on <u>wood</u>** AM, AUS dreimal auf Holz klopfen
III. *vt* ❶ *(hit)* ■**to ~ sth** gegen etw *akk* stoßen; ***he ~ed my arm*** er stieß gegen meinen Arm; ***I ~ed my knee at the door*** ich habe mir mein Knie an der Tür angestoßen; ***she ~ed the glass off the table*** sie stieß gegen das Glas und es fiel vom Tisch
❷ *(blow)* ■**to ~ sb** jdm einen Schlag versetzen; *(less hard)* jdm einen Stoß versetzen; ***the blow ~ed him flat*** der Schlag haute ihn um; **to ~ sb to the ground** jdn zu Boden werfen; **to ~ sb on the head** jdm an den Kopf schlagen; **to ~ sb unconscious** [*or* **senseless**] jdn bewusstlos schlagen; *(fig)* **to ~ sb's self-esteem** jds Selbstbewusstsein anschlagen [*o* einen Knacks geben]
❸ *(drive, demolish)* ■**to ~ sth out of sb** jdm etw austreiben; ***someone should ~ some of the arrogance out of him*** jemand sollte ihn von seinem hohen Ross herunterholen; **to ~ some** [*or* **a bit of**] **sense into sb** jdn zur Vernunft bringen; **to ~ the bottom out of sth** etw zusammenbrechen lassen; **to ~ a hole into the wall** ein Loch in die Wand schlagen; **to ~ a nail into the wall** einen Nagel in die Wand schlagen; ***they ~ed two rooms into one*** sie haben die Wand zwischen zwei Zimmern eingerissen
❹ *(fam: criticize)* ■**to ~ sb/sth** jdn/etw schlechtmachen; ***don't ~ it till you've tried it*** mach es nicht schon runter, bevor du es überhaupt ausprobiert hast *fam*
▶PHRASES: **to ~ 'em <u>dead</u>** AM *(fam)* jdn vom Hocker reißen *fam,* es jdm zeigen *fam;* ***okay, son, go and ~ 'em dead!*** also los, Junge, geh und zeig's ihnen! *fam;* **to ~ sth on the <u>head</u>** BRIT, AUS *(stop sth)* etw *dat* ein Ende bereiten [*o fam* abblasen]; *(complete sth)* etw zu Ende bringen; ***by midnight we were all tired and ~ed it on the head*** um Mitternacht waren wir alle total müde und haben Schluss gemacht; **to ~ sb off their <u>pedestal</u>** [*or* **<u>perch</u>**] jdn vom Podest stoßen; **to ~ an <u>plan</u>/<u>idea</u> on the head** BRIT, AUS einen Plan/Gedanken verwerfen; **to ~ sb <u>sideways</u>** [*or* BRIT *also* **for <u>six</u>**] jdn umhauen *fam;* **to ~** [**the**] **<u>spots</u> off sb/sth** BRIT jdn/etw in den Schatten stellen [*o fam* in die Tasche stecken]; SPORT jdn/etw um Längen schlagen; **to ~ the <u>stuffing</u> out of sb** *(fam)* jdn fertigmachen *fam*
IV. *interj* **"~ ~"** „klopf, klopf"

◆**knock about, knock around I.** *vi (fam)* ❶ *(be present) person* [he]rumhängen *fam,* [he]rumgammeln *pej fam; object, thing* [he]rumliegen *fam;* ■**to ~ about** [*or* **around**] **with sb** *esp* BRIT sich *akk* mit jdm [he]rumtreiben *fam;* **to ~ around in town** sich *akk* in der Stadt [he]rumtreiben *fam*
❷ *(fam: travel aimlessly)* umherziehen, [he]rumziehen *fam*
❸ BRIT *(have a sexual relationship)* ■**to ~ about** [*or* **around**] **with sb** es mit jdm treiben *euph fam*
II. *vt* ❶ *(hit)* ■**to ~ sb about** [*or* **around**] jdn verprügeln
❷ *(play casually)* **to ~ a ball about** [*or* **around**] einen Ball hin- und herspielen; TENNIS ein paar Bälle schlagen

◆**knock back** *vt (fam)* ❶ *(drink quickly)* ■**to ~ back ↔ sth** etw hinunterkippen; *liquor* sich *dat* einen hinter die Binde kippen *fam;* **to ~ a beer back** ein Bier zischen *fam*
❷ BRIT, AUS *(cost a lot)* ■**to ~ sb back** jdn eine [hübsche] Stange Geld kosten; ***how much did that ~ you back?*** wie viel musstest du dafür hinlegen? *fam;* **to ~ sb back a few thousand** jdn ein paar Tausender kosten
❸ *(surprise)* ■**to ~ sb back** jdn umhauen; ***hearing the news really ~ed him back*** die Nachricht hat ihn richtig umgehauen
❹ BRIT *(fam: reject)* ■**to ~ sb back** jdn zurückweisen
❺ FOOD **to ~ back a dough** einen Teig durchwirken [*o* ÖSTERR durchkneten] [lassen]

◆**knock down** *vt* ❶ *(cause to fall)* ■**to ~ down ↔ sb/sth** jdn/etw umstoßen; *(with a car, motorbike, etc.)* jdn/etw umfahren
❷ *(demolish)* ■**to ~ down ↔ sth** etw niederreißen [*o* abreißen]; **to ~ down every argument** *(fig)* jedes Argument zerpflücken
❸ *(reduce)* ■**to ~ down sth** *price* etw herunterhandeln; ■**to ~ down sb to sth** jdn [bis] auf etw *akk* herunterhandeln; ***he ~ed the price down to less than $100*** er hat den Preis auf unter 100 Dollar heruntergehandelt
❹ *(sell at auction)* ■**to ~ down ↔ sth** etw versteigern, SCHWEIZ *fam a.* verganten, ÖSTERR *fam a.* unter den Hammer bringen; ■**to ~ down ↔ sth to sb** jdm etw zuschlagen; **to be ~ed down for £30/at over £3 million** für 30 Pfund/mehr als 3 Millionen Pfund versteigert werden
❺ AM *(fam: earn)* **to ~ down a few thousand** ein paar Tausender kassieren *fam*

◆**knock off I.** *vt* ❶ *(cause to fall off)* ■**to ~ off ↔ sth/sb** etw/jdn hinunterstoßen; ***a low branch ~ed her off her horse*** ein tief hängender Ast riss sie vom Pferd; **to ~ sb's block off** *(fam)* jdm eins überbraten [*o* auf die Hörner geben] *fam;* **to ~ sb off their pedestal** jdn von seinem Podest stoßen
❷ *(reduce a price)* ■**to ~ off ↔ sth** etw [im Preis] herabsetzen; ***the manager ~ed £25 off*** der Abteilungsleiter ließ 25 Pfund nach; ***I'll buy it if you ~ off $15*** ich kaufe es, wenn Sie mit dem Preis [um] 15 Dollar runtergehen
❸ BRIT *(sl: steal)* ■**to ~ off ↔ sth** etw klauen [*o* mitgehen lassen] *fam*
❹ *(fam: murder)* ■**to ~ off ↔ sb** jdn umlegen [*o* kaltmachen] *sl*
❺ *(produce)* ■**to ~ off ↔ sth** *(quickly)* etw schnell erledigen; *(easily)* etw mit links machen [*o* aus dem Ärmel schütteln] *fam; manuscript, novel, report,*

story etw runterschreiben *fam; (on a typewriter)* etw runterhauen *fam*

⑥ *(fam: stop)* ■to ~ off ↔ sth mit etw *dat* aufhören; ~ *it off!* jetzt reicht's aber!; to ~ off work Feierabend machen

⑦ BRIT *(dated vulg: have sex with)* ■to ~ off ↔ sb jdn flachlegen *sl*

⑧ *(fam: defeat)* ■to ~ off ↔ sb jdn schlagen [*o fam* absägen]

⑨ AM *(fam: rob)* to ~ off a bank/a shop eine Bank/einen Laden ausräumen

⑩ *(in cricket)* to ~ off the total needed for victory die für den Sieg nötige Punktzahl erzielen

II. *vi (fam)* aufhören, Schluss machen; *let's ~ off for today* lass uns für heute Schluss machen; to ~ off for lunch Mittag machen [*o* Mittagessen gehen] ÖSTERR

◆**knock on** *vt, vi (in rugby)* to ~ [the ball] on Vorwurf machen

◆**knock out** *vt* ① *(render unconscious)* ■to ~ out ↔ sb jdn bewusstlos werden lassen; *(in a fight)* jdn k.o. schlagen; *the blow ~ed him out* durch den Schlag wurde er bewusstlos; *she hit her head and ~ed herself out* sie stieß sich den Kopf an und verlor das Bewusstsein

② *(exhaust)* ■to ~ out ↔ sb jdn [völlig] schaffen *fam* [*o* außer Gefecht setzen]; *if you carry on like this, you'll ~ yourself out* wenn du so weitermachst, machst du dich [damit] selbst kaputt

③ *(forcibly remove)* ■to ~ out ↔ sth etw herausschlagen; to ~ out two teeth sich *dat* zwei Zähne ausschlagen

④ *(remove contents)* to ~ out a pipe eine Pfeife ausklopfen

⑤ *(eliminate)* ■to ~ out ↔ sth/sb etw/jdn ausschalten; *enemy aircraft have ~ed out 25 tanks* feindliche Flugzeuge haben 25 Panzer zerstört; to be ~ed out of a competition aus einem Wettkampf ausscheiden; to be ~ed out of the running aus dem Rennen sein

⑥ *(render useless)* ■to ~ out ↔ sth etw außer Funktion setzen

⑦ AUS, NZ *(fam: earn a specified sum of money)* to ~ out £2000 2000 Pfund kassieren *fam*

⑧ *(produce quickly)* ■to ~ out ↔ sth etw hastig entwerfen; *draft, manuscript, story also* etw runterschreiben *fam; (on a typewriter)* etw runterhauen [*o* ÖSTERR runterklopfen] *fam*

⑨ *(fam: astonish and impress)* ■to ~ out ↔ sb jdn umhauen [*o* vom Hocker reißen] *fam; in that dress she'll ~ him out* in diesem Kleid wird sie ihn [einfach] umhauen

◆**knock over** *vt* ① *(cause to fall)* ■to ~ over ↔ sth/sb etw/jdn umstoßen [*o* umwerfen]; *(with a bike, car)* etw/jdn umfahren

② AM *(rob a shop)* to ~ over a shop einen Laden ausräumen *fam*

▶PHRASES: to ~ sb over with a feather jdn völlig umhauen *fam; you could have ~ed me over with a feather when I heard the news* ich war völlig von den Socken, als ich von den Neuigkeiten hörte *fam*

◆**knock through** *vt* ■to ~ through sth *(break through) wall* etw durchbrechen; *(demolish)* etw abreißen

◆**knock together** *vt* ■to ~ together ↔ sth ① *(fam: complete quickly)* etw zusammenschustern *fam; a piece of furniture, shed, shelves, etc.* etw zusammenzimmern *fam;* to ~ together an article einen Artikel zusammenschreiben *fam;* to ~ together something to eat auf die Schnelle etwas Essbares zaubern

② BRIT *(remove wall)* to ~ together two rooms/buildings die Wand zwischen zwei Zimmern/Gebäuden einreißen

◆**knock up** I. *vt* ① *(make quickly)* ■to ~ up ↔ sth etw zusammenschustern *fam; he ~ed up an excellent meal in ten minutes* in zehn Minuten zauberte er ein hervorragendes Essen auf den Tisch

② BRIT, AUS *(fam: awaken)* ■to ~ up ↔ sb jdn aus dem Schlaf trommeln

③ *esp* AM *(sl: impregnate)* ■to ~ up ↔ a woman einer Frau ein Kind machen; to get ~ed up sich schwängern [*o* BRD *derb* anbuffen] lassen

④ *(in cricket)* to ~ up runs relativ schnell Punkte machen

II. *vi* BRIT *(in a racket game)* ein paar Bälle schlagen; *(before a match starts)* sich *akk* einschlagen [*o* warm spielen]

'**knock·about** *adj attr, inv* THEAT, FILM Klamauk-; *comedy, humour* burlesk '**knock·down** *adj attr, inv* ① *(very cheap)* supergünstig *sl;* ~ price Spottpreis *m fam,* Schleuderpreis *m fam; (at auction)* Mindestpreis *m* ② *(physically violent)* niederschmetternd; a ~ argument ein schlagendes Argument; ~ blow BOXING Niederschlag *m fachspr,* K.-o.-Schlag *m;* a ~ fight eine handfeste Auseinandersetzung

③ *(easily dismantled)* zerlegbar

knock·er ['nɒkəʳ, AM 'nɑːkɚ] *n* ① *(at door)* Türklopfer *m*

② *(fault-finder)* Krittler(in) *m(f),* Nörgler(in) *m(f),* Raunzer(in) *m(f)* ÖSTERR

knock·ers ['nɒkəz, AM 'nɑːkɚz] *npl (fam! sl: breasts)* Vorbau *m hum sl;* big ~ dicke Titten *derb; look at the ~ on her!* sieh dir diese Titten an! *derb*

'**knock·ing copy** *n no pl* ECON herabsetzende Werbung **knock·ing-'off time** *n no pl* Feierabend *m,* Arbeitsschluss *m; it's ~!* Feierabend! '**knock·ing-shop** *n* BRIT *(fam)* Puff *m fam*

knock-'kneed *adj* x-beinig; ■to be ~ X-Beine haben

knock·less ['nɒkləs, AM 'nɑːk-] *adj* TECH klopffest; ~ fuel klopffestes Benzin, klopffester Treibstoff

'**knock·off** *n (fam)* [billige] Kopie, [billiges] Imitat

'**knock-on ef·fect** *n* BRIT Folgewirkung *f;* to have a ~ on sth sich *akk* mittelbar auf etw *akk* auswirken

'**knock·out** I. *n* ① BRIT, AUS *(tournament)* Ausscheidungs[wett]kampf *m* ② BOXING Knockout *m,* K.o. *m;* to win sth by a ~ etw durch K.o. gewinnen ③ *(attractive person)* Knaller *m fam,* Wucht *f fam* II. *adj* ① BRIT, AUS *(elimination)* Ausscheidungs-; ~ competition Ausscheidungskampf *m* ② BOXING ~ blow Knockoutschlag *m fachspr,* K.-o.-Schlag *m,* Niederschlag *m fachspr; (fig)* Tiefschlag *m;* to deal sb's hopes a ~ blow jds Hoffnungen zunichtemachen; ~ drops *(dated fam)* K.-o.-Tropfen *pl fam* ③ *(attractive)* umwerfend *fam* '**knock-up** *n usu sing* BRIT Einspielen *nt,* Warmspielen *nt*

knoll [nəʊl, AM noʊl] *n* Anhöhe *f*

knot¹ [nɒt, AM nɑːt] I. *n* ① *(tied join)* Knoten *m;* to make/tie a ~ einen Knoten machen/binden; to untie a ~ einen Knoten lösen

② *(chignon)* [Haar]knoten *m*

③ *(small group)* Knäuel *m o nt*

④ *(woody mass)* Ast *m*

▶PHRASES: sb's stomach is in ~s jds Magen krampft sich zusammen; to tie the ~ *(fam)* heiraten, den Bund der Ehe schließen *geh*

II. *vt* <-tt-> ■to ~ sth etw knoten; to ~ a tie eine Krawatte binden; ■to ~ sth together etw zusammenknoten [*o* zusammenbinden]

III. *vi* <-tt-> *muscles* sich *akk* verspannen; *stomach* sich *akk* zusammenkrampfen

knot² [nɒt, AM nɑːt] *n* NAUT Knoten *m*

knot·ted ['nɒtɪd, AM 'nɑːt̬-] *adj inv* verknotet

▶PHRASES: get ~! BRIT *(fam!)* rutsch mir den Buckel runter! *fam,* du kannst mich mal! *euph sl; (go away)* verzieh dich! *fam*

knot·ty ['nɒti, AM 'nɑːt̬i] *adj* ① *(full of knots) wood* astig, astreich; *branch, finger, stick* knotig; *hair* voller Knoten *nach n, präd; (tousled)* zerzaust

② *(difficult)* kompliziert, verzwickt *fam*

knout [naʊt] *n* Knute *f,* Peitsche *f*

know [nəʊ, AM noʊ]

I. TRANSITIVE VERB II. INTRANSITIVE VERB III. NOUN

I. TRANSITIVE VERB

<knew, known> ① *(have information/knowledge)* ■to ~ sth etw wissen; *facts, results* etw kennen; *she ~s all the names of them* sie kennt all ihre Namen; *does anyone ~ the answer?* weiß jemand die Antwort?; *do you ~ ...?* weißt du/wissen Sie ...?; *do you ~ the time/where the post office is?* können Sie mir bitte sagen, wie spät es ist/wo die Post ist?; *do you ~ the words to this song?* kennst du den Text von diesem Lied?; *he really ~s particle physics* in Teilchenphysik kennt er sich wirklich gut aus; *I ~ no fear* ich habe vor nichts Angst; *I ~ what I am talking about* ich weiß, wovon ich rede; *how was I to ~ it'd be snowing in June!* wer ahnt denn schon, dass es im Juni schneien würde!; *that's worth ~ing* das ist gut zu wissen; *that might be worth ~ing* das wäre gut zu wissen; *that's what I like to ~ too* das würde ich auch gerne wissen!; — *don't I ~ it!* – wem sagst du das!; *before you ~ where you are* ehe man sich versieht; *for all I ~* soweit ich weiß; *they might have even cancelled the project for all I ~* vielleicht haben sie das Projekt ja sogar ganz eingestellt – weiß man's! *fam; I knew it!* wusste ich's doch! *fam; ... and you ~ it ...* und das weißt du auch; *(fam) you ~ something* [*or what*]*?* weißt du was? *fam; ... I ~ what ...* ich weiß was; *but she's not to ~* aber sie soll nichts davon erfahren; *God ~s I've done my best* ich habe weiß Gott mein Bestes gegeben; *(fam) God only ~s what'll happen next!* weiß der Himmel, was als Nächstes passiert! *sl;* ■to ~ [that]/if/how/what/when/why ... wissen, dass/ob/wie/was/wann/warum ...; ■to ~ sb/sth to be/do sth wissen, dass jd/etw etw ist/tut; *the police ~ him to be a cocaine dealer* die Polizei weiß, dass er mit Kokain handelt; ■to ~ how to do sth wissen, wie man etw macht; to ~ how to drive a car Auto fahren können; ■to ~ sth about sth/sb etw über etw/jdn wissen; to ~ the alphabet/English das Alphabet/Englisch können; *do you ~ any Norwegian?* können Sie ein bisschen Norwegisch?; to ~ sth by heart etw auswendig können; to ~ what one is doing wissen, was man tut; to let sb ~ sth jdn etw wissen lassen

② *(be certain)* ■to not ~ whether ... sich *dat* nicht sicher sein, ob ...; to not ~ which way to turn nicht wissen, was man machen soll; to not ~ whether to laugh or cry nicht wissen, ob man lachen oder weinen soll; to ~ for a fact that ... ganz sicher wissen, dass ...

③ *(be acquainted with)* ■to ~ sb jdn kennen; *~ing Sarah* [*or if I ~ Sarah*]*, she'll have done a good job* so wie ich Sarah kenne, hat sie ihre Sache bestimmt gut gemacht; *we've ~n each other for years now* wir kennen uns schon seit Jahren; *she ~s Paris well* sie kennt sich in Paris gut aus; *surely you ~ me better than that!* du solltest mich eigentlich besser kennen!; *you ~ what it's like* du weißt ja, wie das [so] ist; *we all knew her as a kind and understanding colleague* uns allen war sie als liebenswerte und einfühlsame Kollegin bekannt; *I'm sure you all ~ the new officer by reputation* sicherlich haben Sie alle schon mal von dem neuen Offizier gehört; to ~ sth like the back of one's hand etw wie seine eigene Westentasche kennen *fam;* to ~ sb by name/by sight/personally jdn dem Namen nach/vom Sehen/persönlich kennen; to get to ~ sb jdn kennenlernen; to get to ~ sth *methods* etw lernen; *faults* etw herausfinden; to get to ~ each other sich *akk* kennenlernen; to [not] ~ sb to speak to jdn [nicht] näher kennen

④ *(have understanding)* ■to ~ sth etw verstehen; *do you ~ what I mean?* verstehst du, was ich meine?; *if you ~ what I mean* wenn du verstehst, was ich meine

⑤ *(experience) I've never ~n anything like this* so etwas *akk* habe ich noch nicht erlebt; *I've never ~n her* [*to*] *cry* ich habe sie noch nie weinen sehen

⑥ *(recognize)* ■to ~ sb/sth jdn/etw erkennen; *I ~ a goodbye when I hear one* ich hab' schon verstanden, dass du dich von mir trennen willst! *fam; I ~ a good thing when I see it* ich merke gleich, wenn was gut ist; *we all ~ him as 'Curly'* wir alle kennen ihn als ‚Curly'; *this is the end of world as*

we ~ it das ist das Ende der Welt, so wie wir sie kennen; ***these chocolate bars are ~n as something else in the US*** diese Schokoladenriegel laufen in den USA unter einem anderen Namen; ***I knew her for a liar the minute I saw her*** ich habe vom ersten Augenblick an gewusst, dass sie eine Lügnerin ist; ■ **to ~ sb/sth by sth** jdn/etw an etw *dat* erkennen; **to ~ sb by his/her voice/walk** jdn an seiner Stimme/seinem Gang erkennen; **sb wouldn't ~ sth if he/she bumped into it** [*or* **if he/she fell over it**] [*or* **if it hit him/her in the face**] jd würde etw *akk* nicht mal erkennen, wenn es vor ihm/ihr stehen würde

⑦ *(be able to differentiate)* ■ **to ~ sth/sb from sth/sb** etw/jdn von etw/jdm unterscheiden können; ***Ana wouldn't ~ a greyhound from a collie*** Ana kann einen Windhund nicht von einem Collie unterscheiden; ***you wouldn't ~ him from his brother*** man kann ihn und seinen Bruder nicht unterscheiden!; ***don't worry, she wouldn't ~ the difference*** keine Angst, sie wird den Unterschied [gar] nicht merken; **to ~ right from wrong** Gut und Böse unterscheiden können

⑧ *passive (well-known)* ■ **to be ~n for sth** für etw *akk* bekannt sein; ■ **it is ~n that ...** es ist bekannt, dass ...; **to make sth ~n** etw bekanntmachen; ***she's never been ~n to laugh at his jokes*** sie hat bekanntlich noch nie über seine Witze gelacht; ***this substance is ~n to cause skin problems*** es ist bekannt, dass diese Substanz Hautirritationen hervorruft; ***this substance has been ~n to cause skin problems*** diese Substanz hat in einzelnen Fällen zu Hautirritationen geführt; ***Terry is also ~n as 'The Muscleman'*** Terry kennt man auch unter dem Namen ‚der Muskelmann'

▸PHRASES: **to not ~ sb from Adam** keinen blassen Schimmer haben, wer jd ist *fam;* **to ~ all the answers** immer alles besser wissen *pej; (have real knowledge)* sich *akk* auskennen; **to ~ no bounds** keine Grenzen kennen; **to not ~ one end of sth from the other** keine Ahnung von etw *dat* haben *fam;* **to not ~ what hit one** nicht wissen, wie einem geschieht; **not if I ~ it** nicht mit mir!; **to ~ one's own mind** wissen, was man will; **to ~ one's place** wissen, wo man steht; **to not ~ where to put oneself** BRIT am liebsten in den Boden versinken *fam;* **to ~ the ropes** sich *akk* auskennen; **to ~ sb [in the biblical sense]** *(hum)* mit jdm eine Nummer geschoben haben *sl;* **to ~ the score** wissen, was gespielt wird; **to ~ which side one's bread is buttered on** wissen, wo was zu holen ist *fam;* **to ~ one's stuff** [*or* BRIT *also* **onions**] sein Geschäft [*o* Handwerk] verstehen; **to ~ a thing or two** *(pej fam: be sexually experienced)* sich *akk* [mit Männern/Frauen] auskennen; **to ~ a thing or two about sth** *(know from experience)* sich *akk* mit etw *dat* auskennen; **to ~ what's what** wissen, wo's langgeht *fam;* **what do you ~!** was weißt du denn schon?; *esp* AM *(fam: surprise)* wer hätte das gedacht!

II. INTRANSITIVE VERB

<knew, known> ① *(have knowledge)* [Bescheid] wissen; ***ask Kate, she's sure to ~*** frag Kate, sie weiß es bestimmt; ***I think she ~s*** ich glaube, sie weiß Bescheid; ***where did he go? — I wouldn't*** [*or* ***don't***] ***~, I was not to ~ until years later*** das sollte ich erst Jahre später erfahren, wo ist er hingegangen? – keine Ahnung; ***are you going to university? — I don't ~ yet*** willst du studieren? – ich weiß [es] noch nicht; ***you never ~*** man kann nie wissen; ***as*** [*or* ***so***] ***far as I ~*** so viel [*o* weit] ich weiß; ***how am I to ~?*** woher soll ich das wissen?; ***who ~s?*** wer weiß?; ***how should I ~?*** wie soll ich das wissen?; ***I ~!*** jetzt weiß ich!; ***Mummy ~s best what to do*** Mutti weiß am besten, was zu tun ist; ***she didn't want to ~*** sie wollte nichts davon wissen; ***just let me ~ ok?*** sag' mir einfach Bescheid, ok?

② *(fam: understand)* begreifen; ***"I don't ~," he said, "why can't you ever be on time?"*** „ich begreife das einfach nicht", sagte er, „warum kannst du nie pünktlich sein?"

③ *(said to agree with sb)* ***I ~*** ich weiß; ***the weather's been so good lately — I ~, isn't it wonderful!*** das Wetter war in letzter Zeit wirklich schön – ja, herrlich, nicht wahr?

④ *(fam: for emphasis)* ***she's such a fool, don't you ~!*** sie ist so unglaublich dumm!

⑤ *(conversation filler)* ***give him the red box, you ~, the one with the ....*** gib ihm die rote Kiste, du weißt schon, die mit den ...; ***he's so boring and, you ~, sort of spooky*** er ist so langweilig und, na ja, irgendwie unheimlich; ***he asked me, you ~*** weißt du, er hat mich halt gefragt

▸PHRASES: **to ~ better** ***you ought to ~ better*** du solltest es eigentlich besser wissen; ***he said he loved me but I ~ better*** er sagte, dass er mich liebt, aber ich weiß, dass es nicht stimmt; **to ~ better than** ***I ~ better than to go out in this weather*** ich werde mich hüten, bei dem Wetter rauszugehen *fam;* ***she's old enough to ~ better than to run out into the traffic*** sie ist alt genug, um zu wissen, dass man nicht einfach auf die Straße läuft; **to not ~ any better** es nicht anders kennen

III. NOUN

no pl **to be in the ~ [about sth]** [über etw *akk*] im Bilde sein [*o* Bescheid wissen]

♦**know about** *vi* ■ **to ~ about sth/sb** von etw/jdm wissen; ***did you ~ about the burglary?*** hast du von dem Einbruch gehört?; ***I don't ~ about the others but I'm staying here*** ich weiß nicht, was die anderen machen, aber ich [für meinen Teil] bleibe hier; ***I don't ~ about you but I'm starving*** ich weiß ja nicht, wie es dir geht, aber ich verhungere gleich!; ***I ~ about that*** ich weiß [schon] Bescheid!; *(have real knowledge)* da kenne ich mich aus!; ***yep, I ~ about that*** ja, das weiß ich; ***I don't ~ about that*** na, ich weiß nicht; *(really not knowing)* davon weiß ich nichts; ***oh, I didn't ~ about it*** oh, das habe ich [gar] nicht gewusst; ***she's not to ~ about it*** sie soll nichts davon erfahren!; ***I ~ about Mary but who else is coming?*** ich weiß, dass Mary kommt, aber wer noch?; ***well I don't ~ about beautiful but she certainly is nice*** na ja, ob sie schön ist, weiß ich nicht, aber nett ist sie auf jeden Fall!; ***my grandad ~s all there is to ~ about fishing*** mein Opa weiß wirklich alles übers Fischen; ***I don't ~ anything about computers*** von Computern verstehe ich gar nichts; ***not much is ~n about it*** darüber weiß man nicht viel; **to not ~ the first thing about sth** keine Ahnung von etw *dat* haben; **to not ~ the first thing about sb** nichts über jdn wissen

♦**know of** *vi* ■ **to ~ of sb/sth** jdn/etw kennen; *(been informed)* von jdm/etw gehört haben; ***do you ~ of a good doctor?*** kennst du einen guten Arzt?; ***I ~ of them but I've never actually met them*** ich habe zwar schon von ihnen gehört, aber sie noch nie wirklich getroffen; ***... — not that I ~ of ...*** – nicht, dass ich wüsste; **to get to ~ of all the facts** über alle Fakten informiert werden

know·able [ˈnəʊəbl̩, AM ˈnoʊ-] *adj* [mit dem Verstand] erkennbar [*o* erfassbar]

ˈknow-all *n (pej fam)* Besserwisser(in) *m(f) pej,* SCHWEIZ, ÖSTERR *a.* Schlaumeier *m pej,* Neunmalkluge(r) *f(m) iron* **ˈknow-how** *n no pl* Know-how *nt,* [praktische] Sachkenntnis; **to have ~ about sth** das [notwendige] Fachwissen für etw *akk* besitzen

know·ing [ˈnəʊɪŋ, AM ˈnoʊ-] **I.** *adj* wissend *attr; look, smile* viel sagend

II. *n no pl* Wissen *nt*

know·ing·ly [ˈnəʊɪŋli, AM ˈnoʊ-] *adv* ① *(meaningfully)* viel sagend

② *(with full awareness)* wissentlich, bewusst

know-it-all [ˈnoʊɪt̬ɔːl] *n* AM Besserwisser(in) *m(f),* SCHWEIZ, ÖSTERR *a.* Schlaumeier(in) *m(f) pej,* Neunmalkluge(r) *f(m) iron*

knowl·edge [ˈnɒlɪdʒ, AM ˈnɑːl-] *n no pl* ① *(body of learning)* Kenntnisse *pl* (**of** in +*dat*); ***she has a good working ~ of Apple software*** sie besitzt nützliche, praktische Fähigkeiten im Umgang mit Apple Software; **~ of French** Französischkenntnisse *pl;* **limited ~** begrenztes Wissen; **to have [no/some] ~ of sth** [keine/gewisse] Kenntnisse über etw *akk* besitzen; **to have a thorough ~ of sth** ein fundiertes Wissen in etw *dat* besitzen

② *(acquired information)* Wissen *nt,* Kenntnis *f;* ***I have absolutely no ~ about his private life*** ich weiß nicht das Geringste über sein Privatleben; ***to my ~*** soweit ich weiß, meines Wissens *geh;* **to be common ~** allgemein bekannt sein

③ *(awareness)* Wissen *nt;* **to deny all ~ [of sth]** jegliche Kenntnis [über etw *akk*] abstreiten; **to be safe in the ~ that ...** mit Bestimmtheit wissen, dass ...; **it has been brought to our ~ that ...** wir haben davon Kenntnis erhalten, dass ...; ■ **to do sth without sb's ~** etw ohne jds *gen* Wissen tun

④ *(form: sexual contact)* **carnal ~** Geschlechtsverkehr *m;* **to have carnal ~ of sb** mit jdm Geschlechtsverkehr haben *form*

knowl·edg(e)·able [ˈnɒlɪdʒəbl̩, AM ˈnɑːl-] *adj (well informed)* sachkundig, sachverständig, kenntnisreich; *(experienced)* bewandert; ***his answer to my question was very ~*** seine Antwort auf meine Frage zeugte von großer Sachkenntnis *geh;* ■ **to be ~ about sth** sehr bewandert in etw *dat* sein

knowl·edg(e)·ably [ˈnɒlɪdʒəbli, AM ˈnɑːl-] *adv* sachkundig

ˈknow·ledge pool *n* INET Wissenspool *m*

know·ledge so·ˈci·ety *n* Wissensgesellschaft *f*

know·ledge ˈtrans·fer *n* Wissenstransfer *m*

known [nəʊn, AM noʊn] **I.** *vt, vi pp of* **know**

II. *adj* ① *(publicly recognized)* bekannt; **~ criminals** bekannte Kriminelle; ***it is a little/well ~ fact that ...*** es ist nur wenigen *dat*/allgemein bekannt, dass ...

② *(understood)* bekannt; **no ~ reason** kein erkennbarer Grund

③ *(tell publicly)* **to make sth ~** [*or* **to make ~ sth**] etw bekanntmachen [*o geh* publikmachen]; **to make oneself ~ to sb** sich *akk* jdm vorstellen

knuck·le [ˈnʌkl̩] **I.** *n* ① ANAT [Finger]knöchel *m;* **with bare ~s** mit bloßen Fäusten; **to crack one's ~s** mit den Fingern knacken

② *(cut of meat)* Hachse *f,* Haxe *f* SÜDD, Stelze *f* ÖSTERR; **~ of pork** Schweinshaxe *f* SÜDD, Schweinsstelze *f* ÖSTERR

③ AM *(knuckleduster)* ■ **~s** *pl* Schlagring *m*

▸PHRASES: **to be near the ~** BRIT *(fam)* sich *akk* hart an der Grenze bewegen; *joke* ziemlich gewagt sein

II. *vi* ① *(start working hard)* ■ **to ~ down** sich *akk* dahinter klemmen [*o fam* reinknien]; *(hurry up)* sich *akk* ranhalten *fam;* **to ~ down to one's work** sich *akk* hinter die Arbeit klemmen *fam*

② *(submit)* ■ **to ~ under** sich *akk* fügen, klein beigeben *fam;* ***they ~d under to the demands of the trade unions*** sie gaben den Forderungen der Gewerkschaften nach

ˈknuck·le·dust·er *n* ① *esp* BRIT *(weapon)* Schlagring *m* ② BRIT *(fam: ring)* auffälliger Ring; ***just look at his ~s!*** sieh dir nur mal die Klunker an, die er trägt! *fam* **ˈknuck·le·head** *n esp* AM *(pej dated fam)* Blödmann *m pej derb,* Blödian *m pej fam; (woman)* dumme Gans *pej fam;* ***you ~!*** du Armleuchter! *pej sl*

KO [ˌkerˈəʊ, AM -ˈoʊ] **I.** *n abbrev of* **knockout** K.o. *m;* **to win with a ~ in the third round** in der dritten Runde durch K.o. gewinnen

II. *vt* <KO'd, KO'd> *abbrev of* **knock out:** ■ **to ~ sb** jdn k.o. schlagen; *(fig)* jdn außer Gefecht setzen *fam*

koa·la, koa·la bear [kəʊˈɑːlə-, AM koʊˈ-] *n* Koala[bär] *m*

koan [ˈkəʊɑːn, AM ˈkoʊ-] *n* Koan *nt*

kohl [kəʊl, AM koʊl] **I.** *n no pl* Kajal *nt*

II. *n modifier* Kajal-; **~ pencil** Kajalstift *m*

kohl·ra·bi [ˌkəʊlˈrɑːbi, AM ˌkoʊlˈ-] *n* Kohlrabi *m*

Ko·mo·do drag·on [kəˌməʊdəʊˈ-, AM -ˌmoʊdoʊˈ-] *n* Komodo-Waran *m*

kook [kuːk] *n esp* AM *(fam)* Ausgeflippte(r) *f(m) fam,* Spinner(in) *m(f) pej fam;* **to be a real ~** echt ausgeflippt sein *sl*

kooka·bur·ra [ˈkʊkəˌbʌrə, AM -ˌbɜːrə] *n* ORN

Lachender Hans

kooki·ness ['ku:kɪnəs] *n no pl esp* AM *(fam)* Ausgeflipptsein *nt fam,* Verrücktheit *f*

kooky ['ku:ki] *adj esp* AM *(usu approv fam)* ausgeflippt *sl,* abgedreht *sl*

koori ['kʊəri, AM 'kʊri] *n Ureinwohner/Ureinwohnerin Australiens*

ko·pe(c)k ['kəʊpek, AM 'koʊ-] *n* Kopeke *f hist*

Ko·ran [kɒr'ɑ:n, AM kə'ræn] *n no pl* REL ■**the** ~ der Koran

Ko·rea [kə'ri:ə] *n no pl, no art* Korea *nt;* **North/South** ~ Nord-/Südkorea *nt*

Ko·rean [kə'ri:ᵊn] **I.** *adj inv* ① *(relating to Korea)* koreanisch
② *(citizen)* koreanisch
II. *n* ① *(inhabitant)* Koreaner(in) *m(f)*
② LING Koreanisch *nt*

kor·ma ['kɔ:mə, AM 'kɔ:r-] *n no pl indisches Currygericht mit Fleisch, Fisch oder Gemüse in heller Soße*

ko·sher ['kəʊʃəʳ, AM 'koʊʃɚ] *adj* ① *inv* REL koscher; **to keep** ~ [weiterhin] koscher leben
② *(fig hum fam: legitimate)* koscher, in Ordnung *präd*

Ko·so·vo ['kɒsəvəʊ, AM 'kɑ:səvoʊ] *n no pl* Kosovo *m*

kow·tow [,kaʊtaʊ, AM ,koʊ-] *vi (fam)* ■**to** ~ **to sb** vor jdm dienern [*o fam* katzbuckeln] [*o pej* kriechen], einen Kotau vor jdm machen *geh*

kph *abbrev of* **kilometres per hour** km/h

kra·ken ['krɑ:kᵊn] *n* Krake *m*

Kraut [kraʊt] *n (pej! fam)* Deutsche(r) *f(m)*

Krem·lin ['kremlɪn] *n no pl* ■**the** ~ der Kreml; + *sing/pl vb (fig: Russian government)* der Kreml; ~**-watcher** Kreml-Beobachter(in) *m(f)*

krill [krɪl] *n no pl* ZOOL Krill *m*

Krish·na ['krɪʃnə] *n no pl, no art* REL Krishna

Kris Krin·gle [,krɪs'krɪŋgl] *n no pl, no art* AM *(Father Christmas)* Weihnachtsmann *m*

kro·na ['kreʊnə, AM 'kroʊ-] *n* ① <*pl* kronor> *(Swedish currency)* [schwedische] Krone
② <*pl* kronur> *(Icelandic currency)* [isländische] Krone

kro·ne <*pl* kroner> ['kreʊnə, AM 'kroʊ-] *n* [norwegische] Krone

kru·ger·rand ['kru:gᵊrænd, AM -gɚ-] *n* Krüger Rand *m*

kryp·ton ['krɪptɒn, AM -tɑ:n] *n no pl* CHEM Krypton *nt*

ku·dos ['kju:dɒs, AM 'ku:doʊz] *npl* Ansehen *nt kein pl,* Prestige *nt kein pl geh;* **to get** [*or* **receive**] ~ **for sth** durch etw *akk* zu Ansehen kommen

Ku Klux Klan [,ku:klʌks'klæn] *n,* **KKK** *n no pl,* + *sing/pl vb* ■**the** ~ der Ku-Klux-Klan

ku·lak ['ku:læk, AM ku:'lɑ:k] *n* HIST Kulak *m,* Großbauer, -bäuerin *m, f*

kum·quat ['kʌmkwɒt, AM -kwɑ:t] *n* Kumquat[orange] *f*

kuna ['ku:nə] *n (Croatian currency)* Kuna *f*

kung fu [,kʊŋ'fu:, AM ,kʌŋ'-] *n no pl* Kung-Fu *nt*

Kurd [kɜ:d, AM kɜ:rd] *n* Kurde, Kurdin *m, f*

Kurd·ish ['kɜ:dɪʃ, AM 'kɜ:r-] **I.** *adj inv* kurdisch
II. *n no pl* LING Kurdisch *nt*

Kur·di·stan [,kɜ:dɪ'stɑ:n, AM ,kɜ:rdɪ'stæn] *n no pl, no art* Kurdistan *nt*

Ku·wait [ku:'weɪt] *n no pl, no art* Kuwait *nt*

Ku·wai·ti [ku:'weɪti, AM -t̬-] **I.** *adj inv* kuwaitisch
II. *n* ① *(inhabitant of Kuwait)* Kuwaiter(in) *m(f)*
② LING Kuwaitisch *nt*

kvetch [kvetʃ] **I.** *n esp* AM *(fam)* Querulant(in) *m(f) pej,* Nörgler(in) *m(f) pej,* Raunzer(in) *m(f)* ÖSTERR *pej*
II. *n modifier esp* AM *(fam)* Nörgel-, Querulanten-; ~ **sessions** Hetztiraden *pl pej*

kvetch·ing ['kvetʃɪŋ] *adj attr, inv esp* AM *(fam)* nörgelnd, meckernd

kW <*pl* -> *n abbrev of* **kilowatt** kW

kwa·cha ['kwɑ:tʃə] *n (currency of Malawi and Zambia)* Kwacha *f*

Kwan·zaa ['kwænzɑ:] *n no pl von Amerikanern afrikanischer Herkunft vom 26. Dezember bis 1. Januar gefeiertes, nicht-religiöses Fest*

kWh <*pl* -> *n abbrev of* **kilowatt-hour** kWh *f*

KWIC [kwɪk] COMPUT *acr for* **key word in context** KWIC

KWOC [kwɒk, AM kwɑ:k] COMPUT *acr for* **key word out of context** KWOC

Ky. AM *abbrev of* **Kentucky**

K-Y jel·ly® [,keɪwaɪ'dʒeli] *n no pl* BRIT MED Gleitmittel *nt*

Kyr·gyz ['kɜ:gɪz, AM kɪr'gi:z] **I.** *n* <*pl* -> Kirgise, Kirgisin *m, f*
II. *adj inv* kirgisisch

Kyr·gyz Re·'pub·lic, Kyr·gyz·stan [,kɜ:gɪ'stɑ:n, AM 'kɪrgɪstɑ:n] *n no pl* Kirgisien *nt*

L

L <*pl* -'s>, **l** <*pl* 's *or* -s> [el] *n* ① *(letter)* L *nt,* l *nt;* ~ **for Lucy** [*or* AM **as in Love**] L für Ludwig; *see also* **A 1**
② *(Roman numeral)* L *nt,* l *nt*

l[1] <*pl* -> *n abbrev of* **litre** l

l[2] <*pl* ll> *n* TYPO *abbrev of* **line** Z.; ~ ***15 on p 20*** Z. 15 auf S. 20

l[3] **I.** *n no pl abbrev of* **left** l.
II. *adj inv abbrev of* **left** l., L
III. *adv inv abbrev of* **left** l.

L[1] AM FIN *Bezeichnung eines bestimmten Geldvolumens bei der Zentralbank der USA*

L[2] *n abbrev of* **lake**

L[3] *n* FASHION *abbrev of* **Large** L

L[4] *n* BRIT AUTO *abbrev of* **learner** *großes L, das man an sein Auto heftet, um anzuzeigen, dass hier ein(e) Fahrschüler(in), der/die noch keinen Führerschein hat, in Begleitung eines Führerscheininhabers fährt,* Anfänger ÖSTERR *(Tafel im Auto bei 17-jährigen Jugendlichen, die nur in Begleitung eines Führerscheininhabers fahren dürfen)*

La. AM *abbrev of* **Louisiana**

LA [,el'eɪ] *n abbrev of* **Los Angeles** LA *nt*

laa·ger ['lɑ:gəʳ, AM -ɚ] *n esp* SA *(hist: safe place)* Zufluchtsort *m; (camp)* Lagerplatz *m; (surrounded by wagons)* Wagenburg *f hist*

lab [læb] **I.** *n short for* **laboratory** Labor *nt*
II. *n modifier* Labor-; ~ **assistant** Laborant(in) *m(f);* ~ **coat** Laborkittel *m*

Lab [læb] *adj* BRIT POL *short for* **Labour** Labour *kein art,* Labour Party *f*

la·bel ['leɪbᵊl] **I.** *n* ① *(on bottles)* Etikett *nt; (in clothes)* Schild[chen] *nt,* Label *nt;* **address** ~ *(tied on)* Adressenanhänger *m; (sticker)* Adressenaufkleber *m*
② *(brand name)* Marke *f;* **designer** ~ Markenname *m;* **record** ~ Schallplattenlabel *nt; (company)* Plattenfirma *f;* **own-~** BRIT Hausmarke *f;* ***the pasta is marketed under the supermarket's own*** ~ die Nudeln werden unter der supermarkteigenen Marke vertrieben
③ *(set description)* Bezeichnung *f,* Etikett *nt pej;* COMPUT *(character)* Kennung *f*
II. *vt* <BRIT -ll- *or* AM *usu* -l-> ① *(affix labels)* ■**to** ~ **sth** etw etikettieren; *(mark)* etw kennzeichnen; *(write on)* etw beschriften; **to be ~led 'apple and blackberry'** die Aufschrift ‚Apfel und Brombeere' tragen; **to be clearly ~led** deutlich gekennzeichnet sein
② *(categorize)* ■**to** ~ **sb** jdn etikettieren; **to be ~led as a criminal** als Krimineller/Kriminelle abgestempelt werden

la·belled ['leɪbᵊld] *adj* BRIT, **la·beled** *adj* AM NUCL mit Isotopen versetzt, markiert; ~ **atom** markiertes Atom

la·bel·ling, AM **la·bel·ing** ['leɪbᵊlɪŋ] *n no pl* Etikettierung *f; (marking)* Kennzeichnung *f; (with a price)* Auszeichnung *f; (printing labels)* Etikettendruck *m*

la·bia ['leɪbiə] *npl* ANAT Labia *pl fachspr,* Schamlippen *pl*

la·bial ['leibiəl] *adj inv* LING labial

la·bor *n* AM *see* **labour**

La·bor ['leɪbəʳ, AM -ɚ] *n* POL ① AM *see* **Labour**
② AUS *(Australian political party)* Labour Party *f (in Australien)*

la·bora·tory [lə'bɒrətᵊri, AM 'læbrətɔ:ri] **I.** *n* Labor[atorium] *nt*
II. *n modifier* Labor-; **under** ~ **conditions** unter Laborbedingungen; **to be** [**still**] **at the** ~ **stage** sich *akk* [noch] im Versuchsstadium befinden

la·'bora·tory as·sis·tant *n* Laborant(in) *m(f)* **la·bora·tory 'bal·ance** *n* Laborwaage *f* **la·bora·tory 'bench** *n* Labortisch *m* **la·'bora·tory test** *n* Labortest *m*

'la·bor cost *n* AM *see* **labour cost**

La·bor Day *n no pl* AM, CAN Tag *m* der Arbeit *(staatlicher Feiertag in den USA und Kanada am 1. Montag im September)*

la·bored *adj* AM *see* **laboured**

la·bor ef·'fi·cien·cy *n no pl* AM *see* **labour efficiency**

la·bor·er *n* AM *see* **labourer**

'la·bor force *n* AM *see* **labour force**

la·bo·ri·ous [lə'bɔ:riəs] *adj* ① *(onerous)* mühsam, mühselig, mühevoll
② *(usu pej: strained)* umständlich; **to make a** ~ **business out of sth** etw auf sehr umständliche Weise erledigen; ~ **style** schwerfälliger Stil

la·bo·ri·ous·ly [lə'bɔ:riəsli] *adv* mühsam, mühevoll

la·bo·ri·ous·ness [lə'bɔ:riəsnəs] *n no pl* ① *(painstaking difficulty)* Mühseligkeit *f,* Mühsamkeit *f*
② *(usu pej: plodding quality) of prose, style* Schwerfälligkeit *f,* Umständlichkeit *f*

'la·bor mar·ket *n* AM *see* **labour market** **la·bor prod·uc·'tiv·ity** *n* AM *see* **labour productivity** **'la·bor un·ion** *n* AM Gewerkschaft *f*

la·bour, AM **la·bor** ['leɪbəʳ, AM -ɚ] **I.** *n* ① *(work)* Arbeit *f;* ***are you tired after your ~s?*** bist du müde nach den ganzen Anstrengungen?; **division of** ~ Arbeitsteilung *f;* **to enjoy the fruits of one's** ~ die Früchte seiner Arbeit genießen; **to be a** ~ **of love** aus Liebe zur Sache geschehen; **manual** ~ körperliche Arbeit
② *no pl* ECON *(workers)* Arbeitskräfte *pl;* **skilled** ~ ausgebildete Arbeitskräfte, Facharbeiter(innen) *mpl(fpl);* **semi-skilled** ~ angelernte Arbeitskräfte; **unskilled** ~ ungelernte Arbeitskräfte, Hilfsarbeiter(innen) *mpl(fpl)*
③ *no pl (childbirth)* Wehen *pl;* ■**to be in** ~ in den Wehen liegen; **to have a long** ~ eine schwierige Geburt haben; **to go into** ~ Wehen bekommen; ***she went into*** ~ ***at twelve o'clock last night*** um zwölf Uhr letzte Nacht setzten bei ihr die Wehen ein; **to induce** ~ die Wehen einleiten
II. *n modifier* ECON Arbeits-; ~ **legislation** arbeitsrechtliche Vorschriften, Arbeitsrecht *nt;* ~ ***unrest*** Arbeiterunruhen
III. *vi* ① *(do physical work)* arbeiten; **to do ~ing work** körperlich arbeiten
② *(work hard)* sich *akk* abmühen, krampfen SCHWEIZ *fam;* ■**to** ~ **on sth** hart an etw *dat* arbeiten; ■**to** ~ **to do sth** sich *akk* bemühen, etw zu tun; ***she has ~ed for years to improve medical care*** sie hat sich seit Jahren intensiv dafür eingesetzt, die medizinische Versorgung zu verbessern
③ *(do sth with effort)* ■**to** ~ sich *akk* [ab]quälen; ***he ~ed up the hill*** er quälte sich den Berg hoch; ■**to** ~ **on** [*or* **over**] **sth** sich *akk* mit etw *dat* abplagen [*o fam* abrackern]
④ *(be burdened)* **to** ~ **under a delusion/an illusion** sich *akk* einer Täuschung/Illusion hingeben; **to** ~ **under a misapprehension** einem Irrtum erliegen
IV. *vt* **to** ~ **a point** einen Punkt breittreten *fam*

La·bour ['leɪbəʳ] BRIT **I.** *n no pl* POL Labour Party *f;* **to vote** ~ Labour wählen
II. *n modifier* POL (Labour-); ~ **candidate** Labourkandidat(in) *m(f)*

'la·bour camp *n* Arbeitslager *nt* **'la·bour cost** *n (cost of actual work)* Arbeitskosten *pl; (cost of wages)* Arbeitslöhne *pl* **'La·bour Day** *n no pl* BRIT Tag *m* der Arbeit *(in vielen Ländern staatlicher Fei-*

ertag am 1. Mai) **'la·bour dis·pute** *n* BRIT Arbeitskampf *m* **'la·bour dis·putes** *npl* ECON Arbeitskämpfe *pl*

la·boured, AM **la·bored** ['leɪbəd, AM -ɚd] *adj style, writing* schwerfällig, umständlich; MED schwer; ***her breathing was*** ~ sie atmete schwer

la·bour ef·'fi·cien·cy *n* BRIT Arbeitsproduktivität *f*

la·bour·er, AM **la·bor·er** ['leɪbərəʳ, AM -ɚɚ] *n* [ungelernter] Arbeiter/[ungelernte] Arbeiterin, Hilfsarbeiter(in) *m(f)*

'La·bour Ex·change *n* BRIT ECON *(dated) see* **job-centre** **'la·bour force** *n + sing/pl vb (working population)* Arbeiterschaft *f,* erwerbstätige Bevölkerung; *(a company's employees)* Belegschaft *f*

la·bour·ing ['leɪbərɪŋ] *adj attr, inv* Arbeiter-

la·bour-in·'ten·sive *adj* arbeitsintensiv; ~ **industry** arbeitsintensiver Industriezweig

La·bour·ite ['leɪbəraɪt] *n* BRIT Anhänger(in) *m(f)* der Labour Party

'la·bour mar·ket *n* Arbeitsmarkt *m;* ~ **policy** Arbeitsmarktpolitik *f* **'la·bour move·ment** *n* POL Arbeiterbewegung *f*

'la·bour pains *npl* MED Wehen *pl;* ***the*** ~ ***are getting pretty close together*** die Wehen treten in immer kürzeren Abständen auf

'La·bour Par·ty *n no pl* BRIT POL ■**the** ~ die Labour Party **la·bour prod·uc·'tiv·ity** *n* BRIT Arbeitsproduktivität *f* **'la·bour re·la·tions** *npl* Beziehungen *pl* zwischen den Tarifparteien, Arbeitgeber-Arbeitnehmerverhältnis *nt* **'la·bour-sav·ing** *adj* arbeitssparend **'la·bour short·age** *n* Mangel *m* an Arbeitskräften, Arbeitskräftemangel *m* **'la·bour trou·bles** *npl* Arbeiterunruhen *pl*

'la·bour ward *n* Kreißsaal *m*

Lab·ra·dor, Lab·ra·dor re·'triev·er ['læbrədɔːʳ, AM -dɔːr] *n* Labrador[hund] *m*

Lab·ra·do·rean [ˌlæbrə'dɔːriən] **I.** *n* Labradorer(in) *m(f)*

II. *adj* labradorisch

la·bur·num [lə'bɜːnəm, AM -'bɜːr-] *n* BOT Goldregen *m*

laby·rinth ['læbərɪn(t)θ, AM -bɚ-] *n* Labyrinth *nt,* Irrgarten *m; (fig liter)* Verwicklung *f;* **the** ~ **of love** die Irrwege *pl* der Liebe *liter*

laby·rin·thine [ˌlæbə'rɪn(t)θaɪn, AM -θɪn] *adj (liter)*

① *(like a labyrinth)* labyrinthisch, labyrinthartig

② *(confusing)* verwickelt, verwirrend

lace [leɪs] **I.** *n* ① *no pl (decorative cloth)* Spitze *f; (decorative edging)* Spitzenborte *f;* **bobbin** ~ Klöppelspitze *f;* **Brussels** ~ Brüsseler Spitze *f*

② *(cord)* Band *nt;* **shoe** ~**s** Schnürsenkel *pl bes* NORDD, MITTELD, Schuhbändel *m* SCHWEIZ, Schuhbänder *pl* DIAL, ÖSTERR; ***your shoe*** ~***s are undone*** deine Schnürsenkel sind offen; **to do up** [*or* **tie**] [*or* BRIT **tie up**] **one's** ~**s** die Schuhe [zu]binden

II. *n modifier* Spitzen-

III. *vt* ① *(fasten)* **to** ~ **a corset** ein Korsett zuschnüren; **to** ~ **shoes** Schuhe zubinden

② *(add alcohol)* ■**to** ~ **sth** einen Schuss [Alkohol] in etw *akk* geben; ***this coffee's been*** ~***d with brandy*** in dem Kaffee ist ein Schuss Brandy

◆**lace into** *vt* ■**to** ~ **into sb** *(tell sb off)* jdn anschnauzen; *(attack sb)* auf jdn einschlagen

◆**lace up** *vt* **to** ~ **up one's boots/shoes** die Stiefel/Schuhe [zu]schnüren

Lac·edae·mo·nian [ˌlæsədɪ'məʊniən, AM -'moʊ-] *adj* spartanisch

lac·er·ate ['læsəreɪt, AM -sər-] *vt* ① *(cut and tear)* ■**to** ~ **sth** etw aufreißen; ***the man's face was severely*** ~***d*** der Mann hatte schwere Gesichtsverletzungen; ***the dog's attack had*** ~***d Bill's arm*** der Angriff des Hundes hatte schwere Bisswunden an Bills Arm hinterlassen

② *(form: cause extreme pain)* **to** ~ **sb's feelings** jds Gefühle zutiefst verletzen

lac·er·at·ing ['læsəreɪtɪŋ, AM -səreɪt̬-] *adj* [zutiefst] verletzend

lac·era·tion [ˌlæsər'eɪʃən, AM -ə'reɪ-] *n* ① *no pl (tearing)* Verletzung *f*

② *(instance of tearing)* Fleischwunde *f; (by tearing)* Risswunde *f; (by cutting)* Schnittwunde *f; (by biting)* Bisswunde *f*

'lace-up *adj attr, inv* Schnür-, zum Schnüren *nach n;* ~ **boots** Schnürstiefel *pl* **'lace-ups** *npl* Schnürschuhe *pl*

'lace·work *n no pl* Spitzenarbeit *f*

lach·ry·mal ['lækrɪməl] *adj inv* ANAT Tränen-; ~ **duct** Tränengang *m;* ~ **gland** Tränendrüse *f*

lach·ry·ma·tor ['lækrɪmeɪtəʳ, AM -t̬ɚ] *n* CHEM Augenreizstoff *m*

lach·ry·ma·tory [ˌlækrɪ'meɪtəri, AM 'lækrɪmətɔːri] *adj* CHEM tränenreizend *attr;* ~ **substance** tränenreizender Stoff

lach·ry·mose ['lækrɪməʊs, AM -moʊs] *adj (form liter)* ① *(tearful)* weinerlich

② *(inducing melancholy)* rührselig

lac·ing ['leɪsɪŋ] *n* ① *(lace fastening)* Band *nt*

② *no pl (lace trimming)* Spitzen *pl*

③ *(dash of alcohol)* Schuss *m*

lack [læk] **I.** *n no pl* Mangel *m* (**of** an *+dat*); ***if he fails it won't be through*** ~ ***of effort*** wenn er scheitert, dann nicht, weil er sich nicht bemüht hätte; ~ **of confidence/judgement** mangelndes Selbstvertrauen/Urteilsvermögen; ~ **of funds** fehlende Geldmittel; ~ **of money/supplies** Geld-/Vorratsmangel *m;* ~ **of sleep/time** Schlaf-/Zeitmangel *m*

II. *vt* ■**to** ~ **sth** etw nicht haben; ***what we*** ~ ***in this house is ...*** was uns in diesem Haus fehlt, ist ...; **to** ~ **the energy to do sth** nicht die Energie haben, etw zu tun; ***I*** ~ ***the energy that's required for this job*** mir fehlt die notwendige Kraft für diesen Job

lacka·dai·si·cal [ˌlækə'deɪzɪkəl] *adj* desinteressiert *geh,* lustlos

lacka·dai·si·cal·ly [ˌlækə'deɪzɪkəli] *adv* lustlos, desinteressiert

lack·ey ['læki] *n* ① *(pej: servile person)* Speichellecker(in) *m(f) pej,* Lakai *m pej;* **a capitalist** ~ ein Lakai *m* des Kapitalismus *pej*

② *(hist: servant)* Lakai *m,* [livrierter] Diener

lack·ing ['lækɪŋ] *adj pred* ① *(without)* ■**to be** ~ **in sth** an etw *dat* mangeln; ***he is totally*** ~ ***in charm*** er besitzt kein bisschen Charme; ***enthusiasm has been sadly*** ~ ***these past months*** in den letzten Monaten hat jeglicher Enthusiasmus gefehlt

② *(fam: mentally subnormal)* unterbelichtet *sl,* beschränkt *sl*

lack·lust·re, AM **lack·lust·er** ['lækˌlʌstəʳ, AM -tɚ] *adj*

① *(lacking vitality)* langweilig, fad ÖSTERR

② *(dull)* trüb[e], glanzlos

la·con·ic [lə'kɒnɪk, AM -'kɑːn-] *adj* ① *(very terse)* lakonisch

② *(taciturn)* wortkarg, wenig beredsam

la·coni·cal·ly [lə'kɒnɪkəli, AM -'kɑːn-] *adv* lakonisch

lac·quer ['lækəʳ, AM -ɚ] **I.** *n* ① *(protective coating)* Lack *m*

② BRIT *(dated)* **hair** ~ Haarspray *nt o* ÖSTERR *m*

II. *vt* ■**to** ~ **sth** etw lackieren

lac·quered ['lækəd, AM ɚd] *adj inv* lackiert

la·crosse [lə'krɒs, AM -'krɑːs] *n no pl* SPORT Lacrosse *nt*

lac·tate **I.** *vi* [læk'teɪt, AM 'lækteɪt] BIOL laktieren *fachspr,* Milch absondern

II. *n* ['lækteɪt] *no pl* Milchsäure *f*

lac·ta·tion [læk'teɪʃən] *n no pl* BIOL Laktation *f fachspr*

lac·tic acid [ˌlæktɪk'-] *n no pl* CHEM Milchsäure *f*

lac·to·gen ['læktə(ʊ)dʒen, AM -toʊ-] *n no pl* CHEM Luteotropin *nt*

lac·tone ['læktəʊen, AM -toʊn] *n* CHEM Lacton *nt*

lac·tose ['læktəʊs, AM -toʊs] *n no pl* CHEM Laktose *f,* Milchzucker *m*

la·cu·na <*pl* -s *or* -nae> [lə'kjuːnə, *pl* -niː] *n (form)*

① LING Lakune *f fachspr,* Textlücke *f*

② ANAT Lakune *f fachspr,* Ausbuchtung *f*

lacy ['leɪsi] *adj* ① *(decorated with lace)* Spitzen-

② *(like lace)* spitzenartig; ~ **pattern** filigranes Muster

lad [læd] *n* ① BRIT, SCOT *(boy)* Junge *m,* SCHWEIZ *a.* Bub *m,* SCHWEIZ *a.* Knabe *m;* **a local** ~ ein Hiesiger *m fam;* ***the Prime Minister is a local*** ~ der Premierminister ist von hier; **a young** ~ ein junger Bursche ÖSTERR *veraltet;* ***good evening,*** ~***s and lasses*** guten Abend, Jungs und Mädels *fam o veraltend*

② BRIT, SCOT *(a man's male friends)* ■**the** ~**s** die Kumpels [*o* SCHWEIZ Kollegen] *pl;* ***come on,*** ~***s, let's get this finished!*** kommt, Jungs, lasst uns das hier zu Ende bringen!

③ BRIT, SCOT *(fam)* **to be a bit of a** ~ *(successful with women)* ein ziemlicher Draufgänger sein

④ BRIT *(stable worker)* [Stall]bursche *m,* Knecht *m* SCHWEIZ

lad·der ['lædəʳ, AM -ɚ] **I.** *n* ① *(device for climbing)* Leiter *f;* ***it's unlucky to walk under a*** ~ es bringt Unglück, unter einer Leiter durchzugehen; **to be up a** ~ auf einer Leiter stehen; **to go up a** ~ auf eine Leiter steigen

② *(hierarchy)* [Stufen]leiter *f;* ***those who are further up the company*** ~ die in den oberen Etagen; **to climb the social** ~ gesellschaftlich aufsteigen; **to move up the** ~ die Stufenleiter [des Erfolgs] hochklettern; *(in a company)* beruflich aufsteigen

③ BRIT, AUS *(in stocking)* Laufmasche *f*

II. *vt* BRIT, AUS **to** ~ **tights** eine Laufmasche in eine Strumpfhose machen; ***I've*** ~***ed my tights*** ich habe mir eine Laufmasche geholt

III. *vi* BRIT, AUS *stockings, tights* eine Laufmasche bekommen; ***those thin tights*** ~ ***easily*** diese dünnen Strumpfhosen reißen schnell

'lad·der tour·na·ment *n* Ranglistenturnier *nt*

lad·die ['lædi] *n* SCOT *(fam)* Junge *m,* Jungchen *nt fam,* Burschie *m* ÖSTERR *fam,* Büblein *nt* SCHWEIZ *fam;* ***hey,*** ~***!*** hey, Junge!; **a wee** ~ ein kleiner Junge [*o* ÖSTERR, SCHWEIZ Bub]

lad·dish ['lædɪʃ] *adj* BRIT *(pej)* jungenhaft, bübisch SCHWEIZ *pej*

lad·dish·ness ['lædɪʃnəs] *n no pl* BRIT *(pej)* Jungenhaftigkeit *f*

lad·en ['leɪdən] *adj* beladen; ■**to be** ~ **with sth** mit etw *dat* beladen sein; ***the table was*** ~ ***with food*** der Tisch war überreichlich gedeckt; ~ **with presents for everyone** vollgepackt mit Geschenken für alle; **heavily** ~ **clouds** *(fig)* dicke, schwere Wolken

lad·ette [læd'et] *n* BRIT *(fam) freches, selbstbewusstes Mädchen*

la-di-da *adj (pej) see* **lah-di-dah**

ladies ['leɪdiːz] *npl + sing vb esp* BRIT ■**the** ~ Damentoilette *f,* SCHWEIZ *a.* Damen-WC *nt*

'ladies' fin·gers *npl* BRIT *(dated)* Okra *f* **'ladies' man** *n usu sing (dated)* Frauenheld *m;* **to be a bit of a** ~ auf Frauen [anziehend] wirken **'ladies' room** *n esp* AM Damentoilette *f,* Damen-WC *nt* SCHWEIZ

lad·ing ['leɪdɪŋ] *n* ① NAUT Ladung *f;* **bill of** ~ Konnossement *nt fachspr,* [See]frachtbrief *m*

② *(loading)* Verladen *nt*

la·dle ['leɪdl] **I.** *n* [Schöpf]kelle *f,* Schöpflöffel *m;* **soup** ~ Suppenkelle *f*

II. *vt* **to** ~ **out the soup** die Suppe austeilen; *(fig)* ***doctors*** ~***d out antibiotics to patients in those days*** früher haben die Ärzte den Patienten ziemlich großzügig Antibiotika verschrieben

la dol·ce vita [lɑːˌdɒltʃe'viːtə, AM -ˌdoʊl-] *n no pl* Dolce Vita *nt o f,* das süße Leben

lady ['leɪdi] *n* ① *(woman)* Frau *f;* ***she's a very attractive*** ~ sie ist eine sehr attraktive Frau; ***say thank you to the*** ~***, Joe*** sag danke zu der Frau, Joe; **a** ~ **doctor** eine Ärztin; **cleaning** ~ Putzfrau *f,* Raumpflegerin *f,* Reinemachefrau *f;* **old/young** ~ alte/junge Dame

② *(woman with social status)* Dame *f;* ***that's no*** ~ ***— that's my wife*** *(hum)* das ist keine Dame – das ist meine Frau *hum;* **the** ~ **of the house** *(dated form)* die Dame des Hauses; **a real** ~ eine echte Lady; **to be a real little** ~ *(dated)* eine richtige kleine Lady sein; *(grown-up)* eine [richtige] junge Dame sein

③ *(form: polite address)* ***excuse me ladies, can I have your attention, please?*** entschuldigen Sie, meine Damen, wenn ich um Ihre Aufmerksamkeit bitten dürfte?; **ladies and gentlemen!** meine [sehr

verehrten] Damen und Herren!
❹ Am *(sl)* Lady *f*; ***hey, ~, what's the rush?*** hey, Lady, warum so eilig? *sl*
▶PHRASES: **ladies who lunch** *(pej)* betuchte Frauen *pej*

Lady ['leɪdi] *n* ❶ *(title)* Lady *kein art;* **~ Diana Spencer** Lady Diana Spencer; **my ~** Mylady
❷ REL **Our ~** Unsere Liebe Frau, die Jungfrau Maria

'lady·bird *n* Brit, Aus Marienkäfer *m* **Lady 'Boun·ti·ful** *n (dated or pej, also iron)* gute Fee *iron;* **to act the ~** sich *akk* als [die] gute Fee aufführen *a. iron* **'lady·boy** *n* junger Transvestit *(vor allem in Südostasien)* **'lady·bug** *n* Am *(ladybird)* Marienkäfer *m* **'Lady chap·el** *n* Marienkapelle *f* **'lady·fin·ger** *n* ❶ Aus *(fruit)* Okra *f* ❷ Am *(cake)* Löffelbiskuit *m o nt,* Biskotte *f* ÖSTERR **'lady·friend** *n* Freundin *f* **lady-in-'wait·ing** <*pl* ladies-in-waiting> *n* Hofdame *f* **'lady-kill·er** *n (dated)* Herzensbrecher *m,* Ladykiller *m hum*

'lady·like *adj (dated)* damenhaft, ladylike *präd*

Lady 'Luck *n no pl* Fortuna *kein art* **Lady 'Muck** *n no pl* Brit *(pej fam)* die feine Dame

'lady's fin·ger *n* Aus *see* **ladyfinger**

'lady·ship *n* ❶ *(form: form of address)* **her/your ~** Ihre/Eure Ladyschaft
❷ *(pej iron: pretentious woman)* die gnädige Frau *iron*

'lady's maid *n (old)* Zofe *f veraltet* **'lady's slip·per** *n* BOT Frauenschuh *m*

LAFTA ['læftə] *n acr for* **Latin American Free Trade Association** Lateinamerikanische Freihandelszone

lag¹ [læg] **I.** *n* ❶ *(lapse)* Rückstand *m; (falling behind)* Zurückbleiben *nt kein pl;* COMPUT *(for an image)* Kurzzeitnachleuchten *nt;* ELEC Phasenverschiebung *f;* **time ~** Zeitdifferenz *f,* Zeitabstand *m; (delay)* Verzögerung *f*
❷ Brit, Aus *(sl: habitual convict)* Knastbruder *m fam,* Knacki *m sl;* **old ~** alter Knastbruder *fam*
II. *vi* <-gg-> zurückbleiben; ***sales are ~ging*** der Verkauf läuft schleppend; ■**to ~ behind** [**sb/sth**] [hinter jdm/etw] zurückbleiben; **to ~ one step behind the competition** der Konkurrenz hinterherhinken
III. *vt* <-gg-> Aus *(sl)* ■**to ~ sb** jdn einbuchten *sl*

lag² <-gg-> [læg] *vt* ■**to ~ sth** etw isolieren; *cable* etw ummanteln

la·ger ['lɑːgəʳ, Am -ɚ] *n* ❶ *no pl (beer)* Lagerbier *nt*
❷ *(a portion of lager)* [helles] Bier; **a glass of ~** ein Helles, eine Stange SCHWEIZ; ***they ordered three ~s*** sie bestellten drei Helle

'la·ger lout *n* Brit *(fam)* betrunkener Rowdy *pej*

lag·gard ['lægəd, Am -ɚd] *n* Nachzügler(in) *m(f); (dawdler)* Trödler(in) *m(f) pej fam,* Bummelant(in) *m(f) pej fam*

lag·ging ['lægɪŋ] *n* Isolierung *f;* **a thick layer of ~** eine dicke Isolierschicht

la·goon [lə'guːn] *n (in the ocean)* Lagune *f; (for treatment of effluent)* Klärteich *m*

'lag theo·rem *n no pl* MATH Verschiebungssatz *m*

lah-di-dah [ˌlɑːdɪ'dɑː, Am -diː'-] *adj (pej dated)* affektiert *geh,* geziert, gekünstelt

laid [leɪd] *pt, pp of* **lay**

laid-'back *adj (fam: relaxed)* locker; *(calm)* gelassen

lain [leɪn] *pp of* **lie**

lair [leəʳ, Am ler] *n* ❶ HUNT Lager *nt fachspr; of a fox* Bau *m; of small animals* Schlupfwinkel *m*
❷ *(hiding place)* Unterschlupf *m,* Schlupfwinkel *m oft pej*

laird [leəd] *n* Scot Gutsherr *m,* Gutsbesitzer *m*

lais·sez-faire [ˌleɪseɪ'feəʳ, Am ˌleseɪ'fer] POL **I.** *n no pl* Laisser-faire *nt geh*
II. *n modifier* Laisser-faire- *geh*

la·ity ['leɪəti, Am *also* -əṭi] *n no pl,* + *sing/pl vb* REL ■**the ~** die Laien *pl*

lake [leɪk] *n* ❶ *(body of fresh water)* See *m;* **the L~ District** Brit der Lake District *(Seengebiet im Nordwesten Englands);* **the Lady of the L~** LIT die Herrin vom See *(Fee in der Artus-Legende);* **the Great L~s** Am die Großen Seen *(zwischen den USA und Kanada)*
❷ Brit ECON *(fig pej: surplus stores)* [flüssiger] Lagerbestand

Lake Con·stance ['kɒn(t)stən(t)s, Am 'kɑːn(t)-] *n* Bodensee *m* **'lake dwell·ing** *n* HIST Pfahlbau *m*

lake-effect 'snow [-snoʊ] *n no pl* METEO *Schnee, der entsteht, wenn kalter Wind über einen wärmeren See weht*

Lake Erie [-'ɪəri, Am -'ɪri] *n* Eriesee *m* **Lake Ge·'neva** *n* Genfersee *m*

Lake·land·er ['leɪkləndəʳ, Am -ɚ] *n* Bewohner(in) *m(f)* des Lake Districts in Nordengland

Lake Lu·ga·no [-luː'gɑːnəʊ, Am -noʊ] *n* Luganer See *m* **Lake Michi·gan** [-'mɪʃɪgən] *n* Michigansee *m*

'lake·side I. *adj attr, inv* am See *nach n*
II. *n* Seeufer *nt*

la-la land ['lɑːlɑːlænd] *n no pl* Am *(fam)* ■**to be out in ~** verrückt sein, verrücktspielen *fam,* völlig gaga sein *sl;* **to enter ~** verrückt werden *fam,* durchdrehen *fam*

la·la·pa·loo·za [ˌlɑːləpə'luːzə] *n* Am *(fam) see* **lollapalooza**

lam [læm] **I.** *n* Am *(sl)* **to be on the ~** gesucht werden, auf der Flucht sein; ***she is on the ~ from her husband*** ihr Mann ist hinter ihr her; **to take it on the ~** türmen *fam,* die Fliege machen *fam,* abhauen *sl*
II. *vt* <-mm-> *(fam)* ■**to ~ sb** jdn vermöbeln *oft hum sl* [*o fam* verdreschen]; ***~ him on the head!*** gib ihm eins auf die Birne! *fam*
III. *vi* <-mm-> ■**to ~ into sb** *(attack brutally)* auf jdn eindreschen *fam; (attack verbally)* jdn zur Schnecke machen [*o* fertigmachen] *fam*

lama ['lɑːmə] *n* REL Lama *m*

La·ma·ism ['lɑːmaɪzᵊm] *n no pl* REL Lamaismus *m*

lamb [læm] **I.** *n* ❶ *(young sheep)* Lamm *nt; (fig)* Schatz *m fam*
❷ *no pl* FOOD *(meat)* Lamm[fleisch] *nt;* **roast of ~** Lammbraten *m*
▶PHRASES: **to go like a ~ to the slaughter** sich *akk* wie ein Lamm zur Schlachtbank führen lassen *geh*
II. *n modifier (bones, meat)* Lamm-; **~ chop** Lammkotelett *nt*
III. *vi* lammen, ein Lamm werfen

lam·ba·da [læm'bɑːdə] *n (dance)* Lambada *f o m*

lam·baste [læm'bæst], **lam·bast** [læm'bæst] *vt* ■**to ~ sb** jdn heftig kritisieren [*o fam* fertigmachen]; ***his novel was well and truly ~d by the critics*** sein Roman wurde von den Kritikern wahrhaft in der Luft zerrissen

lam·bent ['læmbənt] *adj (liter)* ❶ *(shining softly)* [sanft] leuchtend; **in the ~ glow of the candles** im Schimmer des Kerzenlichts
❷ *(witty)* **~ wit** *(lightly brilliant)* sprühender Witz

lamb·ing sea·son ['læmɪŋˌ-] *n* Lammzeit *f*

lamb·like ['læmlaɪk] *adj* sanftmütig, lammfromm

Lamb of 'God *n* REL Lamm *nt* Gottes **'lamb·skin I.** *n* Lammfell *nt* **II.** *n modifier* Lammfell-

lamb's 'let·tuce *n no pl* Feldsalat *m,* Nüsslisalat *m* SCHWEIZ

'lambs·wool I. *n no pl* Lammwolle *f,* Lambswool *f fachspr*
II. *n modifier (clothing, pullover, scarf)* Lambswool-

lame [leɪm] *adj* ❶ *(crippled)* lahm; **to go ~** lahm werden
❷ *(weak)* lahm *pej fam;* **a ~ argument** ein schwaches Argument; **a ~ excuse** eine lahme Ausrede *pej fam*
▶PHRASES: **to help a ~ dog over a stile** *esp* Brit einem Bedürftigen/einer Bedürftigen unter die Arme greifen; ***Sam's always helping ~ dogs over stiles*** Sam ist immer da, wenn jemand Hilfe braucht

lamé ['lɑːmeɪ, Am læm'eɪ] FASHION **I.** *n no pl* Lamé *m*
II. *n modifier* Lamé-

'lame-brain *n* Am *(pej fam)* Blödian *m pej fam,* Armleuchter *m pej sl,* Schwachkopf *m pej* **'lame-brained** *adj* Am *(pej fam)* unterbelichtet *sl,* duss[e]lig *fam; idea, plan, suggestion* schwachsinnig *fam* **lame 'duck** *n* ❶ *(fam: ineffective person)* Niete *f fam,* Loser(in) *m(f) sl* ❷ Am POL *nicht wiedergewählte(r), aber noch amtierende(r) Politiker(in)* ❸ Brit ECON unrentable Firma **'lame-duck** *adj attr government, management* ineffektiv

lame·ly ['leɪmli] *adv* lahm *fam;* **to walk ~** hinken

lame·ness ['leɪmnəs] *n no pl* ❶ *(crippled condition)* Lähmung *f*
❷ *(weakness)* Lahmheit *f,* Schwäche *f*

la·ment [lə'ment] **I.** *n* MUS, LIT Klagelied *nt,* Klagegesang *m* (**for** über +*akk*)
II. *vt (also iron)* ■**to ~ sth** über etw *akk* klagen, etw beklagen *geh;* ■**to ~ sb** um jdn trauern; **the late ~ed Frank Giotto** der kürzlich verstorbene Frank Giotto
III. *vi* ■**to ~ over sth** etw beklagen *geh,* SCHWEIZ *a.* etw lamentieren

la·men·table [lə'mentəbl̩, Am -ṭ-] *adj* beklagenswert, bedauerlich; *piece of work* erbärmlich, jämmerlich schlecht, SCHWEIZ *a.* lamentabel

la·men·tably [lə'mentəbli, Am -ṭ-] *adv* beklagenswert, erbärmlich, SCHWEIZ *a.* lamentabel

la·men·ta·tion [ˌlæmen'teɪʃᵊn, Am -ən'-] *n* ❶ *(regrets)* Wehklage *f geh*
❷ *no pl (act of mourning)* [Weh]klagen *nt geh,* SCHWEIZ *a.* lamento *nt; (act of wailing)* Jammern *nt;* ***voices were raised in ~*** die Stimmen erhoben sich zu einem Wehklagen *geh*
❸ REL *(bible)* [**the book of**] **L~s** + *sing vb* die Klagelieder *pl* Jeremias

lami·nate I. *n* ['læmɪnət, Am -nɪt] Laminat *nt,* Schichtpressstoff *m;* **~ glass** Verbundglas *nt;* **~ plastic** ≈ Resopal® *nt;* **~ wood** Sperrholz *nt*
II. *vt* ['læmɪneɪt] ❶ *(cover flat surface)* ■**to ~ sth** etw beschichten [*o fachspr* laminieren]
❷ *(cover paper)* ■**to ~ sth** etw zellglasieren [*o* beschichten]
III. *adj* ['læmɪnət, Am -nɪt] *attr, inv* laminiert *fachspr,* beschichtet

lami·nat·ed ['læmɪneɪtɪd, Am -ṭ-] *adj inv* geschichtet, lamelliert *fachspr; (covered with plastic)* beschichtet, laminiert *fachspr;* **~ glass** Verbundglas *nt;* **~ plastic** ≈ Resopal® *nt;* **~ wood** Sperrholz *nt*

lam·ing·ton ['læmɪŋtən] *n* Aus *Biskuitkuchen mit Schokoladenüberzug und Kokosnuss*

lamp [læmp] *n* Lampe *f;* **bedside ~** Nachttischlampe *f;* **street ~** Straßenlaterne *f;* **infrared ~** Infrarotlampe *f*

'lamp·light *n no pl* Lampenlicht *nt;* **to do sth by ~** etw bei Lampenlicht tun **'lamp light·er** *n (hist)* Laternenanzünder *m*

lam·poon [læm'puːn] **I.** *n* Spottschrift *f,* Schmähschrift *f*
II. *vt* ■**to ~ sth/sb** etw/jdn verspotten [*o geh* verhöhnen]

'lamp·post *n* Laternenpfahl *m*

lam·prey ['læmpri] *n* ZOOL Neunauge *nt,* Lamprete *f;* **freshwater ~** Süßwasserneunauge *nt*

'lamp·shade *n* Lampenschirm *m* **'lamp·stand** *n* Lampenfuß *m* **'lamp ta·ble, 'side ta·ble** *n* Beistelltisch *m*

LAN [læn] *n* COMPUT *acr for* **local area network** LAN *nt*

Lan·cas·trian [læŋ'kæstriən] **I.** *n* Bewohner(in) *m(f)* von Lancashire
II. *adj* aus Lancashire *nach n*

lance [lɑːn(t)s, Am læn(t)s] **I.** *n* MIL *(dated)* Lanze *f*
II. *vt* MED ■**to ~ sth** etw aufschneiden

lance 'cor·po·ral *n* Brit, Aus MIL Obergefreite(r) *m*

lanc·er ['lɑːn(t)səʳ, Am 'læn(t)sɚ] *n* MIL *(hist)* Lanzenreiter *m;* ■**the ~s** *(regiment)* die Lancer *pl*

lan·cet ['lɑːn(t)sɪt, Am 'læn-] *n* MED Lanzette *f*

'lan·cet arch *n* ARCHIT Lanzettbogen *m* **lan·cet 'win·dow** *n* ARCHIT Lanzettfenster *nt,* Spitzbogenfenster *nt*

Lancs Brit *abbrev of* **Lancashire**

land [lænd] **I.** *n* ❶ *no pl (not water)* Land *nt;* **to have dry ~ under one's feet** festen Boden unter den Füßen haben; **to sight ~** Land sichten; **to travel by ~** auf dem Landweg reisen; **on ~** an Land
❷ *no pl also* AGR *(ground)* Land *nt; (soil)* Boden *m;* **building ~** Bauland *nt;* **agricultural** [*or* **arable**] [*or* **farm**] **~** Ackerland *nt,* landwirtschaftliche Nutzfläche[n] *f*[*pl*] *fachspr;* **piece/plot of ~** *(for building)* Grundstück *nt; (for farming)* Stück *nt* Land; **waste ~**

Brachland *nt,* Ödland *nt fachspr;* **to live off the ~** von selbsterwirtschafteten Produkten leben; **to work** [**on**] [*or* **to farm**] **the ~** Ackerbau treiben
③ *no pl (countryside)* ■**the ~** das Land; **to move back to the ~** zurück aufs Land ziehen
④ *(particular area of ground)* Grundstück *nt;* ■**~s** *pl (real estate)* Grundbesitz *m; (extensive estates)* Ländereien *pl;* ***get off my ~!*** verschwinden Sie von meinem Grundstück!; **building ~** Baugrundstück *nt;* **private ~** Privatbesitz *m;* **state ~**[**s**] AM staatlicher Grundbesitz
⑤ *(country, region)* Land *nt; (fig: world)* Welt *f;* **to live in a fantasy ~** in einer Fantasiewelt leben; **the L~ of the Midnight Sun** das Land der Mitternachtssonne; **the L~ of the Rising Sun** das Land der aufgehenden Sonne
⑥ AM *(euph: Lord)* **for ~'s sake** um Gottes Willen
⑦ TECH *(in a gun)* Feld *nt fachspr*
▶PHRASES: **to be in the ~ of the living** *(hum)* unter den Lebenden sein [*o geh* weilen] *hum;* **the ~ of** [*or* **flowing with**] **milk and honey** das Land, wo Milch und Honig fließt; **to be in the L~ of Nod** BRIT *(dated)* im Land der Träume sein; **to see** [*or* **find out**] **how the ~ lies** die Lage sondieren [*o* peilen]
II. *n modifier* ① MIL *(attack, manoeuvre)* Boden-
② *also* AGR *(soil) (excavation)* Boden-
③ *(real estate) (law, price, purchase)* Grundstücks-; **~ agent** BRIT Grundstücksmakler(in) *m(f);* **~ property** Grundbesitz *m;* **~ registry** Grundbuchamt *nt*
④ *(not water) (crab, wind)* Land-
III. *vi* ① AVIAT, AEROSP landen; **to ~ on the moon** auf dem Mond landen; **to come in to ~** zur Landung ansetzen
② NAUT *vessel* anlegen, anlanden; *people* an Land gehen
③ *(come down, fall, move to)* ■**to ~ in/on sth** in/auf etw *dat* landen; ***the bird escaped from the cat and ~ed safely on the garden fence*** der Vogel entkam der Katze und landete sicher auf dem Gartenzaun; ***the plates ~ed on the ground with a loud crash*** die Teller landeten mit einem lauten Knall auf dem Boden; **to ~ on one's feet** auf den Füßen landen; *(fig)* [wieder] auf die Füße fallen *fig;* **to ~ on the floor** [*or* **ground**] auf dem Boden landen; **to ~ on a square** *(in games)* auf einem Feld landen; ■**to ~ outside sth** außerhalb einer S. *gen* landen; ***the ball ~ed outside the line*** der Ball landete außerhalb der Linie
④ *(hit) blow, punch* sitzen; ***if his punch had ~ed ...*** wenn sein Schlag getroffen hätte ...
⑤ *(fam: end up, arrive)* landen *fam;* ***why do the difficult translations always ~ on my desk?*** warum landen die schwierigen Übersetzungen immer auf meinem Tisch? *fam;* ***this report ~ed on my desk this morning*** dieser Bericht landete heute Morgen auf meinem Tisch *fam*
IV. *vt* ① *(bring onto land)* **to ~ an aircraft** [*or* **a plane**] ein Flugzeug landen; **to ~ a boat** ein Boot an Land ziehen; **to ~ a fish** einen Fisch an Land ziehen; **to ~ a plane on water** mit einem Flugzeug auf dem Wasser landen, ein Flugzeug wassern *fachspr*
② *(unload)* ■**to ~ sth** etw an Land bringen; **to ~ a cargo** eine Ladung löschen; **to ~ fish** [**at the port**] Fisch anlanden; **to ~ passengers** Passagiere von Bord [gehen] lassen; **to ~ troops** Truppen anlanden
③ *(fam: obtain)* ■**to ~ sth** *contract, offer, job* etw an Land ziehen *fig fam;* **to ~ oneself a good job** sich *dat* einen guten Job angeln *fam*
④ *(fam: burden)* ■**to ~ sb with sth** jdm etw aufhalsen *fam;* ***I've been ~ed with the job of sorting out his mistakes*** ich habe es aufgehalst bekommen, seine Fehler auszubügeln *fam;* ■**to be ~ed with sb** jdn am Hals haben *fam*
⑤ *(fam: place)* ■**to ~ sb in sth** jdn in etw *akk* bringen; ***she was arrested and ~ed in jail*** sie wurde verhaftet und ins Gefängnis gesteckt *fam;* ***that could have ~ed you in jail*** deswegen hättest du im Gefängnis landen können *fam;* ***the demonstration ~ed some of the protesters in jail*** einige Demonstranten wurden während der Kundgebung in Haft genommen; ***you've really ~ed me in it!*** da hast du mich aber ganz schön reingeritten! *fam;* **to ~ sb in bankruptcy** jdn bankrott machen; **to ~ sb in serious trouble** jdn in ernsthafte Schwierigkeiten bringen
▶PHRASES: **to ~ oneself/sb in hot** [*or* **deep**] **water** sich selbst/jdn in große Schwierigkeiten bringen
◆**land up** *vi (fam)* ① *(in a place)* landen *fam;* ***we never expected to ~ up in Athens*** wir hatten nie damit gerechnet, in Athen zu landen *fam*
② *(in a situation)* enden; **to ~ up jobless and penniless** ohne Arbeit und einen Cent Geld enden; ■**to ~ up doing sth** schließlich etw tun

lan·dau ['lændɔː] *n* Landauer *m*

'land-based *adj inv* MIL landgestützt **'land charge** *n* FIN Grundschuld *f* **land de·'vel·op·ment** *n no pl* Stadtentwicklung *f,* Erschließung *f* ländlicher Gebiete

land·ed ['lændɪd] *adj attr, inv* **the ~ class** + *sing/pl vb* die Großgrundbesitzer *pl;* **~ family** + *sing/pl vb* Familie *f* mit Grundbesitz; **the ~ gentry** + *sing/pl vb* der Landadel

'land·fall *n* NAUT *(first land reached)* Landungsort *m; (sighting)* Sichten *nt* von Land; **to make ~** Land erreichen

'land·fill I. *n* ① *no pl (waste disposal)* Geländeanfüllung *f (mit Müll),* Bodenanfüllung *f*
② *(site)* Deponiegelände *nt*
③ *no pl (waste)* Müll *m;* **to use sth as ~** etw zur Geländeanfüllung [*o* Bodenanfüllung] nutzen
II. *n modifier* **~ site** Deponiegelände *nt;* **~ tax** Deponiesteuer *f*

'land forces *npl* MIL Landstreitkräfte *pl* **'land·hold·er** *n* Landbesitzer(in) *m(f),* Grundbesitzer(in) *m(f); (tenant)* Pächter(in) *m(f)* **'land·hold·ing** *n* Landbesitz *m kein pl,* Grundbesitz *m kein pl*

land·ing ['lændɪŋ] *n* ① *(staircase space)* Treppenabsatz *m;* **to be/stand on the ~** auf dem Treppenabsatz stehen
② *(aircraft touchdown)* Landung *f;* **crash ~** Bruchlandung *f;* **bumpy/smooth ~** holprige/weiche Landung; **to make a ~** landen; **to make an emergency ~** notlanden
③ *(nautical landfall)* Landung *f*
④ SPORT *(coming to rest)* Landung *f*

'land·ing card *n* Einreiseformular *nt* **'land·ing craft** *n* MIL Landungsboot *nt* **'land·ing field** *n* Landeplatz *m,* SCHWEIZ *a.* Lände *f* **'land·ing gear** *n* AVIAT Fahrgestell *nt;* **to lower the ~** das Fahrgestell ausfahren **'land·ing lights** *npl* Landebahnbeleuchtung *f kein pl* **'land·ing net** *n* Kescher *m* **'land·ing stage** *n* Landungssteg *m,* Landungsbrücke *f,* SCHWEIZ *a.* Lände *f* **'land·ing strip** *n* Landebahn *f*

'land·lady *n* ① *(house owner)* Hausbesitzerin *f; (renting out houses)* Vermieterin *f; (renting out flats also)* Hauswirtin *f*
② *(of pub or hotel)* [Gast]wirtin *f*
③ *(of a boarding house)* Pensionswirtin *f,* Zimmerwirtin *f,* Schlummermutter *f* SCHWEIZ *fam*

land·less ['lændləs] *adj inv* ohne Landbesitz *nach n,* landlos

'land·line *n* Überlandleitung *f* **'land·locked** *adj inv* von Land umgeben [*o* umschlossen]; **~ country** Binnenstaat *m* **'land·lord** *n* ① *(house owner)* Hausbesitzer *m; (renting out housing)* Vermieter *m; (renting out flats also)* Hauswirt *m* ② *(of pub or hotel)* [Gast]wirt *m* ③ *(of boarding house)* Pensionswirt *m,* Zimmerwirt *m,* SCHWEIZ *a.* Schlummervater *m fam*

land·lub·ber ['lændlʌbəʳ, AM -ɚ] *n (dated sl)* Landratte *f oft hum fam*

'land·mark *n* ① *(point of recognition)* Erkennungszeichen *nt* ② *(noted site)* Wahrzeichen *nt* ③ *(important event)* Meilenstein *m geh,* Markstein *m;* **a ~ in the history of the computer** ein Meilenstein in der Geschichte des Computers *geh* **'land·mark case** *n* LAW grundlegender Fall **'land·mark de·ci·sion** *n* LAW eine einen Wendepunkt markierende Entscheidung

'land·marked *adj inv* AM *(listed)* unter Denkmalschutz stehend *attr,* denkmalgeschützt; **~ building** denkmalgeschütztes Gebäude

'land·mass *n* Landmasse *f* **'land·mine** *n* MIL Landmine *f* **'land of·fice** AM **I.** *n (old)* Grundbuchamt *nt,* Liegenschaftsamt *nt* **II.** *adj attr, inv (fam)* **to do a ~ business** ein Bombengeschäft machen *fam* **'land·own·er** *n* Grundbesitzer(in) *m(f)* **'land·own·ing** *adj attr, inv* mit Grundbesitz *nach n;* **~ family** Familie *f* mit Grundbesitz **'land-poor** *adj* AM *sich im Besitz von Land befinden und gleichzeitig über mangelndes Umlaufvermögen verfügen* **'land re·form** *n* Bodenreform *f* **'land reg·is·ter** *n* Grundbuch *nt;* **entry in the ~** Grundbucheintragung *f* **land reg·is·'tra·tion** *n* Grundbucheintragung *f* **'land reg·is·try** *n* Grundbuchamt *nt,* Katasteramt *nt* **'land route** *n* Landweg *m*

'Land Rov·er® *n* Landrover® *m*

'land·scape I. *n* ① *(country scenery)* Landschaft *f;* **urban ~** Stadtlandschaft *f*
② *(painting)* Landschaft *f,* Landschaftsgemälde *nt;* ***I prefer ~s to portraits*** mir gefallen Landschaftsbilder besser als Porträts
II. *adj attr, inv* ① *(relating to landscapes)* Landschafts-; **~ painter** Landschaftsmaler(in) *m(f)*
② TYPO *(printing format)* **in ~ format** im Querformat
III. *vt* ■**to ~ sth** etw [landschafts]gärtnerisch gestalten

land·scape 'archi·tect *n* Landschaftsarchitekt(in) *m(f)* **land·scape 'archi·tec·ture** *n no pl* Landschaftsgärtnerei *f* **land·scape 'gar·den·er** *n* Landschaftsgärtner(in) *m(f)* **land·scape 'gar·den·ing** *n no pl* Landschaftsgärtnerei *f*

'land·scap·er *n* AM Landschaftsarchitekt(in) *m(f)*

'land·slide I. *n* ① *(of earth, rock)* Erdrutsch *m*
② *(majority)* Erdrutsch[wahl]sieg *m;* **a Liberal ~** ein überwältigender Sieg der Liberalen; **to win by a ~** mit einer überwältigenden Mehrheit siegen **II.** *adj attr, inv* **~ victory** Erdrutsch[wahl]sieg *m,* überwältigender Sieg **'land·slip** *n* NENG GEOG Erdrutsch *m* **'land tax** *n* Grundsteuer *f,* SCHWEIZ *a.* Bodensteuer *f* **'land ten·ure** *n no pl* Landpacht *f,* Grundstückspacht *f* **'land trans·fer tax** *n* Grunderwerbssteuer *f* **'land use I.** *n no pl* GEOG *(local)* Flächennutzung *f; (national)* Bodennutzung *f* **II.** *n modifier (data, map, survey)* Flächennutzungs-/Bodennutzungs- **'land-use plan·ning** *n no pl,* **'land-use poli·cy** *n* Raumplanung *f*

land·ward ['lændwəd, AM -wɚd] **I.** *adj* land[ein]wärts [gelegen]; **the ~ side** die Landseite
II. *adv* land[ein]wärts; **to head ~** in Richtung Land fahren

lane [leɪn] *n* ① *(narrow road)* Gasse *f,* enge Straße; ***I live at the end of Church L~*** ich wohne am Ende der Church Lane; **country ~** schmale Landstraße; **a winding ~** ein gewundener Weg
② *(marked strip)* [Fahr]spur *f,* Fahrbahn *f;* SPORT Bahn *f;* ***in ~s 4 and 6*** auf den Bahnen 4 und 6; **bus ~** Busspur *f;* **cycle ~** Fahrradweg *m,* Veloweg *m* SCHWEIZ; **in the fast/middle ~** auf der Überholspur/mittleren Spur; **HOV** [*or* **high-occupancy vehicle**] **~** *esp* AM Sonderspur *f* für stark besetzte Autos; **to run on the inside/outside ~** auf der Innen-/Außenbahn laufen; **the northbound ~** die Spur nach Norden; **in the slow ~** *(in Britain)* auf der linken Spur; *(on the continent)* auf der rechten Spur; **to change ~s** die Spur wechseln
③ *(air route)* Flugroute *f; (sea route)* **shipping ~** Schifffahrtsweg *m*

'lane-de·par·ture *adj inv warning system, accident* Spurenwechsel-

lan·guage ['læŋgwɪdʒ] *n* ① *(of nation)* Sprache *f;* ***she speaks four ~s fluently*** sie spricht vier Sprachen fließend; **artificial ~** Kunstsprache *f;* **the English/German ~** die englische/deutsche Sprache, Englisch/Deutsch *nt;* **a foreign ~** eine Fremdsprache; **sb's native ~** jds Muttersprache
② *no pl (words)* Sprache *f; (style of expression)* Ausdrucksweise *f,* Sprache *f;* ***her ~ was absolutely appalling!*** ihre Sprache war wirklich schockierend!; ***~, Robert!*** wie sprichst du denn, Robert!; **bad ~** Schimpfwörter *pl;* **formal/spoken/written ~** gehobene/gesprochene/geschriebene Spra-

che; **to mind one's ~** aufpassen, was man sagt ❸ *(of specialist group)* Fachsprache *f;* **legal ~** Rechtssprache *f;* **technical ~** Fachsprache *f; (individual expressions)* Fachausdrücke *pl* ❹ COMPUT [**computer programming**] ~ Programmiersprache *f*
▶PHRASES: **to speak** [*or* **talk**] **the same ~** die gleiche Sprache sprechen *fig*

'lan·guage ac·qui·si·tion *n no pl* Spracherwerb *m* **'lan·guage course** *n* Sprachkurs *m* **'lan·guage lab** *n (fam) short for* **language laboratory** Sprachlabor *nt* **'lan·guage la·bora·tory** *n* Sprachlabor *nt* **'lan·guage learn·ing** *n no pl* Erlernen *nt* von Fremdsprachen

lan·guid ['læŋgwɪd] *adj (liter)* ❶ *(without energy)* träge, matt; ***a ~ wave of the hand*** eine lässige Handbewegung ❷ *(unenthusiastic)* gelangweilt

lan·guid·ly ['læŋgwɪdli] *adv* ❶ *(limply)* träge ❷ *(unenthusiastically)* gelangweilt

lan·guish ['læŋgwɪʃ] *vi* ❶ *(remain)* schmachten *geh;* ***the ruling party is ~ing in third place in the opinion polls*** die Regierungspartei liegt bei den Meinungsumfragen [weit] abgeschlagen auf dem dritten Platz; **to ~ in jail** im Gefängnis schmoren *fam;* **to ~ in obscurity** in der Bedeutungslosigkeit dahindümpeln *fam;* **to ~ in poverty** in Armut darben *geh* ❷ *(grow weak)* verkümmern; ***the project ~ed and was soon abandoned*** das Projekt wurde vernachlässigt und schlief bald ein ❸ *(liter: long)* ■**to ~ for sth** sich *akk* nach etw *dat* sehnen

lan·guish·ing ['læŋgwɪʃɪŋ] *adj* schmachtend *oft iron,* sehnsuchtsvoll *geh;* **~ look** schmachtender Blick *oft iron;* **~ sigh** sehnsüchtiger Seufzer, sehnsuchtsvolles Seufzen *geh*

lan·guor ['læŋgəʳ, AM -ɚ] *n no pl (liter: pleasant)* wohlige Müdigkeit, Schläfrigkeit *f; (unpleasant)* Mattigkeit *f;* ***the ~ of a siesta on a hot summer afternoon*** die träge Stille während einer Siesta an einem heißen Sommernachmittag

lan·guor·ous ['læŋgərəs] *adj (liter) afternoon* träge; *feeling* wohlig; *look* verführerisch; *music* getragen

lan·guor·ous·ly ['læŋgərəsli] *adv* wohlig; **to speak ~** mit schläfriger Stimme sprechen

lank [læŋk] *adj* ❶ *(hanging limply) hair* strähnig ❷ *(tall and thin) person* hager

lanky ['læŋki] *adj* hoch aufgeschossen, schlaksig *sl*

lano·lin(e) ['lænəlɪn, AM -əlɪn] *n no pl* Lanolin *nt*

lan·tern ['læntən, AM -t̬ɚn] *n* ❶ *(light)* Laterne *f;* **Chinese ~** Lampion *m;* **paper ~** Papierlaterne *f* ❷ ARCHIT Laterne *f*

lan·tern jaw ['læntəndʒɔː, AM -t̬ɚndʒɑː] *n* eingefallene Wangen; **to have a ~** hohlwangig sein **'lan·tern-jawed** [-dʒɔːd, AM -dʒɑːd] *adj* hohlwangig

lan·tha·num ['læn(t)θənəm] *n no pl* CHEM Lanthan *nt*

lan·yard ['lænjəd, AM -ɚd] *n* ❶ *(short cord)* Kordel *f; (for gun)* Abzugsleine *f* ❷ NAUT Taljereep *nt*

Lao [laʊ] *n, adj see* **Laotian**

Laos [laʊs] *n* Laos *nt*

Lao·tian [leɪ'aʊʃən, AM -'oʊ-] **I.** *adj* laotisch
II. *n* ❶ *(person)* Laote, Laotin *m, f* ❷ *(language)* Laotisch *nt kein pl*

lap¹ [læp] *n (also of dress)* Schoß *m;* **to sit on sb's ~** auf jds Schoß sitzen; **to dump** [*or* **drop**] [*or* **deposit**] **sth in sb's ~** *(fig)* etw bei jdm abladen *fig*
▶PHRASES: **to drop** [*or* **fall**] **into sb's ~** jdm in den Schoß fallen *fig;* **in the ~ of the gods** BRIT in Gottes Hand; **to live in the ~ of luxury** ein Luxusleben führen

lap² [læp] **I.** *n* ❶ SPORT Runde *f;* **~ of honour** Ehrenrunde *f;* **to do** [*or* **take**] **a ~** [**of honour**] BRIT eine Ehrenrunde drehen; **on the last ~** in der letzten Runde ❷ *(fig: stage)* Etappe *f;* ***the next ~ of journey took us from Singapore to Bangkok*** die nächste Etappe unserer Reise führte uns von Singapur nach Bangkok; **to be on the last ~** [**of sth**] kurz vor dem Ziel [einer S. *gen*] stehen
II. *vt* <-pp-> ❶ *(overtake)* ■**to ~ sb** jdn überrunden ❷ *usu passive (liter: wrap)* ■**to be ~ped in sth** in etw *akk* gehüllt sein; **to be ~ped in luxury** in Luxus gebettet sein *geh*
III. *vi* ❶ *(in car racing)* eine Runde drehen; ***he is currently ~ping in 4 minutes 52 seconds*** seine Rundenzeit beträgt derzeit 4 Minuten 52 Sekunden ❷ *(project)* ■**to ~ over sth** über etw *akk* hängen; ***these tiles ~ over the ones below*** die obere Dachziegelreihe überlappt die untere

lap³ [læp] **I.** *vt* ■**to ~ sth** ❶ *(drink)* etw lecken [*o* SÜDD, ÖSTERR, SCHWEIZ schlecken] ❷ *(hit gently) waves* [sanft] gegen etw *akk* schlagen
II. *vi* ■**to ~ against sth** *waves* [sanft] gegen etw *akk* schlagen
◆**lap up** *vt* ■**to ~ sth** ⊂ **up** ❶ *(drink)* etw [auf]lecken [*o* SÜDD, ÖSTERR, SCHWEIZ [auf]schlecken] ❷ *(fig fam: accept eagerly)* etw [gierig] aufsaugen *fig;* ***shoppers have been ~ping up the bargains since Monday*** seit Montag stürzen sich die Einkäufer auf die Sonderangebote; ***he ~ped up the praise*** er sonnte sich im Lob, das Lob ging ihm runter wie Öl *fam*

LAP [ˌeleɪ'piː] *n* COMPUT *abbrev of* **link access protocol** LAP *nt*

lapa·ros·co·py <*pl* -pies> [ˌlæpə'rɒskəpi, AM -'rɑːs-] *n* MED Bauchspiegelung *f,* Laparoskopie *f fachspr*

'lap belt *n* Beckengurt *m* **'lap dance** *n* Lapdance *m (provokativer Striptease in unmittelbarer Nähe eines Zuschauers)* **'lap danc·er** *n Tänzerin, die in unmittelbarer Nähe eines Zuschauers einen provokativen Striptease aufführt* **'lap danc·ing** *n* Lapdance *m (provokativer Striptease in unmittelbarer Nähe eines Zuschauers)* **'lap·dog** *n* ❶ *(small dog)* Schoßhündchen *nt* ❷ *(fig: person)* Marionette *f fig,* Spielball *m fig;* ***he's just her ~*** er steht ganz einfach unter ihrem Pantoffel *fam*

la·pel [lə'pel] *n* Revers *nt,* Kragenaufschlag *m;* **to grab sb by the ~s** jdn am Kragen packen

la·'pel badge *n* BRIT Namensschild *nt*

lapi·dary ['læpɪdəri, AM -pəderi] **I.** *adj* in Stein gehauen; *(fig)* kernig, lapidar
II. *n* <*pl* -ries> [Edel]steinschneider(in) *m(f)*

la·pis lazu·li [ˌlæpɪs'læzjʊli, AM -zəli] *n* ❶ *(gemstone)* Lapislazuli *m* ❷ *(colour)* Ultramarin *nt kein pl; of eyes* tiefes Blau

Laplace equa·tion [læˌplæsɪ'kweɪʒən] *n no pl* MATH Laplace'sche Gleichung

Laplacian [lə'pleɪʃən] *n* MATH Laplace-Operator *m*

Lap·land ['læplænd] *n* Lappland *nt*

Lap·land·er ['læplændəʳ, AM -ɚ] *n* Lappländer(in) *m(f)*

Lapp [læp] **I.** *n* ❶ *(person)* Same, -in *m, f,* Lappe, Lappin *m, f pej* ❷ *no pl (language)* Lappländisch *nt,* Sami *nt*
II. *adj* lappländisch

Lapp·ish ['læpɪʃ] **I.** *n* Sami *nt kein pl*
II. *adj* lappländisch

lapse [læps] **I.** *n* ❶ *(mistake)* Versehen *nt,* [kleiner] Fehler, Lapsus *m geh; (moral)* Ausrutscher *m fam,* Fehltritt *m;* **~ of attention/concentration** Aufmerksamkeits-/Konzentrationsmangel *m;* **~ of judgement** Fehleinschätzung *f;* **~ of memory** Gedächtnislücke *f* ❷ *no pl (of time)* Zeitspanne *f,* Zeitraum *m;* **after a ~ of a few days/hours** nach Verstreichen einiger Tage/Stunden ❸ LAW *of a legacy* Hinfälligkeit *f*
II. *vi* ❶ *(fail) attention, concentration* abschweifen; *quality, standard* nachlassen, sich *akk* verschlechtern; **to ~ into bad habits** schlechte Angewohnheiten annehmen; **to ~ into crime** in die Kriminalität abrutschen; **to ~ back into old habits** in alte Angewohnheiten zurückverfallen ❷ *(end)* ablaufen; *contract also* erlöschen; *subscription* auslaufen ❸ *(pass into)* ■**to ~ into sth** in etw *akk* verfallen; *(revert to)* ■**to ~** [**back**] **into sth** in etw *akk* zurückfallen; **to ~ into a coma/unconsciousness** ins Koma/in Ohnmacht fallen; **to ~ into one's native dialect** in seinen Dialekt verfallen; **to ~ into silence** in Schweigen verfallen; ***the meeting ~d into silence*** Schweigen senkte sich über die Versammlung ❹ *(cease membership)* austreten

lapsed [læpst] *adj attr, inv* ❶ *(no longer involved)* **~ Catholic** abtrünniger Katholik/abtrünnige Katholikin, vom Glauben abgefallener Katholik/abgefallene Katholikin; **a ~ member** ein ehemaliges Mitglied ❷ *(discontinued) policy, subscription* abgelaufen

'lap·top, lap·top com·'put·er *n* Laptop *m o* SCHWEIZ *nt*

lap·wing ['læpwɪŋ] *n* Kiebitz *m*

lar·cenous ['lɑːsənəs, AM 'lɑːrsə-] *adj esp* AM diebisch; **~ activities** Diebstähle *pl;* **~ misuse** Veruntreuung *f,* Unterschlagung *f*

lar·ceny ['lɑːsəni, AM 'lɑːrsəni] *n esp* AM LAW ❶ *no pl (crime)* Stehlen *nt,* Diebstahl *m* ❷ *(act)* Diebstahl *m*

larch <*pl* -es> [lɑːtʃ, AM lɑːrtʃ] *n* Lärche *f; (wood also)* Lärchenholz *nt kein pl*

lard [lɑːd, AM lɑːrd] **I.** *n no pl* Schweinefett *nt,* Schweineschmalz *nt;* **rendered ~ with cracklings** ausgelassenes Schmalz mit Grieben [*o* ÖSTERR Grammeln]
II. *vt* ■**to ~ sth** etw spicken *a. fig;* ***her speech was ~ed with literary quotations*** *(fig)* ihre Rede war mit literarischen Zitaten gespickt

lar·der ['lɑːdəʳ, AM 'lɑːrdɚ] *n* Speisekammer *f;* **to stock up one's ~** Lebensmittel hamstern

'lard stone *n* GEOL Speckstein *m*

lardy ['lɑːdi, AM 'lɑːrdi] *adj (fam or pej)* fett *pej,* übergewichtig

large [lɑːdʒ, AM lɑːrdʒ] **I.** *adj* ❶ *(in size)* groß; ***the jacket needs to be a size ~r*** die Jacke ist eine Nummer zu klein; ***the world's ~st computer manufacturer*** der weltgrößte Computerhersteller ❷ *(in quantity, extent)* groß, beträchtlich; ***the attendance at the meeting was ~r than expected*** die Versammlung war besser besucht als erwartet; ***there was a ~r than expected fall in unemployment*** die Arbeitslosenrate sank stärker als erwartet; **a ~ amount of work** viel Arbeit; **a ~ number of people/things** viele Menschen/Dinge; **the ~st ever** der/die/das bisher Größte [*o* Umfangreichste] [*o* Umfassendste] ❸ *(hum or euph: fat)* wohlbeleibt, korpulent *geh,* SCHWEIZ *a.* fest; **~ lady** mollige Frau *euph*
▶PHRASES: **by and ~** im Großen und Ganzen; **as ~ as life** in voller Lebensgröße; **~r than life** überlebensgroß; *(fig) persons* aufgeschlossen
II. *n* ❶ *(not caught)* ■**to be at ~** auf freiem Fuß sein ❷ *(in general)* ■**at ~** im Allgemeinen; ***this issue needs to be debated by society at ~*** diese Frage muss in der breiten Öffentlichkeit diskutiert werden; **the country/world at ~** das gesamte Land/die ganze Welt ❸ AM **ambassador at ~** Sonderbotschafter(in) *m(f)*
III. *adv (fam: in a big way, on a large scale)* ganz groß, in großem Stil

large-'heart·ed *adj* großherzig *geh* **large in·'tes·tine** *n* Dickdarm *m*

large·ly ['lɑːdʒli, AM 'lɑːrdʒ-] *adv* größtenteils, zum größten Teil, weitgehend

large-'mind·ed *adj* aufgeschlossen, tolerant

large·ness ['lɑːdʒnəs, AM 'lɑːrdʒ-] *n no pl* ❶ *(size)* Größe *f; (extensiveness)* Umfang *m,* Ausmaß *nt* ❷ *(generosity)* Großzügigkeit *f*

lar·ger-than-'life *adj attr,* **lar·ger than 'life** *adj pred, inv* herausragend; *hero* Super-; *(legendary)* legendär

'large-scale *adj esp attr* ❶ *(extensive)* umfangreich, weitreichend; **a ~ commercial enterprise/project** ein Großunternehmen *nt*/-projekt *nt;* **~ financing** Großfinanzierung *f;* **~ investment** Großinvestition *f;* **~ investor** Großinvestor(in) *m(f);* **~ manufacturer/producer** Großerzeuger *m*/-produzent *m* ❷ *(made large)* in großem Maßstab *nach n;* **a ~ map** eine Karte mit großem Maßstab; **a ~ model** eine Nachbildung in großem Maßstab

L

lar·gess(e) [lɑːˈʒes, AM lɑːrˈdʒes] *n no pl* Freigebigkeit *f,* Großzügigkeit *f*

larg·ish [ˈlɑːdʒɪʃ, AM ˈlɑːrdʒ-] *adj inv* ziemlich groß

lar·go [ˈlɑːgəʊ, AM ˈlɑːrgoʊ] MUS **I.** *adv* largo
II. *adj* largo
III. *n* Largo *nt*

lari [ˈlɑːri] *n (Georgian currency)* Lari *m*

lari·at [ˈlæriət, AM ˈler-] *n* Lasso *nt*

lark[1] [lɑːk, AM lɑːrk] *n* Lerche *f*
▸PHRASES: **to get** [*or* **be**] **up with the ~** mit den Hühnern aufstehen *hum*

lark[2] [lɑːk, AM lɑːrk] **I.** *n* ① *esp* BRIT *(fam: joke)* Spaß *m,* Ulk *m,* Witz *m,* SCHWEIZ *a.* Plausch *m;* **for a ~** aus Jux *fam;* **what a ~!** [*or* **what ~s!**] was für ein Spaß!
② BRIT *(pej fam: business)* Sache *f,* Zeug *nt fam;* ***I've had enough of this commuting ~*** ich hab' genug von dieser ewigen Pendelei *fam*
▸PHRASES: **blow** [*or* **bugger**] [*or* **sod**] [*or* **stuff**] **this for a ~!** BRIT *(fam!)* ich hab' die Schnauze [*o* Nase] [gestrichen] voll! *fam*
II. *vi (fam)* ■**to ~ about** [*or* **around**] herumalbern, herumblödeln *fam*

lark·spur [ˈlɑːkspɜːʳ, AM ˈlɑːrkspɜːr] *n* Rittersporn *m*

lar·ri·kin [ˈlærɪkɪn] *n* AUS *(fam)* Lausbub *m meist euph fam*

Larry [ˈlæri] *n* ▸PHRASES: **to be as happy as ~** NZ vollkommen glücklich und zufrieden sein

lar·va <*pl* -vae> [ˈlɑːvə, AM ˈlɑːr-, *pl* -viː] *n* Larve *f*

lar·val [ˈlɑːvᵊl, AM ˈlɑːr-] *adj attr, inv* larval *fachspr,* Larven-; **~ stage** larvales Stadium *fachspr*

lar·yn·geal [ləˈrɪndʒiəl] *adj inv* ① ANAT, MED Kehlkopf-, Larynx- *fachspr*
② LING kehlig; **~ sound** kehliger Laut

la·ryn·ges [lærˈɪndʒiːz, AM ləˈrɪn-] *n pl of* **larynx**

lar·yn·gi·tis [ˌlærɪnˈdʒaɪtɪs, AM ˌlerɪnˈdʒaɪt̬-] *n no pl* Kehlkopfentzündung *f,* Laryngitis *f fachspr*

lar·ynx <*pl* -es *or* -ynges> [ˈlærɪŋks, *pl* lærˈɪndʒiːz, AM ˈler-, *pl* lerˈɪndʒiːz] *n* Kehlkopf *m,* Larynx *m fachspr*

la·sa·gna, AM, AUS *also* **la·sa·gne** [ləˈzænjə, AM -ˈzɑːn-] *n* Lasagne *f; (pasta also)* Lasagneblätter *pl;* **meat/vegetable ~** Fleisch-/Gemüselasagne *f*

las·civi·ous [ləˈsɪviəs] *adj* lüstern *geh*

las·civi·ous·ly [ləˈsɪviəsli] *adv* lüstern *geh*

las·civi·ous·ness [ləˈsɪviəsnəs] *n no pl* Lüsternheit *f,* Geilheit *f oft pej*

la·ser [ˈleɪzəʳ, AM -ɚ] *n acr for* **light amplification by stimulated emission of radiation** Laser *m*

ˈla·ser beam *n* Laserstrahl *m* **ˈla·ser disc** *n* Laserplatte *f* **ˈla·ser-guid·ed** *adj usu attr* lasergesteuert **ˈla·ser lev·el** *n* Laserwaage *f* **ˈla·ser print·er** *n* Laserdrucker *m* **ˈla·ser print·ing** *n* Laserdruck *m* **ˈla·ser show** *n* Lasershow *f* **ˈla·ser treat·ment** *n* Laserbehandlung *f*

lash[1] <*pl* -es> [læʃ] *n* [Augen]wimper *f*

lash[2] [læʃ] **I.** *n* <*pl* -es> ① *(whip)* Peitsche *f; (flexible part)* Peitschenriemen *m;* ■**the ~** Peitschenhiebe *pl,* die Peitsche; ***he could only make them work under threat of the ~*** er konnte sie nur zum Arbeiten bringen, indem er ihnen Peitschenhiebe androhte
② *(stroke of whip)* Peitschenhieb *m*
③ *(fig: criticism)* scharfe [*o* herbe] Kritik; **to feel the ~ of sb's tongue** jds scharfe Zunge zu spüren bekommen; **to come under the ~** Hiebe bekommen *fig,* herbe Kritik ernten
④ *(sudden movement)* Peitschen *nt,* Hieb *m;* ***with a powerful ~ of its tail, the fish jumped out of the net*** der Fisch befreite sich mit einem kräftigen Schwanzschlag aus dem Netz
II. *vt* ① *(whip)* ■**to ~ sb** [**with sth**] jdn [mit etw *dat*] auspeitschen
② *(strike violently)* ■**to ~ sth** gegen etw *akk* schlagen; ***rain ~ed the windowpanes*** der Regen prasselte gegen die Fensterscheiben; ***storms ~ed the southern coast of Britain*** Stürme fegten über die Südküste Großbritanniens hinweg
③ *(strongly criticize)* ■**to ~ sb** heftige Kritik an jdm üben
④ *(move violently)* **to ~ its tail** *animal* mit dem Schwanz schlagen
⑤ *(tie)* ■**to ~ sb/sth to sth** jdn/etw an etw *dat* [fest]binden [*o* anbinden]; **to ~ two things together** zwei Dinge zusammenbinden
III. *vi* ① *(strike)* ■**to ~ at sth** gegen etw *akk* schlagen; *(fig) rain, wave* gegen etw *akk* peitschen; ■**to ~ at sb** [**with sth**] auf jdn [mit etw *dat*] einschlagen
② *(move violently)* schlagen

◆**lash about, lash around** *vi* [wild] um sich *akk* schlagen

◆**lash down I.** *vt* ■**to ~ down** ↔ **sth** etw festbinden
II. *vi rain* niederprasseln

◆**lash into** *vt* **to ~ sb into a frenzy** jdm [so richtig] einheizen *fam;* **to ~ sb into a fury** jdn aufpeitschen; **to ~ oneself into a fury** sich *akk* in einen Wutanfall hineinsteigern

◆**lash out I.** *vi* ① *(attack physically)* ■**to ~ out at sb** [**with sth**] [mit etw *dat*] auf jdn einschlagen
② *(criticize severely)* ■**to ~ out against sb** jdn heftig attackieren; ■**to ~ out against sth** gegen etw *akk* wettern *fam; (attack verbally)* ■**to ~ out at sb** jdn scharf kritisieren, über jdn herfallen *fig fam,* auf jdn losgehen *fig fam*
③ BRIT, AUS *(fam: spend freely)* sich *dat* etw leisten; ***we usually live quite cheaply, but we do ~ out occasionally*** meist leben wir recht bescheiden, doch ab und zu leisten wir uns doch was; ■**to ~ out on sth** sich *dat* etw gönnen
II. *vt* BRIT, AUS **to ~ out £500/$40** 500 Pfund/40 Dollar springen lassen *fam;* ***he ~ed out £5,000 on*** [*or* ***for***] ***his daughter's wedding*** er legte 5.000 Pfund für die Hochzeit seiner Tochter auf den Tisch *fam*

lash·ing [ˈlæʃɪŋ] *n* ① *(whipping)* Peitschenhieb *m;* **to get a ~** gepeitscht werden; **to give sb a ~** jdn auspeitschen; **to give sb a tongue ~** *(fig)* jdm ordentlich die Meinung sagen *fam,* jdm mal sagen, was Sache ist *fam;* **to give sb a verbal ~** jdm eine verbale Ohrfeige verpassen
② BRIT *(hum dated: a lot)* ■**~s** *pl* reichlich; **~s of cream** Berge von Schlagsahne [*o* ÖSTERR Schlagobers] [*o* SCHWEIZ Schlagrahm]; **~s of drink** jede Menge zu trinken
③ *usu pl (cord)* [Befestigungs]seil *nt*

lass <*pl* -es> [læs], **las·sie** [ˈlæsi] *n esp* NENG, SCOT
① *(fam: girl, young woman)* Mädchen *nt; (daughter)* Tochter *f; (sweetheart)* Mädchen *nt fam*
② *(fam: form of address)* Schatzi *nt a. pej fam,* Schätzchen *nt* SCHWEIZ *a. pej fam*

las·si·tude [ˈlæsɪtjuːd, AM *esp* -tuːd] *n no pl (form)* Energielosigkeit *f*

las·so [læsˈuː, AM ˈlæsoʊ] **I.** *n* <*pl* -s *or* -es> Lasso *nt*
II. *vt* ■**to ~ sb/an animal** jdn/ein Tier mit einem Lasso einfangen

last[1] [lɑːst, AM læst] *n* Leisten *m*
▸PHRASES: **the cobbler should stick to his ~** *(prov)* Schuster, bleib bei deinem Leisten *prov*

last[2] [lɑːst, AM læst] **I.** *adj inv* ① *attr (after all the others)* ■**the ~ ...** der/die/das letzte ...; ***they caught the ~ bus*** sie nahmen den letzten Bus; **to arrive/come ~** als Letzte(r) *f(m)* ankommen/kommen; **to plan sth** [**down**] **to the ~ detail** etw bis ins kleinste Detail planen; **to do sth ~ thing** etw als Letztes tun; ***I always switch on the washing machine ~ thing*** [***at night***] ich mache als Letztes vor dem Schlafengehen immer noch die Waschmaschine an; **the second/third ~ door** die vor-/drittletzte Tür; **the ~ one** der/die/das Letzte; ***our house is the ~ one on the left before the traffic lights*** unser Haus ist das Letzte links vor der Ampel; **to be the ~ one to do sth** etw als Letzte(r) tun; ***she was the ~ one to arrive*** sie kam als Letzte an
② *(lowest in order, rank)* letzte(r, s); ***the Mets will surely finish the season in ~ place*** die Mets werden am Ende der Saison sicher Tabellenletzte sein; ■**to be** [*or* **come**] **~** Letzte(r) *f(m)* sein; *(in a race, competition)* Letzte(r) *f(m)* werden; **to be fourth/third from ~** Viert-/Drittletzte(r) *f(m)* sein; **to be ~ but one** [*or* **next to ~**] [*or* **second** [**to**] **~**] Vorletzte(r) *f(m)* sein
③ *attr (final, remaining)* letzte(r, s); ***I'll give you one ~ chance*** ich gebe dir eine letzte Chance; ***this is the ~ time I do him a favour*** das ist das letzte Mal, dass ich ihm einen Gefallen tue; ***can I have the ~ piece of chocolate?*** darf ich das letzte Stück Schokolade essen?; ***I'm down to my ~ 50p*** ich habe nur noch 50 Pence; ***it's our ~ hope*** das ist unsere letzte Hoffnung; ***these are the ~ of our supplies*** das sind unsere letzten Vorräte; ***he calculated the costs down to the ~ penny*** er hat die Kosten bis auf den letzten Penny berechnet; ***I'm almost finished — this is the ~ but one box to empty*** ich bin fast fertig – das ist schon die vorletzte Kiste, die ich noch ausräumen muss; **to the ~ man** MIL bis auf den letzten Mann; **at the ~ minute/moment** in letzter Minute/im letzten Moment; **till/to the ~ minute** [*or* [**possible**] **moment**] bis zur letzten Minute/zum letzten Moment; ***he always leaves important decisions to the ~ possible moment*** er schiebt wichtige Entscheidungen immer bis zum letzten Moment hinaus; **he waited till the ~ minute to submit an offer** er wartete mit seinem Angebot bis zur letzten Minute; **as a** [*or* BRIT *also* **in the**] **~ resort** im äußersten Notfall; ***police are supposed to use guns only as a ~ resort*** die Polizei soll nur im äußersten Notfall von der Waffe Gebrauch machen; ***that's my ~ word*** [***on the subject***] das ist mein letztes Wort [zu diesem Thema]; **to have the ~ word** das letzte Wort haben; **at long ~** schließlich und endlich, zu guter Letzt; ***at long ~ the government is starting to listen to our problems*** endlich wird die Regierung einmal auf unsere Probleme aufmerksam
④ *attr (most recent, previous)* letzte(r, s); ***when was the ~ time you had a cigarette?*** wann hast du zum letzten Mal eine Zigarette geraucht?; ***did you hear the storm ~ night?*** hast du letzte Nacht den Sturm gehört?; ***did you see the news on TV ~ night?*** hast du gestern Abend die Nachrichten im Fernsehen gesehen?; **sb's ~ album/book** jds letztes Album/Buch; **~ month/November** letzten Monat/November; **~ Sunday** [*or* **on Sunday ~**] letzten Sonntag; ***your letter of Sunday ~*** *(form)* Ihr Brief von letztem Sonntag; **the results from ~ Sunday:** ***~ Sunday's results*** die Ergebnisse vom letzten Sonntag; **~ week/year** letzte Woche/letztes Jahr; **the week/year before ~** vorletzte Woche/vorletztes Jahr; **in the ~ five years** in den letzten fünf Jahren
⑤ *attr (most unlikely)* ■**the ~ sb/sth** der/die/das Letzte; ***she was the ~ person I expected to see*** sie hätte ich am allerwenigsten erwartet; ***the ~ thing I wanted was to make you unhappy*** das Letzte, was ich wollte, war dich unglücklich zu machen; ***he's the ~ person I want to see at the moment*** er ist der Letzte, den ich im Moment sehen möchte; ***the ~ thing she needed is a husband*** eine Ehemann hatte ihr gerade noch gefehlt! *iron*
▸PHRASES: **to have the ~ laugh** zuletzt lachen *fig; (show everybody)* es allen zeigen; ***I'll have the ~ laugh*** [***over you***]! dir werd ich's schon noch zeigen! *fam;* **the ~ laugh is on sb** jd lacht zuletzt *fig;* **sth is on its ~ legs** *(fam)* etw gibt bald den Geist auf [*o* macht es nicht mehr lange] *fam;* ***the foundry business was on its ~ legs*** das Gießereigeschäft pfiff auf dem letzten Loch *sl;* **sb is on their ~ legs** *(fam: very tired)* jd ist fix und fertig *fam,* jd pfeift auf dem letzten Loch *sl; (near to death)* jd macht es nicht mehr lange *fam;* **to be the ~ straw** das Fass [endgültig] zum Überlaufen bringen *fig;* **to be the ~ word** *(fam)* zurzeit das Beste [*o* Nonplusultra] sein; ***digital audio is the ~ word in sound reproduction*** digitales Audio ist zurzeit das Nonplusultra im Bereich der Klangwiedergabe
II. *adv inv* ① *(most recently)* das letzte Mal, zuletzt; ***I ~ saw him three weeks ago*** ich habe ihn zuletzt [*o* das letzte Mal] vor drei Wochen gesehen; ***when did you have a cigarette ~*** [*or* ***~ have a cigarette***]? wann hast du das letzte Mal geraucht?
② *(after the others)* als Letzte(r, s); ***the horse came in ~*** das Pferd kam als Letztes ins Ziel; **until ~** bis

zuletzt [*o* zum Schluss]
③ *(lastly)* zuletzt, zum Schluss; **~,** ***and most important ...*** der letzte und wichtigste Punkt ...; ***and ~, I'd like to thank you all for coming*** und zum Schluss möchte ich Ihnen allen dafür danken, dass Sie gekommen sind; **~ but not** [*or* **by no means**] **least** nicht zu vergessen, nicht zuletzt; ***~ but not least, I'd like to thank you for coming*** und ich möchte mich nicht zuletzt auch für ihr Kommen bedanken
III. *n* <*pl* -> ① *(one after all the others)* ■**the ~** der/die/das Letzte; ***she was the ~ to arrive*** sie kam als Letzte; **the ~ but one** *esp* BRIT, AUS [*or* AM **the next to ~**] der/die/das Vorletzte; **to be the ~ to do sth** als Letzte(r) *f(m)* etw tun; ***why are they always the ~ to arrive?*** warum kommen sie immer als Letzte?; ***why is he always the ~ to be told?*** warum erfährt er immer alles als Letzter?
② *(only one left, final one)* ■**the ~** der/die/das Letzte; ***she was the ~ of the great educational reformers*** sie war die Letzte der großen Schulreformer; **to breathe one's ~** den letzten Atemzug tun
③ *(remainder)* ■**the ~** der letzte Rest; ***that was the ~ of the real coffee*** das war der letzte Rest Bohnenkaffee; **the ~ of the ice cream/strawberries** der letzte Rest Eis/Erdbeeren
④ *(most recent, previous one)* ■**the ~** der/die/das Letzte; ***the ~ we heard of her was that ...*** das Letzte, was wir von ihr hörten, war, dass ...; ***the ~ I heard she had lost her job*** das Letzte was ich von ihr weiß ist, dass sie ihren Job verloren hatte; ***the ~ we heard from her, ...*** als wir das letzte Mal von ihr hörten, ...; ***the ~ we saw of her, ...*** als wir sie das letzte Mal sahen, ...; ***that was the ~ we saw of her*** das war das letzte Mal, das wir sie gesehen haben, seitdem haben wir sie nie wieder gesehen
⑤ *usu sing* SPORT *(last position)* letzter Platz; ***Lion Cavern came from ~ in a slowly run race*** Lion Cavern holte in einem langsamen Rennen vom letzten Platz auf
⑥ BOXING ■**the ~** die letzte Runde
⑦ *(fam: end)* ***the dying embers sparked their ~*** die Funken verglühten; ***you haven't heard the ~ of this!*** das letzte Wort ist hier noch nicht gesprochen!; ***we'll never hear the ~ of it if they win*** wenn sie gewinnen, müssen wir uns das endlos anhören *fam;* **to see the ~ of sth** *(fam)* etw nie wieder sehen müssen; **at ~** endlich; ***I've finished my essay at ~!*** endlich habe ich meinen Essay fertig!; **to the ~** *(form: until the end)* bis zuletzt; *(utterly)* durch und durch; **to defend one's principles to the ~** seine Prinzipien bis zuletzt verteidigen; ***she is patriotic to the ~*** sie ist durch und durch patriotisch

last[3] [lɑːst, AM læst] **I.** *vi* ① *(go on for)* [an]dauern; ***it was only a short trip, but very enjoyable while it ~ed*** die Reise war zwar nur kurz, aber insgesamt sehr angenehm; **to ~** [**for**] **a month/week** einen Monat/eine Woche dauern; ***the rain is expected to ~ all weekend*** der Regen soll das gesamte Wochenende anhalten
② *(endure)* halten; *enthusiasm, intentions* anhalten; ***this is too good to ~*** das ist zu gut, um wahr zu sein; ***it's the only battery we've got, so make it ~*** wir habe nur diese eine Batterie – verwende sie also sparsam; ***her previous secretary only ~ed a month*** ihre vorige Sekretärin blieb nur einen Monat; ***you won't ~ long in this job if ...*** du wirst diesen Job nicht lange behalten, wenn ...; ***he wouldn't ~ five minutes in the army!*** er würde keine fünf Minuten beim Militär überstehen!; **built to ~** für die Ewigkeit gebaut
II. *vt* ■**to ~ sb** *supplies etc* [aus]reichen; *car, machine* halten; ***we've only got enough supplies to ~ us a week*** unsere Vorräte werden nur eine Woche reichen; **to ~ five years** fünf Jahre halten; **to ~** [**sb**] **a lifetime** ein Leben lang halten; ***if you look after your teeth they will ~ you a lifetime*** wenn du deine Zähne gut pflegst, wirst du sie dein Leben lang behalten

◆**last out** *vi* ① *(survive)* durchhalten; ***how long can they ~ out without food?*** wie lange können sie ohne Nahrungsmittel überleben?; ***many are too weak to ~ out the winter*** viele sind zu schwach, um den Winter zu überleben; ***do you think you can ~ out without going to the toilet until we get home?*** glaubst du, dass du es noch aushältst, bis wir zu Hause sind?; *(continue to function)* halten
② *esp* BRIT, AUS *(be sufficient)* durchkommen; ***try and make the cornflakes ~ out till I go shopping again*** die Cornflakes sollten reichen, bis ich nochmal einkaufen gehe; ***we've got enough petrol to ~ us out till we get to a garage*** wir haben genug Benzin bis zur nächsten Tankstelle; ***make sure you get in enough beer to ~ out the evening*** kaufe genug Bier für den ganzen Abend

last 'call *n* AM *(last orders) letzte Bestellung kurz vor der Schließung eines Pubs;* **to call ~** die letzte Runde ausrufen **'last-ditch** *adj attr* [aller]letzte(r, s); **a ~ attempt** [*or* **effort**] ein letzter [verzweifelter] Versuch **'last-gasp** *adj attr (fam)* in letzter Minute *nach n*
last in, first 'out *n* **~ principle** LIFO-Verfahren *nt*
last·ing [ˈlɑːstɪŋ, AM ˈlæst-] *adj* dauerhaft, andauernd; **~ damage** dauerhafter Schaden; **a ~ effect** eine dauerhafte Wirkung; ***the tablets make you feel better for a while but the effect isn't ~*** durch die Tabletten fühlen Sie sich eine Zeitlang besser, aber die Wirkung hält nicht an; **a ~ impression** ein nachhaltiger Eindruck; **a ~ peace** ein dauerhafter Friede[n]
Last 'Judg(e)·ment *n* REL ■**the ~** das Jüngste Gericht
last·ly [ˈlɑːstli, AM ˈlæst-] *adv* schließlich, schlussendlich SCHWEIZ *sl*
last-'min·ute *adj* in letzter Minute *nach n;* **~ booking** Last-Minute-Buchung *f;* **~ decision** Entscheidung *f* in letzter Minute **'last name** *n* Nachname *m,* Familienname *m* **last 'or·ders** *n* BRIT *letzte Bestellung kurz vor der Schließung eines Pubs;* **to call ~** die letzte Runde ausrufen **last 'post** *n* BRIT ■**the ~** der Zapfenstreich **last 'rites** *n* REL ■**the ~** die Letzte Ölung **Last 'Sup·per** *n* REL ■**the ~** das Letzte Abendmahl **last 'will** *n* letzter Wille; **~ and testament** letztwillige Verfügung, letzter Wille, Testament *nt* **last 'year** *adj pred* passé; ***that is so ~*** das ist ja inzwischen wieder sowas von out
Las Veg·an [læsˈveɪgən] *n* Bewohner(in) *m(f)* von Las Vegas
lat[1] *n abbrev of* **latitude**
lat[2] <*pl* -i *or* -s> [læt, *pl* -ti] *n (Latvian currency)* Lats *m*
latch [lætʃ] **I.** *n* ① *(bar, level)* Riegel *m;* **on the ~** *door* eingeklinkt
② ELEC elektronischer Schalter
II. *vi* ① *esp* BRIT *(fam: understand)* ■**to ~ on** [**to sth**] [etw] kapieren *fam;* ***they didn't immediately ~ on to what was happening*** sie begriffen nicht sofort, was geschah
② *(fam: attach oneself to)* ■**to ~ on to sb/sth** sich *akk* an jdn/etw hängen; ***she ~ed onto me*** sie hing sich wie eine Klette an mich; ***the antibodies work by ~ing onto proteins*** die Antikörper wirken, indem sie sich an die Proteine hängen
③ *(fam: take up)* ■**to ~ onto sth** an etw *dat* Gefallen finden
④ SPORT *(fam: take advantage of)* ■**to ~ onto sth** *pass, ball* etw übernehmen
III. *vt* ■**to ~ sth** etw verriegeln
'latch·key *n* Schlüssel *m,* Haustorschlüssel *m*
'latch·key child *n* Schlüsselkind *nt*
late [leɪt] **I.** *adj* <-r, -st> ① *(behind time)* verspätet *attr;* ■**to be ~** *bus, flight, train* Verspätung haben; *person* zu spät kommen, sich *akk* verspäten; ***my bus was 20 minutes ~*** mein Bus hatte 20 Minuten Verspätung; ***sorry I'm ~*** tut mir leid, dass ich zu spät komme [*o* dass ich mich verspätet habe]; ***we apologize for the ~ arrival of the bus*** die verspätete Ankunft des Busses bitten wir zu entschuldigen; ***interests will be charged for ~ payment*** bei verspäteter Zahlung werden Zinsen fällig; ■**to be ~ for sth** zu spät zu etw *dat* kommen; ***hurry up or you'll be ~ for the bus*** beeil dich, sonst verpasst du noch den Bus; **to be ~ for work** zu spät zur Arbeit kommen
② *(in the day)* spät; ***let's go home, it's getting ~*** lass uns nach Hause gehen, es ist schon spät; ***I didn't know it was that ~!*** ich hatte keine Ahnung, dass es schon so spät ist!; ***what are you doing up at this ~ hour?*** warum bist du denn noch um diese Uhrzeit [*o* noch zu so später Stunde] auf?; ***what is the ~st time I can have an appointment?*** wann wäre der späteste Termin?; ***I've had too many ~ nights last month*** ich bin letzten Monat zu oft zu spät ins Bett gekommen; ***is it too ~ to phone Jean?*** kann man Jean um diese Uhrzeit noch anrufen?; ***I'm sorry the call is so ~*** tut mir leid, dass ich so spät [noch] anrufe; ***~ last night she phoned me*** sie rief mich gestern Abend ganz spät noch an; ***this part of town gets quite dangerous ~r at night*** zu später Stunde wird es in diesem Stadtteil ziemlich gefährlich; **a ~ breakfast/lunch** ein spätes Frühstück/Mittagessen; **~ news** Spätnachrichten *pl;* ***here is a ~ news flash*** jetzt noch ein paar Spätnachrichten; **to keep ~ hours** *shops* lange [*o* spät] geöffnet haben; **~ opening hours** lange Öffnungszeiten; **~ shift** Spätschicht *f;* **~ train** Spätzug *m*
③ *attr (towards the end)* spät; ***she made some ~ changes to the team*** sie hat die Teamzusammenstellung noch kurzfristig geändert; ***they won the game with a ~ goal*** sie gewannen mit einem Tor kurz vor Spielende; ***in ~r life she started painting*** in späteren Jahren hat sie angefangen zu malen; **~ tomorrow afternoon/evening/morning** morgen am späten Nachmittag/Abend/Vormittag; **in the ~ afternoon/evening** spät am Nachmittag/Abend, spätnachmittags/spätabends; **in the ~ morning** am späten Vormittag; **the ~ nineteenth century** das ausgehende [*o* späte] 19. Jahrhundert; **~ October** Ende Oktober; **the ~ 70s** die späten Siebzigerjahre; **~ strawberries** Späterdbeeren *pl;* **~ summer/autumn** [*or* AM *also* **fall**] der Spätsommer/-herbst; **to be in one's ~ thirties/twenties** Ende dreißig/zwanzig sein
④ *attr* ARTS, MUS spät; ***I prefer her earlier paintings to her ~r work*** mir gefallen ihre frühen Gemälde besser als ihr Spätwerk; **~ Gothic style** späte Gotik; **a ~ work by Brahms** ein spätes Stück von Brahms
⑤ *attr (former)* früher, ehemalig; **a ~ collegue of mine** ein früherer [*o* ehemaliger] Kollege von mir
⑥ *attr (deceased)* verstorben; **the ~ Albert Einstein** Albert Einstein; **her ~ husband** ihr verstorbener Mann
⑦ *attr (recent)* jüngste(r, s); *(last)* letzte(r, s); ***some ~ news has just come in that ...*** soeben ist die Meldung hereingekommen, dass ...
II. *adv* <-r, -st> ① *(after the expected time)* spät; ***the train arrived ~*** der Zug hatte Verspätung; ***sorry, I'm running a bit ~ today*** tut mir leid, ich bin heute etwas spät dran; ***she married ~*** sie hat spät geheiratet; ***on Sundays I get up ~*** Sonntags stehe ich später auf; ***can I stay up ~ tonight?*** darf ich heute länger aufbleiben?; **to work ~** länger arbeiten; ***Ann has to work ~ today*** Ann muss heute Überstunden machen; [**too**] **~** zu spät; ***he arrived ~*** er traf zu spät ein; ***the letter arrived two days ~*** der Brief ist zwei Tage zu spät angekommen; ***he realized the truth too ~*** er hat die Wahrheit zu spät erkannt
② *(at an advanced time)* zu fortgeschrittener [*o* vorgerückter] Stunde; ***there's a good film on ~*** heute kommt spätabends [*o* spät am Abend] ein guter Film; ***~ that evening, there was knock at the door*** am späten Abend [*o* spätabends] klopfte es an der Tür; ***we talked ~ into the night*** wir haben bis spät in die Nacht geredet; ***it happened ~ last century, in 1998 to be exact*** es ist kurz vor der Jahrtausendwende passiert, um genau zu sein im Jahr 1998; **~ in the afternoon/at night** am späten Nachmittag/Abend, spätnachmittags/spätabends;

~ **in the evening/night** spät am Abend/in der Nacht; ~ **in the day** spät [am Tag], gegen Ende des Tages; *(fig: late)* spät; *(fig: at the very last moment)* im [aller]letzten Augenblick; **it's rather ~ in the day to do sth** *(fig)* es ist schon beinahe zu spät um etw zu tun; **too ~ in the day** *(also fig)* zu spät; ~ **in the game** gegen Ende des Spiels; *(fig)* **it's too ~ in the game to do sth** es ist zu spät um etw zu tun; ~ **in life** in fortgeschrittenem Alter, spät [im Leben]; ***he got his driver's licence ~ in life*** er machte erst sehr spät den Führerschein; ~ **in March/this month/this year** gegen Ende März/des Monats/des Jahres; **to get up ~** spät aufstehen; **to stay up ~** lange aufbleiben

❸ *(recently)* **as ~ as** noch; ***they were using horses on this farm*** [***until***] ***as ~ as the 1980s*** auf dieser Farm arbeiteten sie noch bis in die Achtzigerjahre mit Pferden; **of ~** in letzter Zeit

❹ *(form: formerly)* ■ **~ of** bis vor Kurzem; ***Dr. Averly, ~ of Newcastle General Hospital, ...*** Herr Dr. Averly, bis vor Kurzem noch am Allgemeinen Krankenhaus von Newcastle [tätig], ...

late- [leɪt] *in compounds* spät-

late 'bloom·er *n* AM, AUS *(late developer)* Spätzünder *m fig hum fam* **'late·com·er** *n* Nachzügler(in) *m(f)*, Zuspätkommende(r) *f(m)* **late de·'vel·op·er** *n* BRIT Spätzünder *m fig hum fam*

late·ly ['leɪtli] *adv* ❶ *(recently)* kürzlich, in letzter Zeit

❷ *(short time ago)* kürzlich, vor kurzer Zeit; **until ~** bis vor Kurzem; ***Dr. Averly, ~ of Newcastle General Hospital*** Herr Dr. Averly, der vor Kurzem noch am Allgemeinen Krankenhaus von Newcastle tätig war

late-mod·el 'car *n* neues Automodell

la·ten·cy ['leɪtᵊn(t)si] *n* Latenz *f geh;* ~ **period** Latenzzeit *f*

late·ness ['leɪtnəs] *n no pl* ❶ *(being delayed)* Verspätung *f;* ***he made no apology for his ~*** er entschuldigte sich nicht dafür, dass er zu spät kam

❷ *(of time)* ***the ~ of the hour meant that there were few buses running*** da es schon sehr spät war, fuhren kaum noch Busse

'late-night *adj attr, inv* Spät-; **~-night movie/TV show** Spätfilm *m*/-show *f;* ~ **shopping** *esp* BRIT Einkaufen *nt* am späten Abend

la·tent ['leɪtᵊnt] *adj inv* ❶ *(hidden)* verborgen; ~ **talent** verborgenes Talent

❷ SCI latent; ~ **heat** latente Wärme, Umwandlungswärme *f;* ~ **phase of a disease** latente Phase [*o* Latenzzeit *f*] einer Krankheit

la·tent 'heat *n no pl* PHYS latente Wärme, Bindungswärme *f;* ~ **of evaporation** Verdunstungskälte *f;* ~ **of fusion** Schmelzwärme *f*

late 'pay·ment *n* Zahlungsverzug *m*

lat·er ['leɪtəʳ, AM -ɚ] **I.** *adj comp of* **late** ❶ *attr (at future time)* date, time später; ***the date on this copy of the will is ~ than the one on your copy*** diese Kopie des Testaments ist später datiert als deine; ***an earlier and a ~ version of the same text*** eine ältere und eine neuere Version desselben Texts; **until a ~ date** auf später; **to postpone sth to a ~ date/time** etw auf einen späteren Tag/Zeitpunkt verschieben; **in ~ life** später im Leben; **at a ~ time** zu einem späteren Zeitpunkt

❷ *pred (less punctual)* später; ***she is ~ than usual*** sie ist später dran als gewöhnlich *fam*

II. *adv comp of* **late** ❶ *(at later time)* später, anschließend; ***I'll come back ~ when you're not so busy*** ich komme später nochmals, wenn du mehr Zeit hast; **no ~ than nine o'clock** nicht nach neun Uhr; ~ **in the month/year** später im Monat/Jahr; **to postpone sth until ~** etw auf später verschieben; **see you ~!, call you ~!, talk to you ~** bis später!; ~ **on** später *fam;* ***what are you doing ~ on this evening?*** was machst du heute Abend noch?

❷ *(afterwards)* später, danach; ***the man was first seen in the supermarket and ~ in the bank*** der Mann wurde zuerst im Supermarkt und dann in der Bank gesehen

lat·er·al ['lætᵊrᵊl, AM -t̬ɚᵊl] *adj esp attr* seitlich, Seiten-, Neben-; ~ **forces** Fliehkraft *f;* ~ **thinking** unorthodoxes Denken

lat·er·al·ly ['lætᵊrᵊli, AM -t̬ɚ-] *adv* seitlich; **to think ~** unorthodox denken

lat·est ['leɪtɪst, AM -t̬-] **I.** *adj superl of* **late**: ■ **the ~ ...** der/die/das jüngste [*o* letzte] ...; ***and now let's catch up with the ~ news*** kommen wir nun zu den aktuellen Meldungen; ***her ~ movie*** ihr neuester Film; **the ~ craze** [*or* **fashion**] der letzte Schrei *fam*

II. *n* ***this is just the ~ of several crises to affect the department*** das ist nur die letzte von mehreren Krisen, die die Abteilung schütteln; ***have you heard the ~?*** hast du schon das Neueste gehört?; ***the fashion show will introduce the ~ in evening wear with top models*** bei der Modeschau werden die neuesten Modelle der Abendbekleidung von Top-Models präsentiert; *(most recent info)* ***what's the ~ on that story?*** wie lauten die neuesten Entwicklungen in dieser Geschichte?; ■ **the ~ about sb** das Neueste über jdn

III. *adv* **at the** [**very**] **~** bis [aller]spätestens; ***by Friday at the ~*** bis spätestens Freitag; ***we should arrive by 12 at the very ~*** wir sollten bis allerspätestens um 12 Uhr dort sein

late-term a'bor·tion *n* Abtreibung *f* in fortgeschrittenem Stadium der Schwangerschaft

la·tex ['leɪteks] *n no pl* Latex *m*

la·tex 'paint *n* Latexfarbe *f*

lath [læθ] *n* Latte *f;* *(thin strip of wood)* Leiste *f*

lathe [leɪð] *n* Drehbank *f*

'lathe op·era·tor *n* Dreher(in) *m(f)*

lath·er ['lɑːðəʳ, AM 'læðɚ] **I.** *n no pl* ❶ *(soap bubbles)* [Seifen]schaum *m*

❷ *(sweat)* Schweiß *m;* *(on horses)* Schaum *m*

▸ PHRASES: **to be in a ~** aufgeregt [*o fam* [völlig] überdreht] sein; **to get** [**oneself**] **into a ~** sich *akk* aufregen; ***don't get yourself into a ~!*** reg dich nicht [so] auf!

II. *vi* schäumen

III. *vt* ■ **to ~ oneself/sb** sich/jdn einseifen

lath·ery ['lɑːðᵊri, AM 'læðɚi] *adj* schaumig; ***this shaving soap isn't very ~*** dieser Rasierschaum schäumt nicht besonders stark

Lat·in ['lætɪn, AM -tᵊn] **I.** *n* ❶ *no pl (language)* Latein *nt*

❷ *(Latin American)* Latino, Latina *m, f;* *(European)* Romane, Romanin *m, f*

II. *adj* ❶ LING lateinisch

❷ *(of Latin origin)* Latein-; ~ **alphabet** lateinisches Alphabet; ~ **America** Lateinamerika *nt*

La·ti·na [lə'tiːnə] *n* AM Latina *f*

Lat·in A'meri·ca *n* Lateinamerika *nt* **Lat·in Ameri·can** *adj attr,* **Lat·in-Ameri·can** [,lætɪnə'merɪkᵊn] *adj pred* lateinamerikanisch

La·ti·no [lə'tiːnoʊ] *n* AM Latino *m*

lat·ish ['leɪtɪʃ, AM -t̬ɪʃ] **I.** *adj* ziemlich spät; *letter* verspätet

II. *adv* etwas spät

lati·tude ['lætɪtjuːd, AM -t̬ətuːd, -tjuːd] *n* ❶ *(geographical)* Breite *f*, Breitengrad *m;* ***the village lies just south of ~ 51 degrees 10 minutes North*** der Ort liegt knapp südlich einer nördlichen Breite von 51 Grad 10 Minuten; **in these ~s** in diesen Breiten [*o* dieser Gegend] [*o* diesen Regionen]

❷ *(form: freedom)* Freiheit *f;* **to show a certain/considerable degree of ~** einen gewissen/beträchtlichen Spielraum einräumen

lati·tu·di·nal [,lætɪ'tjuːdɪnᵊl, AM -t̬ə'tuː-, -tjuː-] *adj inv* Breiten-; **a ~ miscalculation** eine Fehlberechnung des Breitengrads

la·trine [lə'triːn] *n* Latrine *f*

lat·te ['lɑːteɪ] *n* Milchkaffee *m*, Latte *m*

lat·ter ['lætəʳ, AM -t̬ɚ] **I.** *adj attr* ❶ *(second of two)* zweite(r, s); **the ~ option/suggestion** die zweite Möglichkeit/der zweite Vorschlag

❷ *(near the end)* spätere(r, s); **in the ~ part of the year** in der zweiten Jahreshälfte

II. *pron* ■ **the ~** der/die/das Letztere; ***I was offered a red car or a blue one and chose the ~*** mir wurde ein rotes und ein blaues Auto angeboten und ich wählte letzteres

'lat·ter-day *adj attr* neuzeitlich, modern; ***she sees herself as a ~ Florence Nightingale*** sie hält sich für eine moderne Version der Florence Nightingale

Lat·ter-day 'Saint *n* Mormone, Mormonin *m, f,* Heilige(r) *f(m)* der Letzten Tage

lat·ter·ly ['lætəli, AM -t̬ɚ-] *adv* in letzter Zeit, neuerdings

lat·tice ['lætɪs, AM -t̬-] **I.** *n* ❶ *(of wood or metal)* Gitter[werk] *nt*

❷ CHEM, PHYS Kristallgitter *nt;* ~ **binding energy** Gitterenergie *f;* ~ **constant** Gitterkonstante *f*

II. *n modifier* ~ **basket** geflochtener Korb; ~ **screen** Spalierwand *f*, Spalier *nt;* ~ **window** bleiverglastes Fenster

lat·ticed ['lætɪst, AM 'læt̬-] *adj inv* vergittert, Gitter-

'lat·tice·work *n no pl* Gitter[werk] *nt*

Lat·via ['lætviə] *n* Lettland *nt*

Lat·vian ['lætviən] **I.** *n* ❶ *(person)* Lette, Lettin *m, f*

❷ *(language)* Lettisch *nt kein pl*

II. *adj* lettisch

laud [lɔːd, AM *esp* lɑːd] *vt (form)* ■ **to ~ sb/sth** jdn/etw preisen *geh*

laud·able ['lɔːdəbl̩, AM *esp* 'lɑːd-] *adj (form)* lobenswert, löblich *geh*

laud·ably ['lɔːdəbli, AM *esp* 'lɑːd-] *adv (form)* vorbildlich

lau·da·num ['lɔːdᵊnəm, AM *esp* 'lɑːd-] *n no pl* Laudanum *nt*

lauda·tory ['lɔːdətᵊri, AM 'lɑːdətɔːri] *adj (form)* Lob-, lobend

laugh [lɑːf, AM læf] **I.** *n* ❶ *(sound)* Lachen *nt kein pl;* **to get** [*or* **raise**] **a ~** Gelächter hervorrufen; **to give a ~** [kurz] loslachen

❷ *(fam: amusing activity)* Spaß *m;* *(amusing person)* Stimmungsmacher(in) *m(f)*, Pausenclown *m fam;* ***she's a good ~*** sie bringt Stimmung in die Bude *fam;* **to do sth for a ~** [*or* **for ~s**] etw [nur] aus [*o* zum] Spaß tun

II. *vi* ❶ *(express amusement)* lachen; **to ~ like a drain** BRIT sich *akk* vor Lachen biegen [*o* krümmen]; **to ~ aloud** [*or* **out loud**] in lautes Gelächter ausbrechen; **to ~ till one cries** Tränen lachen; **to make sb ~** jdn zum Lachen bringen; *(fam)* ***his threats make me ~*** über seine Drohungen kann ich [doch] nur lachen; ***you pay? don't make me ~*** du bezahlst? dass ich nicht lache!; ■ **to ~ at sb/sth** über jdn/etw lachen

❷ *(fig fam: scorn)* ■ **to ~ at sb/sth** sich *akk* über jdn/etw lustig machen; ■ **to ~ at sb** *(find funny)* über jdn lachen; *(find ridiculous)* jdn auslachen

▸ PHRASES: **to be ~ing** *(fam)* ***if the loan is approved, you'll be ~ing*** wenn du das Darlehen bekommst, dann geht es dir aber gut; **to ~ sth out of court** etw als lächerlich abtun, über etw *akk* mit einem Lachen hinweggehen; **to ~ in sb's face** jdn auslachen; **you've got to ~** [**otherwise you'd cry**] *(fam)* Humor ist, wenn man trotzdem lacht! *prov;* **to ~ one's head off** *(fam)* sich *akk* totlachen *fam;* *(show disbelief)* ***what a ludicrous story — I ~ed my head off*** was für eine haarsträubende Geschichte – das kann doch nicht wahr sein; **he who ~s last ~s longest** [*or* AM **best**] *(prov)* wer zuletzt lacht, lacht am besten *prov;* **no ~ing matter** nicht zum Lachen, ganz und gar nicht komisch; **to ~ up one's sleeve at sb** sich *akk* über jdn hinter seinem Rücken lustig machen; **to ~ all the way to the bank** *(fam)* das Geschäft seines Lebens machen, den [ganz] großen Coup landen *fam;* **sb will be ~ing on the other side of his/her face** [*or* AM *also* **out of the other side of his/her mouth**] jdm wird das Lachen schon noch vergehen

◆**laugh off** *vt* ■ **to ~ off** ↻ **sth** etw mit einem Lachen abtun

laugh·able ['lɑːfəbl̩, AM 'læf-] *adj* lächerlich *pej,* lachhaft *pej*

laugh·ably ['lɑːfəbli] *adv* lachhafterweise, lächerlicherweise

laugh·ing gas ['lɑːfɪŋ-, AM 'læf-] *n no pl* Lachgas *nt*

laugh·ing·ly ['lɑːfɪŋli, AM 'læf-] *adv (with a laugh)* lachend; *(unsuitably)* lächerlicherweise

'laugh·ing stock *n* ■**to be a ~** die Zielscheibe des Spotts sein; ***the team is the ~ of the league*** das Team ist zum Gespött der Liga geworden; **to make oneself a ~** sich *akk* lächerlich machen

laugh·ter ['lɑːftəʳ, AM 'læftɚ] *n no pl* Gelächter *nt,* Lachen *nt;* ***we couldn't control our ~*** wir konnten uns das Lachen nicht verbeißen; **to roar with ~** vor Lachen brüllen

▶PHRASES: **~ is the best medicine** *(prov)* Lachen ist die beste Medizin *prov*

launch[1] [lɔːn(t)ʃ, AM *esp* lɑːn(t)ʃ] **I.** *n* ❶ *(introduction) of product* [Markt]einführung *f,* Launch *m,* Markteintritt *m; of company* Gründung *f; of book* Herausgabe *f,* Erscheinen *nt;* STOCKEX Einführung *f* [an der Börse]

❷ *(introductory event)* Präsentation *f,* Launch *m*

❸ *(setting afloat) of boat* Stapellauf *m; (sendoff) of rocket, spacecraft* Start *m,* Abschuss *m*

II. *vt* ❶ *(send out)* **to ~ a balloon** einen Ballon steigen lassen; **to ~ a boat** ein Boot zu Wasser lassen; **to ~ a missile/torpedo** eine Rakete/einen Torpedo abschießen; **to ~ a rocket** eine Rakete abschießen; **to ~ a satellite** einen Satelliten in den Weltraum schießen; **to ~ a ship** ein Schiff vom Stapel lassen

❷ *(begin something)* ■**to ~ sth** etw beginnen, mit etw *dat* beginnen; STOCKEX etw an der Börse einführen; **to ~ an attack** zum Angriff übergehen; **to ~ a campaign** eine Kampagne starten; **to ~ an inquiry/investigation** Untersuchungen [*o* Nachforschungen]/Ermittlungen anstellen; **to ~ an invasion** [in ein Land] einfallen; **to ~ a new show** eine neue Show starten [*o* ins Programm [auf]nehmen]

❸ *(hurl)* ■**to ~ oneself at sb** sich *akk* auf jdn stürzen

❹ *(introduce to market)* ■**to ~ sth** etw einführen [*o* lancieren]

◆**launch into** *vi* ■**to ~ into sth** sich *akk* [begeistert] in etw *akk* stürzen *fig;* ***she ~ed into a new career as a writer*** sie stürzte sich in die Schriftstellerei; **to ~ into a verbal attack** eine Schimpfkanonade loslassen; **to ~ into a passionate speech** zu einer leidenschaftlichen Rede anheben *geh*

◆**launch out** *vi* anfangen, beginnen; **to ~ out by oneself** sich *akk* selbstständig machen

launch[2] [lɔːn(t)ʃ, AM *esp* lɑːn(t)ʃ] *n (boat)* Barkasse *f*

launch·er ['lɔːn(t)ʃəʳ, AM 'lɑːn(t)ʃɚ] *n* **rocket ~** Raketenabschussrampe *f*

'launch·ing [lɔːn(t)ʃɪŋ, AM *esp* lɑːn(t)ʃɪŋ] *n see* **launch I 3**

'launch·ing pad, 'launch pad *n* ❶ *(starting area)* Abschussrampe *f,* Startrampe *f*

❷ *(fig: starting point)* Anfang *m,* Beginn *m*

'launch par·ty *n* Präsentation *f; (for book)* Buchpremiere *f; (film, theatre)* Premierenfeier *f* **'launch ve·hi·cle** *n* AEROSP Trägerrakete *f* **'launch win·dow** *n* AEROSP Startfenster *nt*

laun·der ['lɔːndəʳ, AM 'lɑːndɚ] **I.** *vt* ■**to ~ sth** ❶ *(wash)* etw waschen [und bügeln]

❷ *(fig: disguise origin)* etw weißwaschen *fam;* **to ~ money** Geld waschen *sl*

II. *vi (form)* sich *akk* waschen lassen; ***these sheets ~ well without shrinking*** diese Laken lassen sich gut waschen und gehen nicht ein

laun·d(e)rette [ˌlɔːndəʳ'et, AM ˌlɑːndə'ret], **laun·dro·mat**® ['lɔːndroʊmæt] *n* AM, AUS Waschsalon *m*

laun·dress <*pl* -es> ['lɔːndrəs, AM 'lɑːndrɪs] *n* Wäscherin *f,* Waschfrau *f*

laun·dry ['lɔːndri, AM *esp* 'lɑːn-] *n* ❶ *no pl (dirty clothes)* Schmutzwäsche *f;* **to do the ~** Wäsche waschen

❷ *no pl (washed clothes)* frische Wäsche

❸ *(place)* Wäscherei *f*

'laun·dry bag *n* Wäschesack *m* **'laun·dry bas·ket,** AM *also* **'laun·dry ham·per** *n* Wäschekorb *m* **'laun·dry list** *n* Wäscheliste *f* **'laun·dry mark** *n* Etikett *nt* **'laun·dry room** *n* Waschküche *f* **'laun·dry ser·vice** *n* ❶ *(facility)* Wäscheservice *m*

❷ *(business)* Wäscherei *f,* Waschsalon *m*

lau·reate ['lɔːriət, AM -ɪt] *n* ❶ *(distinguished person)* Preisträger(in) *m(f);* **Nobel ~** Nobelpreisträger(in) *m(f)*

❷ *(poet laureate)* Poeta laureatus *m,* Hofdichter *m*

lau·rel ['lɒrəl, AM 'lɔːr-] *n* ❶ *(tree)* Lorbeer[baum] *m*

❷ *pl (fig)* ■**~s** Lorbeeren *pl fig*

▶PHRASES: **to have to look to one's ~s** sich *akk* nicht auf seinen Lorbeeren ausruhen dürfen; **to rest on one's ~s** sich *akk* auf seinen Lorbeeren ausruhen

lau·rel 'cam·phor *n no pl* CHEM echter Kampfer

'lau·rel wreath *n* Lorbeerkranz *m*

laur·ic acid [ˌlɔːrɪk'-] *n no pl* CHEM Laurinsäure *f,* Dodecansäure *f*

lav [læv] *n* BRIT *(fam) short for* **lavatory** Klo *nt fam*

lava ['lɑːvə] *n no pl* Lava *f; (cooled also)* Lavagestein *nt*

'lava flow *n* Lavastrom *m* **'lava lamp** *n* Lavalampe *f*

lava·to·rial [ˌlævə'tɔːriəl] *adj esp* BRIT Toiletten-; ***the style of the new offices can only be described as ~*** die neuen Büros erinnern in ihrem Stil sehr stark an eine Toilette; **~ humour** BRIT *(pej)* Latrinenwitze *pl pej*

lava·tory ['lævətəri, AM -tɔːri] *n usu* BRIT Toilette *f;* **public ~** öffentliche Toilette; **to go to the ~** auf die Toilette gehen

'lava·tory pan *n* BRIT *(dated)* Bettschüssel *f* **'lava·tory pa·per** *n no pl esp* BRIT *(dated)* Toilettenpapier *nt,* Klopapier *nt fam,* WC-Papier *nt* SCHWEIZ **'lava·tory seat** *n esp* BRIT Toilettensitz *m,* SCHWEIZ *a.* WC-Brille *f*

lav·en·der ['lævəndəʳ, AM -ɚ] **I.** *n no pl (plant, colour)* Lavendel *m*

II. *adj* lavendelfarben

'lav·en·der bag *n* Lavendelsäckchen *nt* **'lav·en·der wa·ter** *n no pl* Lavendelwasser *nt*

lav·ish ['lævɪʃ] **I.** *adj* ❶ *(sumptuous) meal* üppig; *banquet, reception* großartig; ***the wedding reception was a really ~ affair*** das Hochzeitsmahl war wirklich aufwändig

❷ *(generous)* großzügig, verschwenderisch; **to be ~ with one's hospitality** ausgesprochen gastfreundlich sein; **~ praise** überschwängliches Lob; **to be ~ with one's praise** nicht mit Lob geizen; **~ promises** großartige Versprechungen

II. *vt* ■**to ~ sth on sb** jdn mit etw *dat* überhäufen [*o* überschütten]; **to ~ much effort on sth** viel Mühe in etw *akk* stecken; **to ~ much time on sb/sth** jdm/etw viel Zeit widmen

lav·ish·ly ['lævɪʃli] *adv* ❶ *(sumptuously)* üppig, prächtig; **~ furnished** luxuriös eingerichtet

❷ *(generously)* großzügig

lav·ish·ness ['lævɪʃnəs] *n no pl* ❶ *(sumptuousness)* Üppigkeit *f*

❷ *(generosity)* Großzügigkeit *f*

law [lɔː, AM *esp* lɑː] *n* ❶ *(rule)* Gesetz *nt;* ***many doctors want to see a ~ banning all tobacco advertising*** viele Ärzte fordern ein Verbot jeglicher Tabakwerbung; ***the ~s governing the importation of animals ...*** die Gesetze zur Einführung von Tieren ...; ***his word is ~*** sein Wort ist Gesetz; ***there is a ~ against driving on the wrong side of the road*** es ist verboten, auf der falschen Straßenseite zu fahren; ***the first ~ of politics is ...*** das oberste Gesetz in der Politik lautet ...; **~ of taxation** Steuerrecht *nt*

❷ *no pl (legal system)* Recht *nt;* **to take the ~ into one's own hands** Selbstjustiz betreiben; **~ and order** Recht und Ordnung, Law and Order *fam;* **to be against the ~** illegal [*o* gegen das Gesetz] sein; **to be above the ~** über dem Gesetz stehen; **to break/obey the ~** das Gesetz brechen/befolgen; **to remain within the ~** sich *akk* im Rahmen des Gesetzes bewegen

❸ *no pl (police)* ■**the ~** die Polizei; **to get the ~ on sb** *(fam)* jdm die Polizei auf den Hals hetzen *fam*

❹ *(scientific principle)* [Natur]gesetz *nt;* **~ of averages** Gesetz *nt* der Serie; **~ of chance** SCI Zufallsgesetz *nt;* **~ of conservation of energy** PHYS Energie[erhaltungs]satz *m;* **~ of conservation of matter** CHEM, PHYS Massenerhaltungssatz *m;* **~ of constant heat summation** PHYS Gesetz *nt* der konstanten Wärmesummen; **~ of constant** [*or* **definite**] **proportions** CHEM Gesetz *nt* der konstanten Proportionen; **~ of error propagation** MATH Fehlerfortpflanzungsgesetz *nt;* **the ~ of supply and demand** das Gesetz von Angebot und Nachfrage

❺ *no pl (at university)* Jura *kein art,* Jus *nt* ÖSTERR, SCHWEIZ; **to study ~** Jura [*o* ÖSTERR, SCHWEIZ Jus] studieren

▶PHRASES: **to go to ~** vor Gericht gehen; **the ~ of the jungle** das Gesetz des Stärkeren; **there's one ~ for the rich and another for the poor** *(saying)* wer Geld hat, [der] hat auch das Gesetz auf seiner Seite; **sb is a ~ unto oneself** jd lebt nach seinen eigenen Gesetzen

'law-abid·ing *adj* gesetzestreu **'law·break·er** *n* Gesetzesbrecher(in) *m(f)* **'law cen·tre** *n* Rechtsstreitberatung *f* **'law court** *n* Gericht *nt,* Gerichtshof *m* **'law en·force·ment** *n no pl esp* AM Gesetzesvollzug *m;* ***in most countries ~ is in the hands of the police*** in den meisten Ländern ist es Aufgabe der Polizei, für die Einhaltung der Gesetze zu sorgen **'law en·force·ment of·fic·er** *n esp* AM Polizeibeamte(r), -beamtin *m, f*

law·ful ['lɔːfəl, AM *esp* 'lɑː-] *adj (form)* gesetzlich; **~ heir/owner** gesetzmäßiger Erbe/Besitzer/gesetzmäßige Erbin/Besitzerin

law·ful·ly ['lɔːfəli, AM *esp* 'lɑː-] *adv (form)* rechtmäßig

law·ful·ness ['lɔːfəlnəs, AM *esp* 'lɑː-] *n no pl (form)* Rechtsgültigkeit *f*

'law·giv·er *n* Gesetzgeber *m*

law·less ['lɔːləs, AM *esp* 'lɑː-] *adj* ❶ *(without laws)* gesetzlos; **a ~ country** ein Land *nt* ohne Gesetzgebung

❷ *(illegal)* gesetzwidrig

law·less·ness ['lɔːləsnəs, AM *esp* 'lɑː-] *n no pl* Gesetzlosigkeit *f*

'Law Lords *npl* BRIT Lordrichter *mpl* **'law·mak·er** *n* Gesetzgeber *m*

lawn[1] [lɔːn, AM *esp* lɑːn] *n* Rasen *m*

lawn[2] [lɔːn, AM *esp* lɑːn] *n no pl (cotton)* Batist *m; (linen)* Linon *m*

'lawn bowl·ing *n no pl* AM Bowls *nt (Ballspiel, ähnlich wie Boccia)* **'lawn·mow·er** *n* Rasenmäher *m* **'lawn par·ty** *n* AM Gartenfest *nt,* Gartenparty *f* **lawn 'ten·nis** *n no pl (form)* Rasentennis *nt*

law·ren·cium [lə'ren(t)siəm, AM lɔː'-] *n no pl* Lawrencium *nt*

'law school *n esp* AM juristische [*o* ÖSTERR juridische] Fakultät **'law stu·dent** *n* Jurastudent(in) *m(f),* Jusstudent(in) *m(f)* ÖSTERR, SCHWEIZ **'law·suit** *n* Klage *f,* Gerichtsverfahren *nt,* Prozess *m,* Rechtsstreit *m;* **to bring** [*or esp* AM **file**] **a ~ against sb** gegen jdn Klage erheben [*o* einen Prozess anstrengen]

law·yer ['lɔɪəʳ, AM 'lɑːjɚ, 'lɔɪ-] *n* ❶ *(attorney)* Rechtsanwalt, -anwältin *m, f*

❷ BRIT *(fam: student)* Jurastudent(in) *m(f),* Jusstudent(in) *m(f)* ÖSTERR, SCHWEIZ

lax [læks] *adj* ❶ *(lacking care)* lasch, lax *oft pej;* **~ discipline** mangelnde Disziplin; **~ security** mangelnde Sicherheitsvorkehrungen; ■**to be ~ in doing sth** bei etw *dat* lax sein *oft pej,* bei etw *dat* nachlässig vorgehen

❷ *(lenient)* locker, lasch; ***the rules are ~ here*** die Vorschriften sind hier nicht besonders streng

laxa·tive ['læksətɪv, AM -t̬ɪv] **I.** *n* Abführmittel *nt,* Laxativ *nt fachspr*

II. *adj attr* abführend, laxativ *fachspr*

lax·ity ['læksəti, AM -ət̬i] *n no pl* Laschheit *f,* Laxheit *f,* Nachlässigkeit *f*

lax·ly ['læksli] *adv* lasch, lax *oft pej,* nachlässig

lax·ness ['læksnəs] *n no pl* Laschheit *f,* Laxheit *f,* Nachlässigkeit *f*

lay[1] [leɪ] *adj attr, inv* ❶ *(not professional)* laienhaft; **to the ~ mind** für den Laien; **in ~ terms** laienhaft

❷ *(not clergy)* weltlich, Laien-; **~ preacher** Laienprediger *m*

lay[2] [leɪ] *pt of* **lie**

lay[3] [leɪ] **I.** *n* ❶ *(general appearance)* Lage *f;* **the ~ of the land** *(fig)* die Lage; **to ascertain** [*or* **spy out**] **the ~ of the land** die Lage sondieren

❷ *(layer)* Lage *f,* Schicht *f*

❸ *(fam!: sexual intercourse)* Nummer *f derb;* **to be an easy ~** leicht zu haben sein *fam;* **to be a good ~**

gut im Bett sein *fam*
④ *(period for producing eggs)* Legezeit *f;* ■ **to be in ~** Legezeit haben
II. *vt* <laid, laid> ① *(spread)* ■ **to ~ sth on** [*or* **over**] **sth** etw auf etw *akk* legen [*o* über etw *akk* breiten]; ***she laid newspaper over the floor*** sie deckte den Fußboden mit Zeitungen ab
② *(place)* ■ **to ~ sth somewhere** etw irgendwohin legen; ***he laid his arm along the back of the sofa*** er legte seinen Arm auf den Sofarücken; ***~ your coats on the bed*** legt eure Mäntel auf dem Bett ab; **to ~ the blame on sb** *(fig)* jdn für etw *akk* verantwortlich machen; **to ~ emphasis** [*or* **stress**] **on sth** etw betonen
③ *(put down)* ■ **to ~ sth** etw verlegen; **to ~ bricks** mauern; **to ~ a cable/carpet** ein Kabel/einen Teppich verlegen; **to ~ the foundations of a building** das Fundament für ein Gebäude legen; **to ~ the foundations** [*or* **basis**] **for sth** *(fig)* das Fundament zu etw *dat* legen; **to ~ plaster** Verputz auftragen
④ *(prepare)* ■ **to ~ sth** etw herrichten; *bomb, fire* etw legen; *the table* decken; **to ~ plans** Pläne schmieden; **to ~ a trail** eine Spur legen; **to ~ a trap** [**for sb**] [jdm] eine Falle stellen
⑤ *(render)* **to ~ sth bare** [*or* **flat**] etw offenlegen; **to ~ sb bare** [*or* **flat**] jdn bloßstellen; **to ~ sb low** BOXING *(dated)* jdn außer Gefecht setzen; **to ~ sb/sth open to an attack/to criticism** jdn/etw einem Angriff/der Kritik aussetzen; **to ~ sb/sth open to ridicule** jdn/etw der Lächerlichkeit preisgeben; **to ~ waste the land** das Land verwüsten
⑥ *(deposit)* **to ~ an egg** ein Ei legen
⑦ *(wager)* ■ **to ~ sth** etw setzen [*o* verwetten]; **to ~ an amount on sth** einen Geldbetrag auf etw *akk* setzen; **to ~ a bet on sth** auf etw *akk* wetten; **to ~ sb ten to one that ...** mit jdm zehn zu eins darum wetten, dass ...; **to ~ one's life/shirt on sth** sein Leben/letztes Hemd auf etw *akk* verwetten
⑧ *(present)* ■ **to ~ sth before sb** jdm etw vorlegen, etw vor jdn bringen; **to ~ one's case before sb/sth** jdm/etw sein Anliegen unterbreiten
⑨ *(assert)* **to ~ a charge against sb** gegen jdn Anklage erheben; **to ~ claim to sth** auf etw *akk* Anspruch erheben
⑩ CARDS **to ~ an ace/a queen** ein Ass/eine Königin legen
⑪ *usu passive (vulg: have sexual intercourse)* ■ **to ~ sb** jdn umlegen *sl* [*o derb* aufs Kreuz legen]; **to get laid** flachgelegt werden *sl*
▸ PHRASES: **to ~ sth at sb's door** *esp* BRIT, AUS jdn für etw *akk* verantwortlich machen; **to ~ sb's fears to rest** jds Ängste zerstreuen; **to ~** [**so much as**] **a finger** [*or* **hand**] **on sb** jdn [auch nur] berühren; **to ~ a ghost** einen [bösen] Geist beschwören [*o* bannen]; **to ~ the ghosts of the past** Vergangenheitsbewältigung betreiben; **to ~ hands on sb** Hand an jdn legen; **to ~ one's hands on sth** einer S. *gen* habhaft werden *geh;* ***I'll see if I can ~ my hands on a copy for you*** ich schau mal, ob ich eine Kopie für dich ergattern kann *fam;* **to ~ sth on the line** etw riskieren [*o* aufs Spiel setzen]; **to ~ it on the line for sb** *(fam)* es jdm klipp und klar sagen *fam;* **to ~ it** [*or* **sth**] **on** [**a bit thick** [*or* **with a trowel**]] etwas übertreiben [*o fam* zu dick auftragen]; **to ~ sb to rest** *(euph)* jdn zur letzten Ruhe betten *euph geh;* **to ~ sb's fears/suspicions to rest** jdn beschwichtigen; **to ~ sth on the table** *(present for discussion)* etw auf den Tisch [*o fam* aufs Tapet] bringen; AM *(suspend discussion of)* etw aufschieben
III. *vi* <laid, laid> *hen* [Eier] legen
◆ **lay about** *vi* ① *(strike out wildly)* ■ **to ~ about oneself** wild um sich *akk* schlagen
② *(fig: be indiscriminately critical)* zu einem Rundumschlag ausholen
◆ **lay aside** *vt* ■ **to ~ aside ↔ sth** ① *(put away)* etw beiseitelegen
② *(fig: stop) project, work* etw auf Eis legen *fam*
③ *(fig: forget)* etw beilegen; **to ~ aside one's differences** seine Differenzen beilegen
④ *(save)* etw beiseitelegen [*o* auf die Seite legen]; **to ~ aside money** Geld beiseitelegen [*o* sparen]
⑤ *(reserve for future use)* [sich *dat*] etw aufsparen, etw zurückbehalten
◆ **lay back** *vt* ■ **to ~ back ↔ sth** etw zurücklegen; **to ~ back one's ears** *animal* die Ohren anlegen
◆ **lay by** *vt* ① *(save up)* ■ **to ~ by ↔ sth** etw beiseitelegen [*o* sparen], etw auf die Seite legen
② AM *(grow a last crop on)* **to ~ by a field** ein Feld ein letztes Mal bestellen
◆ **lay down** *vt* ① *(place on a surface)* ■ **to ~ down ↔ sth** etw hinlegen (**on** auf +*akk*)
② *(relinquish)* **to ~ down one's arms** [*or* **weapons**] die Waffen niederlegen
③ *(decide on)* ■ **to ~ down ↔ sth** etw festlegen; *(establish)* etw aufstellen; **to ~ down a time-limit** eine Frist setzen; ■ **it is laid down that ...** es steht geschrieben, dass ...
▸ PHRASES: **to ~ down one's arms** sich *akk* ergeben; **to ~ down the law** [**about sth**] *(fam)* [über etw *akk*] Vorschriften machen; **to ~ down one's life for sb/sth** sein Leben für jdn/etw geben; **now I ~ me down to sleep** *(fam)* müde bin ich, geh' zur Ruh'
◆ **lay in** *vt* ■ **to ~ in ↔ sth** ① *(build up stock)* einen Vorrat an etw *dat* anlegen; *food* etw einlagern
② COMPUT eine Tonspur in etw *akk* anlegen
◆ **lay into** *vi* ① *(fam)* ■ **to ~ into sb** *(assault)* jdn angreifen; *(shout at, criticize)* jdn zur Schnecke machen [*o* fertigmachen] *fam,* jdn zusammenstauchen *fam*
② *(eat heartily)* ■ **to ~ into sth** etw verschlingen
◆ **lay off I.** *vt* ■ **to ~ off ↔ sb** jdm kündigen [*o* SCHWEIZ künden], jdn hinauswerfen *fam*
II. *vi* aufhören; ***just ~ off a bit, ok?*** gib mal ein bisschen Ruhe, okay? *fam;* ■ **to ~ off sth** mit etw *dat* aufhören, die Finger von etw *dat* lassen *fam;* **to ~ off smoking** das Rauchen aufgeben; ■ **to ~ off sb** jdn in Ruhe lassen *fam*
◆ **lay on** *vt* ① *(make available)* ■ **to ~ on ↔ sth** für etw *akk* sorgen; ***the firm laid on a chauffeur-drive car to take us to the airport*** die Firma setzte ein Auto mit Chauffeur ein, um uns zum Flughafen zu bringen; ***you don't need to bring anything to drink, it's all laid on*** du brauchst nichts zu trinken mitbringen, es ist für alles gesorgt
② *(install)* **to ~ on electricity** Strom anschließen
③ AM *(sl: berate)* **to ~ it on sb** jdn zur Schnecke machen [*o* fertigmachen] *fam,* jdn zusammenstauchen *fam*
④ *(fam: impose)* ■ **to ~ sth on sb** jdm etw aufbürden; ***sorry to ~ this on you, but somebody has to check the accounts*** tut mir leid, dass ich dir das aufhalse, aber irgendjemand muss die Konten überprüfen *fam;* **to ~ a tax on sth** etw mit einer Steuer belegen
◆ **lay open** *vt* ① *(uncover)* ■ **to ~ open ↔ sth** etw *akk* aufdecken
② *(expose)* **to ~ oneself ↔ open** sich *akk* entblößen
◆ **lay out** *vt* ① *(arrange)* ■ **to ~ out sth** etw planen; **to ~ out a campaign** eine Kampagne organisieren
② *(spread out)* ■ **to ~ out ↔ sth** *map* etw ausbreiten (**on** auf +*dat*); ***Henry was ~ ing out the breakfast things*** Henry deckte den Frühstückstisch
③ *usu passive (design)* ■ **to be laid out** angeordnet sein; *garden* angelegt [*o* gestaltet] sein; *room* aufgeteilt sein; *book* gestaltet sein; ***the town was laid out in a grid pattern*** die Stadt war gitterförmig angelegt
④ *(prepare for burial)* ■ **to ~ sb out** jdn aufbahren; **to be laid out in state** aufgebahrt sein
⑤ *(fam: render unconscious)* ■ **to ~ sb out** jdn bewusstlos schlagen; **to ~ sb out cold** jdn kaltmachen *sl*
⑥ *(fam: spend lots of money)* **to ~ out £300/$500 on sth** für etw *akk* 300 Pfund/500 Dollar hinblättern *fam*
⑦ AM *(explain)* ■ **to ~ sth out** [**for sb**] [jdm] etw erklären
◆ **lay up** *vt usu passive (fam)* **to be laid up** [**in bed**] bettlägerig sein; **to be laid up** [**in bed**] **with flu** mit einer Grippe daniederliegen *geh*
▸ PHRASES: **to ~ up trouble** [**for oneself**] sich *akk* in Schwierigkeiten bringen
'lay·about *n (pej fam)* Faulenzer(in) *m(f) pej,* Nichtstuer(in) *m(f)*
'lay·away *n no pl* AM **to buy/put sth on ~** etw auf Anzahlung kaufen/sich *dat* etw zurücklegen lassen *akk;* **to have sth on ~** etw anzahlen
'lay broth·er *n* Laienbruder *m*
'lay-by *n* ① BRIT *(on road)* Rastplatz *m*
② *no pl* AUS *(form of purchasing)* Ratenkauf *m;* **to buy/put sth on ~** etw auf Anzahlung kaufen/sich *dat* etw zurücklegen lassen *akk*
③ AUS *(purchased item)* angezahlter Gegenstand
lay·er ['leɪəʳ, AM -ɚ] **I.** *n* ① *(of substance)* Schicht *f;* ***her dress has ruffled ~ s at the bottom*** ihr Kleid hat am Saum Volants; **ozone ~** Ozonschicht *f;* **a ~ of oil** eine Ölschicht; ■ **~ s** *pl (in hair)* Stufen *pl*
② *(fig: level) of bureaucracy* Stufe *f; (in an organization) administrative* Ebene *f*
③ *(laying hen)* Legehenne *f*
④ HORT Ableger *m*
II. *vt* ① *(arrange into layers)* ■ **to ~ sth** [**with sth**] etw [abwechselnd mit etw *dat*] in Schichten anordnen; ***~ the potatoes with the onions*** schichten Sie die Kartoffeln mit den Zwiebeln auf
② *(cut into layers)* **to ~ sb's hair** jds Haar stufig schneiden
③ HORT **to ~ a plant** eine Pflanze durch Ableger vermehren
'lay·er cake *n* Schichttorte *f*
lay·ered ['leɪəd, AM -ɚd] *adj inv* Stufen-, Schicht-, geschichtet
lay·er·ing ['leɪərɪŋ, AM -ɚ-] *n no pl* ① *(of substance)* Übereinanderlegen *nt;* GEOL Schichtung *f*
② HORT Stecklingsvermehrung *f*
lay·ette [leɪ'et] *n (dated)* Babyausstattung *f*
lay·ing on of hands ['leɪɪŋ-] *n no pl* Handauflegen *nt*
'lay·man *n* ① *(non-specialist)* Laie *m;* ***the ~ 's guide to home repairs*** der Leitfaden für den Heimwerker
② *(sb not ordained)* Laienbruder *m*
'lay-off *n* ① *(from work) temporary* vorübergehende Entlassung; *permanent* Entlassung *f*
② SPORT *(due to injury)* [verletzungsbedingte] Pause; **to take a ~** [eine] [verletzungsbedingte] Pause machen
'lay·out *n* ① *(plan) of building, house* Raumaufteilung *f; of road, town* Plan *m*
② *(of written material)* Layout *nt*
③ *no pl (arrangement)* Anordnen *nt;* ***he does the ~ for our local newspaper*** er ist für die Aufmachung der Lokalzeitung zuständig
④ COMPUT Aufbau *m*
'lay·over *n* AM *(stopover)* Aufenthalt *m; (of plane)* Zwischenlandung *f*
'lay·per·son *n* ① *(non-specialist)* Laie *m,* Nichtfachmann, -frau *m, f* ② *(not clergy)* Laie *m* **'lay sis·ter** *n* Laienschwester *f* **'lay·wom·an** *n* Laiin *f*
laze [leɪz] *vi* faulenzen
◆ **laze about, laze around** *vi* [herum]faulenzen *fam*
◆ **laze away** *vi* **to ~ away the day** den [ganzen] Tag vertrödeln *pej fam*
lazi·ly ['leɪzɪli] *adv* ① *(not willing to work)* faul
② *(leisurely)* ruhig, träge; ***palm trees swayed ~ in the soft breeze*** die Palmen wiegten sich sanft in der Brise
lazi·ness ['leɪzɪnəs] *n no pl* Faulheit *f*
lazy ['leɪzi] *adj* ① *(pej: unwilling to work)* faul; *(lacking pep)* träge
② *(approv: relaxed)* müßig *geh;* ***I had a wonderful ~ weekend*** ich hatte ein herrliches, erholsames Wochenende; **a ~ drawl** eine langsame, schleppende Stimme
'lazy·bones <*pl* -> *n (pej fam)* Faulpelz *m pej fam*
lazy 'eye *n Auge mit Sehschwäche, das weniger belastet wird und daher zunehmend an Sehkraft verliert* **lazy 'lock·ing** *n* AUTO *Schließsystem, bei dem automatisch mit Abschließen der Autotür auch die Fenster geschlossen werden* **lazy 'Su·san** *n* drehbares Tablett

lb <*pl* - *or* -s> *n abbrev of* **pound** Pfd.

LBO [ˌelbiːˈəʊ, AM -ˈoʊ] *n* FIN *abbrev of* **leveraged buyout** *mit Hilfe von Krediten finanzierter Kauf eines Unternehmens*

'L-bomb *n* AM *(sl)* **to drop the ~** jdm eine Liebeserklärung machen

lbw [ˌelbiːˈdʌbljuː] BRIT **I.** *adj inv (in cricket) abbrev of* **leg before wicket**: ***the ~ decision went against him*** es hieß, sein vor dem Tor stehendes Bein sei getroffen worden
II. *n (in cricket) abbrev of* **leg before wicket**: ***Ambrose has many ~s to his name*** Ambrose kann viele Würfe gegen ein vor dem Tor stehendes Bein verzeichnen

LC[1] [ˌelˈsiː] *n abbrev of* **Library of Congress** *Nationalbibliothek der Vereinigten Staaten*

LC[2] [ˌelˈsiː] *n abbrev of* **Lord Chancellor** Lord[groß]kanzler *m*

L/C *n* FIN *abbrev of* **letter of credit** Akkreditiv *nt,* Kreditbrief *m*

LCBO [elsiːbiːˈoʊ] *n* CAN *abbrev of* **Liquor Control Board of Ontario** *von der Provinzregierung Ontario geführte Ladenkette, die alkoholische Getränke verkauft*

L'C cir·cuit *n* COMPUT LC-Oszillator *m*

LCD [ˌelsiːˈdiː] **I.** *n abbrev of* **liquid crystal display** LCD *nt*
II. *n modifier abbrev of* **liquid crystal display** LCD-; **~ screen** LCD-[Bild]schirm *m*

LDC [ˌeldiːˈsiː] *n* ECON *abbrev of* **less developed country** Entwicklungsland *nt*

L-driv·er [ˈelˌdraɪvəʳ] *n* BRIT ≈ Fahrschüler(in) *m(f),* Anfänger(in) *m(f)* ÖSTERR

LEA [ˌeliːˈeɪ] *n + sing/pl vb* BRIT *abbrev of* **Local Education Authority** ≈ Schulamt *nt,* Bezirksschulrat *m* ÖSTERR

lea [liː] *n (poet)* Flur *f poet,* Au[e] *f poet*

leach [liːtʃ] *vt* ■**to ~ sth** *soil, land* etw auslaugen; ***rain water ~es heavy metals out of the dump site*** Regenwasser schwemmt Schwermetalle vom Müllplatz weg

lead[1] [led] **I.** *n* ① *no pl (metal)* Blei *nt;* **to be as heavy as ~** schwer wie Blei sein; **to contain ~** bleihaltig sein
② *(pencil filling)* Mine *f*
③ *no pl (graphite)* Grafit *m*
④ *no pl (bullets)* Blei *nt veraltet,* Kugeln *pl*
⑤ BRIT *(strips of lead)* ■**~s** *pl (in windows)* Bleifassung *f; (on roofs)* Bleiplatten *pl*
⑥ NAUT Lot *nt fachspr*
▶PHRASES: **to have ~ in one's pencil** ein steifes Rohr haben *sl vulg;* **to get the ~ out** sich *akk* beeilen; **to swing the ~** BRIT *(fam: pretend to be sick)* krankfeiern *fam; (pretend to be incapable of work)* sich *akk* drücken *fam,* schwänzen SCHWEIZ *fam*
II. *n modifier (bullet, crystal, pipe, weight)* Blei-; **~ accumulator** Bleiakkumulator *m*
▶PHRASES: **to go down like a ~ balloon** überhaupt nicht ankommen *fam*

lead[2] [liːd] **I.** *n* ① THEAT, FILM Hauptrolle *f;* **to get/play the ~ [in sth]** [in etw *dat*] die Hauptrolle bekommen/spielen
② *usu sing (guiding, example)* Beispiel *nt;* **to follow sb's ~** jds Beispiel folgen
③ *usu sing (guiding in dance)* Führung *f kein pl;* **to give a strong ~** gut führen; **to follow sb's ~** sich *akk* von jdm führen lassen
④ *no pl (front position)* Führung *f;* ■**to be in the ~** führend sein; SPORT in Führung liegen; **to go [*or* move] into the ~** die Führung übernehmen; SPORT sich *akk* an die Spitze setzen; **to have/hold/take [over] the ~** die Führung haben/verteidigen/übernehmen; **to lose one's ~** die Führung verlieren
⑤ *(position in advance)* Vorsprung *m*
⑥ *(clue)* Hinweis *m;* **to get a ~ on sth** einen Hinweis auf etw *akk* bekommen
⑦ *(connecting wire)* Kabel *nt*
⑧ BRIT, AUS *(rope for pet)* Leine *f;* ■**to be on a ~** angeleint sein; **to keep an animal on a ~** ein Tier an der Leine halten; **to let an animal off the ~** ein Tier von der Leine lassen, ein Tier frei laufen lassen; **to be [let] off the ~** *(fig hum)* sturmfreie Bude haben *fam*
⑨ TYPO Durchschuss *m*
II. *vt* <led, led> ① *(be in charge of)* ■**to ~ sb/sth** jdn/etw führen; ***she led the party to victory*** sie führte die Partei zum Sieg; **to ~ a delegation/an expedition** eine Delegation/eine Expedition leiten; **to ~ a discussion/an inquiry** eine Diskussion/Ermittlungen leiten; **to ~ sb in prayer** jdm vorbeten
② *(guide)* ■**to ~ sb/sth** jdn/etw führen; ■**to ~ sb into/over/through sth** jdn in/über/durch etw *akk* führen; ■**to ~ sb to sth** jdn zu etw *dat* führen; **to ~ sb astray** jdn auf Abwege führen
③ *(go in advance)* **to ~ the way** vorangehen; **to ~ the way in sth** *(fig)* bei etw *dat* an der Spitze stehen
④ *(cause to have)* **to ~ sb [in]to problems** jdn in Schwierigkeiten bringen
⑤ *(pej: cause to do)* ■**to ~ sb to do sth** jdn dazu verleiten, etw zu tun; **to ~ sb to believe that ...** jdn glauben lassen, dass ...
⑥ ECON, SPORT *(be ahead of)* ■**to ~ sb** jdn anführen; **to ~ the field/the pack** das Feld/die Gruppe anführen; **to ~ the world** weltweit führend sein
⑦ *(spend)* **to ~ a life of luxury** ein Leben im Luxus führen; **to ~ a cat-and-dog life** wie Hund und Katze leben; **to ~ a charmed life** *(be very lucky in life)* ein glückliches Leben führen; *(be guarded from above)* einen Schutzengel haben; **to ~ a hectic/quiet life** ein hektisches/ruhiges Leben führen; ***the life she ~s is very relaxed*** sie führt ein sehr bequemes Leben
⑧ *(influence)* ■**to ~ sb** *witness* jdn beeinflussen
▶PHRASES: **to ~ sb up [*or* down] the garden path** *(fam)* jdn an der Nase herumführen [*o* hinters Licht führen]; **to ~ sb a merry dance** *(fam)* sein Spiel mit jdm treiben; **to ~ sb by the nose** *(fam)* jdn unter seiner Fuchtel haben *fam*
III. *vi* <led, led> ① *(be in charge)* die Leitung innehaben
② *(be guide)* vorangehen; ***where she ~s, others will follow*** sie ist eine starke Führungspersönlichkeit; **to ~ from the front** *(fig)* den Ton angeben
③ *(guide woman dancer)* führen
④ *(be directed towards)* ■**to ~ somewhere** irgendwohin führen; ***the track ~s across the fields*** der Pfad führt über die Felder; ***this passage ~s into the servants' quarters*** dieser Gang führt zu den Wohnräumen der Bediensteten; ***the door ~s onto a wide shady terrace*** die Tür geht auf eine große, schattige Terrasse hinaus
⑤ *(implicate)* ■**to ~ to sth** auf etw *akk* hinweisen; ***everything ~s to this conclusion*** alles legt diese Schlussfolgerung nahe
⑥ *(cause to develop, happen)* ■**to ~ to sth** zu etw *dat* führen; ***this is bound to ~ to trouble*** das muss zwangsläufig zu Schwierigkeiten führen; ***all this talk is ~ing nowhere*** all dieses Gerede führt zu [*o fam* bringt] nichts; ***where's it all going to ~?*** wo soll das alles noch hinführen?
⑦ *(be in the lead)* führen; SPORT in Führung liegen; **to ~ by 10 points** mit 10 Punkten in Führung liegen
⑧ LAW in einem Prozess auftreten; **to ~ for the prosecution** die Anklage[verhandlung] eröffnen
▶PHRASES: **to ~ with one's chin** *(fam)* das Schicksal herausfordern; **all roads ~ to Rome** *(saying)* alle Wege führen nach Rom *prov*

◆**lead along** *vt* ■**to ~ sb along** jdn führen; ***she led him along street*** sie führte ihn die Straße entlang

◆**lead aside** *vt* ■**to ~ sb aside** jdn beiseitenehmen, jdn auf die Seite nehmen

◆**lead astray** *vt* ■**to ~ sb astray** jdn auf Abwege führen; *(mislead)* jdn irreführen

◆**lead away I.** *vt* ■**to ~ sb/sth away** jdn/etw wegbringen; ***he was led away by the police*** er wurde von der Polizei abgeführt
II. *vi* wegführen; ***the path led away from the beach*** der Pfad führte weg vom Strand

◆**lead back** *vt* ■**to ~ sb/sth back** jdn/etw zurückführen

◆**lead in** *vt* ■**to ~ in** ⟲ **sth** etw einleiten

◆**lead into** *vt* ■**to ~ into sth** in etw *akk* übergehen; *(end in)* zu etw *dat* führen

◆**lead off I.** *vt* ① *(initiate)* ■**to ~ off** ⟲ **sth [with sth]** etw [mit etw *dat*] eröffnen; **to ~ off a dance** einen Tanz eröffnen
② *(take away)* ■**to ~ sb off** jdn wegführen; **to ~ a prisoner off** einen Häftling abführen
③ *(go off)* ■**to ~ off sth** *road, path, room* von etw *dat* wegführen
II. *vi (perform first)* beginnen, den Anfang machen

◆**lead on I.** *vi* vorangehen, vorausgehen SCHWEIZ; **to ~ on in a car** mit einem Auto voranfahren
▶PHRASES: **~ on, Macduff!** *(prov hum)* nach dir!
II. *vt (pej)* ■**to ~ sb on** ① *(deceive)* jdm etw vormachen
② *(raise false hopes, sexually)* jdn verführen
③ *(encourage to do bad things)* ■**to ~ sb on** jdn anstiften

◆**lead onto, lead on to** *vt* ■**to ~ onto sth** zu etw *dat* führen

◆**lead to** *vt* ■**to ~ to sth** zu etw *dat* führen

◆**lead up** *vi* ① *(slowly introduce)* ■**to ~ up to sth** zu etw *dat* hinführen; ***it looks as if they're ~ing up to some major policy announcement*** es sieht so aus, als ob sie auf eine wichtige Ankündigung in Bezug auf die Firmenpolitik hinauswollten; ***what's this all ~ing up to?*** was soll das Ganze?
② *(precede)* ■**to ~ up to sth** etw *dat* vorangehen, SCHWEIZ *a.* etw *dat* vorausgehen; ***which are the events that led up to this situation?*** welche Ereignisse gingen dieser Situation voraus?; ***we barely saw him in the time ~ing up to his departure*** in der Zeit vor seiner Abreise sahen wir ihn kaum

lead·ed [ˈledɪd] **I.** *adj inv* ① *(of fuel)* verbleit; **~ fuel/petrol** verbleiter Treibstoff/verbleites Benzin
② *(of windows)* bleiverglast
II. *n no pl* verbleites Benzin; ***could you fill up with ~, please?*** können Sie bitte mit verbleitem Benzin volltanken?

lead·ed 'light, lead·ed 'win·dow *n* bleiverglastes Fenster

lead·en [ˈledᵊn] *adj* ① *(of colour)* bleiern, bleifarben; **~ sky** bleierner Himmel
② *(heavy)* bleischwer, bleiern; **~ limbs** bleischwere Glieder; *(fig)* ***a ~ attempt to answer the question*** ein müder Versuch, die Frage zu beantworten *fig;* **a ~ expression** ein starrer Gesichtsausdruck

lead·er [ˈliːdəʳ, AM -dɚ] *n* ① *(head)* Leiter(in) *m(f),* Führer(in) *m(f);* ***he's a ~ of men*** er ist eine Führernatur; **~ of the gang/pack** Bandenführer(in) *m(f),* Bandenchef(in) *m(f);* **~ of the students** Studentenführer(in) *m(f)*
② *(first in competition)* Erste(r) *f(m)*
③ *(most successful)* Führende(r) *f(m);* **market ~** Marktführer *m*
④ COMM *(best-selling product)* Spitzenreiter *m,* führender Artikel
⑤ STOCKEX Bluechip *m*
⑥ BRIT MUS *(of orchestra)* erster Geiger/erste Geigerin
⑦ AM MUS *(conductor)* Dirigent(in) *m(f)*
⑧ BRIT *(editorial)* Leitartikel *m*
⑨ BRIT *(in government)* **the L~ of the House** *Mitglied der Regierung, welches primär für den Ablauf der Regierungsgeschäfte innerhalb des Parlamentes (Unterhaus) zuständig ist*
⑩ FILM, TECH Vorspannband *nt*
⑪ *(row of dots)* Führungspunkte *pl*
⑫ BRIT LAW führender [*o* erster] Anwalt

lead·er·less [ˈliːdələs, AM -dɚ-] *adj inv* führerlos, ohne Anführer *nach n*

lead·er·ship [ˈliːdəʃɪp, AM -dɚ-] **I.** *n no pl* ① *(action of leading)* Führung *f;* **sb's style of ~** jds Führungsstil; **effective/poor/strong ~** effektive/schwache/starke Führung; **to lack/show ~** Führungskraft vermissen lassen/von Führungsqualität zeugen
② *(position)* Leitung *f,* Führung *f,* Führerschaft *f;* **market ~** Marktführung *f;* ■**to be under sb's ~**

unter jds Leitung stehen; ■**the ~** *(top position)* die Spitze; *(control position)* die Leitung

③ + *sing/pl vb (people in charge)* ■**the ~** die Leitung; **the ~ of the expedition** die Expeditionsleiter(innen) *mpl(fpl)*; ***we need a change of ~!*** wir brauchen einen Wechsel an der Führungsspitze!

II. *n modifier (qualities, seminar)* Führungs-

lead-foot·ed [led'-] *adj* AM *(fam)* ① *(slow)* schwerfällig ② *driver* rasant *fam* **lead-free** ['led-] *adj* bleifrei; **~ paint** bleifreie Farbe; **~ petrol** [*or* AM **gasoline**] bleifreies Benzin

lead guitar [li:dgɪ'tɑ:ʳ, AM -ɑ:r] *n* ① *(guitar)* Leadgitarre *f* ② *(guitar player)* Leadgitarrist(in) *m(f)* **lead-in** ['li:d-] *n* Einführung *f,* Einleitung *f* (**to** in +*akk*); TV, RADIO Erkennungsmelodie *f* (**to** zu +*dat*)

leading[1] ['li:dɪŋ] I. *adj attr* ① *(number one)* führend; ***one of the town's ~ citizens*** einer der angesehensten Bürger der Stadt; **to be a ~ contender for sth** einer der führenden Anwärter auf etw *akk* sein

② LAW **~ question** Suggestivfrage *f*

II. *n* ① *no pl (guidance)* Führung *f*

② *(promptings)* ■**~s** *pl* Führen *nt kein pl;* ***she followed the ~s of her heart*** sie folgte der Stimme ihres Herzens

③ TYPO Durchschuss *m*

leading[2] ['ledɪŋ] *n no pl* BRIT ① *(of roof)* Verbleiung *f*

② *(of windows)* Bleifassung *f*

lead·ing ac·tor [ˌli:dɪŋ'-] *n* Hauptdarsteller *m* **lead·ing 'ac·tress** *n* Hauptdarstellerin *f* **lead·ing 'ar·ti·cle** *n* BRIT Leitartikel *m* **lead·ing 'coun·sel** *n* LAW erster Anwalt/erste Anwältin **lead·ing 'edge** I. *n* ① *(of wing/blade)* Flügelvorderkante *f* ② *no pl (of development)* ■**to be at the ~** [**of sth**] auf dem neuesten Stand [einer S. *gen*] sein ③ COMPUT Führungskante *f* II. *n modifier* TECH, COMPUT *(research, technology)* Spitzen-, Hightech- **lead·ing 'hand** *n* AUS Vorarbeiter(in) *m(f)* **lead·ing 'lady** *n* Hauptdarstellerin *f;* ***who will take the role of his ~ in the play?*** wer wird seine Partnerin in dem Stück sein? **lead·ing 'light** *n (fam)* führende Persönlichkeit; ■**to be a ~ in sth** bei [*o* in] etw *dat* eine maßgebliche Person sein **lead·ing 'man** *n* Hauptdarsteller *m;* ***who plays her ~ in the film?*** wer spielt ihren Partner in dem Film? **lead·ing 'part** *n* Hauptrolle *f* **lead·ing po·'si·tion** *n* Spitzenstellung *f* **lead·ing 'ques·tion** *n* Suggestivfrage *f* **'lead·ing rein** *n* Leitzügel *m* **lead·ing 'role** *n* Hauptrolle *f;* **to get/play a/the ~** [**in sth**] [in etw *dat*] eine/die Hauptrolle bekommen/spielen; **to play a ~ in sth** *(fig)* wesentlich zu etw *dat* beitragen **'lead·ing sea·man** *n* NAUT *Rang zwischen Vollmatrose und Fähnrich zur See*

lead 'man·age·ment *n* FIN Konsortialführung *f*

lead 'man·ag·er *n* FIN Konsortialführer(in) *m(f)*

lead pen·cil [led'-] *n* Bleistift *m* **'lead-poi·son·ing** *n no pl* Bleivergiftung *f*

lead po·'si·tion *n* Spitzenposition *f,* Spitzenplatz *m* **lead sing·er** [li:d'-] *n* Leadsänger(in) *m(f)* **lead 'sto·ry** *n* JOURN Aufmacher *m* **'lead time** *n (in production)* Vorlaufzeit *f; (for completion)* Realisierungszeit *f; (time for delivery)* Lieferzeit *f,* Lieferfrist *f* SCHWEIZ **lead 'under·writ·er** *n* FIN konsortialführende Bank *f* einer Syndikatsgruppe **'lead-up** *n* ① *(that which precedes)* Einleitung *f* (**to** zu +*dat*) ② *(time preceding)* Vorfeld *nt fig;* ***in the ~ to the revolution, ...*** in den Vorjahren der Revolution ...

leaf I. *n* <*pl* leaves> [li:f, *pl* li:vz] ① *(part of plant)* Blatt *nt;* **dead ~** verwelktes Blatt; **to put out leaves** sprießen *geh,* SCHWEIZ *a.* ausschlagen

② *no pl (complete foliage)* Laub *nt;* **to be in/come into ~** Blätter haben/bekommen

③ *(dated: of paper)* Blatt *nt;* **~ of paper** Blatt *nt* Papier; ***she turned the leaves of the book slowly*** sie blätterte die Seiten des Buchs langsam um

④ *(part of table)* Klappe *f; (for extending table)* Ausziehplatte *f;* **to pull out/put in a/the ~** eine/die Ausziehplatte herausnehmen/einsetzen

▶PHRASES: **to <u>take</u> a ~ from** [*or* **out of**] **sb's book** sich *dat* an jdm ein Beispiel nehmen; **to <u>shake</u> like a ~** wie Espenlaub zittern

II. *vi* [li:f] ① *(of book, periodical)* ■**to ~ through sth** etw durchblättern

② HORT sprießen *geh,* SCHWEIZ *a.* ausschlagen

leaf 'green *n no pl* Blattgrün *nt,* Laubgrün *nt*

leaf·less ['li:fləs] *adj* kahl

leaf·less·ness ['li:fləsnəs] *n no pl* Kahlheit *f*

leaf·let ['li:flət] I. *n (for advertising)* Prospekt *m o* ÖSTERR *a. nt; (for instructions)* Merkblatt *nt; (for political use)* Flugblatt *nt; (brochure)* Broschüre *f;* **advertising ~** Werbezettel *m*

II. *vi (in street)* auf der Straße Prospekte/Flugblätter/Broschüren verteilen; *(by mail)* per Post Werbematerial/Broschüren verschicken

III. *vt* <-t-> ■**to ~ somewhere** irgendwo Handzettel verteilen; *(by mail)* Handzettel irgendwohin verschicken; *(for advertising)* irgendwo Werbematerial verteilen; *(for political use)* irgendwo Flugblätter verteilen; *(for instruction)* irgendwo Merkblätter verteilen; **to ~ potential customers** potenziellen Kunden eine Werbesendung zukommen lassen; **to ~ a car** an einem Auto einen Werbezettel anbringen

'leaf mould, AM **'leaf mold** *n* ① *(compost)* [Laub]kompost *m*

② *(disease)* Schimmelpilzbelag *m (auf dem Blattwerk)*

leaf 'tea *n no pl* Teeblätter *nt*[*pl*]

leafy ['li:fi] *adj* ① *(of place)* belaubt

② HORT Blatt-, blattartig; **~ vegetables** Blattgemüse *nt*

league [li:g] I. *n* ① *(group)* Bund *m;* **the Ivy L~** die Eliteuniversitäten *pl* der USA, [*an der Ostküste*]; **the L~ of Nations** der Völkerbund; **the Arab/Hanseatic L~** die Arabische Liga/die Hanse ② *(esp pej: agreement to cooperate)* ■**to be in ~ with sb** mit jdm gemeinsame Sache machen [*o fam* unter einer Decke stecken] ③ *(in competitive sport)* Liga *f;* **to be bottom/top of the ~** den Tabellenschluss bilden/Tabellenführer sein; **the ~ championship** die Ligameisterschaft; **football ~** Fußballliga *f;* **to win the ~** die Meisterschaft gewinnen ④ *(fig: class)* Klasse *f;* **to be in a different ~** in einer anderen Klasse sein; ***this hotel is in a different ~ altogether from other ones*** dieses Hotel fällt in eine ganz andere Kategorie als die anderen; **to be/not be in the same ~ as sb/sth** [nicht] das gleiche Format wie jd/etw haben; ■**to be out of sb's ~** *(too expensive)* jds Verhältnisse übersteigen; *(too good)* jdn [weit] überragen; ***she's a really classy girl, a bit out of his ~ – if you ask me*** sie ist ein echt klasse Mädchen, viel zu schade für ihn, wenn du mich fragst *fam* ▶PHRASES: **the <u>big</u> ~** die Spitzenliga II. *n modifier (club, event, game, match, player, team)* Liga- **'league ta·ble,** AM **'league stand·ings** *npl* Tabelle *f;* **to be at the bottom/top of the ~** am Tabellenende/an der Tabellenspitze stehen; *(fig)* das Schlusslicht bilden *fam*/an der Spitze stehen; **~ of banks** FIN Banken-Rangliste *f*

leak [li:k] I. *n (crack, hole)* Leck *nt;* **a gas ~** eine undichte Stelle in der Gasleitung; **to spring a ~** leckschlagen; **a security ~** *(fig)* eine undichte Stelle im Sicherheitsbereich

▶PHRASES: **to <u>take</u>** [*or* BRIT, AUS *also* **<u>have</u>**] **a ~** *(fam!)* pinkeln [*o* schiffen] gehen *sl*

II. *vi (of container, surface)* undicht sein; *boat, ship* lecken; *bucket, hose* undicht sein; *tap* tropfen; *tire* Luft verlieren; *pen* klecksen, patzen ÖSTERR; ***our roof ~s every time it rains*** Wasser sickert durch das Dach, jedes Mal wenn es regnet; ***my old hiking shoes ~*** meine alten Wanderschuhe sind nicht wasserdicht; ■**to ~ somewhere** *liquid* irgendwohin auslaufen; *gas* irgendwohin ausströmen; ***the turpentine's ~ed everywhere*** überall ist Terpentin ausgelaufen; **to ~ like a sieve** völlig undicht sein

III. *vt* ■**to ~ sth** ① *(of container, surface)* etw verlieren; *gas, liquid* etw austreten lassen; ***the car ~ed oil all over the drive*** das Auto verlor Öl und beschmutzte die ganze Einfahrt

② *(fig) confidential information* etw durchsickern lassen; ■**to ~ sth to sb** jdm etw zuspielen

◆**leak out** *vi* ① *(of gas, liquid)* auslaufen; ■**to ~ out of sth** aus etw *dat* austreten; *gas* aus etw *dat* ausströmen; *liquid* aus etw *dat* auslaufen

② *(fig) confidential information* durchsickern

leak·age ['li:kɪdʒ] *n* ① *no pl (leaking) of gas* Ausströmen *nt; of liquid* Auslaufen *nt; of water* Versickern *nt*

② *(leak) also* COMPUT Leck *nt; (in a pipe)* undichte Stelle

③ *no pl (fig: of secret information)* Durchsickern *nt*

leaked [li:kt] *adj attr* ① *gas* ausströmend; *liquid* auslaufend

② *(fig) confidential information* durchgesickert

leak·ing ['li:kɪŋ] *adj attr* undicht

leaky ['li:ki] *adj* leck

'leaky mar·riage *n Ehe, in der ein oder beide Partner viel Geld und Energie für den Expartner und evtl. Kinder aus der früheren Ehe aufbringen müssen*

lean[1] [li:n] I. *adj* ① *animal* mager; *person* schlank, schmal

② *meat* mager

③ *(of period of time)* mager, dürftig

④ *(approv: of organization)* schlank *fig; (efficient)* effizient; **~ company** schlanke Firma

⑤ *(of fuel)* mager

II. *n no pl* Magere(s) *nt,* mageres Fleisch

lean[2] [li:n] I. *vi* <leant *or* AM *usu* leaned, leant *or* AM *usu* leaned> ① *(incline)* sich *akk* beugen; *(prop)* sich *akk* lehnen; ***she ~ed back in her chair*** sie lehnte sich im Sessel zurück; **to ~ to the left/right** sich *akk* nach links/rechts lehnen; ■**to ~ against sth** sich *akk* an [*o* gegen] etw *akk* lehnen; ■**to ~ forward** sich *akk* nach vorne lehnen; ■**to ~ on sb/sth** sich *akk* an jdn/etw [an]lehnen; **to ~ out of a window** sich *akk* aus einem Fenster [hinaus]lehnen

② *(fig: opinion)* neigen; ***I ~ towards the view that ...*** ich neige zur Ansicht, dass ...; ***some of his family ~ towards communism*** einige seiner Familienangehörigen tendieren zum Kommunismus; **to ~ to the left/right** nach links/rechts tendieren

II. *vt* <leant *or* AM *usu* leaned, leant *or* AM *usu* leaned> ■**to ~ sth against/on sth** etw an [*o* gegen]/auf etw *akk* lehnen

◆**lean on** *vi (fig)* ① *(pressurize)* ■**to ~ on sb** jdn unter Druck setzen [*o fam* beknien]; ***he ~t on me so hard, I had to agree to it*** er setzte mich so sehr unter Druck, dass ich zustimmen musste

② *(rely)* ■**to ~ on sb/sth** sich *akk* auf jdn/etw verlassen

◆**lean over** *vi* ■**to ~ over sb/sth** sich *akk* über jdn/etw beugen [*o* lehnen]; ■**to ~ over to sb** sich *akk* zu jdm rüberbeugen *fam*

▶PHRASES: **to ~ over <u>backwards</u> to do sth** sich *dat* für etw *akk* ein Bein ausreißen *fam*

lean-burn 'en·gine *n* Magermotor *m*

lean·ing ['li:nɪŋ] *n esp pl* Neigung *f geh* (**for/towards** zu +*dat*); **political ~s** politische Tendenzen [*o geh* Neigungen]

Lean·ing Tow·er of 'Pisa *n* Schiefer Turm von Pisa

lean 'man·age·ment *n no pl* schlankes Management, Lean Management *nt*

leant [lent] *vt, vi pt, pp of* **lean**

'lean-to I. *n* ① *(building extension)* Anbau *m*

② AM, AUS *(camping shelter)* Schuppen *m (mit Pultdach)*

II. *n modifier (garage, shed, shelter)* Anbau-

leap [li:p] I. *n* ① *(jump)* Sprung *m; (bigger)* Satz *m;* **to make** [*or* **take**] **a ~** einen Sprung/Satz machen

② *(fig: increase)* Sprung *m fig* (**in** bei +*dat*)

③ *(fig: change)* **a ~ of faith/imagination** ein Sinneswandel *m*/Gedankensprung *m;* ***it takes quite a ~ of the imagination to believe that ...*** es bedarf einer ziemlichen Anstrengung zu glauben, dass ...

▶PHRASES: **by** [*or* **in**] **~s and <u>bounds</u>** sprunghaft; **to <u>come</u> <u>on</u> in ~s and bounds** sich *akk* sprunghaft verbessern; **a ~ in the <u>dark</u>** ein Sprung *m* ins Ungewisse

II. *vi* <leapt *or* AM *esp* leaped, leapt *or* AM *esp* leaped> ① *(jump)* springen; ***the wolf ~t at his throat*** der Wolf sprang ihm an die Kehle; ■**to ~ forward** nach vorne springen; **to ~ high** in die Höhe springen; ■**to ~ across sth** über etw *akk* springen;

■to ~ from sth von etw *dat* springen; ■to ~ on sb/sth sich *akk* auf jdn/etw stürzen; ■to ~ over sth über etw *akk* springen
❷ *(rush)* ■**to ~ to do sth** einen Satz machen, um etw zu tun; ***the girl ~t to hold the door open*** das Mädchen sprang herbei, um die Tür aufzuhalten; **to ~ to sb's defence** *(fig)* zu jds Verteidigung eilen
❸ *(fig: be enthusiastic)* **to ~ at the chance to do sth** die Chance ergreifen, etw zu tun *fig;* **to ~ at** [*or* **on**] **an idea/a suggestion** eine Idee/einen Vorschlag begeistert aufnehmen; **to ~ with joy** vor Freude einen Luftsprung machen
▶PHRASES: **sth ~s to the eye** etw springt ins Auge; **sb's heart ~s** jds Herz schlägt höher; **to ~ to mind** in den Sinn kommen
III. *vt* <leapt *or* AM *usu* leaped, leapt *or* AM *usu* leaped> ■**to ~ sth** über etw *akk* springen; *(get over in a jump)* etw überspringen
◆**leap out** *vi* ❶ *(jump out)* herausspringen; *(from behind sth)* hervorspringen; ■**to ~ out of sth** aus etw *dat* herausspringen; ■**to ~ out at sb** sich *akk* auf jdn stürzen
❷ *(fig: grab attention)* ■**to ~ out at sb** jdm ins Auge springen
◆**leap up** *vi* ❶ *(jump up)* aufspringen
❷ *(fig: increase)* in die Höhe schießen; ***the children had ~t up since I last saw them*** die Kinder waren [ganz schön] gewachsen, seit ich sie das letzte Mal gesehen hatte
'leap·frog I. *n no pl* Bockspringen *nt,* Froschhüpfen *nt* SCHWEIZ; **to play a game of ~** Bockspringen [*o* SCHWEIZ Froschhüpfen] spielen
II. *vt* <-gg-> ■**to ~ sb/sth** ❶ *(vault)* über jdn/etw einen Bocksprung machen
❷ *(go around)* jdn/etw umgehen; *(fig: skip)* jdn/etw überspringen; ***she ~ged several levels in her rush up the promotion ladder*** sie übersprang mehrere Ebenen bei ihrem Aufstieg auf der Karriereleiter
III. *vi* <-gg-> ❶ *(vault)* ■**to ~ over sb/sth** über jdn/etw einen Bocksprung machen
❷ *(fig: jump over)* ■**to ~ somewhere** irgendwohin springen; ***the team has ~ged from third to first place*** die Mannschaft ist vom dritten auf den ersten Platz [vor]gesprungen
leapt [lept] *vt, vi pt, pp of* **leap**
'leap year *n* Schaltjahr *nt*
learn [lɜ:n, AM lɜ:rn] **I.** *vt* <learnt *or* AM *usu* learned, learnt *or* AM *usu* learned> ❶ *(acquire knowledge, skill)* ■**to ~ sth** etw lernen; ***we'll ~ to get along without him*** wir werden lernen, ohne ihn zurechtzukommen; ***my sister has ~t to swim*** meine Schwester hat schwimmen gelernt; ***the pupils ~t what to do when ...*** die Schüler lernten, was sie zu tun haben, wenn ...; ***you'll ~ what to do when we get there*** du wirst erfahren, was zu tun ist, wenn wir dort ankommen; ***has mankind ~t what the consequences of war are?*** hat die Menschheit begriffen, welche Folgen Krieg hat?; **to ~ to live with sth** mit etw *dat* zu leben lernen; ■**to ~ how to do sth** lernen, wie man etw tut; ■**to ~ that ...** lernen, dass ...; ***I later ~t that the message had never arrived*** ich erfuhr später, dass die Nachricht niemals angekommen war
❷ *(hum hist: teach)* ■**to ~ sb** jdn lehren; ***that'll ~ you!*** das wird dir eine Lehre sein!
▶PHRASES: **to ~ sth the hard way** etw auf die harte Tour lernen *fam;* **to ~ sth by heart** etw auswendig lernen; **to ~ one's lesson** seine Lektion lernen
II. *vi* <learnt *or* AM *usu* learned, learnt *or* AM *usu* learned> ❶ *(master)* lernen; ***some people never ~!*** manche lernen's nie!; ■**to ~ about sb/sth** etwas über jdn/etw lernen; **to ~ by experience** aus Erfahrung lernen; **to ~ by** [*or* **from**] **one's mistakes** aus seinen Fehlern lernen
❷ *(become aware of)* ■**to ~ about** [*or* **of**] **sth** von etw *dat* erfahren
learned[1] [lɜ:nd, AM lɜ:rnd] *adj* angelernt; **~ behaviour** angelerntes Verhalten
learn·ed[2] ['lɜ:nɪd, AM 'lɜ:rn-] *adj (form)* gelehrt; **my ~ colleague** mein verehrter Herr Kollege/meine verehrte Frau Kollegin; **my ~ friend** BRIT LAW mein geschätzter Herr Kollege/meine geschätzte Frau Kollegin; *(hum)* mein verehrter Freund/meine verehrte Freundin
learn·ed 'jour·nal *n* Fachzeitschrift *f*
learn·er ['lɜ:nəʳ, AM 'lɜ:rnɚ] *n* ❶ *(one who's learning, training)* Lernende(r) *f(m); (beginner)* Anfänger(in) *m(f); (pupil)* Schüler(in) *m(f);* ***a language course for intermediate ~s*** ein Sprachkurs für Anfänger mit Vorkenntnissen; **advanced ~s** Fortgeschrittene *pl;* **to be a quick ~** schnell lernen
❷ BRIT *(learner driver)* Fahrschüler(in) *m(f)*
learn·er 'driv·er *n* BRIT Fahrschüler(in) *m(f)*
learn·ing ['lɜ:nɪŋ, AM 'lɜ:r-] *n no pl* ❶ *(acquisition of knowledge)* Lernen *nt*
❷ *(education)* Bildung *f; (extensive knowledge)* Gelehrsamkeit *f;* ***he is a man of great ~*** er ist ein bedeutender Gelehrter
'learn·ing curve *n* Lernkurve *f;* **to be on a steep ~** sehr viel dazulernen **'learn·ing dif·fi·cul·ties** *npl* Lernschwierigkeiten *pl;* **school for children with ~** Schule *f* für lernschwache Kinder; **specific ~** spezifische Lernschwierigkeiten **'learn·ing dis·abil·ity** *n* Lernstörung *f; (more severe)* Lernbehinderung *f* **'learn·ing dis·abled** *adj* lerngestört; *(more severe)* lernbehindert **'learn·ing ob·jec·tive** *n* Lernziel *nt*
learnt [lɜ:nt, AM lɜ:rt] *vt, vi pt, pp of* **learn**
lease [li:s] **I.** *vt* ■**to ~ sth** ❶ *(let on long-term basis) flat, house* etw vermieten; *land, property* etw verpachten; *equipment, vehicle* etw vermieten [*o* verleihen]; ■**to ~ sb sth** jdm etw *akk* vermieten; ■**to ~ sth to sb** etw an jdn vermieten
❷ *(rent long-term) flat, house* etw mieten; *land, property* etw pachten; *equipment, vehicle* etw leasen
II. *n of flat, house* Mietvertrag *m; of land, property* Pachtvertrag *m; of equipment, vehicle* Leasingvertrag *m,* Leasingverhältnis *nt;* **a ~ expires** [*or* **runs out**] ein Mietvertrag läuft aus; **to take out a ~** einen Mietvertrag abschließen
▶PHRASES: **to give sth a new ~ on life** etw zu neuem Leben erwecken, etw *dat* eine zweite Chance geben
'lease·back I. *n of flat, house Eigentumsübertragung mit anschließender Rückvermietung an den Verkäufer; of land, property Eigentumsübertragung mit anschließender Rückverpachtung an den Verkäufer* **II.** *n modifier (agreement, conditions, contract, deal)* Rückmiet-, Rückverpachtungs-
'lease·hold I. *n* ❶ *no pl (having property)* Pachtbesitz *m;* **to have sth on ~** etw gepachtet haben [*o* in [*o* zur] Pacht haben]; **to hold the/a ~** Pachtbesitz haben ❷ *(leased property)* Pachtgrundstück *nt* **II.** *n modifier (land, property)* Pacht-; **~ rights** grundstücksgleiche Rechte **'lease·hold·er** *n of land* Pächter(in) *m(f); of flat, house* Mieter(in) *m(f); of equipment, vehicle* Leasingnehmer(in) *m(f)*
leash [li:ʃ] **I.** *n* ❶ *(lead)* Leine *f;* ■**to be on a ~** an einer Leine sein; ***pets must be on a ~*** Haustiere müssen angeleint sein; **to be kept on a ~** an einer Leine geführt werden; **to strain at the ~** an der Leine zerren
❷ *(fig: restraint) on emotions, feelings* Zügel *m fig;* **to give sb a long ~** jdm viel Freiheit geben; **to strain at the ~** vor Ungeduld platzen *fam*
II. *vt* ❶ *(lead with leash)* **to ~ a dog** einen Hund anleinen
❷ *(fig: restrain)* ■**to ~ sth** *emotions, feelings* etw zügeln
'leash law *n* AM Gesetz, das das Anleinen von Hunden vorschreibt
leas·ing ['li:sɪŋ] *n no pl* ❶ *(let on long-term basis) of land* Verpachten *nt; of flat, house* Vermieten *nt,* Vermietung *f; (of cars, equipment)* Leasing *nt*
❷ *(rent long-term) of land* Pachten *nt; of flat, house* Mieten *nt; of cars, equipment* Leasen *nt*
'leas·ing agree·ment *n* Leasingvertrag *m* **'leas·ing busi·ness** *n* Leasinggeschäft *nt* **'leas·ing com·pa·ny** *n* Leasingfirma *f,* Leasinggesellschaft *f* **'leas·ing mod·el** *n* Leasingmodell *nt,* Vermietmodell *nt*
least [li:st] **I.** *adv inv* am wenigsten; ***disaster struck when we ~ expected it*** das Unglück schlug zu, als wir es am wenigsten erwarteten; ***the ~ likely of the four to win*** von den vier diejenige mit den geringsten Gewinnchancen; **the ~ little thing** die kleinste Kleinigkeit; **~ of all** am allerwenigsten; ***no one believed her, ~ of all the police*** niemand glaubte ihr, schon gar nicht die Polizei
▶PHRASES: **~ said, soonest mended** *(prov)* vieles Reden lässt alte Wunden nur schwer heilen *fig*
II. *adj det* ❶ *(tiniest amount)* geringste(r, s); ***of all our trainees, she has the ~ ability*** von all unseren Auszubildenden ist sie am unfähigsten; ■**at ~** *(minimum)* mindestens, wenigstens; *(if nothing else)* wenigstens, zumindest; ***he's lost all his money but at ~ he's still got his house*** er hat sein ganzes Geld verloren, aber wenigstens sein Haus hat er noch; **the line of ~ resistance** der Weg des geringsten Widerstandes
❷ BIOL Zwerg-
'least-cost *adj attr, inv* kostenoptimal
least·ways ['li:stweɪz] *adv inv (fam)* zumindest, wenigstens
leath·er ['leðəʳ, AM -ɚ] **I.** *n* ❶ *no pl (material)* Leder *nt*
❷ *(clothing)* ■**~s** *pl* Leder[be]kleidung *f*
❸ *(for polishing)* Lederlappen *m*
II. *n modifier (belt, binding, gloves, handbag, jacket, shoes, strap)* Leder-
'leath·er·back, leath·er·back 'tur·tle *n* Lederschildkröte *f*
'leath·er-drench·ed *adj attr, inv* mit üppiger Lederausstattung *nach n*
leath·er·ette® [ˌleðəʳ'et, AM -ə'ret] **I.** *n no pl* Kunstleder *nt*
II. *n modifier (belt, handbag, seat, suitcase)* Kunstleder-
leath·er·ing ['leðərɪŋ] *n (fam)* Prügel *pl*
'leath·er·neck *n* AM *(sl: US Marine)* Ledernacken *m fam*
leath·ery ['leðəri, AM -ɚi] *adj* ❶ *(tough, thick)* ledrig, lederartig
❷ *(pej) meat, pastry* zäh
❸ *hands, skin* ledern
leave [li:v] **I.** *n no pl* ❶ *(departure)* Abreise *f*
❷ *(farewell)* Abschied *m;* **to take [one's] ~ [of sb]** sich *akk* [von jdm] verabschieden
❸ *(permission, consent)* Erlaubnis *f;* **to ask sb's ~** jdn um Erlaubnis bitten; **to get/have sb's ~ [to do sth]** jds Erlaubnis bekommen/haben[, etw zu tun]; ■**with/without sb's ~** mit/ohne jds Erlaubnis; **absence without ~** unerlaubtes Fernbleiben; **without so much as a by your ~** *(iron)* ohne auch nur im Mindesten um Erlaubnis zu fragen
❹ *(vacation time)* Urlaub *m;* **maternity ~** Mutterschaftsurlaub *m,* Karenz *f* ÖSTERR; **sick ~** Genesungsurlaub *m,* Krankenstand *m* ÖSTERR; **annual ~** Jahresurlaub *m;* **to be/go on ~** in Urlaub sein/gehen; **to be on ~ for sth** für etw *akk* beurlaubt sein; **to get ~ to do sth** freibekommen, um etw zu tun
▶PHRASES: **to do sth by one's own ~** *(dated)* etw tun, ohne überhaupt zu fragen; **to have taken [complete] ~ of one's senses** [völlig] übergeschnappt sein *fam;* ***have you taken ~ of your senses? that's a very dangerous animal!*** bist du noch bei Trost? das ist ein sehr gefährliches Tier! *fam*
II. *vt* <left, left> ❶ *(depart from)* ■**to ~ sth** *place* etw verlassen; ***the train ~s the station in five minutes*** der Zug fährt in fünf Minuten vom Bahnhof ab; ***he left them and came over to speak with us*** er ließ sie stehen und kam herüber, um mit uns zu sprechen
❷ *(go away permanently)* **to ~ home** von zu Hause weggehen [*o* fortgehen]; **to ~ one's husband/wife** seinen Ehemann/seine Ehefrau verlassen; **to ~ a job** eine Stelle aufgeben; **to ~ school/university** die Schule/Universität beenden; **to ~ work** aufhören zu arbeiten
❸ *(not take away with)* ■**to ~ sth** etw zurücklassen; ***I'll ~ my winter coat — I won't need it*** ich lasse

meinen Wintermantel da – ich werde ihn nicht brauchen; **to ~ a message/note [for sb]** [jdm] eine Nachricht/ein paar Zeilen hinterlassen; ■**to ~ sb/sth with sb** jdn/etw bei jdm lassen
④ *(forget to take)* ■**to ~ sth** etw vergessen
⑤ *(let traces remain)* **to ~ footprints/stains** Fußabdrücke/Flecken hinterlassen; ***the incident left a feeling of resentment*** der Vorfall hinterließ einen unangenehmen Nachgeschmack
⑥ *(cause to remain)* ■**to ~ sth** etw übrig lassen; ***five from twelve ~s seven*** zwölf weniger fünf macht sieben; ■**to ~ sb sth** [*or* **to ~ sth for sb**] jdm etw übrig lassen; ***if you take two, then that ~s me three*** wenn du zwei nimmst, bleiben drei für mich übrig; ***we were left with five pieces that we couldn't fit into the jigsaw*** uns blieben am Ende fünf Teile übrig, die wir nicht in das Puzzle einfügen konnten
⑦ *(cause to remain in a certain state)* **to ~ sb/an animal alone** jdn/ein Tier alleine lassen; **to ~ sb better/worse off** jdn in einer besseren/schlechteren Situation zurücklassen; **to be left homeless** obdachlos sein; **to ~ sth on/open** etw eingeschaltet/offen lassen; ■**to ~ sb/sth doing sth**: ***I left the children watching television*** ich ließ die Kinder vor dem Fernseher zurück; ***he left the engine running*** er ließ den Motor laufen
⑧ *(not change)* ■**to ~ sth** etw lassen; ***~ that, I'll take care of it later*** lass das, ich kümmere mich später darum
⑨ *(not eat)* ■**to ~ sth** etw übrig lassen
⑩ *(bequeath)* ■**to ~ sth** etw hinterlassen; **to ~ sb sth in one's will** jdm etw testamentarisch vermachen
⑪ *(be survived by)* ■**to ~ sb** jdn hinterlassen; ***he ~s a wife and two young children*** er hinterlässt eine Frau und zwei kleine Kinder
⑫ *(put off doing)* ■**to ~ sth** etw lassen; ***I'll ~ the rest of the work for tomorrow*** ich hebe mir den Rest der Arbeit für morgen auf; ***don't ~ it too late!*** schieb es nicht zu lange auf!; ***you've left it too late to apply again*** du hast damit zu lange gewartet, um dich nochmal bewerben zu können; ***do you always ~ doing things till the very last possible minute?*** schiebst du immer alles bis zur allerletzten Minute auf?
⑬ *(not discuss further)* **to ~ a question/subject** eine Frage/ein Thema lassen; ***let's ~ it at that*** lassen wir es dabei bewenden
⑭ *(assign)* ■**to ~ sth to sb** *decision* jdm etw überlassen; ***I left making the important decisions to Martha*** ich überließ es Martha, die wichtigen Entscheidungen zu treffen; ■**to ~ sb to do sth**: ***I left her to make the decision*** ich ließ sie die Entscheidung treffen; ■**to ~ it to sb [to do sth]** es jdm überlassen[, etw zu tun]
▶PHRASES: **to ~ sth up in the air** etw offenlassen; **to ~ sb alone** jdn in Ruhe lassen; **~ well [enough] alone!** lass die Finger davon!; **to ~ sb be** jdn in Ruhe lassen; **just ~ it be** lass es gut sein; **to ~ a bad [*or* sour] [*or* unpleasant] taste [in one's mouth]** einen unangenehmen Nachgeschmack hinterlassen *fig*; **to ~ nothing/sth to chance** nichts/etw dem Zufall überlassen; **to ~ sb cold** jdn kaltlassen; **to ~ sb out in the cold** jdn ignorieren; ***everyone else had been invited, only he had been left out in the cold*** alle anderen waren eingeladen worden, nur ihn hatte man übergangen; ***the new taxation system ~s single mothers out in the cold*** das neue Steuersystem lässt allein erziehende Mütter im Regen stehen; **to ~ sb to their own devices** jdn sich *dat* selbst überlassen; **~ it to sb to do sth** du kannst darauf zählen, dass jd etw tut; ***~ it to John to forget the keys!*** natürlich hat John wieder die Schlüssel vergessen!; **to ~ the door open to sth** etw begünstigen; ***this will ~ the door open to domestic companies to compete for international business*** dies wird es inländischen Firmen erleichtern, sich um internationale Aufträge zu bewerben; **to ~ go [*or* hold] of sb/sth** jdn/etw loslassen; **to ~ sb holding the baby [*or* AM bag]** *(fam)* jdn die Suppe auslöffeln lassen *fam*; **to ~ a lot to be desired** viel zu wünschen übrig lassen; **to ~ sb in the lurch** jdn im Stich [*o fam* hängen] lassen; **to ~ sb on the sidelines**, **to ~ sb standing** jdn ausstechen; **to ~ no stone unturned** nichts unversucht lassen; **to ~ oneself wide open** sich *dat* eine Blöße geben
III. *vi* <left, left> [weg]gehen; *vehicle* abfahren; *plane* abfliegen; ***our train is leaving in five minutes*** unser Zug fährt in fünf Minuten ab; ***we are leaving for Paris*** wir fahren nach Paris
◆**leave aside** *vt* ■**to ~ aside ○ sth** etw beiseitelassen
◆**leave behind** *vt* ① *(not take along)* ■**to ~ behind ○ sb/sth** jdn/etw zurücklassen; ***hurry up or you'll get left behind!*** beeil dich oder du bleibst hier!
② *(leave traces)* ■**to ~ behind ○ sth** etw hinterlassen; ***we've left all that behind us*** all das liegt hinter uns; **to ~ behind a chaos/a mess** ein Chaos/eine Unordnung hinterlassen; **to ~ behind a mystery** ein Rätsel aufgeben
③ *(fig: no longer participate in)* ■**to ~ sth ○ behind** etw hinter sich *dat* lassen
④ *(progress beyond)* ■**to be left behind** den Anschluss verpassen
◆**leave off** **I.** *vt* ① *(omit)* ■**to ~ sb/sth off** jdn/etw auslassen [*o* SCHWEIZ weglassen]; **to leave sb/sb's name off a list** jdn/jds Namen nicht in eine Liste aufnehmen
② *(not put on)* **to ~ a lid off sth** keinen Deckel auf etw *akk* geben, etw offen lassen
③ *(not wear)* **to ~ one's coat off** seinen Mantel nicht anziehen
④ *(not turn on)* **to ~ the radio off** das Radio aus[gestellt] [*o* abgedreht] [*o* SCHWEIZ abgestellt] lassen
II. *vi (fam)* ① *(stop)* aufhören; **to ~ off sth** mit etw *dat* aufhören; ■**to ~ off doing sth** *(dated)* aufhören, etw zu tun; ■**to ~ off sb** jdn in Ruhe lassen *fam*
② *(dated: stop bothering)* Ruhe geben *fam*; ***hey, ~ off! I hate people touching my hair*** he, lass das! ich mag es nicht, wenn Leute meine Haare anfassen *fam*
◆**leave on** *vt* ■**to ~ sth on** *light, radio* etw anlassen
◆**leave out** *vt* ① *(omit)* ■**to ~ out ○ sth** etw auslassen; *chance, opportunity* etw auslassen [*o* verpassen]; *facts, scenes* etw weglassen; ***she left the almonds out of the cake*** sie gab keine Mandeln in den Kuchen
② *(exclude)* ■**to ~ out ○ sb** jdn ausschließen
▶PHRASES: **~ it out!** BRIT *(sl: desist)* hör auf!; *(that can't be true)* ist nicht wahr! *fam*
◆**leave over** *vt usu passive* ■**to be left over [from sth]** [von etw *dat*] übrig geblieben sein; ***this is a tradition left over from pre-Christian times*** das ist ein Brauch, der noch aus vorchristlicher Zeit stammt
'leave en·ti·tle·ment *n no pl* BRIT, AUS Urlaubsanspruch *m*, Ferienanspruch *m* SCHWEIZ
leave-in ['li:vɪn] *adj inv* **~ conditioner** Pflegespülung *f* ohne Ausspülen
leav·en ['levᵊn] **I.** *vt usu passive* ① *(make rise)* **to ~ bread/dough** Brot/Teig gehen [*o* SCHWEIZ aufgehen] lassen; ***this dough is ~ed with yeast*** dieser Teig enthält Hefe
② *(fig: lighten)* ■**to be ~ed by [*or* with] sth** mit etw *dat* aufgelockert werden
II. *n no pl* ① *(rising agent)* Gärmittel *nt*, SCHWEIZ *a.* Gärungsmittel *nt*
② *(dough)* Sauerteig *m*
③ *(fig, esp approv: influence)* Auflockerung *f*; *(cheering up)* Aufheiterung *f*
leav·ened ['levᵊnd] *adj inv* **~ bread** gesäuertes Brot
leave of 'ab·sence *n no pl* Freistellung *f*
leaves [li:vz] *n pl of* **leaf**
'leave-tak·ing *n no pl* Abschied *m*
leav·ing ['li:vɪŋ] *n* ① *no pl (departure)* Abreise *f*
② *(things)* ■**~s** *pl* Überbleibsel *pl fam*
③ *(food)* ■**~s** *pl* Reste *pl*
'leav·ing par·ty *n* Abschiedsparty *f*
Leba·nese [ˌlebə'ni:z] **I.** *n* <*pl* -> Libanese, Libanesin *m, f*
II. *adj inv* libanesisch
Leba·nese Re·'pub·lic *n* Libanesische Republik
Leba·non ['lebənən, AM -nɑ:n] *n* Libanon *m*
lech [letʃ] **I.** *n* ① *(pej fam: person)* Wüstling *m pej*
② *(desire)* Begierde *f*, Verlangen *nt geh*
II. *vi* ■**to ~ after sb** jdm nachstellen
lech·er ['letʃəʳ, AM -ɚ] *n (pej)* Wüstling *m pej*
lech·er·ous ['letʃᵊrəs, AM -ɚəs] *adj (pej: interested in sex)* geil *oft pej*; *(filled with desire)* lüstern
lech·ery ['letʃᵊri, AM -ɚi] *n no pl (pej: interest in sex)* Geilheit *f oft pej*; *(desire)* Lüsternheit *f*
leci·thin ['lesɪθɪn] *n no pl* CHEM Lezithin *nt*
lec·tern ['lektən, AM -tɚn] *n* [Redner]pult *nt*; REL Lektionar *nt fachspr*
lec·tor ['lektɔ:ʳ, AM -tɚ] *n* ① REL Lektor(in) *m(f)*, Vorleser(in) *m(f)*
② UNIV Lektor(in) *m(f)*
lec·ture ['lektʃəʳ, AM -ɚ] **I.** *n* ① *(formal speech)* Vortrag *m* (**on/about** über +*akk*); ***he gave a ~ to the Women's Institute about pollution*** er hielt einen Vortrag über Umweltverschmutzung vor dem Frauenverein; **~ circuit** Vortragsreiseroute *f*; UNIV Vorlesung *f* (**on** über +*akk*)
② *(pej: criticism)* Standpauke *f fam*; **to give sb a ~ on sth** *(reproach)* jdm über etw *akk* Vorhaltungen machen; *(advise)* jdm einen Vortrag über etw *akk* halten *fam*
II. *vi* ① UNIV eine Vorlesung halten; ■**to ~ in/on sth** eine Vorlesung/Vorlesungen über etw *akk* halten; ***he ~s on applied linguistics*** er liest über Angewandte Linguistik
② *(pej: criticize)* ■**to ~ [about sth]** [über etw *akk*] belehren
III. *vt* ■**to ~ sb on sth** ① *(give speech)* jdm über etw *akk* einen Vortrag halten; UNIV vor jdm über etw *akk* eine Vorlesung halten
② *(criticize)* jdm wegen einer S. *gen* eine Standpauke halten *fam*; *(advise)* jdm über etw *akk* einen Vortrag halten *fam*
'lec·ture notes *npl* Vorlesungsmitschrift *f*
lec·tur·er ['lektʃᵊrəʳ, AM -ɚɚ] *n* ① *(speaker)* Redner(in) *m(f)*
② *(at university)* Dozent(in) *m(f)*; *(without tenure)* Lehrbeauftragte(r) *f(m)*
'lec·ture room *n* UNIV Hörsaal *m*
lec·ture·ship ['lektʃəʃɪp, AM -tʃɚ-] *n* Dozentur *f*; **to have a ~ in sth** eine Dozentenstelle für etw *akk* haben
'lec·ture thea·tre *n* Hörsaal *m* **'lec·ture tour** *n* Vortragsreise *f*
led [led] *pt, pp of* **lead**
LED [ˌeli:'di:] *n see* **light-emitting diode** LED *f*
LE'D dis·play *n* LED-Anzeige *f*
ledge [ledʒ] *n* Sims *m o nt*; *(in rocks)* Felsvorsprung *m*; **window ~** Fenstersims *m o nt*
ledg·er ['ledʒəʳ, AM -ɚ] *n* ① FIN **[nominal [*or* general]] ~** Hauptbuch *nt*; **bought [*or* purchase] ~** Einkaufsbuch *nt*; **payroll ~** Lohn- und Gehaltsliste *f*
② *(for angling)* Angelleine *f (mit festliegendem Köder)*; **~ tackle** Grundangel *f*
'ledg·er line *n* MUS Hilfslinie *f*
lee [li:] **I.** *n no pl* Windschatten *m*; GEOG, NAUT Lee *f o nt fachspr*; ***in the ~ of the boulders*** im Windschatten der Felsbrocken
II. *n modifier (side, slopes)* windgeschützt; GEOG, NAUT Lee- *fachspr*
leech <*pl* -es> [li:tʃ] **I.** *n* ① *(worm)* Blutegel *m*
② *(fig: clingy person)* Klette *f fig pej*; **to cling to sb like a ~** an jdm wie eine Klette hängen
③ *(pej: person who uses others)* Blutsauger(in) *m(f) pej*
II. *vi* ■**to ~ on [*or* off] sb/sth** *(rely on)* von jdm/etw abhängen; *(exploit)* bei jdm/etw schmarotzen *pej*
leek [li:k] *n* Lauch *m*
leer [lɪəʳ, AM lɪr] *(pej)* **I.** *vi* ■**to ~ at sb** jdm anzügliche Blicke zuwerfen
II. *n* anzügliches Grinsen
leer·ing ['lɪərɪŋ, AM 'lɪr-] *adj attr (pej)* anzüglich
leery ['lɪəri, AM 'lɪri] *adj pred (fam)* misstrauisch; ■**to**

be ~ **of sb/sth** jdm/etw misstrauisch gegenüberstehen

lees [li:z] *npl* ▪ **the** ~ der Bodensatz; *(fig)* der Sumpf *fig*
▸PHRASES: **to drink life to the** ~ das Leben in vollen Zügen genießen

lee·ward ['li:wəd, AM -wɚd] **I.** *adj inv* windgeschützt; GEOG, NAUT Lee- *fachspr*
II. *adv inv* auf der windabgewandten Seite; GEOG, NAUT leewärts *fachspr*

lee·way ['li:weɪ] *n no pl* Spielraum *m;* **to give sb** ~ jdm Spielraum einräumen; **to be left** ~ **to do sth** Spielraum haben, um etw zu tun; **to make up** ~ Liegengebliebenes aufarbeiten

left[1] [left] *pt, pp of* **leave**

left[2] [left] **I.** *n* ① *no pl (direction)* ***from*** ~ ***to right*** von links nach rechts; **to approach from the** ~ sich *akk* von links nähern; **to move/turn to the** ~ nach links rücken/abbiegen
② *(left turn)* **to make** [*or* **take**] [*or fam* **hang**] **a** ~ [nach] links abbiegen
③ *(street on the left)* **the first/second/third** ~ die erste/zweite/dritte Straße links
④ *no pl (left side)* ▪ **the** ~ die linke Seite; ***my sister is third from the*** ~ meine Schwester ist die Dritte von links; ▪ **on/to the** ~ links; ▪ **on/to sb's** ~ zu jds Linken, links von jdm; ***the speakers are sitting on my*** ~ die Redner sitzen links von mir
⑤ SPORT linke [Spielfeld]seite; ***this team always attacks from the*** ~ diese Mannschaft greift immer von links an
⑥ MIL linker Flügel; ***attacks from the enemy's*** ~ Angriffe vom linken Flügel des Feindes
⑦ *no pl (political grouping)* ▪ **the** ~ die Linke; **party on the** ~ Linkspartei *f;* **the loony** ~ *(pej)* die radikale Linke
⑧ *(fam: left-handed punch)* Linke *f*
II. *adj* ① *inv (position, direction)* linke(r, s); ~ **leg** linkes Bein
② *(political direction)* linke(r, s), linksgerichtet; ***the*** ~ ***wing of the party*** der linke Flügel der Partei
▸PHRASES: **to have two** ~ **feet** zwei linke Füße haben *fam;* **to marry with the** ~ **hand** eine Ehe zur linken Hand schließen
III. *adv inv (direction)* nach links; *(side)* links; **to keep/turn** ~ sich *akk* links halten/links abbiegen
▸PHRASES: ~, **right and centre** überall; ***on the ship people were throwing up*** ~, ***right and centre*** auf dem Schiff übergaben sich die Leute überall

left 'back *n* SPORT linker Verteidiger **left 'field** *n (baseball area)* ▪ **the** ~ das linke Spielfeld ▸PHRASES: **to be out in** ~ AM völlig falschliegen *fam* **left-'foot·ed** *adj inv person* bevorzugt das linke Bein einsetzend; *kick* mit dem linken Fuß getreten **'left-hand** *adj attr* ① *(on sb's left side)* linke(r, s); ~ **side** linke Seite ② SPORT ~ **catch/shot/volley** mit links gefangener Ball/ausgeführter Schuss/ausgeführter Volley ③ *(in road)* ~ **bend** Linkskurve *f* **left-hand 'drive** *n* ① *no pl (steering system)* Linkssteuerung *f* ② *(car)* linksgesteuertes Auto **left-'hand·ed I.** *adj* ① *(of person)* linkshändig; ***she is*** ~ sie ist Linkshänderin; ~ **person** Linkshänder(in) *m(f)* ② *attr (for left hand use)* Linkshänder-; ~ **scissors** Schere *f* für Linkshänder/Linkhänderinnen ③ *(turning to left) racetrack* linksläufig; *screw* linksdrehend; BIOL linksgedreht ④ *(fig: of emotions)* pervers; *(sadistic)* sadistisch **II.** *adv* linkshändig; ***do you write*** ~ ***or right-handed?*** schreibst du mit der linken oder [der] rechten Hand? **left-hand·ed 'com·pli·ment** *n* zweifelhaftes Kompliment **left-'hand·er** *n* ① *(person)* Linkshänder(in) *m(f)* ② *(curve in road)* Linkskurve *f* ③ *(hit)* Schlag *m* mit der Linken; SPORT Linke *f*

leftie ['lefti] *(fam)* **I.** *n* ① *(person)* Linkshänder(in) *m(f)*
② *(also pej: in politics)* Linke(r) *f(m)*
II. *adj (also pej: of politics)* linke(r, s); ~ **views** linke Ansichten

left·ish ['leftɪʃ] *adj* POL linke(r, s), linksliberal

left·ism ['leftɪzᵊm] *n no pl (also pej)* Linksorientierung *f;* ***her comments exhibit a certain*** ~ ihre Bemerkungen zeigen eine gewisse Linkstendenz

left·ist ['leftɪst] *(also pej)* **I.** *adj (in politics)* linke(r, s), linksorientiert; ~ **hero/martyr** Held(in) *m(f)*/Märtyrer(in) *m(f)* der Linken
II. *n (in politics)* Linke(r) *f(m)*

left-'lug·gage, left-'lug·gage of·fice *n* BRIT Gepäckaufbewahrung *f* **left 'out** *adj pred (not included)* ausgelassen; *(deliberately excluded)* ausgeschlossen; **to feel** ~ sich *akk* ausgeschlossen fühlen

'left·over *adj attr, inv* übrig [geblieben]

'left·overs *npl* ① *(food)* Reste *pl*
② *(parts remaining)* Überreste *pl,* Überbleibsel *pl fam*

left·ward ['leftwəd, AM -wɚd] **I.** *adj* nach links gerichtet; *(fig)* ***this*** ~ ***leap to a nanny state is a mistake*** dieser Ruck nach links hin zu einem Fürsorgestaat ist ein Fehler
II. *adv see* **leftwards**

left·wards ['leftwədz, AM -wɚdz] *adv* nach links; *(fig)* ***he accused the party leadership of moving*** ~ er beschuldigte die Parteiführung, sich [zunehmend] nach links zu orientieren

left 'wing *n + sing/pl vb* ▪ **the** ~ ① *(in politics)* die Linke; **the** ~ **of the party** der linke Parteiflügel ② MIL, SPORT der linke Flügel **left-'wing** *adj* linksgerichtet, links *präd;* ~ **views** linke Ansichten **left-'wing·er** *n* Linke(r) *f(m)*

lefty *n, adj (pej) see* **leftie**

leg [leg] **I.** *n* ① *(limb)* Bein *nt;* ***she ran home as fast as her*** ~***s would carry her*** sie rannte nach Hause so schnell sie ihre Füße trugen; ~ **brace** Beinschiene *f;* **to break a/one's** ~ sich *dat* ein/das Bein brechen; **to show** [**a lot of**] ~ [viel] Bein zeigen
② *(meat)* Keule *f,* Schlegel *m* SÜDD, ÖSTERR, SCHWEIZ, Stotzen *m* SCHWEIZ
③ *(clothing part)* [Hosen]bein *nt*
④ *(support)* Bein *nt;* **chair/table** ~ Stuhl-/Tischbein *nt*
⑤ *(segment)* Etappe *f;* *(round)* Runde *f;* ***the last*** ~ ***of the race*** die letzte Teilstrecke des Rennens; **the first/second** ~ **of sth** der erste/zweite Abschnitt einer S. *gen*
⑥ AM *(fam)* **to have** ~**s** *(remain popular)* langfristig halten; *(succeed)* klappen *fam; play, series* ein Dauerbrenner sein; **to lack** ~**s** *(fam)* sich *akk* nicht halten können; *(sth new)* sich *akk* nicht durchsetzen können
⑦ COMPUT Zweig *m* einer Schaltung
▸PHRASES: **break a** ~! Hals- und Beinbruch!; **to find one's** ~**s** sich *akk* zurechtfinden; **to get one's** ~ **over** BRIT *(fam!)* bumsen *sl;* **to get up on one's hind** ~**s** *(rise)* sich *akk* erheben; *(defend oneself)* sich *akk* auf die Hinterbeine stellen *fam;* **to give sb a** ~ **up** *(fam: help to climb)* jdm hinaufhelfen; *(fig: help sb)* jdm unter die Arme greifen *fam;* **to have hollow** ~**s** ein Loch im Bauch haben *fam;* **to have one's tail between one's** ~**s** den Schwanz eingezogen haben; **to have a** ~ **up on sb** AM jdm gegenüber einen Vorteil haben; **to not have** [*or* **be without**] **a** ~ **to stand on** einen schweren Stand haben *fam;* **to be on one's last** ~**s** aus dem letzten Loch pfeifen *fam,* sich kaum noch auf den Beinen halten; ***I need a new car, my old one is on its last*** ~***s*** ich brauch' ein neues Auto, mein altes macht's nicht mehr lange *fam;* **to pull sb's** ~ jdn aufziehen [*o* auf den Arm nehmen] *fam*
II. *vt* <-gg-> ▸PHRASES: **to** ~ **it** *(fam: go on foot)* zu Fuß gehen; *(walk in a hurry)* eilen; ***we are late, we really need to*** ~ ***it*** wir sind spät dran, wir müssen uns wirklich beeilen
III. *n modifier (injury, support)* Bein-

lega·cy ['legəsi] *n* ① LAW Vermächtnis *nt,* Erbe *nt,* Erbschaft *f;* **to leave sb a** ~ jdm ein Erbe hinterlassen [*o* vermachen]
② *(fig: heritage)* Erbe *nt,* Vermächtnis *nt fig;* ~ **of culture** Kulturerbe *nt;* ***a rich*** ~ ***of literature*** ein reiches literarisches Erbe
③ *(consequence)* Auswirkung *f*

le·gal ['li:gᵊl] *adj* ① *(permissible by law)* legal; ***is abortion*** ~ ***in your country?*** ist Abtreibung in Ihrem Land gesetzlich zulässig?
② *(required by law)* gesetzlich [vorgeschrieben]; ~ **obligation/requirement** gesetzliche Verpflichtung/Erfordernis
③ *(according to the law)* rechtmäßig; ***he adopted the boy as his*** ~ ***son*** er adoptierte den Jungen als seinen rechtmäßigen Sohn; **to be of** ~ **age** volljährig sein
④ *(concerning the law)* rechtlich; **to take** ~ **action** [*or* **do** ~ **battle**] **against sb** rechtliche Schritte gegen jdn unternehmen; ~ **constraints** rechtliche Einschränkungen; **to make** ~ **history** Rechtsgeschichte schreiben; **to have/seek** ~ **redress** rechtliche Wiedergutmachung erhalten/verlangen; ~ **system** Rechtssystem *nt*
⑤ *(of courts)* gerichtlich; *(of lawyers)* juristisch; ~ **advice** Rechtsberatung *f;* ~ **counsel** Rechtsbeistand *m,* Rechtsberater(in) *m(f);* ~ **fee** Anwaltshonorar *nt;* ~ **malpractice** Verletzung *f* des juristischen [Berufs]kodexes; ~ **profession** *(job)* Anwaltsberuf *m;* *(lawyers as a whole)* Anwaltschaft *f*
⑥ COMPUT *(acceptable within language syntax)* gültig

le·gal 'age *n* Volljährigkeit *f;* **to be of** ~ volljährig sein **le·gal 'agent** *n* Rechtsagent(in) *m(f)* **le·gal 'aid** *n no pl* [unentgeltlicher] Rechtsbeistand; **to get/have a right to** ~ ein [An]recht auf [unentgeltlichen] Rechtsbeistand erhalten/haben; **to be granted** ~ [unentgeltlichen] Rechtsbeistand gewährt bekommen **le·gal 'aid cen·tre** *n* Rechtsberatungsstelle *f* **le·gal 'ba·sis** *n* Rechtsgrundlage *f* **le·gal 'bea·gle** *(fam),* **le·gal 'eagle** *n (fam)* Rechtsverdreher(in) *m(f) hum fam* **le·gal 'claim** *n* Rechtsanspruch *m,* Forderungsrecht *nt* **le·gal 'coun·cil** *n* Beirat *m* **le·gal 'coun·sel·ling** *n* Rechtsberatung *f* **'le·gal de·part·ment** *n* Rechtsabteilung *f* **le·gal 'en·ti·ty** *n* Rechtsträger(in) *m(f),* juristische Person *f*

le·gal·ese [ˌli:gᵊl'i:z] *n no pl (pej fam)* Juristensprache *f,* Juristenjargon *m oft pej*

'le·gal ex·penses *npl* ~ **insurance** Rechtsschutzversicherung *f* **'le·gal fees** *npl* Gerichtskosten *pl* **le·gal 'form** *n* Rechtsform *f* **le·gal 'holi·day** *n* AM gesetzlicher Feiertag **le·gal in·'vest·ment** *n* FIN mündelsicheres Wertpapier

le·gal·ism ['li:gᵊlɪzᵊm] *n no pl* Juristenjargon *m*

'le·gal is·sue *n (court case)* Rechtsfrage *f*

le·gal·is·tic [ˌli:gᵊl'ɪstɪk] *adj (pej)* legalistisch *pej geh;* ***a highly*** ~ ***interpretation of the law*** eine Auslegung, die sich stur an den Buchstaben des Gesetzes orientiert *pej fam*

le·gal·is·ti·cal·ly [ˌli:gᵊl'ɪstɪkli] *adv (pej)* legalistisch *pej geh*

le·gal·ity [li:'gæləti, AM -ət̬i] *n* ① *no pl (lawfulness)* Legalität *f,* Gesetzmäßigkeit *f;* ***the report is not clear on the*** ~ ***of this*** der Bericht gibt keine eindeutige Auskunft darüber, ob dies gesetzlich zulässig sei
② *(laws)* ▪ **legalities** *pl* gesetzliche Bestimmungen

le·gali·za·tion [ˌli:gᵊlaɪ'zeɪʃᵊn, AM -lɪ'-] *n no pl* Legalisierung *f geh*

le·gal·ize ['li:gᵊlaɪz] *vt* ▪ **to** ~ **sth** etw legalisieren *geh*

le·gal·ly ['li:gᵊli] *adv* ① *(permissible by law)* legal; ***are the children*** ~ ***allowed in the pub?*** ist es legal, dass die Kinder im Pub sind?
② *(required by law)* ~ **obliged/required** gesetzlich verpflichtet/vorgeschrieben
③ *(according to the law)* rechtmäßig; ~ **protected animals** gesetzlich geschützte Tiere; ~ **binding** rechtsverbindlich; ~ **effective** rechtskräftig; ~ **incompetent** COMM geschäftsunfähig
④ *(concerning the law)* rechtlich; ***you are dealing with politically and*** ~ ***sensitive material*** du befasst dich [da] mit politisch und rechtlich gesehen brisantem Material

le·gal ob·li·'ga·tion *n* ~ **to accept contracts** Kontrahierungszwang *m;* ~ **to keep books of account** Buchführungspflicht *f* **le·gal 'ob·sta·cle** *n* rechtliche Hürde **le·gal 'per·son** *n* LAW Rechtsperson *f fachspr* **le·gal per·son·'al·ity** *n* Rechtspersönlichkeit *f* **le·gal pro·'ceed·ing** *n* Prozess *m*

le·gal pro·'tec·tion *n* Rechtsschutz *m* **le·gal pro·'vi·sions** *npl* gesetzliche Bestimmungen *pl* **le·gal regu·'la·tion** *n* Rechtsvorschrift *f* **le·gal rep·re·'senta·tive** *n* gesetzlicher Vertreter/gesetzliche Vertreterin **le·gal 'risk** *n* Rechtsrisiko *nt* **le·gal 'seat** *n (of company)* Sitz *m* **'le·gal sec·tion** *n* Rechtsabteilung *f* **le·gal se·'cu·rity** *n no pl* Rechtssicherheit *f* **le·gal sepa·'ra·tion** *n (of married couple)* gesetzliche Trennung; *(of child and parent)* gesetzliche Regelung des Sorgerechts **le·gal 'sta·tus** *n* Rechtsstellung *f* **'le·gal sys·tem** *n* Rechtssystem *nt* **le·gal 'ten·der** *n no pl* gesetzliches Zahlungsmittel

leg·ate ['legət, AM -ɪt] *n* ① HIST *(of Roman province)* Legat *m*
② *(clergy member)* päpstlicher Gesandter, Legat *m*

lega·tee [ˌlegə'tiː] *n* LAW *(spec)* Vermächtnisnehmer(in) *m(f)*

le·ga·tion [lɪ'geɪʃən] *n* ① *(group)* Gesandtschaft *f*
② *no pl (sending of representative)* Entsendung *f geh*
③ *(building)* Gesandtschaftsgebäude *nt*

leg be·fore 'wick·et, lbw I. *adv* **to be out ~** aus sein, weil das vor dem Tor stehende Bein von einem Wurf getroffen wurde
II. *adj inv* von einem Wurf am Bein, das vor dem Tor steht, getroffen
III. *n* Wurf *m* gegen ein vor dem Tor stehendes Bein

leg·end ['ledʒənd] I. *n* ① *(old story)* Sage *f;* *(about saint)* Legende *f*
② *no pl (body of stories)* Sagenschatz *m;* *(of saints)* Legendensammlung *f;* **~ has it that ...** es heißt, dass ...
③ *(famous person)* Legende *f fig,* legendäre Gestalt
④ *(on coin, diagram, map, picture)* Legende *f*
II. *adj pred* ■**to be ~** Legende sein *fig*

leg·end·ary ['ledʒəndəri, AM -deri] *adj* ① *inv (mythical)* sagenhaft; *(in legend)* legendär
② *(extremely famous)* legendär; ■**to be ~ for sth** für etw *akk* berühmt sein

leg·er·demain [ˌle(d)ʒədə'meɪn, AM -ədə'-] *n no pl*
① *(of conjuring)* Kniff *m*
② *(pej: deception)* Schwindelei *f pej*

leg·ged [legd, 'legɪd] *adj inv* -beinig

leg·gings ['legɪŋz] *npl* ① *(tight-fitting)* Leggings *pl*
② *(for protection)* Überhose *f;* *(for child)* Gamaschenhose *f*

leg·gy ['legi] *adj* ① *(of woman)* langbeinig, mit langen Beinen *nach n*
② *(of young animal, child)* staksig
③ *(of plant)* vergeilt *fachspr*

Leg·horn ['leghɔːn, AM -hɔːrn] *n no pl* ① GEOG Livorno *nt*
② FASHION italienischer Strohhut
③ ZOOL Leghorn *nt*

leg·ibil·ity [ˌledʒə'bɪləti, AM -əṱi] *n no pl* Leserlichkeit *f;* *(fig)* Erkennbarkeit *f*

leg·ible ['ledʒəbl] *adj* lesbar

leg·ibly ['ledʒəbli] *adv* leserlich

le·gion ['liːdʒən] I. *n* ① + *sing vb* HIST Legion *f*
② + *sing vb (soldiers)* Armee *f;* **the American/[Royal] British L~** *Verband der amerikanischen/britischen Kriegsteilnehmer des Ersten Weltkriegs;* **the [Foreign] L~** die Fremdenlegion
③ *(a large number)* ■**~s** *pl* Legionen *pl,* Scharen *pl;* **~s of fans** unzählige Fans; **~s of supporters** zahllose Anhänger(innen) *mpl(fpl)*
II. *adj pred, inv (form)* unzählig, zahllos; ***his fans are ~*** er hat unzählige Fans

le·gion·ary ['liːdʒənəri, AM -eri] I. *n* HIST Legionär *m*
II. *adj* Legions-

le·gio·nel·la [ˌliːdʒə'nelə] *n* MED Legionella [Pneumophila] *nt*

le·gion·naire [ˌliːdʒə'neəʳ, AM -'ner] *n (Roman soldier)* Legionär *m;* *(member of foreign legion)* [Fremden]legionär *m;* *(of American, British Legion) Mitglied des amerikanischen/britischen Kriegsveteranenverbands des Ersten Weltkriegs*

Le·gion·'naires' dis·ease *n no pl* Legionärskrankheit *f*

leg·is·late ['ledʒɪsleɪt] I. *vi* ein Gesetz erlassen; ■**to ~ against sth** ein Gesetz gegen etw *akk* erlassen, etw gesetzlich verbieten; *(fig)* ***you can't ~ for everything*** [*or* ***every situation***] man kann sich nicht gegen alles absichern
II. *vt* ■**to ~ sth** etw gesetzlich regeln

leg·is·la·tion [ˌledʒɪ'sleɪʃən] *n no pl* ① *(laws)* Gesetze *pl;* **~ *against*** [*or* ***to prohibit***] ***smoking in public places*** Gesetze, die das Rauchen in der Öffentlichkeit verbieten; **a piece of ~** *(a law)* ein Gesetz *nt;* *(a proposed law)* ein Gesetzentwurf *m,* eine Gesetzesvorlage; **to introduce/pass ~** ein Gesetz einbringen/verabschieden; ***the government has promised to introduce ~ to limit fuel emissions from cars*** die Regierung hat versprochen, die Abgasemission von Kraftfahrzeugen durch neue gesetzliche Bestimmungen zu begrenzen
② *(law-making)* Gesetzgebung *f,* Legislatur *f form;* **delegated ~** *durch delegierte Gesetzgebung entstandene Normen*

leg·is·la·tive ['ledʒɪslətɪv, AM -leɪṱɪv] *adj esp attr* gesetzgebend, gesetzgeberisch, legislativ *form;* **~ power** gesetzgebende Gewalt, Legislative *f form*

leg·is·la·tive as·'sem·bly *n* gesetzgebende Versammlung **leg·is·la·tive 'coun·cil** *n* AUS, IND gesetzgebender Rat

leg·is·la·tor ['ledʒɪsleɪtəʳ, AM -ṱə] *n* Gesetzgeber *m*

leg·is·la·ture ['ledʒɪslətʃəʳ, AM -leɪtʃə] *n* Legislative *f;* **member of the ~** Mitglied *nt* des Parlaments, Parlamentsmitglied *nt*

le·git [lə'dʒɪt] *adj pred (fam)* short for **legitimate** sauber *fam,* okay *präd fam;* **to go ~** legal werden; *person* auf den rechten Weg kommen

le·giti·ma·cy [lɪ'dʒɪtəməsi, AM lə'dʒɪṱə-] *n no pl*
① *(rightness)* Rechtmäßigkeit *f,* Legitimität *f form;* LAW *also* Gesetzmäßigkeit *f*
② *(of birth)* Ehelichkeit *f*

le·giti·mate I. *adj* [lɪ'dʒɪtəmət, AM lə'dʒɪṱə-] ① *(legal)* rechtmäßig, legitim *geh;* ***I'm not sure his business is entirely ~*** ich habe meine Bedenken, ob seine Geschäfte ganz sauber sind *fam;* **a ~ government** eine gesetzmäßige Regierung
② *(reasonable) excuse, reason* gerechtfertigt; *complaint, grievance* begründet; ***this is a ~ question*** das ist eine berechtigte Frage
③ *(born in wedlock)* **a ~ child** ein eheliches Kind
II. *vt* [lɪ'dʒɪtəmeɪt, AM lə'dʒɪṱə-] ① *(make legal)* ■**to ~ sth** etw für rechtsgültig erklären [*o* etw legitimieren] *geh*
② *(make acceptable)* ■**to ~ sth** etw anerkennen [*o geh* legitimieren]
③ *(change status of birth)* **to ~ a child** ein Kind rechtlich anerkennen

le·giti·mate·ly [lɪ'dʒɪtəmətli, AM lə'dʒɪṱə-] *adv*
① *(legally)* legal, rechtmäßig; ***she was ~ entitled to succeed to the throne*** sie war von Gesetz wegen berechtigt, den Thron zu besteigen; **to enter a country ~** legal in ein Land einreisen
② *(justifiably)* gerechtfertigterweise, zu Recht

le·giti·m(a·t)ize [lɪ'dʒɪtəm(ət)aɪz, AM lə'dʒɪṱ-] *vt* ■**to ~ sth** ① *(make legal)* etw legitimieren *geh,* etw für rechtsgültig erklären
② *(make acceptable)* etw legitimieren *geh,* etw rechtfertigen
③ *(change status of birth)* **to ~ a child** ein Kind rechtlich anerkennen

leg·less ['legləs] *adj* ① *(without legs)* beinamputiert, ohne Beine *nach n*
② *pred* BRIT *(sl: extremely drunk)* [völlig] blau *fam,* sturzbesoffen *fam,* sternhagelvoll *fam*

'leg·man *n* ① JOURN Reporter(in) *m(f)*
② *(running errands)* Bote, Botin *m, f,* Laufbursche *m veraltend o a. pej*

Lego® ['legəʊ, AM -oʊ] I. *n* Lego® *nt*
II. *n modifier (car, house, truck)* Lego-

'leg-pull *n (fam)* Fopperei *f* **'leg-pull·er** *n (fam)* Scherzbold *m fam,* Witzbold *m fam* **'leg-pull·ing** *n no pl (fam)* Foppen *nt* **'leg·room** *n no pl* Beinfreiheit *f*

leg·ume ['legjuːm, AM *also* lɪ'gjuːm] *n* BOT Hülsenfrucht *f*

le·gu·mi·nous [lɪ'gjuːmɪnəs, AM lə'-] *adj* BOT Hülsenfrucht-; **~ plants** Hülsenfrüchtler *pl,* Leguminosen *pl fachspr*

'leg-up *n usu sing (also fig)* **to give sb a ~** jdm [hin]aufhelfen

'leg·warm·er *n* Legwarmer *m,* Wadenstrumpf *m,* Stulpen *pl* SCHWEIZ

'leg·work *n no pl (fam)* Lauferei *f fam,* [Herum]rennerei *f fam;* **to do the ~ for sb** jdm die Kleinarbeit abnehmen

Leics BRIT *abbrev of* **Leicestershire**

lei·sure ['leʒəʳ, AM 'liːʒə, 'leʒə] I. *n no pl* Freizeit *f;* **a gentleman/lady of ~** *(esp hum)* ein Lebemann/eine Lebedame *meist pej;* **to lead a life of ~** ein müßiges Leben führen, sich *akk* dem süßen Nichtstun hingeben
▸PHRASES: **at** [**one's**] **~** in aller Ruhe; ***feel free to answer my letter at your ~*** nehmen Sie sich ruhig Zeit für die Beantwortung meines Schreibens; ***call me at your ~*** rufen Sie mich an, wenn es Ihnen gelegen ist
II. *n modifier (clothes)* Freizeit-; **~ activities** Hobbys *pl,* Freizeitaktivitäten *pl;* **~ facilities** Freizeiteinrichtungen *pl;* **~ hours/time** Freizeit *f*

'lei·sure cen·tre, 'lei·sure com·plex *n* BRIT Freizeitcenter *nt*

lei·sured ['leʒəd, AM 'liːʒəd, 'leʒəd] *adj (form)*
① *(having much leisure)* müßig *geh;* **the ~ class[es]** die feinen Leute, die gehobene Gesellschaft
② *(leisurely)* gemächlich, geruhsam *geh*

lei·sure·ly ['leʒəli, AM 'liːʒə-, 'leʒ-] I. *adj* ruhig, geruhsam; **at a ~ pace** gemessenen Schrittes *geh;* **a ~ picnic/breakfast** ein gemütliches Picknick/Frühstück
II. *adv* gemächlich

'lei·sure·wear *n no pl* Freizeit[be]kleidung *f*

leit·mo·tif, leit·mo·tiv ['laɪtmə(ʊ)ˌtiːf, AM -moʊˌ-] *n (spec)* Leitmotiv *nt fachspr*

lem·ming ['lemɪŋ] *n* ZOOL Lemming *m;* **to rush like ~s to do sth** scharenweise etw tun; ***people rushed like ~s to buy the shares*** die Leute stürzten sich wie die Ameisen auf die Aktien

lem·on ['lemən] I. *n* ① *(fruit)* Zitrone *f;* **a slice of ~** eine Zitronenscheibe
② *no pl* BRIT *(drink)* Zitronenlimonade *f;* **some hot ~ and honey** eine heiße Zitrone mit Honig
③ *no pl (colour)* Zitronengelb *nt*
④ BRIT, AUS *(sl: fool)* Blödmann *m fam;* **to feel [like] a ~** sich *dat* wie ein Idiot vorkommen *fam;* **to look [like] a ~** wie ein Idiot aussehen *pej fam*
⑤ *(fam: thing not working well)* Zitrone *f fam,* Niete *f;* AM *(problem car)* Montagsauto *nt*
▸PHRASES: **to squeeze sb like a ~** *(fam)* jdn wie eine Zitrone ausquetschen *fam*
II. *adj* **~ [yellow]** zitronengelb

lem·on·ade [ˌlemə'neɪd] *n* BRIT, AUS Limonade *f;* AM Zitronenlimonade *f*

lem·on 'balm *n* BOT Zitronenmelisse *f* **lem·on 'curd** *no pl,* **lem·on 'cheese** BRIT, **lem·on 'but·ter** *n* AUS *Creme aus Eiern, Butter und Zitronensaft, die als Brotaufstrich oder für Kuchen verwendet werden kann* **'lem·on grass** *n no pl* Zitronengras *nt* **'lem·on juice** *n* Zitronensaft *m* **'lem·on law** *n* AM *(fam)* Produkthaftungsgesetz *nt form* **'lem·on peel, 'lem·on rind** *n* Zitronenschale *f* **lem·on 'sole** *n* Rotzunge *f* **lem·on 'squash** *n* BRIT, AUS ① *no pl (concentrate)* Zitronensirup *m* ② *(drink)* Zitronensaftgetränk *nt* **'lem·on squeez·er** *n* Zitronenpresse *f* **'lem·on-squeezy** *adj* BRIT *(sl)* einfach **lem·on 'tea** *n* Tee *m* mit Zitrone **lem·on ver·'be·na** *n no pl* BOT Zitronenstrauch *m*

lem·ony ['leməni] *adj* Zitronen-; **~ taste** Zitronengeschmack *m*

le·mur ['liːməʳ, AM -ə] *n* ZOOL Lemur *m,* Maki *m*

lend <lent, lent> [lend] I. *vt* ① *(loan)* ■**to ~ [sb] sth** [*or* **sth [to sb]**] [jdm] etw leihen; ***the bank agreed to ~ him £5,000*** die Bank gewährte ihm einen Kredit in der Höhe von 5.000 Pfund; **to ~ money [to sb]** [jdm] Geld leihen
② *(impart)* ■**to ~ sth to sb/sth** jdm/etw etw verleihen; ***flowers all around the room ~ the place a cheerful look*** durch die vielen Blumen wirkt der Raum freundlich; ***photographs ~ some credibil-***

ity to his story durch die Fotos wird seine Geschichte glaubwürdiger; **to ~ charm to sth** etw *dat* Zauber verleihen; **to ~ charm to sb** jdn elegant aussehen [*o* wirken] lassen; **to ~ colour** [*or* AM **color**] **to sth** etw *dat* Farbe geben; **to ~ dignity to sb** jdm Würde verleihen; **to ~ weight to an argument** ein Argument verstärken, einem Argument [noch] mehr Gewicht verleihen; **to ~ support to a view** einen Eindruck verstärken

③ *(adapt)* ■**to ~ oneself** sich *akk* anpassen; ***he stiffly lent himself to her embraces*** steif ließ er ihre Umarmungen über sich ergehen

④ *(be suitable)* ■**to ~ itself** sich *akk* für etw *akk* eignen; ***the computer ~s itself to many different uses*** der Computer ist vielseitig einsetzbar

▸PHRASES: **to ~ an ear** zuhören; **to ~ an ear to sb/sth** jdm/etw zuhören [*o geh* Gehör schenken]; **to ~ a hand** helfen; **to ~ sb a hand** [*or* **a hand to sb**] jdm zur Hand gehen; **to ~ one's name to sth** seinen [guten] Namen für etw *akk* hergeben; **to ~ wings to sb/sth** jdm/etw Flügel verleihen *geh*

II. *vi* ■**to ~ to sb** jdm Geld leihen; *bank* jdm Kredit gewähren

◆**lend out** *vt* ■**to ~ out ↔ sth** etw ausleihen [*o* verleihen]

lend·er ['lendəʳ, AM -ɚ] *n* Verleiher(in) *m(f); (money lender)* Kreditgeber(in) *m(f),* Kreditanbieter(in) *m(f),* Kapitalgeber(in) *m(f)*

lend·ing ['lendɪŋ] **I.** *n no pl* Leihen *nt;* FIN Kreditvergabe *f; (field of business)* Kreditwesen *nt;* **~ on bills** Wechsellombard *m;* **~ on goods** Warenkredit *m,* Warenlombard *m*

II. *n modifier* **~ limit** Kreditlimit *nt;* **~ margin** Finanzierungsmarge *f* der Banken

'lend·ing bank *n* kreditierende Bank **'lend·ing busi·ness** *n* ① *no pl (sector)* Kreditsektor *m* ② *no pl (activity)* Geldleihe *f* ③ *(company)* Kredit[leih]geschäft *nt* **'lend·ing ca·pac·ity** *n* Darlehenskapazität *f* **'lend·ing con·tract** *n* Leihvertrag *m* **'lend·ing coun·try** *n* Gläubigerland *nt* **'lend·ing in·ter·est** *n* Kreditzins *m;* **~ rate** Kreditzinssatz *m* **'lend·ing li·brary** *n* Leihbibliothek *f* **'lend·ing lim·it** *n* Beleihungsgrenze *f* **'lend·ing poli·cy** *n* Kredit[vergabe]politik *f* **'lend·ing prac·tice** *n* Kreditvergabepraxis *f* **'lend·ing prin·ci·ple** *n* Kreditvergabegrundsatz *m* **'lend·ing rate** *n* Darlehenszinssatz *m,* Kreditzins[satz] *m,* Kreditsatz *m*

lend·ings ['lendɪŋz] *npl* FIN Debitoren *m*

length ['leŋ(k)θ] *n* ① *no pl (measurement)* Länge *f;* ***this elastic cord will stretch to twice its normal ~*** dieses Elastikband lässt sich bis zur doppelten Länge dehnen; ***she planted rose bushes along the whole ~ of the garden fence*** sie pflanzte Rosensträucher entlang dem gesamten Gartenzaun; **to be 2 metres in ~** ein Länge von 2 Metern haben, 2 Meter lang sein

② *(piece)* Stück *nt;* **a ~ of cloth/wallpaper** eine Bahn Stoff/Tapete; **a ~ of pipe** ein Rohrstück *nt;* **a ~ of ribbon/string** ein Stück *nt* Band/Bindfaden

③ *(winning distance)* Länge *f* [Vorsprung]; ***the Cambridge boat won by two ~s*** die Mannschaft von Cambridge gewann mit zwei Bootslängen Vorsprung; **to be 2 ~s ahead of sb/sth** 2 Längen Vorsprung auf jdn/etw haben; **to win a horse race by 4 ~s** ein Rennen mit 4 Pferdelängen Vorsprung gewinnen

④ *(in swimming pool)* Bahn *f*

⑤ *no pl (duration)* Dauer *f;* ***what's the ~ of tonight's performance?*** wie lange dauert die heutige Vorstellung?; **the ~ of an article/a book/a film** die Länge eines Artikels/Buchs/Films; **a speech of some ~** eine längere Rede; **[for] any ~ of time** [für] längere Zeit; **at ~** *(finally)* nach langer Zeit, schließlich; *(in detail)* ausführlich, detailliert; ***she described her trip to Thailand at ~*** sie schilderte ihre Thailandreise in allen Einzelheiten; **at great ~** in aller Ausführlichkeit, in epischer Breite *iron*

⑥ LING Länge *f;* **vowel ~** Vokallänge *f,* Länge *f* eines Vokals

▸PHRASES: **the ~ and breadth** kreuz und quer; ***he travelled the ~ and breadth of Europe*** er ist kreuz und quer durch Europa gereist; **to go to any ~s** vor nichts zurückschrecken; **to go to great ~s** sich *dat* alle Mühe geben

length·en ['leŋ(k)θən] **I.** *vt* ■**to ~ sth** etw verlängern; *clothes* etw länger machen; ***I'll have to ~ this skirt*** bei diesem Rock muss ich den Saum herauslassen; ■**to be ~ed** *vowels* gedehnt werden

II. *vi* [immer] länger werden; ***the minutes ~ed into hours*** aus Minuten wurden Stunden

length·en·ing ['leŋ(k)θənɪŋ] *adj inv* länger werdend *attr;* **at ~ intervals** in [immer] größeren Abständen; **~ shadows** länger werdende Schatten

lengthi·ly ['leŋθɪli] *adv* ausgedehnt, lang

length·ways ['leŋ(k)θweɪz], **length·wise** ['leŋ(k)θwaɪz] **I.** *adv inv* der Länge nach

II. *adj inv* Längs-

lengthy ['leŋ(k)θi] *adj* ① *(lasting a long time)* [ziemlich] lange; **~ applause** anhaltender [*o* nicht enden wollender] Beifall; **~ delay** beträchtliche Verspätung; **after a ~ wait** nach langem Warten

② *(tedious) treatment* langwierig; *explanation* umständlich, weitschweifig; ***because there were so many ~ speeches ...*** da sich die Reden oft in die Länge zogen, ...

le·ni·ence ['liːniən(t)s], **le·ni·en·cy** ['liːniən(t)si] *n no pl* Nachsicht *f,* Milde *f*

le·ni·ent ['liːniənt] *adj* nachsichtig, milde; ***they say that judges are too ~ with terrorists*** sie sagen, dass die Richter zu gnädig mit Terroristen umgehen; **~ judge** milder Richter/milde Richterin; **~ punishment/sentence** milde Strafe/mildes Urteil; **to take a ~ view of sth** etw nachsichtig beurteilen

le·ni·ent·ly ['liːniəntli] *adv* nachsichtig, milde

Len·in·ism ['lenɪnɪzᵊm] *n no pl* Leninismus *m*

Len·in·ist ['lenɪnɪst] **I.** *n* Leninist(in) *m(f)*

II. *adj inv* leninistisch

lens <*pl* -es> [lenz] *n* ① *(optical instrument)* Linse *f; (in camera, telescope also)* Objektiv *nt; (in glasses)* Glas *nt;* [**contact**] **~** Kontaktlinse *f;* **fish-eye ~** Fischauge *nt;* **zoom ~** Zoom *nt*

② *(part of eye)* Linse *f*

lens·man ['lenzmən] *n* Fotograf *m*

lent [lent] *vt, vi pt, pp of* **lend**

Lent [lent] *n no pl, no art* Fastenzeit *f*

Lent·en ['lentᵊn] *adj attr, inv* Fasten-

len·til ['lentᵊl, AM -t̬ᵊl] *n* Linse *f*

len·tisc, len·tisk ['lentɪsk] *n* BOT Mastix *m;* **~ gum** *no pl* Mastix *m,* Mastixharz *nt*

Leo ['liːəʊ, AM -oʊ] *n* ASTRON, ASTROL ① *no art* Löwe *m;* **to be born under ~** im Zeichen des Löwen geboren sein

② *(person)* Löwe *m;* ***she is a ~*** sie ist Löwe

leo·ne [li'əʊni, AM -'oʊ-] *n (Sierra Leonean currency)* Leone *f*

leo·nine ['liːə(ʊ)naɪn, AM -ən-] *adj (form)* löwenartig, Löwen-; **~ hair** [*or* **mane**] Löwenmähne *f;* **~ head** Löwenhaupt *nt geh*

leop·ard ['lepəd, AM -ɚd] *n* Leopard(in) *m(f)*

▸PHRASES: **a ~ can't change its spots** *(prov)* die Katze lässt das Mausen nicht *prov;* ***he has promised not to tell lies any more, but a ~ can't change its spots*** er hat versprochen nicht mehr zu lügen, aber ich halte ihn für unverbesserlich

'leop·ard skin *n* Leopardenfell *nt*

leo·tard ['liːətɑːd, AM -tɑːrd] *n* Trikot *nt; (for gymnastics also)* Turnanzug *m,* [Turn]trainer *m* SCHWEIZ

lep·er ['lepəʳ, AM -ɚ] *n* MED Leprakranke(r) *f(m),* Aussätzige(r) *f(m) a. fig;* **to be shunned like a ~** wie ein Aussätziger/eine Aussätzige behandelt werden

'lep·er colo·ny *n* Leprakolonie *f,* Leprosorium *nt fachspr*

lepi·dop·ter·ous [ˌlepɪ'dɒptᵊrəs, AM -'dɑːp-] *adj* ZOOL Schmetterlings-

lep·re·chaun ['leprəkɔːn, AM -kɑːn] *n* Kobold *m*

lep·ro·sy ['leprəsi] *n no pl* Lepra *f;* **to contract/go down with ~** an [der] Lepra erkranken

lep·rous ['leprəs] *adj* leprakrank, aussätzig, leprös *fachspr;* **~ patient** Leprapatient(in) *m(f)*

lep·tin ['leptɪn] *n no pl* Leptin *nt*

les [lez] *n (sl) short for* **lesbian** Lesbe *f*

les·bian ['lezbiən] **I.** *n* Lesbierin *f,* Lesbe *f*

II. *adj inv* lesbisch

les·bian·ism ['lezbiənɪzᵊm] *n no pl* lesbische Liebe, Lesbianismus *m geh*

les·bo ['lezbəʊ] *n* AM *(pej! fam) short for* **lesbian** Lesbe *f*

lèse-maj·es·té, lese-maj·es·ty [ˌleɪz'mæ(d)ʒəsteɪ, AM ˌliːzˌmæʒes'teɪ] *n no pl* ① *(treason)* Hochverrat *m* ② *(insult)* Majestätsbeleidigung *f veraltet o iron*

le·sion ['liːʒᵊn] *n* Verletzung *f,* Läsion *f fachspr;* ***brain ~s can be caused by bacterial infections*** Gehirnschädigungen können durch bakterielle Infektionen verursacht werden; **~s to back and thighs** Rücken- und Oberschenkelverletzungen *pl*

Le·so·tho [lə'suːtuː, AM lə'soʊtoʊ] *n* Lesotho *nt*

less [les] **I.** *adv comp of* **little** ① *(to a smaller extent)* weniger; ***you should work more and talk ~*** du solltest mehr arbeiten und weniger reden; ***getting out of bed in summer is ~ difficult than in winter*** im Sommer fällt das Aufstehen leichter als im Winter; ***I think of him ~ as a colleague and more as a friend*** ich betrachte ihn eher als Freund denn als Kollegen; **~ *of your cheek!*** sei nicht so frech!; ***he listened ~ to the answer than to Kate's voice*** er hörte weniger auf die Antwort als auf Kates Stimme; **the ~ ... the better** je weniger ..., umso besser; ***the ~ said about this unpleasant business the better*** je weniger über diese unerfreuliche Sache geredet wird, umso besser; **much** [*or* **far**] [*or* **a lot**] **~ complicated** viel einfacher; **~ expensive/happy/sad** billiger/unglücklicher/glücklicher; **the more ..., the ~ ...** je mehr ..., desto weniger ...; ***the more she hears about the place, the ~ she wants to go there*** je mehr sie über den Ort erfährt, desto weniger will sie hin; ■**no ~ a/an ...:** ***that this is a positive stereotype makes it no ~ a stereotype*** dass das ein positives Vorurteil ist, ändert nichts daran, dass es ein Vorurteil ist; **~ and ~** immer weniger; ***she phones me ~ and ~*** sie ruft mich immer weniger an; ***his uncle is ~ and ~ able to look after himself*** sein Onkel kann immer weniger für sich sorgen

② *(not the least bit)* ■**~ than ...** kein bisschen ...; **~ than accurate/fair/just/happy** nicht gerade genau/fair/gerecht/glücklich; ***it is little ~ than disgraceful that he refused to keep his promises*** es ist mehr als schändlich, dass er seine Versprechen nicht eingehalten hat

▸PHRASES: **in ~ than no time** *(hum fam)* im Nu *fam,* in null Komma nichts *fam;* ***we'll have the pizzas delivered in ~ than no time*** wir liefern die Pizzas in null Komma nichts; ***you stir the ingredients together, pop it in the oven and in ~ than no time, it's ready*** mischen Sie die Zutaten, schieben Sie die Masse in den Ofen und schon ist es fertig; **much** [*or* **still**] **~ ...** *(form)* geschweige denn ..., viel weniger ...; ***at the age of fourteen I had never even been on a train, much ~ an aircraft*** mit 14 war ich noch nie mit dem Zug gefahren, geschweige denn geflogen; ***what woman would consider a date with him, much ~ a marriage?*** welche Frau würde mit ihm ausgehen, geschweige denn, ihn heiraten; **no ~** *(also iron)* niemand geringerer; ***who should arrive at the party but the Prime Minister, no ~!*** und wer war wohl auch auf der Party? der Premierminister, höchstpersönlich!; ***Peter cooked dinner — fillet steak and champagne, no ~*** Peter cochte das Abendessen – Filetsteak und Champagner, nur das Beste; **no ~ ... than ...** kein geringerer/kein geringeres/keine geringere ... als ...; ***no ~ an occasion than their twenty-fifth wedding anniversary*** kein geringerer Anlass als ihr 25. Hochzeitstag

II. *adj* ① *comp of* **little** weniger; ***I had ~ money than I thought*** ich hatte weniger Geld als ich dachte; ***I eat ~ chocolate and fewer biscuits than I used to*** ich esse weniger Schokolade und Kekse als früher; ***the ~ time spent here, the better*** je weniger Zeit man hier verbringt, umso besser

② *(non-standard use of fewer)* weniger; ***the trees***

have produced ~ ***apples this year*** die Bäume tragen heute weniger Äpfel; ***short hair presents*** ~ ***problems than long hair*** kurzes Haar verursacht weniger Probleme als langes
③ *(old: lower in rank, less important)* jünger; ■ **... the L~** der Jüngere; ***James the L~*** Jakobus der Jüngere
III. *pron indef* ① *(smaller amount)* weniger; ***she is aged 40 or*** ~ sie ist 40 oder jünger; ***he only has $10 but she has even*** ~ ***!*** er hat nur 10 Dollar, sie noch weniger; ***I've been trying to eat*** ~ ich versuche, weniger zu essen; **a little/lot** ~ etwas/viel weniger; ***that's too much — could I have a little*** ~ ***?*** das ist zu viel – könnte ich etwas weniger haben?; ■ **to be/do** ~ **of sth**: ***I've been seeing*** ~ ***of her lately*** ich sehe sie in letzter Zeit weniger; ~ **of a problem** ein geringeres Problem; ***storage is*** ~ ***of a problem than it used to be*** die Lagerung ist heute ein kleineres Problem als früher; ■ ~ **than ...** weniger als ...; ***we had walked*** ~ ***than three kilometres when Robert said he wanted to rest*** wir hatten noch keine drei Kilometer hinter uns, als Robert eine Pause machen wollte; ***ready in*** ~ ***than an hour*** in weniger als einer Stunde fertig
② *non-standard (fewer)* weniger; ***he doesn't have many enemies but she has even*** ~ er hat nicht viele Feinde, sie noch viel weniger; ■ ~ **than ...** weniger als ...; ***a population of*** ~ ***than 200,000*** weniger als 200.000 Menschen
▸ PHRASES: **to be little** ~ **than sth** fast schon etw sein; ***it was little*** ~ ***than disgraceful*** es war fast schon eine Schande; ***his speech was so full of bad jokes and misinformation that it was little*** ~ ***than an embarrassment*** seine Rede war so voll mit schlechten Scherzen und falscher Information, dass es fast schon peinlich war; **no** ~ **than ...** nicht weniger als ..., bestimmt ...; ***no*** ~ ***than 1000 guests/people were at the party*** es waren nicht weniger als [*o* bestimmt] 1000 Gäste/Leute auf der Party
IV. *prep* ■ ~ **sth** minus [*o* abzüglich] einer S. *gen;* ***the total of £30,*** ~ ***the £5 deposit you've paid*** insgesamt macht es 30 Pfund, abzüglich der 5 Pfund Anzahlung, die Sie geleistet haben; ***£900,000*** ~ ***tax*** 900.000 Pfund brutto

less de·vel·oped 'coun·try *n,* **LDC** *n* Entwicklungsland *nt*

les·see [les'iː] *n* Pächter(in) *m(f); of a house, flat* Mieter(in) *m(f),* Leasingnehmer(in) *m(f)*

less·en ['lesᵊn] **I.** *vi* schwächer [*o* geringer] werden, abschwächen; *fever* zurückgehen, sinken; *pain* nachlassen; ***the rain eventually*** ~***ed to a soft mist*** der Regen ging schließlich in ein leichtes Nieseln über
II. *vt* ■ **to** ~ **sth** etw verringern; ***eating properly can*** ~ ***the risk of heart disease*** mit einer vernünftigen Ernährung kann das Risiko einer Herzerkrankung gesenkt werden; ***a massage can*** ~ ***tension in the back*** eine Massage hilft, Rückenverspannungen zu lösen; **to** ~ **sb's achievements** jds Leistungen herabsetzen

less·er ['lesəʳ, AM -ɚ] *adj attr, inv* ① *(smaller in amount)* geringer; **to a** ~ **degree** [*or* **extent**] in geringerem Maße; **the** ~ **of two evils** das kleinere Übel
② *(lower) work of art, artist* unbedeutender; ***a*** ~ ***man might have given up*** ein Geringerer hätte wahrscheinlich aufgegeben *liter;* **the** ~ **aristocracy** der niedrige Adel

less·er-'known *adj inv* unbekannter, weniger bekannt

less-is-more [lesɪz'mɔːʳ, AM -mɔːr] *adj inv* **a** ~ **attitude** eine neue Bescheidenheit

les·son ['lesᵊn] *n* ① *(teaching period)* Stunde *f;* **driving** ~ Fahrstunde *f;* ■ ~**s** *pl* Unterricht *m kein pl;* **to take acting/guitar** ~**s** Schauspiel-/Gitarrenunterricht nehmen; **English** ~**s** Englischunterricht *m;* **science** ~**s** Unterricht *m* in naturwissenschaftlichen Fächern
② *(from experience)* Lehre *f,* Lektion *f;* ***there is a*** ~ ***for all parents in this child's tragic death*** aus dem tragischen Tod dieses Kindes sollten alle Eltern eine Lehre ziehen; **to draw** [*or* **learn**] **a** ~ **from sth** aus etw *dat* lernen [*o* eine Lehre ziehen]; **to teach sb a** ~ jdm eine Lektion erteilen; ***I hope that's taught you a*** ~ ***!*** ich hoffe, das war dir eine Lehre!
③ *(exercise in book)* Lektion *f*
④ REL *(in Anglican church)* [Bibel]text *m;* **to read the** ~ aus der Bibel lesen

les·sor [les'ɔːʳ, AM 'lesɔːr] *n* Verpächter(in) *m(f); of a flat, house* Vermieter(in) *m(f);* FIN Leasinggeber(in) *m(f)*

lest [lest] *conj (liter)* ① *(for fear that)* damit ... nicht ..., aus Furcht, dass ...; ~ ***we forget*** wir mögen nicht vergessen *form*
② *(in case)* falls, für den Fall, dass ...; ~ ***you think the film is too violent, ...*** wenn du Angst hast, dass in dem Film zu viel Gewalt vorkommt, ...
③ *(old: that)* dass; **to be afraid/anxious/worried** ~ **...** Angst haben/fürchten/sich *akk* sorgen, dass ...; ***she was afraid*** ~ ***he should come too late to save her*** sie hatte Angst, er würde zu ihrer Rettung zu spät kommen

let¹ [let] *n* ① SPORT Netzball *m*
② LAW **without** ~ **or hindrance** ungehindert

let² [let] **I.** *n no pl esp* BRIT Vermietung *f; duration* Mietfrist *f;* **to sign a five-year** ~ einen Mietvertrag für fünf Jahre unterschreiben; **to take sth on a** ~ etw mieten
II. *vt* <-tt-, let, let> ① *(allow)* ■ **to** ~ **sth/sb do sth** etw/jdn etw tun lassen; ***don't*** ~ ***it worry you*** mach dir darüber [mal] keine Sorgen; **to** ~ **one's hair grow** sich *dat* die Haare [lang] wachsen lassen; **to** ~ **one's shoes dry** seine Schuhe trocknen lassen; **to** ~ **sb alone** [*or fam* **sb be**] jdn in Ruhe [*o* Frieden] lassen; ~ ***him be!*** lass ihn in Ruhe!; **to** ~ **sth alone** *(not touch)* etw nicht anfassen; *(not talk about)* nicht über etw *akk* sprechen; **to** ~ **sth alone** [*or* **rest**] [*or fam* **be**] *(not pursue further)* etw auf sich beruhen lassen; **sb** ~**s** [**it**] **fall** [*or* **drop**] [*or* **slip**] **that ...** *(unintentionally)* es rutscht jdm heraus, dass ...; *(as if unintentionally)* jd lässt so nebenbei die Bemerkung fallen, dass ...; **to** ~ **sb go** *(allow to depart)* jdn gehen lassen; *(release from grip)* jdn loslassen [*o* SÜDD, ÖSTERR auslassen]; *(from captivity)* jdn freilassen [*o fam* laufen lassen]; ~ ***me go, you're hurting me!*** loslassen [*o* lass mich los], du tust mir weh!; **to** ~ **sth go** *(neglect)* etw vernachlässigen; **to** ~ **sth go** [*or* **pass**] etw durchgehen lassen; **to** ~ **it go at that** es dabei bewenden lassen; **to** ~ **go** [**of sb/sth**] *(also fig)* [jdn/etw] loslassen [*o* SÜDD, ÖSTERR auslassen] *a. fig;* ~ ***go of my hand, you're hurting me!*** lass meine Hand los, du tust mir weh!; ■ **to** ~ **oneself go** *(give way to enthusiasm)* aus sich *dat* herausgehen; *(develop bad habits)* sich *akk* gehenlassen
② *(give permission)* ■ **to** ~ **sb do sth** jdn etw tun lassen; ***she wanted to go but her parents wouldn't*** ~ ***her*** sie wollte gehen, aber ihre Eltern ließen sie nicht; ***I'm*** ~***ting you stay up late just this once*** dieses eine Mal darfst du ausnahmsweise länger aufbleiben
③ *(make)* ■ **to** ~ **sb do sth** jdn etw tun lassen; **to** ~ **sb know sth** jdn etw wissen lassen; ~ ***us know when you get there*** geben Sie uns Bescheid, wenn Sie dort ankommen; ~ ***me know if/why ...*** lass mich wissen, wenn/warum ...; **to** ~ **it be known that ...** alle wissen lassen, dass ...
④ *(in suggestions)* ■ ~ **me/**~**'s do sth** lass mich/lass uns etw tun; ~ ***'s go out to dinner!*** lass uns Essen gehen!, gehen wir essen!; ***don't*** ~ ***us argue*** lass uns nicht streiten; ~ ***'s face it!*** sehen wir den Tatsachen ins Auge!; ~ ***'s say he didn't think it was funny*** nehmen wir [mal] an, er fand es nicht lustig; ***the British drink more tea than,*** ~ ***'s say, the German*** die Briten trinken mehr Tee als, sagen wir mal, die Deutschen; ~ ***us consider all the possibilities*** wollen wir einmal alle Möglichkeiten ins Auge fassen
⑤ *(when thinking, for examples, assumptions)* ■ ~ **me/**~**'s do sth** lass mich/lass uns etw tun; ~ ***me/*** ~ ***'s see, ...*** also, ...; ~ ***me think*** Moment [mal], ..., lassen Sie mich [mal] nachdenken
⑥ *(expressing politeness)* ■ ~ **me/us ...** lassen Sie mich/uns zunächst einmal ...; ~ ***me first ask you ...*** erlauben Sie mir zunächst einmal die Frage ...
⑦ *(making a threat)* ■ [**don't**] ~ **me do sth** lass mich [bloß nicht] etw tun; ***just*** ~ ***me hear you say such a thing again and you'll be sorry!*** sag so etwas noch einmal und du wirst es [bitter] bereuen; ***don't*** ~ ***me catch you in here again!*** dass ich dich hier nicht noch einmal erwische!
⑧ *(expressing defiance)* ■ ~ **sb/sth do sth** soll jd/etw doch etw tun; ~ ***them do what they like*** sollen sie doch machen, was sie wollen; ~ ***it rain*** von mir aus kann es ruhig regnen; ***if he needs money,*** ~ ***him earn it*** wenn er Geld braucht, soll er gefälligst arbeiten gehen; ~ ***there be no doubt about it!*** das möchte ich [doch] einmal klarstellen!
⑨ REL *(giving a command)* ■ **to** ~ **sb/sth ...** lasset ...; ~ ***us pray*** lasset uns beten *form;* ~ ***there be light*** es werde Licht *form*
⑩ MATH ~ ***a equal 4*** a ist gleich 4; ***if we*** ~ ***the angle x equal 70° ...*** wenn der Winkel x gleich 70° ist, ...
⑪ *esp* BRIT, AUS *(rent out)* **to** ~ **sth** etw vermieten; ***"to*** ~ ***"*** „zu vermieten"
▸ PHRASES: ~ **alone ...** geschweige denn ...; **to** ~ **it all hang out** *(dated sl)* über die Stränge schlagen *fam;* **to** ~ **sb have it** es jdm mal [ordentlich] geben *fam;* **to** ~ **sth lie** etw auf sich beruhen lassen; **to** ~ **a matter lie for some time** eine Angelegenheit eine Zeit lang ruhenlassen; **to** ~ **fly** [*or* **rip**] *(sl)* ausflippen *sl;* **to** ~ [**it**] **rip** *(do sth to extremes)* es [mal so richtig] krachen lassen *fam; (drive very fast)* volle Pulle fahren *fam,* voll aufs Gas steigen ÖSTERR *fam,* Vollgas geben SCHWEIZ *fam*

◆ **let by** *vt* ■ **to** ~ **sb/sth by** jdn/etw vorbeilassen

◆ **let down I.** *vt* ① ■ **to** ~ **down** ○ **sb** *(disappoint)* jdn enttäuschen; *(fail to support)* jdn im Stich lassen
② *(lower slowly)* ■ **to** ~ **down** ○ **sth** etw herunterlassen
③ BRIT, AUS *(deflate)* **to** ~ **down a tyre** die Luft aus einem Reifen lassen
④ *(make longer)* ■ **to** ~ **down** ○ **sth** *clothes* etw länger machen; **to** ~ **down a hem** einen Saum auslassen
▸ PHRASES: **to** ~ **one's hair down** sich *akk* gehenlassen; **to** ~ **the side down** BRIT, AUS jdn/sich bloßstellen [*o* blamieren]
II. *vi* AVIAT heruntergehen

◆ **let in** *vt* ① *(allow to enter)* ■ **to** ~ **in** ○ **sb** jdn hereinlassen; ■ **to** ~ **oneself in** aufschließen; ***I've got a key, so I can*** ~ ***myself in*** ich habe einen Schlüssel, ich kann also rein
② ■ **to** ~ **in** ○ **sth** *(not keep out)* etw hereinlassen; *(let through)* etw durchlassen; ***these shoes*** ~ ***in the rain*** diese Schuhe sind nicht wasserdicht; **to** ~ **in some air** frische Luft hereinlassen
③ *(allow to know)* ■ **to** ~ **sb in on sth** jdn in etw *akk* einweihen; ***shall I*** ~ ***you in on a little secret?*** soll ich dir ein kleines Geheimnis anvertrauen?
④ *(fam: get involved)* ■ **to** ~ **oneself in for sth** sich *akk* auf etw *akk* einlassen; ■ **to** ~ **sb in for sth** jdm etw einbrocken *fam;* ***what have we*** ~ ***ourselves in for?*** worauf haben wir uns da nur eingelassen?; **to** ~ **sb/oneself in for a lot of trouble/work** jdm/sich eine Menge Ärger einhandeln/eine Menge Arbeit aufhalsen *fam*

◆ **let into** *vt* ① *(allow to enter)* ■ **to** ~ **sb/sth into sth** jdn/etw in etw *akk* lassen; **to** ~ **sb into a building/house** jdn in ein Gebäude/Haus lassen
② *(allow to know)* **to** ~ **sb into a secret** jdn in ein Geheimnis einweihen, jdm ein Geheimnis anvertrauen
③ *usu passive (build into)* ■ **to be** ~ **into sth** in etw *akk* eingesetzt [*o* eingelassen] sein; **a safe** ~ **into the wall** ein [eingebauter] Safe, ein Wandsafe *m*

◆ **let off** *vt* ① *(emit)* ■ **to** ~ **off** ○ **sth** etw ausstoßen; **to** ~ **off a bad smell** einen schlechten Geruch verbreiten
② *(fire)* ■ **to** ~ **off** ○ **sth** etw abfeuern; **to** ~ **off a bomb/fireworks** eine Bombe/Feuerwerkskörper zünden; **to** ~ **off a gun** ein Gewehr abfeuern; **to** ~ **off a shot/volley** einen Schuss/eine Salve abge-

ben

③ *(not punish)* ■ **to ~ off ○ sb** jdn laufen [*o* davonkommen] lassen; ***you won't be ~ off so lightly the next time*** das nächste Mal wirst du nicht so glimpflich davonkommen; **to ~ sb off with a fine/warning** jdn mit einer Geldstrafe/Verwarnung davonkommen lassen

④ *(excuse)* ■ **to ~ sb off sth** jdm etw erlassen; ***his boss ~ him off work for the day*** sein Chef hat ihm den Tag freigegeben

▸PHRASES: **to ~ off steam** *(fam)* Dampf ablassen *fam*

◆**let on I.** *vi (fam)* ■ **to ~ on about sth [to sb]** [jdm] etwas von etw *dat* verraten; ***she didn't ~ on about the wedding to me*** sie hat mir nichts von der Hochzeit gesagt [*o* verraten]; ***if he did know the truth, he didn't ~ on [to me]*** wenn er die Wahrheit kannte, so hat er [mir] jedenfalls nichts verraten; ***John knows more than he ~s on*** John weiß mehr, als er sagt

II. *vt (fam)* ■ **to ~ on that ...** ① *(divulge)* verraten [*o fam* herauslassen], dass ...; *(blurt out)* ausplaudern, dass ...; *(show)* sich *dat* anmerken lassen, dass ...; ***she didn't ~ on [to me] that she was getting married the next day*** sie hat [mir] nicht verraten, dass sie am Tag darauf heiraten wollte; ***don't ~ on you've been there before*** lass dir nur nicht anmerken, dass du schon einmal dort warst

② *(pretend)* vorgeben, dass ..., so tun, als ob ...; ***he ~ on that he didn't hear me*** er gab vor, mich nicht zu hören, er tat so, als würde er mich nicht hören

◆**let out I.** *vt* ① *(release)* ■ **to ~ out ○ sb/sth** jdn/etw herauslassen; ***I'll ~ myself out*** ich finde selbst hinaus; **to ~ the water out [of the bathtub]** das Wasser [aus der Badewanne] ablaufen lassen; ■ **to ~ an animal out** ein Tier herauslassen; *(set free)* ein Tier freilassen

② *(emit)* ■ **to ~ out sth** etw ausstoßen; **to ~ out a belch [***or* **burp]** aufstoßen, rülpsen *fam; baby* ein Bäuerchen *nt* machen *fam;* **to ~ out a groan** [auf]stöhnen; **to ~ out a guffaw** in schallendes Gelächter ausbrechen; **to ~ out a roar** aufschreien; *engine* aufheulen; **to ~ out a scream/yell** einen Schrei ausstoßen; **to ~ out a shriek** aufschreien; **to ~ out a squeal** aufkreischen; **to ~ out a whoop** laut aufschreien, aufjuchzen

③ *(make wider)* **to ~ out sth** *clothes* etw weiter machen; **to ~ out a seam** einen Saum auslassen

④ ■ **to ~ out ○ sth** *(divulge)* etw verraten [*o fam* herauslassen]; *(blurt out)* etw ausplaudern *fam*

⑤ *esp* BRIT *(rent out)* ■ **to ~ out ○ sth [to sb]** [jdm] etw vermieten

⑥ *(fam: excuse)* ■ **to ~ out ○ sb** jdm als Entschuldigung dienen; ***that ~s me out*** das entschuldigt mich; ***a cold ~ me out of going hiking with Sam*** meine Erkältung war eine gute Ausrede, nicht mit Sam wandern zu gehen; ***that ~s me out of having to help*** dann muss ich schon nicht helfen

II. *vi* AM enden; ***when does school ~ out for the summer*** wann beginnen die Sommerferien?

◆**let through** *vt* ■ **to ~ through ○ sb/sth** jdn/etw durchlassen

◆**let up** *vi (fam)* ① *(decrease)* aufhören; *rain also* nachlassen; *fog, weather* aufklaren

② *(release)* **to ~ up on the accelerator** den Fuß vom Gas nehmen

③ *(ease up)* nachlassen; *(give up)* lockerlassen *fam;* ■ **to ~ up on sb** jdn in Ruhe [*o* Frieden] lassen; ■ **to ~ up on sth** etw reduzieren; **to ~ up on work** weniger arbeiten

'let-down *n usu sing (fam)* Enttäuschung *f*

le·thal ['li:θᵊl] *adj* ① *(causing death)* tödlich; **to deal sb/sth a ~ blow** jdm/etw den Todesstoß versetzen *a. fig;* **~ injection** Todesspritze *f;* **~ poison/weapon** tödliches Gift/tödliche Waffe

② *(fam: very dangerous)* tödlich; ***this knife looks pretty ~*** dieses Messer sieht ziemlich gefährlich aus; ***the vodka in Russia is absolutely ~*** der Wodka in Russland ist absolut tödlich

③ *(fam: strong and determined)* eisenhart, unerbittlich

le·thal·ly ['li:θᵊli] *adv* **to be ~ effective** tödlich wirken *a. fig,* eine tödliche Wirkung haben *a. fig*

le·thar·gic [lə'θɑ:dʒɪk, AM lɪ'θɑ:r-] *adj* ① *(lacking energy)* lethargisch *geh,* träge

② *(apathetic)* lustlos, teilnahmslos

le·thar·gi·cal·ly [lə'θɑ:dʒɪkᵊli, AM lɪ'θɑ:r-] *adv* lethargisch

leth·ar·gy ['leθədʒi, AM -ədʒi] *n no pl* ① *(lacking energy)* Lethargie *f geh,* Trägheit *f; (apathy)* Teilnahmslosigkeit *f*

② MED Schlafsucht *f,* Lethargie *f fachspr*

'let-off *n (fam)* Glücksfall *nt*

Let·ra·set® ['letrəset] *n no pl* Letraset® *nt*

let 'rip *vi (sl: flatulate)* sich *akk* gehenlassen

let·ter ['letəʳ, AM -t̬ɚ] *n* ① *(message)* Brief *m,* Schreiben *nt;* **a business/love ~** ein Geschäfts-/Liebesbrief *m;* **L~s to the Editor** JOURN Leserbriefe *pl;* **a ~ from/to a friend** ein Brief *m* von einem/an einen Freund; **to inform sb by ~** jdn schriftlich verständigen

② *(of alphabet)* Buchstabe *m;* **to have a lot of ~s after one's name** viele Titel haben; **three-~ word** Wort *nt* mit drei Buchstaben; **four-~ word** Schimpfwort *nt;* **in large ~s** in Großbuchstaben; **in small ~s** in Kleinbuchstaben

▸PHRASES: **to keep to [***or* **follow] the ~ of the law** nach dem Buchstaben des Gesetzes handeln; **to the ~** buchstabengetreu, genau nach Vorschrift

'let·ter bomb *n* Briefbombe *f* **'let·ter·box** *n esp* BRIT, AUS Briefkasten *m,* Postkasten *m* **'let·ter car·ri·er** *n* AM *(postman)* Postbote, -botin *m, f,* Briefträger(in) *m(f)*

let·tered ['letəd, AM 'let̬ɚd] *adj (dated)* belesen

'let·ter·head *n* ① *(at top of letter)* Briefkopf *m*

② *no pl (paper)* Geschäfts-/Firmenbriefpapier *nt*

let·ter·ing ['letᵊrɪŋ, AM -t̬ɚ-] *n no pl* Beschriftung *f*

let·ter of ac·'cep·tance *n* COMM Akzept *nt* **let·ter of al·'lot·ment** *n* FIN Zuteilungsanzeige *f* **let·ter of con·fir·'ma·tion** *n* Bestätigungsschreiben *nt* **let·ter of con·'sign·ment** *n* COMM Frachtbrief *m* **let·ter of 'cred·it** *n,* **L/C** *n* FIN, ECON Kreditbrief *m; (export)* Akkreditiv *nt;* **irrevocable ~** unwiderrufliches Akkreditiv; **revocable ~** widerrufliches Akkreditiv; **transferable ~** übertragbares Akkreditiv **let·ter of de·'mand** *n* Mahnschreiben *nt,* Mahnbrief *m,* Mahnung *f* SCHWEIZ **let·ter of in·'demn·ity** *n* Ausfallbürgschaftserklärung *f* **let·ter of in·'tent** *n* Absichtserklärung *f* **let·ter of re·'gret** *n* Absagebrief *m* **let·ter of re·nun·ci'a·tion** *n* BRIT FIN Abtretung *f* von Bezugsrechten **'let·ter-open·er** *n esp* AM Brieföffner *m* **let·ter-'per·fect** *adj inv* AM THEAT *(word-perfect)* sicher im Text *präd;* ■ **to be ~** den Text perfekt beherrschen

'let·ter·press *n no pl* TYPO ① *(method)* Hochdruck *m*

② BRIT *(printed text)* Text *m*

'let·ter-qual·ity *adj inv script* korrespondenzfähig; *printout* in Briefqualität *nach n* **let·ter-qual·ity 'print·er** *n* Standarddrucker *m*

let·ters 'pat·ent *npl* LAW Berufungsurkunde *f,* Patenturkunde *f*

let·ting ['letɪŋ] *n* BRIT ① *no pl (renting out)* Vermieten *nt,* Vermietung *f*

② *(let property)* vermietetes Objekt; *(property to let)* zu vermietendes Objekt

Let·tish ['letɪʃ] **I.** *n* Lettisch *nt*

II. *adj* lettisch

let·tuce ['letɪs, AM -t̬-] **I.** *n* ① *no pl* BOT Lattich *m*

② *(cultivated plant)* Gartensalat *m,* Blattsalat *m; (with firm head)* Kopfsalat *m; (longer and looser)* Bindesalat *m; (small plants)* Schnitt-/Pflücksalat *m;* **greenhouse ~** Glashaussalat *m;* **a head of ~** ein Salatkopf *m*

II. *n modifier (garnish, patch)* Salat-; **bacon, ~ and tomato sandwich** Sandwich *nt* mit Schinken, Salatblättern und Tomate; **~ salad** grüner Salat

'let·tuce-wrapped *adj inv* in ein Salatblatt gewickelt

let·up ['letʌp, AM -t̬-] *n no pl* Nachlassen *nt; (stoppage)* Aufhören *nt;* ***there has been no ~ in the bombardment overnight*** die Bombardierung wurde auch über Nacht nicht ausgesetzt

leu <*pl* lei> ['leɪu, *pl* leɪ] *n (Romanian currency)* Leu *m*

leu·co·cyte ['lju:kə(ʊ)saɪt, AM 'lu:koʊ-] *n* MED Leukozyt[en] *m[pl] fachspr,* weißes Blutkörperchen; **~ count** Leukozytenzählung *f*

leu·cot·omy [lju:'kɒtəmi, AM lu:'kɑ:t̬-] *n* MED Leukotomie *f fachspr,* Lobotomie *f fachspr*

leu·kae·mia, AM **leu·ke·mia** [lu:'ki:miə] *n* Leukämie *f,* Blutkrebs *m*

leu·ko·cyte *n see* **leucocyte**

LEV [ˌeli:'vi:] *abbrev of* **Low-Emission Vehicle I.** *n* schadstoffreduziertes Fahrzeug

II. *n modifier* **~ standard** Schadstoffverordnung *f*

lev <*pl* -a *or* -s> [lev, *pl* levə, AM lef, *pl* levə] *n,* **leva** <*pl* - *or* -s> [levə] *n (Bulgarian currency)* Lew *m*

Le·vant [lɪ'vænt] *n no pl (old)* ■ **the ~** die Levante *veraltet*

Le·van·tine [le'væntaɪn] *adj inv (old)* levantinisch *veraltet*

levee¹ ['levi] *n* HIST *Nachmittagsaudienz des britischen Monarchen*

levee² ['levi] *n (embankment)* Damm *m*

lev·el ['levᵊl] **I.** *adj* ① *(horizontal)* horizontal, waag(e)recht; ***the picture isn't ~*** das Bild hängt nicht gerade

② *(flat)* eben; **~ ground** ebenes Gelände

③ *pred (at an equal height)* ■ **to be ~ [with sth]** auf gleicher Höhe [mit etw *dat* sein]; ***the amounts in both glasses were ~ [with each other]*** beide Gläser waren gleich voll; ***the lamps are not ~ [with each other]*** die Lampen hängen nicht gleich hoch [*o* nicht auf gleicher Höhe]

④ *(abreast)* **to keep ~ with sth** mit etw *dat* mithalten; ***last year production could not keep ~ with demand*** im letzten Jahr konnte die Produktion nicht die Nachfrage decken; **to keep sth ~ with sth** etw auf dem gleichen Niveau wie etw *dat* halten; ***the unions are fighting to keep wages ~ with inflation*** die Gewerkschaften kämpfen um die Angleichung der Löhne und Gehälter an die Inflationsrate

⑤ *pred esp* BRIT, AUS *(in a race)* gleichauf; *(equal in points)* punktegleich; *(equal in standard)* gleich gut; ***the scores were ~ at half time*** zur Halbzeit stand es unentschieden; ***the two students are about ~ in ability*** die beiden Studenten sind etwa gleich gut; **to draw ~ with sb/sth** jdn/etw einholen

⑥ *attr (to the edge)* gestrichen; **a ~ cupful of flour** eine Tasse [voll] Mehl; **a ~ spoonful of sugar** ein gestrichener Löffel Zucker

⑦ *(calm) voice* ruhig; *look* fest; **to give sb a ~ look** jdn mit festem Blick ansehen; **in a ~ tone** ohne die Stimme zu heben; **to keep a ~ head** einen kühlen [*o* klaren] Kopf bewahren; **in a ~ voice** mit ruhiger Stimme

▸PHRASES: **to do one's ~ best** sein Möglichstes [*o* alles Menschenmögliche] tun; **to start on a ~ playing field** gleiche [Start]bedingungen [*o* Voraussetzungen] haben

II. *n* ① *(quantity)* Niveau *nt; (height)* Höhe *f;* **at eye ~** in Augenhöhe; **oil ~** AUTO Ölstand *m;* **above/below sea ~** über/unter dem Meeresspiegel; **water ~** Pegelstand *m,* Wasserstand *m;* **to be on a ~ [with sb/sth]** BRIT, AUS [mit jdm/etw] auf gleicher Höhe sein

② *(extent)* Ausmaß *nt;* ***inflation is going to rise 2% from its present ~*** die Inflationsrate wird [gegenüber dem derzeitigen Stand] um 2 % steigen; **~ of alcohol abuse** Ausmaß *nt* des Alkoholmissbrauchs; **low-/high-~ radiation** niedrige/hohe Strahlung; **sugar ~ in the blood** Blutzuckerspiegel *m;* **~ of customer satisfaction** Zufriedenheitswert *m;* **~ of motivation** Motivationsgrad *m;* **~ of productivity** Leistungsniveau *nt;* **~ of taxation** Steuerniveau *nt*

③ *(storey)* Stockwerk *nt;* **ground ~** Erdgeschoss *nt,* Parterre *nt* SCHWEIZ; **at [***or* **on] ~ four** im vierten Stock

④ *no pl (rank)* Ebene *f;* **at government[al] ~** auf Regierungsebene; **at a higher/lower ~** auf höherer/niedrigerer Ebene; **at the local/national/regional ~** auf kommunaler/nationaler/regionaler

L

Ebene

⑤ *(standard, stage, proficiency)* Niveau *nt;* ***your explanation must be at a ~ that the children can understand*** du musst es so erklären, dass die Kinder dich verstehen; ~ **of training** Ausbildungsstand *m;* **advanced/intermediate** ~ fortgeschrittenes/mittleres Niveau; SCH Ober-/Mittelstufe *f;* **to reach a high** ~ ein hohes Niveau erreichen; **to take sth to a higher** ~ etw verbessern [*o* auf ein höheres Niveau bringen]; **to be on a** ~ **[with sb/sth]** BRIT, AUS gleich gut sein [wie jd/etw]; **to bring sth down to sb's** ~ etw auf jds Niveau bringen

⑥ *(social, intellectual, moral)* Niveau *nt;* **intellectual** ~ geistiges Niveau; **to sink to sb's** ~ sich *akk* auf jds Niveau hinabbegeben; ***I would never sink to the ~ of taking bribes*** ich würde nie so tief sinken und mich bestechen lassen

⑦ *(perspective, meaning)* Ebene *f;* **at a deeper** ~ auf einer tieferen Ebene; **on a moral/practical/another** ~ aus moralischer/praktischer/anderer Sicht; **on a personal** ~ auf persönlicher Ebene; **on a serious** ~ ernsthaft

⑧ BRIT *(flat land)* **on the** ~ ebenerdig

⑨ *esp* AM *(spirit level)* Wasserwaage *f*

⑩ TELEC Pegel *m*

▸PHRASES: **to find one's own** ~ seinen Platz in der Welt finden; **to be on the** ~ *(fam)* ehrlich [*o* aufrichtig] sein; ***this offer is on the ~*** dies ist ein faires Angebot

III. *vt* <BRIT -ll- *or* AM *usu* -l-> ① ■**to** ~ **sth** *(flatten) ground* etw [ein]ebnen [*o* planieren]; *wood* etw [ab]schmirgeln; *(raze) building, town* etw dem Erdboden gleichmachen; **to** ~ **sth to the ground** etw dem Erdboden gleichmachen

② *(equal)* **to** ~ **the match/score** den Ausgleich erzielen

③ *(direct)* **to** ~ **a pistol/rifle at sb** eine Pistole/ein Gewehr auf jdn richten; *(fig)* **to** ~ **accusations/charges against** [*or* **at**] **sb** Beschuldigungen/Anklage gegen jdn erheben; **to** ~ **criticism against** [*or* **at**] **sb** an jdm Kritik üben; ***we don't understand the criticism ~ led at the government*** wir verstehen die Kritik an der Regierung nicht

◆**level down** *vt* ■**to** ~ **sth down** etw *akk* herabsetzen

◆**level off, level out I.** *vi* ① *(after dropping) plane* sich fangen; *pilot* das Flugzeug abfangen; *(after rising)* horizontal fliegen; ***the aircraft ~ led off at 10,000 feet*** das Flugzeug erreichte seine Flughöhe bei 3300 m

② *(steady)* sich einpendeln; *(become equal)* sich angleichen; **to** ~ **off** [*or* **out**] **at 2%** sich bei 2 % einpendeln

③ *path, road* flach [*o* eben] werden

II. *vt* ■**to** ~ **off** [*or* **out**] ↔ **sth** etw [ein]ebnen [*o* planieren]; *(fig)* etw ausgleichen

◆**level up I.** *vt* ■**to** ~ **up** ↔ **sth** *(make equal)* etw angleichen; *(increase)* etw anheben

II. *vi* AM *(confess)* gestehen; ■**to** ~ **up with sb about sth** jdm etw gestehen

◆**level with** *vi esp* AM *(fam)* ■**to** ~ **with sb** ehrlich [*o* aufrichtig] zu jdm sein; ***I'll ~ with you*** ich will ganz offen zu Ihnen sein

lev·el 'cross·ing *n* BRIT, AUS Bahnübergang *m*

lev·el·er *n* AM *see* **leveller**

lev·el-'head·ed *adj* ① *(sensible)* vernünftig; ***a ~ and practical book*** ein übersichtliches und praktisches Buch

② *(calm)* ausgeglichen, ruhig

lev·el·'head·ed·ness *n no pl* Ruhe und Gelassenheit *f,* Besonnenheit *f*

lev·el·ing AM *see* **levelling**

lev·el·ler, AM **lev·el·er** [ˈlevᵊləʳ, AM -ɚ] *n no pl (liter)* Gleichmacher *m meist pej;* ***death is the supreme ~*** im Tod sind [wir] alle gleich *geh;* ***disease is a great ~*** die Krankheit trifft Reiche und Arme [gleichermaßen]; ***poverty is a great ~*** in der Armut sind alle gleich

lev·el·ling, AM **lev·el·ing** [ˈlevᵊlɪŋ] **I.** *adj* ausgleichend *attr;* **to have a** ~ **effect** eine ausgleichende Wirkung haben; ~ **process** Ausgleichsprozess *m*

II. *n no pl* Ausgleich *m*

lev·el·ly [ˈlevᵊli] *adv* ruhig; ***he eyed the accused ~ for a moment*** er blickte dem Angeklagten einen Augenblick lang fest in die Augen

lev·el peg·ging [-ˈpegɪŋ] *n esp* BRIT, AUS **to be [on]** ~ tabellengleich [*o* punktgleich] sein

lev·er [ˈliːvəʳ, AM ˈlevɚ, ˈliːvɚ] **I.** *n* ① TECH Hebel *m; (for heavy objects)* Brechstange *f;* **the brake** ~ **on a bicycle** BRIT die Handbremse an einem Fahrrad

② *(fig: threat)* Druckmittel *nt*

II. *vt* ① *(lift with a lever)* ■**to** ~ **sth up** etw aufstemmen

② *(move with effort)* ■**to** ~ **oneself** [**up**] sich *akk* hochstemmen; ***he ~ ed himself [up] out of the armchair*** er hievte sich aus dem Sessel [hoch]

③ *(fig: exert pressure)* ■**to** ~ **sth from sb** etw aus jdm herauspressen

III. *vi* **to** ~ **at sth with a crowbar** etw *akk* mit einer Brechstange bearbeiten

lev·er·age [ˈliːvᵊrɪdʒ, AM ˈlevɚ-, ˈliːvɚ-] *n no pl* ① TECH Hebelkraft *f*

② *(fig: influence)* Einfluss *m;* **to bring** ~ **to bear on sb, to exert** ~ **on sb** Druck *m* auf jdn ausüben

③ FIN Leverage *nt fachspr,* Verhältnis *nt* von Fremdzu Eigenkapital [*o* von Obligationen zu Stammaktien]

lev·er·aged [ˈliːvᵊrɪdʒd, AM ˈlevɚ-] *adj inv* FIN fremdfinanziert, mit Fremdkapital finanziert; ~ **stock** mit Fremdkapital finanzierte Aktien

lev·er·aged 'buy·out *n,* **LBO** *n* FIN fremdfinanziertes Übernahmeangebot *nt* **lev·er·aged 'fi·nance** *n no pl Finanzierung eines Unternehmenskaufs, der durch externe Finanzinvestoren erfolgt* **lev·er·aged 'take·over** *n* FIN fremdfinanziertes Übernahmeangebot

'lev·er·age ef·fect *n* ① PHYS Hebeleffekt *m,* Hebelwirkung *f*

② FIN Hebelwirkung *f*

'lev·er arch file *n* BRIT Leitz-Ordner® *m*

lev·er·et [ˈlevərɪt] *n* junger Hase

le·via·than, Le·via·than [lɪˈvaɪəθᵊn] *n* ① *(liter: giant thing)* Gigant *m,* Riese *m;* **an economic** ~ ein Wirtschaftsriese, eine Wirtschaftsmacht

② *(biblical monster)* Leviathan *m*

Levi's® [ˈliːvaɪz] *npl* Levis® *f,* Jeans *f*

levi·tate [ˈlevɪteɪt] **I.** *vi* schweben

II. *vt* ■**to** ~ **sth/sb** jdn/etw schweben lassen [*o fachspr* levitieren]

levi·ta·tion [ˌlevɪˈteɪʃᵊn] *n no pl* freies Schweben, Levitation *f fachspr*

Le·vite [ˈliːvaɪt] *n* Levit *m*

lev·ity [ˈlevəti, AM -ət̬i] *n no pl* Ungezwungenheit *f,* Leichtigkeit *f;* ***he tried to introduce a note of ~*** er versuchte die Atmosphäre etwas aufzulockern

levy [ˈlevi] **I.** *n* Steuer *f,* Abgaben *pl;* **to impose a** ~ **on sth** eine Steuer auf etw *akk* erheben [*o* SÜDD, ÖSTERR einheben], etw mit einer Steuer belegen

II. *vt* <-ie-> ■**to** ~ **sth** etw erheben [*o* SÜDD, ÖSTERR einheben]; **to** ~ **customs tariffs on sth** für etw *akk* Zollgebühren erheben [*o* SÜDD, ÖSTERR einheben]; **to** ~ **a fine on sb** jdm eine Geldstrafe auferlegen; **to** ~ **goods** Güter beschlagnahmen [*o* einziehen]; **to** ~ **a tax** eine Steuer erheben [*o* SÜDD, ÖSTERR einheben]; **to** ~ **[a] tax on sth** etw besteuern [*o* mit einer Steuer belegen]

levy·ing [ˈleviɪŋ] *n no pl* Erhebung *f*

lewd [ljuːd, AM luːd] *adj* ① *(indecent)* unanständig; *ballad, comments* anzüglich; *behaviour* anstößig; *gesture* obszön; ~ **joke** unanständiger [*o* schmutziger] Witz; ~ **speech** Anzüglichkeiten *pl*

② *(lecherous)* lüstern

lewd·ly [ˈljuːdli, AM ˈluːd-] *adv* anzüglich

lewd·ness [ˈljuːdnəs, AM ˈluːd-] *n no pl* unzüchtiges Verhalten *f*

lexi·cal [ˈleksɪkᵊl] *adj inv* lexikalisch

lexi·cog·ra·pher [ˌleksɪˈkɒgrəfəʳ, AM -ˈkɑːgrəfɚ] *n* Lexikograph(in) *m(f)*

lexi·co·graphi·cal [ˌleksɪkəʊˈgræfɪkᵊl, AM koʊˈ] *adj inv* lexikographisch

lexi·cog·ra·phy [ˌleksɪˈkɒgrəfi, AM -ˈkɑːg-] *n no pl* Lexikographie *f*

lexi·col·ogy [ˌleksɪˈkɒlədʒi, AM -ˈkɑːl-] *n no pl* Lexikologie *f*

lexi·con [ˈleksɪkən, AM *also* -kɑːn] *n* ① *(vocabulary)* Wortschatz *m,* Lexikon *nt fachspr*

② *(dictionary)* Wörterbuch *nt,* Lexikon *nt fam*

lex·is [ˈleksɪs] *n no pl* LING Lexik *f fachspr*

ley line [ˈleɪ-,] *n* Kraftlinie *f,* Leyline *f fachspr*

LF [ˌelˈef] *abbrev of* **low frequency** Niederfrequenz *f*

lia·bil·ities [ˌlaɪəˈbɪlətiz, AM -ət̬iz] *npl* FIN Passiva *pl,* Schulden *pl;* ~ **to banks** Bankengelder *pl;* ~ **to customers** Kundengelder *pl*

lia·'bil·ities side *n* FIN Passivseite *f*

lia·bil·ity [ˌlaɪəˈbɪləti, AM -ət̬i] *n* ① *no pl (legal responsibility)* Haftung *f;* ***he denies any ~ for the costs of the court case*** er weigert sich strikt, die Kosten des Verfahrens zu tragen; **limited** ~ **company** BRIT Gesellschaft *f* mit beschränkter Haftung, GmbH *f;* **unlimited** ~ unbeschränkte Haftung

② FIN *(debts)* ■**liabilities** *pl* Verbindlichkeiten *pl; (overdue debts)* Schulden *pl;* **assets and liabilities** Aktiva und Passiva *fachspr;* **to not be able to meet one's liabilities** seinen Zahlungsverpflichtungen nicht nachkommen können

③ FIN *(debtors)* ■**liabilities** *pl* Kreditoren *pl*

④ *(handicap)* Belastung *f;* ***he's more a ~ than a help*** er ist eher eine Last als eine Stütze

lia·'bil·ity claim *n* LAW Haftungsanspruch *m* **lia·'bil·ity in·sur·ance** *n no pl* AM *(third party insurance)* Haftpflichtversicherung *f*

lia·ble [ˈlaɪəbl] *adj* ① *(likely)* **to be** ~ **to do sth** Gefahr laufen, etw zu tun; ***there's been so little rain, the forest is ~ to go up in flames at any moment*** es hat so wenig geregnet, dass leicht ein Waldbrand entstehen kann; ***they're ~ to sack you if you complain about your salary*** sie werden dich feuern, wenn du dich wegen deines Gehalts beschwerst; ***if you carry on like this, I'm ~ to lose my temper*** wenn du so weitermachst, werde ich noch die Geduld verlieren; *(prone)* **to be** ~ **to sth** anfällig für etw *akk* sein; ***the road is ~ to subsidence*** die Straße droht abzusinken; ***she seems rather ~ to accidents, that girl*** dieses Mädchen scheint ziemlich unfallgefährdet zu sein; **to be** ~ **to asthma/colds** für Asthma/Erkältungen anfällig sein; **to be** ~ **to flooding** überschwemmungsgefährdet sein

② LAW haftbar; ~ **in one's own name** selbstschuldnerisch; **to be** ~ **for sth** für etw *akk* haftbar sein; **to be** ~ **for the costs of the trial** für die Verfahrenskosten aufkommen müssen; **to hold sb** ~ **[for sth]** jdn [für etw *akk*] zur Verantwortung ziehen; ~ **to duty** zollpflichtig; **to be** ~ **to a fine** einer Geldstrafe unterliegen; **to be** ~ **to tax** steuerpflichtig sein

li·aise [liˈeɪz] *vi* ■**to** ~ **with sb/sth** ① *(establish contact)* eine Verbindung zu jdm/etw herstellen [*o* aufbauen], sich *akk* mit jdm/etw in Verbindung setzen; *(be go-between)* als Verbindungsstelle [*o* Kontaktstelle] zu jdm/etw fungieren; ***his job is to ~ with other organizations*** er soll den Kontakt zu den anderen Organisationen pflegen

② *(work together)* mit jdm/etw zusammenarbeiten

liai·son [liˈeɪzᵊn, AM ˈliːəzɑːn] *n* ① *no pl (contacts)* Verbindung *f;* ***there is a lack of ~ between the various government departments*** zwischen den verschiedenen Ministerien funktioniert die Kommunikation nicht; ***I work in close ~ with my opposite number in the USA*** ich arbeite eng mit meinem Pendant in den USA zusammen

② AM *(person)* Verbindungsmann, -frau *m, f,* Kontaktperson *f;* ***she serves as the ~ between the company and the research centres*** sie vermittelt zwischen der Firma und den Forschungsinstituten

③ *(sexual affair)* Verhältnis *nt,* Liaison *f veraltend geh*

④ LING, FOOD Liaison *f fachspr*

li'ai·son of·fic·er *n* Verbindungsmann, -frau *m, f,* V-Mann *m fam,* Kontaktperson *f*

lia·na, li·ane [liˈɑːnə] *n* BOT Liane *f*

liar [ˈlaɪəʳ, AM -ɚ] *n* Lügner(in) *m(f)*

lib [lɪb] *n no pl (dated fam) short for* **liberation** Befreiungsbewegung *f*

Lib [lɪb] *n* BRIT *short for* **Liberal** Liberale(r) *f(m)*

li·ba·tion [laɪˈbeɪʃᵊn] *n* ① HIST, REL Trankopfer *nt;* **to make** [*or* **pour**] **a ~** ein Trankopfer darbringen *geh* ② *(hum: drink)* Trunk *m geh o hum;* ***would you care for a ~?*** wie wäre es mit einem Schlückchen?

lib·ber [ˈlɪbəʳ, AM -ɚ] *n (fam)* Anhänger(in) *m(f)* [*o* Mitglied *nt*] einer Befreiungsbewegung

Lib Dem [ˌlɪbˈdem] *n* BRIT *(fam) short for* **Liberal Democrat** Liberaldemokrat(in) *m(f)*

li·bel [ˈlaɪbᵊl] LAW **I.** *n* ① *no pl (crime)* Verleumdung *f;* **an action for ~** eine Verleumdungsklage; **to sue sb for ~** jdn wegen Verleumdung verklagen ② *(defamatory statement)* [schriftliche] Verleumdung; ***the whole story was a vicious ~ on my character*** die ganze Geschichte war eine gemeine Verleumdung und sollte meinen Ruf ruinieren **II.** *vt* <BRIT -ll- *or* AM *usu* -l-> ■**to ~ sb** jdn [schriftlich] verleumden

ˈli·bel case *n* LAW Verleumdungsfall *m* **ˈli·bel laws** *npl* Verleumdungsparagraph[en] *m[pl]*

li·bel·lous, AM **li·bel·ous** [ˈlaɪbᵊləs] *adj* verleumderisch; **to make ~ accusations against sb** gegen jdn verleumderische Anschuldigungen erheben

lib·er·al [ˈlɪbᵊrᵊl] **I.** *adj* ① *(tolerant)* liberal; *attitude, church, person also* tolerant, aufgeschlossen; **~ education** Allgemeinbildung *f;* **L~ Judaism** Liberales Judentum; **~ thought** [*or* **view**] liberale Ansichten ② *(progressive)* liberal, fortschrittlich; **the ~ wing of a party** der linke Parteiflügel ③ ECON liberal ④ *(generous)* großzügig; **a ~ allowance/donation/support** eine großzügige Beihilfe/Spende/Unterstützung; **a ~ amount of mayonnaise** reichlich Mayonnaise; **a ~ portion** eine große Portion; **a ~ serving of cream** eine große Portion Sahne [*o* ÖSTERR Obers]; **a ~ supply** ein großer Vorrat; ■**to be ~ with sth** mit etw *dat* großzügig sein ⑤ *(not exact)* **a ~ interpretation of a law** eine freie Auslegung eines Gesetzes **II.** *n* Liberale(r) *f(m)*

Lib·er·al [ˈlɪbᵊrᵊl] **I.** *n* CAN, AUS *(hist)* Liberale(r) *f(m)* **II.** *adj* liberal; **the ~ candidate** der Kandidat/die Kandidatin der Liberalen [Partei]; **the ~ manifesto** das Manifest der Liberalen [Partei]; **the ~ vote** die Wählerschaft [*o* Stimmen] der Liberalen [Partei]

lib·er·al ˈarts *esp* AM **I.** *n* ■**the ~** *pl* die Geisteswissenschaften; **a degree in the ~** ein Abschluss *m* in Geisteswissenschaften **II.** *n modifier (professor, college)* geisteswissenschaftlich; **a ~ course/degree** ein Kurs *m*/Abschluss *m* in Geisteswissenschaften; **~ student** Student *m*/Studentin *f* der Geisteswissenschaften **Lib·er·al ˈDemo·crat** BRIT **I.** *n* ■**the ~s** *pl* die Liberaldemokraten *pl* **II.** *adj* liberaldemokratisch; **the ~ Party** die Liberaldemokratische Partei

lib·er·al·ism [ˈlɪbᵊrᵊlɪzᵊm] *n no pl* Liberalismus *m*

lib·er·al·ity [ˌlɪbᵊrˈæləti, AM -əˈrælət̬i] *n no pl* ① *(generosity)* Großzügigkeit *f,* Freigebigkeit *f* ② *(liberal nature)* Toleranz *f,* Aufgeschlossenheit *f*

lib·er·ali·za·tion [ˌlɪbᵊrᵊlaɪˈzeɪʃᵊn, AM -lɪˈ-] *n* Liberalisierung *f;* **the ~ of the economy/of society** die Liberalisierung der Wirtschaft/der Gesellschaft

lib·er·al·ize [ˈlɪbᵊrᵊlaɪz] *vt* ■**to ~ sth** etw liberalisieren

lib·er·al·ly [ˈlɪbᵊrᵊli] *adv* großzügig, reichlich; **to give/donate ~** großzügig geben/spenden; **to tip ~** ein großzügiges Trinkgeld geben

ˈLib·er·al Par·ty *n* POL ① BRIT HIST Liberale Partei ② *(Aus, Can)* **the ~ of Australia/Canada** die Liberale Partei von Australien/Kanada

lib·er·ate [ˈlɪbᵊreɪt, AM -ər-] *vt* ① *(free)* ■**to ~ sb/sth** jdn/etw befreien; ■**to ~ oneself from sth/sb** sich *akk* von etw/jdm befreien [*o* lösen] *a. fig;* **to ~ a country/slaves** ein Land/Sklaven befreien ② *(fig hum fam: steal)* ■**to ~ sth** etw verschwinden [*o fam* mitgehen] lassen

lib·er·at·ed [ˈlɪbᵊreɪtɪd, AM -əreɪt̬-] *adj* ① *(emancipated)* emanzipiert ② *(free)* frei; **~ zone** befreite Zone

lib·era·tion [ˌlɪbᵊˈreɪʃᵊn, AM -əˈreɪ-] *n no pl* Befreiung *f* (**from** von +*dat*)

lib·eˈra·tion or·gani·za·tion *n* Befreiungsbewegung *f;* **animal ~** ≈ Tierschutzverein *m* **lib·era·tion the·ˈol·ogy** *n* Befreiungstheologie *f*

lib·era·tor [ˈlɪbᵊreɪtəʳ, AM -əreɪt̬ɚ] *n* Befreier(in) *m(f)*

Li·beria [laɪˈbɪəriə, AM -ˈbɪriə] *n* Liberia *nt*

Li·berian [laɪˈbɪəriən, AM ˈbɪri] **I.** *adj inv* liberisch **II.** *n* Liberier(in) *m(f),* Liberianer(in) *m(f)* SCHWEIZ

lib·er·tar·ian [ˈlɪbəˈteəriən, AM -ɚˈteri-] **I.** *n* Freidenker(in) *m(f),* Libertin *m geh;* **civil ~s** *Anhänger einer liberal orientierten Staatsauffassung* **II.** *adj* liberal[istisch]

lib·er·tine [ˈlɪbətiːn, AM -ɚtiːn] *n (pej)* Libertin *m veraltet geh,* Casanova *m pej fam*

lib·er·ty [ˈlɪbəti, AM -ɚt̬i] *n* ① *no pl (freedom)* Freiheit *f;* **~ of action/conscience/speech** Handlungs-/Gewissens-/Redefreiheit *f;* **to be at ~** frei [*o* auf freiem Fuß[e]] sein; **to be at ~ to do sth** etw tun können; ***are you at ~ to reveal any names?*** dürfen Sie Namen nennen?; ***you are at ~ to refuse medical treatment*** es steht Ihnen frei, eine medizinische Behandlung abzulehnen; **to give sb their ~** jdm die Freiheit schenken ② *(incorrect behaviour)* ***it's* [*a bit of*] *a ~*** es ist [ein bisschen] unverschämt; ***what a ~!*** das ist ja unerhört!; **to take liberties with sb** sich *dat* bei jdm Freiheiten herausnehmen; ***she slapped his face for taking liberties*** sie gab ihm eine Ohrfeige dafür, dass er sich zu viel herausgenommen hatte; **to take liberties with sth** etw [zu] frei handhaben; ***her translation takes liberties with the original text*** ihre Übersetzung ist allerdings sehr frei; **to take the ~ of doing sth** sich *dat* die Freiheit nehmen, etw zu tun; ***I took the ~ of borrowing your bicycle*** ich habe mir erlaubt, dein Fahrrad auszuleihen ③ *(form: legal rights)* ■**liberties** *pl* Grundrechte *pl,* Bürgerrechte *pl*

li·bidi·nous [lɪˈbɪdɪnəs, AM ləˈbɪdᵊn-] *adj (form)* triebhaft, libidinös *fachspr;* **~ behaviour** triebhaftes Verhalten

li·bi·do [lɪˈbiːdəʊ, AM -oʊ] *n* Libido *f fachspr,* [Sexual]trieb *m;* **increased ~** gesteigerte Libido

Lib-Lab [ˈlɪbˌlæb] *adj* BRIT HIST *short for* **Liberal and Labour** Liberale Partei; **~ pact** *Parteibündnis zwischen den Liberalen und der Labourpartei in den 70er Jahren*

Li·bra [ˈliːbrə] *n* ASTRON, ASTROL ① *no art* Waage *f;* **to be born under ~** im Zeichen der Waage geboren sein ② *(person)* Waage *f;* ***she is a ~*** sie ist Waage

Li·bran [ˈliːbrən] **I.** *n* **to be a ~** Waage sein **II.** *adj* Waage-

li·brar·ian [laɪˈbreəriən, AM -ˈbrer-] *n* Bibliothekar(in) *m(f)*

li·brar·ian·ship [laɪˈbreəriənʃɪp, AM ˈbreri] *n no pl* Bibliothekswesen *nt*

li·brary [ˈlaɪbrᵊri, AM -breri] **I.** *n* ① *(public)* Bibliothek *f,* Bücherei *f;* **public ~** Leihbücherei *f;* **record ~** Musikbücherei *f;* **university ~** Universitätsbibliothek *f* ② *(private)* Bibliothek *f* ③ *(serial publication)* Gesamtausgabe *f,* Reihe *f* **II.** *n modifier (program, software, visit)* Bibliotheks-; *(from public library)* Bücherei-; **~ book** Leihbuch *nt;* **~ ticket** Leseausweis *m,* Lesekarte *f*

ˈli·brary foot·age *n no pl* FILM, TV Archivmaterial *nt* **ˈli·brary school** *n* Bibliotheksschule *f* **ˈli·brary sci·ence** *n no pl* Bibliothekswesen *nt*

li·bret·tist [lɪˈbretɪst, AM -bret̬-] *n* Librettist(in) *m(f)*

li·bret·to [lɪˈbretəʊ, AM -t̬oʊ] *n* Libretto *nt*

Libya [ˈlɪbiə] *n* Libyen *nt*

Liby·an [ˈlɪbiən] **I.** *adj inv* libysch **II.** *n* Libyer(in) *m(f)*

lice [laɪs] *n pl of* **louse**

li·cence, AM **li·cense** [ˈlaɪsᵊn(t)s] *n* ① *(permit)* Genehmigung *f,* Erlaubnis *f;* *(formal permission)* Lizenz *f,* Konzession *f;* COMPUT Lizenz *f;* **dog ~** Hundemarke *f;* ***he didn't pay his dog ~*** er hat die Hundesteuer nicht bezahlt; **driving** [*or* AM **driver's**] **~** Führerschein *m;* **~ fee** Lizenz[gebühr] *f;* BRIT TV Rundfunk- und Fernsehgebühren *pl;* **gun ~** Waffenschein *m;* **TV ~** BRIT Rundfunkanmeldung *f;* **to apply for a ~** eine Lizenz beantragen; **to lose one's ~** seine Lizenz verlieren; ***if you get caught drinking and driving you can lose your ~*** wenn man betrunken am Steuer erwischt wird, kann man den Führerschein verlieren; **to obtain a ~** eine Lizenz erhalten; **under ~** in Lizenz ② *no pl (form: freedom)* Freiheit *f;* **artistic ~** künstlerische Freiheit; **to allow sb ~** jdm Freiheiten gestatten; **to give sb/sth ~ to do sth** jdm/etw gestatten, etw zu tun; ***under the reorganization plans, your department would be given increased ~ to plan*** im Zuge der geplanten Umstrukturierung bekäme Ihre Abteilung größeren Planungsfreiraum; **to have ~ to do sth** die Freiheit haben, etw zu tun ③ LAW [bedingter] Straferlass
▸PHRASES: **to be a ~ to print money** *esp* BRIT eine wahre Goldgrube sein

ˈli·cence hold·er, AM **ˈli·cense hold·er** *n (of business licence)* Konzessionsinhaber(in) *m(f),* Konzessionär(in) *m(f);* LAW Lizenznehmer *m,* Lizenzinhaber *m;* *(of TV licence) jd, der ordnungsgemäß seine Rundfunkgebühren bezahlt hat; (of driver's licence)* Führerscheininhaber(in) *m(f),* Führerscheinbesitzer(in) *m(f)* **ˈli·cence num·ber** *n* Lizenznummer *f;* AUTO Kfz-Kennzeichen *nt,* Autokennzeichen *nt,* Autonummer *f* SCHWEIZ

li·cense [ˈlaɪsᵊn(t)s] **I.** *n* AM *see* **licence** **II.** *vt* ■**to ~ sb to do sth** jdm die Lizenz erteilen, etw zu tun; ■**to be ~d to do sth** berechtigt sein, etw zu tun; ***James Bond was '~d to kill'*** James Bond hatte die ‚Lizenz zum Töten‘

li·censed [ˈlaɪsᵊn(t)st] *adj inv* ① *(with official approval)* lizenziert, zugelassen; **~ pilot** zugelassener Pilot/zugelassene Pilotin ② BRIT *(serving alcohol)* **a ~ restaurant** ein Restaurant *nt* mit Schankerlaubnis

li·censed prac·ti·cal ˈnurse *n,* **LPN** *n* AM Hilfskrankenschwester *f,* Hilfskrankenpfleger *m,* SCHWEIZ *a.* Hilfspfleger(in) *m(f)*

li·cen·see [ˌlaɪsᵊn(t)ˈsiː] *n (form)* Lizenznehmer(in) *m(f),* Lizenzinhaber(in) *m(f),* Konzessionsinhaber(in) *m(f);* **~ of a pub/bistro/restaurant** BRIT Inhaber(in) *m(f)* eines Pubs/Bistros/Restaurants [mit Schankerlaubnis]; **the ~ of the local pub** der Wirt/die Wirtin der hiesigen Gaststätte

ˈli·cense num·ber *n* AM Lizenznummer *f* **ˈli·cense plate** *n* AM *(number plate)* Nummernschild *nt,* polizeiliches [*o* amtliches] Kennzeichen

li·cens·er [ˈlaɪsᵊn(t)səʳ, AM -ɚ] *n* Lizenzgeber(in) *m(f)*

li·cens·ing [ˈlaɪsᵊn(t)sɪŋ] **I.** *n no pl* Lizenzvergabe *f;* **vehicle ~ centre** BRIT Kfz-Zulassungsstelle *f,* Motorfahrzeugkontrolle *f* SCHWEIZ **II.** *adj attr, inv* Lizenz-

ˈli·cens·ing hours *npl* BRIT Ausschankzeiten *pl* **ˈli·cens·ing laws** *npl* BRIT Schankgesetze *pl* **ˈli·cens·ing pro·cedure** *n* Zulassungsverfahren *nt*

li·cen·sor *n see* **licenser**

li·cen·ti·ate [laɪˈsen(t)ʃiət, AM -ʃɪɪt] *n* ① *(degree)* Lizentiat *nt* ② *(person)* Lizentiat(in) *m(f)*

li·cen·tious [laɪˈsen(t)ʃəs] *adj* [sexuell] ausschweifend, promiskuitiv *pej geh*

li·cen·tious·ly [laɪˈsen(t)ʃəsli] *adv* [sexuell] ausschweifend, promiskuitiv *pej geh*

li·cen·tious·ness [laɪˈsen(t)ʃəsnəs] *n no pl* Unmoral *f,* Lasterhaftigkeit *f*

li·chen [ˈlaɪkən] *n usu sing* BIOL, BOT Flechte *f*

lic·it [ˈlɪsɪt] *n inv* legal

lick [lɪk] **I.** *n* ① *(with tongue)* Lecken *nt kein pl,* Schlecken *nt kein pl;* ***can I have a ~ of your ice cream?*** lässt du mich mal an deinem Eis schlecken? ② *(small quantity)* ■**a ~ of** ein wenig; ***the living room could do with a ~ of paint*** das Wohnzimmer könnte etwas Farbe vertragen ③ *(fam: speed)* **to be going at a hell of a ~** einen [Affen]zahn draufhaben *sl;* **at** [**quite a** [*or* **a good**]] **~** ziemlich schnell, mit einem ziemlichen Zahn *fam*
▸PHRASES: **a** [**cat's**] **~ and a promise** BRIT *(fam)* eine Katzenwäsche *fam*
II. *vt* ① *(with tongue)* ■**to ~ sth** etw lecken [*o* schle-

cken]; **to ~ an ice cream cone/lollipop** an einem Eis/Lutscher schlecken; **to ~ the plate** den Teller ablecken; **to ~ a stamp** eine Briefmarke [mit der Zunge] befeuchten
② *(touch)* etw belecken; ***flames were ~ing the curtains*** die Flammen züngelten an den Vorhängen hoch; ***the waves were already ~ing the bottom step*** die Wellen schlugen bereits an die unterste Stufe
③ *esp* AM *(fam: defeat)* ■**to ~ sb** es jdm [aber mal so richtig] zeigen *fam,* jdn [doch glatt] in die Tasche stecken *fam; **all right Joe, I know when I'm ~ed*** also gut, Joe, ich gebe mich geschlagen
④ *(solve)* ■**to ~ sth** [*or* **to have got sth ~ed**] etw im Griff haben; ***together we can ~ this*** gemeinsam kriegen wir das schon hin *fam;* **to have got the problem ~ed** das Problem geknackt haben *fam*
⑤ *(fam: thrash)* ■**to ~ sb** jdn verprügeln
▸PHRASES: **to ~ sb's <u>arse</u>** [*or* AM **<u>ass</u>**] *(vulg)* jdm in den Arsch kriechen *vulg,* ein Arschkriecher sein *vulg;* **to ~ sb's <u>boots</u>** [*or* **<u>shoes</u>**] jdm in den Hintern kriechen [*o* die Stiefel lecken] *pej fam;* **to ~ one's <u>lips</u>** sich *dat* [schon] die Lippen lecken; **to ~ one's <u>wounds</u>** seine Wunden lecken
III. *vi* ■**to ~ at sth** *flames, waves* an etw *dat* lecken
◆**lick up** *vt* ■**to ~ sth ↔ up** etw auflecken [*o* aufschlecken]
lickety-split [ˌlɪkəti'-, AM -t̬i'-] *adv (fam)* blitzschnell; ***I want that job done ~, okay?*** das wird jetzt ruckzuck erledigt, klar? *fam; **the car drove by ~*** das Auto schoss wie der Blitz vorbei
lick·ing ['lɪkɪŋ] *n* ① *(fam: beating)* **to give sb a ~** jdm eine Tracht Prügel verpassen *fam*
② *(defeat)* **to give sb a ~** jdn haushoch schlagen
lico·rice *n no pl esp* AM *see* **liquorice**
lid [lɪd] *n* ① *(covering)* Deckel *m*
② *(eyelid)* Lid *nt*
▸PHRASES: **to <u>blow</u>** [*or* **<u>take</u>**] **the ~ off sth** etw ans Licht bringen; **to <u>keep</u>** [*or* **<u>put</u>**] **the ~ on sth** etw unter Verschluss halten; ***we'll have to keep the ~ on these findings about pollution*** unsere Entdeckungen über die Umweltverschmutzung dürfen auf keinen Fall herauskommen; **to <u>put</u> a ~ on sth** mit etw *dat* Schluss machen [*o* aufhören]; *esp* AM ***it's time to put a ~ on all the talk*** jetzt sollte endlich einmal Schluss sein mit dem Gerede; ***put a ~ on it!*** *(fam)* jetzt hör doch mal auf [damit]!; **to <u>put</u> the [tin] ~ on sth** BRIT, AUS etw *dat* die Krone aufsetzen
lid·less ['lɪdləs] *adj inv* deckellos; **~ eye** liderloses Auge
lido ['li:dəʊ] *n* BRIT ① *(dated: swimming pool)* Freibad *nt,* Schwimmbad *nt*
② *(section of beach)* Strand *m,* Lido *m*
lie¹ [laɪ] **I.** *vi* <-y-> lügen; ■**to ~ about sth** *intentions, plans* falsche Angaben über etw *akk* machen; ***I used to ~ about my age*** ich habe immer ein falsches Alter angegeben; ■**to ~ about sb** über jdn die Unwahrheit erzählen; ■**to ~ to sb** jdn belügen
▸PHRASES: **to ~ through one's <u>teeth</u>** wie gedruckt lügen *fam*
II. *vt* <-y-> **to ~ one's way somewhere** sich *akk* irgendwohin hineinschmuggeln; ■**to ~ one's way** [*or* **oneself**] **out of sth** sich *akk* aus etw *dat* herausreden
III. *n* Lüge *f;* **to be a pack** [*or* BRIT **tissue**] **of ~s** erstunken und erlogen sein *fam;* **to be an outright ~** glatt gelogen sein *fam;* **to give the ~ to sb/sth** jdn/etw Lügen strafen; **to tell ~s** Lügen erzählen; ***don't tell me ~s!*** lüg mich nicht an!; ***her name is Paula, no, I tell a ~ — it's Pauline*** ihr Name ist Paula – nein, Moment, bevor ich etwas Falsches sage – sie heißt Pauline
lie² [laɪ] **I.** *n* ① *no pl (position)* Lage *f*
② *no pl esp* BRIT, AUS *(shape)* **the ~ of the land** die Beschaffenheit des Geländes; *(fig)* die Lage; **to find out the ~ of the land** das Gelände erkunden; *(fig)* die Lage sondieren [*o* peilen]
II. *vi* <-y-, lay, lain> ① *(be horizontal, resting)* liegen; **to ~ on one's back/in bed/on the ground** auf dem Rücken/im Bett/auf dem Boden liegen; **to ~ in state** aufgebahrt sein [*o* liegen]; **to ~ awake/quietly/still** wach/ruhig/still [da]liegen; **to ~ flat** flach liegen [bleiben]
② *(be buried)* ruhen; ***here ~s the body of …*** hier ruht …
③ *(become horizontal)* sich *akk* hinlegen; ***~ face down!*** leg dich auf den Bauch!
④ *(be upon a surface)* liegen; ***snow lay thickly over the fields*** auf den Feldern lag eine dicke Schneeschicht
⑤ *(be in a particular state)* **to ~ at the mercy of sb** jds Gnade ausgeliefert sein; **to ~ in ruins** in Trümmern liegen; **to ~ under a suspicion** unter einem Verdacht stehen; **to ~ in wait** auf der Lauer liegen; **to ~ dying** im Sterben liegen; **to ~ empty** leer stehen; **to ~ fallow** brach liegen
⑥ *(remain)* liegen bleiben; ***the snow didn't ~*** der Schnee blieb nicht liegen
⑦ *(be situated)* liegen; ***the road lay along the canal*** die Straße führte am Kanal entlang; **to ~ in anchor/harbour in Hamburg** in Hamburg vor Anker/im Hafen liegen; **to ~ off the coast** [*or* **shore**] vor der Küste liegen; **to ~ to the east/north of sth** im Osten/Norden [*o* östlich/nördlich] einer S. *gen* liegen; ***the river ~s 40 km to the south of us*** der Fluss befindet sich 40 km südlich von uns; **to ~ on the route to Birmingham** auf dem Weg nach Birmingham liegen
⑧ *(weigh)* **to ~ heavily on sth** schwer auf etw *dat* lasten; **to ~ heavily on sb's mind** jdn schwer bedrücken; **to ~ heavily on sb's stomach** jdm schwer im Magen liegen *fam*
⑨ *(be the responsibility of)* ■**to ~ on sb** jdm obliegen *geh;* ■**to ~ with sb** bei jdm liegen; ***the choice/decision ~s [only] with you*** die Wahl/Entscheidung liegt [ganz allein] bei dir; ***it ~s with you to decide*** es liegt an dir zu entscheiden; ***the responsibility for the project ~s with us*** wir sind für das Projekt verantwortlich [*o* tragen die Verantwortung für das Projekt]
⑩ *(be found)* ■**to ~ in sth** in etw *dat* liegen; ***where do your interests ~?*** wo liegen deine Interessen?; ***the cause of the argument ~s in the stubbornness on both sides*** die Ursache des Streits liegt in [*o* an] der Sturheit auf beiden Seiten; ***the decision doesn't ~ in my power*** die Entscheidung [darüber] liegt nicht in meiner Macht
⑪ BRIT *(in a competition)* **to ~ bottom of/third in the table** Tabellenletzter/-dritter sein; **to ~ in second place** auf dem zweiten Platz liegen; **to ~ third** dritter sein; **to ~ in front of/behind sb** vor/hinter jdm liegen
⑫ LAW *claim, appeal* zulässig sein
▸PHRASES: **to ~ <u>doggo</u>** BRIT *(fam)* sich *akk* mucksmäuschenstill verhalten *fam;* **to ~ <u>low</u>** *(escape search)* untergetaucht sein; *(avoid being noticed)* sich *akk* unauffällig verhalten; *(bide one's time)* sich *akk* [im Verborgenen] bereithalten; **to <u>see</u> how the land ~s** die Lage sondieren [*o* peilen]
◆**lie about, lie around** *vi* ① *(be situated)* herumliegen *fam;* **to leave sth lying about** etw herumliegen lassen *fam*
② *(be lazy)* herumlümmeln *fam,* herumgammeln *fam; **they spent Sunday lying around the house*** sie verbrachten den Sonntag faul zu Hause
◆**lie ahead** *vi* ① *(in space, position)* ■**to ~ ahead [of sb]** vor jdm liegen; ***after this hill, even more difficult terrain ~s ahead [of us]*** nach diesem Hügel liegt noch schwierigeres Gelände vor uns
② *(in time)* bevorstehen; ■**to ~ ahead [of sb]** vor jdm liegen; ***I'm looking forward to what lies ahead*** ich bin gespannt, was die Zukunft bringt
◆**lie back** *vi* ① *(recline)* sich *akk* zurücklegen [*o* SCHWEIZ zurücklehnen]; **to ~ back in a chair** sich *akk* in einem Sessel zurücklegen
② *(fig: relax)* sich *akk* entspannen
◆**lie behind** *vi* ① *(be cause of)* ■**to ~ behind sth** etw *dat* zugrunde liegen; ***do you know what ~s behind their decision?*** weißt du, was hinter ihrer Entscheidung steckt? *fam*
② *(be past)* ■**to ~ behind [sb]** hinter jdm liegen; ***forget what ~s behind [you/us]*** vergiss, was gewesen ist
◆**lie down** *vi* sich *akk* hinlegen
▸PHRASES: **to ~ down on the <u>job</u>** *esp* AM, AUS *(pej)* schlampen *pej fam,* schlampig arbeiten *pej fam;* **to <u>take</u> sth lying down** etw [stillschweigend] hinnehmen
◆**lie in** *vi* ① BRIT *(fam: stay in bed)* im Bett bleiben
② *(after childbirth)* im Wochenbett liegen
◆**lie over** *vi (remain unfinished)* liegenbleiben; *(be adjourned)* vertagt werden
◆**lie round** *vi* BRIT *see* **lie about**
◆**lie to** *vi* vor Anker liegen
◆**lie up** *vi* ① *(fam: be ill)* das Bett hüten
② *(fam: be out of use) car* stillliegen
③ *esp* BRIT *(hide)* untertauchen; ***the kidnappers are lying up*** die Entführer sind untergetaucht
lied <*pl* -er> [li:d] *n* MUS Lied *nt*
lied·er re·cit·al [ˌli:dərɪ'saɪtəl, AM -ərɪ'saɪt̬-] *n* MUS Liederabend *m*
'lie-de·tec·ting *n no pl* Lügendetektion *f* **'lie de·tec·tor** *n* Lügendetektor *m* **'lie de·tec·tor test** *n* Lügendetektortest *m*
'lie-down *n* BRIT *(fam)* Schläfchen *nt,* Nickerchen *nt fam*
'lie-flat *adj attr seat* Liege-
liege [li:dʒ] HIST **I.** *adj attr, inv* Lehns-
II. *n* Lehnsmann *m,* Vasall *m*
'lie-in *n* BRIT *(fam)* **to have a ~** im Bett bleiben
lien [li:ən, AM li:n] *n* LAW Pfandrecht *nt*
lien of 'rec·ord *n* LAW Registerpfandrecht *nt*
lieu [lju:, AM lu:] *n no pl* **in ~ of sth** anstelle [*o* [an]statt] einer S. *gen*
Lieut *n attr abbrev of* **Lieutenant** Lt.
lieu·ten·an·cy <*pl* -cies> [lefˈtenənsi, AM lu:'-] *n*
① *(lieutenants collectively)* Leutnants *pl*
② *(government representation)* Statthalterschaft *f*
lieu·ten·ant [lefˈtenənt, AM lu:'-] *n* ① *(deputy)* Stellvertreter(in) *m(f),* rechte Hand *fig*
② MIL Leutnant *m*
③ AM LAW ≈ Polizeihauptwachtmeister(in) *m(f),* Polizeioberinspektor(in) *m(f)* ÖSTERR
lieu·ten·ant 'colo·nel *n* MIL Oberstleutnant *m* **lieu·ten·ant com·'man·der** *n* NAUT Fregattenkapitän *m* **lieu·ten·ant 'gen·er·al** *n* MIL Generalleutnant *m* **lieu·ten·ant 'gov·er·nor** *n* POL Vizegouverneur *m*
life <*pl* lives> [laɪf, *pl* laɪvz] **I.** *n* ① *(existence)* Leben *nt; **cats are supposed to have nine lives*** man sagt, Katzen haben neun Leben *nt; **run for your ~!*** renn um dein Leben!; ***it's a matter of ~ and death!*** es geht um Leben und Tod!; **a ~ and death issue** eine Frage, die über Leben und Tod entscheiden kann; **in a previous ~** in einem früheren Leben; **to believe in ~ after death** an ein Leben nach dem Tod[e] glauben; **to depart this ~** *(euph form)* verscheiden *euph geh;* **to give** [*or* **lay down**] **one's ~ for sb/sth** sein Leben für jdn/etw geben; **to lose one's ~** sein Leben lassen, ums Leben kommen; **to save sb's ~** jdm das Leben retten; **to seek sb's ~** jdm nach dem Leben trachten; **to take sb's ~** *(form)* jdn töten [*o* umbringen]; **to take one's own ~** sich *dat* [selbst] das Leben nehmen
② *no pl (quality, force)* Leben *nt; **~ is a precious gift*** das Leben ist ein wertvolles Gut; ***he tried to discover some sign of ~ in the boy's body*** er versuchte irgendein Lebenszeichen im Körper des Jungen festzustellen; ***I love ~*** ich liebe das Leben; **to be one/another of ~'s great mysteries** *(hum)* eines/ein weiteres der großen Geheimnisse des Lebens sein
③ *no pl (living things collectively)* Leben *nt; **there are no signs of ~ on the planet*** auf dem Planeten gibt es keinen Hinweis auf Leben; **animal ~** Tierwelt *f;* **plant ~** Pflanzenwelt *f;* **insect ~** Welt *f* der Insekten, Insekten *pl;* **intelligent/sentient ~** intelligentes/empfindendes Leben
④ *no pl (mode or aspect of existence)* Leben *nt;* **to be deeply rooted in American ~** tief im Leben der Amerikaner verwurzelt sein; **family ~** Familienleben *nt;* **love ~** Liebesleben *nt;* **private ~** Privatle-

ben *nt;* **working** ~ Arbeitsleben *nt*
⑤ *no pl (energy)* Lebendigkeit *f;* ***come on, show a little ~!*** los, jetzt zeig' mal ein bisschen Temperament! *fam;* ***put more ~ into your voice*** bringen Sie etwas mehr Timbre in die Stimme; ***there isn't much ~ here*** hier ist nicht viel los; **to be full of ~** voller Leben sein, vor Leben [nur so] sprühen; **to bring sth to ~** etw lebendiger machen; **to come to ~** lebendig werden *fig;* ***after an hour the party finally came to ~*** nach einer Stunde kam endlich Leben in die Party
⑥ *(total circumstances of individual)* Leben *nt;* ***teaching has been her ~*** der Lehrberuf war ihr Leben; ***she only wants two things in ~*** sie wünscht sich nur zwei Dinge im Leben; ***who's the man in your ~ now?*** [und] wer ist der neue Mann in deinem Leben?; **a dull/exciting ~** ein langweiliges/aufregendes Leben; **to make** [*or* **start**] **a new ~** ein neues Leben anfangen [*o* beginnen]; **to want sth out of** [*or* **in**] **~** etw vom Leben erwarten
⑦ *(person)* Menschenleben *nt;* ***how many lives were lost in the fire?*** wie viele Menschenleben hat der Brand gekostet?; **to save a ~** ein Menschenleben retten
⑧ *(human activities)* Leben *nt;* ***I left home at 16 to see ~*** ich ging mit 16 von zu Hause fort, um etwas vom Leben und von der Welt zu sehen; **to give sb an outlook on ~** jdm eine Lebenseinstellung vermitteln
⑨ *(biography)* Biografie *f,* Lebensbeschreibung *f*
⑩ *(time until death)* Leben *nt;* ■**for ~** *friendship* lebenslang; ***I believe marriage is for ~*** ich finde, eine Ehe sollte für das ganze Leben geschlossen werden; ***he's behind bars for ~*** er sitzt lebenslänglich [hinter Gittern] *fam;* **a job for ~** eine Stelle auf Lebenszeit
⑪ *(duration) of a device, battery* Lebensdauer *f,* Nutzungsdauer *f; of an institution* Bestehen *nt kein pl; of a contract* Laufzeit *f;* ***during the ~ of the present parliament*** während der jetzigen Legislaturperiode [des Parlaments]
⑫ *no pl (fam: prison sentence)* lebenslänglich; **to be doing/get ~** lebenslänglich sitzen *fam*/bekommen
⑬ *no pl* ART **to draw** [*or* **sketch**] **sb/sth from ~** jdn/etw nach einem Modell zeichnen/skizzieren; **taken from the ~** nach einem Modell
⑭ *(reality)* **true to ~** wirklichkeitsgetreu
▶PHRASES: **~'s a bitch** *(sl)* das Leben kann manchmal schon verdammt hart sein! *fam;* **for dear ~** verzweifelt; ***she hung on for dear ~*** sie klammerte sich fest, als hinge ihr Leben davon ab; **to frighten** [*or* **scare**] **the ~ out of sb** jdn furchtbar [*o* zu Tode] erschrecken; **for the ~ of me** *(fam)* um alles in der Welt *fam;* **not for the ~ of me** nicht um alles in der Welt; **to get a ~** aufwachen *fig,* auf den Boden der Tatsachen zurückkommen; ***get a ~!*** komm endlich auf den Boden der Tatsachen zurück!; **the good ~** das süße Leben, das [*o* die] Dolce Vita; **it's a hard ~!** *(iron fam)* das Leben ist eins der härtesten *fam;* **how's ~** [**treating you**]? *(fam)* wie geht's [denn so]? *fam;* **larger than ~** *car, house* riesig, riesengroß; *person* energiegeladen und charismatisch; **to lead** [*or* **live**] **the ~ of Riley** *(dated fam)* leben wie Gott in Frankreich; **not on your ~!** *(fam)* nie im Leben! *fam;* **to be the ~** [BRIT **and soul**] **of the/any party** der [strahlende] Mittelpunkt der/jeder Party sein; **~'s rich tapestry** die Sonnen- und Schattenseiten des Lebens; **to roar** [*or* **thunder**] **into ~** mit aufheulendem Motor losfahren/starten; **to save one's** [**own**] **~** ***he couldn't sing to save his ~*** er konnte ums Verrecken nicht singen *sl;* **to be set** [**up**] **for ~** für den Rest des Lebens ausgesorgt haben; **to take one's ~ in one's hands** *(fam)* Kopf und Kragen riskieren *fam;* **that's ~!** [das ist] Schicksal! *fam,* so ist das Leben [eben]!; **this is the ~** [**for me**]! so lässt sich's leben! *fam,* Mensch, ist das ein Leben! *fam;* **to be sb to the ~** *(dated)* jdm wie aus dem Gesicht geschnitten sein; ***that sketch is Joanna to the ~*** diese Zeichnung trifft Joanna aufs Haar; **one's ~** [*or* **~'s**] **work** jds Lebenswerk

II. *n modifier* **~ drawing/**[**drawing**] **class** Aktzeichnung *f*/Aktzeichnen *nt (Kunststunde, in der nach Modell gemalt wird)*

'life-af·firm·ing *adj* lebensbejahend **life-and-'death** *adj* **a ~ issue** eine Überlebensfrage; **a ~ situation** eine lebensbedrohliche Situation; **~ struggle** Überlebenskampf *m* [*o* Kampf *m* auf Leben und Tod] **'life an·nu·ity** *n* Leibrente *f,* Lebensrente *f* **'life as·sur·ance** *n no pl* BRIT Lebensversicherung *f* **'life·belt** *n* BRIT Rettungsring *m* **'life·blood** *n no pl (liter poet)* Herzblut *nt liter; (fig: crucial factor)* Motor *m fig,* das A und O; ■**to be the ~ of sth** der Lebensnerv einer S. *gen* sein **'life·boat** *n* Rettungsboot *nt;* **to launch a ~** ein Rettungsboot zu Wasser lassen; **~ operation** Rettungsaktion *f* **'life·buoy** *n* Rettungsboje *f* **'life coach** *n* Life-Coach *m* **'life cy·cle** *n* Lebenszyklus *m; (fig)* Lebensdauer *f kein pl* **'life ex·pec·tan·cy** *n* Lebenserwartung *f* **'life force** *n no pl* Lebenskraft *f* **'life form** *n* Lebewesen *f;* **intelligent ~s** intelligentes Leben **'life-giv·ing** *adj (sustaining life)* lebensspendend *geh,* lebensnotwendig; *(revitalizing)* belebend **'life·guard** *n (in baths)* Bademeister(in) *m(f); (on beach)* Rettungsschwimmer(in) *m(f)* **life 'his·tory** *n* Lebensgeschichte *f* **life im·'pris·on·ment** *n no pl* lebenslängliche Freiheitsstrafe; **to get ~** lebenslänglich bekommen **'life in·sur·ance** *n no pl* Lebensversicherung *f;* **to buy/have ~** eine Lebensversicherung abschließen/haben; **~ on a third party** Drittlebensversicherung *f* **'life in·sur·ance poli·cy** *n* Lebensversicherungspolice *f,* Lebensversicherungspolizze *f* ÖSTERR **'life in·sur·er** *n* FIN Lebensversicherer *m* **'life jack·et** *n* Schwimmweste *f*

life·less ['laɪfləs] *adj* ① *(inanimate) body* leblos, tot; *planet* unbelebt, ohne Leben *nach n;* ***the offices are still empty and ~*** die Büros stehen immer noch leer, alles ist wie ausgestorben
② *(dull) game, story* langweilig, fad[e]; *person* teilnahmslos; **~ hair** stumpfes [*o* glanzloses] Haar; **a ~ performance** eine lahme Vorstellung *fam*

life·less·ly ['laɪfləsli] *adv* ① *(without life)* leblos
② *(lacking vigour)* antriebslos, energielos

life·less·ness ['laɪfləsnəs] *n no pl* ① *(death)* Leblosigkeit *f*
② *(lack of vigour)* Antriebslosigkeit *f,* Energielosigkeit *f*
③ *(lack of living things)* Leblosigkeit *f*

'life·like *adj* lebensecht; *imitation also* naturgetreu **'life·line** *n* ① *(life-saving rope)* Rettungsleine *f;* **to throw sb a ~** [*or* **a ~ to sb**] jdm eine Rettungsleine zuwerfen; *(fig)* jdm einen Rettungsanker zuwerfen *fig* ② *(used by diver)* Signalleine *f* ③ *(fig: essential thing)* [lebenswichtige] Verbindung, Nabelschnur *f fig;* **the financial ~** der Geldhahn ④ *no pl* BRIT TELEC ≈ Telefonseelsorge *f* ⑤ *(in palmistry)* Lebenslinie *f* **'life·long** *adj attr, inv* lebenslang **life 'mem·ber** *n* Mitglied *nt* auf Lebenszeit **life-or-death** [,laɪfɔː'deθ, AM ɔːr'] *adj inv* über Leben und Tod *nach n* **life 'peer** *n* BRIT Peer *m* auf Lebenszeit **life 'peer·age** *n* BRIT Peerswürde *f* auf Lebenszeit **'life pre·serv·er** *n* ① BRIT *(stick)* Totschläger *m* ② AM *(life jacket)* Schwimmweste *f; (lifebuoy)* Rettungsboje *m; (lifebelt)* Rettungsring *m*

lif·er ['laɪfəʳ, AM -ɚ] *n (sl)* ① *(fam: prisoner)* Lebenslängliche(r) *f(m) fam*
② AM *(career person)* Berufssoldat(in) *m(f)*

'life raft *n* Rettungsfloß *nt; (rubber dinghy)* Schlauchboot *nt;* **to launch** [*or* **lower**] **a ~** ein Rettungsfloß zu Wasser lassen **'life·sav·er** *n* ① *(fam: thing)* die Rettung *fig;* ***that cup of coffee was a real ~*** die Tasse Kaffee war die Rettung! *fam; (person)* [Lebens]retter(in) *m(f) fig;* ***you're a real ~*** du bist mein rettender Engel! ② AUS, NZ *(on beach)* Rettungsschwimmer(in) *m(f); (in baths)* Bademeister(in) *m(f)* **'Life·sav·er®** *n* AM *ringförmiges* [*Frucht*]*bonbon* **'life-sav·ing** *n no pl* Rettungsschwimmen *nt* **'life-sav·ing class** *n* Unterricht *m* im Rettungsschwimmen; **~ certificate** Rettungsschwimmabzeichen *nt* **life 'sav·ings** *npl* Erspartes *nt kein pl,* Rücklage *f* **life 'sci·ences** *npl* Biowissenschaften *pl* **'life sen·tence** *n* lebenslängliche Freiheitsstrafe; **to get** [*or* **receive**] **a ~** lebenslänglich bekommen **'life-size**(**d**) *adj* in Lebensgröße *nach n,* lebensgroß **'life·span** *n of people, animals* Lebenserwartung *f kein pl; of thing* Lebensdauer *f kein pl; of a project, insurance policy, contract* Laufzeit *f;* **average ~** durchschnittliche Lebenserwartung **'life sto·ry** *n* Lebensgeschichte *f*

'life·style I. *n* Lebensstil *m*
II. *n modifier shop, magazine* Lifestyle-

'life·style drug *n* Lifestyle-Droge *f,* Lifestyle-Arzneimittel *nt*

'life sup·port *n no pl* MED *(fam)* **to be on ~** an [lebenserhaltenden] Apparaten hängen *fam* **'life sup·port sys·tem** *n* MED ① *(machine)* lebenserhaltender Apparat; **to be on a ~** an [lebenserhaltende] Apparate angeschlossen sein ② *(biological network)* Lebenserhaltungssystem *nt* **'life-threat·en·ing** *adj disease, illness* lebensbedrohend; **a ~ situation** eine lebensgefährliche [*o* lebensbedrohliche] Situation

'life·time I. *n usu sing* ① *(time one is alive)* Lebenszeit *f;* **to devote** [**half**] **a ~ to sth/sb** etw/jdm sein [halbes] Leben widmen; **in one's ~** im Laufe seines Lebens; ***that probably won't happen in my ~*** das werde ich wahrscheinlich nicht [mehr mit]erleben; **once in a ~** einmal im Leben
② *(time sth exists)* Lebensdauer *f kein pl;* **~ of a contract** LAW Vertragslaufzeit *f*
③ *(fam: long time)* ***it seems like a ~*** es kommt mir vor wie eine Ewigkeit; **to last a ~** *watch, machines* ein Leben lang halten; *memories, good luck* das ganze Leben [lang] andauern
▶PHRASES: **the chance of a ~** eine einmalige Chance, die Chance des Lebens
II. *n modifier* lebenslang, auf Lebenszeit *nach n;* **~ guarantee** Garantie *f* auf Lebenszeit; **a ~** [*or* **~'s**] **supply of coffee** ein Riesenpaket *m* Kaffee [, das für den Rest des Lebens reicht]

LIFO ['laɪfəʊ] COMPUT, ECON *acr for* **last in, first out** LIFO; TECH Stapelspeicher *m;* **~ principle** LIFO-Verfahren *nt,* LIFO-Prinzip *nt*

lift [lɪft] **I.** *n* ① BRIT *(elevator)* Lift *m,* Aufzug *m,* Fahrstuhl *m;* **to take the ~** den Aufzug nehmen, mit dem Aufzug fahren
② *(for skiers)* Skilift *m; (chair lift)* Sessellift *m*
③ *no pl (fam: support)* ***a bra that gives a bit of ~*** ein BH, der etwas stützt; *(heel)* ***shoes with a bit of ~*** Schuhe mit etwas höheren Absätzen
④ *(act of lifting)* [Hoch]heben *nt kein pl; of the head* stolze Kopfhaltung; ***a tiny ~ will put this in the right place*** wenn du es ein klein wenig anhebst, können wir es an die richtige Stelle rücken
⑤ *(increase)* Anstieg *m kein pl; (increase in amount)* Erhöhung *f* [eines Betrags]; *of a person's voice* Heben *nt* der Stimme
⑥ *(fam: plagiarizing) of ideas* Klauen *nt kein pl fam; of texts* Abkupfern *nt kein pl fam*
⑦ *no pl* MECH Hubkraft *f;* AVIAT Auftrieb *m*
⑧ *(weight)* [Hoch]heben *nt kein pl*
⑨ *(ride)* Mitfahrgelegenheit *f;* **to give a ~ to sb** [*or* **to give sb a ~**] jdn [im Auto] mitnehmen; ***I'll give you a ~ to the station*** ich kann Sie bis zum Bahnhof mitnehmen; **to hitch** [*or* **thumb**] **a ~** trampen, per Anhalter [*o* SCHWEIZ Autostopp] fahren
⑩ *no pl (fig: positive feeling)* **to give sb a ~** jdn aufmuntern; *prospects* jdm Auftrieb geben; *drugs* jdn aufputschen
II. *vt* ① *(raise)* ■**to ~ sb/sth** jdn/etw [hoch]heben; *(slightly)* jdn/etw anheben; ***she ~ed the cigarette*** [***up***] ***to her lips*** sie führte die Zigarette an die Lippen; SPORT ***~ the weight into the starting position*** bring das Gewicht in die Ausgangsposition; ■**to ~ sb/sth out of sth** jdn/etw aus etw *dat* [heraus]heben; ***when will our country ever be ~ed out of this state of economic depression?*** *(fig)* wann wird es mit der Wirtschaft unseres Landes wohl jemals wieder aufwärtsgehen?
② *(direct upward)* **to ~ one's eyes** die Augen aufschlagen; **to ~ one's head** den Kopf heben; **to ~ one's eyes** [*or* **face**] **from sth** von etw *dat* aufsehen [*o* aufblicken]; **to ~ one's head from sth** den

Kopf von etw *dat* heben
③ *(make louder)* **to ~ one's voice** lauter sprechen, die Stimme heben; **to ~ one's voice to sb** *(yell at)* jdn anschreien; *(argue with)* die Stimme gegen jdn erheben *geh*
④ *(increase)* ■**to ~ an amount/prices/rates** einen Betrag/Preise/Sätze erhöhen
⑤ *(airlift)* ■**to ~ sth somewhere** etw irgendwohin fliegen; **to ~ supplies/troops** den Nachschub/Truppen auf dem Luftweg transportieren
⑥ *usu passive (in surgery)* **to have one's face/breasts ~ed** sich *dat* das Gesicht liften/die Brust straffen lassen
⑦ *(dig up)* ■**to ~ sth** etw ausgraben; **to ~ potatoes** Kartoffeln [*o* ÖSTERR Erdäpfel] ernten [*o* DIAL ausmachen]
⑧ *(improve in rank)* ■**to ~ sb/a team** jdn/ein Team befördern
⑨ *(win)* **to ~ an event/a prize** einen Wettkampf/einen Preis gewinnen
⑩ *(make more interesting)* ■**to ~ sth** etw interessanter gestalten [*o fam* aufpeppen]
⑪ *(elevate)* **to ~ sb's confidence** jds Vertrauen stärken; **to ~ sb's spirits** jds Stimmung heben
⑫ *(end)* **to ~ a ban/restrictions** ein Verbot/Einschränkungen aufheben
⑬ *(fam: steal)* ■**to ~ sth** etw klauen *fam* [*o fam* mitgehen lassen]
⑭ *(fam: plagiarize)* ■**to ~ sth** *essay, song* etw abschreiben [*o fig* klauen] *fam*
⑮ *(arrest)* ■**to ~ sb** jdn schnappen *fam*
⑯ *(take)* **to ~ fingerprints from sth** etw auf Fingerabdrücke untersuchen
III. *vi* ① *(be raised)* sich *akk* heben
② *(disperse) cloud, fog* sich *akk* auflösen
③ *(become happier) mood* sich *akk* heben
◆**lift down** *vt* BRIT, AUS ■**to ~ down** ↻ **sb/sth** jdn/etw herunterheben
◆**lift off** *vi* ① *(leave the earth)* abheben
② *(come off)* sich *akk* hochheben lassen; ***the top of the stool ~s off*** der Sitz des Stuhls ist abnehmbar
◆**lift up** *vt* ■**to ~ up** ↻ **sb/sth** jdn/etw hochheben; **to ~ up a lid** einen Deckel hochklappen
▸PHRASES: **to ~ up one's head** den Kopf hoch tragen; **to ~ up one's voice** *(in praise)* die Stimme erheben

lift·er [ˈlɪftəʳ, AM -ɚ] *n short for* **weightlifter** Gewichtheber(in) *m(f)*

ˈlift·gate *n* Liftgate *nt*, elektrisch bedienbare Hebetür

ˈlift-off *n* AEROSP Start *m*, Abheben *nt kein pl*; ***we have*** **~** der Start ist erfolgt

lig [lɪg] *vi* BRIT *(sl)* schmarotzen *pej*; *(to party)* sich *akk* selbst einladen; *(at concert)* ohne Eintrittskarte reingehen

liga·ment [ˈlɪgəmənt] *n* ANAT Band *nt*, Ligament *nt fachspr*; **to tear a ~** sich *dat* einen Bänderriss zuziehen

liga·ture [ˈlɪgətʃəʳ, AM -ɚ] **I.** *n* ① *(bandage)* Binde *f*; MED Abbindungsschnur *f*, Ligaturfaden *m fachspr*
② MUS Ligatur *f fachspr*
③ TYPO *(character)* Ligatur *f*; *(stroke)* [Feder-/Pinsel]strich *m*
④ *(bond)* Band *nt*
⑤ *(act of binding)* Abbinden *nt kein pl*
II. *vt* etw abbinden

lig·ger [ˈlɪgəʳ] *n* BRIT Schmarotzer(in) *m(f) pej*

light¹ [laɪt] **I.** *n* ① *no pl (brightness)* Licht *nt*; ***is there enough ~?*** ist es hell genug?; **artificial/natural ~** künstliches/natürliches Licht; **the ~ of the sun** das Sonnenlicht; **by the ~ of the moon** bei Mondschein; **by the ~ of the candle** im Schein der Kerze
② *(light-giving thing)* Licht *nt*, Lichtquelle *f*; *(lamp)* Lampe *f*; ***as the ~s went ...*** als die Lichter ausgingen, ...; **to put** [*or* **switch**] [*or* **turn**] **the ~ on/off** das Licht einschalten/ausschalten [*o fam* anmachen/ausmachen]
③ *no pl (fire)* Feuer *nt*; *(flame)* [Kerzen]flamme *f*; ***have you got a ~, please?*** Entschuldigung, haben Sie [vielleicht] Feuer?; **to catch ~** Feuer fangen; **to set ~ to sth** BRIT etw anzünden; **to strike a ~** ein Streichholz [*o* SCHWEIZ *a.* Zündholz] anzünden
④ *no pl (daylight)* [Tages]licht *nt*; **at** [**the**] **first ~** bei Tagesanbruch
⑤ *(for decoration)* ■**~s** *pl* **Christmas ~s** Weihnachtsbeleuchtung *f*
⑥ *usu pl (traffic light)* Ampel *f*
⑦ *(sparkle)* Strahlen *nt kein pl*, Leuchten *nt kein pl*; ***the light in his eyes*** das Strahlen in seinen Augen
⑧ *(fig: perspective)* Aspekt *m*, Perspektive *f*; ***try to look at it in a new ~*** versuch' es doch mal aus einer anderen Perspektive zu sehen; ***she started to see him in a new ~*** sie sah ihn plötzlich in einem ganz neuen Licht; **to show sth in a bad/good ~** etw in einem schlechten/guten Licht erscheinen lassen; **to put sth in a favourable ~** etw in ein günstiges Licht rücken
⑨ *no pl (enlightenment)* Erleuchtung *f*; ***I saw the ~!*** mir ging ein Licht auf! *fam*
⑩ *(spiritual illumination)* Erleuchtung *f*
⑪ *(person's abilities)* ■**~s** *pl* [geistige] Fähigkeiten; **to do sth according to one's ~s** etw so gut machen, wie man es eben kann
⑫ *(bright part in picture/on object)* Licht *nt*; **~ and shadow** Licht und Schatten
⑬ *(window)* Fenster *nt*; *(window division)* Oberlicht *nt*; *(pane of glass)* Fensterscheibe *f*
⑭ *(fig: person)* Leuchte *f fam*; **leading ~** *(best at something)* großes Licht, Leuchte *f fam*; *(leader)* Nummer eins *f fam*; **a shining ~** eine große Leuchte *fam*, ein großes Licht *fam*
⑮ *(beacon)* Leuchtfeuer *nt*; *(lighthouse)* Leuchtturm *m*
▸PHRASES: **to bring sth to ~** etw ans Licht bringen; **to cast** [*or* **shed**] [*or* **throw**] **~ on sth** etw beleuchten *fig*, Licht in etw *akk* bringen; **to come to ~** ans Licht kommen; **the ~ at the end of the tunnel** das Licht am Ende des Tunnels *fig*; **to hide one's ~ under a bushel** sein Licht unter den Scheffel stellen; **in the ~ of sth** [*or* AM *usu* **in ~ of sth**] angesichts einer S. *gen*, im Lichte einer S. *gen liter*; **to be the ~ of sb's life** *(hum)* die Sonne im Leben einer Person *gen* sein; **to be** [*or* **go**] **out like a ~** *(fam: fall asleep)* sofort weg sein *fam*; *(faint)* umkippen *fam*; **to see the ~ of day** *(come into being)* das Licht der Welt erblicken; *(become known)* ans Licht kommen
II. *adj* ① *(bright)* hell; ***it's slowly getting ~*** es wird allmählich hell; ***summer is coming and the evenings are getting ~er*** der Sommer kommt und es bleibt abends länger hell
② *(pale)* hell-; *(stronger)* blass-
III. *vt* <lit *or* lighted, lit *or* lighted> ① *(illuminate)* ■**to ~ sth** etw erhellen; *stage, room* etw beleuchten; *(fig)* ***his investigations lit the way for many other scientists*** seine Forschungen waren wegweisend für viele andere Wissenschaftler
② *(turn on)* **to ~ an electric light** das Licht einschalten [*o fam* anknipsen]
③ *(guide with light)* ■**to ~ sb** jdm leuchten
④ *(ignite)* **to ~ a candle/match** eine Kerze/ein Streichholz anzünden; **to ~ a fire** ein Feuer anzünden [*o fam* anmachen] [*o* SCHWEIZ *a.* anfeuern], Feuer machen; **to ~ a cigarette/pipe** sich *dat* eine Zigarette/Pfeife anzünden [*o fam* anstecken]
IV. *vi* <lit *or* lighted, lit *or* lighted> ① *(burn)* brennen
② *(fig: become animated) eyes, etc* aufleuchten *fig*; ***her face lit with pleasure*** sie strahlte vor Freude über das ganze Gesicht
◆**light up I.** *vt* ① *(illuminate)* ■**to ~ up** ↻ **sth** *hall, room* etw erhellen; *street* etw beleuchten; ***fireworks lit up the sky*** das Feuerwerk erleuchtete den Himmel
② *(start smoking)* **to ~ up a cigar/cigarette/pipe** eine Zigarre/Zigarette/Pfeife anzünden
③ *(make animated)* **to ~ up** ↻ **sb's eyes** jds Augen aufleuchten lassen; **to ~ up** ↻ **sb's face** jds Gesicht erhellen
II. *vi* ① *(become illuminated)* aufleuchten; ***the lights on the tree lit up*** die Lichter am Baum gingen an
② *(start smoking)* sich *dat* eine [Zigarette] anstecken *fam*
③ *(become animated) eyes* aufleuchten *fig*; *face* strahlen; ***her face lit up with pleasure*** sie strahlte vor Freude

light² [laɪt] **I.** *adj* ① *(not heavy)* leicht; **to be as ~ as a feather** federleicht [*o* leicht wie eine Feder] sein
② *(deficient in weight)* zu leicht; ***this sack of rice seems about 2 kilos ~*** ich habe den Eindruck, dieser Sack Reis wiegt 2 Kilo zu wenig; **to give sb ~ weight** jdm zu wenig abwiegen
③ *(not sturdily built)* leicht; **~ clothes** leichte Kleidung
④ *(for small loads)* Klein-; **~ aircraft/lorry** Kleinflugzeug *nt*/-lastwagen *m*; **~ railway** Kleinbahn *f*
⑤ MIL **~ infantry** leichte Infanterie
⑥ *(not fully loaded) aircraft/ship/vehicle* nicht voll beladen
⑦ *(of food and drink)* leicht; *(low in fat)* fettarm; **a ~ diet** eine fettarme Diät; **~ food** leichtes Essen; **a ~ meal** eine leichte Mahlzeit; **~ pastry** lockerer Teig; **~ wine** leichter Wein
⑧ *(porous)* **~ soil** lockeres Erdreich
⑨ CHEM leicht; **~ isotope** leichtes Isotop
⑩ *(low in intensity)* ***the traffic was quite ~*** es war kaum Verkehr; ***it's only ~ rain*** es nieselt nur; **~ breeze** leichte Brise
⑪ *(easily disturbed)* **~ sleep** leichter Schlaf; **to be a ~ sleeper** einen leichten Schlaf haben
⑫ *(easily done)* nachsichtig, mild; **~ sentence** mildes Urteil; **~ housework** leichte Hausarbeit
⑬ *(gentle)* leicht; *kiss* zart; *(soft) touch* sanft; **to have a ~ touch** MUS einen weichen Anschlag haben
⑭ *(graceful)* **~ building** elegantes Gebäude; **~ figure** anmutige Gestalt
⑮ *(not bold)* **~ type** eine schlanke Schrifttype
⑯ *(not serious)* leicht *attr*; **~ entertainment** leichte Unterhaltung; **~ opera** Operette *f*; **~ reading** Unterhaltungslektüre *f*; **~ tone** Plauderton *m*
⑰ *(cheerful)* frohgemut *poet*; **with a ~ heart** leichten Herzens
⑱ *(old: unchaste)* leicht; **a ~ girl** ein leichtes Mädchen *veraltend*
▸PHRASES: **to be a bit ~ in one's loafers** AM *(pej!)* etwas weibische Züge haben *pej*; **to be ~ on one's feet** leichtfüßig sein; **to make ~ of sth** etw bagatellisieren [*o fam* herunterspielen]; **to make ~ work of sth** mit etw *dat* spielend fertigwerden; **to be ~ on sth** es an etw *dat* fehlen lassen
II. *adv* ① *(with little luggage)* **to travel ~** mit leichtem Gepäck reisen
② *(with no severe consequences)* **to get off ~** glimpflich [*o fam* mit einem blauen Auge] davonkommen
◆**light into** *vi* AM *(fam)* ■**to ~ into sb** über jdn herfallen *fam*
◆**light on** *vi* ■**to ~ on sth** etw entdecken, auf etw *akk* stoßen; ***his eyes lit on a piece of paper*** sein Blick fiel auf ein Stück Papier
◆**light out** *vi* AM *(fam: leave hurriedly)* verduften *fam*, abhauen *fam*, die Flucht ergreifen, SCHWEIZ *a.* sich auf französisch verabschieden
◆**light upon** *vi see* **light on**

ˈlight bulb *n* Glühbirne *f*; **to change a ~** eine Glühbirne [aus]wechseln; **to screw in/unscrew a ~** eine Glühbirne eindrehen/herausdrehen

light ˈcream *n* AM, AUS fettarme Sahne, fettarmes Obers ÖSTERR, fettarmer Rahm SCHWEIZ

light·ed [ˈlaɪtɪd, AM -t̬-] *adj attr, inv* brennend; **a ~ candle** eine brennende Kerze; **a ~ match** ein angezündetes [*o* brennendes] Streichholz; **a ~ torch** eine angeschaltete [*o* SCHWEIZ eingeschaltete] [*o* brennende] Taschenlampe

light·en¹ [ˈlaɪtᵊn] **I.** *vt* ■**to ~ sth** ① *(make less heavy)* etw leichter machen; **to ~ a ship** ein Schiff leichtern
② *(fig: make easier to bear)* etw erleichtern; ***he wanted to ~ some of his responsibility*** er wollte einen Teil seiner Verantwortung abgeben; **to ~ sb's burden** [*or* **load**] jdm etw abnehmen; **to ~ sb's workload** jdm ein wenig Arbeit abnehmen
③ *(fig: make less serious)* etw aufheitern; *situation*

etw auflockern; **to ~ sb's mood** jds Stimmung heben, jdn heiterer stimmen
4 STOCKEX **to ~ a portfolio** ein Portfolio umschichten
II. *vi* 1 *(become less heavy or severe)* leichter werden
2 *(fig: cheer up)* bessere Laune bekommen; ***his heart ~ed*** ihm wurde leichter ums Herz; ***he felt his spirits*** [*or* ***mood***] ***~ a little*** seine Stimmung wurde langsam etwas besser

light·en² ['laɪtᵊn] **I.** *vi* heller werden, sich *akk* aufhellen
II. *vt* **to ~ one's hair** sich *dat* die Haare heller färben [*o* aufhellen]
◆ **lighten up** *vi* AM, AUS sich *akk* nicht [mehr] so ärgern; *~ **up, would you?*** entspann dich!

light·er¹ ['laɪtəʳ, AM -t̬ɚ] *n* Feuerzeug *nt*

light·er² ['laɪtəʳ, AM -t̬ɚ] *n* NAUT Leichter *m*

'light·er fluid *n* Feuerzeugflüssigkeit *f* **'light·er fuel** *n esp* BRIT Feuerzeugbenzin *nt* **'light·er sock·et** *n* AUTO Halterung *f* des Zigarettenanzünders

light·er-than-'air *adj attr* AVIAT leichter als Luft *nach n*

light-'fin·gered *adj* 1 *(thievish)* langfing[e]rig *oft hum,* diebisch 2 *(dexterous)* geschickt **light-'foot·ed** *adj* leichtfüßig

'light globe *n* AUS Glühbirne *f*

light-'head·ed *adj (faint)* benommen; *(dizzy)* schwind[e]lig; *(ebullient)* aufgekratzt *fam* **light-'head·ed·ness** [,laɪt'hedɪdnəs] *n no pl* Benommenheit *f* **light-'heart·ed** *adj (carefree)* sorglos, unbeschwert; *(happy)* heiter, fröhlich; **to take a ~ look at sth** etw mit einem Augenzwinkern betrachten **light-heart·ed·ly** [,laɪt'hɑːtɪdli, AM -'hɑːrt-] *adv* unbeschwert **light·heart·ed·ness** [,laɪt'hɑːtɪdnəs, AM -'hɑːrt-] *n no pl* Unbeschwertheit *f*

light 'heavy·weight *n* 1 *no pl (weight)* Halbschwergewicht *nt* 2 *(boxer)* Halbschwergewichtler(in) *m(f)*

'light·house *n* Leuchtturm *m*

'light·house keep·er *n* Leuchtturmwärter(in) *m(f)*

light 'in·dus·try *n no pl* Leichtindustrie *f,* Konsumgüterindustrie *f*

light·ing ['laɪtɪŋ, AM -t̬-] *n no pl* Beleuchtung *f;* *(equipment)* Beleuchtungsanlage *f;* **bad/good/low ~** schlechte/gute/schwache Beleuchtung

'light·ing de·'sign·er *n* Beleuchtungstechniker(in) *m(f)* **light·ing-'up time** *n* BRIT *Zeit, wenn das Licht am Auto angemacht werden muss*

light·less ['laɪtləs] *adj inv* finster

light·ly ['laɪtli] *adv* 1 *(not seriously)* leichtfertig; ***accusations like these are not made ~*** solche Anschuldigungen erhebt man nicht so einfach; ***she said this ~*** sie sagte das so ganz leichthin; **not to take sth ~** etw nicht leichtnehmen, etw nicht auf die leichte Schulter nehmen
2 *(gently)* leicht; *(not much)* wenig; ***I tapped ~ on the door*** ich klopfte leise [*o* sacht[e]] an [die Tür]; ***dust the cake ~ with icing-sugar*** bestreuen Sie den Kuchen ganz fein mit Puderzucker; **to pat/tap sb ~** jdn leicht tätscheln
3 *(not deeply)* leicht; **to doze ~** [nur so] ein wenig vor sich hindösen; **to sleep ~** einen leichten Schlaf haben
4 *(slightly)* leicht; **~ cooked vegetables** Gemüse, das nur ganz kurz gegart wird; **~ cooked popcorn** Puffmais *m* mit etwas Butter
5 LAW *(without much punishment)* mild; **to get off ~** glimpflich davonkommen; **to be let off ~** nachsichtig behandelt werden

'light me·ter *n* PHOT Belichtungsmesser *m*

light 'mid·dle·weight *n* BOXING 1 *(weight)* Leichtmittelgewicht *nt*
2 *(boxer)* Leichtmittelgewichtler(in) *m(f)*

light·ness¹ ['laɪtnəs] *n no pl* Helligkeit *f*

light·ness² ['laɪtnəs] *n no pl* 1 *(lack of heaviness)* Leichtheit *f*
2 *(gracefulness)* Leichtigkeit *f,* Behändigkeit *f*
3 *(lack of seriousness)* Leichtigkeit *f*
4 *(cheerfulness)* Heiterkeit *f,* Unbeschwertheit *f*

light·ning ['laɪtnɪŋ] METEO **I.** *n no pl* Blitz *m;* **a flash of ~** ein Blitz *m;* **thunder and ~** Blitz und Donner; **to be quick as ~** schnell wie der Blitz [*o* blitzschnell] sein *fam;* **to be struck by ~** vom Blitz getroffen werden
▶PHRASES: **~ never strikes twice in the same place** *(prov)* der Blitz schlägt nicht zweimal an derselben Stelle ein *prov*
II. *adj attr* **to do sth with** [*or* **at**] **~ speed** etw in Windeseile machen; **~ quick** schnell wie der Blitz, blitzschnell

'light·ning bug *n* AM Leuchtkäfer *m,* Glühwürmchen *nt* **'light·ning con·duc·tor,** AM **'light·ning rod** *n* Blitzableiter *m a. fig* **'light·ning strike** *n* BRIT, AUS Blitzstreik *m,* spontaner Streik

'light pen *n* 1 COMPUT Lichtstift *m* 2 *(for reading bar codes)* Codeleser *m* **'light-pol·lut·ed** *adj city* lichtverschmutzt **'light pol·lu·tion** *n no pl Beeinträchtigung der Sicht des Nachthimmels, beispielsweise für Astronomen, wegen zu starker künstlicher Beleuchtung* **'light-powered** *adj inv* solarzellenbetrieben

'light·proof *adj* lichtbeständig, lichtecht SCHWEIZ

light 'rail·way *n* RAIL Kleinbahn *f*

lights [laɪts] *n pl* Lunge *f (von Schlachttieren)*
▶PHRASES: **to scare the** [**liver and**] **~ out of sb** jdn zu Tode erschrecken

'light·ship *n* NAUT Feuerschiff *nt* **'light show** *n* Lightshow *f,* Lasershow *f*

lights-'out *n no pl* Nachtruhe *f*

'light switch <*pl* -es> *n* Lichtschalter *m*

'light·weight I. *n* 1 *no pl* SPORT Leichtgewicht *nt*
2 *(boxer)* Leichtgewichtler(in) *m(f)*
3 *(lightly build person)* Leichtgewicht *nt fam; (pej: lacking endurance)* Schwächling *m fam,* Schlappschwanz *m fam; (pej: lightly built thing)* Klappergestell *nt fam o pej*
4 *(pej fig: unimportant person)* Leichtgewicht *nt fig;* ***in literary circles he has been dismissed as a ~*** in literarischen Kreisen nimmt man ihn nicht für voll
II. *n modifier* SPORT Leichtgewichts-, im Leichtgewicht *nach n;* **~ boxer** Leichtgewichtler(in) *m(f);* **~ champion** Meister(in) *m(f)* im Leichtgewicht
III. *adj* 1 *(weighing little)* leicht
2 *(trivial)* trivial
3 *(pej fig: unimportant)* bedeutungslos; **a ~ politician** [nur] ein kleiner Politiker/eine kleine Politikerin

'light year *n* 1 ASTRON Lichtjahr *nt*
2 *(fam: long distance)* ■**~s** *pl* **to be** [*or* **seem**] **~s away** Lichtjahre entfernt sein/scheinen; **to be** [*or* **seem**] **~s ahead** Lichtjahre voraus sein/scheinen

lig·ne·ous ['lɪgniəs] *adj* hölzern, holzartig

lig·nite ['lɪgnaɪt] *n no pl (spec)* Braunkohle *f*

lik·able *adj* AM, AUS *see* **likeable**

like¹ [laɪk] **I.** *prep* 1 *(similar to)* wie; *~ **most people*** wie die meisten Leute; *~ **father, ~ son*** wie der Vater, so der Sohn; ***she smokes ~ a chimney*** sie raucht wie ein Schlot *fam;* ***what was your holiday ~?*** wie war dein Urlaub?; ***what does it taste ~?*** wie schmeckt es?; ***what's it ~ to be a fisherman?*** wie ist das Leben als Fischer?; ***you're acting ~ a complete idiot!*** du benimmst dich wie ein Vollidiot!; ***it feels ~ ages since we last spoke*** ich habe das Gefühl, wir haben schon ewig nicht mehr miteinander gesprochen; ***he looks ~ his brother*** er sieht seinem Bruder ähnlich; ***he's going to grow big ~ his father*** er wird so groß wie sein Vater werden; ***he's been looking for someone ~ her*** er hat so jemanden wie sie gesucht; ***she looked nothing ~ the Queen*** sie sah überhaupt nicht wie die Queen aus; ***he's nothing ~ as fat as his father*** er ist noch lange nicht so dick wie sein Vater; ***there were nothing ~ enough people*** dort waren viel zu wenig Leute; ***there's nothing ~ a good cup of coffee*** es geht doch nichts über eine gute Tasse Kaffee; ***or something ~ that*** oder etwas in der Richtung; **just ~ sb/sth** genau wie jd/etw; ***that's just ~ him!*** das sieht ihm ähnlich!; ***you've already got a shirt that's just ~ it?*** du hast genau dasselbe Hemd schon einmal?; ■**to be ~ sb/sth** wie jd/etw sein; ***what colour did you want? — is it anything ~ this?*** welche Farbe wollten Sie? – ungefähr wie diese hier?
2 *(such as)* wie; ***natural materials ~ cotton and wool*** Naturstoffe wie Baumwolle oder Schafwolle; ***why are you talking to me ~ that?*** warum sprichst du so mit mir?
3 *(normal for)* ■**to be ~/not be ~ sb to do sth:** ***that's just ~ Patricia to be late!*** das sieht Patricia wieder ähnlich, zu spät zu kommen!
▶PHRASES: **~ anything** *(fam)* wie verrückt *fam;* **to do sth ~ crazy** [*or* **mad**] *(fam)* etw wie verrückt tun *fam;* **it looks ~ rain/snow** es sieht nach Regen/Schnee aus; **that's more ~ it!** das ist schon besser!
II. *conj (fam)* 1 *(the same as)* wie; *~ **I said*** wie ich schon sagte; ***do it ~ I do*** mach es so wie ich; ***let's go swimming in the lake ~ we used to*** lass uns im See schwimmen gehen wie früher
2 *(as if)* als ob; ***it sounds to me ~ you ought to change jobs*** das hört sich für mich so an, als solltest du den Job wechseln; ***you look ~ you've just got out of bed*** du siehst aus, als wärst du gerade aufgestanden; ***it looks ~ it's going to rain*** es sieht nach Regen aus; ***she acts ~ she's the boss*** sie tut so, als sei sie die Chefin; ***he spoke ~ he was foreign*** er sprach, als wäre er ein Ausländer
III. *n* ■**the/sb's ~** *(person)* so jemand; *(thing)* so etwas; ***I have not seen his ~ for many years*** [so] jemanden wie ihn habe ich schon seit vielen Jahren nicht mehr gesehen; ***have you ever seen the ~?*** hast du so was schon gesehen?; ***I don't like politicians and their ~*** ich kann Politiker und dergleichen nicht ausstehen; *(fam)* ***you'll never be able to go out with the ~s of him!*** mit so einem wie ihm wirst du nie ausgehen!
IV. *adj inv* 1 *attr (similar)* ähnlich; **in ~ manner** auf gleiche Weise, gleichermaßen; **to be of** [**a**] **~ mind** gleicher Meinung sein
2 *pred true to original* ähnlich; *statue, painting* naturgetreu
V. *adv inv* 1 *(sl: somehow)* irgendwie; ***it was kind of funny ~*** es war irgendwie schon komisch, ne; ***if there's nothing you can do to change the situation, it's ~ ... why bother?*** also, warum sich aufregen, wenn man die Situation sowieso nicht ändern kann? *fam*
2 *(sl: in direct speech)* ***everybody called her Annie and my mom was ~ "it's Anne"*** alle sagten zu ihr Annie, aber meine Mutter meinte: „sie heißt Anne!"; ***I was like, "what are you guys doing here?"*** ich sagte nur, „was macht ihr hier eigentlich?"
3 *(sl: filler)* ***he was ~, totally off his rocker*** er stand völlig neben sich *fam,* er war so total neben der Kappe BRD *sl*
4 **to do sth** [**as**] **~ as not** etw sehr wahrscheinlich tun

like² [laɪk] **I.** *vt* 1 *(enjoy)* ■**to ~ sb/sth** jdn/etw mögen; ***how do you ~ my new shoes?*** wie gefallen dir meine neuen Schuhe?; ***I ~ it when ...*** ich hab's gern [*o* mag es], wenn ...; ■**to ~ doing** [*or* **to do**] **sth** etw gern tun; *(iron: dislike)* etw [wirklich] gernhaben *iron fam;* ***I ~ the way he just assumes we'll listen to him when he doesn't take in a word anyone else says!*** das hab ich ja vielleicht gern! – wir sollen ihm zuhören, aber was andere sagen, das geht ihm zum einen Ohr rein und zum anderen wieder raus; **I ~ that!** na, das hab ich gern! *iron*
2 *(want)* ***wether you like it or not*** ob es dir passt oder nicht, ob du willst oder nicht; ■**sb would/should ~ sth** jd hätte gerne etw; ***I would ~ the salad, please*** ich hätte gerne den Salat, bitte; ***would you ~ a drink?*** möchten Sie etwas trinken?; ■**sb would/should ~ to do sth** jd möchte etw tun [*o* hätte gern[e] etw getan]; ***I should really ~ to see you again*** ich möchte dich wirklich gern[e] wiedersehen; ***I'd ~ to go to Moscow for my holidays*** ich würde gern[e] nach Moskau in Urlaub fahren; ***would you ~ to join us for dinner tonight?***

L

möchten Sie heute Abend mit uns essen?; ***I'd ~ to see him bring up children and go to work at the same time*** ich möchte wirklich [ein]mal sehen, wie er das machen würde – die Kinder großziehen und dann auch noch zur Arbeit gehen; ***you can drink a pint in two seconds? I'd ~ to see that!*** du kannst einen halben Liter in zwei Sekunden austrinken? na, das möchte ich [doch mal] sehen!; ■ **sb would/should ~ sb to do sth** jd möchte, dass jd etw tut; ***I'd ~ you to send this for me first class*** könnten Sie das als Sonderzustellung für mich verschicken?; ***would you ~ me to take you in the car?*** kann ich Sie ein Stück mitnehmen?; ■ **sb would/should ~ sth done** jd möchte, dass etw getan wird; ***I would ~ the whole lot finished by the weekend*** ich hätte das Ganze gern[e] bis zum Wochenende fertig

③ *(prefer)* ***he ~s his steak rare*** er isst sein Steak gern englisch; ***how do you ~ your tea?*** wie magst du deinen Tee?/wie trinken Sie Ihren Tee?; ***I ~ to get up early*** ich stehe gerne früh auf; ***she ~s her men big*** sie mag [lieber] große Männer

④ *(feel)* ***how would you ~ to have a big boy pull your hair?*** wie würde es dir denn gefallen, wenn ein großer Junge dich am Haar ziehen würde?

II. *vi* **as you ~** wie Sie wollen [*o* möchten]; ***you can do as you ~*** du kannst machen was du möchtest; **if you ~** wenn Sie wollen [*o* möchten]; ***we can leave now if you ~*** wir können jetzt gehen, wenn du möchtest

III. *n* ■ **~s** *pl* Neigungen *pl;* **sb's ~s and dislikes** jds Vorlieben [*o* Neigungen] und Abneigungen

-like [laɪk] *in compounds* -haft, -ähnlich, -artig; ***the paper criticized the animal~ behaviour of the football fans*** die Zeitung kritisierte, die Fußballfans hätten sich wie Tiere benommen; **ball~** kugelförmig, kugelig; **cotton~** baumwollartig; **tube~** röhrenartig

like·able ['laɪkəbl̩] *adj* liebenswert, nett

like·li·hood ['laɪklihʊd] *n no pl* Wahrscheinlichkeit *f;* **there's every ~ that ...** aller Wahrscheinlichkeit nach ...; **there is a great/poor ~ that ...** es ist sehr wahrscheinlich/unwahrscheinlich, dass..., es besteht eine große/geringe Wahrscheinlichkeit, dass ...; **in all ~** in aller Wahrscheinlichkeit, aller Wahrscheinlichkeit nach; **~ to default** FIN Ausfallwahrscheinlichkeit *f*

like·ly ['laɪkli] I. *adj* <-ier, -iest *or* more ~, most ~> wahrscheinlich; ***what's the ~ outcome of this whole business?*** und was wird bei dieser ganzen Angelegenheit vermutlich herauskommen?; ***do remind me because I'm ~ to forget*** erinnere mich bitte unbedingt daran, sonst vergesse ich es wahrscheinlich; **to be quite/very ~** ziemlich/sehr wahrscheinlich sein; ***it's quite ~ that we'll be in Spain this time next year*** mit ziemlicher Sicherheit werden wir nächstes Jahr um diese Zeit in Spanien sein

▸PHRASES: **not ~!** *(fam)* [alles,] nur das nicht!; **[that's] a ~ story!** *(iron fam)* wer's glaubt, wird selig! *iron fam*

II. *adv* <more ~, most ~> **most/very ~** höchstwahrscheinlich/sehr wahrscheinlich; **as ~ as not** höchstwahrscheinlich; ***as ~ as not she'll end up in court over this problem*** diese Sache wird sie nochmal vor Gericht bringen; ***I'll ~ not go to the dance*** AM *(fam)* ich gehe wahrscheinlich nicht zum Tanzen

like-'mind·ed *adj* gleich gesinnt

lik·en ['laɪkᵊn] *vt* ■ **to ~ sb/sth to sb/sth** jdn/etw mit jdm/etw vergleichen; ***the internet is ~ed to a contagious disease*** das Internet ist wie eine ansteckende Krankheit

like·ness <*pl* -es> ['laɪknəs] *n* ① *(resemblance)* Ähnlichkeit *f* (to mit +*dat*); ***there's a definite family~ around the eyes*** um die Augen herum sehen sich alle aus der Familie ähnlich; **to bear a ~ to sb** jdm ähnlich sehen [*o* ähneln]

② *(semblance)* Gestalt *f;* ***the god took on the ~ of a swan*** der Gott nahm die Gestalt eines Schwanes an; **in God's ~** in Gestalt [eines] Gottes

③ *(portrait)* Abbild *nt;* *(painting)* Bild *nt;* ***he makes very good ~es of the people he draws*** er trifft die Personen, die er zeichnet, sehr gut

like-'new *adj inv* neuwertig

like·wise ['laɪkwaɪz] *adv inv* ebenfalls, gleichfalls, ebenso; ***water these plants twice a week, and ~ the ones in the bedroom*** gießen Sie diese Pflanzen zweimal pro Woche und auch die im Schlafzimmer; *(fam)* ***I haven't got time to spend hours preparing one dish! — ~*** ich habe keine Zeit, stundenlang ein einziges Gericht zuzubereiten! – ich auch nicht; **to do ~** es ebenso [*o* genauso] machen

lik·ing ['laɪkɪŋ] *n no pl* Vorliebe *f;* *(for person)* Zuneigung *f;* ***he's taken an instant ~ to her*** er hat sie auf Anhieb gemocht; **to develop a ~ for sb** immer mehr Gefallen an jdm finden; **to develop/have a ~ for sth** eine Vorliebe für etw *akk* entwickeln/haben

▸PHRASES: **for one's ~** für jds Geschmack; ***it's too sweet for my ~*** es ist mir zu süß; **to be to sb's ~** *(form)* jdm zusagen

li·lac ['laɪlək] I. *n* ① *(bush)* Flieder *m*

② *no pl (colour)* Lila *nt*

II. *adj* lila, fliederfarben

lilangeni <*pl* emalangeni> ['lɪlæŋgeɪni, *pl* ɪmælæŋ'geɪni] *n (currency of Swaziland)* Lilangeni *m*

Lil·li·put ['lɪlɪpʌt, AM -əpʌt] *n no pl* Liliput *nt*

Lil·li·pu·tian [ˌlɪlɪ'pju:ʃᵊn, AM -lə'-] I. *adj (esp hum)* sehr klein, winzig

II. *n* Liliputaner(in) *m(f)*

lilo® ['laɪləʊ] *n* BRIT Luftmatratze *f*

lilt [lɪlt] I. *n* ① *of the voice* singender Tonfall; ***he's got that lovely Irish ~ in his voice*** er spricht mit diesem netten leicht singenden Tonfall der Iren

② *(rhythm)* munterer Rhythmus

③ *(song)* fröhliches Lied

II. *vt, vi* trällern

lilt·ing ['lɪltɪŋ] *adj accent* singend; *melody, tune* beschwingt, fröhlich

lily ['lɪli] *n* ① *(plant)* Lilie *f;* **water~** Seerose *f,* Wasserlilie *f*

② *(heraldic fleur-de-lis)* [Wappen]lilie *f*

'lily-livered ['lɪlilɪvəd, AM -əd] *adj (liter)* hasenfüßig *pej iron fam,* feig[e]; **~ boy/girl** Hasenfuß *m fam,* Angsthase *m* DIAL **lily of the 'val·ley** *n* Maiglöckchen *nt,* Maierisli *nt* SCHWEIZ **'lily pad** *n* Seerosenblatt *nt* **'lily-white** *adj* ① *(liter: white)* lilienweiß *poet,* blütenweiß, schneeweiß ② *(fig: faultless)* astrein *fam* ③ AM *(pej sl: referring to white people)* **a ~ suburb** ein nur von Weißen bewohnter Vorort

lima bean ['laɪmə-] *n* ① *(seed)* Bohnenkeim *m*

② *(plant)* Limabohne *f*

limb¹ [lɪm] *n* ① ANAT Glied *nt;* ■ **~s** Gliedmaßen *pl,* Extremitäten *pl;* **the lower ~s** die unteren Extremitäten [*o* Gliedmaßen]; **to rest one's tired ~s** seine müden Glieder [*o fam* Knochen] ausruhen

② BOT Ast *m*

③ GEOG Ausläufer *m*

④ *of a cross* Balken *m*

⑤ *(in archery)* Balken *m*

⑥ LING Satzglied *nt*

▸PHRASES: **to go out on a ~ to do sth** sich *akk* in eine prekäre Lage bringen, um etw zu tun; **with life and ~** mit heiler Haut; **to be out on a ~** [ganz] allein dastehen; ***with those ideas he is quite out on a ~*** mit diesen Ideen steht er so ziemlich allein auf weiter Flur; **to risk life and ~ [to do sth]** Kopf und Kragen riskieren [um etw zu tun] *fam;* **to tear sb ~ from ~** jdm sämtliche Glieder einzeln ausreißen

limb² [lɪm] *n* ① ASTRON *(edge)* Rand *m*

② BOT *(blade)* Spreite *f*

lim·ber¹ ['lɪmbəʳ, AM -ɚ] I. *adj* <-er, -est *or* more ~, most ~> ① *(supple) movements* geschmeidig

② *(flexible) body* gelenkig, biegsam

II. *vi* ■ **to ~ up** sich *akk* warm machen

III. *vt* ■ **to ~ sth** etw lockern; ***I need to ~ my fingers before playing the piano*** vor dem Klavierspiel muss ich zuerst Lockerungsübungen für meine Finger machen

lim·ber² ['lɪmbəʳ, AM -ɚ] I. *n* MIL, HIST Protze *f* BRD, Protzwagen *m*

II. *vt* **to ~ a gun** eine Kanone aufstellen

limb·less ['lɪmləs] *adj inv* gliederlos

lim·bo¹ ['lɪmbəʊ, AM -boʊ] *n no pl* ① REL Vorhölle *f,* Limbus *m fachspr*

② *(waiting state)* Schwebezustand *m;* **to be in ~** *plan, project* in der Schwebe sein; *person* in der Luft hängen *fam*

③ *(state of neglect)* Abstellgleis *nt fig;* **to leave [or keep] sb in ~** jdn in der Luft hängen lassen

lim·bo² ['lɪmbəʊ, AM -boʊ] I. *n* ■ **the ~** der Limbo; **to do the ~** Limbo tanzen

II. *vi* Limbo tanzen

lime¹ [laɪm] I. *n no pl* Kalk *m;* **basic ~** Thomaskalk *m;* **~ feldspar** Kalkfeldspat *m;* **~ nitrogen** Kalkstickstoff *m*

II. *vt* etw kalken; **to ~ soil** den Boden mit Kalk düngen; **~d oak** gekalkte Eiche

lime² [laɪm] I. *n* ① *(fruit)* Limone[lle] *f,* Limette *f;* *(tree)* Limonenbaum *m*

② *no pl (drink)* Limettensaft *m;* **lager and ~** Bier *nt* mit Limettensirup

II. *n modifier* FOOD *(candy, drink)* Limetten-

lime³ [laɪm] *n* Linde *f,* Lindenbaum *m*

lime 'cor·dial *n no pl* Limettensirup *m* **lime 'green** *n* Lindgrün *nt* **lime-'green** *adj* lindgrün **'lime juice** *n no pl* Limettensaft *m*

'lime·kiln *n* Kalk[brenn]ofen *m*

'lime·light *n no pl* ■ **the ~** das Rampenlicht; **to be in the ~** im Rampenlicht stehen

lim·er·ick ['lɪmᵊrɪk, AM -ərɪk] *n* Limerick *m*

'lime·scale *n no pl* BRIT Kalkablagerungen *pl* **'lime·stone** *n no pl* Kalkstein *m*

'lime tree *n* ① *(citrus tree)* Limettenbaum *m*

② *(linden)* Linde *f,* Lindenbaum *m;* **avenue of ~s** Lindenallee *f*

Lim·ey ['laɪmi] *n* AM, AUS *(esp pej dated sl)* Engländer(in) *m(f)*

limi·nal ['lɪmɪnᵊl] *adj* SCI **~ value** Schwellenwert *m*

lim·it ['lɪmɪt] I. *n* ① *(utmost point)* [Höchst]grenze *f,* Limit *nt;* ***how many may I take? — there's no ~, take as many as you want*** wie viele darf ich nehmen? – das ist egal, nimm' so viele du willst; ***what's the ~ on how many bottles of wine you can bring through customs?*** wie viele Flaschen Wein darf man maximal zollfrei einführen?; ***there's no ~ to her ambition*** ihr Ehrgeiz kennt keine Grenzen [*o* ist grenzenlos]; **~ of capacity** Kapazitätsgrenze *f;* **upper ~** Obergrenze *f,* Höchstgrenze *f;* **to impose [*or* set] ~s** Grenzen setzen; **to put [*or* set] a ~ on sth** etw begrenzen [*o* beschränken]; **to overstep the ~** zu weit gehen; **to reach the ~ of one's patience** mit seiner Geduld am Ende sein

② *(boundary)* Grenze *f;* **city ~s** Stadtgrenzen *f*

③ *(of a person)* Grenze[n] *f[pl]*; ***that's my ~!*** mehr schaffe ich nicht!; ***I won't have anymore — I know my ~!*** danke, das reicht, mehr vertrage ich nicht!; ■ **~s** *pl* **to know no ~s** keine Grenzen kennen; **to know one's ~s** seine Grenzen kennen; **to reach one's ~** an seine Grenze[n] kommen

④ *(restriction)* Beschränkung *f;* **age ~** Altersgrenze *f;* **credit ~** FIN Kreditlimit *nt,* Kreditlinie *f;* **~ order** AM STOCKEX limitierter Auftrag; **weight ~** Gewichtsbeschränkung *f;* **spending ~s** Ausgabenlimit *nt*

⑤ *(speed)* [zulässige] Höchstgeschwindigkeit; **to drive [*or* go] the ~** sich *akk* an die Geschwindigkeitsbegrenzung halten; **to drive [*or* go] above [*or* over] the ~** die Geschwindigkeitsbegrenzung überschreiten

⑥ *(blood alcohol level)* Promillegrenze *f;* **to be above [*or* over]/below the ~** über/unter der Promillegrenze liegen

⑦ MATH *(value)* Grenzwert *m*

⑧ COMPUT ■ **~s** *pl* Grenzwerte *f*

▸PHRASES: **to be off ~s [to sb]** *esp* AM [für jdn] gesperrt sein; **off ~s** AM Zutritt verboten; **to be the ~** die Höhe [*o* der Gipfel] sein; **within ~s** in Grenzen; **without ~s** ohne Grenzen, schrankenlos

II. *vt* ① *(reduce)* ■ **to ~ sth** etw einschränken; **to ~ the amount of food** die Nahrungsmenge reduzieren

② *(restrict)* ■ **to ~ oneself to sth** sich *akk* auf etw *akk* beschränken; ■ **to ~ sth to sth** etw auf etw *akk* begrenzen; ***I've been asked to ~ my speech to ten minutes maximum*** man hat mich gebeten, meine Rede auf maximal zehn Minuten zu beschränken; ■ **to ~ sb** jdn einschränken; ***having so little money to spend on an apartment does ~ you*** wenn man nur so wenig für eine Wohnung ausgeben kann, hat man keine große Wahl

'lim·it agree·ment *n* FIN Limitregelung *f*

limi·ta·tion [ˌlɪmɪ'teɪʃ^{ə}n] *n* ① *no pl (restriction)* Begrenzung *f,* Beschränkung *f,* Einschränkung *f; **the ~ of pollution is of major concern in this community*** es ist eines der Hauptanliegen der Gemeinde, die Umweltverschmutzung so gering wie möglich zu halten ② *usu pl (pej: shortcomings)* Grenzen *pl; **despite her ~s as an actress, she was a great entertainer*** trotz ihrer begrenzten schauspielerischen Fähigkeiten war sie als Entertainerin Spitze; **to have one's ~s** seine Grenzen haben; ***living in this flat is all right, but it has it's ~s*** diese Wohnung ist schon in Ordnung, aber manches fehlt einem doch; **to know one's ~s** seine Grenzen kennen ③ *no pl (action)* Begrenzung *f* ④ LAW Verjährung *f;* **to be barred by ~** verjährt sein; [**to fall within**] **the statute of ~s** [unter] das Gesetz über Verjährung [*o* die Verjährungsfrist] [fallen]; **~ of liability** Haftungsbeschränkung *f* **limi·ta·tion of 'ac·tions** *n* LAW [prozessuales] Verjährungsgesetz **limi·ta·tion of crimi·nal pro·'ceed·ings** *n* LAW Strafverfolgungsverjährung *f* **limi·'ta·tion pe·ri·od** *n* LAW Verjährungsfrist *f;* **extension of ~** Hemmung *f* der Verjährung

lim·it·ed ['lɪmɪtɪd, AM -t̬-] *adj* ① *(restricted) choice, intelligence* begrenzt; ***she's had very ~ movement in her legs since the accident*** seit dem Unfall kann sie ihre Beine nur sehr eingeschränkt bewegen; ***they're only doing the play for a very ~ season*** sie führen das Stück nur für kurze Zeit auf

② *(having limits)* begrenzt; ■ **to be ~ to sth** auf etw *akk* begrenzt sein; *(with a time limit) contract* befristet

③ BRIT ■ **L~** *after n company* mit beschränkter Haftung *nach n;* ***Smith and Jones L~*** Smith and Jones GmbH

④ LAW **~ jurisdiction** beschränkte Zuständigkeit

lim·it·ed 'com·pa·ny *n* BRIT Gesellschaft *f* mit beschränkter Haftung, GmbH *f* **lim·it·ed e'di·tion** *n* limitierte Auflage **lim·it·ed lia·'bil·ity com·pa·ny** *n* ≈Gesellschaft *f* mit beschränkter Haftung, ≈GmbH *f* **lim·it·ed 'part·ner** *n* FIN Kommanditist(in) *m(f),* Teilhafter(in) *m(f);* **~'s holding** Kommanditeneinlage *f;* **~'s share** Kommanditanteil *m*

lim·it·ing ['lɪmɪtɪŋ, AM -t̬-] *adj* einschränkend *attr,* begrenzend *attr;* **~ conductivity** PHYS Grenzleitfähigkeit *f;* **~ viscosity number** CHEM, PHYS Grenzviskosität[szahl] *f,* Staudinger-Zahl *f*

lim·it·less ['lɪmɪtləs] *adj inv* grenzenlos, uneingeschränkt

limn [lɪm] *vt (liter)* ■ **to ~ sth** etw beschreiben [*o* schildern]

limo ['lɪməʊ, AM -moʊ] *n (fam) short for* **limousine** [Luxus]limousine *f*

lim·ou·sine [ˌlɪmə'ziːn] *n* ① *(car)* [Luxus]limousine *f*

② AM, AUS *(van)* Kleinbus *m*

limp[1] [lɪmp] **I.** *vi* hinken, humpeln; *(fig)* mit Müh und Not [*o* nur schleppend] vorankommen; ***the damaged yacht ~ed back to the port*** die beschädigte Yacht schleppte sich in den Hafen zurück; ***his speech just ~ed along*** seine Rede schleppte sich so dahin

II. *n no pl* Hinken *nt,* Humpeln *nt;* **to walk with a ~** hinken

limp[2] [lɪmp] *adj* ① *(not stiff)* schlaff; *cloth, material* weich; *leaves, flowers* welk; *voice* matt, müde

② LIT **a ~ book** ein Taschenbuch

③ *(weak)* schlapp, kraftlos; ***this effort left him ~*** nach dieser Anstrengung war er völlig erledigt *fam;* ***he let his body go ~*** er entspannte alle Muskeln; **~ efforts** halbherzige Bemühungen; **to have a ~ handshake** einen laschen Händedruck haben; **a ~ response** eine schwache Reaktion; **to hang ~** schlaff herunterhängen

lim·pet ['lɪmpɪt] *n* ① *(mollusc)* Napfschnecke *f;* **to cling to sb like a ~** wie eine Klette an jdm hängen, sich *akk* wie eine Klette an jdn hängen

② AM *(limpet mine)* Haftmine *f*

'lim·pet mine *n* BRIT, AUS Haftmine *f*

lim·pid ['lɪmpɪd] *adj (liter) eyes, water* klar; **~ writing** klarer Stil; **~ music** melodische Musik

lim·pid·ly ['lɪmpɪdli] *adv* klar; ***she expressed her thoughts ~*** sie brachte ihre Gedanken klar zum Ausdruck; *(melodiously)* melodisch

limp·ly ['lɪmpli] *adv* ① *(not stiffly)* schlaff, lasch; ***he shook her hand ~*** er gab ihr lasch die Hand

② *(weakly)* schlapp, kraftlos; ***"...," he conceded ~*** „...", sagte er mit matter Stimme

limp·ness ['lɪmpnəs] *n no pl* ① *(lack of stiffness)* Schlaffheit *f,* Laschheit *f;* ***he hated the ~ of Roy's handshake*** er hasste Roys laschen Händedruck

② *(lack of energy)* Schlappheit *f,* Kraftlosigkeit *f; of response* Mattheit *f*

limp-wrist·ed [-'rɪstɪd] *adj (pej)* ① *(effeminate)* tuntig *pej fam,* tuntenhaft *pej fam*

② *(feeble)* matt, lasch

limy ['laɪmi] *adj* kalkhaltig

lin·ac ['lɪnæk] *n short for* **linear accelerator** Linearbeschleuniger *m*

linch·pin ['lɪn(t)ʃpɪn] **I.** *n* ① *(pin)* Achsnagel *m,* Lünse *f*

② *(essential part)* Stütze *f,* das A und O *fam; **the dollar is the ~ of the system of international payments*** das gesamte internationale Zahlungssystem stützt sich auf den Dollar

II. *n modifier **Florida was the ~ state in the last presidential elections*** bei den letzten Präsidentschaftswahlen entschied sich letztlich alles in Florida

Lincs BRIT *abbrev of* **Lincolnshire**

linc·tus ['lɪŋktəs] *n no pl* BRIT Hustensaft *m*

lin·den ['lɪndən] *n esp* AM Linde *f*

line[1] [laɪn]

I. NOUN

① *(mark)* Linie *f;* **dividing ~** Trennungslinie *f;* **straight ~** gerade Linie; **to draw a ~** eine Linie ziehen

② SPORT Linie *f*

③ MATH **straight ~** Gerade *f*

④ *(wrinkle)* Falte *f*

⑤ *(contour)* Linie *f*

⑥ MUS Tonfolge *f*

⑦ *(equator)* ■ **the L~** die Linie, der Äquator

⑧ *(boundary)* Grenze *f,* Grenzlinie *f;* **~ of credit** FIN Kreditrahmen *m,* Kreditlinie *f;* **tree** [*or* **timber**] **~** Baumgrenze *f;* **the thin ~ between love and hate** der schmale Grat zwischen Liebe und Hass; **to cross the ~** die Grenze überschreiten *fig,* zu weit gehen

⑨ *(cord)* Leine *f; (string)* Schnur *f;* [**clothes**] **~** Wäscheleine *f;* [**fishing**] **~** Angelschnur *f*

⑩ TELEC [Telefon]leitung *f; (connection to network)* Anschluss *m; **~s will be open from eight o'clock*** die Leitungen werden ab acht Uhr frei[geschaltet] sein; ***can you get me a ~ to New York?*** können Sie mir bitte eine Verbindung nach New York geben?; ***the ~ is engaged/busy*** die Leitung ist besetzt; ***please hold the ~!*** bitte bleiben Sie am Apparat!; ***get off the ~!*** geh aus der Leitung!; **bad ~** schlechte Verbindung; **to be/stay on the ~** am Apparat sein/bleiben

⑪ *(set of tracks)* Gleis *nt; (specific train route)* Strecke *f;* **the end of the ~** die Endstation; **to be at** [*or* **reach**] **the end of the ~** *(fig)* am Ende sein *fam*

⑫ *(transporting company)* **rail ~** Eisenbahnlinie *f;* **shipping ~** Schifffahrtslinie *f; (company)* Reederei *f*

⑬ *(row of words, also in poem)* Zeile *f;* **to drop sb a ~** jdm ein paar Zeilen schreiben; **to read between the ~s** *(fig)* zwischen den Zeilen lesen

⑭ *(for actor)* ■ **~s** *pl* Text *m;* **to forget/learn one's ~s** seinen Text lernen/vergessen

⑮ *(information)* Hinweis *m;* **to get a ~ on sb/sth** etwas über jdn/etw herausfinden; **to give sb a ~ about sth** jdm einen Hinweis auf etw *akk* geben; **to give sb a ~ on sb** jdm Informationen über jdn besorgen

⑯ *(false account, talk) **he keeps giving me that ~ about his computer not working properly*** er kommt mir immer wieder mit dem Spruch, dass sein Computer nicht richtig funktioniere; ***I've heard that ~ before*** die Platte kenne ich schon in- und auswendig! *fam*

⑰ BRIT *(punishment)* ■ **~s** *pl* Strafarbeit *f; **she got 100 ~s for swearing at her teacher*** da sie ihren Lehrer beschimpft hatte, musste sie zur Strafe 100 mal ... schreiben

⑱ *(row)* Reihe *f;* **to be first in ~** an erster Stelle stehen; *(fig)* ganz vorne dabei sein; **to be next in ~** als Nächster/Nächste dran sein; **to be in a ~** in einer Reihe stehen; ***the cans on the shelf were in a ~*** die Büchsen waren im Regal aufgereiht; **to be in ~ for sth** mit etw *dat* an der Reihe sein; **to come** [*or* **fall**] **into ~** sich *akk* in einer Reihe aufstellen; *single person* sich *akk* einreihen; **to form a ~** sich *akk* in einer Reihe aufstellen; **to get into ~** sich *akk* hintereinander aufstellen; *(next to each other)* sich *akk* in einer Reihe aufstellen; **to move into ~** sich *akk* einreihen; **in ~ with** *(level with)* auf der gleichen Höhe wie; **in ~ with demand** bedarfsgerecht, bedarfsadäquat; **in ~ with maturity** FIN laufzeitbezogen, laufzeitabhängig; **in ~ with requirements** bedürfnisorientiert; **in ~ with the market** marktnah, marktgerecht, marktkonform; **to be in ~ with sth** *(similar to)* mit etw *dat* übereinstimmen; ***the salaries of temporary employees were brought into ~ with those of permanent staff*** die Gehälter Teilzeitbeschäftigter wurden an die der Vollzeitbeschäftigten angeglichen

⑲ *(succession)* Linie *f; **I want to have children to prevent the family ~ dying out*** ich möchte Kinder, damit die Familie nicht ausstirbt; ***this institute has had a long ~ of prestigious physicists working here*** dieses Institut kann auf eine lange Tradition angesehener Physiker zurückblicken; ***he is the latest in a long ~ of Nobel Prize winners to come from that country*** er ist der jüngste einer ganzen Reihe von Nobelpreisträgern aus diesem Land

⑳ *esp* AM *(queue)* Schlange *f;* **to get in ~** sich *akk* anstellen; **to stand in ~** anstehen

㉑ *(product type)* Sortiment *nt;* FASHION Kollektion *f; **they are thinking about a new ~ of vehicles*** sie denken über eine neue Kraftfahrzeugserie nach; BRIT, AUS ***they do an excellent ~ in TVs and videos*** sie stellen erstklassige Fernseher und Videogeräte her; **spring/summer/fall/winter ~** Frühjahrs-/Sommer-/Herbst-/Winterkollektion *f;* **to have a good ~ in** [*or* AM **of**] **sth** *(fig)* einen großen Vorrat an etw *dat* haben

㉒ *(area of activity)* Gebiet *nt; **football's never really been my ~*** mit Fußball konnte ich noch nie besonders viel anfangen; ***what's your ~?*** was machen Sie beruflich?; **~ of business** Branche *f;* **~ of research** Forschungsgebiet *nt;* **~ of work** Arbeitsgebiet *nt;* **to be in sb's ~** jdm liegen

㉓ *(course)* **~ of argument** Argumentation *f;* **to be in the ~ of duty** zu jds Pflichten gehören; **~ of reasoning** Gedankengang *m;* **to take a strong ~ with sb** jdm gegenüber sehr bestimmt auftreten; **to take a strong ~ with sth** gegen etw *akk* energisch vorgehen; ***they did not reveal their ~ of inquiry*** sie teilten nicht mit, in welcher Richtung sie ermittelten; ***what ~ shall we take?*** wie sollen wir vorgehen?

㉔ *(direction)* ■ **along the ~s of ...:** ***she said something along the ~s that he would lose his job if he didn't work harder*** sie sagte irgendetwas in der Richtung davon, dass er seine Stelle verlieren würde, wenn er nicht härter arbeiten würde; ***my sister works in publishing and I'm hoping to do something along the same ~s*** meine Schwester arbeitet im Verlagswesen und ich würde gerne etwas Ähnliches tun; **to try a new ~ of approach to**

sth versuchen, etw anders anzugehen; **the ~ of least resistence** der Weg des geringsten Widerstandes; **~ of vision** Blickrichtung *f;* **to be on the right ~s** auf dem richtigen Weg sein; ***do you think his approach to the problem is on the right ~ s?*** glauben Sie, dass er das Problem richtig angeht?
㉕ *(policy)* Linie *f;* **party ~** Parteilinie *f;* **to bring sb/sth into ~** [**with sth**] jdn/etw auf gleiche Linie [wie etw *akk*] bringen; **to fall into ~ with sth** mit etw *dat* konform gehen; **to keep sb in ~** dafür sorgen, dass jd nicht aus der Reihe tanzt; **to move into ~** sich *akk* anpassen; **to step out of ~** aus der Reihe tanzen
㉖ MIL *(of defence)* Linie *f;* **~ of battle** Kampflinie *f;* **behind enemy ~s** hinter den feindlichen Stellungen; **front ~** Front *f*
㉗ *(quantity of cocaine)* Linie *f fam;* **to do a ~ of coke, to do ~s** koksen *fam*
㉘ STOCKEX Aktienpaket *nt*
▸PHRASES: **all along the ~** auf der ganzen Linie; **to bring sb into ~** jdn in seine Schranken weisen; **in/out of ~ with sb/sth** mit jdm/etw im/nicht im Einklang; **to lay it on the ~** die Karten offen auf den Tisch legen; **to be on the ~** auf dem Spiel stehen; **to put sth on the ~** etw aufs Spiel setzen; **right down the ~** *esp* AM voll und ganz; **it was stepping out of ~ to tell him that** es stand dir nicht zu, ihm das zu sagen

II. TRANSITIVE VERB

① *(mark)* ■**to ~ sth** *paper* etw linieren; ***her face was ~d with agony*** ihr Gesicht war von tiefem Schmerz gezeichnet
② *(stand at intervals)* **to ~ the streets** die Straßen säumen *geh;* ***the streets were ~d with cheering people*** jubelnde Menschenmengen säumten die Straßen
◆**line up I.** *vt* ① *(put in row)* ■**to ~ up** ↻ **sth** etw in einer Reihe aufstellen; ***shall I ~ up this picture with the other ones?*** soll ich dieses Bild in einer Höhe mit den anderen aufhängen?; ■**to ~ up** ↻ **sb** jdn antreten lassen
② *(organize)* ■**to ~ up** ↻ **sth** etw auf die Beine stellen *fam;* ***have you got anything exciting ~d up for the weekend?*** hast du am Wochenende irgendwas Spannendes vor?; ***have you got anyone ~d up to do the catering?*** haben Sie jemanden für das Catering engagiert?; ***have you got anything ~d up for today?*** haben Sie heute schon was vor?; ***I've got a nice little surprise ~d up for you!*** ich habe noch eine nette kleine Überraschung für dich!; **to ~ up a meeting** ein Treffen arrangieren; **to ~ up a mortgage** eine Hypothek auftreiben
II. *vi* ① *(stand in row)* sich *akk* [in einer Reihe] aufstellen; **to ~ up along the wall** sich *akk* an der Wand entlang aufstellen; MIL, SPORT antreten
② AM *(wait)* sich *akk* anstellen; ■**to ~ up behind sb** sich *akk* hinter jdm anstellen

line² [laɪn] *vt* ① *(cover)* ■**to ~ sth** *clothing* etw füttern; *drawers* etw von innen auslegen; *pipes* etw auskleiden
② *(fam: fill)* **to ~ one's pockets** [*or* **purse**] [**with sth**] sich *dat* die Taschen [mit etw *dat*] füllen; **to ~ shelves** Regale füllen; **to ~ one's stomach** sich *dat* den Magen vollschlagen *fam*
lin·eage ['lɪniɪdʒ] *n* Abstammung *f;* **to be of ancient ~** einem alten [Adels]geschlecht angehören; **to be of noble ~** [von] adliger Herkunft sein; **to be of royal ~** von königlichem Geblüt sein *geh;* **to trace one's ~** seine Abstammung erforschen [*o* zurückverfolgen]
lin·eal ['lɪniəl] *adj inv descent* direkt
lin·eal·ly ['lɪniəli] *adv inv* direkt; **to be ~ descended from sb** in direkter Linie [*o* direkt] von jdm abstammen
linea·ment ['lɪniəmənt] *n* ① *usu pl (dated liter)* ■**~s** *pl* Gesichtszüge; ***his distress was visible in the ~s of his face*** seine Sorgen standen ihm deutlich ins Gesicht geschrieben
② GEOL Lineament *nt*
lin·ear ['lɪniəʳ, AM -ɚ] *adj* ① *(relating to lines)* Linien-; **~ diagram** Liniendiagramm *nt*
② *(relating to length)* Längen-; **~ measurement** Längenmaß *nt;* **~ metre** Längenmeter *m*
③ *(sequential)* geradlinig; **to break ~ thinking habits** eingefahrene Denkstrukturen durchbrechen; **a ~ narrative** eine chronologische Erzählung [*o* Schilderung]
lin·ear ac·'cel·era·tor *n* PHYS Linearbeschleuniger *m* **lin·ear e'qua·tion** *n* MATH lineare Gleichung **lin·ear 'func·tion** *n* MATH lineare Funktion
'line·back·er *n* AM FBALL ≈Verteidiger *m*
'line chart *n* FIN Linienchart *m*
lined [laɪnd] *adj* ① *paper* liniiert, liniert ÖSTERR, SCHWEIZ
② *(wrinkled) face, hand, skin* faltig; **sb's ~ brow** jds Stirnfalten
③ *curtains, garment* gefüttert
'line danc·ing *n Country-Westerntanz ohne Tanzpartner oder Tanzpartnerin* **'line draw·ing** *n* [Strich]zeichnung *f* **'line edi·tor** *n* COMPUT Zeileneditor *m* **'line·feed** *n* ① *no pl* TYPO Papiervorschub *m;* **to do a ~** das Papier einziehen ② COMPUT Zeilenvorschub *m* **'line item** *n* AM FIN Rechnungsposten *m* **line-item 'veto** *n* AM POL Haushaltsveto *nt* **'line judge** *n* TENNIS Linienrichter(in) *m(f)*
lin·en ['lɪnɪn] **I.** *n no pl* Leinen *nt;* **bed ~** Bettwäsche *f;* **table ~** Tischwäsche *f*
▸PHRASES: **to wash one's dirty ~ in public** *(fig)* [in aller Öffentlichkeit] schmutzige Wäsche waschen *fig*
II. *n modifier (dress, shirt, sheet)* Leinen-
'lin·en bas·ket *n* Wäschekorb *m* **'lin·en clos·et, 'lin·en cup·board** *n* Wäscheschrank *m*
'line·out BRIT **I.** *n (in rugby)* Gasse *f*
II. *n modifier* **to win ~ ball** *den ersten Ball nach dem erneuten Anpfiff in Händen halten*
lin·er ['laɪnəʳ, AM -ɚ] *n* ① *(lining)* Einsatz *m;* [**dust**]**bin** [*or* AM **garbage can**] **~** Müllsack *m,* Abfallsack *m* SCHWEIZ
② NAUT Passagierschiff *nt,* Liniendampfer *m;* **ocean ~** Ozeandampfer *m*
'lin·er notes *npl* MUS *(in CD)* Begleitheft *nt*
'lines·man *n* SPORT Linienrichter *m* **'line spac·ing** *n no pl* Zeilenabstand *m* **'lines·wom·an** *n* SPORT Linienrichterin *f* **'line-up** *n* ① *of performers* Besetzung *f;* ***a star-studded ~ of guests*** eine illustre Gästeschar ② SPORT [Mannschafts]aufstellung *f;* AM *(in baseball)* Schlagreihenfolge *f,* Lineup *f fachspr*
③ *esp* AM LAW Gegenüberstellung *f;* **police ~** polizeiliche Gegenüberstellung ④ AM, CAN Schlange *f*
ling¹ <*pl* - *or* -s> [lɪŋ] *n* ZOOL Leng[fisch] *m*
ling² [lɪŋ] *n* BOT Heidekraut *nt*
lin·ger ['lɪŋgəʳ, AM -ɚ] *vi* ① *(remain)* **to ~ in a room** sich *akk* in einem Raum aufhalten [*o geh* verweilen]; ***after the play, we ~ed in the bar*** nach dem Stück blieben wir noch eine ganze Weile in der Bar sitzen; ***the smell ~ed in the kitchen for days*** der Geruch hing tagelang in der Küche; **to ~ in the memory** im Gedächtnis bleiben
② *(persist)* anhalten, bleiben; **sb's influence ~s** jds Einfluss ist immer noch spürbar
◆**linger on** *vi* ① *(before dying)* dahinsiechen *geh*
② *(persist) illness* sich hinziehen; *customs* fortleben
◆**linger over** *vi* **to ~ over memories** [alten] Erinnerungen nachhängen
lin·gerie ['lɛ̃(n)ʒəri, AM ˌlɑːnʒə'reɪ, -ri] *n no pl* [Damen]unterwäsche *f*
lin·ger·ing ['lɪŋgərɪŋ, AM -gɚ-] *adj attr* ① *(lasting)* verbleibend; ***I still have ~ doubts*** ich habe noch immer so meine Zweifel; **~ fears** [fort]bestehende Ängste; **~ regrets** nachhaltiges Bedauern; **~ suspicion** [zurück]bleibender Verdacht
② *(long)* lang, ausgedehnt; **a ~ death** ein schleichender Tod; **a ~ illness** eine langwierige Krankheit; **a ~ kiss** ein inniger Kuss
lin·ger·ing·ly ['lɪŋgərɪŋli, AM -gɚ-] *adv smile* sehnsüchtig, sehnsuchtsvoll
lin·go <*pl* -s *or* -es> ['lɪŋgəʊ, AM -goʊ] *n (fam)*
① *(foreign language)* Sprache *f*
② *(jargon)* Jargon *m;* *(specialist jargon)* Kauderwelsch *nt pej*
lin·gua fran·ca <*pl* -s> [ˌlɪŋgwə'fræŋkə] *n* ① *(language)* Verkehrssprache *f,* Lingua Franca *f geh;* *(official language)* Amtssprache *f*
② *(fig: means of communication)* gemeinsame Sprache; ***movies are the ~ of the 20th century*** Filme sind das allen gemeinsame Kommunikationsmedium des 20. Jahrhunderts
lin·gual ['lɪŋgwəl] *adj inv* LING sprachlich, Sprach[en]-; *(formed by the tongue)* Zungen-, lingual *fachspr*
lin·guist ['lɪŋgwɪst] *n* ① LING Linguist(in) *m(f),* Sprachwissenschaftler(in) *m(f)*
② *(sb who speaks languages)* Sprachkundige(r) *f(m);* ***I'm no ~*** ich bin nicht sprachbegabt
lin·guis·tic [lɪŋ'gwɪstɪk] *adj inv* sprachlich; *science* linguistisch, sprachwissenschaftlich; **~ community** Sprachgemeinschaft *f;* **~ development** Sprachentwicklung *f;* **a ~ lapse** ein sprachlicher Fehler
lin·guis·ti·cal·ly [lɪŋ'gwɪstɪkli] *adv* sprachlich; *science* linguistisch, sprachwissenschaftlich
lin·guis·tic 'com·pe·tence *n* linguistische Kompetenz
lin·guis·tics [lɪŋ'gwɪstɪks] **I.** *n + sing vb* Sprachwissenschaft *f,* Linguistik *f fachspr*
II. *n modifier* **~ department** Fachbereich *m* Linguistik, Institut *nt* für Sprachwissenschaft [*o* Linguistik]
lin·guis·tic 'sci·ence *n no pl* Sprachwissenschaft *f,* Linguistik *f fachspr*
lini·ment ['lɪnɪmənt] *n no pl* MED Einreibemittel *nt,* Liniment *nt fachspr*
lin·ing ['laɪnɪŋ] **I.** *n* ① *(fabric)* Futter *nt,* Futterstoff *m;* *of a coat, jacket* Innenfutter *nt;* *of a dress, skirt* Unterrock *m,* Unterkleid *nt*
② *of stomach* Magenschleimhaut *f;* *of digestive tract* Darmschleimhaut *f;* *of brake* Bremsbelag *m*
II. *n modifier (material)* Futter-; **~ paper** Schrankpapier *nt*
link [lɪŋk] **I.** *n* ① *(connection)* Verbindung *f* (**between** zwischen +*dat*); *(between people, nations)* Beziehung *f* (**between** zwischen +*dat*); **military/economic ~s** Beziehungen auf militärischer/wirtschaftlicher Ebene; **sporting ~s** Beziehungen im Bereich des Sports; **to sever ~s** die Beziehungen abbrechen
② RADIO, TELEC Verbindung *f;* INET, COMPUT Link *m fachspr;* **a computer ~** eine Computervernetzung, ein Computerlink *m;* **a radio/satellite/telephone ~** eine Funk-/Satelliten-/Telefonverbindung; **a ~ to the outside world** eine Verbindung zur Außenwelt
③ TRANSP **rail ~** Bahnverbindung *f,* Zugverbindung *f*
④ COMPUT *(communications path/channel)* Verbindungsstrecke *f*
⑤ COMPUT *(software routine)* Verbindungsprogramm *nt*
⑥ *of a chain* [Ketten]glied *nt;* **a ~ in a chain** [**of events**] *(fig)* ein Glied in der Kette [der Ereignisse]
▸PHRASES: **a chain is as strong as its weakest ~** *(prov)* eine Gruppe ist nur so stark wie ihr schwächstes Mitglied; **to be the weak ~** [**in a chain**] das schwächste Glied [in einer Kette] sein
II. *vt* ① *(connect)* ■**to ~ sth** etw verbinden; ***the level of any new tax should be ~ed to an individual's ability to pay*** die Höhe einer neuen Besteuerung soll der Zahlungsfähigkeit des Einzelnen angepasst sein; **to be ~ed** in Verbindung stehen; ***the explosions are not thought to be ~ed in any way*** man geht davon aus, dass die Explosionen nichts miteinander zu tun hatten; **to be ~ed to sth** mit etw in Zusammenhang [*o* Verbindung] stehen, mit etw *dat* zusammenhängen; **~ed to a reference rate** an einen Referenzsatz gebunden; **~ed to success** erfolgsabhängig
② *(clasp)* **to ~ arms** sich *akk* unterhaken; **to ~ hands** sich *akk* an den Händen fassen
III. *vi (connect)* sich *akk* zusammenfügen lassen; ***their stories did ~ but ...*** ihre Darstellungen passten zusammen, doch...
◆**link together** *vt* ■**to ~ together** ↻ **sth** etw miteinander verbinden
◆**link up I.** *vt* **to ~ up** ↻ **people** Leute zusammenbringen; ■**to ~ sth** ↻ **up** etw miteinander ver-

binden; **to ~ up a computer** einen Computer an das Netz anschließen

II. *vi* ❶ *(connect)* sich *akk* zusammenschließen; ***a lot of Asian companies want to ~ up with Western businesses*** viele asiatische Firmen wollen Geschäftsverbindungen mit westlichen Unternehmen aufnehmen

❷ *(meet)* zusammenkommen; ■**to ~ up with sb** jdn treffen

link·age [ˈlɪŋkɪdʒ] *n* ❶ *(system of links)* [Verbindungs]system *nt;* ***a complex ~ of underground tunnels*** ein komplexes unterirdisches Tunnelsystem

❷ POL *(of issues, events)* Verknüpfung *f* (**between** zwischen +*dat)*; ***there ought to be ~s between economic support and democratic reform*** eine wirtschaftliche Unterstützung sollte an demokratische Reformen gekoppelt sein

❸ CHEM **to break a ~** eine Bindung spalten; **~ electron** Bindungselektron *nt;* **~ force** Bindungsstärke *f*

linked [lɪŋkt] *adj inv* CHEM gekoppelt; **~ azo compounds** gekoppelte Azoverbindungen

link·ing verb [ˈlɪŋkɪŋ-] *n* LING Kopula *f*

ˈlink·man *n* BRIT ❶ RADIO, TV Moderator *m*

❷ SPORT Mittelfeldspieler *m*

links [lɪŋks] *npl* ❶ *(golf course)* Golfplatz *m*

❷ SCOT GEOG *(area near seashore)* Dünen *pl,* Sandhügel *pl*

ˈlink-up *n* Verbindung *f* (**between** zwischen +*dat)*; **satellite ~** Satellitenverbindung *f;* **a live satellite ~** eine Liveübertragung via [*o* über] Satellit; **business ~** Geschäftsbeziehung *f;* **the ~ of two spacecrafts** das Kopplungsmanöver zwischen zwei Raumschiffen

link·wom·an *n* BRIT ❶ RADIO, TV Moderatorin *f*

❷ SPORT Mittelfeldspielerin *f*

lin·net [ˈlɪnɪt] *n* ORN [Blut]hänfling *m*

lino [ˈlaɪnəʊ] *n no pl* BRIT *(fam) short for* **linoleum** Linoleum *nt*

li·no·leum [lɪˈnəʊliəm, AM -ˈnoʊ-] *n no pl* Linoleum *nt*

Li·no·type®, **Li·no·type ma·chine** [ˈlaɪnəʊtaɪp-, AM -nətaɪp-] *n* TYPO *(hist)* Linotype® *f,* [Zeilen]setzmaschine *f*

lin·seed [ˈlɪnsiːd] *n no pl* Leinsamen *m*

lin·seed ˈoil *n no pl* Leinöl *nt*

lint [lɪnt] *n no pl* ❶ BRIT MED Mull *m,* Scharpie *f veraltet*

❷ *esp* AM *(fluff)* Fussel *f,* Fluse *f* NORDD

lin·tel [ˈlɪntᵊl, AM -t̬ᵊl] *n* ARCHIT Sturz *m; of a door* Türsturz *m; of a window* Fenstersturz *m*

lion [ˈlaɪən] *n* ❶ ZOOL Löwe *m;* **to be as brave as a ~** mutig wie ein Löwe sein; **to have the courage of a ~** den Mut eines Löwen besitzen

❷ ASTROL ■**the L~** [der] Löwe

❸ *(celebrity)* Berühmtheit *f,* prominente Persönlichkeit; **a literary ~** ein bedeutender [*o* großer] Schriftsteller; **a jazz ~** ein großer Jazzmusiker; **a social ~** ein Salonlöwe

▸PHRASES: **the ~'s den** die Höhle des Löwen; **the ~'s share** der Löwenanteil; **to throw sb to the ~s** jdn den Löwen zum Fraß vorwerfen; **to walk** [*or* **march**] **into the ~'s den** sich *akk* in die Höhle des Löwen begeben

li·on·ess <*pl* -es> [ˈlaɪənes] *n* ZOOL Löwin *f*

lion-ˈheart·ed *adj (liter)* unerschrocken, furchtlos

li·oni·za·tion [ˌlaɪənaɪˈzeɪʃᵊn, AM -nɪˈ-] *n no pl* Heldenkult *m;* ***he couldn't handle his ~ by New York society*** er kam nicht damit klar, dass er von der New Yorker Gesellschaft zum Helden hochstilisiert wurde

li·on·ize [ˈlaɪənaɪz] *vt* ■**to ~ sb** jdn zum Helden machen, jdn feiern

ˈlion tam·er *n* Löwenbändiger(in) *m(f)*

lip [lɪp] **I.** *n* ❶ ANAT Lippe *f;* **to kiss sb on the ~s** jdn auf den Mund küssen

❷ *(rim)* Rand *m; of a pitcher, jug* Schnabel *m*

❸ *no pl (fam: cheek)* Frechheiten *pl,* Unverschämtheiten *pl;* ***don't give me any of that ~*** spar dir deine Unverschämtheiten

▸PHRASES: **to bite one's ~** sich *dat* etw verbeißen; ***I wanted to talk back to him, but instead I bit my ~*** mir lag schon eine Entgegnung auf der Zunge, aber ich habe sie mir dann doch verkniffen; **to button one's ~, keep one's ~ buttoned** *(fam!)* den Mund halten *fam;* **to keep a stiff upper ~** Haltung bewahren; **to be on everyone's** [*or* **everybody's**] **~s** in aller Munde sein; **to hang on sb's ~s** *(poet)* an jds Lippen hängen; **my ~s are sealed** meine Lippen sind versiegelt

II. *vt* <-pp-> **to ~ a hole** *(in golf) der Golfball bleibt am Rande des Loches liegen*

ˈlip balm *n* Lippenpflege *f* **ˈlip·gloss** *n* Lipgloss *nt*

li·pid [ˈlɪpɪd] *n* ■**~s** *pl* CHEM Lipide *pl*

ˈlip·lin·er *n* [Lippen]konturenstift *m*

lipo [ˈlɪpəʊ, ˈlaɪpəʊ, AM -oʊ] *vi* **to get ~ed** Fett absaugen lassen

lipo·phil·ic [ˌlɪpəʊˈfɪlɪk, AM -poʊˈ-] *adj* CHEM lipophil

lipo·sol·ubil·ity [ˌlɪpəʊsɒljəˈbɪləti, AM -poʊsɑːljəˈbɪlət̬i] *n no pl* CHEM Fettlöslichkeit *f*

lipo·suc·tion [ˈlɪpə(ʊ)ˌsʌkʃᵊn, AM -poʊˌ-] *n no pl* Fettabsaugen *nt,* Liposuktion *f fachspr*

lip·py [ˈlɪpi] **I.** *adj esp* AM *(fam)* unverschämt, frech

II. *n no pl (fam)* Lippenstift *m*

ˈlip-read <-read, -read> **I.** *vi* von den Lippen [*o* vom Mund] ablesen **II.** *vt* ■**to ~ sb** jdm von den Lippen ablesen; **to ~ words** Worte von den Lippen ablesen **ˈlip-read·ing** *n no pl* Lippenlesen *nt;* ***is ~ difficult?*** ist es schwierig, jemandem [die Worte] von den Lippen abzulesen? **ˈlip salve** *n no pl* BRIT MED ❶ *(cream)* Lippencreme *f,* Lippenpflege *f* ❷ *(stick)* Labello® *m,* Lippenpomade *f* **ˈlip ser·vice** *n no pl (pej)* Lippenbekenntnis *nt;* **to pay** [*or* **give**] **~ to sth** ein Lippenbekenntnis zu etw *dat* ablegen **ˈlip-smack·ing** *adj (fam)* köstlich, herrlich **ˈlip·stick** *n no pl* Lippenstift *m;* **to smudge one's ~** seinen Lippenstift verschmieren; **to wear/put on ~** Lippenstift benutzen/auflegen [*o* auftragen] **ˈlip-sync(h)** [ˈlɪpsɪŋk] **I.** *vt* MUS, FILM ■**to ~ sth** etw synchronisieren; *singer* etw Playback singen; *musician* etw Playback spielen **II.** *vi* MUS, FILM synchronisieren; MUS Playback singen **III.** *n no pl* Synchronisieren *nt; (musician)* Playbacksingen *nt* **ˈlip-sync(h)ing** [ˈlɪpˌsɪŋkɪŋ] *n no pl* FILM Synchronisation *f;* MUS Playback *nt*

liq·ue·fy <-ie-> [ˈlɪkwɪfaɪ] **I.** *vt* ■**to ~ sth** ❶ CHEM etw verflüssigen

❷ FIN **to ~ assets** Vermögenswerte verfügbar machen

II. *vi* CHEM sich *akk* verflüssigen

li·queur [lɪˈkjʊəʳ, AM -ˈkɜːr] **I.** *n* Likör *m*

II. *n modifier* **~ glass** Likörglas *nt*

liq·uid [ˈlɪkwɪd] **I.** *adj* ❶ *(water-like)* flüssig; **~ soap** Seifenlotion *f,* Seifenemulsion *f;* **~ bleach/detergent** Flüssigbleichmittel/-waschmittel *nt*

❷ *(translucent)* **~ eyes** glänzende Augen; **~ lustre** schimmernder Glanz

❸ *attr* CHEM **~ ammonia** Salmiakgeist *m;* **~ hydrogen/oxygen** verflüssigter Wasserstoff/Sauerstoff; **~ junction potential** *also* PHYS Diffusionspotenzial *nt;* **~ measure** Flüssigkeitsmaß *nt*

❹ *(harmonious)* **~ sound** wohltönender Klang; **~ song** einschmeichelndes Lied

❺ *inv* FIN [frei] verfügbar, flüssig; **~ assets** [*or* **funds**] Barvermögen *nt,* liquide Mittel; **~ funds** FIN Liquidität[sreserve] *f;* **~ investment** liquide Anlage *f*

II. *n* Flüssigkeit *f;* ■**~s:** ***drink plenty of ~s*** du musst viel Flüssigkeit zu dir nehmen; ***I'm on ~s*** ich darf nur Flüssiges zu mir nehmen

liq·ui·date [ˈlɪkwɪdeɪt] **I.** *vt* ❶ ECON **to ~ a company/firm** ein Unternehmen auflösen [*o* abwickeln] [*o fachspr* liquidieren]

❷ FIN **to ~ assets** Mittel verfügbar machen [*o fam* flüssigmachen]; **to ~ debts** Schulden tilgen

❸ *(kill)* ■**to ~ sb** jdn liquidieren *geh*

II. *vi* ECON liquidieren

liq·ui·da·tion [ˌlɪkwɪˈdeɪʃᵊn] *n* ❶ FIN *of a company/firm* Auflösung *f,* Abwicklung *f,* Liquidierung *f fachspr; of debts* Tilgung *f;* **involuntary ~** Zwangsliquidation *f;* **to go into ~** in Liquidation gehen

❷ *(killing)* Liquidierung *f geh*

liq·ui·ˈda·tion pro·ceeds *npl* FIN Liquidationserlös *m*

liq·ui·da·tor [ˈlɪkwɪdeɪtəʳ, AM -t̬ɚ] *n* FIN Abwickler(in) *m(f),* Sachwalter(in) *m(f)* SCHWEIZ, Liquidator(in) *m(f) fachspr*

liq·uid ˈban·dage *n* MED Wundkleber *m*

liq·uid ˈcon·so·nant *n* LING Fließlaut *m,* Liquida *f fachspr*

ˈliq·uid-cooled *adj inv* flüssigkeitsgekühlt **liq·uid ˈcour·age** *n no pl* AM *(Dutch courage)* **to help oneself to ~** sich *dat* Mut antrinken **liq·uid crys·tal dis·ˈplay** *n,* **LCD** *n* Flüssigkristallanzeige *f* **liq·uid crys·tal ˈtele·vi·sion** *n* Fernseher *m* mit LCD-Flachbildschirm

liq·uid·ity [lɪˈkwɪdəti, AM -ət̬i] *n no pl* ❶ CHEM Flüssigkeit *f*

❷ FIN Zahlungsfähigkeit *f,* Liquidität *f fachspr;* **to have a ~ problem** ein Liquiditätsproblem haben *geh;* **~ in euro** Euro-Liquidität *f*

li·ˈquid·ity bal·ance *n no pl* FIN Liquiditätsausgleich *m* **li·ˈquid·ity bank** *n* Liquiditäts-Konsortialbank *f* **li·ˈquid·ity in·jec·tion** *n* FIN Liquiditätszuführung *f*

liq·uid·ize [ˈlɪkwɪdaɪz] *vt* **to ~ food** Nahrungsmittel pürieren [*o* SCHWEIZ *a.* mixen]; **to ~ an egg** ein Ei [ver]quirlen

liq·uid·iz·er [ˈlɪkwɪdaɪzəʳ, AM -ɚ] *n* Mixgerät *nt,* Mixer *m fam*

liq·uid ˈlunch *n (hum fam) Alkohol statt Mittagessen* **Liq·uid ˈPa·per®** *n no pl* Korrekturflüssigkeit *f,* Tipp-Ex® *nt* **li·quid ˈsoap** *n no pl* Flüssigseife *f*

liq·ui·fy *vi, vt see* **liquefy**

liq·uor [ˈlɪkəʳ, AM -ɚ] **I.** *n no pl* AM, AUS Spirituosen *pl,* Alkohol *m;* ***he can't hold his ~*** er verträgt keinen Alkohol; **hard ~** Schnaps *m;* **to drink hard ~** Hochprozentiges trinken

II. *vi* AM *(fam)* ■**to ~ up** sich *akk* besaufen [*o* vollaufen lassen] *sl*

III. *vt* AM *(fam)* ■**to ~ sb up** jdn betrunken machen

liq·uo·rice, AM **lico·rice** [ˈlɪkᵊrɪs, AM -ɚɪʃ] **I.** *n no pl* ❶ FOOD Lakritze *f,* Bärendreck *m* SCHWEIZ

❷ *(plant)* Süßholz *nt*

II. *n modifier* Lakritz-; **~ allsorts** Lakritzkonfekt *nt*

ˈliq·uor li·cense *n* AM Ausschankgenehmigung *f,* Ausschankerlaubnis *f kein pl* **ˈliq·uor store** *n* AM, CAN Wein- und Spirituosenhandlung *f* **ˈliq·uor tax** *n* AM Alkoholsteuer *f*

lira <*pl* lire> [ˈlɪərə, AM ˈlɪrə] *n* ❶ *(Italian currency)* Lira *f hist*

❷ *(Turkish currency)* Lira *f*

Lis·bon [ˈlɪzbən] *n* Lissabon *nt*

lisle [laɪl], **lisle thread I.** *n no pl* FASHION Florgarn *nt*

II. *n modifier* **~ stockings** Baumwollstrümpfe *pl*

lisp [lɪsp] **I.** *n no pl* Lispeln *nt;* **sb with a ~** ein lispelnder Mensch; **to have** [*or* **speak with**] **a ~** lispeln

II. *vi* lispeln

III. *vt* ■**to ~ sth** etw lispeln

LISP [lɪsp] *n* COMPUT *acr for* **list processor language** LISP

lis·som(e) [ˈlɪsəm] *adj (liter) person* graziös, gewandt; *animal* geschmeidig

list¹ [lɪst] **I.** *n* Liste *f;* **birthday ~** [Geburtstags]wunschliste *f;* **~ of names** Namensliste *f; (in books)* Namensverzeichnis *nt,* Namensregister *nt;* **~ of numbers** Zahlenreihe *f,* Zahlenkolonne *f;* **~ of prices** Preisliste *f,* Preisverzeichnis *nt;* **check ~** Checkliste *f;* **shopping ~** Einkaufszettel *m;* **~ of stocks** STOCKEX Kurszettel *m;* **The Stock Exchange Daily Official L~** BRIT Amtliches Kursblatt; **waiting ~** Warteliste *f;* **to be on a ~** auf einer Liste stehen; **to make a ~** eine Liste aufstellen [*o* machen]; **to put sb/sth on a ~** jdn/etw auf eine Liste setzen; **to take sb/sth off a ~** jdn/etw von einer Liste streichen

▸PHRASES: **to be at the bottom/top of sb's ~** auf jds Liste ganz unten/oben stehen *fam;* **to have a ~ as long as one's arm** eine ellenlange Liste haben *fam*

II. *vt* ■**to ~ sth** etw auflisten; ***all ingredients must be ~ed on the packaging*** auf der Verpackung müssen alle Zutaten aufgeführt werden; ***how many soldiers are still ~ed as missing in action?*** wie viele Soldaten werden noch immer als vermisst

geführt?; **to ~ sth in alphabetical/numerical order** etw in alphabetischer/nummerischer Reihenfolge auflisten; **to be ~ed in the phone book** im Telefonbuch stehen; **to be ~ed on the Stock Exchange** an der Börse notiert sein
III. *vi* **to ~** [*or* **be ~ed**] **at $700/£15** 700 Dollar/15 Pfund kosten

list² [lɪst] NAUT **I.** *vi* Schlagseite haben, krängen *fachspr;* **to ~ to port/starboard** Schlagseite nach Backbord/Steuerbord haben; **to ~ badly** schwere Schlagseite haben
II. *n* Schlagseite *f,* Krängung *f fachspr*

list·ed ['lɪstɪd] **I.** *adj inv* ① STOCKEX an der Börse zugelassen; **~ company** börsennotiertes [*o* börsengehandeltes] Unternehmen; **~ securities** an der Börse zugelassene [*o* notierte] [*o* SCHWEIZ kotierte] Wertpapiere
② BRIT ARCHIT **~ building** unter Denkmalschutz stehendes Gebäude
③ AM, AUS TELEC **a ~ telephone number** eine aufgeführte Telefonnummer
II. *adj inv* ① BRIT ARCHIT ≈ unter Denkmalschutz stehend
② STOCKEX *(quoted)* börsengängig, börsenkotiert SCHWEIZ

list·ed se·'cu·rities *npl* STOCKEX Börsenwerte *pl*

lis·ten ['lɪsᵊn] **I.** *vi* ① *(pay attention)* zuhören; ■**to ~ to sb/sth** jdm/etw zuhören; **~ *to this!*** hör dir das an! *fam;* **to ~ carefully** [ganz] genau zuhören; **to ~ hard** genau hinhören; **to ~ to music** Musik hören; **to ~ to the news/radio** Nachrichten/Radio hören; **to ~ to reason** auf die Stimme der Vernunft hören
② *(pay heed)* zuhören; ***you just don't ~*** du hörst einfach nicht zu *fam;* ***don't ~ to them*** hör nicht auf sie
③ *(attempt to hear)* ***will you ~*** [***out***] ***for the phone?*** könntest du bitte aufpassen, ob das Telefon klingelt?
▶ PHRASES: **to ~ with half an ear** mit halbem Ohr hinhören
II. *interj* hör mal!; **~, *we really need to ...*** [jetzt] hör mal, wir müssen ...
III. *n no pl* **to have a ~** [**to sth**] [bei etw *dat*] genau hinhören; ***have a ~ to this!*** hör dir das an!; ***let Daryl have a ~ too*** lass Daryl auch mal hören
◆ **listen in** *vi (secretly)* mithören; *(without participating)* mitanhören; *(to radio)* hören; **to ~ in on a telephone conversation** ein Telephongespräch heimlich abhören; **to ~ in on a conference call** ein über Telefon abgehaltenes Konferenzgespräch mitanhören; **to ~ in to a radio show** eine Talkshow im Radio anhören

lis·ten·er ['lɪsᵊnəʳ, AM -ɚ] *n* ① *(in a conversation)* Zuhörer(in) *m(f);* **to be a good ~** gut zuhören können
② *(to lecture, concert)* Hörer(in) *m(f); (to radio)* [Radio]hörer(in) *m(f)*

lis·ten·ing ['lɪsᵊnɪŋ] *n* MUS **easy ~** Unterhaltungsmusik *f,* U-Musik *f*

'list·en·ing de·vice *n* Abhörgerät *nt; (in room also)* [Abhör]wanze *nt;* **to plant a ~ somewhere** irgendwo ein Abhörgerät anbringen **'list·en·ing post** *n* MIL Horchposten *m*

lis·teria [lɪ'stɪəriə, AM -'stɪr-] *n no pl* MED Listeria *f*

lis·terio·sis [lɪˌstɪəri'əʊsɪs, AM -ˌstɪri'oʊ-] *n no pl* MED Listeriose *f*

list·ing ['lɪstɪŋ] *n* ① *(inventory)* Auflistung *f,* Verzeichnis *nt*
② *(entry in inventory)* Eintrag *m,* Eintragung *f*
③ MEDIA ■**~s** *pl (entertainment)* Veranstaltungskalender *m;* **televison ~s** Fernsehprogramm *nt*
④ STOCKEX Börsenzulassung *f,* SCHWEIZ *a.* Börsenkotierung *f,* Börsennotierung *f;* **~ application** Börsenzulassungsantrag *f;* **~ requirements** AM Zulassungsvorschriften *pl*

'list·ing fee *n (for internet auction)* Angebotsgebühr *f; (in supermarket) einmalige Gebühr, die Supermarktketten von Produzenten oder Lieferanten fordern, um deren Produkte anzubieten* **'list·ing pro·cedure** *n* STOCKEX Zulassungsverfahren *nt*

'list·ings maga·zine *n* Zeitschrift *f* mit Veranstaltungsverzeichnis

list·less ['lɪs(t)ləs] *adj* ① *(lacking energy) person* teilnahmslos; *(fig) economy* stagnierend
② *(lacking enthusiasm)* lustlos; *performance* ohne Schwung *nach n,* schlaff

list·less·ly ['lɪs(t)ləsli] *adv* teilnahmslos, lustlos

list·less·ness ['lɪs(t)ləsnəs] *n no pl* Teilnahmslosigkeit *f,* Lustlosigkeit *f;* MED Apathie *f*

list of of·fi·cial quo·'ta·tions, list of quo·'ta·tions *n* STOCKEX Kurszettel *m,* Kursblatt *nt*

'list price *n* [**manufacturer's**] **~** Listenpreis *m* [des Herstellers]

'list·serve *n* Seriendruck-Manager *m fachspr*

lit¹ [lɪt] *vi, vt pt, pp of* **light**

lit² [lɪt] *(fam)* **I.** *n no pl short for* **literature** Literatur *f*
II. *adj inv short for* **literary** literarisch

lita·ny ['lɪtᵊni] *n* REL Litanei *f a. fig;* **a ~ of complaints** eine Litanei von Beschwerden

li·tas <*pl* litai> ['li:tɑ:s, *pl* -taɪ] *n (Lithuanian currency)* Litas *m*

li·tchi *n* FOOD *see* **lychee**

lit crit [ˌlɪt'krɪt] *n no pl (fam) short for* **literary criticism** Literaturkritik *f*

lite [laɪt] **I.** *adj inv* AM FOOD *(light)* **~ beer** kalorienarmes Bier; *(fig fam) literature, TV* leicht *pej,* anspruchslos *pej*
II. *n* AM AUTO *(small car)* Kleinwagen *m*

li·ter *n* AM *see* **litre**

lit·era·cy ['lɪtᵊrəsi, AM -t̬ɚə-] **I.** *n no pl* Lese- und Schreibfähigkeit *f;* **computer ~** Computerkenntnisse *pl;* **economic ~** Wirtschaftskenntnisse *pl*
II. *n modifier* **~ level** Quote der Menschen, die lesen und schreiben können; ***the ~ level is low in that country*** dieses Land hat eine hohe Analphabetenquote

lit·er·al ['lɪtᵊrᵊl, AM -t̬ɚ-] **I.** *adj* ① *(not figurative)* wörtlich; **~ meaning/sense** eigentliche Bedeutung; **to take sth in the ~ sense of the word** etw wörtlich nehmen
② *(word-for-word)* **~ translation/transcript** wörtliche Übersetzung/Abschrift
③ *(not exaggerated)* buchstäblich, im wahrsten Sinne des Wortes *präd;* **the ~ truth** die reine Wahrheit
④ *(fam: for emphasis)* ***fifteen years of ~ hell*** fünfzehn Jahre lang die reinste Hölle; ***a ~ avalanche of mail*** eine wahre Flut von Zusendungen
⑤ LING **~ mnemonics** Gedächtnisstützen *pl,* Eselsbrücken *pl fam;* **~ error** BRIT TYPO Schreib-/Tipp-/Druckfehler *m*
II. *n* ① BRIT TYPO Schreib-/Tipp-/Druckfehler *m*
② *(computer instruction)* Literal *m o nt*

lit·er·al·ly ['lɪtᵊrᵊli, AM -t̬ɚ-] *adv* ① *(in a literal manner)* [wort]wörtlich, Wort für Wort; **to take sth ~** etw wörtlich nehmen; **to translate ~** wörtlich übersetzen
② *(actually)* buchstäblich, wirklich; **quite ~** in der Tat; **~ speaking** ungelogen
③ *inv (fig fam: for emphasis)* wirklich, tatsächlich, echt *fam;* ***there were ~ a million tourists in the village over the weekend*** übers Wochenende kamen sage und schreibe eine Million Touristen ins Dorf

lit·er·al-'mind·ed *adj* nüchtern, prosaisch *geh;* ■**to be ~** nüchtern denken

lit·er·ari·ness ['lɪtᵊrᵊrinəs, AM 'lɪt̬əreri] *n no pl* ① *(relevance)* literarischer Bezug
② *(quality)* literarische Qualität

lit·er·ary ['lɪtᵊrᵊri, AM -t̬əreri] *adj* ① *attr (of literature) criticism, prize* Literatur-; *language, style* literarisch; **a ~ career** eine Schriftstellerkarriere; **a ~ celebrity** eine Berühmtheit auf literarischem Gebiet; **~ event** literarisches Ereignis; **~ hoax** Zeitungs[ente] *f;* **~ society** Literaturzirkel *m;* **~ supplement** Literaturbeilage *f;* **the ~ world** literarische Kreise
② *(sb knowledgeable)* **~ man** Literaturkenner *m;* **~ woman** Literaturkennerin *f*

lit·er·ary 'agent *n* Literaturagent(in) *m(f)* **lit·er·ary 'crit·ic** *n* Literaturkritiker(in) *m(f)* **lit·er·ary 'criti·cism** *n no pl* Literaturkritik *f* **lit·er·ary ex·'ecu·tor** *n* Nachlassverwalter(in) *m(f)* [in literarischen Angelegenheiten]; **to appoint sb** [**as**] **one's ~** jdn zum Nachlassverwalter in literarischen Angelegenheiten bestimmen **lit·er·ary his·'to·rian** *n* Literaturhistoriker(in) *m(f)*

lit·er·ate ['lɪtᵊrət, AM -t̬ɚ-] **I.** *adj* ① *(able to read and write)* ■**to be ~** lesen und schreiben können; ***the ~ proportion of the population*** der Anteil der alphabetisierten Bevölkerung
② *(well-educated)* gebildet; **to be computer ~** sich *akk* mit Computern auskennen; **to be economically/financially/politically ~** auf dem Gebiet der Wirtschaft/Finanzen/Politik bewandert sein
II. *n (literate person) jd, der Schreiben und Lesen kann; (well educated) jd, der gebildet ist*

lit·era·ti [ˌlɪtᵊr'ɑ:ti:, AM -t̬ə'rɑ:t̬i:] *npl* Literaten *pl,* Gelehrte *pl*

lit·era·ture ['lɪtrətʃəʳ, AM -t̬ɚətʃɚ] **I.** *n no pl* ① *(written works)* Literatur *f;* **American/English ~** amerikanische/englische Literatur; **nineteenth-century ~** die Literatur des 19. Jahrhunderts; **a work of ~** ein literarisches Werk
② *(specialist texts)* Fachliteratur *f* (**on/about** über +*akk*); **scientific ~** naturwissenschaftliche Fachliteratur
③ *(printed matter)* Informationsmaterial *nt;* ***have you got any ~ about these washing machines?*** haben Sie irgendwelche Unterlagen zu diesen Waschmaschinen? *f*
II. *n modifier (course, student)* Literatur-

lithe [laɪð] *adj* gelenkig, geschmeidig

lithe·ly ['laɪðli] *adv* geschmeidig, gelenkig

lithe·some ['laɪðsəm] *adj (old) see* **lithe**

lith·ium ['lɪθiəm] *n no pl* CHEM Lithium *nt*

li·tho ['lɪθəʊ, laɪ, AM 'lɪθoʊ] *adj inv (fam) short for* **lithographic** Litho-

litho·graph ['lɪθə(ʊ)grɑ:f, AM -əgræf] **I.** *n* Steindruck *m,* Lithographie *f fachspr*
II. *vt* ■**to ~ sth** etw lithographieren

li·thog·ra·pher [lɪ'θɒgrəfəʳ, AM 'θɑ:grəfɚ] *n* Lithograph(in) *m(f)*

litho·graph·ic [ˌlɪθə(ʊ)'græfɪk, AM -oʊ'-] *adj inv* lithographisch; **~ print** Steindruck *m;* **~ printing plate** Steindruckplatte *f*

li·thog·ra·phy [lɪ'θɒgrəfi, AM -'θɑ:g-] *n no pl* Steindruck *m,* Lithographie *f fachspr*

Lithua·nia [ˌlɪθju'eɪniə, AM -θu'-] *n* Litauen *nt*

Lithua·nian [ˌlɪθju'eɪniən, AM -θu'-] **I.** *n* ① *(person)* Litauer(in) *m(f)*
② *no pl (language)* Litauisch *nt*
II. *adj inv* litauisch; **she is ~** sie ist Litauerin

liti·gant ['lɪtɪgənt, AM -t̬-] *n* LAW prozessführende Partei, Prozesspartei *f*

liti·gate ['lɪtɪgeɪt, AM -t̬-] LAW **I.** *vi* prozessieren, einen Prozess führen
II. *vt* ■**to ~ sth** um etw *akk* prozessieren [*o* einen Prozess wegen etw *gen* führen]

liti·ga·tion [ˌlɪtɪ'geɪʃᵊn, AM -t̬-] *n no pl* LAW Prozess *m,* Rechtsstreit *m;* **~ risk** Prozessrisiko *nt;* **to go to ~** einen Prozess anstrengen *geh*

liti·ga·tor ['lɪtɪgeɪtəʳ, AM 'lɪt̬ɪgeɪt̬ɚ] *n* LAW Prozessanwalt, -anwältin *m, f*

li·ti·gious [lɪ'tɪdʒəs] *adj* LAW prozessfreudig *iron,* prozesssüchtig *pej*

li·ti·gious·ness [lɪ'tɪdʒəsnəs] *n no pl* LAW Prozessfreudigkeit *f iron,* Prozesssucht *f*

lit·mus ['lɪtməs] *n no pl* CHEM Lackmus *m o nt*

'lit·mus pa·per *n no pl* Lackmuspapier *nt* **'lit·mus test** *n* ① CHEM Lackmustest *m* ② *(fig fam: decisive indication)* entscheidendes [An]zeichen (**of** für +*akk*)

li·to·tes [laɪ'təʊti:z, AM 'laɪt̬əti:z] *n* Litotes *f fachspr*

li·tre, AM **li·ter** ['li:təʳ, AM -t̬ɚ] **I.** *n* Liter *m o nt;* **6-~ engine** 6-Liter Maschine; **two ~s** [**of milk/beer**] zwei Liter [Milch/Bier]; **per ~** pro Liter
II. *n modifier (bottle, size)* Liter-

LittD *abbrev of* **Doctor of Literature** promovierter Literaturwissenschaftler/promovierte Literaturwissenschaftlerin

lit·ter ['lɪtəʳ, AM -t̬ɚ] **I.** *n* ① *no pl (rubbish)* Müll *m,* Abfall *m*
② *no pl (disorder)* Unordnung *f,* Durcheinander *nt,*

SCHWEIZ *a.* Puff *nt fam*
③ + *sing/pl vb* ZOOL Wurf *m;* **a ~ of kittens** ein Wurf kleiner Kätzchen; ***Martha's cat's just had a ~ of four kittens*** Marthas Katze hat gerade vier Junge geworfen; **the pick of the ~** der Beste aus dem Wurf; *(fig)* der Hauptgewinn *fig*
④ *no pl (for animals)* Streu *f,* Stroh *nt;* **cat ~** Katzenstreu *f*
⑤ *(vehicle)* Sänfte *f;* MED Tragbahre *f,* Trage *f*
II. *vt* ① *(make untidy)* ■**to ~ sth:** ***dirty clothes ~ed the floor*** dreckige Wäsche lag über den Boden verstreut
② *usu passive (fig: fill)* ■**to be ~ed with sth** mit etw *dat* übersät sein; ***the beaches were positively ~ed with tourists*** die Strände waren regelrecht mit Touristen überfüllt

'lit·ter bin *n esp* BRIT, AUS Abfalleimer *m,* Abfalltonne *f* **'lit·ter box** *n* AM Katzenklo *nt,* SCHWEIZ *a.* Katzen-WC *nt* **'lit·ter bug,** BRIT *also* **'lit·ter lout** *n (fam)* Schmutzfink *m fam,* Dreckspatz *m fam* **'lit·ter col·lec·tion** *n* Müllabfuhr *f* **'lit·ter tray** *n* Katzenklo *nt,* SCHWEIZ *a.* Katzen-WC *nt*

lit·tle ['lɪtl̩, AM -t̬-] **I.** *adj* <smaller *or* -r, smallest *or* -st> ① *(small)* klein; **~ *feet*** kleine Füße; *(amusingly also)* Füßlein; ***my sister is a ~ monster*** *(emph)* meine Schwester ist ein richtiges kleines Monster; **the ~ ones** die Kleinen *pl*
② *(young)* klein; ***when I was ~*** als ich noch klein war; **sb's ~ boy/girl** jds kleiner Sohn/kleine Tochter; **~ brother/sister** kleiner Bruder/kleine Schwester; **the ~ one** der/die Kleine; **the ~st ones** die Kleinsten
③ *distance* kurz; **a ~ way** ein kurzes Stück
④ <less, least> *time* wenig, bisschen; **a ~ while** ein bisschen, ein Weilchen *nt*
⑤ *attr, inv (trivial)* klein; **every ~ detail** jede Kleinigkeit; **to have a ~ word with sb** *(iron)* ein Wörtchen mit jdm reden *fam;* **to make ~ of sth** wenig Aufhebens von etw *dat* machen; **a ~ problem** *(iron)* ein kleines Problem
⑥ *(not much)* ***I speak a ~/only a ~ Basque*** ich spreche etwas/nur wenig Baskisch; ***a decision of no ~ importance*** eine Entscheidung von nicht unerheblicher Wichtigkeit; ***her proposal caused not a ~ anger*** viele ärgerten sich über ihren Vorschlag
▶PHRASES: **a ~ bird told me** *(hum)* das sagt mir mein kleiner Finger
II. *adv* <less, least> ① *(somewhat)* ■**a ~** ein wenig [*o* bisschen]
② *(hardly)* wenig; ***I was not a ~ pleased at the prospects*** ich habe mich über die Aussichten ziemlich gefreut; ***~ did she know that ...*** sie hatte ja keine Ahnung davon, dass ...; ***I agreed to go, ~ though I wanted to*** ich habe zugesagt, obwohl ich eigentlich überhaupt keine Lust darauf hatte; **to ~ expect sth** etw nicht erwarten; **to ~ imagine that ...** sich *dat* nicht vorstellen, dass ...; **to be ~ less than** [*or* **short of**] **sth** sich *akk* kaum von etw *dat* unterscheiden; ***her conduct is ~ short of indecent*** ihr Benehmen ist fast schon unanständig; **it matters ~ [to sb] that/what ...** jdm macht es wenig aus, dass/was ...; **~ more than sth:** ***~ more than an hour ago*** vor kaum einer Stunde; **to ~ suppose/think [that] ...** nicht annehmen/denken, [dass] ...; **to ~ understand sth** etw kaum verstehen
▶PHRASES: **~ by ~** nach und nach
III. *pron* ① *(small quantity)* ■**a ~** ein wenig [*o* bisschen]; ■**a ~ of sth** ein wenig von etw *dat;* ***I heard a ~ of what they were saying*** ich hörte ein wenig von dem, was sie sagten
② *(not much)* wenig; **as ~ as possible** möglichst wenig; **to do ~ [or nothing]** wenig [bis nichts] tun; **so ~** so wenig; **there is ~ sb can do** jd kann wenig machen; **[very] ~ of sth** [sehr] wenig von etw *dat;* **the [***or* **what] ~ ...** das wenige ...; **the ~ sb does sth** das bisschen, das jd macht; ***the ~ she smoked still affected her health*** sie rauchte nur sehr wenig, aber auch das bisschen griff ihre Gesundheit an
③ *(distance)* ■**a ~** ein wenig; ***let's walk a ~ after dinner*** lass uns nach dem Essen einen kurzen Spaziergang machen
④ *(time)* ■**a ~** ein wenig [Zeit]; ***I want to get away for a ~ to be by myself*** ich brauche ein wenig Abstand und Zeit für mich; ***it's a ~ after six*** es ist kurz nach sechs
▶PHRASES: **to make [very] ~ of sth** *(not understand)* [sehr] wenig mit etw *dat* anfangen können; *(belittle)* etw herunterspielen; **precious ~** herzlich wenig

Lit·tle 'Bear *n* BRIT, **Lit·tle 'Dip·per** *n* AM ASTRON Kleiner Bär [*o* Wagen] **lit·tle 'fin·ger** *n* ANAT kleiner Finger **lit·tle 'fish** *n* ein kleiner Fisch *fig* **'lit·tle folk** *n + pl vb esp* IRISH ■**the ~** die Elfen *pl* **lit·tle green 'man** *n (fam)* kleines grünes Männchen **lit·tle-'known** *adj* kaum bekannt; **a ~ outsider** ein wenig bekannter Außenseiter **'Lit·tle League** *n no pl* AM *Bezeichnung für die Baseballliga für Kinder zwischen 8 und 12 Jahren*

lit·tle·ness ['lɪtl̩nəs, AM -t̬l-] *n no pl* ① *(smallness)* Kleinheit *f,* geringe Größe
② *(triviality)* Geringfügigkeit *f;* ***the ~ of the administrative problem*** die Bedeutungslosigkeit des Verwaltungsproblems

'lit·tle people *n + pl vb* ■**the ~** die Elfen *pl* **Lit·tle 'Rhody** *n* AM *(fam) Bezeichnung für Rhode Island* **lit·tle 'some·thing** *n* ① FOOD Betthupferl *nt* SÜDD, ÖSTERR, Bettmümpfeli *nt* SCHWEIZ ② *(present)* Kleinigkeit **lit·tle 'toe** *n* ANAT kleiner Zeh **lit·tle 'wom·an** *n (pej! or hum fam)* ■**the ~** das Frauchen *fam*

lit·to·ral ['lɪtᵊrᵊl, AM 'lɪt̬-] *adj* ① *(near the shore)* litoral; **~ currents** Küstenströmungen *pl,* Litoralströmungen *pl fachspr*
② ECOL **~ zone** *(between water marks)* Gezeitenbereich *m*

li·tur·gi·cal [lɪ'tɜːdʒɪkᵊl, AM -'tɜːr-] *adj inv* liturgisch

lit·ur·gy ['lɪtɜːdʒi, AM 'lɪt̬ɚ-] *n* Liturgie *f*

liv·able *adj see* **liveable**

live¹ [laɪv] **I.** *adj inv* ① *attr (living)* lebend; **a real ~ grizzly bear** ein echter Grizzlybär; **~ animals** echte Tiere
② MUS, RADIO, TV live; **~ audience** Live-Publikum *nt;* **~ broadcast** Liveübertragung *f,* Livesendung *f;* **~ coverage** aktuelle Berichterstattung, Berichterstattung vor Ort; **~ entertainment** Liveunterhaltung *f,* Liveshow *f;* **~ performance** Liveauftritt *m;* **~ recording** Liveaufzeichnung *f*
③ ELEC geladen; **~ wire** Hochspannungskabel *nt*
④ *(unexploded)* scharf; **~ ammunition** scharfe Munition
⑤ *(burning)* glühend; **~ coals** glühende Kohlen
⑥ *(not obsolete)* **~ issue** aktuelle Frage
II. *adv inv* MUS, RADIO, TV live, direkt; **to broadcast ~** direkt [*o* live] übertragen; **to cover sth ~** von etw *dat* live berichten; **to go ~** COMPUT den Echtbetrieb aufnehmen; **to perform ~** live auftreten; **as ~** *broadcast, transmit* beinahe live *(wenn eine Live-Übertragung um kurze Zeit verzögert wird, falls etwas nicht gesendet werden soll)*

live² [lɪv] **I.** *vi* ① *(be alive)* leben; ***will she ~?*** wird sie überleben?; ***"I've got a terrible cold!" — "oh, you'll live!"*** „ich bin total erkältet!" – „ach, du wirst schon nicht sterben!"; **to ~ to [be] a ripe [old] age** ein hohes Alter erreichen; ***she ~d to be 97 years old*** sie wurde 97 Jahre alt
② *(spend life)* leben; ***... and/where they ~d happily ever after ...*** und wenn sie nicht gestorben sind, dann leben sie noch heute; **to ~ above [***or* **beyond]/within one's means** über seine Verhältnisse/entsprechend seinen Möglichkeiten leben; **to ~ alone/dangerously** alleine/gefährlich leben; **to ~ by one's principles** seinen Prinzipien treu bleiben; **to ~ high** gut leben; **to ~ in fear/luxury** in Angst/Luxus leben; **to ~ in plenty** ein Leben im Überfluss führen, im Überfluss leben; **to ~ in squalor [***or* **dire need]** in ärmlichen Verhältnissen leben; **to make life worth living** das Leben lebenswert machen
③ *(subsist)* leben; ■**to ~ by sth** von etw *dat* leben; ***the family ~s by hunting and farming*** die Familie lebt vom Jagen und von der Landwirtschaft; ***he ~s by the pen*** er lebt vom Schreiben; ***she ~s by crime*** sie lebt von Verbrechen
④ *(be remembered)* weiterleben; ***his music will ~ for ever*** seine Musik ist unvergänglich; **to ~ in sb's memory** in jds Erinnerung weiterleben; ***her spirit lives in her work*** ihr Geist lebt in ihren Werken weiter
⑤ *(have interesting life)* ***you've never been bungee-jumping? you haven't lived!*** du warst noch nie Bungee-Jumping? du weißt nicht, was du versäumt hast!; ***if you haven't seen Venice, you haven't ~d*** Venedig sehen und sterben; **to ~ a little [***or* **a bit]** das Leben genießen
⑥ *(reside)* wohnen; ***where do you ~?*** wo wohnst du?; **to ~ in the country/in town** auf dem Land/in der Stadt wohnen; **to ~ next door** nebenan wohnen; **to ~ next door to sb** neben jdm wohnen
⑦ *(fam: be kept)* sein; ***where does the sugar ~?*** wo hast du den Zucker?; *(belong)* gehören; ***the pots ~ in the cupboard next to the cooker*** die Töpfe gehören in den Schrank neben dem Herd
▶PHRASES: **as I ~ and breathe!** ***good Lord! Sally Watson, as I ~ and breathe!*** Mensch! wenn das nicht Sally Watson ist!; **to ~ to fight another day** es überstehen, überleben; **you [***or* **we] ~ and learn** man lernt nie aus; **to ~ and let ~** *(saying)* leben und leben lassen; **long ~ the King/Queen!** lang lebe der König/die Königin!; **to ~ to regret sth** etw noch bereuen werden; **we ~d to tell the tale** wir haben's überlebt; **to ~ by one's wits** sich *akk* durchschlagen
II. *vt* **to ~ [one's] life to the full** das Leben in vollen Zügen genießen; **to ~ a life of luxury** ein luxuriöses [*o* extravagantes] Leben führen; **to ~ one's own life** sein eigenes Leben leben
▶PHRASES: **to ~ and breathe sth** mit Leib und Seele für etw *akk* sein; **to ~ a lie** mit einer Lebenslüge leben

◆**live down** *vt* ■**to ~ down** ⊂ **sth** über etw *akk* hinwegkommen; *mistakes* über etw *akk* Gras wachsen lassen; ***you'll never ~ it down*** das wird dir ewig anhängen

◆**live for** *vi* ■**to ~ for sth** für etw *akk* leben; ***there is nothing left to ~ for*** es gibt nichts [mehr], wofür es sich zu leben lohnt
▶PHRASES: **to ~ for the moment** ein sorgloses Leben führen

◆**live in** *vi* [mit] im selben Haus wohnen; *student, nurse* im Wohnheim wohnen

◆**live off,** AM *also* **live off of** *vi* ① *(depend)* ■**to ~ off sb** auf jds Kosten leben
② *(support oneself)* ■**to ~ off sth** *inheritance, pension* von etw *dat* leben
③ *(eat)* ■**to ~ off sth** von etw *dat* leben, sich *akk* von etw *dat* ernähren; *(exclusively)* sich *akk* ausschließlich von etw *dat* ernähren

◆**live on** *vi* ① *(continue)* weiterleben; *tradition* fortbestehen; **to ~ on in memory** in Erinnerung bleiben
② *(support oneself)* ■**to ~ on sth** von etw *dat* leben; ***his wage won't be enough to ~ on*** er verdient nicht genug, um davon zu leben
③ *(eat)* ■**to ~ on sth** von etw *dat* leben, sich *akk* von etw *dat* ernähren; *(exclusively)* sich *akk* ausschließlich von etw *dat* ernähren; ***she ~s on fruit alone*** sie ernährt sich nur von Obst

◆**live out I.** *vt* **to ~ out** ⊂ **one's destiny [***or* **fate]** sich *akk* mit seinem Schicksal abfinden, sich *akk* in sein Schicksal ergeben; **to ~ out** ⊂ **one's dreams/fantasies** seine [Wunsch]träume/Vorstellungen verwirklichen, sich *dat* seinen Traum erfüllen; **to ~ out** ⊂ **one's life/one's days** sein Leben/seine Tage verbringen
II. *vi* BRIT außerhalb des Hauses [*o* nicht im selben Haus] wohnen; ***other students ~d out in rented accommodation*** andere Studenten wohnten in gemieteten Zimmern oder Wohnungen außerhalb

◆**live through** *vi* ■**to ~ through sth** etw überstehen; ***he ~d through back pain until the age of fifty*** er litt bis zu seinem fünfzigsten Lebensjahr an Rückenschmerzen; ***he ~d through two World Wars*** er hat zwei Kriege miterlebt; **to ~ through an experience** eine Erfahrung durchmachen

◆**live together** *vi* zusammenleben; *residents* zusammenwohnen

◆**live up** *vt* **to ~ it up** *(fam)* sich *akk* ausleben [*o* austoben], die Puppen tanzen lassen *fig fam*

◆**live up to** *vi* **to ~ up to sb's expectations** jds Erwartungen gerecht werden; **to ~ up to one's principles** an seinen Prinzipien festhalten; **to ~ up to a standard/one's reputation** einer Anforderung/seinem Ruf gerecht werden; **to ~ up to a promise** ein Versprechen erfüllen; **to ~ up to an earlier success** an einen früheren Erfolg anknüpfen

◆**live with** *vi* ① *(cohabit)* **to ~ with each other** zusammenleben

② *(tolerate)* ■**to ~ with sth** mit etw *dat* leben [müssen], sich *akk* mit etw *dat* abfinden; ■**to ~ with oneself** mit sich *dat* selbst leben [müssen]

③ *(suffer from)* ***people living with HIV/AIDS*** Menschen mit HIV/Aids

live·able ['lɪvəbl̩] *adj* ① *(habitable)* wohnlich; *apartment/room* wohnlich; *climate* angenehm

② *(worth living)* lebenswert; **to make life more ~** das Leben lebenswerter machen

③ *(fam: companionable)* **to be ~ with** gesellig [*o* umgänglich] sein; ***Henry really isn't ~ with!*** mit Henry kommt man wirklich nicht aus!

live 'bait *n (fish)* Köderfisch *m; (worm)* Köderwurm *m*

lived in *adj pred, inv,* **lived-in** ['lɪvdɪn] *adj attr, inv* behaglich, gemütlich; **to have a ~ look** wohnlich aussehen

'live-in *adj attr, inv* ① *(cohabiting)* ***she has a ~ boyfriend*** sie lebt mit ihrem Freund zusammen

② *(resident)* **a ~ nanny** ein Kindermädchen, das [mit] im Haus lebt

live·li·hood ['laɪvlihʊd] *n* Lebensunterhalt *m;* **to earn one's ~** seinen Lebensunterhalt verdienen; ***they earn their ~ from farming*** sie leben von der Landwirtschaft; **to lose one's ~** seine Existenzgrundlage verlieren; **to have a means of ~** seinen Lebensunterhalt bestreiten können; ***their ~s very much depend on the rain*** ihre Existenz hängt sehr stark davon ab, ob es genug regnet

live·li·ness ['laɪvlinəs] *n no pl of a story* Lebendigkeit *f; of a child, person* Lebhaftigkeit *f,* Aufgewecktheit *f*

'live line test·er *n* ELEC Spannungsprüfer *m*

live·long ['lɪvlɒŋ, AM -lɑːŋ] *adj (liter)* **all the ~ day** den lieben langen Tag

live·ly ['laɪvli] *adj* ① *(full of energy) city, child, street* lebhaft, lebendig; *child, eyes, tune* munter; ***look ~!*** ein bisschen mehr Schwung, bitte!; ***they had a ~ time*** bei ihnen war etwas los; **~ atmosphere** lebhafte Stimmung; **~ manner** lebhafte Art; **~ nature** aufgewecktes Wesen; **~ place** ein Ort, an dem immer etwas los ist

② *(bright) colour* hell; *(pej)* grell *pej*

③ *(lifelike)* lebendig, anschaulich; **~ description** anschauliche Beschreibung

④ *(enduring) tradition* lebendig

⑤ *(brisk)* rege; **~ business** reger Geschäftsverkehr; **~ pace** flottes Tempo

⑥ *(stimulating) discussion, style* lebhaft; **~ conversation** lebhaftes [*o* angeregtes] Gespräch; **~ imagination** rege Fantasie; **a ~ mind** ein wacher Verstand; **to take a ~ interest in sth** ein reges Interesse an etw *dat* haben

⑦ *esp* BRIT *(iron: difficult or exciting)* **to make sth ~ for sb** etw für jdn schwierig machen

⑧ NAUT bewegt

liv·en ['laɪvᵊn] **I.** *vt* ■**to ~ up** ↻ **sth** etw beleben, Leben in etw *akk* bringen; **to ~ up an event** mehr Pep in eine Veranstaltung bringen; **to ~ up a room** ein Zimmer etwas aufpeppen *fam;* **to ~ up a party** mehr Schwung in eine Party bringen; ■**to ~ up** ↻ **sb** jdn aufmuntern

II. *vi person* aufleben; *party, sports match* in Schwung kommen; ***things ~ up in our community in summer*** in unserer Siedlung ist im Sommer richtig was los *fam*

live·ness ['laɪvnəs] *n no pl* Leben *nt;* **~ detection** Lebenszeichen-Detektion *f*

liv·er¹ ['lɪvəʳ, AM -ɚ] **I.** *n* FOOD, ANAT Leber *f;* **chicken/calf's/goose ~** Hühner-/Kalbs-/Gänseleber *f*

II. *n modifier* MED **~ transplant** Lebertransplantation *f;* **~ scan** Ultraschallaufnahme der Leber

liv·er² ['lɪvəʳ, AM -ɚ] *n* **a clean ~** ein solider Mensch; **a fast ~** ein Lebemann *m*

'liv·er com·plaint *n* Leberschaden *m*

liv·er·ied ['lɪvᵊrid, AM -ɚid] *adj* livriert

liv·er·ish ['lɪvᵊrɪʃ, AM -ɚɪʃ] *adj* ① *(dated: ill)* leberkrank; ■**to be ~** leberkrank sein

② *(hum: peevish)* mürrisch, launisch, übellaunig

'liv·er paste, 'liv·er pâté *n* Leberpastete *f*

Liv·er·pud·lian [,lɪvə'pʌdliən, AM -ɚ'-] **I.** *n* ① *(person)* Liverpooler(in) *m(f)* ② *no pl (dialect)* Liverpooler Dialekt **II.** *adj inv* Liverpooler; **~ accent** Liverpooler Akzent **'liv·er sau·sage** *n no pl* FOOD Leberwurst *f* **'liv·er spot** *n* Leberfleck *m* **liv·er·wurst** ['lɪvəwɜːst, AM -ɚwɜːrst] *n* AM, AUS Leberwurst *f*

liv·ery ['lɪvᵊri] *n* ① FASHION Livree *f*

② BRIT *(design)* Firmenfarben *pl*

③ ZOOL *Unterstellung [von Pferden] in einem Mietstall;* ***we have three horses at ~*** wir haben drei Pferde in Futter und Pflege stehen

'liv·ery sta·ble, 'liv·ery yard *n* Mietstall *m*

lives [laɪvz] *n pl of* **life**

'live·stock I. *n no pl* Vieh *nt* **II.** *n modifier (breeder, breeding)* Vieh-; **~ fair** Viehmarkt *m* **'live wire** *n (fam)* Energiebündel *nt*

live-work [,lɪv'wɜːk, AM -'wɜːrk] *adj attr apartment, house, premises* zum Leben und Arbeiten *nach n;* **~ space** Arbeits- und Wohnraum

liv·id ['lɪvɪd] *adj* ① *(fam: furious)* wütend, fuchtig *fam;* **to be ~** zornig sein; **absolutely** [*or* **simply**] **~** fuchsteufelswild *fam*

② *(discoloured)* aschgrau, blaugrau; **a ~ bruise** ein blauer Fleck

liv·ing ['lɪvɪŋ] **I.** *n* ① *usu sing (livelihood)* Lebensunterhalt *m;* ***you can make a good ~ in sales*** von der Arbeit als Vertreter kann man prima leben; ***is he really able to make a ~ as a translator?*** kann er von der Übersetzerei wirklich leben?; **to do sth for a ~** mit etw *dat* seinen Lebensunterhalt verdienen; ***what do you do for a ~?*** womit verdienen Sie Ihren Lebensunterhalt?; **to work for a ~** für seinen Lebensunterhalt arbeiten

② BRIT REL *(dated)* Pfründe *f*

③ *no pl (lifestyle)* Lebensart *f,* Lebensstil *m;* **standard of ~** Lebensstandard *m;* **fast ~** ein ausschweifendes Leben; **a good ~** ein Leben im Wohlstand; ***we are rather fond of good ~*** wir leben ganz gerne [so] richtig gut; **gracious ~** ein vornehmer Lebensstil; **loose ~** ein lockerer Lebenswandel; **country ~** Landleben *nt*

④ *pl* ■**the ~** *(people)* die Lebenden *pl;* **to be in the land of the ~** *(poet)* unter den Lebenden weilen *liter*

II. *adj inv* ① *(alive)* lebend *attr;* ***we didn't see a ~ soul on the streets*** wir sahen draußen auf der Straße keine Menschenseele; ***do you have any ~ grandparents?*** hast du Großeltern, die noch leben?; ***are any of your grandparents ~?*** lebt von deinen Großeltern noch jemand?; **~ creatures** Lebewesen *pl*

② *(exact)* **to be the ~ image** [*or* **likeness**] **of sb** jdm wie aus dem Gesicht geschnitten sein; **to be the ~ embodiment of Jesus** die leibhaftige Verkörperung Jesu Christi sein

③ *(still used)* lebendig; **a ~ language** eine lebende Sprache; **a ~ tradition** eine [noch heute] lebendige Tradition

▸ PHRASES: **to be in** [*or* **within**] **~ memory** [noch] in [lebendiger] Erinnerung sein; **to be** [**the**] **~ proof that ...** der lebende Beweis dafür sein, dass ...; **to scare the ~ daylights out of sb** jdn zu Tode erschrecken

'liv·ing con·di·tions *n* Lebensbedingungen *pl* **'liv·ing quar·ters** *npl* Wohnbereich *m;* MIL Quartier *nt;* **the soldiers' ~** die Stube **'liv·ing roof** *n see* **ecoroof 'liv·ing room** *n* Wohnzimmer *nt,* SCHWEIZ *a.* Stube *f* **liv·ing room 'suite** *n* AM Wohnzimmergarnitur *f* **'liv·ing space** *n no pl (for personal accommodation)* Wohnraum *m; (for a nation)* Lebensraum *m* **liv·ing 'wage** *n no pl* Existenzminimum *nt* **liv·ing 'will** *n* LAW *Willenserklärung eines Patienten, die seine medizinische Behandlung festlegt*

liz·ard ['lɪzəd, AM -ɚd] **I.** *n* ZOOL Eidechse *f,* Echse *f*

II. *n modifier (jacket, pocketbook)* aus Eidechsenleder *nach n*

'll = will, shall *see* **will¹, shall**

lla·ma ['lɑːmə] *n* Lama *nt*

LLB [,elel'biː] *n* UNIV *abbrev of* **Bachelor of Laws** Bakkalaureus *m* der Rechte

LLD [,elel'diː] *n* UNIV *abbrev of* **Doctor of Laws** Dr. jur.

LLM [,elel'em] *n* UNIV *abbrev of* **Master of Laws** Magister *m* der Rechte

LMT [,elem'tiː] *n abbrev of* **Local Mean Time** Ortszeit *f*

lo [ləʊ, AM loʊ] *interj (liter or old or hum)* siehe *liter o veraltet;* **~ and behold** *(hum)* und siehe da *hum*

loach <*pl* - *or* -es> [ləʊtʃ, AM loʊtʃ] *n* ZOOL Schmerle *f*

load [ləʊd, AM loʊd] **I.** *n* ① *(amount carried)* Ladung *f; (cargo)* Fracht *f;* ***the maximum ~ for this elevator is eight persons*** der Aufzug hat eine Tragkraft von maximal acht Personen; **with a full ~ of passengers** mit Passagieren [voll] besetzt

② *(burden)* Last *f;* **a heavy/light ~** ein hohes/niedriges Arbeitspensum; ***I've got a heavy teaching ~ this term*** in diesem Semester habe ich eine hohe Stundenzahl; **to lighten the ~** das Arbeitspensum verringern; **to spread the ~** die Verantwortung teilen; **~ of debt** Schuldenlast *f; (of grief)* Last *f*

③ *(fam: lots)* **a ~ *of people turned up at the party*** zur Party kamen jede Menge Leute *fam;* ***what a ~ of rubbish!*** was für ein ausgemachter Blödsinn! *fam;* **a ~ of cars** eine [*o* jede] Menge Autos *fam;* **a ~ of washing** Wäscheberg *m;* **a ~ of work** ein Riesenberg an Arbeit

④ *(fam: plenty)* ■**~s** jede Menge *fam,* massenhaft *fam;* ***you need ~s of patience to look after children*** man braucht unglaublich viel Geduld, um Kinder zu beaufsichtigen

▸ PHRASES: **get a ~ of this!** *(sl)* hör dir das an!; ***get a ~ of this new car!*** jetzt schau' dir doch mal dieses neue Auto an!; **to take a ~ off** [**one's feet**] AM sich *akk* erst mal setzen *fam;* **that takes a ~ off my mind!** da fällt mir aber ein Stein vom Herzen!

II. *adv* ■**~s** *pl (sl)* tausendmal *fam;* ***this book is ~s better than his last one*** dieses Buch ist um Klassen besser als sein letztes *fam*

III. *vt* ① *(fill)* ■**to ~ sth** etw laden; **to ~ a container** einen Container beladen; **to ~ the dishwasher** die Spülmaschine einräumen; **to ~ the washing machine** die Waschmaschine füllen

② *(fig: burden)* aufladen; ***my boss has ~ed me with work*** mein Chef hat mich mit unheimlich viel Arbeit eingedeckt; **~ed with grief** gramgebeugt; **~ed with worries** sorgenbeladen; **to ~ sb with responsibilities** jdm sehr viel Verantwortung aufladen

③ *(supply excessively)* ■**to ~ sb/sth with sth** jdn/etw mit etw *dat* überhäufen [*o* überschütten]

④ *(fill)* laden; **to ~ a cannon** eine Kanone laden; **to ~ bullets** [**into a weapon**] Patronen [nach]laden; *(insert)* einlegen; **to ~ a cassette/film** eine Kassette/einen Film einlegen; **to ~ a program onto a computer** ein Programm auf einem Computer installieren

⑤ *(bias)* **to ~ a roulette wheel** das Roulette präparieren

▸ PHRASES: **to ~ the dice** mit falschen Karten spielen *fig;* **to ~ the dice in favour of sb/sth** für jdn/etw eingenommen sein; **to ~ the dice against sb/sth** gegen jdn/etw voreingenommen sein

IV. *vi* [ver]laden

◆**load down** *vt* ■**to ~ sth** ↻ **down** etw schwer beladen; ■**to ~ sb down** jdm zu viel aufbürden, jdn überlasten *fig;* ***you're ~ed down with shopping*** du bist ja richtig schwer bepackt mit Einkaufstüten

◆**load up I.** *vt* **to ~ up a container** einen Contai-

ner beladen; ***let's ~ up the car and then we can go*** lass uns schnell die Sachen ins Auto laden, dann können wir gehen
II. *vi* beladen, aufladen

load-bear·ing ['ləʊdbeərɪŋ, AM 'loʊdberɪŋ] *adj* TECH tragfähig, [be]lastbar

load·ed ['ləʊdɪd, AM 'loʊd-] *adj* ① *(carrying sth)* beladen
② *(with ammunition)* geladen
③ *(having excess)* ■**to be ~ with sth** mit etw *dat* überladen sein; **to be ~ with calories** eine Kalorienbombe sein
④ *pred (fam: rich)* steinreich *fam,* stinkreich *sl;* ***he must be ~!*** er muss ja regelrecht im Geld schwimmen!
⑤ *pred esp* AM *(sl: drunk)* besoffen *fam;* ***what a party — everyone was ~!*** was für eine Party – die hatten alle ganz schön einen sitzen! *fam*
⑥ AM AUTO *(with all the extras)* voll ausgestattet; ***the car is fully ~!*** das Fahrzeug ist mit allen Extras ausgestattet!
⑦ *(biased)* **to be ~ in favour of sb/sth** für jdn/etw eingenommen sein; **~ dice** falsches [*o fam* abgekartetes] Spiel; **to play with ~ dice** *(fig)* mit gezinkten Karten spielen *fig;* *(full of implication)* **emotionally ~** emotional aufgeladen; **~ question** Fangfrage *f;* **a ~ statement** *eine Feststellung, die aus Voreingenommenheit getroffen wurde*

load·ing bay, 'load·ing dock ['ləʊdɪŋ-, AM 'loʊd-] *n* Ladezone *f,* Verladeplatz *m*

'load line *n* NAUT Kiellinie *f*

load·star *n see* **lodestar**

load·stone *n see* **lodestone**

loaf[1] <*pl* loaves> [ləʊf, AM loʊf] *n* ① *(bread)* Brot *nt;* *(unsliced)* Brotlaib *m*
② *(bread-shaped food)* Kasten-; **fruit ~** englischer Früchtekuchen; **nut ~** Nusskuchen *m*
▶PHRASES: **half a ~ is better than none** [*or* **no bread**] *(prov)* etwas ist besser als gar nichts

loaf[2] [ləʊf, AM loʊf] *vi* faulenzen, rumhängen *fam;* **to ~ about** [*or* **around**] [*or* **round**] herumgammeln *fam,* herumhängen *fam*

loaf·er ['ləʊfəʳ, AM 'loʊfɚ] *n* ① *(person)* Faulenzer(in) *m(f) pej,* Nichtstuer *m*
② FASHION ■~ [leichter] Halbschuh; **penny ~s** geflochtene Halbschuhe

'loaf sug·ar *n* Zuckerhut *m*

loam [ləʊm, AM loʊm] *n no pl* ① *(soil)* Lehmerde *f,* Lehmboden *m*
② *(for making bricks)* Lehm *m*

loamy ['ləʊmi, AM 'loʊmi] *adj* lehmig; **~ soil** Lehmerde *f,* Lehmboden *m*

loan [ləʊn, AM loʊn] I. *n* ① *(money)* Darlehen *nt,* Kredit *m;* **a $50,000 ~** ein Darlehen über 50.000 Dollar; **an unsecured ~** ein ungesicherter Kredit; **to take out a ~** ein Darlehen aufnehmen; **to get a ~** ein Darlehen [*o* einen Kredit] bekommen; **~ to managers** Organkredit *m;* **~ to small and medium-sized enterprises** Mittelstandskredit *m*
② *(act)* Ausleihe *f kein pl,* Verleihen *nt kein pl;* **a permanent ~** eine Dauerleihgabe; **to be on ~** verliehen sein; ***the exhibit is on ~ from another museum*** das Ausstellungsstück ist die Leihgabe eines anderen Museums; **to be on long-term/short-term ~** langfristig/kurzfristig ausgeliehen sein
II. *n modifier* **~ conditions** Kreditbedingungen *pl,* Darlehensbedingungen *pl*
III. *vt* ■**to ~ sb sth** [*or* **sth to sb**] jdm etw leihen

'loan ac·count *n* Darlehenskonto *nt* **'loan ac·count·ing** *n no pl* Darlehensrechnung *f* **'loan agree·ment** *n* Darlehensvertrag *m,* Kreditvertrag *m,* Kreditvereinbarung *f* **'loan ap·pli·ca·tion** *n* Kreditantrag *m* **'loan bank** *n* Lombardbank *f* **'loan capi·tal** *n no pl* Fremdkapital *nt;* **~ interest rate** Fremdkapitalzinsfuß *m* **'loan in·ter·est** *n* Kreditzins *m,* Anleihezins *m;* **~ rate** Kreditzinssatz *m* **'loan of·fer** *n* Kreditangebot *nt* **'loan of·fice** *n* Kreditsekretariat *nt* **'loan of·fic·er** *n* Kreditberater(in) *m(f)* **'loan pe·ri·od** *n* Laufzeit *f*

'loans com·mit·tee *n* Kreditkomitee *nt,* Kreditausschuss *m,* Kreditkommission *f*

'loan shark *n (pej fam)* Kredithai *m pej fam* **'loan stock** *n* FIN Anleihe *f* **'loan ti·tle** *n* LAW Forderungstitel *m* **'loan trans·ac·tion** *n* Anleihetransaktion *f* **'loan trans·la·tion** *n* LING Lehnübersetzung *f* **'loan·word** *n* LING Lehnwort *nt*

loath [ləʊθ, AM loʊθ] *adj pred (form)* ■**to be ~ to do sth** etw ungern [*o* widerwillig] tun

loathe [ləʊð, AM loʊð] I. *adj* AM *see* **loath**
II. *vt* ■**to ~ sth** etw nicht ausstehen [*o* leiden] können; ***I ~ doing housework*** Hausarbeit ist mir zuwider; ■**to ~ sb** jdn verabscheuen; ***the two brothers ~ each other*** die beiden Brüder hassen sich

loath·ing ['ləʊðɪŋ, AM 'loʊð-] *n no pl (hate)* Abscheu *m;* *(hatred)* Hass *m;* **fear and ~** Angst und Abscheu; **deep ~** tiefe Abscheu; **to fill sb with ~** jdn mit Ekel erfüllen; **to have a ~ for** [*or* **of**] **sb/sth** jdn/etw verabscheuen

loath·some ['ləʊðsəm, AM 'loʊð-] *adj* abscheulich; *suggestion, action* abstoßend; ***war is a ~ business*** Krieg ist etwas ganz Abscheuliches; ***spiders are ~ little creatures*** Spinnen sind eklige kleine Geschöpfe

loath·some·ness ['ləʊðsəmnəs, AM 'loʊð-] *n no pl* Abscheulichkeit *f,* Widerlichkeit *f,* Ekelhaftigkeit *f*

loaves [ləʊvz, AM loʊvz] *n pl of* **loaf**

lob [lɒb, AM lɑːb] I. *vt* <-bb-> ① *(hit)* ■**to ~ sth** etw lobben BRD; **to ~ a ball** im Lob spielen BRD, lobben; *(throw)* **to ~ a grenade** eine Granate in hohem Bogen werfen
② *(in soccer)* **to ~ an opponent** gegen jdn im Lob spielen; *(in tennis)* **to ~ an opponent** den Gegner lobben
II. *n* ① *(ball)* Lob *m*
② *(stroke)* Lobspiel *nt kein pl*

lob·by ['lɒbi, AM 'lɑːbi] I. *n* ① ARCHIT Eingangshalle *f,* Vorhalle *f;* **hotel/theatre ~** Hotel-/Theaterfoyer *nt*
② BRIT POL Lobby *f*
③ POL Lobby *f,* Interessengruppe *f;* **the anti-abortion ~** die Lobby der Abtreibungsgegner
II. *vi* <-ie-> ■**to ~ for/against sth** seinen Einfluss [mittels eines Interessensverbandes] für etw *akk*/gegen etw *akk* geltend machen; ***local residents lobbied to have the factory shut down*** die Anwohner schlossen sich zusammen und forderten die Stilllegung der Fabrik
III. *vt* <-ie-> ■**to ~ sb/sth** [**to do sth**] jdn/etw beeinflussen [etw zu tun]; ***they have been ~ing Congress to change the legislation*** sie haben auf den Kongress Einfluss genommen, um die Gesetze zu ändern

'lob·by cor·re·spond·ent *n* BRIT POL politischer Korrespondent/politische Korrespondentin

lob·by·er ['lɒbiəʳ, AM 'lɑːbiɚ] *n see* **lobbyist**

lob·by·ing ['lɒbiɪŋ, AM 'lɑːb-] *n* Lobbying *nt (Beeinflussung von Abgeordneten durch Lobbys)*

lob·by·ist ['lɒbiɪst, AM 'lɑːb-] *n* POL Lobbyist(in) *m(f)*

lobe [ləʊb, AM loʊb] *n* ① *(flat part of sth)* Lappen *m;* *of brain* Gehirnlappen *m;* *of liver* Leberlappen *m;* *of ear* Ohrläppchen *nt*
② COMPUT [Strahlungs]keule *f*

lobed [ləʊbd, AM loʊbd] *adj inv* gelappt, lappig

lo·belia [lə(ʊ)'biːliə, AM loʊ'biːljə] *n* BOT Lobelie *f*

lo·boto·mize [ləʊ'bɒtəmaɪz, AM loʊ'bɑːt̬ə-] *vt usu passive* ■**to ~ sb** ① MED eine Lobotomie an jdm vornehmen; ■**to ~ sth** *(fig)* etw kastrieren *fig*
② *(fam: mentally)* jdn [ge]hirnamputieren *sl*

lo·boto·my [lə(ʊ)'bɒtəmi, AM loʊ'bɑːt̬-] *n* MED Lobotomie *m,* Leukotomie *f*

lob·ster ['lɒbstəʳ, AM 'lɑːbstɚ] I. *n* ① ZOOL Hummer *m*
② *no pl* FOOD Hummer *m,* Hummerfleisch *nt*
II. *n modifier (soup, salad)* Hummer-

'lob·ster pot *n* Hummerfangkorb *m*

lo·cal ['ləʊkᵊl, AM 'loʊ-] I. *adj* ① *(neighbourhood)* hiesig, örtlich; **~ accent/dialect/custom** hiesiger Akzent/Dialekt/Brauch; **~ celebrity** örtliche Berühmtheit; **the ~ gentry** BRIT *(dated)* der ortsansässige [*o* hiesige] Adel; **~ hero** Lokalmatador *m;* **~ jurisdiction** regionale Gerichtsbarkeit; **a ~ legend** eine hiesige Legende; **~ official** Kommunalbeamte(r), -beamtin *m, f;* **the ~ police** die örtliche Polizei; **~ politics** Kommunalpolitik *f;* **~ radio station** Lokalsender *m;* **~ television station** Regionalfernsehen *nt;* **~ branch** Filiale *f;* *of a bank, shop* Zweigstelle *f,* Zweigniederlassung *f*
② MED lokale Infektion; **~ pain** lokaler Schmerz; **~ swelling** lokale Schwellung
③ COMPUT lokal, Lokal-, lokal-
II. *n* ① *usu pl (inhabitant)* Ortsansässige(r) *f(m),* Einheimische(r) *f(m)*
② BRIT *(fam: pub)* Stammlokal *nt,* Stammkneipe *f fam,* Stammbeisl *nt* ÖSTERR, Stammbeiz *f* SCHWEIZ *fam,* Dorfkrug *m* NORDD
③ *(bus)* Bus *m;* *(in the inner city)* Stadtbus *m;* *(in the immediate locality)* Nahverkehrsbus *m;* *(train)* Nahverkehrszug *m*
④ AM *(trade union)* örtliches Gewerkschaftsbüro; ***she's a member of union ~ 1103*** sie ist ein Mitglied des Gewerkschaftsbüros Nummer 1103
⑤ STOCKEX *Börsenmitglied, das nur auf eigene Rechnung handelt*

lo·cal an·aes·'thet·ic *n* MED örtliche Betäubung, Lokalanästhesie *f fachspr* **lo·cal area 'net·work** *n,* **LAN** *n* COMPUT lokales [Rechner]netz **lo·cal au'thor·ity** *n* BRIT *of community* Gemeindeverwaltung *f,* Kommunalverwaltung *f;* *of city* Stadtverwaltung *f,* städtische Behörden **'lo·cal call** *n* Ortsgespräch *nt* **lo·cal 'col·our** *n no pl* Lokalkolorit *nt* **lo·cal 'coun·cil·lor** *n (rural)* Gemeinderat, -rätin *m, f;* *(urban)* Stadtrat, -rätin *m, f* **lo·cal 'cur·ren·cy** *n* Landeswährung *f* **lo·cal 'der·by** *n* BRIT Lokalderby *nt*

lo·cale [lə(ʊ)'kɑːl, AM loʊ'kæl] *n* Örtlichkeit *f;* LIT Schauplatz *m*

lo·cal e'lec·tion *n* Kommunalwahl *f,* Gemeindewahl *f* SCHWEIZ **lo·cal 'gov·ern·ment** *n of towns* Stadtverwaltung *f;* *of counties* Bezirksverwaltung *f,* Kantonsverwaltung *f* SCHWEIZ, Gebietskörperschaft *f;* **grant from ~** Zuschüsse *mpl* der Stadt

lo·cal·ity [lə(ʊ)'kæləti, AM loʊ'kælət̬i] *n* Gegend *f;* ***there are several shops in the ~*** im Ort gibt es mehrere Läden

lo·cali·za·tion [ˌləʊkᵊlaɪ'zeɪʃᵊn, AM ˌloʊkᵊlɪ'-] *n no pl* Lokalisation *f,* Lokalisierung *f geh*

lo·cal·ize ['ləʊkᵊlaɪz, AM 'loʊ-] *vt* ■**to ~ sth** ① *(restrict)* etw lokalisieren *geh;* **to ~ pain** den Schmerz lokalisieren
② *(pinpoint)* etw lokalisieren *geh;* **to ~ a fault in sth** herausfinden, wo ein Fehler in etw *dat* liegt
③ *(give local characteristics)* etw örtlich genau definieren; ***this user interface needs to be ~d*** es muss definiert werden, wo genau diese Benutzerschnittstelle liegen soll

lo·cal·ly ['ləʊkᵊli, AM 'loʊ-] *adv inv* am [*o* vor] Ort, lokal SCHWEIZ; ***fruit and vegetables are grown ~*** Obst und Gemüse werden hier in dieser Gegend angebaut; **~ produced** vor Ort hergestellt [*o* produziert]

lo·cal 'news *n + sing vb* Lokalnachrichten *pl* **lo·cal 'news·pa·per** *n* Lokalblatt *nt,* Lokalzeitung *f* **'lo·cal time** *n* Ortszeit *f* **lo·cal 'traf·fic** *n no pl* Nahverkehr *m,* Regionalverkehr *m* SCHWEIZ **lo·cal 'train** *n* Nahverkehrszug *m,* Regionalzug *m* SCHWEIZ

lo·cate [lə(ʊ)'keɪt, AM 'loʊ-] I. *vt* ① *(find)* ■**to ~ sth** etw ausfindig machen, *geh* lokalisieren; *plane, sunken ship* etw orten
② *(situate)* ■**to ~ sth** etw bauen [*o* errichten]; ***our office is ~d at the end of the road*** unser Büro befindet sich am Ende der Straße; ***many power stations are ~d on coastal land*** viele Kraftwerke liegen in Küstengebieten; **to be centrally ~d** zentral liegen [*o* gelegen sein]
II. *vi* AM sich *akk* niederlassen; ***the company hopes to ~ in its new offices by June*** die Firma hofft, ihre neuen Büroräume bis spätestens Juni beziehen zu können

lo·ca·tion [lə(ʊ)'keɪʃᵊn, AM loʊ'-] *n* ① *(place)* Lage *f;* *company* Standort *m;* ***we're trying to find a good ~ for our party*** wir werden versuchen, einen günstigen Ort für unsere Party ausfindig zu machen; **convenient ~** günstige Lage; *of a company, building* günstiger Standort

❷ FILM Drehort *m*; ***this latest movie was filmed in three different ~ s*** dieser letzte Film wurde an drei verschiedenen Drehorten gedreht; ***this film was shot entirely on ~*** der Film wurde direkt vor Ort gedreht; **to be on ~** bei Außenaufnahmen sein
❸ *no pl (act)* Positionsbestimmung *f*, Ortung *f geh; of tumour* Lokalisierung *f*; ***this makes the ~ of the airfield quite easy*** dadurch lässt sich der Flughafen sehr leicht orten
❹ COMPUT Speicherstelle *f*

loca·tive ['lɒkətɪv, AM 'lɑ:kəṭ-] LING **I.** *adj attr, inv* **the ~ case** der Lokativ
II. *n* ■**the ~** der Lokativ

loc. cit. [ˌlɒk'sɪt, AM ˌlɑ:k'-] *abbrev of* **loco citato** l.c. *geh*, a.a.O.

loch [lɒk, *Scot* lɒx] *n* SCOT ❶ *(lake)* See *m*
❷ *(fjord)* Meeresarm *m*

loci ['ləʊsaɪ, -kaɪ, -ki:, AM 'loʊ-] *n pl of* **locus**

lock¹ [lɒk, AM lɑ:k] **I.** *n* ❶ *(fastening device)* Schloss *nt*; **combination ~** Kombinationsschloss *nt*; **bicycle ~** Fahrradschloss *nt*; **steering ~** Lenkradschloss *nt*
❷ NAUT Staustufe *f*, Schleuse *f*
❸ *(in wrestling)* Fesselgriff *m*; **to hold sb in a body ~** jdn fest umklammert halten
❹ *no pl* BRIT, AUS AUTO Wendekreis *m*
❺ AM *(fam: certain winner)* sicherer Gewinner/sichere Gewinnerin
❻ *(certainty)* Gewissheit *f*; ■**to be a ~** feststehen; ***she's a ~ for promotion this year*** es ist völlig sicher, dass sie dieses Jahr befördert wird
❼ *(synchronize)* ■**to ~ sth onto sth** etw auf etw *akk* einstellen
▶PHRASES: **to have a ~ on sth** AM *(fam)* etw fest in der Hand haben *fig*; ***they have had a ~ on the market for years*** sie kontrollieren den Markt schon seit Jahren; **to be under ~ and key** hinter Schloss und Riegel sitzen *fam*; **~, stock and barrel** ganz und gar; ***we're moving our things ~, stock and barrel to another city*** wir ziehen mit Sack und Pack in eine andere Stadt; ***he rejected my idea ~, stock and barrel*** er hat meine Idee in Bausch und Bogen verworfen
II. *vt* ❶ *(fasten)* ■**to ~ sth** etw abschließen; ***he ~ ed the confidential documents in his filing cabinet*** er schloss die vertraulichen Dokumente in den Aktenschrank; **to ~ a suitcase** einen Koffer verschließen; **to ~ a building** ein Gebäude zuschließen [*o* SÜDD, ÖSTERR zusperren]; COMPUT *access to accounts, data* sperren
❷ *usu passive (entangle)* sich *akk* verhaken; ***I'm afraid our ship is ~ ed in ice*** ich fürchte, unser Schiff steckt im Eis fest; **to ~ one's hands behind sb's neck** jds Hals umklammern; **to be ~ed in an embrace** sich *akk* eng umschlungen halten; **to be ~ed in a struggle** sich *akk* umklammert halten; **to be ~ed in discussions** in Diskussionen verwickelt werden
III. *vi* ❶ *(become secured)* schließen
❷ *(become fixed)* binden; ***our gazes ~ ed*** wir konnten den Blick nicht mehr voneinander [ab]wenden
❸ NAUT eine Schleuse passieren

◆**lock away** *vt* ❶ *(secure)* ■**to ~ away ○ sth** etw wegschließen; **to ~ away money** Geld wegschließen
❷ *(for peace and quiet)* ■**to ~ oneself away** [**in one's office**] sich *akk* [in seinem Büro] einschließen; ■**to ~ away ○ sb** jdn einsperren *fam*; ***he should be ~ ed away for a long time*** *(in prison)* er sollte für lange Zeit hinter Gitter kommen; *(in mental institution)* er sollte für lange Zeit in eine geschlossene Anstalt kommen

◆**lock in** *vt* ■**to lock sb/sth in ○ sth** jdn/etw in etw *akk* einschließen [*o* einbeziehen]

◆**lock on** *vi* MIL **to ~ on to a target** ein genaues Ziel ausmachen

◆**lock out** *vt* ■**to ~ sb/oneself out** jdn/sich aussperren

◆**lock up I.** *vt* ❶ *(shut, secure)* ■**to ~ up ○ sth** etw abschließen; **to ~ up a building** ein Gebäude abschließen [*o* SÜDD, ÖSTERR zusperren]; **to ~ up documents** Dokumente wegschließen [*o* SÜDD, ÖSTERR wegsperren]; **to ~ up money** Geld wegschließen [*o* SÜDD, ÖSTERR wegsperren]
❷ *(put in custody)* ■**to ~ up ○ sb** LAW jdn einsperren *fam*; MED jdn in eine geschlossene Anstalt bringen; ■**to ~ oneself up** sich *akk* einschließen [*o* SÜDD, ÖSTERR, SCHWEIZ einsperren]
❸ FIN **to ~ up ○ capital** Kapital binden
▶PHRASES: **to ~ sb up and throw away the key** jdn für immer und ewig einsperren *fam*
II. *vi* abschließen, SCHWEIZ *a.* absperren, zuschließen, zusperren SÜDD, ÖSTERR

lock² [lɒk, AM lɑ:k] *n* ❶ *(curl)* [Haar]locke *f*
❷ *(poet: hair)* ■**~s** *pl* Haar *nt kein pl*; **long, flowing ~s** langes, wallendes Haar *geh*

lock·able ['lɒkəbl̩, AM 'lɑ:k-] *adj inv* abschließbar, verschließbar, versperrbar SÜDD, ÖSTERR

lock-and-'key the·ory *n* BIOL, CHEM Schloss- und Schlüsseltheorie *f* **'lock box** *n* Schließfach *nt*, Tresorfach *nt*

lock·down ['lɑ:kdaʊn] *n* Ausgangssperre *f*

lock·er ['lɒkəʳ, AM 'lɑ:kɚ] *n* Schließfach *nt*; MIL Spind *m*

'lock·er room *n* Umkleideraum [mit Schließfächern] *m*, Umziehkabine *f* SCHWEIZ **'lock·er-room** *adj attr* unanständig, anstößig, SCHWEIZ *bes* dreckig; **~ joke** schlüpfriger [*o pej* schmutziger] Witz; **~ humour** schmutziger Humor; **~ talk** anstößige Unterhaltung; **~ mentality** schlüpfrige Art

lock·et ['lɒkɪt, AM 'lɑ:k-] *n* Medaillon *nt*

'lock·jaw *n no pl* MED *(dated fam)* Wundstarrkrampf *m*

'lock keep·er *n* Schleusenwärter(in) *m(f)*

'lock·out *n (esp pej)* Aussperrung *f* **'lock·smith** *n* Schlosser(in) *m(f)*

'lock·step I. *n no pl* ❶ MIL **to march in ~** im Gleichschritt marschieren; **to move in ~** *(fig)* sich *akk* gleich entwickeln; *(fig)* ***the two currencies seem to be moving in ~ with each other*** die beiden Währungen scheinen sich im Gleichmaß zu entwickeln
❷ AM *(pattern)* Muster *nt*; **to break the ~** das Blatt wenden *fig*
II. *adv* **to march ~** im Gleichschritt marschieren

'lock-up *n* ❶ *(jail)* Gefängnis *nt*, Knast *m*, SCHWEIZ *a.* Kiste *f sl*; *(for drunks)* Ausnüchterungszelle *f*
❷ *esp* BRIT *(garage)* [angemietete] Garage
❸ *no pl* AUTO Blockierung *f*
❹ COMPUT Sperre *f*

'lock-up shop *n* Geschäft *nt* ohne Wohnräume

loco¹ ['ləʊkəʊ, AM 'loʊkoʊ] *n (fam) short for* **locomotive** Lok *f*

loco² ['ləʊkəʊ, AM 'loʊkoʊ] *n* LAW *short for* **in loco parentis**

loco³ ['ləʊkəʊ, AM 'loʊkoʊ] *adj pred esp* AM *(sl)* ❶ *(crazy)* verrückt, bekloppt *fam*; **to go ~** [**over sb/sth**] verrückt [nach jdm/etw] sein
❷ MED verrückt, geistig verwirrt

lo·co·mo·tion [ˌləʊkə'məʊʃᵊn, AM ˌloʊkə'moʊ-] *n no pl* Fortbewegung *f*

lo·co·mo·tive [ˌləʊkə'məʊtɪv, AM ˌloʊkə'moʊṭ-] **I.** *n* Lokomotive *f*; **diesel ~** Diesellokomotive *f*; **steam ~** Dampflokomotive *f*
II. *adj attr, inv* Fortbewegungs-; **~ force** Fortbewegungskraft *f*

lo·cum, lo·cum te·nens <*pl* -tenentes> [ˌləʊkəm'tenenz, AM ˌloʊkəm'ti:-, *pl* -tɪ'nenti:z] *n esp* BRIT, AUS *(spec)* Vertreter(in) *m(f)*, Vertretung *f (eines Arztes oder Geistlichen)*

lo·cus <*pl* -ci> ['ləʊkəs, AM 'loʊ-, *pl* -saɪ] *n* ❶ *(form: location)* Zentrale *f*, Hauptstelle *f*; **~ of decision-making** Entscheidungszentrale *f*; **~ of power** Schaltstelle *f* der Macht
❷ MATH geometrischer Ort
❸ BIOL Genort *m*

lo·cust ['ləʊkəst, AM 'loʊ-] *n* ZOOL Heuschrecke *f*; **plague of ~s** Heuschreckenplage *f*; **swarm of ~s** Heuschreckenschwarm *m*

'lo·cust bean *n* Schote *f (insbesondere des Johannisbrotbaumes)* **'lo·cust tree** *n* BIOL *(carob tree)* Johannisbrotbaum *m*; *(acacia)* Robinie *f* **'lo·cust years** *npl* BRIT Jahre *pl* der Armut, Hungerjahre *pl*; *(difficult times)* harte Jahre

lo·cu·tion [lə(ʊ)'kju:ʃᵊn, AM loʊ'-] *n* ❶ *no pl (style of speech)* Ausdrucksweise *f*, Lokution *f fachspr*; **impeccable ~** tadellose Ausdrucksweise
❷ *(expression)* Redensart *f*, Ausdruck *m*

lode [ləʊd, AM loʊd] *n* MIN Ader *f*; **a ~ of silver** eine Silberader

'lode·star *n usu sing* ❶ *(star)* Leitstern *m*; *(Pole Star)* Polarstern *m* ❷ *(guiding principle)* Leitbild *nt*, Leitstern *m* **'lode·stone** *n* ❶ *no pl (magnetite)* Magnetit *m*, Magneteisenstein *m* ❷ *(fig poet: attractor)* [Publikums]magnet *m*

lodge [lɒdʒ, AM lɑ:dʒ] **I.** *n* ❶ *(house)* Hütte *f*; **gardener's ~** Gartenschuppen *m*; **gatekeeper's ~** Pförtnerhaus *nt*
❷ *(in a resort)* Lodge *f*; **ski ~** Skihütte *f*
❸ *(small house)* **hunting** [*or* **shooting**] **~** Jagdhütte *f*; **fishing ~** Fischerhütte *f*
❹ BRIT *(porter's quarters)* Pförtnerloge *f*, Pförtnerhaus *nt*
❺ *(meeting place)* Loge *f*; *see also* **Masonic**
❻ ZOOL *(beaver's lair)* [Biber]bau *m*
❼ AM *(Indian dwelling)* Wigwam *m*, Indianerzelt *nt*
II. *vt* ❶ *(present formally)* **to ~ an appeal/objection** LAW Berufung/Widerspruch einlegen; **to ~ a complaint** Beschwerde einlegen; **to ~ a protest** Protest erheben
❷ *esp* BRIT, AUS *(form: store)* ■**to ~ sth with sb/sth** etw bei jdm/etw hinterlegen; **to ~ money with a bank** Geld bei einer Bank deponieren; **to ~ valuables with sb/sth** Wertgegenstände bei jdm/etw hinterlegen
❸ *(make fixed)* ■**to ~ sth** etw hineinstoßen
❹ *(give sleeping quarters to)* ■**to ~ sb** jdn [bei sich *dat*] unterbringen
III. *vi* ❶ *(become fixed)* stecken bleiben; ***a fish bone had ~ d in her throat*** ihr war eine Gräte im Hals stecken geblieben
❷ *(form: reside)* logieren *geh*, [zur Miete] wohnen; ■**to ~ with sb** bei jdm [zur Untermiete] wohnen

lodg·er ['lɒdʒəʳ, AM 'lɑ:dʒɚ] *n* Untermieter(in) *m(f)*; **gentleman ~** AM *(dated)* möblierter Herr *veraltet*; **to take in ~s** Zimmer [unter]vermieten

lodg·ing ['lɒdʒɪŋ, AM 'lɑ:dʒ-] *n* ❶ *no pl (form: accommodation)* Unterkunft *f*; **board and ~** Kost und Logis *f*, Unterkunft und Verpflegung *f*; **to find a night's ~** ein Nachtquartier finden
❷ *esp* BRIT *(dated fam: rented room)* ■**~s** *pl* möbliertes Zimmer; **to take ~s** sich *dat* ein möbliertes Zimmer nehmen

'lodg·ing house *n* Pension *f*

loess ['ləʊes, AM 'loʊ-] *n no pl* GEOL Löss *m*

lo-fi ['ləʊˌfaɪ, AM 'loʊ-] *adj existence, lifestyle, music* einfach, schlicht, ohne viel Technik *nach n*

loft [lɒft, AM lɑ:ft] **I.** *n* ❶ *(attic)* [Dach]boden *m*, Speicher *m*, Estrich *m* SCHWEIZ; *(for living)* Dachwohnung *f*, Loft *m o* ÖSTERR *nt*; **hay ~** Heuboden *m*
❷ *(gallery in church)* **organ/choir ~** Empore *f (für die Orgel oder den Chor)*
❸ *(apartment)* **converted ~** [zum Wohnraum] ausgebautes Dachgeschoss; **warehouse ~** Loft *nt*
❹ *(pigeon house)* Taubenschlag *m*
II. *vt* **to ~ a ball** einen Ball hochschlagen; **to ~ a ball over sb** einen Ball über jdn hinwegschlagen

lofti·ly ['lɒftɪli, AM 'lɑ:ft-] *adv* stolz, hochmütig; ***she ~ dismissed all my suggestions*** voller Überheblichkeit schlug sie all meine Vorschläge in den Wind

lofti·ness ['lɒftɪnəs, AM 'lɑ:ft-] *n no pl* ❶ *(tallness)* Höhe *f*
❷ *(nobility)* Erhabenheit *f*; **the ~ of sb's ideals** jds hehre Ideale *geh*
❸ *(pej: haughtiness)* Hochmut *m*, Hochmütigkeit *f*

lofty ['lɒfti, AM 'lɑ:fti] *adj (form)* ❶ *(liter: soaring)* hoch [aufragend], hochragend; **~ heights** schwindelnde Höhen; **a man of ~ stature** ein Mann von hohem Wuchs; **~ peaks** hoch aufragende Gipfel
❷ *(noble)* erhaben; **~ aims** hochgesteckte Ziele; **~ ambitions** hochfliegende Ambitionen; **~ ideals** hohe [*o* hehre] Ideale *a.* **iron**

3 *(pej: haughty)* hochmütig, überheblich; **to take a ~ tone with sb** jdm gegenüber einen überheblichen Ton anschlagen

log[1] [lɒg, AM lɑːg] **I.** *n (fam) short for* **logarithm** Logarithmus *m;* **~ to the base 10** dekadischer Logarithmus

II. *n modifier* **~ tables** Logarithmentafel *f;* **~ paper** Logarithmenpapier *nt*

log[2] [lɒg, AM lɑːg] **I.** *n* 1 *(branch)* [gefällter] Baumstamm; *(tree trunk)* [Holz]klotz *m,* [Holz]block *m; (for firewood)* [Holz]scheit *nt;* **open ~ fire** offenes Holzfeuer

2 NAUT Log *nt*

3 *(record)* NAUT Logbuch *nt;* AVIAT Bordbuch *nt;* COMPUT Protokoll *nt;* **daily ~** Tagesprotokoll *nt;* **to enter sth on** [*or* **in**] **the ~** etw ins Logbuch eintragen

4 *(systematic record)* Aufzeichnungen *pl;* **attendance ~** Anwesenheitsliste *f;* **police ~** Polizeibericht *m;* **to keep a detailed ~** genau Buch führen

▶PHRASES: **to sleep like a ~** *(fam)* wie ein Murmeltier schlafen

II. *vt* <-gg-> 1 *(enter into record)* ■**to ~ sth** etw aufzeichnen; COMPUT etw protokollieren; **to ~ phone calls** [Telefon]anrufe registrieren; **to ~ complaints** [den Eingang von] Beschwerden registrieren; **to ~ a decline in income** einen Einkommensrückgang verzeichnen; **to ~ an incident** ein Ereignis protokollieren [*o* festhalten]

2 *(achieve)* **to ~** [**up**] **a distance** eine Strecke zurücklegen; **to ~** [**up**] **a speed** eine Geschwindigkeit erreichen

3 *(attain)* **to ~ an amount of time** eine [bestimmte] Zeit hinter sich *dat* haben [*o* absolvieren]

4 AGR **to ~ a forest** einen Wald abholzen; **to ~ trees** Bäume fällen

III. *vi* <-gg-> Bäume fällen

◆**log in** *vi* COMPUT sich *akk* einloggen [*o* anmelden]

◆**log off** *vi* COMPUT sich *akk* ausloggen [*o* abmelden]

◆**log on** *vi* COMPUT **to ~ on** [**to sth**] sich *akk* [in etw *akk*] einloggen, sich *akk* [bei etw *dat*] anmelden

◆**log out** *vi* COMPUT sich *akk* ausloggen [*o* abmelden]

lo·gan·ber·ry [ˈləʊgᵊnbᵊri, AM ˈloʊgᵊnˌberi] *n* FOOD 1 *(fruit)* Loganbeere *f*

2 *(plant)* Loganbeerstrauch *m*

loga·rithm [ˈlɒgᵊrɪðᵊm, AM ˈlɑːgə-] **I.** *n* Logarithmus *m*

II. *n modifier* **~ table** Logarithmentafel *f*

loga·rith·mic [ˌlɒgᵊrˈɪðmɪk, AM ˌlɑːgəˈrɪθ-] *adj inv* logarithmisch; **~ calculus** *no pl* Logarithmenrechnung *f;* **~ representation** logarithmische Darstellung

loga·rith·mi·cal·ly [ˌlɒgᵊrˈɪðmɪkᵊli, AM ˌlɑːgəˈrɪθ-] *adv inv* logarithmisch

ˈ**log book** *n* 1 NAUT Logbuch *nt;* AVIAT Bordbuch *nt*

2 BRIT AUTO Kraftfahrzeugbrief *m,* Kfz-Brief *m,* Fahrzeugausweis *m* SCHWEIZ

log ˈcab·in *n* Blockhütte *f,* Blockhaus *nt*

loge [ləʊʒ, AM loʊʒ] *n* THEAT Loge *f*

ˈ**log file** *n* COMPUT Logfile *f*

log·ger [ˈlɒgəʳ, AM ˈlɑːgɚ] *n* Holzfäller(in) *m(f)*

log·ger·heads [ˈlɒgəhedz, AM ˈlɑːgɚ-] *npl* ■**to be at ~** [**with sb**] [mit jdm] im Streit liegen [*o* auf Kriegsfuß stehen] *fam*

log·gia [ˈləʊdʒə, AM ˈlɑːdʒə] *n* ARCHIT Loggia *f*

log·ging [ˈlɒgɪŋ, AM ˈlɑːg-] **I.** *n no pl Holzfällen und Abtransport des Holzes zur Sägemühle*

II. *n modifier* Abholzungs-; **~ company** Holz verarbeitendes Unternehmen; **~ operation** Abholzung *f*

log·ic [ˈlɒdʒɪk, AM ˈlɑːdʒ-] *n no pl* 1 *(chain of reasoning)* Logik *f;* ***he cannot refuse to acknowledge the force of ~*** er kann sich der zwingenden Logik nicht widersetzen; ***that's just ~*** das ist einfach logisch; **deductive ~** logische Schlussfolgerung; **flawed ~** unlogischer Gedankengang; **internal ~** innere Logik; **to defy ~** gegen jede Logik verstoßen; **to follow sb's ~** jds Logik [*o* Gedankengang] folgen

2 *(formal thinking)* Logik *f;* **formal ~** die formale Logik

3 *(justification)* Vernunft *f;* ***there's no ~ in the decision*** die Entscheidung ist wider alle Vernunft

4 COMPUT Logik *f*

5 ELEC Logikschaltung *f*

logi·cal [ˈlɒdʒɪkᵊl, AM ˈlɑːdʒ-] *adj* 1 *inv (according to laws of logic)* logisch; **~ impossibility** *etwas, das nach dem Gesetz der Logik unmöglich ist*

2 *(correctly reasoned)* vernünftig; **~ argument** vernünftiges Argument

3 *(to be expected)* ***it was the ~ thing to do*** es war das Vernünftigste, was man tun konnte; **a ~ conclusion** ein logischer Schluss; **a ~ progression** eine logische Progression; **a ~ reaction** eine Reaktion, die zu erwarten war

4 *(capable of clear thinking)* ***I was incapable of ~ thought*** ich konnte keinen klaren Gedanken fassen; **to have a ~ mind** logisch denken können; **a ~ thinker** ein logisch denkender Mensch

logi·cal·ly [ˈlɒdʒɪkli, AM ˈlɑːdʒ-] *adv* 1 *(in a logical manner)* logisch; **to argue ~** logisch argumentieren

2 *inv (according to logical premises)* nach logischen Prinzipien

ˈ**log·ic de·vice**, AM, AUS ˈ**log·ic cir·cuit** *n* ELEC Logikschaltkreis *m,* logischer Schaltkreis

lo·gi·cian [lɒdʒˈɪʃᵊn, AM loʊˈdʒɪ-] *n (person studying logic)* Logiker(in) *m(f); (person skilled in logic)* logisch denkender Mensch

lo·gis·tic(al) [ləˈdʒɪstɪk(ᵊl), AM *also* loʊˈ-] *adj inv* logistisch; **~ support** logistische Unterstützung

lo·gis·ti·cal·ly [ləˈdʒɪstɪkli, AM *also* loʊˈ-] *adv inv* logistisch [gesehen]

lo·gis·tics [ləˈdʒɪstɪks, AM *also* loʊˈ-] *npl + sing/pl vb* Logistik *f*

ˈ**log·jam** *n* 1 *(mass of logs)* Anstauung *f* von Floßholz

2 *(deadlock)* Stillstand *m,* toter Punkt; **to break a ~** wieder aus einer Sackgasse herauskommen

logo [ˈləʊgəʊ, AM ˈloʊgoʊ] *n* Firmenzeichen *nt,* Logo *m o nt*

log·on [ˈlɒgɒn, AM ˈlɑːgɑːn] *n* COMPUT Anmeldung *f;* **~ information** Anmeldedaten *pl*

log·or·rhoea, AM **logorrhea** [ˌlɒgə(ʊ)ˈriə, AM ˌlɑːgoʊˈ-] *n* Logorrhö[e] *f fachspr,* krankhafte Geschwätzigkeit

log·or·rhoeic [ˌlɒgə(ʊ)ˈriɪk, AM ˌlɑːgoʊˈ-] *adj* krankhaft geschwätzig

logo·type [ˈlɒgə(ʊ)taɪp, AM ˈlɑːgətaɪp] *n* COMM Logo *nt*

ˈ**log·roll·ing** *n no pl* AM 1 POL *(fam)* Schiebung *f,* Kuhhandel *m fam*

2 *(sport) sportlicher Wettkampf mit dem Ziel, sich gegenseitig von im Wasser treibenden Baumstämmen zu stoßen*

3 LAW das Anhängen einer wenig aussichtsreichen Gesetzesvorlage an eine aussichtsreiche Gesamtvorlage

logy [ˈloʊːgi] *adj pred* AM *(fam)* fix und fertig *fam*

loin [lɔɪn] **I.** *n* 1 *usu pl* ANAT Lende *f*

2 *(liter poet: sexual organs)* ■**~s** *pl* Lenden *pl liter*

3 FOOD Lende *f,* Lendenstück *nt*

▶PHRASES: **the fruit of one's ~s** *(poet or hum)* die Frucht seiner Lenden *poet o hum*

II. *n modifier* Lenden-; **~ chops** Lendchen *pl;* **~ steak** Lendensteak *nt*

ˈ**loin·cloth** *n* Lendenschurz *m*

loi·ter [ˈlɔɪtəʳ, AM -t̬ɚ] *vi* 1 *(hang about idly)* **to ~ about** herumhängen *sl; (pej)* herumlungern *fam,* sich *akk* herumtreiben *fam;* **to ~ with intent** BRIT LAW *(dated)* sich *akk* mit Belästigungsabsicht [auffällig lange] aufhalten

2 *(travel lazily)* [herum]trödeln, bummeln

loi·ter·er [ˈlɔɪtᵊrəʳ, AM -t̬ɚɚ] *n* Herumtreiber(in) *m(f) fam*

loi·ter·ing [ˈlɔɪtᵊrɪŋ, AM -t̬ɚ-] *n no pl* Herumstehen *nt,* Herumlungern *nt fam;* ***the sign read 'No L~!'*** auf dem Schild stand ‚Unerlaubter Aufenthalt verboten!'; **~ with intent** LAW Herumlungern *nt* mit kriminellen Absichten

LOL *(fam)* INET 1 *abbrev of* **laugh**(**ing**) **out loud** laut lachend

2 *abbrev of* **lots of love** viele liebe Grüße

Lolita [lɒlˈiːtə, AM loʊˈliːt̬ə] **I.** *n (young girl)* Kindfrau *f,* Lolita *f*

II. *n modifier* Lolita-; **a ~ figure** eine typische Lolita[figur]

loll [lɒl, AM lɑːl] **I.** *vi (be lazy)* lümmeln; *(sit lazily)* faul dasitzen; *(lie lazily)* faul daliegen; *(stand lazily)* faul herumstehen; ■**to ~ about** [*or* [**a**]**round**] herumlümmeln, herumhängen

II. *vt* **to ~ out one's tongue** die Zunge herausstrecken

lol·la·pa·loo·za [ˌlɒːləpəˈluːzə] *n* AM *(fam)* Hammer *m fig sl,* Knaller *m sl*

lol·li·pop [ˈlɒlipɒp, AM ˈlɑːlipɑːp] *n* FOOD Lutscher *m,* Lolli *m fam,* ÖSTERR *a.* Schlecker *m,* Schleckstängel *m* SCHWEIZ

ˈ**lol·li·pop lady** *n* BRIT, AUS *(fam)* ≈ Schülerlotsin *f*

ˈ**lol·li·pop man** *n* BRIT, AUS *(fam)* ≈ Schülerlotse *m*

ˈ**lol·li·pop wom·an** *n* BRIT, AUS *(fam)* ≈ Schülerlotsin *f*

lol·lop [ˈlɒləp, AM ˈlɑːl-] *vi (fam)* trotten, zotteln; *rabbit* hoppeln

lol·ly [ˈlɒli] *n* 1 BRIT, AUS FOOD *(lollipop)* Lolli *m fam,* Lutscher *m,* ÖSTERR *a.* Schlecker *m,* Schleckstängel *m* SCHWEIZ; **ice ~** Eis *nt* am Stiel, Eisschlecker *m* ÖSTERR, Stängelglace *f* SCHWEIZ

2 AUS, NZ *(boiled sweet)* Süßigkeit *f,* süße Nachspeise

3 *no pl* BRIT *(dated sl: money)* Piepen *pl sl,* Mäuse *pl sl,* Stutz *pl* SCHWEIZ *sl*

Lom·bard [ˈlɒmbɑːd, AM ˈlɑːmbɑːrd] **I.** *n* Lombarde, Lombardin *m, f*

II. *adj inv* lombardisch

Lom·bard rate [ˈlʌmbəd-, AM -bɚd-] *n* FIN Lombardsatz *m,* Lombardzinsfuß *m*

Lon·don [ˈlʌndən] *n no pl* London *nt*

Lon·don·er [ˈlʌndənəʳ, AM -ɚ] *n* Londoner(in) *m(f)*

Lon·don ˈStock Ex·change *n no pl* Londoner Börse *f*

lone [ləʊn, AM loʊn] *adj attr, inv* 1 *(solitary)* einsam; **~ outsider** Einzelgänger(in) *m(f); (isolated)* Außenseiter(in) *m(f);* **to be a ~ voice** mit seiner Meinung allein dastehen

2 *(uninhabited)* **a ~ place** ein unbewohnter Ort

3 *(unmarried)* alleinstehend; **~ father/parent** allein erziehender Vater/Elternteil; **~ mother** allein erziehende Mutter

▶PHRASES: **to play a ~ hand** einen Alleingang unternehmen; ***he prefers to play a ~ hand*** er regelt die Sache lieber im Alleingang

lone·li·ness [ˈləʊnlɪnəs, AM ˈloʊn-] *n no pl* Einsamkeit *f*

lone·ly <-ier, -iest *or* more ~, most ~> [ˈləʊnli, AM ˈloʊn-] *adj* 1 *(unhappy)* einsam; **to feel ~** sich *akk* einsam [*o* allein] fühlen *fam*

2 *(solitary)* einsam

3 *(unfrequented)* abgeschieden, abgelegen; **a ~ street** stille [*o* einsame] Straße; **~ valley** abgeschiedenes [*o* einsames] Tal

ˈ**lone·ly heart I.** *n* einsamer Mensch

II. *n modifier* **~s club** Klub *m* der einsamen Herzen; **~s column** Spalte *f* für Kontaktanzeigen

lon·er [ˈləʊnəʳ, AM ˈloʊnɚ] *n (usu pej)* Einzelgänger(in) *m(f)*

lone·some [ˈləʊnsəm, AM ˈloʊn-] *adj* 1 *esp* AM *(unhappy)* einsam; **to feel ~** sich *akk* einsam [*o* allein] fühlen

2 *(unfrequented)* verlassen, abgelegen

3 *(causing lonely feeling)* einsam

▶PHRASES: **by** [*or* **on**] **one's ~** *esp* AM *(fam)* ganz allein; ***I was just sitting here all by my ~*** ich saß hier einsam und allein

lone·some·ness [ˈləʊnsəmnəs, AM ˈloʊn-] *n no pl* Einsamkeit *f*

Lone Star ˈState *n no pl* AM ■**the ~** Texas *nt*

lone ˈwolf *n (fig)* einsamer Wolf, Einzelgänger *m*

long[1] [lɒŋ, AM lɑːŋ] **I.** *adj* 1 *(in space)* lang; *(over great distance)* weit; *(elongated)* lang, länglich; *(fam: tall)* groß, lang *fam;* ***the rods are 20 cm ~*** die Stäbe sind 20 cm lang; ***we're still a ~ way from the station*** wir sind noch weit vom Bahnhof entfernt; **as ~ as one's arm** *(fig)* ellenlang *fam;* ***there was a list of complaints as ~ as your arm*** es gab eine ellenlange Liste von Beschwerden; **to draw a ~ breath** tief Luft holen; **~ journey** weite Reise; **to have come a ~ way** einen weiten Weg zurückgelegt haben, von weit her gekommen sein; **to go a ~ way** *(fig: succeed)* es weit [*o* zu etwas] bringen; **to go a ~ way toward[s] sth** *(fig: help)* eine große Hilfe bei etw *dat* sein; **to have a ~ way to go** *(fig)* [noch] einen weiten Weg vor sich *dat* haben

❷ *(in time)* lang; *(tedious)* lang, langwierig; ***each session is an hour ~*** jede Sitzung dauert eine Stunde; ***we go back a ~ way*** wir kennen uns schon seit ewigen Zeiten; **~ career** [jahre]lange Karriere; **a ~ day** ein langer [und anstrengender] Tag; **~ friendship** langjährige Freundschaft; **a ~ memory** ein gutes Gedächtnis; **to have a ~ memory for sth** etw nicht so schnell vergessen; **~ service** jahrelanger Dienst; **a ~ time** eine lange Zeit; ***it was a ~ time before I received a reply*** es dauerte lange, bis ich [eine] Antwort bekam; **to be a ~ while since ...** [schon] eine Weile her sein, seit ...; **to work ~ hours** einen langen Arbeitstag haben

❸ *(in scope)* lang; ***the report is 20 pages ~*** der Bericht ist 20 Seiten lang; **a ~ book** ein dickes Buch; **a ~ list** eine lange Liste

❹ *pred (fam: ample)* ■**to be ~ on sth** etw reichlich haben; **~ *on ideas but short on funds*** mehr Ideen als Geld; **to be ~ on charm** jede Menge Charme besitzen; **to be ~ on wit** sehr geistreich sein

❺ LING **a ~ vowel** ein langer Vokal

❻ *(improbable)* **a ~ chance** eine geringe Chance; **~ odds** geringe [Gewinn]chancen

❼ FIN **~ security/shares** Versicherung *f*/Aktien *pl* mit langer Laufzeit; **to be ~ of stock** STOCKEX eine Longposition einnehmen *fachspr*

▶PHRASES: **the ~ arm of the law** der lange Arm des Gesetzes; **[not] by a ~ chalk** bei Weitem [nicht]; **in the ~ run** langfristig gesehen, auf lange Sicht [gesehen]; **to take the ~ view [of sth]** [etw] auf lange Sicht betrachten; **~ time no see** *(fam)* lange nicht gesehen *fam;* **to be ~ in the tooth** nicht mehr der/die Jüngste sein; **to be ~ in the tooth to do sth** zu alt sein, [um] etw zu tun

II. *adv* ❶ *(for a long time)* lang[e]; ***have you been waiting ~?*** wartest du schon lange?; ***how ~ have you lived here?*** wie lange haben Sie hier gewohnt?; ***the authorities have ~ known that ...*** den Behörden war seit Langem bekannt, dass ...; ***~ live the King!*** lang lebe der König!; **to be ~** lange brauchen; ***I won't be ~*** *(before finishing)* ich bin gleich fertig; *(before appearing)* ich bin gleich da; ***don't be ~*** beeil dich!; **to be ~ about doing sth** lange für etw *akk* brauchen; ***don't be too ~ about it!*** lass dir nicht zu viel Zeit, beeil dich nur!

❷ *(at a distant time)* lange; **~ ago** vor langer Zeit; **~ after/before ...** lange nachdem/bevor ...; **not ~ before ...** kurz davor

❸ *(after implied time)* lange; ***if this meeting goes on any ~er*** wenn das Meeting noch länger andauert; ***how much ~er will it take?*** wie lange wird es noch dauern?; **not any ~er** nicht länger; ***I'm not going to wait any ~er*** ich werde nicht länger warten; ***I can't wait any ~er to open my presents!*** ich kann es gar nicht [mehr] erwarten, endlich meine Geschenke auszupacken!; **no ~er** nicht mehr; ***he no ~er wanted to go there*** er wollte nicht mehr dorthin

❹ *(throughout)* **all day/night/summer ~** den ganzen Tag/die ganze Nacht/den ganzen Sommer [lang]

▶PHRASES: **as** [*or* **so**] **~ as ...** *(during)* solange ...; *(provided that)* sofern ..., vorausgesetzt, dass ...; **to be not ~ for this world** *(dated)* nicht mehr lange zu leben haben, mit einem Fuß/Bein im Grabe sein; **so ~!** *(fam)* tschüss *fam,* bis dann *fam*

III. *n* ❶ *no pl (long time)* eine lange Zeit; ***have you been waiting for ~?*** wartest du schon lange?; **to take ~ [to do sth]** lange brauchen[, um etw zu tun]; ***it won't take ~*** es wird nicht lange dauern; ***take as ~ as you like*** lass dir Zeit

❷ *(in Morse)* lang; ***one short and three ~s*** einmal kurz und dreimal lang

❸ FIN ■**~s** *pl* Langläufer *pl fachspr*

▶PHRASES: **before [very** [*or* **too**]] **~** schon [sehr] bald; **the ~ and the short of it** kurz gesagt

long² [lɒŋ, AM lɑːŋ] *vi* sich *akk* sehnen; ■**to ~ for sth** sich *akk* nach etw *dat* sehnen; ■**to ~ to do sth** sich *akk* danach sehnen, etw zu tun

long³ *n* GEOG *abbrev of* **longitude** Länge *f*

long-arm 'stat·ute *n* LAW *Gesetz, das über die Machtbefugnisse eines Staates hinausgreift*

'long·board *n* AM langes Surfbrett **'long·boat** *n* NAUT Großboot *nt,* großes Beiboot *(eines Segelschiffes)* **'longbow** [-əʊ, AM -boʊ] *n* Langbogen *m* **long-case 'clock** *n* Standuhr *f* **'long-chain** *adj attr* CHEM langkettig **long-'dat·ed** *adj* FIN langfristig; **~ bill** Wechsel *m* auf lange Sicht [*o* mit langer Laufzeit]; **~ investment** langfristige Anlage; **~ securities** Langläufer *pl*

long-'dis·tance I. *adj attr, inv* ❶ *(between distant places)* Fern-, Weit-; **~ bus** [Fern]reisebus *m,* Überlandbus *m;* **~ [phone] call** Ferngespräch *nt;* **~ flight** Langstreckenflug *m;* **~ lorry** Fernlastwagen *m;* **~ lorry driver** Fernfahrer(in) *m(f);* **~ negotiations** Verhandlungen *pl* über große Distanzen hinweg; **~ relationship** Fernbeziehung *f;* **~ traffic** Fernverkehr *m;* **~ train** Fernreisezug *m*

❷ SPORT Langstrecken-; **~ race** Langstreckenlauf *m;* **~ runner** Langstreckenläufer(in) *m(f)*

II. *adv inv* **to phone ~** ein Ferngespräch führen; **to travel ~** eine Fernreise machen

long-dis·tance edu·'ca·tion *n no pl* Fernstudium *nt; (in compulsory education)* Fernerziehung *f (in sehr dünn besiedelten Gebieten)*

long di·'vi·sion *n no pl* schriftliche Division *(wobei alle Zwischenergebnisse notiert werden)* **long-'drawn, long-drawn-'out** *adj attr* in die Länge gezogen, langwierig; **~ speech** langatmige Rede; **~ negotiations** langwierige Verhandlungen **long 'dress** *n* langes Kleid **'long drink** *n* Longdrink *m*

longed-for ['lɒŋd-, AM 'lɑːŋd-] *adj attr* lang ersehnt

long-e's·tab·lished *adj* ■**to be ~** [schon] seit Langem bestehen; ***we have a ~ policy ...*** es ist bei uns seit Langem die Regel ...

lon·gev·ity [lɒn'dʒevəti, AM lɑːn'dʒevət̬i] *n no pl* Langlebigkeit *f*

long 'face *n* **to make** [*or* **pull**] [*or* **put on**] **a ~** *(fig)* ein langes Gesicht machen *fam* **'long·hair** *n* ❶ *(hippie)* Langhaarige(r) *f(m) (als Ausdruck der Weltanschauung)* ❷ ZOOL Langhaarkatze *f* **'long-haired** <longer-, longest-> *adj* langhaarig; *animals* Langhaar- **'long·hand** *n no pl* Langschrift *f,* Schreibschrift *f;* **to write sth in ~** etw mit der Hand schreiben **'long-hand** *adj* MATH unabgekürzt **long 'haul** I. *n* ❶ *(long distance)* Langstreckentransport *m* ❷ *(prolonged effort)* Anstrengung *f* über eine lange Zeit hinweg; ***this matter is probably going to be a ~*** diese Angelegenheit wird wahrscheinlich unermüdliche Anstrengungen erfordern ❸ *esp* AM *(long time)* **to be in sth for the ~** sich *akk* langfristig für etw *akk* engagieren; **over the ~** auf lange Sicht II. *n modifier* **~ flight** Langstreckenflug *m*

'long·horn <*pl* - *or* -s> *n* ❶ *(breed of cattle)* Longhorn *nt*

❷ *(beetle)* Holzbock *m*

long·ing ['lɒŋɪŋ, AM 'lɑːŋ-] I. *n* Sehnsucht *f,* Verlangen *nt* (**for** nach +*dat*)

II. *adj attr (showing desire)* sehnsüchtig, sehnsuchtsvoll, voller Verlangen; **a ~ heart** ein Herz *nt* voller Sehnsucht

long·ing·ly ['lɒŋɪŋli, AM 'lɑːŋ-] *adv* sehnsüchtig, voll[er] Sehnsucht [*o* Verlangen]

long·ish ['lɒŋɪʃ, AM 'lɑːŋ-] *adj inv (fam)* ziemlich lang

lon·gi·tude ['lɒŋgɪtjuːd, AM 'lɑːndʒətuːd, -tjuːd] *n* GEOG Länge *f;* ~ ***20 degrees east, latitude 30 degrees north*** 20 Grad östlicher Länge, 30 Grad nördlicher Breite; **lines of ~** Längengrade *pl*

lon·gi·tu·di·nal [ˌlɒŋgɪ'tjuːdɪnəl, AM ˌlɑːndʒə'tuːd-, -tjuːd] *adj inv* ❶ *(lengthwise)* Längs-; **~ extent** längenmäßige Ausdehnung; **~ muscles** Längsmuskulatur *f;* **to take ~ readings** die Längengrade ablesen; **~ stripes** Längsstreifen *pl*

❷ GEOG Längen-, Longitudinal-; **~ position** Längenposition *f*

lon·gi·tu·di·nal·ly [ˌlɒndʒɪ'tjuːdɪnəli, AM 'lɑːndʒɪ'tuː] *adv inv* ❶ *(lengthwise)* der Länge nach, längs

❷ *(for quite a time)* längerfristig, über längere Zeit

'long johns *npl (fam)* lange Unterhose **'long jump** *n* SPORT ❶ *(sports discipline)* ■**the ~** *no pl* der Weitsprung ❷ *(action)* ■**~s** *pl* Weitsprünge *pl* **long-'last·ing** *adj* [lang] anhaltend *attr,* von langer Dauer; ***I think their happiness will be ~*** ich denke, ihr Glück wird von [langer] Dauer sein; **~ beauty** unvergängliche Schönheit; **~ popularity** anhaltende Popularität **'long-life** *adj inv* ❶ *(specially treated)* haltbar; **~ milk** H-Milch *f,* UP-Milch *f* SCHWEIZ, haltbare Milch, Haltbarmilch *f* ÖSTERR, uperisierte Milch *f* SCHWEIZ ❷ *(specially made)* langlebig, mit langer Lebensdauer; **~ light bulbs** Glühbirnen *pl* mit langer Brenndauer, Energiesparlampen *pl* **'long·list** *vt* ■**to ~ sth** etw *akk* für die Auswahlliste vormerken **long-'lived** <longer-, longest-> *adj* langlebig; **a ~ family** *Familie, deren Mitglieder in der Regel ein hohes Alter erreichen;* **a ~ feud** eine [seit Langem] bestehende Fehde **'long-lost** *adj attr, inv* lang verloren geglaubt *attr; person* lang vermisst geglaubt **'long-neck** *adj* **~ flask** CHEM Langhalskolben *m* **long-'play·ing** *adj attr, inv* Langspiel-; **~ record** Langspielplatte *f,* LP *f* SCHWEIZ **'long po·si·tion** *n* STOCKEX Hausseposition *f* **long-'range** *adj* ❶ *(in distance)* Langstrecken-; **~ bomber** Langstreckenbomber *m;* **~ missile** Langstreckenrakete *f* ❷ *(long-term)* langfristig; **~ policy** Langzeitpolitik *f;* **~ forecast** langfristige Wettervorhersage **long-'run·ning** <longer-, longest-> *adj* lang anhaltend [*o* andauernd] *attr;* **a ~ feud** eine endlose Fehde *liter;* **~ film** Dauerbrenner *m*

longs [lɒŋz, AM lɑːŋz] *npl* FIN *(government stocks)* Langläufer *pl*

'long·ship *n* HIST Langschiff *nt* **'long·shore·man** *n* AM NAUT Hafenarbeiter *m,* Docker *m* **'long shot** *n* ■**to be a ~** ziemlich aussichtslos sein; ***she always bets on ~s*** sie setzt immer auf Außenseiter; **[not] by a ~** *(fam)* bei Weitem [*o* längst] [nicht]; ***his second film wasn't as good as his first, not by a ~*** sein zweiter Film war längst nicht so gut wie sein erster **long-'sight·ed** *adj* ❶ *(having long sight)* weitsichtig ❷ *esp* AM *(fig: having foresight)* vorausschauend, weitblickend; ■**to be ~** Weitsicht besitzen **long-'stand·ing** *adj* seit Langem bestehend; **~ argument** seit Langem anhaltende Diskussion; **~ friendship/relationship** langjährige Freundschaft/Beziehung; **~ quarrel** ein lang währender Streit **long-'stemmed** *adj* **~ rose** langstielige Rose **long-'suf·fer·ing** *adj* langmütig, duldsam *veraltend* **'long suit** *n* ❶ CARDS lange Reihe ❷ *(skill)* [besondere] Stärke **'long-term** *adj attr* langfristig; **~ borrowing** FIN Kapitalaufnahme *f;* **~ care** Langzeitbehandlung *f;* **~ credit** [*or* **funds**] langfristige Fremdmittel *pl;* **~ draft** Wechsel *m* mit langer Laufzeit; **~ effects/plans** langfristige Auswirkungen/Pläne; **~ investor** Daueranleger(in) *m(f);* **~ loan** langfristiges Darlehen; **~ memory** Langzeitgedächtnis *nt;* **~ shareholder** Daueraktionär(in) *m(f);* **~ strategy** Langzeitstrategie *f;* **the ~ unemployed** die Langzeitarbeitslosen *pl* **'long-term-care** *n modifier (unit, hospital, policy)* Langzeitpflege- **'long-time** *adj attr* Langzeit-; **a ~ companion** ein alter [*o* langjähriger] Freund **long 'ton** *n* [englische] Tonne *(1016,05 kg)*

lon·gueurs [lɔː(ŋ)'gɜːz, AM -'gɜːrz] *npl (liter)* ❶ *(tedious passage)* langweilige Stellen [*o* Passagen], Längen *pl*

❷ *(tedious time)* uninteressante Phase

long 'vac *(fam),* **long va·'ca·tion** *n* BRIT, AUS UNIV lange [Semester]ferien, Sommerferien *pl;* LAW Sommerpause *f* **'long wave** *n,* **LW** I. *n* RADIO Langwelle *f*

II. *n modifier* Langwellen-; **~ radio** Langwellenradio *nt;* **~ transmitter** Langwellensender *m*

'long·ways *adv inv* der Länge nach, längs

long week·'end *n* langes [*o* verlängertes] Wochenende

long-'wind·ed *adj* langatmig, weitschweifig

'long·wise *adv* AM, AUS der Länge nach, längs

loo [lu:] BRIT, AUS **I.** *n (fam)* Klo *nt fam,* WC *nt* SCHWEIZ; **guest ~** Gästeklo *nt fam;* **ladies' ~s** Damenklo *nt fam;* **to need** [*or* **have**] **to go to the ~** aufs Klo [gehen] müssen *fam*
II. *n modifier* **~ cleaner** Toilettenreiniger(in) *m(f);* **~ paper** Klopapier *nt;* **~ roll** Rolle *f* Klopapier *fam*

loo·fah ['lu:fə] *n* ❶ *(sponge)* Luffaschwamm *m*
❷ *(plant)* Luffa *f*

look [lʊk] **I.** *n* ❶ *usu sing (glance)* Blick *m;* **to get** [*or* **take**] **a closer ~ at sb/sth** sich *dat* jdn/etw genauer ansehen [*o* ÖSTERR, SCHWEIZ anschauen]; **to get a good ~ at sb/sth** jdn/etw genau sehen [*o* erkennen] können; **to give ~ sb a ~** jdn ansehen [*o* ÖSTERR, SCHWEIZ anschauen]; *(glimpse)* jdm einen Blick zuwerfen; **to give sb a ~ of disbelief/disdain/real dislike** jdn ungläubig/verächtlich/voller Abneigung ansehen [*o* anblicken] [*o* ÖSTERR anschauen]; **to have a ~ round** sich *akk* umsehen [*o* ÖSTERR, SCHWEIZ umschauen]
❷ *(facial expression)* [Gesichts]ausdruck *m,* Miene *f;* ***the kids came back with flushed excited ~s on their faces*** als die Kinder zurückkamen, glühten ihre Gesichter vor Aufregung
❸ *no pl (examination)* Betrachtung *f;* ***may I have a ~?*** darf ich mal sehen?; **to have a ~ at sth** sich *dat* etw ansehen [*o* ÖSTERR anschauen]; **to take a** [**good,**] **hard ~ at sb/sth** sich *dat* jdn/etw genau ansehen [*o* ÖSTERR anschauen]
❹ *no pl (search)* **to have a ~** nachsehen, nachschauen ÖSTERR, SCHWEIZ *a.;* **to have a ~ for sb/sth** nach jdm/etw suchen
❺ *no pl (appearance)* Aussehen *nt;* ***I don't like the ~ of it*** das gefällt mir [gar] nicht; **by the ~**[**s**] **of things** [*or* **it**] [so] wie es aussieht, [so] wie die Dinge liegen; **to have the ~ of sb/sth** wie jd/etw aussehen [*o* ÖSTERR ausschauen]
❻ *(person's appearance)* ■**~s** *pl* Aussehen *nt kein pl;* ***he started to lose his*** [***good***] ***~s*** er sah langsam nicht mehr so ganz gut aus; **good ~s** gutes Aussehen; **to not like sb's ~s** nicht mögen, wie jd aussieht [*o* ausschaut] ÖSTERR
❼ FASHION Look *m*
▸PHRASES: **if ~s could kill** wenn Blicke töten könnten
II. *interj (explanatory)* schau mal *fam,* pass mal auf *fam; (protesting)* hör mal *fam;* ***~ here!*** hör mal! *fam*
III. *vi* ❶ *(glance)* schauen; ***can I help you, madam? — no, thank you, I'm just ~ing*** kann ich Ihnen behilflich sein? – nein, danke, ich seh mich nur um; ***~ over there!*** sieh [*o* schau] mal dort!; **to ~ the other way/away** wegsehen, wegschauen; ■**to ~ away from sb/sth** den Blick von jdm/etw abwenden
❷ *(search)* suchen; *(in an encyclopedia)* nachschlagen; **to keep ~ing** weitersuchen
❸ *(appear)* **sb ~s their age** man sieht jdm sein Alter an; ***she doesn't ~ her age*** man sieht ihr ihr Alter nicht an; **to ~ one's best** besonders schön aussehen [*o* ÖSTERR ausschauen]; **to ~ bad/tired** schlecht/müde aussehen [*o* ÖSTERR ausschauen]; **to ~ good** [*or* **nice**] gut aussehen [*o* ÖSTERR ausschauen]; ***that dress ~s nice on you*** das Kleid steht dir gut; ***you ~ nice in that dress*** du siehst gut aus in dem Kleid; **it ~s very unlikely that ...** es scheint sehr unwahrscheinlich, dass ...; ■**to ~ like sb/sth** *(resemble)* jdm/etw ähnlich sehen [*o* ähneln]; ■**to ~** [**like** [*or* **to be**]] **sb/sth** wie jd/etw aussehen [*o* ÖSTERR ausschauen]; ***he ~ed like a friendly sort of person*** er schien ein netter Mensch zu sein; ***it ~s like rain*** es sieht nach Regen aus; ***it ~s like September for the wedding*** wie es aussieht, wird die Hochzeit im September stattfinden; **it ~s as if** [*or* **though**] **...** es sieht so aus, als [ob] ...
❹ *(pay attention)* ***oh, ~!*** schau [*o* sieh] [doch] mal!; ***~ where you're going!*** pass auf, wo du hintrittst!; ***~ what you're doing!*** pass [doch] auf, was du machst!
❺ *(face)* **to ~ east/north** nach Norden/Osten [hin] liegen; *room, window also* nach Norden/Osten [hinaus]gehen; ■**to ~ onto sth** auf etw *akk* blicken; *room, window* auf etw *akk* [hinaus]gehen; ***the windows ~ onto the lake*** die Fenster gehen auf den See [hinaus]; ***our house ~s onto the mountains*** unser Haus blickt auf die Berge; ***I would like a house ~ing onto the sea*** ich hätte gerne ein Haus mit Blick auf das Meer
▸PHRASES: **~ alive** [*or* **lively**] [*or* **sharp**]! BRIT *(fam)* mach schnell!, beeil dich!; **~ before you leap** *(prov)* erst wägen, dann wagen *prov;* **to make sb ~ small** jdn alt aussehen lassen *fam*
IV. *vt* **to ~ sb in the eye/face** jdm in die Augen/ins Gesicht sehen
▸PHRASES: **to ~ daggers at sb** jdn mit Blicken durchbohren; **don't ~ a gift horse in the mouth** *(prov)* einem geschenkten Gaul schaut man nicht ins Maul *prov*

◆**look about** *vi* ■**to ~ about for sth** sich *akk* nach etw *dat* umsehen

◆**look after** *vi* ❶ *(glance)* ■**to ~ after sb/sth** jdm/etw nachsehen [*o* nachblicken]
❷ *(take care of)* ■**to ~ after sb/sth** sich *akk* um jdn/etw kümmern; **to ~ after one's own interests** seine eigenen Interessen verfolgen; **to ~ after number one** *(pej fam)* zuerst an sich *akk* [selbst] denken; **to ~ after one's own** für seine eigenen Leute sorgen; ■**to ~ after oneself** allein zurechtkommen; *(cater for oneself)* für sich *akk* selbst sorgen; **~ *after yourself!*** pass auf dich auf!
❸ *(keep an eye on)* ■**to ~ after sb/sth** auf jdn/etw aufpassen; ***will you be so kind and ~ after my luggage?*** wären Sie so freundlich, auf mein Gepäck aufzupassen?
❹ *(be responsible for)* ■**to ~ after sth** sich *akk* um etw *akk* kümmern; **to ~ after the finances** sich *akk* um die Finanzen kümmern

◆**look ahead** *vi* ❶ *(glance)* nach vorne sehen
❷ *(fig: plan)* vorausschauen

◆**look around** *vi see* **look round**

◆**look at** *vi* ❶ *(glance)* ■**to ~ at sb/sth** jdn/etw ansehen [*o* ÖSTERR, SCHWEIZ anschauen]; ***the house isn't much to ~ at*** *(fam)* das Haus macht nicht viel her *fam;* ***he's not much to ~ at*** *(fam)* er sieht nicht besonders gut aus
❷ *(examine)* ■**to ~ at sth/sb** sich *dat* etw/jdn ansehen [*o* ÖSTERR anschauen]; ***we'll have a mechanic ~ at the brakes*** wir lassen die Bremsen von einem Mechaniker nachsehen; ***you haven't ~ed at all the evidence*** du hast noch nicht das ganze Beweismaterial geprüft
❸ *(regard)* ■**to ~ at sth** etw betrachten [*o* sehen]; ***he ~s at things differently than you do*** er sieht die Dinge anders als du; **to ~ at sth from sb's point of view** etw aus jds Perspektive betrachten

◆**look away** *vi* wegsehen

◆**look back** *vi* ❶ *(glance)* zurückblicken, zurückschauen
❷ *(remember)* ■**to ~ back** [**on** [*or* **over**] [*or* **at**] **sth**] auf etw *akk* zurückblicken
▸PHRASES: **sb never ~ed back** *(fam)* für jdn ging es bergauf; ***she never ~ed back after that first exhibition*** nach jener ersten Ausstellung ging es für sie immer bergauf; ***he released his first CD last year and has never ~ed back*** er veröffentlichte letztes Jahr seine erste CD und verzeichnet seitdem nur Erfolge

◆**look down** *vi* ❶ *(glance)* nach unten sehen [*o* schauen] [*o* blicken]; ■**to ~ down at sb/sth** zu jdm/etw hinuntersehen; ■**to ~ down on sb/sth** auf jdn/etw hinuntersehen
❷ *(fig: despise)* ■**to ~ down** [**up**]**on sb/sth** auf jdn/etw herabsehen [*o* herabblicken] [*o* ÖSTERR herabschauen]
❸ *(examine)* **to ~ down a list/page** eine Liste/Seite von oben bis unten durchgehen
❹ ECON sich *akk* verschlechtern
▸PHRASES: **to ~ down one's nose at sb/sth** auf jdn/etw herabsehen [*o* herabblicken] [*o* ÖSTERR herabschauen]

◆**look for** *vi* ■**to ~ for sb/sth** ❶ *(seek)* nach jdm/etw suchen; **to ~ for a job** Arbeit suchen; **to ~ for trouble** *(consciously)* Streit suchen; *(not consciously)* sich *dat* Ärger einhandeln *fam*
❷ *(anticipate)* jdn/etw erwarten

◆**look forward** *vi* ❶ *(glance)* nach vorne sehen [*o* schauen]
❷ *(anticipate, enjoy)* ■**to ~ forward to sth** sich *akk* auf etw *akk* freuen; ***I ~ forward to hearing from you*** ich hoffe, bald von Ihnen zu hören

◆**look in** *vi* ❶ *(glance)* hineinsehen
❷ *(visit)* vorbeischauen *fam,* hereinschauen *fam;* ***I may ~ in for a few minutes if I have time*** wenn ich Zeit habe, schaue ich vielleicht für ein paar Minuten vorbei; ■**to ~ in on sb** bei jdm vorbeischauen *fam*

◆**look into** *vi* ■**to ~ into sth** ❶ *(glance)* in etw *akk* [hinein]sehen [*o* [hinein]schauen]; **to ~ into sb's eyes/face** jdm in die Augen/ins Gesicht sehen
❷ *(examine)* etw untersuchen; **to ~ into a case/claim/complaint** einen Fall/einen Anspruch/eine Beschwerde prüfen

◆**look on** *vi* ❶ *(glance)* ■**to ~ on sth** etw betrachten
❷ *(regard)* ■**to ~ on sb as sth** jdn als etw *akk* betrachten; ***I've always ~ed on her as a friend*** ich habe sie immer als [meine] Freundin betrachtet; **to ~ on sth with disquiet/favour** etw mit Unbehagen/Wohlwollen betrachten; **to ~ kindly on sth** etw *dat* wohlgesinnt sein
❸ *(watch)* zusehen, zuschauen
▸PHRASES: **to ~ on the bright side** [**of sth**] die positiven Seiten [einer S. *gen*] sehen

◆**look out I.** *vi* ❶ *(search, wait)* ■**to ~ out for sb/sth** nach jdm/etw ausschauen [*o* Ausschau halten]
❷ *(be careful)* aufpassen; ■**to ~ out for sb/sth** vor jdm/etw auf der Hut sein, sich *akk* vor jdm/etw in Acht nehmen
❸ *(care for)* ■**to ~ out for oneself** [*or* **one's own interests**] seine eigenen Interessen verfolgen; **to ~ out for number one** *(pej fam)* zuerst an sich *akk* [selbst] denken; ***he's always been good at ~ing out for himself*** er hat schon immer dafür gesorgt, dass er [nur ja] nicht zu kurz kommt
❹ *(face a particular direction)* ■**to ~ out on** [*or* **over**] **sth** auf etw *akk* blicken; *room, window* auf etw *akk* hinausgehen; ***the viewpoint ~s out over the countryside*** vom Aussichtspunkt aus blickt man über die Landschaft
II. *vt* BRIT ■**to ~ out** ↔ **sth** etw heraussuchen; ■**to ~ out** ↔ **sb** jdn aussuchen

◆**look over I.** *vi* ❶ *(glance)* ■**to ~ over sth** über etw *akk* blicken [*o* schauen]; **to ~ over a wall** über eine Mauer blicken; **to ~ over to sb/sth** zu jdm/etw hinübersehen
❷ *(offer a view)* **to ~ over sth** über etw *akk* blicken; *window, room* auf etw *akk* [hinaus]gehen; ***the house ~s over the valley*** das Haus blickt über das Tal; ***the windows ~ over the lake*** die Fenster gehen auf den See hinaus
II. *vt* ❶ ■**to ~ over** ↔ **sth** *(view)* etw besichtigen; *(inspect, survey)* etw inspizieren; **to ~ over a property** eine Immobilie inspizieren
❷ *(examine briefly)* ■**to ~ over** ↔ **sth** etw durchsehen; ■**to ~ over** ↔ **sb** jdn mustern, sich *dat* jdn ansehen; **to ~ over a letter** einen Brief überfliegen

◆**look round** *vi* BRIT, AUS ❶ *(glance)* sich *akk* umsehen [*o* umschauen]
❷ *(search)* ■**to ~ round for sb/sth** sich *akk* nach jdm/etw umsehen, nach jdm/etw suchen
❸ *(examine)* ■**to ~ round sth** sich *dat* etw ansehen [*o* ÖSTERR, SCHWEIZ anschauen]; **to ~ round a house** ein Haus besichtigen

◆**look through** *vi* ❶ *(glance)* ■**to ~ through sth** durch etw *akk* [hindurch]sehen [*o* ÖSTERR schauen]; **to ~ through a window** aus einem Fenster sehen [*o* ÖSTERR, SCHWEIZ schauen]
❷ *(fig: understand)* ■**to ~ through sth/sb** etw/jdn durchschauen; **to ~ through a pretence/pretender** einen Vorwand/Heuchler durchschauen
❸ *(fig: ignore)* ■**to ~** [**straight**] **through sb** [einfach] durch jdn hindurchschauen, jdn [geflissentlich] übersehen
❹ *(peruse)* ■**to ~ through sth** etw durchsehen;

would you quickly ~ through these figures for me? würden Sie eben mal diese Zahlen für mich durchgehen?; ***let me ~ through the timetable*** lassen Sie mich kurz mal einen Blick auf den Fahrplan werfen; **to ~ through an article** einen Artikel [kurz] überfliegen; **to ~ through a magazine** eine Illustrierte durchblättern

◆**look to** *vi* ① *(consider)* ■**to ~ to sth** sich *akk* um etw *akk* kümmern, sich *akk* mit etw *dat* befassen; **to ~ to one's laurels** sich *akk* behaupten; **to ~ to one's motives** seine Motive [genau] prüfen
② *(rely on)* ■**to ~ to sb** auf jdn bauen [*o* setzen]; ***we're ~ing to Jim for guidance on this matter*** wir erhoffen uns von Jim Rat in dieser Angelegenheit; ***the school is ~ing to its new head to improve its image*** die Schule erhofft sich vom neuen Direktor eine Aufbesserung ihres Image
③ *(expect)* ■**to ~ to do sth** erwarten [*o* damit rechnen], etw zu tun
④ *(regard with anticipation)* **to ~ to the future** in die Zukunft blicken [*o* schauen]

◆**look towards** *vi* ① *(glance)* ■**to ~ towards sth/sb** zu etw/jdm sehen [*o* schauen] [*o* blicken]
② *(face)* ■**to ~ towards sth** auf etw *akk* blicken; *room, window* auf etw *akk* [hinaus]gehen; **to ~ towards the east/north** nach Norden/Osten [hin] liegen; *room, window also* nach Norden/Osten [hinaus]gehen
③ *(aim)* ■**to ~ towards sth** etw anstreben

◆**look up** **I.** *vi* ① *(glance up)* nach oben sehen [*o* blicken] [*o* schauen]; ■**to ~ up at sb/sth** zu jdm/etw hinaufsehen; ■**to ~ up [from sth]** [von etw *dat*] aufsehen [*o* aufschauen] [*o* aufblicken]
② *(improve)* besser werden; *figures, prices* steigen; ***I hope things will start to ~ up in the New Year*** ich hoffe, dass es im neuen Jahr wieder aufwärtsgeht
II. *vt* ① *(fam: visit)* ■**to ~ up** ◌ **sb** bei jdm vorbeischauen *fam;* ***~ me up when you're in LA*** schau mal bei mir vorbei, wenn du in L.A. bist *fam*
② *(search for)* ■**to ~ up** ◌ **sth** etw nachschlagen; **to ~ up a telephone number** eine Telefonnummer heraussuchen

◆**look upon** *vi (regard)* ■**to ~ upon sb as sth** jdn als etw *akk* betrachten

◆**look up to** *vi* ① *(glance)* ■**to ~ up to sth/sb** zu jdm/etw hinaufsehen
② *(admire)* ■**to ~ up to sb** zu jdm aufsehen [*o* aufblicken]

Look *n no pl* ■**the ~** der böse Blick

look a'head *n* COMPUT Vorgriff *m*

'look·alike **I.** *n (person)* Doppelgänger(in) *m(f); (thing)* Nachahmung *f,* Kopie *f*
II. *n modifier* **~ dresses** gleiche Kleider; **~ shoes** gleiche Schuhe

look·er ['lʊkəʳ, AM -ɚ] *n (fam)* **to be a ~** gut aussehen, attraktiv sein

look·er-'on <*pl* lookers-on> *n* Zuschauer(in) *m(f)*

'look-in *n no pl* BRIT, AUS *(fam)* Chance *f;* **to get a ~** eine Chance bekommen

-look·ing [lʊkɪŋ] *in compounds* aussehend, erscheinend

'look·ing glass *n* Spiegel *m*

look·ist ['lʊkɪst] *n* jd, der nur nach dem Äußeren geht

'look·out *n* ① *(observation post)* Beobachtungsposten *m,* Beobachtungsstand *m* ② *(person)* Wache *f,* Beobachtungsposten *m* ③ *esp* BRIT *(fam: outlook)* Aussichten *pl;* ***it's a poor ~ for workers in these industries*** für die Arbeiter in diesen Industriezweigen sieht es schlecht aus ④ BRIT *(fam: problem)* **to be one's [own] ~** [doch] sein [eigenes] Problem sein; ***it's your own ~ if you aren't properly insured*** das ist dein Problem, wenn du nicht ausreichend versichert bist ⑤ *(be alert for)* **to keep a [*or* be on the] ~ [for sb/sth]** [nach jdm/etw] Ausschau [*o* die Augen offen] halten; *(keep searching for)* auf der Suche [nach jdm/etw] sein **'look-over** *n* kurze Prüfung **'look-see** *n (fam)* **to have [*or* take] a ~** [kurz mal] nachsehen, nachschauen

loom¹ [lu:m] *n* Webstuhl *m*

loom² [lu:m] **I.** *vi* ① *(come into view)* [drohend] auftauchen [*o* ins Blickfeld rücken]
② *(be ominously near)* sich *akk* drohend abzeichnen, drohend näher rücken; *storm* heraufziehen, sich *akk* zusammenbrauen *a. fig; difficulties* sich *akk* auftürmen; **to ~ on the horizon** drohend am Horizont heraufziehen *a. fig;* **to ~ large** eine große Rolle spielen; ***how to pay the month's bills began to ~ very large in their mind*** sie mussten ständig daran denken, wie sie die monatlichen Rechnungen bezahlen sollten
II. *n* **the ~ of the land** das Auftauchen des Landes [am Horizont]

◆**loom ahead** *vi* sich *akk* drohend abzeichnen; *storm* heraufziehen; ***we could probably manage to pay off the mortgage if our daughter's medical expenses weren't ~ing ahead*** wir könnten die Hypothek wahrscheinlich abbezahlen, wenn uns die Behandlungskosten für unsere Tochter nicht noch bevorstehen würden

◆**loom up** *vi* [drohend] sichtbar werden; ***the rocky cliffs of the Cape ~ed up out of nowhere*** die felsigen Klippen des Kaps tauchten drohend aus dem Nichts auf; ***the massive walls of the fortress ~ed up against the sky*** die massiven Mauern der Festung ragten drohend gen Himmel *geh*

loon¹ [lu:n] *n (fam: silly person)* Irre(r) *f(m) fam,* Wahnsinnige(r) *f(m) fam,* Bekloppte(r) *f(m) fam,* Spinner(in) *m(f)* SCHWEIZ *fam*

loon² [lu:n] *n* ZOOL Seetaucher *m*

loonie ['lu:ni] *n* CAN *(fam) Ein-Dollar-Münze*

looni·ness ['lu:nɪnəs] *n no pl* Blödheit *f,* Idiotie *f*

loony ['lu:ni] *(fam)* **I.** *n* ① *(mad person)* Irre(r) *f(m) fam,* Wahnsinnige(r) *f(m) fam,* Bekloppte(r) *f(m) fam,* Spinner(in) *m(f)* SCHWEIZ *fam*
② CAN *see* **loonie**
II. *adj* verrückt

'loony bin *n (sl)* Klapsmühle *f fam,* Irrenhaus *nt* SCHWEIZ

loop [lu:p] **I.** *n* ① *(shape)* Schleife *f; of a string, wire* Schlinge *f; of a river* Schleife *f;* **belt ~s** Gürtelschlaufen *pl*
② AVIAT Looping *m*
③ *(in skating)* Schleife *f*
④ *(contraceptive)* Spirale *f*
⑤ *of tape, film* Schleife *f*
⑥ ELEC Schleife *f,* Regelkreis *m*
⑦ COMPUT [Programm]schleife *f*
▸PHRASES: **to <u>knock</u> [*or* <u>throw</u>] sb for a ~** *(fam)* jdn fertigmachen *fam*
II. *vt* ① *(form into loop)* ■**to ~ sth** um etw *akk* eine Schlinge machen; **~ *the rope over the bar*** schling das Seil um die Stange; ***he ~ed his arms around her body*** er schlang seine Arme um sie; **to ~ thread** [mit einem Faden] eine Schlinge machen
② AVIAT **to ~ an airplane** einen Looping machen [*o* drehen]; **to ~ the loop** einen Looping fliegen
III. *vi* ① *(form a loop)* eine Schleife machen; *road, stream* sich *akk* schlängeln; ***the road ~s round the farm buildings*** die Straße führt in einem Bogen um die landwirtschaftlichen Gebäude
② AVIAT einen Looping drehen

'loop·hole **I.** *n* ① LAW Gesetzeslücke *f,* Schlupfloch *nt;* **to exploit a ~** eine Gesetzeslücke nutzen; **to find a ~ [in a law]** eine Lücke [in einem Gesetz] finden
② *(slit)* Schießscharte *f*
II. *vt* **to ~ a wall** eine Scharte in einer Wand anbringen

loopy ['lu:pi] *adj* ① *(fam: stupid)* irre *fam,* verrückt *fam;* **to act ~** sich *akk* wie ein Verrückter/eine Verrückte aufführen; **to go ~** durchdrehen *sl*
② *(full of loops)* **a ~ signature** eine schwungvolle Unterschrift [voller Schleifen]

loose [lu:s] **I.** *adj* ① *(not tight)* locker; **~ cash/coins** Kleingeld *nt,* Münz *pl* SCHWEIZ; **~ connection** Wackelkontakt *m;* **~ sheets of paper** lose Blätter Papier; **~ skin** schlaffe Haut; **to hang ~** lose herabhängen; **to work itself ~** sich *akk* lockern; *sth glued* sich *akk* lösen
② *(untied)* **~ hair** offenes Haar; ***her hair was hanging ~*** sie trug ihr Haar offen
③ *(not confined)* frei; **to be ~** *criminal* frei herumlaufen; **to get [*or* break] ~** *person, dog* sich *akk* losreißen; **to let [*or* set] an animal ~** ein Tier loslassen, einem Tier freien Lauf lassen; ***a bunch of idiots was let ~ on a nuclear power station*** sie haben so ein paar Idioten auf dem Gelände eines Atomkraftwerks völlig frei herumlaufen lassen; **to let a dog ~ on sb** einen Hund auf jdn loslassen
④ *(not exact)* ungefähr *attr; (not strict)* lose; **~ adaptation** freie Bearbeitung; **~ discipline** mangelhafte Disziplin; **~ translation** freie Übersetzung
⑤ *(not compact)* **~ weave** grobmaschiges Gewebe
⑥ *(diarrhoea)* **~ bowels** [*or* **~ bowel movement**] Durchfall *m;* **to be ~** [*or form* **to suffer from ~ bowels**] Durchfall haben, an Durchfall leiden *form*
⑦ *clothing* weit, locker; **a ~ fit** eine lockere Passform; ***I'll take the jacket with the ~st fit*** ich nehme das Jackett, das am lockersten und angenehmsten sitzt
⑧ *(relaxed)* **~ stride** lockere [*o* entspannte] Gangart
⑨ *(indiscreet)* **~ talk** Getratsch[e] *nt,* Geschwätz *nt;* **~ tongue** loses Mundwerk *fam*
⑩ *(pej dated or hum: immoral)* lose *veraltend,* locker; **~ living** lockerer Lebenswandel; **~ morals** lockere Moral; **~ woman** Frau *f* mit lockerem Lebenswandel, loses Mädchen *veraltet*
⑪ SPORT **~ play** *Spiel, bei dem die Spieler über das ganze Spielfeld verteilt sind*
⑫ *(in cricket)* **~ bowling** ungenauer Wurf; **~ play** unvorsichtiges [*o* unachtsames] Spiel
⑬ SCI **~ radiation** inkohärente Strahlung; **~ linkage** gelockerte Bindung
▸PHRASES: **to <u>hang</u> [*or* <u>stay</u>] ~** AM *(sl)* cool [*o* locker] bleiben *sl;* **to <u>let</u> ~ sth** [*or* **to <u>let</u> sth ~**] etw loslassen; ***the allies let ~ an intensive artillery bombardment*** die Alliierten begannen mit intensivem Artilleriebeschuss; ***he let ~ a shriek of delight*** er ließ einen Freudenschrei los
II. *n no pl* LAW **to be on the ~** frei herumlaufen
III. *vt* ① *(set free)* ■**to ~ sth** etw freilassen [*o* loslassen]; **~ *the dogs!*** lass die Hunde los!; ***the minister ~d a tirade against the opposition leader*** *(liter)* der Minister ließ eine Schimpfkanonade gegen den Oppositionsführer los
② *(untie)* **to ~ a knot/rope** einen Knoten/ein Seil lösen
③ *(relax)* **to ~ one's hold** [*or* **grip**] loslassen; ***she never ~d her hold on her conviction*** sie gab ihre Überzeugung niemals auf

◆**loose off** *vt esp* AM **to ~ off an arrow** einen Pfeil abschießen; **to ~ off a gun/shot** einen Schuss abgeben/abfeuern

'loose box <*pl* -es> *n* BRIT Stallbox *f* **loose 'cannon** *n (person) eine [tickende] Zeitbombe, ein unberechenbarer Risikofaktor* **loose 'change** *n no pl* loses Münzgeld, Kleingeld *nt,* Münz *pl* SCHWEIZ **loose 'cov·ers** *npl* Überzüge *pl,* Schonbezüge *pl* **loose 'end** *n usu pl (unfinished detail)* [noch] unerledigte Kleinigkeiten, [noch] zu klärende Detailfragen; **to tie up ~s** offene Fragen klären ▸PHRASES: **to be <u>at</u> a ~** [*or* AM **<u>at</u> ~s**] nicht wissen, was man mit sich *dat* anfangen soll **loose-'fit·ting** <looser-, loosest-> *adj* weit, locker; **~ jacket** weite Jacke **'loose-leaf** *adj attr, inv* Loseblatt-; **~ binder** Ringbuch *nt,* Schnellhefter *m,* Ordner *m* SCHWEIZ; **~ edition** Loseblattausgabe *f;* **~ notebook** Notizbuch *nt* mit Ringbucheinlage **loose-lipped** [-ˌlɪpt] *adj* mit lockerer Zunge *nach n*

loose·ly ['lu:sli] *adv* ① *(not tightly)* lose, locker; **~ wrapped** lose eingewickelt; **to hang ~** schlaff herunterhängen
② *(not exactly)* ungefähr; **~ speaking** grob gesagt; **~ translated** frei übersetzt
③ *(not strictly)* locker, zwanglos
④ *(not closely)* lose; **~ connected** lose [miteinander] verbunden; **~ related** entfernt verwandt

loos·en ['lu:sᵊn] **I.** *vt* ① *(make less tight)* **to ~ one's belt** seinen Gürtel weiter schnallen [*o* machen]; **to ~ one's collar** seinen [Hemd]kragen aufmachen [*o* aufknöpfen]; **to ~ one's tie** seine Krawatte lockern

② *(make more lax)* **to ~ a policy/the rules** politische Maßnahmen/die Regeln lockern
③ *(relax)* **to ~ one's grip** seinen Griff lockern; **to ~ muscles** Muskeln lockern
④ *(make weaker)* **to ~ ties** Verbindungen lockern; **to ~ a relationship** eine Beziehung [langsam] lösen
▸PHRASES: **to ~ sb's tongue** jdm die Zunge lösen
II. *vi* sich *akk* lockern, locker werden; ***the dictator's grip on the country has not ~ed*** der Diktator hat das Land immer noch fest in der Hand

◆**loosen up I.** *vi* ① *(warm up)* sich *akk* auflockern ② *(become relaxed)* auftauen, entspannter werden
II. *vt* ① *(make relaxed)* ■**to ~ sb up** jdn auflockern ② *(relax)* **to ~ up one's muscles** die Muskeln lockern; ■**to ~ oneself up** sich *akk* locker machen

loose·ness ['lu:snəs] *n no pl* ① *(not tightness)* Lockerheit *f*
② *(inexactitude)* Ungenauigkeit *f*, Vagheit *f*
③ *(laxity)* Lockerheit *f*; *of morals* Laxheit *f*

loosey-goosey [,lu:si'gu:si] *adj* AM *(sl)* locker flockig *fam*

loot [lu:t] **I.** *n no pl* ① MIL Kriegsbeute *f*
② *(plunder)* [Diebes]beute *f*
③ *(hum fam: money)* Kies *m fam*, Zaster *m fam*, Stutz *pl* SCHWEIZ *fam*; *(valued objects)* Geschenke *pl*
II. *vt* ① *(plunder)* **to ~ sth** etw [aus]plündern
② *(steal)* **to ~ goods** Waren stehlen
III. *vi* plündern

loot·er ['lu:təʳ, AM -t̬ɚ] *n* Plünderer, Plünderin *m, f*

loot·ing ['lu:tɪŋ, AM -t̬-] *n no pl* Plünderei *f*; **widespread ~** allgemeine Plünderei

lop[1] <-pp-> [lɒp, AM lɑ:p] *vi* AM ① *(droop)* schlaff herunterhängen; ***his belly ~s over the top of his pants*** sein Bauch hängt ihm über die Hose
② *(move in droopy manner)* *drunkard* torkeln

lop[2] [lɒp, AM lɑ:p] **I.** *n no pl* abgehackte Äste/Zweige
II. *vt* <-pp-> ① *(to prune)* **to ~ a tree** einen Baum stutzen [*o* beschneiden]
② *(eliminate)* ■**to ~ sth** etw streichen; *budget* etw kürzen

◆**lop off** *vt* ① *(chop off)* **to ~ off a branch** einen Ast abhacken; **to ~ off sb's head** jdm den Kopf abschlagen
② *(remove)* ■**to ~ sth ↔ off** *budget* etw kürzen; *(reduce)* etw verkürzen; ***he ~ped off three seconds from the world record!*** er hat den Weltrekord um drei Sekunden unterboten

lope [ləʊp, AM loʊp] **I.** *vi* in großen Sätzen springen; *hare* hoppeln
II. *n* Davonspringen *nt kein pl*, Davonhoppeln *nt kein pl*

'lop-eared *adj inv* mit Hängeohren [*o* Schlappohren]

'lop-ears *npl* Hängeohren *pl*, Schlappohren *pl*

lop·'sid·ed *adj* schief, ungleich; *(fig)* einseitig; **~ vote** eindeutiges [*o* klares] Wahlergebnis

lo·qua·cious [lə(ʊ)'kweɪʃəs, AM loʊ'-] *adj* *(form)* redselig, geschwätzig *fam*; ■**to be ~ about sth** etw ausführlich wiedergeben

lo·qua·cious·ly [lə(ʊ)'kweɪʃəsli, AM loʊ'-] *adv* redselig; **to answer a question ~** eine Frage weitschweifig beantworten

lo·quac·ity [ləʊ'kwæsəti, AM loʊ'kwæsət̬i] *n no pl* Geschwätzigkeit *f*, Redseligkeit *f*

lord [lɔ:d, AM lɔ:rd] *n* ① *(nobleman)* Lord *m*
② *(ruler)* **~ of the manor** Gutsherr *m*; *(pej)* Herr *m* im Haus; **to act like the ~ of the manor** sich *akk* als Herr im Haus aufspielen
③ *(fam: powerful man)* Herr *m*; **drug ~** Drogenbaron *m*; **my ~ and master** *(hum iron)* mein Herr und Meister *hum iron*

Lord [lɔ:d, AM lɔ:rd] **I.** *n* ① BRIT *(title)* **~ *Longford*** Lord Longford; **my ~** Mylord, Euer Lordschaft
② BRIT POL ■**the ~s** + *sing/pl vb* das Oberhaus; **~ of Appeal in Ordinary** BRIT *auf Lebenszeit ernanntes richterliches Mitglied des House of Lords*
③ *no pl* REL Herr *m*; ***the ~ be with you*** der Herr sei mit euch; ***praise the ~!*** lobet den Herrn!; ***~, hear our prayer*** Herr, erhöre unsere Gebete; **the ~ God** [Gott] der Herr; **in the year of our ~** im Jahre des Herrn; **~ knows** *(fam)* weiß der Himmel *fam*
II. *interj* **good** [*or* **oh**] **~!** [ach,] du lieber Himmel!; ***~, it's hot in here!*** ach, du großer Gott, ist das heiß hier drinnen!
III. *vt* ■**to ~ it over sb** jdn herumkommandieren

Lord 'Chan·cel·lor *n*, **LC** *n* BRIT Lord[groß]kanzler *m* **Lord Chief 'Jus·tice** *n* BRIT Lordoberrichter *m* **Lord 'Jus·tice** *n* BRIT Lordrichter *m*

lord·ly ['lɔ:dli, AM 'lɔ:r-] *adj* ① *(suitable for lord)* herrschaftlich, fürstlich; **a ~ title** ein Adelstitel *m*
② *(imperious)* hochmütig, anmaßend; **to put on ~ airs** [*or* **manners**] ein arrogantes Verhalten an den Tag legen

Lord 'May·or *n* BRIT Oberbürgermeister(in) *m(f)*

lor·do·sis [lɔ:'dəʊsɪs, AM lɔ:r'doʊ-] *n* MED Wirbelsäulenverkrümmung *f* nach vorne, Lordose *f fachspr*

Lord 'Pro·vost *n* SCOT Bürgermeister(in) *m(f)*

lord·ship ['lɔ:dʃɪp, AM 'lɔ:r-] *n* *(form)* ① *no pl* *(dominion)* Herrschaft *f*; **to have/win [the] ~ over sth** die Herrschaft über etw *akk* besitzen/gewinnen
② BRIT *(form of address)* Lordschaft *f*; **His/Your L~** Seine/Euer Lordschaft; *(bishop)* Seine/Eure Exzellenz; *judge* Seine/Euer Ehren [*o* Gnaden]

Lord's 'Prayer *n no pl* Vaterunser *nt*

Lords 'spiri·tu·al *npl* BRIT *[Erz]bischöfe im britischen Oberhaus*

Lord's 'Sup·per *n no pl* [heiliges] Abendmahl

lordy ['lɔ:di, AM 'lɔ:rdi] *interj* Herr im Himmel! *fam*, Himmel [noch mal]! *fam*

lore [lɔ:ʳ, AM lɔ:r] *n no pl* [überliefertes] Wissen; **gypsy ~** Zigeunerweisheit *f*; **common ~** [alte] Volksweisheit *f*

lor·gnette [lɔ:'njet, AM lɔ:r'-] *n* Lorgnette *f*

lori·keet ['lɒrɪki:t, AM 'lɔ:rɪ-] *n* ZOOL [kleiner] Lori

lor·ry ['lɒri] **I.** *n* BRIT TRANSP Last[kraft]wagen *m*, Lkw *m*, Laster *m fam*, SCHWEIZ *a.* Camion *m*
▸PHRASES: **it fell off the back end of a ~!** das ist vom Laster gefallen!
II. *n modifier* **~ driver** Lastwagenfahrer(in) *m(f)*, Lkw-Fahrer(in) *m(f)*

Los An·ge·leno [lɒs,ændʒəˡli:nəʊ, AM lɑ:s,ændʒə'li:noʊ] *n see* **Angeleno**

lose <lost, lost> [lu:z] **I.** *vt* ① *(forfeit)* ■**to ~ sth** etw verlieren; *(reduce)* an etw *dat* verlieren; ■**to ~ sth to sb** etw an jdn verlieren; **to ~ altitude/speed** an Höhe/Geschwindigkeit verlieren; **to ~ one's appetite** den Appetit verlieren; **to ~ blood** Blut verlieren; **to ~ one's breath** außer Atem kommen; **to ~ courage** den Mut verlieren; **to ~ favour with sb** jds Gunst verlieren; **to ~ the upper hand** die Oberhand verlieren; **to ~ one's job** seinen Arbeitsplatz verlieren; **to ~ the lead** die Führung abgeben [müssen]; **to ~ money** Geld verlieren; **to ~ popularity** an Popularität einbüßen; **to ~ trade** Geschäftseinbußen erleiden; **to ~ weight** an Gewicht verlieren, abnehmen
② *(through death)* ***she lost her son in the fire*** ihr Sohn ist beim Brand umgekommen; **to ~ a friend/relative** einen Freund/Verwandten verlieren; **to ~ one's life** sein Leben verlieren
③ *(miscarry)* **to ~ a baby** ein Kind [*o* Baby] verlieren
④ *usu passive* ■**to be lost** *things* verschwunden sein; *victims* umgekommen sein; *plane, ship* verloren sein
⑤ *(waste)* **to ~ an opportunity** eine Gelegenheit versäumen; **to ~ time** Zeit verlieren; **to ~ no time in doing sth** etw sofort [*o* unverzüglich] tun
⑥ *watch, clock* **to ~ time** nachgehen
⑦ *(not find)* ■**to ~ sb** jdn verlieren; ■**to ~ sth** etw verlieren; *(mislay)* etw verlegen; **to ~ the path/route** vom Weg/von der Route abkommen; **to ~ one's** [*or* **the**] **way** sich *akk* verirren [*o* verlaufen]
⑧ AM *(fam: get rid of)* ■**to ~ sb/sth** jdn/etw abschütteln; *pursuer, car* jdn/etw abhängen *fam*
⑨ *(fam: confuse)* ■**to ~ sb** jdn verwirren; *(deliberately)* jdn in die Irre führen [*o* irreführen]; ***you've lost me there*** da kann ich dir nicht ganz folgen
⑩ *(not win)* ■**to ~ sth** etw verlieren; **to ~ an argument** in einer Diskussion unterliegen; **to ~ a battle/game** eine Schlacht/ein Spiel verlieren
⑪ *(forget)* **to ~ a language/skill** eine Sprache/Fähigkeit verlernen
⑫ *(cause loss of)* ■**to ~ sb sth** jdn etw kosten [*o* um etw *akk* bringen]; ***it almost lost me my job*** es kostete mich fast den Job, es hat mich fast um meinen Job gebracht
▸PHRASES: **to ~ the day** [**for sb**] jdn um den Sieg bringen; **to ~ face** das Gesicht verlieren; **to ~ one's head** den Kopf verlieren; **to ~ heart** den Mut verlieren; **to ~ one's heart to sb** sein Herz [an jdn] verlieren; **to ~ it** *(fam)* durchdrehen *fam*; ***I almost lost it*** ich bin fast verrückt geworden [*o fam* fast durchgedreht]; **to ~ one's lunch** AM *(sl)* kotzen *sl*; **to ~ one's marbles** [*or* **mind**] *(fam)* nicht mehr alle Tassen im Schrank haben *fam*; **to have nothing/something to ~** nichts/etwas zu verlieren haben; **to ~ one's rag** [**about** [*or* **over**] **sth**] *(fam)* [über etw *akk*] in Wut geraten; **to ~ one's shirt** [**on sth**] *(fam)* sein letztes Hemd [bei etw *dat*] verlieren *fam*; **to ~ sight of sth** etw aus den Augen verlieren; **to ~ sleep over** [*or* **about**] **sth** sich *dat* wegen einer S. *gen* Sorgen machen, wegen einer S. *gen* kein Auge zutun können; **to ~ touch** [**with sb**] den Kontakt [zu jdm] verlieren; **to ~ touch** [**with sth**] [über etw *akk*] nicht mehr auf dem Laufenden sein; **to ~ track** [**of sth**] *(not follow)* [etw *dat*] [geistig] nicht folgen können; *(not remember)* ***I've lost track of the number of times he's asked me for money*** ich weiß schon gar nicht mehr, wie oft er mich um Geld gebeten hat; **to ~ oneself** [*or* **be lost**] **in sth** sich *akk* in etw *dat* verlieren; **to ~ oneself in thought** [völlig] gedankenverloren dastehen/dasitzen
II. *vi* ① *(be beaten)* ■**to ~** [**to sb/sth**] [gegen jdn/etw] verlieren; ***the team lost 2-0/by 2 points*** das Team verlor [mit] 2:0/verpasste den Sieg um 2 Punkte
② *(flop)* ein Verlustgeschäft sein [*o* darstellen]; ***the movie lost big at the box office*** der Film wurde ein Riesenflop *fam*
③ *(invest badly)* ■**to ~ on sth** bei etw *dat* Verlust machen
▸PHRASES: **you can't ~** du kannst nur gewinnen

◆**lose out** *vi* ① *(be deprived)* schlecht wegkommen *fam*, ins Hintertreffen geraten; ■**to ~ out in** [*or* **on**] **sth** bei etw *dat* den Kürzeren ziehen *fam*
② *(be beaten)* ■**to ~ out to sb/sth** jdm/etw unterliegen, gegen jdn/etw verlieren

los·er ['lu:zəʳ, AM -ɚ] *n* ① *(defeated person)* Verlierer(in) *m(f)*, Loser *m sl*; **good ~** guter Verlierer/gute Verliererin; **bad ~** schlechter Verlierer/schlechte Verliererin; **to back a ~** auf einen Verlierer setzen
② *(person at disadvantage)* Verlierer *m*
③ *(fam: habitually unsuccessful person)* Verlierer[typ] *m*, Pechvogel *m*; **a born ~** *(pej)* ein geborener Verlierer

los·ing ['lu:zɪŋ] *adj attr* Verlierer-; **~ team** Verlierermannschaft *f*

los·ing 'bat·tle *n* **to fight a ~** einen aussichtslosen Kampf führen **'los·ing streak** *n* Pechsträhne *f*

loss <*pl* -es> [lɒs, AM lɑ:s] *n* ① *(instance of losing)* Verlust *m*; **job ~es** Wegfall *m* von Arbeitsplätzen; **~ of life** Verluste *pl* an Menschenleben; ***the plane crashed with serious ~ of life*** der Flugzeugabsturz forderte zahlreiche Menschenleben; **~ of memory** Gedächtnisverlust *m*; **to get over the ~ of sb** jds Verlust verwinden
② *no pl* *(grief)* Verlust *m*; **a sense of ~** ein Gefühl *nt* des Verlustes
③ ECON Verlust *m*, Einbuße *f*; **~ in earnings** Ertragsrückgang *m*; **~ of income** Ertragseinbuße *f*; **~ of profits** Gewinnentgang *m*; **~ of reputation** Reputationsverlust *m*; **~ in value** Wertverlust *m*; **~ of value** Wertminderung *f*; **partial ~** Teilschaden *m*, Teilverlust *m*; **pre-tax ~es** Verlust *m* vor Steuern; **actual total ~** LAW Totalschaden *m*; **constructive total ~** LAW fingierter [*o* angenommener] Totalverlust; **to cut one's ~es** Schadensbegrenzung betreiben *geh*; **to run** [*or* **operate**] **at a ~** mit Verlust arbeiten; *(damage)* Schadensfall *m*
④ *(sb/sth lost)* Verlust *m*; ***she will be a great ~ to the university when she retires*** es wird ein großer Verlust für die Universität sein, wenn sie in Rente geht

❻ COMPUT *of a signal* Dämpfung *f*, Verlust *m*
▸PHRASES: **to be at a ~** nicht mehr weiterwissen; **to be at a ~ for answers/words** um Antworten/ Worte verlegen sein

'loss ac·count *n* Verlustkonto *nt* **'loss ad·just·er** *n* Schadenssachbearbeiter(in) *m(f)*, Schadensregulierer(in) *m(f)* **'loss ad·just·ment** *n (insurance)* Schadenregulierung *f*

loss·age ['lɒsɪdʒ, AM 'lɑːs-] *n no pl* Verluste *pl*

'loss-lead·er *n* Lockvogelangebot *nt*, Lockartikel *m* **'loss-mak·ing** *adj inv* **~ business** Verlustbetrieb *m*, defizitärer Betrieb *geh*; ■**to be ~** mit Verlust arbeiten **'loss po·si·tion** *n* Verlustposition *f* **'loss pre·ven·tion** *n no pl (insurance)* Schadenprävention *f*, Schadenverhütung *f* **'loss state·ment** *n* Verlustrechnung *f*

lost [lɒst, AM lɑːst] **I.** *pt, pp of* **lose**
II. *adj inv* ❶ *(unable to find way)* **to get ~** sich *akk* verirren; ■**to be ~** sich *akk* verirrt haben; *(on foot)* sich *akk* verlaufen haben; *(using vehicle)* sich *akk* verfahren haben
❷ *(no longer to be found)* **~ articles** abhandengekommene Artikel; **to get ~** verschwinden; ***sometimes things get ~ mysteriously*** manchmal verschwinden Dinge auf mysteriöse Weise
❸ *pred (helpless)* **to feel ~** sich *akk* verloren fühlen; ■**to be ~** *(not understand)* nicht mitkommen *fam*, nichts [*o fam* Bahnhof] verstehen; ■**to be ~ without sb/sth** ohne jdn/etw verloren sein
❹ *(preoccupied)* **to be ~ in contemplation** [*or* **thought**] [völlig] in Gedanken versunken sein; **to be ~ to the world** alles um sich *akk* herum vergessen haben
❺ *(wasted)* verpasst; **~ opportunity** verpasste Gelegenheit; **~ time** verschwendete Zeit; **~ youth** vertane Jugend
❻ *(perished, destroyed)* **~ soldiers** gefallene Soldaten; **~ planes/ships/tanks** zerstörte Flugzeuge/ Schiffe/Panzer
❼ *(not won)* **~ battle/contest** verlorener Kampf/ Wettkampf; **~ election** verlorene Wahl
▸PHRASES: **get ~!** *(fam!: go away!)* verzieh dich! *fam*, hau ab! *sl*; *(no way!)* vergiss es! *fam*, kommt gar nicht infrage! *fam*; **to be ~ on sb** nicht verstanden [*o* geschätzt] werden; ***financial discussions are ~ on me*** für Diskussionen über finanzielle Dinge habe ich einfach keinen Sinn

lost-and-'found, lost-and-'found of·fice *n* AM Fundbüro *nt* **lost 'cause** *n* aussichtslose Sache **lost gen·e'ra·tion** *n + sing/pl vb* verlorene Generation **lost 'prof·its** *npl* entgangener Gewinn **lost 'prop·er·ty I.** *n no pl* ❶ *(articles)* Fundsachen *pl* ❷ BRIT, AUS *(office)* Fundbüro *nt* **II.** *n modifier* **~ office** BRIT, AUS Fundbüro *nt* **lost 'soul** *n* verlorene Seele

lot [lɒt, AM lɑːt] **I.** *pron* ❶ *(much, many)* ■**a ~** viel/ viele; ***we haven't got a ~*** wir besitzen nicht viel; **a ~ of people** viele [*o* eine Menge] Leute; **a ~ of rain** viel Regen; **to do a ~ of travelling** viel reisen; **a fat ~ [of good]** *(iron fam)* wahnsinnig viel *fam*, herzlich wenig; ***a fat ~ of good it'll do you*** *(iron fam)* das wird dir gar nichts nützen; **to have a ~ going for oneself** viel haben, was für einen spricht; ■**~s [of sth]** *+ sing/pl vb* viel [*o fam* jede Menge] [etw]; ***there's ~s to do here*** es gibt hier jede Menge zu tun *fam*; **~s of children** viele Kinder
❷ *(everything)* ■**the ~** alles; ***the thieves stole paintings, jewellery, the ~*** die Diebe haben Gemälde gestohlen, Juwelen, einfach alles; **the whole ~** alles zusammen, das Ganze
II. *adv (fam)* ■**a ~** [*or* **~s**] viel; ***thanks a ~!*** vielen Dank!; ***your sister looks a ~ like you*** deine Schwester sieht dir sehr ähnlich; ***we go on holidays a ~*** wir machen oft Urlaub; **to feel ~s** [*or* **a ~**] **better** sich *akk* viel besser fühlen
III. *n* ❶ *+ sing/pl vb* BRIT, AUS *(fam: group)* Trupp *m*; BRIT *(usu pej fam: crowd)* Haufen *m*, Pack *nt pej sl*; ***another ~ of visitors*** ein neuer Schwung Besucher; ***are you ~ coming to lunch?*** kommt ihr alle zum Essen?; **a bad ~** ein Taugenichts *m*; ***they are a bad ~*** sie sind ein übles Pack; **my ~** meine Leute *fam*
❷ *(in auction)* Stück *nt*
❸ *(chance)* **to choose [sb/sth] by ~** jdn/etw auslosen [*o* durch Losentscheid bestimmen]; **drawing by ~** Verlosung *f*; **to draw** [*or* **cast**] **~s** Lose ziehen
❹ *no pl (choice)* Wahl *f*; ***the ~ fell on us*** die Wahl fiel auf uns
❺ *no pl (fate)* Los *nt geh*; **to throw in one's ~ with sb** sich *akk* mit jdm zusammentun
❻ *esp* AM, AUS *(land)* Stück *nt* Land; *(measured also)* Parzelle *f*; **back ~** hinteres Grundstück; **building ~** Bauplatz *m*; **parking ~** Parkplatz *m*; **vacant ~** unbebautes Grundstück
❼ STOCKEX Aktienpaket *nt*
IV. *vt* <-tt-> ■**to ~ sth** etw [für eine Auktion in einzelne Stücke] aufteilen

loth *adj see* **loath**

Lo·thario <*pl* -os> [ləʊ'θɑːriəʊ, AM loʊ'θerioʊ] *n* Weiberheld *m*, Schwerenöter *m liter*

lo·tion ['ləʊʃən, AM 'loʊ-] *n no pl* Lotion *f*; **aftershave ~** Aftershavelotion *f*; **suntan ~** Sonnenöl *nt*

'lot num·ber *n* Losnummer *f*

lotta ['lɒtə, AM 'lɑːtə] *(fam) short for* **lot of** eine Menge

lot·tery ['lɒtəri, AM 'lɑːt̬ɚi] **I.** *n* Lotterie *f*, Lotteriespiel *nt*
II. *n modifier* **~ number** Losnummer *f*; **~ ticket** Lotterielos *nt*

'lot track·ing *n no pl* Losverfolgung *f*

lo·tus <*pl* -es> ['ləʊtəs, AM 'loʊt̬-] *n* BOT Lotos *m*, Lotosblume *f*

Lo·tus® *n* COMPUT Lotus® *nt*

'lo·tus-eater *n* Lotosesser(in) *m(f)*; *(fig)* Träumer(in) *m(f)* **'lo·tus land** *n no pl* Paradies *nt* auf Erden; *(fig)* Ort *m* des süßen Nichtstuns, ≈ Schlaraffenland *nt* **'lo·tus life** *n no pl* **to live a ~** sein Leben im Müßiggang verbringen **'lo·tus po·si·tion, 'lo·tus pos·ture** *n no pl* Lotossitz *m*

louche [luːʃ] *adj* anrüchig, zweideutig

loud [laʊd] **I.** *adj* ❶ *(audible)* laut, geräuschvoll; **~ music** laute Musik
❷ *(pej: insistent)* [aufdringlich] laut; **~ complaints/ protests** laut[stark]e Beschwerden/Proteste; **to be ~ in one's condemnation of sth** etw aufs Schärfste verurteilen; **to be ~ in one's praises of sth** etw in den höchsten Tönen loben
❸ *(pej: garish)* auffällig; *colours* schrill, grell, schreiend; **~ and obnoxious** schrill und schräg *fam*
II. *adv* laut; **to speak** [*or* **talk**] **~** laut sprechen; **~ and clear** laut und deutlich; **out ~** laut; ***this novel made me laugh out ~*** als ich den Roman las, musste ich lauthals loslachen

loud·hail·er [-'heɪləʳ] *n* BRIT, AUS Megaphon *nt*

loud·ly ['laʊdli] *adv* ❶ *(audibly)* laut; **to speak/talk ~** laut sprechen/reden
❷ *(pej: insistently)* **to complain ~** sich *akk* lautstark [*o* lauthals] beschweren
❸ *(pej: garishly)* auffällig, grell, schrill; **to dress ~** sich *akk* auffällig anziehen

'loud·mouth *n (fam)* Großmaul *nt fam*

'loud-mouthed <more, most> ['laʊdmaʊθt] *adj* überlaut, plärrend

loud·ness ['laʊdnəs] *n no pl* ❶ *(measurement)* Lautstärke *f*
❷ *(quality)* Lautstärke *f*, Lautheit *f*

loud·'speak·er *n* Lautsprecher *m*

lough [lɒk, *Irish* lɒx] *n* IRISH See *m*; *(arm of sea)* Meeresarm *m*

Loui·si·anan [luːˌiːzi'ænən] **I.** *n* Bewohner(in) *m(f)* Louisianas
II. *adj* louisianisch

lounge [laʊndʒ] **I.** *n* ❶ *(public room)* Lounge *f*, Gesellschaftsraum *m*; *of a hotel* Hotelhalle *f*; **departure ~** Abflughalle *f*, Warteraum *m*
❷ BRIT *(sitting room)* Wohnzimmer *nt*
❸ BRIT *(period of lounging)* Faulenzen *nt*
II. *n modifier (sl) (culture, scene)* Nobelbar-, Lounge- *sl*
III. *vi (lie)* [faul] herumliegen; *(sit)* [faul] herumsitzen; *(stand)* [faul] herumstehen
◆**lounge about, lounge around** *vi (lie)* [faul] herumliegen; *(sit)* [faul] herumsitzen; *(stand)* [faul] herumstehen; ***I wish you'd stop lounging about!*** ich wünschte, du würdest nicht bloß herumstehen und Maulaffen feilhalten! *fam*

'lounge bar *n* BRIT *der vornehmere Teil eines Pubs mit eigener Bar* **'lounge chair** *n* Klubsessel *m*, [bequemer] Polstersessel **'lounge liz·ard** *n (fam)* Salonlöwe *m*

loung·er ['laʊndʒəʳ, AM -ɚ] *n* ❶ *(chair)* Lehnstuhl *m*, Sessel *m*; **sun ~** Sonnenliege *f*, Liegestuhl *m* SCHWEIZ
❷ *(person)* Nichtstuer(in) *m(f)*, Müßiggänger(in) *m(f)*

'lounge room *n* AUS Wohnzimmer *nt*, SCHWEIZ *a.* Stube *f veraltend* **'lounge suit** *n* BRIT Straßenanzug *m*, Werktagsanzug *m* SCHWEIZ

loupe [luːp] *n* Lupe *f (von Juwelieren und Uhrmachern)*

lour ['laʊəʳ, AM laʊr] **I.** *vi* ❶ *(frown)* düster [*o* finster] dreinblicken; ■**to ~ at sb/sth** jdn/etw mit finsterer [*o* düsterer] Miene ansehen
❷ *(appear threatening) sky* sich *akk* verfinstern
II. *n* finsterer Gesichtsausdruck, düstere Miene

louse I. *n* [laʊs] ❶ <*pl* lice> *(parasite)* Laus *f*
❷ <*pl* -s> *(fam: person)* Filzlaus *f pej fam*, miese Type *pej fam*, mieser Typ *pej fam*
II. *vt* [laʊz, AM laʊs] *(fam)* ■**to ~ up** ↻ **sth** etw vermasseln *fam* [*o sl* in den Sand setzen]

lousy ['laʊzi] *adj* ❶ *(fam: bad)* lausig *fam*, [hunds]miserabel *sl*, beschissen *derb*; **~ weather** Hundewetter *nt fam*
❷ *(meagre)* lausig *fam*, mick[e]rig *fam*, popelig *fam*; ***a ~ £10!*** lausige 10 Pfund!
❸ *pred (ill)* **to feel ~** sich *akk* hundeelend [*o* mies] fühlen *fam*
❹ *(infested with lice)* verlaust
❺ *(fam: teeming)* ■**to be ~ with sth** etw bis zum Abwinken haben *sl*; ***this office is ~ with idiots*** in diesem Büro wimmelt es nur so von Idioten *fam*

lout [laʊt] *n (fam)* Flegel *m*, Rüpel *m*; **lager ~s** BRIT *(pej)* Trunkenbolde *pl fam*, Saufköpfe *pl derb*; **clumsy ~** Tölpel *m fam*, Tollpatsch *m fam*

lout·ish ['laʊtɪʃ, AM -t̬-] *adj (fam)* pöbelhaft, rüpelhaft

lout·ish·ness ['laʊtɪʃnəs, AM 'laʊt̬-] *n no pl (pej)* Pöbelhaftigkeit *f*, Rüpelhaftigkeit *f*

lou·vre, AM **lou·ver** ['luːvəʳ, AM -ɚ] Jalousie *f*, SCHWEIZ *a.* Store *f*; *(slat)* Lamelle *f* [einer Jalousie]

lou·vred ['luːvəd, AM -ɚd] *adj inv* Jalousie-, Lamellen-; **~ door** Lamellentür *f*; **~ window** Fenster *nt* mit Fensterläden

lov·able ['lʌvəbl] *adj* liebenswert

lov·age ['lʌvɪdʒ] *n* BOT Liebstöckel *nt o m*

love [lʌv] **I.** *n* ❶ *no pl (affection)* Liebe *f*; ***there is no ~ lost between the two*** die beiden können einander nicht ausstehen; **to marry sb for ~** jdn aus Liebe heiraten; **to show sb lots of ~** jdm viel Liebe geben; ■**to be in ~ with sb** in jdn verliebt sein; **to be head over heels in ~** bis über beide Ohren verliebt sein; **to fall in ~ with sb** sich *akk* in jdn verlieben; **~ at first sight** Liebe *f* auf den ersten Blick; **to give** [*or* **send**] **sb one's ~** jdm Grüße bestellen, jdn grüßen lassen; ***send my ~ to her!*** grüße sie von mir!; ***all my ~, Richard*** *(in letter)* alles Liebe, Richard; **to make ~ to sb** *(have sex)* mit jdm schlafen, jdn lieben *euph*; *(dated: woo)* jdn umwerben, jdm den Hof machen
❷ *(interest)* Leidenschaft *f*; *(with activities)* Liebe *f*; ***she has a great ~ of music*** sie liebt die Musik sehr; ***it's a pity you have so little ~ for your job*** es ist schade, dass dir deine Arbeit so wenig Spaß macht; **~ of adventure** Abenteuerlust *f*; **~ of animals** Tierliebe *f*; **~ of books** Liebe *f* zu Büchern; **~ of one's country** Vaterlandsliebe *f*; **to do sth for the ~ of it** etw aus Spaß [*o* zum Vergnügen] machen; **~ of learning** Freude *f* [*o* Spaß *m*] am Lernen; **the ~ of one's life** die [größte] Liebe seines Lebens
❸ *esp* BRIT *(fam: darling)* Liebling *m*, Schatz *m fam*; *(less intimate)* mein Lieber *m*, meine Liebe *f*; *(amongst strangers)* ***can I help you, love?*** was darf ich für Sie tun?
❹ *no pl* TENNIS null; **forty ~** vierzig null

▸PHRASES: ~ **is blind** *(prov)* Liebe macht blind; **to do sth for** ~ *(for free)* etw umsonst machen; *(as loving person)* etw aus Liebe machen; **all's fair in ~ and war** *(prov)* in der Liebe und im Krieg ist alles erlaubt; **for the ~ of God!** um Gottes willen!; **for the ~ of Mike!** BRIT *(fam)* um Himmels willen!; **not for ~ [n]or money** um nichts in der Welt
II. *vt* ❶ *(be in love with)* ■**to ~ sb/sth** jdn/etw lieben; *(greatly like)* jdn/etw sehr mögen [*o* sehr gern haben]; ***I ~ reading*** ich lese sehr gerne; ***I would ~ a cup of tea*** ich würde [sehr] gerne eine Tasse Tee trinken; ~ ***it or hate it, ...*** ob es dir passt oder nicht, ...; ***I would ~ you to come to dinner tonight*** es würde mich sehr freuen, wenn Sie heute zum Abendessen kämen; **to ~ sb dearly** [*or* **deeply**]/**passionately** jdn von ganzem Herzen/leidenschaftlich lieben; **to feel ~d** sich *akk* geliebt fühlen
❷ *(fam or iron)* ***he's going to ~ you for this!*** na, der wird sich bei dir bedanken! *iron;* ***she's going to ~ that, isn't she!*** na, da wird sie sich aber freuen! *iron;* ***I ~ the way you just borrow my clothes without asking me*** das finde ich ja toll, wie du dir meine Klamotten ausleihst, ohne mich vorher zu fragen
▸PHRASES: ~ **me, ~ my dog** *(prov)* man muss mich so nehmen, wie ich bin
III. *vi* AM verliebt sein; ■**to ~ for sb to do sth** gern wollen, dass jd etw tut; ***I would ~ for you to come to dinner tonight*** ich würde mich freuen, wenn du heute zum Abendessen kämst

love·able [ˈlʌvəbl̩] *adj* liebenswert; ***that's a ~ little teddy-bear, isn't it?*** das ist aber ein süßer kleiner Teddybär!

ˈlove af·fair *n* [Liebes]affäre *f;* **a secret ~** ein geheimes Liebesabenteuer; **to have a ~ with chocolate/computer/football** *(fig)* eine Schwäche für Schokolade/Computer/Fußball haben **ˈlove·bird** *n* ❶ ORN Unzertrennliche(r) *f(m)* ❷ *(fig hum)* ■~**s** *pl* Turteltauben *pl hum fam* **ˈlove bite** *n* Knutschfleck *m fam* **ˈlove bun·nies** *npl (fam)* Turteltauben *pl* **ˈlove child** *n (euph dated)* Kind *nt* der Liebe *euph veraltend,* uneheliches Kind

loved ones [ˈlʌvdwʌnz] *npl* **dear ~!** meine Lieben!

ˈlove game *n* TENNIS Zu-Null-Spiel *nt;* **to play a ~** zu null spielen; **to win/lose a ~** ein Spiel zu null gewinnen/verlieren

ˈlove han·dles *npl esp* AM *(hum fam)* Rettungsring *m hum fam* **love-ˈhate re·la·tion·ship** *n* Hassliebe *f* **ˈlove in·ter·est** *n* ❶ *(person)* Liebesobjekt *nt,* Love-Interest *nt;* ***Sarah will play Gil's ~ in the movie*** Sarah spielt die Figur, in die sich Gil in dem Film verliebt ❷ *(sub-plot)* Liebesthema *nt,* Liebesgeschichte *f* **ˈlove juice** *n (fam!: ejaculate)* Samenerguss *m,* Saft *m derb*

love·less [ˈlʌvləs] *adj (unloving)* lieblos; *(unloved) childhood, marriage* ohne Liebe *nach n*

ˈlove let·ter *n* Liebesbrief *m* **ˈlove life** *n* Liebesleben *nt kein pl*

love·li·ness [ˈlʌvlɪnəs] *n no pl* Schönheit *f;* ***we have to take advantage of the ~ of this fall weather*** wir müssen dieses herrliche Herbstwetter ausnutzen; **to have a radiant ~** strahlend schön sein

love·lorn [ˈlʌvlɔːn, AM -lɔːrn] *adj (liter)* liebeskrank; ~ **poem/song** romantisches Gedicht/Lied; **to be ~** sich *akk* vor Liebeskummer verzehren *geh*

love·ly [ˈlʌvli] **I.** *adj* ❶ *(beautiful)* schön, hübsch; ~ **house** wunderschönes Haus; **to look ~** reizend [*o* bezaubernd] aussehen; ***you look absolutely ~ this evening, my darling*** Schatz, du siehst heute Abend einfach hinreißend aus
❷ *(fam: pleasant)* wunderbar, herrlich; ***how ~ to see you!*** wie schön, dich zu sehen!; **a ~ present** ein tolles Geschenk; ~ **view** wunderbare Aussicht; ~ **weather** herrliches Wetter; **to be ~ and cool/warm/quiet** schön kühl/warm/ruhig sein
❸ *(charming)* nett, liebenswürdig; ~ **person** liebenswürdiger Mensch; ~ **visit** netter Besuch
II. *n* Schönheit *f,* schöne Frau

ˈlove-mak·ing *n no pl* ❶ *(sexual intercourse)* [körperliche] Liebe, Liebesakt *m geh;* **to be good at ~** in der Liebeskunst erfahren sein *geh,* gut im Bett sein *fam;* ***he's very good at ~*** er ist ein sehr guter Liebhaber ❷ *(dated: wooing)* Liebeswerben *nt liter o veraltend* **ˈlove match** *n* Liebesheirat *f* **ˈlove nest** *n* Liebesnest *nt* **ˈlove po·tion** *n* Liebestrank *m*

lov·er [ˈlʌvəʳ, AM -ɚ] *n* ❶ *(person in love)* Liebende(r) *f(m);* ■**the ~s** *pl* die Liebenden *pl*
❷ *(sexual partner)* Liebhaber(in) *m(f),* Geliebte(r) *f(m) meist pej;* ■~**s** *pl* Liebespaar *nt;* ***he was her live-in ~ for three years*** er hat drei Jahre lang mit ihr zusammengelebt; **to be/become ~s** ein Liebespaar sein/werden; ***they were ~s for three years*** sie waren drei Jahre lang zusammen; **to take a ~** sich *dat* einen Liebhaber/eine Geliebte nehmen
❸ *(enthusiast)* Liebhaber(in) *m(f),* Freund(in) *m(f)* (**of** von +*dat*); **book ~** Bücherfreund(in) *m(f);* **nature/opera ~** Natur-/Opernliebhaber(in) *m(f);* **sports ~** Sportfan *m*

lov·er-boy [ˈlʌvəbɔɪ, AM -ɚ-] *n (fam)* Liebste(r) *m*

ˈlove seat *n* Zweiersofa *nt*

ˈlove set *n* TENNIS Zu-Null-Spiel *nt*

ˈlove·sick *adj* liebeskrank; **to be ~** Liebeskummer haben

ˈlove song *n* Liebeslied *nt* **ˈlove sto·ry** *n* Liebesgeschichte *f* **ˈlove-struck** *adj* liebestoll, schmachtend *iron;* **to be a ~ fool** bis über beide Ohren verliebt [*o fam* total verknallt] sein **ˈlove tri·an·gle** *n* Dreiecksverhältnis *nt,* Dreiecksgeschichte *f fam*

lov·ey [ˈlʌvi] *n* BRIT *(fam)* Liebling *m,* Schatz *m fam*

lov·ey-dov·ey [ˌlʌviˈdʌvi] *adj* hoffnungslos verliebt, total verknallt *fam;* ~ **couples** schmusende Liebespärchen

lov·ing [ˈlʌvɪŋ] *adj (feeling love)* liebend; *(showing love)* liebevoll; ***the letter was signed 'your ~ father'*** der Brief war unterschrieben mit ‚dein dich liebender Vater [*o* in Liebe dein Vater]'; ~ **care** liebevolle Fürsorge; **a ~ child** ein liebes Kind

ˈlov·ing cup *n* Pokal *m* **lov·ing ˈkind·ness** *n* Gutherzigkeit *f,* Güte *f*

lov·ing·ly [ˈlʌvɪŋli] *adv* liebevoll, zärtlich

low[1] [ləʊ, AM loʊ] **I.** *adj* ❶ *(in height)* niedrig; **at a ~ altitude** in geringer Höhe; ~ **heels** flache [*o* niedrige] Absätze; ~ **neckline** tiefer Ausschnitt; ~ **slope** flacher Abhang; ***the dress has a ~ waist*** das Kleid hat eine tief angesetzte Taille
❷ *(in number)* gering, wenig; ~ **attendance** geringe Besucherzahl; ~ **blood pressure** niedriger Blutdruck; ~ **calibre** kleines Kaliber; **people of [a] ~ calibre** *(fig)* Leute mit wenig Format; **to be ~ in calories/cholesterol** kalorien-/cholesterinarm sein; **to be ~ in funds** wenig Geld haben, knapp bei Kasse sein *fam;* **to keep sth ~** etw niedrig halten
❸ *(depleted)* knapp; ~ **stocks** geringe Vorräte; **to be** [*or* **get**] [*or* **run**] ~ zur Neige gehen, knapp werden; ***we were getting ~ on supplies*** unsere Vorräte waren fast erschöpft; ***the batteries are running ~*** die Batterien sind fast leer; ***the bulb was ~*** die Glühbirne brannte nur noch schwach
❹ *(not loud)* leise; ~ **groaning** verhaltenes Stöhnen; **in a ~ voice** mit leiser [*o* gedämpfter] Stimme
❺ *(not high-pitched) voice* tief; ~ **pitch** tiefe Stimmlage
❻ *(not intense)* niedrig; *light* gedämpft; **on a ~ burner** [*or* **flame**] auf kleiner Flamme; ~ **frequency** Niederfrequenz *f;* ~ **heat** schwache Hitze; ***roast the chicken at ~ heat*** braten Sie das Hähnchen bei niedriger Hitze
❼ *(not good)* ~ **morale** schlechte Moral; **to have a ~ opinion of sb** von jdm nicht viel halten; ~ **quality** minderwertige Qualität; **to hold sth in ~ regard** etw geringschätzen; ~ **self-esteem** geringe Selbstachtung; ~ **standards** *(in technics)* schlechter [*o* niedriger] Standard; *(in tests, etc)* niedriges Niveau; ~ **visibility** schlechte Sicht
❽ *(not important)* niedrig, gering; **to be a ~ priority** nicht so wichtig sein
❾ *(unfair, mean)* gemein; ~ **trick** gemeiner Trick; **to get ~** gemein [*o* niederträchtig] sein; ***how ~ can you get?*** wie tief willst du noch sinken?
❿ *(sad)* **in ~ spirits** niedergeschlagen, in gedrückter Stimmung; **to feel ~** niedergeschlagen [*o* deprimiert] sein
⓫ LING *vowel* offen
II. *adv* ❶ *(in height)* niedrig; **to be cut ~** *dress, blouse* tief ausgeschnitten sein; **to fly ~** tief fliegen
❷ *(to a low level)* tief; **to turn the music ~er** die Musik leiser stellen; ***turn the oven on ~*** stell den Ofen auf kleine Hitze
❸ *(cheap)* billig; **to buy ~** billig [*o* günstig] einkaufen
❹ *(not loudly)* leise; **to speak ~** leise sprechen
❺ *(not high-pitched)* tief; **to sing ~** tief [*o* mit tiefer Stimme] singen
III. *n* ❶ *(low level)* Tiefstand *m,* Tiefpunkt *m;* **to be at a ~** auf einem Tiefpunkt sein; **to hit** [*or* **reach**] **a ~** an einen Tiefpunkt gelangen
❷ METEO Tief *nt;* ***expected ~s near 0° C today*** die Tiefstwerte liegen heute vermutlich bei 0° C; **record ~** Rekordtief *nt*
❸ AUTO erster Gang; ***put the car in ~*** legen Sie den ersten Gang ein
❹ AM *(fig: person)* ■**to be in ~** schlapp sein *fam*
▸PHRASES: **to be the lowest of the ~** ein ganz gemeiner Typ sein *fam*

low[2] [ləʊ, AM loʊ] **I.** *n* Muhen *nt*
II. *vi cow* muhen

low-ˈal·co·hol *adj* alkoholarm **low-ˈbit·rate** *adj inv* mit niedriger Bitrate *nach n* **low ˈblow** *n* Tiefschlag *m a. fig* **ˈlow·born** *adj* von niedriger Geburt *nach n, präd geh o veraltet*

ˈlow·boy *n* AM niedrige Kommode

low-ˈbred *adj (common)* gewöhnlich, ordinär *pej; (without manners)* unzivilisiert, ohne Manieren *nach n* **ˈlow·brow** *(esp pej)* **I.** *adj book, film* geistig anspruchslos, seicht; *person* einfach, schlicht **II.** *n* Ungebildete(r) *f(m),* Banause *m pej,* Prolet(in) *m(f) pej fam* **low-cal** [ˈləʊkæl, AM ˈloʊ-] *adj (fam),* **low-ˈcalo·rie** *adj* ❶ *(with few calories)* kalorienarm; ~ **chocolate** kalorienreduzierte Schokolade
❷ *(fig fam)* anspruchslos; ***it's cerebrally ~*** das ist intellektuelle Schonkost **Low ˈChurch** *n* Low-Church *f (puritanisch-protestantische Richtung in der Anglikanischen Kirche)* **low-ˈclass** *adj quality* drittklassig; *(socially)* Unterschichts-, aus der Unterschicht *nach n* **low ˈcom·edy** *n no pl (genre)* Schwank *m oft pej* **ˈlow-cost** *adj* billig, preiswert **ˈLow Coun·tries** *npl* HIST ■**the ~** *pl* die Niederlande *pl (die heutigen Beneluxstaaten)* **ˈlow-cut** *adj dress* tief ausgeschnitten, mit tiefem Ausschnitt *nach n* **low de·ˈmand** *n* niedrige Nachfrage **ˈlow-down** *adj (fam)* mies *fam,* fies *fam,* gemein; ~ **people** Gesindel *nt* **ˈlow·down** *n no pl (fam)* ■**the ~** ausführliche Informationen; **to give sb the ~ [on sb/sth]** jdn ausführlich [über jdn/etw] informieren; **to get the ~ on sth** über etw *akk* aufgeklärt werden **ˈlow-end** *adj attr, inv* billig, preisgünstig **low-ˈen·er·gy** *adj* ECOL energiesparend; ELEC, PHYS energiearm; FOOD kalorienarm; ~ **house** Niedrigenergiehaus *nt;* ~ **light bulb** Energiesparlampe *f*

low·er[1] [ˈləʊəʳ, AM ˈloʊɚ] **I.** *adj inv* ❶ *(less high)* niedriger; *(situated below)* untere(r, s), Unter- hinab; **in the ~ back** im unteren Rücken; ~ **deck** *of a coach* unteres Deck; *of a ship* Unterdeck *nt;* ~ **floor** untere Etage; ~ **jaw** Unterkiefer *m;* ~ **lip** Unterlippe *f;* **the ~ reaches of the ocean** die tieferen Regionen des Ozeans; **the L~ Rhine** GEOG der Niederrhein
❷ *(less in hierarchy) status, rank* niedere(r, s), untere(r, s); *animal* niedere(r, s)
II. *vt* ❶ *(move downward)* ■**to ~ sth** etw herunterlassen; ■**to ~ oneself**: ***she ~ed herself into a chair*** sie ließ sich auf einem Stuhl nieder; ***the miners ~ed themselves into the tunnel*** die Bergleute ließen sich in den Stollen hinunter; **to ~ one's arm/hands** den Arm/die Hände senken; **to ~ one's eyes** die Augen niederschlagen, den Blick senken; **to ~ one's head** den Kopf senken; **to ~ a flag/the sails** eine Fahne/die Segel einholen; **to ~ the hem** den Saum herauslassen; **to ~ the landing gear** das Fahrgestell ausfahren; **to ~ a lifeboat** NAUT ein Rettungsboot zu Wasser lassen [*o* aussetzen]; **to ~ the periscope** das Periskop einfahren
❷ *(decrease)* ■**to ~ sth** etw verringern [*o* senken]; ***his crude jokes ~ed the tone of the evening*** sei-

ne derben Witze drückten das Niveau des Abends; **to ~ one's expectations/sights** seine Erwartungen/Ansprüche zurückschrauben; **to ~ one's guard** seine Deckung vernachlässigen; **to ~ the heat** die Temperatur zurückdrehen; **to ~ interest rates** die Zinssätze senken; **to ~ prices/taxes** die Preise/Steuern senken; **to ~ the quality** die Qualität mindern; **to ~ one's voice** seine Stimme senken; **to ~ one's standards** seine Anforderungen zurückschrauben

③ *(demean)* ■ **to ~ oneself** sich *akk* erniedrigen; ■ **to ~ oneself to do sth** sich *akk* herablassen, etw zu tun; ***I wouldn't ~ myself to respond to his insults*** ich würde mich nicht auf sein Niveau begeben und auf seine Beleidigungen antworten; ***I'd never have expected him to ~ himself by stealing*** ich hätte nie gedacht, dass er so tief sinken könnte und stehlen würde

III. *vi* sinken; *voice* leiser werden

low·er² [laʊəʳ, AM laʊr] *vi person* ein finsteres Gesicht machen; *light* dunkler werden; *sky* sich *akk* verfinstern; ■ **to ~ at sb** jdn finster ansehen

Low·er 'Austria *n* Niederösterreich *nt*

lower-'case *n* **in ~** in Kleinbuchstaben **low·er case 'let·ter** *n* Kleinbuchstabe *m* **low·er 'class** I. *adj pred (second best)* zweitklassig; *(of the lower class)* aus der Unterschicht *nach n* II. *n* ■ **the ~es** *pl* die unteren Schichten **low·er-'class** *adj attr* Unterschicht-; *family, worker* aus der Unterschicht *nach n* **Low·er 'House** *n* Unterhaus *nt*

low·er·ing¹ ['ləʊəʳrɪŋ, AM 'loʊ-] *n no pl* Senkung *f*, Reduzierung *f*; **~ of prices** Preissenkung *f*; **~ of standards** Herabsetzung *f* von [Qualitäts]normen; **~ of trade barriers** Abbau *m* von Handelsschranken

low·er·ing² ['laʊəʳrɪŋ, AM 'laʊrɪŋ] *adj (liter)* finster; **~ skies** verhangener Himmel

'low·er·most *adj* zuunterst **low·er 're·gions** *n* Unterwelt *f* **Low·er 'Saxo·ny** *n* Niedersachsen *nt* **low·er 'world** *n* Unterwelt *f*

low·est com·mon de·'nomi·na·tor *n* MATH kleinster gemeinsamer Nenner; *(fig)* [kleinster] gemeinsamer Nenner *fig*, Minimalkonsens *m*; ***TV programmes are often directed towards the ~*** das Fernsehprogramm orientiert sich häufig am Geschmack der großen Mehrheit

low·est com·mon 'mul·ti·ple *n* MATH kleinstes gemeinsames Vielfaches

low-'fat *adj* fettarm **'low-fly·ing** *adj* tieffliegend; **~ aircraft** Tiefflieger *m* **low 'fre·quen·cy** *n* Niederfrequenz *f* **Low 'Ger·man** *n* Platt[deutsch] *nt*, Niederdeutsch *nt fachspr* **low-'glu·ten** *adj attr, inv* mit niedrigem Glutengehalt *nach n* **'low-grade** *adj* ① *(low quality)* minderwertig, von minderer Qualität *nach n geh*; **~ steel** Stahl minderer Güte ② *(of small degree)* **~ fever** leichtes Fieber; **~ official** kleiner Beamter/kleine Beamtin *meist pej* **low-hang·ing 'fruit** *n no pl (sl: in meeting-rooms)* niedrig hängende Frucht *fig (etwas, das leicht zu haben ist)* **low-'im·pact** *adj attr* ① *exercise* wenig aussagekräftig ② ECOL schadstoffreduziert, wenig belastend *präd*; **~ farming** schonende Landwirtschaft **low-'in·come** *adj* einkommensschwach *attr*, mit geringem Einkommen *nach n*

low·ing ['ləʊɪŋ, AM 'loʊ] *n* Muhen *nt kein pl*

'low·jack *n no pl* ▸ PHRASES: **to have a ~ on sb** AM *(fam)* alles über jdn wissen

low-'key *adj* unauffällig, zurückhaltend; ***the wedding will be a ~ affair*** die Hochzeitsfeier wird keine große Sache werden; **~ colour** matte [*o* gedämpfte] Farbe; **a ~ debate/discussion** eine gemäßigte Debatte/Diskussion; **~ painting/photo** düsteres Bild/Foto; **to keep sth ~** vermeiden, dass etw Aufsehen erregt; **to take a ~ approach to sth** etw ganz gelassen angehen **low·land** ['ləʊlənd, AM 'loʊ-] I. *n* ① *no pl (low-lying land)* Flachland *nt*, Tiefland *nt* ② *(area)* ■ **the ~s** *pl* das Tiefland; **the ~s of Scotland** das schottische Tiefland, die Lowlands *pl*

II. *n modifier (area, farm, region)* Tiefland-, Flachland-; **~ farming** Tieflandbewirtschaftung *f* **low·land·er** ['ləʊləndəʳ, AM 'loʊləndɚ] *n* Flachländer(in) *m(f)*; **L~** Bewohner(in) *m(f)* des schottischen Tieflands **'low-lev·el** *adj* ① *(not high)* tief; **~ flight** Tiefflug *m* ② *(of low status)* niedrig, auf unterer Ebene *nach n*; *(unimportant)* nebensächlich, unbedeutend; **~ infection** leichte Infektion; **~ job** niedrige Position; **~ official** kleiner Beamter/kleine Beamtin *meist pej* ③ COMPUT niedere(r, s); **~ [programming] language** niedere [*o* maschinennahe] Programmiersprache **low-lev·el ra·di'a·tion** *n no pl* Strahlung *f* mit niedriger Aktivität, Niedrigstrahlung *f* **'low life** *n (sl)* Pack *nt pej fam*; ***you ~ scum!*** du dreckiges Schwein! *pej derb* **'low·light** *n* ① *(fam: low-point)* Tiefpunkt *m* ② *(dyed hair)* ■ **~s** *pl* dunkle Strähnchen **low-'load·er** *n* Tieflader *m*

low·ly ['ləʊli, AM 'loʊ-] *adj* ① *(ordinary)* einfach; *status* niedrig; ***I'm just a ~ caretaker*** ich bin nur ein einfacher Hausmeister

② *(modest)* bescheiden

③ BIOL *organism, animal* niedere(r, s)

low-'ly·ing *adj* tief liegend, tief gelegen; **~ land** Tiefland *nt* **low-'main·te·nance** *adj* pflegeleicht, wenig arbeitsintensiv **Low 'Mass** *n* REL Stille Messe **low-'mind·ed** *adj* primitiv *pej*, gewöhnlich **'low-neck·ed** *adj* tief ausgeschnitten; **~ dress** Kleid *nt* mit tiefem Ausschnitt

low·ness ['ləʊnəs, AM 'loʊ-] *n no pl* ① *(in height)* Niedrigkeit *f*; *of the neckline* Tiefe *f*

② *(low-pitch) of note* Tiefe *f*; *of voice* Gedämpftheit *f*; ***the ~ of his voice is unusual for a man*** für einen Mann hat er eine ungewöhnlich leise Stimme

③ *(shortage) of supplies* Knappheit *f*

④ *(meanness)* Niederträchtigkeit *f*, Gemeinheit *f*

⑤ *(depression)* Niedergeschlagenheit *f*

low-'paid I. *adj* schlecht bezahlt; **~ worker** Billiglohnarbeiter(in) *m(f)* II. *n* ■ **the ~** *pl* die unteren Einkommensgruppen **low-'pitched** *adj voice, note* tief **low-pol'lut·ing** *adj inv* schadstoffarm, mit niedrigen Emissionswerten *nach n* **low-power FM** [ˌloʊpaʊɚ'efem] *n*, **LPFM** [ˌelpiːef'em] *n no pl* AM **~ radio** Low-Power-FM-Radio *nt*, Mikroradio *nt*

low 'pres·sure *n* ① PHYS Niederdruck *m*; METEO Tiefdruck *m*; **area of ~** Tiefdruckgebiet *nt*

② *(no stress)* ***he can only perform in conditions of ~*** er kann nur arbeiten, wenn er nicht unter Druck steht

low-'pres·sure *adj inv* ① *(not stressful)* stressfrei, unbeschwert; **~ job** ruhiger Job

② *(not aggressive)* unaufdringlich, dezent; **~ sales** zurückhaltende Verkaufsmethode

low-'priced *adj* [preis]günstig, preiswert

low 'pro·file *n* Zurückhaltung *f*; **to keep a ~** sich *akk* zurückhalten; *(fig)* sich *akk* bedeckt halten, im Hintergrund bleiben

low-'pro·file *adj* zurückhaltend

low re·'lief *n* Flachrelief *nt* **low-'rent** *adj (fam) area, building* billig **'low-rise** *adj attr, inv* ① *(having few storeys)* niedrig; **~ building** [*or* **construction**] Flachbau *m* ② *(fitting low on the hips)* **~ trousers** auf den Hüften sitzende Hosen **low-'risk** *adj* risikoarm **'low sea·son** *n* Nebensaison *f* **low-'slung** *adj belt* Hüft-; **~ trousers** Hipster *pl*, auf den Hüften sitzende Hosen **low-'spir·it·ed** *adj* niedergeschlagen, [nieder]gedrückt; ***the dance turned out to be a ~ affair*** bei der Tanzveranstaltung herrschte eine gedrückte Stimmung **'Low Sun·day** *n* REL Weißer Sonntag **low-tack** ['ləʊtæk, AM 'loʊ-] *adj adhesive, tape, surface* leicht ablösbar [*o* abziehbar]; *surface* mit geringer Haftkraft **low-'tech** *adj* [technisch] einfach; **~ machinery** Maschinen *pl* mit einfacher Technik **low-'ten·sion** *adj attr, inv* ELEC Niederspannungs- **low 'tide, low 'wa·ter** *n no pl* Niedrigwasser *nt*; *of sea* Ebbe *f*; **at ~** bei Ebbe **low-'value** *adj* geringwertig **low-'wa·ter mark** *n* Niedrigwassergrenze *f*; *(fig)* Tiefpunkt *m*; **to reach an all-time ~** einen historischen Tiefstand erreichen **low-'yield** *adj* FIN niedrigverzinslich

lox¹ [lɒks, AM lɑːks] *n no pl short for* **liquid oxygen** Flüssigsauerstoff *m*

lox² [lɑːks] *n* AM *(smoked salmon)* Räucherlachs *m*

loy·al [lɔɪəl, AM lɔɪəl] *adj* treu; *(correct)* loyal; ■ **to be ~ to sb/sth** jdm/etw treu sein; *(behave correctly)* sich *akk* jdm/etw gegenüber loyal verhalten; **to be ~ to one's beliefs** seinem Glauben treu sein; **to be ~ to one's government** regierungstreu sein

loy·al·ist ['lɔɪəlɪst] I. *n* ① *(government supporter)* Loyalist(in) *m(f)*; **government ~** Regierungstreue(r) *f(m)*

② BRIT, IRISH *(Unionist)* ■ **L~** *Befürworter der politischen Union zwischen GB und Nordirland*

II. *adj attr, inv* loyal[istisch] *geh*, regierungstreu; **~ troops** regierungstreue Truppen

loy·al·ly ['lɔɪəli] *adv* treu; *(correctly)* loyal

loy·al 'toast *n* BRIT Toast *m* auf den König/die Königin

loy·al·ty ['lɔɪəlti, AM -t̬i] *n* ① *no pl (faithfulness)* Treue *f* (**to** zu +*dat*); *(correctness)* Loyalität *f* (**to** gegenüber +*dat*); **~ discount** [*or* **rebate**] Treuerabatt *m*; **product ~** Produkttreue *f*; **to question sb's ~** an jds Loyalität zweifeln; **to take the oath of ~** den Treueid schwören

② *(feelings)* ■ **loyalties** *pl* Loyalitätsgefühle *pl*; ***my loyalties to my family come before my loyalties to my work*** ich fühle mich meiner Familie mehr verpflichtet als meiner Arbeit; ***I'm having to cope with divided loyalties*** ich befinde mich in einem Loyalitätskonflikt

'loy·al·ty card *n* Kundenkarte *f*

loz·enge ['lɒzɪndʒ, AM 'lɑːzəndʒ] *n* ① MATH Raute *f*, Rhombus *m*

② MED Pastille *f*; **cough ~** Hustenbonbon *nt*, Hustenpastille *f*; **fruit ~** Fruchtbonbon *nt*; **throat ~** Halsbonbon *nt*

LP [ˌel'piː] *n abbrev of* **long-playing record** LP *f*

LPC [ˌelpiː'siː] *n abbrev of* **licensed professional counselor** LPC

LPFM [ˌelpiːef'em] AM *abbrev of* **low power frequency modulation** I. *n no pl* **~ radio** Low-Power-FM-Radio *nt*, Mikroradio *nt*

II. *n modifier* Low-Power-FM-, Mikroradio-

LPG [ˌelpiː'dʒiː] *n abbrev of* **liquid petroleum gas** Flüssiggas *nt*

L-plate ['elpleɪt] *n* BRIT, AUS *Schild mit dem Buchstaben L am Auto eines Fahrschülers*; **to get the ~s off** die Führerscheinprüfung bestehen

LPN [ˌelpiː'en] *n* AM *abbrev of* **licensed practical nurse** Hilfskrankenschwester *f*, Hilfskrankenpfleger *m*

LSD¹ [ˌeles'diː] I. *n no pl abbrev of* **lysergic acid diethylamide** LSD *nt*; **to trip on ~** einen LSD-Trip schmeißen [*o* werfen] *sl*

II. *n modifier (dealer, dose, prices)* LSD-; **~ high** LSD-Rausch *m*; **~ trip** LSD-Trip *m*

LSD² [ˌeles'diː] *n* MATH *abbrev of* **least significant digit** niederwertigste Ziffer

LSE¹ [ˌeles'iː] *n no pl*, + *sing/pl vb abbrev of* **London School of Economics**: ■ **the ~** die LSE

LSE² [ˌeles'iː] *n no pl abbrev of* **London Stock Exchange** Londoner Börse

Lt. *n abbrev of* **lieutenant** Lt. *m*

LTA [ˌeltiː'eɪ] *n no pl*, + *sing/pl vb abbrev of* **Lawn Tennis Association**: ■ **the ~** die LTA

Ltd. *adj inv, after n abbrev of* **limited** GmbH *f*

lube [luːb] AM, AUS I. *n no pl (fam)* Schmiere *f fam*, Schmieröl *nt*

II. *vt (fam)* **to ~ a motor** einen Motor ölen [*o* schmieren]

'lube job *n* AM *(fam)* Schmierdienst *m*, Ölservice *m*; **to do a ~ on a car** ein Auto [nach]schmieren

lub·ri·cant ['luːbrɪkənt] I. *n* TECH Schmiermittel *nt*, Schmierstoff *m*; MED, TECH Gleitmittel *nt*

II. *n modifier* Schmier-; **~ oil** Schmieröl *nt*

lu·bri·cate ['luːbrɪkeɪt] *vt* ① *(grease)* ■ **to ~ sth** etw schmieren [*o* fetten]; **to ~ an engine** eine Maschine abschmieren; **to ~ a hinge** ein Scharnier einfetten

② *(make slippery)* ■ **to ~ sth** etw [ein]ölen [*o* einschmieren]; **~d condom** Kondom *nt* mit Gleitmittel

▸ PHRASES: **to ~ sb's tongue** jdm die Zunge lösen

lu·bri·ca·tion [ˌluːbrɪ'keɪʃᵊn] I. *n no pl* Schmieren *nt*, Fetten *nt*; ***my bike chain needs some ~*** meine Fahrradkette muss gefettet werden

II. *n modifier (fitting, system)* Schmier-

lu·bri·ca·tor ['luːbrɪkeɪtəʳ, AM -t̬ɚ] *n* TECH ① *(sub-*

stance) Abschmierfett *nt*
② *(device)* Abschmiervorrichtung *f*, Schmiergerät *nt*
lu·bri·cious [luːˈbrɪʃəs] *adj* ① TECH schmierfähig; MED gleitfähig
② *(fig form: obscene)* schlüpfrig; ~ **conduct** unanständiges Verhalten
lu·bri·cious·ly [luːˈbrɪʃəsli] *adv (fig form)* schlüpfrig; **to act** ~ sich *akk* unanständig benehmen
lu·bri·city [luːˈbrɪʃɪti] *n no pl (form)* Schlüpfrigkeit *f*, Unanständigkeit *f*
lu·cerne [luːˈsɜːn, AM -ˈsɜrn] *n no pl esp* BRIT BOT Luzerne *f*
Lu·cerne [luːˈsɜːn, AM -ˈsɜrn] *n* Luzern *nt;* **Lake** ~ Vierwaldstätter See *m*
lu·cid [ˈluːsɪd] *adj* ① *(unambiguous)* klar; *(easy to understand)* einleuchtend, verständlich; ***he writes in a very ~ manner*** er hat einen sehr klaren Stil; **a ~ account** eine präzise Darstellung
② *(clear-thinking)* klar; **in a ~ moment** [*or* **interval**] in einem klaren Moment
lu·cid·ity [luːˈsɪdəti, AM -t̬i] *n no pl* ① *(in writing, speech)* Klarheit *f;* ~ **of explanation** Anschaulichkeit *f* einer Erklärung
② *of perception* [geistige] Klarheit
lu·cid·ly [ˈluːsɪdli] *adv* ① *(understandably)* klar, einleuchtend; **to explain sth** ~ etw verständlich [*o* anschaulich] erklären; **to speak** ~ verständlich reden
② *(with mental clarity)* klar
lu·cid·ness [ˈluːsɪdnəs] *n no pl* ① *(in writing, speech)* Klarheit *f*, Verständlichkeit *f*
② *of perception* [geistige] Klarheit
Lu·ci·fer [ˈluːsɪfəʳ, AM -səfɚ] *n* Luzifer *m;* **to be as proud as** ~ so stolz wie eine Rose sein
Lu·cite® [ˈluːsaɪt] *n* AM Plexiglas® *nt*
luck [lʌk] **I.** *n no pl* ① *(fortune)* Glück *nt;* ***it's the ~ of the draw*** das ist eben Glücksache; ***our ~ was in*** BRIT, ***~ was with us*** wir hatten Glück; ***my ~ was in yesterday*** gestern war mein Glückstag; ***~ was on our side*** das Glück war auf unserer Seite; ***as ~ would have it*** wie es der Zufall wollte; ***just my ~!*** Pech gehabt!; ***it was just her ~ to arrive two minutes too late*** typisch für sie, dass sie zwei Minuten zu spät kam; ***no such ~!*** *(fam)* schön wär's! *fam;* ***I was rather hoping it would rain today but no such ~*** ich hatte gehofft, es würde heute regnen, aber es sollte nicht sein; ***some people have all the ~*** manche Menschen haben einfach immer Glück; **a stroke of ~** ein Glücksfall *m;* **bad ~** [**on sb**] Pech *nt* [für jdn]; **it's bad ~ to do sth** es bringt Unglück, etw zu tun; **bad** [*or* **hard**] [*or* **tough**] [*or* **rotten**] **~!** so ein Pech [aber auch]! *fam;* **to be just** [**a matter of**] ~ reine Glückssache sein; **to be in/out of ~** Glück/kein Glück haben; ***do you have any bananas today? — you're in ~*** haben Sie heute Bananen? – Sie haben Glück; **to be down on one's ~** vom Pech verfolgt sein; **not to believe one's ~** sein Glück kaum fassen können; **to bring sb good/bad ~** jdm Glück/Unglück bringen; **to have** [**good**] **~/bad ~** Glück/Pech haben; ***the only kind of ~ I've been having lately is bad*** in der letzten Zeit hatte ich immer nur Pech; **to try one's ~ at sth** sein Glück in etw *dat* versuchen; **by ~** durch Glück [*o* Zufall]; ***that was more by ~ than judgement*** das war mehr Glück als Verstand; **for** [**good**] ~ als Glücksbringer; **with** [**any** [*or* **a bit of**]] ~ mit ein bisschen Glück
② *(success)* Erfolg *m;* ***any ~ with booking your flight?*** hat es mit der Buchung deines Fluges geklappt?; ***better ~ next time!*** vielleicht [klappt es] beim nächsten Mal!; ***good ~ for your exams, John!*** viel Glück [*o* Erfolg] bei deiner Prüfung, John!; ***good ~ to him!*** *(iron)* na dann viel Glück! *iron;* **to have ~** [**with**] **doing sth** bei etw *dat* Erfolg haben; **to wish sb good** [*or* **the best of**] **~ in** [*or* **with**] **sth** jdm für etw *akk* viel Glück [*o* Erfolg] wünschen; **with no ~** ohne Erfolg, erfolglos
II. *vi* AM *(fam)* ▪**to ~ into sth** durch Glück an etw *akk* kommen, etw durch Zufall ergattern *fam*
◆**luck out** *vi* AM *(fam)* Schwein haben *fam*
lucki·ly [ˈlʌkɪli] *adv* glücklicherweise; ***~ for them*** zu ihrem Glück
luck·less [ˈlʌkləs] *adj (unfortunate)* glücklos; *(unsuccessful)* erfolglos
lucky [ˈlʌki] *adj* ① *(fortunate)* glücklich; ***you ~ thing!*** *(fam)* du Glückliche(r)!, du Glückspilz!; ***~ her!*** die Glückliche!; ***you're getting married? who's the ~ man/woman?*** du heiratest? wer ist denn der/die Glückliche?; ***you are ~ in having such a beautiful house*** du kannst dich glücklich schätzen, so ein wunderbares Haus zu besitzen; ***we'll be ~ if ...*** wir können von Glück sagen, wenn ...; ***you had a ~ escape!*** da hast du ja noch mal Glück gehabt!; ***she's ~ to be alive*** sie hat Glück, dass sie noch lebt; ***it is ~ that they came home*** zum Glück sind sie nach Hause gekommen; ***she's going to ask for a salary increase — she'll be ~!*** sie will um eine Gehaltserhöhung bitten – na dann viel Glück!; ***can you lend me £100? — you'll be ~!*** kannst du mir 100 Pfund leihen? – so siehst du [mir] aus!; ***did your husband give you those earrings? — I should be so ~!*** hat dir dein Mann die Ohrringe geschenkt? – schön wär's! *fam;* **a ~ find** ein glücklicher Fund; **to be ~ at games/in love** Glück im Spiel/in der Liebe haben; **to be born ~** ein Glückskind sein; **to count oneself ~** sich *akk* glücklich schätzen; **to get ~** *(fam)* Glück haben; *(meet sb)* jdn kennenlernen; *(hum: have sex)* sich *dat* näherkommen *euph*
② *(bringing fortune)* Glück bringend, Glücks-; ***what a ~ break!*** Glück gehabt!; **~ buy** günstiger Kauf; **~ day** Glückstag *m;* **~ number** Glückszahl *f;* **to make a ~ guess** einen Zufallstreffer landen
lucky ˈcharm *n* Glücksbringer *m*, Talisman *m*
lucky ˈdip *n* BRIT, AUS ≈ Glückstopf *m;* *(fig)* Glücksspiel *nt*
luc·ra·tive [ˈluːkrətɪv, AM -t̬ɪv] *adj* einträglich, lukrativ *geh*
luc·ra·tive·ly [ˈlukrətɪvli, AM -t̬ɪv-] *adv* Gewinn bringend, lukrativ *geh*
luc·ra·tive·ness [ˈluːkrətɪvnəs, AM -t̬ɪv-] *n no pl* Einträglichkeit *f*, Lukrativität *f geh*
luc·re [ˈluːkəʳ, AM -kɚ] *n no pl (pej dated)* Mammon *m pej*, Geld *nt;* [**filthy**] ~ [schnöder] Mammon *hum o pej;* ***he will do anything for ~*** für Geld tut er alles
Lud·dite [ˈlʌdaɪt] *n* ① *(hist)* Maschinenstürmer *m hist*, Luddit *m hist*
② *(usu pej: anti-technology)* Technikfeind(in) *m(f)*
lud·ic [ˈluːdɪk] *adj (form)* spielerisch
lu·di·crous [ˈluːdɪkrəs] *adj (ridiculous)* lächerlich, lachhaft *pej;* *(absurd)* absurd, grotesk; **a ~ idea** eine abstruse [*o* haarsträubende] Idee; **~ prices** haarsträubende Preise; **to look ~** lächerlich aussehen
lu·di·crous·ly [ˈluːdɪkrəsli] *adv (ridiculously)* lächerlich; *(absurdly)* absurd, haarsträubend; **~ expensive** unglaublich teuer
lu·di·crous·ness [ˈluːdɪkrəsnəs] *n no pl* Lächerlichkeit *f*, Lachhaftigkeit *f*, Absurdität *f*
ludo [ˈluːdəʊ] *n* BRIT Mensch, ärgere dich nicht *nt*
luff [lʌf] **I.** *n* NAUT Vorliek *nt*
II. *vt* ① NAUT ▪**to ~ sb/sth** jdn/etw luven
② TECH ▪**to ~ sth** etw wippen
III. *vi* NAUT anluven
lug[1] [lʌg] **I.** *vt* <-gg-> *(fam)* ▪**to ~ sth** *(carry)* etw schleppen; *(pull)* etw zerren; ▪**to ~ sb along** jdn mitschleppen; ▪**to ~ sth along** [*or* **around**] etw herumschleppen; ▪**to ~ sth away** etw wegschleppen
II. *n* AM *(fam)* Schatz *m*, Liebling *m*
lug[2] [lʌg] *n* ① BRIT, AUS *(hum sl: ear)* Löffel *m meist pl hum fam*
② *(protrusion)* Halterung *f*, Haltevorrichtung *f;* *(handle)* Henkel *m*
③ AM *(sl: bore)* Schafskopf *m pej fam*, Blödmann *m pej fam*, Depp *m* SCHWEIZ
luge [luːʒ] **I.** *n (sled)* Schlitten *m;* SPORT Rodelschlitten *m*
II. *vi* Schlitten fahren, rodeln, schlitteln SCHWEIZ
lug·gage [ˈlʌgɪdʒ] *n no pl* [Reise]gepäck *nt;* **a piece of ~** ein Gepäckstück *nt;* **carry-on** [*or* **hand**] ~ Handgepäck *nt;* **emotional ~** *(fig)* emotionale Last; **to carry psychological ~** psychische Schwierigkeiten haben
ˈlug·gage car·ri·er *n* Gepäckträger(in) *m(f)* **ˈlug·gage com·part·ment** *n (in a car)* Kofferraum *m;* *(in a train)* Gepäckabteil *nt;* *(in a plane)* Gepäckraum *m* **ˈlug·gage la·bel** *n* BRIT, AUS Kofferanhänger *m* **ˈlug·gage lock·er** *n (in stations)* [Gepäck]schließfach *nt;* *(in buses)* Gepäckfach *nt* **ˈlug·gage rack** *n esp* BRIT Gepäckablage *f*, Gepäcknetz *nt;* *of a bicycle* Gepäckträger *m* **ˈlug·gage tag** *n* AM *(luggage label)* Kofferanhänger *m* **ˈlug·gage trol·ley** *n* Kofferkuli *m* **ˈlug·gage van** *n* BRIT, AUS RAIL Gepäckwagen *m*, Packwagen *m*
lug·ger [ˈlʌgəʳ, AM -ɚ] *n* NAUT Logger *m*
ˈlug·hole *n* BRIT *(hum sl)* Löffel *m meist pl hum fam;* ***you'll get a clip round the ~*** du kriegst gleich ein paar hinter die Löffel; **to pin back one's ~s** die Löffel aufsperren [*o* spitzen] *fam* **ˈlug nut** *n* Radmutter *f* **ˈlug·sail** *n* Loggersegel *nt*, Sturmsegel *nt*
lu·gu·bri·ous [luˈguːbriəs, AM ləˈ-] *adj* schwermütig, traurig; **~ expression/look** wehmütiger [*o* kummervoller] Gesichtsausdruck/Blick; **~ music** wehmütige [*o* melancholische] Musik
lu·gu·bri·ous·ly [luˈguːbriəsli, AM ləˈ-] *adv* trübselig, schwermütig, kummervoll; **to speak ~** traurig reden
lu·gu·bri·ous·ness [luˈguːbriəsnəs, AM ləˈ-] *n no pl* Schwermütigkeit *f*, Wehmut *f*, Trübseligkeit *f*
ˈlug·worm *n* Köderwurm *m* **ˈlug wrench** *n* Radmutternschlüssel *m*
Luke [luːk] *n* Lukas *m;* **St ~** der heilige Lukas
luke·warm [ˌluːkˈwɔːm, AM ˈluːkwɔːrm] *adj inv* ① *(tepid)* lau[warm]; **~ to the touch** handwarm
② *(fig: not enthusiastic)* mäßig, halbherzig; **~ applause** mäßiger Applaus; **to be ~ about an idea** von einer Idee nur mäßig begeistert sein
lull [lʌl] **I.** *vt* ① *(soothe)* **to ~ sb to sleep** jdn in den Schlaf lullen; **to ~ a baby to sleep** ein Baby in den Schlaf wiegen
② *(trick)* ▪**to ~ sb** jdn einlullen *fig;* **to ~ sb into a false sense of security** jdn in trügerischer Sicherheit wiegen
③ *(dispel)* ▪**to ~ sth** *suspicions, fears* etw zerstreuen
II. *vi* sich *akk* legen *fig; storm* nachlassen; *sea* sich *akk* beruhigen
III. *n* [Ruhe]pause *f;* ECON Flaute *f;* ***there was a ~ in the storm*** der Sturm ließ für einen Moment lang nach; **a ~ in consumer demand** Konsumflaute *f;* **~ in the conversation** Gesprächspause *f;* **~ in fighting** Kampfpause *f;* **the ~ before the storm** *(fig)* die Ruhe vor dem Sturm *fig*
lulla·by [ˈlʌləbaɪ] *n* Schlaflied *nt*, Wiegenlied *nt*
lulu [ˈluːluː] *n* AM, AUS *(sl)* ▪**to be a ~** ① *(bad)* der Hammer sein *fam*
② *(good)* genial sein *fam*, [aller]erste Sahne sein DIAL *fam*
lum·ba·go [lʌmˈbeɪgəʊ, AM -goʊ] *n no pl* Hexenschuss *m*, Lumbago *f fachspr;* **to have** [**a**] ~ einen Hexenschuss haben
lum·bar [ˈlʌmbəʳ, AM -bɑːr] *adj attr, inv* MED Lenden-, lumbal *fachspr;* **~ region** Lendenbereich *m;* **~ vertebra** Lendenwirbel *m*
ˈlum·bar punc·ture *n* MED Lumbalpunktion *f*
lum·ber[1] [ˈlʌmbəʳ, AM -bɚ] *vi person* schwerfällig gehen, trotten; *tank* rollen; *cart, waggon* [dahin]rumpeln; *animal* trotten; *bear* [behäbig] tapsen
lum·ber[2] [ˈlʌmbəʳ, AM -bɚ] **I.** *n no pl* ① *esp* BRIT *(junk)* Kram *m pej fam*, Krempel *m pej fam*, Gerümpel *nt* SCHWEIZ *pej fam*
② *esp* AM, AUS *(timber)* Bauholz *nt*, Nutzholz *nt;* **~ industry** Holzindustrie *f*
II. *vt* BRIT, AUS *(fam)* ▪**to ~ sth with sth** etw mit etw *dat* vollstopfen; ▪**to ~ sb with sth** jdm etw aufhalsen; ***as usual, I got ~ed*** wie immer wurde mir die ganze Arbeit aufgebrummt; ***I'm always ~ed with doing the laundry*** das Wäschewaschen bleibt immer an mir hängen; **to ~ one's mind with sth** sich *akk* mit etw *dat* belasten
III. *vi* Holz fällen
lum·ber·er [ˈlʌmbᵊrəʳ, AM -bɚɚ], **lum·ber·jack** [ˈlʌmbədʒæk, AM -bɚ-] *n* Holzfäller(in) *m(f)*, Holzarbeiter(in) *m(f)*

lum·ber·ing[1] ['lʌmbᵊrɪŋ] *adj attr, inv person* plump; *gait* schwerfällig, trampelnd; *cart, waggon* rumpelnd; *tank* klobig; *animal* trampelnd; *bear* tapsig

lum·ber·ing[2] ['lʌmbᵊrɪŋ] *n no pl esp* AM Holzfällen *nt,* Abholzen *nt;* ~ **business** [*or* **firm**] Holzunternehmen *nt*

'lum·ber jack·et *n* Lumberjack *m,* Holzfällerjacke *f* **'lum·ber·man** *n (logger)* Holzfäller *m; (dealer)* Holzhändler *m* **'lum·ber mill** *n* Sägewerk *nt,* Sägemühle *f*

'lum·ber room *n* BRIT Abstellkammer *f,* Rumpelkammer *f fam*

lum·ber·some ['lʌmbəsəm, AM -bɚ-] *adj thing* unhandlich; *person* unbeholfen

'lum·ber trade *n no pl esp* AM Holzhandel *m* **'lum·ber·yard** *n esp* AM Holzlager *nt,* Holzplatz *m*

lu·mi·nary ['lu:mɪnᵊri, AM 'lu:məneri] *n* ① *(liter: in sky)* Himmelskörper *m*
② *(fig: in an industry)* Koryphäe *f geh,* Kapazität *f fig; (in film, theater)* Berühmtheit *f,* Star *m*

lu·mi·nes·cence [ˌlu:mɪ'nesᵊn(t)s, AM ˌlu:mə'-] *n no pl* Leuchten *nt;* PHYS Lumineszenz *f fachspr*

lu·mi·nes·cent [ˌlu:mɪ'nesᵊnt, AM ˌlu:mə'-] *adj* leuchtend, glänzend; PHYS, ELEC lumineszierend *fachspr*

lu·mi·nos·ity [ˌlu:mɪ'nɒsəti, AM ˌlu:mə'nɑ:səṭi] *n no pl* ① *(brightness)* Helligkeit *f; of a lamp* Leuchtkraft *f;* PHYS Lichtstärke *f*
② *(fig) of artist* Brillanz *f,* Genialität *f*

lu·mi·nous ['lu:mɪnəs, AM 'lu:mə-] *adj* ① *(bright)* leuchtend *a. fig,* strahlend *a. fig; **her eyes were ~ with merriment*** ihre Augen strahlten vor Glück
② *(phosphorescent)* phosphoreszierend, Leucht-; ~ **hand** Leuchtzeiger *m;* ~ **paint** Leuchtfarbe *f*
③ *(brilliant)* genial, brillant, glänzend *fig*

lu·mi·nous·ly ['lu:mɪnəsli, AM 'lu:mə-] *adv* ① *(with light)* hell
② *(brilliantly) speak, write* genial, brillant, glänzend *fig*

lum·me ['lʌmi] *interj* BRIT *(fam)* ■ ~! ach Gott!

lum·mox <*pl* -es> ['lʌməks] *n esp* AM *(fam)* Tollpatsch *m fam,* Trampel *m pej fam*

lump [lʌmp] **I.** *n* ① *(chunk)* Klumpen *m; **this sauce has got ~s in it*** in der Sauce schwimmen Klümpchen; ~ **coal** Grobkohle *f,* Stückkohle *f;* ~ **of ice** Eisbrocken *m;* **three ~s of sugar** drei Stück Zucker; ~ **of wood** Holzklotz *m*
② *(sl: heap)* Haufen *m fam*
③ MED *(swelling)* Beule *f,* Schwellung *f; (in breast)* Knoten *m; (inside body)* Geschwulst *f,* Geschwür *nt*
④ *(fam: person)* Brocken *m fam,* Trampel *m o nt pej fam,* Koloss *m a. hum fam; **what a great ~ you are!*** was bist du doch für ein Fettkloss!
⑤ *(money)* Menge *f,* Masse *f;* **to pay in a ~** alles auf einmal bezahlen
▸PHRASES: **to bring a ~ to sb's throat** jdm die Kehle zuschnüren *fig;* **to have a ~ in one's throat** einen Kloß im Hals haben *fig;* **to take one's ~s** AM *(fam)* die Konsequenzen tragen; **taken in the ~** im Großen und Ganzen, alles in allem
II. *vt* ① *(combine)* ■ ~ **sth with sth** etw mit etw *dat* zusammentun *fam;* ■ **to ~ sb with sb else** *(judge together)* jdn mit jdm in einen Topf werfen *fig fam; (put in one group)* jdn mit jdm zusammenstecken *fam;* **to ~ costs** Kosten zusammenlegen
② *(sl: endure)* **to ~ it** sich *akk* damit abfinden, etw hinnehmen [*o fam* schlucken]; ***you'll just have to like it or ~ it*** damit musst du dich eben abfinden; ***if Tom doesn't like it, he can ~ it*** wenn Tom das nicht passt, hat er eben Pech gehabt
III. *vi* FOOD *flour, sauce* klumpen, Klumpen bilden
◆**lump together** *vt* ① *(put together)* ■ **to ~ together** ◯ **sth** etw zusammenfassen; ***you can ~ your expenses together*** Sie können ihre Ausgaben zusammenrechnen; **to ~ books together** Bücher zusammenstellen; **to ~ money together** Geld zusammenlegen
② *(judge together)* ■ **to ~ together** ◯ **sb/sth** jdn/etw in einen Topf werfen *fig*

lump·en ['lʌmpən] *adj (fam: awkward) person* plump, grobschlächtig; *(stupid)* doof *pej fam,* dumm *pej*

'lump fish *n* Seehase *m*

lump·ish ['lʌmpɪʃ] *adj (awkward) person* grobschlächtig, plump; *(stupid)* doof *pej fam,* dumpf *pej;* ~ **movement** schwerfällige Bewegung

lump 'pay·ment *n* Einmalzahlung *f* **lump 'sug·ar** *n no pl* Würfelzucker *m* **lump 'sum, lump sum 'pay·ment** *n (paid at once)* Einmalzahlung *f; (for several items)* Pauschale *f,* Pauschalbetrag *m;* ~ **allowance** Pauschalfreibetrag *m;* **to receive a ~** eine Pauschale erhalten; **to pay sth in a ~** etw pauschal bezahlen

lumpy ['lʌmpi] *adj liquid* klumpig; *figure* plump, massig; *person* pummelig, SCHWEIZ *a.* fest; ***the custard is very ~*** der Pudding ist voller Klümpchen; ~ **pillow/mattress** Kopfkissen *nt*/Matratze *f* mit klumpiger Füllung; ~ **sea** unruhige See; ~ **surface** unebene Oberfläche

lu·na·cy ['lu:nəsi] *n no pl* ① *(dated: mental condition)* Wahnsinn *m pej;* MED Geistesstörung *f;* LAW [geistige] Unzurechnungsfähigkeit
② *(foolishness) of action, statment* Wahnsinn *m fam,* Irrsinn *m fam;* **sheer** [*or* **utter**] ~ heller [*o* reiner] Wahnsinn

lu·nar ['lu:nəʳ, AM -nɚ] *adj attr, inv* Mond-, lunar *fachspr;* ~ **cycle** Mondzyklus *m;* ~ **landscape** Mondlandschaft *f a. fig;* ~ **orbit** Mondumlaufbahn *f;* ~ **rock** Mondgestein *nt*

lu·nar e'clipse *n* Mondfinsternis *f* **lu·nar 'mod·ule** *n* Mond[lande]fähre *f,* Mondlandeeinheit *f* **lu·nar 'month** *n* Mondmonat *m* **lu·nar 'year** *n* Mondjahr *nt*

lu·na·tic ['lu:nətɪk] **I.** *n* ① *(dated: mentally ill person)* Irre(r) *f(m) pej derb,* Idiot(in) *m(f) pej derb;* MED Geistesgestörte(r) *f(m);* LAW [geistig] Unzurechnungsfähige(r) *f(m)*
② *(crazy person)* Verrückte(r) *f(m) fam,* Irre(r) *f(m) fam,* Wahnsinnige(r) *f(m) fam*
II. *adj* verrückt *fam o pej,* wahnsinnig *fam o pej;* MED geistesgestört; LAW [geistig] unzurechnungsfähig

'lu·na·tic asy·lum *n (hist)* Irrenanstalt *f pej veraltend fam,* Irrenhaus *nt pej veraltend fam* **lu·na·tic 'fringe** *n (pej)* Extremisten *pl,* Fanatiker *pl;* ■ **to be on the ~** Extremist/Extremistin sein

lunch [lʌn(t)ʃ] **I.** *n* <*pl* -es> ① *(midday meal)* Mittagessen *nt; **what's for ~?*** was gibt's zu Mittag?; **buffet** ~ kaltes Buffet; **business** [*or* AM **power**] ~ *(sl)* Arbeitsessen *nt,* Geschäftsessen *nt;* **to do ~** *(fam)* miteinander zu Mittag essen; **to go out to** [*or* **for**] ~ zum Mittagessen gehen, auswärts zu Mittag essen; **to have** [*or* **eat**] ~ zu Mittag essen; **to have an early ~** früh zu Mittag essen; **to have** [*or* **hold**] **a ~** ein Essen geben
② *(midday break)* Mittagspause *f; **what time do you want to have ~?*** wann möchtest du Mittag machen?; **to be out to** [*or* **for**] ~ in der Mittagspause [*o* zu Tisch] sein
③ *(light meal)* Imbiss *m*
▸PHRASES: **to be out to ~** *esp* AM *(fam)* nicht ganz richtig im Kopf sein *fam;* **there's no such thing as a free ~** *(prov)* es wird einem nichts geschenkt
II. *vi* zu Mittag essen, lunchen; ■ **to ~ with sb** mit jdm zu Mittag essen; ■ **to ~ on sth** etw zu Mittag essen

'lunch·box *n* ① *(box)* Lunchbox *f,* Brot[zeit]dose *f* DIAL ② *(sl: male genitalia)* Gehänge *nt derb;* **kick to the ~** Tritt *m* in die Eier *derb* **'lunch break** *n* Mittagspause *f*

lunch·eon ['lʌn(t)ʃən] *n (form)* Mittagessen *nt,* Lunch *nt*

lunch·eon·ette [ˌlʌn(t)ʃə'net] *n* AM ≈ Imbissstube *f*

'lunch·eon meat *n* Frühstücksfleisch *nt* **'lunch·eon vouch·er** *n,* **LV** *n* BRIT Essensmarke *f*

'lunch hour *n* Mittagspause *f* **'lunch meat** *n* AM Frühstücksfleisch *nt* **'lunch par·ty** *n Mittagessen mit kleiner Party* **'lunch room** *n* AM *(snack bar)* Imbissstube *f; (at school)* Speisesaal *m; (at university)* Mensa *f; (at work)* Kantine *f* **'lunch·time I.** *n (midday)* Mittagszeit *f; (lunchbreak)* Mittagspause *f; **Sunday ~s are special in our family*** das sonntägliche Mittagessen ist in unserer Familie etwas Besonderes; **yesterday ~** BRIT gestern in der Mittagspause; **at ~** mittags; ***he'll arrive at ~*** er wird gegen Mittag ankommen **II.** *n modifier (concert, edition)* Mittags-

lung [lʌŋ] *n* Lungenflügel *m;* ■ **the ~s** *pl* die Lunge; **the ~s of the Earth** *(fig)* die grüne Lunge der Erde; **to have a good** [*or* **healthy**] **pair of ~s** eine gute Lunge haben *hum*
▸PHRASES: **to shout at the top of one's ~s** sich *dat* die Lunge aus dem Leib schreien

'lung can·cer *n no pl* Lungenkrebs *m*

lunge [lʌndʒ] **I.** *n (sudden jump forwards)* Satz *m* nach vorn; *(in fencing)* Ausfall *m;* **to make a ~ at sb/sth** sich *akk* auf jdn/etw stürzen
II. *vi* ■ **to ~ at** [*or* **toward**[**s**]] **sb** sich *akk* auf jdn stürzen, auf jdn losgehen; ■ **to ~ forward** einen Satz nach vorne machen; *(in fencing)* einen Ausfall machen
◆**lunge out** *vi* ■ **to ~ out at sb** sich *akk* auf jdn stürzen

'lung pow·er *n* Stimmgewalt *f*

lu·nu·la <*pl* -lae> ['lu:njələ, AM -njʊ-] *n* ① ANAT *(of fingernail)* Nagelmöndchen *nt,* Lunula *f fachspr*
② *(ornament)* Lunula *f fachspr*

lu·pin ['lu:pɪn] *n* Lupine *f*

lu·pine ['lu:paɪn] *adj* wölfisch

lurch[1] [lɜ:tʃ, AM lɜ:rtʃ] *n* **to leave sb in the ~** jdn im Stich lassen [*o fam* hängen lassen]

lurch[2] [lɜ:tʃ, AM lɜ:rtʃ] **I.** *n* <*pl* -es> Ruck *m a. fig; of ship* Schlingern *nt; of person* Torkeln *nt,* Taumeln *nt; of train* Ruckeln *nt;* **the party's ~ to the left** der Linksruck der Partei; **to give a ~** einen [plötzlichen] Ruck machen; **with a ~** mit einem Ruck
II. *vi crowd, person* torkeln, schwanken; *car, ship* schlingern; *train* ruckeln; ■ **to ~ away from sth** von etw *dat* abrücken [*o* Abstand nehmen]; ***the car ~ed to a sudden halt*** das Auto kam ruckartig zum Stehen; ***the train ~ed forward*** der Zug fuhr mit einem Ruck an; *(fig) **she ~es from one bad relationship to another*** sie schlittert von einer Katastrophenbeziehung in die nächste; ***the speaker kept ~ing from one topic to another*** der Sprecher sprang dauernd von einem Thema zum nächsten

lurch·er ['lɜ:tʃəʳ] *n* BRIT *Kreuzung zwischen einem Windhund und einem anderen Rassehund*

lure [lʊəʳ, AM lʊr] **I.** *vt* ■ **to ~ sb/sth** jdn/etw [an]locken [*o* ködern]; ■ **to ~ sb away from sth** jdn von etw *dat* weglocken [*o* fortlocken]; **to ~ sb/an animal into a trap** jdn/ein Tier in eine Falle locken; ■ **to ~ sb/an animal out from sth** jdn/ein Tier aus etw *dat* hervorlocken
II. *n* ① *no pl (fig: power of attraction)* Verlockung *f,* Reiz *m;* **the ~ of easy money** der Reiz des schnellen Geldes; **the ~ of the wild** der Ruf der Wildnis
② *(decoy)* Köder *m a. fig;* HUNT Lockvogel *m a. fig*

Lu·rex® ['ljʊəreks, AM 'lʊr-] **I.** *n no pl* Lurex® *nt*
II. *n modifier (skirt, top, trousers)* Lurex-, aus Lurex *nach n*

lur·gy ['lɜ:gi] *n* BRIT, AUS *(hum fam)* Zipperlein *nt hum fam,* Wehwehchen *nt hum*

lu·rid ['ljʊərɪd, AM 'lʊr-] *adj* ① *(glaring)* grell [leuchtend], intensiv; *colours* schreiend, grell *fig,* SCHWEIZ *a.* gellend *fig;* ~ **sunset** dunkelroter Sonnenuntergang
② *(sensational)* reißerisch *pej,* sensationslüstern *pej; cover, article* reißerisch aufgemacht *pej; (terrible)* grässlich, widerlich; ~ **details** schmutzige Einzelheiten; **to describe sth in ~ detail** etw drastisch schildern; ~ **language** reißerische Sprache

lu·rid·ly ['ljʊərɪdli, AM 'lʊr-] *adv* ① *(glaringly)* grell, intensiv
② *(horrifyingly)* grässlich, schaurig; *(gaudily)* reißerisch, sensationslüstern; **a ~ written description** eine reißerisch aufgemachte Schilderung

lu·rid·ness ['ljʊərɪdnəs, AM 'lʊr-] *n no pl* ① *(intensity)* Grellheit *f,* Intensität *f*
② *(gaudiness) of language* Blutrünstigkeit *f; of tale* Schaurigkeit *f; of details* ekelhafte Darstellung; **the ~ of their language** ihre reißerische Sprache

lurk [lɜ:k, AM lɜ:rk] *vi* auf der Lauer liegen, lauern *a. fig; (fig)* ■ **to ~ behind sth** hinter etw *dat* stecken; **to ~ beneath the surface** *(fig)* unter der Oberfläche schlummern; **to ~ in the bushes/the dark** sich *akk* im Gebüsch/in der Dunkelheit verborgen halten

◆**lurk about, lurk around** *vi* herumschleichen

lurk·ing ['lɜ:kɪŋ, AM 'lɜ:r-] *adj attr, inv* lauernd; *person, object* versteckt, verborgen; *fear* unterschwellig; *doubt, suspicion* heimlich; **~ error** versteckter Fehler

lus·cious ['lʌʃəs] *adj* ❶ *(sweet) taste, smell* [herrlich] süß; *fruit* saftig [süß]; *cake, wine* köstlich, delikat; *colour* satt, intensiv
❷ *(fam: voluptuous)* sinnlich; *girl* knackig *sl*, appetitlich *fam*; **~ curves** üppige Kurven; **~ lips** volle Lippen; **to look ~** zum Anbeißen aussehen *fam*
❸ *(growing vigorously)* üppig; **~ landscape** blühende Landschaft

lus·cious·ly ['lʌʃəsli] *adv taste* köstlich; *(voluptuously)* sinnlich, erotisch; **~ dressed** verführerisch gekleidet; **~ juicy** herrlich saftig

lus·cious·ness ['lʌʃəsnəs] *n no pl of food* Köstlichkeit *f*; *of fruit* Saftigkeit *f*, Süße *f*; *of colour* Sattheit *f*, Intensität *f*; *of a woman* Sexappeal *m*, erotische Ausstrahlung; *of lips* Sinnlichkeit *f*; *of a vegetation* Üppigkeit *f*

lush [lʌʃ] **I.** *adj* ❶ *grass* saftig [grün]; *growth, vegetation* üppig
❷ *(luxurious) car, hotel* luxuriös; *(voluptuous) colour* satt, intensiv; *woman* sinnlich; **~ salary** dickes [*o* saftiges] Gehalt *fam*
II. *n* <*pl* -es> AM *(sl)* Säufer(in) *m(f) fam*, Trinker(in) *m(f)*

lush·ly ['lʌʃli] *adv* ❶ *grow* üppig
❷ *furnished, decorated* luxuriös

lush·ness ['lʌʃnəs] *n no pl* ❶ *of grass, meadows* Saftigkeit *f*; *of growth* Üppigkeit *f*
❷ *(luxury) of furniture* Pracht *f*; *(voluptuousness)* Üppigkeit *f*; *of woman* Sinnlichkeit *f*

lust [lʌst] **I.** *n* ❶ *(sexual drive)* Lust *f*, Geilheit *f fam*, Sinneslust *f geh* (**for** nach +*dat*); ***he looked at her with ~*** er sah sie lüstern an; **the ~s of the flesh** die fleischlichen Begierden [*o* Lüste] *geh*; **to satisfy one's ~** seine Lust befriedigen
❷ *(desire)* Begierde *f* (**for** nach +*dat*); *(greed)* Gier *f* (**for** nach +*dat*); **~ for life** Lebenslust *f*, Lebenshunger *m*; **~ for money/power** Geld-/Machtgier *f*; **~ for revenge** Rachegelüste *pl geh*
II. *vi* ■**to ~ after** [*or* **for**] **sb** jdn begehren *geh o hum*; ■**to ~ after** [*or* **for**] **sth** gierig nach [*o* auf] etw *dat* sein; **to ~ after possessions/power** leidenschaftlich nach Besitz/Macht streben

lus·ter *n no pl* AM *see* **lustre**

lus·ter·less *adj* AM *see* **lustreless**

lust·ful ['lʌstfʊl] *adj* lüstern *geh*

lust·ful·ly ['lʌstfʊli] *adv* lüstern *geh*

lust·ful·ness ['lʌstfʊlnəs] *n no pl* Begierde *f geh*

lusti·ly ['lʌstɪli] *adv* kräftig, lebhaft; **to cry/shout ~** aus vollem Hals[e] schreien/rufen; **to laugh ~** lauthals [*o* herzhaft] lachen; **to sing ~** aus voller Kehle singen; **to work ~** dynamisch [*o* schwungvoll] arbeiten

lusti·ness ['lʌstɪnəs] *n no pl* Kräftigkeit *f*, Lebhaftigkeit *f*

lus·tre, AM **lus·ter** ['lʌstəʳ, AM -tɚ] *n* ❶ *no pl (shine)* Glanz *m*, Schimmer *m*; **rich ~** strahlender Glanz
❷ *no pl (fig: grandeur)* Glanz *m fig*; **to add ~ to sth** etw *dat* Glanz verleihen
❸ *(pendant)* Lüster *m*; *(chandelier)* Kronleuchter *m*, Lüster *m veraltend*, Luster *m* ÖSTERR

lus·tre·less, AM **lus·ter·less** ['lʌstələs, AM -tɚləs] *adj* glanzlos, ohne Glanz *nach n*; *hair* stumpf; *smile* matt

lus·trous ['lʌstrəs] *adj* glänzend, strahlend; *hair* glänzend, schimmernd; *smile* strahlend

lus·trous·ly ['lʌstrəsli] *adv* glänzend, strahlend; ***your hair shines ~*** deine Haare haben einen schimmernden Glanz

lusty ['lʌsti] *adj (strong and healthy) person* gesund [und munter]; *man* stark; *appetite* herzhaft; *(energetic) children* lebhaft; *worker* tüchtig, zupackend *attr*; *cry* kräftig, laut; *kick, punch* kräftig, hart; *voice* kräftig

lu·tan·ist ['lu:tᵊnɪst] *n see* **lutenist**

lute [lu:t] *n* Laute *f*

lu·te·cium [lu:'ti:ʃiəm] *n no pl* CHEM Lutetium *nt*

lutein ['lu:ti:n] *n no pl* Lutein *nt*

lu·ten·ist ['lu:tᵊnɪst] *n* Lautenspieler(in) *m(f)*, Lautenist(in) *m(f) fachspr*

Luther ['lu:θəʳ, AM -ɚ] *n no pl* Luther *m*

Lu·ther·an ['lu:ðᵊrᵊn] REL **I.** *n* Lutheraner(in) *m(f)*
II. *adj inv* lutherisch

Lu·ther·an·ism ['lu:θᵊrᵊnɪzᵊm] *n no pl* Lutheranismus *m*

luv [lʌv] *n* BRIT, AUS Liebling *m*, Schatz *m fam*

luv·vie, luv·vy ['lʌvi] *n* BRIT *(hum)* Möchtegernschauspieler(in) *m(f) pej*

lux <*pl* -> [lʌks] *n* PHYS Lux *nt*

luxe [lʌks, lu:ks] *n modifier kitchen* Nobel-; *packaging* Edel-, Luxus-

Lux·em·bourg ['lʌksᵊmbɜ:g, AM -bɜ:rg] *n* Luxemburg *nt*

Lux·em·bourg·er ['lʌksᵊmbɜ:gəʳ, AM -bɜ:rgɚ] *n* Luxemburger(in) *m(f)*

Lux·em·bour·gian [ˌlʌksᵊm'bɜ:giən, AM -'bɜ:rg-] *n* Luxemburgisch *nt*

Lux·em·burg·ish ['lʌksᵊmbɜ:gɪʃ, AM -bɜ:rg-] *n* Letzeburgesch *nt*

luxu·ri·ance [lʌg'ʒʊəriən(t)s, AM -'ʒʊri-] *n no pl* Überfluss *m*, Reichtum *m*; *of vegetation* Üppigkeit *f*; *of hair* Fülle *f*; ***the ~ of his style of writing sets him apart from other writers*** mit seinem überschwänglichen Schreibstil hebt er sich von anderen Autoren ab

luxu·ri·ant [lʌg'ʒʊəriənt, AM -'ʒʊri-] *adj (abundant)* üppig; *(adorned)* prunkvoll; **~ hair** volles Haar; **~ harvest** [ertrag]reiche Ernte; **~ imagination** blühende Phantasie; **~ style of writing** blumiger [Schreib]stil

luxu·ri·ant·ly [lʌg'ʒʊəriəntli, AM -'ʒʊri-] *adv* üppig

luxu·ri·ate [lʌg'ʒʊərieɪt, AM -'ʒʊri-] *vi* sich *akk* aalen; ***the plants are luxuriating*** die Pflanzen gedeihen prächtig; **to ~ on the couch** sich genüsslich auf der Couch räkeln

luxu·ri·ous [lʌg'ʒʊəriəs, AM -'ʒʊri-] *adj* ❶ *(with luxuries)* luxuriös, Luxus-; **~ hotel** Luxushotel *nt*
❷ *(self-indulgent)* genüsslich, genießerisch; *(decadent)* genusssüchtig, verschwenderisch; **to live a ~ life** verschwenderisch leben, ein luxuriöses Leben führen

luxu·ri·ous·ly [lʌg'ʒʊəriəsli, AM -'ʒʊri-] *adv* ❶ *(with luxuries)* luxuriös; **to furnish sth ~** etw prunkvoll ausstatten; **to live ~** auf großem Fuß leben
❷ *(self-indulgently)* genüsslich, genießerisch

luxu·ry ['lʌkʃᵊri, AM -ʃɚi] **I.** *n* ❶ *no pl (self-indulgence)* Luxus *m*, Überfluss *m*; **to live** [*or* **lead**] **a life of ~** ein Luxusleben führen; **to live in ~** im Luxus leben
❷ *(luxurious item)* Luxus[artikel] *m*; ■**luxuries** *pl* Luxus *m kein pl*; ***champagne is a real ~*** Champagner ist der reinste Luxus; **to buy oneself little luxuries** sich *dat* ein bisschen Luxus leisten
II. *n modifier (car, flat, holiday)* Luxus-; **~ hotel** Luxushotel *nt*

'luxu·ry cruise *n* Kreuzfahrt *f*; **to go on a ~** eine Kreuzfahrt machen **'luxu·ry goods** *npl*, **'luxu·ry items** *npl* Luxusgüter *pl*, Luxusartikel *pl*

LV *n* BRIT *abbrev of* **luncheon voucher** Essensmarke *f*

LW *n* RADIO *abbrev of* **long wave** LW

ly·chee [ˌlaɪ'tʃi:, AM 'li:tʃi:] *n* Litschi *f*

lych·gate ['lɪtʃgeɪt] *n* überdachtes Friedhofstor

Ly·cra® ['laɪkrə] **I.** *n no pl* Lycra® *nt*
II. *n modifier (leggings, shirt)* Lycra-, aus Lycra *nach n*; **~ fibre** Lycrafaser *f*; **~ bodysuit** [Gymnastik]anzug *m* aus Lycra

lye [laɪ] *n no pl* Lauge *f*

ly·ing¹ ['laɪɪŋ] *vi present participle of* **lie**

ly·ing² ['laɪɪŋ] **I.** *adj attr, inv* verlogen, lügnerisch; **~ toad** BRIT *(fam)* Lügenbold *m fam*
II. *n no pl* Lügen *nt*; ***that would be ~*** das wäre gelogen

ly·ing-'in *n (old)* Wochenbett *nt veraltend*

lymph [lɪmf] *n no pl* Lymphe *f*, Gewebsflüssigkeit *f*

lym·phat·ic [lɪm'fætɪk, AM -'fæţ-] **I.** *adj inv* lymphatisch *fachspr*, Lymph[o]-; **~ vessel** Lymphgefäß *nt*
II. *n* Lymphgefäß *nt*

lym·phat·ic 'drain·age *n no pl* Lymphdrainage *f*

lym·'phat·ic sys·tem *n* Lymphsystem *nt*

'lymph gland *n* Lymphdrüse *f* **'lymph node** *n* Lymphknoten *m*

lym·pho·cyte ['lɪm(p)fə(ʊ)saɪt] *n* Lymphozyt *m*

'lymph ves·sel *n* Lymphgefäß *nt*

lynch [lɪn(t)ʃ] *vt* ■**to ~ sb** jdn lynchen

lynch·ing ['lɪn(t)ʃɪŋ] *n* Lynchen *nt*

'lynch law *n* Lynchjustiz *f* **'lynch mob** *n aufgebrachte Menschenmenge, die jdn lynchen will*

lynch·pin *n see* **linchpin**

lynx <*pl* -es *or* -> [lɪŋks] *n* Luchs *m*

'lynx-eyed *adj* **to be ~** Augen wie ein Luchs haben

lyre [laɪəʳ, AM laɪr] *n* Lyra *f geh*, Leier *f*

'lyre·bird *n* Leierschwanz *m*

lyr·ic ['lɪrɪk] **I.** *adj inv* lyrisch; **~ poet** Lyriker(in) *m(f)*; **~ poetry** Lyrik *f*, lyrische Dichtung
II. *n* ❶ *(poem)* lyrisches Gedicht
❷ *(words for song)* ■**~s** *pl* [Lied]text *m*

lyri·cal ['lɪrɪkᵊl] *adj* ❶ *poetry* lyrisch
❷ *(emotional)* gefühlvoll, schwärmerisch; **to wax ~ about sth** über etw *akk* ins Schwärmen geraten

lyri·cal·ly ['lɪrɪkᵊli] *adv* ❶ *(poetically)* lyrisch
❷ *(emotionally)* gefühlvoll, schwärmerisch

lyri·cism ['lɪrɪsɪzᵊm] *n* ❶ *no pl* LIT, MUS Lyrik *f*; *(passage)* Lyrismus *m fachspr*
❷ *(sentiment)* Gefühlsregung *f*, Schwärmerei *f*

lyri·cist ['lɪrɪsɪst] *n* ❶ *(writer of texts)* Texter(in) *m(f)*
❷ *(poet)* Lyriker(in) *m(f)*

Ly·sol® ['laɪsɒl, AM -sɑ:l] *n no pl* Lysol® *nt*

M

M <*pl* -'s>, **m** <*pl* -'s *or* -s> [em] *n* ❶ *(letter)* M *nt*, m *nt*; **~ for Mary** [*or* AM **as in Mike**] M für Martha; *see also* **A 1**
❷ *(Roman numeral)* M *nt*, m *nt*

m¹ *n* <*pl* -> *abbrev of* **metre** m

m² *n abbrev of* **mile**

m³ *n abbrev of* **million** Mill., Mio.

m⁴ *n abbrev of* **minute** Min.

m⁵ *n (one thousandth)* m

m⁶ *adj abbrev of* **male** männl.

m⁷ *adj abbrev of* **masculine** m

m⁸ *adj abbrev of* **married** verh.

M¹ *adj abbrev of* **mega-** M

M² **I.** *adj* FASHION *abbrev of* **medium** M
II. *n* [em] BRIT *abbrev of* **motorway** ≈ A *f*; ***the ~ 4 from London to Bristol*** die M4 von London nach Bristol

ma [mɑ:] *n* ❶ *(fam: mother)* Mama *f fam*, Mutti *f fam*, Mami *f* SCHWEIZ *fam*
❷ *esp* AM *(title)* ***M~ Johnson*** Mama Johnson

MA [ˌem'eɪ] *n abbrev of* **Master of Arts** ≈ M.A. *m*; **to be** [*or* **have**] **an ~ in sth** den Magister in etw *dat* haben; **to study for** [*or* **do**] **an ~ in sth** den Magister in etw *dat* machen; **John Smith, ~** John Smith, M.A.

ma'am¹ [mæm] *n short for* **madam** gnädige Frau *form*

ma'am² [mɑ:m] *n* BRIT Majestät *f*

Maas·tricht ['mɑ:strɪkt] *n* Maastricht *nt*; **~ criteria** Maastricht-Kriterien *pl*; **~ Treaty** Maastrichter Vertrag, Vertrag *m* von Maastricht

mac [mæk] *n esp* BRIT *(fam) short for* **mackintosh** Regenmantel *m*

Mac¹ [mæk] *n* ❶ *(Scotsman)* Schotte *m*
❷ AM *(fam)* Kollege *m hum fam*, Kumpel *m fam*; ***hallo, ~!*** hallo, Alter! *fam*

Mac² [mæk] *n* COMPUT *(fam) short for* **Macintosh®** Mac *m fam*

MAC[1] [mæk] *n* TECH, TV *acr for* **multiplexed analog components** MAC *f (Fernsehnorm, die für das Satellitenfernsehen entwickelt wurde)*
MAC[2] [mæk] *n* COMPUT *acr for* **message authentication code** MAC *m (Beglaubigungscode für Nachrichten in der Kryptografie)*
ma·ca·bre [mə'kɑ:br(ə), AM -brə] *adj* makaber
mac·ad·am [mə'kædəm] *n* Splitt *m*, Schotter *m*, Makadam *m o nt fachspr*
mac·ad·am·ize [mə'kædəmaɪz] *vt* **to ~ a road** eine Straße schottern [*o fachspr* makadamisieren]
mac·ad·am 'road *n* Schotterstraße *f*
Maca·nese [,mækə'ni:z] **I.** *n* Bewohner(in) *m(f)* Macaus
II. *adj* macauisch
Ma·cao [mə'kaʊ] *n* Macau
ma·caque [mə'kɑ:k] *n* ZOOL Makak *m*
maca·ro·ni [,mækə'rəʊni, AM -'roʊ-] *n no pl* Makkaroni *pl*
maca·ro·ni and 'cheese, maca·ro·ni 'cheese *n* Käsemakkaroni *pl*
maca·roon [,mækə'ru:n] *n* Makrone *f*
ma·caw [mə'kɔ:, AM -kɑ:] *n* ORN Ara *m*
mac·chia·to [,makɪ'a:təʊ, AM -toʊ] *n* Macchiato *m (Espresso mit etwas geschäumter Milch)*
Mace® [meɪs] **I.** *n no pl* ≈ Tränengas *nt*, chemische Keule *fam*
II. *vt* ■**to ~ sb** jdn mit Tränengas besprühen
mace[1] [meɪs] *n* ❶ BRIT *(staff)* Amtsstab *m*
❷ *(hist: weapon)* Keule *f; (with spikes)* Morgenstern *m*
mace[2] [meɪs] *n no pl* Mazis *m*, Mazisblüte *f*, Muskatblüte *f*
'mace bear·er *n* BRIT Träger(in) *m(f)* des Amtsstabes
Mac·edo·nia [,mæsɪ'dəʊniə, AM -ə'doʊ-] *n (region of Greece)* Makedonien *nt; (Balkan republic)* Mazedonien *nt*
Mac·edo·nian [,mæsɪ'dəʊniən, AM -ə'doʊ-] **I.** *n (native of Greek region)* Makedonier(in) *m(f); (native of republic)* Mazedonier(in) *m(f)*
II. *adj* makedonisch, mazedonisch
mac·er·ate ['mæsəreɪt] **I.** *vt* ■**to ~ sth** etw aufweichen [*o* einweichen]; **fruits ~d in wine** in Wein eingelegte Früchte
II. *vi* aufweichen, einweichen
Mach [mæk, AM mɑ:k] *n no pl* AEROSP, PHYS Mach *nt;* **at ~ one** mit [einer Geschwindigkeit von] 1 Mach
ma·chete [mə'(t)ʃeti, AM -ţi] *n* Machete *f*, Buschmesser *nt*
Machia·vel·lian [,mækiə'veliən] **I.** *adj* machiavellistisch
II. *n* Machiavellist(in) *m(f)*
machi·na·tions [,mækɪ'neɪʃənz, AM -ə'-] *npl* Machenschaften *pl*, Intrigen *pl*
ma·chine [mə'ʃi:n] **I.** *n* ❶ *(mechanical device)* Maschine *f*, Apparat *m; (answering machine)* Anrufbeantworter *m; (washing machine)* Waschmaschine *f; (vending machine)* Automat *m; (fig: person)* Maschine *f fig;* **by ~** maschinell
❷ *(approv fam: bicycle)* [Fahr]rad *nt*, SCHWEIZ *a.* Velo *nt; (automobile, motorcycle, plane)* Maschine *f fam*
❸ *(powerful group)* Apparat *m fig*, Maschinerie *f kein pl;* **party/propaganda ~** Partei-/Propagandaapparat *m*
II. *vt* ■**to ~ sth** *(produce)* etw maschinell herstellen [*o* produzieren]; *(treat)* etw maschinell bearbeiten; *(print)* etw [maschinell] drucken; *(cut metal)* etw abspanen; **to ~ the hem** den Saum [mit der Nähmaschine] umnähen
ma·'chine age *n* Maschinenzeitalter *nt* **ma·'chine code** *n no pl (computer language)* Maschinensprache *f; (instruction code)* Maschinenkode *m* **ma·'chine gun I.** *n* Maschinengewehr *nt*, MG *nt fam* **II.** *n modifier (ammunition, fire, handle)* Maschinengewehr-, MG- **ma·'chine-gun** *vt* ■**to ~ sb** *(shoot at)* mit einem Maschinengewehr auf jdn schießen; *(kill)* jdn mit einem Maschinengewehr erschießen **ma·'chine-gunner** *n* MG-Schütze, -Schützin *m, f* **ma·'chine lan·guage** *n* COMPUT Maschinensprache *f*, Rechnersprache *f* **ma·'chine-made** *adj inv* maschinell hergestellt **ma·chine-read·a'bil·ity** *n no pl* Maschinenlesbarkeit *f* **ma·chine-'read·able** *adj inv* COMPUT *(by device)* maschinenlesbar; *(by computer)* computerlesbar
ma·chin·ery [mə'ʃi:nəri] *n no pl* ❶ *(machines)* Maschinen *pl*, technische Geräte *pl*, Maschinerie *f*
❷ *(mechanism)* Mechanismus *m; (fig: system)* Apparat *m fig*, Maschinerie *f*
ma·'chine shop *n (for production)* Produktionshalle *f; (for repairing)* Maschinen[werk]halle *f* **ma·'chine time** *n no pl (operation time)* Betriebszeit *f; (computer time)* Rechenzeit *f; (machine run time)* Maschinenlaufzeit *f* **ma·'chine tool** *n* Werkzeugmaschine *f* **ma·chine trans·'la·tion** *n no pl* COMPUT maschinelle Übersetzung **ma·chine-'wash·able** *adj pred, inv* maschinenwaschbar, [wasch]maschinenfest
ma·chin·ist [mə'ʃi:nɪst] *n* ❶ *(operator)* Maschinist(in) *m(f); of a sewing machine* Maschinennäher(in) *m(f)*
❷ *(builder, repairer)* Maschinenbauer(in) *m(f)*, Maschinenschlosser(in) *m(f)*
ma·chis·mo [mə'kɪzməʊ, AM mɑ:'tʃɪzmoʊ] *n no pl (pej)* Machismo *m pej geh*
'Mach num·ber *n* Machzahl *f*
ma·cho ['mætʃəʊ, AM 'mɑ:tʃoʊ] **I.** *adj (pej fam)* machohaft *fam o pej*, Macho-; **~ man** Macho *m fam o pej;* **~ talk** Macho-Gerede *nt fam o pej;* ***he's too ~ to admit that*** dafür ist er ein viel zu großer Macho, als dass er das zugeben würde
II. *n* Macho *m pej*
mac·in·tosh *n* BRIT *see* **mackintosh**
mack [mæk] *n* BRIT *(fam) short for* **mackintosh** Regenmantel *m*
macke·rel <*pl* -s *or* -> ['mækərəl] *n* Makrele *f*
mack·in·tosh ['mækɪntɒʃ] *n* BRIT Regenmantel *m*
mac'n'·cheese [,mækən'tʃi:z] *n no pl* AM *short for* **macaroni and cheese** Makkaroniauflauf *m*
mac·ra·mé [mə'krɑ:meɪ, AM 'mækrəmeɪ] **I.** *n no pl* Makramee *nt*
II. *n modifier (bag, plant hanger, sweater)* Makramee-, aus Makramee *nach n*
macro ['mækrəʊ, AM -kroʊ] *n* COMPUT Makro *nt*
macro- ['mækrəʊ, AM -kroʊ] *in compounds* makro-, Makro-
macro·bi·ot·ic [,mækrə(ʊ)baɪ'ɒtɪk, AM -kroʊbaɪ'ɑ:ţɪk] *adj inv* makrobiotisch
macro·bi·'oti·cal·ly *adv* makrobiotisch
macro·bi·ot·ics [,mækrə(ʊ)baɪ'ɒtɪks, AM -kroʊ-'baɪ'ɑ:ţɪks] *n + sing vb* makrobiotische Kost
macro·cosm ['mækrə(ʊ),kɒzəm, AM -kroʊ,kɑ:-] *n* ❶ *no pl (the universe)* ■**the ~** der Makrokosmos, das Weltall, das Universum
❷ *(complex entity)* Makrokosmos *m a. fig*
macro·eco·nom·ic [,mækrəʊi:kə'nɒmɪk, AM -roʊekə'nɑ:mɪk] *adj inv* makroökonomisch, volkswirtschaftlich
macro·eco·nom·ics [,mækrə(ʊ)i:kə'nɒmɪks, AM -kroʊekə,nɑ:-] *n + sing vb* Makroökonomie *f*
macro·mol·ecule [,mækrə(ʊ)'mɒlɪkju:l, AM -kroʊ,mɑ:-] *n* Makromolekül *nt*
mac·ron ['mækrɒn, AM 'meɪkrɑ:n] *n* Längezeichen *nt*
macro·scop·ic [,mækrə(ʊ)'skɒpɪk, AM -kroʊ'skɑ:-] *adj* makroskopisch
mad <-dd> [mæd] *adj* ❶ *esp* BRIT *(fam: insane)* wahnsinnig, geisteskrank, verrückt, durchgeknallt *fam;* ***she has a ~ look on her face*** sie hat einen irren Blick; **to go ~** den Verstand verlieren, verrückt [*o* wahnsinnig] werden; **to drive sb ~** jdn in den Wahnsinn treiben, jdn um den Verstand bringen, jdn verrückt [*o* wahnsinnig] machen
❷ *esp* BRIT *(fig fam: foolish)* verrückt; ***I must have been ~*** ich war wohl nicht ganz bei Verstand; [**stark**] **raving** [*or* **staring**] **~** total [*o* völlig] verrückt *fam*
❸ *inv (frantic)* wahnsinnig *fam;* ***I'm in a ~ rush*** ich hab's wahnsinnig eilig; **to get into a ~ panic** in wilde Panik geraten; **like ~** wie ein Verrückter/eine Verrückte, wie verrückt; **to be ~ with anxiety** [*or* **fear**] wahnsinnige Angst haben; **to be ~ with worry** sich *dat* wahnsinnige Sorgen machen; **to be ~ with joy/relief** außer sich *dat* vor Freude/Erleichterung sein
❹ *(fam: enthusiastic)* verrückt *fam*, SCHWEIZ *a.* angefressen *fam;* ■**to be ~ about** [*or* **on**] **sb/sth** nach jdm/etw [*o* auf jdn/etw] verrückt sein; ***she is ~ about children*** sie ist ganz versessen auf Kinder; **to be ~ keen on sb/sth** *(fam)* versessen [*o fam* scharf] auf jdn/etw sein; **to do sth like ~** etw wie ein Verrückter/eine Verrückte tun
❺ AM *(fam: angry)* böse, wütend, sauer *fam;* ■**to be ~ at** [*or* **with**] **sb** auf jdn böse [*o fam* sauer] sein; ***he's ~ as hell at you*** er ist stinksauer auf dich *fam;* ■**to be ~ about** [*or* **at**] **sth** über etw *akk* wütend [*o fam* sauer] sein; **to drive** [*or* **make**] **sb ~** jdn rasend machen *fam*
❻ *(rabid)* tollwütig; **~ dog** tollwütiger Hund; *(fig)* Verrückte(r) *f(m)*, Durchgedrehte(r) *f(m) fam*
❼ AM *(sl)* mega- *sl;* **~ cool** megacool *sl;* **~ stupid** saublöd *fam*
▸PHRASES: **to be** [**as**] **~ as a hatter** [*or* **March hare**] total verrückt [*o* bescheuert] sein *fam*
Mada·gas·can [,mædə'gæskən] **I.** *adj* madagassisch
II. *n* Madagasse, Madagassin *m, f*
Mada·gas·car [,mædə'gæskər, AM -kɚ] *n* Madagaskar *nt*
mad·am ['mædəm] *n* ❶ *no pl (form of address)* gnädige Frau *veraltet; (in titles)* ***M~ President*** Frau Präsidentin; **Dear M~, ...** *(in letter)* Sehr geehrte gnädige Frau, ...
❷ *(pej fam: girl)* Prinzesschen *nt iron pej*
❸ *of brothel* Puffmutter *f derb*, Bordellwirtin *f*
mad·cap ['mædkæp] **I.** *adj attr (dated: impulsive)* verrückt, wild; *(rash)* unbedacht; **~ antics** übermütige Streiche; **~ idea** ausgeflippte Idee *fam;* **~ joke** origineller Witz; **~ prank** frecher Streich; **~ scheme** aberwitziger Plan
II. *n (eccentric person)* Ausgeflippte(r) *f(m) fam*, verrückter Kerl; *(impulsive person)* Heißsporn *m*, impulsiver Mensch
mad 'cow dis·ease *n* Rinderwahnsinn *m*, BSE *nt*
mad·den ['mædən] *vt* ■**to ~ sb** *(drive crazy)* jdn um den Verstand bringen, jdn verrückt [*o* wahnsinnig] machen *fam; (anger)* jdn maßlos ärgern, jdn auf die Palme bringen *fam*
mad·dened ['mædənd] *adj pred, inv* **~ by** [*or* **with**] **grief** halb wahnsinnig vor Kummer
mad·den·ing ['mædənɪŋ] *adj* äußerst ärgerlich; ***her absent-mindedness is ~ at times*** ihre Zerstreutheit ist manchmal zum Verrücktwerden; **~ habit** nervende Angewohnheit; **a ~ pain** ein unerträglicher Schmerz; **to do sth with a ~ slowness/recklessness** etw mit einer provozierenden Langsamkeit/Rücksichtslosigkeit tun
mad·den·ing·ly ['mædənɪŋli] *adv* unerträglich, zum Verzweifeln; **~ stupid** unglaublich dumm
mad·der ['mædər, AM -ɚ] *n* ❶ BOT Krapp *m*, Färberröte *f*
❷ *(dye)* Krappfarbstoff *m*
made [meɪd] **I.** *pp, pt of* **make**
II. *adj* **to have** [**got**] **it ~** es geschafft haben *fam;* **a ~ man** ein gemachter Mann
Ma·dei·ra [mə'dɪərə, AM -'dɪrə] *n* ❶ *no pl* GEOG Madeira *nt*
❷ *(wine)* Madeira[wein] *m*
❸ *(cake)* **~** [**cake**] ≈ Sandkuchen *m*
Ma·dei·ran [mə'dɪərən, AM -'dɪrən] **I.** *n* Madeirer(in) *m(f)*
II. *adj* madeirisch
mad·eleine ['mædəlen] *n* Madeleine *f (kleiner in einer Papiermanschette gebackener Rührkuchen)*
made-to-'meas·ure *adj inv* maßgeschneidert, nach Maß [an]gefertigt; **~ suit** Maßanzug *m* **made to 'or·der** *adj pred, inv,* **made-to-'or·der** *adj attr, inv* maßangefertigt, nach Maß *nach n;* ECON kundenspezifisch **made-'up** *adj* ❶ *(imaginary)* [frei] erfunden, ausgedacht ❷ *(wearing make-up)* geschminkt; ***she was heavily ~*** sie war stark geschminkt ❸ *(prepared)* fertig, Fertig-; **~ clothes** Konfektionskleidung *f;* **~ products** Fertigprodukte *pl* ❹ *road* befestigt
'mad·house *n* ❶ *(pej fam or dated: mental hospi-*

tal) Irrenanstalt *nt hist o pej fam*
② *(pej fam: chaotic place)* Irrenhaus *nt fig pej fam,* Tollhaus *nt fig pej*

mad·ly ['mædli] *adv* ① *(insanely)* wie verrückt [*o* wild]; ***she screamed** ~* sie schrie wie verrückt
② *(fam: frantically)* wie ein Verrückter/eine Verrückte *fam;* **to behave** ~ sich *akk* unmöglich aufführen [*o* benehmen]
③ *(fam: very much)* wahnsinnig *fam;* ~ **jealous** wahnsinnig eifersüchtig; ~ **in love** bis über beide Ohren verliebt

'mad·man *n* ① *(dated: insane)* Irrer *m fam,* Geisteskranker *m*
② *(pej: frantic)* Verrückter *m fam,* Wahnsinniger *m fam,* Ausgeflippter *m sl;* **to run like a** ~ wie ein Verrückter rennen; **to drive like a** ~ wie ein Irrer fahren

mad·ness ['mædnəs] *n no pl* ① *(insanity)* Wahnsinn *m,* SCHWEIZ *a.* Irrsinn *m,* Geisteskrankheit *f geh*
② *(folly)* Wahnsinn *m fam,* Verrücktheit *f;* **sheer** ~ blanker [*o* heller] Wahnsinn
③ *(chaos)* Chaos *nt;* ***there was** ~ **in grocery stores*** in den Lebensmittelläden war die Hölle los; ***it's absolute** ~ **in here*** das hier ist ein richtiger Hexenkessel

Ma·don·na [mə'dɒnə, AM 'dɑːnə] *n* ① REL *(name)* Madonna *f*
② ART *(picture)* Madonnenbild *nt;* *(statue)* Madonnenfigur *f;* ▪**the** ~ die Madonna

mad·ri·gal ['mædrɪgəl] *n* Madrigal *nt*

'mad·wom·an *n* ① *(insane)* Irre *f derb,* Geisteskranke *f*
② *(pej: frantic)* Verrückte *f fam,* Wahnsinnige *f fam,* Ausgeflippte *f sl*

mael·strom ['meɪlstrɒm, AM -strəm] *n* METEO, NAUT Mahlstrom *m,* Malstrom *m;* *(fig)* Sog *m fig,* Strudel *m fig*

maes·tro <*pl* -tri> ['maɪstrəʊ, AM -stroʊ, *pl* -stri] *n* MUS *(also hum)* Maestro *m a. hum,* Meister *m a. iron*

MAFF [mæf] *n* BRIT *acr for* **Ministry of Agriculture, Fisheries and Food** Ministerium *nt* für Landwirtschaft, Fischerei und Lebensmittel

ma·fia ['mæfiə, AM 'mɑː-] *n + sing/pl vb* ▪**the M~** die Mafia; **the Russian** ~ die Russenmafia; **the art/literary/software** ~ die Kunstmafia/Literaturmafia/Software-Mafia

ma·fio·so <*pl* -si *or* -s> [ˌmæfi'əʊsəʊ, AM ˌmɑːfi'oʊsoʊ, *pl* -si] *n* Mafioso *m*

mag [mæg] *n (fam) short for* **magazine** Blatt *nt fam,* Heftli *nt* SCHWEIZ *fam*

maga·zine [ˌmægə'ziːn, AM 'mægəziːn] *n* ① *(publication)* Zeitschrift *f,* Magazin *nt;* **to subscribe to a** ~ eine Zeitschrift abonnieren
② *(gun part)* Magazin *nt*
③ MIL *(depot)* Depot *nt;* HIST Magazin *nt*
④ COMPUT *(in videotext system)* Magazin *nt*

'maga·zine pro·gramme *n* Fernsehmagazin *nt*

maga·'zine rack *n* Zeitschriftenständer *m*

ma·gen·ta [mə'dʒentə] *adj inv* magentarot

mag·got ['mægət] *n* Made *f*

mag·goty ['mægəti, AM -ət̬i] *adj* madig; ~ **carcass** von Maden zerfressener Leichnam

Magi ['meɪdʒaɪ] *npl* ▪**the** ~ die Weisen aus dem Morgenland, die Heiligen Drei Könige

mag·ic ['mædʒɪk] **I.** *n no pl* ① *(sorcery)* Magie *f,* Zauber *m;* **like** [*or* **as if by**] ~ wie von Zauberhand; **to work like** ~ *(fig)* wie am Schnürchen klappen [*o* laufen] *fam*
② *(tricks)* Zaubertrick[s] *m[pl],* Zauberkunststück[e] *nt[pl];* **to do** ~ zaubern, Zaubertricks vorführen; **to make sth disappear by** ~ etw wegzaubern
③ *(extraordinariness)* Zauber *m;* *of a name* magischer Klang; ***his music hasn't lost any of its** ~* seine Musik hat ihren Zauber nicht verloren
④ *(effects)* Magie *f*
II. *adj inv* ① *(supernatural)* magisch, Zauber-; ***they had no** ~ **solution*** sie konnten keine Lösung aus dem Ärmel zaubern; ***how did you get the computer to work again? — I guess I've got the** ~ **touch*** wie hast du den Computer wieder hingekriegt? — ich glaube, ich habe einfach eine Begabung für so was; ~ **formula** Zauberformel *f*
② *(extraordinary) moment* zauberhaft, wundervoll; *powers* magisch
III. *interj* BRIT *(dated form)* großartig, zauberhaft; ***you're having a party?** ~**!*** du machst eine Party? toll!
IV. *vt* ▪**to** ~ **sb/sth away** [*or* **to** ~ **away sb/sth**] jdn/etw wegzaubern

magi·cal ['mædʒɪkəl] *adj* ① *inv (magic)* magisch, Zauber-; ***his effect on children is** ~* er wirkt magisch auf Kinder; ~ **powers** Zauberkräfte *pl*
② *(extraordinary) moment* zauberhaft, wundervoll; *powers* magisch; ***her smile has some sort of** ~ **quality*** ihr Lächeln kann verzaubern

magi·cal·ly ['mædʒɪkli] *adv* ① *inv (by magic)* wie von [*o* durch] Zauberhand, wie durch ein Wunder
② *(extraordinarily)* wundervoll, zauberhaft

mag·ic 'bul·let *n (fam: medication)* Wunderwaffe *f* **mag·ic 'car·pet** *n* fliegender Teppich **mag·ic 'cir·cle** *n (fig: in politics)* privilegierter Kreis; *(of magicians)* Gilde *f* der Zauberkünstler **mag·ic 'eye** *n* magisches Auge

ma·gi·cian [mə'dʒɪʃən] *n* Zauberer, Zauberin *m, f,* Magier(in) *m(f);* *(on stage)* Zauberkünstler(in) *m(f)*

Mag·ic 'Mark·er® *n* Filzstift *m* **mag·ic 'mush·room** *n (hallucinogenic mushroom)* Magic Mushroom *m* **mag·ic 'spell** *n* Zauber *m kein pl;* **to put** [*or* **cast**] **a** ~ **on sb** jdn verzaubern, jdn mit einem Zauber belegen *geh* **mag·ic 'square** *n* MATH magisches Quadrat **mag·ic 'trick** *n* Zaubertrick *m;* **to perform a** ~ ein Zauberkunststück vorführen **mag·ic 'wand** *n* Zauberstab *m;* *(fig)* ***we have no** ~ **to fix this battered economy*** wir haben keine Patentlösung, um diese zerrüttete Wirtschaft wieder in Ordnung zu bringen **mag·ic 'word** *n* Zauberwort *nt,* Zauberspruch *m;* *(fig)* ***what's the** ~ **? — please!*** wie heißt das kleine Zauberwort? – bitte!; **to say the** ~ das Zauberwort sagen

mag·is·te·rial [ˌmædʒɪ'stɪəriəl, AM -'stɪr-] *adj (form)* ① *(authoritative)* maßgebend, richtungweisend, autoritativ *geh;* **a** ~ **study** eine richtungweisende Studie
② *(pej: domineering) tone, manner* herrisch, autoritär
③ *inv (of a magistrate) office, robes* richterlich

mag·is·te·rial·ly [ˌmædʒɪ'stɪəriəli, AM -ɪ'stɪri-] *adv* gebieterisch

mag·is·tra·cy ['mædʒɪstrəsi] *n* ① *(office)* Amt *nt* des Friedensrichters *hist*
② *+ sing/pl vb (magistrates)* ▪**the** ~ die Friedensrichter *pl hist*

mag·is·trate ['mædʒɪstreɪt] *n* Friedensrichter(in) *m(f) hist,* Schiedsmann *m hist;* BRIT Richter(in) *m(f);* **to appear before a** ~ vor einem Schiedsgericht erscheinen

'mag·is·trates' bench *n* Amtsgericht *f;* **to appoint sb to the** ~ jdn zum Friedensrichter/zur Friedensrichterin ernennen **'mag·is·trates' court** *n* Schiedsgericht *nt hist,* Friedensgericht *nt hist;* **to appear at** ~ vor dem Schiedsgericht erscheinen

mag·lev ['mæglev] *n no pl short for* **magnetic levitation** magnetisches Schweben

mag·lev 'train *n* Magnet[schwebe]bahn *f*

mag·ma ['mægmə] *n no pl* GEOL Magma *nt*

Mag·na Car·ta [ˌmægnə'kɑːtə, AM -'kɑːrt̬ə] *n no pl (hist)* ▪**the** ~ die Magna Charta

mag·na cum lau·de [ˌmægnɑːkʊm'laʊdeɪ] *adv inv* AM UNIV magna cum laude, sehr gut

mag·na·nim·ity [ˌmægnə'nɪməti, AM -næn'ɪmət̬i] *n no pl* Großzügigkeit *f,* Großmut *f geh;* **to treat sb with** ~ jdn großmütig behandeln

mag·nani·mous [mæg'nænɪməs, AM -nəməs] *adj* großmütig *geh,* hochherzig *geh;* ~ **generosity** überwältigende Großzügigkeit

mag·nani·mous·ly [mæg'nænɪməsli, AM -əməs-] *adv* großzügig, großmütig *geh*

mag·nate ['mægneɪt] *n* Magnat *m;* **shipping** ~ großer Reeder/große Reederin; **industrial** ~ Industriemagnat *m*

mag·ne·sia [mæg'niːʃə, AM -ʒə] *n no pl* Magnesia *nt,* Magnesiumoxid *nt*

mag·ne·sium [mæg'niːziəm] **I.** *n no pl* Magnesium *nt*
II. *n modifier (flare, fire)* Magnesium-; ~ **light** Magnesiumlicht *nt*

mag·net ['mægnət] *n* Magnet *m;* **to be attracted/repelled by a** ~ von einem Magneten angezogen/abgestoßen werden; *(fig)* Magnet *m,* Anziehungspunkt *m;* ***the US still acts as a** ~ **for seekers of fame and fortune*** noch immer gilt die USA als ein Magnet für Leute auf der Suche nach Ruhm und Reichtum; **to be a** ~ **for tourists/criminals/business** Touristen/Kriminelle/Geschäfte anziehen

mag·net·ic [mæg'netɪk, AM -t̬-] *adj inv* ① *(exhibiting magnetism)* magnetisch; ~ **quantum number** magnetische Quantenzahl; ~ **reaction** induktive [*o* elektromagnetische] Rückkopplung; ~ **transition temperature** Umwandlungstemperatur *f,* Curie-Punkt *m*
② *(fig)* attraktiv, ansprechend; *effect, attraction* unwiderstehlich; *smile, charms* anziehend; **to have a** ~ **personality** eine große Ausstrahlung haben

mag·neti·cal·ly [mæg'netɪkəli, AM -net̬-] *adv* magnetisch

mag·net·ic 'com·pass *n* Magnetkompass *m,* Bussole *f* **mag·net·ic 'disk** *n* Magnetplatte *f* **mag·net·ic 'field** *n* Magnetfeld *nt,* magnetisches Feld; **to place sth in a** ~ etw in ein magnetisches Feld einbringen **mag·net·ic 'head** *n* TECH Magnetkopf *m* **mag·net·ic levi·'ta·tion** *n no pl* magnetisches Schweben, Magnetschwebetechnik *f* **mag·net·ic 'mine** *n* Magnetmine *f* **mag·net·ic 'north** *n no pl* nördlicher Magnetpol, antarktischer [geo]magnetischer Pol **mag·net·ic 'pole** *n* Magnetpol *m,* magnetischer Pol **mag·net·ic 'reso·nance im·ag·ing** *n,* **MRI** *n no pl* MED magnetische Resonanzspektroskopie **mag·net·ic 'south** *n no pl* südlicher Magnetpol, arktischer [geo]magnetischer Pol **mag·net·ic 'storm** *n* [erd]magnetischer Sturm **mag·net·ic 'strip** *n* Magnetstreifen *m* **mag·net·ic 'tape** *n no pl* Magnetband *nt*

mag·net·ism ['mægnətɪzəm] *n no pl* ① *(phenomenon)* Magnetismus *m;* *(charge)* magnetische Kräfte
② *(fig) of a person* Ausstrahlung *f;* ***he's got this animal** ~ **about him that women find irresistible*** er hat diese animalische Anziehungskraft, die Frauen unwiderstehlich finden

mag·net·ize ['mægnətaɪz] **I.** *vt* ① PHYS ▪**to** ~ **sth** etw magnetisieren
② *(fig: fascinate)* ▪**to** ~ **sb** jdn faszinieren [*o* anziehen]
II. *vi* magnetisch werden

mag·ne·to [mæg'niːtoʊ, AM -t̬oʊ] *n* TECH, AUTO Magnetzünder *m*

'mag·net school *n* AM SCH *besonders geförderte Schule, um den Wohnbezirk aufzuwerten*

mag·ni·fi·ca·tion [ˌmægnɪfɪ'keɪʃən] *n no pl* Vergrößerung *f;* ***these lenses have x10** ~* diese Linsen haben zehnfache Vergrößerung; **high/low** ~ starke/geringe Vergrößerung

mag·nifi·cence [mæg'nɪfɪsən(t)s] *n no pl* Großartigkeit *f,* Größe *f;* **His/Her/Your M~** Seine/Ihre Magnifizenz

mag·nifi·cent [mæg'nɪfɪsənt] *adj house, wine, concert* wunderbar, großartig; *food, buffet* hervorragend, ausgezeichnet; **to look** ~ wunderschön aussehen

mag·nifi·cent·ly [mæg'nɪfɪsəntli] *adv (well)* hervorragend; *(surprisingly well)* bewundernswert, beeindruckend; ***your children are** ~ **well-behaved*** deine Kinder sind außergewöhnlich gut erzogen; ***she seems to be coping** ~* sie hält sich hervorragend

mag·ni·fy <-ie-> ['mægnɪfaɪ] *vt* ① *(make bigger)* ▪**to** ~ **sth** etw vergrößern; *(make worse)* etw verschlimmern [*o* verschlechtern]; **to** ~ **sb's defects/weaknesses** jds Fehler/Schwächen aufbauschen; **to** ~ **a situation** eine Situation verschärfen
② REL *(praise)* **to** ~ **the Lord** den Herrn lobpreisen *geh*

'mag·ni·fy·ing glass *n* Lupe *f*

mag·ni·tude ['mægnɪtjuːd, AM *esp* -tuːd] *n* ① *(size)*

Größe *f; of a project, a loss* Ausmaß *nt; of an earthquake* Stärke *f; of a problem* Tragweite *f*
② *no pl (importance)* Bedeutung *f*
③ *of a star* Größenklasse *f*
④ MATH **order of ~** Größenordnung *f*
mag·no·lia [mæg'nəʊliə, AM -'noʊljə] *n* Magnolie *f*
mag·num ['mægnəm] *n* ① *(bottle)* Magnum *f (Bezeichnung für die Flaschengröße 1,6 l)*
② *(gun)* Magnum *f*
mag·num opus <*pl* -es *or* magna opera> [,mægnəm'əʊpəs, AM -oʊpəs, *pl* ,mægnə'ɒpərə, AM 'ɑːpərə] *n* Meisterwerk *nt;* **the ~ of one's career** das Meisterstück seiner Karriere
mag·pie ['mægpaɪ] *n* ① *(bird)* Elster *f*
② *(fig: collector)* fanatischer Sammler/fanatische Sammlerin
Mag·yar ['mægjɑːʳ, AM jɑːr] **I.** *n* Magyar, Magyarin *m, f,* Madjar(in) *m(f)*
II. *adj inv* magyarisch, madjarisch
ma·ha·ra·ja(h) [,mɑː(h)ə'rɑːdʒə, AM -hə'-] *n (hist)* Maharadscha *m hist*
ma·ha·ra·ni [,mɑː(h)ə'rɑːni, AM -hə'-] *n (hist)* Maharani *f*
Ma·ha·ri·shi [,mɑː(h)ə'riːʃi, AM -hə'-] *n* Maharischi *m*
mah-jong(g) [,mɑː'dʒɒŋ, AM -'dʒɔːŋ] **I.** *n no pl* Ma[h]-Jongg *nt*
II. *n modifier (set)* Ma[h]-Jongg-; **~ tile** Ma[h]-Jongg-Kachel *f*
ma·hoga·ny [mə'hɒgəni, AM -'hɑːg-] **I.** *n* ① *(tree)* Mahagonibaum *m*
② *no pl (wood)* Mahagoni *nt,* Mahagoniholz *nt*
II. *n modifier (cabinet, woodwork)* Mahagoni-; **~ desk** Mahagonischreibtisch *m*
maid [meɪd] *n* ① *(servant)* Dienstmädchen *nt; (in a hotel)* Zimmermädchen *nt*
② *(poet or old: girl)* Maid *f poet o veraltet,* Mägdelein *nt poet o veraltet; (unmarried woman)* Mädchen *nt,* Mägdelein *nt poet o veraltet*
maid·en ['meɪdᵊn] **I.** *n* ① *(liter or old)* Jungfer *f veraltet*
② BRIT *(in cricket) eine Runde ohne Läufe*
II. *adj attr, inv* ① *(unmarried)* **~ aunt** unverheiratete Tante
② *(first)* Jungfern-; **~ flight** Jungfernflug *m;* **~ voyage** Jungfernfahrt *f*
③ *(fruiting tree)* Jung-
'maid·en·hair, maid·en·hair 'fern *n* Frauenfarn *m* **'maid·en·head** *n* ① *(virginity)* Jungfräulichkeit *f*
② *(liter or old)* Jungfernhäutchen *nt*
maid·en·ly ['meɪdᵊnli] *adv* jungfräulich
'maid·en name *n* Mädchenname *m* **maid·en 'over** *n* BRIT *(in cricket) eine Runde ohne Läufe*
maid·en 'speech *n* Jungfernrede *f,* Antrittsrede *f*
maid of 'hon·or <*pl* maids of honor> *n* AM [erste] Brautjungfer **'maid·serv·ant** *n* Hausangestellte *f,* Hausmädchen *nt veraltend* **'maid ser·vice** *n no pl* Zimmerservice *m;* ***in the hotel I had daily ~*** im Hotel kam das Zimmermädchen jeden Tag
mail¹ [meɪl] **I.** *n no pl* Post *f;* ***did you get any ~ today?*** hast du heute Post bekommen?; **today's/this morning's ~** die Post von heute; **to answer ~** die Post beantworten; **to be in the ~** in der Post sein; **to come in the ~** mit der Post kommen; **to contact sb by ~** jdn anschreiben; **to read ~** die Post lesen; **to send sth through the ~** etw mit der Post [ver]schicken
II. *vt* **to ~ a letter/package** *(at post office)* einen Brief/ein Paket aufgeben; *(in mail box)* einen Brief/ein Paket einwerfen; ■**to ~ sth to sb** [*or* **to ~ sb sth**] jdm etw [mit der Post] schicken
mail² [meɪl] *n no pl* ① *(armour)* Rüstung *f,* Panzer *m;* **chain ~** Kettenpanzer *m*
② *of an animal* Panzer *m*
'mail·bag *n* Postsack *m; (fig)* ***since the controversial programme the BBC's ~ has been bulging*** seit der umstrittenen Sendung quillt der Briefkasten der BBC über **'mail bomb** *n* Briefbombe *f* **'mail·box** *n* AM Briefkasten *m,* Postkasten *m bes* NORDD; COMPUT Mailbox *f,* Briefkasten *m* **'mail car·ri·er** *n* AM Briefträger(in) *m(f),* Postbote, -botin *m, f* **'mail drop** *n* AM Briefeinwurf *m form,* Briefschlitz *m*
'mail fraud *n no pl* Postbetrug *m*
Mail·gram® ['meɪlgræm] *n* AM *eine durch Telefon oder Telex gesendete Nachricht, die in gedruckter Form übermittelt wird*
mail·ing ['meɪlɪŋ] *n* ① *no pl (sending sth by mail)* Versenden *nt*
② *(sth sent by mail)* Mailing *nt*
'mail·ing list *n* Adressenliste *f,* Adressenverzeichnis *nt;* **to be on a ~** auf einer Adressenliste stehen; **to be put on a ~** in eine Kartei aufgenommen werden
'mail·ing tube *n* Paketrolle *f*
'mail·man *n* AM Briefträger(in) *m(f),* Postbote, -botin *m, f* **'mail or·der I.** *n* Mailorder *f,* [Direkt]versand *m; (by catalogue)* Katalogbestellung *f;* ***I often buy clothes by ~*** ich kaufe meine Kleider oft per Katalog **II.** *n modifier (clothing, service)* Versand-; **~ business** Versandhandel *m;* **~ products** Versandprodukte *pl* **'mail-or·der cata·logue,** AM **'mail-or·der cata·log** *n* [Versand]katalog *m* **'mail-or·der firm, 'mail-or·der house** *n* Versandhaus *nt* **'mail·shot** *n esp* BRIT Hauswurfsendung *f* **'mail slot** *n* AM *(opening)* Brief[kasten]schlitz *m; (mail box)* Briefkasten *m* **'mail sort·er** *n* Postsortierer(in) *m(f)* **'mail train** *n* Postzug *m* **'mail van,** AM **'mail truck** *n (on roads)* Postauto *nt; (on rail)* Postwagen *m*
maim [meɪm] **I.** *vt* ① *(injure)* ■**to ~ sb** *(mutilate)* jdn verstümmeln; *(cripple)* jdn zum Krüppel machen; ***many children have been ~ed for life by these bombs*** viele Kinder haben durch diese Bomben bleibende Verletzungen davongetragen
② *(fam: ruin)* ■**to ~ sth** etw ruinieren
II. *vi* ***they accused their enemies of killing, ~ing and laying waste*** sie beschuldigten ihre Feinde des Tötens, Verstümmelns und Verwüstens
main¹ [meɪn] **I.** *n* ① TECH *(pipe)* Hauptleitung *f; (cable)* Hauptkabel *nt; (switch)* Hauptschalter *m;* **sewage ~** Kanalisation *f;* **water ~** Wasserhauptleitung *f; (of a house)* Haupthahn *m*
② BRIT ELEC, TECH *(supply network)* ■**the ~s** *pl* das Versorgungsnetz; *(for electricity)* das [Strom]netz; ***switch off the electricity at the ~s before starting work*** vor Arbeitsbeginn die Stromversorgung am Hauptschalter ausschalten; **to be on the ~s** an das Stromnetz angeschlossen sein
③ *no pl (the open sea)* ■**the ~** das offene Meer, die hohe See
▸PHRASES: **in the ~** im Allgemeinen, im Prinzip
II. *n modifier* BRIT ■**~s** Haupt-; ***they bought a house with no ~s supply*** sie haben ein Haus gekauft, das nicht ans Stromnetz angeschlossen ist; **~s electricity** Hauptstromschalter *m;* ***they have been lacking ~s electricity for three weeks now*** sie sind seit drei Wochen ohne Strom
III. *adj attr, inv* Haupt-; **~ cable** Hauptkabel *nt;* **~ character** Hauptperson *f,* Hauptfigur *f;* **~ concern** wichtigstes Anliegen; **~ entrance** [*or* **door**] Haupteingang *m;* **by ~ force** mit roher Gewalt; **~ idea** Grundidee *f;* **~ reason** Hauptgrund *m;* **~ thing** Hauptsache *f*
main² [meɪn] *n short for* **main course** Hauptgericht *nt*
main 'beam *n* ① *(in building)* Hauptträger *m* ② *(on car)* Fernlicht *nt* **main 'board** *n* COMPUT Hauptplatine *f* **main 'branch** *n* Gebietsfiliale *f* **main 'busi·ness** *n* Hauptgeschäft *nt* **main 'clause** *n* Hauptsatz *m* **'main course** *n* FOOD Hauptgericht *nt,* Hauptgang *m* **'main deck** *n* Hauptdeck *nt* **main 'dish** *n* FOOD Hauptgericht *nt;* **favourite ~** Lieblingsgericht *nt* **main 'drag** *n* AM, AUS *(fam)* Haupt[einkaufs]straße *f*
Main·er ['meɪnəʳ, AM -ɚ] *n* Bewohner(in) *m(f)* von Maine
'main·frame *n* COMPUT Großrechner *m*
'main·land I. *n no pl* ■**the ~** das Festland
II. *adj attr, inv* **~ Britain** die britische Hauptinsel; **~ China** chinesisches Festland, China *nt;* **~ Europe** europäisches Festland; ***she is planning to hitch-hike through ~ Europe*** sie möchte durch Europa trampen
'main·land·er *n* Festlandbewohner(in) *m(f)*
main 'line *n* RAIL Hauptstrecke *f,* Hauptverbindung *f*
'main·line *(fam)* **I.** *vt* **to ~ heroin** Heroin spritzen, fixen *sl* **II.** *vi* fixen *sl* **main-line 'sta·tion** *n* RAIL Bahnhof *m* an der Hauptstrecke **main-line 'train** *n* RAIL Schnellzug *m*
main·ly ['meɪnli] *adv inv* hauptsächlich, in erster Linie; ***the climate is ~ wet*** das Klima ist vorwiegend feucht; ***the trains ~ arrive on time*** die Züge sind meistens pünktlich
main 'mar·ket *n* BRIT STOCKEX Primärmarkt *m* [an der Londoner Börse] **'main·mast** *n* Großmast *m* **main 'of·fice** *n* Hauptverwaltung *f* **main 'road** *n* Hauptstraße *f* **'main·sail** *n* Hauptsegel *nt,* Großsegel *nt* **'main·sheet** *n* Großschot *f* **'main·spring** *n* ① *(in clock, watch)* Triebfeder *f* ② *(fig: motivating factor)* **the ~ of sb's success** die Triebfeder jds Erfolges **'main·stay** *n of a boat* Hauptstag *m,* Großstag *m; (fig) of an economy* Stütze *f;* ***the BBC World Service was our ~ while travelling abroad*** der BBC World Service war unsere Stütze während unserer Auslandreise **'main·stream I.** *n no pl* ■**the ~** *(society, lifestyle)* der Mainstream; *(way of thinking)* die Hauptrichtung; **to enter the ~ of life/politics** am alltäglichen Leben/politischen Alltag[sgeschäft] teilnehmen **II.** *adj inv* Mainstream-; *book, film, music* kommerziell; ***this party was not a part of ~ Austria until the last election*** diese Partei war bis zur letzten Wahl nicht Teil des österreichischen Mainstreams **III.** *vt* ■**to ~ sb** jdn integrieren **'main street** *n* AM *(high street)* Hauptstraße *f*
main·tain [meɪn'teɪn] *vt* ① *(keep)* ■**to ~ sth** etw [bei]behalten; **to ~ a blockade** eine Blockade aufrechterhalten; **to ~ one's cool/poise** *(fam)* cool/gelassen bleiben *sl;* **to ~ course** den Kurs [beibe]halten; **to ~ one's dignity/sanity** seine Würde/geistige Gesundheit bewahren; **to ~ law and order/the status quo** Gesetz und Ordnung/den Status quo aufrechterhalten; **to ~ the lead** in Führung bleiben; **to ~ close links** [*or* **ties**] [*or* **contact**] in engem Kontakt bleiben, engen Kontakt [aufrechter]halten; **to ~ a position** eine Stellung behalten, eine Position verteidigen; **to ~ high/low prices** die Preise hoch/niedrig halten; **to ~ a low profile** sich *akk* zurückhalten; **to ~ silence** Stillschweigen bewahren
② *(in good condition)* etw instand halten, etw warten; ***a large country house costs a lot to ~*** ein großes Landhaus ist im Unterhalt sehr teuer; **to ~ a garden** einen Garten pflegen
③ *(provide for)* **to ~ a child/family** ein Kind/eine Familie unterhalten
④ *(claim)* ■**to ~ sth** etw behaupten; ***he ~ed that he had never seen the woman before*** er behauptete, dass er die Frau nie zuvor gesehen hatte; **to ~ one's innocence** seine Unschuld beteuern
⑤ *(support)* **to ~ a statement/theory** eine Behauptung/Theorie vertreten
main·te·nance ['meɪntᵊnən(t)s] **I.** *n no pl* ① *(preserving) of relations, peace* Beibehaltung *f,* Wahrung *f;* ***we will ensure the ~ of proper living standards*** wir werden einen angemessenen Lebensstandard aufrechterhalten; **~ of an account** Kontoinhaberschaft *f*
② *(upkeep) of car, garden* Pflege *f; (servicing) of building, monument, road* Instandhaltung *f; of machine* Wartung *f*
③ *(department)* Wartungsabteilung *f*
④ *(maintenance costs)* Unterhaltung *f;* ***what's the ~ on that car?*** wie viel kostet die Unterhaltung dieses Autos?
⑤ *(alimony)* Unterhalt *m,* Alimente *pl;* ***he has to pay ~*** er ist unterhaltspflichtig
⑥ LAW *(offence)* widerrechtliche Unterstützung einer prozessführenden Partei
II. *adj attr, inv* Wartungs-, Instandhaltungs-; **~ check** [Routine]inspektion *f,* Wartung *f;* **~ costs** Instandhaltungskosten *pl*
'main·te·nance con·tract *n* Wartungsvertrag *m*
'main·te·nance crew *n + sing/pl vb* Wartungsmannschaft *f* **'main·te·nance guar·an·ty** *n* LAW [Gewähr-]Leistungsgarantie *f*

'main·te·nance man *n* Wartungsmonteur *m* **'main·te·nance or·der** *n* BRIT, AUS LAW *gerichtliche Aufforderung, der Unterhaltspflicht nachzukommen; **he continued to ignore the ~*** er zahlte weiterhin keinen Unterhalt

main 'thorough·fare *n* CAN *(main road)* Haupt[verkehrs]straße *f* **main 'verb** *n* LING Hauptverb *nt*

mai·son·(n)ette [ˌmeɪzəˈnet] *n* BRIT Maiso[n]nette *f*

mai·tre d' <*pl* -s> [ˌmeɪtrəˈdiː, AM *also* -t̬ə˞-] *n*, **mai·tre d'ho·tel** <*pl* maitres d'hotel> [ˌmeɪtrədəʊˈtel, AM -doʊˈ-] *n* Oberkellner(in) *m(f)*

maize [meɪz] *n no pl esp* BRIT Mais *m*

'maize flour *n no pl esp* BRIT Maismehl *nt*

Maj. *n abbrev of* **Major** Maj.

ma·jes·tic [məˈdʒestɪk] *adj* majestätisch, erhaben; *proportions* stattlich; *movement* gemessen; *music, march* getragen

ma·jes·ti·cal·ly [məˈdʒestɪkli] *adv* majestätisch

maj·es·ty [ˈmædʒəsti] *n* ① *no pl (beauty) of a sunset* Herrlichkeit *f*; *of a person* Würde *f*; *of music* Erhabenheit *f*, Anmut *f*
② *(royal title)* [**Her/His/Your**] **M~** [Ihre/Seine/Eure] Majestät

ma·jor [ˈmeɪdʒəʳ, AM -ə˞] **I.** *adj inv* ① *attr (important)* bedeutend, wichtig; **a ~ contribution** ein bedeutender [*o* wichtiger] Beitrag; **a ~ event** ein bedeutendes Ereignis; *(main)* Haupt-; **~ artery** Hauptschlagader *f*; **a ~ cause** ein Hauptgrund *m*; *(large)* groß; ***your car is going to need a ~ overhaul*** ihr Auto muss von Grund auf überholt werden; **a ~ catastrophe** eine große Katastrophe; ***the ~ disaster of the decade*** die größte Katastrophe des Jahrzehnts; **to be a ~ influence** großen Einfluss haben; **a ~ problem** ein großes Problem
② *attr (serious)* **a ~ crime** ein schweres Verbrechen; **to have ~ depression** eine starke Depression haben; **a ~ illness** eine schwerwiegende Krankheit; **to undergo ~ surgery** sich *akk* einer größeren Operation unterziehen; ***it's quite a ~ operation*** es ist eine ziemlich komplizierte Operation
③ *(in music)* Dur *nt*; ***in C ~*** in C-Dur
④ *after n* BRIT *(dated: the older)* **Smythe ~** Smythe der Ältere
II. *n* ① MIL *(officer rank)* Major(in) *m(f)*
② AM, AUS UNIV *(primary subject)* Hauptfach *nt*; ***she was a philosophy ~*** sie hat Philosophie im Hauptfach studiert; **to have a ~ in literature/history/maths** Literatur/Geschichte/Mathematik als Hauptfach haben
③ *(in music)* Dur *nt*
III. *vi* UNIV **to ~ in German studies/physics/biology** Deutsch/Physik/Biologie als Hauptfach studieren

Ma·jor·ca [məˈjɔːkə, AM -ˈjɔːr-] *n no pl* Mallorca *nt*

Ma·jor·can [məˈdʒɔːkən, AM ˈʒɔːr] **I.** *adj inv* mallorquinisch
II. *n* Mallorquiner(in) *m(f)*

ma·jor 'cli·ent *n* COMM Großadresse *f* **ma·jor 'com·pa·ny** *n* Großunternehmen *nt*

ma·jor-domo [ˌmeɪdʒəˈdəʊməʊ, AM -ə˞ˈdoʊmoʊ] *n* ① *(butler)* Butler *m*; *(for king, duke)* Haushofmeister *m*, Majordomus *m hist*
② AM *(at hotel)* Empfangschef(in) *m(f)*

ma·jor·ette [ˌmeɪdʒəʳˈet] *n* Majorette *f*

ma·jor 'gen·er·al *n* Generalmajor(in) *m(f)*

ma·jor·ity [məˈdʒɒrəti, AM -ˈdʒɔːrət̬i] **I.** *n* ① + *sing/pl vb (greater part)* Mehrheit *f*; ***in a democracy, the ~ wins*** in einer Demokratie gewinnt die Mehrheit; ***I spent the ~ of the afternoon reading*** ich verbrachte die meiste Zeit des Nachmittags mit Lesen; ***raising kids takes up the ~ of my energy*** das Aufziehen meiner Kinder verbraucht meine ganze Energie; **the ~** der Großteil; **in the ~ of cases** in der Mehrzahl der Fälle; **a large ~ of people** eine große Mehrheit; **the ~ of the votes** die Stimmenmehrheit; **to be a** [*or* **in the**] **~** in der Mehrheit sein
② POL *(winning margin)* [Stimmen]mehrheit *f*; ***they passed the bill with a ~ of 15*** sie verabschiedeten das Gesetz mit einer Mehrheit von 15 Stimmen; **a narrow/large ~** eine dünne/überwältigende Mehrheit; **a two-thirds ~** eine Zweidrittelmehrheit
③ *no pl (full legal age)* Volljährigkeit *f*, Mündigkeit *f*; ***what is the age of ~ in this country?*** wann ist man in diesem Land volljährig?; **to reach one's ~** volljährig werden
II. *adj attr, inv* POL Mehrheits-; **~ whip** Mehrheitsfraktionszwang *m*

ma·jor·ity 'in·ter·est *n* FIN Mehrheitsbesitz *m* **ma·jor·ity-owned 'com·pa·ny** *n* Mehrheitsbeteiligungsgesellschaft *f* **ma·jor·ity 'rule** *n* Mehrheitsprinzip *nt*, Mehrheitssystem *nt* **ma·jor·ity 'share·hold·er** *n* Mehrheitsaktionär(in) *m(f)* **ma·jor·ity 'share·hold·ing** *n* Mehrheitsbesitz *m* **ma·jor·ity 'ver·dict** *n* BRIT Mehrheitsurteil *nt*

'Ma·jor League AM **I.** *n* SPORT Oberliga *f (im Baseball)*
II. *adj attr, inv* Oberliga-; **~ baseball** Oberligabaseball *nt*

ma·jor·ly [ˈmeɪdʒəli, AM -ə˞li] *adv inv (sl)* wahnsinnig *fam*; ***I am ~ hung-over — I drank way too much last night*** ich habe einen wahnsinnigen Kater – ich habe letzte Nacht viel zu viel getrunken; **to be ~ in trouble** in größten Schwierigkeiten stecken *fam*

ma·jor 'plan·et *n* großer Planet **ma·jor 'proj·ect** *n* Großprojekt *nt* **ma·jor 'share·hold·er** *n* FIN Hauptaktionär(in) *m(f)*

make [meɪk]

I. NOUN **II.** TRANSITIVE VERB
III. INTRANSITIVE VERB

I. NOUN

① ECON *(brand)* Fabrikat *nt*, Marke *f*; ***the newer ~s of computer are much faster*** die neuen Computergenerationen sind viel schneller; ***it's jam of my own ~*** das ist selbst gemachte Marmelade; **~ of car** Automarke *f*
② *(of a person)* ***people of her ~ are rare*** Leute wie sie [*o fam* ihrer Machart] sind selten
③ *(pej fam: search)* **to be on the ~** *(for sex)* auf sexuelle Abenteuer aus sein; *(for money)* geldgierig sein; *(for power)* machthungrig sein; *(for profit)* profitgierig sein; *(for career)* karrieresüchtig sein; **to put the ~ on sb** AM *(sl)* versuchen, jdn ins Bett zu kriegen *fam*

II. TRANSITIVE VERB

<made, made> ① *(produce)* ■**to ~ sth** etw machen; *company, factory* etw herstellen; ***the pot is made to withstand high temperatures*** der Topf ist so beschaffen, dass er hohe Temperaturen aushält; ***'made in Taiwan'*** ‚hergestellt in Taiwan'; ***this sweater is made of wool*** dieser Pullover ist aus Wolle; ***God made the world in 7 days*** Gott erschuf die Erde in 7 Tagen; **to ~ bread** Brot backen; **to ~ clothes** Kleider nähen; **to ~ coffee/soup/supper** Kaffee/Suppe/das Abendessen kochen; **to ~ a copy of sth** etw kopieren; **to ~ a movie** [*or* **film**] einen Film drehen; **to ~ peace** Frieden schließen; **to ~ a picture** *(fam)* ein Foto machen; **to ~ a recording of sth** etw aufnehmen; **to ~ a snowman** einen Schneemann bauen; **to ~ steel/a pot** Stahl/einen Topf herstellen; **to ~ time** sich *dat* [die] Zeit nehmen; **to show what one's** [**really**] **made of** zeigen, was in einem steckt; ■**to ~ sb sth** [*or* **sth for sb**] etw für jdn machen; ***he made us some coffee*** er machte uns Kaffee; ■**to be made for sth** für etw *akk* [wie] geschaffen sein; ***the doll wasn't made for banging around*** die Puppe ist nicht dazu gedacht, herumgeschleudert zu werden; ***these two were made for each other*** die zwei sind wie geschaffen füreinander
② *(become)* ■**to ~ sth** etw werden; *(be)* etw sein; ***I don't think he will ever ~ a good lawyer*** ich glaube, aus ihm wird nie ein guter Rechtsanwalt [werden]; ***she'll ~ a great mother*** sie wird eine tolle Mutter abgeben; ***let's ~ a circle*** lasst uns einen Kreis bilden; ***champagne and caviar ~ a wonderful combination*** Champagner und Kaviar sind eine wunderbare Kombination; **to ~ a good answer/excuse** eine gute Antwort/Entschuldigung sein; **to ~ a match** gut zusammenpassen; **to ~ fascinating reading** faszinierend zu lesen sein
③ *(cause)* machen; **to ~ noise/a scene/trouble** Lärm/eine Szene/Ärger machen; **to ~ sb one's wife** jdn zu seiner Frau machen; ■**to ~ sth do sth:** ***the wind is making my eyes water*** durch den Wind fangen meine Augen an zu tränen; ***you ~ things sound so bad*** du machst alles so schlecht; ***the dark colours ~ the room look smaller*** die dunklen Farben lassen das Zimmer kleiner wirken; ■**to ~ sb do sth** jdn dazu bringen [*o geh* veranlassen], etw zu tun; ***what made you move here?*** was brachte dich dazu, hierher zu ziehen?; ***what made you change your mind?*** wodurch hast du deine Meinung geändert?; ***stories like that ~ you think again*** Geschichten wie diese bringen dich zum Nachdenken; **to ~ sb laugh** jdn zum Lachen bringen; **to ~ oneself look ridiculous** sich *akk* lächerlich machen; **to ~ sb suffer** jdn leiden lassen
④ *(force)* ■**to ~ sb do sth** jdn zwingen, etw zu tun; ***go to your room! — no, and you can't ~ me!*** geh auf dein Zimmer! – nein, und es kann mich auch keiner dazu zwingen!
⑤ + *adj (cause to be)* machen; ***the good weather made Spain so popular*** das schöne Wetter hat Spanien so beliebt gemacht; **to ~ the best of a situation** das Beste aus einer Situation machen; **to ~ sb angry/happy** jdn wütend/glücklich machen; **to ~ sth easy** etw leicht machen; **to ~ oneself heard** sich *dat* Gehör verschaffen; **to ~ oneself known to sb** sich *akk* jdm vorstellen, sich *akk* mit jdm bekanntmachen; **to ~ sth public** etw veröffentlichen; **to ~ oneself understood** sich *akk* verständlich machen
⑥ *(transform to)* ■**to ~ sb/sth into sth:** ***the recycled paper will be made into cardboard*** das Recyclingpapier wird zu Karton weiterverarbeitet; ***this experience will ~ you into a better person*** diese Erfahrung wird aus dir einen besseren Menschen machen; ***we've made the attic into a spare room*** wir haben den Speicher zu einem Gästezimmer ausgebaut
⑦ *(perform)* ■**to ~ sth** *mistake, progress, offer, suggestion* etw machen; ***he made a plausible case for returning home early*** er überzeugte uns, dass es sinnvoll sei, früh nach Hause zu gehen; ***they made about 20 miles a day on foot*** sie legten etwa 20 Meilen am Tag zu Fuß zurück; ***I'll have a steak — no, ~ that chicken*** ich nehme ein Steak – ach nein, bringen Sie doch lieber das Hühnchen; **to ~ an appointment** einen Termin vereinbaren; **to ~ a bargain** ein Schnäppchen machen; **to ~ a bid for sth** ein Angebot für [*o* über] etw *akk* machen; **to ~ a book** STOCKEX *eine Aufstellung von Aktien machen, für die Kauf- oder Verkaufsaufträge entgegengenommen werden;* **to ~ a call** anrufen; **to ~ a deal** einen Handel schließen; **to ~ a decision** eine Entscheidung fällen [*o* treffen]; **to ~ a deposit** eine Anzahlung leisten; **to ~ a donation** eine Spende vornehmen; **to ~ an effort** sich *akk* anstrengen; **to ~ a face** ein Gesicht ziehen; **to ~ a good job of sth** bei etw *dat* gute Arbeit leisten; **to ~ a move** *(in game)* einen Zug machen; *(in business, personal life)* etwas unternehmen; *body* sich *akk* bewegen; **to ~ a payment** eine Zahlung leisten; **to ~ a promise** ein Versprechen geben, etw versprechen; **to ~ reservations** reservieren; **to ~ a request for sth** um etw *akk* bitten; **to ~ small talk** Konversation betreiben; **to ~ a speech/presentation** eine Rede/Präsentation halten; **to ~ a start** anfangen; **to ~ good time doing sth** bei etw *dat* schnell vorankommen; **to ~ way** [*or* **space**] [*or* **room**] den Weg frei machen; **to ~ a withdrawal from a bank** Geld bei einer Bank abheben
⑧ *(amount to)* ■**to ~ sth** *with numbers* etw ergeben; ***five plus five ~s ten*** fünf und fünf ist zehn; ***today's earthquake ~s five since January*** mit dem heutigen Erdbeben sind es fünf seit Januar; ***this ~s the third time my car has broken down*** das ist nun das dritte Mal, dass mein Auto eine Panne

M

hat

⑨ *(earn, get)* ■**to ~ sth**: ***he ~s £50,000 a year*** er verdient [*o fam* macht] 50.000 Pfund im Jahr; **to ~ enemies** sich *dat* Feinde machen; **to ~ a fortune** sein Glück machen; **to ~ friends** Freundschaften schließen; **to ~ a killing** einen Riesengewinn machen; **to ~ a living** seinen Lebensunterhalt verdienen; **to ~ a lot of money out of sth** mit etw *dat* viel Geld verdienen [*o fam* machen]; **to ~ a name for oneself** sich *dat* einen Namen machen; **to ~ profits/losses** Gewinn/Verlust machen

⑩ *(appoint)* ■**to ~ sb president/advisor/ambassador** jdn zum Präsidenten/Berater/Botschafter ernennen

⑪ *(consider important)* ■**to ~ sth of sth**: ***she ~s a lot of politeness*** sie legt viel Wert auf Höflichkeit; ***don't ~ too much of his grumpiness*** gib nicht zu viel auf seine mürrische Art

⑫ *(estimate)* ***how much do you ~ the total?*** was hast du als Summe errechnet?; ***I ~ the answer [to be] 105.6*** ich habe als Lösung 105,6 herausbekommen; ***what do you ~ the time?*** was meinst du, wie viel Uhr ist es wohl?

⑬ *(fam: get to, reach)* ■**to ~ sth** etw schaffen; ***could you ~ a meeting at 8 a.m.?*** schaffst du ein Treffen um 8 Uhr morgens?; ***I barely made it to the meeting*** ich habe es gerade noch zur Versammlung geschafft; ***the fire made the front page*** das Feuer kam auf die Titelseite; ***he made captain/sergeant/manager*** Am er hat es bis zum Kapitän/Feldwebel/Manager gebracht; **to ~ the bus/one's train/one's plane** den Bus/seinen Zug/sein Flugzeug kriegen; **to ~ the deadline** den Termin einhalten [können]; **to ~ the grade** sich *akk* qualifizieren, es schaffen; **to ~ the finals/a team** SPORT sich *akk* für das Finale/ein Team qualifizieren; **to ~ the big time** *(fam)* groß einsteigen *fam;* **to ~ it to the top** Karriere machen; **to ~ it** es schaffen; ***the patient may not ~ it through the night*** der Patient wird wahrscheinlich die Nacht nicht überstehen

⑭ *(render perfect)* ***those curtains really ~ the living room*** diese Vorhänge heben das Wohnzimmer ungemein; ***this film has made his career*** der Film machte ihn berühmt; ***that made my day!*** das hat mir den Tag gerettet!; ***you've got it made!*** du hast ausgesorgt!

⑮ *(have sex)* **to ~ love** sich *akk* lieben, miteinander schlafen; ■**to ~ sb** Am, Aus *(sl)* mit jdm ins Bett gehen *fam;* ***he tried to ~ her*** er hat versucht, sie ins Bett zu kriegen *fam;* **to ~ it with sb** *(fam!)* es mit jdm treiben *fam*

⑯ NAUT **to ~ port** Meldung an den Hafenmeister machen; **to ~ sail** in See stechen; **to ~ way** vorankommen

⑰ ELEC **to ~ contact** den Stromkreis schließen

▸PHRASES: **to ~ a <u>beeline</u> [*or* <u>dash</u>] for sth/sb** schnurstracks auf etw/jdn zugehen; **to ~ or <u>break</u> sth/sb** das Schicksal von etw/jdm in der Hand haben; **to ~ a <u>day</u>/an <u>evening</u> of it** den ganzen Tag/die ganze Nacht bleiben; ***let's ~ a night of it*** die Nacht ist noch jung; **to ~ a <u>go</u> of it** es schaffen, in etw *dat* Erfolg haben; **<u>made</u> in heaven** perfekt; **to be <u>made</u> of money** Geld wie Heu haben; **to ~ <u>sense</u>** Sinn ergeben [*o* machen]

III. INTRANSITIVE VERB

<made, made> ① *(be about to)* **to ~ to leave/eat dinner/start a fight** sich *akk* anschicken, zu gehen/Abend zu essen/einen Streit anzufangen; ***just as we made to leave the phone rang*** gerade als wir gehen wollten, klingelte das Telefon

② *(pretend)* ■**to ~ as if to do sth** aussehen, als ob man etw tun wolle; ***he made as if to leave the room*** er machte Anstalten, das Zimmer zu verlassen; ***stop making like you know everything!*** hör auf so zu tun, als wüsstest du alles!; ■**to ~ like ...** Am so tun, als ob ...; ***the boy made like he was sick so he wouldn't have to go to school*** der Junge stellte sich krank, damit er nicht zur Schule musste

③ Am *(dated sl: hand over)* ■**to ~ with the money/jewels** Geld/Juwelen [über]geben; ***~ with the money bags, baby!*** her mit dem Geld, Baby! *fam*

▸PHRASES: **to ~ <u>do</u> with/without sth** mit/ohne etw *dat* auskommen [*o* hinkommen]; ***can you ~ do with a fiver?*** reicht dir ein Fünfpfundschein?; **to ~ <u>do</u> and mend** *(prov)* flicken und wiederverwerten, was man hat, sich *akk* mit etw *dat* zufriedengeben

◆**make after** *vi* ■**to ~ after sb** jdm hinterherjagen; *police* jdn verfolgen

◆**make away** *vi (fam)* verschwinden, abhauen *fam*

◆**make away with** *vt (fam)* ① *(steal)* ■**to ~ away with sth** sich *akk* mit etw *dat* davonmachen

② *(kill)* ■**to ~ away with sb** jdn um die Ecke bringen *fam;* ■**to ~ away with oneself** sich *akk* umbringen

◆**make for, make towards** *vi* ① *(head for)* ■**to ~ for [*or* towards] sth** auf etw *akk* zugehen; *(by car or bus)* auf etw *akk* zufahren; ***the kids made for the woods to hide*** die Kinder rannten auf den Wald zu, um sich zu verstecken; *esp* Brit ***we made towards the motorway*** wir fuhren Richtung Autobahn; **to ~ for [*or* towards] the door/car** auf die Tür/das Auto zugehen

② *(be)* ■**to ~ for sth** etw sein; *(result in)* etw ergeben; ***constant arguing doesn't ~ for a good relationship*** ständiges Streiten ist einer guten Beziehung nicht gerade förderlich; ***Kant ~s for hard reading*** Kant ist schwer zu lesen

◆**make of** *vt* ① *(understand)* ■**to ~ sth of sth** etw verstehen; ***I can't ~ anything of this book*** ich verstehe dieses Buch nicht; ***can you ~ anything of this message?*** kannst du mit dieser Nachricht etwas anfangen?; ***I don't know what to ~ of it*** ich weiß nicht, wie ich das deuten soll; **to ~ sense of an action/a word/an argument** den Sinn einer Aktion/eines Wortes/eines Arguments verstehen

② *(think)* ■**to ~ sth of sb/sth**: ***what do you ~ of his speech?*** was hältst du von seiner Rede?; ***I don't know what to ~ of her*** ich weiß nicht, wie ich sie einschätzen soll; ***I wouldn't ~ too much of it*** das würde ich nicht überbewerten; **to ~ much of sb** *(appreciate)* viel von jdm halten; *(praise)* jdn über den grünen Klee loben; ***we don't ~ much of him*** wir halten nicht viel von ihm

▸PHRASES: **to ~ <u>something</u> of it** *(fam)* ***do you want to ~ something of it?*** suchst du Ärger?

◆**make off** *vi (fam)* ① *(leave)* verschwinden, abhauen *fam*

② *(steal)* ■**to ~ off with sth** sich *akk* mit etw *dat* davonmachen, etw mitgehen lassen *fam*

◆**make out** I. *vi (fam)* ① *(manage) person* zurechtkommen; *business* sich *akk* [positiv] entwickeln; ***how are you making out with John?*** wie kommst du mit John zurecht?

② *(have sex)* rummachen *sl;* ■**to ~ out with sb** *esp* Am mit jdm rummachen *sl*

II. *vt* ① *(write out)* ■**to ~ out ○ sth** etw ausschreiben; **to ~ out a bill** eine Rechnung schreiben; **to ~ out a bill of exchange** einen Wechsel ausfertigen; **to ~ out a cheque** einen Scheck ausstellen; **to ~ out the schedule** den Dienstplan erstellen; **to ~ out a will** ein Testament verfassen

② Brit, Aus *(argue)* **to ~ out a case for sth** für etw *akk* argumentieren, etw vertreten

③ *(see)* ■**to ~ out ○ sth** *writing, numbers* etw entziffern; *distant object* etw ausmachen; *(hear)* etw verstehen; *(understand)* ***she's so strange — I can't ~ her out at all*** sie ist so seltsam – ich werde ganz und gar nicht schlau aus ihr; ***I just can't ~ out this maths problem*** ich komme einfach nicht hinter dieses mathematische Problem; ***nobody can ~ out why you were attacked*** keiner kann verstehen, warum du angegriffen wurdest

④ *(fam: claim)* ■**to ~ sb/sth out to be sth** jdn/etw als etw *akk* hinstellen; ***the British weather is not as bad as it is made out [to be]*** das britische Wetter ist nicht so schlecht, wie es immer heißt; ***stop making out that you're better than us*** hör auf, dich immer als etwas Besseres hinzustellen; ***she made out that she was sleeping*** sie tat so, als ob sie schlafen würde; ***he made himself out to be a millionaire*** er gab vor, ein Millionär zu sein

◆**make over** *vt* ① LAW *(transfer ownership)* **to ~ over ○ a house/a business/land to sb** jdm ein Haus/ein Geschäft/Land überschreiben

② *esp* Am *(redo)* ■**to ~ over ○ sth** etw umändern; ***it's an old church that has been made over into an old people's home*** es ist eine alte Kirche, die in ein Altersheim umgewandelt wurde; **to ~ over a manuscript** ein Manuskript überarbeiten

◆**make up** I. *vt* ① *(invent)* ***she made the whole thing up*** sie hat das alles nur erfunden; ***stop making up the rules as you go along — it's not fair!*** hör auf, dir deine eigenen Regeln zu machen – das ist nicht fair!; **to ~ up ○ a story/a reason/a lie/an excuse** eine Geschichte/einen Grund/eine Lüge/eine Entschuldigung erfinden

② *(prepare)* ■**to ~ up ○ sth** etw fertig machen; **to ~ up a bed** das Bett machen; **to ~ up the fire** Brit, Aus das Feuer schüren, Holz nachlegen; **to ~ up a list** eine Liste erstellen; **to ~ up a medicine** eine Medizin zusammenstellen; **to ~ up a page/book/newspaper** JOURN das Layout einer Seite/für ein Buch/für eine Zeitung machen; **to ~ up a road** eine Straße teeren; **to ~ up a room** ein Zimmer herrichten

③ *(put on make-up)* ■**to ~ sb/oneself up** jdn/sich *akk* schminken

④ *(produce)* **to ~ up ○ curtains/a dress** Vorhänge/ein Kleid machen

⑤ *(compensate)* ■**to ~ up ○ sth**: ***if you can save half the money, we'll ~ up the difference*** wenn du die Hälfte sparen kannst, bezahlen wir die Differenz; ***I've made the collection up to the total required*** ich habe die Sammlung auf die erforderliche Summe aufgestockt; Brit ***we'll invite Geoff and Sarah to ~ the number up to ten*** wir laden Geoff und Sarah ein, um die Zehn voll zu machen; **to ~ up a deficit** ein Defizit ausgleichen; **to ~ up money owed** geschuldetes Geld zurückzahlen; **to ~ up time** Zeit wiedergutmachen; *train* Zeit wieder herausfahren; **to ~ up work** Am, Aus Arbeitsstunden nachholen

⑥ *(comprise)* ■**to ~ up ○ sth** etw ausmachen; ***the book is made up of a number of different articles*** das Buch besteht aus vielen verschiedenen Artikeln; ***foreigners ~ up about 20% of the student population*** Ausländer machen 20 % der Studentenschaft aus

⑦ *(decide)* **to ~ up one's mind** sich *akk* entscheiden [*o* entschließen]

⑧ *(reconcile)* **to ~ it up with sb** sich *akk* [wieder] mit jdm vertragen, sich *akk* mit jdm versöhnen; **to ~ it up to sb [for sth]** jdn [für etw *akk*] entschädigen, jdm etw wiedergutmachen

⑨ FIN **to ~ up accounts** die Bücher abschließen

⑩ TYPO ■**to ~ sth ○ up** etw umbrechen

II. *vi* sich *akk* versöhnen, sich *akk* wieder vertragen; ***kiss and ~ up*** küsst euch und vertragt euch wieder

◆**make up for** *vt (compensate)* ■**to ~ up for sth** für etw *akk* entschädigen; ECON etw wiedergutmachen [*o* ausgleichen]; ***no amount of money can ~ up for a child's death*** kein Geld der Welt kann den Tod eines Kindes aufwiegen; ***can I buy you lunch to ~ up for being late?*** kann ich dich zum Mittagessen einladen als Entschädigung dafür, dass ich so spät war?; ***what sie lacks in experience she ~s up for with willingness to learn*** was ihr an Erfahrung fehlt, macht sie durch Lernbereitschaft wieder gut; **to ~ up for lost time** verlorene Zeit wieder aufholen

◆**make up to** *vt* ① *(compensate)* ■**to ~ it up to sb** jdm etwas wiedergutmachen

② Aus, Brit *(fam: attempt to win favour)* ■**to ~ up to sb** sich *akk* bei jdm lieb Kind machen *fam,* jdm in den Arsch kriechen *derb*

'make-be·lieve I. *n no pl* Fantasie *f,* Illusion *f;* ***this ideal is just ~*** dieses Ideal ist nur Fantasie; **a world**

of ~ eine Fantasiewelt **II.** *adj inv* Fantasie-, imaginär; **a ~ world** eine Fantasiewelt **III.** *vi* <made-, made-> ■ **to ~ [that]** ... sich *dat* vorstellen, dass ... **make-'do** *adj attr, inv* improvisiert **make-or-'break** *adj inv* kritisch; *decision* entscheidend; ■ **to be ~ for sb** entscheidend für jdn sein **'make·over** *n* Veränderung *f*

mak·er ['meɪkəʳ, AM -ɚ] *n* ① *(manufacturer)* Hersteller(in) *m(f)*, Produzent(in) *m(f)*; **~ of a film** *(director)* Filmemacher(in) *m(f)*; *(producer)* Produzent(in) *m(f)*
② *esp* BRIT ■ **~s** *pl* Hersteller(in) *m(f)*, Produzent(in) *m(f)*
③ *(God)* ■ **one's M~** sein Schöpfer *m;* **to meet one's M~** *(die)* seinem Schöpfer gegenübertreten
④ FIN Aussteller(in) *m(f)* von Schecks oder Wechseln

'make·ready *n no pl* PUBL Zurichtung *f* **'make·shift** **I.** *adj* Not-, behelfsmäßig; **~ camps** [*or* **quarters**] Übergangslager *pl* **II.** *n* [Not]behelf *m*, Übergangslösung *f* **'make·un·der** *n* FASHION dezentes Makeup

'make-up *n* ① *no pl (cosmetics)* Make-up *nt;* **to put on ~** sich *akk* schminken, Make-up auflegen; **to wear ~** Make-up tragen ② *of a group, a population* Zusammensetzung *f* ③ *(character)* Persönlichkeit *f*, Veranlagung *f*; **genetic ~** genetische Veranlagung; **psychological ~** Psyche *f* ④ *(in printing)* Umbruch *m; layout* Aufmachung *f* ⑤ AM *(exam)* Nachholprüfung *f*, Nachprüfung *f* ÖSTERR, SCHWEIZ **'make-up art·ist** *n* Maskenbildner(in) *m(f)*, Visagist(in) *m(f)* **'make-up bag** *n* Kosmetiktasche *f* **'make-up kit** *n* Schminkset *nt* **'make-up mir·ror** *n* Schminkspiegel *m*

'make·weight *n (fig)* Ballast *m*, [überflüssiges] Anhängsel; *(person)* Lückenbüßer(in) *m(f)*

'make-work *n no pl* unproduktive Tätigkeit

mak·ing ['meɪkɪŋ] *n* ① *no pl (production)* Herstellung *f*; ***the ~ of the cake will take a good hour*** den Kuchen zu machen dauert eine gute Stunde; ***her problems with that child are of her own ~*** ihre Probleme mit diesem Kind hat sie selbst verschuldet; **to be in the ~** im Entstehen sein; ***the book was several years in the ~*** es dauerte mehrere Jahre, das Buch zu schreiben
② *no pl (development)* ***five years in the army will be the ~ of him!*** fünf Jahre in der Armee werden ihn zum Mann machen; ***he was obviously a chef in the ~*** es war klar, dass er später ein Koch werden würde; *(success)* ***it was the ~ of her*** das hat sie zu dem gemacht, was sie [heute] ist; **to be an engineer in the ~** ein angehender Ingenieur/eine angehende Ingenieurin sein
③ *(qualities/ingredients)* ■ **~s** *pl* Anlagen *pl;* ***she has the ~s of a great violinist*** sie hat das Zeug zu einer großartigen Geigerin; ***the plan has all the ~s of a disaster*** in diesem Plan ist das Scheitern schon vorprogrammiert
④ *(fam: earnings)* ■ **~s** *pl* Gewinne *pl*

Ma·la·bo [mə'lɑ:bəʊ, AM -boʊ] *n* Malab *nt*

mala·chite ['mæləkaɪt] *n no pl* Malachit *m*

mal·ad·just·ed [,mælə'dʒʌstɪd] *adj* PSYCH verhaltensauffällig, verhaltensgestört

mal·ad·just·ment [,mælə'dʒʌs(t)mənt] *n no pl* PSYCH Verhaltensauffälligkeit *f*, Verhaltensstörung *f*, Fehlanpassung *f*

mal·ad·min·is·tra·tion [,mæləd,mɪnɪ'streɪʃᵊn, AM -ə'-] *n no pl (form)* schlechte [*o* ineffiziente] Verwaltung

mala·droit [,mælə'drɔɪt] *adj* unbeholfen

mala·droit·ly [,mælə'drɔɪtli] *adv* unbeholfen

mala·droit·ness [,mælə'drɔɪtnəs] *n no pl* Unbeholfenheit *f*

mala·dy ['mælədi] *n* Krankheit *f*, Leiden *nt; (fig: problem)* Leiden *nt*, Problem *nt;* **social ~** gesellschaftliches Übel

Mala·gasy [,mælə'gæsi] **I.** *n* ① *(person)* Madagasse, Madagassin *m, f*
② *(language)* Madagassisch *nt*
II. *adj* madagassisch

Mala·gasy Re·'pub·lic *n* Republik *f* Madagaskar

ma·laise [mə'leɪz] *n no pl* Unbehagen *nt*, SCHWEIZ *a.* Malaise *f*; ***they were discussing the roots of the current economic ~*** sie diskutierten über die Wurzeln des gegenwärtigen wirtschaftlichen Missstandes

mala·prop·ism ['mæləprɒpɪzᵊm, AM -prɑ:p-] *n* LING Malapropismus *m*

ma·laria [mə'leəriə, AM -'ler-] *n no pl* Malaria *f*; **to have ~** an Malaria erkrankt sein

ma·lar·ial [mə'leəriəl, AM 'leri] *adj inv* Malaria-

ma·lar·key [mə'lɑ:ki, AM -'lɑ:r-] *n no pl (dated fam)* Blödsinn *m fam*, Firlefanz *m veraltend fam*

Ma·la·wi [mə'lɑ:wi] *n no pl* Malawi *nt*

Ma·la·wian [mə'lɑ:wiən] **I.** *n* Malawier(in) *m(f)*
II. *adj inv* malawisch

Ma·lay [mə'leɪ, AM meɪ'leɪ] **I.** *n* ① *(person)* Malaie, Malaiin *m, f*
② *no pl (language)* Malaiisch *nt*
II. *adj inv* malaiisch

Ma·laya [mə'leɪə] *n no pl* Malaya *nt*

Ma·lay·an [mə'leɪən] *adj inv* malaiisch

Ma·lay·sia [mə'leɪziə, AM -ʒə] *n no pl* Malaysia *nt*

Ma·lay·sian [mə'leɪziən, AM -ʒən] **I.** *n* Malaysier(in) *m(f)*
II. *adj inv* malaysisch

mal·con·tent ['mælkən,tent] *n (pej)* Querulant(in) *m(f) pej geh*, Nörgler(in) *m(f) pej*

Mal·dives ['mɔ:ldi:vz, AM 'mældaɪvz] *npl* ■ **the ~** die Malediven

Mal·div·ian [mɔ:l'dɪviən, AM mæl'daɪv-] **I.** *n* ① *(person)* Malediver(in) *m(f)*
② *no pl (language)* Maledivisch *nt*
II. *adj inv* maledivisch

male [meɪl] **I.** *adj inv* ① *(masculine)* männlich; ***what percentage of the adult ~ population is unemployed?*** wie hoch ist der Prozentsatz der arbeitslosen männlichen Bevölkerung?; **~ choir** Männerchor *m;* **~ crocodile** Krokodilmännchen *nt;* **~-dominated** von Männern dominiert
② TECH *(of a projecting part)* **~ fitting** Bolzen *m;* **~ plug** Stecker *m;* **~ screw** Schraube *f*
II. *n (person)* Mann *m; (animal)* Männchen *nt*

male 'bond·ing *n no pl (esp hum)* Männergemeinschaft *f*, Männerfreundschaft *f* **male 'chau·vin·ism** *n no pl* [männlicher] Chauvinismus **male 'chau·vin·ist** *n*, **male chau·vin·ist 'pig** *n*, **mcp** *n (pej)* Chauvinist *m pej*, Chauvi *m fam*, Macho *m fam*, Chauvinistenschwein *nt pej derb*

male·dic·tion [,mælɪ'dɪkʃᵊn, AM -ə'-] *n* Fluch *m*, Verwünschung *f*; **to utter a ~ against sb** jdn verfluchen

male-'domi·nat·ed *adj* von Männern beherrscht

male·fac·tor ['mælɪfæktəʳ, AM -ɚ] *n (form liter)* Übeltäter(in) *m(f)*

ma·leic acid [mə,leɪɪk'-] *n no pl* CHEM Maleinsäure *f*

male 'meno·pause *n no pl (esp hum)* [männliche] Midlifecrisis

male·ness ['meɪlnəs] *n no pl* Männlichkeit *f*

male 'nurse *n* Krankenpfleger *m* **male 'or·gan** *n* Männlichkeit *f*, [männliches] Glied **male 'pros·ti·tute** *n* Stricher *m sl*, Strichjunge *m sl*

ma·levo·lence [mə'levᵊlən(t)s] *n no pl (evil quality)* Bosheit *f*, Heimtücke *f*, Niedertracht *f liter; (spitefulness)* Gehässigkeit *f*

ma·levo·lent [mə'levᵊlənt] *adj (liter: evil)* bösartig, heimtückisch; *(spiteful)* gehässig, hasserfüllt; **to have a ~ attitude towards sth** einen Hass auf etw *akk* haben; **~ fraud** arglistige Täuschung; **a ~ witch** eine böse Hexe

ma·levo·lent·ly [mə'levᵊləntli] *adv (evil)* boshaft, heimtückisch; *(spitefully)* gehässig, hasserfüllt

mal·fea·sance [mæl'fi:zən(t)s] *n no pl* LAW Gesetzesübertretung *f*, rechtswidriges Handeln; *(in office)* Amtsmissbrauch *m*, Amtsvergehen *nt*

mal·for·ma·tion [,mælfɔ:'meɪʃᵊn, AM -fɔ:r'-] *n* MED Missbildung *f*

mal·formed [,mæl'fɔ:md, AM -'fɔ:rmd] *adj inv* MED missgebildet

mal·func·tion [,mæl'fʌŋ(k)ʃᵊn] **I.** *vi (not work properly)* nicht funktionieren; *(stop working)* ausfallen; *liver, kidney* nicht richtig arbeiten; *social system* versagen; ***what do you think caused the air bag to ~?*** warum, glaubst du, hat der Airbag nicht funktioniert?
II. *n* Ausfall *m; of liver, kidney* Funktionsstörung *f; of social system* Versagen *nt;* ***the pilot reported a ~ in the aircraft's navigation system*** der Pilot berichtete über einen Defekt im Navigationssystem des Flugzeuges

Mali ['mɑ:li] *n no pl* Mali *nt*

Ma·lian ['mɑ:liən] **I.** *n* Malier(in) *m(f)*
II. *adj inv* malisch

mal·ic acid [,mælɪk'-, ,meɪ-] *n no pl* CHEM Hydroxybernsteinsäure *f*, Äpfelsäure *f*

mal·ice ['mælɪs] *n no pl* Bösartigkeit *f*, Boshaftigkeit *f*; **implied ~** LAW vermutete böse Absicht; **to bear ~/no ~ to[wards] sb** [*or* **to bear sb ~/no ~**] jdm etwas/nichts Böses wollen

mal·ice a'fore·thought *n* LAW vorbedachte böse Absicht; **with ~** LAW vorsätzlich

ma·li·cious [mə'lɪʃəs] *adj* boshaft, niederträchtig; **~ [telephone] calls** Drohanrufe *pl;* **~ gossip** böswilliges Gerede; **~ look** hasserfüllter Blick; **~ mischief** böse Streiche *pl;* **~ prosecution** LAW böswillige Rechtsverfolgung; **~ wounding** LAW böswillige Körperverletzung

ma·li·cious·ly [mə'lɪʃəsli] *adv* boshaft, niederträchtig

ma·lign [mə'laɪn] **I.** *adj (form)* verderblich *geh*, schädlich; *(evil)* unheilvoll *geh;* **~ spirits** böse Geister
II. *vt* ■ **to ~ sb** jdn verleumden; **to ~ sb's character** jdm Übles nachsagen

ma·lig·nan·cy [mə'lɪgnən(t)si] *n* ① *no pl* MED *(cancerousness)* Bösartigkeit *f*, Malignität *f fachspr*
② *no pl (fig: evil intent)* Bösartigkeit *f*, Boshaftigkeit *f*, Gemeinheit *f*; *(evil thing)* Übel *nt*

ma·lig·nant [mə'lɪgnənt] *adj* ① MED *growth, tumour* bösartig, maligne *fachspr*
② *(fig: evil)* boshaft, bösartig, gemein; **a ~ little bastard** ein fieses kleines Arschloch *derb;* **~ pleasure** hämisches Vergnügen

ma·lig·nant·ly [mə'lɪgnəntli] *adv* bösartig

ma·lig·nity [mə'lɪgnəti, AM -əṭi] *n no pl (form)* Bösartigkeit *f*; MED Malignität *f fachspr*

ma·lin·ger [mə'lɪŋgəʳ, AM -ɚ] *vi* simulieren, sich *akk* krank stellen

ma·lin·ger·er [mə'lɪŋgᵊrəʳ, AM -ɚɚ] *n* Simulant(in) *m(f)*

mall [mɔ:l] *n (covered row of shops)* [große] Einkaufspassage; *(indoor shopping centre)* [überdachtes] Einkaufszentrum

mal·lard <*pl* -s *or* -> ['mælɑ:d, AM -ɚd] *n* Stockente *f*

mal·le·abil·ity [,mæliə'bɪləti, AM -əṭi] *n no pl of metal* Formbarkeit *f; of clay* Geschmeidigkeit *f; (fig) of a person* Gefügigkeit *f*

mal·le·able ['mæliəbl] *adj metal* formbar; *clay* geschmeidig; *(fig) person* gefügig

mal·lee ['mæli] *n* Fieberheilbaum *m*

mal·let ['mælɪt] *n (hammer)* [Holz]hammer *m; (in croquet)* Krockethammer *m; (in polo)* Poloschläger *m*

mall·ing ['mɔ:lɪŋ] *n no pl* AM **to go ~** im Einkaufszentrum rumhängen *fam*

mal·low ['mæləʊ, AM -loʊ] *n* Malve *f*

malm·sey ['mɑ:mzi] *n no pl* Malvasier[wein] *m*

mal·nour·ished [,mæl'nʌrɪʃt, AM -'nɜ:r-] *adj* unterernährt

mal·nu·tri·tion [,mælnju:'trɪʃᵊn, AM -nu:'-] *n no pl* Unterernährung *f*

mal·odor·ous [,mæl'əʊdᵊrəs, AM -'oʊdɚ-] *adj (form)* ① *(smelling bad)* übel riechend
② *(pej: offensive)* widerlich, verabscheuenswürdig *geh*

ma·lo·nic acid [mə,ləʊnɪk'-, AM mə,loʊnɪk-] *n no pl* CHEM Malonsäure *f*

mal·prac·tice [,mæl'præktɪs] *n no pl* Sorgfaltspflichtverletzung *f*; MED ärztlicher Kunstfehler; *(criminal misconduct)* [berufliches] Vergehen; *of civil servants* Amtsvergehen *nt*, Amtsmissbrauch *m;* **medical ~** ärztlicher Kunstfehler

mal·'prac·tice suit *n* Kunstfehlerprozess *m*

malt [mɔ:lt] **I.** *n no pl* ① *(grain)* Malz *nt*
② *(whisky)* Maltwhisky *m*
③ AM *(malted milk)* Malzmilch *f*
II. *vt* **to ~ barley** Gerste mälzen
Mal·ta ['mɔ:ltə] *n no pl* Malta *nt*
malt·ed 'milk ['mɔ:ltɪd] *n* Malzmilch *f*
Mal·tese [,mɔ:l'ti:z] **I.** *adj inv* maltesisch; **The ~ Falcon** der Malteser Falken
II. *n* ① *(person)* Malteser(in) *m(f)*
② *no pl (language)* Maltesisch *nt,* das Maltesische
Mal·tese 'cross *n* Malteserkreuz *nt*
malt 'ex·tract *n no pl* Malzextrakt *m* **malt 'liq·uor** *n no pl aus Malz gebrautes alkoholisches Getränk;* AM Starkbier *nt*
mal·treat [,mæl'tri:t] *vt usu passive* ■**to ~ sb/sth** jdn/etw misshandeln
mal·treat·ment [,mæl'tri:tmənt] *n no pl* Misshandlung *f*
malt 'whis·ky *n* Maltwhisky *m*
ma·lus ['mɑ:ləs] *n* FIN *(insurance)* Malus *m*
mal·ware ['mælweəʳ, AM -wer] *n no pl* Malware *f (Computerprogramm mit offener oder verdeckter Schadfunktion)*
mam [mæm] *n* BRIT DIAL *(childspeak)* Mamma *f,* Mammi *f,* Mami *f* SCHWEIZ
mama¹ [mə'mɑ:] *n* BRIT *(childspeak dated)* Mutti *f*
mama² ['mɑ:mə] *n* ① AM *(childspeak)* Mutti *f*
② AM *(sl: attractive female)* Puppe *f sl;* ***there's a good-looking ~*** da ist 'ne scharfe Braut *sl*
'mama's boy *n* AM *(pej)* Muttersöhnchen *nt pej*
mam·ba ['mæmbə, AM 'mɑ:m-] *n* Mamba *f;* **black ~** Schwarze Mamba
mam·bo <*pl* -os> ['mæmbəʊ, AM 'mɑ:moʊ] *n* Mambo *m*
mam·ma [mə'mɑ:, AM 'mɑ:mə] *n* AM *(esp dated) see* **mama**
mam·mal ['mæmᵊl] *n* Säugetier *nt,* Säuger *m;* ***the zebra is my daughter's favourite ~*** das Zebra ist das Lieblingstier meiner Tochter
mam·ma·lian [mæm'eɪliən] *adj inv* Säugetier-; **the ~ evolution** die Evolution der Säugetiere
mam·ma·ry ['mæmᵊri] *adj inv* MED Brust-, Mamma- *fachspr*
'mam·ma·ry gland *n* Milchdrüse *f*
mam·mo·gram ['mæməgræm], **mam·mo·graph** ['mæmə(ʊ)grɑ:f, AM -məgræf] *n* Röntgenbild *nt* der weiblichen Brust; ***middle-aged women should have regular ~s*** Frauen im mittleren Alter sollten regelmäßig eine Mammographie vornehmen lassen
mam·mog·ra·phy [mæm'ɒgrəfi, AM mə'mɑ:g-] *n no pl* Mammographie *f*
Mam·mon ['mæmən] *n no pl* REL [schnöder] Mammon *oft iron*
mam·moth ['mæməθ] **I.** *n* Mammut *nt*
II. *adj (fig)* Mammut-, riesig; **~ proportions** kolossales Ausmaß
mam·my ['mæmi] *n* ① AM DIAL, IRISH *(childspeak)* Mami *f*
② AM *(dated or pej!) schwarzes [Kinder]mädchen in den USA*
man [mæn] **I.** *n* <*pl* men> ① *(male adult)* Mann *m;* **~'s bicycle** Herrenfahrrad *nt;* **men's clothing** Herrenkleidung *f;* **men's shoes/gloves** Herrenschuhe/-handschuhe *pl;* **the men in white coats** *die Wärter einer psychiatrischen Anstalt;* **the men's [room]** die Herrentoilette, SCHWEIZ *a.* Männer-WC *nt fam;* **the men in [grey] suits** die so genannten Herren im grauen Anzug *(gesichtslose, aber einflussreiche Geschäftsleute);* **a ~-to-~ talk** ein Gespräch *nt* unter Männern; **a ~'s voice** eine Männerstimme [*o* männliche Stimme]; **dirty old ~** *(pej fam)* alter Lustmolch *pej,* alte Drecksau *pej sl;* **to be a ~'s ~** *sich nur in männlicher Gesellschaft wohl fühlen;* **~ to ~** von Mann zu Mann; **to talk [as] ~ to ~** offen [*o* ein offenes Wort] miteinander reden
② *(brave person)* Mann *m;* ***be*** [*or* ***act like***] ***a ~!*** sei ein Mann!; ***she's more of a ~ than anyone of them*** sie hat mehr Mumm in den Knochen als sie alle *fam;* **to be ~ enough [to do sth]** Manns genug sein[, etw zu tun]; **to be only half a ~** nur ein halber Mann sein; **to make a ~ [out] of sb** einen Mann aus jdm machen; **sth separates** [*or* **sorts out**] **the men from the boys** *(fam)* an etw *dat* zeigt sich, wer ein ganzer Kerl ist; **to take sth like a ~** etw wie ein [richtiger] Mann ertragen
③ *(person)* Mensch *m;* ***all men are equal*** alle Menschen sind gleich; ***~ overboard!*** Mann über Bord!; ***our ~ in Washington*** unser Mann in Washington; ***a ~ could do a lot with 20,000 euros*** mit 20.000 Euro könnte man viel anfangen; **every ~, woman, and child** ausnahmslos jeder, alle; **to be sb's right-hand ~** jds rechte Hand sein; **every ~ for himself** jeder für sich *akk;* **to be one's own ~** sein eigener Herr sein; **as one ~** wie ein Mann; ***as one ~, the delegates made for the exit*** geschlossen gingen die Delegierten hinaus; **to a** [*or* **the last**] **~** bis auf den letzten Mann; ***to a ~, we were enthusiastic about the idea*** wir waren allesamt begeistert von der Idee
④ *no pl, no art (mankind)* der Mensch, die Menschheit; ***this is one of the most dangerous substances known to ~*** das ist eine der gefährlichsten Substanzen, die bisher bekannt sind; ***the dog is ~'s best friend*** der Hund ist des Menschen bester Freund; **Heidelberg ~** der Heidelbergmensch; **the rights of ~** die Menschenrechte
⑤ *(particular type)* ***he is a ~ of his word*** er ist jemand, der zu seinem Wort steht, er steht zu seinem Wort; ***he's not a ~ to ...*** er ist nicht der Mensch [*o* Typ], der ...; ***she's the right/wrong ~ for the job*** sie ist die Richtige/Falsche für diesen Job; ***if you're looking for an expert he's your ~*** wenn Sie einen Fachmann suchen, ist er genau der Richtige [für Sie]; ***you've come to the right ~*** da sind Sie bei mir richtig; ***he's not a drinking ~*** er ist kein großer Trinker; ***I'm not a gambling ~*** ich mache mir nichts aus Glücksspielen; ***Ian is an Oxford ~*** *(is from)* Ian kommt aus Oxford; *(attended university)* Ian hat in Oxford studiert; ***he's a loyal Labour ~*** er ist ein treuer Anhänger der Labour-Partei; ***Billy is a ~ about town*** Billy weiß immer, was in der Stadt so los ist; **to be a ~ of action** ein Mann der Tat sein; **a ~ of the cloth** ein Mann *m* Gottes; **a ~ Friday** ein treuer Helfer; **to be a family ~** ein Familienmensch *m* sein; **a ~ of God** *(form: a clergyman)* ein Mann *m* Gottes; *(a saint)* ein Heiliger; **the ~ of the house** der Herr des Hauses; **to be a ladies' ~** ein Charmeur *m* [*o* Frauenheld *m*] sein; **a ~ of letters** *writer* ein Schriftsteller *m* [*o* Literat *m*]; *scholar* ein Gelehrter *m;* **the ~ of the match** BRIT SPORT der Held des Tages; **to be ~ of the moment** der richtige Mann am richtigen Ort sein; **the ~ in the moon** der Mann im Mond; **the ~ on the Clapham omnibus** BRIT der Durchschnittsbürger; **to be a ~ of the people** ein Mann *m* des Volkes sein; **to be a ~ of straw** ein Hochstapler *m* sein; **the ~ in the street** der kleine Mann; **to be a ~ of the world** ein Mann *m* von Welt sein; **the inner ~** das Innere; **the odd ~ out** der Außenseiter; ***he is the odd ~ out of the three because ...*** er ist der Außenseiter unter den dreien, weil ...
⑥ *(soldier, worker)* ■**men** *pl* Männer *pl,* Leute *pl;* ***the expedition was made up of 100 officers and men*** die Expedition bestand aus 100 Offizieren und einfachen Soldaten
⑦ *(fam: form of address)* Mann *m fam,* Mensch *m fam;* ***give me that, ~!*** gib das her, Mann! *fam;* ***my good ~!*** mein lieber Mann! *fam;* ***hey, old ~!*** he, alter Junge! *fam*
⑧ *(old: servant)* Diener *m*
⑨ *(fam: husband)* Mann *m;* *(boyfriend)* Freund *m,* Typ *m sl;* **to live as ~ and wife** wie Mann und Frau zusammenleben
⑩ *(in board games)* [Spiel]figur *f;* *(in draughts)* [Spiel]stein *m*
⑪ *no pl* AM *(sl)* ■**the ~** *(the boss)* der Boss *fam;* *(white people)* die Weißen *pl;* *(the police)* die Bullen *pl pej fam*
▸PHRASES: **~'s best friend** der beste Freund des Menschen; **~ and boy** *(dated)* das ganze Leben lang, von Kindesbeinen an; **you can't keep a good ~ down** *(prov)* er/sie lässt sich nicht unterkriegen; **~ proposes, God disposes** *(prov)* der Mensch denkt, Gott lenkt *prov*
II. *interj (fam: to emphasize)* Mensch *fam,* Mann *fam;* *(in enthusiasm)* Mann *fam,* Manometer *fam;* *(in anger)* Mann *fam;* *(complaining)* Menno *Kindersprache,* na geh' ÖSTERR *Kindersprache;* ***~, we had a good time!*** Mann, haben wir uns amüsiert! *fam*
III. *vt* <-nn-> ① *(be present)* ***~ the pumps!*** alle Mann an die Pumpen!; **to ~ the barricades/a fortress** die Barrikaden/eine Festung besetzen; **to ~ a gun/phone** ein Geschütz/Telefon bedienen
② *(staff)* **to ~ a fortress/a picket** eine Stellung/einen Streikposten besetzen; **to ~ a ship** ein Schiff bemannen
man. CAN *abbrev of* **Manitoba**
man about 'town <*pl* men about town> *n* **to be a ~** in den angesagten Kreisen verkehren, überall mit von der Partie sein; ***she will only date you if you are a ~*** sie wird nur mit dir ausgehen, wenn du in den In-Kreisen verkehrst
mana·cle ['mænəkl̩] **I.** *n* ■**~s** *pl* Handschellen *pl,* Ketten *pl*
II. *vt* ■**to ~ sb** jdn in Ketten legen [*o* [mit Ketten] fesseln]; ***his arm was ~d to a ring on the wall*** sein Arm war an einem Ring in der Wand angekettet
man·age ['mænɪdʒ] **I.** *vt* ① *(run)* ■**to ~ sth** etw leiten; *(lead)* ■**to ~ sb** jdn führen; ***a director needs to be good at managing people*** als Direktor sollte man über gute Personalführungskenntnisse verfügen
② ■**to ~ sth** *(control)* etw steuern; *(administer)* etw verwalten; *(organize)* etw organisieren; ***some people think television ~s the news instead of just reporting it*** manche Leute glauben, dass das Fernsehen die Nachrichten manipuliert, anstatt nur zu berichten; **to ~ a currency** eine Währung steuern; **~d float** FIN kontrolliertes Floaten *fachspr;* **~d fund** FIN Investmentfonds *m (mit Umschichtung des Wertpapierbestandes);* **to ~ money** Geld verwalten; **to ~ property** Immobilienbesitz verwalten; **to ~ one's time/resources** sich *dat* seine Zeit/Ressourcen richtig einteilen
③ *(promote)* ■**to ~ sb** jdn managen; **to ~ a pop group/team** eine Popgruppe/Mannschaft managen
④ ■**to ~ sth** *(accomplish)* etw schaffen; ***don't worry, we'll ~ it somehow*** mach dir keine Sorgen, das schaffen wir schon irgendwie; ***can you ~ 8 o'clock?*** ginge es um 8 Uhr?; ***somehow he finally ~d to calm down*** irgendwie gelang es ihm dann doch noch, sich zu beruhigen; ***only he could ~ to be so dumb!*** so dumm kann wirklich nur er sein!; ***you ~d it very well*** das hast du sehr gut gemacht; **to ~ sth with ease/difficulty** etw mit Leichtigkeit/Schwierigkeiten bewältigen; **to ~ a distance/task** eine Entfernung/eine Aufgabe bewältigen; ***how can you expect the children to ~ a six mile walk?*** wie bitte sollen die Kinder einen zehn Kilometer Marsch bewältigen?; **to ~ a smile** ein Lächeln zustande bringen; **to ~ [to eat] sth** etw bewältigen [*o* schaffen]; ***I couldn't ~ [to eat] such a big portion*** eine derart große Portion kann ich unmöglich bewältigen [*o* schaffe ich unmöglich]; ***can you ~ another piece of lasagne?*** schaffst du noch ein Stück Lasagne?; **to ~ [to pay] sth** etw aufbringen können; ***she can't ~ more than $350 per month rent*** sie kann sich nicht mehr als 350 Dollar Miete pro Monat leisten
⑤ *(cope with)* ■**to ~ sb** mit jdm zurechtkommen [*o fam* fertigwerden]; ■**to ~ sth** mit etw *dat* zurechtkommen [*o* umgehen können]
⑥ *(wield)* ■**to ~ sth** etw handhaben; *(operate)* etw bedienen
II. *vi* ① *(succeed)* es schaffen; *(cope, survive)* zurechtkommen; ***can you ~? — thank you, I can ~*** geht's? – danke, es geht schon; ***I can't ~ on my own*** ich schaffe es nicht allein; ***we'll ~!*** wir schaffen das schon!; ***how can you ~ without a car?*** wie kommst du ohne Auto zurecht?; ***I just about ~ with my salary*** ich komme mit meinem Gehalt gerade mal so zurecht
② *(get by)* ■**to ~ on/without sth** mit etw *dat*/oh-

ne etw *akk* auskommen; ***if you give up your job, we'll have to ~ on my salary*** wenn du deinen Job aufgibst, müssen wir mit meinem Gehalt auskommen

man·age·able ['mænɪdʒəbl̩] *adj* ❶ *(doable)* ■**to be ~** *job* leicht zu bewältigen sein; ~ **task** überschaubare Aufgabe

❷ *(controllable)* ■**to be ~** kontrollierbar [*o* beherrschbar] sein; *problem* sich *akk* bewältigen lassen; *car* leicht zu handhaben sein; ***the baby-sitter found the children perfectly ~*** der Babysitter kam gut mit den Kindern zurecht; ~ **hair** leicht zu frisierendes Haar

❸ *(feasible)* erreichbar; ■**to be ~** machbar [*o* zu schaffen] sein; ~ **deadline** realistischer Termin

❹ *(easy to carry)* ~ **bag** handliche Tasche

man·aged-care ['mænɪdʒdkeər, AM -ker] *adj attr, inv* AM *organization, policy* Kosten sparende Präventivmedizin forcierend *(mit Bezug auf Krankenversicherungen im US-amerikanischen Gesundheitssystem)*

man·age·ment ['mænɪdʒmənt] **I.** *n* ❶ *no pl of business* Management *nt,* Steuerung *f,* Verwaltung *f,* [Geschäfts]führung *f,* [Unternehmens]leitung *f*

❷ + *sing/pl vb (managers)* [Unternehmens]leitung *f,* Management *nt; of hospital, theatre* Direktion *f;* **junior ~** untere Führungsebene; *(trainees)* Führungsnachwuchs *m;* **middle ~** mittlere Führungsebene; **senior ~** oberste Führungsebene, Vorstand *m*

❸ *no pl (handling)* Umgang *m* (**of** mit +*dat*); *of finances* Verwalten *nt;* **crisis ~** Krisenmanagement *nt*

II. *n modifier* ECON ~ **skills** Führungsqualitäten *pl;* ~ **training** Managementtraining *nt*

man·age·ment au'thor·ity *n* LAW Geschäftsführungsbefugnis *f*

man·age·ment 'board *n* Vorstand *m*

man·age·ment 'buy-out *n* Managementbuyout *nt* *(Übernahme einer Firma durch die leitenden Direktoren)* **man·age·ment-by-ob·'jec·tive** *adj attr, inv* zielorientiert *(mit Bezug auf einen Managementstil)* **man·age·ment con·'sult·ant** *n* Unternehmensberater(in) *m(f)* **man·age·ment in·for·'ma·tion sys·tem** *n* COMPUT Führungsinformationssystem *nt,* Management-Informationssystem *nt* **man·age·ment 'lev·el** *n* Managementebene *f* **man·age·ment ne·'go·tia·tor** *n* Verhandlungsführer(in) *m(f)* der Arbeitgeber **man·age·ment 'struc·ture** *n* Managementstruktur *f,* Führungsstruktur *f* **'man·age·ment studies** *n* + *sing/pl vb* Betriebswirtschaft[slehre] *f* **'man·age·ment team** *n* + *sing/pl vb* Führungsgruppe *f,* Führungsspitze *f*

man·ag·er ['mænɪdʒəʳ, AM -ɚ] *n* ❶ *(business executive)* Geschäftsführer(in) *m(f),* Leiter(in) *m(f); (in big business)* Manager(in) *m(f); (of hotel, restaurant, shop)* Geschäftsführer(in) *m(f); (of department)* Abteilungsleiter(in) *m(f); (of cinema, theatre)* Leiter(in) *m(f),* Direktor(in) *m(f);* **bank ~** Filialleiter(in) *m(f)* einer Bank; **branch ~** Filialleiter(in) *m(f);* **junior/middle/senior ~** Manager(in) *m(f)* auf der unteren/mittleren/oberen Führungsebene; **production ~** Produktionsleiter(in) *m(f);* **sales ~** Verkaufsleiter(in) *m(f)*

❷ SPORT *(coach)* [Chef]trainer(in) *m(f);* **the England ~** der englische Nationaltrainer/die englische Nationaltrainerin

❸ *(of band, boxer)* Manager(in) *m(f); (of a sports team)* Trainer(in) *m(f)*

man·ag·er·ess <*pl* -es> [ˌmænɪdʒəʳ'es, AM 'mænɪdʒəres] *n (dated)* Geschäftsführerin *f* *(in einem Laden oder Café)*

mana·gerial [ˌmænə'dʒɪəriəl, AM -'dʒɪr-] *adj inv* Manager-; ~ **conference/meeting** Konferenz *f*/Meeting *nt* der Unternehmensführung; **at ~ level** auf Führungsebene; ~ **position** Führungsposten *m;* ~ **responsibilities** Führungsverantwortung *f;* ~ **skills** Führungsqualitäten *pl*

mana·gerial 'fi·nance *n* Finanzwirtschaft *f*

mana·gerial po·'si·tion *n* Führungsposition *f*

mana·gerial 'staff *n* Führungskräfte *pl*

man·ag·ing di·'rec·tor *n* [Haupt]geschäftsführer(in) *m(f)* **man·ag·ing 'edi·tor** *n* Verlagsdirektor(in) *m(f),* Verlagsleiter(in) *m(f)* ÖSTERR, SCHWEIZ

man·ag·ing 'own·er *n* geschäftsführender Inhaber/geschäftsführende Inhaberin **man·ag·ing 'part·ner** *n* geschäftsführender Gesellschafter/geschäftsführende Gesellschafterin

ma·nat <*pl* -> [mæ'næt, AM mɑː'nɑːt] *n (currency of Azerbaijan and Turkmenistan)* Manat *m*

Man·cu·nian [mæŋ'kjuːnɪən, AM mæn-], **Manc** [mæŋk, AM mænk] *(fam)* **I.** *n* Bewohner(in) *m(f)* von Manchester

II. *adj* aus Manchester

'man·lift *n* TECH Hubsteiger *m*

ma·ña·na [mæn'jɑːnə, AM mə'n-] **I.** *adv* demnächst, bald

II. *n* Morgen *nt,* ferne Zukunft

man-at-'arms *n (hist)* Soldat *m; (esp in medieval times)* Kavallerist *m,* berittener Krieger

Man·chu·ria [mæn'tʃʊəriə, AM -'tʃʊriə] *n no pl* GEOG Mandschurei *f*

Man·cu·nian [mæŋ'kjuːniən, AM mæn'-] **I.** *n* Einwohner(in) *m(f)* der Stadt Manchester

II. *adj inv* aus Manchester

man·da·la ['mændələ, AM 'mʌn-] *n modifier* Mandala-

man·da·rin ['mændəʳrɪn, AM -ɚɪn] *n* ❶ *(fruit)* Mandarine *f*

❷ *(hist: Chinese official)* Mandarin *m*

❸ *(esp pej: bureaucrat)* Bürokrat(in) *m(f)*

Man·da·rin ['mændəʳrɪn, AM -ɚɪn] *n no pl* LING Mandarin *nt,* chinesische Hochsprache

man·da·rin 'or·ange *n* Mandarine *f*

man·date **I.** *n* ['mændeɪt] ❶ *usu sing (authority)* Auftrag *m,* Mandat *nt; (command)* Verfügung *f;* **bank ~** Bankvollmacht *f;* **electoral ~** Wählerauftrag *m;* ~ **from clients** Kundenmandat *nt*

❷ *(territory)* Mandat[sgebiet] *nt*

II. *vt* [mæn'deɪt, AM '-] ■**to ~ sth** *(order)* etw anordnen; *(authorize)* ein Mandat für etw *akk* erteilen; **to ~ a territory to a country** ein Gebiet der Verwaltung eines Landes unterstellen; ■**to ~ sb to do sth** *(order)* jdn beauftragen [*o* jdm den Auftrag erteilen], etw zu tun; *(authorize)* jdm ein Mandat erteilen, etw zu tun

man·dat·ed [mæn'deɪtɪd, AM t̬ɪd] *adj inv (hist)* ~ **territory** Mandatsgebiet *nt*

man·da·tory ['mændətəʳri, AM -tɔːri] *adj inv* ❶ *(required by law)* gesetzlich vorgeschrieben; **to make sth ~** etw gesetzlich vorschreiben

❷ *(obligatory)* obligatorisch; ~ **bid** ECON obligatorisches Kaufangebot; ~ **meeting** obligatorische Sitzung; ■**to be ~ for sb** jds Pflicht sein

'man-day <*pl* -s> *n* Manntag *m*

man·di·ble ['mændɪbl̩] *n of an insect* Mandibel *f* *fachspr,* [Ober]kiefer *m; of a bird* Unterschnabel *m; of a mammal, fish* Mandibula *f fachspr,* Unterkiefer *m*

man·do·lin [ˌmændəʳl'ɪn], **man·do·line** *n* [ˌmændəl-'iːn] ❶ MUS Mandoline *f*

❷ *(vegetable slicer)* Gemüseschneider *m*

man·drake ['mændreɪk] *n* Mandragore *f;* ~ **root** Alraunwurzel *f*

man·drill ['mændrɪl] *n* ZOOL Mandrill *m*

mane [meɪn] *n* Mähne *f a. fig*

'man-eat·er *n* ❶ *(animal)* Tier, das Menschen tötet

❷ *(fig hum fam: woman)* männermordender Vamp *hum fam*

'man-eat·ing *adj* ❶ *inv animal* Menschen fressend *attr*

❷ *(fig fam) woman* männermordend *attr hum*

ma·neu·ver *n, vi, vt* AM *see* **manoeuvre**

ma·neu·ver·abil·ity *n* AM *see* **manoeuvrability**

ma·neu·ver·able *adj* AM *see* **manoeuvrable**

ma·neu·ver·ing *n* AM *see* **manoeuvring**

man 'Fri·day *n* treuer Diener, Mädchen *nt* für alles *hum fam*

man·ful ['mænfəl] *adj* mannhaft *veraltend,* mutig, beherzt; **to mount a ~ defence of sb** jdn heldenhaft verteidigen

man·ful·ly ['mænfəli] *adv* mannhaft *veraltend,* mutig, beherzt

man·ga·nese ['mæŋgəniːz] *n no pl* Mangan *nt;* ~ **nodules** *pl* Manganknollen *pl*

mange [meɪndʒ] *n no pl* Räude *f*

man·gel, man·gel-wur·zel ['mæŋgəlˌwɜːzəl, AM -ˌwɜːr-] *n* Runkelrübe *f,* Runkel *f* SCHWEIZ, Futterrübe *f*

man·ger ['meɪndʒəʳ, AM -ɚ] *n (old)* Futtertrog *m; (in bible)* Krippe *f*

mange·tout [ˌmɑ̃(n)ʒ'tuː] *n* BRIT Zuckererbse *f,* Kefe *f* SCHWEIZ

man·gle[1] ['mæŋgl̩] *vt* ■**to ~ sth** ❶ *usu passive (crush)* etw zerstören; ■**to be ~d** *limbs* verstümmelt werden; *clothes* zerrissen werden; *car, metal* zerdrückt werden; ***all that remains of the car crash is a pile of ~d metal*** alles, was nach dem Unfall noch übrig ist, ist ein Haufen Schrott

❷ *(fig: ruin)* etw verstümmeln [*o* entstellen] *fig*

man·gle[2] ['mæŋgl̩] *n* ❶ BRIT *(hist: wringer)* [Wäsche]mangel *f,* SCHWEIZ *a.* Mange *f*

❷ AM *(ironing machine)* [Heiß]mangel *f*

man·go <*pl* -s *or* -es> ['mæŋgəʊ, AM -goʊ] *n* Mango *f*

man·go 'chut·ney *n* Mango Chutney *nt (Speisebeilage zu indischen Gerichten bestehend aus Mangos, Gewürzen und Zucker)*

man·grove ['mæŋgrəʊv, AM 'mæŋgroʊv] *n* Mangrovenbaum *m*

'man·grove swamp *n* Mangrove *f*

man·gy ['meɪndʒi] *adj* ❶ *(suffering from mange)* räudig

❷ *(fam: shabby)* schäbig *pej*

man·han·dle ['mænˌhændl̩, AM 'mænhæn-] *vt* ❶ *(handle roughly)* ■**to ~ sb** jdn grob behandeln

❷ *(heave)* ■**to ~ sth** etw [hoch]heben, etw stemmen; *(haul)* etw [hoch]hieven

man·hat·tan [mæn'hætən] *n (cocktail)* Manhattan *m*

'man·hole *n* Einstieg *m,* Einstiegsöffnung *f; (shaft)* Einstiegsschacht *m; of a container, tank* Mannloch *nt*

'man·hole cov·er *n* Einstiegsverschluss *m; of a canal* Kanaldeckel *m; of a shaft* Schachtdeckel *m; of a container, tank* Mannlochdeckel *m*

man·hood ['mænhʊd] *n no pl* ❶ *(adulthood)* Mannesalter *nt veraltend,* Erwachsenenalter *nt (eines Mannes)*

❷ *(manliness)* Männlichkeit *f;* **to prove one's ~** seine Männlichkeit unter Beweis stellen

❸ *(poet: male population)* Männer *pl*

❹ *(euph or hum: male genitals)* Männlichkeit *f* *euph*

'man·hour *n* Arbeitsstunde *f,* Mannstunde *f* **'man·hunt** *n* [Ring]fahndung *f; (after a criminal)* Verbrecherjagd *f;* **to launch a ~** mit einer Ringfahndung beginnen

ma·nia ['meɪniə] *n* ❶ *(pej: obsessive enthusiasm)* Manie *f,* Fimmel *m fam,* Besessenheit *f;* **religious ~** religiöser Wahn; **to have a ~ for sth** von etw *dat* besessen sein

❷ *no pl* MED *(obsessive state)* Wahn[sinn] *m; (state of excessive activity)* Manie *f;* **persecution ~** Verfolgungswahn *m*

ma·ni·ac ['meɪniæk] *n* ❶ *(fam: crazy person)* Verrückte(r) *f(m) fam,* Wahnsinnige(r) *f(m),* Irre(r) *f(m) fam;* **to drive like a ~** wie ein Verrückter/eine Verrückte fahren; **to work like a ~** wie verrückt arbeiten

❷ *(fan)* Fan *m;* **football ~** Fußballnarr, -närrin *m, f,* Fußballfanatiker(in) *m(f)*

❸ MED *(old)* Manie *f veraltet*

ma·nia·cal [mə'naɪəkəl] *adj* ❶ *(crazy)* wahnsinnig, verrückt, irrsinnig; ~ **behaviour** [*or* AM **behavior**] abnormes Verhalten; **a ~ laugh** ein irres Lachen; **a ~ scream** ein wilder Schrei

❷ *(fam: very enthusiastic)* frenetisch *geh,* fanatisch

ma·nia·cal·ly [mə'aɪəkəli] *adv* PSYCH *(old)* rasend, tobsüchtig *veraltend*

man·ic ['mænɪk] *adj* erregt, manisch; *(hum: highly energetic)* wild

man·ic de·'pres·sion *n no pl* manische Depression

man·ic de·'pres·sive **I.** *n* Manisch-Depressive(r)

f(m); ■ **to be a ~** manisch-depressiv sein **II.** *adj* manisch-depressiv **man·ic psy·'cho·sis** *n* manische Psychose
mani·cure ['mænɪkjʊəʳ, AM -kjʊr] **I.** *n* Maniküre *f,* Handpflege *f;* **to have a ~** sich *akk* maniküren lassen **II.** *vt* **to ~ one's hands/nails** sich *dat* die Hände/Nägel maniküren
mani·cured ['mænɪkjʊəd, AM -kjʊrd] *adj inv* ❶ *of fingers* manikürt; **well-~ hands** gepflegte [*o* manikürte] Hände
❷ *(extremely neat)* [sehr] gepflegt; **a perfectly ~ lawn** ein makelloser Rasen
'mani·cure scis·sors *n* Manikürescheren *f,* Nagelschere *f* **'mani·cure set** *n* Maniküreset *nt,* Maniküreetui *nt*
mani·cur·ist ['mænɪkjʊərɪst, AM -kjʊr-] *n* Handpflegerin *f,* Maniküre *f*
mani·fest ['mænɪfest] **I.** *adj* offenkundig, deutlich erkennbar, manifest *geh*
II. *vt* ■ **to ~ sth** etw zeigen; ***the illness ~ed itself as ...*** die Krankheit äußerte sich durch ...; **to ~ symptoms of sth** Anzeichen einer S. *gen* aufweisen [*o* zeigen]
III. *n* TRANSP ❶ *(cargo list)* [Ladungs]manifest *nt,* Frachtliste *f*
❷ *(list of passengers)* Passagierliste *f; (list of railway wagons)* Wagenladeschein *m*
mani·fes·ta·tion [,mænɪfes'teɪʃᵊn] *n* ❶ *(sign)* Zeichen *nt* (**of** für +*akk*)
❷ *no pl (displaying)* Zeigen *nt; (voicing)* Bekundung *f geh;* MED Manifestation *f fachspr*
❸ *usu pl (form)* Manifestation *f,* Erscheinungsform *f*
mani·fest·ly ['mænɪfestli] *adv* offenkundig, offensichtlich
mani·fes·to <*pl* -s *or* -es> [,mænɪ'festəʊ, AM -toʊ] *n* Manifest *nt;* **election ~** Wahlprogramm *nt*
mani·fold ['mænɪfəʊld, AM -foʊld] **I.** *adj (liter)* vielfältig, vielseitig, mannigfaltig *geh*
II. *n* TECH Verteilerrohr *nt;* AUTO [**exhaust**] **~** [Abgas]krümmer *m;* [**inlet** [*or* **intake**]] **~** [Ansaug]krümmer *m*
mani·kin ['mænɪkɪn] *n* ❶ *(model)* Gliederpuppe *f;* MED anatomisches Modell
❷ *(dwarf)* Zwerg *m,* Knirps *m fam*
ma·nil(·l)a [mə'nɪlə] *n no pl* Manilapapier *nt,* Packpapier *nt*
ma·nil(·l)a 'en·velope *n* Briefumschlag *m* aus Manilapapier **ma·nil(·l)a 'pa·per** *n no pl* Manilapapier *nt,* Packpapier *nt*
mani·oc ['mæniɒk, AM -ɑːk] *n* Maniok *m*
ma·nipu·late [mə'nɪpjəleɪt] *vt* ❶ *(esp pej: manage cleverly)* ■ **to ~ sb/sth** geschickt mit jdm/etw umgehen; *(influence)* jdn/etw beeinflussen, jdn/etw manipulieren; **to ~ accounts** die Bücher schönen; **to ~ figures/the statistics** geschickt mit Zahlen/der Statistik jonglieren; *(falsify)* Zahlen/die Statistik verfälschen [*o fam* verdrehen]; **to ~ the market** die Börsenkurse manipulieren
❷ *(with hands)* ■ **to ~ sth** etw handhaben; *(adjust)* etw einstellen; **to ~ a machine** eine Maschine bedienen
❸ MED **to ~ sb's bones** jds Knochen einrenken; **to ~ sb's muscles** jds Muskeln massieren
❹ COMPUT ■ **to ~ sth** etw bearbeiten
ma·nipu·la·tion [mə,nɪpjə'leɪʃᵊn] *n* ❶ *(esp pej: clever management)* Manipulation *f; (falsification)* Verfälschung *f;* **stock market ~** Kursmanipulation *f*
❷ *(handling)* Handgriff *m; (adjustment)* Einstellung *f* (**of** an +*dat*); *no pl* Umgang *m* (**of** mit +*dat*), Handhabung *f*
❸ MED chiropraktische Behandlung; *of bones* Einrenken *nt kein pl*
❹ COMPUT *(by person)* Bearbeiten *nt kein pl,* Bearbeitung *f*
ma·nipu·la·tive [mə'nɪpjələtɪv, AM -leɪt̬ɪv] *adj (esp pej)* manipulativ
ma·nipu·la·tor [mə'nɪpjəleɪtəʳ, AM -t̬ɚ] *n (esp pej)* Manipulator(in) *m(f),* Manipulant(in) *m(f);* **stock market ~** Kursmanipulant(in) *m(f)*
Mani·to·ban [,mænɪ'təʊbən, AM -ə'toʊ-] **I.** *n* Bewohner(in) *m(f)* Manitobas
II. *adj* aus Manitoba *nach n*
man·kind [mæn'kaɪnd] *n no pl* Menschheit *f*
manky ['mæŋki] *adj* BRIT *(fam: dirty)* dreckig *fam; (worn-out)* abgenutzt, alt
man·like ['mænlaɪk] *adj* ❶ *(resembling a human)* menschenähnlich
❷ *(exhibiting male qualities)* männlich
man·li·ness ['mænlɪnəs] *n no pl (approv)* Männlichkeit *f*
man·ly ['mænli] *adj (approv)* männlich
man-'made *adj* künstlich; **~ fibres** künstliche Fasern, Kunstfasern *pl*
man·na ['mænə] *n no pl* ❶ *(food from heaven)* Manna *nt,* Himmelsbrot *nt;* **~ from heaven** *(fig)* ein wahrer Segen
❷ *(healing food or drink)* Labsal *nt o* ÖSTERR *a. f*
manned [mænd] *adj* AEROSP bemannt
man·ne·quin ['mænɪkɪn] *n* ❶ *(in shop window)* Schaufensterpuppe *f;* ART Modell *nt*
❷ *(dated: fashion model)* Mannequin *nt*
man·ner ['mænəʳ, AM -ɚ] *n no pl* ❶ *(way)* Weise *f,* Art *f;* **in a ~ of speaking** sozusagen; **in the normal ~** auf dem üblichen Weg; **in an unusual ~** auf ungewöhnliche Weise; **to be in the ~ of Hitchcock** ganz in der Tradition von Hitchcock stehen
❷ *no pl (behaviour to others)* Betragen *nt,* Verhalten *nt;* **his cold ~** seine kalte Art
❸ *(polite behaviour)* ■ **~s** *pl* Manieren *pl;* ***it's bad ~s to ...*** es gehört sich nicht, ...; ***it's only good ~s to ...*** es gehört sich einfach, ...; ***you've got no ~s!*** du hast einfach keine Manieren!; **to mind one's ~s** sich *akk* benehmen; **to teach sb ~s** jdm Manieren beibringen
❹ *(form: type)* Typ *m,* Art *f; (old)* ***what ~ of man is he?*** was für ein Mensch ist er eigentlich?; ***all ~ of ...*** alle möglichen Arten von ...
▸ PHRASES: **to do sth as if to the ~ born** etw tun, als ob man sein Leben lang nichts anderes getan hätte; **not by any ~ of means** *(dated)* überhaupt nicht, keineswegs
man·nered ['mænəd, AM -ɚd] *adj (pej)* ❶ *(affected)* affektiert
❷ *(in art)* gekünstelt, manieriert *geh*
man·ner·ism ['mænᵊrɪzᵊm, AM -nɚ-] *n* Eigenart *f*
Man·ner·ism ['mænᵊrɪzᵊm, AM -nɚ-] *n no pl* Manierismus *m*
Man·ner·ist ['mænᵊrɪst, AM -nɚ-] *n* Manierist(in) *m(f)*
man·ni·kin *n see* **manikin**
man·nish ['mænɪʃ] *adj (esp pej: of a woman)* männlich, maskulin
man·nish·ly ['mænɪʃli] *adv (esp pej: of a woman)* männlich, maskulin
man·nish·ness ['mænɪʃnəs] *n no pl (esp pej: of a woman)* Männlichkeit *f*
ma·noeu·vrabil·ity, AM **ma·neu·ver·abil·ity** [mə,nuːvᵊrə'bɪləti, AM -ət̬i] *n no pl* Beweglichkeit *f,* Manövrierfähigkeit *f*
ma·noeu·vrable, AM **ma·neu·ver·able** [mə'nuːvᵊrəbl] *adj* beweglich; *ship, vessel* manövrierfähig
ma·noeu·vre, AM **ma·neu·ver** [mə'nuːvəʳ, AM -ɚ] **I.** *n* ❶ *usu pl (military exercise)* Manöver *nt;* **army ~s** Truppenübungen *pl;* **on ~s** im Manöver
❷ *(planned move)* Manöver *nt,* Operation *f; (fig)* Schachzug *m*
❸ *no pl* **to not allow sb much room for ~** jdm keinen großen Spielraum lassen; **to have room** [*or* **scope**] **for ~** Spielraum haben
II. *vt* ❶ *(move)* ■ **to ~ sth somewhere** etw irgendwohin manövrieren; **to ~ a trolley** einen Einkaufswagen lenken
❷ *(pressure sb)* ■ **to ~ sb into sth** jdn [durch geschickte Manöver] zu etw *dat* bringen; **to ~ sb into a compromise** jdn geschickt zu einem Kompromiss zwingen; ***they ~d her into resigning*** sie brachten sie dazu zurückzutreten
III. *vi* ❶ *(move)* manövrieren; ***this car ~s well at high speed*** dieses Auto lässt sich bei hoher Geschwindigkeit gut fahren; **room to ~** Spielraum *m*
❷ *(scheme)* taktieren
❸ MIL *(hold exercises)* Manöver abhalten
ma·noeu·vring, AM **ma·neu·ver·ing** [mə'nuːvᵊrɪŋ, AM -ɚɪŋ] *n* Manöver *nt; (dishonest step)* Winkelzug *m meist pl*
man-of-war <*pl* men-of-war> [,mænəv'wɔːʳ, AM -wɔːr] *n,* **man-o'-war** <*pl* men-o'-war> [,mænə'wɔːʳ, AM -wɔːr] *n* ❶ HIST Portugiesische Galeere
❷ ZOOL *see* **Portuguese man-of-war**
ma·nom·eter [mə'nɒmɪtəʳ, AM -'nɑːmət̬ɚ] *n* Manometer *nt fachspr,* Druckmesser *m*
man·or ['mænəʳ, AM -ɚ] *n* ❶ *(country house)* Landsitz *m,* Herrenhaus *nt*
❷ BRIT HIST *(territory)* [Land]gut *nt,* Lehnsgut *nt;* **lord of the ~** Gutsherr *m*
❸ *usu sing* BRIT *(sl: area around police station)* Polizeirevier *nt*
'man·or house *n* Herrenhaus *nt*
'man-paste *n* AM *(fam!)* Samenerguss *m,* Saft *m derb* **'man·pow·er** *n no pl* Arbeitskräfte *pl;* **lack of ~** Arbeitskräftemangel *m;* **skilled ~** gelernte Arbeitskräfte, Facharbeitskräfte *pl*
man·qué ['mɑ̃(ŋ)keɪ, AM mˌɑn'keɪ] *adj inv, after n (form)* gescheitert, verkannt; **an artist ~** ein verkannter [*o* gescheiterter] Künstler/eine verkannte [*o* gescheiterte] Künstlerin; ***my brother is a barber ~*** an meinem Bruder ist ein Friseur verlorengegangen
man·sard <*pl* -s>, **man·sard 'roof** ['mænsɑːd, AM -sɑːrd] *n* ARCHIT Mansarde *f*
manse [mæn(t)s] *n* SCOT Pfarrhaus *nt*
'man·serv·ant <*pl* menservants> *n (old)* Diener *m*
man·sion ['mæn(t)ʃᵊn] *n* herrschaftliches Wohnhaus, Villa *f; (of ancient family)* Herrenhaus *nt*
'man-sized *n* riesig, Riesen-; **a ~ portion** eine Riesenportion; **a ~ steak** ein riesiges Steak **man·slaugh·ter** *n no pl* Totschlag *m;* **to charge sb with ~** jdn des Totschlags anklagen
man·ta <*pl* - *or* -s>, **man·ta ray** ['mæntə-] *n* ZOOL Manta *m*
man·tel ['mæntᵊl] *n (old),* **man·tel·piece** ['mæntᵊlpiːs] *n* Kaminsims *m o nt*
man·tel·shelf <*pl* -lves> ['mæntᵊlʃelf] *n see* **mantelpiece**
man·til·la [mæn'tɪlə] *n* FASHION Mantille *f*
man·tis ['mæntɪs] *n* Fangheuschrecke *f;* [**praying**] **~** Gottesanbeterin *f*
man·tis·sa [mæn'tɪsə] *n* MATH Mantisse *f*
man·tle ['mæntl] *n* ❶ *no pl (form: position)* Amt *nt,* Posten *m,* Position *f;* ***she has been asked to assume the ~ of managing director*** man hat ihr eine Stelle als Geschäftsführerin angeboten; **to take on the ~ of power** die Macht übernehmen
❷ *(usu liter: covering)* Decke *f,* Schicht *f;* **a ~ of snow** eine Schneedecke; **to be cloaked in a ~ of sth** von etw *dat* umhüllt [*o* eingehüllt] sein
❸ *of a planet* Mantel *m fachspr*
❹ FASHION *(hist)* Überwurf *m,* Umhang *m*
man·tle·piece ['mæntlpiːs] *n* Kaminsims *m o nt*
man to 'man *adv* von Mann zu Mann **'man-to-man** *adj* von Mann zu Mann; **a ~ talk** ein Gespräch *nt* von Mann zu Mann
man·tra ['mæntrə] *n* ❶ *(for meditation)* Mantra *nt*
❷ *(catchphrase)* Parole *f,* Slogan *m*
man·trap ['mæntræp] *n* Falle *f*
manu·al ['mænjuəl] **I.** *adj* ❶ *(done with hands)* manuell, Hand-; **~ alphabet** Alphabet *nt* der Fingersprache; **~ dexterity** handwerkliches Geschick, Handfertigkeit *f;* **~ labour** [*or* AM **labor**] [*or* **work**] körperliche Arbeit; *(craftsmanship)* Handarbeit *f;* **to be a ~ labourer** [*or* AM **laborer**] [*or* **worker**] körperlich arbeiten; *(as a craftsman)* handwerklich arbeiten; **~ typewriter** mechanische Schreibmaschine
❷ *(hand-operated)* manuell, Hand-; **to switch the controls to ~** auf Handsteuerung [*o* manuelle Steuerung] umschalten; **~ choke** AUTO manueller Choke; **a car with ~ gearbox** AUTO ein Auto *nt* mit Schaltgetriebe; **~ transmission** AUTO Schaltgetriebe *nt*
II. *n* ❶ *(book)* Handbuch *nt;* **~ of instructions** Bedienungsanleitung *f,* Gebrauchsanweisung *f;* **training ~** Lehrbuch *nt*

❷ AUTO *(vehicle)* Auto *nt* mit Gangschaltung
❸ MUS *(organ keyboard)* Manual *nt*

manu·al·ly ['mænjuəli] *adv* manuell, mit der [*o* von] Hand

manu·fac·ture [,mænjə'fæktʃəʳ, AM -ɚ] **I.** *vt* ■**to ~ sth** ❶ *(produce commercially)* etw herstellen; **~d goods** Fertigerzeugnisse *pl*
❷ *(fabricate)* etw erfinden; **to ~ an excuse** eine Ausrede erfinden
II. *n no pl* Herstellung *f,* Erzeugung *f,* Fabrikation *f form;* **a vehicle of French/Italian ~** ein Wagen *m* aus französischer/italienischer Herstellung

manu·fac·tur·er [,mænjə'fæktʃᵊrəʳ, AM -ɚɚ] *n* Hersteller *m,* SCHWEIZ *a.* Produzent *m,* Erzeuger *m;* **~'s information** Herstellerangaben *f;* **the ~'s** [*or* **~s'**] **label** das Etikett; **direct from the ~s** direkt vom Hersteller; **to send sth back to the ~**[**s**] etw an den Hersteller zurücksenden

manu·fac·tur·ing [,mænjə'fæktʃᵊrɪŋ, AM -ɚ-] **I.** *adj* Herstellungs-, Produktions-; **~ centre** [*or* AM **center**] Industriezentrum *nt;* **~ costs** Herstellungskosten *pl; (of a film)* Produktionskosten *pl;* **~ firm** Hersteller *m,* Herstellerfirma *f;* **~ industry** verarbeitende Industrie
II. *n no pl* Fertigung *f*

manu·fac·tur·ing 'com·pa·nies *npl* produzierendes Gewerbe **manu·fac·tur·ing 'in·dus·try** *n* verarbeitende Industrie **manu·'fac·tur·ing sec·tor** *n* verarbeitendes Gewerbe

ma·nure [mə'njʊəʳ, AM -nʊr] **I.** *n no pl* Dung *m*
II. *vt* ■**to ~ sth** etw mit Mist düngen

manu·script ['mænjəskrɪpt] *n* ❶ *(author's script)* Manuskript *nt; (of a famous person)* Autograph *nt fachspr*
❷ *(handwritten text)* Manuskript *nt,* Handschrift *f*

Manx [mæŋks] **I.** *adj inv (of Isle of Man)* der Insel Man
II. *n no pl, no art* LING Sprache *f* der Insel Man

Manx 'cat *n* Man[x]katze *f (stummelschwänzige Katze)* **'Manx·man** *n* Bewohner *m* der Insel Man **'Manx·wom·an** *n* Bewohnerin *f* der Insel Man

many ['meni] **I.** *adj* <more, most> viele; ***how ~ children?*** wie viele Kinder?; ***his vices are ~*** seine Laster sind zahlreich; ***moving for the fourth time in as ~ months*** vier Umzüge in genauso [*o* ebenso] vielen Monaten
II. *pron* viele; **as ~** genauso [*o* ebenso] viele; **as ~ again** nochmals so viele; **as ~ as ...** so viele wie ...; ***as ~ as 6,000 people may have been infected*** bereits 6.000 Menschen können infiziert sein; ***there were as ~ as 10,000*** es waren mindestens 10.000; ***as ~ as we invited came to the party*** zu der Party kamen so viele Leute, wie wir eingeladen hatten; **~'s the ...**: ***~'s the hour I've waited in vain*** ich habe viele Stunden vergeblich gewartet; **too ~** zu viele; ■**~ of sb/sth** viele von jdm/etw; **a good** [*or* **great**] **~ of sb/sth** eine hübsche Zahl von jdm/etw *fam;* ***a good ~ of us*** viele von uns; ■**~ a/an ...** manch ein/eine ...; ***~ a man has been destroyed by booze*** viele Menschen gehen am Alkohol zugrunde; **~ a time** oft
▸PHRASES: **to <u>have</u> one too ~** *(fam)* einen sitzen haben *sl;* **there's ~ a <u>slip</u> between** [*or* **twixt**] **cup and lip** *(prov)* zwischen Theorie und Praxis liegen oft Welten
III. *n* ■**the ~** *pl* die Mehrheit; ***music for the ~*** Musik für die breite Masse; **to be the ~** in der Mehrheit sein

'man-year <*pl* -s> *n* Mannjahr *nt*

many-'sid·ed *adj* vielseitig; *(complex)* vielschichtig

Mao·ism ['maʊɪzᵊm] *n no pl* Maoismus *m*

Mao·ist ['maʊɪst] **I.** *n* Maoist(in) *m(f)*
II. *adj* maoistisch

Mao·ri ['maʊ(ə)ri, AM 'maʊri] **I.** *n* Maori *m o f*
II. *adj inv* Maori-, maorisch

map [mæp] **I.** *n* ❶ GEOG [Land]karte *f;* **~ of Paris** Stadtplan *m* von Paris; **road ~** Straßenkarte *f;* **~ of the world** Weltkarte *f;* **large-scale ~** großmaßstäbige Karte, Karte *f* mit großem Maßstab
❷ *(simple diagram)* Plan *m,* Zeichnung *f;* ***I'll draw you a ~ to show you how to get there*** ich zeichne dir auf, wie du hinkommen kannst
❸ *(giving specialized information)* [thematische] Karte; **meteorological ~** Wetterkarte *f;* **rainfall ~** Niederschlagskarte *f;* **statistical ~** statistische Übersichtskarte
❹ *(of stars)* Sternkarte *f;* **celestial ~** Himmelskarte *f*
▸PHRASES: **to <u>put</u> sth/sb on the ~** etw/jdn bekanntmachen; **to <u>wipe</u>** [*or* **<u>blow</u>**] **sth <u>off</u> the ~** etw ausradieren [*o* auslöschen] *fig*
II. *vt* <-pp-> ■**to ~ sth** eine Karte von etw *dat* machen, etw kartographieren *fachspr*
◆**map out** *vt* ■**to ~ out** ↔ **sth** etw genau festlegen; **to ~ out a course/plan/strategy** eine Richtung/einen Plan/eine Strategie festlegen; ***his future is all ~ped out for him*** seine ganze Zukunft ist bereits fest vorgeplant; **to ~ out a route** eine Route planen [*o* ausarbeiten]

MAP [,emeɪ'piː] *n abbrev of* **minimum advertised price** festgelegter [Mindest]preis

ma·ple ['meɪpl̩] *n* ❶ *(tree)* Ahorn *m*
❷ *no pl (wood)* Ahorn *m,* Ahornholz *nt*

ma·ple 'but·ter *n no pl* Ahorn-Brotaufstrich *m,* Ahornbutter *f* **'ma·ple leaf** *n* Ahornblatt *nt* **ma·ple 'sug·ar** *n no pl* Ahornzucker *m* **ma·ple 'syr·up** *n no pl* Ahornsirup *m* **'ma·ple tree** *n* Ahorn *m*

'map mak·er *n* Kartograph(in) *m(f) fachspr,* Kartenzeichner(in) *m(f)* **'map-mak·ing** *n no pl* [Land]kartenanfertigung *f,* Kartographie *f*

map·ping ['mæpɪŋ] *n* LING, MATH Gruppenzuordnung *f,* Mapping *nt fachspr*

'map read·ing *n* Kartenlesen *nt kein pl*

mar <-rr-> [mɑːʳ, AM mɑːr] *vt* ■**to ~ sth** etw stören; **to ~ the beauty of sth** etw verunstalten; **to ~ sb's enjoyment** jds Freude trüben

Mar. *n abbrev of* **March**

mara·bou <*pl* - *or* -s> ['mærəbuː, AM 'mer] *n* ❶ *(bird)* Marabu *m*
❷ *no pl (feather)* Marabufeder[n] *f*[*pl*]
❸ *(silk)* Marabuseide *f*

ma·racas [mə'rækəz, AM -'rɑː-] *npl* MUS Rassel *f*

mara·schi·no [,mærə'ʃiːnəʊ, AM ,merə'ʃiːnoʊ] *n no pl* Maraschino[likör] *m*

mara·schi·no 'cher·ry *n* Maraschinokirsche *f*

mara·thon ['mærəθᵊn, AM 'merəθɑːn] **I.** *n* ❶ *(race)* Marathon[lauf] *m;* **to run** [*or* **do**] **a ~** einen Marathon [mit]laufen
❷ *(fig: very long event)* Marathon *nt fam;* **dance ~** Tanzmarathon *nt;* **piano ~** Klavierspielmarathon *nt*
II. *n modifier (event, session)* Marathon-, Dauer-; **~ negotiations** Verhandlungsmarathon *nt;* **~ speech** endlose Rede

'mara·thon run·ner *n* Marathonläufer(in) *m(f)*

ma·raud [mə'rɔːd, AM *esp* -'rɑːd] **I.** *vi* plündern, SCHWEIZ *a.* marodieren
II. *vt* ■**to ~ sth** etw [aus]plündern

ma·raud·er [mə'rɔːdəʳ, AM -'rɑːdɚ] *n* ❶ *(raider)* Plünderer(in) *m(f)*
❷ *(animal)* Räuber *m*

ma·raud·ing [mə'rɔːdɪŋ, AM *esp* -'rɑːd-] *adj attr, inv* plündernd; *animal* auf Raubzug *nach n*

mar·ble ['mɑːbl, AM 'mɑːr-] **I.** *n* ❶ *no pl (stone)* Marmor *m*
❷ *(for games)* Murmel *f;* [**game of**] **~s** Murmelspiel *nt;* **to play** [*or* **shoot**] **~s** [mit] Murmeln spielen
▸PHRASES: **to <u>have</u> all one's ~s** *(fam)* bei [klarem] Verstand sein; **to <u>lose</u> one's ~s** *(fam)* den Verstand verlieren, verrückt werden *fam*
II. *n modifier (floor, wall)* Marmor-, marmorn; **~ tablet** Marmortafel *f;* **~ top** Marmorplatte *f*
III. *vt* ■**to ~ sth** etw marmorieren

'mar·ble cake *n* Marmorkuchen *m*

mar·bled ['mɑːbld, AM 'mɑːr-] *adj inv* marmoriert; **~** [**with fat**] *meat* durchwachsen

march[1] [mɑːtʃ, AM mɑːrtʃ] **I.** *n* <*pl* -es> ❶ MIL Marsch *m;* ***a 20 km ~*** ein Marsch *m* über 20 km; *(fig)* ***it is impossible to stop the forward ~ of progress*** es ist unmöglich, den Fortschritt aufzuhalten; **to be on the ~** auf dem Marsch sein, marschieren; **to be within a day's ~** einen Tagesmarsch entfernt sein
❷ MUS Marsch *m;* **funeral ~** Trauermarsch *m;* **Mendelssohn's Wedding M~** Mendelssohns Hochzeitsmarsch *m*
❸ *(demonstration)* Demonstration *f;* **a protest ~** ein Protestmarsch *m;* **to go on a ~** demonstrieren gehen
II. *vi* ❶ *(walk in step)* marschieren; ***quick ~!*** im Laufschritt, marsch!; ***the French army ~ed on Vienna*** die französische Armee marschierte auf Wien zu
❷ *(walk quickly)* marschieren *fam*
❸ *(demonstrate)* marschieren; **to ~ through a city** [demonstrierend] durch eine Stadt ziehen
III. *vt* ❶ *(walk in step)* **to ~ 12 miles** 12 Meilen marschieren
❷ *(force to walk)* ■**to ~ sb off** jdn wegbringen [*o* wegführen]; *police* jdn abführen; **to ~ sb into/out of the room** jdn in das Zimmer/aus dem Zimmer führen

march[2] [mɑːtʃ, AM mɑːrtʃ] *vi* ■**to ~ with sth** an etw *akk* angrenzen

March <*pl* -es> [mɑːtʃ, AM mɑːrtʃ] *n* März *m; see also* **February**

march·er ['mɑːtʃəʳ, AM 'mɑːrtʃɚ] *n* Demonstrant(in) *m(f)*

march·ing band ['mɑːtʃɪŋ, AM 'mɑːrtʃ-] *n* Marschkapelle *f* **'march·ing or·ders** *n* Marschbefehl *m;* **to get** [*or* **receive**] **one's ~** *(fam: job, flat)* die Kündigung bekommen; *(relationship)* den Laufpass bekommen *fam;* **to give sb their ~** *(fam: job, flat)* jdm kündigen, künden SCHWEIZ; *(relationship)* jdm den Laufpass geben *fam* **'march·ing pow·der** *n no pl (sl or hum)* Koks *nt sl* **'march·ing song** *n* Marschlied *nt*

mar·chion·ess <*pl* -es> [,mɑːʃᵊn'es, AM 'mɑːrʃᵊnɪs] *n* Marquise *f*

'march-past *n* Vorbeimarsch *m,* Parade *f*

Mar·cus Is·land ['mɑːkəs-, AM 'mɑːr-] *n* Marcusinsel *f*

Mar·di Gras [,mɑːdi'grɑː, AM 'mɑːrdi,-] *n* ≈ Karneval *m (der am Fastnachtsdienstag in einigen Ländern gefeiert wird, am bekanntesten ist der in New Orleans)*

mare [meəʳ, AM mer] *n* Stute *f*

'mare's nest *n* Schwindel *m,* Windei *nt fam*

mar·ga·rine [,mɑːdʒə'riːn, AM 'mɑːrdʒɚɪn] *n no pl* Margarine *f*

mar·ga·ri·ta [,mɑːgᵊ'riːtə, AM -gə'riːt̬ə] *n (cocktail)* Margarita *m*

marge [mɑːdʒ] *n* BRIT *(fam) short for* **margarine** Margarine *f*

mar·gin ['mɑːdʒɪn, AM 'mɑːr-] *n* ❶ *(outer edge)* Rand *m;* TYPO [Seiten]rand *m;* **on the ~s of society** am Rand[e] der Gesellschaft; **to write sth in the ~** TYPO etw an den Rand schreiben
❷ *(amount)* Differenz *f,* Abstand *m;* **to win by a wide** [*or* **large**]/**narrow** [*or* **small**] **~** mit einem großen/knappen Vorsprung [*o* Abstand] gewinnen
❸ *(provision)* Spielraum *m;* SCI Streubereich *m;* **~ of** [*or* **for**] **error** Fehlerspanne *f;* **safety ~** [*or* **~ for safety**] Sicherheitsspielraum *m; (distance)* Sicherheitsabstand *m;* SCI, TECH Sicherheitskoeffizient *m,* Sicherheitsfaktor *m; (fig)* Pufferzone *f*
❹ ECON [**profit**] **~** Gewinnspanne *f,* Verdienstspanne *f,* Marge *f fachspr;* **narrow** [*or* **tight**] **~** geringe [*o* knappe] Gewinnspanne
❺ FIN *(deposit)* Einschuss *m,* Einschussmarge *f,* Einschusszahlung *f,* Marge *f;* **~ call** Einschussforderung *f;* **to buy on ~** auf Einschuss kaufen
❻ FIN *(difference between paid and charged interest)* Zinsspanne *f*
❼ STOCKEX *(difference between base rates and premium rates)* Ekart *m*
◆**margin up** *vi (fam)* ■**to ~ up on sth** *stocks* etw aufstocken

mar·gin·al ['mɑːdʒɪnᵊl, AM 'mɑːr-] **I.** *adj* ❶ *(slight)* geringfügig; **to be of ~ importance** relativ unbedeutend sein; **a ~ improvement** eine geringfügige Verbesserung; **to be of ~ interest** [nur] von geringem Interesse sein
❷ *(insignificant)* nebensächlich, unwesentlich; **~ costs** Grenzkosten *pl;* **~ revenue** Grenzerlös *m;*

M

~ **yield** Grenzertrag *m*
③ BRIT, AUS POL ~ **constituency/seat** mit knapper Mehrheit gewonnener Wahlkreis/Parlamentssitz
④ *(in margin)* ~ **notes** Randnotizen *pl*
⑤ *(on borderline)* Rand-; **a ~ existence** eine Existenz am Rande der Gesellschaft; **a ~ product** ein wenig gefragtes Produkt
⑥ PSYCH ~ **behaviour** deviantes Verhalten
II. *n* BRIT, AUS POL knapp gewonnener Wahlkreis

mar·gi·na·lia [ˌmɑːdʒɪˈneɪliə, AM ˌmɑːr-] *npl* Marginalien *pl*

mar·gin·ali·za·tion [ˌmɑːdʒɪnəlaɪˈzeɪʃən, AM ˌmɑːrdʒɪnəlɪˈ-] *n no pl* Ausgrenzung *f,* Marginalisierung *f geh*

mar·gin·al·ize [ˈmɑːdʒɪnəlaɪz, AM ˈmɑːr-] *vt* ■**to ~ sb/sth** jdn/etw an den Rand drängen [*o geh* marginalisieren]

mar·gin·al ˈland *n* Brachland *nt;* ECON Grenzböden *pl*

mar·gin·al·ly [ˈmɑːdʒɪnəli, AM ˈmɑːr-] *adv* etwas, geringfügig; ~ **better** etwas besser

ˈmar·gin call *n* STOCKEX Nachschussforderung *f,* Einschussforderung *f* **ˈmar·gin re·lease** *n* Randlöser *m*

mar·gue·rite [ˌmɑːgəˈriːt, AM ˌmɑːrgəˈriːt] *n* BOT Margerite *f*

Maria·na Is·lands [ˌmærɪˈɑːnə-, AM -ˈɑːnə] *npl* Nördliche Marianen *pl*

mari·gold [ˈmærɪgəʊld, AM ˈmerɪgoʊld] *n* Studentenblume *f,* Tagetes *f*

ma·ri·hua·na, ma·ri·jua·na [ˌmærɪˈwɑːnə, AM ˌmerɪˈ-] **I.** *n no pl* Marihuana *nt*
II. *n modifier (cigarette, pipe)* Marihuana-

ma·ri·na [məˈriːnə] *n* Jachthafen *m*

mari·nade [ˌmærɪˈneɪd, AM *esp* ˌmerɪˈ-] *n* FOOD Marinade *f*

mari·nate [ˈmærɪneɪt, AM *esp* ˈmer-] *vt* FOOD ■**to ~ sth** etw marinieren [*o* einlegen]

ma·rine [məˈriːn] **I.** *adj attr, inv* ① *(of sea)* Meeres-, See-
② *(of shipping)* Schiffs-
③ *(naval)* Marine-
II. *n* Marinesoldat(in) *m(f),* Marineinfanterist *m;* ■**the ~s** [*or* **M~s**] die Marineinfanterie
▸PHRASES: **tell that to the ~s!** das kannst du deiner Großmutter erzählen!

Ma·rine [məˈriːn] *n* AM Marinesoldat(in) *m(f); (soldier in US Marine Corps)* Marine *m o f*

ma·rine bi·ˈolo·gist *n* Meeresbiologe, -biologin *m, f* **Ma·ˈrine Corps** *n* Marineinfanteriekorps *nt* **ma·rine en·gi·ˈneer** *n* Schiffbauingenieur(in) *m(f)* **ma·rine en·gi·ˈneer·ing** *n no pl* Schiffsmaschinenbau *m* **ma·rine pol·ˈlu·tion** *n no pl* Meeresverschmutzung *f*

mari·ner [ˈmærɪnəʳ, AM ˈmerɪnɚ] *n (old liter)* Seemann *m*

mari·ner's ˈcom·pass *n* Seekompass *m*

mari·on·ette [ˌmæriəˈnet, AM ˌmer-] *n* Marionette *f*

mari·tal [ˈmærɪtəl, AM ˈmerɪt̬əl] *adj inv* ehelich, Ehe-; ~ **bliss** Eheglück *nt;* ~ **infidelity** Untreue *f* in der Ehe; ~ **problems** Eheprobleme *pl*

mari·tal ˈaid *n (euph)* Sexspielzeug *nt* **mari·tal ˈrape** *n* Vergewaltigung *f* in der Ehe **mari·tal ˈsta·tus** *n* Familienstand *m*

mari·time [ˈmærɪtaɪm, AM *esp* ˈmer-] *adj inv* ① *(form: of sea)* Meer[es]-, See-; *(of ships)* Schifffahrts-; ~ **museum** Schifffahrtsmuseum *nt;* ~ **nation** Seefahrernation *f;* ~ **power** Seemacht *f;* ~ **trade** Seehandel *m*
② *(near coast)* Küsten-; ~ **province** Küstenregion *f*

mari·time ˈcli·mate *n* maritimes Klima **mari·time ˈlaw** *n* Seerecht *nt* **mari·time ˈship·ping** *n* Seeschifffahrt *f;* ~ **insurance** Seetransportversicherung *f*

mar·jo·ram [ˈmɑːdʒərəm, AM ˈmɑːrdʒɚ-] *n no pl* Majoran *m*

mark¹ [mɑːk, AM mɑːrk] **I.** *n* ① *(spot, stain)* Fleck *m; (on the skin)* Mal *nt; (when burnt)* Brandmal *nt geh; (scratch)* Kratzer *m,* Schramme *f; (trace)* Spur *f; (scar)* Narbe *f; (fingerprint, footprint)* Abdruck *m;* ***the wine left a permanent ~ on his shirt*** der Wein hinterließ bleibende Flecken auf seinem Hemd; ***his fingers had left ~s all over the table*** auf dem Tisch waren überall seine Fingerabdrücke zu sehen; **dirt/paint ~s** Schmutz-/Farbflecken *pl*
② *(identifying feature)* [Kenn]zeichen *nt,* Merkmal *nt;* ZOOL Kennung *f; (on fur)* ■**~s** *pl* Zeichnung *f;* ***it's the*** [***distinguishing***] ***~ of a gentleman/good newspaper to ...*** es zeichnet einen Gentleman/eine gute Zeitung aus [*o* man erkennt einen Gentleman/eine gute Zeitung daran], dass er/sie ...; ***the crime bears all the ~s of a planned murder*** alle Anzeichen weisen auf einen geplanten Mord hin; **distinguishing** [*or* **identifying**] **~s** unverwechselbare Kennzeichen
③ *(fig: indication)* Zeichen *nt;* **a ~ of appreciation/respect** ein Zeichen *nt* der Wertschätzung/des Respekts
④ *(sign to indicate position)* Markierung *f;* **adjusting ~** TECH Einstellmarke *f*
⑤ *(sign to distinguish)* Zeichen *nt;* ~ **of origin** Herkunftszeichen *nt;* **trade ~** Warenzeichen *nt,* Schutzmarke *f*
⑥ *(signature)* Kreuz *nt;* **to make one's ~** [**on sth**] sein Kreuz [unter etw *akk*] setzen
⑦ *(for punctuation)* Satzzeichen *nt;* **exclamation/quotation ~** Ausrufe-/Fragezeichen *nt;* **quotation ~s** Anführungszeichen *pl*
⑧ SCH *(grade)* Note *f,* Zensur *f;* ***what ~ did you get for biology?*** was hast du in Biologie bekommen?; ***no ~s for guessing who did this*** *(fig fam)* es ist nicht schwer zu erraten, wer das gemacht hat; **to get bad/good ~s for sth** schlechte/gute Noten für etw *akk* bekommen; **to get full ~s** [**for sth**] BRIT, AUS die Bestnote [für etw *akk*] erhalten; ***full ~s for guessing who I met at the party*** *(fig fam)* hundert Punkte, wenn du drauf kommst, wen ich auf der Party getroffen habe *fam*
⑨ *no pl (required standard)* Standard *m,* Norm *f;* **to be up to the ~** den Anforderungen [*o* Erwartungen] entsprechen; **to not feel up to the ~** nicht ganz auf der Höhe sein *fam*
⑩ *no pl (fig: distinction)* Rang *m;* ***he is a man of ~*** er ist eine Persönlichkeit von Rang
⑪ *(point)* Marke *f;* ***sales have already passed the million ~*** die Verkaufszahlen haben die Millionenmarke bereits überschritten; **to be over the halfway ~** über die Hälfte geschafft haben
⑫ *(also fig: target)* Ziel *nt,* Zielscheibe *f a. fig;* **to be an easy ~** AM *(fig)* leicht reinzulegen sein *fam;* **to be wide of** [*or* **quite off**] **the ~** das Ziel um Längen verfehlen *a. fig;* **to hit the ~** [genau] ins Schwarze treffen *a. fig;* **to miss the ~** vorbeischießen; *(fig)* seinen Zweck verfehlen; **to overshoot the ~** über das Ziel hinausschießen *a. fig*
⑬ *(in a race)* Start *m; (starting block)* Startblock *m; (starting line)* Startlinie *f;* ***on your ~s, get set, go!*** auf die Plätze, fertig, los!
⑭ *(version of a car)* Modell *nt;* **a ~ 4 Escort** ein Escort Modell 4
⑮ COMPUT Marke *f fachspr*
⑯ *(hist: frontier area)* Mark *f hist*
▸PHRASES: **to leave its/one's ~ on sb/sth** seine Spuren bei jdm/etw hinterlassen; ***she left her ~ on the company*** sie hat den Betrieb sehr geprägt; **to make one's ~** auffallen; **to be slow/quick off the ~** *(understand)* schwer/schnell von Begriff sein *fam; (take action)* langsam/[blitz]schnell reagieren; ***you'll have to be quick off the ~ with that application*** du musst dich mit der Bewerbung beeilen
II. *vt* ① *(stain)* ■**to ~ sth** etw schmutzig machen
② *usu passive (scar)* ***his face was ~ed for life*** er hat bleibende Narben im Gesicht zurückbehalten; ***the man's body was ~ed with blows from a blunt weapon*** die Leiche des Mannes trug Spuren von Schlägen mit einer stumpfen Waffe
③ *(indicate)* ■**to ~ sth** etw markieren [*o* bezeichnen] [*o* kennzeichnen]
④ *(label)* ■**to ~ sth** etw beschriften; *(indicate the price of)* etw auszeichnen; ***the bottle was ~ed 'poison'*** die Flasche trug die Aufschrift ‚Gift'; ***they ~ed the shirts at €20*** sie zeichneten die Hemden mit 20 Euro aus; **to ~ a route on a plan** eine Route auf einem Plan einzeichnen
⑤ ■**to ~ sth** *(characterize)* etw kennzeichnen [*o* markieren]; *(mean)* etw bedeuten; **to ~ the beginning/end of sth** den Anfang/das Ende einer S. *gen* markieren; **to ~ a turning point** einen Wendepunkt darstellen
⑥ *(commemorate)* ■**to ~ sth** an etw *akk* erinnern; **a concert to ~ the 10th anniversary** ein Konzert aus Anlass des zehnten Jahrestages; **a speech to ~ the occasion** eine Rede zur Feier des Tages
⑦ SCH ■**to ~ sth** etw zensieren; ■**to ~ sb** jdn benoten
⑧ *(clearly identify)* ■**to ~ sb/sth as sb/sth** jdn/etw als jdn/etw kennzeichnen [*o* auszeichnen]; ***your clothes ~ you as a man of good taste*** Ihre Kleider lassen erkennen, dass Sie ein Mann von gutem Geschmack sind
⑨ *usu passive* AM *(destine)* ■**to be ~ed as/for sth** zu etw *dat*/für etw *akk* bestimmt sein
⑩ SPORT, FBALL ■**to ~ sb** jdn decken
⑪ SCI ■**to ~ sth** *receptacle* etw eichen
▸PHRASES: **to ~ time** *(in a parade)* auf der Stelle marschieren; *(fig: not move forward)* die Zeit überbrücken; [**you**] **~ my words!** lass dir das gesagt sein!
III. *vi* ① *(get dirty)* schmutzig [*o* SCHWEIZ *a.* dreckig] werden, schmutzen, verdrecken SCHWEIZ; *(scratch)* Kratzer [*o* Schrammen] bekommen
② SCH *(give marks)* Noten vergeben; *(correct)* korrigieren
③ *(pay attention)* ~! Achtung!

◆**mark down** *vt* ① *(reduce the price of)* ■**to ~ down** ○ **sth** etw heruntersetzen [*o* herabsetzen]; **to ~ down** ○ **shares** STOCKEX Aktien abwerten; **to ~ down** ○ **exchange rates** STOCKEX Kurse zurücknehmen
② *(reduce)* ***to ~ down*** ○ ***the price*** den Preis herabsetzen [*o* heruntersetzen]
③ *(give a lower grade)* ■**to ~ down** ○ **sb** jdm eine schlechtere Note geben, jdn herunterkorrigieren
④ *(jot down)* ■**to ~ down** ○ **sth** etw notieren; ■**to ~ down** ○ **sb for sth** jdn für etw *akk* vormerken
⑤ *(fig: assess)* ■**to ~ sb** ○ **down as sth** jdn als etw *akk* einschätzen

◆**mark off** *vt* ① *(separate off)* ■**to ~ off** ○ **sth** etw abgrenzen
② *(cross off)* ■**to ~ off** ○ **sb/sth** jdn/etw durchstreichen; *(tick off)* jdn/etw abhaken; **to ~ off** ○ **sth with a X** etw mit einem X markieren

◆**mark out** *vt* ① *(outline)* ■**to ~ out** ○ **sth** etw abstecken [*o* markieren]; **to ~ out the course/playing area** die Strecke/das Spielfeld abstecken
② BRIT, AUS *(distinguish)* ■**to ~ out** ○ **sb/sth** [**from sb/sth**] jdn/etw [von jdm/etw] unterscheiden; *(distinguish from the rest)* ■**to ~ out** ○ **sb/sth** jdn/etw auszeichnen; *(identify)* ■**to ~ out** ○ **sb/sth as sth** jdn/etw als etw *akk* kennzeichnen; ***I can't speak French, so I'm ~ed out as a foreigner*** ich spreche kein Französisch, deshalb bin ich gleich als Ausländer zu erkennen
③ *usu passive* BRIT, AUS *(destine)* ■**to be ~ed out as/for sth** zu etw *dat*/für etw *akk* bestimmt sein

◆**mark up** *vt* ■**to ~ up** ○ **sth** ① *(increase the price of)* etw heraufsetzen; **to ~ up shares** Aktien aufwerten
② *(increase)* **to ~ up** ○ **the price** den Preis heraufsetzen
③ *(annotate)* etw mit Bemerkungen versehen; *(correct)* etw korrigieren
④ TYPO Satzanweisungen auf etw *dat* machen, etw auszeichnen *fachspr*

mark² <*pl* -s *or* -> [mɑːk, AM mɑːrk] *n short for* **Deutschmark** Mark *f*

ˈmark·down *n* ECON ① *(price reduction)* Preissenkung *f,* Preisabschlag *m;* STOCKEX Kursabschlag *m;* ***a 10% ~ on all books*** ein Preisnachlass von 10 % auf alle Bücher; ***the shares suffered a ~ to 69p*** die Aktien fielen auf 69 Pence
② *(reduced item)* Sonderangebot *nt;* ~ **rack** Ständer *m* mit Sonderangeboten, Grabbeltisch *m* DIAL, Wühltisch *m* ÖSTERR, SCHWEIZ

marked [mɑːkt, AM mɑːrkt] *adj* ① *(clear)* deutlich,

ausgeprägt; *(striking)* auffallend, markant; **a ~ characteristic** ein herausstechendes Merkmal; **in ~ contrast to sth** im krassen Gegensatz zu etw *dat;* **a ~ improvement** eine deutliche [*o* spürbare] Verbesserung; **a ~ limp** ein auffälliges Hinken
❷ *(with distinguishing marks)* markiert, gekennzeichnet; **~ cards** gezinkte Karten; **~ money** [*or* **notes**] [*or* AM **bills**] gekennzeichnete [Geld]scheine
❸ *(under threat)* gebrandmarkt; **to be a ~ man/woman** auf der schwarzen Liste stehen *fam*

marked 'check *n* AM FIN bestätigter Scheck

mark·ed·ly ['mɑːkɪdli, AM 'mɑːrk-] *adv* deutlich; **to be ~ different** sich deutlich unterscheiden

mark·er ['mɑːkəʳ, AM 'mɑːrkɚ] *n* ❶ *(sign or symbol)* [Kenn]zeichen *nt,* Marke *f;* **to put down a ~** *(fig: show one's intentions)* ein Zeichen setzen; *(be a hallmark)* einen Meilenstein darstellen *geh*
❷ SCH *(of work, exam)* Korrektor(in) *m(f)*
❸ *(felt-tipped pen)* Filzstift *m*
❹ COMPUT *(code)* Markierung *f*

'mark·er pen *n* Textmarker *m,* Leuchtstift *m* SCHWEIZ

mar·ket ['mɑːkɪt, AM 'mɑːr-] **I.** *n* ❶ *(place)* Markt *m;* **~ day** Markttag *m;* **at the ~** auf dem Markt
❷ *(demand)* Markt *m;* **buyer's ~** Käufermarkt *m;* **seller's ~** Verkäufermarkt *m;* **open ~, ~ overt** offener Markt; **housing ~** Wohnungsmarkt *m;* **job ~** Stellenmarkt *m*
❸ *(trade)* Handel *m kein pl,* Markt *m;* **on the ~** auf dem Markt; **active ~** STOCKEX lebhafte Börse; **the black ~** der Schwarzmarkt; **to pay black ~ prices** Schwarzmarktpreise bezahlen; **the capital ~** der Kapitalmarkt; **closed ~** geschlossener Markt; **the coffee ~** der Kaffeemarkt; **the Common M~** der Gemeinsame Markt; **free ~ economy** freie Marktwirtschaft; **grey ~** grauer Markt; **heavy ~** gedrückter Markt; **main ~** BRIT Primärmarkt *m* [an der Londoner Börse]; **the open ~** der offene Markt; **over-the-counter ~** Freiverkehr *m;* **the single ~** der Binnenmarkt; **stock ~** Börse *f;* **thin ~** begrenzter [*o* umsatzschwacher] Markt; **third ~** AM ungeregelter Freiverkehr; **~ of the future** Zukunftsmarkt *m;* **to be in the ~ for sth** an etw *dat* interessiert sein; **to put sth on the ~** etw auf den Markt bringen; **to put a house on the ~** ein Haus zum Verkauf anbieten
❹ *(customers)* **up ~** exklusiver [*o* anspruchsvoller] Markt; **down ~** Massenmarkt *m;* **to go up-~** sich *akk* an einen exklusiven Kundenkreis wenden; **to go down-~** sich *akk* dem Massenmarkt zuwenden
II. *n modifier* Markt-; **~ price** Marktpreis *m;* **~ segment** Marktsegment *nt;* **~ value** Marktwert *m*
III. *vt* ■**to ~ sth** *(sell)* etw vermarkten [*o* verkaufen]; *(put on market)* etw auf den Markt bringen

mar·ket·abil·ity [ˌmɑːkɪtə'bɪləti, AM ˌmɑːrɪṭə'bɪləṭi] *n no pl* Absetzbarkeit *f,* Marktfähigkeit *f,* Marktgängigkeit *f,* Verkehrsfähigkeit *f*

mar·ket·able ['mɑːkɪtəbl̩, AM 'mɑːrkɪṭ-] *adj* absetzbar, marktfähig, handelsfähig; **~ commodities** marktgängige Waren; **~ securities** börsengängige [*o* börsenfähige] [*o* SCHWEIZ [börsen]kotierte] Wertpapiere

mar·ket·able se·'cu·rity *n* begebbares Wertpapier

mar·ket 'ac·cess *n* Marktzugang *m* **mar·ket a'naly·sis** *n* Marktanalyse *f,* Marktprüfung *f,* Marktuntersuchung *f* **mar·ket 'area** *n* Marktbereich *m* **mar·ket as·'sess·ment** *n* Marktbewertung *f* **mar·ket 'av·er·age** *n* Marktdurchschnitt *m* **mar·ket 'bar·ri·er** *n* Marktbarriere *f* **mar·ket-based ap·'proach** *n* Marktstrategie *f* **mar·ket be·'hav·iour** *n* Marktverhalten *nt* **mar·ket 'bounda·ry** *n* Marktgrenze *f* **'mar·ket-build·ing** *n no pl* Marktaufbau *m* **mar·ket 'close** *n* STOCKEX Börsenschluss *m* **mar·ket 'crash** *n* STOCKEX Börsenkrach *m* **mar·ket cul·ti·'va·tion** *n no pl* Marktbearbeitung *f* **mar·ket 'data** *n + sing/pl vb* Marktdaten *pl* **'mar·ket day** *n esp* BRIT Markttag *m* **mar·ket de·'mand** *n* Marktanforderung *f* **mar·ket 'depth** *n* Markttiefe *f* **mar·ket de·'vel·op·ment** *n* Marktentwicklung *f* **mar·ket e'cono·my** *n* Marktwirtschaft *f kein pl*

mar·ke·teer [ˌmɑːkɪ'tɪəʳ, AM ˌmɑːrkə'tɪr] *n* ❶ *(advocating particular market)* **black ~** Schwarzhändler(in) *m(f);* **free ~** Anhänger(in) *m(f)* der freien Marktwirtschaft
❷ ECON Marktlenker(in) *m(f)*

mar·ket·er ['mɑːkɪtəʳ, AM 'mɑːrkɪṭɚ] *n* Marketingleiter(in) *m(f),* Werbekampagnegestalter(in) *m(f)*

mar·ket ex·pec·'ta·tion *n* Markterwartung *f* **mar·ket 'forces** *npl* Marktkräfte *pl* **mar·ket 'gap** *n* Marktlücke *f* **mar·ket 'gar·den** *n* BRIT, AUS [kleiner] Gemüseanbaubetrieb **mar·ket 'gar·den·er** *n* BRIT, AUS Gemüseanbauer(in) *m(f)* **mar·ket 'gar·den·ing** *n no pl* BRIT, AUS Gemüseanbau *m (in kleinem Rahmen)* **mar·ket 'glut** *n* Marktschwemme *f* **mar·ket 'growth** *n* Marktwachstum *nt* **mar·ket 'in·dex** *n* Marktindex *m* **mar·ket 'in·di·ca·tor** *n* Marktbarometer *nt;* STOCKEX Börsenbarometer *nt;* *(value for analysis)* markttechnischer Indikator *m*

mar·ket·ing ['mɑːkɪtɪŋ, AM 'mɑːrkɪṭ-] *n no pl* ❶ *(selling)* Marketing *nt,* Vermarktung *f*
❷ AM *(shopping)* Einkaufen *nt;* **to go ~** einkaufen [gehen]

'mar·ket·ing board *n* Marketingbehörde *f* **'mar·ket·ing con·cept** *n* Vertriebskonzept *nt* **'mar·ket·ing de·part·ment** *n* Marketingabteilung *f* **'mar·ket·ing mix** *n* Marketing-Mix *m* **mar·ket·ing po·'ten·tial** *n no pl* Absatzpotenzial *nt* **mar·ket·ing 'pro·cess** *n* Vertriebsprozess *m* **mar·ket·ing 'strat·egy** *n* Vertriebsstrategie *f* **'mar·ket·ing tech·nique** *n* Verkaufstechnik *f* **'mar·ket·ing tool** *n* Marketinginstrument *nt* **mar·ket 'launch** *n* Markteinführung *f* **mar·ket 'lead·er** *n* Marktführer *m* **mar·ket 'lead·er·ship** *n* Marktführerschaft *f* **mar·ket 'let·ter** *n* ECON Marktbericht *m;* STOCKEX Börsenbericht *m* **'mar·ket·mak·er** *n* FIN Marktmacher *m,* Primärhändler *m* **mar·ket 'mod·el** *n* Marktmodell *nt* **mar·ket op·por·'tu·nity** *n* Marktchance *f* **mar·ket 'or·gan·iz·er** *n* Marktorganisator(in) *m(f)*

mar·ket-'orient·ed *adj* marktorientiert; **~ company** marktorientiertes Unternehmen

mar·ket par·'tici·pant *n* Marktteilnehmer(in) *m(f)* **mar·ket pen·e'tra·tion** *n no pl* Marktdurchdringung *f*

'mar·ket·place *n* ❶ *(place)* Marktplatz *m*
❷ *(commercial environment)* Markt *m,* Marktlandschaft *f*

mar·ket port·'fo·lio *n* Marktportefeuille *nt,* Marktportfolio *nt* **mar·ket po·'si·tion** *n* Marktposition *f,* Marktstellung *f* **mar·ket po·'ten·tial** *n* Absatzmöglichkeiten *pl,* Marktpotenzial *nt;* **to analyse the ~** die Absatzmöglichkeiten analysieren **mar·ket 'pow·er** *n no pl* Marktmacht *f* **mar·ket 'prac·tices** *npl* Marktusancen *pl* **mar·ket 'price** *n* ❶ COMM Marktwert *m,* Marktpreis *m* ❷ STOCKEX letzter Kurs, Börsenkurs *m,* Marktkurs *m;* **current ~** STOCKEX Tageskurs *m* **mar·ket quo·'ta·tion** *n* STOCKEX Kursnotierung *f,* Kursnotiz *f,* Kursquotierung *f* **mar·ket 'rate** *n* FIN Effektivverzinsung *f,* Markt[zins]satz *m,* Marktkurs *m* **mar·ket re·'cov·ery** *n* Markterholung *f* **mar·ket re·'search** **I.** *n no pl* Marktforschung *f;* **to do [some] ~** Marktforschung betreiben **II.** *n modifier* Marktforschungs-; **~ company** Marktforschungsunternehmen *nt;* **~ institute** Marktforschungsinstitut *nt;* **~ survey** Marktuntersuchung *f* **mar·ket re·'search·er** *n* Marktforscher(in) *m(f)* **mar·ket re·'sult** *n* Marktergebnis *nt* **mar·ket sce·'nario** *n* Marktszenario *nt* **mar·ket 'seg·ment** *n* Marktsegment *nt* **mar·ket 'share** *n* Marktanteil *m* **mar·ket sta·bi·li·'za·tion** *n no pl* AM STOCKEX Kursstabilisierung *f* **mar·ket 'sur·vey** *n* Marktstudie *f,* Marktuntersuchung *f* **mar·ket 'sys·tem** *n* Marktsystem *nt* **mar·ket 'terms** *npl* Marktkonditionen *pl,* marktübliche Bedingungen *pl*

'mar·ket town *n* BRIT Marktort *m,* Marktstädtchen *nt fam*

'mar·ket trad·er *n* Markthändler(in) *m(f);* *(woman)* Marktfrau *f* **mar·ket 'trend** *n* Markttrend *m* **mar·ket valu'a·tion** *n* FIN Marktbewertung *f;* **~ method** Marktbewertungsmethode *f* **mar·ket 'value** *n* Marktwert *m,* Tageswert *m,* Tageskurs *m* SCHWEIZ, Verkehrswert *m,* Zeitwert *m;* **estimate of the ~** Verkehrswertschätzung *f* **mar·ket 'view** *n* Markteinschätzung *f*

mark·ing ['mɑːkɪŋ, AM 'mɑːr-] *n* ❶ *(identifying marks)* ■**~s** *pl* Markierungen *pl,* Kennzeichnungen *pl; on animals* Zeichnung *f kein pl;* ***a cat with black and white ~s*** eine schwarzweiß gefleckte Katze
❷ *no pl* SCH *(work)* Korrigieren *nt;* *(scripts)* Korrekturen *pl*

'mark·ing ink *n* Wäschetinte *f*

marks·man ['mɑːksmən, AM 'mɑːr-] *n* ❶ *(skilled in shooting)* Schütze *m;* **police ~** Scharfschütze *m*
❷ LAW mit Kreuz Unterzeichnender

marks·man·ship ['mɑːksmənʃɪp, AM 'mɑːr-] *n no pl* Treffsicherheit *f*

marks·wom·an ['mɑːksˌwʊmən, AM 'mɑːr-] *n* Schützin *f;* **police ~** Scharfschützin *f*

mark·up ['mɑːkʌp, AM 'mɑːrk-] *n* ❶ STOCKEX [Kurs]aufschlag *m* ❷ *(increase in price)* Preiserhöhung *f,* Preisaufschlag *m* ❸ *(difference between cost and selling price)* Handelsspanne *f,* Gewinnaufschlag *m* ❹ AM POL *abschließende Sitzung bei der Erörterung einer Gesetzesvorlage* **'mark·up price** *n* Verkaufspreis *m*

marl [mɑːl, AM mɑːrl] **I.** *n* <*spec pl* -s> Mergel *m*
II. *vt usu passive* AGR mit Mergel düngen [*o* mergeln]

mar·lin <*pl* - *or* -s> ['mɑːlɪn, AM ˌmɑːr] *n* ZOOL Merlin *m*

mar·ma·lade ['mɑːməleɪd, AM 'mɑːr-] *n no pl* Orangenmarmelade *f;* **coarse-cut/thin-cut ~** Marmelade *f* mit dick/dünn geschnittenen Fruchtstückchen

mar·ma·lade 'cat *n* BRIT orangefarbene Katze

mar·mo·set ['mɑːməzet, AM 'mɑːr-] *n* Krallenaffe *m*

mar·mot <*pl* - *or* -s> ['mɑːmət, AM ˌmɑːr] *n* ZOOL Murmeltier *nt*

ma·roon¹ [mə'ruːn] **I.** *n no pl* Kastanienbraun *nt,* Rötlichbraun *nt*
II. *adj* kastanienbraun, rötlichbraun

ma·roon² [mə'ruːn] *vt (abandon)* ■**to ~ sb** jdn aussetzen; ***many people were ~ed in their cars by the blizzard*** viele Menschen wurden von dem Schneesturm in ihren Autos eingeschlossen

ma·rooned [mə'ruːnd] *adj* ■**to be ~** [von der Außenwelt] abgeschnitten sein, festsitzen; *(be trapped)* eingeschlossen sein; **a ~ holidaymaker** ein gestrandeter Urlauber/eine gestrandete Urlauberin

marque [mɑːk, AM mɑːrk] *n* AUTO Marke *f,* Fabrikat *nt*

mar·quee [mɑː'kiː, AM mɑːr'-] *n* ❶ BRIT, AUS *(tent)* Festzelt *nt*
❷ AM *(door canopy)* Vordach *nt,* Schirmdach *nt*

mar·quess <*pl* -es> ['mɑːkɪs, AM 'mɑːr-] *n* Marquis *m*

mar·que·try ['mɑːkɪtri, AM 'mɑːr-] *n no pl* Intarsie[n] *f[pl],* Einlegearbeit[en] *f[pl],* Marketerie *f meist pl*

mar·quis ['mɑːkwɪs, mɑː'kiː, AM 'mɑːr-, mɑːr'kiː] *n* Marquis *m*

mar·quise [mɑː'kiːz, AM mɑːr-] *n modifier* **~ ring** Ring *m* mit spitzbogig oval eingefassten Steinen

mar·ram, mar·ram grass ['mærəm, AM 'mer-] *n* Strandgras *nt*

mar·riage ['mærɪdʒ, AM *esp* 'mer-] *n* ❶ *(wedding)* Heirat *f;* *(at the church)* Trauung *f,* Eheschließung *f form;* **~ ceremony** Trauungszeremonie *f*
❷ *(relationship)* Ehe *f* (**to** mit +*dat*); ***I would call it a ~ made in heaven*** *(esp hum)* ich glaube, diese Ehe wurde im Himmel geschlossen; ***she has two daughters by her first ~*** sie hat zwei Töchter aus erster Ehe; ***after the break-up of her ~ ...*** nachdem ihre Ehe gescheitert war, ...; **an arranged ~** eine arrangierte Ehe; **to have a happy ~** eine glückliche Ehe führen
❸ *no pl (state)* Ehe *f;* ***in Denmark it is possible for people of the same gender to have a ~*** in Dänemark können auch gleichgeschlechtliche Paare heiraten; **~ into a family/the nobility** Einheirat *f* in eine Familie/den Adelsstand; **same-sex ~** gleichgeschlechtliche Ehe; **state of ~** Ehestand *m;* **related by ~** miteinander verschwägert

❹ *(fig: fusion)* Verbindung *f;* *(of companies)* Zusammenschluss *m,* Fusion *f*

mar·riage·able ['mærɪdʒəbl, AM *esp* 'mer-] *adj* heiratsfähig; **of ~ age** im heiratsfähigen Alter

'mar·riage bro·ker *n* Heiratsvermittler(in) *m(f)* **'mar·riage bu·reau** *n esp* BRIT Eheanbahnungsinstitut *nt,* Heiratsvermittlung *f* **'mar·riage cer·emo·ny** *n* Trauung *f,* Eheschließung *f form* **'mar·riage cer·tifi·cate** *n* Heiratsurkunde *f,* Trauschein *m* **'mar·riage con·tract** *n* Ehevertrag *m* **mar·riage 'coun·sel·ing** *n* AM *(marriage guidance)* Eheberatung *f* **mar·riage 'coun·sel·or** *n* AM Eheberater(in) *m(f)* **mar·riage 'guid·ance** *n* BRIT, AUS Eheberatung *f* **mar·riage 'guid·ance coun·sel·lor** *n* BRIT Eheberater(in) *m(f)* **mar·riage 'guid·ance of·fice** *n* BRIT Eheberatungsstelle *f* **'mar·riage li·cence** *n* Ehegenehmigung *f,* Heiratserlaubnis *f* **'mar·riage li·cense** *n* AM Trauschein *m* **'mar·riage lines** *npl* BRIT *(dated fam)* Trauschein *m* **mar·riage of con·'veni·ence** *n* ❶ *(between people)* Vernunftehe *f;* *(not consummated)* Scheinehe *f* ❷ *(fig: between business associates)* Vernunftehe *f fig* **'mar·riage rate** *n* Zahl *f* der Eheschließungen **'mar·riage ser·vice** *n* kirchliche Trauung **'mar·riage set·tle·ment** *n* Ehevertrag *m (über treuhänderische Zuwendungen anlässlich der Eheschließung)* **'mar·riage vow** *n usu pl* Ehegelöbnis *nt geh,* Ehegelübde *nt geh*

mar·ried ['mærid, AM *esp* 'mer-] **I.** *adj inv* ❶ *(in wedlock)* verheiratet; ***she is ~ with two children*** sie ist verheiratet und hat zwei Kinder; **~ couple** Ehepaar *nt;* **~ life** Eheleben *nt;* **to be a ~ man/woman** verheiratet sein; **to have an affair with a ~ man/woman** eine Affäre mit einem verheirateten Mann/einer verheirateten Frau haben; **~ name** Ehename *m;* **to get ~ [to sb]** [jdn] heiraten
❷ *(fig: very involved)* ■**to be ~ to sth** mit etw *dat* verheiratet sein *fig*
II. *n usu pl* **young ~s** Jungverheiratete *pl,* Jungvermählte *pl*

mar·row ['mærəʊ, AM 'meroʊ] *n* ❶ BRIT, AUS *(vegetable)* Markkürbis *m*
❷ *no pl (of bone)* [Knochen]mark *nt;* **to be chilled to the ~** *esp* BRIT *(fig)* völlig durchgefroren sein; **to be frightened** [*or* **thrilled**] **to the ~** *esp* BRIT *(fig)* zu Tode erschrocken sein; **to be shocked to the ~** *esp* BRIT *(fig)* bis ins Mark erschüttert sein

'mar·row bone *n* Markknochen *m* **'mar·row·fat, mar·row·fat 'pea** *n* Markerbse *f*

mar·ry ['mæri, AM *esp* 'mer-] **I.** *vt* ❶ *(wed)* ■**to ~ sb** jdn heiraten
❷ *(officiate at ceremony)* ■**to ~ sb** jdn trauen [*o* verheiraten]
❸ *(marry off)* ■**to ~ sb [to sb]** jdn [mit jdm] verheiraten
❹ *(fig: combine)* ■**to ~ sth [to/with sth]** etw [mit etw *dat*] verbinden
▸PHRASES: **to ~ money** reich heiraten
II. *vi* heiraten; ***I didn't think she was the ~ing kind*** ich hätte nicht gedacht, dass sie mal heiraten würde; **to ~ above oneself** [*or* **one's class**] in eine höhere Gesellschaftsschicht einheiraten; ■**to ~ beneath oneself** nicht standesgemäß heiraten; **to ~ beneath one's station** *(old)* unter seinem Stand heiraten; **to ~ into a wealthy family** in eine reiche Familie einheiraten
◆**marry off** *vt* ■**to ~ off** ○ **sb [to sb]** jdn [mit jdm] verheiraten; **to ~ off a girl** ein Mädchen unter die Haube bringen *veraltet*
◆**marry out** *vi (old)* jdn mit einer anderen Konfession heiraten
◆**marry up I.** *vt* ■**to ~ up** ○ **sth** [passend] zusammenfügen [*o* verbinden]; ***let us ~ up the two lists*** lass uns die beiden Listen abgleichen
II. *vi* zusammenpassen

Mars [mɑːz, AM mɑːrz] *n no pl, no art* Mars *m*

Mar·seil·laise [ˌmɑːseɪ'jeɪz, AM ˌmɑːrsəl'eɪz] *n* MUS, HIST Marseillaise *f*

Mar·seilles [ˌmɑː'seɪ, AM ˌmɑːr-] *n* Marseille *nt*

marsh <*pl* -es> [mɑːʃ, AM mɑːrʃ] *n* Sumpf *m,* Sumpfland *nt;* ■**the ~es** *pl* das Moor

mar·shal ['mɑːʃəl, AM 'mɑːr-] **I.** *n* ❶ *(official at event)* Ordner(in) *m(f);* SPORT Platzwärter(in) *m(f)*
❷ AM *(parade leader)* Leiter(in) *m(f)* eines Festumzugs
❸ AM *(federal agent)* Gerichtsdiener(in) *m(f);* *(police officer)* Polizeipräsident(in) *m(f),* Polizeidirektor(in) *m(f),* Polizeikommandant(in) *m(f)* SCHWEIZ; *(fire officer)* Branddirektor(in) *m(f),* Feuer[wehr]kommandant(in) *m(f)* SCHWEIZ
❹ MIL *(army officer)* Marschall *m;* **~ of the Royal Air Force** BRIT Marschall *m* der Königlichen Luftwaffe
II. *vt* <BRIT -ll- *or* AM *usu* -l-> ■**to ~ sth** ❶ *(bring together)* **to ~ one's forces** MIL die Streitkräfte zusammenziehen; *(fig)* seine Kräfte mobilisieren; **to ~ supporters** Anhänger mobilisieren; **to ~ troops** Truppen zusammenziehen
❷ *(organize)* etw ordnen; **to ~ one's ideas** seine Ideen strukturieren

Mar·shal·lese [ˌmɑːʃə'liːz, AM ˌmɑːr-] **I.** *n* ❶ *(person)* Marschaller(in) *m(f)*
❷ *(language)* Marschallisch *nt*
II. *adj* marschallisch

mar·shal·ling-yard ['mɑːʃəlɪŋˌjɑːd] *n* Rangierbahnhof *m*

Mar·shall Is·lands ['mɑːʃəl-, AM 'mɑːr-] *npl* Marshallinseln *pl*

'marsh gas *n no pl* Sumpfgas *nt* **'marsh·land** *n* Sumpfland *nt,* Marschland *nt* **marsh·mal·low** [ˌmɑːʃmæləʊ, AM 'mɑːrʃmeloʊ] *n* ❶ *(food)* Marshmallow *nt* ❷ AM *(fig: weak person)* Versager(in) *m(f),* Weichling *m pej,* Weichei *nt pej sl*

marshy ['mɑːʃi, AM 'mɑːr-] *adj* sumpfig, morastig

mar·su·pial [mɑː'suːpiəl, AM mɑːr'-] *n* Beuteltier *nt*

mart [mɑːt, AM mɑːrt] *n esp* AM, IRISH Markt *m*

mar·ten ['mɑːtɪn, AM 'mɑːrtən] *n* Marder *m*

mar·tial ['mɑːʃəl, AM 'mɑːr-] *adj inv* kriegerisch, Kriegs-; **~ air** Militärmusikstück *nt;* **~ music** Militärmusik *f*

mar·tial 'arts I. *npl* SPORT Kampfsport *m kein pl,* Kampfsportarten *pl* **II.** *n modifier (class, teacher)* Kampfsport-; **~ film** Kung-Fu-Film *m* **mar·tial 'law** *n no pl* Kriegsrecht *nt;* **to declare [a state of] ~** das Kriegsrecht ausrufen; **to impose ~ on sb/sth** das Kriegsrecht über jdn/etw verhängen

Mar·tian ['mɑːʃən, AM 'mɑːr-] **I.** *adj inv* Mars-
II. *n* Marsmensch *m;* ***they stared at me as if I were a ~*** sie starrten mich an, als käme ich vom Mars

mar·tin ['mɑːtɪn, AM 'mɑːrtən] *n* Mauerschwalbe *f,* Hausschwalbe *f*

mar·ti·net [ˌmɑːtɪ'net, AM ˌmɑːrtən'et] *n (form)* ❶ *(very strict person)* Zuchtmeister *m veraltet*
❷ *(military disciplinarian)* [strenger] Regimentsführer

mar·tin·gale ['mɑːtɪŋgeɪl, AM 'mɑːrtən] *n* Martingal *nt,* Sprungriemen *m*

mar·ti·ni [mɑː'tiːniː] *n* AM *(cocktail)* Martini *m;* **dry ~** trockener Martini

Mar·ti·ni® [mɑː'tiːniː, AM mɑːr'-] *n no pl* Martini *m*

Mar·ti·ni·can, Mar·ti·ni·quan [ˌmɑːtɪ'niːkən, AM ˌmɑːr-] **I.** *n* Bewohner(in) *m(f)* Martiniques
II. *adj* aus Martinique *nach n*

Mar·ti·nique [ˌmɑːtɪ'niːk, AM ˌmɑːrtən'iːk] *n* Martinique *nt*

mar·tyr ['mɑːtəʳ, AM 'mɑːrt̬ɚ] **I.** *n* Märtyrer(in) *m(f);* **to be a ~ to arthritis** *(fig)* fürchterlich unter Arthritis leiden; **to die a ~** den Märtyrertod sterben; **to make a ~ of oneself** *(fig)* sich *akk* zum Märtyrer/zur Märtyrerin stilisieren *geh;* **to make a ~ of sb** jdn zum Märtyrer/zur Märtyrerin machen
II. *vt usu passive* ■**to be ~ed [for sth]** [für etw *akk*] [den Märtyrertod] sterben

mar·tyr·dom ['mɑːtədəm, AM 'mɑːrt̬ɚ-] *n no pl* *(being a martyr)* Märtyrertum *nt;* *(suffering)* Martyrium *nt a. fig;* *(death)* Märtyrertod *m;* **the ~ of St Thomas** der Märtyrertod des heiligen Thomas; **to suffer ~** den Märtyrertod erleiden

mar·tyred ['mɑːtəd, AM 'mɑːrt̬ɚd] *adj* ❶ *(killed for beliefs)* ■**to be ~** wegen seiner Überzeugungen umgebracht werden; **a ~ civil rights activist** ein Märtyrer/eine Märtyrerin für die Menschenrechte; **~ saint** christlicher Märtyrer/christliche Märtyrerin
❷ *(showing suffering)* gequält

mar·vel ['mɑːvəl, AM 'mɑːr-] **I.** *n (wonderful thing)* Wunder *nt;* ***it's a ~ to me how ...*** es ist mir ein Rätsel, wie ...
II. *vi* <BRIT -ll- *or* AM *usu* -l-> ■**to ~ at sb/sth** *(wonder)* sich *akk* über jdn/etw wundern; *(admire)* jdn/etw bewundern; ■**to ~ that ...** sich *akk* wundern, dass ..., staunen, dass ...; ***"isn't it just amazing", she ~led*** „ist das nicht wunderbar", schwärmte sie

mar·vel·lous ['mɑːvələs, AM 'mɑːr-] *adj* wunderbar, wundervoll, großartig; **to feel ~** sich *akk* großartig fühlen

mar·vel·lous·ly ['mɑːvələsli, AM 'mɑːr-] *adv* wunderbar, wundervoll, großartig; **to get on ~** sich *akk* großartig verstehen

mar·vel·ous *adj* AM *see* **marvellous**

mar·vel·ous·ly *adv* AM *see* **marvellously**

Marx·ism ['mɑːksɪzəm, AM 'mɑːr-] *n no pl* Marxismus *m*

Marx·ism-Len·in·ism [ˌmɑːksɪzəm'lenɪnɪzəm, AM ˌmɑːr-] *n no pl* Marxismus-Leninismus *m*

Marx·ist ['mɑːksɪst, AM 'mɑːr-] **I.** *n* Marxist(in) *m(f)*
II. *adj inv* marxistisch

Marx·ist-Len·in·ist [ˌmɑːksɪst'lenɪnɪst, AM ˌmɑːr-] **I.** *n* Marxist-Leninist(in) *m(f)*
II. *adj* marxistisch-leninistisch

Mary·land·er ['meərilændəʳ, AM 'merələndɚ] *n* Bewohner(in) *m(f)* Marylands

mar·zi·pan ['mɑːzɪpæn, AM 'mɑːr-] *n no pl* Marzipan *nt o m*

masc *adj inv abbrev of* **masculine**

mas·cara [mæs'kɑːrə, AM mæs'kerə] *n no pl* Wimperntusche *f;* ***your ~ is running*** deine Wimperntusche verläuft; **to smudge one's ~** seine Wimperntusche verschmieren [*o* verwischen]

mas·car·aed [mæ'skɑːrəd, AM mæs'ker-] *adj* getuscht

mas·car·po·ne [ˌmæskɑː'pəʊneɪ, AM ˌmɑːskɑːrpoʊ-] *n no pl* Mascarpone *m (italienischer Frischkäse)*

mas·cot ['mæskɒt, AM -skɑːt] *n* Maskottchen *nt;* **lucky ~** Glücksbringer *m*

mas·cu·line ['mæskjəlɪn] *adj* ❶ *(male)* männlich, maskulin
❷ *inv* LING männlich, maskulin; **~ ending/form** männliche [*o* maskuline] Endung/Form; **~ gender** männliches Geschlecht
❸ *(in poetry)* **~ rhyme** männlicher [*o* stumpfer] Reim

mas·cu·lin·ist ['mæskjəlɪnɪst] *adj* Männlichkeits-

mas·cu·lin·ity [ˌmæskjə'lɪnəti, AM -ət̬i] *n no pl* Männlichkeit *f*

mash [mæʃ] **I.** *n* ❶ *no pl* BRIT *(fam: from potatoes)* Kartoffelbrei *m,* Kartoffelstock *m* SCHWEIZ, Püree *nt*
❷ *(mixture)* Brei *m;* *(animal food)* Mischfutter *nt,* Futterbrei *m;* *(brewing)* Maische *f*
II. *vt* ■**to ~ sth** etw zerdrücken [*o* [zer]stampfen]; **to ~ potatoes** Kartoffeln [zer]stampfen
◆**mash up** *vt* ■**to ~ up** ○ **sth** ❶ *(crush after cooking)* etw zerdrücken
❷ *esp* AM *(fig: damage)* etw zerstören; *(crush)* etw zerdrücken; ***his face was badly ~ed up in the accident*** sein Gesicht wurde bei dem Unfall schwer verletzt

mashed [mæʃt] *adj* ❶ *(crushed)* zerdrückt; **~ potatoes** Kartoffelbrei *m,* Kartoffelstock *m* SCHWEIZ
❷ *(sl: on drugs)* stoned *sl,* high *fam*

'mashed-up *adj* zusammengedrückt, zerdrückt

mash·er ['mæʃəʳ, AM -ɚ] *n* Stampfer *m,* Quetsche *f;* **potato ~** Kartoffelstampfer *m,* Erdäpfelstampfer *m* ÖSTERR

mask [mɑːsk, AM mæsk] **I.** *n* ❶ *(for face)* Maske *f;* **to wear a ~** eine Maske tragen
❷ *(fig: pretence)* Maske *f,* Fassade *f;* ***the ~ slipped*** die Maske fiel; **to put on a ~ of normality** die Fassade der Normalität aufrechterhalten; **a ~ of politeness** eine vordergründige Höflichkeit
❸ TECH Schablone *f*
❹ *(photographic device)* Maske *f*
❺ *(pattern of digits)* Maske *f*

II. *vt* ■**to ~ sth** etw verbergen [*o* verstecken]; ■**to ~ sth up with sth** etw mit etw *dat* verdecken
◆**mask out** *vt* PHOT, TYPO ■**to ~ out** ↔ **sth** etw retuschieren
masked [mɑːskt, AM mæskt] *adj inv* maskiert, vermummt
masked 'ball *n* Maskenball *m*
masked 'ROM *n* COMPUT maskierter Festspeicher
mask·ing tape ['mɑːskɪŋ, AM 'mæsk-] *n no pl* Abdeckband *nt,* Malerkrepp *m*
maso·chism ['mɑːsəkɪzᵊm] *n no pl* Masochismus *m*
maso·chist ['mɑːsəkɪst] *n* Masochist(in) *m(f)*
maso·chis·tic [ˌmɑːsə'kɪstɪk] *adj* ① *(sexual)* masochistisch
② *(fam: over-stoical)* masochistisch, selbstquälerisch
maso·chis·ti·cal·ly [ˌmæzə'kɪstɪkᵊli] *adv* selbstquälerisch, masochistisch
ma·son ['meɪsᵊn] *n* ① *(stonemason)* Steinmetz(in) *m(f)*
② AM *(bricklayer)* Maurer(in) *m(f)*
Ma·son ['meɪsᵊn] *n* Freimaurer *m*
Mason-Dixon Line [ˌmeɪsᵊn'dɪksᵊnˌlaɪn] *n no pl* Mason-Dixon-Grenze *f (Grenze zwischen Maryland und Pennsylvania, die die Nord- und Südstaaten der USA trennt)*
Ma·son·ic [mə'sɒnɪk, AM -'sɑːn-] *adj inv* Freimaurer-, freimaurerisch; ~ **Lodge** *(place)* Freimaurerloge *f; (members)* Mitglieder *pl* einer [Freimaurer]loge, [Freimaurer]loge *f*
ma·son·ic 'lodge *n* Freimaurerloge *f* **ma·son·ic 'or·der** *n* Bruderschaft *f* der Freimaurer
'Mason jar *n esp* AM Einmachglas *nt,* Rexglas *nt* ÖSTERR
ma·son·ry ['meɪsᵊnri] *n no pl* ① *(bricks)* Mauerwerk *nt*
② *(work)* Maurerhandwerk *nt*
Ma·son·ry ['meɪsᵊnri] *n no pl* ① *(principles)* Freimaurerei *f,* Freimaurertum *nt*
② *(Freemasons)* Freimaurer *pl*
masque [mɑːsk, AM mæsk] *n (liter)* Maskenspiel *nt*
mas·quer·ade [ˌmæskᵊr'eɪd, AM -kə'reɪd] **I.** *n* Maskerade *f*
II. *vi* ■**to ~ as sb/sth** sich *akk* als jdn/etw ausgeben
mass [mæs] **I.** *n* ① *usu sing (formless quantity)* Masse *f;* ~**es of warm air** warme Luftmassen; **a ~ of dough** ein Teigklumpen *m;* **a ~ of rubble** ein Haufen *m* Schutt
② *usu sing (large quantity)* Menge *f;* **a ~ of contradictions** eine Reihe von Widersprüchen; **the ~ of the people** die breite Masse; **the ~ of the population** die Mehrzahl der Bevölkerung
③ *no pl* PHYS Masse *f*
II. *n modifier* ① *(on large scale) (murder, suicide)* Massen-; ~ **hysteria** Massenhysterie *f;* ~ **starvation** große Hungersnot
② SCI ~ **balance** Massenbilanz *f,* Stoffbilanz *f;* ~ **element** Masseteilchen *nt;* ~ **polymer** Blockpolymer *nt;* ~ **reduction** Massenkontraktion *f;* ~ **transfer** Stoffaustausch *m,* Stoffübergang *m*
III. *vi crowd* sich *akk* ansammeln; *troops* aufmarschieren
Mass [mæs] *n* ① REL Messe *f,* Messfeier *f;* **to celebrate a ~** eine Messe feiern
② MUS Messe *f*
Mass. AM *abbrev of* **Massachusetts**
mass ac·'count *n* Massenkonto *nt*
mas·sa·cre ['mæsəkəʳ, AM -ɚ] **I.** *n* ① *(killing)* Massaker *nt,* Blutbad *nt,* Gemetzel *nt*
② *(fig: defeat)* [verheerende] Niederlage, Massaker *nt*
II. *vt* ① *(kill)* ■**to ~ sb** jdn massakrieren [*o* niedermetzeln]
② *(fig: defeat)* ■**to ~ sb** jdn vernichtend schlagen; *(hum)* jdn auseinandernehmen *fig sl;* ***England were ~d 5-0 by France*** England erlitt eine verheerende Niederlage von 5-0 gegen Frankreich
③ *(fig hum: perform badly)* ■**to ~ sth** etw verderben [*o fam* vermasseln]
mas·sage ['mæsɑː(d)ʒ, AM mə's-] **I.** *n* ① *no pl (for body)* Massage *f,* Massieren *nt;* **water ~** Unterwassermassage *f*
② *(treatment session)* Massage *f;* **to give sb a ~** jdn massieren; **to have a ~** eine Massage bekommen, sich *akk* massieren lassen
II. *vt* ① *(rub)* ■**to ~ sb** jdn massieren; **to ~ cream/oil into the skin** Creme/Öl einmassieren; **to ~ sb's ego** *(fig)* jdm schmeicheln
② *(fig: alter)* **to ~ the figures/statistics** die Zahlen/die Statistik manipulieren [*o fam* frisieren]
'mas·sage mitt *n esp* BRIT Massagehandschuh *m*
'mas·sage oil *n* Massageöl *nt* **'mas·sage par·lour,** AM **'mas·sage par·lor** *n* ① *(for treatment)* Massagepraxis *f; (one room)* Massageraum *m*
② *(for sex)* Massagesalon *m euph,* Bordell *nt* **'mas·sage thera·pist** *n* Massagetherapeut(in) *m(f)*
massed [mæst] *adj* dicht gedrängt; ~ **banks of fern** eine dicht mit Farn bewachsene Böschung; ~ **ranks of tourists** eine Unmenge [an] [*o* Unmengen von] Touristen; ***the lake with its ~ flamingos*** der See mit seinen dicht an dicht stehenden Flamingos
mas·seur [mæs'ɜːʳ, AM mæ'sɜːr] *n* Masseur *m*
mas·seuse [mæs'ɜːz, AM mæ's-] *n* Masseurin *f*
mas·sif [mæs'iːf] *n* [Gebirgs]massiv *nt*
mas·sive ['mæsɪv] *adj* riesig, enorm; ***if the drought continues, deaths will occur on a ~ scale*** wenn die Dürre anhält, werden die Todesfälle massiv ansteigen; ~ **amounts of money** riesige [*o* enorme] Geldsummen; **a ~ heart attack/stroke** ein schwerer Herzinfarkt/Schlaganfall
mas·sive·ly ['mæsɪvli] *adv* äußerst, enorm
mas·sive·ness ['mæsɪvnəs] *n no pl* enorme Größe, gewaltiges Ausmaß; **the ~ of the problem** die Schwere des Problems; **physical ~** Wuchtigkeit *f*
mass 'mail·ing *n* AM, AUS *(mailshot)* Versand *m* von Massensendungen zu Werbezwecken **mass 'mar·ket** *n* Massenmarkt *m;* ***our exclusive designs are not intended for the ~*** unsere exklusiven Designs sind nicht für die breite Masse gedacht **mass-'mar·ket** *adj attr, inv* Massen-; ~ **goods** Massenware *f;* ~ **product** Massenprodukt *nt* **mass 'me·dia** *n + sing/pl vb* ■**the ~** die Massenmedien *pl* **mass-'me·dia** *adj attr, inv* **a ~ campaign** eine Kampagne der [*o* in den] Massenmedien, eine Medienkampagne **mass 'meet·ing** *n* Massenversammlung *f; (at an event)* Massenveranstaltung *f* **mass 'mur·der** *n* Massenmord *m* **mass 'mur·der·er** *n* Massenmörder(in) *m(f)* **mass-pro·'duce** *vt* ■**to ~ sth** etw serienmäßig [*o* in Massenproduktion] herstellen **mass-pro·duced** [ˌmæsprə'djuːst, AM -duːst] *adj inv* massenweise produziert, als Massenprodukt hergestellt **mass pro·'duc·tion** *n* Massenproduktion *f* **mass 'tour·ism** *n no pl* Massentourismus *m* **mass un·em·'ploy·ment** *n no pl* Massenarbeitslosigkeit *f*
mast¹ [mɑːst, AM mæst] *n* ① NAUT [Schiffs]mast *m*
② *(flag pole)* [Fahnen]mast *m,* [Fahnen]stange *f;* **at half ~** auf halbmast
③ RADIO, TV Sendeturm *m*
mast² [mɑːst, AM mæst] *n no pl (food for wild pigs)* Mast *f*
mas·tec·to·my [mæs'tektəmi, AM *esp* mə'st-] *n* Brustamputation *f,* Mastektomie *f fachspr*
-mast·ed ['mɑːstɪd, AM 'mæst-] *in compounds* NAUT **a three/four~ ship** ein Dreimaster/Viermaster *m*
mas·ter ['mɑːstəʳ, AM 'mæstɚ] **I.** *n* ① *(of a slave, servant)* Herr *m; (of a dog)* Herrchen *nt;* ***yes,*** **~** ja, Herr; **to show sb who's ~** jdm zeigen, wer hier das Sagen hat; **to be ~ of one's fate** sein Schicksal in der Hand haben; **to be ~ of the situation** Herr der Lage sein, die Situation unter Kontrolle haben
② *(expert)* Meister(in) *m(f);* ***he was a ~ of disguise*** er war ein Verwandlungskünstler; ***he is widely acknowledged as the ~ of the spy novel*** er ist allgemein als der Meister des Spionageromans bekannt
③ *(specialist instructor)* Lehrer *m;* BRIT *(male schoolteacher)* Lehrer *m;* **dancing ~** Tanzlehrer *m;* **fencing ~** Fechtmeister *m;* **singing ~** Gesangslehrer *m*
④ BRIT NAUT *(ship's captain)* Kapitän *m (eines Handelsschiffes)*
⑤ *(dated: title for young boy) Anrede für einen Jungen oder Jugendlichen, heute noch bei Adressen auf Briefen*
⑥ *(dated: man of the house)* ■**the ~** der Hausherr; ***to show sb who's ~*** jdm zeigen, wer [hier] der Herr im Hause ist *fam*
⑦ *(master copy)* Original *nt*
►PHRASES: **no <u>man</u> can serve two ~s** *(prov)* man kann nicht zwei Herren [zugleich] dienen *prov;* **to be one's <u>own</u> ~** sein eigener Herr sein
II. *n modifier* ~ **builder** Baumeister(in) *m(f);* ~ **chef** Meisterkoch, -köchin *m, f;* ~ **craftsman** Handwerksmeister(in) *m(f);* ~ **locksmith** Schmiedehandwerksmeister(in) *m(f),* Schmied(in) *m(f);* COMPUT *computer* Haupt-, Stamm-
III. *vt* ■**to ~ sth** ① *(cope with)* etw meistern; **to ~ one's fear of flying** seine Flugangst überwinden
② *(become proficient)* etw beherrschen; ***she ~ed the art of interviewing people*** sie beherrschte die Kunst, ein gutes Interview zu führen
mas·ter a'gree·ment *n* LAW Rahmenvertrag *m,* Mustervertrag *m* **mas·ter-at-'arms** <*pl* masters-at-arms> *n* Schiffsoffizier *m* mit Polizeigewalt **mas·ter 'bed·room** *n* großes Schlafzimmer **'Mas·ter·card®** *n* Mastercard® *f* **'mas·ter class** *n* Meisterklasse *f* **'mas·ter copy** *n* Original *nt*
mas·ter·ful ['mɑːstəfᵊl, AM 'mæstɚ-] *adj* ① *(authoritative)* bestimmend, dominant; ***I like a man to be ~*** ich mag es, wenn ein Mann bestimmt ist
② *(skilful)* meisterhaft, meisterlich
mas·ter·ful·ly ['mɑːstəfᵊli, AM 'mæstɚ-] *adv* ① *(with authority)* bestimmend, dominant
② *(skilfully)* meisterhaft, gekonnt
'mas·ter key *n* Hauptschlüssel *m,* Generalschlüssel *m*
mas·ter·ly ['mɑːstəli, AM 'mæstɚli] *adj* meisterhaft, Meister-
'mas·ter·mind I. *n* führender Kopf; ***he was the ~ behind a series of daring bank raids*** er steckte hinter einer Reihe von gewagten Banküberfällen
II. *vt* ■**to ~ sth** etw federführend leiten; ***she ~ed the takeover bid*** das Übernahmeangebot war von ihr geplant worden **Mas·ter of 'Arts** *n,* **MA** *n* ① *(degree)* ≈ Magister Artium *m,* ≈ Mag.phil. *m* ÖSTERR, ≈ lic. phil. *m* SCHWEIZ; **to take** [*or* **do**] **a ~** einen Magisterabschluss [*o* SCHWEIZ das Lizentiat] machen
② *(person)* Magister, Magistra *m, f* **Mas·ter of 'Cer·emo·nies** *n,* **MC** *n* ① *(at celebration)* Zeremonienmeister *m,* Conférencier *m*
② TV Showmaster(in) *m(f)* **Mas·ter of Edu·'ca·tion** *n* Magister *m* der Erziehungswissenschaft **Mas·ter of Phi·'loso·phy** *n* ≈ Magister Artium *m,* ≈ Mag.phil. *m* ÖSTERR, ≈ lic. phil. *m* SCHWEIZ **Mas·ter of 'Sci·ence** ■**to be a ~** ≈ ein Diplom *nt* in einer Naturwissenschaft haben, ÖSTERR, SCHWEIZ ≈ Diplomingenieur(in) *m(f)* sein
'mas·ter·piece *n* Meisterwerk *nt,* Meisterstück *nt;* **a ~ of modern engineering** ein Meisterwerk *nt* der modernen Technik; ***calling a seven-hour wait 'a slight delay' was a ~ of understatement*** sieben Stunden als ‚kleine Verspätung' zu bezeichnen, war wirklich der Gipfel der Verharmlosung
'mas·ter plan *n* Grundplan *m,* Gesamtplan *m*
'mas·ter race *n* Herrenrasse *f*
Mas·ter's, Mas·ter's de·gree ['mɑːstəz, AM 'mæstɚz] *n* ≈ Magister *m,* ≈ Lizentiat *nt* SCHWEIZ; **to take** [*or* **do**] **one's ~** ≈ seinen Magister machen
mas·ter 'ser·geant *n* Stabsfeldwebel *m,* Hauptfeldwebel *m* **'mas·ter·stroke** *n* Glanzstück *nt,* Meisterstück *nt* **'mas·ter switch** *n* Hauptschalter *m*
'mas·ter·work *n* Meisterwerk *nt,* Meisterstück *nt*
mas·tery ['mɑːstᵊri, AM 'mæstɚi] *n no pl* ① *(domination)* Herrschaft *f;* ***they struggled for*** [***the***] **~ *over the oil-rich southern provinces*** sie kämpften um die Macht in den ölreichen südlichen Provinzen
② *(expertise)* Meisterschaft *f* (**of** in +*dat*); ***she played with some ~*** sie spielte meisterhaft; ***she showed her complete ~ of the subtleties of the language*** sie zeigte, dass sie die Feinheiten der

Sprache meisterhaft beherrschte

mast·head ['mɑːsthed, AM 'mæst-] *n* ① *(top of mast)* Mastspitze *f,* Mars *m fachspr*
② *(title headline)* Titel *m;* AM *(newspaper publishing details)* Impressum *nt,* Druckvermerk *m*

mas·tic ['mæstɪk] *n* ① *no pl (aromatic gum)* Mastix *m*
② *(waterproof filler)* Mastixzement *m*

mas·ti·cate ['mæstɪkeɪt] *vt (form)* ■**to ~ sth** etw [zer]kauen

mas·ti·ca·tion [ˌmæstɪ'keɪʃᵊn] *n no pl (form)* [Zer]kauen *nt*

mas·tiff ['mæstɪf] *n* englische Dogge

mas·ti·tis [mæs'taɪtɪs, AM -t̬ɪs] *n no pl* Brustdrüsenentzündung *f,* Mastitis *f fachspr*

mas·to·don ['mæstədɒn, AM -dɑːn] *n* ZOOL Mastodon *nt*

mas·tur·bate ['mæstəbeɪt, AM -stɚ-] **I.** *vi* masturbieren
II. *vt* ■**to ~ sb** jdn durch Masturbation befriedigen

mas·tur·ba·tion [ˌmæstə'beɪʃᵊn, AM -stɚ'-] *n no pl* Masturbation *f;* **mutual ~** gegenseitige Masturbation

mas·tur·ba·tory [ˌmæstə'beɪtᵊri, AM 'mæstɚbətɔːri] *adj inv* Masturbations-, masturbierend

mat [mæt] **I.** *n* ① *(for floor)* Matte *f;* **bath ~** Badematte *f;* **kitchen ~** Küchenteppich *m; (for furniture)* Untersetzer *m; (decorative mat)* Deckchen *nt;* **beer ~** Bierdeckel *m;* **place** [*or* **table**] **~** Set *nt*
② *(thick layer)* **a ~ of hair** dichtes Haar; *(on the head)* eine Mähne *fam;* **a ~ weeds** ein dichter Grasbewuchs
▸PHRASES: **to be on the ~** in Schwierigkeiten sein
II. *vt* <-tt-> *usu passive* ■**to be ~ted with sth** mit etw *dat* bedeckt sein; ***his hair was ~ted with blood*** sein Haar war blutverschmiert

mata·dor ['mætədɔːʳ, AM -t̬ədɔːr] *n* Matador(in) *m(f)*

match¹ <*pl* -es> [mætʃ] *n* Streichholz *nt,* Zündholz *nt* SCHWEIZ; **a box of ~es** eine Schachtel Streichhölzer; **to put a ~ to sth** etw anzünden; **to strike a ~** ein Streichholz anzünden

match² [mætʃ] **I.** *n* <*pl* -es> ① SPORT Spiel *nt* (**against** gegen +*akk,* **with** mit +*dat*); CHESS Partie *f* (**against** gegen +*akk,* **with** mit +*dat*); ■**a ~ with** [*or* **against**] **sb** ein Spiel mit jdm [*o* gegen jdn]; **boxing ~** Boxkampf *m;* **cricket ~** Kricketmatch *nt;* **football ~** Fußballspiel *nt;* **to lose/win a ~** ein Spiel verlieren/gewinnen; **to play in a ~** mitspielen; **tennis ~** Tennismatch *nt,* Tennisspiel *nt*
② *usu sing (complement)* ***the new tablecloth is a perfect ~ for the carpet*** die neue Tischdecke passt ideal zum Teppich; **to be a good ~** gut zusammenpassen
③ *(one of pair)* Gegenstück *nt*
④ *usu sing (equal)* ebenbürtiger Gegner/ebenbürtige Gegnerin (**for** für +*akk*); **a good ~** ein ebenbürtiger Gegner/eine ebenbürtige Gegnerin; **to meet one's ~** *(meet equal)* einen ebenbürtigen Gegner/eine ebenbürtige Gegnerin finden; *(lose)* seinen Meister finden; **to be more than a ~ for sb/sth** jdm/etw [haushoch] überlegen sein; **to be no ~ for sb/sth** sich *akk* mit jdm/etw nicht messen können, jdm/etw nicht gewachsen sein
⑤ *(marriage)* Ehe *f; (couple)* Paar *nt; (person)* Partie *f;* ***theirs is a ~ made in heaven*** sie sind wie für einander geschaffen; ***they are a perfect ~*** die beiden sind ein Traumpaar; **to be a good ~ for sb** eine gute Partie für jdn sein; **to make a good ~** *(be good prospect)* eine gute Partie sein; *(find good partner)* eine gute Partie machen
⑥ COMPUT *(search result)* Treffer *m*
▸PHRASES: **to have a shouting** [*or* BRIT **slanging**] **~** sich *akk* gegenseitig anschreien *pej* [*o* lautstark streiten]
II. *vi (harmonize)* zusammenpassen; *(make pair)* zusammengehören; ***a dress with accessories to ~*** ein Kleid mit dazu passenden Accessoires
III. *vt* ① *(complement)* ■**to ~ sth** zu etw *dat* passen; ***does this shirt ~ these trousers?*** passt das Hemd zu der Hose?
② *(find complement)* ■**to ~ sth** [**with** [*or* **to**] **sth**] etw [auf etw *akk*] abstimmen; ***I'm trying to ~ the wallpaper with the curtains*** ich versuche eine Tapete zu finden, die zu den Gardinen passt; ***I'm trying to ~ the names on the list with the faces on the photograph*** ich versuche die Namen auf dieser Liste den Gesichtern auf dem Foto zuzuordnen; ***our aim is to ~ the applicant to the job*** unser Ziel ist es, den passenden Kandidaten für diese Stelle zu finden; **to ~ colours** [*or* AM **colors**] Farben aufeinander abstimmen
③ *(equal)* ■**to ~ sb/sth** jdm/etw gleichkommen; ***you can't ~ Jones & Son for quality*** was die Qualität angeht, ist Jones & Son unerreicht; ***it would be difficult to ~ the service this airline provides*** es wäre schwierig, dem [hervorragenden] Service dieser Fluggesellschaft Konkurrenz zu machen
④ *usu passive (in contest)* ■**to be ~ed against sb** gegen jdn antreten
⑤ *(correspond to)* ■**to ~ sth** etw *dat* entsprechen, zu etw *dat* passen; ***he ~es the description the victim gave us*** die Beschreibung des Opfers trifft auf ihn zu
⑥ *(compare)* ■**to ~ sth** [**against sth**] etw [mit etw *dat*] vergleichen, etw [an etw *dat*] messen
⑦ ELEC ■**to ~ sth** [**with** [*or* **to**] **sth**] *impedances* etw [mit etw *dat*] abgleichen
⑧ COMPUT *(in database)* ■**to ~ sth** [**with** [*or* **to**] **sth**] etw [mit etw *dat*] vergleichen

◆**match up I.** *vi* ① *(make sense)* Sinn ergeben
② *(be aligned)* aufeinander abgestimmt sein
③ *(meet standard)* ■**to ~ up to sth** an etw *akk* heranreichen, etw *dat* entsprechen; **to ~ up to sb's expectations** jds Erwartungen entsprechen [*o* erfüllen]
II. *vt* ① *(pair)* ■**to ~ up** ⊂ **sb** [**with sb**] jdn [mit jdm] zusammenbringen; *(connect)* ■**to ~ up** ⊂ **sb with sth** jdm etw zuordnen
② *(find complement)* ■**to ~ up** ⊂ **sth** zusammengehörige [*o* passende] Gegenstände finden; **to ~ up** ⊂ **socks** die zusammengehörigen Socken finden; ■**to ~ up** ⊂ **sth with sth** zu etw *dat* das passende Gegenstück finden; ***she wants to ~ up her evening dress with suitable accessories*** sie will ihr Abendkleid mit passenden Accessoires ergänzen

'match·book *n* AM Streichholzbriefchen *nt,* Zündholzbriefchen *nt* SCHWEIZ **'match·box** *n* Streichholzschachtel *f,* Zündholzschachtel *f* SCHWEIZ

match-'fit *adj* SPORT [voll] einsatzfähig, fit **match-'fit·ness** *n no pl* SPORT **to show a lack of ~** nicht ganz fit [*o* voll einsatzfähig] sein *fam*

match·ing ['mætʃɪŋ] **I.** *adj inv, attr* [zusammen]passend; **a ~ pair** ein Paar, das zusammenpasst [*o* zusammengehört]; **a ~ pair of socks** ein passendes Paar Socken
II. *n* Ausgleich *m*

match·less ['mætʃləs] *adv inv* unvergleichlich, einzigartig, beispiellos

'match·mak·er *n (marriage broker)* Heiratsvermittler(in) *m(f); (pairer-up)* Kuppler(in) *m(f) pej*

'match·mak·ing *n no pl* Kuppeln *nt;* ***she tried to do a bit of ~ by introducing Paul to Lucy*** sie versuchte ein bisschen zu kuppeln, indem sie Paul und Lucy miteinander bekanntmachte

'match·play *n no pl* Lochspiel *nt (Golfspiel, bei dem die Zahl der gewonnenen Löcher über den Sieg entscheidet)* **match 'point** *n* TENNIS Matchball *m;* ***she is now on ~*** sie hat Aufschlag zum Matchball

'match·stick I. *n* Streichholz *nt,* Zündholz *nt* SCHWEIZ; **to have legs like ~s** sehr dünne Beine [*o fam* Beine wie Stricknadeln] haben **II.** *n modifier* **~ arms** sehr dünne Arme; **~ man** [*or* **figure**] Strichmännchen *nt fam* **'match·wood** *n no pl* Kleinholz *nt;* **to be smashed** [*or* **reduced**] **to ~** vollkommen zerstört werden, zu Kleinholz gemacht werden *fam*

mate¹ [meɪt] **I.** *n* ① BRIT, AUS *(friend)* Freund(in) *m(f),* Kumpel *m fam,* SCHWEIZ *a.* Kollege, Kollegin *m, f;* ***she's my best ~*** sie ist meine beste Freundin
② BRIT, AUS *(fam: form of address)* Kumpel *m fam;* ***what's the time, ~?*** hey du, wie spät ist es denn? *fam*
③ *(sexual partner)* Partner(in) *m(f);* BIOL Sexualpartner(in) *m(f)*
④ *esp* BRIT, AUS *(assistant)* Gehilfe, Gehilfin *m, f;* **driver's ~** Beifahrer(in) *m(f)*
⑤ *(fig: one of a pair)* Gegenstück *nt*
⑥ *(ship's officer)* Schiffsoffizier *m;* **first/second ~** Erster/Zweiter Offizier
II. *vi* ① BIOL *animals* sich *akk* paaren (**with** mit +*dat*)
② *(join or connect mechanically)* ■**to ~ to sth** sich *akk* an etw *akk* ankuppeln
III. *vt* **to ~ two animals** zwei Tiere miteinander paaren

mate² [meɪt] **I.** *n* CHESS [Schach]matt *nt*
II. *vt* ■**to ~ sb** jdn [schach]matt setzen

ma·ter ['meɪtəʳ] *n* BRIT *(dated or hum)* ■**the ~** die Mutter

ma·terial [mə'tɪəriəl, AM -'tɪr-] **I.** *n* ① *(substance)* Material *nt a. fig;* **building ~** Baumaterial *nt;* **raw ~** Rohmaterial *nt; (hum fig sl)* **to be mate ~** *of a person* ein brauchbarer [Ehe]partner/eine brauchbare [Ehe]partnerin sein; **to be officer ~** das Zeug zu einem Offizier haben; **to be university ~** das Zeug zum Studieren haben
② *no pl (cloth)* Stoff *m*
③ *(type of cloth)* Stoffart *f*
④ *no pl (information)* [Informations]material *nt,* Unterlagen *pl*
⑤ *(equipment)* ■**~s** *pl* Material *nt;* **writing ~s** Schreibzeug *nt*
II. *adj inv* ① *(physical)* materiell; **~ damage** Sachschaden *m;* **the ~ world** die materielle Welt
② *(important)* wesentlich, wichtig; ■**to be ~ to sth** für etw *akk* relevant sein

ma·teri·al·ism [mə'tɪəriəlɪzᵊm, AM -'tɪr-] *n no pl* Materialismus *m*

ma·teri·al·ist [mə'tɪəriəlɪst, AM -'tɪr-] *n* Materialist(in) *m(f)*

ma·teri·al·is·tic [məˌtɪəriə'lɪstɪk, AM -ˌtɪr-] *adj* materialistisch

ma·teri·ali·za·tion [məˌtɪəriəlaɪ'zeɪʃᵊn, AM -ˌtɪriəlɪ'-] *n no pl* ① *(becoming material)* Materialisation *f*
② *(becoming fact)* Verwirklichung *f*

ma·teri·al·ize [mə'tɪəriəlaɪz, AM -'tɪr-] *vi* ① *(become fact) hope, dream* sich *akk* verwirklichen, in Erfüllung gehen; *plan, promise* in die Tat umgesetzt werden
② *(take physical form)* erscheinen; ***in the scene the ghost of Aunt Amy ~s*** in der Szene erscheint der Geist von Tante Amy
③ *(appear suddenly)* [plötzlich] auftauchen; ***the lorry seemed to ~ out of nowhere*** der Laster schien [plötzlich] aus dem Nichts aufzutauchen; ***I was thinking you would never ~*** *(hum)* ich dachte schon, du würdest gar nicht mehr hier erscheinen

ma·teri·al·ly [mə'tɪəriəli, AM -'tɪr-] *adv* ① *(regarding possessions)* materiell
② *(significantly)* wesentlich

ma·terial 'wit·ness *n* ① BRIT *(witness of fact)* Tatzeuge, -zeugin *m, f*
② AM *(connected with case)* unentbehrlicher Zeuge/unentbehrliche Zeugin, Hauptzeuge, -zeugin *m, f*

ma·teri·el [məˌtɪəri'el, AM ˌtɪri] *n no pl* MIL Ausrüstung *f,* [Kriegs]material *nt*

ma·ter·nal [mə'tɜːnᵊl, AM -'tɜːr-] *adj* ① *(motherly)* mütterlich, Mutter-; **a ~ smile** ein mütterliches Lächeln; ***she is very ~ towards her staff*** sie hat ein mütterliches Verhältnis zu ihren Angestellten
② *(of mother's family)* mütterlicherseits *nach n;* **my ~ grandmother/uncle** meine Großmutter/mein Onkel mütterlicherseits

ma·ter·nal·ly [mə'tɜːnᵊli, AM -'tɜːr-] *adv* ① *(in a motherly way)* mütterlich
② *(through mother's family)* mütterlicherseits

ma·ter·nity [mə'tɜːnəti, AM -'tɜːrnət̬i] *n no pl* Mutterschaft *f*

ma·'ter·nity clin·ic *n* Entbindungsklinik *f,* SCHWEIZ *a.* Geburtsklinik *f* **ma·'ter·nity clothes** *npl* Umstandskleidung *f kein pl,* Umstandsmode *f kein pl* **ma·'ter·nity dress** *n* Umstandskleid *nt* **ma·'ter·nity hos·pi·tal** *n* Entbindungsklinik *f,* SCHWEIZ *a.*

Geburtsklinik *f* **ma·'ter·nity leave** *n no pl* Mutterschaftsurlaub *m,* Mutterschutz *m,* Karenz *f* ÖSTERR

ma·'ter·nity ward *n* Entbindungsstation *f*

matey ['meɪti] BRIT, AUS **I.** *adj (fam)* ■**to be ~** sich *akk* gut verstehen, gute [*o* dicke] Kumpels sein *fam;* ***the kids have become very ~*** die Kinder sind dicke Freunde geworden *fam*
II. *n (fam)* Kumpel *m fam,* SCHWEIZ *a.* Kollege, Kollegin *m, f fam*

matey·ness ['meɪtɪnəs] *n no pl* BRIT, AUS *(fam)* Kumpelhaftigkeit *f*

math [mæθ] *n* AM *(fam) short for* **mathematics** Mathe *f fam*

math·emati·cal [ˌmæθəm'ætɪkəl, AM -ə'mæt̬ɪ-] *adj inv* mathematisch; **to have a ~ mind** eine Begabung für Mathematik haben, mathematisch begabt sein

math·emati·cal·ly [ˌmæθəm'ætɪkəli, AM -ə'mæt̬ɪ-] *adv* mathematisch; **~ impossible/possible** rechnerisch unmöglich/möglich; **to be ~ minded** mathematisch begabt sein

math·ema·ti·cian [ˌmæθəmə'tɪʃən, AM -θə-] *n* Mathematiker(in) *m(f)*

math·emat·ics [mæθəm'ætɪks, AM -θə'mæt̬-] *n + sing vb* Mathematik *f;* **~ of finance** Finanzmathematik *f*

maths [mæθs] *n + sing vb* BRIT, AUS *(fam) short for* **mathematics** Mathe *f fam*

'maths chip, 'maths co·pro·ces·sor *n* mathematischer Zusatzprozessor

mati·née, mati·nee ['mætɪneɪ, AM ˌmætən'eɪ] *n* Matinee *f* [*o* SCHWEIZ *a.* Matinée]; *(afternoon performance)* Frühvorstellung *f*

'mati·née coat, 'mati·née jack·et *n* BRIT [Baby]jäckchen *nt*

'mati·née idol *n (dated)* Leinwandheld *m (in den 30er und 40er Jahren)*

mati·ness *n see* **mateyness**

mat·ing ['meɪtɪŋ, AM -t̬-] *n* ZOOL Paarung *f*

'mat·ing sea·son *n* Paarungszeit *f*

mat·ins ['mætɪnz, AM -tənz] *n + sing vb (in Catholic Church)* Matutin *f; (in Anglican Church)* Frühandacht *f,* Morgenandacht *f*

ma·tri·arch ['meɪtriɑːk, AM -ɑːrk] *n* Matriarchin *f*

ma·tri·arch·al [ˌmeɪtri'ɑːkəl, AM -'ɑːrk-] *adj* matriarchalisch

ma·tri·ar·chy ['meɪtriɑːki, AM -ɑːrki] *n* ❶ *no pl (rule)* Mutterherrschaft *f,* Matriarchat *nt*
❷ *(society)* Matriarchat *nt*

ma·tric [mə'trɪk] *n* BRIT *(dated fam) short for* **matriculation** ≈ Abitur *nt,* ≈ Matura *f* ÖSTERR, SCHWEIZ

ma·tri·ces ['meɪtrɪsiːz] *n pl of* **matrix**

mat·ri·cide ['mætrɪsaɪd] *n* Muttermord *m*

ma·tricu·late [mə'trɪkjəleɪt] *vi* ❶ *(enter university)* sich *akk* immatrikulieren [*o* einschreiben]
❷ SA *(pass exams)* ≈ das Abitur [*o* ÖSTERR, SCHWEIZ die Matura] machen

ma·tricu·la·tion [məˌtrɪkjə'leɪʃən] *n* ❶ *(at university)* Immatrikulation *f*
❷ SA *(school qualification)* ≈ Abitur *nt,* ≈ Matura *f* ÖSTERR, SCHWEIZ

mat·ri·mo·nial [ˌmætrɪ'məʊniəl, AM -'moʊ-] *adj inv (form)* Ehe-, ehelich; **~ difficulties** Eheprobleme *pl*

mat·ri·mo·ny ['mætrɪməni, AM -rəmoʊ-] *n no pl* Ehe *f;* **to be joined in holy ~** in den heiligen Stand der Ehe treten *form*

ma·trix <*pl* -es *or* -ices> ['meɪtrɪks, *pl* -ɪsiːz] *n*
❶ *(mould)* Matrize *f,* Gießform *f*
❷ *(rectangular arrangement)* Matrix *f*
❸ *(form: conditions)* Rahmen *m,* Grundlage *f;* **cultural ~** kultureller Hintergrund; ***Europe is remaking itself within the ~ of the European Union*** Europa erneuert sich auf den Grundlagen der Europäischen Union

'ma·trix print·er *n* Matrixdrucker *m*

ma·tron ['meɪtrən] *n* ❶ *(dated: senior nurse)* Oberin *f,* Oberschwester *f; (at school)* Hausmutter *f*
❷ *esp* AM *(in prison)* Gefängnisaufseherin *f*
❸ *(fig hum: middle-aged woman)* Matrone *f meist pej*

ma·tron·ly ['meɪtrənli] *adj (esp hum)* matronenhaft *meist pej;* **a ~ figure** eine gesetzte Figur

matt, AM **matte** [mæt] **I.** *adj* matt
II. *n* ❶ *(addition of image)* Aufprojektion *f,* Mattaufnahme *f*
❷ *(mask)* Lichthofschutzschicht *f*

mat·ted ['mætɪd, AM -t̬-] *adj* verflochten; **~ hair** verfilztes Haar

mat·ter ['mætəʳ, AM -t̬ɚ] **I.** *n* ❶ *no pl (material)* Materie *f;* SCI [Grund-]Stoff *m,* Substanz *f;* **organic ~** organische Stoffe *pl;* **printed ~** Gedrucktes *nt,* Drucksache[n] *f[pl];* **reading ~** Lesestoff *m;* **vegetable ~** pflanzliche Stoffe *pl;* **waste ~** MED Schlacken *pl;* **~ in suspension** Schwebstoffe *pl;* **~ constant** TECH Materialkonstante *f*
❷ *(affair)* Angelegenheit *f,* Sache *f;* ***that's a different ~*** das ist eine andere Sache; ***it's a ~ of complete indifference to me*** das ist mir völlig egal; ***this is a ~ for the police*** das sollte man der Polizei übergeben; **the ~ in** [*or* AM **at**] **hand** die Angelegenheit [*o* Sache], um die es geht; **to get to the heart of the ~** zum Kern der Sache vordringen; **the truth** [*or* **fact**] **of the ~ is ...** in Wirklichkeit ...; **a ~ of urgency** etwas Dringendes; **to be no easy ~ doing sth** nicht einfach sein, etw zu tun; **family ~s** Familienangelegenheiten *pl;* **financial ~s** *pl* Geldangelegenheiten *pl,* Geldsachen *pl;* **money ~s** *pl* Geldangelegenheiten *pl;* **a personal ~** eine persönliche Angelegenheit [*o* Sache]; **in the ~ of ...** was ... angeht; ***the British are given pre-eminence in the ~ of tea*** was Tee angeht, da haben die Briten die Nase vorn
❸ *no pl (question)* Frage *f;* ***it's simply a ~ of following the recipe/learning the rules*** man muss einfach nur das Rezept befolgen/die Regeln erlernen; **as a ~ of course** selbstverständlich; **a ~ of fact** eine Tatsache; **as a ~ of fact** *(by the way)* übrigens, im Übrigen; *(expressing agreement or disagreement)* in der Tat; ***have you got his address? — as a ~ of fact, I have*** hast du seine Adresse? – ja, die hab ich tatsächlich; ***I suppose you're leaving soon? — no, as a ~ of fact, I'll be staying for another two weeks*** ich nehme an, Sie reisen bald ab? – keineswegs, in der Tat habe ich vor, noch zwei Wochen zu bleiben; **a ~ of form** eine Formsache; **as a ~ of interest** aus Interesse, interessehalber; ***just as a ~ of interest, how much did you pay for it?*** ich frage nur aus Interesse, aber wie viel hast du dafür bezahlt?; **it's a ~ of life and** [*or* **or**] **death** es geht um Leben und Tod; **that's a ~ of opinion** das ist Ansichtssache; **a ~ of principle** eine Frage des Prinzips; **a ~ of record** eine Tatsache; ***it's a ~ of record that ...*** es ist allgemein bekannt, dass ...; **a ~ of taste** eine Geschmacksfrage; **a ~ of time** eine Frage der Zeit
❹ *no pl (topic)* Thema *nt;* **the subject ~ of the book** das Thema des Buches; **it's no laughing ~** das ist nicht zum Lachen; **that's another ~** das ist etwas anderes; **that's another ~ altogether** [*or* **quite another ~**] das ist [wieder] etwas völlig [*o* ganz] anderes; **to let the ~ drop** etwas auf sich beruhen lassen; *(in a conversation)* das Thema fallenlassen
❺ *(problem)* ***is anything the ~?*** stimmt etwas nicht?; ***there's nothing the ~*** es ist alles in Ordnung; ***what's the ~ with you?*** was ist los mit dir?; ***what's the ~ with asking for a pay rise?*** was ist so schlimm daran, um eine Gehaltserhöhung zu bitten?; **no ~** das macht nichts, [das ist] kein Problem; ***no ~, I'll go myself*** kein Problem, ich gehe selbst; **no ~ what** was auch [immer] passiert; ***we've got to get to the airport on time, no ~ what*** wir müssen pünktlich zum Flughafen kommen, egal wie; **no ~ what/when/who ...** ganz gleich [*o* egal], was/wann/wer ...; ***no ~ what you say, I won't leave him*** was du auch sagst, ich werde ihn nicht verlassen; **to pretend that nothing is the ~** so tun, als ob nichts wäre
❻ ■**~s** *pl (state of affairs)* die Situation [*o* Lage]; ***that's how ~s stand at the moment*** so sieht es im Moment aus; ***~s came to a head with her resignation*** mit ihrem Rücktritt spitzte sich die Lage dann noch zu; **to help ~s/make ~s worse** die Lage verbessern/verschlimmern; ***to make ~s worse, it then started to rain heavily*** zu allem Überfluss fing es auch noch an, in Strömen zu regnen; **to take ~s into one's own hands** die Dinge selbst in die Hand nehmen
❼ *no pl (amount)* ***in a ~ of seconds he was by her side*** es dauerte nur Sekunden bis er bei ihr war; ***it was all over in a ~ of minutes*** nach wenigen Minuten war alles vorbei; ***it's only a ~ of a few dollars*** es geht nur um ein paar Dollars; ***and then there's the little ~ of the 80 euros you owe me*** und dann ist da noch die Kleinigkeit von 80 Euro, die du mir schuldest
❽ LAW **~ of fact** Tatfrage *f;* **~ of law** Rechtsfrage *f*
❾ TYPO Satzspiegel *m fachspr*
▸PHRASES: **not to mince ~** kein Blatt vor den Mund nehmen; **for that ~** eigentlich; ***I don't like him, nor does Ann, for that ~*** ich mag ihn nicht, und Ann mag ihn im Grunde auch nicht; **what ~?** *(dated)* was macht das schon?
II. *vi* ❶ *(be of importance)* von Bedeutung sein; ***to him, animals ~ more than human beings*** ihm sind Tiere wichtiger als Menschen; ***what ~s now is that ...*** worauf es jetzt ankommt, ist, dass ...; ***that's the only thing that ~s*** das ist das Einzige, was zählt; ***it really ~s to me*** das bedeutet mir wirklich etwas, das ist wirklich wichtig für mich; ■**it ~s that ...** es macht etwas aus, dass ...; ■**it doesn't ~** das ist nicht wichtig; ***I've spilt something on the carpet — it doesn't ~*** ich habe etwas auf dem Teppich verschüttet – das macht nichts; ***would you rather go on Wednesday or Thursday — it doesn't ~*** möchten Sie lieber am Mittwoch oder am Donnerstag fahren – das ist mir egal; ***it doesn't ~ what the guests wear*** es spielt keine Rolle, wie die Gäste angezogen sind; ***it didn't ~ anything to them*** es war ihnen völlig egal; ■**it doesn't ~ if/that ...** es macht nichts [*o fam* ist egal], wenn/dass ...; ***it doesn't ~ how long your hair is as long as it's tidy*** es spielt keine Rolle, wie lang deine Haare sind, solange sie gepflegt sind; **people who ~** Leute von Einfluss
❷ *(rare) wound* eitern

mat·ter of fact *n* AM LAW [strittige] Tatfrage

mat·ter-of-fact *adj* ❶ *(emotionless)* sachlich, nüchtern
❷ *(straightforward)* geradeheraus *präd,* direkt

mat·ter-of-factly *adv* ❶ *(without emotion)* sachlich, nüchtern
❷ *(straightforwardly)* direkt, unverblümt, geradeheraus

mat·ter-of-fact·ness *n no pl* ❶ *(lack of emotion)* Sachlichkeit *f*
❷ *(straightforwardness)* Direktheit *f*

mat·ting ['mætɪŋ, AM -t̬-] *n no pl* ❶ *(floor covering)* Matten *pl;* **coconut/straw ~** Kokos-/Strohmatten *pl*
❷ *(tangling)* Verflechten *nt; (of wool)* Verfilzen *nt*

mat·tock ['mætək, AM -t̬-] *n* [Breit]hacke *f*

mat·tress <*pl* -es> ['mætrəs] *n* Matratze *f*

'mat·tress cov·er, 'mat·tress top·per *n* Matratzenschoner *m*

matu·ra·tion [ˌmætjəʳ'eɪʃən, AM -tʃə'reɪ-] *n no pl* Reifung *f,* Heranreifen *nt*

ma·ture [mə'tjʊəʳ, AM -'tʃʊr] **I.** *adj* <-er, -est *or* more ~, most ~> ❶ *(adult)* erwachsen; *animal* ausgewachsen; *(like an adult)* reif; *(euph: middle-aged)* nicht mehr ganz jung; ***a gentleman of ~ years*** ein Mann im besten Alter *euph;* **to be ~ beyond one's years** für sein Alter schon sehr reif sein
❷ *(ripe)* reif; *wine* ausgereift; **~ economy** ECON entwickelte [*o* reife] Volkswirtschaft
❸ FIN *(payable)* fällig, zahlbar
❹ *(form: careful)* **after ~ reflection** nach reiflicher Überlegung
II. *vi* ❶ *(physically)* erwachsen werden, heranreifen; *(mentally and emotionally)* sich *akk* weiterentwickeln, reifer werden
❷ *(ripen)* [heran]reifen; ***sherry is left in large casks to ~*** Sherry wird in großen Fässern gelagert,

M

may/might

Permission

may can be translated by *dürfen* when it is used in polite sentences to request permission:

May I take your coat?	*Darf* ich Ihren Mantel abnehmen?
May I go now?	*Darf* ich jetzt gehen?
Guests *may* use the hotel swimming pool at any time.	Gäste *dürfen* das Hotelschwimmbad jederzeit benutzen.
Students *may* use a dictionary.	Studenten *dürfen* ein Wörterbuch benutzen.

Note that *may* is only used in the present or future; in the past one uses *allow*. This distinction is not made in German. *To be allowed to* is also translated by *dürfen*:

The students were not *allowed* to use a dictionary.	Die Studenten *durften* kein Wörterbuch benutzen.

dürfen also corresponds to *may* or *to be allowed to* when used by a subordinate to request permission or when used to grant it – in interaction between children and adults, for example:

May I leave the table?	*Darf* ich bitte aufstehen?
Yes, you *may*.	Du *darfst*.

The subjunctive II form, *dürfte* is used to indicate a greater uncertainty about the possible answer, where one could use *might* in English questions:

May [*o might*] I trouble you for the time?	*Dürfte* ich Sie nach der Uhrzeit fragen?
May [*o might*] I have a quick look at your newspaper?	*Dürfte* ich einen schnellen Blick auf Ihre Zeitung werfen?

Possibility/Probability

When indicating possibility or probability, *may/might* can be expressed in German with the verb *mögen*:

That *may* [well] be.	Das *mag* [wohl] sein.
Our decision *may* not please you, but …	Unsere Entscheidung *mag* Ihnen nicht gefallen, aber …
Come what *may* …	*Mag* kommen, was will …

Constructions of this kind can also indicate indifference:

Whoever she *may/might* be.	Wer auch immer sie sein *mag*.
However that *may* be.	Wie dem auch sein *mag*.
Wherever he *may* be.	Wo auch immer er sein *mag*.

In many contexts the use of *mögen* can sound slightly old fashioned or affected and for this reason it is possible to use a number of alternatives, the most important being *können*:

I *may* be wrong.	Ich *kann* mich irren.
	Es *kann* sein, dass ich mich irre.
The road *may* be blocked.	Die Straße *könnte* gesperrt sein.

The same meaning can also be expressed using adverbs such as *möglicherweise, vermutlich* or a paraphrase such as *es ist möglich, dass*:

She *may* [*o might*] have lost the key.	Sie hat *vielleicht* ihren Schlüssel verloren.
I *may* be wrong.	*Vielleicht* irre ich mich.
She *may* [*o might*] have lost the key.	Es ist *möglich, dass* sie den Schlüssel verloren hat.
The road *may* be blocked.	*Möglicherweise* ist die Straße gesperrt.

Sentences with a negative can also be expressed in German by adding *auch* to *nicht können* and stressing *nicht*:

She *may* not work there.	Sie *kann* dort *auch* nicht arbeiten.
That *may* not be the reason.	Das *kann auch* nicht der Grund sein.

Hopes and wishes

When *may* + infinitive is used in expressions of faith or hope, particularly in a religious context, a variety of translations is possible:

May the Lord have mercy on you.	Der Herr *sei* dir/euch gnädig.
May he rest in peace.	*Möge* er in Frieden ruhen.
May the best man win!	Auf dass der Beste gewinnt!

As in English, constructions of this kind can sound rather old-fashioned and are consequently limited to formal German.

damit er sein volles Aroma entwickeln kann (3) FIN *(become payable)* fällig werden (4) *(develop fully) idea, plan* ausreifen
III. *vt* (1) FOOD ■ **to ~ sth** etw reifen lassen; ***the wine has been ~d in oak vats*** der Wein ist in Eichenfässern gereift
(2) *(make more adult)* ■ **to ~ sb** jdn erwachsener [*o* reifer] werden lassen

ma·ture-age 'stu·dent *n* AUS älterer Student/ältere Studentin

ma·ture·ly [mə͵tjʊəˈli, AM -ˈtʃʊrli] *adv (esp approv)* vernünftig

ma·ture 'stu·dent *n* älterer Student/ältere Studentin

ma·tur·ity [mə͵tjʊərəti, AM -ˈtʃʊrəṭi] *n no pl* (1) *(adulthood)* Erwachsensein *nt; (wisdom)* Reife *f; of animals* Ausgewachsensein *nt;* ***she seems to have ~ beyond her years*** für ihr Alter wirkt sie schon sehr erwachsen; **to reach ~** *(of person)* erwachsen werden; *(of animal)* ausgewachsen sein
(2) *(developed form)* Reife *f,* Vollendung *f;* **to come to ~** zur Entfaltung kommen
(3) *(ripeness)* Reife *f*
(4) FIN *(due date)* Frist *f,* Fälligkeit *f,* Laufzeit *f;* **amount payable on ~** Betrag *m* zahlbar bei Fälligkeit; **date of ~** Fälligkeitstermin *m;* **time to ~** Fristigkeit *f;* **to reach ~** fällig werden

ma·'tur·ity date *n of debt* Fälligkeitsdatum *nt; of investment* Reifungsdatum *nt* **ma·'tur·ity fund** *n* Laufzeitfonds *m* **ma·'tur·ity pe·ri·od** *n insurance policy* Laufzeit *f* **ma·'tur·ity yield** *n* BRIT FIN Rückzahlungsrendite *f*

ma·tu·ti·nal [məˈtjuːtɪnəl, AM məˈtuːtənəl] *adj* früh, morgendlich

mat·zo(h) <*pl* -s> [ˈmɒtsə, AM ˈmɑːtsə] *n* FOOD, REL Matzenbrot *nt*

maud·lin [ˈmɔːdlɪn, AM ˈmɑːd-] *adj* [weinerlich] sentimental, rührselig; ***he drank until he was quite ~*** er trank, bis er vor Selbstmitleid zerfloss

maul [mɔːl, AM *esp* mɑːl] *vt* (1) *(wound)* ■ **to ~ sb/sth** jdn/etw verletzen; *(attack)* jdn anfallen
(2) *(pej)* ■ **to ~ sb/sth** *(touch)* jdn/etw betatschen

[*o* begrapschen] *fam; (treat roughly)* jdn/etw malträtieren [*o fam* übel zurichten]
③ *(criticize)* ■**to ~ sb** jdn heruntermachen *fam;* ■**to ~ sth** etw verreißen *fam*
◆**maul about, maul around** *vt* ■**to ~ sb about** [*or* **around**] jdn malträtieren; ■**to ~ sth about** [*or* **around**] etw beschädigen
maul·ing ['mɔːlɪŋ, AM *esp* 'mɑːl-] *n* Verriss *m;* **to get a ~ from sb** von jdm verrissen werden *fam*
maun·der ['mɔːndəʳ, AM 'mɑːndɚ] *vi* ■**to ~ on about sth** über etw *akk* [endlos] reden
Maun·dy mon·ey ['mɔːndi,-] *n no pl* BRIT *für diesen Anlass geprägte Münzen, die von der Königin beim Gründonnerstagsgottesdienst in der Westminster-Kathedrale verteilt werden*
Maun·dy 'Thurs·day *n* BRIT Gründonnerstag *m*
Mau·ri·ta·nia [,mɒrɪ'teɪniə, AM ,mɔːr-] *n* Mauretanien *nt*
Mau·ri·ta·nian [,mɒrɪ'teɪniən, AM ,mɔːr-] **I.** *n* Mauretanier(in) *m(f)*
II. *adj* mauretanisch
Mau·ri·tian [mə'rɪʃən, AM mɔː'rɪʃiən] **I.** *n* Mauritier(in) *m(f)*
II. *adj* mauritisch; ***her mother is ~*** ihre Mutter ist Mauritierin
Mau·ri·tius [mə'rɪʃəs, AM mɔː'rɪʃiəs] *n* Mauritius *nt*
mau·so·leum [,mɔːsə'liːəm, AM ,mɑː-] *n* Mausoleum *nt*
mauve [məʊv, AM moʊv] **I.** *n* Mauve *nt,* Malve *f*
II. *adj inv* mauve, malvenfarbig
ma·ven ['meɪvən] *n* AM *(fam)* Kenner(in) *m(f),* Experte, Expertin *m, f*
mav·er·ick ['mævᵊrɪk, AM -ɚɪk] *n* ① *(unorthodox independent person)* Einzelgänger(in) *m(f),* Alleingänger(in) *m(f);* ***she is widely regarded as a political ~*** sie wird allgemein als politischer Freigeist gesehen
② AM ZOOL Vieh *nt* ohne Brandzeichen
maw [mɔː, AM *esp* mɑː] *n* Maul *nt,* Rachen *m a. fig*
mawk·ish ['mɔːkɪʃ, AM *esp* 'mɑːk-] *adj* rührselig, sentimental
mawk·ish·ly ['mɔːkɪʃli, AM *esp* 'mɑːk-] *adv* rührselig, sentimental
mawk·ish·ness ['mɔːkɪʃnəs, AM *esp* 'mɑːk-] *n no pl* Rührseligkeit *f,* Sentimentalität *f*
max[1] [mæks] **I.** *n (fam) short for* **maximum** max.
II. *adv (fam)* ***it'll cost you £40 ~*** das wird Sie maximal 40 Pfund kosten
max[2] [mæks] *vt* AM *(fam)* ■**to ~ out** ↻ **sth** etw ausschöpfen [*o fam* [bis zum Limit] ausreizen]; ***we've ~ed out all our credit cards*** wir haben all unsere Kreditkarten ausgeschöpft
maxi ['mæksi] *n (dated fam: coat)* Maxi *m,* Maximantel *m; (dress)* Maxi[kleid] *nt*
max·im ['mæksɪm] *n* Maxime *f,* Grundsatz *m,* Leitsatz *m*
maxi·ma ['mæksɪmə] *n pl of* **maximum**
maxi·mal ['mæksɪmᵊl] *adj inv* maximal
maxi·mi·za·tion [,mæksɪmaɪ'zeɪʃᵊn, AM -mɪ'-] *n* Maximierung *f*
max·im·ize ['mæksɪmaɪz] *vt* ■**to ~ sth** etw maximieren; COMPUT etw als Vollbild darstellen
maxi·mum ['mæksɪməm] **I.** *adj attr, inv* maximal, Höchst-, Maximal-; **~ amount** Höchstbetrag *m,* Maximalbetrag *m;* **~ depth/height** maximale Tiefe/Höhe; **~ limit** Obergrenze *f,* Höchstgrenze *f;* **~ temperature** Höchsttemperatur *f;* ***this car has a ~ speed of 160 kph*** dieses Auto hat eine Höchstgeschwindigkeit von 160 km/h
II. *n* <*pl* -ima *or* -s> [-ɪmə] Maximum *nt;* ***we can handle a ~ of 50 cases a day*** wir können maximal 50 Fälle am Tag bearbeiten; ***that's the ~*** das ist das Maximum; ***she intends to exploit this opportunity to the ~*** sie hat vor, diese Chance bestmöglich zu nutzen
III. *adv* maximal; ***it'll take us 2 days ~*** dafür werden wir maximal 2 Tage brauchen
maxi·mum se·'cu·rity pris·on *n* Hochsicherheitsgefängnis *nt* **maxi·mum se·'cu·rity wing** *n* Hochsicherheitstrakt *m*
may[1] <*3rd pers. sing* may, might, might> [meɪ] *aux vb* ① *(indicating possibility)* können; ***I ~ see you at the party later*** vielleicht sehe ich dich später bei der Party; ***are you going to Neil's party? — I ~, I don't know yet*** gehst du zu Neils Party? – vielleicht, ich weiß es noch nicht; ***there ~ be side effects from the new drug*** das neue Medikament kann Nebenwirkungen haben; ***you ~ well get lost here*** es kann gut sein, dass du dich hier verirrst; ***what time will we arrive? — you ~ well ask!*** wann werden wir denn ankommen? – das ist eine gute Frage!; ***if George is going to be that late we ~ as well start dinner without him*** wenn George so spät dran ist, können wir auch genauso gut schon ohne ihn mit dem Essen anfangen; ***I ~ be over-reacting to the letter but I think we should let the police see it*** mag sein, dass ich den Brief überbewerte, aber ich glaube, wir sollten ihn der Polizei zeigen; **that's as ~ be** *esp* BRIT das mag schon sein; **be that as it ~** wie dem auch [immer] sei
② *(be allowed)* dürfen, können; ***~ I ask you a question?*** darf ich Ihnen [mal] eine Frage stellen?
③ *(expressing wish)* mögen; ***~ she rest in peace*** möge sie in Frieden ruhen *form*
may[2] [meɪ] *n no pl* Weißdornblüte *f,* Hagedornblüte *f*
May [meɪ] *n* ① *(month)* Mai *m; see also* **February**
② *(poet, liter: prime)* ■**one's ~** die Blüte seiner Jahre
▶PHRASES: **cast not a cloud till ~ be out** BRIT *(prov)* eine Schwalbe macht noch keinen Sommer *prov*
Maya ['maɪə, AM 'mɑːjə] HIST **I.** *n* <*pl* - *or* -s> Maya *m, f;* ■**the ~** die Mayas *pl*
II. *adj inv* Maya-
Ma·yan ['maɪən, AM 'mɑːjən] *adj inv* Maya-, der Mayas *nach n*
may·be ['meɪbi] **I.** *adv* ① *(perhaps)* vielleicht, möglicherweise; ***~ we should start again*** vielleicht sollten wir noch mal anfangen
② *(approximately)* circa, ungefähr
II. *n* Vielleicht *nt;* **to be a definite ~** [sehr] wahrscheinlich sein
'May bug *n* Maikäfer *m* **'May bush** *n* Weißdorn *m,* Hagedorn *m* **'May Day** *n* der Erste Mai, Maifeiertag *m*
'may·day *n* Mayday *kein art (internationaler Notruf);* ***the pilot sent out a ~*** der Pilot gab einen Notruf über Funk durch; ***~! ~!*** Mayday! Mayday!
'may·flow·er *n* ① *(flower blooming in May)* Maiblume *f* ② AM *(trailing arbutus)* Primelstrauch *m* **'may·fly** *n* Eintagsfliege *f*
may·hem ['meɪhem] *n no pl* ① *(chaos)* Chaos *nt;* **to create** [*or* **cause**] **~** Chaos hervorrufen [*o* verursachen]
② AM LAW Verstümmelung *f*
mayo ['meɪəʊ, AM -oʊ] *n (fam) short for* **mayonnaise** Mayo *f fam*
may·on·naise [,meɪə'neɪz] *n* Mayonnaise *f*
mayor [meəʳ, AM 'meɪɚ] *n* Bürgermeister(in) *m(f)*
mayor·al ['meəʳᵊl, AM 'meɪɔːr-] *adj inv* bürgermeisterlich, Bürgermeister-, des Bürgermeisters *nach n*
mayor·al·ty ['meəʳᵊlti, AM 'meɪɚ-] *n* ① *(term of office)* Amtszeit *f* des Bürgermeisters
② *(position)* Bürgermeisteramt *nt*
mayor·ess <*pl* -es> [,meə'res, AM 'meɪɚɪs] *n esp* BRIT ① *(woman mayor)* Bürgermeisterin *f*
② *(mayor's wife)* Frau *f* des Bürgermeisters
'may·pole *n* Maibaum *m*
may've ['meɪəv] *(fam)* = **may have** *see* **may**[1]
maze [meɪz] *n* Labyrinth *nt a. fig,* Irrgarten *m a. fig;* ***we got lost in the ~ of small alleys*** wir verliefen uns im dem Gewirr der kleinen Gässchen
ma·zur·ka [mə'zɜːkə, AM -'zɜːr-] *n* MUS Mazurka *f*
MB[1] [,em'biː] *n* BRIT *abbrev of* **Bachelor of Medicine** ≈ zweites medizinisches Staatsexamen, ≈ abgeschlossener zweiter Studienabschnitt in Medizin ÖSTERR
MB[2] [,em'biː] *n* COMPUT *abbrev of* **megabyte** MB *nt*
MBA [,embiː'eɪ] *n abbrev of* **Master of Business Administration** *graduierter Betriebswirt*
'm-bank·ing *n no pl* FIN, INET Mobile-Banking *nt*
MBE [,embiː'iː] *n* BRIT *abbrev of* **Member of the Order of the British Empire** Träger(in) *m(f)* des britischen Verdienstordens
MBI [,embiː'aɪ] *n abbrev of* **management buy-in** MBI *m*
MBO[1] [,embiː'əʊ, AM -'oʊ] *n abbrev of* **management buyout** *Unternehmensverkauf an das eigene Management*
MBO[2] [,embiː'əʊ, AM -'oʊ] *n abbrev of* **Management by Objectives** *Management durch Zielvorgaben*
MC [,em'siː] *n abbrev of* **Master of Ceremonies**
McCarthy·ism [mə'kɑːθiɪzᵊm, AM -'kɑːrθ-] *n* McCarthyismus *m (politische Hetzkampagnen nach dem Muster des amerikanischen Senators Joseph Raimond McCarthy (1909 - 1957), der in den 1950er Jahren in den USA eine antikommunistische Verfolgungswelle auslöste)*
McCarthy·ist [mə'kɑːθiɪst, AM -'kɑːrθ-], **McCarthy·ite** [mə'kɑːθiaɪt, AM -'kɑːrθ-] *adj* in McCarthy-Manier
McCoy [mə'kɔɪ] *n (fam)* **the real ~** das Original [*o* Richtige]
McJob [mək'dʒɑːb] *n (sl)* Gelegenheitsjob *m fam*
MCL [,emsiː'el] *n* ANAT *abbrev of* **medial collateral ligament** Seitenband *nt*
McMan·sion [mək'mænʃᵊn] *n (sl)* geschmackloses [großes] neu gebautes Wohnhaus
M-com·merce ['emkɒmɜːs, AM -kɑːmɜrs] *n no pl abbrev of* **mobile commerce** M-Commerce *m o nt fachspr (Nutzung des Internetmarktes via Handy)*
mcp [,emsiː'piː] *n (fam) abbrev of* **male chauvinist pig** Chauvinist *m pej,* Chauvi *m fam,* Macho *m fam,* Chauvinistenschwein *nt pej derb*
MCP [,emsiː'piː] *n abbrev of* **Market Clearing Price** *Gleichgewichtspreis, bei dem bei gegebener Nachfrage- und Angebotskurve das größtmögliche Volumen gehandelt wird*
MCS [,emsiː'es] *n* MED *abbrev of* **multi chemical sensitivity** chemische Sensitivität
McTheatre [mək'θɪətəʳ, AM -t̬ɚ] *n no pl (pej) Franchise-Aufführungen von Musicals (oder Theaterstücken) in mehreren Ländern mit anderer Besetzung, aber in der gleichen Produktion*
Md. AM *abbrev of* **Maryland**
MD[1] [,em'di] *n* AM, AUS *abbrev of* **Doctor of Medicine** Dr. med.
MD[2] [,em'di] *n* FIN *abbrev of* **Modified Duration** *Sensitivitätskennzahl zur Quantifizierung des Marktrisikos eines festverzinslichen Wertpapiers*
MDF [,emdiː'ef] *n abbrev of* **medium density fibreboard** Holzfaserplatten *pl*
me [miː, mɪ] *pron* ① *pers, 1st pers. sing* mir *dat,* mich *akk;* ***please will you pass ~ that book*** gib mir doch bitte mal das Buch; ***do you understand ~?*** verstehst du mich?; ***why are you looking at ~?*** warum siehst du mich an?; ***wait for ~!*** warte auf mich!; ***hey, it's ~*** hallo, ich bin's; ***hi, is Karen there? — yeah, it's ~, who is it?*** hallo, ist Karen da? – ja, am Apparat, wer spricht?; ***it wasn't ~ who offered to go, it was him*** ich wollte nicht gehen, er wollte; **between you and ~** unter uns [gesagt]; ***this is just between you and ~*** das bleibt unter uns; ***she's just as good as ~ at her job*** sie ist so gut wie ich in ihrem Job; ***you have more than ~*** du hast mehr als ich
② *reflexive* AM *(fam: myself)* mir *dat,* mich *akk;* ***I've got ~ a job*** ich habe einen Job gefunden
▶PHRASES: **dear ~!** du liebe Güte!; **goodness ~!** du lieber Himmel!; **~ and mine** meine Verwandten; **silly ~!** bin ich dumm!; **~ Tarzan, you Jane** *(from the Tarzan films)* ich Tarzan, du Jane
Me. AM *abbrev of* **Maine**
ME [,em'iː] *n* MED *abbrev of* **myalgic encephalomyelitis** ME, myalgische Enzephalomyelitis *fachspr,* chronisches Erschöpfungssyndrom
mead[1] [miːd] *n* Met *m*
mead[2] [miːd] *n (poet)* Aue *f poet,* Wiese *f*
mead·ow ['medəʊ, AM -oʊ] *n* Wiese *f*
mead·ow 'brown *n* Augenfalter *m* **'mead·ow·land** *n no pl* Weideland *nt* **mead·ow 'pip·it** *n* Wiesenpieper *m* **mead·ow 'rue** *n* Wiesenraute *f*
'mead·ow·sweet <*pl* - *or* -s> *n* BOT Mädesüß *nt*
mea·ger·ly ['miːgɚli] *adv* AM *see* **meagrely**

M

mea·ger·ness ['mi:gənəs] *n no pl* AM *see* **meagreness**

mea·gre, AM **mea·ger** ['mi:gəʳ, AM 'mi:gɚ] *adj* mager, dürftig, kärglich

mea·gre·ly, AM **mea·ger·ly** ['mi:gəli] *adv* mager, dürr; *(fig)* dürftig, kärglich

meagre·ness, AM **mea·ger·ness** ['mi:gənəs] *n no pl* Magerkeit *f,* Dürre *f; (fig)* Dürftigkeit *f*

meal¹ [mi:l] *n* Mahlzeit *f,* Essen *nt; **we like to have a hot ~ in the evening*** wir essen abends gerne warm; **M~s on Wheels** Essen *nt* auf Rädern; **a heavy/light ~** ein schweres/leichtes Essen; **to go out for a ~** essen gehen
▸PHRASES: **to make a ~ of sth** *(put in too much effort)* einen großen Aufwand für etw *akk* betreiben, eine große Sache aus etw *dat* machen; *(make a problem)* etw aufbauschen; ***the press will make a ~ of this story*** das ist ein gefundenes Fressen für die Presse *fam*

meal² [mi:l] *n* [grobes] Mehl

meals on wheels [,mi:lzɒn'wi:lz] *n* Essen *nt* auf Rädern

'meal tick·et *n* ① *esp* AM, AUS *(voucher)* Essensmarke *f* ② *(fig: means of living)* Einnahmequelle *f; **I don't enjoy the job, but it's my ~*** ich mag meinen Job nicht, aber man muss eben seine Brötchen verdienen ③ *(fig: partner with money)* Ernährer(in) *m(f)* **'meal·time** *n* Essenszeit *f;* **set ~s** feste Essenszeiten

mealy ['mi:li] *adj* mehlig

'mealy bug *n* Schildlaus *f* **mealy-'mouthed** *adj (pej)* ausweichend; **~ excuses** fadenscheinige Ausreden; **~ expressions** schönfärberische Ausdrücke; ***the politician was ~*** die Politikerin redete um den heißen Brei herum *fam*

mean¹ [mi:n] *adj* ① *esp* BRIT *(miserly)* geizig, knauserig, kleinlich; ■**to be ~ with sth** mit etw *dat* geizen
② *(unkind)* gemein, fies *fam; **I felt a bit ~*** ich kam mir ein bisschen schäbig vor; ■**to be ~ to sb** gemein zu jdm sein; **to have a ~ streak** eine gemeine Ader haben
③ AM *(vicious)* aggressiv; *(dangerous)* gefährlich; **~ dog** bissiger Hund
④ *(run-down)* heruntergekommen, schäbig *pej*
⑤ *(bad)* schlecht; ***he's no ~ cook*** er ist kein schlechter Koch; **no ~ feat** eine Meisterleistung
⑥ AM *(sl: good)* super *fam,* toll *fam,* geil *sl; **he plays a ~ guitar*** er spielt supergeil Gitarre *sl*
⑦ *(form: small)* gering; ***it should be clear even to the ~est understanding*** das sollte auch dem Unbedarftesten klar sein

mean² <meant, meant> [mi:n] *vt* ■**to ~ sth** ① *(signify) word, symbol* etw bedeuten; ***that sign ~s 'no parking'*** das Schild bedeutet ‚Parken verboten'; ***no ~s no*** nein heißt nein; ***does that name ~ anything to you?*** sagt dir der Name etwas?
② *(intend to convey) person* etw meinen; ***do you remember Jane Carter? — you ~ the woman we met in Scotland?*** erinnerst du dich an Jane Carter? – meinst du die Frau, die wir in Schottland getroffen haben?; ***what do you ~ by that?*** was willst du damit sagen?; ***what do you ~, it was my fault?*** soll das etwa heißen, es war mein Fehler?; ***what do you ~ by arriving so late?*** was denkst du dir eigentlich dabei, so spät zu kommen?; ***did you have a good holiday? — it depends what you ~ by a good holiday*** hattest du einen schönen Urlaub? – es hängt davon ab, was du unter schönem Urlaub verstehst; ***now I see what you ~*** jetzt weiß ich, was du meinst; **I ~ to say** [also,] ich muss schon sagen
③ *(be sincere)* etw ernst meinen; ***I ~ what I say*** es ist mir ernst mit dem, was ich sage; ***he said a lot of things he didn't really ~*** er sagte eine Menge Dinge, die er nicht so gemeint hat
④ *(intend)* etw wollen; ***he didn't ~ any harm*** er wollte nichts Böses; ***I ~t it as a present for Joanna*** ich hatte es als Geschenk für Joanna gedacht; ■**to ~ to do sth** etw tun wollen; ***I really didn't ~ to offend you*** ich wollte dich wirklich nicht kränken; ***I've been ~ing to phone you for a week or two*** ich will dich schon seit Wochen anrufen; ■**to be ~t to do sth** etw tun sollen; ***you're ~t to fill in a tax form every year*** Sie müssen jedes Jahr eine Steuererklärung ausfüllen; ■**to ~ sb** [*or* AM **for sb**] **to do sth** wollen, dass jd etw tut; ***they didn't ~*** [***for***] ***her to read the letter*** sie wollten nicht, dass sie den Brief liest; ■**to be ~t as sth** als etw gemeint [*o* gedacht] sein; ■**to be ~t for sb** für jdn gedacht [*o* bestimmt] sein; **to be ~t for greater things** zu Höherem bestimmt sein; **to be ~t for each other** füreinander bestimmt sein; ■**to be ~t to be sth** *(intended to represent)* etw sein [*o* darstellen] sollen; *(intended as)* etw sein sollen, als etw gemeint sein; ***it's ~t to be Donald*** das soll Donald sein; ***it was ~t to be a surprise*** das sollte eine Überraschung sein; **to ~ business** es ernst meinen; **to ~ mischief** Böses im Schilde führen; **to ~ well** es gut meinen
⑤ *(result in)* etw bedeuten [*o fam* heißen]; ***lower costs ~ lower prices*** niedrigere Kosten bedeuten niedrigere Preise; ***this ~s war*** das ist eine Kriegserklärung; ***does this ~ we'll have to cancel our holiday?*** heißt das, dass wir unseren Urlaub absagen müssen?
⑥ *(have significance)* etw bedeuten; ***it was just a kiss, it didn't ~ anything*** es war nur ein Kuss, das hatte nichts zu bedeuten; **to ~ a lot/nothing/something to sb** jdm viel/nichts/etwas bedeuten

mean³ [mi:n] **I.** *n (average)* Mittel *nt; (average value)* Mittelwert *m; (fig)* Mittelweg *m*
II. *adj inv* durchschnittlich

me·ander [mi'ændəʳ, AM -ɚ] **I.** *n* Windung *f,* Krümmung *f,* Mäander *m fachspr*
II. *vi* ① *(flow in curves)* sich *akk* schlängeln [*o* winden], mäandern *fachspr*
② *(wander)* [umher]schlendern
③ *(digress)* abschweifen

me·ander·ing [mi'ændᵊrɪŋ, AM -ɚɪŋ] **I.** *adj* ① *(flowing in curves)* gewunden, mäandrisch *fachspr*
② *(rambling)* abschweifend
II. *n* ■**~s** *pl* Gefasel *nt kein pl*

mean de·vi'a·tion *n* MATH mittlere Abweichung

meanie ['mi:ni] *n (fam)* ① *esp* BRIT *(miserly person)* Geizhals *m*
② *(unkind person)* Blödian *m fam;* **to be a ~** gemein sein

mean·ing ['mi:nɪŋ] *n* ① *(sense)* Bedeutung *f;* **a deeper/hidden ~** ein tieferer/verborgener Sinn; ***the ~ of life*** der Sinn des Lebens; **to give sth a whole new ~** *(esp hum)* etw in einem ganz neuen Licht erscheinen lassen; **if you take** [*or* **get**] **my ~** wenn du verstehst, was ich meine; **what is the ~ of this?** was soll das heißen? [*o* bedeuten]; ***it was impossible to misunderstand his ~*** es war unmöglich, ihn misszuverstehen; ***I think I made my ~ perfectly clear*** ich glaube, ich habe mich deutlich ausgedrückt
② *(importance)* Bedeutung *f,* Sinn *m; **the full ~ of his enquiry only became apparent later*** was seine Nachforschungen wirklich erbrachten, wurde erst später in seiner ganzen Tragweite sichtbar; **to have ~ for sb** jdm etwas bedeuten; ***without you, life has no ~ for me*** ohne dich hat das Leben keinen Sinn für mich

mean·ing·ful ['mi:nɪŋfᵊl] *adj* ① *(important)* bedeutsam, wichtig; ***she seems to find it difficult to form a ~ relationship*** sie hat Schwierigkeiten, sich auf eine tiefer gehende Beziehung einzulassen
② *(implying something)* bedeutungsvoll, viel sagend; **a ~ glance** ein viel sagender Blick

mean·ing·ful·ly ['mi:nɪŋfᵊli] *adv* bedeutsam, viel sagend

mean·ing·ful·ness ['mi:nɪŋfᵊlnəs] *n no pl* Bedeutsamkeit *f,* Aussagekraft *f*

mean·ing·less ['mi:nɪŋləs] *n (without importance)* bedeutungslos; *(nonsensical)* sinnlos; *(empty)* nichtssagend

mean·ing·less·ness ['mi:nɪŋləsnəs] *n no pl* Bedeutungslosigkeit *f,* Sinnlosigkeit *f*

mean 'life *n* NUCL *(of atomic state)* mittlere Lebensdauer

'mean-look·ing *adj* ■**to be ~** aggressiv [*o* böse] aussehen [*o* wirken]; *(dangerous)* gefährlich aussehen; ***he was a ~ guy*** er war ein gefährlich aussehender Typ

mean·ly ['mi:nli] *adv* ① *esp* BRIT *(ungenerously)* kleinlich, knauserig
② *(unkindly)* gemein

mean·ness ['mi:nnəs] *n no pl* ① *esp* BRIT *(lack of generosity)* Kleinlichkeit *f,* Geiz *m*
② *(unkindness)* Gemeinheit *f,* Gehässigkeit *f*

means <*pl* -> [mi:nz] *n* ① *(method)* Weg *m;* **ways and ~** Mittel und Wege; **to try by all** [**possible**] **~ to do sth** auf jede erdenkliche Art und Weise versuchen, etw zu erreichen; *(possibility)* Möglichkeit *f;* ***there is no ~ of tracing the debt at all*** es gibt nicht die geringste Möglichkeit, die Schulden zurückzuverfolgen; *(device)* Mittel *nt;* **~ of communication** Kommunikationsmittel *nt;* **~ of expression** Ausdrucksmittel *nt;* **~ of payment** *(currency)* Zahlungsmittel *nt; (method)* Bezahlverfahren *nt;* **~s of preservation** Konservierungsmittel *nt;* **~ of transport** Transportmittel *nt;* **~ of support** Einkommen *nt;* **to use all** [*or* **every**] **~ at one's disposal** alle verfügbaren Mittel nutzen
② *(income)* ■**~** *pl* Geldmittel *pl,* Gelder *pl;* **a person of ~** ein vermögender Mensch; **private ~** Privatvermögen *nt,* private Mittel; **to be without ~** *(form)* kein Geld haben, pleite sein *fam;* **to have the ~ to do sth** die [nötigen] Mittel [*o* das [nötige] Geld] haben, etw zu tun; **to live beyond one's ~** über seine Verhältnisse leben; **to live within one's ~** im Rahmen seiner finanziellen Möglichkeiten leben
▸PHRASES: **by all ~** *(form)* unbedingt; *(of course)* selbstverständlich; **by no ~** [*or* **not by any ~**] keineswegs, auf keinen Fall; ***it's by no ~ certain*** das ist keineswegs sicher; **by ~ of sth** durch etw *akk,* mit etw *dat,* mit Hilfe einer S. *gen; **they communicate by ~ of sign language*** sie kommunizieren durch Zeichensprache; ***they made their escape by ~ of a rope ladder*** sie entkamen mit [Hilfe] einer Strickleiter; **a ~ to an end** ein Mittel zum Zweck; **the end justifies the ~** *(prov)* der Zweck heiligt die Mittel *prov*

mean 'sea lev·el *n no pl* NAUT Normalnull *nt,* NN

mean-'spir·it·ed <meaner-, meanest-> *adj* kleinlich, knausrig

mean 'square de·via·tion *n* MATH Standardabweichung *f*

'means test *n* FIN *(of income)* Einkommensüberprüfung *f; (of property)* Ermittlung *f* der Vermögensverhältnisse; BRIT *(for social benefit)* Bedürftigkeitsprüfung *f*

'means-test *vt* ■**to ~ sb** *(income)* jds Einkommen überprüfen; *(property)* jds Vermögen überprüfen; BRIT *(for social benefit)* jds Bedürftigkeit prüfen

meant [ment] *pt, pp of* **mean**

'mean·time *n* **for the ~** vorerst; **in the ~** inzwischen, in der Zwischenzeit

mean·while [,mi:n'(h)waɪl, AM 'mi:n-] *adv* inzwischen, unterdessen, mittlerweile

meany *n (fam) see* **meanie**

mea·sles ['mi:z|z] *n + sing vb* Masern *pl*

mea·sli·ness ['mi:zlɪnəs] *n no pl* Geringfügigkeit *f*

mea·sly ['mi:zli] *adj (pej)* mickrig, schäbig, pop[e]lig BRD *fam; **all she earns is a ~ $2.50 an hour*** sie verdient gerade mal mickrige 2,50 Dollar in der Stunde

meas·ur·able ['meʒᵊrəb|] *adj inv* messbar; *perceptible* nachweisbar, erkennbar, merklich

meas·ur·ably ['meʒᵊrəbli] *adv inv* wesentlich, deutlich

meas·ure ['meʒəʳ, AM -ɚ] **I.** *n* ① *(unit)* Maß *nt,* Maßeinheit *f;* **a ~ of capacity** ein Hohlmaß *nt;* **a ~ of length** ein Längenmaß *nt; **he poured himself a generous ~ of whiskey*** er schenkte sich einen großen Whisky ein
② *(fig: degree)* Maß *nt,* Grad *m; **there was a large ~ of agreement between us*** zwischen uns gab es ein hohes Maß an Übereinstimmung; ***there was some ~ of truth in what he said*** an dem, was er

sagte, war etwas Wahres dran; **in large** ~ in hohem Maß, zum großen Teil; **in some** ~ gewissermaßen, in gewisser Beziehung
③ *(measuring instrument)* Messgerät *nt; (ruler, yardstick)* Messstab *m; (container)* Messbecher *m,* Messglas *nt*
④ *(indicator)* Maßstab *m;* ***examinations are not always the best ~ of students' progress*** Prüfungen sind nicht immer ein zuverlässiger Indikator für die Fortschritte der Schüler; **to be a ~ of sb's popularity** ein Maßstab für jds Popularität sein
⑤ *usu pl (action) also* LAW Maßnahme *f;* ***the ~s we have taken are designed to prevent such accidents occurring in future*** die Maßnahmen, die wir ergriffen haben, sollen solche Unfälle in Zukunft verhindern; **~s** *pl* **required** Handlungsbedarf *m*
⑥ POL *(bill)* gesetzliche Maßnahme, Bestimmung *f,* Verfügung *f*
⑦ LIT *(metre)* Versmaß *nt,* Metrum *nt*
⑧ AM MUS *(bar)* Takt *m*
⑨ TYPO Satzbreite *f*
▶ PHRASES: **beyond** ~ über die [*o* alle] Maßen; **there are no half ~s with me** ich mache keine halben Sachen; **to get** [*or* **take**] **the ~ of sb/sth** *(assess)* jdn/etw einschätzen [*o* kennenlernen]; *(understand)* jdn/etw verstehen; **for good** ~ *(in addition)* zusätzlich, noch dazu; *(to ensure success)* sicherheitshalber
II. *vt* ① *(find out size)* ■**to ~ sth** etw [ab]messen; **to ~ sb for a dress/suit** jds Maße für ein Kleid/einen Anzug nehmen; **to ~ sth in centimetres/pounds** etw in Zentimetern/Pfund messen; ***delays ~d by weeks are frustrating*** wochenlange Verspätungen sind frustrierend; **to ~ sb's heart rate** jds Puls messen; **to ~ sb performance** jds Leistung beurteilen; **to ~ a room** ein Zimmer ausmessen
② *(be certain size/quantity)* ■**to ~ sth** etw betragen
▶ PHRASES: **to ~ one's length** [**on the ground**] auf die Schnauze [*o* ÖSTERR, SCHWEIZ *a.* aufs Maul] fallen *sl*
III. *vi* messen; ***the box ~s 10cm by 10cm by 12cm*** der Karton misst 10 mal 10 mal 12 cm
◆**measure against** *vt* ■**to ~ sth against sth** etw an etw *dat* messen, etw mit etw *dat* vergleichen
◆**measure off** *vt* **to ~ off fabric** Stoff abmessen
◆**measure out** *vt* ■**to ~ out** ⊂ **sth** ① *(take measured amount)* etw abmessen
② *(discover size)* etw ausmessen
◆**measure up I.** *vt* ■**to ~ sb** ⊂ **up** jdn einschätzen
II. *vi* ① *(be same size)* zusammenpassen
② *(reach standard)* den Ansprüchen genügen; ■**to ~ up to sth** an etw *akk* heranreichen [*o* herankommen]; **to ~ up to a standard** einem Standard genügen [*o* entsprechen]; **to ~ up to a standard/sb's expectations** jds Ansprüchen genügen, jds Erwartungen erfüllen
meas·ured [ˈmeʒəd, AM -ɚd] *adj* gemäßigt; *voice, tone* bedächtig; *response* wohl überlegt; *pace* gemäßigt; *tread* gemessen; ***she walked down the hall with ~ steps*** sie ging gemessenen Schrittes den Gang entlang
meas·ure·less [ˈmeʒələs, AM ɚləs] *adj inv* unermesslich, riesenhaft
meas·ure·ment [ˈmeʒəmənt, AM -ɚ-] *n* ① *(size)* ■**sb's ~s** *pl* jds Maße, jds Größe; **chest ~** Brustumfang *m;* **waist ~** Hüftumfang *m;* **to take sb's ~s** bei jdm Maß nehmen
② *no pl (measuring)* Messung *f,* Messen *nt*
③ LAW Beurteilung *f,* Einschätzung *f*
ˈmeasurement technique *n* Messtechnik *f*
meas·ur·ing cup [ˈmeʒərɪŋ-] *n esp* AM, AUS *(measuring jug)* Messbecher *m* **ˈmeas·ur·ing cyl·in·der** *n* Messzylinder *m* **ˈmeas·ur·ing equip·ment** *n no pl* Messgerät[e] *nt[pl]* **ˈmeas·ur·ing jug** *n* BRIT Messbecher *m* **ˈmeas·ur·ing spoon** *n* Messlöffel *m* **ˈmeas·ur·ing tape** *n* Messband *nt,* Bandmaß *nt*
meat [miːt] **I.** *n* ① *no pl* Fleisch *nt;* **~ and two veg** *Fleisch mit zwei Gemüsebeilagen;* ***the cafe serves the usual ~ and two veg*** das Café bietet die übliche gutbürgerliche Küche an
② *(type)* Fleischsorte *f;* ***they have ~ and sausages on offer*** sie bieten Fleisch- und Wurstwaren an
③ *no pl esp* AM *(edible part)* Fleisch *nt; of nut* Kern *m*
④ *no pl (fig: subject matter)* Substanz *f*
▶ PHRASES: **to be ~ and drink to sb** BRIT jds Leben[selixier] sein; **to be easy ~** *(fam)* leichte Beute sein; **one man's ~ is another man's poison** *(prov)* des einen Freud, des anderen Leid *prov;* **to treat sb like a piece of ~** jdn wie ein Stück Vieh behandeln
II. *n modifier* Fleisch-; **~ counter** Fleischtheke *f;* **~ sauce** Bratensoße *f*
meat and po·ˈta·toes *n* AM *(fig fam)* Kern *m;* ***the ~ of this publisher is still printed books*** sein Hauptgeschäft macht dieser Verlag noch immer mit Printbüchern **meat-and-po·ˈta·toes** *adj inv* AM *(fig fam)* grundlegend **ˈmeat·ball** *n* Hackfleischbällchen *nt,* Fleischklößchen *nt,* faschiertes Laibchen ÖSTERR, Frikadelle *f* SCHWEIZ **ˈmeat cleav·er** *n* Fleischerbeil *nt,* Fleischermesser *nt* **ˈmeat-eat·er** *n (esp hum or pej)* Fleischfresser *m pej* **ˈmeat-eat·ing** *adj inv* ① *(of animal or plant)* Fleisch fressend
② *(esp hum or pej: of person)* Fleisch essend **ˈmeat grind·er** *n* AM Fleischwolf *m* **ˈmeat hook** *n* Fleischerhaken *m*
meati·ness [ˈmiːtɪnəs, AM -ţ-] *n no pl* ① *(meat content)* Fleischgehalt *m; (meat flavour)* Fleischgeschmack *m*
② *(fig: substantiality)* Substanz *f,* Markigkeit *f*
ˈmeat·keep·er *n* Fleischfach *nt (im Kühlschrank, mit niedrigerer Temperatur)* **ˈmeat knife** *n* Fleischmesser *nt* **ˈmeat loaf** *n* Hackbraten *m,* faschierter Braten ÖSTERR **meat ˈpie,** BRIT *also* **meat ˈpasty** *n* Fleischpastete *f* **ˈmeat prod·ucts** *npl* Fleischwaren *pl,* Fleischprodukte *pl* **ˈmeat wag·on** *n (fam: ambulance)* Krankenwagen *m; (hearse)* Leichenwagen *m*
meaty [ˈmiːti, AM -ţi] *adj* ① *(with meat on)* fleischig; *(like meat)* fleischartig, Fleisch-; ***the soup has a ~ flavour*** die Suppe schmeckt nach Fleisch
② *(fig: substantial)* gehaltvoll, aussagekräftig; **a ~ book** ein voluminöses Buch, ein dicker Schmöker *fam*
Mec·ca [ˈmekə] *n* ① REL Mekka *nt*
② *(centre of attraction)* Mekka *nt fig,* Anziehungspunkt *m;* ***Cape Town is a ~ for jazz enthusiasts*** Kapstadt zieht viele Jazzliebhaber an
me·chan·ic [mɪˈkænɪk] *n* Mechaniker(in) *m(f)*
me·chani·cal [mɪˈkænɪkᵊl] *adj inv* ① *machines* mechanisch, Maschinen-; *(technical)* technisch; *(by machine)* maschinell; **~ failure** Maschinenversagen *nt;* **~ problem** technisches Problem; **~ reliability** technische Zuverlässigkeit
② *(machine-like)* mechanisch, automatisch
me·chani·cal en·gi·ˈneer *n* Maschinenbauer(in) *m(f); (engineer)* Maschinenbauingenieur(in) *m(f)*
me·chani·cal en·gi·ˈneer·ing *n no pl* Maschinenbau *m;* **~ company** Maschinenbauunternehmen *nt*
me·chani·cal·ly [mɪˈkænɪkᵊli] *adv* ① *(by machine)* maschinell
② *(without thinking)* mechanisch
me·chani·cal ˈpen·cil *n* AM *(propelling pencil)* Drehbleistift *m*
me·chan·ics [mɪˈkænɪks] *n* ① *+ sing vb* AUTO, TECH Technik *f,* Mechanik *f*
② *+ pl vb (fam: practicalities)* Mechanismus *m;* ■**the ~ of sth** die technische Seite einer S. *gen;* ***he knows a lot about the ~ of running a school*** er weiß sehr gut, wie eine Schule funktioniert
mecha·nism [ˈmekənɪzᵊm] *n* ① *(working parts)* Mechanismus *m*
② *(method)* Mechanismus *m,* Methode *f;* **defence** [*or* AM **defense**] **~** Abwehrmechanismus *m;* ***comedy can serve as a ~ for releasing tension*** Komik kann eine Strategie sein, um Spannungen abzubauen
mecha·nis·tic [ˌmekəˈnɪstɪk] *adj* PHILOS mechanistisch
mecha·nis·ti·cal·ly [ˌmekəˈnɪstɪkli] *adv* PHILOS mechanistisch
mecha·ni·za·tion [ˌmekənaɪˈzeɪʃᵊn, AM -nɪˈ-] *n* Mechanisierung *f*
mecha·nize [ˈmekənaɪz] *vt* ■**to ~ sth** etw mechanisieren; **to ~ troops** Truppen motorisieren
mecha·nized [ˈmekənaɪzd] *adj inv* MIL motorisiert; **~ division** Panzergrenadierdivision *f*
med[1] **I.** *n abbrev of* **medicine**
II. *adj (fam) abbrev of* **medical**
med[2] *adj abbrev of* **medieval** ma.
med[3] *adj abbrev of* **medium**
Med [med] *n (fam) short for* **Mediterranean sea** Mittelmeer *nt*
M.Ed [ˌemˈed] *n abbrev of* **Master of Education** Magister *m* der Erziehungswissenschaften
med·al [ˈmedᵊl] *n* [Ehren]medaille *f,* Orden *m,* Auszeichnung *f;* SPORT Medaille *f;* **~ for bravery** Tapferkeitsmedaille *f;* **commemorative ~** Gedenkmünze *f;* **to be awarded a ~** eine Auszeichnung [verliehen] bekommen; **to win a ~** eine Medaille gewinnen
med·al·ist *n esp* AM, AUS *see* **medallist**
me·dal·lion [mɪˈdæliən, AM məˈdæljən] *n* Medaillon *nt*
me·ˈdal·lion man *n* BRIT *(pej fam)* Goldkettchentyp *m fam*
med·al·list, AM **med·al·ist** [ˈmedᵊlɪst] *n* Medaillengewinner(in) *m(f);* **gold ~** Goldmedaillengewinner(in) *m(f)*
med·dle [ˈmedl̩] *vi* sich *akk* einmischen; ■**to ~ in sth** sich *akk* in etw *akk* einmischen; ■**to ~ with sth** sich *akk* mit etw *dat* abgeben; ■**to ~ with sb** sich *akk* mit jdm anlegen
med·dler [ˈmedl̩ᵊʳ, AM -ɚ] *n* **to be a ~** sich *akk* in fremde Angelegenheiten einmischen *fam;* ***she's a real ~*** sie mischt sich in alles ein
med·dle·some [ˈmedl̩səm] *adj* **to be ~** sich *akk* in alles einmischen; *(annoying)* aufdringlich sein
med·dling [ˈmedl̩ɪŋ] **I.** *n no pl* Einmischung *f*
II. *adj (curious)* neugierig; *(annoying)* aufdringlich
med·evac [ˈmedɪvæk] AM **I.** *n short for* **medical evacuation** medizinische Evakuierung *(per Flugzeug oder Hubschrauber)*
II. *vt* <-ck-, -ck-> *short for* **medically evacuate:** ■**to ~ sb** jdn zur stationären ärztlichen Behandlung evakuieren
me·dia [ˈmiːdiə] **I.** *n* ① *pl of* **medium**
② *+ sing/pl vb (the press)* ■**the ~** die Medien *pl;* **the news ~** TV, RADIO Nachrichtensender *m; (magazines)* Nachrichtenmagazin *nt; (newspaper)* [aktuelle] Zeitung; **in the ~** in den Medien
II. *n modifier* **~ coverage** Berichterstattung *f;* **a ~ event** ein Medienereignis *nt;* **~ hype** Medienrummel *m;* **~ studies** ≈ Kommunikationswissenschaft *f;* ***her new novel got a lot of ~ attention*** um ihren neuen Roman gab es einen großen Medienrummel
me·dia ˈbuy·er *n* ECON Streuplaner(in) *m(f),* Kontakter(in) *m(f)* zu den Werbemedien, Anzeigenkontakter(in) *m(f)* ÖSTERR, Inserateverkäufer(in) *m(f)* SCHWEIZ **me·dia ˈcir·cus** *n* Medienzirkus *m*
me·di·aeval *adj see* **medieval**
me·di·aeval·ist [ˌmediˈiːvᵊlɪst, AM ˌmiː-] *n see* **medievalist**
me·dia·gen·ic [ˌmiːdɪəˈdʒenɪk] *adj* AM telegen
me·dia ˈin·ter·est *n* Medieninteresse *nt*
me·dial [ˈmiːdiəl] *adj inv* ① ANAT einwärtsgelegen, medial *fachspr*
② LING inlautend, medial *fachspr*
me·dian [ˈmiːdiən] **I.** *adj inv* mittlere, Mittel-, durchschnittlich
II. *n* ① *(central value)* Median *m*
② AM, AUS *(central reservation)* Mittelstreifen *m*
me·dian ˈstrip *n* AM, AUS *(central reservation)* Mittelstreifen *m*
me·dia ˈpart·ner *n* Medienpartner(in) *m(f)* **ˈme·dia-sav·vy** *adj medienerfahren*
me·di·ate [ˈmiːdieɪt] **I.** *vi* vermitteln; ***she had to ~ between them*** sie musste zwischen ihnen vermitteln
II. *vt* ■**to ~ sth** etw aushandeln; **to ~ a settlement** LAW eine Vereinbarung aushandeln

me·dia·tion [ˌmiːdiˈeɪʃᵊn] *n no pl* Vermittlung *f*, Mediation *f fachspr*

me·di'a·tion com·mit·tee *n* Vermittlungsausschuss *m*

me·dia·tor [ˈmiːdieɪtəʳ, AM -t̬ɚ] *n* ❶ *(one who mediates)* Vermittler(in) *m(f)*, Mediator(in) *m(f) fachspr;* **official** ~ Unterhändler(in) *m(f)*, Schlichter(in) *m(f)*
❷ CHEM Beschleuniger *m*, Vermittler *m*

me·dia·tory [ˈmiːdieɪtᵊri, AM -ˈtɔːri] *adj* vermittelnd, Vermittler-

med·ic [ˈmedɪk] *n (fam)* ❶ *(doctor)* Doktor *m fam*, Medizinmann *m hum fam*, Medikus *m hum geh*
❷ *(student)* Mediziner(in) *m(f)*, Medizinstudent(in) *m(f)* SCHWEIZ
❸ AM MIL, NAUT Sanitäter(in) *m(f)*

Med·ic·aid [ˈmedɪkeɪd] *n no pl* AM *Gesundheitsfürsorgeprogramm in den USA für einkommensschwache Gruppen*

medi·cal [ˈmedɪkᵊl] **I.** *adj inv facilities, research* medizinisch; *advice, care, treatment* ärztlich; ~ **attention** ärztliche Behandlung; ~ **bill** Arztrechnung *f;* ~ **certificate** ärztliches Attest; ~ **staff** Angestellte *pl* im Gesundheitswesen
II. *n (fam)* ärztliche Untersuchung; **to have a** ~ sich *akk* ärztlich untersuchen lassen

'medi·cal cen·tre, AM **'medi·cal cen·ter** *n* medizinisches Zentrum, Klinik *f* **medi·cal cer·'tifi·cate** *n* ärztliches Attest **medi·cal ex·ami·'na·tion** *n* ärztliche Untersuchung, Gesundheitsprüfung *f* **medi·cal 'his·tory** *n* Krankengeschichte *f* **medi·cal ju·ris·'pru·dence** *n* Gerichtsmedizin *f*

medi·cal·ly [ˈmedɪkᵊli] *adv inv* medizinisch; **to be ~ [un]fit for work** gesundheitlich [nicht] in der Lage sein, zu arbeiten

medi·cal 'of·fic·er *n*, **MO** *n* BRIT Amtsarzt, -ärztin *m, f* **medi·cal prac·'ti·tion·er** *n* praktischer Arzt/praktische Ärztin **'medi·cal pro·fes·sion** *n no pl* ■**the** ~ ❶ *(doctors)* die Ärzteschaft ❷ *(practice of medicine)* der Arztberuf **medi·cal 'rec·ord** *n* Krankenblatt *nt* **'medi·cal school** *n* medizinische Fakultät **medi·cal 'stu·dent** *n* Medizinstudent(in) *m(f)*

me·dica·ment [mɪˈdɪkəmənt, ˈmedɪ-] *n* Medikament *nt*

Medi·care [ˈmedɪkeəʳ, AM -ker] *n* ❶ AM *(for elderly)* staatliche Gesundheitsfürsorge [für Senioren]
❷ AUS, CAN *(for all)* staatliche Gesundheitsfürsorge

medi·cate [ˈmedɪkeɪt] *vt* ❶ *usu passive (treat with drug)* ■**to be ~d** medikamentös behandelt werden
❷ *(rare: impregnate)* ■**to ~ sth [with sth]** etw [mit etw *dat*] versetzen

medi·cat·ed [ˈmedɪkeɪtɪd, AM -t̬-] *adj inv* medizinisch; ~ **gauze** imprägnierter Mull; ~ **shampoo** medizinisches Shampoo

medi·ca·tion [ˌmedɪˈkeɪʃᵊn] *n* MED ❶ *no pl (course of drugs)* Medikamente *pl;* **to be on [or taking] ~ for sth** Medikamente gegen etw *akk* [ein]nehmen
❷ *(drug)* Medikament *nt;* ***he was taken off the ~*** das Medikament wurde bei ihm abgesetzt
❸ *no pl (treatment)* medikamentöse Behandlung, Medikation *f fachspr*

me·dici·nal [məˈdɪsɪnᵊl] **I.** *adj inv* medizinisch; ~ **drug** Medikament *nt;* ~ **herbs** Heilkräuter *pl;* ~ **properties** Heilkräfte *pl*
II. *n* Heilmittel *nt*

me·dici·nal·ly [məˈdɪsɪnᵊli] *adv inv* medizinisch; **to be used** ~ in der Medizin Anwendung finden

medi·cine [ˈmedsᵊn, AM -dɪsən] *n* ❶ *no pl (for illness)* Medizin *f*, Medikamente *pl;* **to take [one's]** ~ [seine] Medizin einnehmen
❷ *(substance)* Medikament *nt;* **cough** ~ Hustenmittel *nt*
❸ *no pl (medical science)* Medizin *f;* **herbal/natural** ~ Kräuter-/Naturheilkunde *f;* **preventive** ~ Vorsorgemedizin *f;* **to practise [or AM practice]** ~ den Arztberuf ausüben
❹ *(fig: remedy)* Heilmittel *nt fig*
▸PHRASES: **to <u>get</u> a dose [or taste] of one's own** ~ es mit gleicher Münze heimgezahlt bekommen; **to <u>take</u> one's** ~ in den sauren Apfel beißen *fam*

'medi·cine ball *n* Medizinball *m* **'medi·cine chest** *n* Arzneischrank *m*, Hausapotheke *f* **'medi·cine man** *n* ❶ *(tribal healer)* Medizinmann *m*
❷ *(hum fam: doctor)* Medizinmann *m hum fam*

medi·co [ˈmedɪkəʊ, AM -koʊ] *n (dated fam)* Medikus *m hum geh*

me·di·eval [ˌmediˈiːvᵊl, AM ˌmiːdiˈ-] *adj inv* ❶ *(from Middle Ages)* mittelalterlich
❷ *(pej fam: old-fashioned)* vorsintflutlich *pej fam*

me·di·eval·ist [ˌmediˈiːvᵊlɪst, AM ˌmiː-] *n* Erforscher(in) *m(f)* des Mittelalters, Kenner(in) *m(f)* des Mittelalters, Mediävist(in) *m(f) fachspr*

me·dio·cre [ˌmiːdiˈəʊkəʳ, AM -ˈoʊkɚ] *adj inv* mittelmäßig, zweitklassig, zweitrangig

me·di·oc·rity [ˌmiːdiˈɒkrəti, AM -ˈɑːkrət̬i] *n* ❶ *no pl (state)* Mittelmäßigkeit *f*, Zweitklassigkeit *f*
❷ *(person)* Null *f pej*

medi·spa [ˈmedɪspɑː] *n* Schönheitsklinik *f* [mit angegliederter Praxis für plastische Chirurgie]

medi·tate [ˈmedɪteɪt] **I.** *vi* ❶ *(think deeply)* ■**to ~ on [or upon] sth** über etw *akk* nachdenken
❷ *(as spiritual exercise)* meditieren
II. *vt (form: plan)* ■**to ~ sth** etw planen; *(consider)* an etw *akk* denken, etw erwägen; **to ~ revenge** auf Rache sinnen [*o fam* aus sein]

medi·ta·tion [ˌmedɪˈteɪʃᵊn] *n* ❶ *no pl (spiritual exercise)* Meditation *f;* **to practise [or AM practice]** ~ meditieren
❷ *no pl (serious thought)* Nachdenken *nt*, Überlegen *nt* (**on** über +*akk*); **to be deep in** ~ ganz in Gedanken versunken sein
❸ *(reflections)* ■**~s** *pl* Überlegungen *pl;* ***loath as I am to disturb your ~s, but ...*** es tut mir wirklich leid, dich aus deinen Gedanken reißen zu müssen, aber ...
❹ *(discourse)* Betrachtung[en] *f[pl]* (**on** über +*akk*)

medi·ta·tive [ˈmedɪtətɪv, AM -teɪt̬ɪv] *adj* nachdenklich; *(spiritual)* meditativ

medi·ta·tive·ly [ˈmedɪtətɪvli] *adv* nachdenklich

Medi·ter·ra·nean [ˌmedɪtᵊrˈeɪniən, AM -təˈreɪ-] **I.** *n* Mittelmeer *nt*
II. *adj inv climate* mediterran; ~ **cooking** Mittelmeerküche *f;* ~ **looks** südländisches Aussehen

me·dium [ˈmiːdiəm] **I.** *adj inv* ❶ *(average)* durchschnittlich, mittel; **of ~ height** von mittlerer Größe; ~ [*or* **~-dated**] **securities** mittelfristige Staatspapiere
❷ FOOD *(degree of doneness) steak* medium, halb durch
II. *n* <*pl* -s *or* -dia> ❶ *(means)* Medium *nt*, Mittel *nt;* PUBL, TV Medium *nt;* **advertising** ~ Werbeträger *m;* **a ~ for [or of] communication** ein Kommunikationsmittel *nt;* **through the ~ of dance/radio** durch das Medium des Tanzes/des Radios; ~ **of exchange** Tauschmittel *nt;* **print** ~ Printmedium *nt*
❷ *(art material)* Medium *nt*
❸ <*pl* -s> *(spiritualist)* Medium *nt*
❹ *(nutritive substance)* Träger *m;* **culture** ~ künstlicher Nährboden
▸PHRASES: **to <u>find</u> [or <u>strike</u>] a happy** ~ die goldene Mitte finden

me·dium-'dry *adj inv wine* halbtrocken **me·dium-'fine** *adj inv* mittel[fein]; ~ **[ballpoint] pen** mittelfeiner Kugelschreiber **me·dium 'fre·quen·cy** *n* RADIO Mittelfrequenz *f* **me·dium-'length** *adj inv* halblang **me·dium-'range** *adj* Mittelstrecken-; ~ **aircraft/fighter/missile** Mittelstreckenflugzeug *nt*/-abfangjäger *m*/-rakete *f* **me·dium-'rare** *adj inv* FOOD englisch; ~ **steak** englisches Steak

me·diums [ˈmiːdiəmz] *npl* FIN mittelfristige Anleihen, mittelfristige Staatspapiere

me·dium·ship [ˈmiːdiəmʃɪp] *n* spiritistische Medien *pl*

me·dium-'size(d) *adj inv* mittelgroß

me·dium-sized 'busi·ness, me·dium-sized 'com·pa·ny *n* mittelständisches Unternehmen, Mittelständler *m*, Mittelbetrieb *m* ÖSTERR; **medium-sized companies** *pl* mittelständisches Gewerbe, mittelständische Wirtschaft **me·dium 'term** *n* ***the ~ will see ...*** mittelfristig gesehen ...; **growth over the ~** mittelfristiges Wachstum; **in the ~** mittelfristig **'me·dium-term** *adj* FIN mittelfristig; ~ **bond** mittelfristige Anleihe; ~ **forecast** mittelfristige Prognose; ~ **loan** mittelfristiges Darlehen **'me·dium wave** *n*, **MW** *n esp* BRIT RADIO Mittelwelle *f* **me·dium-'well** *adj inv steak* durchgebraten

Med·jool date [ˈmedʤuːl-] *n* Medjooldattel *f*

med·ley [ˈmedli] *n* ❶ *(mixture)* Gemisch *nt;* **vegetable** ~ gemischtes Gemüse
❷ *(of tunes)* Medley *nt*
❸ *(swimming race)* Lagenstaffel *f*

meds [medz] *n (fam) short for* **medication** Medikamente *pl*

me·dul·la [meˈdʌlə, AM mɪ] *n* ANAT Rückenmark *nt*

meek [miːk] **I.** *adj* ❶ *(gentle)* sanftmütig
❷ *(pej: submissive)* unterwürfig *pej;* ~ **compliance** blinde Ergebenheit
▸PHRASES: **as ~ as a <u>lamb</u>** so sanft wie ein Lamm
II. *n* REL ■**the** ~ die Sanftmütigen

meek·ly [ˈmiːkli] *adv* ❶ *(gently)* sanftmütig
❷ *(pej: submissively)* unterwürfig *pej*

meek·ness [ˈmiːknəs] *n no pl* ❶ *(gentleness)* Sanftmütigkeit *f*
❷ *(pej: submissiveness)* Unterwürfigkeit *f pej*

meet [miːt] **I.** *n* ❶ *(sporting event)* Sportveranstaltung *f*
❷ BRIT *(fox hunt)* Jagdtreffen *nt (zur Fuchsjagd)*
❸ COMPUT Und-/Oder-Funktion *f*
II. *vt* <met, met> ❶ *(by chance)* ■**to ~ sb** jdn treffen; ***I met her in the street*** ich bin ihr auf der Straße begegnet; ***I happened to ~ him*** ich habe ihn zufällig getroffen; ***our car met another car on the narrow road*** auf der engen Straße kam unserem Auto ein anderes entgegen; **to ~ sb face to face** jdm persönlich begegnen
❷ *(by arrangement)* ■**to ~ sb** sich *akk* mit jdm treffen; ***~ me in front of the library at five*** warte um fünf vor der Bibliothek auf mich; ***I arranged to ~ her on Thursday*** ich verabredete mich mit ihr für Donnerstag
❸ *(collect)* ■**to ~ sb** jdn abholen; ***I went to the airport to ~ my brother*** ich fuhr zum Flughafen, um meinen Bruder abzuholen; ***a bus ~s every train*** zu jedem Zug gibt es einen Anschlussbus
❹ *(make acquaintance of)* ■**to ~ sb** jdn kennenlernen; ***I'd like you to ~ my best friend Betty*** ich möchte dir meine beste Freundin Betty vorstellen; ***Frank, ~ Dorothy*** Frank, darf ich dir Dorothy vorstellen?; ***[it's] a pleasure to ~ you*** sehr erfreut, Sie kennenzulernen; ***I've never met anyone quite like her*** ich habe noch nie so jemanden wie sie getroffen
❺ *(come into contact)* ■**to ~ sth** auf etw *akk* treffen; ***his eyes met hers*** ihre Blicke trafen sich; ***I met his gaze*** ich hielt seinem Blick stand; ***it's where Front Street ~s Queen Street*** es ist da, wo die Front Street auf die Queen Street stößt; ***where the mountains ~ the sea*** wo das Meer an die Berge heranreicht; **to ~ sb's glance** jds Blick erwidern
❻ *(fulfil)* ■**to ~ sth** etw erfüllen; **to ~ the cost of sth** die Kosten für etw *akk* übernehmen; **to ~ a deadline** einen Termin einhalten; **to ~ [the] demand** die Nachfrage befriedigen; **to ~ sb's expenses** für jds Kosten aufkommen; **to ~ an obligation** einer Verpflichtung nachkommen
❼ *(deal with)* ■**to ~ sth** etw *dat* entgegentreten; ***they had to ~ the threat posed by the Austrians*** sie mussten auf die Bedrohung durch die Österreicher reagieren; **to ~ a challenge** sich *akk* einer Herausforderung stellen; **to ~ objections** Einwände widerlegen
❽ *(experience)* ■**to ~ sth** mit etw *dat* konfrontiert sein; ***these are the kind of difficulties you ~ on the road to success*** dies sind die Schwierigkeiten, die dir auf dem Weg zum Erfolg begegnen; ***the troops met stiff opposition*** die Truppen stießen auf starke Gegenwehr
❾ *(fight)* ■**to ~ sb** SPORT auf jdn treffen, gegen jdn antreten; MIL gegen jdn kämpfen; **to ~ an enemy in battle** einem Feind in der Schlacht begegnen
▸PHRASES: **to ~ <u>danger</u> head on** sich *dat* der Gefahr stellen; **to ~ one's <u>death</u>** den Tod finden; **to <u>go</u> to**

~ **one's maker** das Zeitliche segnen; **to ~ sb halfway** jdm auf halbem Weg entgegenkommen; **to make ends ~** über die Runden kommen; **to ~ one's match** seinen Meister finden; **there's more to this than ~s the eye** es steckt mehr dahinter, als es den Anschein hat; **to ~ one's Waterloo** BRIT sein Waterloo erleben

III. *vi* <met, met> ① *(by chance)* sich *dat* begegnen; ***we met in the street*** wir sind uns auf der Straße begegnet

② *(by arrangement)* sich *akk* treffen; **to ~ for a drink/for lunch** sich *akk* auf einen Drink/zum Mittagessen treffen

③ *(get acquainted)* sich *akk* kennenlernen; ***no, we haven't met*** nein, wir kennen uns noch nicht; ***I've mistrusted him from the day we met*** ich habe ihm vom ersten Tag [unserer Bekanntschaft] an misstraut

④ *(congregate)* zusammenkommen; ***Congress will ~ next week*** der Kongress wird nächsten Monat tagen; ***the children's club ~s every Thursday afternoon*** der Kinderklub trifft sich jeden Donnerstagnachmittag; ***the committee is ~ing to discuss the issue tomorrow*** der Ausschuss tritt morgen zusammen, um über die Frage zu beraten

⑤ SPORT aufeinandertreffen, gegeneinander antreten

⑥ *(join)* zusammentreffen; *roads, lines* zusammenlaufen; *counties, states* aneinandergrenzen; ***the curtains don't ~*** die Vorhänge gehen nicht zusammen; ***their hands met under the table*** ihre Hände begegneten sich unter dem Tisch; ***our eyes met*** unsere Blicke trafen sich; ***their lips met in a passionate kiss*** ihre Lippen trafen sich zu einem leidenschaftlichen Kuss

◆**meet up** *vi* ① *(get together)* sich *akk* treffen; ■**to ~ up with sb** jdn treffen

② *(join)* zusammenkommen, zusammentreffen; ■**to ~ up with sth** *road* auf etw *akk* stoßen

◆**meet with** **I.** *vi* ① *esp* AM *(have meeting)* ■**to ~ with sb** jdn treffen

② *(experience)* ■**to ~ with sth** *problems* auf etw *akk* stoßen; **to ~ with an accident** einen Unfall haben; **to ~ with approval** Beifall finden; **to ~ with failure** einen Misserfolg erleiden; **to ~ with success** Erfolg haben

II. *vt* ① *(respond to)* ■**to be met with sth**: ***the announcement was met with loud applause*** die Ankündigung wurde mit lautem Beifall aufgenommen

② *(match)* **to ~ force with force** auf Gewalt mit Gewalt reagieren

meet·ing [ˈmi:tɪŋ, AM -t̬-] *n* ① *(organized gathering)* Versammlung *f,* Sitzung *f;* **business ~** geschäftliche Besprechung; **to attend a ~** an einer Versammlung teilnehmen; **to call a ~** eine Versammlung einberufen; **to have a ~ with sb** eine Besprechung mit jdm haben; **to hold a ~** eine Sitzung abhalten

② *(coming together)* Treffen *nt;* **chance ~** zufälliges Treffen

③ SPORT Veranstaltung *f,* [sportliche] Begegnung

④ *(assembly for worship)* Versammlung *f (bei den Quäkern)*

▶PHRASES: **a ~ of minds** völlige Übereinstimmung

ˈ**meet·ing house** *n* Andachtshaus *nt (der Quäker)* ˈ**meet·ing point** *n* ① *(point of contact)* Schnittpunkt *m* ② *(public space)* Treffpunkt *m*

meg <*pl* - *or* -s> [meg] *n short for* **megabyte** Megabyte *nt*

mega [ˈmegə] *adj inv* ① *(fam: huge)* Riesen- *fam,* Mega- *fam;* ~ **trend** Megatrend *m fam*

② *(fam: excellent)* super *fam*

mega- [ˈmegə] *in compounds (fam)* ① + *adj* mega- *fam;* ~ **cool** megacool *sl,* geil *sl;* ~ **famous/hot** total berühmt/heiß *sl;* ~ **rich** schwerreich *fam;* ~ **wild** total verrückt *fam*

② + *n (large and great) (hit, star)* Mega-; ~ **bits** Megabits *pl;* ~ **deal** Riesengeschäft *nt,* Bombengeschäft *nt fam;* ~ **film** Wahnsinnsfilm *m fam;* ~ **production** gigantische Produktion

ˈ**mega·brand** *n* Megamarke *f,* Marktführer *m,* bekannte Marke ˈ**mega·bucks** *npl (fam)* Schweinegeld *nt kein pl sl;* **to earn ~** ein Schweinegeld verdienen *sl* ˈ**mega·byte** *n,* **MB** Megabyte *nt* ˈ**mega·church** *n* Mega-Kirche *f* **mega·dose** [ˈmegədəʊs, AM -doʊs] *n (fam)* Riesenportion *f* ˈ**mega·hertz** *n* Megahertz *nt*

mega·lith [ˈmegəlɪθ] *n* Megalith *m*

mega·lith·ic [ˌmegəˈlɪθɪk] *adj inv* megalithisch

mega·lo·ma·nia [ˌmegələ(ʊ)ˈmeɪniə, AM -loʊˈ-] *n no pl* ① PSYCH Größenwahn *m,* Megalomanie *f fachspr*

② *(lust for power)* Größenwahn *m pej*

mega·lo·ma·ni·ac [ˌmegələ(ʊ)ˈmeɪniæk, AM -loʊˈ-] **I.** *n* ① PSYCH Größenwahnsinnige(r) *f(m),* Megalomane, Megalomanin *m, f fachspr*

② *(power-hungry person)* Größenwahnsinnige(r) *f(m) pej*

II. *adj attr, inv* größenwahnsinnig *pej*

mega·lo·ma·ni·ac·al [ˌmegələ(ʊ)məˈneɪəkəl, AM -loʊməˈ-] *adj* größenwahnsinnig *pej*

mega·lo·mart [ˈmegələʊmɑ:t, AM -loʊmɑ:rt] *n* Hypermarkt *m*

mega·lopo·lis [ˌmegəˈlɒpəlɪs, AM -ˈɑ:pə-] *n* [riesige] Metropole

ˈ**mega·mer·ger** *n* Fusion *f* der Unternehmensriesen

ˈ**mega·phone** *n* Megaphon *nt*

ˈ**mega·pix·el** *n* Megapixel *nt fachspr* ˈ**mega·re·tail·er** *n* Riesenenzelhandelsunternehmen *nt* ˈ**mega·star** *n* Megastar *m* ˈ**mega·store** *n* Megastore *m* ˈ**mega·thick** *adj inv (fam)* besonders dick ˈ**mega·ton** *n* Megatonne *f* ˈ**mega·watt** *n* Megawatt *nt*

-meis·ter [ˈmaɪstəʳ] *n (fam)* -meister *m,* -profi *m;* **gossip~** Meister(in) *m(f)* des Klatschs, Klatschtante *f fam;* **movie~** Filmprofi *m*

mela·mine, mela·mine res·in [ˈmeləmi:n-] *n no pl* Melaminharz *nt*

mela·mine for·ˈmal·de·hyde res·in *n* CHEM Melaminharz *nt*

mel·an·cho·lia [ˌmelənˈkəʊliə, AM -ˈkoʊl-] *n no pl* ① *(form: gloomy sadness)* Schwermut *f*

② *(dated: mental illness)* Melancholie *f*

mel·an·chol·ic [ˌmelənˈkɒlɪk, AM -ˈkɑ:l-] *adj* melancholisch

mel·an·choly [ˈmelənkəli, AM -kɑ:li] **I.** *n no pl* Melancholie *f,* Schwermut *f*

II. *adj* melancholisch, schwermütig; ~ **day** trüber Tag *fig*

Mela·nesian [ˌmeləˈni:ʒən] **I.** *n* ① *(person)* Melanesier(in) *m(f)*

② *(language)* Melanesisch *nt*

II. *adj* melanesisch

mé·lange [meɪˈlɑ̃(n)ʒ, AM -ˈlɑ̃ʒ] *n usu sing (form)* Mischung *f*

mela·no·ma [ˌmeləˈnəʊmə, AM -ˈnoʊ-] *n* Melanom *nt;* **malignant ~** bösartiges [*o fachspr* malignes] Melanom

mela·to·nin [ˌmeləˈtəʊnɪn, AM -ˈtoʊ-] *n no pl* Melatonin *nt fachspr*

Mel·ba toast [ˌmelbəˈtəʊst, AM -ˈtoʊst] *n no pl dünner, knuspriger Toast*

meld [meld] *vt* AM ■**to ~ sth** etw mischen [*o* kombinieren]; ■**to ~ sth into sth** etw zu etw *dat* kombinieren

me·lee [ˈmeleɪ, AM ˈmeɪ-] *n usu sing* ① *(confused fight)* Handgemenge *nt*

② *(muddle)* Gedränge *nt;* ~ **of people** Menschenmenge *f,* SCHWEIZ *a.* Menschenauflauf *m fam*

mel·lif·lu·ous [mɪˈlɪfluəs, AM məˈ-] *adj (form)* honigsüß *fig;* ~ **voice** angenehme Stimme

mel·low [ˈmeləʊ, AM -oʊ] **I.** *adj* <-er, -est *or* more ~, most ~> ① *(relaxed) person* locker *fam,* heiter, umgänglich; ~ **mood** heitere Stimmung

② *(fam: slightly drunk)* angeheitert

③ *(not harsh)* sanft; *colour* dezent; *light* gedämpft

④ FOOD *(smooth) flavour* mild; *wine* lieblich

II. *vi* ① *(become more easy-going)* umgänglicher werden

② *esp* AM *(fam: relax)* **to ~ out** sich *akk* entspannen

③ *(become softer) colours* weicher werden; *flavour* milder werden

III. *vt* ① *(make more easy-going)* ■**to ~ sb** jdn umgänglicher [*o* abgeklärter] machen; ***age has ~ed her*** im Alter ist sie abgeklärter geworden

② *(make softer)* ■**to ~ sth** etw abschwächen; ***evening sunlight ~ed the harsh white facade*** die Abendsonne ließ die grellweiße Fassade sanfter erscheinen

me·lod·ic [məˈlɒdɪk, AM -ˈlɑ:d-] *adj* melodisch

me·lodi·cal·ly [məˈlɒdɪkəli, AM ˈlɑ:d] *adv* melodisch

me·lo·dious [məˈləʊdiəs, AM -ˈloʊ-] *adj (form)* melodiös *geh,* wohl klingend *geh*

melo·dra·ma [ˈmelə(ʊ)ˌdrɑ:mə, AM -loʊˌ-] *n* ① THEAT Melodrama *nt*

② *(fig: overemotional reaction)* Melodram *nt fam,* melodramatisches Getue *pej fam*

melo·dra·mat·ic [ˌmelə(ʊ)drəˈmætɪk, AM -loʊdrəˈmæt̬-] *adj* melodramatisch

melo·dra·mati·cal·ly [ˌmelə(ʊ)drəˈmætɪkəli, AM -loʊdrəˈmæt̬-] *adv* melodramatisch

melo·dy [ˈmelədi] *n* Melodie *f*

mel·on [ˈmelən] *n* Melone *f*

melt [melt] **I.** *n* ① *(thaw)* Schneeschmelze *f*

② AM FOOD *Sandwich mit geschmolzenem Käse*

II. *vi* ① *(turn into liquid)* schmelzen; **to ~ in the mouth** auf der Zunge zergehen

② *(fig: become tender)* dahinschmelzen *fig;* ***he only has to look at her and she ~s*** er braucht sie nur anzusehen, und schon schmilzt sie dahin

③ *(fig)* ■**to ~ into sth** *(change gradually)* in etw *akk* übergehen; *(disappear)* sich *akk* in etw *dat* auflösen; **to ~ into the background** sich *akk* in den Hintergrund zurückziehen

III. *vt* ① *(make liquid)* ■**to ~ sth** etw schmelzen; ***the sun ~ed the snow*** der Schnee schmolz in der Sonne

② *(fig: make tender)* **to ~ sb** [*or* **sb's heart**] jdn erweichen; ***that smile ~ed me*** dieses Lächeln hat mich herumgekriegt *fam*

◆**melt away** *vi* ① *(thaw)* schmelzen

② *(fig: disappear)* dahinschmelzen *fig,* dahinschwinden; *anger* verfliegen

③ *(disperse) crowd* sich *akk* zerstreuen

◆**melt down** *vt* ■**to ~ down** ↔ **sth** etw schmelzen

ˈ**melt·down** *n* ① TECH [Ein]schmelzen *nt; (in nuclear power station)* Durchbrennen *nt*

② *(fig fam: collapse)* Zusammenbruch *m fig*

melt·ed [ˈmeltɪd] **I.** *vi, vt pt, pp of* **melt**

II. *adj attr, inv* geschmolzen; ~ **butter** zerlassene Butter

melt·ing [ˈmeltɪŋ] *adj inv* rührend; ~ **look** entwaffnender Blick

ˈ**melt·ing point** *n* Schmelzpunkt *m* ˈ**melt·ing pot** *n (fig)* Schmelztiegel *m fig;* **cultural ~** Schmelztiegel *m* der Kulturen; **to throw** [*or* **put**] **sth into the ~** etw von Grund auf ändern

ˈ**melt wa·ter** *n no pl* Schmelzwasser *nt*

mem·ber [ˈmembəʳ, AM -ɚ] **I.** *n* ① *(of group)* Angehörige(r) *f(m); of a club, party* Mitglied *nt;* **committee/team ~** Komitee-/Teammitglied *nt;* ~ **of the family** Familienmitglied *nt;* ~ **of staff** *(employee)* Mitarbeiter(in) *m(f);* SCH Angehörige(r) *f(m)* des Lehrkörpers *form*

② BRIT *(Member of Parliament)* ■**M~** Parlamentsmitglied *nt,* Abgeordnete(r) *f(m)*

③ *(dated form: limb)* Gliedmaße *f meist pl,* Glied *nt*

④ *(dated fam: penis)* Glied *nt*

⑤ COMPUT *(in a field)* Glied *nt*

⑥ *(shareholder)* Gesellschafter(in) *m(f)*

II. *n modifier (nation, organization, state)* Mitglieds-

mem·ber ˈbank *n* Mitgliedsbank *f* **mem·ber ˈcoun·try** *n* Mitgliedsland *nt* **mem·ber ˈfirm** *n* STOCKEX Maklerfirma *f (die Mitglied der Effektenbörse ist)* **mem·ber I'D** *n* INET Mitglieder-ID *f* **Mem·ber of ˈPar·lia·ment** *n,* **MP** *n* ① *(representative)* Abgeordnete(r) *f(m),* Parlamentsmitglied *nt*

② BRIT *(member of House of Commons)* Mitglied *nt* des Unterhauses **Mem·ber of the Euro·pean ˈPar·lia·ment** *n,* **MEP** *n* Abgeordnete(r) *f(m)* [*o* Mitglied *nt*] des Europaparlaments

mem·ber·ship [ˈmembəʃɪp, AM -bɚ-] *n* ① *(people)* ■**the ~** + *sing/pl vb* die Mitglieder *pl*

② *(number of people)* Mitgliederzahl *f*

M

③ *no pl (being member)* Mitgliedschaft *f; (affiliation, belonging)* Zugehörigkeit *f;* **to apply for ~ of** [*or* AM **in**] **a club** die Aufnahme in einen Klub beantragen; **to resign one's ~ of sth** aus etw *dat* austreten; **to take out ~** [**of** [*or* AM **in**] **a club**] [einem Klub] beitreten
④ *(fee)* Mitgliedsbeitrag *m;* **annual ~** [**fee**] Jahresbeitrag *m*

'mem·ber·ship card *n* Mitgliedsausweis *m* **mem·ber·ship reso·'lu·tion** *n* POL Mitgliedschaftsentschließung *f*

mem·ber 'state *n* POL Mitgliedsstaat *m;* **~ currency** Mitgliedswährung *f*

mem·brane ['membreɪn] *n* Membran *f,* Häutchen *nt; of a cell* Zellmembran *f*

mem·brane di'f·fu·sion *n* CHEM, PHYS Osmose *f*

meme [mi:m] *n* BIOL Meme *nt*

me·men·to <*pl* -s *or* -es> [mɪ'mentəʊ, AM mə'mentoʊ] *n* Andenken *nt* (**of** an +*akk*)

me·men·to mori [mɪˌmentəʊ'mɒri, AM məˌmentoʊ'mɔ:ri:] *n* Memento mori *nt*

memo ['meməʊ, AM 'memoʊ] *short for* **memorandum** **I.** *n* Memo *nt;* **to send** [**out**] **a ~** [**to sb**] [jdm] ein Memo [*o* eine Mitteilung] schicken
▸PHRASES: **to not get the ~** AM *(fam)* etw nicht mitbekommen; *(not understand)* etw nicht kapieren *fam*
II. *vt* ■**to ~ sb** jdm ein Memo [*o* eine Mitteilung] schicken

mem·oir ['memwa:ʳ, AM -wa:r] *n* ① *(personal account)* Erinnerungen *pl;* **to write a ~** [**of sth**] seine Erinnerungen [an etw *akk*] niederschreiben
② *(autobiography)* ■**~s** *pl* [*or* AM **~**] Memoiren *pl;* **to write one's ~s** [*or* AM **~**] seine Memoiren schreiben

'memo pad *n* Notizblock *m*

memo·ra·bilia [ˌmemᵊrə'bɪliə] *npl* Souvenirs *pl,* Memorabilien *pl veraltend geh*

memo·rable ['memᵊrəbl̩] *adj* denkwürdig; *evening, line, tune* unvergesslich; **a ~ achievement** eine beeindruckende Leistung

memo·rably ['memᵊrəbli] *adv* nachhaltig; *(unforgettably)* auf unvergessliche Weise

memo·ran·dum <*pl* -s *or* -da> [ˌmemᵊr'ændəm, AM -ə'ræn-, *pl* -də] *n* ① *(form: message)* Mitteilung *f*
② *(document)* Memorandum *nt*
③ LAW *(informal legal agreement)* Vereinbarung *f;* **~ of understanding** Absichtserklärung *f*

me·mo·rial [mə'mɔ:riəl] *n* Denkmal *nt;* MIL Ehrenmal *nt*

Me·'mo·rial Day *n* AM Volkstrauertag *m*

me·mo·rial 'plaque *n* Gedenktafel *f* **me·'mo·rial ser·vice** *n* Gedenkgottesdienst *m*

memo·rize ['memᵊraɪz, AM -mər-] *vt* ■**to ~ sth** sich *dat* etw einprägen; **to ~ a poem/song** ein Gedicht/Lied auswendig lernen

memo·ry ['memᵊri, AM -mɚi] *n* ① *no pl (ability to remember)* Gedächtnis *nt* (**for** für +*akk*); ***if my ~ serves me correctly*** [*or* ***right***] wenn mein Gedächtnis mich nicht täuscht; **to have a ~ like an elephant** ein Elefantengedächtnis haben; **loss of ~** Gedächtnisschwund *m;* **to have a good ~ for names/numbers** ein gutes Namen-/Zahlengedächtnis haben; **a bad/good/photographic ~** ein schlechtes/gutes/fotografisches Gedächtnis; **impaired ~** Gedächtnisschwäche *f;* **within living/sb's ~** soweit man/jd zurückdenken kann; ***this is still within my ~*** daran kann ich mich noch erinnern; **to commit sth to ~** sich *dat* etw einprägen; **to have no ~ of sth** *(form)* sich *akk* nicht an etw *akk* erinnern; **to recite sth from ~** etw aus dem Gedächtnis rezitieren; **to search one's ~** versuchen, sich *akk* zu erinnern
② *no pl (remembrance)* Andenken *nt;* **in ~ of sb/sth** zum Gedenken an jdn/etw
③ *(remembered event)* Erinnerung *f* (**of** an +*akk*); **to bring back memories** Erinnerungen wachrufen
④ *no pl* COMPUT *(stored data)* [Haupt]speicher *m;* **~-hogging** *(fam)* Speicher fressend *attr fam*

'memo·ry bank *n* ① COMPUT *(memory store)* Speicherbank *f* ② *(human memory)* Gedächtnis *nt;* **collective ~** kollektives Gedächtnis **'memo·ry en·hanc·er** *n* Medikament *nt* zur Gedächtnisverbesserung **memo·ry 'lane** *n no pl* ▸PHRASES: **to take a stroll** [*or* **trip**] [*or* **walk**] **down ~** in Erinnerungen schwelgen *geh* **'memo·ry span** *n* PSYCH Gedächtnisspanne *f*

Mem·phian ['memfiːən] *n* Bewohner(in) *m(f)* Memphis

men [men] *n pl of* **man**

men·ace ['menɪs, AM -nəs] **I.** *n* ① *(threat)* Drohung *f;* **to demand** [**sth**] **with ~s** [etw] unter Anwendung von Drohungen verlangen
② *(danger)* Bedrohung *f;* **public ~** öffentliche Gefahr
③ *(annoying person)* Nervensäge *f fam;* ■**to be a ~ to sb** eine Plage für jdn sein
II. *vt (form)* ■**to ~ sb/sth** jdn/etw bedrohen

men·ac·ing ['menɪsɪŋ, AM -nəs-] *adj attr* drohend

men·ac·ing·ly ['menɪsɪŋli, AM -nəs-] *adv* drohend

mé·nage [men'a:ʒ, AM meɪ'-] *n (form)* Haushalt *m*

mé·nage à trois [menˌa:ʒa:'trwa:, AM meɪˌ-] *n (relationship)* Dreiecksbeziehung *f;* AM *(fam: sex)* flotter Dreier *fam*

me·nag·erie [məˌnædʒᵊri, AM -ɚi] *n* Menagerie *f*

mend [mend] **I.** *n (repair)* Flickstelle *f*
▸PHRASES: **to be on the ~** *(fam)* auf dem Weg der Besserung sein
II. *vt* ■**to ~ sth** ① *(repair)* etw reparieren; *torn clothes* etw ausbessern [*o* flicken]; *broken object* etw kleben; **to ~ socks** Socken stopfen
② *(fig: improve)* etw verbessern; **to ~ a situation** eine Situation in Ordnung bringen
▸PHRASES: **to ~ fences** *(prov)* Unstimmigkeiten ausräumen, das Kriegsbeil begraben *fig fam;* **to ~ one's ways** sich *akk* bessern
III. *vi* gesund werden *a. fig; bone* heilen

men·da·cious [men'deɪʃᵊs] *adj (form)* verlogen

men·da·cious·ly [men'deɪʃəsli] *adv* fälschlicherweise; **to say/add/reply ~** lügen

men·dac·ity [men'dæsəti, AM -əṭi] *n no pl (form)* Verlogenheit *f*

Men·de ['mendi] *n* Mende-Sprache *f*

Men·de·le·ev's ta·ble [ˌmendᵊl'eɪevz-, -dɪ-, -efz, -əfz, AM -də'leɪəfz] *n no pl* CHEM Periodensystem *nt* der Elemente

men·de·le·vi·um [ˌmendᵊl'i:viəm, AM -də'li:-] *n no pl* CHEM Mendelevium *nt*

Men·de·lian [men'di:liən] *adj inv* BIOL Mendel'sche(r, s)

Mendel's Laws ['mendᵊzˌlɔ:z, AM -ˌla:z] *n* die mendelschen Gesetze

men·di·cant ['mendɪkənt] **I.** *n (form)* ① *(beggar)* Bettler(in) *m(f)*
② *(monk)* Bettelmönch *m*
II. *adj inv (form)* ① *(begging)* bettelnd *attr*
② *(rejecting possessions)* Bettel-; **~ order** Bettelorden *m*

mend·ing ['mendɪŋ] *n no pl* Flickarbeit *f*

'mend·ing kit *n* Flickzeug *nt (bes für Fahrräder)*

men·folk ['menfəʊk, AM -foʊk] *npl (dated)* Mannsvolk *nt hum fam,* Männer *pl;* **the ~ from the family** die Männer [*o* männlichen Mitglieder] der Familie

me·nial ['mi:niəl] *adj* niedrig; **~ work** Hilfsarbeit *f;* **~ tasks** niedere Tätigkeiten

men·in·gi·tis [ˌmenɪn'dʒaɪtɪs, AM -ṭ-] *n no pl* Gehirnhautentzündung *f,* Meningitis *f fachspr*

meno·pau·sal [ˌmenə(ʊ)'pɔ:zᵊl, AM ˌmenə'pa:-] *adj inv* klimakterisch *fachspr;* **~ women** Frauen *pl* in den Wechseljahren

meno·pause ['menə(ʊ)pɔ:z, AM 'menəpa:z] *n no pl* Wechseljahre *pl,* Menopause *f fachspr,* Klimakterium *nt fachspr*

Men·sa ['mensə] *n no pl,* + *sing/pl vb* Mensa *kein art*

men·ses ['mensi:z] *npl* Menses *pl*

'men's move·ment *n modifier* Männerbewegung *f*

'men's toilet, *esp* AM **'men's room** *n* Herrentoilette *f;* **to go to the ~** auf die [Herren]toilette gehen

men·strual ['men(t)struəl] *adj inv (form)* Menstruations-; **~ cycle** Menstruationszyklus *m;* **~ pain** [*or* **cramps**] Menstruationsschmerzen *pl;* **~ period** Periode *f*

men·stru·ate ['men(t)strueɪt] *vi* menstruieren *geh*

men·strua·tion [ˌmen(t)stru'eɪʃᵊn] *n no pl* Menstruation *f geh,* Periode *f,* [Monats]regel *f*

'mens·wear *n no pl* ① *(men's clothing)* Herrenbekleidung *f*
② *(part of shop)* **~** [**department**] Herrenabteilung *f*

men·tal ['mentᵊl, AM *also* -ṭ-] *adj inv* ① *(of the mind)* geistig, mental; **~ acrobatics** Gedankenakrobatik *f;* **~ image** [*or* **picture**] geistiges Bild; **~ powers** Geisteskräfte *pl,* mentale Kräfte; **~ process** Denkprozess *m;* **to have ~ reservations** [**about sb/sth**] [wegen einer Person/einer S. *gen*] Bedenken haben; **~ retardation** geistige Behinderung
② *(psychological)* psychisch, seelisch; **to suffer a** [**complete** [*or* **total**]] **~ collapse** [*or* **breakdown**] einen [völligen] Nervenzusammenbruch erleiden; **~ cruelty** seelische Grausamkeit; **~ illness** Geisteskrankheit *f;* **~ state** seelische Verfassung
③ *(fam: crazy)* verrückt *fam,* übergeschnappt *fam;* ■**to be ~ about sth** nach etw *dat* verrückt sein *fam,* SCHWEIZ *a.* von etw *dat* angefressen sein *fam*

men·tal 'age *n* Intelligenzalter *nt;* ***he has a ~ of six*** er ist geistig auf dem Stand eines Sechsjährigen **men·tal a'rith·me·tic** *n no pl* Kopfrechnen *nt* **men·tal 'block** *n* geistige Blockierung **men·tal 'han·di·cap** *n (esp pej dated)* geistige Behinderung **'men·tal hos·pi·tal** *n* Nervenheilanstalt *f veraltend,* Nervenklinik *f,* psychiatrische Klinik; **to end up in a ~** *(fam)* in der Klapsmühle landen *fam*

men·tal·ity [men'tæləti, AM -əṭi] *n* Mentalität *f;* **to develop a siege ~** sich *akk* zunehmend bedroht fühlen; **to have a positive ~ about sth** zu etw *dat* eine positive Einstellung haben

men·tal·ly ['mentᵊli, AM *also* -ṭ-] *adv inv* ① *(psychologically)* psychisch; **~ deranged/stable** psychisch gestört/stabil
② *(intellectually)* geistig; **~ defective** *(pej)* geistesgestört *fam;* **~ disabled** geistig behindert

men·thol ['men(t)θɒl, AM -θɔ:l] *n no pl* Menthol *nt*

men·tho·la·ted ['men(t)θᵊleɪtɪd, AM -ṭɪd] *adj inv* Menthol-; **~ lozenge** Mentholbonbon *nt*

men·tion ['men(t)ʃᵊn] **I.** *n* ① *(reference)* Erwähnung *f;* **no ~ was made of sb/sth** jd/etw wurde nicht erwähnt; **to get a ~** erwähnt werden
② *(honour)* lobende Erwähnung; **to receive** [*or* **get**] **a** [**special**] **~** lobend erwähnt werden
II. *vt* ■**to ~ sb/sth** jdn/etw erwähnen; ***don't ~ it!*** gern geschehen!, das ist doch nicht der Rede wert!; ***I'll ~ it to Jane*** ich werde es Jane sagen; ***did she happen to ~ whether she would be coming?*** hat sie zufällig gesagt, ob sie kommt?; ■**to ~ that ...** erwähnen, dass ...; **not to ~ ...** ganz zu schweigen von ...

men·to ['mentəʊ, AM -toʊ] *n (Jamaican dance or song)* Mento *m*

men·tor ['mentɔ:ʳ, AM tɚ] *n* Mentor(in) *m(f)*

menu ['menju:] *n* ① *(in restaurant)* Speisekarte *f*
② COMPUT Menü *nt*

'menu bar *n* COMPUT Menüleiste *f* **'menu-driv·en** *adj* COMPUT menügesteuert

meow *n, vi* AM *see* **miaow**

MEP [ˌemi:'pi:] *n* BRIT *abbrev of* **Member of the European Parliament** Abgeordnete(r) *f(m)* zum Europäischen Parlament, Mitglied *nt* des Europäischen Parlaments

Meph·is·to·phe·lean [ˌmefɪstə'fi:liən] *adj inv* mephistophelisch *geh,* teuflisch

Mephistopheles [ˌmefɪ'stɒfɪli:z, AM -ə'sta:fə-] *n no art* LIT Mephisto, Mephistopheles

mer·can·tile ['mɜ:kᵊntaɪl, AM 'mɜ:r-] *adj inv (form)* Handel treibend, kaufmännisch, Handels-; **~ agency** AM Kreditauskunftei *f;* **~ law** Handelsrecht *nt*

mer·can·tile 'agent *n* Handelsmakler(in) *m(f)* **mer·can·tile ma·'rine** *n (dated)* Handelsmarine *f* **mer·can·tile 'us·age** *n no pl* Usance *f*

mer·ce·nary ['mɜ:sᵊnᵊri, AM 'mɜ:rsəneri] **I.** *n* ① *(soldier)* Söldner *m*
② *(pej: mercenary person)* Gewinnsüchtige(r) *f(m) pej*

II. *adj* ① *(pej: motivated by gain)* gewinnsüchtig, geldgierig
② MIL Söldner-; ~ **soldier** Söldner *m*

mer·cer·ized ['mɜːsəraɪzd, AM 'mɜːr-] *adj inv* merzerisiert

mer·chan·dise ECON **I.** *n* ['mɜːtʃəndaɪs, AM 'mɜːr-] *no pl* Handelsware *f*
II. *vt* ['mɜːtʃəndaɪz, AM 'mɜːr-] ■**to** ~ **sth** etw vermarkten

mer·chan·dis·er ['mɜːtʃəndaɪzəʳ, AM 'mɜːrtʃəndaɪzɚ] *n* [beratender] Außendienstmitarbeiter/[beratende] Außendienstmitarbeiterin

mer·chan·dis·ing ['mɜːtʃəndaɪzɪŋ, AM 'mɜːr-] *n no pl* ① *(marketing)* Merchandising *nt,* Vermarktung *f*
② *(promotional goods)* Werbematerial *nt; (products)* Lizenzware *f*

'mer·chan·dis·ing rights *npl* Vermarktungsrechte *pl*

mer·chant ['mɜːtʃənt, AM 'mɜːr-] *n* ① *(trader)* Händler(in) *m(f),* Kaufmann, -frau *m, f*
② *esp* BRIT *(fam: person)* ~ **of doom** [*or* **gloom**] Schwarzseher(in) *m(f),* Unke *f pej fam;* **speed** ~ Raser(in) *m(f) fam*

mer·chant 'bank *n* FIN ① BRIT Handelsbank *f,* Merchant-Bank *f,* Investitionsbank *f (Spezialinstitut für verschiedenste Finanzierungsleistungen: Groß- und Überseehandel und Emissionsgeschäfte)* ② AM Bank, die ein Kreditkartensystem unterhält **mer·chant 'bank·er** *n* Bankier(in) *m(f)* in einer Handelsbank **mer·chant 'bank·ing** *n no pl* Merchant-Banking *nt*

'mer·chant·man *n* Handelsschiff *nt*

mer·chant 'navy *n* BRIT, **mer·chant ma·'rine** *n* AM Handelsmarine *f* **mer·chant 'sea·man** *n* Matrose *m* der Handelsmarine **'mer·chant ship** *n* Handelsschiff *nt* **mer·chant 'ship·ping** *n* Handelsmarine *f*

mer·ci·ful ['mɜːsɪfəl, AM 'mɜːr-] *adj* ① *(forgiving)* gnädig
② *(fortunate)* ***her death came as a ~ release*** der Tod war für sie eine Erlösung; ***it was a ~ relief from the constant noise*** es war eine Erlösung von dem ständigen Lärm

mer·ci·ful·ly ['mɜːsɪfəli, AM 'mɜːr-] *adv (approv)* ① *(compassionately)* gnädig; **to treat sb** ~ jdn nachsichtig behandeln
② *(fortunately)* zum Glück, glücklicherweise

mer·ci·less ['mɜːsɪləs, AM 'mɜːr-] *adj* ① *(showing no mercy)* gnadenlos, mitleidlos
② *(relentless)* unnachgiebig

mer·ci·less·ly ['mɜːsɪləsli, AM 'mɜːr-] *adv* gnadenlos, erbarmungslos

mer·cu·rial [mɜː'kjʊəriəl, AM mɜːr'kjʊr-] *adj* Quecksilber-; *(fig)* launisch; ~ **mood** unbeständige Laune; ~ **personality** launischer Charakter

mer·cury ['mɜːkjəri, AM 'mɜːrkjə-] *n no pl* ① *(metal)* Quecksilber *nt;* ~ **arc** [*or* **discharge**] **lamp** Quecksilber[dampf]lampe *f*
② *(dated fam: temperature)* Quecksilbersäule *f*

Mer·cury ['mɜːkjəri, AM 'mɜːrkjə-] *n no pl, no art* Merkur *m*

'mer·cu·ry-laced *adj inv* quecksilberhaltig

mer·cy ['mɜːsi, AM 'mɜːr-] *n* ① *no pl (compassion)* Mitleid *nt,* Erbarmen *nt; (forgiveness)* Gnade *f;* **to beg for** ~ um Gnade bitten; **to have** ~ **on sb** mit jdm Erbarmen haben; **Lord have** ~ **upon us** Herr, erbarme dich unser; **to show** [**no**] ~ [kein] Erbarmen haben; **to throw oneself upon sb's** ~ sich *akk* jdm auf Gedeih und Verderb ausliefern
② *(blessing)* Segen *m,* Glück *nt;* ***it is a ~ that no-one was killed in the accident*** es ist ein großes Glück, dass bei dem Unfall niemand getötet wurde
►PHRASES: **to be at the ~ of sb** [*or* **at sb's** ~] jdm auf Gnade oder Ungnade [*o* Gedeih und Verderb] ausgeliefert sein

'mer·cy kil·ling *n* Sterbehilfe *f,* Euthanasie *f geh*

'mer·cy mis·sion *n* Hilfsmission *f*

mere [mɪəʳ, AM mɪr] *adj inv* nur, nichts als; ***he was a ~ boy when he died*** er war noch ein Junge, als er starb; **a** ~ **detail** nur ein Detail

mere·ly ['mɪəli, AM 'mɪr-] *adv inv* nur, bloß *fam;* ***I ~ said I was tired*** ich habe [doch] nur gesagt, dass ich müde bin; ■**not** ~ **... but** nicht nur ... sondern [auch]

mer·est ['mɪərɪst, AM 'mɪr-] *adj inv* geringste(r, s); ***at the ~ mention of politics she launches into a tirade*** man braucht das Thema Politik nur zu streifen und schon fängt sie an loszuschimpfen

mer·etri·cious [ˌmerɪ'trɪʃəs, AM -ə'-] *adj (form)* ① *(false)* trügerisch, unwirklich
② *(pretentious) lifestyle* protzig

merge [mɜːdʒ, AM mɜːrdʒ] **I.** *vi* ① *(join)* zusammenkommen; *roads* zusammenlaufen
② ECON *companies, organizations* fusionieren
③ *(fuse)* verschmelzen; ■**to** ~ **with sth** mit etw *dat* verschmelzen; ■**to** ~ **into sth** mit etw *dat* verschmelzen; **to** ~ **into the landscape/surroundings** sich *akk* in die Landschaft/Umgebung einfügen; ■**to** ~ **into each other** ineinander übergehen
II. *vt* **to** ~ **two classes** SCH zwei Klassen zusammenlegen; **to** ~ **two business divisions** zwei Geschäftsbereiche zusammenführen; **to** ~ **two companies/organizations** zwei Firmen/Organisationen zusammenschließen; ■**to** ~ **sth with sth** COMPUT etw mit etw *dat* mischen

mer·ger ['mɜːdʒəʳ, AM 'mɜːrdʒɚ] *n* ECON Fusion *f,* Verschmelzung *f,* Zusammenführung *f,* Zusammenlegung *f,* Zusammenschluss *m;* ~ **among equals** Fusion *f* unter Gleichen

'mer·ger agree·ment *n* Fusionsvereinbarung *f*

'mer·ger con·trol *n* Fusionskontrolle *f*

me·rid·ian [mə'rɪdiən] *n* ① GEOG *(line of longitude)* Meridian *m,* Längenkreis *m*
② *(in body)* Meridian *m*

me·ringue [mə'ræŋ] *n* Baiser *nt,* Meringe *f,* Meringue *f* SCHWEIZ

me·ri·no [mə'riːnəʊ, AM -noʊ] **I.** *n* ① *(sheep)* Merinoschaf *nt*
② *no pl (material)* Merinowolle *f*
II. *n modifier (hat, socks, sweater, yarn)* Merino-

mer·it ['merɪt] **I.** *n* ① *no pl (worthiness)* Verdienst *nt,* Leistung *f;* ***the film has little artistic ~*** der Film ist künstlerisch nicht besonders wertvoll; ***she won her promotion on ~*** sie ist aufgrund ihrer Leistung befördert worden; **to judge sb on his/her own** ~ jdn nach seinem/ihrem Verdienst beurteilen
② *(good quality)* gute Eigenschaft, Vorzug *m*
③ *(intrinsic nature)* ■~**s** *pl* sachlicher Gehalt; ■**on the** ~**s** LAW in der Sache selbst; ■**on its own** ~**s** für sich *akk* betrachtet; **to consider a case on its own** ~**s** eine Sache gesondert behandeln; **considered purely on its own** ~**s ...** für sich *akk* genommen ...; **to judge sth on its own** ~**s** etw für sich *akk* genommen beurteilen
④ *(advantage)* Vorteil *m;* **the** ~**s of not smoking** die Vorteile des Nichtrauchens
II. *vt* ■**to** ~ **sth** etw verdienen, einer S. *gen* würdig sein; ***this plan ~s careful attention*** dieser Plan verdient volle Aufmerksamkeit

meri·toc·ra·cy [ˌmerɪ'tɒkrəsi, AM -ə'tɑːk-] *n* Leistungsgesellschaft *f*

meri·to·crat·ic [ˌmerɪtə'krætɪk] *adj* leistungsorientiert

meri·to·ri·ous [ˌmerɪ'tɔːriəs, AM -ə'-] *adj (form)* verdienstvoll

Mer·lin ['mɜːlɪn, AM 'mɜːr] *n no pl* Merlin *m*

mer·maid ['mɜːmeɪd, AM 'mɜːr-] *n* Meerjungfrau *f*

mer·man ['mɜːmæn, AM 'mɜːr-] *n* Wassergeist *m*

mer·ri·ly ['merəli] *adv (fam)* fröhlich, vergnügt *a. iron*

mer·ri·ment ['merimənt] *n no pl* ① *(laughter and joy)* Fröhlichkeit *f;* **sounds of** ~ fröhliches Gelächter
② *(amusement)* Heiterkeit *f;* **to be a source of** ~ zu Heiterkeit Anlass geben

mer·ry ['meri] *adj* ① *(happy)* fröhlich; **M~ Christmas** Frohe [*o* Fröhliche] Weihnachten
② BRIT *(fam: slightly drunk)* angesäuselt *fam*
►PHRASES: **to go one's ~ way** seiner Wege gehen; **to lead sb a ~ chase** AM jdn an der Nase herumführen; **to make** ~ feiern

'mer·ry-go-round *n* ① *(fairground ride)* Karussell *nt*
② *(fig: bustling activities)* Hoch-Zeit *f*

mer·ry-go-round re·'ac·tor *n* CHEM Karussell[photo]reaktor *m*

'mer·ry-mak·ing *n no pl (liter)* ausgelassene Stimmung

mesa ['meɪsə] *n* Hochebene *f*

mes·ca·lin(e) ['meskəlɪn] *n no pl* Meskalin *nt*

Mes·dames [meɪ'dæm, AM -'dɑːm] *npl Plural von Madame/Mrs;* ~ **Fisher and Brown** Frau Fisher und Frau Brown, Mrs Fisher und Mrs Brown

mesh [meʃ] **I.** *n* ① *no pl (interlaced structure)* Geflecht *nt;* **wire** ~ Drahtgeflecht *nt*
② COMPUT Vermaschung *f*
II. *vi* ① *(join) gears* ineinandergreifen
② *(fig: mix)* sich *akk* mischen
III. *vt* **to** ~ **gears** Zahnräder in Eingriff bringen

mesh 'net·work *n* COMPUT vermaschtes Netz

mes·mer·ic [mez'merɪk] *adj* hypnotisch; *(fig)* faszinierend

mes·mer·ism ['mezmərɪzəm] *n (dated)* Hypnotisieren *nt*

mes·mer·ize ['mezməraɪz] *vt* ■**to** ~ **sb** jdn hypnotisieren *geh; (fig)* jdn faszinieren

mes·mer·iz·ing ['mezməraɪzɪŋ] *adj* hypnotisierend *geh; (fig)* faszinierend

Meso·lith·ic [ˌmesəʊ'lɪθɪk, AM ˌmezoʊ'-] *adj inv* mittelsteinzeitlich, mesolithisch *fachspr;* **the** ~ **Age** die Mittelsteinzeit, das Mesolithikum *fachspr*

meso·morph ['mesəʊmɔːf, AM 'mezoʊmɔːrf] *n* mesomorpher Mensch *fachspr,* Mensch *m* mit athletischem Körperbau

meso·morph·ic ['mesəʊmɔːfɪk, AM 'mezoʊmɔːr-] *adj* mesomorph[isch]

me·son ['miːzɒn, AM 'mezɑːn] *n* PHYS Meson *nt meist pl,* Mesotron *nt meist pl veraltend*

Meso·po·ta·mia [ˌmesəpə'teɪmiə] *n no pl* Mesopotamien *nt*

meso·thera·pist [ˌmezə(ʊ)'θerəpɪst, AM ˌmezoʊ-] *n* Mesotherapeut(in) *m(f)*

meso·thera·py [ˌmezə(ʊ)'θerəpi, AM ˌmezoʊ-] *n* Mesotherapie *f (das Spritzen von Vitaminen, Mineralien, Aminosäuren oder anderen Arzneimitteln)*

mess [mes] **I.** *n* <*pl* -es> ① *usu sing (untidy state)* Unordnung *f,* Durcheinander *nt; (dirty state)* Schweinerei *f;* ***her desk was a ~ of books and paper*** ihr Schreibtisch war ein einziges Durcheinander von Büchern und Blättern; ***tidy up this ~!*** räum diesen Saustall auf! *fam;* ***you look a complete ~!*** du siehst ja schlimm aus!; **to make a ~ in the bathroom/kitchen** *(not tidy)* das Bad/die Küche in Unordnung bringen; *(dirty)* im Bad/in der Küche eine Schweinerei machen; **to be in a** ~ in Unordnung [*o* unordentlich] sein
② *usu sing (disorganized state)* Chaos *nt;* ■**to be a** ~ chaotisch sein; *person also* ein Chaot/eine Chaotin sein; **to be in a** ~ sich *akk* in einem schlimmen Zustand befinden; **to get oneself into a** [**bit of a**] ~ sich *akk* in Schwierigkeiten bringen; **to sort out the** ~ das Chaos ordnen, Ordnung in das Chaos bringen
③ *usu sing (dirt)* Dreck *m;* **to make a ~ on sth** etw schmutzig machen
④ *(animal excrement)* Häufchen *nt euph*
⑤ *(officer's eating hall)* Messe *f*
►PHRASES: **to make a ~ of sth** *(make untidy)* etw in Unordnung bringen; *(bungle)* etw verpfuschen
II. *vt (fam)* ■**to** ~ **sth** etw in Unordnung bringen [*o fam* durcheinanderbringen]
III. *vi (excrete)* [ein Häufchen *nt*] machen
►PHRASES: **no ~ing!** keine faulen Ausreden!

◆**mess about, mess around I.** *vi* ① *(play the fool)* herumblödeln *fam*
② *(waste time)* herumspielen
③ *(tinker)* ■**to** ~ **about with sth** an etw *dat* herumspielen [*o fam* herumpfuschen]
④ *(be unfaithful)* ■**to** ~ **about with sb** sich *akk* mit jdm einlassen
⑤ AM *(make fool of)* ■**to** ~ **around with sb** jdn verarschen *derb*
II. *vt* ■**to** ~ **sb about** [*or* **around**] jdn schikanieren

◆**mess up** *vt (fam)* ① *(botch up)* ■**to** ~ **up** ◌ **sth**

etw verpfuschen *fam;* **to ~ up a plan** einen Plan vermasseln
② *(make untidy)* ■ **to ~ up** ⊂ **sth** etw in Unordnung bringen
③ *(fam: make uptight)* ■ **to ~ up** ⊂ **sb** jdn verkorksen *fam*
◆ **mess with** *vi* ① *(get involved with)* ■ **to ~ with sb** sich *akk* mit jdm einlassen; *(cause trouble to)* jdn schlecht behandeln; ***don't ~ with me!*** verarsch mich bloß nicht! *derb*
② *(play with)* ■ **to ~ with sth** mit etw *dat* herumspielen [*o* leichtfertig umgehen]; *(tamper)* an etw *dat* herumspielen
③ *(fam: muddle)* ■ **to ~ with sth/sb** etw/jdn durcheinanderbringen; **to ~ with sb's plans** jds Pläne durchkreuzen

mes·sage ['mesɪdʒ] *n* ① *(communication)* Nachricht *f*, Botschaft *f*; ***are there any ~s for me?*** hat jemand eine Nachricht für mich hinterlassen?; **to deliver a ~ [to sb]** [jdm] eine Nachricht überbringen; *(tell)* [jdm] etw ausrichten; **to get/leave a ~** eine Nachricht erhalten/hinterlassen; **~ received and understood** verstanden; **to send sb a ~** [*or* **a ~ to sb**] jdm eine Nachricht schicken; ***James sent a ~ to meet him at the hotel*** James ließ uns ausrichten, dass wir ihn im Hotel treffen sollten; **to send sb a ~ that ...** *(fig)* jdm signalisieren [*o* zu verstehen geben], dass ...; **to stay on ~** POL, COMM beim Thema bleiben
② *(theme)* Botschaft *f*, Message *f fam;* **to get one's ~ across** seine Message rüberbringen *fam*
③ SCOT, IRISH *(errand)* Botengang *m*
▶ PHRASES: **to get the ~** *(fam)* verstehen, kapieren *fam*

'mes·sage board *n* Schwarzes Brett **'mes·sage for·mat** *n* COMPUT Nachrichtenformat *nt*

mes·sag·ing ['mesɪdʒɪŋ] *n no pl* Kommunikation *f* per E-Mail, Mailing *nt sl*

messed-'up *adj (sl)* verkorkst *fam*

mes·sen·ger ['mesɪndʒəʳ, AM -ɚ] *n* Bote, Botin *m, f*
▶ PHRASES: **don't shoot the ~** *esp* BRIT *(saying)* mach den Boten nicht für die schlechte Nachricht verantwortlich

'mes·sen·ger bag *n* FASHION Kuriertasche *f* **'mes·sen·ger boy** *n* Botenjunge *m*, Laufbursche *m* ÖSTERR, SCHWEIZ *o pej*

'mess hall *n* AM MIL *(mess)* Messe *f*

mes·si·ah [mə'saɪə] *n usu sing* ① *(redeemer)* ■ **M~** Messias *m*, Erlöser *m*
② *(fig: leader)* Befreier *m*

mes·si·an·ic [ˌmesi'ænɪk] *adj inv (form)* messianisch *geh;* **with ~ fervour** [*or* AM **fervor**] [*or* **zeal**] mit messianischem Eifer

messi·ly ['mesɪli] *adv* ① *(sloppily)* nachlässig; **to do a job ~** unordentlich arbeiten; **to eat ~** sich *akk* beim Essen bekleckern
② *(unpleasantly)* unerfreulich

'mess kit *n* MIL Essgeschirr *nt kein pl*

Messrs ['mesəz, AM -ɚz] *n pl of* **Mr** Herren *pl;* **~ *White, White & Smith*** Firma White, White & Smith

'mess tin *n* BRIT MIL Campinggeschirr *nt*

'mess-up *n (fam)* Durcheinander *nt;* **to make a ~ of sth** etw durcheinanderbringen

messy ['mesi] *adj* ① *(untidy)* unordentlich; *person* schlampig
② *(dirty)* schmutzig, dreckig
③ *(unpleasant)* unerfreulich; **a ~ divorce** eine Scheidung in Unfrieden

met¹ [met] *vt, vi pt of* **meet**

met² [met] *adj* BRIT *(fam) short for* **meteorological** meteorologisch

Met¹ [met] *n* BRIT ■ **the ~** *short for* **Metropolitan Police**

Met² [met] *n* AM *short for* **Metropolitan Opera Company** Met *f*

Met³ [met] *n* AM *short for* **Metropolitan Museum of Art** *großes Museum in New York*

meta·bol·ic [ˌmetə'bɒlɪk, AM ˌmet̬ə'bɑːl-] *adj inv* metabolisch *fachspr*, Stoffwechsel-; **~ pathway** Stoffwechselweg *m;* **to stimulate one's ~ rate** seinen Stoffwechsel anregen

me·tabo·lism [mə'tæbəlɪzəm] *n* Stoffwechsel *m*, Metabolismus *m fachspr*

meta·crawl·er ['metəkrɔːləʳ, AM -ɚ] *n* INET Metacrawler *m*

meta·fic·tion [ˌmetə'fɪkʃən, AM ˌmet̬ə'-] *n no pl* Roman *m* über die Entstehung eines Romans

meta·fic·tion·al [ˌmetə'fɪkʃənəl, AM ˌmet̬ə'-] *adj inv* **~ novel** Roman *m* über die Entstehung eines Romans

met·al ['metəl, AM -t̬əl] **I.** *n* ① *(material)* Metall *nt;* **precious ~** Edelmetall *nt*
② BRIT RAIL *(form)* ■ **~s** Schienen *pl*
II. *adj inv* aus Metall *nach n*

meta·lan·guage [ˌmetəl'æŋgwɪdʒ, AM -t̬-] *n* Metasprache *f*

'met·al de·tec·tor *n* Metalldetektor *m* **'met·al fa·tigue** *n no pl* Metallermüdung *f*

met·alled ['metəld] *adj inv* BRIT Schotter-; **~ road** Schotterstraße *f*

me·tal·lic [mə'tælɪk] *adj* ① *(like metal)* metallisch; **~ paint** Metalleffektlack *m*
② *(containing metal)* metallhaltig; **~ alloy** Metalllegierung *f*

met·al·lur·gi·cal [ˌmetəl'ɜːdʒɪkəl, AM -t̬əl'ɜːrdʒ-] *adj inv* metallurgisch; **~ engineering/industry** Hüttenwesen *nt*/-industrie *f*

met·al·lur·gist [met'ælədʒɪst, AM 'met̬əlɜːrdʒ-] *n* Metallurg(in) *m(f)*

met·al·lur·gy [met'ælədʒi, AM 'met̬əlɜːr-] *n no pl* Metallurgie *f*

'met·als trade *n no pl* Metallhandel *m*

'met·al·work *n no pl* ① *(craft)* Metallarbeit *f*
② *(objects)* Metallarbeiten *pl*
③ *(metal parts)* Metallteile *pl*, metallene Teile

'met·al·work·er *n* Metallarbeiter(in) *m(f)*

meta·mor·phose [ˌmetə'mɔːfəʊz, AM -t̬ə'mɔːrfoʊz] *vi (form)* ■ **to ~ [into sth]** sich *akk* [in etw *akk*] verwandeln

meta·mor·pho·sis <*pl* -phoses> [ˌmetə'mɔːfəsɪs, AM -t̬ə'mɔːr-, *pl* -fəsiːz] *n* Metamorphose *f geh*, Verwandlung *f*

meta·phor ['metəfəʳ, AM 'met̬əfɔːr] *n* ① *(figure of speech)* Metapher *f* (**for** für *+akk*)
② *no pl (figurative language)* bildhafte [*o* metaphorische] Sprache

meta·phor·ic(al) [ˌmetə'fɒrɪk(əl), AM -t̬ə'fɔːr-] *adj* metaphorisch

meta·phori·cal·ly [ˌmetə'fɒrɪkəli, AM -t̬ə'fɔːr-] *adv* metaphorisch; **~ speaking** bildlich gesprochen; **to use sth ~** etw metaphorisch gebrauchen

meta·physi·cal [ˌmetə'fɪzɪkəl, AM -t̬ə'-] *adj* metaphysisch

meta·physi·cal·ly [ˌmetə'fɪzɪkəli, AM ˌmet̬] *adv* metaphysisch

meta·phys·ics [ˌmetə'fɪzɪks, AM -t̬ə'-] *n no pl, + sing vb* Metaphysik *f*

me·ta·sta·sis <*pl* -stases> [met'æstəsɪs, AM mə'tæs-, *pl* -stæsiːz] *n* Metastase *f*

mete [miːt] *vt* ■ **to ~ out** ⊂ **sth [to sb]** [jdm] etw auferlegen; **to ~ out punishment to sb** jdn bestrafen; *(physical)* jdn züchtigen

met·em·psy·cho·sis <*pl* -choses> [ˌmetemsaɪ'keʊsɪs, AM ˌmɪtemsɪ'koʊ] *n* Seelenwanderung *f*

me·teor ['miːtiəʳ, AM -t̬iɚ] *n* Meteor *m;* **~ shower** Meteorregen *m*

me·teor·ic [ˌmiːti'ɒrɪk, AM -t̬i'ɔːr-] *adj inv* ① ASTRON Meteor-, meteorisch
② *(fig: rapid)* kometenhaft; **~ rise [to fame]** kometenhafter Aufstieg [zu Ruhm]

me·teor·ite ['miːtiəraɪt, AM -t̬iə-] *n* Meteorit *m*

me·teoro·logi·cal [ˌmiːtiərə'lɒdʒɪkəl, AM -t̬iɚə'lɑːdʒ-] *adj inv* meteorologisch

Me·teoro·'logi·cal Of·fice *n* BRIT Wetteramt *nt*

me·teor·olo·gist [ˌmiːtiər'ɒlədʒɪst, AM -t̬iə'rɑːl-] *n* Meteorologe, Meteorologin *m, f*

me·teor·ol·ogy [ˌmiːtiər'ɒlədʒi, AM -t̬iə'rɑːl-] *n no pl* Meteorologie *f*

me·ter¹ ['miːtəʳ, AM -t̬ɚ] **I.** *n* Messuhr *f*, Zähler *m;* **[parking] ~** Parkuhr *f;* **[taxi] ~** Taxameter *nt o m;* **to read a/the ~** einen/den Zähler ablesen
II. *vt* ■ **to ~ sth** etw zählen

me·ter² *n* AM *see* **metre**

'me·ter elec·trode *n* CHEM, PHYS Messelektrode *f*

meth [meθ] **I.** *n no pl short for* **methamphetamine** Methamphetamin *nt fachspr*
II. *n modifier* Methamphetamin-; **~ cases** Fälle von Methamphetaminvergiftung

metha·done ['meθədəʊn, AM -doʊn] *n no pl* Methadon *nt*

meth·am·pheta·mine [ˌmeθæm'fetəmiːn, AM -t̬-] *n no pl* Methamphetamin *nt fachspr*

me·thane ['miːθeɪn, AM 'meθ-] *n* Methan *nt*

metha·nol ['meθənɒl, AM -nɑːl] *n no pl* Methanol *nt*

me·thinks [mɪ'θɪŋks] *vi (old or hum)* mich dünkt *veraltet o hum*

metho¹ ['meθəʊ] *n* AUS, NZ *(sl) short for* **methylated spirit** Brennspiritus *m*, Brennsprit *m* SCHWEIZ, Fusel *m fam*

metho² ['meθəʊ] *n* AUS, NZ *(sl) short for* **methylated spirit drinker** *jd, oft ein Obdachloser, der brennspiritussüchtig ist*

meth·od ['meθəd] *n* ① *(way of doing sth)* Methode *f*, Art und Weise *f;* TECH Verfahren *nt;* **~ of accounting** Bewertungsmethode *f;* **~ of analysis** CHEM Analysenverfahren *nt;* **~ of approximation** MATH Näherungsverfahren *nt;* **~ of communication** Kommunikationsweg *m;* **~ of comparison** Vergleichsverfahren *nt;* **~ of financing** Finanzierungsform *f*, Finanzierungsart *f;* **~ of fluxion** [*or* **fluctuations**] MATH Differenzialrechnung *f;* **~ of payment** Zahlungsmodus *m*, Zahlungsweg *m;* **~ of persuasion** Überzeugungstaktik *f;* **~ of transport** Fortbewegungsart *f;* **teaching ~** Lehrmethode *f*
② *no pl (order)* System *nt*
▶ PHRASES: **there is ~ in** [*or* AM **to**] **sb's madness** jds Wahnsinn hat Methode

'meth·od-act *vi* sich *akk* völlig mit seiner Rolle identifizieren **'meth·od act·ing** *n no pl eine Schauspieltechnik, die auf Theorien von Stanislawski beruht und von Lee Strasberg entwickelt wurde*

me·thodi·cal [mə'θɒdɪkəl, AM -'θɑːd-] *adj* ① *(ordered)* methodisch, systematisch
② *(careful)* sorgfältig

me·thodi·cal·ly [mə'θɒdɪkəli, AM -'θɑːd-] *adv* methodisch, mit System

Meth·od·ism ['meθədɪzəm] *n no pl* Methodismus *m*

Meth·od·ist ['meθədɪst] **I.** *n* Methodist(in) *m(f)*
II. *adj* methodistisch; **~ church** Methodistenkirche *f*

meth·odo·logi·cal [ˌmeθədəl'ɒdʒɪkəl, AM -'ɑːdʒ-] *adj inv* methodologisch

meth·odo·logi·cal·ly [ˌmeθədə'lɒdʒɪkəli, AM -'lɑː-] *adv inv* methodologisch

meth·od·ol·ogy [ˌmeθə'dɒlədʒi, AM -'dɑːl-] *n* ① *no pl (theory of methods)* Methodenlehre *f*, Methodologie *f geh*
② *(system)* Methodik *f*

meths [meθs] *n* BRIT *(fam) short for* **methylated spirits** Brennspiritus *m*, Brennsprit *m* SCHWEIZ

Methuselah [mə'θjuːzələ, AM -'θuː-] *n no art (hum)* Methusalem *kein art hum;* **as old as ~** so alt wie Methusalem

me·thyl al·co·hol [ˌmeθəl'ælkəhɒl, AM -əhɑːl] *n* Methanol *nt*

meth·yl·ate ['meθəleɪt, -ɪleɪt, AM -ɪleɪt] *vt* CHEM ■ **to ~ sth** etw methylieren

meth·yl·at·ed ['meθəleɪtɪd, AM -θɪleɪt̬-] *adj* methyliert

meth·yl·at·ed 'spir·its *n no pl* ① *(cleaning product)* denaturierter Alkohol
② *(fuel)* Brennspiritus *m*, Brennsprit *m* SCHWEIZ

me·ti·cal <*pl* meticais> [ˌmetɪ'kæl, *pl* -'kaɪʃ, AM ˌmet̬ɪ'-, *pl* -'kaɪʃ] *n (Mozambican currency)* Metical *m*

me·ticu·lous [mə'tɪkjələs] *adj (approv)* peinlich genau, akribisch *geh;* **~ care** höchste Sorgfalt; **~ detail** kleinstes Detail

me·ticu·lous·ly [mə'tɪkjələsli] *adv (approv)* bis ins kleinste Detail, akribisch *geh*

me·ticu·lous·ness [mə'tɪkjələsnəs] *n no pl (approv)* peinliche Genauigkeit, Akribie *f geh*

mé·ti·er ['meɪtieɪ, AM meɪ'tjeɪ] *n* Metier *nt geh,*

[Spezial]gebiet *nt*

Mé·tis ['meɪti:] *n* CAN Mischling indianischer und französischer Abstammung

'Met Of·fice *n* BRIT *short for* **Meteorological Office** Wetteramt *nt*

me·tony·my <*pl* -mies> [mɪ'tɒnəmi, AM mə'tɑ:n] *n* Metonymie *f*

me-'too *adj attr (fam or pej) style, politics* Nachmacher-; *design* nachgemacht, geklaut *fam*

me·tre, AM **me·ter** ['mi:tə^r, AM -t̬ɚ] *n* ① *(unit of measurement)* Meter *m;* **the 100/200/400/1500 ~s** der 100-/200-/400-/1500-Meter-Lauf; **cubic/square ~** Kubik-/Quadratmeter *m*
② *(poetic rhythm)* Metrum *nt fachspr,* Versmaß *nt*

met·ric ['metrɪk] *adj inv* metrisch; **~ system** metrisches System

met·ri·cal ['metrɪk^əl] *adj* ① *(of measurement)* metrisch; **~ measurement** metrisches Maß
② *(composed in metre)* metrisch; **~ verse** metrischer Vers

met·ri·ca·tion [ˌmetrɪ'keɪʃ^ən] *n* Umstellung *f* auf das metrische System

met·ric 'ton *n* metrische Tonne

met·ro[1] ['metrəʊ, AM -troʊ] *n no pl esp* CAN U-Bahn *f; (in Paris)* Metro *f*

met·ro[2] ['metroʊ] *adj attr* AM *short for* **metropolitan** Stadt-

met·ro·nome ['metrənəʊm, AM -noʊm] *n* Metronom *nt geh,* Taktmesser *m*

met·ro·nom·ic [ˌmetrə'nɒmɪk, AM 'nɑ:mɪk] *adj inv* metronomisch

met·ropo·lis [mə'trɒpəlɪs, AM -'trɑ:p^əl-] *n (form)* ① *(large city)* Metropole *f geh,* Weltstadt *f*
② *(chief city)* Hauptstadt *f*

met·ro·poli·tan [ˌmetrə'pɒlɪt^ən, AM -'pɑ:lə-] *adj* ① *(of large city)* weltstädtisch
② *(of chief city)* hauptstädtisch

met·ro·poli·tan 'coun·ty *n* BRIT *Bezirksregierung in England, die sich auf sechs Großstadtgebiete bezieht* **Met·ro·poli·tan Po·'lice** *n no pl* BRIT ▪**the ~** die Londoner Polizei

met·tle ['metl̩, AM 'met̬l̩] *n no pl (form)* ① *(inner strength)* Durchhaltevermögen *nt;* **a test of sb's [political] ~** eine Probe für jds [politisches] Stehvermögen; **to prove/show one's ~** beweisen/zeigen, was in einem steckt
② *(best form)* Höchstform *f;* **to be on one's ~** in Höchstform sein; **to put someone off their ~** jdn aus dem Konzept bringen

met·tle·some ['metl̩səm, AM 'met̬l̩-] *adj* energiegeladen

mew [mju:] **I.** *n* Miauen *nt*
II. *vi* miauen

mews [mju:z] *npl* BRIT *Straße oder kleiner Platz, wo sich früher Stallungen befanden, die jetzt zu Wohnhäusern umgebaut sind*

Mexi·can ['meksɪk^ən] **I.** *n* ① *(person)* Mexikaner(in) *m(f)*
② LING Nahuatl *nt*
II. *adj* mexikanisch

Mexi·can 'stand off *n* AUS Pattsituation *f* **Mexi·can 'wave** *n* BRIT Welle *f fig (Zuschauerreaktion bei Sportveranstaltungen)*

Mexi·co ['meksɪkəʊ, AM -koʊ] *n* Mexiko *nt*

Mexi·co 'City *n* Mexiko-City *nt*

mez·za·nine ['metsəni:n, AM 'mez-] *n* ① ARCHIT Mezzanin *m o nt fachspr,* Zwischengeschoss *nt*
② AM THEAT erster Rang

mez·za·nine 'fi·nance *n no pl festverzinsliche, nachrangige Finanzierung*

mez·zo so·pra·no [ˌmetsəʊsə'prɑ:nəʊ, AM -soʊsə'prænoʊ] *n* ① *(voice)* Mezzosopran *m*
② *(singer)* Mezzosopranistin *f*

mez·zo·tint ['metsəʊtɪnθ, AM soʊ] *n* TYPO Mezzotinto *nt fachspr; (technique a.)* Schabkunst *f*

mg *n* <*pl* -> *abbrev of* **milligram** mg

MHR [ˌemeɪtʃ'ɑ:r] *n* AM *abbrev of* **Member of the House of Representatives** Mitglied *nt* des Repräsentantenhauses

MHz *n* <*pl* -> *abbrev of* **megahertz** MHz

MI5 [ˌemaɪ'faɪv] *n no art* BRIT *abbrev of* **military intelligence, section 5** MI5 *(Inlandsnachrichtendienst Großbritanniens, dessen Aufgabe es ist, das Land vor Angriffen zu schützen sowie die Schwerkriminalität zu bekämpfen)*

MI6 [ˌemaɪ'sɪks] *n no art* BRIT *abbrev of* **military intelligence, section 6** MI6 *(britischer Auslandsgeheimdienst, dessen Aufgabe es ist, nachrichtendienstliche Informationen aus Bereichen wie Sicherheitspolitik, Verteidigung und Wirtschaft bereitzustellen)*

Mi·amian [maɪ'æmiən] *n* Bewohner(in) *m(f)* Miamis

miaow [ˌmi:'aʊ, AM mi'-] **I.** *n* Miauen *nt*
II. *vi* miauen

mi·as·ma [mɪ'æzmə, AM maɪ'-] *n* ① *(fog)* Miasma *nt geh;* **~ of pollution** Smog *m*
② *(fig: state)* Sumpf *m fig*

mic [maɪk] *n* AM *(fam) acr for* **microphone** Mikro *nt fam*

mica ['maɪkə] *n no pl* Glimmererde *f,* Muskovit *m fachspr*

mice [maɪs] *n pl of* **mouse**

Mich. AM *abbrev of* **Michigan**

Mich·ael·mas ['mɪk^əlməs] *n* ① *(in September)* Michael[i]stag *m (29. September)*
② *(day rent is due)* Michaelis[tag] *m,* Quartalszahltag *m*
③ *(law court sitting)* Michaelis[tag] *m; (law term)* Herbstsitzungsperiode *f*

Michi·gan·er ['mɪʃɪgənə^r, AM -ɚ] *n* Bewohner(in) *m(f)* Michigans

Mick [mɪk] *n (pej! sl)* Ire, Irin *m, f*

mickey ['mɪki] *n* BRIT, AUS *(fam)* **to take the ~ out of sb** jdn aufziehen *fam,* sich *akk* über jdn lustig machen; ***you're taking the ~ now, aren't you?*** du willst mich wohl auf den Arm nehmen, was?

Mickey, Mickey Finn [ˌmɪki'fɪn] *n (sl) mit Drogen versetztes Getränk;* **to slip sb a ~** jdm was in sein Getränk tun

'Mickey Mouse *adj attr (pej fam)* Scherz- *fam;* **~ company** Amateurfirma *f pej;* **~ computer** Spielzeugcomputer *m pej fam;* **a ~ job** ein Witz *m* von einem Job *pej fam*

Mic·mac ['mɪkmæk] *n* ① *(Nova Scotian Indians)* Mi'kmaq *pl*
② *(Indian language)* Micmac-Sprache *f*

micro ['maɪkrə(ʊ), AM -roʊ] *n (fam) short for* **microcomputer** Mikrocomputer *m*

micro- [maɪkrəʊ, AM maɪkroʊ] *in compounds* mikro-

mi·crobe ['maɪkrəʊb, AM -roʊb] *n* Mikrobe *f*

mi·crobe-re·'sis·tant *adj inv* mikrobenresistent

micro·bio·'logi·cal *adj inv* mikrobiologisch **micro·bi·'olo·gist** *n* Mikrobiologe, -biologin *m, f* **micro·bi·'ol·ogy** *n no pl* Mikrobiologie *f* **'micro·brew** *n* Bier *nt* aus einer kleinen Brauerei **'micro·brewed** *adj inv* AM **~ beer** Bier *nt* von kleinen Brauereien **'micro·browser** *n* COMPUT, INET, TELEC Mikrobrowser *m* **'micro·car** *n* Kleinstwagen *m* **'micro·chip** *n* Mikrochip *m* **'micro·cir·cuit** *n* ELEC Mikroschaltung *f* **'micro·cli·mate** *n* Mikroklima *nt* **'micro·com·put·er** *n* Mikrocomputer *m*

micro·cosm ['maɪkrə(ʊ)kɒz^əm, AM -roʊkɑ:-] *n* Mikrokosmos *m*

'micro·cred·it *n* FIN Mikrokredit *m,* Klein[st]kredit *m*

micro·derm·abra·sion [ˌmaɪkrəʊˌdɜ:mə'breɪʒ^ən, AM -oʊ-] *n no pl* Mikrodermabrasion *f*

'micro·dot *n* ① *(photograph)* Mikrobild *nt* ② *(drug)* LSD-Tablette *f* **micro·eco·'nom·ics** *n + sing vb* Mikroökonomie *f* **micro·elec·'tron·ics** *n + sing vb* Mikroelektronik *f* **'micro·fiche** *n* Mikrofiche *nt o m* **micro·fiche 'read·er** *n* Mikroficheleseger ät *nt* **'micro·film I.** *n* Mikrofilm *m* **II.** *vt* ▪**to ~ sth** etw auf Mikrofilm aufnehmen **micro·film 'read·er** *n* Mikrofilmlesegerät *nt* **micro·fine** [maɪkrə(ʊ)faɪn, AM -kroʊ-] *adj attr, inv* winzig **'micro·gen·era·tion** *n no pl* Mikroerzeugung *f (gekoppelte Erzeugung von Strom und Wärme auf Haushaltsebene)* **'micro·gram** *n* Mikrogramm *nt* **'micro·light, 'micro·lite** *n* Ultraleichtflugzeug *nt* **'micro·loan** *n* FIN Mikrokredit *m,* Kleinkredit *m*

micro·man·age [maɪkrə(ʊ)mænɪdʒ, AM -kroʊ-] *vt* ▪**to ~ sth** etw bis ins Kleinste ausführen

mi·crom·eter [maɪ'krɒmɪtə^r, AM -'krɑ:mɪt̬ɚ] *n (measuring device)* Mikrometer *nt*

micro·me·tre, AM **micro·me·ter** ['maɪkrəʊˌmi:tə^r, AM -kroʊˌmi:t̬ɚ] *n* Mikrometer *m*

'micro·mini *n* FASHION Supermini *m*

mi·cron ['maɪkrɒn, AM -krɑ:n] *n (dated)* Mikron *nt veraltet*

Micro·nesia [ˌmaɪkrəʊ'ni:ʒə, AM -kroʊ'ni:ʒə] *n* Mikronesien *nt*

Micro·nesian [ˌmaɪkrə(ʊ)'ni:ʒən, AM -kroʊ'ni:ʒən] **I.** *n* ① *(person)* Bewohner(in) *m(f)* Mikronesiens
② *(language)* Mikronesisch *nt*
II. *adj* mikronesisch

micro·'nu·tri·ent *n* Mikronährstoff *m* **micro·'or·gan·ism** *n* Mikroorganismus *m*

'micro·phone *n* Mikrofon *nt;* **to speak into a ~** in ein Mikrofon sprechen

micro·pig·men·ta·tion [ˌmaɪkrə(ʊ)ˌpɪgmen'teɪʃ^ən, AM -kro(ʊ)ˌ-] *n* Permanentmakeup *nt* **micro·probe** ['maɪkrəʊprəʊb, AM 'maɪkroʊproʊb] *n* SCI Mikrosonde *f* **'micro·pro·cess** *vt* ▪**to ~ sth** etw mit dem Computer entwerfen **'micro·pro·ces·sor** *n* Mikroprozessor *m* **'micro·radio sta·tion** *n* Funkamateursender *m* **'micro·roast·er** *n* AM kleine Kaffeerösterei

micro·scope ['maɪkrəskəʊp, AM -skoʊp] *n* Mikroskop *nt;* **to examine/look at sth under a ~** etw unter einem Mikroskop untersuchen/betrachten; **to put sth under the ~** *(fig)* etw unter die Lupe nehmen *fig*

micro·scop·ic [ˌmaɪkrə'skɒpɪk, AM -'skɑ:p-] *adj* ① *(fam: tiny)* winzig, mikroskopisch klein *hum;* **to look at sth in ~ detail** etw haargenau prüfen *fam*
② *(visible with microscope) algae, creature* mikroskopisch klein
③ *(using microscope) analysis, examination* mikroskopisch

micro·scopi·cal·ly [ˌmaɪkrə'skɒpɪk^əli, AM -'skɑ:p-] *adv* ① *(fam: extremely)* winzig; **~ small** winzig klein
② *(in detail)* genauestens
③ *(under microscope)* mikroskopisch; **~ visible** nur unter dem Mikroskop sichtbar

mi·cros·co·py [maɪ'krɒskəpi, AM -'krɑ:s-] *n no pl* Mikroskopie *f*

'micro·sec·ond *n* Mikrosekunde *f* **'micro·sur·gery** *n no pl* Mikrochirurgie *f* **'micro·trim·mer** *n* [Nasen-/Ohrhaar-]Trimmer *m*

micro·wav·able *adj esp* AM, AUS *see* **microwaveable**

'micro·wave I. *n* ① *(oven)* Mikrowellenherd *m,* Mikrowelle *f;* **to put sth in the ~** etw in die Mikrowelle stellen
② *(wave)* Mikrowelle *f*
II. *vt* ▪**to ~ sth** etw in der Mikrowelle erwärmen

micro·wave·able ['maɪkrə(ʊ)weɪvəbl̩, AM -kroʊ-] *adj inv* ① *(cookable)* in der Mikrowelle erwärmbar
② *(usable)* mikrowellenbeständig

mid [mɪd] *prep (liter) see* **amid**

mid- [mɪd] *in compounds (with months)* **in ~April/August/December** Mitte April/August/Dezember; **the ~thirties/fifties/nineties** Mitte der Dreißiger-/Fünfziger-/Neunzigerjahre; ***he's in his ~thirties*** er ist Mitte dreißig; ***they're predicting temperatures in the ~twenties*** sie haben Temperaturen um 25 Grad vorausgesagt

mid·'air I. *n no pl* **in ~** *(in air)* in der Luft; *(in airplane)* während des Fluges; **to catch sth [in] ~** etw aus der Luft schnappen
II. *adj attr, inv* in der Luft *nach n;* **a ~ collision** eine Kollision in der Luft; **~ refuelling** [*or* AM *usu* **refueling**] Luftbetankung *f*

Midas Touch ['maɪdəsˌ-] *n no pl* **to have the** [*or* **a**] **~** alles zu Gold machen können, eine glückliche Hand haben

mid-'bite *adv inv* **to be in ~** *mosquito* [gerade] stechen; *person, animal* [gerade] zubeißen **'mid·brain** *n* Mittelhirn *nt* **mid-con·ver·'sa·tion** *adv inv* mitten im Gespräch **mid·'day I.** *n no pl* Mittag *m;* **at ~** mittags, um die Mittagszeit **II.** *n modifier (break, meal, sun)* mittäglich, Mittags-

mid·den ['mɪdᵊn] *n* Misthaufen *m,* Miststock *m* SCHWEIZ

mid·dle ['mɪdl̩] **I.** *n* ① *(centre)* Mitte *f; of fruit, nuts* Innere[s] *nt; (centre part) of book, film, story* Mittelteil *m;* **the ~ of the earth** das Erdinnere
② *(in time, space)* mitten; **in the ~ of the road/room/table** mitten auf der Straße/im Zimmer/auf dem Tisch; **in the ~ of the afternoon/morning** mitten am Nachmittag/Morgen; **in the ~ of the night** mitten in der Nacht; **in the ~ of nowhere** *(fig)* am Ende der Welt, mitten im Nirgendwo [*o* ÖSTERR, SCHWEIZ Nichts]; **in the ~ of summer/March** mitten im Sommer/März; **in the ~ of 1985/the century** Mitte 1985/des Jahrhunderts; **to be in one's ~ forties/sixties** in den Mittvierzigern/-sechzigern sein; *(busy with)* **to be in the ~ of eating/cooking/writing a letter** mitten dabei sein zu essen/kochen/einen Brief zu schreiben; **to be in the ~ of an argument/a project** mitten in einer Diskussion/einem Projekt sein
③ *(fam: waist)* Taille *f;* **to be large/small around the ~** breit/schmal um die Taille sein; *(belly)* Bauch *m*
④ *(between things)* Mitte *f;* ***she parts her hair in*** [*or* ***down***] ***the ~*** sie trägt einen Mittelscheitel; ***cut the piece of cake in the ~!*** schneide das Stück Kuchen in der Mitte durch!; **to divide** [*or* **split**] **sth** [**right**] **down the ~** etw halbieren; ***let's split the cost right down the ~!*** lass uns die Kosten teilen!; ***the issue of a single European currency divided the country down the ~*** das Problem einer einheitlichen europäischen Währung spaltete das Land
II. *adj attr, inv* mittlere(r, s)
▶PHRASES: **to steer the ~ course, to take the ~ path** [*or* **way**] den Mittelweg gehen [*o* wählen]

mid·dle 'age *n no pl* mittleres Alter; **to be of ~** mittleren Alters sein; **to have reached ~** ein mittleres Alter erreicht haben; **in ~** *after n* mittleren Alters **mid·dle-'aged** *adj inv* mittleren Alters *nach n* **Mid·dle 'Ages** *n* ■**the ~** *pl* das Mittelalter; **to still be living in the ~** *(fig)* noch im Mittelalter leben **mid·dle-age 'spread** *n no pl (hum fam)* Fülligkeit *f,* Altersspeck *m fam* **Mid·dle A'meri·ca** *n* ① *(sector of society)* [konservative] amerikanische Mittelschicht ② *(Latin America)* Mittelamerika *nt,* Zentralamerika *nt* ③ *(in USA)* Mittelwesten *m* **Mid·dle A'meri·can I.** *adj* amerikanisch konservativ **II.** *n* konservativer Amerikaner/konservative Amerikanerin **'mid·dle·brow** *(pej)* **I.** *adj* für den [geistigen] Durchschnittsmenschen **II.** *n* [geistiger] Durchschnittsmensch **Mid·dle 'C** *n* MUS eingestrichenes C **mid·dle 'class** *n* ① *(with average income)* Mittelstand *m;* **lower/upper ~** unterer/gehobener Mittelstand ② *(as a whole)* ■**the ~** [*or* **the ~es**] die Mittelschicht, der Mittelstand **mid·dle-class** *adj* Mittelstands-, mittelständisch; *(pej)* spießig *pej* **mid·dle 'dis·tance** *n* ① ART ■**the ~** der Mittelgrund ② SPORT Mittelstrecke *f,* Mittelstreckenlauf *m* **mid·dle-dis·tance 'run·ner** *n* Mittelstreckenläufer(in) *m(f)* **mid·dle 'ear** *n* Mittelohr *nt;* **infection of the ~** Mittelohrentzündung *f* **Mid·dle 'East** *n* ■**the ~** der Nahe Osten **Mid·dle 'East·ern** *adj* Nahost-, nahöstlich **Mid·dle 'Eng·land** *n* die [konservative] englische Mittelschicht **Mid·dle 'Eng·lish** *n* LING Mittelenglisch *nt* **mid·dle 'fin·ger** *n* Mittelfinger *m;* **to give** [*or* **show**] **sb the ~** jdm den Mittelfinger [*o sl* Stinkefinger] zeigen **mid·dle 'ground** *n* ① ART ■**the ~** der Mittelgrund ② *(fig: compromise)* Kompromiss *m* **Mid·dle High 'Ger·man** *n* LING Mittelhochdeutsch *nt* **mid·dle-'in·come** *adj attr person, family* mit mittlerem Einkommen *nach n;* **the ~ bracket** die mittlere Einkommensstufe **Mid·dle Low 'Ger·man** *n* LING Mittelniederdeutsch *nt*

'mid·dle·man *n* ① ECON *(person)* Zwischenhändler(in) *m(f); (wholesaler)* ■**the ~** der Zwischenhandel
② *(in disagreement)* Mittelsmann *m;* **to play the ~** den Mittelsmann spielen

mid·dle 'man·age·ment *n no pl* mittlere Unternehmensführung **mid·dle 'man·ag·er** *n* mittlere Führungskraft, SCHWEIZ *a.* mittleres Kader **mid·dle 'name** *n* zweiter Vorname; ***service is our ~*** *(fig)* wir sind der Service in Person **mid·dle-of-the-'road** *adj,* **MOR** ① *(moderate) opinions, views* gemäßigt
② *(pej: boring) film, music* mittelmäßig, anspruchslos **mid·dle 'price** *n* STOCKEX Einheitskurs *m* **mid·dle-'rank·ing** *adj attr, inv* von mittlerem Rang *nach n;* **~ manager** mittlere Führungskraft; **to be a ~ minister** einen mittleren Ministerposten innehaben; **~ officer** MIL Offizier *m* mittleren Ranges **'mid·dle school** *n* BRIT *Übergangsschule für Schüler im Alter von 9-13 Jahren;* AM *Übergangsschule für Schüler im Alter von 12 und 13 Jahren* **'mid·dle-sized** *adj* mittelgroß **'mid·dle·weight** *n* SPORT ① *no pl (category)* Mittelgewicht *nt* ② *(boxer)* Mittelgewichtler(in) *m(f);* **to fight as a ~** im Mittelgewicht boxen **mid·dle·weight 'cham·pi·on** *n* Meister(in) *m(f)* im Mittelgewicht **Mid·dle 'West** *n no pl* AM ■**the ~** der Mittelwesten

mid·dling ['mɪdlɪŋ] *adj inv (fam)* ① *(average)* mittlere(r, s); *(moderate)* gemäßigt; **to be of ~ height/weight** mittlerer Größe/mittleren Gewichts sein
② *(not very good)* mittelmäßig; **fair to ~** gut bis mittelmäßig
③ *(persons health)* einigermaßen; ***how are you? — oh, ~*** wie geht es dir? – ach, so lala

Middx *n abbrev of* **Middlesex**

mid·dy ['mɪdi] *n* AUS *(sl: amount) durchschnittliche Biermenge, die von Ort zu Ort variieren kann; (beer glass) Glas, das diese Menge Bier enthält*

'Mid·east *n* AM *(Middle East)* ■**the ~** der Nahe [*o* Mittlere] Osten

'mid·field *n* ① *(area on sports field)* Mittelfeld *nt;* [**to play**] **in ~** im Mittelfeld [spielen]
② *(team members)* Mittelfeld *nt*

'mid·field·er *n* Mittelfeldspieler(in) *m(f)*

Mid·gard ['mɪdgɑːd, AM -gɑːrd] *n (mythology)* Midgard *m*

midge [mɪdʒ] *n* ① *(insect)* [kleine] Mücke
② *(fam: nickname)* der/die Kleine

midg·et ['mɪdʒɪt] **I.** *n (dwarf)* Liliputaner(in) *m(f); (child)* Knirps *m fam,* Zwerg *m hum*
II. *adj attr, inv (small)* winzige(r, s), Mini-; **~ submarine** Mini-U-Boot *nt;* CAN *(for children)* **~ sports** Kindersport *m*

midi ['mɪdi] *n* ① *(clothing in general)* Midi *nt*
② *(skirt)* Midi *m*

MIDI ['mɪdi] *n* COMPUT *acr for* **musical instrument digital interface** MIDI

'midi·bus *n* AM mittelgroßer Bus

mid·'iron *n* SPORT *(golf club)* mittleres Eisen

MIDI sys·tem [,mɪdi'-] *n short for* **musical instrument digital interface system** Midi-Anlage *f*

mid·land ['mɪdlənd] *adj attr, inv* Mittel-

Mid·lands ['mɪdləndz] BRIT **I.** *n* ■**the ~** *pl* Mittelengland *nt kein pl*
II. *adj inv, attr* mittelenglisch

mid-life 'cri·sis *n* Midlifecrisis *f,* Midlife-Crisis *f;* **to go through a ~** eine Midlife-Crisis durchmachen **mid-'mar·ket** *adj* in der mittleren Preisklasse *nach n* **mid-month ac·'counts** *npl* ECON Medioabrechnungen *pl fachspr* **mid·'mor·ning I.** *n* später Vormittag; **during** [*or* **in**] **the ~** am späten Vormittag; **until ~** bis zum späten Vormittag **II.** *n modifier (appointment, cup of coffee, snack, tv programme)* am späten Vormittag *nach n* **III.** *adv inv* am späteren Vormittag

'mid·night I. *n no pl* Mitternacht *f;* **at ~** um Mitternacht **II.** *n modifier (call, film, snack, walk)* Mitternachts-, mitternächtliche(r, s); **~ feast** BRIT Mitternachtsimbiss *m* **mid·night 'blue I.** *n* Nachtblau *nt* **II.** *adj* nachtblau **mid·night 'sun** *n* Mitternachtssonne *f*

'mid·point *n usu sing* Mittelpunkt *m;* MATH Mittelwert *m* **'mid·priced** *adj attr, inv* mittlerer Preislage *nach n* **mid-'range** *adj inv* mittlere(r, s); **~ price/quality** mittlere Preis-/Qualitätsklasse

mid·riff ['mɪdrɪf] *n,* AM *also* **'mid·sec·tion** *n* Taille *f*

mid-'sen·tence *adv (fam)* mitten im Satz

mid·ship·man ['mɪdʃɪpmən] *n* BRIT *(officer)* Leutnant *m* zur See; AM *(cadet)* Seeoffiziersanwärter *m,* Seeoffiziersaspirant(in) *m(f)* SCHWEIZ

mid·ships ['mɪdʃɪps] *adv* mittschiffs

'mid-size(d) *adj inv* mittelgroß

midst [mɪdst] **I.** *n no pl (presence)* ***he was lost in their ~*** er kam sich unter ihnen verloren vor; ***I am honoured to be in your ~ this evening*** ich bin geehrt, heute Abend in eurer Mitte zu sein; *(in middle of)* ***... in the ~ of a rainstorm ...*** während es gerade heftig regnete; **in the ~ of chaos/a crisis** mitten im Chaos/in einer Krise; **in the ~ of a forest** mitten im Wald; **in the ~ of sb's troubles** zu allem Unglück von jdm; *(busy with)* **to be in the ~ of a discussion/meeting** gerade mitten in einer Diskussion/Sitzung sein
II. *prep (old liter) see* **amid**

mid·'stream I. *n no pl* ■**in ~** in der Flussmitte; *(fig)* auf halber Strecke, mittendrin **II.** *adv inv* in der Flussmitte; *(fig)* mittendrin; **to interrupt sb ~** jdm ins Wort fallen **mid·'sum·mer I.** *n no pl* Hochsommer *m* **II.** *n modifier (heat, holiday, sun)* Sommer-
▶PHRASES: **~ madness** heller Wahnsinn *fam* **Mid·sum·mer('s) 'Day** *n* Johannistag *m* **mid·'term I.** *n* ① *no pl (mid-point) of political office* Halbzeit *f* der Amtsperiode; *of school year* Schulhalbjahr *nt,* Semester *nt* ÖSTERR, SCHWEIZ; *of pregnancy* Hälfte *f* der Schwangerschaftszeit; UNIV *of semester* Semesterhälfte *f; of trimester* Trimesterhälfte *f* ② AM *(mid-term exams)* ■**~s** *pl* Halbjahresprüfungen *pl,* Semesterprüfungen *pl* ÖSTERR, SCHWEIZ **II.** *adj inv* **~ elections** Zwischenwahlen *pl;* **~ resignation** vorzeitiger Rücktritt; **~ exams** UNIV *Prüfungen in der Mitte eines Schuljahres/Semesters* **mid·'town** *n* AM *Geschäftsviertel in amerikanischen Großstädten*

mid·way I. *adv* [,mɪd'weɪ] *inv* auf halbem Weg; ***this fruit has a unique taste ~ between a pear and an apple*** diese Frucht hat einen einzigartigen Geschmack, halb Birne und halb Apfel; **~ *through the film the projector broke*** mitten im Film ging der Projektor kaputt
II. *adj* [,mɪd'weɪ] *attr, inv* auf halbem Weg
III. *n* ['mɪdweɪ] AM *Mittelweg einer Ausstellung oder eines Jahrmarktes, an dem sich die Hauptattraktionen befinden*

mid·'week I. *n no pl* Wochenmitte *f;* **by ~** bis Mitte der Woche **II.** *n modifier (deadline, meeting, sale, update)* Mitte der Woche *nach n* **III.** *adv* mitten in der Woche; ***I'll be home ~*** Mitte der Woche bin ich wieder zu Hause **Mid·'west** *n no pl* AM ■**the ~** der Mittelwesten **Mid·'west·ern** *adj inv (of the USA)* des Mittelwestens *nach n;* **~ Europe** zentrales Westeuropa **Mid·west·ern·er** [mɪd'westənəʳ, AM -ənɚ] *n* Bewohner(in) *m(f)* des Mittleren Westens

mid·wife ['mɪdwaɪf] *n* Hebamme *f*

mid·wife·ry [mɪd'wɪfᵊri, AM -ɚi] *n no pl* Geburtshilfe *f*

mid·'win·ter I. *n no pl* Mitte *f* des Winters; *(winter solstice)* Wintersonnenwende *f* **II.** *adj attr, inv* mittwinterlich **'mid-year** *n* Jahresmitte *f;* **at ~** zum Halbjahr

mien [miːn] *n (liter)* Miene *f,* Gebaren *nt liter*

miff [mɪf] *n (fam)* kleine Auseinandersetzung, Reiberei *f fam* (**over** über +*akk*)

miffed [mɪft] *adj pred (fam)* verstimmt, verärgert; ***she was ~ that ...*** sie ärgerte sich darüber, dass ...; **to get ~ at sth** sich *akk* über etw *akk* ärgern

mif·fy ['mɪfi] *adj (easily offended)* schnell verärgert, leicht eingeschnappt *fam; (easily irritated)* reizbar

might¹ [maɪt] **I.** *pt of* **may**
II. *aux vb* ① *(expressing possibility)* ***that old bridge ~ be dangerous*** die alte Brücke könnte gefährlich sein; ***I ~ go to the cinema tonight*** vielleicht gehe ich heute Abend ins Kino; *(could)* ***someone phoned at six, it ~ have been him*** um sechs rief jemand an, das könnte er gewesen sein; *(will be able to)* ***he is closing his door so that he ~ have a little peace and quiet*** er schließt seine Tür, damit er etwas Ruhe hat; ***let's not answer the phone so***

that we ~ talk undisturbed lass uns nicht ans Telefon gehen, damit wir ungestört reden können; *(expressing probability)* ***if he keeps studying so hard he ~ even get a first in his final exams*** wenn er weiterhin so eifrig lernt, könnte er sogar der Beste bei den Abschlussprüfungen werden

② *(conceding a fact)* ***the village ~ be in the middle of nowhere but I like such places*** das Dorf kann ruhig mitten im Nirgendwo sein, ich mag solche Orte; ***Leeds ~ be an excellent team, but ...*** Leeds mag eine hervorragende Mannschaft sein, aber ...

③ *esp* BRIT *(form: polite form of may)* ~ ***I ...?*** dürfte ich [vielleicht] ...?; ~ ***I ask a question?*** dürfte ich eine Frage stellen?; ***how ~ I help you?*** wie kann ich Ihnen behilflich sein?; *(when offended)* ~ ***I ask what you think you're doing in my seat?*** könnten Sie mir vielleicht sagen, was sie auf meinem Sitz zu suchen haben?; ***and who ~ you be?*** und was glaubst du wohl, wer du bist?

④ *(form: making a suggestion)* ~ ***I*** [*or form* ***one***] ***make a suggestion?*** dürfte ich vielleicht einen Vorschlag machen?; ***I thought you ~ like to join me for dinner*** ich dachte, du hättest vielleicht Lust, mit mir zu Abend zu essen; *(unenthusiastically)* ***she ~ as well tell the truth — they'll find it out anyway*** sie könnte ebenso gut die Wahrheit sagen – sie werden es ohnehin herausfinden

⑤ *(in reproach)* ***you ~ have at least made an effort*** du hättest zumindest einen Versuch machen können; ***you ~ have told me about the job!*** du hättest mir eigentlich von dem Job erzählen müssen!; ***I ~ have known that you'd lie to me*** ich hätte es eigentlich wissen müssen, dass du mich anlügen würdest

might² [maɪt] *n no pl* ① *(authority)* Macht *f*
② *(strength)* Kraft *f;* MIL Stärke *f;* **with ~ and main** aus Leibeskräften; **with all one's ~** mit aller Kraft
▸PHRASES: **~ is right** *(saying)* Macht geht vor Recht

'might-have-beens *npl (fam)* verpasste Gelegenheiten

mighti·ly ['maɪtɪli, AM -t̬-] *adv* ① *(with effort)* mit aller Kraft [*o* Macht]; *(fig: majestically, imposingly)* gewaltig; **to fight** [*or* **struggle**] **~** erbittert kämpfen
② *(fam: extremely)* überaus, sehr; ***they were ~ drunk*** sie waren mächtig betrunken; ***we have improved ~*** wir haben uns stark verbessert

mightn't ['maɪtᵊnt] = **might not** *see* **might¹**

might've ['maɪtəv] = **might have** *see* **might¹**

mighty ['maɪti, AM -t̬-] **I.** *adj* ① *(powerful) river, dinosaur* gewaltig; *king, country* mächtig; *warrior, giant* stark; *(using strength) punch, kick, blow, heave* kraftvoll
② *(large in number) army, fleet* gewaltig
II. *adv* AM *(fam)* sehr; ***that was ~ nice of you*** das war wirklich nett von dir

mi·gnon·ette <*pl* - *or* -s> [ˌmɪnjə'net] *n* Reseda *f*

mi·graine ['mi:greɪn, AM 'maɪ-] *n* Migräne *f;* ■ **~s** *pl* Migräneanfälle *pl*

mi·grant ['maɪgrᵊnt] **I.** *n* ① *(person)* Zuwanderer, Zuwanderin *m, f; (for work)* Gastarbeiter(in) *m(f),* Wanderarbeiter(in) *m(f)*
② *(bird)* Zugvogel *m*
II. *adj inv* **~ birds** Zugvögel *pl;* **~ worker** Wanderarbeiter(in) *m(f); (in EU)* Gastarbeiter(in) *m(f)*

mi·grant 'la·bour·er, AM **migrant laborer** *n* Wanderarbeitskraft *f*

mi·grate [maɪ'greɪt, AM 'maɪgreɪt] *vi* ① *(change habitat)* wandern, umherziehen; **to ~ to the north/south** *birds* nach Norden/Süden ziehen
② *(move) populations, customers* abwandern; *cells, chemicals* gelangen (**into** in +*akk)*

mi·gra·tion [maɪ'greɪʃᵊn] *n* ① *(change of habitat)* Wanderung *f,* Migration *f fachspr; of birds* Zug *m; of fish* Wanderung *f*
② *(for work) people* Abwanderung *f; (permanent)* Umzug *m*
③ COMPUT Migration *f*
④ CHEM, PHYS **~ of ions** Ionenwanderung *f*

mi·gra·tory ['maɪgrətᵊri, AM -tɔ:ri] *adj inv* ① *animals* Wander-, Migrations- *fachspr;* **~ bird** Zugvogel *m*
② *(of behaviour)* Wander-; **~ instinct** Wandertrieb *m;* **~ patterns** Migrationsverhalten *nt*

mih·rab ['mi:rɑ:b] *n* REL Mihrab *m*

mike [maɪk] *n (fam) short for* **microphone** Mikro *nt fam*

miked [maɪkt] *adj attr* mit einem Mikro/mit Mikros ausgestattet, [mit Mikrofonen] verkabelt; ***our ~ colleagues*** unsere Kollegen, die mit uns über Mikrofon verbunden sind

mil [mɪl] *n acr for* **millilitre** ml

mil·age *n see* **mileage**

mild [maɪld] **I.** *adj* ① *(gentle) person* sanft; **to be of a ~ disposition** [*or* **manner**] ein sanftes Wesen haben; **~ soap/laundry detergent** schonende Seife/schonendes Waschmittel; *(not severe)* leicht; *criticism* schwach; **~ penalty** [*or* **punishment**] milde Strafe; **~ reproach** leiser Vorwurf; **with ~ shock/surprise** leicht geschockt/überrascht
② MED *(not strong)* leicht, schwach; **~ drug** schwaches Medikament; *(not serious) fever, infection* leicht; **a ~ case of pneumonia/the flu/measles** ein leichter Fall von Lungenentzündung/Grippe/Masern
③ *cheese, sauce, whiskey* mild; *cigarette* leicht
④ *weather, climate* mild; **~ breeze** sanfte Brise
II. *n no pl* BRIT *mild schmeckendes, dunkles Bier*

mil·dew ['mɪldju:, AM *esp* -du:] **I.** *n no pl* Schimmel *m; (on plants)* Mehltau *m*
II. *vi* schimmeln; *(plants)* von Mehltau befallen sein

mil·dewed ['mɪldju:d, AM *esp* -du:d] *adj inv* verschimmelt; BOT von Mehltau befallen

mild·ly ['maɪldli] *adv* ① *(gently)* leicht; *speak, mention, smile* sanft; *clean, disinfect* schonend; **to work ~** schonende Wirkung haben; *(not severely)* milde; **to punish sb ~** jdn milde bestrafen
② *(slightly) surprised, worried, annoyed* leicht
③ *(as an understatement)* **to put it ~** um es [mal] milde auszudrücken, gelinde gesagt; ***she got very annoyed, and that's putting it ~*** sie wurde sehr ärgerlich und das ist noch milde ausgedrückt

mild-'man·nered *adj* sanftmütig

mild·ness ['maɪldnəs] *n no pl* ① *of person* Sanftmut *f;* **~ of character** Sanftmütigkeit *f,* sanftes Wesen
② *of criticism, punishment, soap* Milde *f;* MED *of disease, symptoms* Leichtigkeit *f*
③ *of cheese, beer* Milde *f*
④ *of weather, breeze* Milde *f*

mile [maɪl] *n* ① *(distance)* Meile *f;* ***we could see for ~s and ~s*** wir konnten meilenweit sehen; **a nautical** [*or* **sea**] **~** eine Seemeile; **to be ~s away** *(fig)* meilenweit [*o* sehr weit] entfernt sein; **to be ~ from anywhere** [*or* **nowhere**] völlig abgeschieden sein; **to miss sth by a ~** etw meilenweit verfehlen
② *(fig fam: far from)* **to be ~s from apologizing/accepting a deal** meilenweit von einer Entschuldigung/einem Geschäftsabschluss entfernt sein; **to be ~s from the truth** weit von der Wahrheit entfernt sein; **to be better by ~s** [*or* **~s better**] bei Weitem [*o* um Längen] besser sein; **to be a ~ off** meilenweit danebentreffen
③ *(fig fam: daydreaming)* **to be ~s away** meilenweit weg [*o* ganz woanders] sein
▸PHRASES: **to <u>go</u> the extra ~** einen draufsetzen; **a ~ a <u>minute</u>** *(fam)* rasend schnell; **to <u>run</u> a ~** sich *akk* aus dem Staub machen, das Weite suchen; **to <u>see</u>** [*or* **<u>tell</u>**] [*or* **<u>spot</u>**] **sth a ~ off** etw drei Meilen gegen den Wind riechen; **to <u>stick</u> <u>out</u>** [*or* **<u>stand</u> <u>out</u>**] **a ~** sehr auffallen [*o* auffällig sein]

mile·age ['maɪlɪdʒ] *n no pl* ① *(petrol efficiency)* Kraftstoffverbrauch *m,* Benzinverbrauch *m* SCHWEIZ; ***he gets bad/good ~ from his car*** sein Auto verbraucht viel/wenig Kraftstoff
② *(distance travelled)* Meilenstand *m,* ≈ Kilometerstand *m* SCHWEIZ; ***what's the ~ of your car by now?*** wie viel hat dein Auto mittlerweile auf dem Tacho?; **unlimited ~** unbegrenzte Meilenanzahl
▸PHRASES: **sth <u>has</u> no ~** [**in it**] *(fam)* etw bringt nichts

'mile·age al·low·ance *n* Meilengeld *nt,* ≈ Kilometergeld *nt*

mile·om·eter [maɪ'lɒmɪtəʳ] *n* BRIT, AUS *see* **milometer**

'mile·post *n* Meilenpfosten *m; (fig)* Meilenstein *m fig*

mil·er ['maɪləʳ, AM -ɚ] *n (fam) person* Meilenläufer(in) *m(f); horse* Meiler *m*

miles per 'hour *n,* **mph** Meilen in der [*o* pro] Stunde

'mile·stone *n (also fig)* Etappe *f,* Meilenstein *m a. fig*

'mile-wide *adj inv* **a ~ smile** ein Grinsen von Ohr zu Ohr

mi·lieu <*pl* -s *or* -x> ['mi:ljɜ:, AM mi:l'jɜ:] *n* Milieu *nt*

mili·tan·cy ['mɪlɪtᵊn(t)si, AM -tən-] *n no pl* Militanz *f*

mili·tant ['mɪlɪtᵊnt, AM -tənt] **I.** *adj* militant
II. *n* Kämpfer(in) *m(f);* POL militantes Mitglied; *(union member)* militanter Gewerkschafter/militante Gewerkschafterin; *(radical student)* militanter Student/militante Studentin

mili·tant·ly ['mɪlɪtᵊntli, AM -tənt-] *adv* militant

mili·tari·ly ['mɪlɪterɪli] *adv inv* militärisch; **to intervene ~** militärisch eingreifen

mili·tar·ism ['mɪlɪtᵊrɪzᵊm, AM -tɚ-] *n no pl* Militarismus *m; (when overly aggressive)* Kriegstreiberei *f*

mili·tar·ist ['mɪlɪtᵊrɪst, AM -tɚ-] *n* Militarist(in) *m(f)*

mili·tar·is·tic [ˌmɪlɪtᵊr'ɪstɪk, AM -tə'rɪs-] *adj* militaristisch

mili·ta·rize ['mɪlɪtᵊraɪz, AM -tər-] *vt* ■ **to ~ sth** etw militarisieren

mili·tary ['mɪlɪtri, AM -teri] **I.** *n pl* ■ **the ~** das Militär
II. *n modifier (intervention, manoeuvres, operation, presence, power, spokesman)* Militär-, militärisch; **~ casualties** Kriegsopfer *pl;* **~ insignia** Militärabzeichen *pl;* **~ law** Militärstrafrecht *nt;* **~ march** MUS Militärmarsch *m; (fig) (attitude, discipline, order, precision, style)* militärisch, streng

mili·tary a'cad·emy *n* ① *(for cadets)* Militärakademie *f* ② AM *(for pupils) sehr strenge Privatschule* **mili·tary ad·'vis·er** *n* Militärberater(in) *m(f)* **mili·tary al·'li·ance** *n* Militärbündnis *nt* **mili·tary 'band** *n* Militärkapelle *f* **mili·tary 'base** *n* Militärbasis *f,* Militärstützpunkt *m* **mili·tary 'camp** *n* Militärlager *nt* **mili·tary 'forces** *npl* Streitkräfte *pl* **mili·tary 'gov·ern·ment** *n* Militärregierung *f* **'mili·tary-grade** *adj inv* in Militärqualität *nach n* **mili·tary 'hon·ours** *npl* militärische Ehren **mili·tary-in·dus·trial 'com·plex** *n* militärisch-industrieller Komplex **mili·tary 'law** *n no pl* Militärstrafrecht *nt* **mili·tary po·'lice** *npl* ■ **the ~** die Militärpolizei **mili·tary po·'lice·man** *n* Militärpolizist(in) *m(f)* **mili·tary 'sci·ence** *n no pl* Militärwissenschaft *f* **mili·tary 'ser·vice** *n no pl* Militärdienst *m,* Wehrdienst *m,* Präsenzdienst *m* ÖSTERR, Dienst *m* SCHWEIZ; **to do ~** Militärdienst [*o* Wehrdienst] [*o* ÖSTERR Präsenzdienst] ableisten **mili·tary 'trib·une** *n* LAW Militärgericht *nt*

mili·tate ['mɪlɪteɪt] *vi (form)* ① *(oppose)* **to ~ against an argument/one's parents** gegen ein Argument/seine Eltern ankämpfen
② *(prevent)* ■ **to ~ against sth** *(oppose)* sich *akk* gegen etw *akk* aussprechen; *(fig: discourage)* gegen etw *akk* sprechen

mi·li·tia [mɪ'lɪʃə] *n* Miliz *f,* Bürgerwehr *f*

mi·'li·tia·man *n* Milizionär *m* **mi·'li·tia·wom·an** *n* Milizionärin *f*

milk [mɪlk] **I.** *n no pl* ① *(product of lactation)* Milch *f; (breastmilk)* Muttermilch *f; (in coconuts)* Kokosmilch *f;* **goat's/sheep's/cow's ~** Ziegen-/Schafs-/Kuhmilch *f;* **to be in ~** Milch absondern
② *(drink)* Milch *f;* **chocolate-flavoured** [*or* AM **-flavored**] **~** Schokoladenmilch *f;* **full fat** [*or* AM **whole**] **~** Vollmilch *f;* **long-life ~** haltbare [*o* SCHWEIZ uperisierte] Milch, H-Milch *f,* UP-Milch *f* SCHWEIZ, Haltbarmilch *f* ÖSTERR; **semi-skimmed/skimmed ~** teilentrahmte/entrahmte Milch
▸PHRASES: **the ~ of <u>human</u> kindness** die Milch der frommen Denk[ungs]art *liter;* **the <u>land</u> of ~ and honey** das Land, wo Milch und Honig fließt; **there's no <u>use</u> crying over spilt** [AM **spilled**] **~** *(saying)* was passiert ist, ist passiert
II. *n modifier (bottle, carton, product, production, processing)* Milch-
III. *vt* ① *(get milk)* **to ~ a cow/goat/sheep** eine Kuh/Ziege/ein Schaf melken

② *(fig: exploit)* ■**to ~ sb/sth** jdn/etw melken [*o* schröpfen] *fig fam;* ■**to ~ sb/sth of sth** jdn/etw um etw *akk* erleichtern; ***the press ~ ed them dry of all the information they could give*** die Presseleute zogen ihnen alle Informationen aus der Nase, die sie nur geben konnten; **to ~ a story** JOURN eine Story ausschlachten

milk and 'wa·ter *adj pred, inv,* **milk-and-'wa·ter** *adj attr, inv* saft- und kraftlos **'milk bar** *n* ① *(snack bar)* Milchbar *f* ② AUS *(shop)* Milchladen *m,* Milchgeschäft *nt* ÖSTERR **milk 'choco·late** *n no pl* Milchschokolade *f* **'milk cow** *n* Milchkuh *f* **'milk float** *n* BRIT Milchwagen *m* **'milk-glass** *n no pl* Milchglas *nt*

milk·ing ma·chine ['mɪlkɪŋ-] *n* Melkmaschine *f* **'milk·ing stool** *n* Melkschemel *m*

'milk loaf *n* BRIT *Brot, dessen Teig mit Milch angerührt ist* **'milk·maid** *n (dated)* Milchmädchen *nt* **'milk·man** *n* Milchmann *m* **milk of mag·'ne·sia**® *n no pl* PHARM Magnesiamilch *f* **'milk pow·der** *n no pl* Milchpulver *nt* **milk 'pud·ding** *n no pl* BRIT Milchspeise *f* **'milk round** *n* BRIT *(fam) Besuche, die Vertreter von Firmen britischen Universitäten abstatten, um den Studenten Orientierungshilfe bei der Berufswahl zu geben* **'milk run** *n* tägliche Runde **'milk shake** *n* Milchshake *m,* Milchmixgetränk *nt;* **strawberry ~** Erdbeermilchshake *m*

'milk·sop *n (pej)* Schlappschwanz *m pej fam*

milk 'sug·ar *n no pl* Milchzucker *m,* Lactose *f fachspr* **'milk tooth** *n* Milchzahn *m* **'milk truck** *n* AM *(milk float)* Milchwagen *m* **milk 'white** *n* Milchweiß *nt* **'milk-white** *adj* milchweiß, milchig-weiß

milk·wort ['mɪlkwɜːt, AM -wɜːrt] *n* Kreuzblume *f*

milky ['mɪlki] *adj* ① *(with milk)* mit Milch *nach n;* **~ coffee/tea** Milchkaffee/-tee *m*
② *(not clear) glass, water* milchig; **~ skin** sanfte Haut; **~ eyes** trübe Augen

Milky 'Way *n no pl* ■**the ~** die Milchstraße

mill [mɪl] I. *n* ① *(building)* Mühle *f*
② *(machine)* Mühle *f;* **coffee/pepper ~** Kaffee-/Pfeffermühle *f*
③ *(factory)* Fabrik *f;* **cotton ~** Baumwollspinnerei *f;* **steel ~** Stahlfabrik *f,* Stahlwerk *nt;* **woollen** [*or* AM **woolen**] **~** Wollspinnerei *f*
▸PHRASES: **to go through the ~** viel durchmachen müssen; **to put sb through the ~** jdn in die Mangel nehmen
II. *vt* ① *(grind)* ■**to ~ sth** *grain* etw mahlen
② *(shape or cut metal)* **to ~ metal** Metall walzen; *(with milling machine)* Metall fräsen; **to ~ a coin** eine Münze rändeln
◆**mill about, mill around, mill round** *vi* BRIT umherlaufen; ***the crowd ~ ed around the square*** die Menge schob sich über den Platz

milled [mɪld] *adj inv* ① *(ground)* gemahlen
② *(knurled)* gerändelt BRD

mil·le·nar·ian [ˌmɪlə'neəriən, AM 'neri] *adj inv* millenaristisch *geh,* chiliastisch *geh*

mil·len·nia [mɪ'leniə] *n pl of* **millennium**

mil·len·nial [mɪ'leniəl] I. *adj inv* tausendjährig; **~ anniversary** tausendjähriges Jubiläum; **~ celebrations** Tausendjahrfeiern *pl*
II. *n* ■**~s** *pl demographische Bezeichnung für die Generation von Kindern, die zwischen 1974 und 1995 geboren sind*

mil·len·nium <*pl* -s *or* -nia> [mɪ'leniəm, *pl* -niə] I. *n* ① *(1000 years)* Jahrtausend *nt,* Millennium *nt geh;* **the new ~** das neue Jahrtausend
② *(anniversary)* Jahrtausendfeier *f*
③ REL *(reign of Christ)* Tausendjähriges Reich
II. *n modifier* Millenniums-; **the ~ bug** COMPUT das Jahrtausendproblem *(Virus, der bei der Jahrtausendwende Störungen verursachte);* **~ hype** Millenniumsspektakel *nt,* Millenniumsrummel *m*

mil·len·nium 'change·over *n* Jahrtausendwechsel *m* **Mil·len·nium 'Wheel** *n no pl* BRIT ■**the ~** das Millennium-Riesenrad

mil·le·pede ['mɪlɪpiːd] *n see* **millipede**

mil·ler ['mɪlə^r, AM -ɚ] *n (dated)* Müller(in) *m(f)*

mil·let ['mɪlɪt] *n no pl* Hirse *f*

mil·li·am·pere [ˌmɪlɪ'æmpeə^r, AM -pɪr] *n* ELEC Milliampere *nt*

mil·li·ard [ˌmɪli'ɑːd] *n* BRIT *(dated)* Milliarde *f*

mil·li·bar ['mɪlɪbɑː^r, AM -bɑːr] *n* METEO Millibar *nt*

mil·li·gramme, AM **mil·li·gram** ['mɪlɪgræm] *n* Milligramm *nt*

mil·li·li·tre, AM **mil·li·li·ter** ['mɪlɪˌliːtə^r, AM -t̬ɚ] *n* Milliliter *m*

mil·li·metre, AM **mil·li·me·ter** ['mɪlɪˌmiːtə^r, AM -t̬ɚ] *n* Millimeter *m*

'mil·li·mole *n* Millimol *nt*

mil·li·ner ['mɪlɪnə^r, AM -ɚ] *n (dated)* ① *(hat maker)* Hutmacher(in) *m(f),* Putzmacher(in) *m(f) veraltet*
② *(hat seller)* Hutverkäufer(in) *m(f)*

mil·li·nery ['mɪlɪnəri, AM -neri] *n (dated)* ① *no pl (industry)* Hutmacherhandwerk *nt,* Putzmacherhandwerk *nt veraltet*
② *(shop)* Hutladen *m,* Hutgeschäft *nt* ÖSTERR

mil·ling ma·chine ['mɪlɪŋ-] *n* Fräse *f,* Fräsmaschine *f*

mil·lion ['mɪljən] *n* ① *(1,000,000)* Million *f;* **a ~ pounds** eine Million Pfund; **eight ~** [**people**] acht Millionen [Menschen]; **half a ~** eine halbe Million
② *(fam: countless number)* ***I've already heard that story a ~ times*** diese Geschichte habe ich schon tausendmal gehört; ***you're going to make ~ s on this deal*** du wirst Millionen an diesem Handel verdienen; **~s of people/houses/trees** Unmengen von Menschen/Häusern/Bäumen; **~s and ~s of years ago** vor Millionen und Abermillionen von Jahren
▸PHRASES: **to feel like a ~ dollars** [*or* AM **bucks**] sich *akk* pudelwohl fühlen *fam;* **to °look a ~ dollars** *(fam)* umwerfend aussehen; **for the ~s** für die Masse; **sb is one in a ~** jd ist etwas ganz Besonderes

mil·lion·aire [ˌmɪljə'neə^r, AM -ner] *n* Millionär *m;* **Dollar ~** Dollarmillionär *m;* **paper ~** Aktienmillionär *m*

mil·lion·air·ess <*pl* -es> [ˌmɪljəneə'res, AM -jə'nerɪs] *n* Millionärin *f*

mil·lionth ['mɪljən(t)θ] I. *adj inv* millionste(r, s); |**for**| **the ~ time** *(fig)* zum [hundert]tausendsten Mal
II. *n* Millionstel *nt;* **a ~ of a second** eine millionstel Sekunde

mil·li·pede ['mɪlɪpiːd] *n* Tausendfüßler *m*

mil·li·sec·ond ['mɪlɪˌsekənd] *n* Millisekunde *f;* **in ~s** *(fig)* in null Komma nichts *fam;* **for ~s** für einen kurzen Moment

'mill·pond *n* ① *(at a mill)* Mühlteich *m* ② *(calm water)* ruhiges Gewässer **'mill race** *n* Mühlbach *m* **'mill·stone** *n* Mühlstein *m;* **to be** [**like**] **a ~ around sb's neck** jdm wie ein Klotz am Bein sein **'mill stream** *n* Mühlbach *f* **'mill wheel** *n* Mühlrad *nt* **'mill·wright** *n* Mühlenbauer(in) *m(f)*

mi·lom·eter *n* BRIT AUTO Meilenzähler *m,* ≈ Kilometerzähler *m*

mi·lord [mɪ'lɔːd, AM -'lɔːrd] *n* HIST *(hum)* gnädiger Herr

milt [mɪlt] *n no pl* ZOOL Milch *f*

Mil·wau·keean [mɪl'wɔːkiən, AM -wɑː-] *n* Bewohner(in) *m(f)* Milwaukees

mime [maɪm] I. *n* ① *no pl (technique)* Pantomime *f;* **to be enacted in ~** pantomimisch dargestellt werden
② THEAT *(actor)* Pantomime, Pantomimin *m, f; (performance)* Pantomime *f; by ordinary person* Nachahmung *f*
II. *vi* **to ~ to a song** zu einem Lied die Lippen bewegen
III. *vt* ■**to ~ sth** THEAT etw pantomimisch darstellen; *(mimic)* etw mimen

'mime art·ist *n* Pantomime, Pantomimin *m, f*

mimeo·graph ['mɪmiə(ʊ)grɑːf, AM -miəgræf] *(dated)* I. *n* ① *(machine)* Vervielfältigungsapparat *m*
② *(copy)* Vervielfältigung *f*
II. *vt* **to ~ a document/letter/work sheet** ein Dokument/einen Brief/ein Arbeitsblatt vervielfältigen

mi·met·ic [mɪ'metɪk, AM -t̬-] *adj inv* pantomimisch

mi·meti·cal·ly [mɪ'metɪkli, AM -t̬-] *adv inv* pantomimisch; **to enact sth ~** etw pantomimisch darstellen

mim·ic ['mɪmɪk] I. *vt* <-ck-> ① *(imitate)* ■**to ~ sb/sth** jdn/etw nachahmen; *(when teasing)* jdn/etw nachäffen *pej*
② *(be similar)* ■**to ~ sth** *plant, animal* etw nachahmen; *drug, disease* etw *dat* ähneln [*o* gleichen]
II. *n* Imitator(in) *m(f)*

mim·ic·ry ['mɪmɪkri] *n* ① *no pl* Nachahmung *f; (by plant, animal)* Mimikry *f fachspr; (by disease, drug)* Ähnlichkeit *f;* **a talent for ~** ein Talent dafür, andere nachzuahmen
② *(instance)* Nachahmung *f*

mi·mo·sa [mɪ'məʊzə, AM -'moʊsə, -zə] *n* Mimose *f*

min^1 I. *n abbrev of* **minimum** min.
II. *adj abbrev of* **minimum** min.

min^2 *n abbrev of* **minute** min; **in a ~** *(fam)* gleich

mina·ret [ˌmɪnə'ret] *n* Minarett *nt*

mina·tory ['mɪnət^{ə}ri, AM -tɔːri] *adj attr (form)* drohend; **~ behaviour** [*or* AM **behavior**] Drohverhalten *nt*

mince [mɪn(t)s] I. *vt* FOOD ■**to ~ sth** *meat* etw hacken; *(in grinder)* etw durch den Fleischwolf drehen; *garlic, onions* etw klein schneiden
▸PHRASES: **to not ~ matters** nichts beschönigen; **to not ~** [**one's**] **words** sich *dat* kein Blatt vor den Mund nehmen
II. *vi* trippeln, tänzeln
III. *n no pl* BRIT, AUS Hackfleisch *nt,* Faschiertes *nt* ÖSTERR

minced [mɪn(t)st] *adj inv lamb, beef* gehackt; *garlic, onions* klein geschnitten; **~ meat** Hackfleisch *nt,* Faschiertes *nt* ÖSTERR

'mince·meat *n no pl* BRIT *süße Gebäckfüllung aus Dörrobst und Sirup*
▸PHRASES: **to make ~ of sb** *(fam: physically)* aus jdm Hackfleisch machen *fam; (verbally)* jdn zur Schnecke machen *fam*

mince 'pie, AM **mince·meat 'pie** *n Kuchen mit Füllung aus Dörrobst und Sirup*

minc·er ['mɪn(t)sə^r, AM -ɚ] *n* Fleischwolf *m*

minc·ing ['mɪn(t)sɪŋ] *adj* ① *(not to the point)* ausweichend, indirekt
② *(affected)* **~ walk** trippelnder Gang; **~ steps** Trippelschritte *pl*

mind [maɪnd] I. *n* ① *(brain, intellect)* Geist *m,* Verstand *m;* ***she's one of the greatest ~ s of today*** sie ist einer der größten Köpfe unserer Zeit; ***it's a question of ~ over matter*** das ist eine reine Willensfrage; ***he's got the ~ of a four-year-old!*** er hat den Verstand eines Vierjährigen!; ***it was a triumph of ~ over matter*** hier war der Wille stärker; **in one's ~ eyes** vor seinem geistigen Auge; **frame of ~** seelische Verfassung; **a fine ~** ein großer Geist; **to have a good ~** einen klaren Verstand haben; **to have a logical ~** logisch denken können; **to the Victorian ~** nach der viktorianischen Denkweise; **to use one's ~** seinen Verstand gebrauchen
② *(sanity)* Verstand *m;* **to be in one's right ~** noch ganz richtig im Kopf sein; **to be out of one's ~** den Verstand verloren haben; **to drive sb out of his/her ~** jdn wahnsinnig machen; **to lose** [*or* **go out of**] **one's ~** den Verstand verlieren
③ *(thoughts)* Gedanken *pl;* ***the idea never entered my ~*** auf diesen Gedanken wäre ich gar nicht gekommen; ***it went out of my ~*** ich hab's vergessen; ***you put that out of your ~ !*** das kannst du dir aus dem Kopf schlagen!; ***I can't get that song out of my ~*** das Lied will mir einfach nicht mehr aus dem Kopf gehen!; ***sorry, my ~ is on other things*** tut mir leid, ich bin mit den Gedanken ganz woanders; **to be on one's ~** einen beschäftigen; ***you're always on my ~*** ich denke die ganze Zeit an dich; ***what's on your ~ ?*** woran denkst du?; ***what's on your ~ !*** woran du nur wieder denkst!; **to be in the back of sb's ~** in jds Hinterkopf sein; **to bear** [*or* **keep**] **sth in ~** etw nicht vergessen; **bearing in ~ that ...** angesichts der Tatsache, dass ...; **to bring** [*or* **call**] **sth to ~** *(remember)* sich *akk* etw in Erinnerung rufen; *(remind)* an etw *akk* erinnern; **to come** [*or* **spring**] **to sb's ~** jdm einfallen; **to have sb/sth in ~** an jdn/etw denken; ***did you have anything***

special in ~ ? dachten Sie an etwas Bestimmtes?; **to have a lot of things on one's ~** viele Sorgen haben; **to keep one's ~ on sth** *one's work* sich *akk* auf etw *akk* konzentrieren; **sth puts sb in ~ of sth** *esp* BRIT etw erinnert jdn an etw *akk;* **to put sb out of one's ~** jdn aus seinem Gedächtnis streichen; **to read sb's ~** jds Gedanken lesen; **to set one's ~ to do sth** sich *akk* auf etw *akk* konzentrieren; **to take sb's ~ off sth** jdn auf andere Gedanken bringen [*o* von etw *dat* ablenken]
④ *(intention)* ***nothing could be further from my ~ than ...*** nichts läge mir ferner als ...; **to have in ~ to do sth** vorhaben, etw zu tun; **to know one's [own] ~** wissen, was man will; **to make up one's ~** sich *akk* entscheiden; ***my ~ is made up!*** ich habe einen Entschluss gefasst!; **to set one's ~ on sth** sich *dat* etw in den Kopf setzen
⑤ *usu sing (opinion)* Meinung *f,* Ansicht *f;* ***to my ~ ...*** meiner Meinung nach ...; **to give sb a piece of one's ~** jdm seine Meinung sagen; **to be of the same ~** der gleichen Meinung [*o* derselben Ansicht] sein; ***I'm of the same ~ as you*** ich bin deiner Meinung; **to be in** [*or* **of**] **two ~s about sth** sich *dat* über etw *akk* nicht im Klaren sein; **to change one's ~** es sich *dat* anders überlegen; **to have a ~ of one's own** seinen eigenen Kopf haben
⑥ *(inclination)* **to have half a [good] ~ to ...** gute Lust haben, ...; **to be of a ~ to do sth** *(form)* geneigt sein, etw zu tun
▸PHRASES: **to be bored out of one's ~** sich *akk* zu Tode langweilen; **great ~s think alike** ah, ich sehe, wir verstehen uns!
II. *vt* ① *(be careful of)* ■**to ~ sth** auf etw *akk* aufpassen; ***~ your head*** [*or* ***that you don't bang your head***] pass auf, dass du dir nicht den Kopf stößt; ***~ your head*** Vorsicht mit dem Kopf!; ***here, ~, he said when she trod on his foot*** passen Sie doch auf, sagte er, als sie ihm auf den Fuß trat; ***~ the step!*** Vorsicht Stufe!; ***~ how you go*** pass doch auf!; *(as farewell)* pass auf dich auf!; ***~ your language!*** *(dated)* pass auf, was du sagst!
② *(care about)* ■**to ~ sb** sich *akk* um jdn kümmern; ***don't ~ me*** kümmer dich nicht um mich; ***don't ~ what she says*** kümmer dich nicht darum, was sie sagt; ***and never ~ the expense*** und vergiss jetzt einfach mal die Kosten; ***never ~ them — what about me?*** was kümmern mich die – was ist mit mir?; ***never ~ her!*** vergiss sie doch einfach!; ***never ~ how you got there ...*** ist doch egal, wie du da hinkamst, ...; ***~ your own business!*** kümmer dich um deine eigenen Angelegenheiten!; ***I don't ~ the heat*** die Hitze macht mir nichts aus!; ***I don't ~ what she does*** es ist mir egal, was sie macht!
③ *(make certain)* ■**to ~ that ...** denk daran, dass ...; ***~ you close the door when you leave*** vergiss nicht, die Tür zuzumachen, wenn du gehst; ***~ you get this done before she gets home*** sieh zu, dass du damit fertig wirst, bevor sie nach Hause kommt
④ *(look after)* ■**to ~ sb/sth** auf jdn/etw aufpassen; *(fig)* ***I'm ~ing the shop*** ich kümmere mich hier um den Laden
⑤ *(fam: object)* ■**to not ~ sth** nichts gegen etw *akk* [einzuwenden] haben; ***would you ~ holding this for me?*** würden Sie das [kurz] für mich halten?; ***do you ~ my asking you a question?*** darf ich Ihnen eine Frage stellen?; ***do you ~ calling me a taxi?*** würde es dir was ausmachen, mir ein Taxi zu rufen?; ***do you ~ my smoking?*** stört es Sie, wenn ich rauche?; ***I don't ~ her*** ich habe nichts gegen sie; ***I wouldn't ~ a new car/a cup of tea*** gegen ein neues Auto/eine Tasse Tee hätte ich nichts einzuwenden!
▸PHRASES: **to ~ one's p's and q's** sich *akk* gut benehmen; **~ you** allerdings; ***~ you, I'd love to have a cup of tea!*** also, gegen eine Tasse Tee hätte ich jetzt nichts einzuwenden!; ***~ you, she did try*** immerhin hat sie es versucht!
III. *vi* ① *(care)* sich *dat* etwas daraus machen; ***I don't ~*** das ist mir egal; ***sometime I wish he ~ed a little more*** manchmal wünsche ich mir, dass es ihm ein bisschen mehr ausmachen würde; ***never ~!*** [ist doch] egal!; ***never ~, I'll do it myself!*** vergiss es, ich mach's selbst!; ***never ~, one day ...*** mach dir nichts draus – eines Tages ...; ***never ~ about that mistake*** vergiss den Fehler einfach!; ***never ~ about that now*** vergiss das jetzt mal; ***never ~ about her — what about you?*** jetzt vergiss sie doch mal – was ist mit dir?; ***never you ~!*** jetzt kümmer dich mal nicht drum!
② *(object)* etwas dagegen haben; ***do you ~ if I ...?*** stört es Sie, wenn ich ...?; ***do you ~!*** *(don't!)* ich muss doch sehr bitten!; *(may I?)* darf ich?; ***nobody will ~*** das wird niemanden stören; ***if you don't ~ ...*** wenn du nichts dagegen hast, ...; ***if you don't ~ me saying so, ...*** ich hoffe, es macht dir nichts aus, dass ich dir das jetzt sage, aber ...; ***I don't ~ if I do*** ich hätte nichts dagegen
▸PHRASES: **never ~ ...** geschweige denn ...
◆**mind out** *vi* BRIT aufpassen; ***~ out!*** Vorsicht!

'mind-al·ter·ing *adj experience, drug* bewusstseinsverändernd **'mind-bend·ing** *adj (fam) puzzle* knifflig **'mind bent** *n no pl* Überzeugung *f,* Bewusstsein *nt* **'mind-blow·ing** *adj (sl)* irre *fam* **'mind-bog·gling** *adj (fam)* irrsinnig *fam,* verrückt **'mind can·dy** *n* AM *(sl)* seichte Unterhaltung **'mind con·trol** *n no pl* Gehirnwäsche *f*

mind·ed ['maɪndɪd] *adj pred* ① *(inclined)* ***if you are so ~, ...*** wenn dir der Sinn danach steht, ...; **to be mathematically/scientifically ~** eine mathematische/wissenschaftliche Neigung haben
② *(enthusiastic)* begeistert; ***she's very car ~*** sie ist ein absoluter Autonarr; **to be romantically ~** romantisch veranlagt sein

mind·er ['maɪndəʳ, AM -ɚ] *n* ① *esp* BRIT *(caretaker)* Aufpasser(in) *m(f)*
② *(bodyguard)* Leibwächter(in) *m(f)*

'mind-ex·pand·ing *adj* bewusstseinserweiternd

mind·ful ['maɪn(d)fᵊl] *adj pred* ① *(be concerned about)* **to be ~ of sb's feelings/condition** jds Gefühle/Zustand berücksichtigen [*o* bedenken]; ***ever ~ of her comfort, ...*** stets auf ihr Wohl bedacht, ...; **to be ever ~ of sb** stets für jdn Sorge tragen
② *(have understanding)* **to be ~ of the disadvantages/problems/risks** sich *dat* der Nachteile/Probleme/Risiken bewusst sein; **to be ~ of one's responsibilities** sich *dat* seiner Verantwortung bewusst sein

'mind games *npl* psychologische Spielchen; **to play ~ with sb** jdn verunsichern

mind·less ['maɪn(d)ləs] *adj* ① *(pointless)* sinnlos; **~ gossip** sinnloser Klatsch; **~ violence/jealousy** blinde Gewalt/Eifersucht
② *(not intellectual) job, talk, work* geistlos, stupide *pej geh; music, lyrics* anspruchslos; ***what's this ~ rubbish you're watching?*** was für einen Schund schaust du dir da an?
③ *(heedless)* hirnlos, ohne Verstand

mind·less·ly ['maɪn(d)ləsli] *adv* gedankenlos, ohne zu überlegen

mind·less·ness ['maɪn(d)ləsnəs] *n no pl* ① *(without consideration)* Gedankenlosigkeit *f*
② *(without a reason) of violence, destruction* Sinnlosigkeit *f*

'mind-numb·ing *adj* langweilig **'mind-numb·ing·ly** *adv* **~ boring** furchtbar langweilig **'mind read·er** *n* Gedankenleser(in) *m(f)* **'mind·set** *n* Denkart *f,* Mentalität *f;* **a Victorian/medieval/1960s ~** eine Denkweise wie in der viktorianischen Zeit/im Mittelalter/in den Sechzigern haben; **to be of a different/the same ~** eine unterschiedliche/die gleiche Denkart haben

mine[1] [maɪn] *pron* ① *poss* meine/meiner/meins [*o geh* meines]; ***you go your way and I'll go ~*** du gehst deinen Weg und ich den meinen [*o veraltend* meinigen] *geh;* ***an old friend of ~*** eine alte Freundin von mir; ***victory is ~*** der Sieg gehört mir
② *det (old: my)* mein/meine

mine[2] [maɪn] **I.** *n* ① *(excavation)* Bergwerk *nt; (fig: valuable source)* Fundgrube *f;* **a diamond/copper ~** eine Diamanten-/Kupfermine; **a coal ~** eine Kohlengrube, Kohlenzeche; **to work in** [*or* **down**] **the ~s** unter Tage arbeiten
② MIL *(explosive)* Mine *f;* **to clear an area of ~s** ein Minenfeld räumen; **to plant** [*or* **lay**] **~s** Minen legen
II. *vt* ① *(obtain resources)* **to ~ coal/iron/diamonds** Kohle/Eisen/Diamanten abbauen [*o* fördern]; **to ~ gold** Gold schürfen
② *(plant mines)* **to ~ an area** ein Gebiet verminen
▸PHRASES: **to ~ a rich seam** [*or* **vein**] **of sth** sich *dat* etw zunutze machen
III. *vi* **to ~ for coal/diamonds/silver/gold** nach Kohle/Diamanten/Silber/Gold graben

'mine damp *n* MIN Grubengas *nt,* Schlagwetter *nt* **'mine-de·tec·tor** *n* Minensuchgerät *nt* **'mine explosion** *n* Schlagwetterexplosion *f* **'mine·field** *n* Minenfeld *nt; (fig)* gefährliches Terrain **'mine·hunt·er** *n* NAUT Minensucher(in) *m(f)* **'mine·lay·er** *n* NAUT Minenleger(in) *m(f)*

min·er ['maɪnəʳ, AM -ɚ] *n* ① *(person)* Bergarbeiter(in) *m(f)*
② *(mining company)* Bergwerk *nt*

min·er·al ['mɪnᵊrᵊl] **I.** *n* ① *(inorganic substance)* Mineral *nt*
② *(when obtained by mining)* [Gruben]erz *nt,* Mineral *nt*
③ *(in nutrition)* Mineral *nt;* **vitamins and ~s** Vitamine und Mineralien
II. *n modifier* **~ deposits** Erzlagerstätten *pl;* **~ resources** Bodenschätze *pl;* **~ wealth** Reichtum *m* an Bodenschätzen; MED *(supplement, intake, level)* Mineralstoff-; **~ deficiency** Mineralstoffmangel *m*

min·er·al 'jel·ly *n no pl* Vaselin *nt* **min·er·al 'king·dom** *n no pl* Mineralreich *nt*

min·er·al·ogi·cal [ˌmɪnᵊrəˈlɒdʒɪkᵊl, AM -ˈlɑːdʒ-] *adj* mineralogisch

min·er·alo·gist [ˌmɪnᵊrˈælədʒɪst, AM -əˈrɑːl-] *n* Mineraloge, Mineralogin *m, f*

min·er·al·ogy [ˌmɪnᵊrˈælədʒi, AM -əˈrɑːl-] *n no pl* Mineralogie *f*

'min·er·al oil *n* Mineralöl *nt* **'min·er·al rights** *npl* Schürfrechte *pl*

min·er·als ['mɪnᵊrᵊlz] *npl* BRIT *(dated) kohlensäurehaltige Limonadengetränke*

min·er·al 'spring *n* Mineralquelle *f* **'min·er·al wa·ter** *n no pl* Mineralwasser *nt;* **carbonated/still ~** kohlensäurehaltiges/stilles Mineralwasser

min·er's 'right *n* AUS Abbaulizenz *f,* Schürflizenz *f*

'mine shaft *n* [Minen]schacht *m*

min·estro·ne, min·estro·ne soup [ˌmɪnɪˈstrəʊni-, AM -ˈstroʊ-] *n no pl* Minestrone *f*

'mine·sweep·er *n* NAUT *(fam)* Minenräumer *m*

Ming [mɪŋ] *n no pl* ① *(dynasty)* Ming[-Dynastie] *f*
② *(porcelain)* Ming[-Porzellan] *nt*

min·gle ['mɪŋgl] **I.** *vt usu passive* ■**to ~ sth and sth** etw mit etw *dat* mischen; ***excitement at starting a new job is always ~d with a certain amount of fear*** Aufregung beim Beginn in einem neuen Job ist immer mit einer gewissen Portion Angst vermischt
II. *vi* ① *(socialize)* sich *akk* untereinander vermischen; **to ~ with the guests** sich *akk* unter die Gäste mischen
② *(mix)* sich *akk* vermischen

min·gy ['mɪndʒi] *adj esp* BRIT *(fam)* ① *(stingy) person* knaus[e]rig *fam,* knick[e]rig BRD *fam*
② *(too small)* lumpig *fam,* mick[e]rig *fam;* **a ~ amount/portion** ein mickriger Betrag/eine mickrige Portion

mini- ['mɪni] *in compounds (library, shop, doll's house)* Mini-

Mini ['mɪni] *n* AUTO, TRANSP *(small car)* Mini *m*

mini ['mɪni] *n (fam) short for* **miniskirt** Minirock *m*

minia·ture ['mɪnətʃəʳ, AM -niətʃɚ] **I.** *adj attr, inv* Miniatur-; **~ camera** Miniaturkamera *f*
II. *n* ① *(painting)* Miniatur *f*
② *(bottle)* Miniflasche *f*
③ *(model)* Miniatur *f*

minia·ture 'golf *n no pl* Minigolf *nt* **minia·ture 'poo·dle** *n* Zwergpudel *m* **minia·ture 'rail·way** *n* Liliputbahn *f* **minia·ture 'sub·ma·rine** *n* Mini-U-Boot *nt*

M

minia·tur·ist ['mɪnətʃərɪst, AM iətʃɚɪst] *n* Miniaturenmaler(in) *m(f)*
minia·turi·za·tion [,mɪnətʃəraɪ'zeɪʃən, AM -niətʃɚɪ'-] *n no pl of computers, mobil phones* Miniaturisierung *f*
minia·tur·ized ['mɪnətʃəraɪzd, AM -niətʃɚ-] *adj inv* in klein, verkleinert; *computer, mobile phone* miniaturisiert; ~ **version** Miniaturausgabe *f*
'mini·bar *n* Minibar *f* **'mini·bus** *n* Kleinbus *m* **'mini·cab** *n* BRIT Kleintaxi *nt* **'mini·cam** *n* MEDIA *kleine Videokamera* **'mini-cam·era** *n* Minikamera *f* **'mini·com·put·er** *n* Minicomputer *m* **'mini·disk** *n* ❶ COMPUT Miniplatte *f* ❷ *(for recording)* Mini Disk® *f* **'mini-food** *n* Miniportion *f* **'mini·golf** *n* Minigolf *nt*
min·im ['mɪnɪm] *n* BRIT, AUS MUS halbe Note
mini·ma ['mɪnɪmə] *n (spec) pl of* **minimum**
mini·mal ['mɪnɪməl] *adj inv* minimal, SCHWEIZ *a.* minim, Mindest-; **with ~ effort** mit möglichst wenig Anstrengung
mini·mal·ism ['mɪnɪməlɪzəm] *n no pl* ART, LIT Minimalismus *m*
mini·mal·ist ['mɪnɪməlɪst] ART, LIT **I.** *adj inv* minimalistisch
II. *n* Minimalist(in) *m(f)*
mini·mal·ly ['mɪnɪməli] *adv inv* minimal; ***the story was only ~ covered in the papers*** die Geschichte wurde in den Zeitungen nur am Rande erwähnt
mini·mart ['mɪnimɑ:t, AM -mɑ:rt] *n* AM Minimarkt *m*
mini·mi·za·tion [,mɪnɪmaɪ'zeɪʃən, AM -mɪ'-] *n no pl* Minimierung *f*
mini·mize ['mɪnɪmaɪz] *vt* ❶ *(reduce)* ■**to ~ sth** etw auf ein Minimum [*o* Mindestmaß] beschränken, etw minimieren
❷ *(underestimate)* ■**to ~ sth** etw schlechtmachen; *(play down)* etw bagatellisieren; **to ~ sb's feelings/concerns/anger** jds Gefühle/Sorgen/Ärger herunterspielen; *(belittle)* ■**to ~ sb** jdn herabsetzen
❸ COMPUT ■**to ~ sth** etw auf Symbolgröße verkleinern [*o* minimieren]
'mini·mo·tor *n* Minimotor *m*
mini·mum ['mɪnɪməm] **I.** *n* <*pl* -s *or* -ima> Minimum *nt;* **a ~ of 3 hours** mindestens 3 Stunden; **a ~ of effort/time/risk** ein Minimum an Aufwand/Zeit/Risiko; **to keep sth to a ~** etw so niedrig wie möglich halten; **to reduce sth to a ~** etw auf ein Minimum reduzieren
II. *adj inv* ❶ *(lowest possible)* Mindest-; **~ amount** Mindestbetrag *m,* Minimalbetrag *m;* **~ requirements** Mindestanforderungen *pl*
❷ *(very low)* Minimal-, minimal; **~ weight** Minimalgewicht *nt*
mini·mum se·'cu·rity pris·on *n Gefängnis, dessen Insassen relativ viel Freiheit haben* **mini·mum 'wage** *n* Mindestlohn *m*
min·ing ['maɪnɪŋ] **I.** *n no pl* Bergbau *m*
II. *adj attr, inv* Bergbau-, Bergwerks-
'min·ing en·gi·neer *n* Bergbauingenieur(in) *m(f)* **'min·ing in·dus·try** *n* Bergbauindustrie *f* **'min·ing right** *n* MIN Schürfrecht *nt* **'min·ing town** *n* Bergarbeiterstadt *f*
min·ion ['mɪnjən] *n (pej)* Speichellecker(in) *m(f) pej*
'mini·pill *n* Minipille *f*
mi·nis·cule ['mɪnɪskju:l] *adj* winzig
'mini-se·ries *n* TV Kurzserie *f,* Miniserie *f* **'mini·skirt** *n* Minirock *m*
min·is·ter ['mɪnɪstə^r, AM -ɚ] **I.** *n* ❶ *(in government)* Minister(in) *m(f);* **Cabinet ~** Kabinettsminister(in) *m(f);* **defence ~** Verteidigungsminister(in) *m(f)*
❷ *(diplomat)* Gesandte(r) *f(m),* Vertreter(in) *m(f)*
❸ *(protestant priest)* Pfarrer(in) *m(f)*
II. *vi* ❶ REL ■**to ~ to sb/sth** *pastor, priest* für jdn/etw sorgen
❷ *(be of service)* ■**to ~ to sb** jdm zu Diensten sein; *(take care of)* **to ~ to sb's needs** [*or* **wants**] sich *akk* um jdn kümmern
▶PHRASES: **sb's ~ing angel** jds guter Engel
min·is·terial [,mɪnɪ'stɪəriəl, AM -'stɪr-] *adj inv* Minister-, Ministerial-, ministeriell; **~ post** Ministerposten *m;* **~ responsibilities** Aufgaben eines Ministers
Min·is·ter of 'State *n* BRIT ≈ Staatssekretär(in) *m(f)* **Min·is·ter of the 'Crown** *n* BRIT Kabinettsminister(in) *m(f)* **Min·is·ter with·out Port·'fo·lio** *n* BRIT Minister(in) *m(f)* ohne Portefeuille [*o* Geschäftsbereich]
mini·stra·tions [,mɪnɪ'streɪʃənz] *npl (liter or hum)* liebevolle Fürsorge
min·is·try ['mɪnɪstri] *n* ❶ *(in government)* Ministerium *nt;* **~ of agriculture/defence/transport** Landwirtschafts-/Verteidigungs-/Verkehrsministerium *nt*
❷ POL *(period of government)* Amtszeit *f; (cabinet) das gesamte Ministerkollegium*
❸ *no pl (priesthood)* ■**the ~** das Priestertum, der geistliche Stand; **to go into the ~** Priester werden; *(spiritual work) of a priest* priesterliche Pflichten
❹ *(tenure as pastor)* geistliches Amt
❺ *(care)* Sendungsbewusstsein *nt*
'mini-sys·tem *n* MUS Ministereoanlage *f* **'mini·van** *n* Minivan *m*
mink [mɪŋk] **I.** *n* ❶ *no pl (animal)* Nerz *m; (fur)* Pelz *m*
❷ *(coat)* Nerz[mantel] *m*
II. *n modifier (coat, collar, lining, stole)* Nerz-
Minn. AM *abbrev of* **Minnesota**
Min·ne·apoli·tan [,mɪniə'pɒlɪtən, AM -'pɑ:lə-] **I.** *n* Bewohner(in) *m(f)* Minneapolis
II. *adj* aus Minneapolis *nach n*
Min·ne·so·tan [,mɪnɪ'səʊtən, AM -'soʊṭən] **I.** *n* Bewohner(in) *m(f)* Minnesotas
II. *adj* aus Minnesota *nach n*
min·now ['mɪnəʊ, AM -noʊ] *n* ❶ *(fish)* Elritze *f*
❷ *(fig)* kleiner Fisch *fig fam*
Mi·no·an [mɪ'nəʊən, AM -'noʊ-] **I.** *adj* minoisch
II. *n* ❶ *(person)* Minoer(in) *m(f)*
❷ *(language)* Minoisch *nt*
❸ *(script)* Minoisch *nt*
mi·nor ['maɪnə^r, AM -ɚ] **I.** *adj* ❶ *(small) detail, problem, criticism* nebensächlich; *character, plot* unbedeutend; *crime, violation* geringfügig; *improvement, repair* unwichtig; *accident, incident* leicht; *interest, hobby* klein; **~ road** Nebenstraße *f;* **~ alteration/tiff** kleine Veränderung/Meinungsverschiedenheit; **to be of ~ importance** von geringer Bedeutung sein; **~ offence** [*or* AM **offense**] leichtes Vergehen
❷ *(low-ranking) official, supervisor* untergeordnet; *(not important)* unbedeutend; **a ~ author/composer/poet** ein unbedeutender Schriftsteller/Komponist/Poet; **~ part** [*or* **role**] Nebenrolle *f; (fig)* untergeordnete Rolle
❸ MED *(not serious)* leicht; **~ injury** leichte Verletzung; **~ operation** kleiner Eingriff
❹ *inv* MUS Moll-; **~ chord** Mollakkord *m;* **~ key** Molltonart *f;* **a ~ note** ein Ton in Moll; **to end on a ~ note** *(fig)* mit einer traurigen Note enden; **~ scale** Molltonleiter *f*
❺ *after n* BRIT SCH *(for younger brother)* junior; ***Smith ~*** Smith junior
II. *n* ❶ *(underage person)* Minderjährige(r) *f(m)*
❷ MUS Moll *nt*
❸ SPORT *(minor leagues)* ■**the ~s** *pl* niedrige Klassen
❹ UNIV *(secondary study)* Nebenfach *m;* ***he has a literature major with a ~ in linguistics*** er studiert Literatur im Hauptfach mit Linguistik im Nebenfach
III. *vi* UNIV **to ~ in biology/linguistics/maths** Biologie/Linguistik/Mathematik im Nebenfach studieren
Mi·nor·ca [mɪ'nɔ:kə, AM -'nɔ:r-] *n* Menorca *nt*
Mi·nor·can [mɪ'nɔ:kən, AM -'nɔ:r-] **I.** *n* Menorquiner(in) *m(f)*
II. *adj* menorquinisch
mi·nor·ity [maɪ'nɒrəti, AM -'nɔ:rəṭi] **I.** *n* ❶ *(the smaller number)* Minderheit *f,* Minorität *f geh;* **in a ~ of cases** in wenigen Fällen; **~ holding** [*or* **interest**] [*or* **stake**] ECON Minderheitsbeteiligung *f;* **a ~ of people** eine Minderheit; **to be in the ~** in der Minderheit sein; **to be a ~ of one** eine einsame Ausnahme darstellen
❷ *(racial/ethnic group)* Minderheit *f*
❸ LAW Minderjährigkeit *f*
II. *n modifier (interests, party, protection, rights, vote)* Minderheiten-
mi·nor·ity 'gov·ern·ment *n* POL Minderheitsregierung *f* **mi·nor·ity 'group** *n* Minderheit *f,* Minorität *f geh* **mi·nor·ity 'in·ter·est** *n* FIN Minderheitsanteil *m,* Fremdanteil *m* **mi·nor·ity 'share·hold·er** *n* Minderheitsaktionär(in) *m(f)* **mi·nor·ity 'stake** *n* FIN Minderheitsbeteiligung *f*
'mi·nor league *n* AM untere Klasse **mi·nor 'or·ders** *npl* REL niedere Ränge [*o* Weihen] **mi·nor 'plan·et** *n* kleiner Planet **mi·nor 'prem·ise** *n* PHILOS Untersatz *m* **mi·nor 'proph·et** *n* REL kleiner Prophet **'mi·nor term** *n* PHILOS Unterbegriff *m*
Minotaur ['maɪnətɔ:^r, AM 'mɪnətɔ:r] *n* Minotaurus *m*
min·ster ['mɪnstə^r, AM -ɚ] *n* Münster *nt*
min·strel ['mɪn(t)strəl] *n (hist: entertainer)* Spielmann *m; (singer)* Minnesänger *m*
'min·strel show *n* AM *(dated) Tanz- und Musikshow mit schwarz geschminkten Darstellern*
mint[1] [mɪnt] **I.** *n* ❶ *(coin factory)* Münzanstalt *f,* Prägeanstalt *f;* **~ of ideas** *(fig)* Ideenschmiede *f*
❷ *(fig fam: lots of money)* **to make/cost a ~** einen Haufen Geld machen/kosten *fam;* **to be worth a ~** Gold wert [*o* unbezahlbar] sein
II. *vt* **to ~ money/a coin** Geld/eine Münze prägen; **to ~ gold/silver** Gold/Silber münzen; **to ~ a stamp** eine Briefmarke drucken; **to ~ a phrase** *(fig)* einen Satz prägen
III. *adj attr, inv (fig)* nagelneu *fam;* **~ coin** neu geprägte Münze; **a ~ copy** ein druckfrisches Exemplar; **~ stamp** ungestempelte Briefmarke; **in ~ condition** in tadellosem Zustand
mint[2] [mɪnt] **I.** *n* ❶ *no pl (herb)* Minze *f*
❷ *(sweet)* Pfefferminz[bonbon] *nt*
II. *n modifier (chocolate, flavouring, leaf)* Pfefferminz-
mint·ed ['mɪntɪd] *adj inv* frisch gemacht
'mint-fla·voured, AM **'mint-fla·vored** *adj* mit Pfefferminzgeschmack *nach n* **mint 'green** *adj* minzgrün **mint 'jel·ly** *n no pl* AM Minzgelee *nt*
mint 'ju·lep *n* AM *Cocktail aus Whiskey, Zucker, gestoßenem Eis und Minze*
mint 'sauce *n no pl* Minzsoße *f* **mint 'tea** *n* Pfefferminztee *m*
minu·et [,mɪnju'et] *n* Menuett *nt*
mi·nus ['maɪnəs] **I.** *prep* ❶ MATH minus; ***what is 57 ~ 39?*** was ist 57 minus 39?
❷ *(without)* ***he returned from WWII ~ a leg*** er verlor im Zweiten Weltkrieg ein Bein
❸ *(less)* ***it costs €30,50 ~ a 10 % discount*** es kostet €30,50 abzüglich 10 % Rabatt
II. *n* <*pl* -es> ❶ *(minus sign)* Minus[zeichen] *nt*
❷ *(disadvantage)* Minus *nt,* Manko *nt;* **to be in the ~** FIN im Minus sein
III. *adj attr, inv* ❶ *(disadvantage)* **~ factor** ECON Negativfaktor *m,* Minus *nt;* **~ point** Minuspunkt *m;* ECON ***the accounts show a ~ figure*** die Bücher weisen ein Minus auf
❷ *(number)* minus; ***two ~ one equals one*** MATH zwei minus eins gleich eins; **~ ten Celsius** minus zehn Grad Celsius; **to be in ~ figures** im Minus sein; *account also* überzogen sein
❸ *after n* SCH *(in grading)* **a B ~** eine Zwei minus, ein schlechtes Gut ÖSTERR, ein Fünf minus SCHWEIZ
mi·nus·cule ['mɪnəskju:l, AM -nɪ-] **I.** *n* Kleinbuchstabe *m,* Minuskel *f fachspr*
II. *adj* winzig
'mi·nus fac·tor *n* Minus *nt,* Manko *nt,* Nachteil *m* **'mi·nus sign** *n* Minuszeichen *nt*
min·ute[1] ['mɪnɪt] **I.** *n* ❶ *(sixty seconds)* Minute *f;* ***it's 12:00 on*** [*or* ***to***] ***the ~*** es ist genau [*o* Punkt] 12:00 Uhr; **this ~** sofort
❷ *(short time)* Moment *m,* Minute *f;* ***wait here, I'll only be a ~!*** warte hier, ich bin gleich soweit!; [***wait***] ***just a ~!*** [*or* ***wait a ~!***] *(for delay)* einen Moment noch!; *(in disbelief)* Moment mal!; ***wait a ~ — did you just say ...*** Moment mal – hast du gerade gesagt, dass ...; *(when objecting)* ***wait a ~ — that's my bike you're taking!*** warte mal – das ist mein Fahrrad, das du da nimmst!
❸ *(soon)* ***Mr Smith will be here any ~ now*** Herr Smith wird jeden Augenblick hier sein; **at any ~** jede Minute; **in a ~, in a few ~s** gleich, sofort

❹ *(specific point in time)* Minute *f;* ***tell me the ~ that he arrives*** sag mir sofort Bescheid, wenn er kommt!; ***I disliked him the ~ I saw him!*** er war mir vom ersten Augenblick an unsympathisch; **to do sth at the last ~** etw in letzter Minute tun; **at the ~** *(now)* im Moment [*o* Augenblick]; *(presently in general)* zurzeit
II. *adj attr, inv* Instant-; **~ soup** Instantsuppe *f,* Packerlsuppe *f* ÖSTERR

mi·nute² [maɪˈnjuːt, AM *esp* -ˈnuːt] *adj* ❶ *(small)* winzig; **in ~ detail** bis ins kleinste Detail; **a ~ resemblance/similarity** eine entfernte Ähnlichkeit
❷ *(meticulous)* minuziös

ˈmin·ute hand *n* Minutenzeiger *m*

mi·nute·ly [maɪˈnjuːtli, AM *esp* -ˈnuːt-] *adv* minuziös, bis ins kleinste Detail; **to describe sth ~** etw ausführlich beschreiben

ˈmin·ute·man *n* AM *(hist) ein auf Abruf bereitstehender Freiwilliger im Unabhängigkeitskrieg*

min·utes [ˈmɪnɪts] *npl* Protokoll *nt;* **~ of order** Verfügungsentwurf *m;* **to do/take the ~** Protokoll führen; **to read out the ~** das Protokoll verlesen

min·ute ˈsteak *n* Minutensteak *nt*

mi·nu·tiae [maɪˈnjuːʃiaɪ, AM mɪˈnuː-] *npl* nebensächliche Details; **the ~ of everyday life** die kleinen alltäglichen Dinge

minx [mɪŋks] *n (usu hum dated) woman* [kleines] Biest *fam*

Mio·cene [ˈmaɪə(ʊ)siːn, AM -oʊ-] **I.** *n* GEOL Miozän *nt fachspr*
II. *adj* GEOL miozän *fachspr*

mira·cle [ˈmɪrəkl] *n (supernatural event)* Wunder *nt; (fig: surprising occurrence)* Wunder *nt;* ***it's a ~ that ...*** es ist ein Wunder, dass ...; ***it would be a ~ if ...*** es wäre ein Wunder, wenn ...; **a ~ of perfection/tidiness** ein Wunder an Perfektion/Sauberkeit; **a ~ of engineering** ein Wunder der Technik; **to be a ~ of smallness** unglaublich klein sein; **to perform** [*or* **work**] **a ~** ein Wunder vollbringen; ***don't expect me to work ~s*** erwarte keine Wunder von mir; **by some ~** wie durch ein Wunder

ˈmira·cle cure *n* Wunderheilung *f; (fig)* Wundermittel *nt* **ˈmira·cle drug** *n* Wunderheilmittel *nt* **ˈmira·cle play** *n* THEAT *(hist)* Mirakelspiel *nt fachspr* **ˈmira·cle work·er** *n* Wunderheiler(in) *m(f)*

mi·racu·lous [mɪˈrækjələs] *adj* wunderbar; **a ~ event** ein Wunder, etwas Wunderbares; **to make a ~ recovery** wie durch ein Wunder genesen

mi·racu·lous·ly [mɪˈrækjələsli] *adv* wunderbarerweise, wie durch ein Wunder

mi·rage [ˈmɪrɑːʒ, AM mɪˈrɑːʒ] *n* Luftspiegelung *f,* Fata Morgana *f; (fig)* Trugbild *nt,* Illusion *f*

MIRAS [ˈmaɪræs] *n no pl* BRIT *acr for* **mortgage interest relief at source** *Steuerbegünstigungen bei der Zahlung von Zinsen einer Hypothek*

mire [maɪəʳ, AM maɪr] *n* ❶ *(swamp)* Sumpf *m,* Sumpfgebiet *nt*
❷ *no pl (mud)* Morast *m,* Schlamm *m*
❸ *(fig: confusing situation)* Dickicht *nt,* Morast *m fig; (unpleasant situation)* Sumpf *m fig;* **to be deep in the ~** tief in der Patsche [*o* Tinte] sitzen *fam*

mir·ror [ˈmɪrəʳ, AM -ɚ] **I.** *n* ❶ *(looking-glass)* Spiegel *m*
❷ *(fig: reflection)* Spiegelbild *nt fig;* ***this film is a ~ of modern society*** dieser Film spiegelt die moderne Gesellschaft wider
▶PHRASES: **to hold a ~ to society** der Gesellschaft einen Spiegel vorhalten
II. *vt* ❶ *(show reflection of)* ■**to ~ sth** etw widerspiegeln
❷ COMPUT ■**to ~ sth** etw abbilden [*o* spiegeln]

mir·ror ˈfin·ish *n* Hochglanz *m* **ˈmir·ror glass** *n no pl* Spiegelglas *nt* **mir·ror ˈim·age** *n* Spiegelbild *nt* **ˈmir·ror writ·ing** *n no pl* Spiegelschrift *f*

mirth [mɜːθ, AM mɜːrθ] *n no pl (merriment)* Fröhlichkeit *f; (laughter)* Heiterkeit *f;* **to be a source of** [**considerable**] **~** [große] Heiterkeit hervorrufen

mirth·ful [ˈmɜːθfəl, AM ˈmɜːrθ-] *adj* fröhlich; **~ mood** heitere Stimmung

mirth·less [ˈmɜːθləs, AM ˈmɜːrθ-] *adj* freudlos; **~ eyes** trauriger Blick; **~ childhood** unglückliche Kindheit

mirth·less·ly [ˈmɜːθləsli, AM ˈmɜrθ] *adv* freudlos

miry [ˈmaɪ(ə)ri] *adj* sumpfig; *(fig) writing* wirr

mis·ad·dress [ˌmɪsəˈdres] *vt* ❶ *(wrongly address)* **to ~ a letter/package** einen Brief/ein Paket falsch adressieren
❷ *(call by wrong title)* ■**to ~ sb** jdn falsch anreden [*o* ansprechen]

mis·ad·just·ment [ˌmɪsəˈdʒʌstmənt] *n* TECH Fehleinstellung *f*

mis·ad·ven·ture [ˌmɪsədˈventʃəʳ, AM -ɚ] *n* ❶ *(form liter: unlucky event)* Missgeschick *nt*
❷ *no pl (bad luck)* Pech *nt;* **due to ~** unglücklicherweise
❸ BRIT LAW *(unintentional act)* **death by ~** Tod durch Unfall; **homicide by ~** fahrlässige Tötung

mis·align [ˌmɪsəˈlaɪn] *vt* TECH ■**to ~ sth** etw falsch [*o* schlecht] ausrichten

mis·align·ment [ˌmɪsəˈlaɪnmənt] *n no pl* falsche Ausrichtung; TECH *(of wheels)* Fluchtungsfehler *m;* **spine ~** Wirbelsäulenverkrümmung *f*

mis·al·li·ance [ˌmɪsəˈlaɪən(t)s] *n* Mesalliance *f geh*

mis·al·lo·ca·tion [ˌmɪsæləˈkeɪʃən] *n* Fehlallokation *f*

mis·an·thrope [ˈmɪsənθrəʊp, AM -ənθroʊp] *n (hater)* Menschenfeind(in) *m(f),* Misanthrop(in) *m(f) geh; (loner)* Einzelgänger(in) *m(f)*

mis·an·throp·ic [ˌmɪsənˈθrɒpɪk, AM -sənˈθrɑːp-] *adj* menschenfeindlich, misanthropisch *geh*

mis·an·thro·pist [mɪˈsænθrəpɪst] *n* Menschenfeind(in) *m(f),* Misanthrop(in) *m(f) geh*

mis·an·thro·py [mɪˈsænθrəpi] *n no pl* Menschenhass *m,* Misanthropie *f geh*

mis·ap·pli·ca·tion [ˌmɪsæplɪˈkeɪʃən] *n* Missbrauch *m;* **~ of knowledge** Missbrauch von Wissen; **~ of funds** *(misuse)* Fehlleitung *f* von Kapital; *(embezzlement)* Veruntreuung *f* von Geldern

mis·ap·ply <-ie-> [ˌmɪsəˈplaɪ] *vt* ■**to ~ sth** etw missbrauchen; **to ~ knowledge** Wissen missbrauchen; **to ~ funds** Kapital fehlleiten; *(embezzle)* Gelder veruntreuen

mis·ap·pre·hend [ˌmɪsæprɪˈhend] *vt* ■**to ~ sb/sth** jdn/etw missverstehen

mis·ap·pre·hen·sion [ˌmɪsæprɪˈhen(t)ʃən] *n* Missverständnis *nt;* ***he was under the ~ that ...*** er ging fälschlicherweise davon aus, dass ...

mis·ap·pro·pri·ate [ˌmɪsəˈprəʊprieɪt, AM -ˈproʊ-] *vt* **to ~ funds/money/sb's savings** Kapital/Geld/jds Ersparnisse veruntreuen

mis·ap·pro·pria·tion [ˌmɪsəˌprəʊpriˈeɪʃən, AM -ˌproʊ-] *n no pl of money* Unterschlagung *f,* Veruntreuung *f*

mis·be·got·ten [ˌmɪsbɪˈgɒtən, AM -ˈgɑː-] *adj attr* ❶ *(disreputable)* missraten; **~ son** missratener Sohn
❷ *(badly planned)* schlecht konzipiert; **~ plan** schlecht konzipierter Plan
❸ *(liter: illegitimate)* unehelich

mis·be·have [ˌmɪsbɪˈheɪv] *vi* ❶ *(behave badly) adult* sich *akk* schlecht benehmen [*o* unanständig]; *child* ungezogen sein; *(misfunction) machine* nicht richtig funktionieren
❷ *(be dishonest)* krumme Geschäfte machen *fam*

mis·be·hav·iour, AM **mis·be·hav·ior** [ˌmɪsbɪˈheɪvjəʳ, AM -jɚ] *n no pl by adult* schlechtes Benehmen; *by child* Ungezogenheit *f;* LAW ungebührliches Betragen; **sexual ~** sexuelles Fehlverhalten

misc. *adj short for* **miscellaneous** verschiedene

mis·cal·cu·late [ˌmɪsˈkælkjəleɪt] *vt* ■**to ~ sth** ❶ *(in math)* etw falsch berechnen
❷ *(misjudge)* etw falsch einschätzen

mis·cal·cu·la·tion [ˌmɪsˌkælkjəˈleɪʃən] *n* ❶ *(in math)* Fehlkalkulation *f,* Fehlberechung *f*
❷ *(in planning)* Fehleinschätzung *m;* **to make a ~ in sth** etw falsch einschätzen

mis·car·riage [mɪˈskærɪdʒ, AM ˈmɪsˌker-] *n* ❶ MED Fehlgeburt *f*
❷ *(unsuccessful outcome)* Scheitern *nt*

mis·car·riage of ˈjus·tice <*pl* miscarriages of justice> *n* Justizirrtum *m*

mis·car·ry <-ie-> [mɪˈskæri, AM ˈmɪsˌkeri] *vi* ❶ *(in pregnancy)* eine Fehlgeburt haben
❷ *(fig: fail) plan, project* scheitern

mis·cast [mɪˈskɑːst, AM -ˈskæst] **I.** *vt* <-cast, -cast> *usu passive* ■**to ~ sb** jdn falsch besetzen; **to ~ a play/film** ein Theaterstück/einen Film fehlbesetzen
II. *adj* **to feel ~ in one's life** sich *akk* im Leben nicht zurechtfinden; **to feel ~ in one's role** sich *akk* in seiner Rolle nicht wohl fühlen

mis·ce·gena·tion [ˌmɪsɪdʒɪˈneɪʃən] *n no pl* Rassenvermischung *f*

mis·cel·la·neous [ˌmɪsəlˈeɪniəs] *adj inv* verschiedene(r, s), diverse(r, s); *collection, crowd* bunt; *articles, short stories, poems, writings* vermischt, verschiedenerlei; **~ expenditure** sonstige Ausgaben

mis·cel·la·ny [mɪˈseləni, AM ˈmɪsəleɪni] *n* ❶ *(mixture)* Auswahl *f,* [An]sammlung *f* (**of** von +*dat)*
❷ *(book)* Sammelband *m,* Auswahl *f*

mis·chance [mɪsˈtʃɑːn(t)s, AM -ˈtʃæn-] *n (form)* ❶ *no pl (bad luck)* Pech *nt;* **sheer ~** reines Pech
❷ *(unlucky event)* Zwischenfall *m;* **by some ~** durch einen unglücklichen Umstand

mis·chief [ˈmɪstʃɪf] *n* ❶ *no pl (troublesome behaviour)* Unfug *m;* **to get** [*or* **be**] **up to ~** Unfug anstellen wollen; **to be full of ~** nur Unfug im Kopf haben; ***his eyes were full of ~*** ihm schaute der Schalk aus den Augen; **to get** [**oneself**] **into ~** Dummheiten machen; **to keep sb out of ~** jdn davon abhalten, Dummheiten zu machen
❷ *no pl (problems)* **to make ~ between sb** jdm Unannehmlichkeiten bereiten; **to mean ~** Unfrieden stiften wollen
❸ BRIT *(fam: injury)* **to do oneself a ~** sich *akk* verletzen

ˈmis·chief-mak·er *n* Unruhestifter(in) *m(f)* **ˈmis·chief-mak·ing** *n no pl* Unruhestiften *nt*

mis·chie·vous [ˈmɪstʃɪvəs, AM -tʃə-] *adj* ❶ *(naughty)* immer zu Streichen aufgelegt; **~ antics** Streiche *pl;* **~ child** Schlingel *m;* **~ grin** spitzbübisches [*o* verschmitztes] Grinsen
❷ *(malicious)* boshaft; **~ rumours** [*or* AM **rumors**] bösartige Gerüchte

mis·chie·vous·ly [ˈmɪstʃɪvəsli, AM -tʃə-] *adv* ❶ *(playfully bad)* schelmisch, spitzbübisch, verschmitzt
❷ *(in a nasty manner)* boshaft, böswillig

mis·chie·vous·ness [ˈmɪstʃɪvəsnəs, AM -tʃə-] *n no pl* ❶ *(naughtiness)* Ungezogenheit *f*
❷ *(maliciousness)* Boshaftigkeit *f*

mis·cibil·ity [ˌmɪsɪˈbɪlɪti, -əˈ-, AM -əˈbɪləṭi] *n* CHEM Mischbarkeit *f;* **~ gap** Mischungslücke *f*

mis·cible [ˈmɪsɪbl̩, AM -əbl̩] *adj* CHEM mischbar; **~ fluids** mischbare Flüssigkeiten

mis·com·mu·ni·ca·tion [ˌmɪskəˌmjuːnɪˈkeɪʃən] *n no pl* Fehlkommunikation *f,* mangelhafte [*o* unzureichende] Kommunikation (**between** zwischen +*dat)*

mis·con·ceive [ˌmɪskənˈsiːv] *vt* ■**to ~ sth** ❶ *(form: misunderstand)* etw falsch verstehen [*o* auffassen], eine falsche Vorstellung von etw *dat* haben; **to ~ one's part/task** seine Rolle/Aufgabe falsch verstehen [*o* auffassen]
❷ *(misjudge)* etw falsch einschätzen [*o* missdeuten] [*o* verkennen]; **to ~ a problem** ein Problem falsch einschätzen [*o* verkennen]; **to ~ a purpose/situation** eine Absicht/Situation missdeuten
❸ *(design poorly)* etw schlecht konzipieren [*o* durchdenken]

mis·con·ceived [ˌmɪskənˈsiːvd] *adj* ❶ *(misunderstood)* falsch verstanden; **~ notion** falsche Vorstellung
❷ *(ill-judged)* falsch eingeschätzt, missdeutet, verkannt; **~ cause/situation** missdeutete Ursache/Situation; **~ crisis/effect** falsch eingeschätzte Krise/Wirkung; **~ problem** verkanntes Problem
❸ *(ill-designed)* schlecht konzipiert [*o* durchdacht]; **~ attempt/plan** schlecht durchdachter Versuch/Plan; **~ investment/planning** Fehlinvestition *f*/-planung *f*

mis·con·cep·tion [ˌmɪskənˈsepʃən] *n* falsche Vorstellung [*o* Auffassung] (**about** von +*dat),* falsche [*o* irrige] Annahme, Irrglaube *m;* **a popular** [*or* **common**] **~** ein verbreiteter Irrglaube

mis·con·duct **I.** *n* [ˌmɪˈskɒndʌkt, AM -ˈskɑːn-] *no pl* ❶ *(bad behaviour)* schlechtes Benehmen, unkor-

M

rektes Verhalten; **professional** ~ standeswidriges Verhalten; **sexual** ~ sexuelle Verfehlung, sexueller Fehltritt; LAW Ehebruch *m;* MIL schlechte Führung; ~ **in office** Verfehlung *f* im Amt, Amtsvergehen *nt,* Amtspflichtverletzung *f*

❷ *(poor organization)* schlechte Verwaltung [*o* Geschäftsführung]; ~ **of financial affairs** unzulängliche Finanzverwaltung

II. *vt* [ˌmɪskənˈdʌkt] ❶ *(behave badly)* ■**to ~ oneself** sich *akk* schlecht benehmen [*o* betragen]

❷ *(organize badly)* ■**to ~ sth** etw schlecht führen [*o* verwalten]

mis·con·struc·tion [ˌmɪskənˈstrʌkʃən] *n* *(form)* Missdeutung *f,* Missverständnis *nt,* falsche Auslegung; **to be open to** ~ leicht misszuverstehen sein

mis·con·strue [ˌmɪskənˈstruː] *vt* ■**to ~ sth** etw missdeuten [*o* missverstehen] [*o* falsch auslegen]; ***you have ~d my meaning*** du hast mich falsch verstanden; **to ~ sth as sth** etw fälschlicherweise als etw auslegen

mis·copy <-ie-> [ˌmɪsˈkɒpi, AM -ˈkɑːpi] *vt* ■**to ~ sth** etw falsch abschreiben

mis·count **I.** *n* [ˈmɪskaʊnt] falsche Zählung [*o* Berechnung]; POL *of votes* falsche Auszählung

II. *vi* [mɪˈskaʊnt] sich *akk* verzählen [*o* verrechnen]

III. *vt* [mɪˈskaʊnt] ■**to ~ sth** etw falsch [ab]zählen [*o* berechnen]; **to ~ votes** POL Stimmen falsch auszählen

mis·creant [ˈmɪskriənt] **I.** *n* *(form)* Übeltäter(in) *m(f) geh,* Schurke *m,* Bösewicht *m*

II. *adj* *(form)* ❶ *(base)* gemein, verdorben, niederträchtig

❷ REL *(infidel)* ketzerisch, abtrünnig *geh,* häretisch *fachspr,* treulos; ~ **husband** treuloser Ehemann

mis·deal **I.** *n* [ˈmɪsdiːl] falsches Geben [*o* Austeilen] *(beim Kartenspiel)*

II. *vt* <-dealt, -dealt> [mɪsˈdiːl] **to ~ cards** die Karten falsch austeilen

III. *vi* <-dealt, -dealt> [mɪsˈdiːl] falsch geben, sich *akk* vergeben

mis·deed [mɪsˈdiːd] *n* *(form)* Missetat *f geh o veraltend,* Untat *f geh*

mis·de·mean·our, AM **mis·de·mean·or** [ˌmɪsdɪˈmiːnəʳ, AM -ɚ] *n* ❶ *(minor bad action)* [leichtes] Vergehen, [leichter] Verstoß, [geringfügige] Verfehlung; *of a law* Übergehung *f*

❷ AM LAW geringfügiges Vergehen, Bagatelldelikt *nt*

mis·di·ag·nose [mɪsˈdaɪəgnəʊz, AM ˌmɪsdaɪəgˈnoʊs] *vt* ■**to ~ sth** ❶ MED etw falsch diagnostizieren

❷ *(wrongly assess)* etw falsch einschätzen

mis·di·ag·no·sis [ˌmɪsdaɪəgˈnəʊsɪs, AM -ˈnoʊ-] *n* ❶ MED Fehldiagnose *f*

❷ *(wrong assessment)* Fehleinschätzung *f*

mis·dial <BRIT -ll- *or* AM *usu* -l-> [mɪsˈdaɪl] **I.** *vt* **to ~ the number** die falsche Nummer wählen

II. *vi* sich *akk* verwählen

mis·di·rect [ˌmɪsdɪˈrekt, AM -dəˈ-] *vt* ❶ *(send in wrong direction)* ■**to ~ sb/sth** jdn/etw in die falsche Richtung schicken, jdn/etw fehlleiten; **to ~ a letter** einen Brief falsch adressieren; **to ~ luggage/a shipment** Gepäck/eine Sendung fehlleiten; **to ~ a child** *(fig)* ein Kind [erzieherisch] fehlleiten [*o* irreleiten]

❷ *(aim wrongly)* ■**to ~ sth** etw in die falsche Richtung lenken; **to ~ a free kick** FBALL einen Freistoß verschießen [*o* vergeben]

❸ *usu passive (fig: misapply)* ■**to be ~ed** *energies, resources* falsch eingesetzt [*o* vergeudet] werden; *criticism, praise, remark* unangebracht [*o* unangemessen] [*o* fehl am Platz] sein

❹ LAW *(instruct wrongly)* ■**to ~ sb** jdn falsch unterrichten [*o* belehren]; **to ~ a jury** Geschworene falsch belehren

mis·di·rec·tion [ˌmɪsdɪˈrekʃən, AM -dəˈ-] *n no pl* ❶ *(of a letter, parcel)* Fehlleitung *f,* falsche Adressierung

❷ LAW *(false instruction)* falsche Unterrichtung; *of a jury* unrichtige [Rechts]belehrung; *(misleading)* Irreführung *f*

❸ *(inappropriate use) of energies, funds* falscher Einsatz, Vergeudung *f; of criticism, praise, remark* Unangemessenheit *f; of efforts* falsche Zielsetzung

mise en scène <*pl* mises en scène> [miːzɑ̃ˈsen] *n usu sing* [Bühnen]inszenierung *f; (fig)* Gestaltung *f*

mi·ser [ˈmaɪzəʳ, AM -ɚ] *n* Geizhals *m,* Geizkragen *m*

mis·er·able [ˈmɪzərəbḷ, AM -zɚ-] *adj* ❶ *(unhappy)* unglücklich, elend; **to feel ~** sich *akk* elend fühlen; **to look ~** elend aussehen; **a ~ life** ein elendes Leben; **a ~ time** eine schreckliche [*o* fürchterliche] Zeit; **to make life ~ [for sb]** [jdm] das Leben unerträglich [*o* zur Qual] machen

❷ *attr (bad-tempered)* griesgrämig, miesepet[e]rig *fam; (repulsive)* unausstehlich, widerlich, fies *fam; (fam: as insult)* mies *fam,* Mist- *fam;* ~ **little bastard** *(sl)* gemeiner Mistkerl *fam;* ~ **old creep** *esp* BRIT *(sl)* mieser alter Sack *derb;* ~ **old git** alter Miesepeter

❸ *(very unpleasant)* schauderhaft, grässlich, elend; ~ **hovel** [*or* AM *also* **shack**] elende Bruchbude; ~ **weather** schauderhaftes [*o* grässliches] Wetter

❹ *(inadequate)* armselig, dürftig; **a ~ *£20*** lumpige 20 Pfund; **to live in ~ conditions** in armseligen Verhältnissen leben; ~ **salary** armseliges [*o fam* mieses] Gehalt

❺ *attr (wretched)* miserabel, erbärmlich, jämmerlich, kläglich; **a ~ concert** ein miserables Konzert; **a ~ result** ein erbärmliches Ergebnis; **to be a ~ failure** ein kompletter Misserfolg sein

❻ AUS, NZ *(stingy)* geizig, knauserig

mis·er·ablist [ˈmɪzərəblɪst] *n* *(fam or hum)* Schwarzseher(in) *m(f)*

mis·er·ably [ˈmɪzərəbli, AM -zɚ-] *adv* ❶ *(unhappily)* traurig, niedergeschlagen; **to sob ~** jämmerlich schluchzen

❷ *(extremely)* schrecklich, furchtbar; **to be ~ cold/hot** furchtbar kalt/heiß sein; **to be ~ unhappy** schrecklich traurig sein; **to be ~ unlucky** ein Riesenpech haben

❸ *(utterly)* jämmerlich, kläglich; **to fail ~** jämmerlich [*o* kläglich] versagen

mis·eri·cord [mɪˈzerɪkɔːd, AM -kɔːrd] *n* REL Stütze *f* *(am Chorgestühl),* Miserikordie *f fachspr*

mi·ser·li·ness [ˈmaɪzəlɪnəs, AM -zɚ-] *n* Geiz *m*

mi·ser·ly [ˈmaɪzəli, AM -zɚ-] *adj* geizig

mis·ery [ˈmɪzəri, AM -ɚi] *n* ❶ *no pl (suffering)* Elend *nt,* Not *f;* **to live in ~** im Elend [*o* in Not] leben

❷ *no pl (unhappiness)* Jammer *m;* **a picture of ~** ein Bild des Jammers

❸ *(strain)* ■**miseries** *pl* Qualen *pl,* Strapazen *pl*

❹ BRIT *(fam: miserable person)* ■**to be a ~** ein Trauerkloß *fam* [*o fam* Miesepeter] sein

▸ PHRASES: **to <u>make</u> sb's life a ~** jdm das Leben zur Qual [*o* Hölle] machen; **to <u>put</u> an animal out of its ~** ein Tier von seinen Leiden erlösen; **to <u>put</u> sb out of his/her ~** *(hum)* jdn nicht länger auf die Folter spannen *fam*

'mis·ery-guts *n* BRIT *(fam)* Miesepeter *m fam*

mis·field [mɪsˈfiːld] *vt esp* BRIT SPORT **to ~ the ball** *in rugby, cricket* den Ball nicht richtig annehmen

mis·fire **I.** *vi* [mɪsˈfaɪəʳ, AM -ɚ] *weapon* versagen; *engine* fehlzünden, aussetzen; *(fig) plan* schiefgehen, danebengehen, misslingen

II. *n* [mɪsˈfaɪəʳ, AM ˈmɪsfaɪɚ] *(of gun)* Ladehemmung *f; (of engine)* Fehlzündung *f,* Aussetzer *m fam*

mis·fit [ˈmɪsfɪt] *n* Außenseiter(in) *m(f),* Eigenbrötler(in) *m(f);* **a social ~** ein gesellschaftlicher Außenseiter/eine gesellschaftliche Außenseiterin

mis·for·tune [mɪsˈfɔːtʃuːn, AM -ˈfɔːrtʃən] *n* ❶ *no pl (bad luck)* Pech *nt,* Unglück *nt; **I had the*** [*or **it was my***] ~ **...** ich hatte das Pech ...; **to suffer ~** viel Unglück haben, vom Unglück verfolgt sein

❷ *(mishap)* Missgeschick *nt kein pl,* unglücklicher Umstand

mis·giv·ing [mɪsˈgɪvɪŋ] *n* ❶ *(doubt)* Befürchtung *f,* Bedenken *nt meist pl* (**about** wegen +*gen*/hinsichtlich +*gen*); **to express ~s** Befürchtungen [*o* Bedenken] äußern

❷ *no pl* ungutes Gefühl; **a certain amount of ~** ein etwas ungutes Gefühl; **to be filled with ~** böse [*o* dunkle] Ahnungen haben

mis·gov·ern [mɪsˈgʌvən, AM -ɚn] *vt* ■**to ~ sb/sth** jdn/etw schlecht regieren; **to ~ affairs of state** die Staatsgeschäfte schlecht führen [*o* leiten]

mis·gov·ern·ment [mɪsˈgʌvənmənt, AM -ɚn-] *n no pl* schlechte Regierung [*o* Führung] [*o* Leitung]

mis·guid·ed [mɪsˈgaɪdɪd] *adj attempt, measure* unsinnig; *effort, policy* verfehlt; *enthusiasm, idealism, zeal* falsch, unangebracht; *people* fehlgeleitet, irregeleitet; ~ **idea** irrige [*o* falsche] Vorstellung; **to be ~ in sth** mit etw *dat* falschliegen

mis·guid·ed·ly [mɪsˈgaɪdɪdli] *adv* irrtümlich, unsinnigerweise

mis·han·dle [mɪsˈhændḷ] *vt* ❶ *(mismanage)* ■**to ~ sb/sth** jdn/etw falsch [*o* schlecht] behandeln; **to ~ an affair** eine Angelegenheit falsch behandeln [*o* anpacken]; **to ~ a business** ein Geschäft schlecht führen [*o* leiten]; **to ~ an estate** ein Gut schlecht verwalten [*o* bewirtschaften]; **to ~ an investigation** bei einer Untersuchung [grobe] Fehler machen [*o* falsch vorgehen]; **to ~ a situation** mit einer Situation falsch umgehen

❷ *(handle roughly)* ■**to ~ sb/sth** jdn/etw misshandeln [*o* grob behandeln]

mis·han·dling [mɪsˈhændlɪŋ] *n no pl* ❶ *(mismanagement)* falsche Behandlung, schlechte Handhabung [*o* Durchführung]; ~ **of a situation** falscher Umgang mit einer Situation

❷ *(rough treatment)* Misshandlung *f,* grobe Behandlung

mis·hap [ˈmɪshæp] *n* Unglück *nt,* Unfall *m,* Panne *f;* ***little Timmy just had a ~*** dem kleinen Timmy ist gerade ein Malheur passiert; **a series of ~s** eine Unglücks-/Pannenserie; **without [further] ~** ohne [weiteren] Zwischenfall

mis·hear [mɪsˈhɪəʳ, AM -ˈhɪr] **I.** *vt* <-heard, -heard> ■**to ~ sth** etw falsch hören [*o* [akustisch] falsch verstehen]

II. *vi* <-heard, -heard> sich *akk* verhören

mis·hit <-hit, -hit> [mɪsˈhɪt] *vt* SPORT Fehlschlag *m;* **to ~ the ball** *in baseball, cricket* den Ball nicht richtig treffen; **to ~ a drive/match ball/volley** *in tennis* einen Drive/Matchball/Volley verschlagen

mish·mash [ˈmɪʃmæʃ] *n* Mischmasch *m fam,* Durcheinander *nt* (**of** von +*dat*)

mis·in·form [ˌmɪsɪnˈfɔːm, AM -ˈfɔːrm] *vt* ■**to ~ sb [about sth]** jdn [über etw *akk*] falsch informieren [*o* unterrichten]

mis·in·for·ma·tion [ˌmɪsɪnfəˈmeɪʃən, AM -fɚˈ-] *n no pl* falsche Information, Fehlinformation[en] *f[pl]*; *(in newspaper, on radio)* Falschmeldung *f* (**about** über +*akk*)

mis·in·ter·pret [ˌmɪsɪnˈtɜːprɪt, AM -ˈtɜːr-] *vt* ■**to ~ sth** etw missverstehen; *evidence, statement, text* etw falsch interpretieren [*o* auslegen]; *behaviour, gesture, remark* etw falsch deuten [*o* missdeuten]

mis·in·ter·pre·ta·tion [ˌmɪsɪnˌtɜːprɪˈteɪʃən, AM -ˌtɜːr-] *n* Missverständnis *nt,* Fehlinterpretation *f;* **open to ~** missverständlich [*o* unterschiedlich] auslegbar

mis·judge [mɪsˈdʒʌdʒ] **I.** *vt* ■**to ~ sb/sth** *applicant, prospects, situation* jdn/etw falsch einschätzen [*o* beurteilen] [*o* bewerten]; *amount, distance, weight* etw falsch schätzen

II. *vi* sich *akk* verschätzen

mis·judg(e)·ment [mɪsˈdʒʌdʒmənt] *n* ❶ *no pl (wrong assessment) of a candidate, crisis* falsche Einschätzung [*o* Beurteilung]; *of damage, size, sum* falsche Schätzung

❷ *(wrong decision)* Fehlentscheidung *f,* Fehlurteil *nt*

mis·kick [mɪsˈkɪk] *esp* SPORT **I.** *vt* **to ~ a ball** einen Ball ungenau treten, einen Ball falsch abgeben

II. *vi* patzen

mis·lay <-laid, -laid> [mɪˈsleɪ] *vt* ■**to ~ sth** etw verlegen

mis·lead <-led, -led> [mɪˈsliːd] *vt* ■**to ~ sb** ❶ *(deceive)* jdn täuschen [*o* irreführen]; ■**to ~ sb about sth** jdn über etw *akk* täuschen; ***I was misled by what I had read about her in the newspapers*** aus dem, was ich über sie in den Zeitungen gelesen hatte, ergab sich mir ein falsches Bild

❷ *(lead astray)* jdn verführen [*o* verleiten]; ■**to ~ sb into [doing] sth** jdn zu etw *dat* verleiten [*o* verführen]; **to let oneself be misled** sich *akk* verleiten lassen

mis·lead·ing [mɪˈsliːdɪŋ] *adj* irreführend

mis·lead·ing·ly [mɪ'sli:dɪŋli] *adv* irreführenderweise

mis·man·age [ˌmɪs'mænɪdʒ] *vt* ■**to ~ sth** mit etw *dat* falsch umgehen; *business* etw schlecht führen [*o* leiten]; *an estate, finances* etw schlecht verwalten, etw herunterwirtschaften; **to ~ negotiations** Verhandlungen schlecht leiten

mis·man·age·ment [ˌmɪs'mænɪdʒmənt] *n* schlechte Verwaltung [*o* Führung] [*o* Leitung], Misswirtschaft *f;* **~ of the economy** schlechte [*o* verfehlte] Wirtschaftspolitik

mis·match **I.** *n* <*pl* -es> ['mɪsmætʃ] ① *(unsuitable pairing) of beverages, clothes, texts* unpassende Zusammenstellung; *of animals, people* ungleiche Paarung; **to be a ~** nicht zusammenpassen
② *(lack of correspondence)* fehlende Übereinstimmung, Missverhältnis *nt,* Ungleichgewicht *nt* (**between** zwischen +*dat)*
③ COMPUT Fehlanpassung *f*
II. *vt* [mɪ'smætʃ] *usu passive* ■**to be ~ed** ① *(be incompatible) clothes, colours, instruments* nicht zusammenpassen; *people* nicht zueinanderpassen
② SPORT *opponents* ungleich [gepaart] sein

mis·name [mɪs'neɪm] *vt* ① *(call wrongly)* ■**to ~ sth** etw falsch benennen, etw *dat* einen falschen Namen [*o* eine falsche Bezeichnung] geben; **to ~ a flower/an instrument** eine Blume/ein Instrument falsch benennen; **to ~ a measure/policy** einer Maßnahme/Politik eine falsche Bezeichnung geben
② *(call inappropriately)* ■**to ~ sb/sth sb/sth** jdn/etw unzutreffend [*o* zu Unrecht] als jdn/etw bezeichnen

mis·no·mer [mɪ'snəʊməʳ, AM -'snoʊmɚ] *n* ① *(wrong name)* falscher Name, falsche Bezeichnung; LAW *in a document* falsche Benennung [*o* Bezeichnung]
② *(inappropriate name)* unzutreffender [*o* unpassender] Name, unzutreffende [*o* unpassende] Bezeichnung

miso ['mi:səʊ, AM -soʊ] *n no pl* Miso *nt (aus fermentierten Sojabohnen bestehende Paste japanischer Herkunft)*

mi·sogy·nist [mɪ'sɒdʒənɪst, AM -'sɑ:dʒ-] **I.** *n* Misogyn *m fachspr,* Frauenfeind *m*
II. *adj* misogyn *fachspr,* frauenfeindlich

mi·sogy·nis·tic [mɪˌsɒdʒən'ɪstɪk, AM -ˌsɑ:dʒɪ'nɪs-] *adj* misogyn *fachspr,* frauenfeindlich

mi·sogy·ny [mɪ'sɒdʒɪni, AM -'sɑ:dʒ-] *n* Misogynie *f fachspr,* Frauenfeindlichkeit *f*

mis·place [mɪ'spleɪs] *vt* ■**to ~ sth** etw verlegen

mis·placed [mɪ'spleɪst] *adj* ① *(fig: misdirected)* unangebracht; **to be ~** fehl am Platz[e] sein
② *(incorrectly positioned) comma, decimal point, semicolon* falsch gesetzt

mis·print ['mɪsprɪnt] *n* Druckfehler *m*

mis·pro·nounce [ˌmɪsprə'naʊn(t)s] *vt* ■**to ~ sth** etw falsch aussprechen

mis·pro·nun·cia·tion [ˌmɪsprəˌnʌn(t)si'eɪʃən] *n* ① *no pl (incorrectness)* falsche [*o* fehlerhafte] Aussprache
② *(mistake)* Aussprachefehler *m*

mis·quo·ta·tion [ˌmɪskwəʊ'teɪʃən, AM -kwoʊ'-] *n* ① *no pl (quoting incorrectly)* falsches [*o* unrichtiges] Zitieren
② *(incorrect quotation)* falsch [*o* unrichtig] wiedergegebenes Zitat

mis·quote [mɪ'skwəʊt, AM -oʊt] **I.** *vt* ■**to ~ sb/sth** jdn/etw falsch [*o* unrichtig] zitieren [*o* wiedergeben]
II. *n* ① *(incorrect quoting)* falsches [*o* unrichtiges] Zitieren
② *(incorrectly worded quotation)* falsch [*o* unrichtig] wiedergegebenes Zitat

mis·read <-read, -read> [mɪs'ri:d] *vt* ■**to ~ sth** ① *(read incorrectly) word, text* etw falsch [*o* nicht richtig] lesen; ***to ~ an 'a' as an 'o'*** ein ‚a' fälschlich als ‚o' lesen
② *(fig: misinterpret) instruction, signal* etw falsch verstehen [*o* missverstehen] [*o* missdeuten]

mis·read·ing [mɪs'ri:dɪŋ] *n* ① *(reading mistake)* Lesefehler *m*
② *no pl (incorrect reading)* falsches [*o* fehlerhaftes] Lesen
③ *no pl (misunderstanding)* Missverständnis *nt,* Missdeutung *f*

mis·re·port [ˌmɪsrɪ'pɔ:t, AM -'pɔ:rt] *vt* ■**to ~ sth** etw falsch berichten [*o* wiedergeben]

mis·rep·re·sent [ˌmɪsreprɪ'zent] *vt* ■**to ~ sth** etw falsch [*o* unrichtig] darstellen; ■**to ~ sb as sb/sth** jdn als jd/etw hinstellen; **to ~ facts** Tatsachen entstellen [*o* verdrehen]; LAW falsche Tatsachen vorspiegeln

mis·rep·re·sen·ta·tion [ˌmɪsreprɪzen'teɪʃən] *n* ① *(false account)* falsche [*o* unrichtige] Darstellung; LAW falsche Angabe [*o* Darstellung]; **a ~ of facts** LAW eine Vorspiegelung falscher Tatsachen; **a ~ of the truth** eine Entstellung [*o* Verdrehung] der Wahrheit
② *no pl (false representation)* falsche [*o* unrichtige] Wiedergabe

mis·rule [mɪs'ru:l] *n* ① *(bad government)* schlechte [*o* unfähige] Regierung
② *(mismanagement)* Misswirtschaft *f*
③ *(disorder)* Unordnung *f*
④ *(lawlessness)* Gesetzlosigkeit *f*

miss[1] [mɪs] *n* ① *(young unmarried woman)* Fräulein *nt veraltend*
② *(form of address for waitress)* [gnädiges] Fräulein *veraltend,* Bedienung *f*
③ *(title)* ■**M~** Fräulein *nt veraltend,* Miss *f;* **M~ Smith** Fräulein [*o* Miss] Smith; **M~ America** Miss Amerika
④ BRIT *(teacher)* ■**M~** *in address* Frau Lehrerin *veraltet*
⑤ *(dated or hum: young lady)* junges Ding *veraltend o hum*
⑥ BRIT *(pej: naughty girl)* freches Ding *veraltend o pej*

miss[2] [mɪs] **I.** *n* <*pl* -es> ① *(failure)* Fehlschlag *m,* Misserfolg *m;* SPORT *(hit)* Fehltreffer *m; (shot)* Fehlschuss *m; (throw)* Fehlwurf *m;* AUTO Fehlzündung *f;* MED *(fam)* Fehlgeburt *f;* ***I've never had a car accident, but I've had a few near ~es*** ich hatte noch nie einen Unfall, aber ein paar Beinahezusammenstöße
② BRIT, AUS *(fam: skip)* **to give sth a ~** *dance, dessert* etw auslassen; *(avoid) meeting, practice* etw sausenlassen *fam*
▸ PHRASES: **a ~ is as good as a mile** *(prov)* knapp vorbei ist auch daneben *prov*
II. *vi* ① *(not hit)* nicht treffen; *projectile also* danebengehen; *person, weapon also* danebenschießen; ***~ ed!*** daneben!, nicht getroffen!
② *(be unsuccessful)* missglücken, fehlschlagen
③ AUTO *engine* aussetzen
III. *vt* ① *(not hit)* ■**to ~ sb/sth** jdn/etw verfehlen [*o* nicht treffen]; ***the ricochet ~ ed her by inches*** der Querschläger verfehlte sie um Zentimeter
② *(not meet)* ■**to ~ sth** *bus, train* etw versäumen [*o* verpassen]; ■**to ~ sb** jdn verpassen; **to ~ a deadline** einen Termin nicht [ein]halten
③ *(be absent)* ■**to ~ sth** etw versäumen [*o* verpassen]; **to ~ school** in der Schule fehlen
④ *(not use)* ■**to ~ sth** *opportunity* etw verpassen; ***his new film is too good to ~*** seinen neuen Film darf man sich einfach nicht entgehen lassen; ***you didn't ~ much*** du hast nicht viel verpasst
⑤ *(avoid)* ■**to ~ sth** etw vermeiden [*o* umgehen]; ***I narrowly ~ ed being run over*** ich wäre fast überfahren worden
⑥ *(not see)* ■**to ~ sb/sth** jdn/etw übersehen; ***he's over there, you can't ~ him*** er ist da drüben, du kannst ihn gar nicht übersehen
⑦ *(not hear)* ■**to ~ sth** etw nicht mitbekommen; *(deliberately)* etw überhören; ***sorry, I ~ ed that — could you say that again?*** Entschuldigung, das habe ich nicht mitbekommen — können Sie das noch einmal wiederholen?
⑧ *(not notice)* ■**to ~ sth** etw nicht bemerken; *(deliberately)* etw übersehen; ***Susan doesn't ~ much*** Susan entgeht einfach nichts
⑨ *(not have)* ■**to ~ sth** etw nicht haben/tun; ***I've ~ ed my period*** ich habe meine Tage nicht bekommen *fam;* ***I decided to ~ breakfast*** ich beschloss, nicht zu frühstücken
⑩ *(long for)* ■**to ~ sb/sth** jdn/etw vermissen; ***I ~ having you here to talk to*** du fehlst mir hier zum Reden
⑪ *(notice loss)* ■**to ~ sb/sth** jdn/etw vermissen
▸ PHRASES: **to ~ the boat** *(fam: not use)* den Anschluss verpassen *fam; (not understand)* etw nicht mitbekommen; **to ~ the bus** *(fam)* den Anschluss verpassen *fam;* **to ~ the mark** das Ziel [*o* den Zweck] verfehlen; **to ~ the point** nicht verstehen, worum es geht; **to not ~ a trick** [*or* **any tricks**] *(fam: overdo)* alle Register ziehen; *(notice)* ***she never ~ es a trick*** ihr entgeht nichts
◆ **miss out** **I.** *vt* ■**to ~ out** ↻ **sb/sth** ① *(accidentally) comma, patient, word* jdn/etw vergessen [*o* übersehen]
② *(deliberately)* jdn/etw [absichtlich] übersehen; *letter, line, verse* etw auslassen [*o* weglassen]
II. *vi* zu kurz kommen; ***don't ~ out — get involved!*** lass dir das nicht entgehen – mach mit!; ***you really ~ ed out*** da ist dir echt was entgangen *fam;* ■**to ~ out on sth** *opportunity* sich *dat* etw entgehen lassen

Miss. AM *abbrev of* **Mississippi**

mis·sal ['mɪsəl] *n* Messbuch *nt,* Missal[e] *nt fachspr*

mis·sell <-sold, -sold> [mɪs'sel] *vt* ■**to ~ sth [to sb]** *pension plan, insurance policy* [jdn] bei einem Kauf falsch beraten; ***the policy was mis-sold*** die Police wurde unter Vorgabe falscher Tatsachen verkauft

mis·sell·ing [mɪs'selɪŋ] *n no pl of insurance, pension* Verkauf *m* unter Vorgabe falscher Tatsachen

mis·shap·en [mɪs'ʃeɪpən] *adj* ① *(out of shape)* unförmig
② ANAT *(malformed)* missgestaltet, missgebildet

mis·sile ['mɪsaɪl, AM -səl] *n* ① MIL *(explosive weapon)* Flugkörper *m,* Rakete *f;* **ballistic ~** ballistischer Flugkörper; **guided ~** Lenkflugkörper *m;* **long-range/medium-range ~** Langstrecken-/Mittelstreckenrakete *f;* **surface-to-air/surface-to-surface ~** Boden-Luft-/Boden-Boden-Rakete *f*
② MIL *(fired object)* [Raketen]geschoss *nt,* Projektil *nt*
③ *(thrown object)* Wurfgeschoss *nt*

'mis·sile base *n* Raketenabschussbasis *f,* Raketenstützpunkt *m* **mis·sile de·'fence sys·tem** *n* Raketenabwehrsystem *nt* **'mis·sile launch·er** *n* [Raketen]abschussrampe *f; (vehicle)* Raketenwerfer *m*

mis·sing ['mɪsɪŋ] *adj inv* ① *(disappeared) thing* verschwunden; *person* vermisst; *(not there)* fehlend; **to be ~** fehlen; ***there's a knife ~ from this drawer*** aus dieser Schublade fehlt ein Messer; ***when did you notice that the money was ~ from your account?*** wann haben Sie bemerkt, dass das Geld nicht mehr auf Ihrem Konto war?; **to go ~** BRIT, AUS *money, person* verschwinden; **to report sb/sth ~** jdn/etw als vermisst melden
② MIL *(absent)* vermisst, verschollen; **~ in action** [nach Kampfeinsatz] vermisst; **to be listed as ~** als vermisst gemeldet sein; **~ presumed killed** [*or* **dead**] vermisst, wahrscheinlich gefallen

mis·sing 'link *n* ① *(in evolution)* unbekannte Zwischenstufe; ■**the ~** das fehlende Glied [zwischen Mensch und Affe]; *(in investigation)* fehlendes Beweisstück ② *(connector)* Bindeglied *nt* (**between** zwischen +*dat)* **mis·sing 'per·son** *n* Vermisste(r) *f(m);* ■**Missing Persons** Vermisstenabteilung *f (bei der Polizei)*

mis·sion ['mɪʃən] *n* ① *(task)* Auftrag *m,* Einsatz *m,* Mission *f;* **combat ~** Kampfeinsatz *m;* **peace ~** Friedensmission *f;* **rescue ~** Rettungsmission *f,* Rettungseinsatz *m;* **~ accomplished** Mission beendet, [Einsatz]auftrag ausgeführt
② *(goal)* Ziel *nt;* **~ in life** Lebensaufgabe *f,* Lebenszweck *m;* **a person with a ~** ein Mensch *m* mit einem Ziel
③ *(group sent)* Gesandtschaft *f,* Delegation *f*
④ *(church activity)* Mission *f;* **foreign/home ~** äußere/innere Mission; *(building)* Missionsstation *f*
⑤ *(commercial centre)* Mission *f;* **trade ~** Handelsmission *f*
⑥ *(diplomatic building)* Mission *f*

M

❷ *(space project)* [Raumflug]mission *f*
mis·sion·ary [ˈmɪʃənəri, AM -neri] **I.** *n* Missionar(in) *m(f)*
II. *n modifier (freedom, school, work)* Missions-; ~ **zeal** missionarischer Eifer
ˈ**mis·sion·ary po·si·tion** *n* Missionarsstellung *f*
mis·sion con·ˈtrol *n* Bodenkontrolle *f*, Bodenkontrollzentrum *nt* **mis·sion ˈcount-down** *n* Countdown *m* vor einem Raumflug ˈ**mis·sion re·port** *n* POL Missionsbericht *m* ˈ**mis·sion state·ment** *n* ❶ COMM *of a company* Firmensteckbrief *m* ❷ ECON *of an organization* Aufgabenbeschreibung *f*, Aufgabenprofil *nt* ❸ POL Absichtserklärung *f*
mis·sis [ˈmɪsɪz] *n* ❶ *(hum sl: wife)* ■**the** ~ die bessere Hälfte [*o* Gnädigste] *hum fam*, die Alte *pej sl*
❷ DIAL *(sl: woman)* gnä' Frau *fam*
❸ AM *(dated: lady of the house)* Dame *f* des Hauses, Hausherrin *f*
Mis·sis·sip·pian [ˌmɪsɪˈsɪpiən] **I.** *n* Bewohner(in) *m(f)* Mississippis
II. *adj* aus Mississippi *nach n*
mis·sive [ˈmɪsɪv] *n (form)* Sendschreiben *nt geh o veraltet*, Missiv *nt fachspr; (hum)* ellenlanger Brief *hum*
Mis·sourian [mɪˈzʊəriən, AM -ˈzʊriən] **I.** *n* Bewohner(in) *m(f)* Missouris
II. *adj* aus Missouri *nach n*
mis·spell <-spelt *or* AM -spelled, -spelt *or* AM -spelled> [mɪsˈspel] *vt* ■**to** ~ **sth** ❶ *(spell wrongly)* etw falsch buchstabieren
❷ *(write wrongly)* etw falsch schreiben
mis·spell·ing [mɪsˈspelɪŋ] *n* ❶ *(spelling mistake)* Rechtschreibfehler *m*
❷ *no pl (wrong spelling)* falsches Buchstabieren
❸ *(wrong writing)* falsche Schreibung
mis·spend <-spent, -spent> [mɪsˈspend] *vt* ■**to** ~ **sth** etw verschwenden [*o* vergeuden]; **to ~ one's money** sein Geld verschwenden; **to ~ one's time** seine Zeit vergeuden
mis·spent [mɪsˈspent] *adj* verschwendet, vergeudet; ~ **money** verschwendetes Geld; **a ~ youth** eine vergeudete Jugend
mis·state [mɪsˈsteɪt] *vt* ■**to** ~ **sth** etw falsch angeben [*o* darstellen]
mis·state·ment [mɪsˈsteɪtmənt] *n* falsche Angabe [*o* Darstellung], Fehlaussage *f*
mis·sus *n see* **missis**
missy <*pl* -sies> [ˈmɪsi] *n (also pej)* kleines Fräulein; ***God bless you, ~!*** Gesundheit auch, junge Dame! *hum*
mist [mɪst] **I.** *n* ❶ *no pl (light fog)* [leichter] Nebel, Dunst *m*; **to be shrouded in ~** in Nebel gehüllt sein
❷ *(blur)* Schleier *m*; ~ **of tears** Tränenschleier *m*
❸ *(condensation)* Beschlag *m*; ***there was a ~ on the windows*** die Fenster waren beschlagen; *(vapour)* Hauch *m*
II. *vi glass, tiles* [sich *akk*] beschlagen, anlaufen; *eyes* sich *akk* verschleiern, feucht werden; *vision* sich *akk* trüben
◆**mist over** *vi* ❶ *(with condensation) glass, tiles* [sich *akk*] beschlagen, anlaufen
❷ *(with tears) eyes* sich *akk* verschleiern, feucht werden
◆**mist up I.** *vi glass, tiles* [sich *akk*] beschlagen, anlaufen
II. *vt* ■**to ~ up** ○ **sth** *vision* etw trüben
mis·tak·able [mɪˈsteɪkəbl̩] *adj usu pred* verwechselbar, leicht zu verwechseln; ***she's easily ~ for my sister*** sie wird leicht für meine Schwester gehalten
mis·take [mɪˈsteɪk] **I.** *n* Fehler *m*, Irrtum *m*, Versehen *nt*; ***there must be some ~*** da kann etwas nicht stimmen; ***he's a strange bloke, and no ~*** er ist wirklich ein seltsamer Kerl; **careless ~** Flüchtigkeitsfehler *m*; **fatal/terrible ~** verhängnisvoller/schrecklicher Irrtum; **silly ~** dummer Fehler; **spelling ~** Rechtschreibfehler *m*; **typing ~** Tippfehler *m*; **to learn from one's ~s** aus seinen Fehlern lernen; **to make a ~** einen Fehler machen, sich *akk* irren; **to repeat past ~s** alte Fehler wiederholen; **by ~** aus Versehen, versehentlich; **my ~** meine Schuld
▶PHRASES: **make no ~ about it!** täusche dich da mal nicht!; ***she has a very reserved manner but, make no ~ about it, she can assert herself*** sie hat zwar eine sehr zurückhaltende Art, aber sie kann sich sehr wohl durchsetzen
II. *vt* <-took, -taken> ■**to ~ sth** etw falsch verstehen; ***she may have mistaken the date*** vielleicht hat sie sich im Datum geirrt; ***you can't ~ their house — it's got a bright yellow front door*** ihr könnt ihr Haus nicht verfehlen — es hat eine hellgelbe Eingangstür; ■**to ~ sb/sth for sb/sth** jdn/etw mit jdm/etw verwechseln; ***sorry, I mistook you for an acquaintance of mine*** Entschuldigung, ich hielt Sie für einen meiner Bekannten; ***there's no mistaking a painting by Picasso*** ein Gemälde von Picasso ist unverwechselbar
mis·tak·en [mɪˈsteɪkən] **I.** *pp of* **mistake**
II. *adj* irrtümlich, falsch; ■**to be ~** [**about sb/sth**] sich *akk* [in jdm/etw] irren; ~ **accusation** falsche Beschuldigung; ~ **announcement/arrest** irrtümliche Bekanntgabe/Verhaftung; ~ **belief** Irrglaube *m*; ~ **identity** Personenverwechslung *f*; ~ **policy** verfehlte Politik; **to be very much ~** sich sehr täuschen; ***unless I'm very much ~ ...*** wenn mich nicht alles täuscht ...
mis·tak·en·ly [mɪˈsteɪkənli] *adv* irrtümlich[erweise], fälschlich[erweise]; **to believe ~** irrtümlich annehmen
Mis·ter [ˈmɪstəʳ, AM -ɚ] *n* ❶ *(Mr)* [mein] Herr *m*
❷ *(also iron, pej fam: form of address)* Meister *m*, Chef *m a. iron, pej fam*; ***hey, ~!*** he, Sie da! *fam*; ***listen up, ~!*** hör mal zu, mein Freund!
❸ *(also iron, pej fam: prefixed title)* ~ **Big** der große Chef; ~ **Charlie** der weiße Mann, die Weißen *pl*; ~ **Know-it-all** der Alleskönner *pej* [*o pej sl* Klugscheißer]
misti·ly [ˈmɪstɪli] *adv* ❶ *(blurredly)* undeutlich, verschwommen
❷ *(vaguely)* nebelhaft
❸ *(full of emotions)* zu Tränen gerührt, mit feuchten Augen; ***she waved him ~ goodbye*** mit Tränen in den Augen winkte sie ihm zum Abschied
mis·time [mɪsˈtaɪm] *vt* ❶ *(misjudge timing)* ■**to ~ sth** etw zeitlich falsch berechnen [*o* zu einem falschen [*o* unpassenden] Zeitpunkt tun]; SPORT etw schlecht timen *fam*; ***he ~d his candidacy*** er hat zu einem unpassenden Zeitpunkt kandidiert
❷ *(state time wrongly)* ■**to ~ sth** etw falsch datieren
misti·ness [ˈmɪstɪnəs] *n* ❶ *(light fogginess)* Nebel *m*, Dunst *m*
❷ *(emotion)* Rührung *f*, Ergriffenheit *f*
❸ *(blurredness)* Verschwommenheit *f*, Undeutlichkeit *f*; **the ~ in sb's eyes** jds verschleierter Blick; *with tears* der Tränenschleier [vor jds Augen]
mis·tle thrush [ˈmɪsl̩ˌθrʌʃ] *n* ORN Misteldrossel *f*
mis·tle·toe [ˈmɪsl̩təʊ, AM -toʊ] *n* Mistel *f*, Mistelzweig *m*; **to kiss sb under the ~** jdn unter dem Mistelzweig küssen *(Sitte, nach der man denjenigen, mit dem man unter dem Mistelzweig steht, küssen soll)*
mis·took [mɪˈstʊk] *pt of* **mistake**
mis·tral [ˈmɪstrəl, AM mɪˈstrɑːl] *n* ■**the ~** der Mistral
mis·trans·late [ˌmɪstrænˈsleɪt, AM ˌmɪsˈtræns-] *vt* ■**to ~ sth** etw falsch übersetzen
mis·trans·la·tion [ˌmɪstrænˈsleɪʃən] *n* falsche Übersetzung, Übersetzungsfehler *m*
mis·treat [mɪsˈtriːt] *vt* ■**to ~ sb/an animal** jdn/ein Tier misshandeln [*o* schlecht behandeln]
mis·treat·ment [mɪsˈtriːtmənt] *n* Misshandlung *f*, schlechte Behandlung
mis·tress <*pl* -es> [ˈmɪstrəs, AM -rɪs] *n* ❶ *(sexual partner)* Geliebte *f*; *of a nobleman* Mätresse *f*; **to take a ~** sich *dat* eine Geliebte nehmen
❷ *(woman in charge)* Herrin *f*, Gebieterin *f*, Meisterin *f*; ■**the ~** *(dated)* die Herrin; **the ~ of the house** die Frau des Hauses
❸ BRIT *(schoolteacher)* Lehrerin *f*; **German ~** Deutschlehrerin *f*
❹ *(dog owner)* Frauchen *nt*
mis·trial [mɪˈstraɪl, AM ˌmɪsˈtraɪl] *n* ❶ *(misconducted trial)* fehlerhaftes Gerichtsverfahren, Prozess *m* mit Verfahrensmängeln
❷ AM *(inconclusive trial)* Gerichtsverfahren *nt* ohne Urteilsspruch
mis·trust [mɪˈstrʌst, AM ˌmɪsˈtrʌst] **I.** *n no pl* Misstrauen *nt*, Argwohn *m*; **to have a ~ of sb/sth** Misstrauen gegenüber jdm/etw [*o* Argwohn gegen jdn/etw] hegen
II. *vt* ■**to ~ sb** jdm misstrauen [*o* nicht trauen]
mis·trust·ful [mɪˈstrʌstfəl, AM ˌmɪsˈtrʌst-] *adj* misstrauisch, argwöhnisch; ■**to be ~ of sb/sth** misstrauisch gegenüber jdm/etw [*o* argwöhnisch gegen jdn/etw] sein
mis·trust·ful·ly [mɪˈstrʌstfəli, AM ˌmɪsˈtrʌst-] *adv* misstrauisch, argwöhnisch
misty [ˈmɪsti] *adj* ❶ *(slightly foggy)* [leicht] neblig, dunstig
❷ *(blurred)* undeutlich, verschwommen; ~ **eyes** verschleierte Augen
❸ *(vague)* nebelhaft
misty-ˈeyed *adj* mit [tränen]verschleiertem Blick *nach n*; **to be/go ~-eyed** [tränen]verschleierte [*o* feuchte] Augen haben/bekommen
mis·under·stand <-stood, -stood> [ˌmɪsʌndəˈstænd, AM -dɚˈ-] **I.** *vt* ■**to ~ sb/sth** jdn/etw missverstehen [*o* falsch verstehen]; ***she misunderstood what you said*** sie hat dich missverstanden; **to ~ the nature of a problem** nicht verstehen, worum es eigentlich geht
II. *vi* sich *akk* irren
mis·under·stand·ing [ˌmɪsʌndəˈstændɪŋ, AM -dɚˈ-] *n* ❶ *(misinterpretation)* Missverständnis *nt*; ***there must be some ~*** hier muss ein Missverständnis vorliegen; ~ **of a situation** Verkennung *f* einer Situation
❷ *(quarrel)* Meinungsverschiedenheit *f*, Differenz *f*; **to have a ~ with sb** eine Meinungsverschiedenheit mit jdm haben
mis·under·stood [ˌmɪsʌndəˈstʊd, AM dɚ] *adj* missverstanden
mis·use I. *n* [ˌmɪsˈjuːs] ❶ *no pl (wrong use) of funds, position* Missbrauch *m*, missbräuchliche Verwendung, falscher Gebrauch [*o* Umgang]; ~ **of authority** LAW Amtsmissbrauch *m*; ~ **of power** Machtmissbrauch *m*; ~ **of tax receipts** missbräuchliche Verwendung von Steuereinnahmen; *of machinery* falsche Bedienung [*o* Handhabung]
❷ *(excessive consumption)* übermäßiger Gebrauch [*o* Konsum]; ~ **of alcohol** Alkoholmissbrauch *m*
II. *vt* [ˌmɪsˈjuːz] ■**to ~ sth** ❶ *(use wrongly) funds, position* etw missbrauchen [*o* missbräuchlich verwenden] [*o* falsch gebrauchen]
❷ *(handle wrongly) machinery* etw falsch bedienen
❸ *(consume to excess)* etw im Übermaß gebrauchen [*o* konsumieren]
mis·valua·tion [ˌmɪsvæljuˈeɪʃən] *n* Fehlbewertung *f*
mite [maɪt] **I.** *n* ❶ *(insect)* Milbe *f*; **dust ~s** [Haus]staubmilben *pl*
❷ *esp* BRIT *(fam: small creature) child* Wurm *m*, Würmchen *nt fam*; ***poor little ~*** armes Würmchen; *girl* kleines Ding *fam*
❸ *(dated: very small amount)* Bisschen *nt*
II. *adv* ■**a ~** ein bisschen [*o* wenig]; **a ~ selfish** ein bisschen egoistisch
mi·ter *n* AM *see* **mitre**
miti·gate [ˈmɪtɪgeɪt, AM -t̬-] *vt (form)* ■**to ~ sth** *misery, pain* etw lindern; *anger, harmful effects* etw mildern; **to ~ the loss** ECON den Schaden mindern [*o* Verlust verringern]; **to ~ a sentence** LAW eine Strafe mildern [*o* herabsetzen]
miti·gat·ing [ˈmɪtɪgeɪtɪŋ, AM -t̬ɪgeɪt̬-] *adj inv (form)* lindernd, mildernd; **to allow ~ circumstances** LAW mildernde Umstände zubilligen
miti·ga·tion [ˌmɪtɪˈgeɪʃən, AM t̬-] *n no pl* Linderung *f*, Milderung *f*; LAW **a plea in ~** [**of a sentence**] ein Gesuch um Milderung [einer Strafe]; **to say sth in ~ of sth** etw als mildernden Umstand [*o* Grund] für etw *akk* anführen
mi·to·sis [maɪˈtəʊsɪs, AM -ˈtoʊ-] *n no pl* Mitose *f fachspr*
mi·tral valve [ˈmaɪtrəlˌvælv] *n* ANAT Mitralklappe *f fachspr*

mi·tre[1], Am **mi·ter** [ˈmaɪtəʳ, Am -t̬ɚ] *n* Mitra *f,* Bischofsmütze *f*

mi·tre[2], Am **mi·ter** [ˈmaɪtəʳ, Am -t̬ɚ] **I.** *n* Gehrung *f,* Gehrungsschnitt *m,* Gehrungsfläche *f*
II. *vt* ■**to ~ sth** etw auf Gehrung schneiden [*o* verbinden] [*o* gehren]

ˈmi·tre block *n* geschnittenes Gehrungsholz, Gehrungsschmiege *f* **ˈmi·tre joint** *n* Gehrverbindung *f,* Gehrstoß *m*

mitt [mɪt] *n short for* **mitten** ① *(fingerless glove)* Fausthandschuh *m,* Fäustling *m;* **dust/oven ~** Wisch-/Backofenhandschuh *m*
② *(woman's dress glove)* Spitzenhandschuh *m*
③ Sport *(in baseball)* Fanghandschuh *m; (in boxing)* Boxhandschuh *m*
④ *(sl: hand)* Flosse *f hum fam,* Pfote *f fam,* Pranke *f hum fam*

mit·ten [ˈmɪtᵊn] *n* Fausthandschuh *m,* Fäustling *m*

mix [mɪks] **I.** *n* ① *(combination)* Mischung *f;* **a ~ of people** eine bunt zusammengesetzte [*o* gemischte] Gruppe
② *(pre-mixed ingredients)* Fertigmischung *f;* **bread ~** Brotbackmischung *f;* **cement ~** Zementmischung *f;* **sauce ~** Fertigsauce *f*
③ Mus Potpourri *nt fachspr*
II. *vi* ① *(combine)* sich *akk* mischen [lassen]; ***oil doesn't ~ with water*** Öl mischt sich nicht mit Wasser; *(go together)* zusammenpassen
② *(make contact with people)* unter Leute gehen; *host* sich *akk* unter die Gäste mischen; **to ~ easily** kontaktfreudig [*o* gesellig] sein; **to ~ well** gut mit anderen auskommen, umgänglich sein
▸PHRASES: **oil and water do not ~** *(saying)* [ein Gegensatz] wie Feuer und Wasser sein
III. *vt* ① *(blend ingredients)* ■**to ~ sth** etw [miteinander] [ver]mischen; **to ~ a dough** einen Teig anrühren; **to ~ a drink** ein Getränk [*o* einen Drink] mixen; **to ~ ingredients** Zutaten miteinander verrühren; **to ~ paint** Farbe mischen; **to ~ spices into a sauce** Gewürze in eine Sauce rühren; **to ~ a dough with cocoa** Kakao unter einen Teig mischen
② *(combine)* **to ~ love with toughness** Liebe und Strenge miteinander verbinden; **to ~ grape and grain** *esp* Brit [Alkoholika] durcheinandertrinken; **to ~ one's metaphors** nicht zusammenpassende bildliche Ausdrücke kombinieren
③ Film, Mus ■**to ~ sth** *sound tracks* etw mischen
▸PHRASES: **to ~ business with** [*or* **and**] **pleasure** *(saying)* das Angenehme mit dem Nützlichen verbinden; **to ~ it** [**with sb**] *(fam)* sich *akk* [mit jdm] prügeln
◆**mix in I.** *vi* sich *akk* einfügen [*o* eingliedern]
II. *vt* ■**to ~ in ◌ sth** etw untermischen [*o* untermengen]
◆**mix up** *vt* ① *(mistake for another)* ■**to ~ up ◌ sb/sth** jdn/etw verwechseln; ■**to ~ up ◌ sb/sth with sb/sth** jdn/etw mit jdm/etw verwechseln
② *(put in wrong order)* ■**to ~ up ◌ sth** etw durcheinanderbringen, etw in Unordnung bringen
③ *(bewilder)* ■**to ~ up ◌ sb** jdn durcheinanderbringen [*o* konfus machen]
④ *(combine ingredients)* ■**to ~ up ◌ sth** etw vermischen, verrühren; **to ~ up dough** Teig anrühren; **to ~ up oil with vinegar** Öl mit Essig mischen
⑤ *usu passive (be involved with)* ■**to be ~ed up in sth** in etw *akk* verwickelt sein; ■**to get ~ed up in sth** in etw *akk* verwickelt werden; *(usu pej: associate with)* ■**to be ~ed up with sb** mit jdm Umgang haben [*o* verkehren]; ■**to get ~ed up with sb** sich *akk* mit jdm einlassen
▸PHRASES: **to ~ it up with sb** Am *(sl: fight)* sich *akk* mit jdm prügeln; *(quarrel)* mit jdm aneinandergeraten
◆**mix with** *vi (associate with)* ■**to ~ with sb** mit jdm verkehren [*o* Umgang haben]

mixed [mɪkst] *adj inv* ① *(mingled)* gemischt; **~ salad/vegetables** gemischter Salat/gemischtes Gemüse; **children of ~ race** gemischtrassige Kinder
② *(for both sexes)* gemischt; **~ bathing** gemischtes Baden; **~ company** *(dated)* gemischte Gesellschaft
③ *(positive and negative)* gemischt, unterschiedlich; **~ blessing** nicht nur Segen; **~ feelings** gemischte Gefühle

mixed-aˈbil·ity *adj inv* Sch mit gemischtem Leistungsprofil [*o* unterschiedlicher Leistungsstärke] *nach n;* **~ class** Klasse *f* mit gemischtem Leistungsprofil; **~ teaching** gemeinsamer Unterricht für Lerngruppen unterschiedlicher Leistungsstärke **mixed ˈbag** *n no pl* ■**a ~** eine bunte Mischung; **a ~ bag of people** alle möglichen Leute **mixed ˈdou·bles** *npl* Sport gemischtes Doppel **mixed ˈdrink** *n* Am Mixgetränk *nt,* Cocktail *m* **mixed eˈcono·my** *n* gemischte Wirtschaftsform, Mischwirtschaft *f* **mixed ˈen·ter·prise** *n* halbstaatliches Unternehmen **mixed ˈequi·ty** *n no pl* Fin gemischter Fonds **mixed ˈfarm·ing** *n* Landwirtschaft *f* mit Ackerbau und Viehzucht **mixed ˈfi·nanc·ing** *n no pl* Mischfinanzierung *f* **mixed-ˈgen·der** *adj attr, inv* gemischtgeschlechtlich **mixed ˈgrill** *n* gemischte Grillplatte **mixed ˈmar·riage** *n* Mischehe *f* **mixed-ˈme·dia** *adj attr* Multimedia-, multimedial *geh* **mixed ˈmeta·phor** *n* Bildbruch *m,* Katachrese *f fachspr* **mixed-ˈup** *adj* ① *(confused)* durcheinander, verwirrt, konfus ② *(emotionally unstable)* [emotional] instabil [*o* labil]; **~ kid** gestörtes Kind

mix·er [ˈmɪksəʳ, Am -ɚ] *n* ① *(machine)* Mixer *m,* Mixgerät *nt;* **hand ~** Handmixer *m,* Handmixgerät *nt*
② *(friendly person)* umgänglicher [*o* kontaktfreudiger] Mensch; **to be a good ~** ein guter Gesellschafter/eine gute Gesellschafterin sein
③ *(drink)* **~** [**drink**] Mixgetränk *nt*
④ Comput Mischer *m*

ˈmix·er tap, Am **ˈmix·er fau·cet** *n* Mischhahn *m*

mix·ol·ogist *n* Am *(fam)* Star-Barkeeper *m,* Mixologe, Mixologin *m, f fachspr*

mix·ture [ˈmɪkstʃəʳ, Am -ɚ] *n* ① *(combination)* Mischung *f; of ingredients* Gemisch *nt*
② *(mixed fluid substance)* Mischung *f,* Mixtur *f;* **cough ~** Hustensaft *m;* Auto Gemisch *nt;* **petrol-air ~** Kraftstoff-Luft-Gemisch *nt*
③ *no pl (act of mixing)* Mischen *nt,* Vermengen *nt; (state after mixing)* Gemisch *nt,* Gemenge *nt*

ˈmix-up *n* ① *(confused state)* Durcheinander *nt,* Verwirrung *f;* ***there seems to have been a bit of a ~ with your reservation*** mit Ihrer Reservierung muss einiges durcheinandergegangen sein
② Am *(fight)* Prügelei *f,* Schlägerei *f*

miz·zle[1] [ˈmɪzl̩] **I.** *n no pl esp* Am Nieselregen *m,* Sprühregen *m*
II. *vi* nieseln

miz·zle[2] [ˈmɪzl̩] *vi* Brit *(dated sl)* sich *akk* verdünnisieren *fam*

miz·zly [ˈmɪzl̩i] *adj esp* Am Niesel-

Mk *n (hist) abbrev of* **mark** Deutsche Mark *f*

ml <*pl* - *or* mls> *n abbrev of* **millilitre** ml

MLD [ˌemelˈdiː] *n* Nucl *abbrev of* **mean lethal dose** 50%-Letaldosis *f*

MLR [ˌemelˈɑːʳ, Am -ˈɑːr] *n abbrev of* **minimum lending rate** Mindestdiskontsatz *m*

m'lud [məˈlʌd] = **My Lord** gnädiger Herr

mm *n abbrev of* **millimetre** mm

mM *n abbrev of* **millimole** mmol

MMC [ˌememˈsiː] *n abbrev of* **Monopolies and Mergers Commission** *britische Kartellbehörde*

MMR [ˌememˈɑːʳ, Am ˈɑːr] *n* Med *abbrev of* **measles, mumps and rubella** MMR

MMS [ˌememˈes] *n abbrev of* **multimedia messaging service** MMS

mne·mon·ic, mne·mon·ic de·vice [nɪˈmɒnɪk-, Am -ˈmɑːn-] *n* Gedächtnishilfe *f,* Gedächtnisstütze *f*

mo[1] *n* Am *abbrev of* **month**

mo[2] [məʊ, Am moʊ] *n (fam) short for* **moment** Moment *m;* ***wait a ~!*** Moment mal!; ***I'll be with you in half a ~*** ein Momentchen noch, dann bin ich bei Ihnen

Mo. Am *abbrev of* **Missouri**

MO[1] [ˌemˈəʊ, Am -ˈoʊ] *n abbrev of* **medical officer** Stabsarzt, -ärztin *m, f*

MO[2] [ˌemˈəʊ, Am -ˈoʊ] *n esp* Am *abbrev of* **money order**

MO[3] [ˌemˈəʊ, Am -ˈoʊ] *n abbrev of* **modus operandi** Modus Operandi *m*

moan [məʊn, Am moʊn] **I.** *n* ① *(groan)* Stöhnen *nt;* **the ~s of an injured person** das Stöhnen einer verletzten Person; **the ~s of the planks** das Ächzen der Planken; **the ~s of the wind** das Heulen des Windes
② *(complaint)* Klage *f,* Beschwerde *f;* ■**to have a ~ about sth** Klage [*o* Beschwerde] über etw *akk* führen
II. *vi* ① *(groan)* stöhnen; *wind* heulen; **to ~ with pain** vor Schmerzen stöhnen
② *(complain)* klagen, sich *akk* beschweren; ■**to ~ about sth** über etw *akk* jammern, sich *akk* über etw *akk* beklagen; ■**to ~ at sb** jdm etw vorjammern; ■**to ~ that ...** darüber jammern [*o* sich *akk* darüber beklagen], dass ...

moan·er [ˈməʊnəʳ, Am ˈmoʊnɚ] *n* Nörgler(in) *m(f)*

moan·ing [ˈməʊnɪŋ, Am ˈmoʊn-] *n* ① *(sound)* Stöhnen *nt,* Heulen *nt,* Ächzen *nt*
② *(complaining)* Nörgelei *f,* Quengelei *f fam*

moan·ing ˈminnie *n* Brit *(fam)* Quengler(in) *m(f)*

moat [məʊt, Am moʊt] *n* Wassergraben *m,* Burggraben *m*

moat·ed [ˈməʊtɪd, Am ˈmoʊt̬-] *adj castle* mit einem Wassergraben [*o* Burggraben] umgeben

mob [mɒb, Am mɑːb] **I.** *n* + *sing/pl vb* ① *(usu pej: crowd)* Mob *m pej,* [Menschen]menge *f;* **angry ~** aufgebrachte Menge; **a lynch ~** ein lynchender Mob; **a ~ of angry fans** eine Horde [*o* ein Haufen] wütender Fans; **a ~ of protesters** eine protestierende Menschenmenge
② Pol *(pej: the common people)* ■**the ~** die breite [*o* große] Masse; *(the lowest classes)* der Mob, der Pöbel, das Gesindel
③ *(criminal gang)* Verbrecherbande *f,* Gang *f*
④ Brit *(sl: group)* Bande *f,* Sippschaft *f*
⑤ *(fig hum: children)* Schar *f,* Meute *f hum*
⑥ Aus *(herd)* Herde *f;* **a ~ of sheep** eine Schafherde
⑦ Am *(mafia)* ■**the M~** die Mafia
II. *n modifier* Massen-; **~ appeal** Massenwirkung *f;* **~ instinct** Herdentrieb *m;* **~ law** Lynchjustiz *f;* **~ mentality** Mentalität *f* der großen Masse; **~ orator** Volksredner(in) *m(f);* **~ rule/violence** Herrschaft *f*/Gewalt *f* der Straße
III. *vt* <-bb-> ① *(surround)* ■**to ~ sb** jdn umringen; ■**to be ~bed** umringt sein/werden
② Am *(crowd around)* ■**to ~ sth** *courtroom, entrance* etw umlagern; *(crowd into) fairground, park* in etw *akk* strömen; *(charge) public building* etw stürmen; ■**to be ~bed** umlagert werden

Mob [mɑːb] *n* Am ■**the ~** die Mafia, das organisierte Verbrechen

ˈmob cap *n* Hist, Fashion Spitzenhaube *f*

mo·bile[1] [ˈməʊbaɪl, Am ˈmoʊbᵊl] **I.** *adj* ① *(able to move)* beweglich
② *(flexible)* beweglich, wendig; **~ mind** beweglicher Verstand
③ *(able to change)* mobil, flexibel; **professionally ~** beruflich mobil; **socially ~** gesellschaftlich mobil; **~ labour** [*or* Am **labor**] flexible Arbeitskräfte
④ *(changeable)* lebendig, lebhaft, wechselhaft; **~ expression/features** lebhafter Gesichtsausdruck/lebhafte Gesichtszüge; **~ mood** rasch wechselnde Stimmung
⑤ *(in a vehicle)* mobil, fahrbar; ■**to be ~** motorisiert sein; **~ canteen** Kantine *f* auf Rädern; **~ laboratory** mobiles Labor; **~ station** mobile Funkstation
II. *n* Mobiltelefon *nt,* Handy *nt,* Natel *nt* schweiz

mo·bile[2] [ˈməʊbaɪl, Am ˈmoʊbiːl] *n* Art Mobile *nt*

mo·bile ˈbank·ing *n no pl* Inet Mobile-Banking *nt* **mo·bile ˈearth ter·mi·nal** *n* mobile Erdstation **mo·bile ˈhome** *n* Wohnwagen *m* **mo·bile ˈInter·net** *n no pl* mobiles Internet **mo·bile ˈli·brary** *n* Fahrbücherei *f,* mobile Bücherei **mo·bile ˈmes·sage** *n* Textnachricht *f* **mo·bile ˈphone** *n esp* Brit Mobiltelefon *nt,* Handy *nt,* Natel *nt* schweiz **mo·bile ˈshop** *n* Verkaufswagen *m*

mo·bil·ity [mə(ʊ)ˈbɪləti, Am moʊˈbɪlət̬i] *n no pl* ① *(ability to move) of the body* Beweglichkeit *f,* Mobilität *f;* **~ of the arm/knee** Beweglichkeit *f* des Arms/Knies

M

② *(ability to move) in status* Mobilität *f;* **social** [*or* AM, AUS *usu* **upward**] ~ [gesellschaftliche] Mobilität; **horizontal/vertical** ~ horizontale/vertikale Mobilität *fachspr*

mo·'bil·ity scoot·er *n* Elektromobil *nt (für Senioren)*

mo·bili·za·tion [ˌməʊbɪlaɪˈzeɪʃᵊn, AM ˌmoʊbᵊlɪˈ-] *n* ① *(for war)* Mobilmachung *f,* Mobilisierung *f* ② *(organization)* Mobilisierung *f,* Aktivierung *f,* Aufbietung *f* ③ *(use)* [Groß]einsatz *m*

mo·bi·lize [ˈməʊbɪlaɪz, AM ˈmoʊbəl-] **I.** *vt* ① *(prepare for war)* **to ~ the army/the militia/one's troops** die Armee/die Miliz/seine Truppen mobil machen [*o* mobilisieren] ② *(organize)* ■**to ~ sb/sth** *supporters, support* jdn/etw aktivieren [*o* mobilisieren]; **to ~ one's energy** [all] seine Kräfte mobilisieren [*o* aufbieten] ③ *(put to use)* einsetzen; **to ~ helicopters/snowploughs** Hubschrauber/Schneepflüge zum Einsatz bringen ④ COMM *(convert)* **to ~ capital** Kapital flüssigmachen; **to ~ resources to defend a takeover bid** Mittel mobilisieren, um ein Übernahmeangebot abzuwehren **II.** *vi* MIL mobil machen

Möbius strip [ˌməʊbiəsˈstrɪp, AM ˌmeɪb-] *n* MATH Möbiusband *nt*

mob·ster [ˈmɒbstəʳ, AM ˈmɑːbstɚ] *n esp* AM Gangster *m*

moc·ca·sin [ˈmɒkəsɪn, AM ˈmɑːkəsən] *n* Mokassin *m*

mo·cha [ˈmɒkə, AM ˈmoʊ-] **I.** *n no pl* Mokka *m* **II.** *n modifier (cake, ice cream, icing)* Mokka-

mock [mɒk, AM mɑːk] **I.** *adj inv* ① *(not real)* nachgemacht, Schein-; **~ baroque** Pseudobarock *m o nt;* **~ battle** Scheingefecht *nt;* **~ facade** Kulisse *f;* **~ fear** gespielte Angst; **~ horror/sympathy** gespieltes Entsetzen/Mitleid; **~ interview** gestelltes Interview; **~ leather** Lederimitat *nt;* **~ turtle soup** Mockturtlesuppe *f,* falsche Schildkrötensuppe *(aus Kalbfleisch hergestellt)* ② *(practice)* Probe-, simuliert; **~ exam** Probeexamen *nt,* Probeprüfung *f* ÖSTERR, SCHWEIZ **II.** *n* BRIT *(fam)* Probeexamen *nt,* Probeprüfung *f* ÖSTERR, SCHWEIZ **III.** *vi* spotten, höhnen, SCHWEIZ *a.* sich *akk* mokieren; ■**to ~ at sb** sich *akk* über jdn lustig machen, jdn verspotten [*o* verhöhnen] **IV.** *vt* ① *(ridicule)* ■**to ~ sth** etw lächerlich machen [*o* verspotten] [*o* verhöhnen]; *(ridicule by imitation)* ■**to ~ sb/sth** jdn/etw nachmachen ② *(fig: frustrate)* ■**to ~ sth** *hopes* etw enttäuschen

◆**mock up** *vt* ■**to ~ up** ⊂ **sth** etw [im Modell] nachbilden

mock·er [ˈmɒkəʳ, AM ˈmɑːkɚ] *n* Spötter(in) *m(f)* ▸PHRASES: **to put the ~s on sth** BRIT *(fam)* etw vermasseln *fam*

mock·ery [ˈmɒkᵊri, AM ˈmɑːkɚi] *n no pl* ① *(ridicule)* Spott *m,* Hohn *m* ② *(travesty)* Farce *f;* **a ~ of an interview/a trial** ein jeder Beschreibung spottendes Interview/Gerichtsverfahren ▸PHRASES: **to make a ~ of sb/sth** jdn/etw zum Gespött machen

mock-he·ro·ic [ˌmɒkhɪˈrəʊɪk, AM -roʊ-] *adj* ART, LIT komisch-ernst, Ulk-

mock·ing [ˈmɒkɪŋ, AM ˈmɑːk-] *adj laugh, laughter* spöttisch, höhnisch

'mock·ing·bird *n* ORN Spottdrossel *f*

mock·ing·ly [ˈmɒkɪŋli, AM ˈmɑːk-] *adv* spöttisch, höhnisch

mock·ney [mɒkni, AM ˈmɑːk-] *n (fam or hum) Cockney-Dialekt, der von Personen imitiert wird, die damit ihre Herkunft oder Ausbildung verschleiern wollen, und so tun, als kämen sie aus einer niedrigeren Schicht*

mock-Tu·dor [-ˈtjuːdəʳ, AM -ˈtuːdɚ] ARCHIT **I.** *n* Pseudotudorstil *m* **II.** *adj inv architecture, house* im Pseudotudorstil *nach n* **mock 'tur·tle·neck** *n* AM Rollkragenpullover *m*

mocku·men·tary [ˌmɒkjəˈmentᵊri, AM ˌmɑːkjəˈment̬ɚi] *n Spielfilm, oft eine Parodie, im Stil eines Dokumentarfilms* **'mock-up** *n* Attrappe *f,* originalgetreue Nachbildung

Mod [mɒd] *n* BRIT Mod *m (modischer, Motorroller fahrender Jugendlicher in den 60er Jahren)*

MoD [ˌeməʊˈdiː] *n* BRIT *abbrev of* **Ministry of Defence** Verteidigungsministerium *nt*

mod·al [ˈməʊdᵊl, AM ˈmoʊ-] *adj inv* Modal-; **~ verb** Modalverb *nt*

mo·dal·ity <*pl* -ties> [məʊˈdæləti, AM moʊˈdælət̬ɪ] *n* Art und Weise *f,* Modalität *f; procedure* Verfahrensweise *f*

mod con [ˌmɒdˈkɒn] *n* BRIT, AUS *(dated) short for* **modern convenience** moderner Komfort

mode [məʊd, AM moʊd] *n* ① *(way)* Art *f,* Weise *f,* Methode *f;* **~ of action/life** Wirkungs-/Lebensweise *f;* **~ of observation** Beobachtungsmethode *f,* Beobachtungsverfahren *nt;* **~ of operation/transport** Betriebs-/Beförderungsart *f;* **~ of payment** Zahlungsweise *f,* Zahlungsmodus *m* ② *(type) heat* [Erscheinungs]form *f* ③ COMPUT, TECH *(operation)* Betriebsart *f,* Modus *m;* **computer ~** Computermodus *m,* Rechnermodus *m;* **conversation ~** Dialogbetrieb *m;* **graphic[s] ~** Grafikmodus *m;* **automatic ~** Automatikbetrieb *m* ④ LING Aussageweise *f,* Modus *m fachspr* ⑤ *no pl (dated form: fashion)* Mode *f;* **to be all the ~** die neueste Mode sein; **in ~** modern, in Mode ⑥ *(in optical fibre)* Moden *pl* ⑦ *(most frequent number in sample)* häufigster Wert

mod·el [ˈmɒdᵊl, AM ˈmɑːd-] **I.** *n* ① *(representation)* Modell *nt;* COMPUT [schematische] Darstellung, Nachbildung *f,* Simulation *f;* **a clay/wax ~** ein Ton-/Wachsmodell *nt;* **computer ~** Computerdarstellung *f,* Computersimulation *f;* **economic ~** ECON [EDV-]Modell *nt* zur Wirtschaftsprognose; **a mathematical/statistical ~** ein mathematisches/statistisches Modell; **pricing ~** ECON Preismodell *nt* ② *(example)* Modell *nt,* Vorbild *nt;* **on the ~ of sth** nach dem Vorbild einer S. *gen* ③ *(perfect example)* Muster *nt;* **a ~ *of fairness/self-control*** ein Muster an Fairness/Selbstbeherrschung; **to be the very ~ of sth** *(fig)* der Inbegriff von etw *dat* sein ④ *(mannequin)* Model *nt,* Mannequin *nt;* **male ~** Dressman *m;* **photographic ~** Fotomodell *nt* ⑤ *(for painter)* Modell *nt;* **nude ~** Aktmodell *nt;* **to work as a painter's ~** einem Maler Modell stehen ⑥ *(clothing creation)* Modell *nt;* **a Dior ~** ein Modellkleid von Dior ⑦ *(version)* Modell *nt* **II.** *n modifier* ① *(aircraft, car, train)* Modell- ② *(exemplary) (husband, wife, student, teacher)* Muster- **III.** *vt* <-ll-> ① *(make figure)* ■**to ~ sth** etw modellieren [*o* nachbilden]; **to ~ clay/wax** Ton/Wachs modellieren; **to ~ sth in clay** etw in Ton nachbilden ② *(on computer)* ■**to ~ sth** etw [schematisch] darstellen, nachbilden, simulieren ③ *(show clothes)* ■**to ~ sth** etw vorführen ④ *(make model)* ■**to ~ sth** ein Modell von etw *dat* erstellen

◆**model on** *vt* ■**to ~ sth on sth** etw nach dem Vorbild einer S. *gen* formen [*o* gestalten]; *(imitate)* etw etw *dat* nachempfinden; ■**to ~ oneself on sb** sich *dat* jdn zum Vorbild nehmen, sich *akk* nach jds Vorbild richten

mod·el 'con·tract *n* LAW Vertragsmuster *nt*

mod·el·ing [ˈmɑːdᵊlɪŋ] *n* AM *see* **modelling**

mod·el·ling [ˈmɒdᵊlɪŋ, AM ˈmɑːd] *n no pl* ① FASHION Arbeit *f* als Fotomodell, Modeln *nt fam* ② *(making 3D models)* Modellieren *nt,* Modellbau *m*

'mod·el mak·er *n* Modellbauer(in) *m(f)*

mo·dem [ˈməʊdəm, AM ˈmoʊ-] *n* Modem *nt*

mod·er·ate I. *adj* [ˈmɒdᵊrət, AM ˈmɑːdɚ-] ① *(neither large nor small) amount, quantity, size* mittlere(r, s); *improvement, increase* leicht, nicht allzu groß; *price, speed* angemessen, normal; **~ income** durchschnittliches Einkommen ② *(not excessive)* mäßig, gemäßigt; *drinker, eater* mäßig, maßvoll; **~ climate** gemäßigtes Klima; **~ sentence** LAW milde Strafe ③ POL gemäßigt; **~ views** gemäßigte Ansichten ④ *(reasonable)* angemessen, vernünftig; **~ demands** angemessene Forderungen **II.** *n* [ˈmɒdᵊrət, AM ˈmɑːdɚ-] POL Gemäßigte(r) *f(m)* **III.** *vt* [ˈmɒdᵊreɪt, AM ˈmɑːdə-] ① *(make less extreme)* ■**to ~ sth** etw mäßigen; **to ~ one's voice** seine Stimme senken [*o* dämpfen]; **to have a moderating influence on sb/sth** einen mäßigenden Einfluss auf jdn/etw haben ② *(oversee)* ■**to ~ sth** etw moderieren; **to ~ a discussion** eine Diskussion leiten; **to ~ an examination** den Vorsitz in einer Prüfung führen **IV.** *vi* [ˈmɒdᵊreɪt, AM ˈmɑːdə-] sich *akk* mäßigen; *fever, wind* nachlassen

mod·er·ate·ly [ˈmɒdᵊrətli, AM ˈmɑːdɚ-] *adv* mäßig; **to eat/drink/smoke ~** mäßig essen/trinken/rauchen; **~ gifted** mäßig begabt; **~ pleased/successful** einigermaßen zufrieden/erfolgreich; **~ priced** preisgünstig

mod·era·tion [ˌmɒdᵊrˈeɪʃᵊn, AM ˌmɑːdəˈreɪ-] *n no pl* ① *(restraint)* Mäßigung *f;* **in ~** in Maßen; **to show ~** Maß halten ② *(making moderate) demands* Abschwächung *f; sentence* Milderung *f; voice* Senkung *f*

mod·era·tor [ˈmɒdᵊreɪtəʳ, AM ˈmɑːdəreɪt̬ɚ] *n* ① *(mediator)* Vermittler(in) *m(f)* ② AM *(of discussion)* Moderator(in) *m(f),* Diskussionsleiter(in) *m(f)* ③ BRIT SCH Prüfungsvorsitzende(r) *f(m)* ④ SCOT *(presiding minister)* Vorsitzende(r) *f(m)*

mod·ern [ˈmɒdᵊn, AM ˈmɑːdɚn] *adj* ① *(contemporary)* modern; **~ methods/technology** moderne Methoden/Technologie; **a ~ design** ein zeitgemäßes Design ② *(not ancient or medieval)* modern, neuzeitlich; **~ art** moderne Kunst; **~ Greek** LING Neugriechisch *nt;* **~ Europe** Europa *nt* der Neuzeit; **~ times** Neuzeit *f,* Moderne *f;* **the ~ world** die heutige Welt

mod·ern 'dance *n* Modern Dance *m* **'mod·ern-day** *adj attr, inv* modern, zeitgenössisch

mod·ern·ism [ˈmɒdᵊnɪzᵊm, AM ˈmɑːdɚn-] *n* ① *no pl (tendencies)* Modernismus *m,* moderner Geschmack ② *no pl (ideas) in art, literature* Modernismus *m,* die Moderne ③ *no pl* REL *(movement)* Modernismus *m fachspr (liberalwissenschaftlich kritische Reformbewegung in der katholischen Kirche)* ④ *(expression)* Modernismus *m*

mod·ern·ist [ˈmɒdᵊnɪst, AM ˈmɑːdɚn-] **I.** *n* Modernist(in) *m(f)* **II.** *adj* modernistisch

mod·ern·is·tic [ˌmɒdᵊnˈɪstɪk, AM ˌmɑːdɚˈnɪs-] *adj* modernistisch

mo·der·nity [mɒdˈɜːnəti, AM mɑːˈdɜːrnət̬i] *n* Modernität *f,* Moderne *f;* **to give in to ~** mit der [heutigen] Zeit gehen, sich *akk* dem modernen Leben anpassen

mod·erni·za·tion [ˌmɒdᵊnaɪˈzeɪʃᵊn, AM ˌmɑːdɚnɪˈ-] *n no pl* Modernisierung *f*

mod·ern·ize [ˈmɒdᵊnaɪz, AM ˈmɑːdɚ-] **I.** *vt* ■**to ~ sth** etw modernisieren **II.** *vi* modern werden, sich *akk* der modernen Zeit anpassen

mod·ern·iz·er [ˈmɒdᵊnaɪzəʳ, AM ˈmɑːdɚnaɪzɚ] *n* Modernisierer(in) *m(f)*

mod·ern 'jazz *n no pl* Modern Jazz *m* **mod·ern 'lan·guages I.** *npl* neuere Sprachen; **to study** [*or* **take**] **~** UNIV neuere Sprachen [*o* Neuphilologie] studieren [*o* belegen] **II.** *n modifier (course, degree)* neusprachlich, neuphilologisch *fachspr;* **~ student** Neusprachler(in) *m(f),* Neuphilologe, -philologin *m, f fachspr*

mod·est [ˈmɒdɪst, AM ˈmɑːd-] *adj* ① *(not boastful)* bescheiden, zurückhaltend; ***she's very ~ about her achievements*** sie prahlt nicht mit ihren Erfolgen ② *(fairly small) improvement, income, increase* bescheiden, mäßig ③ *(not elaborate) furniture, house* einfach

④ *(chaste)* sittsam *veraltend,* dezent

mod·est·ly ['mɒdɪstli, AM 'mɑːd-] *adv* ① *(approv: without boastfulness)* bescheiden, zurückhaltend ② *(chastely)* sittsam *veraltend,* dezent; **to dress ~** sich *akk* dezent kleiden ③ *(not expensively)* **~ priced** preisgünstig

mod·es·ty ['mɒdɪsti, AM 'mɑːd-] *n (approv)* ① *(without boastfulness)* Bescheidenheit *f,* Zurückhaltung *f;* **in all ~** in aller Bescheidenheit ② *(chasteness)* Anstand *m,* Sittsamkeit *f*

'mode value *n* MATH Modalwert *m*

modi·cum ['mɒdɪkəm, AM 'mɑːd-] *n no pl* ■ **a ~** ein bisschen [*o* wenig]; **a ~ of common sense** ein Minimum an gesundem Menschenverstand; **a ~ of decency** eine Spur von Anstand; **a ~ of hope** ein Funke Hoffnung; **a ~ of truth** ein Körnchen Wahrheit

modi·fi·able ['mɒdɪfaɪəbl̩, AM 'mɑːd-] *adj* modifizierbar, [ab]änderbar

modi·fi·ca·tion [ˌmɒdɪfɪ'keɪʃᵊn, AM ˌmɑːd-] *n* ① *(change)* Modifikation *f,* [Ab]änderung *f;* **to make a few ~s to sth** einige Änderungen an etw *dat* vornehmen ② *no pl (alteration) of an engine* Modifikation *f,* Änderung *f* ③ BIOL nichterbliche Änderung, Modifikation *f fachspr* ④ LING *(phonetics)* lautliche Veränderung, Umlautung *f;* **~ of a vowel** Umlautung *f* eines Vokals ⑤ LING *(grammar)* nähere Bestimmung

modi·fied A'meri·can plan *n* AM *(half board)* Halbpension *f;* **to be on the ~** Halbpension haben *fam*

modi·fi·er ['mɒdɪfaɪəʳ, AM 'mɑːdɪfaɪɚ] *n* ① LING näher bestimmendes Wort; *(as an adjective)* Beiwort *nt; (as an adverb)* Umstandswort *nt* ② COMPUT Modifizierer *m*

modi·fy <-ie-> ['mɒdɪfaɪ, AM 'mɑːd-] *vt* ① *(change)* ■ **to ~ sth** etw [ver]ändern [*o* modifizieren]; **to ~ one's behaviour** [*or* AM **behavior**] sein Verhalten ändern ② *(alter) engine* etw modifizieren [*o* [ver]ändern] ③ LING ■ **to ~ sth** etw lautlich verändern [*o* umlauten] [*o* näher bestimmen]; **to ~ a vowel** einen Vokal umlauten

mod·ish ['məʊdɪʃ, AM 'moʊ-] *adj (form)* modisch, modern

mod·ish·ly ['məʊdɪʃli, AM 'moʊ-] *adv (form)* modisch, modern

modu·lar ['mɒdjələʳ, AM 'mɑːdʒəlɚ] *adj inv* modular, Modul-, Baukasten-; **~ concept** Baukastenprinzip *nt;* **~ construction/design** Modulbauweise *f;* **~ degree course** UNIV *aus verschiedenen, unterschiedlich kombinierbaren Kursen bestehender Studiengang;* **~ system** Bausteinsystem *nt;* UNIV Kursmodulsystem *nt*

modu·late ['mɒdjəleɪt, AM 'mɑːdʒ-] **I.** *vt* ① *(adapt)* ■ **to ~ sth** etw anpassen [*o* abstimmen] [*o* regulieren]; **to ~ a mechanism** einen Mechanismus regulieren; **to ~ a policy** eine Politik abstimmen [*o* [den Gegebenheiten] anpassen]; **to ~ one's tone** *(also fig)* in einem anderen Ton sprechen, einen anderen Ton anschlagen *a. fig;* **to ~ one's voice** seine Stimme verändern ② *(soften)* ■ **to ~ sth** *noise, voice* etw dämpfen; *effect, impression* etw abschwächen ③ ELEC, RADIO *(mix signals)* ■ **to ~ sth** etw modulieren [*o* aussteuern] ④ COMPUT ■ **to ~ sth** etw modulieren
II. *vi* MUS [die Tonart] wechseln, modulieren *fachspr*

modu·la·tion [ˌmɒdjə'leɪʃᵊn, AM ˌmɑːdʒ-] *n* ① *(adaptation)* Anpassung *f,* Abstimmung *f,* Veränderung *f* ② ELEC, RADIO Modulation *f,* Aussteuerung *f;* **~ amplifier** Modulationsverstärker *m,* Modulationsstufe *f;* **~ frequency** Modulationsfrequenz *f* ③ MUS [Tonart]wechsel *m,* Modulation *f fachspr*

mod·ule ['mɒdjuːl, AM 'mɑːdʒuːl] *n* ① *(unit)* Modul *nt,* Baustein *m,* Baueinheit *f* ② *(part of course)* Einheit *f,* Element *nt;* **teaching ~** Unterrichtseinheit *f* ③ AEROSP *(independent vehicle)* Modul *nt;* **lunar ~** Mondlandefähre *f*

mo·dus op·eran·di [ˌməʊdəsˌɒpə'rændiː, AM ˌmoʊdəsˌoʊpə'rɑːndi] *n no pl (form)* Arbeitsweise *f,* Modus Operandi *m geh* **mo·dus vi·ven·di** [ˌməʊdəsvɪ'vendiː, AM ˌmoʊdəsviː'-] *n no pl (form)* Lebensweise *f,* Modus Vivendi *m geh*

mog·gie, mog·gy ['mɒgi] *n* BRIT, AUS *(fam)* Mieze[katze] *f fam*

mo·gul ['məʊgᵊl, AM 'moʊgʌl] *n* ① *(powerful person)* Mogul *m; (fig)* hohes Tier *fig pej;* **financial ~** Finanzmogul *m;* **industrial ~** Industriemagnat *m;* **party/trade union ~** Partei-/Gewerkschaftsbonze *m* ② *(mound) on a ski slope* Buckel *m*

MOH¹ [ˌeməʊ'eɪtʃ] *n no pl, + sing/pl vb abbrev of* **Ministry of Health** Gesundheitsministerium *nt*

MOH² [ˌeməʊ'eɪtʃ] *n abbrev of* **Medical Officer of Health** Amtsarzt, -ärztin *m, f*

mo·hair ['məʊheəʳ, AM 'moʊher] *n* Mohair *m*

Mo·ham·med·an [mə(ʊ)'hæmɪdᵊn, AM moʊ'-] **I.** *n (dated)* Mohammedaner(in) *m(f)*
II. *adj inv (dated)* mohammedanisch

Mo·ha·ve [me(ʊ)'hɑːvi, AM moʊ'-] **I.** *n* ① *(Native American)* Mohave *m o f* ② *(language)* Mohave *nt*
II. *adj* der Mohave *nach n*

Mo·hawk ['məʊhɔːk, AM 'moʊhɑːk] **I.** *n* ① *(Native American)* Mohawk *m o f* ② *(Indian tribe)* Mohawk *pl*
II. *adj* der Mohawk *nach n*

Mo·hic·an [məʊ'hiːkᵊn, AM moʊ'-] **I.** *n (person)* Mohikaner(in) *m(f)*
II. *adj* ① *(language)* mohikanisch ② BRIT **~ hairstyle** Irokesenschnitt *m*

moi [mwɑː] *pron (hum fam)* ich; ***you made a complete idiot of yourself at the party — who? ~?*** du hast dich auf der Party zum Vollidioten gemacht – wer? ich etwa?; ***sarcastic? ~?*** sarkastisch? ich?

moi·ety <*pl* -ties> ['mɔɪəti, AM əṭi] *n* ① *(spec: part of a people)* [Bevölkerungs]teil *m* ② *(form: portion)* Hälfte *f*

moi·ré ['mɔɪreɪ] *n no pl* Moiré *nt o m*

Mois·san·ite ['mɔɪsənaɪt] *n no pl* Moissanit *m*

moist [mɔɪst] *adj* feucht; **~ cake** saftiger Kuchen

mois·ten ['mɔɪsᵊn] **I.** *vt* ■ **to ~ sth** etw anfeuchten [*o geh* benetzen]
II. *vi* feucht werden

moist·ness ['mɔɪstnəs] *n no pl* Feuchte *f,* Feuchtigkeit *f; (of a cake)* Saftigkeit *f*

mois·ture ['mɔɪstʃəʳ, AM -ɚ] *n* Feuchtigkeit *f*

mois·tur·ize ['mɔɪstʃᵊraɪz, AM -tʃɚ-] *vt* ■ **to ~ sth** etw befeuchten; **to ~ one's skin** seine Haut mit Feuchtigkeitscreme einreiben

mois·tur·iz·er ['mɔɪstʃᵊraɪzəʳ, AM -tʃəraɪzɚ] *n* Feuchtigkeitscreme *f*

'mois·tur·iz·ing cream *n* Feuchtigkeitscreme *f*

'mois·tur·iz·ing lo·tion *n* Feuchtigkeitslotion *f*

Mojave Desert, Mohave Desert [me(ʊ)'hɑːvi-, AM moʊ'-] *n* Mojave Wüste *f*

mo·ji·to [məʊ'hiːtəʊ, AM moʊ'hiːtoʊ] *n* Mojito *m*

mojo ['moʊdʒoʊ] *n no pl* AM *(fam)* Reize *pl*

moke [məʊk] *n* ① BRIT *(fam: donkey)* Esel *m* ② AUS, NZ *(nag)* Klepper *m,* Gaul *m*

mo·lal spe·cif·ic 'heat [ˌməʊləl-, AM ˌmoʊləl-] *n* CHEM, PHYS Molwärme *f,* molare Wärmekapazität

mo·lar¹ ['məʊləʳ, AM 'moʊlɚ] *n* ① ANAT *(tooth)* Backenzahn *m,* Molar *m fachspr* ② ZOOL Mahlzahn *m*

mo·lar² ['məʊləʳ, AM 'moʊlɚ] *adj inv* CHEM, PHYS Molar-, Mol-; **~ concentration** molare Konzentration, Stoffmengenkonzentration *f;* **~ weight** Mol[ar]gewicht *nt,* molare Masse

mo·las·ses [mə(ʊ)'læsɪz, AM mə'-] *n no pl* Melasse *f,* Zuckersirup *m*

mold *n, vi* AM *see* **mould**

Mol·da·via [mɒl'deɪviə, AM mɑːl-] *n no pl* ① *(part of Romania)* Moldau *f* ② *see* **Moldova**

Mol·da·vian [mɒl'deɪviən, AM mɑːl-] **I.** *adj inv* moldawisch
II. *n* Moldawier(in) *m(f)*

mold·er *vi* AM *see* **moulder**

mold·ing *n* AM *see* **moulding**

Mol·do·va [mɒl'dəʊvə, AM mɑːl'doʊ-] *n no pl* Moldawien *nt*

Mol·do·van [mɒl'dəʊvən, AM mɑːl'doʊ-] *n see* **Moldavian**

moldy *adj* AM *see* **mouldy**

mole¹ [məʊl, AM moʊl] *n* ① *(animal)* Maulwurf *m* ② *(fam: spy)* Maulwurf *m fam*

mole² [məʊl, AM moʊl] *n* [kleines] Muttermal, Leberfleck *m*

mole³ [məʊl, AM moʊl] *n* Mole *f*

mo·lecu·lar [mə(ʊ)'lekjələʳ, AM mə'lekjəlɚ] *adj inv* molekular, Molekular-; **~ bond** Molekülbindung *f;* **~ filter** Membranfilter *nt;* **~ formula** Summenformel *f;* **~ interaction** zwischenmolekulare Bindung; **~ mass** Molekülmasse *f*

mo·lecu·lar 'farm·ing *n no pl* gentechnische Manipulation von Pflanzen *(zur Herstellung von Pharmaprodukten)*

mol·ecule ['mɒlɪkjuːl, AM 'mɑːl-] *n* Molekül *nt*

mole·hill ['məʊlhɪl, AM 'moʊl-] *n* Maulwurfshügel *m*

mole·skin ['məʊlskɪn, AM 'moʊl-] *n* ① *(skin of a mole)* Maulwurfsfell *nt* ② *(fabric)* Maulwurfsfell *nt,* Moleskin *m o nt fachspr (dichtes Baumwollgewebe)*

mo·lest [mə(ʊ)'lest, AM mə'-] *vt* ■ **to ~ sb** ① *(annoy)* jdn belästigen ② *(harass)* jdn quälen [*o* peinigen] [*o* schikanieren] ③ *(attack sexually)* jdn [sexuell] belästigen

mo·les·ta·tion [ˌməʊles'teɪʃᵊn, AM ˌmoʊ-] *n no pl* ① *(annoyance)* Störung *f,* Belästigung *f* ② *(harassment)* Quälerei *f,* Peinigung *f,* Schikane *f* ③ *(sexual assault)* [sexuelle] Belästigung; **child ~** Kindesmissbrauch *m*

mo·lest·er [mə(ʊ)'lestəʳ, AM mə'lestɚ] *n* ① *(troublesome person)* lästige Person ② *(harasser)* Peiniger(in) *m(f),* Schikaneur *m geh* ③ *(sexual offender)* ≈ Sittenstrolch *m;* **child ~** Kinderschänder *m*

moll [mɒl, AM mɑːl] *n (sl)* ① *(female companion of criminal)* Gangsterbraut *f sl;* **gun ~** Gangsterliebchen *nt fam* ② *(pej: woman)* Puppe *f sl* ③ AUS *(female companion)* Braut *f fam; (companion of motorcyclists)* Motorradbraut *f*

mol·li·fy <-ie-> ['mɒlɪfaɪ, AM 'mɑːlə-] *vt* ① *(pacify)* ■ **to ~ sb** jdn besänftigen [*o* beschwichtigen] ② *(rare: soften)* ■ **to ~ sth** etw weich [*o* geschmeidig] machen ③ *(reduce)* ■ **to ~ sth** *demands* etw mäßigen; *anger, pique* etw mildern

mol·lusc, AM **mol·lusk** ['mɒləsk, AM 'mɑːl-] *n* Molluske *f,* Weichtier *nt*

mol·ly·cod·dle ['mɒliˌkɒdl̩, AM 'mɑːliˌkɑː-] *vt (pej fam)* ■ **to ~ sb** jdn verwöhnen [*o fam* verhätscheln]

Moloch ['məʊlɒk, AM 'moʊlɑːk] *n* Moloch *m*

Molotov cock·tail [ˌmɒlətɒf'kɒkteɪl, AM ˌmɑːlɪtɔːf'kɑːk-] *n* Molotowcocktail *m*

molt *n, vt, vi* AM *see* **moult**

mol·ten ['məʊltᵊn, AM 'moʊ-] *adj inv* geschmolzen; **~ cheese** geschmolzener Käse; **~ bath** TECH Schmelze *f,* Schmelzbad *nt;* **~ metal** geschmolzenes Metall

mo·lyb·de·num [mə'lɪbdənəm] *n no pl* Molybdän *nt fachspr*

mom [mɑːm] *n* AM *(mum)* Mama *f*

mom-and-'pop *adj inv* AM **~ business** Familienunternehmen *nt;* ■ **to be ~** ein Familienbetrieb sein; ***the Regent is strictly ~*** das Regent ist ein reiner Familienbetrieb **mom-and-'pop store** *n* AM Tante-Emma-Laden *m*

mo·ment ['məʊmənt, AM 'moʊ-] *n* ① *(very short time)* Moment *m,* Augenblick *m; **just a ~, please*** nur einen Augenblick, bitte; ***this will only take a ~*** das dauert nur einen Augenblick; ■ **the ~** [**that**] ... [in dem Augenblick], als ...; ***the phone rang the ~ she came home*** das Telefon klingelte in dem Augenblick, als sie nach Hause kam; **not a ~ too soon** keine Sekunde zu früh, gerade noch rechtzeitig; **not for a** [*or* **one**] **~** keinen Augenblick [*o* Moment] [lang], nicht einen Augenblick [*o* Moment]; **not for**

the ~ im Augenblick nicht; **at any ~** jeden Augenblick [*o* Moment]; **in a ~** gleich, sofort
❷ *(specific time)* Zeitpunkt *m;* **a ~ in time** ein historischer Augenblick; **the ~ of truth** die Stunde der Wahrheit; ■**at** [*or* **for**] **the ~** im Augenblick, momentan; **at the** [**exact/precise**] **~ when ...** [genau] in dem Augenblick [*o* Moment], als ...; **at the last ~** im letzten Augenblick [*o* Moment]; **to leave sth till** [*or* **to**] **the last ~** etw bis zum Schluss [*o* letzten Moment] aufschieben; **the right ~** der richtige Zeitpunkt; **to choose one's ~** den richtigen Zeitpunkt wählen
❸ *no pl (importance)* Wichtigkeit *f,* Bedeutung *f,* Tragweite *f;* **of great ~** von großer Bedeutung
❹ PHYS Moment *nt;* **~ of acceleration** Beschleunigungsmoment *nt;* **~ of linear momentum** Impulsmoment *nt;* **~ of momentum** Drehmoment *nt*
▶PHRASES: **to <u>have</u> one's ~s** [auch] seine guten Augenblicke haben; ***for all that, we had our ~s*** trotz alledem haben wir auch schöne Zeiten erlebt

mo·men·tari·ly ['məʊməntᵊrᵊli, AM ˌmoʊmən'ter-] *adv* ❶ *(briefly)* kurz, eine Weile; **to pause ~** kurz innehalten
❷ *(for some time)* momentan, vorübergehend, eine Zeit lang
❸ *(instantly)* augenblicklich, sogleich *geh*
❹ AM *(very soon)* gleich, in wenigen Augenblicken
❺ *(at any moment)* jederzeit, jeden Augenblick [*o* Moment]

mo·men·tary ['məʊməntᵊri, AM 'moʊmənteri] *adj inv*
❶ *(brief)* kurz; **a ~ glimpse** ein kurzer Blick
❷ *(transitory)* momentan, vorübergehend; **a ~ annoyance** eine vorübergehende Störung
❸ *(impending)* jederzeit möglich; ***they lived in fear of ~ annihilation*** sie lebten dauernd in der Angst vor ihrer Vernichtung
❹ *(constant)* ständig

mo·men·tous [mə(ʊ)'mentəs, AM moʊ'menţəs] *adj* bedeutsam, weitreichend, folgenschwer; **~ change** bedeutsame Veränderung, grundlegender Wandel; **~ day** bedeutender [*o* entscheidender] Tag; **~ decision** weitreichende [*o* [ge]wichtige] Entscheidung, folgenschwerer Beschluss

mo·men·tous·ly [mə(ʊ)'mentəsli, AM moʊ'menţ-] *adv* weitreichend, grundlegend, entscheidend

mo·men·tous·ness [mə(ʊ)'mentəsnəs, AM moʊ'menţ-] *n no pl* Bedeutsamkeit *f,* [Ge]wichtigkeit *f,* Bedeutung *f,* Tragweite *f*

mo·men·tum [mə(ʊ)'mentəm, AM moʊ'menţ-] *n no pl* ❶ *(force)* Schwung *m,* bewegende Kraft, Wucht *f;* **to gain** [*or* **gather**] **~** in Schwung [*o* Fahrt] kommen, sich *akk* beschleunigen; **to give ~ to sth** etw in Schwung [*o* Fahrt] bringen [*o* beschleunigen]; **to lose ~** an Schwung [*o* Fahrt] verlieren, sich *akk* verlangsamen
❷ PHYS Moment *nt,* Bewegungsgröße *f,* Impuls *m fachspr;* ***once in motion, the flywheel keeps going under its own ~*** sobald sich das Schwungrad dreht, bleibt es durch den eigenen Drehimpuls in Bewegung; **the law of conservation of ~** Impuls[erhaltungs]satz *m*

mo·'men·tum theo·rem *n no pl* PHYS zweiter Impulssatz, Momentensatz *m*

mom·ma ['mɑːmə] *n* AM *(childspeak)* Mama *f Kindersprache*

mom·my ['mɑːmi] *n* AM *(childspeak)* Mama *f,* Mami *f Kindersprache*

'mom·my hack·er *n* AM *(sl) Mutter, die aus Sorge um die Internet-Aktivitäten ihres Kindes dessen PC kontrolliert*

Mon *n abbrev of* **Monday** Mo

Mona·co ['mɒnəkəʊ, AM 'mɑːnəkoʊ] *n* Monaco *nt*

mon·arch ['mɒnək, AM 'mɑːnɚk] *n* Monarch(in) *m(f),* Herrscher(in) *m(f)*

mo·nar·chic(**al**) [mɒn'ɑːkɪk(ᵊl), AM mə'nɑːrk-] *adj inv* ❶ *(of a monarch)* monarchisch, königlich; **~ gesture** königliche Geste; **~ government** monarchische Regierung; **~ power** [*or* **rule**] Königsherrschaft *f,* monarchische Gewalt; **~ system** monarchisches System
❷ *(of monarchism)* monarchistisch; **~ circles** monarchistische Kreise; **~ movement** monarchistische Bewegung

mon·arch·ism ['mɒnəkɪzᵊm, AM 'mɑːnɚk-] *n no pl* Monarchismus *m*

mon·arch·ist ['mɒnəkɪst, AM 'mɑːnɚ-] *n* Monarchist(in) *m(f)*

mon·ar·chy ['mɒnəki, AM 'mɑːnɚ-] *n* Monarchie *f;* **absolute ~** absolute Monarchie, Alleinherrschaft *f;* **constitutional/limited ~** konstitutionelle Monarchie; **hereditary ~** Erbmonarchie *f*

mon·as·tery ['mɒnəstᵊri, AM 'mɑːnəsteri] *n* [Mönchs]kloster *nt*

mo·nas·tic [mə'næstɪk] *adj* ❶ *(concerning monks) life, obligations* mönchisch, Mönchs-; **~ order** Mönchsorden *m;* **~ rule of life** mönchische Lebensregel; **~ vows** Mönchsgelübde *pl*
❷ *(concerning monasteries) architecture, community, system* klösterlich, Kloster-; **~ community** klösterliche Gemeinschaft; **~ library** Klosterbibliothek *f*
❸ *(austere)* asketisch, enthaltsam, streng
❹ *(secluded)* zurückgezogen, abgeschieden

mo·nas·ti·cism [mə'næstɪsɪzᵊm] *n no pl* Mönchstum *nt*

Mon·day ['mʌndeɪ] *n* Montag *m; see also* **Tuesday**

'Mon·day ef·fect *n* STOCKEX Montagseffekt *m*

Mon·day·itis [ˌmʌndeɪ'aɪtɪs] *n* AUS Montagskrankheit *f*

Mon·day 'morn·ing feel·ing *n (fam)* montagmorgendliche Muffeligkeit [*o* ÖSTERR Grantigkeit]

Mon·day-morn·ing 'quar·ter·back *n* AM *(fam)* alter Besserwisser/alte Besserwisserin; ***I don't want to be a ~ but ...*** ich will ja kein alter Besserwisser sein, aber ...

Mon·egasque [ˌmɒnə'gæsk, AM ˌmɑːneɪ'-] **I.** *n* Monegasse, Monegassin *m, f*
II. *adj* monegassisch

mon·etar·ism ['mʌnɪtᵊrɪzᵊm, AM 'mɑːnə-] *n no pl* ECON Monetarismus *m fachspr*

mon·etar·ist ['mʌnɪtᵊrɪst, AM 'mɑːnə-] **I.** *n* ECON Monetarist(in) *m(f) fachspr*
II. *adj* monetaristisch *fachspr*

mon·etary ['mʌnɪtᵊri, AM 'mɑːnəteri] *adj inv* ECON Geld-, monetär *fachspr,* Währungs-, Münz-; **~ compensatory amounts** EU Währungsausgleich *m;* **~ convention** Münzkonvention *f;* **~ fund** Währungsfonds *m;* **~ instability/integration** monetäre Instabilität/Integration; **~ law** Münzgesetz *nt;* **~ policy** Währungspolitik *f,* Geldpolitik *f,* Kreditpolitik *f;* **~ reserves** Währungsreserven *pl;* **~ system** Währungssystem *nt;* **~ union** Währungsunion *f;* **~ unit** Währungseinheit *f*

mon·etary 'base *n* Geldbasis *f* **mon·etary 'board** *n* geldpolitische Behörde, monetäre Behörde **mon·etary con·'trol** *n* monetäre Steuerung **mon·etary e'cono·my** *n* Geldwirtschaft *f* **mon·etary e'ro·sion** *n no pl* Geldentwertung *f* **mon·etary 'poli·cy** *n* Geld[mengen]politik *f,* Währungspolitik *f;* **accommodative ~** akkommodierende Geldpolitik *f* **mon·etary re·'serves** *npl* Währungsreserven *pl* **mon·etary sta·'bil·ity** *n no pl* Geldwertstabilität *f* **mon·etary 'sys·tem** *n* Währungssystem *nt* **mon·etary 'trea·ty** *n* Währungsvertrag *m* **mon·etary 'unit** *n* Geldeinheit *f*

mon·eti·za·tion [ˌmʌnɪtaɪ'zeɪʃᵊn, AM ˌmɑːnə-] *n no pl* Monetisierung *f*

mon·etize ['mʌnɪtaɪz, AM 'mɑːnə-] **I.** *vt* ■**to ~ sth** aus etw *dat* ein Einkommen erzielen, etw zu Geld machen *fam; (spec)* etw monetarisieren, etw in Geldeinheiten ausdrücken
II. *vr* sich *akk* selbst finanzieren

mon·ey ['mʌni] *n no pl* ❶ *(cash)* Geld *nt;* ***there is a lot of ~ in that*** das ist sehr lukrativ; ***~ is tight*** [*or* ***short***] das Geld ist knapp; **~ at call** [*or* **call ~**] Tagesgeld *nt;* **to pay good ~ for sth** teures [*o* ein gutes Stück] Geld für etw *akk* zahlen; **hard ~** AM POL Wahlkampfspenden *pl;* **hot ~** heißes Geld, vagabundierende Gelder; **to be short of ~** knapp an Geld [*o fam* bei Kasse] sein; **soft ~** AM Parteispenden *pl;* **~ owed** Geldschuld *f;* **~ well spent** gut angelegtes Geld; **to get one's ~'s worth** etw für sein Geld bekommen; **to change ~** Geld wechseln; **to cost ~** Geld kosten; **to earn ~** Geld verdienen; **to have ~** Geld haben, reich sein; **to make ~** gut verdienen, [viel] Geld machen *fam;* ***her investments haven't made as much ~ this year*** ihre Investitionen haben dieses Jahr nicht so viel Geld eingebracht; **to put ~ into sth** Geld in etw *akk* stecken *fam,* in etw *akk* investieren; **to put one's ~ on sb/sth** *(also fig)* auf jdn/etw setzen [*o* wetten]; **to raise ~** [**for sth**] Geld [für etw *akk*] aufbringen [*o* beschaffen] [*o* aufnehmen]; **to save ~** Geld sparen; **to spend ~** Geld ausgeben
❷ *(fam: pay)* Bezahlung *f,* Verdienst *m,* Geld *nt;* ***I didn't like the work but the ~ was good*** die Arbeit gefiel mir nicht, aber die Bezahlung war gut; ***what's the ~ like in your new job?*** wie ist so dein Verdienst bei deiner neuen Stelle?, was verdienst du so bei deinem neuen Job?; ***they earn good ~ in that company*** bei dieser Firma verdient man gutes Geld; **hard-earned ~** schwer [*o fam* sauer] verdientes Geld
❸ FIN *(options)* **at the ~** *Option, deren Basiskaufpreis dem aktuellen Marktpreis entspricht;* **in the ~** *Option, deren Basiskaufpreis unter und deren Verkaufspreis über den aktuellen Marktpreis liegt;* **out of the ~** Option, deren Basiskaufpreis über und deren Verkaufspreis unter dem aktuellen Marktpreis liegt
▶PHRASES: **<u>for</u> my ~ ...** *(fam)* wenn es nach mir geht ... *fam;* **~ doesn't <u>grow</u> on trees** *(prov)* Geld wächst nicht einfach nach; **to <u>have</u> ~ to burn** Geld wie Heu haben; **to be <u>in</u> the ~** in [*o* im] Geld schwimmen; ***if our horse wins, we'll be in the ~*** wenn unser Pferd gewinnt, sind wir gemachte Leute; **~ for <u>jam</u>** [*or* **old <u>rope</u>**] BRIT leicht verdientes Geld; **to be** [**not**] **<u>made</u> of ~** [k]ein Krösus [*o* Goldesel] sein; **to <u>marry</u> ~** um des Geldes willen heiraten, eine Geldehe eingehen; **you <u>pays</u> your ~ and** [**you**] **takes your choice** *(saying)* das bleibt jedem selbst überlassen; **to <u>put</u> one's ~ where one's mouth is** seinen Reden auch Taten folgen lassen; **~ is the <u>root</u> of all evil** *(prov)* Geiz ist die Wurzel allen Übels *prov;* **~ <u>talks</u>** *(prov)* Geld regiert die Welt *prov*

mon·ey-back gua·ran·'tee *n* Geld-zurück-Garantie *f*

'mon·ey·bags *n* <pl -> *(hum pej fam)* Geldsack *m fam*

'mon·ey·belt *n* Geldgürtel *m* **'mon·ey·box** *n* BRIT Sparbüchse *f,* Spardose *f,* Sparkasse *f* ÖSTERR; *for collection* Sammelbüchse *f* **'mon·ey bro·ker** *n* Geldmakler(in) *m(f),* Finanzmakler(in) *m(f)* **'mon·ey·chang·er** *n* ❶ *(person)* [Geld]wechsler(in) *m(f)*
❷ *(device)* tragbarer Münzwechsler

mon·eyed ['mʌnid] *adj (form)* vermögend, begütert *geh,* wohlhabend

'mon·ey fund *n* Geldfonds *m*

'mon·ey-grub·ber *n (pej)* geldgieriger [*o* raffgieriger] Mensch, Raffke *m* BRD *pej fam*

'mon·ey-grub·bing *(pej)* **I.** *n* Geldgier *f,* Raffgier *f*
II. *adj* geldgierig, raffgierig

'mon·ey laun·der·er *n* Geldwäscher(in) *m(f)* **'mon·ey laun·der·ing** *n no pl* Geldwäsche[rei] *f* **'mon·ey-lend·er** *n* [gewerbsmäßiger] Geldverleiher/[gewerbsmäßige] Geldverleiherin, Geldgeber(in) *m(f)* **moneylending** ['mʌniˌlendɪŋ] **I.** *n no pl* Geldverleihen *nt* **II.** *n modifier* Geldverleih- **'mon·ey-lend·ing** *n* ❶ *(person)* erfolgreicher Geschäftsmann/erfolgreiche Geschäftsfrau ❷ *(profitable business)* Gewinn bringendes [*o* einträgliches] Geschäft, Bombengeschäft *nt fam* ❸ *(profitable product)* Kassenschlager *m fam,* Verkaufsschlager *m fam,* Renner *m fam* **'mon·ey ma·chine** *n* Bankautomat *m* **'mon·ey-mak·ing I.** *adj* einträglich, Gewinn bringend **II.** *n* Gelderwerb *m* **'mon·ey mar·ket** *n* Geldmarkt *m,* Geldanlagebereich *m;* **~ fund** Geldmarktfonds *m;* **~ paper** Geldmarktpapiere *pl*

mon·ey-'mind·ed *adj* ❶ *(clever financially)* geschäftstüchtig ❷ *(pej: too concerned with money)* auf Geld fixiert; ***he's very ~, and is always asking how much you paid for things*** er sieht sehr aufs Geld und fragt einen immer, wie viel man für etwas bezahlt hat **'mon·ey or·der** *n,* **MO** *n esp* AM, AUS Postanweisung *f,* Zahlungsanweisung *f* **'mon·ey rates** *npl* Geldmarktsätze *pl* **'mon·ey-sav·ing** *adj attr, inv* Spar-

'mon·ey-spin·ner *n* BRIT ❶ *(profitable business)* Gewinn bringendes [*o* einträgliches] Geschäft, Bombengeschäft *nt fam*
❷ *(profitable product)* Kassenschlager *m fam,* Verkaufsschlager *m fam,* Renner *m fam*

'mon·ey-spin·ning *adj attr, inv* BRIT einträglich, lukrativ

'mon·ey sup·ply *n* FIN Geldmenge *f,* Geldangebot *nt* [am Geldmarkt]; ECON Geldversorgung *f* [der Wirtschaft] **mon·ey sup·ply con·'trol** *n* ECON Geldmengensteuerung *f* **'mon·ey trad·ing** *n* Geldhandel *m,* Geldgeschäft *nt* **'mon·ey trans·ac·tion** *n* Finanzgeschäft *nt,* Geldgeschäft *nt* **'mon·ey trans·fer** *n* Geldüberweisung *f;* **rapid ~** Eilüberweisung *f* **'mon·ey trans·fer or·der** *n* Dauerauftrag *m*

mon·gol ['mɒŋgəl, AM 'mɑːŋ-] *n* MED *(dated or pej!)* Mongoloide(r) *f(m) pej*

Mon·gol ['mɒŋgəl, AM 'mɑːŋ-] **I.** *n* ❶ *(person)* Mongole, Mongolin *m, f;* MED *(dated or pej!)* Mongoloide(r) *f(m) pej*
❷ *no pl (language)* Mongolisch *nt,* das Mongolische
II. *adj* mongolisch

Mon·go·lia [mɒŋ'gəʊliə, AM mɑːŋ'goʊ-] *n* Mongolei *f*

Mon·go·lian [mɒŋ'gəʊliən, AM mɑːŋ'goʊ-] **I.** *adj* mongolisch
II. *n* ❶ *(person)* Mongole, Mongolin *m, f*
❷ *(language)* Mongolisch *nt,* das Mongolische

Mon·go·lian Peo·ple's Re·'pub·lic *n* Mongolische Volksrepublik

mon·gol·ism ['mɒŋgəlɪzəm, AM 'mɑːŋ-] *n no pl* MED *(dated or pej!)* Mongolismus *m pej*

mon·gol·oid ['mɒŋgəlɔɪd, AM 'mɑːŋ-] *n (dated or pej!)* Mongoloide(r) *f(m) pej*

Mon·gol·oid ['mɒŋgəlɔɪd, AM 'mɑːŋ-] *adj (dated)* mongolisch; MED *(dated or pej!)* mongoloid *pej*

mon·goose <*pl* -s> ['mɒŋguːs, AM 'mɑːŋ-] *n* Mungo *m*

mon·grel ['mʌŋgrəl, AM 'mɑːŋ-] **I.** *n* ❶ BOT, ZOOL *(result of crossing)* Bastard *m oft pej,* Hybride *m fachspr,* Kreuzung *f*
❷ *(esp pej: dog breed)* Köter *m,* Töle *f* NORDD, Promenadenmischung *f hum o pej;* **~ puppy** Mischlingswelpe *m*
❸ *(person)* Mischling *m oft pej,* Mischung *f a. pej;* *(cross between things)* Zwischending *nt*
II. *adj* Bastard-, Misch-, hybrid *fachspr;* **~ race** Mischrasse *f;* **~ species** Kreuzung *f*

mon·i(c)k·er ['mɒnɪkəʳ, AM 'mɑːnɪkɚ] *n (sl)* [Spitz]name *m*

mon·ies ['mʌniz] *npl see* **money** Gelder *pl*

moni·tor ['mɒnɪtəʳ, AM 'mɑːnɪt̬ɚ] **I.** *n* ❶ *(screen)* Bildschirm *m,* Monitor *m;* **colour ~** [*or* AM **color**] Farbbildschirm *m,* Farbmonitor *m;* **on the ~** auf dem Bildschirm [*o* Monitor]
❷ POL *(observer)* Beobachter(in) *m(f)*
❸ *(device)* Anzeigegerät *nt,* Überwachungsgerät *nt,* Kontrollschirm *m,* Monitor *m*
❹ SCH *(dated: in school)* Klassenordner(in) *m(f) veraltend,* Aufsichtsschüler(in) *m(f) veraltend*
❺ ZOOL *(lizard)* Waran *m*
II. *vt* ❶ *(check)* ■**to ~ sb** jdn beobachten; ■**to ~ sth** etw kontrollieren [*o* überprüfen] [*o* beobachten]; ***they were supposed to ~ the elections*** POL sie sollten die Wahlen beobachten; **to ~ sb's blood sugar/cholesterol level** jds Blutzucker/Cholesterinspiegel kontrollieren; **to ~ brake power/tyre** [*or* AM **tire**] **wear** die Bremskraft/Reifenabnutzung überprüfen
❷ RADIO, TELEC, TV *(view/listen in on)* ■**to ~ sth** *device, person* etw abhören [*o* mithören] [*o* verfolgen]; **to ~ a** [**radio**] **broadcast** eine [Radio]sendung verfolgen; **to ~ a circuit** sich *akk* in eine Leitung einschalten; **to ~ communications/telephone traffic** Gespräche/den Telefonverkehr abhören [*o* mithören]; **to ~ a TV channel** ein Fernsehprogramm verfolgen
❸ *(maintain quality)* ■**to ~ sth** *person* etw überwachen; **to ~ education standards** [die Einhaltung von] Ausbildungsstandards [*o* Ausbildungsanforderungen] überwachen; RADIO, TV *device* etw überwachen; **to ~ radio/TV reception** den Radio-/Fernsehempfang überwachen; **~ed frequency** Überwachungsfrequenz *f fachspr;* **~ing picture** Kontrollbild *nt fachspr;* **~ing station** Überwachungsstation *f fachspr*
❹ *(keep under surveillance)* ■**to ~ sb/sth** *person* jdn/etw überwachen; **to ~ sb's eating habits/movements** jds Essgewohnheiten/Bewegungen überwachen; ■**to ~ sth** *device* etw überwachen; **to ~ fuel consumption/sb's heart rate** den Benzinverbrauch/jds Herzfrequenz überwachen

moni·tor·ing ['mɒnɪtərɪŋ, AM 'mɑː-] *n no pl* Überwachung *f,* Aufsicht *f;* **~ system** Überwachungssystem *nt*

monk [mʌŋk] *n* Mönch *m*

mon·key ['mʌŋki] **I.** *n* ❶ *(animal)* [langschwänziger] Affe
❷ *(fam: mischievous child)* Schlingel *m,* Racker *m,* Fratz *m* SÜDD O ÖSTERR
❸ ARCHIT, TECH *(device)* Rammbär *m fachspr,* Rammklotz *m,* Ramme *f*
❹ BRIT *(dated sl: £500)* 500 Pfund
▸ PHRASES: **I don't give a ~'s** [**what**] ... BRIT *(sl)* es interessiert mich einen Dreck [was] ... *fam;* **to have a ~ on one's back** *(sl: burdensome problem)* ein Problem haben; *(drug addiction)* an der Nadel hängen *fam;* *(enduring habit)* eine Manie haben *fam;* **to make a ~ out of sb** jdn zum Narren [*o* Affen] halten; **I'll be a ~'s uncle** *(dated sl)* mich laust der Affe *fam*
II. *vt* AM ■**to ~ sb/sth** jdn/etw nachäffen
III. *vi (fam)* ❶ *(waste time)* ■**to ~ about** [*or* **around**] **with sb** mit jdm seine Zeit verschwenden, sich *akk* mit jdm aufhalten; *(waste sb's time)* jdm die Zeit stehlen, jdn aufhalten
❷ *(pej: play)* ■**to ~ about** [*or* **around**] **with sth** mit etw *dat* herumspielen [*o* herumfummeln] *pej fam;* ■**to ~ about** [*or* **around**] **with sb** *(play sexually)* mit jdm herummachen *fam*

'mon·key busi·ness *n no pl* ❶ *(silliness)* Blödsinn *m,* Unfug *m* ❷ *(trickery)* krumme Touren, faule Tricks **'mon·key nut** *n* BRIT Erdnuss *f,* SCHWEIZ *a.* spanisches Nüsschen *nt* **'mon·key·pox** *n* MED Affenpocken *pl* **'mon·key puz·zle tree** *n* BOT Araukarie *f fachspr,* Brasilkiefer *f,* Chilefichte *f*

'mon·key·shines *npl* AM *(fam: monkey tricks)* Faxen *pl fam,* dumme Streiche, Unfug *m kein pl*

'mon·key suit *n (fam)* ❶ *(full-dress suit)* Smoking *m,* Gesellschaftsanzug *m;* **to put on one's ~** sich *akk* in Schale werfen *fam* ❷ *(uniform)* Uniform *f* **'mon·key tricks** *npl* BRIT *(fam)* Faxen *pl fam,* dumme Streiche, Unfug *m kein pl;* ***have you been up to your ~ again?*** hast du wieder etwas angestellt? **'mon·key wrench** *n esp* AM Universal[schrauben]schlüssel *m,* verstellbarer Schraubenschlüssel, Rollgabelschlüssel *m fachspr,* Engländer *m* ▸ PHRASES: **to throw a ~ into sth** etw störend beeinflussen [*o* sabotieren]

'monk·fish *n* Seeteufel *m*

monk·ish ['mʌŋkɪʃ] *adj* mönchisch, Mönchs-, pfäffisch *veraltend o pej*

mono[1] ['mɒnəʊ, AM 'mɑːnoʊ] **I.** *n no pl* MUS Mono *nt;* **to record/reproduce in ~** in Mono [*o* mono] aufnehmen/wiedergeben
II. *adj inv* Mono-

mono[2] ['mɑːnoʊ] *n* AM *(fam) short for* **mononucleosis** [Pfeiffer-]Drüsenfieber *nt*

mono- ['mɒnəʊ, AM 'mɑːnoʊ] *in compounds* ein-, mono-

mono·chro·mat·ic [ˌmɒnəkrə(ʊ)'mætɪk, AM ˌmɑːnəkroʊ'mæt̬-] *adj inv* einfarbig, monochrom; PHYS monochromatisch *fachspr*

mono·chrome ['mɒnəkrəʊm, AM 'mɑːnəkroʊm] *adj inv* ❶ PHOT *(black and white)* Schwarzweiß- *fachspr;* **~ film** Schwarzweißfilm *m*
❷ *(using one colour)* einfarbig, monochrom; ***the park at this time of the year is a ~ brown*** der Park ist zu dieser Jahreszeit ein einziges Braun
❸ *(fig: unexciting)* eintönig, einförmig, gleichförmig

mono·chrome dis·'play *n* COMPUT Schwarzweißanzeige *f,* Schwarzweißdisplay *nt*

mono·chron·ic [ˌmɒnə(ʊ)'krɒnɪk, AM ˌmɑːnə'krɑːnɪk] *adj* linear arbeitend; **~ personality** [*or* **type**] *Persönlichkeitstyp, der lieber eins nach dem anderen als mehrere Dinge gleichzeitig tut*

mono·cle ['mɒnəkl̩, AM 'mɑːn-] *n (hist)* Monokel *nt hist,* Einglas *nt hist*

mono·cled ['mɒnək|d] *adj inv* Monokel tragend, mit [einem] Monokel *nach n*

mono·coque ['mɒnəkɒk, AM 'mɑːnəkɑːk] *n* Schalenrumpf *m;* **~ construction** Schalenbauweise *f*

mo·noga·mous [mə'nɒgəməs, AM -'nɑːg-] *adj* monogam *fachspr,* einehig

mo·noga·my [mə'nɒgəmi, AM -'nɑːg-] *n no pl* ❶ *(in marriage)* Einehe *f,* Monogamie *f fachspr*
❷ *(having one sexual partner) in animals, man* Monogamie *f fachspr,* Einehe *f*

mono·gram ['mɒnəgræm, AM 'mɑːn-] *n* Monogramm *nt fachspr*

mono·grammed ['mɒnəgræmd, AM 'mɑːn-] *adj inv* mit Monogramm *nach n*

mono·graph ['mɒnəgrɑːf, AM 'mɑːnəgræf] *n* Monographie *f fachspr,* Einzeldarstellung *f*

mono·lin·gual [ˌmɒnə(ʊ)'lɪŋgwəl, AM ˌmɑːnə'-] *adj* einsprachig

mono·lith ['mɒnə(ʊ)lɪθ, AM 'mɑːnə-] *n* ❶ ARCHEOL *(single block)* Monolith *m fachspr,* Bildwerk *nt* [*o* Säule *f*] aus einem einzigen Steinblock
❷ *(fig: sth huge)* Koloss *m fig; building* monumentales Gebäude *fig; organization* gigantische Organisation *fig*
❸ *(fig: sth unchangeable) movement, party, society* Monolith *m,* starrer Block *pej*

mono·lith·ic ['mɒnə(ʊ)lɪθɪk, AM 'mɑːnə-] *adj* ❶ ARCHEOL monolithisch *fachspr,* aus einem einzigen Steinblock bestehend *attr*
❷ *(fig: huge) building, structure* monumental; *organization* gigantisch
❸ *(pej: unchangeable)* monolithisch, starr; **a ~ organization** eine starre Organisation; **a ~ society** eine erstarrte Gesellschaft
❹ COMPUT *(single crystal of semiconductor)* monolithisch

mono·logue, mono·log ['mɒnəlɒg, AM 'mɑːnəlɑːg] *n* ❶ *(long speech)* Monolog *m pej* (**on** über +*akk)*
❷ THEAT Monolog *m*

mono·ma·nia·cal [ˌmɒnəʊmə'naɪəkəl, AM ˌmɑːnoʊ-] *adj* monomanisch *fachspr,* unter Zwangsvorstellungen leidend

mono·nuc·leo·sis [ˌmɑːnoʊˌnuːkli'oʊsɪs] *n no pl* AM MED *(glandular fever)* [Pfeiffer-]Drüsenfieber *nt,* [infektiöse] Mononukleose *fachspr*

mono·phon·ic [ˌmɒnə(ʊ)'fɒnɪk, AM ˌmɑːnoʊ'fɑːn-] *adj inv (form)* monophon *geh*

mono·plane ['mɒnə(ʊ)pleɪn, AM 'mɑːnə-] *n* AVIAT Eindecker *m*

Mo·nopo·lies and 'Mer·gers Com·mis·sion *n* BRIT *britische Kartellbehörde*

mo·nopo·list [mə'nɒpəlɪst, AM 'nɑːpə] *n* Monopolist(in) *m(f),* Monopolbesitzer(in) *m(f)*

mo·nopo·lis·tic [məˌnɒpəl'ɪstɪk, AM -ˌnɑːpə'l-] *adj (usu pej)* monopolistisch

mo·nopo·li·za·tion [məˌnɒpəlaɪ'zeɪʃən, AM -ˌnɑːpəlɪ'-] *n* ❶ ECON Monopolisierung *f*
❷ *(of conversation)* alleinige Führung
❸ *(of sb's time)* alleinige Beanspruchung; ***he is an expert on the ~ of his parent's time*** er versteht es geschickt, die Zeit seiner Eltern ganz für sich zu beanspruchen

mo·nopo·lize [mə'nɒpəlaɪz, AM -'nɑːpə-] *vt* ❶ ECON *(control)* ■**to ~ sth** etw monopolisieren [*o* allein beherrschen]; **to ~ the market** den Markt beherrschen
❷ *(keep for oneself)* ■**to ~ sb/sth** jdn/etw ganz für sich *akk* beanspruchen, jdn/etw mit Beschlag belegen; **to ~ the conversation** das Gespräch an sich reißen

mo·nopo·ly [mə'nɒpəli, AM -'nɑːp-] *n* ❶ ECON *(con-*

trol) Monopol *nt,* Ausschließlichkeitsrecht *nt,* Alleinverkaufsrecht *nt,* Alleinherstellungsrecht *nt;* **public** [*or* **state**] ~ staatliches Monopol; **to have a ~ on the market** eine marktbeherrschende Stellung [*o* Monopolstellung] haben
❷ *(exclusive possession)* Monopol *nt,* alleiniges Recht; ▪**to have a** [*or* **the**] ~ **of** [*or* **on**] **sth** ein [*o* das] Monopol auf etw *akk* haben; ~ **of learning** Bildungsmonopol *nt;* ***he does not have a ~ on good looks*** er hat das gute Aussehen nicht gepachtet

Mo·nopo·ly® [məˈnɒpəli, AM -ˈnɑːp-] *n* Monopoly® *nt*

Mo·ˈnopo·ly mon·ey *n* Spielgeld *nt*

mono·rail [ˈmɒnə(ʊ)reɪl, AM ˈmɑːnə-] *n* Einschienenbahn *f*

mono·so·dium glu·ta·mate [ˌmɒnə(ʊ)səʊdiəmˈgluːtəmeɪt, AM ˌmɑːnoʊsoʊdiəmˈgluːt̬ə-] *n,* **MSG** *n no pl* CHEM [Mono]natriumglutamat *nt,* Glutamat *nt*

mono·syl·lab·ic [ˌmɒnə(ʊ)sɪˈlæbɪk, AM ˌmɑːnə-] *adj*
❶ LING einsilbig, monosyllabisch *fachspr*
❷ *(pej: taciturn)* einsilbig, wortkarg, kurz angebunden, wenig gesprächig; ~ **reply** einsilbige Antwort

mono·syl·labi·cal·ly [ˌmɒnə(ʊ)sɪˈlæbɪkli, AM ˌmɑːnə-] *adv* einsilbig

mono·syl·la·ble [ˈmɒnə(ʊ)ˌsɪləbl̩, AM ˈmɑːnə-] *n* LING Einsilber *m,* einsilbiges Wort, Monosyllabum *nt fachspr;* ***she usually replies in ~s*** sie gibt normalerweise einsilbige Antworten

mono·the·ism [ˈmɒnə(ʊ)θiɪzəm, AM ˈmɑːnoʊˌθiː-] *n no pl* REL Monotheismus *m*

mono·the·is·tic [ˌmɒnə(ʊ)θiˈɪstɪk, AM ˌmɑːnoʊ-] *adj inv* REL monotheistisch

mono·tone [ˈmɒnətəʊn, AM ˈmɑːnətoʊn] *n no pl*
❶ *(tone)* gleich bleibende Stimmlage [*o* Tonhöhe], monotoner Klang
❷ *(single tone)* gleich bleibender Ton; **to speak in a ~** monoton [*o* mit gleich bleibender Stimme] sprechen
❸ *(delivery)* monotone Rezitation, monotoner Vortrag [*o* Gesang]
❹ *(fig: sameness)* Monotonie *f,* Eintönigkeit *f*

mo·noto·nous [məˈnɒtənəs, AM -ˈnɑːt-] *adj* eintönig, monoton; ~ **work** eintönige [*o* stumpfsinnige] Arbeit

mo·noto·nous·ly [məˈnɒtənəsli, AM ˈnɑː] *adv*
❶ *(repetitiously)* immer wieder, unablässig
❷ *(without variation)* eintönig, monoton

mo·noto·ny [məˈnɒtəni, AM -ˈnɑːt-] *n no pl* Monotonie *f,* Eintönigkeit *f,* Einförmigkeit *f,* ewiges [*o* stumpfes] Einerlei; **to relieve** [*or* **break**] **the ~** die Eintönigkeit auflockern [*o* durchbrechen], Abwechslung [in etw *akk*] bringen

mono·type [ˈmɒnə(ʊ)taɪp, AM ˈmɑːnoʊ-] *n* ❶ TYPO *(single print)* einzelner Abdruck; *(single type)* Einzelbuchstabe *m,* Monotype *f fachspr*
❷ BIOL *(type)* einzige Art *(einer Gattung)*

mono·un·ˈsatu·rat·ed *adj inv* einfach-ungesättigt

ˈmono-wing *adj inv* AVIAT mit einer Tragfläche *nach n*

mo·no·xide [məˌnɒksaɪd, AM -ˌnɑːk-] *n* Monoxid *nt fachspr*

Monroe doc·trine [mənˌrəʊˈ-, AM -ˌroʊˈ-] *n* Monroedoktrin *f (Grundsatz der gegenseitigen Nichteinmischung: „Amerika den Amerikanern")*

Mon·sig·nor [mɒnˈsiːnjəʳ, AM mɑːnˈsiːnjɚ] *n no pl*
❶ *(priest's title)* Monsignore *m*
❷ *(form of address)* Monsignore *m*

mon·soon [mɒnˈsuːn, AM mɑːnˈ-] **I.** *n* ❶ *(wind)* Monsun *m fachspr;* ▪~**s** Monsunwinde *pl*
❷ *(season of heavy rain)* ▪**the ~[s]** der Monsun *kein pl fachspr,* die Regenzeit *kein pl;* ***the ~s are late this year*** die Regenzeit setzt dieses Jahr spät ein
II. *n modifier (forest, rain, region)* Monsun-

mons pu·bis <*pl* montes pubis> [mɒnzˈpjuːbɪs, AM mɑːnz-] *n* Venusberg *m,* Venushügel *m*

mon·ster [ˈmɒn(t)stəʳ, AM ˈmɑːn(t)stɚ] **I.** *n* ❶ *(imaginary creature)* Monster *nt,* Ungeheuer *nt;* **the Loch Ness ~** das Ungeheuer von Loch Ness; **a ~ from outer space** ein Weltraummonster *nt*
❷ *(unpleasant person)* Scheusal *nt,* Ungeheuer *nt a. hum,* Monster *nt; (inhuman person)* Unmensch *m;* **a little ~** *(also hum)* *child* ein kleines Monster [*o* Ungeheuer]
❸ *(fam: huge thing)* Ungetüm *nt,* Monstrum *nt,* Koloss *m,* Mordsding *nt fam;* **a ~ of a fish/truck** ein Ungetüm *nt* von Fisch/Lastwagen
II. *adj attr, inv (fam: huge)* ungeheuer, riesig, Mords- *fam;* ~ **meeting** Mammutsitzung *f;* ~ **tree** Riesenbaum *m,* Mordsbaum *m fam*

ˈmon·ster truck I. *n* Monster Truck *m (Pick-up mit gewaltigen Rädern)*
II. *n modifier* ~ **rally** Monster-Truck-Rallye *f (Rallye, in der Pick-ups mit gewaltigen Rädern Autos überrollen und zerquetschen)*

mon·strance [ˈmɒnstrəns, AM ˈmɑːn-] *n* Monstranz *f*

mon·stros·ity [mɒnˈstrɒsəti, AM mɑːnˈstrɑːsət̬i] *n*
❶ *(awfulness)* Scheußlichkeit *f,* Abscheulichkeit *f; (outrageousness)* Ungeheuerlichkeit *f,* Monstrosität *f; (hugeness)* Riesengröße *f,* Unförmigkeit *f*
❷ *(huge thing)* Ungetüm *nt,* Monstrum *nt,* Koloss *m;* ***the new office building is a real ~*** das neue Bürogebäude ist ein richtiges Monstrum

mon·strous [ˈmɒn(t)strəs, AM ˈmɑːn-] *adj* ❶ *(huge)* riesig, unförmig, monströs
❷ *(monsterlike)* monsterartig, monsterhaft; ***ET is strange and other-worldly without being ~*** ET ist fremdartig und aus einer anderen Welt, aber nicht monsterhaft
❸ *(outrageous)* ungeheuerlich; ~ **lie** ungeheuerliche [*o fam* faustdicke] Lüge
❹ *(awful)* grässlich, scheußlich, widerwärtig; ~ **cruelty** abscheuliche Grausamkeit

mon·strous·ly [ˈmɒn(t)strəsli, AM ˈmɑːn-] *adv* außerordentlich, ungeheuer

Mont. AM *abbrev of* **Montana**

mon·tage [mɒnˈtɑːʒ, AM ˈmɑːnt-] *n* ❶ *(composition)* Montage *f;* ~ **of images** Bildmontage *f;* ~ **of photos** Fotomontage *f*
❷ ART Collage *f fachspr;* FILM Montage *f fachspr;* ~ **sequence** Bildfolge *f*

Mon·tanan [mɒnˈtænən, AM mɑːnˈ-] **I.** *n* Bewohner(in) *m(f)* Montanas
II. *adj* aus Montana *nach n*

Mon·te·ne·grin [ˌmɒntɪˈniːgrən, AM ˌmɑːnt̬əˈ] **I.** *adj inv* montenegrinisch
II. *n* Montenegriner(in) *m(f)*

Mon·te·ne·gro [ˌmɒntɪˈniːgrəʊ, AM ˌmɑːnt̬əˈniːgroʊ] *n no pl* Montenegro *nt*

Montezuma's re·venge [ˌmɒntɪzuːməzrɪˈvendʒ, AM ˌmɑːnt̬ə-] *n (sl)* Dünnpfiff *m fam,* Dünnschiss *m derb,* Montezumas Rache *f hum (ursprünglich auf Touristen in Mexiko gemünzt)*

month [mʌn(t)θ] *n* Monat *m;* **a six-~-old baby** ein sechs Monate altes Baby; **to take a two ~ holiday** zwei Monate Urlaub nehmen; **a ~'s notice** eine einmonatige Kündigungsfrist; **to be three ~s old** drei Monate alt sein
▸PHRASES: **to be flavour** [*or* AM **flavor**] **of the ~** BRIT, AM *(fam)* [zurzeit] Thema [*o* die] Nummer eins [*o* der Hit] sein *fam;* ***mergers are flavour of the ~*** Fusionen sind zurzeit Thema Nummer eins; ***chatting is flavour of the ~*** Chatten ist momentan der Hit; ***Andy is certainly flavour of the ~ with his boss*** Andy ist im Moment bestimmt die Nummer eins bei seinem Chef; ***after I broke her Chinese vase, I wasn't exactly flavour of the ~ in that household*** *(iron)* nachdem ich ihre chinesische Vase zerbrochen hatte, war ich in diesem Haus nicht mehr unbedingt der Hit *sl;* **a ~ of Sundays** eine Ewigkeit; ***we hadn't taken a holiday in a ~ of Sundays*** wir hatten schon ewig keinen Urlaub mehr gemacht; **it's her** [*or* **that**] **time of the ~** *(euph)* sie hat ihre Tage *euph fam*

month·ly [ˈmʌn(t)θli] **I.** *adj inv* monatlich, Monats-; ~ **amount** Monatsbetrag *m;* ~ **function** monatliche Veranstaltung; ~ **income** Monatseinkommen *nt;* ~ **instalments** Monatsraten *pl;* ~ **report** Monatsbericht *m*
II. *adv* monatlich, einmal im Monat
III. *n* ❶ *(monthly magazine)* Monatsschrift *f,* monatlich erscheinende Zeitschrift
❷ *esp* BRIT *(euph fam: menses)* ▪**monthlies** *pl* Tage *pl euph fam,* Regel *f kein pl;* ***it's her monthlies*** sie hat ihre Tage *fam*

Mon·treal·er [ˌmɒntriˈɔːləʳ, AM ˌmɑːn-] *n* Bewohner(in) *m(f)* Montreals

mon·ty [ˈmɒnti] *n no pl* BRIT *(fam)* **the full ~** alles, das Ganze; **to do the full ~** voll zur Sache [*o* in die Vollen] gehen *fam; (fulfill all expectations)* alle Erwartungen erfüllen; ***what did you have in mind, a patch-up job or the full ~?*** was wolltest du, kleckern oder klotzen? *fam;* ***you'd expect to be charged more if they're going to do the full ~*** es wird wohl teurer werden, wenn sie das volle Programm bringen *fam;* ***as usual, the band did the full ~*** wie immer drehte die Band voll auf *fam*

monu·ment [ˈmɒnjəmənt, AM ˈmɑːn-] *n* ❶ *(fig: memorial)* Zeugnis *nt,* Mahnmal *nt fig* (**of/to** für +*akk*); ***the new school timetable is a ~ to the efficiency of the administrative staff*** der neue Stundenplan ist ein Zeugnis für die Effizienz der Schulverwaltung; ***the annual arts festival is a ~ to her vision and hard work*** das alljährliche Kunstfestival zeugt von ihrer Weitsicht und Mühe; ***the newly discovered mass graves are a ~ to the cruelty of man*** die unlängst entdeckten Massengräber sind ein Mahnmal für menschliche Grausamkeit; **to leave ~s of destruction** Zeugnisse der Zerstörung hinterlassen
❷ *(historical structure)* Denkmal *nt,* Monument *nt;* **historic ~** Baudenkmal *nt,* historisch bedeutendes Bauwerk; *(hist: tomb)* Grabmal *nt,* Ehrenmal *nt*

monu·men·tal [ˌmɒnjəˈmentəl, AM ˌmɑːnjəment̬-] *adj* ❶ *(tremendous)* gewaltig, kolossal, eindrucksvoll; ~ **achievement** [*or* **feat**] eindrucksvolle Leistung; ~ **blunder** kolossaler Irrtum, ungeheurer Fehler; ~ **effort** gewaltige Anstrengung; ~ **waste of time** ungeheure Zeitverschwendung; ~ **victory** historisch bedeutsamer Sieg
❷ ART *(large-scale)* monumental; ~ **facade/painting** monumentale Fassade/monumentales Gemälde; ~ **statuary** Monumentalstatuen *pl,* Monumentalplastiken *pl*
❸ *(on monuments)* Gedenk-, Denkmal-; ~ **inscription** Gedenkinschrift *f,* Denkmalinschrift *f; (on tombs)* Grabinschrift *f*
❹ *(built as monuments)* als Denkmal [*o* Gedenkstätte] errichtet; ~ **temple** als Gedenkstätte errichteter Tempel

monu·men·tal·ly [ˌmɒnjəˈmentəli, AM ˌmɑːnjəment̬-] *adv* gewaltig, ungeheuer, monumental

monu·men·tal ˈma·son *n* Steinmetz *m*

moo [muː] **I.** *n* Muhen *nt kein pl*
II. *interj* muh
III. *vi* muhen

mooch [muːtʃ] **I.** *n no pl* BRIT *(fam)* Bummeln *nt fam,* Schlendern *nt;* **to go for a ~** eine Runde drehen *fam*
II. *vi* BRIT *(fam)* bummeln *fam,* schlendern; ▪**to ~ about** [*or* **around**] *(pej)* herumhängen *pej fam,* herumschlappen; ***they've got nothing better to do than ~ around the town centre*** sie haben nichts Besseres zu tun, als im Stadtzentrum herumzuhängen; ***stop ~ing about in your room and do something useful!*** hör auf, in deinem Zimmer herumzuhängen und mach dich nützlich!
III. *vt* AM *(sl)* ▪**to ~ sth** [**from** [*or* **off**] **sb**] ❶ *(scrounge) small amount, item* [bei jdm] etw mitgehen lassen *fam* [*o fam* einsacken]
❷ *(sponge) cigarettes, meal* etw [von jdm] schnorren *fam*

mooch·er [ˈmuːtʃəʳ, AM -ɚ] *n (fam or pej)* Schnorrer(in) *m(f) fam o pej*

mood[1] [muːd] *n* Laune *f,* Stimmung *f;* ▪**to be in no ~ to do sth** *(form)* keine Anstalten machen, etw zu tun; **in a bad/good ~** in schlechter/guter Stimmung, gut/schlecht gelaunt; **the public ~** die allgemeine Stimmung; **to be in a talkative ~** zum Erzählen aufgelegt [*o* gesprächig] sein; **sb is in one of his/her ~s** jd hat wieder einmal seine/ihre Launen; ▪**not to be in the ~ to do sth** zu etw *dat* keine Lust haben [*o* nicht aufgelegt sein]; **as the ~ takes sb** wie es jdm einfällt [*o* in den Sinn kommt]; ***he'll cooperate or not, as the ~ takes him*** mal ist er kooperativ, mal nicht, je nach Lust und Laune

mood² [muːd] *n* LING Aussageweise *f,* Modus *m fachspr;* **subjunctive ~** Konjunktiv *m*

moodi·ly [ˈmuːdɪli] *adv* ❶ *(sullenly)* missmutig, missgestimmt, verdrossen; *(in a bad temper)* übel [*o* schlecht] gelaunt; *(gloomily)* trübsinnig
❷ PSYCH *(temperamentally)* launisch, launenhaft, sprunghaft, unausgeglichen

moodi·ness [ˈmuːdɪnəs] *n no pl* ❶ *(sullenness)* Missmut *m,* Verdrossenheit *f; (bad-temperedness)* Übellaunigkeit *f,* schlechte Laune; *(gloominess)* Trübsinn *m,* Trübsinnigkeit *f*
❷ PSYCH *(capriciousness)* Launenhaftigkeit *f,* Sprunghaftigkeit *f,* Unausgeglichenheit *f*

ˈmood swing *n* Stimmungsumschwung *m*

moody [ˈmuːdi] **I.** *adj* ❶ *(sullen)* missmutig, missgestimmt, verdrossen; *(bad-tempered)* übel [*o* schlecht] gelaunt
❷ *(temperamental)* launisch, launenhaft, sprunghaft, unausgeglichen
II. *n* BRIT *(fam)* Launen *pl,* Launenhaftigkeit *f kein pl;* **to stand sb's ~s** jds Launen ertragen

moo·la(h) [ˈmuːlə] *n no pl (sl)* Knete *f fig fam,* Kohle *f fig fam,* Stutz *pl, kein art* SCHWEIZ *fam*

moon [muːn] **I.** *n no pl* ❶ ASTRON Mond *m;* **the man in the ~** der Mann im Mond; **full ~** Vollmond *m;* **half ~** Halbmond *m;* **new ~** Neumond *m;* **the ~ rises** der Mond geht auf; **the ~ wanes** der Mond nimmt ab; **the ~ waxes** der Mond nimmt zu
❷ *(dated: lunar month)* Mond *m;* **many ~s ago** vor vielen Monden *poet o veraltet*
▶ PHRASES: **to be <u>over</u> the ~ about** [*or* **with**] **sth** über etw *akk* überglücklich sein; **to <u>promise</u> sb the ~** jdm das Blaue vom Himmel [herunter] versprechen; **to <u>wish</u> for the ~** Unmögliches verlangen
II. *vt (sl)* ■ **to ~ sb** jdm den blanken [*o* nackten] Hintern [in der Öffentlichkeit] zeigen *fam (diese Praxis kam in den USA in den Fünfzigerjahren auf und lässt sich auf eine beleidigende Geste bei den Maoris zurückführen)*
III. *vi* ❶ *(sl: expose one's buttocks)* den blanken [*o* nackten] Hintern [öffentlich] zur Schau stellen *fam;* ■ **to ~ [at sb]** [jdm] seinen nackten Hintern zeigen *hum*
❷ *(remember nostalgically)* ■ **to ~ about sth** etw *dat* nachträumen; ■ **to ~ over sb/sth** von jdm/etw träumen; **to ~ into sb's eyes** jdm verträumt in die Augen schauen
❸ *(pej: spend time)* ■ **to ~ away** ⊂ **sth** *afternoon, morning, time* etw vertrödeln [*o* verträumen]
♦ **moon about, moon around** *vi* herumlungern *pej,* [ziellos [*o* lustlos]] herumlaufen

ˈmoon·beam *n* Mondstrahl *m* **ˈmoon·boots** *npl* Moonboots *pl (dicke Synthetik-Winterstiefel)* **ˈmoon·calf** *n* Mondkalb *nt*

Moonie [ˈmuːni] *n* Mitglied *nt* der Mun-Sekte

moon·ing [ˈmuːnɪŋ] *n no pl (sl)* [öffentliche] Zurschaustellung des Hinterteils *fam*

moon·less [ˈmuːnləs] *adj inv* mondlos

ˈmoon·light I. *n no pl* ❶ *(moonshine)* Mondlicht *nt* ❷ *(fam: liquor)* schwarzgebrannter Alkohol ▶ PHRASES: **to not be all ~ and <u>roses</u>** nicht immer eitel Sonnenschein sein **II.** *vi* <-lighted> *(fam)* ❶ *(work at a second job)* schwarzarbeiten *fam,* einen Nebenjob haben *fam* ❷ *(traffic in liquor)* Schwarzhandel mit Alkohol betreiben, schwarzgebrannten Alkohol verkaufen *(eine aus der Zeit der Prohibition in den USA bekannte Praxis)* **moon·light ˈflit** *n* BRIT *(fam)* Verduften *nt* bei Nacht und Nebel *fam;* **to do a ~** bei Nacht und Nebel verduften *fam* **ˈmoon·light·ing** *n no pl (fam)* ❶ *(working at a second job)* Schwarzarbeit *f,* Nebenerwerb *m* ❷ *(trafficking in liquor)* Schwarzhandel *m* mit Alkohol, Verkauf *m* von schwarzgebranntem Alkohol **ˈmoon·lit** *adj inv* ❶ *attr (lighted)* mondhell; **~ meadow** mondhelle Wiese; **~ room** Zimmer *nt* im Mondlicht ❷ *pred esp* BRIT *(fam: intoxicated)* beschwipst *fam* **ˈmoon·roof** *n* Schiebedach *nt* **ˈmoon·scape** *n* Mondlandschaft *f fig* **ˈmoon·shine** *n no pl* ❶ *(moonlight)* Mondschein *m* ❷ *(fam: liquor)* schwarzgebrannter Alkohol ❸ *(fam: nonsense)* Blödsinn *m,* Schwachsinn *m fam,* Humbug *m* **ˈmoon·stone** *n* GEOL Mondstein *m fachspr* **ˈmoon·struck** *adj* ❶ *(deranged)* mondsüchtig, verwirrt ❷ *(silly)* verrückt ❸ *(romantic)* verträumt, träumerisch, versonnen *geh*

moony [ˈmuːni] *adj* ❶ *(of the moon)* Mond-
❷ *(like the moon)* mondförmig
❸ *(romantic)* träumerisch, verträumt
❹ *(silly)* verrückt
❺ *esp* BRIT *(sl: tipsy)* beschwipst *fam*

moor¹ [mɔːʳ, AM mʊr] *n* Heideland *nt,* Ödland *nt,* [Hoch]moor *nt*

moor² [mɔːʳ, AM mʊr] **I.** *vt* NAUT ■ **to ~ sth** *boat, tanker* etw vertäuen [*o* festmachen] *fachspr;* **to ~ sth to a bollard/buoy** etw an einem Poller/einer Boje [*o* [See]tonne] festmachen *fachspr*
II. *vi* festmachen *fachspr*

Moor [mɔːʳ, AM mʊr] *n* HIST Maure, Maurin *m, f*

moor·hen [ˈmɔːhen, AM ˈmʊr-] *n* [weibliches] Moorhuhn, [Gemeines] Teichhuhn

moor·ing [ˈmɔːrɪŋ, AM ˈmʊr-] *n* NAUT ❶ *(berth)* Anlegeplatz *m,* Liegeplatz *m,* SCHWEIZ *a.* Lände *f*
❷ *(ropes)* ■ **~s** *pl* Vertäuung *f fachspr*

Moor·ish [ˈmʊərɪʃ, AM ˈmʊr-] *adj inv* maurisch; **the ~ conquest** die Eroberung Spaniens durch die Mauren

moor·land [ˈmɔːlənd, AM ˈmʊr-] **I.** *n esp* BRIT Moorland *nt,* Sumpfland *nt;* **heather ~** Heidemoor *nt,* Heideland *nt*
II. *n modifier (fowl, scenery)* Moor-; **~ bird** Schottisches Moorhuhn; **~ habitat** Lebensraum *m* [*o* Standort *m*] Moor

moose <*pl* -> [muːs] *n* Elch *m*

moot [muːt] **I.** *n* ❶ BRIT *(hist: assembly)* [beratende] Volksversammlung
❷ *(old: debate)* Erörterung *f,* Diskussion *f,* Debatte *f*
❸ BRIT LAW *(argument) in Inns of Court* Diskussion *f* eines hypothetischen Rechtsfalls *(Bestandteil der anwaltlichen Ausbildung)*
II. *n modifier* ❶ LAW *(for argument)* Schein-; **~ court** Scheingericht *nt*
❷ *(hist: for assembling) (hall, hill)* Versammlungs-
III. *adj inv* ❶ *(open to debate)* strittig; **~ case** Streitfall *m;* **~ point** strittiger Punkt, Streitfrage *f*
❷ *(usu pej: academic)* rein akademisch [*o* theoretisch]; **~ question** rein akademische Frage
❸ LAW *(hypothetical)* angenommen, hypothetisch; **~ case** hypothetischer [Rechts]fall
IV. *vt* ■ **to ~ sth** ❶ *(form: present) issue, subject* etw aufwerfen [*o* anschneiden] *geh;* **to ~ a point** einen Punkt zur Sprache bringen; **to ~ a project** ein Projekt zur Diskussion stellen; ■ **to be ~ed** angesprochen [*o* ins Gespräch gebracht] werden; ***it has been ~ed that the conference should be postponed for six months*** die Rede kam darauf, die Konferenz um ein halbes Jahr zu verschieben; ***he was ~ed as a possible successor*** er wurde als möglicher Nachfolger ins Gespräch gebracht
❷ *(discuss)* etw erörtern, [über] etw [*akk*] diskutieren [*o* debattieren]
❸ *(usu pej: theorize) case, project* etw zu einer rein theoretischen [*o* akademischen] Angelegenheit machen

mop [mɒp, AM mɑːp] **I.** *n* ❶ *(for cleaning)* Mopp *m,* Wischer *m,* Wischlappen *m;* **dish ~** BRIT Schwammtuch *nt;* **floor ~** Schrubber *m*
❷ *no pl (wiping)* **to give sth a ~** *floor* etw mit einem Mopp reinigen [*o* moppen]
❸ *(mass of hair)* [dickes] Haarbüschel; ***she tied back her unruly ~ with a large ribbon*** sie hielt ihr widerspenstiges Wuschelhaar hinten mit einem großen Band zusammen; AM *(sl: hairdo)* Frisur *f*
II. *vt* <-pp-> ❶ *(clean with mop)* ■ **to ~ sth** *floor* etw feucht [*o* mit einem Mopp] wischen [*o* SCHWEIZ aufnehmen]
❷ *(wipe)* **to ~ one's face/forehead** sich *dat* den Schweiß vom Gesicht/von der Stirn wischen
▶ PHRASES: **to ~ the <u>floor</u> with sb** *(fam)* jdn fertigmachen [*o* erledigen] *fam,* mit jdm Schlitten fahren *fig fam;* ***the coach intended to ~ the floor with his team*** der Trainer wollte mit seiner Mannschaft Schlitten fahren; ***we ~ped the floor with the new team*** wir haben die neue Mannschaft vom Platz gefegt *fam*
♦ **mop up I.** *vt* ■ **to ~ up** ⊂ **sth** ❶ *(remove) spilt milk, water* etw aufwischen
❷ *(fam: use up)* etw aufbrauchen; ***the repair bill ~ped up all my spare cash*** die Reparaturrechnung hat meine ganze Barschaft verschlungen
❸ *(deal with)* etw [vollends] erledigen [*o* zu Ende bringen]; ***they ~ped up the rest of the business and went on a holiday*** sie erledigten die restlichen Aufgaben und machten Urlaub
❹ *(clear) area, towns* etw säubern [*o* durchkämmen [und vom Feind säubern]]; ■ **to ~ up sb** MIL *scattered combatants* jdn völlig aufreiben; ***the army is ~ping up the remnants of the guerilla force*** die Armee ist dabei, die noch übrigen Guerillakämpfer völlig aufzureiben
II. *vi* ❶ *(clean up)* sauber machen, putzen SCHWEIZ
❷ *(fig fam)* aufräumen, Aufräumungsarbeiten durchführen

mope [məʊp, AM moʊp] *vi* Trübsal blasen, dumpf vor sich *akk* hinbrüten, sich *akk* in Selbstmitleid ergehen *pej*
♦ **mope about, mope around** *vi* trübsinnig herumschleichen

mo·ped [ˈməʊped, AM ˈmoʊ-] *n* Moped *nt,* Töff *m* SCHWEIZ *fam*

mo·poke [ˈməʊpəʊk] *n* ❶ AUS ZOOL *(frogmouth)* Riesenschwalm *m fachspr; (owl)* Kuckuckskauz *m fachspr*
❷ AUS *(fam)* Dummkopf *m pej,* Trottel *m pej*

mop·pet [ˈmɒpɪt, AM ˈmɑː-] *n* ❶ *(dated: doll)* Stoffpuppe *f*
❷ *(fam: child)* Fratz *m* SÜDD O ÖSTERR; *(boy)* [Hosen]matz *m; (girl)* Püppchen *nt;* **curly-haired ~** kleiner Lockenkopf

mop·ping-ˈup op·era·tion *n* POL, MIL Säuberungsaktion *f*

MOR [ˌeməʊˈɑːʳ, AM -oʊˈɑːr] *adj inv abbrev of* **middle-of-the-road**

mo·raine [mɒrˈeɪn, AM məˈr-] *n* GEOL Moräne *f fachspr,* Moränenschutt *m fachspr*

mor·al [ˈmɒrᵊl, AM ˈmɔːr-] **I.** *adj* ❶ *(ethical)* moralisch, ethisch, sittlich; **~ code** Sittenkodex *m;* **~ cowardice** Mangel *m* an Zivilcourage [*o* Rückgrat]; **~ duty/obligation** moralische Pflicht/Verpflichtung; **on ~ grounds** aus moralischen Gründen; **~ issue** ethische Frage; **~ judgement** moralisches Urteil; **~ law** Moralgesetz *nt,* Sittengesetz *nt;* **~ leadership** geistige Führung; **~ scruples** moralische Bedenken; **~ values** sittliche Werte
❷ *(virtuous) person* moralisch, anständig, tugendhaft *veraltend,* sittsam *veraltend*
▶ PHRASES: **to <u>claim</u> the ~ high ground** sich *dat* einen Anstrich von höherer Moral geben
II. *n* ❶ *(of story)* Moral *f,* Lehre *f,* Nutzanwendung *f;* ***the ~ of the story is ...*** die Geschichte lehrt ... [*o* Moral der Geschichte ist ...]
❷ *(standards of behaviour)* ■ **~s** *pl* Moralvorstellungen *pl,* moralische Grundsätze; **a person of loose ~s** *(pej dated)* jd mit lockerem Lebenswandel; **private/public ~s** private/öffentliche Moralvorstellungen; **to have no ~s** keine Moralbegriffe [*o* kein moralisches Empfinden] haben

mor·al ˈcer·tain·ty *n no pl* hohe Wahrscheinlichkeit; ***it is a ~ that the robbery was carried out by the accused*** aller Wahrscheinlichkeit nach wurde der Raubüberfall von dem Angeklagten begangen

mo·rale [məˈrɑːl, AM -ˈræl] *n no pl* Moral *f,* Stimmung *f;* **a team's ~** der Kampfgeist einer Mannschaft; **~ is high/low** die Stimmung ist gut/schlecht; **to raise** [*or* **boost**] **sb's ~** jds Moral heben

mo·ˈrale boost·er *n* Stimmungsaufheller *m;* ***it makes a fabulous ~*** es verleiht ein völlig neues Lebensgefühl

mor·al ˈfi·bre, AM **mor·al ˈfi·ber** *n no pl* mora-

M

lische Festigkeit [*o* Stärke] **mor·al 'haz·ard** *n no pl unbesonnenes Vorgehen, weil keine negativen Konsequenzen drohen*

mor·al·ist ['mɒrᵊlɪst, AM 'mɔːr-] *n* Moralist(in) *m(f)*; **a stern ~** ein strenger Moralist/eine strenge Moralistin

mor·al·is·tic ['mɒrᵊlɪstɪk, AM 'mɔːr-] *adj (usu pej)* moralistisch

mo·ral·ity [mə'ræləti, AM mɔː'rælət̬i] *n* ❶ *no pl (moral principles)* moralische [*o* ethische] Grundsätze, Moral *f*, Ethik *f*; **a question of ~** eine Frage der Moral [*o* Ethik]; **to question sb's ~** jds moralische [*o* ethische] Grundsätze infrage stellen
❷ *(moral system)* Sittenlehre *f*, Moralphilosophie *f*, Ethik *f*; **a bourgeois ~** eine bürgerliche Ethik
❸ *(conformity)* Sittlichkeit *f*; PHILOS Moralität *f fachspr*
❹ *(conduct)* Sittlichkeit *f*, sittliche Gesinnung
❺ *no pl (justifiability)* moralisches Recht, moralische Berechtigung; ***they question the ~ of forcing poor people to pay for their medical treatment*** sie bezweifeln, dass es moralisch gerechtfertigt ist, Arme die Kosten ihrer medizinischen Versorgung tragen zu lassen
❻ LIT, THEAT *(hist: play)* Moralität *f hist*

mo·'ral·ity play *n* LIT, THEAT *(hist)* Moralität *f hist*

mor·al·ize ['mɒrᵊlaɪz, AM 'mɔːr-] *vi* moralisieren; ■ **to ~ on** [*or* **about**] **sth** über etw *akk* Moral predigen

mor·al·ly ['mɒrᵊli, AM 'mɔːr-] *adv* ❶ *(ethically)* moralisch, ethisch, sittlich; **~ right/superior/wrong** moralisch richtig/überlegen/falsch
❷ *(virtuously)* [moralisch] einwandfrei [*o* untadelig], anständig

mor·al ma·'jor·ity *n* moralische Mehrheit *(mehrheitlich traditionelle Moralvorstellungen vertretende Gruppe - der Begriff etablierte sich unter der Regierung Reagan)* **Mor·al Ma·'jor·ity** *n no pl* AM Moralische Mehrheit *(Bewegung aus verschiedenen rechtsgerichteten konservativen christlichen Organisationen in den 80er-Jahren)* **mor·al phi·'loso·phy** *n no pl* Moralphilosophie *f*, Ethik *f* **mor·al sup·'port** *n no pl* moralische Unterstützung **mor·al 'vic·tory** *n* moralischer Sieg

mo·rass [mə'ræs] *n usu sing* ❶ *(bog)* Morast *m*, Sumpf *m*
❷ *(fig: complex situation)* Wirrwarr *m*, schwierige [*o* unübersichtliche] Lage; **to be caught in a ~ of debt** tief in Schulden stecken; **~ of rules and regulations** Paragraphendickicht *nt*

mora·to·rium <*pl* -s *or* -ria> [ˌmɒrə'tɔːriəm, AM ˌmɔːr-, *pl* -riə] *n* ❶ *(suspension)* befristete Einstellung [*o* Aussetzung] (**on** +*gen*); ***a ~ on the testing of nuclear weapons*** eine befristete Einstellung der Atomwaffentests; ***a five-year ~ on whale fishing*** ein auf fünf Jahre befristetes Walfangverbot
❷ *(period of waiting)* Wartefrist *f*, Wartezeit *f* (**on** für +*akk*); ***a three-month ~ on applications*** eine dreimonatige Wartefrist für Anträge
❸ COMM *(period of delay)* Moratorium *nt*, Stundung *f*, [Zahlungs]aufschub *m*; ***they stipulated a ~ of two weeks*** man vereinbarte einen zweiwöchigen Zahlungsaufschub

Mo·ra·via [mə'reɪviə, AM mɔː'] *n no pl* GEOG Mähren *nt*

mor·bid ['mɔːbɪd, AM 'mɔːr-] *adj* ❶ *(unhealthy)* morbid, krankhaft; **~ curiosity/obsession** krankhafte Neugier/Besessenheit; **~ imagination/interest** morbide Fantasie/morbides Interesse
❷ *(gruesome)* makaber; **~ delight/fascination** makab[e]res Vergnügen/makab[e]re Faszination
❸ MED *(of disease)* pathologisch *fachspr*; **~ anatomy** pathologische Anatomie, Pathologie *f fachspr*; *(induced by disease)* krank, kränklich, erkrankt, krankhaft [verändert], morbid *fachspr*; **~ body** kranker [*o* kränklicher] Körper; **~ organ** krankhaft verändertes [*o* erkranktes] Organ; **~ state** krankhafter [*o* morbider] Zustand; *(productive of disease)* krankheitserregend, pathogen *fachspr*; **~ substance** krankheitserregende Substanz

mor·bid·ity [mɔː'bɪdəti, AM mɔːr'bɪdət̬i] *n no pl* ❶ *(unhealthiness) of imagination, mind* Krankhaftigkeit *f*, Morbidität *f*
❷ MED *(diseased state) of a body, an organ* Erkrankung *f*, Krankheit *f*; *(incidence of disease) in a community, group* Zahl *f* der Erkrankungen, Krankheitsfälle *pl*, Morbidität *f fachspr*; *in a workforce* Krankenstand *m*; **~ rate** Erkrankungsziffer *f*, Morbiditätsrate *f fachspr*; **~ table** Morbiditätstafel *f*

mor·bid·ly ['mɔːbɪdli, AM 'mɔːr-] *adv* krankhaft

mor·dant ['mɔːdᵊnt, AM 'mɔːr-] **I.** *adj* ❶ *(fig form: cutting)* beißend, bissig *fig*, sarkastisch; **~ criticism/manner** bissige Kritik/Art; **~ remark** bissige [*o* sarkastische] Bemerkung; **~ ridicule** beißender Spott
❷ *(keen)* scharf *fig*; **~ analysis/wit** scharfe Analyse/scharfer Verstand
❸ *(pungent)* brennend *fig*; **~ pain** brennender Schmerz
❹ CHEM *(caustic) in dyeing* beizend, Beiz-; *in etching* ätzend, Ätz-, kaustisch *fachspr*
II. *n* CHEM *in dyeing* Beize *f*, Beizmittel *nt*; *in etching* Ätzmittel *nt*, Kaustikum *nt fachspr*
III. *n modifier (colour)* Beiz-; **~ dye** Beizenfarbstoff *m*; **~ printing** Beizendruck *m*

mor·dant·ly ['mɔːdᵊntli, AM 'mɔːr-] *adv (form)* beißend, scharf, sarkastisch

more [mɔːʳ, AM mɔːr] **I.** *adj comp of* **many, much** noch mehr; ***do you want ~ food?*** willst du noch etwas zu essen haben?; ***I helped myself to ~ tea*** ich schenkte mir Tee nach; ***we drank ~ wine*** wir tranken noch mehr Wein; ***two ~ days until Christmas*** noch zwei Tage bis Weihnachten; ***we can't take on any ~ patients*** wir können keine weiteren Patienten mehr aufnehmen; ***some ~ coffee?*** noch etwas Kaffee?; ***is there any ~ coffee?*** ist noch [etwas] Kaffee da?; ***why are there no ~ seats left?*** warum sind keine Plätze mehr frei?; ***no ~ wine for you!*** du kriegst keinen Wein mehr!; ***no ~ swotting*** *(fam)* Schluss mit der Büffelei! *fam*; ***a few ~ weeks and then it's Easter*** ein paar Wochen noch und dann ist Ostern; ***can you give me a few ~ days to think it over?*** gibst du mir noch ein paar Tage Zeit zum Nachdenken?; ***you need a lot ~ money than that*** du brauchst viel mehr Geld als das; ***just a little ~ attention*** nur etwas mehr Aufmerksamkeit; ***~ and ~ people buy things on the internet*** immer mehr Leute kaufen Sachen im Internet; ***just one ~ thing before I go*** nur noch eins, bevor ich gehe; ***~ people live here than in the all of the rest of the country*** hier leben mehr Menschen als im ganzen Rest des Landes; ***I'd be ~ than happy to oblige*** es wäre mir ein Vergnügen; **~ and ~ snow** immer mehr Schnee
▸PHRASES: **[the] ~ fool you** BRIT *(pej fam)* du bist ja blöd *fam*
II. *pron* ❶ *(greater amount)* mehr; ***tell me ~*** erzähl mir mehr; ***there's ~ to it*** da steckt mehr dahinter; ***~ and ~ came*** es kamen immer mehr; ***we see ~ of him these days*** wir sehen ihn zurzeit öfter; ***she's ~ of a poet than a musician*** sie ist eher Dichterin als Musikerin; ***the noise was ~ than I could bear*** ich konnte den Lärm nicht ertragen; **any ~?** noch etwas?; *(countable)* noch mehr [*o* welche]?; ***is there any ~?*** ist noch etwas da?; **some ~** noch etwas; *(countable)* noch einige; **no ~** nichts weiter; *(countable)* keine mehr; ***there was no ~ to be said about it*** dazu gab es nichts mehr zu sagen
❷ **all the ~ ...** umso mehr ...; ***that's all the ~ reason not to give in*** das ist umso mehr Grund, nicht nachzugeben; **the ~ the better** je mehr desto besser; ***do come to the picnic — the ~ the merrier*** komm doch zum Picknick – je mehr wir sind, desto lustiger wird es; ***the ~ he insisted he was innocent, the less they seemed to believe him*** je mehr er darauf beharrte, unschuldig zu sein, desto weniger schienen sie ihm zu glauben; ***the ~ he drank, the ~ violent he became*** je mehr er trank, desto gewalttätiger wurde er
III. *adv inv* ❶ *(forming comparatives)* ***let's find a ~ sensible way of doing it*** wir sollten eine vernünftigere Lösung finden; ***you couldn't be ~ wrong*** du könntest nicht mehr danebenliegen! *fam*; ***this task is far*** [*or* ***much***] ***~ difficult than the last one*** diese Aufgabe ist viel schwerer als die letzte; ***play that last section ~ passionately*** spiele den letzten Teil leidenschaftlicher; **~ importantly** wichtiger noch; ***he finished the job and, ~ importantly, he finished it on time*** er wurde mit der Arbeit fertig, wichtiger noch, er wurde rechtzeitig fertig; **~ and ~ ...**: ***it's becoming ~ and ~ likely that she'll resign*** es wird immer wahrscheinlicher, dass sie zurücktritt; ***vacancies were becoming ~ and ~ rare*** es gab immer weniger freie Stellen
❷ *(to a greater extent)* mehr; ***she asked if she could see him ~*** sie fragte, ob sie ihn öfter sehen könne; ***you should listen ~ and talk less*** du solltest besser zuhören und weniger sprechen; ***they like classical music ~ than pop*** sie mögen klassische Musik lieber als Pop; **sb couldn't agree/disagree with sb ~** *(form)* jd ist ganz/überhaupt nicht jds Meinung; ***I couldn't agree with you ~, Professor*** ganz meine Meinung, Herr Professor; **to think ~ of sb** eine höhere Meinung von jdm haben; **... or ~** mindestens ...; ***each diamond was worth £10,000 or ~*** jeder Diamant war mindestens 10.000 Pfund wert; **~ than ...** *(greater number)* über ..., mehr als ...; *(very)* äußerst ..., mehr als ...; ***~ than 20,000 demonstrators crowded into the square*** über 20.000 Demonstranten füllten den Platz; ***we'll be ~ than happy to help*** wir helfen sehr gerne; **~ than a little ...** *(form)* ausgesprochen ...; ***I was ~ than a little surprised to see her*** ich war nicht wenig überrascht, sie zu sehen; **no ~ than ...** höchstens ...; ***it's no ~ than an inch long*** es ist höchstens ein Zoll lang; ■ **the ~** umso mehr; ***she's now all the ~ determined to succeed*** sie ist jetzt umso entschlossener, erfolgreich zu sein; **the ~ so because** umso mehr, als
❸ *(in addition)* noch, außerdem; ***I just need one or two things ~ before I can start cooking*** ich brauche nur noch ein paar Dinge, bevor ich zu kochen anfangen kann; **once/twice/three times ~** noch einmal/zweimal/dreimal; ***can you play the song through twice ~, please?*** kannst du das Lied bitte noch zweimal durchspielen?; **no ~** nie wieder; ***mention his name no ~ to me*** erwähne seinen Namen mir gegenüber nie wieder; **and [what's] ~** überdies; ***he was rich, and ~, he was handsome*** er war reich und sah zudem gut aus
❹ *with verb inversion (neither)* auch nicht; ***I had no complaints and no ~ did Tom*** ich hatte keine Beschwerden und Tom auch nicht
❺ *(longer)* **to be no ~** *times* vorüber sein; ***the good old days are no ~*** die guten alten Zeiten sind vorbei; *person* gestorben sein; ***we're mourning poor Thomas, for he is no ~*** wir trauern um Thomas, der nicht mehr unter uns weilt; **to not do sth any ~** etw nicht mehr tun; ***I don't do yoga any ~*** ich habe mit Yoga aufgehört
❻ *(rather)* eher; ***it's not so much a philosophy, ~ a way of life*** es ist nicht so sehr eine Philosophie, als eine Lebensart; ***it was ~ a snack than a meal*** es war eher ein Snack als eine Mahlzeit; **~ dead than alive** mehr tot als lebendig
▸PHRASES: **~ or less** *(all in all)* mehr oder weniger; *(approximately)* ungefähr; ***the project was ~ or less a success*** das Projekt war mehr oder weniger erfolgreich; ***it's 500 kilos, ~ or less*** das sind ungefähr 500 Kilo; ***it's ~ or less symmetrical*** es ist in etwa symmetrisch; **that's ~ like it** *(fam)* schon besser; **~ often than not** meistens

more·ish ['mɔːrɪʃ] *adj* BRIT, AUS *(approv fam)* ■ **to be ~** [lecker [*o* ÖSTERR, SCHWEIZ köstlich] sein und] einfach nach mehr schmecken *fam*

mo·rel·lo [mə'reləʊ, AM -loʊ] *n* Morelle *f*, schwarze Sauerweichsel

more·over [mɔː'rəʊvəʳ, AM mɔː'roʊvɚ] *adv inv (form)* überdies, zudem, ferner *geh*

mo·res ['mɔːreɪz] *npl* ❶ SOCIOL *(ways)* Sitten *pl*, Gebräuche *pl*, Gepflogenheiten *pl*, Konventionen *pl geh*, [traditionelle] Lebensweise; **social ~** gesellschaftliche Konventionen; ***middle-class/working-class ~*** Lebensweise *f* der Mittel-/Arbeiterklasse

② LAW *(practices)* gute Sitten; [**transaction**] **contra bonus** ~ gegen die guten Sitten [verstoßendes Rechtsgeschäft]

morgue [mɔːg, AM mɔːrg] *n esp* AM, AUS ① *(mortuary)* Leichenhalle *f,* Leichen[schau]haus *nt*
② *(storage place) of a library, newspaper* Archiv *nt; (files) of a library, newspaper* [Akten]ablage *f*
③ *(fig pej: boring place)* sterbenslangweiliger Ort; ***I'm fed up with this place — it's a ~*** mir reicht es mit diesem Ort – er ist sterbenslangweilig

mori·bund [ˈmɒrɪbʌnd, AM ˈmɔːr-] *adj (form)*
① *(near death) person* dem Tode geweiht *geh;* MED sterbend *attr,* im Sterben liegend *attr,* moribund *fachspr*
② *(near extinction) custom, species* im Aussterben begriffen; *civilization, nation, people* dem Untergang geweiht *geh*
③ *(fig pej: inactive)* wie tot *nach n fig;* ***the city centre is usually ~ in the evening*** die Innenstadt ist normalerweise am Abend wie ausgestorben
④ *(fig pej: stagnant)* verbraucht, erstarrt *fig;* ~ **political party** verbrauchte [*o* erstarrte] politische Partei; ~ **state** Erstarrung *f fig*
⑤ *(fig pej: dormant)* brachliegend *fig;* ~ **interest** brachliegendes Interesse

Mor·mon [ˈmɔːmən, AM ˈmɔːr-] **I.** *n* Mormone, Mormonin *m, f*
II. *adj* mormonisch, Mormonen-; ~ **Church** mormonische Kirche, Kirche *f* Jesu Christi der Heiligen der letzten Tage

morn [mɔːn, AM mɔːrn] *n (poet)* Morgen *m*

mor·nay [ˈmɔːneɪ, AM ˈmɔːr] *adj inv, also after n* FOOD Mornay-

morn·ing [ˈmɔːnɪŋ, AM ˈmɔːrn-] **I.** *n* Morgen *m,* Vormittag *m;* ***three ~s a week*** drei Vormittage die Woche; **all** ~ den ganzen Vormittag; **at four in the** ~ um vier Uhr früh; [**from**] ~ **till night** von morgens bis abends [*o* früh bis spät]; **in the** ~ morgens, am Morgen, am Vormittag; ***she only works in the ~*** sie arbeitet nur vormittags; **tomorrow** ~ morgen Vormittag; **yesterday** ~ gestern Morgen; **the** ~ **after** *(on the next morning)* am nächsten Morgen; *(the next morning)* der Morgen danach; *(euph: after excessive drinking)* Kater *m euph fig; (fig pej: moment of realization)* Katzenjammer *m fig;* **on Saturday** ~ [am] Samstag morgen [*o* früh]; ***I hate Monday ~s*** ich hasse Montagvormittage
▸PHRASES: **to do sth ~, noon and night** *(pej: throughout a day)* etw den ganzen Tag lang tun; *(all the time)* etw ständig [*o* in einem fort] [*o* Tag und Nacht] tun; ***our neighbour's baby cries, ~, noon and night*** das Baby unseres Nachbarn schreit in einem fort
II. *n modifier (edition, flight)* Morgen-, Früh-, Vormittags-; ~ **appointment** Vormittagstermin *m;* ~ **light** Morgenlicht *nt*
III. *interj (fam)* Morgen! *fam;* **good ~!** guten Morgen!

morn·ing-ˈaf·ter pill *n* ■ **the** ~ die Pille danach **ˈmorn·ing coat** *n* Cut[away] *m fachspr,* abgerundet geschnittener Herrenschoßrock **morn·ing ˈdress** *n no pl* ① *(dress)* [einfaches] Hauskleid ② *(formal wear)* Gesellschaftsanzug *m,* Besuchsanzug *m,* Konferenzanzug *m,* Stresemann *m fachspr (Anzug für festliche und offizielle Gelegenheiten, insbesondere Hochzeiten)* **morn·ing ˈnews·pa·per, morn·ing ˈpa·per** *n* Morgenzeitung *f,* Morgenblatt *nt* **Morn·ing ˈPrayer** *n* Morgenandacht *f,* Frühgottesdienst *m (in der anglikanischen und protestantischen Kirche),* Frühmesse *f (in der römisch-katholischen Kirche)*

morn·ings [ˈmɔːnɪŋz, AM ˈmɔːrn-] *adv esp* AM *(fam)* morgens, vormittags

ˈmorn·ing sick·ness *n no pl* morgendliche Übelkeit, morgendliches Erbrechen **morn·ing ˈstar** *n* ① ASTRON *(planet)* Morgenstern *m* ② HIST *(weapon)* Morgenstern *m fachspr* ③ BOT *(plant)* Mentzelie *f fachspr* **ˈmorn·ing suit** *n (morning dress)* Gesellschaftsanzug *m,* Besuchsanzug *m,* Konferenzanzug *m,* Stresemann *m fachspr*

Mo·roc·can [məˈrɒkən, AM -ˈrɑːk-] **I.** *n* Marokkaner(in) *m(f)*
II. *adj* marokkanisch

mo·roc·co [məˈrɒkəʊ, AM -ˈrɑːkoʊ] *n* feines Ziegenleder, Saffian *m fachspr;* ~ **leather** Saffianleder *nt*

Mo·roc·co [məˈrɒkəʊ, AM -ˈrɑːkoʊ] *n* Marokko *nt*

mor·on [ˈmɔːrɒn, AM ˈmɔːrɑːn] *n* ① MED *(feeble-minded person)* Geistesschwache(r) *f(m),* Schwachsinnige(r) *f(m),* Debile(r) *f(m) fachspr,* Imbezile(r) *f(m) fachspr*
② *(pej fam: stupid person)* Trottel *m,* Dummkopf *m,* Schwachkopf *m pej fam*

mo·ron·ic [mɔːˈrɒnɪk, AM -ˈrɑːn-] *adj* ① MED *(feeble-minded)* geistesschwach, schwachsinnig, debil *fachspr,* imbezil *fachspr*
② *(pej fam)* dumm, blöde, schwachköpfig, beschränkt *pej fam;* **a ~ grin** ein blödes Grinsen

mo·rose [məˈrəʊs, AM -ˈroʊs] *adj* mürrisch, verdrießlich, griesgrämig, grantig ÖSTERR; ~ **expression** finstere [*o* verdrossene] [*o* ÖSTERR grantige] Miene

mo·rose·ly [məˈrəʊsli, AM -ˈroʊs-] *adv* mürrisch, griesgrämig, verdrossen, grantig ÖSTERR

mo·rose·ness [məˈrəʊsnəs, AM -ˈroʊs-] *n* Verdrießlichkeit *f,* Grant *m* ÖSTERR

morph [mɔːf, AM mɔːrf] **I.** *vi (fam)* ■ **to ~ into sth** sich *akk* in etw *akk* verwandeln, die Gestalt einer S. *gen* annehmen
II. *vt* ■ **to ~ oneself** sich *akk* ändern

mor·pheme [ˈmɔːfiːm, AM ˈmɔːr-] *n* LING Morphem *nt*

mor·phine [ˈmɔːfiːn, AM ˈmɔːr-] *n,* **mor·phia** [ˈmɔːfiə, AM ˈmɔːr-] *n (dated)* Morphium *nt,* Morphin *nt fachspr*

ˈmor·phine ad·dic·tion *n* Morphiumsucht *f,* Morphinabhängigkeit *f*

morph·ing [ˈmɔːfɪŋ, AM ˈmɔːr-] *n* COMPUT Bildumwandlung *f fachspr*

mor·pho·logi·cal [ˌmɔːfəˈlɒdʒɪkəl, AM ˌmɔːrfəˈlɑː-] *adj inv* BIOL, GEOL, LING morphologisch *fachspr,* der Form [*o* Gestalt] nach *nach n*

mor·phol·ogy [ˌmɔːˈfɒlədʒi, AM ˌmɔːrˈfɑː-] *n* BIOL, GEOL, LING Morphologie *f fachspr,* Formenlehre *f,* Gestaltlehre *f*

mor·ris dance, mor·ris danc·ing [ˈmɒrɪs,-] *n* BRIT Moriskentanz *m*

mor·row [ˈmɒrəʊ, AM ˈmɑː-] *n (liter or old)* ■ **the** ~ ① *(the following day)* der morgige Tag
② *(the near future)* Morgen *nt*

Morse, Morse ˈcode [mɔːs-, AM mɔːrs-] *n no pl* Morsezeichen *pl,* Morsealphabet *nt*

mor·sel [ˈmɔːsəl, AM ˈmɔːrs-] *n* ① *(of food)* Bissen *m,* Happen *m,* Stückchen *nt,* Bröckchen *nt;* **a ~ of bread** ein Stückchen *nt* [*o* Bröckchen *nt*] Brot
② *(tasty dish)* Leckerbissen *m*
③ *(pleasing person)* reizende Person
④ *(fig: small bit)* ■ **a** ~ ein bisschen, etwas; **a ~ of hope** eine schwache Hoffnung; **not even a ~ of hope** nicht einmal ein Funke *m* [*o* Fünkchen *nt*] Hoffnung; **a ~ of luck** ein Quentchen *nt* Glück; ***I have a ~ of news for you*** ich habe eine kleine Neuigkeit für dich; ***they should have at least a ~ of decency*** sie sollten wenigstens einen Funken Anstand besitzen

mor·tal [ˈmɔːtəl, AM ˈmɔːrt̬-] **I.** *adj inv* ① *(subject to death)* sterblich; ~ **being** sterbliches Wesen
② *(human)* menschlich, Menschen-; ~ **life** menschliches Leben, Menschenleben *nt;* ~ **longing/morals** menschliche Sehnsucht/Moralvorstellungen
③ *(temporal)* irdisch, vergänglich; ~ **life** irdisches Leben [*o* Dasein]; ***human life is ~*** das menschliche Dasein ist vergänglich
④ *(fatal)* tödlich; ~ **disease/wound** tödliche Krankheit/Verletzung
⑤ *(implacable)* Tod-, tödlich, erbittert; ~ **enemy** Todfeind(in) *m(f);* ~ **hatred** tödlicher Hass; ~ **hostility** erbitterte Feindschaft
⑥ *(extreme)* Todes-, höchste(r, s); ~ **danger/fear** Todesgefahr *f*/Todesangst *f;* **to be** [*or* **live**] **in ~ fear** sich *akk* zu Tode ängstigen [*o* fürchten]; **to be in a ~ hurry** in höchster Eile sein
II. *n (liter)* Sterbliche(r) *f(m);* **ordinary** [*or* **lesser**] [*or* **mere**] ~ *(hum)* Normalsterbliche(r) *f(m) hum*

mor·tal ˈcom·bat *n no pl* Kampf *m* auf Leben und Tod, erbitterter Kampf; **to be locked in ~** *(fig)* miteinander auf Leben und Tod kämpfen

mor·tal·ity [mɔːˈtæləti, AM mɔːrˈtælət̬i] *n no pl*
① *(condition)* Sterblichkeit *f;* ~ **table** *(in insurance)* Sterbetafel *f*
② *(character)* Vergänglichkeit *f*
③ *(humanity)* [sterbliche] Menschheit
④ *(frequency)* Sterblichkeit *f;* **infant** ~ Säuglingssterblichkeit *f*

mor·ˈtal·ity rate *n* MED Sterblichkeit[srate] *f,* Sterbeziffer *f,* Mortalität[srate] *f fachspr*

mor·tal·ly [ˈmɔːtəli, AM ˈmɔːrt̬-] *adv* ① *(fatally)* tödlich; ~ **wounded** tödlich verletzt [*o* verwundet]
② *(fig: intensely)* zutiefst, tödlich *fig;* ~ **offended** [*or* **wounded**] zutiefst gekränkt, tödlich beleidigt; ~ **scared** zu Tode erschrocken

mor·tal re·ˈmains *npl* sterbliche Überreste **mor·tal ˈsin** *n* Todsünde *f*

mor·tar [ˈmɔːtəʳ, AM ˈmɔːrt̬ɚ] **I.** *n* ① *no pl* ARCHIT, TECH *(mixture)* Mörtel *m,* Speis *m;* ~ **of cement** Zementmörtel *m;* ~ **of plaster** Gipsmörtel *m,* Stuck *m;* **to beat up** [*or* **puddle**] **the** ~ Mörtel anmachen [*o* anrühren]
② CHEM *(bowl)* Mörser *m,* Reibschale *f;* ~ **and pestle** Mörser *m* und Stößel *m*
③ MIL *(cannon)* Mörser *m,* Granatwerfer *m fachspr,* Minenwerfer *m fachspr*
▸PHRASES: **bricks and** ~ *(structure)* Gebäude *nt[pl],* Bauwerk[e] *nt[pl]*; *(property)* Immobilie[n] *f[pl]*
II. *n modifier (fire, shelling)* Granat-; ~ **attack** Granatbeschuss *m;* ~ **shell** Mörsergranate *f*

ˈmor·tar·board *n* ① ARCHIT, TECH *(board)* Mörtelmischtisch *m*
② UNIV *(cap)* [quadratisches] Barett

mort·gage [ˈmɔːgɪdʒ, AM ˈmɔːr-] **I.** *n* COMM, LAW
① *(conveyance of property)* Verpfändung *f fachspr*
② *(deed)* [Hypotheken]pfandbrief *m,* Hypothekenurkunde *f,* Verpfändungsurkunde *f fachspr*
③ *(rights involved)* [Grund]pfandrecht *nt*
④ *(amount)* Hypothek *f fachspr;* **registered** ~ Buchhypothek *f;* **to pay the** ~ [*or* **repay** [**the**] ~ **monies**] COMM, LAW die Hypothek abtragen [*o* zurückzahlen] [*o* SCHWEIZ amortisieren]; **to pay off** [*or* **redeem**] **a** ~ eine Hypothek ablösen [*o* tilgen]; **to raise** [*or* **take out**] **a** ~ [**on sth**] eine Hypothek [auf etw *akk*] aufnehmen *fachspr*
II. *n modifier* COMM, LAW *(creditor, debt, interest)* Hypotheken-; ~ **claim** Hypothekenforderung *f;* ~ **rate** Hypothekenzinssatz *m,* Hypothekenzinsfuß *m fachspr*
III. *vt* ■ **to ~ sth** etw hypothekarisch belasten; **to be ~d up to the hilt** bis über den Hals [*o* die Ohren] in Hypothekenschulden stecken

ˈmort·gage bank *n* Hypothekenbank *f,* Realkreditinstitut *nt* **ˈmort·gage bank·ing** *n no pl* Hypothekenbankgeschäft *nt* **ˈmort·gage bond** *n* FIN Hypothekenpfandbrief *m* **ˈmort·gage bur·den** *n* Hypothekenlast *f* **ˈmort·gage busi·ness** *n* Hypothekargeschäft *nt* **mort·gage cer·ˈtifi·cate** *n* Hypothekenbrief *m* **ˈmort·gage cred·it** *n* Hypothekenkredit *m,* Bodenkredit *m;* ~ **institution** Hypothekenbank *f* **ˈmort·gage de·ben·ture** *n* FIN *durch eine Hypothek gesicherter Schuldschein*

mort·ga·gee [ˌmɔːgɪˈdʒiː, AM ˌmɔːr-] *n* Hypothekengläubiger(in) *m(f),* Pfandgläubiger(in) *m(f)*

ˈmort·gage loan *n* Hypothekendarlehen *nt,* Hypothekarkredit *m,* Grundpfandkredit *m* **ˈmort·gage note** *n* Schuldbrief *m*

mort·gag·er, mort·gag·or [ˈmɔːgɪdʒəʳ, AM -dʒɚ] *n* Hypothekenschuldner(in) *m(f)*

mort·ga·gor [ˌmɔːgɪdʒɔːʳ, AM ˈmɔːrgɪdʒɚ] *n* LAW Hypothekenschuldner(in) *m(f)*

mor·tice *n see* **mortise**

mor·ti·cian [mɔːrˈtɪʃən] *n* AM *(undertaker)* Leichenbestatter(in) *m(f)*

mor·ti·fi·ca·tion [ˌmɔːtɪfɪˈkeɪʃən, AM ˌmɔːrt̬ə-] *n no pl (form)* ① *(humiliation)* Kränkung *f,* Demütigung *f,* Schmach *f geh;* **to feel great ~ at sth** etw als große Schmach empfinden
② *(shame)* Beschämung *f,* Scham *f*

③ *(cause of embarrassment)* Ärger *m,* Verdruss *m geh*
④ MED *(local death)* Gewebstod *m,* Nekrose *f fachspr,* Brand *m,* Gangrän *f fachspr*
⑤ REL *(asceticism)* Kasteiung *f fachspr,* Abtötung *f;* ~ **of the flesh** REL Selbstkasteiung *f,* Kasteiung *f* des Fleisches *fachspr;* ~ **of passions** Abtötung *f* von Begierden

mor·ti·fy <-ie-> ['mɔːtɪfaɪ, AM 'mɔːrt̬ə-] **I.** *vt* ① *usu passive* ■ **to be mortified** *(be humiliated)* gedemütigt [*o* gekränkt] [*o* verletzt] sein; *(be ashamed)* sich *akk* schämen, beschämt sein *geh; (be embarrassed)* sich *akk* ärgern, Verdruss empfinden *geh*
② REL *(discipline)* ■ **to ~ sth** etw kasteien *fachspr,* etw abtöten; **to ~ the flesh** sich *akk* [*o* das Fleisch] kasteien; **to ~ passions** Begierden abtöten
③ MED *(form: cause local death)* ■ **to ~ sth** *tissue* etw absterben lassen [*o* brandig machen]
II. *vi* MED *(form) of tissue* absterben, brandig werden

mor·ti·fy·ing ['mɔːtɪfaɪɪŋ, AM 'mɔːrt̬ə-] *adj* demütigend, beschämend

mor·tise ['mɔːtɪs, AM 'mɔːrt̬-] **I.** *n* TECH *(hole) in carpentry* Zapfenloch *nt,* Stemmloch *nt fachspr;* ~ [**and tenon**] **joint** Zapfenverbindung *f,* Zapf-Schlitz-Verbindung *f fachspr; (cut) in carpentry* Nut *f,* Schlitz *m,* Einschnitt *m fachspr*
II. *vt* TECH ■ **to** [**tenon and**] ~ **sth** *pieces of wood* etw verzapfen

'mor·tise lock *n* [Ein]steckschloss *nt,* Blindschloss *nt,* Einstemmschloss *nt*

mor·tu·ary ['mɔːtʃuəri, AM 'mɔːrtʃueri] *n* Leichenhalle *f,* Leichen[schau]haus *nt*

mo·sa·ic [mə(ʊ)'zeɪɪk, AM moʊ'-] *n* Mosaik *nt*

mos·ca·to [mɒs'kɑːtəʊ, AM mɑːs'kɑːt̬oʊ] *n no pl* Moscato *m*

Mos·cow ['mɒskəʊ, AM 'mɒːskaʊ] *n* Moskau *nt*

Mo·selle (**Riv·er**) [mə(ʊ)'zel-, AM moʊ-] *n* Mosel *f*

Moses ['məʊzɪz, AM 'moʊ] *n no pl* Moses *m*

mo·sey ['məʊzi, AM 'moʊ-] *vi* ① *(move leisurely)* schlendern, bummeln; **to ~ about** [*or* **along**] umherschlendern
② AM *(fam: leave quickly)* abhauen *fam,* sich *akk* aus dem Staub machen *fam*
③ AM *(move quickly)* **to ~ over to sb's place** auf einen Sprung bei jdm vorbeikommen *fam*

mosh [mɒʃ, AM mɑːʃ] *vi (dance)* moshen

'mosh pit *n* Tanzfläche *f* zum Moshen

Mos·lem *adj, n see* **Muslim**

mosque [mɒsk, AM mɑːsk] *n* Moschee *f*

mos·qui·to <*pl* -es *or* -s> [mɒs'kiːtəʊ, AM mə'skiːt̬oʊ] *n* Stechmücke *f,* Moskito *m*

mos·'qui·to bite *n* Mückenstich *m,* Moskitostich *m* **mos·'qui·to boat** *n* AM MIL [ungepanzertes] Torpedoschnellboot [*o* Sprengboot] **mos·'qui·to-borne** *adj disease* von Moskitos übertragen **mos·'qui·to net** *n* Moskitonetz *nt* **mos·'qui·to re·pel·lent** *n* Mückenspray *nt,* Insektenschutzmittel *nt* ÖSTERR

moss <*pl* -es> [mɒs, AM mɑːs] *n* ① *(plant)* Moos *nt;* **covered with ~** moosbedeckt, bemoost; **different ~es** unterschiedliche Moosarten
② BRIT, SCOT *(bog)* ■ **the ~es** das [Torf]moor *kein pl,* die Sümpfe *pl*

Mos·sad ['mɒsæd, AM 'mɑː] *n no pl, + sing/pl vb* POL ■ [**the**] ~ der Mossad

Mos·si ['mɒsi, AM 'mɑː-] *n* Mossi-Sprache *f*

mos·sie ['mɒsi] *n* BRIT, AUS *(fam)* Mücke *f*

mossy ['mɒsi, AM 'mɑːsi] *adj* ① *(overgrown with moss)* moosig, bemoost, moosbedeckt; ~ **stone** moosbedeckter Stein
② *(resembling moss)* moos-, moosartig; ~ **green** moosgrün; ~ **softness** moosartige Weichheit

most [məʊst, AM moʊst] **I.** *pron* ① *(largest quantity)* ■ **the ~** am meisten; ***what's the ~ you've ever won at cards?*** was war das meiste, das du beim Kartenspielen gewonnen hast?; ***when she shared the food out, John got the ~*** als sie das Essen verteilte, bekam John am meisten; ***they had the ~ to lose*** sie hatten am meisten zu verlieren; **at the** [**very**] ~ [aller]höchstens; ***she's 50 at the very ~*** sie ist allerhöchstens 50; ■ **~ of sb/sth** die meisten; ***in this school, ~ of the children are from the Chinese community*** in dieser Schule sind die meisten Kinder chinesischer Abstammung; ***~ of the things I forget are unimportant anyway*** die meisten Dinge, die ich vergesse, sind sowieso unwichtig; ***I spent ~ of the winter on the coast*** ich verbrachte einen Großteil des Winters an der Küste
② *pl (the majority)* die Mehrheit; ***~ are in favour of tax reform*** die Mehrheit befürwortet die Steuerreform
③ *(best)* ■ **the ~** höchstens; ***the ~ I can do is try*** ich kann nicht mehr tun als es versuchen; ***the ~ they can expect is a 4% pay increase*** sie können höchstens eine 4-prozentige Gehaltserhöhung erwarten; **to get the ~ out of life** das meiste aus dem Leben machen; **to be the ~** *(sl)* der/die Größte sein; ***he's the ~ — I wish he were interested in me*** er ist so toll – ich wünschte, er würde sich für mich interessieren; **to make the ~ of sth** das Beste aus etw *dat* machen; ***it's a lovely day — we must make the ~ of it*** was für ein schöner Tag – wir müssen ihn nutzen; **to make the ~ of one's opportunities** das Beste aus seinen Chancen machen; *(represent at its best)* etw hervorstreichen; ***how to make the ~ of your features*** so unterstreichen Sie Ihre Züge richtig
II. *adj det* ① *(greatest in amount, degree)* am meisten; ***which of you earns the ~ money?*** wer von euch verdient am meisten Geld?; ***they've had the ~ success*** sie hatten größten Erfolg
② *(majority of, nearly all)* die meisten; ***I don't eat meat, but I like ~ types of fish*** ich esse kein Fleisch, aber ich mag die meisten Fischsorten; ***we like ~ students*** wir mögen die meisten Studenten; **for the ~ part** für gewöhnlich; ***the older members, for the ~ part, shun him*** die älteren Mitglieder meiden ihn für gewöhnlich
III. *adv inv* ① *(forming superlative) im Deutschen durch Superlativ ausgedrückt;* ***that's what I'm ~ afraid of*** davor habe ich die meiste Angst; ***Joanne is the ~ intelligent person I know*** Joanne ist der intelligenteste Mensch, den ich kenne; **the ~ intelligent animal** das intelligenteste Tier; **~ easily/rapidly/thoroughly** am leichtesten/schnellsten/gründlichsten; ***sandy plains where fire tends to spread ~ quickly*** sandige Ebenen, auf denen sich das Feuer besonders rasch ausbreitet; **~ important/unfortunate** wichtigste(r, s)/unglücklichste(r, s); ***the ~ important event of my life*** das wichtigste Ereignis in meinem Leben
② *(form: extremely)* höchst, äußerst, überaus *geh;* ***it was a ~ unfortunate accident*** es war ein äußerst bedauerlicher Unfall; ***it's ~ kind of you to help me*** es ist überaus freundlich von Ihnen, dass Sie mir helfen; ***their situation was ~ embarrassing*** ihre Lage war höchst unangenehm; ***he told me a ~ interesting story*** er erzählte mir eine sehr interessante Geschichte; ***it was a ~ unusual car*** es war ein ganz ungewöhnliches Auto; ***it was a ~ beautiful morning*** es war ein besonders schöner Morgen; **~ certainly** ganz bestimmt [*o* gewiss], mit absoluter Sicherheit; **~ likely** höchstwahrscheinlich; ***that's ~ probably correct*** das ist höchstwahrscheinlich richtig; **~ unlikely** höchst unwahrscheinlich
③ *(to the greatest extent)* am meisten; ***what annoyed me ~ ...*** was mich am meisten gestört hat ...; ***the things he ~ enjoyed*** die Dinge, die ihm am besten gefielen; **at ~** höchstens; ***we've got enough rations for a week at ~*** die Rationen reichen höchstens für eine Woche; **~ of all** am allermeisten; ***I like the blue one ~ of all*** der/die/das Blaue gefällt mir am besten; ***~ of all, I hope that ...*** ganz besonders hoffe ich, dass ...; ***she likes broccoli and carrots but likes green beans ~ of all*** sie mag Broccoli und Karotten, ganz besonders aber grüne Bohnen; ***what she wanted ~ of all*** was sie am meisten wollte
④ AM *(fam: almost)* beinah[e], fast; ***they watch TV ~ every evening*** sie sehen beinahe jeden Abend fern; ***~ everyone understood*** fast jeder verstand

most-fa·voured 'na·tion *n* ECON meistbegünstigtes Land; **~ clause** Meistbegünstigungsklausel *f*

most·ly ['məʊs(t)li, AM 'moʊ-] *adv inv* ① *(usually)* meistens
② *(in the main)* größtenteils, im Wesentlichen; ***the work is ~ done*** die Arbeit ist größtenteils getan
③ *(chiefly)* hauptsächlich, in der Hauptsache

mot [məʊ, AM moʊ] *n* geistreiche [*o* witzige] Bemerkung, Bonmot *nt*

MOT[1] [ˌeməʊ'tiː] *n* BRIT *(fam) abbrev of* **Ministry of Transport** Verkehrsministerium *nt*

MOT[2] [ˌeməʊ'tiː] **I.** *n* ~ [**test**] TÜV *m,* MFK *f* SCHWEIZ; ***has your car had its ~ yet?*** war dein Auto schon beim TÜV?; ~ [**certificate**] TÜV-Bescheinigung *f*
II. *vt* <MOT'd, MOT'd> *usu passive (fam)* **to ~ a car** ein Auto zum TÜV bringen, bei einem Auto das Pickerl machen lassen ÖSTERR *fam;* ***my car will be ~'d tomorrow*** mein Auto kommt morgen zum TÜV
III. *adj* TÜV-geprüft

mote [məʊt, AM moʊt] *n* ① *(particle)* Stäubchen *nt,* Staubkorn *nt*
② *(fig: fault)* kleiner Fehler, kleine Macke; **the ~ in sb's eye** *(biblical)* der Splitter im Auge des anderen *fig*

mo·tel [məʊ'tel, AM moʊ'-] *n* Motel *nt*

mo·tet [məʊ'tet, AM moʊ] *n* MUS Motette *f*

moth [mɒθ, AM mɑːθ] *n* Motte *f,* Nachtfalter *m*

'moth·ball **I.** *n* Mottenkugel *f* **II.** *vt usu passive* ■ **to ~ sth** ① *(put in disuse) clothes, machinery, ships* etw einmotten; *coal pit, factory* etw stilllegen ② *(fig: postpone)* etw auf Eis legen *fig* **'moth-eat·en** *adj* ① *(eaten into)* mottenzerfressen, von Motten zerfressen ② *(outmoded) ideas, methods, theories* verstaubt, antiquiert ③ *(decayed) equipment, facilities* heruntergekommen

moth·er ['mʌðəʳ, AM -ɚ] **I.** *n* ① *(female parent)* Mutter *f*
② AM *(fam!: motherfucker)* Scheißkerl *m sl; (thing)* Scheiß- *vulg sl;* ***that was a ~ of an exam!*** das war eine Scheißprüfung! *vulg sl*
▶PHRASES: **the ~ of all ...** der/die/das allergrößte ...; *(the most extreme: worst)* der/die/das Schlimmste aller *gen* ...; *(best)* herausragend; **the ~ of all battles** die Mutter aller Schlachten; **the ~ of all mystery novels** der Kriminalroman schlechthin [*o* überhaupt]; **the ~ of all storms** der Sturm der Stürme
II. *n modifier (animal, church, ship)* Mutter-; **~ hen** Henne *f*
III. *vt* ■ **to ~ sb** jdn bemuttern

Moth·er ['mʌðəʳ, AM -ɚ] *n no pl* REL ① *(nun)* Oberin *f*
② *(form of address)* Mutter *f* [Oberin]

moth·er·board *n* COMPUT Grundplatine *f,* Hauptplatine *f fachspr*

moth·er 'coun·try *n* ① *(country of origin)* Mutterland *nt,* Herkunftsland *nt*
② *(home country)* Vaterland *nt,* Heimatland *nt*

'moth·er·craft *n no pl (old)* Kinderpflege *f*

'moth·er· fig·ure *n* Mutterfigur *f* **'moth·er·fuck·er** *n* AM *(vulg sl)* ① *(person)* Scheißkerl *m sl* ② *(thing)* Scheiß- *vulg sl;* ***that was a ~ of an exam!*** das war eine Scheißprüfung! *vulg sl*

moth·er·hood ['mʌðəhʊd, AM -ðɚ-] *n no pl* Mutterschaft *f*

moth·er·ing ['mʌðərɪŋ] *adj attr skills* Mutter-, mütterlich

'Moth·er·ing Sun·day *n* BRIT *(form)* Muttertag *m*

'moth·er-in-law <*pl* mothers-in-law *or* -s> *n* Schwiegermutter *f* **'moth·er·land** *n no pl* ① *(native country)* Heimatland *nt,* Vaterland *nt* ② *(country of ancestors)* Mutterland *nt,* Herkunftsland *nt*

moth·er·less ['mʌðələs, AM ɚ] *adj inv* mutterlos

moth·er·ly ['mʌðəli, AM -ɚli] *adj (usu approv)* mütterlich; **~ love** Mutterliebe *f*

Moth·er 'Na·ture *n (also hum)* Mutter Natur **moth·er-of-'pearl** *n* Perlmutt *nt*

'Moth·er's Day *n* Muttertag *m*

moth·er su·'peri·or *n no pl* Mutter *f* Oberin **moth·er-to-'be** <*pl* mothers-> *n* werdende Mutter **'moth·er tongue** *n* Muttersprache *f*

'moth·proof *adj inv* mottenecht, mottenfest; ~ **clothing/wool** mottenfeste Kleidung/Wolle

mo·tif [məʊ'ti:f, AM moʊ'-] *n* ❶ *(design)* Motiv *nt* ❷ LIT, MUS *(theme)* [Leit]motiv *nt fachspr* ❸ *(fig: feature)* Leitgedanke *m*

mo·tile ['məʊtaɪl, AM *esp* 'moʊt̬ᵊl] *adj* BIOL *cells, microbes, spores* [frei] beweglich

mo·til·ity [məʊ'tɪləti, AM moʊ'tɪlət̬i] *n no pl* BIOL *of cells, microbes, spores* Beweglichkeit *f,* Motilität *f fachspr*

mo·tion ['məʊʃᵊn, AM 'moʊ-] **I.** *n* ❶ *no pl (movement) of things* Bewegung *f,* Gang *m;* **in slow** ~ in Zeitlupe; **to put** [*or* **set**] **sth in** ~ etw in Gang bringen [*o* Bewegung setzen]; *of people* Fortbewegung *f,* Körperbewegung *f,* Gang *m* ❷ *(gesture)* Bewegung *f,* Zeichen *nt;* ~ **of the hand/head** Hand-/Kopfbewegung *f,* Zeichen *nt* mit der Hand/dem Kopf ❸ POL *(proposal)* Antrag *m fachspr,* Motion *f* SCHWEIZ; **early day** ~ frühzeitig gestellter Antrag [im Unterhaus]; **to defeat a** ~ einen Antrag ablehnen [*o* zu Fall bringen] *fachspr;* **to pass** [*or* **carry**] **a** ~ einen Antrag annehmen [*o* durchbringen] *fachspr;* **to propose** [*or* BRIT **table**] **a** ~ einen Antrag stellen [*o* einbringen] *fachspr* ❹ BRIT, AUS *(dated: excretion)* Stuhl[gang] *m fachspr* ▶PHRASES: **to go through the** ~**s** [**of doing sth**] *(pretend)* [etw] zum Schein machen, so tun, als ob man [etw] macht; ***they went through the ~s of fighting*** sie kämpften nur zum Schein; *(do routinely)* [etw] der Form halber [*o* pro forma] [*o* ganz mechanisch] machen; ***he went through the ~s of welcoming our guests but then left the room immediately*** der Form halber begrüßte er unsere Gäste, verließ dann aber sofort den Raum; **to set the wheels in** ~ die Sache in Gang bringen
II. *vt* ■**to** ~ **sb away/forward** jdn wegwinken/nach vorn winken; ■**to** ~ **sb aside/in** jdn zur Seite winken/hereinwinken; ■**to** ~ **sb to do sth** jdn durch einen Wink auffordern [*o geh* jdm bedeuten], etw zu tun; ***she ~ed us to sit down*** sie bedeutete uns, Platz zu nehmen
III. *vi* ■**to** ~ **to sb to do sth** jdn durch einen Wink auffordern [*o geh* jdm bedeuten], etw zu tun

mo·tion·less ['məʊʃᵊnləs, AM 'moʊ-] *adj inv* bewegungslos, reg[ungs]los, unbeweglich

mo·tion 'pic·ture *n* AM [Spiel]film *m* **'mo·tion-pic·ture** *adj* AM Film-; ~ **industry** Filmindustrie *f* **'mo·tion sick·ness** *n no pl* MED Bewegungskrankheit *f,* Reisekrankheit *f,* Kinetose *f fachspr*

mo·ti·vate ['məʊtɪveɪt, AM 'moʊt̬ə-] *vt* ❶ *(provide with motive)* ■**to** ~ **sb** jds Verhalten [*o* Handlungsweise] begründen; ***what ~s Derek is pure greed*** was Dereks Verhalten zugrunde liegt, ist reine Gier; ***they are ~d by a desire to help people*** ihre Handlungsweise wird von dem Wunsch bestimmt, anderen zu helfen; ■**to** ~ **sth** *behaviour, decision* etw begründen, etw *akk* als Beweggrund dienen, für etw *dat* innerer Anlass sein; ***what ~d their sudden change of heart?*** was war der innere Anlass für ihren plötzlichen Sinneswandel?; ***I don't quite understand what ~s the actions of such people*** ich kann die Beweggründe für die Handlungsweise dieser Leute nicht ganz nachvollziehen ❷ *(arouse interest)* ■**to** ~ **sb** jdn anregen [*o* anspornen] [*o* motivieren]; ■**to be** ~ **to do sth** jdn dazu bewegen [*o* veranlassen], etw zu tun; ***they ~d the children to learn more*** sie bewegten die Kinder dazu weiterzulernen; ***my biology teacher ~d me to go for a career in medicine*** meine Biologielehrerin motivierte mich zu einer medizinischen Laufbahn; **motivating force** treibende Kraft

mo·ti·vat·ed ['məʊtɪveɪtɪd, AM 'moʊt̬əveɪt̬ɪd] *adj inv* ❶ *(caused)* begründet; **economically/politically** ~ wirtschaftlich/politisch begründet ❷ *(eager)* motiviert sein; **highly** ~ hoch motiviert

mo·ti·va·tion [ˌməʊtɪ'veɪʃᵊn, AM ˌmoʊt̬ə'-] *n* ❶ *(reason)* Begründung *f,* Veranlassung *f* (**for** für +*akk*) ❷ *no pl (drive)* Antrieb *m,* Motivation *f;* **to lack** ~ nicht genügend motiviert [*o* antriebsschwach] sein; ***Pat has no ~ to succeed*** Pat fehlt der Wille zum Erfolg

mo·ti·va·tion·al [ˌməʊtɪ'veɪʃᵊnᵊl, AM ˌmoʊt̬ə] *adj* Motivierungs-

mo·ti·va·tion·al 'speak·er *n* Motivational-Speaker *m (Vortragsredner, der es versteht, sein Publikum für ein bestimmtes Thema zu motivieren)*

mo·tive ['məʊtɪv, AM 'moʊt̬ɪv] **I.** *n* Motiv *nt,* Beweggrund *m* (**for** für +*akk*); ***the police still haven't a ~ for the attack*** der Polizei fehlt immer noch ein Motiv für den Überfall; ***what is the ~ behind the bombing?*** was steckt hinter dem Bombenangriff?; **base/improper/interest** ~**s** LAW niedrige/unlautere/eigennützige Beweggründe *fachspr;* **the profit** ~ der Profitgedanke, das Profitdenken; **ulterior** ~ tieferer Beweggrund, Hintergedanke *m*
II. *adj attr* ❶ PHYS, TECH *(creating motion)* bewegend, Antriebs-; ~ **power** bewegende Kraft, Triebkraft *f* ❷ *(fig: motivating) force, spirit* treibend *fig*

mo·tive·less ['məʊtɪvləs, AM 'moʊt̬ɪv] *adj inv* grundlos, unmotiviert

mot juste <*pl* mots justes> [ˌməʊ'ʒu:st, AM ˌmoʊ'-] *n* treffender [*o* passender] Ausdruck

mot·ley ['mɒtli, AM 'mɑ:t-] **I.** *adj attr* ❶ *(of different colours)* bunt, vielfarbig; ~ **flower bed** buntes Blumenbeet ❷ *(also pej: heterogeneous)* bunt [gemischt], [kunter]bunt; ~ **bunch** [*or* **crew**] bunt gemischter Haufen; ~ **collection** buntes Sammelsurium, bunte Mischung *a. pej*
II. *n* ❶ *no pl* HIST *(garment)* Narrenkleid *nt fachspr* ❷ HIST *(person)* [Hof]narr *m fachspr*

mo·to·cross ['məʊtə(ʊ)krɒs, AM 'moʊt̬oʊkrɑ:s] *n no pl* Motocross *nt*

mo·tor ['məʊtəʳ, AM 'moʊt̬ɚ] **I.** *n* ❶ *(engine)* Antriebsmaschine *f,* [Verbrennungs]motor *m,* Triebwerk *nt;* **electric** ~ Elektromotor *m;* **outboard** ~ Außenbordmotor *m* ❷ BRIT *(fam: car)* Auto *nt,* [Kraft]wagen *m;* **second-hand** ~ Gebrauchtwagen *m* ❸ ANAT *(motor nerve)* motorischer Nerv *fachspr,* Bewegungsnerv *m; (organ)* Muskel *m* ❹ *(fig: driving force)* treibende Kraft
II. *adj attr, inv* ❶ BRIT, AUS *(of motor vehicles)* Auto-; ~ **enthusiast** Autonarr, -närrin *m, f;* ~ **accident** Autounfall *m;* ~ **insurance** Kraftfahrzeugversicherung *f* ❷ ANAT Bewegungs-, Muskel-, motorisch *fachspr*
III. *vi* ❶ *(drive)* [Auto] fahren; ■**to** ~ **along** [dahin]fahren ❷ BRIT *(also fig fam: do fast)* **to be really** ~**ing** *at work, in a car* einen ganz schönen Zahn draufhaben *fam*

'mo·tor·bike *n (fam)* Motorrad *nt,* SCHWEIZ *a.* Töff *m fam* **'mo·tor·boat** *n* Motorboot *nt*

'mo·tor·cade ['məʊtəkeɪd, AM 'moʊt̬ɚ-] *n* Autokolonne *f*

'mo·tor car *n* ❶ BRIT *(dated: car)* Automobil *nt veraltet,* Kraftfahrzeug *nt* ❷ AM RAIL Draisine *f* **mo·tor 'cara·van** *n* BRIT Wohnmobil *nt* **'mo·tor·cy·cle** *n* Motorrad *nt* **mo·tor·cy·cle 'es·cort** *n* Motorradeskorte *f* **'mo·tor·cy·cling** *n no pl* Motorradfahren *nt* **'mo·tor·cy·clist** *n* Motorradfahrer(in) *m(f)* **'mo·tor-driv·en** *adj* Motor-, mit Motorantrieb *nach n* **'mo·tor home** *n* AM *(motor caravan)* Wohnmobil *nt* **'mo·tor ho·tel** *n* AM Motel *nt* **'mo·tor in·dus·try** *n* BRIT Kraftfahrzeugindustrie *f,* Auto[mobil]industrie *f*

mo·tor·ing ['məʊtᵊrɪŋ, AM 'moʊt̬ɚ-] **I.** *adj attr, inv* BRIT Fahr-; ~ **costs** Fahrtkosten *pl;* ~ **offence** LAW Verkehrsdelikt *nt fachspr;* ~ **organization** Automobilklub *m*
II. *n* Fahren *nt*

'mo·tor·ing school *n* Fahrschule *f*

mo·tor·ist ['məʊtᵊrɪst, AM 'moʊt̬ɚ-] *n* Kraftfahrer(in) *m(f),* Autofahrer(in) *m(f),* Automobilist(in) *m(f)* SCHWEIZ

mo·tor·ized ['məʊtᵊraɪzd, AM 'moʊt̬ər-] *adj inv* ❶ MIL motorisiert *fachspr;* ~ **transport** Autoverkehr *m;* ~ **unit** motorisierte Einheit ❷ *(with a motor)* ~ **wheelchair** Rollstuhl *m* mit Elektromotor, elektrisch betriebener Rollstuhl

'mo·tor lodge *n* AM Motel *nt* **'mo·tor·man** *n on a streetcar, subway train* Wagenführer(in) *m(f)* **'mo·tor·mouth I.** *n esp* AM *(pej sl)* Schwätzer(in) *m(f),* Quasselstrippe *f fam,* Plaudertasche *f* ÖSTERR, SCHWEIZ *fam* **II.** *adj* schwatzhaft, geschwätzig **'mo·tor mow·er** *n* Motorrasenmäher *m* **'mo·tor nerve** *n* ❶ ANAT *(nerve)* motorischer Nerv *fachspr,* Bewegungsnerv *m* ❷ *(organ)* Muskel *m* **mo·tor 'neu·rone dis·ease** *n* MED amyotrophe Lateralsklerose *fachspr* **'mo·tor oil** *n* Motoröl *nt* **'mo·tor pool** *n* Wagenpark *m,* Fuhrpark *m* **'mo·tor race** *n* BRIT Autorennen *nt* **'mo·tor rac·ing** *n* BRIT Autorennsport *m* **'mo·tor scoot·er** *n* Motorroller *m* **'mo·tor show** *n* BRIT Automobilausstellung *f* **'mo·tor·sport** *n see* **motor racing** Motorsport *m* **'mo·tor trade** *n* BRIT Kraftfahrzeugbranche *f,* Auto[mobil]branche *f* **'mo·tor ve·hi·cle** *n* Kraftfahrzeug *nt* **mo·tor ve·hi·cle 'li·cens·ing cen·tre** *n* BRIT *(form)* Zulassungsstelle *f,* Motorfahrzeugkontrolle *f* SCHWEIZ

'mo·tor·way BRIT **I.** *n* Autobahn *f*
II. *n modifier (driving, exit, traffic)* Autobahn-; ~ **intersection/junction** Autobahnkreuz *nt*/Autobahndreieck *nt;* ~ **madness** Raserei *f* auf der Autobahn

Mo·town® ['məʊtaʊn, AM 'moʊ-] **I.** *n no pl* AM ❶ *(hum: city)* Autostadt *f* [Detroit] *(Spitzname für Detroit, eines der Zentren der Autoindustrie)* ❷ *(company)* Motown-[Schall]plattenfirma *f (besonders in den Sechziger- und Siebzigerjahren produzierte sie Platten im Motown-Stil)* ❸ *(style)* Motown-Stil *m (er basiert auf dem afroamerikanischen Rhythm-and-Blues-Stil der Vierziger- und Fünfzigerjahre und wurde in den Sechziger- und Siebzigerjahren stark von der Popmusik beeinflusst)*
II. *adj* Motown-; **the** ~ **label** das Motown-Label [*o* Etikett]

mott·led ['mɒtḷd, AM 'mɑ:t̬ḷd] *adj inv* ❶ *(colourfully patterned) dress* [bunt] gesprenkelt [*o* gemustert] ❷ *(diversified in shade) wood, marble* gemasert, marmoriert; ~ **mahogany** gefflecktes [*o* getigertes] Mahagoni ❸ *(pej: blotchy) complexion, skin* fleckig; ***his ~ face began to show the effect of excessive drinking*** sein fleckiges Gesicht zeigte allmählich die Folgen übermäßigen Alkoholgenusses ❹ GEOL *(coloured) clay, sandstone* Bunt-

mot·to <*pl* -s *or* -es> ['mɒtəʊ, AM 'mɑ:t̬oʊ] *n* Motto *nt,* Devise *f,* Wahlspruch *m*

mould[1] [məʊld, AM moʊld] *n no pl* BOT Schimmel *m*

mould[2], AM **mold** [məʊld, AM moʊld] **I.** *n* ❶ *(shape)* Form *f;* **jelly** ~ Puddingform *f* ❷ *(fig)* Typ *m;* **to be out of the same** ~ sich *dat* gleichen wie ein Ei dem anderen; **to be cast in the same/a different** ~ aus dem gleichen/einem anderen Holz geschnitzt sein; ***he's cast in a very different ~ from his brother*** er ist ganz anders als sein Bruder; **to break the** ~ [**of sth**] neue Wege in etw *dat* gehen; **to fit** [**into**] **the** ~ **of sth** in das Bild [von etw *dat*] passen, der Vorstellung [von etw *dat*] entsprechen
II. *vt* ■**to** ~ **sth out of** [*or* **from**] [*or* **in**] **sth** etw aus etw *dat* formen; *(fig)* ■**to** ~ **sb into sth** jdn zu etw *dat* machen

mould·ed, AM **mold·ed** ['məʊldɪd, AM 'moʊld-] *adj inv* [vor]geformt; ~ **plastic** Formplastik *nt*

mould·er, AM **mold·er** ['məʊldəʳ, AM 'moʊldɚ] *vi* schimmeln; *(fig)* vergammeln *fam*
◆**moulder away**, AM **molder away** *vi* vor sich *akk* hin schimmeln [*o fam* gammeln]

mould·ing, AM **mold·ing** ['məʊldɪŋ, AM 'moʊld-] *n* ARCHIT Fries *m; (stucco)* Stuck *m kein pl,* Stuckarbeit *f;* ART [Zier]leiste *f*

mouldy, AM **moldy** ['məʊldi, AM 'moʊldi] *adj* ❶ *food* schimmelig, verschimmelt; ■**to go** ~ [ver]schimmeln, vergammeln *fam* ❷ *(dated fam: shabby)* schäbig, vergammelt *pej fam; (dull)* lahm, öd[e]; *(valueless)* lächerlich; *money* lumpig

moult, AM **molt** [məʊlt, AM moʊlt] *vi birds* [sich *akk*]

M

mausern, in der Mauser sein; *snakes, insects, crustaceans* sich *akk* häuten; *cats, dogs* haaren

mound [maʊnd] *n* ❶ *(pile)* Haufen *m; (small hill)* Hügel *m;* **burial ~** Grabhügel *m; (in baseball: pitcher's mound)* [erhöhtes] Wurfmal; **to take the ~** SPORT Aufschlag haben
❷ *(fig: large quantity)* Masse *f,* Haufen *m fam;* **a ~ of work** ein Haufen *m* Arbeit

mount [maʊnt] **I.** *n* ❶ *(horse)* Pferd *nt*
❷ *(backing, setting) of a picture, photo* Halterung *f; of a jewel* Fassung *f; of a slide* Rahmen *m; of a microscope* Plättchen *nt; of a machine* Sockel *m,* Untersatz *m*
II. *vt* ■**to ~ sth** ❶ *(support for equipment)* etw aufhängen; *(get on to ride)* auf etw *akk* [auf]steigen; **to ~ a bicycle** auf ein Fahrrad [auf]steigen; **to ~ a camera on a tripod** eine Kamera auf ein Stativ montieren; **to ~ a horse** auf ein Pferd steigen
❷ *(go up)* etw hochsteigen [*o* hinaufsteigen] ÖSTERR, SCHWEIZ; **to ~ a ladder** auf eine Leiter steigen; **to ~ the stairs** die Treppe[n] hochgehen, die Stiegen hinaufgehen ÖSTERR; **to ~ the throne** *(form)* den Thron besteigen
❸ *(organize)* etw organisieren; **to ~ an attack/a campaign** einen Angriff/eine Kampagne starten; **to ~ a concert** ein Konzert veranstalten; **to ~ a play** ein Theaterstück inszenieren
❹ *(fix for display)* etw befestigen; **to ~ sth on card/the wall** etw auf Karton/an der Wand befestigen; **to ~ sth in a frame** etw rahmen
❺ *(set up)* etw aufbauen [*o* aufstellen]; **to ~ checkpoints** Kontrollposten aufstellen; **to ~ guard** [**over sth**] [etw] bewachen [*o* beschützen]
❻ *(mate)* etw bespringen
III. *vi* ❶ *(increase)* wachsen, [an]steigen, größer werden; ***the death toll is expected to ~ to over 100*** die Zahl der Opfer wird wohl auf über 100 ansteigen
❷ *(get on a horse)* aufsteigen
◆**mount up** *vi* wachsen, [an]steigen

Mount [maʊnt] *n no pl erster Teil eines Bergnamens;* **~ Everest** Mount Everest *m;* **~ Fuji** Fudschijama *m*

moun·tain [ˈmaʊntɪn, AM -tᵊn] **I.** *n* Berg *m;* **summit** [*or* **peak**] **of a ~** [Berg]gipfel *m;* ■**~s** *pl* Berge *pl; (group of mountains)* Gebirge *nt;* **to go into the ~s** ins Gebirge [*o* in die Berge] fahren; **~s** [*or* **a ~**] **of work** *(fig fam)* jede Menge Arbeit *fam*
▶PHRASES: **to make a ~ out of a molehill** aus einer Mücke einen Elefanten machen *prov;* **if the ~ won't come to Mohammed, Mohammed must go to the ~** wenn der Berg nicht zum Propheten kommt, muss der Prophet zum Berge gehen; **to move ~s** Berge versetzen, Himmel und Hölle in Bewegung setzen *fam*
II. *n modifier* Gebirgs-; **~ air** Bergluft *f*

moun·tain ˈash *n* Eberesche *f* **ˈmoun·tain bike** *n* Mountainbike *nt* **ˈmoun·tain·board·ing** *n no pl* Mountainboarding *nt fachspr (Sportart mit einem Brett mit großen Rädern am hinteren Teil, steuerbaren Vorderrädern, Stoßdämpfern und Bremsen)* **ˈmoun·tain chain** *n* Gebirgskette *f,* Bergkette *f* **ˈmoun·tain-climb·ing** *n no pl* Bergsteigen *nt*

moun·tain·eer [ˌmaʊntɪˈnɪəʳ, AM -tᵊˈnɪr] *n* Bergsteiger(in) *m(f)*

moun·tain·eer·ing [ˌmaʊntɪˈnɪərɪŋ, AM -tᵊˈnɪrɪŋ] *n no pl* Bergsteigen *nt*

moun·tain ˈlion *n* Puma *m*

moun·tain·ous [ˈmaʊntɪnəs, AM -tᵊnəs] *adj* gebirgig, bergig; *(fig)* riesig; **~ debts** hohe Schulden; **in ~ seas** bei starkem Seegang

ˈmoun·tain range *n* Gebirgszug *m* **ˈmoun·tain·side** *n usu sing* [Berg]hang *m* **ˈmoun·tain·top** *n* [Berg]gipfel *m*

moun·te·bank [ˈmaʊntɪbæŋk, AM t̬ə] *n* ❶ *(deceiver, charlatan)* Scharlatan *m*
❷ HIST Quacksalber *m*

mount·ed [ˈmaʊntɪd, AM -t̬-] *adj inv* beritten *geh;* **to be ~ on a horse** auf einem Pferd sitzen; **~ police** berittene Polizei

Mountie [ˈmaʊnti, AM -t̬i] *n* CAN *ein berittener Polizist der Royal Canadian Mounted Police*

mount·ing [ˈmaʊntɪŋ, AM -t̬-] **I.** *n* ❶ *(on a horse)* Besteigen *nt*
❷ *(display surface) of a photograph, picture* Halterung *f,* Unterlage *f; of a machine* Sockel *m,* Untersatz *m; (frame)* Rahmen *m; (arrangement on a display surface)* Arrangement *m*
II. *adj attr, inv* wachsend, steigend; [**with**] **~ anxiety** [mit] zunehmende[r] Angst [*o* Sorge]

mourn [mɔːn, AM mɔːrn] **I.** *vi* trauern; ■**to ~ for sb/sth** um jdn/etw trauern; **to ~ for** [*or* **over**] **the loss of sb/sth** über den Verlust von jdm/etw trauern
II. *vt* ❶ *(feel sorrow)* ■**to ~ sb/sth** um jdn/etw trauern; **to ~ sb's death** um jdn trauern
❷ *(fig: regret)* ■**to ~ sth** etw beklagen [*o* SCHWEIZ *a.* monieren]

mourn·er [ˈmɔːnəʳ, AM ˈmɔːrnɚ] *n* Trauernde(r) *f(m); (at a funeral)* Trauergast *m;* ■**the ~s** *pl* die Trauergemeinde *f*

mourn·ful [ˈmɔːnfᵊl, AM ˈmɔːrn-] *adj (sad)* traurig, melancholisch; *(gloomy)* trübsinnig; *lamenting* klagend

mourn·ful·ly [ˈmɔːnfᵊli, AM ˈmɔːrn-] *adv* traurig; *(gloomily)* trübsinnig; *(lamentingly)* klagend

mourn·ful·ness [ˈmɔːnfᵊlnəs, AM ˈmɔːrn-] *n no pl (sadness)* Traurigkeit *f; (grieving)* Trauer *f*

mourn·ing [ˈmɔːnɪŋ, AM ˈmɔːrn-] *n no pl* ❶ *(grieving)* Trauer *f;* **as a sign of ~** als Zeichen der Trauer; ■**to be in ~ for sb** um jdn trauern; *(wear black clothes)* Trauer tragen
❷ *(wailing)* Klagegeschrei *nt*

mouse <*pl* mice> [maʊs, *pl* maɪs] *n* ❶ *(animal)* Maus *f*
❷ *(fig: shy person)* schüchterner Mensch; *(unprepossessing person)* unscheinbarer Mensch; *(esp of women)* graue Maus, Mauerblümchen *nt fam*
❸ COMPUT Maus *f*

ˈmouse-hole *n* Mauseloch *nt* **ˈmouse pad**, BRIT *also* **ˈmouse mat** *n* Mauspad *nt* **mouse po·ˈta·to** *n* COMPUT Computerhocker(in) *m(f),* Internetfreak *m,* Mousepotato *f sl* **ˈmouse·pox** *n* Mäusepocken *pl*

mous·er [ˈmaʊsəʳ, AM -zɚ] *n* Mäusejäger(in) *m(f),* Mäusefänger(in) *m(f)*

ˈmouse·trap *n* Mausefalle *f* **ˈmouse-trap·ping** *n* INET *Internetfalle, die den Benutzer daran hindert, eine Webseite zu verlassen*

mous·ey *adj see* **mousy**

mous·sa·ka [muˈsɑːkə] *n no pl* Moussaka *nt*

mousse [muːs] *n* ❶ *(creme)* Mousse *f;* **salmon ~** Lachsmousse *f;* **chocolate ~** Schokoladenmousse *f*
❷ *(cosmetics)* Schaum *m;* **styling ~** Schaumfestiger *m*

mousse·line [ˈmusliːn, AM ˌmuːˈsliːn] *n modifier (jacket, dress)* Musselin-

mous·tache, AM *usu* **mus·tache** [məˈstɑːʃ, AM ˈmʌstæʃ] *n* Schnurrbart *m,* Schnauz *m* SCHWEIZ; **to sport a ~** einen Schnurrbart tragen

mousy [ˈmaʊsi] *adj (shy)* schüchtern; *(uncharismatic)* unscheinbar; *(dull colour)* farblos; **~ girl** Mauerblümchen *nt pej;* **to have ~ hair** mausgraue Haare haben

mouth [maʊθ] **I.** *n* ❶ *(of human)* Mund *m; of animal* Maul *nt;* **to have a big ~** ein großes Mundwerk haben *fam;* **to have five** [**hungry**] **~s to feed** fünf hungrige Mäuler zu stopfen haben; **to keep one's ~ shut** nichts sagen, seinen Mund halten *fam;* **to make sb's ~ water** jdm das Wasser im Munde zusammenlaufen lassen; **to shut one's ~** *(fam!)* den Mund halten *fam;* ***oh just shut your ~, will you?*** jetzt halt mal den Mund!
❷ *(opening)* Öffnung *f; of a bottle, jar, well* Öffnung *f; of a cave* Eingang *m; of a volcano* Krater *m; of a river, bay, harbour* Mündung *f*
▶PHRASES: **sb is all ~** [**and trousers**] jd nimmt den Mund zu voll, jd hat eine große Klappe [und nichts dahinter] *fam;* **to be down in the ~** niedergeschlagen sein; **to shoot one's ~ off about sth** *(fam: indiscreetly)* etw überall herumerzählen; *(annoyingly)* jdm mit etw *dat* die Ohren vollabern [*o* ÖSTERR sudern] *sl;* **to watch one's ~** aufpassen, was man sagt
II. *vt* [maʊð] ■**to ~ sth** ❶ *(form words silently)* etw lautlos sagen; ***the singers are only ~ing the words*** die Sänger bewegen nur die Lippen
❷ *(say insincerely)* etw heuchlerisch sagen
◆**mouth off** *vi (pej fam)* ❶ *(complain)* meckern *fam,* raunzen ÖSTERR *fam,* maulen SCHWEIZ *fam*
❷ *(criticize)* ■**to ~ off** [**at** [*or* **to**] **sb**] [jdm gegenüber] den Mund zu voll nehmen *fam,* [jdm gegenüber] eine dicke Lippe [*o* große Klappe] riskieren BRD *fam;* ***my son keeps ~ing off at me*** mein Sohn kommt mir ständig frech *fam*

ˈmouth·feel *n no pl* Mundgefühl *nt*

mouth·ful [ˈmaʊθfʊl] *n* ❶ *of food* Bissen *m; of drink* Schluck *m*
❷ *(fig hum fam: unpronounceable word)* Zungenbrecher *m*
❸ *(fam)* **to give sb a ~** jdn [her]runterputzen *fam*

ˈmouth or·gan *n* Mundharmonika *f* **ˈmouth·piece** *n* ❶ *of a telephone* Sprechmuschel *f; of a musical instrument, tobacco pipe, snorkel etc.* Mundstück *nt;* BOXING Mundschutz *m* ❷ POL *(fig, usu pej)* Sprachrohr *nt* **mouth-to-ˈmouth, mouth-to-mouth re·sus·ci·ˈta·tion** *n* Mund-zu-Mund-Beatmung *f* **ˈmouth·wash** *n* Mundwasser *nt* **ˈmouth-wa·ter·ing** *adj* [sehr] appetitlich, köstlich; ***this smells absolutely ~!*** da läuft einem ja das Wasser im Mund zusammen!

mouthy [ˈmaʊθi] *adj (fam)* großmäulig *pej fam,* großschnäuzig *fam;* **she's ~** sie hat ein freches Mundwerk

mov·able [ˈmuːvəbl] *adj inv* beweglich; *heavy objects* verschiebbar; ***this cupboard is easily ~*** dieser Schrank lässt sich leicht verschieben

mov·able ˈfeast *n* bewegliches Fest **mov·able ˈholi·day** *n* beweglicher Feiertag **mov·able ˈprop·er·ty** *n* LAW bewegliche Sache[n] *f[pl]*

mov·ables [ˈmuːvəb|z] *npl* bewegliches Gut, Mobiliar *nt kein pl;* ECON bewegliches Anlagevermögen

move [muːv] **I.** *n* ❶ *no pl (movement)* Bewegung *f;* ***she made a sudden ~ towards me*** plötzlich bewegte sie sich auf mich zu; ***I hate the way my boss watches my every ~*** ich hasse es, wie meine Chefin jede meiner Bewegungen beobachtet; ***one ~ and you are dead*** [*or* ***and I'll shoot***]***!*** keine Bewegung oder ich schieße!; **to be on the ~** unterwegs sein; *(fig) country* sich im Umbruch befinden; ***she's on the ~*** sie verändert gerade viele Dinge in ihrem Leben; **to make a ~** *(fam: leave)* sich *akk* auf den Weg machen; *(act)* etwas unternehmen; *(start)* loslegen *fam;* ***let's make a ~, the shops are closing!*** *(fam)* wir müssen los, die Geschäfte schließen gleich!; **to make no ~** sich *akk* nicht rühren; *(fig)* ***nobody was making a ~*** [***to go***] niemand machte Anstalten zu gehen
❷ *(step)* Schritt *m; (measure)* Maßnahme *f;* **a ~ to democracy/peace** ein Schritt *m* hin zur Demokratie/zum Frieden; **to make the first ~** den ersten Schritt tun
❸ *(in games)* Zug *m;* CHESS [Schach]zug *m;* ***it's your ~*** du bist dran; **to make a ~** CHESS ziehen
❹ *(fig: strategy)* [Schach]zug *m;* **a clever** [*or* **smart**] **~** ein geschickter [*o* kluger] Schachzug
❺ *(change of residence)* Umzug *m; (change of job)* Stellenwechsel *m; (transfer)* Versetzung *f;* ***we've had four ~s in three years*** wir sind in drei Jahren viermal umgezogen; ***I don't feel like another*** [***job***] ***~ yet*** ich möchte nicht schon wieder meine Stelle wechseln; **to be on the ~** gerade am Umziehen sein
▶PHRASES: **to get a ~ on** *(fam)* sich *akk* beeilen; ***get a ~ on!*** *(fam)* Beeilung!; **to make a ~ on sb** *(fam)* jdn anmachen *fam;* **to make one's ~ on sb** *(fam)* sich *akk* an jdn heranmachen
II. *vi* ❶ *(change position)* sich *akk* bewegen; *(go)* gehen; *(drive)* fahren; *(walk further on)* weitergehen; *(run further on)* weiterlaufen; *(drive further on)* weiterfahren; *(budge up)* rücken; ***you couldn't ~ in the bar last night*** man konnte sich gestern Abend in der Bar vor lauter Leuten kaum rühren; ***no one ~d*** keiner rührte sich; ***he told his children not to ~*** er sagte seinen Kindern, sie sollten sich nicht von

der Stelle rühren; ***don't ~ or I'll shoot!*** keine Bewegung oder ich schieße!; ***don't ~, I'll be back in a second*** rühr dich nicht von der Stelle, ich bin gleich zurück; ***please ~ back!*** bitte zurücktreten!; ***keep moving!*** bitte gehen Sie weiter!; **to ~ in a circle** *object* sich *akk* kreisförmig bewegen; *(walk)* im Kreis gehen; **to ~ [out of the way]** aus dem Weg gehen, Platz machen; **to ~ [aside]** *(go)* zur Seite gehen; *(budge up)* rücken; **to begin to ~** sich *akk* in Bewegung setzen
② *(fig: change)* ***Sophie has ~d into a higher class*** Sophie geht nun in die nächsthöhere Klasse; ***that's my final decision, and I am not going to ~ [on it]*** das ist mein letztes Wort und dabei bleibt es; **to ~ off a subject** das Thema wechseln
③ *(fig: progress)* vorankommen; ***things are finally moving now*** *(fam)* jetzt tut sich endlich was *fam;* **to ~ into new markets** neue Märkte erschließen; **to ~ with the times** mit der Zeit gehen; **to ~ forward** Fortschritte machen
④ *(change address)* umziehen, SCHWEIZ *a.* zügeln; *(change job)* [den Arbeitsplatz] wechseln; ***he's moving from the publicity department to the sales department*** er wechselt von der Werbeabteilung in die Verkaufsabteilung; **to ~ to Berlin/the city/the country** nach Berlin/in die Stadt/auf's Land ziehen; **to ~ into a flat/a house/an office** in eine Wohnung/ein Haus/ein Büro einziehen
⑤ *(in games)* ziehen; ***whose turn is it to ~ next?*** wer ist am Zug?
⑥ *(fam: leave)* gehen, aufbrechen *fam;* **to get moving** sich *akk* auf den Weg machen; ***we have to get moving*** wir müssen los *fam*
⑦ *(fam: hurry)* sich *akk* beeilen; ~ [*or* ***get moving***]! *(fam)* nun mach schon! *fam,* Beeilung! *fam;* **to get moving on sth** sich *akk* [schließlich] mit etw *dat* beeilen
⑧ *(fam: start)* **to get moving** loslegen *fam;* **to get moving on sth** sich *akk* an etw *akk* machen, mit etw *dat* loslegen
⑨ *(fam: go fast)* ***Nigel's new car can really ~*** Nigels neuer Wagen ist sehr schnell
⑩ *(sell)* sich gut verkaufen lassen; ***this new shampoo is moving really fast*** das neue Shampoo findet reißenden Absatz *fam*
⑪ *(frequent socially)* verkehren *geh;* ***she ~s in a small circle of friends*** sie hat einen kleinen Freundeskreis
⑫ *(fig form: suggest)* ■**to ~ for sth** für etw *akk* plädieren
⑬ *(fig: pass)* *time* vergehen; ***time ~s so quickly!*** wie die Zeit vergeht!
⑭ MED ***have your bowels ~d?*** hatten Sie Stuhlgang?
III. *vt* ① ■**to ~ sth** *(change position of)* etw bewegen; *(in a text)* etw verschieben; *(place somewhere else)* etw woanders hinstellen; *(push somewhere else)* etw verrücken; *(clear)* etw wegräumen; *(rearrange) furniture* etw umstellen; *(transport)* etw befördern; ***I asked you not to ~ my shoes/books*** ich habe dich doch gebeten, meine Schuhe stehen/meine Bücher liegen zu lassen; ***the defendant stood without moving a muscle as the judge passed sentence*** der Angeklagte nahm das Urteil regungslos entgegen; ***don't ~ a muscle!*** *(fam)* keine Bewegung!; ***please ~ your legs away!*** bitte nehmen Sie Ihre Beine da weg!; ***we finally ~d the crockery into the cupboards*** endlich haben wir das Geschirr in die Schränke [ein]geräumt; ***don't ~ anything!*** bitte lassen Sie alles so, wie es ist!; ***could you please ~ your car?*** könnten Sie bitte [ihren Wagen] wegfahren?; ***the bus stop was ~d 100 metres down the road*** die Bushaltestelle wurde 100 Meter die Straße hinunter verlegt; ***~ your chair closer to the table*** rück deinen Stuhl näher an den Tisch [heran]; ***please ~ your head to the left*** drehen Sie Ihren Kopf bitte nach links; **to ~ a wall** eine Wand versetzen; **to ~ sth [out of the way]** etw wegräumen; *furniture* etw wegrücken; **to ~ sth [aside]** etw beiseiteräumen
② *(reschedule)* ■**to ~ sth** etw verlegen [*o* verschieben]; ***can we ~ our meeting to another day?*** können wir unseren Termin vertagen?
③ ■**to ~ sb** *(transfer)* jdn verlegen; *(to another job, class)* jdn versetzen; ***the government ~d troops into the crisis area*** die Regierung schickte Truppen ins Krisengebiet; **to ~ sb to another hospital/prison** jdn in ein anderes Krankenhaus/Gefängnis verlegen; **to ~ sb to marketing/to a higher class** jdn in die Marketingabteilung/in eine höhere Klasse versetzen
④ *(change)* **to ~ house** umziehen; **to ~ office** in ein anderes Büro ziehen
⑤ *(cause emotions)* ■**to ~ sb** jdn bewegen; *(stronger)* jdn ergreifen; **to ~ sb to laughter** jdn zum Lachen bringen; **to ~ sb to tears** jdn zu Tränen rühren; **to ~ sb deeply** [*or* **sincerely**] jdn zutiefst bewegen; **to be [deeply] ~d by sth** von etw *dat* [zutiefst] bewegt sein; *(stronger)* von etw *dat* [zutiefst] ergriffen sein
⑥ *(drive)* ■**to ~ sth** *mechanism, wheel* etw antreiben
⑦ *(cause change of mind)* ■**to ~ sb** jdn umstimmen; ***she won't be ~d*** sie lässt sich nicht umstimmen; ■**to ~ sb to do sth** jdn [dazu] bringen [*o geh* bewegen], etw zu tun
⑧ *(form: suggest)* ■**to ~ sth** etw vorschlagen; **to ~ an amendment** eine Ergänzung einbringen; ■**to ~ that ...** vorschlagen, dass ...; ***I should like to ~ that the proposal [should] be accepted*** ich plädiere dafür, den Vorschlag anzunehmen
⑨ MED **to ~ one's bowels** Stuhlgang haben
⑩ *(in games)* **to ~ a knight/rook** einen Läufer/Turm ziehen
⑪ COMM ■**to ~ sth** etw absetzen
▸PHRASES: ~ **it!** *(fam!)* leg mal 'nen Zahn zu! *fam,* nun mach schon! *fam,* Beeilung!
◆**move about, move around I.** *vi* ① *(go around)* herumgehen, herumlaufen
② *(travel)* umherreisen
③ *(change jobs)* oft wechseln; ***he ~d about from one position to the next*** er wechselte von einem Job zum nächsten
④ *(move house)* oft umziehen [*o* SCHWEIZ *a.* zügeln]
II. *vt* ① *(change position of)* ■**to ~ sth ↔ about** etw [hin und her] bewegen; *(place somewhere else)* etw hin und her räumen; *furniture* etw umstellen
② *(fam: at work)* **to ~ sb ↔ about** jdn oft versetzen
◆**move along I.** *vt* ■**to ~ sb ↔ along** jdn zum Weitergehen bewegen; **to ~ a car along** ein Auto vorbeiwinken; ***the book is full of interesting dialogues that help to ~ the action along*** aufgrund der vielen interessanten Dialoge im Buch kommt die Handlung nie ins Stocken
II. *vi* ① *(walk further on)* weitergehen; *(run further on)* weiterlaufen; *(drive further on)* weiterfahren; ***~ along now, children!*** auf, Kinder, weiter [geht's]! *fam*
② *(make room)* aufrücken, Platz machen
◆**move around** *vt, vi see* **move about**
◆**move away I.** *vi* ① *(leave)* weggehen; *vehicle* wegfahren; ***she waved as the train ~d away*** sie winkte dem abfahrenden Zug nach
② *(move house)* wegziehen; ***she's moving away to her boyfriend/to London*** sie zieht zu ihrem Freund/nach London; **to ~ away from home** von zu Hause ausziehen
③ *(give up habit)* ■**to ~ away from sth** von etw *dat* abkommen
II. *vt* **to ~ away ↔ sth** etw wegräumen; *(push away)* etw wegrücken; ■**to ~ away ↔ sb** jdn wegschicken
◆**move back I.** *vi* ① *(return)* zurückkommen; **to ~ back to one's former home** wieder in sein Haus einziehen
② *(withdraw)* zurückweichen; *car* zurücksetzen; ***move back!*** zurücktreten!
II. *vt* ① *(put back)* ■**to ~ sth ↔ back** etw *akk* zurückstellen
② *(push back)* zurückschieben; *car* zurücksetzen
◆**move down I.** *vi* ① *(change position)* sich *akk* nach unten bewegen; *(slip down)* runterrutschen *fam; (make room)* aufrücken; ***please ~ down the bus!*** bitte aufrücken!
② *(change value) shares, prices* fallen
③ SCH **to ~ down a class** [*or* AM **grade**] eine Klasse zurückgestuft werden; **to ~ down a mark** [*or* **grade**] sich *akk* um eine Note verschlechtern
④ SPORT **to ~ down [a division]** absteigen
II. *vt* ① *(change position of)* ■**to ~ sth ↔ down** etw nach unten bewegen; *(place lower down)* etw nach unten stellen; *(clear)* etw nach unten räumen
② SCH **to ~ sb ↔ down [a class/to the third class]** jdn [eine Klasse/in die dritte Klasse] zurückstufen
◆**move in I.** *vi* ① *(enter a new home)* einziehen; ■**to ~ in together [with sb]** [mit jdm] zusammenziehen; ■**to ~ in with sb** bei jdm einziehen, zu jdm ziehen
② *(take control)* ***government officials have ~d in to settle the dispute*** man hat Regierungsbeamte eingesetzt, um den Streit zu beenden
③ *(also fig: advance to attack)* anrücken *a. fig;* ***the painters are moving in next week*** *(fam)* nächste Woche kommen die Maler; ■**to ~ in on sb/sth** gegen jdn/etw vorrücken; *(in a circle)* jdn/etw umzingeln [*o* einschließen]; **to ~ in on enemy territory** auf feindliches Gebiet vorrücken; **to ~ in on a new market** sich *akk* auf einem Neuen Markt etablieren
④ *(budge up)* nach innen rücken
II. *vt* ① ■**to ~ sth ↔ in** *(change position of)* etw nach innen bewegen; *(push in)* etw nach innen rücken; *(take inside)* etw hineinbringen [*o fam* reinbringen]
② *(send)* ■**to ~ in ↔ sb** jdn einsetzen; *troops, police* jdn einrücken lassen
◆**move off I.** *vi* sich *akk* in Bewegung setzen; *(walk)* losgehen; *(run)* loslaufen, losrennen; *(drive)* losfahren
II. *vt* ■**to ~ sth ↔ off** etw wegräumen; ~ ***your hands off!*** *(fam)* nimm deine Hände weg!
◆**move on I.** *vi* ① *(continue a journey)* sich *akk* wieder auf den Weg machen; *(walk)* weitergehen; *(run)* weiterlaufen, weiterrennen; *(drive)* weiterfahren
② *(advance)* sich *akk* weiterentwickeln; *(progress in career)* beruflich weiterkommen; *(make a successful career)* Karriere machen; *(be promoted)* befördert werden; *(change job)* sich *akk* [beruflich] verändern; **to ~ on to higher** [*or esp hum* [**bigger and**] **better**] **things** in höhere Sphären aufsteigen *iron*
③ *(pass) time* vergehen, verstreichen
④ *(change subject)* ■**to ~ on to sth** zu etw *dat* übergehen; ***let's ~ on [to another subject]*** lass uns das Thema wechseln; ***let's ~ on to the next subject*** kommen wir zum nächsten Thema
II. *vt* ■**to ~ sb ↔ on** *(cause to leave)* jdn zum Weitergehen auffordern; *(in a vehicle)* jdn zum Weiterfahren auffordern; *(force to leave)* jdn vertreiben
◆**move out I.** *vi* ① *(stop inhabiting)* ausziehen; **to ~ out of a flat/house** aus einer Wohnung/einem Haus ausziehen
② *(cease involvement)* ■**to ~ out [of sth]** sich *akk* [von etw *dat*] zurückziehen; ***we ~d out of the negotiations*** wir schalteten uns aus den Verhandlungen aus
③ *(leave) troops* abziehen; *train etc.* abfahren
II. *vt* ① ■**to ~ sth ↔ out** *(clear)* etw wegräumen; *(take outside)* etw hinausbringen [*o fam* rausbringen]; ***I have ~d everything out of the garage*** ich habe alles aus der Garage geräumt; **to ~ a car out [of the garage]** eine Auto [aus der Garage] herausfahren
② *(make leave)* ■**to ~ out ↔ sb:** ***several parents ~d their children out of the school*** mehrere Eltern nahmen ihre Kinder von der Schule; ***during the war many children were ~d out [of London]*** im Krieg wurden viele Kinder [aus London] evakuiert; ***we were all ~d out of the danger zone*** wir mussten alle das Gefahrengebiet räumen; **to ~ out ↔ a tenant** einem Mieter kündigen; **to ~ one's troops out [of an area]** seine Truppen [aus einem Gebiet] abziehen
◆**move over I.** *vi* ① *(make room)* Platz machen,

aufrücken
② *(switch)* ■to ~ **over to sth** zu etw *dat* übergehen; ***let's ~ over to the final/ our correspondent in London*** TV wir schalten jetzt zum Finale/unserem Korrespondenten in London
II. *vt* ■**to ~ sth** ↔ **over** etw herüberschieben; *(put aside)* etw zur Seite räumen; *(push aside)* etw zur Seite rücken; *(turn)* etw umdrehen
◆**move round** *vt, vi see* **move about**
◆**move towards** *vi* ■**to ~ towards sth** sich *akk* etw *dat* [an]nähern
◆**move up I.** *vi* ① *(also fig: advance)* aufrücken; *(to the next form)* versetzt werden; *(professionally, socially)* aufsteigen; ***the troops ~d up to the front line*** die Truppen rückten an die Frontlinie vor; ***she's ~d up to technical director*** sie ist zur technischen Leiterin aufgestiegen; ***through his marriage he has ~d up to a higher social class*** durch seine Heirat ist er sozial aufgestiegen; **to ~ up a class** [*or* AM **grade**] eine Klasse höher versetzt werden; **to ~ up to grammar school** in's Gymnasium wechseln; **to ~ up a mark** [*or* **grade**] sich *akk* um eine Note verbessern
② *(make room)* Platz machen, aufrücken; ***could you please ~ up a seat?*** könnten Sie bitte einen Platz aufrücken?
③ *(increase) prices* steigen; STOCKEX sich *akk* verbessern
II. *vt* ① *(change position of)* ■**to ~ sth** ↔ **up** etw nach oben bewegen; *(put in a higher place)* etw nach oben räumen; ***I ~d my books up to the shelf*** ich habe meine Bücher in das Regal [ein]geräumt
② *(promote at work)* ■**to ~ up** ↔ **sb** jdn versetzen; ***they ~d him up to head of sales*** er wurde zum Verkaufsleiter befördert; **to ~ sb up** [**to a higher class**] jdn in eine höhere Klasse versetzen

move·able ['mu:vəbl] *adj see* **movable**

moved [mu:vd] *adj pred* bewegt; **~ to tears** zu Tränen gerührt

move·ment ['mu:vmənt] *n* ① *(change of position)* Bewegung *f;* ***after the accident he had no ~ in his legs*** nach seinem Unfall konnte er seine Beine nicht bewegen
② *no pl (general activity)* Bewegung *f;* FIN, STOCKEX Schwankung[en] *f[pl]*, Bewegung *f;* ***the scene of the crash was almost devoid of ~*** am Absturzort rührte sich fast nichts
③ MUS *(part of symphony)* Satz *m*
④ *no pl (tendency)* Tendenz *f*, Trend *m* (**towards** [hin] zu *+dat*); **there is a ~ towards doing sth** die Tendenz geht dahin, etw zu tun
⑤ *(interest group)* Bewegung *f;* **the suffragette ~** die Bewegung der Frauenrechtlerinnen
⑥ BRIT, AUS *(activities)* ■**~s** *pl* Tätigkeiten *pl;* ***what are your ~s today?*** was machst du heute?; ***I'm keeping an eye on her ~s*** ich beobachte sie
⑦ *(mechanism) of a clock, watch* Uhrwerk *nt*

mov·er ['mu:vəʳ, AM -ɚ] *n* ① *(sb or sth in motion)* **to be a good ~** sich *akk* gut bewegen können; *(good dancer)* ein guter Tänzer/eine gute Tänzerin sein; **to be a quick/slow ~** [sich *akk*] schnell/langsam von der Stelle bewegen
② *(instigator)* Antragsteller(in) *m(f);* **to be a key ~** [**in sth**] [bei etw *dat*] eine Schlüsselrolle spielen [*o* sein]
③ *(sth that sells well)* begehrte Ware; **to be a** [**good**] **~** gut gehen
④ *(form: proposer at a meeting)* Antragsteller(in) *m(f)*

mov·er and 'shak·er <*pl* movers and shakers> *n esp* AM **to be a ~** ein Macher sein; ■**the movers and shakers** die Macher *pl*

mov·ers ['mu:vəʳz, AM -ɚz] *npl (removers)* Umzugsfirma *f*, SCHWEIZ *a.* Zügelfirma *f*

movie ['mu:vi:] *n esp* AM, AUS *(film)* [Kino]film *m;* ■**the ~s** *pl* das Kino; **to be in the ~s** *(fam)* im Filmgeschäft sein

'movie cam·era *n* Filmkamera *f* **'movie di·rec·tor** *n esp* AM, AUS Filmregisseur(in) *m(f)*

'movie·goer *n esp* AM, AUS Kinogänger(in) *m(f)*

'movie star *n* Filmstar *m* **'movie thea·ter** *n* AM Kino *nt*

mov·ing ['mu:vɪŋ] **I.** *n no pl* Umziehen *nt*, SCHWEIZ *a.* Zügeln *nt;* ***I hate ~*** ich hasse es, umzuziehen; **~ expenses** Umzugskosten *pl*
II. *n modifier (expenses)* Umzugs-; **~ day** Umzugstag *m*
III. *adj* ① *attr* MECH beweglich; **~ parts** bewegliche Teile; **~ stairs** Rolltreppe *f*
② *attr (motivating)* Antriebs-; **the ~ drive** der Antrieb; **the ~ force** die treibende Kraft
③ *(causing emotion)* bewegend, ergreifend

mov·ing 'av·er·age *n* STOCKEX gleitender Mittelwert [*o* Durchschnitt]

mov·ing·ly ['mu:vɪŋli] *adv* ergreifend

mov·ing 'walk·way, AM **mov·ing 'side·walk** *n* Rollband *m (z.B. am Flughafen)*

mow <mowed, mown *or* mowed> [məʊ, AM moʊ] **I.** *vi (cut grass, grain)* mähen
II. *vt* **to ~ a field** ein Feld abmähen; **to ~ the lawn** den Rasen mähen
◆**mow down** <mowed, mown *or* mowed> *vt (fam)* ■**to ~ down** ↔ **sb** *(intentionally)* jdn niedermetzeln *pej;* *(accidentally)* jdn töten

mow·er ['məʊəʳ, AM 'moʊɚ] *n* Rasenmäher *m;* *(on a farm)* Mähmaschine *f*

mown [məʊn, AM moʊn] **I.** *pp of* **mow**
II. *adj* gemäht; *field* abgemäht; **newly ~ hay** frisch gemähtes Heu

Mo·zam·bi·can [,məʊzæm'bi:kən, AM ,moʊ-] **I.** *n* Mosambikaner(in) *m(f)*
II. *adj* mosambikanisch

Mo·zam·bique [,məʊzæm'bi:k, AM ,moʊ-] *n* Mosambik *nt*

moz·za·rel·la, moz·za·rel·la cheese [,mɒtsə'relə-, AM ,mɑ:t-] *n no pl* Mozzarella[käse] *m*

MP [,em'pi:] BRIT, CAN POL *abbrev of* **Member of Parliament**

MP3 [,empi:'θri:] *n abbrev of* **MPEG** (**Motion Picture Experts Group**) **1 Layer 3** MP3 *nt meist ohne art;* **~-player** MP3-Player *m*

mpg [,empi:'dʒi:] *abbrev of* **miles per gallon**: **to do** [*or* **get**] **40 ~** 40 Meilen pro Gallone fahren

mph [,empi:'eɪtʃ] *abbrev of* **miles per hour**: **to do** [*or* **go**] **50 ~** 50 Meilen pro Stunde fahren

MPhil [,em'fɪl] *n* UNIV *abbrev of* **Master of Philosophy** ≈ Magister Artium *m*, ≈ Mag. phil. *m* ÖSTERR, ≈ Lic. phil. *m* SCHWEIZ

MPV [,empi:'vi:] *n abbrev of* **multi-purpose vehicle** MPV *nt*, Mehrzweckfahrzeug *nt*

Mr ['mɪstəʳ, AM -ɚ] *n no pl* ① *(title for man)* Herr; ***he thinks he's ~ Big*** *(fam)* er hält sich für den King hier *fam;* **~ Chairman/President** Herr Vorsitzender/Präsident
② *(gangster boss)* Gangsterboss *m;* *(mafia)* Pate *m*
③ *(representative of sth)* ***he's called ~ Television*** man nennt ihn Mister Fernsehen; **~ Right** der Richtige [*o* Traummann]
▶PHRASES: **no more ~ Nice Guy** ab jetzt werden andere Saiten aufgezogen

MRC [,emɑ:'si:] *n no pl, + sing/pl vb* BRIT *abbrev of* **Medical Research Council** *Organisation, die der Förderung medizinischer Forschung dient*

MRI [,emɑ:'aɪ, AM ɑ:r'] *n no pl abbrev of* **magnetic resonance imaging** magnetische Resonanzspektroskopie

Mrs ['mɪsɪz] *n no pl* ① *(title for married woman)* Frau, Fr.
② *(representative of sth)* Verkörperung *f;* ***for many people, she was ~ Rock 'n' Roll*** für viele Leute war sie die Königin des Rock 'n' Roll; **to be ~ Average** ein durchschnittlicher Frauentyp sein

Ms [məz, AM mɪz] *n no pl (title for woman, married or unmarried)* Fr., Frau *(Alternativbezeichnung zu Mrs und Miss, die sowohl für verheiratete wie unverheiratete Frauen zutrifft)*

MS [,em'es] *n no pl abbrev of* **multiple sclerosis** MS *f*

ms *n abbrev of* **manuscript** Mskr.

MSc [,emes'si:] *n abbrev of* **Master of Science**

MS-DOS® [,emes'dɒs, AM -'dɑ:s] *n no pl* COMPUT MS-DOS® *nt*

msec *n abbrev of* **millisecond** msek

MSF[1] [,emes'ef] *n no pl, + sing/pl vb* BRIT *abbrev of* **Manufacturing, Science and Finance** *britische Angestelltengewerkschaft*

MSF[2] [,emes'ef] *n no pl, + sing/pl vb abbrev of* **Médecins sans Frontières** MSF *pl*

MSG [,emes'dʒi:] *n no pl* CHEM *abbrev of* **monosodium glutamate**

Msgr *n abbrev of* **monsignor** Msgr.

MSL [,emes'el] *n no pl* NAUT *abbrev of* **mean sea level** NN, Normalnull *nt*

MSRP [,emesɑ:'pi:, AM -ɑ:r-] *n abbrev of* **manufacturer's suggested retail price** empfohlener VK, empfohlener Verkaufspreis, Preisempfehlung *f* [vom Hersteller]

mss [em'esɪz] *pl of* **ms**

Mt *n abbrev of* **Mount**

Mts *n pl abbrev of* **Mountains**: **the Rocky ~** die Rocky Mountains *pl*

much [mʌtʃ] **I.** *adj* <more, most> *+ sing* viel; ***there wasn't ~ post*** es kam nicht viel Post; **how ~ ...?** wie viel ...?; ***how ~ time have we got?*** wie viel Zeit bleibt uns?; **half/twice as ~** halb/doppelt so viel; **not/so ~** nicht/so viel; [**~**] **too ~** [viel] zu viel; **a bit too ~** etwas [*o* ein bisschen] [zu] viel
II. *pron* ① *(relative amount)* viel; ***this ~ is certain*** so viel [*o* eines] ist sicher; ***I don't know ~ about fishing*** ich hab nicht viel Ahnung vom Angeln; ***he left without so ~ as an apology*** er ging ohne auch nur ein Wort der Entschuldigung; **half/twice as ~** halb/doppelt so viel; **too ~** zu viel
② *(great deal)* viel; ***~ of what you say is right*** vieles von dem, was Sie sagen, ist richtig; ***you didn't miss ~*** Sie haben nicht viel verpasst; ***well, I guess our picnic won't come to ~*** ich glaube, aus unserem Picknick wird nichts werden; ***my new stereo isn't up to ~*** meine neue Anlage taugt nicht viel *fam;* ***I'm not up to ~ really*** *(not much planned)* ich hab nicht viel vor; *(not fit for much)* mit mir ist nicht viel los *fam*
③ *with neg (pej: poor example)* ***I've never been ~ of a dancer*** ich habe noch nie gut tanzen können; ***she's not ~ of a believer in horoscopes*** sie glaubt nicht wirklich an Horoskope; ***he's not ~ to look at*** er sieht nicht gerade umwerfend aus
④ *(larger part)* **~ of the day** der Großteil des Tages; **~ of sb's time** ein Großteil von jds Zeit
⑤ *(be redundant)* **so ~ for ...** das war's dann wohl mit ...; ***the car's broken down again — so ~ for the trip to the seaside*** das Auto ist schon wieder kaputt – das war's dann wohl mit unserem Ausflug ans Meer
⑥ *with interrog* **how ~ is it?** was kostet das?
III. *adv* <more, most> ① *(greatly)* sehr; ***we would very ~ like to come*** wir würden sehr gerne kommen; ***she would ~ rather have her baby at home than in the hospital*** sie würde ihr Kind viel lieber zu Hause als im Krankenhaus zur Welt bringen; ***I've been feeling ~ healthier lately*** ich fühle mich in letzter Zeit viel besser; **~ to our surprise** zu unserer großen Überraschung; **to not be ~ good at sth** in etw *dat* nicht sehr gut sein
② *(by far)* bei Weitem; ***she's ~ the best person for the job*** sie ist bei Weitem die Beste für den Job
③ *(nearly)* fast; ***things around here are ~ as always*** hier ist alles beim Alten; **as ~ as** so gut wie; ***he as ~ as admitted that ...*** er hat so gut wie zugegeben, dass ...; **~ the same** fast so; ***I am feeling ~ the same as yesterday*** ich fühle mich ungefähr genauso wie gestern
④ *(specifying degree)* **as ~ as** so viel wie; ***I like him as ~ as you do*** ich mag ihn genauso sehr wie du; ***they fought with each other as ~ as ever*** sie stritten sich wie eh und je; **so ~** so [sehr]; ***it hurts so ~ to see him like that*** es tut so weh, ihn so zu sehen; ***I wanted so ~ to meet you*** ich wollte dich unbedingt treffen; **very ~** sehr; ***thank you very ~*** herzlichen Dank; ***that's very ~ the done thing around here*** das ist hier so üblich
⑤ *(exactly that)* genau das; ***I had expected as ~*** so etwas hatte ich schon erwartet; ***it was as ~ as I***

could do to get out of bed ich konnte gerade noch aufstehen
⑥ *(often)* häufig; ***we don't go out ~*** wir gehen nicht viel [*o* oft] weg; ***do you see ~ of her?*** siehst du sie öfters?
⑦ *(setting up a contrast)* ***they're not so ~ lovers as friends*** sie sind eher Freunde als ein Liebespaar
IV. *conj (although)* auch wenn, wenngleich *geh;* ***~ as I like you, ...*** so gern ich dich auch mag, ...; ***~ as I would like to help you, ...*** so gerne ich euch auch helfen würde, ...; ***he can barely boil an egg, ~ less cook a proper dinner*** er kann kaum ein Ei kochen, geschweige denn eine richtige Mahlzeit; ***however ~ you dislike her ...*** wie unsympathisch sie dir auch sein mag, ...

much·ness ['mʌtʃnəs] *n no pl (fam)* **to be much of a ~** so ziemlich das Gleiche sein; ***the songs you hear on the radio these days all sound much of a ~*** die Lieder, die man heutzutage im Radio hört, hören sich alle gleich an

muck [mʊk] *n no pl* BRIT ① *(dirt)* Dreck *m fam; (waste)* Müll *m,* Kehricht *m* SCHWEIZ; **[to be] common as ~** *(fam)* furchtbar ordinär [*o* gewöhnlich] [sein] *pej;* **to treat sb like ~** jdn wie [den letzten] Dreck behandeln *fam*
② *(euph: excrement)* Haufen *m fam;* AGR Mist *m,* Dung *m; (liquid)* Jauche *f,* Gülle *f* SCHWEIZ; **dog ~** Hundehaufen *m*
③ *(pej fam: sth worthless)* Mist *m fam; (food)* Fraß *m pej sl; (show, pop music)* Mist *m fam,* Krampf *m fam;* **to make a ~ of sth** etw versauen *sl;* ***I've really made a ~ of things this time, haven't I?*** diesmal habe ich wirklich alles versaut, oder?
▶PHRASES: **where there's ~, there's brass** *(prov)* Dreck und Geld liegen nah beisammen *prov*
◆**muck about, muck around** *(fam)* **I.** *vi* Unfug treiben; ■**to ~ about** [*or* **around**] **with sth** an etw *dat* herumfummeln
II. *vt* ■**to ~ sb about** [*or* **around**] mit jdm umspringen[, wie es einem gefällt]; ***stop ~ing me about!*** sag mir endlich, was Sache ist!; ***I'm tired of their ~ing me about*** ich bin es leid, wie sie mit mir umspringen
◆**muck in** *vi* BRIT *(fam)* mithelfen, mit anpacken *fam;* **to mix and ~ in** ohne großes Federlesen[s] mit anpacken
◆**muck out I.** *vt* ■**to ~ out** ⊂ **sth** etw ausmisten *fam*
II. *vi* ausmisten *fam*
◆**muck up** *vt* BRIT *(fam)* ■**to ~ up** ⊂ **sth** etw vermasseln *fam* [*o sl* verbocken] [*o* ÖSTERR *fam* verhauen]; **to ~ up an exam** eine Prüfung versieben [*o* ÖSTERR verhauen] *fam*

'muck·heap *n* Haufen *m* [Kot] **muck·rak·er** [-reɪkəʳ, AM -ɚ] *n (pej)* Sensationsreporter(in) *m(f) pej,* Skandalreporter(in) *m(f) pej,* Paparazzo *m pej* **muck-rak·ing** [-reɪkɪŋ] *n no pl* Enthüllungsjournalismus *m,* Sensationsjournalismus *m pej,* Skandaljournalismus *m pej* **'muck-up** *n (fam)* Fehlschlag *m,* Reinfall *m fam*

mucky ['mʊki] *adj* ① *(dirty)* schmutzig, dreckig; **~ pup** *(fig)* Ferkel *nt fig*
② *(fam: sordid)* *joke, comment* schlüpfrig, unanständig; *(stronger)* säuisch *pej fam*

mu·cous ['mju:kəs] *adj no pl (relating to mucus)* Schleim- *m; (producing mucus)* schleimbildend

'mu·cous-form·ing *adj* schleimbildend **mu·cous 'mem·brane** *n* Schleimhaut *f,* Mukosa *f fachspr*

mu·cus ['mju:kəs] *n no pl* Schleim *m*

mud [mʌd] *n no pl* ① *(wet earth)* Schlamm *m; (wet snow)* Matsch *m;* **to be caked with** [*or* **in**] **~** völlig mit Schlamm bedeckt sein; **to squelch through the ~** durch den Schlamm/Matsch stapfen; **to wallow in ~** sich *akk* im Schlamm wälzen, sich *akk* suhlen
② *(insults)* **to hurl** [*or* **sling**] [*or* **throw**] **~ at sb** eine Schlammschlacht [*o* Schmutzkampagne] gegen jdn starten
▶PHRASES: **as clear as ~** *(fam)* klar wie Kloßbrühe *fam,* sonnenklar ÖSTERR; **to drag sb's name through the ~** jds Namen in den Schmutz [*o fam* Dreck] ziehen

'mud·bath *n* ① *(of elephants)* Schlammbad *nt*
② Moorbad *nt*

mud·dle ['mʌdḷ] **I.** *n* ① *usu sing (confused state)* Durcheinander *nt;* **to get in a ~** durcheinandergeraten, durcheinanderkommen *fam;* **to get sth in[to] a ~** etw durcheinanderbringen; ■**to be in a ~** durcheinander sein
② *no pl (confusion)* Durcheinander *nt,* Kuddelmuddel *nt,* SCHWEIZ *a.* Puff *nt fam*
II. *vi* ■**to ~ along** vor sich *akk* hin wurs[ch]teln *fam*
◆**muddle through** *vi* sich *akk* durchwurs[ch]teln *fam*
◆**muddle up** *vt* ■**to ~ up** ⊂ **sth** etw durcheinanderbringen

mud·dled ['mʌdḷd] *adj* verworren

mud·dle-'head·ed *adj* verwirrt, konfus, durcheinander

mud·dy ['mʌdi] **I.** *vt* ■**to ~ sth** ① *(make dirty)* etw verschmutzen [*o* schmutzig machen]
② *(fig: confuse)* etw undurchsichtig machen
▶PHRASES: **to ~ the waters** die Sache verkomplizieren
II. *adj* schlammig; *(dirty)* schmutzig; *ground, snow* matschig; **~ browns and greens** schlammfarbene Braun- und Grüntöne

'mud·flap *n* AUTO Schmutzfänger *m* **'mud flat** *n* Watt *nt* **'mud·guard** *n of a car* Kotflügel *m; of a bicycle* Schutzblech *nt* **'mud·pack** *n* Gesichtsmaske *f* **mud 'pie** *n Kuchen, der aus Matsch von einem Kind geformt wird* **'mud slide** *n* Schlammlawine *f* **mud-sling·er** ['mʌdslɪŋəʳ, AM -ŋɚ] *n (fam)* Dreckschleuder *f pej fam* **mud-sling·ing** ['mʌdslɪŋɪŋ] *n no pl* Schlammschlacht *f fam;* **~ campaign** Schmutzkampagne *f fam* **'mud wrest·ling** *n no pl* Schlammcatchen *nt*

mues·li ['mju:zli] *n no pl* Müsli *nt,* Müesli *nt* SCHWEIZ

mu·ez·zin [mu'ezɪn, AM *esp* mju-] *n* REL Muezzin *m*

muff [mʌf] **I.** *n* ① FASHION Muff *m*
② *(vulg sl: vagina)* Muschi *f vulg*
II. *vt (fam)* ■**to ~ sth** etw verpatzen [*o* vermasseln] *fam;* **to ~ the lines** [*or* **words**] sich *akk* verhaspeln

muf·fin ['mʌfɪn] *n* ① BRIT *flaches rundes Hefebrötchen, das halbiert getoastet und anschließend mit Butter (und ggf. Marmelade) gegessen wird*
② AM Muffin *nt (kleiner, hoher, runder [meist süßer] Kuchen aus Rührteig);* **blueberry/chocolate ~** Heidelbeer-/Schokoladenmuffin *nt*

muf·fle ['mʌfḷ] *vt* ■**to ~ sth** etw dämpfen; *(fig)* etw [ab]schwächen; ***her cries were ~d by his hand*** seine Hand erstickte ihre Schreie
◆**muffle up I.** *vt* ■**to ~ up** ⊂ **oneself** sich *akk* warm anziehen [*o fam* einpacken] [*o fam* einmummeln]
II. *vi* sich *akk* warm anziehen [*o fam* einpacken], sich *akk* einmummeln *fam*

muf·fled ['mʌfḷd] *adj attr* gedämpft, leise; *bells* umwickelt; **~ screams** erstickte Schreie

muf·fler ['mʌfləʳ, AM -ɚ] *n* ① AM *(silencer) of gun* Schalldämpfer *m; of car* Auspufftopf *m*
② *(dated: scarf)* Schal *m*

muf·ti ['mʌfti] *n* ① *no pl (dated)* zivile Kleidung; ■**in ~** in Zivil
② REL *(Muslim legal expert)* Mufti *m*

mug [mʌg] **I.** *n* ① *(cup)* Becher *m (mit Henkel),* Häferl *nt* ÖSTERR
② *esp* BRIT *(fam: foolish person)* Simpel *m* DIAL, Trottel *m fam;* ***he's such a ~!*** er ist ja so doof!; ***this is a ~'s game*** das ist ja total schwachsinnig; **to take sb for a ~** jdn für dumm halten
③ *(pej: face)* Visage *f pej sl,* Fresse *f pej sl*
II. *vt* <-gg-> ■**to ~ sb** jdn überfallen und ausrauben
◆**mug up** BRIT **I.** *vt (fam)* ■**to ~ up** ⊂ **sth** für etw *akk* [auf die letzte Minute] büffeln [*o fam* pauken] [*o* ÖSTERR *fam* strebern]; **to ~ up one's History** Geschichte büffeln [*o* ÖSTERR *fam* strebern]
II. *vi (fam)* ■**to ~ up on sth** etw schnell [im Voraus] durchgehen [*o* durchlesen]; ***he ~ged up on the plot just before he went to the theatre*** er hat vor dem Theaterbesuch noch schnell die Handlung überflogen

mug·ful ['mʌgfʊl] *n* Bechervoll *m*

mug·ger ['mʌgəʳ, AM -ɚ] *n* [Straßen]räuber(in) *m(f)*

mug·ging ['mʌgɪŋ] *n* [Straßen]raub *m,* Überfall *m (auf offener Straße)*

mug·gins ['mʌgɪnz] *n no pl* BRIT *(hum)* Dumm[er]chen *nt fam (oft zu sich selbst gesagt);* ***I suppose ~ here will have to clear up!*** ich schätze, dass ich wieder der Dumme bin und aufräumen muss

mug·gle ['mʌgḷ] *n* ① *(non-wizard)* jd, der nicht zaubern kann
② *(unimaginative person)* fantasieloser Mensch

mug·gy ['mʌgi] *adv weather* schwül

'mug shot *n (fam: police photograph)* Foto *nt (für die Polizeiakte); (wanted poster)* Fahndungsfoto *nt; (hum: passport photograph)* Verbrecherfoto *nt hum*

mug·wump ['mʌgwʌmp] *n* AM ① *(boss)* Big Boss *m fam*
② *(stubborn person)* Querkopf *m*
③ POL Unabhängige(r) *f(m)*

mu·ja·he(d)·din, mu·ja·hi·deen, mu·ja·hi·din [ˌmʊdʒɑ:hɪ'din] *npl* Mudschahedin *pl*

mu·lat·to <*pl* -s *or* -es> [mju:'lætəʊ, AM mə'læt̬oʊ] **I.** *n* Mulatte, Mulattin *m, f*
II. *n modifier (child)* Mulatten-

mul·berry ['mʌlbəri, AM -beri] **I.** *n* ① *(fruit)* Maulbeere *f*
② *(tree)* Maulbeerbaum *m*
③ *(colour)* Dunkelviolett *nt*
II. *n modifier* Maulbeer-

mulch [mʌltʃ] *n no pl* Mulch *m*

mule[1] [mju:l] *n (animal)* Maultier *nt,* Muli *nt* SÜDD, ÖSTERR, SCHWEIZ; **[to be as] stubborn as a ~** stur wie ein Esel [sein] *fam,* ein Dickkopf [sein]

mule[2] [mju:l] *n (shoe)* halb offener Schuh; *(slipper)* Pantoffel *m*

mu·leteer [mjulɪ'tɪəʳ, AM lə'tɪr] *n* Maultiertreiber *m*

mul·ga ['mʊlgə] *n* ① BOT *(type of tree)* Mulga *f*
② *(wood)* Mulgaholz *nt*
③ AUS *(the bush)* ■**the ~** der Busch

mul·ish ['mju:lɪʃ] *adj* stur, eigensinnig, dickköpfig *fam,* stur

mull [mʌl] *vt* ① *(sweeten)* ■**to ~ sth** *ein alkoholisches Getränk zuckern, würzen und erhitzen;* **~ed wine** Glühwein *m*
② *(ponder)* ■**to ~ sth** sich *dat* etw durch den Kopf gehen lassen, etw erwägen
◆**mull over** *vt* ■**to ~ over** ⊂ **sth** über etw *akk* nachdenken

mul·lah ['mʌlə] *n* REL Mullah *m*

mul·let[1] ['mʌlɪt] *n (fish)* Meeräsche *f*

mullet[2] *n* Vokuhila *m sl (vorne kurz, hinten lang)*

mul·li·ga·taw·ny, mul·li·ga·taw·ny soup [ˌmʌlɪgə'tɔ:ni-, AM -'tɑ:ni-] *n indische Currysuppe*

mul·lion ['mʌljən] *n* ARCHIT Längspfosten *m;* ■**~s** *pl* Stabwerk *nt*

mul·lioned ['mʌljənd] *adj inv* längsunterteilt; **a ~ window** ein Fenster *nt* mit Stabwerk

multi- [mʌlti, AM mʌlt̬i] *in compounds* multi-; **multi-coloured** vielfarbig

multi ['mʌlti, AM 'mʌlt̬i] *n* AM *(fam) short for* **multivitamin** Multivitamin *nt*

multi-'ad·just·able *adj attr, inv* mehrfach verstellbar **'multi-bank·ing** *n no pl* FIN, INET Multibanking *nt* **'multi·brand** *adj car showroom* Multibrand-; **a ~ retailer** ein nicht an eine bestimmte Marke gebundener Einzelhändler **'multi·cast** TV **I.** *adj inv* Multicast-[Dienst-] **II.** *vi* per Multicast senden, simultan an mehrere [End]teilnehmer senden **'multi·cast·ing** *n no pl* Multicast *nt (Übertragungstechnik zum simultanen Versenden von Programmen an mehrere Teilnehmer)* **multi·'chan·nel** *adj inv* mit vielen Kanälen *nach n* **multi·chan·nel 'bank** *n* FIN, INET Multikanalbank *f* **multi·'col·oured,** AM **multi·'col·ored** *adj* bunt; *(lots of colours)* mehrfarbig **multi·com·'po·nent** *adj inv* Multikomponenten- **multi·'cul·tur·al** *adj* multikulturell **multi·di·'men·sion·al** *adj* vielschichtig **multi·dis·ci·'pli·nary** *adj* interdisziplinär, fächerübergreifend **multi-'eth·nic** *adj* Vielvölker-; **a ~ society** eine Vielvölkergesellschaft **multi-'fac·et·ed** *adj* vielschichtig

M

multi·fari·ous [ˌmʌltiˈfeəriəs, AM -təˈferi-] *adj attr (form)* vielfältig

'multi·floor *adj* ~ **apartment building** Geschosswohnungsbau *m* **'multi·form** *adj* vielgestaltig **multi·'func·tion·al** *adj* multifunktional; ~ **room** Mehrzweckraum *m* **'multi·grade** *adj* ~ **oil** Mehrbereichsöl *nt* **'multi·gym** *n* BRIT *multifunktionales Trainingsgerät* **'multi·hull** *n* Mehrkörperboot *nt* **multi·'lat·er·al** *adj inv* POL multilateral *geh* **multi·'layered** *adj* vielschichtig **multi·lev·el** [ˌmʌltiˈlevᵊl, AM -t̬i-], **multi·lev·elled** [ˌmʌltiˈlevᵊld, AM -t̬i-] *adj inv* mehrstufig **multi·'lin·gual** *adj inv* mehrsprachig, multilingual *fachspr;* **a ~ country** *ein Land, in dem man mehrere Sprachen spricht* **multi·'me·dia** I. *n no pl* Multimedia *f* II. *adj inv* multimedial **multi·media 'law** *n* Multimediagesetz *nt* **multi·media 'mes·sag·ing** *n* Multimedia-Messaging *nt* **multi·'mil·lion** *adj attr, inv* Millionen-; ~ **deal** Millionengeschäft *nt;* ~ **fortune** Vermögen *nt* von mehreren Millionen **multi·mil·lion·'aire** *n* Multimillionär(in) *m(f)* **multi·'na·tion·al** I. *n* multinationaler Konzern, Multi *m fam* II. *adj* multinational **'multi-pack** *n* Multipack *m* **multi·'par·ty** *adj inv* Mehrparteien-

multi·pe·rio·dic·ity [ˌmʌltiˌpɪəriəˈdɪsəti, AM -ˌt̬ɪpɪrioʊˈdɪsət̬i] *n* FIN Mehrperiodigkeit *f*

multi·'plati·num *adj inv* Multiplatin-

multi·play·er [ˈmʌltipleɪəʳ, AM -t̬iˈpleɪɚ] *adj attr computer game* Multiplayer-, für mehrere Spieler *nach n*

multi·ple [ˈmʌltɪpl̩] I. *adj inv, attr* vielfach, vielfältig; ***she died of ~ injuries*** sie erlag ihren zahlreichen Verletzungen; ~ **murders** mehrfacher Mord
II. *n* ① *(number)* Vielfache[s] *nt;* **to count in ~s of 6/10** das Sechser-/Zehnereinmaleins rechnen
② *(shop with many branches)* [Laden]kette *f;* ~ **shop** Geschäft *nt* einer [Laden]kette
③ PSYCH multiple Persönlichkeit *fachspr*

multi·ple 'birth *n* Mehrlingsgeburt *f* **multi·ple 'choice** *n* Multiplechoice *kein art* **multi·ple-'choice** *n modifier (exam, test)* Multiple-Choice- **multi·ple col·'li·sion, multi·ple 'crash** *n* Massenkarambolage *f* **multi·ple scle·'ro·sis** [ˌmʌltɪpl̩skləˈrəʊsɪs, AM -t̬əpl̩sklɪˈroʊ-] *n,* **MS** *n no pl* multiple Sklerose **multi·ple 'share cer·tifi·cate** *n* Gesamtaktie *f,* Globalaktie *f,* Sammelaktie *f*

multi·plex [ˈmʌltɪpleks, AM -t̬ə-] *n* Multiplex-Kino *nt*

multi·pli·cand [ˌmʌltɪplɪˈkænd, AM ˌmʌlt̬ə] *n* Multiplikand *m*

multi·pli·ca·tion [ˌmʌltɪplɪˈkeɪʃᵊn, AM -t̬ə-] *n no pl* MATH Multiplikation *f*

multi·pli·'ca·tion table *n* MATH Multiplikationstafel *f,* Multiplikationstabelle *f*

multi·plic·ity [ˌmʌltiˈplɪsɪti, AM -təˈplɪsət̬i] *n no pl (form)* Vielzahl *f* (**of** von +*dat*), Vielfalt *f* (**of** an +*dat*); ***there is a ~ of magazines to choose from*** es gibt eine große Auswahl an Zeitschriften

multi·pli·er [ˈmʌltɪplaɪəʳ, AM -t̬əplaɪɚ] *n* ① MATH Multiplikator *m*
② ELEC Vervielfacher *m;* ~ **resistor** PHYS Messwiderstand *m*

multi·ply <-ie-> [ˈmʌltɪplaɪ, AM -t̬ə-] I. *vt* ① MATH ■ **to ~ sth** [**by sth**] etw [mit etw *dat*] multiplizieren; ■ **to ~** [**out**] **sth and sth** etw mit etw *dat* multiplizieren; ***if you ~ four and three, you get twelve*** vier mal drei gibt zwölf
② *(increase in number)* vervielfachen
II. *vi* sich *akk* vermehren, sich *akk* vervielfachen; *(through reproduction also)* sich *akk* fortpflanzen

multi·po·'si·tion *adj inv* verstellbar **'multi-prod·uct** *adj inv* COMM diversifiziert **multi-'pur·pose** *adj* multifunktional; ~ **room** Mehrzweckraum *m* **multi-'ra·cial** *adj* gemischtrassig; ~ **policy** Politik *f* der Rassentrennung; ~ **society** *Gesellschaft, die aus den Angehörigen verschiedener Rassengruppen besteht* **'multi·re·gion** *adj attr DVD player* codefree, ohne Regionalcodierung *nach n* **'multi-site** *adj no pl* Multi-Site-; *company* mit mehreren Standorten *nach n* **multi-'stage** *adj* THEAT **a ~ theatre** ein Theater mit mehreren Bühnen **multi-'sto·rey** *adj inv* mehrstöckig, mehrgeschossig; ~ **car park** BRIT Parkhaus *nt* **multi-'task·ing** I. *n* COMPUT Ausführen *nt* mehrerer Programme, Multitasking *nt* II. *adj attr, inv (fig)* gleichzeitig mehreren Aufgaben nachkommend *attr;* ***she is a hard-working, ~ singer, actor, dancer and producer*** sie arbeitet hart und ist gleichzeitig Sängerin, Schauspielerin, Tänzerin und Produzentin **multi-'ten·ant·ed** *adj property* mit mehreren Mietparteien *nach n; building* Miet- **multi-'track** *adj inv* ELEC mehrspurig

multi·tude [ˈmʌltɪtjuːd, AM *esp* -tətuːd] *n* ① *(numerous sum)* Vielzahl *f;* **a ~ of sins** viele Versäumnisse; *(stronger)* die Sünden der Vergangenheit
② *(crowd)* ■ **the ~s** *pl* die Allgemeinheit; **~s of people** eine Vielzahl von Personen; **to come in ~s** in Scharen kommen

multi·tu·di·nous [ˌmʌltiˈtjuːdɪnəs, AM ˌmʌlt̬əˈtuːdᵊn] *adj inv* ① *(numerous)* zahlreich
② *(composed of many elements)* vielteilig
③ *(composed of many individuals)* vielköpfig

multi-'us·er *n modifier esp* COMPUT Mehrplatz-, Mehrbenutzer-; ~ **system** Mehrplatzsystem *nt,* Mehrbenutzersystem *nt,* Multiusersystem *nt*

multi·va·lent [ˌmʌltiˈveɪlənt, AM ˌmʌlt̬i-] *adj inv* CHEM mehrwertig; ~ **alcohol** mehrwertiger Alkohol

multi·variate sam·pling [ˌmʌltiveəriətˈsɑːmplɪŋ, AM -t̬iveriɪtˈsæmpl-] *n* MATH multivariates Auswahlverfahren

mum¹ [mʌm] *n (fam: mother)* Mama *f fam,* Mutti *f bes* NORDD *fam*

mum² [mʌm] *adj (fam: silent)* still; ***… — ~'s the word*** *(as a response)* … – ich schweige wie ein Grab, … – von mir erfährt keiner was; *(telling sb)* … – und kein Wort darüber, … – sag's keinem weiter; **to keep ~** den Mund halten *fam*

mum·ble [ˈmʌmbl̩] I. *vt* ■ **to ~ sth** *(quietly)* etw murmeln; *(unclearly)* etw nuscheln
II. *vi (quietly)* murmeln; *(unclearly)* nuscheln

mum·ble·shrug [ˈmʌmbl̩ʃrʌg] *vi* vor sich *dat* hin nuscheln, gleichgültig antworten

mum·bo jum·bo [ˌmʌmbəʊˈdʒʌmbəʊ, AM ˌmʌmboʊˈdʒʌmboʊ] *n no pl (fam)* Hokuspokus *m fam,* Quatsch *m fam*

mum·mer [ˈmʌməʳ, AM ɚ] *n* Maske *f*

mum·mery <*pl* -ries> [ˈmʌmᵊri] *n* Mummenschanz *m*

mum·mi·fi·ca·tion [ˌmʌmɪfɪˈkeɪʃᵊn] *n no pl* Mumifizierung *f,* Mumifikation *f*

mum·mi·fy <-ie-> [ˈmʌmɪfaɪ, AM -əfaɪ] *vt* ■ **to ~ sb/sth** jdn/etw mumifizieren

mum·my¹ [ˈmʌmi] *n (fam: mother)* Mama *f fam,* Mami *f fam,* Mutti *f bes* NORDD *fam*

mum·my² [ˈmʌmi] *n (corpse)* Mumie *f*

mumps [mʌmps] *n + sing vb* Mumps *m,* Ziegenpeter *m,* Parotitis *f fachspr*

mum·sy [ˈmʌmzi] I. *n (esp hum: mother)* Mütterchen *hum*
II. *adj (fam or pej) woman, clothes, hairstyle* matronenhaft *fam o pej*

munch [mʌn(t)ʃ] I. *vi* mampfen; **to ~ through sth** *food* sich *akk* [schmatzend und mampfend] durch etw *akk* hindurchfuttern
II. *vt* ■ **to ~ sth** etw mampfen

munchies [ˈmʌn(t)ʃiz] *npl* ① *(fam: snack food)* Knabberzeug *nt kein pl fam*
② *(fam: hunger)* ■ **the ~** Hunger *m kein pl;* ***I've got the ~*** mir knurrt der Magen

mun·dane [mʌnˈdeɪn] *adj (worldly)* profan *geh; (unexciting) problem, question* banal; *(routine) activity, task* alltäglich

mung bean [ˈmʌŋ-] *n* Mungbohne *f*

Mu·nich [ˈmjuːnɪk] *n* München *nt*

mu·nici·pal [mjuːˈnɪsɪpᵊl, AM -səpᵊl] *adj inv* städtisch, Stadt-, kommunal, Kommunal-; ~ **authorities** Stadtverwaltung *f,* städtische [*o* kommunale] Behörde[n]; ~ **courts** städtische [*o* kommunale] Sportplätze; ~ **elections** Stadtratswahlen *pl,* Gemeinderatswahlen *pl;* ~ **government** Stadtrat *m,* Gemeinderat *m,* Stadtregierung *f* ÖSTERR; ~ **library** Stadtbibliothek *f,* Gemeindebibliothek *f* SCHWEIZ, städtische Bücherei ÖSTERR; ~ **waterway** kommunale Wasserstraße

mu·nici·pal 'bank *n* Kommunalbank *f* **mu·nici·pal 'bond** *n* AM FIN Kommunalobligation *f (Anleihe eines Bundesstaates oder einer Gemeinde)* **mu·nici·pal 'busi·ness** *n* Kommunalgeschäft *nt* **mu·nici·pal in·'sur·ance** *n no pl* Gemeindeversicherung *f*

mu·nici·pal·ity [mjuːˌnɪsɪˈpæləti, AM -səˈpælət̬i] *n* ① *(political unit)* Gemeinde *f,* Kommune *f; (town-size also)* Stadt *f*
② *(governing body)* Stadtverwaltung *f*

mu·nici·pal 'leas·ing *n no pl* Kommunalleasing *nt* **mu·nici·pal 'loan** *n* Kommunalkredit *m,* Kommunalanleihe *f* **mu·nici·pal 'sav·ings bank** *n* kommunale Sparkasse **mu·nici·pal 'tax** *n* Gemeindesteuer *f*

mu·nifi·cence [mjuːˈnɪfɪsən(t)s] *n (form)* Generosität *f geh,* Großzügigkeit *f*

mu·nifi·cent [mjuːˈnɪfɪsənt] *adj (form)* generös *geh,* großzügig

mu·ni·tions [mjuːˈnɪʃᵊnz] *npl (weapons)* Waffen *pl; (weapons and ammunition)* Kriegsgeräte *pl veraltend,* Kriegsmaterial *nt kein pl; (ammunition)* Munition *f kein pl*

Munro [mʌnˈrəʊ, mənˈ-, ˈmʌnrəʊ, AM mənˈroʊ] *n* <*pl* -s> GEOG die Munros *pl*

Mun·ster·man [ˈmʌn(t)stəmən, AM -stɚ-] *n* Bewohner *m* von Munster

Mun·ster·wom·an [ˈmʌn(t)stəwʊmən, AM -stɚ-] *n* Bewohnerin *f* von Munster

mu·ral [ˈmjʊərᵊl, AM ˈmjʊr-] I. *n* Wandgemälde *nt*
II. *adj* Wand-; ~ **escarpment** Grabenwand *f*

mur·der [ˈmɜːdəʳ, AM ˈmɜːrdɚ] I. *n* ① *(crime)* Mord *m,* Ermordung *f* (**of** an +*dat*); **cold-blooded ~** kaltblütiger Mord; **first degree ~** LAW vorsätzlicher Mord; **mass ~** Massenmord *m;* **third degree ~** LAW Totschlag *m;* **to commit ~** einen Mord begehen; **to be charged with** [**attempted**] **~** des [versuchten] Mordes angeklagt sein; **to be convicted of ~** wegen Mordes verurteilt werden
② *(fig: difficult thing)* ein Ding der Unmöglichkeit; ***it's ~ trying to find a parking space around here*** es ist wirklich schier unmöglich, hier in der Gegend einen Parkplatz zu finden
▸ PHRASES: **to scream** [*or* **shout**] **blue ~** Zeter und Mordio schreien
II. *vt* ■ **to ~ sb** jdn ermorden [*o* umbringen] *a. fig;* ***if he's late again, I'll ~ him*** wenn er wieder zu spät kommt, dann dreh ich ihm den Kragen um

mur·der·er [ˈmɜːdᵊrəʳ, AM ˈmɜːrdɚɚ] *n* Mörder(in) *m(f)*

mur·der·ess [ˈmɜːdᵊrɪs, AM ˈmɜːrdɚəs] *n (dated)* Mörderin *f*

mur·der·ous [ˈmɜːdᵊrəs, AM ˈmɜːrd-] *adj* ① *(cruel)* mordlüstern, blutrünstig; *(evil) look, hatred* tödlich
② *(fig: unpleasant)* mörderisch *fam;* ***the traffic was ~ in town today*** der Stadtverkehr war heute tödlich; ~ **heat** mörderische Hitze

mur·der·ous·ly [ˈmɜːdᵊrəsli, AM ˈmɜːr] *adv* ① *(with murderous intent)* mörderisch
② *(with death as a consequence)* Tod bringend
③ *(violently)* brutal
④ *(fam: arduously)* Mords- *fam*

murk [mɜːk, AM mɜːrk] *n no pl* [dichte] Nebelschwaden *pl,* [dicke] Suppe *fam*

murki·ness [ˈmɜːkinəs, AM ˈmɜːr] *n no pl* ① *(gloominess)* Düsterheit *f*
② *(vagueness)* Unklarheit *f*

murky [ˈmɜːki, AM ˈmɜːrki] *adj* düster; ~ **night** finstere Nacht; ~ **past** *(fig)* dunkle Vergangenheit; ~ **water** trübes Wasser; ~ **waters** trübes Gewässer

mur·mur [ˈmɜːməʳ, AM ˈmɜːrmɚ] I. *vi* murmeln; ■ **to ~ about sth** *(complain)* wegen einer S. *gen* murren
II. *vt* ■ **to ~ sth** etw murmeln [*o* raunen]
III. *n* Gemurmel *nt kein pl,* Raunen *nt kein pl;* **a ~ of agreement** ein zustimmendes Raunen; **a ~ of discontent** ein unzufriedenes Raunen; **without a ~** ohne Murren [*o* zu murren]

mur·mur·ing [ˈmɜːmᵊrɪŋ, AM ˈmɜːr-] *n* ① *(low or indistinct sound)* Murmeln *nt*
② *usu pl (expression of dissatisfaction)* Gemurmel *nt kein pl*

③ *usu pl (insinuation)* Andeutung *f*
④ *(low, continuous sound)* leises Rauschen; *(of birds)* leises Zirpen

Murphy's law ['mɜ:fi:z,lɔ:, AM 'mɜ:rfi:z,lɑ:] *n no pl* Murphys Gesetz *nt*

mus·ca·del(le) [,mʌskə'tel] *n see* **muscatel**

mus·cat ['mʌskət] *n no pl* Muscat *m*

mus·ca·tel [,mʌskə'tel] *n* ① *(grape)* Muskateller *m kein pl*
② *(raisin)* Muskatellertraube *f*
③ *(wine)* Muskateller[wein] *m*

mus·cle ['mʌsḷ] I. *n* ① *(contracting tissue)* Muskel *m;* **bulging ~s** hervortretende Muskeln; **rippling ~s** spielende Muskeln; **to flex** [*or* **tense**] **a ~** die Muskeln spielenlassen; **to not move a ~** nicht mit der Wimper zucken; **to pull** [*or* **strain**]/**tear a ~** eine Muskelzerrung/einen Muskelriss haben
② *(fig: influence)* Stärke *f;* **to flex a ~** Stärke zeigen, seine Muskeln spielenlassen; **to have considerable financial ~** über beträchtliche finanzielle Ressourcen verfügen, finanzstark [*o* finanzkräftig] sein
③ *(man exhibiting power)* starker Mann *m,* Muskelpaket *nt*
④ *(source of physical force)* Schläger *m*
II. *vi* ■**to ~ in** sich *akk* [rücksichtslos] einmischen, [unbedingt] mitmischen [müssen] *fam;* ■**to ~ in on sth** sich *akk* irgendwo [mit aller Gewalt] hineindrängeln
◆**muscle out** *vt* AM ■**to ~ out** ◌ **sb** jdn rausdrängen *fam*

'mus·cle-bound *adj* [äußerst] muskulös; ■**to be ~** ein Muskelprotz sein **'mus·cle-flex·ing** *n no pl (also fig)* Muskelspiel *nt* **'mus·cle·man** *n* Muskelpaket *nt,* Muskelprotz *m* **'mus·cle spasm** *n* Muskelkrampf *m* **'mus·cle tone** *n no pl* Muskeltonus *m*

mus·cly ['mʌsli] *adj (fam)* muskulös

Mus·co·vite ['mʌskəvaɪt] *n* Moskowiter(in) *m(f) veraltend,* Moskauer(in) *m(f)*

Mus·co·vy ['mʌskəvi] *n no pl* ① *(medieval principality in Russia)* Moskauer Reich
② *(old: Russia)* Russland *nt*

mus·cu·lar ['mʌskjələʳ, AM -lɚ] *adj* ① *(relating to muscles)* muskulär, Muskel-; **~ contractions** Muskelkontraktionen *pl;* **~ pain** Muskelschmerzen *pl*
② *(with well-developed muscles)* muskulös; **~ arms/legs** muskulöse Arme/Beine; **a ~ physique** ein muskulöser Körperbau

mus·cu·lar 'dys·tro·phy *n* MED Muskeldystrophie *f fachspr*

mus·cu·la·ture ['mʌskjələtʃəʳ, AM -tʃɚ] *n no pl* Muskulatur *f*

muse [mju:z] I. *vi* nachgrübeln, nachsinnen; ■**to ~ about** [*or* **on**] **sth** über etw *akk* nachdenken
II. *n* ① *(esp liter: mythical figure)* Muse *f; (artistic inspiration)* Inspiration *f*
② *(female inspirer)* Muse *f*

mu·seum [mju:'zi:əm] *n* Museum *nt;* **~ of art** Kunstmuseum *nt;* **~ of history** Historisches Museum

mu·'seum piece *n* Museumsstück *nt*

mush [mʌʃ] *n no pl (fam)* ① FOOD Brei *m,* Mus *nt;* **to turn to ~** zu Brei [*o* breiig] werden; ***I panicked and my brain turned to ~*** *(fig)* ich geriet in Panik und konnte einfach nicht mehr vernünftig denken
② *(fig: sentimentality)* ■**to be ~** schnulzig sein; ***that film was just romantic ~*** der Film war so eine richtige Schnulze

'mush area *n* COMPUT Störungsgebiet *nt*

mush·er ['mʌʃəʳ, AM -ɚ] *n* Hundeschlittenführer(in) *m(f)*

mush·room ['mʌʃrʊm, -ru:m] *n* Pilz *m;* **cultivated ~s** Zuchtpilze *pl;* **dried ~s** getrocknete Pilze; **edible/poisonous ~** essbarer/giftiger Pilz [*o* Giftpilz] *m;* **to pick ~s** Pilze sammeln

mush·room 'cloud *n* Atompilz *m*

mushy ['mʌʃi] *adj* ① *(pulpy)* breiig; **to cook sth until ~** etw zerkochen
② *(soppily romantic)* schnulzig; **~ film** Schnulze *f*

mushy 'peas *npl* Erbsenmus *nt kein pl*

mu·sic ['mju:zɪk] *n no pl* ① *(pattern of sounds)* Musik *f;* ***it is ~ to my ears*** oh, das ist Musik in meinen Ohren; **pop ~** Popmusik *f;* **rock 'n' roll ~** Rock 'n' Roll *m;* **classical ~** klassische Musik; **to make ~** Musik machen, musizieren; **to put on ~** [etwas] Musik auflegen
② *no pl* SCH, UNIV *(study of music)* Musik *f;* **to study ~** Musik studieren
③ *(notes)* Noten *pl;* **to read ~** Noten lesen

mu·si·cal ['mju:zikəl] I. *adj* musikalisch, Musik-; **~ accompaniment** musikalische Begleitung; **~ compositions** Kompositionen *pl;* **~ ear** musikalisches Gehör; **~ genius** musikalisches Genie; **~ instrument** Musikinstrument *nt;* **~ interlude** Interludium *nt,* musikalisches Zwischenspiel, Intermezzo *nt*
II. *n* Musical *nt*

'mu·si·cal box *n* Spieluhr *f,* Spieldose *f* **mu·si·cal 'chairs** *n + sing vb (game)* Reise *f* nach Jerusalem

mu·si·cal·ity [,mju:zi'kæləti, AM -əṭi] *n no pl* Musikalität *f*

mu·si·cal·ly ['mju:zikəli] *adv* musikalisch; ***~ speaking, this band has a lot of talent*** was die Musik angeht, ist diese Band wirklich begabt; **to be ~ gifted** musikalisch sein

'mu·sic box *n* AM *(musical box)* Spieluhr *f,* Spieldose *f* **'mu·sic case** *n* Notenmappe *f* **'mu·sic cas·sette** *n (dated)* [Musik]kassette *f* **'mu·sic cen·tre** *n (dated)* Stereoanlage *f* **'mu·sic hall** *n (dated)* Konzerthalle *f*

mu·si·cian [mju:'zɪʃən] *n* Musiker(in) *m(f)*

mu·si·cian·ship [mju:'zɪʃənʃɪp] *n no pl* musikalisches Können

'mu·sic-mak·ing *n no pl* Musizieren *nt*

mu·si·co·logi·cal [,mju:sɪkə'lɒdʒikəl, AM 'lɑ:dʒ] *adj inv* musikwissenschaftlich

mu·si·colo·gist [,mju:zɪ'kɒlədʒɪst, AM -'kɑ:-] *n* Musikwissenschaftler(in) *m(f),* Musikologe, Musikologin *m, f fachspr*

mu·si·col·ogy [,mju:zɪ'kɒlədʒi, AM -'kɑ:-] *n no pl* Musikwissenschaft *f,* Musikologie *f fachspr*

'mu·sic stand *n* Notenständer *m* **'mu·sic sys·tem** *n* Stereoanlage *f* **'mu·sic thea·tre** *n* Musiktheater *nt kein pl*

musk [mʌsk] *n no pl* Moschus *m;* **~ deer** Moschustier *nt;* **~ ox** Moschusochse *m*

mus·ket ['mʌskɪt] *n* Muskete *f*

mus·ket·eer [,mʌskɪ'tɪəʳ, AM -kətɪr] *n* HIST Musketier *m*

mus·ket·ry ['mʌskɪtri] *n no pl* Muskete *f*

Mus·ko·gean [mʌs'kəʊdʒiən, AM məs'koʊ-] I. *n* Muskogee-Sprachen *pl*
II. *adj* der Muskogee-Sprachen *nach n*

musk·rat ['mʌskræt] *n* Moschusratte *f*

musky ['mʌski] *adj* moschusartig; *skin, scent* nach Moschus riechend

Mus·lim ['mʊslɪm, AM 'mʌsləm] I. *n* Moslem(in) *m(f),* Muslim(in) *m(f) fachspr*
II. *adj inv* mohammedanisch, moslemisch, muslimisch *fachspr;* **~ beliefs** muslimischer Glaube; **~ country** moslemisches Land; **~ religion** moslemische Religion

mus·lin ['mʌzlɪn] *n* Musselin *m;* **~ dress** Musselinkleid *nt;* **~ cloth** Musselinstoff *m*

mus·quash ['mʌskwɒʃ, AM -wɑ:ʃ] *n* ZOOL *(old)* Moschusratte *f*

muss [mʌs] *esp* AM I. *n no pl* Unordnung *f,* Durcheinander *nt*
II. *vt* ■**to ~ sth** etw durcheinanderbringen; *wind* etw zerzausen
◆**muss up** *vt esp* AM ■**to ~ up** ◌ **sth** ① *(mess up) hair* etw durcheinanderbringen; *clothes, room* etw in Unordnung bringen
② *(make dirty) hands* etw schmutzig machen

mus·sel ['mʌsəl] *n* [Mies]muschel *f*

must [mʌst] I. *aux vb* ① *(be obliged)* müssen; ***all handbags ~ be left at the cloakroom for security reasons*** lassen Sie bitte aus Sicherheitsgründen alle Handtaschen in der Garderobe; ■**~ not** [*or* **~n't**] nicht dürfen; ***you ~n't say anything to anyone about this matter*** darüber darfst du mit niemandem sprechen
② *(be required)* müssen; ***you ~ take these pills every day*** Sie müssen diese Tabletten täglich einnehmen; ***~ you leave so soon?*** müssen Sie schon so früh gehen?
③ *(should)* ich sollte/du solltest/er/sie/es sollten/wir sollten/ihr solltet/sie sollten; ***you really ~ read this book*** dieses Buch sollten Sie wirklich einmal lesen; ***you ~ come and visit us*** Sie sollten uns bald einmal besuchen kommen
④ *(be likely)* müssen; ***it ~ be true*** das muss wohl stimmen; ***you ~ be very tired*** ihr seid bestimmt sehr müde; ***there ~ be something wrong*** es muss ein Problem geben [*o* etwas vorgefallen sein]
⑤ *(be certain to)* müssen; ***I ~ seem very rude when I say things like that*** ich wirke bestimmt sehr grob, wenn ich so etwas sage; ***she ~ be wondering where I've got to*** sie wird sich bestimmt fragen, wo ich abgeblieben bin; ***you ~ really like her*** du musst sie wirklich sehr mögen; ***you ~ be joking!*** du machst wohl Witze!; ***you ~ be out of your mind!*** du hast wohl den Verstand verloren! *fam*
⑥ *(be necessary)* müssen; ***I ~ ask you not to smoke in my house*** ich muss Sie bitten, in meinem Haus nicht zu rauchen; ***you ~n't worry too much about it*** jetzt mach dir deswegen nicht so viele Sorgen
⑦ *(show irritation)* müssen; ***~ you always have the last word?*** musst du immer das letzte Wort haben?; ***smoke if you ~ then*** dann rauche, wenn es [denn] unbedingt sein muss
⑧ *(intend to)* müssen; ***I ~n't forget to put the bins out tonight*** ich darf nicht vergessen, heute Abend den Abfall rauszubringen
II. *n no pl* Muss *nt kein pl;* ■**to be a ~** ein Muss *nt* sein; ***if you live in the country a car is a ~*** wenn man auf dem Land lebt, ist ein Wagen unerlässlich; ***this book is a ~!*** dieses Buch muss man gelesen haben!
III. *in compounds* ***this film is a ~-see*** diesen Film muss man einfach gesehen haben

mus·tache *n* AM *see* **moustache**

mus·ta·chio [mə'stɑ:ʃiəʊ, AM -'stæʃioʊ] *n* Schnauzbart *m,* Schnauz *m* SCHWEIZ

mus·ta·chi·oed [mə'stɑ:ʃiəʊd, AM -'stæʃioʊd] *adj inv* schnauzbärtig

mus·tang ['mʌstæŋ] *n* Mustang *m;* **a herd of ~s** eine Herde Mustangs

mus·tard ['mʌstəd, AM -tɚd] *n no pl* Senf *m*
▶PHRASES: **to cut the ~** *(fam)* es bringen *sl*

'mus·tard gas *n* Senfgas *nt*

must-'buy *n* Muss *nt; **these dresses are ~s*** diese Kleider muss man einfach kaufen

must-'do *n* ■**to be a ~** *thing etw, was man unbedingt tun muss*

mus·ter ['mʌstəʳ, AM -tɚ] I. *n* [zum Appell angetretene] Truppe
II. *vt* ① *(gather)* ■**to ~ sth** etw aufbringen; ***the team will need all the strength they can ~ to win this game*** die Mannschaft wird alles aufbieten müssen, um dieses Spiel zu gewinnen; **to ~ the courage to do sth** den Mut aufbringen, etw zu tun; **to ~ resources** Gelder aufbringen [*o fam* zusammenbekommen]
② *(bring together)* **to ~ soldiers** [*or* **troops**] die Soldaten [*o* Truppen] [zum Appell] antreten lassen
III. *vi (come together)* sich *akk* versammeln, antreten; *troop* [zum Appell] antreten
◆**muster up** *vt* ■**to ~ up** ◌ **sth** etw aufbringen; **to ~ up the courage to do sth** den Mut aufbringen, etw zu tun

'mus·ter point, 'mus·ter sta·tion *n* Versammlungsort *m,* Sammelplatz *m*

must-'have *(fam)* I. *n* Muss *nt; **this is not a ~*** das muss man nicht unbedingt haben; **to be a ~** ein Muss sein
II. *adj attr* unentbehrlich; ***be fashionable this autumn with a pair of these ~ boots*** gehen Sie diesen Herbst mit der Mode - dazu gehören unbedingt diese Stiefel!

musti·ness ['mʌstɪnəs] *n no pl* Modrigkeit *f*

M

mustn't ['mʌsᵊnt] *see* **must not** *see* **must**
must-'see *adj TV, film* unbedingt empfehlenswert
musty ['mʌsti] *adj* ~ **book** mod[e]riges Buch; ~ **odour** [*or* **smell**] muffiger [*o* moderiger] Geruch; ~ **room** muffiger Raum
mu·tabil·ity [ˌmju:tə'bɪləti, AM t̬ə'bɪlət̬i] *n* Veränderlichkeit *f*
mu·table ['mju:təbl̩, AM -t̬ə-] *adj* veränderbar; BIOL mutabel *fachspr*
mu·tant ['mju:tᵊnt] *n* BIOL Mutant(e) *m(f); (fig hum)* Mutant *m*
mu·tate [mju:'teɪt, AM *esp* 'mju:teɪt] *vi* ❶ *(change genetically)* ■**to** ~ [**into sth**] [zu etw *dat*] mutieren
❷ *(fig: change)* ■**to** ~ **into sth** sich *akk* zu etw *dat* wandeln; *(develop personality)* sich *akk* zu etw *dat* mausern *fam*
mu·ta·tion [mju:'teɪʃᵊn] *n* Veränderung *f*, Mutation *f fachspr*
mute [mju:t] **I.** *n* ❶ MUS *(quieting device)* Dämpfer *m*
❷ *(dated: person)* Stumme(r) *f(m)*; ***he was born a*** ~ er war von Geburt an stumm
II. *vt* ■**to** ~ **sth** *a sound, noise* etw dämpfen
III. *adj inv* stumm; **to remain** ~ stumm bleiben; **to remain** ~ **about sth** über etw *akk* kein Wort verlieren
mut·ed ['mju:tɪd] *adj* ❶ *(not loud)* gedämpft; *(fig)* schweigend, stumm; ***the idea received a*** ~ ***response*** die Idee wurde mit Schweigen aufgenommen; ~ **applause** gedämpfter Applaus; ~ **colours** gedeckte Farben; ~ **noise** *(loud noises)* gedämpfter Lärm; *(particular noise)* gedämpftes Geräusch
❷ LING *(not pronounced)* stumm
mute 'swan *n* Höckerschwan *m*
mu·ti·late ['mju:tɪleɪt, AM -t̬ᵊl-] *vt* ■**to** ~ **sb** jdn verstümmeln; ■**to** ~ **sth** etw verstümmeln; *(fig)* etw verschandeln
mu·ti·la·tion [ˌmju:tɪ'leɪʃᵊn, AM -t̬ᵊ'leɪ-] *n* Verstümmelung *f*; *(fig)* Verschandelung *f*
mu·ti·neer [ˌmju:tɪ'nɪəʳ, AM -t̬ᵊn'ɪr] *n* Meuterer, Meuterin *m, f*
mu·ti·nous ['mju:tɪnəs, AM -t̬ᵊn-] *adj* meuterisch, aufrührerisch; ~ **sailors** meuternde Seeleute; ~ **shareholders** rebellische Aktionäre
mu·ti·ny ['mju:tɪni, AM -t̬ᵊni] **I.** *n* ❶ *no pl (act)* Meuterei *f* (**of** über +*akk*); **open** ~ offene Meuterei
❷ *(instance)* Meuterei *f*
II. *vi* <-ie-> meutern; ■**to** ~ **against sb** gegen jdn meutern
mutt [mʌt] *n esp* AM *(fam)* ❶ *(silly person)* Trottel *m pej fam*, Schafskopf *m pej fam*
❷ *(mongrel)* [Straßen]köter *m pej*
mut·ter ['mʌtəʳ, AM -t̬ɚ] **I.** *vi* ❶ *(mumble)* ■**to** ~ [**away to oneself**] irgendetwas [vor sich *akk* hin]murmeln
❷ *(spread rumour)* ■**to** ~ **about sth** etw munkeln
II. *vt (complain softly)* ■**to** ~ **sth** etw brummen [*o* murmeln]; **to** ~ **sth to sb under one's breath** jdm etw zuraunen
mut·ter·ings ['mʌtᵊrɪŋz, AM -t̬ᵊrɪŋz] *npl* Gemurmel *nt kein pl*; ~ **of discontent** Murren *nt*, Gemurre *nt pej*
mut·ton ['mʌtᵊn] *n no pl* Hammel *m*, Hammelfleisch *nt*; **shoulder of** ~ Hammelschulter *f*; ~ **stew** Hammelgulasch *nt*
▸PHRASES: **to be** ~ **dressed** [**up**] **as lamb** einen auf jung machen *fam*
'mut·ton chops *npl*, **mut·ton chop 'whisk·ers** *npl* Koteletten *pl*
mu·tu·al ['mju:tʃu:əl] *adj inv* gegenseitig, beiderseitig; ***both countries are acting to their*** ~ ***advantage*** die zwei Länder handeln so, dass es beiden zum Vorteil gereicht; ***the feeling is*** ~ das [Gefühl] beruht auf Gegenseitigkeit; ~ **agreement** wechselseitige Übereinkunft; ~ **consent** gegenseitiges Einvernehmen [*o* Einverständnis]; ~ **friends/interests/enemies** gemeinsame Freunde/Interessen/Feinde; ~ **trust** gegenseitiges Vertrauen; ~ **understanding** gegenseitiges [*o* wechselseitiges] Verständnis
mu·tu·al 'fund *n* AM FIN offener Investmentfond
mu·tu·al in·'sur·ance *n* FIN Versicherung *f* auf Gegenseitigkeit
mu·tu·al·ity [ˌmju:tju'æləti, AM tʃu'ælət̬i] *n no pl* Gegenseitigkeit *f*; PSYCH *(emotional closeness)* emotionale Bindung
mu·tu·al·ly ['mju:tʃu:əli] *adv inv* gegenseitig, für beide [Seiten]; **to be** ~ **exclusive** sich *akk* gegenseitig ausschließen
mu·zak® ['mju:zæk] *n no pl* Musikberieselung *f*
muz·zi·ly ['mʌzɪli] *adv* unklar, verschwommen, verzerrt; **to explain sth** ~ etw undeutlich erklären
muz·zi·ness ['mʌzɪnəs] *n no pl* ❶ *(indistinctness)* Verzerrtheit *f*, Verschwommenheit *f*; *of a situation* Verworrenheit *f*
❷ *(dazed state)* Benommenheit *f*
muz·zle ['mʌzl̩] **I.** *n* ❶ *(animal mouth)* Schnauze *f*, Maul *nt*
❷ *(mouth covering)* Maulkorb *m*; **to put a** ~ **on the dog** dem Hund einen Maulkorb anlegen
❸ *(gun end)* Mündung *f*
II. *vt (quiet)* ■**to** ~ **an animal** einem Tier einen Maulkorb anlegen; ■**to** ~ **sb** jdn mundtot machen; LAW einen Maulkorberlass herausbringen; **to** ~ **the press** die Presse mundtot machen
muz·zy ['mʌzi] *adj* ❶ *(hazy)* benommen, benebelt; **to feel** ~ sich *akk* benommen fühlen
❷ *(unclear)* unklar, verschwommen, verzerrt; *objectives* diffus
MW *n* RADIO *abbrev of* **medium wave** MW *f*
my [maɪ] **I.** *adj poss* mein(e); ~ ***name is Peter*** mein Name ist Peter; ***my brother and sister*** mein Bruder und meine Schwester; ***one of my friends*** einer meiner Freunde/eine meiner Freundinnen; ***I've hurt my foot*** ich habe mir den Fuß verletzt; ***in*** ~ ***country*** bei uns [in ...]; ***she was surprised at*** ~ ***coming*** sie war überrascht, dass ich gekommen war; ***it was*** ~ ***own decision*** es war meine eigene Entscheidung; ***I need a car of*** ~ ***own*** ich brauche ein eigenes Auto
II. *interj* ach, oh; ~ ~ na, so was
my·co·pro·tein ['maɪkə(ʊ)prəʊti:n, AM -koʊproʊ-] *n* FOOD Mycoprotein *nt*
my·na(h), myna(h) bird ['maɪnə-] *n (bird)* Hirtenstar *m*
myo·pia [maɪ'əʊpiə, AM -oʊ-] *n no pl (spec)* Kurzsichtigkeit *f*; ***he had*** ~ ***in both his eyes*** er war auf beiden Augen kurzsichtig
my·op·ic [maɪ'ɒpɪk, AM -'ɑ:pɪk] *adj (form or also fig)* kurzsichtig
myri·ad ['mɪriəd] *n (form)* Myriade *f*; ~***s of ...*** unzählige ...
myrrh [mɜ:ʳ, AM mɜ:r] *n no pl* Myrrhe *f*
myr·tle [mɜ:tl̩, AM 'mɜ:rt̬l̩] *n* Myrthe *f*
my·self [maɪ'self] *pron reflexive* ❶ *(direct object of verb)* mir *dat*, mich *akk*; ***it's awful — I have to exert*** ~ ***to jog half a block*** es ist schrecklich – ich muss mich zwingen, einen halben Block weit zu laufen; ***though I tried to calm*** ~ ***down, I found*** ~ ***in a panic*** obwohl ich versuchte, mich zu beruhigen, hatte ich doch panische Angst; ***let me introduce*** ~ ***— I'm Jackie Wentworth*** darf ich mich vorstellen – ich bin Jackie Wentworth; ***I was ashamed at*** ~ ich schämte mich; ***I caught sight of*** ~ ***in the mirror*** ich sah mich im Spiegel; ***yes, I thought to*** ~, ***it's time to take a holiday*** ja, dachte ich mir, es ist Zeit für einen Urlaub; ***I strolled around, muttering to*** ~ vor mich hin murmelnd, schlenderte ich umher
❷ *(emph form: I, me)* ich; ***my husband and*** ~ ***were delighted with the gifts*** mein Mann und ich haben sich sehr über die Geschenke gefreut; ***a wiser man than*** ~ ein Weiserer als ich; ***people like*** ~ Menschen wie ich
❸ *(emph: me personally)* ich selbst; ***I don't like a heavy meal at lunchtime*** ~ ich selbst esse zu Mittag auch nicht gerne schwer; ***I*** ~ ***don't know it*** ich weiß es selbst nicht; ***I thought so*** ~ das habe ich auch gedacht; ~, ***I don't believe it*** ich persönlich [*o* für meinen Teil] glaube das nicht; ***I wrote it*** ~ ich schrieb es selbst; ***if I do say so*** [*or* ***it***] ~ wenn ich das sagen darf; ***I think I've done a good job raising my kids if I do say it*** ~ ich denke, ich habe die Kinder gut erzogen, wenn ich das sagen darf; ***I would like to see it for*** ~ ich möchte es selbst sehen; **in** ~ *(dated)* ***I'm well enough in*** ~ ***despite the problems with the leg*** mir geht es recht gut, auch wenn ich Probleme mit dem Bein habe
❹ *(me alone)* ***"I can get*** ~ ***dressed alone now," said the little girl*** „ich kann mich jetzt ganz alleine anziehen", sagte das kleine Mädchen; ***I wanted to keep the chips for*** ~ ***because I was so hungry*** ich wollte die Pommes frites für mich alleine haben, da ich so hungrig war; ***I never get an hour to*** ~ ich habe nie eine Stunde für mich; [**all**] **by** ~ [ganz] allein[e]; ***I live by*** ~ ich lebe allein[e]; ***I had to do the whole job by*** ~ ich musste die ganze Arbeit alleine machen
❺ *(my normal self)* ich selbst; ***even though I was nervous about our first date, I tried to calm down and just be*** ~ vor unserem ersten Treffen war ich zwar nervös, aber ich versuchte mich zu beruhigen und ganz natürlich zu sein; ***I'm not*** [***or I don't feel***] ~ ***today*** mit mir stimmt heute etwas nicht; *(not well)* ich bin heute nicht ganz auf der Höhe *fam*; ***I didn't look*** ~ ***in my sister's clothes*** die Kleider meiner Schwester standen mir nicht
mys·teri·ous [mɪ'stɪəriəs, AM -'stɪri-] *adj* geheimnisvoll, rätselhaft, mysteriös; ■**to be** ~ **about sb/sth** um jdn/etw ein Geheimnis machen; **in** ~ **circumstances** unter mysteriösen Umständen; **a** ~ **disappearance** ein mysteriöses [*o* rätselhaftes] Verschwinden
mys·teri·ous·ly [mɪ'stɪəriəsli, AM -'stɪri-] *adv* rätselhafterweise, geheimnisvollerweise; ***she*** ~ ***disappeared one morning*** eines Morgens verschwand sie auf mysteriöse Art und Weise
mys·tery ['mɪstᵊri] *n (secret)* Geheimnis *nt*; *(puzzle)* Rätsel *nt*; ***that's a*** ~ ***to me*** das ist mir schleierhaft [*o* ein Rätsel]; **to solve a** ~ ein Geheimnis lüften
mys·tery 'guest *n* Überraschungsgast *m* **'mys·tery play** *n* Mysterienspiel *nt* **mys·tery 'tour** *n* Fahrt *f* ins Blaue; *(longer)* Überraschungsreise *f* **mys·tery 'voice** *n* Stimme *f* eines Unbekannten/einer Unbekannten **'mys·tery writ·er** *n* Kriminalschriftsteller(in) *m(f)*
mys·tic ['mɪstɪk] **I.** *n* Mystiker(in) *m(f)*
II. *adj* ❶ *(inspiring sense of mystery)* geheimnisvoll, mysteriös, rätselhaft
❷ *(relating to mysticism)* mystisch
❸ *(occult, for the initiate)* esoterisch; *(not explicable by natural law)* mystisch-okkultistisch
mys·ti·cal ['mɪstɪkᵊl] *adj* mystisch
mys·ti·cism ['mɪstɪsɪzᵊm] *n no pl* ❶ *(consciousness of God's reality)* Mystik *f*
❷ *(belief in hidden realities)* das Mystische
❸ *(pej: vague speculation)* Mystizismus *m*
mys·ti·fi·ca·tion [ˌmɪstɪfɪ'keɪʃᵊn] *n no pl* ❶ *(puzzlement)* Verwunderung *f*, Verblüffung *f*; ■**to sb's** ~ zu jds [großer] Verblüffung
❷ *(intentional confusion)* Verwirrung *f*, Verwirrspiel *nt*
mys·ti·fy <-ie-> ['mɪstɪfaɪ] *vt* ■**to** ~ **sb** jdn vor ein Rätsel stellen; ***most Americans seem totally mystified by cricket*** den meisten Amerikanern ist Kricket ein ewiges Rätsel; ***his behaviour mystified us all*** sein Verhalten verblüffte uns alle völlig
mys·ti·fy·ing ['mɪstɪfaɪɪŋ] *adj* rätselhaft, [völlig] unerklärlich
mys·ti·fy·ing·ly ['mɪstɪfaɪɪŋli] *adv* unerklärlicherweise, rätselhafterweise
mys·tique [mɪ'sti:k] *n no pl (form)* Zauber *m*; ***there's great*** ~ ***attached to the life of a movie star*** das Leben eines Filmstars ist immer geheimnisumwittert
myth [mɪθ] *n* ❶ *(ancient story)* Mythos *m*; **creation** ~ Schöpfungsmythos *m*; **Greek and Roman** ~ die klassischen Sagen des Altertums
❷ *(pej: false idea)* Mythos *m*, Ammenmärchen *nt pej*; ***it's just a*** ~ ***that ...*** es ist ein Ammenmärchen, dass ...; **to disprove/explode a** ~ ein allgemein verbreitetes Gerücht widerlegen/ausmerzen
myth·ic ['mɪθɪk] *adj* ❶ *(of myth)* mythisch

② *(exaggerated, idealized)* legendär
③ *(fictitious)* sagenumwoben
mythi·cal ['mɪθɪkᵊl] *adj* ① *(fictional)* sagenhaft, sagenumwoben, legendär
② *(supposed)* gedacht, imaginär
mytho·logi·cal [ˌmɪθᵊ'lɒdʒɪkᵊl, AM -ə'lɑ:-] *adj* mythologisch; **a ~ hero** ein Sagenheld *m;* **a ~ story** eine Sage
my·tholo·gize [mɪ'θɒlədʒaɪz, AM -'θɑ:-] **I.** *vt* ■**to ~ sth** etw glorifizieren [*o* verklären]; **to ~ the past** die Vergangenheit verklären
II. *vi* ■**to ~ about sth** etw verklären
my·thol·ogy [mɪ'θɒlədʒi, AM -'θɑ:-] *n no pl* Mythologie *f; (fig)* Ammenmärchen *nt pej;* **classical ~** die Mythologie der Antike; **Greek ~** die griechische Mythologie
myxo·ma·to·sis <*pl* -> [ˌmɪksəmə'təʊsɪs, AM -toʊ-] *n* Myxomatose *f*

N

N <*pl* 's>, **n** <*pl* 's *or* -s> *n* N *nt,* n *nt;* **~ for Nelly** [*or* AM **as in Nan**] N für Nordpol; *see also* **A 1**
N I. *n abbrev of* **North** N *m*
II. *adj abbrev of* **North, Northern** nördl.
n¹ *n* ① MATH *(unknown number)* x
② *(fig fam: endless amount)* x; ***there are ~ possibilities*** es gibt x Möglichkeiten
n² *n abbrev of* **noun** Subst.
n³ *n abbrev of* **neuter** nt
'n' [ᵊn] *conj abbrev of* **and**
n/a¹, NA *abbrev of* **not applicable** entf.
n/a², NA *abbrev of* **not available** nicht verfügbar
NAACP [ˌendʌbleɪsi:'pi:] *n no pl, + sing/pl vb abbrev of* **National Association for the Advancement of Colored People** *Vereinigung zur Förderung Schwarzer*
NAAFI ['næfi] *n acr for* **Navy, Army and Air Force Institutes** *Laden/Kantine der britischen Armee*
naan [nɑ:n] *n see* **nan**
nab <-bb-> [næb] *vt (fam)* ■**to ~ sth** etw stibitzen *fam;* ■**to ~ sb sth** jdm etw holen; ***could you ~ me a seat?*** könntest du mir vielleicht einen Platz freihalten?
NAB [ˌener'bi:] *n* FIN *abbrev of* **new arrangement to borrow** Neukreditvereinbarung *f*
nabe [neɪb] *n* AM *(sl)* Nachbarschaft *f*
na·bob ['neɪbɒb, AM -bɑ:b] *n (dated)* Krösus *m,* eine(r) *f(m)* von den oberen Zehntausend
na·celle [nə'sel] *n* ① AVIAT Gondel *f*
② TECH *(engine housing)* Motorengehäuse *nt*
na·cho ['nɑ:tʃəʊ, AM -tʃoʊ] **I.** *n* ■**~s** Nachos *pl*
II. *n modifier* FOOD Nacho-; **~ chips** Nachos *pl;* **~ salad** Nachosalat *m*
na·da ['nɑ:də] *n no pl* AM *(fam)* Nichts *nt*
na·dir ['neɪdɪəʳ, næd-, AM 'neɪdɚ] *n (form)* Tief[st]punkt *m*
nae [neɪ] *adv inv* BRIT, SCOT nein
naff [næf] BRIT **I.** *adj (sl)* ordinär; ***he was wearing incredibly ~ trousers*** er trug eine Hose, die einfach unmöglich war
II. *vi (sl)* ■**to ~ off** Leine ziehen *sl,* abhauen *fam*
NAFTA ['næftə] *n no pl acr for* **North American Free Trade Agreement** NAFTA *f (Freihandelsabkommen oder -zone zwischen den USA, Kanada und Mexiko)*
nag¹ [næg] *n* [alte Schind]mähre, [alter] Klepper *fam,* [alter] Gaul ÖSTERR *fam*
nag² [næg] **I.** *vi* <-gg-> [herum]nörgeln; ***oh stop ~ging!*** ach, hör doch auf herumzunörgeln!; ■**to ~ at sb** an jdm nagen, jdm unter die Haut gehen
II. *vt* <-gg-> ■**to ~ sb** *(urge)* jdm [ständig] zusetzen; *(annoy)* jdn nicht in Ruhe lassen, jdm auf die Nerven gehen; ***my mum's always ~ging me to get my hair cut*** meine Mutter ist ständig hinter mir her, dass ich mir die Haare schneiden lasse
III. *n (fam)* ① *(person)* Nörgler(in) *m(f),* Meckerer *m; (annoying)* Nervensäge *f fam;* ***don't be such a ~!*** hör auf zu nörgeln!
② *(feeling)* ***he felt once again that little ~ of doubt*** eine Spur des Zweifels machte sich ihm nochmals bemerkbar
nag·ger ['nægəʳ, AM -ɚ] *n* Quälgeist *m,* Nörgler(in) *m(f)*
nag·ging ['nægɪŋ] **I.** *n no pl* Genörgel *nt,* Nörgelei *f,* Gemeckere *nt*
II. *adj* ① *(criticizing)* nörgelnd, meckernd; **~ voice** nörgelnder Tonfall, Nörgelstimme *f,* Meckerstimme *f fam*
② *(continuous)* quälend; **~ pain** [*or* **ache**] quälender Schmerz
nah [næ:] *adv (sl)* ne(e) *fam*
Na·huatl ['nɑ:wɑ:tl, AM -wɑ:t̬l] *n* Nahuatl *nt*
nai·ad <*pl* -s *or* -es> ['naɪæd, AM 'neɪ] *n* Najade *f,* Wassernymphe *f*
nail [neɪl] **I.** *n* ① *(metal fastener)* Nagel *m;* **to hammer a ~ into the wall** einen Nagel in die Wand schlagen
② *(body part)* [Finger-/Zeh]nagel *m;* **to bite one's ~s** an den Fingernägeln kauen; **to cut one's ~s** sich *dat* die Nägel schneiden; **to paint one's ~s** sich *dat* die Nägel lackieren
▶PHRASES: **to be** [*or* **drive**] **a ~ in sb's coffin** ein Nagel zu jds Sarg sein; **as hard as ~s** hart wie Stahl, unheimlich zäh; **to hit the ~ on the head** den Nagel auf den Kopf treffen; **to pay on the ~** *(fam)* pünktlich bezahlen
II. *vt* ① *(fasten)* ■**to ~ sth to sth** etw an etw *akk* nageln
② *(sl: catch)* ■**to ~ sb** *police* jdn schnappen *fam; newspapers* jdn drankriegen *fam;* **to ~ a lie** etw als Lüge entlarven
③ *(fully understand)* ■**to ~ sth** *idea* etw begreifen; *(accomplish, succeed) look* etw erreichen, etw schaffen
▶PHRASES: **to ~ one's colours to the mast** Farbe bekennen, Flagge zeigen; **to get sth ~ed** *(fam)* etw unter Dach und Fach bringen *fam*
◆**nail down** *vt* ① *(fasten)* ■**to ~ down** ○ **sth** etw festnageln
② *(get answer)* ■**to ~ sb down to sth** jdn auf etw *akk* festnageln
③ *(agree details)* **to ~ down an agreement** eine [feste] Vereinbarung treffen; **to ~ down a contract/deal** einen Vertrag/ein Geschäft abschließen
◆**nail up** *vt* ■**to ~ up** ○ **sth** etw annageln; *picture, poster* etw aufhängen [*o* an die Wand hängen]
'nail bar *n* Nagelstudio *nt* **'nail-bit·er** *n* Nägelkauer(in) *m(f)* **'nail-bit·ing I.** *n no pl* Nägelkauen *nt* **II.** *adj* nervenzerreißend; *film* spannend **'nail brush** *n* Nagelbürste *f* **'nail clip·pers** *npl* Nagelknipser *m* **'nail enam·el** *n* AM *see* **nail varnish** **'nail enam·el re·mov·er** *n* AM *see* **nail varnish remover** **'nail file** *n* Nagelfeile *f* **'nail pol·ish** *n (nail varnish)* Nagellack *m* **'nail scis·sors** *npl* Nagelschere *f* **'nail var·nish** *n* Nagellack *m* **'nail var·nish re·mov·er** *n* Nagellackentferner *m*
nai·ra ['naɪrə] *n (Nigerian currency)* Naira *f*
na·ïve, na·ive [naɪ'i:v, AM *esp* nɑ:'i:v] *adj (esp pej)* naiv *pej,* einfältig *pej;* **to make the ~ assumption that ...** naiverweise annehmen, dass ...
na·ïve·ly, na·ive·ly [naɪ'i:vli, AM *esp* nɑ:'i:v-] *adv* naiverweise; ***David ~ believed him*** in seiner Naivität glaubte ihm David
na·ïve·té [naɪ'i:vᵊteɪ, AM ˌnɑ:i:v'teɪ], **na·ive·ty** [naɪ'i:vəti, AM nɑ:'i:vət̬i] *n no pl* Naivität *f a. pej,* Einfalt *f pej*
na·ked ['neɪkɪd] *adj* ① *(unclothed)* nackt, unbekleidet, SCHWEIZ *a.* blutt *fam;* **to be ~ to the waist** mit freiem Oberkörper herumlaufen BRD; **half ~** halb nackt; **stark** [*or* AM **buck**] [*or* AM **butt**] **~** *(fam)* splitter[faser]nackt; **to strip ~** sich *akk* nackt ausziehen
② *(uncovered)* nackt; *(fig)* nackt, bloß; *(without any hedge)* ungesichert; **~ aggression** unverhüllte Aggression; **~ ambition** blanker Ehrgeiz; **a ~ bulb** eine nackte Glühbirne; **to the ~ eye** für das bloße Auge; **with the ~ eye** mit bloßem Auge; **~ flame** offene Flamme
na·ked 'bike *n Motorrad ohne Verkleidung des Motors und Rahmens*
na·ked·ly ['neɪkɪdli] *adv (fig)* offen, bloß; ***his vulnerability was ~ on display*** jeder konnte genau sehen, wie verletzlich er war
na·ked·ness ['neɪkɪdnəs] *n no pl* Nacktheit *f,* Blöße *f liter*
na·ked 'war·rant *n* reiner Optionsschein
nak·fa <*pl* -> ['nækfə, AM 'nɑ:kfɑ:] *n (Eritrean currency)* Nakfa *f*
NALGO ['nælgəʊ] *n no pl, + sing/pl vb* BRIT *(hist) acr for* **National and Local Government Officers' Association** *Gewerkschaft der kommunalen und staatlichen Angestellten in der Verwaltung*
nam·by-pam·by [ˌnæmbi'pæmbi] *adj attr (pej fam: foolish)* dämlich, blöde; *(weak) person* verweichlicht
name [neɪm] **I.** *n* ① *(title)* Name *m;* ***hello, my ~'s Peter*** hallo, ich heiße Peter; ***what's your ~?*** wie heißen Sie?; ***her full name is ...*** ihr voller Name lautet ...; **first ~** Vorname *m;* **last ~** Familienname *m,* Nachname *m;* **to call sb ~s** jdn beschimpfen; ***some of the kids had been calling her ~s*** ein paar von den anderen Kindern hatten ihr Schimpfwörter nachgerufen; **to write one's last ~ down first** seinen Familiennamen zuerst angeben; **by ~** dem Namen nach; ***they were listed by ~ and country of origin*** die Studenten waren dem Namen und Heimatland nach aufgelistet; ***in the business world he goes by the ~ of J. Walter Fortune*** *(form)* in der Geschäftswelt kennt man ihn unter dem Namen J. Walter Fortune; **in all but ~** de facto; ***she is vice-president in all but ~*** de facto ist sie die Vizepräsidentin; **in ~ only** nur nominell [*o* dem Namen nach]; **to do sth in the ~ of sb** [*or* **to do sth in sb's ~**] etw in jds Namen tun; ***I reserved by phone yesterday in the ~ of Tremin*** ich habe gestern telefonisch auf den Namen Tremin reservieren lassen; ***the union is taking action in our ~*** die Gewerkschaft unternimmt Schritte in unserem Namen; **in the ~ of freedom and justice** im Namen von Freiheit und Gerechtigkeit; **in God's** [*or* **heaven's**] **~** um Himmels willen; ***what in God's ~ caused that outburst?*** was um Himmels willen hat diesen Ausbruch verursacht?; **under the ~ of ...** unter dem Pseudonym ...
② *(denoting an object or concept)* **name of the article/account** Bezeichnung *f* des Artikels/Kontos
③ *no pl (reputation)* Name *m,* Ruf *m;* ***if this project fails our ~ will be mud*** wenn dieses Projekt fehlschlägt, wird unser Ruf ruiniert sein; **to be a big/an important ~** zu den großen/bedeutenden Persönlichkeiten zählen; **a good/bad ~** ein guter/schlechter Ruf; ***he developed a bad ~*** er hat sich einen schlechten Ruf eingehandelt; **to give sb/sth a good ~** jdm/etw einen guten Ruf verschaffen; **to give sb/sth a bad ~** jdn/etw in Verruf bringen; **to clear one's ~** seinen Namen reinwaschen; **to have a ~ for sth** für etw *akk* bekannt sein; **to make a ~ for oneself** sich *dat* einen Namen machen; ***he has made a ~ for himself as a talented journalist*** er hat als talentierter Journalist von sich reden gemacht
④ BRIT ECON Lloyd's Mitglied
▶PHRASES: **a ~ to conjure with** ein Name, der Wunder wirkt; ***Wutherington-Smythe, my goodness, that's a ~ to conjure with!*** meine Güte, Wutherington-Smythe, das ist ein Name, der Eindruck macht; **the ~ of the game** das, worauf es ankommt; ***financial survival is the ~ of the game*** was zählt, ist das finanzielle Überleben; **without a penny** [*or* **cent**] **to one's ~** ohne einen Pfennig; ***he has not a penny to his ~*** er ist völlig mittellos; **to take sb's ~ in vain** jds Namen missbrauchen
II. *vt* ① *(call)* ■**to ~ sb** jdm einen Namen geben; ***they ~d their little boy Philip*** sie nannten ihren kleinen Sohn Philip; ■**to ~ sb after** [*or* AM **for**] **sb**

jdn nach jdm [be]nennen; ***Paul was ~d after his grandfather*** Paul wurde nach seinem Großvater benannt; ■**to ~ sth after** [*or* AM **for**] **sb** etw nach jdm benennen
② *(list)* ■**to ~ sb/sth** jdn/etw nennen; ~ ***three types of monkey*** geben Sie drei Affenarten an
③ *(choose)* ■**to ~ sb/sth** jdn/etw nennen; **to ~ the time and the place** [die] Zeit und [den] Ort nennen; **you ~ it** was auch immer Sie wollen; ***gin, vodka, whisky, beer — you ~ it, I've got it*** Gin, Wodka, Whisky, Bier – was [immer] Sie wünschen, ich führe es
④ *(nominate)* ■**to ~ sb sth** jdn zu etw *dat* ernennen; ***she has been ~d the new Democratic candidate*** sie ist als neuer Kandidat der Demokraten aufgestellt worden

'name-call·ing *n no pl* Hänseln *nt,* Gehänsel *nt pej*
'name day *n* Namenstag *m* **'name-drop** *vi bekannte Persönlichkeiten beiläufig erwähnen und so tun, als würde man sie gut kennen, um andere zu beeindrucken;* ***she's always ~ping*** ständig muss sie darauf hinweisen, wen sie alles kennt **'name-drop·per** *n (pej) jd, der ständig die Namen berühmter Persönlichkeiten erwähnt, die er kennt* **'name-drop·ping** *n no pl* Namedropping *nt (das Angeben mit berühmten Persönlichkeiten, die man kennt)*
name·less ['neɪmləs] *adj inv* namenlos; **the ~ author** der unbekannte [*o* anonyme] Autor; **to be** [*or* **remain**] **~** ungenannt bleiben, nicht namentlich erwähnt werden
name·ly ['neɪmli] *adv inv* nämlich
'name·plate *n of a person* Namensschild *nt; (on door of a house)* Türschild *nt; of company* Firmenschild *nt* **'name·sake** *n* Namensvetter *m* **'name tag** *n* Namensschild[chen] *nt*
Na·mibia [nə'mɪbiə] *n* Namibia *nt*
Na·mib·ian [nə'mɪbiən] **I.** *n* Namibier(in) *m(f)*
II. *adj inv* namibisch
nan, nan bread, naan [nɑːn, næn, AM næn] *n* Naanbrot *nt (indisches Fladenbrot)*
nana ['nænə], **nan** [næn] *n* BRIT *(fam)* Oma *f fam*
na·nai·mo bar [nə'naɪmoʊ] *n* CAN *kleiner Schokoladen-Kokos-Kuchen mit Buttercreme und Schokoladenglasur*
nan bread *n see* **nan**
nance ['næn(t)s], **nan·cy** ['næn(t)si], **nan·cy boy** *n (pej dated sl)* Tunte *f pej sl,* Schwule(r) *m*
nan·na ['nænə] *n see* **nana**
nan·ny ['næni] *n* ① *(grandmother)* Oma *f,* Omi *f fam*
② *(babyminder)* Kindermädchen *nt*
③ *(animal)* Geiß *f*
'nan·ny goat *n* Geiß *f*
nan·ny·ish ['næniɪʃ] *adj* überfürsorglich
nan·ny 'state *n (fam)* überfürsorglicher Staat *(insbesondere was Sicherheit und Gesundheit angeht)*
na·no·bot ['nænə(ʊ)bɒt, AM -noʊbɑːt] *n* Nanobot *m fachspr,* winziger Roboter
na·no·en·gi·'neered *adj inv* Nanotechnik-, mit Nanotechnik entwickelt *präd*
na·no·me·tre, AM **na·no·me·ter** ['nænə(ʊ),miːtəʳ, AM 'nænoʊ,miːt̬ɚ] *n* Nanometer *m o nt*
na·no·sec·ond ['nænə(ʊ),sekᵊnd, AM 'nænoʊ-] *n* Nanosekunde *f*
na·no·tech ['nænəʊtek, AM -noʊ] *n no pl short for* **nanotechnology** Nanotechnologie *f fachspr*
na·no·tech·nol·ogy [,nænəʊtek'nɒlədʒi, AM -noʊtek'nɑː-] *n no pl* Nanotechnologie *f fachspr*
nap¹ [næp] **I.** *n* Nickerchen *nt,* Schläfchen *nt;* **to have** [*or* **take**] **a ~** ein Nickerchen machen [*o* halten]
II. *vi* <-pp-> ein Nickerchen machen, sich *akk* [kurz] aufs Ohr legen
nap² [næp] *n no pl* Flor *m;* **the ~ of the velvet** der Samtflor
na·palm ['neɪpɑːm] *n no pl* Napalm *nt*
'na·palm bomb *n* Napalmbombe *f*
nape [neɪp] *n no pl* Nacken *m,* Genick *nt*
naph·tha ['næfθə] *n no pl* CHEM Naphtha *nt;* **mineral ~** Steinöl *nt*
naph·tha·lene ['næfθəliːn] *n no pl* CHEM Naphthalin *nt*
Na·pier·ian loga·rithm [nə'pɪəriən, neɪ-, AM -'pɪriən] *n* MATH natürlicher Logarithmus
nap·kin ['næpkɪn] *n* Serviette *f*
'nap·kin ring *n* Serviettenring *m*
nap·py ['næpi] **I.** *n* Windel *f;* ***I knew him when he was still in nappies*** ich kannte ihn schon, als er noch in den Windeln lag; **cloth ~** Stoffwindel *f;* **disposable ~** Wegwerfwindel *f,* Pampers® *f*
II. *adj* AM *hair* lockig, kraus
'nap·py lin·er *n* Windeleinlage *f* **'nap·py rash** *n* Wundsein *nt kein pl,* Windeldermatitis *f kein pl fachspr*
narc [nɑːrk] *n* AM *(sl)* Rauschgiftfahnder(in) *m(f),* Drogenfahnder(in) *m(f) bes* SCHWEIZ
nar·cis·si [nɑː'sɪsaɪ, AM nɑːr-] *n* BOT *pl of* **narcissus**
nar·cis·sism ['nɑːsɪsɪzᵊm, AM 'nɑːrsə-] *n no pl* Narzissmus *m*
nar·cis·sist ['nɑːsɪsɪst, AM 'nɑːr-] *n* Narziss *m*
nar·cis·sis·tic [,nɑːsɪ'sɪstɪk, AM ,nɑːr-] *adj* narzisstisch; ***he has a very ~ personality*** er ist sehr narzisstisch veranlagt
nar·cis·sus <*pl* -es *or* -issi *or* -> [nɑː'sɪsəs, AM nɑːr'-] *n* Narzisse *f,* Osterglocke *f* SCHWEIZ, Märzenbecher *m* ÖSTERR
nar·co·lep·sy ['nɑːkə(ʊ)lepsi, AM 'nɑːrkə-] *n no pl* Schlafkrankheit *f*
nar·co·lep·tic [,nɑːkə(ʊ)'leptɪk, AM ,nɑːrkə'-] **I.** *n* Narkoleptiker(in) *m(f) fachspr*
II. *adj* narkoleptisch *fachspr*
nar·co·sis [nɑː'kəʊsɪs, AM nɑːr'koʊ-] *n* Narkose *f*
nar·cot·ic [nɑː'kɒtɪk, AM nɑːr'kɑːt̬-] **I.** *n* ① *esp* AM *(drug)* Rauschgift *nt,* Droge *f*
② MED *(drug causing sleepiness)* Narkotikum *nt;* **to be under a ~** narkotisiert sein
II. *adj* ① *(affecting the mind)* berauschend; **~ drug** Rauschgift *f*
② MED narkotisch; *(sleep-inducing)* einschläfernd
nark [nɑːk] BRIT, AUS **I.** *vt* ■**to ~ sb** jdn ärgern; ***his behaviour really ~ed me*** sein Benehmen verärgerte mich wirklich; **to be/become ~ed with sb** auf jdn wütend sein/werden
II. *n* ① *(annoying person)* unausstehliche Person *f*
② *(sl: police informer)* Spitzel *nt*
narky ['nɑːki] *adj* unausstehlich, grantig *fam*
nar·rate [nə'reɪt, AM 'nereɪt] *vt* ■**to ~ sth** ① *(provide commentary)* etw erzählen; **to ~ a tale** [*or* **story**] eine Geschichte erzählen
② *(give account of)* etw schildern; **to ~ events** Ereignisse schildern
nar·ra·tion [nə'reɪʃᵊn, AM ne'reɪ-] *n no pl* Schilderung *f; of a story, tale* Erzählung *f*
nar·ra·tive ['nærətɪv, AM 'nerət̬ɪv] *n (form)* ① *(story)* Erzählung *f*
② *(description of events)* Schilderung *f,* Beschreibung *f*
③ COMPUT *(explanatory notes)* Erklärung *f*
nar·ra·tor [nə'reɪtəʳ, AM 'nereɪt̬ɚ] *n* Erzähler(in) *m(f)*
nar·row ['nærəʊ, AM 'neroʊ] **I.** *adj* <-er, -est *or* more ~, most ~> ① *(thin)* eng, schmal; **a ~ bridge** eine schmale Brücke; **a ~ passageway** ein enger Durchgang; **a ~ slit** ein schmaler Schlitz
② *(pej: limited)* engstirnig, beschränkt *pej;* **to have a ~ mind** engstirnig sein, einen beschränkten geistigen Horizont haben; **~ market** umsatzschwacher Markt; **~ thought** engstirniges Denken
③ *(small)* eng, knapp; ***prices today stayed within a ~ range*** es gab heute nur geringfügige Preisabweichungen; **to win an election by a ~ margin** eine Wahl mit einem knappen Vorsprung gewinnen
II. *vi* enger werden, sich *akk* verengen; *(fig) gap, difference* sich *akk* schließen [*o* verringern]; ***the road ~s here*** hier verengt sich die Straße
III. *vt* ■**to ~ sth** etw verengen; *(fig)* etw beschränken [*o* begrenzen]; ***he ~ed his eyes in suspicion*** er kniff argwöhnisch die Augen zusammen; **to ~ the focus of an investigation** die Ermittlungen konzentrieren
◆**narrow down** *vt* ■**to ~ down** ⊂ **sth** etw beschränken [*o* einschränken]; **to ~ down the list of candidates** die Zahl der Anwärter beschränken
'nar·row boat *n* NAUT Kahn *m* **'nar·row·cast** *vt* ① TV ■**to ~ sth** etw im Spartenfernsehen übertragen; ***the channel ~s to about 4000 pubs*** der Sender versorgt ungefähr 4000 Gaststätten mit seinem Spartenprogramm ② *(fig: tell only to some people)* ■**to ~ sth to sb** jdm Exklusivinformationen über etw *akk* geben **'nar·row gauge** *n* Schmalspur *f*
nar·row·ly ['nærəʊli, AM 'neroʊ-] *adv* ① *(barely)* knapp; ***she ~ missed winning an Oscar*** sie hätte um ein Haar einen Oskar gewonnen
② *(meticulously)* peinlich genau, sehr gründlich; **to look at sb ~** jdn eingehend mustern
nar·row-'mind·ed *adj* engstirnig; **a ~ bigot** ein engstirniger, voreingenommener Mensch; **~ opinions/views** engstirnige Meinungen/Ansichten
nar·row-mind·ed·ness [-'maɪndɪdnəs] *n no pl* Engstirnigkeit *f*
nar·row·ness ['nærəʊnəs, AM 'neroʊ-] *n no pl* Enge *f;* **the ~ of the opening** der schmale Durchgang
nar·rows ['nærəʊz, AM 'neroʊz] *npl* NAUT Meerenge *f*
nary ['neəri, AM 'neri] *adj inv* DIAL *(fam) see* **not** nicht einmal
NASA ['næsə] *n no pl acr for* **National Aeronautics and Space Administration** NASA *f*
na·sal ['neɪzᵊl] *adj* ① *(concerning nose)* Nasen-; **~ cavity** Nasenhöhle *f;* **to have ~ congestion** eine verstopfte Nase haben; **~ passages** Nasengänge *pl;* **~ spray** Nasenspray *nt*
② *(droning)* nasal; ***she spoke in ~ tones*** sie sprach sehr näselnd; **to have a ~ voice** eine nasale Aussprache haben, näseln
na·sal·ly ['neɪzᵊli] *adv* näselnd, durch die Nase; **to speak ~** näseln
nas·cen·cy ['neɪsᵊn(t)si, 'næ-] *n no pl* CHEM Status Nascendi *m,* Entstehungszustand *m*
nas·cent ['neɪsᵊnt] *adj* ① *(form: new, emerging)* neu aufkommend, in [der] Entstehung begriffen; **a ~ political party** eine junge politische Partei
② CHEM frei werdend *attr,* naszierend; **~ hydrogen** naszierender Wasserstoff
NASDAQ ['næzdæk] *n* STOCKEX *acr for* **National Association of Securities Dealers Automated Quotations System** *von der Vereinigung der US-Wertpapier-Händlerfirmen für den Freiverkehr entwickeltes Börsenhandelssystem*
na·si go·reng [,nɑːsigə'reŋ] *n no pl* Nasi Goreng *nt*
nas·ti·ly ['nɑːstɪli, AM 'næːstɪli] *adv* gehässig, gemein; **to speak ~ to sb** gehässig zu jdm sein
nas·ti·ness ['nɑːstɪnəs, AM 'næːstɪ-] *n no pl* Gemeinheit *f,* Gehässigkeit *f*
na·stur·tium [nə'stɜːʃᵊm, AM -'stɜːr-] *n* [Kapuziner]kresse *f*
nas·ty ['nɑːsti, AM 'næːsti] **I.** *adj* ① *(bad)* scheußlich, grässlich, widerlich, ÖSTERR *a.* grauslich *fam;* ■**to be ~ to sb** zu jdm gemein sein; ***he gave me a very ~ look*** er warf mir einen finsteren [*o* übelwollenden] Blick zu; ***he is a ~ piece of work*** er ist ein fieser Zeitgenosse; **a ~ crack** eine üble Stichelei; **to have a ~ feeling about sth** wegen einer S. *gen* ein ungutes Gefühl haben; **a ~ fright** ein furchtbarer Schreck[en]; **a ~ insult** eine gemeine Beleidigung; **to have a ~ mind** eine schmutzige Fantasie haben; **a ~ joke** ein schlechter Scherz; **a ~ smell** ein grässlicher [*o* scheußlicher] Geruch; **a ~ shock** ein furchtbarer Schock; **a ~ surprise** eine böse Überraschung; **a ~ taste** ein ekelhafter [*o* widerlicher] Geschmack; **cheap and ~** billig und schlecht
② *(dangerous)* gefährlich
③ *(serious)* schlimm, böse; ***she had a ~ cut*** sie hat sich ziemlich böse geschnitten *fam;* **a ~ accident** ein schlimmer Unfall; **to turn ~** umschlagen; ***the situation could turn ~ at any moment*** die Lage könnte jederzeit umschlagen
II. *n (thing)* ekelhaftes Ding; *(person)* Ekel *m*
▸PHRASES: **to do the ~** *(fam)* bumsen *derb*
nat. *adj inv abbrev of* **national** nat.
na·tal ['neɪtᵊl, AM -t̬-] *adj* Geburts-; **the ~ period** der Geburtsvorgang
na·tal·ity [nə'tælɪti, AM -ət̬i] *n* Geburtenziffer *f,* Geburtenzahl *f*

natch [nætʃ] *adv (sl)* erwartungsgemäß, natürlich
NATFHE ['nætfiː] *n no pl, + sing/pl vb* BRIT *acr for* **National Association of Teachers in Further and Higher Education** *britischer Lehrer- und Dozentenverband*
na·tion ['neɪʃᵊn] *n* ① *(country, state)* Nation *f,* Land *nt;* **leading industrialized ~s** führende Industrienationen; **to serve the ~** seinem Land dienen; **all across the ~** im ganzen Land; ***all across the ~ people were demonstrating for peace*** im ganzen Land demonstrierten Menschen für Frieden ② *(people)* Volk *nt;* **the Apache/Navajo ~** AM der Stamm der Apachen/Navajos; **the Jewish ~** das jüdische Volk; **the whole ~** das ganze Land
na·tion·al ['næʃᵊnᵊl] **I.** *adj inv* ① *(of a nation) matter, organization* national; *flag, team, dish, hero* National-; **~ assembly/bank** Nationalversammlung/-bank *f;* **~ census** Volkszählung *f;* **~ champion** Landesmeister(in) *m(f);* **~ defence** Landesverteidigung *f;* **~ government** Landesregierung *f;* [in the] **~ interest** [im] Staatsinteresse *nt;* **~ security** nationale Sicherheit; **~ unity** nationale Einheit ② *(particular to a nation)* Landes-, Volks-; **~ costume** [*or* **dress**] Landestracht *f;* **~ language** Landessprache *f;* **~ pastime** *(iron)* Volkssport *m* ③ *(nationwide)* national; **the ~ dailies** die überregionalen Tageszeitungen; **a ~ disaster** eine nationale Katastrophe; **a ~ emergency** ein landesweiter Notfall; **~ mourning** Staatstrauer *f;* **~ organization** überregionale Organisation; **~ strike** Generalstreik *m;* **~ television** Landesfernsehen *nt,* Nationalfernsehen *nt* SCHWEIZ **II.** *n* Staatsbürger(in) *m(f),* Staatsangehörige(r) *f(m);* **foreign ~** Ausländer(in) *m(f)* **na·tion·al ac·'count** *n* Inlandskonto *nt* **na·tion·al 'an·them** *n* Nationalhymne *f,* Bundeshymne *f* ÖSTERR **na·tion·al 'bank** *n* Nationalbank *f* **na·tion·al 'budg·et** *n* öffentlicher Haushalt **na·tion·al 'cur·ren·cy** *n* Landeswährung *f* **na·tion·al cur·'ricu·lum** *n* BRIT staatlicher Lehrplan **na·tion·al 'debt** *n* Staatsverschuldung *f* **Na·tion·al Edu·'ca·tion As·so·cia·tion** *n,* **NEA** *n* AM *amerikanischer Lehrerverband* **Na·tion·al En·dow·ment for the 'Arts** *n,* **NEA** *n* AM *staatliche Organisation, die Stipendien an Schriftsteller und Geisteswissenschaftler vergibt, um deren Arbeit zu unterstützen* **Na·tion·al 'Front** *n,* **NF** *n* BRIT *rechtsradikale Partei* **na·tion·al 'grid** *n* BRIT, AUS ELEC nationales Verbundnetz **Na·tion·al 'Guard** *n* AM Nationalgarde *f* **Na·tion·al 'Health, Na·tion·al 'Health Ser·vice, NHS** BRIT **I.** *n* staatlicher Gesundheitsdienst **II.** *n modifier (dentist, hospital)* ≈ Kassen-; **~ doctor** ≈ Kassenarzt, -ärztin *m, f* **na·tion·al 'holi·day** *n (work-free)* gesetzlicher Feiertag; *(in celebration of a nation)* Nationalfeiertag *m* **na·tion·al 'in·come** *n no pl* Volkseinkommen *nt* **Na·tion·al In·'sur·ance** BRIT **I.** *n* Sozialversicherung *f* **II.** *n modifier (number, patient)* Sozialversicherungs-; **~ contributions** Sozialversicherungsbeiträge *pl*
na·tion·al·ism ['næʃᵊnᵊlɪzᵊm] *n no pl (usu pej)* Nationalismus *m*
na·tion·al·ist ['næʃᵊnᵊlɪst] **I.** *adj* nationalistisch **II.** *n* Nationalist(in) *m(f)*
na·tion·al·is·tic [ˌnæʃᵊnᵊl'ɪstɪk] *adj (usu pej)* nationalistisch
na·tion·al·ity [ˌnæʃᵊn'æləti, AM -ət̬i] *n* ① *(esp cultural)* Nationalität *f;* ***what ~ are you?*** welcher Nationalität sind Sie?; ***people of several different nationalities were there*** Leute aus vielen verschiedenen Ländern waren da ② *no pl (legal)* Staatsangehörigkeit *f,* Staatsbürgerschaft *f* ÖSTERR; **to adopt** [*or* **take**] **British/German ~** die britische/deutsche Staatsangehörigkeit annehmen; **to apply for British/German ~** die britische/deutsche Staatsangehörigkeit beantragen
na·tion·ali·za·tion [ˌnæʃᵊnᵊlaɪ'zeɪʃᵊn, AM -lɪ'-] *n no pl* Verstaatlichung *f;* **~ of agriculture** die Verstaatlichung der Landwirtschaft
na·tion·al·ize ['næʃᵊnᵊlaɪz] *vt* ■**to ~ sth** *company, steel industry* etw verstaatlichen; **to ~ the banking sector** das Bankwesen verstaatlichen
na·tion·al·ly ['næʃᵊnᵊli] *adv (not locally)* im ganzen Land, landesweit; *(concerning a nation)* national; **~ speaking** auf nationaler Ebene gesehen
na·tion·al 'monu·ment *n* Nationaldenkmal *nt* **na·tion·al 'park** *n* Nationalpark *m* **na·tion·al 'pay·ments** *npl* nationaler Zahlungsverkehr **na·tion·al 'prod·uct** *n* ECON Sozialprodukt *nt* **Na·tion·al 'Sav·ings** *npl* Staatsschuldverschreibungen *pl;* **~ certificate** öffentlicher Sparbrief **na·tion·al 'ser·vice** *n no pl* BRIT, AUS Wehrdienst *m;* **to do ~** den Wehrdienst [ab]leisten **na·tion·al 'so·cial·ism** *n no pl (hist)* Nationalsozialismus *m* **Na·tion·al 'Trust** *n* BRIT *nationale Organisation für Denkmalpflege und Naturschutz* **Na·tion·al Vo·ca·tion·al Quali·fi·'ca·tion** *n,* **NVQ** *n* BRIT ≈ Fachhochschulreife *f,* ≈ Berufsmaturität *f* SCHWEIZ, ≈ Berufsreife *f* ÖSTERR
na·tion·hood ['neɪʃᵊnhʊd] *n no pl* Nationalstaatlichkeit *f,* Zustand *m* nationaler Einheit
na·tion 'state *n* Nationalstaat *m* **'na·tion·wide I.** *adv* landesweit, bundesweit SCHWEIZ, im ganzen Land; **to broadcast sth ~** etw landesweit senden **II.** *adj inv coverage, strike, campaign* landesweit; **a ~ survey** eine landesweite Umfrage
na·tive ['neɪtɪv, AM -t̬-] **I.** *adj inv* ① *(of one's birth)* beheimatet, heimatlich; **sb's ~ country** [*or* **land**] jds Heimatland; ***he's a ~ Canadian*** er ist gebürtiger Kanadier; **sb's ~ language** [*or* **tongue**] jds Muttersprache; **to stand on one's ~ soil again** wieder heimatlichen Boden betreten ② *(indigenous) customs, traditions* einheimisch; *population* eingeboren; **~ villages** Eingeborenendörfer *pl;* ***they were welcomed by a group of Maoris in ~ dress*** sie wurden von einer Gruppe Maoris begrüßt, die nach Art der Einheimischen gekleidet waren ③ BOT, ZOOL *animal, plant* beheimatet, einheimisch; ***the horse is not ~ to the Americas*** das Pferd war ursprünglich nicht in Amerika beheimatet ④ *(innate)* angeboren; **~ ability/talent** angeborene Fähigkeit/angeborenes Talent **II.** *n (indigenous inhabitant)* Einheimische(r) *f(m);* **a ~ of Monaco** ein gebürtiger Monegasse/eine gebürtige Monegassin; **to speak English like a ~** Englisch wie seine Muttersprache sprechen; *(indigenous, aboriginal)* Eingeborene(r) *f(m);* **to go ~** *(hum fam)* wie die Eingeborenen leben
Na·tive A'meri·can I. *n* amerikanischer Ureinwohner/amerikanische Ureinwohnerin **II.** *adj* der amerikanischen Ureinwohner; **~ history** Geschichte der amerikanischen Ureinwohner **na·tive-'born** *adj* gebürtig; **~ New Yorker** gebürtiger New Yorker/gebürtige New Yorkerin **na·tive 'speak·er** *n* Muttersprachler(in) *m(f);* ***all the teachers were ~s of English*** alle Lehrer waren englische Muttersprachler
Na·tiv·ity [nə'tɪvəti, AM -ət̬i] *n no pl* ART, REL ■**the ~** die Geburt Christi
na·'tiv·ity play *n* Krippenspiel *nt*
NATO, Nato ['neɪtəʊ, AM -t̬oʊ] **I.** *n no pl, no art acr for* **North Atlantic Treaty Organization** NATO *f* **II.** *n modifier acr for* **North Atlantic Treaty Organization** *troops, demands, decisions* NATO-; **~ forces** NATO-Streitkräfte *pl;* **the ~ summit** der NATO-Gipfel
nat·ter ['nætəʳ, AM -t̬ɚ] *esp* BRIT **I.** *vi (fam)* quatschen *fam;* ■**to ~ away** quasseln *fam* **II.** *n (fam)* Schwatz *m fam;* **to have a ~** [**with sb**] [mit jdm] quatschen *fam*
nat·ter·er ['nætᵊrəʳ] *n* BRIT *(fam)* Labertasche *f fam,* Plaudertasche *f* ÖSTERR *fam*
nat·ti·ly ['nætɪli, AM -t̬-] *adv (fam)* schick, flott *fam*
nat·ty ['næti, AM -t̬-] *adj (fam: smart)* schick; **to be a ~ dresser** immer schick gekleidet sein; *(well-designed) tool, appliance* praktisch
natu·ral ['nætʃᵊrᵊl, AM -ɚəl] **I.** *adj* ① *(not artificial) flavour, ingredients, mineral water* natürlich; *colour, curls, dye, fertilizer* Natur-; SCI natürlich; **~ abundance** NUCL natürliche Isotopenhäufigkeit; **~ oscillation** Eigenschwingung *f;* **~ sciences** *pl* Naturwissenschaften *pl;* **to be a ~ blonde** naturblondes Haar haben; **~ fibre** [*or* AM **fiber**] Naturfaser *f;* **~ material** Naturprodukt *m;* **~ pearls** echte Perlen; **~ phenomenon** Naturphänomen *nt* ② *(as in nature) harbour, reservoir, camouflage* natürlich; *fabric, wood* naturbelassen; MATH nicht logarithmisch; **~ state** Naturzustand *m;* ***it's not ~ for a woman to be so thin*** es ist gegen die weibliche Natur, so dünn zu sein ③ *(caused by nature)* natürlich; **~ causes** natürliche Ursachen; **to die from ~ causes** eines natürlichen Todes sterben; **~ disaster** Naturkatastrophe *f* ④ *(inborn)* angeboren; ***he has a ~ talent for sports*** er hat eine natürliche Begabung für Sport; **to be a ~ leader** ein geborener Führer/eine geborene Führerin sein ⑤ BIOL, SOCIOL **~ father/mother/parents** leiblicher Vater/leibliche Mutter/Eltern ⑥ *(normal)* natürlich, normal; ***I'm sure there's a ~ explanation for it*** ich bin sicher, es gibt dafür eine ganz normale Erklärung; ***it's quite ~ ...*** es ist ganz natürlich, ...; **~ inclination** Neigung *f;* **~ wastage** ECON natürliche Fluktuation ⑦ *after n* MUS ohne Vorzeichen *nach n* ⑧ MATH *number* natürlich **II.** *n* ① *(approv fam)* Naturtalent *nt;* **to be a ~ for sth** ein Naturtalent für etw *akk* sein; ***she is a ~ for the role of Ophelia*** sie ist die Idealbesetzung für die Rolle der Ophelia; ***he is a ~ for that type of work*** Arbeit dieser Art liegt ihm; ***as a teacher, he's a ~*** er ist der ideale Lehrer ② MUS Auflösungszeichen *nt*
natu·ral at·'tri·tion *n* AM, AUS Personalreduzierung *f* per Einstellungsstopp **natu·ral 'child·birth** *n no pl* natürliche Geburt **natu·ral dis·'as·ter** *n* Naturkatastrophe *f* **natu·ral 'gas** *n no pl* Erdgas *nt* **natu·ral 'his·to·ry I.** *n no pl* Naturgeschichte *f; (as topic of study)* Naturkunde *f* **II.** *n modifier (encyclopedia, TV series)* naturkundlich; **~ expert** Naturkundeexperte, -expertin *m, f;* **~ museum** Naturkundemuseum *nt*
natu·ral·ism ['nætʃᵊrᵊlɪzᵊm, AM -ɚəl-] *n no pl* Naturalismus *m*
natu·ral·ist ['nætʃᵊrᵊlɪst, AM -ɚəl-] **I.** *n* Naturforscher(in) *m(f);* ART, LIT, PHILOS Naturalist(in) *m(f)* **II.** *adj* ① *(in natural history)* naturkundlich ② ART, LIT, PHILOS naturalistisch
natu·ral·is·tic [ˌnætʃᵊrᵊl'ɪstɪk, AM -ɚəl'-] *adj* ART, LIT, PHILOS naturalistisch
natu·rali·za·tion [ˌnætʃᵊrᵊlaɪ'zeɪʃᵊn, AM -ɚəlɪ'-] **I.** *n no pl* Einbürgerung *f* **II.** *n modifier (office, process, request)* Einbürgerungs-; **~ papers** Einbürgerungsurkunde *f*
natu·ral·ize ['nætʃᵊrᵊlaɪz, AM -ɚəl-] **I.** *vt* ■**to ~ sb** jdn einbürgern **II.** *vi* BOT, ZOOL ■**to become ~d** heimisch werden
natu·ral·ized ['nætʃᵊrᵊlaɪzd, AM -ɚəl-] *adj inv* eingebürgert
natu·ral 'lan·guage *n* natürliche Sprache **natu·ral 'law** *n* Naturgesetz *nt*
natu·ral·ly ['nætʃᵊrᵊli, AM -ɚəli] *adv* ① *(of course)* natürlich, selbstverständlich; *(as expected)* verständlicherweise; ***~ enough, he got upset*** wie zu erwarten war, hat er sich aufgeregt ② *(without aid)* natürlich ③ *(by nature)* von Natur aus; ***she's got ~ curly hair*** sie hat Naturlocken ④ *(without special training)* natürlich, instinktiv; ***dancing comes ~ to him*** Tanzen fällt ihm leicht; ***driving doesn't come ~ to me*** Autofahren liegt mir nicht
natu·ral·ness ['nætʃᵊrᵊlnəs, AM -ɚəl-] *n no pl* Natürlichkeit *f*
natu·ral 'per·son *n* LAW natürliche Person, physische Person **natu·ral re·'li·gion** *n no pl* Naturreligion *f* **natu·ral re·'sources** *npl* Bodenschätze *pl;* **to be rich/poor in ~** reich/arm an Bodenschätzen sein **natu·ral 'sci·ence** *n usu pl* Naturwissenschaft *f* **natu·ral se·'lec·tion** *n* natürliche Auslese **natu·ral un·em·'ploy·ment** *n no pl* natürliche Arbeitslosigkeit, Friktionsarbeitslosigkeit *f* **natu·ral 'wast·age** *n* BRIT Personalreduzierung *f* per Einstellungsstopp

na·ture ['neɪtʃəʳ, AM -ɚ] **I.** *n no pl* ① *no art (natural environment)* Natur *f;* **to get** [*or* **go**] **back to ~** zu einer natürlichen Lebensweise zurückkehren; **in ~** in der Natur; **to let ~** [*or* **allow ~ to**] **take its course** der Natur ihren Lauf lassen; **the laws of ~** die Gesetze der Natur
② *(innate qualities)* Natur *f,* Art *f,* Beschaffenheit *f;* ***what is the ~ of your problem?*** worum handelt es sich bei Ihrem Problem?; ***it's the ~ of linen to crumple easily*** Leinen knittert von Natur aus leicht; ***I have a problem of a rather delicate ~*** ich habe da ein ziemlich heikles Problem; **the ~ of a crime/an event/the punishment** die Art eines Verbrechens/Ereignisses/einer Strafe; **things of this ~** Dinge dieser Art; ***it's in the ~ of things*** das liegt in der Natur der Sache; **by ~** von Natur aus
③ *(character)* Naturell *nt,* Art *f;* **sb's better ~** das Gute in jdm; **to be in sb's ~** jds Art sein; ***it's not really in her ~ to be aggressive*** es ist eigentlich nicht ihre Art, aggressiv zu sein
▸PHRASES: **it's the ~ of the beast** das liegt in der Natur der Sache; **the call of ~** *(euph)* der Ruf der Natur *euph;* ***~ 's calling*** die Natur ruft
II. *n modifier (book, programme)* Natur-

na·ture con·ser·'va·tion *n no pl,* **na·ture con·'serv·an·cy** *n no pl* BRIT *(form)* Naturschutz *m*
'na·ture cure *n* Naturheilverfahren *nt*
-na·tured ['neɪtʃəd, AM -ɚd] *in compounds (sweet-, bad-)* -artig; **good~** gutmütig; **ill~** *(mean-spirited)* boshaft, bösartig; *(bad-tempered)* schlecht gelaunt; **pleasant~** angenehm
'na·ture lov·er *n* Naturfreund(in) *m(f)* **'na·ture re·serve** *n* Naturschutzgebiet *nt* **'na·ture study** *n no pl* Naturkunde *f* **'na·ture strip** *n* AUS *(fam)* Grünstreifen *m* **'na·ture trail** *n* Naturlehrpfad *m*
'na·ture wor·ship *n no pl* ① *(love of nature)* Naturverehrung *f,* Naturanbetung *f* ② REL Naturreligion *f*
na·tur·ism ['neɪtʃərɪzəm] *n no pl* BRIT Freikörperkultur *f,* FKK *kein art*
na·tur·ist ['neɪtʃərɪst] *n* BRIT Anhänger(in) *m(f)* der Freikörperkultur, FKK-Anhänger(in) *m(f)*
na·turo·path ['neɪtʃərə(ʊ)pæθ, 'næ-, AM -tʃəəpæθ] *n* Naturheilkundler(in) *m(f)*
naught [nɔːt, AM *esp* nɑːt] *n* ① *no pl (liter or old: nothing)* Nichts *nt;* **to bring sth to ~** etw zunichtemachen; **to count for ~** nichts wert sein; **for ~** umsonst
② AM, AUS *(nought)* Null *f*
naugh·ti·ly ['nɔːtɪli, AM 'nɑːt̬-] *adv* ① *(of children)* frech, ungezogen; **to behave ~** sich *akk* unartig benehmen; *(iron: of adults)* kess, frech
② *(usu hum fam: erotic)* unanständig; **to dress ~** sich *akk* aufreizend anziehen
naugh·ti·ness ['nɔːtɪnəs, AM 'nɑːt̬-] *n no pl* ① *of children* Unartigkeit *f,* Ungezogenheit *f,* Frechheit *f; (iron) of adults* Dreistigkeit *f,* Frechheit *f*
② *(usu hum fam: erotic)* Unanständigkeit *f*
naugh·ty ['nɔːti, AM 'nɑːt̬i] *adj* ① *(badly behaved) children* unartig, ungezogen; *(iron) adults* ungehörig
② *(hum fam: erotic)* unanständig; **~ bits** BRIT *(hum fam)* Weichteile *pl fam; (in a book)* unanständige Textstellen; **~ underwear** Reizwäsche *f*
nau·sea ['nɔːsiə, -z-, AM 'nɑːziə, -ʃə] *n no pl* Übelkeit *f;* **feeling of ~** [Gefühl der] Übelkeit; **to suffer from ~** an Übelkeit leiden; *(fig)* Ekel *m,* Abscheu *m, selten f;* **to be overcome with ~** von Übelkeit [*o* Ekel] überkommen werden
nau·seate ['nɔːsieɪt, -z-, AM 'nɑːz-] *vt usu passive (form)* ■**to ~ sb** bei jdm Übelkeit verursachen; *(fig pej)* ■**to be ~d by sth** von etw *dat* angeekelt sein
nau·seat·ing ['nɔːsieɪtɪŋ, -z-, AM 'nɑːzieɪt̬-] *adj* Übelkeit erregend *attr; (fig pej)* Ekel erregend *attr,* widerlich, ekelhaft; *(esp iron, hum)* ***it's quite ~ how good she is at everything*** es ist geradezu widerlich, wie gut sie in allem ist
nau·seat·ing·ly ['nɔːsieɪtɪŋli, -z-, AM 'nɑːzieɪt̬-] *adv (fig, esp iron)* widerlich *iron*
nau·seous ['nɔːsiəs, -z-, AM 'nɑːʃəs] *adj* ① *(having nausea)* ***she is*** [*or* ***feels***] ***~*** ihr ist übel
② *(fig: causing nausea)* widerlich, ekelhaft
nau·seous·ly ['nɔːsiəsli, -z-, AM 'nɑːʃəs-] *adv* widerlich, ekelhaft
nau·seous·ness ['nɔːsiəsnəs, -z-, AM 'nɑːʃəs-] *n no pl* Übelkeit *f*
nau·ti·cal ['nɔːtɪkəl, AM 'nɑːt̬ɪ-] *adj inv* nautisch; **~ almanac** nautisches Jahrbuch; **~ chart** Seekarte *f*
nau·ti·cal·ly ['nɔːtɪkəli, AM 'nɑːt̬ɪ-] *adv inv* nautisch; **to dress ~** sich *akk* seemännisch kleiden
nau·ti·cal 'mile *n* Seemeile *f*
Nava·jo ['nævəhəʊ, AM -hoʊ] **I.** *n* ① *(Native American)* Navajo *m o f*
② *(Indian tribe)* Navajo *pl*
③ *(language)* Navajo-Sprache *f*
II. *adj* der Navajo *nach n*
na·val ['neɪvəl] *adj inv (of a navy)* Marine-; **~ school/uniform** Marineschule/-uniform *f; (of ships)* Schiffs-, See-; **~ battle/forces** Seeschlacht *f*/Seestreitkräfte *pl*
na·val a'cad·emy *n* Marineakademie *f* **'na·val base** *n* Flottenstützpunkt *m,* Flottenbasis *f* **na·val 'pow·er** *n* Seemacht *f* **na·val 'war·fare** *n no pl (war)* Seekrieg *m; (warring)* Seekriegsführung *f*
nave [neɪv] *n* Hauptschiff *nt,* Längsschiff *nt*
na·vel ['neɪvəl] *n* Nabel *m*
▸PHRASES: **to contemplate** [*or* **gaze at**] [*or* **stare at**] **one's ~** BRIT sich *akk* mit sich *dat* selbst befassen, Nabelschau betreiben *sl*
'na·vel-gaz·ing *n no pl* BRIT *(pej)* Nabelschau *f fam*
na·vel 'or·ange *n* Navelorange *f*
navi·gabil·ity [ˌnævɪgə'bɪləti, AM -əṭi] *n no pl* Schiffbarkeit *f*
navi·gable ['nævɪgəbl̩] *adj* ① *(passable)* schiffbar, befahrbar; **~ waters** befahrbare Gewässer
② *(seaworthy)* seetüchtig; **a ~ boat** ein seetüchtiges Boot
navi·gate ['nævɪgeɪt] **I.** *vt* ■**to ~ sth** ① *(steer)* etw navigieren [*o* steuern]
② *(traverse)* etw befahren; **to ~ the ocean/a river** das Meer/einen Fluss befahren; *(pass through)* etw durchfahren
③ *(pilot)* etw steuern; AUTO etw lenken
④ *(fig: get through)* sich *dat* einen Weg bahnen; ***the crowd was so thick that it took us ten minutes to ~ it*** die Menschenmenge war so dicht, dass wir zehn Minuten brauchten, um durchzukommen; ***despite having drunk too much beer he just managed to ~ his way to the door*** obwohl er zu viel Bier getrunken hatte, schaffte er es noch zur Tür; **to ~ TV channels** sich *akk* bei [vielen] Fernsehkanälen zurechtfinden; **to ~ the internet** im Internet navigieren
⑤ *(fig: overcome)* etw durchstehen; ***their marriage survived all the crises which had to be ~d along the way*** ihre Ehe überlebte sämtliche Krisen, die sie im Laufe der Zeit durchzustehen hatten
II. *vi* NAUT, AVIAT navigieren; AUTO *driver* fahren; *passenger* lotsen, dirigieren
navi·ga·tion [ˌnævɪ'geɪʃən] *n no pl* ① *(navigating)* Navigation *f*
② *(assisting driver)* Lotsen *nt,* Dirigieren *nt*
③ SCI, ART Navigationskunde *f*
navi·ga·tion·al [ˌnævɪ'geɪʃənəl] *adj inv* Navigations-; **~ error** Navigationsfehler *m*
navi·ga·tion·al 'aid *n* INET Navigationshilfe *f*
navi·ga·tor ['nævɪgeɪtəʳ, AM -t̬ɚ] *n* Navigator(in) *m(f);* AUTO Beifahrer(in) *m(f)*
nav·vy ['nævi] *n* BRIT *(dated)* Bauarbeiter *m*
navy ['neɪvi] **I.** *n* ① + *sing/pl vb (armed forces)* ■**the ~** die Marine; **to be in the ~** in [*o* bei] der Marine sein; **to serve in the ~** in [*o* bei] der Marine dienen
② *(colour)* Marineblau *nt*
II. *n modifier (base, uniform)* Marine-
III. *adj inv* marineblau
navy 'blue I. *n no pl* Marineblau *nt* **II.** *adj inv* marineblau **'navy yard** *n* AM Marinewerft *f*
na·wab [nə'wɑːb] *n* HIST Nabob *m*
nay [neɪ] **I.** *adv inv (liter)* ja [sogar]
II. *interj* DIAL *(old)* nein
III. *n esp* AM Nein *nt; (negative vote)* Neinstimme *f,* Gegenstimme *f* SCHWEIZ
nay·say·er ['neɪseɪəʳ, AM ɚ] *n* Pessimist(in) *m(f),* Schwarzseher(in) *m(f),* Schwarzmaler(in) *m(f)*
nazi ['nɑːtsiː] *n (pej fam: person who is very extreme in their views on sth)* Besessene(r) *f(m); (person holding very authoritarian views on a matter)* Faschist(in) *m(f) fig pej;* **anti-smoking ~** militanter Nichtraucher/militante Nichtraucherin
Nazi ['nɑːtsi] **I.** *n* ① *(hist)* Nazi *m*
② *(pej)* Nazi *m pej,* Faschist(in) *m(f) pej*
II. *n modifier (propaganda, salute, uniform)* Nazi-
Na·zism, Na·zi·ism ['nɑːtsɪzəm] *n no pl* HIST Nazismus *m*
NB [ˌen'biː] *adv no pl abbrev of* **nota bene** NB
N.B. CAN *abbrev of* **New Brunswick**
NBA [ˌenbiː'eɪ] *n* AM *abbrev of* **National Basketball Association** *die nationale Basketball-Liga der USA*
N.C. AM *abbrev of* **North Carolina**
NC-17 [ˌensiːˌsevən'tiːn] AM **I.** *n Klassifizierung, dass ein Film nicht jugendfrei ist*
II. *adj* nicht jugendfrei
NCC [ˌensiː'siː] *n* BRIT *abbrev of* **Nature Conservancy Council** Naturschutzamt *nt*
NCO [ˌensiː'əʊ, AM -'oʊ] *n abbrev of* **non-commissioned officer** Uffz. *m*
N.D. AM *abbrev of* **North Dakota**
NDP [ˌendiː'piː] *n abbrev of* **national domestic product** Nettoinlandsprodukt *nt*
NE *abbrev of* **north-east I.** *adj* nö.
II. *n* NO
NEA[1] [ˌeniː'eɪ] *n* AM *abbrev of* **National Education Association** *amerikanischer Lehrerverband*
NEA[2] [ˌeniː'eɪ] *n* AM *abbrev of* **National Endowment for the Arts** *staatliche Organisation, die Stipendien an Schriftsteller und Geisteswissenschaftler vergibt, um deren Arbeit zu unterstützen*
Ne·an·der·thal [ni'ændətɑːl, AM -dəθɔːl] *adj* Neandertaler-; *(fig)* neandertalerhaft *fig fam*
Ne·an·der·thal 'man *n* Neandertaler *m*
Nea·poli·tan [ˌniːə'pɒlɪtən, AM 'pɑːlə] **I.** *adj inv* neapolitanisch
II. *n* Neapolitaner(in) *m(f)*
neap tide ['niːptaɪd] *n* Nipptide *f*
near [nɪəʳ, AM nɪr] **I.** *adj* ① *(close in space)* nahe, in der Nähe; ***where's the ~est phone box?*** wo ist die nächste Telefonzelle?; **in the ~ distance** [ganz] in der Nähe
② *(close in time)* nahe; ***in the ~ future*** in der nahen Zukunft
③ *(most similar)* ■**~est** am nächsten; ***walking in these boots is the ~est thing to floating on air*** in diesen Stiefeln läuft man fast wie auf Watte; ***this was the ~est equivalent to cottage cheese I could find*** von allem, was ich auftreiben konnte, ist das hier Hüttenkäse am ähnlichsten; ***he rounded up the sum to the ~est dollar*** er rundete die Summe auf den nächsten Dollar auf
④ *attr (close to being)* ***he was in a state of ~ despair*** er war der Verzweiflung nahe; ***that's a ~ certainty/impossibility*** das ist so gut wie sicher/unmöglich; **a ~ catastrophe/collision** eine Beinahekatastrophe/ein Beinahezusammenstoß *m*
⑤ *attr (person)* nahe, eng; ***he's a ~ neighbour*** er gehört zu der unmittelbaren Nachbarschaft; **~ relative** enge[r] [*o* nahe[r]] Verwandte[r]; **his ~est and dearest** *(hum)* seine Lieben *hum*
⑥ *attr* BRIT, AUS AUTO, TRANSP *(nearside)* auf der Beifahrerseite *präd, nach n*
▸PHRASES: **a ~ thing** ***that was a ~ thing! it could have been a disaster*** das war aber knapp! es hätte ein Unglück geben können; ***she won in the end but it was a ~ thing*** am Ende hat sie doch noch gewonnen, aber es war knapp
II. *adv* ① *(close in space)* nahe; ***do you live somewhere ~?*** wohnst du hier irgendwo in der Nähe?; ***I wish we lived ~er*** ich wünschte, wir würden näher beieinanderwohnen; ***I was standing just ~ enough to hear what he was saying*** ich stand gerade nah genug, um zu hören, was er sagte; **~ at hand** *object* in [unmittelbarer] Reichweite; *place* [ganz] in der Nähe

② *(close in time)* nahe; **to draw** [*or* **get**] ~ näher rücken; ***the time is drawing ~ er*** die Zeit rückt näher ③ *(almost)* beinahe, fast; ***a ~ perfect performance*** eine fast perfekte Vorstellung; ***I ~ fell out of the chair*** ich wäre beinahe vom Stuhl gefallen; **as ~ as**: ***as ~ as he could recall, the burglar had been tall*** soweit er sich erinnern konnte, war der Einbrecher groß gewesen; ***I'm as ~ certain as can be*** ich bin mir so gut wie sicher; ***there were about 60 people at the party, as ~ as I could judge*** ich schätze, es waren so um die 60 Leute auf der Party; **~ enough** *(fam)* fast, beinahe; ***she's been here 10 years, ~ enough*** sie ist seit 10 Jahren hier, so ungefähr jedenfalls; ***they're the same age or ~ enough*** sie haben so ungefähr dasselbe Alter; **nowhere** [*or* **not anywhere**] ~ bei Weitem nicht; ***his income is nowhere ~ enough to live on*** sein Einkommen reicht bei Weitem nicht zum Leben [aus]; ***he's not anywhere ~ as*** [*or* ***so***] ***tall as his sister*** er ist längst nicht so groß wie seine Schwester

▸PHRASES: **as ~ as <u>dammit</u>** [*or* **<u>damn</u> it**] BRIT *(fam)* ***it will cost £200, or as ~ as dammit*** so Pi mal Daumen gerechnet wird es etwa 200 Pfund kosten

III. *prep* ① *(in proximity to)* ■ **~** [**to**] nahe [bei] +*dat*; ***he stood ~ her*** er stand nahe [*o* dicht] bei ihr; ***do you live ~ here?*** wohnen Sie hier in der Nähe?; ***we live quite ~*** [***to***] ***a school*** wir wohnen in unmittelbarer Nähe einer Schule; ***the house was nowhere ~ the port*** das Haus lag nicht mal in der Nähe des Hafens; ***don't come too ~ me, you might catch my cold*** komm mir nicht zu nahe, du könntest dich mit meiner Erkältung anstecken; ***which bus stop is ~ est*** [***to***] ***your house?*** welche Bushaltestelle ist von deinem Haus aus die nächste?; ***go and sit ~ er*** [***to***] ***the fire*** komm, setz dich näher ans Feuer; ***there's a car park ~ the factory*** bei [*o* in der Nähe] der Fabrik gibt es einen Parkplatz

② *(almost time of)* ***I shan't be home till some time ~ midnight*** ich werde erst so um Mitternacht zurück sein; ***it's nowhere ~ time for us to leave yet*** es ist noch längst nicht Zeit für uns zu gehen; ***I'm nowhere ~ finishing the book*** ich habe das Buch noch längst nicht ausgelesen; ***details will be given ~ the date*** die Einzelheiten werden kurz vor dem Termin bekanntgegeben; ***his birthday is very ~ Easter*** er hat kurz vor Ostern Geburtstag; ***I'll think about it ~ er*** [***to***] ***the time*** wenn die Zeit reif ist, dann werde ich drüber nachdenken; ***~ the end of the war*** gegen Kriegsende

③ *(close to a state)* nahe; ***we came ~ to being killed*** wir wären beinahe getötet worden; ***they came ~ to blows over the election results*** sie hätten sich fast geprügelt wegen der Wahlergebnisse; **~ to starvation/dehydration** nahe dem Verhungern/Verdursten; **~ to tears** den Tränen nahe

④ *(similar in quantity or quality)* ***he's ~ er 70 than 60*** er ist eher 70 als 60; ***this colour is ~ est*** [***to***] ***the original*** diese Farbe kommt dem Original am nächsten; ***nobody else comes ~ him in cooking*** was das Kochen angeht, da kommt keiner an ihn ran

⑤ *(about ready to)* ■ **to be ~ to doing sth** nahe daran sein, etw *akk* zu tun; ***I am ~ to losing my temper*** ich verliere gleich die Geduld; ***he came ~ to punching him*** er hätte ihn beinahe geschlagen

⑥ *(like)* ***he felt something ~ envy*** er empfand so etwas wie Neid; ***what he said was nothing ~ the truth*** was er sagte, entsprach nicht im Entferntesten der Wahrheit

⑦ *(almost amount of)* annähernd, fast; ***it weighed ~ to a pound*** es wog etwas weniger als ein Pfund; ***temperatures ~ 30 degrees*** Temperaturen von etwas unter 30 Grad; ***profits fell from £8 million to ~ er £6 million*** die Gewinne sind von 8 Millionen auf gerade mal 6 Millionen zurückgegangen

IV. *vt* ■ **to ~ sth** sich *akk* etw *dat* nähern, etw *dat* näher kommen; ***we ~ ed the top of the mountain*** wir kamen dem Gipfel des Berges immer näher; **to ~ completion** kurz vor der Vollendung stehen; **sb ~ s his/her end** *(liter)* jds Ende naht *euph*

V. *vi* sich *akk* nähern, näher kommen [*o* rücken]; ***lunchtime is ~ ing*** es ist bald Mittagszeit; ***as Christmas ~ ed, little Susan became more and more excited*** als Weihnachten nahte, wurde die kleine Susan immer aufgeregter

near- [nɪəʳ, AM nɪr] *in compounds* beinahe, Beinahe-; **a ~ disaster** ein Beinaheunglück *nt*; ***she was ~ hysterical by the time we arrived there*** sie war beinahe hysterisch, als wir dort ankamen

near·by [ˌnɪə'baɪ, AM ˌnɪr'-] **I.** *adj* in der Nähe gelegen, nahe gelegen; **some ~ shops** einige nahe gelegene Geschäfte

II. *adv* in der Nähe

near-'death ex·peri·ence *n* Nahtodeserfahrung *f*

Near 'East *n* Naher Osten **near let·ter 'qual·ity** *adj*, **NLQ** *attr, inv* Briefqualität *f*; **~ printing** gute Druckqualität **near-'liq·uid** *adj inv* **~ asset** FIN Quasigeld *nt*

near·ly ['nɪəli, AM 'nɪr-] *adv inv* fast, beinahe; ***it was so funny we ~ died laughing*** es war so komisch, dass wir uns beinahe totgelacht hätten; **~ certain** fast sicher; **not ~ enough** nicht annähernd [*o* bei Weitem nicht] genug; **to be not ~ as bad** gar nicht so schlecht sein; **to be ~ there** beinahe da sein; **to very ~ do sth** beinahe etw tun; ***that wall is ~ three metres*** diese Mauer ist fast drei Meter hoch; ***she's ~ as tall as her father now*** sie ist jetzt beinahe so groß wie ihr Vater

near 'miss *n* ① MIL Beinahetreffer *m* ② *(near-accident)* Beinaheunfall *m*; AIR Beinahezusammenstoß *m*; ***that was a ~, we must have come within an inch of that lorry!*** das ist grade noch mal gut gegangen, um ein Haar wären wir mit dem Laster zusammengeprallt! ③ *(fig)* Beinaheerfolg *m*; **to be a ~** *(a. lit) attempt, bomb, shot* knapp danebengehen

near 'mon·ey *n* FIN Geldsubstitut *nt*, Quasigeld *nt*, geldnahe Anlage; **~ asset** Near-Money-Asset *m*

near·ness ['nɪənəs, AM 'nɪr-] *n no pl* Nähe *f*

'near·side BRIT, AUS **I.** *n* Beifahrerseite *f* **II.** *adj attr, inv* auf der Beifahrerseite *nach n* **near-'sight·ed** *adj esp* AM kurzsichtig **near-'sight·ed·ness** *n no pl esp* AM Kurzsichtigkeit *f* **near 'thing** *n (fam)* knappes Entkommen; ***that was a ~!*** das war knapp!

neat [ni:t] *adj* ① *(well-ordered)* ordentlich, sauber; **~ appearance/beard** gepflegtes Äußeres/gepflegter Bart; **to be ~ in one's habits** ein ordentlicher Mensch sein; **~ and tidy** sauber und ordentlich

② *(skilful)* geschickt; ***they did a very ~ job stitching up your knee*** sie haben dein Knie tadellos zusammengeflickt; **~ answer** treffende Antwort

③ *inv (undiluted)* pur; ***I'll have a ~ gin please*** ich hätte gerne einen Gin pur

④ *esp* AM, AUS *(approv sl: very good)* toll, klasse *fam*; **a ~ bike** ein tolles Fahrrad; **a ~ guy** ein dufter Typ BRD *fam*

neat·en ['ni:tᵊn] *vt* ■ **to ~ sth** etw in Ordnung bringen; ■ **to ~ sth up** [*or* **to ~ up sth**] etw in Ordnung bringen; ■ **to ~ sb up** [*or* **to ~ up sb**] jdn ordentlich herrichten

'neath [ni:θ] *prep (liter) see* **underneath**

neat·ly ['ni:tli] *adv* ① *(tidily)* sauber, ordentlich ② *(skilfully)* geschickt

neat·ness ['ni:tnəs] *n no pl* Ordentlichkeit *f*, Sauberkeit *f*

neats·foot oil ['ni:tsfʊt-] *n no pl* Klauenöl *nt*

Nebr. AM *abbrev of* **Nebraska**

Ne·bras·kan [nə'bræskən] **I.** *n* Bewohner(in) *m(f)* Nebraskas

II. *adj* aus Nebraska *nach n*

nebu·la <*pl* -lae *or* -s> ['nebjələ, *pl* -li:] *n* ASTRON Nebel *m*

nebu·lar ['nebjələʳ, AM -ɚ] *adj* ASTRON Nebel-

nebu·lous ['nebjələs] *adj* nebulös *geh*, nebelhaft; **~ fear/promise** vage Angst/vages Versprechen

nebu·lous·ness ['nebjələsnəs] *n no pl* Vagheit *f*, Unbestimmtheit *f*; **the ~ of sb's ideas** die Vagheit von jds Vorstellungen

nec·es·saries ['nesəsᵊriz, AM -seriz] *npl* unbedingt notwendige Dinge

nec·es·sari·ly ['nesəsᵊrᵊli, AM ˌnesə'ser-] *adv inv (consequently)* notwendigerweise; *(inevitably)* unbedingt; *(of necessity)* zwangsläufig; **not ~** nicht unbedingt

nec·es·sary ['nesəsᵊri, AM -seri] **I.** *adj* nötig, notwendig, erforderlich; **to make the ~ arrangements** die nötigen Vorbereitungen treffen; **a ~ evil** ein notwendiges Übel; **~ restructuring** notwendige Umstrukturierung; **strictly ~** unbedingt nötig; **to be ~** notwendig sein; ***that won't be ~*** das ist nicht nötig; ***it's not ~*** [***for you***] ***to shout*** du brauchst nicht zu schreien; ***was it really ~ for you to say that?*** musstest du das wirklich sagen?; **to do what is ~** alles Nötige tun; **if ~** wenn nötig

II. *n* ■ **the ~** das Nötige [*o* Notwendige]; ***are you going to do the ~ or not?*** wirst du das Nötige erledigen oder nicht?; *(money)* das nötige Geld; ■ **the necessaries** *pl* das Notwendige

ne·ces·si·tate [nə'sesɪteɪt] *vt* ■ **to ~ sth** etw erforderlich [*o* notwendig] machen, etw erfordern; ***an important meeting ~ s my being in London*** eine wichtige Versammlung erfordert meine Anwesenheit in London

ne·ces·si·tous [nə'sesɪtəs, AM əṭəs] *adj* bedürftig, Not leidend

ne·ces·sity [nə'sesəti, AM -əṭi] *n* ① *no pl (being necessary)* Notwendigkeit *f*; **in case of ~** im Notfall *m*; **a case of absolute ~** ein absoluter Notfall; **when the ~ arises** wenn es unbedingt nötig ist; **by** [*or* **from**] [*or* **out of**] **~** aus Not *f*

② *(indispensability)* Lebensnotwendige *nt kein pl*; **bare ~** Grundbedarf *m*; **the necessities of life** das zum Leben Notwendige

▸PHRASES: **~ is the <u>mother</u> of invention** *(prov)* Not macht erfinderisch *prov*

neck [nek] **I.** *n* ① ANAT, PHYSIOL, MED Hals; *nape* Nacken *m*, Genick *nt*; **to fling** [*or* **throw**] **one's arms round sb's neck** jdm um den Hals fallen

② FASHION Kragen *m*; *(garment)* Ausschnitt *m*; ***he wore a sweater with a round ~*** er trug einen Pullover mit Rundhalsausschnitt

③ *(narrow part)* Hals *m*; **~ of the bottle/vase/violin** Flaschen-/Vasen-/Geigenhals *m*

④ *(horse racing)* **by a ~** um eine Kopflänge

⑤ *(dated fam: kissing)* Knutschen *nt fam*; **to have a ~** knutschen *fam*

▸PHRASES: **~ <u>and</u> ~** Kopf an Kopf; ***they were ~ and ~ for all but the last hundred metres*** abgesehen von den letzten hundert Metern war es ein Rennen Kopf an Kopf; **to <u>break</u> one's ~ to do sth** *(fam)* sich *akk* wie verrückt in etw *akk* reinhängen *fam*; **to be <u>breathing</u> down sb's ~** jdm im Nacken sitzen *fig*; **~ and <u>crop</u>** ganz und gar; **to <u>get</u> it in the ~** [**for sth**] *(fam)* [wegen einer S. *gen*] eins aufs Dach bekommen *fam*; **to <u>have</u> sb/sth around** [*or* **round**] **one's ~** jdn/etw am Hals haben *fam*; **to <u>have</u> the ~ to do sth** *(fam)* die Unverfrorenheit haben, etw zu tun; **to <u>talk</u> through the back of one's ~, to <u>talk</u> through one's ~** *esp* BRIT *(fam)* keine Ahnung haben, wovon man spricht; **to be <u>up</u> to one's ~ in sth** *(fam)* bis zum Hals in etw *dat* stecken *fig fam*; **in this/sb's ~ of the <u>woods</u>** *(fam)* in diesen/jds Breiten

II. *vi (dated fam: kiss)* knutschen *fam*; *(caress)* schmusen

'neck·band *n* Halsbündchen *nt* **'neck·cloth** *n* Halstuch *nt*, Halsbinde *f*

neck·er·chief <*pl* -s *or* -chieves> ['nekətʃɪf, AM -kɚ-] *n (dated)* Halstuch *nt*

neck·lace ['nekləs] *n* [Hals]kette *f*

neck·let ['neklət] *n* Halskette *f*; *(small necklet)* Kettchen *nt*

'neck·line *n* Ausschnitt *m*; **low** [*or* **plunging**] **~** tiefer Ausschnitt

neck 'micro·phone *n* Umhängemikrofon *nt* **'neck roll** *n* BRIT Haarrolle *f* im Nacken **'neck·tie** *n esp* AM Krawatte *f*

nec·ro·man·cer ['nekrəʊmænsəʳ, AM rəmænsɚ] *n* Totenbeschwörer *m*, Nekromant *m geh*

nec·ro·man·cy ['nekrə(ʊ)mæn(t)si, AM -rəm-] *n no pl (form: communicating with dead)* Nekromantie *f*, Totenbeschwörung *f*; *(black magic)* schwarze Magie, Zauberei *f*

nec·ro·philia [ˌnekrə(ʊ)'fɪliə, AM -rə'-] *n no pl* PSYCH

Nekrophilie *f*

nec·ro·phili·ac [ˌnekrə(ʊ)ˈfɪliæk, AM -rəˈ-] **I.** *n* nekrophile Person

II. *adj* nekrophil

nec·rophi·lism [nekˈrɒfɪlɪzᵊm, AM -ˈrɑːfə-] *n no pl* PSYCH Nekrophilie *f*

nec·ropo·lis <*pl* -es> [nekˈrɒpᵊlɪs, AM -ˈrɑːp-] *n (form)* Nekropolis *f*, Stadt *f* der Toten *liter*

nec·tar [ˈnektəʳ, AM -ɚ] *n no pl (in plants)* Nektar *m*; *(as drink)* Nektar *m*

nec·tar·ine [ˈnektᵊriːn, AM ˌnektəˈriːn] *n* Nektarine *f*

née [neɪ] *adj pred, inv* geborene; ***Elaine Gibson, ~ Gillett*** Elaine Gibson, geborene Gillett

need [niːd] **I.** *n* ❶ *no pl (requirement)* Bedarf *m* (**for** an +*dat*); ***there is an urgent ~ for doctors*** Ärzte werden dringend gebraucht; ***your ~ is greater than mine*** du brauchst es dringender als ich; **~ to act** Handlungsbedarf *m*; **~ to catch up** Nachholbedarf *m*; **as the ~ arises** bei Bedarf; **at ~** *(dated)* bei Bedarf; **to be** [**badly**] **in ~ of sth** etw [dringend] brauchen; **in ~ of reform** reformbedürftig; **to have no ~ of sth** etw nicht brauchen

❷ *no pl (necessity)* Notwendigkeit *f*; ***there's no ~ to get so angry*** es besteht kein Grund, so wütend zu werden; ***there was no ~ for you to walk from the station*** du hättest doch nicht vom Bahnhof herlaufen müssen; ***there is no ~ for you to get up early tomorrow*** es ist nicht nötig, dass du morgen früh aufstehst; ***there is no ~ to cry*** deshalb muss man doch nicht weinen; **if ~ be** falls nötig; ***there's always food in the freezer if ~ be*** notfalls ist immer noch etwas zum Essen im Gefrierschrank

❸ *(yearning)* Bedürfnis *nt*; ***I'm in ~ of some fresh air*** ich brauche etwas frische Luft; *(form)* ***she had ~ of company*** sie hatte das Bedürfnis nach Gesellschaft; **basic ~s** Grundbedürfnisse *pl*; **to fulfil emotional ~s** emotionale Bedürfnisse befriedigen; **to have/feel the ~ to do sth** das Bedürfnis haben/verspüren, etw zu tun; **to identify/satisfy a ~** ein Bedürfnis erkennen/befriedigen; **to meet sb's ~s** jds Bedürfnisse erfüllen

❹ *no pl (requiring help)* ***she helped him in his hour of ~*** sie hat ihm in der Stunde der Not geholfen; **children in ~** Kinder in Not

❺ *no pl (poverty)* Not; **to be in great ~** große Not leiden; **those in ~** die Notleidenden

II. *vt* ❶ *(require)* ■**to ~ sth/sb** etw/jdn brauchen; ***he ~s help*** er braucht Hilfe; ***you won't be ~ing your coat today*** deinen Mantel brauchst du heute nicht; ***what I ~ now is a cup of coffee soup*** was ich jetzt brauche, ist eine Tasse Kaffee; ***who ~s a car? I've got my bike*** wer braucht schon ein Auto? ich habe ja mein Fahrrad; ***I ~ you to advise me on ...*** ich brauche deinen Rat zu ...; ***your trousers ~ washing*** [*or* ***to be washed***] deine Hose müsste mal gewaschen werden; ***this room ~s a bit of brightening-up*** dieses Zimmer muss man mal ein bisschen freundlicher machen; ***she ~s that car seeing to*** sie sollte das Auto mal zur Werkstatt bringen; ***you ~*** [***to have***] ***your brains examined!*** du hast nicht mehr alle Tassen im Schrank!

❷ *(must)* ■**to ~ to do sth** etw tun müssen; ***they ~ to win the match*** sie müssen das Spiel gewinnen; AM ***you didn't ~ to invite him — he was sent an invitation weeks ago*** du hättest ihn nicht einladen müssen — er hat schon vor Wochen eine Einladung zugeschickt bekommen

❸ *(not want to be subjected to)* ■**to not ~ sth** etw nicht brauchen können; ***I don't ~ your comments, thank you*** deine Kommentare kannst du dir sparen; *(hum)* ***I ~ this like I ~ a hole in the head*** *(fam)* das ist ja das Letzte, was ich [jetzt auch noch] gebrauchen kann *fam*

III. *aux vb* ❶ BRIT *(must)* ■**sb/sth ~s do sth**: ***all you ~ bring are sheets*** Sie müssen nur Laken mitbringen; ***~ we take your mother?*** müssen wir deine Mutter mitnehmen?; ***if you want anything, you ~ only ask*** wenn du etwas willst, brauchst du nur zu [*o* musst du nur] fragen; ***~ I say more?*** muss ich noch mehr sagen?; ***~ you ask?*** *(iron)* da fragst du noch?; ***you ~n't worry*** du brauchst dir keine Gedanken zu machen; ***and it ~n't cost very much*** und es muss noch nicht mal viel kosten; ***I ~ hardly say ...*** ich brauche wohl kaum zu erwähnen ...; ***I ~ hardly tell you that the work is dangerous*** ich brauche dir wohl kaum zu sagen, dass die Arbeit gefährlich ist

❷ BRIT *(didn't have to)* ■**sb/sth ~n't have done sth** jd/etw hätte etw nicht tun müssen; ***you ~n't have washed all those dishes*** du hättest nicht das ganze Geschirr abwaschen müssen; ***this accident ~n't have happened if he'd only driven more carefully*** dieser Unfall hätte nicht passieren müssen, wenn er nur vorsichtiger gefahren wäre

❸ BRIT *(shouldn't)* ***you ~n't laugh!*** du brauchst gar nicht [so] zu lachen!

need·ed [ˈniːdɪd] *adj inv* notwendig, nötig; ***most people like to feel ~*** die meisten Menschen mögen es, gebraucht zu werden; **much-~** dringend nötig [*o* notwendig]

need·ful [ˈniːdfᵊl] **I.** *adj* ❶ *(form: necessary)* nötig, notwendig

❷ *(needy)* bedürftig; ***she couldn't lie when ~*** sie konnte nicht lügen, wenn sie etwas brauchte

II. *n no pl* ■**the ~** das Nötige; *(fam) money* das nötige Kleingeld *fam*

nee·dle [ˈniːdl̩] **I.** *n* ❶ *(for sewing)* Nadel *f*; **knitting ~** Stricknadel *f*; **~ and thread** Nadel und Faden; **to thread a ~** einen Faden einfädeln

❷ MED Nadel *f*; **to be on the ~** BRIT *(fam)* an der Nadel hängen *fam*; **to get a ~** AM, AUS *(fam)* geimpft werden

❸ *(pointer)* Nadel *f*, Zeiger *m*; *(on compass)* [Kompass]nadel *f*; *(stylus)* [Grammophon]nadel *f*

❹ *(leaf)* Nadel *f*

▶ PHRASES: **to get the ~** *(fam)* sich *akk* ärgern; **to give sb the ~** *(fam)* jdn ärgern; **it is like looking** [*or* **searching**] **for a ~ in a haystack** das ist, als würde man eine Stecknadel im Heuhaufen suchen

II. *vt* ■**to ~ sb** jdn ärgern [*o fam* nerven]

'nee·dle bank, 'nee·dle ex·change *n Ort, an dem Drogenabhängige saubere Nadeln bekommen*

'nee·dle·craft *n no pl* Näherei *f*, Handarbeit *f*

'nee·dle·ex·change cen·tre *n* Fixerstube *f* **'nee·dle match** *n* SPORT *(fam)* erbitterter Kampf **'nee·dle·point** *n no pl* Stickerei *f* **'nee·dle print·er** *n* Nadeldrucker *m* **'nee·dle-sharp** *adj inv* nadelscharf

need·less [ˈniːdləs] *adj inv* unnötig, überflüssig; **~ to say ...** selbstverständlich ..., natürlich ..., überflüssig zu sagen, dass ...

need·less·ly [ˈniːdləsli] *adv inv* unnötig[erweise]; **to die ~** sinnlos sterben

'nee·dle·wom·an [ˈniːdl̩wʊmən] *n* Näherin *f* **'nee·dle·work** *n no pl* Handarbeit *f*

needn't [ˈniːdᵊnt] = **need not** *see* **need II**

needs [niːdz] *adv inv (old)* unbedingt; **~ must** [*or* **must ~**] **do sth** *(old form)* unbedingt etw tun müssen; ***I don't want to work all weekend, but ~ must*** ich will nicht das ganze Wochenende arbeiten, aber was sein muss, muss sein; ***I have no choice in the matter I ~ must attend*** mir bleibt keine Wahl, ich werde wohl teilnehmen müssen

▶ PHRASES: **~ must when the devil drives** *(prov)* ob du willst oder nicht

need-to-'know *adj attr, inv bezeichnet ein Prinzip, das nur berechtigten Personen Zugang zu geheimen Informationen ermöglicht*

needy [ˈniːdi] **I.** *adj* ❶ *(poor)* bedürftig, Not leidend *attr*

❷ PSYCH *(mentally weak)* bedürftig

II. *n* ■**the ~** *pl* die Bedürftigen *pl*

ne'er [neəʳ, AM ner] *adv (poet)* nie[mals], nimmer *poet*

ne'er-do-well [ˈneəduˌwel, AM ˈner-] *n (dated)* Taugenichts *m*, Tunichtgut *m veraltend*

ne·fari·ous [nɪˈfeəriəs, AM nəˈfer-] *adj (form)* schändlich, ruchlos *geh*

ne·fari·ous·ly [nɪˈfeəriəsli, AM nəˈfer-] *adv (form)* schändlich, ruchlos *geh*

ne·fari·ous·ness [nɪˈfeəriəsnəs, AM nəˈfer-] *n no pl (form: vileness)* Ruchlosigkeit *f geh*, Schändlichkeit *f*; *(wickedness)* Bosheit *f*

neg [neg] *n* PHOT *(fam) short for* **negative** Negativ *nt*

neg. *adj abbrev of* **negative** neg.

ne·gate [nɪˈgeɪt] *vt (nullify)* ■**to ~ sth** etw zunichtemachen; *(deny)* ■**to ~ sth** etw verneinen [*o geh* negieren]; MATH etw negieren

ne·ga·tion [nɪˈgeɪʃᵊn] *n no pl* ❶ *(usu form: antithesis)* Verneinung *f*, Negation *f geh*

❷ *(usu form: opposition)* Ablehnung *f*, Negation *f geh*

❸ LING Verneinung *f*, Negation *f fachspr*

❹ MATH Negierung *f*

nega·tive [ˈnegətɪv, AM -t̬-] **I.** *adj* ❶ *(negation)* negativ, ablehnend; **~ answer** ablehnende Antwort

❷ LING negativ, verneinend *attr*; **~ clause/form** verneinter Satz/verneinte Form

❸ *(pessimistic)* negativ, ungünstig; **~ feedback** negative Rückmeldung; ■**to be ~ about sth/sb** etw/jdm gegenüber negativ eingestellt sein; *(worrying)* negativ, schlecht

❹ *inv* ELEC, SCI negativ, minus; **~ cathode** [*or* **pole**] Minuspol *m*, negativer Pol

❺ *inv* MED *blood* negativ

❻ MATH, SCI negativ; **~ number** negative Zahl

II. *n* ❶ *(negation)* Verneinung *f*; **~ answer** abschlägige Antwort; **in the ~** *(rejection)* abschlägig; LING in der Verneinungsform

❷ PHOT Negativ *nt*; *(film)* Negativfilm *m*; **black-and-white/colour** [*or* AM **color**] **~** Schwarzweiß-/Farbnegativ *nt*

III. *vt* ■**to ~ sth** *(say no to)* etw verneinen; *(reject/decline)* etw ablehnen

nega·tive 'equi·ty *n Hypothekenschuld, die größer ist als der Wert des Hauses*

nega·tive·ly [ˈnegətɪvli, AM -t̬-] *adv* negativ; **to perceive/view sth ~** etw negativ wahrnehmen/sehen; **to think ~** negativ denken; *(saying no)* ablehnend

nega·tive 'pro·ton *n* NUCL Antiproton *nt*

nega·tiv·ism [ˈnegətɪvɪzᵊm, AM -t̬ɪv-] *n no pl*, **nega·tiv·ity** [ˌnegəˈtɪvəti, AM -əti] *n no pl* Negativismus *m*, Negativität *f*

ne·glect [nɪˈglekt] **I.** *vt* ■**to ~ sb/sth/oneself** jdn/etw/sich selbst vernachlässigen; **to ~ one's duties** seine Pflichten vernachlässigen; **to ~ one's employees/husband/wife** seine Angestellten/seinen Ehemann/seine Ehefrau vernachlässigen; ■**to ~ to do sth** [es] versäumen, etw zu tun; ***I'd ~ed to write to him*** ich habe es versäumt, ihm zu schreiben

II. *n (lack of care)* Vernachlässigung *f*; *(disrepair)* Verwahrlosung *f*; **to be in a state of ~** verwahrlost sein; **to fall into a state of ~** verwahrlosen

ne·glect·ed [nɪˈglektɪd] *adj (uncared for)* verwahrlost; **~ child** verwahrlostes Kind; *(overlooked)* vernachlässigt

ne·glect·ful [nɪˈglektfᵊl] *adj* nachlässig; **~ parents** pflichtvergessene Eltern; ■**to be ~ of sth/sb** etw/jdn vernachlässigen; **to be ~ of one's duties/friends/housework** seine Pflichten/Freunde/die Hausarbeit vernachlässigen

neg·li·gee, nég·li·gée [ˈneglɪʒeɪ, AM ˌnegləˈʒeɪ] *n* Negligee *nt*

neg·li·gence [ˈneglɪdʒən(t)s] *n no pl (lack of care)* Nachlässigkeit *f*; *(neglect)* Vernachlässigung *f*; LAW *(form)* Fahrlässigkeit *f*; **contributory ~** Mitverschulden *nt*; **criminal ~** strafbare [*o* grobe] Fahrlässigkeit; **culpable ~** schuldhafte [*o* grobe] Fahrlässigkeit; **gross ~** grobe Fahrlässigkeit

neg·li·gent [ˈneglɪdʒənt] *adj (careless)* nachlässig; LAW fahrlässig; ***the teacher had been ~ in leaving the children alone, the judge ruled*** der Richter befand das Verhalten des Lehrers für fahrlässig, weil dieser die Kinder alleine gelassen hatte; **to be ~ of one's duties/family/work** seine Pflichten/Familie/Arbeit vernachlässigen; *(liter: nonchalant) manner* leger, lässig; *clothing* salopp

neg·li·gent·ly [ˈneglɪdʒəntli] *adv (carelessly)* nachlässig; LAW fahrlässig; **to fail ~ to do sth** auf fahrlässige Weise versäumen, etw zu tun; *(liter: nonchalantly)* lässig

neg·li·gible ['neglɪdʒəbl] *adj* unbedeutend, unwesentlich; *amount* geringfügig, unerheblich, nicht nennenswert

neg·li·gibly ['neglɪdʒəbli] *adv* geringfügig; **to go up** ~ geringfügig ansteigen

ne·go·tiable [nɪ'gəʊʃiəbl, AM -'goʊ-] *adj* ① *(discussable)* verhandelbar; ***everything is ~ at this stage*** in diesem Stadium kann [noch] über alles verhandelt werden; ***the salary was advertised as being ~*** das Gehalt war laut Inserat Verhandlungssache
② *(traversable)* passierbar; ~ **road** befahrbare Straße
③ FIN übertragbar; ~ **securities** übertragbare Sicherheiten; ~ **bonds** börsengängige Wertpapiere; **not ~** nur zur Verrechnung, nicht übertragbar

ne·go·tiable 'cheque *n* FIN Inhaberscheck *m,* Inhabercheck *f* SCHWEIZ **ne·go·tiable 'in·stru·ment** *n* FIN übertragbares [*o* BRD begebbares] Wertpapier

ne·go·tiate [nɪ'gəʊʃieɪt, AM -'goʊ-] **I.** *vt* ① *(discuss)* ■**to ~ sth [with sb]** etw [mit jdm] aushandeln; **to ~ a loan/treaty** einen Darlehensvertrag/Vertrag abschließen; **to ~ a peace with sb/sth** ein Friedensabkommen mit jdm/etw aushandeln
② *(traverse)* ■**to ~ sth** etw passieren; *(fig: surmount) problems* etw überwinden
③ *(spec: transfer)* übertragen; *(cash in)* **to ~ a cheque** [*or* AM **check**] einen Scheck einlösen; **to ~ securities** Sicherheiten übertragen
II. *vi* verhandeln; ■**to ~ for** [*or* **on**] **sth** über etw *akk* verhandeln; ■**to ~ with sb** mit jdm verhandeln

ne·'go·tiat·ing com·mit·tee *n* Verhandlungskommission *f* **ne·'go·tiat·ing ta·ble** *n (fig)* Verhandlungstisch *m*

ne·go·tia·tion [nɪ,gəʊʃi'eɪʃ^ən, AM -,goʊ-] *n* Verhandlung *f;* ***~ for the pay increase*** das Aushandeln der Gehaltserhöhung; ***the exact details are still under ~*** die genauen Details werden noch verhandelt

ne·go·tia·tor [nɪ'gəʊʃieɪtə^r, AM -'goʊʃieɪt̬ɚ] *n* ① *(to reach an agreement)* Unterhändler(in) *m(f),* Verhandlungsführer(in) *m(f)*
② BRIT Makler(in) *m(f)*

Ne·gress <*pl* -es> ['ni:grəs, AM -grɪs] *n (pej! dated)* Negerin *f pej*

Ne·gro <*pl* -es> ['ni:grəʊ, AM -groʊ] *n (pej! dated)* Neger *m pej*

Ne·groid ['ni:grɔɪd] *adj (pej! dated)* negroid *veraltet*

neigh [neɪ] **I.** *n* Wiehern *nt kein pl*
II. *vi* wiehern

neigh·bor *n* AM *see* **neighbour**

neigh·bor·hood *n* AM *see* **neighbourhood**

neigh·bor·ing *adj* AM *see* **neighbouring**

neigh·bor·li·ness *n* AM *see* **neighbourliness**

neigh·bor·ly *adj* AM *see* **neighbourly**

neigh·bour, AM **neigh·bor** ['neɪbə^r, AM -ɚ] **I.** *n (person)* Nachbar(in) *m(f);* **next-door ~** direkter Nachbar/direkte Nachbarin, Haus-/Wohnungsnachbar(in) *m(f); (fig: country)* Nachbarland *nt; (fig: fellow-citizen)* Nächste(r) *f(m),* Mitmensch *m*
▸PHRASES: **love your ~ as you love yourself** liebe deinen Nächsten wie dich selbst
II. *vi* ■**to ~ on sth** an etw *akk* [an]grenzen [*o* SCHWEIZ anstossen]

neigh·bour·hood, AM **neigh·bor·hood** ['neɪbəhʊd, AM -ɚ-] *n* ① *(district)* Viertel *nt,* Quartier *nt* SCHWEIZ; **a closed/friendly ~** ein eigenständiges/freundliches Viertel; *(people)* Nachbarschaft *f;* ***the whole ~ is talking about it*** die ganze Nachbarschaft spricht davon; **in the ~** in der Nachbarschaft
② *(vicinity)* Nähe *f kein pl,* Umgebung *f;* ***they live in the ~ of the airport*** sie wohnen in der Nähe des Flughafens
③ *(fig: approximately)* **in the ~ of sth** um etw *akk* herum; ***we're hoping to get something in the ~ of £70,000 for the house*** wir hoffen, dass wir um [die] 70.000 Pfund für das Haus bekommen werden

neigh·bour·hood 'watch I. *n* Nachbarschaftsinitiative *f* zur Kriminalitätsbekämpfung, Nachbarschaftswache *f* SCHWEIZ
II. *n modifier (scheme, plan, sign)* Nachbarschaftswachdienst- BRD

neigh·bour·ing, AM **neigh·bor·ing** ['neɪb^ərɪŋ, AM -bɚ-] *adj attr, inv (nearby)* benachbart, Nachbar-; ~ **house** Nachbarhaus *nt; (bordering)* angrenzend, anstossend SCHWEIZ; ~ **country** [*or* **state**] Nachbarstaat *m,* Anliegerstaat *m*

neigh·bour·li·ness, AM **neigh·bor·li·ness** ['neɪb^əlɪnəs, AM -bɚ-] *n no pl* gutnachbarliches Verhalten, gutnachbarliche Art; **an act of ~** ein Zeichen der Nachbarschaftlichkeit; **good ~** gutnachbarliches Verhältnis

neigh·bour·ly, AM **neigh·bor·ly** ['neɪb^əli, AM -bɚli] *adj (community-friendly)* gutnachbarlich; *(kindly)* freundlich

nei·ther ['naɪðə^r, AM 'ni:ðɚ] **I.** *adv inv* ① *(not either)* **~ ... nor ...** [**nor ...**] weder ... noch ... [noch ...]; ***~ one thing nor the other*** weder das eine noch das andere
② *(also not)* auch nicht; ***if she doesn't agree, ~ will Tom*** wenn sie nicht zustimmt, wird es auch Tom nicht; ***he doesn't like it ~*** er mag es auch nicht; ***he didn't go, and ~ did I*** er ist nicht hingegangen, und ich auch nicht; ***me ~*** ich auch nicht
▸PHRASES: **to be ~ here nor there** völlig nebensächlich [*o* unwichtig] sein
II. *adj attr, inv* kein/keine; ~ ***one of us*** keiner von uns beiden; ~ ***student*** keiner der [beiden] Studenten; **in ~ case** in keinem Fall [*o* weder noch] *fam*
III. *pron* keine/keiner/kein[e]s von [*o* der] beiden; **~ of us/them** keiner von uns/ihnen [*o* beiden]; ***two TVs, but ~ works*** zwei Fernseher, aber keiner funktioniert
IV. *conj* ■**~ ...[,] nor ...** weder ...[,] noch ...; ***~ am I going to sign[,] nor has he ...*** ich werde weder unterschreiben[,] noch hat er ...

nel·ly ['neli] *n* ▸PHRASES: **not on your ~** BRIT *(hum dated)* nie im Leben *fam*

nel·son ['nels^ən] *n* SPORT *(in wrestling)* [**half**] **~** Nelson *m;* **full ~** doppelter Nackenheber [*o* SCHWEIZ Nackenhebel], Doppelnelson *m;* **to have sb in a ~** einen Nelson bei jemandem ansetzen

neme·sis <*pl* -ses> ['neməsɪs, *pl* -si:z] *n* ① *(liter: punishment)* gerechte Strafe; ***the tax increases proved to be the President's political ~ at the following election*** die Steuererhöhungen erwiesen sich als politische Krux für den Präsidenten bei den nächsten Wahlen
② *(goddess)* ■**N~** Nemesis *f,* Rachegöttin *f*

neo- [,niəʊ, AM ,nioʊ] *in compounds* neo-

neo·clas·si·cal [,ni:əʊ'klæsɪk^əl, AM -oʊ'-] *adj* klassizistisch

neo·clas·si·cism [,ni:əʊ'klæsɪsɪz^əm, AM -oʊ'-] *n no pl* Klassizismus *m*

neo·co·lo·nial [,niəʊkə'ləʊniəl, AM ,nioʊkə'loʊ] *adj inv* neokolonialistisch

neo·co·lo·ni·al·ism [,ni:əʊkə'ləʊni^əlɪz^əm, AM -oʊkə'loʊ-] *n no pl* Neokolonialismus *m*

neo·co·lo·ni·al·ist [,ni:əʊkə'ləʊni^əlɪst, AM -oʊkə'loʊ-] *adj inv* neokolonialistisch

neo·con [,ni:oʊ'kɑ:n] *adj* AM *short for* **neo-conservative** neokonservativ

neo-con·ser·va·tive [,ni:əʊkən'sɜ:vətɪv, AM ,ni:oʊkən'sɜ:rvət̬ɪv] *adj* AM neokonservativ *(mit Bezug auf die konservative Reagan-Ära)*

neo·dym·ium [,ni:əʊ'dɪmiəm, AM -oʊ'-] *n no pl* CHEM Neodym *nt* **neo-fas·cism** [,niəʊ'fæʃɪz^əm, AM ,nioʊ] *n no pl* Neofaschismus *m* **neo-fas·cist** [,niəʊ'fæʃɪst, AM ,nioʊ] **I.** *adj inv* neofaschistisch **II.** *n* Neofaschist(in) *m(f)*

neo·lith·ic [,ni:ə(ʊ)'lɪθɪk, AM -oʊ'-] *adj inv* neolithisch *fachspr,* jungsteinzeitlich; ~ **Period** Neolithikum *nt; (fig pej)* vorsintflutlich *fam,* steinzeitlich *fam*

ne·olo·gism [ni'ɒlədʒɪz^əm, AM -'ɑ:l-] *n (form)* Neologismus *m fachspr,* Wortneubildung *f,* Wortschöpfung *f*

neon ['ni:ɒn, AM -ɑ:n] **I.** *n no pl* Neon *nt*
II. *n modifier* Neon-; ~ **tube** Neonröhre *f*

neo·na·tal [,ni:ə(ʊ)'neɪt^əl, AM -oʊ'neɪt̬^əl] *adj attr, inv* Neugeborenen-; **~ care/unit** Neugeborenenpflege/-station *f;* ~ **feeding** Stillen *nt* von Neugeborenen

neo-nazi [,ni:ə(ʊ)'nɑ:tsi, AM -oʊ'-] **I.** *n* Neonazi *m*
II. *n modifier (group, newspaper, slogan)* neonazistisch

neo-na·zi·ism, neo-na·zism [,ni:ə(ʊ)'nɑ:tsɪz^əm, AM -oʊ'-] *n no pl* Neonazismus *m*

neon 'lamp *n* Neonlampe *f* **neon 'light** *n* ① *(lamp)* Neonlampe *f* ② *(sign)* Leuchtreklame *f,* Neonreklame *f* **neon 'sign** *n* Leuchtreklame *f,* Neonreklame *f*

neo·phyte ['ni:ə(ʊ)faɪt, AM -oʊ-] *n (form: new convert)* Neophyt(in) *m(f) fachspr,* Neugetaufte(r) *f(m); (beginner)* Neuling *m,* Anfänger(in) *m(f)*

neo-'soul *n* Neo-Soul *m*

Ne·pal [nə'pɔ:l] *n* Nepal *nt*

Nepa·lese [,nep^əl'i:z] **I.** *adj inv* nepalesisch
II. *n* <*pl* -> Nepalese, Nepalesin *m, f*

Ne·pali [nə'pɔ:li] *n* Nepali *nt*

neph·ew ['nefju:] *n* Neffe *m*

ne·phri·tis [nɪ'fraɪtɪs, AM -t̬əs] *n no pl* Nierenentzündung *f,* Nephritis *f fachspr*

nepo·tism ['nepətɪz^əm] *n no pl (pej)* Nepotismus *m geh,* Vetternwirtschaft *f,* ÖSTERR *a.* Freunderlwirtschaft *f fam*

nepo·tis·tic [,nepə'tɪstɪk] *adj (pej)* nepotistisch *geh*

Neptune ['neptju:n, AM *esp* -tu:n] *n no art* Neptun *m*

nep·tu·nium [nep'tju:niəm, -tʃu:-, AM -'tu:-, -'tju:-] *n no pl* CHEM Neptunium *nt*

nerd [nɜ:d, AM nɜ:rd] *n (sl: gawky male)* Streber *m; (idiot)* Depp *m bes* SÜDD, ÖSTERR, SCHWEIZ *pej;* **computer ~** Computerfreak *m sl*

nerdy ['nɜ:di, AM 'nɜ:r-] *adj (fam)* doof *sl,* beknackt *sl,* durchgeknallt ÖSTERR *fam*

Ne·re·id ['nɪəriɪd, AM 'nɪri] *n* MYTH Wassernymphe *f,* Nereide *f*

nerve [nɜ:v, AM nɜ:rv] **I.** *n* ① ANAT, PHYSIOL, MED Nerv *m*
② *no pl (courage)* Mut *m,* Mumm *m fam;* **to hold** [*or* **keep**]**/lose one's ~** die Nerven behalten/verlieren
③ *(nervousness)* ■**~s** *pl* Nervosität *f kein pl; (stress)* Nerven *pl;* ***my ~s reach breaking point after twelve hours at work*** nach zwölf Stunden Arbeit liegen meine Nerven blank
④ *(impudence)* Frechheit *f,* Unverschämtheit *f;* ***that man has such a ~!*** der Mann hat [vielleicht] Nerven!; **to have the ~ to do sth** den Nerv haben *fam* [*o* die Frechheit besitzen] etw zu tun; ***of all the ~!*** das ist doch die Höhe!
▸PHRASES: **to be a bundle of ~s** ein Nervenbündel *nt* sein *fam;* **to calm** [*or* **steady**] **one's ~s** die Nerven beruhigen; **to be on one's ~ ends** *esp* AM nervlich extrem angespannt sein, mit den Nerven unten sein SCHWEIZ; **to get on sb's ~s** *(fam)* jdm auf die Nerven gehen *fam;* **to hit** [*or* **touch**] **a** [**raw**] **~** einen wunden Punkt treffen; **~s of iron** [*or* **steel**] Nerven wie Drahtseile *fam,* Nerven aus [*o* wie] Stahl; **to be in a state of ~s,** *esp* BRIT **to live on one's ~s** nervös sein
II. *n modifier (disease, end, problem)* Nerven-; ~ **fibre** [*or* AM **fiber**] Nervenfaser *f,* Nervenstrang *m;* ~ **impulse** Nervenimpuls *m,* Nervenreiz *m*
III. *vt* ■**to ~ sb** jdn ermutigen; ■**to ~ oneself** [**up**] **to do sth** den Mut aufbringen etw zu tun

'nerve cell *n* Nervenzelle *f* **'nerve cen·tre,** AM **'nerve cen·ter** *n* ① ANAT, PHYSIOL, MED Nervenzentrum *nt*
② *(control centre)* Nervenzentrum *nt fig,* Schaltzentrale *f fig* **'nerve end, 'nerve end·ing** *n usu pl* Nervenende *nt* **'nerve gas** *n* Nervengas *nt*

'nerve-jan·gling *adj attr, inv (fig)* nervenaufreibend

nerve·less ['nɜ:vləs, AM 'nɜ:rv-] *adj* ① *(without nerves)* nervenstark
② *(lacking vigour)* kraftlos, schwach

nerve·less·ly ['nɜ:vləsli, AM 'nɜ:rv-] *adv* ① *(coolly)* gelassen, seelenruhig *fam*
② *(faintheartedly)* ≈ ohne Biss *fam*

'nerve-rack·ing, 'nerve-wrack·ing *adj* nervenaufreibend

nerv·ous ['nɜ:vəs, AM 'nɜ:r-] *adj (highly-strung)* nervös; ~ **exhaustion** nervöse Erschöpfung; **a ~ tic/twitch** nervöser Tick/nervöses Zucken; *(tense)* aufgeregt; *(fearful)* ängstlich; **of a ~ disposition** ängstlich sein; **to be** [*or* **feel**] **~ in sb's presence** in jds

Gegenwart nervös sein; ~ **wreck** nervöses Wrack; ***you look a ~ wreck!*** du siehst völlig fertig aus!; **to make sb ~** jdn nervös machen; ■**to be ~ about sth** wegen etw *dat* nervös sein; ■**to be ~ of sb/sth** vor jdm/etw Angst haben

nerv·ous 'break·down *n* Nervenzusammenbruch *m;* **to have** [*or* **suffer**] **a ~** einen Nervenzusammenbruch erleiden

nerv·ous·ly ['nɜːvəsli, AM 'nɜːr-] *adv* nervös; *(overexcitedly)* aufgeregt; *(timidly)* ängstlich; **to twitch ~** nervös zucken

nerv·ous·ness ['nɜːvəsnəs, AM 'nɜːr-] *n no pl (nervous state)* Nervosität *f; (fear)* Angst *f* (**about** vor *+dat)*

'nerv·ous sys·tem *n* Nervensystem *nt*

nervy ['nɜːvi, AM 'nɜːr-] *adj* ❶ AM *(pej: impudent)* unverschämt
❷ AM *(brave)* mutig
❸ BRIT *(nervous)* nervös

nest [nest] **I.** *n* ❶ *(of animals)* Nest *nt; (fig: of humans)* Nest *nt fig,* Heim *nt;* **empty ~** *(fig)* leeres Nest, Familie, bei der die Kinder aus dem Haus sind; **empty ~ syndrome** Gefühl *nt* der Leere, wenn die Kinder aus dem Haus sind; **to leave the ~** *(fig)* das Nest verlassen, flügge werden *fig,* ausfliegen *bes* SCHWEIZ, ÖSTERR *fig*
❷ *(pej: den)* Schlupfwinkel *m,* Versteck *nt; (of criminals)* Brutstätte *f fig;* **~ of espionage/spies** Spionagenest *nt*/Nest von Spionen *fig*
❸ *(set)* Satz *m*
▸PHRASES: **it's an ill bird that fouls it's own ~** BRIT *(prov)* nur ein schlechter Charakter beschmutzt das eigene Nest; **to feather one's** [**own**] **~** in die eigene Tasche arbeiten [*o* wirtschaften]; **to foul one's** [**own**] **~** das eigene Nest beschmutzen
II. *vi* ORN, SCI nisten
III. *vt* COMPUT ■**to ~ sth** etw verschachteln

'nest box *n* AM ORN *(nesting box)* Nistkasten *m*

'nest egg *n* Notgroschen *m;* **to have a little ~** sich *dat* einen Notgroschen zurückgelegt haben

nest·ing ['nestɪŋ] *adj attr, inv* ❶ *(of sets)* ineinander stapelbar; **~ dolls** Matroschka *f*
❷ *(of nests)* Nist-; **~ time** Nistzeit *f*

'nest·ing box *n esp* BRIT Nistkasten *m*

nes·tle ['nesl] **I.** *vt* ■**to ~ sth on sb** etw an jdn schmiegen [*o* kuscheln]; ***he ~d his head on her lap*** er legte seinen Kopf in ihren Schoß; ***she ~d the baby lovingly in her arms*** sie hielt das Baby liebevoll in ihren Armen
II. *vi* ❶ *(person)* ***I love nestling down in bed with a cup of hot chocolate*** ich kuschle mich gerne mit einer Tasse heiße Schokolade ins Bett; ***she lay back and ~d amongst the cushions and pillows*** sie legte sich zurück und schmiegte sich in die Kissen; ■**to ~ up to sb** sich *akk* an jdn anschmiegen; ***the young couple lovingly ~d*** [***up***] ***together*** das junge Paar schmiegte sich verliebt aneinander
❷ *(object)* ■**to ~ in sth** in etw *akk* eingebettet sein; ***the lake ~s among volcanic hills*** der See liegt zwischen vulkanischen Hügeln eingebettet

nes·tling ['neslɪŋ] *n* Nestling *m*

'nest rob·ber *n* Nesträuber *m; (fig)* Dieb(in) *m(f)*

Net *n no pl* INET, COMPUT ■**the ~** das Netz; ■**through the ~** durch das Netz, per Internet

net[1] [net] **I.** *n* ❶ *(mesh)* Netz *nt;* **fishing ~** Fischernetz *nt;* **to haul in a ~** ein Netz einholen; *(fig: trap)* Falle *f,* Netz *nt;* **to slip through the ~** durchs Netz schlüpfen *fig;* ***although the police were watching every port he still slipped through the ~*** obwohl die Polizei jeden Hafen überwachte, ging er ihnen dennoch durchs Netz; *(fig: social welfare)* soziales Netz; **to fall** [*or* **slip**] **through the ~** durch das soziale Netz fallen *fig*
❷ SPORT *(in tennis)* Netz *nt; (in soccer)* Netz *nt;* ■**the ~s** *pl (in cricket) Übungsplatz für Cricket, der von einem Netz eingeschlossen ist*
II. *vt* <-tt-> ❶ *(catch)* ■**to ~ sth** *fish* etw mit einem Netz fangen; *(fig)* ■**to ~ sb** *criminals* jdn fangen
❷ *(fig: get)* ■**to ~ oneself sth** sich *dat* etw angeln [*o* an Land ziehen] *fig fam;* ***Mark's ~ted himself a top job with an advertising company*** Mark hat sich einen Spitzenjob in einer Werbeagentur geangelt
❸ SPORT **to ~ a return/volley** *tennis* einen Return/Volley ins Netz schlagen; **to ~ the ball/a goal** *soccer* den Ball ins Tor/ein Tor schießen

net[2] [net] **I.** *adj inv* ❶ FIN netto; **~ amount** Nettobetrag *m;* **~ assets** [*or* **asset value**] Reinvermögen *nt,* Nettovermögen *nt;* **~ asset value per share** Inventarwert *m* eines Fondsanteils; **~ book value** Restbuchwert *m;* **~ change on the day** Differenz *f* zwischen Anfangs- und Schlusskurs eines Börsentages; **~ dividend per share** Nettodividende *f* pro Aktie; **~ earnings** [*or* **income**] Reinertrag *m;* **~ gain** Nettogewinn *m;* **~ income** Ergebnis *nt;* **~ earnings** [*or* **income**] Nettoeinkommen *nt;* **~ loss** Jahresfehlbetrag *m;* **~ payment** Netto[ein]zahlung *f;* **~ profit/results** Reingewinn *m*/Endergebnis *nt;* **~ receipts/returns** Nettoeinnahmen *pl;* **~ sales** Nettoumsatz *m;* **~ total** Nettosumme *f;* **~ value** Nettowert *m;* **~ wages** Nettolöhne *pl;* ***the sum ~ of tax is over twenty thousand*** die Summe abzüglich der Steuern macht über Zwanzigtausend aus; *weight* netto, rein *attr,* Rein-; **~ tonnage** Nettoregistertonnage *f,* Nettoregistertonne *f* SCHWEIZ; **~ weight** Nettogewicht *nt*
❷ *attr (fig: final)* End-; PHYS **~ charge** Gesamtladung *f*
II. *vt* ❶ *(after tax)* ■**to ~ sth** etw netto verdienen; ***he ~s £300 a week in his new job*** er verdient in seinem neuen Job 300 Pfund netto die Woche; **to ~ a profit** einen Reingewinn erzielen
❷ *(realize)* ■**to ~ sth** etw netto einnehmen
❸ FIN **to ~ sth out** etw saldieren; **multilateral ~ting** multilaterale Verrechnung von Forderungen und Verbindlichkeiten

'net·ball BRIT **I.** *n no pl* Korbball *m*
II. *n modifier (court, equipment, player)* Korbball-

'Net-based *adj inv* netzbasiert; **~ learning** netzbasiertes Lernen **Net 'Book Agree·ment** *n* BRIT Buchpreisbindung *f* **net 'bor·row·ings** *n* ECON Nettokreditaufnahme *f* **net 'cash flow** *n* ECON Netto-Cashflow *m,* Nettozugang *m*

'net·cast·er *n* Netcaster *m fachspr (Internetanbieter für Musikprogramme)*

'net·cast·ing *n no pl* Netcasting *nt fachspr (Ausstrahlung von Musiksendungen übers Internet)*

net cur·rent 'as·sets *n* ECON Nettoumlaufvermögen *nt*

net 'cur·tain *n* Tüllgardine *f,* Tüllvorhang *m* SCHWEIZ, ÖSTERR

net 'day *n* INET Nettotag *m*

neth·er ['neðəʳ, AM -ɚ] *adj attr, inv (liter or hum: lower)* niedere(r, s); **~ regions** niedere Regionen *euph;* **~ world** Unterwelt *f*

Neth·er·land·er ['neðələndəʳ, AM ɚləndɚ] *n* Niederländer(in) *m(f)*

Neth·er·lands ['neðələn(d)z, AM -ðɚ-] *n* ■**the ~** die Niederlande *pl*

neti·quette ['netɪket] *n no pl* INET Netiquette *f*

neti·zen ['netɪzᵊn, AM -t̬-] *n* Netizen *m sl,* Internetfreak *m fam*

'net·mind·er *n* Tormann, -frau *m, f*

net 'price *n* ECON Nettopreis *m* **net 'prof·it** *n* ECON Bilanzgewinn *m,* Nettogewinn *m,* Reingewinn *m;* **~ before tax** Nettogewinn *m* vor Steuern **net re·'ceipts** *npl* ECON Nettoeinnahmen *pl* **net re·'turn** *n* ECON Nettoverzinsung *f,* Nettorendite *f*

'Net·speak *adj* INET Internet-Jargon *m* **'net surf·ing** *n no pl* Internetsurfen *nt,* Surfen *nt* im Internet

nett *adj, vt* BRIT *see* **net**

net·ting ['netɪŋ, AM -t̬-] *n no pl (material)* Netzgewebe *nt; (structure)* Netzwerk *nt*

net·tle ['netl, AM -t̬-] **I.** *n* Nessel *f;* **stinging ~s** Brennnesseln *pl;* **to grasp the ~** BRIT *(fig)* den Stier bei den Hörnern packen *fig*
II. *vt* ■**to ~ sb** jdn ärgern [*o* reizen]; ■**to be ~d by sth** sich *akk* über etw *akk* ärgern

'net·tle rash *n* Nesselsucht *f kein pl,* SCHWEIZ, ÖSTERR *meist* Nesselfieber *nt*

net 'weight *n* Nettogewicht *nt*

net·work ['netwɜːk, AM -wɜːrk] **I.** *n* ❶ *(structure)* Netz[werk] *nt*
❷ *(fig: people)* Netz *nt;* **a ~ of colleagues** eine Gruppe von Kollegen; **old boy ~** ≈ Seilschaft *f* BRD, ÖSTERR; *of contacts* Kontaktnetz *nt*
❸ TELEC [Kommunikations]netzwerk *nt;* **cable ~** Kabelnetz *nt;* **computer ~** Computernetz *nt;* **telephone ~** Telefonnetz *nt;* **television ~** Sendernetz *nt*
❹ ECON Netz *nt;* **distribution ~** Verteilernetz *nt*
❺ TRANSP **motorway** [*or* AM **highway**] **~** Autobahnnetz *nt;* **rail**[**way**] **~** [Eisen]bahnnetz *nt*
II. *vt* ❶ *(link)* ■**to ~ sth** etw vernetzen [*o* verbinden]; COMPUT etw vernetzen (**to** mit *+dat)*
❷ *(television)* **to ~ a show/series/programme** [*or* AM **program**] eine Sendung/Serie/ein Programm im ganzen Sendebereich ausstrahlen
III. *vi* Kontakte knüpfen; ■**to ~ with sb** mit jdm Kontakt knüpfen

'net·work·er *n* Networker(in) *m(f)*

net·work I'D *n* FIN *of BIC* Netznummer *f*

net·work·ing ['net,wɜːkɪŋ, AM -,wɜːrk-] *n no pl* ❶ *(making contacts)* Kontakt[e]knüpfen *nt*
❷ COMPUT Vernetzen *nt; (working of a network)* Netzwerkbetrieb *m; (interconnecting computers)* Netzwerkverlegung *f*

net work·ing 'capi·tal *n* Nettoumlaufvermögen *nt*

'net·work·ing po·ten·tial *n no pl* Verbundpotenzial *nt*

'net·work op·era·tor, 'net·work pro·vid·er *n* Netzbetreiber(in) *m(f)*

net 'yield *n* ECON Nettoertrag *m,* Nettorendite *f*

neu·ral ['njʊərᵊl, AM 'nʊrəl, 'njʊr-] *adj attr, inv* Nerven-, neural *fachspr;* **~ damage** Nervenschaden *m*

neu·ral·gia [njʊə'rælʤə, AM nʊ'-, 'njʊ-] *n no pl* Neuralgie *f fachspr,* Nervenschmerzen *pl*

neu·ral·gic [njʊə'rælʤɪk, AM nʊ'-, 'njʊ-] *adj inv* neuralgisch *fachspr;* **~ condition** neuralgischer Zustand; **~ pain** Nervenschmerzen *pl*

neu·ral 'net·work *n* COMPUT Neuronennetz *nt*

neu·ras·the·nia [,njʊərəs'θiːniə, AM ,nʊræs'-, 'njʊr-] *n no pl (dated)* Neurasthenie *f fachspr,* Nervenschwäche *f*

neu·ri·tis [njʊə'raɪtɪs, AM nʊ'raɪt̬əs, 'njʊ-] *n no pl* Neuritis *f fachspr,* Nervenentzündung *f*

neu·ro- [,njʊərəʊ, AM ,nʊroʊ] *in compounds* Neuro-, neuro-

neu·ro·logi·cal [,njʊərə'lɒʤɪkᵊl, AM ,nʊrə'lɑː-, 'njʊr-] *adj inv* neurologisch; **~ disorder** neurologische Störung

neu·rolo·gist [njʊə'rɒləʤɪst, AM nʊ'rɑː-, 'njʊ-] *n* Neurologe, Neurologin *m, f,* Nervenarzt, -ärztin *m, f*

neu·rol·ogy [njʊə'rɒləʤi, AM nʊ'rɑː-, 'njʊ-] *n no pl* Neurologie *f*

neu·ron ['njʊərɒn, AM 'nʊrɑːn, 'njʊr-], **neu·rone** ['njʊərəʊn, AM 'nʊroʊn] *n* Neuron *nt*

neu·ro·psy·cho·logi·cal [,njʊərəʊ,saɪkᵊ'lɒʤɪkᵊl, AM -roʊ,saɪkə'lɑː-] *adj* neuropsychologisch *fachspr*

neu·ro·psy·cholo·gist [,njʊərəʊsaɪ'kɒləʤɪst, AM -roʊsaɪ'kɑː-] *n* Neuropsychologe, -psychologin *m, f fachspr*

neu·ro·sci·ence [,njʊərəʊ'saɪən(t)s, AM ,nʊroʊ'-, 'njʊr-] *n* Neurobiologie *f fachspr*

neu·ro·sci·en·tif·ic [,njʊərəʊsaɪən'tɪfɪk, AM -roʊ-] *adj* neurowissenschaftlich *fachspr*

neu·ro·sis <*pl* -ses> [njʊə'rəʊsɪs, AM nʊ'roʊ-, 'njʊ-, *pl* -siːz] *n* Neurose *f*

neu·ro·sur·geon [,njʊərəʊ'sɜːʤᵊn, AM ,nʊroʊ'sɜːr-, 'njʊ-] *n* Neurochirurg(in) *m(f)*

neu·ro·sur·gery [,njʊərəʊ'sɜːʤᵊri, AM ,nʊroʊ'sɜːrʤɚi, 'njʊ-] *n no pl* Neurochirurgie *f*

neu·ro·sur·gi·cal [,njʊərəʊ'sɜːʤɪkᵊl, AM ,nʊroʊ'sɜːr] *adj inv* MED neurochirurgisch *fachspr*

neu·rot·ic [njʊə'rɒtɪk, AM nʊ'rɑːt̬-, 'njʊ-] **I.** *n* Neurotiker(in) *m(f)*
II. *adj* neurotisch

neu·roti·cal·ly [njʊə'rɒtɪkli, AM nʊ'rɑːt̬-, 'njʊ-] *adv inv* neurotisch

neu·ro·trans·mit·ter [,njʊərəʊtræz'mɪtəʳ, AM ,nʊroʊtræn'smɪt̬ɚ, 'njʊ-] *n* MED Neurotransmitter *m fachspr*

neu·ro·vac·cine [,njʊərəʊ'væksiːn, AM -roʊ-] *n* Injektion *f* von Nervenzellen

neu·ter ['nju:tə^r, AM 'nu:ṭɚ, 'njʊ-] **I.** *adj* sächlich; ~ **noun** Neutrum *nt*
II. *vt* **to ~ an animal** *male* ein Tier kastrieren; *female* ein Tier sterilisieren; *(fig: weaken)* ■ **to ~ sth** etw neutralisieren

neu·tral ['nju:trəl, AM *esp* 'nu:-] **I.** *adj* ① *(impartial) in a war, election* neutral, unbeteiligt; ~ **country** neutrales Land; ~ **ground/territory** neutraler Boden/neutrales Gebiet; **politically** ~ politisch neutral; *row* neutral, unparteiisch; **to remain ~ in an argument/dispute** in einer Auseinandersetzung/einem Streit neutral [*o* unparteiisch] bleiben
② *(characteristics)* neutral, unauffällig; ~ **colour** [*or* AM **color**]/**flavour** [*or* AM **flavor**] neutrale Farbe/neutraler Geschmack
③ *(deadpan)* gleichgültig
④ CHEM, ELEC neutral
II. *n* ① *(country)* neutrales Land; *(person)* Neutrale(r) *f(m)*
② *(gears)* Leerlauf *m;* **in** ~ im Leerlauf; **to put the car into** ~ den Gang herausnehmen, in den Leerlauf schalten
③ *usu pl (neutral colour)* neutrale Farbe

neu·tral·ism ['nju:trəlɪzəm, AM 'nu:] *n no pl* Neutralismus *m,* Neutralität *f*

neu·tral·ity [nju:'træləti, AM nu:'træləṭi, 'njʊ-] *n no pl* Neutralität *f*

neu·trali·za·tion [ˌnju:trəlaɪ'zeɪʃən, AM ˌnu:trəlɪ'-, 'njʊ-] *n no pl* Neutralisierung *f; of a taste, smell* Neutralisierung *f,* Aufhebung *f;* **the ~ of a system** die Ausschaltung eines Systems

neu·tral·ize ['nju:trəlaɪz, AM 'nu:-, 'njʊ-] *vt* ■ **to ~ sth** *(nullify)* etw neutralisieren; *bomb* etw entschärfen; ***their objective was to ~ the enemy planes*** ihr Ziel war es, die feindlichen Flugzeuge außer Gefecht zu setzen; *(weaken) a colour, smell* etw abschwächen; *a strong taste* etw mildern; **to ~ the acidity/alkalinity of sth** die Azidität/Alkalität von etw *dat* neutralisieren *fachspr*

neu·tri·no <*pl* -os> [nju:'tri:nəʊ, AM nu:'tri:noʊ] *n* PHYS Neutrino *nt*

neu·tron ['nju:trɒn, AM 'nu:trɑ:n, 'njʊ-] *n* Neutron *nt*

'neu·tron bomb *n* Neutronenbombe *f*

Nev. AM *abbrev of* **Nevada**

Ne·vadan [nə'vɑ:dən, AM -'vædən] **I.** *n* Bewohner(in) *m(f)* Nevadas
II. *adj* aus Nevada *nach n*

nev·er ['nevə^r, AM -ɚ] *adv inv* ① *(not ever)* nie, niemals; ~ **again!** nie wieder!; ***do you know a guy called Antony Edwards? — ~ heard of him*** kennst du einen Antony Edwards? – nie gehört; ***I ~ forget a face*** ich vergesse nie ein Gesicht; ***he'll ~ forgive you for that*** er wird dir das niemals verzeihen; ***there will ~ be another Charlie Chaplin*** es wird nie einen zweiten Charlie Chaplin geben; **to ~ cross sb's mind** jdm nie in den Sinn kommen; ~ **fear!** [nur] keine Angst! [*o* BRD Bange!] *fam;* ~ **in all my life** [*or* **days**] noch nie in meinem Leben; **it's ~ too late to do sth** es ist nie zu spät, um etw *akk* zu tun; ~ **before** noch nie [zuvor]; ***~ before had I had so much money*** ich hatte noch nie so viel Geld; **as ~ before** wie noch nie; ~ **ever** nie im Leben, niemals; ~ ***mind!*** mach' dir nichts draus! *fam;* ~ ***mind him!*** mach' dir nichts aus ihm!, kümmere dich nicht um ihn!; ~ ***mind the price!*** kümmere dich nicht um den Preis!; ~ ***mind that ...*** ohne zu berücksichtigen, dass ...; ***he's ~ 61 — he looks much younger*** er ist nie im Leben 61 — er sieht viel jünger aus
② *(not at all)* überhaupt [*o* gar] nicht
► PHRASES: **~ the twain shall meet** BRIT die Zwei werden nie[mals] zueinanderfinden

nev·er-'end·ing *adj* endlos, unaufhörlich **nev·er-'fail·ing** *adj (approv)* unfehlbar

'nev·er·more *adv* nie wieder

nev·er-'nev·er *n* BRIT *(fam)* Ratenkauf *m;* **on the ~** auf Raten **nev·er-'nev·er land** *n (fam)* Traumland *nt,* Fantasiewelt *f*

nev·er·the·less [ˌnevəðə'les, AM -vɚ-] *adv* trotzdem, dennoch, nichtsdestoweniger; ***I disagreed with everything she said but she's a very good speaker*** ~ ich stimmte ihr in keinem Punkt zu, aber sie ist trotz allem eine gute Rednerin

'nev·er-wed *adj attr, inv* unverheiratet

new [nju:, AM nu:, nju:] **I.** *adj* ① *(latest)* neu; ***that's nothing ~!*** das ist nichts Neues!; ***what's ~ in the fashion world?*** was gibt's Neues in der Welt der Mode?; ■ **to be the ~ sth:** ***soup is the ~ sandwich*** Sandwiches haben ausgedient, jetzt isst man Suppe; **to be the ~est fad** [*or* **craze**] *(fam)* der letzte Schrei sein *fam*
② *attr (different)* neu; ~ **boy/girl/kid** *(in school)* Neue(r) *f(m),* neuer Schüler/neue Schülerin; *(fig: as members)* Neue(r) *f(m) fam;* ~ **broom** BRIT neuer Chef/neue Chefin; **N~ Deal** AM POL Reformprogramm *nt;* ~ **start** neuer Anfang, Neuanfang *m*
③ *pred (unfamiliar)* neu; **to be a ~ one on sb** neu für jdn sein; *(inexperienced)* unerfahren; ***she's ~ to the job*** sie ist neu in dem Job; ***I'm ~ around here*** ich bin neu hier
④ *(not second-hand)* neu; ~ **clothes** neue Kleider; **brand ~** brandneu
⑤ *(fresh)* neu, frisch; ~ **blood** frisches Blut; ~ **lease of** [*or* AM **on**] **life** neuer Auftrieb; ~ **man/woman** neuer Mann/neue Frau; **to feel like a ~ man/woman** sich *akk* wie neugeboren fühlen
⑥ *(previously unknown)* neu; ***Sally and Richard are getting married — really, that's a ~ one on me*** Sally und Richard heiraten – wirklich, das ist mir neu; **to take a ~ twist** eine neue Wendung nehmen
► PHRASES: **a ~ broom sweeps clean** *(prov)* neue Besen kehren gut *prov*
II. *n no pl* ■ **the ~** das Neue

New 'Age I. *n* New Age *nt* **II.** *n modifier (book, music, philosophy)* New-Age-; ~ **Movement** New-Age-Bewegung *f* **New 'Ag·er** *n* Anhänger(in) *m(f)* des New Age **New Age 'Trav·el·ler** *n* BRIT Landfahrer(in) *m(f),* Zigeuner(in) *m(f) pej* **new-agey** [nju:'eɪdʒi, AM *esp* nu:-] *adj inv* neuzeitlich, New-Age- *geh (neues Zeitalter als Inbegriff eines neuen, spirituell geprägten Weltbilds);* ~ **experience** New-Age-Erfahrung *f,* neuzeitliche spirituelle Erfahrung

new·bie ['nju:bi, AM 'nu:-] *n* COMPUT Anfänger(in) *m(f),* Neuling *m*

'new·born I. *adj attr, inv* neugeboren; ~ **baby** [*or* **infant**] Neugeborene(s) *nt;* ~ **democracy/science** *(fig)* neugeborene Demokratie/Wissenschaft *fig*
II. *n* ■ **the ~** *pl* die Neugeborenen *pl*

New Bruns·wick [-'brʌnzwɪk] *n* New Brunswick *nt,* Neubraunschweig *nt*

'new-build *adj development, site, housing* Neubau-, neu gebaut; *site* für Neubauten

New Cal·edo·nia [-kælɪ'dəʊniə, AM -kælɪ'doʊ-] *n* Neukaledonien *nt*

New Cal·edo·nian [-kælɪ'dəʊniən, AM -'doʊ-] **I.** *n* Neukaledonier(in) *m(f)*
II. *adj* neukaledonisch

'new·com·er *n (new arrival)* Neuankömmling *m;* *(stranger)* Fremde(r) *f(m);* ***I'm a ~ to Munich*** ich bin neu in München; *(novice)* Neuling *m*

new 'cus·tom·er *n* Neukunde, -kundin *m, f* **New Del·hi** [-'deli] *n* Neu Delhi *nt* **new e'cono·my** *n* New Economy *f*

new·el ['nju:əl, AM 'nu:-, 'nju:-] *n (pillar)* Spindel *f;* *(supporting banister)* Pfosten *m*

New 'Eng·land *n* Neuengland *nt*

New Eng·land·er [-'ɪŋləndə^r, AM -ɚ] *n* Neuengländer(in) *m(f)*

New 'Eng·lish *adj* neuenglisch

new-'fan·gled *adj inv (fam)* neumodisch

new-'fash·ioned *adj* modern

New·fie ['nju:fi, AM 'nu:fi, 'nju:-] **I.** *n* CAN *(pej fam)* Neufundländer(in) *m(f)*
II. *n modifier* CAN *(pej fam)* neufundländisch *attr,* aus Neufundland *nach n;* ~ **joke** ≈ Ostfriesenwitz *m,* ≈ Österreicherwitz *m* SCHWEIZ, ≈ Burgenländerwitz *m* ÖSTERR

'new-found *adj* neu [entdeckt]

New·found·land ['nju:fən(d)lənd, AM 'nu:fəndlənd] *n* Neufundland *nt*

New·found·land·er ['nju:fən(d)ləndə^r, AM 'nu:fəndləndɚ] *n* Neufundländer(in) *m(f)*

New Ha·ven·er [-'heɪvənər, AM -ɚ] *n* Bewohner(in) *m(f)* New Havens

New Heb·ri·dean [-hebrɪ'diən] **I.** *n* Bewohner(in) *m(f)* der Neuen Hebriden
II. *adj* der Neuen Hebriden *nach n*

New 'Heb·ri·des *npl* Neue Hebriden *pl*

new·ish ['nju:ɪʃ, AM 'nu:-, 'nju:-] *adj inv (fam)* relativ neu

new 'is·sue *n* FIN Neuemission *f;* ~ **business** Emissionsgeschäft *nt;* ~ **price** Neuausgabekurs *m* **new 'is·sue mar·ket** *n* Primärmarkt *m*

New Jer·seyan [-'dʒɜ:ziən, AM -dʒɜ:r-] *n* Bewohner(in) *m(f)* New Jerseys

new-'laid *adj* frisch [gelegt]; ~ **eggs** frische Eier

'new-look *adj attr, inv* in neuer Gestalt *nach n,* in neuem Look *nach n fam*

new·ly ['nju:li, AM 'nu:-, 'nju:-] *adv inv (recently)* kürzlich, neulich BRD; ~ **discovered documents** kürzlich entdeckte Dokumente; ~ **formed** *company* neu gegründet; ~ **industrialized country** Schwellenland *nt;* ~ **married** jungverheiratet, frisch verheiratet SCHWEIZ, jungvermählt, frisch vermählt SCHWEIZ *geh;* *(freshly)* frisch; ~ **painted** frisch gestrichen; *(differently)* neu

'new·ly-wed I. *n* Jungverheiratete(r) *f(m),* Frischverheiratete(r) *f(m) bes* SCHWEIZ, Neuvermählte(r) *f(m)* BRD *geh*
II. *adj* jungverheiratet, neu vermählt BRD *geh*

New 'Man *n* BRIT Neuer Mann **new 'mar·ket** *n* Neuer Markt **New 'Mexi·can I.** *n* Bewohner(in) *m(f)* Neu-Mexikos **II.** *adj* aus Neu-Mexiko *nach n*

new 'moon *n* Neumond *m*

new·ness ['nju:nəs, AM 'nu:-, 'nju:-] *n no pl* Neuheit *f*

New Or·'le·ans *n* New Orleans *nt*

new po·'ta·toes *npl* neue Kartoffeln *pl,* Heurige *pl* ÖSTERR **New 'Right** *n* ■ **the ~** die Neue Rechte; **member of the ~** Mitglied der Neuen Rechten **new 'rou·ble** *n (currency of the Russian Federation)* Neuer Rubel

news [nju:z, AM nu:z, 'nju:z] **I.** *n no pl* ① *(new information)* Neuigkeit *f;* ***the ~ that she had resigned took everybody by surprise*** die Neuigkeit, dass sie zurückgetreten ist, hat alle überrascht; **bad/good ~** schlechte/gute Neuigkeiten; **to be bad/good ~** [**for sb/sth**] *(fig)* schlecht/gut [für jdn/etw] sein; ***he's bad ~ for the company*** der bedeutet Ärger für die Firma; **to break the ~ to sb** jdm die schlechte Nachricht [*o* die Hiobsbotschaft] überbringen; ***I've got ~ for you buster, you're not wanted here!*** ich sag' dir mal was, mein Lieber, du bist hier überflüssig!; ***have you heard the ~ about Tom and Tina? they're getting divorced*** hast du das von Tom und Tina schon gehört? sie lassen sich scheiden; ***we've had no ~ of them since they left for Australia*** seitdem sie nach Australien abgereist sind, haben wir noch nichts von ihnen gehört; ***really! that's ~ to me*** tatsächlich! das ist mir neu
② *(media)* Nachrichten *pl;* **financial/sports ~** Wirtschaftsbericht *m*/Sportnachrichten *pl;* ■ **to be ~** Nachrichtenwert haben; **to be in the ~** in den Schlagzeilen sein; ■ **the ~** die Nachrichten; ***was there anything interesting on the ~ this evening?*** ist heute Abend irgendetwas Interessantes in den Nachrichten gekommen?
► PHRASES: **all the ~ that's fit to print** alle Nachrichten, die es wert sind, gedruckt zu werden; **no ~ is good ~** *(prov)* keine Neuigkeiten sind gute Neuigkeiten
II. *n modifier (channel, programme)* Nachrichten-; ~ **blackout** Nachrichtensperre *f;* **the ~ media** die [Nachrichten]medien; ~ **story** Bericht *m,* Story *f* *fam;* ~ **summary** Nachrichtenüberblick *m,* Kurznachrichten *pl*

'news agen·cy *n* Nachrichtenagentur *f,* SCHWEIZ *a.* Depeschenagentur *f* **'news·agent** *n* BRIT, AUS ① *(shop)* Zeitschriftengeschäft *nt,* Kiosk *m bes* SCHWEIZ, ÖSTERR *oft* Trafik *f* ② *(person)* Zeitungshändler(in) *m(f)* **'news·boy** *n (seller)* Zeitungsverkäufer(in) *m(f);* *(deliverer)* Zeitungsausträger(in)

N

m(f), Zeitungsverträger(in) *m(f)* SCHWEIZ, ÖSTERR *meist* Kolporteur(in) *m(f)* **'news·cast** *n esp* AM Nachrichtensendung *f* **'news·cast·er** *n* AM *(newsreader)* Nachrichtensprecher(in) *m(f)* **'news con·fer·ence** *n* Pressekonferenz *f;* **to call a ~** eine Pressekonferenz einberufen **'news deal·er** *n* AM *(newsagent) shop* Zeitschriftengeschäft *nt; person* Zeitungshändler(in) *m(f)* **'news desk** *n* Nachrichtenredaktion *f* **'news·flash** *n* Kurzmeldung *f* **'news·group** *n* INET Newsgroup *f*

new 'share *n* junge Aktie, Neuaktie *f* BRD, neue Aktie

new 'share·hold·er *n* STOCKEX Jungaktionär(in) *m(f)*

'news·hound *n (fam)* Reporter(in) *m(f)* **'news item** *n* Nachricht *f* **'news junkie** *n* Nachrichtenfreak *m fam* **'news·let·ter** *n* Rundschreiben *nt;* INET Newsletter *m* **news·mag** ['nju:zmæg, AM 'nu:z-] *n (fam) short for* **newsmagazine** Nachrichtenmagazin *nt* **'news maga·zine** *n* Nachrichtenmagazin *nt (im Fernsehen)*

'news·mon·ger [-ˌmʌŋgəʳ, AM -gɚ] *n* ① *(profession)* Nachrichtenhändler(in) *m(f)* ② *(gossip)* Klatschmaul *nt pej sl,* Klatschtante *f pej fam*

'New South Wales *n* Neusüdwales *nt*

'news·pa·per I. *n* ① *(journal)* Zeitung *f;* **daily ~** Tageszeitung *f* ② *no pl (material)* Zeitungspapier *nt;* **in ~** in Zeitungspapier **II.** *n modifier (article, editor, reporter)* Zeitungs-; **~ advertisements** Zeitungsanzeigen *pl,* Zeitungsinserate *pl;* **~ clipping** Zeitungsausschnitt *m;* **~ office** Redaktion *f* **'news·pa·per·man** *n* Journalist *m*

'new·speak *n no pl (pej)* Schönred[n]erei *f,* Schönfärberei *f*

'news·print *n no pl* ① *(material)* Zeitungspapier *nt* ② *(ink)* Druckerschwärze *f* **'news·read·er** *n* BRIT, AUS Nachrichtensprecher(in) *m(f)* **'news·reel** *n* Wochenschau *f* **'news re·lease** *n esp* AM Presseerklärung *f* **'news re·port** *n* Nachrichtenbeitrag *m,* Meldung *f* **'news·room** *n* Nachrichtenredaktion *f* **'news-sheet** *n* [kleines] Nachrichtenblatt **'news·stand** *n* Zeitungsstand *m,* Zeitungskiosk *m* **'news·ven·dor** *n* Zeitungsverkäufer(in) *m(f),* ÖSTERR *meist* Kolporteur(in) *m(f)* **'news·week·ly** *n* <*pl* -lies> wöchentlich erscheinendes Nachrichtenmagazin **'news wire** *n* Fernschreiber *m* **'news·wor·thy** *adj* berichtenswert

newsy ['nju:zi, AM 'nu:-, 'nju:z-] *adj* informativ; **a ~ letter** ein Brief voller Neuigkeiten

newt [nju:t, AM nu:t, 'nju:t] *n* Wassermolch *m*

New Tes·ta·ment I. *n* **the ~** das Neue Testament **II.** *n modifier (authors, book, theology)* des Neuen Testaments *nach n;* **~ translation** Übersetzung *f* des Neuen Testaments

New·to·nian ab·er·'ra·tion [nju:'təʊniən-, AM nu:'toʊ-, nju:-] *n no pl* PHYS Brechungsabweichung *f*

New·ton's axi·oms [ˌnju:tᵊnz '-, AM ˌnu:-, ˌnju:-] *n pl* PHYS Newtonsche Axiome [*o* Gesetze] *pl (der klassischen Mechanik)* **'new town** *n künstlich angelegte, nicht gewachsene Siedlung* **new 'wave** *n* ① FILM, TV, THEAT *(movement)* ≈ neue Welle ② *(fresh outbreak)* **a ~ of redundancies/violence** eine neue Entlassungswelle/Welle der Gewalt **'New World** *n (dated)* Neue Welt **new world 'or·der, New World 'Or·der** *n* neue Weltordnung

New 'Year *n* Neujahr *nt kein pl;* **~'s card** Neujahrskarte *f;* **~'s message** Neujahrsansprache *f;* **Happy ~** gutes [*o* frohes] neues Jahr; ■**the ~** das neue Jahr; *(first weeks)* der Jahresbeginn **New Year Reso·'lu·tion,** *esp* AM **New Year's Reso·'lu·tion** *n* [guter] Vorsatz für das neue Jahr

New 'Year's *n no pl* AM *(fam: 1 Jan)* Neujahrstag *m; (31 Dec)* Silvester *nt* **New Year's 'Day** *n* Neujahr *nt,* Neujahrstag *m;* **on ~** an Neujahr, am Neujahrstag **New Year's 'Eve I.** *n* Silvester *nt* **II.** *n modifier (dinner, toast)* Silvester-; **~ party** Silvesterparty *f,* Silvesterfeier *f*

New York [-'jɔ:k, AM -'jɔ:rk] **I.** *n* New York *nt* **II.** *adj* New Yorker *attr*

New York·er [-'jɔ:kəʳ, AM -'jɔ:rkɚ] **I.** *n* New Yorker(in) *m(f)* **II.** *adj* aus New York *nach n*

New York 'Stock Ex·change *n no pl* New York Stock Exchange *f*

New Zea·land [ˌnju:'zi:lənd, AM ˌnu:-, ˌnju:-] *n* Neuseeland *nt*

New Zea·land·er [ˌnju:'zi:ləndəʳ, AM ˌnu:'zi:ləndɚ, 'nju:-] *n* Neuseeländer(in) *m(f)*

next [nekst] **I.** *adj inv* ① *(coming immediately after)* nächste(r, s); ***the ~ moment she was gone*** im nächsten Augenblick war sie weg; ***I'll be on holiday for the ~ couple of days*** ich bin die nächsten zwei Tage auf Urlaub; ***this time ~ year*** nächstes Jahr um diese Zeit; **for the ~ couple of weeks** die nächsten paar Wochen; **the ~ day** am nächsten Tag; **~ month** nächsten Monat; **[the] ~ time** das nächste Mal, nächstes Mal; ***~ time I'll bring a hat*** nächstes Mal bringe ich einen Hut mit; **on Monday ~** nächsten Montag ② *(next in order, space)* nächste(r, s), folgende(r, s); ***the ~ step is to find a house to buy*** als Nächstes müssen wir dann ein Haus finden, das wir kaufen können; ***take the ~ turning on the right*** biegen Sie bei der nächsten Gelegenheit rechts ab; ***the woman in the ~ room*** die Frau im Raum nebenan; ***the ~ chapter*** das nächste Kapitel; **as much as the ~ person** wie jede(r) andere [auch]; **the ~ but one** der/die/das Übernächste; ***she is the ~ managing director but one*** sie ist die übernächste Geschäftsführerin; ■**to be ~** der/die Nächste sein, als Nächste(r) dran sein; ***who's ~ please?*** wer ist der/die Nächste?; ***excuse me, I was ~*** Entschuldigung, ich komme als Nächste(r)
▸PHRASES: **the ~ world** das Jenseits
II. *adv inv* ① *(subsequently)* dann, gleich darauf; ***what would you like ~?*** was möchten Sie als Nächstes?; ***so what happened ~?*** was geschah als Nächstes?; ***~, I heard the sound of voices*** dann hörte ich Stimmen ② *(again)* das nächste Mal; ***when I saw him ~ he had transformed himself*** als ich ihn das nächste Mal sah, sah er ganz verwandelt aus; ***when are you ~ going to London?*** wann fährst du das nächste Mal nach London? ③ *(second)* zweit-; ***the opinion poll found that law and order is the most important political issue for voters and education is the ~ most important*** bei der Meinungsumfrage kam heraus, dass Gesetze für die Wähler das wichtigste Thema sind, Bildung das zweitwichtigste; **~-to-last day** *esp* AM vorletzter Tag; ***he injured himself in a climbing accident on the ~-to-last day of his vacation*** er verletzte sich am vorletzten Tag seines Urlaubs bei einem Kletterunfall; **the ~ best thing** die zweitbeste Sache; **the ~ oldest/youngest** der/die/das Zweitälteste/Zweitjüngste; ***Jo was the ~ oldest after Martin*** Jo war der/die Zweitälteste nach Martin ④ *(to one side)* ■**~ to sth/sb** neben etw/jdm; ***who works in the office ~ to yours?*** wer arbeitet im dem Büro neben dir?; ***I prefer to sit ~ to the window when I'm on a plane*** ich sitze im Flugzeug am liebsten neben dem Fenster; ***we sat ~ to each other*** wir saßen nebeneinander ⑤ *(following in importance)* ■**~ to sth** nach etw *dat;* ***cheese is my favourite food and ~ to cheese I like chocolate best*** Käse esse ich am liebsten und nach Käse mag ich am liebsten Schokolade ⑥ *(almost)* ■**~ to ...** beinahe ..., fast ...; **in ~ to no time** im Handumdrehen *fam;* ***there was very little traffic and it took ~ to no time to get home*** es war sehr wenig Verkehr, und wir waren im Handumdrehen zu Hause; **~ to impossible** beinahe unmöglich; ***it's ~ to impossible to find somewhere cheap to live in the city centre*** es ist fast unmöglich, eine günstige Wohnung im Stadtzentrum zu finden; **~ to nothing** fast gar nichts; ***Charles knew ~ to nothing about farming*** Charles wusste fast nichts über Landwirtschaft ⑦ *(compared with)* ■**~ to sb/sth** neben jdm/etw; ***~ to her I felt like a fraud*** neben ihr komme ich mir wie ein Betrüger/eine Betrügerin vor
▸PHRASES: **what** [*or* **whatever**] **~!** und was kommt dann?; ***so he decided to get married at last — whatever ~! — children, I expect*** jetzt haben sie also endlich geheiratet – und was kommt als Nächstes? – Kinder, nehme ich an
III. *n (following one)* der/die/das Nächste; ***nothing ever changes, one day is very much like the ~*** nichts ändert sich, ein Tag gleicht so ziemlich dem anderen; ***can we arrange a meeting for the week after ~?*** können wir uns übernächste Woche treffen?; ***one moment he wasn't there, the ~ he was*** kaum war er da, war er auch schon wieder weg; **~ in line** der/die/das Nächste; ***hey don't butt in in front of me — I was the ~ in line*** he, drängen Sie sich nicht vor – ich war der/die Nächste; ***he is ~ in line to the throne*** er ist der Nächste in der Thronfolge; **from one day/moment/year/minute to the ~** von einem Tag/Augenblick/Jahr/einer Minute auf den nächsten/das nächste/die nächste; ***things don't change much here from one year to the ~*** die Dinge ändern sich hier von einem Jahr aufs andere kaum

next 'door I. *adv* nebenan, SCHWEIZ *a.* nebendran; ***we live ~ to the airport*** wir wohnen direkt neben dem Flughafen **II.** *adj pred, inv buildings* nebenan *nach n; people* benachbart; **the boy/girl ~ type** *(approv)* der Typ Junge/Mädchen von nebenan *fam;* **to be/feel ~ to sth** *(fig)* [schon beinahe] an etw *akk* grenzen **'next-door** *adj attr, inv buildings* nebenan *nach n; people* benachbart; **~ family** benachbarte Familie; **~ kids** *(fam)* Nachbarskinder *pl* **next-door 'neigh·bour,** AM **next-door 'neigh·bor** *n* direkter Nachbar/direkte Nachbarin **'next-gen** *adj inv (fam) short for* **next-generation** futuristisch

next of 'kin *n + sing/pl vb* nächste(r) Angehörige(r) [*o* Verwandte(r)] *f(m)*

nex·us <*pl* - *or* -es> ['neksəs] *n usu sing* Nexus *m fachspr,* Verbindung *f;* COMPUT Verknüpfung *f*

NF [ˌen'ef] *n* BRIT *abbrev of* **National Front** *rechtsradikale Partei*

NFL [ˌeneˈfel] **I.** *n* AM *abbrev of* **National Football League** NFL *f (amerikanische Fußballnationalliga)* **II.** *n modifier* NFL-; **~ history** *die Geschichte der amerikanischen Fußballnationalliga*

Nfld. CAN *abbrev of* **Newfoundland and Labrador**

NGO [ˌendʒi:'əʊ, AM -'oʊ] *n abbrev of* **nongovernmental organization** NGO *f*

ngul·trum <*pl* -> [ᵊŋ'gu:ltrəm, AM ᵊŋ'ʊltrʊm] *n (currency of Bhutan)* Ngultrum *m*

N.H. AM *abbrev of* **New Hampshire**

NHS [ˌeneɪtʃ'es] *n* BRIT *abbrev of* **National Health Service**

NI [ˌen'aɪ] *n* BRIT *abbrev of* **National Insurance** Sozialversicherung *f*

niacin ['naɪəsɪn] *n* CHEM Niazin *nt,* Nikotinsäure *f,* Niacin *nt fachspr*

Ni·aga·ra Falls [naɪ'ægᵊrə'fɔ:lz] *n* ■**the ~** die Niagarafälle *pl*

nib [nɪb] *n* [Schreib]feder *f*

nib·ble ['nɪbl̩] **I.** *n* ① *(bite)* Bissen *m,* Happen *m fam;* ***just take a ~ at the sandwich to see if you like it*** beiß einfach mal ein Stück Sandwich ab, dann siehst du schon, ob du's magst ② *(snack)* ■**~s** *pl* BRIT *(fam)* Häppchen *pl* ③ *(fig: interest)* Anfrage *f* ④ COMPUT Vier-Bit-Byte *nt*
II. *vt* ① *(eat)* ■**to ~ sth** etw knabbern ② *(amorously)* ■**to ~ sth** an etw *dat* knabbern; ***she ~d his ear*** sie knabberte an seinem Ohr
III. *vi* ① *(snack)* knabbern; ■**to ~ at** [*or* **on**] **sth** an etw *dat* herumknabbern; **to ~ at the bait** anbeißen; ***the fish ~d at the bait*** der Fisch biss an; *(fig: of trap)* den Köder schlucken *fam* ② *(purchase)* ■**to ~ at sth** etw stückchenweise kaufen; ***investors started to ~ at the company's shares after the new contract was announced*** nachdem der neue Vertrag bekannt wurde, fingen Investoren vorsichtig an, die Aktien der Firma zu kaufen

③ *(show interest)* ▪**to ~ at sth** an etw *dat* Interesse zeigen; ***we made them an offer of £5 million, and they're nibbling at it*** wir machten ihnen ein Angebot von fünf Millionen Pfund und sie fangen an, sich langsam dafür zu interessieren
④ *(eat into)* ▪**to ~ away at sth** an etw *dat* nagen *fig;* ***even when inflation is low, it ~s away at people's savings*** selbst wenn die Inflation niedrig ist, zehrt sie an den Ersparnissen der Leute

nibs [nɪbz] *npl (fam or dated)* **his/her ~** seine/ihre Hoheit *iron*

Nica·ra·gua [ˌnɪkəʳ'ægjuə, AM -ə'rɑ:gwə] *n* Nicaragua *nt*

Nica·ra·guan [ˌnɪkəʳ'ægjuən, AM -ə'rɑ:gwən] **I.** *n* Nicaraguaner(in) *m(f)*
II. *adj* nicaraguanisch

nice [naɪs] **I.** *adj* ① *(approv: pleasant)* schön, angenehm; ***did you have a ~ holiday?*** war es schön im Urlaub?; ***it's far ~r here than anywhere else I've lived*** es ist viel schöner hier als irgendwo sonst, wo ich vorher gewohnt habe; ***~ talking to you, but I must be off now*** es war nett mit dir zu reden, aber jetzt muss ich weg; ***it's ~ that you're staying here after all*** es ist schön, dass du trotz allem hierbleibst; ***~ one!*** *(approv fam)* nicht schlecht! *fam;* ***~ to meet you!*** es freut mich, Sie/dich kennenzulernen!; **a ~ little earner** *esp* BRIT eine wahre Goldgrube; **a ~ neighbourhood** eine freundliche Gegend; **~ weather** schönes Wetter; **~ work** *(approv fam)* gute [*o* saubere] Arbeit
② *(amiable)* nett, freundlich; ***it was very ~ of you to drive her home*** es war sehr nett von dir, sie nach Hause zu fahren; **a ~ chap**/AM *usu* **guy** ein netter Kerl; ▪**to be ~ to sb** nett zu jdm sein; *(fam: bad)* schön *iron,* fein *iron;* ***I made a ~ mess of the job, and felt very embarrassed*** ich habe die Sache ganz schön vermasselt und es war mir äußerst peinlich
③ *(subtle)* fein; **~ distinction** feine Unterscheidung
④ *(intensifier)* schön; **~ and big/long/warm** schön groß/lang/warm
▸PHRASES: **~ guys finish last** Nettigkeit zahlt sich nicht aus; **~ work if you can get it** das würde ich mir auch gefallen lassen
II. *adv* sorgfältig; **to talk ~ and clearly** deutlich und langsam sprechen

nice-'look·ing *adj (person)* gut aussehend, hübsch; *(thing)* hübsch

nice·ly ['naɪsli] *adv* ① *(well)* gut, nett; ***the patient is coming along ~*** der Patient macht gute Fortschritte; ***that'll do ~*** das reicht völlig; **to do very ~** gut vorankommen; **to be doing ~** *(be successful)* erfolgreich sein; *(health-wise)* wohlauf sein
② *(pleasantly)* nett, hübsch

nice·ness ['naɪsnəs] *n no pl* Genauigkeit *f,* Feinheit *f*

ni·cety ['naɪsəti, AM -ət̬i] *n* ① *no pl (finer point)* Feinheit *f; (precision)* Genauigkeit *f;* **~ of an argument** Genauigkeit eines Arguments
② *(fine details)* ▪**niceties** *pl* Feinheiten *pl; (negatively)* Spitzfindigkeiten *pl;* **legal niceties** juristische Feinheiten; **social niceties** Höflichkeitsregeln *pl; (etiquette)* Gepflogenheiten *pl*

niche [ni:ʃ, AM *esp* nɪtʃ] **I.** *n* ① *(recess)* Nische *f*
② *(job)* Stelle *f;* **to make** [*or* **carve out**] **a ~ for oneself** die richtige Stelle für sich *akk* finden, sich *dat* einen Platz erobern; ***he has carved out a ~ for himself as a professional tennis player*** er hat sich als Profitennisspieler durchgesetzt; *(place)* Platz *m*
II. *vt* ▪**to ~ sb** jdn in eine Schublade stecken *fig*

'niche mar·ket *n* ECON Nischenmarkt *m* **'niche sup·pli·er** *n* COMM Nischenanbieter(in) *m(f)*

nick [nɪk] **I.** *n* ① *(chip)* Kerbe *f*
② BRIT *(sl: prison)* ▪**the ~** *no pl* Knast *m fam,* Kittchen *nt veraltend fam;* ***he was in the ~ for twelve years*** er war zwölf Jahre im Knast
③ *no pl* BRIT, AUS *(sl: condition)* **in bad/good** [*or* **excellent**] **~** schlecht/gut in Schuss *fam*
④ *(sl: police station)* Wache *f,* Polizeiposten *m* SCHWEIZ
▸PHRASES: **in the ~ of time** gerade noch rechtzeitig
II. *vt* ① *(chip)* ▪**to ~ sth** etw einkerben; *(cut)* etw einschneiden
② BRIT, AUS *(fam: steal)* ▪**to ~ sth** etw mitgehen [*o* SCHWEIZ mitlaufen] lassen *fam*
③ BRIT *(sl)* ▪**to ~ sb** *(arrest)* jdn einlochen *sl; (catch)* jdn schnappen *fam*
④ AM *(fam: cheat)* ▪**to ~ sb** jdn abzocken *sl*
III. *vi* BRIT, AUS *(sl)* ▪**to ~ in/off** hinein-/davonhuschen

nick·el ['nɪkl̩] **I.** *n* ① *no pl (metal)* Nickel *nt*
② AM *(coin)* Fünfcentstück *nt*
II. *n modifier (candlestick, plate, statue)* Nickel-

nick·el-and-'dime AM **I.** *adj attr* ① *(cheap)* Billig-
② *(petty)* unbedeutend, belanglos
II. *vt* ① *(weaken financially)* ▪**to ~ sb** jdn finanziell belasten
② *(delay)* ▪**to ~ sth** etw hinauszögern

nick·el·ode·on [ˌnɪkl'əʊdiən, AM 'oʊ] *n* AM ① *(dated fam: jukebox)* Musikautomat *m*
② *(hist: cinema)* Kintopp *m* BRD *veraltend fam*

nick·el-'plat·ed *adj* vernickelt

nick·er <*pl* -> ['nɪkəʳ] *n* BRIT *(fam)* Pfund *nt*

nick-nack *n see* **knick-knack**

nick·name ['nɪkneɪm] **I.** *n* Spitzname *m; affectionate* Kosename *m*
II. *vt* ▪**to ~ sb/sth sth:** ***the campsite has been ~d 'tent city' by visiting reporters*** der Campingplatz wurde von besuchenden Reportern scherzhaft ‚Zeltstadt' genannt

Nico·sia [ˌnɪkə(ʊ)'si:ə, AM -oʊ'-] *n* Nikosia *nt*

nico·tine ['nɪkəti:n] *n no pl* Nikotin *nt*

'nico·tine patch *n* Nikotinpflaster *nt* **'nico·tine-stained** ['nɪkəti:nˌsteɪnd] *adj inv* nikotingelb

niece [ni:s] *n* Nichte *f*

niff [nɪf] *n usu sing* BRIT *(fam)* Gestank *m kein pl,* Mief *m kein pl fam;* **nasty ~** übler Gestank, ekelhafter Mief *fam*

niffy ['nɪfi] *adj* BRIT *(fam)* miefig

nif·ty ['nɪfti] *adj (approv fam: stylish)* elegant; *(skilful)* geschickt; ***he did some ~ work*** das hat er gut hingekriegt

Ni·ger [ni:'ʒeəʳ, AM 'naɪdʒɚ] *n* Niger *m*

Niger-Congo [ˌnaɪdʒə'kɒŋgəʊ, AM ˌnaɪdʒɚ'kɑ:ŋgoʊ] **I.** *n* Niger-Kongo-Sprachen *pl*
II. *adj* der Niger-Kongo-Sprachen *nach n*

Ni·geria [naɪ'dʒɪəriə, AM -'dʒɪri-] *n* Nigeria *nt*

Ni·gerian [naɪ'dʒɪəriən, AM dʒɪri] **I.** *adj inv* nigerianisch
II. *n* Nigerianer(in) *m(f)*

ni·ger seed ['naɪdʒəsi:d, AM -dʒɚ-] *n* Nigersaat *f*

nig·gard·ly ['nɪgədli, AM -ɚd-] *adj (pej)* ① *(stingy)* geizig, knaus[e]rig *fam;* ▪**to be ~ with sth** mit etw *dat* knaus[e]rig sein *fam*
② *(meagre)* karg, dürftig; **a ~ donation/supply** eine armselige Spende/Versorgung

nig·ger ['nɪgəʳ, AM -ɚ] *n (pej!)* Nigger *m pej*

nig·gle ['nɪgl̩] **I.** *vi* ① *(find fault)* nörgeln; *(deliberate)* ▪**to ~ over sth** sich *akk* mit Kleinigkeiten aufhalten
② *(worry)* beunruhigen, beschäftigen; ▪**to ~ at sth** an etw *dat* nagen *fig*
II. *vt* ① *(nag)* ▪**to ~ sb** an jdm herumnörgeln
② *(worry)* ▪**to ~ sb** jdn beunruhigen [*o* beschäftigen]; ***what's her name? — it's been niggling me all evening*** wie heißt sie nochmal? – ich überlege schon den ganzen Abend, aber ich komme nicht drauf
III. *n* ① *(doubt)* Zweifel *m*
② *(criticism)* Kritikpunkt *m*

nig·gling ['nɪglɪŋ] *adj attr* ① *(troubling)* nagend *fig;* **~ doubt** nagender [*o* bohrender] Zweifel
② *(precise)* krittelig

nig·gly ['nɪgli] *adj arguments* pingelig, kleinlich; *person* nörglerisch

nigh [naɪ] **I.** *adv inv* nahe; ***the time is ~*** es ist Zeit, die Zeit naht; ***the time is ~ for us to make a decision*** es wäre langsam an der Zeit, dass wir zu einer Entscheidung kommen; ***she's written ~ on 500 books*** sie hat an die 500 Bücher geschrieben
II. *prep (old)* nahe +*dat*

night [naɪt] **I.** *n* ① *(darkness)* Nacht *f;* **~ and day** Tag und Nacht; **to have an early ~** früh zu [*o* SCHWEIZ, ÖSTERR ins] Bett gehen; **to spend the ~ somewhere** die Nacht irgendwo verbringen; **to spend the ~ with sb** *(as a friend, relation)* bei jdm übernachten; *(sexually)* die Nacht mit jdm verbringen; **~ after ~** Nacht für Nacht; **at ~** nachts
② *(evening)* Abend *m;* **a ~ on the town** ein Abend in der Stadt; **to have** [*or* **go for**] **a ~ on the town** abends in der Stadt einen draufmachen *fam,* ÖSTERR *meist* eine Lokaltour machen *fam;* **the other ~** neulich abends; **to have** [*or* **go for**] **a ~ out** [abends] ausgehen; **tomorrow ~** morgen Abend; **by ~** abends; **~ after ~** Abend für Abend
③ THEAT, FILM **first** [*or* **opening**] **~** Premiere *f;* **last ~** letzte [Abend]vorstellung
II. *n modifier (ferry, train)* Nacht-

'night·bird *n* BRIT Nachteule *f* BRD *fig hum fam,* Nachtschwärmer(in) *m(f) hum* **'night blind·ness** *n no pl* Nachtblindheit *f* **'night·cap** *n* ① *(hat)* Schlafmütze *f* ② *(drink)* Schlummertrunk *m,* Schlaftrunk *m* **'night·clothes** *npl* Nachtwäsche *f kein pl; (pyjama)* Schlafanzug *m,* SCHWEIZ, ÖSTERR *meist* Pyjama *m o* SCHWEIZ *meist nt* **'night·club** **I.** *n* Nachtklub *m,* Nachtclub *m* SCHWEIZ **II.** *n modifier (act, comedian)* Nachtklub-; **~ dancing** Tanzen *nt* in einem Nachtklub **'night·club·bing** *n no pl an einem Abend in verschiedene Nachtklubs/Diskos gehen;* ***does she still go out ~ every night?*** zieht sie immer noch jeden Abend durch die Klubs? **'night cream** *n* Nachtcreme *f* **'night·dress** *n* Nachthemd *nt*

'night·fall *n no pl* Einbruch *m* der Nacht

'night fight·er *n* AVIAT, MIL Nachtjäger *m* **'night·gown** *n* Nachthemd *nt*

nightie ['naɪti, AM -t̬-] *n (fam)* Nachthemd *nt*

night·in·gale ['naɪtɪŋgeɪl, AM -tən-] *n* Nachtigall *f*

night·jar <*pl* - *or* -s> ['naɪtdʒɑ:ʳ, AM -dʒɑ:r] *n* ORN Ziegenmelker *m*

'night·life *n no pl* Nachtleben *nt* **'night·light** *n* Nachtlicht *nt* **'night·long** *(liter)* **I.** *adv inv* die ganze Nacht [über] **II.** *adj inv* sich *akk* über die ganze Nacht hinziehend

night·ly ['naɪtli] **I.** *adv inv* jede Nacht
II. *adj inv (each night)* [all]abendlich; *(nocturnal)* nächtlich

night·mare ['naɪtmeəʳ, AM -mer] **I.** *n* Albtraum *m;* ▪**it is a ~ to do sth** es ist ein Albtraum, etw zu tun; ***she was a ~ to work with*** es war ein Albtraum, mit ihr zu arbeiten; **a recurring ~** ein immer wiederkehrender Albtraum; **the worst ~** der Albtraum schlechthin; **to have a ~** einen Albtraum haben
II. *n modifier (fam) (problems, scenario)* albtraumhaft, furchtbar; **~ visions** Schreckensvisionen *pl*

night·mar·ish ['naɪtmeərɪʃ, AM -mer-] *adj (horrific)* albtraumhaft; *(distressing)* grauenhaft

night·mar·ish·ly ['naɪtmeərɪʃli, AM -mer-] *adv* wie in einem Albtraum

night-'night *interj (esp childspeak)* [gute] Nacht

'night-nurse *n* Nachtschwester *f* **'night owl** *n (fam)* Nachteule *f* BRD *hum fam* **'night-por·ter** *n* Nachtportier *m*

nights [naɪts] *adv inv* nachts; **to work ~** nachts arbeiten

'night safe *n* BRIT Nachttresor *m* **'night school** *n* Abendschule *f*

'night·shade <*pl* - *or* -s> *n* BOT Nachtschattengewächs *nt*

'night shift *n* Nachtschicht *f;* **to work on the ~** Nachtschicht haben **'night·shirt** *n* [Herren]nachthemd *nt* **'night·spot** *n (fam)* Nachtklub *m,* Nachtclub *m* SCHWEIZ **'night stand** *n* AM *(bedside table)* Nachttisch *m* **'night·stick** *n* AM Schlagstock *m,* Gummiknüppel *m* **night 'stor·age heat·er** *n* BRIT Nachtspeicherofen *m* **'night table** *n* AM *(bedside table)* Nachttisch *m* **'night-time** *n* Nacht[zeit] *f* **'night vi·sion** *n* Nachtsichtigkeit *f* **'night-vi·sion** *n modifier (rifle)* Nachtsicht- **'night-watch** *n* Nachtwache *f* **night 'watch·man** *n* Nachtwächter *m* **'night·wear** *n no pl* Nachtwäsche *f*

ni·hil·ism ['ni:ɪlɪzəm, AM 'naɪəl-] *n no pl* Nihilismus *m*

ni·hil·ist ['ni:ɪlɪst, AM 'naɪəl-] *n* Nihilist(in) *m(f)*

ni·hil·is·tic [ˌni:ɪ'lɪstɪk, AM ˌnaɪəl'-] *adj* nihilistisch

Nik·kei, Nik·kei 'In·dex [nɪ'keɪ-, AM 'ni:keɪ-] *n no pl* STOCKEX Nikkei Index *m*

nil [nɪl] *n no pl* ❶ *(nothing)* Nichts *nt,* Null *f;* ***the operating risks are virtually ~*** das Betriebsrisiko ist praktisch gleich null
❷ *esp* BRIT SPORT Null *f*

Nile [naɪl] *n* ■ **the [river]** ~ der Nil

nim·ble ['nɪmbl̩] *adj (usu approv: agile)* gelenkig, beweglich; *(quick)* flink, behänd[e]; *(quick-witted)* [geistig] beweglich; ~ **mind** beweglicher Geist

nim·ble·ness ['nɪmbl̩nəs] *n no pl (usu approv: agility)* Gewandtheit *f,* Behändigkeit *f,* Geschicklichkeit *f; (quick-wittedness)* geistige Beweglichkeit

nim·bly ['nɪmbli] *adv (usu approv: lithely)* flink, gewandt, behänd[e]; *(quick-witted)* schlagfertig

nim·bus <*pl* -bi *or* -es> ['nɪmbəs, *pl* -baɪ] I. *n* ❶ *(cloud)* [tief hängende] Regenwolke, Nimbostratus *m fachspr*
❷ *(halo)* Nimbus *m geh,* Heiligenschein *m*
II. *n modifier* ~ **clouds** Regenwolken *pl*

Nim·by, nim·by <*pl* -s> ['nɪmbi] I. *n (pej) acr for* **not in my back yard** *Person, die sich gegen umstrittene Bauvorhaben in der eigenen Nachbarschaft stellt, aber nichts dagegen hat, wenn diese woanders realisiert werden*
II. *n modifier (pej)* ~ **attitudes** *beschreibt eine Haltung, die umstrittene Bauvorhaben überall, nur nicht in der eigenen Nachbarschaft zulassen will*

Ni-MH [ˌenaɪ'emeɪtʃ] *n* CHEM *abbrev of* **nickel metal hydride** Ni-MH

nin·com·poop ['nɪŋkəmpu:p, AM 'nɪn-] *n (pej fam)* Trottel *m pej fam,* Tschumpel *m* SCHWEIZ *pej fam*

nine [naɪn] I. *adj* ❶ *(number)* neun; **in ~ times out of ten** in neun Zehntel der Fälle, fast immer; *see also* **eight I 1**
❷ *(age)* neun; *see also* **eight I 2**
❸ *(time)* neun; ~ **am/pm** neun Uhr morgens/abends [*o* einundzwanzig Uhr]; **half past** [*or* BRIT *fam* **half**] ~ halb zehn; **at ~ thirty** um halb zehn, um neun [*o* einundzwanzig] Uhr dreißig; **at ~ forty-five** um Viertel vor zehn [*o* drei viertel zehn]; **to work from ~ to five** reguläre Arbeitszeiten haben, von neun bis fünf arbeiten
▶ PHRASES: **a <u>cat</u> has ~ lives** *(prov)* eine Katze hat sieben Leben; **a ~ <u>days'</u> wonder** *(dated)* [nur] eine Eintagsfliege *fig*
II. *n* ❶ *(number)* Neun *f,* Neuner *m; see also* **eight II 1**
❷ BRIT *(shoe size)* [Schuhgröße] 42; AM [Schuhgröße] 40
❸ CARDS Neun *f,* Neuner *m esp* ÖSTERR, SCHWEIZ
❹ *(public transport)* ■ **the** ~ die Neun, der Neuner
▶ PHRASES: **to be <u>dressed</u>** [BRIT **up**] **to the ~s** *(fam)* in Schale [geworfen] sein *fam,* aufgedonnert [*o* SCHWEIZ, ÖSTERR aufgemotzt] sein *fam*

9-11, 9/11 [naɪnɪ'levᵊn] I. *n no pl, no art* der 11. September *(Terrorangriffe am 11.9.2001 auf das World Trade Center in New York und das Pentagon in Washington)*
II. *n modifier (attack)* am [*o* vom] 11. September

999 [ˌnaɪnnaɪn'naɪn] BRIT I. *n no pl allgemeine Notrufnummer für Polizei, Feuerwehr und Rettungsdienst in Großbritannien*
II. *adj* ~ **call** Notruf *m*

911 [ˌnaɪnwʌn'wʌn] AM I. *n allgemeine Notrufnummer für Polizei, Feuerwehr und Rettungsdienst in Nordamerika*
II. *adj* ~ **call** Notruf *m*

nine·pins ['naɪnpɪnz] *npl* Kegelspiel *nt,* Kegeln *nt kein pl;* **to be going down** [*or* **falling**] **like** ~ wie [die] Kegel umfallen; *(hum)* **people** wie die Fliegen umfallen *fam*

nine·teen [ˌnaɪn'ti:n] I. *adj* ❶ *(number)* neunzehn; ***there were ~ of us*** wir waren zu neunzehnt; **one in** ~ jeder Neunzehnte; *see also* **eight I 1**
❷ *(age)* neunzehn; *see also* **eight I 2**
❸ *(time, date)* ~ **hundred hours** *spoken* neunzehn Uhr; **1900 hrs** *written* 19:00; **the ~ hundreds** das zwanzigste Jahrhundert
II. *n* Neunzehn *f; see also* **eight II**

nine·teenth [ˌnaɪn'ti:n(t)θ] I. *n* ❶ *(after 18th)* Neunzehnte(r, s) *f*
❷ *(fraction)* Neunzehntel *nt*
II. *adj* neunzehnte(r, s); ~ **century** neunzehntes Jahrhundert
III. *adv* an neunzehnter Stelle

nine·teenth 'hole *n* SPORT *(hum fam: golf club bar)* neunzehntes Loch *hum fam*

nine·ties ['naɪnti:z, AM -t̬-] *npl* ❶ *(temperature)* **temperatures in the ~** Temperaturen um 30-35 Grad Celsius
❷ *(decade)* die Neunzigerjahre *pl,* die Neunziger *pl*
❸ *(age)* ***he's in his ~*** er ist in den Neunzigern

nine·ti·eth ['naɪntiəθ, AM -t̬-] I. *n* ❶ *(after 89th)* Neunzigste(r, s)
❷ *(fraction)* Neunzigstel *nt*
II. *adj* neunzigste(r, s); ~ **birthday** neunzigster Geburtstag
III. *adv* an neunzigster Stelle

'nine-to-five I. *adv* **to work** ~ von neun bis fünf [Uhr] arbeiten
II. *adj* **a ~ schedule** ein Achtstunden[arbeits]tag *m*

nine·ty ['naɪnti, AM -t̬-] I. *adj* neunzig; *see also* **eighty I**
II. *n* ❶ *(number)* Neunzig *f,* Neunziger *m* SCHWEIZ, ÖSTERR; *see also* **eighty II 1**
❷ *(age)* **to be in one's nineties** in den Neunzigern sein; *see also* **eighty II 2**
❸ *(decade)* ■ **the nineties** *pl* die Neunzigerjahre, die Neunziger; *see also* **eighty II 3**
❹ *(fam: speed: 90 mph)* ca. hundertfünfundvierzig km/h; *see also* **eighty II 5**
❺ *(public transport)* ■ **the** ~ die Neunzig, der Neunziger
❻ *(temperature)* **to be in the nineties** um die 30-35 Grad Celsius sein

'nine·ty-nine, 99 *n* BRIT *Vanilleeis in der Waffel mit einem Schokoladenriegel*

nin·ja ['nɪndʒə] *n* ❶ HIST, MIL Ninja *m*
❷ SPORT Ninjutsu-Schüler(in) *m(f)*

nin·jut·su [nɪn'dʒʌtsu:] *n no pl* Ninjutsu *nt*

nin·ny ['nɪni] *n (dated fam)* Dummkopf *m pej,* Trottel *m pej fam,* Tschumpel *m* SCHWEIZ *pej fam,* Depp *m* ÖSTERR *pej derb*

ninth ['naɪn(t)θ] I. *adj* ❶ *(in sequence)* neunte(r, s); ***you're the ~ person to put your name down*** du bist der Neunte, der sich einträgt; ~ **grade** AM neunte Klasse, die Neunte; *see also* **eighth I 1**
❷ *(in a race)* **to be/come** [*or* **finish**] ~ [**in a race**] [bei einem Rennen] Neunter sein/werden; *see also* **eighth I 2**
II. *n* ❶ *(order)* ■ **the** ~ der/die/das Neunte; *see also* **eighth II 1**
❷ *(date)* ■ **the** ~ *spoken* der Neunte; ■ **the 9th** *written* der 9.; *see also* **eighth II 2**
❸ *(fraction)* Neuntel *nt*
❹ MUS *(interval)* None *f; (chord)* Nonenakkord *m*
III. *adv* neuntens

nio·bium [naɪ'əʊbiəm, AM -'oʊ-] *n no pl* CHEM Niob *nt*

nip[1] [nɪp] I. *vt* <-pp-> ■ **to ~ sb/sth** *(bite)* jdn/etw beißen; *(pinch)* jdn/etw zwicken [*o* kneifen]; *(cut)* jdn/etw schneiden
▶ PHRASES: **to ~ sth in the <u>bud</u>** etw im Keim ersticken
II. *vi* <-pp-> ❶ *(bite)* beißen; ***this turtle will often ~ at people*** diese Schildkröte schnappt oft zu
❷ BRIT, AUS *(fam: go quickly)* ■ **to ~ across to sth** schnell mal zu etw *dat* rüberspringen *fam;* ■ **to ~ along** entlangflitzen *fam;* ***shall we ~ in to the bar for a bite to eat before the show?*** sollen wir schnell noch in die Bar gehen und etwas essen, bevor die Vorstellung anfängt?; ***I ~ped round to Bill's to borrow some sugar*** ich bin schnell zu Bill rübergegangen, um mir etwas Zucker zu borgen *fam*
III. *n* ❶ *(pinch)* Kniff *m; (bite)* Biss *m*
❷ *no pl (chill)* Kälte *f;* ***there's a ~ in the air*** es ist frisch

nip[2] [nɪp] *n (fam)* Schluck *m,* Schlückchen *nt;* **a ~ of whisky** ein Schluck Whisky

Nip [nɪp] *n (pej! sl)* Japs *m pej*

nip and 'tuck I. *adv (fam: neck and neck)* gleichauf; ***it was ~ at the halfway stage of the race*** auf der Hälfte der Strecke war es ganz knapp
II. *n (fam)* ❶ *(surgery)* Schönheitsoperation *f*
❷ *(financially)* **a nip here and a tuck there** hier ein bisschen und dort ein bisschen was einsparen *fam*

nip·per ['nɪpəʳ, AM -ɚ] *n esp* BRIT *(fam)* Kleine(r) *f(m),* Gof *nt o m* SCHWEIZ *fam,* Fratz *m* ÖSTERR *fam; (boy also)* Bengel *m fam; (girl also)* Göre *f* NORDD, SCHWEIZ *fam*

nip·ple ['nɪpl̩] *n* ❶ *(on breast)* Brustwarze *f*
❷ AM *(for baby bottle)* Sauger *m*

nip·py ['nɪpi] *adj* ❶ BRIT, AUS *(fam: quick)* schnell
❷ *(fam: cold)* kühl; ***it's a bit ~ today*** es ist etwas frisch heute

nir·va·na [nɪə'vɑ:nə, AM nɪr'-] *n no pl* Nirwana *nt; (fig)* Traumwelt *f*

Nissen hut ['nɪsᵊnˌhʌt] *n* Wellblechbaracke *f,* Nissenhütte *f*

nit [nɪt] *n* ❶ *esp* BRIT, AUS *(pej fam: idiot)* Dussel *m fam,* Blödmann *m pej,* Depp *m* ÖSTERR *pej derb*
❷ *(egg)* Nisse *f*

ni·ter *n* AM *see* **nitre**

nit·pick ['nɪtpɪk] *vi (fam: quibble)* [herum]nörgeln; *(find fault)* kleinlich [*o fam* pingelig] sein

nit·pick·er ['nɪtpɪkəʳ, AM -ɚ] *n (pej: quibbler)* Nörgler(in) *m(f) pej; (fault-finder)* Kleinigkeitskrämer(in) *m(f) pej,* Kleinkrämer(in) *m(f) bes* SCHWEIZ *pej*

nit·pick·ing ['nɪtpɪkɪŋ] I. *adj (pej fam)* pedantisch, pingelig *fam*
II. *n no pl (pej fam)* Krittelei *f*

nit·picky <-ier, -iest> ['nɪtpɪki] *adj (fam)* pedantisch

ni·trate ['naɪtreɪt] CHEM I. *vt* ■ **to ~ sth** etw nitrieren
II. *n* Nitrat *nt;* ~ **of ammonium** Ammoniumnitrat *nt,* Ammonsalpeter *m;* ~ **of lime** Calciumnitrat *nt,* Kalksalpeter *m;* ~ **of potassium** Natriumnitrat *nt,* Natronsalpeter *m*

ni·tra·tine ['naɪtrəˌtaɪn] *n no pl* CHEM Natriumnitrat *nt*

ni·tra·ting acid [ˌnaɪtreɪtɪŋ, -trɪt-'-, AM -treɪt-] *n no pl* CHEM Nitriersäure *f*

ni·tre, AM **ni·ter** ['naɪtəʳ, AM -t̬ɚ] *n no pl* Salpeter *m*

ni·tric ['naɪtrɪk] *adj* CHEM ❶ *(of nitrogen)* Stickstoff-
❷ *(of nitre)* Salpeter-

ni·tric 'acid *n no pl* CHEM Salpetersäure *f*

ni·trite ['naɪtraɪt] *n* CHEM Nitrit *nt*

ni·tro·cel·lu·lose [ˌnaɪtrəʊ'seljələʊs, -'seljʊ-, AM -troʊ'seljəloʊs, -trə'-] *n no pl* CHEM Cellulosenitrat *nt,* Schießbaumwolle *f,* Kollodiumwolle *f*

ni·tro·gen ['naɪtrədʒən] *n no pl* Stickstoff *m*

ni·tro·glyc·er·ine, AM **ni·tro·glyc·er·in** [ˌnaɪtrə(ʊ)'glɪsᵊri:n, AM -troʊ'-] *n no pl* Nitroglyzerin *nt*

ni·trous ['naɪtrəs] *adj* ❶ *(of nitrogen)* Stickstoff-, stickstoffhaltig
❷ *(of nitre)* Salpeter-, salpetrig; ~ **acid** salpetrige Säure; ~ **oxide** Lachgas *nt*

nit·ty-grit·ty [ˌnɪti'grɪti, AM -t̬i'grɪt̬i] *n no pl (fam)* ■ **the** ~ der Kern *fig,* das Wesentliche; **to get down to the ~** zur Sache kommen

nit·wit ['nɪtwɪt] *n (pej fam)* Dummkopf *m,* Schwachkopf *m pej*

nix [nɪks] AM I. *vt (fam)* ■ **to ~ sth/sb** etw/jdn ablehnen
II. *adv inv (fam)* nichts, nix *fam;* ***I suppose she will say ~ to us going to the movies*** ich glaube, sie wird uns nicht ins Kino gehen lassen
III. *n no pl* nichts, nix *fam;* ***all that effort for ~!*** der ganze Aufwand für nichts und wieder nichts!

N.J. AM *abbrev of* **New Jersey**

NLP [ˌenel'pi:] *n abbrev of* **neurolinguistic programming** NLP *nt*

NLQ [ˌenel'kju:] *n abbrev of* **near letter quality**

N.M. AM *abbrev of* **New Mexico**

NMR [ˌenem'ɑ:ʳ, AM -'ɑ:r] *n no pl* PHYS *abbrev of* **nuclear magnetic resonance** NMR *f*

NNE *abbrev of* **north-northeast** NNO

NNW *abbrev of* **north-northwest** NNW

no [nəʊ, nə, AM noʊ, nə] I. *adj* ❶ *(not any)* kein(e); ***there's ~ butter left*** es ist keine Butter mehr da; ***there's ~ doubt that he is the person we're looking for*** es besteht kein Zweifel, dass er die Per-

son ist, die wir suchen; ~ **one** keiner; **in ~ time** im Nu, in null Komma nichts *fam;* **to be of ~ interest/use** unwichtig/zwecklos sein
2 *(in signs)* **'~ parking'** ‚Parken verboten'
3 *(not a)* kein; ***I'm ~ expert*** ich bin kein Fachmann
4 *with gerund (impossible)* **there's ~ denying** es lässt sich nicht leugnen; **there's ~ knowing/telling** [*or* **saying**] man kann nicht wissen/sagen
II. *adv* 1 *inv (not at all)* nicht; ***the exam is ~ more difficult than ...*** das Examen ist nicht schwieriger als ...; ~ **less** nicht weniger; ~ **less than sb/sth** nicht weniger als jd/etw
2 *(alternative)* **or ~** *(form)* oder nicht; ***whether you like it or ~*** ob du es magst oder nicht
3 *(negation)* nein; ***were there any survivors? — ~*** gab es Überlebende? – nein; ***and you're not even a little bit jealous? — ~, not at all*** und du bist noch nicht mal ein kleines bisschen eifersüchtig? – nein, überhaupt nicht; ***~, I suppose not*** nein, ich denke [wohl] nicht
4 *(doubt)* nein, wirklich nicht; ***I've never done anything like this before — ~? replied the policeman suspiciously*** ich habe so etwas noch nie zuvor getan – ach ja? erwiderte der Polizist misstrauisch
5 *(not)* nicht; ~ **can do** *(fam)* geht nicht *fam;* **to be ~ more** nicht mehr sein [*o* existieren]
III. *n* <*pl* -es *or* -s> 1 *(refusal)* Absage *f; (negation)* Nein *nt kein pl;* **to not take ~ for an answer** ein Nein nicht [*o* kein Nein] akzeptieren
2 *(negative vote)* Neinstimme *f;* ***the ~es have it*** die Mehrheit ist dagegen
IV. *interj* 1 *(refusal)* nein, auf keinen Fall
2 *(comprehension)* natürlich nicht; ***we shouldn't worry about it — ~*** wir sollten uns darüber keine Sorgen machen – nein, natürlich nicht
3 *(correcting oneself)* [ach] nein
4 *(surprise)* nein, nicht möglich; ***her husband ran off with the au pair — ~!*** ihr Mann ist mit dem Au-pair-Mädchen durchgebrannt – nein! *fam*
5 *(distress)* **oh ~!** oh nein!

No. *n,* **no.** <*pl* Nos. *or* nos.> *n see* **number** Nr.; ~ **10** BRIT *(PM's residence)* Downing Street Nr. 10

no·ac·count ['nəʊə,kaʊnt, AM 'noʊ-] *adj esp* AM *(worthless)* wertlos; *(unimportant)* unbedeutend; ***he is a person of ~*** er ist völlig unbedeutend

Noah's ark [,nəʊəz'-, AM ,noʊəz'-] *n no pl, no art* die Arche Noah

nob [nɒb, AM nɑ:b] *n esp* BRIT *(hum pej fam)* Bessergestellte(r) *f(m);* ■**the ~s** *pl* die besseren Leute

no-'ball *n (in cricket)* Fehlball *m*

nob·ble ['nɒbl] *vt* BRIT, AUS *(sl)* 1 *(tamper with)* ■**to ~ an animal** *ein Tier durch Verabreichung von Drogen langsam machen*
2 *(bribe)* ■**to ~ sb** jdn bestechen
3 *(spoil)* ■**to ~ sth** etw ruinieren [*o* verderben]
4 *(catch attention)* ■**to ~ sb** sich *dat* jdn greifen [*o* schnappen] *sl*

no·belium [nəʊ'bi:liəm, AM noʊ'beli-] *n no pl* CHEM Nobelium *nt*

Nobel prize [,nəʊbel'-, AM ,noʊ-] *n* Nobelpreis *m*
Nobel 'prize win·ner *n* Nobelpreisträger(in) *m(f)*

no·bil·ity [nə(ʊ)'bɪləti, AM noʊ'bɪləṭi] *n no pl* 1 + *sing/pl vb (aristocracy)* ■**the ~** der Adel
2 *(approv: character)* Adel *m geh,* hohe Gesinnung

no·ble ['nəʊbl, AM 'noʊ-] **I.** *adj* 1 *(aristocratic)* ad[e]lig; **to be of ~ birth** [*or* **descent**] ad[e]lig sein, von ad[e]liger Herkunft sein
2 *(approv: estimable) ideals, motives, person* edel *geh,* nobel *geh;* ~ **act** [*or* **deed**] edle [*o* noble] Tat; ~ **cause** nobles Anliegen *geh,* noble Sache *geh;* **~-sounding** edel klingend *geh*
3 *(approv: impressive)* prächtig; ~ **landscape/park/trees** prächtige Landschaft/prächtiger Park/prächtige Bäume; **a ~ whiskey** ein ausgezeichneter [*o* vortrefflicher] Whiskey; **a ~ horse/horse of ~ breeding** ein edles Pferd/ein Rassepferd
II. *n* Ad[e]lige(r) *f(m)*

'no·ble·man *n* Ad[e]liger *m,* Edelmann *m hist* **no·ble-'mind·ed** *adj (approv)* edel gesinnt *geh,* von edler Gesinnung *nach n geh*

no·ble·ness ['nəʊblnəs, AM 'noʊ-] *n no pl* 1 *(aristocratic)* Adel *m*
2 *(approv: of motives)* Adel *m geh; (of actions)* Edelmut *m geh*
3 *(approv: impressiveness)* Pracht *f; (excellence)* Vortrefflichkeit *f*

no·blesse oblige [nəʊ,blesəʊ'bli:ʒ, AM noʊ,blesoʊ'-] *n* Adel verpflichtet

'no·ble·wom·an *n* Ad[e]lige *f,* Edelfrau *f hist*

no·bly ['nəʊbli, AM 'noʊ-] *adv* nobel *geh,* edel *geh*

no·body ['nəʊbədi, AM 'noʊbɑ:di] **I.** *pron indef* niemand, keiner; ***we saw ~ on our walk*** wir trafen niemand[en] [*o* keinen] auf unserem Spaziergang; ***tell ~!*** sag es niemand[em] [*o* keinem]!; ***he is like ~ I've ever met*** er ist anders als alle Menschen, die ich bisher getroffen habe; ~ ***was at home*** es war niemand [*o* keiner] zu Hause; ~ **else** niemand [*o* kein] anderer; ~ ***else can calm me down like my sister*** niemand [*o* keiner] kann mich besser beruhigen als meine Schwester; ~ **here** niemand [*o* keiner] hier; ~ ***here should be without a pen and paper*** hier sollten alle Kugelschreiber und Papier haben
II. *n* <*pl* -dies> Niemand *m kein pl,* Nobody *m*

no·brain·er ['noʊbreɪnɚ] *n* AM *(fam)* ■**to be a ~** ein Kinderspiel [*o* Pipifax] sein **no-'carb** *adj inv* AM *(fam)* FOOD *short for* **no-carbohydrate** kohlenhydratfrei **no-claim(s) 'bo·nus, no-claims 'dis·count** *n* BRIT, AUS Schadenfreiheitsrabatt *m* **no-'con·fi·dence vote** *n* Misstrauensvotum *nt* **'no-cook** *adj attr meal, recipe, dish* ohne Kochen *nach n;* **a ~ starter** eine Vorspeise, die nicht gekocht werden muss **'no-cost** *adj attr benefit, measure* kostenfrei

noc·tur·nal [nɒk'tɜ:nəl, AM nɑ:k'tɜ:r-] *adj inv (of the night)* nächtlich *attr,* Nacht-; ZOOL *(active at night)* nachtaktiv

noc·tur·nal·ly [nɒk'tɜ:nəli, AM nɑ:k'tɜ:r-] *adv inv* nachts, in der Nacht

noc·turne ['nɒktɜ:n, AM 'nɑ:ktɜ:rn] *n* MUS Nocturne *f o nt,* Notturno *nt*

nod [nɒd, AM nɑ:d] **I.** *n usu sing* Nicken *nt kein pl;* **to get the ~** grünes Licht bekommen; **to give sb a ~** jdm zunicken; **to give sb the ~** jdm ein Zeichen geben; **to give the ~ to sb** jdm Zustimmung *f* signalisieren
▸PHRASES: **a ~'s as good as a wink** [**to a blind horse** [*or* **man**]] *(prov fam)* es bedarf keiner weiteren Worte *geh;* **on the ~** BRIT *(fam)* stillschweigend, ohne Diskussion
II. *vt* <-dd-> 1 *(as signal)* **to ~ one's head** mit dem Kopf nicken; **to ~** [**one's**] **agreement** [*or* **assent**] zustimmend nicken; **to ~** [**one's**] **approval** billigend [*o* SCHWEIZ *meist* zustimmend] nicken
2 *(as greeting)* **to ~ a farewell to sb** jdm zum Abschied zunicken
III. *vi* <-dd-> 1 *(as signal)* nicken; ***he simply ~ded at the box he wanted us to take*** er zeigte einfach mit dem Kopf auf die Schachtel, die wir nehmen sollten; *(as greeting)* ■**to ~ to sb** jdm zunicken
2 *esp* BRIT *(fam: sleep)* ein Nickerchen machen, ein Schläfchen halten SCHWEIZ *fam*
◆**nod off** *vi* einnicken

no·dal ['nəʊdəl, AM 'noʊ-] *adj inv* Knoten-; ~ **point** Knotenpunkt *m*

nod·ding ['nɒdɪŋ, AM 'nɑ:d-] *adj* 1 *(head)* nickend
2 *(fleeting)* ~ **acquaintance** flüchtige Bekanntschaft; **to have only a ~ acquaintance with sth** *(superficial)* sich *akk* nur oberflächlich in [*o* mit] etw *dat* auskennen

nod·dle ['nɒdl, AM 'nɑ:dl] *n (dated or esp hum sl: head)* Schädel *m fam; (fig)* Hirn *nt fam;* ***use your ~!*** schalt doch mal dein Hirn ein! *fam*

nod·dy ['nɒdi, AM 'nɑ:di] *n (pej)* Dummkopf *m*

node [nəʊd, AM noʊd] *n* Knoten *m; (intersection)* Schnittpunkt *m;* COMPUT Schnittstelle *f,* Knotenpunkt *m;* **lymph ~s** Lymphknoten

no-de-'pos·it *adj inv* Einweg-; ~ **crates** Einwegverpackung *f;* ~ **bottle** Einwegflasche *f*

nodu·lar ['nɒdjələʳ, AM 'nɑ:dʒələ] *adj inv* knotig, knötchenartig

nod·ule ['nɒdju:l, AM 'nɑ:d-] *n* Knötchen *nt;* GEOL Klümpchen *nt*

Noel [nəʊ'el, AM noʊ'-] *n no pl* Weihnachten *nt,* Weihnacht *f liter,* Weihnachten *pl* SÜDD, ÖSTERR, SCHWEIZ

noes [nəʊz, AM noʊz] *n pl of* **no**

no-'fault *adj attr, inv esp* AM Vollkasko-; ~ **compensation** Vollkaskoentschädigung; ~ **insurance** Vollkaskoversicherung *f* **no-'fly list** *n* AM *Liste unerwünschter Personen, die nicht in die USA einfliegen dürfen* **no-'fly zone** *n* Flugverbotszone *f* **no-'frills** *adj attr, inv shop* [schlicht und] einfach; ~ **ceremony** schlichte Zeremonie; ~ **service** Service *m* ohne Extras; ~ **vehicle** Basis-/Einstiegsmodell *nt* **no-frills 'trav·el** *n* Pauschalreise *f*

nog·gin ['nɒgɪn, AM 'nɑ:g-] *n* 1 *(dated: drink)* **to have a ~ with sb** ein Gläschen mit jdm trinken
2 *esp* AM *(fam: head)* Schädel *m fam;* ***use your ~ for once!*** benutz doch einmal deinen Schädel!

no-'glu·ten *adj attr, inv* glutenfrei **no-'go** *adj inv* AM *(fam)* ■**sth is ~** etw geht nicht [*o* ist unmöglich]; ~ **situation** verfahrene Situation **no-go 'area,** AM **no-'go zone** *n* 1 *(prohibited)* verbotene Zone
2 MIL Sperrgebiet *nt;* **to declare sth a ~** etw zum Sperrgebiet erklären **no-'good** *adj attr, inv* AM *(pej fam)* nichtsnutzig; ~ **person** Nichtsnutz *m*

No(h) [nəʊ, AM noʊ] *n no pl* THEAT *traditionelles japanisches Drama*

no-holds-'barred [,nəʊ,həʊldz'bɑ:d, AM ,noʊ,hoʊldz'bɑ:rd] *adj attr, inv* uneingeschränkt; *fight, report* schonungslos; ***they went for a ~ defence*** sie sind bei der Verteidigung aufs Ganze gegangen **no-'hop·er** *n* BRIT, AUS Taugenichts *m,* Fötzel *m* SCHWEIZ *fam*

no·how ['nəʊhaʊ, AM 'noʊ-] *adv inv esp* AM *(fam)* keinesfalls BRD, auf gar keinen Fall

noise [nɔɪz] **I.** *n* 1 *no pl (loudness)* Lärm *m,* Krach *m;* **deafening ~** ohrenbetäubender Lärm; **to make a ~** Lärm [*o* Krach] machen; **to stand the ~** den Lärm [*o* Krach] aushalten
2 *(sound)* Geräusch *nt;* **strange ~s** seltsame Geräusche
3 *no pl* ELEC, PHYS *(interference)* Rauschen *nt*
▸PHRASES: **to make a ~** Aufsehen erregen; **to make ~s** *(fam)* Bemerkungen machen; *(make trouble)* Umstände machen; **to make ~s about sth** Aufhebens um etw *akk* machen; **to make a ~ about sth/doing sth** *(fam)* viel Wind um etw *akk* machen; **to make** [**all**] **the correct** [*or* **proper**] [*or* **right**] **~s** die richtigen Worte finden
II. *n modifier* Lärm-; ~ **level** Lärmpegel *m;* ~ **reduction** Lärmverminderung *f;* ~ **nuisance** Lärmbelästigung *f*
III. *vt usu passive (dated)* ■**to ~ sth about** etw verbreiten

'noise bar·ri·er *n* Lärmschutzwand *f*

noise·less ['nɔɪzləs] *adj inv breath, flight* geräuschlos, lautlos

noise·less·ly ['nɔɪzləsli] *adv inv* geräuschlos, lautlos

'noise·mak·er *n* AM Krachmacher *m* **'noise pol·lu·tion** *n no pl* Lärmbelästigung *f* **noise pre·ven·tion** *n no pl* Lärmvermeidung *f* **'noise trad·ing** *n no pl* STOCKEX Noise-Trading *nt*

noisi·ly ['nɔɪzɪli] *adv* geräuschvoll

noisi·ness ['nɔɪzɪnəs] *n no pl* 1 *(making noise)* Lärmen *nt*
2 *(full of noise)* Lärm *m*

noi·some ['nɔɪsəm] *adj (liter)* 1 *(fetid) smell* übel riechend; ~ **stench** übler Gestank
2 *(offensive) man* unangenehm; *manner* abstoßend

noisy ['nɔɪzi] *adj* 1 *(making noise)* laut; ~ **children** lärmende Kinder; ~ **music** laute Musik; ~ **protest** lautstarker Protest
2 *(full of noise)* laut; **crowded and ~ pub** überfüllte und sehr laute Kneipe [*o* SCHWEIZ *meist* Beiz] *f* [*o* ÖSTERR Beisl] *nt fam*
3 *(attention-seeking)* Aufmerksamkeit suchend *attr*
4 ELEC rauschend

'no-jump *n* SPORT Fehlsprung *m*

no-'lose *adj inv* AM *(sl)* todsicher *fam*

no·mad ['nəʊmæd, AM 'noʊ-] **I.** *n* Nomade, Nomadin *m, f; (fig)* Wandervogel *m hum;* ***my father had***

been a ~ all his life mein Vater führte sein Leben lang ein richtiges Nomadendasein
II. *n modifier* ~ **life** Leben *nt* als Nomade; *(fig)* Nomadenleben *nt*

no·mad·ic [nə(ʊ)'mædɪk, AM noʊ'-] *adj* nomadisch, Nomaden-; ~ **existence** [*or* **way of life**] *(fig)* Nomadendasein *nt;* ~ **tribe** Nomadenstamm

'no-man's-land *n no pl* ❶ MIL Niemandsland *nt*
❷ *(quandary)* Teufelskreis *m;* **intellectual** ~ intellektueller Teufelskreis; **to be caught in** ~ im Teufelskreis gefangen sein
❸ *(limbo)* Schwebezustand *m*

nom de plume <*pl* noms de plume> [,nɔ̃:(n)də'plu:m, AM ,nɑ:mdə'-] *n* LIT Pseudonym *nt;* ■**under the** ~ unter dem Pseudonym; **to use a** ~ ein Pseudonym verwenden

no·men·cla·ture [nə(ʊ)'meŋklətʃə^r, -kleɪ-, AM 'noʊmenkleɪtʃɚ] *n* SCI ❶ *no pl (system)* Nomenklatur *f geh*
❷ *(form: term)* Begriff *m*

no·men·kla·tura [nɒ,menklə'tjʊərə, AM ,noʊmenklæ'tu:rə] *n no pl (hist)* Nomenklatura *f*

nomi·nal ['nɒmɪnəl, AM 'nɑ:mə-] *adj* ❶ *(titular)* dem Namen nach *nach n,* nominell
❷ *(small) sum of money* gering
❸ *(stated)* angegeben; ~ **diameter** Nenndurchmesser *m*
❹ ECON ~ **amount** Nennbetrag *m,* Nominalbetrag *m,* Nominalwert *m;* ~ **capital** Nominalkapital *nt,* Nennkapital *nt,* Stammkapital *nt;* ~ **share** Namen[s]aktie *f;* ~ **shareholding** anonymer Aktienbesitz; ~ **value** Nennwert *m,* Gegenwert *m*

nomi·nal ac·'count *n* FIN Sachkonto *nt* **nomi·nal 'in·ter·est rate** *n* Nominalverzinsung *f,* Nominalzins[satz] *m,* nominaler Zins[satz] *m*

nomi·nal·ism ['nɒmɪnəlɪzəm, AM 'nɑ:mən] *n no pl* PHILOS Nominalismus *m fachspr*

nomi·nal·ly ['nɒmɪnəli, AM 'nɑ:mə-] *adv* dem Namen nach, nominell

nomi·nal 'value *n* FIN Nennwert *m,* Nominalbetrag *m* **nomi·nal 'yield** *n* STOCKEX Nominalverzinsung *f*

nomi·nate ['nɒmɪneɪt, AM 'nɑ:mə-] *vt* ❶ *(propose)* ■**to** ~ **sb** jdn nominieren; **to** ~ **sb/sth for an award** jdn/etw für eine Auszeichnung nominieren; **to** ~ **sb for a post** jdn für einen Posten nominieren; **to be** ~**d for the presidency** für die Präsidentschaft nominiert werden
❷ *(appoint)* ■**to** ~ **sb** [**as**] **sth** jdn zu etw *dat* ernennen [*o* bestellen]
❸ *(fix a date)* ■**to** ~ **sth** etw festlegen

nomi·na·tion [,nɒmɪ'neɪʃən, AM ,nɑ:mə'-] *n* ❶ *(proposal)* Nominierung *f* (**for** für +*akk*)
❷ *(appointment)* Ernennung *f* (**to** zu +*dat*)

nomi·na·tive ['nɒmɪnətɪv, AM 'nɑ:mənət̬ɪv] **I.** *n* ■**the** ~ der Nominativ
II. *adj inv* Nominativ-; **to be in the** ~ **case** im Nominativ stehen

nomi·na·tive 'ab·so·lute *n* LING absoluter Nominativ, Nominativus absolutus *m fachspr*

nomi·nee [,nɒmɪ'ni:, AM ,nɑ:mə'-] **I.** *n* Kandidat(in) *m(f),* vorgeschlagener Kandidat/vorgeschlagene Kandidatin; **Oscar** ~**s** Oscar-Anwärter *pl;* ~ **for a post** Kandidat(in) *m(f)* für einen Posten
II. *adj attr, inv* nominiert

nomi·'nee ac·count *n* FIN Anderkonto *nt,* Mündelkonto *nt*

nomo·gram ['nɒməgræm, 'nəʊmə-] *n* Nomogramm *nt*

'no-mon·ey-down *adj attr, inv* ohne Anzahlung *nach n,* 0%-Anzahlung-

noms de plume [,nɔ̃:(n)də'plu:m, AM ,nɑ:mdə'-] *n pl of* **nom de plume**

non- [,nɒn, AM ,nɑ:n] *in compounds* Nicht-, nicht-

non-ac·'cept·ance *n no pl* ❶ *(rejection)* Nichtakzeptanz *f; (disrespect) of conditions* Nichteinhaltung *f* ❷ STOCKEX Annahmeverweigerung *f* **non-ac·'crual** *adj inv* ohne Zinszahlung *nach n;* ~ **loan** zinslos gestellter Kredit **non-ac·cru·ing** *adj inv* ertraglos **non-ad·'dic·tive** *adj inv* ~ **medicine** Medikament, das nicht süchtig macht; ■**to be** ~ nicht süchtig machen

no·na·genar·ian [,nəʊnədʒə'neəriən, AM ,nɑ:nədʒə'ner-] **I.** *n* ■**to be a** ~ in den Neunzigern sein
II. *adj inv* in den Neunzigern *nach n*

non-ag·'gres·sion I. *n no pl* Gewaltverzicht *m*
II. *n modifier* ~ **pact** Nichtangriffspakt *m* **non-ag·'gres·sion pact, non-ag·'gres·sion treaty** *n* Nichtangriffspakt *m*

nona·gon ['nɒnəgɒn, AM 'nɑ:nəgɑn] *n* MATH Neuneck *nt*

non-al·co·'hol·ic *adj inv drink, beer* alkoholfrei **non-a'ligned** *adj inv* ❶ *(neutral)* neutral; POL blockfrei; ~ **country** blockfreies Land ❷ COMPUT nicht richtig ausgerichtet **non-a'lign·ment** *n no pl* Neutralität *f;* POL Blockfreiheit *f*

'no-name *adj inv esp* AM *product* No-Name-; ~ **cigarettes** Billigzigaretten

non·an·swer *n* ausweichende Antwort **non-ap·'pear·ance** *n no pl* LAW Nichterscheinen *nt* vor Gericht **non-at·'tend·ance** *n no pl (at school, a hearing)* Abwesenheit *f,* Absenz *f* SCHWEIZ **non-at·'trib·ut·able** *adj inv* anonym, nicht zuzuordnend; ~ **information** anonyme Hinweise *pl* **non-avail·a'bil·ity** *n no pl* Unabkömmlichkeit *f* **non-be·'liev·er** *n* Ungläubige(r) *f(m)* **non-bel·'lig·er·ent I.** *adj inv* ~ **country** Land, das keinen Krieg führt; ■**to be** ~ keinen Krieg führen **II.** *n* Kriegsunbeteiligte(r) *f(m)* **non-'bio** *adj inv (fam) short for* **non-biological** anorganisch **non-bio·de·'grad·able** *adj inv plastic* biologisch nicht abbaubar **non-bio·'logi·cal** *adj inv* anorganisch **non-'Blue·tooth** *adj inv* ohne Bluetooth *nach n* **non-'can·cer·ous** *adj inv* MED *tumour* gutartig

nonce[1] [nɒn(t)s, AM nɑ:n-] *n* ▸ PHRASES: <u>for</u> **the** ~ für den Übergang, übergangsweise

nonce[2] [nɒn(t)s] *n* BRIT *(fam)* Sexualstraftäter(in) *m(f)*

'nonce word *n* ad hoc gebildetes Wort

non·cha·lance ['nɒn(t)ʃələn(t)s, AM ,nɑ:nʃə'lɑ:-] *n no pl* Nonchalance *f geh,* Gleichgültigkeit *f*

non·cha·lant ['nɒn(t)ʃələnt, AM ,nɑ:nʃə'lɑ:nt] *adj* nonchalant *geh,* gleichgültig; ■**sb is** ~ **about sth** jdm ist etw egal; **to appear** [*or* **seem**]/**sound** ~ gleichgültig erscheinen/klingen [*o* SCHWEIZ tönen]

non·cha·lant·ly ['nɒn(t)ʃələntli, AM ,nɑ:nʃə'lɑ:n-] *adv* gleichgültig

non-col·'legi·ate *adj inv* UNIV ❶ *(not composed of different colleges)* nicht aus Colleges bestehend ❷ *(not attached)* keinem College angehörend **non-com** [,nɒn'kɒm, AM ,nɑ:n'kɑ:m] *n* MIL *(fam) short for* **non-commissioned officer** Unteroffizier(in) *m(f)* **non-'com·bat·ant** *n* MIL Nichtkombattant(in) *m(f) geh,* Zivilist(in) *m(f)* **non-com·'bust·ible** *adj inv* nicht brennbar; ~ **material** nicht brennbares Material **non-com·edo·gen·ic** [,nɒnkɒmɪdəʊ'dʒenɪk, AM ,nɑ:nkɑ:mədoʊ'-] *adj inv* mit Anti-Komedon-Effekt *nach n fachspr,* gegen Mitesserbildung *nach n* **non-com·mis·sioned 'of·fic·er** *n* MIL Unteroffizier(in) *m(f)* **non-com·mit·tal** [,nɒnkə'mɪtəl, AM ,nɑ:nkə'mɪt̬-] *adj letter, tone* unverbindlich; ■**to be** ~ **about sth** sich *akk* nicht auf etw *akk* festlegen [wollen]; ~ **response** unverbindliche Antwort **non-com·mit·tal·ly** [,nɒnkə'mɪtəli, AM ,nɑ:nkə'mɪt̬-] *adv* unverbindlich **non-com·'peti·tive** *adj inv sport* nicht wettkampforientiert **non-com·pli·ance** *n no pl with an order* Nichtbeachtung *f; with a wish* Nichterfüllung *f;* ~ **with the terms of the contract** die Nichteinhaltung der Vertragsbedingungen

non com·pos, non com·pos men·tis [,nɒn,kɒmpəs'mentɪs, AM ,nɑ:n,kɑ:mpoʊs'ment̬ɪs] *adj pred, inv* ❶ LAW nicht im Vollbesitz seiner geistigen Kräfte, unzurechnungsfähig
❷ *(hum: insane)* nicht ganz richtig *fig fam*

non·con·'form *vi* ■**to** ~ **to sth** etw auf einzigartige Weise erreichen

non·con·'form·ism *n no pl see* **nonconformity**

non·con·'form·ist I. *adj* ❶ *(independent)* nonkonformistisch; ~ **attitude** nonkonformistische Einstellung
❷ BRIT REL ■**N**~ nonkonformistisch; **the N**~ **Church** die nonkonformistische Kirche
II. *n* ❶ *(eccentric)* Nonkonformist(in) *m(f)*
❷ BRIT REL ■**N**~ Nonkonformist(in) *m(f)*

non·con·'form·ity *n no pl* ❶ *(refusal)* Nonkonformismus *m* (**in/to** gegenüber +*dat*)
❷ BRIT REL ■**N**~ Nonkonformismus *m*

non-con·'tribu·tory *adj inv* beitragsfrei; ~ **pension scheme** beitragsfreie Altersversorgung **non-con·tro·'ver·sial** *adj inv* unumstritten, nicht strittig **non-con·'vert·ible** *adj inv* FIN nicht konvertierbar **non-co·op·e'ra·tion** *n no pl* Kooperationsverweigerung *f,* mangelnde Kooperationsbereitschaft (**with** in Bezug auf +*akk*) **non-'cred·it** *adj inv* UNIV *course* nicht anrechenbar **non-'cu·mu·la·tive** *adj inv* FIN nicht kumulativ **non-'dairy** *adj inv* milchfrei; ■**to be** ~ *person* sich *akk* milchfrei ernähren; ~ **diet** milchfreie Ernährung **non-de'fault·ing** *adj inv* LAW nichtsäumig **non-de·'liv·ery** *n no pl* LAW Nichtübergabe *f,* [dingliche] Nichterfüllung **non-de·nomi·'na·tion·al** *adj inv* nicht konfessionsgebunden; *religious places* interkonfessionell; ~ **school** Simultanschule *f* **non-de·pos·it 'bot·tle** *n* Einwegflasche *f*

non·de·script ['nɒndɪskrɪpt, AM 'nɑ:n-] *adj person, building* unscheinbar; *colour, taste* undefinierbar, unbestimmbar

non-de·'struc·tive *adj* TECH zerstörungsfrei

non·dis·'clo·sure *n* AM *(fam: nondisclosure agreement)* LAW Vertraulichkeitsvereinbarung *f* **non-dis·crimi·'na·tory** *adj inv* diskriminierungsfrei **non-'drink·er** *n* Nichttrinker(in) *m(f)* **non-'drip** *adj paint* tropffrei **non-'driv·er** *n* Nichtfahrer(in) *m(f)* **non-'du·rables** *n pl* Verbrauchsgüter *pl*

none [nʌn] **I.** *pron indef* ❶ *(not any)* keine(r, s); ***she went to the shop to get some oranges but they had*** ~ sie ging in den Laden, um Orangen zu kaufen, aber sie hatten keine; ***you've lost 4 kilos this month and I've lost*** ~ du hast diesen Monat 4 Kilo abgenommen, und ich kein einziges; ***I'd like some more cheese — I'm sorry, there's*** ~ ***left*** ich hätte gerne noch etwas Käse – es tut mir leid, es gibt keinen mehr; ***half a loaf is better than*** ~ ***at all*** ein halbes Brot ist besser als gar keins; ~ ***of your rudeness!*** sei nicht so unverschämt!; ~ ***of it matters anymore*** das spielt jetzt keine Rolle mehr; ~ ***of that!*** Schluss [jetzt] damit!; ***I'll have*** ~ ***of that bad language!*** *(form)* ich verbitte mir diese Ausdrucksweise!; ***I'll have*** ~ ***of your insolence!*** *(form)* sei nicht so unverschämt!; ***she tried to persuade him to retire, but he would have*** ~ ***of it*** *(form)* sie versuchte ihn zu überreden, sich pensionieren zu lassen, aber er wollte nichts davon hören; ~ **of the brothers/staff** + *sing/pl vb* keiner der Brüder/Angestellten; ~ **of us** + *sing/pl vb* niemand von uns; ~ **at all** [*or* **whatsoever**] gar keine(r, s), absolut nicht
❷ *(no person, no one)* ~ ***but a dedicated scientist would want to ...*** *(form)* niemand außer einem leidenschaftlichen Wissenschafler würde ...; ~ ***but the most stupid of men would ...*** *(form)* nur ein Idiot würde ...; ~ ***could match her looks*** niemand sah so gut aus wie sie; ~ **better than ...** niemand ist besser als ...; ***I have seen*** ~ ***better than him in figure skating*** ich kenne niemand, der besser im Eiskunstlauf ist als er; ~ **other than ...** kein Geringerer/keine Geringere als ..., niemand anders als... SCHWEIZ; ***the first speech was given by*** ~ ***other than Clint Eastwood*** die erste Rede hielt kein Geringerer als Clint Eastwood
▸ PHRASES: **to be** ~ **of sb's** <u>**business**</u> [*or* <u>**concern**</u>] jdn nichts angehen; ***why are you asking all those personal questions? my private life is*** ~ ***of your business*** warum stellst du mir all diese persönlichen Fragen? Mein Privatleben geht dich nichts and; **to be** <u>**second**</u> **to** ~ unvergleichlich sein; ***winning the gold medal in downhill skiing, he rightfully claimed to be second to*** ~ nach dem Gewinn der Goldmedaille im Abfahrtslauf behauptete er voller Recht, der Beste zu sein
II. *adv* kein bisschen; ***he's just got back from two weeks in Florida but he looks*** ~ ***the better for it***

er ist gerade vor zwei Wochen von Florida zurückgekommen, aber sieht kein bisschen besser aus; ***I read the instruction book, but I'm still ~ the wiser*** ich habe die Bedienungsanleitung durchgelesen und bin trotzdem kein bisschen klüger als vorher; ~ **too intelligent/pleased** *(form)* nicht sonderlich [*o* sehr] intelligent/erfreut

non·en·tity [ˌnɒn'entəti, AM ˌnɑːn'en*t*ət̬i] *n (pej)* ① *(nobody)* ■ **a** ~ ein Niemand *m*
② *no pl (insignificance)* Bedeutungslosigkeit *f*

non-es·'sen·tial I. *adj inv* überflüssig, unnötig; ~ **expenditures** unnötige Ausgaben
II. *n* unnötige [*o* überflüssige] Sache

none·the·less [ˌnʌnðə'les] *adv inv* nichtsdestoweniger, trotzdem

non-Euro·'pean *adj inv* außereuropäisch **non-e'vent** *n (fam) in one's life* Enttäuschung *f; party* Reinfall *m* **non-ex·'ecu·tive** I. *adj inv director, employee* ohne Entscheidungsbefugnis *nach n* II. *n* Angestellte(r) *f(m)* ohne Entscheidungsbefugnis **non-ex·ecu·tive di·'rec·tor** *n* nicht geschäftsführender Direktor/nicht geschäftsführende Direktorin **non-'exer·cise** *n no pl* Nichtausübung *f* **non-'exer·cis·er** *n* Nicht-Trainierende(r) *f(m)*, Fitnessmuffel *m fam* **non-ex·'ist·ence** *n no pl* Nichtvorhandensein *nt* **non-ex·'ist·ent** *adj inv* nicht vorhanden [*o* existent] **non-'fat** *adj inv food* fettfrei **non-'fat·ten·ing** *adj inv* ■ **to be** ~ nicht dick machen; ~ **food** Essen, das nicht dick macht

non·fea·sance [ˌnɒn'fiːzᵊn(t)s, AM ˌnɑːn-] *n no pl* LAW [pflichtwidrige] Unterlassung; **act of** ~ Unterlassungsakt *m*

non-'fer·rous *adj inv* SCI *metals* nicht eisenhaltig **non-'fic·tion** I. *n no pl* Sachliteratur *f* II. *n modifier* Sachliteratur-; ~ **author** Sachbuchautor(in) *m(f)*; ~ **books** Sachbücher *pl* **non-'fic·tion·al** *adj inv* ~ **literature** Sachbücher *pl* **non-fi·'nan·cial** *adj inv* nichtfinanziell **non-'fi·nite** *adj inv* LING infinit *fachspr* **non-'flam·mable** *adj inv material* nicht entflammbar **non-'fold·ing** *adj attr, inv* nicht faltbar, nicht zusammenklappbar **non-'food** *adj attr* ① *product, retail sector* Non-Food- ② *crop* Non-Food-, aus Non-Food-Anbau *nach n* **non-ful·'fil·ment** *n* Nichterfüllung *f* **non-gov·ern·'men·tal** *adj inv organization* regierungsunabhängig **non-gov·ern·men·tal or·gani·'za·tion** *n* POL Nichtregierungsorganisation *f*, NGO *f* **non-in·'fec·tious** *adj inv disease* nicht ansteckend [*o* infektiös] **non-in·'flam·mable** *adj inv* nicht entflammbar **non-'in·ter·est-bear·ing** *adj inv* unverzinslich, nicht festverzinslich **non·inter·'fer·ence** *n no pl* Nichteinmischung *f* (**in** in +*akk*); **policy of** ~ Politik *f* der Nichteinmischung **non-inter·'laced** *adj inv* COMPUT zeilensprungfrei *fachspr*, Non-Interlaced- *fachspr* **non·inter·'ven·tion** *n no pl* Nichteinmischung *f* (**in** in +*akk*); **policy of** ~ Politik *f* der Nichteinmischung **non·inter·'ven·tion·ism** *n no pl* Politik *f* der Nichteinmischung **non-inter·'ven·tion·ist** I. *adj inv* Nichteinmischungs-; ~ **policy** Politik *f* der Nichteinmischung II. *n Person, die sich nicht in fremde Belange einmischt* **non-in·'va·sive** *adj inv* MED *method, treatment, technique, procedure* nicht invasiv *fachspr* **non-'iron** *adj inv* bügelfrei **non-judg(e)·'men·tal** *adj inv* unvoreingenommen, wertfrei; *book* neutral **non-ma·'lig·nant** *adj inv* MED *tumour* nicht bösartig, gutartig **non-'mem·ber** I. *n* Nichtmitglied *nt* II. *n modifier* ~ **company** nichtangeschlossene Firma **non-mem·ber 'coun·try** *n* Nichtmitgliedsland *nt* **non-'met·al** *n* CHEM Nichtmetall *nt fachspr* **non-me·'tal·lic** *adj inv* nichtmetallisch **non-'mone·tary** *adj inv* nichtmonetär; ~ **assets** *pl* nichtmonetäres Vermögen **non-'na·tive** *adj inv* ① *(foreign)* fremd ② *speaker* nicht muttersprachlich **non-ne·'go·tiable** *adj inv* ① LAW *terms, conditions* nicht verhandelbar; ~ **clause** Rektaklausel *f* ② FIN *document, bill of exchange* nicht übertragbar; ~ **instrument** Rektapapier *nt* **non-'nu·clear** *adj inv* ① *(not nuclear)* nicht nuklear; *arms, energy* konventionell ② *(not possessing nuclear weapons)* atomwaffenfrei

'no-no <*pl* -es> *n (fam)* Unding *nt*; ***that's a ~!*** das macht man nicht!, das gibt's nicht!

non-ob·'ser·vance *n no pl* Nichtbeachtung *f*, Nichtbefolgung *f*

no-'non·sense *adj attr, inv person, manner* sachlich, nüchtern

non-op·e'ra·tion·al *adj inv* außer Betrieb *präd*

non-'op·era·tive·ly *adv* nichtoperativ, ohne chirurgischen Eingriff *nach n*

nonpa·reil ['nɒnpᵊrᵊl, AM ˌnɑːnpə'reɪl] *(liter)* I. *adj inv person* einzigartig, einmalig, ohnegleichen *nach n*
II. *n* ① *(thing)* Nonpareille *f geh*, Einzigartigkeit *f*
② *(person)* unerreichter [*o* einzigartiger] Meister

non-par·ti·'san *adj inv* unvoreingenommen, unparteiisch **non-patho·'gen·ic** *adj inv* MED nicht pathogen **non-'pay·ment** *n* Zahlungsverzug *m*, Nichtzahlung *f*; ~ **of a debt** Nichtbezahlung *f* einer Verpflichtung **non-per'for·mance** *n no pl* LAW Nichterfüllung *f* **'non-person** *n* **to be treated as** ~ wie Luft behandelt werden **non-'physi·cal** *adj inv* nicht körperlich **non·pla·'toni·cal·ly** *adv inv* auf nichtplatonische Art

non·plus <-ss-> [ˌnɒn'plʌs, AM ˌnɑːn'-] *vt* ■ **to** ~ **sb** jdn verblüffen

non·plussed [ˌnɒn'plʌst, AM ˌnɑːn'-] *adj* ① *(confused)* überrascht, verblüfft (**at** von +*dat*); ~ **expression** überraschter Gesichtsausdruck; **to be completely** ~ völlig verblüfft sein
② *esp* AM *(fam: calm)* gelassen

non-po·'liti·cal *adj inv* unpolitisch, politikfrei **non-pol·'lut·ing** *adj inv by-product* ungiftig **non-pre·'scrip·tion** *adj inv medicine* nicht verschreibungspflichtig, rezeptfrei **non-pro·'duc·tive** *adj inv* nicht produktiv, unproduktiv; *(ineffective)* unwirksam; FIN *investment* nicht gewinnbringend *attr*; ~ **employee** Arbeitnehmer(in) *m(f)* des Dienstleistungsbereiches **non·'prof·it, non-'prof·it-mak·ing** *adj inv* nicht gewinnorientiert, gemeinnützig **non-prof·it as·so·ci'a·tion, non-prof·it or·gani·'za·tion, non-prof·it-mak·ing or·gani·'za·tion** *n* gemeinnützige Organisation **non-pro·lif·e'ra·tion** POL I. *n no pl* Nichtverbreitung *f*; ~ **of nuclear/chemical weapons** Nichtverbreitung von Atom-/Chemiewaffen II. *adj attr* Nichtverbreitungs-; ~ **agreement** Nichtverbreitungsabkommen *nt* **non-pro·lif·e'ra·tion trea·ty** *n* POL Nichtverbreitungsvertrag *m* **non·'ra·cial·ism** *n no pl* Rassengleichheit *f* **non-'rac·ist** *adj inv attitude* nicht rassistisch

non-re·'ac·tion *n* ausbleibende Reaktion **non-'read·er** *n* Nichtleser(in) *m(f)*

non-re·'course *adj inv* LAW regresslos

non-re·'cur·rent *adj inv costs* einmalig **non-re·'cur·ring** *adj* ~ **costs** *pl* Einmalkosten *pl*; ~ **effect** Einmaleffekt *m*; ~ **event** Sonderentwicklung *f*; ~ **items** *pl* FIN einmalige Posten *pl*; ~ **payment** Einmalzahlung *f* **non-re·'deem·able** *adj inv* FIN unkündbar **non-re·'fund·able** *adj inv* nicht erstattungsfähig; *payment* nicht zurückzahlbar **non-re·'new·able** *adj inv* ① *(limited) contract* befristet ② ECOL *(exhaustable) resources, source of energy* nicht erneuerbar **non-re·new·able re·'sources** *npl* nicht erneuerbare Energien [*o* Ressourcen] *pl* **non-'resi·dent** I. *adj inv* ① *(non local)* auswärtig, ortsfremd; ~ **account** Ausländerkonto *nt*; ~ **holidaymakers** BRIT auswärtige Urlauber; ~ **entity** gebietsfremde Körperschaft ② COMPUT nicht resident II. *n* Nichtortsansässige(r) *f(m)*; *(in hotel)* Nichthotelgast *m* **non-re·'stric·tive** *adj inv* LING *clause, element* nicht einschränkend **non-re·'trac·tile** *adj inv* ZOOL *claws* nicht einziehbar **non-re·'turn·able** *adj inv* nicht zurücknehmbar, Einweg-; ~ **packaging** Einwegverpackung *f* **non-re·turn·able 'bot·tle** *n* Einwegflasche *f* **non-'sched·uled** *adj inv* unplanmäßig **non-sec·'ta·rian** *adj inv* für alle offen

non·sense ['nɒnsᵊn(t)s, AM 'nɑːnsen-] I. *n no pl* ① *(absurdity)* Unsinn *m*, Quatsch *m*; ■ **it is** [BRIT **a**] ~ **to do sth** es ist unsinnig, etw zu tun; **complete** [*or* **absolute**] ~ völliger Unsinn; **to make** [**a**] ~ **of sth** BRIT, AUS etw ad absurdum führen *geh*; **to make** ~ **of a claim/plan** BRIT, AUS eine Behauptung widerlegen/einen Plan verderben; **to talk** ~ Unsinn reden
② *no pl (misbehaviour)* Unfug *m*; ***what's all this ~?*** was soll dieser Unfug?
③ *(showing disapproval)* Blödsinn *m*; ***I wish she'd give up all this acting ~*** ich wünschte, sie würde diesen Blödsinn mit der Schauspielerei aufgeben
II. *adj attr, inv* ① LIT Blödel-; ~ **rhyme** Blödelreim *m*
② *(meaningless)* unsinnig, sinnlos
III. *interj* ■ ~! Quatsch!, Unsinn!

non·sen·si·cal ['nɒnsen(t)sɪkl, AM 'nɑːn-] *adj idea, plan* unsinnig

non se·qui·tur [ˌnɒn'sekwɪtəʳ, AM ˌnɑːn'sekwɪt̬ɚ] *n* unlogische Schlussfolgerung

non-'se·ri·ous·ness *n no pl (easy-going attitude)* lockere Einstellung **non-'sex·ist** *adj inv person, attitude* nicht sexistisch **non-'share·hold·er** *n* Nichtaktionär(in) *m(f)* **non-'shrink** *adj inv material, clothing* einlaufsicher **non-'skid, non-'slip** *adj inv surface* rutschfest; ~ **bath mat** rutschfeste Badematte **non-'smok·er** *n* ① *(person)* Nichtraucher(in) *m(f)* ② BRIT *(fam: in train)* Nichtraucherabteil *nt* **non-'smok·ing** *adj inv* ① *area* Nichtraucher-; ~ **compartment** Nichtraucherabteil *nt*; ~ **zone** Nichtraucherzone *f* ② *person* Nichtraucher(in) *m(f)* **non-spe·'cif·ic** *adj inv* ① *(general)* unbestimmt, nicht spezifisch ② MED *(not particularly assignable)* unspezifisch **non-spe·ci·fic urethri·tis** [-jʊərə'θraɪtɪs, AM -jʊrə'θraɪt̬-] *n no pl* Harnleiterinfektion *f* **non-'stand·ard** *adj inv* nicht standardgemäß; *dialect also* unüblich **non-'start·er** *n (fam)* ① *(person)* Versager(in) *m(f)*, Niete *f fam* ② *(idea)* Reinfall *m* **non-'stick** *adj inv* antihaftbeschichtet **non-'stop** I. *adj inv* Nonstop-; ~ **flight** Nonstopflug *m* II. *adv* nonstop; *talk, rain* ununterbrochen III. *n* ~ **flight/train** Direktflug/-zug *m* **non-'swim·mer** *n* Nichtschwimmer(in) *m(f)* **non-'tax·able** *adj inv income* steuerfrei **non-'tech·ni·cal** *adj inv* untechnisch; **to explain sth in a** ~ **way** etw für den Laien verständlich erklären **non-'ter·mi·nable** *adj inv* LAW *contract* unkündbar **non-'tick·eted** *adj attr, inv* ohne Ticket [*o* Flugschein] *nach n* **non-'tox·ic** *adj inv material, substance* ungiftig **non-'trad·able** *adj* ~ **goods** *pl* nicht handelbare Güter *pl* **non-'trad·ed** *adj* ~ **good** nicht gehandeltes Gut **non-'trad·ing** *adj* FIN ~ **asset** Finanzanlage *f*; ~ **investments** *pl* Beteiligungsengagement *nt*; ~ **position** FIN Nichthandelsposition *f*; ~ **transaction** Nichthandelsgeschäft *nt* **non-trans·'fer·able** *adj inv* LAW *property* nicht übertragbar

non-U [ˌnɒn'juː] *adj inv* BRIT, AUS *(dated)* nicht vornehm

non-'un·ion *adj inv person* nicht gewerkschaftsangehörig; *company* nicht gewerkschaftlich **non-'ver·bal** *adj inv communication* nonverbal

non·ver·sa·tion ['nɒnvəseɪʃən] *n* oberflächliche Unterhaltung; *(that fills an uncomfortable silence)* einseitiges Gespräch; *(that sidesteps an issue)* ***we had a ~*** wir redeten aneinander vorbei

non-'vin·tage *adj inv* ~ **wine** *mittelmäßiger Wein, der nicht von einem bestimmten Weingut stammt* **non-'vio·lence** *n* Gewaltverzicht *m*, Gewaltfreiheit *f* **non-'vio·lent** *adj inv protest* gewaltfrei; ~ **resistance** gewaltloser Widerstand **non-'vot·ing** *adj inv* ~ **shares** stimmrechtslose Aktien **non-'white** *(usu pej!)* I. *adj inv* farbig; ~ **man/woman** farbiger Mann/farbige Frau, Farbige(r) *f(m)* II. *n* Farbige(r) *f(m)* **non-'wire·less** *adj inv* nicht drahtlos *attr*, mit Kabel *nach n* **non-'wor·ri·er** *n (approv)* sorgloser Mensch

noo·dle ['nuːdl] I. *n* Nudel *f*; AM Pasta *f*; ■ ~**s** Nudeln *pl*
II. *n modifier (soup, casserole)* Nudel-
III. *vi* AM *(fam)* herumpfuschen; *(at the piano)* [herum]klimpern *fam*; ■ **to** ~ [**around**] **with sth** mit etw *dat* herummachen *fam*, an etwas *dat* herumpröbeln SCHWEIZ *fam*
◆**noodle around** *vi* AM *(sl)* herumhängen *fam*
◆**noodle over** *vt (fam)* ■ **to** ~ **over sth** *a text* an etw *dat* herumfeilen

noo·dle² ['nuːdl] *n (fam)* ① *(silly person)* Nudel *f* BRD *fig pej fam*, Dumpfbacke *f fig pej fam*, Dodel *m*

ÖSTERR *pej derb*
❷ *(head)* Birne *f fig fam,* Grind *m* SCHWEIZ *fam;* **to use one's ~** seinen Grips anstrengen
'noo·dlings *npl (pej)* Geschwafel *nt pej*
nook [nʊk] *n* Nische *f,* Ecke *f;* **with ~s and crannies** verwinkelt; [**in**] **every ~ and cranny** in allen Ecken und Winkeln
nooky, nookie ['nʊki] *n no pl (fam)* Sex *m,* Bums *m sl,* Schäferstündchen *nt hum*
noon [nu:n] *n no pl* Mittag *m;* ***at twelve*** **~** um 12 Uhr mittags; ■**by ~** bis Mittag; ■**about ~** um die Mittagszeit
noon·day ['nu:ndeɪ] **I.** *n* Mittag *m,* Mittagszeit *f*
II. *n modifier* Mittags-
no one ['nəʊwʌn, AM 'noʊ-] *pron indef see* **nobody**
'noon·time AM **I.** *n no pl* Mittag *m*
II. *n modifier (meal, break)* Mittags-
noose [nu:s] *n* Schlinge *f a. fig;* ■**the ~** Tod *m* durch den Strang; **to hang oneself with a ~** sich *akk* erhängen; **to put one's head in a ~** *(fig)* sich *akk* selbst zu Fall bringen; **to have a ~ around one's neck** *(fig)* den Kopf in der Schlinge [stecken] haben *fig*
'no-par *adj inv* FIN nennwertlos **no-'park·ing** *adj attr* Parkverbots-; **~ zone** Parkverbotszone *f* **no-par 'value share** *n* nennwertlose Aktie, Stückaktie *f,* Quotenaktie *f,* quotenlose Aktie, Stücknotiz *f*
nope [nəʊp, AM noʊp] *adv inv (sl)* nö *fam,* ÖSTERR *a.* na *fam*
no·place ['noʊpleɪs] *adv inv* AM *(fam: nowhere)* nirgendwo
no-ques·tions-'asked *adj attr, inv* ohne viele Fragen *nach n* **no-'quib·ble** *adj attr returns policy, guarantee* unanfechtbar
nor [nɔ:ʳ, nəʳ, AM nɔ:r, nɚ] *conj* und auch nicht, noch *geh;* ***not a man ~ beast ~ bird*** kein Mensch noch Tier noch Vogel *geh;* ***I can't be at the meeting and ~ can Andrew*** ich kann nicht zum Treffen kommen und Andrew auch nicht; ***he's not at home, ~ has he left a message*** er ist nicht zu Hause und hat auch nichts ausrichten lassen, er ist nicht zu Hause, noch hat er etwas ausrichten lassen *geh;* **neither ... ~ ...** weder ... noch ...
Nor·dic ['nɔ:dɪk, AM 'nɔ:r-] *adj inv country, person* nordisch
no-re·'turn *adj attr, inv* FIN nicht gewinnbringend
Nor·folk Is·land ['nɔ:fək-, AM 'nɔ:r-] *n* Norfolkinsel *f*
norm [nɔ:m, AM nɔ:rm] *n* Norm *f;* **safety ~** Sicherheitsnorm *f;* **to be/become the ~** die Norm sein/werden
nor·mal ['nɔ:mᵊl, AM 'nɔ:rm-] **I.** *adj* ❶ *(ordinary) person, day* normal, üblich; **~ intelligence** durchschnittliche Intelligenz
❷ *(usual) behaviour* normal (**for** für *+akk*); **in the ~ way of things** normalerweise; **to behave in the ~ way** sich *akk* normal verhalten; **as** [**is**] **~** wie üblich
❸ *(fit)* gesund; **to be absolutely ~** völlig gesund sein
❹ *inv* MATH senkrecht (**to** zu *+dat)*
II. *n* ❶ *no pl* Normalzustand *m;* ***the temperature was above*** **~** die Temperatur war höher als normal; ***she was back to ~ within a week of the accident*** sie war innerhalb einer Woche nach dem Unfall wieder in Ordnung; **to return to ~** *situation* sich normalisieren
❷ MATH Senkrechte *f,* Normale *f fachspr*
nor·mal·cy ['nɔ:rmᵊlsi] *n* AM Normalität *f;* **to get back to ~** zur Normalität zurückkehren, sich *akk* normalisieren
nor·mal dis·tri·'bu·tion *n* SCI gleichmäßige Verteilung **nor·mal dis·tri·'bu·tion curve** *n* MATH Normalverteilungskurve *f,* Glockenkurve *f* **'nor·mal-gauge** *adj inv* RAIL Standardmaß *nt*
nor·mal·ity [nɔ:'mæləti, AM nɔ:r'mæləṭi] *n no pl* Normalität *f;* **to get back to ~** zur Normalität zurückkehren, sich *akk* normalisieren
nor·mali·za·tion [ˌnɔ:mᵊlaɪ'zeɪʃᵊn, AM ˌnɔ:rmᵊlɪ'] *n no pl* Normalisierung *f*
nor·mal·ize ['nɔ:mᵊlaɪz, AM 'nɔ:rm-] **I.** *vt* ■**to ~ sth** ❶ *(make normal) blood pressure* etw normalisieren; **to ~ a relationship** eine Beziehung normalisieren
❷ *esp* COMPUT etw abgleichen; **to ~ results** Resultate abgleichen
❸ COMPUT *(covert)* etw standardisieren
II. *vi situation, relations* sich *akk* normalisieren
nor·mal·ly ['nɔ:mᵊli, AM 'nɔ:rm-] *adv* ❶ *inv (usually)* normalerweise; ***I'm not ~ one to complain*** normalerweise beschwere ich mich nicht
❷ *(in a normal way)* normal
nor·mal 'vari·able *n* MATH Zufallsvariable *f*
Nor·man ['nɔ:mən, AM 'nɔ:rm-] **I.** *adj inv* normannisch
II. *n* HIST Normanne, Normannin *m, f*
Nor·man 'Con·quest *n* ■**the ~** der normannische Eroberungszug
Nor·man·dy ['nɔ:məndi, AM 'nɔ:r] *n no pl (hist)* die Normandie
nor·ma·tive ['nɔ:mətɪv, AM 'nɔ:rməṭ-] *adj (form) behaviour* normativ *geh*
Norse [nɔ:s, AM nɔ:rs] *adj inv* HIST nordisch; **~ language** nordische Sprache
Norse·man ['nɔ:smən, AM 'nɔ:rs-] *n* HIST Wikinger(in) *m(f)*
north [nɔ:θ, AM nɔ:rθ] **I.** *n no pl* ❶ *(direction)* Norden *m;* ■**in the ~** im Norden; ■**to the ~** nach Norden [hin]; **magnetic/true ~** magnetischer Nordpol/geographische Nordrichtung
❷ *(region)* ■**the N~** BRIT *(North England)* Nordengland *nt;* AM der Norden, die Nordstaaten *pl*
II. *adj inv* nördlich, Nord-; **~ coast/side/wind** Nordküste *f*/-seite *f*/-wind *m;* **~ of Manchester** nördlich von Manchester; **~ part** nördlicher Teil; **~ Vietnam** Nordvietnam *nt*
III. *adv inv* nordwärts; *(fig fam: upwards)* nach oben; ***compared to last year our sales figures have gone*** **~** im Vergleich zum letzten Jahr sind unsere Verkaufzahlen gestiegen; ■**up ~** *(fam)* im Norden; **to drive ~** in nördliche Richtung fahren
North 'Af·ri·ca *n* Nordafrika *nt* **North 'Af·ri·can** **I.** *n* Nordafrikaner(in) *m(f)* **II.** *adj inv history, culture* nordafrikanisch **North A'meri·ca** *n* Nordamerika *nt* **North A'meri·can** **I.** *n* Nordamerikaner(in) *m(f)* **II.** *adj inv* nordamerikanisch **North Ameri·can Free Trade A'gree·ment** *n,* **NAFTA** *n no pl* NAFTA *f,* North American Free Trade Agreement [*o* Area] *(Freihandelsabkommen oder -zone zwischen den USA, Kanada und Mexiko)*
Northants BRIT *abbrev of* **Northamptonshire**
North 'Bor·neo *n* Nordborneo *nt*
'north·bound *adj usu attr, inv road, traffic* in Richtung Norden *nach n*
North Caro·li·na [-ˌkærə'laɪnə, AM -ˌkerə'-] *n* Nordcarolina *nt*
North Caro·lin·ian [-'kærə'lɪniən] **I.** *n* Bewohner(in) *m(f)* North Carolinas
II. *adj* aus North Carolina *nach n*
'north coun·try <*pl* -ries> *n* Norden *m* des Landes
Northd BRIT *abbrev of* **Northumberland**
North Da·ko·ta [-də'kəʊtə, AM -'koʊ-] *n* Norddakota *nt*
North Da·ko·tan [-də'kəʊtən, AM -'koʊ-] **I.** *n* Bewohner(in) *m(f)* North Dakotas
II. *adj* aus North Dakota *nach n*
north·'east **I.** *n no pl* ❶ *(direction)* Nordosten *m;* ■**to the ~** [**of ...**] nordöstlich [von ...]; **coming** [*or* **blowing**] **from the ~** *wind* von Nordosten kommend
❷ *(region)* ■**the N~** *of a state* der Nordosten
II. *adj inv* nordöstlich, Nordost-; **~ England** Nordostengland *nt;* **~ wind** Wind *m* von Nordost
III. *adv inv* nordostwärts (**of** von *+dat)*
north-'east·er·ly *adj (towards the northeast)* nordostwärts; *(of or in the northeastern part)* nordöstlich, Nordost-; **~ direction** nordöstliche Richtung; **~ wind** Wind *m* von Nordost **north-'east·ern** *adj attr, inv* nordöstlich, Nordost-; **~ part** nordöstlicher Teil; **~ coast** Nordostküste *f* **north-'east·ward** **I.** *adj inv migration* nordostwärts, nach Nordost *nach n;* **~ direction** nordöstliche Richtung; **~ route** Nordostroute *f* **II.** *adv* nordostwärts, nach Nordost **north-'east·wards** *adv inv* nordostwärts, nach Nordost; ***the plane turned*** **~** das Flugzeug drehte nach Nordost
nor·ther·ly ['nɔ:ðᵊli, AM 'nɔ:rðɚli] *adj* nördlich, Nord-; **~ coast** Nordküste *f;* **~ part** nördlicher Teil; **~ wind** Nordwind *m*
north·ern ['nɔ:ðᵊn, AM 'nɔ:rðɚn] *adj attr, inv* nördlich
north·ern·er ['nɔ:ðᵊnəʳ, AM 'nɔ:rðɚnɚ] *n* Nordlicht *nt fig hum;* BRIT Nordengländer(in) *m(f);* AM Nordstaatler(in) *m(f);* ■**to be a ~** aus dem Norden kommen
North·ern 'Ire·land *n* Nordirland *nt* **North·ern 'Lights** *npl* Nordlicht *nt* **North·ern Maria·nas** [-ˌmæri'ænəz, AM ˌmeri'-] *n* die Nordmarianen *pl*
north·ern·most ['nɔ:ðᵊnməʊst, AM 'nɔ:rðɚnmoʊst] *adj inv* nördlichste(r, s)
North·ern Rho·'desia *n* Nordrhodesien *nt* **North·ern Ter·ri·tory** *n* Nordterritorium *nt*
north-'fac·ing *adj inv* nach Norden gerichtet **North Ko·'rea** *n* Nordkorea *nt* **North 'Pole** *n* ■**the ~** der Nordpol **North 'Sea** **I.** *n* ■**the ~** die Nordsee **II.** *n modifier (ferries, fish, oil)* Nordsee- **North-South di·'vide** *n* ■**the ~** das Nord-Süd-Gefälle **North 'Star** *n* ■**the ~** der Polarstern
North·um·brian [nɔ:'θʌmbriən, AM nɔ:r'-] **I.** *n* Bewohner(in) *m(f)* Northumberlands
II. *adj* aus Northumberland *nach n*
North Viet·'nam *n* Demokratische Republik Vietnam
north·ward ['nɔ:θwəd, AM 'nɔ:rθwɚd] *inv* **I.** *adj migration* nach Norden *nach n,* Nord-; **~ direction** nördliche Richtung; **~ route** Nordroute *f*
II. *adv* nach Norden
north·wards ['nɔ:θwədz, AM 'nɔ:rθwɚdz] *adv inv* nach Norden
north·'west **I.** *n no pl* Nordwesten *m;* ■**the N~** der Nordwesten; ■**to the ~** [**of sth**] nordwestlich [von etw *dat*]; ■**to be in** [*or* **coming from**] **the ~** *wind* von Nordwesten kommend **II.** *adj inv* nordwestlich, Nordwest-; **~ England** Nordwestengland *nt;* **~ part** nordwestlicher Teil; **~ wind** Wind *m* von Nordwest
III. *adv inv* nach Nordwesten **north-'west·er·ly** *adj* nordwestlich, Nordwest-; **~ coast** Nordwestküste *f;* **~ direction** nordwestliche Richtung; **~ wind** Wind *m* aus Nordwest **north-'west·ern** *adj attr, inv accent, sector* nordwestlich, Nordwest- **North·west 'Ter·ri·tories** *npl* Nordwestterritorien *pl* **north-'west·ward** **I.** *adj inv* nordwestlich, Nordwest-; **~ direction** nordwestliche Richtung; **~ route** Nordwestroute *f* **II.** *adv* nordwestwärts, nach Nordwesten **north-'west·wards** *adv inv* nordwestwärts, nach Nordwesten
Nor·way ['nɔ:weɪ, AM 'nɔ:r-] *n* Norwegen *nt*
Nor·we·gian [nɔ:'wi:dʒᵊn, AM nɔ:r'-] **I.** *n* ❶ *(person)* Norweger(in) *m(f)*
❷ *no pl (language)* Norwegisch *nt;* **in ~** auf Norwegisch
II. *adj inv* norwegisch, Norwegisch-; **~ lesson** Norwegischunterricht *m*
nos. *n pl abbrev of* **numbers** Nrn. *pl*
nose [nəʊz, AM noʊz] **I.** *n* ❶ *(organ)* Nase *f;* **runny ~** laufende [*o* ÖSTERR rinnende] Nase; **to blow one's ~** sich *dat* die Nase putzen; **to breathe/speak through one's ~** durch die Nase atmen/sprechen
❷ *(front)* Nase *f,* Schnauze *f fam; of aircraft* Flugzeugnase *f;* **~ to tail** dicht an dicht
❸ *no pl (smell)* Geruchssinn *m;* **to have a keen ~** einen guten Geruchssinn haben
❹ *(form: of wine)* Aroma *nt,* Bouquet *nt geh*
❺ *(perfumer)* Parfümeur, Parfümeuse *m, f*
▸PHRASES: **with one's ~ in the air** mit hoch erhobener Nase; **to get up sb's ~** BRIT, AUS *(fam)* jdm auf den Wecker gehen *fam;* **to have a** [**good**] **~ for sth** *(fam)* einen [guten] Riecher für etw *akk* haben; **to keep one's ~ clean** *(fam)* seine Weste sauber halten *fam;* **to keep one's ~ out of sth** *(fam)* seine Nase aus etw *dat* heraushalten; **to keep** [*or* **put**] **one's ~ to the grindstone** *(fam)* sich *akk* dahinterklemmen *fam;* **on the ~** AM *(fam)* genau, exakt; ***at eight on the*** **~** genau um 8 Uhr; **to poke** [*or* **stick**] **one's ~ into sth** *(fam)* seine Nase in etw *akk* hineinstecken; **to put sb's ~ out of joint** *(fam)* jdn aus der

Fassung [*o* aus dem Konzept] bringen; [**right**] **under sb's** ~, [[AM **right out**] **from**] **under sb's** ~ [direkt] vor jds Nase; **to win by a** ~ knapp gewinnen
II. *vi* **to** ~ **forwards** sich *akk* vorsichtig vorwärtsbewegen; ■**to** ~ **through sth** sich *dat* einen Weg durch etw *akk* bahnen
III. *vt* ■**to** ~ **sth somewhere** *a car* etw irgendwohin bugsieren *fam;* **to** ~ **one's way forwards/in/out/up** sich *akk* vorsichtig seinen Weg vorwärts/hinein-/hinaus-/hinaufbahnen
◆**nose about I.** *vi (fam)* herumstöbern *fam*
II. *vt* ■**to** ~ **about** [*or* **around**] **sth** in etw *dat* herumstöbern
◆**nose ahead** *vi* knapp an die Spitze gelangen
◆**nose around** *see* nose about
◆**nose into** *vi (fam)* ■**to** ~ **into sth** in etw *dat* herumschnüffeln *fam*
◆**nose out I.** *vt* ① *(discover)* ■**to** ~ **out** ↻ **sth** *secrets, details* etw herausfinden; **to** ~ **out the truth** die Wahrheit herausfinden
② *(outdo)* ■**to** ~ **sb** ↻ **out** jdn ausstechen; **to** ~ **out other candidates** andere Kandidaten ausstechen
II. *vi* sich *akk* langsam [*o* vorsichtig] herausbewegen; ***the taxi ~d out into the traffic*** das Taxi fädelte sich langsam in den Verkehr ein
◆**nose round** *vi* BRIT *(fam)* herumstöbern *fam*
'nose·bag *n* Hafersack *m* **'nose·band** *n* Nasenriemen *m* **'nose·bleed** *n* Nasenbluten *nt;* **to have/get a** ~ Nasenbluten haben/bekommen
'nose cone *n* AVIAT Rumpfspitze *f* **'nose·dive I.** *n* ① AVIAT Sturzflug *m;* **to go into a** ~ zum Sturzflug ansetzen ② *(fig)* Einbruch *m;* **sb/sth takes** [*or* **goes into**] **a** ~ etw/jd erlebt einen Einbruch, mit etw/jdm geht es rapide bergab **II.** *vi* ① AVIAT im Sturzflug heruntergehen ② FIN *prices, economy* einbrechen
'nose drops *npl* Nasentropfen *pl*
nose·gay ['nəʊzgeɪ, AM 'noʊz-] *n (old)* Gebinde *nt veraltend*
'nose job *n* MED *(fam)* Nasenkorrektur *f;* **to have a** ~ eine Nasenkorrektur vornehmen lassen **'nose ring** *n* Nasenring *m* **'nose stud** *n* Nasenstecker *m* **'nose wheel** *n* AVIAT Bugrad *nt*
nosey ['nəʊzi, AM 'noʊzi] *adj (pej)* neugierig
nosh [nɒʃ, AM nɑːʃ] **I.** *n* ① *no pl* BRIT, AUS *(sl: food)* Futter *nt fam,* Fressalien *pl fam*
② BRIT, AUS *(sl: meal)* Imbiss *m*
③ AM *(snack)* Häppchen *nt,* Snack *m;* **to have a little** ~ einen Happen zu sich *dat* nehmen
II. *vi* futtern *fam;* ■**to** ~ **on sth** etw futtern *fam;* **to** ~ **to one's heart's content** sich *dat* nach Herzenslust den Bauch vollschlagen *fam*
III. *vt* ■**to** ~ **sth** etw futtern *sl*
nosh·er ['nɒʃəʳ, AM 'nɑːʃɚ] *n (fam)* Verzehrer(in) *m(f) (vor allem von Snacks)*
'no-show I. *n* jd, der nicht [*o* zu spät] erscheint; *(on flight)* No-show *m fachspr*
II. *n modifier* ~ **passenger** Fluggast, der nicht erscheint
'nosh-up *n* BRIT, AUS *(sl)* Gelage *nt fam*
nosi·ly ['nəʊzɪli, AM 'noʊz-] *adv (pej)* neugierig
nosi·ness ['nəʊzɪnəs, AM 'noʊz-] *n no pl (pej)* Neugier *f;* **to curb one's** ~ seine Neugier bremsen
no-'smok·ing *adj inv area* Nichtraucher-; ~ **compartment** Nichtraucherabteil *nt;* ~ **zone** Nichtraucherzone *f* **no-'spill** *adj inv* mit Spritzschutz *nach n;* ~ **lid** Spritzschutzdeckel *m*
nos·tal·gia [nɒs'tælʤə, AM nɑː'st-] *n no pl* Nostalgie *f;* **to be overcome with** ~ **for sth** von nostalgischen Gefühlen für etw *dat* übermannt werden
nos·tal·gic [nɒs'tælʤɪk, AM nɑː'st-] *adj* nostalgisch; **to feel** ~ nostalgische Gefühle empfinden
nos·tal·gi·cal·ly [nɒs'tælʤɪkəli, AM nɑː'st-] *adv* nostalgisch
no-'strike agree·ment *n* Streikverbotsabkommen *nt*
nos·tril ['nɒstrəl, AM 'nɑː-] *n of a person* Nasenloch *nt; of a horse* Nüster *f*
nos·tro ac·count ['nɒstrəʊ-, AM 'nɑːstroʊ-] *n* FIN Nostrokonto *nt*
nos·trum ['nɒstrəm, AM 'nɑː-] *n* ① *(ineffective medicine)* Quacksalbermedizin *f* BRD
② *(pet scheme)* Allheilmittel *nt iron,* Patentlösung *f iron*
nosy ['nəʊzi, AM 'noʊ-] *adj (pej)* neugierig; ■**to be** ~ **about sth** viele Fragen über etw *akk* stellen
nosy 'par·ker *n esp* BRIT *(fam)* neugierige Person
not [nɒt, AM nɑːt] *adv inv* ① *after aux vb* nicht; ***I do ~*** [*or* ***don't***] ***want to go*** ich will nicht gehen; ***it's ~*** [*or* ***isn't***] ***unusual*** das ist nicht ungewöhnlich; ***isn't she beautiful?*** ist sie nicht schön?
② *in tag question* ***it's cold, is it ~*** [*or* ***isn't it***]***?*** es ist kalt, nicht [wahr] [*o* meinst du nicht auch]?; ***you do ~*** [*or* ***don't***] ***like him, do you?*** du magst ihn nicht, nicht wahr?
③ *before n* kein, nicht; ***it's a girl, ~ a boy*** es ist ein Mädchen, kein Junge; ***it's John, ~ Peter*** es ist John, nicht Peter
④ *before infin* nicht; ***he's asked me ~ to do it*** er hat mich gebeten, es nicht zu tun
⑤ *before predeterminer* nicht; ~ ***all children like swimming*** nicht alle Kinder schwimmen gerne
⑥ *before pron* nicht; ~ ***me!*** ich nicht!
⑦ *(less than)* keine(r, s), weniger als; ***the deer was ~ 20 feet away from us*** der Hirsch stand weniger als 20 Fuß von uns entfernt; ***she left ~ two minutes before you*** sie ist keine zwei Minuten vor dir gegangen
⑧ *before adj, adv (meaning opposite)* nicht; ~ **always** nicht immer; ~ **happy/natural** nicht glücklich/natürlich; ~ **much** nicht viel
⑨ *before adj (hum iron: emphasizing opposite)* nicht; ***he's ~ bad-looking*** er sieht nicht schlecht aus; ***I was ~ exactly thrilled*** ich war nicht gerade begeistert
⑩ *(substituting negative)* nicht; ***I hope ~!*** ich hoffe nicht!
⑪ *(esp hum fam: contradicting previous)* [aber] denkste! *fam;* ***that was the best meal I've ever had — ~!*** das war das beste Essen, das ich jemals gegessen habe – haha!
▶PHRASES: ~ **at all!** *(polite answer)* überhaupt nicht!; *(when thanked)* nicht der Rede wert!, gern geschehen!; *(denying vehemently)* überhaupt nicht!; ~ **because ..., but because ...** nicht weil ..., sondern weil ...; ~ **just** [*or* **merely**] [*or* **simply**] **...** nicht nur [*o* einfach] ...; ~ **up to much** nicht besonders; ~ **only ... but also ...** nicht nur ..., sondern auch ...; ~ **that ...** nicht dass ...; ~ ***that I mind, but why didn't you phone yesterday?*** nicht dass es mir was ausmacht, aber warum hast du gestern nicht angerufen?
nota bene [ˌnəʊtɑː'beneɪ, AM ˌnoʊt̬ə'-], **NB** *(form)* notabene *geh*
no·table ['nəʊtəbl, AM 'noʊt̬-] **I.** *adj* ① *(eminent) collection, philosopher* bedeutend; ■**to be** ~ **for sth** bekannt für etw *akk* sein; **with one** ~ **exception** mit einer besonderen Ausnahme
② *(remarkable) achievement, success* beachtlich, bemerkenswert
II. *n* Berühmtheit *f*
no·tab·ly ['nəʊtəbli, AM 'noʊt̬-] *adv* ① *(particularly)* insbesondere, vor allem
② *(perceptibly)* merklich, auffallend; **to be** ~ **absent** durch Abwesenheit glänzen
no·tar·ial [nəʊ'teəriəl, AM noʊ'teri] *adj inv* LAW notariell, Notariats-; ~ **fee** Notar[iats]gebühr *f*
no·tari·za·tion [ˌnəʊtəraɪ'zeɪʃən, AM ˌnoʊt̬ərɪ'-] *n* LAW Beglaubigung *f*
no·tar·ize ['nəʊtəraɪz, AM 'noʊt̬ə-] *vt* ■**to** ~ **sth** etw notariell beglaubigen lassen
no·ta·ry, no·ta·ry 'pub·lic <*pl* notaries public> ['nəʊtəri-, AM 'noʊt̬əi-] *n* Notar(in) *m(f)*
no·tate [nəʊ'teɪt, AM noʊ'-] *vt* MUS ■**to** ~ **sth** [**in sth**] Noten [in etw *akk*] notieren
no·ta·tion [nə(ʊ)'teɪʃən, AM noʊ'-] *n* ① MATH, MUS Notation *f fachspr;* **system of** ~ Zeichensystem *nt*
② *(note)* Notiz *f,* Anmerkung *f*
notch [nɒtʃ, AM nɑːtʃ] **I.** *n* <*pl* -es> ① *(indentation)* Einkerbung *f*
② *(in belt)* Loch *nt*
③ *(for comparison)* Grad *m;* ■**a** ~ **above/below sb/sth** eine Klasse besser/schlechter als jd/etw; **to go up a** ~ eine Klasse aufsteigen
④ AM *(valley)* Tal *nt*
II. *vt* ■**to** ~ **sth** ① *(cut V in)* etw einkerben
② *(fam: achieve)* etw erreichen [*o* erzielen]
◆**notch up** *vt (fam)* ■**to** ~ **up** ↻ **sth** etw erreichen [*o* erzielen]
'notch·back *n* BRIT AUTO Stufenheck *nt*
notched [nɒtʃt, AM nɑːtʃt] *adj inv stick* eingekerbt
note [nəʊt, AM noʊt] **I.** *n* ① *(record)* Notiz *f; (message)* Bescheid *m,* Mitteilung *f;* **to leave a** ~ eine Nachricht hinterlassen; **to keep a** ~ **of sth** [sich *dat*] etw notieren; **to make** [*or* **take**] **a** ~ [**of sth**] [sich *dat*] eine Notiz [von etw *dat*] machen; **to write sb a** ~ [*or* **a** ~ **to sb**] jdm eine Nachricht hinterlassen
② *(attention)* **to take** ~ **of sth** von etw *dat* Notiz nehmen
③ LIT *(annotation)* Anmerkung *f; (explanation)* Erläuterung *f*
④ MUS Note *f;* **black/white** ~**s** schwarze/weiße Tasten; **high/low** ~ hohe/tiefe Note
⑤ *(sound)* Ton *m,* Klang *m; (overtone)* Unterton *m; (reflecting mood)* Ton[fall] *m;* **to change** [AM **its**] ~ seinen Ton [*o* Klang] verändern; **to strike a false/serious** ~ einen unpassenden/ernsthaften Ton anschlagen; **to strike the right** ~ den richtigen Ton treffen
⑥ *esp* BRIT, AUS *(money)* [Geld]schein *m*
⑦ *(form)* ■**of** ~ von Bedeutung; ***he's a historian of ~*** er ist ein bedeutender Historiker; **nothing of** ~ nichts von Bedeutung
⑧ *(scent)* [Duft]note *f; of perfume* [Parfüm]note *f; (flavour in beer, wine, tea)* [Geschmacks]note *f;* ***the fresh ~ of bergamot*** die frische Note von Bergamotte
⑨ ECON [**promissory**] ~ Schuldschein *m*
II. *vt* ■**to** ~ **sth** ① *(notice)* etw wahrnehmen [*o* bemerken]; *(pay attention to)* etw beachten; ■**to** ~ **that ...** zur Kenntnis nehmen, dass ...; ■**to** ~ **how/when/where ...** zur Kenntnis nehmen, wie/wann/wo ...; ~ ***how easy it is to release the catch quickly*** beachten Sie, wie einfach und schnell sich der Verschluss öffnen lässt
② *(remark)* etw anmerken [*o* bemerken]; *(point out)* etw feststellen; ■**to** ~ **that ...** feststellen, dass ...
③ *see* **note down**
④ FIN **to** ~ **a bill** einen Wechsel protestieren
◆**note down** *vt* ■**to** ~ **down** ↻ **sth** [sich *dat*] etw notieren; **to** ~ **down how/when/where ...** [sich *dat*] notieren, wie/wann/wo ...
'note·book *n* ① *(book)* Notizbuch *nt* ② COMPUT Notebook *nt,* Notebook-Computer *m* **note·book com·'put·er** *n* COMPUT Notebook *nt,* Notebook-Computer *m*
not·ed ['nəʊtɪd, AM 'noʊt̬-] *adj attr* bekannt, berühmt (**for** für +*akk*); ***he's ~ as an expert*** er ist bekannt als Experte
note·let ['nəʊtlət] *n* BRIT Kärtchen *nt*
'note·pad *n* ① *(pad)* Notizblock *m* ② COMPUT Notepad *nt,* Notepad-Computer *m* **note·pad com·'put·er** *n* COMPUT Notepad *nt,* Notepad-Computer *m* **'note·paper** *n no pl* Briefpapier *nt;* **a piece** [*or* **sheet**] **of** ~ ein Bogen *nt* Briefpapier
notes [nəʊts, AM noʊts] *npl* Notizen *pl,* Aufzeichnungen *pl;* **to speak from/without** ~ vom Blatt/frei sprechen; **to take** [*or* **make**] ~ [sich *dat*] Notizen machen
note·wor·thy ['nəʊtˌwɜːði, AM 'noʊtˌwɜːr-] *adj conclusions, results* beachtenswert; **nothing/something** ~ nichts/etwas Besonderes
not-for-'prof·it *adj organization, company* non-Profit-, gemeinnützig
noth·ing ['nʌθɪŋ] **I.** *pron indef* ① *(not anything)* nichts; ***there is ~ like a good cup of coffee*** es geht nichts über eine gute Tasse Kaffee; ***he's ~ if not charming*** wenn er eines ist, dann charmant; **all or** ~ alles oder nichts; ■~ **but** nur, nichts als; ~ **but lies** nichts als Lügen; ~ **of the kind** [*or* **sort**] nichts dergleichen; ~ **interesting/new/special** nichts Interessantes/Neues/Besonderes; **to do/say** ~ nichts tun/sagen; **to count** [*or* **stand**] **for** ~ nichts gelten; **to gain** ~ **by sth** durch etw *akk* nichts errei-

N

chen; **to know ~ about sth** über etw *akk* nichts wissen; **to make ~ of doing sth** nichts für etw *akk* tun; **~ else** nichts weiter; ***there's ~ else we can do to help*** es gibt nichts mehr, was wir tun können; **to have ~ on** *(be naked)* nichts anhaben; *(have no plans)* nichts vorhaben; ***I have ~ on for Thursday*** ich habe am Donnerstag noch nichts vor; **with ~ on** unbekleidet, nackt, SCHWEIZ *a. fam* blutt; **to sleep with ~ on** nackt [*o* SCHWEIZ *a. fam* blutt] schlafen
❷ *(of no importance)* nichts; ***what are you laughing at? — oh, ~, sir*** worüber lachen Sie? – oh nichts, Sir; **~ much** nicht viel; **to be** [*or* **mean**] **~ to sb** jdm nichts bedeuten; ***money means ~ to him*** Geld bedeutet ihm nichts; **it's** [*or* **it was**] **~** *(fam)* nicht der Rede wert; **to be** [*or* **have**] **~ to do with sb/sth** nichts mit jdm/etw zu tun haben; ***it's ~ to do with me*** das hat nichts mit mir zu tun
❸ *(zero)* Null *f;* ***thirty minus thirty is ~*** dreißig minus dreißig ist null; **to weigh 60 kg ~** genau 60 kg wiegen
❹ AM SPORT *(no points)* null; ***the score so far is Yankees eighteen, Red Sox ~*** die Yankees haben bisher achtzehn Punkte, die Red Sox null
▸PHRASES: <u>**come**</u> **to ~** sich *akk* zerschlagen; **~** <u>**doing**</u> *(fam: no way)* nichts zu machen *fam; (not happening)* nichts passiert; **like ~** [**else**] **on** <u>**earth**</u> einfach schrecklich; **to look like ~** [**else**] **on earth** einfach unmöglich aussehen; **in ~** <u>**flat**</u> *(fam)* in null Komma nichts *fam;* [**all**] <u>**for**</u> **~** [vollkommen] umsonst; **not** <u>**for**</u> **~** nicht umsonst; **there's ~** <u>**for**</u> **it but to do sth** BRIT es bleibt nichts anderes übrig, als etw zu tun; ***there's ~ for it but to get some extra help*** es bleibt uns keine andere Wahl, als zusätzliche Hilfe anzufordern; **you ain't** <u>**heard**</u>/<u>**seen**</u> **~ yet** *(fam)* das hast du noch nicht gehört/gesehen; **there's ~** <u>**in**</u> **it** es ist nichts dran; ***I heard the rumour, but there's ~ in it*** ich habe das Gerücht gehört, aber das ist völlig aus der Luft gegriffen; **to be ~** <u>**less**</u>/<u>**more**</u> **than ...** nichts Geringeres/weiter sein, als ...; ***their goal was ~ less than creating a revolutionary new technology*** ihr Ziel war kein geringeres, als eine revolutionäre neue Technologie zu entwickeln; ***he is ~ more than an amateur*** er ist bloß ein Amateur; **~** <u>**like**</u> **sth** alles andere als etw; <u>**think**</u> **~ of it** keine Ursache!; **there's ~** <u>**to**</u> **it** *(easy)* dazu gehört [*o* SCHWEIZ das braucht] nicht viel; *(not true)* da ist nichts dran *fam;* ***windsurfing is easy — there's ~ to it*** Windsurfen ist einfach – da gehört nichts dazu
II. *adj attr, inv (fam) persons, activities* belanglose(r, s)
III. *n (fam)* ❶ *(person)* Niemand *m;* ***he's a ~*** er ist ein Niemand
❷ *(thing)* Unwichtigkeit *f;* ***that was a mere ~*** das war doch nur eine Kleinigkeit
▸PHRASES: **to** <u>**whisper**</u> **sweet ~s** jdm Zärtlichkeiten ins Ohr flüstern
IV. *adv inv* ❶ *(not)* überhaupt nicht; **to care ~ for others** sich *akk* überhaupt nicht um andere scheren *fam;* **to look ~ like sb/sth** jdm/etw nicht ähnlich sehen; **to look ~ like the others** nicht wie die anderen aussehen
❷ *after n* AM *(fam: emphatically not)* wahrlich nicht
▸PHRASES: **~** <u>**daunted**</u> *esp* BRIT unverzagt; **to be ~** <u>**short**</u> **of sth** ganz genau auf etw *akk* zutreffen; ***the party was ~ short of a disaster*** die Party war ein völliges Desaster

noth·ing·ness ['nʌθɪŋnəs] *n no pl* ❶ *(emptiness)* Nichts *nt;* **the ~ of life** die Leere des Lebens
❷ *(worthlessness)* Bedeutungslosigkeit *f*

no through 'road *n* BRIT Einbahnstraße *f,* Einbahn *f* SCHWEIZ

'no-throw *n* SPORT Fehlwurf *m*

no·tice ['nəʊtɪs, AM 'noʊt̬-] **I.** *vt* ❶ *(see)* ■**to ~ sb/sth** jdn/etw bemerken; *(catch)* ■**to ~ sth** etw mitbekommen; *(perceive)* ■**to ~ sth** etw wahrnehmen; ***did you ~ how she did that?*** hast du mitbekommen, wie sie das gemacht hat? *fam;* ***we ~d a car stopping outside the house*** wir bemerkten, wie [*o* dass] ein Auto vor der Tür hielt; ***she waved at him but he didn't seem to ~*** sie winkte ihm zu, aber er schien es nicht zu bemerken
❷ *(pay attention to)* ■**to ~ sth/sb** etw/jdn beachten, auf etw/jdn achten; *(take note of)* ■**to ~ sth/sb** etw/jdn zur Kenntnis nehmen; *(become aware of)* ■**to ~ sb/sth** auf jdn/etw aufmerksam werden; *(realize)* ■**to ~ sth** etw [be]merken; ***she was first ~d by the critics at the age of 12*** sie fiel den Kritikern zum ersten Mal im Alter von zwölf Jahren auf; **~ *the details*** achten Sie auf die Details
❸ *(review)* **to ~ a book** ein Buch besprechen
❹ *(inform)* ■**to ~ sb** jdn benachrichtigen
❺ *(announce)* ■**to ~ sth** etw anzeigen
II. *n* ❶ *no pl (attention)* Beachtung *f;* **to avoid ~** Aufsehen vermeiden; ***it came*** [*or* ***was brought***] ***to my ~ that ...*** es ist mir zu Ohren gekommen [*o* ich habe erfahren], dass ...; ***it escaped my ~ that ...*** es ist mir [*o* meiner Aufmerksamkeit] entgangen, dass; **to bring sth to sb's ~** jdn auf etw *akk* aufmerksam machen; **to deserve some ~** Beachtung verdienen; **to take ~** Notiz nehmen; ***the news made everyone sit up and take ~*** die Nachrichten alarmierten alle; ***I asked him to drive more slowly but he didn't take any ~*** ich bat ihn, langsamer zu fahren, aber er reagierte nicht; **to take ~ of sb/sth** von jdm/etw Notiz nehmen, jdm/etw Beachtung schenken; ***don't take any ~ of what she says*** kümmere dich nicht um das, was sie sagt; **to take no ~ of the fact that ...** die Tatsache ignorieren, dass ...
❷ *(poster)* Plakat *nt,* Anschlag *m*
❸ *(in a newspaper)* Anzeige *f;* **death ~** Todesanzeige *f,* Leidzirkular *m* SCHWEIZ, Pate *f* ÖSTERR
❹ *no pl (information in advance)* Vorankündigung *f; (warning)* Vorwarnung *f;* **to give sb ~** jdn [vorab] informieren; *(warn)* jdn [vor]warnen; **to give sb ~ of a visit** jdm einen Besuch ankündigen; **at a day's/four days'/ten minutes' ~** binnen eines Tages/vier Tagen/zehn Minuten; **at a moment's ~** jederzeit; **at short ~** kurzfristig; **until further ~** bis auf Weiteres; **to be on ~** informiert sein; *(be warned)* [vor]gewarnt sein; **to have ~ of sth** *(form)* über etw *akk* informiert sein, von etw *dat* Kenntnis haben; **without ~** ohne Vorankündigung; *(without warning)* ohne Vorwarnung; **to leave without ~** weggehen ohne vorher Bescheid zu sagen; **to show up without ~** unangemeldet erscheinen
❺ *(written notification)* Benachrichtigung *f,* Mitteilung *f,* Bescheid *m form;* **~ of acceptance** Annahmeerklärung *f;* **~ of arrival** Eingangsbestätigung *f;* **~ of departure** polizeiliche Abmeldung; **~ to pay** Zahlungsaufforderung *f,* Mahnung *f bes* SCHWEIZ, ÖSTERR; **public ~** öffentliche Bekanntmachung
❻ LAW Vorladung *f*
❼ *no pl (to end an arrangement)* Kündigung *f;* ***she is under ~ to leave*** ihr ist gekündigt worden; **~ to quit** Kündigung *f;* **to give** [**in**] [*or* **hand in**] **one's ~** seine Kündigung einreichen, kündigen; **to give sb his/her ~** jdm kündigen [*o form* die Kündigung aussprechen]; **to get** [*or* **be given**] **one's ~** die Kündigung erhalten
❽ *no pl (period)* [Kündigungs]frist *f;* **seven days'/a month's ~** wöchentliche/monatliche Kündigung, eine Kündigungsfrist von sieben Tagen/einem Monat; ***you must give seven days' ~ of withdrawal*** Sie haben sieben Tage Kündigungsfrist; ***she gave him a month's ~ to move out*** sie gab ihm eine Frist von einem Monat, um auszuziehen; **to have fifteen days'/three months' ~** eine Kündigungsfrist von vierzehn Tagen/drei Monaten haben; **without ~** fristlos
❾ LIT, THEAT Besprechung *f,* Rezension *f,* SCHWEIZ *meist* Buchkritik *f;* ***the book received good ~s*** das Buch erhielt gute Kritiken

no·tice·able ['nəʊtɪsəbḷ, AM 'noʊt̬-] *adj improvement, increase* merklich, wahrnehmbar; **~ difference** merklicher Unterschied

no·tice·ably ['nəʊtɪsəbli, AM 'noʊt̬-] *adv* merklich, wahrnehmbar

'no·tice·board *n* Aushang *m,* Anschlag *m bes* SCHWEIZ, Schwarzes Brett

'no·tice day *n* **last ~** STOCKEX Notification-Day *m*

no·tices ['nəʊtɪsɪz] *npl* BRIT Kritiken *pl*

no·ti·fi·able ['nəʊtɪfaɪəbḷ, AM 'noʊt̬ə-] *adj inv disease* meldepflichtig; *offence* anzeigepflichtig

no·ti·fi·ca·tion [ˌnəʊtɪfɪ'keɪʃən, AM ˌnoʊt̬ə-] *n* Mitteilung *f,* Benachrichtigung *f; of birth etc* Anzeige *f;* **written/official ~** schriftliche/offizielle Mitteilung; **pending** [**further**] **~** noch anstehende [weitere] Mitteilungen

no·ti·fi·'ca·tion pro·cedure *n* ADMIN Notifizierungsverfahren *nt*

no·ti·fy <-ie-> ['nəʊtɪfaɪ, AM 'noʊt̬ə-] *vt* ■**to ~ sb** [**of sth**] jdn [über etw *akk*] unterrichten [*o* informieren], jdn [von etw] in Kenntnis setzen; ■**to ~ sth to sb** jdm etw mitteilen; **to ~ a theft to the police** der Polizei einen Diebstahl melden; ■**to ~ sb that ...** jdn benachrichtigen, dass ..., jdm melden, dass ...; ■**to ~ sb how/what/where ...** jdm mitteilen, wie/was/wo ...

no·tion ['nəʊʃən, AM 'noʊ-] *n* ❶ *(belief)* Vorstellung *f; (vague idea)* Ahnung, f (**of** von *+dat*); ■**the ~ that ...** die Vorstellung, dass ...; ***I haven't the faintest ~*** [***of***] ***what you're talking about*** ich habe nicht die leiseste Ahnung, wovon du redest; ***have you any ~ how much the car costs?*** hast du irgendeine Vorstellung davon, was das Auto kostet?
❷ *(whim)* Vorstellung *f;* **to have** [*or* **take**] **a ~ to do sth** *(dated)* ein Bedürfnis verspüren, etw zu tun

no·tion·al ['nəʊʃənəl, AM 'noʊ-] *adj (form)* fiktiv; *payment* nominell, symbolisch; **~ amount** Nominalbetrag *m;* **~ income** fiktives Einkommen; **~ rent** Mietwert *m (einer eigengenutzten Eigentumswohnung)*

no·tion·al·ly ['nəʊʃənəli, AM 'noʊ] *adv inv* ❶ *(conceptually)* begrifflich, [rein] gedanklich
❷ *(imaginarily)* eingebildetermaßen, imaginär

no·tions ['noʊʃənz] AM **I.** *npl* Kurzwaren *pl,* SCHWEIZ *a.* Mercerie *f*
II. *n modifier (department)* Kurzwaren-

no·to·ri·ety [ˌnəʊtəˈraɪəti, AM ˌnoʊt̬əˈraɪət̬i] *n no pl* [traurige] Berühmtheit (**for** wegen *+gen*); **to achieve** [*or* **acquire**] [*or* **gain**] **~** [traurige] Berühmtheit erlangen

no·to·ri·ous [nə(ʊ)'tɔːriəs, AM noʊ'-] *adj temper, thief* notorisch; *criminals* berüchtigt; ■**to be ~ as sth** für etw *akk* berüchtigt [*o* bekannt] sein; **to be ~ for sth** bekannt [*o* berüchtigt] für etw *akk* sein

no·to·ri·ous·ly [nə(ʊ)'tɔːriəsli, AM noʊ'-] *adv* notorisch, bekanntlich; **~ difficult** bekanntlich schwierig

'no-touch *adj attr taps, switches* kontaktlos

Notts BRIT *abbrev of* **Nottinghamshire**

not·with·stand·ing [ˌnɒtwɪθ'stændɪŋ, AM ˌnɑːt-] *(form)* **I.** *prep* ungeachtet *+gen*
II. *adv* trotzdem, nichtsdestoweniger
III. *conj* ■**~ that ...** obwohl [*o* obgleich], ...

nou·gat ['nuːgɑː, AM -gət] *n no pl* Nougat *nt*

nought [nɔːt, AM *esp* nɑːt] *n* ❶ *esp* BRIT Null *f*
❷ *no pl see* **naught**

nough·ties, Nough·ties ['nɔːtiz, AM 'nɒːt̬iz] *npl (fam)* das Jahrzehnt von 2000 bis 2009

noughts and 'crosses *npl* BRIT, AUS Drei gewinnt, Tic Tac Toe *nt (Strategiezeichenspiel für zwei Personen)*

noun [naʊn] *n* Hauptwort *nt,* Substantiv *nt,* Nomen *nt bes* SCHWEIZ *fachspr;* **common ~** Gattungsname *f;* **proper ~** Eigenname *m*

'noun phrase *n* Nominalsatz *m*

nour·ish ['nʌrɪʃ, AM 'nɜːr-] *vt* ❶ *(feed)* ■**to ~ sb** jdn ernähren; ■**to ~ oneself on** [*or* **with**] **sth** sich *akk* von etw *dat* ernähren; **well ~ed** gut genährt
❷ *(enrich)* ■**to ~ sth** *skin* etw pflegen
❸ *(form: cherish)* **to ~ ambitions** Ambitionen haben; **to ~ the hope that ...** die Hoffnung hegen, dass ...

nour·ish·ing ['nʌrɪʃɪŋ, AM 'nɜːr-] *adj* ❶ *(healthy) food, drink* nahrhaft; ***sweets aren't very ~*** Süßigkeiten enthalten nicht viele Nährstoffe
❷ *(rich) cream* reichhaltig, gehaltvoll

nour·ish·ment ['nʌrɪʃmənt, AM 'nɜːr-] *n no pl* ❶ *(food)* Nahrung *f;* **to give ~ to sb** jdn ernähren; **to obtain** [*or* **get**] **~** Nahrung bekommen
❷ *(vital substances)* Nährstoffe *pl*
❸ *(feeding)* Ernährung *f;* **poor ~** magere [*o* spärliche] Ernährung

nous [naʊs] *n no pl* BRIT, AUS *(fam)* Verstand *m,*

Grips *m fam;* **business** ~ Geschäftssinn *m*

nou·veau riche <*pl* nouveaux riches> [ˌnuːvəʊˈriːʃ, AM -voʊ'-] *(pej)* **I.** *adj inv* neureich
II. *n* Neureiche(r) *f(m)*

nou·velle cui·sine [ˌnuːvelkwɪˈziːn, AM nuːˌvel-] *n no pl* Nouvelle Cuisine *f*

Nov. *n abbrev of* **November** Nov.

nova <*pl* -vae> [ˈnəʊvə, AM ˈnoʊ-] *n* ASTRON Nova *f*

Nova Sco·tia [ˌnəʊvəˈskəʊʃə, AM ˌnoʊvəˈskoʊ-] *n* Neuschottland *nt*

Nova Sco·tian [ˌnəʊvəˈskəʊʃən, AM ˌnoʊvəˈskoʊ-] **I.** *n* Bewohner(in) *m(f)* Neuschottlands
II. *adj* aus Neuschottland *nach n*

nov·el[1] [ˈnɒvəl, AM ˈnɑː-] *n (book)* Roman *m;* **detective** ~ Kriminalroman *m,* Krimi *m*

nov·el[2] [ˈnɒvəl, AM ˈnɑː-] *adj (new)* neuartig; *way, approach, idea* neu

nov·el·ette [ˌnɒvəˈlet, AM ˌnɑː-] *n* ❶ LIT Novelette *f fachspr*
❷ *(esp pej)* Kitschroman *m pej*

nov·el·ist [ˈnɒvəlɪst, AM ˈnɑːvə-] *n* Romanautor(in) *m(f)*

nov·el·is·tic [ˌnɒvəˈlɪstɪk, AM ˌnɑː] *adj* romanhaft

no·vel·la <*pl* -s *or* novelle> [nə(ʊ)ˈvelə, AM noʊ-] *n* LIT Novelle *f*

nov·el·ty [ˈnɒvəlti, AM ˈnɑːvəlṭi] **I.** *n* ❶ *(new thing)* Neuheit *f;* ■ **to be a** ~ ein Novum sein; ***it's quite a ~ for me to have a Saturday morning off work*** es ist etwas ganz Neues für mich, samstagmorgens nicht arbeiten zu müssen
❷ *no pl (newness)* Neuartigkeit *f*
❸ *(trinket)* Krimskrams *m; (funny)* Scherzartikel *m; (surprising)* Überraschung *f*
II. *n modifier* ❶ *(new)* **to have ~ value** den Reiz des Neuen haben, [noch] etwas Neues sein
❷ *(cheap) key ring, toy, ashtray* Plastik-; ~ **goods** Scherzartikel *pl;* ~ **shop** *Laden, in dem allerlei Krimskrams verkauft wird*

No·vem·ber [nəʊˈvembəʳ, AM noʊˈvembɚ] *n* ❶ *(month)* November *m; see also* **February**
❷ *(code word for letter N)* November *kein art*

no·ve·na [nəʊˈviːnə, AM noʊ'] *n* REL Novene *f*

nov·ice [ˈnɒvɪs, AM ˈnɑː-] **I.** *n* ❶ *(learner)* Anfänger(in) *m(f),* Neuling *m;* **to be a complete ~ in** [*or* **at**] **sth** ein kompletter Anfänger/eine komplette Anfängerin bei [*o* in] etw *dat* sein
❷ REL Novize, Novizin *m, f*
II. *n modifier* ❶ *(learner) pilot, skier, workman, actor* unerfahren; ***I'm still at the ~ stage*** ich bin noch im Anfängerstadium
❷ REL ~ **monk/nun** Mönch *m*/Nonne *f* in der Ausbildung

no·vi·ci·ate, no·vi·ti·ate [nəʊˈvɪsiət, AM noʊˈvɪʃɪt] *n* ❶ *no pl* REL *(period or state)* Noviziat *nt,* Probezeit *f*
❷ *(novice)* Novize, Novizin *m, f*
❸ REL *(place)* Heim *nt* für Novizen/Novizinnen, Novizenhaus *nt*

No·vo·caine® [ˈnəʊvə(ʊ)keɪn, AM ˈnoʊvə-] *n no pl* PHARM Novocain® *nt*

now [naʊ] **I.** *adv inv* ❶ *(at present)* jetzt; ***and where do you live ~?*** und wo wohnen Sie jetzt?; ***thanks, I'm not hungry*** ~ danke, aber im Moment bin ich satt; ***he's in the bath just ~, can he call you back?*** er ist jetzt gerade im Bad, kann er zurückrufen?; **until** [*or* **up to**] ~ bis jetzt
❷ *(at once)* [**right**] ~ jetzt, sofort, gleich; ***I don't want to wait, I want it*** [***right***] ***~!*** ich will nicht warten, ich will es jetzt [sofort]!
❸ *(till today)* jetzt, nun; ***she's been a vegetarian for ten years*** ~ sie ist jetzt schon seit zehn Jahren Vegetarierin
❹ *(referring to past)* dann; ***it was getting dark ~ and we were tired*** dann wurde es dunkel und wir waren müde
❺ *(hence)* jetzt, nun; ***oh, yes, ~ I know who you mean*** ach ja, jetzt weiß ich, wen du meinst
❻ *(soon)* ***the puppies will be born any day*** ~ die Hundewelpen können jetzt jeden Tag zur Welt kommen
❼ *(short time ago)* **just** ~ gerade eben
❽ *(after repetition)* ***what do you want ~?*** was willst du denn nun?
❾ *(occasionally)* [**every**] ~ **and then** [*or* **again**] ab und zu [*o* an]
❿ *(as introduction)* ***and ~ for something completely different*** und nun zu etwas völlig anderem
⓫ *(emphasizing following)* ***~ then, what's all this fuss about?*** also dann, worum geht's denn hier überhaupt?; *(inviting)* ***I'm afraid I can't go today — ~, if you'd asked me yesterday I would have said yes*** ich befürchte, ich kann heute nicht gehen, wenn du mich allerdings gestern gefragt hättest, hätte ich zugesagt
⓬ *(in request, command)* ***~, where did I put my hat?*** wo habe ich denn jetzt nur meinen Hut hingelegt?; ***hurry ~, or you'll miss the bus*** jetzt beeil dich doch, sonst verpasst du noch den Bus; ***well ~, what's been going on?*** was war denn [jetzt] los?
⓭ *(in pause)* ***let me see ~, oh yes, I remember*** lass mich mal sehen, oh ja, ich erinnere mich
⓮ *(in irony)* ***~, ~*** so, so
⓯ *(soothing)* ***~, ~, don't cry*** aber, aber, nicht weinen; *(warning)* ***~, ~, children, stop fighting!*** na, na, Kinder, hört auf zu streiten!
▸ PHRASES: [**it's**/**it was**] ~ **or never** *(saying)* jetzt oder nie; ~ **you're** [*or* **we're**] **talking!** *(saying)* schon besser!, hört sich schon besser an!
II. *n* Jetzt *nt;* ***~ isn't a good time to speak to him*** augenblicklich ist keine gute Zeit, mit ihm zu reden; ***you should have mentioned it before*** ~ das hättest du vorher sagen sollen; ***that's all for*** ~ das ist für den Augenblick alles; **by** ~ mittlerweile; **from ~ on, as from** ~ ab sofort
III. *conj* ~ [**that**] ... jetzt, wo ...
IV. *adj (fam: fashionable, up to date)* in *präd,* aktuell *fam*

NOW [naʊ] *n* AM FIN *acr for* **negotiable order of withdrawal** übertragbare Zahlungsanweisung, übertragbarer Abhebungsauftrag; ~ **account** NOW-Konto *nt,* verzinsliches Girokonto *(über das mit übertragbaren Zahlungsanweisungen verfügt werden kann)*

nowa·days [ˈnaʊədeɪz] *adv inv* heutzutage

no·where [ˈnəʊ(h)weəʳ, AM ˈnoʊ(h)wer] **I.** *adv inv* nirgends, nirgendwo; ***there's ~ I'd rather be at the moment*** nirgends wäre ich gerade lieber als hier; ***she was ~ to be seen*** sie war nirgends zu sehen; ***there was ~ for him to sit*** er fand nirgends einen Platz; ***without your help he would be*** ~ ohne deine Hilfe wäre er nichts; ***that sort of bad manners will get you*** ~ mit solchen schlechten Manieren kommst du auch nicht weiter; ***I'm trying to persuade her to come but I'm getting*** ~ ich versuche ja, sie zum Mitkommen zu überreden, aber ich stoße nur auf Granit; **a road to** ~ *(fig)* ausweglose Situation; **to be** [*or* **come in**] [*or* **finish**] ~ SPORT keine Wertung erreichen; **from** [*or* **out of**] ~ aus dem Nichts *a. fig;* **to appear** [**as if**] **from** [*or* **out of**] ~ [wie] aus dem Nichts auftauchen
II. *n* Nirgendwo *nt*
III. *adj attr (fam)* ausweglos

no-'win *adj attr, inv (fam: hopeless)* aussichtslos, hoffnungslos; **to be in a ~ situation** sich *akk* in einer aussichtslosen [*o* hoffnungslosen] Situation befinden

now-or-'nev·er *adj attr, inv situation* jetzt oder nie; ***29 is a ~ year in a young woman's life*** 29 ist für eine junge Frau ein Alter, in dem sie das Gefühl hat, jetzt oder nie

nowt [naʊt] *pron* BRIT DIAL nix *fam;* ***that's got ~ to do with it!*** das hat nix damit zu tun!
▸ PHRASES: **there's ~ so queer as folk** *(saying)* so was kommt vor *fam*

nox·ious [ˈnɒkʃəs, AM ˈnɑːk-] *adj (form)* ❶ *(harmful)* schädlich; *(toxic) smoke, chemicals, fumes* giftig
❷ *(unpleasant)* übel; ~ **smell** übler Geruch

noz·zle [ˈnɒzl, AM ˈnɑːzl] *n* Düse *f; of petrol pump* [Zapf]hahn *m*

nr *prep abbrev of* **near**

NRA [ˌenɑːrˈeɪ] *n no pl, + sing/pl vb* AM *abbrev of* **National Rifle Association** *Organisation in den USA, die das Recht auf freien Waffenkauf verteidigt*

NRT [ˌenɑːˈtiː] *n abbrev of* **nicotine replacement therapy** Nikotinersatztherapie *f*

N.S. CAN *abbrev of* **Nova Scotia**

NSPCC [ˌenespiːsiːˈsiː] *n no pl, + sing/pl vb* BRIT *abbrev of* **National Society for the Prevention of Cruelty to Children** ≈ Kinderschutzbund *m*

NSW AUS *abbrev of* **New South Wales**

NT AUS *abbrev of* **Northern Territory**

nth [enθ] *adj attr, inv (fam)* ❶ *(umpteenth)* x-te(r, s) *fam;* ***I glanced at my watch for the ~ time*** ich sah zum x-ten Mal auf meine Uhr
❷ *(greatest)* **to the ~ degree** bis zum Äußersten; ***she takes vegetarianism to the ~ degree*** sie ist eine fanatische Vegetarierin

Nth I. *n* BRIT *abbrev of* **North** N.
II. *adj* BRIT *abbrev of* **North** N-

NU CAN *abbrev of* **Nunavut Territory**

nu·ance [ˈnjuːɑːn(t)s, AM *esp* ˈnuː-] *n* Nuance *f; of meaning of word* Bedeutung *f;* ~**s of meaning** Bedeutungsschattierungen *pl*

nub [nʌb] *n* ❶ *(crux)* Kernpunkt *m;* **the ~ of the matter** der springende Punkt
❷ *(bump)* Stückchen *nt*

Nu·bian [ˈnjuːbiən, AM ˈnuː] **I.** *adj inv* nubisch
II. *n* ❶ *(person)* Nubier(in) *m(f)*
❷ *(goat)* nubische Ziege

nu·bile [ˈnjuːbaɪl, AM ˈnuːbɪl, ˈnjuː-] *adj (hum)* [sehr] anziehend; **a ~ woman** eine knackige junge Frau *fam*

nu·clear [ˈnjuːkliəʳ, AM ˈnuːkliɚ, ˈnjuː-] *adj inv* ❶ *(of energy)* Kern-, Atom-
❷ MIL nuklear, atomar; **~-free zone** atomwaffenfreie Zone; **to go ~** Atomwaffen zum Einsatz bringen
❸ NUCL Kern-
❹ *(freak out)* **to go ~** ausrasten *fam*

nu·clear-'ca·pable *adj inv* nuklearfähig **nu·clear de·'ter·rent** *n* nukleare Abschreckung **nu·clear dis·'ar·ma·ment** *n* atomare Abrüstung **nu·clear 'en·er·gy** *n no pl* Kernenergie *f* **nu·clear 'fami·ly** *n* Kernfamilie *f* **nu·clear 'fis·sion** *n* Kernspaltung *f* **nu·clear 'fu·sion** *n* Kernfusion *f* **nu·clear 'holo·caust** *n* atomarer Holocaust **nu·clear mag·net·ic 'res·on·ance** *n no pl* PHYS kernmagnetische Resonanz **nu·clear 'medi·cine** *n no pl* Nuklearmedizin *f* **nu·clear non-pro·lif·e'ra·tion trea·ty** *n* Nichtverbreitungsabkommen *nt* über Atomwaffen **nu·clear 'physi·cist** *n* Kernphysiker(in) *m(f)* **nu·clear 'phys·ics** *n + sing vb* Kernphysik *f* **nu·clear 'pow·er** *n no pl* Atomkraft *f* **nu·clear-'pow·ered** *adj inv* atomgetrieben **nu·clear 'pow·er plant, nu·clear 'pow·er sta·tion** *n* Kernkraftwerk *nt,* Atomkraftwerk *nt* **nu·clear ra·di'a·tion** *n no pl* radioaktive Strahlung **nu·clear re·'ac·tor** *n* Atomreaktor *m* **nu·clear 'sci·en·tist** *n* Atomwissenschaftler(in) *m(f)* **nu·clear 'threat** *n* nukleare Bedrohung **nu·clear 'war** *n* Atomkrieg *m* **nu·clear 'war·fare** *n no pl* nukleare Kriegsführung **nu·clear 'waste** *n* Atommüll *m* **nu·clear 'weap·on** *n* Atomwaffe *f* **nu·clear 'win·ter** *n* atomarer Winter

nu·clei [ˈnjuːkliaɪ, AM *esp* ˌnuː-] *n pl of* **nucleus**

nu·cleic acid [njuːˌkliːɪk'-, AM *esp* nuːˌ-] *n* BIOL, CHEM Nukleinsäure *f*

nu·cleus <*pl* -clei *or* -es> [ˈnjuːkliəs, AM *esp* ˈnuː-] *n* ❶ *(core)* Kern *m*
❷ BIOL Kern *m,* Nukleus *m fachspr*
❸ NUCL Kern *m,* Nukleus *m fachspr*

nude [njuːd, AM *esp* nuːd] **I.** *adj inv* nackt; ~ **model** Aktmodel *nt;* ~ **painting** Akt *m;* ~ **person** Nackte(r) *f(m);* ~ **photo**[**graph**] Aktfoto *nt;* ~ **sunbathing** Nacktbaden *nt;* **to pose** ~ nackt posieren
II. *n* ❶ ART Akt *m*
❷ *(nakedness)* **in the** ~ nackt; **to pose in the** ~ nackt posieren; **to sunbathe/swim in the** ~ nackt sonnenbaden/schwimmen

nudge [nʌdʒ] **I.** *vt* ❶ *(push)* ■ **to ~ sb** jdn stoßen; ■ **to ~ sth somewhere** etw irgendwohin wegschieben; ***he ~d the cat off the sofa*** er schubste die Katze von dem Sofa
❷ *(fig: urge)* ■ **to ~ sb into** [*or* **towards**] **sth** jdn zu

etw *dat* drängen; **to ~ sb in the right direction** jdm in die richtige Richtung verhelfen; ■**to ~ sb into** [*or* **towards**] **doing sth** jdn dazu drängen, etw zu tun

③ *(approach)* ***he must be nudging 60 now*** er muss jetzt auch schon auf die 60 zugehen; ***the needle was nudging the red line*** die Nadel näherte sich dem roten Bereich

▸PHRASES: **~, ~** [**wink, wink**] BRIT, AUS *(fam)* na, du weißt schon! *(mit den Augen zwinkernd auf eine sexuelle Komponente anspielen)*

II. *vi* BRIT ***prices have ~d downward/ upward*** die Preise sind gesunken/gestiegen; ***just ~ forward so you can see round the bend*** beug dich ein bisschen nach vorne, damit du um die Kurve sehen kannst

III. *n* ① *(push)* Stoß *m,* Schubs *m,* Schupf *m* SCHWEIZ *fam;* **to give sb a ~** jdm einen Stoß [*o* Schubs] [*o* SCHWEIZ Schupf] geben

② *(encouragement)* Anstoß *m;* **to give sb the ~ to do sth** jdm den Anstoß geben, etw zu tun

nudie ['nju:di, AM *esp* 'nu:-] *(fam)* **I.** *n* Porno *m*

II. *n modifier (magazine)* Porno-; *(picture)* Nackt-

nud·ism ['nju:dɪzəm, AM *esp* 'nu:-] *n no pl* Freikörperkultur *f,* Nudismus *m geh*

nud·ist ['nju:dɪst, AM *esp* 'nu:-] **I.** *n* Nudist(in) *m(f)*

II. *n modifier* FKK-; **~ colony** Nudistenkolonie *f*

'nud·ist beach *n* FKK-Strand *m* **'nud·ist camp** *n* Nudistenlager *nt,* FKK-Lager *nt fam*

nu·dity ['nju:dəti, AM 'nu:dəṭi, 'nju:-] *n no pl* Nacktheit *f*

nud·ni(c)k ['nʊdnɪk] *n* AM *(fam)* Langweiler *m*

nu·ga·tory ['nju:gətəri, AM 'nu:gətɔ:ri, 'nju:-] *adj (form)* belanglos; **~ amount** nichtiger Betrag

nug·get ['nʌgɪt] *n* ① *(lump)* Klumpen *m;* **gold ~** Goldnugget *nt*

② FOOD **chicken ~** Hähnchennugget *nt,* Pouletnugget *nt* SCHWEIZ

③ *(esp hum: fact)* Weisheit *f;* ***have you got any other astonishing ~s of wisdom for us?*** hast du noch mehr so erstaunliche Weisheiten für uns auf Lager?

nui·sance ['nju:sən(t)s, AM *esp* 'nu:-] *n* ① *(pesterer)* Belästigung *f,* Plage *f;* ***those kids are real ~s*** diese Kinder sind richtige Quälgeister

② *(annoyance)* Ärger *m;* ***it's a ~ that I've got to work on Saturday*** ist das ärgerlich, dass ich am Samstag arbeiten muss!; ***what a ~!*** wie ärgerlich!; **to make a ~ of oneself** lästig werden

③ LAW Belästigung *f;* **public ~** öffentliches Ärgernis

'nui·sance call *n* anonymer Anruf **'nui·sance call·er** *n* anonymer Anrufer/anonyme Anruferin **'nui·sance tax** *n* FIN *häufig erhobene Steuer* **'nui·sance value** *n (fam) die Fähigkeit, zu stören und Ärger zu verursachen;* ***he will liven things up at the party — he has enormous ~*** er wird Leben in die Party bringen – er ist ein echter Störenfried!

NUJ [,enju:'dʒeɪ] *n no pl, + sing/pl vb* BRIT *abbrev of* **National Union of Journalists** *britische Gewerkschaft der Journalisten*

nuke [nju:k, AM *esp* nu:k] *(sl)* **I.** *vt* ■**to ~ sth** ① MIL etw atomar angreifen

② *esp* AM, AUS *(in microwave)* etw warm machen

II. *n* ① *(power station)* Atomkraftwerk *nt*

② *(bomb)* Atombombe *f*

null [nʌl] *adj,* **null and 'void** *adj pred, inv* LAW null und nichtig; **to declare sth ~** etw für null und nichtig erklären; **to declare a marriage ~** eine Ehe annullieren; **to make** [*or* **render**] **sth ~** etw null und nichtig machen

null hy·'po·the·sis *n* MATH Nullhypothese *f*

nul·li·fi·ca·tion [,nʌlɪfɪ'keɪʃən] *n* Aufhebung *f; of an agreement, a law, a treaty* Ungültigkeitserklärung *f; of marriage* Annullierung *f*

nul·li·fy <-ie-> ['nʌlɪfaɪ] *vt* ■**to ~ sth** ① *(invalidate)* etw für ungültig [*o* nichtig] erklären; **to ~ a marriage** eine Ehe annullieren

② *(make useless) one's work* etw zunichtemachen

nul·lity ['nʌləti, AM -əṭi] *n no pl* LAW Nichtigkeit *f; of a marriage* Ungültigkeit *f*

NUM [,enju:'em] *n no pl, + sing/pl vb* BRIT *abbrev of* **National Union of Mineworkers** *britische Gewerkschaft der Bergarbeiter*

numb [nʌm] **I.** *adj* ① *limbs* taub; **~ with cold** taub vor Kälte; **to feel ~** *limbs* sich *akk* taub anfühlen; **to go ~** *limbs* taub werden, einschlafen

② *(torpid)* benommen; **to feel ~** sich *akk* benommen fühlen

③ *(shocked)* **to be ~ with disbelief** ungläubig starren; **to be ~ with grief** vor Schmerz wie betäubt sein

II. *vt* ① *(deprive of feeling)* ■**to ~ sth** *limbs* etw taub machen; **~ed with grief** *(fig)* vor Schmerz ganz starr

② *(desensitize)* ■**to ~ sb** jdn [emotional] abstumpfen; ■**to be ~ed by sth** durch etw *akk* abgestumpft sein

③ *(lessen)* **to ~ the pain** den Schmerz betäuben

num·ber¹ ['nʌmbər, AM -bɚ] **I.** *n* ① MATH Zahl *f;* *(numeral)* Ziffer *f;* **to crunch ~s** über Zahlen sitzen

② *(symbol)* Zahl *f*

③ *(sums)* ■**~s** *pl* Rechnen *nt kein pl,* Zahlen *pl fam;* ***I never was much good at ~s*** Zahlen waren noch nie meine Stärke

④ *(identifying number)* Nummer *f;* **card/house/telephone ~** Karten-/Haus-/Telefonnummer [*o* BRD Rufnummer] *f*

⑤ *no pl, + sing/pl vb (amount)* [An]zahl *f;* ***there were only a small ~ left*** es waren nur noch wenige da; ***a large ~ of invitations have*** [*or form* ***has***] ***been sent*** ein großer Teil der Einladungen ist bereits verschickt worden; ***a small ~ of children are*** [*or form* ***is***] ***educated at home*** eine kleine Anzahl von Kindern wird zu Hause unterrichtet; ***letters of complaint were surprisingly few in ~*** es gab erstaunlich wenig Beschwerdebriefe; ***any ~ of things could go wrong*** alles Mögliche könnte schiefgehen; **in enormous/huge/large ~s** in enormen/riesigen/großen Stückzahlen; ***these magazines are produced in vast ~s*** diese Zeitschriften werden in riesigen Auflagen produziert

⑥ *no pl, + sing/pl vb (several)* ***I decided not to go for a ~ of reasons*** ich entschied mich aus vielerlei Gründen dagegen, dort hinzugehen

⑦ *(members)* Gruppe *f;* **one of our ~** eine(r) *f(m)* aus unserer Gruppe

⑧ *(issue)* Ausgabe *f,* Nummer *f;* **back ~** frühere Ausgabe

⑨ *(performance)* Auftritt *m; (music)* Stück *nt;* ***he played an old jazz ~ on the piano*** er spielte ein altes Jazzstück auf dem Piano

⑩ *(fam: clothing)* Kluft *f fam*

⑪ AM *(sl: person)* Nummer *f fam;* ***he's quite a ~, don't you think?*** er ist schon 'ne Nummer, findest du nicht?

⑫ AM *(sl: tale)* Nummer *f fam,* Masche *f fam;* ***he tried his usual ~ but she didn't fall for it*** er versuchte es auf die übliche Tour, aber sie fiel nicht darauf herein *fam*

⑬ AM *(game)* ■**the ~s** *pl* Zahlenlotto *nt (bestimmte Art)*

⑭ *no pl* LING Numerus *m*

▸PHRASES: **beyond** [*or* **without**] **~** zahllos; **by** [**the**] **~s** nach Schema F; **to do ~ one/two** *(euph fam)* klein/groß machen *fam;* **to do a ~ on sb** AM *(sl)* eine Nummer mit jdm abziehen *fam;* **by** [**sheer**] **force** [*or* **weight**] **of ~s** [allein] aufgrund zahlenmäßiger Überlegenheit; **to have sb's ~** *(sl)* jdn durchschauen; **to look out for ~ one** *(fam)* sich *akk* nur um sich *akk* selbst kümmern; **~ one** *(fam: oneself)* die Nummer eins; ***he only cares about ~ one*** er denkt nur an sich selbst; *(bestseller) book* Bestseller *m; album* Kassenschlager *m;* **to be** [**the**] **~ one** die Nummer eins sein; **there's safety in ~s** *(prov)* in der Menge ist man sicher; **N~ Ten** *(residence of Prime Minister)* Downing Street Nummer 10; *(Prime Minister)* der britische Premierminister/die britische Premierministerin; *(staff)* der Stab des britischen Premierministers/der britischen Premierministerin; **sb's ~ is up** *(fam)* jds [letztes] Stündlein hat geschlagen *fam*

II. *vt* ① *(mark in series)* ■**to ~ sth** etw nummerieren; **to ~ sth from ... to ...** etw von ... bis ... durchnummerieren

② *(count)* ■**to ~ sth** etw abzählen

③ *(comprise)* ■**to ~ sth** etw zählen; ***each team ~s 11 players*** jede Mannschaft zählt [*o* hat] elf Spieler

④ *(form: include)* ■**to ~ sb among sth** jdn zu etw *dat* zählen; ***at one time the club ~ed an archbishop among its members*** der Klub zählte sogar einmal einen Erzbischof zu seinen Mitgliedern

num·ber² ['nʌmər, AM 'nʌmɚ] *adj comp of* **numb**

'num·ber ac·count *n* Nummernkonto *nt*

'num·ber-crunch·er *n* ① *(often pej: person)* Rechenfreak *m fam*

② COMPUT ≈ Großrechner *m,* Zahlenfresser *m fam*

'num·ber-crunch·ing *n no pl* ***nowadays computers do all the ~*** heutzutage berechnen Computer all die großen Datenmengen; ***it's really not very interesting work, just a lot of ~*** die Arbeit ist nicht sonderlich interessant, halt viel Rumrechnerei *fam*

'num·bered ac·count *n see* **number account**

num·ber·ing ['nʌmbərɪŋ] *n no pl* Nummerierung *f*

num·ber·less ['nʌmbələs, AM -bɚ-] *adj inv (esp liter)* zahllos, unzählig

'num·ber-one I. *adj attr, inv* ① *(main)* Haupt-; **the ~ cause/reason** die Hauptursache/der Hauptgrund; **~ priority** oberste Priorität; **the ~ problem** das wichtigste [*o* vorrangige] Problem

② *(best) skier, detective* Spitzen-, Top-; ***the Beatles were the ~ pop group for years*** die Beatles waren jahrelang die Nummer eins unter den Popgruppen; **~ brand** Spitzenmarke *f;* **~ choice/priority** erste Wahl/Priorität; **~ position** Spitzenposition *f;* **~ song** Nummer-Eins-Hit *m* [*o* -Single *nt*]

③ *(bestselling) album, song* meistverkauft, bestverkauft

II. *n esp* AM *(fig: one's self)* **to care about ~** [nur] an sich *akk* denken; **to look after ~** sich *akk* selbst an erster Stelle setzen

'num·ber plate *n* BRIT Nummernschild *nt* **'num·ber theo·ry** *n no pl* MATH Zahlentheorie *f*

numb·ing ['nʌmɪŋ] *adj effect, feeling* betäubend; **~ sensation** taubes Gefühl

numb·ly ['nʌmli] *adv* wie betäubt, benommen

numb·ness ['nʌmnəs] *n no pl* ① *of limbs* Taubheit *f*

② *(torpor)* Benommenheit *f; (because of shock, grief)* Starre *f*

'numb·skull *n see* **numskull**

nu·mera·cy ['nju:mərəsi, AM *esp* 'nu:-] **I.** *n no pl* MATH Rechnen *nt*

II. *n modifier* rechnerisch; ***these children are lacking the most basic of ~ skills*** diese Kinder verfügen nicht einmal über die grundlegendsten rechnerischen Fähigkeiten

nu·mer·aire [,nju:mə'reər, AM ,nu:mə'rer] *n* ECON Numéraire *f (Bezugsgröße des Währungssystems)*

nu·mer·al ['nju:mərəl, AM *esp* 'nu:-] *n* Ziffer *f*

nu·mer·ate ['nju:mərət, AM *esp* 'nu:-] *adj* rechenfähig; ***a ~ child would have no problems here*** ein Kind, das rechnen kann, hätte hier keinerlei Schwierigkeiten

nu·mera·tion [,nju:mər'eɪʃən, AM ,nu:mər'-, 'nju:-] *n no pl (form)* Nummerierung *f*

nu·mera·tor ['nju:məreɪtər, AM 'nu:məreɪṭɚ, 'nju:-] *n* MATH Zähler *m*

nu·mer·ic [nju:'merɪk, AM *esp* nu:'-] **I.** *adj* numerisch

II. *n* Numerik *f*

nu·meri·cal [nju:'merɪkl, AM *esp* nu:'-] *adj inv* ① *(arithmetic)* numerisch; **in ~ order** in numerischer Reihenfolge; **~ skills** rechnerische Fähigkeiten

② *(expressed in numbers)* numerisch; **~ code** numerischer Code, Nummerncode *m;* **~ superiority** zahlenmäßige Überlegenheit; **to have a ~ superiority over sb** jdm zahlenmäßig überlegen sein

nu·meri·cal·ly [nju:'merɪkli, AM *esp* nu:'-] *adv inv* zahlenmäßig; *(arithmetically)* numerisch; **~ superior** zahlenmäßig überlegen

nu·mer·ic 'key·pad *n* COMPUT numerisches Tastaturfeld, Ziffernblock *m*

nu·mero·logi·cal [,nju:mərə'lɒdʒɪkəl, AM

ˌnuːməˈəˈlɑː-, njuː-] *adj sign* numerologisch *geh*
nu·mer·ol·ogy [ˌnjuːməˈrɒlədʒi, AM ˌnuːməˈrɑː-, njuː-] *n* Numerologie *f geh*
nu·mero uno [ˌnjuːmərəʊˈuːnəʊ, AM ˌnuːməroʊˈuːnoʊ] *n see* **number-one**
nu·mer·ous [ˈnjuːmərəs, AM *esp* ˈnuː-] *adj* zahlreich; ***shops of this type, once rare, are now ~*** solche Läden gab es früher kaum und heute findet man sie fast überall; **on ~ occasions** bei zahlreichen Gelegenheiten
nu·mis·mat·ic [ˌnjuːmɪzˈmætɪk, AM ˌnuːmɪzˈmæţɪk] *adj inv* numismatisch *fachspr,* Münz[en]-
nu·mis·mat·ics [ˌnjuːmɪzˈmætɪks, AM ˌnuːmɪzˈmæţɪks, ˈnjuː-] *n no pl* Numismatik *f*
nu·mis·ma·tist [njuːˈmɪzmətɪst, AM nuː] *n* Münzkenner(in) *m(f),* Numismatiker(in) *m(f) fachspr*
num·skull [ˈnʌmskʌl] *n* Hohlkopf *m pej fam*
nun [nʌn] *n* Nonne *f*
nun·cia·ture [ˈnʌnsiətjʊəʳ, AM tjʊr] *n* REL, POL Nuntiatur *f*
nun·cio [ˈnʌn(t)siəʊ, -ʃiəʊ, AM -sioʊ] *n* REL Nuntius *m*
nun·nery [ˈnʌnəri] *n (liter)* [Nonnen]kloster *nt*
nup·tial [nʌpʃəl] *adj inv (form liter)* ehelich; ***that's what I call ~ bliss*** Mann, die sind vielleicht im siebten Himmel; **~ bed** Ehebett *nt;* **~ promise** eheliches Versprechen; **~ vows** Ehegelübde *nt,* Ehegelöbnis *nt*
nup·tials [nʌpʃəlz] *npl (form or hum)* Hochzeit *f*
nurd *n see* **nerd**
nurdy *adj see* **nerdy**
nurse [nɜːs, AM nɜːrs] **I.** *n* ① *(at hospital)* [Kranken]schwester *f; (male)* Krankenpfleger *m*
② *(nanny)* Kindermädchen *nt*
II. *vt* ① *(care for)* ▪**to ~ sb/an animal** jdn/ein Tier pflegen; **to ~ sb/an animal back to health** jdn/ein Tier wieder gesund pflegen; **to ~ a patient** einen Patienten pflegen
② *(heal)* ▪**to ~ sth** etw [aus]kurieren; **to ~ a cold** eine Erkältung auskurieren
③ *(tend)* ▪**to ~ sth** *a plant* etw hegen [*o* pflegen]
④ *(nurture)* ▪**to ~ sth** *a project* etw fördern; **to ~ the hope in sb that ...** in jdm die Hoffnung nähren, dass ...; **to ~ a plan** einen Plan hegen
⑤ *(harbour)* **to ~ a feeling for sb/sth** ein Gefühl für jdn/etw hegen; **to ~ a grudge against sb** einen Groll gegen jdn hegen; **to ~ a passion for sth** ein Faible für etw *akk* haben
⑥ *(cradle)* **to ~ a baby** ein Baby [vorsichtig] im Arm halten; ***she ~d him in her arms till he fell asleep*** sie wiegte ihn in ihren Armen, bis er einschlief
⑦ *(with glass)* ***he was sitting in the pub nursing an almost empty glass of beer*** er saß in der Kneipe bei einem fast leeren Glas Bier
⑧ *(suckle)* **to ~ a child** ein Kind stillen
III. *vi* in der Krankenpflege arbeiten
ˈnurse·maid I. *n* ① *(dated: nanny)* Kindermädchen *nt* ② *(pej: servant)* Kindermädchen *nt pej* **II.** *vt* ▪**to ~ sb** jdn durch ein Kindermädchen pflegen lassen
nurse prac·ˈti·tion·er *n* AM anerkannte/geprüfte [*o* SCHWEIZ *meist* ausgebildete] Krankenpflegekraft
nurse·ry [ˈnɜːsəri, AM ˈnɜːr-] **I.** *n* ① *(crèche)* Kindergarten *m; (school)* Vorschule *f* BRD, ÖSTERR; **to go to ~** in den Kindergarten/in die Vorschule gehen
② *(room)* Kinderzimmer *nt*
③ HORT Gärtnerei *f; (for trees)* Baumschule *f*
II. *n modifier* Kinder-; **~ facilities** Betreuungsmöglichkeiten *pl* für Kleinkinder; **~ teacher** *(at crèche)* Kindergärtner(in) *m(f); (at school)* Vorschullehrer(in) *m(f)* BRD, ÖSTERR
nurse·ry edu·ˈca·tion *n no pl* Vorschulunterricht *m,* SCHWEIZ *meist* Kindergartenunterricht *m*
nurse·ry·man [ˈnɜːsərimən, AM ˈnɜːr-] *n* Pflanzenzüchter *m*
ˈnurse·ry nurse *n* BRIT Kindermädchen *nt* **ˈnurse·ry rhyme** *n* Kinderreim *m; (song)* Kinderlied *nt* **ˈnurse·ry school** *n* Vorschule *f* BRD, ÖSTERR **ˈnurse·ry slopes** *npl* BRIT SKI Anfängerhügel *m,* Idiotenhügel *m hum*
nursey, nursie [ˈnɜːsi, AM ˈnɜːrsi] *n (fam)* Kindermädchen *nt*
nurs·ing [ˈnɜːsɪŋ, AM ˈnɜːr-] **I.** *n no pl* ① *(taking care)* [Kranken]pflege *f;* **to go into ~** Krankenpfleger/Krankenpflegerin werden
② *(feeding)* Stillen *nt*
II. *adj* ① *(caring)* Krankenpflege-; **~ department** Pflegestation *f;* **~ profession** Krankenpflegeberuf *m*
② *(feeding)* **~ mothers** stillende Mütter
ˈnurs·ing aid *n* AUS Hilfsschwester *f* **ˈnurs·ing aux·ilia·ry** *n* BRIT Schwesternhelferin *f; (male)* Hilfspfleger *m* **ˈnurs·ing bot·tle** *n* AM Fläschchen *nt* **ˈnurs·ing home** *n* ① *(for old people)* Pflegeheim *nt* ② *(for convalescents)* Genesungsheim *nt* ③ BRIT *(for pregnant women)* Entbindungsklinik, SCHWEIZ, ÖSTERR *meist* Geburtsklinik *f*
nur·ture [ˈnɜːtʃəʳ, AM ˈnɜːrtʃɚ] **I.** *vt (form)* ① *(raise)* ▪**to ~ sb** jdn aufziehen [*o* großziehen]; ***she wants to stay at home and ~ her children*** sie will zu Hause bleiben und sich um ihre Kinder kümmern; **to ~ a plant** eine Pflanze hegen
② *(encourage)* ▪**to ~ sb/sth** jdn/etw fördern
③ *(harbour)* **to ~ ambitions** Ambitionen hegen; **to ~ a dream** einen Traum hegen
④ *(to care for a relationship)* ▪**to ~ sth/sb** *customer relationship* etw pflegen; *client* jdn an sich binden
II. *n no pl* ① *(upbringing)* Erziehung *f*
② *(nourishing)* Nahrung *f a. fig*
NUS [ˌenjuːˈes] *n no pl, + sing/pl vb* BRIT *abbrev of* **National Union of Students** *britische Studentengewerkschaft*
nut [nʌt] **I.** *n* ① *(fruit)* Nuss *f*
② TECH Mutter *f;* **to tighten the ~ up** die Mutter festziehen
③ *(fam: madman)* Bekloppte(r) *f(m)* BRD *sl,* Dodel *m* ÖSTERR *pej derb*
④ *(fam: fool)* Verrückte(r) *f(m),* ÖSTERR *a.* Spinner *m*
⑤ *(fam: fan)* Fanatiker(in) *m(f);* **health/sports ~** Gesundheits-/Sportfanatiker(in) *m(f)*
⑥ *(fam: head)* Schädel *m fam,* Birne *f fam,* Grind *m fam;* **to be off one's ~** übergeschnappt sein *fam;* **to do one's ~** BRIT, AUS ausrasten, durchdrehen *fam;* **to use one's ~** sein Hirn benutzen
⑦ AM *(fam: costs)* Geldbedarf *m*
▸PHRASES: **the ~s and bolts of sth** die fundamentalen Grundlagen einer S. *gen;* **a hard** [*or* **tough**] **~ to crack** *(problem)* eine harte Nuss; *(person)* eine schwierige Person
II. *n modifier* **~ allergy** Nussallergie *f;* **~ cutlet** Nussschnitzel *nt;* **~ filling** Nussfüllung *f;* **~ tree** Nussbaum *m*
III. *vt* <-tt-> *(fam)* ▪**to ~ sb** jdm eine Kopfnuss geben
ˈnut-brown *adj inv* nussbraun **ˈnut·case** *n (pej fam)* ① *(madman)* Verrückte(r) *f(m)* ② *(fool)* Spinner(in) *m(f)* **ˈnut·crack·er** *n* Nussknacker *m;* [**a pair of**] **~s** BRIT ein Nussknacker *m* **ˈnut-free** *adj inv* ohne Nüsse *nach n*
ˈnut·hatch *n* ORN Kleiber *m*
ˈnut·house *n (sl)* Irrenanstalt *f fam,* Klapsmühle *f fam*
nut·meg [ˈnʌtmeg] **I.** *n* ① *(fruit)* Muskatnuss *f*
② *no pl (spice)* Muskat *m;* **grated** [*or* **ground**] **~** gemahlener Muskat
II. *vt* <-gg-> FBALL ▪**to ~ sb** den Ball durch die Beine des Gegners spielen, jdn tunneln *sl*
Nu·tra·Sweet® [ˈnjuːtrəˌswiːt, AM *esp* ˈnuː-] *n no pl* NutraSweet® *nt (künstlicher Süßstoff)*
nu·tri·ent [ˈnjuːtriənt, AM *esp* ˈnuː-] **I.** *n* Nährstoff *m;* **to be full of ~s** voller Nährstoffe sein
II. *adj* ① BIOL, FOOD Nährstoff-; **~ solution** Nährstofflösung *f*
② *(nourishing)* nahrhaft
ˈnu·tri·ent-free *adj inv* ohne Nährstoffe *nach n* **ˈnu·tri·ent-poor** *adj inv* nährstoffarm, mit wenig Nährstoffen *nach n*
nu·tri·tion [njuːˈtrɪʃən, AM *esp* nuː-] **I.** *n no pl* ① *(eating)* Ernährung *f;* **good/bad ~** gute/schlechte Ernährung
② *(science)* Ernährungswissenschaft *f*
II. *n modifier* Nahrungs-; **~ content** Nährstoffgehalt *m*
nu·tri·tion·al [njuːˈtrɪʃənəl, AM *esp* nuː-] *adj* Ernährungs-; **~ deficiency** Nährstoffmangel *m;* **~ information** Nährwertangaben *pl;* **~ value** Nährwert *m*
nu·tri·tion·al ˈsup·ple·ment *n* Nahrungsergänzung *f*
nu·tri·tion·ist [njuːˈtrɪʃənɪst, AM *esp* nuː-] *n* Ernährungswissenschaftler(in) *m(f),* Ernährungswissenschafter(in) *m(f)* SCHWEIZ
nu·tri·tious [njuːˈtrɪʃəs, AM *esp* nuː-] *adj* nährstoffreich; *(nourishing)* nahrhaft
nu·tri·tive [njuːˈtrətɪv, AM nuːˈtrəţɪv, ˈnjuː-] *adj see* **nutritional**
nuts [nʌts] **I.** *npl esp* AM *(fam!)* Eier *pl vulg;* ***if he tries to grab you, just knee him in the ~*** wenn er versucht, dich zu greifen, dann trete ihm einfach eine in die Eier
II. *adj pred* ① *(foolish)* ▪**to be ~** verrückt sein
② *(angry)* **to go ~** durchdrehen *fam,* ausrasten *fam*
③ *(enthusiastic)* ▪**to be ~ about** [*or* **over**] **sb/sth** verrückt nach jdm/etw sein *fam*
ˈnut-sac *n (sl)* Hoden *m,* Eier *pl*
ˈnut·shell *n no pl* Nussschale *f*
▸PHRASES: **in a ~** kurz gesagt; ***that explains the problem in a ~*** das erklärt das Problem kurz und bündig; **to put it in a ~** es auf den Punkt bringen
nut·ter [ˈnʌtəʳ] *n* BRIT, AUS *(pej fam)* ① *(madman)* Verrückte(r) *f(m)*
② *(fool)* Spinner(in) *m(f) fam;* **to be a complete ~** ein Vollidiot/eine Vollidiotin sein *pej,* total spinnen
nut·ti·ness [ˈnʌtɪnəs, AM ˈnʌţɪ-] *n no pl* Nussgeschmack *m*
nut·ty [ˈnʌti, AM ˈnʌţi] *adj* ① *(full of nuts)* mit vielen Nüssen *nach n;* **~ chocolate** Schokolade *f* mit vielen Nüssen
② *(tasting like nuts) taste, aroma* nussig
③ *(fam: crazy) idea, person* verrückt; [**as**] **~ as a fruitcake** vollkommen verrückt
④ *(fam: enthusiastic)* ▪**to be ~ about sb/sth** ganz verrückt nach jdm/auf etw *akk* sein
nuz·zle [ˈnʌzl̩] **I.** *vt* ▪**to ~ sb/sth** jdn/etw [sanft] berühren
II. *vi* **to ~ closer** [sich *akk*] näher herankuscheln; ▪**to ~** [**up**] **against** [*or* **up to**] **sb/sth** [sich *akk*] an jdn/etw ankuscheln; **to ~ at sb's shoulder** [sich *akk*] an jds Schulter kuscheln; ▪**to ~ in**[**to**] **sth** *dogs, horses* die Schnauze in etw *akk* drücken
NVQ [ˌenviːˈkjuː] *n* SCH *abbrev of* **National Vocational Qualification** ≈ Fachhochschulreife *f,* ≈ Berufsmaturität *f* SCHWEIZ, ≈ Berufsreife *f* ÖSTERR
NW I. *n no pl abbrev of* **northwest** NW.
II. *adj inv abbrev of* **northwest**[**ern**] NW-
III. *adv inv abbrev of* **northwest**
N.W.T. CAN *abbrev of* **Northwest Territories**
N.Y. AM *abbrev of* **New York**
Ny·asa·land [naɪˈæsəlænd] *n (hist)* Njassaland *nt hist*
NYC [ˌenwaɪˈsiː] *n* AM *abbrev of* **New York City**
ny·lon [ˈnaɪlɒn, AM -lɑːn] **I.** *n* ① *no pl* Nylon *nt*
② *(dated: stockings)* ▪**~s** *pl* Nylonstrümpfe *pl,* Nylons *pl* BRD *fam,* Nylonstrumpfhose *f* SCHWEIZ
II. *n modifier* Nylon-; **~ shirt** Nylonhemd *nt;* **~ thread** Nylonfaden *m*
nymph [nɪm(p)f] *n* Nymphe *f*
nymph·et(te) [nɪm(p)ˈfet, AM ˈnɪm(p)fət] *n (fam)* Nymphlein *nt*
nym·pho [ˈnɪm(p)fəʊ, AM -foʊ] *n (pej fam) short for* **nymphomaniac** Nympho *f sl*
nym·pho·ma·nia [ˌnɪm(p)fə(ʊ)ˈmeɪniə, AM -foʊˈ-] *n no pl* Nymphomanie *f;* **to suffer from ~** Nymphomanin sein
nym·pho·ma·ni·ac [ˌnɪm(p)fə(ʊ)ˈmeɪniæk, AM -foʊˈ-] *(pej)* **I.** *n* Nymphomanin *f*
II. *adj* nymphomanisch
N. Yorks BRIT *abbrev of* **North Yorkshire**
NYPD [ˌenjaɪpiːˈdiː] *n no pl, + sing/pl vb* AM *abbrev of* **New York Police Department** *New Yorker Polizei*
NYSE *n abbrev of* **New York Stock Exchange** New Yorker Börse *f*
NZ *n no pl abbrev of* **New Zealand**
NZSL *n no pl abbrev of* **New Zealand Sign Language** NZSL *(Neuseeländische Gebärdensprache)*

N

O

O <*pl* 's>, **o** <*pl* 's *or* -s> [əʊ, AM oʊ] *n* ① *(letter)* O *nt*, o *nt*; ~ **for Oliver** [*or* AM **as in Oboe**] O für Otto; *see also* **A 1**
② *(blood type)* O
③ *(zero)* Null *f*; ***my phone number is three, ~, five, one*** meine Telefonnummer ist drei, null, fünf, eins

O [əʊ, AM oʊ] *interj* ① *(poet or old: as address)* ~ ***Zeus!*** O Zeus!
② *(dated: expressing emotion)* ~ ***no!*** O nein!

o' [ə] *prep short for* **of**

O. AM *abbrev of* **Ohio**

oaf [əʊf, AM oʊf] *n (pej fam)* ① *(rude person)* Rüpel *m*
② *(clumsy person)* Tölpel *m fam*; ***you clumsy ~!*** du altes Trampeltier! *pej*
③ *(stupid person)* Dummkopf *m fam*

oaf·ish ['əʊfɪʃ, AM 'oʊ-] *adj (pej fam)* ① *(rude) person, behaviour* rüpelhaft
② *(clumsy) person* tölpelig *fam*

oaf·ish·ness ['əʊfɪʃnəs, AM 'oʊ-] *n no pl (pej fam)* ① *(rudeness)* Rüpelhaftigkeit *f*
② *(clumsiness)* Tollpatschigkeit *f*

oak [əʊk, AM oʊk] **I.** *n* ① *(tree)* Eiche *f*
② *no pl (wood)* Eiche *f*, Eichenholz *nt*
▸PHRASES: **tall** [*or* **great**] ~**s from little acorns grow** *(prov)* gut Ding will Weile haben BRD *prov*
II. *n modifier* ① *(wooden) furniture* aus Eichenholz *nach n*
② *(of tree) leaves* Eichen-

oak·en ['əʊkən, AM 'oʊk-] *adj inv* eichen, aus Eiche *nach n*

oakum ['əʊkəm, AM 'oʊk-] *n no pl* HIST Werg *nt*

oaky ['əʊki, AM 'oʊki] *adj* ① *wine* eichig; ~ **taste** Eichengeschmack *m*
② *(of oak)* Eichen-

OAP [,əʊer'piː] *n* BRIT *abbrev of* **old age pensioner** Rentner(in) *m(f)*, SCHWEIZ *meist* Pensionär(in) *m(f)*, Pensionist(in) *m(f)* ÖSTERR

OAPEC ['əʊpek, AM 'oʊ-] *n no pl, + sing/pl vb acr for* **Organization of Arab Petroleum Exporting Countries** OPEC *f*

oar [ɔːʳ, AM ɔːr] *n* ① *(paddle)* Ruder *nt*, Riemen *m fachspr*
② *(person)* Ruderer *m*/Ruderin *f*
▸PHRASES: **to put** [*or* **stick**] **one's ~ in** *(pej fam)* sich *akk* [in etw *akk*] einmischen, seine Nase [in etw *akk*] hineinstecken *fam*

'oar·lock *n* AM Riemenhalterung *f*, Ruderhalterung *f*

'oars·man *n* Ruderer *m* **'oars·wom·an** *n* Ruderin *f*

oasis <*pl* -ses> [əʊ'eɪsɪs, AM oʊ'-, *pl* -siːz] *n*
① *(waterhole)* Oase *f*
② *(fig: haven)* Oase *f*; **an ~ of peace** eine Oase des Friedens

oast [əʊst, AM oʊst] *n* AGR Darre *f*

oat [əʊt, AM oʊt] *n* Hafer *m*; ■~**s** *pl (hulled grain)* Haferkörner *pl*; *(rolled)* Haferflocken *pl*; ***have you given the horses their ~s yet?*** hast du den Pferden schon ihren Hafer gegeben?; **wild ~** Flughafer *m*
▸PHRASES: **to feel one's ~s** AM sich *akk* quicklebendig fühlen; **to get one's ~s** BRIT jdn vernaschen *hum*; **to be off one's ~s** *(hum)* keinen Appetit haben; **to sow one's wild ~s** sich *dat* die Hörner abstoßen

'oat·cake *n* Haferplätzchen *nt*, Haferguetzli *nt* SCHWEIZ *fam*

oath [əʊθ, AM oʊθ] *n* ① *(promise)* Eid *m*; **to break one's ~** seinen Schwur brechen; **to declare under ~** unter Eid aussagen; **to take** [*or* **make**] [*or* **swear**] **an ~ on sth** einen Eid auf etw *akk* schwören; **to take the ~** vereidigt werden; **under** [*or* BRIT **up**|**on**] ~ unter Eid; ***witnesses are, of course, under ~ to tell the truth*** Zeugen werden natürlich darauf vereidigt, die Wahrheit zu sagen; **to be under ~** unter Eid stehen
② *(dated: curse)* Schwur *m*, Fluch *m*

'oat·meal ['əʊtmiːl, AM 'oʊt-] **I.** *n no pl* ① *(flour)* Hafermehl *nt*
② AM *(porridge)* Haferbrei *m*
③ *(colour)* Hellbeige *nt*
II. *adj* ① *(containing oatmeal)* Hafer-; ~ **biscuits** [*or* AM **cookies**] Haferplätzchen *pl*, Haferguetsli *pl* SCHWEIZ *fam*, Hafermehlkekse *pl* ÖSTERR
② *(colour)* hellbeige

OAU [,əʊer'juː, AM ,oʊ-] *n abbrev of* **Organization of African Unity** Organisation *f* für die Afrikanische Einheit

OB [,oʊ'biː] *n* AM *(fam) abbrev of* **obstetrician** Geburtshelfer(in) *m(f)*

ob·bli·ga·to <*pl* -os *or* -gati> [,ɒblɪ'gɑːtəʊ] *n* MUS *see* **obligato**

ob·du·ra·cy ['ɒbdjərəsi, AM 'ɑːbdʊrə-, -djʊ-] *n no pl (pej form)* Hartnäckigkeit *f*

ob·du·rate ['ɒbdjərət, AM 'ɑːbdʊrɪt, -djʊ-] *adj (pej form)* ① *(stubborn)* hartnäckig; ~ **person** sture Person; **to remain ~** hartnäckig [*o* stur] bleiben; ■**to be ~ on doing sth** darauf beharren [*o* SCHWEIZ, ÖSTERR *meist* bestehen], etw zu tun
② *(difficult) problem* hartnäckig

ob·du·rate·ly ['ɒbdjərətli, AM 'ɑːbdʊrɪt-, -djʊ-] *adv (pej form)* hartnäckig

OBE [,əʊbiː'iː] *n* BRIT *abbrev of* **Order of the British Empire** britischer Verdienstorden

obedi·ence [ə(ʊ)'biːdiən(t)s, AM oʊ'-] *n no pl* Gehorsam *m* (**to** gegenüber +*dat*); **in ~ to the law** dem Gesetz entsprechend; **in ~ to the theory** gemäß der Theorie; **unquestioning ~** unbedingter Gehorsam

obedi·ent [ə(ʊ)'biːdiənt, AM oʊ'-] *adj* gehorsam; *child, dog also* folgsam; **to be ~ to sb/sb's commands** jdm/jds Befehlen gehorchen; **your ~ servant** *(old)* Ihr ergebenster Diener *veraltet*

obedi·ent·ly [ə(ʊ)'biːdiəntli, AM oʊ'-] *adv* gehorsam, folgsam; **to act ~** gehorsam sein

obei·sance [ə(ʊ)'beɪsən(t)s, AM oʊ'-] *n (form)* ① *no pl (respect)* Respekt *m* (**to** gegenüber +*dat*); *(more formal)* Ehrerbietung *f*, Huldigung *f*; **to pay** [*or* **make**] ~ **to sb** jdn huldigen, jdm seine Huldigung darbringen
② *(bow)* Verbeugung *f*; **deep ~** tiefe Verbeugung; **to make an ~** eine Verbeugung machen, sich *akk* verbeugen; **to make one's ~ to sb** jdm seine Aufwartung machen *veraltet*

ob·elisk ['ɒbəlɪsk, AM 'ɑː-] *n* Obelisk *m*

obese [ə(ʊ)'biːs, AM oʊ'-] *adj* fett *pej*; *esp* MED fettleibig

obesity [ə(ʊ)'biːsəti, AM oʊ'biːsəṭi] *n no pl* Fettheit *f pej*; *esp* MED Fettleibigkeit *f*

obey [ə(ʊ)'beɪ, AM oʊ'-] **I.** *vt* ① *(comply with)* ■**to ~ sb/sth** jdm/etw gehorchen, jdm/etw folgen SCHWEIZ; ***falling objects ~ the law of gravity*** fallende Gegenstände unterliegen dem Gesetz der Schwerkraft; **to ~ the law** sich *akk* an das Gesetz halten; **to ~ an order** einen Befehl befolgen, einem Befehl Folge leisten [*o* SCHWEIZ folgen]; **to ~ the rules** die Regeln befolgen, sich *akk* an die Regeln halten
② *(not fail)* ***her legs just wouldn't ~ her any longer*** ihre Beine gehorchten ihr nicht länger
II. *vi* gehorchen; ***he simply refused to ~*** er weigerte sich schlichtweg zu gehorchen; ***her legs just wouldn't ~*** ihre Beine gehorchten einfach nicht

ob·fus·cate ['ɒbfʌskeɪt, AM 'ɑːbfə-] *vt (form)* ■**to ~ sth** etw vernebeln; *(make unclear)* etw unklar machen; ■**to ~ sb** jdn verwirren

ob·fus·ca·tion [,ɒbfʌs'keɪʃən, AM ,ɑːbfə'skeɪ-] *n no pl (form)* Vernebelung *f*; *of person* Verwirrung *f*

OB-GYN [,oʊbiːdʒiːwaɪ'en] *n* AM *(fam) short for* **obstetrician gynecologist** Geburtshelfer(in) *m(f)*

obit ['ɒbɪt, AM 'oʊ-] *n (fam) short for* **obituary** Nachruf *m*

obi·tu·ary [ə(ʊ)'bɪtʃʊəri, AM oʊ'bɪtʃueri] *n* Nachruf *m*; ***I read in his ~ that he'd once lived in Alabama*** ich habe im Sterberegister gelesen, dass er einst in Alabama gelebt hat; ~ **column** Sterberegister *nt*; ~ **notice** Todesanzeige *f*, ÖSTERR *a.* Pate *f*

object[1] ['ɒbdʒɪkt, AM 'ɑːb-] *n* ① *(thing)* Objekt *nt*, Gegenstand *m*; PHILOS Objekt *nt*; **a glass/metal ~** ein Gegenstand aus Glas/Metall; ~ **lesson** Anschauungsunterricht *m*; **to understand the nature of ~s** PHILOS das Wesen der Dinge erkennen; **to treat sb as ~** jdn wie ein Objekt behandeln
② *usu sing (aim)* Ziel *nt*, Zweck *m*; ***what was the ~ of it all?*** was war der [Sinn und] Zweck des Ganzen?; ~ **of business** Geschäftszweck *m*; **the ~ of the exercise** [der] Zweck der Übung; ***the ~ of the exercise is to increase sales*** Ziel [*o* Sinn] und Zweck der Übung ist es, die Verkaufszahlen zu steigern; **immediate ~** Nahziel *nt*; **to have an ~ in life** ein Lebensziel haben; **to defeat one's own ~** sich *dat* selbst schaden; **to make sth one's ~** sich *dat* etw zum Ziel setzen
③ *usu sing (form: focus)* Gegenstand *m*; ***her little daughter was the sole ~ of her love*** ihre ganze Liebe galt ihrer kleinen Tochter; **the ~ of desire** das Objekt der Begierde; ~ **at issue** LAW Streitgegenstand *m*; **to be/become an ~ of pity/scorn** zum Gegenstand des Mitleids/Spotts sein/werden
④ LING Objekt *nt*; **direct/indirect ~** Akkusativ-/Dativobjekt *nt*, direktes/indirektes Objekt
⑤ *(obstacle)* Hinderungsgrund *m*; ***money is no ~*** Geld spielt keine Rolle; ***salary no ~*** Gehalt [ist] Nebensache
⑥ *(fam: odd person)* komischer Vogel *fam*

object[2] [əb'dʒekt] **I.** *vi* ① *(oppose, disapprove)* dagegen sein, Einwände haben; *(mind, dislike)* etwas dagegen haben; ***would anyone ~ if we started the meeting now?*** hätte irgendjemand etwas dagegen, wenn wir nun mit der Sitzung beginnen [würden]?; ■**to ~ to sth** *(oppose, disapprove)* gegen etw *akk* sein, etw ablehnen; *(dislike, mind)* etwas gegen etw *akk* haben; *(stronger)* sich *dat* etw verbitten; ***I ~ to your*|*r*| *taking 80% of the profits*** ich habe etwas dagegen, dass Sie 80% des Gewinns einstreichen; ***do you ~ to people smoking at the table?*** stört es Sie, wenn Leute bei Tisch rauchen?; ***I ~ to this language!*** ich verbitte mir diese Sprache!; **to ~ to an attitude** eine Einstellung missbilligen
② *(protest)* protestieren, Einwände erheben
II. *vt* ■**to ~ sth** etw einwenden; ***"I can't allow that," the chairman ~ed*** „das kann ich nicht zulassen", protestierte der Vorsitzende; ■**to ~ that ...** einwenden, dass ...

ob·jec·ti·fi·ca·tion [əb'dʒektɪfɪ,keɪʃən, AM əb'dʒektə-] *n no pl* PSYCH Versachlichung *f*

ob·jec·tion [əb'dʒekʃən] *n* Einwand *m*, Widerspruch *m*; **to have an ~** [**to** [*or* **against**] **sth**] [gegen etw *akk*] einen Einwand haben; ***nobody had a single ~*** niemand hatte einen Einwand; ***does anyone have any ~s?*** hat irgendjemand einen Einwand?; ***if you have no ~, then we will continue*** wenn Sie nichts dagegen haben, würden wir gern fortfahren; **to raise** [*or* **voice**] ~**s** [**to sth**] Einwände [gegen etw *akk*] erheben

ob·jec·tion·able [əb'dʒekʃənəbl̩] *adj (form)* unangenehm; *(offensive)* anstößig; *smell, sight* übel

ob·jec·tion·ably [əb'dʒekʃənəbli] *adv (form)* unangenehm

ob·jec·tive [əb'dʒektɪv] **I.** *n* ① *(aim)* Zielsetzung *f*, Ziel *nt*; **management by ~s** Unternehmensführung *f* mit Zielvorgabe; **long-term/short-term ~** langfristige/kurzfristige Zielsetzung; **main** [*or* **primary**] ~ Hauptziel *nt*; **to achieve** [*or* **attain**] [*or* **meet**] **one's ~** sein Ziel erreichen
② PHOT Objektiv *nt*
II. *adj* ① *(unbiased)* objektiv
② *(actual)* sachlich; ~ **fact** Tatsache *f*

ob·jec·tive·ly [əb'dʒektɪvli] *adv* ① *(impartially)* objektiv
② *(in fact)* sachlich

ob·jec·tiv·ism [əb'dʒektɪvɪzəm, AM tə] *n no pl*
① *(non-subjective attitude)* Objektivität *f*, objektive Einstellung [*o* Haltung]
② PHILOS Objektivismus *m*

ob·jec·tiv·ity [,ɒbdʒɪk'tɪvəti, AM ,ɑːbdʒek'tɪvəṭi] *n no pl* ① *(impartiality)* Objektivität *f*; **to maintain one's ~** seine Objektivität bewahren
② *(actuality)* Sachlichkeit *f*

'ob·ject lan·guage *n* ① LING Objektsprache *f*

② COMPUT Maschinensprache *fachspr* **'ob·ject les·son** *n (approv)* Musterbeispiel *nt,* Paradebeispiel *nt* (**in** für *+akk*), Muster *nt* (**in** an *+dat*); ***the disaster was an ~ in how not to run a ship*** die Katastrophe war ein Musterbeispiel dafür, wie man ein Schiff nicht führen sollte

ob·jec·tor [əb'dʒektəʳ, AM -ɚ] *n* Gegner(in) *m(f)* (to *+gen)*

ob·ject-'ori·ent·ed *adj* COMPUT objektorientiert

ob·jet d'art <*pl* objets d'art> [ˌɒbʒeɪ'dɑːʳ, *pl* ˌɒbʒeɪ'dɑːʳ, AM ˌɑːbʒeɪ'dɑːr, *pl* ˌɑːbʒeɪ'dɑːr] *n* Kunstobjekt *nt,* Kunstgegenstand *m*

ob·la·tion [əʊ'bleɪʃᵊn, AM ə'] *n* REL Opfergabe *f,* Opfer *nt*

ob·li·gate ['ɒblɪgeɪt, AM 'ɑːb] *vt* ■**to ~ sb to do sth** jdn [dazu] verpflichten [*o* nötigen] *fig,* etw zu tun

ob·li·gat·ed ['ɒblɪgeɪtɪd, AM 'ɑːblɪgeɪt̬ɪd] *adj pred esp* AM *(form)* ■**to be ~ to do sth** dazu verpflichtet sein, etw zu tun; **to feel ~ to do sth** sich *akk* dazu verpflichtet fühlen, etw zu tun

ob·li·ga·tion [ˌɒblɪ'geɪʃᵊn, AM 'ɑːblə-] *n* ① *(act of being bound)* Verpflichtung *f* (**to** gegenüber *+dat*); **to be under an ~ to do something** sich *akk* verpflichtet fühlen, etw zu tun; ***he is under no contractual ~ to buy*** er ist vertraglich nicht zum Kauf verpflichtet; ***you have a legal ~ to ...*** Sie sind gesetzlich dazu verpflichtet, ...; ***two week's free trial without ~*** zwei Wochen Probezeit ohne Kaufzwang; **to be under an ~ to sb** jdm verpflichtet sein; **to fulfil one's contractual ~s** seine Vertragspflicht [*o* vertraglichen Verpflichtungen] erfüllen; **to have an ~ to sb** jdm gegenüber eine Verpflichtung haben
② *(duty to pay a debt)* FIN, LAW Verbindlichkeit *f;* **~ of confidentiality** Verschwiegenheitspflicht *f;* **~ to give information** Auskunftspflicht *f;* **~ to notify** Benachrichtigungspflicht *f;* **~ to perform** Leistungsverpflichtung *f;* **~ to publish** Veröffentlichungspflicht *f;* **~ to give testimony** Zeugnispflicht *f;* **contractual ~** Schuldverhältnis *nt;* **to meet one's ~s** seinen Verbindlichkeiten nachkommen
③ *(bond)* FIN Anleihe *f,* SCHWEIZ, ÖSTERR *meist* Obligation *f*

ob·li·ga·to <*pl* -os *or* -gati> [ˌɑːblɪ'gɑːt̬oʊ] *n* MUS selbstständige Begleitstimme, Obligato *nt fachspr*

ob·liga·tory [ə'blɪgətᵊri, AM -tɔːri] *adj inv* obligatorisch *a. hum,* verpflichtend; ***it is ~ to stop at a red traffic light*** an einer roten Ampel muss man anhalten; **~ attendance** Anwesenheitspflicht *f;* **~ rules** verbindliche Regeln; **to make it ~ for sb to do sth** jdn dazu verpflichten, dass er/sie etw tut

oblige [ə'blaɪdʒ] **I.** *vt* ① *(force)* ■**to ~ sb to do sth** jdn zwingen, etw zu tun; ■**to be/feel ~d to do sth** verpflichtet sein/sich *akk* verpflichtet fühlen, etw zu tun; ***you're not ~d to do that*** Sie sind nicht verpflichtet, das zu tun; ***you're not ~d to answer these questions*** Sie brauchen diese Fragen nicht zu beantworten
② *(please)* ■**to ~ sb** [**by doing sth**] jdm [durch etw *akk*] einen Gefallen erweisen; ***would you please ~ me by waiting outside for a few moments?*** wären Sie so gut und würden einen Augenblick draußen warten?
③ *(to thank)* **much ~d!** herzlichen Dank!; [***I am very***] ***much ~d*** [***to you***] *(dated)* ich danke Ihnen/dir vielmals; ***I'd be much ~d if you would complete the form as soon as possible*** ich wäre Ihnen sehr dankbar, wenn Sie das Formular baldmöglichst ausfüllen würden
④ *(form: give)* ■**to ~ sb with sth** jdm etw geben; ***could you ~ me with a light?*** hätten Sie mir vielleicht Feuer?
II. *vi* helfen; **to be happy** [*or* **glad**] **to ~** bereitwillig helfen; ***my brother is always ready to ~*** mein Bruder ist immer sehr hilfsbereit; ***anything to ~*** stets zu Diensten

oblig·ing [ə'blaɪdʒɪŋ] *adj (approv) behaviour* entgegenkommend; *character, person* freundlich, zuvorkommend

oblig·ing·ly [ə'blaɪdʒɪŋli] *adv* entgegenkommenderweise, freundlicherweise, liebenswürdigerweise

oblique [ə(ʊ)'bliːk, AM oʊ-] **I.** *adj* ① *(indirect)* versteckt, indirekt; **~ look** [*or* **glance**] schiefer Blick; **~ reference** indirekte Anspielung
② *(slanting) line* schief
③ MATH **~ angle** schiefer Winkel
II. *n* Schrägstrich *m*

oblique·ly [ə(ʊ)'bliːkli, AM oʊ-] *adv* ① *(indirectly)* versteckt, indirekt
② *(at an oblique angle)* schief

oblique 'stroke *n* BRIT, AUS Schrägstrich *m*

obliqui·ty <*pl* -ies> [əʊ'blɪkwəti, -wɪ-, AM ə'blɪkwət̬i] *n* MATH Schräge *f,* Neigung *f;* **~ of axes** Achsenneigung *f*

oblit·erate [ə'blɪtᵊreɪt, AM -'blɪt̬-] *vt* ① *(destroy)* **to ~ a town/village** eine Stadt/ein Dorf auslöschen [*o* vernichten]
② *(efface)* ■**to ~ sth** etw verwischen; ***centuries of wind and rain had ~d the words carved on the gravestones*** jahrhundertelanger Wind und Regen hatten die Worte auf den Grabsteinen so gut wie verschwinden lassen; **to ~ footprints** Fußabdrücke verwischen; **to ~ the view** die Sicht verdecken
③ *(forget)* **to ~ the past** die Vergangenheit aus dem Gedächtnis tilgen; **to ~ a thought** einen Gedanken verdrängen

oblit·era·tion [əˌblɪtᵊr'eɪʃᵊn, AM ə'blɪt̬ə'reɪ-] *n no pl*
① *(destruction)* Auslöschung *f,* Vernichtung *f*
② *(effacing)* Verwischung *f;* ***the ~ of so many letters had rendered the text all but illegible*** dadurch, dass so viele Buchstaben nicht zu entziffern sind, ist der Text komplett unleserlich geworden
③ *(suppression) of memories* Verdrängung *f*

oblivi·on [ə'blɪviən] *n no pl* ① *(obscurity)* Vergessenheit *f;* **to fall** [*or* **sink**] **into ~** in Vergessenheit geraten
② *(unconsciousness)* Besinnungslosigkeit *f;* **to drink oneself into ~** sich *akk* bis zur Besinnungslosigkeit betrinken; **to sink into ~** *(hum: fall asleep)* in Bewusstlosigkeit fallen
③ *(extinction)* Verwüstung *f;* ***the planes bombed the city into ~*** die Flugzeuge haben die Stadt in Schutt und Asche gelegt

oblivi·ous [ə'blɪviəs] *adj* ■**to be ~ of** [*or* **to**] **sth** sich *dat* einer S. *gen* nicht bewusst sein; *(not noticing)* etw gar nicht bemerken; ***absorbed in her work, she was totally ~ of her surroundings*** in ihre Arbeit vertieft, nahm sie ihre Umwelt gar nicht mehr wahr; **to be ~ to the beauty of sth** keinen Sinn für das Schöne einer S. *gen* haben

oblivi·ous·ly [ə'blɪviəsli] *adv* unbewusst; **to carry on ~** unbeirrt weitermachen

oblivi·ous·ness [ə'blɪviəsnəs] *n no pl* Nichtwahrnehmung *f* (**to** von *+dat*); ***it's her total ~ to what's going on around her that annoys me*** was mich so an ihr stört, ist, dass sie überhaupt nichts von dem wahrnimmt, was um sie herum geschieht

ob·long ['ɒblɒŋ, AM 'ɑːblɑːŋ] **I.** *n* Rechteck *nt*
II. *adj inv* rechteckig

ob·lo·quy ['ɒbləkwi, AM 'ɑːb-] *n (liter)* ① *(abuse)* Schmähung *f liter*
② *(disgrace)* Schmach *f liter*

ob·nox·ious [əb'nɒkʃəs, AM əb'nɑːk-] *adj (pej)* widerlich, grusig SCHWEIZ *fam,* ÖSTERR *a.* grauslich *fam; person also* unausstehlich; ■**to be ~ of sb to do sth** widerwärtig von jdm sein, etw zu tun

ob·nox·ious·ly [əb'nɒkʃəsli, AM əb'nɑːk-] *adv*
① *(pej: rudely)* unausstehlich
② *(hum: blithely)* eklig; ***why are you so ~ cheerful today?*** warum bist du heute so fürchterlich gut gelaunt?

ob·nox·ious·ness [əb'nɒkʃəsnəs, AM əb'nɑːk-] *n no pl (pej)* Widerlichkeit *f; of a person* Unausstehlichkeit *f;* ***the ~ of this remark was totally lost on his grandmother*** die Gemeinheit seiner Bemerkung wurde von seiner Großmutter überhaupt nicht wahrgenommen

oboe ['əʊbəʊ, AM 'oʊboʊ] *n* Oboe *f*

obo·ist ['əʊbəʊɪst, AM 'oʊboʊ-] *n* Oboist(in) *m(f)*

ob·scene [əb'siːn] *adj* ① *(offensive)* obszön, unzüchtig; **~ joke** zotiger Witz; **~ language** vulgäre Sprache; **~ phone call** obszöner Anruf
② *(immoral)* schamlos; ■**it is ~ to do sth** es ist unverschämt, etw zu tun
③ *(repulsive)* Ekel erregend

ob·scene·ly [əb'siːnli] *adv* ① *(offensively)* obszön
② *(very)* Ekel erregend; ***that guy was just ~ fat*** der Typ war einfach eklig fett *fam;* **to be ~ rich** unverschämt reich sein

ob·scen·ity [əb'senɪti, AM -t̬i] *n* ① *no pl of behaviour, language* Obszönität *f*
② *of situation* Perversität *f;* ***such deliberate destruction of the environment is an ~*** so eine bewusste Zerstörung der Umwelt ist pervers
③ *(words)* ■**obscenities** *pl* Obszönitäten *pl;* **to use an ~** einen ordinären [*o* vulgären] Ausdruck benutzen

ob·'scen·ity laws *npl* LAW *Gesetze zum Schutz der Öffentlichkeit vor Obszönitäten*

ob·scu·rant·ism [ˌɒbskjʊə'ræntɪzᵊm, AM ɑːb'skjʊrən] *n no pl* Aufklärungsfeindlichkeit *f,* Obskurantismus *m geh*

ob·scu·rant·ist [ˌɒbskjʊə'ræntɪst, AM ɑːb'skjʊrən-] *adj* aufklärungsfeindlich, obskurantistisch *geh*

ob·scure [əb'skjʊəʳ, AM -'skjʊr] **I.** *adj* <-er, -est *or* more ~, most ~> ① *(unknown) author, place, origins* unbekannt, obskur *geh*
② *(unclear)* unbestimmt; *reasons, comment, text* schwer verständlich; **for some ~ reason** aus irgendeinem unerfindlichen Grund
③ *(not important)* unbedeutend
II. *vt* ① *(block)* ***heavy clouds were obscuring the sun*** schwere Wolken verdunkelten die Sonne; **to ~ the view** die Aussicht versperren
② *(suppress)* **to ~ the truth** die Wahrheit verschleiern; ■**to ~ sth from sb** etw vor jdm geheim halten [*o* verbergen]
③ *(make unclear)* ■**to ~ sth** etw unklar machen

ob·scure·ly [əb'skjʊəli, AM əb'skjʊr] *adv* auf ungreifbare Weise, dunkel *fig,* vage; ***I felt ~ guilty*** ich fühlte mich irgendwie schuldig

ob·scu·rity [əb'skjʊərəti, AM -'skjʊrət̬i] *n no pl*
① *(anonymity)* Unbekanntheit *f; (of no importance)* Unbedeutendheit *f;* **to rise from ~** aus dem Nichts auftauchen; **to sink** [*or* **slide**] **into ~** in Vergessenheit geraten
② *(difficulty) of language, texts* Unverständlichkeit *f,* Unklarheit *f*

ob·se·quies ['ɒbsɪkwiːz, AM 'ɑːbsɪ-] *npl* Trauerfeierlichkeit *f,* SCHWEIZ *a.* Abdankung *f,* Leichenbegängnis *nt geh*

ob·se·qui·ous [əb'siːkwiːəs] *adj (pej form) person, manner* unterwürfig; ■**to be ~ to sb** sich *akk* jdm gegenüber unterwürfig verhalten

ob·se·qui·ous·ly [əb'siːkwiəsli] *adv* kriecherisch, servil

ob·serv·able [əb'zɜːvəbl̩, AM -'zɜːr-] *adj inv* wahrnehmbar; ***there's no ~ connection between the two events*** es besteht kein erkennbarer Zusammenhang zwischen den beiden Vorkommnissen; ***the doctors said that there is an ~ improvement*** die Ärzte sagten, es zeichne sich eine merkliche Besserung ab

ob·serv·ably [əb'zɜːvəbli, AM -'zɜːr-] *adv inv* deutlich; ***the river is ~ dirtier than it was last year*** der Fluss ist deutlich mehr verschmutzt als letztes Jahr; ***her health has ~ improved*** ihr Gesundheitszustand hat sich merklich gebessert

ob·ser·vance [əb'zɜːvᵊn(t)s, AM -'zɜːr-] *n (form)*
① REL *(practice)* Einhaltung *f; (celebration)* Kirchenfeier *nt;* **religious ~s** religiöse Gebote
② *(obedience)* Beachtung *f; law* Befolgung *f;* **to show ~ of the rules** sich an die Regeln halten; ***~ of certain ancient customs is on the decline*** bestimmte alte Bräuche werden immer weniger gepflegt

ob·ser·vant [əb'zɜːvᵊnt, AM -'zɜːr-] *adj (approv)*
① *(sharp-eyed)* aufmerksam; ***that's very ~ of you!*** das hast du aber gut beobachtet!
② *(heeding religious rule)* praktizierend *attr*

ob·ser·vant·ly [əb'zɜːvᵊntli, AM -'zɜːr-] *adv (approv)* aufmerksam

ob·ser·va·tion [ˌɒbzə'veɪʃᵊn, AM ˌɑːbzɚ'-] *n* ① *no pl*

(watching closely) Beobachtung *f;* LAW Überwachung *f,* Observation *f geh;* ~ **of the enemy** MIL Feindaufklärung *f;* **to admit sb to hospital for** ~ jdn zur Beobachtung ins Krankenhaus einweisen; **to keep sb in hospital for** ~ jdn zur Beobachtung im Krankenhaus behalten; **under** ~ unter Beobachtung; ***the police have him under*** ~ die Polizei observiert ihn; **to keep/put sb/sth under** [**close**] ~ jdn/etw [streng] überwachen
② *no pl (noticing things)* Beobachtung *f;* **powers of** ~ Beobachtungsgabe *f*
③ *(form: thought)* Überlegung *f geh;* ~**s on** [*or* **about**] **sth** Betrachtungen *pl* über etw *akk*
④ *(remark)* Bemerkung *f;* **to make an** ~ [**about sb/sth**] eine Bemerkung [über jdn/etw] machen, sich *akk* [über jdn/etw] äußern

ob·ser·'va·tion air·craft *n* Aufklärungsflugzeug *nt*

ob·ser·va·tion·al [ˌɒbzəˈveɪʃənəl, AM ˌɑːbzɚˈ-] *adj inv* Beobachtungs-, Wahrnehmungs-

ob·ser·va·tion·al re·'search *n* empirische Forschung

ob·ser·'va·tion bal·loon *n* Fesselballon *m* **ob·ser·'va·tion car**, BRIT *also* **ob·ser·'va·tion coach** *n* Aussichtswagen *m,* Panoramawagen *m* **ob·ser·'va·tion ho·ri·zon** *n* FIN, MATH Betrachtungshorizont *m* **ob·ser·'va·tion point** *n* Aussichtspunkt *m;* **to set up an** ~ einen Aussichtspunkt errichten **ob·ser·'va·tion post** *n* Beobachtungsposten *m,* Beobachtungsstand *m;* **to set up an** ~ einen Beobachtungsposten errichten **ob·ser·'va·tion sat·el·lite** *n* Beobachtungssatellit *m* **ob·ser·'va·tion tow·er** *n* Aussichtsturm *m* **ob·ser·'va·tion ward** *n* Beobachtungsstation *f*

ob·ser·va·tory [əbˈzɜːvətri, AM -ˈzɜːrvətɔːri] *n* Observatorium *nt*

ob·serve [əbˈzɜːv, AM -ˈzɜːrv] **I.** *vt* ① *(watch closely)* ■**to** ~ **sb/sth** jdn/etw beobachten; ***now,*** ~ ***the way the motor causes the little wheels to move up and down*** verfolge jetzt genau, wie der Motor die kleinen Räder sich auf und ab bewegen lässt; *by police* überwachen; ***if you want to learn from the football professionals, you're going to have to*** ~ ***them a lot more often*** wenn du von den Fußballprofis lernen willst, wirst du ihnen sehr viel öfter zusehen müssen
② *(form: notice)* ■**to** ~ **sb/sth** jdn/etw bemerken; ■**to** ~ **sb do**[**ing**] **sth** bemerken, wie jd etw tut; ■**to** ~ **that ...** feststellen, dass ...
③ *(form: remark)* ■**to** ~ **sth** etw bemerken; ***"I've always found German cars very reliable," he*** ~***d*** „meiner Erfahrung nach sind deutsche Autos sehr verlässlich", bemerkte er; ■**to** ~ **that ...** feststellen, dass ...
④ *(form: obey)* **to** ~ **a ceasefire** einen Waffenstillstand einhalten; **to** ~ **the decencies** den Anstand wahren; **to** ~ **the law/an order** das Gesetz/eine Anordnung befolgen; **to** ~ **neutrality** die Neutralität einhalten, neutral bleiben; **to** ~ **a rule/speed limit** sich *akk* an eine Regel/Geschwindigkeitsbegrenzung halten
⑤ *(maintain)* **to** ~ **silence** Stillschweigen bewahren; **to** ~ **a minute of silence** eine Schweigeminute einlegen
⑥ *(celebrate)* ■**to** ~ **sth** etw begehen [*o* feiern]; ***do you*** ~ ***Passover?*** feiert ihr das Passahfest?; **to** ~ **an anniversary** einen Jahrestag begehen; **to** ~ **the Sabbath** den Sabbat einhalten
II. *vi* zusehen, SCHWEIZ *meist* zuschauen; ■**to** ~ **how ...** beobachten, wie ...

ob·serv·er [əbˈzɜːvəʳ, AM -ˈzɜːrvɚ] *n (person who observes without participating)* Beobachter(in) *m(f); (spectator)* Zuschauer(in) *m(f);* ***my father was a keen*** ~ ***of the events surrounding the famous trial*** mein Vater hat die Ereignisse um den berühmten Prozess mit großem Interesse verfolgt; **UN** ~ UN-Beobachter(in) *m(f)*

ob·sess [əbˈses] **I.** *vt* ■**to** ~ **sb** jdn verfolgen; ***the idea of finding her real mother seemed to*** ~ ***her*** sie schien von der Vorstellung besessen, ihre richtige Mutter zu finden
II. *vi* ■**to** ~ **about sth/sb** sich *akk* ständig mit etw/jdm befassen

ob·sessed [əbˈsest] *adj* ■**to be** ~ **by** [*or* **with**] **sth** von etw *dat* besessen sein; **to be** ~ **with money** verrückt nach Geld sein *fam*

ob·ses·sion [əbˈseʃən] *n* ① *(preoccupation)* Manie *f,* Besessenheit *f; with cleanliness* Sauberkeitsfimmel *m fam;* ***cleanliness is an*** ~ ***with him*** er ist ein Sauberkeitsfanatiker; **to have an** ~ **with sth** von etw *dat* besessen sein; ***he has an*** ~ ***with looking good*** er will unbedingt immer gut aussehen
② PSYCH *(distressing idea)* Zwangsvorstellung *f,* Obsession *f geh*

ob·ses·sion·al [əbˈseʃənəl] *adj see* **obsessive**

ob·ses·sion·al·ly [əbˈseʃənəli] *adv see* **obsessively**

ob·ses·sion·al neu·'ro·sis *n* Zwangsneurose *f;* **to suffer from** ~ an einer Zwangsneurose leiden **ob·ses·sion·al neu·'rot·ic** *n* Zwangsneurotiker(in) *m(f)*

ob·ses·sive [əbˈsesɪv] **I.** *adj* zwanghaft; ~ **behaviour** Zwangsverhalten *nt;* ~ **fear** Phobie *f geh;* ■**to be** ~ **about sth** von etw *dat* besessen sein; ***my partner is*** ~ ***about punctuality*** mein Partner ist ein Pünktlichkeitsfanatiker
II. *n* Besessene(r) *f(m)*

ob·ses·sive-com·pul·sive dis·'or·der *n no pl* Zwangsneurose *f*

ob·ses·sive·ly [əbˈsesɪvli] *adv* wie besessen; **to be** ~ **afraid of sth** wahnsinnige Angst vor etw *dat* haben *fam;* **to be** ~ **interested in football** fußballbesessen sein

ob·ses·sive·ness [əbˈsesɪvnəs] *n no pl* Besessenheit *f*

ob·sid·ian [ɒbˈsɪdiən, AM əbˈ-] *n no pl* GEOL Obsidian *m*

ob·so·les·cence [ˌɒbsəˈlesən(t)s, AM ˌɑːb-] *n no pl* Veralten *nt; law* Überalterung *f;* **to fall into** ~ veralten

ob·so·les·cent [ˌɒbsəˈlesənt, AM ˌɑːb-] *adj inv* ■**to be** ~ im Begriff sein, zu veralten, außer Gebrauch kommen; ~ **equipment** technisch [fast] überholte Ausstattung

ob·so·lete [ˈɒbsəliːt, AM ˌɑːbsəlˈiːt] *adj inv* veraltet, überholt; *(no longer in force)* nicht mehr angewandt [*o* gültig]; ~ **design** altmodisches Design; ~ **law** nicht mehr gültiges Gesetz; ~ **method** überholte Methode; ~ **word** obsoletes Wort *geh;* **to become** ~ veralten; ***record players are becoming*** ~ Schallplattenspieler kommen außer Gebrauch

ob·so·lete·ness [ˈɒbsəliːtnəs, AM ˌɑːbsəlˈiːt-] *n no pl* Veraltetsein *nt;* ***the*** ~ ***of LPs is what has led him to start collecting them*** die Tatsache, dass LPs nicht mehr in Gebrauch sind, war der Grund dafür, dass er begonnen hat, sie zu sammeln

ob·stacle [ˈɒbstəkl̩, AM ˈɑːb-] *n* Hindernis *nt,* Hürde *f;* **to be an** ~ **in the way of** [*or* **to**] **sth** ein Hindernis auf dem Weg zu etw *dat* sein, etw *dat* im Weg[e] stehen; **an insurmountable** ~ ein unüberwindbares Hindernis; **a major/the major** ~ ein größeres/das größte Hindernis; **to negotiate** [*or* **overcome**]/**remove an** ~ ein Hindernis überwinden/beseitigen

'ob·sta·cle course *n* MIL Hindernisstrecke *f; (fig)* ***filling out applications is just one small part of the*** ~ ***of finding a job*** das Ausfüllen von Bewerbungsformularen ist nur ein kleiner Teil der Strapazen, die mit der Suche nach einem Arbeitsplatz verbunden sind **'ob·sta·cle race** *n* Hindernisrennen *nt*

ob·stet·ric(al) [ɒbˈstetrɪk(əl), AM əbˈ-] *adj inv* Geburts-, Entbindungs-

ob·stet·ric 'for·ceps *npl* Geburtszange *f*

ob·ste·tri·cian [ˌɒbstəˈtrɪʃən, AM ˌɑːb-] *n,* **OB** *n* Geburtshelfer(in) *m(f)*

ob·stet·rics [ɒbˈstetrɪks, AM əbˈ-] **I.** *n no pl* Geburtshilfe *f,* Obstetrik *f fachspr*
II. *adj* Entbindungs-; ~ **ward** Entbindungsstation *f,* Wöchnerinnenstation *f veraltend*

ob·sti·na·cy [ˈɒbstɪnəsi, AM ˈɑːbstə-] *n no pl* Hartnäckigkeit *f,* Sturheit *f pej*

ob·sti·nate [ˈɒbstɪnət, AM ˈɑːbstə-] *adj* ~ **cold** hartnäckige Erkältung; ~ **stain** hartnäckiger Fleck; ~ **person** eigensinnige [*o* halsstarrige] [*o* sture] Person; ~ **problem** hartnäckiges Problem; ~ **refusal** sture Weigerung; ~ **resistance** erbitterter Widerstand; ~ **weed** hartnäckiges Unkraut; ■**to be** ~ **about sth** bei etw *dat* unnachgiebig sein

ob·sti·nate·ly [ˈɒbstɪnətli, AM ˈɑːbstə-] *adv* hartnäckig; ***why do you always have to behave so*** ~***?*** warum musst du immer so stur sein?

ob·strep·er·ous [əbˈstrepərəs] *adj (form)* aufmüpfig *fam; child* aufsässig; ~ **customer** schwieriger Kunde/schwierige Kundin; ~ **drunk** betrunkener Randalierer/betrunkene Randaliererin; **to get** ~ **about sth** sich *akk* über etw *akk* aufregen

ob·strep·er·ous·ly [əbˈstrepərəsli] *adv (form)* aufmüpfig *fam*

ob·strep·er·ous·ness [əbˈstrepərəsnəs] *n no pl (form)* Aufsässigkeit *f*

ob·struct [əbˈstrʌkt] *vt* ① *(block)* ■**to** ~ **sth** etw blockieren [*o* versperren]; ***her view was*** ~***ed by a pillar*** eine Säule nahm ihr die Sicht; **to** ~ **sb's airways** jds Atemwege verstopfen; **to** ~ **the path** den Weg versperren; **to** ~ **a pipe** ein Rohr verstopfen; **to** ~ **progress** das Fortschreiten behindern; **to** ~ **reform** einer Reform im Wege stehen; **to** ~ **traffic** den Verkehr blockieren; ■**to** ~ **sb from doing sth** jdn daran hindern, etw zu tun
② *(interfere with)* **to** ~ **the course of justice** die Rechtsfindung behindern; **to** ~ **an officer** Widerstand gegen die Staatsgewalt leisten
③ SPORT ■**to** ~ **sb** jdn sperren

ob·struc·tion [əbˈstrʌkʃən] *n* ① *(blockage)* Blockierung *f; pipes* Verstopfung *f; traffic* [Verkehrs]stau *m;* MED Verstopfung *f,* Obstipation *f fachspr;* **to cause an** ~ *traffic* den Verkehr behindern
② *(interference)* LAW Behinderung *f;* SPORT Sperre *f;* ~ **of justice** Behinderung *f* der Rechtspflege

ob·struc·tion·ism [əbˈstrʌkʃənɪzəm] *n no pl (pej)* Obstruktionspolitik *f*

ob·struc·tion·ist [əbˈstrʌkʃənɪst] **I.** *n (pej)* Obstruktionspolitiker(in) *m(f)*
II. *adj (pej)* Obstruktions-

ob·struc·tive [əbˈstrʌktɪv] *adj (pej)* hinderlich; ~ **tactics** Verschleppungstaktik *f,* Verschleierungstaktik *f;* ■**to be** ~ *thing* hinderlich sein; *person* sich *akk* querstellen *fam*

ob·struc·tive·ly [əbˈstrʌktɪvli] *adv (pej)* obstruktiv *geh;* **to act** ~ sich *akk* querstellen *fam*

ob·struc·tive·ness [əbˈstrʌktɪvnəs] *n no pl (pej)* Quertreiberei *f fam*

ob·tain [əbˈteɪn] *(form)* **I.** *vt* ■**to** ~ **sth** [**from sb**] *(to be given)* etw [von jdm] bekommen [*o* erhalten]; *(to go and get)* sich *dat* etw [von jdm] verschaffen; ***iron is*** ~***ed from iron ore*** Eisen wird aus Eisenerz gewonnen; **to** ~ **information** sich *dat* Informationen verschaffen; **to** ~ **approval** eine Genehmigung einholen [*o* erlangen]; **to** ~ **permission** eine Erlaubnis erhalten; ***you must first*** ~ ***permission*** Sie müssen sich erst eine Genehmigung besorgen; **impossible to** ~ nicht erhältlich
II. *vi conditions* herrschen; *rules* gelten, in Kraft sein

ob·tain·abil·ity [əbˌteɪnəˈbɪləti] *n no pl* Erhältlichkeit *f,* Verfügbarkeit *f*

ob·tain·able [əbˈteɪnəbl̩] *adj inv* erhältlich

ob·trude [əbˈtruːd] *(form)* **I.** *vt* **to** ~ **one's opinion on sb** jdm seine Meinung aufzwingen; ■**to** ~ **oneself** sich *akk* aufdrängen
II. *vi* ① *(be obtrusive)* sich *akk* aufdrängen
② *(project)* hervortreten

ob·trud·er [əbˈtruːdəʳ, AM -ɚ] *n* aufdringliche Person

ob·tru·sive [əbˈtruːsɪv] *adj* ① *(conspicuous)* zu auffällig
② *(importunate)* aufdringlich; ~ **question** indiskrete Frage; ~ **smell** penetranter Geruch

ob·tru·sive·ly [əbˈtruːsɪvli] *adv* ① *(indiscreetly)* aufdringlich; **to behave** ~ aufdringlich sein
② *(conspicuously)* auffällig

ob·tru·sive·ness [əbˈtruːsɪvnəs] *n no pl* Aufdringlichkeit *f*

ob·tuse [əbˈtjuːs, AM ɑːbˈtuːs, -tjuːs] *adj* ① MATH stumpf; ~ **angle** stumpfer Winkel
② *(form: blockheaded)* ~ **person** begriffsstutziger [*o* beschränkter] Mensch; ~ **remark/behaviour**

dumme Bemerkung/dummes Verhalten
ob·tuse·ly [əbˈtjuːsli, AM ɑːbˈtuːs-, -tjuːs] *adv (form)* beschränkt; **to act ~** sich *akk* blöd [*o* dumm] benehmen
ob·tuse·ness [əbˈtjuːsnəs, AM ɑːbˈtuːs-, -tjuːs] *n no pl (form)* Beschränktheit *f;* **~ of a remark** Dummheit *f* einer Bemerkung
ob·tuse ˈtri·angle *n* stumpfes Dreieck
ob·verse [ˈɒbvɜːs, AM ˈɑːbvɜːrs] *n no pl (form)* ① *(opposite)* Gegenstück *nt; theory* Gegenteil *nt*
② *(heads side) coin, medal* Vorderseite *f,* Bildseite *f*
ob·vi·ate [ˈɒbvieɪt, AM ˈɑːb-] *vt (form)* ■**to ~ sth** etw vermeiden [*o* umgehen]
ob·vi·ous [ˈɒbviəs, AM ˈɑːb-] **I.** *adj* deutlich, offensichtlich; ***it was the ~ thing to do*** es war das Naheliegendste; **~ comparison/objection/solution** nahe liegender Vergleich/Einwand/nahe liegende Lösung; **~ defect** augenfälliger Defekt; **~ displeasure** deutliches Missfallen; **~ distress** sichtliche Not; **~ hints** eindeutige [*o* klare] Hinweise; **~ lie** offenkundige Lüge; **for ~ reasons** aus ersichtlichen Gründen; **~ snub** klare Abfuhr; **~ stain** auffälliger Fleck; **~ storyline** leicht durchschaubare Handlung; **to make sth ~** etw deutlich werden lassen; ■**to be ~ [that] ...** offenkundig sein, dass ...; ***it is becoming ~ [that] ...*** es zeichnet sich immer deutlicher ab, dass ...; ***it's quite ~ that ...*** man merkt sofort, dass ...; ■**it is ~ what/where/when/why ...** es liegt auf der Hand, was/wo/wann/warum ...
II. *n* ■**the ~** das Offensichtliche; **to miss the ~** das Naheliegendste übersehen, den Wald vor lauter Bäumen nicht sehen; **to state the ~** etw längst Bekanntes sagen
ob·vi·ous·ly [ˈɒbviəsli, AM ˈɑːb-] *adv* offensichtlich, deutlich; **~ *I'll accept your offer*** natürlich nehme ich Ihr Angebot an; ***he was ~ very upset*** er war sichtlich sehr aufgebracht; ***they're ~ American*** sie sind eindeutig Amerikaner; ***this camera is ~ defective*** diese Kamera ist offenbar defekt
ob·vi·ous·ness [ˈɒbviəsnəs, AM ˈɑːb-] *n no pl* Offensichtlichkeit *f,* Deutlichkeit *f*
OC [ˌəʊˈsiː, AM ˌoʊ-] *n* MIL *abbrev of* **Officer Commanding** Oberbefehlshaber(in) *m(f)*
oca·rina [ˌɒkəˈriːnə, AM ˈɑːk-] *n* Okarina *f*
oc·ca·sion [əˈkeɪʒən] **I.** *n* ① *(particular time)* Gelegenheit *f,* Anlass *m;* **to dress to suit the ~** sich *akk* dem Anlass entsprechend kleiden; ■**on the ~ of sth** anlässlich einer S. *gen;* ***congratulations on the ~ of your wedding anniversary*** alles Gute zu eurem Hochzeitstag; *(appropriate time)* [passende] Gelegenheit *f;* ***this is certainly not the ~ to discuss your personal problems*** dies ist sicherlich nicht der geeignete Moment, deine persönlichen Probleme zu besprechen; *(event)* Ereignis *nt;* **historic ~** historisches Ereignis; **on this particular ~** dieses eine Mal; **on another ~** ein anderes Mal, bei einer anderen Gelegenheit; **on one ~** einmal; **on several ~s** mehrmals; **on ~** gelegentlich
② *(reason)* Grund *m,* Veranlassung *f;* ***there's no ~ to be so rude*** es gibt keinen Grund, so unverschämt zu sein; ***the 200th anniversary of Mozart's death was the ~ for hundreds of special films*** anlässlich des 200. Todestages Mozarts kamen Hunderte von Sondersendungen; **should the ~ arise** sollte es nötig sein [*o* werden]; **to have ~ to do sth** Veranlassung haben, etw zu tun
③ *(opportunity)* Gelegenheit *f;* ***an ~ may arise when you can use your knowledge of French*** vielleicht bietet sich eine Gelegenheit, deine Französischkenntnisse anzuwenden; **to take [*or* use] the ~ to do sth** eine Gelegenheit ergreifen [*o* nutzen], etw zu tun
II. *vt (form)* ■**to ~ sth** etw hervorrufen [*o* verursachen]; **to ~ a visit** einen Besuch nach sich ziehen; ***the case ~ed the authorities a lot of worry*** der Fall bereitete den Behörden viel Ärger
oc·ca·sion·al [əˈkeɪʒənəl] *adj inv* gelegentlich; ***my mother still gets an ~ back pain*** meine Mutter hat hin und wieder immer noch Rückenschmerzen; **to have an ~ beer** gelegentlich ein Bier trinken; **~ smoker** Gelegenheitsraucher(in) *m(f);* **to pay sb an ~ visit** jdm gelegentlich einen Besuch abstatten
oc·ca·sion·al·ly [əˈkeɪʒənəli] *adv inv* gelegentlich; **to hear from sb ~** hin und wieder [etw] von jdm hören; **to see sb ~** jdn ab und zu treffen
oc·ˈca·sion·al ta·ble *n* Beistelltisch *m*
Oc·ci·dent [ˈɒksɪdənt, AM ˈɑːksədənt] *n no pl (form poet)* ■**the ~** der Westen, das Abendland *liter*
oc·ci·den·tal [ˌɒksɪˈdentəl, AM ˌɑːksəˈdenṭəl] *adj inv (form poet)* westlich, abendländisch *liter,* okzidental *geh*
oc·ci·den·tal·ism [ˌɒksɪˈdentəlɪzəm, AM ˌɑːksəˈdenṭəl-] *n* abendländische Kultur
oc·ci·den·tal·ist [ˌɒksɪˈdentəlɪst, AM ˌɑːksəˈdenṭəl-] *n* ■**to be an ~** die westliche Lebensart bevorzugen
oc·cipi·tal [ɒkˈsɪpɪtəl, AM ɑːkˈsɪpɪṭəl] *adj* des Hinterkopfes *nach n,* okzipital *fachspr;* **~ wound** Wunde *f* am Hinterkopf
oc·ci·put [ˈɒksɪpʌt, AM ˈɑːk-] *n* Hinterkopf *m,* Hinterhaupt *nt,* Okziput *nt fachspr*
Oc·ci·tan [ˈɒksɪtən, AM ˈɑːk-] *n* Provenzalisch *nt*
oc·clude [əˈkluːd] *vt (form)* ① MED ■**to ~ sth** etw verstopfen; **to ~ the coronary artery** die Kranzarterie verschließen; **to ~ the waterfront with buildings** NAUT die Seeseite verbauen
② *(form: cover)* **to ~ an eye** ein Auge zuhalten
oc·clud·ed [əˈkluːdɪd] *adj* MED **~ artery/blood vessel** verstopfte Arterie/verstopftes Blutgefäß
oc·clud·ed ˈfront *n* METEO Okklusion *f fachspr*
oc·clu·sion [əˈkluːʒən] *n* ① *(blockage) blood vessel, pipe* Verstopfung *f*
② MED *(teeth when clenched)* Biss *m,* [normale] Bissstellung *f,* Okklusion *f fachspr*
③ METEO Okklusion *f fachspr*
oc·cult [ˈɒkʌlt, əˈkʊlt, AM əˈkʊlt] **I.** *n no pl* ■**the ~** das Okkulte
II. *n modifier* okkult; **~ book** okkultistisches Buch; **~ group** Geheimbund *m;* **~ powers** übersinnliche [*o* okkulte] Kräfte; **~ ritual** okkulte Handlung, okkultes Ritual
oc·cult·ing ˈlight *n* NAUT unterbrochenes Feuer
oc·cult·ism [ˈɒkʌltɪzəm, AM əˈkʌlt-] *n no pl* Okkultismus *m*
oc·cult·ist [ˈɒkʌltɪst, AM əˈkʌlt-] *n* Okkultist(in) *m(f)*
oc·cu·pan·cy [ˈɒkjəpən(t)si, AM ˈɑːkjə-] *n no pl (form)* ① *(occupying property)* Bewohnen *nt; of hotel rooms* Belegung *f;* **level of a hotel's ~** Übernachtungszahlen *pl* eines Hotels
② *(acquiring title to property)* Aneignung *f,* Besitzergreifung *f*
ˈoc·cu·pan·cy de·tec·tor *n* Bewegungsmelder *m*
ˈoc·cu·pan·cy rate *n* Belegrate *f*
oc·cu·pant [ˈɒkjəpənt, AM ˈɑːkjə-] *n (form)* ① *(tenant)* Bewohner(in) *m(f); (passenger)* Insasse, Insassin *m, f*
② *(title holder)* Inhaber(in) *m(f)*
oc·cu·pa·tion [ˌɒkjəˈpeɪʃən, AM ˌɑːkjəˈ-] *n* ① *(form: profession)* Beruf *m*
② *(form: pastime)* Beschäftigung *f;* **favourite ~** Lieblingsbeschäftigung *f*
③ *no pl* MIL Besetzung *f; of a country also* Okkupation *f geh*
④ LAW **~ of a building** Bewohnen *nt* eines Gebäudes; *(possess)* Besitz *m* eines Gebäudes
oc·cu·pa·tion·al [ˌɒkjəˈpeɪʃənəl, AM ˌɑːkjəˈ-] *adj* Berufs-, beruflich; **~ pension scheme** ECON Betriebsaltersversorgung *f*
oc·cu·pa·tion·al dis·aˈbil·ity *n* Berufsunfähigkeit *f;* **~ insurance** Berufsunfähigkeitsversicherung *f*
oc·cu·pa·tion·al dis·ˈease *n* Berufskrankheit *f*
oc·cu·pa·tion·al ˈhaz·ard *n* Berufsrisiko *nt* **oc·cu·pa·tion·al ˈill·ness** *n* Berufskrankheit *f*
oc·cu·pa·tion·al·ly [ˌɒkjəˈpeɪʃənəli, AM ˌɑːkjəˈ-] *adv inv* berufsbedingt, von Berufs wegen
oc·cu·pa·tion·al ˈmedi·cine *n no pl Zweig der Medizin, der sich mit Berufskrankheiten befasst* **oc·cu·pa·tion·al ˈpen·sion scheme** *n* betriebliche Altersversorgung **oc·cu·pa·tion·al psy·ˈchol·ogy** *n no pl* Arbeitspsychologie *f* **oc·cu·pa·tion·al ˈthera·pist** *n* Beschäftigungstherapeut(in) *m(f)* **oc·cu·pa·tion·al ˈthera·py** *n* Beschäftigungstherapie *f*
oc·cu·ˈpa·tion author·ities *npl* Besatzungsbehörden *pl* **oc·cu·ˈpa·tion force** *n* Besatzungsmacht *f*
oc·cu·pied [ˈɒkjəpaɪd, AM ˈɑːkjuː-] *adj inv* ① *(foreign-controlled)* besetzt; **~ territory** besetztes Gebiet
② *(taken)* besetzt; ***the bathroom's ~*** das Badezimmer ist besetzt; ***are those seats ~?*** sind die Sitzplätze dort schon belegt?
③ *(preoccupied)* beschäftigt; **to keep sb ~** jdn beschäftigen; **to keep one's mind ~** sich *akk* geistig beschäftigen; **to be ~ in [*or* with] doing sth** mit etw *dat* beschäftigt sein
oc·cu·pi·er [ˈɒkjəpaɪəʳ, AM ˈɑːkjuːpaɪɚ] *n* ① *(tenant)* Bewohner(in) *m(f)*
② *(conqueror)* Besatzer(in) *m(f)*
oc·cu·py <-ie-> [ˈɒkjəpaɪ, AM ˈɑːkjuː-] *vt* ① *(fill)* ■**to ~ sth** etw ausfüllen; *(live in)* etw bewohnen; **to ~ a niche in the market** eine Marktlücke füllen; **to ~ a position** eine Stellung bekleiden; **to ~ a post** einen Posten haben; **to ~ a room** ein Zimmer belegen; **to ~ a small space** *(form)* wenig Platz einnehmen; **to ~ the throne** den Thron innehaben; **to ~ time** Zeit ausfüllen
② *(preoccupy)* **to ~ one's mind** sich *akk* geistig beschäftigen; **to ~ sb's time** jds Zeit in Anspruch nehmen; **to ~ one's time in [*or* with] doing sth** die Zeit damit verbringen, etw zu tun; ■**to ~ oneself** sich *akk* beschäftigen
③ *(take control of)* ■**to ~ sth** etw besetzen; **~ing forces** Besatzungstruppen *pl*
oc·cu·py·ing ˈarmy *n + sing/pl vb* Besatzungsarmee *f*
oc·cur <-rr-> [əˈkɜːʳ, AM -ˈkɜːr] *vi* ① *(take place)* geschehen; *accident* sich *akk* ereignen; *change* stattfinden; *symptom* auftreten; ***don't let it ~ again*** sieh zu, dass das nicht wieder passiert; ***that ~s very rarely*** das kommt sehr selten vor; ***an opportunity like that seldom ~s*** eine Gelegenheit wie diese ergibt sich nicht oft
② *(exist)* vorkommen
③ *(come to mind)* ■**to ~ to sb** jdm einfallen; ***the thought ~red to me this morning*** der Gedanke kam mir heute Morgen in den Sinn; ■**to ~ to sb that ...** jdm in den Sinn kommen, dass ...; ***it never ~red to his parents to ask*** seine Eltern kamen nie auf den Gedanken, zu fragen
oc·cur·rence [əˈkʌrən(t)s, AM -ˈkɜːr-] *n* ① *(event)* Vorfall *m,* Vorkommnis *nt,* Ereignis *nt;* ***street fights are an everyday ~ in this part of the city*** Straßenkämpfe sind eine alltägliche Erscheinung in diesem Teil der Stadt
② *no pl (incidence)* Vorkommen *nt; disease* Auftreten *nt*
OCD [ˌəʊsiːˈdiː, AM ˌoʊ-] *n* MED *abbrev of* **obsessive-compulsive disorder** Zwangsneurose *f*
ocean [ˈəʊʃən, AM ˈoʊ-] *n* Ozean *m,* Weltmeer *nt;* AM *(sea)* Meer *nt;* **Indian ~** Indischer Ozean
▶ PHRASES: **~s of sth** *(dated)* jede Menge etw *fam;* ***we've got ~s of time*** wir haben massenhaft Zeit *fam*
ocean·ar·ium <*pl* -s *or* -ria> [ˌəʊʃənˈeəriəm, AM ˌoʊʃənˈeriəm] *n* Ozeanarium *nt*
ˈocean-go·ing *adj inv* hochseetauglich
Oceania [ˌəʊʃiˈɑːniə, AM ˌoʊʃiˈæniə] *n no pl* Ozeanien *nt*
ocean·ic [ˌəʊʃiˈænik, AM ˌoʊʃiˈ-] *adj inv* Meeres-; **~ voyage** Seereise *f*
ocean ˈlin·er *n* Ozeandampfer *m*
ocean·og·ra·pher [ˌəʊʃənˈɒgrəfəʳ, AM ˌoʊʃənˈɑːgrəfɚ] *n* Ozeanograph(in) *m(f),* Meereskundler(in) *m(f)*
ocean·og·ra·phy [ˌəʊʃənˈɒgrəfi, AM ˌoʊʃənˈɑːgrəfi] *n no pl* Ozeanographie *f,* Meereskunde *f*
ocean ˈtramp *n* Trampdampfer *m*
oc·elot [ˈɒsəlɒt, ˈəʊ-, AM ˈɑːsəlɑːt, ˈoʊ-] *n* Ozelot *m*
och [ɒx] *interj* IRISH, SCOT ach [ja]!; **~ *did he?*** so?; **~ *well!*** na ja!
oche [ˈɒki, AM ˈɑːki] *n* Dartslinie *f*
ocher *n* AM *see* **ochre**
och·loc·ra·cy [ɒkˈlɒkrəsi, AM ɑːkˈlɑːk-] *n* Ochlokratie *f,* Pöbelherrschaft *f*
och·lo·crat [ˈɒkləkræt, AM ˈɑːk-] *n* Ochlokrat(in) *m(f)*

och·lo·crat·ic [ˌɒklə'krætɪk, AM ˌɑːk'-] *adj* ochlokratisch

ochre ['əʊkəʳ, AM 'oʊkɚ] *n no pl* ① *(yellowish brown colour)* Ocker *m o nt*
② *(earthy substance)* Ocker *m o nt*

ock·er ['ɒkəʳ] *n* Aus *(sl)* Spinner *m fam*

o'clock [ə'klɒk, AM -'klɑːk] *adv inv* ***it's two ~*** es ist zwei Uhr

OCP [ˌəʊsiː'piː, AM ˌoʊ-] *n abbrev of* **order code processor** OCP *f*

OCR[1] [ˌəʊsiː'ɑːʳ, AM ˌoʊsiː'ɑːr] *n no pl abbrev of* **optical character recognition** OZE, OCR

OCR[2] [ˌəʊsiː'ɑːʳ, AM ˌoʊsiː'ɑːr] *n no pl abbrev of* **optical character reader** optischer Leser, Klarschriftleser

Oct. *n abbrev of* **October** Okt.

oc·ta·gon ['ɒktəgən, AM 'ɑːktəgɑːn] *n* Achteck *nt,* Oktagon *nt*

oc·tago·nal [ɒk'tægənəl, AM ɑːk'-] *adj inv* achteckig, oktagonal

oc·tago·nal·ly [ɒk'tægənəli, AM ɑːk'-] *adv* achteckig, oktagonal

oc·ta·he·dron <*pl* -dra *or* -s> ['ɒktəhiːdrən, AM 'ɑːk-] *n* MATH Achtflächner *m,* Oktaeder *nt*

oc·tane ['ɒkteɪn, AM 'ɑːk-] *n (chemical)* Oktan *nt; (number)* Oktanzahl *f*

'oc·tane num·ber *n* Oktanzahl *f*

oc·tave ['ɒktɪv, AM 'ɑːk-] *n* Oktave *f*

oc·ta·vo <*pl* -os> [ɒk'tɑːvəʊ, AM ɑːk'teɪvoʊ] *n* ① *(size)* Oktav[format] *nt*
② *(book)* Oktavband *m*

oc·tet [ɒk'tet, AM ɑːk'-] *n* MUS ① *+ sing/pl vb (group of eight)* Oktett *nt*
② *(composition for eight)* Oktett *nt*

Oc·to·ber [ɒk'təʊbəʳ, AM ɑːk'toʊbɚ] *n* Oktober *m;* **the ~ Revolution** die Oktoberrevolution; *see also* **February**

oc·to·genar·ian [ˌɒktə(ʊ)dʒə'neəriən, AM ˌɑːktoʊdʒɪ'ner-] *n* Achtzigjährige(r) *f(m)*

oc·to·pus <*pl* -es *or* -pi> ['ɒktəpəs, AM 'ɑːk-, *pl* -pəsɪz, -paɪ] *n* Tintenfisch *m; (large)* Krake *f*

ocu·lar ['ɒkjələʳ, AM 'ɑːkjəlɚ] *adj inv* Augen-, okular *fachspr*

ocu·list ['ɒkjəlɪst, AM 'ɑːk-] *n (dated)* Ophthalmologe, Ophthalmologin *m, f,* Augenarzt, -ärztin *m, f*

OD [ˌəʊ'diː, AM ˌoʊ'diː] *(sl) abbrev of* **overdose I.** *vi* ■**to ~ on sth** eine Überdosis einer S. *gen* nehmen; *(fig)* etw übertreiben; ***you ~ on TV*** du schaust zu viel fern; **to ~ on heroin** eine Überdosis Heroin nehmen
II. *n esp* AM Überdosis *f;* **to take an ~ [of sth]** eine Überdosis [einer S. *gen*] nehmen

oda·lisque, oda·lisk ['ɒdəlɪsk, AM 'ɔʊ-] *n* HIST Odaliske *f*

odd [ɒd, AM ɑːd] **I.** *adj* ① *(strange)* merkwürdig, seltsam; *person, thing also* eigenartig; ***he has an ~ way of showing his feelings*** er hat eine merkwürdige Art, seine Gefühle zu zeigen; ***these trains leave at ~ times*** diese Züge haben ausgefallene Abfahrtszeiten; ***what an ~ coincidence!*** was für ein sonderbarer Zufall!; **the ~ thing about it is that ...** das Komische daran ist, dass ...; **to find sth ~** etw komisch [*o* merkwürdig] finden; **to look ~** komisch aussehen
② *attr, inv (individual)* einzeln; **~ shoes/socks** einzelne Schuhe/Socken; **the ~ one [*or* man] out** das fünfte Rad am Wagen; ***guess which number of the following sequence is the ~ one out*** rate mal, welche der folgenden Zahlen nicht dazugehört; ***she was always the ~ one out at school*** sie war immer eine Außenseiterin in der Schule
③ *inv* MATH ungerade
④ *attr, inv (occasional)* gelegentlich, Gelegenheits-; ***she does the ~ teaching job but nothing permanent*** sie unterrichtet gelegentlich, hat aber keinen festen Job; **to score the ~ goal** hin und wieder einen Treffer landen; **~ visitor** vereinzelter Besucher/vereinzelte Besucherin
II. *n* ■**~s** *pl (probability)* ■**the ~s are ...** es ist sehr wahrscheinlich, dass ...; **to lengthen/shorten [*or esp* AM increase/decrease] the ~s** die Chancen erhöhen/verringern; ■**the ~s on/against sb doing sth** die Chancen, dass jd etw tut/nicht tut; ***what are the ~s on him being late again?*** wie stehen die Chancen, dass er wieder zu spät kommt?; ***the ~s against my horse winning are a hundred to one*** die Chancen, dass mein Pferd nicht gewinnt, stehen hundert zu eins; **to give long ~s on/against sth** etw *dat* große/sehr geringe Chancen einräumen
▸PHRASES: **against all [the] ~s** entgegen allen Erwartungen; **to be at ~s with sb** mit jdm uneins sein; **to be at ~s with sth** mit etw *dat* nicht übereinstimmen; **~s and ends** [*or* BRIT, AUS **sods**] *(fam)* Krimskrams *m kein pl;* **to make no ~s [to sb]** *esp* BRIT, AUS *(fam)* [für jdn] keine Rolle spielen *fam;* ***it makes no ~s to me*** es ist mir [völlig] einerlei; ***does it make any ~s whether you use butter or oil?*** macht es einen Unterschied, ob du Butter oder Öl verwendest?; **over the ~s** BRIT, AUS *(fam)* über das Normale hinaus; ***I got paid a bit over the ~s for that job*** für diesen Job habe ich etwas mehr bezahlt bekommen

odd·ball ['ɒdbɔːl, AM 'ɑːd-] *(fam)* **I.** *n* Verrückte(r) *f(m);* ***his eldest sister is something of an ~*** seine älteste Schwester ist etwas merkwürdig
II. *adj attr* verrückt; **~ idea** ausgefallene [*o pej* komische] Idee

odd·ity ['ɒdɪti, AM 'ɑːdəṭi] *n* ① *(strange person)* komischer Kauz *fam*
② *(strange thing)* Kuriosität *f,* komische Sache

odd 'job *n* Gelegenheitsarbeit *f* **odd-'job·ber, odd-'job man** *n* Gelegenheitsarbeiter(in) *m(f)* **odd 'lot** *n* STOCKEX gebrochener Schluss

odd·ly ['ɒdli, AM 'ɑːd-] *adv* seltsam; ***I think she's ~ attractive*** ich finde sie auf [eine] seltsame Art attraktiv; **~ shaped house** ein Haus mit einer eigenwilligen Form; **~ enough** merkwürdigerweise, seltsamerweise; **to behave ~** sich *akk* sonderbar benehmen

odd·ment ['ɒdmənt, AM 'ɑːd-] *n usu pl* Rest[posten] *m;* **~s of cloth** Stoffreste *pl*

odd·ness ['ɒdnəs, AM 'ɑːd-] *n no pl* Merkwürdigkeit *f,* Seltsamkeit *f*

'odd num·ber *n* MATH ungerade Zahl

odds-'on *adj inv* sehr wahrscheinlich; **the ~ favourite** der aussichtsreichste Favorit/die aussichtsreichste Favoritin

ode [əʊd, AM oʊd] *n* Ode *f* (**to** an *+akk*)

odeum <*pl* odea *or* -s> [əʊ'diːəm, AM oʊ'diː-, *pl* -diːə] *n* Odeum *nt*

odi·ous ['əʊdiːəs, AM 'oʊ-] *adj (form)* **~ crime** abscheuliches Verbrechen; **~ person** abstoßender [*o* widerlicher] Mensch; ***what an ~ little man*** so ein Giftzwerg

odi·ous·ly ['əʊdiːəsli, AM 'oʊ-] *adv (form)* ekelhaft

odi·ous·ness ['əʊdiːəsnəs, AM 'oʊ-] *n no pl* Abscheulichkeit *f*

odium ['əʊdiːəm, AM 'oʊ-] *n no pl (form)* Hass *m,* Odium *nt geh;* **to hold sb up to public ~** jdn dem Vorwurf der Öffentlichkeit aussetzen; **to bring [*or* cast] ~ upon sb** über jdn Schande bringen

odom·eter [əʊ'dɒmɪtəʳ, AM oʊ'dɑːməṭɚ] *n* Kilometerzähler *m*

od·on·tolo·gist [ˌɒdɒn'tɒlədʒɪst, AM ˌoʊdɑːn'tɑː-] *n* Odontologe, Odontologin *m, f geh,* Zahnmediziner(in) *m(f)*

od·on·tol·ogy [ˌɒdɒn'tɒlədʒi, AM ˌoʊdɑːn'tɑː-] *n no pl* Odontologie *f geh,* Zahnheilkunde *f*

odor *n* AM *see* **odour**

odor·if·er·ous [ˌəʊdəʳ'ɪfərəs, AM ˌoʊdə'rɪfɚəs] *adj (form)* duftend *attr,* Duft-

odor·less *adj* AM *see* **odourless**

odor·ous ['əʊdərəs, AM 'oʊ] *adj inv* einen Geruch habend, riechend, SCHWEIZ *a.* schmeckend

odour, AM **odor** ['əʊdəʳ, AM 'oʊdɚ] *n* ① *(certain smell)* Geruch *m; (fragrance)* Duft *m;* **sweet ~** Duft *m; (fig liter)* Geruch *m*
② *no pl (smells in general)* Gerüche *pl*
▸PHRASES: **to be in good/bad ~ with sb** *(form)* gut/schlecht bei jdm angeschrieben sein

'odour-eat·ing *adj inv* geruchsneutralisierend; *(of feet)* gegen Fußgeruch *nach n*

odour·less, AM **odor·less** ['əʊdələs, AM 'oʊdɚ-] *adj inv (form)* geruchlos

od·ys·sey ['ɒdɪsi, AM 'ɑː-] *n usu sing (liter)* Odyssee *f a. fig*

OECD [ˌəʊiːsiː'diː, AM ˌoʊ-] *n abbrev of* **Organization for Economic Cooperation and Development** OECD *f*

oecu·meni·cal *adj* BRIT *(old) see* **ecumenical**

oede·ma [ɪ'diːmə] *n no pl* MED Ödem *nt fachspr*

Oedi·pal ['iːdɪpəl, AM 'edɪ-] *adj* ödipal

Oedipus ['iːdɪpəs, AM 'edɪ-] *n no pl* MYTH, LIT Ödipus *m*

'Oedipus com·plex *n* Ödipuskomplex *m*

oeil-de-boeuf <*pl* oeils-de-boeuf> [ˌɔːɪdə'bɔːf] *n* ARCHIT Bullauge *nt*

oenol·ogy, AM **enol·ogy** [iː'nɒlədʒi, AM -'nɑːl-] *n* Önologie *f geh,* Weinkunde *f*

oeno·phile, AM **eno·phile** ['iːnə(ʊ)faɪl, AM 'iːnəfaɪl] *n (form)* Weinkenner(in) *m(f)*

o'er [əʊəʳ, AM ɔːr] *prep (poet)* = **over**

oesopha·gus, AM **esopha·gus** <*pl* -agi *or* -es> [iː'sɒfəgəs, AM ɪ'sɑːfə-] *n* Speiseröhre *f,* Ösophagus *m fachspr*

oes·tro·gen, AM **es·tro·gen** ['iːstrə(ʊ)dʒən, AM 'estrə-] *n no pl* Östrogen *nt*

oes·trus, AM **es·trus** ['iːstrəs, AM 'estrəs] *n* MED Östrus *m fachspr,* Brunft *f*

oeuvre ['ɜːvrə] *n usu sing (liter)* Gesamtwerk *nt*

of [ɒv, əv, AM ɑːv, əv] *prep* ① *after n (belonging to)* von *+dat;* ***people ~ this island*** Menschen von dieser Insel; ***the language ~ this country*** die Sprache dieses Landes; ***the cause ~ the disease*** die Krankheitsursache; ***the colour ~ her hair*** ihre Haarfarbe; ***the government ~ India*** die indische Regierung; ***a friend ~ mine*** ein Freund von mir; ***smoking is the worst habit ~ mine*** Rauchen ist meine schlimmste Angewohnheit; ***this revolting dog ~ hers*** ihr widerlicher Hund; ***the smell ~ roses*** Rosenduft *m*
② *after n (expressing relationship)* von *+dat;* ***an admirer ~ Picasso*** ein Bewunderer Picassos
③ *after n (expressing a whole's part)* von *+dat;* ***five ~ her seven kids are boys*** fünf ihrer sieben Kinder sind Jungen; ***there were ten ~ us on the trip*** wir waren auf der Reise zu zehnt; ***nine ~ the children came to the show*** neun Kinder kamen zur Vorstellung; ***can you please give me more ~ the beans?*** könntest du mir noch etwas von den Bohnen geben?; ***I don't want to hear any more ~ that!*** ich will nichts mehr davon hören!; ***he's the best-looking ~ the three brothers*** er sieht von den drei Brüdern am besten aus; ***a third ~ the people*** ein Drittel der Leute; ***the whole ~ the garden*** der ganze Garten; **the best ~ friends** die besten Freunde; **the days ~ the week** die Wochentage; **all ~ us** wir alle; ***all ~ us were tired*** wir waren alle müde; **~ all** von allen; ***best ~ all, I liked the green one*** am besten gefiel mir der grüne; ***that ~ all his films is my favourite*** er gefällt mir von allen seinen Filmen am besten; **both ~ us** wir beide; **most ~ them** die meisten von ihnen; **one ~ the cleverest** eine(r) der Schlauesten; ***he's one ~ the smartest ~ the smart*** er ist einer der Klügsten unter den Klugen
④ *after n (expressing quantities)* **a bunch ~ parsley** ein Bund Petersilie *nt;* **a clove ~ garlic** eine Knoblauchzehe; **a cup ~ tea** eine Tasse Tee; **a drop ~ rain** ein Regentropfen; **hundreds ~ people** Hunderte von Menschen; **a kilo ~ apples** ein Kilo Äpfel *nt;* **a litre ~ water** ein Liter Wasser *m;* **a lot ~ money** eine Menge Geld; **a piece ~ cake** ein Stück Kuchen; **a pride ~ lions** ein Rudel Löwen [*o* Löwenrudel] *nt*
⑤ *after vb (consisting of)* aus *+dat;* ***the sweater is made ~ the finest lambswool*** der Pullover ist aus feinster Schafwolle; *after n;* ***a land ~ ice and snow*** ein Land aus Eis und Schnee; ***dresses ~ lace and silk*** Kleider aus Spitze und Seide; ***a house ~ stone*** ein Steinhaus, ein Haus aus Stein
⑥ *after n (containing)* mit *+dat;* **a book ~ short stories** ein Buch mit Kurzgeschichten
⑦ *after adj (done by)* von *+dat;* ***that was stupid ~***

me das war dumm von mir

8 *after n (done to)* ***the massacre ~ hundreds ~ innocent people*** das Massaker an Hunderten von Menschen; ***the destruction ~ the rain forest*** die Zerstörung des Regenwalds

9 *after n (suffered by)* von +*dat;* ***the anguish ~ the murdered child's parents*** die Qualen der Eltern des ermordeten Kindes; ***the suffering ~ millions*** das Leiden von Millionen

10 *(expressing cause)* **to die ~ sth** an etw *dat* sterben; ***he died ~ cancer*** er starb an Krebs; **~ one's own free will** aus freien Stücken, freiwillig; **~ oneself** von selbst; ***she would never do such a thing ~ herself*** so etwas würde sie nie von alleine tun

11 *(expressing origin)* ***the works ~ Shakespeare*** die Werke Shakespeares; ***she is ~ noble birth*** sie ist adliger Abstammung

12 *after vb (concerning)* ***we will notify you ~ any further changes*** wir werden Sie über alle Änderungen informieren; ***he was accused ~ fraud*** er wurde wegen Betrugs angeklagt; ***I know ~ a guy who could fix that for you*** ich kenne jemanden, der das für dich reparieren kann; ***~ her childhood, we know very little*** wir wissen nur sehr wenig über ihre Kindheit; ***let's not speak ~ this matter*** lass uns nicht über die Sache reden; **speaking ~ sb/sth, ...** wo [*o* da] wir gerade von jdm/etw sprechen, ...; ***speaking ~ time, do you have a watch on?*** da wir gerade von der Zeit reden, hast du eine Uhr?; *after adj;* ***she's often unsure ~ herself*** sie ist sich ihrer selbst oft nicht sicher; ***I'm really appreciative ~ all your help*** ich bin dir für all deine Hilfe wirklich dankbar; ***he was worthy ~ the medal*** er hatte die Medaille verdient; ***I am certain ~ that*** ich bin mir dessen sicher; ***this is not uncharacteristic ~ them*** das ist für sie nichts Ungewöhnliches; **to be afraid ~ sb/sth** vor jdm/etw Angst haben; **to be fond ~ swimming** gerne schwimmen; **to be jealous ~ sb** auf jdn eifersüchtig sein; **to be sick ~ sth** etw satthaben, von etw *dat* genug haben; *after n;* ***there was no warning ~ the danger*** es gab keine Warnung vor der Gefahr; ***he has a love ~ music*** er liebt die Musik; ***he's a doctor ~ medicine*** er ist Doktor der Medizin; ***the idea ~ a just society*** die Idee einer gerechten Gesellschaft; ***the memories ~ her school years*** die Erinnerungen an ihre Schuljahre; ***the pain ~ separation*** der Trennungsschmerz; ***it's a problem ~ space*** das ist ein Raumproblem; ***his promises ~ loyalty*** seine Treueversprechen; **to be in search ~ sb/sth** auf der Suche nach jdm/etw sein; ***she's in search ~ a man*** sie sucht einen Mann; **thoughts ~ revenge** Rachegedanken *pl;* ■**what ~ sb?** was ist mit jdm?; ***and what ~ Adrian?*** was macht eigentlich Adrian?; **what ~ it?** was ist schon dabei?, na und?

13 *after n (expressing condition)* **on the point** [*or* **verge**] **~ doing sth** kurz davor [*o* im Begriff] sein, etw zu tun; ***I'm on the point ~ telling him off*** ich werde ihn jetzt gleich rausschmeißen

14 *after n (expressing position)* von +*dat;* **in the back ~ the car** hinten im Auto; ***the zipper was on the back ~ the dress*** der Reißverschluss war hinten am Kleid; **on the corner ~ the street** an der Straßenecke; **on the left ~ the picture** links auf dem Bild; **a lake north/south ~ the city** ein See im Norden/Süden der Stadt; ***I've never been north ~ Edinburgh*** ich war noch nie nördlich von Edinburgh; **on the top ~ his head** [oben] auf seinem Kopf

15 *after n (with respect to scale)* von +*dat;* ***a rise ~ 2% in inflation*** ein Inflationsanstieg von 2 Prozent; ***the stocks experienced an average rise ~ 5%*** die Aktien sind im Durchschnitt um 5 % gestiegen

16 *(expressing age)* von +*dat;* **at the age ~ six** im Alter von sechs Jahren; ***he's a man ~ about 50*** er ist um die 50 Jahre alt

17 *after n (denoting example of category)* ***I hate this kind ~ party*** ich hasse diese Art von Party; **the city ~ Prague** die Stadt Prag

18 *after n (typical of)* ***she has the face ~ an angel*** sie hat ein Gesicht wie ein Engel; **the grace ~ a dancer** die Anmut einer Tänzerin; **the love ~ a good woman** die Liebe einer guten Frau

19 *after n (expressing characteristic)* ***she gave a scream ~ terror*** sie stieß einen Schrei des Entsetzens aus; **a man ~ honour** ein Mann von Ehre; **a moment ~ silence** ein Moment *m* der Stille; ***I want a few minutes ~ quiet!*** ich will ein paar Minuten Ruhe!; ***a subject ~ very little interest*** ein sehr wenig beachtetes Thema; ***a woman ~ great charm and beauty*** eine Frau von großer Wärme und Schönheit

20 *after n (away from)* von +*dat;* ***we live within a mile ~ the city centre*** wir wohnen eine Meile vom Stadtzentrum entfernt; ***she came within two seconds ~ beating the world record*** sie hat den Weltrekord nur um zwei Sekunden verfehlt

21 *after n (in time phrases)* ***I got married back in June ~ 1957*** ich habe im Juni 1957 geheiratet; ***the eleventh ~ March*** der elfte März; ***the first ~ the month*** der erste [Tag] des Monats; ***the most memorable events ~ the past decade*** die wichtigsten Ereignisse des letzten Jahrzehnts

22 *after vb (expressing removal)* ***they were robbed ~ all their savings*** ihnen wurden alle Ersparnisse geraubt; ***I've him ~ that nasty little habit*** ich habe ihm diese dumme Angewohnheit abgewöhnt; ***his mother had deprived him ~ love*** seine Mutter hat ihm ihre Liebe vorenthalten; **to get rid ~ sb** jdn loswerden; *after adj;* ***the room was devoid ~ all furnishings*** der Raum war ganz ohne Möbel; **free ~ charge** kostenlos, SCHWEIZ, ÖSTERR *meist* gratis

23 *after n (apposition)* von +*dat;* ***this complete idiot ~ a man*** dieser Vollidiot; **the month ~ June** der Monat Juni; **the name ~ Brown** der Name Brown

24 *(dated: during)* an +*dat;* ***she died ~ a Sunday morning*** sie starb an einem Sonntagmorgen; ***I like to relax with my favourite book ~ an evening*** ich entspanne mich abends gerne mit meinem Lieblingsbuch; **~ late** in letzter Zeit

25 AM *(to)* vor; ***it's quarter ~ five*** es ist viertel vor fünf [*o* BRD drei viertel fünf]

▶PHRASES: **~ all** gerade; ***Jane, ~ all people, is the last one I'd expect to see at the club*** gerade Jane ist die letzte, die ich in dem Klub erwartet hätte; ***I can't understand why you live in Ireland, ~ all places*** ich kann nicht verstehen, warum du ausgerechnet in Irland lebst; ***today ~ all days*** ausgerechnet heute; **~ all the cheek** [*or* **nerve**] das ist doch die Höhe!; **to be ~ sth** ***she is ~ the opinion that doctors are only out to experiment*** sie glaubt, Ärzte möchten nur herumexperimentieren; ***this work is ~ great interest and value*** diese Arbeit ist sehr wichtig und wertvoll

off [ɒf, AM ɑːf] **I.** *prep* 1 *(indicating removal)* von +*dat;* ***he wiped all the dust ~ the tables*** er wischte den ganzen Staub von den Tischen; ***please take your foot ~ mine*** nimm bitte deinen Fuß von meinem [herunter]; ***keep your dog ~ my property!*** halten Sie Ihren Hund von meinem Grundstück fern!; ***has anyone taken a book ~ my desk?*** hat jemand ein Buch von meinem Tisch genommen?; ***I can't get this paint ~ my hands*** ich bekomme die Farbe nicht von meinen Händen ab; ***that cherry stain won't come ~ the shirt*** dieser Kirschfleck geht nicht aus dem Hemd heraus; ***he cut a piece ~ the cheese*** er schnitt ein Stück Käse ab; **to be ~ the air** RADIO, TV nicht mehr senden; ***the TV station goes ~ the air at 11:30 pm*** die Fernsehstation beendet ihr Programm um 23.30 Uhr

2 *after vb (moving down)* hinunter [von] +*dat;* *(towards sb)* herunter [von] +*dat;* ***they jumped ~ the cliff*** sie sprangen von der Klippe; ***the boy fell ~ his bike several times*** der Junge fiel ein paar Mal von seinem Fahrrad [herunter]; ***he rolled ~ the bed*** er rollte aus dem Bett; ***the coat slipped ~ his arms*** der Mantel rutschte von seinen Armen

3 *after vb (moving away)* [weg] von +*dat;* ***let's get ~ the bus at the next stop*** lass uns bei der nächsten Bushaltestelle aussteigen; **to get ~ sb/sth** *(fam)* jdn/etw in Ruhe lassen

4 *(away from)* weg von +*dat;* ***single wires are leading ~ the main lines*** einzelne Drähte führen von der Hauptleitung weg; ***he managed to stay ~ alcohol*** er schaffte es, keinen Alkohol mehr anzurühren; **~ the point** nicht relevant; ***somehow we keep getting ~ the point*** irgendwie kommen wir immer vom Thema ab; **~ the record** inoffiziell, nicht für die Öffentlichkeit bestimmt; **~ the subject** nicht zum Thema gehörend; ***I wish we could talk about something ~ the subjects of sports and cars*** ich würde gerne mal über ein anderes Thema als Sport oder Autos reden; **to get ~ the subject** vom Thema abschweifen; **a long way ~ doing sth** weit davon entfernt, etw zu tun; ***we're still a long way ~ finishing*** es dauert noch lange, bis wir fertig sind; **far ~** weit entfernt; ***we're not far ~ London now*** wir haben [es] nicht mehr weit bis London *fam;* ***how far ~ finishing the project are we?*** wie lange werden wir noch brauchen, um das Projekt abzuschließen?; **just ~ sth** in der Nähe einer S. *gen;* ***they live just ~ the main street*** sie wohnen gleich an der Hauptstraße

5 *(at sea)* vor +*dat;* **to anchor ~ Blue Bay** vor Blue Bay ankern; **six miles ~ Dunkirk** sechs Meilen vor Dünkirchen

6 *(absent from)* **to be ~ work** am Arbeitsplatz fehlen; ***he's been ~ work for over six months*** er war seit sechs Monaten nicht mehr bei der Arbeit

7 *(fam: stop liking)* ■**to be ~ sb/sth** von jdm/etw genug haben; **to be ~ one's food** keinen Appetit haben; **to go ~ sb/sth** jdn/etw nicht mehr mögen; ***I used to love wine but I've gone ~ it recently*** ich habe immer gerne Wein getrunken, aber seit Kurzem mag ich keinen mehr

8 *(not taking)* ■**to be ~ sth** etw nicht mehr einnehmen müssen; ***she's well enough to be ~ the medicine*** es geht ihr gut genug, dass sie die Medizin absetzen kann; **to be ~ the tablets** ohne die Tabletten auskommen; **to come ~ the pill** die Pille nicht mehr nehmen

9 *(subsisting)* ***they live ~ a small inheritance*** sie leben von einer kleinen Erbschaft; ***the car runs ~ solar energy*** der Wagen läuft mit Solarenergie

10 *(from source)* ***I don't like taking money ~ you*** ich möchte kein Geld von dir nehmen; ***the girl bought the boy's old bike ~ him*** das Mädchen kaufte dem Jungen sein altes Rad ab; **to get sth ~ sb** *(fam)* etw von jdm bekommen

11 *after n (minus)* weniger; ***I take $10 ~ the price of the jeans for you*** ich lasse Ihnen 10 Dollar vom Preis für die Jeans nach; ***there was $40 or $50 ~ most jackets in the shop*** die meisten Jacken in dem Laden waren um 40 oder 50 Dollar billiger

▶PHRASES: **~ beam** BRIT *(fam)* daneben *fam;* **to be ~ beam** daneben liegen *fam;* **~ the cuff** aus dem Stegreif; **to have sb ~ his/her feet** jdn umwerfen *fam;* **~ one's head** nicht ganz bei Trost; ***he's ~ his head*** er ist nicht mehr ganz bei Trost; ***she went completely ~ her head*** sie hat komplett den Verstand verloren; **~ the top of one's head** aus dem Stegreif; **~ the wall** ausgeflippt *fam;* **to go ~ the wall** ausflippen *fam*

II. *adv inv* 1 *(not on)* aus; **to switch** [*or* **turn**] **sth ~** etw ausschalten

2 *(away)* weg-; ***someone's run ~ with my pen*** jemand hat mir meinen Stift geklaut *fam;* ***let's try to ~ early tomorrow*** lass uns versuchen, morgen frühzeitig loszukommen; ***I didn't get ~ to a very good start this morning*** der Tag hat für mich nicht gut angefangen; ***I'm ~ now — see you tomorrow*** ich gehe jetzt – wir sehen uns morgen; ***she's ~ to Canada next week*** sie fährt nächste Woche nach Kanada; **to drive ~** wegfahren; **to go ~** weggehen; ***I'm just going ~ to the shops*** ich gehe nur schnell mal einkaufen; **to see sb ~** jdn verabschieden

3 *(removed)* ab-; ***I'll take my jacket ~*** ich ziehe meine Jacke aus; ***he helped her ~ with her jacket*** er half ihr aus der Jacke; ***one of my buttons has come ~*** einer von meinen Knöpfen ist abgegangen; ***~ with his head!*** Kopf ab!; ***~ with your jacket!*** zieh die Jacke aus!

O

④ *(completely)* ***between us we managed to finish ~ eight bottles of wine*** *(fam)* zusammen schafften wir es, acht Flaschen Wein zu leeren; **to burn ~ ⊂ sth** etw verbrennen; **to kill ~ ⊂ sth** etw vernichten [*o* ausrotten]; **to kill ~ germs** Keime abtöten; **to pay ~ ⊂ sth** etw abbezahlen
⑤ *(in bad shape)* schlecht; **to go ~** sich *akk* verschlechtern; *food* schlecht werden
⑥ *(distant in time)* entfernt; ***your birthday is only one week ~*** dein Geburtstag ist schon in einer Woche; **to be far ~** weit weg sein; ***the exams are so far ~*** es ist noch so lange hin bis zu den Prüfungen
⑦ *(stopped)* abgesagt; ***the wedding's ~*** die Hochzeit ist abgeblasen *fam;* ***his hockey match was rained ~*** sein Hockeyspiel fand wegen Regen nicht statt; ***it's all ~ between Philippa and Mike*** *(fam)* zwischen Philippa und Mike ist es aus; **to call sth ~** etw absagen
⑧ *(discounted)* reduziert; ***there's 40% ~ this week on all winter coats*** diese Woche gibt es einen Preisnachlass von 40 % auf alle Wintermäntel; **to get money ~** Rabatt bekommen
⑨ *(separated)* **to shut ~ streets** Straßen sperren; **to fence sth ~** etw abzäunen
⑩ *(expressing riddance)* ***we went out to walk ~ some of our dinner*** wir ging raus, um einen Verdauungsspaziergang zu machen; ***he's gone to sleep ~ a headache after rather too much alcohol*** er ist dabei, seinen Kater auszuschlafen; **to laugh sth ~** etw mit einem Lachen abtun
III. *adj inv* ① *(not working)* außer Betrieb; *(switched off)* aus[geschaltet]; *tap* zugedreht; *heating* abgestellt; ***I can't find the ~ switch*** ich kann den Schalter nicht finden
② *pred* FOOD *(bad)* verdorben; *milk* sauer; ***the cream is ~*** die Sahne hat einen Stich BRD
③ *(not at work)* ■**to be ~** freihaben; **to have/take some time ~** einige Zeit freibekommen/freinehmen
④ *pred (fam: in bad shape)* schlecht; ***I'm having an ~ day today*** ich habe heute einen schlechten Tag
⑤ *(provided for)* **sb is badly/well ~** jdm geht es [finanziell] schlecht/gut, jd ist schlecht/gut dran *fam;* ***I'm quite well ~ for sweaters*** was Pullover angeht, bin ich gut ausgestattet; ***how are you ~ for money?*** BRIT, AUS wie sieht es bei dir mit dem Geld aus?
⑥ *pred* FOOD *(run out)* aus[gegangen]
⑦ *pred esp* BRIT *(fam: rude) behaviour* daneben *fam;* **that's a bit ~** das ist ein dicker Hund [*o* nicht die feine Art] *fam*
IV. *n no pl* **to be ready for the ~** bereit zum Gehen sein
V. *vt* AM *(sl)* ■**to ~ sb** jdn um die Ecke bringen *fam*, jdn abmurksen *sl* [*o fam* umlegen]

off-air [ˌɒfˈeəʳ, AM ˌɑːˈfer] **I.** *adj* nicht gesendet; ***to be ~*** nicht auf Sendung sein
II. *adv* ohne direkten Empfang

of·fal [ˈɒfᵊl, AM ˈɑː-] *n no pl* Innereien *pl*

off 'bal·ance *adj* FIN bilanzneutral, bilanzunwirksam; **~ sheet assets** bilanzunwirksame Posten; **~ sheet financing** bilanzunwirksame Finanzierung

'off·beat *adj* unkonventionell; **~ music** synkopische Musik; **~ sense of humour** ausgefallener Sinn für Humor; **~ taste in clothes** extravaganter Kleidergeschmack

off-'board *adj* **~ trading** STOCKEX außerbörslicher Handel **off-'Broad·way** [ˌɑːfˈbrɑːdweɪ] *adj inv* AM THEAT Off-Broadway- *(in New York, aber nicht am Broadway aufgeführt)* **off-'cam·era** *adj interviewer, actor, speaker* Off camera; *voice, speaker* aus dem Off *nach n; interviewer, actor* im Off *nach n*, außerhalb des Bildfelds *nach n* **off-'cam·pus** *adj* außerhalb des Campus *nach n* **off-'cen·tre**, AM **off-'cen·ter** *adj* nicht in der Mitte *präd* **'off-chance** *n* ■**on the ~** auf gut Glück; **to do sth in the ~ that ...** etw in der Hoffnung tun, dass ... **off-'col·our**, AM **off-'col·or** *adj* ① *(somewhat sick)* unpässlich; **to feel ~** sich *akk* nicht wohl fühlen
② *(somewhat obscene)* schlüpfrig; **~ joke** unanständiger Witz **off-'course** *adj* aus der Bahn geraten *a. fig* **'off-day** *n* schlechter Tag; **to have an ~** einen schlechten Tag haben **'off-drive** BRIT, AUS **I.** *vt* SPORT **to ~ the ball** den Ball ins Abseits schlagen **II.** *n* SPORT Schlag *m* ins Abseits **off-'duty** *adj* ■**to be ~** dienstfrei haben; **an ~ police officer** ein Polizist *m* außer Dienst

of·fence, AM **of·fense** [əˈfen(t)s] *n* ① LAW *(crime)* Straftat *f*, strafbare Handlung; ***he lost his driving licence after his drink-driving ~*** nachdem er sich der Trunkenheit am Steuer schuldig gemacht hatte, verlor er seinen Führerschein; **first ~** Straftat *f* eines Ersttäters; **minor ~** Vergehen *nt;* **serious ~** schweres Vergehen; **to convict sb of an ~** jdn einer Straftat für schuldig erklären
② *no pl (upset feelings)* Beleidigung *f;* *(fam)* **no ~ *intended*** nimm es mir nicht übel; **to cause** [*or* **give**] **~** Anstoß erregen; **to cause** [*or* **give**] **~ to sb** *(hurt)* jdn kränken; *(insult)* jdn beleidigen; **to take ~ [at sth]** [wegen einer S. *gen*] gekränkt/beleidigt sein
③ AM SPORT *(attack)* Angriff *m;* **to be on ~** angreifen

of·fend [əˈfend] **I.** *vi* ① *(commit a criminal act)* eine Straftat begehen
② *(form: infringe)* ■**to ~ against sth** gegen etw *akk* verstoßen; ***your behaviour is ~ing against good manners*** dein Benehmen gehört sich nicht
II. *vt* ■**to ~ sb** *(insult)* jdn beleidigen; *(hurt)* jdn kränken; ***I hope your sister won't be ~ed if ...*** ich hoffe, deine Schwester nimmt es mir nicht übel, wenn ...; **to be easily ~ed** schnell beleidigt sein

of·fend·er [əˈfendəʳ, AM -ɚ] *n* [Straf]täter(in) *m(f)*; **first ~** Ersttäter(in) *m(f)*; **young ~** jugendlicher Straffälliger/jugendliche Straffällige

of·'fend·er pro·file *n* Täterprofil *nt*

of·fend·ing [əˈfendɪŋ] *adj attr (hum)* ärgerlich; **the ~ object** der Stein des Anstoßes

of·fense *n esp* AM *see* **offence**

of·fen·sive [əˈfen(t)sɪv] **I.** *adj* ① *(causing offence)* anstößig; **~ joke** anzüglicher Witz; **~ language** Anstoß erregende Ausdrucksweise; **~ remark** unverschämte Bemerkung
② *(unpleasant)* **~ smell** übler Geruch
③ *(attack)* Angriffs-
II. *n* MIL Angriff *m;* **to go on** [*or* **take**] **the ~** in die Offensive gehen, zum Angriff übergehen; **to launch an ~** eine Offensive starten

of·fen·sive·ly [əˈfen(t)sɪvli] *adv* beleidigend, kränkend; **to act ~** unverschämt sein; **to speak ~** sich *akk* beleidigend ausdrücken

of·fen·sive·ness [əˈfen(t)sɪvnəs] *n no pl* Unverschämtheit *f; of an odour* Widerlichkeit *f*

of·fen·sive 'weap·on *n* MIL Offensivwaffe *f*

of·fer [ˈɒfəʳ, AM ˈɑːfɚ] **I.** *n* ① *(proposal)* Angebot *nt;* **~ of help** Angebot *nt* zu helfen; **~ of hospitality** Einladung *f;* **~ of support** Angebot *nt* finanzieller Hilfe; **to take sb up on an ~** *(fam)* von jds Angebot Gebrauch machen
② ECON Angebot *nt;* ***the house is under ~*** BRIT man hat ein Angebot für das Haus unterbreitet; **to make** [*or* **put in**] **an ~ for sth** ein Gebot [*o* Kaufangebot] für etw *akk* abgeben, ein Angebot für etw *akk* unterbreiten; **to be on [special] ~** BRIT, AUS im Angebot sein, ein [Sonder]angebot sein
II. *vt* ① *(present for acceptance)* ■**to ~ [sb] sth** [*or* **to ~ sth [to sb]**] [jdm] etw anbieten; **to ~ sb a bribe** jdm ein Bestechungsgeld anbieten; **to ~ one's resignation** seinen Rücktritt anbieten
② *(put forward)* ■**to ~ sth** etw vorbringen; ***would you care to ~ your opinion?*** möchten Sie Ihre Meinung dazu äußern?; **to ~ compensation** eine Entschädigung bewilligen; **to ~ one's condolences** sein Beileid aussprechen; **to ~ congratulations** Glückwünsche aussprechen; **to ~ an excuse** eine Entschuldigung vorbringen; **to ~ an explanation** eine Erklärung abgeben; **to ~ information** Informationen geben; **to ~ a money prize/a reward** einen Geldpreis/eine Belohnung aussetzen; **to ~ a suggestion** einen Vorschlag unterbreiten
③ *(provide)* ■**to ~ [sb] sth** [*or* **to ~ sth [to sb]**] [jdm] etw bieten; **to ~ a glimpse** Einblick gewähren; **to ~ an incentive** einen Anreiz geben; **to ~ proof** einen Nachweis erbringen; **to ~ resistance** Widerstand leisten; **to ~ shelter** Schutz bieten; **to have much to ~** viel zu bieten haben
④ *(bid)* ■**to ~ sth** etw bieten
⑤ ECON ■**to ~ sb sth** jdm für etw *akk* ein Angebot machen; **~ed market** Markt *m* mit Überangebot; **~ed price** Briefkurs *m*
III. *vi* sich *akk* bereit erklären; ■**to ~ to do sth** sich *akk* bereit erklären, etw zu tun
◆ **offer up** *vt* REL ■**to ~ up sth to sb** jdm etw darbringen; ***dear Lord, we ~ up our prayers ...*** Herr, wir beten zu Dir ...

'of·fer docu·ment *n* ECON Übernahmeangebot *nt*
of·fer for 'sale *n* STOCKEX Zeichnungsangebot *nt*, Angebot *nt*

of·fer·ing [ˈɒfᵊrɪŋ, AM ˈɑːf-] *n* ① *usu pl (thing offered)* Spende *f;* **to give sb one's ~ of congratulations/thanks** jdm seine Glückwünsche aussprechen/seinen Dank ausdrücken; **sacrificial ~** Opfergabe *f*
② ECON Angebot *nt;* **~ circular** verkürzter Verkaufsprospekt; **public ~** AM STOCKEX öffentliches Zeichnungsangebot

'of·fer·ing plate *n* REL Spendenteller *m*

'of·fer period *n* STOCKEX Angebotsfrist *f*, Zeichnungsfrist *f* **'of·fer price** *n* STOCKEX Emissionskurs *m*, Ausgabekurs *m;* COMM Angebotspreis *m*

of·fer·tory <*pl* -ries> [ˈɒfətᵊri, AM ˈɑːfɚtɔːri] *n* REL
① *(offering)* Offertorium *nt*
② *(collection of money)* Kollekte *f*

off-'guard *adj* unvorbereitet; **to be caught** [*or* **taken**] **~** überrascht werden **off·'hand I.** *adj* ① *(uninterested)* gleichgültig; ***why do you always deal with me in such an ~ manner?*** warum bist du mir gegenüber immer so gleichgültig?; **to be/appear ~ with sb** jdm gegenüber kurz angebunden sein/erscheinen ② *(informal)* lässig; **~ remark** nebenbei fallengelassene Bemerkung **II.** *adv* ohne Weiteres, aus dem Stand; **to be able to quote sth ~** etw auf Anhieb angeben können **off·'hand·ed·ly** *adv* lässig; ***he has a way of always ~ assuming that we will help him*** er hält es immer für ganz selbstverständlich, dass wir ihm helfen **off·'hand·ed·ness** *n no pl* Lässigkeit *f*

of·fice [ˈɒfɪs, AM ˈɑː-] *n* ① *(room)* Büro *nt;* *(firm)* Geschäftsstelle *f; lawyer* Kanzlei *f;* **to stay at the ~** im Büro bleiben
② BRIT POL *(government department)* **O~ of Management and Budget** *dem amerikanischen Präsidenten unterstehendes Exekutivorgan, das die Planung des Staatshaushalts vorbereitet und überwacht;* **O~ of Fair Trading** Amt *nt* für Verbraucherschutz; **Foreign/Home O~** Außen-/Innenministerium *nt*, Departement *nt* für äussere Angelegenheiten/des Innern SCHWEIZ; **Serious Fraud Office** Ermittlungsbehörde *f* für Wirtschaftsstraftaten
③ POL *(authoritative position)* Amt *nt;* **compensation for loss of ~** Entlassungsentschädigung *f;* **to be in ~** an der Macht sein; **to be out of ~** nicht an der Macht sein; **to come into** [*or* **take**] **~** sein Amt antreten; **to hold ~** im Amt sein

of·fice auto·'ma·tion *n* COMPUT Büroautomatisierung *f* **'of·fice-bear·er** *n* Amtsinhaber(in) *m(f)* **'of·fice block** *n* BRIT, AUS Bürohaus *nt*, Bürogebäude *nt* **'of·fice boy** *n* Laufbursche *m* **'of·fice build·ing** *n* Bürohaus *nt*, Bürogebäude *nt* **of·fice com·mu·ni·'ca·tion** *n* Bürokommunikation *f* **'of·fice equip·ment** *n no pl (room)* Büroeinrichtung *f*, Büroausstattung *f;* *(firm)* Betriebsausstattung *f*, Geschäftsausstattung *f* **'of·fice girl** *n* Bürogehilfin *f* **'of·fice grape·vine** *n* Flurfunk *m* **'of·fice·hold·er** *n* Amtsinhaber(in) *m(f)* **'of·fice hours** *npl* Geschäftszeit[en] *f[pl]*, Geschäftsstunden *pl*, Öffnungszeit[en] *f[pl]*, ÖSTERR *geh a.* Parteienverkehr *m;* **to do sth out[side] of ~** etw außerhalb der Dienstzeit[en] tun **of·fice 'jun·ior** *n* BRIT Bürogehilfe, -gehilfin *m, f* **of·fice 'man·ag·er** *n* Büroleiter(in) *m(f)* **Of·fice of Fair 'Trad·ing** *n*, **OFT** *n no pl* BRIT *britisches Kartellamt* **Of·fice of Man·age·ment and 'Budg·et** *n*, **OMB** *n* AM Amt *nt* für Personal und Haushalt

of·fic·er [ˈɒfɪsəʳ, AM ˈɑːfɪsɚ] *n* ① MIL Offizier(in) *m(f)*

② *(authoritative person)* Beamte(r), Beamtin *m, f;* AM *O~ Clarke* Wachtmeister Clarke; *~!* Herr Wachtmeister!; **the company ~s** [*or* **the ~s of a company**] die Führungskräfte eines Unternehmens; **customs ~** Zollbeamte(r), -beamtin *m, f;* **information ~** Pressereferent(in) *m(f);* **personnel ~** Personalchef(in) *m(f),* Personalreferent(in) *m(f);* [**police**] **~** Polizeibeamte(r), -beamtin *m, f,* Polizist(in) *m(f);* **training ~** Ausbildungsleiter(in) *m(f)*
③ *of a company* Vorstandsmitglied *nt*

'of·fice space *n no pl* Bürofläche *f; (rooms)* Büroräume *pl* **'of·fice staff** *n* Büropersonal *nt* **'of·fice sup·plies** *npl* Büromaterial *nt,* Bürobedarf *m kein pl* **'of·fice tow·er** *n* AM Bürohaus *nt,* Bürogebäude *nt* **'of·fice work** *n no pl* Büroarbeit *f* **'of·fice work·er** *n* Büroangestellte(r) *f(m)*

of·fi·cial [ə'fɪʃəl] **I.** *n* ① *(holding public office)* Amtsperson *f,* Beamte(r), Beamtin *m, f;* **customs ~** Zollbeamte(r), -beamtin *m, f;* **government/security ~** Regierungs-/Sicherheitsbeamte(r), -beamtin *m, f;* **high ~** höherer Beamte(r)/höhere Beamtin; **minor ~** unterer Beamte(r)/untere Beamtin; **top ~** Spitzenbeamte(r), -beamtin *m, f*
② *(responsible person)* Offizielle(r) *f(m),* Funktionsträger(in) *m(f);* **trade-union ~** Gewerkschaftsfunktionär(in) *m(f)*
③ *(referee)* Schiedsrichter(in) *m(f)*
II. *adj inv* ① *(relating to an office)* offiziell, amtlich; *(on business)* dienstlich; **~ business** Amtsgeschäfte *pl;* **~ duty** Dienstpflicht *f;* **~ residence** Amtssitz *m;* **~ use** Dienstgebrauch *m;* **~ visit** offizieller Besuch
② *(authorized)* offiziell; ***the ~ position is that ...*** offiziell heißt es, dass ...; **~ authorization** offizielle Genehmigung; **~ broker** amtlicher Börsenmakler/amtliche Börsenmaklerin; **~ inquiry** amtliche Untersuchung; **~ intervention** staatliche Intervention; **~ language** Amtssprache *f;* **O~ List** STOCKEX amtliches Kursblatt; **~ market** offizieller Aktienmarkt; **~ publication/transcript** autorisierter Artikel/autorisierte Abschrift *geh;* **~ receiver** Konkursverwalter(in) *m(f);* **~ record** amtliche Aufzeichnungen; LAW Gerichtsakte *f;* **~ spokesperson** offizieller Sprecher/offizielle Sprecherin; **~ strike** regulärer Streik
③ *(officially announced)* offiziell, amtlich bestätigt; **~ communiqué/statement** amtliche Verlautbarung/Erklärung

of·fi·cial 'birth·day *n* BRIT offizieller Geburtstag

of·fi·cial·dom [ə'fɪʃəldəm] *n* ① *no pl (pej: bureaucracy)* Bürokratie *f pej*
② *+ sing/pl vb (officials collectively)* Beamtenschaft *f,* Beamtentum *nt*

of·fi·cial·ese [əˌfɪʃəl'iːz] *n no pl* Beamtendeutsch *nt oft pej fam,* Behördensprache *f*

of·fi·cial 'list *n* **daily ~** STOCKEX Kursblatt *nt*

of·fi·cial·ly [ə'fɪʃəli] *adv inv* offiziell

of·fi·cial 'open·ing *n* offizielle Eröffnung **of·fi·cial re·'ceiv·er** *n* BRIT Konkursverwalter(in) *m(f)* **of·fi·cial re·'ceiv·er·ship** *n no pl* BRIT Konkursverfahren *nt;* **to go into ~** in Konkurs gehen **of·fi·cial 'se·cret** *n* BRIT *(also iron)* Staatsgeheimnis *nt;* **to leak an ~** ein Staatsgeheimnis durchsickern lassen **Of·fi·cial 'Se·crets Act** *n no pl* BRIT ■**the ~** Gesetz *nt* über die Wahrung von Staatsgeheimnissen

of·fi·ci·ant [ə'fɪʃiənt, AM -ʃənt] *n* amtierender [*o* SCHWEIZ amtender] Geistlicher

of·fi·ci·ate [ə'fɪʃieɪt] *vi (form)* ■**to ~ at sth** bei etw *dat* amtieren; ■**to ~** [**at sth**] **as sth** [bei etw *dat*] als etw fungieren; **to ~ at several churches** *vicar* für mehrere Pfarreien zuständig sein; **to ~ at a match** SPORT ein Spiel pfeifen; **to ~ at a wedding** eine Trauung vornehmen

of·fi·cious [ə'fɪʃəs] *adj (pej)* ① *(bossy)* schikanierend
② *(interfering)* aufdringlich

of·fi·cious·ly [ə'fɪʃəsli] *adv (pej)* ① *(in bossy fashion)* auf schikanierende Art
② *(in interfering way)* aufdringlich

of·fi·cious·ness [ə'fɪʃəsnəs] *n no pl (pej)* ① *(bossiness)* schikanierende Art
② *(interference)* Aufdringlichkeit *f*

of·fing ['ɒfɪŋ, AM 'ɑːf-] *n no pl* ■**to be in the ~** bevorstehen, zu erwarten sein; ***with an election in the ~ ...*** mit einer sich abzeichnenden Wahl vor Augen ...

off·ish ['ɒfɪʃ, AM 'ɑːf-] *adj (fam)* ① BRIT *(not interested)* uninteressiert
② *(stand-offish)* reserviert

off 'key I. *adv* falsch; **to sing ~** falsch singen
II. *adj* ① *(out of tune)* verstimmt
② *(fig: inopportune)* unangebracht, SCHWEIZ *meist* unpassend

off-kil·ter *adj* **to be ~** aus dem Gleichgewicht geraten sein

off-'la·bel *adj* MED, PHARM **~ use** *(of a drug)* Off-Label Einsatz *fachspr (von Medikamenten),* zweckentfremdeter Gebrauch *(von Medikamenten)* **'off-li·cence** *n* BRIT ① *(shop)* Wein- und Spirituosengeschäft *nt* ② *(licence)* Konzession *f* [*o* SCHWEIZ Lizenz] zum Alkoholverkauf *f* **'off-li·cense** *n see* **off-licence** **off-'lim·its** *adj inv, pred* ■**to be ~ to sb** für jdn tabu sein **off-'line I.** *adj inv* offline **II.** *adv* offline; **to go ~** auf Offlinebetrieb schalten, SCHWEIZ *meist* Offline gehen **off-line con·'nec·tion** *n* AVIAT Anschlussflug *m* mit einer anderen Fluglinie **off·'load** *vt* ① *(unload)* ■**to ~ sth** etw ausladen; **to ~ freight** Fracht löschen ② *(get rid of)* ■**to ~ sth** [**onto sb**] etw [bei jdm] loswerden *fam;* **to ~ the blame/responsibility** [**onto sb**] die Schuld/Verantwortung [auf jdn] abladen; **to ~ work** [**onto sb**] Arbeit [auf jdn] abladen ③ COMPUT **to ~ data** Daten umladen **off-'mes·sage** *adj statement* nicht linientreu; **an ~ politician** ein von der Parteilinie abweichender Politiker **off-'peak I.** *adj inv* ① *telephone call* außerhalb der Hauptsprechzeiten [*o* SCHWEIZ *meist* Hochtarifzeit] *nach n* ② *electricity supply* Schwachlastzeit-; **~ demand** Strombedarf *m* außerhalb der Hauptlastzeiten ③ TOURIST ***I prefer to go on holiday at ~ times of the year*** ich ziehe es vor, außerhalb der Hauptreisezeiten in Urlaub zu fahren; **~ prices/travel** Preise *pl*/Reise *f* außerhalb der Hauptreisezeit [*o* SCHWEIZ *a.* Hauptsaison] **II.** *adv* ① *(of telephone call)* außerhalb der Hauptsprechzeiten ② TOURIST **to travel ~** außerhalb der Hauptsaison verreisen **off-'piste** *esp* BRIT **I.** *adv inv* abseits der Skipiste; **to ski ~** außerhalb gekennzeichneter Pisten fahren **II.** *adj inv* abseits der Skipiste *nach n;* **~ skiing** Skifahren *nt* abseits der Pisten **off-'put·ting** *adj* abschreckend; **~ appearance/manner** abstoßendes Äußeres/abstoßende Art; **an ~ experience** *(disconcerting)* ein schreckliches Erlebnis; *(unpleasant)* ein unangenehmes Erlebnis; **~ smell** ek(e)liger Geruch; **to find sth ~** etw abschreckend finden **off-'road** *adj inv* ① *(not on road)* im Gelände; ***we found an ~ camping site near the lake*** wir fanden einen Campingplatz abseits der Straße in der Nähe des Sees; **with ~ parking** mit Stellplatz ② TRANSP **~ car/motorbike** Geländewagen *m*/-motorrad *nt,* Offroadauto/-motorrad *nt* **off-'road·ing** *n no pl* SPORT Geländefahren *nt* **'off-sales** *npl* BRIT Verkauf *m* von Alkohol zum Mitnehmen **off-'screen** [ˌɒf'skriːn, AM ˌɑːf-] *adj inv* ① *(not visible)* außerhalb der [Film]leinwand befindlich, nicht auf der Bildfläche vorhanden ② *(happening in reality)* wirklich, nicht gestellt **'off sea·son** *n* ■**the ~** die Nebensaison

off·set¹ <-set, -set> [ˌɒf'set, AM ˌɑːf-] *vt usu passive* ■**to be ~ by sth** durch etw *akk* ausgeglichen [*o fam* wettgemacht] werden

off·set² ['ɒfset, AM 'ɑːf-] **I.** *vt* <-set, -set> ① FIN ■**to ~ sth** etw ausgleichen [*o* aufrechnen]; **to ~ a disadvantage** einen Nachteil aufwiegen; **to ~ sth against tax** AUS, BRIT etw von der Steuer absetzen; ■**to ~ sth by sth** etw durch etw *akk* ausgleichen
② *(print)* ■**to ~ sth** etw im Offsetverfahren drucken
II. *n* ① TECH **to have an ~ of sth** eine Abweichung von etw *akk* aufweisen
② FIN ■**to be an ~ against sth** ein Ausgleich zu etw *dat* sein
③ HORT Ableger *m*
④ GEOG Ausläufer *m*

off·set li·'thog·ra·phy *n* Offsetlithographie *f* **off·set 'print·ing** *n no pl* Offsetdruck *m fachspr*

off·set·ting [ɒf'setɪŋ, AM ɑːf-] *n* ① FIN *of accounts* Saldierung *f;* **~ entry** Gegenbuchung *f*
② COMM *(of invoices)* Verrechnung *f*

'off·set value *n* Relativzeigerwert *m*

'off·shoot *n* ① HORT Ableger *m*
② *(of company, organization)* Nebenzweig *m,* Niederlassung *f*
③ *(of ocean)* Seitenarm *m* eines Meeres
④ *(of political party)* Splitterpartei *f*
⑤ *(of language)* **~ of a language** Tochtersprache *f*

off·'shore I. *adj inv* ① *(at sea)* küstennah, vor der Küste gelegen; **~ drilling** Offshorebohrung *f fachspr*
② *(of wind, current)* ablandig *fachspr*
③ *inv* FIN Auslands-; **~ account/funds** Auslandskonto *nt*/Offshorefonds *m*
II. *adv (of wind movement)* von der Küste her; **to drop anchor ~** vor der Küste ankern; **to fish ~** vor der Küste fischen

off·shore 'bank·ing *n* Offshorebanking *nt* **off·shore 'fish·ing** *n no pl* Fischen *nt* in Küstengewässern **off·shore 'is·land** *n* Insel *f* vor der Küste **off·shore 'is·land·er** *n* Inselbewohner(in) *m(f)* **off·shore 'oil·field** *n* Offshoreölfeld *nt fachspr* **off·shore 'pur·chase** *n* Auslandskauf *m* **off·shore 'race** *n* Offshorerennen *nt*

off·'side I. *adj inv* ① SPORT abseits; **~ position** Abseitsstellung *f*
② *attr esp* BRIT AUTO auf der Fahrerseite *nach n;* **~ door** Fahrertür *f*
II. *adv inv* abseits
III. *n* ① SPORT Abseits, Offside *nt* SCHWEIZ
② *esp* BRIT AUTO ■**on the ~** auf der Fahrerseite

off·'side rule *n* Abseitsregel *f,* Offsideregel *f* SCHWEIZ

off-'site *adj inv* Außen-

off·spring <*pl* -> ['ɒfsprɪŋ, AM 'ɑːf-] *n* ① *(animal young)* Junge(s) *nt*
② *(also hum: person's child)* Nachkomme *m; (esp son)* Sprössling *m hum fam*
③ *(fig: result)* Ergebnis *nt*

off·'stage I. *adj inv* ① *(behind the stage)* hinter der Bühne *nach n* ② *(private)* **~ life** Privatleben *nt*
II. *adv* ① *(privately)* im Privatleben, privat ② *(away from the stage)* hinter der Bühne; **to hear sb's voice ~** jds Stimme aus dem Off hören; **to walk ~** von der Bühne abgehen **off-street 'park·ing** *n no pl* Parken auf Parkplätzen außerhalb des Stadtzentrums

off-the-'cuff I. *adj inv* spontan; **~ speech** Stegreifrede *f* **II.** *adv* aus dem Stegreif **off-the-'floor** *adj inv* **~ trading** STOCKEX außerbörslicher Handel **off-the-job 'train·ing** *n no pl* außerbetriebliche Fortbildung **off-the-'peg,** AM **off-the-'rack** *adj inv* Konfektions-, von der Stange *nach n;* **~ clothes** Konfektionskleidung *f* **off-the-'rec·ord I.** *adj inv* inoffiziell **II.** *adv* inoffiziell **off-the-shelf 'com·pa·ny** *n* ECON schlüsselfertiges Unternehmen **off-the-'shoul·der** *adj inv* schulterfrei **off-the-'wall** *adj (fam)* seltsam *pej,* verschroben, schräg SCHWEIZ, ÖSTERR *fam;* **~ creativity** unkonventionelle Kreativität; **~ humour** seltsamer Humor **off-'trail** *adv* abseits vom Weg [*o* Pfad] **off-'white** *n no pl* gebrochenes Weiß

offy ['ɒfi] *n* BRIT *(sl) short for* **off-licence** Wein- und Spirituosenhandlung *f*

OFT [ˌəʊef'tiː] *n* BRIT *abbrev of* **Office of Fair Trading** *britisches Kartellamt*

oft [ɒft, AM ɑːft] *adv inv (dated liter)* oft

Of·tel ['ɒftel] *n no pl, + sing/pl vb* BRIT *short for* **Office of Telecommunications** *Behörde für Telekommunikationsindustrie*

of·ten ['ɒfən, AM 'ɑːf-] *adv* oft, häufig; ■**it's not ~ that ...** es kommt selten [*o* nicht oft] vor, dass ...; **as ~ as not** meistens; **every so ~** gelegentlich; **once too ~** einmal zu viel [*o* zu oft]
▶ PHRASES: **more ~ than sb has had hot dinners** öfter, als jd sich *dat* [auch nur annähernd] vorstellen kann

oft-re·'peat·ed *adj* oft [*o* häufig] wiederholt; *(pej)* abgedroschen *pej*

Of·wat ['ɒfwɒt] *n no pl, + sing/pl vb* BRIT *short for*

Office of Water Services *Behörde für Wasserindustrie*

ogle ['əʊgl, AM 'oʊgl] **I.** *vi* gaffen *pej;* ■ **to ~ at sb** jdn angaffen *pej*
II. *vt* ■ **to ~ sb** jdn angaffen [*o fam* anglotzen] *pej*

ogre ['əʊgəʳ, AM 'oʊgə˞] *n* Menschenfresser *m; (fig fam)* Scheusal *nt pej*

ogress <*pl* -es> ['əʊgrəs, AM 'oʊ-] *n* Menschenfresserin *f; (fig fam)* Scheusal *nt pej*

oh¹ [oʊ] *interj* ❶ *(to show surprise, disappointment, pleasure)* oh; ***I've warned him over and over again but, ~ well, he'll just have to learn the hard way*** ich habe ihn immer wieder gewarnt, aber naja, er muss es eben auf die harte Tour lernen; **~ hell!** was soll's! *fam;* **~ damn!** verdammt! *pej fam;* **~ dear!** oje!; **~ yes?** sag bloß?, ach ja?
❷ *(by the way)* ach, übrigens

oh² [əʊ] *n* BRIT *(in phone numbers)* Null *f*

Ohian [ə(ʊ)'haɪən, AM oʊ'-] **I.** *n* Bewohner(in) *m(f)* Ohios
II. *adj* aus Ohio *nach n*

OHIP ['oʊhɪp] *n* CAN *acr for* **Ontario Health Insurance Plan** gesetzliche Krankenversicherung in Ontario

ohm [əʊm, AM oʊm] *n* Ohm *nt*

ohm·ic ['əʊmɪk, AM 'oʊmɪk] *adj inv* SCI ohmisch; **~ contact** leitende Verbindung; **~ drop** ohmischer Spannungsabfall; **~ resistance** ohmischer Widerstand

OHMS [ˌəʊeɪtʃem'es] BRIT *abbrev of* **On Her/His Majesty's Service** *Aufdruck auf amtlichen Briefen*

Ohm's law ['əʊmz-, AM 'oʊmz-] *n no pl* ELEC Ohm'sches Gesetz; **~ of hearing** PHYS Ohm'sches Gesetz der Akustik

OHP [ˌəʊeɪtʃ'piː, AM ˌoʊ-] *n abbrev of* **overhead projector** Overheadprojektor *m,* Hellraumprojektor *m bes* SCHWEIZ

oh-so-'yes·ter·day *adj inv (fam)* passé *fam*

oick, oik [ɔɪk] *n* BRIT *(pej sl)* Rowdy *m pej*

oil [ɔɪl] **I.** *n* ❶ *(lubricant)* Öl *nt;* **to change the ~** das Öl wechseln; AUTO einen Ölwechsel machen; **to check the ~** den Ölstand prüfen
❷ *no pl (petroleum)* [Erd]öl *nt;* **to drill for ~** nach Öl bohren
❸ FOOD [Speise]öl *nt;* **to cook sth in/with ~** etw in/mit Öl braten; **to fry sth in deep ~** [*or* **to deep-fry sth in ~**] etw in schwimmendem Öl backen
❹ *(for cosmetic use)* **hair/massage ~** Haar-/Massageöl *nt;* **suntan ~** Sonnenöl *nt*
❺ *(oil-based paints)* ■ **~s** *pl* Ölfarben *pl;* ***can you do my portrait in ~s?*** können Sie mich in Öl porträtieren?
▸PHRASES: **to <u>burn</u> the midnight ~** bis spät in die Nacht lernen; **to <u>mix</u> like ~ and water** nicht gut miteinander auskommen
II. *vt* ❶ *(treat)* ■ **to ~ sth** etw ölen; ***lightly ~ a cake tin*** fetten Sie eine Kuchenform leicht ein
❷ *usu passive (be polluted)* ■ **to be ~ed** mit Öl verschmutzt sein
▸PHRASES: **to ~ sb's <u>hand</u>** [*or* **<u>palm</u>**] jdn schmieren *fam;* **to ~ the <u>wheels</u>** *(fam)* die Dinge erleichtern

'oil bar·on *n* Ölmagnat *m* **'oil·cake** *n* AGR Ölkuchen *m fachspr* **'oil·can** *n* Ölkännchen *nt* **'oil change** *n* Ölwechsel *m;* **to have an ~** einen Ölwechsel machen lassen **'oil·cloth** *n* Wachstuch *nt* **'oil com·pa·ny** *n* Ölfirma *f*

'oil con·sump·tion *n no pl* Ölverbrauch *m* **'oil cri·sis** *n* Ölkrise *f* **'oil de·pos·its** *npl* Ölvorkommen *pl* **'oil drum** *n* Ölfass *nt*

oiled [ɔɪld] *adj inv* ❶ *(lubricated)* [ein]geölt, eingefettet
❷ *(impregnated with oil)* ölhaltig
❸ *(polluted with oil)* ölverschmiert, ölverschmutzt

'oil-ex·port·ing *adj attr, inv* [Erd]öl exportierend; **~ country** [Erd]öl exportierendes Land, Ölexportland *nt* **'oil·field** *n* Ölfeld *nt* **'oil fil·ter** *n* Ölfilter *m* **'oil-fired** *adj inv* ölbeheizt; *central heating* ölbetrieben; **~ heating system** Ölheizung *f* **'oil furnace** *n* Ölfeuerung *f* **'oil gauge** *n* Ölstandsanzeiger *m*

oili·ness ['ɔɪlɪnəs] *n no pl* ❶ FOOD Öligkeit *f,* Fettigkeit *f*
❷ *(of cosmetics)* Fettigkeit *f,* ölige Beschaffenheit
❸ *(of hair, skin)* Fettigkeit *f*
❹ *(fig: of behaviour)* aalglatte Art *pej*

'oil lamp *n* Öllampe *f,* Petroleumlampe *f,* Petrollampe *f* SCHWEIZ **'oil lev·el** *n* TECH Ölstand *m* **'oil·man** *n (seller)* Ölhändler(in) *m(f); (worker)* Ölarbeiter(in) *m(f); (industrialist)* Unternehmer(in) *m(f)* in der Ölbranche **'oil paint** *n* Ölfarbe *f* **'oil painting** *n* Ölbild *nt,* Ölgemälde *nt* ▸PHRASES: **to be <u>no</u> ~** AUS, BRIT *(fig)* keine Schönheit sein **'oil pipe·line** *n* Ölpipeline *f,* Ölleitung *f* **'oil plant** *n* Erdölraffinerie *f* **'oil plat·form** *n* Ölplattform *f* **'oil pres·sure** *n* Öldruck *m kein pl* **'oil-pro·duc·ing** *adj attr, inv* [Erd]öl produzierend; **~ countries** Ölförderländer *pl;* **~ shale** GEOL Ölschiefer *m* **'oil pro·duc·tion** *n no pl* [Erd]ölförderung *f* **'oil re·fin·ery** *n* [Erd]ölraffinerie *f* **'oil rig** *n* Bohrinsel *f* **'oil·seed** *n no pl* Ölsamen *m* **oil·seed 'rape** *n no pl* Raps *m* **'oil sheik** *n* Ölscheich *m* **'oil·skin** *n* ❶ *no pl (waterproof cloth)* Öltuch *nt* ❷ *(waterproof clothing)* ■ **~s** *pl* Ölzeug *nt kein pl* **'oil slick** *n* Ölteppich *m* **'oil spill** *n* Ölverschmutzung *f;* **accidental ~** Ölunfall *m,* Tankerunfall *m* **'oil tank·er** *n* Öltanker *m* **'oil well** *n* Ölquelle *f*

oily ['ɔɪli] *adj* ❶ *(oil-like)* ölig
❷ FOOD ölig
❸ *hair, skin* fettig
❹ *objects* schmierig
❺ *(fig: obsequious)* schmierig *pej fam*

oink [ɔɪŋk] *(fam)* **I.** *interj* grunz
II. *vi* grunzen

oint·ment ['ɔɪntmənt] *n* Salbe *f,* SCHWEIZ, ÖSTERR *a.* Creme *f*

Ojib·wa [ə(ʊ)'dʒɪbweɪ, AM oʊ'-] *n* ❶ *(Native American)* Anishinabe *m o f,* Ojibwa *m o f*
❷ *(Indian tribe)* Anishinabe *pl,* Ojibwa *pl*
❸ *(Indian language)* Anishinabe *nt,* Ojibwa *nt*

OK, okay [ə(ʊ)'keɪ, AM oʊ'-] *(fam)* **I.** *adj* ❶ *pred, inv (acceptable)* okay *fam;* ***if it's ~ with you, ...*** wenn es dir recht ist, ...
❷ *pred, inv (healthy) person* in Ordnung; ***are you ~? you look a bit pale*** geht es dir gut? du siehst etwas blass aus
❸ *pred, inv (not outstanding)* ganz gut; ***the meal was ~*** das Essen war nicht schlecht
❹ *pred, inv (understanding)* ■ **to be ~ about sth** mit etw *dat* einverstanden sein
❺ *pred, inv (have no problems with)* ***are you ~ for money or shall I give you some?*** hast du genug Geld oder soll ich dir etwas geben?; **to be ~ for drink** etwas zu trinken haben; **to be ~ for work** genug Arbeit haben
❻ *(pleasant)* **to be an ~ bloke** ein prima Kerl sein BRD *fam*
II. *interj* gut, okay *fam;* **~ then** also gut
III. *vt* ■ **to ~ sth** etw *dat* zustimmen, zu etw *dat* sein Okay geben *fam*
IV. *n* **to get the ~** das Okay bekommen *fam;* **to give** [**sth**] **the ~** [*or* **the ~** [**to sth**]] das Okay [zu etw *dat*] geben *fam*
V. *adv inv* gut; ***I just phoned to make sure that you got there ~*** ich habe nur kurz angerufen, um sicherzugehen, dass du dort gut angekommen bist; **to do ~** sich *akk* gut machen; ***he was doing ~ until his mother arrived and interfered*** er machte seine Sache gut, bis seine Mutter kam und sich einmischte; **to go ~** in Ordnung sein, gut laufen *fig fam*

O'K but·ton *n* COMPUT Schaltfläche ‚OK'

okey-doke(y) [ˌəʊki'dəʊk(i), AM oʊki'doʊk(i)] *interj (fam)* okay *fam,* geht in Ordnung *fam,* gut; **~ then** also gut

okk·er *n* AUS *see* **ocker**

Okla. AM *abbrev of* **Oklahoma**

Ok·la·ho·man [ˌəʊklə'həʊmən, AM ˌoʊklə'hoʊ-] **I.** *n* Bewohner(in) *m(f)* Oklahomas
II. *adj* aus Oklahoma *nach n*

okra ['ɒkrə, AM 'oʊk-] *n no pl* Okra *f*

old [əʊld, AM oʊld] **I.** *adj* ❶ *person, animal* alt; ***there's life in the ~ boy yet!*** *(esp iron)* er steckt noch voller Leben!; **to be ~ enough to be sb's father/mother** *(fam)* jds Vater/Mutter sein können; **to be ~ enough to do sth** alt genug sein, um etw zu tun; **to grow ~ gracefully** mit Würde alt werden; **to be** [**a bit**] **too ~ to be doing sth** [ein bisschen] zu alt sein, um etw zu tun; **to get** [*or* **grow**] **~/~er** alt/älter werden; **to live to a ripe ~ age** ein hohes Alter erreichen; **to seem ~ beyond one's years** älter wirken, als man ist
❷ *object* alt; **~ cheese** alter Käse; **~ joke** abgedroschener Witz *fam;* **the ~ part of town** [*or* **the ~ quarter**] die Altstadt
❸ *after n (denoting an age)* alt; ***Rosie's six years ~ now*** Rosie ist jetzt sechs Jahre alt
❹ *attr, inv (former)* alt, ehemalig; **~ boyfriend** früherer Freund; **in the** [**good**] **~ days** in der guten alten Zeit; **~ job** alter [*o* früherer] Job; **for ~ times' sake** um der alten Zeiten willen
❺ *attr (long known)* altbekannt; ***with him, it's always the same ~ story!*** es ist doch immer die gleiche Geschichte mit ihm!; **~ friend** alter Freund/alte Freundin
❻ *attr, inv (fam: expression of affection)* [gute(r)] alte(r) BRD; ***good ~ Pete!*** der gute alte Pete!; ***I hear poor ~ Frank's lost his job*** ich habe gehört, dem armen Frank wurde gekündigt
❼ *attr, inv (pej fam)* **dirty ~ man** geiler alter Bock *pej vulg,* alter Wüstling *pej*
❽ *attr, inv (fam: any)* ***why don't you put the shoes in the cupboard properly and not just any ~ how?*** warum räumst du die Schuhe nicht ordentlich in den Schrank und nicht immer nur so, wie sie dir gerade in die Hand fallen?; ***I don't want to eat in just any ~ place — I want to go to a romantic restaurant!*** ich möchte nicht einfach nur irgendwo essen – ich möchte in ein romantisches Restaurant gehen!; ***come round any ~ time you like*** komm vorbei, wann immer du möchtest; **any ~ present/rubbish/thing** irgendein Geschenk/irgendeinen Unsinn/irgendwas; **a load of ~ rubbish!** *(pej)* nichts als blanker Unsinn! *fam*
▸PHRASES: **to be a <u>chip</u> off the ~ block** ganz der Vater sein *fam;* **you're as ~ as you <u>feel</u>!** *(saying)* man ist so alt, wie man sich fühlt! *prov;* **there's no <u>fool</u> like an ~ fool** *(saying)* Alter schützt vor Torheit nicht *prov;* **to be as ~ as the <u>hills</u>** [*or* **as <u>Methuselah</u>**] [*or* **as <u>time</u>**] uralt [*o fam* so alt wie Methusalem] sein; **<u>money</u> for ~ rope** leicht verdientes Geld; **you can't <u>put</u> an ~ head on young shoulders** *(saying)* man kann einen alten Kopf nicht auf junge Schultern verpflanzen; **you can't <u>teach</u> an ~ dog new tricks** *(saying)* der Mensch ist ein Gewohnheitstier *prov;* **to be as <u>tough</u> as ~ boots** hart im Nehmen sein
II. *n* ❶ *(elderly people)* ■ **the ~** *pl* die Alten *pl;* **young and ~** Jung und Alt
❷ *(liter: in past times)* **in days of ~** in früheren Zeiten; **to know sb of ~** *esp* BRIT jdn seit Langem kennen
III. *in compounds* ***a twenty-one-year-~*** ein Einundzwanzigjähriger/eine Einundzwanzigjährige; ***a three-month-~ puppy*** ein drei Monate altes Hündchen

old 'age *n no pl* Alter *nt;* ■ **in** [**one's**] **~** im Alter; **~ provision** Altersvorsorge *f* **old age 'pen·sion** *n* AUS, BRIT [Alters]rente *f,* SCHWEIZ, ÖSTERR *meist* Pension *f,* Altersversorgung *f;* **~ scheme** Altersversorgung *f* **old age 'pen·sion·er** *n,* **OAP** *n* AUS, BRIT Rentner(in) *m(f),* Pensionär(in) *m(f) bes* SCHWEIZ, Pensionist(in) *m(f)* ÖSTERR

Old Bai·ley [əʊld'beɪliː] *n no pl* ■ **the ~** das Old Bailey *(Gericht für Strafsachen von Bedeutung in London)*

Old 'Bill *n no pl, + sing/pl vb* BRIT *(fam)* ■ **the ~** die Bullen *pl pej fam,* die Polente BRD *sl,* die Schmier SCHWEIZ *pej sl,* die Ki[e]berei ÖSTERR *pej sl*

old 'boy *n* ❶ *esp* BRIT *(fam: old man)* Alte(r) ❷ *esp* BRIT *(dated fam: old friend)* alter Junge BRD *fam* ❸ AUS, BRIT *(former pupil)* ehemaliger Schüler; **~ reunion** Ehemaligentreffen *nt* **old-boy 'network** *n + sing/pl vb* ❶ AUS, BRIT *(of former students)* *Cliquenwirtschaft ehemaliger Schulkollegen* ❷ AM *(esp pej: of influential friends)* Seilschaft *f*

BRD, ÖSTERR **'old coun·try** *n no pl (also hum)* ▪**the ~** das Heimatland **old 'dear** *n* ❶ *(patronizing address)* Muttchen *nt* ❷ *(affectionate address)* Liebste *kein art,* Liebes *kein art*
olde ['əʊld, AM 'oʊld] *adj attr, inv (hum) see* **old** alt
old e'cono·my *n* Old Economy *f*
old·en ['əʊldən, AM 'oʊ-] *adj attr, inv (dated liter)* **in the ~ days** früher; **in ~ times** in alten Zeiten, früher
Old 'Eng·lish *n no pl* LING Altenglisch *nt*
olde worlde [,əʊldi'wɜ:ldi] *adj* BRIT, AUS *(fam)* altertümlich
old-'fash·ioned *adj (esp pej)* ❶ *(dated)* altmodisch; **~ clothes** altmodische Kleidung ❷ *(traditional)* altmodisch; *thinking* traditionsverbunden; **~ charm** antiquierter Charme; **~ opinions** [*or* **views**] traditionelle Ansichten ❸ *(disapproving)* **to give sb an ~ look** jdn missbilligend ansehen **old 'flame** *n (fam)* alte Flamme *veraltend fam,* Verflossene(r) *f(m)* BRD *fam* **old 'girl** *n* ❶ *(old woman)* alte Frau ❷ *esp* BRIT *(fam: patronizing address)* altes Mädchen BRD *fam* ❸ *esp* BRIT *(fam: affectionate address)* Schätzchen *nt fam* ❹ AUS, BRIT *(former pupil)* ehemalige Schülerin **Old 'Glo·ry** *n no pl* AM Sternenbanner *nt* **old 'gold** *n no pl* Altgold *nt* **old 'growth** *n* AM, AUS alter Baumbestand **old-growth 'for·est** *n* unberührter Wald **'old guard** *n no pl, + sing/pl vb* alte Garde **old 'hand** *n* alter Hase *fam* **old 'hat** *n no pl (pej)* ❶ *(old-fashioned)* ▪**to be ~** altmodisch sein ❷ *(very familiar)* ***that's ~*** das ist ein alter Hut *fam*
oldie ['əʊldi, AM 'oʊ-] *n (fam)* ❶ *(song)* Oldie *m fam* ❷ *(older person)* Oldie *m hum fam*
old·ish ['əʊldɪʃ, AM 'oʊ-] *adj inv* ältlich, älter
old 'lady *n* ❶ *(elderly female)* alte Dame ❷ *(fam: one's wife, mother)* ▪**the/sb's ~** die/jds Alte *fam* **old 'maid** *n (esp pej dated)* alte Jungfer *oft pej* **old-maidish** [-'meɪdɪʃ] *adj (esp pej dated)* jungfernhaft *meist pej,* altjüngferlich *pej* **old 'man** *n* ❶ *(elderly male)* alter Mann, Greis *m* ❷ *(sl: husband, father)* ▪**the/sb's ~** der Alte/jds Alter *fam* ❸ *(boss, leader)* ▪**the ~** der Alte **Old Man 'Riv·er** *n no pl* AM Mississippi *m* **old 'mas·ter** *n* alter Meister **old 'mon·ey** I. *n no pl* ❶ *+ sing/pl vb (well-established families)* alter Geldadel ❷ *(former currency)* alte Währung II. *adj inv* alteingesessen **Old 'Nick** *n no pl (hum dated)* der Teufel **Old 'Norse** *n* Altnordisch *nt* **old 'peo·ple's home** *n* Seniorenheim *nt,* Altenheim *nt* **'old school** I. *n (approv)* ▪**the ~** die alte Schule; ***he's one of the ~*** er ist [noch] einer der alten Schule II. *adj* der alten Schule *nach n* **old school 'tie** *n* BRIT ❶ *(tie) Krawatte der ehemaligen Schüleruniform* ❷ *(fig: cliquishness)* ▪**the ~** *Cliquenwirtschaft unter ehemaligen Schulkameraden*
old 'stag·er *n* ❶ *(old man)* Oldie *m hum fam* ❷ *(long-time worker)* alter Hase *fam; (long-time resident)* Alteingesessene(r) *f(m)*
old·ster ['oʊldstɚ] *n* AM *(fam)* alter Knabe BRD *hum fam*
'old-style *adj pred* im alten Stil *nach n*
Old 'Tes·ta·ment *n,* **OT** *n* ▪**the ~** das Alte Testament **'old-time** *adj attr, inv (esp approv)* aus alter Zeit *nach n;* **~ atmosphere** Atmosphäre *f* vergangener Zeiten; **~ dancing** alte Tänze **old-'tim·er** *n (fam)* ❶ *(old man)* Oldie *m hum fam* ❷ *(long-time worker)* alter Hase *fam; (long-time resident)* Alteingesessene(r) *f(m)* **old 'wives' tale** *n* Ammenmärchen *nt* **old 'wom·an** *n* ❶ *(elderly female)* alte Frau ❷ *(mother, wife)* ▪**sb's ~** jds Alte *fam* ❸ *(pej: fretful man)* altes Weib *pej fam* **'old-world** *adj (approv)* altertümlich; **~ courtesy** altväterliche Höflichkeit **'Old World** *n no pl* ▪**the ~** die Alte Welt
oleagi·nous [,əʊli'ædʒɪnəs, AM ,oʊ-] *adj* ❶ *(of oil)* ölig ❷ *(fig: obsequious)* kriecherisch *pej*
olean·der [,əʊli'ændəʳ, AM ,oʊli'ændɚ] *n* Oleander *m*
OLED [,əʊeli:'di:, AM ,oʊ-] *n abbrev of* **organic light-emitting diode** OLED
oleic acid [əʊ,li:ɪk'-, AM oʊ,-] *n no pl* CHEM Ölsäure *f*
'O lev·el *n* BRIT *(hist) short for* **ordinary level** ≈ mittlere Reife, ≈ Mittelschulabschluss SCHWEIZ
ol·fac·tory [ɒl'fæktəri, AM ɑ:l'fækteri] *adj inv* Geruchs-, olfaktorisch *fachspr*
ol·fac·tory 'bulb *n* ANAT Bulbus olfactorius *m fachspr* **ol·fac·tory 'lobe** *n* ANAT Geruchssinnlappen *m fachspr,* Lobus olfactorius *m fachspr* **ol·fac·tory 'nerve** *n* ANAT Riechnerv *m,* Nervus olfactorius *m fachspr*
oli·gar·chic [,ɒlɪ'gɑ:kɪk, AM ,ɑ:lɪ'gɑ:r] *adj inv* oligarchisch, Oligarchen-
oli·gar·chy ['ɒlɪgɑ:ki, AM 'ɑ:lɪgɑ:r-] *n* Oligarchie *f*
oli·go·gen·ic [,ɒlɪgə(ʊ)'dʒenɪk, AM ,ɑ:lɪgoʊ-] *adj* MED **~ illness** durch mehrere Gene bedingte Krankheit
oli·gopo·lis·tic [,ɒlɪgɒpə'lɪstɪk, AM ,ɑ:lɪgɑ:pə'-] *adj* ECON oligopolistisch *fachspr*
oli·gopo·ly [,ɒlɪ'gɒpəli, AM ,ɑ:lɪ'gɑ:p-] *n* ECON Oligopol *nt fachspr*
ol·ive ['ɒlɪv, AM 'ɑ:l-] *n* ❶ *(fruit)* Olive *f* ❷ *(tree)* Olivenbaum *m,* Ölbaum *m* ❸ *(dish)* **beef/veal ~** Kalbs-/Rindsroulade *f,* Fleischvogel *m* SCHWEIZ
'ol·ive branch *n* ❶ HORT Olivenzweig *m,* Ölzweig *m* ❷ *(fig: symbol of peace)* Ölzweig *m;* **to hold out the ~ [to sb]** [jdm] seinen Friedenswillen zeigen **ol·ive 'green** *n,* AM **ol·ive 'drab** *n* Olivgrün *nt* **'ol·ive grove** *n* Olivenhain *m* **ol·ive 'oil** *n no pl* Olivenöl *nt*
ol·ogy ['ɒlədʒi, AM 'ɑ:l-] *n (hum fam)* [irgendein] Wissenschaftszweig *m;* ***what's his new girlfriend studying? — oh, some ~ or other — pharmacology, I think*** was studiert seine neue Freundin [eigentlich]? – och, irgend so eine Wissenschaft – Pharmazie, glaube ich *fam*
Olym·pi·ad [ə(ʊ)'lɪmpiæd, AM oʊ'-] *n* Olympiade *f,* Olympische Spiele
Olym·pian [ə(ʊ)'lɪmpiən, AM oʊ'-] I. *adj inv (liter)* ❶ *(of Greek mythology)* olympisch ❷ *(aloof)* [überirdisch] entrückt ❸ *(tremendous)* riesig; **~ feat** titanische Leistung *geh* ❹ *attr (of Olympic Games)* olympisch
II. *n* ❶ *(of gods)* Olympier(in) *m(f)* ❷ *(Olympic Games competitor)* Olympionike, Olympionikin *m, f,* olympischer Wettkämpfer/olympische Wettkämpferin ❸ *(great person)* Titan *m geh*
Olym·pic [ə(ʊ)'lɪmpɪk, AM oʊ'-] *adj attr, inv* ❶ *(of Greek mythology)* olympisch ❷ SPORT olympisch; **~ champion** Olympiasieger(in) *m(f);* **International ~ Committee** Internationales Olympisches Komitee; **~ flame** olympisches Feuer; **~ stadium** Olympiastadion *nt*
Olym·pic 'Games [ə(ʊ)'lɪmpɪk-], **Olym·pics** [ə(ʊ)'lɪmpɪks] *npl* Olympische Spiele
Olym·pus [ə'lɪmpəs] *n no pl* Olymp *m*
OM [,əʊ'em] *n* BRIT *abbrev of* **Order of Merit** *britischer Verdienstorden*
Oman [ə(ʊ)'mɑ:n, AM oʊ'-] *n no pl* Oman *m*
Oma·ni [əʊ'mɑ:ni, AM oʊ'] I. *adj inv* omanisch
II. *n* Bewohner(in) *m(f)* Omans
OMB [,oʊem'bi:] *n* AM *abbrev of* **Office for Management and Budget** Amt *nt* für Personal und Haushalt
om·buds·man ['ɒmbʊdzmən, AM 'ɑ:mbəd-] *n* Ombudsmann *m*
omega ['əʊmɪgə, AM oʊ'meɪ-] *n* Omega *nt*
ome·lette, AM **omelet** ['ɒmlət, AM 'ɑ:m-] *n* Omelett *nt,* Omelette *f* SCHWEIZ, ÖSTERR *a.* Palatschinke *f*
▸PHRASES: **you can't make an ~ without breaking [a few] eggs** *(prov)* wo gehobelt wird, da fallen Späne *prov*
omen ['əʊmən, AM 'oʊ-] *n* Omen *nt;* **to be a bad/good ~ for sth** ein schlechtes/gutes Omen für etw *akk* sein
omi·nous ['ɒmɪnəs, AM 'ɑ:mə-] *adj* unheilvoll; **~ implications** verhängnisvolle Auswirkungen; **~ silence** ominöses Schweigen *geh*
omi·nous·ly ['ɒmɪnəsli, AM 'ɑ:mə-] *adv (inauspiciously)* bedrohlich; *(alarming)* bedenklich; **~, *the telephone line went dead just after I heard a scream*** ominöserweise wurde die Verbindung unterbrochen, nachdem ich einen Schrei gehört hatte
omis·sion [ə(ʊ)'mɪʃən, AM oʊ'-] *n* Auslassung *f; (failure to sth)* Unterlassung *f,* Versäumnis *nt;* **errors and ~s excepted** Irrtümer und Auslassungen vorbehalten; **sb's ~ from the team** SPORT jds Nichtberücksichtigung bei der Mannschaftsaufstellung
omit <-tt-> [ə(ʊ)'mɪt, AM oʊ'-] I. *vt* ▪**to ~ sb/sth** jdn/etw auslassen [*o* weglassen]; *(ignore)* jdn/etw übergehen; *(fail to do)* etw unterlassen; **to ~ a dividend** STOCKEX eine Dividende ausfallen lassen; **to ~ any mention of** [*or* **reference to**] **sb/sth** jdn/etw nicht [*o* mit keinem Wort] erwähnen
II. *vi* ▪**to ~ to do sth** es unterlassen, etw zu tun
om·ni·bus <*pl* -es> ['ɒmnɪbəs, AM 'ɑ:m-] *n* ❶ *(collection of texts)* Sammelband *m; (anthology)* Anthologie *f; (on radio, TV) Zusammenfassung einzelner Wochensendungen in einem Sammelprogramm* ❷ *(dated form: bus)* Omnibus *m*
▸PHRASES: **the man/woman on the Clapham ~** der Mann/die Frau von der Straße, der Durchschnittsbürger/die Durchschnittsbürgerin
'om·ni·bus edi·tion, 'om·ni·bus pro·gramme *n Zusammenfassung einzelner Wochensendungen in einem Sammelprogramm*
om·ni·di·rec·tion·al [,ɒmnɪdɪ'rekʃənəl, AM ,ɑ:m-] *adj inv* TELEC Rundstrahl-, allseitig abstrahlend; COMPUT mit Kugel[charakteristik]; **~ microphone** Allrichtungsmikrofon *nt*
om·nipo·tence [ɒm'nɪpətən(t)s, AM ɑ:m'nɪpət̬ən(t)s] *n no pl* Allmächtigkeit *f,* Allmacht *f geh,* Omnipotenz *f geh*
om·nipo·tent [ɒm'nɪpətənt, AM ɑ:m'nɪpət̬ənt] *adj inv* allmächtig, omnipotent *geh*
om·ni·pres·ence [,ɒmnɪ'prezən(t)s, AM ,ɑ:m-] *n no pl* ❶ *(of God)* Allgegenwart *f* ❷ *(widespread occurrence)* Omnipräsenz *f geh*
om·ni·pres·ent [,ɒmnɪ'prezənt, AM ,ɑ:m-] *adj inv* ❶ REL allgegenwärtig ❷ *(widespread)* omnipräsent *geh; (everywhere)* überall; **~ noise** ständiger Lärm
om·nis·ci·ence [ɒm'nɪsiən(t)s, AM ɑ:m'nɪʃən(t)s] *n no pl* Allwissenheit *f*
om·ni·sci·ent [ɒm'nɪsiənt, AM ɑ:m'nɪʃənt] *adj inv* allwissend
om·ni·vore ['ɒmnɪvɔ:ʳ, AM 'ɑ:mnɪvɔ:r] *n* ZOOL Allesfresser *m*
om·ni·vor·ous [ɒm'nɪvərəs, AM ɑ:m'nɪvɚ-] *adj inv* ❶ *(eating plants and meat)* alles fressend *attr,* omnivor *fachspr;* **~ animal** Allesfresser *m* ❷ *(fig: voracious)* unstillbar; ***Georgina's an ~ reader*** Georgina verschlingt jedes Buch
on [ɒn, AM ɑ:n] I. *prep* ❶ *(on top of)* auf *+dat;* ***there are many books ~ my desk*** auf meinem Tisch sind viele Bücher; ***look at that cat ~ the chair!*** schau dir die Katze auf dem Stuhl an!; **~ top of sth** [ganz] oben auf etw *dat*
❷ *with verbs of motion (onto)* auf *+akk;* ***put the pot ~ the table!*** stell den Topf auf den Tisch!; ***he had to walk out ~ the roof*** er musste auf das Dach hinauf; ***she hung their washing ~ the line to dry*** sie hängte ihre Wäsche zum Trocknen auf die Leine; ***let's hang a picture ~ the wall*** lass uns ein Bild an die Wand hängen; **to get ~ a horse** auf ein Pferd aufsteigen, aufsitzen
❸ *(situated on)* an *+dat,* auf *+dat;* ***our house is ~ Sturton Street*** unser Haus ist in der Sturton Street; ***they lay ~ the beach*** sie lagen am Strand; ***the town is ~ the island*** die Stadt ist auf der Insel; ***her new house is ~ the river*** ihr neues Haus liegt am Fluss; **~ the balcony/her estate** auf dem Balkon/ihrem Gut; **~ the border** an der Grenze; **the shop ~ the corner** der Laden an der Ecke; **~ the hill/mountain** auf dem Hügel/Berg; **~ the left/right** auf der linken/rechten Seite; **~ platform three** auf Bahnsteig [*o* SCHWEIZ Perron] drei *m o nt;* **~ track two** an Gleis zwei
❹ *(from)* an *+dat;* ***several bird houses hung ~ the branches*** an den Ästen hingen mehrere Nistkästen; ***a huge chandelier hung ~ the ceiling*** ein

O

großer Kronleuchter hing von der Decke herab
⑤ *(clothing)* an *+dat;* ***with shoes ~ his feet*** mit Schuhen an den Füßen; ***the wedding ring ~ the ring finger*** der Ehering am Ringfinger
⑥ *(hurt by)* an *+dat;* ***I hit my head ~ the shelf*** ich habe mir den Kopf am Regal angestoßen; ***she tripped ~ the wire*** sie blieb an dem Kabel hängen; ***he cut his foot ~ some glass*** er hat sich den Fuß an einer Glasscherbe verletzt; **to stumble ~ sth** über etw *akk* stolpern
⑦ *(supported by a part of the body)* auf *+dat;* ***to lie ~ one's back*** auf dem Rücken liegen; **to stand ~ one's head** auf dem Kopf stehen
⑧ *(in possession of)* bei *+dat;* **to have sth ~ one** etw bei sich *dat* haben; ***I thought I had my driver's licence ~ me*** ich dachte, ich hätte meinen Führerschein dabei; ***have you got a spare cigarette ~ you?*** hast du eine Zigarette für mich übrig?
⑨ *(marking surface of)* auf *+dat;* ***how did you get that blood ~ your shirt?*** wie kommt das Blut auf Ihr Hemd?; ***he had a scratch ~ his arm*** er hatte einen Kratzer am Arm; ***there was a smile ~ her face*** ein Lächeln lag auf ihrem Gesicht
⑩ *(about)* über *+akk;* ***a documentary ~ volcanoes*** ein Dokumentarfilm über Vulkane; ***he needs some advice ~ how to dress*** er braucht ein paar Tipps, wie er sich anziehen soll; ***essays ~ a wide range of issues*** Aufsätze zu einer Vielzahl von Themen; ***he commented ~ the allegations*** er nahm Stellung zu den Vorwürfen; ***he advised her ~ her taxes*** er beriet sie [*o* gab ihr Ratschläge] in Sachen Steuern; ***I'll say more ~ that subject later*** ich werde später mehr dazu sagen; ***they settled ~ a price*** sie einigten sich auf einen Preis; **to congratulate sb ~ sth** jdn zu etw *dat* gratulieren; **to frown ~ sth** etw missbilligen; **to have something/anything ~ sb** etw gegen jdn in der Hand haben; ***do the police have anything ~ you?*** hat die Polizei etwas Belastendes gegen dich in der Hand?
⑪ *(based on)* auf *+akk* ... hin; ***he reacted ~ a hunch*** er reagierte auf ein Ahnung hin; ***he quit his job ~ the principle that he did not want to work for an oil company*** er kündigte seine Stelle, weil er nicht für eine Ölgesellschaft arbeiten wollte; **~ account of** wegen *+gen;* ***they cancelled all flights ~ account of the bad weather*** sie sagten alle Flüge wegen des schlechten Wetters ab; **~ purpose** mit Absicht, absichtlich; **dependent/reliant ~ sb/sth** abhängig von jdm/etw; **to be based ~ sth** auf etw *dat* basieren; ***to be based ~ the ideas of freedom and equality*** auf den Ideen von Freiheit und Gleichheit basieren; **to rely ~ sb** sich *akk* auf jdn verlassen
⑫ *(as member of)* in *+dat;* ***how many people are ~ your staff?*** wie viele Mitarbeiter haben Sie?; ***have you ever served ~ a jury?*** warst du schon einmal Mitglied in einer Jury?; ***whose side are you ~ in this argument?*** auf welcher Seite stehst du in diesem Streit?; ***a writer ~ a women's magazine*** eine Autorin bei einer Frauenzeitschrift
⑬ *(against)* auf *+akk;* ***the dog turned ~ its own master*** der Hund ging auf seinen eigenes Herrchen los; ***the gangsters pulled a gun ~ him*** die Gangster zielten mit der Pistole auf ihn; ***thousands were marching ~ Cologne*** Tausenden marschierten auf Köln zu; ***don't be so hard ~ him!*** sei nicht so streng mit ihm!; ***criticism has no effect ~ him*** Kritik kann ihm nichts anhaben; ***he didn't know it but the joke was ~ him*** er wusste nicht, dass es ein Witz über ihn war; ***two air raids ~ Munich*** zwei Luftangriffe auf München; ***they placed certain restrictions ~ large companies*** großen Unternehmen wurden bestimmte Beschränkungen auferlegt; ***there is a new ban ~ the drug*** die Droge wurde erneut verboten; **to place a limit ~ sth** etw begrenzen; **to force one's will ~ sb** jdm seinen Willen aufzwingen; **to cheat ~ sb** jdn betrügen
⑭ *(through device of)* an *+dat;* ***he's ~ the phone*** er ist am Telefon; ***she weaved the cloth ~ the loom*** sie webte das Tuch auf dem Webstuhl; ***Chris is ~ drums*** Chris ist am Schlagzeug; ***we work ~ flexitime*** wir arbeiten Gleitzeit; **~ the piano** am Klavier
⑮ *(through medium of)* auf *+dat;* ***I'd like to see that offer ~ paper*** ich hätte dieses Angebot gerne schriftlich; ***I saw myself ~ film*** ich sah mich selbst im Film; ***what's ~ TV tonight?*** was kommt heute Abend im Fernsehen?; ***do you like the jazz ~ radio?*** gefällt dir der Jazz im Radio?; ***I heard the story ~ the news today*** ich habe die Geschichte heute in den Nachrichten gehört; ***a 10-part series ~ Channel 3*** eine zehnteilige Serie im 3. Programm; **to be available ~ cassette** auf Kassette erhältlich sein; **to store sth ~ the computer** etw im Computer speichern; **to put sth down ~ paper** etw aufschreiben [*o* BRD, ÖSTERR zu Papier bringen]; **to come out ~ video** als Video herauskommen
⑯ *(in the course of)* auf *+dat;* ***~ the way to town*** auf dem Weg in die Stadt
⑰ *(travelling with)* in *+dat,* mit *+dat;* ***I love travelling ~ buses/trains*** ich fahre gerne mit Bussen/Zügen; ***we went to France ~ the ferry*** wir fuhren mit der Fähre nach Frankreich; ***he got some sleep ~ the plane*** er konnte im Flugzeug ein wenig schlafen; **~ foot/horseback** zu Fuß/auf dem Pferd
⑱ *(on day of)* an *+dat;* ***many shops don't open ~ Sundays*** viele Läden haben an Sonntagen geschlossen; ***what are you doing ~ Friday?*** was machst du am Freitag?; ***we always go bowling ~ Thursdays*** wir gehen donnerstags immer kegeln; ***my birthday's ~ the 30th of May*** ich habe am 30. Mai Geburtstag; ***~ a very hot evening in July*** an einem sehr heißen Abend im Juli; **~ Saturday morning/Wednesday evening** am Samstagvormittag/Mittwochabend
⑲ *(at time of)* bei *+dat;* ***~ his brother's death*** beim Tod seines Bruders; ***~ the count of three, start running!*** bei drei lauft ihr los!; ***trains to London leave ~ the hour every hour*** die Züge nach London fahren jeweils zur vollen Stunde; ***the professor entered the room at 1:00 ~ the minute*** der Professor betrat den Raum auf die Minute genau um 13.00 Uhr; ***~ receiving her letter*** als ich ihren Brief erhielt; ***~ arriving at the station*** bei der Ankunft im Bahnhof; **~ arrival/departure** bei der Ankunft/Abreise; **~ the dot** [auf die Sekunde] pünktlich; **to be finished ~ schedule** planmäßig fertig werden
⑳ *(engaged in)* bei *+dat;* ***we were ~ page 42*** wir waren auf Seite 42; ***he was out ~ errands*** er machte ein paar Besorgungen; ***we made a big profit ~ that deal*** wir haben bei diesem Geschäft gut verdient; **~ business** geschäftlich, beruflich; **to work ~ sth** an etw *dat* arbeiten
㉑ *(regularly taking)* ■ **to be ~ sth** etw nehmen; ***my doctor put me ~ antibiotics*** mein Arzt setzte mich auf Antibiotika; ***he lived ~ berries and roots*** er lebte von Beeren und Wurzeln; ***Richard lives ~ a diet of junk food*** Richard ernährt sich ausschließlich von Junkfood; **to be ~ drugs** unter Drogen stehen, Drogen nehmen; **to be ~ medication** Medikamente einnehmen
㉒ *(paid by)* auf *+dat;* BRIT ***she wants it done ~ the National Health Service*** sie möchte, dass die gesetzliche Krankenkasse die Kosten übernimmt; ***this meal is ~ me*** das Essen bezahle ich; ***the drinks are ~ me*** die Getränke gebe ich aus; **to buy sth ~ credit/hire purchase** etw auf Kredit/Raten kaufen
㉓ *(sustained by)* mit *+dat,* von *+dat;* ***does this radio run ~ batteries?*** läuft dieses Radio mit Batterien?; ***I've only got £50 a week to live ~*** ich lebe von nur 50 Pfund pro Woche; ***they are living ~ their savings*** sie leben von ihren Ersparnissen; **to go ~ the dole** stempeln gehen; **to live ~ welfare** von Sozialhilfe leben
㉔ *(as payment for)* für *+akk;* ***I've wasted a lot of money ~ this car*** ich habe für dieses Auto eine Menge Geld ausgegeben; ***how much interest are you paying ~ the loan?*** wie viel Zinsen zahlst du für diesen Kredit?
㉕ *(added to)* zusätzlich zu *+dat;* ***a few pence ~ the electricity bill*** ein paar Pfennige mehr bei der Stromrechnung
㉖ *(connected to)* an *+dat;* ***dogs should be kept ~ their leads*** Hunde sollten an der Leine geführt werden; **to be ~ the phone** AUS, BRIT ans Telefonnetz angeschlossen sein, telefonisch erreichbar sein; ***we've just moved and we're not ~ the phone yet*** wir sind gerade umgezogen und haben noch kein Telefon
㉗ *(according to)* auf *+dat;* **~ the agenda/list** auf der Tagesordnung/Liste; **~ the whole** im Ganzen, insgesamt; ***~ the whole, it was a good year*** alles in allem war es ein gutes Jahr
㉘ *(burdening)* auf *+dat;* ***it's been ~ my mind*** ich muss immer daran denken; ***she had something ~ her heart*** sie hatte etwas auf dem Herzen; ***that lie has been ~ his conscience*** diese Lüge lastete auf seinem Gewissen; ***this is ~ your shoulders*** das liegt in deiner Hand, die Verantwortung liegt bei dir; ***the future of the company is ~ your shoulders*** du hast die Verantwortung für die Zukunft der Firma
㉙ *(experiencing)* ***crime is ~ the increase again*** die Verbrechen nehmen wieder zu; ***I'll be away ~ a training course*** ich mache demnächst einen Ausbildungslehrgang; ***he's out ~ a date with a woman*** er hat gerade eine Verabredung mit einer Frau; ***I was ~ a long journey*** ich habe eine lange Reise gemacht; ***we're going ~ vacation in two weeks*** wir fahren in zwei Wochen in Urlaub; **to set sth ~ fire** etw anzünden; **to be ~ the go** BRIT *(fig)* auf Trab sein; ***did you know that she's got a new book ~ the go?*** hast du gewusst, dass sie gerade ein neues Buch schreibt?; **to be ~ strike** streiken
㉚ *(compared with)* ***I can't improve ~ my final offer*** dieses Angebot ist mein letztes Wort; ***sales are up ~ last year*** der Umsatz ist höher als im letzten Jahr; **to have nothing** [*or* **not have anything**] **~ sth** kein Vergleich mit etw *dat* sein; ***my new bike has nothing ~ the one that was stolen*** mein neues Fahrrad ist bei Weitem nicht so gut wie das, das mir gestohlen wurde
㉛ *(by chance)* ■ **~ sb** ohne jds Verschulden; ***she was really worried when the phone went dead ~ her*** sie machte sich richtig Sorgen, als das Telefon ausfiel, ohne dass sie etwas getan hatte; ***the fire went out ~ me*** das Feuer ist mir einfach ausgegangen; **to chance ~ sb** jdn [zufällig] treffen, jdm [zufällig] begegnen
㉜ *after n (following)* ***the government suffered defeat ~ defeat*** die Regierung erlitt eine Niederlage nach der anderen; ***wave ~ wave of refugees has crossed the border*** immer neue Flüchtlingswellen strömten über die Grenze
㉝ AUS, BRIT SPORT *(having points of)* ***Clive's team is ~ five points while Joan's is ~ seven*** das Team von Clive hat fünf Punkte, das von Joan hat sieben
▸ PHRASES: **to be ~ sth** BRIT, AUS etw verdienen; **~ the board** in Planung; **to have time ~ one's hands** noch genug Zeit haben; **to be ~ it** AUS *(fam)* sich *akk* volllaufen lassen *fam,* sich *dat* die Kanne geben BRD *fam;* **what are you ~?** *(fam)* bist du noch bei Sinnen? *fam*
II. *adv inv* ① *(in contact with)* auf; ***make sure the lid's ~ properly*** pass auf, dass der Deckel richtig zu ist; ***they sewed the man's ear back ~*** sie haben das Ohr des Mannes wieder angenäht; **to screw sth ~** etw anschrauben; ***I wish you wouldn't screw the lid ~ so tightly*** schraube den Deckel bitte nicht immer so fest
② *(on body)* an; ***put a jumper ~!*** zieh einen Pullover drüber!; ***get your shoes ~!*** zieh dir die Schuhe an!; **to put clothes ~** Kleider anziehen [*o* SCHWEIZ anlegen] *fam;* **to have/try sth ~** etw anhaben/anprobieren; **with nothing ~** nackt
③ *(indicating continuance)* weiter; **to get ~ with sth** mit etw *dat* weitermachen; **to keep ~ doing sth** etw weitermachen; ***if the phone's engaged, keep ~ trying!*** wenn besetzt ist, probier es weiter!; **~ and ~** immer weiter; ***the noise just went ~ and ~*** der Lärm hörte gar nicht mehr auf; ***he talked ~ and ~*** er redete pausenlos

④ *(in forward direction)* vorwärts; ***would you pass it ~ to Paul?*** würdest du es an Paul weitergeben?; ***time's getting ~*** die Zeit vergeht; **from that day ~** von diesem Tag an; ***they never spoke to each other from that day ~*** seit diesem Tag haben sie kein Wort mehr miteinander gewechselt; **later ~** später; ***what are you doing later ~ ?*** was hast du nachher vor?; **to move ~** *(move forward)* weitergehen; *(transfer to another place)* umziehen; **to urge sb ~** jdn anspornen; ***I'd never have managed this if my friend hadn't urged me ~*** ich hätte das nie geschafft, wenn mein Freund mich nicht dazu gedrängt hätte
⑤ *(being shown)* ■**to be ~** auf dem Programm stehen; ***are there any good films ~ at the cinema this week?*** laufen in dieser Woche irgendwelche guten Filme im Kino?; ***what's ~ at the festival?*** was ist für das Festival geplant?; ***there's a good film ~ this afternoon*** heute Nachmittag kommt ein guter Film
⑥ *(scheduled)* geplant; ***is the party still ~ for tomorrow?*** ist die Party noch für morgen geplant?; ***I've got nothing ~ next week*** ich habe nächste Woche nichts vor; ***I've got a lot ~ this week*** ich habe mir für diese Woche eine Menge vorgenommen
⑦ *(functioning)* an; ***the brakes are ~*** die Bremsen sind angezogen; ***is the central heating ~ ?*** ist die Zentralheizung an?; **to put the kettle ~** das Wasser aufsetzen; **to leave the light ~** das Licht anlassen; **to switch/turn sth ~** etw einschalten; ***could you switch ~ the radio?*** könntest du das Radio anmachen?
⑧ *(aboard)* ***the horse galloped off as soon as she was ~*** kaum war sie aufgesessen, da galoppierte das Pferd schon los; **to get ~** *bus, train* einsteigen; *horse* aufsitzen
⑨ *(due to perform)* ***you're ~ !*** du bist dran!
⑩ ■**to be ~** *employee* Dienst haben, im Dienst sein; *actor* auf der Bühne stehen, spielen
⑪ AM *(performing well)* ■**to be ~** gut drauf sein *fam*
▸PHRASES: **to be ~ <u>about</u> sth** AUS, BRIT dauernd über etw *akk* reden; ***what are you ~ about?*** wovon redest du denn nun schon wieder?; ***he knows what he's ~ about*** er weiß, wovon er redet; ***I never understand what she's ~ about*** ich verstehe nie, wovon sie es hat *fam;* **to be** [*or* **get**] **~ <u>at</u> sb** jdm in den Ohren liegen; ***she's still ~ at me to get my hair cut*** sie drängt mich dauernd, mir die Haare schneiden zu lassen; **to <u>be</u> ~** AM aufpassen; **to <u>hang</u> ~** warten; **<u>head</u> ~** frontal; **that's <u>not</u> ~** BRIT, AUS *(fam)* das ist nicht in Ordnung; **~ and <u>off</u>, <u>off</u> and ~** hin und wieder, ab und zu; **<u>side</u>** [*or* **<u>sideways</u>**] **~** AUS, BRIT seitlich; ***the bike hit our car side ~*** das Rad prallte von der Seite auf unser Auto; **to be ~ to <u>something</u>** *(fam)* etw spitzgekriegt haben *fam;* **to be ~ <u>to</u> sb** *(fam)* jds Absichten durchschauen; **this <u>way</u> ~** AUS, BRIT auf diese Weise; **to be <u>well</u> ~** spät sein; **to be <u>well</u> ~ in years** nicht mehr der Jüngste sein; **<u>you're</u> ~!** einverstanden!, abgemacht! *fam*
III. *adj inv, attr* ① AM *(good)* gut; ***this seems to be one of her ~ days*** es scheint einer von ihren guten Tagen zu sein
② ELEC, TECH **~ switch** Einschalter *m*

onan·ism [ˈəʊnənɪzᵊm, AM ˈoʊ] *n no pl (form)*
① *(masturbation)* Onanie *f*
② *(coitus interruptus)* Coitus interruptus *m*

'on-board *adj attr, inv* ① *(on board a ship)* Bord-; **~ computer** Bordcomputer *m*
② COMPUT auf der Platine

once [wʌn(t)s] **I.** *adv inv* ① *(one time)* einmal; ***~ was enough for me*** nach dem ersten Mal hatte ich schon genug; ***if she ~ started you would never stop her*** wenn sie erst einmal angefangen hat, konnte man sie nicht aufhalten; **~ again** wieder einmal, erneut; **~ and for all** ein für alle Mal; **~ a day/month/week** einmal am Tag/im Monat/pro [*o* die] Woche; **for** [*or* **this**] **~** ausnahmsweise; **just for ~** nur einmal; **just this ~** nur dieses eine Mal; **~ in a lifetime** einmal im Leben; **never/not ~** nicht einmal [*o* ein einziges Mal]; **the ~** *(fam)* ein einziges Mal, das eine Mal; **~ or twice** ein paar Mal, ein paar Male; [**every**] **~ in a while** hin und wieder
② *(in the past)* früher [einmal], einst *geh;* ***~ upon a time there lived a prince*** es war einmal ein Prinz; ***I could have done it, ~ upon a time*** früher [einmal] hätte ich es schaffen können
③ *(some time)* **at ~** *(simultaneously)* auf einmal; *(immediately)* sofort; ***you're all talking at ~!*** ihr redet alle durcheinander!; **all at ~** [alle] auf einmal *fam; (no warning)* mit einem Mal; **~ more** *(one more time)* noch einmal; *(as before)* wieder
④ *(one of)* ***~ 10 is 10*** ein mal 10 ist 10
▸PHRASES: **~ a ..., <u>always</u> a ...** *(prov)* einmal ein/eine ..., immer ein/eine ...; **~ <u>bitten</u>, twice shy** *(prov)* [ein] gebranntes Kind scheut das Feuer *prov*
II. *conj* ① *(as soon as)* sobald
② *(when)* wenn; *(in the past)* als; ***you won't be able to cancel the contract ~ you've signed*** wenn du erst einmal unterschrieben hast, kommst du von dem Vertrag nicht mehr los

once-and-for-'all *adj attr, inv* endgültig **once-'flour·ish·ing** *adj attr, inv* **a ~ company** eine einst florierende Firma *geh* **once-in-a-'life·time** *adj attr, inv* einmalig **'once-over** *n (fam)* ① *(cursory examination)* **to give sb/sth a/the ~** jdn/etw flüchtig ansehen [*o* SCHWEIZ anschauen] ② *(cursory cleaning)* **to give sth a/the ~** etw rasch putzen; ***would you mind giving the living-room carpet a ~ with the vacuum cleaner?*** könntest du den Teppich im Wohnzimmer rasch absaugen? **once-'thriv·ing** *adj attr, inv* einst blühend *geh;* **an ~ village** ein einst blühendes Dorf *fig geh*

on·co·gene [ˈɒŋkə(ʊ)dʒiːn, AM ˈɑːnkədʒ-] *n* MED Onkogen *nt meist pl fachspr*

on·colo·gist [ɒŋˈkɒlədʒɪst, AM ɑːnˈkɑːl-] *n* MED Onkologe, Onkologin *m, f fachspr*

on·col·ogy [ɒŋˈkɒlədʒi, AM ɑːnˈkɑːl-] *n no pl* MED Onkologie *f fachspr*

on·com·ing [ˈɒnˌkʌmɪŋ, AM ˈɑːn,-] *adj attr, inv* ① *(approaching)* [heran]nahend; *vehicle* entgegenkommend; **~ traffic** Gegenverkehr *m*
② *(fig: in near future)* bevorstehend

on·costs [ˈɒnkɒsts] *npl* BRIT FIN Gemeinkosten *pl*

OND [ˌəʊenˈdiː] *n* BRIT *(hist) abbrev of* **Ordinary National Diploma** *Diplom einer technischen Fachschule*

one [wʌn] **I.** *adj inv* ① *attr (not two)* ein(e); ***we have two daughters and ~ son*** wir haben zwei Töchter und einen Sohn; **~ hundred/thousand** einhundert/-tausend; **~ million** eine Million; **~ third/fifth** ein Drittel/Fünftel *nt*
② *attr (one of a number)* ein(e); ***the glass tube is closed at ~ end*** das Glasröhrchen ist an einem Ende verschlossen; ***he can't tell ~ wine from another*** er schmeckt bei Weinen keinen Unterschied
③ *attr (single, only)* einzige(r, s); ***her ~ concern is to save her daughter*** ihre einzige Sorge ist, wie sie ihre Tochter retten kann; ***do you think the five of us will manage to squeeze into the ~ car?*** glaubst du, wir fünf können uns in dieses eine Auto quetschen?; ***we should paint the bedroom all ~ colour*** wir sollten das Schlafzimmer nur in einer Farbe streichen; ***he's the ~ person you can rely on in an emergency*** er ist die einzige Person, auf die man sich im Notfall verlassen kann; **not ~ man** kein Mensch; **to have just ~ thought** nur einen [einzigen] Gedanken haben; **the ~ and only ...** der/die/das einzige ...; ***ladies and gentlemen, the ~ and only Muhammad Ali!*** meine Damen und Herren, der einzigartige Muhammad Ali!
④ *attr (some future)* irgendein(e); ***I'd like to go skiing ~ Christmas*** ich würde gern irgendwann an Weihnachten Skifahren gehen; **~ afternoon next week** an irgendeinem Nachmittag nächste Woche, irgendwann nächste Woche nachmittags; **~ day** irgendwann; **~ evening/night** irgendwann abends/nachts
⑤ *attr (some in the past)* ein(e); ***~ moment he says he loves me, the next moment he's asking for a divorce*** einmal sagt er, er liebt mich, und im nächsten Moment will er die Scheidung; **~ afternoon in late October** an einem Nachmittag Ende Oktober; **~ day/evening/night** eines Tages/Abends/Nachts; ***~ night we stayed up talking till dawn*** an einem Abend plauderten wir einmal bis zum Morgengrauen
⑥ *attr (form: a certain)* ein gewisser/eine gewisse; ***her solicitor is ~ John Wintersgill*** ihr Anwalt ist ein gewisser John Wintersgill
⑦ *attr esp* AM *(emph fam: noteworthy)* ***his mother is ~ generous woman*** seine Mutter ist eine wirklich großzügige Frau; ***that's ~ big ice cream you've got there*** du hast aber ein großes Eis!; ***it was ~ hell of a shock to find out I'd lost my job*** *(fam)* es war ein Riesenschock für mich, als ich erfuhr, dass ich meinen Job verloren hatte *fam;* ***he was ~ hell of a snappy dresser*** *(fam)* er war immer todschick gekleidet *fam*
⑧ *(identical)* ein(e); ***all types of training meet ~ common standard*** alle Trainingsarten unterliegen den gleichen Maßstäben; **to be of ~ mind** einer Meinung sein; **~ and the same** ein und der-/die-/dasselbe; ***that's ~ and the same thing!*** das ist doch ein und dasselbe!
⑨ *(age)* ein Jahr; ***~ is a difficult age*** mit einem Jahr sind Kinder in einem schwierigen Alter; **to be ~** [**year old**] ein Jahr alt sein; ***little Jimmy's ~ today*** der kleine Jimmy wird heute ein Jahr alt; ***she'll be ~*** [***year old***] ***tomorrow*** sie wird morgen ein Jahr alt
⑩ *(time)* **~** [**o'clock**] eins, ein Uhr; ***it's half past ~*** es ist halb zwei; **at ~** um eins
▸PHRASES: **a <u>hundred</u>** [*or* **<u>million</u>**] [*or* **<u>thousand</u>**] **and ~** hunderttausend; ***I've got a hundred and ~ things to do this morning*** ich muss heute Vormittag hunderttausend Dinge erledigen; **what with ~ <u>thing</u> and another** *(fam)* weil alles [*o* viel] zusammenkommt; ***what with ~ thing and another she hadn't had much sleep recently*** da alles [*o* viel] zusammenkam, hat sie in letzter Zeit nicht viel Schlaf bekommen; **~ <u>way</u> or another** [*or* **the other**] *(for or against)* für oder gegen; *(somehow)* irgendwie; ***there is no evidence ~ way or the other about the effectiveness of the drug*** es gibt keinerlei Beweise für die Wirksamkeit oder Unwirksamkeit des Medikaments; ***the bills have to be paid ~ way or another*** die Rechnungen müssen irgendwie bezahlt werden
II. *n* ① *(unit)* Eins *f;* **~ hundred and ~** einhundert[und]eins; ***three ~ s are three*** drei mal eins gibt [*o* ist] [*o* macht] drei
② *(figure)* Eins *f;* ***the front door bore a big brass ~*** auf der Eingangstür prangte eine große kupferne Eins
③ *(size of garment, merchandise)* Größe eins; ***little Jackie's wearing ~ s now*** die kleine Jackie trägt jetzt Größe eins
④ *no pl (unity)* ■**to be ~** eins sein; **to be made ~** getraut werden
III. *pron* ① *(single item)* eine(r, s); ***four parcels came this morning, but only ~ was for Mark*** heute Morgen kamen vier Pakete, aber nur eines war für Mark; ***which cake would you like? — the ~ at the front*** welchen Kuchen möchten Sie? – den vorderen; ***I'd rather eat French croissants than English ~ s*** ich esse lieber französische Croissants als englische; ***I have two apples, do you want ~ ?*** ich habe zwei Äpfel, möchtest du einen?; **not a single ~** kein Einziger/keine Einzige/kein Einziges; **~ at a time** immer nur eine(r, s); ***don't gobble them up all at once — eat them ~ at a time*** schling nicht alle auf einmal hinunter – iss sie langsam; [**all**] **in ~** [alles] in einem; ***with this model you get a radio, CD player and cassette deck*** [***all***] ***in ~*** dieses Modell enthält Radio, CD-Player und Kassettendeck in einem; **~ after another** [*or* **the other**] eine(r, s) nach dem/der anderen; ***~ after another the buses drew up*** die Busse kamen einer nach dem anderen; **~** [***thing***] ***after another*** [*or* ***the other***] eines nach dem anderen; **~ or another** [*or* **the other**] irgendeine(r, s); ***not all instances fall neatly into ~ or another of these categories***

nicht alle Vorkommnisse fallen genau unter eine dieser Kategorien; **this/that ~** diese(r, s)/jene(r, s); **these/those ~s** diese/jene; ***which ~ do you want? — that ~, please!*** welchen möchten Sie? – den dort, bitte!; ■ **~ of sth:** ***Luxembourg is ~ of the world's smallest countries*** Luxemburg ist eines der kleinsten Länder der Welt; ***electronics is ~ of his [many] hobbies*** die Elektronik ist eines seiner [vielen] Hobbys; ***our organization is just ~ of many charities*** unsere Organisation ist nur eine von vielen wohltätigen Vereinigungen

② *(single person)* eine(r); ***two could live as cheaply as ~*** zwei könnten so günstig wie einer wohnen; ***she thought of her loved ~s*** sie dachte an ihre Lieben; **to [not] be ~ to do** [*or* **who does**] **sth** *(nature)* [nicht] der Typ sein, der etw tut, [nicht] zu denen gehören, die etw tun; *(liking)* etw [nicht] gerne tun; ***she's always been ~ to take*** [*or* ***who takes***] ***initiative*** es war schon immer ihre Art, die Initiative zu ergreifen; ***I've never really been ~ to sit around doing nothing*** untätig herumzusitzen war noch nie meine Art; ***he's always been ~ that enjoys good food*** ihm hat gutes Essen schon immer geschmeckt; ***he's not ~ to eat exotic food*** er isst nicht gerne exotische Speisen; ***she's [not] ~ to go*** [*or* ***who goes***] ***to parties*** sie geht [nicht] gerne auf Partys; **to not** [*or* **never**] **be ~ to say no to sth** nie zu etw *dat* Nein sagen können; **to be [a] ~ for sth** *(fam)* etw gerne mögen, sich *dat* viel aus etw *dat* machen; ***Jack's always been ~ for the ladies*** Jack hatte schon immer viel für Frauen übrig; **to not be [a] ~** *fam* **for sth** [*or* **to not be much of a ~**] *(fam)* etw nicht besonders mögen, sich *dat* nicht viel aus etw *dat* machen; ***I've never really been [much of a] ~ for football*** ich habe mir eigentlich nie viel aus Fußball gemacht; **to [not] be [a] ~ for doing sth** *(fam)* etw [nicht] gerne machen; ***he's a great ~ for telling other people what to do*** er sagt anderen gerne, was sie zu tun haben; **~ and all** *(liter)* alle; ***the news of his resignation came as a surprise to ~ and all*** die Nachricht von seinem Rücktritt kam für alle überraschend; ***well done ~ and all!*** gut gemacht, ihr alle!; **like ~** + *pp* wie ein(e) ...; ***Viv was running around like ~ possessed before the presentation*** Viv lief vor der Präsentation wie eine Besessene herum; **~ after another** eine/einer nach der/dem anderen; **~ by ~** nacheinander; ■ **~ of:** ***she's ~ of my favourite writers*** sie ist eine meiner Lieblingsautoren; **to be ~ of many/a few** eine(r) von vielen/wenigen sein; ■ **the ~** der-/die[jenige]; ***Chris is the ~ with curly brown hair*** Chris ist der mit den lockigen braunen Haaren

③ *(expressing alternatives, comparisons)* ***they look very similar and it's difficult to distinguish ~ from the other*** sie sehen sich sehr ähnlich, und es ist oft schwer sie auseinanderzuhalten; **~ or the other** der/die/das eine oder der/die/das andere; ***choose ~ of the pictures. you may have ~ or the other, but not both*** such dir eins der Bilder aus. du kannst nur eines davon haben, nicht beide; **~ without the other** der/die/das eine ohne der/die/das andere

④ *(dated form: any person)* man; ***~ has an obligation to ~'s friends*** man hat Verpflichtungen seinen Freunden gegenüber; ***~ must admire him*** er ist zu bewundern

⑤ *(form: I)* ich; *(we)* wir; ***~ gets the impression that ...*** ich habe den Eindruck, dass ...; ***~ has to do ~'s best*** wir müssen unser Bestes geben; **I for ~** ich für meinen Teil; ***I for ~ think we should proceed*** was mich betrifft, so denke ich, dass wir weitermachen sollten

⑥ *(question)* Frage *f;* ***what's the capital of Zaire? — oh, that's a difficult ~*** wie heißt die Hauptstadt von Zaire? – das ist eine schwierige Frage

⑦ *(fam: alcoholic drink)* Getränk *nt;* ***this ~'s on me!*** diese Runde geht auf mich!; ***she likes a cool ~ after a hard day*** nach einem harten Tag braucht sie einen kühlen Drink

⑧ *(fam: joke, story)* Witz *m;* ***that was a good ~!*** der war gut!; ***did I tell you the ~ about the blind beggar?*** habe ich dir den [Witz] von dem blinden Bettler schon erzählt?

⑨ BRIT, AUS *(dated fam: sb who is lacking respect, is rude, or amusing)* ***you are a ~!*** du bist mir vielleicht einer! *fam;* ***she's a ~!*** das ist mir vielleicht eine! *fam*

▸PHRASES: **to be all ~ to sb** Chinesisch für jdn sein *fam;* ***Greek and Hebrew are all ~ to me*** Griechisch und Hebräisch sind Chinesisch für mich *fam;* **to be as ~ on sth** *(form)* bei etw *dat* einer Meinung sein; ***we have discussed the matter fully and are as ~ on our decision*** wir haben die Angelegenheit gründlich erörtert, und unsere Entscheidung ist einstimmig; **to be at ~ with sb** *(form)* mit jdm einer Meinung sein; **to be at ~ with sth** *(form)* mit etw *dat* eins sein; ***they were completely at ~ with their environment*** sie lebten in völliger Harmonie mit ihrer Umwelt; **to be ~ of the family** zur Familie gehören *fig;* **to get sth in ~** *(fam: guess)* etw sofort erraten; *(understand)* etw gleich kapieren *fam;* ***so are you saying she's leaving him? — yep, got it in ~*** du sagst also, dass sie ihn verlässt? – ja, du hast es erfasst; **to get** [*or* **be**] **~ up on sb** jdn übertrumpfen; **in ~** *(draught)* in einem Zug, [auf] ex *fam;* **to be ~ of a kind** zur Spitze gehören; ***in the world of ballet she was certainly ~ of a kind as a dancer*** in der Welt des Ballet zählte sie zweifellos zu den besten Tänzerinnen; **to land** [*or* **sock**] **sb ~ [on the jaw]** *(fam)* jdm eine reinhauen *fam;* **~ or two** *(fam)* ein paar; ***I hear you've collected over 1,000 autographs! — well, I do have ~ or two*** ich habe gehört, du hast über 1.000 Autogramme gesammelt! – na ja, ich habe schon ein paar; **in ~s and twos** *(in small numbers)* immer nur ein paar; *(alone or in a pair)* allein oder paarweise [*o* zu zweit]; ***we expected a flood of applications for the job, but we're only receiving them in ~s and twos*** wir haben eine Flut von Bewerbungen für die Stelle erwartet, aber es gehen [täglich] nur wenige ein; **to arrive/stand around in ~s and** [*or* **or**] **twos** einzeln oder paarweise [*o* zu zweit] eintreffen/herumstehen

one an·'oth·er *pron reciprocal see* **each other** einander *meist geh;* ***they're always wearing ~'s clothes*** sie tauschen immer die Kleidung; **for/to/with ~** füreinander/zueinander/miteinander; **to be made for ~** füreinander bestimmt sein

'one-armed *adj* einarmig **one-armed 'ban·dit** *n* *(fam)* einarmiger Bandit *fam* **one-di·'men·sion·al** *adj* ① *inv (having one dimension)* eindimensional ② *(superficial)* oberflächlich **'one-eyed** *adj attr, inv* einäugig ▸PHRASES: **the ~ man is king [in the land of the blind]** *(saying)* unter [den] Blinden ist der Einäugige König *prov* **one-'hand·ed I.** *adv* mit einer Hand **II.** *adj inv, attr* einhändig **one-hit 'wonder** *n* Eintagsfliege *f fam* **'one-horse** *adj attr, inv* einspännig **one-horse 'race** *n* Rennen *nt* mit feststehendem Ergebnis **one-horse 'town** *n (fam)* Kaff *nt fam* **one-'leg·ged** *adj attr, inv* einbeinig **one-'lin·er** *n* Einzeiler *m*

'one-man *adj attr, inv* ① *(consisting of one person)* Einmann- ② *(designed for one person)* für eine Person *nach n;* **~ boat** Einmannboot *nt;* **~ business** Einzelfirma *f;* **~ vehicle** Einsitzer *m* **one-man 'band** *n* Einmannband *f; (fig)* Einmannbetrieb *m* **one-man 'show** *n* THEAT Einmannshow *f,* One-Man-Show *f; (fig: organization)* Einmannbetrieb *m*

one·ness ['wʌnnəs] *n no pl* ① *(unity)* Einheit *f* ② *(harmony)* Einigkeit *f,* Übereinstimmung *f* ③ *(identity)* Gleichheit *f,* Identität *f* ④ *(being unique)* Einzigartigkeit *f* ⑤ *(being one in number)* Einssein *nt*

one-night 'stand *n* ① *(performance)* einmaliges Gastspiel ② *(sexual relationship)* Abenteuer *nt* für eine Nacht, One-Night-Stand *m* ③ *(person)* Liebhaber(in) *m(f)* für eine Nacht **'one-note** *adj (fig) performance, literary style* monoton, eintönig

'one-off I. *n esp* BRIT *(fam)* ① *(event)* einmaliges Ereignis, einmalige Sache; ■ **to be a ~** einmalig sein ② *(person)* einzigartige Person ③ COMM einmaliges Stück **II.** *adj inv* einmalig; **~ charge** einmalige Gebühr; **~ issue** STOCKEX Einmalemission *f* [*o* SCHWEIZ *meist* Einzelemission] *f;* **~ model** einmaliges Stück [*o* Modell]; **~ payment** einmalige Zahlung; **~ situation** außergewöhnliche Situation

one-on-'one *adj inv* AM ① SPORT **~ defense** Manndeckung *f* ② *(person-to-person)* persönlich; **to be with sb in a ~ situation** jdm Auge in Auge gegenüberstehen **one-par·ent 'fami·ly** *n* + *sing/pl vb* Einelternfamilie *f;* **to grow up in a ~** von einem Elternteil aufgezogen werden **'one-per·son** *adj attr, inv* Einpersonen-; **~ play** Einpersonenstück *nt* **'one-piece, one-piece 'swim·suit** *n* Badeanzug *m* [*o* SCHWEIZ Badkleid] *nt,* Einteiler *m*

on·er·ous ['əʊnərəs, AM 'ɑːnɚ-] *adj (form)* ① *(very difficult)* beschwerlich, lästig; ***the repayment terms are particularly ~*** die Rückzahlungsbedingungen sind extrem schwer; **~ duty/task** schwere Pflicht/beschwerliche Aufgabe; **~ responsibility** schwerwiegende Verantwortung ② LAW [er]drückend

on·er·ous·ness ['əʊnərəsnəs, AM 'ɑːnɚ-] *n no pl (form) of a task* Beschwerlichkeit *f; of conditions* Last *f*

one·self [wʌn'self] *pron reflexive* ① *after vb/prep (one)* sich; *(not others)* sich selbst; **as ... as ~** so ... wie man selbst ② *(emph: unaided)* selbst; ■ **to do sth ~** selbst etw tun ③ *(personally)* **for ~** für sich ④ *(alone)* **to have sth to ~** etw für sich haben; **to keep sth for ~** sich etw behalten; **[all] by ~** [ganz] allein [*o fam* alleine] ⑤ *(normal)* **to [just] be ~** [ganz] sich selbst sein; **to not be/seem ~** nicht sich selbst sein/zu sein scheinen; **to look ~** wie sich selbst aussehen

'one-shot *adj attr, inv* AM einmalig **one-'sid·ed** *adj* einseitig **one-'sid·ed·ness** *n no pl* Einseitigkeit *f* **one-size-fits-'all** *adj attr, inv* **'~ '** ,Einheitsgröße'; **~ solution** *(fig)* Notlösung *f* **'one-star** *adj attr, inv* ① *(of quality)* **~ hotel/restaurant** Ein-Sterne-Hotel/-Restaurant *nt,* Hotel/Restaurant *nt* mit einem Stern ② AM MIL **~ general** Ein-Sterne-General *m* **'one-stop** *adj attr, inv* an einem Ort *nach n;* **~ banking facilities** [alle] Bankeinrichtungen an Ort und Stelle; ***~ shopping for hardware and software has made buying a computer system very easy*** dadurch, dass man heute Hardware und Software in ein und demselben Geschäft kaufen kann, ist der Kauf eines Computersystems sehr einfach geworden **'one-time** *adj attr, inv* ① *(former)* ehemalig, früher ② *(happening only once)* einmalig **one-to-'one** *adj attr, inv* ① *(direct)* direkt; ***a ~ relationship between pay levels and productivity*** eine Eins-zu-eins-Verbindung zwischen Gehaltsstufen und Produktivität ② *(person-to-person)* persönlich; **~ attention** Einzelbetreuung *f;* **~ lessons** Einzelunterricht *m* **one-track 'mind** *n* **to have a ~** immer nur eins im Kopf haben **one-'two** *n* ① *(double hit)* zweifacher Haken; *(fig)* schwerer Schlag ② *(in football)* Doppelpass *m*

one-'up·man·ship, one-'up·ping *n no pl (fam)* *die Kunst, anderen immer um eine Nasenlänge voraus zu sein*

'one-way *adj inv* in einer Richtung *nach n; (fig)* einseitig; **~ mirror/valve** Einwegspiegel *m/*-ventil *nt* **one-way 'fare** *n* einfacher Fahrpreis **one-way 'street** *n* Einbahnstraße *f,* Einbahn *f* SCHWEIZ, ÖSTERR **one-way 'tick·et** *n* einfache Fahrkarte, einfaches Billett SCHWEIZ, Einzelfahrschein *m,* Einzelbillett *nt* SCHWEIZ; *(fig)* ***rejection of the peace deal would be a ~ to disaster*** ein Ablehnen des Friedensabkommens wäre ein sicherer Weg in die Katastrophe **'one-wom·an** *adj attr, inv* Einfrau-; **~ show** Einfraustück *nt*

on·go·ing ['ɒn,gəʊɪŋ, AM 'ɑːn,goʊ-] *adj inv* laufend *attr,* im Gang *präd*

on·ion ['ʌnjən] *n* Zwiebel *f*

▸PHRASES: **to know one's ~s** sich *akk* auskennen

'on·ion rings *npl* Zwiebelringe *pl* **'on·ion set** *n* HORT Steckzwiebel *f* **on·ion 'soup** *n* Zwiebelsuppe *f*

on·line [ˌɒnˈlaɪn, AM ˌɑːnˈ-] COMPUT **I.** *adj inv* online, Online-; ~ **information service** Onlineinformationsdienst *m;* **to go** ~ online gehen; **to put sth** ~ etw online schalten
II. *adv inv* online; **to shop/work** ~ online einkaufen/arbeiten

on·line ˈac·cess *n* Onlinezugang *m,* Internetzugang *m* **on·line ac·ˈcount** *n* Onlinekonto *nt* **on·line ˈbank·ing** *n no pl* Onlinebanking *nt* **on·line ˈbusi·ness** *n* Onlinebusiness *nt* **on·line ˈchat** *n* Internetchat *m* **on·line ˈdrill·ing** *n (internet search)* Onlinedrilling *nt* **on·line ˈgam·ing** *n* Onlinespiel *nt* **on·line ˈmar·ket** *n* Onlinemarkt *m* **on·line ˈpro·file** *n* Onlineprofil *nt* **on·line ˈshop·ping** *n no pl* Onlineshopping *nt* **ˈon·line time** *n Zeit, die man online ist; **you've already had fifteen minutes of** ~* du bist schon seit fünfzehn Minuten online

on·look·er [ˈɒnˌlʊkəʳ, AM ˈɑːnˌlʊkɚ] *n (also fig)* Zuschauer(in) *m(f); (after accident)* Schaulustige(r) *f(m)*

only [ˈəʊnli, AM ˈoʊn-] **I.** *adj attr, inv* einzige(r, s); **sb's** ~ **daughter/son** jds einzige Tochter/einziger Sohn; **the** ~ **one** der/die/das Einzige; ***he was the*** ~ ***one to help*** er hat als Einziger geholfen; **the** ~ **person** der/die Einzige; ***he is the*** ~ ***person for the job*** nur er kommt für den Job infrage; **the** ~ **thing** das Einzige; ***the*** ~ ***thing that matters is that the baby is healthy*** was zählt ist allein, dass das Baby gesund ist; **the** ~ **way** die einzige Möglichkeit; ***is this really the*** ~ ***way to do it?*** geht es wirklich nicht anders?
▸PHRASES: **sb is not the** ~ **pebble on the beach** jd ist nicht der einzige Mensch auf der Welt
II. *adv inv* ❶ *(exclusively)* nur; ***for members*** ~ nur für Mitglieder; ***she'll*** ~ ***go if Peter goes*** sie geht nur, wenn Peter auch geht
❷ *(just)* erst; ***I*** ~ ***arrived half an hour ago*** ich bin erst vor einer halben Stunde angekommen; ***it's*** ~ ***four o'clock*** es ist erst vier Uhr; ***he can't be dead, I*** ~ ***spoke to him this morning*** er kann nicht tot sein, ich habe heute morgen noch mit ihm gesprochen; ~ **the other day** erst neulich [*o* SCHWEIZ *meist* kürzlich]; ~ **last week/yesterday** erst letzte Woche/gestern; ~ **just** gerade [*o* eben] erst
❸ *(merely)* nur, bloß; ***it's*** ~ ***me*** ich bin's nur; ***it's*** ~ ***natural*** es ist nur natürlich; ~ ***to think of it made her nervous*** der bloße Gedanke daran machte sie nervös; ~ **just** gerade eben; ***he has*** ~ ***just enough money to pay the rent*** er hat gerade genug Geld, um die Miete zu zahlen; **not** ~ **..., but also ...** nicht nur ..., sondern auch ...
❹ *(extremely)* ***if you invite me, I'll be*** ~ ***too pleased to show up*** wenn du mich einlädst, werde ich nur zu gerne kommen
❺ *(unavoidably)* nur; ***the economic situation can*** ~ ***worsen*** die wirtschaftliche Situation kann sich nur verschlechtern
❻ *(to express wish)* **if** ~ **...** wenn nur ...; ***if*** ~ ***she would listen*** wenn sie nur zuhören würde; ***if he'd*** ~ ***bothered to get some insurance before his house burnt down*** wenn er sich doch bloß um eine Versicherung gekümmert hätte, bevor sein Haus niedergebrannt ist
❼ *(indicating a surprising development)* ***he rushed into the office,*** ~ ***to find that everyone had gone home*** er stürzte ins Büro, nur um festzustellen, dass alle [schon] nach Hause gegangen waren
▸PHRASES: **you** ~ **live once** *(saying)* man lebt nur einmal
III. *conj* ❶ *(however)* aber, jedoch; ***he's a good athlete,*** ~ ***he smokes too much*** er ist ein guter Sportler, er raucht nur zu viel; ***she wasn't a bad student,*** ~ ***that she had to repeat a class once*** sie war keine schlechte Schülerin, wenn sie auch einmal eine Klasse wiederholen musste
❷ *(in addition)* ■**not** ~ **..., ...** [**too**]: ***not*** ~ ***can she sing and dance, she can act and play the piano too*** sie kann nicht nur singen und tanzen, sie kann auch schauspielern und Klavier spielen

only ˈchild *n* Einzelkind *nt*

o.n.o. *adv inv* BRIT, AUS COMM *abbrev of* **or nearest offer**: ***for sale: baby's cot £30*** ~ zu verkaufen: Babywiege 30 Pfund oder nächstbestes Angebot

on-ˈoff *adj inv* ❶ *(of relationship)* unstet
❷ *(of switch)* Ein-Aus-

ono·mato·poeia [ˌɒnə(ʊ)ˌmætəˈpiːə, AM ˌɑːnoʊˌmæt̬oʊˈ-] *n no pl* LING Onomatopöie *f fachspr,* Lautmalerei *f*

ono·mato·poe·ic [ˌɒnə(ʊ)ˌmætəˈpiːɪk, AM ˌɑːnoʊˌmæt̬oʊˈ-] *adj* LING onomatopoetisch *fachspr,* lautmalerisch

on·rush <*pl* -es> [ˈɒnrʌʃ, AM ˈɑːn-] *n* ❶ *(of emotion)* ■**an** ~ **of sth** ein Anflug *m* einer S. *gen;* ***as he thought about his dead terrier an*** ~ ***of sadness overtook him*** als er über seinen toten Terrier nachdachte, übermannte ihn die Traurigkeit
❷ + *sing/pl vb (of people)* Ansturm *m*
❸ *(of liquid)* **an** ~ **of the sea/water** ein Heranströmen *nt* des Meeres/ein Schwall *m* Wasser

on·rush·ing [ˈɒnrʌʃɪŋ, AM ˈɑːn] *adj attr, inv* anstürmend, [heftig] vorstoßend

ˈon-screen *adj inv* FILM im Film *nach n;* ~ **partner** Filmpartner(in) *m(f);* COMPUT am Bildschirm *nach n*
on-screen ˈgraph·ics *npl* Computergrafik *f*

on·set [ˈɒnset, AM ˈɑːn-] *n no pl* Beginn *m* (**of** +*gen*); ~ **of disease** [*or* **illness**] Ausbruch *m* der Krankheit; ~ **of winter** Wintereinbruch *m*

on·shore [ˌɒnˈʃɔːʳ, AM ˌɑːnˈʃɔːr] *inv* **I.** *adj* Küsten-; ~ **wind** auflandiger Wind *fachspr*
II. *adv* an Land; *(blow)* landwärts

on·side [ˌɒnˈsaɪd, AM ˈɑːnsaɪd] *inv* **I.** *adj* ❶ SPORT nicht abseits; **the** ~ **player** der Spieler/die Spielerin, der/die nicht im Abseits steht; ■**to be** ~ nicht im Abseits stehen
❷ *(fam: into position of agreement)* nicht im Abseits; ■**to bring sb** ~ jdn auf seine Seite bringen
II. *adv* nicht abseits [*o* im Abseits]

on-ˈsite *inv* **I.** *adj* vor Ort *nach n,* Vor-Ort-; ~ **inspection** Vorortprüfung *f; (by deployed agent also)* Außenprüfung *f*
II. *adv* vor Ort

on·slaught [ˈɒnslɔːt, AM ˈɑːnslɑːt] *n* ❶ *(also fig: attack)* Ansturm *m;* **to withstand an** ~ einem Ansturm standhalten; ■**an** ~ **on sb** ein Angriff *m* auf jdn
❷ *(large amount)* Unmenge *f* (**of** an +*dat*/von +*dat*); **to face an** ~ **of criticism/questions** mit heftiger Kritik/vielen Fragen konfrontiert werden *akk*

on-ˈstage *inv* **I.** *adj* auf der Bühne *nach n*
II. *adv* ❶ *(onto a stage)* auf die Bühne; **to walk** ~ auf die Bühne gehen
❷ *(not backstage)* auf der Bühne; ***life*** ~ ***and backstage*** das Leben auf und hinter der Bühne

on-ˈstream I. *adj inv (of production)* in Betrieb
II. *adv (in operation)* in Betrieb; **to go** ~ in Betrieb gehen

Ont. CAN *abbrev of* **Ontario**

On·ta·rian [ɒnˈteəriən, AM ɑːnˈteriən] **I.** *n* Bewohner(in) *m(f)* Ontarios
II. *adj* aus Ontario *nach n*

on-the-ˈfloor *adj inv* ~ **trading** STOCKEX Präsenzhandel *m* **on-the-ˈjob** *adj inv* Arbeits-; ~ **injury** Arbeitsunfall *m* **on-the-job ˈtrain·ing** *n no pl* Ausbildung *f* am Arbeitsplatz **on-the-ˈspot** *adj attr, inv* umgehend, sofortig

onto, on to [ˈɒntuː, AM ˈɑːn-] *prep* ❶ *(into)* in +*akk*
❷ *(on top)* auf +*akk*
❸ *(revealing)* auf +*akk;* ***the door opened*** ~ ***a patio*** die Tür führte auf eine Terrasse
❹ *(touching)* ***hold*** ~ ***my hand*** halt dich an meiner Hand fest
❺ *(as topic)* ***how did we get*** ~ ***this subject?*** wie sind wir auf dieses Thema gekommen?; ***can we move*** ~ ***the next item?*** können wir zum nächsten Punkt kommen?
❻ *(pursuing)* **to be** ~ **sb/sth** jdm/etw auf der Spur sein
❼ *(discovering)* **to be** ~ **sth** etw entdeckt haben; **to get** ~ **sth** an etw *akk* kommen; **to be** ~ **a good thing with sth** mit etw *dat* an einer guten Sache dran sein *fam;* ***can you put me*** ~ ***a good dentist?*** kannst du mir einen guten Zahnarzt empfehlen?
❽ *(reminding)* **to get/be** ~ **sb about sth** jdn an etw *akk* erinnern; *(insistently)* jdm mit etw *dat* in den Ohren liegen *fam;* **to get/be** ~ **sb to do sth** jdn daran erinnern, etw zu tun; *(insistently)* jdn so lange bearbeiten, bis er/sie etw tut

onto·logi·cal [ˈɒntəˈlɒdʒɪkəl, AM ˈɑːntoʊˈlɑː] *adj inv* PHILOS das Sein betreffend, ontologisch

on·tol·ogy [ɒnˈtɒlədʒi, AM ɑːnˈtɑː] *n no pl* PHILOS Seinslehre *f,* Ontologie *fachspr*

on ˈtop of *prep* ❶ *(situated on)* [oben] auf +*dat; (moved on)* [oben] auf +*akk;* ~ **the world** *(fig fam)* überglücklich, quietschfidel BRD *fam*
❷ *(over)* über +*akk/dat*
❸ *(close)* ***the car was nearly*** ~ ***me before it braked*** das Auto bremste erst, als es fast in mich gefahren war; ~ **each other** dicht gedrängt
❹ *(in control)* ***don't let it get*** ~ ***you*** lass dich nicht unterkriegen *fam;* **to get** ~ **the situation** die Lage in den Griff bekommen
❺ *(besides)* zusätzlich zu +*dat;* **to come** ~ **sth** zu etw *dat* [hinzu]kommen; ~ **everything else** darüber hinaus; ~ **it all** zu allem Überfluss; ~ **that** obendrein

onus [ˈəʊnəs, AM ˈoʊ-] *n no pl (form)* Verantwortung *f* (**of** für +*akk*), Last *f,* Bürde *f;* **the** ~ **is on** [*or* **lies with**] **sb to do sth** es liegt an jdm, etw zu tun; *(more severe)* jd hat die Pflicht, etw zu tun; ***the*** ~ ***of proof rests with the prosecution*** die Beweislast liegt bei der Anklage

on·ward [ˈɒnwəd, AM ˈɑːnwɚd] *inv* **I.** *adj attr (of journey)* Weiter-; **the** ~ **march of history/time** das Fortschreiten der Geschichte/Zeit; ~ **and upward** steil nach oben; ***it was*** ~ ***and upward from there*** und von da ging es steil nach oben *fig*
II. *adv* ❶ *(into the future)* **from that day/time** ~ von diesem Tag/dieser Zeit an; ***from our foundation*** ~ ***we have been an independent organization*** seit unserer Gründung sind wir eine unabhängige Organisation
❷ *(of direction)* weiter; **to move** ~ **and upward[s]** *(fig)* steil nach oben steigen [*o* klettern] *fig;* **to travel** ~ **to other destinations** an weitere Bestimmungsorte weiterreisen

on·ward ˈflight *n esp* BRIT, AUS Anschlussflug *m*

on·wards [ˈɒnwəd, AM ˈɑːnwɚd] *adv see* **onward II**

on·ward ˈtrain *n esp* BRIT, AUS Anschlusszug *m*

onyx [ˈɒnɪks, AM ˈɑːn-] **I.** *n no pl* Onyx *m*
II. *n modifier (necklace, ring, stone)* Onyx-

oodles [ˈuːdl̩z] *npl (fam)* Unmengen *pl* (**of** an +*dat*/von +*dat*); ***how much cream would you like on your strawberries? — ~, please!*** wie viel Sahne möchtest du auf deine Erdbeeren? – jede Menge, bitte! *fam*

ooey-gooey [ˌuːiˈguːi] *adj inv* schmachtend

ooh [uː] **I.** *interj* ❶ *(in surprise, approval)* oh
❷ *(in pain)* au
II. *n usu pl* ~**s and aahs** Ohs und Ahs
III. *vi* raunen; ***the crowd*** ~***ed*** ein Raunen ging durch die Menge

oomph [ʊm(p)f] *n no pl (fam)* ❶ *(power)* Kraft *f; of a car* Leistung *f; (fig)* ***the government seems to be running out of*** ~ der Regierung scheint die Luft auszugehen
❷ *(pizzazz)* Schwung *m,* Pep *m*
❸ *(sex appeal)* Sexappeal *m*

oops [uːps] *interj (fam)* hoppla

oops-a-dai·sy [ˌʊpsəˈdeɪzi] *interj (fam)* hopsala *Kindersprache*

ooze [uːz] **I.** *n no pl* Schlamm *m*
II. *vi (seep out)* ■**to** ~ **somewhere** irgendwohin tropfen; ***slime oozing down the walls*** Schleim, der die Wände hinunterrinnt; ■**to** ~ **from** [*or* **out of**] **sth** *blood, water* aus etw *dat* sickern; *(in drops)* aus etw *dat* tropfen; *mud* aus etw *dat* quellen; **to** ~ **with blood/oil** vor Blut/Öl triefen
III. *vt* ❶ *(seep out)* ■**to** ~ **sth** etw absondern; **to** ~ **pus** eitern
❷ *(fig: overflow with)* **to** ~ **charisma/charm** *(also*

O

pej) Charisma/Charme ausstrahlen; **to ~ sex appeal** Sexappeal versprühen; **to ~ talent** Talent ausstrahlen

◆**ooze out** *vi blood, water* heraussickern; *mud* herausquellen; ***she couldn't prevent tears from oozing out*** sie konnte nicht verhindern, dass ihr die Tränen kamen; ***the honey from the broken jar has ~d out all over the place*** der Honig ist aus dem zerbrochenen Krug überallhin getropft

oozy ['u:zi] *adj* überquellend *attr;* ■**to be ~ with sth** vor etw *dat* triefen

op[1] [ɒp, AM ɑ:p] *n esp* BRIT, AUS MED *(fam) short for* **operation** OP *f*

op[2] [ɒp, AM ɑ:p] *n* AM *short for* **opportunity** Gelegenheit *f; (possibility)* Möglichkeit *f*

op[3] [ɒp, AM ɑ:p] *n* MIL ■**~s** *pl (operations)* Einsätze *pl; (room)* Unterkünfte *pl,* Ops *pl sl*

Op *n* MUS *abbrev of* **opus** op.

opac·ity [ə(ʊ)'pæsəti, AM oʊ'pæsəṭi] *n no pl* ① *(non-transparency)* Opazität *f fachspr,* Lichtundurchlässigkeit *f*

② *(fig: obscurity)* Undurchsichtigkeit; *(incomprehensibility)* Unverständlichkeit *f*

opal ['əʊpəl, AM 'oʊ-] **I.** *n* Opal *m*

II. *n modifier (pendant, ring)* Opal-

opal·es·cence [ˌəʊpəl'esən(t)s, AM ˌoʊ-] *n no pl* Opaleszenz *f fachspr; of jewellery* Schillern *nt*

opal·es·cent [ˌəʊpəl'esənt, AM ˌoʊ-] *adj* schillernd; *(like an opal)* opalisierend

opaque [ə(ʊ)'peɪk, AM oʊ'-] *adj* ① *(not transparent)* undurchsichtig, intransparent, opak *fachspr; of wax* lichtundurchlässig; *of window, liquid* trüb; **~ glass** Milchglas *nt*

② *(fig: obscure)* undurchsichtig; *(incomprehensible)* unverständlich

opaque·ly [ə(ʊ)'peɪkli, AM oʊ'-] *adv* ① *(not clearly)* **to shine ~** trüb scheinen

② *(fig: obscurely)* undurchsichtig; *(incomprehensibly)* unverständlich; *(unclearly)* unklar

'op art *n no pl* Op-Art *f*

op cit [ˌɒp'sɪt, AM ˌɑ:p'-] *adv inv (form)* op. cit.

OPEC ['əʊpek, AM 'oʊ-] *n no pl acr for* **Organization of Petroleum Exporting Countries** OPEC *f*

Op-Ed [ˌɑ:p'ed] AM **I.** *n acr for* **opposite the editorial page** *die der Leitartikelseite gegenüberliegende Seite*

II. *n modifier (article, column, piece)* Sonderberichtseiten-

Op-'Ed page *n* AM *die der Leitartikelseite gegenüberliegende Seite*

open ['əʊpən, AM 'oʊ-] **I.** *adj* ① *inv (not closed) container, eyes, garment, door, window* offen, auf *präd; pass also* geöffnet, für den Verkehr freigegeben; *book* aufgeschlagen; *flower* aufgeblüht, erblüht; *map* auseinandergefaltet; ***she was breathing through her ~ mouth*** sie atmete durch den offenen Mund; ***excuse me, your fly is ~*** entschuldige, aber dein Hosenstall steht offen *fam;* ***I had difficulty keeping my eyes ~*** ich konnte die Augen kaum noch offenhalten; **to welcome sb with ~ arms** *(fig)* jdn mit offenen Armen empfangen [*o* aufnehmen]; **~ boat** Boot *nt* ohne Verdeck; **to do sth with one's eyes ~** etw ganz bewusst tun; ***I got into this job with my eyes ~*** als ich diesen Job angenommen habe, war mir klar, was mich erwartet; **an ~ wound** eine offene Wunde; **wide ~** [sperrangel]weit geöffnet; **to burst ~** *bag, case* aufgehen; **to push sth ~** etw aufstoßen; *(violently)* etw mit Gewalt öffnen

② *inv, pred (for customers, visitors) shop, bar, museum* geöffnet, offen; ***is the supermarket ~ yet?*** hat der Supermarkt schon auf?; ***is that new computer store ~ for business yet?*** hat dieser neue Computerladen schon aufgemacht?; **to declare sth for ~** etw für eröffnet erklären

③ *inv (not yet decided) case, decision, question* offen; ***the race is still wide ~*** bei dem Rennen ist noch alles drin; ***the price is ~ to negotiation*** über den Preis kann noch verhandelt werden; **to be ~ to interpretation** Interpretationsspielraum bieten; **an ~ matter** eine schwebende Angelegenheit [*o* offene Sache]; **an ~ mind** eine unvoreingenommene Einstellung; **to have/keep an ~ mind** unvoreingenommen [*o* objektiv] sein/bleiben; ***she has a very ~ mind about new things*** sie steht neuen Dingen sehr aufgeschlossen gegenüber; **to keep one's options ~** sich *dat* alle Möglichkeiten offenhalten; **an ~ question** eine offene Frage; **~ ticket** Ticket *nt* mit offenem Reisedatum; **to leave sth ~** etw offenlassen

④ *inv (not enclosed)* offen; **to be in the ~ air** an der frischen Luft sein; **to get out in the ~ air** an die frische Luft gehen; **~ country** unbebautes Land; **~ field** freies Feld; **on the ~ road** auf freier Strecke; **on the ~ sea** auf hoher See [*o* dem offenem Meer]

⑤ *inv (accessible to all)* offen, öffentlich zugänglich; ***this library is not ~ to the general public*** dies ist keine öffentliche Bibliothek; ***the competition is ~ to anyone over the age of sixteen*** an dem Wettbewerb kann jeder teilnehmen, der älter als 16 Jahre ist; ***the job is ~ to all applicants*** die Stelle steht allen Bewerbern offen; **to have ~ access to sth** freien Zugang zu etw *dat* haben; **in ~ court** in öffentlicher Verhandlung; **an ~ discussion** eine öffentliche Diskussion

⑥ *inv (not concealed)* offen; **~ hostility** offene Feindschaft; **~ resentment** unverhohlene Abneigung; **an ~ scandal** ein öffentlicher Skandal; **to lay sth ~** etw offenlegen

⑦ *inv, pred (frank) person* offen; ***he is quite ~ about his weaknesses*** er spricht freimütig über seine Schwächen; ■**to be ~ with sb** offen zu jdm sein; **an ~ person** ein offener [*o* aufrichtiger] Mensch

⑧ *inv, pred (willing to accept)* ■**to be ~ to sth** für etw *akk* offen sein; **~ *to offers*** Angebote werden entgegengenommen; ***the company is ~ to offers for the empty factory*** die Firma zieht Angebote für die leer stehende Fabrik in Betracht; **to be ~ to advice/new ideas/suggestions** Ratschlägen/neuen Ideen/Vorschlägen gegenüber aufgeschlossen [*o* offen] sein; **to be ~ to bribes/offers/persuasion** für Bestechung/Angebote/Überredung zugänglich sein

⑨ *inv (available)* frei, verfügbar; *offer* freibleibend; ***our offer will be kept ~ until the end of the week*** unser Angebot gilt noch [*o* bleibt noch bestehen] bis Ende der Woche; ***there are still lots of opportunities ~ to you*** dir stehen noch viele Möglichkeiten offen; ***it is ~ to you to accept or to refuse the offer*** es steht Ihnen frei, das Angebot anzunehmen oder abzulehnen; ***the line is ~ now*** die Leitung ist jetzt frei; **to keep a bank account ~** ein Bankkonto [weiterhin] bestehen lassen; **~ time** verfügbare Zeit; **~ vacancies** offene [*o* freie] Stellen

⑩ *inv, pred (exposed)* offen, ungeschützt; MIL ungedeckt, ohne Deckung; ■**to be ~ to sth** etw *dat* ausgesetzt sein; ***his macho attitude leaves him ~ to ridicule*** mit seinem Machogehabe gibt er sich selbst der Lächerlichkeit preis; **to be ~ to attack** Angriffen ausgesetzt sein; **to be ~ to criticism** kritisierbar sein; **to be ~ to doubt** zweifelhaft [*o* fraglich] sein; **to be ~ to the enemy** feindlichem Zugriff unterliegen; **to lay oneself ~ to sth** sich *akk* etw *dat* aussetzen

⑪ *inv* SPORT offen; **~ champion** Sieger(in) *m(f)* einer offenen Meisterschaft; **~ championship** offene Meisterschaften *pl*

⑫ *inv* SPORT *(unprotected) game, style of play* frei, ungedeckt

⑬ *inv (letting in air)* durchlässig, porös; **an ~ screen** ein Drahtgitter [*o* Drahtnetz] *nt;* **an ~ weave** eine lockere Webart

⑭ *inv* MUS **~ note** Grundton *m;* **~ pipe** offene [Orgel]pfeife; **~ string** leere Saite

⑮ *inv* ELEC **~ circuit** unterbrochener Stromkreislauf

⑯ *inv* MED *(not constipated) bowels* nicht verstopft, frei

⑰ *inv* BRIT FIN *(not crossed)* **~ cheque** Barscheck *m,* Barcheck *m* SCHWEIZ

⑱ *inv (free of ice) port, river* eisfrei; *weather, winter* frostfrei

⑲ LING offen; **~ syllable** offene Silbe; **~ vowel** offener Vokal

⑳ MATH **~ set** offene Menge

▸PHRASES: **to be an ~ book** *person* [wie] ein aufgeschlagenes [*o* offenes] Buch sein; *thing* ein Kinderspiel sein; ***computers are an ~ book to him*** mit Computern hat er überhaupt kein Probleme

II. *vi* ① *(from closed)* sich *akk* öffnen, aufgehen; ***the door ~s much more easily now*** die Tür lässt sich jetzt viel leichter öffnen; ***the flowers ~ in the morning*** die Blüten öffnen sich am Morgen; ***I can't get the door to ~!*** ich kann die Tür nicht aufkriegen!

② *(give access)* ■**to ~ onto sth** [direkt] zu etw *dat* führen; ***the door ~s into the garden*** die Tür führt direkt in den Garten; ■**to ~ off sth** zu etw *dat* hinführen; ***the small path ~ed off the main road*** der schmale Weg führte auf die Hauptstraße

③ *(for service)* öffnen, aufmachen *fam;* ***the cafe ~s at ten o'clock*** das Café öffnet um zehn Uhr

④ *(start) piece of writing or music, story* beginnen, anfangen; *film* anlaufen; *play* Premiere haben; ***the trial ~s/the Olympic Games ~ tomorrow*** der Prozess wird/die Olympischen Spiele werden morgen eröffnet; ***the film ~s in New York next week*** der Film läuft nächste Woche in New York an; ***who's going to ~?*** *(in cards)* wer kommt raus?, wer hat das Ausspiel?; STOCKEX ***the shares ~ed lower*** bei Börsenbeginn standen die Aktien niedriger

⑤ *(become visible)* sich *akk* zeigen; ***the valley ~ed before them*** das Tal tat sich vor ihnen auf

⑥ *(start new business)* eröffnen, aufmachen, aufgehen SCHWEIZ

III. *n* ① *no pl (out of doors)* ■[**out**] **in the ~** draußen; *(in the open air)* im Freien; **to camp in the ~** unter freiem Himmel nächtigen

② *no pl (not secret)* **to bring sth out into the ~** etw publikmachen [*o* an die Öffentlichkeit bringen]; **to come out into the ~** ans Licht kommen, auskommen SCHWEIZ, ruchbar werden *geh;* **to get sth** [**out**] **in**[**to**] **the ~** etw [offen] zur Sprache bringen [*o* ansprechen]

③ SPORT *(competition)* ■**the O~** [offene] Meisterschaft, Open *nt fachspr*

IV. *vt* ① *(change from closed)* **to ~ a book/magazine/newspaper** ein Buch/ein Magazin/eine Zeitung aufschlagen; **to ~ a box/window/bottle** eine Dose/ein Fenster/eine Flasche aufmachen [*o* öffnen]; **to ~ the curtains** [*or* **drapes**] die Vorhänge aufziehen; **to ~ the door** [*or* **doors**] **to sth** *(fig)* neue Perspektiven [*o* Möglichkeiten] für etw *akk* eröffnen; **to ~ one's eyes** seine Augen öffnen [*o* aufmachen]; **to ~ one's home to sb** jdn bei sich *dat* aufnehmen; **to ~ a letter/file** einen Brief/eine Akte öffnen; **to ~ a map** eine [Straßen]karte auffalten; **to ~ one's mouth** *(also fig)* den Mund aufmachen, etw ausplaudern [*o* SCHWEIZ ausbringen]; **to ~ a vein** *(hum)* zum Strick greifen *hum*

② *(begin)* **to ~ fire** MIL das Feuer eröffnen; **to ~ a meeting/rally** ein Treffen/eine Kundgebung eröffnen; **to ~ negotiations** in Verhandlungen eintreten; **to ~ the proceedings** das Verfahren eröffnen

③ *(set up)* **to ~ a bank account** ein Konto einrichten [*o* eröffnen]; **to ~ a business/branch** ein Geschäft/eine Zweigstelle eröffnen [*o* aufmachen]

④ *(for customers, visitors)* öffnen; ***the company will open its doors for business next month*** die Firma wird im nächsten Monat eröffnet; **to ~ a bakery/book store/restaurant** eine Bäckerei/einen Buchladen/ein Restaurant öffnen

⑤ *(declare ready for use)* **to ~ a building** ein Gebäude einweihen; **to ~ a road/tunnel** eine Straße/einen Tunnel für den Verkehr freigeben

⑥ *(break new ground)* ■**to ~ sth** etw erschließen; **to ~ a new field of science** wissenschaftliches Neuland erschließen

⑦ *(evacuate)* **to ~ one's bowels** den Darm entleeren

⑧ *(clear blockages)* ■**to ~ sth:** ***the security team ~ed a way through the crowd for the president*** das Sicherheitsteam bahnte dem Präsidenten einen Weg durch die Menge; **to ~ a canal** einen Kanal passierbar machen; **to ~ a pipe** ein Rohr durchgängig machen; **to ~ the view** den Blick [*o* die Sicht] ermöglichen

▸PHRASES: **to ~ sb's eyes to sb/sth** jdm die Augen über jdn/etw öffnen; **to ~ the floodgates** [**to sb/sth**] [jdm/etw] Tür und Tor öffnen *pej;* **to ~ one's heart to sb** jdm sein Herz ausschütten, sich *akk* jdm anvertrauen; **to ~ one's mind** offener [*o* SCHWEIZ *meist* aufgeschlossener] werden

◆**open out I.** *vi* ① *(move apart)* sich *akk* ausbreiten; ***the ranks/troops ~ed out*** die Mannschaften/Truppen öffneten die Reihen
② *(unfold) map* sich *akk* auffalten lassen; *flower* aufblühen, sich *akk* öffnen
③ *(grow wider)* sich *akk* erweitern [*o* [aus]weiten]; *street, river* sich *akk* verbreitern, breiter werden; *(grow bigger)* sich *akk* vergrößern; *group* anwachsen (**into** zu *+dat*)
④ *(become more confiding) person* sich *akk* öffnen, aus sich *dat* herausgehen; ***he'll ~ out in time*** er taut schon noch auf; **to ~ out to sb** sich *akk* jdm gegenüber öffnen
II. *vt* ① *(unfold)* **to ~ out ↔ a folding bed** [*or* AM **cot**] ein Feldbett [*o bes* SCHWEIZ einen Schragen] aufschlagen; **to ~ out ↔ a map/newspaper** eine [Land]karte auseinanderfalten/eine Zeitung aufschlagen
② *(expand)* ■**to ~ out ↔ sth** etw erweitern [*o* vergrößern]

◆**open up I.** *vi* ① *(start business) shop, store, etc.* eröffnen, aufmachen; *radio station* auf Sendung gehen
② *(become more confiding) person* sich *akk* öffnen, auftauen *fam*
③ *(shoot)* das Feuer eröffnen, losfeuern *fam*
④ *(accelerate)* Gas geben, beschleunigen
▸PHRASES: **to wish the earth** [*or* **floor**] **would ~ up** am liebsten in den [Erd]boden versinken wollen
II. *vt* ① *(from closed)* **to ~ up ↔ a canal/a pipe** einen Kanal/ein Rohr passierbar machen; **to ~ up ↔ a car/a house/a store** einen Wagen/ein Haus/einen Laden aufschließen; **to ~ up ↔ a door/a window** eine Tür/ein Fenster aufmachen
② *(make available)* ■**to ~ up ↔ sth** etw zugänglich machen, etw öffnen; ***the government plans to ~ up access to higher education*** die Regierung beabsichtigt, den Zugang zu höherer Bildung zu erleichtern; **to ~ land/territory up** Land/Terrain erschließen; **to ~ up the possibility of doing sth** die Möglichkeit eröffnen, etw zu tun
③ *(expand)* ■**to ~ up ↔ sth** etw erweitern
④ MED *(fam: operate on)* ■**to ~ up ↔ sb** jdn aufschneiden *fam*

open ad·'mis·sions *npl + sing/pl vb* AM UNIV Aufnahme *f* ohne Zulassungsbeschränkungen **open a'dop·tion** *n esp* AM *Adoption eines Kindes mit Kontakt zu dessen leiblichen Eltern* **'open-air** *adj inv* im Freien *nach n;* **~ concert** Open-Air-Konzert *nt;* **~ stage** Freilichtbühne *f;* **~ swimming pool** Freibad *nt,* Badanstalt *f* SCHWEIZ **open-and-'shut** *adj* eindeutig, [sonnen]klar; **~ case** klarer [*o* eindeutiger] Fall

'open·cast *adj inv* BRIT über Tage *nach n;* **~ mining** Tagebau *m*

open 'class·room *n* AM *zwanglose Form der freien Unterrichtsgestaltung* **open cor·po·'ra·tion** *n* AM offene Kapitalgesellschaft **open 'cred·it** *n* FIN Blankokredit *m,* ungedeckter Kredit *m* **'open-cut** *adj inv* AM, AUS über Tage *nach n;* **~ mining** Tagebau *m* **'open day** *n* BRIT, AUS Tag *m* der offenen Tür; **to have an ~** einen Tag der offenen Tür veranstalten **'open-door** *adj attr, inv* frei zugänglich; **~ policy** Politik *f* der offenen Tür; ***our boss has an ~ policy*** unser Chef ist für uns immer zu sprechen **open-'end·ed,** AM **'open-end** *adj inv* mit offenem Ausgang *nach n;* ECON offen, unbeschränkt, unbefristet, Blanko-; **~ fund** FIN offener Investmentfonds, Open-End-Fund *m;* **~ question** ungeklärte Frage; **~ promise** [noch] nicht eingelöstes Versprechen **open en·'roll·ment** *n no pl* AM UNIV Aufnahme *f* ohne Zulassungsbeschränkungen

open·er ['əʊpᵊnəʳ, AM 'oʊpᵊnɚ] *n* ① *(opening device)* Öffner *m;* **bottle/can ~** Flaschen-/Dosenöffner *m*
② *(person)* ■**to be the ~** den Anfang machen
③ *(remark)* Anfang *m*
④ AM *(fam: at first)* **for ~s** für den Anfang; ***how about cheese and crackers for ~s?*** wie wär's zum Auftakt mit Käse und Crackern?

open-'eyed *adv inv* mit großen Augen **open 'fire, open 'fire·place** *n* offener Kamin, offenes Cheminée SCHWEIZ; ■**on an ~** über dem offenen [Kamin]feuer [*o* SCHWEIZ Cheminéefeuer] **open-'hand·ed** *adj* großzügig, freigebig, SCHWEIZ, ÖSTERR *oft* freigiebig **open-'heart·ed** *adj* offenherzig, aufrichtig **open-heart 'sur·gery** *n no pl* Operation *f* am offenen Herzen **open 'house** *n* ① AM *(open day)* Tag *m* der offenen Tür ② *(public event) Veranstaltung mit freiem Eintritt* [*und häufig freien Getränken*]; **to keep ~** gastfreundlich sein ③ AM *(at house for sale)* Hausbesichtigung *f;* **to hold ~** ein Haus zur Besichtigung freigeben

open·ing ['əʊpᵊnɪŋ, AM 'oʊ-] **I.** *n* ① *no pl (action)* Öffnen *nt,* Aufmachen *nt; (of shop)* **hours of ~** Öffnungszeiten *pl;* **late ~** verlängerte Öffnungszeiten; ***it's late ~*** heute haben die Geschäfte länger geöffnet
② *(hole)* Öffnung *f,* Loch *nt; (in a conversation)* [Gesprächs]pause *f; (in traffic)* Lücke *f; (in woods)* Lichtung *f*
③ *(opportunity)* Möglichkeit *f,* günstige Gelegenheit; *(job)* freie Stelle
④ *(vulnerable spot)* Blöße *f*
⑤ *(introduction)* Einführung *f; of a novel* Einleitung *f; of a film* Anfang *m; of a trial* [Verhandlungs]eröffnung *f*
⑥ *(inauguration)* Eröffnung *f;* [**formal**] **~** Einweihung *f; of a plant* Inbetriebnahme *f;* ***the ~ of the new tunnel will take place next month*** der neue Tunnel wird im nächsten Monat für den Verkehr geöffnet; **~ ceremony** Eröffnungsfeierlichkeiten *pl;* **official ~** offizielle Eröffnung
⑦ *(first performance)* Premiere *f*
⑧ CHESS *(first move)* Eröffnung *f*
II. *adj attr, inv (at beginning)* Anfangs-, Eröffnungs-; ***who's making the ~ speech?*** wer wird als Erster reden?; **~ move** CHESS erster Zug *a. fig;* **~ remarks** einleitende Bemerkungen

open·ing 'act *n* THEAT erster Akt **open·ing 'bal·ance** *n* ECON Eröffnungsbetrag *m* **open·ing 'bid** *n* Eröffnungsgebot *nt* **'open·ing hours** *npl* Öffnungszeit[en] *f[pl],* Geschäftszeit[en] *f[pl]* **open·ing 'night** *n* THEAT Premierenabend *m;* SPORT [abendliches] Eröffnungsspiel **'open·ing price** *n* FIN Eröffnungspreis *m,* erster Kurs **open·ing quo·'ta·tion** *n* STOCKEX Eröffnungskurs *m* **'open·ing time** *n* Öffnungszeit *f*

open 'let·ter *n* offener Brief

open·ly ['əʊpᵊnli, AM 'oʊ-] *adv* ① *(frankly)* offen
② *inv (publicly)* öffentlich

open 'mar·ket *n* FIN offener Markt; ECON freier Markt **open 'mar·riage** *n* offene Ehe **open 'mike night** *n Veranstaltung, bei der sich jede[r] aus dem Publikum zur allgemeinen Belustigung auf der Bühne produzieren kann* **open-'mind·ed** *adj (to new ideas)* aufgeschlossen; *(not prejudiced)* unvoreingenommen, vorurteilsfrei **open-'mind·ed·ness** *n no pl (to new ideas)* Aufgeschlossenheit *f; (impartiality)* Unvoreingenommenheit *f* **open-'mouthed** *adj inv* ① *pred (with open mouth)* mit offenem Mund; **to stare ~ at sth** etw begaffen *pej* ② *attr (shocked)* [sichtlich] betroffen; **with ~ amazement** mit ungläubigem Staunen; **with ~ horror** schreckensstarr **'open-necked** *adj inv* mit offenem Kragen *nach n; blouse, dress* ausgeschnitten

open·ness ['əʊpᵊnnəs, AM 'oʊ-] *n no pl* ① *(frankness)* Offenheit *f*
② *(publicness)* Öffentlichkeit *f*
③ *(in character)* offenes Wesen
④ *(lack of obstruction) of view, expanse* Weite *f,* Weitläufigkeit *f; of a room* Geräumigkeit *f*

open-'pit *adj inv* AM, AUS über Tage *nach n;* **~ mining** Tagebau *m* **open-'plan** *adj inv room* offen [*o* frei] angelegt **open-plan 'of·fice** *n* Großraumbüro *nt* **'open po·si·tion** *n* STOCKEX offene Position **open 'pris·on** *n* BRIT offene Strafvollzugsanstalt [*o* SCHWEIZ Strafanstalt]; **to be put into the ~** in den offenen Strafvollzug gehen **open 'sand·wich** *n* belegtes Brot, SCHWEIZ *a.* Canapé *nt* **'open sea·son** *n* ① *(hunting season)* Jagdsaison *f;* **~ on deer/ducks** Jagdzeit *f* für Rotwild/Enten ② *(fig: permission to attack)* Kesseltreiben *nt;* **to declare ~ on sth** etw zum Abschuss freigeben [*o* Freiwild machen] **open 'se·cret** *n* offenes Geheimnis **open 'sesa·me I.** *n* Schlüssel *m* zum Erfolg **II.** *interj* **~!** Sesam, öffne dich! **open 'sys·tem** *n* COMPUT kompatible Anlage **'open-top, 'open-topped** *adj attr esp* AUTO offen **open 'trade** *n no pl* Freihandel *m,* Freihandelssystem *nt* **Open Uni·'ver·sity** *n,* **OU** *n no pl esp* BRIT ≈ Fernuniversität *f* **open 'ver·dict** *n* BRIT LAW richterliche Feststellung auf unbekannte Todesursache

'open·work *n modifier* durchbrochen gearbeitet

op·era ['ɒpᵊrə, AM 'ɑ:-] *n* Oper *f*

op·er·able ['ɒpᵊrəbl, AM 'ɑ:-] *adj* ① *(functioning)* funktionsfähig, betriebsfähig; AUTO fahrtüchtig
② MED *tumour, cancer* operabel

'op·era glasses *npl* Opernglas *nt* **'op·era house** *n* Opernhaus *nt* **'op·era sing·er** *n* Opernsänger(in) *m(f)*

op·er·ate ['ɒpᵊreɪt, AM 'ɑ:-] **I.** *vi* ① *(work, run)* funktionieren; **to ~ at maximum capacity** auf Höchststufe laufen
② *(act)* vorgehen, zu Werke gehen *geh;* MIL operieren; [*criminal*] *mind* arbeiten; ***destructive forces are clearly operating within the community*** innerhalb der Gemeinschaft sind eindeutig zersetzende Kräfte am Werk; **to ~ on a budget** sich *akk* an ein Budget halten; **to ~ at a loss/profit** mit Verlust/Gewinn arbeiten
③ *(produce an effect)* [be]wirken, sich *akk* auswirken; ***the film ~d strongly on her emotions*** der Film bewegte sie sehr; ***the propaganda is beginning to*** **~** die Propaganda zeitigt schon Wirkung
④ *(perform surgery)* operieren; ■**to ~ on sb/sth** jdn/etw operieren
⑤ *(do business)* operieren *geh,* Geschäfte betreiben; **to ~ in the stock market** im Börsengeschäft tätig sein
II. *vt* ■**to ~ sth** ① *(work)* etw bedienen; **to ~ sth manually** etw manuell betreiben
② *(manage)* etw betreiben; **to ~ a farm** eine Farm bewirtschaften; **to ~ a firm** eine Firma leiten; **to ~ a store** ein Geschäft betreiben [*o* führen]
③ *(perform)* etw ausführen; **to ~ undercover activities** Geheimoperationen durchführen

op·er·at·ic [,ɒpᵊ'rætɪk, AM ,ɑ:pə'ræṭɪk] *adj* ① *inv (of the opera)* Opern-; **~ voice** Opernstimme *f*
② *(fig: emotional)* opernhaft, theatralisch *pej*

op·er·ati·cal·ly [,ɒpᵊr'ætɪkᵊli, AM ,ɑ:pə'ræṭ-] *adv* in opernhafter Manier, theatralisch *oft pej*

op·er·at·ing ['ɒpᵊreɪtɪŋ, AM 'ɑ:pᵊreɪṭ-] **I.** *n no pl* ① MED Operieren *nt*
② ECON Betrieb *m*
II. *adj attr, inv* ① *(in charge)* Dienst habend
② MED Operations-
③ ECON **~ account** FIN Betriebskonto *nt;* **~ budget** ECON Verwaltungshaushalt *m;* **~ charges** *pl* FIN Sachaufwand *m;* **~ costs** *pl* Betriebskosten *pl,* Betriebsausgaben *pl;* FIN *also* Geschäftsaufwand *m;* **~ data** *+ sing/pl vb* Betriebsdaten *pl;* **~ expense** FIN Verwaltungsaufwand *m,* Verwaltungsaufwendung *f,* Sachaufwendung *f;* **~ income** *no pl* FIN Betriebseinnahmen *pl,* betriebliche Erträge *pl,* Geschäftsertrag *m;* **~ profit/loss** Betriebsgewinn/-verlust *m;* **~ risk** Betriebsrisiko *nt*

'op·er·at·ing ex·penses *npl* Betriebsausgaben *pl;* **to keep ~ down** die laufenden Kosten niedrig halten **'op·er·at·ing loss** *n* ECON Betriebsverlust *m* **'op·er·at·ing manu·al** *n* Bedienungsanleitung *f,* Benutzerhandbuch *nt* **'op·er·at·ing prof·it** *n* ECON Betriebsgewinn *m,* Betriebserfolg *m,* operativer Ertrag *m* **'op·er·at·ing room** *n* MED Operationssaal *m* **'op·er·at·ing sys·tem** *n,* **OS** *n* COMPUT Betriebssystem *nt* **'op·er·at·ing ta·ble** *n* MED Operationstisch *m* **'op·er·at·ing thea·tre,** AM **'op·er·at·ing thea·ter** *n* MED Operationssaal *m*

op·era·tion [ˌɒpᵊrˈeɪʃᵊn, AM ˌɑːpəˈreɪ-] *n* ❶ *no pl (way of functioning)* Funktionsweise *f,* Arbeitsweise *f; of a theory* Umsetzung *f;* ***the ~ of communism requires people to give up their individual identities*** der Kommunismus kann nur dann funktionieren, wenn die Menschen ihre Eigenständigkeit aufgeben; ***the ~ of gravity keeps us standing on the ground*** dank der Schwerkraft bleiben wir auf dem Boden stehen; **day-to-day** [*or* **everyday**] ~ gewöhnlicher Betriebsablauf, Geschäftsgang *m*
❷ *no pl (functioning state)* Betrieb *m,* Einsatz *m;* LAW Wirksamkeit *f;* ■**to be in ~** *machines* in Betrieb sein; *plan, rule, law* wirksam [*o* in Kraft] sein, gelten; **hours of ~** Geschäftszeiten *pl;* **by ~ of law** kraft Gesetzes; **daily/hourly ~** täglicher/stündlicher Betrieb; ***the bus service is in hourly ~ during off-peak times*** außerhalb der Stoßzeiten fahren die Busse stündlich; **to come into ~** *machines* in Gang kommen [*o* Betrieb genommen werden]; *plan, rule, law* in Kraft treten, wirksam werden; **to put sth into ~** *machine* etw in Betrieb nehmen; *regulations* etw anwenden; *scheme, plan* etw in die Tat umsetzen
❸ *(process)* Vorgang *m;* ***repairing this old watch is a very delicate ~*** das Reparieren dieser alten Uhr ist eine sehr diffizile Angelegenheit; **to undertake an ~** etwas vornehmen, an eine Sache herangehen
❹ *(business)* Geschäft *nt;* ***his ~ is based in Florida*** er betreibt seine Geschäfte von Florida aus; ***how is the ~ going these days?*** wie läuft denn der Betrieb jetzt so?
❺ *(activity)* Unternehmung *f,* Vorhaben *nt;* ***the company's ~s in West Africa ..*** die Geschäfte der Firma in West Afrika ...; MIL Operation *f,* Einsatz *m;* ***O~ Desert Storm*** Operation Wüstensturm; **rescue ~** Rettungsaktion *f;* **security ~** Sicherheitsmaßnahmen *pl,* Einsatz *m* von Sicherheitskräften; **undercover ~** MIL verdeckte Operation, Geheimeinsatz *m;* **humanitarian ~** humanitärer Einsatz; **to launch an ~** mit einer Aktion beginnen; **to start ~s on sth** die Arbeit an etw *dat* aufnehmen
❻ *(surgery)* Operation *f;* **heart/lung ~** Herz-/Lungenoperation *f;* **to perform an ~** eine Operation durchführen
❼ FIN [finanzielle] Transaktion
❽ MATH Operation *f;* **mathematical ~** mathematische Operation, Rechenvorgang *m*

op·era·tion·al [ˌɒpᵊrˈeɪʃᵊnᵊl, AM ˌɑːpəˈreɪ-] *adj inv* ❶ *(in business)* betrieblich, Betriebs-; **~ costs** Betriebskosten *pl*
❷ *(functioning)* betriebsbereit, funktionstüchtig; **to be fully ~** *(concerning function)* voll funktionsfähig sein; *(concerning purpose)* voll einsatzfähig sein

op·era·tion·al 'budg·et *n* ECON Betriebsbudget *nt,* Geschäftsbudget *nt,* Währungsbudget *nt* **op·era·tion·al 'costs** *n* ECON Betriebskosten *pl*

op·era·tion·al·ly [ˌɒpᵊrˈeɪʃᵊnᵊli, AM ˌɑːpəˈreɪ-] *adv inv* abwicklungstechnisch, die Durchführung betreffend

op·era·tion·al 'plan·ning *n* ECON Betriebsplanung *f*

op·e'ra·tions re·search *n, esp* AM, AUS **op·era·tion·al re·'search** *n,* **OR** *n no pl* Unternehmensforschung *f,* Operational-Research *nt* **op·e'ra·tions re·view** *n* Überprüfung *f* der Betriebsabläufe, Betriebsanalyse *f*

op·era·tive [ˈɒpᵊrətɪv, AM ˈɑːpəət̬ɪv] **I.** *n* ❶ *(in a factory)* [Fach]arbeiter(in) *m(f)*
❷ *(detective)* Privatdetektiv(in) *m(f); (secret agent)* Geheimagent(in) *m(f);* **FBI ~** FBI-Agent(in) *m(f)*
II. *adj inv* ❶ *(functioning)* in Betrieb *präd; regulations* wirksam, gültig; ***these reasons still remain ~*** diese Gründe bestehen immer noch
❷ *attr (surgical)* operativ; **~ treatment** chirurgische Behandlung

op·era·tive 'word *n* ❶ *(what's important)* ■**the ~** das entscheidende Wort [*o* Wort, auf das es ankommt]; ***in the house there were more statues — more being the ~*** im Haus gab es mehr Statuen – mit der Betonung auf [dem Wort] mehr
❷ LAW ■**~s** *pl* rechtsgestaltende Worte *pl*

op·era·tor [ˈɒpᵊreɪtəʳ, AM ˈɑːpᵊreɪt̬ɚ] *n* ❶ *(worker)* Bediener(in) *m(f),* Arbeiter(in) *m(f);* **fork-lift ~** Gabelstaplerfahrer(in) *m(f);* **machine ~** Maschinist(in) *m(f);* **radio ~** Funker(in) *m(f)*
❷ *(switchboard worker)* Telefonist(in) *m(f); (at telephone company)* ≈ Vermittlung *f*
❸ *(company)* Unternehmer(in) *m(f);* STOCKEX Börsenspekulant(in) *m(f);* **tour ~** Reiseveranstalter(in) *m(f)*
❹ *(fam: clever person)* gewiefte [*o* raffinierte] Person; ***he is a canny ~ in wage negotiations*** er ist ein schlauer Verhandlungspartner bei Lohnverhandlungen; **to be a real ~ with the ladies** die Frauen um den Finger wickeln können; **smooth ~** Schlitzohr *nt fam,* Schlawiner *m fam*
❺ MATH [Rechen]symbol *nt,* Operator *m fachspr*

'op·era·tor code *n* COMPUT Benutzercode *m*

op·er·cu·lum <*pl* -la> [ə(ʊ)ˈpɜːkjʊləm, AM oʊˈpɜːrkjələm, *pl* -lə] *n* ZOOL *of snails* Operkulum *nt fachspr; of fish* Kiemendeckel *m*

op·er·et·ta [ˌɒpᵊrˈetə, AM ˌɑːpəˈret̬ə] *n* Operette *f*

oph·thal·mia [ɒfˈθælmiə, AM ɑːf-] *n no pl* Augenentzündung *f,* Ophthalmie *f fachspr*

oph·thal·mic [ɒfˈθælmɪk, AM ɑːf-] *adj attr, inv* Augen-, ophthalmisch *fachspr;* **~ medicine** Augenheilkunde *f,* Ophthalmiatrie *f fachspr*

oph·thal·mic op·'ti·cian *n* Augenoptiker(in) *m(f)*

oph·thal·molo·gist [ˌɒfθælˈmɒlədʒɪst, AM ˌɑːfθælˈmɑː-] *n* Augenarzt, -ärztin *m, f,* Ophthalmologe, Ophthalmologin *m, f fachspr*

oph·thal·mol·ogy [ˌɒfθælˈmɒlədʒi, AM ˌɑːfθælˈmɑː-] *n no pl* Augenheilkunde *f,* Ophthalmologie *f fachspr*

oph·thal·mo·scope [ɒfˈθælməskəʊp, AM ɑːfˈθælməskoʊp] *n* MED Augenspiegel *m,* Ophthalmoskop *nt fachspr*

opi·ate [ˈəʊpiət, AM ˈoʊpiɪt] *n* Opiat *nt*

opine [ə(ʊ)ˈpaɪn, AM oʊ'-] **I.** *vt (form)* ■**to ~ that ...** meinen, dass ...
II. *vi (form)* ■**to ~ on sth** sich *akk* zu etw *dat* äußern

opin·ion [əˈpɪnjən] *n* ❶ *(belief)* Meinung *f,* Ansicht *f; (view on topic)* Einstellung *f,* Standpunkt *m* (on zu +*dat*); ***it is my ~ that ...*** ich finde, dass ...; **popular ~** weit verbreitete Meinung; **public ~** die öffentliche Meinung; ***it's my considered ~ that ...*** ich bin zu der Ansicht gelangt, dass ...; **difference of ~** Meinungsverschiedenheit *f;* **just a matter of ~** reine Ansichtssache; **range of ~** Meinungsspektrum *nt,* Meinungsvielfalt *f;* **to be firmly of the ~ that ...** fest davon überzeugt sein, dass ...; **sb's ~ on sb changes** jdn ändert seine Meinung über jdn; **to have a high** [*or* **good**]**/bad** [*or* **poor**] [*or* **low**] **~ of sb/sth** von jdm/etw eine hohe/keine gute Meinung haben; **to have a high ~ of oneself** sehr von sich *dat* überzeugt sein; **to express** [*or* **state**] [*or* **give**] **an ~ on sth** seine Meinung zu etw *dat* äußern, zu etw *dat* Stellung nehmen; **to form an ~** sich *dat* eine Meinung bilden; **to share an ~** seine Meinung äußern; **in my ~** meiner Meinung [*o* Ansicht] nach
❷ *(professional advice)* Gutachten *nt;* **second ~** Zweitgutachten *nt*
❸ LAW *(listing of reasons)* Urteilsbegründung *f*

opin·ion·at·ed [əˈpɪnjəneɪtɪd, AM -t̬-] *adj (pej)* rechthaberisch *pej,* dogmatisch *meist pej*

o'pin·ion poll *n* Meinungsumfrage *f*

opium [ˈəʊpiəm, AM ˈoʊ-] *n no pl* Opium *nt*

'opium den *n* Opiumhöhle *f* **'opium fiend** *n* Opiumsüchtige(r) *f(m)* **'opium pop·py** *n* BOT Schlafmohn *m*

opos·sum <*pl* -s *or* -> [əˈpɒsəm, AM -ˈpɑː-] *n* Beutelratte *f,* Opossum *nt*

opp. *adj inv abbrev of* **opposite**

oppo [ˈɑːpoʊ] **I.** *adj* AM *short for* **opposition** Oppositions-, der Opposition *nach n*
II. *n* AM *short for* **opposition research** *Suche nach für den Opponenten schädlichen Informationen*

op·po·nent [əˈpəʊnənt, AM -ˈpoʊ-] *n* POL Opponent(in) *m(f),* Widersacher(in) *m(f);* LAW Gegenpartei *f;* SPORT Gegner(in) *m(f);* **to face an ~** einem Gegner begegnen

op·po·nent 'mus·cle *n* beweglicher Daumenmuskel

op·por·tune [ˈɒpətjuːn, AM ˌɑːpɚˈtuːn, -ˈtjuːn] *adj* opportun *geh,* angebracht; **~ chance** passende [*o* günstige] Gelegenheit; **~ moment** geeigneter [*o* günstiger] Zeitpunkt

op·por·tune·ly [ˌɒpəˈtjuːnli, AM ˌɒpɚˈtuːn] *adv* passend, gelegen

op·por·tun·ism [ˌɒpəˈtjuːnɪzᵊm, AM ˌɑːpɚˈtuː-, -tjuː-] *n no pl* Opportunismus *m;* **blatant ~** blanker Opportunismus

op·por·tun·ist [ˌɒpəˈtjuːnɪst, AM ˌɑːpɚˈtuː-, -tjuː-] **I.** *n* Opportunist(in) *m(f)*
II. *adj (pej)* opportunistisch

op·por·tun·is·tic [ˌɒpətjuːˈnɪstɪk, AM ˌɑːpɚtuːˈ-, -tjuː-] *adj (esp pej)* opportunistisch

op·por·tun·is·ti·cal·ly [ˌɒpətjuːˈnɪstɪkᵊli, AM ˌɑːpɚtuːˈ-, -tjuː-] *adv* opportunistisch *geh*

op·por·tun·is·tic in·'fec·tion *n* MED opportunistische Infektion *fachspr*

op·por·tu·nity [ˌɒpəˈtjuːnəti, AM ˌɑːpɚˈtuːnət̬i] *n* ❶ *(occasion)* Gelegenheit *f;* ***I used to enjoy going to the theatre, but I don't get much ~ now*** früher ging ich gern ins Theater, aber heute habe ich kaum noch [die] Gelegenheit dazu; **a window of ~** eine Chance; **a world of ~** eine Fülle von Möglichkeiten; **~ for trading** FIN Handelsmöglichkeit *f;* **at the earliest ~** bei der erstbesten Gelegenheit; ***please contact us at your earliest ~*** bitte setzen Sie sich baldmöglichst mit uns in Verbindung!; **at every ~** bei jeder Gelegenheit; **a unique ~ to do sth** eine einmalige Gelegenheit, [um] etw zu tun; **to get** [*or* **be given**] **the ~ of doing sth** die Chance erhalten, etw zu tun; **to grab** [*or* **seize**] **an ~** eine Gelegenheit ergreifen [*o* beim Schopf[e] packen]
❷ *(for advancement)* Chance *f,* Möglichkeit *f;* **~ for advancement** [*or* **promotion**] Aufstiegsmöglichkeit *f*
▸PHRASES: **~ knocks** das Schicksal winkt; ***he was waiting for ~ to knock*** er wartete auf die Chance seines Lebens

op·por·'tu·nity shop *n* AUS *karitativer Secondhandladen*

op·pose [əˈpəʊz, AM -ˈpoʊz] *vt* ❶ *(disapprove)* ■**to ~ sb/sth** jdn/etw ablehnen, gegen jdn/etw sein; *(raise objection to)* Einspruch *m* gegen etw *akk* erheben
❷ *(resist)* ■**to ~ sb/sth** sich *akk* jdm/etw widersetzen; *(actively)* gegen jdn/etw vorgehen
❸ SPORT ■**to ~ sb** gegen jdn antreten
❹ POL ■**to ~ sb** jds Gegenspieler/Gegenspielerin sein; *(election)* Herausforderer, -forderin *m, f*
❺ *(compare)* ■**to ~ sth to sth** etw gegen etw *akk* halten
❻ LAW **to ~ bail** eine Kaution [*o* Sicherheitsleistung] ablehnen

op·posed [əˈpəʊzd, AM -ˈpoʊzd] *adj pred* ❶ *(against)* ■**to be ~ to sth** etw *dat* ablehnend gegenüberstehen, gegen etw *akk* sein
❷ *(contrary)* ■**sth as ~ to sth** etw im Gegensatz zu etw *dat;* ***we're looking for practical experience as ~ to theoretical knowledge*** wir sind an praktischer Erfahrung im Unterschied zu theoretischem Wissen interessiert
❸ SCI entgegengesetzt; **~ angles** *pl* entgegengesetzte Winkel *pl;* **~ current** Gegenstrom *m*

op·pos·ing [əˈpəʊzɪŋ, AM -ˈpoʊzɪŋ] *adj attr* entgegengesetzt; *(in conflict)* einander widersprechend; **~ faction** opponierende Splittergruppe; **~ opinion** gegensätzliche Meinung; **~ team** gegnerisches Team

op·po·site [ˈɒpəzɪt, AM ˈɑː-] **I.** *n* ■**the ~** das Gegenteil; ***cold and hot are ~s*** kalt ist das Gegenteil von heiß
II. *adj inv* ❶ *(contrary)* **~ interests** gegensätzliche Interessen
❷ *(facing)* gegenüberliegend; ***they sat at ~ ends of the table from each other*** sie saßen sich an den

beiden Tischenden gegenüber; **the ~ direction** die entgegengesetzte Richtung; **on the ~ page/side of the street** auf der gegenüberliegenden [*o* anderen] Seite/Straßenseite; *after n;* ***who owns that shop ~?*** wem gehört der Laden gegenüber?

III. *adv inv* gegenüber; ***she asked the man sitting ~ what time it was*** sie fragte den ihr gegenübersitzenden Mann nach der Uhrzeit

IV. *prep* ① *(across from)* gegenüber +*dat;* ***we live ~ a bakery*** wir wohnen gegenüber einer Bäckerei

② FILM, TV, THEAT *(acting with)* **to play ~ sb** jds Gegenrolle [*o* Gegenüber] spielen

op·po·site 'num·ber *n* Pendant *nt;* POL Amtskollege, -kollegin *m, f* **op·po·site 'sex** *n + sing/pl vb, no pl* ■**the ~** das andere Geschlecht

'op·po·site to *prep* gegenüber +*dat;* ***she always sits ~ her boss*** sie sitzt immer ihrem Chef gegenüber

op·po·si·tion [ˈɒpəˈzɪʃᵊn, AM ˌɑː-] *n* ① *no pl (resistance)* Widerstand *m* (**to** gegen +*akk*); ***the unions are in ~ to the government over privatization*** die Gewerkschaften liegen wegen der Privatisierung mit der Regierung im Streit

② + *sing/pl vb (party not in power)* Opposition[spartei] *f;* **leader of the O~** Oppositionsführer(in) *m(f)*

③ *(contrast)* Gegensatz *m;* ■**in ~ to sth** im Gegensatz zu etw *dat*

④ *(opposing player)* Gegner(in) *m(f)*

⑤ + *sing/pl vb (opposing team)* gegnerische Mannschaft

⑥ ASTROL Opposition *f*

op·po·'si·tion re·search *n* AM *Suche nach für den Opponenten schädlichen Informationen*

op·press [əˈpres] *vt* ■**to ~ sb** ① *(subjugate)* jdn unterdrücken

② *(overburden)* auf jdm lasten, jdn bedrücken

op·pres·sion [əˈpreʃᵊn] *n no pl* ① *(subjugation)* Unterdrückung *f;* **the ~ of women** die Unterdrückung der Frau

② *(burden)* Druck *m,* Bedrängnis *f geh;* **an overall sense of ~** ein Gefühl *m* völliger Überforderung

op·pres·sive [əˈpresɪv] *adj* ① *(harsh) regime* unterdrückerisch, repressiv *geh;* **~ taxes** drückende Steuern

② *(hard to bear)* erdrückend; **~ atmosphere** bedrückende [*o* beklemmende] Atmosphäre; **an ~ sense of disaster** eine lähmende Vorausahnung bevorstehenden Unheils

③ *(stifling) heat, weather* drückend, schwül

op·pres·sive·ly [əˈpresɪvli] *adv* ① *(harshly)* grausam, hart

② *(hard to bear)* bedrückend; ***her worries weighed on her ~*** ihre Sorgen belasteten sie sehr; **~ humid** drückend schwül

op·pres·sive·ness [əˈpresɪvnəs] *n no pl* ① *(harshness)* Härte *f,* Tyrannei *f*

② *(burden)* Schwere *f,* drückende Last

③ METEO Schwüle *f;* **the ~ of the heat** die drückende Hitze

op·pres·sor [əˈpresəʳ, AM -ɚ] *n* Unterdrücker(in) *m(f)*

op·pro·brium [əˈprəʊbriəm, AM -ˈproʊ-] *n no pl (form)* Schande *f,* Schmach *f geh;* **to heap ~ on sb/sth** jdn/etw tadeln [*o geh* schmähen]

op-shop [ˈɒpʃɒp] *n* AUS *(fam) short for* **opportunity shop** *karitativer Secondhandladen*

opt [ɒpt, AM ɑːpt] *vi* ■**to ~ for sth** sich *akk* für etw *akk* entscheiden

◆**opt in** *vi* mitmachen, sich *akk* beteiligen

◆**opt out** *vi* nicht mitmachen; *(withdraw)* aussteigen *fam;* ■**to ~ out of sth** bei etw *dat* nicht länger mitmachen, aus etw *dat* aussteigen

op·ta·tive [ˈɒptətɪv, AM ˈɑːptət̬ɪv] *adj inv* LING optativ *fachspr;* **~ mood** Optativ *m fachspr*

op·tic [ˈɒptɪk, AM ˈɑːp-] **I.** *n* PHOT optisches Teil *(in einem Gerät)*

II. *adj attr, inv* Seh-; **~ surgery** Augenoperation *f*

op·ti·cal [ˈɒptɪkᵊl, AM ˈɑːp-] *adj inv* optisch; **~ storage medium** optisches Speichermedium; **~ angle** PHYS Blickwinkel *m;* **~ antipode** CHEM Antipode *f,* Enantiomer *nt*

op·ti·cal 'bar read·er *n* [optischer] Strichcodeleser, Balkencodeleser *m* **op·ti·cal 'char·ac·ter read·er** *n,* **OCR** *n* COMPUT optischer Leser **op·ti·cal char·ac·ter rec·og·'ni·tion** *n,* **OCR** *n* COMPUT optische Zeichenerkennung **op·ti·cal 'fi·bre,** AM **op·ti·cal 'fi·ber** *n* Glasfaser *f,* Lichtleitfaser *f* **op·ti·cal 'glass** *n no pl* optisches Glas **op·ti·cal il·'lu·sion** *n* optische Täuschung

op·ti·cal·ly [ˈɒptɪkᵊli, AM ˈɑːp-] *adv inv* optisch

op·ti·cal 'micro·scope *n* Lichtmikroskop *nt*

op·ti·cian [ɒpˈtɪʃᵊn, AM ɑːp-] *n* Optiker(in) *m(f)*

op·tic 'nerve *n* Sehnerv *m*

op·tics [ˈɒptɪks, AM ˈɑːp-] *n + sing vb* Optik *f kein pl*

op·ti·mal [ˈɒptɪmᵊl, AM ˈɑːp-] *adj inv* optimal

op·ti·mism [ˈɒptɪmɪzᵊm, AM ˈɑːptə-] *n no pl* Optimismus *m;* **to have grounds** [*or* **cause**] **for ~** Grund [*o* Anlass] haben, optimistisch zu sein; **market ~** STOCKEX Börsenoptimismus *m;* **a note of ~** eine Spur Optimismus

op·ti·mist [ˈɒptɪmɪst, AM ˈɑːptə-] *n* Optimist(in) *m(f);* **to be a born** [*or* **natural**] **~** von Natur aus optimistisch sein

op·ti·mis·tic [ˈɒptɪmɪstɪk, AM ˈɑːptə-] *adj* optimistisch; ***she is ~ about her chances of winning a gold medal*** sie ist optimistisch, was ihre Chancen auf eine Goldmedaille betrifft; ***he takes an ~ view of the exchange rate*** er ist hinsichtlich des Wechselkurses zuversichtlich

op·ti·mis·ti·cal·ly [ˈɒptɪmɪstɪkᵊli, AM ˈɑːptə-] *adv* optimistisch

op·ti·mis·tic sce·'nario *n* Bestfall-Szenario *nt*

op·ti·mi·za·tion [ˌɒptɪmaɪˈzeɪʃᵊn, AM ˌɑːptəmɪˈ-] *n no pl* Optimierung *f*

op·ti·mize [ˈɒptɪmaɪz, AM ˈɑːptə-] *vt* ■**to ~ sth** etw optimieren

op·ti·mum [ˈɒptɪməm, AM ˈɑːptə-] **I.** *n* <*pl* -tima *or* -s> Optimum *nt;* ■**at an ~** in optimalem Zustand; ***when conditions are at an ~, the plant life will thrive*** wenn optimale Bedingungen herrschen, kann das pflanzliche Leben bestens gedeihen

II. *adj inv* optimal, bestmöglich; **under ~ conditions** unter optimalen Bedingungen; **~ weather** ideales Wetter

op·tion [ˈɒpʃᵊn, AM ˈɑːp-] *n* ① *(choice)* Wahl *f; (possibility)* Möglichkeit *f;* ***I had no money so I had no ~ but to work*** ich hatte kein Geld, also blieb mir nichts anderes übrig als zu arbeiten; **to keep** [*or* **leave**] **one's ~s open** sich *dat* alle Möglichkeiten offenhalten, sich *akk* noch nicht festlegen; **to not be an ~** nicht in Betracht [*o* Frage] kommen

② *(freedom to choose)* Wahlmöglichkeit *f,* Option *f*

③ *(right to buy or sell)* Option *f,* Optionsrecht *nt;* **a 90-day ~** ein auf 90 Tage befristetes Vorkaufsrecht; **to take up one's ~** sein Optionsrecht wahrnehmen

④ *usu pl* STOCKEX Option *f,* Optionsgeschäft *nt,* [Aktien]bezugsrecht *nt;* **call ~** Kaufoption *f;* **~ buyer** Optionskäufer(in) *m(f);* **~ contract** Optionsvertrag *m;* **~ dealing** [*or* **trading**] Optionsgeschäft *nt,* Optionshandel *m;* **~ holder** Optionsinhaber(in) *m(f),* Optionskäufer(in) *m(f);* **~ right** Optionsrecht *nt;* **double ~** Stellage *f;* **naked ~** ungedeckte Option; **put ~** Verkaufsoption *f;* **share ~** Aktienoption *f;* **stock ~** Anrecht auf Belegschaftsaktien; **traded ~s** börsengehandelte Optionen; **writer of an ~** Verkäufer einer Option

op·tion·al [ˈɒpʃᵊnᵊl, AM ˈɑːp-] *adj inv* optional *geh,* fakultativ *geh,* wahlfrei BRD; ***the amount of your donation is ~*** es steht Ihnen frei, wie viel Sie spenden; ***the insurance cover is ~*** Sie müssen sich nicht versichern; **~ subject** SCH, UNIV Wahlfach *nt*

'op·tion con·tract *n* ECON Optionsvertrag *m,* Optionskontrakt *m* **'op·tion deal·ing** *n* ECON Optionsgeschäfte *pl,* Optionshandel *m,* Prämiengeschäft *nt* **'op·tion mon·ey** *n* STOCKEX Optionspreis *m* **'op·tion trad·ing** *n see* **option dealing**

op·to·elec·tron·ics [ˌɒptəʊelekˈtrɒnɪks, AM ˌɑːptoʊɪlekˈtrɑːnɪks] *n + sing vb* Optoelektronik *f fachspr*

op·tome·trist [ɒpˈtɒmətrɪst, AM ɑːpˈtɑːmə-] *n esp* AM, AUS ≈ Optiker(in) *m(f)*

op·tome·try [ɒpˈtɒmətri, AM ɑːpˈtɑːmə-] *n no pl* Optometrie *f fachspr*

op·to·phone [ˈɒptə(ʊ)fəʊn, AM ˈɑːptəfoʊn] *n* Lichtsprechgerät *nt*

'opt-out I. *n* ① BRIT *Austritt aus der Kontrolle der Kommunalverwaltung;* ***the hospital organized an ~ from city funding control*** das Krankenhaus hat sich einer städtischen Kontrolle seiner Geldmittel entzogen

② *(withdrawal)* Rücktritt *m*

II. *adj* **~ clause** Rücktrittsklausel *f;* **~ settlement** LAW Ausstiegsregelung *f*

opu·lence [ˈɒpjələn(t)s, AM ˈɑːp-] *n no pl* ① *(wealth)* Reichtum *m,* Wohlstand *m*

② *(abundance)* Überfluss *m*

opu·lent [ˈɒpjələnt, AM ˈɑːp-] *adj* ① *(affluent)* wohlhabend, reich; **~ lifestyle** aufwändiger Lebensstil

② *(luxurious)* feudal, luxuriös

③ *(abundant)* üppig, [über]reichlich

opu·lent·ly [ˈɒpjələntli, AM ˈɑːp-] *adv* ① *(luxuriously)* luxuriös, feudal

② *(abundantly)* reichlich

opus <*pl* -es *or* opera> [ˈəʊpəs, *pl* ˈɒpᵊrə, AM ˈoʊpəs, *pl* ˈoʊpɚə] *n* ① *(piece of music)* Opus *nt*

② *(piece of art)* Werk *nt*

or [ɔːʳ, AM ɔːr] *conj* ① *(as a choice)* oder; ■**either ... ~ ...** entweder...[,] oder

② *(otherwise)* sonst; **~ else** sonst, ander[e]nfalls, SCHWEIZ *a.* ansonst

③ *(and also not)* ■**not ... ~ ...** weder ... noch ...; ***he can't sing ~ dance*** er kann weder singen noch tanzen; ***the child never smiles or laughs*** nie lächelt oder lacht das Kind

④ *(also called)* oder auch, beziehungsweise

⑤ *(being non-specific or unsure)* ***the keys must belong to someone ~ other*** die Schlüssel müssen irgendjemandem gehören; ■**~ so** oder so; ***he got three hundred pounds ~ so*** er hat dreihundert Pfund oder so bekommen; ***meet me at 10:00 ~ so at the cafe*** treffen wir uns so gegen zehn im Café *fam;* ***Tom's resigned, or so I've heard*** Tom ist zurückgetreten, so habe ich jedenfalls gehört

▶PHRASES: **~ else** ***mom's been calling you — you'd better go home ~ else!*** Mama hat nach dir gerufen – besser, du gehst nach Hause, sonst ...! *fam;* **~ what** *(fam sl)* ***are you finally going to come, ~ what!*** also kommst du jetzt, oder was? *sl*

OR[1] [ˌəʊˈɑː, AM ˌoʊˈɑːr] *n no pl* ECON *abbrev of* **operational research** Unternehmensforschung *f,* Operational-Research *nt*

OR[2] [ˌoʊˈɑːr] *n* AM *abbrev of* **operating room** Operationsraum *m,* Operationssaal *m*

OR[3] *n no pl abbrev of* **Oregon**

ora·cle [ˈɒrəkl, AM ˈɔːrə-] *n* ① *(place)* Orakel *nt;* **the O~ of Delphi** das Orakel zu [*o* von] Delphi; **to consult the ~** das Orakel befragen

② *(person)* Seher(in) *m(f)*

③ *(response)* Orakel *nt,* Orakelspruch *m*

④ *(fig: adviser)* Autorität *f;* ***whenever I want to plant roses, I consult Bob, who is the garden ~*** wann immer ich Rosen pflanzen will, frage ich Bob, er weiß einfach alles übers Gärtnern

oracu·lar [ɒrˈækjələʳ, AM ɔːˈrækjuːlɚ] *adj* ① *(mysterious)* orakelhaft, rätselhaft

② *inv (of an oracle)* Orakel-; ***the ~ advice was closely followed*** der Rat des Orakels wurde genau befolgt

oral [ˈɔːrəl] **I.** *adj inv* ① *(spoken)* mündlich; **to make an ~ agreement** eine mündliche Absprache treffen; **~ exam/statement** mündliche Prüfung/Aussage; **to do an ~ presentation about sth** ein Referat [*o* einen Vortrag] über etw *akk* halten; **~ skills** sprachliche Ausdrucksfähigkeit; ***he can write well, but how are his ~ skills?*** schreiben kann er gut, aber kann er sich auch mündlich ausdrücken?

② MED oral; **~ contraceptive** orales Verhütungsmittel; **~ hygiene** Mundhygiene *f;* **~ medication** Medizin *f* zum Einnehmen; **~ thermometer** Fieberthermometer *nt*

③ PSYCH oral; **~ stage** orale Phase *fachspr*

II. *n* mündliche [Einzel]prüfung; ■**~s** *pl* mündliches Examen; ■**the ~s** das Mündliche *fam*

oral 'his·to·ry *n no pl* mündlich überlieferte Geschichte

oral·ly ['ɔːrəli] *adv inv* ❶ *(spoken)* mündlich ❷ *(with mouth)* oral; **to take a medicine ~** ein Medikament oral einnehmen; **to be ~ fixated** PSYCH oral fixiert sein *fachspr; (sex)* ***I heard he's ~ fixated*** ich hab gehört, er macht's besonders gern mit dem Mund *sl*

oral 'sex *n no pl* Oralverkehr *m* **oral so·'ci·ety** *n* Gemeinschaft *f* ohne Schriftsprache **oral tra·'di·tion** *n* mündliche Tradition

or·ange ['ɒrɪndʒ, AM 'ɔːr-] **I.** *n* ❶ *(fruit)* Orange *f,* Apfelsine *f* BRD ❷ *(colour)* Orange *nt*
II. *n modifier (blossom, drink, ice, tree, section)* Orangen-, Apfelsinen- BRD; **~ grove** Orangenhain *m*
III. *adj* orange[farben], orangefarbig

or·ange·ade [ˌɒrɪndʒ'eɪd, AM ˌɔːr-] *n* BRIT Orangeade *f,* Orangenlimonade *f*

'or·ange juice *n no pl* Orangensaft *m*

Or·ange·man ['ɒrɪndʒmən, AM 'ɔːrɪndʒ] *n* Mitglied *nt* des Oranierordens

or·ange·ness [ˌɒrɪndʒnəs, AM 'ɔːr-] *n no pl* [intensiver] Orangeton

'or·ange peel *n* Apfelsinenschale *f* BRD, Orangenschale *f*

or·ang·ery <*pl* -ries> ['ɒrɪndʒəri, AM 'ɔːrɪndʒri] *n* Orangerie *f*

or·ange 'soda *n* Orangeade *f* BRD **or·ange 'squash** *n* BRIT Orangensaftkonzentrat *nt*

or·angey ['ɒrɪndʒi, AM 'ɔːr-] *adj* orange

orang-utan, orang-outang [ɔː'ræŋuːtæn, AM ɔː'ræŋə-] *n* Orang-Utan *m*

orate [ɔː'reɪt, AM *also* 'ɔːreɪt] *vi (esp pej)* eine Rede halten, große Reden schwingen *pej*

ora·tion [ər'eɪʃən, AM ɔː-] *n (speech)* [feierliche] Rede; *(address)* [förmliche] Ansprache; **funeral ~** Grabrede *f*

ora·tor ['ɒrətəʳ, AM 'ɔːrət̬ɚ] *n* Redner(in) *m(f),* Orator(in) *m(f) selten geh*

ora·tori·cal [ˌɒrə'tɒrɪkəl, AM ˌɔːrə'tɔːr-] *adj inv* rednerisch, oratorisch *geh;* **~ skills** rhetorische Fähigkeiten

ora·to·rio [ˌɒrə'tɔːriəʊ, AM ˌɔːrə'tɔːrioʊ] *n* MUS Oratorium *nt*

ora·tory¹ ['ɒrətəri, AM 'ɔːrətɔːri] *n no pl (speaking)* Redekunst *f,* Rhetorik *f geh*

ora·tory² ['ɒrətəri, AM 'ɔːrətɔːri] *n (chapel)* Kapelle *f,* Oratorium *nt*

orb [ɔːb, AM ɔːrb] *n* ❶ *(hist: of a king)* Reichsapfel *m hist* ❷ *(spherical body)* kugelförmiger Körper ❸ ASTRON *(poet)* Gestirn *nt poet,* Himmelskörper *m;* **~ of the sun** Sonnenball *m poet,* Sonnengestirn *nt poet* ❹ *usu pl (liter: eye)* Augapfel *m;* **~s of blue** blaue Augensterne *poet*

or·bicu·lar [ɔː'bɪkjələʳ, AM ɔːr'bɪkjuːlɚ] *adj* kreisförmig, scheibenförmig

or·bit ['ɔːbɪt, AM 'ɔːr-] **I.** *n* ❶ *(constant course)* Umlaufbahn *f,* Kreisbahn *f,* Orbit *m fachspr;* ***the spacecraft went into ~ around the Earth*** das Raumfahrzeug trat in die Erdumlaufbahn ein; **electron ~** Elektronen[kreis]bahn *f;* **planetary ~** Planetenbahn *f* ❷ *(trip around)* Umkreisung *f* ❸ *(fig: influence)* Wirkungskreis *m,* [Einfluss]bereich *m;* ***taxation falls within the ~ of a different department*** Besteuerung fällt in den Zuständigkeitsbereich einer anderen Abteilung ❹ *(eye socket)* Augenhöhle *f*
▸PHRASES: **to go into ~** *(increase)* in den Himmel schießen *fam; (become angry)* [vor Wut] an die Decke gehen *fam*
II. *vi* kreisen
III. *vt* ❶ *(circle around)* **to ~ the Earth/Mars/the Sun** die Erde/den Mars/die Sonne umkreisen ❷ *(put into orbit)* **to ~ a rocket/satellite** eine Rakete/einen Satelliten in die Umlaufbahn bringen

or·bit·al ['ɔːbɪtəl, AM 'ɔːrbɪt̬əl] **I.** *n* NUCL Bahn-, Orbital *nt o m fachspr*
II. *adj inv* orbital; **~ angular momentum** Bahndrehimpuls *m;* **~ electron** Bahnelektron *nt;* **~ path** [*or* **way**] Ringstraße *f*

or·bit·er ['ɔːbɪtəʳ, AM 'ɔːrbɪt̬ɚ] *n* kreisender Flugkörper, Orbiter *m fachspr*

orca ['ɔːkə, AM 'ɔːrkə] *n* Schwertwal *m*

Or·cad·ian [ɔː'keɪdiən, AM ɔːr'-] **I.** *n* Bewohner(in) *m(f)* der Orkneyinseln
II. *adj inv* Orkney-; **~ girl** Mädchen *nt* von den Orkneyinseln

orch *n abbrev of* **orchestra**

or·chard ['ɔːtʃəd, AM 'ɔːrtʃɚd] *n* Obstgarten *m;* **apple ~** [Obst]garten *m* mit Apfelbäumen; **cherry ~** Kirschgarten *m*

or·ches·tra ['ɔːkɪstrə, AM 'ɔːr-] *n* ❶ + *sing/pl vb (musicians)* Orchester *nt;* **school ~** Schulorchester *nt* ❷ *(orchestra pit)* Orchestergraben *m*

or·ches·tral [ɔː'kestrəl, AM ɔːr'-] *adj inv* Orchester-, orchestral

'or·ches·tra pit *n* Orchestergraben *m* **or·ches·tra 'stalls** *npl* BRIT Parkett *nt*

or·ches·trate ['ɔːkɪstreɪt, AM 'ɔːr-] *vt* ■**to ~ sth** ❶ *(arrange for orchestra)* etw orchestrieren; **to ~ music** ein Musikstück instrumentieren [*o* für Orchesterbesetzung umarbeiten] ❷ *(arrange)* etw organisieren [*o geh* ins Werk setzen]

or·ches·tra·tion [ˌɔːkɪ'streɪʃən, AM ˌɔːr-] *n* ❶ *(of music)* Orchestrierung *f,* Orchestration *f* ❷ *(of an event)* Organisation *f*

or·chid ['ɔːkɪd, AM 'ɔːr-] *n* Orchidee *f;* **wild ~s** wilde Orchideen

or·cin ['ɔːsɪn, AM 'ɔːr-] *n* CHEM Orcin *nt fachspr*

or·dain [ɔː'deɪn, AM ɔːr-] *vt* ❶ *(to the ministry)* ■**to ~ sb** jdn ordinieren; **to ~ a minister/priest** einem Geistlichen/Priester die Weihen erteilen; **to ~ sb as a priest** jdn zum Priester weihen ❷ *(decree)* ■**to ~ that ...** bestimmen [*o* verfügen], dass ...; ***it was ~ed that he go to China to be a missionary*** es wurde angeordnet, dass er als Missionar nach China gehen solle; **~ed of God** gottgewollt

or·deal [ɔː'diːl, AM ɔːr-] *n* ❶ *(hist)* Gottesurteil *nt hist* ❷ *(fig: painful decision)* Feuerprobe *f,* Zerreißprobe *f* ❸ *(torture)* Qual *f,* Martyrium *nt*

or·der ['ɔːdəʳ, AM 'ɔːrdɚ]

I. NOUN	II. INTRANSITIVE VERB
III. TRANSITIVE VERB	

I. NOUN

❶ *no pl (being tidy, organized)* Ordnung *f;* **to bring some ~ into a system/one's life** etwas Ordnung in ein System/sein Leben bringen; **in ~** in Ordnung; **to leave sth in ~** etw in [einem] ordentlichem Zustand hinterlassen; **to put sth in ~** etw ordnen [*o* in Ordnung bringen]; **to put one's affairs in ~** seine Angelegenheiten ordnen [*o* in Ordnung bringen]

❷ *no pl (sequence)* Reihenfolge *f;* ***the children lined up in ~ of age*** die Kinder stellten sich dem Alter nach auf; **in ~ of preference** in der bevorzugten Reihenfolge; **in alphabetical/chronological/reverse ~** in alphabetischer/chronologischer/umgekehrter Reihenfolge; **to sort sth in ~ of date/importance/price** etw nach Datum/Wichtigkeit/Preis sortieren; **to be out of ~** durcheinandergeraten sein; **running ~** BRIT Programm *nt,* Programmablauf *m;* **word ~** Wortstellung *f*

❸ *(command)* Befehl *m,* Anordnung *f;* LAW Verfügung *f;* COMPUT Anweisung *f,* Befehl *m;* **~s are ~s** Befehl ist Befehl; **they are under ~s to maintain silence** sie sind gehalten, Schweigen zu bewahren *geh;* **court ~** richterliche Verfügung, Gerichtsbeschluss *m;* **doctor's ~s** ärztliche Anweisung; ***by ~ of the police*** auf polizeiliche Anordnung hin; **to give/receive an ~** eine Anweisung [*o* einen Befehl] erteilen/erhalten; **to take ~s from sb** von jdm Anweisungen entgegennehmen; ***I won't take ~ from you!*** du hast mir gar nichts zu befehlen!; ***if you don't learn to take ~s, you're going to have a hard time*** wenn du nicht lernst, dir etwas sagen zu lassen, wirst du es schwer haben

❹ *(in a restaurant)* Bestellung *f; (portion)* Portion *f;* ***your ~ will be ready in a minute, sir*** Ihre Bestellung kommt gleich!; ***we'll take three ~s of chicken nuggets*** wir nehmen drei Mal die Chickennuggets; ***to take an ~*** eine Bestellung entgegennehmen

❺ COMM *(request)* Bestellung *f; (to make sth also)* Auftrag *m;* **to be on ~** bestellt sein; **done** [*or* **made**] **to ~** auf Bestellung [*o* nach Auftrag] [an]gefertigt; **to put in an ~** eine Bestellung aufgeben; *(to make sth also)* einen Auftrag erteilen; **to take an ~** eine Bestellung aufnehmen; *(to make sth also)* einen Auftrag aufnehmen

❻ FIN Zahlungsanweisung *f,* Order *m fachspr;* ***pay to the ~ of Mr Smith*** zahlbar an Herrn Smith; **banker's** [*or* **standing**] **~** Dauerauftrag *m;* **money ~** Postanweisung *f*

❼ STOCKEX Order *m;* **market ~** Bestensauftrag *m fachspr;* **stop-loss ~** Stop-Loss-Auftrag *m fachspr;* **good-till-canceled ~** AM Auftrag *m* bis auf Widerruf; **fill or kill ~** Sofortauftrag *m*

❽ *no pl (observance of rules, correct behaviour)* Ordnung *f; (discipline)* Disziplin *f;* **~!** [**~!**] ***please quieten down!*** Ruhe bitte! seien Sie bitte leise!; **to be in ~** in Ordnung sein; ***is it in ~ for me to park my car here?*** ist es in Ordnung, wenn ich mein Auto hier parke?; **to be out of ~** BRIT *(fam) person* sich *akk* danebenbenehmen *fam; behaviour* aus dem Rahmen fallen, nicht in Ordnung sein; ***your behaviour was well out of ~*** dein Verhalten fiel ziemlich aus dem Rahmen [*o* war absolut nicht in Ordnung]; ***you were definitely out of ~*** du hast dich völlig danebenbenommen *fam;* **to keep [a class in] ~** [in einer Klasse] Ordnung wahren; *(maintain discipline)* die Disziplin [in einer Klasse] aufrechterhalten; **to restore ~** die Ordnung wiederherstellen

❾ *no pl* POL, ADMIN *(prescribed procedure)* Verfahrensweise *f; (in the House of Commons)* Geschäftsordnung *f;* **~ of the day** Tagesordnung *f,* Traktandenliste *f* SCHWEIZ; **to bring a meeting to ~** eine Sitzung zur Rückkehr zur Tagesordnung aufrufen; **to raise a point of ~** eine Anfrage zur Geschäftsordnung haben; **rules of ~** Verfahrensregeln *pl;* **~ of service** Gottesdienstordnung *f;* **to call to ~** das Zeichen zum Beginn geben; **to call a meeting to ~** *(ask to behave)* eine Versammlung zur Ordnung rufen; *(open officially)* einen Sitzung eröffnen

❿ *no pl (condition)* Zustand *f;* **to be in good ~** sich in gutem Zustand befinden, in einem guten Zustand sein; *(work well)* in Ordnung sein, gut funktionieren; **to be in working** [*or* **running**] **~** *(ready for use)* funktionsbereit [*o* betriebsbereit] sein; *(functioning)* funktionieren; **to be out of ~** *(not ready for use)* nicht betriebsbereit sein; *(not working)* nicht funktionieren, kaputt sein *fam;* ***"out of ~"*** „außer Betrieb"

⓫ *no pl (intention)* ■**in ~ to do sth** um etw zu tun; ***he came home early in ~ to see the children*** er kam früh nach Hause, um die Kinder zu sehen; ■**in ~ for ...** damit ...; ***in ~ for us to do our work properly, you have to supply us with the parts*** wenn korrekt arbeiten sollen, müssen Sie uns die Teile liefern; ■**in ~ that ...** damit ...; ***in ~ that you get into college, you have to study hard*** um aufs College gehen zu können, musst du viel lernen

⓬ *(type)* Art *f; (dimension)* **~** [**of magnitude**] Größenordnung *f;* **of a completely different ~** *(type)* völlig anderer Art; *(dimension)* in einer völlig anderen Größenordnung; **of the highest ~** *(quantity)* hochgradig; *(quality)* von höchster Qualität; **of** [*or* **in**] **the ~ of sth** in der Größenordnung einer S. *gen;* ***this project will cost in the ~ of £5000*** das Projekt wird ungefähr 500 Pfund kosten

⓭ *(system, constitution)* Ordnung *f;* **a new world ~** eine neue Weltordnung

⓮ *usu pl* BRIT *(social class)* Schicht *f; (social rank)* [gesellschaftlicher] Rang; **the higher/lower ~s** die oberen/unteren Bevölkerungsschichten

⓯ BIOL *(category)* Ordnung *f*

⑯ REL *(society)* [geistlicher] Orden; **Jesuit O~** Jesuitenorden *m*
⑰ *(elite)* Orden *m;* **O~ of the Garters** Hosenbandorden *m;* **O~ of Merit** Verdienstorden *m;* **Masonic O~** Freimaurerloge *f*
⑱ ARCHIT Säulenordnung *f;* **Doric/Ionic ~** dorische/ionische Säulenordnung
⑲ MATH Ordnung *f;* **equations of the second ~** Ableitungen erster Ordnung *pl*
⑳ REL *(priesthood)* ■ **~s** *pl* Weihe *f;* **to take the ~s** die Weihe empfangen
▸PHRASES: **to be the ~ of the day** an der Tagesordnung sein

II. INTRANSITIVE VERB

bestellen; ***are you ready to ~ ?*** möchten Sie schon bestellen?

III. TRANSITIVE VERB

① *(decide, decree)* ■ **to ~ sth** etw anordnen [*o* befehlen]; ***police ~ed the disco closed*** die Polizei ordnete die Schließung der Diskothek an
② *(command)* ■ **to ~ sb to do sth** jdm befehlen [*o* jdn anweisen] etw zu tun; ***the doctor ~ ed him to stay in bed*** der Arzt verordnete ihm Bettruhe; ■ **to ~ sb out** jdn zum Verlassen auffordern, jdn hinausbeordern
③ *(in a restaurant)* ■ **to ~ sth** etw bestellen
④ COMM *(request)* ■ **to ~ sth** etw bestellen; *(to be made also)* etw in Auftrag geben
⑤ *(arrange)* ■ **to ~ sth** etw ordnen; **to ~ one's thoughts** seine Gedanken ordnen
◆ **order about, order around** *vt* ■ **to ~ sb about** [*or* **around**] jdn herumkommandieren *fam*
◆ **order in** *vt* ■ **to ~ in** ↻ **sth** *goods, meal, supplies* etw bestellen [*o* kommen lassen]

'or·der ac·tiv·ity *n* COMM Ordertätigkeit *f* **'or·der book** *n* Auftragsbuch *nt,* Orderbuch *nt;* POL *(in House of Commons)* Liste *f* der Anträge und Fragen **'or·der cheque** *n* FIN Orderscheck *m,* Ordercheck *m* SCHWEIZ **'or·der date** *n* Auftragsdatum *nt*
or·dered [ˈɔːdəd, AM ˈɔːrdɚd] *adj* ordentlich, geordnet; **well-~ room** aufgeräumtes Zimmer
or·dered 'pair *n* MATH geordnetes Paar
'or·der form *n* Auftragsformular *nt,* Bestellformular *nt;* **to fill out an ~** ein Auftragsformular [*o* Bestellformular] ausfüllen
or·der·li·ness [ˈɔːdəlɪnəs, AM ˈɔːrdɚ-] *n no pl* Ordnung *f,* geregelte [*o* geordnete] Verhältnisse *pl*
or·der·ly [ˈɔːdəli, AM ˈɔːrdɚli] **I.** *n* ① *(hospital attendant)* ≈ [Kranken]pfleger(in) *m(f); (unskilled)* Hilfskraft *f (in Betreuungseinrichtungen)*
② MIL *(carrier of orders)* Ordonnanz *f geh; (medical sergeant)* Sanitätsunteroffizier *m; (officer's servant)* [Offiziers]bursche *m veraltet*
II. *adj* ① *(methodical)* geordnet; *(tidy)* ordentlich; *room* aufgeräumt
② *(well-behaved)* gesittet; *demonstration* friedlich; ***in case of fire, proceed out of the building in an ~ fashion*** im Brandfalle das Gebäude geordnet und zügig verlassen!; **to live an ~ life** ein geregeltes Leben führen
'or·der num·ber *n* Auftragsnummer *f*
'or·der pa·per *n* ① BRIT POL [schriftliche] Tagesordnung, Sitzungsprogramm *nt*
② *(in banking)* Orderpapier *nt*
'or·der pick·ing *n no pl* Auftragszusammenstellung *f,* SCHWEIZ, ÖSTERR *meist* Kommissionieren *nt fachspr* **'or·der process·ing** *n no pl* COMM Auftragsbearbeitung *f,* Auftragsabwicklung *f;* FIN Orderdurchführung *f* BRD, Orderabwicklung *f* **'or·der rout·ing** *n no pl* COMM, INET Order-Routing *nt*
or·ders [ˈɔːdəz, AM ˈɔːrdɚz] *npl* ① LAW Rechtsverordnungen *pl*
② REL Weihen *pl;* **holy ~** heilige Weihen; **to be in** [**holy**] **~** dem geistlichen Stand angehören; **to take** [**holy**] **~** in den geistlichen Stand eintreten, die Weihen empfangen
'or·der situa·tion *n* Auftragslage *f* **'or·der sta·tus** *n* Auftragsstatus *m*

or·di·nal [ˈɔːdɪnəl, AM ˈɔːrdən] **I.** *adj* Ordinal-, Ordnungs-
II. *n* Ordinalzahl *f,* Ordnungszahl *f,* Ordinale *f fachspr*
or·di·nal 'num·ber *n* Ordinalzahl *f*
or·di·nance [ˈɔːdɪnən(t)s, AM ˈɔːrdən-] *n* ① *(law)* Verordnung *f,* Erlass *m;* **city** [*or* **town**] **~** städtische Verordnung; **local** [*or* **municipal**] **~** Gemeindeverordnung *f,* Gemeindesatzung *f*
② *(rite)* Ritus *m*
or·di·nand [ˈɔːdɪnænd, AM ˈɔːrdən] *n* REL Ordinandus *m*
or·di·nari·ly [ˈɔːdənərəli, AM ˈɔːrdənerə-] *adv inv* gewöhnlich, normalerweise
or·di·nari·ness [ˈɔːdənərɪnəs, AM ˌɔːrdəˈner-] *n no pl* Durchschnittlichkeit *f,* Normalität *f*
or·di·nary [ˈɔːdənəri, AM ˈɔːrdəneri] **I.** *adj* gewöhnlich, normal; ***her last concert appearance was no ~ performance*** ihr letzter Konzertauftritt war eine außergewöhnliche Vorstellung; **~ interest** AM gewöhnliche Zinsen; **~ people** [ganz] normale Menschen; **in the ~ way** wie gewöhnlich, auf die übliche Art und Weise
II. *n* ① *no pl (normal state)* ■ **the ~** das Übliche [*o* Normale]; **out of the ~** außergewöhnlich, ungewöhnlich; **nothing out of the ~** nichts Ungewöhnliches [*o* Außergewöhnliches]
② BRIT *(judge)* ordentlicher Richter/ordentliche Richterin
③ *(archbishop, bishop)* Ordinarius *m*
④ REL ■ **O~** *(in Catholic mass)* Messordnung *f,* Gottesdienstordnung *f; (book)* Ordinarium *nt fachspr*
⑤ AM *(hist: penny-farthing)* Hochrad *nt*
'or·di·nary lev·el *n* BRIT ≈ mittlere Reife, ≈ Mittelschulabschluss SCHWEIZ, ÖSTERR **or·di·nary 'sea·man** *n* BRIT Leichtmatrose *m* **or·di·nary 'share** *n* Stammaktie *f;* **deferred ~** Nachzugsaktie *f* **or·di·nary share 'capi·tal** *n* STOCKEX Grundkapital *nt* **or·di·nary 'share·hold·er** *n* STOCKEX Stammaktionär(in) *m(f)* **Or·di·nary Share 'In·dex** *n* STOCKEX Aktienindex *m* **or·di·nary 'stock** *n* BRIT Stammaktie *f*
or·di·nate [ˈɔːdənət, AM ˈɔːrdənɪt] *n* MATH Ordinate *f fachspr*
or·di·na·tion [ˌɔːdɪˈneɪʃən, AM ˌɔːrdəˈ-] *n* REL ① *no pl (action)* Ordination *f,* Ordinierung *f;* **the ~ of women** die Einsetzung von Frauen in ein kirchliches Amt
② *(ceremony)* [feierliche] Priesterweihe
ord·nance [ˈɔːdnən(t)s, AM ˈɔːrd-] *n no pl* MIL Artillerie *f,* Geschütze *pl*
Ord·nance 'Sur·vey *n,* **OS** *n* BRIT amtliche Landvermessung **Ord·nance 'Sur·vey map** *n* BRIT amtliche topographische Karte
or·don·nance [ˈɔːdənən(t)s, AM ˈɔːrd-] *n* Ordnung *f,* Anordnung *f*
or·dure [ˈɔːdjʊəʳ, AM ˈɔːrdʒɚ] *n no pl* Kot *m,* Mist *m; (fig)* Schund *m*
ore [ɔːʳ, AM ɔːr] *n* Erz *nt;* **copper/iron ~** Kupfer-/Eisenerz *nt*
Ore. AM *abbrev of* **Oregon**
orega·no [ˌɒrɪˈɡɑːnəʊ, AM ɔːˈreɡənoʊ] *n no pl* Oregano *nt*
Or·ego·nian [ˌɒrɪˈɡəʊniən, AM ˌɑːrɪˈɡoʊ-] **I.** *n* Bewohner(in) *m(f)* Oregons
II. *adj* aus Oregon *nach n*
Or·egon pine [ˈɒrɪɡən, -ə-, -ɡɒn, AM ˈɔːrɪɡən, -ɡɑːn] *n* BOT Douglasfichte *f*
or·gan [ˈɔːɡən, AM ˈɔːr-] **I.** *n* ① MUS Orgel *f;* **church ~** Kirchenorgel *f;* **pipe ~** Orgel *f;* **electronic ~** elektronische Orgel
② ANAT Organ *nt;* **external/internal ~** äußeres/inneres Organ; **the male ~** das männliche Glied; **reproductive ~s** Fortpflanzungsorgane *pl;* **to reject an ~** ein Organ abstoßen
③ *(euph: penis)* [männliches] Glied
④ *(fig: mouthpiece)* Organ *nt;* ***this newspaper is the ~ of the conservative party*** dieses Blatt ist das Sprachrohr der konservativen Partei
II. *n modifier (bench, music, piece, solo, player)* Orgel-; **~ recital** Orgelkonzert *nt*

or·gan·die [ˈɔːɡəndi, AM ˈɔːrɡən] *n* FASHION Organdy *m*
'or·gan do·nor *n* Organspender(in) *m(f)*
or·gan·dy <*pl* -dies> [ˈɔːɡəndi, AM ˈɔːrɡən] *n* AM *see* **organdie**
'or·gan fail·ure *n no pl* Organversagen *nt*
'or·gan grind·er *n* Drehorgelspieler(in) *m(f),* Leierkastenmann, -frau *m, f*
or·gan·ic [ɔːˈɡænɪk, AM ɔːr-] *adj inv* ① *(of bodily organs)* organisch
② *(living)* organisch; **~ compound** organische Verbindung; **~ matter** organisches Material
③ AGR **~ fruits** Obst *nt* aus biologischem Anbau, Biofrüchte *pl;* **~ farming methods** biodynamische Anbaumethoden
④ *(fundamental)* elementar, substanziell
⑤ *(systematic)* organisch; **an ~ whole** ein in sich geschlossenes Ganzes
or·gani·cal·ly [ɔːˈɡænɪkəli, AM ɔːr-] *adv inv* organisch; AGR biologisch, biodynamisch; **~ grown** biologisch angebaut
or·gan·ic 'chem·is·try *n no pl* organische Chemie
or·gan·ism [ˈɔːɡənɪzəm, AM ˈɔːr-] *n* Organismus *m*
or·gan·ist [ˈɔːɡənɪst, AM ˈɔːr-] *n* Organist(in) *m(f)*
or·gani·za·tion [ˌɔːɡənaɪˈzeɪʃən, AM ˌɔːrɡənɪˈ-] *n* ① *no pl (action)* Organisation *f; of time* Einteilung *f;* **~ chart** Diagramm *nt* der Unternehmensstruktur
② + *sing/pl vb (association)* Organisation *f,* Verband *m,* Vereinigung *f;* **aid ~** Hilfsorganisation *f;* **non-profit ~** nicht gewinnorientierter [*o* gemeinnütziger] Verein
③ + *sing/pl vb (company)* Organisation *f*
④ *no pl (tidiness)* Aufgeräumtheit *f,* Ordentlichkeit *f*
⑤ *no pl (composition)* Anordnung *f; of a painting* Aufbau *m; of a room* Aufteilung *f*
or·gani·za·tion·al [ˌɔːɡənaɪˈzeɪʃənəl, AM ˌɔːrɡənɪˈ-] *adj inv* organisatorisch, Organisations-; **~ skills** organisatorische Fähigkeiten; **~ talent** Organisationstalent *nt*
or·gani·za·tion·al 'chart *n* ADMIN Organigramm *nt*
or·gani·za·tion·al psy·'chol·ogy *n no pl* Betriebspsychologie *f*
or·gani·'za·tion chart *n* ECON Organisationsplan *m,* Organogramm *nt fachspr* **Or·gani·za·tion of Af·ri·can 'Unity** *n,* **OAU** *n no pl* die Organisation für Afrikanische Einheit **Or·gani·za·tion of Pe·tro·leum Ex·port·ing Coun·tries** *n no pl* Organisation *f* Erdöl exportierender Länder, OPEC *f*
or·gan·ize [ˈɔːɡənaɪz, AM ˈɔːr-] *vt* ① *(into a system)* ■ **to ~ sth** *activities* etw organisieren [*o* koordinieren]; *books, files* etw ordnen [*o* sortieren]; **to ~ space** Raum aufteilen; **to ~ a story so as to build suspense** eine Geschichte so aufbauen, dass Spannung entsteht; **to get** [**oneself**] **~d** mit sich *dat* selbst ins Reine kommen
② POL **to ~ blacks/minorities/women** die Schwarzen/Minderheiten/Frauen [politisch] organisieren
③ *(prepare)* ■ **to ~ sth** etw vorbereiten [*o* organisieren]; **to ~ a committee/search party/team** einen Ausschuss/eine Suchmannschaft/ein Team zusammenstellen; **to ~ a defence** eine Verteidigung aufbauen; **to ~ an escape** eine Flucht vorbereiten
④ *(be responsible for)* ■ **to ~ sth** für etw *akk* sorgen, etw organisieren *fam;* **to get sb/oneself ~d with sth** sich *dat*/jdm etw verschaffen
or·gan·ized [ˈɔːɡənaɪzd, AM ˈɔːr-] *adj* organisiert, geplant; **~ tour** organisierte Gruppenreise
or·gan·ized 'crime *n no pl* organisiertes Verbrechen **or·gan·ized 'la·bour,** AM **or·gan·ized 'la·bor** *n no pl* gewerkschaftlich organisierte Arbeiterschaft **or·gan·ized re·'li·gion** *n no pl* die religiösen Institutionen
or·gan·iz·er [ˈɔːɡənaɪzəʳ, AM ˈɔːrɡənaɪzɚ] *n* ① *(book)* Terminplaner *m,* SCHWEIZ *a.* Agenda *f*
② *(person)* Organisator(in) *m(f)*
'or·gan loft *n* Orgelempore *f*
or·gano·thera·py [ˌɔːɡənəʊˈθerəpi, AM ˌɔːrɡənoʊ-] *n no pl* Organ[o]therapie *f fachspr*
'or·gan pipe *n* Orgelpfeife *f* **'or·gan screen** *n* MUS, REL Orgellettner *m fachspr* **'or·gan stop** *n* MUS ① *(set of pipes)* Register *nt*

O

② *(mechanism)* Registerzug *m*

'or·gan trans·plant *n* Organtransplantation *f,* Organverpflanzung *f* **'or·gan trans·plant sur·gery** *n no pl* Organtransplantation *f*

or·ga·num ['ɔ:gənəm, AM 'ɔ:r-] *n* MUS Organum *nt fachspr*

or·gan·za [ɔ:'gænzə, AM ɔ:r'-] *n modifier* Organza-, aus Organza *nach n*

or·gasm ['ɔ:gæzᵊm, AM 'ɔ:r-] **I.** *n* Orgasmus *m,* [sexueller] Höhepunkt; **multiple ~s** multipler Orgasmus; **to fake/have an ~** einen Orgasmus vortäuschen/haben; **to reach** [*or* **achieve**] **an ~** zum Orgasmus kommen
II. *vi* einen Orgasmus haben

or·gas·mic [ɔ:'gæzmɪk, AM ɔ:r-] *adj* orgastisch *geh; (fig fam)* lustvoll, aufregend

or·gi·as·tic [ˌɔ:dʒi'æstɪk, AM ˌɔ:r-] *adj (form)* orgiastisch *geh,* zügellos

orgy ['ɔ:dʒi, AM 'ɔ:r-] *n* Orgie *f;* **~ of drinking** Trinkgelage *nt,* Sauforgie *f pej fam;* **sex ~** Sexorgie *f;* **to indulge in an ~ of spending** sich *akk* einem hemmungslosen Kaufrausch hingeben

ori·el ['ɔ:riəl] *n* ① *(recess)* Erker *m*
② *(window)* Erkerfenster *nt*

ori·el 'win·dow *n* Erkerfenster *nt*

ori·ent ['ɔ:riənt] *vt esp* AM ① *(position)* ▪**to ~ sth** etw *dat* eine Richtung geben; **to ~ a building north and south** ein Haus in Nord-Süd-Richtung bauen; **to ~ a church** eine Kirche ostwärts ausrichten [*o* osten]
② *(determine position)* ▪**to ~ oneself** sich *akk* orientieren [*o* zurechtfinden]
③ *(gear)* ▪**to ~ oneself to**[**ward**] **sb/sth** sich *akk* auf jdn/etw einstellen

Ori·ent ['ɔ:riənt] *n no pl* ▪**the ~** der Orient

ori·en·tal [ˌɔ:ri'entᵊl] *adj inv* orientalisch; **~ cuisine** orientalische Küche; **~ studies** Orientalistik *f*

ori·en·tal 'car·pet, ori·en·tal 'rug *n* Orientteppich *m*

ori·en·tal·ist [ˌɔ:ri'entᵊlɪst] *n* Orientalist(in) *m(f)*

ori·en·tate ['ɔ:riənteɪt] *vt* ① *(position)* **to ~ a building north and south** ein Gebäude in nordsüdlicher Richtung erstellen; **to ~ a church** eine Kirche ostwärts ausrichten [*o* osten]
② *(determine position)* ▪**to ~ oneself** [**by sth**] sich *akk* [nach etw *dat*] orientieren
③ *(make familiar)* ▪**to ~ oneself** sich *akk* zurechtfinden; ▪**to ~ sb to sth** jdn mit etw *dat* vertraut machen
④ *(gear)* ▪**to ~ oneself to**[**ward**] **sb/sth** sich *akk* nach jdm/etw richten; ***it is important that the public sector ~s itself more towards the consumer*** es ist wichtig, dass der öffentliche Sektor sich stärker zum Kunden hin orientiert; ▪**to ~ sth to**[**wards**] **sth** etw auf etw *akk* hin ausrichten; ***he ~d his ideas to the company's philosophy*** er brachte seine Vorstellungen mit der Firmenphilosophie in Einklang

ori·en·ta·tion [ˌɔ:riən'teɪʃᵊn] *n* ① *no pl (being oriented)* Orientierung *f;* **to get** [*or* **find**] **one's ~** sich *akk* orientieren können; **to lose one's ~** die Orientierung verlieren
② *(tendency)* Ausrichtung *f;* ***the ~ of the course is very much towards psychology*** der Kurs geht sehr in Richtung Psychologie
③ *(attitude)* Orientierung *f;* **political ~** politische Gesinnung; **sexual ~** sexuelle Neigung
④ *(introduction)* Einweisung *f,* Einführung *f;* **freshman ~** Einführungsveranstaltung *f* für Hochschulneulinge [*o* ÖSTERR Erstsemestrige]
⑤ *(direction) of a ship* Kursbestimmung *f; of rocks* Ausrichtung *f; of atoms, radicals* Orientierung *f*

-ori·ent·ed ['ɔ:rientɪd, AM -t̬ɪd] *in compounds,* **-ori·en·tat·ed** ['ɔ:rienteɪtɪd, AM -t̬ɪd] *in compounds* -orientiert

ori·en·teer·ing [ˌɔ:riən'tɪərɪŋ, AM -'tɪrɪŋ] *n no pl* Orientierungslauf *m*

ori·fice ['ɒrɪfɪs, AM 'ɔ:rə-] *n* Öffnung *f*

ori·ga·mi [ˌɒrɪ'gɑ:mi, AM ˌɔ:rɪ'-] *n no pl* Origami *nt*

ori·gin ['ɒrɪdʒɪn, AM 'ɔ:rə-] *n* ① *(beginning, source)* Ursprung *m; of a river* Quelle *f;* ***the story has obscure ~s*** der Ursprung dieser Geschichte ist unklar; ▪**in ~** ursprünglich; ***her problems are psychological in ~*** ihre Probleme sind psychischer Natur; **the ~ of the universe** der Ursprung [*o* die Entstehung] des Universums
② *(place sth/sb comes from)* Herkunft *f kein pl; (ancestral also)* Abstammung *f kein pl;* ***his ~s are in the south of France*** er stammt aus Südfrankreich; **country of ~** Herkunftsland *nt;* **products of foreign ~** Produkte ausländischer Herkunft; **to be of African/Chinese/French ~** afrikanischer/chinesischer/französischer Abstammung sein; **to be of humble ~s** aus einfachen Verhältnissen kommen [*o* stammen]
③ MATH [Koordinaten]ursprung *m,* Nullpunkt *m*

origi·nal [ə'rɪdʒɪnᵊl] **I.** *n* ① *(first version)* Original *nt;* **to read sth in the ~** etw im Original lesen
② *(unusual person)* Original *nt*
II. *adj inv* ① *(first)* ursprünglich; **to read sth in the ~ French** etw im französischen Original lesen; **~ solution** CHEM Urlösung *f;* **the ~ version** die Originalversion; *of a book* die Originalausgabe [*o* Erstausgabe]
② *(unique)* originell, außergewöhnlich; *(innovative)* bahnbrechend, innovativ; *(creative)* kreativ; **~ artwork** originelles [*o* ungewöhnliches] Bildmaterial; **an ~ thinker** *(creative)* ein kreativer Denker/eine kreative Denkerin; *(innovative)* ein Vordenker/eine Vordenkerin; **an ~ thought** ein origineller Gedanke
③ *(from creator)* original; ***is this an ~ Rembrandt?*** ist das ein echter Rembrandt?; **~ manuscript** Originalmanuskript *nt;* **~ painting** Original *nt;* **~ print** Originaldruck *m;* **the ~ score** die original Filmmusik

origi·nal 'cost *n* FIN historische Kosten *pl*

origi·nal·ity [əˌrɪdʒɪ'næləti, AM -əţi] *n no pl* Originalität *f*

origi·nal·ly [ə'rɪdʒɪnᵊli] *adv inv* ① *(at first)* ursprünglich
② *(uniquely)* außergewöhnlich

origi·nal 'sin *n no pl* Erbsünde *f*

origi·nate [ə'rɪdʒɪneɪt] **I.** *vi* entstehen, seinen Anfang nehmen; ***I think the rumour ~d with Janet*** ich glaube, Janet hat das Gerücht in die Welt gesetzt; ▪**to ~ in sth** [ursprünglich] aus etw *dat* kommen; **to ~ in Stuttgart/London** aus Stuttgart/London kommen; *airplane* von [*o* in] Stuttgart/London starten; *train, bus* von [*o* in] Stuttgart/London losfahren; ▪**to ~ from sth** von etw *dat* stammen
II. *vt* ▪**to ~ sth** etw hervorbringen; *(invent)* etw erfinden; **to ~ a rumour** ein Gerücht in die Welt setzen; **to ~ a story** eine Geschichte in Umlauf bringen

origi·na·tion [əˌrɪdʒᵊ'neɪʃᵊn, AM -dʒɪ'-] *n* Ursprung *m*

origi·na·tor [ə'rɪdʒɪneɪtəʳ, AM -t̬ɚ] *n* Urheber(in) *m(f),* Initiator(in) *m(f) geh; (founder)* Gründer(in) *m(f); (inventor)* Erfinder(in) *m(f);* **to be the ~ of an idea** als Erster/Erste eine Idee haben

'ori·gin coun·try *n* Ursprungsland *nt*

O-ring ['əʊrɪŋ, AM 'oʊ-] *n* TECH O-Ring *m*

ori·ole ['ɔ:riə(ʊ)l, AM -oʊl] *n* Pirol *m*

Ori·on [ə'raɪən, AM oʊ'-] *n* Orion *m*

Ork·ney Is·lands ['ɔ:kni,aɪləndz, AM 'ɔ:rkni-], **Ork·neys** ['ɔ:kniz, AM 'ɔ:rkniz] *npl* ▪**the ~** die Orkneyinseln *pl*

or·lop ['ɔ:lɒp, AM 'ɔ:rlɑ:p] *n* NAUT Orlopdeck *nt fachspr*

or·mer ['ɔ:məʳ, AM 'ɔ:rmɚ] *n* ZOOL Seeohr *nt*

or·mo·lu ['ɔ:məlu:, AM 'ɔ:r-] *n no pl* Goldbronze *f*

or·na·ment **I.** *n* ['ɔ:nəmənt, AM 'ɔ:r-] ① *(pretty object)* Ziergegenstand *m; (figurine)* Figürchen *nt;* ART Ornament *nt;* **Christmas ~s** Weihnachtsschmuck *m;* **garden ~s** Zierobjekte *pl* für den Garten; **glass ~** Glasfigürchen *nt*
② *no pl (adornment)* Verzierung *f,* Schmuck *m; (decoration)* Dekoration *f;* ***the queen's gown was rich in ~*** das Kleid der Königin war reich verziert; **to be used for ~** als Dekoration dienen
③ *(fig: adding beauty or honour)* Zierde *f;* ***she is an ~ to this town*** sie ist ein Aushängeschild für unsere Stadt
④ *usu pl (in music)* Ornament *nt,* Ausschmückung *f*
⑤ REL ▪**~s** *pl* Kirchenschmuck *m kein pl; (accessories of worship)* sakrale Geräte
II. *vt* ['ɔ:nəment, AM 'ɔ:r-] ▪**to ~ sth** etw [ver]zieren [*o* [aus]schmücken] [*o* dekorieren]

or·na·men·tal [ˌɔ:nə'mentᵊl, AM ˌɔ:rnə'menţᵊl] *adj* Zier-, dekorativ, ornamental *geh;* **~ cabbage** Zierkohl *m;* **~ garden** Ziergarten *m*

or·na·men·ta·tion [ˌɔ:nəmən'teɪʃᵊn, AM ˌɔ:r-] *n (form)* ① *(thing)* Verzierung *f;* ART Ornament *nt;* ***a plain silver tray with no ~*** ein schlichtes, schnörkelloses Silbertablett
② *no pl (act)* Verzieren *nt,* Verzierung *f; (of a room, text)* Ausschmückung *f*

or·nate [ɔ:'neɪt, AM ɔ:r'-] *adj object* prunkvoll, reich verziert; *music* ornamentreich; *language, style* kunstvoll, blumig; *(pej) language, style* geschraubt *pej,* gedrechselt *pej,* SCHWEIZ, ÖSTERR *meist* hochgestochen; **an ~ ceiling** eine ornamentale Decke; **~ writing** Zierschrift *f*

or·nate·ly [ɔ:'neɪtli, AM ɔ:r'-] *adv* kunstvoll

or·nate·ness [ɔ:'neɪtnəs, AM ɔ:r'-] *n no pl* [kunstvolle [*o* reiche]] Verzierung [*o* Ausschmückung]; *of a building* Prunk *m; of language* geschraubter [*o* SCHWEIZ, ÖSTERR *meist* hochgestochener] Stil

or·nery ['ɔ:rnɚi] *adj* AM *(fam)* gereizt; *(tending to argue)* aggressiv, SCHWEIZ *a.* hässig; **to be in an ~ mood** in gereizter Stimmung sein

or·nitho·logi·cal [ˌɔ:nɪθə'lɒdʒɪkᵊl, AM ˌɔ:rnəθə'lɑ:-] *adj inv* vogelkundlich, ornithologisch *fachspr*

or·ni·tholo·gist [ˌɔ:nɪ'θɒlədʒɪst, AM ˌɔ:rnə'θɑ:-] *n* Vogelkundler(in) *m(f),* Ornithologe, Ornithologin *m, f fachspr*

or·ni·thol·ogy [ˌɔ:nɪ'θɒlədʒi, AM ˌɔ:rnə'θɑ:-] *n no pl* Vogelkunde *f,* Ornithologie *f fachspr*

or·ni·tho·pod ['ɔ:nɪθə(ʊ)pɒd, AM 'ɔrnɪθəpɑ:d] *n* ZOOL Ornithopode *m fachspr*

oro·geny [ɔ:'rɒdʒəni, AM ɔ:'rɑ:-] *n no pl* GEOG Gebirgsbildung *f,* Orogenese *f fachspr*

oro·tund ['ɒrə(ʊ)tʌnd, AM 'ɔ:rətʌnd] *adj (form)* ① *(full) voice* volltönend, sonor, ÖSTERR *oft* tragend
② *(pompous) speech, writing* pompös, bombastisch

or·phan ['ɔ:fᵊn, AM 'ɔ:r-] **I.** *n* ① *(without parent)* Waise *f,* Waisenkind *nt*
② COMPUT Schusterjunge *m,* SCHWEIZ *meist* Waisenkind *nt fachspr*
II. *n modifier* Waisen-, verwaist; **~ boy** Waisenjunge *m veraltend;* **~ child** Waisenkind *nt veraltend;* **~ girl** Waise *f*
III. *vt* ▪**to be ~ed** [zur] Waise [*o* elternlos] werden

or·phan·age ['ɔ:fᵊnɪdʒ, AM 'ɔ:r-] *n* Waisenhaus *nt*

or·phan 'drug *n* PHARM, MED Orphan Drug *f o nt (Bezeichnung eines Medikaments zur Behandlung von Patienten mit seltenen Erkrankungen - so genannt wegen der geringen Renntabilität dieser Arzneimittel)*

or·pi·ment ['ɔ:pɪmənt, AM 'ɔ:r-] *n no pl* CHEM gelbes Arsenik, Operment *nt fachspr,* Auripigment *nt fachspr*

or·pine ['ɔ:paɪn, AM 'ɔ:r-] *n* BOT Große Fetthenne

or·ris ['ɒrɪs, AM 'ɔ:rɪs] *n no pl* Florentiner Schwertlilie *f*

ortho·don·tic [ˌɔ:θə(ʊ)'dɒntɪk, AM ˌɔ:rθoʊ'dɑ:nţɪk] *adj inv* kieferorthopädisch

ortho·don·tics [ˌɔ:θə(ʊ)'dɒntɪks, AM ˌɔ:rθoʊ'dɑ:nţɪks] *n + sing vb* Kieferorthopädie *f kein pl*

ortho·don·tist [ˌɔ:θə(ʊ)'dɒntɪst, AM ˌɔ:rθoʊ'dɑ:nţɪst] *n* Kieferorthopäde, -orthopädin *m, f*

ortho·dox ['ɔ:θədɒks, AM 'ɔ:rθədɑ:ks] *adj* ① *(generally accepted)* herkömmlich, üblich; *(not innovative)* starr, orthodox *geh;* **~ treatment** schulmedizinische Behandlung; **~ views** gängige Ansichten
② *(strictly religious)* strenggläubig, rechtgläubig
③ *(of the Orthodox Church)* orthodox; **Greek/Russian O~** griechisch/russisch orthodox

Ortho·dox 'Church *n no pl* ▪**the ~** die christlich orthodoxe Kirche **Ortho·dox 'Jew** *n* orthodoxer Jude/orthodoxe Jüdin **ortho·dox 'medi·cine** *n no pl* Schulmedizin *f*

ortho·doxy ['ɔ:θədɒksi, AM 'ɔ:rθədɑ:ksi] *n* ① *(practice)* verbreitete [*o* übliche] Denkweise, Orthodoxie *f geh;* **political orthodoxies** überkommene politische Denkweisen

② *no pl (quality)* Rechtgläubigkeit *f*
③ REL *(group)* die Orthodoxen *pl*

ortho·epy ['ɔːθəʊepi, AM ɔːr'θoʊəpi] *n no pl* LING Orthoepie *f fachspr*, Orthoepik *f fachspr*

ortho·gen·esis [ˌɔːθə(ʊ)'dʒenəsɪs, AM ˌɔːrθoʊ'-] *n no pl* BIOL Orthogenese *f fachspr*

or·thogo·nal [ɔː'θɒgənəl, AM ɔːr'θɑː-] *adj inv* MATH orthogonal *fachspr*

ortho·graph·ic [ˌɔːθə(ʊ)'græfɪk, AM ˌɔːrθoʊ'-] *adj inv* orthographisch *geh*, Rechtschreib-; ~ **conventions** Rechtschreibregeln *pl;* ~ **reform** Rechtschreibreform *f*

ortho·graphi·cal·ly [ɔːθə(ʊ)'græfɪkəli, AM ˌɔːrθoʊ'-] *adv inv* orthographisch *geh*

or·thog·ra·phy [ɔː'θɒgrəfi, AM ɔːr'θɑː-] *n no pl* Orthographie *f geh*

ortho·pae·dic, AM **orthopedic** [ˌɔːθə(ʊ)'piːdɪk, AM ˌɔːrθoʊ'-] *adj* orthopädisch; ~ **surgery** orthopädische Chirurgie

ortho·pae·dic de·'vice *n* orthopädisches Hilfsmittel **ortho·pae·dic 'mat·tress** *n* orthopädische Matratze

ortho·pae·dics, AM **ortho·pe·dics** [ˌɔːθə(ʊ)'piːdɪks, AM ˌɔːrθoʊ'-] *n + sing vb* Orthopädie *f kein pl*

ortho·pae·dist, AM **ortho·ped·ist** [ˌɔːθə(ʊ)'piːdɪst, AM ˌɔːrθoʊ'-] *n* Orthopäde, Orthopädin *m, f*

ortho·pae·dy, AM **ortho·pe·dy** [ˌɔːθə(ʊ)'piːdi, AM ˌɔːrθoʊ'-] *n no pl* Orthopädie *f*

ortho·pe·dic *adj* AM *see* **orthopaedic**

ortho·pe·dics *n* AM *see* **orthopaedics**

ortho·pe·dist *n* AM *see* **orthopaedist**

ortho·pe·dy *n* AM *see* **orthopaedy**

or·thop·tic [ɔː'θɒptɪk, AM ɔːr'θɑːptɪk] *adj inv* normalsichtig, orthoptisch, SCHWEIZ *oft* rechtsichtig *fachspr*

or·thot·ic [ɔː'θɒtɪk, AM ɔːr'θɑːt-] *n* MED [Fuß]orthese *f*

OS[1] [ˌəʊ'es, AM ˌoʊ'-] *n* COMPUT *abbrev of* **operating system** Betriebssystem *nt*

OS[2] [ˌəʊ'es, AM ˌoʊ'-] *n* BRIT *abbrev of* **Ordnance Survey** amtliche Landesvermessung

Os·car ['ɒskəʳ, AM 'ɑːskɚ] **I.** *n* FILM Oscar *m*
II. *n modifier* Oscar-; ~ **ceremony** Oscar-Verleihung *f;* ~ **winner** Oscar-Preisträger(in) *m(f)*

os·cil·late ['ɒsɪleɪt, AM 'ɑːsəl-] **I.** *vi* ① *(swing)* schwingen, oszillieren *fachspr*
② *(fig: fluctuate)* [hin und her] schwanken
II. *vt* ■**to ~ sth** etw pendeln [*o* hin und her schwingen] lassen

os·cil·la·tion [ˌɒsɪ'leɪʃən, AM ˌɑːsəl'-] *n* ① *(movement)* Schwingung *f,* Oszillation *f fachspr,* Oszillieren *nt kein pl fachspr;* ~ **circuit** Schwingkreis *m;* ~ **coil** Schwingspule *f*
② *(fig: fluctuation of moods)* Schwankung *nt*

os·cil·lo·scope [ə'sɪləskəʊp, AM -skoʊp] *n* Schwingungsmesser *m,* Oszilloskop *nt fachspr*

osier ['əʊziəʳ, AM 'oʊʒɚ] **I.** *n* BOT *(tree)* Korbweide *f; (branch)* Weidenrute *f*
II. *n modifier (basket)* Weiden-; *(chair, table)* Korb-

os·mium ['ɒzmiəm, AM 'ɑːz-] *n no pl* CHEM Osmium *nt*

os·mo·sis [ɒz'məʊsɪs, AM ɑːz'moʊ-] *n no pl* BIOL, CHEM Osmose *f fachspr;* ■**by ~** durch Osmose; *(fig)* ***the children just learned the songs by ~*** die Kinder lernten die Lieder allein durchs Zuhören

os·mot·ic [ɒz'mɒtɪk, AM ɑːz'mɑːt̬ɪk] *adj inv* BIOL, CHEM osmotisch *fachspr*

os·mot·ic 'pres·sure *n* BIOL osmotischer Druck *fachspr*

os·prey ['ɒspreɪ, AM 'ɑːspriː] *n* ORN Fischadler *m*

os·si·fi·ca·tion [ˌɒsɪfɪ'keɪʃən, AM ˌɑːsəfɪ'-] *n no pl* ① *(changing into bone)* Verknöcherung *f,* Ossifikation *f fachspr*
② *(fig form: becoming inflexible)* Verknöcherung *f fig,* Erstarrung *f fig*

os·si·fied ['ɒsɪfaɪd, AM 'ɑːsə-] *adj (fig form)* verknöchert *fig,* erstarrt *fig,* unbeweglich *fig*

os·si·fy <-ie-> ['ɒsɪfaɪ, AM 'ɑːsə-] **I.** *vi* ① *(become bone)* verknöchern, ossifizieren *fachspr*
② *(fig: become inflexible)* verknöchern *fig,* erstarren *fig*
II. *vt* ■**to ~ sth** etw erstarren lassen *fig*

osso buc·co [ˌɒsəʊ'buːkəʊ, AM ˌɑːsoʊ'buːkoʊ] *n no pl* Ossobuco *nt (geschmorte Rinds- oder Kalbshaxe)*

Os·tend [ɒs'tend, AM ɑː'stend] *n no pl* Ostende *nt*

os·ten·sible [ɒ'sten(t)sɪbl, AM ɑː'sten(t)sə-] *adj attr, inv* angeblich, vorgeblich; ~ **merchant** LAW Scheinkaufmann, -kauffrau *m, f*

os·ten·sibly [ɒ'sten(t)sɪbli, AM ɑː'sten(t)sə-] *adv inv* angeblich, vorgeblich

os·ten·ta·tion [ˌɒsten'teɪʃən, AM ˌɑːstən'-] *n no pl* Großtuerei *f,* Prahlerei *f,* Angeberei *f*

os·ten·ta·tious [ˌɒsten'teɪʃəs, AM ˌɑːstən'-] *adj* prahlerisch; *lifestyle* protzig, pompös; *gesture* demonstrativ, ostentativ *geh;* ~ ***display of wealth*** betonte [*o geh* ostentative] Zurschaustellung des Reichtums; ~ **jewellery** protziger Schmuck

os·ten·ta·tious·ly [ˌɒsten'teɪʃəsli, AM ˌɑːstən'-] *adv* protzig, pompös; *(in showy manner)* demonstrativ, ostentativ *geh*

os·teo·ar·thri·tis [ˌɒstiəʊɑː'θraɪtɪs, AM ˌɑːstioʊɑːr'θraɪt̬ɪs] *n no pl* Arthrose *f,* Osteoarthritis *f fachspr,* Knochen- und Gelenkentzündung *f,* Arthrosis deformans *f fachspr*

os·teo·ar·thro·sis [ˌɒstiəʊɑː'θrəʊsɪs, AM ˌɑːstioʊɑːr'θroʊsɪs] *n no pl* Osteoarthrose *f,* degenerative Gelenkerkrankung

os·teo·gen·ic [ˌɒstiə(ʊ)'dʒenɪk, AM ˌɑːstioʊ-] *adj inv* MED osteogen

os·teol·ogy [ˌɒsti'ɒlədʒi, AM ˌɑːsti'ɑːlə-] *n no pl* ANAT Knochenlehre *f,* Osteologie *f fachspr*

os·teo·path ['ɒstiə(ʊ)pæθ, AM 'ɑːstioʊ-] *n* MED Osteopath(in) *m(f)*

os·teopa·thy [ˌɒsti'ɒpəθi, AM ˌɑːsti'ɑːpə-] *n no pl* MED Osteopathie *f*

os·teo·poro·sis [ˌɒstiəʊpə'rəʊsɪs, AM ˌɑːstioʊpə'roʊ-] *n no pl* MED Knochenschwund *m,* Osteoporose *f fachspr*

os·teo·por·otic [ˌɒstiəʊpə'rɒtɪk, AM ˌɑːstioʊpə'rɑːt̬ɪk] *adj attr, inv* osteoporosebedingt, durch Osteoporose *nach n*

ost·ler ['ɒsləʳ, AM 'ɑːslɚ] *n (hist)* Stallknecht *m hist,* Stallbursche *m*

os·tra·cism ['ɒstrəsɪzəm, AM 'ɑːstrə-] *n no pl* Ächtung *f*

os·tra·cize ['ɒstrəsaɪz, AM 'ɑːstrə-] *vt* ■**to ~ sb** ① *(exclude)* jdn ächten; **to be ~d by society** von der Gesellschaft ausgestoßen werden
② *(banish)* jdn verbannen

os·trich ['ɒstrɪtʃ, AM 'ɑːstrɪtʃ] **I.** *n* ① ORN Strauß *m*
② *(person)* ■**to be an ~** vor Problemen die Augen verschließen *fig,* den Kopf in den Sand stecken *fig;* ***he's a real ~*** er betreibt eine regelrechte Vogel-Strauß-Politik
II. *n modifier (egg, feather, nest, foot, meat)* Straußen-

'os·trich-like *adj pred* Vogel-Strauß-; ■**to be ~** den Kopf in den Sand stecken *fig;* ■**to be ~ about sth** vor etw *dat* die Augen verschließen *fig*

OT *n abbrev of* **Old Testament** AT *nt*

OTA [ˌəʊtiː'eɪ, AM ˌoʊ-] INET *abbrev of* **over the air** OTA *(Möglichkeit Daten ohne Kabel oder Infrarot etc. über das Mobilfunknetz auf ein Handy zu senden)*

OTC[1] [ˌəʊtiː'siː, AM ˌoʊ-] *n + sing/pl vb* BRIT *abbrev of* **Officers' Training Corps** *Verband für die Ausbildung von Offizieren*

OTC[2] [ˌəʊtiː'siː, AM ˌoʊ-] *n* STOCKEX *abbrev of* **Over-the-Counter** Drittmarkt *m*

oth·er ['ʌðəʳ, AM -ɚ] **I.** *adj det* ① *(different)* andere(r, s); ***there's no ~ way*** es gibt keine Alternative, es geht nicht anders; ~ **people** andere [Leute]; **some ~ time** ein anderes Mal; **in ~ words** mit anderen Worten
② *(not long ago)* **the ~ day** neulich, vor Kurzem; **the ~ evening/morning/night** neulich abends/morgens/nachts; **the ~ week** *(last week)* letzte Woche; *(some weeks ago)* vor einigen Wochen
③ *(additional)* andere(r, s), weitere(r, s); ***are there any ~ questions?*** gibt es noch [weitere] Fragen?
④ *(alternative)* andere(r, s); **sb's ~ half** *(hum)* jds bessere Hälfte *hum;* **on the ~ hand** andererseits; **a member of the ~ sex** ein Vertreter/eine Vertreterin des anderen Geschlechts; **every ~** jede(r, s) zweite; **one or ~** eine(r, s) von beiden
⑤ *(not being exact)* **some company or ~** irgendeine Firma; **some man or ~** irgendein Mann; **some time or ~** irgendwann [einmal]; **somehow or ~** irgendwie; **someone or ~** irgendwer; **something or ~** irgend[et]was
⑥ *after n (except)* ***I've never told this to any person ~ than you*** außer dir habe ich das noch nie jemandem erzählt; ***there was no choice ~ than to walk home*** es blieb uns nichts anderes übrig, als nach Hause zu laufen; **to do nothing** [*or* **not do anything**] **~ than sth** nur [*o* ausschließlich] etw tun; ***don't you do anything ~ than complain?*** kannst du dich eigentlich nur beschweren?
II. *pron* ① *(the remaining)* ■**the ~** der/die/das andere; ***hold the racquet in one hand and the ball in the ~*** halte den Schläger in einer Hand und den Ball in der anderen; ***it's often difficult to distinguish one from the ~*** es ist oft schwierig, sie auseinanderzuhalten; **one or the ~** eine(r, s) davon; ***you may have one or the ~ but not both*** du kannst eines haben, nicht beide
② *+ sing vb (either, or)* ***one or the ~ of us will be home when you call*** einer von uns wird zu Hause sein, wenn du anrufst; ***take that car to one or ~ of the mechanics — they're both good*** bringe das Auto zu einem der Mechaniker – sie sind beide gut
③ *(being vague)* **someone or ~** irgendwer; **something or ~** irgendwas; ***I was just doing something or ~ — what was it?*** ich war gerade dabei, etwas zu machen – was war das noch gleich?
▸PHRASES: **a bit of the ~** *(euph fam: sex)* ein bisschen Vergnügen; ***time for bed and a bit of the ~*** Zeit für's Bett und ein bisschen Vergnügen
III. *adv* ■**not ~ than:** ***I've never seen him ~ than with his umbrella*** ich sehe ihn immer nur mit Schirm; ***she was unable to catch the bus ~ than by running*** sie konnte den Bus nur erwischen, indem sie rannte

oth·er·ness ['ʌðənəs, AM -ɚ-] *n no pl (form)* Andersartigkeit *f,* Anderssein *nt*

oth·ers ['ʌðəz, AM -ɚz] *pron pl* ① *(people)* andere; ***any ~ for coffee?*** noch jemand Kaffee?
② *(different ones)* andere

oth·er·wise ['ʌðəwaɪz, AM -ɚ-] **I.** *adj pred, inv (dated form)* anders *präd;* ***I would that it were ~*** ich wünschte, es wäre anders; ***the truth is quite ~*** die Wahrheit sieht völlig anders aus
II. *adv inv* ① *(differently)* anders; ***the police believe he is the thief, but all the evidence suggests ~*** die Polizei hält ihn für den Dieb, aber das Beweismaterial spricht dagegen; ***unless you let me know ~, ...*** sofern ich nichts Gegenteiliges von dir höre, ...
② *(except for this)* sonst, ansonsten, im Übrigen
③ *(alternatively)* ***Marion Morrison, ~ known as the film star John Wayne, ...*** Marion Morrison, auch bekannt als der Filmstar John Wayne, ...; **to be ~ engaged** [*or* **occupied**] *(form)* anderweitig zu tun haben [*o* beschäftigt sein]
III. *conj* andernfalls, sonst, SCHWEIZ *oft* ansonst

oth·er·'world·li·ness *n no pl* ① *(of an immaterial world)* Jenseitigkeit *f,* Außerweltlichkeit *f* ② *(unworldliness)* Weltfremdheit *f* **oth·er·'world·ly** *adj* ① *(supernatural)* übernatürlich; ~ **attributes** übernatürliche Eigenschaften; **of ~ beauty** von überirdischer Schönheit ② *(heavenly)* jenseitig, im Jenseits *nach n;* ~ **punishment** die Strafe des Himmels ③ *(ethereal) smile* vergeistigt, entrückt; *person* [wie] nicht von dieser Welt *präd*

oti·ose ['əʊtiəʊz, AM 'oʊʃioʊs] *adj inv* ① *(doing nothing)* müßig, untätig
② *(without purpose)* müßig, zwecklos

OTT [ˌəʊtiː'tiː] BRIT *(fam) abbrev of* **over the top** zu viel des Guten; ***her outfit was a bit ~*** also diesmal ist sie mit ihrem Outfit definitiv zu weit gegangen! *fam*

Ot·ta·wan ['ɒtəwən, AM 'ɑːt̬ə-] **I.** *n* Bewohner(in) *m(f)* Ottawas
II. *adj* aus Ottawa *nach n*

ought

Obligation

ought usually expresses a sense of obligation or duty. It is most commonly translated by the subjunctive II of *sollen*, i.e. *sollte*.

You *ought* to lock the door.	Du *solltest* die Tür zuschließen.
Yes, I know I *ought* [to].	Ja, ich weiß, dass ich es tun *sollte*.
You *ought* to realize that by now.	Das *sollte* dir inzwischen klar sein.

In the past tense, the construction *hätte ... machen sollen* corresponds to the English *ought to have*:

You *ought* to *have* locked it.	Du *hättest* sie zuschließen *sollen*.
She *ought* to *have* done her homework yesterday.	Sie *hätte* ihre Hausaufgaben gestern machen *sollen*.
You *ought* to *have* realized that by now.	Das *sollte* dir inzwischen klar geworden sein.

In the past tense, *ought* can also indicate a sense of regret or injustice. This can be expressed in German as follows:

The subject I *ought* to *have* studied is history.	Ich *hätte* Geschichte studieren *sollen*.
I *ought* to *have* been awarded first prize.	Ich *hätte* den ersten Preis bekommen *müssen*.
He *ought* to *have* known that.	Das *hätte* er eigentlich wissen *sollen*.

Used more emphatically, *ought* can be translated with *gehört*:

That dog *ought* to be locked up.	Dieser Hund *gehört* eingesperrt.
She *ought* to be told what's what.	Ihr *gehört* mal deutlich gesagt, wo es lang geht.

Advice

When giving advice, *ought* sounds less forceful that *must*. This distinction is not made in German and *ought* is translated again with *sollen*. However a certain amount of emphasis can be introduced by incorporating expressions such as *unbedingt* or *auf jeden Fall*:

You really *ought* to see the new production at the National Theatre.	Du *solltest* dir *unbedingt* die neue Aufführung im Nationaltheater ansehen.
You *ought* to give it a try.	Sie *sollten* es *auf jeden Fall* probieren.

Possibility/Necessity

When *ought to* is used to express a logical possibility or necessity, it is usually translated by *müsste*:

That *ought* to be enough.	Das *müsste* eigentlich reichen.
That *ought* to work well.	Das *müsste* gut funktionieren.
The key *ought* to be on this hook.	Der Schlüssel *müsste* an diesem Haken hängen.
He *ought* to have arrived by now.	Er *müsste* jetzt eigentlich schon angekommen sein.

Permission

When coupled with *not*, *ought* indicates that something is forbidden or should not be done and can be expressed in German by *nicht dürfen*:

We *ought* not to go in.	Wir *dürfen* nicht hineingehen.
We *ought* not to have gone in.	Wir *hätten* nicht hineingehen *dürfen*.
We *ought* not be late.	Wir *dürfen* nicht zu spät kommen.

ot·ter ['ɒtəʳ, AM 'ɑːt̬ɚ] *n* ZOOL Otter *m*

ot·to·man ['ɒtə(ʊ)mən, AM 'ɑːt̬əmən] *n* ① *(couch)* Ottomane *f*
② *(stool)* Polsterschemel *m (oft mit eingebauten Schubladen)*
③ *no pl (cloth)* Ottoman *m*

Ot·to·man ['ɒtə(ʊ)mən, AM 'ɑːt̬əmən] **I.** *n* HIST Osmane, Osmanin *m, f,* Ottomane, Ottomanin *m, f selten*
II. *adj* HIST osmanisch

Ötz·tal Alps [ˌɜːtstɑːl'ælps] *npl* Ötztaler Alpen *pl*

OU [ˌəʊ'juː, AM ˌoʊ-] *n* BRIT *abbrev of* **Open University** ≈ Fernuniversität *f*

ouch [aʊtʃ] *interj* aua, autsch

ought [ɔːt, AM *also* ɑːt] *aux vb* ① *(indicating duty)* ■ **sb ~ to do sth** jd sollte etw tun; ***we ~ to tidy up before we go home*** wir sollten [besser] aufräumen, bevor wir nach Hause gehen; ■ **sb/sth ~ not to:** ***we ~ not to have agreed*** wir hätten nicht zustimmen sollen; ***it ~ not to be allowed*** das sollte nicht erlaubt sein
② *(indicating probability)* ■ **sb ~ to be/do sth** jd sollte [*o* müsste] [eigentlich] etw sein/tun; ***she ~ to be able to ...*** sie sollte eigentlich in der Lage sein, ...; ***we ~ to be home by 7 o' clock*** bis um sieben müssten wir eigentlich wieder zu Hause sein; ***they ~ to have arrived at lunchtime*** sie hätten eigentlich um die Mittagszeit ankommen sollen; ***I say the kids are tired and I ~ to know!*** ich sage, die Kinder sind müde und ich muss es wohl wissen; ■ **sth ~ to be sth:** ***ten minutes ~ to be enough time*** zehn Minuten müssten eigentlich genügen; ***so, that ~ to be enough now*** so, das sollte jetzt genügen; ***will dinner be ready on time? — yes, it ~ to be*** wird das Essen rechtzeitig fertig? – ja, das müsste hinhauen *fam*
③ *(indicating advice)* ■ **sb ~ to do sth** jd sollte etw tun; ***he ~ to go into politics*** er sollte in die Politik gehen; ***what ~ I to do?*** und was sollte ich tun?

oughtn't ['ɔːtᵊnt, AM *also* 'ɑːt-] = **ought not to** *see* **ought**

ou·gui·ya, ou·gi·ya [uː'gwiːə] *n (Mauritanian currency)* Ouguiya *m*

Oui·ja board® ['wiːdʒə-] *n Buchstaben- und Zahlentafel für spiritistische Sitzungen*

ounce [aʊn(t)s] *n* Unze *f;* ***if he's got an ~ of common sense, ...*** wenn er auch nur einen Funken gesunden Menschenverstand hat, ...; ***there's not an ~ of truth to the rumour*** an dem Gerücht ist aber auch überhaupt nichts dran; ***this will take every ~ of strength you have*** das wird dir deine ganze Kraft abverlangen; **to never put on an ~** kein Gramm zunehmen
▶ PHRASES: **an ~ of prevention is worth a pound of cure** *(prov)* vorbeugen ist besser als heilen *prov*

our [aʊəʳ, AM aʊɚ] *adj poss* unser(e); ***~ Tommy is a good climber*** unser Tommy kann gut klettern

Our 'Fa·ther *n* REL ① *(title for God)* Heiliger Vater, Vater *m* im Himmel ② *(Lord's Prayer)* Vaterunser *nt,* SCHWEIZ *a.* Unservater *nt;* **to say the ~** das Vaterunser beten **Our 'Lady** *n* REL *(title for the Virgin Mary)* [Heilige] Mutter Gottes **Our 'Lord** *n* REL *(title for god)* Heiliger Vater, Vater *m* im Himmel; *(title for Jesus Christ)* Herr *m* Jesus Christus

ours [aʊəz, AM aʊɚz] *pron poss (belonging to us)* unsere(r, s); ***which table is ~?*** welcher Tisch ist unserer?; ***~ play in white shirts*** die unseren spielen in weißen Trikots; ***that's their problem — not ~*** das ist ihr Problem – nicht unseres; ***~ was the ugliest house on the block*** unser Haus war das hässlichste des ganzen Blocks; ***he's a cousin of ~*** er ist ein Cousin von uns; ***bowling is a favourite pastime of ~*** Bowling ist eine unserer Lieblingsfreizeitbeschäftigungen; ***this chat of ~ is strictly confidential*** dieses unser Gespräch ist streng vertraulich

our·self [aʊə'self, AM aʊɚ'-] *pron* ① *(fam: ourselves)* uns; ***we see ~ as the market leader in film*** wir betrachten uns als Marktführer in der Filmbranche; *(emph)* ***this is our affair — we deal with it ~*** das ist unsere Angelegenheit – wir kümmern uns selbst darum
② *(old: royal myself)* selbst
③ *(editorial myself)* uns

our·selves [aʊə'selvz, AM aʊɚ'-] *pron reflexive* ① *after vb/prep (direct object)* uns; ***we enjoyed ~ at the party very much*** wir haben uns auf der Party sehr amüsiert; ***for this we can only blame ~*** wir

können uns nur selbst die Schuld daran geben; ***we wanted to make a nice evening for* ~** wir wollten uns einen gemütlichen Abend machen; ***we laugh to ~ often at the things we hear people say*** wir lachen oft insgeheim über die Dinge, die wir andere Leute sagen hören
② *(form: we, us)* wir
③ *(emph: personally)* wir persönlich; ***we will look into the matter ~*** wir werden uns persönlich um die Angelegenheit kümmern; ***we invented it ~*** wir haben es selbst erfunden; ***we ~ realize that there are flaws in the scheme*** wir sind uns selbst im Klaren darüber, dass der Plan Schwachstellen hat; ***we want to hear the sound for ~*** wir wollen das Geräusch selbst hören
④ *(alone)* ***we always do our taxes ~*** wir machen unsere Steuererklärung immer selbst; ***we had the swimming pool [all] to ~*** wir hatten den Swimmingpool [ganz] für uns; ■ **[all] by ~** [ganz] allein; ***we can get dressed all by ~ now, Mama*** wir können uns ganz alleine anziehen, Mama
⑤ *(normal)* ***we'll just have to be ~*** wir müssen nur ganz natürlich sein; ***we didn't feel ~*** wir waren nicht wir selbst; ***we didn't look ~ in those costumes*** diese Kostüme passten nicht zu uns

oust [aʊst] *vt* ① *(expel)* ■ **to ~ sb** jdn vertreiben [*o fam* hinauswerfen]; *(by taking their position)* jdn verdrängen; ■ **to be ~ed** verdrängt werden; ***he was ~ed as chairman after 30 years*** nach 30 Jahren wurde er als Vorsitzender abgesägt *fam;* **~ sb from a club/party** jdn aus einem Klub/einer Partei ausschließen; **~ sb from a job** jdn entlassen; **~ sb from an office** jdn aus einem Amt entfernen; **to ~ a party from power** eine Partei entmachten
② LAW **to ~ sb's freehold** jdm seinen Immobilienbesitz entziehen; **to ~ the jurisdiction of a court** die Zuständigkeit eines Gerichts ausschließen

oust·er [ˈaʊstəʳ, AM ˈaʊstɚ] *n no pl* ① AM *(expulsion)* Verdrängung *f,* Vertreibung *f; (from a position)* Amtsenthebung *f*
② LAW *(of jurisdiction)* Ausschluss *m* der Zuständigkeit des Gerichts; *(removal from property)* Zwangsräumung *f*

out [aʊt]

I. ADJECTIVE	**II.** ADVERB
III. TRANSITIVE VERB	**IV.** PREPOSITION

I. ADJECTIVE

① *inv, pred* ■ **to be ~** *(absent)* abwesend [*o* nicht da] [*o fam* weg] sein; *(on strike)* sich *akk* im Ausstand befinden BRD, ÖSTERR; *(demonstrating)* auf die Straße gehen; *(for consultation) jury* sich *akk* zurückgezogen haben; *borrowed from the library* entliehen sein
② *inv, pred (outside)* ■ **to be ~ [somewhere]** [irgendwo] draußen sein; *sun, moon, stars* am Himmel stehen; *prisoner* [wieder] draußen sein *fam;* ***everyone was ~ on deck*** alle waren [draußen] an Deck
③ *inv, pred (on the move)* ■ **to be ~** unterwegs sein; *army* ausgerückt sein; **to be ~ on one's rounds** seine Runde machen; **to be ~ and about** unterwegs sein; *(after an illness)* wieder auf den Beinen sein
④ *inv, pred (in blossom)* ■ **to be ~** blühen; *tree also* in Blüte stehen
⑤ *inv, pred (available)* ■ **to be ~** erhältlich [*o* zu haben] sein; *(on the market)* auf dem Markt sein; ***her novel has been ~ for a over a year*** ihr Roman ist bereits seit über einem Jahr herausgekommen [*o* bereits seit über einem Jahr auf dem Markt]; ***his new book will be ~ in May*** sein neues Buch wird im Mai veröffentlicht [*o* kommt im Mai heraus]
⑥ *inv, pred (fam: existing)* **to be the best/worst ... ~** der/die/das beste/schlechteste ... sein, den/die/das es zurzeit gibt; ***he's the best footballer ~*** er ist der beste Fußballer, den es zurzeit gibt
⑦ *inv, pred (known)* ■ **to be ~** heraus [*o fam* raus] sein; *secret* gelüftet sein; *news* bekannt sein; ***[the] truth will ~*** die Wahrheit wird ans Licht kommen
⑧ *inv, pred* ■ **to be ~** *(asleep)* schlafen; *(unconscious)* bewusstlos [*o fam* weg] sein; **to be ~ cold** bewusstlos sein; **to be ~ for the count** BOXING k.o. [*o* ausgezählt] sein; *(fig)* total hinüber [*o* erledigt] [*o* SCHWEIZ durch] sein *fam;* **to be ~ like a light** *(fam)* weg sein *fam*
⑨ *inv, pred (finished)* ■ **to be ~** aus [*o* zu Ende] [*o* vorbei] sein; ***school will be ~ in June*** die Schule endet im Juni; ***before the month/year is ~*** vor Ende [*o* Ablauf] des Monats/Jahres
⑩ *inv, pred* SPORT ■ **to be ~** *(not playing)* nicht [mehr] im Spiel sein, draußen sein *fam; (in cricket, baseball)* aus sein; *(outside a boundary) ball, player* im Aus sein; ***Johnson is ~ on a foul*** Johnson wurde wegen eines Fouls vom Platz gestellt; ***Owen is ~ with an injury*** Owen ist mit einer Verletzung ausgeschieden
⑪ *inv, pred (fam)* ■ **to be ~** *(not in a competition, team)* draußen sein *fam; (out of power)* nicht mehr an der Macht sein; *(expelled, dismissed)* [raus]fliegen *fam;* ***I've had enough! you're ~!*** mir reicht's! sie fliegen [raus]!; **to be ~ on the streets** *unemployed* arbeitslos sein, auf der Straße stehen [*o* sitzen] *fig fam; homeless* obdachlos sein, auf der Straße leben
⑫ *inv, pred (fam)* ■ **to be ~** *(unacceptable)* unmöglich sein *fam; (unfashionable)* aus der Mode sein, passé [*o* out] sein *fam*
⑬ *inv, pred (not possible)* ■ **to be ~** unmöglich sein; ***that plan is absolutely ~*** dieser Plan kommt überhaupt nicht infrage
⑭ *inv, pred (off)* ■ **to be ~** *light, TV* aus sein; *fire a.* erloschen sein
⑮ *inv, pred (inaccurate)* ■ **to be ~** falsch [*o fam* daneben] sein, danebenliegen *fam; watch* falsch gehen; ***our estimates were ~ by a few dollars*** wir lagen mit unseren Schätzungen um ein paar Dollar daneben *fam;* **to be ~ in one's calculations** sich *akk* verrechnet haben, mit seinen Berechnungen danebenliegen *fam*
⑯ *inv, pred (fam: in search of)* ■ **to be ~ for sth** auf etw *akk* aus sein *fam,* es auf etw *akk* abgesehen haben; ***he's just ~ for a good time*** er will sich nur amüsieren; **to be ~ for trouble** Streit suchen; ■ **to be ~ to do sth** es darauf abgesehen haben, etw zu tun; ***they're ~ to get me*** die sind hinter mir her *fam*
⑰ *inv, pred homosexual* ■ **to be ~** sich *akk* geoutet haben *fam*
⑱ *inv, pred tide* **the tide is ~** es ist Ebbe; ***when the tide is ~*** bei Ebbe
⑲ *inv, pred debutante* ■ **to be ~** in die Gesellschaft eingeführt sein

II. ADVERB

① *inv (not in sth)* außen; *(not in a room, flat)* draußen; *(outdoors)* draußen, im Freien; ***a day ~ in the country*** ein Tag *m* auf dem Land; ***"~ "*** „Ausgang"; *(for vehicles)* „Ausfahrt"; ***"keep ~!"*** „betreten verboten!"; **to keep sb/sth ~** jdn/etw nicht hereinlassen; ***close the window to keep the rain/wind ~*** mach das Fenster zu, damit es nicht hereinregnet/zieht; **to keep the cold ~** die Kälte abhalten; **~ here/there** hier/da draußen
② *inv (outwards)* heraus, raus *fam; (seen from inside)* hinaus [*o* raus] *fam; (facing the outside)* nach außen, raus *fam; of room, building a.* nach draußen; ***get ~!*** raus hier! *fam;* ***can you find your way ~?*** finden Sie selbst hinaus?; **~ *with it*** heraus damit! *fam,* [he]raus mit der Sprache! *fam;* **to bring/take sth ~ [to the garden]** etw [in den Garten] heraus-/hinausbringen; **to take sth ~ [of an envelope]** etw [aus einem Umschlag] herausholen; **to see sb ~** jdn hinausbegleiten; **to turn sth inside ~** etw umstülpen; *clothes* etw auf links drehen
③ *inv (away from home, for a social activity)* **to ask sb ~ [for a drink/meal]** jdn [auf einen Drink/zum Essen] einladen; ***he's asked her ~*** er hat sie gefragt, ob sie mit ihm ausgehen will; **to eat ~** im Restaurant [*o* auswärts] essen; **to go ~** ausgehen, weggehen
④ *inv (removed)* heraus, raus *fam; (extinguished)* aus; ***I can't get the stain ~*** ich kriege den Fleck nicht wieder raus *fam;* **to put a fire ~** ein Feuer löschen; **to cross sth ~** etw ausstreichen [*o* durchstreichen]
⑤ *inv (fully, absolutely)* **burnt ~** *(also fig)* ausgebrannt *a. fig; fuse* durchgebrannt; *candle* heruntergebrannt; **tired ~** völlig [*o* ganz] erschöpft; **~ and away** AM bei Weitem, mit Abstand; ***she is ~ and away the best*** sie ist mit Abstand die Beste
⑥ *inv (aloud)* ***she called ~ to him to stop*** sie rief ihm zu, er solle anhalten; **to cry ~ in pain** vor Schmerzen aufschreien; **to laugh ~ [loud]** [laut] auflachen
⑦ *inv (to an end, finished)* **over and ~** AVIAT Ende *fachspr;* **to die ~** aussterben; *(fig) applause* verebben; **to fight sth ~** etw [untereinander] austragen [*o* ausfechten]
⑧ *inv (out of prison)* **to come [*or* get] ~** freikommen; **to let sb ~** jdn freilassen
⑨ *inv (unconscious)* **to go ~ like a light** *(fam)* sofort weg sein *fam;* **to knock sb ~** jdn bewusstlos [*o* k.o.] schlagen; **to pass ~** in Ohnmacht fallen
⑩ *inv (dislocated)* **to put sb's arm/shoulder ~** jdm den Arm verrenken/die Schulter ausrenken; **to put one's back/shoulder ~** sich *dat* den Rücken verrenken/die Schulter ausrenken; ***the accident put her back ~*** sie verrenkte sich bei dem Unfall den Rücken
⑪ *inv (open)* **to open sth ~** *(unfold)* etw auseinanderfalten; *(spread out)* etw ausbreiten; *(extend) furniture* etw ausziehen
⑫ *inv (outdated)* **to go ~** aus der Mode kommen; **to have gone ~ with the ark** *(fam)* völlig altmodisch [*o* BRD *hum fam* von anno Tobak] sein
⑬ *inv (time off)* **to take ten minutes ~** eine Auszeit von zehn Minuten nehmen
⑭ *inv tide* **the tide is going ~** die Ebbe setzt ein
⑮ *inv (at a distant place)* draußen; ***he lived ~ in Zambia for ten years*** er lebte zehn Jahre lang in Sambia; **~ at sea** auf See; **~ west** im Westen; AM *(west coast)* an der Westküste; **~ here** hier draußen
⑯ *inv (towards a distant place)* in die Ferne *geh,* weit weg; ***they went ~ as missionaries in the 1920's*** sie zogen in den 20er Jahren als Missionare in die Ferne *geh;* **to go/travel ~ to New Zealand** nach [*o* ins ferne] Neuseeland gehen/reisen; **to move ~ to the west coast** [*or* AM **~ west**] an die Westküste ziehen

III. TRANSITIVE VERB

■ **to ~ sb** ① *(eject)* jdn rausschmeißen *fam;* SPORT jdn vom Platz stellen
② BOXING jdn k.o. schlagen
③ *homosexual* jdn outen *fam*

IV. PREPOSITION

(fam) aus +*dat;* **to run ~ the door** zur Tür hinausrennen; **to throw sth ~ the car** etw aus dem Auto werfen

outa [ˈaʊt̬ə] *prep* AM *(fam) see* **out of:** ***I'm ~ this place tomorrow*** ich bin hier morgen weg *fam;* ***get ~ here!*** hau ab! *fam; (expression of disbelief)* niemals!; ***you know, she's left her husband — get ~ here! not Sheila!*** hast du schön gehört, dass sie ihren Mann verlassen hat? – echt? doch nicht Sheila!

out·age [ˈaʊtɪdʒ] *n* Ausfall *m;* **power ~** Stromausfall *m*

ˈout-and-out *adj attr, inv* ausgemacht, durch und durch, total *nach n bes* SCHWEIZ *fam,* absolut; ***he's an ~ rogue*** er ist ein ausgemachter Schurke; **an ~ disaster** eine einzige Katastrophe; **~ lie** unverschämte Lüge

ˈoutback *n no pl* Hinterland *nt* [Australiens]; **to live in the ~** im [australischen] Busch leben

out·ˈbid <-bid, -bid> *vt* ■ **to ~ sb** jdn überbieten; ***the retail group ~ all three competitors for space in the shopping centre*** die Handelsgruppe hat alle drei Mitbewerber bei der Vergabe eines Platzes im Einkaufszentrum überboten

ˈout·board, out·board ˈmo·tor *n* Außenborder *m,* Außenbordmotor *m* **ˈout·bound** *adj inv, pred*

O

abfahrend *attr; train* [aus dem Bahnhof] ausfahrend *attr; ship* [aus dem Hafen] auslaufend *attr; plane* abfliegend *attr;* ~ **traffic** *Verkehr, der aus der Stadt/dem Land hinausgeht* **'out·box** *n* Ablage *f (für ausgehende Post)* **'out·break** *n of a disease, hostilities, a war* Ausbruch *m;* **thundery** ~**s** [plötzliche] gewittrige Niederschläge **'out·build·ing** *n* Nebengebäude *nt*

'out·burst *n* Ausbruch *m;* **an** ~ **of anger** [*or* **rage**] ein Wutanfall *m;* **to receive an** ~ **of applause** einen donnernden Applaus bekommen; **a sudden** ~ **of laughter** plötzlich ausbrechendes Gelächter; **an** ~ **against a proposal** eine Attacke gegen einen Vorschlag

'out·cast I. *n* Ausgestoßene(r) *f(m),* Geächtete(r) *f(m);* **social** ~ gesellschaftlicher Außenseiter/gesellschaftliche Außenseiterin, Outcast *m geh*
II. *adj inv* ausgestoßen, verstoßen

out·'class *vt* ■**to** ~ **sb** jdn deklassieren *geh* [*o* in den Schatten stellen]

'out·come *n* Ergebnis *nt,* Resultat *nt;* **the** ~ **of the election** das Wahlergebnis; **the immediate** ~ die unmittelbare Folge

out·'cor·ner *vt* **to** ~ **another car** besser in der Kurve liegen als ein anderes Auto, eine bessere Kurvengängigkeit haben als ein anderes Auto

'out·crop *n* GEOL Felsnase *f;* **an** ~ **of rocks** zu Tage liegendes Gestein

'out·cry *n* ❶ *(protest)* lautstarker Protest, Sturm *m* der Entrüstung (**over** gegen *+akk*); **to provoke a public** ~ einen Sturm der Entrüstung in der Öffentlichkeit auslösen; **to raise an** ~ **against sth** gegen etw *akk* lautstarken Protest erheben
❷ STOCKEX **open** ~ **system** Ermittlung *f* von Kontraktpreisen durch offenen Zuruf oder Handzeichen

out·'dat·ed *adj* veraltet; *ideas, views* überholt, antiquiert *geh* **out·'dis·tance** *vt* ■**to** ~ **sb** jdn hinter sich *dat* lassen [*o* abhängen]; ■**to be** ~**d** SPORT ***Smith was*** ~ ***d by Jones*** Smith fiel hinter Jones zurück **out·'do** <-did, -done> *vt* ■**to** ~ **sb** jdn übertreffen [*o* ausstechen]; ***Pat was wearing an outrageous dress, so not to be outdone, I put on my bright red suit*** Pat trug ein sehr gewagtes Kleid, und um mithalten zu können, zog ich meinen knallroten Anzug an

'out·door *adj inv* ***he's very much an*** ~ ***person*** er hält sich gern und viel im Freien auf; ~ **concert** Freiluftkonzert *nt,* Open-Air-Konzert *nt;* ~ **clothes** Kleidung *f* für draußen; ~ **furniture** Gartenmöbel *pl;* ~ **jacket** warme Jacke, Outdoorjacke *f;* ~ **swimming pool** Freibad *nt,* Badanstalt *f* SCHWEIZ; ~ **sports** Sportarten *pl* im Freien

out·doors [ˌaʊt'dɔːz, AM -'dɔːrz] **I.** *n + sing vb* **in the great** ~ in der freien Natur
II. *adv* im Freien, draußen; **to eat/sleep/play** ~ draußen essen/schlafen/spielen

out·door·sy [ˌaʊt'dɔːrzi] *adj* AM ■**to be** ~ gern in der freien Natur [*o* an der frischen Luft] sein; ***he's an*** ~ ***type*** er ist ein Naturbursche

out·ed ['aʊtɪd, AM -t̬-] *adj attr, inv* geoutet *sl*

out·er ['aʊtəʳ, AM -t̬ɚ] **I.** *n* BRIT SPORT äußerster Ring *(einer Zielscheibe)*
II. *adj inv* ❶ *(external)* äußerlich, Außen-; ~ **door** Außentür *f*
❷ *(far from centre)* äußere(r, s), Außen-; **one's** ~ **circle of friends** jds weiterer Bekanntenkreis; ~ **city bypass** Umgehungsstraße *f,* Umfahrungsstrasse *f* SCHWEIZ; **the** ~ **lane of the motorway** die äußere Fahrspur [auf] der Autobahn; **the** ~ **suburbs** die Randbezirke, die Aussenquartiere SCHWEIZ

out·er 'ear *n* äußeres Ohr **out·er 'man** *n* ■**the** ~ das Äußere, das äußere Erscheinungsbild

out·er·most ['aʊtəməʊst, AM -t̬ɚmoʊst] *n attr, inv* äußerste(r, s); **the** ~ **layer** die oberste Schicht; **the** ~ **regions of the solar system** die entferntesten Regionen des Sonnensystems

out·er 'space *n* der Weltraum, das Weltall **'out·er wear** *n no pl* Oberbekleidung *f* **out·er 'world** *n* ■**the** ~ die Außenwelt

out-'ex·ecute *vt* AM SPORT *(perform better than)* ■**to** ~ **sb** jdn übertrumpfen **out·'face** *vt* ■**to** ~ **sb** jdm [erfolgreich] die Stirn bieten **'out·fall** *n* Mündung *f; of drain, sewer* Ausfluss *m;* **river** ~ Flussmündung *f* **'out·fall pipe** *n* Abwasserrohr *nt (das ins Meer mündet)* **'out·field** *n no pl* Außenfeld *nt* **'out·field·er** *n* Außenfeldspieler(in) *m(f),* Aussenspieler(in) *m(f)* SCHWEIZ **out·'fight** <-fought, -fought> *vt* ■**to** ~ **sb** jdn bezwingen [*o* schlagen]; ■**to be outfought** unterliegen; **to** ~ **an army** eine Armee schlagen [*o* besiegen]

'out·fit I. *n* ❶ *(clothes)* Kleidung *f,* Kleider *pl,* Outfit *nt sl;* **cowboy** ~ Cowboykostüm *nt;* **riding** ~ Reitkleidung *f;* **wedding** ~ Hochzeitsgarderobe *f*
❷ *(fam: group)* Verein *m fam; (company)* Laden *m fam,* Geschäft *nt* ÖSTERR; *(musicians, sports team)* Truppe *f;* **jazz** ~ Jazzband *f;* **theatre** ~ Theatergruppe *f*
❸ *(equipment)* Ausrüstung *f,* Ausstattung *f*
II. *vt* <-tt-> ■**to** ~ **sb with sth** jdn mit etw *dat* ausrüsten [*o* ausstatten]

'out·fit·ter *n* ❶ BRIT *(dated: for clothing)* ■~**s** *pl* Ausstatter *m;* **gentlemen's** ~**s** Herrenausstatter *m;* **schools'** ~**s** Fachgeschäft *nt* für Schuluniformen
❷ AM *(for outdoor pursuits)* **canoe** ~ Fachgeschäft *nt* für den Kanubedarf; **sports'** ~ Sportgeschäft *nt*

out·'flank *vt* ❶ MIL **to** ~ **an army/the enemy** eine Armee/den Feind von der Flanke angreifen; *(surround)* eine Armee/den Feind umfassen
❷ *(outwit)* ■**to** ~ **sb** jdn austricksen

out·'flank·ing move·ment *n* MIL Umfassungsbewegung *f*

'out·flow *n* Ausfluss *m;* ~ **of capital** Kapitalabfluss *m;* ~ **of funds** Mittelabfluss *m;* ~ **of refugees** Flüchtlingsstrom *m*

out·'fought *vt pt, pp of* **outfight** aus dem Feld geschlagen

out·'fox *vt* ■**to** ~ **sb** jdn austricksen

out·'go·ing *adj* ❶ *(approv: extroverted)* kontaktfreudig; ***he has an*** ~ ***personality*** er ist jemand, der auf die Menschen zugeht
❷ *attr (retiring)* [aus]scheidend, abtretend; **the** ~ **President** der [aus dem Amt] scheidende Präsident
❸ *(outward bound)* ausgehend; ~ **calls/mail** ausgehende Telefongespräche/Post

out·'go·ings *npl* BRIT Ausgaben *pl,* Ausgänge *pl*

out·'grow <-grew, -grown> *vt* ❶ *(become too big for)* ■**to** ~ **sth** aus etw *dat* herauswachsen; **to** ~ **a jacket/shoes/trousers** aus einer Jacke/Schuhen/einer Hose herauswachsen
❷ *(leave behind)* ■**to** ~ **sth** einer S. *gen* entwachsen; ***she has outgrown dolls already*** für Puppen ist sie schon zu groß; ***luckily, he has*** ~ ***those friends*** zum Glück hat er sich mit dem Älterwerden von diesen Freunden gelöst; **to** ~ **a habit** eine Gewohnheit ablegen; **to** ~ **an opinion** über eine Ansicht hinaus sein
❸ *(become bigger than)* **to** ~ **one's brother/mother** seinem Bruder/seiner Mutter über den Kopf wachsen; **sth** ~**s its novelty** etw läuft sich *akk* tot [*o* verliert den Reiz des Neuen]; **to** ~ **one's strength** zu schnell aufschießen

'out·growth *n* Auswuchs *m a. fig; (development) of an idea, a theory* Weiterentwicklung *f;* ***he has a small*** ~ ***of hair on his chin*** auf seinem Kinn sprießen ein paar Haare

out·'gun <-nn-> *vt* ■**to** ~ **sb** ❶ *(beat)* jdn schlagen; ***he*** ~***ned the sharpshooters*** er zeigte es den Scharfschützen; ■**to be** ~**ned** unterliegen, eine Niederlage erleiden
❷ MIL jdm an Waffenkraft überlegen sein; ***despite being heavily*** ~ ***ned, the rebel forces have held on to their position*** obwohl die Rebellen über deutlich weniger Waffen verfügen, haben sie ihre Stellung behaupten können

'out·house I. *n* ❶ *(building)* Außengebäude *nt; (joined)* Nebengebäude *nt*
❷ AM *(toilet)* Außentoilette *f*
II. *vt* ■**to** ~ **sth** etw separat lagern [*o* aufbewahren] [*o* SCHWEIZ versorgen]

out·ing ['aʊtɪŋ, AM -t̬-] *n* ❶ *(trip)* Ausflug *m;* **to go on an** ~ einen Ausflug machen; **class** ~ Klassenausflug *m;* **family** ~ Familienausflug *m;* **school** ~ Schulausflug *m*
❷ *(fam: appearance)* [öffentlicher] Auftritt
❸ *no pl (revealing homosexuality)* [sich]outen *nt,* Outing *nt*

out·land·ish [ˌaʊt'lændɪʃ] *adj* absonderlich, sonderbar, seltsam; *behaviour, ideas also* bizarr, befremdlich; ~ **clothing** skurrile Kleidung; ~ **prices** horrende Preise

out·land·ish·ly [ˌaʊt'lændɪʃli] *adv* absonderlich, sonderbar, seltsam

out·land·ish·ness [ˌaʊt'lændɪʃnəs] *n no pl* Absonderlichkeit *f,* Befremdlichkeit *f,* Bizarrheit *f*

out·'last *vt* ■**to** ~ **sth** etw für überdauern, sich *akk* länger halten als etw; ■**to** ~ **sb** jdn überleben; **to** ~ **sb in holding one's breath** länger die Luft anhalten als jd

out·law ['aʊtlɔː, AM -lɑː] **I.** *n (criminal)* Bandit(in) *m(f); (fugitive from law)* Geächtete(r) *f(m),* Vogelfreie(r) *f(m),* Outlaw *m geh*
II. *vt* **to** ~ **sth** für ungesetzlich erklären; **to** ~ **smoking** das Rauchen verbieten; **an** ~**ed political group** eine verbotene politische Gruppierung

out·law·ry ['aʊtlɔːri, AM -lɑː-] *n no pl* ❶ *(ban)* Ächtung *f,* Verfemung *f*
❷ *(criminality)* Verbrechertum *nt*

'out·lay I. *n* Aufwendungen *pl,* Auslagen *pl*
II. *vt* <-laid, -laid> AM ■**to** ~ **sth** [**on sth**] etw [für etw *akk*] ausgeben

out·lays ['aʊtleɪz] *npl* FIN Ausgaben *pl*

'out·let *n* ❶ *(exit)* Ausgang *m,* Austritt *m; for water* Abfluss *m,* Ablauf *m; (chimney)* Abzug *m*
❷ AUTO, TECH Abluftstutzen *m*
❸ *(means of expression)* Ventil *nt fig,* Ausdrucksmöglichkeit *f;* **an emotional** ~ ein Ventil *nt* für jds Gefühle
❹ *(store)* Verkaufsstelle *f,* Vertriebsstelle *f;* **factory** ~ Fabrikverkaufsstelle *f,* SCHWEIZ *meist* Fabrikladen *m;* **fast-food** ~ Schnellrestaurant *nt;* **retail** ~ Einzelhandelsgeschäft *nt,* Detailhandelsgeschäft *nt bes* SCHWEIZ, Verkaufsstelle *f* für Endabnehmer
❺ *(market)* [Absatz]markt *m,* Absatzmöglichkeit[en] *f[pl]*; **commercial** ~ Absatzmarkt *m*
❻ AM ELEC *(power point)* Steckdose *f*
❼ COMPUT Ausgang *m*

'out·line I. *n* ❶ *(brief description)* Übersicht *f,* [kurzer] Überblick (**of** über *+akk*); *in novel-writing* Entwurf *m,* Konzept *nt; (general summary)* Zusammenfassung *f,* Abriss *m;* **a course** ~ eine [kurze] Kursbeschreibung; **an** ~ **of a country's history** ein Abriss *m* über die Geschichte eines Landes; **to give a broad** ~ **of sth** etw kurz umreißen [*o* in groben Zügen beschreiben]
❷ *(contour)* Umriss *m,* Kontur *f; against fading light* Silhouette *f;* ***the mountain was visible only in*** ~ ***as the light faded*** als es dämmerte, sah man nur noch die Silhouette des Berges; **to draw the** ~ **of sth** die Umrisse [*o* Konturen] von etw *dat* zeichnen
II. *vt* ■**to** ~ **sth** ❶ *(draw)* die Umrisse [*o* Konturen] von etw *dat* zeichnen; ***the area we're interested in is*** ~ ***d in red on the map*** das Gebiet, das uns interessiert, ist auf der Karte rot umrandet; ***the house was*** ~ ***d against the setting sun*** die Silhouette des Hauses malte sich gegen die untergehende Sonne ab
❷ *(summarize)* etw [kurz] umreißen [*o* skizzieren]

out·line 'plan·ning per·mis·sion *n* vorläufige Baugenehmigung

out·'live *vt* ❶ *(live longer than)* ■**to** ~ **sb** jdn überleben; ■**to** ~ **sth** etw überdauern; ***the system had*** ~ ***d its usefulness*** das System hatte ausgedient
❷ *(survive)* ■**to** ~ **sth** etw überleben *a. fig*

'out·look *n* ❶ *(view)* Aussicht *f*
❷ *(future prospect)* Perspektive *f,* Aussicht[en] *f[pl]*, Ausblick *m;* **economic** ~ Konjunkturaussichten *pl*
❸ *(attitude)* Einstellung *f,* Haltung *f;* **positive** ~ **on life** positive Lebenseinstellung
❹ METEO [Wetter]aussichten *pl,* [Wetter]prognose *f* SCHWEIZ

'out·ly·ing *adj attr area, region, village* abgelegen, entlegen

out·ma·'noeu·vre, AM **out·ma·'neu·ver** *vt* ■**to ~ sb** jdn ausmanövrieren

out·mod·ed [ˌaʊt'məʊdɪd, AM -'moʊ-] *adj (pej)* altbacken BRD *pej,* unzeitgemäß, altmodisch; **~ clothing/furniture** altmodische Kleidung/Möbel; **~ ideas** überholte [*o* veraltete] Vorstellungen; **~ style** altbackener Stil *pej*

out·most ['aʊtməʊst, AM -moʊst] *adj* äußerste(r, s); *place* weit entlegen [*o* SCHWEIZ, ÖSTERR *oft* abgelegen]

out·'num·ber *vt* ■**to ~ sb/sth** jdm/etw zahlenmäßig überlegen sein; ■**to be ~ed** in der Unterzahl sein; *(in vote)* überstimmt sein; ***rainy days have ~ed the pleasant ones this year*** wir hatten dieses Jahr mehr Regen- als Sonnentage; ***in our office the females ~ the males 3 to 1*** bei uns im Büro arbeiten dreimal so viele Frauen wie Männer

'out of *prep* ① *(to outside)* aus +*dat;* **~ bed/hospital/prison** aus dem Bett/Krankenhaus/Gefängnis; **~ the door** zur Tür hinaus

② *(situated outside)* außerhalb +*gen;* ***she's ~ the office*** sie ist nicht an ihrem [Arbeits]platz [*o* nicht im Büro]; ***10 km ~ London*** 10 km außerhalb von London, 10 km von London entfernt; **~ the country** im Ausland, außer Landes *veraltend;* **~ town** nicht in der Stadt; **from ~ town** nicht von hier, fremd hier, aus einer anderen Gegend

③ *(taken from)* ***buy a house ~ the inheritance*** kauf dir ein Haus von [*o* mit Geld aus] der Erbschaft; ***he copied his essay straight ~ a textbook*** er schrieb seinen Aufsatz wörtlich aus einem Lehrbuch ab; ***don't expect too much ~ life*** man sollte nicht zu viel vom Leben erwarten; ***they didn't make a dime ~ that deal*** sie haben bei dem Geschäft keinen Pfennig verdient; **~ one's pocket** aus der eigenen Tasche; ■**~ doing sth:** ***she gets a lot of joy ~ working with children*** es macht [*o* bereitet] ihr große Freude, mit Kindern zu arbeiten; ***they get a lot of fun ~ practising dangerous sports*** das Betreiben gefährlicher Sportarten macht ihnen einen Riesenspaß

④ *(originating from)* aus +*dat*

⑤ *(excluded from)* aus +*dat;* ***he's ~ the team*** er ist aus der Mannschaft ausgeschieden; ***I'm glad to be ~ it*** ich bin froh, dass ich es hinter mir habe [*o* ich damit nichts mehr zu tun habe]; ***that's ~ the question!*** das kommt überhaupt nicht infrage!; **to get ~ the habit** es sich *dat* abgewöhnen; ***I've got ~ the habit of cycling to work*** ich fahre nicht mehr mit dem Fahrrad zur Arbeit; **~ the race** aus dem Rennen; **to talk sb ~ sth** etw jdm ausreden; ***he talked her ~ going back to smoking*** er redete es ihr aus, als sie wieder mit dem Rauchen anfangen wollte

⑥ *(spoken by)* aus +*dat;* **to get a secret ~ sb** jdm ein Geheimnis entlocken

⑦ *(made from)* aus +*dat;* ***made ~ wood*** aus Holz [hergestellt]

⑧ *(driven by)* aus +*dat;* **~ jealousy/spite** aus Eifersucht/Boshaftigkeit

⑨ *(of total)* ***nine times ~ ten*** neun von zehn Malen; ***one ~ every five*** jede/jeder/jedes Fünfte; ***third ~ five*** Dritte(r, s) von fünf; ***no one got 20 ~ 20*** niemand bekam alle 20 Punkte

⑩ *(without)* ohne +*akk;* ■**to be ~ sth** kein/keine/keinen etw [mehr] haben; ***he was ~ money*** er stand ohne Geld da; ***you're ~ time*** Ihre Zeit ist um [*o* abgelaufen]; ***they had run ~ cash*** sie hatten kein Bargeld mehr, ihnen war das Bargeld ausgegangen; ***she was finally ~ patience*** schließlich riss ihr der Geduldsfaden; ***they were ~ gas*** sie hatten kein Benzin mehr, ihnen war das Benzin ausgegangen; ***I'm sorry sir, we're ~ the salmon*** tut mir leid, der Lachs ist uns ausgegangen [*o fam* ist aus]; **[all] ~ breath** [völlig] außer Atem; **to be ~ a job** seine Stelle verloren haben; **to be ~ luck** kein Glück [mehr] haben; **to be ~ work** ohne Arbeit [*o* arbeitslos] sein

⑪ *(beyond)* ***he's been ~ touch with his family*** er hat keinen Kontakt mehr zu seiner Familie; **~ bounds** außerhalb des Spielfeldes; **~ control** außer Kontrolle; ***the situation is ~ our control*** die Lage entzieht sich unserer Kontrolle; **~ danger** außer [Lebens]gefahr; **~ focus** unscharf; **~ order** außer Betrieb; **~ [firing] range** außer Schussweite; **~ reach** außer Reichweite; **~ season** außerhalb der Saison; ***baseball is ~ season*** es ist nicht Baseballsaison; ***deer are ~ season*** Hirsche haben Schonzeit; **~ sight/earshot** außer Sicht[weite]/Hörweite; **~ the way** aus dem Weg; ***get ~ the way!*** aus dem Weg!, mach Platz!; **to be [a bit] ~ sb's way** ein [kleiner] Umweg für jdn sein; **to go ~ one's way to do sth** einen Umweg machen, um etw zu tun; ***she went ~ her way to get the work handed in on time*** sie gab sich ganz besondere Mühe, um die Arbeit rechtzeitig abzugeben

⑫ *(sheltered from)* **to get ~ the rain/the summer heat** dem Regen/der sommerlichen Hitze entrinnen

⑬ *(not aware)* **~ fashion** [*or* **style**] aus der Mode; ***you're really ~ touch with the music scene*** du hast keine Ahnung, was auf der Musikszene angesagt ist; ***she's really ~ touch with reality*** sie hat jeglichen Bezug zur Realität verloren

▸ PHRASES: **to come ~ the closet** sich *akk* outen *sl;* **to get ~ hand** außer Kontrolle geraten; **~ it** *(fam: not included)* ausgeschlossen; *(unaware)* ***you can't be completely ~ it!*** du musst doch irgendwas davon mitgekriegt haben!; AM *(drowsy)* nicht ganz da; *(drunk)* besoffen *sl; (drugged)* benebelt, high *euph sl;* **~ line** unangebracht; **to be ~ one's mind** [*or* **head**] den Verstand verloren haben [müssen]; ***he was ~ his mind with jealousy*** er war völlig verrückt [*o* drehte völlig durch] vor Eifersucht; **[to jump] ~ the pan and into the fire** *(prov)* vom Regen in die Traufe [kommen]; **~ place** fehl am Platz; **~ sight** [*or* **this world**] *(fam)* ausgezeichnet, spitze *fam*

out-of-body ex·'peri·ence *n* körperloser Schwebezustand; ***he felt as if he was having an ~*** er fühlte sich, als habe er seinen Körper verlassen **out-of-court 'set·tle·ment** *n* LAW außergerichtliche Einigung, außergerichtlicher Vergleich **out of 'date** *adj pred,* **'out-of-date** *adj attr* veraltet, überholt; *clothing* altmodisch, unmodern; **~ furniture** antiquierte Möbel; **~ ideas** überholte [*o* veraltete] Vorstellungen; **~ style** altmodischer Stil **out-of-'doors** [ˌaʊtəv'dɔːz, AM ˌaʊt̬əv'dɔːrz] **I.** *adv* draußen, im Freien **II.** *adj* Freiland-; *sports* Außen-, Freiluft- **out-of-'hours I.** *adj attr service provision, telephone number* außerhalb der Geschäftszeiten *nach n* **II.** *adv* ■**out of hours** ausserhalb der Geschäftszeiten **out-of-'lim·it range** *n* SCI Fehlbereich *m* **out-of-'lim·its con·di·tion** *n* SCI Grenzwertüberschreitung *f* **out of 'or·der** *n pred* TECH außer Betrieb, kaputt *fam* **out-of-'pock·et** *adj* FIN **~ expenses** Spesen *pl* **out of 'range** *n pred* SCI außerhalb des Wertebereichs *präd* **out of the 'way** *adj pred,* **'out-of-the-way** *adj attr spot, place* abgelegen, entlegen

out-of-town·er [ˌaʊtəv'taʊnəʳ, AM ˌaʊt̬əv'taʊnɚ] *n* Auswärtige(r) *f(m);* ■**to be an ~** nicht aus der Stadt sein

out-of-town 'shop·ping cen·tre *n* außerhalb der Stadt gelegenes Einkaufszentrum

out·'pace *vt* ■**to ~ sb** *(in sports)* jdn hinter sich *dat* lassen, jdn abhängen *fam; (in business)* jdn ausstechen; **to ~ one's rivals/the competition** seine Rivalen/die Konkurrenz ausstechen

'out·pa·tient *n* ambulanter Patient/ambulante Patientin

out·per·'form *vt* ■**to ~ sb/sth** jdn/etw übertreffen, bessere Leistungen bringen als jd/etw

out·'play *vt* ■**to ~ sb** jdm [spielerisch] überlegen sein, besser spielen als jd; **to be completely ~ed** regelrecht an die Wand gespielt werden

out·'point *vt* BOXING ■**to ~ sb** jdn nach Punkten schlagen

'out·post *n* ① MIL *(guards)* Außenposten *m,* Vorposten *m; (base)* Stützpunkt *m*

② *(remote branch)* Außenposten *m; of a company* Außenstelle *f,* [abgelegene] Zweigstelle; ***the last ~ before the desert*** die letzte Siedlung vor der Wüste; *(fig)* ***free jazz has been described as the last ~ of modernism*** Free Jazz gilt als das letzte Überbleibsel des Modernismus; *(fig)* ***Berlin was a capitalist ~ in the middle of communist East Germany*** Berlin war wie eine kapitalistische Festung inmitten der kommunistischen DDR

'out·pour·ing *n* ① *(of emotion)* Ausbruch *m*

② *(of products)* beachtlicher Ausstoß, Flut *f fig*

③ *(of gasses)* Ausströmen *nt*

'out·put I. *n no pl* ECON Ausstoß *m,* Produktion *f,* Output *m o nt;* COMPUT Ausgabe *f,* Output *m o nt;* ELEC Leistung *f;* MIN Förderleistung *f;* **~ of adrenalin** BIOL Adrenalinaussstoß *m;* **~ per hour** ECON Produktionsleistung *f* pro Stunde, Stundenleistung *f;* **agricultural ~** [Ernte]ertrag *m;* **industrial ~** Industrieausstoß *m,* industrielle Produktion[sleistung]; **manufacturing ~** Produktionsausstoß *m;* **total ~** Gesamtproduktion *f* **II.** *vt* ■**to ~ sth** *image, data* etw ausgeben **'out·put bo·nus** *n* ECON Produktionsprämie *f* **'out·put data** *n + sing/pl vb* COMPUT Ausgabedaten *pl;* ECON Produktionszahlen *pl* **'out·put de·vice** *n* COMPUT Ausgabegerät *nt* **'out·put tax** *n* ECON Bruttomehrwertsteuer *f,* SCHWEIZ *meist* brutto Mehrwertsteuer *f*

'out·rage I. *n* ① *no pl* Empörung *f,* Entrüstung *f* (**at** über +*akk*); **to express ~** sich *akk* entsetzt [*o* empört] zeigen; **to provoke public ~** öffentliche Empörung auslösen

② *(deed)* Schandtat *f; (crime)* Verbrechen *nt; (disgrace)* Schande *f kein pl;* **anti-semitic ~s** antisemitische Ausschreitungen; **terrorist ~** Terroranschlag *m*

II. *vt* ① *(arouse indignation)* ■**to ~ sb** jdn erzürnen [*o* gegen sich *akk* aufbringen]; ■**[to be] ~d by** [*or* **at**] **sth** entrüstet [*o* schockiert] über etw *akk* [sein]

② *(violate)* ■**to ~ sth** etw gröblich verletzen [*o* mit Füßen treten]; **to ~ a law/principle** gegen ein Gesetz/Prinzip gröblich verstoßen

out·ra·geous [ˌaʊt'reɪdʒəs] *adj* ① *(terrible)* empörend; *(unacceptable)* unerhört, ungeheuerlich; *(shocking)* schockierend; ■**it is ~ that ...** es ist eine Schande, dass ...

② *(unusual and shocking)* außergewöhnlich; *outfit also* gewagt

③ *(exaggerated)* ungeheuerlich, haarsträubend; *story, statement also* unwahrscheinlich, an den Haaren herbeigezogen; **to make an ~ claim** eine ungeheuerliche Behauptung aufstellen; **an ~ demand** eine völlig überzogene Forderung; **an ~ lie** eine freche [*o* schamlose] Lüge; **~ prices** horrende [*o* unverschämte] Preise

④ *(approv sl: excellent)* super *fam*

out·ra·geous·ly [ˌaʊt'reɪdʒəsli] *adv (terribly)* fürchterlich, furchtbar; *(unacceptably)* unverschämt, maßlos, haarsträubend; *(strangely)* außergewöhnlich; **~ funny** haarsträubend komisch; **to be ~ dressed** ausgefallen [*o* gewagt] gekleidet sein; **to exaggerate ~** maßlos übertreiben; **to lie ~** frech [*o* schamlos] lügen

out·'ran *vt pt of* **outrun**

out·'range *vt* ■**to ~ sth** etw [in der Reichweite [*o* Schussweite]] übertreffen

out·'rank *vt* ■**to ~ sb** einen höheren Rang haben als jd; ■**to ~ sth** etw übertreffen

outré ['uːtreɪ, AM uː'treɪ] *adj (form)* ausgefallen; **an ~ hat** ein extravaganter Hut; **an ~ play** ein bizarres Stück

out·'reach I. *n no pl* AM soziales Engagement; **community ~** Gemeindehilfe *f*

II. *n modifier* AM **~ work** soziales Engagement; **~ worker** ≈Streetworker(in) *m(f);* **~ program** Programm *nt* zur sozialen Unterstützung

III. *vt* ■**to ~ sb/sth** jdn/etw übertreffen

'out·rid·er *n Mitglied in einer motorisierten (seltener berittenen) Eskorte* **'out·rig·ger** *n* Ausleger *m; (boat)* Auslegerboot *nt*

'out·right I. *adj attr, inv* ① *(total)* total, absolut; **an ~ disaster** eine absolute Katastrophe; **~ inconsideration** völlige Rücksichtslosigkeit; **~ nonsense** kompletter Unsinn

② *(undisputed)* offensichtlich; **~ winner** eindeutiger Gewinner/eindeutige Gewinnerin; **~ victory** klarer [*o* eindeutiger] Sieg

❸ *(direct)* direkt, unumwunden; ~ **hostility** offene Feindseligkeit; **an ~ lie/refusal** eine glatte Lüge/Weigerung
II. *adv inv* ❶ *(totally)* total, komplett, gänzlich
❷ *(clearly)* eindeutig
❸ *(directly)* offen, direkt; ***you have been ~ lying to me*** AM du hast mich frech angelogen; **to reject/refuse sth ~** etw glattweg zurückweisen/ablehnen
❹ *(immediately)* sofort, gleich; **to be killed ~** auf der Stelle tot sein

out·ro ['aʊtrəʊ, AM -roʊ] *n* MUS Outro *nt geh,* Schlussstück *nt*

out·'run <-ran, -run, -nn-> *vt* ■**to ~ sb** schneller laufen als jd, jdm davonlaufen; ■**to ~ sth** über etw *akk* hinausgehen, etw übersteigen

outs [aʊts] *npl* AM ■**to be on the ~** [miteinander] Streit haben, sich *dat* in den Haaren liegen *fam*

out·'sell <-sold, -sold> **I.** *vt* ■**to ~ sth** sich *akk* besser verkaufen als etwas anderes; ■**to ~ sb: *Smith is ~ing Jones in the movies*** Smith zieht inzwischen mehr Leute in die Kinos als Jones
II. *vi* höhere Verkaufszahlen haben

'out·set *n no pl* Anfang *m,* Beginn *m;* ■**at the ~** zu Beginn, am Anfang; ■**from the ~** von Anfang an

out·'shine <-shone *or* -shined, -shone *or* -shined> *vt* ❶ *(shine more brightly)* ■**to ~ sth** heller sein als etw, etw überstrahlen
❷ *(be better)* ■**to ~ sb** jdn in den Schatten stellen [*o* ausstechen]; SPORT über jdn triumphieren

out·'side **I.** *n* ❶ *(exterior)* Außenseite *f; of a fruit* Schale *f;* ***she was on the ~ of the clique girls*** *(fig)* in der Clique war sie eine Außenseiterin; ■**from the ~** von außen
❷ *(external appearance)* ■**on the ~** äußerlich, nach außen hin; ■**by the ~** vom Äußeren her; ***you can never tell what he's thinking by the ~*** man sieht ihm nie an, was er gerade denkt
❸ *(of pavement)* Straßenseite *f,* Seite *f* zur Straße hin
❹ *(not within boundary)* ■**on the ~** draußen; *(out of prison)* in Freiheit
❺ SPORT Außenstürmer *m*
▸ PHRASES: **at the ~** *(fig)* im äußersten Fall
II. *adj attr, inv* ❶ *(outer) door, entrance* äußere(r, s); ~ **seat** Sitz *m* zum Gang hin; ~ **wall** Außenmauer *f*
❷ *(external)* außen stehend, extern; ***the company badly needs ~ support*** die Firma benötigt dringend Unterstützung von außen; ~ **financing** externe Finanzierung, Kapitalbeschaffung *f* von außen; ~ **placement** COMM Fremdplatzierung *f;* **the world ~** [*or* ~ **world**] die Welt draußen
❸ *(very slight) chance, possibility* [sehr] klein, minimal
❹ *(highest, largest)* höchste(r, s) *attr,* äußerste(r, s) *attr;* ~ **price** Höchstpreis *m*
III. *adv* ❶ *(not in building)* außen, außerhalb
❷ *(in open air)* im Freien, draußen; **to go ~** nach draußen gehen
❸ *(sl: not imprisoned)* draußen *fam*
IV. *prep* ❶ *(out of)* ***she sat on the floor ~ his room*** sie saß auf dem Fußboden vor seinem Zimmer; ***they went ~ the house*** sie gingen vors Haus; ~ **of London** außerhalb von London
❷ *(beyond)* außerhalb; ***that would be ~ my job description*** das fiele nicht in meine Zuständigkeit; ***this is ~ human comprehension*** das übersteigt den menschlichen Verstand
❸ *(apart from)* ausgenommen; ~ ***of us three*** außer uns dreien

out·side 'broad·cast *n* Außenübertragung *f (eines Radiosenders oder des Fernsehens)* **out·side 'deal·er** *n* STOCKEX Wertpapierhändler(in) *m(f),* der/die nicht der Börse angehört **out·side 'in·flu·ences** *npl* äußere Einflüsse *pl* **out·side 'lane** *n* ❶ BRIT *(far from edge)* innere Fahrbahn, Überholspur *f;* ■**in the ~** auf der Überholspur ❷ AM *(near edge)* äußere Fahrbahn [*o* Spur] ❸ SPORT Außenbahn *f* **out·side 'left** *n* linke Außenseite **out·side 'line** *n* Telefonleitung *f* für externe Gespräche

out·sid·er [ˌaʊt'saɪdəʳ, AM aʊt'saɪdɚ] *n* ❶ *(not a member)* Außen stehende(r) *f(m)*
❷ *(outcast)* Außenseiter(in) *m(f),* Outsider *m*
❸ *(in sports)* Außenseiter(in) *m(f)*

out·side 'right *n* rechte Außenseite **out·side 'share·hold·ers** *n* STOCKEX Minderheitsaktionäre, -aktionärinnen *mpl, fpl,* außen stehende [*o* freie] Aktionäre, Aktionärinnnen *mpl, fpl*

'out·size *adj attr, inv* ❶ *(very large)* übergroß; ~ **clothes** Kleidung *f* in Übergrößen
❷ *(fig)* überragend, herausragend

'out·sized ['aʊtsaɪzd] *adj attr, inv* übergroß; oder ~ **clothes** Kleidung *f* in Übergrößen

out·skirts ['aʊtskɜːts, AM -skɜːrts] *npl* Stadtrand *m,* Randbezirke *pl* [*o* SCHWEIZ *pl* Aussenquartiere] [einer Stadt]

out·'smart *vt (fam)* ■**to ~ sb** jdn austricksen

'out·source *vt* ECON ❶ *(hire)* ■**to ~ sb/sth** jdn/etw anmieten
❷ *(contract out)* ■**to ~ sth** etw auslagern [*o fachspr* outsourcen]

'out·sourc·ing [ˌaʊt'sɔːsɪŋ, AM -'sɔːrs-] *n no pl* Ausgliederung *f,* Fremdbeschaffung *f,* Outsourcing *nt fachspr; of staff* Beschäftigung *f* betriebsfremden [*o* externen] Personals; *of services* Nutzung *f* externer Dienstleistungen; *of production* Produktionsauslagerung *f*

out·spo·ken [ˌaʊt'spəʊkᵊn, AM -'spoʊ-] *adj* offen; *criticism* unverblümt, direkt; *opponent* entschieden

out·spo·ken·ly [ˌaʊt'spəʊkᵊnli, AM -'spoʊ-] *adv* freimütig, [ganz] unverblümt

out·spo·ken·ness [aʊt'spəʊkᵊnnəs, AM -spoʊ-] *n no pl* Unverblümtheit *f,* Direktheit *f*

out·'spread *adj inv* ausgebreitet; **an ~ newspaper/map** eine aufgeschlagene Zeitung/Karte; **with ~ wings** mit [weit] ausgebreiteten Flügeln

out·'stand·ing [ˌaʊt'stændɪŋ] *adj* ❶ *(excellent)* außergewöhnlich, unvergleichlich; *effort, contribution* bemerkenswert; *actor, student, performance* hervorragend, brillant; ~ **ability** außerordentliche Fähigkeit; ~ **achievement** überragende Leistung; ~ **intelligence** außergewöhnliche Intelligenz; ~ **talent** außerordentliches Talent
❷ *(clearly noticeable)* auffallend, hervorstechend; **of ~ beauty** von auffallender Schönheit, unvergleichlich schön
❸ FIN *(unpaid)* ausstehend, nicht abgewickelt; ***the ~ balance on your credit card is £453.25*** Sie sind mit ihrer Kreditkarte mit 453,25 Pfund im Minus; ~ **amounts** *pl* Umlauf *m;* ~ **debt** ausstehende Schulden, aufgenommener Kredit *m;* ~ **invoice** unbezahlte [*o* offene] Rechnung; ~ **loan** ungetilgter Kredit
❹ *(not solved)* unerledigt, offen; ~ **problems** ungelöste [*o* ungeklärte] Probleme

out·stand·ing ac·'counts *npl* FIN Buchforderungen *pl*

out·stand·ing·ly [ˌaʊt'stændɪŋli] *adv* außergewöhnlich, bemerkenswert; ~ **successful** ausgesprochen [*o* extrem] erfolgreich

'out·sta·tion *n esp* BRIT MIL Außenposten *m,* Vorposten *m*

out·'stay *vt* **to ~ one's break** seine Pause überziehen; **to ~ a competitor** länger durchhalten als der Gegner/die Gegnerin, einen Rivalen/eine Rivalin abhängen; **to ~ one's welcome** länger bleiben, als man erwünscht ist

out·'stretch *vt* ❶ *(reach out)* **to ~ one's arm/hand** seinen Arm/seine Hand ausstrecken
❷ *(exceed limit)* ■**to ~ sth** etw übersteigen; **to ~ sb's patience/hospitality** jds Geduld/Gastfreundschaft überstrapazieren

out·stretched [ˌaʊt'stretʃt] **I.** *adj pred, inv* ausgestreckt; *arms also* ausgebreitet
II. *adj attr, inv hands, legs* ausgestreckt

out·'strip <-pp-> *vt* ❶ *(surpass)* ■**to ~ sb** *(be better)* jdn übertreffen [*o* schlagen]; *(go faster)* jdn überholen
❷ *(be greater)* ■**to ~ sth** etw übersteigen

out·ta ['aʊt̬ə] *prep esp* AM *(fam) see* **out of**

'out-take *n* herausgeschnittene Sequenz *(aus einem Programm, einer Sendung)*

'out there *adj inv, pred (fam)* verrückt

'out-tray *n* Ablage *f* für Ausgangspost

'out·turn *n no pl* Produktion[sleistung] *f,* Ausstoß *m*

out·'vote *vt* ■**to ~ sb/sth** jdn/etw überstimmen; ■**to be ~d** überstimmt werden; POL eine Abstimmung verlieren

out·ward ['aʊtwəd, AM -wɚd] **I.** *adj attr* ❶ *(exterior)* äußere(r, s), Außen-; *(superficial)* äußerlich, vordergründig; ~ **signs** äußerliche Anzeichen; **to all ~ appearances** allem Anschein nach; **an ~ show of confidence/toughness** ein demonstratives Zurschaustellen von Zuversicht/Stärke
❷ *(going out)* ausgehend; ~ **flight** Hinflug *m;* ~ **voyage** Hinreise *f*
II. *adv* nach außen; ***the door opens ~*** die Tür geht nach außen auf

out·ward-'bound *adj* ■**to be ~** wegfahren; *(from a country)* ausreisen; ***the ~ train for Detroit is now departing*** der Zug nach Detroit fährt jetzt ab; **an ~ ship** ein auslaufendes Schiff; ~ **traffic** *Verkehr, der aus der Stadt/dem Land hinausgeht* **'out·ward-look·ing** *adj* nach außen orientiert; ■**to be ~** über den Tellerrand schauen *fig;* **an ~ Europe** ein international orientiertes Europa

out·ward·ly ['aʊtwədli, AM -wɚd-] *adv inv* äußerlich, nach außen hin

out·wards ['aʊtwədz, AM -wɚdz] *adv inv* nach außen

'out·wash *n* GEOL Sander *m fachspr*

out·'weigh [ˌaʊt'weɪ] *vt* ❶ *(in weight)* ■**to ~ sb** schwerer sein als jd
❷ *(in importance)* ■**to ~ sth** gegenüber etw *dat* überwiegen, etw wettmachen

out·'wit <-tt-> [ˌaʊt'wɪt] *vt* ■**to ~ sb** jdn austricksen

'out·work *n* ❶ MIL Vorwerk *nt,* Außenbefestigung *f*
❷ *no pl (work)* Arbeit *f* außerhalb der Firmengebäude; *(at home)* Heimarbeit *f,* Bildschirmarbeit *f;* **to do ~ for a company** außerhalb der Firma arbeiten; *(at home)* zu Hause arbeiten **'out·work·er** *n* ■**to be an ~** außerhalb der Firma arbeiten; *(at home)* Bildschirmarbeiter/Bildschirmarbeiterin sein

out·'worn *adj inv* abgenutzt; ~ **ideas** überholte Ideen

ouzo ['uːzəʊ, AM -zoʊ] *n* Ouzo *m*

ova ['əʊvə, AM 'oʊ-] *n pl of* **ovum**

oval ['əʊvᵊl, AM 'oʊ-] **I.** *n* Oval *nt;* ***her eyes were large ~s*** sie hatte große Mandelaugen
II. *adj* oval, eiförmig

Oval 'Of·fice *n* AM POL ■**the ~** das Oval Office *(Büro des US-Präsidenten)*

ovar·ian [əʊ'veəriən, AM oʊ'veri] *adj inv* Eierstock-, ovarial *fachspr;* ~ **cancer** Eierstockkrebs *m,* Ovarialkarzinom *nt fachspr;* ~ **cyst** Zyste *f* am Eierstock

ova·ry ['əʊvᵊri, AM 'oʊ-] *n* Eierstock *m,* Ovarium *nt fachspr*

ova·tion [ˌə(ʊ)'veɪʃᵊn, AM ˌoʊ'-] *n* Applaus *m,* [begeisterter] Beifall; **standing ~** Standingovations, stehende Ovationen; **to get** [*or* **receive**] **an ~** viel Applaus bekommen, [stürmischen] Beifall erhalten; **to give sb an ~** jdm applaudieren

oven ['ʌvᵊn] **I.** *n* [Back]ofen *m,* Backrohr *nt* ÖSTERR; **microwave ~** Mikrowellenherd *m,* Mikrowellenofen *m* SCHWEIZ, Mikrowelle *f;* **built-in ~** Einbauherd *m;* **fan-assisted** [*or* **convection**] **~** Heißluftofen *m,* Umluftofen *m,* Heißluftherd *m* BRD, Umluftherd *m* BRD; ***Calcutta in summer is like an ~*** Kalkutta ist im Sommer der reinste Backofen; **to cook sth in a slow/moderate/hot ~** etw bei schwacher/mittlerer/starker Hitze backen
II. *n modifier* Backofen-; ~ **temperature** Backofenhitze *f,* [Back]ofentemperatur *f*

oven·able ['ʌvᵊnəbl̩] *adj inv* BRIT ❶ *(oven-cookable)* ■**to be ~** im Backofen zubereitbar; ~ **meal** bratfertiges Gericht
❷ *(ovenproof)* feuerfest, hitzebeständig

'oven chips *npl* BRIT, AUS Backofenpommesfrites *pl* **'oven clean·er** *n* Backofenreiniger *m* **'oven·cloth** *n* Topflappen *m* **'oven glove,** AM, AUS **'oven mitt** *n* Topfhandschuh *m* **'oven·proof** *adj inv* feuerfest, hitzebeständig **'oven-ready** *adj inv* bratfertig, backfertig

'oven·ware *n no pl (pots and pans)* feuerfestes Geschirr; *(baking tin, cake tin)* feuerfeste [Back]formen;

~ **set** feuerfestes Geschirr

over ['əʊvəʳ, AM 'oʊvɚ] **I.** *adv inv, pred* 1 *(across)* hinüber; *(towards speaker)* herüber; ***come ~ here*** komm hierher; ***why don't you come ~ for dinner on Thursday?*** kommt doch am Donnerstag zum Abendessen zu uns; ***he is flying ~ from the States tomorrow*** er kommt morgen aus den Staaten 'rüber *fam;* ***I've got a friend ~ from Canada this week*** ich habe diese Woche einen Freund aus Kanada zu Besuch; **to move** [**sth**] ~ [etw] [beiseite] rücken

2 *(on the other side)* drüben; *(on speaker's side)* herüben; ***I've got a friend ~ in Munich*** ein Freund von mir lebt in München; ~ **the sea** in Übersee; ~ **there** dort [drüben]

3 *(another way up)* auf die andere Seite; ***the dog rolled ~ onto its back*** der Hund rollte sich auf den Rücken; **to turn sth** ~ etw umdrehen; **to turn a page** ~ [eine Seite] umblättern; ~ **and** ~ [immer wieder] um sich *akk* selbst; ***the children rolled ~ and ~ down the gentle slope*** die Kinder kugelten den leichten Abhang hinunter

4 *(downwards)* **to fall** ~ hinfallen; **to knock sth** ~ etw umstoßen

5 *(finished)* ■**to be** ~ vorbei [*o* aus] sein; ***the game was ~ by 5 o'clock*** das Spiel war um 5 Uhr zu Ende; ***it's all ~ between us*** zwischen uns ist es aus; ***that's all ~ now*** damit ist es jetzt vorbei; **to be all ~ bar the shouting** so gut wie gelaufen sein *fam;* **to get sth ~ with** etw abschließen; **to get sth ~ and done with** etw hinter sich *akk* bringen

6 AVIAT, TELEC over, Ende; ~ **and out** Ende [der Durchsage] *fam*

7 *(remaining)* [**left**] ~ übrig; ***there were a few sandwiches left ~*** ein paar Sandwiches waren noch übrig

8 *(thoroughly, in detail)* **to read sth** ~ etw durchlesen; **to talk sth** ~ etw durchsprechen; **to think sth** ~ etw überdenken

9 *(throughout)* **the world** ~ überall auf der Welt; **all** ~ ganz und gar; ***that's him all ~*** typisch er; ***I was wet all ~*** ich war völlig durchnässt

10 AM *(again)* noch einmal; **all** ~ alles noch einmal; ***I'll make you write it all ~*** ich lasse dich alles noch einmal schreiben; **to say everything twice** ~ alles zweimal sagen; *five times* ~ fünfmal hintereinander; ~ **and** ~ immer [*o* wieder und] wieder

11 *(sb's turn)* ***I've done all I can. it's now over to you*** ich habe alles getan, was ich konnte. jetzt bist du dran

12 RADIO, TV ***and now it's ~ to John Regis for his report*** wir geben jetzt weiter an John Regis und seinen Bericht; ***now we're going ~ to Wembley for commentary*** zum Kommentar schalten wir jetzt hinüber nach Wembley

13 *(more)* mehr; ***people who are 65 and ~*** Menschen, die 65 Jahre oder älter sind

▸PHRASES: **to give** ~ die Klappe halten *sl;* **to have one ~ the eight** BRIT einen sitzen haben *fam;* **to hold sth** ~ etw verschieben

II. *prep* 1 *(across)* über *+akk;* ***he spilled wine ~ his shirt*** er goss sich Wein über sein Hemd; ***he looked ~ his newspaper*** er schaute über seine Zeitung hinweg

2 *(on the other side of)* über *+dat;* ***the village is just ~ the next hill*** das Dorf liegt hinter dem nächsten Hügel; ***the diagram is ~ the page*** das Diagramm ist auf der nächsten Seite; ~ **the way** [*or* **road**] BRIT auf der anderen Straßenseite, gegenüber; ***they live just ~ the road from us*** sie wohnen uns gegenüber auf der anderen Straßenseite

3 *(above)* über *+dat;* ***he sat there, bent ~ his books*** er saß da, über seine Bücher gebeugt; **to have a roof ~ one's head** ein Dach über dem Kopf haben

4 *(everywhere)* [überall] in *+dat; (moving everywhere)* durch *+akk;* **all** ~ überall in *+dat;* ***she had blood all ~ her hands*** sie hatte die Hände voll Blut; ***you've got mustard all ~ your face*** du hast Senf überall im Gesicht; **all ~ the country** im ganzen Land; ***we travelled all ~ the country*** wir haben das ganze Land bereist; **all ~ the world** auf der ganzen Welt; **to be all ~ sb** *(sl)* von jdm hingerissen sein; **to show sb ~ the house** jdm das Haus zeigen

5 *(during)* in *+dat,* während *+gen;* ***shall we talk about it ~ a cup of coffee?*** sollen wir das bei einer Tasse Kaffee besprechen?; ***gentlemen are asked not to smoke ~ dinner*** die Herren werden gebeten, während des Essens nicht zu rauchen; ***she fell asleep ~ her homework*** sie nickte über ihren Hausaufgaben ein; ~ **the last few months** in den letzten Monaten; ~ **the summer** den Sommer über; ~ **the years** mit den Jahren

6 *(more than, longer than)* über *+akk;* ***this shirt cost me ~ £50!*** dieses Hemd hat mich über 50 Pfund gekostet!; ***they are already 25 million dollars ~ budget*** sie haben das Budget bereits um 25 Millionen Dollar überzogen; ***he will not survive ~ the winter*** er wird den Winter nicht überstehen; ~ **and above** über *+akk* ... hinaus; ***she receives an extra allowance ~ and above the usual welfare payments*** sie bekommt über die üblichen Sozialhilfeleistungen hinaus eine zusätzliche Beihilfe; ~ **and above that** darüber hinaus

7 *(through)* ***he told me ~ the phone*** er sagte es mir am Telefon; ***we heard the news ~ the radio*** wir hörten die Nachricht im Radio

8 *(in superiority to)* über *+akk;* ***he has authority ~ thirty employees*** er hat dreißig Mitarbeiter unter sich; ***she has a regional sales director ~ her*** sie untersteht einem Gebietsvertriebsleiter; ***a colonel is ~ a sergeant in the army*** ein Colonel steht über einem Sergeant in der Armee; ***her husband always did have a lot of influence ~ her*** ihr Mann hat schon immer einen großen Einfluss auf sie gehabt

9 *(about)* über *+akk;* ***there's no point in arguing ~ it*** es hat keinen Sinn, darüber zu streiten; ***don't fret ~ him — he'll be alright*** mach dir keine Sorgen um ihn – es wird ihm schon gutgehen; ***we've been ~ this before — no TV until you've done your homework*** das hatten wir doch alles schon – kein Fernsehen bis du deine Hausaufgaben gemacht hast

10 *(past)* über *+akk* ... hinweg; ***he's not fully recovered but he's certainly ~ the worst*** er ist zwar noch nicht wieder ganz gesund, aber er hat das Schlimmste überstanden; **to be/get ~ sb** über die Trennung von jdm hinweg sein/kommen; **to be ~ an obstacle** ein Hindernis überwunden haben

11 MATH *(in fraction)* durch *+akk;* ***48 ~ 7 is roughly 7*** 48 durch 7 ist ungefähr 7; **2 ~ 5** zwei Fünftel

over- [əʊvəʳ, AM oʊvɚ] *in compounds* über-, zu [sehr]; ***the children got rather ~excited*** die Kinder drehten ziemlich auf; ***I'm not ~keen on flying*** ich fliege nicht sehr gerne; ~**optimistic** zu optimistisch; ~**polite** übertrieben höflich

over·ab·'sorp·tion *n no pl* FIN Überdeckung *f*

over·a'bun·dance *n no pl* Überfluss *m,* Überangebot *nt* (**of** an *+dat*) **over·a'bun·dant** *adj inv* übermäßig, überreichlich **over·a'chieve** *vi* zu viel arbeiten, sich *akk* übernehmen; *(in school)* immer der/die Beste sein **over·'act I.** *vi* THEAT übertreiben **II.** *vt* ■**to ~ sth** etw überziehen; **to ~ a role** eine Rolle übertrieben spielen **over·'ac·tive** *adj* überaktiv; **to have an ~ imagination** zu viel Fantasie haben; ~ **thyroid** Schilddrüsenüberfunktion *f*

over·age ['əʊvəʳrɪdʒ, AM 'oʊ-] *n* ECON Überschuss *m*

over 'age *adj* ***this is an ~ applicant*** dieser Bewerber ist zu alt; ■**to be** ~ zu alt [*o* überaltert] sein

over·all I. *n* ['əʊvəʳrɔːl, AM 'oʊvɚ-] 1 BRIT *(smock)* [Arbeits]kittel *m*

2 BRIT *(protective suit)* ■~**s** *pl* Overall *m,* Arbeitsanzug *m*

3 AM *(dungarees)* ■~**s** *pl* Latzhose *f*

II. *adj* [ˌəʊvəʳ'rɔːl, AM ˌoʊvɚ'ɑːl] *attr* 1 *(general)* Gesamt-, allgemein; ***the company reported an ~ fall in profits*** das Unternehmen meldete insgesamt einen Gewinnverlust; ~ **assessment** Gesamtbeurteilung *f,* Gesamtbetrachtung *f;* ~ **balance** FIN Gesamtbilanz *f;* ~ **pattern** Gesamtbild *nt;* ~ **plan** Gesamtplan *m;* ~ **results** Gesamtergebnisse *pl*

2 *(over all others)* Gesamt-; ~ **commander** Oberkommandierende(r) *f(m);* ~ **majority** absolute Mehrheit; ~ **winner** Gesamtsieger(in) *m(f)*

III. *adv* [ˌəʊvəʳ'rɔːl, AM ˌoʊvɚ'ɑːl] *inv* insgesamt, im Großen und Ganzen

over·am·'bi·tious *adj inv* übertrieben ehrgeizig, überambitioniert

over·'anx·ious *adj* 1 *(too fearful)* überängstlich, übertrieben besorgt (**about** über *+akk*) 2 *(very eager)* begierig; ■**to be ~ to do sth** etw unbedingt tun wollen; ■**to not be ~ to do sth** nicht scharf darauf sein, etw zu tun **over·'arch** *vt* ■**to ~ sth** etw überspannen [*o* überwölben] **over·arch·ing** [ˌəʊvəʳr'ɑːtʃɪŋ, AM ˌoʊvɚ'ɑːrtʃ] *adj inv* 1 *(forming an arch)* überwölbend 2 *(all-embracing)* in sich *akk* schließend, [mit]umfassend **'over·arm** *esp* BRIT **I.** *adj attr* mit gestrecktem Arm *nach n;* ~ **serve** Aufschlag *m* von oben; ~ **throw** Wurf *m* mit gestrecktem Arm **II.** *adv inv* mit gestrecktem Arm [über die Schulter]; **to throw sth** ~ etw von oben werfen **over·'awe** *vt usu passive* ■**to be ~d by sb/sth** *(be impressed)* von jdm/etw überwältigt [*o* tief beeindruckt] sein; *(be intimidated)* von jdm/etw eingeschüchtert sein; ■**to ~ sb** jdm Ehrfurcht einflößen **over·'bal·ance I.** *vi person* das Gleichgewicht verlieren; *object* umkippen; *boat* kentern **II.** *vt* ■**to ~ sb** jdn aus dem Gleichgewicht bringen; ■**to ~ sth** etw umkippen [*o* umwerfen]; **to ~ a boat** ein Boot zum Kentern bringen **over·'bear·ing** *adj (pej: arrogant)* anmaßend, arrogant; *(authoritative)* herrisch **over·'bid** <-bid, -bid *or* -bidden> **I.** *vt* ■**to ~ sb** jdn überbieten **II.** *vi* mehr bieten **over·'blown** *adj* 1 *(overdone)* geschraubt, schwülstig, geschwollen 2 *flower* verblühend; ■**to be ~** fast verblüht sein **'over·board** *adv inv* über Bord; ***man ~!*** Mann über Bord!; **to fall** ~ über Bord gehen; **to throw** [*or* **chuck**] [*or* **toss**] **sb/sth** ~ jdn/etw über Bord werfen; *(fig)* jdn/etw hinauswerfen; **to throw one's principles** ~ seine Grundsätze über Bord werfen

▸PHRASES: **to go** ~ *(pej fam)* zu weit gehen, es übertreiben; **to go ~ for sb/sth** nach jdm/etw verrückt sein *fam*

over·'bold *adj* [sehr] dreist **over·'book I.** *vt usu passive* TOURIST ■**to be ~ed** überbucht sein **II.** *vi* zu viele Buchungen vornehmen, überbuchen **over·'book·ing** *n no pl* Überbuchen *nt* **over·'bor·row** *vi* sich *akk* überschulden **over·'bor·rowed** *adj* FIN überschuldet **over·'bur·den** *vt* ■**to ~ sb/sth** jdn/etw überlasten; **to be ~ed with debts** zu viele Schulden haben **over·ca·'pac·ity** *n* Überkapazität *f* **over·capi·tal·ized** [ˌəʊvə'kæpɪtəlaɪzd, AM ˌoʊvɚ'kæpət̬ə-] *adj* FIN überkapitalisiert

over·'cast *adj sky* bedeckt, bewölkt, trüb; *weather* regnerisch, trüb

over·'cau·tious *adj* übervorsichtig, übertrieben vorsichtig

over·'charge I. *vt* 1 *(charge too much)* ■**to ~ sb** [**for sth**] jdm [für etw *akk*] zu viel berechnen

2 ELEC ■**to ~ sth** *electrical device* etw überlasten; **to ~ a battery** eine Batterie überladen

II. *vi* zu viel berechnen; ■**to ~ for** [*or* **on**] **sth** für etw *akk* zu viel verlangen

III. *n* FIN Betrag, der zu viel berechnet wurde

'over·coat *n* Mantel *m*

over·'come <-came, -come> **I.** *vt* 1 *(cope with)* ■**to ~ sth** etw bewältigen; **to ~ a crisis** eine Krise überwinden; **to ~ difficulties/problems** Schwierigkeiten/Probleme meistern; **to ~ one's fear/shyness** seine Angst/Schüchternheit überwinden; **to ~ an illness** eine Krankheit besiegen; **to ~ opposition/resistance** [einen] Widerstand überwinden; **to ~ temptation** der Versuchung widerstehen

2 *usu passive (render powerless)* ■**to be ~ by** [*or* **with**] **sth** *sleep, emotion, grief* von etw *dat* überwältigt werden; *fumes, exhausts* von etw *dat* ohnmächtig werden

3 *(defeat)* ■**to ~ sb/sth** jdn/etw besiegen [*o* bezwingen]

II. *vi* siegen

over·com·mer·ciali·'za·tion *n no pl* Überkommerzialisierung *f* **over·'com·pen·sate** *vi* in übersteigertem Maß ausgleichen; ■**to ~ for sth** [**with sth**] etw [durch etw *akk*] überkompensieren **over·'con·fi·dence** *n no pl* übersteigertes Selbstvertrauen; *(self-assurance)* übersteigertes Selbstbewusstsein **over·'con·fi·dent** *adj (extremely self-assured)* übertrieben selbstbewusst [*o* selbstsicher]; *(too optimistic)* übertrieben zuversichtlich, zu optimistisch; **to be ~ of victory** zu siegessicher sein **over·'cook** *vt* ■**to ~ sth** *(in water)* etw verkochen; *(in oven)* etw verbraten **over·'crowd** *vt* ❶ *(fill beyond capacity)* ■**to ~ sth** etw überfüllen ❷ *(house beyond space)* ■**to ~ sb/an animal** jdn/ein Tier der Übervölkerung aussetzen *a. fig* **over·'crowd·ed** *adj* überfüllt; **~ profession** überlaufener Beruf; **~ region** Ballungsgebiet *nt;* **~ town** übervölkerte Stadt **over·'crowd·ing** *n no pl of room, train* Überfüllung *f; of town, city* Überbevölkerung *f* **over·de·'vel·oped** *adj* ❶ *(physically, mentally)* überentwickelt ❷ PHOT überentwickelt

over·'do <-did, -done> *vt* ❶ *(overexert oneself)* **to ~ it** [*or* **things**] sich *akk* überanstrengen [*o* übernehmen]; *(overindulge)* es übertreiben; *(go too far)* zu weit gehen; ***by all means try and make a good impression, but don't ~ it!*** versuche auf jeden Fall, einen guten Eindruck zu machen, aber trage nicht zu dick auf!
❷ *(use too much)* ■**to ~ sth** von etw *dat* zu viel verwenden; **to ~** [**it with**] **the garlic/sugar** zu viel Knoblauch/Zucker verwenden; **to ~ the drink** zu viel trinken
❸ *(exaggerate)* ■**to ~ sth** etw übertreiben; ***it's ~ing it a bit to call it a catastrophe*** ich finde es überzogen, von einer Katastrophe zu reden; ***rumours have been ~ne*** die Gerüchte wurden aufgebauscht; **to ~ a role** eine Rolle übertrieben spielen
❹ *(overcook)* ■**to ~ sth** *in water* etw verkochen; *in oven* etw verbraten

over·'done *adj* ❶ *(exaggerated)* übertrieben; **~ make-up** zu starkes Make-up
❷ *(overcooked) in water* verkocht; *in oven* verbraten

over·dose I. *n* ['əʊvədəʊs, AM 'oʊvɚdoʊs] Überdosis *f;* **drugs ~** Überdosis *f* an Drogen; **massive ~** hohe Überdosis
II. *vi* [ˌəʊvə'dəʊs, AM ˌoʊvɚ'doʊs] eine Überdosis nehmen; **to ~ on sleeping pills** eine Überdosis Schlaftabletten nehmen

'over·draft I. *n* Kontoüberziehung *f;* **to have an ~** sein Konto überzogen haben; **to pay off an ~** einen Überziehungskredit abbezahlen [*o* zurückzahlen]
II. *n modifier* **~ credit** geduldeter Kontokorrentkredit [*o* Überziehungskredit]; **~ interest** *no pl* Überziehungszins *m* **over·draft fa·'cil·ity** *n* BRIT Dispositionskredit *nt; (exceeding fixed limit)* Kontokorrentkredit *m,* Überziehungskredit *m* **'over·draft limit** *n* Dispolimit *nt*

over·'draw <-drew, -drawn> **I.** *vi* [sein Konto] überziehen **II.** *vt* **to ~ one's account** sein Konto überziehen; ***your account is ~n*** [*or* ***you are overdrawn***] Ihr Konto ist überzogen **over·'drawn** *adj account* überzogen; ***I am*** [***£ 300***] **~** ich habe mein Konto [um 300 Pfund] überzogen **over·'dress** *vi* sich *akk* zu fein anziehen **over·'dressed** *adj (too formally)* overdressed, zu fein angezogen; *(wearing too many clothes)* zu dick angezogen

'over·drive *n no pl* ❶ AUTO, TECH Overdrive *m fachspr,* Schongang *m*
❷ *(fig: effort)* ■**to be in ~** auf Hochtouren laufen; **to go into ~** sich *akk* ins Zeug legen *fam*

over·'due *adj usu pred* ❶ *(late)* überfällig; ***she feels she's ~ for promotion*** ihrer Meinung nach hätte sie schon längst befördert werden müssen; ■**to be ~** *(be late)* Verspätung haben; ***she is ~*** sie müsste längst da sein; **to be** [**long**] **~** [seit Langem] überfällig sein; **~ interest** Zinsrückstände *pl;* **~ payments** *pl* Zahlungsrückstand *m* ❷ *(late according to biological cycle) period, baby* überfällig **over·'eag·er** *adj* übereifrig; ***they were not ~ to see him*** sie waren nicht wild darauf, ihn zu sehen **over·'eag·er·ness** *n no pl* Übereifer *m* **over 'easy** *adj inv* AM **~ egg** *auf beiden Seiten gebratenes Spiegelei* **over·'eat** <-ate, -eaten> *vi* zu viel essen; ■**to ~ on sth** sich *akk* an etw *dat* überessen **over·'eat·ing** *n no pl* übermäßiges Essen **over-'egg** *vt* BRIT ▶PHRASES: **to ~ the pudding** es übertreiben; ***this would be ~ing the pudding*** das wäre des Guten zu viel **over·e'labo·rate** *adj inv* gewollt *fig,* gekünstelt **over·'em·pha·sis** *n no pl* Überbetonung *f* **over·'em·pha·size** *vt* ■**to ~ sth** etw überbetonen; ***I cannot ~ the importance of this mission*** ich kann gar nicht oft genug betonen, wie wichtig diese Mission ist **over·en·thu·si·'as·tic** *adj inv* übertrieben begeistert, restlos hingerissen *iron fam*

over·es·ti·mate I. *n* [ˌəʊvəʳ'estɪmət, AM ˌoʊvɚ'estɪmɪt] Überbewertung *f;* **to be an ~** eine zu hohe Schätzung sein
II. *vt* [ˌəʊvəʳ'estɪmeɪt, AM ˌoʊvɚ'estɪ-] ❶ *(value too highly)* ■**to ~ sth** etw überbewerten; **to ~ the demand** die Nachfrage zu hoch einschätzen
❷ *(estimate too much)* ■**to ~ sb/sth** jdn/etw überschätzen

over·ex·'cite *vt* ■**to ~ sb** jdn zu sehr aufregen **over·ex·'cit·ed** *adj usu pred* ■**to be/become ~** ganz aufgeregt sein/werden, [vor Freude] außer sich *dat* sein/geraten; ***the children are ~*** die Kinder sind total aufgedreht **over·ex·'cite·ment** *n no pl* zu starke Aufregung; *of adults* Überreiztheit *f; of children* Aufgedrehtheit *f* **over·ex·'ert** *vt* ■**to ~ oneself** sich *akk* überanstrengen **over·ex·'er·tion** *n no pl* Überanstrengung *f* **over·ex·'pose** *vt* ■**to be ~d** ❶ PHOT überbelichtet sein ❷ *usu passive (overpublicize) person* zu sehr im Rampenlicht der Öffentlichkeit stehen; *subject* zu sehr in den Medien breitgetreten werden; **to be ~d to risks** zu starken Risiken ausgesetzt sein **over·ex·'po·sure** *n no pl* ❶ PHOT Überbelichtung *f* ❷ *(in the media) of person* zu große Präsenz; *of subject* zu häufige Diskussion ❸ FIN übermäßige Belastung durch zu hohe Kreditexpansion **over·ex·'tend** *vt* ■**to ~ oneself** [**on sth**] sich *akk* [bei etw *dat*] [finanziell] übernehmen **over·fa·'mil·iar** *adj* ❶ *(too friendly)* aufdringlich; ■**to be ~ with sb** jdm zu nahe treten ❷ *usu with neg (very familiar)* sehr vertraut; ■**to be not ~ with sth** sich *akk* mit etw *dat* kaum auskennen **over·'feed** <-fed, -fed> **I.** *vt* **to ~ an animal** ein Tier überfüttern **II.** *vi* sich *akk* überfressen **over·'feed·ing** *n no pl of child, animal* Überfütterung *f; of adult* Überernährung *f* **over·'fill** *vt* ■**to ~ sth** etw überfüllen **over·fi·nanc·ing** [ˌəʊvə'faɪnæn(t)sɪŋ, AM ˌoʊvɚ-] *n no pl* Überfinanzierung *f* **over·'fish·ing** *n no pl* Überfischung *f*

'over·flight *n* Überflug *m*

over·flow I. *n* ['əʊvəfləʊ, AM 'oʊvɚfloʊ] ❶ *no pl (act of spilling)* Überlaufen *nt*
❷ *(overflowing liquid)* überlaufende Flüssigkeit
❸ *(outlet)* Überlauf *m*
❹ *(surplus)* Überschuss *m* (**of** an +*dat*); **population ~** Bevölkerungsüberschuss *m*
❺ COMPUT *(result exceeding storage limits)* Überlauf *m*
❻ COMPUT *(transmissions greater than line capacity)* Kapazitätsüberschreitung *f*
II. *vi* [ˌəʊvə'fləʊ, AM ˌoʊvɚ'floʊ] *river, tank* überlaufen; ***his room is ~ing with books*** sein Zimmer quillt vor Büchern über; ***the pub was so full that people were ~ing into the street*** die Kneipe war so voll, dass die Leute bis auf die Straße standen; **to be ~ing with emotion** sehr gerührt sein; **to be ~ing with ideas** vor Ideen sprühen; **to be full to ~ing** *container* bis zum Überlaufen voll sein; *building, room* überfüllt sein
III. *vt* [ˌəʊvə'fləʊ, AM ˌoʊvɚ'floʊ] ■**to ~ sth** *container, tank* etw zum Überlaufen bringen; *(fig) area* etw überschwemmen [*o* überfluten] *fig;* ***the river has ~ed its banks*** der Fluss ist über seine Ufer getreten

'over·flow pipe *n* Überlauf *m,* Überlaufrohr *nt*

over·'fly <-flew, -flown> *vt* AVIAT ■**to ~ sth** *(fly over)* etw überfliegen; *(fly beyond)* über etw *akk* hinausfliegen **over·'fond** *adj pred* ■**to be ~ of sth/doing sth** etw nur zu gern haben/tun; ***I'm not ~ of lemon cake*** ich bin kein großer Freund von Zitronenkuchen **over·'full** *adj inv* übervoll; *rooms, vehicles, cases* vollgestopft **over·'fund·ing** *n no pl* Überdotierung *f* **over·'gen·er·ous** *adj inv* allzu großzügig *a. fig,* allzu entgegenkommend **'over·ground** *adv inv* ❶ *(above ground)* über dem Erdboden befindlich ❷ *(legitimately, not subversively)* **to go ~** aus dem Untergrund hervorkommen, salonfähig werden **over·'grown** *adj* ❶ *(with plants)* überwachsen, überwuchert; ■**to be ~ with sth** von etw *dat* überwuchert sein ❷ *(usu pej: childish)* ***he is just an ~ schoolboy*** er ist wie ein großer Schuljunge

'over·hand AM **I.** *adj attr, inv* SPORT mit gestrecktem Arm; **~ serve** Aufschlag *m* von oben; **~ throw** Wurf *m* mit gestrecktem Arm
II. *adv inv* mit gestrecktem Arm [über die Schulter]; **to throw sth ~** etw von oben werfen

over·hang I. *n* ['əʊvəhæŋ, AM 'oʊvɚ-] ❶ *(sticking out)* Überhang *m*
❷ TECH vorspringender Teil
❸ FIN Überangebot *nt,* Überhang *m*
II. *vt* <-hung, -hung> [ˌəʊvə'hæŋ, AM ˌoʊvɚ'-] ❶ *(project over)* ■**to ~ sth** über etw *akk* hinausragen; ARCHIT über etw *akk* hervorstehen [*o* hervorragen]; ***a part of the patio is overhung with washing*** über einem Teil des Hofes hängt frisch gewaschene Wäsche; **to be overhung with plants** mit Pflanzen überwachsen sein
❷ *(fig: loom over)* ■**to ~ sth** etw überschatten
❸ FIN **to ~ the market** den Markt überschütten

'over·hang·ing *adj inv branch* überhängend; *rock* hervorstehend

over·'hasty *adj inv* voreilig, übereilt, allzu hastig

over·haul I. *n* ['əʊvəhɔːl, AM 'oʊvɚhɑːl] [General]überholung *f; (revision)* Revision *f,* Überarbeitung *f*
II. *vt* [ˌəʊvə'hɔːl, AM ˌoʊvɚ'hɑːl] ❶ *(repair)* ■**to ~ sth** etw überholen [*o* SCHWEIZ *meist* revidieren]
❷ *(improve)* ■**to ~ sth** etw überprüfen; *(reform)* etw überarbeiten
❸ BRIT *(overtake)* ■**to ~ sb/sth** jdn/etw überholen; *(catch up with)* jdn/etw einholen

over·head I. *n* ['əʊvəhed, AM 'oʊvɚ-] ❶ *(running costs of business)* ■**~s** *pl* BRIT, AUS, ■**~** AM laufende Geschäftskosten, allgemeine Unkosten; *(not chargeable to a particular product)* indirekte Kosten
❷ *(fam: projector)* Overheadprojektor *m,* SCHWEIZ *meist* Hellraumprojektor *m; (transparency)* Folie *f*
❸ *(extra code)* Zusatzcode *m*
II. *adj* ['əʊvəhed, AM 'oʊvɚ-] *attr, inv* ❶ *(above head level)* Hoch-; **~ tank** Hochbehälter *m;* ELEC oberirdisch; **~ cable** Freileitung *f,* Luftkabel *nt; (between towns)* Überlandleitung *f; (with high voltage)* Hochspannungsleitung *f*
❷ *(of running costs of business)* laufend; **~ costs** [*or* **expenses**] laufende Geschäftskosten, allgemeine Unkosten; *(not chargeable to a particular product)* indirekte Kosten
❸ *(taken from above)* von oben *nach n;* **~ shot** Aufnahme *f* von oben
❹ SPORT Überkopf-
III. *adv* [ˌəʊvə'hed, AM ˌoʊvɚ'-] in der Luft; ***a plane circled ~*** ein Flugzeug kreiste über uns

over·head 'cam·shaft *n* TECH oben liegende Nockenwelle **over·head 'light·ing** *n no pl* Deckenbeleuchtung *f* **over·head pro·'jec·tor** *n,* **OHP** *n* Overheadprojektor *m,* SCHWEIZ *meist* Hellraumprojektor *m* **over·head 'rail·way** *n* BRIT Hochbahn *f*

over·heads ['əʊvəhedz, AM 'oʊvɚ-] *npl* Gemeinkosten *pl*

over·head 'vol·ley *n* TENNIS Schmetterball *m*

over·'hear <-heard, -heard> **I.** *vt* ■**to ~ sth** etw zufällig mithören; ■**to ~ sb** jdn unabsichtlich belauschen; ***I ~d him telling her that ...*** ich habe mitbekommen [*o* aufgeschnappt], wie er sagte, dass ...
II. *vi* unabsichtlich mithören; ***I'm sorry — I couldn't help ~ing*** tut mir leid – ich wollte euch nicht belauschen **over·'heat I.** *vt* ■**to ~ sth** etw überhitzen; **to get ~ed** *(fig)* sich *akk* erhitzen; ***things got a bit ~ed at the meeting*** bei der Ver-

sammlung ging es ziemlich heiß her **II.** *vi* sich *akk* überhitzen *a. fig; motor also* heiß laufen **over·'heat·ing** *n no pl of market* konjunkturelle Überhitzung **over·in·'dulge I.** *vt* ■**to ~ sb** jdm zu viel durchgehen lassen, gegenüber [*o* mit] jdm zu nachsichtig sein; ■**to ~ oneself** sich *akk* zu sehr gehenlassen **II.** *vi (overdo)* es übertreiben, des Guten zu viel tun; *(eat too much)* sich *dat* den Bauch vollschlagen *fam; (drink too much)* sich *akk* volllaufen lassen *fam;* ■**to ~ in sth** etw im Übermaß genießen

over·in·'dul·gence *n no pl* ❶ *(excess)* übermäßiger Genuss; *(towards a person)* allzu große Nachsicht, zu große Nachgiebigkeit; **~ in drink** übermäßiges Trinken, Saufen *nt fam;* **~ in food** übermäßiges Essen, Völlerei *f veraltend* ❷ *(excessive use)* Übermaß *nt* (**in** an *+dat*); **~ in chocolate** übermäßiger Schokoladengenuss; **~ in nostalgia** übertriebene Nostalgie ❸ *(pampering)* Verwöhnen *nt,* Verhätscheln *nt* **over·in·'dul·gent** *adj inv* überaus nachsichtig **over·in·'sur·ance** *n no pl* Überversicherung *f* **over·in·'vest·ment** *n* Überinvestition *f*

over·joyed [ˌəʊvəˈdʒɔɪd, AM ˌoʊvɚˈ-] *adj pred* überglücklich (**at** über *+akk*)

over·'keen *adj esp* BRIT übereifrig; ***actually, I'm not ~ on her fiancé*** ich bin von ihrem Verlobten nicht gerade begeistert

'over·kill *n no pl* ❶ MIL Overkill *m*
❷ *(pej: excessiveness)* Übermaß *nt;* ■**to be ~** übertrieben [*o* des Guten zu viel] sein

over·'lad·en *adj inv* überladen

over·land I. *adj* [ˈəʊvəlænd, AM ˈoʊvɚ-] *attr* Überland-, Land-; **~ journey** [*or* **trip**] Reise *f* auf dem Landweg; **~ route** Landweg *m;* **~ transport** Überlandverkehr *m*
II. *adv* [ˌəʊvəˈlænd, AM ˌoʊvɚˈ-] *inv* auf dem Landweg

over·lap I. *n* [ˈəʊvəlæp, AM ˈoʊvɚ-] ❶ *(overlapping part)* Überlappung *f;* GEOL, PHYS Überlagerung *f*
❷ *(similarity)* Überschneidung *f*
❸ *no pl (common ground)* Gemeinsamkeit *f*
II. *vi* <-pp-> [ˌəʊvəˈlæp, AM ˌoʊvɚˈ-] ❶ *(lie edge over edge)* sich *akk* überlappen
❷ *(be partly similar)* sich *akk* überschneiden; ■**to ~ with sth** sich *akk* teilweise mit etw *dat* decken
III. *vt* <-pp-> [ˌəʊvəˈlæp, AM ˌoʊvɚˈ-] ■**to ~ sth** ❶ *(place edge over edge)* etw *akk* überlappen lassen
❷ *(extend over)* etw überschneiden lassen
❸ *(partly duplicate)* etw ineinander übergehen lassen

over·'lap·ping *adj inv* ❶ *(partly covering)* überlappend
❷ *(similar)* teilweise identisch, sich *akk* überschneidend

over·lay I. *n* [ˈəʊvəleɪ, AM ˈoʊvɚleɪ] ❶ *(covering)* Überzug *m,* Schicht *f; (transparent covering)* Folie *f;* **metal ~** Metallauflage *f*
❷ *(small tablecloth)* Deckchen *nt*
❸ COMPUT *(program section)* Overlay *nt,* Overlayprogramm *nt,* Überlagerungsmodul *nt*
II. *vt* <-laid, -laid> [ˌəʊvəˈleɪ, AM ˌoʊvɚˈleɪ] ■**to ~ sth** *(cover)* etw bedecken; *(with metal)* etw belegen; *(with film)* etw überziehen; ■**to be overlaid with sth** mit etw *dat* beschichtet sein; *(fig)* von etw *dat* überlagert sein

over·'leaf *adv inv* auf der Rückseite; ***see ~*** siehe umseitig!

over·'lie <-lying, -lay, -lain> *vt* ■**to ~ sth** *(also fig)* etw überlagern

over·load I. *n* [ˈəʊvələʊd, AM ˈoʊvɚloʊd] ❶ ELEC Überlast[ung] *f,* Überladung *f;* TRANSP Übergewicht *nt*
❷ *no pl (excess)* Überbelastung *f;* **information ~** Überangebot *nt* an Informationen
II. *vt* [ˌəʊvəˈləʊd, AM ˌoʊvɚˈloʊd] ■**to ~ sth** ❶ *(overburden) vehicle* etw überladen; *road, system* etw überlasten; ■**to ~ sb** jdn überlasten; ■**to be ~ed with sth** mit etw *dat* überlastet sein; ***the market is already ~ed with car magazines*** es gibt schon zu viele Autozeitschriften auf dem Markt
❷ COMPUT, ELEC, PHYS, TELEC etw überlasten

over·'long I. *adj usu pred, inv* überlang; ■**to be ~** zu lang sein; ***the film is ~*** der Film hat Überlänge
II. *adv* zu lange; **to wait ~** zu lange warten

over·look I. *n* [ˈəʊvəlʊk] AM Aussichtspunkt *m*
II. *vt* [ˌəʊvəˈlʊk, AM ˌoʊvɚˈ-] ❶ *(look out onto)* ■**to ~ sth** etw überblicken; **a room ~ing the sea** ein Zimmer mit Blick auf das Meer
❷ *(not notice)* ■**to ~ sb/sth** jdn/etw übersehen [*o* nicht bemerken]; *(ignore)* jdn/etw übergehen [*o* ignorieren]; *(forget)* jdn/etw vergessen
❸ *(disregard)* ■**to ~ sth** über etw *akk* hinwegsehen

'over·lord *n* ❶ *(hist: powerful landowner)* Oberherr *m hist*
❷ *(person in power)* Herrscher *m*

over·'lord·ship [ˈəʊvəlɔːdʃɪp, AM ˈoʊvɚlɔːrd] *n* Oberherrschaft *f*

over·ly [ˈəʊvəli, AM ˈoʊvɚ-] *adv inv* allzu, übermäßig; ***I'm not ~ well today*** mir geht es heute nicht allzu gut; ***he hasn't done it ~ well*** er hat es nicht gerade besonders gut gemacht

over·'manned *adj usu pred* ■**to be ~** überbesetzt sein **over·'man·ning** *n no pl* Überbesetzung *f* **'over·man·tel** *n* Kaminaufsatz *m* **over·'much I.** *adj attr, inv* allzu viel **II.** *adv inv* übermäßig, zu viel

over·'night I. *adj* ❶ *attr, inv (for a night)* Nacht-, Übernachtungs-; **~ bus** Nachtbus *m,* Nachtcar *m* SCHWEIZ; **~ guest** Übernachtungsgast *m;* **~ stay** [*or* **stop**] Übernachtung *f,* Nächtigung *f* SCHWEIZ; ***we're making an ~ stop in Paris on the way to the Dordogne*** auf dem Weg in die Dordogne übernachten wir einmal in Paris
❷ *(sudden)* ganz plötzlich; **~ star** Shootingstar *m;* **~ success** Blitzerfolg *m*
❸ SPORT *(from previous day)* **~ leader** Vortagessieger(in) *m(f)*
II. *adv inv* ❶ *(till next day)* in der Nacht, über Nacht; ***she went by train ~ to Paris*** sie fuhr mit dem Nachtzug nach Paris; **to stay ~ with sb** bei jdm übernachten [*o* SCHWEIZ nächtigen]
❷ *(fig: suddenly)* in kurzer Zeit, über Nacht; ***she became a success ~*** sie hatte vom einen Tag auf den anderen Erfolg

over·night 'bag, over·night 'case *n* Reisetasche *f*

over·'op·ti·mism *n no pl* unbezwingbarer [*o* übertriebener] Optimismus **over·'pack·aged** *adj* zu aufwändig verpackt **over·'pack·ag·ing** *n no pl* ECON zu aufwändige Verpackung **over·'paid** *adj* ❶ *(paid more than deserved)* überbezahlt; **grossly ~** stark überbezahlt ❷ *attr (paid in excess)* **~ tax** zu viel bezahlte Steuer

'over·pass *n* AM Überführung *f*

over·'pay <-paid, -paid> *vt* ❶ *(overremunerate)* ■**to ~ sb** jdn überbezahlen ❷ *(pay more than required)* ■**to ~ sth** für etw *akk* zu viel bezahlen **over·'pay·ment** *n* Überbezahlung *f* **over·per·'form·ance** *n* STOCKEX *of share index* Überperformance *f* **over·'play** *vt* ■**to ~ sth** etw zu sehr hochspielen ▶PHRASES: **to ~ one's hand** den Bogen überspannen **over·'popu·lat·ed** *adj* überbevölkert **over·popu·'la·tion** *n no pl* Überbevölkerung *f*

over·'pow·er *vt* ❶ *(overwhelm)* ■**to ~ sb** jdn überwältigen; SPORT jdn bezwingen; **to be ~ed by the heat** von der Hitze außer Gefecht gesetzt werden
❷ AUTO ■**to be ~ed** *vehicle* übermotorisiert

over·'pow·er·ing *adj* überwältigend; *smell* durchdringend

over·'price *vt* ■**to ~ sth** etw überteuern **over·'priced** *adj* überteuert; *share* überbewertet **over·'print** *vt* ■**to ~ sth** etw bedrucken, etw mit einem Aufdruck versehen **over·pro·'duce I.** *vi* überproduzieren, zu viel produzieren **II.** *vt* ❶ *(produce too much)* ■**to ~ sth** von etw *dat* zu viel produzieren ❷ THEAT *(make too complicated)* **to ~ a play** ein Stück zu kompliziert inszenieren **over·pro·'duc·tion** *n no pl* ❶ ECON Überproduktion *f* (**of** an *+dat*) ❷ THEAT, FILM zu komplizierte Regieführung

over·pro·na·tor [ˌəʊvəprəʊˈneɪtəʳ, AM ˌoʊvɚproʊˈneɪtɚ] *n jd, der beim Auftreten die Füße nach innen dreht*

over·pro·'tect *vt* ■**to ~ sb/sth** jdn/etw überfürsorglich behandeln **over·pro·'tec·tive** *adj (pej)* überfürsorglich; ■**to be ~ of** [*or* **towards**] **sb** jdn zu sehr behüten **over·'quali·fied** *adj* überqualifiziert (**for** für *+akk*) **over·'rate** *vt* ■**to ~ sb/sth** jdn/etw überbewerten [*o* überschätzen] **over·'rat·ed** *adj* überbewertet, überschätzt **over·'reach** *vt* ■**to ~ oneself** sich *akk* übernehmen **over·re·'act** *vi* überreagieren; ■**to ~ to sth** auf etw *akk* unangemessen [*o* übertrieben] reagieren **over·re·'ac·tion** *n* Überreaktion *f* (**to** auf *+akk*)

over·'ride I. *n* ❶ *(device)* Übersteuerung *f;* **manual ~** Automatikabschaltung *f*
❷ AM *(overruling)* Außerkraftsetzen *nt;* **~ of a veto** Aufhebung *f* eines Vetos
II. *vt* <-rid, -ridden> ❶ *(disregard)* ■**to ~ sb/sth** sich *akk* über jdn/etw hinwegsetzen
❷ POL, LAW ■**to be overridden** aufgehoben [*o* außer Kraft gesetzt] werden
❸ *(control)* ■**to ~ sth** etw abschalten, SCHWEIZ *oft* abstellen
❹ COMPUT ■**to ~ sth** *parameter, setting* etw übergehen
III. *vi* <-rid, -ridden> weiter fahren als erlaubt

'over·rid·er *n* ❶ BRIT AUTO Stoßstangenhorn *nt*
❷ LAW außerordentliche Provision

over·'rid·ing I. *adj attr, inv* vorrangig, vordringlich, SCHWEIZ *oft* prioritär **II.** *n no pl* Fahrt *f* über das Fahrziel hinaus **over·rid·ing com·'mis·sion** *n* ECON außerordentliche Provision, Superprovision *f*

over·'ripe *adj* überreif

over·'rule *vt* ■**to ~ sb** jdn überstimmen; ■**to ~ sth** etw ablehnen [*o* verwerfen]; **to ~ a decision** eine Entscheidung aufheben [*o* außer Kraft setzen]; **to ~ an objection** einen Einspruch zurückweisen; **objection ~d!** LAW Einspruch abgewiesen!

over·'run I. *n* Kostenüberschreitung *f;* ***they're predicting an ~ of 15% on that project*** die Mehrkosten für dieses Projekt sollen 15 % betragen
II. *vt* <-ran, -run> ■**to ~ sth** ❶ MIL *(occupy)* etw überrollen; **to ~ a country** in ein Land einfallen; **to ~ an enemy position** eine feindliche Stellung überrennen
❷ *(spread over)* sich *akk* in etw *dat* ausbreiten; ■**to be ~ with** [*or* **by**] **sth** von etw *dat* wimmeln; *market* von etw *dat* überschwemmt werden
❸ *(go beyond)* über etw *akk* hinausgehen, etw überschreiten; **to ~ a budget** ein Budget überschreiten; **to ~ one's time** seine Zeit überziehen
III. *vi* <-ran, -run> ❶ *(exceed time)* überziehen; ***the meeting overran by half an hour*** die Besprechung dauerte eine halbe Stunde länger
❷ *(financially)* überschreiten; ***our costs are likely to ~ by several million dollars*** unsere Kosten werden wahrscheinlich um mehrere Millionen Dollar höher sein als geplant; **to ~ on costs** die Kosten sprengen
❸ COMPUT überlaufen

over·sales [ˈəʊvəseɪlz, AM ˈoʊvɚ-] *n pl* Überverkauf *m*

over·seas I. *adj* [ˈəʊvəsiːz, AM ˈoʊvɚ-] *attr, inv (abroad)* Übersee-, in Übersee *nach n; (destined for abroad)* Übersee-, nach Übersee *nach n; (from abroad)* Übersee-, aus Übersee *nach n;* **~ assignment** Auslandseinsatz *m;* **emigration ~** überseeische Auswanderung; **~ mail** Auslandspost *f;* **~ student** BRIT ausländischer Student/ausländische Studentin; **~ trade** Überseehandel *m;* **~ visitor** Besucher(in) *m(f)* aus Übersee
II. *adv* [ˌəʊvəˈsiːz, AM ˌoʊvɚˈ-] *inv (in foreign country)* im Ausland; *(to foreign country)* ins Ausland; ***my brother is a student ~*** mein Bruder studiert im Ausland; **to go/travel ~** ins Ausland fahren/reisen

over·'see <-saw, -seen> *vt* ■**to ~ sb** jdn beaufsichtigen; ■**to ~ sth** etw überwachen; **to ~ a project** ein Projekt leiten **over·seer** [ˈəʊvəˌsiːəʳ, AM ˈoʊvɚˌsiːɚ] *n (dated)* Aufseher(in) *m(f),* Vorarbeiter(in) *m(f)* **over·'sell** <-sold, -sold> **I.** *vt* ■**to ~ sth** ❶ *(sell too many)* von etw *dat* zu viel verkaufen; ECON etw über den Bestand verkaufen; ***the flight had been oversold*** der Flug war überbucht; ***he is oversold*** er hat mehr verkauft, als er liefern kann; ***the market is oversold*** die Kurse fallen aufgrund einer Überzahl an Verkäufern ❷ *(overhype)* etw zu sehr anpreisen, für etw *akk* zu viel Reklame machen **II.** *vi* ECON zu große Mengen verkaufen

over·'sen·si·tive *adj* überempfindlich, übersensibel, SCHWEIZ *a.* diffizil **over·'sew** <-sewed, -sewed *or* -sewn> *vt* ■**to ~ sth** ① *(stitch over edge)* etw umnähen ② *(join a book) Sektionen eines Buches mit einer bestimmten Nähtechnik zusammenfügen* **over·'sexed** *adj (esp pej)* sexbesessen, unersättlich **over·'shad·ow** *vt* ① *(cast shadow over)* ■**to ~ sth** etw überschatten ② *(make insignificant)* ■**to ~ sb/sth** jdn/etw in den Schatten stellen; ***she has always been ~ ed by her sister*** sie stand immer im Schatten ihrer Schwester ③ *(cast gloom over)* ■**to ~ sth** etw überschatten

'over·shoe *n* Überschuh *m*

over·'shoot <-shot, -shot> *vt* ■**to ~ sth** über etw *akk* hinausschießen; ***the plane overshot the runway*** das Flugzeug schoss über die Rollbahn hinaus ▸PHRASES: **to ~ the mark** über das Ziel hinausschießen

'over·sight *n* ① *(mistake)* Versehen *nt;* ■**by an ~** aus Versehen ② *no pl (form: surveillance)* Aufsicht *f,* Beaufsichtigung *f* **over·sim·pli·fi·'ca·tion** *n* ① *(oversimplified account)* vereinfachte Darstellung ② *no pl (oversimplifying)* grobe Vereinfachung **over·'sim·pli·fy** <-ie-> *vt* ■**to ~ sth** etw grob vereinfachen [*o* zu einfach darstellen]

'over·size, *esp* AM **'over·sized** *adj* übergroß, überdimensional; ***he has an ~ ego*** er hat ein übersteigertes Selbstwertgefühl

'over·skirt *n* Überkleid *nt (über einem anderen Kleid getragen)*

over·'sleep <-slept, -slept> *vi* verschlafen **over·'sold** *vt pp, pt of* **oversell over·'spend** <-spent, -spent> **I.** *vi* zuviel [Geld] ausgeben; **to ~ on a budget** ein Budget überschreiten **II.** *vt* ■**to ~ sth** etw überziehen; **to ~ a budget/target** einen Etat/eine Ausgabengrenze überschreiten; **to ~ one's income** über seine Verhältnisse leben; ■**to be overspent on sth** *bank account* etw überzogen haben; *budget* etw überschritten haben

'over·spill *n* Bevölkerungsüberschuss *m*

over·'staffed *adj* überbesetzt **over·'staff·ing** *n no pl* Überbesetzung *f* **over·'state** *vt* ■**to ~ sth** etw übertreiben; **to ~ a case** einen Fall übertrieben darstellen **over·'state·ment** *n* Übertreibung *f* **over·'stay** *vt* **to ~ one's time** länger als vorgesehen bleiben; **to ~ a visa** ein Visum überschreiten; **to ~ one's welcome** jds Gastfreundschaft überbeanspruchen **over·'steer I.** *vi* AUTO übersteuern **II.** *n no pl* Übersteuern *nt* **over·'step** <-pp-> *vt* ■**to ~ sth** etw überschreiten; **to ~ the bounds of good taste** die Grenzen des guten Geschmacks missachten ▸PHRASES: **to ~ the mark** über das Ziel hinausschießen, zu weit gehen **over·'stock I.** *n* zu großer Vorrat (**of** an +*dat*); ■**~** *pl* AM ECON Überbestand *m* **II.** *vi* zu viel lagern; **to ~ with goods** zu viele Waren auf Lager haben, zu große Warenbestände haben **III.** *vt* ■**to ~ sth with sth** etw mit etw *dat* überfüllen; ECON etw mit etw *dat* überbestücken; **to ~ the market** den Markt überschwemmen **over·'stretch** *vt* ■**to ~ sth** etw überdehnen; *(fig)* etw überfordern; ***you shouldn't ~ your imagination*** du solltest deine Fantasie nicht überstrapazieren **over·sub·'scribe** *vt usu passive* ■**to be ~d** mehr als ausgebucht sein; *shares* überzeichnet sein; ***the concert was ~ d*** zu viele Leute wollten in das Konzert **over·sub·'scrip·tion** *n* STOCKEX Überzeichnung *f* **over·'sup·ply I.** *n no pl (supply)* Angebotsüberhang *m,* Überangebot *nt* (**of** an +*dat*); *(inventory)* Überbestand *m* (**of** an +*dat*) **II.** *vt* <-ie-> *usu passive* ■**to be oversupplied with sth** einen zu großen Vorrat an etw *dat* haben

overt [ə(ʊ)'vɜːt, AM oʊ'vɜːrt] *adj* offen, offensichtlich, offenkundig; **~ racism/sexism** unverhohlener [*o* offener] Rassismus/Sexismus

over·'take <-took, -taken> **I.** *vt* ① *esp* BRIT, AUS ■**to ~ sb/sth** *(pass from behind)* jdn/etw überholen; *(catch up)* jdn/etw einholen ② *(surpass)* ■**to ~ sb/sth** jdn/etw überholen *fig,* SCHWEIZ *a.* vorfahren ③ *(befall)* ■**to ~ sb** jdn überraschen; **to be ~n by events** von den Ereignissen überholt werden ④ *(affect)* ■**to ~ sb** jdn überkommen; ***weariness overtook her*** Müdigkeit überkam sie **II.** *vi esp* BRIT überholen

over·'tak·ing lane *n* BRIT, AUS Überholspur *f*

over·'tax *vt* ① FIN ■**to ~ sb** jdn überbesteuern; ■**to ~ sth** etw zu hoch besteuern ② *(exhaust)* ■**to ~ sb** jdn überfordern [*o* überlasten]; ■**to ~ oneself** sich *akk* übernehmen; **to ~ one's strength** sich *akk* überanstrengen

over the air *n* INET Over-the-Air-Technik *f* **over-the-'count·er** *adj attr, inv* ① *(without prescription) drugs, medications, remedies* rezeptfrei, frei verkäuflich; ***this is an ~ drug*** dieses Medikament ist nicht verschreibungspflichtig ② FIN außerbörslich; **~ business** Schaltergeschäft *nt fachspr,* Tafelgeschäft *nt fachspr;* **~ market** Freiverkehr[smarkt] *m,* börsenfreier Optionshandel; **~ sale** Verkauf *m* im Freiverkehr, stationärer Vertrieb; **~ selling** Tafelgeschäft *nt* **over-the-'top** *adj* exzessiv *geh,* übertrieben; **~ aggressiveness** gesteigerte Aggressivität

over·throw I. *n* ['əʊvəθrəʊ, AM 'oʊvɚθroʊ] ① *(removal from power)* Sturz *m* ② SPORT *(in baseball, cricket)* zu weiter Wurf **II.** *vt* <-threw, -thrown> [,əʊvə'θrəʊ, AM ,oʊvɚ'θroʊ] ① *(topple)* ■**to ~ sb/sth** jdn/etw stürzen; **to ~ the enemy** den Feind schlagen [*o* besiegen]; **to ~ an opponent** einen Gegner aus dem Weg räumen; **to ~ plans** Pläne über den Haufen werfen; **to ~ a regime** ein Regime zu Fall bringen ② AM, AUS SPORT ■**to ~ sb** für jdn zu weit werfen

'over·time *n no pl* ① *(extra work)* Überstunden *pl;* **to be on** [*or* **do**] [*or* **work**] **~** Überstunden machen ② *(pay)* Überstundenvergütung *f;* **~ premium** Überstundenzuschlag *m;* **to earn ~** Überstunden bezahlt bekommen ③ AM SPORT *(extra time)* Verlängerung *f;* ***the game went into ~*** das Spiel ging in die Verlängerung

over·'tire *vt* ■**to ~ sb** jdn übermüden; ■**to ~ oneself** sich *akk* übernehmen [*o* überanstrengen] **over·'tired** *adj inv* übermüdet **over·'tired·ness** *n no pl* Übermüdung *f*

overt·ly [ə(ʊ)'vɜːtli, AM oʊ'vɜːr-] *adv* unverhohlen, offen

'over·tone *n* ① *(implication)* Unterton *m;* ***there was an ~ of despair in what he said*** aus seinen Worten sprach Verzweiflung; ***her remark had ~s of jealousy*** in ihrer Bemerkung schwang Eifersucht mit ② MUS Oberton *m*

overture ['əʊvətjʊəʳ, AM 'oʊvɚtʃɚ] *n* ① *(introductory music)* Ouvertüre *f* (**to** zu +*dat*), SCHWEIZ *oft* Ouverture *f* (**to** zu +*dat*) ② *(initial contact)* Angebot *nt;* **to make an ~** ein Angebot machen ③ *(approach)* ■**~s** *pl* Annäherungsversuche *pl;* **to make ~s to sb** jdm ein Angebot machen; *(fam: sexually)* bei jdm Annäherungsversuche machen

over·'turn I. *vi* umkippen, umstürzen; *car* sich *akk* überschlagen; *boat* kentern **II.** *vt* ■**to ~ sth** ① *(turn upside down)* etw umstoßen [*o* umkippen]; **to ~ a boat** ein Boot zum Kentern bringen ② *(reverse)* etw revidieren; *judgement, ruling, decision* etw aufheben; **to ~ a government** eine Regierung stürzen; **to ~ sb's majority** jds Mehrheit zu Fall bringen

over·'type *vt* ■**to ~ sth** etw überschreiben **over·use I.** *n* [,əʊvə'juːs, AM ,oʊvɚ'-] *no pl* übermäßiger Gebrauch **II.** *vt* [,əʊvə'juːz, AM ,oʊvɚ'-] ■**to ~ sth** etw zu oft verwenden [*o* zu häufig gebrauchen] **over·valu'a·tion** *n no pl* ECON, FIN Überbewertung *f* **over·'value** *vt* ① *(give high value)* ■**to ~ sth** etw überbewerten ② *(admire)* ■**to ~ sb** eine zu hohe Meinung von jdm haben; ■**to ~ sth** etw überschätzen **over·'valued** *adj* überbewertet

'over·view *n* Überblick *m* (**of** über +*akk*); **to take an ~ of sth** sich *dat* einen Überblick über etw *akk* verschaffen

over·ween·ing [,əʊvə'wiːnɪŋ, AM ,oʊvɚ'-] *adj (pej form)* maßlos, übersteigert, überrissen *bes* SCHWEIZ **over·ween·ingly** [,əʊvə'wiːnɪŋli, AM ,oʊvɚ'-] *adv* maßlos

over·weight I. *n* ['oʊvɚweɪt] *no pl* AM Übergewicht *nt* **II.** *adj* [,əʊvə'weɪt, AM ,oʊvɚ'-] zu schwer; *person also* übergewichtig; ***you're about 20 pounds ~ for your age and height*** du bist für dein Alter und deine Größe 10 Kilo zu schwer; **to be ~ by a few kilos** ein paar Kilo Übergewicht haben; **~ luggage** [*or* **baggage**] Übergepäck *nt*

over·'weight·ing *n no pl* FIN, MATH Übergewichtung *f*

over·whelm [,əʊvə'(h)welm, AM ,oʊvɚ'-] *vt* ① *(affect powerfully)* ■**to ~ sb** jdn überwältigen; **to be ~ed by** [*or* **with**] **grief/joy** von Kummer/Freude überwältigt sein ② *(overpower)* ■**to ~ sb/sth** jdn/etw überwältigen; **to ~ the enemy** den Feind besiegen [*o* bezwingen] ③ *(flood)* ■**to ~ sth** etw überschwemmen [*o* überfluten]

over·whelm·ing [,əʊvə'(h)welmɪŋ, AM ,oʊvɚ'-] *adj* ① *(very powerful)* überwältigend, riesig; **~ desire** unwiderstehliches [*o* heftiges] Verlangen; **~ grief** unermesslicher Kummer; **~ joy** große Freude; **~ need** unwiderstehliches Bedürfnis; **~ rage** unbändige Wut; **to feel an ~ urge to do sth** einen unwiderstehlichen Drang verspüren, etw zu tun ② *(very large)* überwältigend; ***he has succeeded against ~ odds*** er hat sich gegen immense Widerstände durchgesetzt

over·whelm·ing·ly [,əʊvə'(h)welmɪŋli, AM ,oʊvɚ'-] *adv* ① *(intensely)* überwältigend; **~ friendly** unheimlich freundlich ② *(by a very large margin)* deutlich; **to defeat sb/sth ~** jdn/etw eindeutig besiegen

over·'wind <-wound, -wound> *vt* ■**to ~ sth** etw überdrehen; **to ~ a watch** eine Armbanduhr zu stark aufziehen **over·'win·ter I.** *vi* ① *(spend the winter)* den Winter verbringen ② *(live through the winter) animal, plant* überwintern **II.** *vt* ■**to ~ sth** etw über [*o* durch] den Winter bringen

over·work I. *n* ['əʊvəwɜːk, AM 'oʊvɚwɜːrk] *no pl* Überarbeitung *f,* [Arbeits]überlastung *f* **II.** *vi* [,əʊvə'wɜːk, AM ,oʊvɚ'wɜːrk] sich *akk* überarbeiten **III.** *vt* [,əʊvə'wɜːk, AM ,oʊvɚ'wɜːrk] ① *(give too much work)* ■**to ~ sb** jdn [mit Arbeit] überlasten ② *(overuse)* ■**to ~ sth** etw überstrapazieren; **an ~ed expression** ein abgenutzter Ausdruck

over·'write <-wrote, -written> *vt* ■**to ~ sth** etw überschreiben **over·'writ·ten** *adj (too strong)* zu stark formuliert; *(too rhetorical)* zu schwülstig; *(too flowery)* zu blumig

over·'wrought *adj* überreizt; **to be in an ~ condition** [*or* **state**] mit den Nerven am Ende sein

over·'zeal·ous *adj inv* übereifrig

Ovid ['ɒvɪd, AM 'ɑːvɪd] *n no pl* LIT Ovid *m*

ovi·duct ['əʊvɪdʌkt, AM 'oʊ-] *n* ANAT, MED Eileiter *m*

ovipa·rous [əʊ'vɪpᵊrəs, AM oʊ'vɪpə-] *adj inv* BIOL, ZOOL Eier legend, ovipar *fachspr*

ovoid ['əʊvɔɪd, AM ,oʊvɚ'wɪntɚ] **I.** *adj inv* ① *(3D)* eiförmig, ovoid *geh* ② *(2D)* oval **II.** *n* ① *(3D)* eiförmiges Gebilde ② *(2D)* Oval *nt*

ovu·late ['ɒvjəleɪt, AM 'ɑːvjuː-] *vi* [einen] Eisprung haben

ovu·la·tion [,ɒvjə'leɪʃᵊn, AM ,ɑːvjuː'-] *n no pl* Eisprung *m,* Ovulation *f fachspr*

ovum <*pl* -va> ['əʊvəm, AM 'oʊ-, *pl* -və] *n* Eizelle *f,* Ovum *nt fachspr*

ow [aʊ] *interj* au

owe [əʊ, AM oʊ] *vt* ① *(be in debt)* ■**to ~ sb sth** [*or* **sth to sb**] jdm etw schulden [*o* schuldig sein]; ■**to ~ it to oneself to do sth** es sich *dat* schuldig sein, etw zu tun; **to ~ sb an explanation** jdm eine Erklärung schuldig sein; **to ~ sb thanks/gratitude** [*or* **to ~ thanks/gratitude to sb**] *(form)* jdm zu Dank verpflichtet sein; **to ~ sb one** *(fam)* jdm noch was schuldig sein ② *(be indebted)* ■**to ~ sb sth** jdm etw verdanken;

I ~ it all to my parents ich habe alles meinen Eltern zu verdanken
▸PHRASES: **to ~ sb a grudge** einen Groll gegen jdn hegen

ow·ing ['əʊɪŋ, AM 'oʊ-] *adj inv, pred* ausstehend; ■**to be ~** ausstehen, noch zu zahlen sein; ***money is ~ to the company*** die Firma hat noch Außenstände; ***I've got £50 ~ to me for a job I did last month*** ich bekomme noch 50 Pfund für eine Arbeit, die ich letzten Monat gemacht habe

'ow·ing to *prep (form)* ■**~ sth** wegen einer S. *gen;* **~ to the circumstances** umstandshalber, SCHWEIZ, ÖSTERR *meist* umständehalber; **~ *to the fact that she is ...*** aufgrund der Tatsache, dass sie ... ist

owl [aʊl] *n* Eule *f; (fig)* ***he was a wise old ~*** er war ein weiser alter Mann; **barn ~** Schleiereule *f;* **tawny ~** Waldkauz *m*

owl·et ['aʊlət, AM -lɪt] *n* Eulenjunges *nt,* junge Eule

owl·ish ['aʊlɪʃ] *adj* eulenhaft; ***our teacher was an ~ woman*** unsere Lehrerin sah aus wie eine Eule

owl·ish·ly ['aʊlɪʃli] *adv* eulenhaft, wie eine Eule

own [əʊn, AM oʊn] **I.** *pron* ❶ *(belonging, relating to)* ■**sb's ~** jds eigene(r, s); ***is that your mum's car? — no, it's my ~*** ist das das Auto deiner Mutter? – nein, es ist mein eigenes; ***his time is his ~*** er kann über seine Zeit frei verfügen; **to make sth [all] one's ~** sich *dat* etw [ganz] zu eigen machen; ■**a ... of one's ~** ein/eine eigene(r, s) ...; ***she's got too many problems of her ~*** sie hat zu viele eigene Probleme; ***she has a daughter of her ~*** sie hat selbst eine Tochter; **to have ideas of one's ~** eigene Ideen haben; **a house/room of one's ~** ein eigenes Haus/Zimmer; **to have money of one's ~** selbst Geld haben
❷ *(people)* **our/their ~** unsere/ihre Leute *fam; (family)* die Unseren/Ihren *geh;* ***in this company we like to take care of our ~*** in dieser Firma kümmern wir uns um unsere Leute *fam;* ***they think of her as one of their ~*** sie sehen sie als eine von ihnen [*o geh* der Ihren]
▸PHRASES: **to be in a class of one's ~** eine Klasse für sich *akk* sein; **to come into one's ~** *(show qualities)* zeigen, was in einem steckt *fam; (get recognition)* die verdiente Anerkennung erhalten; **to get one's ~ back [on sb]** *esp* BRIT *(fam)* sich *akk* an jdm rächen; **[all] on one's/its ~** [ganz] allein[e]
II. *adj attr, inv* ❶ *(belonging to)* eigene(r, s); ***was that your ~ idea?*** war das deine eigene Idee?; **to hear sth with one's ~ ears** etw mit eigenen Ohren hören; **to see sth with one's ~ eyes** etw mit eigenen Augen sehen
❷ *(individual)* eigene(r, s); ***he has his ~ [special] way with things*** er hat seinen eigenen[, ganz speziellen] Stil, die Dinge anzugehen
❸ *(for oneself)* ■**to do one's ~ sth** etw selbst tun; ***you'll have to get your ~ dinner*** du musst dich selbst um das Abendessen kümmern; ***she makes all her ~ bread*** sie bäckt ihr ganzes Brot selbst; ***you'll have to make up your ~ mind*** das musst du für dich alleine entscheiden
▸PHRASES: **to do one's ~ thing** *(fam)* tun, was man will; **sb's ~ flesh and blood** jds eigen[es] Fleisch und Blut *geh;* **on your ~ head be it** BRIT auf deine Verantwortung; **to be one's ~ man/woman/person** sein eigener Herr sein; **in one's ~ right** *(not due to others)* aus eigenem Recht; *(through one's talents)* aufgrund der eigenen Begabung; **for one's ~ sake** um seiner selbst willen, für sich *akk* [selbst]; **to do sth in one's ~ time** *(outside working hours)* etw in seiner Freizeit tun; *(take one's time)* sich *akk* Zeit lassen
III. *vt* ❶ *(possess)* ■**to ~ sth** etw besitzen; ***you don't ~ me!*** *(fam)* ich bin nicht dein Privateigentum! *fam;* ***who ~s this land?*** wem gehört dieses Land?; ***he walked into the office as if he ~ed the place*** *(fam)* er spazierte in das Büro hinein, als ob es sein eigenes wäre *fam;* **to be privately ~ed** im Privatbesitz sein; ■**to be ~ed by sb** jdm gehören
❷ *(form: admit)* ■**to ~ that ...** zugeben, dass ...
IV. *vi (form)* ■**to ~ to sth** eingestehen [*o* zugeben]; ***they ~ed to not paying their taxes*** sie gaben zu, ihre Steuern nicht bezahlt zu haben
◆**own up** *vi* es zugeben; ■**to ~ up to sth** etw zugeben; ***he ~ed up to falsifying the documents*** er gab zu, die Unterlagen gefälscht zu haben

own 'brand *n* BRIT ECON hauseigene Marke, Hausmarke *f*

'own-brand *adj inv* BRIT ECON Hausmarken-

own·er ['əʊnəʳ, AM 'oʊnɚ] *n* Besitzer(in) *m(f),* Eigentümer(in) *m(f); of business* Geschäftsinhaber(in) *m(f);* **~'s manual** Bedienungsanleitung *f;* **to be the proud ~ of sth** der stolze Besitzer/die stolze Besitzerin einer S. *gen* sein

own·er·less ['əʊnələs, AM 'oʊnɚ-] *adj inv* herrenlos

own·er-'oc·cu·pied *adj inv* eigengenutzt, vom Eigentümer/von der Eigentümerin selbst bewohnt

own·er-'oc·cu·pi·er *n* Bewohner(in) *m(f)* des eigenen Grundbesitzes

own·er·ship ['əʊnəʃɪp, AM 'oʊnɚ-] *n no pl* Besitz *m,* Eigentum *nt;* ***the ~ of the company has passed to the banks*** das Eigentumsrecht an dem Unternehmen ist auf die Banken übergangen; **home ~** Wohneigentum *nt;* **change of ~** Eigentumswechsel *m,* Eigentümerwechsel *m;* **proof of ~** Eigentumsnachweis *m;* **common [*or* collective] ~** Miteigentum *nt,* Kollektivinhaberschaft *f,* Genossenschaft *f bes* ÖSTERR; **joint ~** Miteigentum *nt;* **to be under [*or* in] private/public ~** sich in Privat-/Staatsbesitz befinden; ***there is a debate about whether these industries should be in public or private ~*** es wird darüber debattiert, ob diese Branchen in öffentlichem oder Privatbesitz sein sollten; **to claim ~** seine Besitzansprüche anmelden; ***several people have claimed ~ of the bracelet found in the park on Saturday*** mehrere Leute haben behauptet, dass das Armband, das am Samstag im Park gefunden wurde, ihnen gehört

own 'goal *n (also fig)* Eigentor *nt a. fig;* **to score an ~** ein Eigentor schießen *a. fig* **own 'la·bel** *n* BRIT eigene Marke, Hausmarke *f* **'own-label** *adj inv* BRIT Hausmarken-

owt [aʊt] *pron* NENG, DIAL *see* **anything**

ox <*pl* -en> [ɒks, AM ɑːks] *n* Ochse *m*

Ox·bridge ['ɒksbrɪʤ, AM 'ɑːks-] **I.** *n no pl die Universitäten Oxford und Cambridge*
II. *adj inv* der Universitäten Oxford und Cambridge *nach n;* ***she's an ~ student*** sie studiert in Oxford/Cambridge

'ox cart *n* Ochsenkarren *m*

oxen ['ɒksᵊn, AM 'ɑːk-] *n pl of* **ox**

ox-eye 'dai·sy *n* BOT *see* **marguerite**

Ox·fam ['ɒksfæm, AM 'ɑːk-] *n no pl acr for* **Oxford Committee for Famine Relief** Oxfam

'Ox·fam shop *n* BRIT Oxfam-Laden *m,* ≈ Dritte-Welt-Laden *m*

ox·ford ['ɒksfəd, AM 'ɑːksfɚd] *n* Halbschuh *m* zum Schnüren

Ox·ford ['ɒksfəd, AM 'ɑːksfɚd] *n* ❶ *(town)* Oxford *nt; (Oxford University)* Universität *f* Oxford
❷ *(cloth) bestimmte Stoffart für Hemden, die etwas schwerer ist als normaler Hemdenstoff*

oxi·dant ['ɒksɪdᵊnt, -sə-, AM 'ɑːksɪ-] *n* CHEM Oxidationsmittel *nt*

oxi·da·tion [ˌɒksɪ'deɪʃᵊn, AM ˌɑːk-] *n* CHEM Oxydation *f,* Oxidation *f;* **~ bleach** Sauerstoffbleiche *f;* **~ number** Oxidationszahl *f*

ox·ide ['ɒksaɪd, AM 'ɑːk-] *n* Oxyd *nt,* Oxid *nt;* **iron ~** Eisenoxyd *nt*

'ox·ide blue *n no pl* CHEM Kobaltblau *nt*

oxi·di·za·tion [ˌɒksɪdaɪ'zeɪʃᵊn, AM 'ɑːksɪdɪ-] *n no pl* CHEM Oxydation *f,* Oxidation *f*

oxi·dize ['ɒksɪdaɪz, AM 'ɑːk-] **I.** *vi* oxidieren
II. *vt* ■**to ~ sth** etw oxidieren

oxo·me·thane [ˌɒksəʊ'miːθeɪn, AM ˌɑːksoʊ'meθeɪn] *n no pl* CHEM Methanal *nt,* Formaldehyd *m*

Oxon BRIT *abbrev of* **Oxfordshire**

'ox·tail *n* ❶ *(tail)* Ochsenschwanz *m* ❷ *no pl (meat)* Ochsenschwanz *m* **ox·tail 'soup** *n* Ochsenschwanzsuppe *f*

oxy·acety·lene [ˌɒksiə'setᵊliːn, AM ˌɑːksiə'set̬-] *n no pl* Azetylensauerstoff *m;* **~ lamp [*or* torch]** Autogenschweißbrenner *m;* **~ welder** Autogenschweißgerät *nt;* **~ welding** Autogenschweißen *nt*

oxy·gen ['ɒksɪʤən, AM 'ɑːk-] *n no pl* Sauerstoff *m*

oxy·gen·ate ['ɒksɪʤəneɪt, AM 'ɑːk-] *vt* ■**to ~ sth** etw mit Sauerstoff anreichern, etw oxigenieren *fachspr*

oxy·gen·ated wa·ter [ˌɒksɪʤəneɪtɪd, -sə-, -ʤɪ- '-, AM ˌɑːksɪʤəneɪt̬ɪd] *n no pl* CHEM Wasserstoffperoxid *nt*

'oxy·gen bomb *n* PHYS kalorimetrische Bombe **'oxy·gen cyl·in·der** *n* Sauerstoffflasche *f* **'oxy·gen mask** *n* Sauerstoffmaske *f* **'oxy·gen tank** *n* Sauerstoffbehälter *m* **'oxy·gen tent** *n* Sauerstoffzelt *nt*

oxy·hy·dro·gen gas [ˌɒksi'haɪdrəʤən, -drɪ-, AM ˌɑːksi'haɪdrə-] *n no pl* CHEM Knallgas *nt*

oxy·mo·ron [ˌɒksɪ'mɔːrɒn, AM ˌɑːksɪ'mɔːrɑːn] *n* Oxymoron *nt*

oxy·to·cin [ˌɒksi'təʊsɪn, AM ˌɑːksi'toʊ-] *n no pl* Oxytocin *nt*

oyez [əʊ'jez, AM 'oʊjez] *interj* hört [her]!, Achtung, Achtung!

oys·ter ['ɔɪstəʳ, AM -ɚ] *n* ❶ *(shellfish)* Auster[nmuschel] *f;* **~ shell** Austernschale *f*
❷ FOOD Auster *f*
❸ *(in poultry) sehr zartes Fleisch neben dem Rückgrat*
▸PHRASES: **the world is sb's ~** jdm steht die Welt offen

'oys·ter bank, 'oys·ter bed *n* Austernbank *f*

'oys·ter·catch·er *n* ORN Austernfischer *m*

oz <*pl* -> *n abbrev of* **ounce**

Oz [ɒz] *n* BRIT, AUS *(fam)* Australien *nt*

ozone ['əʊzəʊn, AM 'oʊzoʊn] *n no pl* ❶ *(chemical)* Ozon *nt*
❷ *(fam: clean air)* saubere [frische] Luft

ozone-'friend·ly *adj* ohne Treibgas *nach n, präd;* **~ product** FCKW-freies Produkt **'ozone hole** *n* Ozonloch *nt* **'ozone lay·er** *n* Ozonschicht *f*

Oz·zie ['ɒzi] BRIT, AUS **I.** *n* ❶ *(fam: Australian)* Australier(in) *m(f)*
❷ *no pl (fam: Australia)* Australien *nt*
II. *adj inv (fam)* australisch

P

P <*pl* -'s>, **p** <*pl* 's *or* -s> [piː] *n* p *nt,* P *nt; see also* **A 1**
▸PHRASES: **to mind one's ~'s and Q's** sich *akk* anständig benehmen; ***don't forget your ~'s and Q's*** denk daran, dich anständig zu benehmen

p¹ <*pl* -> [piː] *n abbrev of* **penny, pence**

p² <*pl* pp> [piː] *n abbrev of* **page** S.

p³ [piː] *n abbrev of* **pico-** p

p⁴ [piː] *adv* MUS *abbrev of* **piano** p

P¹ [piː] *n no pl abbrev of* **parking** P

P² *abbrev of* **peta-** P

pa¹ [pɑː] *n (dated fam: father)* Papa *m fam,* Vati *m fam,* SCHWEIZ *esp* Papi *m fam*

pa² [ˌpiː'eɪ] *adv inv abbrev of* **per annum** p.a.

PA¹ [ˌpiː'eɪ] *n* AM *abbrev of* **Pennsylvania**

PA² [ˌpiː'eɪ] *n (assistant) abbrev of* **personal assistant** pers. Ass.

PA³ [ˌpiː'eɪ] *n (loudspeaker) abbrev of* **public address system** Lautsprecheranlage *f*

PA⁴ [ˌpiː'eɪ] *n no pl* CHEM *abbrev of* **polyamide** PA *nt*

PA⁵ [ˌpiː'eɪ] *n abbrev of* **physician assistant** Arzthelfer(in) *m(f); (in laboratory)* MTA *m o f*

pa'an·ga <*pl* -> [pɑː'æŋgə, AM -'ɑːŋgə] *n (currency of Tonga)* Pa'anga *f*

PAC [ˌpiːeɪ'siː] *n abbrev of* **political action committee** politisches Aktionskomitee

pace¹ [peɪs] **I.** *n* ❶ *(speed)* Tempo *nt;* ***we started out at a fairly slow ~*** wir begannen recht langsam; ***schoolchildren should be allowed to work at their own ~*** Schüler sollten in ihrem eigenen Tem-

po arbeiten dürfen; **to force/keep up the ~** das Tempo forcieren/halten; **to gather ~** an Fahrt gewinnen; **to quicken one's ~** sein Tempo beschleunigen; **to set the ~** das Tempo vorgeben; ***for many years this company has set the ~ in the communications industry*** diese Firma war viele Jahre lang der Schrittmacher in der Kommunikationsbranche; **to stand the ~** das Tempo durchhalten; *(fig)* mithalten; ***they moved out of the city because they couldn't stand the ~ [of life there]*** sie zogen aus der Stadt weg, weil es ihnen [dort] zu hektisch zuging
2 *(step)* Schritt *m;* **to take a ~ forward/backward** einen Schritt nach vorne/zurück machen; **at 20 ~s** auf zwanzig Schritte; *(fig)* ***I can spot a winner at 20 ~s*** einen Gewinner erkenne ich sofort; **to keep ~ with sb** mit jdm Schritt halten; **to keep ~ with sth** *(fig)* mit etw *dat* Schritt halten
▸PHRASES: **to put sb/sth through their/its ~s** jdn/etw auf Herz und Nieren prüfen; ***I'm going to take my new car out and put it through its ~s*** ich mache eine Spritztour, um zu sehen, was mein neues Auto so hergibt
II. *vt* 1 *(walk up and down)* ***he ~d the room nervously*** er ging nervös im Zimmer auf und ab
2 *(measure)* ■**to ~ sth** ◌ **[off [***or* **out]]** etw abschreiten; **to ~ off [***or* **out] a distance** eine Entfernung mit Schritten ausmessen [*o* abmessen]
3 SPORT ■**to ~ sb** jdm das Tempo vorgeben; ■**to ~ oneself** sich *dat* seine Kräfte einteilen
III. *vi* gehen, schreiten *geh;* **to ~ up and down** auf und ab gehen [*o* schreiten]

pace² [peɪsi] *prep (form)* entgegen +*gen*

'pace bowl·er *n (in cricket)* schneller Werfer *(beim Cricketspiel)*

'pace·mak·er *n* 1 SPORT *(speed setter)* Schrittmacher(in) *m(f); (fig)* ***they are the ~s in computer-aided design*** sie setzen Maßstäbe auf dem Gebiet der computergestützten Konstruktion
2 *(for heart)* [Herz]schrittmacher *m*

'pace·man *n (in cricket)* schneller Werfer *(beim Cricketspiel)*

pac·er ['peɪsəʳ, AM ɚ] *n* 1 *(pacemaker)* Schrittmacher *m*
2 AM *(horse)* Passgänger *m*

'pace·set·ter *n* Schrittmacher(in) *m(f)*

pacey ['peɪsi] *adj esp* BRIT spannungsreich, spannend, voller Action *nach n fam;* **~ film** Actionfilm *m*

pachy·derm ['pækɪdɜːm, AM -dɜːrm] *n* ZOOL Dickhäuter *m*

pa·cif·ic [pə'sɪfɪk] *adj* friedliebend, friedfertig; **~ gesture** friedliche Geste

Pa·cif·ic [pə'sɪfɪk] **I.** *n no pl* ■**the ~** der Pazifik
II. *adj inv* pazifisch, Pazifik-; **~ coast** Pazifikküste *f*

pa·ci·fi·cal·ly [pə'sɪfɪkəli] *adv* friedliebend; **to be ~ inclined** friedlich eingestellt sein

paci·fi·ca·tion [pæsɪfɪ'keɪʃən, AM -fə'-] *n no pl* Befriedung *f*

Pa·ci·fic 'Is·lands *npl* Pazifikinseln *pl* **Pa·cif·ic 'Ocean** *n no pl* ■**the ~** der pazifische Ozean [*o* Pazifik] **Pa·cif·ic 'Rim** *n no pl* ■**the ~** der Pazifikgürtel [*o* pazifische Raum] **Pa·'cif·ic time** *n no pl* Pazifische Zeit

paci·fi·er ['pæsɪfaɪəʳ, AM -ɚ] *n* 1 *(peacemaker)* Friedensstifter(in) *m(f)*
2 *(calmer of emotions)* Schlichter(in) *m(f)*
3 AM *(baby's dummy)* Schnuller *m,* Nuggi *m* SCHWEIZ, ÖSTERR *fam a.* Luller

paci·fism ['pæsɪfɪzəm, AM -sə-] *n no pl* Pazifismus *m*

paci·fist ['pæsɪfɪst, AM -sə-] **I.** *n* Pazifist(in) *m(f)*
II. *adj* pazifistisch

paci·fy <-ie-> ['pæsɪfaɪ, AM -sə-] *vt* 1 *(establish peace)* **to ~ an area/a country** eine Gegend/ein Land befrieden
2 *(calm)* ■**to ~ sb** jdn beruhigen

pac·ing ['peɪsɪŋ] *n no pl of play, film, book* Dynamik *f* [der Handlung]

pack [pæk] **I.** *n* 1 *(backpack)* Rucksack *m;* MIL Tornister *m; (bundle)* Bündel *nt; (bag)* Beutel *m;* **ice ~** Eisbeutel *m*
2 COMM *(packet)* Packung *f;* ■**box** Schachtel *f;* **a ~ of cigarettes** eine Schachtel [*o* SCHWEIZ, ÖSTERR *a.* ein Päckchen] Zigaretten; **a ~ of tobacco** eine Packung Tabak; **in ~s of six** im Sechserpack
3 *(folder)* Paket *nt;* **information ~** Informationspaket *nt*
4 *of cards* [Karten]spiel *nt*
5 *(cosmetic)* Packung *f;* **face/mud ~** Gesichts-/Schlammpackung *f*
6 COMPUT *of disks* Stapel *m*
7 + *sing/pl vb (group)* Gruppe *f; of wolves* Rudel *nt; of hounds also* Meute *f; (fig, pej: crowd)* Horde *f pej,* Meute *f pej fam;* **[cub] ~** *(scouts)* Pfadfindergruppe *f;* **~ of hounds** Hundemeute *f;* **~ of wolves** Wolfsrudel *nt*
8 + *sing/pl vb (in rugby)* Stürmer *pl*
9 *(polar ice)* [Pack]eisdecke *f*
▸PHRASES: **to keep ahead of the ~** der Konkurrenz immer eine Nasenlänge voraus sein; **a ~ of lies** *(pej fam)* ein Haufen *m* Lügen *fam;* ***that's a ~ of lies!*** das ist alles [*fam* erstunken und] erlogen!
II. *vi* 1 *(for a journey)* packen
2 *(fit in)* ■**to ~ into sth** in etw *akk* passen
3 *(be suitable for packing)* **to ~ well** sich gut [ein]packen lassen; *(for transport)* sich gut verpacken lassen; ***this silk dress doesn't ~ very well*** dieses Seidenkleid knittert beim Packen
4 AM *(sl: be carrying a gun)* **to be ~ing** eine Pistole tragen
▸PHRASES: **to send sb ~ing** *(fam: send away)* jdn fortschicken [*o* wegschicken]; *(dismiss)* jdn entlassen
III. *vt* 1 *(put into a container) articles, goods* ■**to ~ sth** etw [ein]packen; *(for transport)* etw verpacken; *(in units for sale)* etw abpacken; ■**to ~ sb sth** [*or* **sth for sb**] jdm etw [ein]packen
2 *(fill)* ■**to ~ sth** *bag, suitcase, trunk* etw packen; *box, container* etw vollpacken; ■**to ~ sth with sth** etw in etw *akk* packen; *box, container* etw mit etw *dat* [voll] packen; ***please ~ the small suitcase with the children's stuff*** pack bitte die Kindersachen in den kleinen Koffer
3 *(put in wrapping)* ■**to ~ sth [in sth]** etw [in etw *akk o dat*] einpacken; **to ~ sth in newspaper** etw in Zeitungspapier wickeln
4 *(use as wrapping)* ■**to ~ sth around sth** etw um etw *akk* wickeln, etw in etw *akk* [ein]wickeln; ***she ~ed tissue paper around the shoes*** sie wickelte die Schuhe in Seidenpapier
5 *(make)* **to ~ a parcel** ein Paket packen
6 *(also fig: cram)* ■**to ~ sth [with sth]** etw [mit etw *dat*] vollpacken [*o* stopfen] *a. fig;* ■**to be ~ed with sth** mit etw *dat* vollgepackt sein *a. fig;* ***the text is ~ed with useful information*** der Text ist mit nützlichen Informationen vollgepackt; ■**to be ~ed [with people]** gerammelt voll [mit Leuten] sein *fam;* ***the people were ~ed like sardines on the bus*** die Leute standen im Bus wie die Sardinen
7 *(compress)* ■**to ~ sth** etw zusammenpressen [*o* zusammendrücken]; COMPUT etw verdichten
8 *(fam: carry)* ■**to ~ sth** etw bei sich *dat* tragen; **to ~ a gun** eine Schusswaffe bei sich *dat* führen
9 *(contain)* ■**to ~ sth** etw enthalten; ***each missile ~s several warheads*** jede Rakete trägt mehrere Sprengköpfe
10 *(bias) meeting, jury* **to ~ sth [with one's own supporters]** etw mit eigenen Leuten besetzen
▸PHRASES: **to ~ a punch [***or fam* **wallop]** *(hit hard)* kräftig zuschlagen; *(be strong) drink* [ordentlich] reinhauen *fig sl*

◆**pack away I.** *vt* ■**to ~ away** ◌ **sth** 1 *(put away)* etw wegpacken
2 *(fam: eat)* etw vertilgen *hum fam*
II. *vi* sich *akk* verstauen lassen; ■**to ~ away into sth** sich in etw *dat* verstauen lassen

◆**pack in I.** *vt* 1 *(put in)* ■**to ~ in** ◌ **sth** etw einpacken; ■**to ~ sth in sth** etw in etw *akk* [ein]packen; *(for transport)* etw in etw *dat* verpacken; *(in units for sale)* etw in etw *akk o dat* abpacken
2 *(cram in)* ■**to ~ in** ◌ **sth** etw hineinstopfen; ■**to ~ in** ◌ **sb/animals** jdn/Tiere hineinpferchen; ■**to ~ sth in sth** etw in etw *akk* hineinstopfen; ■**to ~ sb/animals in sth** jdn/Tiere in etw *akk* hineinpferchen
3 *(attract)* ■**to ~ in** ◌ **sb** *audience* jdn anziehen; ***the exhibition is really ~ing them in*** die Ausstellung ist ein echter Publikumsmagnet
4 *(fam)* ■**to ~ in ~ sth** *(stop)* mit etw *dat* aufhören [*o fam* Schluss machen]; *(give up)* etw aufgeben, etw hinschmeißen *fig sl;* **to ~ in dancing/football** das Tanzen/Fußballspielen an den Nagel hängen *fam;* **to ~ in** ◌ **one's job** den [*o* seinen] Job hinschmeißen *sl;* **to ~ in smoking** das Rauchen aufgeben, mit dem Rauchen aufhören SCHWEIZ, ÖSTERR; **to ~ it in** Schluss machen *fam;* **~ *it in!*** Schluss jetzt!, jetzt reicht's! *fam;* **to ~ it all in** alles hinschmeißen *sl*
5 *(fam: break up with)* ■**to ~ in** ◌ **sb** mit jdm Schluss machen *fam*
II. *vi* 1 *(throng)* scharenweise [*o* in Massen] kommen
2 *(fam: stop work)* zusammenpacken *fig,* Feierabend machen *fam*

◆**pack into I.** *vt* 1 *(put)* ■**to ~ sth into sth** etw in etw *akk* [ein]packen [*o* hineinpacken]; *(for transport)* etw in etw *dat* verpacken; *(in units for sale)* etw in etw *akk o dat* abpacken
2 *(cram)* ■**to ~ sb into sth** etw in etw *akk* [hinein]stopfen; ■**to ~ sb/animals into sth** etw/Tiere in etw *akk* [hinein]pferchen
3 *(fig: fit)* ■**to ~ sth into sth** etw in etw *akk* [hinein]packen *fig;* ***how can you ~ so much work into one day?*** wie schaffst du es, so viel Arbeit an einem einzigen Tag zu erledigen?
II. *vi* ■**to ~ into sth** 1 *(fit)* in etw *akk* hineinpassen
2 *(throng)* in etw *akk* hineindrängen [*o* strömen]

◆**pack off** *vt (fam)* ■**to ~ off** ◌ **sb** jdn wegschicken [*o* fortschicken]; **to ~ sb off to bed/school** jdn ins Bett/in die Schule schicken; **to ~ sb off to boarding school** jdn in ein Internat stecken *fam*

◆**pack out** *vt usu passive* BRIT *(fam)* ■**to be ~ed out** gerammelt voll sein *fam*

◆**pack up I.** *vt* 1 *(put away)* ■**to ~ up** ◌ **sth** etw zusammenpacken [*o* wegpacken]; **to ~ up** ◌ **one's house** seinen Haushalt einlagern
2 *(fam)* ■**to ~ up sth** *(stop)* mit etw *dat* aufhören [*o fam* Schluss machen]; *(give up)* etw aufgeben, etw hinschmeißen *fig sl;* **to ~ up football** das Fußballspielen an den Nagel hängen *fam;* **to ~ in one's job** den [*o* seinen] Job hinschmeißen *sl;* **to ~ up smoking** das Rauchen aufgeben; **to ~ up work** *(for the day)* Schluss [*o fam* Feierabend] machen; *(forever)* aufhören zu arbeiten
II. *vi (fam)* 1 *(stop work for the day)* Feierabend machen *fam*
2 BRIT *(malfunction)* den Geist aufgeben *hum fam*

pack·age ['pækɪdʒ] **I.** *n* 1 *(parcel)* Paket *nt*
2 AM *(packet)* Packung *f*
3 *(set)* Paket *nt;* **software ~** Softwarepaket *nt*
4 *(comprehensive offer)* Paket *nt;* **an aid/a rescue ~** ein Hilfs-/Rettungspaket *nt*
5 AM *(sl: penis and testicles)* Gehänge *pl sl*
II. *vt* 1 *(pack)* ■**to ~ sth** etw verpacken
2 *(fig: present)* ■**to ~ sb/sth** jdn/etw präsentieren

'pack·age deal *n* Pauschalangebot *nt*

pack·aged food [ˌpækɪdʒd'-] *n* abgepackte Nahrungsmittel

'pack·age goods *npl* AM Spirituosen *pl*

pack·age 'holi·day *n* BRIT Pauschalurlaub *m*

'pack·age store *n* AM *(off-licence)* Spirituosenladen *m,* Spirituosengeschäft *nt*

'pack·age tour, AM *also* **'pack·age trip** *n* Pauschalurlaub *m,* Pauschalferien *pl* SCHWEIZ

pack·ag·ing ['pækɪdʒɪŋ] *n no pl* 1 *(materials)* Verpackungsmaterial *nt*
2 *(activity)* Verpackung *f*
3 *(presentation)* Präsentation *f*
4 PUBL Packaging *nt*

'pack ani·mal *n* Packtier *nt,* Lasttier *nt*

packed [pækt] *adj* 1 *(full)* voll; ***the train was ~*** der Zug war gerammelt voll *fam;* **a ~ house** ein volles Haus *fam*
2 *pred, inv (ready for journey)* reisefertig; ***are you ~ yet?*** hast du alles gepackt?

packed 'bed *n* CHEM Festbett *nt* **packed 'col·umn, packed 'tow·er** *n* CHEM Füllkörperkolonne *f,* Füllkörpersäule *f*
packed 'lunch *n* Lunchpaket *nt,* Vesperpaket *nt* SÜDD, Jausenpaket *nt* ÖSTERR
pack·er ['pækəʳ, AM -ɚ] *n* [Ver]packer(in) *m(f); (of furniture)* Möbelpacker(in) *m(f); (machine)* Verpackungsmaschine *f*
pack·et ['pækɪt] *n* ❶ *(container)* Packung *f,* Schachtel *f;* **a ~ of biscuits** eine Packung Kekse; **a ~ of cigarettes** eine Schachtel [*o* SCHWEIZ, ÖSTERR ein Päckchen] Zigaretten; **a ~ of crisps** eine Tüte [*o* ÖSTERR ein Sackerl] Chips
❷ BRIT, AUS *(fam: a lot of money)* ■**a ~** ein Vermögen *nt,* ein Haufen *m* Geld *fam*
❸ BRIT *(vulg: man's sexual organs)* Gehänge *nt sl*
❹ COMPUT, INET *(block of data)* Datenpaket *nt,* Packet *nt*
'pack·horse *n* Packpferd *nt*
'pack ice *n no pl* Packeis *nt*
pack·ing ['pækɪŋ] *n no pl* ❶ *(action)* Packen *nt*
❷ *(protective wrapping)* Verpackung *f*
❸ COMPUT Verdichtung *f*
'pack·ing case, AM 'pack·ing box *n* [Umzugs]karton *m,* [Umzugs]kiste *f,* [Zügel]kiste *f* SCHWEIZ **'pack·ing costs** *npl* Verpackungskosten *pl* **'pack·ing crate** *n* AM [Umzugs]karton *m,* [Umzugs]kiste *f,* [Zügel]kiste *f* SCHWEIZ **'pack·ing list** *n* Packliste *f* **'pack·ing ma·terial** *n* Verpackungsmaterial *nt* **'pack·ing rou·tine** *n* COMPUT Packroutine *f*
pact [pækt] *n* Pakt *m,* Abkommen *nt,* Bündnis *nt;* **Stability and Growth P~** EU Stabilitäts- und Wachstumspakt *m*
pacy *adj see* **pacey**
pad¹ [pæd] *vi* trotten; *(walk softly)* tappen
pad² [pæd] **I.** *n* ❶ *(wad)* Pad *m o nt;* **cotton wool ~** Wattebausch *m;* **stamp ~** Stempelkissen *nt*
❷ SPORT *(protector)* Polster *nt o* ÖSTERR *bes m;* **knee ~** Knieschoner *m,* Knieschützer *m;* **shin ~** Schienbeinschoner *m,* Schienbeinschützer *m*
❸ *(for shaping)* Polster *nt o* ÖSTERR *bes m;* **shoulder ~** Schulterpolster *nt o* ÖSTERR *bes m*
❹ *(of paper)* Block *m;* **a ~ of paper** ein Papierblock *m;* **drawing/writing ~** Mal-/Schreibblock *m*
❺ *(on animal's foot)* Ballen *m;* ***the dog had a thorn in it's ~*** der Hund hatte einen Dorn in der Pfote
❻ AEROSP, AVIAT Abflug- und Landeplatz *m;* **helicopter ~** Hubschrauberlandeplatz *m,* Helikopterlandeplatz *m* SCHWEIZ; **launch ~** Startrampe *f,* Abschussrampe *f;* **missile ~** Raketenabschussrampe *f*
❼ *(sl: house, flat)* Bude *f fam*
❽ *(leaf)* Seerosenblatt *nt*
❾ *(number of keys together)* Block *m*
II. *vt* <-dd-> ■**to ~ sth** etw [aus]polstern; **to ~ an expense account** *(fig)* zu viel an Spesen in Rechnung stellen
◆**pad out** *vt (also iron)* ■**to ~ out** ○ **sth** etw ausschmücken *a. iron;* **to ~ out a piece of writing/a speech** ein Schreiben/eine Rede ausschmücken
PAD [ˌpiːeɪ'diː] *n* COMPUT *abbrev of* **packet assembler/disassembler** Paketieren *nt*/Depaketieren *nt*
'pad char·ac·ter *n* Auffüllzeichen *nt*
pad·ded ['pædɪd] *adj inv* [aus]gepolstert; **~ bra** wattierter BH; **~ envelope** gefütterter [Brief]umschlag
pad·ded 'cell *n* Gummizelle *f*
pad·ding ['pædɪŋ] *n no pl* ❶ *(protective material)* Polsterung *f*
❷ *(shaping material)* Polster *nt o* ÖSTERR *bes m*
❸ *(superfluous material)* Füllwerk *nt*
❹ COMPUT *(to fill out a string)* Auffüllen *nt*
pad·dle¹ ['pædḷ] **I.** *n* ❶ *(oar)* Paddel *nt*
❷ NAUT *(on paddle wheel)* Schaufel *f; (paddle wheel)* Schaufelrad *nt*
❸ SPORT *(bat)* Schläger *m*
II. *vt* ❶ *(row)* **to ~ a boat/canoe** ein Boot/Kanu mit Paddeln vorwärtsbewegen
❷ *esp* AM *(fam: spank)* ■**to ~ sb** jdn versohlen *fam*
▸PHRASES: **to ~ one's own canoe** auf eigenen Beinen [*o* Füßen] stehen
III. *vi* ❶ *(row)* paddeln
❷ *(swim)* paddeln
pad·dle² ['pædḷ] **I.** *n* Planschen *nt kein pl;* **to go for** [*or* **have**] **a ~** planschen gehen
II. *vi* planschen
'pad·dle ball *n no pl* AM *Hallenballspiel, ähnlich dem amerikanischen Handball*
'pad·dle boat, 'pad·dle steam·er *n* [Schaufel]raddampfer *m*
pad·dle·sports ['pædḷspɔːtz, AM -spɔːrtz] *npl* Paddelsport *m* **'pad·dle ten·nis** *n no pl* AM Paddle-Tennis *nt (Sportart)*
'pad·dle wheel *n* Schaufelrad *nt*
'pad·dling pool *n esp* BRIT, AUS Planschbecken *nt*
pad·dock ['pædək] *n* ❶ *(for animals)* Koppel *f*
❷ AUS *(farm field)* Feld *nt*
❸ *(in horse racing)* Sattelplatz *m*
❹ *(in motor racing)* Fahrerlager *nt*
pad·dy¹ ['pædi] *n* BRIT *(dated)* Wutausbruch *m,* Koller *m fam;* **to get in**[**to**] **a ~** einen Wutanfall bekommen; ■**to be in a ~** einen Koller haben *fam;* ***I'd keep away from him this morning — he's in one of his paddies*** ich würde mich heute Morgen von ihm fernhalten – er hat einen seiner Anfälle
pad·dy² ['pædi] *n* Reisfeld *nt*
Pad·dy ['pædi] *n (pej! fam!)* Paddy *m fam (meist abwertende Bezeichnung für Iren)*
'pad·dy field *n* Reisfeld *nt*
'pad·dy wag·on *n* AM, AUS *(fam)* grüne Minna *hum fam*
pad·lock ['pædlɒk, AM -lɑːk] **I.** *n* Vorhängeschloss *nt*
II. *vt* ■**to ~ sth** etw [mit einem Vorhängeschloss] verschließen
pa·dre ['pɑːdreɪ] *n* Feldkaplan *m,* Feldgeistliche(r) *m,* Herr Kaplan
paean ['piːən] *n (liter)* Loblied *nt,* Lobeshymne *f geh*
paed·er·ast *n* BRIT, AUS *(dated) see* **pederast**
paed·er·as·ty *n* BRIT, AUS *(dated) see* **pederasty**
pae·di·at·ric [ˌpiːdi'ætrɪk], AM **pe·di·at·ric** *adj inv* pädiatrisch; **~ hospital** Kinderkrankenhaus *nt;* **~ medicine** Kinderheilkunde *f,* Pädiatrie *f fachspr*
pae·dia·tri·cian [ˌpiːdiə'trɪʃᵊn], AM **pe·dia·tri·cian** *n* MED Kinderarzt, -ärztin *m, f,* Pädiater(in) *m(f) fachspr*
pae·di·at·rics [ˌpiːdi'ætrɪks], AM **pe·di·at·rics** *n* + *sing vb* Kinderheilkunde *f,* Pädiatrie *f fachspr*
pae·do·phile [ˌpiːdə(ʊ)'faɪl], AM **pe·do·phile** [ˌpedoʊ'-] *n* Pädophile(r) *m*
'pae·do·phile ring *n* Kinderpornoring *m*
pae·do·philia [ˌpiːdə(ʊ)'fɪliə], AM **pe·do·philia** [ˌpedoʊ'fiːl-] *n no pl* PSYCH Pädophilie *f*
pa·el·la [paɪ'elə, AM -'jelə] *n no pl* FOOD Paella *f*
pa·gan ['peɪgᵊn] **I.** *n* ❶ *(polytheist)* Heide, Heidin *m, f*
❷ *(unbeliever)* Ungläubige(r) *f(m),* Heide, Heidin *m, f pej*
II. *adj* heidnisch
pa·gan·ism ['peɪgᵊnɪzᵊm] *n* ❶ *no pl (polytheism)* Heidentum *nt*
❷ *(unbelief)* Unglaube *m*
page¹ [peɪdʒ] **I.** *n* ❶ *(single sheet)* Blatt *nt; (single side)* Seite *f;* **see ~ 18** s. Seite 18; ***for details on how to enter the competition, see ~ 134*** die Einzelheiten, wie man am Wettbewerb teilnehmen kann, finden Sie auf Seite 134; **front/sports ~** Titel-/Sportseite *f*
❷ COMPUT Seite *f*
❸ *(fig: important event)* Kapitel *nt;* **a ~ in history** ein Kapitel *nt* [in] der Geschichte
II. *vi* ❶ *(read)* **to ~ through a book/magazine** ein Buch/eine Zeitschrift durchblättern
❷ COMPUT ■**to ~ up/down** auf der Seite nach oben/unten gehen
III. *vt* ❶ COMPUT ■**to ~ sth** etw umlagern
❷ TYPO ■**to ~ sth** etw paginieren *fachspr*
page² [peɪdʒ] **I.** *n* ❶ *(hist: knight's attendant)* Knappe *m hist*
❷ *(hotel worker)* Page *m*
II. *vt* ■**to ~ sb** *(over loudspeaker)* jdn ausrufen; *(by pager)* jdn anpiepsen
pag·eant ['pædʒᵊnt] *n* ❶ *(play)* Historienspiel *nt*
❷ *(procession)* Festzug *m,* festlicher Umzug, SCHWEIZ, ÖSTERR *a.* festliche Prozession
pag·eant·ry ['pædʒᵊntri] *n no pl* Prunk *m,* Pomp *m*
page·boy ['peɪdʒbɔɪ] *n* ❶ *(in hotel)* Page *m*
❷ *(at wedding)* Brautführer *m*
❸ *(hairstyle)* Pagenfrisur *f,* Pagenkopf *m*
page-jack·ing ['peɪdʒˌdʒækɪŋ] *n* Page-Jacking *nt (Lotsen von Internetbenutzern auf eigene Seiten durch Manipulation mit unverfänglichen Angeboten oder von Pornoanbietern aufgestellte Internetfalle, die den Benutzer von einer etablierten Webseite auf die eigene Seite ‚entführt')*
'page lay·out *n* Seitenlayout *nt* **'page proof** *n* Korrekturfahne *f*
pag·er ['peɪdʒəʳ, AM -ɚ] *n* Pager *m,* Personenrufempfänger *m,* Piepser *m fam*
Page 'Three girl *n* BRIT, AUS *Oben-ohne-Fotomodell in Boulevardzeitungen* **'page-turn·er** *n (fam)* fesselndes Buch
'page view *n no pl* Besucherstatistik *f (einer Webseite)*
pagi·na·tion [ˌpædʒɪ'neɪʃᵊn, AM -dʒᵊn'eɪ-] *n no pl* PUBL Seitennummerierung *f,* Paginierung *f fachspr*
pa·go·da [pə'gəʊdə, AM -'goʊ-] *n* Pagode *f*
paid [peɪd] **I.** *pt, pp of* **pay**
II. *adj attr, inv* ❶ *(in exchange for money)* bezahlt; **~ bills** bezahlte Rechnungen; **~ holiday** [*or* AM **vacation**] bezahlter Urlaub
❷ *(employed)* **~ assistant** fest engagierter Assistent/engagierte Assistentin
▸PHRASES: **to put paid to sth** BRIT, AUS etw zunichtemachen; **to put paid to sb's plans** jds Pläne zunichtemachen
paid-'in *adj inv* AM *(paid-up)* voll eingezahlt; **~ capital** FIN eingebrachtes Kapital; **~ member** Mitglied *nt* ohne Beitragsrückstände **paid po·liti·cal 'broad·cast** *n* AM *(party political broadcast)* parteipolitische Sendung **paid-'up** *adj inv* BRIT ❶ *(subscribing)* voll eingezahlt; **~ capital** voll einbezahltes Kapital; **~ member** Mitglied *nt* ohne Beitragsrückstände; ***she's a ~ member of the Labour Party*** sie ist ein vollwertiges Mitglied der Labour Party; **~ shares** STOCKEX voll bezahlte Aktien ❷ *(fig: enthusiastic)* [sehr] begeistert
pail [peɪl] *n* Eimer *m,* Kessel *m* SCHWEIZ, Kübel *m* ÖSTERR
pail·ful ['peɪlfʊl] *n* Eimer *m,* Kübel *m* ÖSTERR; **a ~ of water** ein Eimer *m* [*o* ÖSTERR Kübel *m*] [voll] Wasser
pail·lasse ['pæliæs, AM pæl'jæs] *n see* **palliasse**
pail·lette [pæl'jet] *n* Paillette *f*
pain [peɪn] **I.** *n* ❶ *(feeling)* Schmerz *m;* **aches and ~s** Gebrechen *pl;* **a ~ in one's leg/side** Schmerzen *pl* im Bein/in der Seite; **~s and pleasures** Freuden und Leiden; **dull/sharp/stabbing ~** schwacher/heftiger/stechender Schmerz; **to give sb ~** jdm Schmerzen bereiten
❷ *no pl (physical suffering)* Schmerz[en] *m*[*pl*]; **to ease the ~** die Schmerzen lindern; **to be in ~** Schmerzen haben; ***are you in ~?*** haben Sie Schmerzen?; **to double up in** [*or* **be doubled up with**] **~** sich *akk* vor Schmerzen krümmen; **sth gives sb ~** etw tut jdm weh
❸ *no pl (mental suffering)* Leid *nt;* ***they are still in great ~ over her death*** sie leiden noch immer sehr unter ihrem Tod; **~ of loss/parting** Trennungs-/Abschiedsschmerz *m*
❹ *(great care)* ■**~s** *pl* Mühe *f;* **to go to** [*or* **take**] **great ~s to do sth** keine Mühe scheuen, etw zu tun; ***I went to great ~s to select the best staff available*** ich habe alles darangesetzt, die besten Leute auszuwählen, die ich bekommen konnte; ■**to be at ~s to do sth** sich *dat* [große] Mühe geben, etw zu tun
❺ *(fam: nuisance)* **to be a ~** einem auf die Nerven gehen *fam;* ***it's such a ~ having to go shopping*** Einkaufen gehen zu müssen finde ich sehr lästig; ***that child is a real ~*** das Kind ist eine Nervensäge
▸PHRASES: **to be a ~ in the backside** [*or* BRIT, AUS *also* **arse**] [*or* AM *also* **butt** [*or* **ass**]] *(fam!)* einem auf den Wecker [*o* Geist] gehen *fam;* ***writing these***

reports is a ~ in the arse diese Berichte zu schreiben nervt unglaublich; ***will you stop being such a ~ in the butt?*** willst du vielleicht endlich mal aufhören, mich ständig zu nerven?; **for sb's ~s** zum Dank für jds Mühe; ***he tried to help and was told to eff off for his ~s*** er versuchte zu helfen und zum Dank dafür sagte man ihm, er solle sich verpissen; **no gain without ~, no ~, no gain** ohne Fleiß kein Preis; **to be a ~ in the neck** *(fam)* einem auf die Nerven gehen *fam;* ***he's a ~ in the neck*** er ist eine Nervensäge; **on** [*or* **under**] **~ of sth** unter Androhung einer S. *gen*

II. *vt* ■**it ~s sb to do sth** es tut jdm leid, etw zu tun

'pain bar·ri·er *n* Schmerzgrenze *f*

pained [peɪnd] *adj expression, look* gequält

pain·ful ['peɪnfᵊl] *adj* ❶ *(causing physical pain)* schmerzhaft; **~ death** qualvoller Tod

❷ *(upsetting)* schmerzlich; ***it was my ~ duty to tell him the news*** ich hatte die traurige Aufgabe, ihm die Nachricht mitzuteilen; ***the latest murder is a ~ reminder of the violence in the city*** der jüngste Mordfall erinnert wieder einmal auf tragische Weise an die Gewalt, die in der Stadt herrscht

pain·ful·ly ['peɪnfᵊli] *adv* ❶ *(suffering pain)* unter Schmerzen; ***the animal died slowly and ~*** das Tier verendete langsam und qualvoll

❷ *(unpleasantly)* schmerzlich; ***I am ~ aware of the fact that ...*** ich bin mir der Tatsache schmerzlich bewusst, dass ...

❸ *(extremely)* schrecklich *fam,* furchtbar *fam;* ***he is ~ shy*** er ist furchtbar schüchtern; ***the work is progressing, but ~ slowly*** die Arbeit kommt voran, allerdings nur sehr zäh

❹ *(with great effort)* quälend; ***she inched her way ~ towards the door*** sie quälte sich mühsam in Richtung Tür

'pain·kill·er *n* Schmerzmittel *nt* **'pain·kill·ing** *adj inv* schmerzstillend *attr*

pain·less ['peɪnləs] *adj* ❶ *inv (without pain)* schmerzlos

❷ *(fig: without trouble) solution* einfach; *war* schmerzlos

pain·less·ly ['peɪnləsli] *adv* schmerzlos

pain 'man·age·ment *n* MED Palliativmedizin *f,* Schmerztherapie *f*

pains·tak·ing ['peɪnz,teɪkɪŋ] *adj* [sehr] sorgfältig; **~ care** äußerste Sorgfalt; **~ effort** große Mühe; **~ research** gewissenhafte Forschung; **~ search** gründliche Suche

pains·tak·ing·ly ['peɪnz,teɪkɪŋli] *adv* [sehr] sorgfältig

paint [peɪnt] I. *n* ❶ *no pl (substance)* Farbe *f; (on car, furniture also)* Lack *m;* ***the ~ was flaking off the wood*** der Anstrich blätterte vom Holz ab; **gloss ~** Glanzlack *m;* **oil/poster ~** Öl-/Plakatfarbe *f*

❷ *(art colour)* ■**~s** *pl* Farben *pl;* **oil ~s** Ölfarben *pl*

❸ *no pl (make-up)* Schminke *f*

❹ COMPUT *(in graphics programme)* Füllfarbe *f,* Füllmuster *nt*

II. *vi* ❶ ART malen; **to ~ in oils/watercolours** [*or* AM **watercolors**] mit Öl-/Wasserfarben malen

❷ *(decorate rooms)* streichen

III. *vt* ❶ *(make picture)* ■**to ~ sb/sth** jdn/etw malen

❷ *(decorate)* **to ~ a house** ein Haus anstreichen; **to ~ a room/wall** ein Zimmer/eine Wand streichen

❸ *(apply make-up)* ***she ~ed her nails a bright red*** sie lackierte ihre Nägel knallrot; **to ~ one's face** sich *akk* das Gesicht schminken, sich *akk* anmalen *fam*

❹ *(fig: describe)* ■**to ~ sb/sth** jdn/etw beschreiben; **to ~ a picture of sth** etw schildern; **to ~ a grim/rosy picture of sth** ein trostloses/rosiges Bild von etw *dat* zeichnen

❺ COMPUT *(in graphics programme)* ■**to ~ sth** etw ausfüllen

▸PHRASES: **not to be as bad** [*or* **black**] **as he/she/it is ~ed** besser als sein/ihr/sein Ruf sein; **to ~ oneself into a corner** sich *akk* selbst in die Enge treiben; **to ~ the town red** auf die Pauke hauen *fam*

◆**paint out, paint over** *vt* ■**to ~ out** [*or* **over**] ⊂ **sth** etw übermalen; *(on wall)* etw überstreichen

'paint·ball *n no pl Gelände-/Kriegsspiel, bei dem die Teilnehmer mit Farbpistolen aufeinander schießen* **'paint·box** I. *n* Malkasten *m,* Farbkasten *m*

II. *vt* ■**to ~ sth** ⊂ **out** *etw anhand eines Grafikprogramms entfernen oder modifizieren* **'paint·brush** *n* [Farb]pinsel *m*

paint·ed ['peɪntɪd, AM -t̬-] *adj inv* bemalt, farbig; ZOOL, BOT bunt

paint·ed 'lady *n* Distelfalter *m*

paint·er¹ ['peɪntəʳ, AM -t̬ɚ] *n* ❶ *(artist)* [Kunst]maler(in) *m(f)*

❷ *(decorator)* Maler(in) *m(f),* Anstreicher(in) *m(f)* BRD; **~ and decorator** Maler und Tapezierer *m*

paint·er² ['peɪntəʳ, AM -t̬ɚ] *n* NAUT Fangleine *f*

paint·er·ly ['peɪntəli, AM t̬ɚli] *adj* ❶ *(like a painter)* malermäßig

❷ *(of a painting)* Maleigenschaften aufweisend

'pain thresh·old *n* ❶ *(start of pain)* Schmerzschwelle *f*

❷ *(limit of endurance)* Schmerzgrenze *f*

paint·ing ['peɪntɪŋ, AM -t̬-] *n* ❶ *(picture)* Bild *nt,* Gemälde *nt geh*

❷ *no pl (art)* Malerei *f;* ***my hobbies are ~ and writing short stories*** meine Hobbys sind Malen und Kurzgeschichtenschreiben; **19th-century French ~** die französische Malerei des 19. Jahrhunderts

❸ *no pl (house decorating)* Streichen *nt*

'paint ket·tle *n* Farbeimer *m* **'paint pot** *n* Farbtopf *m,* Farbeimer *m,* Farbkübel *m* ÖSTERR **'paint roll·er** *n* Farbroller *m* **'paint strip·per** *n* Ablauger *m,* Abbeizer *m,* Abbeizmittel *nt*

'paint·work *n no pl of a house, room, wall* Anstrich *m; of a car* Lack *m,* Lackierung *f*

pair [peəʳ, AM per] I. *n* ❶ *(two items)* Paar *nt;* ***I've only got one ~ of hands*** ich habe [auch] nur zwei Hände; **a ~ of eyes** ein Augenpaar *nt;* **a ~ of gloves/socks** ein Paar *nt* Handschuhe/Socken

❷ *(two-part item)* Paar *nt;* **a ~ of glasses** eine Brille; **a ~ of scissors** eine Schere; **a ~ of trousers** eine Hose; **a ~ of tweezers** eine Pinzette

❸ *+ sing/pl vb (two people)* Paar *nt;* **in ~s** paarweise; *(couple in a relationship)* Paar *nt,* Pärchen *nt*

❹ *+ sing/pl vb* ZOOL Pärchen *nt*

❺ *+ sing/pl vb (two horses)* Zweiergespann *nt;* **a carriage and ~** ein Zweispänner *m*

❻ BRIT POL *verabredete Abwesenheit von Abgeordneten verschiedener Parteien bei einer Abstimmung*

II. *vi animals* sich *akk* paaren

III. *vt usu passive* ■**to be ~ed with sb/sth** mit jdm/etw ein Paar bilden; BRIT POL ■**to be ~ed with sb** *mit einem Abgeordneten einer gegnerischen Partei ein Abkommen für die beiderseitige Abwesenheit bei einer Abstimmung treffen*

◆**pair off** I. *vi* einen Partner/eine Partnerin finden

II. *vt* ■**to ~ sb off** [**with sb**] jdn [mit jdm] verkuppeln *fam*

◆**pair up** *vi* sich *akk* paarweise gruppieren; ■**to ~ up with sb** sich *akk* mit jdm zusammentun

pair·ing ['peərɪŋ, AM 'per-] *n no pl* Paarung *f;* **~ call/time** Paarungsruf *m*/-zeit *f*

'pair-skat·ing *n no pl* Paarlaufen *nt*

pais·ley ['peɪzli] *adj attr, inv pattern* türkisch, Paisley- ÖSTERR; *tie, shirt* türkisch gemustert, mit Paisleymuster ÖSTERR

pa·jam·as *npl* AM *see* **pyjamas**

Paki ['pæki] I. *n (pej) short for* **Pakistani** *abwertende Bezeichnung für einen Pakistani/eine Pakistanerin*

II. *adj inv (pej) short for* **Pakistani** pakistanisch

Pa·ki·stan [,pɑːkɪ'stɑːn, AM 'pækɪstæn] *n* Pakistan *nt*

Pa·ki·stani [,pɑːkɪ'stɑːni, AM ,pækɪ'-] I. *n* Pakistani *m,* Pakistaner(in) *m(f)*

II. *adj inv* pakistanisch

pal [pæl] I. *n (fam)* ❶ *(friend)* Kumpel *m fam,* Kollege *m* SCHWEIZ *fam*

❷ *(form of address)* Kumpel *m fam;* ***look, ~, you're asking for trouble*** pass mal auf, mein Freund, du suchst anscheinend Ärger

II. *vi* <-ll-> AM ■**to ~ around** [**with sb**] [mit jdm] befreundet sein

◆**pal up** *vi esp* BRIT, AUS *(dated)* sich *akk* anfreunden; ■**to ~ up with sb** sich *akk* mit jdm anfreunden

pal·ace ['pælɪs, AM -əs] *n* ❶ *(official residence)* Palast *m,* Palais *nt;* **royal ~** königlicher Palast; ■**the P~** das Königshaus, der König/die Königin

❷ *(fam: splendid house)* Palast *m*

❸ *(dated: large public building)* Palast *m veraltet;* **movie ~** Filmpalast *m*

pala·din ['pælədɪn] *n* HIST Paladin *m*

palae·og·ra·phy [,pæli'ɒgrəfi, ,peɪli-], AM **pale·og·ra·phy** [,peɪli'ɑːg-] *n no pl* Paläografie *f*

palaeo·lith·ic [,pæliə(ʊ)'lɪθɪk, ,peɪli-], AM **paleo·lith·ic** [,peɪlioʊ'-] *adj inv* paläolithisch *geh,* altsteinzeitlich; ■**P~** paläolithisch, des Paläolithikums *nach n*

palae·on·tolo·gist [,pæliɒn'tɒlədʒɪst, ,peɪli-], AM **pale·on·tolo·gist** [,peɪliɑːn'tɑːl-] *n* Paläontologe, Paläontologin *m, f*

palae·on·tol·ogy [,pæliɒn'tɒlədʒi, ,peɪli-], AM **pale·on·tol·ogy** [,peɪliɑːn'tɑːl-] *n no pl* Paläontologie *f*

pala·mi·no *n see* **palomino**

pal·an·keen ['pælənkiːn], **pal·an·quin** ['pælənkiːn] *n* Sänfte *f*

pal·at·able ['pælətəbl̩, AM -t̬-] *adj* ❶ *(of food, drink)* schmackhaft

❷ *(fig: acceptable)* annehmbar, akzeptabel

pala·tal ['pælətᵊl, AM -t̬ᵊl] *adj inv* LING palatal; **~ consonant** palataler Konsonant, Palatal *m*

pal·ate ['pælət] *n* Gaumen *m; (fig)* Gaumen *m,* Geschmack *m;* ***these are wines to suit the most discriminating of ~s*** dies sind Weine, die selbst den verwöhntesten Gaumen zufriedenstellen

pa·la·tial [pə'leɪʃᵊl] *adj* prachtvoll, prunkvoll

Palau [pə'laʊ] *n* Palau *nt*

pa·la·ver [pə'lɑːvəʳ, AM -'lævɚ] *n (fam)* Theater *nt fam,* ÖSTERR *fam a.* Palaver *m;* ***what a ~!*** was für ein Theater!

pale¹ [peɪl] I. *adj* ❶ *(lacking colour)* blass, bleich; **~ complexion/skin** blasse Gesichtsfarbe/Haut; **to look/turn ~** blass aussehen/werden

❷ *(not dark)* blass, hell

▸PHRASES: **a ~ imitation of sth** eine billige Imitation [*o fam* ein Abklatsch *m*] von etw *dat*

II. *vi* ❶ *(go white)* bleich [*o* blass] werden

❷ *(seem unimportant)* **to ~ in comparison with** [*or* **beside**] **sth** neben etw *dat* verblassen; **to ~ into insignificance** bedeutungslos [*o* unwichtig] erscheinen; ***everything else in my life ~s into insignificance beside that one event*** neben diesem einen Ereignis erscheint alles andere in meinem Leben unwichtig

pale² [peɪl] *n* ❶ *(post)* Pfosten *m,* Pfahl *m*

❷ *no pl* ■**the P~** *Gebiet in Irland, das vom 12. bis zum 16. Jahrhundert englischer Jurisdiktion unterlag*

▸PHRASES: **beyond the ~** indiskutabel; ***the manager's treatment of the visitors was beyond the ~*** wie der Geschäftsführer die Besucher behandelt hat, war einfach unmöglich

pale 'ale *n* helles Bier

'pale·face *n (pej!)* Bleichgesicht *nt pej o hum*

pale·ly ['peɪlli] *adv* bleich, blass

pale·ness ['peɪlnəs] *n no pl* Blässe *f*

Paleo-Asiatic [,pæliə(ʊ)eɪʒi'ætɪk, AM ,peɪlioʊeɪʒi'æt̬ɪk] I. *n* Paleo-Asiatische-Sprachen *pl*

II. *adj* der Paleo-Asiatischen-Sprachen *nach n*

pale·og·ra·phy *n* AM *see* **palaeography**

paleo·lith·ic *adj* AM *see* **palaeolithic**

pale·on·tolo·gist *n* AM *see* **palaeontologist**

pale·on·tol·ogy *n* AM *see* **palaeontology**

Pal·es·tine ['pæləstaɪn] *n* Palästina *nt*

Pal·es·tine Libe·'ra·tion Or·gani·za·tion *n,* **PLO** *n no pl, + sing/pl vb* ■**the ~** die Palästinensische Befreiungsorganisation

Pal·es·tin·ian [,pælə'stɪniən] I. *n* Palästinenser(in) *m(f)*

II. *adj inv* palästinensisch; **~ Territories** Palästinensische Gebiete *pl*

pal·ette ['pælət, AM -ɪt] *n* ART ❶ *(for mixing paint)* Palette *f*

❷ *(range of colours)* [Farb]palette *f*

'pal·ette knife *n* ❶ ART *(for paints)* Palettenmesser *nt,* Palettenspachtel *m*
❷ *(for spreading)* Streichmesser *nt*

pal·frey ['pɔ:lfri] *n (old: horse)* Zelter *m*

pali·mo·ny ['pælɪmoʊni] *n no pl* AM *(fam)* Alimente *pl*

pal·imp·sest ['pælɪmsest] *n* Palimpsest *m o nt*

pal·in·drome ['pælɪndrəʊm, AM -droʊm] *n* LING Palindrom *nt*

pal·ing ['peɪlɪŋ] *n* Lattenzaun *m;* ■ **~s** *pl* BRIT, AUS Umzäunung *f*

pali·sade [,pælɪ'seɪd, AM -ə'-] *n* ❶ *(fence)* Palisade *f,* Palisadenzaun *m*
❷ *(cliffs)* ■ **~s** *pl* Steilufer *nt,* Klippen *pl*

pal·ish ['peɪlɪʃ] *adj inv* blass, blässlich; ***the sky was a ~ blue*** der Himmel war blassblau

pall¹ [pɔ:l] *vi* an Reiz verlieren; ***the pleasure of not having to work quickly ~ed*** die Freude darüber, nicht arbeiten zu müssen, ließ schnell nach

pall² [pɔ:l] *n* ❶ *(for coffin)* Sargtuch *nt*
❷ AM *(coffin)* Sarg *m*
❸ *(cloud)* [Rauch]wolke *f;* **~ of smoke** Rauchwolke *f;* **to cast a ~ over sth** *(fig)* einen Schatten auf etw *akk* werfen, etw überschatten

pal·la·dium [pə'leɪdiəm] *n no pl* CHEM Palladium *nt*

'pall·bear·er *n* Sargträger(in) *m(f)*

pal·let ['pælɪt] *n* ❶ *(for goods)* Palette *f*
❷ *(bed)* Pritsche *f*

pal·li·asse, pail·lasse ['pæliæs, AM pæl'jæs] *n* Strohmatratze *f*

pal·li·ate ['pælieɪt] *vt* ■ **to ~ sth** etw lindern; *(fig)* etw beschönigen, etw bemänteln

pal·lia·tive ['pæliətɪv, AM -t̬-] **I.** *n* ❶ *(drug)* Schmerzmittel *nt,* Palliativ[um] *nt fachspr*
❷ *(fig: problem-easer)* Beschönigung *f*
II. *adj* ❶ *inv (pain-relieving)* schmerzstillend *attr,* palliativ *fachspr*
❷ *(fig: problem-easing)* beschönigend

'pal·lia·tive care *n no pl* Palliativmedizin *f,* Schmerztherapie *f*

pal·lid ['pælɪd] *adj* ❶ *(very pale)* sehr blass, fahl
❷ *(lacking verve)* temperamentlos, fad[e]

pal·lor ['pælər, AM -ɚ] *n* Blässe *f,* Fahlheit *f*

pal·ly ['pæli] *adj esp* BRIT *(fam)* kumpelhaft *fam;* ■ **to be ~ with sb** mit jdm [sehr] gut befreundet sein

palm¹ [pɑ:m] *n* ❶ *(tree)* Palme *f;* **date ~** Dattelpalme *f*
❷ *(liter: prize)* ■ **the ~** die Siegespalme; **to win** [*or* AM *also* **carry off**] **the ~** die Siegespalme erringen

palm² [pɑ:m] **I.** *n* Hand[innen]fläche *f,* Handteller *m;* ***it fits into the ~ of your hand*** es ist nicht größer als deine Handfläche; **to read sb's ~** jdm aus der Hand lesen
▶PHRASES: **to have sb <u>eating</u> out of the ~ of one's hand** jdn so weit haben, dass er einem aus der Hand frisst *fam;* ***he's got his boss eating out of the ~ of his hand*** sein Chef frisst ihm aus der Hand *fam;* **to <u>have</u> an itching ~** AM geldgierig sein; **to <u>have</u> sb in the ~ of one's hand** jdn in der Hand haben
II. *vt* ■ **to ~ sth** ❶ *(make disappear)* etw [in der Hand] verschwinden lassen; **to ~ a card** eine Karte im Ärmel verstecken
❷ *(steal)* etw verschwinden lassen *fam*
◆**palm off** *vt* ■ **to ~ off ↔ sth on sb** jdm etw andrehen *fam;* ***he tried to ~ the painting off as a genuine Picasso*** er versuchte das Bild als echten Picasso zu verkaufen; ■ **to ~ sb off with sth** jdn mit etw *dat* abspeisen *fam*

'palm frond *n* Palmwedel *m*

palm·ist ['pɑ:mɪst] *n* Handleser(in) *m(f)*

palm·is·try ['pɑ:mɪstri] *n no pl* Handlesekunst *f*

pal·mit·ic acid [,pælmeɪtɪk'-, ,pɑ:-, -mɪt-, AM ,pælmeɪtɪk'-, ,pɑ:l-, ,pɑ:-] *n no pl* CHEM Palmitinsäure *f*

'palm leaf *n* Palmenblatt *nt* **'palm oil** *n* Palmöl *nt* **'Palm Pi·lot®** *n* Palm Pilot® *m* **'palm-size** *adj* handflächengroß **palm-size P'C** *n* [handflächengroßer] Taschencomputer, Palmtop *m*

Palm 'Sun·day *n* Palmsonntag *m* **'palm·top** *n* Palmtop *m* **'palm tree** *n* Palme *f*

palmy ['pɑ:mi] *adj* erfolgreich, Erfolgs-, glorreich *meist iron*

palo·mi·no [,pælə'mi:nəʊ, AM -noʊ] *n* Palominopferd *nt*

pal·pable ['pælpəbl] *adj* ❶ *(obvious)* offenkundig, deutlich; ***her relief was ~*** sie war sichtlich erleichtert
❷ *(tangible)* spürbar, greifbar

pal·pably ['pælpəbli] *adv* offenkundig, eindeutig

pal·pate [pæl'peɪt] *vt* ■ **to ~ sth** etw abtasten, etw befühlen

pal·pi·tate ['pælpɪteɪt, AM -pə-] *vi heart* [schnell] klopfen, palpitieren *fachspr;* ***my heart was palpitating with joy*** mir klopfte das Herz vor Freude

pal·pi·ta·tions [,pælpɪ'teɪʃənz, AM -pə'-] *npl* MED Herzklopfen *nt kein pl;* **to have ~** *(fig)* einen [Herz]anfall bekommen

pal·sy ['pɔ:lzi, AM *esp* 'pɑ:l-] *n* Lähmung *f;* **cerebral ~** Kinderlähmung *f*

pal·sy-wal·sy [,pælzi'wælzi] *adj (fam) relationship* freundschaftlich; ■ **to be ~** ein Herz und eine Seele sein; ***she's ~ with him*** die beiden sind ein Herz und eine Seele; ***I don't know why she's suddenly trying to be ~ with us*** ich weiß nicht, warum sie auf einmal so überfreundlich zu uns ist

pal·try ['pɔ:ltri, AM *esp* 'pɑ:l-] *adj* ❶ *(small)* armselig; **~ sum** lächerliche Summe; **~ wage** geringer [*o* kärglicher] Lohn
❷ *(contemptible)* billig *pej*

pam·pas ['pæmpəs, AM 'pæmpəz, 'pɑ:m-] *n + sing/pl vb* Pampa *f*

'pam·pas grass *n no pl* Pampa[s]gras *nt*

pam·per ['pæmpər, AM -ɚ] *vt* ■ **to ~ sb** [**with sth**] jdn [mit etw *dat*] verwöhnen; ■ **to ~ oneself with sth** sich *dat* etw gönnen

pam·pered ['pæmpəd, AM -ɚd] *adj* verwöhnt

'pam·per·ing par·ty *n* Party *f* mit Kosmetikbehandlung

pam·phlet ['pæmflɪt] *n* [kleine] Broschüre *f,* Faltblatt *nt;* POL Flugblatt *nt,* Pamphlet *nt geh*

pam·phlet·eer [,pæmflə'tɪər, AM flɪtɪr] *n* Pamphletist(in) *m(f)*

pan¹ [pæn] *vi* FILM, COMPUT schwenken

pan² [pæn] **I.** *n* ❶ *(for cooking)* Pfanne *f;* AM *(for oven cooking)* Topf *m;* **pots and ~s** Kochtöpfe *pl,* Kochgeschirr *nt;* **frying/grill ~** Brat-/Grillpfanne *f;* **non-stick ~** antihaftbeschichtete Pfanne
❷ *(for gold)* Goldpfanne *f*
❸ BRIT *(toilet bowl)* Toilettenschüssel *f*
❹ AM *(sl: face)* Gesicht *nt*
▶PHRASES: **to <u>go</u> down the ~** den Bach runtergehen *fam*
II. *vt* <-nn-> ❶ AM *(cook)* ■ **to ~ sth** etw [in der Pfanne] braten
❷ *(wash)* **to ~ gold** Gold waschen
❸ *(fam: criticize)* ■ **to ~ sb/sth** jdn/etw heftig kritisieren [*o fam* verreißen]; **to ~ a book/film** einen Film/ein Buch verreißen; **to get ~ned** verrissen werden
III. *vi* <-nn-> **to ~ for gold** Gold waschen
◆**pan out** *vi* ❶ *(develop)* sich *akk* entwickeln; ***we'll have to see how things ~ out*** wir müssen abwarten, wie sich die Dinge entwickeln
❷ *(succeed)* funktionieren, klappen *fam;* ***their attempt didn't ~ out*** ihr Versuch ging daneben *fam*

pan- [pæn] *in compounds* pan-, Pan-

pana·cea [,pænə'si:ə] *n* Allheilmittel *nt,* Wundermittel *nt; (fig)* Patentlösung *f*

pa·nache [pə'næʃ] *n no pl* Elan *m,* Schwung *m;* **with great ~** sehr schwungvoll

pan-Af·ri·can [pæn'æfrikən] *adj inv* panafrikanisch

pana·ma [,pænə'mɑ:, AM 'pænəmɑ:] *n* Panamahut *m*

Pana·ma [,pænə'mɑ:, AM 'pænəmɑ:] *n* Panama *nt*

Pana·ma Ca·'nal *n no pl* ■ **the ~** der Panamakanal **Pana·ma 'City** *n* Panama City *nt* **pana·ma 'hat** *n* Panamahut *m*

Pana·ma·nian [,pænə'meɪniən] **I.** *n* Panamaer(in) *m(f)*
II. *adj inv* panamaisch

Pan-Ameri·can [,pænə'merɪkən] *adj inv* panamerikanisch

pan-and-'scan *n* FILM Pan & Scan *(Vorgang, um ein Widescreen-Bild, welches im Kino gezeigt wird, auf einem normalen 4:3 Fernsehbildschirm darzustellen)*

pana·tel·la [,pænə'telə] *n Zigarrensorte*

'pan·cake *n* Pfannkuchen *m,* Omelette *f* SCHWEIZ, Palatschinke *f* ÖSTERR

'Pan·cake Day *n* BRIT *(fam)* Fastnachtsdienstag *m,* Faschingsdienstag *m,* Faschingdienstag *m* ÖSTERR, Fasnachtsdienstag *m* SCHWEIZ **'pan·cake-flat** *adj inv* völlig flach [*o* eben] **pan·cake 'land·ing** *n* Bauchlandung *f* **pan·cake 'roll** *n* BRIT gefüllte Palatschinke ÖSTERR *(aufgerollter gefüllter Pfannkuchen)*

pan·cet·ta [pæn'tʃetə] *n no pl (Italian cured belly of pork)* Pancetta *m*

pan·cre·as <*pl* -es> ['pæŋkriəs, AM *esp* 'pæn-] *n* Bauchspeicheldrüse *f,* Pankreas *nt fachspr*

pan·cre·at·ic [,pæŋkri'ætɪk, AM ,pænkri'æt̬-, ,pæŋ-] *adj inv* Pankreas-; **~ juice** Pankreassaft *m*

pan·da ['pændə] *n* Panda *m;* **red ~** Katzenbär *m*

'pan·da car *n* BRIT Streifenwagen *m*

pan·dem·ic [pæn'demɪk] **I.** *n* Seuche *f,* Pandemie *f fachspr;* **~ of influenza** Grippepandemie *f*
II. *adj* pandemisch; *(fig)* weit verbreitet

pan·de·mo·nium [,pændə'məʊniəm, AM -'moʊ-] *n no pl* ❶ *(noisy confusion)* Chaos *nt;* **~ reigns** es herrscht Chaos
❷ *(fig: uproar)* Tumult *m,* Höllenlärm *m fam*

pan·der ['pændər, AM -ɚ] *vi (pej)* ■ **to ~ to sth** etw *dat* nachgeben; ***political leaders almost inevitably ~ to big business*** führende Politiker fügen sich fast zwangsläufig der Großindustrie; **to ~ to sb's whims** auf jds Launen eingehen

P & L [,pi:ən(d)'el] *n* ECON *abbrev of* **profit and loss account** Gewinn- und Verlustrechnung *f*

Pan·dora's box [pæn,dɔ:rəz'bɒks, AM -'bɑ:ks] *n no pl* die Büchse der Pandora; **to open** [**up**] **~** die Büchse der Pandora öffnen

P & P [,pi:ən(d)'pi:] *n no pl* BRIT *abbrev of* **postage and packing** Porto und Verpackung

pane [peɪn] *n* [Fenster]scheibe *f;* **window ~** Fensterscheibe *f*

pan·egyr·ic [,pænə'dʒɪrɪk] *n (form)* Lobrede *f;* **to deliver a ~ on sb** eine Lobrede auf jdn halten

pan·el ['pænəl] **I.** *n* ❶ *(wooden)* [Holz]paneel *nt*
❷ *(metal)* Blech *nt*
❸ FASHION *(part of garment)* [Stoff]streifen *m,* [Stoff]bahn *f* SCHWEIZ, ÖSTERR
❹ PUBL *(on page)* Feld *nt*
❺ *+ sing/pl vb (team)* Gruppe *f,* Team *nt;* **a ~ of experts** ein Expertenteam *nt*
❻ *(instrument board)* Tafel *f;* **control ~** Schalttafel *f;* **instrument ~** AVIAT Instrumentenbrett *nt;* AUTO Armaturenbrett *nt*
II. *vt* <BRIT -ll- *or* AM *usu* -l-> ■ **to ~ sth** [**in sth**] etw [mit etw *dat*] täfeln

'pan·el beat·er *n* BRIT Autoschlosser(in) *m(f)*

'pan·el dis·cus·sion *n* Podiumsdiskussion *f*

'pan·el game *n* BRIT TV Ratespiel *nt,* Ratequiz *nt*

pan·el·ing *n* AM *see* **panelling**

pan·el·ist *n* AM *see* **panellist**

pan·elled ['pænəld], AM *usu* **pan·eled** ['pænəld] *adj inv* getäfelt, getäfert SCHWEIZ, holzverkleidet

pan·el·ling ['pænəlɪŋ], AM **pan·el·ing** *n no pl* [Holz]täfelung *f,* [Holz]täferung *f* SCHWEIZ, [Holz]verkleidung *f*

pan·el·list ['pænəlɪst], AM **pan·el·ist** *n* ❶ *(in expert team)* Mitglied *nt* [einer Expertengruppe]
❷ *(in quiz team)* Teilnehmer(in) *m(f) (an einer Quizshow)*

'pan·el pin *n* BRIT Stift *m*

'pan·el truck *n* AM Lieferwagen *m*

pan·et·to·ne <*pl* -ni> [,pænə'təʊneɪ, AM -ɪ'toʊ-] *n* Panettone *m*

pan-Euro'pean *adj inv* gesamteuropäisch

'pan-fry <-ie-> *vt* ■ **to ~ sth** etw [in der Pfanne] braten

pang [pæŋ] *n* [plötzliches] Schmerzgefühl; **~ of guilt/jealousy/remorse** Anwandlung *f* von Schuldgefühlen/Eifersucht/Reue

'pan·han·dle I. *n* ❶ *(on pan)* Pfannenstiel *m* ❷ GEOG Zipfel *m* ❸ BRIT *(vulg: erect penis)* Steifer *m vulg;*

dead man's ~ *Erektion, die gelegentlich bei Toten auftritt* **II.** *vi* schnorren, erbetteln SCHWEIZ **III.** *vt* **to ~ money** Geld schnorren **'pan·han·dler** *n (fam)* Schnorrer(in) *m(f)*

pan·ic ['pænɪk] **I.** *n no pl* ❶ *(overwhelming fear)* Panik *f;* ~ ***spread through the crowd*** Panik breitete sich in der Menge aus
❷ *(hysterical fear)* panische Angst; **to get in[to] a ~** panische Angst bekommen, in Panik geraten; **to be in a ~** panische Angst haben
II. *vi* <-ck-> in Panik geraten; ***don't ~, everything will be OK*** nur keine Panik, alles wird gut; ■**to ~ about** [*or* **over**] **sth** wegen einer S. *gen* in Panik geraten
III. *vt* ■**to ~ sb** unter jdm Panik auslösen; ***rumours of war ~ked many investors into selling their shares*** Gerüchte über einen möglichen Krieg verleiteten viele Anleger zum panikartigen Verkauf ihrer Aktien

'pan·ic at·tack *n* Panikattacke *f,* Panikanfall *m;* **to have a ~** eine Panikattacke [*o* einen Panikanfall] bekommen **'pan·ic but·ton** *n* Alarmknopf *m;* **to hit** [*or* **press**] [*or* **push**] **the ~** den Alarmknopf drücken; *(fig fam)* in Panik geraten *fam* **'pan·ic buy·ing** *n no pl* Panikkauf *m*

pan·icky ['pænɪki] *adj* panisch; ~ **action** Kurzschlusshandlung *f;* ~ **feeling** Gefühl *nt* von Panik; ***I get a ~ feeling just as the aircraft starts to move*** ich werde furchtbar nervös, sobald sich das Flugzeug in Bewegung setzt

'pan·ic room *n* Panikraum *m* **'pan·ic sell·ing** *n no pl* STOCKEX Panikverkauf *m* **'pan·ic sta·tions** *npl + sing vb* BRIT höchster Alarmzustand *fam;* ***two weeks before an exam it's always ~*** zwei Wochen vor einer Prüfung bricht bei mir immer die große Panik aus **pan·ic-strick·en** [ˌstrɪkən] *adj* von Panik ergriffen; ~ ***people were running in all directions*** Menschen rannten in Panik in alle Richtungen

pan·jan·drum [pæn'dʒændrəm] *n* Autorität *f,* Koryphäe *f*

'pan mill *n* TECH Kollergang *m*

pan·ni·er ['pæniəʳ, AM -njɚ] *n (bag)* Satteltasche *f; (basket)* Tragkorb *m*

pano·ply ['pænəpli] *n no pl* ❶ ART Palette *f*
❷ *(pomp)* Prunk *m;* ***with the full ~ of royal ceremony*** mit allem Pomp einer königlichen Zeremonie

pano·ra·ma [ˌpænəˈrɑːmə, AM -əˈræmə] *n* Panorama *nt; (fig)* Überblick *m,* Übersicht *f;* ***a ~ of British history*** ein Überblick über die britische Geschichte

pano·ram·ic [ˌpænəˈrɑːmɪk, AM -əˈræm-] *adj* Panorama-; ~ **scene** Panoramabild *nt,* Panoramaansicht *f*

pano·ram·ic 'view *n* Panoramablick *m*

'pan pipes *npl* Panflöte *f*

'pan scour·er *n esp* BRIT Topfkratzer *m*

pan·sy ['pænzi] *n* ❶ *(flower)* Stiefmütterchen *nt*
❷ *(pej dated fam: male homosexual)* Homo *m fam,* Schwule(r) *m fam; (effeminate male)* Waschlappen *m pej fam,* Weichei *nt pej fam*

pant[1] [pænt] **I.** *vi* ❶ *(breathe)* keuchen, schnaufen
❷ *(crave)* **to ~ for breath** nach Luft schnappen
❸ *(liter: throb) heart* pochen *liter*
II. *n* ❶ *(breath)* Keuchen *nt kein pl*
❷ *(liter: throb)* pochen *liter*
◆**pant after** *vt (fig)* ■**to ~ after sb** hinter jdm her sein, auf jdn scharf sein

pant[2] [pænt] FASHION **I.** *n* ■**~s** *pl* ❶ *esp* BRIT *(underpants)* Unterhose *f;* **a pair of ~s** eine Unterhose
❷ AM *(trousers)* [lange] Hose
▸PHRASES: **to bore the ~s off sb** *(fam)* jdn zu Tode langweilen; **to piss** [*or* **wet**] [*or* **shit**] **one's ~s** *(vulg sl)* sich *dat* [vor Angst] in die Hosen machen *fam,* Schiss haben *sl;* **to be caught with one's ~ down** *(fam)* auf frischer Tat ertappt werden; **to scare** [*or* **frighten**] **the ~s off sb** jdm einen Riesenschrecken einjagen *fam*
II. *n modifier (leg, pocket)* Hosen-; ~ **cuff** Hosenaufschlag *m*

pan·ta·loons [ˌpæntəˈluːnz, AM t̬ə'] *npl* ❶ *(woman's baggy trousers)* Pluderhose *f*
❷ HIST *(men's breeches)* Pantalons *pl*

pan·tech·ni·con [pæn'teknɪkən] *n* BRIT *(old)* Möbelwagen *m*

pan·the·ism ['pæn(t)θiɪzəm] *n no pl* Pantheismus *m geh*

pan·the·ist ['pæn(t)θiɪst] **I.** *n* Pantheist(in) *m(f) geh* **II.** *adj inv* pantheistisch *geh*

pan·the·is·tic(al) [ˌpæn(t)θiˈɪstɪk(əl)] *adj inv* pantheistisch *geh*

pan·the·is·ti·cal·ly [ˌpæn(t)θiˈɪstɪkəli] *adv* pantheistisch *geh*

pan·the·on ['pæn(t)θiən, AM -ɑːn] *n (form)* ❶ ARCHIT Pantheon *nt fachspr,* Ruhmeshalle *f*
❷ *usu sing (group)* Pantheon *nt fig geh;* ***Malcolm X belongs to the ~ of black civil rights heroes*** Malcolm X gehört zu den wichtigsten Figuren der schwarzen Bürgerrechtsbewegung

pan·ther <*pl* - *or* -s> ['pæn(t)θəʳ, AM -ɚ] *n* ❶ *(leopard)* Panther *m*
❷ AM *also (cougar)* Puma *m*

'pantie gir·dle *n see* **panty girdle**

panties ['pæntiz, AM -t̬iz] *npl (fam)* [Damen]slip *m*

pan·ti·hose *npl* AM, AUS *see* **pantyhose**

pan·tile ['pæntaɪl] *n* Dachpfanne *f*

pant·ing ['pæntɪŋ, AM -t̬ɪŋ] *adj pred* ■**to be ~ for** [*or* **after**] **sth** sehr interessiert an etw *dat* sein, ganz wild auf etw *akk* sein *fam;* ■**to be ~ to do sth** ganz wild darauf sein, etw zu tun *fam*

pan·to ['pæntəʊ] *n* BRIT *(fam) short for* **pantomime** Pantomime *f*

pan·to·graph ['pæntəʊgrɑːf, AM t̬əgræf] *n* ❶ *(drawing instrument)* Storchschnabel *m*
❷ *(current conveyor)* Stromabnehmer *m*

pan·to·mime ['pæntəmaɪm, AM -t̬-] **I.** *n* ❶ BRIT *(play)* [Laien]spiel *nt; (for Christmas)* Weihnachtsspiel *nt*
❷ *(mime)* Pantomime *f;* **to do a ~ of sth** etw pantomimisch darstellen; ***she did a ~ of putting a key in a lock*** sie tat so, als würde sie einen Schlüssel in ein Schloss stecken
II. *vt* ■**to ~ sth** etw pantomimisch darstellen; ***she ~d the act of climbing a wall*** sie tat so, als würde sie eine Mauer hochklettern

pan·to·mime 'dame *n* BRIT *ein Pantomime, der eine Frauenrolle spielt* **pan·to·mime 'horse** *n* BRIT *von zwei Schauspielern in einem einzigen Kostüm dargestelltes Pferd*

pan·try ['pæntri] *n* Vorratskammer *f*

'pant·suit ['pæntsuːt], AM **'pants suit** *n* Hosenanzug *m*

'panty gir·dle *n* Miederhöschen *nt* **'pan·ty·hose** *npl* AM, AUS Strumpfhose *f* **'panty lin·er** *n* Slipeinlage *f*

pap [pæp] **I.** *n no pl* ❶ *(esp pej: food)* Babybrei *m*
❷ *(pej fam: entertainment)* Schund *m pej*
II. *vt* <-pp-> *(fam) celebrity* ■**to be ~ped** [von Paparazzi] fotografiert [*o* geknipst] werden *fam*

papa [pɑːpə] *n* ❶ AM *(fam)* Papa *m fam*
❷ BRIT *(dated)* Papa *m fam*
❸ *(code word) zum Buchstabieren des Buchstaben ‚p'*

pa·pa·bile [pə'pɑːbɪleɪ] *adj* papabile

Pa·pa·bile [pə'pɑːbɪleɪ] *n* Papabile *m*

pa·pa·cy ['peɪpəsi] *n* ❶ *(pope's jurisdiction)* ■**the ~** das Pontifikat
❷ *usu sing (pope's tenure)* Pontifikat *nt,* päpstliche Amtszeit; **during the ~ of ...** unter Papst ...
❸ *(system of government)* Papsttum *nt*

pa·pal ['peɪpəl] *adj inv* päpstlich, Papst-; ~ **dispensation** päpstlicher Dispens; ~ **election** Papstwahl *f;* ~ **infallibility** Unfehlbarkeit *f* des Papstes; ~ **interregnum** Sedisvakanz *f;* ~ **messenger** Legat *m,* päpstlicher Gesandter; ~ **oath** Papsteid *m*

pa·pa·raz·zi [ˌpæpəˈrætsi, AM ˌpɑːpɑːˈrɑː-] *npl* Paparazzi *pl,* Sensationsreporter(innen) *mpl(fpl)*

pa·pa·raz·zo [ˌpæpəˈrætsəʊ, AM ˌpɑːpɑːˈrɑːtsoʊ] *n sing of* **paparazzi**

pa·pa·ya [pə'paɪjə] *n* Papaya *f*

pa·per ['peɪpəʳ, AM -ɚ] **I.** *n* ❶ *no pl (for writing)* Papier *nt;* **a piece** [*or* **sheet**] **of ~** ein Blatt *nt* Papier; **recycled ~** Altpapier *nt;* **to commit sth to ~** etw zu Papier bringen; **to get** [*or* **put**] **sth down on ~** etw schriftlich festhalten; **to look good on ~** auf dem Papier gut aussehen; ***several candidates looked good on ~*** einige Kandidaten machten in ihrer schriftlichen Bewerbung einen guten Eindruck
❷ *(newspaper)* Zeitung *f;* **daily ~** Tageszeitung *f*
❸ *(wallpaper)* Tapete *f*
❹ *usu pl (document)* Dokument *nt,* Schriftstück *nt*
❺ *(government report)* [offizieller] Bericht
❻ *(credentials)* ■**~s** *pl* [Ausweis]papiere *pl*
❼ *(wrapper)* [Einpack]papier *nt; (for presents)* Geschenkpapier *nt*
❽ BRIT, AUS SCH Arbeit *f;* UNIV Klausur *f;* **to sit a ~** eine Klausur schreiben
❾ *(essay)* Paper *nt,* Referat *nt;* **to give** [*or* **read**] **a ~** ein Referat [*o* SCHWEIZ einen Vortrag] halten
❿ *no pl* THEAT *(sl)* Freikarten *pl*
▸PHRASES: **to make the ~s** in den Zeitungen erscheinen; *(make the headlines)* Schlagzeilen machen
II. *n modifier (ball, doll, hat)* Papier-
III. *vt* ❶ **to ~ walls** die Wände tapezieren
❷ THEAT **to ~ a theatre** [*or* AM **theater**] *ein Theater durch den Verkauf von Freikarten füllen*
◆**paper over** *vt* **to ~ over a problem** ein Problem vertuschen; **to ~ over the cracks** Probleme herunterspielen

'pa·per·back *n* Taschenbuch *nt,* Paperback *nt;* ■**in ~** als Taschenbuch **'pa·per·back edi·tion** *n* Taschenbuchausgabe *f*

pa·per 'bag *n* Papiertüte *f,* Papiersack *m* SCHWEIZ, ÖSTERR

'pa·per·bark *n* BIOL Kajeputbaum *m*

'pa·per boy *n* Zeitungsjunge *m,* Zeitungsausträger *m* SCHWEIZ, ÖSTERR

'pa·per·chase *n* ❶ BRIT *(game)* Schnitzeljagd *f*
❷ ECON Übernahmeangebot *nt*

'pa·per clip *n* Büroklammer *f,* Heftklammer *f* **pa·per 'cup** *n* Pappbecher *m,* Kartonbecher *m* SCHWEIZ **pa·per 'cur·ren·cy** *n* ECON Papierwährung *f* **'pa·per cut·ter** *n* Papierschneidemaschine *f,* Papierschneider *m*

'pa·per girl *n* Zeitungsmädchen *nt,* Zeitungsausträgerin *f*

'pa·per·knife *n* Brieföffner *m*

pa·per·less ['peɪpələs, AM -pɚ-] *adj inv* papierfrei, ohne Papier *nach n*

'pa·per loss *n* ECON nicht realisierter Verlust **'pa·per mill** *n* Papierfabrik *f,* Papiermühle *f* **pa·per mil·lion·'aire** *n* STOCKEX Aktienmillionär(in) *m(f)* **'pa·per mon·ey** *n no pl* Papiergeld *nt* **pa·per 'nap·kin** *n* [Papier]serviette *f* **'pa·per of·fer** *n* ECON Übernahmeangebot *nt* **'pa·per prof·it** *n* FIN rechnerischer Gewinn, Buchgewinn *m* **pa·per·push·er** ['peɪpɚˌpʊʃɚ] *n esp* AM *(pej)* Bürohengst *m pej*

'pa·per round, AM **'pa·per route** *n* Zeitungszustellung *f;* **to have** [*or* **do**] **a ~** Zeitungen austragen

pa·per ser·vi·'ette *n* BRIT, CAN Papierserviette *f*

'pa·per shop *n* BRIT Zeitungskiosk *m,* Trafik *f* ÖSTERR

'pa·per tape *n no pl* COMPUT *(hist)* Lochstreifen *m* **pa·per-'thin** **I.** *adj inv* hauchdünn **II.** *adv inv* hauchdünn **pa·per 'ti·ger** *n (pej)* Papiertiger *m* **pa·per 'tis·sue** *n* Papiertaschentuch *nt,* SCHWEIZ *a.* Papiernastuch *nt* **pa·per 'tow·el** *n* BRIT Papierhandtuch *nt,* Einmalhandtuch *nt;* AM Küchenrolle *f* **'pa·per trail** *n esp* AM belastende Unterlagen **'pa·per·weight** *n* ❶ *(heavy object)* Briefbeschwerer *m*
❷ *(measurement)* Papiergewicht *nt*

'pa·per·work *n no pl* Büroarbeit *f,* Schreibarbeit *f;* **to do ~** [den] Papierkram machen *fam;* **to drown in ~** *(fig)* im Papierkram ersticken *fam;* **to catch up on some ~** liegengebliebene Büroarbeiten erledigen

pa·pery ['peɪpəri, AM -ɚi] *adj plaster* bröckelig; *skin* pergamenten

pa·pier mâché [ˌpæpieɪˈmæʃeɪ, AM ˌpeɪpɚməˈʃeɪ] **I.** *n no pl* Pappmaschee *nt,* Papiermaché *nt* SCHWEIZ
II. *n modifier (animal, car, figure)* Pappmaschee-

pa·pist ['peɪpɪst] *(pej)* **I.** *n* Papist(in) *m(f)*
II. *adj inv* papistisch

pa·poose [pə'puːs, AM pæp'uːs] *n (dated)* Indianerbaby *nt; (carrier for baby)* Tragegestell *nt*

pap·py[1] ['pæpi] *n* AM Papi *m fam*

pap·py^{2} ['pæpi] *adj* ① FOOD *(esp pej)* pappig
② *(pej fam: poor quality)* minderwertig; ~ **entertainment** seichte Unterhaltung
pap·ri·ka ['pæprɪkə, AM pæp'ri:-] *n no pl* Paprika *m*
'Pap smear, **'Pap test** *n* AM, AUS MED Abstrich *m*
Pa·puan ['pæpuən, AM -juən] **I.** *n* Papuaner(in) *m(f)*
II. *adj inv* papuanisch
Pa·pua New Guinea [,pæpuənju:'gɪni, AM ,pæpjuənu:'gɪni] *n* Papua-Neuguinea *nt* **Pa·pua New 'Guinean I.** *n* Papua-Neuguineer(in) *m(f)*
II. *adj* papua-neuguineisch
pa·py·rus <*pl* papyres *or* papyri> [pə'paɪ(ə)rəs, AM -'paɪrəs, *pl* -raɪ] *n* ① Papyrusstaude *f*
② *(paper)* Papyrus *m;* ■ **on** ~ auf Papyrus
par [pɑ:ʳ, AM pɑ:r] **I.** *n* ① *no pl (standard)* **below** [*or* **under**]/**above** ~ unter/über dem Standard; **to feel under** ~ sich *akk* nicht auf der Höhe fühlen; **to not be up to** ~ unterdurchschnittlich sein
② *(equality)* ■ **to be on a ~ with sb/each other** jdm/einander ebenbürtig sein
③ *(in golf)* Par *nt;* **below** [*or* **under**]/**above** ~ unter/über Par, weniger/mehr als die festgesetzte Schlagzahl
④ STOCKEX Nennwert *m,* Nominalwert *m;* **above** ~ über dem Nennwert, über pari; **below** ~ unter Nennwert, unter pari; **at** ~ zum Nennwert, zu pari; **issue at** ~ Pari-Emission *f;* **to call at** ~ zum Nennwert kündigen; **quoted at** ~ Kurs gleich Nennwert
► PHRASES: **it's ~ for the course** *(fam)* das war [ja] zu erwarten
II. *vt* SPORT **to ~ a hole** ein Loch innerhalb des Pars spielen
par. *short for* **paragraph** Abs.
para^{1} ['pærə, AM 'perə] *n (fam)* MIL *short for* **paratrooper** Fallschirmjäger(in) *m(f)*
para^{2} ['pærə, AM 'perə] *n (text) short for* **paragraph** Absatz *m*
para^{3} ['pærə, AM 'perə] *adj pred* BRIT *short for* **paranoid** paranoid
para·ble ['pærəbl̩, AM 'per-] *n* Parabel *f,* Gleichnis *nt*
pa·rabo·la <*pl* -s *or* -lae> [pə'ræbᵊlə, *pl* -li:] *n* MATH Parabel *f fachspr*
para·bol·ic [,pærə'bɒlɪk, AM ,perə'bɑ:l-] *adj inv* ① *(like a parabola)* parabolisch, Parabol-; ~ **trajectory** parabolische Flugbahn
② *(expressed using parable)* gleichnishaft; ~ **teaching** Unterweisung *f* durch Gleichnisse
para·ca·sein [,pærə'keɪsi:n, -si:ɪn, AM ,perə'-] *n no pl* CHEM Milchkasein *nt*
pa·ra·ceta·mol® <*pl* - *or* -s> [,pærə'si:təmɒl] *n* BRIT, AUS Paracetamol® *nt*
para·chute ['pærəʃu:t, AM 'per-] **I.** *n* ① ECON, MIL Fallschirm *m*
② ECON **golden** ~ großzügige Entlassungsabfindung im Falle einer Übernahme
II. *n modifier* Fallschirm-; ~ **pack** zusammengefalteter Fallschirm
III. *vi* mit dem Fallschirm abspringen
IV. *vt* ■ **to ~ sb** jdn mit dem Fallschirm abspringen lassen; ■ **to ~ sth** etw mit dem Fallschirm abwerfen
◆ **parachute in** *vi* mit dem Fallschirm eindringen
'para·chute flare *n* Fallschirmleuchtkugel *f* **'para·chute jump** *n* Fallschirmabsprung *m* **para·chute 'jump·er** *n* Fallschirmspringer(in) *m(f)*
para·chut·ing ['pærəʃu:tɪŋ, AM 'perəʃu:t̬-] *n no pl* Fallschirmspringen *nt*
para·chut·ist ['pærəʃu:tɪst, AM 'perəʃu:t̬-] *n* Fallschirmspringer(in) *m(f)*
pa·rade [pə'reɪd] **I.** *n* ① *(procession)* Parade *f,* Umzug *m,* SCHWEIZ, ÖSTERR *a.* Prozession *f;* **victory** ~ Siegeszug *m*
② MIL [Truppen]parade *f;* **military** ~ Militärparade *f;* *(inspection of soldiers)* Truppenschau *f*
③ LAW **identification** [*or* **identity**] ~ Gegenüberstellung *f* zur Identifikation des Täters
④ *(fig: series)* [lange] Reihe; ***the senators listened to a ~ of local residents*** die Senatoren hörten sich die Meinung der zahlreich erschienenen Anwohner an
⑤ BRIT *of shops* Geschäftsstraße *f*
II. *vi* ① *(walk in procession)* einen Umzug machen
② MIL marschieren
③ *(show off)* ■ **to ~ about** auf und ab stolzieren, umherstolzieren; **to ~ up and down in one's best clothes** seine besten [Kleidungs]stücke zur Schau tragen
III. *vt* ① *(march)* **to ~ the streets** durch die Straßen marschieren; *(during a procession)* durch die Straßen ziehen
② *(exhibit)* ■ **to ~ sb/sth** jdn/etw vorführen
③ *(fig: show off)* ■ **to ~ sth** etw stolz vorführen; *(fig) knowledge, wealth* etw zur Schau tragen
pa·'rade ground *n* MIL Exerzierplatz *m*
para·digm ['pærədaɪm, AM 'per-] *n (form)* ① *(model)* Paradigma *nt geh,* Muster *nt;* *(example)* Beispiel *nt*
② LING Paradigma *nt fachspr*
para·dig·mat·ic [,pærədɪg'mætɪk, AM ,perədɪg'mæt̬-] *adj (form)* paradigmatisch *geh*
para·dig·mati·cal·ly [,pærədɪg'mætɪkli, AM ,perədɪg'mæt̬-] *adv (form)* paradigmatisch *geh*
para·digm 'shift *n* Paradigmenwechsel *m geh;* ***Darwin's theory of evolution was a ~ in scientific understanding*** Darwins Evolutionstheorie veränderte in revolutionärer Weise das wissenschaftliche Verständnis
para·dis·al [,pærə'daɪsᵊl, AM ,per-] *adj see* **paradisiacal**
para·dise ['pærədaɪs, AM 'per-] *n no pl* Paradies *nt;* ■ **P~** das Paradies; **a children's** ~ *(fig)* ein Paradies *nt* für Kinder; **to go to** ~ ins Paradies eingehen [*o* kommen]
para·di·sia·cal [,pærədɪ'saɪəkᵊl, AM ,perə-], **para·disi·cal** [,pærə'dɪsɪkᵊl, AM ,perə-], **para·dis·al** [,pærə'daɪsᵊl, AM ,per-] *adj* paradiesisch
para·dox <*pl* -es> ['pærədɒks, AM 'perədɑ:ks] *n* Paradox[on] *nt geh; no pl* Paradoxie *f geh;* ■ **it is a ~ that ...** es ist paradox, dass ...
para·doxi·cal [,pærə'dɒksɪkᵊl, AM ,perə'dɑ:k-] *adj* paradox
para·doxi·cal·ly [,pærə'dɒksɪkᵊli, AM ,perə'dɑ:k-] *adv* paradoxerweise
par·af·fin ['pærəfɪn, AM 'per-] *n no pl* ① BRIT *(fuel)* Kerosin *nt*
② *(wax)* Paraffin *nt*
par·af·fin 'heat·er *n* BRIT Kerosinofen *m* **par·af·fin 'lamp** *n* BRIT Kerosinlampe *f* **par·af·fin 'lan·tern** *n* BRIT Kerosinlaterne *f* **par·af·fin 'oil** *n* BRIT Paraffinöl *nt* **par·af·fin 'wax** *n no pl* Paraffin *nt*
para·glide ['pærəglaɪd, AM 'per-] *vi* SPORT Paragliding betreiben
para·glid·er ['pærə,glaɪdəʳ, AM 'perə,glaɪdɚ] *n* SPORT Paraglider(in) *m(f)*
para·glid·ing ['pærə,glaɪdɪŋ, AM 'perə,-] *n no pl* Paragliding *nt,* Gleitschirmfliegen *nt*
para·gon ['pærəgən, AM 'perəgɑ:n] *n* ① *(perfect example)* Muster[beispiel] *nt,* Vorbild *nt;* **a ~ of discretion** ein Muster *nt* an Verschwiegenheit; **a ~ of democracy** das Musterbeispiel einer Demokratie; **a ~ of virtue** *(iron)* ein Ausbund *m* an Tugend
② *(diamond)* hundertkarätiger Solitär
para·graph ['pærəgrɑ:f, AM 'perəgræf] **I.** *n* ① *(text)* Absatz *m,* Abschnitt *m*
② *(newspaper article)* [kurze] Zeitungsnotiz [*o* Meldung]
II. *vt* **to ~ a text** Absätze [in einem Text] machen
Para·guay ['pærəgwaɪ, AM 'perəgweɪ] *n* Paraguay *nt*
Para·guay·an [,pærə'gwaɪən, AM 'perə,gweɪ] *adj inv* paraguayisch
para·keet [,pærə'ki:t, AM 'perəki:t] *n* Sittich *m*
para·le·gal [,perə'li:gᵊl] LAW **I.** *n esp* AM juristische Hilfskraft, Anwaltsassistent(in) *m(f)*
II. *adj esp* AM paralegal *fachspr*
par·al·lax ['pærəlæks, AM ,per] *n no pl* MATH, ASTRON Parallaxe *f*
par·al·lel ['pærəlel, AM 'per-] **I.** *adj inv* ① *inv lines* parallel, gleichlaufend; ***Hills Road is ~ to Mill Road*** die Hills Road verläuft parallel zur Mill Road
② *(corresponding)* ~ **example** Parallelbeispiel *nt;* ~ **experiments** Parallelversuche *pl;* ~ **contest** CHESS Simultanspiel *nt*
③ ELEC **in** ~ parallel geschaltet
④ COMPUT parallel; *computer system* simultan
II. *n* ① *(similarity)* Parallele *f,* Entsprechung *f;* ■ **without** ~ ohnegleichen; **to draw a** ~ einen Vergleich ziehen
② MATH Parallele *f fachspr*
③ *esp* AM GEOG ~ [**of latitude**] Breitenkreis *m*
III. *vt* ■ **to ~ sth** ① *(correspond to)* etw *dat* entsprechen; *(be similar to)* etw *dat* ähneln [*o* gleichen]; **not ~ed** beispiellos
② *(run side-by-side)* zu etw *dat* parallel [ver]laufen
IV. *adv inv* parallel; **to run ~ to sth** zu etw *dat* parallel verlaufen
par·al·lel 'bars *npl (in gymnastics)* Barren *m*
par·al·lel cir·cu·'la·tion *n* FIN *of currencies* Parallelumlauf *m* **par·al·lel 'cur·ren·cy** *n* Parallelwährung *f*
par·al·lel·ism ['pærəlelɪzᵊm, AM 'per-] *n no pl* Parallelität *f*
par·al·lel 'line *n* Parallele *f* **par·al·lel of 'lati·tude** *n* Breitenkreis *m*
par·al·lelo·gram [,pærə'leləgræm, AM ,per-] *n* Parallelogramm *nt fachspr*
par·al·lel 'park·ing *n no pl* Parken *nt* am Straßenrand *(parallel zum Straßenverlauf)*
par·al·lel 'pro·cess·ing *n no pl* COMPUT Parallelverarbeitung *f fachspr*
Para·lym·pic [,pærə'lɪmpɪk, AM ,perə'-] *adj inv* paralympisch
Para·lym·pics [,pærə'lɪmpɪks, AM ,perə'-] *npl,* **Para·lym·pic Games** *npl* ■ **the** ~ die Paralympischen Spiele *pl (olympische Spiele für Behinderte)*
para·lyse ['pærəlaɪz] *vt* BRIT, AUS ① MED ■ **to ~ sb/sth** jdn/etw lähmen [*o fachspr* paralysieren]
② *(stupefy)* ■ **to ~ sb** jdn lähmen *fig;* **to feel ~d with fear** vor Angst wie gelähmt sein
③ *(bring to halt)* ■ **to ~ sth** etw lahmlegen
para·lysed ['pærəlaɪzd] *adj* BRIT, AUS ① MED gelähmt, paralysiert *fachspr*
② *(stupefied)* wie gelähmt *präd,* handlungsunfähig
③ *(brought to halt)* lahmgelegt; *(blocked)* blockiert
pa·raly·ses [pə'ræləsi:z] *n pl of* **paralysis**
para·lys·ing ['pærᵊlaɪzɪŋ] *adj* BRIT, AUS *(also fig)* lähmend, paralysierend *geh*
pa·raly·sis <*pl* -ses> [pə'ræləsɪs, *pl* -si:z] *n* Paralyse *f fachspr,* Lähmung *f a. fig*
para·lyt·ic [,pærə'lɪtɪk, AM ,perə'lɪt̬-] **I.** *adj* ① MED paralytisch, Lähmungs-
② *esp* BRIT *(fam: drunk)* stockbetrunken *fam;* **to drink oneself into a ~ state** sich *akk* sinnlos betrinken
II. *n* Paralytiker(in) *m(f) fachspr*
para·lyze ['perəlaɪz] *vt* AM *see* **paralyse**
para·lyzed ['perəlaɪzd] *adj* AM *see* **paralysed**
para·lyz·ing ['perᵊlaɪzɪŋ] *adj* AM *see* **paralysing**
para·mag·net·ism [,pærə'mægnətɪzᵊm, -nɪ-, AM ,perə'mægnət̬ɪ-] *n no pl* PHYS Paramagnetismus *m*
para·med·ic [,pærə'medɪk, AM ,per-] *n* ärztlicher Assistent/ärztliche Assistentin, Sanitäter(in) *m(f)*
pa·ram·eter [pə'ræmɪtəʳ, AM -ət̬ɚ] *n usu pl* ① SCI Parameter *m geh,* Bestimmungsfaktor *m*
② *(set of limits)* ■ **~s** *pl* Leitlinien *pl,* Rahmen *m*
para·met·ric [,pærə'metrɪk, AM 'perə-] *adj inv* MATH, SCI parametrisch
para·mili·tary [,pærə'mɪlɪtᵊri, AM ,perə'mɪləteri] **I.** *adj inv* paramilitärisch
II. *n* Milizionär(in) *m(f)*
para·mount ['pærəmaʊnt, AM 'per-] *adj inv (form)* ① *(have priority)* vorrangig, oberste(r, s), höchste(r, s), Haupt-; ■ **to be** ~ an erster Stelle stehen; **of ~ importance** von größter Wichtigkeit
② *attr (rare: in supreme power) chief, leader* oberste(r) *attr*
par·amour ['pærəmʊəʳ, AM 'perəmʊr] *n (dated liter)* Geliebte(r) *f(m)*
para·noia [,pærə'nɔɪə, AM ,per-] *n* ① PSYCH Paranoia *f geh,* Verfolgungswahn *m*
② *(anxiousness)* Hysterie *f*
para·noi·ac [,pærə'nɔɪæk, AM ,per-] **I.** *adj* paranoisch *geh*
II. *n* Paranoiker(in) *m(f) geh*
para·noid [,pærə'nɔɪd, AM ,per-] **I.** *adj* ① PSYCH paranoid; ■ **to be ~** unter Verfolgungswahn leiden

② *(mistrustful)* wahnhaft; ■**to be ~ about sth/sb** in ständiger Angst vor etw/jdm leben; ~ **delusion** Wahnvorstellung *f;* **to be** [*or* **feel**] ~ Wahnvorstellungen haben

▸PHRASES: **just because I'm ~ it doesn't mean that they're not out to get me** *(saying fam)* auch wenn ich unter Verfolgungswahn leide, so heißt das noch lange nicht, dass sie nicht hinter mir her sind

II. *n* Paranoiker(in) *m(f) geh*

para·noid schizo·'phre·nia *n* paranoide Schizophrenie *fachspr* **para·noid schizo·'phren·ic** *n* PSYCH **to be a ~** unter paranoider Schizophrenie leiden *fachspr*

para·nor·mal [ˌpærəˈnɔːməl, AM ˌperəˈnɔːr-] I. *adj* übernatürlich, paranormal *geh;* ~ **powers** [*or* **forces**] übersinnliche Kräfte

II. *n no pl* ■**the ~** übernatürliche Erscheinungen

para·pente [ˈpærəpɒnt] *n no pl* AUS *Sportart mit abgeändertem Fallschirm*

para·pet [ˈpærəpɪt, AM ˈperəpet] *n* Geländer *nt,* Brüstung *f*

para·pher·na·lia [ˌpærəfəˈneɪliə, AM ˌperəfəˈneɪljə] *npl + sing/pl vb* Zubehör *nt kein pl; (pej)* Brimborium *nt kein pl fam,* SCHWEIZ, ÖSTERR *a.* Drumherum *nt fam*

para·phrase [ˈpærəfreɪz, AM ˈper-] I. *vt* ■**to ~ sth** etw umschreiben [*o geh* paraphrasieren], etw [mit anderen Worten] wiedergeben; ■**to ~ sb** jdn frei zitieren

II. *n* Paraphrase *f geh;* ***she gave us a quick ~ of what had been said*** sie gab kurz mit eigenen Worten wieder, was gesagt worden war

para·plegia [ˌpærəˈpliːdʒə, AM ˌper-] *n no pl* MED Querschnittslähmung *f,* Paraplegie *f fachspr*

para·plegic [ˌpærəˈpliːdʒɪk, AM ˌper-] I. *adj inv* doppelseitig gelähmt

II. *n* doppelseitig Gelähmte(r) *f(m)*

para·psy·chol·ogy [ˌpærəsaɪˈkɒlədʒi, AM ˌperəsaɪˈkɑːl-] *n no pl* PSYCH Parapsychologie *f*

Para·quat® [ˈpærəkwɒt, AM ˈperəkwɑːt] *n no pl* Paraquat *nt (ein Pflanzenvernichtungsmittel)*

para·sail [ˈpærəseɪl, AM ˈper-] SPORT, NAUT I. *vi* gleitsegeln

II. *n* Fallschirm *m (zum Gleitsegeln)*

para·sail·ing [ˈpærəˌseɪlɪŋ, AM ˈper-] *n* ≈ Gleitfliegen *nt (Sportart, bei der sich ein Fallschirmflieger von einem Auto oder Boot in die Luft ziehen lässt)*

para·scend·ing [ˈpærəˌsendɪŋ, AM ˈper-] *n no pl* BRIT

① *(paragliding)* Paragliding *nt*

② *see* **parasailing**

para·site [ˈpærəsaɪt, AM ˈper-] *n* Parasit *m a. fig,* Schmarotzer *m a. fig*

para·sit·ic(al) [ˌpærəˈsɪtɪkəl, AM ˌperəˈsɪṱ-] *adj* ① BIOL parasitär; ~ **disease** parasitäre Krankheit

② *(fig pej) person* schmarotzerhaft

para·sit·ism [ˈpærəs(a)ɪtɪzəm, AM ˈper-] *n no pl*

① BIOL Parasitismus *m*

② *(fig pej: exploitation)* Parasitentum *nt,* Schmarotzertum *nt*

para·sit·ol·ogy [ˌpærəsaɪˈtɒlədʒi, AM ˌperəsaɪˈtɑː-] *n no pl* SCI Parasitologie *f fachspr*

para·sol [ˈpærəsɒl, AM ˈperəsɑːl] *n* Sonnenschirm *m,* Parasol *m o nt veraltet;* **paper ~** Papierschirmchen *nt*

para·sol 'mush·room *n* BOT Schirmling *m,* Parasolpilz *m*

para·thy·roid [ˌpærəˈθaɪ(ə)rɔɪd, AM ˌperəˈθaɪrɔɪd], **para·thy·roid gland** *n* Nebenschilddrüse *f*

para·troop·er [ˈpærəˌtruːpəʳ, AM ˈperəˌtruːpɚ] *n* Fallschirmjäger(in) *m(f)*

para·troops [ˈpærətruːps, AM ˈper-] *npl* Fallschirmtruppen *pl,* Luftlandetruppen *pl*

para·ty·phoid [ˌpærəˈtaɪfɔɪd, AM ˌper-] MED I. *n no pl* Paratyphus *m fachspr*

II. *adj attr* paratyphoid *fachspr*

par avion [ˌpɑːræˈvjɔ̃(n)] *adv* per Luftpost

par·boil [ˈpɑːbɔɪl, AM ˈpɑːr-] *vt* **to ~ food** Lebensmittel kurz vorkochen [*o* halb gar kochen] *(um sie dann weiterzuverarbeiten)*

par·boiled 'rice *n no pl* Parboiled-Reis *m*

'par bond *n* FIN Pari-Anleihe *f*

par·cel [ˈpɑːsəl, AM ˈpɑːr-] I. *n* ① *(for mailing)* Paket *nt; (small parcel)* Päckchen *nt*

② *(piece of land)* ~ **of land** Parzelle *f,* Grundstück *nt*

③ STOCKEX ~ **of shares** Aktienpaket *nt*

II. *n modifier* ~ **delivery** *(service)* Paketzustelldienst *m,* SCHWEIZ *a.* Paketlieferdienst *m; (action)* Paketzustellung *f,* SCHWEIZ *a.* Paketlieferung *f*

III. *vt* <BRIT -ll- *or* AM *usu* -l-> ■**to ~ sth** etw einpacken [*o* verpacken]

◆**parcel out** *vt* ■**to ~ out** ↻ **sth** etw aufteilen; **to ~ out land** Land parzellieren *fachspr*

◆**parcel up** *vt* ■**to ~ up** ↻ **sth** etw einpacken [*o* verpacken]

'par·cel bomb *n* BRIT Paketbombe *f* **'par·cel of·fice** *n* BRIT Paketabfertigung *f* **par·cel 'post** *n* Paketpost *f*

parch [pɑːtʃ, AM pɑːrtʃ] I. *vt* ■**to ~ sth** ① *(make dry)* etw austrocknen [*o* ausdörren]

② *(roast) corn, grain* etw rösten

II. *vi (become dry)* austrocknen, ausdörren

parched [pɑːtʃt, AM pɑːr-] *adj* ① *(dried out)* vertrocknet, verdorrt; ~ **throat** ausgedörrte Kehle

② *attr (fig fam: very thirsty)* ■**to be ~** [**with thirst**] am Verdursten sein *fam*

③ *(roasted) corn, grain* geröstet

parch·ment [ˈpɑːtʃmənt, AM ˈpɑːr-] *n* ① *no pl (animal skin)* Pergament *nt*

② *(manuscript)* Pergament *nt;* **an ancient ~** eine alte Handschrift *(auf Pergament)*

③ *no pl (paper)* Pergamentpapier *nt*

④ *(fam: document)* Urkunde *f*

'parch·ment pa·per *n* Pergamentpapier *nt*

pard·ner [ˈpɑːrdnɚ] *n* AM DIAL Kumpel *m fam*

par·don [ˈpɑːdən, AM ˈpɑːr-] I. *n no pl* LAW Begnadigung *f*

II. *vt* ① *(forgive)* ■**to ~ sth** etw verzeihen [*o* entschuldigen]; ***if you'll ~ the expression!*** verzeihen Sie bitte den Ausdruck!; ~ ***me interrupting!*** entschuldigen Sie, wenn ich unterbreche!

② LAW ■**to ~ sb** jdn begnadigen

III. *interj (apology)* ***I beg your ~!*** [*or* AM *also* ~ ***me!***] Entschuldigung!, tut mir leid!; *(request for repetition)* wie bitte?, Entschuldigung, was sagten Sie?; *(reply to offensiveness)* erlauben Sie mal!, na, hören Sie mal!

▸PHRASES: ~ **me for breathing** [*or* **living**] [*or* **existing**] *(fam)* tut mir leid, ich kann mich leider nicht in Luft auflösen

par·don·able [ˈpɑːdənəbl̩, AM ˈpɑːr-] *adj* verzeihlich

par·don·ably [ˈpɑːdənəbli, AM ˈpɑːr-] *adv* verständlicherweise

pare [peəʳ, AM per] *vt* ■**to ~ sth** ① *(trim)* etw [ab]schneiden; **to ~ fruit** Obst schälen; **to ~ one's nails** sich *dat* die Nägel schneiden

② *(reduce gradually)* ■**to ~ sth** etw kürzen [*o* reduzieren]; **to ~ sth to the bone** etw auf ein Minimum reduzieren

◆**pare down** *vt* ■**to ~ down** ↻ **sth** etw reduzieren; **to ~ sth down to the bone/the minimum** etw drastisch kürzen/auf ein Minimum reduzieren; **to ~ expenses** Ausgaben drastisch einschränken

◆**pare off** *vt* ■**to ~ off** ↻ **sth** etw [ab]schälen

par·ent [ˈpeərənt, AM ˈper-] I. *n* ① *of a child* Elternteil *m;* ■**~s** Eltern *pl;* **single ~** Alleinerziehende(r) *f(m)*

② *of an animal* Elterntier *nt;* ■**~s** *pl* Elternpaar *nt,* Elterntiere *pl; of a plant* Mutterpflanze *f*

③ *(parent company)* Muttergesellschaft *f*

II. *n modifier* ① *(of parents)* Eltern-

② *(of organizations)* Mutter-; ~ **organization** Mutterorganisation *f*

③ CHEM ~ **solution** Stammlösung *f*

III. *vt* ■**to ~ sb** jdn großziehen

par·ent·age [ˈpeərəntɪdʒ, AM ˈperənṱ-] *n no pl* ① *(descent)* Abstammung *f;* **a child of unknown ~** ein Kind unbekannter Herkunft

② *(position)* Elternschaft *f*

③ *(fig: origin)* Herkunft *f*

pa·ren·tal [pəˈrentəl] *adj inv* elterlich, Eltern-; ~ ***choice in the selection of a child's school*** das Recht der Eltern, die Schule für ihr Kind selbst zu wählen; ~ **authority** elterliche Gewalt; ~ **consent** Zustimmung *f* der Eltern; **to be supported by ~ contributions** von den Eltern finanziell unterstützt werden; ~ **control/neglect** Beaufsichtigung *f*/Vernachlässigung *f* durch die Eltern; ~ **figure** *(a man)* Vaterfigur *f; (a woman)* Muttersatz *m*

pa·ren·tal 'leave *n no pl* Erziehungsurlaub *m* **pa·ren·tal-no·ti·fi·'ca·tion law** [pəˌrentəlnoʊtɪfɪˈkeɪʃənlɑː] *n* AM *Gesetz, nach dem die Eltern über ihre minderjährigen Kinder informiert werden müssen* **pa·ren·tal 'rights** *n pl* elterliche Rechte *pl* **pa·ren·tal-'rights** *n modifier* die elterlichen Rechte betreffend

'par·ent bank *n* FIN Mutterbank *f,* Stammhaus *nt*

par·ent 'com·pa·ny *n* Muttergesellschaft *f,* Mutterunternehmen *nt,* Obergesellschaft *f*

par·en·ter·al [pəˈrentərəl, AM pæˈrentərəl] *adj* MED parenteral *fachspr;* ~ **medication** parenterale Applikation von Medikamenten

'par·ent group *n* ADMIN Mutterkonzern *m*

pa·ren·thesis <*pl* parantheses> [pəˈren(t)θəsɪs, *pl* -siːz] *n* ① *(explanation)* eingeschobener Satz[teil], Parenthese *f fachspr*

② *usu pl esp* AM, AUS *(round brackets)* [runde] Klammern; **in parentheses** in [*o* SCHWEIZ *a.* zwischen] [runden] Klammern; *(fig)* nebenbei, beiläufig

pa·ren·thet·ic(al) [ˌpærənˈθetɪk(əl), AM ˌperənˈθeṱ-] *adj inv (form)* parenthetisch *geh,* eingeschoben; ~ **remark** beiläufige Bemerkung; ~ **expression** MATH Klammerausdruck *m*

pa·ren·theti·cal·ly [ˌpærənˈθetɪkəli, AM ˌperənˈθeṱ-] *adv inv (form)* parenthetisch *geh*

par·ent·hood [ˈpeərənthʊd, AM ˈper-] *n no pl* Elternschaft *f*

par·ent·ing [ˈpeərəntɪŋ, AM ˈper-] *n no pl* Verhalten *nt* als Eltern, Kindererziehung *f;* ~ **skills** elterliches Geschick

par·ent·less [ˈpeərəntləs, AM ˈper-] *adj inv* elternlos, verwaist; ~ **child** Waise *f,* Waisenkind *nt*

Par·ents and 'Citi·zens *n* AUS Eltern-Lehrer-Organisation *f* **pa·rent-'teach·er as·so·cia·tion** *n,* **PTA** *n* Eltern-Lehrer-Organisation *f* **pa·rent-'teacher or·gani·za·tion** *n,* **PTO** *n esp* AM Eltern-Lehrer-Organisation *f*

pa·reve [ˈpɑːrəv(ə)] *adj inv* FOOD pareve

par ex·cel·lence [ˌpɑːrˈeksəlɑ̃(n)s, AM ˌpɑːrˌeksəˈlɑːn(t)s] *adj pred, inv* ① *(best)* par excellence; ***this is undoubtedly the cooking chocolate ~*** dies ist ohne Zweifel die beste Schokolade zum Kochen

② *(typical)* par excellence; ***the wedding ring is the symbol ~ of eternal love*** der Ehering ist das Symbol schlechthin für ewige Liebe; ***Bombay is a film city ~*** Bombay ist eine Filmstadt, wie sie im Buche steht

par·fait [ˌpɑːˈfeɪ, AM pɑːrˈ-] *n* FOOD Parfait *nt,* Halbgefrorene(s) *nt*

pa·ri·ah [pəˈraɪə] *n* ① *(in India)* Paria *m*

② *(fig)* Außenseiter(in) *m(f)*

pa·ri·etal [pəˈraɪətəl] *adj inv* ① ANAT parietal *fachspr*

② ARCHEOL Wand-

pari-mutuel [ˌpɑːrɪˈmjuːtʃʊəl, AM ˌpærɪ-] I. *n Wettsystem, bei dem der gesamte Einsatz abzüglich der Verwaltungskosten prozentual an die Gewinner verteilt wird*

II. *n modifier* ~ **betting** *Form des Wettens, bei dem der gesamte Einsatz abzüglich der Verwaltungskosten prozentual an die Gewinner verteilt wird*

par·ing [ˈpeərɪŋ, AM ˈper-] *n usu pl of fruit, vegetable* Schale *f;* **nail ~s** abgeschnittene Fingernägel

'par·ing knife *n* Schälmesser *nt*

Par·is [ˈpærɪs, AM ˈper-] *n no pl* Paris *nt*

'Par·is green *n no pl* CHEM Schweinfurter Grün *nt*

par·ish [ˈpærɪʃ, AM ˈper-] *n* ① REL *(area)* [Pfarr]gemeinde *f,* Pfarrei *f*

② BRIT POL Gemeinde *f,* Bezirk *m*

par·ish 'church *n* Pfarrkirche *f* **par·ish 'clerk** *n* Küster(in) *m(f)* **par·ish 'coun·cil** *n* BRIT Gemeinderat *m*

pa·rish·ion·er [pəˈrɪʃənəʳ, AM -ɚ] *n* Gemeindemitglied *nt*

par·ish 'priest *n* Pfarrer(in) *m(f)* **par·ish-pump 'poli·tics** *n + sing/pl vb* BRIT Kirchturmpolitik *f* **par·ish 'reg·is·ter** *n* Kirchenbuch *nt*

Pa·ris·ian [pə'rɪziən, AM rɪʒən] **I.** *adj inv* Pariser, pariserisch
II. *n* Pariser(in) *m(f)*

'Par·is red *n no pl* CHEM Englischrot *nt*

'par is·sue *n* Pari-Emission *f*

par·ity ['pærəti, AM 'perəṭi] *n no pl* ❶ *(equality)* Parität *f geh*, Gleichheit *f*; **pay** ~ gleiche Verdienstmöglichkeit
❷ FIN Parität *f fachspr*, Pariwert *m fachspr*; ***the banks are hoping the pound will maintain its current*** ~ ***with the euro*** die Banken hoffen, dass das Pfund seinen [amtlichen] Wechselkurs gegenüber dem Euro hält; ***the pound fell to*** ~ ***with the dollar*** das Pfund fiel auf den gleichen Wechselkurs wie der Dollar; **central** ~ Leitkurs *m*, ECU-Parität *f*
❸ MATH, PHYS Parität *f fachspr*; **even/odd** ~ gerade/ungerade Parität

par·ity re·a'lign·ment *n* Neufestsetzung *f* des Wechselkurses

park [pɑːk, AM pɑːrk] **I.** *n* ❶ *(for recreation)* Park *m*
❷ BRIT *(surrounding house)* Parkanlagen *pl*
❸ *(for animals)* **national** ~ Nationalpark *m*; **wildlife** ~ Naturpark *m*
❹ *esp* BRIT SPORT *(fam)* ▪**the** ~ der [Sport]platz, das [Spiel]feld
❺ *(for specific purpose)* **amusement** ~ Freizeitpark *m*; **industrial** ~ Industriepark *m*
❻ *esp* BRIT AUTO Parkplatz *m*; **car** ~ PKW-Parkplatz *m*; **coach** ~ Busparkplatz *m*
II. *vt* ▪**to** ~ **sth** ❶ AUTO etw [ein]parken; **to** ~ **a satellite** AEROSP einen Satelliten in einer Umlaufbahn belassen
❷ *(fig fam: position)* ▪**to** ~ **sth** etw abladen [*o* abstellen]; **to** ~ **oneself** sich *akk* [irgendwo] hinpflanzen *fam*
❸ COMPUT **to** ~ **a hard disc** eine Festplatte parken
III. *vi* parken, parkieren SCHWEIZ

par·ka ['pɑːkə, AM 'pɑːr-] *n* Parka *m*

par·kade [pɑːr'keɪd] *n* CAN Parkhaus *nt*

park-and-ride [,pɑːkən'raɪd, AM ,pɑːrk-] *n* Park-and-ride-System *nt*

park 'bench *n* Parkbank *f*

parked [pɑːkt, AM pɑːrkt] *adj inv* geparkt; ***I'm*** ~ ***just at the end of the road*** ich habe am Ende der Straße geparkt

'park home *n* Wohnmobil *nt*

park·ing ['pɑːkɪŋ, AM 'pɑːr-] *n no pl* ❶ *(action)* Parken *nt*, Parkieren *nt* SCHWEIZ; **illegal** ~ unerlaubtes Parken
❷ *(space)* Parkmöglichkeit *f*, Parkplatz *m*

'park·ing area *n* Parkplatz *m* **'park·ing at·tend·ant** *n* Parkwächter(in) *m(f)* **'park·ing bay** *n* Parkbucht *f*

'park·ing brake *n* AM Feststellbremse *f* **'park·ing disc** *n* Parkscheibe *f*

'park·ing fine *n* Geldstrafe *f* für unerlaubtes Parken **'park·ing gar·age** *n* Parkhaus *nt*

'park·ing light *n* AM, AUS Standlicht *nt*

'park·ing lot *n esp* AM Parkplatz *m* **'park·ing me·ter** *n* Parkuhr *f* **'park·ing of·fence** *n* Parkvergehen *nt* **'park·ing of·fend·er** *n* Parksünder(in) *m(f)* **'park·ing per·mit** *n* Parkerlaubnis *f*, Parkgenehmigung *f* **'park·ing place, 'park·ing space** *n* Parkplatz *m*, Parklücke *f* **'park·ing tick·et** *n* Strafzettel *m* [*o* SCHWEIZ Busse *f*] für unerlaubtes Parken; **to get a** ~ einen Strafzettel bekommen **'park·ing vio·la·tion** *n* Parkvergehen *nt*

Parkinson's ['pɑːkɪnsᵊnz, AM 'pɑːr-], **Parkinson's dis·ease** *n no pl* Parkinsonkrankheit *f*, parkinsonsche Krankheit

'Parkinson's law *n* ECON parkinsonsches Gesetz

'park keep·er *n* BRIT Parkaufseher(in) *m(f)* **'park·land** *n no pl* Parklandschaft *f*

'park·way *n* ❶ AM, AUS *(highway)* Autobahn *f*
❷ BRIT RAIL *Parkmöglichkeiten in der Nähe eines Bahnhofs;* **Didcot P~** Bahnhof Didcot *(mit Parkmöglichkeiten)*

parky ['pɑːki] *adj* BRIT *(fam) weather* frisch, kühl

Parl. *abbrev of* **Parliament** Parlament *nt*

par·lance ['pɑːlən(t)s, AM 'pɑːr-] *n no pl (form)* Ausdrucksweise *f*; **common** ~ allgemeiner Sprachgebrauch; ***as it is known in common*** ~ wie man so sagt; **in medical** ~ in der Medizinsprache [*o* ÖSTERR Medizinersprache]

par·lay ['pɑːli, AM *esp* 'pɑːrleɪ] *vt esp* AM **to** ~ **money** Geld Gewinn bringend anlegen; ***they*** ~ ***ed a small inheritance into a vast fortune*** sie machten aus einer kleinen Erbschaft ein großes Vermögen; **to** ~ **skills** Fähigkeiten nutzen; ***computer skills are the easiest to*** ~ ***into jobs*** Computerkenntnisse kann man im Berufsleben am besten nutzen

'par lev·el *n* FIN Nennwertstufe *f*

par·ley ['pɑːli, AM 'pɑːr-] **I.** *n (dated or hum)* [Friedens]verhandlungen *pl*; ***the vicar tried to arrange a*** ~ ***between two neighbours*** der Pfarrer versuchte zwischen zwei Nachbarn zu vermitteln
II. *vi* verhandeln; *(often hum)* parlieren *hum*; ▪**to** ~ **with sb** sich *akk* mit jdm besprechen

par·lia·ment ['pɑːləmənt, AM 'pɑːr-] *n* ❶ *no pl, no art (institution)* ▪**P~** Parlament *nt*; ▪**in P~** im Parlament; ***P~ is in session*** das Parlament tagt
❷ *(period)* Legislaturperiode *f*

par·lia·men·tar·ian [,pɑːləmen'teəriən, AM ,pɑːrləmen'teri-] **I.** *n* ❶ BRIT *(Member of Parliament)* [Parlaments]abgeordnete(r) *f(m)*, Mitglied *nt* des britischen Unterhauses
❷ AM *of Congress* Verhandlungsleiter *m*
II. *adj* parlamentarisch

par·lia·men·tar·ian·ism [,pɑːləmən'teərienɪzᵊm, AM ,pɑːrləmən'ter] *n no pl* POL Parlamentarismus *m*

par·lia·men·tary [,pɑːlə'mentᵊri, AM ,pɑːrlə'menṭəi] *adj inv* parlamentarisch; ~ **bill** parlamentarischer Gesetzentwurf; ~ **candidate** Kandidat(in) *m(f)* für das Parlament; ~ **election/session** Parlamentswahl *f*/-sitzung *f*

par·lia·men·tary 'cham·ber *n* Kammer *f* des Parlaments **par·lia·men·ta·ry de·'bate** *n* Parlamentsdebatte *f* **par·lia·men·tary de·'moc·ra·cy** *n* parlamentarische Demokratie **par·lia·men·tary 'gov·ern·ment** *n* parlamentarische Regierung

par·lor *n* AM *see* **parlour**

'par·lor car *n* AM RAIL Salonwagen *m*

par·lour ['pɑːlə'], AM **par·lor** ['pɑːrlə'] *n* ❶ *esp* AM *(shop)* Salon *m*; **beauty** ~ Schönheitssalon *m*; **ice-cream** ~ Eisdiele *f*; **pizza** ~ Pizzeria *f*; **funeral** ~ Bestattungsinstitut *nt*
❷ *(dated: room)* Salon *m*, Empfangszimmer *nt*; **front** ~ Wohnzimmer *nt*
❸ *(for milking)* **milking** ~ Melkstall *m*

'par·lour game *n* Gesellschaftsspiel *nt* **'par·lour·maid** *n (hist)* Stubenmädchen *nt hist*

par·lous ['pɑːləs, AM 'pɑːr-] *adj (form or hum)* desolat; ***my finances are in a*** ~ ***state*** mit meinen Finanzen sieht's düster aus

Par·ma ham [,pɑːmə'hæm, AM ,pɑːr-] *n no pl* FOOD Parmaschinken *m*

Par·me·san ['pɑːmɪ,zæn, AM 'pɑːrməzɑːn], **Par·me·san cheese** *n no pl* Parmesan[käse] *m*

Par·nas·sus [pɑː'næsəs, AM pɑːr'-] *n no pl* Parnass *m*

pa·ro·chial [pə'rəʊkiəl, AM -'roʊ-] *adj* ❶ *inv* REL Gemeinde-, Pfarr-; ~ **church council** Kirchenvorstand *m*; *(elected by the parish)* Pfarrgemeinderat *m*
❷ *(pej: provincial)* provinziell; *(narrow-minded)* engstirnig, kleinkariert

pa·ro·chial·ism [pə'rəʊkiəlɪzᵊm, AM -'roʊ-] *n no pl (pej)* Provinzialismus *m geh*; *(narrow-mindedness)* Engstirnigkeit *f*

pa·ro·chial·ly [pə'rəʊkiəli, AM -'roʊ-] *adv (pej)* provinziell; *(narrow-mindedly)* engstirnig

pa·ro·chial 'school *n* AM Konfessionsschule *f*

pa·rod·ic [pæ'rɒdɪk, AM -'rɑː-] *adj inv* parodistisch

paro·dist ['pærədɪst, AM 'per-] *n* Parodist(in) *m(f)*

paro·dy ['pærədi, AM 'per-] **I.** *n* ❶ *(imitation)* Parodie *f* (**of** auf *+akk*); **a strong element of** ~ ein stark parodistischer Zug; **self-**~ Eigenparodie *f*
❷ *(pej: travesty)* Parodie *f*; ***it was a*** ~ ***of a trial*** der Prozess war eine Farce
II. *vt* <-ie-> ▪**to** ~ **sb/sth** jdn/etw parodieren

pa·role [pə'rəʊl, AM -'roʊl] **I.** *n no pl* bedingte Haftentlassung, Entlassung *f* auf Bewährung; ▪**without** ~ ohne die Möglichkeit der bedingten Haftentlassung; ▪**to be out on** ~ auf Bewährung entlassen werden; **to apply for** ~ Entlassung auf Bewährung beantragen; **to be eligible for** ~ für bedingte Haftentlassung [*o* Entlassung auf Bewährung] infrage kommen; **to be released on** ~ bedingt [*o* auf Bewährung] [aus der Haft] entlassen werden
II. *vt usu passive* ▪**to** ~ **sb** jdm bedingt [*o* auf Bewährung] entlassen; ▪**to be** ~**d** bedingt [*o* auf Bewährung] [aus der Haft] entlassen werden ÖSTERR

pa·'role board *n Gremium, das über Gewährung von Hafturlaub entscheidet*

par·ox·ysm ['pærəksɪzᵊm, AM 'per-] *n* ❶ *(outburst)* ~ **of joy** Freudentaumel *m*; **to go into** ~**s of delight** in einen Freudentaumel verfallen; **to be seized by a** ~ **of rage** einen Wutanfall bekommen
❷ MED Anfall *m*, Paroxysmus *m fachspr*

'par price *n* Parikurs *m*

par·quet ['pɑːkeɪ, AM pɑːr'keɪ] **I.** *n no pl* ❶ Parkett *nt*; ~ **floor** Parkettfußboden *m*
❷ AM THEAT Parkett *nt*
II. *vt* **to** ~ **a room** in einem Zimmer Parkettfußboden [ver]legen

par·quet·ry ['pɑːkɪtri, AM 'pɑːrkə] *n no pl* Parkett *nt*, Parkettarbeit *f*

par·ri·cide ['pærɪsaɪd, AM 'perə-] *n* LAW ❶ *no pl (murder) of both parents* Elternmord *m*; *of mother* Muttermord *m*; *of father* Vatermord *m*
❷ *(murderer) of both parents* Elternmörder(in) *m(f)*; *of mother* Muttermörder(in) *m(f)*; *of father* Vatermörder(in) *m(f)*

par·rot ['pærət, AM 'per-] **I.** *n* ❶ *(bird)* Papagei *m*
❷ *(person who mimics)* ▪**to be a** ~ alles nachahmen [*o* nachmachen]
II. *vt (pej)* ▪**to** ~ **sth** etw nachplappern; ▪**to** ~ **sb** jdn nachäffen

'par·rot-fash·ion *adv* **to repeat** [*or* **recite**] **sth** ~ etw wie ein Papagei nachplappern *fam* **'par·rot fe·ver** *n (fam)* Papageienkrankheit *f*

par·ry ['pæri, AM 'peri] **I.** *vt* <-ie-> ▪**to** ~ **sth** ❶ *(avert)* etw abwehren; **to** ~ **a blow** einen Schlag abwehren; **to** ~ **a weapon** eine Waffe ablenken
❷ *(fig: deal with)* **to** ~ **enquiries** [*or* **questions**] Fragen [geschickt] ausweichen; **to** ~ **criticism** Kritik [schlagfertig] abwehren
II. *vi* <-ie-> parieren
III. *n* ❶ *of an attack* Parade *f*, Abwehr *f*
❷ *(fig) of a question* Ausweichmanöver *nt*

parse [pɑːz, AM pɑːrs] *vt* ❶ *(analyse grammatically)* **to** ~ **a sentence** einen Satz grammatisch analysieren; **to** ~ **a word** ein Wort grammatisch beschreiben
❷ COMPUT, LING **to** ~ **a text** einen Text parsen *fachspr* [*o* syntaktisch analysieren]; **to** ~ **a string** eine Zeichenabfolge analysieren

Par·see, Par·si [,pɑː'siː, AM 'pɑːrsiː] REL **I.** *n* Parse, Parsin *m, f*
II. *adj inv* parsisch

pars·er ['pɑːzəʳ, AM 'pɑːrzə] *n* COMPUT Parser *m fachspr*

par·si·mo·ni·ous [,pɑːsɪ'məʊniəs, AM ,pɑːrsə'moʊ-] *adj (pej form)* geizig, knauserig; **to be** ~ **with the truth** *(fig)* mit der Wahrheit hinterm Berg halten

par·si·mo·ni·ous·ly [,pɑːsɪ'məʊniəsli, AM ,pɑːrsə'moʊ-] *adv (pej form)* geizig

par·si·mo·ni·ous·ness [,pɑːsɪ'məʊniəsnəs, AM ,pɑːrsə'moʊ-], **par·si·mo·ny** ['pɑːsɪməʊni, AM 'pɑːrsəmoʊ-] *n no pl (pej form)* Geiz *m*, übertriebene Sparsamkeit

pars·ley ['pɑːsli, AM 'pɑːr-] *n no pl* Petersilie *f*, SCHWEIZ *a.* Peterli *m*; **flat-leaved** [*or* **Italian**] ~ glatte Petersilie

pars·nip ['pɑːsnɪp, AM 'pɑːr-] *n* Pastinak *m*, Pastinake *f*

par·son ['pɑːsᵊn, AM 'pɑːr-] *n (dated or hum)* Pastor(in) *m(f)*, Pfarrer(in) *m(f)*

par·son·age ['pɑːsᵊnɪdʒ, AM 'pɑːr-] *n* Pfarrhaus *nt*

par·son's 'nose *n (fam)* Bürzel *m (von Geflügel)*

part [pɑːt, AM pɑːrt] **I.** *n* ❶ *(not the whole)* Teil *m*; ~ ***of her problem is that ...*** ein Teil ihres Problems besteht [*o* ihr Problem besteht teilweise] darin, dass ...; ~ ***of my steak isn't cooked properly*** mein Steak ist teilweise [*o* zum Teil] nicht richtig durchgebraten; ~ ***of the family lives in Germany*** ein Teil der Familie lebt in Deutschland; ***she's ~ of the family*** sie gehört zur Familie; ***it's all ~ of growing up*** das gehört [alles] zum Erwachsenwerden dazu; ***that was just the easy ~ [of it]!*** das war der leichtere Teil [des Ganzen]!; ***the easy/hard ~ of it is that/to ... ...*** das Einfache/Schwierige daran [*o* dabei] ist, dass/zu ...; ***the hard ~ of writing a course is to find the right level*** das Schwierige beim Entwickeln eines Kurses ist es, den richtigen Schwierigkeitsgrad zu wählen; ***[a] ~ of me wanted to give up, but ...*** ein Teil von mir wollte aufgeben, aber ...; **to spend the best** [*or* **better**] **~ of the day/week doing sth** den größten Teil des Tages/der Woche damit verbringen, etw zu tun; **~ of speech** Wortart *f;* **to be a constituent ~ of sth** Bestandteil *m* einer S. *gen* sein; **to be an essential** [*or* **important**] [*or* **integral**] **~ of sth** ein wesentlicher Bestandteil einer S. *gen* sein; **the greater ~** der Großteil; **the main** [*or* **major**] **~** der Hauptteil; **the remaining ~** der Rest; **in ~** teilweise, zum Teil; **payment in ~** Abschlagszahlung *f,* Teil-/Ratenzahlung *f* SCHWEIZ; **in ~s** teilweise; ***the film was good in ~s*** der Film war phasenweise ganz gut; **in large ~** zum großen Teil; **for the most ~** zum größten Teil, größtenteils

❷ *also* TECH *(component)* Teil *nt; of a machine* Bauteil *nt;* [**spare**] **~s** Ersatzteile *pl*

❸ *(unit)* [An]teil *m;* ***mix one ~ of the medicine with three ~s water*** mischen Sie die Medizin mit Wasser im Verhältnis eins zu drei; **in equal ~s** zu gleichen Teilen

❹ FILM, TV Teil *m,* Folge *f*

❺ ANAT **body ~** Körperteil *m;* **private ~s** Geschlechtsteile *pl;* **soft ~s** Weichteile *pl*

❻ *usu pl* GEOG Gegend *f;* **around** [*or* **in**] **these ~s** *(fam)* in dieser Gegend; **in our/your ~ of the world** bei uns/Ihnen; **in some ~s of the world** in manchen Teilen der Welt; **in this ~ of the world** hierzulande

❼ THEAT *(also fig)* Rolle *f a. fig,* Part *m;* **large/small ~** *(also fig)* wichtige/kleine Rolle *a. fig;* **leading/supporting ~** Haupt-/Nebenrolle *f;* **to act** [*or* **play**] **a ~** [**in sth**] eine Rolle [in etw *dat*] spielen; **to play an important ~ in sth** *(fig)* bei etw *dat* eine wichtige Rolle spielen *fig;* ***exams play a big ~ in the school system*** Prüfungen spielen im Schulsystem eine große Rolle

❽ MUS Part *m,* Stimme *f;* **the piano ~** die Klavierstimme; **in** [*or* **of**] **several ~s** mehrstimmig

❾ *no pl (involvement)* Beteiligung *f* (**in** an *+dat*); **to have a ~ in sth** an etw *dat* teilhaben; **to take ~ in sth** an etw *dat* teilnehmen; *in an act, competition, also* bei etw *dat* mitmachen *fam;* **to take ~ in a discussion** sich *akk* an einer Diskussion beteiligen; **to take ~ in a game/lottery** bei einem Spiel/einer Lotterie mitspielen [*o fam* mitmachen]; **to take ~ in a stage play** in einem Theaterstück mitwirken; **to take ~ in local politics** in der Lokalpolitik mitwirken [*o* aktiv sein]; **to want no ~ in** [*or* **of**] **sth** mit etw *dat* nichts zu tun haben wollen

❿ *no pl (task)* Pflicht *f;* **to do one's ~** seine Pflicht [und Schuldigkeit] tun

⓫ *no pl (side)* **to take sb's ~** sich *akk* auf jds Seite stellen; **on the ~ of** *(form)* vonseiten *form +gen,* seitens *form +gen;* ***it was a mistake on Julia's ~*** es war Julias Fehler; **on her/their ~** ihrerseits; **on his/my/our ~** seiner-/meiner-/unsererseits; ***any questions on your ~?*** haben Sie ihrerseits/hast du deinerseits noch Fragen?

⓬ AM *(parting)* Scheitel *m*

▸PHRASES: **to dress the ~** sich *akk* entsprechend kleiden; **for my ~, ...** was mich betrifft, ...; ***for my ~, it doesn't matter whether he comes*** was mich betrifft, so ist es mir egal, ob er kommt, mir ist es für meinen Teil egal, ob er kommt; ***for my ~, I think it's absolutely ridiculous!*** ich für meinen Teil halte es für absolut lächerlich!; **... for her/his/your ~ ...** ihrerseits/seinerseits/deinerseits; ***I was stubborn, and they, for their ~, were not prepared to compromise*** ich war stur, und sie waren ihrerseits nicht kompromissbereit; **to be ~ of the furniture** selbstverständlich sein; **to look the ~** entsprechend aussehen; **to be a man of many ~s** vielseitig begabt sein; **to be ~ and parcel of sth** untrennbar mit etw *dat* verbunden sein, zu etw *dat* einfach dazugehören; ***being recognized in the street is ~ and parcel of being a famous actress*** eine berühmte Schauspielerin zu sein beinhaltet zwangsläufig [auch], dass man auf der Straße erkannt wird; **to take sth in good ~** etw mit Humor nehmen

II. *adj attr* teilweise, zum Teil; ***she is ~ African*** sie hat afrikanisches Blut [in sich]

III. *adv inv* teils, teilweise; ***the building consists ~ of stone ~ of wood*** das Gebäude besteht teils aus Stein, teils aus Holz

IV. *vi* ❶ *(separate)* sich *akk* trennen; **to ~ on good/bad terms** im Guten/Bösen auseinandergehen

❷ *(become separated) curtains, seams* aufgehen; *lips* sich *akk* öffnen; *paths* sich *akk* trennen

❸ *(form: leave)* [weg]gehen; *(say goodbye)* sich *akk* verabschieden

❹ *(euph: die)* sterben; ***my grandmother ~ed from us last night*** meine Großmutter ist letzte Nacht von uns gegangen *euph*

V. *vt* ❶ *(separate)* ■**to ~ sb/sth** jdn/etw trennen; ***he tried to ~ the two quarrellers*** er versuchte, die zwei Streithähne [voneinander] zu trennen; ***he's not easily ~ed from his cash*** er trennt sich nur unschwer von seinem Geld; ***... till death do us ~*** *(liter)* ... bis dass der Tod uns scheide *geh*

❷ *(keep separate)* ■**to ~ sth from sth** etw von etw *dat* trennen

❸ *(comb)* **to ~ one's/sb's hair** [jdm/sich] einen Scheitel ziehen

▸PHRASES: **to ~ company** sich *akk* trennen

◆**part with** *vt* ■**to ~ with sth** sich *akk* von etw *dat* trennen; **to ~ with one's cash** *(fam)* sein Geld herausrücken *fam;* ***it's easy to get tourists to ~ with their cash*** es ist leicht, Touristen das Geld aus der Tasche zu ziehen *fam*

par·take [pɑːˈteɪk, AM pɑːrˈ-] *vi* <-took, -taken> ❶ *(form: in activity)* ■**to ~ in sth** an etw *dat* teilnehmen [*o* teilhaben]

❷ *(form or hum: food, drink)* **to ~ of drink/food** etw mittrinken/mitessen; ***would you care to ~ of a little wine with us?*** würden Sie uns die Ehre erweisen, ein Gläschen Wein mit uns zu trinken? *geh*

❸ *(have)* ■**to ~ of sth** etw [an sich *akk*] haben

part·ed [ˈpɑːtɪd, AM ˈpɑːrt̬-] *adj inv* ❶ *(opened)* **~ lips** leicht geöffnete Lippen; ***her hair is ~ on the side*** sie trägt einen Seitenscheitel; ***his hair is ~ on the left/right*** er trägt den Scheitel links/rechts; ***he has*** [*or* ***wears***] ***his hair ~ in the middle*** er trägt einen Mittelscheitel [*o* den Scheitel in der Mitte]

❷ *(separated)* ■**to be ~ from sb/sth** von jdm/etw getrennt sein

par·terre [pɑːˈteəʳ, AM pɑːrˈter] *n* ❶ *(of a garden)* Parterreanlage *f*

❷ AM THEAT Parterre *nt veraltend*

part ex·'change *n esp* BRIT Inzahlungnahme *f* (**for** gegen *+akk*); **to give/take sth in ~** etw in Zahlung geben/nehmen

par·theno·gen·esis [ˌpɑːθənə(ʊ)ˈdʒenɪsɪs, AM ˌpɑːrθənoʊˈdʒenə-] *n no pl* Jungfernzeugung *f,* Parthenogenese *f fachspr*

par·theno·genet·ic [ˌpɑːθənə(ʊ)ˈdʒenɪk, AM ˌpɑːrθənoʊˈ-] *adj* parthenogenetisch *fachspr*

par·theno·geneti·cal·ly [ˌpɑːθənə(ʊ)ˈdʒenɪkli, AM ˌpɑːrθənoʊˈ-] *adv* parthenogenetisch *fachspr*

Par·thian shot [ˌpɑːθiənˈʃɒt, AM ˌpɑːrθiənˈʃɑːt] *n* letztes, boshaftes Wort

par·tial [ˈpɑːʃəl, AM ˈpɑːr-] **I.** *adj inv* ❶ *(incomplete)* Teil-, teilweise, partiell *geh;* ***he got ~ compensation for the damage to his house*** der Schaden an seinem Haus wurde zum Teil ersetzt; ***their success was only ~*** sie hatten nur teilweise Erfolg; **~ amount** Teilbetrag *m;* **~ decay constant** NUCL partielle Zerfallskonstante; **~ derivative** MATH partielle Ableitung; **~ malfunction** TECH Teilausfall *m;* **~ paralysis** partielle Lähmung; **~ success** Teilerfolg *m;* **~ withdrawal** Teilrückzug *m*

❷ *(biased)* parteiisch

❸ *pred (be fond of)* ■**to be ~ to sth** eine Vorliebe für etw *akk* haben

II. *n* MUS Oberton *m*

par·tial-birth a'bor·tion [ˌpɑːʃəlbɜːθəˈbɔːʃən, AM ˌpɑːrʃəlbɜːrθəˈbɔːr-] *n* Abtreibung *f* im fortgeschrittenen Stadium der Schwangerschaft **par·tial e'clipse** *n* partielle Finsternis; **~ of the moon** partielle Mondfinsternis

par·ti·al·ity [ˌpɑːʃiˈæləti, AM ˌpɑːrʃiˈælət̬i] *n* ❶ *no pl (bias)* Parteilichkeit *f,* Voreingenommenheit *f*

❷ *(liking)* ■**to have a ~ for sth** eine Vorliebe [*o* Schwäche] für etw *akk* haben

par·tial 'loss *n* ECON Teilverlust *m,* Teilschaden *m*

par·tial·ly [ˈpɑːʃəli, AM ˈpɑːr-] *adv inv* teilweise; **~ clad** halb nackt; **~ cooked** vorgekocht

par·tial·ly 'sight·ed *adj* halb blind

par·tici·pant [pɑːˈtɪsɪpənt, AM pɑːrˈtɪsə-] *n* Teilnehmer(in) *m(f)*

par·tici·pant 'net·work *n* COMPUT Teilnehmernetz *nt*

par·tici·pate [pɑːˈtɪsɪpeɪt, AM pɑːrˈtɪsə-] *vi* ■**to ~** [**in sth**] [an etw *dat*] teilnehmen, sich *akk* [an etw *dat*] beteiligen

par·tici·pat·ing 'bond *n* Gewinnschuldverschreibung *f,* Gewinnobligation *f* **par·tici·pat·ing 'coun·try** *n* EU *(where euro is legal tender)* Teilnehmerland *nt* **par·tici·pat·ing 'in·ter·est** *n* FIN Beteiligung *f* **par·tici·pat·ing 'pref·er·ence shares,** AM **par·tici·pat·ing pre·ferred 'stock** *n* Vorzugsaktien *pl* mit zusätzlicher Gewinnbeteiligung

par·tici·pa·tion [pɑːˌtɪsɪˈpeɪʃən, AM pɑːrˌtɪsəˈ-] *n no pl* Teilnahme *f,* Partizipation *f geh* (**in** an *+dat*); ECON Beteiligung *f*

par·tici·pa·tion cer·'tifi·cate *n* Genussschein *m* **par·tici·'pa·tion fee** *n* FIN Provision an eine Bank für Anleihesyndizierungen

par·tici·pa·tive [pɑːˈtɪsɪpətɪv, AM pɑːrˈ-] *adj* ❶ *(taking part)* teilnehmend, beteiligt

❷ *(encouraging participation)* teilnehmerorientiert, Beteiligung vorsehend

par·tici·pa·tor [pɑːˈtɪsɪpeɪtəʳ, AM pɑːrˈtɪsəpeɪt̬ɚ] *n* Teilnehmer(in) *m(f);* FIN Gesellschafter(in) *m(f)*

par·tici·pa·tory [pɑːˈtɪsɪpətəri, AM pɑːrˈtɪsəpəˌtɔːri] *adj* teilnehmend; POL auf Mitbestimmung ausgerichtet

par·tici·pa·tory de·'moc·ra·cy *n* partizipatorische Demokratie *fachspr,* Bürgerdemokratie *f*

par·ti·ci·ple [pɑːˈtɪsɪpl, AM ˈpɑːrtɪ-] *n* Partizip *nt*

par·ti·cle [ˈpɑːtɪkl, AM ˈpɑːrt̬ə-] *n* ❶ *(minute amount)* Teilchen *nt;* **~ of dust** Staubkörnchen *nt*

❷ *(fig: smallest amount)* Spur *f,* Fünkchen *nt*

❸ LING Partikel *f fachspr*

par·ti·cle ac·'cel·era·tor *n* Teilchenbeschleuniger *m* **'par·ti·cle board** *n no pl see* **chipboard par·ti·cle 'phys·ics** *n* [Elementar]teilchenphysik *f*

par·ti·col·oured [ˈpɑːtɪkʌləd, AM ˈpɑːrtɪkʌlɚd] *adj inv* bunt, verschiedenfarbig, verschiedenfärbig ÖSTERR

par·ticu·lar [pəˈtɪkjələʳ, AM pɚˈtɪkjəlɚ] **I.** *adj* ❶ *attr (individual)* bestimmt; **a ~ instance** ein bestimmter Moment

❷ *attr (special)* besondere(r, s), speziell; **to be of ~ concern to sb** jdn besonders interessieren; **no ~ reason** kein bestimmter Grund

❸ *pred (fussy)* eigen; *(demanding)* anspruchsvoll (**about** hinsichtlich *+gen*); **to be ~ about one's appearance** sehr auf sein Äußeres achten

II. *n (form)* ❶ *(detail)* Einzelheit *f,* Detail *nt;* **in every ~** bis ins Detail

❷ *(information)* ■**~s** *pl* Einzelheiten *pl,* Details *pl;* **to take down sb's ~** jds Personalien aufnehmen

❸ *no pl (example)* **the ~** die Details *pl,* das Besondere

▸PHRASES: **in ~** insbesondere; **nothing in ~** nichts Besonderes

par·ticu·lar·ity [pəˌtɪkjəˈlærəti, AM pɚˌtɪkjəˈlerət̬i] *n (form)* ❶ *no pl (detailedness)* Genauigkeit *f*

② *(small details)* ▪**particularities** *pl* Einzelheiten *pl,* besondere Umstände *pl*

par·ticu·lar·ize [pɑːˈtɪkjələraɪz, AM pɚˈtɪkjələ-] *vt (form)* ▪**to ~ sth** ① *(itemize)* etw spezifizieren [*o* konkretisieren]

② *(focus on)* sich *akk* auf etw *akk* konzentrieren [*o* beschränken]

par·ticu·lar·ly [pɑːˈtɪkjələli, AM pɚˈtɪkjəlɚ-] *adv* besonders, vor allem; ***I didn't ~ want to go*** ich hatte keine große Lust hinzugehen

par·ticu·late [pɑːˈtɪkjʊlət, -ˌleɪt] *adj* partikulär; **~ fluid bed** CHEM homogene Wirbelschicht; **~ radiation** PHYS Korpuskularstrahlung *f*

par·ˈticu·late trap *n* Partikelfilter *m*

part·ing [ˈpɑːtɪŋ, AM ˈpɑːrt̬-] **I.** *n* ① *(farewell)* Abschied *m; (separation)* Trennung *f;* ***the ~ of the ways came after a series of disagreements*** nach einer Reihe von Missverständnissen gingen sie getrennte Wege; **pain of ~** Trennungsschmerz *m*

② BRIT, AUS *of hair* Scheitel *m;* **centre ~** Mittelscheitel *m;* **side ~** Seitenscheitel *m*

③ CHEM Fällung *f;* **~ agent** Scheidemittel *nt;* **~ gold** *no pl* Scheidegold *nt*

II. *adj attr, inv* Abschieds-; **~ words** Abschiedsworte *pl*

part·ing ˈshot *n* letztes [sarkastisches] Wort, letzte Spitze

Par·ti Qué·bé·cois [parˈtiːˌkeɪbekˈwɑː] *n* CAN *kanadische Separatistenpartei, die sich für die Abspaltung des französischsprachigen Teils Kanadas ausspricht*

par·ti·san [ˌpɑːtɪˈzæn, AM ˈpɑːrt̬ɪzən] **I.** *n* ① *(supporter) of a party* Parteigänger(in) *m(f),* Parteifreund(in) *m(f); of a person* Anhänger(in) *m(f)*

② MIL Partisan(in) *m(f),* Freischärler(in) *m(f)*

II. *adj* parteiisch, voreingenommen; **~ line** parteiische Haltung; **~ spirit** Parteilichkeit *f,* Voreingenommenheit *f*

par·ti·san·ship [ˌpɑːtɪˈzænʃɪp, AM ˈpɑːrt̬ɪzən-] *n no pl* Parteilichkeit *f*

par·ti·tion [pɑːˈtɪʃən, AM pɑːrˈ-] **I.** *n* ① *no pl* POL Teilung *f*

② *(structure)* Trennwand *f,* Raumteiler *m*

③ COMPUT *(part of hard disk)* Partition *f*

④ LAW Grundstücksteilung *f,* Parifizierung *f* ÖSTERR

⑤ CHEM **~ chromatography** *no pl* Verteilungschromatografie *f;* **~ law** Verteilungsgesetz *nt*

II. *vt* ① POL ▪**to ~ sth** etw [auf]teilen; **to ~ a country** ein Land teilen

② *(divide)* ▪**to ~ sth** etw [unter]teilen; **to ~ a room** ein Zimmer aufteilen

③ COMPUT *(divide disk)* ▪**to ~ sth** etw partitionieren

◆**partition off** *vt* **to ~ off a room** ein Zimmer abteilen

par·ti·zan *n, adj see* **partisan**

par·ti·zan·ship *n no pl see* **partisanship**

part·ly [ˈpɑːtli, AM ˈpɑːr-] *adv inv* zum Teil, teils, teilweise; **~-paid capital** teilweise eingezahltes Aktienkapital; **~-secured creditors** nur zum Teil gesicherte Gläubiger; **~-paid shares** teilweise eingezahlte Aktien

part·ner [ˈpɑːtnəʳ, AM ˈpɑːrtnɚ] **I.** *n* ① *(owner)* Teilhaber(in) *m(f),* Gesellschafter(in) *m(f); (in a law firm)* Sozius *m;* **~ to a merger** FIN Fusionspartner(in) *m(f)*

② *(accomplice)* **~ in crime** Komplize, Komplizin *m, f*

③ *(in dancing)* [Tanz]partner(in) *m(f); (in sports)* Partner(in) *m(f)*

④ *(spouse)* Ehepartner(in) *m(f); (unmarried)* [Lebens]partner(in) *m(f);* **sexual ~** Sexualpartner(in) *m(f)*

II. *vt usu passive* ▪**to ~ sb** jds Partner sein; ▪**to be ~ed by sb** jdn als [*o* zum] Partner haben

III. *vi* AM ▪**to ~ with sb** sich *akk* mit jdm zusammentun [*o* zusammenschließen]

part·ner·ship [ˈpɑːtnəʃɪp, AM ˈpɑːrtnɚ-] *n* ① *no pl (condition)* Partnerschaft *f;* **the ~ of marriage** LAW die eheliche Gemeinschaft

② *(company)* Teilhaberschaft *f,* Personalgesellschaft *f,* Personengesellschaft *f,* [offene] Handelsgesellschaft; *of lawyers* Sozietät *f;* **limited ~** Kommanditgesellschaft *f;* **to go** [*or* **enter**] **into ~ with sb** mit jdm eine Geschäftsverbindung eingehen

ˈpart·ner·ship agree·ment *n* Gesellschaftsvertrag *m,* Sozietätsvertrag *m*

part of ˈspeech <*pl* parts of speech> *n* LING Wortart *f*

par·took [pɑːˈtʊk, AM pɑːrˈ] *vi pt of* **partake**

part ˈown·er *n* ECON Miteigentümer(in) *m(f)* **part ˈown·er·ship** *n* ECON Miteigentümerschaft *f* **part ˈpay·ment** *n* Teilzahlung *f,* Abschlagszahlung *f,* SCHWEIZ, ÖSTERR *a.* Ratenzahlung *f*

par·tridge <*pl* - *or* -s> [ˈpɑːtrɪdʒ, AM ˈpɑːr-] *n* Rebhuhn *nt*

ˈpart-song *n* mehrstimmiges Lied **part-ˈtime I.** *adj* Teilzeit-, Halbtags-; **~ employee** Teilzeitkraft *f;* **~ employment** *no pl* Teilzeitarbeit *f;* **~ employment scheme** Teilzeitmodell *nt;* **~ job** Teilzeitarbeit *f,* Halbtagsarbeit *f;* **~ work** Teilzeitarbeit *f;* **~ worker** Teilzeitbeschäftigte(r) *f(m),* Teilzeitkraft *f,* Halbtagskraft *f;* **~ staff** Teilzeitkräfte *pl* **II.** *adv* **to work ~** einer Teilzeitbeschäftigung nachgehen, halbtags arbeiten **part-ˈtim·er** *n* Teilzeitbeschäftigte(r) *f(m),* Halbtagskraft *f*

par·tu·ri·ent [pɑːˈtjʊəriənt, AM pɑːrˈtjʊr-] *adj (giving birth)* gebärend *attr; (relating to birth)* der Geburt *nach n*

par·tu·ri·tion [ˌpɑːtjʊ(ə)ˈrɪʃən, AM ˌpɑːrtuːˈ-] *n no pl (spec)* Niederkunft *f form,* Geburt *f*

ˈpart-way *adv inv* zum Teil, teilweise; ***we'll stop for coffee when we are ~ there*** auf halbem Wege halten wir an und trinken einen Kaffee

par·ty [ˈpɑːti, AM ˈpɑːrt̬i] **I.** *n* ① *(celebration)* Party *f,* Feier *f;* **all-night ~** Party *f* bis zum frühen Morgen; **to have** [*or* **give**] [*or* **throw**] **a ~** eine Party geben

② + *sing/pl vb* POL Partei *f;* **opposition ~** Oppositionspartei *f;* **the ~ in power** die regierende Partei; **working ~** Arbeitsausschuss *m*

③ + *sing/pl vb (group)* [Reise]gruppe *f;* **coach ~** Gruppe *f* von Busreisenden; **royal ~** Gruppe *f* von Mitgliedern des Königshauses; **school ~** Schülergruppe *f;* **fishing ~** Gruppe *f* von Anglern; **search ~** Suchtrupp *m*

④ *(person involved)* Partei *f;* **the guilty ~** die schuldige Partei; **third ~** Dritter *m,* dritte Person; **to be** [**a**] **~ to an arrangement** etw von einer Abmachung wissen; **to be** [**a**] **~ to a secret** in ein Geheimnis eingeweiht sein; **to be** [**a**] **~ to a crime** LAW an einem Verbrechen beteiligt sein

⑤ *(fam: person)* Person *f*

II. *n modifier* ① *(of a party)* Party-; **~ balloons** Luftballons *pl;* **~ spirit** Partylaune *f,* Partystimmung *f;* **~ snack** Partysnack *m,* [Party]häppchen *nt*

② POL Partei-; **~ donation** Parteispende *f;* **~ affiliations** Parteizugehörigkeit *f;* **~ candidate** Kandidat(in) *m(f)* einer Partei; **~ convention** Parteiversammlung *f;* **Democratic P~ Convention** Versammlung *f* der Demokraten; **the ~ faithful** die [treuen] Parteianhänger *pl*

III. *vi* <-ie-> *(fam)* feiern

ˈpar·ty ani·mal *n* Partylöwe *m fam,* begeisterter Partygänger/begeisterte Partygängerin

ˈpar·ty boss *n* Parteibonze *m* **par·ty ˈcau·cus** *n* POL ① *(grouping)* Parteiclique *f* ② *(meeting)* Parteitag *m* **par·ty ˈcon·fer·ence,** AM **par·ty ˈcon·gress** *n* Parteitag *m* **par·ty ˈdel·egate** *n* Parteiabgeordnete(r) *f(m)* **par·ty eˈlite** *n* Parteispitze *f*

ˈpar·ty-goer *n (guest)* Partygast *m; (frequenter of parties)* Partygänger(in) *m(f)*

par·ty ˈhack *n (pej)* Hinterbänkler(in) *m(f)* **par·ty head·ˈquar·ters** *n* Parteizentrale *f*

par·ty·ing [ˈpɑːtiɪŋ, AM ˈpɑːrt̬i-] *n no pl* Feiern *nt*

par·ty ˈlead·er *n* Parteivorsitzende(r) *f(m),* Parteichef(in) *m(f)* **par·ty ˈlead·er·ship** *n* Parteiführung *f* **par·ty ˈline** *n* ① POL Parteilinie *f;* **to toe** [*or* **follow**] **the ~** der Parteilinie folgen, linientreu sein ② TELEC Gemeinschaftsanschluss *m* **par·ty-ˈlin·er** *n* Linientreue(r) *f(m)* **par·ty maˈchine** *n* Parteimaschinerie *f* **ˈpar·ty man** *n* treuer Parteianhänger **par·ty ˈmem·ber** *n* Parteimitglied *nt;* **paid-up ~** vollwertiges Parteimitglied, Parteimitglied *nt* ohne Beitragsrückstände **par·ty ˈor·gan** *n* Parteiorgan *nt*

ˈpar·ty piece *n* BRIT *(hum)* Showeinlage *f* auf einer Party **ˈpar·ty plan·ner** *n* Partyorganisator(in) *m(f)*

par·ty poˈliti·cal *adj* parteipolitisch **par·ty po·liti·cal ˈbroad·cast** *n* BRIT, AUS Wahlsendung *f* [einer Partei] **par·ty ˈpoli·tics** *n* + *sing/pl vb* Parteipolitik *f*

ˈpar·ty-poop·er *n esp* AM *(hum fam)* Spielverderber(in) *m(f),* Miesmacher(in) *m(f) fam* **ˈpar·ty pop·per** *n* BRIT Partyknaller *m*

par·ty ˈwall *n* [gemeinsame] Grenzmauer, Brandmauer *f* **par·ty ˈwhip** *n* BRIT ▪**the ~** die Parteidisziplin

ˈpar value *n* STOCKEX Nennbetrag *m,* Nennwert *m,* Nominalwert *m,* Pariwert *m;* **~ share** Nennwertaktie *f;* **at/above/below ~** zum/über/unter Nennwert

par·venu [ˈpɑːvənjuː, AM ˈpɑːrvənuː] **I.** *n (pej form)* Emporkömmling *m,* Parvenü *m geh*

II. *adj* nach Art eines Emporkömmlings

Pascal, PASCAL [pæsˈkæl] *n no pl* COMPUT Pascal *nt*

pas·chal [ˈpæskəl] *adj inv (form)* Oster-

pas de deux <*pl* -> [ˌpɑːdəˈdɜː] *n* Pas de deux *m*

pa·sha [ˈpɑːʃə, AM pəˈʃɑː] *n* HIST Pascha *m*

pash·mi·na [pæʃˈmiːnə] *n* Pashminaschal *m*

paso do·ble <*pl* -s> [ˌpæsəʊˈdəʊbleɪ, AM ˌpɑːsoʊˈdoʊbleɪ] *n* Paso doble *m*

pass [pɑːs, AM pæs]

I. NOUN **II.** TRANSITIVE VERB **III.** INTRANSITIVE VERB

I. NOUN

<*pl* -es> ① *(road)* Pass *m;* **the Khyber ~** der Khaiberpass; **mountain ~** [Gebirgs]pass *m*

② SPORT *(of a ball)* Pass *m* (**to** auf +*akk*), Vorlage *f (für ein Tor)*

③ *(sweep: by magician, conjuror)* [Hand]bewegung *f;* ***the magician made some ~es with his hands over her body*** der Zauberer fuhr mit der Hand mehrmals über ihren Körper

④ *plane* **to make a ~ over sth** über etw *akk* fliegen; ***the aircraft flew low in a ~ over the ski resort*** das Flugzeug flog sehr tief über das Skigebiet hinweg

⑤ *(fam: sexual advance)* Annäherungsversuch *m;* **to make a ~ at sb** sich *akk* an jdn ranmachen, ÖSTERR *bes* mit jdm anbandeln *fam*

⑥ BRIT SCH, UNIV *(exam success)* Bestehen *nt* einer Prüfung; AM *(grade)* „Bestanden"; ***students just get a ~ or fail in these courses*** in diesen Kursen können die Studenten nur entweder bestehen oder durchfallen; **to achieve grade A ~es** nur Einser bekommen; **to get/obtain a ~ in an exam** eine Prüfung bestehen

⑦ *(permit)* Passierschein *m; (for a festival)* Eintritt *m,* Eintrittskarte *f; (for public transport)* [Wochen-/Monats-/Jahres-]karte *f;* ***only people with a ~ are allowed to enter the nuclear power station*** nur Personen mit einem entsprechenden Ausweis dürfen das Kernkraftwerk betreten; **free ~** Freikarte *f;* ***disabled people have a free ~ for the public transport system*** Behinderte können die öffentlichen Verkehrsmittel kostenlos benutzen

⑧ *esp* AM SCH *(letter of excuse)* Entschuldigung *f (für das Fernbleiben vom Unterricht)*

⑨ *no pl (predicament)* Notlage *f,* kritische Lage; ***this is a ~ — we can't get back into the hotel*** da haben wir uns ja was Schönes eingebrockt – wir können nicht ins Hotel zurück *fam;* ***it has come to a pretty ~ when ...*** es ist schon weit gekommen, wenn ...; **to reach a ~** außer Kontrolle geraten, ausufern

⑩ *(in fencing)* Ausfall *m fachspr*

II. TRANSITIVE VERB

① *(go past)* ▪**to ~ sb/sth** an jdm/etw vorbeigehen; *(in car)* an jdm/etw vorbeifahren; ***if you ~ a supermarket, can you get me some milk?*** würdest du mir Milch mitbringen, wenn du bei einem Supermarkt vorbeikommst?

P

2 *(overtake)* ■**to ~ sb/sth** jdn/etw überholen
3 *(cross)* **to ~ a frontier** eine Grenze überqueren; ***not a word ~ ed his lips*** kein Wort kam über seine Lippen
4 *(exceed)* ■**to ~ sth:** ***it ~ es all belief that ...*** es ist doch wirklich nicht zu fassen, dass ...; ***don't buy goods which have ~ ed their sell-by date*** kauf keine Waren, deren Verfallsdatum bereits abgelaufen ist; **to ~ a limit** eine Grenze überschreiten; **to ~ the time limit** das Zeitlimit überschreiten; ***I'm sorry, you've ~ ed the time limit*** es tut mir leid, aber Sie haben überzogen
5 *(hand to)* ■**to ~ sth to sb** [*or* **sb sth**] jdm etw geben, jdm etw [herüber]reichen *bes geh; (bequeath to)* jdm etw vererben; ***could you ~ the salt please?*** könntest du mir bitte mal das Salz geben?; **to ~ the hat** [**around**] *(fig)* den Hut herumgehen lassen *fig;* ■**to be ~ ed to sb** auf jdn [*o* in jds Besitz] übergehen; ***the responsibility was gradually ~ ed to the British government*** die Verantwortung wurde nach und nach der britischen Regierung übertragen
6 *(put into circulation)* **to ~ money** Geld in Umlauf bringen; ***she was caught trying to ~ forged five pound notes*** sie wurde dabei erwischt, als sie versuchte, mit gefälschten Fünfpfundnoten zu bezahlen; ***he once ~ ed me a forged fiver*** er hat mir einmal einen gefälschten Fünfer angedreht *fam*
7 SPORT **to ~ the ball** den Ball abgeben [*o* abspielen]; **to ~ the ball to sb** jdm den Ball zuspielen; **to ~ the baton to sb** SPORT den Stab an jdn abgeben; ***the baton was ~ ed smoothly*** der Stab wurde sauber übergeben
8 *(succeed)* **to ~ an exam/a test** eine Prüfung/eine Arbeit bestehen; **to ~ muster** akzeptabel sein
9 *(of time)* **to ~ one's days/holiday** [*or* AM **vacation**]/**time doing sth** seine Tage/Ferien/Zeit mit etw *dat* verbringen; **to ~ the time** sich *dat* die Zeit vertreiben; **to ~ the time of day with sb** jdn [nur] kurz grüßen; ***I just wanted to ~ the time of day with her, but ...*** ich wollte wirklich nur kurz guten Tag sagen und ein wenig mit ihr plaudern, doch ...
10 *usu passive esp* POL *(approve)* ■**to be ~ ed** *law* verabschiedet werden; **to ~ a motion** einen Antrag genehmigen; ***"motion ~ ed by a clear majority"*** „Antrag mit deutlicher Mehrheit angenommen"; **to ~ a resolution** eine Resolution verabschieden; ***the resolution was ~ ed unanimously*** die Resolution wurde einstimmig angenommen; **to ~ sb/sth as fit** [*or* **suitable**] jdn/etw [als] geeignet erklären; ***meat ~ ed as fit for human consumption*** Fleisch, das für den Verzehr freigegeben wurde; ***he was ~ ed fit for military service*** er wurde für wehrdiensttauglich erklärt; ***the censors ~ ed the film as suitable for children*** die Zensurstelle gab den Film für Kinder frei
11 *(utter)* **to ~ a comment** einen Kommentar abgeben; **to ~ a comment on sb** eine Bemerkung über jdn machen; **to ~ judgement on sb/sth** ein Urteil über jdn/etw fällen, über jdn/etw ein Urteil abgeben; **to ~ one's opinion** seine Meinung sagen; **to ~ a remark** eine Bemerkung machen; ***she's been ~ ing remarks about me behind my back*** sie ist hinter meinem Rücken über mich hergezogen; **to ~ sentence** [**on sb**] LAW das Urteil [über jdn] fällen
12 MED *(form: excrete)* **to ~ blood** Blut im Stuhl/Urin haben; **to ~ faeces** Kot ausscheiden; **to ~ urine** urinieren; **to ~ water** Wasser lassen
13 FIN **to ~ a dividend** eine Dividende ausfallen lassen
▸PHRASES: **to ~ the** <u>**buck**</u> **to sb/sth** *(fam)* die Verantwortung auf jdn/etw abwälzen *fam,* jdm/etw den Schwarzen Peter zuschieben *fam*

III. INTRANSITIVE VERB

1 *(move by)* vorbeigehen, vorbeilaufen, vorbeikommen; *road* vorbeiführen; *parade* vorbeiziehen, vorüberziehen; *car* vorbeifahren; ***we often ~ ed on the stairs*** wir sind uns oft im Treppenhaus begegnet; ***the Queen ~ ed among the crowd*** die Königin mischte sich unter die Menge; ***the planes ~ ed noisily overhead*** die Flugzeuge donnerten vorbei *fam;* ***the bullet ~ ed between her shoulder blades*** die Kugel ging genau zwischen ihren Schulterblättern durch; ***if you ~ by a chemist ...*** wenn du an einer Apotheke vorbeikommst ...; ***a momentary look of anxiety ~ ed across his face*** *(fig)* für einen kurzen Moment überschattete ein Ausdruck der Besorgnis seine Miene; **to ~ out of sight** außer Sichtweite geraten; **to ~ unnoticed** unbemerkt bleiben; ■**to ~ over sth** *plane* über etw *akk* hinwegfliegen; ■**to ~ under sth** unter etw *dat* hindurchgehen; *(by car)* unter etw *dat* hindurchfahren; *road* unter etw *dat* hindurchführen
2 *(overtake)* überholen
3 *(enter)* eintreten, hereinkommen; ***may I ~ ?*** kann ich hereinkommen?; ***that helps prevent fats ~ ing into the bloodstream*** das verhindert, dass Fette in die Blutbahn gelangen; **to allow sb to** [*or* **let sb**] **~** jdn durchlassen; ***they shall not ~ !*** sie werden nicht durchkommen! *(Kampfruf der Antifaschisten)*
4 *(go away)* vergehen, vorübergehen, vorbeigehen; ***it'll soon ~*** das ist bald vorüber; ***I felt a bit nauseous, but the feeling ~ ed*** mir war ein bisschen schlecht, aber das ging auch wieder vorbei; ***for a moment she thought she'd die but the moment ~ ed*** für einen kurzen Moment lang dachte sie, sie würde sterben; ***I let a golden opportunity ~*** ich habe mir eine einmalige Gelegenheit entgehen lassen
5 *(change)* ■**to ~ from sth to sth** von etw *dat* zu etw *dat* übergehen; ***wax ~ es from solid to liquid when you heat it*** beim Erhitzen wird festes Wachs flüssig; ***the water ~ es from a liquid state to a solid state when frozen*** Wasser wird fest, wenn es gefriert
6 *(transfer)* ***all these English words have ~ ed into the German language*** all diese englischen Wörter sind in die deutsche Sprache eingegangen; **to ~ into oblivion** in Vergessenheit geraten
7 *(exchange)* ***no words have ~ ed between us since our divorce*** seit unserer Scheidung haben wir kein einziges Wort miteinander gewechselt; ***the looks ~ ing between them suggested that ...*** die Blicke, die sie miteinander wechselten, ließen darauf schließen, dass ...; ***greetings were ~ ed between them*** sie begrüßten sich
8 SPORT *(of a ball)* zuspielen, [den Ball] abgeben [*o* abspielen]
9 SCH *(succeed)* bestehen, durchkommen; ***he ~ ed at the fifth attempt*** er bestand die Prüfung im fünften Anlauf
10 *(go by)* *time* vergehen, verstreichen; ***the evening ~ ed without incident*** der Abend verlief ohne Zwischenfälle
11 *(not answer)* passen [müssen]; ***~ — I don't know the answer*** ich passe – ich weiß es nicht; ***the contestant ~ ed on four questions*** der Wettbewerbsteilnehmer musste bei vier Fragen passen
12 *(forgo)* ■**to ~ on sth** auf etw *akk* verzichten
13 *(be accepted as)* ***I don't think you'll ~ as 18*** keiner wird dir abnehmen, dass du 18 bist; ***do you think this jacket and trousers could ~ as a suit?*** meinst du, ich kann diese Jacke und die Hose als Anzug anziehen?; ***he could ~ as a German in our new film*** für unseren neuen Film könnte er als Deutscher durchgehen
14 CARDS passen
15 *(old)* ***and it come to ~ that ...*** und da begab es sich, dass ...

◆**pass along I.** *vt* ■**to ~ along** ⊂ **sth** etw weitergeben; ***in his absence his mother ~ ed along the book to me*** da er nicht da war, brachte mir seine Mutter das Buch mit; **to ~ along a message** eine Nachricht weiterleiten
II. *vi* vorbeigehen; ***I heard footsteps ~ ing along the corridor outside*** ich hörte Schritte draußen auf dem Gang; ***the police told the crowd to ~ along*** die Polizei wies die Menge an weiterzugehen

◆**pass around** *vt* ■**to ~ sth** ⊂ **around** etw herumreichen; ***she ~ ed around the petition*** sie ließ die Petition herumgehen; ***the cup was ~ ed around from person to person*** der Becher machte immer die Runde; ***I ~ ed the drinks around the group*** ich verteilte die Getränke an die Gruppe; **to ~ around the hat** *(also fig)* den Hut herumgehen lassen

◆**pass away I.** *vi* 1 *(euph: die)* entschlafen *euph geh;* ***she's terribly upset because her father ~ ed away*** das Hinscheiden ihres Vaters hat sie furchtbar mitgenommen
2 *(fade)* nachlassen; *anger* verrauchen; ***the look of elation on her face ~ ed away*** der verzückte Ausdruck wich aus ihrem Gesicht *geh*
II. *vt* ■**to ~ away** ⊂ **sth:** ***we ~ ed away the evening watching TV*** wir verbrachten den Abend mit Fernsehen; ***those two can't ~ away a few hours together without arguing*** die beiden können nicht ein paar Stunden zusammen sein, ohne sich in die Haare zu kriegen *fam*

◆**pass by I.** *vi* 1 *time* vergehen
2 *(go past)* [an jdm/etw] vorbeigehen; *(in vehicle)* [an jdm/etw] vorbeifahren; ***she sat looking out of the train window at the countryside ~ ing by*** sie saß da und schaute aus dem Zugfenster auf die vorbeiziehende Landschaft
▸PHRASES: **to ~ by on the** <u>**other**</u> **side** *esp* BRIT ***no one seeing these pictures could ~ by on the other side*** niemanden, der diese Bilder sieht, kann das kaltlassen
II. *vt* 1 *(miss sb)* ■**sth ~ es sb by** etw geht an jdm vorbei; ***I regarded the whole affair as nonsense, and so let it ~ me by*** ich habe die ganze Sache als Unsinn betrachtet und mich deswegen nicht weiter darum gekümmert
2 *(go past)* ■**to ~ by** ⊂ **sb/sth** an jdm/etw vorübergehen [*o* vorbeigehen]

◆**pass down** *vt* 1 *usu passive (bequeath)* ■**to be ~ ed down** *tradition* weitergegeben werden; *songs, tales* überliefert werden; ***this tradition had been ~ ed down through the family for centuries*** diese Tradition wurde jahrhundertelang innerhalb der Familie weitergeführt; ■**to be ~ ed down to sb** an jdn weitergegeben werden; ***the suit had been ~ ed down to him by his father*** den Anzug hatte ihm sein Vater vermacht
2 *(hand down)* ■**to ~ down** ⊂ **sth** etw hinunterreichen

◆**pass off I.** *vt* 1 *(hide)* ■**to ~ off** ⊂ **sth** etw abtun; **to ~ off one's embarrassment** seine Verlegenheit überspielen; **to ~ off an episode** einen Zwischenfall übergehen
2 *(pretend)* ■**to ~ off** ⊂ **sth as sth** etw als etw *akk* ausgeben; ***the dealer was trying to ~ off fakes as valuable antiques*** der Händler versuchte Fälschungen als echte Antiquitäten zu verkaufen; ***he tried to ~ this nonsense off as literature*** er versuchte diesen Quatsch als Literatur hinzustellen *fam;* ■**to ~ oneself off as sb** sich *akk* als jd ausgeben
II. *vi* 1 *(take place)* verlaufen
2 *(fade)* nachlassen; *elation* verfliegen

◆**pass on I.** *vi* 1 *(proceed)* fortfahren, weitermachen; ■**to ~ on to sth** zu etw *dat* übergehen [*o* kommen]
2 *(euph: die)* entschlafen *euph geh*
II. *vt* 1 BIOL ■**to ~ on** ⊂ **sth** [**to sb**] etw [an jdn] weitergeben [*o* [weiter]vererben]
2 *(forward)* ■**to ~ on** ⊂ **sth** *information, news* etw weitergeben
3 *(infect)* ■**to ~ on** ⊂ **sth** *disease* etw übertragen
4 *usu passive (hand down)* ■**to be ~ ed on** *clothes, traditions* weitergegeben werden; *fortune, jewellery* [weiter]vererbt werden; *stories* überliefert werden
5 *(refer)* **to ~ on** ⊂ **sb to a higher authority/a specialist** jdn an eine höhere Stelle/einen Fachmann [*o* Spezialisten] verweisen
6 ECON *(raise prices)* ■**to ~ on** ⊂ **sth to sb** etw auf jdn umverteilen

◆**pass out I.** *vi* 1 *(faint)* in Ohnmacht fallen, be-

wusstlos werden, das Bewusstsein verlieren
② *(leave)* hinausgehen; ■**to ~ out of sth** etw verlassen; ***this is confidential so don't let it ~ out of your possession*** das ist vertraulich, also geben Sie es bitte nicht aus der Hand
③ MIL seine militärische Ausbildung abschließen
II. *vt* AM *(hand out)* ■**to ~ out** ○ **sth** etw verteilen [*o* austeilen]

◆**pass over I.** *vt* ① *usu passive (not promote)* ■**to be ~ed over [for promotion]** [bei der Beförderung] übergangen werden
② *(overlook)* ■**to ~ over** ○ **sth** etw übergehen [*o* ignorieren]
③ *(move overhead)* ■**to ~ over sb/sth** *plane, birds* über jdn/etw fliegen
II. *vi* entschlafen *euph*

◆**pass round** *vt* BRIT *see* pass around

◆**pass through I.** *vi* ① *(experience)* ■**to ~ through sth** etw durchlaufen; **to ~ through different cycles/stages** verschiedene Zyklen/Stadien durchlaufen; **to ~ through bitter days and months** schwierige Tage und Monate durchmachen; **to ~ through a terrible ordeal** ein furchtbares Martyrium erleiden müssen [*o fam* durchmachen]
② *(travel)* durchreisen; ***I wanted to stop but we had to ~ through*** ich wollte anhalten, doch wir mussten durchfahren; ***we were only ~ing through*** wir waren nur auf der Durchreise; ***we ~ed through Stuttgart on our way to the Black Forest*** auf unserer Fahrt in den Schwarzwald kamen wir durch Stuttgart; ***why didn't you visit us? — we only ~ed through the station*** warum haben Sie uns denn nicht besucht? – wir waren nur kurz am Bahnhof und sind dann weitergefahren; **to ~ through the customs/a detector** den Zoll/einen Detektor passieren
II. *vt* ■**to ~ sth through sth:** ***the cook ~ed the carrots through the mixer*** der Koch pürierte die Karotten im Mixer; ***waste water is often ~ed through filters*** Abwasser wird oft durch Filter geleitet

◆**pass up** *vt* ■**to ~ up** ○ **sth** sich *dat* etw entgehen lassen

pass·able [ˈpɑːsəbl, AM ˈpæs-] *adj* ① *(traversable)* passierbar, befahrbar
② *(satisfactory)* [ganz] passabel; ***she could speak ~ Russian*** sie konnte ganz passabel Russisch sprechen; **only ~** nur so leidlich; **very ~** durchaus annehmbar

pass·ably [ˈpɑːsəbli, AM ˈpæs-] *adv* passabel, [ganz] ordentlich

pas·sage [ˈpæsɪdʒ] *n* ① *(narrow corridor)* Gang *m*, Flur *m;* **underground ~** Unterführung *f*
② *(long path)* Durchgang *m*
③ LIT *(excerpt)* [Text]passage *f;* MUS Stück *nt*
④ *(onward journey)* Durchfahrt *f*, Durchreise *f;* **bird of ~** Zugvogel *m*
⑤ *(dated: sea voyage)* Überfahrt *f*, [Schiffs]passage *f;* **to take ~ to South Africa** eine Schiffsreise nach Südafrika unternehmen; **to work one's ~** seine Überfahrt abarbeiten; *(fig)* ***he's worked his ~*** er hat es sich redlich verdient
⑥ *(way of escape)* Durchlass *m;* ***the hijackers demanded safe ~ out of the country*** die Entführer verlangten sicheren Abzug aus dem Land
⑦ *no pl (progression)* Voranschreiten *nt; of troops* Durchzug *m; of a plane* Überfliegen *nt; of fire* ungehindertes Sichausbreiten; ***many meteorites explode during their ~ through the atmosphere*** viele Meteoriten zerbersten auf ihrem Weg durch die Erdatmosphäre; **the ~ of time** das Verstreichen der Zeit; **with the ~ of time** im Lauf[e] der Zeit
⑧ POL *(passing) of a law* Verabschiedung *f; of a resolution* Annahme *f*

ˈpas·sage·way *n* Korridor *m*, [Durch]gang *m*

ˈpass·book *n* Bankbuch *nt*, Sparbuch *nt*

ˈpass de·gree *n* UNIV ① AM *(without honours)* *unterster akademischer Grad*
② AUS *(course)* Kurzstudium *nt*

pas·sé [pæsˈeɪ] *adj (pej)* passé, veraltet, out *sl;* **to look ~** altmodisch aussehen

pas·sel [ˈpæsəl] *n* ■**a ~ of sth** AM *(fam)* eine Unmenge einer S. *gen*

pas·sen·ger [ˈpæsəndʒəʳ, AM -ɚ] **I.** *n (on a bus, tube)* Fahrgast *m; (of an airline)* Passagier(in) *m(f)*, Fluggast *m; (on a train)* Reisende(r) *f(m); (in a car)* Mitfahrer(in) *m(f)*, Insasse, Insassin *m, f;* **[front-seat] ~** Beifahrer(in) *m(f);* BRIT *(fig)* Trittbrettfahrer(in) *m(f) pej,* Schmarotzer(in) *m(f) pej*
II. *n modifier (numbers, plane, ship, transport)* Passagier-; **~ lift/service/traffic** Personenaufzug *m*/ -beförderung *f*/-verkehr *m;* **~ liner/vessel** Passagierschiff *nt*/-dampfer *m;* **~ side** Beifahrerseite *f;* **~ space** Fahrgastraum *m*

pas·sen·ger ˈac·ci·dent in·sur·ance *n no pl* BRIT Reiseunfallversicherung *f*, Insassen-Unfallversicherung *f* **pas·sen·ger ˈair·craft** *n* Passagierflugzeug *nt* **ˈpas·sen·ger cab·in** *n* Fluggastraum *m* **ˈpas·sen·ger car** *n* RAIL Personenwaggon *m;* AUTO Personenwagen *m*, Pkw *m* **ˈpas·sen·ger coach** *n* Reisebus *m* **ˈpas·sen·ger flight** *n* Passagierflug *m* **ˈpas·sen·ger jet** *n* Passagierflugzeug *nt* **ˈpas·sen·ger list** *n* Passagierliste *f* **ˈpas·sen·ger mile** *n* Personenmeile *f;* AVIAT Passagiermeile *f* **ˈpas·sen·ger seat** *n* Beifahrersitz *m* **ˈpas·sen·ger traf·fic** *n no pl* Personenverkehr *m* **ˈpas·sen·ger train** *n* Personenzug *m*

pass·er-by <*pl* passers-by> [ˌpɑːsəˈbaɪ, AM ˌpæsɚˈ-] *n* Passant(in) *m(f)*, Vorübergehende(r) *f(m)*

pass-ˈfail course *n esp* AM *Kurse, für die es nur das Zertifikat ‚bestanden' oder ‚nicht bestanden' gibt*

pas·sim [ˈpæsɪm] *adv inv* passim

pass·ing [ˈpɑːsɪŋ, AM ˈpæs-] **I.** *adj attr* ① *inv (going past) vehicle* vorbeifahrend; *person* vorbeikommend; **with each [*or* every] ~ day** mit jedem weiteren Tag[, der vergeht]; **~ trade** Laufkundschaft *f*
② *(fleeting) glance, thought* flüchtig; **~ acquaintance** flüchtiger Bekannter/flüchtige Bekannte; **~ fad** Eintagsfliege *f;* **a ~ fancy** nur so eine Laune; ***he was a ~ fancy of hers*** er war nur so eine von ihren flüchtigen Liebschaften; **to be of ~ interest** von temporärem Interesse sein; **~ shower** kurzer Regenschauer
③ *(casual) remark* beiläufig; **to receive only a ~ mention** nur beiläufig erwähnt [*o* am Rande gestreift] werden; **in ~** nebenbei, beiläufig; ***in ~, it is worth noting that ...*** nebenbei ist erwähnenswert, dass ...; **to mention in ~** [ganz] nebenbei bemerken, beiläufig erwähnen
④ *inv (slight) resemblance* gering
II. *n no pl* ① *(death)* Ableben *nt geh,* Hinscheiden *nt euph geh*
② *(end)* Niedergang *m;* **the ~ of an era** das Ende einer Ära
③ *(going by)* Vergehen *nt;* **with the ~ of the years [*or* time]** im Lauf der Jahre
④ SPORT Passen *nt*, Zuspielen *nt (des Balls);* ***his ~ has improved*** seine Ballabgabetechnik hat sich verbessert

ˈpass·ing lane *n* AM Überholspur *f*

ˈpass·ing mark, ˈpass·ing grade *n* AM SCH, UNIV Ausreichend *nt*, Genügend *nt* ÖSTERR *(Mindestnote für das Bestehen einer Prüfung)* **pass·ing-ˈout** *n* BRIT, AUS MIL, UNIV Abschlussfeier *f* **pass·ing-ˈout cer·emo·ny, pass·ing-ˈout pa·rade** *n* BRIT, AUS MIL, UNIV Abschlusszeremonie *f*

ˈpass·ing place *n* Ausweichstelle *f* **pass·ing ˈshot** *n* TENNIS Passierschlag *m*

pas·sion [ˈpæʃən] *n* ① *(fancy)* Passion *f*, Vorliebe *f;* **to be one of sb's ~s** zu jds besonderen Vorlieben zählen; **to have a ~ for sth** ein Faible für etw *akk* haben; **to have a ~ for doing sth** etw leidenschaftlich gerne tun; ***his ~ for gambling eventually ruined him*** seine Spielsucht ruinierte ihn schließlich; **to have a consuming ~ [for sth]** eine große Leidenschaft [für etw *akk*] hegen
② *(love)* [große] Leidenschaft; ***her latest ~ is for a bus driver*** jetzt hat sie sich leidenschaftlich in einen Busfahrer verliebt
③ *no pl (fervour)* Leidenschaft *f*, Erregung *f;* **to arouse a ~** leidenschaftliche Gefühle wecken
④ *(strong emotion)* **crime of ~** Verbrechen *nt* aus Leidenschaft; **to hate sb/sth with a ~** jdn/etw aus tiefstem Herzen hassen; **to be hated with a ~** zutiefst verhasst sein; ■**~s** *pl* Leidenschaften *pl;* ***~s are running high*** die Wogen der Erregung schlagen hoch; ***mention her ex and that really gets her ~s roused*** man braucht ihren Ex nur zu erwähnen und schon geht sie hoch [wie eine Rakete] *fam;* **to inflame ~s** den Hass schüren

Pas·sion [ˈpæʃən] *n* ① *no pl* REL *(suffering of Jesus)* Passion *f*, Leiden *nt* Christi; **the ~ of Christ on the cross** das Leiden und Sterben Christi am Kreuz
② LIT, REL Passion *f*, Leidensgeschichte *f*
③ MUS, REL Passion *f*

pas·sion·ate [ˈpæʃənət, AM -nɪt] *adj* ① *(strongly emotional)* leidenschaftlich; **~ rhetoric** mitreißende Rede[kunst]; ■**to be ~ about sth** sich *akk* brennend für etw *akk* interessieren
② *(amorous) embrace, kiss* leidenschaftlich; **~ desire** brennender Wunsch

pas·sion·ate·ly [ˈpæʃənətli, AM -nɪt-] *adv* ① *(intensely)* leidenschaftlich, begeistert; **to argue ~** heftig streiten; **to argue ~ about whether ...** leidenschaftlich [darüber] debattieren, ob ...; **to believe ~ in sth** mit allen Fasern seines Herzens an etw *akk* glauben; **to support sth ~** etw nach Kräften unterstützen
② *(amorously)* **to embrace/kiss ~** sich *akk* leidenschaftlich umarmen/küssen

ˈpas·sion flow·er *n* Passionsblume *f* **ˈpas·sion fruit** *n* Passionsfrucht *f*

pas·sion·less [ˈpæʃənləs] *adj (pej)* leidenschaftslos; *marriage, relationship also* fad, lau

ˈpas·sion play *n* Passionsspiel *nt* **ˈPas·sion Week** *n* Karwoche *f*

pas·sive [ˈpæsɪv] **I.** *n no pl* LING Passiv *nt;* **to change sth into the ~** etw ins Passiv setzen
II. *adj* ① *(inactive) role* passiv; **~ aggression** stumme Aggression; **~ victim** hilfloses Opfer
② *(indifferent) spectator* teilnahmslos; **~ audience** lahmes Publikum
③ *(submissive)* unterwürfig; **to prefer to be ~** lieber [still] im Hintergrund bleiben; **to be too ~** sich *dat* zu viel gefallen lassen
④ *inv* LING passiv, passivisch; **~ participle** passivisches Partizip; **~ vocabulary** passiver Wortschatz; **the ~ voice** das Passiv

pas·sive·ly [ˈpæsɪvli] *adv* passiv; *(indifferently)* teilnahmslos; *(without resisting)* widerstandslos; **to ~ accept sth** etw widerstandslos [als gegeben] hinnehmen; **to behave ~** ein passives Verhalten an den Tag legen, sich *akk* passiv verhalten; **to wait ~** untätig abwarten

pas·sive·ness [ˈpæsɪvnəs] *n no pl (inactivity)* Passivität *f*, Untätigkeit *f; (apathy)* Teilnahmslosigkeit *f*

pas·sive re·ˈsist·ance *n no pl* gewaltloser Widerstand **pas·sive ˈsmok·ing** *n no pl* passives Rauchen

pas·siv·ity [pæsˈɪvəti, AM -əṭi] *n no pl (inactivity)* Passivität *f*, Untätigkeit *f; (apathy)* Teilnahmslosigkeit *f;* **to give the impression of helpless ~** den Eindruck eines hilflosen Opfers vermitteln

pas·si·vi·za·tion [ˌpæsɪvaɪˈzeɪʃən, AM -vɪˈ-] *n no pl* LING Passivbildung *f*

pas·siv·ize [ˈpæsɪvaɪz] *vt* LING ■**to ~ sth** etw *akk* ins Passiv setzen

ˈpass key *n* Hauptschlüssel *m*

ˈpass mark *n* BRIT, AUS Ausreichend *nt kein pl,* Genügend *nt* ÖSTERR *(Mindestnote für das Bestehen einer Prüfung);* **to get [*or* obtain]/manage a ~** eine Vier [*o* ÖSTERR einen Vierer] bekommen/schaffen

Pass·over [ˌpɑːsˈəʊvəʳ, AM ˈpæsˌoʊvɚ] *n* Passah *nt*, Passahfest *nt*

pass·port [ˈpɑːspɔːt, AM ˈpæspɔːrt] *n* [Reise]pass *m;* *(fig)* Schlüssel *m* (**to** zu +*dat*); **to travel on a British/German ~** mit einem britischen/deutschen Pass reisen; **sb's ~ to happiness** *(fig)* jds Schlüssel zum Glück

'**pass·port con·trol** *n no pl* Passkontrolle *f* '**pass·port hold·er** *n* [Reise]passinhaber(in) *m(f)* '**pass·port in·spec·tion** *n* Passkontrolle *f* '**pass·port pho·to** *n* Passfoto *nt*

'**pass rate** *n* [An]zahl derer, die bestanden haben '**pass·werve** *vi (fam)* wegschauen, wenn jd ein Passwort oder eine PIN eingibt '**pass·word** *n* Parole *f*, Losungswort *nt;* FIN Kennwort *nt;* COMPUT Passwort *nt*, Password *nt;* **to enter one's ~** sein Passwort angeben [*o* eingeben]; **to give the ~** das Losungswort nennen '**pass·word-pro·tec·ted** *adj inv* passwortgeschützt

past [pɑːst, AM pæst] **I.** *n no pl* ① *(not present)* Vergangenheit *f; (past life)* Vorleben *nt;* ***she was somebody with a ~*** sie war eine Frau mit Vergangenheit; **to have a ~** eine [dubiose] Vergangenheit haben; **in the ~** in der Vergangenheit, früher; **to live in the ~** in der Vergangenheit leben
② LING *(in grammar)* Vergangenheit[sform] *f;* ***the verb is in the ~*** das Verb steht in der Vergangenheit
II. *adj inv* ① *(preceding)* vergangen; *(former)* frühere(r, s); ***I know this from ~ experience*** ich weiß das aus meinen früheren Erfahrungen; **over the ~ two days** während der letzten beiden Tage; **in centuries/years ~** *(liter)* in früheren Jahrhunderten/Jahren; **the ~ decade/year** das letzte [*o* vergangene] Jahrzehnt/Jahr; **~ generations** frühere Generationen; **sb's ~ life** jds Vorleben; **for the ~ five weeks** während der letzten fünf Wochen
② *attr (no longer in office)* frühere(r, s); **~ president** ehemaliger Präsident
③ *(over)* vorüber, vorbei; ***what's ~ is ~*** was vorbei ist, ist vorbei
III. *adv inv* vorbei, vorüber; **to go ~ sb/sth** an jdm/etw vorbeigehen; *vehicle* an jdm/etw vorbeifahren; **to jog ~** vorbeilaufen
▶PHRASES: **to not put it ~ sb to do sth** jdn für fähig halten [*o* jdm zutrauen], etw zu tun
IV. *prep* ① *(to other side)* an +*dat* ... vorbei; *(at other side)* hinter +*dat*, nach +*dat;* ***just ~ the post office*** gleich hinter der Post; **to go/drive/walk ~** vorbeigehen/-fahren/-laufen
② *(after the hour of)* nach +*dat;* ***it's quarter ~ five*** es ist Viertel nach Fünf
③ *(beyond)* ■**to be ~ sth** jenseits von etw *dat* sein; ***it was ~ description*** es war unbeschreiblich; ***do what you want, I'm ~ caring*** mach was du willst, mir ist es mittlerweile egal; ***she's ~ the age where one needs a babysitter*** sie ist aus dem Alter heraus, in dem man einen Babysitter braucht; ***he's ~ retirement age*** er ist über dem Rentenalter; ***the meat was ~ the expiration date*** das Fleisch hatte das Verfallsdatum überschritten; **to not put sth ~ sb** jdm etw zutrauen; **to be ~ it** *(pej hum)* zu alt dafür sein
④ *(further than)* über +*akk* ... hinaus; ***he can't see ~ the issue*** er kann einfach nicht über die Sache hinaus sehen; ***I just can't get ~ the idea*** ich werde den Gedanken einfach nicht los

pas·ta ['pæstə, AM 'pɑː-] *n no pl* Nudeln *pl*, Teigwaren *pl*

past con·'tinu·ous *n no pl* LING Verlaufsform *f* der Vergangenheit

paste [peɪst] **I.** *n no pl* ① *(soft substance)* Paste *f;* **fungicide ~** pilztötendes Mittel zum Auftragen
② *(sticky substance)* Kleister *m;* **wallpaper ~** Tapetenkleister *m;* **sticky ~** Klebstoff *m*
③ FOOD *(mixture)* Teig *m;* **to make a ~** einen Teig anrühren
④ FOOD *(product)* Paste *f;* **anchovy ~** Sardellenpaste *f;* **beef/fish ~** Rindfleisch-/Fischpaste *f;* **tomato ~** Tomatenmark *nt*, Tomatenpüree *nt* SCHWEIZ
⑤ *(costume jewellery)* Strass *m*
II. *vt* ① *(affix)* ■**to ~ sth [on [*or* onto] sth]** etw [auf etw *akk*] kleben; **to ~ cut-outs** Zeitungsausschnitte einkleben; **to ~ glue** Klebstoff auftragen
② COMPUT ■**to ~ sth** etw einfügen
③ *(fam: beat)* ■**to ~ sb** jdm eine kleben *fam*
④ SPORT *(fam)* ■**to ~ sb** jdn haushoch schlagen [*o fam* vom Platz fegen]
◆**paste up** *vt* ■**to ~ up** ◌ **sth** etw aufkleben; **to ~ up pages/texts** Seiten/Texte [ausschneiden und] zusammenkleben

'**paste·board** *n no pl* Karton *m*, Pappe *f*

pas·tel ['pæstᵊl, AM pæs'tel] **I.** *n* ① ART *(material)* Pastellkreide *f*, Pastellstift *m; (drawing)* Pastell *nt*, Pastellzeichnung *f*
② *(colour)* Pastellfarbe *f*, Pastellton *m*
II. *adj inv* pastellfarben; **the ~ greens and blues** die grünen und blauen Pastelltöne; **~ shades** Pastelltöne *pl*, zarte Pastellfarben

pas·tern ['pæstɜːn, AM -tɚn] *n* Hornschuh *m fachspr*

'**paste-up** *n* Klebeumbruch *m*, Montage *f*

pas·teuri·za·tion [ˌpæstʃᵊraɪ'zeɪʃᵊn, AM -tʃɚɪ'-] *n no pl* Pasteurisation *f*, Pasteurisierung *f*

pas·teur·ize [ˌpæstʃᵊraɪz, AM -tʃər-] *vt usu passive* ■**to ~ sth** etw pasteurisieren

pas·teur·ized 'milk *n no pl* pasteurisierte Milch

pas·tiche [pæs'tiːʃ] *n* ART, MUS ① *(imitation)* Imitation *f*, Pastiche *m fachspr;* LIT Persiflage *f* (**of** auf +*akk*); **to write ~** den Stil eines Autors nachahmen
② *(mixture)* Mischung *f (von Kunststilen)*

pas·tille ['pæstᵊl, AM pæs'tiːl] *n* Pastille *f;* **fruit ~** Bonbon *m o nt* mit Fruchtgeschmack, Fruchtbonbon *m o nt;* **throat ~** Halspastille *f*

pas·time ['pɑːstaɪm, AM 'pæs-] *n* Zeitvertreib *m;* **family ~** Zeitvertreib *m* für die ganze Familie; **national ~** Nationalsport *m a. fig;* **popular ~** allgemeine Lieblingsbeschäftigung

past·ing ['peɪstɪŋ] *n usu sing (fam)* ① *(thrashing)* Tracht *f* Prügel, Prügel *pl*, Dresche *f kein pl fam;* **to get a ~** [eine Tracht] Prügel bekommen, verdroschen werden *fam*
② *(fig: cultural criticism)* **to take a ~** verrissen werden
③ ECON *(fig)* **to take a ~** beträchtliche Einbußen erleiden
④ SPORT **to get a ~** fertiggemacht werden *fam*, haushoch verlieren

pas·tis <*pl* -> [pæs'tiːs] *n* Pastis *m*, Anislikör *m*

past 'mas·ter *n (approv)* Meister(in) *m(f)* (**at** in +*dat*)

pas·tor ['pɑːstə', AM 'pæstɚ] *n* Pfarrer *m*, Pastor *m*

pas·to·ral ['pɑːstᵊrᵊl, AM 'pæs-] *adj inv* ① REL pastoral, seelsorgerisch; **~ letter** Hirtenbrief *m*
② LIT, ART idyllisch, Hirten-, Schäfer-; **~ scene** ländliche Szene

pas·to·ral 'care *n no pl* ① REL Seelsorge *f*
② SCH *von der Schule organisierte Hilfe bei privaten Problemen der Schüler*

pas·to·rale <*pl* -*or* -rali> [ˌpæstə'rɑːl] *n* MUS Hirtenlied *nt*, pastorales Musikstück

past par·'ti·ci·ple *n* LING Partizip Perfekt *nt* **past 'per·fect, past 'per·fect tense** *n no pl* LING Plusquamperfekt *nt* **past per·fect con·'tinu·ous** *n no pl* LING Verlaufsform *f* des Plusquamperfekts **past pro·'gres·sive** *n no pl* LING Verlaufsform *f* der Vergangenheit

pas·tra·mi [pæs'trɑːmi, AM pə'strɑː-] *n no pl gewürztes und geräuchertes Rindfleisch*

pas·try ['peɪstri] *n* ① *no pl (dough)* [Torten]teig *m*, [Kuchen]teig *m;* **~ brush** Backpinsel *m;* **choux/flaky** [*or* **puff**]/**shortcrust ~** Brand-/Blätter-/Mürbeteig *m*
② *(cake)* Gebäckstück *nt*

'**pas·try cook** *n* Konditor(in) *m(f)* '**pas·try shop** *n* Konditorei *f*

past 'sim·ple *n no pl* LING einfache Vergangenheitsform '**past tense** *n* LING Vergangenheit *f;* **to talk about sb in the ~** von jdm in der Vergangenheit[sform] sprechen

pas·tur·age ['pɑːstjʊrɪdʒ, AM 'pæstʃɚ] *n no pl* ① *(land used for pasture)* Weide *f*, Weideland *nt*
② *(occupation or process)* Weiden *nt*

pas·ture ['pɑːstʃə', AM 'pæstʃɚ] *n* Weide *f*, Weideland *nt;* **to put animals out to ~** Tiere auf die Weide treiben; **greener ~s** *(fig)* bessere Möglichkeiten; **~s new** BRIT *(fig)*, **new ~s** AM *(fig)* neue Aufgaben, etwas Neues; ***he's off to ~s new*** er bricht auf zu neuen Ufern; ***she feels like moving to new ~s*** ihr steht der Sinn nach einer neuen Herausforderung; **to put sb out to ~** *(fig fam)* jdn vor die Tür setzen

'**pas·ture land** *n no pl* Weideland *nt*

pasty[1] ['pæsti] *n* BRIT, CAN Pastete *f;* **beef ~** Fleischpastete *f;* **cheese-and-onion ~** Pastete *f* mit Käse-Zwiebel-Füllung; **Cornish ~** *Pastete mit einer Füllung aus Fleisch und Kartoffeln bzw. Gemüse*

pasty[2] ['peɪsti] *adj (pej) complexion* bleich, blass, käsig *fam;* **to have a ~ skin** blass sein

'**pasty-faced** *adj inv (pej fam)* bleichgesichtig *fam*

pat[1] [pæt] **I.** *vt* <-tt-> ■**to ~ sb/an animal** jdn/ein Tier tätscheln; ***the rain was ~ting the windows*** der Regen prasselte gegen die Fensterscheiben; **to ~ sb/oneself on the back** *(fig)* jdm/sich selbst auf die Schulter klopfen; **to ~ vegetables dry** Gemüse trocken tupfen
II. *n* ① *(tap)* [freundlicher] Klaps, Tätscheln *nt kein pl;* **a ~ on the back** *(fig)* ein [anerkennendes] Schulterklopfen; **to give sb/an animal a ~** jdm/einem Tier einen liebevollen Klaps geben, jdn/ein Tier tätscheln
② *(dab)* **a ~ of butter** eine [kleine] Portion Butter

pat[2] [pæt] *inv* **I.** *adj answer, response* vorfabriziert
II. *adv* **to have an answer/explanation off** [*or* AM **down**] **~** immer eine Antwort/Ausrede parat haben; **to come ~** genau richtig kommen

Pat [pæt] *n* BRIT *(pej!)* Ire *m*

pa·ta·ca [pə'tækə] *n (currency of Macao)* Pataca *f*

Pata·go·nia [ˌpætə'gəʊniə, AM ˌpæt̬ə'goʊ] *n no pl* GEOG Patagonien *nt*

Pata·go·nian [ˌpætə'gəʊniən, AM ˌpæt̬ə'goʊ] *adj inv* patagonisch

patch [pætʃ] **I.** *n* <*pl* -es> ① *(spot)* Fleck[en] *m;* ■**in ~es** stellenweise; **fog ~** Nebelfeld *nt;* **ice** [*or* **icy**]/**snow ~** vereiste/verschneite Stelle; **vegetable ~** [kleines] Gemüsebeet
② BRIT *(fam: phase)* Phase *f;* **to go through a bad** [*or* **difficult**] [*or* **sticky**] [*or* **rough**] **~** eine schwere Zeit durchmachen
③ BRIT *(work area)* Bereich *m; (sb's territory)* Revier *nt; of police* [Polizei]revier *nt; of social worker* Bereich *m*, Bezirk *m; of prostitute* Revier *nt;* ***the north feels like my ~*** im Norden fühle ich mich heimisch
④ *(fabric)* Flicken *m; (for an eye)* Augenklappe *f; (plaster)* Pflaster *nt;* **nicotine ~** Nikotinpflaster *nt*
⑤ COMPUT *(temporary correction)* Korrektur *f*
▶PHRASES: **to not be a ~ on sb/sth** BRIT, AUS *(fam)* jdm/etw nicht das Wasser reichen können
II. *vt* ① *(cover)* ■**to ~ sth** etw flicken; **to ~ a tyre** einen Reifen flicken
② ELEC, COMPUT, TECH *(link)* ■**to ~ sth into sth** etw mit etw *dat* verbinden; ***I couldn't ~ my computer into the network*** ich konnte nicht einloggen; **to ~ a call through to sb's phone** einen Anruf zu jdm durchstellen
③ *(integrate)* ■**to ~ sth into sth** etw in etw *akk* einfügen [*o* integrieren]
◆**patch together** *vt* ■**to ~ sth** ◌ **together** etw aus Flicken zusammennähen; *(fig)* etw bunt zusammenwürfeln; **to ~ together a treaty** einen Vertrag zusammenschustern *pej fam*
◆**patch up** *vt* ■**to ~ up** ◌ **sth** ① *(repair)* etw zusammenflicken *fam;* **to ~ up an injury** eine Verletzung notdürftig verarzten
② *(fig: conciliate)* etw wieder ins Lot bringen; **to ~ up one's marriage** seine Ehe kitten *fam;* **to ~ up a quarrel** einen Streit beilegen

patchi·ness ['pætʃɪnəs] *n no pl* Ungleichmäßigkeit *f; of a book, work* Schwankungen *pl* im Niveau

patchou·li [pə'tʃuːli, AM *also* 'pɑtʃuːli] *n no pl* Patschuli *nt*

'**patch test** *n* Allergietest *m*

'**patch·work** **I.** *n* ① *no pl (needlework)* Patchwork *nt*
② *(fig: mishmash)* Flickwerk *nt;* **a ~ of fields** ein bunter Fleckenteppich aus Feldern und Äckern; **a ~ of the old and the new** eine [bunte] Mischung aus Alt und Neu
II. *adj* Flicken-; **~ cushion/jacket/quilt** Patchworkkissen *nt*/-jacke *f*/-decke *f*

patchy ['pætʃi] *adj* ① METEO ungleichmäßig; **~ cloud/rain** stellenweise wolkig/Regen; ***tomorrow will start with some ~ rain at first*** morgen wird es zunächst vereinzelt [*o* stellenweise] Regen geben ② *(fig: inconsistent)* großen Qualitätsschwankungen unterworfen, von sehr unterschiedlicher Qualität *nach n, präd; (incomplete)* unvollständig; *knowledge* lückenhaft

pate [peɪt] *n (dated or hum)* Schädel *m fam,* Birne *f fam;* **bald ~** Glatze *f,* kahler Schädel

pâté ['pæteɪ, AM pɑː'teɪ] *n* Pastete *f;* [**goose-**]**liver ~** [Gänse]leberpastete *f*

pa·tel·la <*pl* patellae> [pə'telə, *pl* -liː] *n (spec)* Kniescheibe *f,* Patella *f fachspr*

pat·en ['pætᵊn] *n* REL Hostienteller *m,* Patene *f fachspr*

pa·tent ['peɪtᵊnt, 'pæt-, AM *esp* 'pæt-] **I.** *n* LAW Patent *nt* (**on** auf +*akk*); **~ application** Patentanmeldung *f;* **~ claim** Patentanspruch *m;* **~ contest** Patentstreitigkeit *f;* **~ division** Patentabteilung *f;* **~ lawyer** Patentanwalt, -anwältin *m, f;* **to file a ~ application** ein Patent anmelden, eine Patentanmeldung einreichen; **to forfeit a ~** ein Patent verfallen lassen [*o* verwirken]; **to grant** [*or* **issue**] **a ~ on sth** ein Patent auf etw *akk* erteilen; **to infringe a ~** ein Patent verletzen; **to take out** [*or* **file**] **a ~ on sth** [sich *dat*] etw patentieren lassen

II. *adj* ① *attr, inv (copyrighted)* Patent-, patentiert; **~ screwdriver** Patentschraubenzieher *m* ② *(form: blatant)* offenkundig, offensichtlich; **with ~ distaste** mit deutlichem Widerwillen

III. *vt* **to ~ an/one's invention** eine Erfindung/sich *dat* seine Erfindung patentieren lassen

pa·tent·able ['peɪtᵊntəbl̩, AM 'pæ-] *adj inv* patentfähig, patentierbar

'pa·tent agent *n* ECON Patentanwalt, -anwältin *m, f*

pa·tent·ed ['peɪtᵊntɪd, 'pæt-, AM *esp* 'pæt-] *adj inv* ① *(copyrighted)* patentiert ② *(characteristic)* typisch, charakteristisch

pa·tentee [ˌpeɪtᵊn'tiː, ˌpæt-, AM ˌpæt-] *n* Patentinhaber(in) *m(f)*

pa·tent in·'fringe·ment, in·fringe·ment of 'pa·tent *n* Patentverletzung *f* **'pa·tent law** *n no pl* Patentrecht *nt*

pa·tent 'leath·er I. *n* Lackleder *nt* **II.** *n modifier (handbag, jacket, shoes)* Lackleder-, aus Lackleder *nach n*

pa·tent·ly ['peɪtᵊntli, AM *also* 'pæt-] *adv* offensichtlich, offenkundig; **~ absurd** völlig absurd; **~ obvious** ganz klar

pa·tent 'medi·cine *n* [patentrechtlich] geschütztes Arzneimittel **'pa·tent of·fice** *n* Patentamt *nt* **pa·tent 'pend·ing** *adj inv* ■**to be ~** zum Patent angemeldet sein

pa·ter ['peɪtəʳ, 'pɑː-, AM 'pɑːt̬ɚ] *n* BRIT *(dated or hum)* alter Herr *hum fam;* ***I'm spending Christmas with mater and ~*** ich verbringe Weihnachten mit meinen alten Herrschaften *hum fam*

pa·ter·fa·mili·as <*pl* patresfamilias> [ˌpeɪtəfə'mɪliæs, AM ˌpeɪt̬ɚ] *n* Familienvater *m,* Hausvater *m*

pa·ter·nal [pə'tɜːnᵊl, AM -'tɜːr-] *adj* ① *attr (on the father's side)* väterlich; **~ ancestors/relatives** Vorfahren *pl*/Verwandte *pl* väterlicherseits ② *(fatherly)* väterlich

pa·ter·nal·ism [pə'tɜːnᵊlɪzᵊm, AM -'tɜːr-] *n no pl* Paternalismus *m fachspr*

pa·ter·nal·ist [pə'tɜːnᵊlɪst, AM -'tɜːr-] *n* Patriarch *m meist pej*

pa·ter·nal·is·tic [pəˌtɜːnᵊl'ɪstɪk, AM -ˌtɜːr-] *adj* paternalistisch *fachspr,* patriarchalisch *meist pej*

pa·ter·nal·ly [pə'tɜːnᵊli, AM -'tɜːr-] *adv* väterlich; **to behave ~** wie ein Vater sein; **to speak ~ of sb** mit väterlichem Wohlwollen von jdm sprechen

pa·ter·nity [pə'tɜːnəti, AM -'tɜːrnət̬i] *n no pl (form)* ① *(fatherhood)* Vaterschaft *f;* **to deny ~** die Vaterschaft abstreiten ② *(fig: origin)* Urheberschaft *f;* ***there are a lot of arguments about the ~ of this idea*** die Frage, von wem diese Idee stammt, ist heftig umstritten

pa·'ter·nity leave *n no pl* Vaterschaftsurlaub *m,* Erziehungsurlaub *m* für Väter **pa·'ter·nity suit** *n* Vaterschaftsprozess *m* **pa·'ter·nity test** *n* Vaterschaftstest *m;* **to take a ~** sich *akk* einem Vaterschaftstest unterziehen

pa·ter·nos·ter [ˌpætə'nɒstəʳ, AM ˌpɑːt̬ɚ'nɑːstɚ] *n* ① REL Vaterunser[gebet] *nt* ② *(lift)* Paternoster *m*

path [pɑːθ, AM pæθ] *n* ① *(way)* Weg *m,* Pfad *m;* **garden ~** Gartenweg *m;* **beaten ~** Trampelpfad *m;* **to clear a ~** einen Weg bahnen; ***snowploughs cleared a ~ to the village*** Schneepflüge räumten den Weg zum Dorf; **to follow a ~** einem Weg folgen ② *(direction)* Weg *m; of a bullet* Bahn *f;* ***the ~ of the bullet was through his left arm*** die Kugel durchschlug seinen linken Arm; **to move in spiral ~s** sich *akk* spiralförmig bewegen; **to block sb's ~** jdm den Weg verstellen ③ *(fig: course)* Weg *m; of a person* Lebensweg *m;* **to block sb's ~** sich *akk* jdm in den Weg stellen; **to choose a ~** einen Weg einschlagen; **to cross sb's ~** jdm über den Weg laufen; ***I hope our ~s cross again in the future*** ich hoffe, dass unsere Wege sich wieder einmal kreuzen werden ④ *(fig: development)* Weg *m;* **the ~ to success** der Weg zum Erfolg ⑤ COMPUT Pfad *m* ⑥ *(in a communications network)* Datenübertragungsweg *m*

'path-breaking *adj inv* zukunftsweisend

pa·thet·ic [pə'θetɪk, AM -t̬-] *adj* ① *(heart-rending)* Mitleid erregend; **a ~ sight** ein Bild des Jammers ② *(pej: pitiful)* jämmerlich *pej,* erbärmlich *pej; attempt* kläglich; *answer, reply* dürftig; *excuse* schwach; ***don't be so ~!*** sei nicht so ein Jammerlappen! *fam*

pa·theti·cal·ly [pə'θetɪkᵊli, AM -t̬-] *adv* ① *(heart-rendingly)* Mitleid erregend; **to cry ~** herzzerreißend schluchzen; **to whimper ~** kläglich winseln ② *(pej: pitifully)* erbärmlich *pej,* kläglich *pej;* **~ inadequate** völlig unzulänglich; **~ little** herzlich wenig

'path·find·er *n (person)* Wegbereiter(in) *m(f),* Pionier(in) *m(f); (thing)* bahnbrechende Neuerung **'path·find·er pro·spec·tus** *n* ECON vorläufiger Emissionsprospekt

path·less ['pɑːθləs, AM 'pæθ-] *adj inv (liter)* weglos

'path·name *n* COMPUT Pfadname *m*

patho·gen ['pæθə(ʊ)dʒən, AM -ədʒ-] *n* Krankheitserreger *m*

patho·gen·ic [ˌpæθə(ʊ)'dʒenɪk, AM -ə'-] *adj* krankheitserregend, pathogen *fachspr*

patho·logi·cal [ˌpæθə'lɒdʒɪkᵊl, AM -'lɑːdʒ-] *adj* ① PSYCH *(fam)* krankhaft, pathologisch *fachspr;* **~ condition/fear** krankhafte Veranlagung/Angst; **~ liar** notorischer Lügner/notorische Lügnerin; **~ state** krankhafter Zustand ② *inv* UNIV, MED Pathologie-; **~ analysis/examination** pathologische Analyse/Untersuchung; **~ science** Pathologie *f*

patho·logi·cal·ly [ˌpæθə'lɒdʒɪkli, AM -'lɑːdʒ-] *adv* ① *(abnormally)* krankhaft, pathologisch *fachspr;* **~ jealous** krankhaft eifersüchtig; **~ protective** überbeschützend; **~ secretive** *(fig)* übertrieben geheimnistuerisch ② *inv (causing disease)* **~ contaminated** gesundheitsschädigend verseucht

pa·tholo·gist [pə'θɒlədʒɪst, AM -'θɑːl-] *n* Pathologe, Pathologin *m, f*

pa·thol·ogy [pə'θɒlədʒi, AM -'θɑːl-] *n no pl* ① *(study of illnesses)* Pathologie *f* ② *(disease characteristics)* Krankheitsbild *nt* ③ *(fig: abnormal behaviour)* krankhaftes Verhalten

pa·thos ['peɪθɒs, AM -θɑːs] *n no pl* Pathos *nt geh*

'path·way *n* ① *(also fig: route)* Weg *m a. fig;* **pedestrian ~** Fußweg *m;* **the ~ to the top** der Weg an die Spitze ② MED, BIOL Leitungsbahn *f*

pa·tience ['peɪʃᵊn(t)s] *n no pl* ① *(endurance)* Geduld *f;* **~!** nur Geduld!; **to have the ~ of Job** *(dated)* eine Hiobsgeduld haben; **to have ~ with sb/sth** mit jdm/etw Geduld haben; **to lose one's ~** die Geduld verlieren; **sth requires** [*or* **takes**] **~** etw erfordert Geduld; **to try sb's ~** jds Geduld auf eine harte Probe stellen ② BRIT, AUS CARDS Patience *f;* **to play ~** eine Patience legen

pa·tient ['peɪʃᵊnt] **I.** *adj* geduldig; ***just be ~!*** hab noch etwas Geduld!; ■**to be ~ with sb** mit jdm Geduld haben

II. *n* MED Patient(in) *m(f);* **~s' rights** Rechte *pl* der Patienten; **in-~** stationärer Patient/stationäre Patientin; **out-~** ambulanter Patient/ambulante Patientin

pa·tient·ly ['peɪʃᵊntli] *adv* geduldig

pati·na ['pætɪnə, AM -tᵊnə] *n no pl* ① CHEM, SCI, TECH *(film)* Film *m,* Belag *m; (on copper, brass)* Patina *f fachspr,* Edelrost *m; (verdigris)* Grünspan *m; (sheen)* Firnis *m;* **~ *had formed on the batteries*** die Batterien waren oxidiert ② *(fig form: veneer)* Fassade *f*

pa·tio ['pætiəʊ, AM -t̬ioʊ] **I.** *n* ① *(courtyard)* Patio *m geh,* Innenhof *m;* ■**on the ~** im Innenhof ② *(veranda)* Terrasse *f,* Veranda *f*

II. *n modifier (courtyard) (tiles)* Innenhof-; *(veranda)* Veranda-; **~ door** Verandatür *f;* **~ furniture/party** Gartenmöbel *pl*/Gartenparty *f*

pa·tis·serie [pə'tiːsᵊri] *n* ① *(shop)* Konditorei *f,* Patisserie *f* ② *no pl (cakes)* feines Gebäck

pat·ois <*pl* -> ['pætwɑː, *pl* -wɑːz] *n* Dialekt *m,* Mundart *f*

pa·tri·arch ['peɪtriɑːk, AM -ɑːrk] *n* ① *(bishop)* Patriarch *m* ② *(father figure)* Familienoberhaupt *nt,* Patriarch *m* ③ *(founder)* Begründer *m,* Vater *m*

pa·tri·ar·chal [ˌpeɪtri'ɑːkᵊl, AM -'ɑːr-] *adj* patriarchalisch; **the ~ hegemony** die Vorherrschaft der Männer

pa·tri·ar·chy ['peɪtriɑːki, AM -ɑːrki] *n* ① SOCIOL Patriarchat *nt* ② *no pl (male domination)* Patriarchat *nt*

pa·tri·cian [pə'trɪʃᵊn] **I.** *n* ① *(hist: member of Roman aristocracy)* Patrizier(in) *m(f) hist* ② *(aristocrat)* Aristokrat(in) *m(f); (pej)* Großtuer(in) *m(f) pej;* ***he gives himself the air of a ~*** er tut so vornehm

II. *adj* ① *inv (hist: of Roman aristocracy)* patrizisch, Patrizier- *hist;* **~ family** Patriziergeschlecht *nt* ② *(aristocratic)* aristokratisch; *(pej)* vornehm *iron;* **to speak with a ~ accent** wie die feinen Leute sprechen *iron fam*

pat·ri·cide ['pætrɪsaɪd, AM -rə-] *n no pl* Vatermord *m*

pat·ri·lin·eal [ˌpætrɪ'lɪniəl, AM -rə'-] *adj inv (form)* patrilinear *geh*

pat·ri·mo·ny ['pætrɪməni, AM rəmoʊ] *n no pl* ① *(inheritance from the father)* väterliches Erbe ② *(heritage)* Erbe *nt* ③ HIST *(estate belonging to the church)* Kirchengut *nt*

pa·tri·ot ['pætriət, 'peɪ-, AM 'peɪ-] *n* Patriot(in) *m(f)*

pat·ri·ot·ic [ˌpætri'ɒtɪk, ˌpeɪ-, AM ˌpeɪtri'ɑːt̬-] *adj* patriotisch

pat·ri·oti·cal·ly [ˌpætri'ɒtɪkli, ˌpeɪ-, AM ˌpeɪtri'ɑːt̬-] *adv* patriotisch

pa·tri·ot·ism ['pætriətɪzᵊm, ˌpeɪ-, AM 'peɪ-] *n no pl* Patriotismus *m,* Vaterlandsliebe *f*

▸ PHRASES: **~ is the last refuge of the scoundrel** *esp* BRIT *(prov)* die schlimmsten Schurken schreiben sich noch die Vaterlandsliebe auf ihre Fahnen

pa·trol [pə'trəʊl, AM -'troʊl] **I.** *vi* <-ll-> patrouillieren

II. *vt* <-ll-> ■**to ~ sth** etw abpatrouillieren; ***the whole town is ~led by police*** in der ganzen Stadt sind Polizeistreifen unterwegs; ***a security guard with a dog ~s the building site*** ein Sicherheitsbeamter mit Hund macht auf der Baustelle seine Runde; **to ~ one's beat** *(police)* auf Streife sein; *(watchman)* seine Runde machen; **to ~ the streets** durch die Straßen patrouillieren

III. *n* Patrouille *f,* [Polizei]streife *f;* **highway ~** AM *Polizei, die die Highways überwacht;* ■**to be on ~** [*or* BRIT *also* **on a ~**] auf Patrouille sein; **to go on ~** auf Streife gehen

pa·'trol boat *n* Patrouillenboot *nt* **pa·'trol car** *n* Streifenwagen *m* **pa·'trol duty** *n* Streifendienst *m* **pa·'trol·man** *n* AM, AUS Streifenpolizist(in) *m(f)* **pa·'trol of·fic·er** *n* AM, AUS Streifenbeamte(r), -beamtin *m, f* **pa·'trol wag·on** *n* AM, AUS Gefange-

P

nenwagen *m (der Polizei)*

pa·tron ['peɪtrᵊn] *n* ① *(form: customer)* [Stamm]kunde *m*
② *(benefactor)* Schirmherr *m;* ~ **of the arts** Mäzen(in) *m(f)* der [schönen] Künste; ~ **of the needy** Wohltäter(in) *m(f)* der Bedürftigen

pat·ron·age ['pætrᵊnɪdʒ, 'peɪ-, AM *esp* 'peɪ-] *n no pl* ① *(support)* Schirmherrschaft *f,* Patronat *nt;* **by the kind ~ of sb/sth** durch die freundliche Unterstützung einer Person/einer S. *gen;* **to enjoy sb's ~** jds Unterstützung genießen, unter jds Schirmherrschaft stehen; **under sb's ~** unter jds Schirmherrschaft
② ECON *(form)* Kundschaft *f;* ***we would like to thank all our customers for their ~ in the past*** wir möchten uns bei all unseren Kunden für das Vertrauen bedanken, das sie uns in der Vergangenheit entgegengebracht haben
③ POL *(esp pej)* Recht *nt* auf Ämterbesetzung

pa·tron·ess <*pl* -es> [ˌpeɪtrəˈnes, 'pæt-, AM 'peɪtrənɪs] *n* ① *(benefactress)* Schirmherrin *f,* Gönnerin *f;* ~ **of the arts/sciences** Förderin *f* der [schönen] Künste/Wissenschaften
② REL Schutzpatronin *f*

pat·ron·ize ['pætrᵊnaɪz, AM *esp* 'peɪ-] *vt* ① *(form: frequent)* ■**to ~ sth** [Stamm]kunde bei etw *dat* sein; ***we always ~ Beaumont's*** wir gehen immer zu Beaumont's
② *(pej: treat condescendingly)* ■**to ~ sb** jdn herablassend [*o* von oben herab] behandeln
③ *(support)* ■**to ~ sth** etw unterstützen

pat·ron·iz·ing ['pætrᵊnaɪzɪŋ, AM *esp* 'peɪ-] *adj (pej) attitude* herablassend; *look, tone* gönnerhaft, von oben herab *präd*

pat·ron·iz·ing·ly ['pætrᵊnaɪzɪŋli, AM 'peɪ] *adv* herablassend, gönnerhaft

pa·tron 'saint *n* Schutzpatron(in) *m(f)*

pat·sy ['pætsi] *n* AM, AUS *(sl)* naives Ding, leichtgläubige Person; ***listen, no one makes a ~ of me*** hör mal, ich lass mich doch nicht verarschen *sl*

pat·ten ['pætᵊn] *n* HIST Holzschuh *m*

pat·ter ['pætəʳ, AM -t̬ɚ] **I.** *n no pl* ① *(spiel)* Sprüche *pl,* Gelaber *nt pej fam*
② *(jargon)* Fachjargon *m*
③ *(sound) of rain* Prasseln *nt; of snowflakes* Rieseln *nt; of feet* Getrippel *nt,* Trippeln *nt*
▸PHRASES: **the ~[ing] of tiny feet** *(esp hum)* Nachwuchs *m*
II. *vi feet* trippeln; *rain* prasseln; ■**to ~ about** [*or* **around**] herumtrippeln

'pat·ter mer·chant *n (fam)* Sprücheklopfer(in) *m(f) fam*

pat·tern ['pætᵊn, AM -t̬ɚn] **I.** *n* ① *(structure)* Muster *nt;* **behaviour[al]** [*or* AM **behavior[al]**] ~ Verhaltensmuster *nt;* **the ~ of family life** die Familienstruktur; ~ **of trade** Handelsstruktur *f*
② *(design)* Muster *nt;* **chevron/floral/pinstripe ~** Zickzack-/Blumen-/Nadelstreifenmuster *nt;* **paisley ~** türkisches Muster; **polka-dot/striped/tartan ~** Tupfen-/Streifen-/Schottenmuster *nt*
③ FASHION *(for sewing)* Schnitt *m,* Schnittmuster *nt*
④ ECON *(sample)* Muster *nt*
⑤ *usu sing (standard)* Maßstab *m,* Standard *m;* ***the hotel is a ~ of elegance*** das Hotel ist von beispielhafter Eleganz; **to set the ~ for sb/sth** Maßstäbe für jdn/etw setzen
II. *vt* ■**to ~ sth on sth** etw nach dem Vorbild einer S. *gen* gestalten; ■**to ~ oneself on sb** jdm nacheifern

'pat·tern book *n* Musterbuch *nt*

pat·terned ['pætᵊnd, AM -t̬ɚnd] *adj inv* gemustert, mit Muster[n] *nach n*

'pat·tern-rec·og·ni·tion soft·ware *n no pl* Mustererkennungssoftware *f*

pat·ty ['pæti, AM -t̬-] *n* Pastetchen *nt*

'pat·ty melt *n Hamburger mit Zwiebeln und oft auch Käse auf Roggenbrot*

pauc·ity ['pɔːsəti, AM 'pɑːsət̬i] *n no pl (form)* Mangel *m* (**of** an +*dat*); ~ **of information** Informationsdefizit *nt*

paunch <*pl* -es> [pɔːn(t)ʃ, AM pɑːntʃ] *n* Bauch *m,* Wanst *m fam*

paunchi·ness ['pɔːn(t)ʃɪnəs, AM 'pɑːntʃ-] *n no pl* Dickbäuchigkeit *f*

paunchy ['pɔːn(t)ʃi, AM 'pɑːntʃi] *adj* dickbäuchig

pau·per ['pɔːpəʳ, AM 'pɑːpɚ] *n* Arme(r) *f(m);* **~'s grave** Armengrab *nt; (fig)* ***you'll end up in a ~'s grave!*** mit dir wird es noch einmal schlimm enden!

pau·per·ism ['pɔːpᵊrɪzᵊm, AM 'pɑː] *n no pl* Massenarmut *f,* Pauperismus *m geh*

pau·peri·za·tion [ˌpɔːpᵊraɪ'zeɪʃᵊn, AM ˌpɑpɚɪ'] *n no pl* Verarmung *f*

pause [pɔːz, AM *esp* pɑːz] **I.** *n* Pause *f;* ***there will now be a brief ~ in the proceedings*** die Verhandlung wird für kurze Zeit unterbrochen; **pregnant ~** bedeutungsvolles Schweigen
▸PHRASES: **to give sb ~** *(form)* jdm zu Denken geben
II. *vi* eine [kurze] Pause machen; *speaker* innehalten
III. *vt video tape, TV programme* ■**to ~ sth** etw [*o* die Wiedergabe von etw *dat*] unterbrechen

pave [peɪv] *vt usu passive* ① *(cover)* ■**to ~ sth [with sth]** etw [mit etw *dat*] pflastern; *(fig)* ***the streets are ~d with gold*** das Geld liegt auf der Straße
▸PHRASES: **to ~ the way for** [*or* **to**] **sth** etw *dat* den Weg ebnen

◆**pave over** *vt* ■**to ~ over** ↻ **sth** etw zupflastern; *(with concrete)* etw betonieren; *(with asphalt)* etw asphaltieren

pavé [pæveɪ, AM pæv'eɪ] *n modifier diamonds, gemstones* Pavé-, in Pavé-Fassung

pave·ment ['peɪvmənt] *n* ① BRIT *(footway)* Gehsteig *m,* Bürgersteig *m,* Trottoire *nt* SCHWEIZ
② *no pl* AM, AUS *(road surface)* Asphalt *m,* Asphaltdecke *f*

'pave·ment art·ist *n* BRIT Pflastermaler(in) *m(f)*

pa·vil·ion [pə'vɪljən] *n* ① BRIT SPORT Klubhaus *nt*
② AM *(block)* Gebäudeflügel *m*
③ AM *(venue)* Pavillon *m*
④ *(at an exhibition)* [Messe]pavillon *m*

pav·ing ['peɪvɪŋ] *n no pl* ① *(paved area)* Pflaster *nt*
② *esp* BRIT *(material)* Pflastersteine *pl;* AM Asphalt *m*

'pav·ing stone *n esp* BRIT Pflasterstein *m*

pav·lo·va ['pævləvə] *n* BRIT, AUS *Süßspeise aus Sahne, Früchten und Baiser*

Pav·lo·vian [pæv'ləʊviən, AM pɑːv'loʊ] *adj inv (also fig)* Pawlowsche(r, s)

paw [pɔː, AM *esp* pɑː] **I.** *n* Pfote *f; of a big cat, bear* Tatze *f,* Pranke *f; (hum fam)* Pfote *f sl;* ***take your filthy ~s off*** nimm deine dreckigen Pfoten weg *sl*
II. *vt* ① *(scrape)* **to ~ the ground** scharren, in der Erde wühlen
② *(fam: touch)* ■**to ~ sb** jdn betatschen [*o* begrabschen] *fam*
III. *vi dog* scharren; *bull, horse* mit den Hufen scharren; ■**to ~ at sb** jdn anstupsen

pawn¹ [pɔːn, AM *esp* pɑːn] *n* CHESS Bauer *m; (fig)* Marionette *f,* Schachfigur *f*

pawn² [pɔːn, AM *esp* pɑːn] **I.** *vt* ■**to ~ sth** etw verpfänden
II. *n* ■**to be in** [*or* BRIT *also* **at**] ~ im Pfandhaus sein

'pawn·bro·ker *n* Pfandleiher(in) *m(f);* ■**the ~'s** das Pfandhaus **'pawn·bro·king** *n no pl* Pfandleihe *f;* **to go into ~** Pfandleiher/Pfandleiherin werden

Paw·nee [ˌpɔː'niː] *n* ① *(Native American)* Pawnee *m o f*
② *(Indian tribe)* Pawnee *pl*
③ *(Indian language)* Pawnee *nt*

'pawn·shop *n* Pfandleihe *f,* Leihhaus *nt veraltend*

'pawn tick·et *n* Pfandschein *m,* Leihschein *m*

paw·paw ['pɔːpɔː, AM *esp* 'pɑːpɑː] *n* Papaya *f*

Pax [pæks] *n no pl* POL Pax *f,* Frieden *m;* ~ **Americana** Pax Americana *f;* ~ **Romana** Pax Romana *f hist*

pay [peɪ] **I.** *n no pl (wages)* Lohn *m; (salary)* Gehalt *nt; of a civil servant* Bezüge *pl; of a soldier* Sold *m;* ***the ~ is appalling*** die Bezahlung ist miserabel; **basic ~** Ecklohn *m,* Grundgehalt *nt;* **take-home ~** Nettoverdienst *m;* ■**to be in sb's ~** in jds Dienst stehen, für jdn arbeiten
II. *vt* <paid, paid> ① *(give)* ■**to ~ sth** etw [be]zahlen; ■**~ out** etw [aus]zahlen; **to ~ cash/dollars/money** [in] bar/in Dollar/Geld [be]zahlen; **to ~ a commission/compensation** [*or* **damages**] eine Provision/Entschädigung zahlen; **to ~ dividends** *investment* Dividenden ausschütten [*o* zahlen]; *firm* Dividenden ausbezahlen; *(fig)* sich auszahlen [*o* bezahlt machen]; **to ~ top dollar** AM *(fam)* sehr tief in die Tasche greifen *fam;* **to ~ a dowry for sb** jdm eine Mitgift mitgeben; **to ~ duty [on sth]** Zoll [auf etw *akk*] zahlen; **to ~ a fine** ein Bußgeld entrichten; **to ~ indemnity/reparations** Schadenersatz/Reparationen leisten; **to ~ one's instalments** [*or* AM **installments**] seine Raten abzahlen; **to ~ a penalty/a premium** Strafe/eine Prämie zahlen; **to ~ the postage [on sth]** das Porto [für etw *akk*] zahlen; **to ~ a refund [on sth]** das Geld [für etw *akk*] zurückerstatten; ***they paid him a refund [for his vacuum cleaner]*** sie haben ihm sein Geld [für den Staubsauger] zurückerstattet; **to offer to ~ a reward** eine Belohnung aussetzen; **to ~ a salary/wage** ein Gehalt/einen Lohn [aus]zahlen; **to ~ tax [on sth]** [auf etw *akk*] Steuern zahlen; ■**to ~ sb sth** jdm etw zahlen; ***she paid the porter £5*** sie gab dem Gepäckträger 5 Pfund; ■**to ~ sth for sth** etw für etw zahlen; ***how much did you ~ for the tickets?*** wie viel hast du für die Eintrittskarten bezahlt?; ***we paid her $60*** [*or* ***$60 to her***] ***for the table*** wir zahlten ihr 60 Dollar für den Tisch
② *(give money for, settle)* ■**to ~ sth** etw bezahlen; ***there's no way I'll ~ those extortionate prices*** ich zahle auf keinen Fall derart überzogene Preise; **to ~ one's bill/debts** seine Rechnung/seine Schulden bezahlen; **to ~ a bounty/ransom** [ein] Kopfgeld/[ein] Lösegeld [be]zahlen; **to ~ the costs** die Kosten begleichen; **to ~ one's dues** *(debts)* seine Schulden bezahlen; *(fig: obligations)* seine Schuldigkeit tun; ***I've raised three children and I feel I've paid my dues*** ich habe drei Kinder großgezogen und ich denke, ich habe mein Soll erfüllt; **to ~ sb's tuition** jdm Nachhilfestunden bezahlen
③ *(put, deposit)* **to ~ sth into an account** etw auf ein Konto einzahlen; **to ~ sth into court** LAW etw bei Gericht hinterlegen
④ *(give money to)* ■**to ~ sb** jdn bezahlen; ***the workers haven't been paid for months*** die Arbeiter haben schon seit Monaten keinen Lohn mehr erhalten; **to ~ sb [with] cash** jdn bar bezahlen; ***I paid the driver [with] cash*** ich gab dem Fahrer Bargeld; ■**to ~ sb to do sth** jdn bezahlen, damit er/sie etw tut; ***we'll need to ~ a builder to take this wall down*** wir sollten einen Bauunternehmer mit dem Abriss dieser Mauer beauftragen; ■**to ~ sb for sth** jdm für etw *akk* Geld geben
⑤ *(fig: suffer the consequences)* **to ~ the price [for sth]** [für etw *akk*] bezahlen *fig,* die Rechnung [für etw *akk*] präsentiert bekommen *fig;* ***it's too high a price to ~*** das ist ein zu hoher Preis *fig;* **to ~ the ultimate price** für das Vaterland sterben
⑥ *(fig: be worthwhile)* ■**to ~ sb** sich für jdn auszahlen [*o* bezahlt machen]; ***hard training now will ~ you richly later*** ein hartes Training wird sich später auszahlen; ■**it ~s sb to do sth** es lohnt sich für jdn, etw zu tun
⑦ *(bestow)* **to ~ attention [to sth]** [auf etw *akk*] Acht geben; **to ~ a call on sb** [*or* **sb a call**] jdn besuchen, jdm einen Besuch abstatten *form;* **to ~ [sb] a compliment** [jdm] ein Kompliment machen; **to ~ heed to sth** auf etw *akk* hören, etw beherzigen; **to ~ homage to sb** jdn ehren, jdm seine Ehrerbietung erweisen *geh;* **to ~ homage to sth** etw *dat* huldigen *veraltet geh;* **to ~ one's respects to sb** jdm einen Besuch abstatten; **to ~ one's last respects to sb** jdm die letzte Ehre erweisen; **to ~ tribute to sb/sth** jdm/etw Tribut zollen
▸PHRASES: **you ~s your money and you takes your choice** [*or* **chance**] *(saying fam)* das ist gehupft wie gesprungen *fam,* das ist Hans was Heiri SCHWEIZ *fam;* **to ~ through the nose for sth** *(fam)* einen Wucherpreis für etw *akk* bezahlen *pej;* **he who ~s the piper calls the tune** *(prov)* wer bezahlt, gibt den Ton an; **to ~ one's way** finanziell unabhängig sein
III. *vi* <paid, paid> ① *(give money)* [be]zahlen; ***every ~ing adult*** jeder zahlende Erwachsene; ***accountancy ~s well*** als Buchhalter wird man gut

bezahlt; to ~ **by cash** bar bezahlen; to ~ **in cash/dollars/hard currency** [in] bar/in Dollar/in harter Währung bezahlen; to ~ **by cheque** [*or* AM **check**]/**credit card** mit Scheck/Kreditkarte [be]zahlen; to ~ **by instalments** [*or* AM **installments**] in Raten zahlen; ■**to ~ for sb/sth** für jdn/etw [be]zahlen; ***have the tickets been paid for?*** sind die Eintrittskarten schon bezahlt?; ***my parents paid for me to spend a year abroad*** meine Eltern haben mir das Jahr im Ausland bezahlt

② *(be worthwhile)* sich auszahlen [*o* bezahlt machen]; *(be profitable)* rentabel sein; ***the business doesn't*** ~ das Geschäft wirft keinen Gewinn ab; ***the advertising should ~ for itself by increasing sales*** die Werbekosten sollten sich eigentlich aufgrund des steigenden Absatzes bezahlt machen; ■**it ~s to do sth** es lohnt sich, etw zu tun

③ *(fig: suffer)* ■**to ~ [for sth]** [für etw *akk*] bezahlen [*o* büßen]; ***you'll ~ for this mistake!*** für diesen Fehler wirst du mir büßen!; **to ~ with one's life** mit dem Leben bezahlen

◆**pay back** *vt* ① *(give back)* ■**to ~ back** ○ **sth [to sb]** [jdm] etw zurückzahlen; **to ~ back** ○ **one's debts to sb** bei jdm seine Schulden bezahlen; ■**to ~ sb back** ○ **sth** jdm etw zurückzahlen

② *(give money to)* ■**to ~ back** ○ **sb** jdm sein Geld zurückgeben [*o* zurückzahlen]; ■**to ~ back** ○ **sth** *loan* etw amortisieren; ***can you lend me some money? I'll ~ you back tomorrow*** kannst du mir Geld leihen? ich zahle [*o* gebe] es dir morgen zurück

③ *(fig: for revenge)* ■**to ~ sb back** es jdm heimzahlen; ■**to ~ sb back for sth** jdm etw heimzahlen; ***I'll ~ you back for doing this to me*** ich werde [es] dir heimzahlen, dass du mir das angetan hast

▸PHRASES: **to ~ sb back in the same coin** es jdm mit gleicher Münze heimzahlen

◆**pay down** *vt* FIN **to ~ down** ○ **sth** etw anzahlen

◆**pay in** **I.** *vi* ① LAW Geld bei Gericht hinterlegen

② *(to a scheme)* einzahlen

II. *vt* ■**to ~ in** ○ **sth** etw einzahlen; **to ~ in** ○ **cash/one's wages** Geld/sein Gehalt einzahlen

◆**pay off** **I.** *vt* ① *(repay)* ■**to ~ off** ○ **sth** *loan, debt* etw abbezahlen; *(settle)* etw begleichen; **to ~ off a mortgage** eine Hypothek tilgen

② *(give money to)* ■**to ~ off** ○ **sb** jdn aus[be]zahlen; **to ~ off one's creditors** seine Gläubiger befriedigen

③ *(fam: bribe)* ■**to ~ off** ○ **sb** jdn bestechen [*o fam* kaufen]

④ *(make redundant)* ■**to ~ off** ○ **sb** jdn auszahlen; NAUT jdn abmustern

▸PHRASES: **to ~ off old scores** alte Rechnungen begleichen *fig*

II. *vi (fig fam)* sich auszahlen [*o* bezahlt machen]; ■**it ~s off to do sth** es lohnt sich, etw zu tun

◆**pay out** **I.** *vt* ① *(spend)* **to ~ out** ○ **sth** etw ausgeben

② *(give out)* ■**to ~ out** ○ **sth** etw aus[be]zahlen

③ SPORT **to ~ out** ○ **the rope** Seil geben, das Seil abrollen lassen

④ BRIT *(take revenge)* ■**to ~ sb out** es jdm heimzahlen; ■**to ~ sb out for sth** jdm etw heimzahlen; ***I'll ~ you out for this!*** das wirst du mir [noch] büßen!

II. *vi* ① FIN **to ~ out [on a policy]** [be]zahlen

② *(fig: be worthwhile)* sich auszahlen [*o* bezahlbar machen]; ■**it ~s out to do sth** es lohnt sich, etw zu tun

◆**pay over** *vt* BRIT ■**to ~ over** ○ **sth** etw aushändigen

◆**pay up** **I.** *vi* [be]zahlen

II. *vt* ■**to ~ up** ○ **sth** etw [vollständig] zurückzahlen; **to ~ up a debt** eine Schuld [vollständig] begleichen

pay·able ['peɪəbl] *adj attr, inv* zahlbar; *(due)* fällig; ~ ***at sixty days*** zahlbar innerhalb von sechzig Tagen; ~ **commission** Provisionsaufwendung *f;* ~ **interest** *no pl* FIN Zinsaufwendung *f;* ~ **on delivery** zahlbar bei Lieferung; ~ **on demand** zahlbar bei Sicht [*o* Vorlage] [*o* auf Verlangen]; **shares ~ on application** bei Antragstellung zahlbare Wertpapiere; **to make a cheque ~ to sb/sth** einen Scheck auf jdn/etw ausstellen

pay as you 'earn *n,* **PAYE** *n* BRIT Quellenabzugssystem *nt (Steuerverfahren, bei dem der Arbeitgeber die Lohnsteuer direkt an das Finanzamt weiterleitet);* ~ **taxation** *no pl* Quellenbesteuerung *f* **'pay award** *n* Lohnerhöhung *f,* Gehaltserhöhung *f* **'pay·back** *n no pl esp* AM Lohn *m* ▸PHRASES: **~'s a bitch** AM *(fam)* Rache ist süß *prov* **'pay·back clause** *n* Rückzahlungsklausel *f* **'pay·back pe·ri·od** *n* Amortisationszeit *f fachspr* **'pay cheque**, AM **'pay check** *n* Lohnscheck *m,* Gehaltsscheck *m* **'pay claim** *n* BRIT, AUS Lohnforderung *f,* Gehaltsforderung *f* **'pay cut** *n* Lohnkürzung *f,* Gehaltskürzung *f* **'pay date** *n* FIN Auszahlungsfrist *f* **'pay day** *n no pl* Zahltag *m* **'pay deal** *n* Lohnvereinbarung *f,* Gehaltsvereinbarung *f* **'pay desk** *n* Kasse *f* **'pay dirt** *n no pl* AM abbauwürdiges Erzlager; **to hit** [*or* **strike**] ~ *(fig)* auf eine Goldader stoßen **'pay·down** *n* AM FIN Anzahlung *f*

PAYE [ˌpiːerwaɪ'iː] *n no pl* BRIT *abbrev of* **pay as you earn** Quellenabzugssystem *nt (Steuerverfahren, bei dem der Arbeitgeber die Lohnsteuer direkt an das Finanzamt weiterleitet);* ~ **taxation** Quellenbesteuerung *f*

payee [peɪ'iː] *n* Remittent(in) *m(f);* COMM Zahlungsempfänger(in) *m(f);* ~ **of a bill** Wechselnehmer(in) *m(f),* Remittent(in) *m(f);* ~ **of a cheque** Schecknehmer(in) *m(f)*

'pay en·velope *n* AM *(pay packet)* Lohntüte *f,* Lohnsackerl *nt* ÖSTERR

pay·er ['peɪəʳ, AM -ɚ] *n* Zahler(in) *m(f);* **fee** [*or* **licence**] [*or* AM **license**] ~ Gebührenzahler(in) *m(f);* **mortgage** ~ Hypothekenzahler(in) *m(f),* Hypothekenschuldner(in) *m(f);* **bad** ~ säumiger Zahler/säumige Zahlerin

'pay freeze *n* Lohnstopp *m* **'pay in·crease** *n* Gehaltserhöhung *f*

pay·ing ['peɪɪŋ] **I.** *adj attr, inv* ECON ① *(which makes a profit)* rentabel, Gewinn bringend, lukrativ, einträglich; ***it is not a ~ proposition*** das ist kein lukratives [*o* lohnendes] Geschäft

② *(which pays)* zahlend; ~ **agent** Zahlstelle *f;* ~ **customers** zahlende Kundschaft

II. *n no pl* Zahlen *nt*

'pay·ing agent *n* STOCKEX Zahlstelle *f* **pay·ing 'guest** *n* zahlender Gast **pay·ing-'in book** *n* Einzahlungsbuch *nt* **pay·ing-'in slip** *n* Einzahlungsbeleg *m*

'pay·load *n* ① TRANSP, AEROSP Nutzlast *f*

② MIL Bombenlast *f;* ~ **capacity** Bombenkapazität *f*

'pay·mas·ter *n* Zahlmeister(in) *m(f)*

pay·ment ['peɪmənt] *n* ① *(sum)* Zahlung *f; (fig)* Lohn *m,* Vergütung *f;* **system of ~s** Zahlungssystem *nt;* **back** ~ *of wages* Lohnnachzahlung *f; of overcharged amount* Rückzahlung *f;* **lump-sum** ~ Pauschalzahlung *f;* **one-off** ~ BRIT einmalige Zahlung; ~ **by card** Kartenzahlung *f;* ~ **in kind** COMM Sachleistung *f; (to worker)* Naturallohn *m*

② *(act of paying)* Begleichung *f,* Bezahlung *f;* **to ask for ~** um Bezahlung bitten; ~ **due** Fälligkeitstag *m*

'pay·ment bond *n* FIN **advance** ~ Anzahlungsgarantie *f* **'pay·ment claim** *n* Zahlungsanspruch *m* **'pay·ment con·di·tion** *n* Zahlungskondition *f* **'pay·ment date** *n* Zahlungsdatum *nt* **'pay·ment in·struc·tion** *n* Auszahlungsanweisung *f* **'pay·ment mecha·nism** *n* Zahlungsmechanismus *m* **'pay·ment no·tice** *n* Zahlungsaufforderung *f,* Zahlungsanforderung *f* **'pay·ment or·der** *n* Auszahlungsanweisung *f,* Zahlungsauftrag *m* **'pay·ment plan** *n* Auszahl[ungs]plan *m* **'pay·ment point** *n* Zahlungspunkt *m* **'pay·ment pow·er** *n* Zahlungskraft *f* **'pay·ment pro·cess** *n* Zahlungsverlauf *m* **'pay·ment slip** *n* Zahlschein *m*

'pay·ments of·fice *n* Zahlstelle *f* **'pay·ments pro·cess·ing** *n no pl* Zahlungsverkehrsabwicklung *f*

'pay·ment terms *npl* Zahlungsbedingungen *pl*

'pay ne·go·tia·tions *npl* Tarifverhandlungen *pl;* **to engage in** [*or* **open up**]/**settle** ~ Tarifverhandlungen aufnehmen/abschließen

'pay-off *n* ① *(bribe)* Bestechung *f;* **to accept a ~** Bestechungsgelder annehmen; **to make a ~ to sb** jdn bestechen; **to receive a ~ from sb** von jdm bestochen werden

② *(fam: positive result)* Lohn *m; (as punishment)* Quittung *f*

③ *(on leaving a job)* Abfindung *f*

④ *(sum payment)* Tilgungssumme *f;* **mortgage ~** Tilgung *f* einer Hypothek; **to make a mortgage ~** eine Hypothek zurückzahlen [*o* tilgen]

'pay of·fice *n* Lohnbüro *nt,* Lohnbuchhaltung *f*

pay·ola [peɪ'oʊlə] *n no pl* AM *(dated sl)* Schmiergeld[er] *nt[pl] fam;* **to accept** [*or* **take**] ~ sich *akk* schmieren lassen *fam*

'pay·out *n* FIN Ausschüttung *f,* Dividende[nzahlung] *f;* ECON Subventionszahlungen *pl;* **maximum/minimum** ~ Höchst-/Mindestsatz *m*

'pay pack·et *n* BRIT, AUS *(for blue-collar worker)* Lohntüte *f,* Lohnsackerl *nt* ÖSTERR; *(for white-collar worker)* Gehalt *m o* ÖSTERR *nt;* **to pick up** [*or* **collect**] **one's ~** seinen Lohn/sein Gehalt entgegennehmen

pay-per-'call *n* Pay-per-Call *kein art* **pay-per-'click** *n* Pay-per-Click *kein art* **'pay pe·ri·od** *n* Zahlungsperiode *f* **pay-per-'view** *n no pl* Pay-per-View *nt (System, bei dem der Zuschauer nur für die Sendungen zahlt, die er auch tatsächlich gesehen hat)* **'pay·phone** *n* Münzfernsprecher *m,* Münztelefon *nt* SCHWEIZ, ÖSTERR; **to use a ~** von einer Telefonzelle aus telefonieren **'pay rate** *n* Zahlungskurs *m* **'pay rise** BRIT, AUS, AM **'pay raise** *n (for blue-collar worker)* Lohnerhöhung *f; (for white-collar worker)* Gehaltserhöhung *f;* **cost of living** ~ Teuerungszulage *f;* **to ask for/get** [*or* **receive**] **a ~** eine Gehalts-/Lohnerhöhung verlangen/bekommen **'pay·roll** *n usu sing (for white-collar worker)* Gehaltsliste *f; (for blue-collar worker)* Lohnliste *f;* **a monthly/weekly ~** monatliche/wöchentliche Lohnzahlungen *pl;* **to do the ~** die Lohnabrechnung machen; **to put sb on the ~** jdn einstellen **'pay round** *n* Tarifrunde *f* **'pay set·tle·ment** *n* Tarifvereinbarung *f;* ***her new job included a generous ~*** in ihrem neuen Job bekam sie eine großzügiges Gehalt; ***the strikers were offered a better ~*** den Streikenden wurde eine Lohnerhöhung angeboten **'pay·slip** *n* Gehaltstreifen *m; (for blue-collar worker)* Lohnzettel *m* **'pay sta·tion** *n* BRIT [öffentliche] Telefonzelle **'pay talks** *npl* Tarifverhandlungen *pl;* **to continue/engage in** [*or* **open up**]/**settle ~** Tarifverhandlungen fortsetzen/aufnehmen/abschließen **pay T'V** *n no pl (fam)* Pay-TV *nt;* **to subscribe to ~** Pay-TV abonnieren

PB [ˌpiː'biː] *n no pl abbrev of* **peanut butter** Erdnussbutter *f*

PBS [ˌpiːbiː'es] *n no pl, no art abbrev of* **Public Broadcasting Service** *amerikanische öffentlich-rechtliche, nichtkommerzielle Sendeanstalt, die hauptsächlich Informations- und Kultursendungen ausstrahlt*

pc [ˌpiː'siː] *n abbrev of* **per cent** p.c.

PC¹ [ˌpiː'siː] *n abbrev of* **personal computer** PC *m*

PC² [ˌpiː'siː] *n* BRIT *abbrev of* **police constable** Polizeiwachtmeister(in) *m(f)*

PC³ [ˌpiː'siː] **I.** *n abbrev of* **political correctness** politische Korrektheit

II. *adj inv abbrev of* **politically correct** pc

PC⁴ [ˌpiː'siː] *n* COMPUT *abbrev of* **printed circuit [board]** gedruckte Schaltkarte

PC⁵ [ˌpiː'siː] *n* COMPUT *abbrev of* **program counter** Programmzähler *m*

PC⁶ [ˌpiː'siː] *n* LAW *abbrev of* **Privy Council** Geheimer Staatsrat, Kronrat *m*

PC⁷ [ˌpiː'siː] *n* LAW *abbrev of* **Privy Councillor** Mitglied *nt* des Geheimen Staatsrats

PC⁸ [ˌpiː'siː] *n* FIN *abbrev of* **participation certificate** Partizipationsschein *m*

PC⁹ [ˌpiː'siː] *n abbrev of* **pubococcygeus** PC-Muskel *m,* Beckenbodenmuskel *m*

PCB¹ [ˌpiːsiː'biː] *n* CHEM *abbrev of* **polychlorinated biphenyl** PCB *nt*

PCB² [ˌpiːsiː'biː] *n* COMPUT *abbrev of* **printed circuit board** Leiterplatte *f*

PCB³ [ˌpiːsiːˈbiː] *n* FIN *abbrev of* **petty cash book** Portokassenbuch *nt*

P'C-less *adj attr, inv* ohne PC *nach n* **P'C-like** *adj inv* PC-ähnlich; ~ **technologies** PCs entsprechende Technik

pcm [ˌpiːsiːˈem] BRIT *abbrev of* **per calendar month** pro Monat

PCP¹ [ˌpiːsiːˈpiː] *n no pl* MED *abbrev of* **pneumocystis carinii pneumonia** Pneumocystis-carinii-Pneumonie *f fachspr,* interstitielle plasmazelluläre Lungenentzündung

PCP² [ˌpiːsiːˈpiː] *n no pl* CHEM *abbrev of* **pentachlorphenol** PCP *nt*

PDA¹ [ˌpiːdiːˈeɪ] *n abbrev of* **personal digital assistant** PDA *m*

PDA² [ˌpiːdiːˈeɪ] *n (fam) abbrev of* **public display of affection** Austausch von Zärtlichkeiten in der Öffentlichkeit

pdq, PDQ [ˌpiːdiːˈkjuː] *adv inv* BRIT, AM *(fam) abbrev of* **pretty damn/darn quick**: ***the boss wants your report and he wants it*** ~ der Chef braucht Ihren Bericht und zwar am besten gestern! *fam*

PE¹ [ˌpiːˈiː] *n no pl abbrev of* **physical education** Sport[unterricht] *m,* SCHWEIZ, ÖSTERR *a.* Turnen *nt*

PE² [ˌpiːˈiː] *n no pl* CHEM *abbrev of* **polyethylene** PE *nt*

P/E FIN *abbrev of* **price earnings ratio** KGV

pea [piː] **I.** *n* Erbse *f*
▸PHRASES: **to be like two ~s in a pod** sich *dat* gleichen wie ein Ei dem anderen
II. *n modifier (colour)* ~ **green** erbsengrün

PEA [ˌpiːiːˈəɪ] *n no pl abbrev of* **phenylethylamine** Phenylethylamin *nt*

'pea-brain *n (sl)* Dummkopf *m pej;* ***you ~!*** du Dummkopf! *pej;* ***don't be such a ~!*** stell dich doch nicht so dämlich an! *fam* **'pea-brained** *adj (sl)* dämlich *fam,* schwachsinnig *pej fam;* ***don't be so ~!*** stell dich doch nicht so dämlich an! *fam*

peace [piːs] *n no pl* ❶ *(no war)* Frieden *m;* ***this continent is now at*** ~ auf diesem Kontinent herrscht jetzt Frieden; ~ **talks** Friedensgespräche *pl;* **lasting** ~ dauerhafter Frieden; **to long for** ~ sich *akk* nach Frieden sehnen; **to make** ~ Frieden schließen
❷ *(social order)* Ruhe *f,* Frieden *m;* **to be arrested for disturbing the** ~ wegen Ruhestörung verhaftet werden; **to disturb** [*or* **break**] **the** ~ die Ruhe stören; **to keep the** ~ den Frieden wahren; **to make one's ~ with sb** sich *akk* mit jdm versöhnen
❸ *(tranquillity)* ***he will give me no ~ until I give in*** er wird keine Ruhe geben, bis ich nachgebe; ~ **of mind** Seelenfrieden *m,* innere Ruhe; ~ **and quiet** Ruhe und Frieden; **to leave sb in** ~ jdn in Frieden [*o* Ruhe] lassen; ■**to be at** ~ in Frieden ruhen; **to be at ~ about one's situation** sich *akk* seinem Schicksal fügen; **to be at ~ with the world** mit sich *dat* und der Welt im Einklang sein
❹ REL **the Prince of P~** der Friedensfürst *(Jesus Christus);* ~ **be with you** Friede sei mit dir
▸PHRASES: **to hold** [*or* **keep**] **one's** ~ *(form)* ruhig [*o* still] sein, schweigen

peace·able [ˈpiːsəbl̩] *adj* friedlich; ~ **person** friedliebende Person

peace·ably [ˈpiːsəbli] *adv* friedlich, ruhig

'peace ac·tiv·ist *n* Friedensaktivist(in) *m(f)* **'peace con·fer·ence** *n* Friedenskonferenz *f* **'Peace Corps** *n no pl* ■**the** ~ das Friedenskorps; **to join the** ~ sich *akk* für das Friedenskorps verpflichten **'peace divi·dend** *n* Friedensdividende *f* **'peace en·force·ment** *n* Friedensvermittlung *f;* ~ **troop** Friedenstruppe *f*

peace·ful [ˈpiːsfᵊl] *adj* friedlich; *nation also* friedfertig; *(calm)* ruhig; ~ **coexistence** friedliches Nebeneinander; **a ~ person** ein friedliebender Mensch

peace·ful·ly [ˈpiːsfᵊli] *adv* friedlich; **the right to gather** ~ das Recht auf Versammlungsfreiheit; **to be able to sleep ~ again** wieder ruhig schlafen können; **to coexist** ~ in Frieden miteinander leben

peace·ful·ness [ˈpiːsfᵊlnəs] *n no pl* Friedlichkeit *f; of a place* Ruhe *f; of a situation* friedliche Atmosphäre; ***a kind of ~ overcame him*** ein Gefühl des Friedens durchdrang ihn

'peace ini·tia·tive *n* Friedensinitiative *f;* **to respond to a ~** auf eine Friedensinitiative reagieren; **to take the ~** Friedensverhandlungen aufnehmen **'peace·keep·er** *n* Friedenswächter(in) *m(f)* **'peace'keep·ing I.** *n no pl* Friedenssicherung *f*
II. *n modifier* Friedens-; ~ **force** [*or* **troops**] Friedenstruppe *f* **'peace-lov·ing** *adj* friedliebend **'peace·mak·er** *n* Frieden[s]stifter(in) *m(f)* **'peace·mak·ing** *n* Befriedung *f geh;* **programme of positive ~** Programm *nt* der aktiven Friedenssicherung **'peace march** *n* Friedensdemonstration *f;* **to hold a ~** eine Friedensdemonstration veranstalten **'peace move·ment** *n* Friedensbewegung *f* **'peace ne·go·tia·tions** *npl* Friedensverhandlungen *pl;* **to engage in** [*or* **open up**]/**hold** ~ Friedensverhandlungen aufnehmen/führen **'peace of·fen·sive** *n* Friedensoffensive *f* **'peace of·fer, 'peace of·fer·ing** *n* Friedensangebot *nt* **'peace pipe** *n* Friedenspfeife *f;* **to smoke the ~ with sb** mit jdm die Friedenspfeife rauchen **'peace set·tle·ment** *n* Friedensabkommen *nt* **'peace sign** *n* Friedenszeichen *nt (mit dem Zeige- und Mittelfinger gebildetes V)* **'peace·time I.** *n no pl* Friedenszeiten *pl*
II. *n modifier* in Friedenszeiten *nach n;* ***the country enjoyed 10 years of ~ prosperity*** das Land lebte 10 Jahre lang in Frieden und Wohlstand **'peace trea·ty** *n* Friedensvertrag *m;* **to adhere to/break/sign a ~** einen Friedensvertrag einhalten/brechen/unterzeichnen

peach [piːtʃ] **I.** *n* <*pl* -es> ❶ *(fruit)* Pfirsich *m; (tree)* Pfirsichbaum *m;* ~ **orchard** Pfirsichgarten *m*
❷ *(fig fam: nice person)* Schatz *m; (old: woman)* Prachtweib *nt veraltend o pej;* **a ~ of a day/an evening** ein wunderbarer Tag/Abend
II. *n modifier (ice cream, jam, tree)* Pfirsich-; **to have a ~es-and-cream complexion** eine Pfirsichhaut haben; ~ **stone** Pfirsichkern *m*
III. *vt* ■**to ~ sb** BRIT *(old)* jdn anklagen
IV. *vi* ■**to ~ against** [*or* **on**] **sb** *(old)* jdn verpfeifen *fam*
V. *adj inv* pfirsichfarben

Peach Mel·ba [-ˈmelbə] *n* Pfirsich Melba *m* **peach 'pie** *n* AM Pfirsichkuchen *m* ÖSTERR, *Kuchen mit Mürbe- oder Blätterteigboden und Pfirsichfüllung*

peachy [ˈpiːtʃi] *adj* wunderbar, toll; ***now everything is just ~ between us*** bei uns herrscht wieder eitel Sonnenschein; **to be ~-keen** AM *(dated)* doll sein *veraltend*

pea·cock [ˈpiːkɒk, AM -kɑːk] *n* ❶ *(bird)* Pfau *m*
❷ *(person)* eitler Pfau *pej;* **to strut like a ~** wie ein Pfau umherstolzieren

pea·cock 'blue I. *n no pl* Pfauenblau *nt,* Türkisblau *nt*
II. *adj inv* pfauenblau, türkisblau

pea-'green I. *n no pl* Erbsengrün *nt*
II. *adj inv* erbsengrün

'pea·hen *n* Pfauenhenne *f*

peak [piːk] **I.** *n* ❶ *(mountain top)* Gipfel *m,* Bergspitze *f*
❷ FOOD ***beat the egg whites until they are stiff enough to form firm ~s*** das Eiweiß steif schlagen, bis ein Messerschnitt sichtbar bleibt
❸ *(highest point)* Spitze *f,* Gipfel *m; of a curve, line* Scheitelpunkt *m;* **to be at the ~ of one's career** sich *akk* auf dem Höhepunkt seiner Karriere befinden; **to be at the very ~ of one's fitness** in Topform sein; **to reach** [*or* **hit**] **a ~** den Höchststand erreichen
❹ BRIT *(hat part)* Hutkrempe *f*
II. *vi career, economy* den Höhepunkt erreichen; *athletes* [seine] Höchstleistung erbringen; *skill* zur Perfektion gelangen; *figures, rates, production* den Höchststand erreichen; ***his fever ~ed to 41°C during the night*** über Nacht stieg sein Fieber auf 41°C an
III. *n modifier* ❶ *(busiest)* Haupt-; ~ **rush hour** Hauptverkehrszeit *f;* ~ **viewing time** Hauptsendezeit *f*
❷ *(best, highest)* Spitzen-; ~ **productivity** maximale Produktivität; ~ **speed** Höchstgeschwindigkeit *f*

peak ca·'pac·ity *n usu sing* Auslastung *f kein pl;* **to maintain ~** mit der maximalen Produktionsleistung arbeiten; **to reach** [*or* **hit**] ~ voll ausgelastet sein **peak de·'mand** *n* Spitzenbedarf *m kein pl* (**for** an +*dat*); **to meet ~** den Spitzenbedarf decken

peaked [piːkt] *adj* ❶ *inv (pointed)* hat spitz
❷ AM *(tired, sick)* kränklich, abgespannt; **to look ~** spitz aussehen *fam*

'peak hours *npl* Stoßzeit *f,* Spitzenzeit *f* **'peak lev·el** *n no pl* Höchststand *m;* **to reach** [*or* **hit**] ~ den Höchststand erreichen **'peak load** *n* Maximalladung *f,* Höchstgewicht *nt; of lorries* Spitzenlast *f;* ELEC Spitzenlast *f,* Belastungsspitze *f* **'peak pe·ri·od** *n* Stoßzeit *f; (when most power is being used)* Hauptbelastungszeit *f;* ~ **for travel** Hauptreisezeit *f* **'peak pow·er** *n no pl* Höchstleistung *f;* **to work at ~** mit voller Leistung arbeiten **'peak sea·son** *n usu sing* Hochsaison *f;* **during** [*or* **in**] ~ in der Hochsaison **'peak-time** *adj attr, inv* zur Hauptsendezeit *nach n;* ~ **television** Hauptsendezeit *f;* ~ **travel** Hauptverkehrszeit *f,* Stoßzeit *f,* Spitzenzeit *f* **peak 'traf·fic hours** *npl esp* AM Stoßzeit *f,* Hauptverkehrszeit *f*

peaky [ˈpiːki] *adj pred* BRIT kränklich, blass; **to feel ~** sich *akk* nicht gut fühlen

peal [piːl] **I.** *n* ❶ *(sound)* Dröhnen *nt kein pl;* ~ **of bells** Glockengeläut[e] *nt kein pl;* **to go** [*or* **break**] **into a ~ of laughter** in schallendes Gelächter ausbrechen; ~ **of thunder** Donnerschlag *m*
❷ *(set)* ~ **of bells** Glockenspiel *nt*
II. *vi thunderstorm* dröhnen; *bells* läuten; **to ~ with laughter** sich *akk* vor Lachen nicht mehr halten können
III. *vt (rare)* ■**to ~ sth** etw erschallen lassen
◆**peal out** *vi* ertönen; *laughter also* erschallen; *thunder* dröhnen

pea·nut [ˈpiːnʌt] **I.** *n* ❶ *(nut)* Erdnuss *f,* SCHWEIZ *a.* spanisches Nüsschen
❷ *(fam: very little)* ■**~s** *pl* Klacks *m fam;* **to pay ~s** einen Hungerlohn zahlen
II. *n modifier (oil, plant)* Erdnuss-

pea·nut 'brit·tle *n no pl esp* AM Erdnusskrokant *m* **pea·nut 'but·ter** *n no pl* Erdnussbutter *f* **'pea·nut gal·lery** *n* AM THEAT *(sl)* Galerie *f,* Olymp *m hum fam; (fam)* ***hey, enough from the ~ over there!*** Ruhe auf den billigen Plätzen! *fam*

pear [peəʳ, AM per] **I.** *n* Birne *f*
II. *n modifier (ice cream, salad)* Birnen-; ~ **Williams liqueur** AM Williams Christ *m;* ~ **orchard** Birnenplantage *f;* ~ **tree** Birnbaum *m*

pearl [pɜːl, AM pɜːrl] **I.** *n* ❶ *(jewel)* Perle *f;* ■**~s** *pl* Perlen *pl,* Perlenkette *f;* **string** [*or* **rope**] **of ~s** Perlenkette *f;* **to wear ~s** Perlen [*o* eine Perlenkette] tragen
❷ *(fig: a drop)* Tropfen *m,* Perle *f;* ~ **of dew** Tautropfen *m;* **~s of sweat** Schweißperlen *pl*
❸ *(fig: fine example)* Juwel *nt fig;* ***that was a ~ of a good job*** das war ein Traumjob
▸PHRASES: **to cast one's ~s before swine** *(saying)* Perlen vor die Säue werfen *prov;* **to be a ~ of great price** nicht in Gold aufzuwiegen sein
II. *n modifier (necklace, ring, brooch, button)* Perlen-
III. *adj* perlweiß; ~ **grey** perlgrau

pearl 'bar·ley *n no pl* Perlgraupen *pl* **pearl 'but·ton** *n* Perlmuttknopf *m* **'pearl div·er, 'pearl fish·er** *n* Perlentaucher(in) *m(f)*

pearl·es·cent [pɜːlˈesᵊnt, AM pɜːrlˈ-] *adj car paintwork, nail polish* Perlmutt-

'pearl fish·ing *n no pl* Perlenfischen *nt* **'pearl-fish·ing in·dus·try** *n* Perlenfischerei *f* **pearl 'oys·ter** *n* Perlmuschel *f*

pearly [ˈpɜːli, AM ˈpɜːrli] *adj* perlmuttartig; *(adorned with pearls)* mit Perlen besetzt; ~ **white teeth** perlweiße Zähne

Pearly 'Gates *npl (liter or hum)* Himmelstür *f liter;* **at the ~** an der Himmelspforte **pearly 'king, pearly 'queen** *n* BRIT *Straßenhändler(in), der/die mit Perlmuttknöpfen besetzte Kleidungsstücke trägt und Geld für wohltätige Zwecke sammelt*

'pear-shaped *adj figure, bottle* birnenförmig
▸PHRASES: **to go** ~ BRIT *(sl)* schiefgehen, schieflaufen

peas·ant ['pezᵊnt] **I.** *n* ❶ *(small farmer)* [Klein]bauer, -bäuerin *m, f*
❷ *(pej! fam)* Bauer *m pej*
II. *n modifier* [klein]bäuerlich; ~ **clothing** Bauerntracht *f;* ~ **food** Hausmannskost *f;* ~ **revolt** [*or* **uprising**] Bauernaufstand *m;* ~ **tradition** bäuerliches Brauchtum; ~ **woman** Bäuerin *f*

peas·ant·ry ['pezᵊntri] *n no pl* [Klein]bauernstand *m*

pease pud·ding [pi:z'pʌdɪŋ] *n no pl* BRIT Erbsenpudding *m*

'pea·shoot·er *n* ❶ *(child's toy)* Pusterohr *nt* ❷ AM *(small gun)* [kleine] Pistole **pea 'soup** *n* Erbsensuppe *f* **pea-'soup·er** *n* ❶ BRIT *(dated fam)* dichter Nebel, oft auch Smog ❷ CAN *(pej: French Canadian)* Frankokanadier(in) *m(f)* **pea soup 'fog** *n* AM, AUS *dichter Nebel, oft auch Smog*

peat [pi:t] *n no pl* Torf *m;* **to dig** [*or* **cut**] ~ Torf stechen

'peat bog *n* Torfmoor *nt*

peaty ['pi:ti, AM -t̬i] *adj* torfig; ~ **soil** Torfboden *m*

peb·ble ['pebl̩] **I.** *n* Kieselstein *m;* ~ **beach** Kiesstrand *m*
II. *vt* ■**to** ~ **sth** Kies auf etw *akk* schütten

'peb·ble bed reac·tor *n* NUCL Kugelhaufenreaktor *m*

peb·bled ['pebl̩d] *adj inv* Kies-; ~ **beach** Kiesstrand *m*

peb·bly ['pebli] *adj* steinig

pe·can ['pi:kæn, AM pɪ'kɑ:n] **I.** *n* Pecannuss *f*
II. *n modifier esp* AM *cookies, squares* Pecannuss-; ~ **tree** Hickory[baum] *m*

pe·can 'pie *n esp* AM Pecannusskuchen *m*

pec·ca·dil·lo <*pl* -s *or* -es> [,pekə'dɪləʊ, AM -oʊ] *n* kleine Sünde, Kavaliersdelikt *nt;* **youthful** ~ Jugendsünde *f*

peck¹ [pek] *n (old)* ❶ *(dry measure)* Viertelscheffel *m*
❷ *(large amount)* **to have a** ~ **of troubles** in großen Schwierigkeiten stecken

peck² [pek] **I.** *n* ❶ *(bite)* Picken *nt kein pl;* **to give sb/sth a** ~ nach jdm/etw hacken
❷ *(quick kiss)* Küsschen *nt;* **to give sb a** ~ [**on the cheek**] jdn flüchtig [auf die Wange] küssen
II. *vt* ❶ *(bite)* ■**to** ~ **sb/sth** nach jdm/etw hacken; **to** ~ **a hole** ein Loch picken
❷ *(kiss quickly)* **to** ~ **sb on the cheek** jdn flüchtig auf die Wange küssen
III. *vi* ❶ *(with the beak)* picken; **to** ~ **around** herumpicken; ■**to** ~ **at sth** etw aufpicken
❷ *(with pointed tool)* ■**to** ~ **at sth** gegen etw *akk* hämmern; **to** ~ **at one's typewriter** in die Tasten hämmern
❸ *(nibble)* **to** ~ **at one's food** in seinem Essen herumstochern
❹ AM *(nag)* ■**to** ~ **at sb** jdn sticheln

peck·er ['pekəʳ, AM -ɚ] *n* ❶ AM *(vulg: penis)* Schwanz *m vulg*
❷ AM *(fam: insult)* Arschloch *nt vulg*
▸PHRASES: **to keep one's** ~ **up** BRIT *(dated fam)* die Ohren steifhalten *fam*

peck·ing ['pekɪŋ] *n* ❶ *(striking with beak)* Picken *nt kein pl*
❷ *(fig) of a typewriter* Klappern *nt kein pl*
❸ AM *(nagging)* Nörgeln *nt kein pl*

'peck·ing or·der *n* Hackordnung *f*

peck·ish ['pekɪʃ] *adj* BRIT, AUS **to feel rather** [*or* **a bit**] ~ den kleinen Hunger verspüren

pecs [peks] *npl (fam) short for* **pectoral muscles** Brustmuskeln *pl;* **to work on one's** ~ die Brustmuskeln trainieren

pec·tic acid [,pektɪk'-] *n no pl* CHEM Pektinsäure *f*

pec·tin ['pektɪn] *n no pl* Pektin *nt*

pec·to·ral ['pektᵊrᵊl] *adj* Brust-, pektoral *fachspr;* ~ **fin** Brustflosse *f;* ~ **muscle** Brustmuskel *m*

pec·to·rals ['pektᵊrᵊlz] *npl* Brustmuskeln *pl*

pecu·late ['pekjəleɪt] *vt* ■**to** ~ **sth** etw unterschlagen [*o* veruntreuen]

pecu·la·tion [,pekjə'leɪʃᵊn] *n* Unterschlagung *f,* Veruntreuung *f*

pe·cu·liar [pɪ'kju:liəʳ, AM -ljɚ] *adj* ❶ *(strange)* seltsam, merkwürdig; **sth seems** [*or* **is**] **a little** ~ **to sb** etw kommt jdm nicht ganz geheuer vor
❷ *(nauseous)* unwohl; **to have a** ~ **feeling** sich *akk* eigenartig fühlen; **to feel a little** ~ sich *akk* nicht [ganz] wohl fühlen
❸ *(belonging to, special)* ■**to be** ~ **to sb** typisch für jdn sein; ■**to be** ~ **to sth** etw *dat* eigen[tümlich] sein; **of** ~ **interest** von besonderem Interesse

pe·cu·li·ar·ity [pɪ,kju:li'ærəti, AM -li'erət̬i] *n* ❶ *no pl (strangeness)* Seltsamkeit *f,* Eigenartigkeit *f*
❷ *(strange habit)* Eigenheit *f*
❸ *(idiosyncrasy)* Besonderheit *f,* Eigenart *f*

pe·cu·liar·ly [pɪ'kju:liəʳli, AM -ljɚli] *adv* ❶ *(strangely)* eigenartig, seltsam; **most** ~ höchst eigenartig
❷ *inv (specially)* typisch
❸ *inv (especially)* besonders, außerordentlich

pe·cu·ni·ary [pɪ'kju:niəʳi, AM -nieri] *adj inv (form)* finanziell *attr,* pekuniär *attr geh;* ~ **aid/interest** finanzielle Unterstützung/Beteiligung; ~ **benefit** Vermögensvorteil *m;* ~ **consideration** finanzielle Erwägungen *pl;* ~ **loss** Vermögensverlust *m;* ~ **matter** Geldangelegenheit *f*

peda·gog·ic [,pedə'gɒdʒɪk, AM -'gɑ:-] *adj inv* pädagogisch

peda·gogi·cal·ly [,pedə'gɒdʒɪkli, AM -'gɑ:-] *adv inv* pädagogisch; ~ ***speaking, ...*** pädagogisch gesehen ...

peda·gogue ['pedəgɒg, AM -gɑ:g] *n (old)* Schulmeister(in) *m(f) veraltet o pej; (teacher)* Pädagoge, Pädagogin *m, f*

peda·go·gy ['pedəgɒdʒi, AM -gɑ:dʒi] *n no pl* Pädagogik *f*

ped·al ['pedᵊl] **I.** *n* Pedal *nt;* **accelerator/brake** ~ Gas-/Bremspedal *nt;* **foot** ~ Fußhebel *m;* **to put one's foot down on the** ~ aufs Gas treten
II. *vt* <BRIT, AUS -ll- *or* AM *usu* -l-> **to** ~ **a bicycle** Rad fahren; ***he struggled to*** ~ ***his bicycle up the hill*** er strampelte mühsam den Berg hinauf
III. *vi* <BRIT, AUS -ll- *or* AM *usu* -l-> Rad fahren; ***she*** ~ ***led through the city*** sie radelte durch die Stadt
IV. *n modifier* Tret-; ~ **car** Tretauto *nt*

'ped·al bike *n* Fahrrad *nt,* Velo *nt* SCHWEIZ; **to ride a** ~ Fahrrad [*o* SCHWEIZ Velo] fahren **'ped·al bin** *n* Treteimer *m* **'ped·al boat, peda·lo** ['pedᵊləʊ, AM -oʊ] *n* Tretboot *nt,* Pedalo *nt* SCHWEIZ

ped·ant ['pedᵊnt] *n* Pedant(in) *m(f) pej*

pe·dan·tic [pɪ'dæntɪk, AM ped'-] *adj* pedantisch *pej,* kleinlich *pej*

pe·dan·ti·cal·ly [pɪ'dæntɪkᵊli, AM ped'-] *adv* pedantisch *pej*

ped·ant·ry ['pedᵊntri] *n* Pedanterie *f a. pej*

ped·dle ['pedl̩] *vt* ■**to** ~ **sth** ❶ *(esp pej: sell)* etw verscherbeln *pej;* **to** ~ **sth door to door** mit etw *dat* hausieren gehen; ***these products are generally*** ~***d door to door*** diese Waren werden in der Regel von Hausierern angeboten; **to** ~ **drugs** mit Drogen handeln
❷ *(pej: spread)* etw verbreiten, mit etw *dat* hausieren gehen *pej*

ped·dler *n* AM *see* **pedlar**

ped·dling ['pedl̩ɪŋ] *n no pl (pej)* ❶ *(selling)* Hausieren *nt*
❷ *(spreading)* Verbreiten *nt*

ped·er·ast ['pedᵊræst, AM 'pedə-] *n* Päderast *m*

ped·er·as·ty ['pedᵊræsti, AM 'pedə-] *n no pl* Päderastie *f;* **to engage in** ~ Päderastie betreiben

ped·es·tal ['pedɪstᵊl] **I.** *n* Sockel *m,* Säulenfuß *m*
▸PHRASES: **to knock sb off his/her** ~ jdn von seinem hohen Ross holen [*o* vom Sockel stoßen]; **to put sb on a** ~ jdn auf ein Podest stellen
II. *n modifier* Sockel-, Stand-; ~ **desk** Stehpult *nt;* ~ **washbasin** [*or* **sink**] Standwaschbecken *nt*

pe·des·trian [pɪ'destriən] **I.** *n* Fußgänger(in) *m(f)*
II. *n modifier (bridge, tunnel, underpass)* Fußgänger-
III. *adj inv (form)* langweilig; *speech* trocken; **to do sth in a** ~ **way** etw nach Schema F machen *pej*

pe·des·trian 'cross·ing *n* BRIT Fußgängerübergang *m*

pe·des·tri·an·ize [pɪ'destriənaɪz] *vt* ■**to** ~ **sth** etw in eine Fußgängerzone umwandeln

pe·des·tri·an·ized [pɪ'destriənaɪzd] *adj inv* Fußgänger-; ~ **area** Fußgängerzone *f;* ~ **shopping area** *Einkaufsgebiet in einer Fußgängerzone*

pe·des·trian 'pre·cinct, AM, AUS **pe·des·trian 'mall** *n* Fußgängerzone *f*

pe·di·at·ric *adj* AM *see* **paediatric**

pe·dia·tri·cian *n* AM *see* **paediatrician**

pedi·cure ['pedɪkjʊəʳ, AM -kjʊr] *n* Pediküre *f,* Fußpflege *f;* **to have** [*or* **get**] **a** ~ seine Füße pediküren lassen, zur Pediküre gehen; **to treat oneself to a** ~ sich *dat* eine Pediküre gönnen

pedi·cur·ist ['pedɪkjʊrɪst] *n* Fußpfleger(in) *m(f)*

pedi·gree ['pedɪgri:] **I.** *n* ❶ *(genealogy)* Stammbaum *m;* **to have an aristocratic/a royal** ~ von aristokratischer/königlicher Abstammung sein
❷ *(background)* Laufbahn *f;* **to have an impeccable** ~ eine makellose Ausbildung haben
❸ *(history of idea)* Geschichte *f*
❹ *(criminal record)* Vorstrafenregister *nt*
II. *n modifier (dog, cattle, horse)* reinrassig, mit Stammbaum *nach n*

pedi·greed ['pedɪgri:d] *adj inv* reinrassig, mit Stammbaum *nach n*

pedi·ment ['pedɪmənt] *n* Giebel *m,* Giebeldreieck *nt*

ped·lar ['pedləʳ, AM -lɚ] *n* BRIT, AUS ❶ *(drug dealer)* Drogenhändler(in) *m(f)*
❷ *(dated: travelling salesman)* Hausierer(in) *m(f),* SCHWEIZ *a.* Vertreter(in) *m(f);* **door-to-door** ~ fliegender Händler/fliegende Händlerin
❸ *(pej)* ~ **of gossip** Klatschmaul *nt;* ~ **of lies** Lügenmaul *nt pej*

pe·dom·eter [pɪ'dɒmɪtəʳ, AM -'dɑ:mət̬ɚ] *n* Schrittzähler *m,* Pedometer *nt fachspr*

pe·do·phile *n* AM *see* **paedophile**

pe·do·philia *n* AM *see* **paedophilia**

pee [pi:] *(fam)* **I.** *n no pl* ❶ *(urine)* Pipi *nt Kindersprache*
❷ *(act)* Pinkeln *nt,* SCHWEIZ, ÖSTERR *a.* Biseln *nt fam;* **to go** ~ *(childspeak)* Pipi machen gehen *Kindersprache;* **to have** [*or* **take**] **a** ~ pinkeln gehen *fam*
II. *vi* pinkeln *fam,* SCHWEIZ, ÖSTERR *a.* biseln *fam;* **to** ~ **in one's pants** in die Hose[n] machen *fam*
III. *vt* ■**to** ~ **oneself** sich *akk* vollpinkeln [*o* bepinkeln]; **to** ~ **one's pants** in die Hose[n] machen *fam*
◆**pee off** *vt (fam!)* ■**to** ~ **off** ◌ **sb** jdn ankotzen *derb;* ■**to be** ~**d off** stinksauer sein *fam*

peek [pi:k] **I.** *n* ❶ *(brief look)* flüchtiger Blick; *(furtive look)* heimlicher Blick; **to have** [*or* **take**] **a** ~ [**at sth/sb**] einen kurzen Blick auf etw/jdn werfen; **to have** [*or* **take**] **a** ~ **through the keyhole** durchs Schlüsselloch gucken [*o* ÖSTERR schauen]
❷ COMPUT Direktleseanweisung *f*
II. *vi* blinzeln; ■**to** ~ **into sth** in etw *akk* hineinspähen, einen kurzen Blick in etw *akk* werfen; ■**to** ~ **over sth** über etw *akk* gucken [*o* ÖSTERR schauen]; **to** ~ **behind the scenes of sth** hinter die Kulissen einer S. *gen* blicken
◆**peek out** *vi* hervorgucken, hervorschauen SCHWEIZ, ÖSTERR; ***his jacket had a white handkerchief*** ~ ***ing out of the breast pocket*** aus der Brusttasche seines Jacketts ragte ein weißes Taschentuch; ■**to** ~ **out from behind sth** *person* hinter etw *dat* hervorgucken [*o* ÖSTERR, SCHWEIZ hervorschauen]

peek-a-boo ['pi:kəbu:] **I.** *n no pl* Guck-Guck-Spiel *nt;* **to play** ~ guck-guck spielen
II. *adj attr, inv* ❶ *(revealing)* durchsichtig; *blouse, dress* offenherzig
❷ *(covering one eye)* ~ **haircut** *Frisur, die ein Auge verdeckt*

peel [pi:l] **I.** *n* ❶ *(skin of fruit)* Schale *f*
❷ *(skin care)* Peeling *nt*
II. *vt* ■**to** ~ **sth** *fruit* etw schälen; **to** ~ **the paper off sth** das Papier von etw *dat* abziehen, etw auswickeln; **to** ~ **the wrapping from sth** die Verpackung von etw *dat* abmachen
▸PHRASES: **to keep one's eyes** ~**ed for sth** *(fam)* nach etw *dat* Ausschau [*o* die Augen offen] halten
III. *vi paint, rust, wallpaper* sich *akk* lösen; *skin* sich *akk* schälen

◆**peel off** I. *vt* ■**to ~ off** ↻ **sth** etw schälen; *clothing* etw abstreifen; **to ~ off an adhesive strip** ein Klebeband abziehen; **to ~ the wallpaper off** die Tapete abziehen [*o* ablösen]
II. *vi* ① *(come off) poster, wallpaper* sich *akk* lösen
② *(veer away) car, motorbike* ausscheren; ***a figure ~ed off to the left*** eine Gestalt wich nach links

peel·er [ˈpiːləʳ, AM -ɚ] *n* ① *(utensil)* Schäler *m,* Schälmesser *nt*
② BRIT *(old sl: policeman)* Schutzmann *m veraltet,* Landjäger *m* SCHWEIZ *veraltet*

peel·ings [ˈpiːlɪŋz] *npl* Schalen *pl*

peep[1] [piːp] I. *n usu sing* ① *(answer, statement)* Laut *m;* ***one more ~ out of you and there'll be no television tomorrow*** einen Ton noch und du darfst morgen nicht fernsehen; **to not give** [*or* **make**] **a ~** keinen Laut von sich *dat* geben, keinen Mucks machen; **to not hear** [**so much as**] **a ~ from sb** keinen Mucks von jdm hören; **to not make** [*or* **raise**] **a ~ about sth** keinen Ton über etw *akk* verlieren
② *(bird sound)* Piep *m,* Piepser *m;* **to make a ~** piepsen
II. *vt* ■**to ~ sth** etw flüstern
III. *vi* piepsen; **to ~ at sth/sb** etw/jdn anpiepsen

peep[2] [piːp] I. *n* ① *(look)* [verstohlener] Blick; **sth allows a ~ at sth** etw gibt [*o* gewährt] Einblick in etw *akk;* **to have** [*or* **take**] **a ~ at sth** auf etw *akk* einen kurzen Blick werfen
② *(first coming)* **at the** [**first**] **~ of day** bei Tagesanbruch; **the first ~ of spring** die ersten Anzeichen des Frühlings
II. *vi* ① *(look)* ■**to ~ at sth/sb** verstohlen auf etw/jdn blicken; ■**to ~ into sth** einen Blick in etw *akk* werfen; ■**to ~ through sth** durch etw *akk* spähen
② *(appear)* hervorkommen; ***a few early flowers had ~ed up through the snow*** die ersten Frühlingsboten lugten durch die Schneedecke
◆**peep out** *vi toe, finger* herausgucken, herausschauen ÖSTERR; ***after the rain, the sun began to ~ out*** nach dem Regen kam die Sonne wieder heraus

peep-bo [ˈpiːpˌbəʊ, AM -boʊ] *n no pl* BRIT Guck-Guck-Spiel *nt,* Gugus-Spiel *nt* SCHWEIZ; **to play ~** guck-guck [*o* SCHWEIZ gugus-dada] spielen

peep·er [ˈpiːpəʳ, AM -ɚ] *n* ■**~s** *pl (fam)* [Glotz]augen *pl*

ˈpeep·hole *n* Guckloch *nt;* **security ~** Spion *m*

peep·ing [ˈpiːpɪŋ] *n no pl* Piepsen *nt*

peep·ing ˈTom I. *n* Voyeur *m,* Spanner *m fam*
II. *adj attr, inv (photographer, journalist)* voyeuristisch

ˈpeep·show *n* Peepshow *f*

peer[1] [pɪəʳ, AM pɪr] *vi (look closely)* spähen; **to ~ into the distance** in die Ferne starren; **to ~ over one's glasses** über die Brille schauen; **to ~ over sb's shoulder** jdm über die Schulter gucken [*o* ÖSTERR schauen]; ■**to ~ through sth** durch etw *akk* spähen

peer[2] [pɪəʳ, AM pɪr] *n* ① *(equal)* Gegenstück *nt,* Counterpart *nt;* **to have few ~s** zu den Besten gehören; **to have no ~s** unvergleichlich sein; **to be liked by one's ~s** unter seinesgleichen beliebt sein
② LAW **to be tried** [*or* **judged**] **by a jury of one's ~s** von seinesgleichen gerichtet werden
③ BRIT *(noble)* Angehöriger *m* des britischen Hochadels; POL Peer *m;* **life ~** Peer *m* auf Lebenszeit; **~ of the realm** Peer *m* mit ererbtem Sitz im Oberhaus
④ COMPUT Peer *m*

peer·age [ˈpɪərɪdʒ, AM ˈpɪr-] *n* ① *no pl* BRIT *(peers)* Peerage *f; (rank)* Peerswürde *f;* **member of the ~** Mitglied *nt* des Hochadels; **to be elevated to the ~** in den Adelsstand erhoben werden; **to be given a ~** einen Adelstitel verliehen bekommen, geadelt werden; **to renounce one's ~** auf die Peerswürde verzichten
② *(book)* Adelskalender *m*

peer·ess [ˈpɪəres] *n* BRIT Peeress *f*

ˈpeer group *n* SOCIOL Peergroup *f,* Gleichrangigengruppe *f* **peer group ˈpres·sure** *n no pl* Druck *m* durch Gleichaltrige; **to be under ~** unter sozialem Druck stehen

peer·less [ˈpɪələs, AM ˈpɪr-] *adj inv (form)* unvergleichlich, einzigartig

peer·less·ly [ˈpɪələsli, AM ˈpɪr-] *adv inv (form)* unvergleichlich, einzigartig

ˈpeer pres·sure *n no pl* Druck *m* durch Gleichaltrige; **to be under ~** unter sozialem Druck stehen

peer reˈview I. *n no pl* Peer-Review *nt (wissenschaftliches Begutachtungsverfahren)* II. *n modifier (policy, process)* Peer-Review- III. *vt* ■**to ~ sb/sth** *research findings, scientific publication* jdn/etw evaluieren [*o* wissenschaftlich begutachten]

peeve [piːv] *vt* ■**to ~ sb** jdn ärgern [*o fam* auf die Palme bringen]

peeved [piːvd] *adj (fam)* verärgert; ***she was ~ to discover they had gone without her*** sie war sauer, als sie merkte, dass die anderen ohne sie gegangen waren *fam;* ■**to be ~ at sb for sth** wegen einer S. *gen* auf jdn sauer sein *fam*

peev·ish [ˈpiːvɪʃ] *adj* mürrisch, gereizt

peev·ish·ly [ˈpiːvɪʃli] *adv* mürrisch, gereizt

pee·wee [ˈpiːwiː] I. *n* ① AM *(pej fam: small person)* Kleine(r) *f(m) pej*
② AUS *(magpie lark)* Drosselstelze *f;* BRIT *(lapwing)* Kiebitz *m*
II. *adj attr, inv* AM Kinder-; **~ league** Kinderliga *f*

pee·wit [ˈpiːwɪt] *n* ① *(bird)* Kiebitz *m*
② *(bird's call)* Kiwitt *nt*

peg [peg] I. *n* ① *(hook)* Haken *m; (stake)* Pflock *m; (for a barrel)* Spund *m;* **clothes ~** Wäscheklammer *f,* ÖSTERR *a.* Kluppe *f;* **guitar/violin ~** Gitarren-/Geigenwirbel *m;* **tent ~** Hering *m;* **to buy off the ~** *(fig)* von der Stange kaufen; **to hang sth on a ~** etw aufhängen [*o* an einen Haken hängen]
② *(excuse)* Ausrede *f; (reason)* Grund (**for** für +*akk);* **to use sth as a ~ for sth** etw als Anlass für etw *akk* nehmen
③ AM SPORT Peg *m;* **to make/throw a ~** einen Peg machen/werfen
④ FIN Festsatz *m;* **adjustable ~** limitierte Stufenflexibilität; **crawling ~** Gleitparität *f*
▸PHRASES: **to need taking down a ~** einen Dämpfer verdienen; **to be a square ~ in a round hole** [*or* **a round ~ in a square hole**] fehl am Platz sein; **to take** [*or* **bring**] **sb down a ~ or two** jdm einen Dämpfer aufsetzen; **to use sth as a ~ to hang sth on** etw als Aufhänger für etw *akk* benutzen
II. *vt* <-gg-> ■**to ~ sth** ① *(bind down)* etw mit Haken sichern
② *(hold at certain level)* etw fixieren; **to ~ a currency** eine Währung stützen; **to ~ emissions at a certain level** die Emissionshöhe auf einen bestimmten Wert begrenzen; **to ~ prices** Preise stützen; **to ~ wage increases to the cost-of-living index** Lohnerhöhungen *pl* auf dem Niveau des Lebenshaltungskostenindexes halten
③ AM *(throw)* etw werfen
④ AM *(fig: guess correctly)* etw erfassen; ***you ~ged it right on the head!*** du hast den Nagel auf den Kopf getroffen!
⑤ *(mark)* ■**to ~ sb as sth** jdn als etw *akk* abstempeln
III. *vi signal level meter* ausschlagen
◆**peg away** *vi (fam)* schuften *fam;* ■**to ~ away at sth** sich *akk* in etw *akk* hineinknien, sich *akk* hinter etw *akk* klemmen *fam*
◆**peg out** I. *vt* ① *(hang out)* ■**to ~ out clothes** Wäsche aufhängen
② *(mark)* ■**to ~ sth** ↻ **out** etw markieren; **to ~ out a plot of land** Land abstecken
II. *vi* BRIT, AUS ① *(fig fam: die)* den Löffel abgeben *fam*
② *(stop working) car, machine* den Geist aufgeben *fam*

Pega·sus [ˈpegəsəs] *n no pl* Pegasus *m,* Pegasos *m*

ˈpeg crawl *n* FIN Paritätsanpassung *f*

ˈpeg leg *n (dated fam)* Holzbein *nt*

ˈpeg point *n* FIN Interventionspunkt *m*

P.E.I. CAN *abbrev of* **Prince Edward Island**

peign·oir [ˈpeɪnwaːʳ, AM peɪnˈwaːr] *n* Negligee *nt,* Negligé *nt* SCHWEIZ

pe·jo·ra·tive [pɪˈdʒɒrətɪv, AM pɪˈdʒɔːrəṭɪv] *(form)* I. *adj* abwertend, negativ besetzt, pejorativ
II. *n* abwertender Ausdruck, Pejorativum *nt fachspr*

pe·jo·ra·tive·ly [pɪˈdʒɒrətɪvli, AM ˈdʒɔːrəṭɪv] *adv* abwertend

peke [piːk] *n (fam) short for* **pekinese** Pekinese *m*

Pe·kin·ese [ˌpiːkɪˈniːz, AM -kəˈ-], **Pe·king·ese** [ˌpiːkɪŋˈiːz] I. *n* <*pl* - *or* -s> ① *(breed of dog)* Pekinese *m*
② *(person from Beijing)* Pekinger(in) *m(f)*
③ *(dialect)* Pekinger Dialekt *m*
II. *adj inv* aus Beijing [*o veraltet* Peking] *nach n;* **~ architecture/dialect** Beijinger Architektur *f*/Dialekt *m;* **~ dog** Pekinese *m;* **~ man/woman** Beijinger [*o veraltet* Pekinger] *m*/Beijingerin [*o veraltet* Pekingerin] *f*

pe·lag·ic [pəˈlædʒɪk, pɪ-, peˈlædʒ-] *adj inv fish* pelagisch

peli·can [ˈpelɪkᵊn] *n* Pelikan *m*

peli·can ˈcross·ing *n* BRIT Fußgängerüberweg *m,* Fussgängerübergang *m* SCHWEIZ, ÖSTERR *(mit Ampel);* **to cross** [**the street**]**/wait at a ~** an der Fußgängerampel über die Straße gehen/warten

pe·lisse [pelˈiːs, AM pəˈliːs] *n* HIST [pelzgefütterter] Umhang

pel·let [ˈpelɪt] I. *n* ① *(ball)* Kugel *f*
② *(gunshot)* Schrot *nt o m kein pl,* Schrotkugel *f;* **to fire ~s** Schrotkugeln abfeuern
③ *(excrement)* Köttel *m,* Bemmerl *nt* ÖSTERR, DIAL; **sheep/rabbit ~** Schaf-/Hasenköttel *m*
II. *n modifier* Schrot-; **~ gun** Luftgewehr *nt;* **~ mill** Futtermehlpresse *f*

pel·let·ed [ˈpelɪtɪd] *adj inv* gepresst; **~ animal food** Trockenfutter *nt;* **~ chicken manure** getrockneter Hühnerdung

pell-mell [ˌpelˈmel] *(dated)* I. *adj* chaotisch, hektisch; **~ dash** wilde Jagd; **~ style** [*or* **manner**] hektische Art
II. *adv* panisch, chaotisch; ***the kids ran ~ for the ice cream van*** ein wilder Haufen Kinder stürmte auf den Eiswagen zu

pel·lu·cid [pɪˈluːsɪd, AM pəˈ] *adj* ① *inv (translucently clear)* durchsichtig, [glas]klar
② *(form: easily understood)* klar, deutlich

pel·met [ˌpelˈmɪt] *n* BRIT *of wood* Blende *f; of fabric* Schabracke *f,* Querbehang *m;* **to hang a ~** eine Schabracke anbringen

Pelo·pon·nese [ˌpeləpəˈniːz] *n no pl* ■**the ~** der [*o* die] Peloponnes

Pelo·pon·ne·sian [ˌpeləpəˈniːʃᵊn, -ʒᵊn, AM -ʒᵊn, -ʃən] *adj* peloponnesisch; **the ~ War** der Peloponnesische Krieg

pe·lo·ta [pəˈlɒtə, AM pəˈloʊṭə] *n* SPORT Pelota *f*

pe·lo·ton [ˈpɜlətɒn, AM -tɑːn] *n* SPORT Peloton *nt*

pelt[1] [pelt] *n (animal skin)* Fell *nt; (fur)* Pelz *m*

pelt[2] [pelt] I. *vt* ① *(bombard)* ■**to ~ sb with sth** jdn mit etw *dat* bewerfen; ***a meteorite shower ~ed the Earth yesterday*** gestern prasselte ein Meteoritenschauer auf die Erde nieder
② *(fig: assail)* ■**to ~ sb with sth** jdn mit etw *dat* bombardieren; **to ~ sb with insults** jdm Beleidigungen ins Gesicht schleudern
II. *vi* ① *impers (rain heavily)* ■**it's ~ing** es schüttet [*o* gießt] *fam*
② *(run)* umhertollen; **to ~ across the yard/into the room** über den Hof/in das Zimmer rennen; **to ~ through a book** durch ein Buch rasen *fam;* **to ~ through one's homework** seine Hausarbeiten runterrasseln *fam;* ■**to ~ after sth** etw *dat* hinterherjagen
III. *n no pl* ▸PHRASES: **to drive at full ~** mit Höchstgeschwindigkeit fahren; **to run at full ~** volle Pulle rennen *fam*
◆**pelt down** *vi rain, hail* niederprasseln; ***it's ~ing down with rain*** es gießt in Strömen *fam*

pelt·ing [ˈpeltɪŋ] I. *n no pl* ① *(sound)* Prasseln *nt*
② *(get beaten)* **to take a ~** verprügelt werden
II. *adj rain* prasselnd; ***the boxer attacked his opponent with ~ blows*** der Boxer ließ ein Feuerwerk an Schlägen auf seinen Gegner niederprasseln

pel·vic [ˈpelvɪk] *adj attr, inv* Becken-; **~ area** [*or* **region**] Beckengegend *f;* **~ fin** Bauchflosse *f*

pel·vis <*pl* -es> [ˈpelvɪs] *n* Becken *nt*

pen¹ [pen] I. *n (writing utensil)* Feder *f; (pencil)* Stift *m;* **ballpoint ~** Kugelschreiber *m;* **felt-tip ~** Filzstift *m;* **fountain ~** Füllfederhalter *m,* Füller *m,* Füllfeder *f* ÖSTERR, SÜDD, SCHWEIZ; **to make one's living by the ~** sich *dat* seinen Lebensunterhalt als Schriftsteller/Schriftstellerin verdienen; **to put** [*or* **set**] **~ to paper** zur Feder greifen; **with a stroke of the ~** mit einem Federstrich; **to live by one's ~** vom Schreiben leben; **to write in ~** mit Tinte schreiben
▸PHRASES: **the ~ is mightier than the sword** *(prov)* die Feder ist mächtiger als das Schwert
II. *vt* <-nn-> ■**to ~ sb sth** [*or* **sth to sb**] jdm etw schreiben

pen² [pen] I. *n* ❶ *(enclosed area)* Pferch *m;* MIL Bunker *m;* **to put an animal in a ~** ein Tier einpferchen
❷ AM *(fig sl: jail)* Kittchen *nt fam,* Knast *m fam;* **in the ~** im Kittchen; **to lock sb up in the ~** jdn hinter schwedische Gardinen sperren *fam;* **to throw sb in the ~** jdn in den Knast werfen *fam*
II. *vt* <-nn-> *usu passive* ■**to be ~ned** eingesperrt sein
◆**pen in** *vt* ❶ *(encage)* ■**to ~ in an animal** ein Tier einsperren; ■**to be ~ned in** *people* eingeschlossen sein; *(in car)* eingeklemmt sein
❷ *usu passive (fig: restrict)* **to feel ~ned in by sth** sich *akk* von etw *dat* eingeengt fühlen
◆**pen up** *vt* ■**to ~ up** ↻ **sb/an animal** jdn/ein Tier einschließen *a. fig;* ■**to be ~ned up** festsitzen

pe·nal ['pi:nᵊl] *adj inv* ❶ *attr (of punishment)* Straf-
❷ *(severe)* belastend; ***a ~ rate of tax on tobacco*** eine extrem [*o* empfindlich] hohe Tabaksteuer

pe·nal au'thor·ity *n* LAW Strafbehörde *f* **'pe·nal code** *n* Strafgesetzbuch *nt* **'pe·nal colo·ny** *n* Strafkolonie *f* **pe·nal 'court** *n* LAW Strafgericht *nt* **pe·nal in·sti·'tu·tion** *n* Strafanstalt *f*

pe·nali·za·tion [,pi:nᵊlaɪ'zeɪʃᵊn] *n (form)* Bestrafung *f*

pe·nal·ize ['pi:nᵊlaɪz] *vt* ❶ *(punish)* ■**to ~ sb** [**for sth**] jdn [für etw *akk*] bestrafen
❷ *(cause disadvantage)* ■**to ~ sb** jdn benachteiligen

'pe·nal law *n* Strafgesetz *nt* **'pe·nal of·fence** *n* Straftat *f* **pe·nal re·'form** *n* Strafrechtsreform *f* **pe·nal 'sen·tence** *n* Zwangsarbeit *f* **'pe·nal ser·vi·tude** *n* Zwangsarbeit *f* **pe·nal 'set·tle·ment** *n* Strafkolonie *f* **'pe·nal stat·ute** *n* Strafgesetz *nt* **'pe·nal sys·tem** *n* Rechtssystem *nt*

pen·al·ty ['penᵊlti, AM -ţi] *n* ❶ LAW Strafe *f,* Strafmaß *nt;* ***~ for improper use £50*** bei Missbrauch 50 Pfund Strafe; **on ~ of arrest** unter Androhung einer Haftstrafe; **maximum/minimum ~** Höchst-/Mindeststrafe *f;* **to carry a ~** eine Strafe vorsehen; **to pay a ~ for sth** für etw *akk* eine Strafe bezahlen
❷ *(fig: punishment)* Strafe *f;* **a heavy** [*or* **stiff**] **~** eine hohe Strafe; **to pay a ~ for sth** für etw *akk* bezahlen [*o* büßen]
❸ *(disadvantage)* Preis *m;* ***the ~ of freedom is responsibility*** Freiheit hat ihren Preis
❹ *(fine)* [Extra]gebühr *f;* **premium ~** Prämienzahlung *f*
❺ FBALL **to award** [*or* **give**] **a ~** einen Elfmeter geben [*o* verhängen]; **to concede/convert a ~** einen Elfmeter verursachen/verwandeln

'pen·al·ty area *n* FBALL Strafraum *m* **'pen·al·ty box** *n* ❶ FBALL Strafraum *m* ❷ *(in ice hockey)* Strafbank *f;* **to sit** [**out**] **in the ~** auf der Strafbank sitzen

'pen·al·ty charge *n* Strafgebühr *f* **'pen·al·ty clause** *n* [restriktive] Vertragsklausel, Strafklausel *f,* Strafbestimmung *f* **pen·al·ty 'in·ter·est, 'pen·al·ty rate** *n* Negativzins *m*

'pen·al·ty kick *n* SPORT Strafstoß *m;* FBALL Elfmeter *m;* **to award a ~** einen Elfmeter geben

'pen·al·ty point *n* AUTO, LAW Strafpunkt *m,* Punkt *m* in Flensburg *fam*

pen·al·ty 'shoot-out *n* FBALL Elfmeterschießen *nt* **'pen·al·ty spot** *n* FBALL Elfmeterpunkt *m*

pen·ance ['penən(t)s] *n no pl* ❶ *(self-punishment)* Buße *f*
❷ REL Buße *f;* **to do ~ for sth** für etw *akk* Buße tun

pen-and-ink [,penən'ɪŋk] *adj inv* Feder-, Tusche-; **~ drawing** Tusche-/Federzeichnung *f*

pe·na·tes [pɪn'ɑ:ti:z, AM pə'neɪţi:z] *npl* REL Penaten *pl fachspr*

'pen cap *n* Federkappe *f,* Füllerkappe *f,* SCHWEIZ *a.* Füllfederdeckel *m,* Füllfederkappe *f* ÖSTERR

pence [pen(t)s] *n pl of* **penny**

pen·chant ['pɑ̃:(ŋ)ʃɑ̃:(ŋ), AM *and also Brit* 'pentʃənt] *n usu sing (usu pej)* Neigung *f;* **to have a ~ for sth** einen Hang zu etw *dat* haben, eine Vorliebe für etw *akk* haben

pen·cil ['pen(t)sᵊl] I. *n* ❶ *(writing utensil)* Bleistift *m;* ■**in ~** mit Bleistift; **~ and paper** Papier und Bleistift; **to put** [*or* **set**] **~ to paper** den Bleistift zücken; **coloured ~** Farbstift *m;* **with ~ poised** mit gezücktem Stift; **to sharpen a ~** einen Bleistift spitzen
❷ *(thin line)* **a ~ of light** ein Lichtstrahl *m;* **~ thin** *people* dünn wie ein Bleistift *präd; things* hauchdünn
II. *n modifier* ❶ FASHION **~ eyeliner/eyeshadow** Eyeliner-/Lidschattenstift *m*
❷ *(made by pencil)* **~ drawing** Bleistiftzeichnung *f;* **~ mark** Bleistiftmarkierung *f;* **~ note** mit Bleistift geschriebene Notiz
❸ *(very thin)* **~ beam** dünner Strahl; **~ moustache** dünner Oberlippenbart; **~ skirt** Bleistiftrock *m*
III. *vt* <BRIT -ll- *or* AM *usu* -l-> ■**to ~ sth** etw mit Bleistift schreiben
◆**pencil in** *vt* ■**to ~ in** ↻ **sb/sth** jdn/etw vormerken

'pen·cil box *n* Federkasten *m veraltend* **'pen·cil case** *n* Federmäppchen *nt,* Federpenal *nt* ÖSTERR

'pen·cil lead *n no pl* Bleistiftmine *f*

pen·cilled ['pen(t)sᵊld], AM **pen·ciled** *adj inv* mit Bleistift geschrieben; **~ eyebrows** nachgezogene Augenbrauen **'pen·cil push·er** *n* AM *(pej fam)* Bürohengst *m pej fam* **'pen·cil sharp·en·er** *n* [Bleistift]spitzer *m*

pen·dant ['pendənt] I. *n* Anhänger *m;* **to wear a ~** eine Halskette mit Anhänger tragen
II. *adj inv* herabhängend *attr;* **~ lamp** Hängelampe *f*

pen·dent ['pendənt] *adj inv (form)* ❶ *(dangling)* herabhängend; **~ lamp** Hängelampe *f*
❷ LAW *(to be decided)* anhängig; **~ case/lawsuit** schwebendes Verfahren
❸ *(incomplete)* **~ sentence** abgebrochener Satz

pend·ing ['pendɪŋ] I. *adj inv* LAW anhängig; **~ deal** bevorstehender Abschluss; **~ lawsuit** schwebendes Verfahren
II. *prep (form)* ***~ advice from our lawyers ...*** bis zur Benachrichtigung durch unsere Anwälte ...; ***~ the notification of relatives*** bis zur Verständigung der Angehörigen; ***~ an investigation*** bis zu einer Untersuchung

pen·du·lous ['pendjᵊləs, AM -dʒələs] *adj (form)* herabhängend *attr;* **~ breasts** Hängebusen *m;* **~ ears** Segelohren *pl*

pen·du·lum ['pendjᵊləm, AM *esp* -dʒələm] I. *n* Pendel *nt; (fig)* ***after the red card the ~ swung back in United's favour*** nach der Roten Karte gewann die Mannschaft von United wieder die Oberhand
II. *n modifier* Pendel-; *(swinging)* schwingend; **~ clock** Pendeluhr *f;* **~ swing** Pendelbewegung *f*

pen·etrabil·ity [,penɪtrə'bɪləti, ,penə-, -ɪti, AM -əţi] *n* SCI Permeabilität *f,* Durchlässigkeit *f*

pen·etrable ['penɪtrəbl] *adj* durchdringlich; *(permeable)* durchlässig; *(knowledge)* ergründbar, verständlich

pen·etrate ['penɪtreɪt] *vt* ■**to ~ sth** ❶ *(move into)* in etw *akk* eindringen; **to ~ a market** in einen Markt eindringen; **to be ~d by a spy** ausspioniert werden
❷ *(spread through) smell* etw durchdringen
❸ *(fig: see through)* etw ergründen; **to ~ sb's ideas** jds Gedanken verstehen; **to ~ sb's mind** jdn durchschauen
❹ MED *vein* etw durchstechen

pen·etrat·ing ['penɪtreɪtɪŋ, AM -ţɪŋ] *adj* durchdringend *attr; analysis* eingehend; *observation* scharfsinnig; *scream* markerschütternd; *voice* schrill; **~ cold/heat** durchdringende Kälte/Hitze; **to give sb a ~ look** jdn mit einem bohrenden Blick ansehen; **~ mind** scharfer Verstand

pen·etrat·ing·ly ['penɪtreɪtɪŋli] *adv* durchdringend; *(remark)* scharfsinnig; *(observation)* scharf; ***he could be ~ serious*** er konnte durch und durch ernst sein

pen·etra·tion [,penɪ'treɪʃᵊn] *n* ❶ *(act)* Eindringen; COMM *of the market* Vordringen *nt kein pl* (**of** in +*akk*)
❷ *(sexual act)* Penetration *f*
❸ *(fig: insight)* Ergründung *f;* ***we can rely on his ~ to unearth the problem*** mit seinem Scharfsinn wird er das Problem sicher ausfindig machen können

pen·etra·tive ['penɪtrətɪv, AM -treɪţɪv] *adj* ❶ *(piercing)* durchdringend; *smell* stechend; **to make a ~ attack** einen Eroberungszug beginnen; **~ sex** Geschlechtsverkehr *m*
❷ *(showing insight)* **~ remark** scharfsinnige Bemerkung

'pen·friend *n* BRIT, AUS Brieffreund(in) *m(f)*

pen·guin ['peŋgwɪn] *n* Pinguin *m*

'pen·guin suit *n (fam)* Frack *m*

'pen·hold·er *n* ❶ *(shaft)* Federhalter *m*
❷ *(rack)* Behälter *m* für Schreibutensilien, Etui *nt* SCHWEIZ, Federkasten *m veraltend*

peni·cil·lin [,penɪ'sɪlɪn] *n* Penicillin *nt*

pe·nile ['pi:naɪl] *adj inv* ANAT Penis-; **~ prosthesis** Penisprothese *f*

pen·in·su·la [pə'nɪn(t)sjələ, AM -sələ] *n* Halbinsel *f;* **the Iberian P~** die iberische Halbinsel

pen·in·su·lar [pə'nɪn(t)sjələʳ, AM -sələ˞] *adj inv* Halbinsel-; ***there is a lovely ~ highway running along the coast*** auf der Halbinsel gibt es eine wunderschöne Straße, die die Küste umrundet; **the P~ War** der spanische Unabhängigkeitskrieg

pe·nis <*pl* -es *or* -nes> [pi:nɪs, *pl* -ni:z] *n* Penis *m;* **~ envy** Penisneid *m*

peni·tence ['penɪtᵊn(t)s] *n no pl* ❶ *(repentance)* Reue *f;* **to express** [*or* **show**] **~** Reue zeigen; **to be without ~** keine Reue zeigen
❷ REL Buße *f;* **to perform ~** Buße tun

peni·tent ['penɪtᵊnt] I. *n* REL Büßer(in) *m(f),* reuiger Sünder/reuige Sünderin
II. *adj (form)* reumütig

peni·ten·tial [,penɪ'ten(t)ʃᵊl] *adj* reuevoll, reuig; **~ act** Bußtat *f;* **~ punishment** Buße *f*

peni·ten·tia·ry [,penɪ'ten(t)ʃᵊri, AM -əri] I. *n* AM Gefängnis *nt;* **to lock sb up in/send sb to the ~** jdn ins Gefängnis sperren/stecken
II. *adj inv* ❶ *(repenting) mood, act* reumütig
❷ AM LAW **~ crime** strafbare Handlung, Straftat *f (auf die Gefängnisstrafe steht)*

peni·tent·ly ['penɪtᵊntli] *adv (form)* reumütig

'pen·knife *n* Taschenmesser *nt,* SCHWEIZ *a.* Sackmesser *nt* **'pen lid** *n* BRIT Füllerkappe *f,* ÖSTERR *a.* Füllfederkappe *f* **'pen·light** *n* Taschenlampe *f* **'pen-name** *n* Pseudonym *nt*

pen·nant ['penənt] I. *n (flag)* Wimpel *m;* AM SPORT Siegeswimpel *m*
II. *n modifier* AM SPORT **~ race** *Kampf um die Meisterschaft in einer Regionalliga*

pen·ni·less ['penɪləs] *adj* mittellos; ■**to be ~** keinen Pfennig [Geld] [*o* SCHWEIZ Rappen] [*o* ÖSTERR Groschen] haben; **to leave sb ~** jdn ohne einen Pfennig [*o* ÖSTERR Groschen] [*o* SCHWEIZ Rappen] zurücklassen; **to wind up ~** alles verlieren

pen·non ['penən] *n* Militärfahne *f*

penn'orth ['penəθ] *n* BRIT *see* **pennyworth**

Penn·syl·va·nian [,pensɪl'veɪniən, AM -sᵊl'veɪnjən] *adj inv* pennsylvanisch

pen·ny <*pl* -nies *or* BRIT pence> ['peni, *pl* pen(t)s] *n* Penny *m;* AM *(fam)* Centstück *nt; (fig)* ***I'll give you $5,000 and not a ~ more*** ich gebe Ihnen 5.000 Dollar und keinen Pfennig mehr; **a 50 ~ piece** ein 50-Pence-Stück *m;* **to not cost a ~** nichts kosten; **to save up one's pennies** sparen
▸PHRASES: **to count every ~** jeden Pfennig [*o* ÖSTERR Groschen] [*o* SCHWEIZ Rappen] zweimal umdrehen; **the ~ [has] dropped** BRIT der Groschen ist gefallen; **to not have a ~ to one's name** keinen Pfennig [*o* ÖSTERR Groschen] [*o* SCHWEIZ Rappen] haben *fam;* **to not have two pennies to rub together** arm wie eine Kirchenmaus sein *fam;* **pennies from heaven** *(dated)* ein Geschenk des Himmels; **to keep turn-**

P

ing up like a bad ~ immer wieder auftauchen; **look after** [*or* **take care of**] **the pennies and the pounds will look after** [*or* **take care of**] **themselves** *(prov)* wer den Pfennig [*o* ÖSTERR Groschen] [*o* SCHWEIZ Rappen] nicht ehrt, ist des Talers nicht wert *prov;* **in for a ~, in for a pound** *(prov)* wer A sagt, muss auch B sagen *prov;* **a pretty ~** eine [ganze] Stange Geld *fam;* **a ~ saved is a ~ earned** *(prov)* spare in der Zeit, dann hast du in der Not *prov;* **to spend a ~** pinkeln gehen *fam;* **a ~ for your thoughts** was [*o* woran] denkst du gerade?; **to be two** [*or* **ten**] **a ~** BRIT *(fam)* spottbillig sein, verramscht werden; **to be worth every ~** sein Geld wert sein

pen·ny ante [ˌpeniˈænt̬i] *adj inv* AM unbedeutend **pen·ny ar·'cade** *n* Spielsalon *m* **pen·ny 'dread·ful** *n* Groschenroman *m pej,* Schundroman *m* SCHWEIZ, ÖSTERR *pej* **pen·ny-'far·thing** *n* BRIT *(hist)* Hochrad *nt* **'pen·ny-pinch·ing I.** *n no pl* Pfennigfuchserei *f pej fam,* Rappenspalterei *f* SCHWEIZ *pej fam* **II.** *adj inv* geizig, knaus[e]rig **pen·ny 'share** *n* FIN Kleinaktie *f* **pen·ny 'stocks** *npl* STOCKEX Penny Stocks *pl* **'pen·ny whis·tle** *n* Blechflöte *f* **pen·ny 'wise** *adj* ■ **to be ~** das Geld zusammenhalten; **to be ~ and pound foolish** am falschen Ende sparen

pen·ny·worth [ˈpeniwəθ] *n* BRIT ❶ *(dated)* ***I'd like a ~ of humbugs, please*** ich möchte bitte für einen Penny Pfefferminzbonbons ❷ *(fig)* ***can you give me a ~ of your time?*** hast du einen Augenblick Zeit für mich?; **not a ~** nicht das Geringste; ***it won't make a ~ of difference to me*** das ist mir völlig gleich

pe·nolo·gist [piːˈnɒlədʒɪst, AM ˈnɑː] *n* LAW Pönologe, Pönologin *m, f fachspr*

pe·nol·ogy [piːˈnɒlədʒi, AM ˈnɑː] *n no pl* Pönologie *f*

'pen pal *n* Brieffreund(in) *m(f)* **'pen por·trait** *n* Kurzporträt *nt* **'pen-push·er** *n* BRIT, AUS *(pej fam)* Bürohengst *m pej fam*

pen·sion [ˈpen(t)ʃən] **I.** *n* ❶ *(retirement money)* Rente *f,* Pension *f* ÖSTERR; *(for civil servants)* Pension *f;* **occupational ~** betriebliche Altersversorgung, Betriebsrente *f,* Betriebspension *f* ÖSTERR; **portable ~** [auf eine andere Firma] übertragbarer Rentenanspruch [*o* ÖSTERR Pensionsanspruch]; **portable ~ plan** [auf eine andere Firma] übertragbares Altersversorgungssystem; **to draw a ~** Rente [*o* ÖSTERR Pension] beziehen; **to live on** [*or* **off**] **a ~** von der Rente [*o* ÖSTERR Pension] leben; **to retire on a ~** in Rente/Pension gehen

❷ *(boarding house)* Pension *f*

II. *n modifier (contribution, payment)* Renten-, ÖSTERR Pensions-; **~ book** Rentenausweis *m,* AHV-Ausweis *m* SCHWEIZ, Pensionistenausweis *m* ÖSTERR

◆**pension off** *vt* ■ **to ~ off** ◌ **sb** jdn [vorzeitig] pensionieren [*o* in den Ruhestand versetzen]; ■ **to ~ off** ◌ **sth** etw ausrangieren

pen·sion·able [ˈpen(t)ʃənəbl̩] *adj inv* BRIT pensionsberechtigt; **of ~ age** im Pensions-/Rentenalter; **~ salary** pensionsfähiges Gehalt

pen·sion ad·'just·ment *n* Rentenanpassung *f* **pen·sion 'ben·efit** *n* Versorgungsleistung *f* **pen·sion com·'mit·tee** *n + sing/pl vb* Pensionsausschuss *m* **pen·sion en·'ti·tle·ment** *n* Pensionsanspruch *m,* Rentenanspruch *m,* Pensionsanwartschaft *f*

pen·sion·er [ˈpen(t)ʃənəʳ, AM -ɚ] *n* BRIT Rentner(in) *m(f),* Pensionist(in) *m(f)* ÖSTERR; *(for civil servants)* Pensionär(in) *m(f),* Pensionist(in) *m(f)* ÖSTERR

'pen·sion fund *n* Pensionskasse *f,* Rentenfonds *m,* Vorsorgeeinrichtung *f;* **to draw on one's ~** Rente beziehen; **to pay** [*or* **make a payment**] **into one's ~** in die Rentenkasse einzahlen **pen·sion in·'sur·ance** *n* Rentenversicherung *f* **pen·sion 'pay·ment** *n* Pensionszahlung *f,* Rentenzahlung *f,* Rentenhöhe *f* **'pen·sion plan** *n* Altersversorgungsplan *m,* Pensionsplan *m* **pen·sion pro·'vi·sion** *n* Pensionsrückstellung *f* **'pen·sion re·serves** *npl* Pensionsrückstellungen *pl* **'pen·sion rights** *npl* Rentenanspruch *m,* Pensionsanspruch *m* ÖSTERR **'pen·sion scheme** *n* BRIT, AUS Rentenversicherung *f,* Pensionsversicherung *f* ÖSTERR, Altersversorgungsplan *m,* Versorgungsordnung *f;* **company ~** betriebliche Altersversorgung; **contributory ~** beitragspflichtige Rentenversicherung [*o* ÖSTERR Pensionsversicherung]; **graduated ~** gestaffeltes Rentensystem [*o* ÖSTERR Pensionssystem]; **non-contributory ~** beitragsfreie Rentenversicherung [*o* ÖSTERR Pensionsversicherung] **pen·sion 'sys·tem** *n* Pensionssystem *nt,* Rentensystem *nt*

pen·sive [ˈpen(t)sɪv] *adj* nachdenklich; **~ person** ernsthafter Mensch; **~ silence** gedankenverlorene Stille; ■ **to become ~** schwermütig werden

pen·sive·ly [ˈpen(t)sɪvli] *adv* nachdenklich

pen·ta·chlor·phe·nol [ˌpentəˌklɔːrˈfiːnɒl, AM -t̬əˌklɔːrˈfiːnoʊl, -nɔːl, -nɑːl] *n no pl,* **PCP** [piːsiːˈpiː] *n* CHEM Pentachlorphenol *nt,* PCP *nt*

pen·ta·cle [ˈpentəkl̩, AM -t̬-] *n* Pentakel *nt,* fünfeckiger Stern

pen·ta·gon [ˈpentəgən, AM ˈpent̬əgɑːn] *n* Fünfeck *nt*

Pen·ta·gon [ˈpent̬əgɑːn] AM **I.** *n no pl* ■ **the ~** das Pentagon

II. *n modifier (worker, official)* Pentagon-, aus dem Pentagon *nach n*

pen·tago·nal [penˈtægənəl] *adj inv* fünfeckig, pentagonal *fachspr; (pyramid)* fünfseitig

penta·gram [ˈpentəgræm] *n* Pentagramm *nt fachspr,* Drudenfuß *m fachspr*

pen·ta·he·dron <*pl* -dra *or* -s> [ˌpentəˈhiːdrən, -drɒn, AM -t̬əˈhiːdrən] *n* MATH Pentaeder *nt,* Fünfflächner *m*

pen·tame·ter [penˈtæmɪtəʳ, AM -ət̬ɚ] *n usu sing* LIT Pentameter *m fachspr;* **iambic ~** jambischer Pentameter

Pen·ta·teuch [ˈpentətjuːk, AM -t̬uːk] *n no pl* ■ **the ~** die fünf Bücher Mose

pen·tath·lete [penˈtæθliːt] *n* Fünfkämpfer(in) *m(f)*

pen·tath·lon [penˈtæθlɒn, AM -lɑːn] *n* Fünfkampf *m;* **to compete in a ~** an einem Fünfkampf teilnehmen

pen·ta·ton·ic [ˌpentəˈtɒnɪk, AM t̬əˈtɑːn] *adj inv* MUS pentatonisch *fachspr,* Fünfton-; **~ scale** fünfstufige Tonleiter

Pen·tecost [ˈpentɪkɒst, AM -t̬ɪkɑːst] *n no pl* REL ❶ *(Jewish)* jüdisches Erntefest

❷ *(Christian)* Pfingsten *nt*

Pen·tecos·tal [ˌpentɪˈkɒstəl, AM -t̬ɪˈkɑːst-] REL **I.** *n* Anhänger(in) *m(f)* der Pfingstbewegung

II. *adj inv* pfingstlerisch

Pen·tecos·tal·ism [ˌpentɪˈkɒstəlɪzəm, AM -t̬ɪˈkɑːst-] *n no pl* REL Pfingstbewegung *f*

pent·house [ˈpenthaʊs] *n* Penthaus *nt,* Penthouse *nt*

pent·house 'suite *n* Dachterrassenwohnung *f,* Penthaus *nt,* Penthouse *nt;* **to stay in a ~** in einem Penthouse wohnen

'pent-in, 'pent-up *adj inv emotions* aufgestaut

pe·nul·ti·mate [pəˈnʌltɪmət, AM pɪˈnʌlt̬əmət] *(form)* **I.** *n* ■ **the ~** der/die/das Vorletzte

II. *adj attr, inv* vorletzte(r, s)

pe·num·bra [pəˈnʌmbrə, AM pɪ-] *n* Halbschatten *m*

pe·nu·ri·ous [pəˈnjʊəriəs, AM -ˈnʊri-] *adj (form)* arm; **~ accommodation** karge Unterbringung; **~ conditions** ärmliche Bedingungen

penu·ry [ˈpənjəri, AM -jʊri] *n no pl (form)* Armut *f;* *of a company* finanzielle [*o* SCHWEIZ *a.* pekuniäre] Schwierigkeiten *pl*

peon [ˈpiːən, AM ˈpiːɑːn] *n* Tagelöhner(in) *m(f) (in Südamerika)*

peo·ny [ˈpiːəni] *n* Pfingstrose *f*

peo·ple [ˈpiːpl̩] **I.** *n* ❶ *pl (persons)* Leute *pl,* Menschen *pl;* **city ~** Städter *pl;* **country ~** Landbevölkerung *f;* **the beautiful ~** die Reichen und die Schönen; **homeless ~** Obdachlose *pl;* **rich ~** die Reichen *pl;* **the right ~** die richtigen Leute

❷ *pl (comprising a nation)* Volk *nt;* **~'s democracy/republic** Volksdemokratie/-republik *f;* **the chosen ~** REL das auserwählte Volk

❸ *pl (ordinary citizens)* ■ **the ~** das Volk, die breite Masse; **a ~'s car** ein Auto *nt* für jedermann; **~'s park** öffentlicher Park; **the will of the ~** der Wille des Volkes

❹ *(comprising a race, tribe)* ■ **~s** *pl* Völker *pl;* **the ~s of the world** die Völker der Erde

❺ *pl (dated fam: family)* **my ~** meine Leute [*o* Familie]

II. *vt usu passive* ■ **to be ~d** bevölkert [*o* besiedelt] sein; ■ **sth is ~d by sth** *book, novel, movie* etw ist voll [*o* wimmelt] von etw *dat;* ***these luxurious yachts are ~d by the rich*** auf diesen Luxusjachten tummeln sich die Reichen

III. *n modifier* **a ~ person** ein geselliger Mensch; **~ skills** Menschenkenntnis *f kein pl*

'peo·ple car·ri·er *n* Minivan *m* **'peo·ple mov·er** *n* Peoplemover *m (Fahrzeug zur Personenbeförderung)*

Peo·ple's Re·pub·lic of 'Chi·na *n,* **PRC** *n* Volksrepublik *f* China

'peo·ple-watch *vi* Leute studieren [*o* beobachten]

pep [pep] **I.** *n no pl (fam)* Elan *m,* Schwung *m;* **to be full of ~** voller Energie stecken

II. *vt* <-pp-> ■ **to ~ up** ◌ **sb** jdn in Schwung bringen [*o* munter machen]; ■ **to ~ up** ◌ **sth with sth** etw mit etw *dat* aufpeppen; **to ~ up business** das Geschäft ankurbeln

pep·per [ˈpepəʳ, AM -ɚ] **I.** *n* ❶ *no pl (spice)* Pfeffer *m;* **black/ground/white ~** schwarzer/gemahlener/weißer Pfeffer; **cayenne ~** Cayennepfeffer *m*

❷ *(vegetable)* Paprika *f;* **sweet** [*or* AM **bell**] **~** Paprikaschote *f;* ■ **~s** *pl* Paprikaschoten *pl*

❸ CAN *(pej dated sl: person) Französischsprachiger aus Quebec*

II. *n modifier (sauce, grinder)* Pfeffer-; **~ mace** Pfefferspray *nt (zur Selbstverteidigung);* **~ steak** Pfeffersteak *nt*

III. *vt* ❶ *(add pepper)* ■ **to ~ sth** etw pfeffern

❷ *(pelt)* ■ **to ~ sth/sb with sth** etw/jdn mit etw *dat* bombardieren; ***they ~ed the newly-weds with rice*** sie bewarfen die Neuvermählten mit Reis; **to ~ sb with bullets** jdn mit Kugeln durchsieben; ■ **to be ~ed with sth** *speech, comments* mit etw *dat* gespickt sein; *landscape, hill* mit etw *dat* übersät sein; **to be ~ed with mistakes** vor Fehlern strotzen

pep·per-and-'salt *adj attr, inv* graumeliert **'pep·per·box** *n* AM Pfefferstreuer *m* **'pep·per·corn** *n* Pfefferkorn *nt* **pep·per·corn 'rent** *n no pl* BRIT, AUS symbolische Miete; **to charge/pay a ~** nur symbolisch Miete verlangen/zahlen

pep·pered [pepəd, AM -ɚd] *adj inv* gepfeffert, mit Pfeffer *nach n*

'pep·per mill *n* Pfeffermühle *f* **'pep·per·mint I.** *n* ❶ *no pl (plant)* Pfefferminze *f* ❷ *(sweet)* Pfefferminz[bonbon] *nt* **II.** *n modifier (tea, leaves, sweet)* Pfefferminz-

pep·per·oni [ˌpepəˈrəʊni, AM -ˈroʊ-] *n (spicey sausage)* Pepperoni *f*

'pep·per pot BRIT, AUS, **'pep·per shak·er** *n* AM Pfefferstreuer *m*

pep·pery [ˈpepəri] *adj* ❶ *(with pepper flavour)* pfeffrig; *(full of pepper)* gepfeffert; **~ dish** scharfes Gericht

❷ *(fig: irritable)* aufbrausend, hitzköpfig; **~ person** Hitzkopf *m;* **~ temper** hitziges Temperament

'pep pill *n* Aufputschmittel *nt*

pep·py [ˈpepi] *adj* AM *(fam)* lebhaft, quirlig; *(performance)* schwungvoll

'pep ral·ly *n* AM SPORT Aufwärmspiel *nt;* **to hold a ~** ein Aufwärmspiel machen

Pep·si [ˈpepsi] *n* CAN *(pej dated sl) Französischsprachiger aus Quebec*

'pep talk *n* Motivationsgespräch *nt;* **to give sb a ~** mit jdm ein Motivationsgespräch führen

pep·tic [ˈpeptɪk] *adj inv* ANAT Verdauungs-, peptisch *fachspr;* **~ ulcer** Magengeschwür *nt*

Pé·quiste [ˈpeɪkɪst] *n* CAN *(fam) Mitglied der separatistischen Partei von Quebec, der Partie Québecois*

per [pɜːʳ, pəʳ, AM pɜːr, pɚ] *prep* ❶ *(for a)* pro; **~ capita** [*or* **head**] pro Kopf; **~ litre/person** pro Liter/Person; **~ procura** ECON per procura *fachspr,* im Auftrag

❷ *(in a)* pro; **~ annum** [*or* **year**] pro Jahr; **~ calendar month** pro Kalendermonat; **~ day/hour/kilometre** pro Tag/Stunde/Kilometer; **ten ~ hundred**

zehn von hundert
❸ *(through means of)* ~ **fax/mail/telephone** per Fax/Post/Telefon
❹ *(as stated in)* **as ~ sth** gemäß etw *dat;* ***as ~ our telephone conversation*** wie telefonisch besprochen; **as ~ usual** wie üblich
per·acid [pɜːˈræsɪd, AM pɜːr'-] *n no pl* CHEM Persäure *f*
per·am·bu·late [pəˈræmbjəleɪt] **I.** *vi (form)* umherwandern
II. *vt* ■**to ~ sth** durch etw *akk* spazieren [*o geh* wandeln]
per·am·bu·la·tion [pəˌræmbjəˈleiʃən] *n (dated form)* Spaziergang *m*
per·am·bu·la·tor [pəˈræmbjəleɪtər, AM -t̬ɚ] *n (form or dated)* Kinderwagen *m*
per an·num [pərˈænəm, AM pɚ-] *adv,* **pa** *inv (form)* per annum *geh,* pro [*o* im] Jahr
per·cale [pəˈkeɪl, AM pɚ-] *n no pl* FASHION Perkal *m fachspr*
per cal·en·dar ˈmonth *adv,* **pcm** *inv (form)* pro Monat **per capi·ta** [pərˈkæpɪtə, AM pɚˈkæpɪt̬ə] *inv (form)* **I.** *adv* ❶ *(per head)* pro Person [*o* Kopf] ❷ LAW *(divided among beneficiaries)* nach Köpfen **II.** *adj attr* Pro-Kopf-; ~ **consumption** Pro-Kopf-Verbrauch *m;* ~ **income** Pro-Kopf-Einkommen *nt*
per·ceiv·able [pəˈsiːvəbl̩, AM pɚ-] *adj* wahrnehmbar; ~ **change/improvement** spürbare Veränderung/Verbesserung
per·ceive [pəˈsiːv, AM pɚ-] *vt* ■**to ~ sth** ❶ *(see)* etw wahrnehmen; *(sense)* etw empfinden; ■**to ~ that ...** fühlen, dass ...
❷ *(regard)* etw betrachten; ***I ~d his comments as very critical*** seine Kommentare haben sehr kritisch auf mich gewirkt; ***how do the French ~ the British?*** wie sehen die Franzosen die Engländer?; ■**to ~ sb/sth to be sth** jdn/etw für etw *akk* halten
per·ceived [pəˈsiːvd, AM pɚ-] *adj attr* offensichtlich; ~ **dry countries** allgemein für trocken gehaltene Länder
per cent [pəˈsent], AM **per·cent** [pɚ-] **I.** *n* Prozent *nt;* ***what ~ ...?*** wie viel Prozent ...?
II. *adv inv* -prozentig, prozentual; ***I'm 100 ~ sure that ...*** ich bin mir hundertprozentig sicher, dass ...
III. *adj attr, inv* **25/50** ~ 25-/50-prozentig; ~ **increase** prozentualer Anstieg
per·cent·age [pəˈsentɪdʒ, AM pɚˈsent̬ɪdʒ] **I.** *n* ❶ *(rate)* Prozentsatz *m;* ***what ~ ...?*** wie viel Prozent ...?; ***the ~ of people who ...*** der Anteil der Leute, die ...; **to express sth as a ~** etw in Prozenten ausdrücken; **to get a ~ of sth** bei etw *dat* Provision [*o* Prozente] bekommen
❷ AM, AUS *(advantage)* Vorteil *m*
▸PHRASES: **to play the ~s** *bei Glücksspielen: Wetten auf die Favoriten setzen, nichts riskieren*
II. *n modifier* Prozent-; **on a ~ basis** prozentual; ~ **sign** Prozentzeichen
per·cent·age ˈpoint *n* Prozentpunkt *m;* **to rise by one ~** um ein Prozent steigen
per·cen·tile [pəˈsentaɪl, AM pɚ-] *n* ≈Prozent *nt;* UNIV, SCH *Bewertungssystem in Großbritannien, bei dem man bei 100 % die beste Note erreicht hat*
per·cept [pɜːˈsept, AM pɜːr-] *n* PHILOS wahrgenommener Gegenstand
per·cep·tible [pəˈseptəbl̩, AM pɚ-] *adj* wahrnehmbar; ~ **change** spürbare Veränderung; ~ **to the ears/the eye** mit den Ohren/für das Auge wahrnehmbar
per·cep·tibly [pəˈseptəbli, AM pɚ-] *adv* merklich, deutlich; **to change/improve/worsen ~** sich *akk* merklich verändern/verbessern/verschlechtern
per·cep·tion [pəˈsepʃən, AM pɚ-] *n usu sing* Wahrnehmung *f kein pl; of a conception* Auffassung *f kein pl;* **powers of ~** Wahrnehmungsvermögen *nt;* ~ **of reality** Wahrnehmung *f* der Wirklichkeit; ~ **of time** Zeitempfinden *nt*
per·cep·tive [pəˈseptɪv, AM pɚ-] *adj* einfühlsam; *(attentive)* aufmerksam; *analysis, remark* scharfsinnig; *observer* aufmerksam
per·cep·tive·ly [pəˈseptɪvli, AM pɚ-] *adv* scharfsinnig; *(attentive)* aufmerksam, umsichtig; **to speak/write ~ on sth** etw kritisch beleuchten
per·cep·tive·ness [pəˈseptɪvnəs, AM pɚ-] *n no pl* Wahrnehmungsvermögen *nt; (sensitivity)* Einfühlungsvermögen *nt; (attentiveness)* Aufmerksamkeit *f*
per·cep·tual [pəˈseptʃuəl] *adj* wahrnehmend, erfassend
perch¹ [pɜːtʃ, AM pɜːrtʃ] **I.** *n* <*pl* -es> ❶ *(for birds)* Sitzstange *f*
❷ *(high location)* Hochsitz *m*
▸PHRASES: **to <u>come</u>** [*or* **<u>get</u>**] **off one's ~** von seinem hohen Ross heruntersteigen; **to <u>knock</u> sb off his/her ~** jdn von seinem hohen Ross runterholen
II. *vi* ■**to ~ on sth** *bird* auf etw *dat* sitzen; *person* auf etw *dat* thronen
III. *vt* ■**to ~ sth somewhere** etw auf etw *akk* stecken; ***with his glasses ~ed on his nose, ...*** mit der Brille auf der Nase ...; ■**to be ~ed somewhere** auf etw *dat* thronen; ■**to ~ oneself on sth** sich *akk* auf etw *dat* niederlassen
perch² <*pl* - *or* -es> [pɜːtʃ, AM pɜːrtʃ] *n (fish)* Flussbarsch *m*
per·chance [pəˈtʃɑːn(t)s, AM pɚˈtʃæn(t)s] *adv inv (liter or old)* vielleicht, zufällig
per·cipi·ent [pəˈsɪpiənt, AM pɚ-] *adj (form)* scharfsinnig; *eyes* scharf; ■**to be ~ of sth** etw erkennen
per·co·late [ˈpɜːkəleɪt, AM ˈpɜːr-] **I.** *vt* ■**to ~ sth** etw filtrieren; **to ~ coffee** Filterkaffee zubereiten
II. *vi* ❶ *(filter through) water* durchsickern; *sand* durchrieseln; *coffee* durchlaufen
❷ *(fig: spread)* durchsickern
per·co·la·tor [ˈpɜːkəleɪtər, AM ˈpɜːrkəleɪt̬ɚ] *n* Kaffeemaschine *f*
per·cus·sion [pəˈkʌʃən, AM pɚ-] **I.** *n no pl* Percussion *f,* Schlagzeug *nt;* **to play ~** Schlagzeug spielen; ■**to be on ~** am Schlagzeug sein
II. *n modifier* ❶ MUS Schlag-; ~ **instrument** Schlaginstrument *nt;* ~ **player** Schlagzeuger(in) *m(f);* ~ **solo** Schlagzeugsolo *nt*
❷ *(striking)* ~ **gun** Perkussionsgewehr *nt*
per·ˈcus·sion cap *n* Zündhütchen *nt*
per·cus·sion·ist [pəˈkʌʃənɪst, AM pɚ-] *n* Schlagzeuger(in) *m(f)*
per·cus·sive [pəˈkʌsɪv, AM pɚ-] *adj inv* Schlag-; ~ **rhythm** Percussion-Rhythmus *m*
per diem [ˌpɜːˈdiːem, -ˈdaɪ-] *adj* ~ **allowance** Tagegeld *nt,* Tagesspesen *pl*
per·di·tion [pəˈdɪʃən, AM pɚ-] *n no pl* ❶ *(liter: damnation)* [ewige] Verdammnis
❷ *(fig: ruin)* Verderben *nt*
per·dur·able [pəˈdjuːrəbl̩, AM pɚˈduː-, pɚˈdjuː-] *adj (form)* immer während
per·egri·na·tion [ˌperəgrɪˈneɪʃən] *n (form)* Reise *f,* Wanderschaft *f geh*
per·egrine [ˈperəgrɪn] **I.** *n* Wanderfalke *m*
II. *adj attr, inv (old)* fremdländisch
per·egrine ˈfal·con *n* Wanderfalke *m*
per·emp·tori·ly [pəˈrem(p)tərili] *adv inv* gebieterisch, herrisch
per·emp·tory [pəˈrem(p)təri] *adj inv* ❶ *(autocratic)* gebieterisch; ~ **behaviour** herrisches [*o* diktatorisches] Verhalten; ~ **statement** kategorische Anordnung
❷ LAW End-; ~ **challenge** *Ablehnung eines Geschworenen ohne Angabe der Gründe;* ~ **decision** Endurteil *nt;* ~ **writ** gerichtliche Verfügung
per·en·nial [pəˈreniəl] **I.** *n* mehrjährige Pflanze
II. *adj attr, inv* ❶ *(not annual)* mehrjährig, perennierend *fachspr*
❷ *(constant)* immer während; *(repeated)* immer wiederkehrend *attr;* ~ **beauty/truth** unsterbliche Schönheit/Wahrheit; ~ **favourite** Dauerbrenner *m;* ~ **problem** ewiges Problem
per·en·nial·ly [pəˈreniəli] *adv inv* ständig
pere·stroi·ka [ˌperəˈstrɔɪkə] *n no pl* POL Perestroika *f fachspr*
per·fect **I.** *adj* [ˈpɜːfɪkt, AM ˈpɜːr-] *inv* ❶ *(without fault)* vollkommen, perfekt; **to have ~ attendance** nie fehlen; ~ **calm** völlige [*o* vollkommene] Ruhe; ~ **circle** vollkommener Kreis; **in ~ condition** im makellosen Zustand, einwandfrei; ~ **crime** perfektes Verbrechen; ~ **gentleman** vollkommener Gentleman; ~ **happiness** vollkommenes Glück; ~ **idiot** [*or* **fool**] völliger Idiot; **to be ~ in a language** eine Sprache perfekt beherrschen; **to be a ~ match for sth/sb** perfekt zu etw/jdm passen; ~ **opportunity** ideale Gelegenheit; **sb has a ~ right to do sth** es ist jds gutes Recht, etw zu tun; ~ **silence** vollkommene Stille; ~ **stranger** völlig Fremde(r) *f(m);* ~ **in every way** absolut vollkommen; **to be far from ~** alles andere als perfekt sein
❷ SCI ~ **plate** theoretischer Boden; ~ **shadow** Kernschatten *m*
II. *vt* [pəˈfekt, AM pɜːr'-] ■**to ~ sth** etw perfektionieren [*o* vervollkommnen]; ***he has ~ed the art of cheating*** er beherrscht perfekt die Kunst des Falschspiels
III. *n* [ˈpɜːfɪkt, AM ˈpɜːr-] *no pl* LING Perfekt *nt;* **future ~** vollendete Zukunft; **past ~** Plusquamperfekt *nt fachspr,* Vorvergangenheit *f;* [**present**] ~ Perfekt *nt fachspr,* zweite Vergangenheit
per·fect·ibil·ity [pəˌfektɪˈbɪləti, AM pɚˌfektəˈbɪlət̬i] *n no pl* Verbesserungsfähigkeit *f*
per·fect·ible [pəˈfektəbəl, AM pɚ-] *adj inv* vervollkommnungsfähig
per·fec·tion [pəˈfekʃən, AM pɚ-] *n no pl* Perfektion *f,* Vollkommenheit *f;* ***the fish was cooked to ~*** der Fisch war vollauf gelungen; **sheer ~** Perfektion *f* in Vollendung; **to attain** [*or* **achieve**] **~** Perfektion [*o* Vollkommenheit] erlangen; **to be ~ itself** absolut perfekt sein; ■**to do sth to ~** etw vortrefflich [*o* perfekt] machen
per·fec·tion·ism [pəˈfekʃənɪzəm, AM pɚ-] *n no pl* Perfektionismus *m;* **obsessive ~** zwanghafter Perfektionismus
per·fec·tion·ist [pəˈfekʃənɪst, AM pɚ-] *n* Perfektionist(in) *m(f)*
per·fec·tio·nista [pəˌfekʃəˈniːstə, AM pɚ-] *n* Perfektionistin *f*
per·fec·tive [pəˈfektɪv, AM pɚˈ-] LING **I.** *adj inv* perfektivisch
II. *n no pl* ■**the ~** die perfektive Aktionsart
per·fect·ly [ˈpɜːfɪk(t)li, AM ˈpɜːr-] *adv inv* vollkommen, perfekt; ***you know ~ well what I'm talking about*** du weißt ganz genau, wovon ich rede; ~ **clear** absolut klar *fam;* ~ **happy** vollkommen glücklich; **to be ~ honest** [*or* **frank**] **...** ehrlich gesagt, ..., um ehrlich zu sein, ...; ~ **horrible** wirklich schrecklich; ~ **possible** gut möglich; **to be ~ right** vollkommen Recht haben; **to be ~ still** mucksmäuschenstill sein; **to stand ~ still** völlig regungslos dastehen
per·fect par·ˈti·ci·ple *n* LING Partizip Perfekt *nt*
per·fect ˈpitch *n no pl* absolutes Gehör; **to have ~** das absolute Gehör haben
per·fidi·ous [pəˈfɪdiəs, AM pɚ-] *adj (liter)* perfid[e] *geh;* ~ **attack** heimtückischer Anschlag; ~ **lie** gemeine Lüge
per·fi·dy [ˈpɜːfɪdi, AM ˈpɜːrfə-] *n no pl (liter)* Perfidie *f geh*
per·fo·rate [ˈpɜːfəreɪt, AM ˈpɜːrfər-] *vt* ■**to ~ sth** etw perforieren; *(once)* etw durchstechen
per·fo·rat·ed [ˈpɜːfəreɪtɪd, AM ˈpɜːrfəreɪt̬-] *adj inv* perforiert; ~ **eardrum** geplatztes Trommelfell; ~ **metal** Lochmetall *nt;* ~ **ulcer** durchgebrochenes [*o fachspr* perforiertes] Magengeschwür
per·fo·rat·ed ˈspoon *n* Schaumlöffel *m*
per·fo·ra·tion [ˌpɜːfərˈeɪʃən, AM ˌpɜːrfəˈreɪ-] *n* ❶ *(hole in sth)* Loch *nt*
❷ *also* MED *(set of holes)* Perforation *f*
❸ *no pl (act)* Perforieren *nt*
per·force [pəˈfɔːs, AM pɚˈfɔːrs] *adv inv (liter)* notgedrungen
per·form [pəˈfɔːm, AM pɚˈfɔːrm] **I.** *vt* ❶ ■**to ~ sth** *(entertain)* etw vorführen; *play, opera, ballet, symphony* etw aufführen; *(sing)* etw singen [*o* vortragen]; *(on an instrument)* etw spielen; **to ~ a part** eine Rolle spielen
❷ *(do)* ■**to ~ sth** etw verrichten; **to ~ one's duty/a function** seine Pflicht/eine Funktion erfüllen; **to ~ a task** eine Aufgabe verrichten
❸ MED, SCI *(carry out)* ■**to ~ sth** etw durchführen; **to ~ an experiment** ein Experiment durchführen; **to ~ an operation** eine Operation durchführen [*o*

P

vornehmen]
❹ REL **to ~ a ceremony/ritual** eine Zeremonie/ein Ritual vollziehen
II. *vi* ❶ *(on stage)* auftreten; *(sing)* singen; *(play)* spielen; **to ~ on the piano** Klavier spielen; **to ~ on stage** auftreten
❷ *(function)* funktionieren; *car* laufen; **to ~ poorly/well** schlecht/gut funktionieren; ***these tyres ~ poorly in hot weather*** diese Reifen bieten bei Hitze schlechte Haftung; ***the equipment ~ed well during the tests*** die Ausrüstung hat sich bei den Tests bewährt
❸ *(do, act)* ***how did she ~?*** wie war sie?; **to ~ badly/well** schlecht/gut sein; ***did the team ~ well?*** hat die Mannschaft gut gespielt?; **to ~ well in a competition/an exam/a test** bei einem Wettbewerb/einer Prüfung/einem Test gut abschneiden

per·for·mance [pəˈfɔːmən(t)s, AM pɚˈfɔːrm-] **I.** *n* ❶ *(entertaining, showing)* Vorführung *f; of a play, opera, ballet, symphony* Aufführung *f; of a part* Darstellung *f; of a song, musical piece* Darbietung *f; (show, event)* Vorstellung *f;* **farewell ~** Abschiedsvorstellung *f;* **to put on a ~ of a play** ein Stück aufführen; **a very creditable ~** eine ganz akzeptable Vorstellung; **to give a ~** eine Vorstellung geben; **to avoid a repeat ~** *(fig)* eine Wiederholung vermeiden
❷ *(capability, effectiveness)* Leistung *f;* ***the poor ~ of the shares on the stock market*** das schlechte Abschneiden der Aktien an der Börse; **to give a good/poor ~** eine starke/schwache Leistung zeigen
❸ *no pl (execution)* ■**the ~ of sth** die Ausführung einer S. *gen;* **the ~ of a duty/task** die Erfüllung einer Pflicht/Aufgabe; **in the ~ of one's duty** in Ausübung seiner Pflicht; **the ~ of services** die Erbringung von Dienstleistungen
❹ *(fam: fuss)* Theater *nt kein pl fig pej fam;* ***what a ~!*** was für ein Theater! *fig pej fam;* ***he repeated his ~ at dinner*** beim Essen benahm er sich wieder genauso daneben; ***to get a visa for that country is quite a ~*** es ist ein ziemlicher Akt, für dieses Land ein Visum zu bekommen *fam*
❺ BRIT *(fam: difficult job)* **to be quite/such a ~** eine Heidenarbeit sein *fam*
❻ LING Performanz *f fachspr*
❼ FIN Wertentwicklung *f,* Wertbewegung *f*
II. *n modifier (evaluation, problem, results)* Leistungs-; **~ bonus** Leistungsprämie *f;* **~ statistics of a car** Leistungsmerkmale *pl* eines Autos; **~ test** Eignungstest *m*

per·ˈfor·mance analy·sis *n of employee, strategy* Leistungsanalyse *f; of shares* Performance-Analyse *f*

per·ˈfor·mance art *n no pl* Performance *f*

per·ˈfor·mance as·sess·ment *n of employee, strategy* Leistungsbeurteilung *f; of shares* Performance-Messung *f* **perˈformance-based** *adj* leistungsorientiert **per·ˈfor·mance-en·hanc·ing** *adj attr drugs, substances* leistungssteigernd, zur Leistungsverbesserung *nach n* **per·ˈfor·mance fund** *n Investmentfonds, der einen möglichst hohen Wertzuwachs anstrebt* **per·ˈfor·mance lev·el** *n* ❶ *(achievement)* Leistungsniveau *nt,* Leistung *f* ❷ ECON, MECH *(output)* Leistung *f; (efficiency)* Wirkungsgrad *m* **performance-ˈoriented** *adj* leistungsorientiert **per·ˈfor·mance rat·ing** *n* Leistungsbewertung *f* **per·ˈfor·mance re·port** *n* Leistungsbericht *m;* **to write [***or* **put together] a ~ on sth** einen Leistungsbericht über etw *akk* schreiben **per·ˈfor·mance share** *n* STOCKEX Aktie *f* mit potenziell hohem Wertgewinn

per·for·ma·tive [pəˈfɔːmətɪv, AM pɚˈfɔːrmət̬ɪv] LING, PHILOS **I.** *adj inv* performativ, performatorisch
II. *n* Performanz *f*

per·form·er [pəˈfɔːməʳ, AM pɚˈfɔːrmɚ] *n* ❶ *(artist)* Künstler(in) *m(f);* **accomplished ~** talentierter Künstler/talentierte Künstlerin; *(actor)* Darsteller(in) *m(f)*
❷ *(achiever)* **to be a poor ~ [in school]** ein schlechter Schüler/eine schlechte Schülerin sein; **star ~** Star *m;* COMM *(successful enterprise)* Umsatzträger *m*

per·form·ing [pəˈfɔːmɪŋ, AM pɚˈfɔːr-] **I.** *n no pl* THEAT Theaterspielen *nt;* MUS Spielen *nt*
II. *adj attr, inv* ❶ *(doing tricks) animals* dressiert
❷ LAW **~ party** Leistende(r) *f(m)*

per·form·ing ˈarts *npl* ■**the ~** die darstellenden Künste **per·ˈform·ing rights** *npl* Aufführungsrechte *pl*

per·fume I. *n* [ˈpɜːfjuːm, AM ˈpɜːr-] ❶ *(scented liquid)* Parfüm *nt;* **to put on ~** sich *akk* parfümieren; **to wear ~** Parfüm tragen
❷ *of a flower* Duft *m*
II. *n* [ˈpɜːfjuːm, AM ˈpɜːr-] *modifier (shop, bottle, counter)* Parfüm-; **~ maker** Parfümhersteller(in) *m(f),* Parfümeur(in) *m(f)*
III. *vt* [pəˈfjuːm, AM pɚˈ-] ■**to ~ sth** etw parfümieren; ***flowers ~d the air*** der Duft der Blumen erfüllte die Luft; **to ~ a sauce with sth** eine Soße mit etw *dat* würzen [*o fachspr* parfümieren]

ˈper·fume chem·ist *n* Parfümeur, Parfümeuse *m, f*

per·fumed [ˈpɜːfjuːmd, AM pɚˈfjumd] *adj inv* ❶ *(naturally sweet-smelling)* duftend *attr*
❷ *(with perfume added)* parfümiert

per·fum·er [pəˈfjuːməʳ, AM pɚˈfjumɚ] *n* ❶ *(maker of perfumes)* Parfümeur(in) *f*
❷ *(shop, person selling perfume)* Parfümhändler(in) *m(f)*

per·fum·ery <*pl* -ries> [pəˈfjuːmᵊri, AM pɚˈ-] *n* ❶ *no pl (production of perfumes)* Parfümherstellung *f*
❷ *(shop)* Parfümerie *f*
❸ *(manufacturer of perfumes)* Parfümhersteller *m*

per·func·tori·ly [pəˈfʌŋ(k)tᵊrᵊli, AM pɚˈfʌŋ(k)tɚəli] *adv* flüchtig; ***she ~ dismissed the idea as nonsense*** sie hat den Vorschlag einfach als unsinnig abgetan; **to examine/read sth ~** etw überfliegen; **to smile ~** abwesend lächeln

per·func·tory [pəˈfʌŋ(k)tᵊri, AM pɚ-] *adj* flüchtig; *examination* oberflächlich; ***she made a ~ enquiry about his health*** der Form halber erkundigte sie sich nach seiner Gesundheit; **~ manner** abweisende Art

per·go·la [ˈpɜːgᵊlə, AM ˈpɜːr-] *n* Pergola *f*

per·haps [pəˈhæps, præps, AM pɚˈhæps] *adv inv* ❶ *(maybe)* vielleicht; **~ so** ja, vielleicht
❷ *(about)* etwa, ungefähr

peri·dot [ˈperɪdɒt, AM -dɑːt] *n* Peridot *m fachspr*

per·il [ˈperᵊl] *n (form: danger)* Gefahr *f; (risk)* Risiko *nt;* **to be in ~** in Gefahr sein; ***he is in ~ of his life*** er ist in Lebensgefahr; **at one's ~** auf eigene Gefahr

peri·lous [ˈperᵊləs] *adj (form: dangerous)* gefährlich; *(risky)* riskant

peri·lous·ly [ˈperᵊləsli] *adv (form)* gefährlich

peri·meno·pause [perɪˈmenəʊpɔːz, -menəpɔːz, AM -ˈmenəpɑːz] *n* MED Perimenopause *f fachspr*

pe·rim·eter [pəˈrɪmɪtəʳ, AM -ət̬ɚ] *n* ❶ *(border)* Grenze *f*
❷ MATH Umfang *m,* Perimeter *m fachspr*

pe·rim·eter ˈfence *n* Umzäunung *f*

peri·neum <*pl* -s> [ˌperiˈniːəm] *n* ANAT Perineum *nt,* Damm *m*

pe·ri·od [ˈpɪəriəd, AM ˈpɪr-] **I.** *n* ❶ *(length of time)* Zeitspanne *f,* Zeitraum *m,* Periode *f;* ***he was unemployed for a long ~ [of time]*** er war lange [Zeit] arbeitslos; **~ of gestation** Schwangerschaftsdauer *f;* **~ of grace** Nachfrist *f;* **for a ~ of three months** für die Dauer von drei Monaten; **~s of sun** sonnige Abschnitte; **trial ~** Probezeit *f;* **during [***or* **in] [***or* **over] a ~ of ten years** in einem [*o* über einen] Zeitraum von zehn Jahren; **within the agreed ~** innerhalb der festgelegten Frist; **a fixed ~** eine festgelegte Frist
❷ *(lesson)* Stunde *f;* ***what have you got [in] third ~?*** was hast du in der dritten Stunde?
❸ *(time in life, history, development)* Zeit *f; (distinct time)* Zeitabschnitt *m,* Periode *f geh; (phase)* Phase *f;* **incubation ~** Inkubationszeit *f;* **~ of office** Amtszeit *f;* **colonial ~** Kolonialzeit *f;* **Dali's surrealistic ~** Dalis surrealistische Periode; **the Victorian ~** das viktorianische Zeitalter; **of the ~** der damaligen Zeit
❹ GEOL Periode *f geh;* **Precambrian ~** Präkambrium *nt fachspr*
❺ *(fam: menstruation)* Periode *f;* ***she missed her ~*** ihre Periode ist ausgeblieben; **to get/have one's ~** seine Periode bekommen/haben
❻ AM LING *(also fig: full stop)* Punkt *m a. fig;* ***you are not getting into the team, ~!*** du kommst nicht in die Mannschaft, Punkt, aus!
II. *n modifier* ❶ *(of an earlier period) chair, clothing, vase* historisch; *(set in an earlier period) drama, novel* historisch
❷ *(concerning menstruation) cramps, days* Menstruations-; **~ pain** Menstruationsschmerzen *pl*

pe·ri·od ˈcos·tume *n* historische Kleidung *f* **pe·ri·od ˈdress** *n no pl* historisches Kostüm **pe·ri·od ˈfur·ni·ture** *n no pl (antique)* antike Möbel; *(reproduction)* Stilmöbel *pl*

pe·ri·od·ic [ˌpɪəriˈɒdɪk, AM ˌpɪriˈɑːd-] *adj attr, inv* ❶ *(reoccurring)* periodisch *geh,* regelmäßig [wiederkehrend]
❷ CHEM **~ law** Gesetz *nt* der Periodizität *fachspr;* **~ system** Periodensystem *nt fachspr*

pe·ri·odi·cal [ˌpɪəriˈɒdɪkᵊl, AM ˌpɪriˈɑːd-] **I.** *n* Zeitschrift *f; (specialist journal also)* Periodikum *nt fachspr*
II. *adj attr, inv* periodisch *geh,* regelmäßig wiederkehrend

pe·ri·odi·cal·ly [ˌpɪəriˈɒdɪkᵊli, AM ˌpɪriˈɑːd-] *adv inv* periodisch, in regelmäßigen Abständen

pe·rio·dic·ity [ˌpɪəriəˈdɪsəti, AM ˌpɪrioʊˈdɪsət̬i] *n no pl (spec)* Periodizität *f;* ELEC Periodenzahl *f*

pe·ri·od·ic sys·tem of el·ements *n no pl* CHEM Periodensystem *nt* der Elemente **pe·ri·od·ic ˈta·ble** *n no pl* CHEM Periodensystem *nt fachspr*

pe·ri·od of ˈno·tice *n* Kündigungsfrist *f* **pe·ri·od of ˈof·fice** *n* Amtszeit *f*

ˈpe·ri·od piece *n* ❶ LIT historisches Stück
❷ *(antique)* antikes Stück

peri·pa·tet·ic [ˌperipəˈtetɪk, AM -ˈtet̬-] *adj attr, inv* ❶ *(form: travelling)* umherreisend; **~ salesman** fliegender Händler; **~ teacher** *Lehrer/-in, der/die an mehreren Schulen unterrichtet*
❷ PHILOS peripathetisch *fachspr*

pe·riph·er·al [pəˈrɪfᵊrᵊl, AM -ˈrɪfɚ-] **I.** *adj inv* ❶ *(minor)* unbedeutend, unwesentlich; ■**to be ~ to sth** für etw *akk* von geringer Bedeutung sein
❷ MED peripher *fachspr;* **~ nervous system** peripheres Nervensystem; **~ vision** peripheres Gesichtsfeld
❸ *(at the edge)* Rand-, peripher *geh*
II. *n* COMPUT Peripherie *f fachspr,* Peripheriegerät *nt; (to be attached to main computer)* Anschlussgerät *nt*

pe·riph·ery [pəˈrɪfᵊri, AM -ˈrɪfɚi] *n usu sing* Rand *m; of a town, an area* Peripherie *f;* **on the ~ of society** am Rand der Gesellschaft; **on the ~ of one's vision** am Rand des Blickfelds

pe·riph·ra·sis <*pl* -ses> [pəˈrɪfrəsɪs] *n* Paraphrase *f fachspr*

peri·scope [ˈperɪskəʊp, AM -skoʊp] *n* Periskop *nt*

per·ish [ˈperɪʃ] **I.** *vi* ❶ *(form liter: die)* sterben, umkommen; *(be destroyed)* untergehen *a. fig*
❷ BRIT, AUS *(deteriorate) rubber, leather* brüchig werden; *food* verderben
II. *vt* ■**to ~ sth** etw zugrunde richten
▸ PHRASES: **~ the thought** *(fam)* Gott behüte [*o* bewahre]!

per·ish·able [ˈperɪʃəbl̩] *adj* ❶ *food* [leicht] verderblich
❷ *(transitory)* vergänglich

per·ish·ables [ˈperɪʃəbl̩z] *npl* leicht verderbliche Lebensmittel

per·ished [ˈperɪʃt] *adj inv* ❶ *food* verdorben
❷ AUS, BRIT *(fig fam: overcome)* ***I'm ~ with hunger*** ich komme fast um vor Hunger; **to be ~ with cold** völlig durchgefroren sein

per·ish·er [ˈperɪʃəʳ] *n* BRIT *(fam)* Teufelsbraten *m fam*

per·ish·ing [ˈperɪʃɪŋ] *adj inv* ❶ BRIT, AUS *(fam: extremely cold)* bitterkalt
❷ *attr, inv* BRIT, AUS *(dated: damn)* verdammt *pej fam,* verflucht *pej fam*

peri·style ['perɪstaɪl] *n* ARCHIT Säulengang *m*, Peristyl *nt fachspr*

peri·to·ni·tis [ˌperɪtə(ʊ)'naɪtɪs, AM -toʊ'naɪt̬ɪs] *n no pl* MED Peritonitis *f fachspr*, Bauchfellentzündung *f*

peri·win·kle ['perɪˌwɪŋkl] *n* ① *(evergreen plant)* Immergrün *nt*
② AM *(sea snail)* Strandschnecke *f*

per·jure ['pɜːdʒəʳ, AM 'pɜːrdʒɚ] *vt* ■**to ~ oneself** einen Meineid schwören

per·jured ['pɜːdʒəd, AM 'pɜːrdʒɚd] *adj inv testimony, witness* meineidig

per·jur·er ['pɜːdʒᵊrəʳ, AM 'pɜːrdʒɚɚ] *n* Meineidige(r) *f(m)*

per·jury ['pɜːdʒᵊri, AM 'pɜːr-] *n* Meineid *nt;* **to accuse sb of ~** jdn des Meineids beschuldigen; **to commit ~** einen Meineid schwören

perk¹ [pɜːk, AM pɜːrk] *n* ① *(additional benefit)* Vergünstigung *f*
② *(advantage)* Vorteil *m*

perk² [pɜːk, AM pɜːrk] **I.** *vt (fam)* **to ~ coffee** Kaffee machen
II. *vi (fam)* durchlaufen

perk³ [pɜːk, AM pɜːrk] *adj* DIAL *(perky)* munter
◆**perk up I.** *vi* ① *(cheer up)* aufleben, munter werden; ■**sb ~s up at sth** etw heitert jdn auf
② *(become more awake, livelier)* munter werden
③ *(increase, recover)* steigen, sich *akk* erholen; *share prices* fester tendieren
II. *vt* ① *(cheer up)* ■**to ~ up** ↔ **sb** jdn aufheitern
② *(energize)* ■**to ~ up** ↔ **sb** jdn aufmuntern [*o* munter machen]
③ *(cause increase)* ■**to ~ up** ↔ **sth** etw steigern; **to ~ up a business** ein Geschäft ankurbeln; **to ~ up the stocks** den Aktienkurs in die Höhe schnellen lassen

perki·ly ['pɜːkɪli, AM 'pɜːrk-] *adv* ① *(cheerfully)* munter
② *(cheekily)* keck

perki·ness ['pɜːkɪnəs, AM 'pɜːrk-] *n no pl* ① *(liveliness)* Munterkeit *f*
② *(cheekiness)* Keckheit *f*

perky ['pɜːki, AM 'pɜːrki] *adj* ① *(lively)* munter
② *(cheeky)* keck

perm¹ [pɜːm, AM pɜːrm] *n (fam) short for* **permanent wave** Dauerwelle *f*

perm² [pɜːm, AM pɜːrm] *vt* **to ~ hair** Dauerwellen machen; **to ~ sb's hair** jdm eine Dauerwelle machen; **~ed hair** Dauerwellen *pl;* **to get** [*or* **have**] **one's hair ~ed** sich *dat* eine Dauerwelle machen lassen

perm³ [pɜːm, AM pɜːrm] *n* BRIT *(fam) short for* **permutation**

per·ma·frost ['pɜːməfrɒst, AM 'pɜːrməfrɑːst] *n no pl* Dauerfrost[boden] *m*

per·ma·nence ['pɜːmᵊnən(t)s, AM 'pɜːr-], **per·ma·nen·cy** ['pɜːmᵊnən(t)si, AM 'pɜːr-] *n no pl* Beständigkeit *f*, Permanenz *f geh;* ***children need a sense of stability and ~*** Kinder brauchen Stabilität und Halt

per·ma·nent ['pɜːmᵊnənt, AM 'pɜːr-] **I.** *adj inv* ① *(lasting indefinitely)* permanent, ständig; *agreement* unbefristet; *relationship* dauerhaft; **~ abode** [*or* **address**] fester Wohnsitz; **~ appointment** Ernennung *f* auf Lebenszeit; **~ committee** ständiger Ausschuss; **~ damage/hearing loss** bleibender Schaden/Hörverlust; **~ disability** bleibende Behinderung; **~ display** Dauerausstellung *f;* **~ ink** unlöschbare Tinte; **~ job** Dauerstellung *f;* **~ member** ständiges Mitglied; **~ peace** dauerhafter Frieden; **~ position/site** fester Standort; **~ press** bügelfreie Kleidung; **~ resident** *Staatsbürger mit unbeschränkter Aufenthaltserlaubnis;* **~ tooth** fester Zahnersatz; **~ teeth** die zweiten Zähne; **~ way** BRIT Bahnkörper *m*
② *(continual)* ständig, permanent
II. *n* Dauerwelle *f*

per·ma·nent·ly ['pɜːmᵊnəntli, AM 'pɜːr-] *adv inv* ① *(all the time)* ständig, immer
② *(long term)* auf Dauer; ***are you working here ~?*** sind Sie hier fest angestellt?; **to damage sb's health ~** jds Gesundheit dauerhaft schädigen; **to have settled ~** sich *akk* für immer niedergelassen haben

Per·ma·nent 'Sec·re·tary *n* BRIT ständiger Staatssekretär/ständige Staatssekretärin **per·ma·nent 'staff** *n + sing/pl vb* Stammpersonal *nt* **per·ma·nent 'wave** *n* Dauerwelle *f*

per·man·ga·nate [pɜː'mæŋgəneɪt, AM pɚ'-] *n* CHEM Permanganat *nt fachspr*

per·me·abil·ity [ˌpɜːmiə'bɪləti, AM ˌpɜːrmiə'bɪlət̬i] *n no pl (form)* Durchlässigkeit *f*, Permeabilität *f fachspr;* COMPUT magnetische Durchlässigkeit, Permeabilität *f fachspr*

per·me·able ['pɜːmiəbl̩, AM 'pɜːr-] *adj (also fig form)* durchlässig *a. fig*, permeabel *fachspr;* **~ to water** wasserdurchlässig

per·me·ate ['pɜːmieɪt, AM 'pɜːr-] **I.** *vt* ■**to ~ sth** etw durchdringen
II. *vi (form)* ■**to ~ into/through sth** etw durchdringen

permed [pɜːmd, AM pɜːrmd] *adj* ***her hair is ~*** sie hat eine Dauerwelle; **~ hair** Dauerwellen *pl*

per·mis·sible [pə'mɪsəbl̩, AM pɚ'-] *adj inv* gestattet, zulässig; ***is it ~ to park my car here?*** ist hier Parken erlaubt?; ***that isn't legally ~*** das ist gesetzlich unzulässig; **~ level for emissions** Höchstgrenze *f* für Emissionen

per·mis·sion [pə'mɪʃᵊn, AM pɚ'-] *n no pl* Erlaubnis *f; (from an official body)* Genehmigung *f;* COMPUT Berechtigung *f;* ***with your ~, I'd like to ...*** wenn Sie gestatten, würde ich gerne ...; **with sb's written ~** mit jds schriftlichem Einverständnis; **to ask for** [*or* **request**] [**sb's**] **~** [jdn] um Erlaubnis fragen; **to ask ~ of sb for** [*or* **sb for ~**] jdn um Erlaubnis fragen; **to give** [*or* **grant**] **sb ~ to do sth** jdm erlauben, etw zu tun; *(official body)* jdm die Genehmigung zu etw *dat* erteilen; **to need ~ from sb** [*or* **sb's ~**] **to do sth** jds Erlaubnis für etw *akk* benötigen; **to refuse ~** die Genehmigung verweigern

per·mis·sion-based mar·ket·ing [pəˌmɪʃᵊnbeɪst'mɑːkɪtɪŋ, AM pɚˌmɪʃᵊnbeɪst'mɑːr-] *n no pl Versenden von Werbe-E-Mails an dafür registrierte Internetbenutzer*

per·mis·sive [pə'mɪsɪv, AM pɚ'-] *adj (pej)* nachgiebig, permissiv *fachspr; (sexually)* freizügig; ■**to be ~ towards sth** etw *dat* gegenüber liberal eingestellt sein

per·mis·sive·ness [pə'mɪsɪvnəs, AM pɚ'-] *n no pl* Toleranz *f;* [**sexual**] **~** sexuelle Freizügigkeit

per·mis·sive so·'ci·ety *n usu sing* BRIT, AUS *(pej)* freizügige Gesellschaft

per·mit I. *n* ['pɜːmɪt, AM 'pɜːr-] Genehmigung *f;* **export ~** Exporterlaubnis *f;* **hunting ~** Jagdschein *m;* **residence ~** Aufenthaltsgenehmigung *f;* **work ~** Arbeitserlaubnis *f;* **to get** [*or* **obtain**] **a ~** eine Genehmigung erhalten; **to hold a ~** über eine Genehmigung verfügen
II. *vt* <-tt-> [pə'mɪt, AM pɚ'-] ① *(allow, give permission)* ■**to ~ sth** etw gestatten [*o* erlauben]; ***smoking is not ~ted here*** Rauchen ist hier nicht gestattet; *(form)* ***~ me to help you*** darf ich Ihnen helfen?; ■**to ~ sb/oneself to do sth** jdm/sich erlauben [*o* gestatten], etw zu tun; ■**to ~ oneself sth** sich *dat* etw genehmigen [*o* erlauben]
② *(make possible)* ■**to ~ sb to do sth** jdm ermöglichen, etw zu tun
III. *vi* [pə'mɪt, AM pɚ'-] ① *(allow)* erlauben, gestatten; ***if time ~s ...*** wenn es die Zeit erlaubt, ...; ***as far as his health ~s*** soweit es seine Gesundheit gestattet; **circumstances ~ting** wenn die Umstände es erlauben; **weather ~ting** vorausgesetzt, das Wetter spielt mit
② *(form)* ■**to ~ of sth** etw zulassen

'per·mit park·ing *n no pl* Parken *nt* nur mit Parkerlaubnis[schein]

per·mit·ted [pə'mɪtɪd, AM pɚ'mɪt̬-] *adj inv* zulässig; ***you are only allowed to enter the building during ~ hours*** das Betreten des Gebäudes ist nur zu bestimmten Zeiten gestattet

per·mu·ta·tion [ˌpɜːmjʊ'teɪʃᵊn, AM ˌpɜːrmjuː'-] *n* ① *also* MATH *(possible ordering)* Umstellung *f*, Permutation *f fachspr*
② BRIT SPORT *(combination)* Kombination *f*

per·mute [pə'mjuːt, AM pɚ'-] *vt* ■**to ~ sth** etw umstellen [*o fachspr* permutieren]

per·ni·cious [pə'nɪʃəs, AM pɚ'-] *adj* ① *(form)* schädlich; **~ effect** negative Auswirkungen
② MED bösartig, perniziös *geh;* **~ anemia** perniziöse Anämie *fachspr*

per·nick·ety [pə'nɪkəti, AM pɚ'nɪkət̬i] *adj (pej)* ① *(fussy)* pingelig *fam*, kleinlich *pej;* ***he is ~ about his food*** er ist, was Essen angeht, sehr pingelig
② *(tricky)* heikel; ***it's very ~ work*** die Arbeit erfordert Fingerspitzengefühl

pero·rate ['perᵊreɪt, AM -rər-] *vi (form)* sich *akk* auslassen; ***he would ~ for hours against his enemies*** er konnte sich stundenlang über seine Feinde auslassen

pero·ra·tion [ˌperə'reɪʃᵊn] *n* Schlusswort *nt*

per·ox·ide [pə'rɒksaɪd, AM -'rɑːk-] **I.** *n no pl* Peroxid *nt*
II. *vt* ■**to ~ sth** etw mit Peroxid behandeln; **to ~ one's hair** sich *dat* die Haare bleichen

per·ox·ide 'blonde *(pej)* **I.** *n* Wasserstoffblondine *f pej*
II. *adj inv* wasserstoffblond

perp¹ [pɜːp, AM pɜːrp] *adj inv (fam) short for* **perpendicular** senkrecht

perp² [pɜːp, AM pɜːrp] *n (sl) short for* **perpetrator** Täter(in) *m(f)*

per·pen·dicu·lar [ˌpɜːpᵊn'dɪkjʊləʳ, AM ˌpɜːrpən'dɪkjuːlɚ] **I.** *adj inv* senkrecht, perpendikular *fachspr;* ■**to be ~ to sth** senkrecht zu etw *dat* stehen
II. *n* Senkrechte *f;* MATH, ARCHIT ■**the ~** das Lot; **to be out of the ~** nicht im Lot sein; **to drop a ~** das Lot fällen

per·pen·dicu·lar·ly [ˌpɜːpᵊn'dɪkjʊləli, AM ˌpɜːrpən'dɪkjuːlɚli] *adv inv* senkrecht, perpendikulär *fachspr*

per·pe·trate ['pɜːpɪtreɪt, AM 'pɜːrpə-] *vt (form)* ■**to ~ sth** etw begehen; **to ~ atrocities/a crime** Gräueltaten/ein Verbrechen begehen [*o* verüben]; **to ~ a breach of good taste** gegen den guten Geschmack verstoßen; **sb ~s an error** jdm unterläuft ein Fehler; **to ~ a hoax on sb** jdm einen Streich spielen

per·pe·tra·tion [ˌpɜːpɪ'treɪʃᵊn, AM ˌpɜːrpə'-] *n* LAW *(form)* Begehen *nt; of crime also* Verübung *f*

per·pe·tra·tor ['pɜːpɪtreɪtəʳ, AM 'pɜːrpətreɪt̬ɚ] *n (form)* Täter(in) *m(f);* **~ of fraud** Betrüger(in) *m(f);* **~ of violence** Gewalttäter(in) *m(f)*

per·pet·ual [pə'petʃuəl, AM pɚ'-] *adj attr, inv* ① *(everlasting)* immer während, ständig; **~ bliss** dauerhaftes Glück; **~ calendar** immer währender Kalender; **~ check** Dauerschach *nt;* **~ motion machine** Perpetuum mobile *nt;* **~ student** ewiger Student/ewige Studentin; **~ trust** ständiger Fonds
② *(repeated)* fortgesetzt, wiederholt

per·pet·ual·ly [pə'petʃuəli, AM pɚ'] *adv* ewig; *(continually)* ständig

per·petu·ate [pə'petʃueɪt, AM pɚ'-] *vt* ■**to ~ sth** etw aufrechterhalten; **to ~ sb's name** jds Namen [*o* jdn] verewigen; **to ~ the species** die Rasse vor dem Aussterben bewahren; **to ~ a stereotype** ein Vorurteil fortbestehen lassen

per·petua·tion [pəˌpetʃu'eɪʃᵊn, AM pɚˌ-] *n no pl (form)* Aufrechterhaltung *f; of a system* Fortbestand *m*

per·pe·tu·ity [ˌpɜːpɪ'tjuːəti, AM ˌpᵊːrpə'tuːət̬i] *n no pl (form)* Ewigkeit *f;* **rule against ~** *Bestimmung, die eine zeitlich unbegrenzte Verfügung über [Grund-]Eigentum verbietet;* **in ~** auf ewig; LAW lebenslänglich

per·plex [pə'pleks, AM pɚ'-] *vt* ① ■**to ~ sb** *(confuse)* jdn verwirren; *(puzzle)* jdn verblüffen
② *(complicate)* ■**to ~ sth** etw verkomplizieren; **to ~ a situation** eine Situation erschweren

per·plexed [pə'plekst, AM pɚ'-] *adj* perplex; *(confused also)* verwirrt; *(puzzled also)* verblüfft

per·plex·ed·ly [pə'pleksɪdli, AM pɚ'-] *adj* perplex; *(confused also)* verwirrt; *(puzzled also)* verblüfft

per·plex·ing [pə'pleksɪŋ, AM pɚ'-] *adj (confusing)* verwirrend; *(puzzling)* verblüffend

per·plex·ity [pə'pleksəti, AM pɚ'pleksət̬i] *n*

P

❷ *(puzzlement)* Verblüffung *f; (confusion)* Verwirrung *f;* **to look/stare at sth in ~** etw verständnislos [*o* ganz perplex] ansehen/anstarren
❷ *usu pl (complicated situation)* Verwicklungen *pl*
per·qui·site ['pɜːkwɪzɪt, AM 'pɜːr-] *n (form)* ❶ *(additional benefit)* Vergünstigung *f*
❷ HIST *(customary benefit)* ***the clerk got to take home his old desk as a ~*** seinen ausrangierten Schreibtisch konnte der Angestellte umsonst mit nach Hause nehmen
per se [ˌpɜː'seɪ, AM ˌpɜːr'-] *adv inv (form)* an sich, per se *geh;* ***this is not a bad idea ~*** an sich ist das keine schlechte Idee
per·se·cute ['pɜːsɪkjuːt, AM 'pɜːr-] *vt usu passive* ■ **to ~ sb** jdn verfolgen; ■ **to be ~d for sth** wegen einer S. *gen* verfolgt werden; **to be ~d by the press** von der Presse gehetzt werden
per·se·cu·tion [ˌpɜːsɪ'kjuːʃᵊn, AM ˌpɜːr-] *n usu sing* Verfolgung *f;* **fear of ~** Angst *f* vor Verfolgung; **to suffer [terrible] ~ for sth** wegen einer S. *gen* [erbarmungslos] verfolgt werden
per·se·'cu·tion com·plex, per·se·'cu·tion ma·nia *n no pl* Verfolgungswahn *m*
per·se·cu·tor ['pɜːsɪkjuːtəʳ, AM 'pɜːrsɪkjuːt̬ɚ] *n* Verfolger(in) *m(f)*
per·se·ver·ance [ˌpɜːsɪ'vɪəʳən(t)s, AM ˌpɜːrsə'vɪr-] *n no pl* Beharrlichkeit *f,* Ausdauer *f;* ***they had ~ in their Christian way of life*** sie hielten an ihrer christlichen Lebensweise fest
per·se·vere [ˌpɜːsɪ'vɪəʳ, AM ˌpɜːrsə'vɪr] *vi* nicht aufgeben, beharrlich bleiben, perseverieren *fachspr;* ■ **to ~ in [doing] sth** an etw *dat* festhalten, auf etw *dat* beharren; **to ~ in one's attempt to do sth** unermüdlich versuchen, etw zu tun; **to ~ in quitting smoking/in staying on the wagon** fest entschlossen sein, nicht wieder zu rauchen/trinken; ■ **to ~ with sth** an etw *dat* festhalten, auf etw *dat* beharren; *(continue)* mit etw *dat* weitermachen; *project, crusade, programme* etw [unbeirrt] fortsetzen; **to ~ in [*or* with] one's studies** UNIV [trotzdem] weiterstudieren
per·se·ver·ing [ˌpɜːsɪ'vɪərɪŋ, AM ˌpɜːrsə'vɪr-] *adj* beharrlich, ausdauernd; **~ worker** verlässlicher Arbeiter/verlässliche Arbeiterin
Per·sia ['pɜːʃə, AM 'pɜːrʒə] *n no pl* Persien *nt*
Per·sian ['pɜːʃən, AM 'pɜːrʒən] **I.** *adj inv* persisch; **~ blue** Persischblau *nt;* **~ green** Persischgrün *nt*
II. *n* ❶ *(person)* Perser(in) *m(f)*
❷ *(language)* Persisch *nt*
Per·sian 'car·pet *n* Perserteppich *m* **Per·sian 'cat** *n* Perserkatze *f* **Per·sian Gulf** [ˌpɜːʃən'gʌlf, AM ˌpɜːrʒən-] *n* Persischer Golf **Per·sian 'rug** *n* Perserteppich *m*
per·sim·mon [pə'sɪmən, AM pɚ'-] **I.** *n* Persimone *f*
II. *n modifier (tart, juice)* Persimonen-
per·sist [pə'sɪst, AM pɚ'-] *vi* ❶ *(continue to exist)* andauern; *cold, heat, rain* anhalten; *habit, tradition* fortbestehen; MED persistieren *fachspr*
❷ *(to not give up)* beharrlich bleiben, insistieren *geh;* ■ **to ~ in sth** an etw *dat* festhalten, auf etw *dat* beharren; **to ~ in one's opinion** an seiner Meinung festhalten
❸ *(continue)* ■ **to ~ in doing sth** weiterhin etw tun, nicht aufhören, etw zu tun; ■ **to ~ with sth** mit etw *dat* weitermachen; *project, crusade, programme* etw unbeirrt fortsetzen; **to ~ with one's efforts to do sth** sich *akk* unermüdlich bemühen, etw zu tun
per·sis·tence [pə'sɪstᵊn(t)s, AM pɚ'-] *n no pl* ❶ *(continuation)* Anhalten *nt*
❷ *(perseverance)* Beharrlichkeit *f,* Hartnäckigkeit *f;* ■ **sb's ~ with sth** jds hartnäckiges Festhalten an etw *dat*
❸ PHYS Nachleuchtdauer *f*
per·sis·tent [pə'sɪstᵊnt, AM pɚ'-] *adj* ❶ *(long lasting) difficulties* anhaltend; *cough, rumour* hartnäckig
❷ *(constant)* unaufhörlich; **~ demand** ständige Nachfrage; **~ rain** Dauerregen *m*
❸ *(persevering)* beharrlich, hartnäckig; **~ offender** Gewohnheitsverbrecher(in) *m(f);* ■ **to be ~ in sth** auf etw *dat* beharren, an etw *dat* festhalten; ***he is very ~ in his requests*** er ist sehr hartnäckig, wenn er etwas möchte
per·sis·tent·ly [pə'sɪstᵊntli, AM pɚ'-] *adv* ständig, andauernd; **to fail ~ [*or* to ~ fail an exam]** wiederholt durchfallen; **to knock ~ [on the door]** hartnäckig an die Tür klopfen; **to warn sb ~** jdn immer wieder warnen
per·snick·ety [pɚ'snɪkət̬i] *adj* AM *see* **pernickety**
per·son <*pl* people *or form* -s> ['pɜːsᵊn, AM 'pɜːr-] *n* ❶ *(human)* Person *f,* Mensch *m;* ***not a single ~ came*** kein Mensch kam; ***what is a ~ to do?*** was soll man da machen?; **~ of great ability** sehr begabte Person; **book ~** Bücherwurm *m;* **cat/dog ~** Katzen-/Hundeliebhaber(in) *m(f);* **morning/night ~** Morgen-/Nachtmensch *m;* **people ~** geselliger Mensch; **~ of principle** Mensch *m* mit Prinzipien; **homeless ~** Obdachlose(r) *f(m);* **~s unknown** Unbekannte *pl;* **about [*or* on] one's ~** am Körper; **as a ~** als Mensch; **in ~** persönlich; **in the ~ of sb** in der Gestalt einer Person *gen;* **per [*or* a] ~** pro Person
❷ LING *(verb form)* Person *f;* **first/second ~** erste/zweite Person; **the third ~ plural** die dritte Person Plural
❸ LAW **legal [*or* artificial] ~** juristische Person
▸ PHRASES: **to be one's own ~** seinen eigenen Weg gehen *fig*
per·so·na <*pl* -nae *or* -s> [pə'səʊnə, AM pɚ'soʊ-, *pl* -niː] *n* Fassade *f meist pej;* **public ~** Image *nt* in der Öffentlichkeit
per·son·able ['pɜːsᵊnəbl̩, AM 'pɜːr-] *adj* sympathisch
per·so·nae [pə'səʊniː, AM pɚ'soʊ-] *n pl of* **persona**
per·son·age ['pɜːsᵊnɪdʒ, AM 'pɜːr-] *n (form or hum)* Persönlichkeit *f;* ***he is quite a disgusting ~*** er ist ein ziemlich widerlicher Zeitgenosse *pej*
per·so·na gra·ta <*pl* -> [pəˌsəʊnə'grɑːtə, AM pɚˌsoʊnə'grɑːt̬ə] *n (form)* Persona grata *f*
per·son·al ['pɜːsᵊnᵊl, AM 'pɜːr-] *adj* ❶ *(of a particular person)* persönlich; ***it's only my ~ opinion*** das ist nur meine ganz persönliche Meinung; **~ belongings [*or* effects]** persönliches Eigentum; **~ chemistry [*or* magnetism]** Anziehungskraft *f;* **~ data** Personalien *pl;* **~ estate [*or* property]** Privatvermögen *nt;* **~ fulfilment** Selbstverwirklichung *f;* **to do sth for ~ gain** etw zur persönlichen Bereicherung tun; **~ responsibility** Eigenverantwortung *f;* **~ vendetta** persönliche Rache
❷ *(direct, done in person)* persönlich; **to make a ~ appearance** persönlich erscheinen; **to give sth ~ attention** sich *akk* persönlich um etw *akk* kümmern; **to have ~ experience/knowledge of sth** Erfahrung mit/Kenntnis von etw *dat* haben
❸ *(private)* privat, persönlich; **~ debt** Privatschulden *pl;* **~ diary** Tagebuch *nt;* **~ letter** Privatbrief *m;* **~ life** Privatleben *nt;* **~ space** Intimsphäre *f;* **for ~ use** für den persönlichen Gebrauch
❹ *(offensive)* persönlich; ***nothing ~, but ...*** es geht nicht gegen Sie persönlich [*o* nehmen Sie es bitte nicht persönlich], aber ...; ***I didn't mean to be ~*** ich wollte nicht persönlich werden; **~ comment [*or* remark]** anzügliche Bemerkung; **to get ~** persönlich werden
❺ *(bodily)* körperlich; **~ appearance** äußeres Erscheinungsbild; **~ hygiene** Körperpflege *f;* **~ injury** Körperverletzung *f*
❻ *(human)* persönlich; **~ quality** Charaktereigenschaft *f;* **~ touch** persönliche Note
per·son·al ac·'count *n* Privatkonto *nt*
per·son·al 'ad *n* Kontaktanzeige *f;* **to place [*or* put] a ~ in the paper** eine Kontaktanzeige aufgeben; **to answer a ~** auf eine Kontaktanzeige antworten
per·son·al al·'low·ance *n* BRIT [persönlicher] Steuerfreibetrag, Grundfreibetrag *m* **per·son·al 'as·sets** *npl* Privatvermögen *nt*
per·son·al-'care prod·uct [ˌpɜːsᵊnᵊl'keəˌprɒdʌkt, AM ˌpɜːrsᵊnᵊl'kerˌprɑː-] *n* Körperpflegeprodukt *nt*
'per·son·al col·umn *n* BRIT, AUS Rubrik *f* ‚Kontakte'; **to place [*or* put] sth in the ~** eine Kontaktanzeige aufgeben
per·son·al com·'put·er *n,* **PC** *n* Personal Computer *m,* PC *m*
per·son·al con·'sump·tion *n no pl* Eigenverbrauch *m*
'per·son·al day *n* AM *(fam)* **to take a ~** aus persönlichen Gründen einen Tag freinehmen
per·son·al di·gi·tal as·'sis·tant *n,* **PDA** *n* PDA *m,* [handflächengroßer] Taschencomputer
per·son·al-'growth *n modifier* das persönliche Wachstum betreffend *nach n* **per·son·al iden·ti·fi·'ca·tion num·ber** *n,* **PIN** *n* Geheimzahl *f,* PIN-Code *m*
per·son·al·ity [ˌpɜːsᵊn'æləti, AM ˌpɜːr-] **I.** *n* ❶ *(character)* Persönlichkeit *f,* Charakter *m;* **to have a strong ~** eine starke Persönlichkeit sein; **to have no [*or* lack] ~** keine Persönlichkeit haben
❷ *(celebrity)* ■ **a ~** eine Persönlichkeit
❸ LAW **corporate ~** juristische Körperschaft; **legal ~** Rechtspersönlichkeit *f*
II. *n modifier (problem, test, trait)* Persönlichkeits-; **~ pattern** Persönlichkeitsstruktur *f*
per·son·'al·ity-al·ter·ing *adj inv* **~ drug** persönlichkeitsverändernde Droge **per·son·'al·ity clash** *n* Aufeinanderprallen *nt* gegensätzlicher Persönlichkeiten; ***he was continually involved in ~es*** er geriet ständig mit allen aneinander **per·son·'al·ity cult** *n* Personenkult *m* **per·son·'al·ity dis·or·der** *n* Persönlichkeitsstörung *f*
per·son·al·ize ['pɜːsᵊnᵊlaɪz, AM 'pɜːr-] *vt* ❶ *(make personal)* ■ **to ~ sth** etw persönlich[er] gestalten, etw *dat* eine persönliche Note verleihen; *(for certain user)* etw individuell anfertigen; **to ~ an argument** in einem Streit persönlich werden
❷ *(make real)* ***the preacher ~d his sermon by telling of his own problems*** der Prediger machte seine Rede lebendig, indem er von seinen eigenen Problemen erzählte
per·son·al·ized ['pɜːsᵊnᵊlaɪzd, AM 'pɜːr-] *adj inv* persönlich
per·son·al lia·'bil·ity *n no pl* LAW persönliche Haftung *f;* **~ insurance** Privathaftpflichtversicherung *f*
per·son·al 'loan *n* Personalkredit *m,* Kleinkredit *m,* privates Darlehen
per·son·al·ly ['pɜːsᵊnᵊli, AM 'pɜːr-] *adv* persönlich; ***it belongs to him ~*** es ist sein persönliches Eigentum; ***~, I think he's crazy*** ich für meinen Teil halte ihn für verrückt; **to take sth ~** etw persönlich nehmen
per·son·al 'or·gan·iz·er *n* Terminplaner *m*
per·son·al 'pro·noun *n* Personalpronomen *nt*
per·son·al 'prop·er·ty *n no pl* Eigengut *nt; (chattels also)* bewegliches Vermögen
per·son·als ['pɜːrsᵊnᵊlz] *n + sing vb* AM Rubrik *f* ‚Kontakte'
per·son·al se·'cu·rity *n* LAW *(credit security)* Personalsicherheit *f,* Personensicherheit *f* **per·son·al 'shop·per** *n* persönlicher Einkaufsberater/persönliche Einkaufsberaterin, persönlicher Shoppingdienst *(jd, der jdn beim Einkaufen begleitet und individuell berät)* **per·son·al 'ste·reo** *n* Walkman® *m* **per·son·al 'train·er** *n* Sportberater(in) *m(f),* Privattrainer(in) *m(f)*
per·son·al·ty ['pɜːsᵊnᵊlti, AM 'pɜːrsᵊnᵊlt̬i] *n* [bewegliches] Privatvermögen
per·so·na non gra·ta <*pl* -> [pəˌsəʊnənɒn'grɑːtə, AM pɚˌsoʊnənɑːn'grɑːt̬ə] *n (form)* Persona non grata *f;* **to be ~ to a country** in einem Land unerwünscht sein; **to be declared ~** zur Persona non grata erklärt werden
'per·son-day *n* Erwerbstätigentag *m,* Manntag *m* **'per·son-hour** *n* Erwerbstätigenstunde *f,* Mannstunde *f*
per·soni·fi·ca·tion [pəˌsɒnɪfɪ'keɪʃᵊn, AM pɚˌsɑːnə-] *n* LIT Personifikation *f a. fig geh,* Personifizierung *f a. fig geh; (fig)* ***she is the ~ of virtue*** sie ist die Tugend in Person
per·soni·fied [pə'sɒnɪfaɪd, AM pɚ'sɑːnə-] *adj inv, after n* in Person *nach n*
per·soni·fy [pə'sɒnɪfaɪ, AM pɚ'sɑːnə-] *vt* ■ **to ~ sth** etw personifizieren; *(be the personification of also)* etw verkörpern
per·son·nel [ˌpɜːsᵊn'el, AM ˌpɜːr-] **I.** *n* ❶ *pl (employees)* Personal *nt kein pl*
❷ *no pl (human resources department)* Personalabteilung *f*

II. *n modifier* Personal-; ~ **cut** Personalkürzung *f;* ~ **policy** Personalpolitik *f;* ~ **roster** Personalplan *m*
per·son·'nel car·ri·er *n* Mannschaftstransportfahrzeug *nt* **per·son·'nel com·mit·tee** *n + sing/pl vb* Personalausschuss *m* **per·son·nel 'costs** *npl* Personalkosten *pl* **per·son·'nel de·part·ment** *n* Personalabteilung *f* **per·son·'nel di·rec·tor** *n* Personalchef(in) *m(f)* **per·son·nel 'man·age·ment** *n no pl* ① *(directors)* Personalleitung *f* ② *(theory)* Personalwesen *nt,* Personalmanagement *nt* **per·son·nel 'man·ag·er** *n* Personalchef(in) *m(f)* **per·son·nel 'plan·ning** *n no pl* Personalplanung *f* **per·son·nel 'poli·cy** *n* Personalpolitik *f* **per·son·nel 'turn·over** *n no pl* Personalfluktuation *f* **per·son·'nel work** *n no pl* Personalarbeit *f*
per·son-to-'per·son I. *adj attr, inv* persönlich; ~ **call** angemeldetes Telefongespräch; ~ **talk** Gespräch *nt* unter vier Augen II. *adv inv* persönlich, direkt; **to be faced ~ with sb** jdm Auge in Auge gegenüberstehen **'person-year** *n* Erwerbstätigenjahr *nt,* Mannjahr *nt*
per·spec·ti·val [ˌpɜːspekˈtaɪvəl, AM ˌpɜːr-] *adj* perspektivisch
per·spec·tive [pəˈspektɪv, AM pɚˈ-] *n* ① *(viewpoint)* Perspektive *f,* Blickwinkel *m;* ■~ **on sth** Einschätzung *f* einer S. *gen;* **from a historical ~** aus geschichtlicher Sicht; **to see sth in a new ~** etw aus einem neuen Blickwinkel sehen; **to get** [*or* **keep**] **sth in ~** etw nüchtern betrachten; **to put sth in** [*or* **into**] ~ etw in die richtige Perspektive rücken ② *(method of representation)* Perspektive *f;* **in ~** perspektivisch; **out of ~** perspektivisch verzerrt
Per·spex® [ˈpɜːspeks] *n no pl* BRIT, AUS Plexiglas *nt*
per·spi·ca·cious [ˌpɜːspɪˈkeɪʃəs, AM ˌpɜːr-] *adj (form: astute)* scharfsinnig; *(far-sighted)* weit blickend, weitsichtig
per·spi·cac·ity [ˌpɜːspɪˈkæsəti, AM ˌpɜːrspɪˈkæsət̬i] *n no pl (form: astuteness)* Scharfsinn *m; (insight)* Scharfblick *m; (far-sightedness)* Weitblick *m*
per·spi·cu·ity [ˌpɜːspɪˈkjuːəti, AM ˌpɜːrspɪˈkjuːət̬i] *n no pl (form)* Klarheit *f,* Verständlichkeit *f*
per·spicu·ous [pəˈspɪkjuəs, AM pɚˈ-] *adj (form)* klar, verständlich
per·spi·ra·tion [ˌpɜːspərˈeɪʃən, AM ˌpɜːrspəˈreɪ-] *n no pl* Schweiß *m,* Transpiration *f geh;* **beads of ~** Schweißperlen *pl;* **bathed in ~** schweißgebadet; **dripping with ~** schweißüberströmt
per·spire [pəˈspaɪəʳ, AM pɚˈspaɪɚ] *vi* schwitzen, transpirieren *geh;* **to ~ profusely** stark schwitzen
per·suade [pəˈsweɪd, AM pɚˈ-] *vt* ■**to ~ sb** *(talk into)* jdn überreden; *(convince)* jdn überzeugen; ■**to ~ sb into sth** jdn zu etw *dat* überreden; ■**to ~ sb of sth** jdn von etw *dat* überzeugen; ■**to ~ sb out of sth** jdm etw ausreden; ■**to ~ sb to do sth** jdn dazu bringen, etw zu tun; ■**to ~ sb that ...** jdn überzeugen, dass ...
per·suad·er [pəˈsweɪdəʳ, AM pɚˈsweɪdɚ] *n* ① *(person)* Überredungskünstler(in) *m(f);* **hidden ~s** heimliche Verführer
② *(fam: gun)* Kanone *f fam*
per·sua·sion [pəˈsweɪʒən, AM pɚˈ-] *n usu sing* ① *(talking into)* Überredung *f; (convincing)* Überzeugung *f;* **he didn't need much ~** ich musste ihn nicht lange überreden; **sb's powers of ~** *(of talking into)* jds Überredungskünste; *(of convincing)* jds Überzeugungskraft
② *(conviction)* Überzeugung *f; (hum)* ***he's of the Arsenal ~*** er ist Arsenalfan; **to be of the Catholic/Protestant ~** katholischen/protestantischen Glaubens sein; **to be of the same ~** dieselbe Überzeugung vertreten
per·sua·sive [pəˈsweɪsɪv, AM pɚˈ-] *adj* überzeugend; ~ **powers** *(of talking into)* Überredungskünste *pl; (of convincing)* Überzeugungskraft *f*
per·sua·sive·ly [pəˈsweɪsɪvli, AM pɚˈ-] *adv* überzeugend
per·sua·sive·ness [pəˈsweɪsɪvnəs, AM pɚˈ-] *n no pl (ability to talk into)* Überredungskünste *pl; (to convince)* Überzeugungskraft *f*
pert [pɜːt, AM pɜːrt] *adj* ① *(attractively small)* wohl geformt
② *(impudent)* frech, keck
③ *(neat and jaunty)* adrett
per·tain [pəˈteɪn, AM pɚˈ-] *vi (form)* ■**to ~ to sth/sb** etw/jdn betreffen; *(belong to)* zu etw *dat* gehören; ***this does not ~ to my competence*** das fällt nicht in meinen Kompetenzbereich; **the infirmities ~ing to old age** die Gebrechen, die das hohe Alter mit sich bringt
per·ti·na·cious [ˌpɜːtɪˈneɪʃəs, AM ˌpɜːrtənˈeɪ-] *adj (form: persevering)* beharrlich; *(stubborn)* hartnäckig
per·ti·nac·ity [ˌpɜːtɪˈnæsəti, AM ˌpɜːrtənˈæsət̬i] *n no pl (form: perseverance)* Beharrlichkeit *f; (stubbornness)* Hartnäckigkeit *f;* **with indefatigable ~** unermüdlich, mit unermüdlicher Ausdauer
per·ti·nence [ˈpɜːtɪnəns, AM ˈpɜːrtənəns] *n no pl* Relevanz *f;* **of no ~** ohne Bedeutung [*o* Belang]
per·ti·nent [ˈpɜːtɪnənt, AM ˈpɜːrtənənt] *adj (form)* relevant; *argument* stichhaltig; *question* sachdienlich; ■**to be ~ to sth** für etw *akk* relevant sein; ~ **remark/suggestion** treffende Bemerkung/brauchbarer Vorschlag
per·ti·nent·ly [ˈpɜːtɪnəntli, AM ˈpɜːrtənənt] *adv* passenderweise; **more ~** noch mehr zum Punkt; ~ **observed** genau beobachtet
pert·ly [ˈpɜːtli, AM ˌpɜːrt] *adv* ① *(sexily)* herausfordernd
② *(cheekily)* frech, unverschämt
③ *(neatly)* keck
pert·ness [ˈpɜːtnəs, AM ˈpɜːrt-] *n no pl* ① *(impudence)* Keckheit *f,* Kessheit *f*
② *(neatness and stylishness)* Adrettheit *f*
per·turb [pəˈtɜːb, AM pɚˈtɜːrb] *vt (form)* ■**to ~ sb** jdn beunruhigen; ***his imagination was ~ed by strange fantasies*** befremdliche Vorstellungen drängten sich ihm auf
per·tur·ba·tion [ˌpɜːtəˈbeɪʃən, AM ˌpɜːrt̬ɚˈ-] *n (form)* ① *(uneasiness)* Unruhe *f;* **to show no ~** die Ruhe bewahren
② PHYS, ASTRON Störung *f*
per·turbed [pəˈtɜːbd, AM pɚˈtɜːrbd] *adj (form)* beunruhigt
Peru [pəˈruː] *n* Peru *nt*
pe·rus·al [pəˈruːzəl] *n no pl (form)* Durchlesen *nt;* **to be deep in the ~ of sth** [völlig] in etw *dat* vertieft sein; **for sb's ~** zu jds Einsicht
pe·ruse [pəˈruːz] *vt (form)* ■**to ~ sth** *(read)* etw durchlesen; *(check)* etw durchsehen; *(study)* etw studieren
Peru·vian [pəˈruːviən] I. *adj inv* peruanisch
II. *n* Peruaner(in) *m(f)*
perv [pɜːv, AM pɜːrv] *n (pej fam) short for* **pervert**
① *(sexual deviant)* Perverse(r) *f(m)*
② *(creepy person)* Perversling *m pej fam*
per·vade [pəˈveɪd, AM pɚˈ-] *vt (form)* ■**to ~ sth** etw erfüllen; *(quality, philosophy, attitude)* etw durchziehen
per·vad·ing [pəˈveɪdɪŋ, AM pɚˈ-] *adj attr (form)* vorherrschend; ~ **influence** ausschlaggebender Einfluss; ~ **smell** durchdringender Geruch
per·va·sive [pəˈveɪsɪv, AM pɚˈ-] *adj (form: penetrating)* durchdringend *attr; (widespread)* weit verbreitet; ***the influence of Freud is ~ in her work*** der Einfluss Freuds zieht sich durch ihr gesamtes Werk; ~ **smell** durchdringender Geruch; **all-~** alles beherrschend
per·va·sive·ly [pəˈveɪsɪvli, AM pɚˈ-] *adv (form)* durchdringend; **to be ~ present** allgegenwärtig sein
per·va·sive·ness [pəˈveɪsɪvnəs, AM pɚˈ-] *n no pl (form: quality)* durchdringender Charakter; *(omnipresence)* Allgegenwart *f geh*
per·verse [pəˈvɜːs, AM pɚˈvɜːrs] *adj (pej)* ① *(deliberately unreasonable)* abwegig; *person* eigensinnig; ~ **delight** diebische Freude; ~ **pride** widernatürlicher Stolz
② *(rare: sexually deviant)* pervers
per·verse·ly [pəˈvɜːsli, AM pɚˈvɜːr-] *adv (pej: unreasonably)* seltsamerweise
per·verse·ness [pəˈvɜːsnəs, AM pɚˈvɜːr-] *n no pl (pej)* ① *(unreasonableness) of a person* Eigensinn *m; of a situation;* ***the ~ of it all is that I love being scared to death in movies*** das Perverse ist, dass ich es sogar genieße, wenn ich bei einem Film richtig Angst kriege *fam*
② *(rare: sexual deviance)* Perversität *f*
per·ver·sion [pəˈvɜːʃən, AM pɚˈvɜːrʒən] *n (pej)* ① *(unnatural behaviour)* Perversion *f;* **sexual ~** sexuelle Perversion
② *(corruption)* Pervertierung *f geh;* ~ **of justice** Rechtsbeugung *f;* ~ **of the truth** Verdrehung *f* der Wahrheit
per·ver·sity [pəˈvɜːsəti, AM pɚˈvɜːrsət̬i] *n (pej)* ① *(unreasonable behaviour)* Eigensinn *m kein pl*
② *(unnatural behaviour)* Perversität *f*
per·vert I. *n* [ˈpɜːvɜːt, AM ˈpɜːrvɜːrt] *(pej)* ① *(sexual deviant)* Perverse(r) *f(m)*
② *(creepy person)* Perversling *m pej fam*
II. *vt* [pəˈvɜːt, AM pɚˈvɜːrt] *(pej)* ① *(corrupt)* ■**to ~ sb** jdn verderben
② *(distort)* ■**to ~ sth** etw verdrehen; **to ~** [**the course of**] **justice** das Recht verdrehen [*o* beugen]; **to ~ the truth** die Wahrheit verzerren
per·vert·ed [pəˈvɜːtɪd, AM pɚˈvɜːrt̬ɪd] *adj* ① *(sexually deviant)* pervers
② *(distorted)* verdreht; ~ **notions** verdrehte Vorstellungen
pervy [ˈpɜːvi, AM ˈpɜːrvi] *adj (sl) short for* **perverted** pervers
pe·seta <*pl* -s> [pəˈseɪtə, AM t̬ə] *n* Pesete *f,* Peseta *f*
pesh·mer·ga [peʃˈmɜːgə, AM -mɜːr-] *n* MIL Peshmerga *m o f*
pesky [ˈpeski] *adj esp* AM *(fam)* verdammt *fam;* ~ **fly** lästige Fliege; ~ **kid** nerviges Kind
pes·sa·ry [ˈpesəri, AM -ɚi] *n* ① *(contraceptive)* Pessar *nt*
② *(suppository)* Vaginalzäpfchen *nt*
pes·si·mism [ˈpesɪmɪzəm, AM -səm-] *n no pl* Pessimismus *m* (**over/about** hinsichtlich +*gen)*
pes·si·mist [ˈpesɪmɪst, AM -səm-] *n* Pessimist(in) *m(f)*
pes·si·mis·tic [ˌpesɪˈmɪstɪk, AM -əˈ-] *adj* pessimistisch; ■**to be ~ about sth** [eher] pessimistisch sein, was etw angeht; ***they are ~ about it*** sie sind da sehr pessimistisch, sie sehen da schwarz
pes·si·mis·ti·cal·ly [ˌpesɪˈmɪstɪkəli, AM -əˈ-] *adv* pessimistisch
pest [pest] *n* ① *(destructive animal)* Schädling *m*
② *(fig fam: annoying person)* Quälgeist *m fam,* Nervensäge *f fam; (annoying thing)* Plage *f;* ***that guy is a real ~!*** der Typ nervt! *fam*
'pest con·trol *n* ① *no pl (removal)* Schädlingsbekämpfung *f*
② *(service)* Kammerjäger *m*
pes·ter [ˈpestəʳ, AM -ɚ] *vt* ■**to ~ sb** jdn belästigen; ***he ~ed me to death*** er ging mir voll auf den Geist *fam;* ■**to ~ sb for sth** jdm mit etw *dat* keine Ruhe lassen; *(beg)* jdn um etw *akk* anbetteln; ***he is always ~ing me for something*** ständig will er etwas von mir; ■**to ~ sb with sth** jdn mit etw *dat* plagen [*o sl* nerven]; ■**to ~ sb to do sth** jdn drängen, etw zu tun
pes·ti·cide [ˈpestɪsaɪd, AM -tə-] *n* Schädlingsbekämpfungsmittel *nt,* Pestizid *nt*
pes·tif·er·ous [pesˈtɪfərəs, AM -fɚəs] *adj (rare)* ansteckend; *(fig)* lästig, ärgerlich
pes·ti·lence [ˈpestɪlən(t)s, AM -təl-] *n usu sing (form)*
① *(plague)* Seuche *f*
② *(fig: destructive force)* Übel *nt*
pes·ti·lent [ˈpestɪlənt, AM -təl-], **pes·ti·len·tial** [ˌpestɪˈlen(t)ʃəl, AM -təˈ-] *adj inv* ① *(deadly)* tödlich
② *(fig: morally destructive)* zerstörerisch, verderblich
③ *(troublesome)* lästig
pes·tle [ˈpesl] *n* Stößel *m;* CHEM Pistill *nt;* ~ **and mortar** Stößel und Mörser
pes·to [ˈpestəʊ, AM -toʊ] *n no pl* Pesto *nt*
pet [pet] I. *n* ① *(animal)* Haustier *nt*
② *(pej: favourite)* Liebling *m;* **teacher's ~** Liebling *m* des Lehrers/der Lehrerin
③ *(fam: nice person)* Schatz *m fam*
④ AUS, BRIT *(fam: darling)* Schatz *m fam,* Liebling *m*

II. *n modifier* ① *(concerning animals)* Tier-; ~ **cat** Hauskatze *f;* ~ **shop** Tierhandlung *f;* ~ **snake** Schlange *f* als Haustier
② *(favourite) (project, theory, charity)* Lieblings-; **to be one's ~ hate** jdm ein Gräuel sein
III. *vi* <-tt-> *(fam)* fummeln *fam*
IV. *vt* <-tt-> ■**to ~ sb/an animal** jdn/ein Tier streicheln [*o* liebkosen]

PETA ['petə] *n acr for* **People for the Ethical Treatment of Animals** Tierschutzbewegung *f*

peta·byte ['petəbaɪt] *n* INFORM Petabyte *m*

pet·al ['petᵊl, AM -t̬ᵊl] *n* ① *(flower part)* Blütenblatt *nt*
② BRIT *(fam: darling)* Schatz *m fam,* Liebling *m*

pe·tard [pet'ɑːd, AM pɪ'tɑːrd] *n* ① *(bomb)* Sprengkörper *m*
② *(firecracker)* Feuerwerkskörper *m,* Petarde *f*
▸PHRASES: **he was is hoist[ed] by [***or* **with] his own ~** der Schuss ging für ihn nach hinten los *fig fam*

pe·ter ['piːtəʳ, AM -t̬ɚ] I. *n* AM *(sl: willy)* Zipfel *m fam*
II. *vi* ■**to ~ out** [allmählich] zu Ende gehen; *conversation, interest* sich *akk* totlaufen; *storm* abklingen; *trail, track, path* sich *akk* verlieren

Peter ['piːtəʳ, AM -t̬ɚ] ▸PHRASES: **to rob ~ to pay Paul** das eine Loch stopfen und ein anderes aufmachen *fig*

Peter 'Pan *n (hum fam)* Peter Pan; ***don't be such a ~!*** sei nicht immer so kindisch! **Peter Pan 'col·lar** *n kleiner, abgerundeter Kragen*

pet·it bour·geois [ˌpeti'bɔːʒwɑː, AM pəˌtiːbʊr'ʒwɑː] *adj inv (also pej)* kleinbürgerlich *a. pej*

pe·tite [pə'tiːt] *adj inv (approv) person* zierlich; FASHION ~ **clothing** Kleidung *f* in kleinen Größen **pet·ite bour·geoi·sie** [ˌpetiˌbɔːʒwɑː'ziː, AM pəˌtiːbʊr-] *n no pl (also pej)* Kleinbürgertum *nt*

pet·it four <*pl* petits fours> [ˌpeti'fɔːʳ, AM ˌpet̬i'fɔːr] *n* Petits Fours *pl*

pe·ti·tion [pə'tɪʃᵊn] I. *n* ① *(signed document)* Petition *f,* Unterschriftenliste *f* (**against/for** gegen/für +*akk*); **to get up a ~ against/for sth** Unterschriften gegen/für etw *akk* sammeln
② LAW *(written request)* Gesuch *nt,* Bittschrift *f;* ~ **in bankruptcy** Konkursantrag *m;* **to file a ~ for divorce** eine Scheidungsklage einreichen
II. *vi* ① *(start a written action)* ■**to ~ about [***or* **for] sth** für etw *akk* Unterschriften sammeln
② LAW *(request formally)* ■**to ~ for sth** einen Antrag auf etw *akk* stellen; **to ~ for divorce** eine Scheidungsklage einreichen
III. *vt* ■**to ~ sb for sth** jdn um etw *akk* ersuchen *form;* ■**to ~ sb to do sth** jdn ersuchen, etw zu tun *form*

pe·ti·tion·er [pə'tɪʃᵊnəʳ, AM -ɚ] *n* ① *(collecting signatures)* Unterschriftensammler(in) *m(f)*
② LAW Kläger(in) *m(f),* Gesuchsteller(in) *m(f) veraltet;* ~ **in bankruptcy** Konkurssteller(in) *m(f)*

pet·it mal [ˌpeti'mæl, AM pə'tiː'mɑːl] *n no pl* MED Petit mal *nt fachspr,* abortiver epileptischer Anfall *fachspr* **pet·it point** [ˌpeti'pɔɪnt, AM 'pet̬iˌpɔɪnt] *n no pl* ① *(embroidery)* Petit point *nt* ② *(stitch)* Perlstich *m*

pet·its fours [ˌpeti'fɔːz, AM ˌpet̬i'fɔːrz] *n pl of* **petit four** **pet·its pois** [ˌpeti'pwɑː] *npl* BRIT Zuckererbsen *pl*

'pet name *n* Kosename *m*

Petrarch ['petrɑːk, AM 'piːtrɑːrk] *n no pl* Petrarca

pet·rel ['petrᵊl] *n* Sturmvogel *m*

Petri dish ['petri,-, AM 'piːt-] *n* Petrischale *f*

pet·ri·fac·tion [ˌpetrɪ'fækʃᵊn], **pet·ri·fi·ca·tion** [ˌpetrɪfɪ'keɪʃᵊn] *n* ① *(changing to stone)* Versteinerung *f,* Petrifikation *f fachspr*
② *(state of terror)* Versteinerung *f fig,* Lähmung *f fig*

pet·rified ['petrɪfaɪd] *adj inv* ① *(fossilized)* versteinert
② *(terrified)* versteinert *fig,* gelähmt *fig;* ■**to be ~ of sth** vor etw *dat* panische Angst haben; **to be ~ with fear** vor Angst wie gelähmt sein
③ *attr (liter: old and unchanging)* aus grauer Vorzeit *nach n*

pet·ri·fy ['petrɪfaɪ] I. *vi* versteinern, petrifizieren *fachspr*
II. *vt* ■**to ~ sb** jdm schreckliche Angst einjagen

pet·ri·fy·ing ['petrɪfaɪɪŋ] *adj* Furcht erregend; **to have a ~ fear of sth** vor etw *dat* eine Heidenangst haben *fam*

pet·ro·chemi·cal [ˌpetrə(ʊ)'kemɪkᵊl, AM -troʊ'-] I. *n* petrochemisches Produkt II. *adj attr, inv* petrochemisch **pet·ro·dol·lar** ['petrəʊˌdɒləʳ, AM -troʊˌdɑːlɚ] *n* Petrodollar *m*

'pet·ro·glyph *n* Petroglyphe *f*

pet·rol ['petrᵊl] BRIT, AUS I. *n no pl* Benzin *nt;* ***I'm a bit low on ~*** ich hab kaum noch Benzin; ***I/my car ran out of ~*** mir ging das Benzin aus; **unleaded ~** bleifreies Benzin; **to get ~ [***or* **put ~ in]** tanken
II. *n modifier (tank, leak)* Benzin-; ~ **cap** Tankdeckel *m;* ~ **company** Erdölgesellschaft *f*

'pet·rol bomb *n* Molotowcocktail *m* **'pet·rol-bomb** *vt* BRIT, AUS ■**to ~ sth/sb** etw/jdn mit Molotowcocktails bewerfen **'pet·rol-bomb·ing** *n* BRIT, AUS Anschlag *m* mit Molotowcocktails **'pet·rol can** *n* BRIT, AUS Benzinkanister *m* **'pet·rol con·sump·tion** *n no pl* BRIT, AUS Benzinverbrauch *m* **'pet·rol dump** *n* BRIT, AUS Benzinlager *nt* **'pet·rol en·gine** *n* BRIT, AUS Benzinmotor *m*

pe·tro·leum [pə'trəʊliəm, AM -'troʊ-] I. *n* Erdöl *nt,* Mineralöl *nt;* ~ **exporting countries** Erdöl exportierende Länder; **crude ~** Rohöl *nt*
II. *n modifier (industry, company, product, leak)* Erdöl-

pe·tro·leum 'in·dus·try *n* ECON Erdöl verarbeitende Industrie

pe·tro·leum 'jel·ly *n no pl* Vaseline *f*

pe·tro·leum 'prod·ucts *n* ECON Rohölprodukte *pl* **pe·tro·leum 'rev·enues** *n* ECON Erdöleinnahmen *pl*

'pet·rol gauge *n* Benzinuhr *f,* Tankanzeige *f* **'pet·rol lor·ry** *n* BRIT, AUS Tankwagen *m*

pe·trol·ogy [pet'rɒlədʒi, AM pə'trɑː-] *n no pl* GEOL Petrologie *f*

'pet·rol pipe *n* BRIT, AUS Benzinleitung *f* **'pet·rol pump** *n* BRIT, AUS Zapfsäule *f;* *(nozzle)* Zapfhahn *m* **'pet·rol sta·tion** *n* BRIT, AUS Tankstelle *f* **'pet·rol tank** *n* BRIT, AUS Benzintank *m*

'pet-sit·ter *n* Haustiersitter *m,* ÖSTERR *bes* Tiersitter *m, jd, der ein Haustier während der Abwesenheit des Besitzers versorgt*

pet·ti·coat ['petɪkəʊt, AM -t̬ɪkoʊt] *n (dated)* Unterrock *m;* *(stiff)* Petticoat *m;* *(hanging from the shoulders)* Unterkleid *nt*

pet·ti·fog·ging ['petɪˌfɒgɪŋ, AM -t̬ɪˌfɑːg-] *adj (pej dated: petty)* kleinlich *pej;* *(insignificant)* belanglos; ~ **lawyer** Winkeladvokat(in) *m(f) pej*

pet·ti·ness ['petɪnəs, AM -t̬-] *n no pl* ① *(insignificance)* Belanglosigkeit *f;* *(triviality)* Trivialität *f*
② *(small-mindedness)* Kleinlichkeit *f pej*

pet·ting ['petɪŋ, AM -t̬-] *n no pl* ① *(stroking)* Streicheln *nt*
② *(sexual fondling)* Petting *nt*

'pet·ting zoo *n* Streichelzoo *m*

pet·tish ['petɪʃ, AM -t̬-] *adj person* reizbar; *reaction, mood* gereizt; ~ **behaviour** Widerborstigkeit *f*

pet·tish·ly ['petɪʃli, AM 'pet̬] *adv* übellaunig

pet·ty ['peti, AM -t̬i] *adj (pej)* ① *(insignificant)* unbedeutend, belanglos; *(trivial)* trivial; ~ **annoyance/intrigue** kleines Ärgernis/kleine Intrige
② *(small-minded)* kleinlich *pej,* kleinkariert *pej fam;* ~ **jealousy** Eifersüchteleien *pl*
③ LAW *(on a small scale)* geringfügig; ~ **larceny [***or* **theft]** Bagatelldiebstahl *m;* ~ **racketeer** kleiner Gauner/kleine Gaunerin *pej*

pet·ty bour·geois [ˌpeti'bɔːʒwɑː, AM pəˌtiːbʊr'ʒwɑː] *adj inv (also pej)* kleinbürgerlich *a. pej* **pet·ty bour·geoi·sie** [ˌpetiˌbɔːʒwɑː'ziː, AM pəˌtiːbʊr-] *n no pl (also pej)* Kleinbürgertum *nt* **pet·ty 'cash** *n no pl* Portokasse *f*

pet·ty 'crime *n* Bagatelldelikt *nt*

pet·ty-'mind·ed *adj (pej)* kleinkariert *pej fam*

'pet·ty of·fic·er *n* NAUT ≈ Marineunteroffizier *m*

petu·lance ['pejələn(t)s, AM 'petʃə-] *n no pl (pej)* Verdruss *m,* Missmut *m;* *of a child* Bockigkeit *f;* **in an outburst of ~** voll Verdruss

petu·lant ['pejələnt, AM 'petʃə-] *adj (pej)* verdrießlich; *child* bockig; *look* verdrossen

petu·lant·ly ['pejələntli, AM 'petʃə-] *adv (pej)* verdrossen

pe·tu·nia [pɪ'tjuːniə, AM pə'tuːnjə] *n* Petunie *f*

pew [pjuː] *n* Kirchenbank *f*
▸PHRASES: **have [***or* **take] a ~** *(fam)* setz dich

pe·wit *n esp* AM *see* **peewit**

pew·ter ['pjuːtəʳ, AM -t̬ɚ] I. *n no pl* Zinn *nt*
II. *n modifier (plate, statue, urn)* Zinn-

pe·yo·te [peɪ'əʊt̬i] *n no pl* AM Peyotl *m*

Pfand·brief ['(p)fæntbriːf] *n* FIN Pfandbrief *m*

pfft [fət] *adv* AM *(fam)* kaputt *fam;* **to go ~** kaputtgehen *fam;* *marriage* in die Brüche gehen

PG [ˌpiː'dʒiː] *abbrev of* **parental guidance** I. *adj inv* **to be rated ~** nicht jugendfrei sein; **~-13** frei ab 13
II. *n* ***the film's a ~*** der Film ist nicht jugendfrei

pg *n* <*pl* pp> AM *abbrev of* **page** S.

PGA [ˌpiːdʒiː'eɪ] *n no pl, + sing/pl vb* AM *abbrev of* **Professional Golfers' Association** PGA *f*

PGCE [ˌpiːdʒiːsiː'iː] BRIT *abbrev of* **Postgraduate Certificate in Education** *in Großbritannien für Lehramtskandidaten/-kandidatinnen vorgeschriebenes einjähriges Referendariat nach Ablegen des ersten Examens*

pH [ˌpiː'eɪtʃ] I. *n usu sing* pH-Wert *m*
II. *n modifier* pH-; ~ **value** pH-Wert *m;* **~-balanced [***or* **~-neutral]** pH-neutral

phage [feɪdʒ] *n short for* **bacteriophage** Bakteriophage *m*

phago·cyte ['fægə(ʊ)saɪt, AM -goʊ-] *n* MED Phagozyt *m fachspr,* Fresszelle *f*

pha·lanx <*pl* phalanxes *or* phalanges> ['fælæŋ(k)s, *pl* fæl'ændʒiːz, AM 'feɪl-, *pl* fə'lændʒiːz] *n (form)* Phalanx *f geh*

phal·lic ['fælɪk] *adj inv* phallisch; ~ **period** *(form)* phallische Phase *geh*

phal·lo·cen·tric [ˌfælə(ʊ)'sentrɪk, AM -loʊ'-] *adj (liter)* phallozentrisch *geh*

phal·lus <*pl* -es *or* -li> ['fæləs, *pl* -laɪ] *n* Phallus *m geh*

phan·tasm ['fæntæzᵊm] *n (liter)* ① *(something imaginary)* Trugbild *nt;* PSYCH Phantasma *nt fachspr*
② *(illusory being)* Geistererscheinung *f*

phan·tas·ma·go·ria [ˌfæntæzmə'gɔːriə] *n (liter)* Phantasmagorie *f geh,* Trugbild *nt*

phan·tas·ma·gori·cal [ˌfæntæzmə'gɒrɪkᵊl, AM 'gɔːrɪk] *adj* phantasmagorisch *geh*

phan·tas·mal [fæn'tæzmᵊl] *adj inv (liter)* ① *(imaginary)* erfunden, Fantasie-
② *(ghost-like)* fantastisch, geisterhaft

phan·ta·sy <*pl* -sies> ['fæntəsi, AM t̬ə] *n* PSYCH *(old) see* **fantasy** Fantasie *f*

phan·tom ['fæntəm, AM -t̬-] I. *n* Geist *m,* Gespenst *nt;* **~s of one's past** Gespenster *pl* der Vergangenheit
II. *adj attr, inv* ① *(ghostly)* Geister-; ~ **ship** Geisterschiff *nt*
② *(caused by mental illusion)* Phantom-; ~ **limb pains** Phantomschmerzen *pl*
③ *(for show)* Schein-; ~ **organization** Scheinfirma *f*

phan·tom 'preg·nan·cy *n* BRIT, AUS Scheinschwangerschaft *f*

phar·aoh ['feərəʊ, AM 'feroʊ] *n* Pharao *m*

phari·sa·ic(al) [ˌfærɪ'seɪɪk(ᵊl), AM ˌferɪ'-] *adj inv* ① *(of Jewish sect)* pharisäisch *geh*
② *(fig pej: hypocritical)* pharisäerhaft, pharisäisch *geh*

Phari·see ['færɪsiː, AM 'fer-] *n* ① *(Jewish tribe)* ■**the ~s** *pl* die Pharisäer *pl*
② *(fig liter: hypocrite)* Pharisäer(in) *m(f) geh*

phar·ma·ceu·tic [ˌfɑːmə'sjuːtɪk, AM ˌfɑːrmə'suːt̬-] *adj inv* pharmazeutisch; ~ **company** Pharmafirma *f*

phar·ma·ceu·ti·cal [ˌfɑːmə'sjuːtɪkᵊl, AM ˌfɑːrmə'suːt̬-] *adj attr, inv* pharmazeutisch; ~ **industry** Pharmaindustrie *f*

phar·ma·ceu·ti·cals [ˌfɑːmə'sjuːtɪkᵊlz, AM ˌfɑːrmə'suːt̬-] *npl* Pharmaka *pl*

phar·ma·ceu·tics [ˌfɑːmə'sjuːtɪks, AM ˌfɑːrmə'suːt̬-] *n no pl* Pharmazie *f;* **to go into ~** Pharmazie studieren

phar·ma·'ceu·tics in·dus·try *n no pl* Pharmaindustrie *f*

phar·ma·cist ['fɑːməsɪst, AM 'fɑːr-] *n* Apotheker(in) *m(f),* Pharmazeut(in) *m(f)*

phar·ma·co·ge·nom·ics [ˌfɑːməkə(ʊ)dʒɪˈnɒmɪks, AM ˌfɑːrməkoʊdʒɪˈnɑːmɪks] *n* + *sing vb* Pharmagenomics *pl fachspr (Verbindung von pharmazeutischer Genetik und Bioinformatik, um maßgeschneiderte Medikamente zu erzeugen)*

phar·ma·cog·no·sy [ˌfɑːməˈkɒgnəsi, AM ˌfɑːrməˈkɑːg-] *n no pl* Kunde *f* der Naturdrogen

phar·ma·co·logi·cal [ˌfɑːməkəˈlɒdʒɪkəl, AM ˌfɑːrməkəˈlɑː-] *adj inv* pharmakologisch

phar·ma·colo·gist [ˌfɑːməˈkɒlədʒɪst, AM ˌfɑːrməˈkɑːl-] *n* Pharmakologe, Pharmakologin *m, f*

phar·ma·col·ogy [ˌfɑːməˈkɒlədʒi, AM ˌfɑːrməˈkɑːl-] *n no pl* Pharmakologie *f*

phar·ma·co·poeia [ˌfɑːməkəˈpiːə, AM ˌfɑːrməˈkoʊ-] *n usu sing* ❶ *(drugs book)* Pharmakopöe *f fachspr*, amtliches Arzneibuch, ≈ ÖSTERR *a.* Austria Codex *m*
❷ *(stock of medicine)* Arzneimittellager *nt*

phar·ma·coˈ·thera·py *n no pl* Medikamententherapie *f*

phar·ma·cy [ˈfɑːməsi, AM ˈfɑːr-] *n* ❶ *(store)* Apotheke *f*
❷ *no pl (study)* Pharmazie *f*

phar·ming [ˈfɑːmɪŋ, AM ˈfɑːr-] *n* Pharming *nt (eine Betrugsmethode, um User auf gefälschte Webseiten umzuleiten, um vertrauliche Daten zu stehlen)*

phar·yn·geal [fəˈrɪndʒiəl] *adj* pharyngeal *fachspr*, Rachen-, im Rachenraum *nach n*

phar·yn·gi·tis [ˌfærɪnˈdʒaɪtɪs, AM ˌferɪnˈdʒaɪt̬-] *n no pl* Pharyngitis *f fachspr*, Rachenentzündung *f*

phar·ynx <*pl* pharynges> [ˈfærɪŋks, *pl* færˈɪndʒiːz, AM *pl* fəˈrɪn-] *n* MED Pharynx *m fachspr*, Rachen *m*

phase [feɪz] **I.** *n* Phase *f; (part)* Abschnitt *m; of illness* Stadium *nt;* ~ **adapter** ELEC Phasenangleicher *m;* ~ **change** PHYS Phasenumwandlung *f;* ~ **delay** PHYS Phasenverzögerung *f;* **moon** ~ Mondphase *f;* **developmental** ~ Entwicklungsphase *f;* **to go through a** ~ eine Phase durchlaufen; **in** ~ phasengleich *fachspr*, in Phase *fachspr;* **out of** ~ phasenverschoben *fachspr*
II. *vt usu passive* ■**to** ~ **sth** *(implement)* etw stufenweise durchführen; *(introduce)* etw stufenweise einführen; *(coordinate)* etw synchronisieren [*o* aufeinander abstimmen]; ~**d withdrawal of troops** schrittweiser Truppenrückzug; ■**to** ~ **sth into sth** etw in etw *akk* eingliedern
◆**phase in** *vt* ■**to** ~ **in** ↻ **sth** etw stufenweise einführen
◆**phase out** *vt* ❶ ECON *(gradually stop)* ■**to** ~ **out** ↻ **sth** etw auslaufen lassen; **to** ~ **out production** die Produktion stufenweise einstellen
❷ *(fig: get rid of)* ■**to** ~ **sb out** jdn abservieren *fam*

ˈphase-out *n* schrittweiser Abbau

phas·ing [ˈfeɪzɪŋ] *n no pl* Synchronisierung *f*, Gleichschaltung *f*

phat [fæt] *adj (sl: Black English: cool, hip)* krass *sl*, abgefahren *sl*, fett *sl*

phat·ic [ˈfætɪk, AM ˈfæt̬] *adj inv* LING phatisch

PhD [ˌpiːeɪtʃˈdiː] *n abbrev of* **Doctor of Philosophy** Dr., Doktor *m;* ***she has a*** ~ ***in physics*** sie ist promovierte Physikerin; ***he's doing a*** ~ ***at Oxford*** er macht gerade in Oxford seinen Doktor *fam;* ***she is a*** ~ sie hat einen Doktortitel; ~ **student** Doktorand(in) *m(f)*, ÖSTERR *bes* Dissertant(in) *m(f);* ~ **thesis** Doktorarbeit *f*, Dissertation *f*

pheas·ant <*pl* -s *or* -> [ˈfezənt] *n* Fasan *m;* **golden** ~ Goldfasan *m*

phe·nic acid [ˌfiːnɪkˈ-], **phe·nol** [ˈfiːnɒl, AM -noʊl] *n no pl* CHEM Phenol *nt*, Karbolsäure *f*

phe·nom [fɪˈnɑːm] *n* AM *(sl) short for* **phenomenon** Phänomen *nt geh*

phe·nom·ena [fɪˈnɒmɪnə, AM fəˈnɑːmə-] *n pl of* **phenomenon**

phe·nom·enal [fɪˈnɒmɪnəl, AM fəˈnɑːmə-] *adj (great)* phänomenal, überwältigend

phe·nom·enal·ism [fɪˈnɒmɪnəlɪzəm, AM fəˈnɑːmə] *n no pl* PHILOS Phänomenalismus *m*

phe·nom·enal·ly [fɪˈnɒmɪnəli, AM fəˈnɑːmə-] *adv* phänomenal

phe·nom·eno·logi·cal [fɪˌnɒmɪnəˈlɒdʒɪkəl, AM fəˌnɑːmənəˈlɑːdʒ-] *adj* PHILOS phänomenologisch *fachspr*

phe·nom·enol·ogy [fɪˌnɒmɪˈnɒlədʒi, AM fəˌnɑːməˈnɑːl-] *n* PHILOS Phänomenologie *f fachspr*

phe·nom·enon <*pl* -mena *or* -s> [fɪˈnɒmɪnən, *pl* -mɪnə, AM fəˈnɑːmənɑːn, *pl* -mənə] *n* Phänomen *nt geh*

phe·no·type [ˈfenə(ʊ)taɪp, AM -noʊ-] *n* BIOL Phänotypus *m fachspr*

phe·nyl·eth·ene [ˌfiːnaɪlˈeθiːn] *n no pl* CHEM Styrol *nt*

phenyl·ethyl·ˈamine *n no pl* Phenylethylamin *nt*

phero·mone [ˈferəməʊn, AM -moʊn] *n* BIOL Pheromon *nt meist pl fachspr*

phew [fjuː] *interj (fam)* puh

phial [ˈfaɪəl] *n* BRIT *(dated)* Phiole *f*

Phi Beta Kap·pa [ˌfaɪˌbiːtəˈkæpə, AM -ˌbeɪt̬əˈ-] *n no pl* AM ❶ *(organization) amerikanische Vereinigung herausragender Akademiker[innen]*
❷ *(person) Mitglied dieser Vereinigung*

Phila·del·phian [ˌfɪləˈdelfiən] *n* Bewohner(in) *m(f)* Philadelphias

phi·lan·der [fɪˈlændəʳ, AM -ɚ] *vi (pej dated)* schäkern *oft hum*, tändeln *veraltend;* ■**to** ~ **with sb** mit jdm schäkern

phi·lan·der·er [fɪˈlændərəʳ, AM -ɚɚ] *n (pej dated)* Schäker *m* BRD *oft hum*, Schürzenjäger *m pej fam*

phi·lan·der·ing [fɪˈlændərɪŋ, AM -ɚ-] **I.** *n no pl (pej dated)* Geschäker *a. pej*
II. *adj inv (pej dated)* schäkernd *a. hum*

phil·an·throp·ic [ˌfɪlənˈθrɒpɪk, AM -ænˈθrɑː-] *adj* philanthropisch *geh*, menschenfreundlich; ~ **organization** Hilfsorganisation *f*

phil·an·thro·pist [fɪˈlæn(t)θrəpɪst, AM fəˈ-] *n (donor)* Philanthrop(in) *m(f) geh*, Menschenfreund(in) *m(f)*

phil·an·thro·py [fɪˈlæn(t)θrəpi, AM fəˈ-] *n no pl* Wohltätigkeit *f*, Philanthrophie *f geh;* ***in the spirit of*** ~ ***he donated a large sum of money*** in Geberlaune spendete er eine hohe Geldsumme

phila·tel·ic [ˌfɪləˈtelɪk] *adj inv* philatelistisch *geh;* ~ **collection** Briefmarkensammlung *f*

phi·lat·elist [fɪˈlætəlɪst, AM -ˈlæt̬-] *n* Philatelist(in) *m(f) geh*, Briefmarkensammler(in) *m(f)*

phi·lat·ely [fɪˈlætəli, AM -ˈlæt̬-] *n no pl* Philatelie *f*, Briefmarkenkunde *f*

phil·har·mon·ic [ˌfɪl(h)ɑːˈməʊnɪk, AM -hɑːrˈmɑːn-] *adj attr, inv* philharmonisch; **the Vienna** ~ **Orchestra** die Wiener Philharmoniker *pl;* ~ **pitch** PHYS Kammerton *m*, Normalton *m*

Phil·har·mon·ic [ˌfɪl(h)ɑːˈməʊnɪk, AM -hɑːrˈmɑːn-] *n* Philharmonie *f*

phil·hel·lenic [ˌfɪlhelˈiːnɪk, AM -həˈlen-] *adj* philhellenistisch

phil·hel·len·ism [fɪlˈhelɪnɪzəm, AM -ˈhelə-] *n* Philhellenismus *m*

phil·hel·len·ist [fɪlˈhelɪnɪst, AM -ˈhelə-] *n* Philhellene, Philhellenin *m, f*

phi·lip·pic [fɪˈlɪpɪk] *n (form)* Strafpredigt *f*, Philippika *f geh*

Phil·ip·pine [ˈfɪlɪpiːn, AM ˈfɪlə] *adj inv* philippinisch

Phil·ip·pines [ˈfɪlɪpiːnz, AM -ləp-] *npl* ■**the** ~ die Philippinen *pl*

phil·is·tine [ˈfɪlɪstaɪn, AM -stiːn] *(pej)* **I.** *n* Banause *m pej*
II. *adj inv* banausisch *pej*

Phil·is·tine [ˈfɪlɪstaɪn, AM -stiːn] *n* HIST Philister *m*

phil·is·tin·ism [ˈfɪlɪstɪnɪzəm, AM ˈfɪlɪstiː] *n no pl* Banausentum *nt*, Philistertum *nt geh*

philo·logi·cal [ˌfɪləˈlɒdʒɪkəl, AM -ˈlɑːdʒ-] *adj inv (dated)* philologisch

phi·lolo·gist [fɪˈlɒlədʒɪst, AM -ˈlɑːlə-] *n* Philologe, Philologin *m, f*

phi·lol·ogy [fɪˈlɒlədʒi, AM -ˈlɑːlə-] *n no pl* Philologie *f*

phi·loso·pher [fɪˈlɒsəfəʳ, AM -ˈlɑːsəfɚ] *n* Philosoph(in) *m(f);* **the** ~**s' stone** der Stein der Weisen

philo·soph·ic(al) [ˌfɪləˈsɒfɪk(əl), AM -ˈsɑːf-] *adj* ❶ PHILOS philosophisch
❷ *(calm)* abgeklärt, gelassen

philo·soph·ical ˈcoun·sel·ling *n* philosophische Beratung **philo·soph·ical ˈcoun·sel·lor** *n* philosophischer Berater, philosophische Beraterin *m, f*

philo·sophi·cal·ly [ˌfɪləˈsɒfɪkəli, AM -ˈsɑːf-] *adv* ❶ *(calmly)* abgeklärt, gelassen
❷ PHILOS philosophisch betrachtet

phi·loso·phize [fɪˈlɒsəfaɪz, AM -ˈlɑːs-] *vi* philosophieren; *(make excuses)* sich *akk* herausreden; ■**to** ~ **about sth** über etw *akk* philosophieren

phi·loso·phy [fɪˈlɒsəfi, AM -ˈlɑːs-] **I.** *n no pl* Philosophie *f;* ***the*** ~ ***of religion is based on the idea that there is a God*** grundlegend für alle Religionen ist die Annahme, dass es einen Gott gibt; ~ **on life** Lebensphilosophie *f*
II. *n modifier (degree, course, writer)* Philosophie-

phil·tre [ˈfɪltəʳ], AM **phil·ter** [-t̬ɚ] *n* Liebestrank *m*

phish [fɪʃ] *vi* phishen *(im Internet persönliche Daten und Passwörter ausspionieren, um von den Betroffenen Geld zu stehlen)*

phish·er [ˈfɪʃəʳ, AM -ɚ] *n* INET Phisher(in) *m(f) (Betrüger, der mit gefälschten E-Mails Passwörter und persönliche Benutzerdaten ausspioniert)*

phish·ing [ˈfɪʃɪŋ] *n* INET Phishing *nt (betrügerisches Ausspionieren von Passwörtern und persönlichen Benutzerdaten)*

phle·bi·tis [flɪˈbaɪtɪs, AM fliːˈbaɪt̬-] *n* MED Phlebitis *f fachspr*, Venenentzündung *f;* **to contract** ~ an einer Venenentzündung erkranken

phle·bolo·gy [flɪˈbɒlədʒi] *n no pl* Venenheilkunde *f*

phle·boto·my <*pl* -mies> [flɪˈbɒtəmi, AM -ˈbɑːt̬ə-] *n* MED Phlebotomie *f*

phlegm [flem] *n no pl* ❶ *(mucus)* Schleim *m;* **to cough up** ~ Schleim abhusten
❷ *(calmness)* Gleichmut *m*
❸ *(apathetic temperament)* Phlegma *nt geh*

phleg·mat·ic [flegˈmætɪk, AM -t̬ɪk] *adj* ❶ *(calm)* gleichmütig
❷ *(apathetic)* phlegmatisch

phlox <*pl* - *or* -es> [flɒks, AM flɑːks] *n* Phlox *m*, Flammenblume *f*

phobe [fəʊb, AM foʊb] *n (fam)* Phobiker(in) *m(f)*

pho·bia [ˈfəʊbiə, AM ˈfoʊ-] *n* Phobie *f;* ■~ **about sth** [krankhafte] Angst *dat* vor etw

pho·bic [ˈfəʊbɪk, AM ˈfoʊ-] *adj* ❶ PSYCH phobisch; **to be socially** ~ an einer Sozialphobie leiden
❷ *(fig fam: very wary)* panisch; ■**to be** ~ **about sth** [eine hysterische] Angst vor etw *dat* haben *fam;* **to be** ~ **about spiders** eine Spinnenphobie haben

Phoe·ni·cian [fɪˈnɪʃən, AM fəˈ] **I.** *n* ❶ *(person)* Phönizier(in) *m(f)*
❷ *no pl (language)* Phönizisch *nt*
II. *adj inv* phönizisch

phoe·nix [ˈfiːnɪks] *n usu sing* Phönix *m;* **to rise like a** ~ **from the ashes** wie ein Phönix aus der Asche aufsteigen

phon [fɒn, AM fɑːn] *n* Phon *nt*

phone [fəʊn, AM foʊn] **I.** *n* Telefon *nt;* ***she put down the*** ~ ***on me*** sie hat [bei unserem Gespräch] einfach aufgelegt; **to answer the** ~ ans Telefon gehen; **to hang up** [*or* **put down**] **the** ~ auflegen; **to pick up the** ~ abheben, abnehmen; **to speak** [**to sb**] **by** [*or* **on the**] ~ [mit jdm] telefonieren; **on the** ~ am Telefon; BRIT **to be on the** ~ *(telephoning)* telefonieren; *(dated: have a telephone)* ans Telefonnetz angeschlossen sein
II. *n modifier (receiver, table)* Telefon-; ~ **call** [Telefon]anruf *m;* ~ **line** Telefonleitung *f*
III. *vt* ■**to** ~ **sb/sth** jdn/etw anrufen; ***you should*** ~ ***home*** du solltest zu Hause anrufen
IV. *vi* telefonieren
◆**phone back** *vt* ■**to** ~ **back** ↻ **sb** jdn zurückrufen
◆**phone in I.** *vi* anrufen; **to** ~ **in ill** [*or* **sick**] sich *akk* telefonisch krankmelden
II. *vt* ❶ *(information)* ■**to** ~ **in** ↻ **sth** etw telefonisch durchgeben; **to** ~ **in a message** eine Nachricht hinterlassen
❷ *(call to come)* ■**to** ~ **sb in:** ***they*** ~***d me in because someone was sick*** ich bekam einen Anruf, dass ich arbeiten musste, weil jemand krank geworden war
◆**phone round** *vi* BRIT herumtelefonieren *fam*
◆**phone through** *vi* ■**to** ~ **through for sth** etw telefonisch erfragen; ■**to** ~ **through with sth** etw telefonisch durchgeben
◆**phone up** *vt* ■**to** ~ **up** ↻ **sb/sth** jdn/etw

anrufen

'phone bank *n (phones)* Telefonpool *m; (people) Gruppe von Leuten, die telefonische Umfragen macht* **'phone book** *n* Telefonbuch *nt* **'phone booth** *n* Telefonzelle *f* **'phone box** *n* BRIT Telefonzelle *f* **'phone·card** *n* Telefonkarte *f*

'phone-in I. *n Sendung, bei der sich das Publikum telefonisch beteiligen kann*
II. *adj attr, inv* ~ **listener** *Hörer/Hörerin von Anrufsendungen;* ~ **programme** *Sendung mit telefonischer Publikumsbeteiligung*

pho·neme ['fəʊni:m, AM 'foʊ-] *n* LING Phonem *nt fachspr*

pho·nem·ic [fəʊ'ni:mɪk, AM foʊ'] *adj inv* LING phonemisch *fachspr*

'phone num·ber *n* Telefonnummer *f* **'phone tag** *n no pl* AM *(fam) Hin- und Hertelefonieren, ohne jdn zu erreichen*

pho·net·ic [fə(ʊ)'netɪk, AM fə'neţ-] *adj inv* LING phonetisch *fachspr;* ~ **transcription** phonetische Umschrift

pho·neti·cal·ly [fə(ʊ)'netɪkᵊli, AM fə'neţ-] *adv inv* LING phonetisch *fachspr*

pho·net·ic 'al·pha·bet *n* LING phonetisches Alphabet *fachspr;* **the International Phonetic Alphabet** das Internationale Phonetische Alphabet

pho·neti·cian [ˌfəʊnɪ'tɪʃᵊn, AM ˌfoʊnə'-] *n* LING Phonetiker(in) *m(f) fachspr*

pho·net·ics [fə(ʊ)'netɪks, AM fə'neţ-] *n + sing vb* LING Phonetik *f kein pl fachspr*

pho·ney ['fəʊni, AM 'foʊ-] *(pej)* I. *adj (fam) accent, smile* aufgesetzt, künstlich; *address* falsch; *documents* gefälscht, faul *fam;* ~ **business people** zweifelhafte Geschäftsleute; ~ **market researchers** angebliche Marktforscher
▸PHRASES: **to be as ~ as a two-dollar bill** AM *(fam) person* ein falscher Fuffziger sein; *(fam) qualifications* fauler Zauber sein
II. *n (impostor)* Hochstapler(in) *m(f); (pretender)* Schwindler(in) *m(f); (fake)* Fälschung *f;* ***the doctor was a ~*** der Doktor war ein Scharlatan

'pho·ney war *n esp* BRIT *(hist) ruhiger Zeitabschnitt im Zweiten Weltkrieg*

phon·ic ['fɒnɪk, AM 'fɑ:-] *adj* LING phonisch *fachspr*

pho·no·graph ['fəʊnəgrɑ:f, AM 'foʊnəgræf] *n* ❶ *(hist: type of gramophone)* Fonograf *m hist*
❷ AM *(record player)* Plattenspieler *m*

pho·no·logi·cal [ˌfəʊnə'lɒdʒɪkᵊl, AM ˌfoʊnə'lɑ:-] *adj inv* LING phonologisch *fachspr*

pho·nol·ogy [fə(ʊ)'nɒlədʒi, AM fə'nɑ:-] *n no pl* LING Phonologie *f fachspr*

pho·ny *adj* AM *see* **phoney**

phoo·ey ['fu:i] *interj (hum fam)* pah *fam,* pfui *fam*

phos·gene ['fɒzdʒi:n, 'fɒs-, AM 'fɑ:s-, 'fɑ:z-] *n no pl* CHEM Phosgen *nt*

phos·phate ['fɒsfeɪt, AM 'fɑ:s-] *n* Phosphat *nt*

phos·phor ['fɒsfəʳ, AM 'fɑ:s-] *n (dated) see* **phosphorus**

phos·pho·res·cence [ˌfɒsfᵊr'esᵊn(t)s, AM ˌfɑ:sfə'res-] *n no pl* Phosphoreszenz *f*

phos·pho·res·cent [ˌfɒsfᵊr'esᵊnt, AM ˌfɑ:sfə'res-] *adj* phosphoreszierend

phos·phor·ic [fɒs'fɒrɪk, AM fɑ:s'fɔ:r-], **phos·pho·rous** ['fɒsfᵊrəs, AM 'fɑ:s-] *adj* CHEM phosphorig, phosphorhaltig

phos·pho·rus ['fɒsfᵊrəs, AM 'fɑ:s-] *n no pl* CHEM Phosphor *m,* [phosphoreszierende] Leuchtmasse

pho·to ['fəʊtəʊ, AM 'foʊţoʊ] *n short for* **photograph** Foto *nt*

pho·to- ['fəʊtəʊ, AM 'foʊţoʊ] *in compounds* ❶ *(relating to photography)* Foto-
❷ *(relating to light)* Licht-, Foto- *fachspr*

pho·to-'age·ing *n no pl* Hautalterung *f* durch Sonnenstrahlen **'pho·to al·bum** *n* Fotoalbum *nt* **'pho·to·call** *n* Fototermin *m* **'pho·to·cell** *n* Fotozelle *f*

pho·to·'chemi·cal *adj inv* fotochemisch; ~ **reaction** fotochemische Reaktion; ~ **smog** Ozonsmog *m* **pho·to·'chrom·ic** *adj inv* PHOT *lenses* fototrop **pho·to·com·po·'si·tion** *n no pl* PUBL Lichtsatz *m fachspr*

'pho·to·copi·er *n* [Foto]kopierer *m* **'pho·to·copy** I. *n* [Foto]kopie *f;* **to make a ~ of sth** eine [Foto]kopie von etw *dat* machen, etw [foto]kopieren II. *vt* ■**to ~ sth** etw [foto]kopieren **'pho·to·copy·ing** *n* ~ **bureau** Copyshop *m,* Kopierzenter *nt* SCHWEIZ

'pho·to-edit·ing *n* digitale Bildbearbeitung

pho·to·e'lec·tric *adj inv* fotoelektrisch **pho·to·elec·tric 'cell** *n* fotoelektrische Zelle

pho·to 'fin·ish *n* SPORT Fotofinish *nt fachspr* **pho·to·'fin·ish·er** *n* Fotoshop *m* für Digitalfotos, Fotofinisher *m (für Internetbestellung von Bildern über ein Kiosksystem)* **'pho·to·fit, pho·to·fit 'pic·ture** *n* BRIT Phantombild *nt* **'pho·to·flash** ['fəʊtəʊˌflæʃ] *n* Blitzlicht *nt* **'pho·to frame** *n* Fotorahmen *m*

pho·to·gen·ic [ˌfəʊtə(ʊ)'dʒenɪk, AM ˌfoʊţə'-] *adj* fotogen; BIOL Licht ausstrahlend *attr;* ~ **bacterium** Leuchtbakterium *nt*

pho·to·graph ['fəʊtəgrɑ:f, AM 'foʊţəgræf] I. *n* Fotografie *f,* Foto *nt;* **aerial ~** Luftaufnahme *f;* **colour** [*or* AM **color**]/**black-and-white** ~ Farbfoto/Schwarz-Weiß-Foto *nt;* **nude ~** Nacktfoto *nt,* Aktfoto *nt;* **to take a ~ [of sb/sth]** [jdn/etw] fotografieren, ein Foto [von jdm/etw] machen
II. *vt* ■**to ~ sb/sth** jdn/etw fotografieren
III. *vi* **to ~ well/badly** gut/schlecht auf Fotos aussehen; ***he ~s well*** er ist fotogen

'pho·to·graph al·bum *n* Fotoalbum *nt*

pho·tog·ra·pher [fə'tɒgrəfəʳ, AM -'tɑ:grəfɚ] *n* Fotograf(in) *m(f);* **~'s model** Fotomodell *nt;* **press ~** Pressefotograf(in) *m(f);* **amateur ~** Hobbyfotograf(in) *m(f)*

pho·to·graph·ic [ˌfəʊtə'græfɪk, AM ˌfoʊţə'-] *adj inv* fotografisch; ~ **equipment** Fotoausrüstung *f;* ~ **film** Film *m;* ~ **image** Fotografie *f*

pho·to·graphi·cal·ly [ˌfəʊtə'græfɪᵊli, AM ˌfoʊţə'-] *adv inv* fotografisch

pho·to·graph·ic 'memo·ry *n* fotografisches Gedächtnis

pho·tog·ra·phy [fə'tɒgrəfi, AM -'tɑ:g-] *n no pl* Fotografie *f*

pho·to·gra·vure [ˌfəʊtəʊgrə'vjʊəʳ, AM ˌfoʊţoʊgrə'vjʊr] *n no pl* Fotogravüre *f* **pho·to·'jour·nal·ism** *n no pl* Fotojournalismus *m* **pho·to·'jour·nal·ist** *n* Fotojournalist(in) *m(f)* **'pho·to-link·ed** *adj* CHEM fotovernetzt **pho·to-lumi·'ne·scence** *n no pl* PHYS Fotolumineszenz *f*

pho·tom·eter [fə(ʊ)'tɒmɪtəʳ, AM foʊ'tɑ:mɪţɚ] *n* TECH Fotometer *nt fachspr*

pho·to·mon·tage [ˌfəʊtə(ʊ)mɒn'tɑ:ʒ, AM ˌfoʊţoʊmɑ:n'-] *n* Fotomontage *f*

pho·ton ['fəʊtɒn, AM 'foʊtɑ:n] *n* PHYS Foton *nt fachspr*

pho·to op·por·'tu·nity *n,* **'pho·to op** *n (fam)* Fototermin *m* **pho·to·'real·ist** *n* Fotorealist(in) *m(f)* **pho·to re·'port·er** *n* Fotoreporter(in) *m(f)* **pho·to·'sen·si·tive** *adj* lichtempfindlich **pho·to·'sen·si·tize** *vt* ■**to ~ sth** etw lichtempfindlich machen **'pho·to ses·sion** *n* Fototermin *m* **'pho·to·set·ting** *n no pl* PUBL Lichtsatz *m fachspr* **'pho·to·shoot** *n* Fototermin *m*

'pho·to·stat® ['fəʊtə(ʊ)stæt, AM 'foʊţoʊ-] I. *n* Fotokopierer *f; (copy)* Fotokopie *f*
II. *vt* <-tt-> ■**to ~ sth** etw fotokopieren

pho·to·'syn·the·sis *n no pl* BIOL, CHEM Fotosynthese *f fachspr* **pho·to·'syn·the·size** I. *vt* BIOL, CHEM ■**to ~ sth** etw durch Fotosynthese umwandeln
II. *vi* Fotosynthese betreiben **pho·to·trop·ism** [fəʊ'tɒtrəpɪzᵊm, AM foʊ'tɑ:-] *n no pl* BOT Fototropismus *m fachspr* **pho·to·vol·ta·ic** [ˌfəʊtə(ʊ)vɒl'teɪɪk, AM ˌfoʊţoʊvɑ:l'-] *adj* ~ **cell** Fotoelement *nt;* ~ **conversion** fotoelektrische Umwandlung; ~ **technology** Fotovoltaik *f fachspr*

phras·al ['freɪzᵊl] *adj inv* LING Satz-

phras·al 'verb *n* LING Phrasal Verb *nt (Grundverb mit präpositionaler oder adverbialer Ergänzung)*

phrase [freɪz] I. *n* ❶ *(words)* Satz *m; (idiomatic expression)* Ausdruck *m,* [Rede]wendung *f;* **noun/verb ~** LING Nominal-/Verbalphrase *f fachspr;* **turn of ~** Ausdrucksweise *f; (in writing)* Stil *m;* ***she had a clever turn of ~ on occasion*** gelegentlich drückte sie sich sehr clever aus; ■**in sb's ~** mit jds Worten; ***'I came,' in Caesar's ~, 'I saw, and I conquered'*** um es wie Cäsar auszudrücken: ‚ich kam, sah und siegte'
❷ MUS *(series of notes)* Phrase *f fachspr*
II. *vt* ■**to ~ sth** etw formulieren

'phrase book *n* Sprachführer *m*

phra·seol·ogy [ˌfreɪzi'ɒlədʒi, AM -'ɑ:l-] *n no pl* Ausdrucksweise *f;* LING Phraseologie *f fachspr*

phras·ing ['freɪzɪŋ] *n no pl* ❶ *(manner of speaking or writing)* Formulierung *f;* ***the ~ of the contract is rather ambiguous*** der Vertrag ist ziemlich zweideutig formuliert
❷ MUS Phrasierung *f fachspr*

phre·net·ic *adj see* **frenetic**

phre·nol·ogy [frɪ'nɒlədʒi, AM -'nɑ:-] *n* Phrenologie *f fachspr*

phthal·ic acid [ˌθælɪk-, ˌfθæl-, ˌθeɪlɪk'-] *n no pl* CHEM Phthalsäure *f*

phut [fʌt] *interj* BRIT, AUS peng; **to go ~** *(fam)* kaputtgehen *fam,* den Geist aufgeben *iron fam*

pH value [pi:'eɪtʃ-] *n* pH-Wert *m*

phyl·lo, phyl·lo pas·try *n no pl see* **filo**

phy·sa·lis [faɪ'seɪlɪs] *n* FOOD Physalis *f,* Kap-Stachelbeere *f*

phys·ic ['fɪzɪk] *n no pl (old)* ❶ *(medicinal drugs)* Arznei *f veraltend,* Arzneimittel *nt[pl]*
❷ *(art of healing)* Heilkunde *f*

physi·cal ['fɪzɪkᵊl] I. *adj* ❶ *(of the body) condition, strength, weakness* körperlich, physisch *geh;* ***I'm not a very ~ sort of person*** *(don't like sports)* ich bin nicht gerade sehr sportlich; *(don't like touching)* ich bin mit Berührungen eher zurückhaltend; ~ **contact** Körperkontakt *m;* **to have a ~ disability** körperbehindert sein; ~ **exercise** sportliche Betätigung; ~ **jerks** BRIT *(hum dated)* Turnübungen *pl;* **to get ~** rabiat werden
❷ *(sexual) contact, love, relationship* körperlich; ~ **attraction** körperliche Anziehung; **to get ~** sich *akk* anfassen
❸ *inv (material)* physisch; *object, world* stofflich, dinglich; ***the ~ characteristics of the terrain*** die geophysischen Eigenschaften der Gegend; ***insurers are worried about the ~ condition of the vessels*** die Versicherungen machen sich Sorgen um den Materialzustand der Schiffe
❹ *inv (of physics)* physikalisch
II. *n* MED Untersuchung *f*

physi·cal ap·'pear·ance *n* Aussehen *nt,* Äußere(s) *nt* **physi·cal 'as·set** *n* Sachwert *m* **physi·cal edu·'ca·tion** *n,* **PE** *n no pl* Sport[unterricht] *m* **physi·cal ex·ami·'na·tion** *n* körperliche Untersuchung

physi·cal ge·'og·ra·phy *n no pl* Geophysik *f*

physi·cal·ity [ˌfɪzɪ'kæləti, AM -əţi] *n no pl (liter)* Körperlichkeit *f*

physi·cal·ly ['fɪzɪkᵊli] *adv* ❶ *(concerning the body)* körperlich; ***it's just not ~ possible*** das ist schon rein physisch nicht möglich; ***he was creating such a disturbance that he had to be ~ removed from the room*** er verursachte so einen Aufruhr, dass er unter Anwendung von Gewalt aus dem Raum entfernt werden musste; ~ **attractive** gut aussehend; ~ **disabled** [*or* **handicapped**] körperbehindert
❷ *(not imagined)* wirklich, real; ***being ~ in the stadium is different from watching the match on TV*** ein Spiel im Stadion mitzuerleben ist etwas anderes, als es im Fernsehen zu sehen
❸ *inv (structurally)* ***Britain is ~ isolated from the mainland*** geografisch gesehen ist Großbritannien vom Festland abgeschnitten

'physi·cal·ly dis·abled *adj* ~ **person** Körperbehinderte(r) *f(m)*

physi·cals ['fɪzɪkᵊlz] *n* ECON Waren *pl*

physi·cal 'sci·ences *npl* Naturwissenschaften *pl*

phy·si·cian [fɪ'zɪʃᵊn] *n esp* AM *(GP)* Arzt, Ärztin *m, f*
▸PHRASES: ~ **heal thyself** *(prov)* kehr erstmal vor deiner eigenen Tür *fam*

physi·cist ['fɪzɪsɪst] *n* Physiker(in) *m(f)*

phys·ics ['fɪzɪks] I. *n + sing vb* Physik *f;* ~ **of X-rays** Röntgenphysik *f*

II. *n modifier (lecture, teacher, textbook)* Physik-

physio¹ ['fɪziəʊ, AM -oʊ] *n* BRIT, AUS *(fam) short for* **physiotherapist** Physiotherapeut(in) *m(f)*

physio² ['fɪziəʊ, AM -oʊ] *n no pl esp* BRIT *short for* **physiotherapy** Physiotherapie *f*

physio·ball ['fɪziəʊbɔːl, AM -zioʊ-] *n* Gymnastikball *m*

physi·og·no·my [ˌfɪzi'ɒnəmi, AM -'ɑːn-] *n (form)* Physiognomie *f geh*

physio·logi·cal [ˌfɪziə'lɒdʒɪkəl, AM -'lɑːdʒ-] *adj inv* physiologisch *geh*

physi·olo·gist [ˌfɪzi'ɒlədʒɪst, AM -'ɑːl-] *n* Physiologe, Physiologin *m, f*

physi·ol·ogy [ˌfɪzi'ɒlədʒi, AM -'ɑːl-] *n no pl* Physiologie *f*

physio·thera·pist [ˌfɪziə(ʊ)'θerəpɪst, AM -oʊ'-] *n esp* BRIT MED Physiotherapeut(in) *m(f) fachspr,* Krankengymnast(in) *m(f)*

physio·thera·py [ˌfɪziə(ʊ)'θerəpi, AM -oʊ'-] *n no pl esp* BRIT MED Physiotherapie *f fachspr*

phy·sique [fɪ'ziːk] *n* Körperbau *m; (appearance)* Figur *f*

pi [paɪ] *n no pl* MATH Pi *nt fachspr*

pia·nis·si·mo [ˌpiːə'nɪsɪməʊ, AM moʊ] MUS **I.** *adj inv* ganz leise, pianissimo *fachspr*
II. *n* <*pl* -os *or* -mi> Pianissimo *nt fachspr*

pia·nist ['piːənɪst, AM 'piːən-] *n* Klavierspieler(in) *m(f); (professional)* Pianist(in) *m(f)*

pi·ano [pi'ænəʊ, AM -noʊ] **I.** *n* Klavier *nt,* Piano *nt;* **to play** [**the**] ~ Klavier spielen; ■**at** [*or* **on**] **the ~** am Klavier; ■**for ~** für Klavier
II. *n modifier (concerto, duet, lessons, player, practice, teacher, solo)* Klavier-

pi·ano·for·te [piˌænəʊ'fɔːteɪ, AM noʊ'fɔːr] *n* MUS *(form) see* **piano** Klavier *nt,* Pianoforte *nt geh*

pi·'ano re·cit·al *n* Klavierkonzert *nt* **pi·'ano stool** *n* Klavierstuhl *m* **pi·'ano tun·er** *n* Klavierstimmer(in) *m(f)* **pi·'ano wire** *n* Klaviersaitendraht *m*

pi·az·za [pi'ætsə, AM -'ɑːt-] *n* Marktplatz *m,* Piazza *f geh*

pic [pɪk] *n (fam)* ① *(photo)* Foto *nt; (snapshot)* Schnappschuss *m*
② *(cinema film)* Film *m;* ***there are some good ~s on*** es laufen ein paar gute Filme

pica ['paɪkə] *n no pl* Pica[-syndrom] *nt*

pica·dor ['pɪkədɔːʳ, AM -dɔːr] *n* Picador(in) *m(f)*

pica·resque [ˌpɪkəʳ'esk, AM -ə'-] *adj* LIT pikaresk *fachspr,* pikarisch *fachspr*

pica·yune ['pɪkəjuːn] *adj inv* AM unbedeutend, banal; *(small-minded)* kleinlich

pic·ca·lil·li [ˌpɪkə'lɪli, AM 'pɪkəlɪli] *n no pl* FOOD Relish *nt*

pic·ca·nin·ny [ˌpɪkə'nɪni, AM 'pɪkənɪni] *n (pej!) abwertender Ausdruck für ein schwarzes Kind*

pic·co·lo ['pɪkələʊ, AM -loʊ] *n* Pikkoloflöte *f,* Piccolo *nt* SCHWEIZ

pick [pɪk] **I.** *n* ① *(choice)* Auswahl *f;* **to have first ~** die erste Wahl haben; **to have one's ~ of sth** sich *dat* etw aussuchen können; **to take one's ~** sich *dat* etw aussuchen
② + *sing/pl vb (best)* ■**the ~ of sth** *of things* das Beste; *of people* die Elite; ***the ~ of the furniture*** die besten Möbel; ***the ~ of this year's racehorses is Gandy Dancer*** Gandy Dancer ist dieses Jahr der Star unter den Rennpferden; **the ~ of the bunch** der/die/das Beste
③ *(pickaxe)* Spitzhacke *f,* Pickel *m;* **with ~s and shovels** mit Hacke und Spaten
④ MUS Plättchen *nt,* Plektrum *nt fachspr*
II. *vt* ① *(select)* ■**to ~ sb/sth** jdn/etw aussuchen [*o* auswählen]; ***we ~ed the loveliest puppy*** [***for ourselves***] wir suchten uns den hübschesten Welpen aus; ***you ~ed a fine time to lose your wallet!*** da hast du dir ja genau den richtigen Zeitpunkt ausgesucht, um deine Brieftasche zu verlieren! *iron;* ***she ~ed her way down the steps*** sie ging vorsichtig die Treppe hinunter; ***they ~ed their way through the mud*** sie bahnten sich ihren Weg durch den Schlamm; ***there are many good reasons to ~ Washington*** es gibt viele gute Gründe, sich für Washington zu entscheiden; **to ~ sth/sb at random** [*or* **out of a** [*or* **the**] **hat**] jdn/etw [völlig] willkürlich aussuchen; **to ~ an instance** [*or* **example**] **at random** um nur mal ein Beispiel zu nehmen; **to ~ a winner** eine gute Wahl treffen; **to ~ and choose sth** mit etw *dat* sehr wählerisch sein; ■**to ~ sb for sth** jdn für etw *akk* auswählen
② *(fam: start)* **to ~ a fight** [*or* **quarrel**] **with sb** mit jdm einen Streit anfangen [*o fam* anzetteln]
③ *(harvest)* ■**to ~ sth** etw pflücken; **to ~ an apple off the tree** einen Apfel vom Baum pflücken; **to ~ grapes** Trauben lesen; **to ~ mushrooms** Pilze sammeln
④ *(scratch)* ■**to ~ sth** an etw *dat* kratzen; ***don't ~ your sore!*** lass deine Wunde in Ruhe!, kratz nicht!; ***stop ~ing your spots!*** hör auf, an deinen Pickeln herumzudrücken!; **to ~ one's nose** in der Nase bohren; **to ~ one's teeth** [sich *dat*] in den Zähnen herumstochern
⑤ *(gnaw)* **to ~ a bone** einen Knochen abnagen; **to ~ sth clean** etw sauber abnagen
⑥ *(take)* ■**to ~ sth from** [*or* **out of**]**/off** [**of**] **sth** etw aus/von etw *dat* nehmen; ***he ~ed the knife from*** [*or* ***out of***] ***the drawer*** er nahm das Messer aus der Schublade; ***the beetles need to be ~ed off the trees*** die Käfer müssen von den Bäumen heruntergesammelt werden; ***I ~ed a piece of fluff off my suit*** ich entfernte einen Fussel von meinem Anzug; **to ~ pockets** Taschendiebstahl begehen; ***he ~ed the pockets of unsuspecting tourists*** der Taschendieb beklaute die nichts ahnenden Touristen
⑦ MUS *(play)* ■**to ~ sth** etw zupfen
▸PHRASES: **to ~ one's brain** sich *dat* sein Gehirn zermartern; **to ~ sb's brain**[**s**] jdn genau befragen; **to ~ holes in sth** etw auseinandernehmen; **to ~ a lock** ein Schloss aufbrechen
III. *vi* ① *(be choosy)* aussuchen; **to ~ and choose** sich *dat* der/die/das Beste herauspicken
② *(toy with)* ■**to ~ at one's food** in seinem Essen herumstochern
③ *(scratch)* ■**to ~ at sth** an etw *dat* [herum]kratzen

◆**pick off** *vt* ① *(shoot)* ■**to ~ off ○ sb/sth** jdn/etw einzeln abschießen
② *(fig: take best)* ■**to ~ off ○ sth** sich *dat* das Beste herauspicken

◆**pick on** *vi* ① *(select)* ■**to ~ on sb/sth** [**for sth**] jdn/etw [für etw *akk*] aussuchen [*o* auswählen]
② *(victimize)* ■**to ~ on sb** auf jdm herumhacken

◆**pick out** *vt* ① *(select)* ■**to ~ out ○ sth/sb** etw/jdn aussuchen
② *(recognize)* ■**to ~ out ○ sth/sb** etw/jdn ausmachen [*o* erkennen]; ***we ~ed our parents out quite easily in the old photographs*** wir fanden unsere Eltern auf den alten Fotografien ziemlich schnell
③ *(highlight)* ■**to ~ out ○ sth/sb** etw/jdn hervorheben; ***the critics had ~ed him out as one of the most outstanding male dancers of the decade*** die Kritiker priesen ihn als einen der besten Tänzer des Jahrzehnts; **~ed out by a spotlight/searchlight** von einem Scheinwerfer/Suchlicht erfasst
④ MUS **to ~ out a tune on an instrument** auf einem Instrument improvisieren; ***I can't do more than ~ out a simple tune on the piano*** auf dem Klavier bringe ich nur einfache Melodien zustande

◆**pick over, pick through** *vt* ■**to ~ sth ○ over** [*or* **through**] etw gut durchsehen; ***~ over the strawberries and keep a few big ones for decoration*** sortier mal die Erdbeeren und behalte ein paar große für die Dekoration übrig

◆**pick up I.** *vt* ① *(lift)* ■**to ~ up ○ sth/sb** etw/jdn aufheben; **to ~ up the phone** [den Hörer] abnehmen; *(make phone call)* anrufen
② *(stand up)* ■**to ~ oneself up** aufstehen; *(collect oneself)* sich *akk* aufrappeln *fam;* **to ~ oneself up off the floor** *(fig)* sich *akk* [langsam] erholen, sich *akk* wieder aufrappeln *fam*
③ *(acquire)* ■**to ~ up ○ sth** etw erwerben; ***she ~ed up an American accent while she was working in Boston*** sie hat sich, während sie in Boston gearbeitet hat, einen amerikanischen Akzent angeeignet; ***I ~ed up some useful ideas at the seminar*** aus dem Seminar habe ich einige gute Ideen mitgenommen; ***where did she ~ up the information?*** woher hat sie diese Informationen?; **to ~ up a bargain** [*or* **good buy**] ein Schnäppchen machen; **to ~ up an illness** eine Krankheit fangen *fam,* sich *akk* mit einer Krankheit anstecken; **to ~ up a prize** einen Preis verliehen bekommen
④ *(learn)* ■**to ~ up ○ sth** etw aufschnappen [*o* mitkriegen] *fam*
⑤ *(collect)* ■**to ~ up ○ sb/sth** jdn/etw abholen; ***do you mind ~ing me up from the station?*** würde es dir etwas ausmachen, mich vom Bahnhof abzuholen?; ***I ~ed up the dry-cleaning while I was in town*** während ich in der Stadt war, holte ich die Sachen von der Reinigung ab; ***the crew of the sinking tanker were ~ed up by helicopter*** die Besatzung des sinkenden Tankers wurde von einem Hubschrauber an Bord genommen; **to ~ up passengers** Fahrgäste [*o* Passagiere] aufnehmen
⑥ *(fam: for sexual purposes)* ■**to ~ up ○ sb** jdn abschleppen [*o* aufreißen] *fam*
⑦ *(detect)* ■**to ~ up ○ sth** etw wahrnehmen; ***he's awfully quick to ~ up any mistakes in your grammar*** er reagiert immer wie der Blitz darauf, wenn man einen grammatischen Fehler macht; **to ~ up the scent** Witterung aufnehmen; **to ~ up the whiff of a fox** einen Fuchs wittern
⑧ *(on radio)* ***can you ~ up Moscow on your radio?*** kannst du mit deinem Radio den Moskauer Sender empfangen?; **to ~ up a signal** ein Signal empfangen; *(fig)* ***I'm ~ing up signals that it's time we were on our way*** ich glaube, mir wird da signalisiert, dass wir uns jetzt auf den Weg machen sollten
⑨ *(increase)* **to ~ up speed** [*or* **momentum**] schneller werden; *(fig)* sich *akk* verstärken; ***her career began to ~ up speed*** mit ihrer Karriere ging es steil bergauf
⑩ *(fam: stop)* ■**to ~ up ○ sb** jdn schnappen *fam;* ***she was ~ed up by the police for speeding*** sie wurde von der Polizei wegen überhöhter Geschwindigkeit angehalten
⑪ BRIT, AUS *(correct)* ■**to ~ sb up on sth** jdn auf etw *akk* aufmerksam machen; ***the teacher ~ed him up on his pronunciation*** der Lehrer verbesserte seine Aussprache
⑫ *(fam: earn)* **to ~ up £300** 300 Pfund verdienen; ***he can ~ up $100 an evening just in tips*** er kann am Abend allein in Trinkgeldern bis zu 100 Dollar machen
⑬ *(resume)* ■**to ~ up ○ sth** an etw *akk* anknüpfen, auf etw *akk* zurückkommen; ***we ~ed up the conversation again more or less where we had left off the previous evening*** wir setzten die Unterhaltung mehr oder weniger da fort, wo wir gestern Abend stehen geblieben waren
▸PHRASES: **to ~ up the bill** [*or* **tab**] [*or* AM *also* **check**] *(fam)* [die Rechnung] [be]zahlen; ***the consumer will be forced to ~ up the bill for this scheme*** am Ende wird der Verbraucher für dieses Programm zur Kasse gebeten werden; **to ~ up the pieces** die Scherben kitten; **to ~ up the threads** den Faden wieder aufnehmen; ***they ~ed up the threads of their conversation/discussion*** sie nahmen den Faden ihres Gesprächs/ihrer Diskussion wieder auf; ***they ~ed up the threads of their marriage*** sie haben in ihrer Ehe einen Neuanfang gemacht
II. *vi* ① *(improve)* sich *akk* bessern, besser werden; *numbers* steigen; *market* sich erholen; ***his spirits began to ~ up*** seine Laune begann sich zu bessern; ***my interest ~ed up when the film became centred on the trial proceedings*** mein Interesse erwachte wieder, als der Film sich auf die Gerichtsverhandlung konzentrierte
② *(resume)* **to ~ up where one left off** da weitermachen, wo man aufgehört hat
③ *(notice)* ■**to ~ up on sb/sth** jdn/etw bemerken [*o* wahrnehmen]; *(react to)* auf etw *akk* reagieren
④ *esp* AM *(clean up)* aufräumen; ■**to ~ up after sb** jdm hinterherräumen

P

❺ *esp* BRIT *(come into contact)* ■**to ~ up with sb** mit jdm Bekanntschaft schließen

picka·back *n (fam) see* **piggyback**

pick and 'mix *n no pl* BRIT *(with sweets)* Süßwarenbar *f* **pick-and-mix 'holi·days** *npl* BRIT *Pauschalurlaub, den man individuell zusammenstellen kann*

'pick·axe, AM **'pick·ax** *n* Spitzhacke *f,* Pickel *m*

pick·er ['pɪkəʳ, AM -ɚ] *n* ❶ *(of crops)* Erntehelfer(in) *m(f);* **cotton ~** Baumwollpflücker(in) *m(f)*
❷ *esp* AM STOCKEX [**stock**] ~ *jd, der Börsentipps verkauft*
❸ *(sl: thief)* [in einer Bande arbeitender] Taschendieb

pick·et ['pɪkɪt] **I.** *n* ❶ *(striker)* Streikposten *m; (blockade)* Streikblockade *f*
❷ *(stake)* Palisade *f;* ~ [**fence**] Palisadenzaun *m*
II. *vt* ■**to ~ sth** *(in a strike)* vor etw *dat* Streikposten aufstellen; *(demonstrate at)* vor etw *dat* demonstrieren; *(blockade)* etw blockieren
III. *vi* demonstrieren; *~ ing miners* Streikposten *pl* der Bergleute

pick·et·er ['pɪkɪtəʳ, AM -t̬ɚ] *n* Demonstrant(in) *m(f); (in a strike)* Streikposten *m*

'pick·et fence *n* Palisadenzaun *m*

pick·et·ing ['pɪkɪtɪŋ, AM -t̬-] *n no pl (by strikers)* Aufstellen *nt* von Streikposten; *(by demonstrators)* Blockade *f* von Demonstranten

'pick·et line *n* Streikpostenkette *f;* **to be on the ~** ein Streikposten *m* sein; **to cross the ~** die Streikpostenkette durchbrechen

'pick·ing list ['pɪkɪŋ-] *n* AM ❶ COMM Entnahmeliste *f*
❷ COMPUT Pickliste *f*

pick·ings ['pɪkɪŋz] *npl* **rich** [*or* **easy**] ~ schnelles Geld; **slim** ~ mageres Angebot, wenig Auswahl

pick·le ['pɪkl̩] **I.** *n* ❶ *no pl* [Mixed] Pickles *pl; (sauce)* Relish *nt;* **sour/sweet ~** pikantes/süßes Relish
❷ AM *(conserved gherkin)* saure Gurke
❸ *(brine)* Salzlake *f*
❹ *(solution with vinegar)* Essigbrühe *f,* Essigmarinade *f* ÖSTERR
▸PHRASES: **to be in a** [**pretty** [*or* **right**]] **~** *(fam)* sich *akk* in etw *akk* reingeritten haben *fam,* ganz schön in der Scheiße stecken *derb*
II. *vt* ■**to ~ sth** etw einlegen [*o* SCHWEIZ, ÖSTERR *a.* einmachen]

pick·led ['pɪkl̩d] *adj* ❶ *inv (preserved)* eingelegt, SCHWEIZ, ÖSTERR *a.* eingemacht
❷ *(fig fam: drunk)* blau *fam,* besoffen *fam;* **to get ~** sich *akk* besaufen *fam*

pick·ling ['pɪkl̩ɪŋ] *adj attr, inv* zum Einlegen [*o* SCHWEIZ, ÖSTERR *a.* Einmachen] *nach n*

'pick·lock *n (burglar)* Einbrecher(in) *m(f); (instrument)* Dietrich *m*

'pick-me-up *n* Muntermacher *m; (fig)* ***the President's visit to the troops was a real ~ for them*** der Besuch des Präsidenten wirkte wie eine Vitaminspritze auf die Truppen; **morning ~** morgendlicher Muntermacher

pick 'n' mix *n no pl* BRIT *see* **pick and mix**

'pick·pock·et *n* Taschendieb(in) *m(f)*

'pick·up *n* ❶ *(on gramophone)* Tonabnehmer *m,* Pick-up *m fachspr* ❷ *(fam: collection)* Abholen *nt kein pl;* ***we arranged a ten o'clock ~ to take Cathy to the station*** wir verabredeten mit Cathy, dass wir sie um zehn Uhr abholen und zum Bahnhof bringen würden; **to make a ~** *van driver* Ladung aufnehmen; *taxi driver* Passagiere aufnehmen
❸ *(fam: collection point)* Treffpunkt *m* ❹ *(fam: passenger)* Passagier(in) *m(f); (in a private car)* Mitfahrer(in) *m(f)* ❺ *(fam: casual sexual acquaintance)* Eroberung *f hum* ❻ *(increase)* Ansteigen *nt kein pl,* Zunahme *f;* **~ in demand** gesteigerte Nachfrage; **wage ~** Lohnzuwachs *m* ❼ *(van)* Pick-up *m fachspr,* Kleintransporter *m* **'pick·up bar**, AM *also* **'pick·up joint** *n (sl)* Aufreißerschuppen *m sl* **'pick·up point** *n* Treffpunkt *f; (for bus)* Haltestelle *f*

'pick·up truck *n* ❶ *(small van)* Pick-up *m fachspr,* Kleintransporter *m*
❷ BRIT *(breakdown lorry)* Abschleppwagen *m*

picky ['pɪki] *adj (pej fam)* pingelig *fam; eater* wählerisch

'pick-your-own *adj attr, inv* ~ **farm** Selbstpflückplantage *f;* **~ raspberries/strawberries** Himbeeren/Erdbeeren *pl* zum Selberpflücken

pic·nic ['pɪknɪk] **I.** *n* Picknick *nt;* **to go on a ~** ein Picknick machen; **to take a ~** etw zum Essen mitnehmen; *(fig fam)* ***the current crisis makes last year's hard work seem like a ~*** die aktuelle Krise lässt die harte Arbeit des letzten Jahres wie ein Kinderspiel erscheinen; **to be no** [*or* **not a**] **~** kein Spaziergang sein
II. *vi* <-ck-> picknicken
III. *n modifier* Picknick-; **~ lunch** Picknick *nt;* **~ site** Ort *m* für ein Picknick, Picknickplatz *m* SCHWEIZ, ÖSTERR; *(for barbecuing)* Grillplatz *m*

'pic·nic bas·ket *n* Picknickkorb *m* **'pic·nic ham·per** *n* Picknickkorb *m*

pic·nick·er ['pɪknɪkəʳ, AM -ɚ] *n jd, der ein Picknick macht*

'pic·nic ta·ble *n* Klapptisch *m (für ein Picknick)*

pic·ric acid [ˌpɪkrɪk'-] *n no pl* CHEM Pikrinsäure *f*

Pict [pɪkt] *n* HIST Pikte, Piktin *m, f*

Pict·bridge ['pɪktbrɪdʒ] *n no pl* PictBridge *nt* **Pict·bridge-en'abled** *adj inv* PictBridge-kompatibel

Pict·ish ['pɪktɪʃ] *adj inv* piktisch, Pikten-

pic·to·gram ['pɪktə(ʊ)græm, AM -toʊ-] *n* LING Piktogramm *nt fachspr*

pic·to·rial [pɪk'tɔːriəl] *adj inv (done as picture)* Bild-; *(done like picture)* bildhaft; *book, brochure* illustriert; **~ history** Bilderchronik *f*

pic·to·rial·ly [pɪk'tɔːriəli] *adv inv* in Bildern; *(done like picture)* bildhaft

pic·ture ['pɪktʃəʳ, AM -ɚ] **I.** *n* ❶ *(painting, drawing)* Bild *nt;* **to draw/paint a ~** ein Bild zeichnen/malen
❷ *(photograph)* Bild *nt,* Foto *nt;* **to get one's ~ in the paper** [mit Foto] in die Zeitung kommen; **wedding ~** Hochzeitsfoto *nt;* **to take a ~** ein Foto machen; ***I hate having my ~ taken*** ich hasse es, fotografiert zu werden
❸ *(on TV screen)* [Fernseh]bild *nt;* **satellite ~** Satellitenbild *nt*
❹ *(film)* Film *m;* **to make a ~** einen Film drehen; **to be** [*or* **work**] **in ~s** im Filmgeschäft sein
❺ *(dated: cinema)* ■**the ~s** *pl* das Kino
❻ *(fig: impression)* Bild *nt;* ***this is not an accurate ~*** das ist eine Verdrehung der Tatsachen; ***the true ~ of what went on is only just beginning to emerge*** was da wirklich so vor sich ging, kommt erst jetzt langsam ans Tageslicht; ***I have a very vivid ~ of the first time I met her*** ich habe unsere erste Begegnung noch lebhaft vor Augen; **mental ~** Vorstellung *f;* ***the people were asked to form a mental ~ of the man*** die Leute wurden gebeten, sich den Mann vorzustellen; **to paint a ~ of sth** ein Bild von etw *dat* zeichnen; **to paint a gloomy/rosy ~ of sth** etw in düsteren/rosigen Farben ausmalen
❼ *(embodiment)* ■**the ~ of sth** der Inbegriff [*o* die Verkörperung] einer S. *gen;* ***he looks the very ~ of health*** er strotzt nur so vor Gesundheit
❽ *(situation)* Bild *nt;* ***the ~ is brighter than six months ago*** es sieht besser aus als noch vor sechs Monaten; **the broad** [*or* AM *usu* **big**] **~** die allgemeine Situation
▸PHRASES: **to be** [*or* **look**] **a ~** *(fam),* **sb's face is a ~** jd macht ein komisches Gesicht; ***my boss' face was a ~ when I said I was joining the competition*** du hättest das Gesicht von meinem Chef sehen sollen, als ich ihm sagte, dass ich zur Konkurrenz gehe; **to get the ~** etw verstehen [*o fam* kapieren], wie gemalt aussehen; **to be in the ~** *(informed)* im Bilde [*o* auf dem neuesten Stand] sein; *(involved)* beteiligt sein; *(in the public sphere)* im Rampenlicht stehen; **to keep sb in the ~** [**about sb/sth**] jdn [über jdn/etw] auf dem Laufenden halten; **to be out of the ~** *(uninformed)* nicht im Bilde sein; *(not involved)* unbeteiligt sein; *(not on the scene)* von der Bildfläche verschwunden sein; ***he drifted out of the ~*** er geriet in Vergessenheit; ***keep the press out of the ~ as long as possible*** haltet die Presse so lange wie möglich raus; **as pretty as a ~** bildschön; **to put sb in the ~** jdn auf den neuesten Stand bringen; **one** [*or* **a**] **~ is worth a thousand words** *(saying)* ein Bild sagt mehr als tausend Worte *prov*
II. *vt* ■**to ~ sth** sich *dat* etw vorstellen; *(depict)* etw darstellen; ***he ~d himself as a visionary*** er sah sich als einen Visionär
III. *vi* ■**to ~ to oneself how ...** sich *dat* vorstellen, wie ...

'pic·ture book *n (for children)* Bilderbuch *nt; (for adults)* Buch *nt* mit Illustrationen **'pic·ture edi·tor** *n* Bildredakteur(in) *m(f)* **'pic·ture frame** *n* Bilderrahmen *m* **'pic·ture gal·lery** *n* [Kunst]galerie *f*

'pic·ture-goer *n* Kinogänger(in) *m(f)*

Pic·ture-in-'Pic·ture *n modifier* TV Bild-im-Bild-

'pic·ture li·brary *n* Bildarchiv *nt* **'pic·ture mes·sag·ing** *n* Picture Messaging *nt* **'pic·ture-per·fect** *adj inv* bildschön; *day, view* wie gemalt *nach n; house* Traum-; *village* schmuck **pic·ture 'post·card** *n* Ansichtskarte *f* **'pic·ture-post·card** *adj inv* idyllisch, Bilderbuch-; ***it was a ~ village*** es war ein Dorf wie aus einem Bilderbuch **'pic·ture puz·zle** *n* Puzzle *nt* **'pic·ture rail** *n* Bilderleiste *f* **'pic·ture re·search·er** *n* Bildbeschaffer(in) *m(f)*

'pic·ture show *n* [Gemälde]ausstellung *f*

pic·tur·esque [ˌpɪktʃᵊr'esk] *adj scenery* malerisch, pittoresk *geh; language* bildhaft

pic·tur·esque·ly [ˌpɪktʃᵊr'eskli] *adv* malerisch, pittoresk *geh*

pic·tur·esque·ness [ˌpɪktʃᵊr'esknəs] *n no pl* Idylle *f*

'pic·ture tube *n* Bildröhre *f*

pic·ture 'win·dow *n* Panoramafenster *nt*

pid·dle ['pɪdl̩] *(fam!)* **I.** *n (esp childspeak)* ❶ *no pl (urine)* Pipi *nt fam,* Pisse *f derb*
❷ *usu sing esp* BRIT *(action)* Pinkeln *nt fam,* Biseln *nt* SCHWEIZ *fam,* Pissen *nt derb;* ***Kate was desperate for a ~*** Kate musste ganz dringend *fam*
II. *interj (expresses irritation)* Mist! *fam,* Scheiße! *derb*
III. *vi* pinkeln *fam,* biseln SCHWEIZ *fam,* pissen *derb*

pid·dling ['pɪdl̩ɪŋ] *adj (pej fam!)* lächerlich *pej*

pidg·in ['pɪdʒɪn] **I.** *n* LING Pidgin *nt fachspr*
II. *adj attr, inv* Pidgin-; **~ German** gebrochenes Deutsch

pidg·in 'Eng·lish *n no pl* Pidginenglisch *nt fachspr (gebrochenes Englisch)*

pie [paɪ] *n* FOOD Pastete *f*
▸PHRASES: **easy as ~** kinderleicht; **to be as nice as ~** *(a. iron) person, behaviour* superfreundlich sein; **~ in the sky** Luftschlösser *pl;* ***that's just ~ in the sky*** das sind nur Luftschlösser

pie·bald ['paɪbɔːld] **I.** *adj inv* scheckig, gescheckt
II. *n* Schecke *f o m*

piece [piːs] **I.** *n* ❶ *(bit)* Stück *nt; (part)* Teil *nt o m;* **a ~ of bread/cake/pizza** eine Scheibe Brot/ein Stück *nt* Kuchen/ein Stück *nt* Pizza; **a ~ of broken glass** eine Glasscherbe; [**all**] **in one ~** unbeschädigt, heil, in einem Stück; **to break/tear a ~ off** [**sth**] ein Stück [von etw *dat*] abbrechen/abreißen; **to break/smash/tear sth in** [*or* **into**] [*or* **to**] **~s** etw in Stücke brechen/schlagen/reißen; **to come to ~s** *(break apart)* in seine Einzelteile zerfallen; *(for dissembly)* zerlegbar sein; **to go** [*or* **fall**] **to ~s** *(fig) person* zusammenbrechen, durchdrehen *fam; marriage* zerbrechen, sich *akk* auflösen; **to pick** [*or* **tear**] [*or* BRIT *also* **pull**] **sb/sth to ~s** *(fig fam)* jdn/etw in der Luft zerreißen; ***the moment she'd left, they began to pull her to ~s*** sie hatte kaum die Tür hinter sich geschlossen, als sie anfingen sich das Maul über sie zu zerreißen *fam;* **to take sth to ~s** BRIT etw zerlegen [*o* auseinandernehmen]; ■**~ by ~** Stück für Stück; ■**in ~s** *glass, vase* in Scherben
❷ *(item)* Stück *nt;* **~ of baggage** [*or* **luggage**] Gepäckstück *nt;* **~ of clothing** Kleidungsstück *nt;* **~ of equipment** Ausrüstungsgegenstand *m;* **~ of paper** Blatt *nt* Papier; **a ~ of wood** ein Stück *nt* Holz
❸ *(non-physical item)* **a ~ of advice** ein Rat *m;* **a ~ of evidence** ein Beweis *m,* ein Beweisstück *nt;* **a ~ of information** eine Information; **a ~ of legislation** ein Gesetz *nt,* eine Gesetzesvorlage; **~ of luck** Glücksfall *m;* **~ of news** Neuigkeit *f,* Nachricht *f;* **a skilful** [*or* AM **skillful**] **~ of research** ein

geschickt recherchierter Beitrag
④ *(in chess)* Figur *f; (in backgammon, draughts)* Stein *m*
⑤ ART, LIT, MUS, THEAT Stück *nt,* Werk *nt;* **a ~ of writing** ein literarisches Werk; **a choral ~** eine Komposition für Chor; **an instrumental ~** ein Instrumentalstück *nt*
⑥ JOURN Beitrag *m,* Artikel *m*
⑦ *(coin)* Stück *nt;* **a 50p ~** ein 50-Pence-Stück *nt;* **~ of eight** *(hist)* mexikanischer [*o* spanischer] Dollar, Achterstück *nt*
⑧ *(pej! fam: woman)* Weib *nt pej,* Tussi *f pej sl;* **a ~ of skirt** alles, was Röcke anhat *fam;* **~ of tail** [*or* AM **ass**] *(vulg sl)* Fotze *f vulg*
⑨ *(dated fam: gun)* Schusswaffe *f;* **artillery ~** [Artillerie]geschütz *nt*
⑩ AM *(sl: gun)* Knarre *f fam*
▸PHRASES: **a ~** AM *(fam)* ein Katzensprung *m;* ***the sea is only a ~ away from our hotel*** vom Hotel ist es nur ein Katzensprung bis zum Meer; **a ~ of the action** *esp* AM ein Stück *nt* des Kuchens; **to be a ~ of cake** *(fam)* kinderleicht sein; **to give sb a ~ of one's mind** *(fam)* jdm [mal gehörig] die Meinung sagen; **to say one's ~** sagen, was man zu sagen hat; **to want a ~ of the cake** ein Stück des Kuchens [abhaben] wollen
II. *vt* ■**to ~ together** ↔ **sth** etw zusammensetzen [*o* zusammenfügen]; *(reconstruct)* etw rekonstruieren; ***the prosecution team gradually ~d together the evidence that was to lead to the conviction*** die Staatsanwaltschaft fügte die Beweise, die zur Verurteilung führten, nach und nach zusammen

-piece [pi:s] *in compounds with numbers* -teilig; ***he plays in a five~ band*** er spielt in einer Fünfpersonenband; **one/two~ swimsuit** einteiliger/zweiteiliger Badeanzug; **three~ suite** dreiteilige Couchgarnitur

pièce de rés·ist·ance <*pl* pièces de résistance> [pi,esdərezɪ'stɑ̃(n)s, AM ,pjesdə,reɪzi:'-] *n usu sing* Meisterstück *nt*

'piece·meal I. *adv (bit by bit)* Stück für Stück, stück[chen]weise; *(in fits and starts)* unsystematisch **II.** *adj (bit by bit)* stück[chen]weise; *(in fits and starts)* unsystematisch **'piece price** *n* Stückpreis *m* **'piece rate** *n* Akkordlohn *m*

pièces de ré·sis·tance [pi,esdərezɪ'stɑ̃(n)s, AM ,pjesdə,reɪzi:'-] *pl of* **pièce de résistance**

'piece·work *n no pl* Akkordarbeit *f;* **to do ~** im Akkord arbeiten **'piece·work·er** *n* Akkordarbeiter(in) *m(f)*

'pie chart *n* MATH Tortendiagramm *nt,* Kuchendiagramm *nt* SCHWEIZ **'pie·crust** *n* ① *(baked crust)* Kruste *f;* **cheese ~** Käsekruste *f; (in open-faced pie)* [Teig]boden *m* ② *no pl* AM *(dough)* Mürbeteig *m,* Mürbteig *m* ÖSTERR

pied [paɪd] *adj attr, inv* ZOOL gescheckt, gefleckt; **a ~ crow** eine schwarzweiße Krähe; **a ~ kingfisher** ein Graufischer *m*

pied-à-terre <*pl* pieds-à-terre> [,pjeɪdɑ:'teəʳ, AM -'ter] *n* Zweitwohnung *f*

Pied 'Pip·er, Pied Pip·er of Hamelin [paɪd,paɪpəɒv'hæmlɪn, AM -pɚɑ:v'-] *n* LIT ■**the ~** der Rattenfänger von Hameln

pieds-à-terre [,pjeɪdɑ:'teəʳ, AM -'ter] *pl of* **pied-à-terre**

pie-'eyed *adj (fam)* [total] blau *fam,* [völlig] besoffen *fam;* ***we got ~*** wir haben uns total besoffen **'pie·man** *n* Pastetenbäcker *m*

pier [pɪəʳ, AM pɪr] *n* ① NAUT Pier *m o fachspr f,* Hafendamm *m,* [Hafen]mole *f; (landing stage)* Landungsbrücke *f,* SCHWEIZ *a.* Lände *f*
② ARCHIT *(wall support)* Trumeau *m; (pillar)* Pfeiler *m;* **bridge ~** Brückenpfeiler *m*

pierce [pɪəs, AM pɪrs] **I.** *vt (make hole in)* ■**to ~ sth** etw durchstechen; *(penetrate)* in etw *akk* eindringen; *(forcefully)* etw durchstoßen; *(break through)* etw durchbrechen; *(shine through)* durch etw *akk* scheinen; **to have ~d ears** Ohrlöcher haben
II. *vi (drill)* ■**to ~ into sth** sich *akk* in etw *akk* bohren; ■**to ~ through sth** durch etw *akk* eindringen; *(forcefully)* etw durchstoßen

pierced [pɪəst, AM pɪrst] *adj inv* durchbohrt, durchstochen, gepierct *sl*

pierc·ing ['pɪəsɪŋ, AM 'pɪrs-] **I.** *adj* ① *(loud)* durchdringend; *(pej) voice also* schrill
② *(cold)* eisig; **~ cold** Eiseskälte *f;* **~ rain** eisiger Regen; **~ wind** schneidender Wind
③ *(penetrating) eyes, gaze, look* durchdringend, stechend; *question, reply, wit* scharf; *sarcasm* beißend
④ *(liter: deeply felt)* tief; **~ shame** brennende Scham
II. *n no pl (body-piercing)* Piercing *nt*

pierc·ing·ly ['pɪəsɪŋli, AM 'pɪrs-] *adv* durchdringend

'pier·head *n usu sing* Pierende *nt*

Pi·er·rot ['pɪərəʊ, AM ,pi:ə'roʊ] *n* THEAT Pierrot *m*

pi·età [,pi:et'ɑ:, AM ,pi:eɪ'tɑ:] *n* REL Pieta *f fachspr*

pi·etism ['paɪətɪzᵊm] *n no pl* ① *(religious bigotry)* Frömmelei *f,* Muckertum *nt liter*
② HIST *(17th-century religious movement)* ■**P~** der Pietismus

pi·etis·tic [,paɪə'tɪstɪk] *adj* ① *(affecting piety)* frömmelnd
② HIST pietistisch

pi·ety ['paɪəti, AM -t̬i] *n no pl* Pietät *f geh,* Frömmigkeit *f; (deep loyalty)* Achtung *f;* **filial ~** Achtung *f* vor den Eltern

pi·ezo·elec·tric [pi,etsəʊɪ'lektrɪk, AM paɪ,i:zoʊ-] *adj inv* TECH piezoelektrisch *fachspr*

pif·fle ['pɪfl] *n no pl (dated fam)* Quatsch *m fam;* **to talk a lot of ~** ziemlichen Blödsinn verzapfen *fam*

pif·fling ['pɪflɪŋ] *adj (dated fam)* lächerlich

pig [pɪg] **I.** *n* ① *(animal)* Schwein *nt*
② *(fam: greedy person)* Vielfraß *m fam;* ***you greedy ~!*** du Vielfraß!; **to make a [real] ~ of oneself** fressen wie ein Scheunendrescher *fam*
③ *(pej fam: bad person)* Schwein *nt pej fam;* ***you ~!*** du Schwein!; ■**to be a ~ to sb** sich *akk* jdm gegenüber wie ein Schwein verhalten
④ *(sl: police officer)* Bulle *m fam*
⑤ BRIT *(difficult thing)* ■**to be a ~** vertrackt sein *fam*
▸PHRASES: **to buy** [*or* **get**] **a ~ in a poke** die Katze im Sack kaufen; **and ~s might fly** *(prov: unlikely)* da müsste schon ein Wunder geschehen; *(not believable)* wer's glaubt, wird selig; *(never)* wenn Ostern und Pfingsten auf einen Tag fallen; **to make a ~'s ear of sth** BRIT *(fam)* etw total versauen *fam*
II. *vt* <-gg-> ■**to ~ oneself on sth** sich *akk* mit etw *dat* vollstopfen
◆**pig out** *vi (fam)* ■**to ~ out** [**on sth**] sich *akk* [mit etw *dat*] vollstopfen *fam*

pi·geon¹ ['pɪdʒən] *n* Taube *f;* **carrier ~** Brieftaube *f*

pi·geon² ['pɪdʒən] *n* ▸PHRASES: **that's** [**not**] **my ~** BRIT das ist [nicht] meine Sache [*o* Angelegenheit]

pi·geon-'chest·ed *adj inv* ■**to be ~** eine Hühnerbrust haben **'pi·geon fan·ci·er** *n* BRIT, AUS Brieftaubenfreund(in) *m(f)* **'pi·geon-hole I.** *n* [Post]fach *nt,* Ablage *f;* **to check one's ~** in seinem Postfach nachsehen; **to put sb/sth in a ~** *(fig)* jdn/etw in eine Schublade stecken **II.** *vt* ① *(categorize)* ■**to ~ sb/sth** jdn/etw in eine Schublade stecken; ***she was ~d as a leftist*** sie wurde als Linke abgestempelt ② *(defer)* **to ~ a project** ein Projekt auf Eis legen; **to ~ worries** Sorgen [erst einmal] beiseiteschieben **'pi·geon loft** *n* BRIT Taubenschlag *m,* Taubenhaus *nt* **pi·geon-'toed** *adj inv* mit einwärtsgerichteten Füßen *nach n;* ■**to be ~** über den großen Onkel gehen *veraltend fam*

'pig farm *n* Schweinemästerei *f,* Schweinefarm *f*

pig·gery ['pɪgᵊri, AM -ɚi] *n* ① AGR Schweinezucht *f*
② *no pl (pej: unpleasant behaviour)* Widerwärtigkeit *f; (gluttony)* Verfressenheit *f pej fam*

pig·gish ['pɪgɪʃ] *adj (pej) behaviour, manners* schweinisch *pej fam,* unflätig *pej*

pig·gy ['pɪgi] *(fam)* **I.** *n (childspeak)* Schweinchen *nt*
II. *adj esp* BRIT *(pej)* schweinisch *pej fam,* unflätig *pej; (in appetite)* verfressen; *(unhygienic)* schweinisch *fam;* ***his new girlfriend is rather ~*** seine neue Freundin sieht aus wie ein Marzipanschweinchen; **~ eyes** Schweinsäuglein *pl*

pig·gy·back I. *n* ***little Gemma loves ~s*** die kleine Gemma liebt es, huckepack getragen zu werden; **to give sb a ~** jdn huckepack nehmen [*o* tragen] **II.** *vi* ① *(carry)* huckepack machen ② *(profit from)* ■**to ~ off sth** vom Erfolg von etw *dat* profitieren wollen **III.** *vt* COMPUT ■**to ~ sth** *two circuits, chips* etw huckepack verbinden **'pig·gy·back ride** *n* **to give sb a ~** jdn huckepack nehmen [*o* tragen] **'pig·gy bank** *n* Sparschwein *nt*

pig·'head·ed *adj (pej)* stur, starrköpfig

pig·'head·ed·ly *adv (pej)* stur, starrköpfig

pig·'head·ed·ness *n no pl (pej)* Sturheit *f,* Starrköpfigkeit *f*

pig in the 'mid·dle, pig·gy in the 'mid·dle *n* BRIT *Spiel, bei dem eine zwischen zwei anderen stehende Person versucht, einen Ball zu fangen, den diese sich zuwerfen;* **to be ~** *(fig)* zwischen den Stühlen sitzen **'pig iron** *n no pl* Roheisen *nt*

pig·let ['pɪglət, AM -lɪt] *n* Ferkel *nt*

pig·ment ['pɪgmənt] *n* Pigment *nt*

pig·men·ta·tion [,pɪgmən'teɪʃᵊn] *n no pl* Pigmentation *f,* Pigmentierung *f*

pig·ment·ed [pɪg'mentɪd, AM -t̬-] *adj inv* pigmentiert

Pig·my *n, adj see* **pygmy**

'pig-out *n (pej or hum fam)* Völlerei *f pej o hum fam,* großes Fressen *pej o hum fam* **'pig·pen** *n* AM Schweinestall *m* **'pig·skin I.** *n* ① *(hide)* Schweinshaut *f* ② *no pl (leather)* Schweinsleder *nt* ③ AM SPORT *(fam)* Leder *nt (Ball beim American Football)* **II.** *n modifier (bag, belt, gloves, jacket, vest)* Schweinsleder-, schweinsledern **'pig·sty** *n (pej, also fig)* Schweinestall *m pej, a. fig* **'pig·swill** *n no pl* Schweinefutter *nt (aus Essensresten); (pej: very unpleasant food)* [Schweine]fraß *m pej fam* **'pig·tail** *n (tied at back)* Pferdeschwanz *m,* SCHWEIZ, ÖSTERR *a.* Rossschwanz *m; (braided)* Zopf *m;* ■**~s** *pl* Zöpfe *m*

pike¹ [paɪk] *n* ZOOL Hecht *m*

pike² [paɪk] *n* ① MIL, HIST *(weapon)* Spieß *m,* Pike *f*
② NENG *(hill)* spitze Erhebung; **Scafell P~** Scafell Pike

pike³ [paɪk] *n* AM Mautstraße *f*
▸PHRASES: **sth comes down the ~** etw kommt auf uns zu; ***looks like there's a whole lot of trouble coming down the ~*** sieht so aus, als ob da gewaltig Ärger auf uns zukommt

pik·er ['paɪkəʳ] *n* AUS *(pej fam)* Waschlappen *m pej fam,* Memme *f pej fam*

pike·staff ['paɪkstɑ:f] *n* BRIT ▸PHRASES: **as plain as a ~** glasklar, sonnenklar

pil·af ['pɪlɑ:f, AM pi:'lɑ:f] *n esp* AM, AUS FOOD Pilaw *m,* Pilau *m*

pi·las·ter [pɪ'læstəʳ, AM -ɚ] *n* ARCHIT Pilaster *m fachspr,* Halbpfeiler *m*

Pi·la·tes ['pɪlɑ:teɪz, -ti:z] *n no pl* SPORT Pilates *nt*

pi·lau ['pɪlaʊ, AM pɪ'lɔ:] *n* FOOD *see* **pilaf**

pi·lau 'rice *n no pl* FOOD Pilawreis *m*

pil·chard ['pɪltʃəd, AM -ɚd] *n* ZOOL Pilchard *m,* Sardine *f;* **a tin of ~s** eine Büchse Sardinen

pile¹ [paɪl] *n* ARCHIT Pfahl *m*

pile² [paɪl] *n no pl* Flor *m*

pile³ [paɪl] **I.** *n* ① *(stack)* Stapel *m; (heap)* Haufen *m;* ***there were ~s of books all over the floor*** überall auf dem Boden waren Bücherstapel; ***I'm just working my way through a great ~ of ironing*** ich arbeite mich gerade durch einen großen Berg Bügelwäsche; ***her clothes lay in untidy ~s on the floor*** ihre Kleider lagen in unordentlichen Haufen auf dem Boden
② *(fam: large amount)* Haufen *m;* ***I've got ~s*** [*or* **a ~**] ***of things to do today*** ich habe heute wahnsinnig viel zu tun *fam;* ***he's got a ~ of money*** er hat einen Haufen; **to make a ~** *(fam)* ein Vermögen verdienen
③ *(esp hum: big building)* großes Haus, Palast *m hum*
II. *vt* ■**to ~ sth** etw stapeln; ***her plate was ~d high with salad*** auf ihren Teller hatte sie eine Riesenportion Salat gehäuft; **to ~ them high and sell them cheap** BRIT Massenware billig anbieten; ■**to ~ sth on[to]** [*or* **on top of**] **sth** etw auf etw *akk* häufen; *(on a stack)* etw auf etw *akk* stapeln
III. *vi* ① *(fam: crowd into)* **to ~ into the car/onto**

the bus/up the stairs sich *akk* ins Auto zwängen/in den Bus reindrücken/die Treppen raufquetschen *fam*
② *(collide)* ■**to ~ into sth** ineinanderrasen; ***20 cars ~d into each other*** 20 Autos sind aufeinandergerast
◆**pile in** *vi* in etw *akk* [hinein]strömen; *(forcefully)* sich *akk* in etw *akk* [hinein]drängen
◆**pile on** *vt* ■**to ~ on** ↔ **sth** etw anhäufen; **to ~ on the agony** [*or* **it on**] *(fam)* dick auftragen *fam;* ***you're really piling it on with the compliments tonight*** du bist ja heute Abend so großzügig mit Komplimenten *hum*
◆**pile out** *vi* [heraus]strömen; *(forcefully)* sich *akk* [heraus]drängen
◆**pile up** I. *vi debts, problems* sich *akk* anhäufen; *(get more frequent)* sich *akk* häufen; ***the magazines have been piling up*** der Zeitschriftenstapel wird immer größer
II. *vt* ■**to ~ up** ↔ **sth** etw anhäufen; ***the company ~d up losses*** die Firma machte immer höhere Verluste
'pile·driv·er *n* Ramme *f fachspr*
'pile equa·tion *n* NUCL kritische Gleichung
piles [paɪlz] *npl (fam)* Hämorrhoiden *pl*
'pile-up *n* ① AUTO *(crash)* Massenkarambolage *f*
② *(accumulation)* Anhäufung *f,* Ansammlung *f,* Berg *m fig; (backlog)* Rückstand *m;* **a ~ of data** ein Berg *m* [von] Daten
pil·fer ['pɪlfəʳ, AM -ɚ] I. *vt* ■**to ~ sth** etw klauen [*o* mitgehen lassen] *fam*
II. *vi* stehlen, klauen *fam;* ***he was caught ~ing from the shop*** er wurde erwischt, wie er in dem Geschäft etwas mitgehen ließ *fam*
pil·fer·age ['pɪlfᵊrɪdʒ] *n no pl* Mauserei *f,* Stibitzerei *f fam*
pil·fer·er ['pɪlfᵊrəʳ, AM -ɚɚ] *n* kleiner Dieb/kleine Diebin, Langfinger *m*
pil·fer·ing ['pɪlfᵊrɪŋ, AM -fɚ-] *n no pl* Bagatelldiebstahl *m form*
pil·grim ['pɪlgrɪm] *n* Pilger(in) *m(f)*
pil·grim·age ['pɪlgrɪmɪdʒ] *n* REL Pilgerfahrt *f; (esp Christian)* Wallfahrt *f* (**to** nach *+dat*); **to make** [*or* **go on**] **a ~** eine Pilgerfahrt machen, pilgern; *(fig)* ***for many football fans, the ground is a site of ~*** für viele Fußballfans ist das Spielfeld ein Wallfahrtsort
Pil·grim 'Fa·thers *npl,* **'Pil·grims** *npl* HIST ■**the ~** die Pilgerväter *pl,* die Pilgrim Fathers *pl*
Pili·pi·no [ˌpɪlɪ'piːnəʊ] *n* Pilipino *nt*
pill [pɪl] I. *n* ① *(tablet)* Tablette *f;* **to swallow/take a ~** eine Tablette schlucken/nehmen
② *(contraceptive)* ■**the ~** die Pille; **to be on the ~** die Pille nehmen
▶PHRASES: **to be a hard ~ to swallow** eine bittere Pille sein; **to sweeten** [*or* **sugar**] **the ~** die Sache ein bisschen versüßen
II. *vi of fabric* fusseln
pil·lage ['pɪlɪdʒ] I. *vt (form)* ■**to ~ sth** etw plündern; ***works of art were ~d from many countries in the days of the Empire*** in den Zeiten des Empire wurden aus vielen Ländern Kunstwerke geraubt; **to ~ a shop** [*or* **store**] ein Geschäft [aus]plündern
II. *vi* plündern
III. *n no pl (form)* Plündern *nt,* Plünderungen *pl*
pil·lar ['pɪləʳ, AM -ɚ] *n* ① *(column)* Pfeiler *m,* Säule *f;* **~ of flame** Flammensäule *f;* **~ of smoke** Rauchsäule *f*
② *(fig: mainstay)* Stütze *f*
▶PHRASES: **from ~ to post** hin und her; **to go from ~ to post** von Pontius zu Pilatus gehen
'pil·lar box *n* BRIT Briefkasten *m*
'pill·box *n* ① *(for tablets)* Pillendose *f*
② MIL Bunker *m*
③ *(hat)* Pillbox *f o m fachspr*
'pill-for-an-ill *adj (also fig) medicine* zur Sofortheilung *nach n,* mit Sofortwirkung *nach n*
pil·lion ['pɪliən, AM -jən] I. *n (seat)* Soziussitz *m*
II. *adj attr, inv* BRIT, AUS Beifahrer-
III. *adv inv* BRIT, AUS **to ride/sit ~** auf dem Beifahrersitz mitfahren/sitzen
'pil·lion pas·sen·ger *n* BRIT, AUS Sozius, Sozia *m, f*
pil·lock ['pɪlək] *n* BRIT *(pej fam!)* Idiot(in) *m(f) fam;* **a complete ~** ein Volltrottel *m fam*
pil·lo·ry ['pɪlᵊri, AM -ɚi] I. *vt* <-ie-> ■**to ~ sb** jdn an den Pranger stellen *a. fig*
II. *n* Pranger *m*
pil·low ['pɪləʊ, AM -loʊ] I. *n* ① *(for bed)* [Kopf]kissen *nt,* Polster *m* ÖSTERR
② AM *(cushion)* Kissen *nt,* Polster *m* ÖSTERR
II. *vt* **to ~ one's head on sth** seinen Kopf auf etw *akk* legen
'pil·low·case, 'pil·low cov·er, 'pil·low·slip *n* [Kopf]kissenbezug *m,* SCHWEIZ *a.* Kissenanzug *m,* Polsterbezug *m* ÖSTERR **'pil·low pack** *n* FOOD *aromadichte Verpackung für Salat oder Gemüse* **'pil·low talk** *n no pl* Bettgeflüster *nt*
pill-pop·per ['pɪlpɒpəʳ, AM -pɑːpɚ] *n (fam)* Pillenschlucker(in) *m(f) fam* **pill-pop·ping** ['pɪlpɒpɪŋ, AM -pɑːp-] *n no pl* [unkontrolliertes] Tablettenschlucken
pi·lot ['paɪlət] I. *n* ① AVIAT Pilot(in) *m(f);* NAUT Lotse, Lotsin *m, f*
② TV Pilotfilm *f*
③ TECH *(pilot light)* Kontrolllampe *f; (flame)* Zündflamme *f*
II. *vt* ① AVIAT, NAUT **to ~ an aircraft** ein Flugzeug fliegen; **to ~ a ship** ein Schiff lotsen
② *(fig: guide)* ■**to ~ sth** etw durchbringen; **to ~ a bill through Parliament** einen Gesetzesentwurf durch das Parlament bringen
③ *(test)* ***the test was ~ed in schools*** eine erste Testreihe wurde an Schulen durchgeführt; **to ~ a project** ein Pilotprojekt durchführen
III. *adj usu attr, inv* Pilot-; **~ study** Pilotstudie *f;* **a ~ test** ein erster Test
'pi·lot boat *n* Lotsenboot *nt*
pi·lot 'epi·sode *n* Pilotfilm *f*
'pi·lot fish *n* ZOOL Lotsenfisch *m,* Pilotfisch *m*
'pi·lot lamp *n* Kontrolllampe *f*
pi·lot·less ['paɪlətləs] *adj inv* führerlos
'pi·lot light *n* ① *(monitoring light)* Kontrolllampe *f*
② *(flame)* Zündflamme *f*
'pi·lot part·ner *n* ADMIN Pilotpartner(in) *m(f)* **'pi·lot phase** *n* COMM Pilotphase *f* **'pi·lot plant** *n* Versuchsanlage *f,* Pilotanlage *f* **'pi·lot scheme** *n* BRIT, AUS, AM **'pi·lot pro·gram** *n* Testreihe *f; (model project)* Pilotprojekt *nt*
'pi·lot's li·cence, AM **'pi·lot's li·cense** *n* Flugschein *m,* Pilotenschein *m*
'pi·lot sur·vey *n* Pilotuntersuchung *f* **'pilot-test** *vt* ■**to ~ sth** eine erste Testreihe von etw *dat* durchführen **'pilot-test·ing** *n no pl* Durchführung *f* einer ersten Testreihe
pils·ner ['pɪlznəʳ, AM -nɚ] I. *n* Pils[e]ner *nt,* Pils *nt*
II. *n modifier (of pilsner) (beer, tradition)* Pils[e]ner-; **~ beer** Pils[e]ner *nt,* Pils *nt;* **in ~ tradition** nach Pils[e]ner Brauart
pi·mel·ic acid [pɪˌmelɪk'-] *n no pl* CHEM Pimelinsäure *f*
pi·men·to [pɪ'mentəʊ, AM -toʊ], AM *usu* **pi·mien·to** [pɪ'mjentoʊ] *n* ① *(sweet red pepper)* [rote] Paprika, Peperoni *f* SCHWEIZ
② *(spice)* Piment *m o nt,* Nelkenpfeffer *m*
pimp [pɪmp] I. *n* Zuhälter *m*
II. *vi* als Zuhälter arbeiten; ■**to ~ for sb** jds Zuhälter sein
pim·per·nel <*pl* - *or* -s> ['pɪmpənel, AM -pɚ-] *n* BOT Pimpernelle *f*
pimp·ing ['pɪmpɪŋ] *n no pl* Zuhälterei *f*
pim·ple ['pɪmpl̩] *n* Pickel *m,* Pustel *f*
pim·pled ['pɪmpl̩d] *adj* pickelig
pim·ply ['pɪmpl̩i] *adj* pickelig
PIN [pɪn] *n acr for* **personal identification number** PIN *f*
pin [pɪn] I. *n* ① *(sharp object)* Nadel *f;* **drawing ~** Reißzwecke *f,* Reissnagel *m* SCHWEIZ, Reißnagel *m* ÖSTERR; **as bright** [*or* **clean**] **as a new ~** blitzblank
② *(for clothing)* [Ansteck]nadel *f;* AM *(brooch)* Brosche *f;* **hat ~** Hutnadel *f;* **tie ~** Krawattennadel *f*
③ MIL *(on grenade)* Sicherungsstift *m*
④ *usu pl (hum dated)* Bein *nt;* ***I'm still a bit shaky on my ~s*** ich bin immer noch ziemlich wack[e]lig auf den Beinen
⑤ COMPUT Kontaktstift *m*
▶PHRASES: **to have ~s and needles** das Kribbeln haben *fam;* **you could hear a ~ drop** man konnte eine Stecknadel fallen hören; **to be on ~s and needles** AM auf glühenden Kohlen sitzen
II. *vt* <-nn-> ① *(attach with pin)* ■**to ~ sth** [up]on [*or* to] **sth** etw an etw *dat* befestigen; ***a large picture of the president was ~ned to the office wall*** ein großes Bild des Präsidenten war an die Bürowand geheftet; **to ~ back one's ears** *esp* BRIT *(fig fam)* die Ohren spitzen; **to ~ all one's hopes on sth** *(fig)* seine ganze Hoffnung auf etw *akk* setzen
② *(hold firmly)* ***she was ~ned under a fallen beam from the roof*** sie saß unter einem vom Dach gefallenen Balken fest; **to ~ sb against the door/in a corner/to the floor** jdn gegen die Tür/in eine Ecke drücken/auf den Boden drücken
③ *(fix blame unfairly)* ■**to ~ sth on sb** jdm etw zuschieben, etw auf jdn schieben; ***the guilt was ~ned on him alone*** die Schuld wurde allein ihm zugeschoben
④ AM *(dated: in college fraternity)* ■**to ~ a woman** *die feste Freundin mit dem Mitgliedsabzeichen seiner Verbindung beschenken*
◆**pin down** *vt* ① *(define exactly)* ■**to ~ down** ↔ **sth** etw genau definieren; *(locate precisely)* etw genau bestimmen
② *(make decide)* ■**to ~ down** ↔ **sb** [**to sth**] jdn [auf etw *akk*] festnageln; ***she's very difficult to ~ down*** man wird nicht richtig schlau aus ihr
③ *(hold fast)* ■**to ~ down** ↔ **sb** jdn niederdrücken
◆**pin up** *vt* ■**to ~ up** ↔ **sth** etw anstecken; **to ~ up one's hair** die Haare hochstecken; **to ~ up a picture on the wall** ein Bild an die Wand hängen
◆**pin with** *vt* ■**to ~ sb with sth** jdn einer S. *gen* beschuldigen
pina·fore ['pɪnəfɔːʳ, AM -fɔːr] *n* ① *(apron)* [große] Schürze
② *esp* BRIT, AUS Trägerkleid *nt,* ärmelloses Kleid
'pina·fore dress *n esp* BRIT Trägerkleid *nt,* ärmelloses Kleid
'pin·ball *n no pl* Flipper *m;* **to play ~** flippern
'pin·ball ma·chine *n* Flipper *m*
pince-nez <*pl* -> [ˌpæ̃(n)s'neɪ, *pl* -neɪz] *n* Zwicker *m,* Kneifer *m;* **a pair of ~** ein Zwicker [*o* Kneifer] *m*
pin·cer ['pɪn(t)səʳ, AM -ɚ] *n* ① *usu pl* ZOOL Schere *f,* Zange *f*
② *(tool)* ■**~s** *pl* [Kneif]zange *f,* [Beiß]zange *f*
'pin·cer move·ment *n* MIL Zangenbewegung *f*
pinch [pɪn(t)ʃ] I. *vt* ① *(nip)* ■**to ~ sb/sth** jdn/etw kneifen [*o bes* SÜDD, ÖSTERR, SCHWEIZ *a.* zwicken]; *(squeeze)* jdn/etw quetschen; ***these shoes ~ my feet*** diese Schuhe drücken mich an den Füßen; ■**to ~ sth in sth** etw in etw *dat* einklemmen
② *(fam: steal)* ■**to ~ sth** etw klauen [*o* mitgehen lassen] *fam*
③ *(fam: get)* ■**to ~ sb** jdn schnappen *fam*
▶PHRASES: **to ~ pennies** jeden Pfennig [*o* ÖSTERR Groschen] zweimal umdrehen
II. *vi* kneifen, zwicken; *boots, shoes, slippers* drücken
▶PHRASES: **to ~ and scrape** sich *dat* die Butter vom Mund absparen
III. *n* <*pl* -es> ① *(nip)* Kneifen *nt,* Zwicken *nt;* **to give sb a ~** jdn kneifen; ***he gave her a playful ~ on the bottom*** er kniff sie aus Spaß in den Hintern
② *(small quantity)* Prise *f;* **a ~ of salt/sugar/dried thyme** eine Prise Salz/Zucker/getrockneter Thymian
▶PHRASES: **at** [*or* AM **in**] **a ~** wenn es nicht anders geht, zur Not; **to feel the ~** merken, dass das Geld knapp wird; **to take sth with a ~ of salt** etw mit Vorsicht genießen
pinch·beck ['pɪn(t)ʃbek] I. *n no pl* Tombak *m*
II. *n modifier (made of pinchbeck)* aus Tombak *nach n;* **~ jewellery** [*or* AM **jewelry**] Talmischmuck *m*
pinched [pɪn(t)ʃt] *adj* verhärmt
'pinch-hit <-tt-> *vi* einspringen **'pinch-hit·ter** *n* SPORT Ersatzspieler(in) *m(f);* AM *(fig)* Ersatz *m,*

Lückenbüßer(in) *m(f)*

'PIN code *n* PIN-Code *m*

'pin curl *n usu pl* Löckchen *nt*

'pin·cush·ion *n* Nadelkissen *nt*

pine¹ [paɪn] **I.** *n* ① *(tree)* Kiefer *f*
② *no pl (wood)* Kiefer *f,* Kiefernholz *nt*
③ BRIT *(stone pine)* Pinie *f*
④ *no pl* BRIT *(wood of stone pines)* Pinie *f,* Pinienholz *nt*
II. *n modifier (board, chair, table)* aus Kiefer[nholz] *nach n;* BRIT *(of stone pine)* aus Pinie[nholz] *nach n;* ***the furniture had a ~ look*** die Möbel waren aus Kiefer-/Pinienimitat; ~ **forest** Kiefern-/Pinienwald *m;* ~ **pulp** TECH Kiefer[sulfat]zellstoff *m*

pine² [paɪn] *vi* sich *akk* vor Sehnsucht verzehren *liter;* ■**to ~ for sb/sth** sich *akk* nach jdm/etw sehnen
◆**pine away** *vi* sich *akk* vor Sehnsucht verzehren *liter*

pin·eal ['pɪniəl] *adj* zapfenähnlich

'pin·eal body, 'pin·eal gland *n* Zirbeldrüse *f,* Epiphyse *f fachspr*

pine·ap·ple ['paɪnæpl] **I.** *n* Ananas *f;* **tinned ~s** Dosenananas *f,* Büchsenananas *f* SCHWEIZ
II. *n modifier (juice, ice cream, ring, tart)* Ananas-

'pine cone *n* Kiefernzapfen *m;* BRIT *(of stone pine)* Pinienzapfen *m* **'pine grove** *n* Kiefernwäldchen *nt;* BRIT *(with stone pines)* Pinienhain *m* **'pine ker·nel** *n* BRIT, AUS Pinienkern *m* **'pine nee·dle** *n* Kiefernnadel *f;* BRIT *(of stone pine)* Piniennadel *f*

pi·nene hy·dro·chlo·ride [ˌpaɪni:n,haɪdrəʊ'klɔ:raɪd, AM ˌhaɪdroʊ-] *n no pl* CHEM synthetischer Kampfer

'pine nut *n* Pinienkern *m* **'pine tar** *n* BOT Kiefernharz *nt* **'pine tree** *n* Kiefer *f;* BRIT *(stone pine)* Pinie *f* **'pine-wood** *n no pl* Kiefernholz *nt;* BRIT *(of stone pine)* Pinienholz *nt*

piney ['paɪni] *adj* Kiefern-; ~ **aroma/smell** Kiefernnadelaroma *nt*/-duft *m;* ~ **oil** Kiefernnadelöl *nt*

ping [pɪŋ] **I.** *n* [kurzes] Klingeln; *of glass* Klirren *nt;* *(click)* Klicken *nt*
II. *vi* ① *(make sound)* [kurz] klingeln; *glass* klirren; *(click)* klicken
② AM, AUS AUTO *engine* klingeln

ping-pong ['pɪŋˌpɒŋ, AM -ˌpɑ:ŋ] **I.** *n no pl (fam)* Tischtennis *nt,* Pingpong *nt*
II. *n modifier (ball, game, player, table, tournament)* Tischtennis-, Pingpong-; ~ **paddle** Tischtennisschläger *m*

'pin·head *n* ① *(of pin)* Stecknadelkopf *m* ② *(pej fam: simpleton)* Idiot(in) *m(f) fam,* Blödmann *m fam* **'pin·hole** *n* Nadeleinstich *m*

pin·ion¹ ['pɪnjən] *vt* ■**to ~ sb** jdn fest halten; ***he was ~ed to the wall*** er wurde gegen die Mauer gedrückt

pin·ion² ['pɪnjən] *n* TECH Ritzel *nt,* kleines Zahnrad; **rack-and-~ assembly** Zahn[radan]trieb *m*

pink¹ [pɪŋk] **I.** *n* Rosa *nt,* Pink *nt*
▶ PHRASES: **the ~ of condition** die Topform; ***she reached the ~ of condition*** sie erreichte ihre Topform; **to be in the ~** *(esp hum)* vor Gesundheit strotzen
II. *adj* ① *(pale red)* rosa, pink; *cheeks* rosig; *face, nose* gerötet
② *(of gay, lesbian power)* rosa; **the ~ pound** [*or* AM **dollar**] *die Kaufkraft der homosexuellen Klientel*
③ *(pej dated: socialist)* rot angehaucht, mit sozialistischen Tendenzen *nach n*
▶ PHRASES: **to see ~ elephants** *(hum)* weiße Mäuse sehen *hum;* **well, stripe me ~!** *(fam or hum)* na sowas!

pink² [pɪŋk] *n (flower)* [Garten]nelke *f*

pink³ [pɪŋk] *vt* ■**to ~ sth** etw durchstechen; *(with pinking shears)* etw auszacken

pink⁴ [pɪŋk] *vi* BRIT AUTO *engine* klingeln

'pink-col·lar *adj attr, inv* AM SOCIOL Frauen-; ~ **profession** Frauenberuf *m*

pinkie ['pɪŋki] *n (fam)* kleiner Finger

pinkie 'shake *n* AM *(fam) Handschlag, bei dem statt der Hand der kleine Finger genommen wird*

pink·ing shears ['pɪŋkɪŋ-] *npl* Zickzackschere *f*

pink·ish ['pɪŋkɪʃ] *adj* rötlich, [blass]rosa

pinko <*pl* -s *or* -es> ['pɪŋkəʊ, AM -koʊ] *n (pej dated fam)* Rote(r) *f(m),* Linke(r) *f(m)*

pink 'slip *n* AM *(fam)* Kündigungsschreiben *nt,* Kündigung *f,* blauer Brief *fam*

pink-'slip <-pp-> *vt* AM *(fam)* ■**to ~ sb** jdn rauswerfen *fam*

'pin mon·ey *n no pl (fam)* Taschengeld *nt,* Sackgeld *nt* SCHWEIZ *fam (das man sich dazuverdient);* **to get** [*or* **earn**] **a little ~** ein bisschen Geld nebenher verdienen

pin·nace ['pɪnɪs] *n* NAUT Pinasse *f*

pin·na·cle ['pɪnəkl] *n* ① *usu pl of a mountain* Berggipfel *m,* Bergspitze *f*
② ARCHIT *(on a building)* Fiale *f fachspr*
③ *usu sing (culmination)* Höhepunkt *m,* Gipfel *m*

PIN num·ber ['pɪnˌnʌmbəʳ, AM -ɚ] *n* PIN *f,* PIN-Nummer *f*

pin·ny ['pɪni] *n* BRIT, AUS *(fam) short for* **pinafore** Schürze *f* mit Latz

'pin·point I. *vt* ■**to ~ sth** etw [genau] feststellen [*o* bestimmen]; **to ~ the cause of sth** den Grund für etw *akk* feststellen; **to ~ the location** [*or* **source**] **of sth** etw lokalisieren
II. *adj attr, inv* sehr genau, haargenau; ~ **accuracy** hohe Genauigkeit; *of missile, shot* hohe Zielgenauigkeit
III. *n* winziger Punkt; **a ~ of light** ein winziger Lichtpunkt

'pin·prick *n* Nadelstich *m;* *(fig: cause of irritation)* [kleine] Widrigkeit **pin-'sharp** *adj photograph, image* gestochen scharf; *(fig) comments, assessments* akkurat, scharfsinnig; ***his observations were ~*** mit seinen Bemerkungen traf er den Nagel auf den Kopf **'pin·stripe** *n* ① *no pl (pattern)* Nadelstreifen *m* ② *(suit)* Nadelstreifenanzug *m* **'pin·striped** *adj inv* Nadelstreifen-; ~ **cloth** Stoff *m* mit Nadelstreifen **pin·stripe 'suit** *n* Nadelstreifenanzug *m*

pint [paɪnt] *n* ① *(measurement)* Pint *nt (0,568 l)*
② BRIT *(fam: beer)* ≈ eine Halbe [*o* ein Halbes] *fam,* ≈ ein Krügel *nt* ÖSTERR; ***can I have a ~ of beer please?*** eine Halbe bitte!; ***he usually goes out for a ~ at lunchtime*** mittags geht er meistens auf ein Bier

pin·ta ['paɪntə] *n* BRIT *(dated fam)* Pint *nt* Milch

pin·to bean ['pɪntəʊbi:n, AM -t̬oʊ] *n* gefleckte Feldbohne

'pint-size(d) *adj (fam)* winzig; *(fig)* unbedeutend, knirpsig; ***he's just a ~ nobody*** er ist bloß ein unbedeutender Wicht

'pin-up I. *n* ① *(picture)* [Star]poster *nt o m* ② *(fam: person)* Pin-up-Girl *nt;* ***he's the latest teenage ~*** er ist der neueste Teenagerschwarm **II.** *adj attr, inv* Pin-up-; ~ **magazine** *Zeitschrift mit vielen Postern zum Aufhängen* **'pin·wheel** *n* AM *(windmill)* Windmühle *f*

piny *adj see* **piney**

pio·neer [ˌpaɪə'nɪəʳ, AM -'nɪr] **I.** *n* Pionier(in) *m(f),* Wegbereiter(in) *m(f)*
II. *n modifier* Pionier-, bahnbrechend; *(innovative)* innovativ
III. *vt* ■**to ~ sth** den Weg für etw *akk* bereiten, für etw *akk* Pionierarbeit leisten; ***our paper was ~ing articles like that last year*** unsere Zeitung hat letztes Jahr als Erste solche Artikel gedruckt

pio·neer·ing [ˌpaɪə'nɪərɪŋ, AM -'nɪr-] *adj* bahnbrechend; *(innovative)* innovativ; ~ **effort** Aufbauarbeit *f;* ~ **role** Vorreiterrolle *f*

pi·ous ['paɪəs] *adj* ① REL *(devout)* fromm, [streng]gläubig
② *(iron: well-intentioned)* gut gemeint; ~ **hope** BRIT frommer Wunsch; ~ **intentions** gute Vorsätze; ~ **promises** wohl klingende Versprechungen
③ *(pej: hypocritical)* scheinheilig, heuchlerisch

pi·ous·ly ['paɪəsli] *adv* ① *(devoutly)* fromm, [streng]gläubig
② *(well-intentioned)* guten Glaubens
③ *(hypocritically)* scheinheilig, heuchlerisch

pi·ous·ness ['paɪəsnəs] *n no pl* REL Frömmigkeit *f*

pip¹ [pɪp] *n* HORT Kern *m*

pip² [pɪp] *n usu pl esp* BRIT Piep *m*

pip³ [pɪp] *n* FIN Pip *m (die kleinste Preisstufe in einer Währung)*

pip⁴ [pɪp] *n* ▶ PHRASES: **to give sb the ~** BRIT *(dated fam)* jdm auf den Wecker gehen *fam*

pip⁵ <-pp-> [pɪp] *vt* BRIT *(fam)* ■**to ~ sb** jdn [knapp] besiegen [*o* schlagen]; **to ~ sb at the post** jdn um Haaresbreite schlagen *fam;* ***I was ~ped at the post by the other candidate for promotion*** der andere Kandidat schnappte mir die Beförderung vor der Nase weg

pipe [paɪp] **I.** *n* ① TECH *(tube)* Rohr *nt;* *(small tube)* Röhre *f;* *for gas, water* Leitung *f*
② *(for smoking)* Pfeife *f;* **to light one's ~** sich *dat* eine Pfeife anzünden
③ MUS *(instrument)* Flöte *f;* *(in organ)* [Orgel]pfeife *f;* ■**~s** *pl* Dudelsack *m*
④ COMPUT Pipe-Symbol *nt,* Verkettungszeichen *nt*
▶ PHRASES: **put** [*or* **stick**] **that in your ~ and smoke it** *(fam)* da beißt die Maus keinen Faden ab *prov fam,* damit musst du dich abfinden
II. *vt* ① *(transport)* **to ~ gas/oil/water** Gas/Öl/Wasser leiten; ***hot water is ~d to all apartments*** alle Wohnungen werden mit Heißwasser versorgt
② *(speak shrilly)* ■**to ~ sth** etw piepsen; *esp women* etw zwitschern *oft hum;* *(loudly)* etw kreischen
III. *vi* piepsen; *esp women* zwitschern *oft hum;* *(loudly)* kreischen
◆**pipe down** *vi (fam: be quiet)* den Mund halten *fam;* *(be quieter)* leiser sein
◆**pipe up** *vi* sich *akk* zu Wort melden, den Mund aufmachen

'pipe bomb *n* Rohrbombe *f* **'pipe clean·er** *n* Pfeifenreiniger *m,* Pfeifenputzer *m* SCHWEIZ, ÖSTERR

piped mu·sic [paɪpt'mju:zɪk] *n no pl* Musik *f* aus der Konserve

'pipe dream *n* [Tag]traum *m;* **to be no more than a** [*or* **just a**] **~** nur ein Luftschloss sein

'pipe-fit·ter *n* Installateur(in) *m(f) (von Rohrleitungen)*

'pipe·line I. *n* Pipeline *f;* **in the ~** *(fig)* in Planung
II. *vt* COMPUT ■**to ~ sth** etw im Pipelinesystem verarbeiten

pipe·line 'pro·cess·ing *n* COMPUT Fließbandverarbeitung *f*

'pipe·lin·ing *n* COMPUT Pipelining *nt fachspr,* Überlappung *f*

pip·er ['paɪpəʳ, AM -ɚ] *n* Dudelsackspieler(in) *m(f)*
▶ PHRASES: **to pay the ~** für die Kosten aufkommen; **he who pays the ~, calls the tunes** *(prov)* wer bezahlt, darf auch bestimmen

pipes [paɪps] *npl short for* **bagpipes** Dudelsack *m*

'pipe smok·er *n* Pfeifenraucher(in) *m(f)*

pi·pette [pɪ'pet, AM paɪ'-] *n* Pipette *f,* Saugröhrchen *nt*

'pipe·work *n no pl* Rohr[leitungs]netz *nt,* Röhrenwerk *nt*

pip·ing ['paɪpɪŋ] **I.** *n no pl* Paspel *f;* *(on furniture)* Kordel *f;* FOOD Spritzgussverzierung *f*
II. *adv* ~ **hot** kochend heiß

pipi·strelle [ˌpɪpɪ'strel], **pipi·strelle 'bat** *n* ZOOL Zwergfledermaus *f*

pip·it <*pl* - *or* -s> ['pɪpɪt] *n* ORN Pieper *m*

pip·pin ['pɪpɪn] *n* ① *(apple)* Pippinapfel *m*
② AM *(fam: excellent person)* toller Typ *sl;* *(excellent thing)* tolle Sache *sl*

pip·squeak ['pɪpskwi:k] *n (pej fam)* Würstchen *nt pej fam*

pi·quan·cy ['pi:kən(t)si] *n no pl* pikanter [*o* würziger] Geschmack, Würze *f;* *(fig: vitality)* Pikanterie *f;* **to add ~ to sth** den Reiz einer S. *gen* erhöhen

pi·quant ['pi:kənt] *adj* pikant, würzig; *(fig: stimulating)* interessant, faszinierend; *(with sexual overtones)* pikant

pi·quant·ly ['pi:kəntli] *adv* interessant, faszinierend; **to speak/talk ~ about sth** etw unterhaltsam erzählen

pi·qué ['pi:keɪ] *n* Pikee *m*

pique [pi:k] **I.** *n no pl* Ärger *m,* Verärgerung *f;* ***he stormed from the room in a fit of ~*** er rannte ein-

geschnappt aus dem Zimmer
II. *vt* ■**to ~ sb** jdn verärgern; **to ~ sb's curiosity/interest** jds Neugier/Interesse wecken
piqued [pi:kt] *adj* gekränkt, beleidigt, pikiert *geh*
pi·ra·cy ['paɪ(ə)rəsi, AM 'paɪrə-] *n no pl* ① *(at sea)* Piraterie *f*, Seeräuberei *f*, Freibeuterei *f*; **~ on the high seas** Piraterie *f* auf hoher See
② *(of copyrights)* Raubkopieren *nt*, Produktpiraterie *f*; **software/video ~** Software-/Videopiraterie *f*
pi·ran·ha <*pl* -s *or* -> [pɪ'rɑ:nə, AM pə'rɑ:njə] *n* Piranha *m*
pi·rate ['paɪ(ə)rət, AM 'paɪrət] I. *n* ① *(buccaneer)* Pirat(in) *m(f)*, Seeräuber(in) *m(f)*, Freibeuter(in) *m(f)*
② *(plagiarizer)* Raubkopierer(in) *m(f)*
II. *adj attr, inv video, CD* raubkopiert; **~ copy** Raubkopie *f*
III. *vt* ■**to ~ sth** eine Raubkopie von etw *dat* machen, etw illegal vervielfältigen
pi·rat·ed ['paɪ(ə)rətɪd, AM 'paɪrət̬-] *adj inv* raubkopiert, illegal vervielfältigt; **~ copy** Raubkopie *f*
pi·rati·cal [paɪ(ə)'rætɪkəl, AM paɪ'ræt̬-] *adj (form)* Piraten-; **~ crime** Piraterie *f*; **~ merchants** verschlagene Händler
pirou·ette [ˌpɪru'et] I. *n* Pirouette *f*
II. *vi* eine Pirouette drehen
Pis·cean ['paɪsiən] I. *n* ASTROL Fisch *m*
II. *adj inv* Fisch-
Pi·sces <*pl* -> ['paɪsi:z] *n* ASTROL ① *no pl (sign)* Fische *pl*; **under ~** im Sternzeichen Fische
② *(person)* Fisch *m*
piss [pɪs] *(fam!)* I. *n no pl* Pisse *f derb*; **to have** [*or* AM **take**] **a ~** aufs Klo gehen *fam*, pinkeln *fam*, SCHWEIZ, ÖSTERR *a.* biseln *fam*, pissen *derb*; **to need a ~** mal [pinkeln] müssen *fam*
▸PHRASES: **to take the ~** [**out of sb**] BRIT jdn veräppeln *fam*, jdn verarschen *derb*
II. *vi* ① *(urinate)* pinkeln *fam*, SCHWEIZ, ÖSTERR *a.* biseln *fam*, pissen *derb*
② *impers* BRIT, AUS *(sl: rain)* gießen *fam*, pissen *derb*; ***it was ~ing all afternoon*** es pisste den ganzen Nachmittag *derb*
III. *vt* ■**to ~ oneself** in die Hose machen, sich *akk* bepinkeln *fam* [*o derb* bepissen]; *(fig: laugh)* sich *dat* vor Lachen in die Hosen machen *fam*, sich *akk* kaputtlachen *fam*
◆**piss about, piss around** BRIT, AUS I. *vi (fam!: be silly)* Blödsinn machen *fam*; *(waste time)* herumtrödeln *fam*; ***stop ~ing about!*** hör auf mit dem Blödsinn!
II. *vt (fam!)* ■**to ~ sb about** [*or* **around**] *(mess about)* jdm auf die Nerven gehen *fam*; *(waste time)* jds Zeit verschwenden; ***stop ~ing me about*** jetzt komm endlich zur Sache
◆**piss away** *vt (fam!)* ■**to ~ away ↔ sth** etw wegwerfen; **to ~ one's chances away** sich *dat* seine Chancen versauen *fam*
◆**piss down** *vi impers* BRIT, AUS *(fam!)* gießen *fam*, pissen *sl*; ***how's the weather? — ~ing down right now*** wie ist das Wetter? – es schifft *sl*
◆**piss off** I. *vi (fam!)* abhauen *fam*, sich *akk* verpissen *derb*; ***~ off!*** verpiss dich! *derb*; ***why don't you just ~ off!*** verpiss dich [doch] einfach! *derb*
II. *vt* ■**to ~ sb off** jdn ankotzen *derb*, jdm auf die Nerven [*o derb* auf den Sack] gehen [*o* ÖSTERR *fam a.* auf den Geist]
'piss art·ist *n* BRIT *(fam!)* ① *(heavy drinker)* Säufer(in) *m(f)*
② *(botcher)* Penner(in) *m(f) fam*, Sandler(in) *m(f)* ÖSTERR
③ *(glib person)* Schwätzer(in) *m(f)*, Laberer *m fam*
pissed [pɪst] *adj (fam!)* ① BRIT, AUS besoffen *fam*, blau *fam*; **to be ~ out of one's head** [*or* **mind**] [*or* **skull**] sternhagelvoll [*o* stockbesoffen] sein *fam*; **to be ~ as a newt** [*or* **fart**] sternhagelvoll [*o* stockbesoffen] sein *fam*
② AM [stink]sauer *fam*
pissed 'off *adj pred (fam!)* [stink]sauer *fam*
piss·er ['pɪsəʳ] *n* AM *(fam!)* ① *(bad thing)* Scheiß *m derb*; **a ~ of a film/car** ein Scheißfilm/Scheißauto *derb*
② *(good thing)* ■**to be a ~** der Bringer sein *fam*, [sau]geil sein *sl*
pis·soir ['pɪswɑ:ʳ, AM pi:'swɑ:r] *n* Pissoir *nt*
'piss-poor *adj esp* BRIT *(fam!)* ① *(broke)* sehr arm; ***I'm sick of being ~*** ich bin es leid, ein armer Schlucker zu sein
② *(bad)* erbärmlich [schlecht], Scheiß- *derb*
'piss·pot *n (fam!)* ① *esp* BRIT *(chamber pot)* Pisspott *m derb*
② AUS *(drunkard)* Säufer(in) *m(f)*
'piss-take *n* BRIT *(fam!)* Veräppelung *f fam*, Verarschung *f derb*; **to do a ~ of sb** jdn nachmachen
'piss-up *n* BRIT, AUS *(fam!)* Besäufnis *nt*
▸PHRASES: **sb couldn't organize a ~ in a brewery** jd kann nicht bis drei zählen
pis·ta·chio [pɪ'stɑ:ʃiəʊ, AM -'stæʃioʊ] I. *n* Pistazie *f*
II. *n modifier (ice cream, shell)* Pistazien-, Pistache- SCHWEIZ
piste [pi:st] *n* Piste *f*
pis·til ['pɪstɪl] *n* BOT Stempel *m*, Pistill *nt fachspr*
pis·tol ['pɪstᵊl] *n* Pistole *f*; **to hold** [*or* **put**] **a ~ to sb's head** *(fig)* jdm die Pistole an die Brust setzen
'pis·tol shot *n* [Pistolen]schuss *m* **'pis·tol-whip** *vt* AM, AUS *(sl)* ■**to ~ sb** jdn mit dem Knauf einer Pistole schlagen
pis·ton ['pɪstᵊn] *n* TECH Kolben *m*
'pis·ton en·gine *n* TECH Kolbenmotor *m* **'pis·ton ring** *n* TECH Kolbenring *m fachspr* **'pis·ton stroke** *n* TECH Kolbenhub *m fachspr*
pit[1] [pɪt] I. *n* ① *(in ground)* Grube *f*, [Erd]loch *nt*; *(scar)* Narbe *f*; TECH *(hollow)* Loch *nt*; *(in compact disc)* Einbrenngrube *f fachspr*; MED *(in body)* Grube *f*, Höhle *f*; **in the ~ of the stomach** in der Magengrube
② *(mine)* Bergwerk *nt*, Zeche *f*; **chalk/clay/gravel ~** Kreide-/Lehm-/Kiesgrube *f*; **to go down the ~** [*or* **work in the ~s**] unter Tage arbeiten
③ BRIT *(dated fam: bed)* Falle *f*; ***I'm going to my ~*** ich hau mich in die Falle *fam*
④ *(pej fam: untidy place)* Schweinestall *m fam*
⑤ *esp* BRIT THEAT *(seating area)* Parkett *nt*
⑥ MUS *(orchestral area)* Orchestergraben *m*
⑦ SPORT ■**the ~s** *pl* die Boxen *pl*
⑧ STOCKEX Maklerstand *m*; AM Börsensaal *m*, Ring *m*, Bieterraum *m*
▸PHRASES: **to be the ~s** *(fam)* das Letzte sein
II. *vt* <-tt-> *usu passive* ■**sth is ~ted** [**with sth**] etw ist [von etw *dat*] zerfurcht; ***his face was ~ted with pockmarks*** sein Gesicht war mit Pockennarben übersät
pit[2] [pɪt] I. *n esp* AM *(stone)* Kern *m*; **hard ~** Stein *m*
II. *vt* <-tt-> ① FOOD ■**to ~ sth** etw entkernen; **to ~ an avocado** eine Avocado entsteinen
② *(in competition)* ■**to ~ sth against sth** *products* etw gegen etw *akk* ins Rennen schicken; ■**to ~ sb against sb**: ***a war that ~ted neighbour against neighbour*** ein Krieg, in dem der Nachbar gegen den Nachbarn kämpfte; ■**to ~ oneself against sb/sth** sich mit jdm/etw messen; ***the climbers ~ted themselves against the mountain*** die Kletterer maßen sich an dem Berg
pita ['pɪtə, AM 'pi:t̬ə], **pita bread** *n no pl* AM Pittabrot *nt*, Pitta *f* SCHWEIZ
pit-a-pat [ˌpɪtə'pæt, AM ˌpɪt̬-] I. *adv inv feet* tapsend; *heart, rain* klopfend; ***the rain went ~ on the window*** der Regen klopfte gegen die Fensterscheibe
II. *n no pl of feet* Getrappel *nt*, Getrippel *nt*; *of the heart, rain* Klopfen *nt*; *of water* Plätschern *nt*
'pit bull, pit bull 'ter·ri·er *n* Pitbull[terrier] *m*
Pit·cairn·er ['pɪtkeənəʳ, AM -kernɚ] *n* Pitcairner *m o f*
pitch[1] *n* ① COMPUT *(characters per inch)* Zeichendichte *f*
② *(satellite/antenna movement)* Nicken *nt*
pitch[2] [pɪtʃ] *n no pl* Pech *nt*
pitch[3] [pɪtʃ] I. *n* <*pl* -es> ① BRIT, AUS *(sports field)* [Spiel]feld *nt*, Platz *m*; BRIT *(for camping)* [Zelt]platz *m*; **baseball/hockey ~** Baseball-/Hockeyfeld *nt*; **football ~** Fußballfeld *nt*, Fußballplatz *m*
② *(baseball throw)* Wurf *m*
③ *no pl (tone)* Tonhöhe *f*; *(of a voice)* Stimmlage *f*; *(of an instrument)* Tonlage *f*; *(volume)* Lautstärke *f*; ***the noise [had] reached such a ~ that the neighbours complained*** der Lärm war so laut, dass sich die Nachbarn beschwerten; **perfect ~** absolutes Gehör; **to get the ~ right** *(also fig)* den richtigen Ton treffen *a. fig*
④ *(fig: level)* **to be at fever ~** *(worked-up)* [furchtbar] aufgeregt sein; *children* [völlig] aufgedreht [*o* ÖSTERR überdreht] sein
⑤ *no pl (persuasion)* [**sales**] **~** [Verkaufs]gerede *nt a. pej fam*, [Verkaufs]sprüche *pl a. pej fam*; ***he gave me his usual [sales] ~ about quality and reliability*** er spulte seine üblichen Sprüche über Qualität und Zuverlässigkeit ab *fam*; **to make a ~ for sth/to do sth** sich *akk* um etw *akk* bemühen; ***the city made a ~ to stage the competition*** die Stadt bemühte sich um die Austragung der Wettkämpfe
⑥ *esp* BRIT *(sales area)* Platz *m*
⑦ *(slope)* Schräge *f*, Neigung *f*; **low/steep ~** flache/steile Neigung; **to have a low ~** flach geneigt sein; **to have a steep ~** steil [geneigt] sein
II. *vt* ① *(throw)* ■**to ~ sb/sth** jdn/etw werfen; ***the bouncer ~ed him into the street*** der Türsteher warf ihn hinaus; *(fig)* ***his constant criticism had ~ed him into trouble with his boss*** seine ständige Kritik hatte ihm Ärger mit seinem Chef eingebracht; ***bad luck had ~ed him into a life of crime*** bedingt durch widrige Umstände, rutschte er in die Kriminalität ab; **to be ~ed** [**headlong**] **into despair** in [eine] tiefe Verzweiflung gestürzt werden
② *(set up)* ■**to ~ sth** etw aufstellen; **to ~ camp** das Lager aufschlagen; **to ~ a tent** ein Zelt aufbauen [*o* aufschlagen]
③ SPORT ***he has ~ed the last 3 innings*** er spielte in den letzten 3 Runden den Werfer; **to ~ a ball** einen Ball werfen; **to ~ a curve ball** den Ball anschneiden
④ MUS ■**to ~ sth** *instrument* etw stimmen; *song* etw anstimmen; *note* etw treffen; ***the tune was ~ed [too] high/low*** die Melodie war [zu] hoch/tief
⑤ *(target)* ■**to ~ sth at** [*or* AM **to**] **sb** etw auf jdn ausrichten; ■**to be ~ed at sb** *book, film* sich an jdn richten; ***the film is ~ed at adults between 20 and 30*** der Film richtet sich an Erwachsene [*o* an die Zielgruppe] zwischen zwanzig und dreißig
⑥ *(set)* **to ~ sth at** [*or* AM **to**] **a certain level** etw auf einem bestimmten Niveau ansiedeln; ***you have to ~ the course at beginners' level*** der Kurs sollte auf Anfänger ausrichtet sein; **to be ~ed too high/low** zu hoch/niedrig angesetzt sein; ***your aspirations/expectations are ~ed too high*** deine Ziele/Erwartungen sind zu hochgesteckt
⑦ *usu passive (slope)* **to be ~ed at 30°** eine Neigung von 30° haben [*o* aufweisen]; **~ed roof** Schrägdach *nt*
⑧ *(advertise)* ■**to ~ sth** etw propagieren [*o sl* pushen]; ■**to ~ sth to sb** bei jdm für etw *akk* werben
III. *vi* ① *(move) ship* stampfen *fachspr*; AVIAT absacken
② *(fall)* **to ~ headlong to the ground** kopfüber zu Boden fallen; **to ~ into a hole** in ein Loch stürzen; **to ~ forward** vornüberstürzen; ***the passengers ~ed forward*** die Passagiere wurden nach vorne geschleudert
③ SPORT *(in baseball)* werfen
④ SPORT *(in cricket)* [auf den Boden] aufkommen
⑤ *(slope)* sich *akk* [nach unten] neigen; ***the footpath ~es down to the river*** der Fußweg führt zum Fluss hinunter
⑥ *(aim)* ■**to ~ for sth** etw anstreben; ***he's ~ing for the government to use its influence*** er versucht die Regierung dazu zu bewegen, ihren Einfluss geltend zu machen
⑦ *(attack)* ■**to ~ into sb** jdn angreifen
⑧ *(start)* ■**to ~ into sth** etw [entschlossen] angehen [*o* anpacken]
◆**pitch in** *vi (fam: contribute)* helfen, mit anpacken; *(financially)* zusammenlegen; ■**to ~ in with sth** sich *akk* mit etw *dat* einbringen; ***everyone ~ed in with comments*** jeder machte seine Bemerkungen
◆**pitch up** *vi* BRIT *(fam)* auftauchen
'pitch-black *adj inv* pechschwarz

pitch·blende ['pɪtʃblend] *n no pl* CHEM Pechblende *f fachspr*

pitch 'dark·ness *n no pl* völlige Dunkelheit

pitched [pɪtʃt] *adj inv* ❶ *(with tar)* geteert ❷ *(sloping)* ~ **roof** Dachschräge *f*

pitched 'bat·tle *n* MIL offene [Feld]schlacht; *(fig: confrontation)* offener Schlagabtausch

pitch·er[1] ['pɪtʃəʳ, AM -ɚ] *n* ❶ BRIT *(container)* Henkelkrug *m* ❷ *esp* AM *(jug)* Krug *m;* **tea** ~ *Krug für kalten, meist süßen Tee*

pitch·er[2] ['pɪtʃəʳ, AM -ɚ] *n* SPORT *(in baseball)* Werfer(in) *m(f),* Pitcher(in) *m(f) fachspr;* **relief** ~ Ersatzwerfer(in) *m(f)*

'pitch·fork I. *n (for hay)* Heugabel *f; (for manure)* Mistgabel *f* **II.** *vt (fig)* ■**to ~ sb into sth** jdn unerwartet mit etw *dat* konfrontieren **'pitch pine** *n* Pechkiefer *f*

pit·eous ['pɪtiəs, AM -t̬-] *adj* Mitleid erregend, herzzerreißend; **to give a ~ cry** kläglich schreien; **to be a ~ sight** einen bemitleidenswerten Anblick bieten

pit·eous·ly ['pɪtiəsli, AM -t̬-] *adv* Mitleid erregend, herzzerreißend

pit·eous·ness ['pɪtiəsnəs, AM -t̬-] *n no pl* Mitleiderregen *nt;* ~ ***may not be the best way to get people to contribute to charities*** die Mitleidstour ist nicht immer der beste Weg, um Leute zum Spenden zu bewegen *fam*

'pit·fall *n usu pl* Falle *f,* Fußangel *f; of a language, subject* Hauptschwierigkeit *f*

pith [pɪθ] *n no pl* ❶ *(of orange, grapefruit etc.)* weiße Innenhaut; ***he carefully removed the ~*** er entfernte sorgfältig alle weißen Fasern ❷ *(in plants)* Mark *nt* ❸ *(fig: essence)* Kern *m,* Hauptpunkt *m* ❹ *(fig: substance of speech)* Substanz *f;* ***his speech was full of ~*** seine Rede enthielt viele wichtige Gedanken; **sth lacks ~** es mangelt etw *dat* an Substanz

'pit·head I. *n usu sing* MIN *(entrance)* Zecheneinstieg *m; (buildings)* Übertageanlagen *pl* **II.** *adj attr, inv* Tagebau-, Übertage-; ~ **ballot** Abstimmung *f* der im Tagebau Beschäftigten; ~ **building** Schachthaus *nt;* ~ **staff** Übertagearbeiter(innen) *mpl(fpl)*

pith 'hel·met *n (esp hist)* Tropenhelm *m*

pithi·ly ['pɪθɪli] *adv* prägnant, kurz und treffend

pithi·ness ['pɪθɪnəs] *n no pl* Markigkeit *f,* Prägnanz *f*

pithy ['pɪθi] *adj* ❶ *(succinct)* prägnant, kurz und treffend, markig; ***her later books are pithier*** ihre späteren Bücher haben mehr Substanz; **a ~ phrase** ein markiger Satz ❷ *(of citrus fruits)* dickschalig; ***these oranges are very ~*** diese Orangen haben eine dicke weiße Haut

piti·able ['pɪtiəbl, AM -t̬-] *adj* ❶ *(arousing pity)* bemitleidenswert, herzzerreißend; *(terrible)* schrecklich, furchtbar ❷ *(despicably)* lächerlich, erbärmlich

piti·ably ['pɪtiəbli, AM -t̬-] *adv (form)* ❶ *(distressingly)* bemitleidenswert; *(terribly)* erschreckend, fürchterlich ❷ *(despicably)* lächerlich, erbärmlich

piti·ful ['pɪtifᵊl, AM -t̬-] *adj* ❶ *(arousing pity)* bemitleidenswert, herzzerreißend; *(terrible) conditions etc.* schrecklich, furchtbar; ~ **sight** [*or* **spectacle**] trauriger Anblick; **a ~ state of affairs** unhaltbare Zustände ❷ *(unsatisfactory)* erbärmlich, jämmerlich; ~ **excuse** jämmerliche Ausrede; ~ **pay** erbärmliche Bezahlung

piti·ful·ly ['pɪtifᵊli, AM -t̬-] *adv* ❶ *(distressingly)* bemitleidenswert; *(terribly)* erschreckend, fürchterlich ❷ *(despicably)* lächerlich, erbärmlich

piti·ful·ness ['pɪtifᵊlnəs, AM -t̬-] *n no pl* Bedauernswerte *nt,* Bemitleidenswerte *nt;* **the ~ of a predicament** das Tragische an einer Zwangslage; **the ~ of a situation** die Tragik einer Situation; **the ~ of a tragedy** die Größe einer Tragödie

piti·less ['pɪtiləs, AM -t̬-] *adj* erbarmungslos, unbarmherzig; ***he told us his story in ~ detail*** er ersparte uns kein einziges Detail seiner Geschichte; **the ~ midday sun** die erbarmungslose Mittagshitze; ~ **rule** hartes Regime

piti·less·ly ['pɪtiləsli, AM -t̬-] *adv* erbarmungslos, unbarmherzig, ohne Gnade

piti·less·ness ['pɪtiləsnəs, AM -t̬-] *n no pl* Erbarmungslosigkeit *f,* Unbarmherzigkeit *f; (brutality)* Grausamkeit *f*

pit·man ['pɪtmən] *n* Grubenarbeiter *m,* Bergmann *m*

pi·ton ['pɪtɒn, AM -tɑ:n] *n* SPORT *(for rock)* Felshaken *m; (for ice)* Eishaken *m*

'pit pony *n* BRIT *(hist)* Grubenpony *nt,* Grubenpferd *nt*

'pit stop *n* SPORT Boxenstopp *m; (fig hum: journey break)* Reiseunterbrechung *f*

pit·ta ['pɪtə, AM 'pi:t̬ə], **pit·ta bread** *n no pl* Pittabrot *nt*

pit·tance ['pɪtᵊn(t)s] *n usu sing (pej)* Hungerslohn *m,* erbärmlich niedriger Lohn; **a mere ~** nur ein Taschengeld *nt;* ***..., but for the company it's a mere ~*** ..., aber das Unternehmen bezahlt das aus der Portokasse

pit·ted ['pɪtɪd, AM -t̬-] *adj inv* AM, AUS *prunes etc.* entkernt

pit·ter-pat·ter ['pɪtə,pætəʳ, AM -t̬ɚ,pæt̬ɚ] **I.** *n no pl* Klopfen *nt; of feet, steps* Tapsen *nt,* Trappeln *nt; (fig hum)* ***do I hear the ~ of tiny feet?*** ist da schon an Nachwuchs gedacht? **II.** *vi* klopfen; *people, feet* tapsen, trappeln **III.** *adv inv* klopfend; *people, feet* tapsend, trappelnd

Pitts·burgh·er ['pɪtsbɜ:gəʳ, AM -bɜ:rgɚ] *n* Bewohner(in) *m(f)* Pittsburghs

pi·tui·tary [pɪ'tju:ɪtᵊri, AM 'tu:əteri], **pi·tui·tary gland** *n* ANAT Hirnanhangsdrüse *f,* Hypophyse *f fachspr*

pity ['pɪti, AM -t̬-] **I.** *n no pl* ❶ *(compassion)* Mitleid *nt;* **for ~'s sake** um Himmels willen; **to feel ~ for sb, to take ~ on sb** mit jdm Mitleid haben; ■**in** [*or* **with**] ~ mitleidig ❷ *(shame)* ***what a ~!*** wie schade!; **more's the ~** *esp* BRIT leider; ■**to be a ~** schade [*o* bedauerlich] sein; ■**[it's a] ~ that ...** [es ist] [wirklich] schade, dass ...; ■**the ~ of it is that ...** das Traurige daran ist, dass ... **II.** *vt* <-ie-> ■**to ~ sb** jdn bedauern, Mitleid mit jdm haben

pity·ing ['pɪtiɪŋ, AM -t̬-] *adj* mitleidig; *(condescending)* herablassend

pity·ing·ly ['pɪtiɪŋli, AM -t̬-] *adv* mitleidig; *(condescendingly)* herablassend

piv·ot ['pɪvət] **I.** *n* ❶ MECH, TECH *(shaft)* [Dreh]zapfen *m,* Scharnier *nt; (fig: focal point)* Dreh- und Angelpunkt *m* ❷ *(fig: key person)* Schlüsselfigur *f;* ■**to be the ~ of sth** im Zentrum einer S. *gen* stehen **II.** *vi* ❶ *(revolve)* ■**to ~ around sth** *(also fig)* um etw *akk* kreisen *a. fig;* ***lights which ~ on brackets*** Scheinwerfer, die sich auf Trägern drehen; ■**to ~ round** [*or* AM **around**] sich *akk* [um]drehen ❷ *(fig: depend on)* von etw *dat* abhängen; ***this peace process ~s around certain personalities*** der Friedensprozess steht und fällt mit bestimmten Persönlichkeiten

piv·ot·al ['pɪvətᵊl, AM -t̬-] *adj* Schlüssel-, Haupt-; ~ **figure** Schlüsselfigur *f;* ~ **idea** Grundgedanke *m;* ~ **role** entscheidende Rolle

pix [pɪks] *npl (fam) short for* **pictures** Fotos *pl,* Bilder *pl*

pix·el ['pɪksᵊl] *n* Pixel *nt fachspr,* Bildpunkt *m*

pixe·late, pixel·late ['pɪksᵊleɪt] *vt* ■**to ~ sth** etw unscharf machen [durch Vergrößerung der Bildpunkte]

pixie ['pɪksi] *n* Kobold *m*

pixi·late, pixil·late ['pɪksᵊleɪt] *vt see* **pixelate**

pixi·lat·ed, pixil·lat·ed ['pɪksɪleɪtɪd, AM -t̬-] *adj* ❶ *(fam: strange)* bizarr, überspannt ❷ *(bemused)* verwirrt, konfus ❸ *(sl: drunk)* besoffen *sl,* blau *fam*

pixy ['pɪksi] *n* Kobold *m*

piz·za ['pi:tsə] *n* Pizza *f;* **deep-pan ~** Pfannenpizza *f;* **French-bread ~** Pizzabaguette *nt*

'piz·za-face *n (pej sl)* Pickelgesicht *nt fam* **'piz·za house,** AM **'piz·za par·lor** *n* Pizzeria *f* **piz·za 'pie** *n* AM *(pizza)* Pizza *f* **'piz·za place** *n* Pizzeria *f*

piz·zazz, pzazz [pɪ'zæz] *n no pl (fam)* Pfiff *m,* Flair *m; of people* Ausstrahlung *f; of a performance* Schwung *m*

piz·ze·ria [,pi:tsə'ri:ə] *n* Pizzeria *f*

piz·zi·ca·to [,pɪtsɪ'kɑ:təʊ, AM -toʊ] *inv* MUS **I.** *adj* gezupft, pizzicato *fachspr;* ~ **music** Pizzikato *nt fachspr* **II.** *adv* pizzicato *fachspr;* **to play ~** zupfen

pl LING **I.** *n no pl abbrev of* **plural** Pl. **II.** *n modifier abbrev of* **plural**: ~ **ending** Pluralendung *f*

Pl *n no pl abbrev of* **Place** Pl.

PLA [,pi:el'eɪ] *n abbrev of* **polylactic acid** PLA; ~ **fibre** Fasern *f*[*pl*] aus Polylaktatsäure

plac·ard ['plækɑ:d, AM -ɑ:rd] *n* Plakat *nt; (at demonstrations also)* Transparent *nt*

pla·cate [plə'keɪt, AM 'pleɪkeɪt] *vt* ■**to ~ sb** *(soothe)* jdn beruhigen; *(appease)* jdn beschwichtigen; ***outraged minority groups will not be ~d by promises*** erzürnte Minderheiten werden sich nicht mit Versprechungen abspeisen lassen

placa·tory [plə'keɪtᵊri, AM 'pleɪkətɔ:ri] *adj (calming)* beschwichtigend; *(appeasing)* versöhnlich

place [pleɪs]

I. NOUN **II.** TRANSITIVE VERB **III.** INTRANSITIVE VERB

I. NOUN

❶ *(location)* Ort *m;* ***I hate busy ~s*** ich hasse Orte, an denen viel los ist; ***the hotel was one of those big, old-fashioned ~s*** das Hotel war eines dieser großen altmodischen Häuser; ***we're staying at a bed-and-breakfast ~*** wir übernachten in einer Frühstückspension; ***let's go to a pizza ~*** lass uns eine Pizza essen gehen; ***this is the exact ~!*** das ist genau die Stelle!; ***this plant needs a warm, sunny ~*** diese Pflanze sollte an einem warmen, sonnigen Ort stehen; ***Scotland is a very nice ~*** Schottland ist ein tolles Land *fam;* ***that café is a nice ~*** dieses Café ist echt nett *fam;* ***a nice little ~ at the seaside*** ein netter kleiner Ort am Meer; ***please put this book back in its ~*** bitte stell dieses Buch wieder an seinen Platz zurück; ***this is the ~ my mother was born*** hier wurde meine Mutter geboren; ***sorry, I can't be in two ~s at once*** tut mir leid, ich kann nicht überall gleichzeitig sein; ~ **of birth** Geburtsort *m;* ~ **of custody** Verwahrungsort *m;* ~ **of death** Sterbeort *m;* ~ **of delivery** Erfüllungsort *m;* ~ **of employment** Arbeitsplatz *m;* ~ **of jurisdiction** Gerichtsstand *m;* ~ **of performance** Erfüllungsort *m;* ~ **of refuge** Zufluchtsort *m;* ~ **of residence** Wohnort *m;* **a ~ in the sun** *(fig)* ein Plätzchen an der Sonne; ~ **of work** Arbeitsplatz *m,* Arbeitsstätte *f;* **to go ~s** AM weit herumkommen, viel sehen; **in ~s** stellenweise; ***this plant still exists in ~s*** diese Pflanze kommt noch vereinzelt vor

❷ *no pl (appropriate setting)* [geeigneter] Ort; ***this meeting isn't the ~ to discuss individual cases*** diese Konferenz ist nicht der Ort, um Einzelfälle zu diskutieren; ***university was not the ~ for me*** die Universität war irgendwie nicht mein Ding *fam;* ***that bar is not a ~ for a woman like you*** Frauen wie du haben in solch einer Bar nichts verloren

❸ *(home)* ***I'm looking for a ~ to live*** ich bin auf Wohnungssuche; ***we'll have a meeting at my ~/Susan's ~*** wir treffen uns bei mir/bei Susan; ***where's your ~?*** wo wohnst du?; *(fam)* ***your ~ or mine?*** zu dir oder zu mir?; ***they're trying to buy a larger ~*** wir sind auf der Suche nach einer größeren Wohnung

❹ *(fig: position, rank)* Stellung *f;* ***she's got friends in high ~s*** sie hat Freunde in hohen Positionen; ***they have a ~ among the country's leading exporters*** sie zählen zu den führenden Exporteuren des Landes; ***it's not your ~ to tell me what to do*** es steht dir nicht zu, mir zu sagen, was ich zu tun habe; ***I'm not criticizing you — I know my ~*** das ist keine Kritik – das würde ich doch nie wagen!;

to keep sb in their ~ jdn in seine Schranken weisen; **to put sb in his/her** ~ [*or* **show sb his/her** ~] jdm zeigen, wo es langgeht *fam*

⑤ *(instead of)* ■ **in** ~ **of** stattdessen; ***you can use margarine in ~ of butter*** statt Butter kannst du auch Margarine nehmen; ***I invited Jo in ~ of Les, who was ill*** Les war krank, daher habe ich Jo eingeladen

⑥ *(proper position)* ■ **to be in** ~ an seinem Platz sein; *(fig: completed)* fertig [*o* abgeschlossen] sein; ***the chairs were all in ~*** die Stühle waren alle dort, wo sie sein sollten; *(fig)* ***the arrangements are all in ~ now*** die Vorbereitungen sind jetzt abgeschlossen; *(fig)* ***the new laws are now in ~*** die neuen Gesetze gelten jetzt; *(fig)* ***suddenly all fell into ~*** plötzlich machte alles Sinn; **to be out of** ~ nicht an der richtigen Stelle sein; *person* fehl am Platz[e] sein; *(fig)* ***the large desk was totally out of ~ in such a small room*** der große Schreibtisch war in solch einem kleinen Zimmer völlig deplatziert; ***what you've just said was completely out of ~*** was du da gerade gesagt hast, war völlig unangebracht; **to push sth in** ~ etw in die richtige Position schieben

⑦ MATH *(in decimals)* Stelle *f;* ***to five ~s of decimals*** bis auf fünf Stellen hinter dem Komma

⑧ *(job, position)* Stelle *f; (in team)* Platz *m; (at university)* Studienplatz *m;* ***your ~ is here by my side*** du gehörst an meine Seite; **to take the** ~ **of sb** jds Platz einnehmen

⑨ *(in book)* Stelle *f;* **to find one's** ~ die [richtige] Stelle wiederfinden; **to keep one's** ~ markieren, wo man gerade ist/war; **to lose one's** ~ die Seite verblättern[, wo man gerade war]; *(on page)* nicht mehr wissen, wo man gerade ist

⑩ *(seat)* Platz *m;* ***is this ~ taken?*** ist dieser Platz noch frei?; **to change ~s with sb** mit jdm die Plätze tauschen; **to keep sb's** ~ [*or* **save sb a** ~] jdm den Platz freihalten; **to lay a/another** ~ ein/noch ein Gedeck auflegen; **to take one's ~ at table** Platz nehmen

⑪ *(position)* Stelle *f;* ***just put yourself in my ~*** versetzen Sie sich doch mal in meine Lage!; ***if I were in your ~ ...*** ich an deiner Stelle ...; ***what would you do in my ~?*** was würden Sie an meiner Stelle tun?

⑫ *(ranking)* Platz *m,* Position *f;* ***the song went from tenth to second ~ in the charts*** das Lied stieg vom zehnten auf den zweiten Platz in den Charts; ***our team finished in second ~*** unsere Mannschaft wurde Zweiter; **to take** [*or esp* BRIT **get**] **first/second** ~ Erste(r)/Zweite(r) werden; **to take first/second** ~ *(fig)* an erster/zweiter Stelle kommen; ***their children always take first ~*** ihre Kinder stehen für sie immer an erster Stelle; **in second** ~ auf dem zweiten Platz

⑬ SPORT **to get a** ~ sich *akk* platzieren; AM Zweite(r) werden

⑭ AM *(fam: somewhere)* ***I know I left that book some ~*** ich weiß, dass ich das Buch irgendwo gelassen habe

▶ PHRASES: **all over the** ~ *(everywhere)* überall; *(badly organized)* [völlig] chaotisch; *(spread around)* in alle Himmelsrichtungen zerstreut; **a ~ for everything and everything in its ~** *(prov)* jedes Ding hat seinen Platz; **in the first** ~ *(at first)* zuerst; *(at all)* überhaupt; ***we shouldn't have got married in the first ~!*** wir hätten erst gar nicht heiraten dürfen!; ***but why didn't you say that in the first ~?*** aber warum hast du denn das nicht gleich gesagt?; **in the first/second** ~ *(firstly, secondly)* erstens/zweitens; **to give ~ to sb/sth** jdm/etw Platz machen; **to go ~s** *(fam)* auf dem Weg nach oben sein; **to take** ~ stattfinden; **there is a ~ and time for everything** alles zu seiner Zeit

II. TRANSITIVE VERB

① *(position)* ■ **to ~ sth somewhere** etw irgendwohin stellen; *(lay)* etw irgendwohin legen; ***bowls of flowers had been ~d on tables*** auf den Tischen waren Blumenvasen aufgestellt; ***the Chancellor ~d a wreath on the tomb*** der Kanzler legte einen Kranz auf dem Grab nieder; ***she ~d her name on the list*** sie setzte ihren Namen auf die Liste; ***he ~d his hand on my shoulder*** er legte mir die Hand auf die Schulter; **to ~ an advertisement in the newspaper** eine Anzeige in die Zeitung setzen; **to ~ sth on the agenda** etw auf die Tagesordnung setzen; **to ~ a bet on sth** auf etw *akk* wetten; **to ~ sb under sb's care** jdn in jds Obhut geben; **to ~ a comma** ein Komma setzen; **to ~ one foot in front of the other** einen Fuß vor den anderen setzen; **to ~ a gun at sb's head** jdn eine Pistole an den Kopf setzen; **to ~ money on sth** Geld auf etw *akk* setzen; ■ **to be ~d** *shop, town* liegen

② *(impose)* **to ~ an embargo on sb/sth** über jdn/etw ein Embargo verhängen; **to ~ a limit** [*or* **ceiling**] **on sth** etw begrenzen; **to ~ ten pounds/half a million on sth** etw mit zehn Pfund/einer halben Million veranschlagen

③ *(ascribe)* **to ~ the blame on sb** jdm die Schuld geben; **to ~ one's faith** [*or* **trust**] **in sb/sth** sein Vertrauen in jdn/etw setzen; **to ~ one's hopes on sb/sth** seine Hoffnungen auf jdn/etw setzen; **to ~ importance on sth** auf etw *akk* Wert legen; ***... and she ~d the emphasis on the word 'soon'...*** und die Betonung lag auf ‚schnell'; ***he ~d stress on every second syllable*** er betonte jede zweite Silbe

④ *(arrange for)* **to ~ a call** ein Telefongespräch anmelden; **to ~ sth at sb's disposal** jdm etw überlassen

⑤ *(appoint to a position)* ■ **to ~ sb/sth somewhere** jdn/etw irgendwo unterbringen [*o* SCHWEIZ platzieren]; **to ~ sb on** [**the**] **alert** jdn in Alarmbereitschaft versetzen; **to ~ sb under arrest** jdn festnehmen; **to ~ sb in charge** [**of sth**] jdm die Leitung [von etw *dat*] übertragen; **to ~ sb in jeopardy** jdn in Gefahr bringen; **to ~ sb under pressure** jdn unter Druck setzen; **to ~ a strain on sb/sth** jdn/etw belasten; **to ~ staff** Personal unterbringen [*o* vermitteln]; **to ~ sb under surveillance** jdn unter Beobachtung stellen; ***the town was ~d under the control of UN peacekeeping troops*** die Stadt wurde unter die Aufsicht der UN-Friedenstruppen gestellt

⑥ *(recognize)* ■ **to ~ sb/sth** *face, person, voice, accent* jdn/etw einordnen

⑦ *(categorize, rank)* ■ **to ~ sb/sth** jdn/etw einordnen; **to be ~d** SPORT sich *akk* platzieren; AM unter die ersten zwei kommen; **to be ~d first/second** SPORT Erste(r)/Zweite(r) werden; ■ **to ~ sth above** [*or* **before**] [*or* **over**] **sth** etw über etw *akk* stellen; **sb ~s sth above all other things** etw steht bei jdm an erster Stelle; ***I'd ~ him among the world's ten most brilliant scientists*** für mich ist er einer der zehn hervorragendsten Wissenschaftler der Welt; ***they ~d the painting in the Renaissance*** sie ordneten das Bild der Renaissance zu

⑧ ECON ■ **to ~ sth** *goods* etw absetzen; **to ~ an order for sth** etw bestellen; **to ~ an order with a firm** einer Firma einen Auftrag erteilen

⑨ *passive (good position)* ■ **to be well ~d for sth** für etw *akk* eine gute Ausgangsposition haben; ***we're well ~d for the shops*** wir haben es nicht weit zum Einkaufen *fam;* **to be well ~d financially** finanziell gut dastehen; **to be well ~d to watch sth** von seinem Platz aus etw gut sehen können

⑩ *passive (have at disposal)* ■ **to be well ~d for sth**: ***how ~d are you for time/money?*** wie sieht es mit deiner Zeit/deinem Geld aus?

III. INTRANSITIVE VERB

SPORT sich *akk* platzieren; AM *also (finish second)* Zweite(r) werden

pla·ce·bo [plə'si:bəʊ, AM -boʊ] *n* MED Placebo *nt,* Scheinmedikament *nt; (fig)* Ablenkungsmanöver *nt*

pla·'ce·bo ef·fect *n* MED Placeboeffekt *m*

'place card *n* Tischkarte *f*

placed [pleɪst] *adj inv* platziert, positioniert; ***he was well ~ to watch the cricket match*** er hatte einen guten Platz, um das Kricketmatch zu verfolgen; ***a highly ~ official was arrested*** ein hoher Beamter wurde festgenommen; ***how are you ~ for Tuesday night?*** wie sieht es bei dir mit Dienstagabend aus?

'place kick *n* SPORT Platztritt *m*

place·man ['pleɪsmən] *n* BRIT POL *(pej)* Posteninhaber *m,* Futterkrippenpolitiker *m pej*

'place mat *n* Set *nt o m,* Platzdeckchen *nt*

place·ment ['pleɪsmənt] **I.** *n* ① *(being placed)* Platzierung *f,* Positionierung *f; of building* Lage *f;* ***they were surprised by the ~ of the article in this particular book*** sie waren überrascht, dass der Artikel gerade in diesem Buch erschien; ~ **of an order** Bestellung *f*

② *(by job service)* Vermittlung *f; (job itself)* Stelle *f;* ~ **of workers** Arbeitsvermittlung *f*

II. *adj attr, inv* Einstufungs-; ~ **examination** [*or* **test**] Einstufungstest *m;* ~ **service** Stellenvermittlung *f,* SCHWEIZ, ÖSTERR *a.* Arbeitsvermittlung *f,* Vermittlungsdienst *m*

'place name *n* Ortsname *m*

pla·cen·ta <*pl* placentas *or* placentae> [plə'sentə, *pl* -ti:] *n* MED Plazenta *f*

place of 'in·ter·est <*pl* places of interest> *n* Sehenswürdigkeit *f* **place of 'work** <*pl* places of work> *n* Arbeitsplatz *m,* Arbeitsstelle *f* **place of 'wor·ship** <*pl* places of worship> *n* Gotteshaus *nt; (temple)* Tempel *m*

'place set·ting *n* Gedeck *nt*

plac·id ['plæsɪd] *adj* ruhig, friedlich; *person also* friedfertig, gelassen

pla·cid·ity [plə'sɪdəti, AM -əṭi], **plac·id·ness** ['plæsɪdnəs] *n no pl* Friedfertigkeit *f; (stillness)* Ruhe *f*

plac·id·ly ['plæsɪdli] *adv* ruhig, friedlich; **to say sth** ~ etw bedächtig sagen

plac·ings ['pleɪsɪŋz] *npl* SPORT Platzierung *f*

pla·gia·rism ['pleɪdʒərɪzəm, AM -dʒɚ-] *n no pl* Plagiat *nt,* Plagiieren *nt geh,* geistiger Diebstahl

pla·gia·rist ['pleɪdʒərɪst, AM -dʒɚ-] *n* Plagiator(in) *m(f) geh*

pla·gia·rize ['pleɪdʒəraɪz, AM -dʒɚ-] **I.** *vt* ■ **to ~ sth** etw plagiieren *form,* etw abschreiben

II. *vi* abschreiben, geistigen Diebstahl begehen *form;* ■ **to ~ from sth** aus etw *dat* abschreiben

plague [pleɪg] **I.** *n* ① *(disease)* Seuche *f; (dated)* ***a ~ on you!*** verflucht seist du! *veraltet;* ■ **the** ~ die Pest; **to avoid sb/sth like the** ~ jdn/etw wie die Pest meiden

② *of insects* Plage *f; (fig)* ***a ~ of journalists descended on the town*** ein Schwarm von Journalisten fiel in die Stadt ein

II. *vt* ■ **to ~ sb** jdn bedrängen, jdm zu schaffen machen; *(irritate)* jdn ärgern; ***he's been plaguing me for an answer*** er drängt mich, ihm eine Antwort zu geben; ■ **to ~ sb with sth** jdn mit etw *dat* belästigen, jdm mit etw *dat* auf die Nerven gehen; ■ **to be ~d with sth** von etw *dat* geplagt werden; ***the team has been ~d with injuries*** in der Mannschaft kommt es in letzter Zeit ständig zu Verletzungen; **to be ~d with bad luck** vom Pech verfolgt sein

plaice <*pl* -> [pleɪs] *n* ZOOL Scholle *f*

plaid [plæd] **I.** *n no pl esp* AM FASHION Schottenmuster *nt*

II. *adj attr, inv* kariert; ~ **skirt** Schottenrock *m*

plain [pleɪn] **I.** *adj* ① *(simple)* einfach; *(not flavoured)* natur *nach n;* ~ **food** einfaches Essen; ***my father says he likes good ~ food*** mein Vater sagt, er isst gerne einfache Hausmannskost; ~ **omelette** Omelette nature *f;* ~ **paper** *(unlined)* unliniertes Papier; *(of one colour)* einfarbiges Papier; ~ **yoghurt** Naturjoghurt *m o nt*

② *(uncomplicated)* einfach; ~ **folks** [*or* **people**] einfache Leute; ~ **and simple** ganz einfach

③ *(clear)* klar, offensichtlich; ***her meaning was ~*** es war klar, was sie meinte; ***it's ~ that they ...*** sie wollen ganz offensichtlich, dass ...; ***the sign was ~ enough — we just didn't see it*** das Schild war klar und deutlich – wir haben es nur einfach übersehen; **to be perfectly** ~ ganz offensichtlich sein; ***the reason is perfectly ~*** der Grund liegt auf der Hand; **to make sth** ~ etw klarstellen; ***have I made myself ~ to you?*** habe ich mich klar ausgedrückt?; ■ **to be ~ with sb** jdm gegenüber [ganz] offen sein

④ *attr, inv (sheer)* rein, pur; ***it was ~ torture*** es war

die reinste Tortur; ***the* ~ *truth is that …*** die traurige Wahrheit ist, dass …
❺ *(unattractive)* unscheinbar, unansehnlich; ~ **Jane** Mauerblümchen *nt*
▸PHRASES: **to be as ~ as the nose on one's face** [*or* BRIT *also* **as a pikestaff**] ganz offensichtlich [*o* ÖSTERR *fam a.* sonnenklar] sein, klar wie Kloßbrühe sein BRD *fam*
II. *adv* ❶ *(simply)* ohne großen Aufwand; ***the fish had been grilled and served*** ~ der Fisch war gegrillt und kam ohne weitere Zutaten auf den Tisch
❷ *(fam: downright)* einfach; ~ **awful** einfach furchtbar
III. *n* ❶ *(area of flat land)* Ebene *f;* ■**the ~s** *pl* die Ebene, das Flachland *kein pl;* **the Great P~s** die Great Plains *(in den USA)*
❷ *(in knitting)* rechte Masche

'plain·chant *n no pl* MUS gregorianischer Gesang, Cantus planus *m fachspr*

plain 'choco·late *n no pl* [Halb]bitterschokolade *f*

plain 'clothes *npl* Zivilkleidung *f kein pl;* **in ~** in Zivil **'plain-clothes** *adj attr, inv* Zivil-, in Zivil; **a ~ police officer** ein Polizeibeamter *m*/eine Polizeibeamtin in Zivil

'plain-col·oured, AM **'plain-col·ored** *adj inv* einfarbig

plain 'Eng·lish I. *n no pl* **to speak ~** sich *akk* klar [und deutlich] ausdrücken; ■**in ~** mit verständlichen Worten; ***in ~, he's an arse*** *(vulg)* auf gut Deutsch: er ist ein Arsch *derb*
II. *adj inv* ~ **campaign** BRIT *Kampagne gegen die unverständliche Amtssprache*

'plain flour *n no pl* BRIT, AUS Mehl *nt (ohne Backtriebmittel)*

plain-'Jane *adj inv* AM *(fam)* nullachtfünfzehn, unscheinbar, farblos *pej* **plain 'lan·guage** *n no pl* Alltagssprache *f*

plain·ly ['pleɪnli] *adv* ❶ *(simply)* einfach, schlicht
❷ *(clearly)* deutlich, klar; *(obviously)* offensichtlich, offenkundig; **to be ~ visible** deutlich zu sehen [*o* zu erkennen] sein

plain·ness ['pleɪnnəs] *n no pl* ❶ *(simplicity)* Einfachheit *f,* Schlichtheit *f*
❷ *(obviousness)* Eindeutigkeit *f,* Klarheit *f*
❸ *(unattractiveness)* Unscheinbarkeit *f,* Unansehnlichkeit *f*

'plain-paper *adj inv, attr* Normalpapier-

plain 'sail·ing *n no pl (fig)* ■**to be ~** wie geschmiert laufen *fam; (on motorway)* freie Fahrt haben; ***this project isn't going to be all ~, you know*** weißt du, dieses Projekt wird nicht ganz ohne Schwierigkeiten über die Bühne gehen

'plain·song *n no pl* MUS gregorianischer Gesang, Cantus planus *m fachspr*

plain 'speak·ing *n no pl* offene [*o* deutliche] Worte **plain-'spo·ken** *adj* ■**to be ~** eine deutliche Sprache sprechen; ***he's very*** ~ er ist sehr direkt

plaint [pleɪnt] *n* ❶ BRIT LAW Klage *f; document* Klageschrift *f*
❷ *(poet: complaint, lamentation)* Wehklage *f poet*

plain·tiff ['pleɪntɪf, AM -t̬-] *n* Kläger(in) *m(f)*

plain·tive ['pleɪntɪv, AM -t̬-] *adj* klagend, traurig; *(wistful)* melancholisch; ~ **cry** klagender Ruf; ~ **voice** traurige Stimme

plain·tive·ly ['pleɪntɪvli, AM -t̬-] *adv* klagend, traurig; *(wistfully)* melancholisch

plain·tive·ness ['pleɪntɪvnəs, AM -t̬-] *n no pl* Melancholie *f,* Traurigkeit *f;* ***the ~ of Turkish music*** der klagende Klang türkischer Musik

plait [plæt] *esp* BRIT **I.** *n (hair)* Zopf *m; (material)* Flechtwerk *nt;* ***the ~ of the leather belt was unusual*** der Ledergürtel war auf eine ungewöhnliche Art geflochten; **French ~** französischer Zopf
II. *vt* ■**to ~ sth** etw flechten
III. *vi* flechten

plan [plæn] **I.** *n* ❶ *(detailed scheme)* Plan *m;* **the best-laid ~s** die ausgefeiltesten Pläne; **five-year ~** Fünfjahresplan *m;* **four-point ~** Vierpunkteplan *m;* **to go according to ~** wie geplant verlaufen; **to make ~s for sth** für etw *akk* Pläne machen; *(for contingencies)* für etw *akk* Vorkehrungen treffen
❷ *(intention)* Plan *m,* Absicht *f;* ***what are your ~s for this weekend?*** was hast du dieses Wochenende vor?; **to change ~s** umdisponieren; **to have ~s** etw vorhaben
❸ *(payment scheme)* Plan *m,* Programm *nt;* **health-care ~** Krankenversicherungsprogramm *m;* **savings ~** Sparplan *m*
❹ *(diagram)* Plan *m,* Verzeichnis *nt;* **street ~** Stadtplan *m*
❺ *(drawing)* ■**~s** *pl* Pläne *pl,* Zeichnungen *pl;* **~ of a building** Bauplan *m;* **to draw up ~s** eine Planskizze machen
▸PHRASES: **~ B** Plan *m* B; **the best-laid ~s of mice and men gang aft agley** SCOT *(prov)* der Mensch denkt und Gott lenkt *prov*
II. *vt* <-nn-> ■**to ~ sth** ❶ *(draft)* etw planen
❷ *(prepare)* etw vorbereiten [*o* organisieren]
❸ *(envisage)* etw planen [*o* vorsehen]; ***our meeting wasn't ~ned*** unser Treffen hat sich einfach ergeben
❹ *(intend)* etw vorhaben
III. *vi* ❶ *(prepare)* planen; **to ~ carefully** sorgfältig planen; ■**to ~ for sth** mit etw *dat* rechnen; **to ~ for one's old age** Vorkehrungen für das Alter treffen
❷ ■**to ~ on sth** *(expect)* mit etw *dat* rechnen, auf etw *akk* vorbereitet sein; *(intend)* etw vorhaben; ***we were ~ning on a meal together*** wir wollten eigentlich zusammen essen gehen; ***I'd ~ed on going out tonight*** eigentlich hatte ich vor, heute Abend auszugehen
◆**plan ahead** *vi* vorausschauend planen
◆**plan out** *vt* ■**to ~ out** ⊂ **sth** etw [durch]planen
◆**plan up** *vt usu passive* ■**sth is ~ned up** etw ist organisiert

Planck·ian ['plæŋkiən] *adj inv* PHYS ~ **locus** Unbuntgebiet *nt,* achromatischer Bereich; ~ **radiation formula** Planck'sche Strahlungsformel; ~ **radiator** Planck'scher Strahler, schwarzer Körper

plane¹ [pleɪn] **I.** *n* ❶ *(surface)* Fläche *f;* MATH Ebene *f;* **inclined ~** MATH schiefe Ebene
❷ *(level)* Ebene *f,* Niveau *nt;* ***sometimes I think she's on a different ~ from the rest of us*** manchmal habe ich den Eindruck, sie lebt in einer ganz anderen Welt; ■**to be on a similar ~ to/higher ~ than sb/sth** auf dem gleichen Niveau wie/einem höheren Niveau als jd/etw sein
❸ *(aircraft)* Flugzeug *nt;* **to board the ~** das Flugzeug besteigen; **by ~** mit dem Flugzeug; ***we'll be travelling by*** ~ wir werden fliegen
II. *vi* gleiten
III. *adj attr, inv* flach, eben; ~ **angle** MATH gestreckter Winkel *fachspr*

plane² [pleɪn] **I.** *n (tool)* Hobel *m*
II. *vt* ■**to ~ sth** etw hobeln; *(until smooth)* etw abhobeln [*o* glatt hobeln]

plane³ [pleɪn] *n (tree)* Platane *f*

'plane crash *n* Flugzeugunglück *nt*

plan·et ['plænɪt] *n* Planet *m;* **~ Earth** der Planet Erde, die Erde; **~ Jupiter** der [Planet] Jupiter; **~ Venus** der Planet Venus, die Venus; **to be on a different ~** *(fig)* in einer anderen Welt sein; ■**the ~** die Erde, unser Planet

plan·etar·ium <*pl* planetariums *or* planetaria> [ˌplænɪ'teəriəm, AM -'teriəm, *pl* -riə] *n* Planetarium *nt*

plan·etary ['plænɪtᵊri, AM -teri] *adj inv* planetarisch *geh;* **the ~ motion** die Bewegung der Planeten

'plane tick·et *n* Flugticket *nt*

'plane tree *n* Platane *f*

plan·gent ['plændʒᵊnt] *adj (liter)* lautstark, schallend

plank [plæŋk] *n* ❶ *(timber)* Brett *nt,* Latte *f; (in house)* Diele *f;* NAUT Planke *f*
❷ *(fig: element)* Pfeiler *m,* Grundgedanke *m*

plank·ing ['plæŋkɪŋ] *n no pl* Bretter *pl;* NAUT Planken *pl,* Beplankung *f;* **floor ~** Diele *f,* Dielenboden *m;* **ship's ~** Schiffsplanken *pl*

plank·ton ['plæŋktən] *n no pl* Plankton *nt*

planned [plænd] *adj attr, inv* planmäßig; ~ **cost** Plankosten *pl*

planned econo·my [ˌplænd'ɪkɒnəmi, AM -'kɑːn-] *n* Planwirtschaft *f* **planned ob·so·les·cence** *n no pl* ECON geplanter Verschleiß **Planned Par·ent·hood** *n* AM ≈ Pro Familia *f*

plan·ner ['plænəʳ, AM -ɚ] *n* ❶ *(person)* Planer(in) *m(f);* **city** [*or* **town**] [*or* **urban**] ~ Städteplaner(in) *m(f);* **traffic ~** Verkehrsplaner(in) *m(f)*
❷ COMPUT Planprogramm *nt*
❸ *(office diary)* Kalender *m* zur Arbeitsplanung; **desk ~** Tischkalender *m* zur Arbeitsplanung; **wall ~** Wandkalender *m* zur Arbeitsplanung

plan·ning ['plænɪŋ] **I.** *n no pl* Planung *f;* **city** [*or* **town**] [*or* **urban**] ~ Städteplanung *f;* **environmental ~** Umweltplanung *f*
II. *n modifier* Planungs-; ~ **application** BRIT Bauantrag *m,* Baueingabe *f* SCHWEIZ; **at the ~ stage** in der Planung[sphase]

'plan·ning blight *n no pl* BRIT *bezeichnet den Wertverfall von Immobilien in Gegenden, in denen z.B. eine Autobahn geplant ist* **'plan·ning board** *n* Planungsgremium *nt;* **town ~** Stadtplanungsamt *nt* **'plan·ning per·mis·sion** *n no pl* BRIT Baugenehmigung *f*

plan of 'ac·tion *n* Aktionsplan *m*

plant [plɑːnt, AM plænt] **I.** *n* ❶ *(organism)* Pflanze *f;* **indoor ~** Zimmerpflanze *f*
❷ *(factory)* Werk *nt,* Fabrik *f,* Betrieb *m*
❸ *no pl (machinery)* Maschinen *pl,* Maschinenpark *m*
❹ BRIT, AUS *(for road-building)* Baumaschinen *pl;* ***slow — heavy ~ crossing*** Achtung – Baustelle
❺ *usu sing (set-up)* ***he insisted that the money was a ~*** er bestand darauf, dass man ihm das Geld untergeschoben hatte
II. *n modifier (fertilizer, food, growth, specialist, stand)* Pflanzen-; **the ~ kingdom** das Pflanzenreich, die Flora; ~ **life** die Pflanzenwelt
III. *vt* ■**to ~ sth** ❶ *(put in earth)* etw pflanzen; ***the garden is densely ~ed*** der Garten ist dicht bepflanzt
❷ *(lodge)* etw platzieren; ***he ~ed a kiss on her forehead*** er drückte ihr einen Kuss auf die Stirn; ***Foreman ~ed a blow on Clay's chin*** Foreman platzierte einen Schlag auf Clays Kinn; **to ~ oneself on the sofa** *(fam)* sich *akk* aufs Sofa pflanzen *fam*
❸ *(circulate)* etw verbreiten; **to ~ doubts about sth** Zweifel an etw *dat* hervorrufen [*o* wachrufen]; **to ~ a rumour** [*or* AM **rumor**] ein Gerücht in die Welt setzen; **to ~ a story** eine Geschichte in Umlauf bringen
❹ *(fam: frame)* etw [heimlich] platzieren; ■**to ~ sth on sb** jdm etw unterschieben; **to ~ a secret agent** einen Geheimagenten/eine Geheimagentin einschleusen; **to ~ a bomb** eine Bombe legen; **to ~ a bugging device** ein Abhörgerät anbringen; **to ~ evidence** falsches Beweismaterial platzieren [*o* fabrizieren]; ***evidence was ~ed on innocent people*** gegen unschuldige Menschen wurden belastende Beweise hervorgezaubert
❺ COMPUT ■**to ~ sth** etw zwischenspeichern
◆**plant out** *vt* **to ~ out geraniums** Geranien umtopfen; **to ~ out seedlings** Sämlinge auspflanzen

'plant agree·ment *n* ADMIN Betriebsvereinbarung *f*

plan·tain¹ ['plæntɪn] *n* FOOD, BOT Kochbanane *f*

plan·tain² ['plæntɪn] *n* BOT *(weed)* Wegerich *m*

plant and e'quip·ment *n + sing/pl vb* FIN *(on balance sheet)* Maschinen *pl* und maschinelle Anlagen

plan·ta·tion [ˌplæn'teɪʃᵊn] *n* ❶ *(estate)* Plantage *f*
❷ *(plants)* Pflanzung *f; (trees)* Schonung *f*

plant·er ['plɑːntəʳ, AM 'plænt̬ɚ] *n* ❶ *(plantation owner)* Plantagenbesitzer(in) *m(f),* Pflanzer(in) *m(f)*
❷ *(container)* Pflanzgefäß *nt,* Blumentopf *m; (stand)* Blumenständer *m;* **hanging ~** Hängeampel *f*
❸ *(machine)* Pflanzmaschine *f; (for sowing)* Sämaschine *f*

'plant hire *n* BRIT, AUS [Bau]maschinenverleih *m*

plant·ing ['plɑːntɪŋ, AM 'plænt̬ɪŋ] **I.** *n* Pflanzen *nt*
II. *adj attr, inv* Pflanz-; **the ~ season** die Zeit der Aussaat

'plant pot *n esp* BRIT Blumentopf *m*

'plant unit *n* TECH Teilanlage *f*

plaque [plɑːk, plæk, AM plæk] *n* ❶ *(plate)* Tafel *f;* **brass ~** Messingschild *nt;* **stone ~** Steintafel *f;* **blue ~** BRIT *Schild an einem Gebäude, das auf den*

P

früheren Wohnort einer bedeutenden Persönlichkeit hinweist; **commemorative** [*or* **memorial**] ~ Gedenktafel *f*

② *no pl* MED Ablagerung *f,* Plaque *f fachspr; (on teeth)* [Zahn]belag *m*

'plaque-bust·ing *adj inv* MED *(fam: against atherosclerosis)* arteriosklerosehemmend; *(against Alzheimer's)* plaquereduzierend; *(in oral hygiene)* plaquehemmend

plash [plæʃ] *(liter)* **I.** *n usu sing* Platsch *m; of a stream, waterfall, waves* Plätschern *nt;* ***we heard the ~ as the stone hit the water*** wir hörten, wie es platschte, als der Stein ins Wasser fiel

II. *vi* platschen

plas·ma ['plæzmə], **plasm** ['plæzᵊm] **I.** *n no pl* MED, PHYS, ASTRON Plasma *nt*

II. *n modifier (cell, count, donation, donor, membrane)* Plasma-

'plas·ma jet *n* Plasmastrahl *m*

plas·ter ['plɑːstəʳ, AM 'plæstɚ] **I.** *n no pl* ① *(in building)* [Ver]putz *m*

② MED *(gypsum)* Gips *m,* Gipsverband *m;* ***he has his leg in*** ~ er hat ein Gipsbein

③ BRIT *(for cuts)* Pflaster *nt;* **sticking** ~ Heftpflaster *nt*

II. *vt* ■**to ~ sth** ① *(mortar)* etw verputzen; *(fig)* ***the rain had ~ed her hair to her head*** durch den Regen klebte ihr das Haar am Kopf; **to ~ a hole** ein Loch zugipsen [*o* vergipsen]

② *(fam: put all over)* etw vollkleistern *fam;* ***~ed with mud*** voller Schlamm; **to ~ the walls with posters** die Wände mit Postern bepflastern; *(fig)* ***he had his name ~ed all over the press*** sein Name ging durch die gesamte Presse; ***the story was ~ed all over the front pages*** die Geschichte war überall der Aufmacher

'plas·ter·board *n no pl* Gipskarton *m,* Rigips® *nt* **'plas·ter cast** *n* Gipsverband *m;* ART Gipsabguss *m,* Gipsabdruck *m*

plas·tered ['plɑːstəd, AM 'plæstɚd] *adj pred (fam)* blau *fam,* stockbesoffen *fam;* **to get ~** sich *akk* zusaufen, ÖSTERR *bes* vollsaufen *fam*

plas·ter·er ['plɑːstᵊrəʳ, AM 'plæstɚɚ] *n* Gipser(in) *m(f)*

plas·ter·ing ['plɑːstᵊrɪŋ, AM 'plæstɚ-] *n no pl* [Ver]putz *m; (action)* Verputzen *nt;* MED Eingipsen *nt*

plas·ter of 'Par·is *n no pl* Gips *m*

plas·tic ['plæstɪk] **I.** *n* ① *(material)* Plastik *nt kein pl,* Kunststoff *m*

② *(industry)* ■**~s** *pl* Kunststoffindustrie *f;* ***the company has moved into ~s*** das Unternehmen stellt jetzt Kunststoffe her

③ *no pl (fam: credit cards)* Plastikgeld *nt fam;* **to pay with cash instead of ~** bar statt mit Kreditkarte bezahlen

II. *adj* ① *inv (of plastic)* Plastik-

② *(pej: artificial)* künstlich; *(false also)* unecht; *smile* aufgesetzt; ***the food was horribly ~*** das Essen schmeckte nur nach Chemie

③ ART *(malleable)* formbar, modellierbar; *(fig: impressionable)* leicht formbar; ***children at that age have very ~ personalities*** Kinder in diesem Alter sind sehr leicht zu beeinflussen

plas·tic 'arts *npl* die gestaltenden Künste **plas·tic 'bag** *n* Plastiktüte *f,* Plastiksack *m* SCHWEIZ, Plastiktasche *f* ÖSTERR **plas·tic 'bomb** *n* Plastikbombe *f* **plas·tic 'bul·let** *n* Gummigeschoss *nt* **plas·tic 'cup** *n* Plastikbecher *m* **plas·tic ex·'plo·sive** *n* Plastiksprengstoff *m*

Plas·ti·cine® ['plæstəsiːn] *n no pl* BRIT Plastilin *nt,* Knetgummi *m o nt*

plas·tic·ity [plæs'tɪsəti, AM -əṭi] *n no pl* Formbarkeit *f*

plas·tic 'money *n no pl* Plastikgeld *nt fam*

'plas·tics in·dus·try *n* Kunststoffindustrie *f*

plas·tic 'sur·geon *n* Schönheitschirurg(in) *m(f)* **plas·tic 'sur·gery** *n no pl* Schönheitschirurgie *f;* ***she had ~ on her nose*** sie ließ ihre Nase operieren

plate [pleɪt] **I.** *n* ① *(dish)* Teller *m;* **tea ~** BRIT Kuchenteller *m,* Kuchenplatte *f* SCHWEIZ; **heaped ~** übervoller Teller; **to pass round the** [**collection**] ~ den Klingelbeutel herumgehen lassen

② *(panel)* Platte *f;* **steel ~** Stahlplatte *f*

③ *(sign)* Schild *nt,* Tafel *f,* Platte *f;* **brass ~** Messingschild *nt*

④ AUTO Nummernschild *nt;* **licence** [*or* AM **license**] [*or* **number**] ~ Nummernschild *nt*

⑤ TYPO *(in printing)* [Druck]platte *f*

⑥ *no pl (metal layer)* Überzug *m;* **chrome ~** Verchromung *f;* **gold ~** Vergoldung *f;* **silver ~** Versilberung *f;* ***the knives and forks are silver ~*** die Messer und Gabeln sind versilbert

⑦ *no pl (objects made of metal)* Silber und Gold; *(silver cutlery)* Tafelsilber *nt; (gold cutlery)* Tafelgold *nt;* ***the thieves got away with £15,000 worth of church ~*** die Diebe stahlen den Kirchenschatz im Wert von 15.000 Pfund

⑧ TYPO *(illustration)* [Bild]tafel *f*

⑨ GEOL Erdplatte *f*

⑩ CHEM **~ efficiency** Bodenwirkungsgrad *m*

▶PHRASES: **to <u>give</u>** [*or* **<u>hand</u>**] **sth to sb on a ~** *(fam)* jdm etw auf einem silbernen Tablett servieren [*o* präsentieren]; ***that gave United the victory on a ~*** dadurch wurde United der Sieg praktisch geschenkt; **to <u>have</u> a lot** [*or* **so much**] **on one's ~** *esp* BRIT viel zu tun haben; **to <u>have</u>** [**more than**] **enough on one's ~** [mehr als] genug zu tun haben

II. *vt* ■**to ~ sth** etw überziehen; **to ~ sth with gold/nickel/silver** etw vergolden/vernickeln/versilbern

plat·eau <*pl* BRIT **plateaux** *or* AM, AUS **plateaus**> ['plætəʊ, AM plæ'toʊ] *n* ① GEOG *(upland)* [Hoch]plateau *nt,* Hochebene *f*

② ECON *(flat period)* Stagnation *f; (stabilization)* Stabilisierung *f;* **to reach a ~** stagnieren; *(become stable)* sich *akk* einpendeln [*o* stabilisieren]

plat·ed ['pleɪtɪd, AM -ṭ-] *adj inv* überzogen; **~ with chrome/gold/silver** verchromt/vergoldet/versilbert; **~ jewellery** [*or* AM **jewelry**] plattierter Schmuck

'plate dis·til·la·tion *n no pl* CHEM fraktionierte Destillation

plate·ful ['pleɪtfʊl] *n* Teller *m;* **a ~ of lasagna** ein Teller *m* [voll] Lasagne

plate 'glass *n no pl* Flachglas *nt fachspr,* Walzglas *nt fachspr* **'plate-glass** *adj attr, inv* Flachglas- *nt fachspr;* **~ university** BRIT *(pej) neue, frühestens in den 60er Jahren gebaute Universität*

'plate·lay·er *n* BRIT RAIL Streckenarbeiter(in) *m(f)*

plate·let ['pleɪtlət] *n* ① MED [Blut]plättchen *nt*

② GEOL kleine Erdplatte

'plate rack *n* Geschirrständer *m*

plate tec·'ton·ics *n + sing vb* GEOL Plattentektonik *f kein pl fachspr*

'plate-warm·er *n* Tellerwärmer *m*

plat·form ['plætfɔːm, AM -fɔːrm] *n* ① *(elevated area)* Plattform *f; (raised structure)* Turm *m;* **viewing ~** Aussichtspunkt *m*

② *(on station)* Bahnsteig *m;* **railway ~** Bahnsteig *m*

③ *(stage)* Podium *nt,* Tribüne *f;* ***a question for the ~*** eine Frage an das Podium; **concert ~** Konzertbühne *f;* **to mount** [*or* **take**] **the ~** auf die Bühne gehen; ***speaker after speaker mounted the ~*** ein Sprecher nach dem anderen stellte sich ans Mikrofon; **to share a ~** gemeinsam auftreten

④ *(opportunity to voice views)* Plattform *f*

⑤ *(policies)* [Partei]programm *nt;* ***we campaign on a ~ of low taxation*** in unserem Wahlkampf nimmt die Steuersenkung eine zentrale Stellung ein

⑥ *(shoes)* ■**~s** *pl* Plateauschuhe *pl*

⑦ COMPUT Plattform *f*

'plat·form par·ty *n* Podium *nt*

plat·form 'shoes *npl* Plateauschuhe *pl*

plat·ing ['pleɪtɪŋ, AM -ṭ-] *n* Überzug *m,* Schicht *f;* **~ of chrome/gold/silver** Verchromung/Vergoldung/Versilberung *f;* ***the statuette had a ~ of gold*** die Figur war vergoldet

plati·num ['plætɪnəm, AM 'plætnəm] **I.** *n no pl also* CHEM Platin *nt*

II. *n modifier (band, necklace, ring)* Platin-

plati·num 'blonde I. *n* platinblonde [*o* wasserstoffblonde] Frau

II. *adj inv* platinblond, wasserstoffblond

plati·tude ['plætɪtjuːd, AM -ṭətuːd, -tjuːd] *n (pej)* Platitüde *f geh,* Plattheit *f;* **to mouth ~s** Platitüden von sich *dat* geben

plati·tu·di·nous [ˌplætɪ'tjuːdɪnəs, AM -ṭə'tuːdᵊn-, -tjuːd-] *adj (pej form)* nichtssagend, banal, platt

pla·ton·ic [plə'tɒnɪk, AM -'tɑːn-] *adj* platonisch; **~ love** platonische Liebe

pla·toon [plə'tuːn] *n + sing/pl vb* MIL Zug *m*

plat·ter ['plætəʳ, AM -ṭɚ] *n* ① *(food selection)* Platte *f;* **a ~ of cheese and biscuits** eine Käseplatte

② AM, AUS *(main course)* Teller *m;* **fish ~** Fischteller *m;* **cold ~** kalte Platte

③ COMPUT Platte *f*

platy·pus <*pl* -es> ['plætɪpəs, AM -ṭ-] *n* Schnabeltier *nt*

plau·dits ['plɔːdɪts, AM *esp* 'plɑː-] *npl (form)* Beifall *m kein pl;* **to earn** [*or* **win**] **~** Beifall finden

plau·sibil·ity [ˌplɔːzɪ'bɪləti, AM ˌplɑːzə'bɪləṭi] *n no pl* Plausibilität *f,* Glaubwürdigkeit *f; of an argument* Schlagkraft *f*

plau·si'bil·ity check *n* Kontrollrechnung *f*

plau·sible ['plɔːzɪbḷ, AM 'plɑːzə-] *adj* plausibel, einleuchtend; *person* glaubhaft; **~ argument** überzeugendes Argument; **~ excuse** glaubhafte Entschuldigung

plau·sibly ['plɔːzɪbli, AM 'plɑːzə-] *adv (believably)* glaubhaft; *(convincingly)* überzeugend

play [pleɪ]

I. NOUN **II.** INTRANSITIVE VERB
III. TRANSITIVE VERB

I. NOUN

① *no pl (recreation)* Spiel *nt;* **to be at ~** beim Spiel sein, spielen; **to do sth in ~** etw [nur] zum Spaß tun; ***it's only in ~*** es ist doch nur Spaß

② *no pl* SPORT *(game time)* Spiel *nt;* ***rain stopped ~*** wegen des Regens wurde das Spiel unterbrochen; **the start/close of ~** der Beginn/das Ende des Spiels; **to be in/out of ~** im Spiel/im Aus sein

③ AM SPORT *(move)* Spielzug *m;* **to make a bad/good ~** ein schlechtes/gutes Spiel machen; **a foul ~** ein Foul[spiel] *nt*

④ THEAT [Theater]stück *nt;* **to go to see a ~** ins Theater gehen; **one-act ~** Einakter *m;* **to put on** [*or* **stage**] [*or fam* **do**] **a ~** ein Stück inszenieren; **radio ~** Hörspiel *nt;* **television ~** Fernsehspiel *nt,* Fernsehfilm *m*

⑤ *no pl (change)* ***the ~ of emotion across his face revealed his conflict*** seine widerstreitenden Gefühle spiegelten sich in seinem Gesicht wider; **the ~ of light** [**on sth**] das Spiel des Lichts [auf etw *dat*]

⑥ *(freedom)* Spielraum *m;* TECH Spiel *nt;* **to allow** [*or* **give**] **sth full ~** etw *dat* freien Lauf lassen

⑦ *no pl (interaction)* Zusammenspiel *nt;* **to bring sth into ~** etw ins Spiel bringen, etw einsetzen; **to come into ~** eine Rolle spielen

⑧ *no pl (old: gambling)* Spielen *nt*

⑨ *no pl (coverage)* Medieninteresse *nt,* Aufmerksamkeit *f* in den Medien; **to get a lot of ~** das Interesse der Medien auf sich *akk* ziehen, Thema Nummer eins sein *fam*

▶PHRASES: **to <u>make</u> a ~ for sb/sth** *(fam)* sich *akk* an jdn/etw heranpirschen; **to <u>make</u> ~ with sth** mit etw *dat* spielen; **to <u>make</u> great ~ of** [*or* **with**] **sth** viel Aufhebens von etw *dat* machen; **~ on <u>words</u>** Wortspiel *nt*

II. INTRANSITIVE VERB

① *(amuse oneself)* ■**to ~** [**somewhere**] [irgendwo] spielen; ***can Jenny come out and ~?*** kann Jenny zum Spielen rauskommen?; **to ~ on the swings** schaukeln

② SPORT spielen; ***Leonora always ~s to win*** Leonora will immer gewinnen; **to ~ fair/rough** fair/hart spielen; ***it wasn't really ~ing fair not to tell her*** *(fig)* es war nicht besonders fair, dass du ihr nichts gesagt hast; ■**to ~ against sb** gegen jdn spielen; ***they're a difficult team to ~ against*** diese

Mannschaft ist ein schwieriger Gegner; **to ~ for a city/team** für eine Stadt/ein Team spielen; **to ~ in attack/defence** in der Offensive/als Verteidiger/Verteidigerin spielen; **to ~ in goal** den Torwart/die Torwartin spielen; **to ~ in the match** am Spiel teilnehmen
③ *actor* spielen; ***'Hamlet' is ~ ing at the Guildhall*** in der Guildhall kommt zurzeit der ,Hamlet'; **to ~ opposite sb** mit jdm [zusammen] spielen; **to ~ to a full house** vor ausverkauftem Haus spielen; ***Macbeth ~ ed to full houses*** die Macbeth-Vorstellungen waren immer ausverkauft
④ *(musician)* spielen; *instrument* ertönen
⑤ *(move)* ***the searchlights ~ ed across*** [*or* ***over***] ***the facade*** die [Such]scheinwerfer strichen über die Fassade; ***we watched the light ~ ing on the water*** wir beobachteten das Spiel des Lichts auf dem Wasser; ***she could hear the fountain ~ ing*** sie hörte den Springbrunnen plätschern; ***a smile ~ ed across*** [*or* ***on***] [*or* ***over***] ***his lips*** ein Lächeln spielte um seine Lippen
⑥ *(gamble)* spielen; **to ~ for fun** zum Spaß [*o* ohne Einsatz] spielen; **to ~ for money** um Geld spielen
⑦ *(fam: be received)* ***how will this ~ with the voters?*** wie wird das bei den Wählern ankommen?
⑧ *usu neg (cooperate)* mitmachen
⑨ *+ adj (pretend)* **to ~ dumb** sich *akk* taub stellen
▸PHRASES: **to ~ fast and loose with sb/sth** mit jdm/bei etw *dat* ein falsches Spiel spielen; **to not be ~ ing with a full deck** AM *(fam)* nicht alle Tassen im Schrank haben *fam;* **to ~ to the gallery** billige Effekthascherei betreiben *pej; politician* populistische Stammtischparolen ausgeben *pej;* **to ~ into sb's hands** jdm in die Hände arbeiten; **to ~ safe** auf Nummer Sicher gehen *fam;* **to ~ for time** versuchen, Zeit zu gewinnen, auf Zeit spielen

III. TRANSITIVE VERB

① ■**to ~ sth** *game* etw spielen; *position;* ***Luke ~ s centre forward/ back*** Luke ist Mittelstürmer/Verteidiger; **to ~ a match** ein Spiel bestreiten, spielen
② *(compete against)* ■**to ~ sb** gegen jdn spielen; ***James will be ~ ing Theo*** James wird gegen Theo antreten
③ *(strike)* ■**to ~ the ball** den Ball spielen; *(execute)* **to ~ a shot** schießen; *(in snooker)* stoßen; **to ~ a stroke** schlagen
④ *(adopt)* **to ~ a part** [*or* **role**] eine Rolle spielen; **to ~ an important part in sth** bei etw *dat* eine wichtige Rolle spielen
⑤ *(act)* ■**to ~ sb/sth** jdn/etw spielen; *(fig)* ***don't ~ the innocent with me*** tu nicht so unschuldig; **to ~ the fool** [*or* **clown**] herumalbern, rumspinnen *pej fam,* sich *akk* zum Narren machen
⑥ *(function as)* **to ~ host to sb** jds Gastgeber/Gastgeberin sein; **to ~ host to sth** *event* etw ausrichten
⑦ *(perform)* ■**to ~ sth** etw spielen; ***~ us a song*** [*or* ***a song for us***] ***then!*** spiel uns ein Lied [vor]!; **to ~ sth by ear** etw nach Gehör spielen; **to ~ it by ear** *(fig fam)* improvisieren; **to ~ an encore** eine Zugabe geben
⑧ *(perform on)* ■**to ~ sth** etw spielen; **to ~ the bagpipes/piano/violin** Dudelsack/Klavier/Geige spielen
⑨ *(perform at)* **to play Berlin/London/San Francisco** in Berlin/London/San Francisco spielen
⑩ *(listen to)* ■**to ~ sth** *CD, tape* etw [ab]spielen; **to ~ the radio** Radio hören; ***must you ~ your radio loud?*** musst du dein Radio so laut stellen?; **to ~ one's stereo** seine Anlage anhaben *fam*
⑪ *(watch)* **to ~ a video** sich *dat* ein Video ansehen; *(insert)* eine Videokassette einlegen
⑫ *(broadcast)* ***they're ~ ing African music on the radio*** im Radio kommt gerade afrikanische Musik
⑬ *(gamble)* **to ~ the horses** auf Pferde wetten; **to ~ a slot machine** an einem Spielautomaten spielen; **to ~ the stock market** an der Börse spekulieren
⑭ *(perpetrate)* **to ~ a trick** [*or* **joke**] **on sb** jdn hochnehmen *fig fam,* jdn veräppeln *fam; (practical joke)* [jdm] einen Streich spielen; ***he's always ~ ing tricks*** der ist vielleicht ein Scherzkeks *sl*
⑮ *(direct)* ■**to ~ sth on** [*or* **onto**] [*or* **over**] **sth** etw auf etw *akk* richten; ***the rescue team ~ ed searchlights over the area*** das Rettungsteam ließ Scheinwerfer über die Gegend schweifen
⑯ CARDS *(show)* **to ~ an ace/a king** ein Ass/einen König [aus]spielen; **to ~ a trump** einen Trumpf spielen
⑰ *angler* **to ~ a fish** einen Fisch auszappeln lassen *(durch Nachlassen der Leine)*
⑱ *(treat)* ■**to ~ sb for sth** jdn wie etw behandeln
▸PHRASES: **to ~ ball** [**with sb**] *(fam)* [mit jdm] mitziehen [*o* mitspielen]; **to ~** [**with**] **one's cards close to one's chest** *(fam)* seine Karten nicht offenlegen *fig;* **to ~ one's cards right** geschickt taktieren; **to ~ it cool** *(fam)* den Unbeteiligten spielen; **to ~ ducks and drakes with sth** BRIT *(money)* etw verprassen; *(plans)* etw durcheinanderbringen; **to ~ ducks and drakes with sb** BRIT jdn schlecht behandeln; **to ~ sb false** jdn hintergehen; **to ~ second fiddle** [**to sb**] [im Verhältnis zu jdm] die zweite Geige spielen *fam;* **to ~ the field** *(fam)* sich *akk* umsehen; ***the firm continues to ~ the field and negotiate with other companies*** die Firma sondiert das Terrain und verhandelt mit weiteren Firmen; **to ~ footsie with sb** *(fam: under table)* mit jdm füßeln DIAL; *(cooperate)* mit jdm unter einer Decke stecken *fam;* **to ~ the game** BRIT sich *akk* an die [Spiel]regeln halten; **to ~ gooseberry** BRIT *(fam)* das fünfte Rad am Wagen sein *fam; (chaperone)* den Anstandswauwau spielen *hum fam;* **to ~ hard to get** *(fam)* sich *akk* unnahbar zeigen, einen auf unnahbar machen *usu pej sl;* **to ~ hardball** *esp* AM *(fam)* andere Saiten aufziehen *fig;* **to ~ havoc with sth** etw durcheinanderbringen; **to ~** [**merry**] **hell with sth** *(fam)* etw völlig durcheinanderbringen; **to ~ hook[e]y** *esp* AM, AUS *(fam)* blaumachen *fam,* schwänzen *fam;* **to ~ a** [*or* **one's**] **hunch** aus dem [hohlen] Bauch heraus agieren *sl,* seiner Nase folgen; **to ~ possum** *(sleeping)* sich *akk* schlafend stellen; *(ignorant)* sich *akk* dumm stellen; **to ~ it safe** auf Nummer Sicher gehen *fam;* **to ~ silly buggers** BRIT *(sl)* sich *akk* wie ein Idiot aufführen; **to ~ truant** [**from school**] BRIT schwänzen *fam*

◆**play about** *vi see* **play around**

◆**play along I.** *vi* ■**to ~ along with sth** etw [zum Schein] mitmachen; **to ~ along with it** gute Miene zum bösen Spiel machen; ■**to ~ along with sb:** ***he ~ ed along with them to find out more about their plans*** er machte mit, um mehr über ihre Pläne herauszufinden
II. *vt (fam)* ■**to ~ along** ↔ **sb** jdn hinhalten [*o* vertrösten]

◆**play around** *vi* ① *(mess around)* herumblödeln; ***stop ~ ing around!*** hör mit dem Blödsinn auf! *pej fam*
② *(fam: be unfaithful)* fremdgehen *fam;* ■**to ~ around with sb** mit jdm herummachen *sl*
③ *(experiment)* ■**to ~ around with sth** mit etw *dat* [*fam* herum]spielen [*o* experimentieren]; *(try out)* etw ausprobieren; **to ~ around with ideas** einige Ideen in Gedanken durchspielen
④ *(tamper with)* ■**to ~ around with sth** mit etw *dat* herumspielen [*o* herumexperimentieren] *fam*

◆**play at** *vi* ① *(play game)* ■**to ~ at sth** etw spielen
② *(pretend)* ■**to ~ at being sb** so tun, als wäre man jd; ***he likes to ~ at being the big boss*** er spielt gerne den Chef
③ *(do)* ■**to ~ at sth** etw treiben *oft iron;* ***what are you ~ ing at in there?*** was treibt ihr denn da drinnen?; ***what the devil are you ~ ing at?*** was zum Teufel machen Sie da?; ***we need to find out what exactly they're ~ ing at*** wir müssen herausfinden, was für ein Spiel sie spielen

◆**play away** *vi* BRIT ① SPORT auswärts spielen
② *(fam: be unfaithful)* fremdgehen *fam*

◆**play back** *vt* ■**to ~ back** ↔ **sth** etw noch einmal abspielen; *(rewind)* etw zurückspulen

◆**play down** *vt* ■**to ~ down** ↔ **sth** etw herunterspielen *fam*

◆**play off I.** *vi* ■**to ~ off for sth** um etw *akk* spielen
II. *vt* ■**to ~ off** ↔ **sb against sb** jdn gegen jdn ausspielen

◆**play on** *vi* ① *(exploit)* ■**to ~ on sth** etw ausnutzen [*o* ÖSTERR ausnützen], sich *dat* etw zunutze machen
② *(wield)* ■**to ~ on sth** mit etw *dat* spielen
③ *(keep playing)* weiterspielen

◆**play out I.** *vt* ① *usu passive (take place)* ■**to be ~ ed out** *scene* sich *akk* abspielen
② *(act out)* ■**to ~ out** ↔ **sth** etw umsetzen; **to ~ out a scene** eine Szene [vor]spielen
③ *(play to end)* ***he just has to ~ out these last three games*** er muss nur noch die letzten drei Spiele über die Bühne bringen; **to ~ out** ↔ **a play/scene** ein Stück/eine Szene [zu Ende] spielen; **to ~ out** ↔ **the last few seconds/the rest of the first half** die letzten Sekunden/den Rest der ersten Halbzeit spielen; **to ~ out time** das Ergebnis über die Zeit retten
④ *(abate)* ■**to ~ itself out** von selbst verschwinden
II. *vi esp* AM bekannt werden; *(become felt)* sich *akk* manifestieren

◆**play through I.** *vt* MUS ■**to ~ through** ↔ **sth** etw [von Anfang bis Ende] [durch]spielen; **to ~ through a series of pieces** eine Reihe von Stücken spielen
II. *vi* SPORT *auf dem Golfplatz eine langsamer spielende Gruppe überholen*

◆**play up I.** *vt* ① *(stress)* ■**to ~ up** ↔ **sth** etw hochspielen
② BRIT *(fam)* ■**to ~ up** ↔ **sb** *(trouble)* jdm zu schaffen machen; *(hurt)* jdm Schmerzen bereiten
③ BRIT *(fam: annoy)* ■**to ~ up** ↔ **sb** jdn nerven *sl*
II. *vi (fam)* ① *(flatter)* ■**to ~ up to sb** sich *akk* bei jdm einschmeicheln [*o fam* lieb Kind machen]
② BRIT *(misbehave)* sich *akk* danebenbenehmen *fam; children a.* ungezogen [*o* unartig] sein; *(have tantrum)* Theater machen *pej fam,* ausflippen *fam*
③ BRIT, AUS *(malfunction)* verrücktspielen *fam*
④ BRIT, AUS *(hurt)* weh tun *fam*

◆**play upon** *vi (form) see* **play on**

◆**play with** *vi* ① *(amuse oneself)* ■**to ~ with sth** mit etw *dat* spielen
② *(play together)* ■**to ~ with sb** mit jdm spielen; ***do you want to ~ with us?*** willst du mitspielen?
③ *(fiddle)* ■**to ~ with sth** mit etw *dat* herumspielen *fam;* **to ~ with one's food** mit dem Essen herumspielen *fam;* ***stop ~ ing with your food!*** mit Essen spielt man nicht!
④ *(consider)* **to ~ with an idea** mit einem Gedanken spielen
⑤ *(dupe)* ■**to ~ with sb** mit jdm spielen
⑥ *(have)* **to have sth to ~ with** etw zur Verfügung haben
▸PHRASES: **to ~ with fire** mit dem Feuer spielen *fig;* **to ~ with oneself** *(euph fam: masturbate)* sich *akk* selbst befriedigen; *man* wichsen *derb,* sich *dat* einen runterholen *vulg;* ***go and ~ with yourself!*** fick dich ins Knie! *vulg*

play·able ['pleɪəbl] *adj* MUS spielbar; ***... pieces that he wouldn't have considered ~ a year ago ...*** Stücke, die er sich vor einem Jahr nicht zugetraut hätte; SPORT zu spielen; *(in golf)* ***that golf ball may be ~ for him, but not for me*** er könnte diesen Ball vielleicht schlagen, ich aber nicht

'**play-act** *vi (pretend emotion)* Theater spielen *fig; (make fuss)* Theater machen *fig* '**play-·act·ing** *n no pl* Theater *nt; (pretending also)* Schauspielerei *f;* ***he was just indulging in a little ~*** er schauspielerte nur

'**play·back** *n* ① *(pre-recorded version)* Playback *nt,* Wiedergabe *f*
② *no pl (replaying)* Wiederholung *f* einer Aufnahme; ***do us a ~ of those last few frames*** zeig uns die letzten Bilder noch einmal; ***you can see it again on ~*** Sie können sich die Aufnahme noch einmal ansehen

'**play·bill** *n* ① *(poster)* Theaterplakat *nt*
② AM Theaterprogramm *nt,* Programmzettel *m*

'**play·boy** *n (usu pej)* Playboy *m*

play-by-play 'com·men·tary *n* AM SPORT Livekommentar *m*

Play-Doh® ['pleɪdəʊ, AM -doʊ] *n no pl (plasticine)* Knetmasse *f*, Knete *f fam*

played 'out *adj* ① *(fam: exhausted)* erschöpft, erledigt *fam;* **to be all** [*or* **totally**] ~ total ausgebrannt sein
② *(outmoded) policies* überholt

play·er ['pleɪəʳ, AM -ɚ] *n* ① SPORT Spieler(in) *m(f);* **football/tennis** ~ Fußball-/Tennisspieler(in) *m(f);* **card** ~ Kartenspieler(in) *m(f);* **a key** [*or* **leading**] ~ ein wichtiger Spieler/eine wichtige Spielerin
② *(musical performer)* Spieler(in) *m(f);* **cello** ~ Cellist(in) *m(f);* **oboe** ~ Oboist(in) *m(f)*
③ *(dated: actor)* Schauspieler(in) *m(f)*
④ *(playback machine)* **cassette** ~ Kassettenrecorder *m;* **CD** ~ CD-Player *m;* **record** ~ [Schall]plattenspieler *m;* **video** ~ Videorecorder *m*
⑤ POL *(participant)* ■**to be a** ~ eine Rolle spielen; ***the unions want to be a ~ when the party ...*** die Gewerkschaften wollen ein Mitspracherecht haben [*o fam* [ein Wörtchen] mitreden], wenn die Partei ...; **a key** [*or* **leading**] ~ Schlüsselfigur *f*, führende [*o* zentrale] Figur; **to be a secondary** ~ eine untergeordnete Rolle spielen
⑥ AM *(pej sl: womanizer)* Schürzenjäger *m*

'play·fel·low *n (dated)* Spielkamerad(in) *m(f)*

play·ful ['pleɪfᵊl] *adj* ① *(not serious)* spielerisch, scherzhaft; ***his teasing is only*** ~ Paul neckt dich nur [*o* macht nur Spaß]
② *(frolicsome)* verspielt; ***he was in a ~ mood*** er war zum Spielen/Scherzen aufgelegt

play·ful·ly ['pleɪfᵊli] *adv* scherzhaft; *(in play)* spielerisch, im Spiel

play·ful·ness ['pleɪfᵊlnəs] *n no pl (joking nature) of remark etc.* Humor *m; (frolicsomeness)* Verspieltheit *f;* ***this really is no time for your*** ~ jetzt ist wirklich nicht der Augenblick, um sich so kindisch zu verhalten

'play·goer *n* Theaterbesucher(in) *m(f)*

'play·ground *n* Spielplatz *m; (fig: for adults)* ***the ~ of the rich and famous*** der Tummelplatz der Reichen und Berühmten **'play·group** *n* Spielgruppe *f*, Krabbelgruppe *f; (kindergarten)* Kindergarten *m* **'play·house** *n* ① *(theatre)* Schauspielhaus *nt*, Theater *nt* ② *(toy house)* Spielhaus *nt (für Kinder)*

play·ing card ['pleɪɪŋ-] *n* Spielkarte *f* **play·ing field** *n* Sportplatz *m;* **school** ~ Schulsportplatz *m;* **level** ~ COMM gleiche Ausgangsbedingungen *pl*

play·let ['pleɪlət] *n* THEAT kurzes Theaterstück, Dramolett *nt fachspr*

'play·list RADIO **I.** *n* Playlist *f*, Titelliste *f*, Programm *nt*
II. *vt* ■**to** ~ **sth** etw ins Programm [auf]nehmen

'play·mak·er *n* SPORT Spielmacher(in) *m(f)*

'play·mate *n* ① *(for child)* Spielkamerad(in) *m(f)*
② *(fam: for adult)* Geliebte(r) *f(m)*, Gespiele, Gespielin *m, f iron*
③ *(in magazine)* Pin-up-Girl *nt*

'play-off I. *n* Playoff *nt*
II. *n modifier* ~ **game** [*or* **match**] Entscheidungsspiel *nt*

play on 'words <*pl* plays on words> *n* Wortspiel *nt*

'play·pen *n* Laufstall *m* **'play·room** *n* Spielzimmer *nt* **'play·school** *n* BRIT Kindergarten *m* **'play·suit** *n* Spielanzug *m* **'play·thing** *n* ① *(toy)* Spielzeug *nt*
② *(pej: exploited person, thing) of force, power* Spielball *m fig;* **to treat sb as a** ~ jdn wie eine Sache behandeln; *(as sex object)* jdn zum Sexualobjekt machen; ***he treats his women like ~s*** er spielt nur mit den Frauen **'play·time** *n no pl* ① *(in school)* Pause *f* ② *(for recreation)* Freizeit *f*

'play·wright *n* Dramatiker(in) *m(f)*

pla·za ['plɑːzə, AM *also* 'plæzə] *n* ① *(open square)* Marktplatz *m*
② *(to shop)* [**shopping**] ~ Einkaufszentrum *nt*

plc [ˌpiːelˈsiː] *n esp* BRIT *abbrev of* **public limited company** AG *f*

plea [pliː] *n* ① *(appeal)* Appell *m; (entreaty)* [flehentliche] Bitte; **to make a** ~ **for sth** zu etw *dat* aufrufen; **to make a** ~ **for help/mercy** um Hilfe/Gnade bitten
② LAW [Sach]einwand *m*, Einlassung *f;* **to put in a** ~ eine Einrede [*o* ÖSTERR einen Einwand] erheben [*o* geltend machen]; ~ **of insanity** Einrede *f* der Unzurechnungsfähigkeit, Plädieren *nt* auf Unzurechnungsfähigkeit ÖSTERR; **to enter a** ~ **of guilty** sich *akk* schuldig bekennen; *(as advocate)* auf schuldig plädieren ÖSTERR; **to enter a** ~ **of not guilty** sich *akk* für nicht schuldig erklären; *(as advocate)* auf nicht schuldig plädieren ÖSTERR
③ *(form: reason)* Grund *m; (pretext)* Ausrede *f*, Vorwand *m*

'plea bar·gain·ing *n no pl* LAW *Vereinbarung zwischen Staatsanwalt und Angeklagtem, der sich zu einem geringeren Straftatbestand bekennen soll*

plead <pleaded, pleaded *or* SCOT, AM *also* pled, pled> [pliːd] **I.** *vi* ① *(implore)* [flehentlich] bitten, flehen; **to** ~ **for forgiveness/justice/mercy** um Verzeihung/Gerechtigkeit/Gnade bitten; ■**to** ~ **with sb** [**to do sth**] jdn anflehen[, etw zu tun]
② LAW *(as advocate)* plädieren; *(speak for)* ■**to** ~ **for sb** jdn verteidigen
③ + *adj* LAW *(answer charge)* **to** ~ **guilty** sich *akk* schuldig bekennen; *(as advocate)* auf schuldig plädieren ÖSTERR; **to** ~ **not guilty** [*or* **innocent**] sich *akk* für nicht schuldig erklären; *(as advocate)* auf nicht schuldig plädieren ÖSTERR; ***how do you ~?*** bekennen Sie sich schuldig?; ***he ~ed guilty to the charge of indecent assault*** er gestand die sexuelle Nötigung
II. *vt* ① *(claim)* ■**to** ~ **sth** etw behaupten [*o* angeben]; ***your best bet is to ~ inexperience*** am besten weisen Sie auf ihre Unerfahrenheit hin; **to** ~ **one's ignorance** sich *akk* auf Unkenntnis berufen; **to** ~ **insanity** LAW auf Unzurechnungsfähigkeit plädieren
② *(argue for)* **to** ~ **a/sb's cause** [**with sb**] [jdm] einen/jds Fall vortragen; **to** ~ **a case** LAW eine Sache vor Gericht vertreten

plead·ing ['pliːdɪŋ] **I.** *adj* flehend; ~ **look** flehentlicher Blick
II. *n* LAW [vorbereitender] Schriftsatz, Parteivorbringen *nt* vor Gericht

plead·ing·ly ['pliːdɪŋli] *adv* flehentlich

pleas·ant <-er, -est *or* more ~, most ~> ['plezᵊnt] *adj* ① *(pleasing) day, experience, sensation, time* angenehm, schön, hübsch; *chat, smile* nett; ***what a ~ surprise!*** was für eine angenehme Überraschung!; ***have a ~ day/journey!*** einen schönen Tag/eine gute Reise!; ***it was ~ to sit down*** es tat gut, sich zu setzen; ~ **weather** schönes Wetter
② *(friendly)* freundlich, liebenswürdig; ■**to be** ~ [**to sb**] [zu jdm] nett [*o* freundlich] sein

pleas·ant·ly ['plezᵊntli] *adv* ① *(nicely)* freundlich; **to treat sb** ~ jdn freundlich behandeln
② *(causing pleasure)* angenehm; ~ **surprised** angenehm überrascht
③ *(nice-looking)* hübsch

pleas·ant·ness ['plezᵊntnəs] *n no pl* ① *(friendliness)* Freundlichkeit *f;* ~ **of manner** freundliche [*o* zuvorkommende] Art
② *(pleasant look)* Liebreiz *m*
③ *(enjoyableness)* Angenehme *nt*

pleas·ant·ry ['plezᵊntri] *n usu pl* Kompliment *nt;* **an exchange of pleasantries** ein Austausch von höflichen Floskeln [*o iron* Artigkeiten]

please [pliːz] **I.** *interj* ① *(in requests)* bitte; ***may I see your passport, ~?*** kann ich bitte Ihren Pass sehen?; ***~, David, put the gun down*** David, bitte nimm die Pistole runter!; **pretty** ~ *(childspeak)* bitte, bitte
② *(when accepting sth)* ja, bitte; ***more potatoes? — ~*** noch Kartoffeln? – gern; ***may I ...? — ~ do*** darf ich ...? – selbstverständlich
③ BRIT *(to attract attention)* ***~, Miss, I know the answer!*** bitte, ich weiß die Antwort!
II. *vt* ① *(make happy)* ■**to** ~ **sb** jdm gefallen [*o* eine Freude machen]; ***I'll do it to ~ you*** ich mache es, nur dir zuliebe; ***it ~s me to see ...*** es freut mich, ... zu sehen; **to be hard/easy to** ~ schwer/leicht zufriedenzustellen sein; ***she's notoriously hard to ~*** man kann es ihr kaum recht machen; ■**to** ~ **oneself** *(fam)* ***oh well, ~ yourself*** bitte, wie du meinst
② *(form or iron: be will of)* jdm belieben; ***if it may ~ the court, ...*** wenn es dem Hof genehm ist, ...
III. *vi* ① *(be agreeable)* **eager to** ~ [unbedingt] gefallen [*o* einen guten Eindruck machen] wollen; ***he's a bit too eager to ~ if you ask me*** er ist ein bisschen übereifrig [*o* zu eifrig], wenn du mich fragst; **sth is sure to** ~ etw wird sicher gefallen
② *(wish)* **to do as one ~s** machen, was man möchte [*o* will]; ***come whenever you ~*** kommt, wann immer ihr wollt; ~ **God!** so Gott will!; **if you** ~ *(form: please)* bitte; ***and then, if you ~, she had the cheek to say ...*** und dann, mit Verlaub, hatte sie doch die Frechheit zu sagen, ...

pleased [pliːzd] *adj* ① *(happy)* froh, erfreut; *(content)* zufrieden; **a** ~ **smile** ein zufriedenes Lächeln; ■**to be** ~ **about sth** sich *akk* über etw *akk* freuen; ■**to be** ~ **about sb** sich *akk* für jdn freuen; ■**to be** ~ **with sth/sb** mit jdm/etw zufrieden sein; ■**to be** ~ **that ...** froh sein, dass ...; ■**to be** ~ **with oneself** mit sich *dat* selbst zufrieden sein; ***I'm ~ to report/say that...*** ich bin froh, sagen zu können, dass...; ***I'm very ~ to meet you*** es freut mich, Sie kennenzulernen; ***my father wasn't exactly ~*** mein Vater war nicht gerade begeistert
② *(willing)* ■**to be** ~ **to do sth** bereit sein, etw zu tun; ***I'm only too ~ to help*** ich helfe wirklich gerne
▸PHRASES: **to be as** ~ **as Punch** [**about sth**] sich *akk* wie ein Schneekönig [über etw *akk*] freuen *fam*

pleas·er ['pliːzəʳ, AM -ɚ] *n jd, der immer versucht, es anderen recht zu machen*

pleas·ing ['pliːzɪŋ] *adj* angenehm; ***it's ~ that so many people could come*** es ist schön, dass so viele Leute kommen konnten; **to be** ~ **to the ear/eye** hübsch klingen/aussehen; ~ **manner** zuvorkommende Art; ~ **news** erfreuliche Nachricht[en] *f[pl]*

pleas·ing·ly ['pliːzɪŋli] *adv* angenehm; ***she's not fat, she's just ~ plump*** sie ist nicht fett, sie hat nur ein paar hübsche Rundungen

pleas·ur·able ['pleʒᵊrəbl̩] *adj* angenehm

pleas·ur·ably ['pleʒᵊrəbli] *adv* ① *(with joy)* genießerisch, genüsslich; **to recall sth** ~ mit Vergnügen an etw zurückdenken; **to react** ~ sich *akk* angenehm berührt zeigen
② *(enjoyably)* wohltuend, vergnüglich

pleas·ure ['pleʒəʳ, AM -ɚ] *n* ① *no pl (enjoyment)* Freude *f*, Vergnügen *nt;* ***it gives me great ~ to announce the winner*** es ist mir eine große Freude, den Sieger anzukündigen; ***it was such a ~ to meet you*** es hat mich sehr gefreut, Ihre Bekanntschaft zu machen; ***business or ~?*** geschäftlich oder privat?; **to give sb** ~ jdm Freude bereiten; **to take** ~ **in sth/in doing sth** Vergnügen an etw *dat* finden/daran finden, etw zu tun; **with** ~ mit Vergnügen
② *(source of enjoyment)* Freude *f;* ***smoking is one of my few ~s*** das Rauchen ist eine meiner wenigen Freuden [im Leben]; [**a**] [*or* **my**] ~ keine Ursache; ***please don't mention it, it was a ~*** nicht der Rede wert, das habe ich doch gern getan; *(form)* ***may I have the ~?*** darf ich bitten?; ***Mrs Smith requests the ~ of Mrs Jones's company*** Frau Smith gibt sich die Ehre, Frau Jones einzuladen *form*
③ *(form: desire)* Wunsch *m;* ***what is your ~, Madam?*** womit kann ich Ihnen dienen?, was wünschen Sie?
④ BRIT LAW **to be detained at the King's/Queen's** ~ in Haft sein

'pleas·ure boat *n* Vergnügungsdampfer *m* **'pleas·ure ground** *n (dated)* Vergnügungspark *m* **'pleas·ure prin·ci·ple** *n no pl* Lustprinzip *nt* **'pleas·ure-seek·er** *n* Vergnügungssüchtige(r) *f(m)*, Hedonist(in) *m(f) geh* **'pleas·ure trip** *n* Vergnügungsreise *f*

pleat [pliːt] *n* Falte *f*

pleat·ed ['pliːtɪd, AM -t̬-] *adj* Falten-; **to be** ~ Falten haben; ~ **skirt** Faltenrock *m*

pleb [pleb] *n usu pl* BRIT *(pej fam) short for* **plebeian** Prolet(in) *m(f) pej,* Proll *m pej fam,* Prolo *m* ÖSTERR *pej fam;* ■**the ~s** der Mob *pej*

pleb·by ['plebi] *adj* BRIT *(pej fam)* proletenhaft *pej,* prollig BRD *pej fam*

ple·beian ['plәbi:әn, AM 'plɪ-] **I.** *adj (pej form)* primitiv, plebejisch *geh o oft iron;* ■**to be ~** unter jds Würde sein; **~ origins** niedrige soziale Herkunft
II. *n* HIST Plebejer(in) *m(f); (fig)* Prolet(in) *m(f) pej;* ■**the ~s** das gemeine Volk

plebi·scite ['plebɪsaɪt, AM -әsaɪt] *n* Plebiszit *nt fachspr,* Volksentscheid *m;* **to hold a ~ [on sth]** das Volk [über etw *akk*] entscheiden lassen

plec·trum <*pl* plectrums *or* plectra> ['plektrәm, *pl* -trә] *n* Plektron *nt,* Plektrum *nt*

pled [pled] *vi, vt esp* AM, SCOT *pt, pp of* **plead**

pledge [pledʒ] **I.** *n* ① *(promise)* Versprechen *nt,* Zusicherung *f;* **to fulfil** [*or* **honour**] **a ~** ein Versprechen halten; **to give** [*or* **make**] **a ~ to do sth** versprechen, etw zu tun; **to make a ~ that ...** geloben, dass ...; **to sign** [*or* **take**] **the ~** *(hum dated)* dem Alkohol abschwören
② *(token)* **a ~ of friendship/good faith/loyalty** ein Unterpfand *nt* [*o* Beweis *m*] der Freundschaft/des Vertrauens/der Treue
③ *(promise of donation)* Spendenzusage *f*
④ *(sth pawned)* Pfand *nt,* Pfandsache *f;* **to redeem a ~** ein Pfand einlösen
⑤ *(state of being pledged)* Verpfändung *f*
⑥ AM UNIV *(of fraternity) jemand, der die Zusage zur Mitgliedschaft in einer Studentenverbindung erhalten hat, der aber noch nicht initiiert worden ist; (of a man)* ≈ Fuchs *m (in einer Burschenschaft)*
II. *vt* ① *(solemnly promise)* ■**to ~ sth** etw versprechen; ***I've been ~d to secrecy*** ich bin zur Verschwiegenheit verpflichtet worden; **to ~ allegiance to one's country** den Treueid auf sein Land leisten; **to ~ loyalty** Treue schwören; **to ~ support** Unterstützung zusichern; ■**to ~ to do sth** versprechen, etw zu tun; ■**to ~ that ...** versprechen, dass ...
② *(promise to contribute)* **to ~ money** Geld versprechen
③ *(form: drink health of)* ■**to ~ sb/sth** auf jdn/etw trinken
④ AM UNIV *(promise to join)* **to ~ a fraternity/sorority** einer Studentenverbindung [*o* Burschenschaft]/[weiblichen] Verbindung beitreten wollen
⑤ *(give as security)* ■**to ~ sth** etw verpfänden

pledged [pledʒd] *adj inv* LAW verpfändet; **~ asset** Pfandsache *f*

pledg·ing ['pledʒɪŋ] *n no pl* LAW Verpfändung *f*

Pleis·to·cene ['plaɪstә(ʊ)si:n, AM -stoʊ-] **I.** *n no pl* GEOL ■**the ~** das Pleistozän
II. *adj inv* GEOL pleistozän; **the ~ epoch** das Pleistozän

ple·na·ry ['pli:nәri] **I.** *adj inv* ① *(attended by all members)* **~ assembly** Vollversammlung *f,* Plenarversammlung *f;* **~ meeting** [*or* **session**] Plenarsitzung *f,* Vollversammlung *f;* **~ session** Plenarsitzung *f,* Plenarversammlung *f*
② *(form: unqualified)* unbeschränkt; **~ power** absolute Macht; **~ indulgence** umfassende [*o* völlige] Absolution, Freisprechung *f* von allen Sünden
II. *n* Vollversammlung *f*

ple·na·ry 'meet·ing, ple·na·ry 'ses·sion *n* Plenum *nt*

pleni·po·ten·ti·ary [ˌplenipә(ʊ)'ten(t)ʃәri, AM -poʊ'ten(t)ʃieri] **I.** *n* POL *(dated form)* Bevollmächtigte(r) *f(m),* Regierungsgesandte(r) *f(m)*
II. *adj inv* POL *(dated form)* bevollmächtigt; **~ power** Vollmacht *f*

pleni·tude ['plenɪtju:d, AM tu:d] *n* ① *(abundance)* [Über]fülle *f,* Überfluss *m*
② *no pl (fullness, completeness)* Vollkommenheit *f;* **the ~ of power** Machtfülle *f*

plen·teous ['plentiәs, AM ṭi] *adj (liter)* reichlich [vorhanden]

plen·ti·ful ['plentɪfәl, AM -ṭ-] *adj* reichlich *präd;* ***strawberries are ~ in the summer*** im Sommer gibt es reichlich Erdbeeren [*o* Erdbeeren im Überfluss]; **~ supply** großes [*o* reichhaltiges] Angebot

plen·ti·ful·ly ['plentɪfәli, AM -ṭ-] *adv* reichlich; **to be ~ stocked** [*or* **supplied**] **[with sth]** [etw] in großen Mengen vorrätig haben

plen·ty ['plenti, AM -ṭ-] **I.** *n no pl (form: abundance)* Reichtum *m;* ***such natural phenomena as famine and ~*** Naturphänomene wie Hunger und Überfluss; **food in ~** Nahrung in Hülle und Fülle; **a land of ~** ein Land *nt,* wo Milch und Honig fließen *prov;* **the land of ~** das Land der unbegrenzten Möglichkeiten; **a time of ~** üppige Jahre; **seven years of ~** REL sieben fette Jahre; **to live in ~** im Überfluss leben
II. *adv inv (fam)* ***I'm ~ warm enough, thank you*** mir ist warm genug, fast schon zu warm, danke; ***the house is ~ big enough*** das Hause ist mehr als groß genug; **~ more** noch viel mehr; ***there's ~ more beer in the fridge*** es ist noch mehr als genug Bier im Kühlschrank; ***she has ~ more ideas*** sie hat noch viele Ideen; **there are ~ more where he/she came from** *(pej)* wo er/sie herkommt, gibt's noch mehr davon *fam;* ***I hear you broke up with her — yeah, but there are ~ more where she came from*** ich habe gehört, du hast mit ihr Schluss gemacht – ja, aber andere Mütter haben auch schöne Töchter *hum;* **~ good/bad** AM sehr gut/schlecht
III. *pron* ① *(more than enough)* mehr als genug; ***there's still ~ of storage space in the attic*** auf dem Dachboden kann man noch eine Menge unterbringen; ***he's had ~ of opportunities to apologize*** er hatte reichlich Gelegenheiten, sich zu entschuldigen; ***I spent an hour with them one day and that was ~*** ich verbrachte mit ihnen eine Stunde und das war mehr als genug; **~ of money/time** viel Geld/Zeit; ***we've got ~ of time before we need to leave for the airport*** wir haben noch jede Menge Zeit, bevor wir zum Flughafen fahren müssen
② *(a lot)* genug; ***do we have problems? — yeah, we've got ~*** haben wir Probleme? – ja, allerdings!; ***you'll have ~ to keep you busy*** du hast genug Beschäftigung; ***there's ~ of work to be done*** wir haben [*o* es gibt] viel Arbeit zu erledigen; ***this car cost me ~*** AM *(fam)* dieses Auto hat mich eine Stange Geld gekostet *fam*
IV. *adj inv* DIAL *(fam)* viel; ***there was ~ room*** es gab genug Platz

ple·num ['pli:nәm] *n (spec)* Plenum *nt*

pleo·nasm ['pli:ә(ʊ)næzәm, AM -oʊ-] *n no pl* LING Pleonasmus *m*

pleo·nas·tic [ˌpli:ә(ʊ)'næstɪk, AM -oʊ'-] *adj* LING pleonastisch

pletho·ra ['pleθәrә, AM -әә] *n no pl* ■**a ~ of sth** eine Fülle von etw *dat; (oversupply)* ein Übermaß *nt* an etw *dat;* **~ of books** Bücherschwemme *f*

pleu·ri·sy ['plʊәrәsi, AM 'plʊr-] *n no pl* MED Rippenfellentzündung *f,* Pleuritis *f fachspr*

'plex [pleks] *n short for* **cineplex** Cineplex *nt (großer Kinokomplex)*

Plexi·glas® ['pleksɪglæs] *n no pl* AM *(perspex)* Plexiglas® *nt*

plex·us <*pl* -es *or* -> ['pleksәs] *n* ① ANAT Plexus *m;* **solar ~** Sonnengeflecht *nt,* Solarplexus *m fachspr*
② *(network)* Netzwerk *nt,* Flechtwerk *nt*

PLGF [ˌpi:eldʒi:'ef] *abbrev of* **placental growth factor** **I.** *n no pl* Plazentawachstumsfaktor *m*
II. *n modifier* Plazentawachstumsfaktor-

pli·abil·ity [ˌplaɪә'bɪlәti, AM -әṭi] *n no pl* Biegsamkeit *f; (fig) of personality* Fügsamkeit *f; (conformity)* Überangepasstheit *f*

pli·able ['plaɪәbl̩] *adj* biegsam; *(fig: easily influenced)* gefügig, fügsam

pli·an·cy ['plaɪәn(t)si] *n no pl* Biegsamkeit *f; (fig) of personality* Fügsamkeit *f; (conforming)* Überangepasstheit *f*

pli·ant ['plaɪәnt] *adj* ① *(pliable)* biegsam; **~ rubber** biegsames [*o* ÖSTERR biegsamer] Gummi
② *(fig: compliant)* fügsam; *(influenceable)* nachgiebig; ■**to be ~** leicht zu beeinflussen sein

pli·ant·ly ['plaɪәntli] *adv* flexibel

plié ['pli:eɪ, AM pli:'eɪ] *n* Plié *nt*

pli·ers ['plaɪәz, AM -әz] *npl* Zange *f;* **a pair of ~** eine Zange

plight [plaɪt] **I.** *n* Not[lage] *f;* ***the ~ of starving people*** die Not hungernder Menschen; **to be in a dreadful/sad/sorry ~** in einer schrecklichen/traurigen/erbärmlichen Lage sein
II. *vt* **to ~ one's troth** *(hum dated: get engaged)* sich *akk* verloben, sich *dat* die Treue schwören *veraltet; (form: in marriage service)* jdm die [ewige] Treue schwören

plim·soll ['plɪm(p)sәl] *n* BRIT Turnschuh *m*

'Plim·soll line, 'Plim·soll mark *n* NAUT Kiellinie *f*

plinth [plɪn(t)θ] *n* Plinthe *f*

Plio·cene ['plaɪә(ʊ)si:n, AM -oʊ-] **I.** *n no pl* GEOL ■**the ~** das Pliozän
II. *adj inv* GEOL pliozän; **the ~ epoch** das Pliozän

PLO [ˌpi:el'әʊ, AM -'oʊ] *n no pl abbrev of* **Palestine Liberation Organization:** ■**the ~** die PLO

plod [plɒd, AM plɑ:d] **I.** *n* Marsch *m*
II. *vi* <-dd-> ① *(walk slowly)* stapfen; **to ~ along the street/up the hill** die Straße entlang/den Hügel hinauf stapfen; **to ~ through the mud** durch den Schlamm waten
② *(work slowly)* ■**to ~ through sth** sich *akk* durch etw *akk* hindurcharbeiten [*o* hindurchwühlen] [*o* durchkämpfen]
◆**plod along** *vi* ① *(walk)* stapfen
② *(work)* vor sich *akk* hin arbeiten; ***Alex is just ~ding along at school*** Alex ist ein fleißiger, aber mittelmäßiger Schüler
◆**plod away** *vi* vor sich *akk* hin arbeiten; **to ~ away at sth** etw [freudlos] tun; *(work hard)* schuften *pej fam;* ***for years, he's ~ded away at the same routine job*** seit Jahren macht er dieselbe stumpfe Routinearbeit
◆**plod on** *vi* ① *(continue walking)* weiterstapfen
② *(continue working)* weiterarbeiten

plod·der ['plɒdәr, AM 'plɑ:dә] *n* Arbeitstier *nt fam;* ■**to be a ~** stur vor sich *akk* hinarbeiten

plod·ding ['plɒdɪŋ, AM 'plɑ:d-] *adj* mühselig; **a ~ account** ein zäher [*o* mühsam zu lesender] Bericht; *person* schwerfällig

plonk[1] [plɒŋk] *n no pl esp* BRIT, AUS *(fam: wine)* billiger Wein, Gesöff *nt pej fam;* **a bottle of ~** eine Flasche mit billigem, schlechtem Wein

plonk[2] [plɒŋk, AM plɑ:ŋk, plʌŋk] **I.** *n (fam: sound)* Ploppen *nt fam*
II. *adv (fam)* dumpf knallend; ***I heard something go ~*** ich hörte, wie etwas dumpf aufschlug [*o fam* plopp machte]
III. *vt (fam)* ① *(set down heavily)* ■**to ~ sth somewhere** etw irgendwo hinknallen *fam*
② *(sit heavily)* **to ~ oneself down on a chair/sofa** sich *akk* auf einen Stuhl/ein Sofa fallen [*o fam* plumpsen] lassen
◆**plonk away** *vi (fam)* ■**to ~ away on sth** auf etw *dat* herumklimpern *fam*
◆**plonk down** *(fam)* **I.** *vt* ■**to ~ down ⊂ sth** etw hinknallen *fam;* ■**to ~ oneself down** sich *akk* hinfallen [*o fam* hinplumpsen] lassen
II. *vi* sich *akk* fallen lassen
◆**plonk out** *vt (fam)* **to ~ out a song/tune [on sth]** ein Lied/eine Melodie [auf etw *dat*] klimpern *fam*

plonk·er ['plɒŋkәr] *n* BRIT *(sl)* Blödmann *m fam,* Trottel *m fam*

plop [plɒp, AM plɑ:p] **I.** *n* Platsch[er] *m fam;* ***it fell into the water with a ~*** es platschte [*o fam* plumpste] ins Wasser
II. *adv* platschend
III. *vi* <-pp-> ① *(fall into liquid)* platschen *fam*
② *(drop heavily)* plumpsen *fam*
◆**plop down** *(fam)* **I.** *vi* sich *akk* hinfallen [*o fam* hinplumpsen] lassen
II. *vt* ■**to ~ down ⊂ sth** etw hinschmeißen *fam*

plo·sive ['plәʊsɪv, AM 'ploʊ] LING **I.** *adj inv* plosiv *fachspr*
II. *n* Plosiv *nt fachspr,* Plosivlaut *m fachspr*

plot [plɒt, AM plɑ:t] **I.** *n* ① *(conspiracy)* Verschwörung *f;* **the Gunpowder P~** die Pulververschwörung; **to foil a ~** einen Plan [*o* ein Vorhaben] vereiteln; **to hatch a ~** einen Plan aushecken; ■**a ~ against sb/sth** eine Verschwörung gegen jdn/

etw; a ~ to overthrow the government ein Plan, die Regierung zu stürzen
② LIT (storyline) Handlung f, Plot m fachspr; ~ line [or strand] Handlungsverlauf m
③ (of land) Parzelle f; building ~ Bauland nt; garden/vegetable ~ Garten-/Gemüsebeet nt
④ COMPUT grafische Darstellung
▸ PHRASES: to lose the ~ (fam) den Überblick verlieren; the ~ thickens (hum) die Lage spitzt sich zu
II. vt <-tt-> ① (conspire) ■ to ~ sth etw [im Geheimen] planen a. hum
② (mark out) ■ to ~ sth etw [grafisch] darstellen; *radar operators ~ted the course of the incoming missile* Radarschirme haben den Kurs der herannahenden Rakete geortet; to ~ a curve eine Kurve zeichnen [o darstellen]; to ~ a position eine Position ausmachen
③ (create storyline) ■ to ~ sth novel, play, scene sich dat die Handlung für etw akk ausdenken; *we've already ~ted the first three episodes* die Handlung der ersten drei Folgen steht schon
III. vi <-tt-> ■ to ~ against sb/sth sich akk gegen jdn/etw verschwören; ■ to ~ to do sth (also hum) planen, etw zu tun; *they're ~ting to take over the company* sie ziehen im Hintergrund die Fäden, um die Firma zu übernehmen
◆ **plot out** vt ■ to ~ out ↔ sth route etw [grob] planen; scene, story etw umreißen

plot·ter ['plɒtəʳ, AM 'plɑːt̬ɚ] n ① (conspirator) Verschwörer(in) m(f)
② COMPUT Plotter m, Kurvenschreiber m

plough [plaʊ], AM **plow** I. n Pflug m; *this field is under the ~* dieses Feld wird bestellt [o geh ist unter dem Pflug]
▸ PHRASES: put one's hand to the ~ den Stein ins Rollen bringen fig
II. vt ① AGR to ~ the field/soil das Feld/den Boden pflügen; *they ~ed fertilizer into the field* sie pflügten den Dünger unter
② (move with difficulty) to ~ one's way through sth sich dat seinen Weg durch etw akk bahnen; (fig) sich akk durch etw akk [hindurch] wühlen fig
III. vi ① AGR pflügen
② (move with difficulty) ■ to ~ through sth sich akk durch etw akk durchkämpfen; (fig) sich akk durch etw akk [hindurch] wühlen fig
◆ **plough ahead** vi weitermachen; *sales have been ~ing ahead* die Verkaufszahlen sind [langsam] gestiegen
◆ **plough back** vt ■ to ~ back ↔ sth plants etw unterpflügen; to ~ back money/profits (fig) Geld/Profite reinvestieren
◆ **plough in** vt ■ to ~ in ↔ sth etw unterpflügen
◆ **plough into** I. vi ■ to ~ into sth in etw akk hineinrasen
II. vt ■ to ~ sth into sth etw in etw akk investieren
◆ **plough on** vi stur weitermachen (with mit + dat)
◆ **plough up** vt to ~ up fields/land Felder/Land umpflügen; to ~ up sb's lawn jds Rasen umgraben

Plough [plaʊ] n no pl ■ the ~ der Große Wagen

ploughed [plaʊd], AM **plowed** adj inv gepflügt; ~ fields gepflügte Felder

'plough·land, AM **'plow·land** n no pl Ackerland nt

'plough·man, AM **'plow·man** n Pflüger m

'plough·man's <pl -> n BRIT, AUS, **plough·man's 'lunch** n BRIT, AUS Mittagessen, das aus Brot, Käse, einer Art Chutney und Salat besteht

'plough·share, AM **'plow·share** n Pflugschar f
▸ PHRASES: to beat one's swords into ~s (prov liter) die Waffen schweigen lassen prov geh, die Schwerter zu Pflugscharen machen fig

plov·er ['plʌvəʳ, AM -ɚ] n Regenpfeifer m

plow n AM see **plough**

plowed adj AM see **ploughed**

plow·land n AM Ackerland nt **plow·man** n AM Pflüger m **plow·share** n AM see **ploughshare**

ploy [plɔɪ] n Plan m, Strategie f; (trick) Trick m; a clever/subtle ~ eine clevere/subtile Strategie; a ~ to deceive sb ein Plan, jdn hinters Licht zu führen

PLP [ˌpiːel'piː] n BRIT POL abbrev of **Parliamentary Labour Party** Parlamentsfraktion f der Labour Party

pluck [plʌk] I. n Mut m, Schneid m o ÖSTERR f fam; to have [or show] [a lot of] ~ [viel] Schneid [o Mumm] haben fam, mutig sein
II. vt ① (pick) ■ to ~ sth [from [or off] sth] fruit, flower etw [von etw dat] abpflücken; grass, dead leaves, loose thread etw [von etw dat] abzupfen
② (remove) feathers ausrupfen; hair entfernen; (with pincers) auszupfen; to ~ a chicken/goose ein Huhn/eine Gans rupfen; a ~ed chicken ein gerupftes Huhn; to ~ one's eyebrows sich dat die Augenbrauen zupfen
③ (pull) ■ to ~ sth/sb jdn/etw schnell nehmen akk; *he ~ed the letter out of my hand* er riss mir den Brief aus der Hand; *she ~ed the ball out of the air* sie fing den Ball in der Luft; (pull cautiously) zupfen; to ~ sb's sleeve [or sb by the sleeve] jdn am Ärmel zupfen
④ (remove from situation) ■ to ~ sb from [or out of] sth jdn aus etw dat herausholen
⑤ MUS ■ to ~ sth etw zupfen
▸ PHRASES: to ~ sth out of the air etw [frei] erfinden [o aus der Luft greifen]
III. vi ■ to ~ at sth an etw dat zupfen
◆ **pluck out** vt ■ to ~ out ↔ sth etw auszupfen; feathers etw ausrupfen
◆ **pluck up** vt to ~ up one's [or the] courage [to do sth] allen Mut zusammennehmen[, um etw zu tun]

plucki·ness ['plʌkɪnəs] n no pl (fam) Mut m, Schneid m o ÖSTERR f fam

plucky ['plʌki] adj schneidig

plug [plʌg] I. n ① (connector) Stecker m; to pull the ~ [on sth] den Stecker [aus etw dat] herausziehen; (fig) *the Administration has pulled the ~ on this project* die Verwaltung hat diesem Projekt ihre Unterstützung aufgekündigt
② (socket) Steckdose f
③ (for basin, sink) Stöpsel m; bath ~ Wannenstöpsel m, Badwannenstöpsel m SCHWEIZ, ÖSTERR
④ (stopper) Pfropfen m; cask Spund m; (bung) Zapfen m; of cotton wool Wattekügelchen nt
⑤ (fam: publicity) ■ a ~ [for sb/sth] eine Werbung [für jdn/etw]; to give sb/sth a ~ Werbung für jdn/etw machen
⑥ (spark plug) Zündkerze f
⑦ (chunk) ~ of tobacco Priem m
II. vt <-gg-> ① (stop up) to ~ a hole/leak ein Loch/Leck stopfen; ■ to ~ sth with sth etw mit etw dat [zu]stopfen
② (publicize) ■ to ~ sth etw anpreisen
③ AM (sl: shoot) ■ to ~ sb/sth jdn/etw treffen (mit einer Gewehr-, Pistolenkugel); to ~ sb in the arm/leg jdm in den Arm/ins Bein schießen
◆ **plug away** vi verbissen [o hart] arbeiten (at an + dat), sich akk abmühen (at mit + dat)
◆ **plug in** I. vt ■ to ~ in ↔ sth etw einstöpseln [o anschließen]
II. vi electrical device sich anschließen lassen
◆ **plug into** I. vt ① (connect electrically) ■ to ~ sth into sth etw an etw akk anschließen; (into the plug a.) etw in etw akk einstöpseln
② usu passive (have connections with) ■ to be ~ged into sth ein Teil von etw dat sein; (have contacts) Verbindungen [o Kontakte] zu etw dat haben
II. vi ■ to ~ into sth ① ELEC an etw akk angeschlossen werden
② COMPUT angeschlossen sein; to ~ into a network an ein Netz angeschlossen sein
③ (fig) sich akk eingliedern, sich akk in etw akk integrieren lassen
◆ **plug up** vt ■ to ~ up ↔ sth [with sth] etw [mit etw dat] zustopfen

'plug·hole n Abfluss m
▸ PHRASES: to go down the ~ den Bach runtergehen fam

'plug-in n Plug-in nt (Erweiterung für ein existierendes Softwareprogramm)

plug-'ug·ly I. adj potthässlich fam
II. n AM (sl: thug) Schläger m, Gorilla m fig fam

plum [plʌm] I. n ① (fruit) Pflaume f, Zwetschge f SCHWEIZ, Zwetschke f ÖSTERR; damson ~ Zwetsche f, Zwetschke f ÖSTERR
② (tree) ~ [tree] Pflaumenbaum m, Zwetschgenbaum m SCHWEIZ, Zwetschkenbaum m ÖSTERR
③ (good opportunity) gute Gelegenheit, Chance f
④ (colour) Pflaumenblau nt
▸ PHRASES: to have a ~ in one's mouth eine heiße Kartoffel im Mund haben
II. n modifier (juice, pit, tart) Pflaumen-; ~ jam Pflaumenmus nt; (of damson plum) Zwetschenmus nt, Powidl m ÖSTERR
III. adj ① inv (colour) pflaumenfarben; ~[-coloured] shirt pflaumenfarbenes Hemd
② <plummer, plummest> attr (exceptionally good) traumhaft fam; *the ~mest site in the city* die attraktivste Lage in der Stadt; ~ job Traumberuf m, Traumjob m fam; ~ part Traumrolle f

plum·age ['pluːmɪdʒ] n no pl Federkleid nt

plumb¹ [plʌm] I. vt ① (determine depth) ■ to ~ sth etw [aus]loten; to ~ the depth die Tiefe loten
② (fig: fathom) ■ to ~ sth etw ergründen
▸ PHRASES: to ~ the depths einen Tiefpunkt erreichen; *Roy ~ed the depths of despair when ...* Roy war völlig am Boden zerstört, als ...; (hum) *they must really be ~ing the depths if ...* sie müssen wirklich verzweifelt sein, wenn ...
II. adj pred, inv gerade, im Lot fachspr; to be out of ~ schief sein, nicht im Lot [o außer Lot] sein fachspr
III. adv ① (fam: exactly) genau; *he hit me ~ on the nose* er hat mich mitten [o direkt] auf die Nase gehauen
② AM (fam: completely) ~ crazy total verrückt fam
IV. n Lot nt

plumb² [plʌm] vt *our house isn't ~ed properly* die Installationen in unserem Haus sind schlecht gemacht; ■ to ~ sth into sth etw an etw akk anschließen; ■ to be ~ed for sth die nötigen Anschlüsse für etw akk haben
◆ **plumb in** vt ■ to ~ in ↔ sth washing machine, dishwasher etw anschließen [o installieren]

plum·ba·go [plʌm'beɪgəʊ, AM -goʊ] n ① (graphite) Grafit nt
② (plant) Bleiwurz m

'plumb bob n TECH Senkblei nt

plumb·er ['plʌməʳ, AM -ɚ] n Klempner(in) m(f) fam, Sanitärinstallateur(in) m(f) fachspr, Sanitär(in) m(f) SCHWEIZ, Installateur(in) m(f) ÖSTERR

plumb·er's 'friend n, **plumb·er's 'help·er** n AM (plunger) Saugpumpe f (für verstopfte Abwasserleitungen im Haushalt) **plumb·er's 'snake** n Drahtbürste f

plumb·ing ['plʌmɪŋ] I. n no pl Wasserleitungen pl
II. adj attr, inv ~ contractor beauftragter Installateur/beauftragte Installateurin; a ~ fixture Installationszubehör nt; ~ work Installationsarbeiten pl

plum·bism ['plʌmbɪzəm] n no pl MED Bleivergiftung f

'plumb line n Lot nt

'plum-col·oured, AM **'plum-col·ored** adj inv pflaumenfarben

plume [pluːm] I. n ① (large feather) Feder f; ostrich ~ Straußenfeder f; tail ~ Schwanzfeder f; (as ornament) Federbusch m
② (cloud) ~ of smoke Rauchwolke f; ~ of dust Staubwolke f; ~ of steam Dunstglocke f
▸ PHRASES: to be dressed in [or to wear] borrowed ~s (pej liter) sich akk mit fremden Federn schmücken
II. vt ① (dated: preen) ■ to ~ oneself sich akk aufplustern
② (pej liter: pride oneself) ■ to ~ oneself on sth sich akk mit etw dat brüsten

plumed [pluːmd] adj attr, inv mit Federn geschmückt; ~ headdress mit Federn verzierter Kopfschmuck

plum·met ['plʌmɪt] I. vi ① (plunge) fallen, [herunter]stürzen; (with loud noise) [herunter]donnern; to ~ to earth/the ground auf die Erde/zu Boden stürzen; to ~ out of [or from] the sky abstürzen
② (be reduced) prices [stark] sinken [o fallen], absacken; *house prices have ~ed* die Häuserpreise

sind in den Keller gefallen; ***morale has absolutely ~ed*** die Stimmung ist auf den Nullpunkt gesunken
II. *n* Lot *nt*

plum·my ['plʌmi] *adj* ① *(resembling plum)* pflaumenartig
② *(of plum colour)* pflaumenfarben
③ *(exceptionally desirable)* toll *fam;* ~ **job** Traumjob *m fam*
④ *(rich-toned)* sonor; *(high-brow)* affektiert *pej;* ~ **voice** sonore Stimme

plump [plʌmp] I. *adj (rounded)* rund; *(euph) person* rundlich, füllig, mollig; ~ **arms** rundliche Arme; ~ **cheeks** runde Wangen [*o fam* Bäckchen]; ~ **chicken** Masthuhn *nt;* ~ **and juicy grapes** runde [*o* volle] und saftige Trauben; **pleasingly** [*or* AM *also* **pleasantly**] ~ rund und gesund
II. *adv (fam)* **to sit down** ~ sich *akk* hinplumpsen lassen *fam;* ***he sat down ~ on the bed*** mit einem Plumps ließ er sich aufs Bett fallen *fam;* **sth drops down** ~ etw plumpst runter *fam*
III. *vi* ■**to** ~ **for sb/sth** sich *akk* für jdn/etw entscheiden
IV. *vt* **to** ~ **a cushion/pillow** ein Kissen/Kopfkissen aufschütteln
◆**plump down** *(fam)* I. *vt* ■**to** ~ **down** ↔ **sth** etw hinplumpsen lassen *fam;* ***Joan ~ed her bags down next to her*** Joan ließ ihre Taschen mit einem Plumps neben sich fallen *fam;* **to** ~ **oneself down in a chair/on the sofa** sich *akk* in einen Stuhl/aufs Sofa fallen [*o fam* hinplumpsen] lassen
II. *vi* **to** ~ **down in a chair/on the sofa** sich *akk* auf einen Stuhl/ein Sofa fallen [*o fam* hinplumpsen] lassen
◆**plump out** I. *vi (dated: gain weight)* zulegen *fam,* zunehmen
II. *vt* ■**to** ~ **out** ↔ **sth** *lips* etw voller machen [*o* mehr Volumen geben]
◆**plump up** *vt* **to** ~ **up a cushion/pillow** ein Kissen [*o* ÖSTERR einen Polster]/Kopfkissen [*o* ÖSTERR einen Kopfpolster] aufschütteln

plump·ly ['plʌmpli] *adv* drall, stramm

plump·ness ['plʌmpnəs] *n no pl* Fülligkeit *f; fruit* Größe *f*

plum 'pud·ding *n* BRIT *(dated)* Plumpudding *m*

'plum tree *n* Pflaumenbaum *m*

plun·der ['plʌndəʳ, AM -dɚ] I. *vt* ■**to** ~ **sth** *gold, treasure* etw plündern; *church, palace, village* etw [aus]plündern; *(fig) the planet, environment* etw ausbeuten
II. *vi* plündern
III. *n no pl* ① *(booty)* Beute *f*
② *(act of plundering)* Plünderung *f; of planet* Ausbeutung *f*

plun·der·er ['plʌndᵊrəʳ, AM -dɚɚ] *n* Plünderer, Plünderin *m, f*

plunge [plʌndʒ] I. *n* ① *(drop)* Sprung *m; (fall)* Sturz *m,* Fall *m; (dive)* **to make a** ~ tauchen; ***a sixty-foot ~ into the sea*** sechzig Fuß unter der Meeresoberfläche
② *(swim)* ~ [**in the pool**] Schwimmen [im Pool] *nt kein pl*
③ *(sharp decline)* Sturz *m,* Einbruch *f;* ***there has been a ~ in the value of the dollar today*** der Wert des Dollar ist heute dramatisch gefallen; **the** ~ **of the dollar** der Sturz des Dollar; **a** ~ **in profits** dramatisch sinkende Profite; **a** ~ **in value** dramatischer Wertverlust
►PHRASES: **to <u>take</u> the** ~ einen Schritt wagen, ins kalte Wasser springen *fig*
II. *vi* ① *(fall)* stürzen; ***the Niagara Falls ~s 55.5 metres*** die Niagarafälle stürzen 55,5 m in die Tiefe; ■**to** ~ **into sth** sich *akk* in etw *akk* stürzen; ***we ~d into the sea*** wir sprangen ins Meer; **to** ~ **to one's death** in den Tod stürzen
② *(decrease dramatically)* dramatisch sinken [*o* fallen]; *shares* abstürzen
③ *(dash)* stürzen; ■**to** ~ **into sth** in etw *akk* stürzen; ***she ~d forward*** sie warf sich nach vorne
④ *(fig: begin abruptly)* ■**to** ~ **into sth** sich *akk* in etw *akk* [hinein]stürzen *fig*
III. *vt* ① *(immerse)* ■**to** ~ **sth into sth** etw in etw *akk* eintauchen; *(in cooking)* etw in etw *akk* geben
② *(thrust)* **to** ~ **a dagger/knife/needle into sb** jdn mit einem Dolch/einem Messer/einer Nadel stechen
③ *(suddenly cause)* ■**to** ~ **sth/sb into sth** etw/jdn in etw *akk* hineinstürzen *fig;* ***the blackout plunged the town into darkness*** der Stromausfall tauchte die Stadt in Dunkelheit
◆**plunge in** I. *vi* ① *(dive in)* eintauchen
② *(fig: get involved)* sich *akk* einmischen; *(do without preparation)* ins kalte Wasser springen *fig;* ***Tom took a deep breath and ~d in with a bid of $500*** Tom holte einmal tief Luft und warf ein Angebot von 500 Dollar in den Raum
II. *vt* ■**to** ~ **sth in** *knife* etw reinstechen; *hand* etw reinstecken

'plunge pool *n* kleiner Swimmingpool; *(in sauna)* Tauchbecken *nt*

plung·er ['plʌndʒəʳ, AM -ɚ] *n* Saugpumpe *f*

plung·ing neck·line [ˌplʌndʒɪŋ'-] *n* Dekolleté *nt*

plunk [plʌŋk] *n, adv, vt* AM *see* **plonk²**

pluot® ['plu:ət] *n Kreuzung zwischen einer Pflaume und einer Aprikose*

plu·per·fect [ˌplu:'pɜ:fɪkt, AM -'pɜ:r-] I. *adj inv* LING Plusquamperfekt-; **a** ~ **form** eine Plusquamperfektform, eine Form im Plusquamperfekt; **the** ~ **tense** das Plusquamperfekt
II. *n* LING ■**the** ~ das Plusquamperfekt, die Vorvergangenheit

plu·ral ['plʊərᵊl, AM 'plʊrᵊl] I. *n* ■**the** ~ der Plural, die Mehrzahl; **in the** ~ im Plural, in der Mehrzahl; **first/second/third person** ~ erste/zweite/dritte Person Plural
II. *adj inv* ① LING Plural-, pluralisch; ~ **form** Pluralform *f;* ~ **usage** pluralischer Gebrauch *m*
② *(pluralistic)* pluralistisch
③ *(multiple)* mehrfach *attr;* ~ **citizenship** mehrere Staatsbürgerschaften

plu·ral·ism ['plʊərᵊlɪzᵊm, AM 'plʊrᵊl-] *n no pl* Pluralismus *m geh*

plu·ral·ist ['plʊərᵊlɪst, AM 'plʊrᵊl-] I. *n* Pluralist(in) *m(f) geh*
II. *adj* pluralistisch *geh*

plu·ral·is·tic [ˌplʊərᵊl'ɪstɪk, AM ˌplʊrᵊl'-] *adj* pluralistisch *geh;* ~ **society** pluralistische Gesellschaft

plu·ral·ity [plʊə'ræləti, AM plʊ'ræl-] *n* ① *no pl (variety)* ■**a** ~ **of sth** eine Vielfalt an etw *dat;* ~ **of opinions** Meinungsvielfalt *f*
② AM POL *(of votes)* Mehrheit *f;* **to have** [*or* **win**] **a** ~ eine Mehrheit gewinnen; AM einfache Mehrheit
③ *no pl (plural condition)* Pluralität *f geh*

plu·ral·ize ['plʊərᵊlaɪz, AM 'plʊrᵊl-] *vt* LING **sth is able/not able to be ~d** etw hat einen/keinen Plural [*o* kann/kann nicht in den Plural gesetzt werden]; ***you can't ~ it*** es hat keine Mehrzahl

plus [plʌs] I. *prep* plus +*dat,* zuzüglich +*dat*
II. *n* <*pl* -es *or pl* -ses> Plus *nt kein pl fam;* MATH *also* Pluszeichen *nt; (advantage also)* Pluspunkt *m*
III. *adj inv* ① *attr (above zero)* plus; ~ **8** [plus] acht; ~ **two degrees** zwei Grad plus [*o* über null]
② *pred (or more)* mindestens; **20/30/250** ~ mindestens 20/30/250, 20/30/250 oder mehr; ***it'll take us six ~ hours to get there*** wir werden gut [*o* mindestens] sechs Stunden brauchen, um dorthin zu gelangen; ***her eldest son must be 20 ~*** ihr ältester Sohn muss über 20 sein
③ *(slightly better than)* **A** ~ ≈ Eins plus *f*
④ *(positive)* **the** ~ **side** [**of sth**] das Positive an etw *dat;* **the** ~ **side of the account** FIN die Habenseite des Kontos

'plus fac·tor *n* Plus *nt kein pl,* Pluspunkt *m*

plus 'fours *npl (dated)* Knickerbockers *pl*

plush [plʌʃ] I. *adj* ① *(luxurious)* exklusiv; ~ **restaurant** Nobelrestaurant *nt*
② *(made of plush)* Plüsch-; ~ **upholstery** Plüschbezug *m*
II. *n* Plüsch *m*

plush·ness ['plʌʃnəs] *n no pl* ① *(luxuriousness)* Eleganz *f*
② *(softness)* Plüschige *nt*

plushy ['plʌʃi] *adj* nobel, elegant

'plus point *n* BRIT Pluspunkt *m* **'plus sign** *n* Pluszeichen *nt*

'plus-size *adj esp* AM *(euph) woman* üppig; *clothing* in Übergrößen, Übergröße-

Plutarch ['plu:tɑ:k, AM tɑ:rk] *n no pl* LIT, HIST Plutarch *m*

Pluto ['plu:təʊ, AM -t̬oʊ] *n* Pluto *m*

plu·toc·ra·cy [plu:'tɒkrəsi, AM -'tɑ:krə-] *n* Plutokratie *f geh; (fig: wealthy elite)* die oberen Zehntausend

plu·to·crat ['plu:tə(ʊ)kræt, AM -t̬ə-] *n* ① *(rich and powerful person)* Plutokrat(in) *m(f) geh*
② *(pej hum: very wealthy person)* Krösus *m oft hum*

plu·to·crat·ic [ˌplu:tə(ʊ)'krætɪk, AM -t̬oʊ'kræt̬-] *adj* plutokratisch *geh;* **to have a** ~ **lifestyle** das Leben der Reichen und Mächtigen [*o geh* eines Plutokraten] führen

plu·to·nium [plu:'təʊni:əm, AM -'toʊ-] *n no pl* Plutonium *nt;* ~ **breeder** NUCL Plutoniumbrutreaktor *m*

ply¹ [plaɪ] *n no pl* ① *(thickness)* Stärke *f,* Dicke *f;* ***several plies of the material*** verschiedene Stärken des Materials
② *(layer)* Schicht *f;* **four-~ plywood** vierschichtiges Sperrholz
③ *(strand)* **two-~** zweilagig, doppellagig; *wool* zweisträhnig
④ *no pl (fam: plywood)* Schichtholz *nt,* Sperrholz *nt*

ply² <-ie-> [plaɪ] I. *vt* ① *(work steadily)* **to** ~ **a trade** ein Gewerbe betreiben; **to** ~ **one's work** seiner Arbeit nachgehen
② *(manipulate)* ■**to** ~ **sth** etw benutzen [*o* schwingen] *oft hum fam*
③ *(sell)* **to** ~ **drugs** mit Drogen handeln; **to** ~ **one's wares** seine Waren anpreisen [*o* anbieten]
④ *(supply continuously)* ■**to** ~ **sb with sth** jdn mit etw *dat* versorgen; **to** ~ **sb with whisky** jdn mit Whisky abfüllen *fam;* **to** ~ **sb with advice** jdn mit Ratschlägen überschütten; **to** ~ **sb with questions** jdn mit Fragen löchern
⑤ *(travel over)* **to** ~ **an ocean** einen Ozean regelmäßig überqueren; **to** ~ **a route** eine Strecke regelmäßig befahren
II. *vi* ① BRIT ECON **to** ~ **for business** [*or* **trade**] für sich *akk* Werbung machen
② *(travel)* **to** ~ **between two cities** *ship, train* zwischen zwei Städten verkehren

'ply·wood ['plaɪwʊd] *n no pl* Schichtholz *nt,* Sperrholz *nt*

pm *n abbrev of* **premium** Prämie *f*

pm, p.m. [ˌpi:'em] *adv inv abbrev of* **post meridian:** ***one ~*** ein Uhr mittags, dreizehn Uhr; ***eight ~*** acht Uhr abends, zwanzig Uhr

PM¹ [ˌpi:'em] *n* BRIT *abbrev of* **Prime Minister** Premierminister(in) *m(f)*

PM² [ˌpi:'em] *n abbrev of* **post-mortem**

PMP [ˌpi:em'pi:] *n abbrev of* **portable media player** portabler Mediaplayer

PMS [ˌpi:em'es] *abbrev of* **premenstrual syndrome**
I. *n* MED PMS *nt*
II. *vi (fam)* PMSen *fam;* ■**to be ~-ing** PMS haben

PMT¹ [ˌpi:em'ti:] *n* BRIT MED, PSYCH *abbrev of* **premenstrual tension** PMS *nt*

PMT² [ˌpi:em'ti:] *n abbrev of* **photomechanical transfer** fotomechanische Übertragung

pneu·mat·ic [nju:'mætɪk, AM nu:'mæt̬-, nju:-] *adj inv* pneumatisch; ~ **brakes** pneumatische Bremsen; ~ **tyre** Luftreifen *m,* Pneu *m* SCHWEIZ, ÖSTERR

pneu·mati·cal·ly [nju:'mætɪkᵊli, AM nu:'mæt̬-, nju:-] *adv inv* pneumatisch; **to be operated** ~ mit Luftdruck betrieben werden

pneu·mat·ic 'drill *n* Presslufthammer *m*

pneu·mo·nia [nju:'məʊni:ə, AM nu:'moʊnjə, nju:-] *n no pl* Lungenentzündung *f,* Pneumonie *f fachspr;* **double** ~ doppelseitige Lungenentzündung; **to catch** [*or* **get**] ~ eine Lungenentzündung bekommen

PO [ˌpi:'əʊ, AM -'oʊ] *n abbrev of* **Post Office**

POA [ˌpi:əʊ'eɪ] *n no pl,* + *sing/pl vb* BRIT *abbrev of* **Prison Officers' Association** *Verband der Justizvollzugsbeamten*

poach¹ [pəʊtʃ, AM poʊtʃ] *vt* ■**to** ~ **sth** etw pochieren, etw dünsten; **to** ~ **an egg** ein Ei pochieren

P

poach² [pəʊtʃ, AM poʊtʃ] **I.** *vt* ① *(catch illegally)* **to ~ animals/game** Tiere/Wild wildern
② *(steal)* ■**to ~ sth** sich *dat* etw unrechtmäßig aneignen; ***Jeff always ~es my ideas*** Jeff stiehlt mir immer meine Ideen
③ *(lure away)* ■**to ~ sb [from sb]** jdn [jdm] abwerben
II. *vi* ① *(catch illegally)* wildern
② *(steal)* stehlen
③ *(encroach)* auf die Pirsch [*o* Jagd] gehen *oft hum*
▸PHRASES: **to ~ on sb's territory** [*or* **preserves**] in fremden Revieren jagen *fig*

poached egg [ˌpəʊtʃt'eg, AM ˌpoʊtʃt'-] *n* pochiertes Ei

poach·er¹ ['pəʊtʃəʳ, AM 'poʊtʃɚ] *n* Dünster *m;* **egg ~** Eierkocher *m (für pochierte Eier)*

poach·er² ['pəʊtʃəʳ, AM 'poʊtʃɚ] *n* Wilderer *m*

poach·ing ['pəʊtʃɪŋ, AM 'poʊtʃ-] *n no pl* ① HUNT Wilderei *f*
② *(taking unfairly)* Wegnehmen *nt,* Abjagen *nt; of workers* Abwerben *nt* von Arbeitskräften

POB [ˌpiːəʊ'biː, AM -oʊ'-] *n abbrev of* **post office box** Postfach *nt*

P'O box *n abbrev of* **post office box:** *~ 3333* Postfach 3333

pock [pɒk, AM pɑːk] *n usu pl* Pockennarbe *f*

pocked [pɒkt, AM pɑːkt] *adj* ① *face* pockennarbig; **~ face** pockenvernarbtes Gesicht
② *(with holes)* ■**to be ~ with sth** von etw *dat* durchlöchert sein

pock·et ['pɒkɪt, AM 'pɑː-] **I.** *n* ① *(in clothing)* Tasche *f;* **back/breast/inside ~** Gesäß-/Brust-/Innentasche *f;* **coat/jacket/trouser ~** Mantel-/Jacken-/Hosentasche *f;* **patch ~** aufgenähte [*o* aufgesetzte] Tasche; **from** [*or* **out of**] **one's ~** aus der Tasche
② *(on bag, in car)* Fach *nt;* ***the outside ~ of her rucksack*** das Außenfach [*o* die Außentasche] ihres Rucksacks; **the side ~ of the driver's door** das Seitenfach der Fahrertür; **zip ~** Reißverschlusstasche *f*
③ *(fig: financial resources)* Geldbeutel *m fig;* **out-of-~ expenses** Auslagen *pl;* **to have deep ~s** eine dicke Brieftasche haben *fig;* **to pay for sth out of one's own ~** etw aus eigener Tasche bezahlen; **to be in ~** Geld übrig haben, Plus machen *fam;* **to be out of ~** Geld verlieren; ***we ended up $300 in/out of ~*** am Ende hatten wir 300 Dollar Gewinn/Verlust gemacht
④ *(small area)* Insel *f fig;* **~ of greenery** Grünfläche *f;* **~ of resistance** vereinzelter Widerstand, Widerstandsnest *nt;* **~ of turbulence** AVIAT Turbulenz *f*
⑤ SPORT *(on snooker table)* Loch *nt*
▸PHRASES: **to have sb in one's ~** jdn in der Hand haben; **to have sth in one's ~** etw in der Tasche haben *fig fam;* **to line one's ~s** sich *dat* die Taschen füllen *fig fam;* **to live in sb's ~** *(pej)* jdm auf der Pelle sitzen *fam,* jdm im Nacken sitzen SCHWEIZ, ÖSTERR; **to put one's hand in one's ~** bezahlen, in die Tasche greifen *fig fam;* **to put one's pride in one's ~** seinen Stolz überwinden
II. *vt* ① *(put in one's pocket)* ■**to ~ sth** etw in die Tasche stecken; **to ~ one's change** sein Wechselgeld wegstecken *fam*
② *(keep sth for oneself)* ■**to ~ sth** etw behalten [*o fam pej* einstecken]
③ SPORT *(in snooker, billiards)* **to ~ a ball** einen Ball ins Loch spielen
▸PHRASES: **to ~ one's pride** seinen Stolz überwinden
III. *n modifier (pocket-sized) knife, phone, calculator* Taschen-; **~ battleship** *(hist)* Westentaschenkreuzer *m (schwer bewaffnetes kleines Panzerschiff);* **~ dictionary** Taschenwörterbuch *nt;* **~ edition** Taschenbuchausgabe *f;* **a ~ Venus** *(dated)* Kindfrau *f*

'pock·et·book *n* AM ① *(woman's handbag)* Handtasche *f* ② *(paperback)* Taschenbuch *nt* ③ *(fig: ability to pay)* Brieftasche *f fig;* **to vote with one's ~** aus finanziellen Erwägungen heraus wählen **pock·et 'cal·cu·la·tor** *n* Taschenrechner *m* **'pocket-cam** *n short for* **pocket camera** Pocketkamera *f* **pock·et 'cam·era** *n* Pocketkamera *f* **pock·et 'dia·ry** *n* Taschenkalender *m*

'pock·et·ful *n* **~s of candy** Taschen voller [*o* voll mit] Süßigkeiten; **a ~** [*or* **~s**] **of money** *(fig)* Unmengen *pl* von Geld

pock·et 'hand·ker·chief **I.** *n (dated)* Taschentuch *f,* Nastuch *nt* SCHWEIZ **II.** *adj* BRIT winzig; **~ garden** winziger Garten **'pock·et knife** *n* Taschenmesser *nt,* SCHWEIZ *a.* Sackmesser *nt* **'pock·et mon·ey** *n no pl* Taschengeld *nt,* SCHWEIZ *a.* Sackgeld *nt; (fig: small amount of money)* ein Taschengeld *nt fig fam*
Pock·et P'C *n* COMPUT, INET Pocket-PC *m* **'pock·et-size(d)** *adj* im Taschenformat *nach n;* **~ television** Fernseher im Taschenformat; **~ kid** *(fig)* Winzling *m fam*

pock·et 'veto *n* AM *(presidential veto)* aufschiebendes Veto

'pock·et watch *n* Taschenuhr *f*

'pock·mark *n* Pockennarbe *f* **'pock·marked** *adj* ① *face* pockennarbig; **~ face** pockenvernarbtes Gesicht ② *(with holes)* ■**to be ~ with sth** von etw *dat* durchlöchert sein

p.o.'d [ˌpiː'əʊd, AM -'oʊd] *adj (fam) abbrev of* **pissed off** angewidert; ■**to be ~** die Schnauze voll haben *fam*

pod¹ [pɒd, AM pɑːd] *n* ① *(seed container)* Hülse *f; pea, vanilla* Schote *f*
② *(on aircraft)* Gondel *f; (to hold jet)* Düsenaggregat *nt,* Triebwerksgondel *f (unter der Tragfläche);* **missile ~** Raketengeschoss *nt*

pod² **I.** *n* POD-Kaffeemaschine *f (für in Kapseln oder Pads verpackte Tassenportionen)*
II. *n modifier* POD-

Pod·die ['pɒdi, AM 'pɑːdi] *n (fam) Benutzer oder Fan des Apple iPod Music Player*

podgi·ness ['pɒdʒɪnəs, AM 'pɑːdʒ-] *n no pl* Körperfülle *f,* Molligkeit *f*

podgy ['pɒdʒi, AM 'pɑːdʒi] *adj (esp pej)* dick *fam,* fett *pej fam,* speckig *pej fam;* **~ face** Mondgesicht *nt hum fam*

po·dia ['pəʊdiə, AM 'poʊ-] *n pl of* **podium**

po·dia·trist [pə(ʊ)'daɪətrɪst, AM pə'-] *n esp* AM, AUS *(chiropodist)* Fußspezialist(in) *m(f)*

po·dia·try [pə(ʊ)'daɪətri, AM pə'-] *n no pl esp* AM, AUS *(chiropody)* Fußheilkunde *f*

po·dium <*pl* -dia> ['pəʊdiəm, AM 'poʊ-, *pl* -diə] *n* Podium *nt;* **winner's ~** Siegerpodest *nt*

poem ['pəʊɪm, AM 'poʊəm] *n (also fig)* Gedicht *nt;* **epic/lyric/narrative ~** episches/lyrisches/dramatisches Gedicht; **love/war ~** Liebesgedicht/Kriegsgedicht *nt*

po·esy ['pəʊɪzi, AM 'poʊəsi] *n no pl (liter or old)* Dichtkunst *f,* Poesie *f*

poet ['pəʊɪt, AM 'poʊət] *n* Dichter(in) *m(f)*

po·et·as·ter [ˌpəʊɪ'tæstəʳ, AM 'poʊətæstɚ] *n* Schreiberling *m pej,* Dichterling *m pej*

po·et·ess <*pl* -es> [ˌpəʊɪ'tes, AM 'poʊɪtɪs] *n see* **poet** Dichterin *f*

po·et·ic(al) [pəʊ'etɪk(ᵊl), AM poʊ'eṭ-] *adj* ① *(relating to poetry)* dichterisch; ***Dryden's ~ works*** Drydens Lyrik [*o* dichterisches Werk]; **~ language** Dichtersprache *f;* **to have a ~ temperament** Sinn für Poesie [*o* ein poetisches Gemüt] haben
② *(like poetry)* poetisch

po·eti·cal·ly [pəʊ'etɪkᵊli, AM poʊ'eṭ-] *adv* dichterisch, poetisch; ***he put it very ~*** er drückte sich sehr poetisch aus, er redet wie ein Dichter; **to be ~ gifted** eine dichterische [*o* schriftstellerische] Begabung haben

po·et·ic 'jus·tice *n no pl* ausgleichende Gerechtigkeit **po·et·ic 'li·cence** *n no pl* dichterische Freiheit **poet 'lau·reate** *n (fig)* Poeta laureatus *m* **Poet 'Lau·reate** <*pl* -s *or* Poets Laureate> *n* BRIT Poeta laureatus *m*

po·et·ry ['pəʊɪtri, AM 'poʊə-] *n no pl* ① *(genre)* Dichtung *f,* Lyrik *f;* ***she writes ~*** sie schreibt Gedichte; **epic/lyric/narrative ~** epische/lyrische/dramatische Dichtung; **love ~** Liebesdichtung/Liebeslyrik *f;* **war ~** Kriegsdichtung *f;* **Goethe's/Milton's ~** Goethes/Miltons Dichtung [*o* Lyrik] *f*
② *(poetic quality)* Poesie *f;* ***she was ~ in motion*** es war eine Freude, ihr zuzuschauen, sie hatte wunderschöne Bewegungen

'po·et·ry read·ing *n* Dichterlesung *f*

po-faced [ˌpəʊ'feɪst] *adj* BRIT, AUS ① *(pej: humourless)* todernst, sauertöpfisch *pej fam; (bad-tempered)* mürrisch, griesgrämig *fam,* SCHWEIZ *a.* muff *fam,* ÖSTERR *a.* grantig *fam;* ***the film is serious but not ~*** der Film ist ernst, aber nicht düster
② *(expressionless)* ausdruckslos, mit unbewegter Miene [*o* unbewegtem Gesicht] *nach n*

po·gey ['poʊgi] *n no pl* CAN *(pej: social welfare)* Sozialhilfe *f; (unemployment benefit)* Arbeitslosengeld *nt,* Arbeitslosenunterstützung *f* ÖSTERR

pogo stick ['pəʊgəʊ,-, AM 'poʊgoʊ-] *n* Springstab *m,* Springstock *m*

pog·rom ['pɒgrəm, AM 'poʊ-] *n* Pogrom *nt*

poign·an·cy ['pɔɪnjən(t)si] *n no pl* Eindringlichkeit *f;* ***his words had a particular ~ for me*** seine Worte waren sehr bewegend für mich [*o* berührten mich tief]

poign·ant ['pɔɪnjənt] *adj* bewegend, ergreifend; *(distressing)* erschütternd; *memories* melancholisch

poign·ant·ly ['pɔɪnjəntli] *adv* eindringlich, bewegend

poin·set·tia [ˌpɔɪn(t)'setiə, AM -seṭ-] *n* Weihnachtsstern *m*

point [pɔɪnt]

I. NOUN **II.** INTRANSITIVE VERB
III. TRANSITIVE VERB

I. NOUN

① *(sharp end)* Spitze *f; of a star* Zacke *f; of deer* Ende *nt fachspr,* Sprosse *f fachspr;* **the ~ of the chin** die Kinnspitze; **knife/pencil ~** Messer-/Bleistiftspitze *f;* **to hold sb at gun~/knife~** jdn mit vorgehaltener Pistole/vorgehaltenem Messer bedrohen
② *(dot)* Punkt *m;* **~ of light** Lichtpunkt *m*
③ *(punctuation mark)* Punkt; *(in Hebrew)* Vokalzeichen *nt*
④ *(decimal point)* Komma; **decimal ~** Dezimalpunkt *m*
⑤ *(position)* Stelle *f,* Punkt *m;* ***... at London and all ~s west*** ... in London und allen Orten westlich davon; **~ of contact** Berührungspunkt *m;* **~ of departure** [*or* **starting ~**] Ausgangspunkt *m a. fig;* **~ of entry** *(border)* Ort *m* der Einreise; *(bullet wound)* Einschussstelle *f;* **to reach the ~ of no return** den Punkt erreichen, an dem man nicht mehr zurück kann; **at this ~** an dieser Stelle
⑥ *(particular time)* Zeitpunkt *m;* ***this seems like a good ~*** dies scheint ein günstiger Zeitpunkt zu sein; ***she was on the ~ of collapse*** sie stand kurz vor dem Zusammenbruch; ***I was completely lost at one ~*** an einer Stelle hatte ich mich komplett verlaufen; ***when it comes to the ~ that ...*** wenn es einmal so weit kommt, dass ...; ***they tickled him to the ~ of torture*** sie kitzelten ihn so sehr, dass es fast zur Folter wurde; ***at no ~ did I think our relationship wouldn't work out*** zu keinem Zeitpunkt hatte ich daran gezweifelt, dass es zwischen uns nicht klappen würde; **to be** [*or* **lie**] **at the ~ of death** an der Schwelle des Todes stehen *geh,* im Sterben liegen; **at this/that ~ in time** zu dieser/jener Zeit; **at that ~** zu diesem Zeitpunkt; *(then)* in diesem Augenblick; **from that ~ on ...** von da an ...
⑦ *(about to do)* **to be on the ~ of doing sth** [gerade] im Begriff sein, etw zu tun; ***I was on the ~ of ringing you myself actually*** ich wollte dich auch gerade anrufen!; ***she was on the ~ of telling him the truth when ...*** sie wollte ihm gerade die Wahrheit sagen, als ...; ***I was on the ~ of handing in my resignation*** beinahe hätte ich gekündigt; ***I was on the ~ of leaving him*** ich war kurz davor, ihn zu verlassen
⑧ *(argument, issue)* Punkt *m;* ***ok ok, you've made your ~!*** ja, ich hab's jetzt verstanden! *fam;* ***you made some interesting ~s in your speech*** Sie haben in Ihrer Rede einige interessante Punkte angesprochen; ***what ~ are you trying to make?*** worauf wollen Sie hinaus?; ***you have a ~ there*** da ist was dran *fam;* ***she does have a ~ though*** so ganz Un-

recht hat sie nicht; ***she made the ~ that ...*** sie wies darauf hin, dass ...; *(stress)* sie betonte, dass ...; ***my ~ was that ...*** ich wollte sagen, dass ...; ***my ~ exactly*** das sag ich ja *fam;* **ok, ~ taken** o.k., ich hab schon begriffen *fam;* **that's a ~** das ist ein Argument *sl;* ***I take your ~*** einverstanden; ***I can see your ~*** ich weiß, was du sagen willst; **the ~ under dispute** der strittige Punkt; **~ of detail** Detailfrage *f;* **to make** [*or* **raise**] **a ~ in favour of/against sth** ein Argument für etw *akk*/gegen etw *akk* einbringen; **to drive home the ~** seinen Standpunkt klarmachen; **~ of honour** Ehrensache *f;* **~ of law** Rechtsfrage *f;* **a 5-~ plan** ein Fünfpunkteplan *m;* **to make/prove one's ~** seinen Standpunkt deutlich machen; **~ by ~** Punkt für Punkt

9 *no pl (most important idea)* ■**the ~** der springende Punkt; ***the ~ is ...*** der Punkt ist nämlich der, ...; ***more to the ~, however, ...*** wichtiger jedoch ist ...; ***your arguments were very much to the ~*** deine Argumente waren wirklich sehr sachbezogen; ***that's beside the ~*** [*or* ***not the ~***]***!*** darum geht es doch gar nicht!; **to come** [*or* **get**] **to the ~** auf den Punkt [*o* zur Sache] kommen; **to get the ~ of sth** etw verstehen; **to keep** [*or* **stick**] **to the ~** beim Thema bleiben; **to make a ~ of doing sth** [großen] Wert darauf legen, etw zu tun; **to miss the ~ of sth** nicht verstehen [*o* begreifen], worum es geht

10 *no pl (purpose)* Sinn *m,* Zweck *m;* ***but that's the whole ~!*** aber das ist doch genau der Punkt!; ***what's the ~ of waiting for them?*** warum sollten wir auf sie warten?; ***there's no ~ of talking about it any longer*** es hat keinen Zweck, sich noch länger darüber zu unterhalten; ***I really don't see the ~ of going to this meeting*** ich weiß wirklich nicht, warum ich zu dieser Besprechung gehen sollte; ***but that's the whole ~ of doing it!*** aber deswegen machen wir es ja gerade!; ***what's the ~ anyway?*** was soll's?

11 *(stage in process)* Punkt *m;* ***from that ~ on ...*** von diesem Moment an ...; ***the high ~ of the evening ...*** der Höhepunkt des Abends ...; ***things have reached a ~ where I just can't bear it any longer*** ich bin an einen Punkt angelangt, wo ich es einfach nicht mehr aushalten kann; ***it got to the ~ where no one knew what was going on*** irgendwann wusste dann keiner mehr, was Sache war; ***... when it came to the ~ ...*** ... als es soweit war, ...; ***we'll start again tomorrow from the ~ where we left off today*** wir werden morgen da weitermachen, wo wir heute aufgehört haben; **up to a ~** bis zu einem gewissen Grad [*o* Maße]

12 *(important characteristic)* Merkmal *nt;* ***being single does have its ~s*** single zu sein hat auch seine Vorteile; **bad/good ~s** schlechte/gute Seiten; ***the book has its ~s*** das Buch hat auch seine guten Seiten; **sb's strong ~s** jds Stärken; **sb's weak ~s** jds Schwächen

13 *(in sports)* Punkt *m;* ***San Francisco has scored 31 ~s*** San Francisco hat 31 Punkte erzielt; **a win on ~s** ein Sieg *m* nach Punkten; **to win on ~s** nach Punkten siegen

14 *(unit)* STOCKEX Punkt *m; (with prices)* [Prozent]punkt *m;* **to have risen seven ~s** sieben Punkte gestiegen sein

15 *(for diamonds)* 0,01 Karat

16 *(on compass)* Strich *m; (on thermometer)* Grad *m*

17 *(in bridge)* Punkt *m*

18 BOXING Kinnspitze *f*

19 *(in ballet)* Spitze *f;* **to dance on ~s** auf Spitzen tanzen

20 BRIT, AUS *(socket)* Steckdose *f*

21 AUTO ■**~s** *pl* Unterbrecherkontakte *pl*

22 BRIT RAIL ■**~s** *pl* Weichen *pl*

23 *(promontory)* Landspitze *f*

24 TYPO Punkt *m;* ***the small letters are in 6 ~*** die kleinen Buchstaben haben Schriftgröße 6 Punkt

25 *(cricket) Position in der Nähe des Schlagmannes*

26 *(extremities)* ■**~s** *pl of horse, dog* Extremitäten *pl*

27 *(punch line) of a story* Pointe *f*

▸PHRASES: **to be a good case in ~** [für etw *akk*] ein gutes Beispiel sein; **sb makes a ~ of doing sth** für jdn ist es wichtig, etw zu tun; ***I know the door was locked because I made a point of checking it*** ich weiß, dass die Tür abgeschlossen war, weil ich extra nochmal nachgesehen habe; **to not put too fine a ~ on sth** nicht um den heißen Brei herumreden *fam;* ***not to put too fine a ~ on it, ...*** ehrlich gesagt ...

II. INTRANSITIVE VERB

1 *(with finger)* deuten, zeigen; ■**to ~ at** [*or* **to**] **sth/sb** [mit dem Finger] auf etw/jdn zeigen; ***it's rude to ~ at people*** man zeigt nicht mit dem Finger auf Leute

2 *(be directed)* weisen; ***there was an arrow ~ing to the door*** ein Pfeil wies den Weg zur Tür; ***the needle was ~ing to 'empty'*** die Nadel zeigte auf ‚leer'; **to ~ east/west** nach Osten/Westen weisen [*o* zeigen]

3 *(indicate)* ■**to ~ to sth** auf etw *akk* hinweisen [*o* hindeuten]; ***all the signs ~ to his reinstatement*** alles deutet darauf hin, dass er wieder eingestellt wird

4 *(use as evidence)* ■**to ~ to sth** auf etw *akk* verweisen

5 HUNT *dog* vorstehen

III. TRANSITIVE VERB

1 *(aim)* ■**to ~ sth at sb/sth** *weapon* etw [auf jdn/etw] richten; *stick, one's finger* mit etw *dat* auf jdn/etw zeigen; **to ~ the finger** [**at sb**] *(fig)* sich *akk* [über jdn] beschweren

2 *(direct)* **to ~ sb in the direction of sth** jdn den Weg zu etw *dat* beschreiben; ***could you ~ me in the direction of the bus station, please?*** könnten Sie mir bitte sagen, wie ich zum Busbahnhof komme?; **to ~ the way** [**to sth**] *(fig)* den Weg [für etw *akk*] ebnen

3 *(extend)* **to ~ one's toes** die Zehen strecken

4 *(building)* ■**to ~ sth** etw verfugen [*o* ausfugen]

5 HUNT ■**to ~ sth** *dog* etw anzeigen

6 *(punctuate)* ■**to ~ sth** etw interpunktieren *fachspr; (in Hebrew)* etw vokalisieren; **to ~ a psalm** einen Psalm mit Deklamationszeichen versehen

◆**point out** *vt* 1 *(show)* ■**to ~ out** ↻ **sth/sb** [**to sb**] [jdn] auf etw/jdn hinweisen; *(with finger)* [jdn] etw/jdn zeigen; ***if you see her, please ~ her out to me*** wenn du sie siehst, zeige sie mir bitte

2 *(inform)* ■**to ~ out** ↻ **sth** [**to sb**] [jdn] auf etw *akk* aufmerksam machen [*o* hinweisen]; ■**to ~ out that ...** darauf aufmerksam machen, dass ...

◆**point up** *vt (form)* ■**to ~ up** ↻ **sth** etw hervorheben [*o* unterstreichen]; *(show)* etw zeigen [*o* veranschaulichen]

point-and-'click *adj inv* COMPUT Anklick- **point-and-'shoot** *adj inv* PHOT Autofokus-, mit Autofokus *nach n*

point-'blank I. *adv inv* 1 *(at very close range)* aus nächster Nähe; **to fire** [**a weapon**] **~** aus nächster Nähe schießen

2 *(bluntly)* geradewegs, unumwunden; ***she asked me ~ to help her*** sie bat mich unverblümt um Hilfe

II. *adj attr* 1 *(very close)* nah; **to shoot sb/sth at ~ range** auf jdn/etw aus nächster Nähe schießen

2 *(blunt)* unverhohlen; **~ question** unverblümte Frage

'point cloud *n* MATH Punkthäufung *f*

'point discharge *n* ELEC Spitzenentladung *f*

'point duty *n* NENG Verkehrsregelung *f;* ***he has ~ on New Year's Eve*** er ist am Silvesterabend für die Verkehrsregelung eingeteilt

point·ed ['pɔɪntɪd, AM -t̬ɪd] *adj* 1 *(with sharp point)* spitz

2 *(emphatic)* pointiert *geh;* **~ criticism** scharfe Kritik; **~ question** unverblümte Frage; **~ remark** spitze Bemerkung; **~ reminder** eindrückliche Erinnerung

point·ed·ly ['pɔɪntɪdli, AM -t̬ɪdli] *adv* bewusst; ***he ~ ignored her*** er übersah sie absichtlich

point·er ['pɔɪntəʳ, AM -ɚ] *n* 1 *(on dial)* Zeiger *m*

2 *(rod)* Zeigestock *m*

3 *usu pl (fam: tip)* Tipp *m fam; (instructions)* Hinweis *m;* ***can you give me a few ~s as to the best way to tackle the problem?*** kannst du mir ein paar Tipps geben, wie das Problem am besten zu lösen ist?

4 *(indicator)* Gradmesser *m fig*

5 *(dog)* Vorstehhund *m; (breed)* Pointer *m*

6 COMPUT *(variable)* Hinweisadresse *f*

'point·er file *n* COMPUT Verweisungsdatei *f*

Point·ers ['pɔɪntəz, AM -t̬ɚz] *npl* ASTRON ■**the ~** *Sterne im Großen Bären, die in Verlängerung zum Nordpol zeigen*

poin·til·lism ['pɔɪntɪlɪzᵊm, AM 'pwæntəlɪ-] *n no pl* ART Pointillismus *m fachspr*

poin·til·list ['pɔɪntɪlɪst, AM 'pwæntəlɪ-] ART **I.** *n* Pointillist(in) *m(f) fachspr*

II. *adj inv* pointillistisch *fachspr*

point·ing ['pɔɪntɪŋ, AM t̬ɪŋ] *n no pl* ARCHIT 1 *(activity)* Verputzen *nt*

2 *(plaster)* Putz *m*

point·less ['pɔɪntləs] *adj* sinnlos, zwecklos; *remark* überflüssig; ***she finds this all rather ~*** sie findet das alles ziemlich sinnlos; ***it's ~ arguing with him*** es hat keinen Zweck, mit ihm zu diskutieren

point·less·ly ['pɔɪntləsli] *adv* sinnlos; ***I tried, rather ~, to change her mind*** ich versuchte ohne großen Erfolg, sie umzustimmen

point·less·ness ['pɔɪntləsnəs] *n no pl* Sinnlosigkeit *f*

'point man *n* AM Kontaktmann *m*

point of 'en·try *n* COMM Zollhafen *m*

point of 'hon·our <*pl* points of honour> *n* Ehrensache *f kein pl* **point of 'law** <*pl* points of law> *n* Rechtsfrage *f* **point of 'or·der** <*pl* points of order> *n* [**on a**] **~, Mr Chairman** ein Antrag zur Geschäftsordnung, Herr Vorsitzender; **to raise a ~** die Debatte mit einer Anfrage nach Verletzung der Geschäftsordnung unterbrechen

point of 'pur·chase *n,* **PoP** *n* Point of Purchase *m,* PoP *m* **point of 'sale** <*pl* points of sale> *n,* **POS** *n* Verkaufsstelle *f;* **~ network** Point of Sale-Netz *nt*

point of 'view <*pl* points of view> *n* Ansicht *f,* Einstellung *f,* Perspektive *f;* ***try and look at the situation from her ~*** versuche, die Situation aus ihrer Sicht zu betrachten; **from a student's ~** aus studentischer Sicht; **from a purely practical ~** rein praktisch betrachtet

'point shoe *n* Ballettschuh *m*

'points·man *n* BRIT 1 RAIL Weichensteller(in) *m(f)*

2 ADMIN *(with point duty)* Verkehrspolizist(in) *m(f)*

'point sys·tem *n* Punktesystem *nt*

point to 'point *n* COMPUT *(communications network)* Punkt zu Punkt **point-to-'point, point-to-'point race** *n* SPORT Jagdrennen *nt*

'point work *n* Spitzentanz *m;* **to do ~ work** auf der Spitze tanzen

pointy ['pɔɪnti, AM -t̬i] *adj* spitz

'pointy head *n* AM *(hum fam: egghead)* Eierkopf *m oft pej*

poise [pɔɪz] **I.** *n no pl* Haltung *f;* **to lose/regain one's ~** die Fassung verlieren/wiedergewinnen

II. *vt usu passive* 1 *(balance)* ■**to ~ sth** etw balancieren; ***he ~d himself on the very edge of the seat*** er balancierte auf der Stuhlkante; ***my pencil was ~d over the page, ready to take down her words*** ich hielt meinen Bleistift gezückt, um ihre Worte niederzuschreiben; **to be ~d to jump** sprungbereit sein; *(hover)* ■**to be ~d** schweben

2 *(fig)* ■**to be ~d to do sth** *(about to)* nahe daran sein, etw zu tun; ***the company is ~d to launch its new advertising campaign*** die Firma wird ihre Werbekampagne in nächster Zeit starten

poised [pɔɪzd] *adj* beherrscht, souverän *geh*

poi·son ['pɔɪzᵊn] **I.** *n* Gift *nt; (fig)* ***that woman is pure ~!*** diese Frau ist voller Gift!; **rat ~** Rattengift *nt;* **to lace sth with ~** etw mit Gift präparieren; **to take ~** Gift nehmen

▸PHRASES: **one man's meat is another man's ~** *(prov)* über Geschmack lässt sich nicht streiten *prov;* **what's** [*or* **name**] **your ~?** *(hum)* was

möchtest du trinken?
II. *vt* ① *(give poison to)* ■**to ~ sb/an animal** jdn/ein Tier vergiften; ***try the spinach, it won't ~ you*** probiere mal den Spinat, es wird dich wohl nicht umbringen
② *(spoil)* ■**to ~ sth** etw vergiften *fig;* **to ~ sb's mind against sb/sth** jdn gegen jdn/etw einnehmen

poi·soned ['pɔɪzᵊnd] *adj* vergiftet; ~ **arrow** Giftpfeil *m;* ~ **chalice** Giftbecher *m,* Schierlingsbecher *m geh; (fig)* ***the new party leader had been handed a ~ chalice*** der neue Parteiführer hatte die Katze im Sack gekauft

poi·son·er ['pɔɪzᵊnəʳ, AM -ɚ] *n* Giftmischer(in) *m(f)*

poi·son 'gas *n no pl* Giftgas *nt;* ~ **attack** Giftgasangriff *m*

poi·son·ing ['pɔɪzᵊnɪŋ] *n* ① *no pl (act)* Vergiften *nt*
② *(condition)* Vergiftung *f; (individual case)* Fall *m* von Vergiftung; **barbiturate** ~ Schlafmittelvergiftung *f;* **blood/lead** ~ Blut-/Bleivergiftung *f;* **food** ~ Lebensmittelvergiftung *f*

poi·son 'ivy *n no pl* Giftsumach *m*

poi·son·ous ['pɔɪzᵊnəs] *adj* ① *(containing poison)* giftig; ~ **mushroom** Giftpilz *m;* ~ **plant** Giftpflanze *f;* ~ **snake** Giftschlange *f*
② *(malicious)* giftig *fig,* boshaft; ***he is a ~ little man*** er ist ein kleiner Giftzwerg *pej fam;* ~ **allegation** böswillige Anspielung; ~ **atmosphere** vergiftete Atmosphäre; ~ **remark** spitze [*o* giftige] Bemerkung

poi·son-'pen let·ter *n* verleumderischer Brief

poke¹ [pəʊk, AM poʊk] *n* ① *esp* SCOT *(bag)* Beutel *m*
② AM *(fam: purse)* Portemonnaie *nt*
③ COMPUT Direktspeicheranweisung *f*
④ *no pl (fam: horse power)* Saft *m fam,* PS *f*
▸PHRASES: **to buy a pig in a ~** *(pej)* die Katze im Sack kaufen *fig*

poke² [pəʊk, AM poʊk] I. *n* ① *(jab)* Stoß *m;* **to give sb a ~** jdm einen Stoß versetzen
② *(vulg sl: sex)* Fick *m vulg*
▸PHRASES: **it's better than a ~ in the eye with a burnt** [*or* **pointed**] **stick** besser als nichts, man kann's schlimmer erwischen
II. *vt* ① *(prod)* ■**to ~ sb/sth** jdn/etw anstoßen; *(with umbrella, stick)* jdn/etw stechen; **to ~ sb in the arm/ribs** jd in den Arm/die Rippen knuffen; **to ~ a hole in sth** ein Loch in etw *akk* bohren; **to ~ holes in an argument** ein Argument in der Luft zerreißen
② ■**to ~ sth into/through sth** *(prod with)* etw in/durch etw *akk* stecken; *(thrust)* etw in/durch etw *akk* stoßen
③ *(stir)* **to ~** [**up**] **a fire** ein Feuer schüren
④ *(extend)* **to ~ one's head up/through the window** den Kopf in die Höhe/durch das Fenster strecken; ***Cathy ~d her head round the door*** Cathy steckte ihren Kopf zur Tür herein
⑤ AM *(fam: hit)* ■**to ~ sb** [**on the nose**] jdn [auf die Nase] schlagen [*o fam* hauen]
▸PHRASES: **to ~ fun at sb** sich *akk* über jdn lustig machen; **to ~ one's nose into sb's business** *(fam)* seine Nase in jds Angelegenheiten stecken; ***stop poking your nose into my business!*** halt dich da raus! *fam*
III. *vi* ① *(jab repeatedly)* ■**to ~ at sth/sb** an etw/jdm herumfummeln *fam;* **to ~ at sth with one's finger/a stick** mit einem Finger/Stock an etw *akk* stoßen; **to ~ at one's food** in seinem Essen herumstochern
② *(break through)* ■**to ~ through** durchscheinen
◆**poke about, poke around** *vi (fam)* ■**to ~ about** [*or* **around**] herumstöbern *fam; (without permission)* herumschnüffeln *fam;* ***she's always poking about in her bag looking for her keys*** immer kramt sie in ihrer Tasche und sucht ihre Schlüssel
◆**poke out** I. *vi* ■**to ~ out** [**of sth**] [aus etw *dat*] hervorgucken [*o* SÜDD, ÖSTERR herausschauen] [*o* SCHWEIZ hervorschauen]
II. *vt* ① *(stick out)* **to ~ one's head out** den Kopf herausstecken; **to ~ one's tongue out** die Zunge herausstrecken
② *(remove)* ■**to ~ out** ↻ **sth** etw herausschieben; **to ~ out sb's eyes** jdm die Augen ausstechen
◆**poke round** *vi* BRIT *see* **poke around**
◆**poke up** I. *vi* hervorragen; ■**to ~ up over sth** über etw *dat* herausragen; ***you can just see the roof poking up over the trees*** du kannst noch gerade das Dach über den Bäumen sehen
II. *vt* **to ~ up a fire** ein Feuer schüren

pok·er¹ ['pəʊkəʳ, AM 'poʊkɚ] *n (card game)* Poker *m o nt;* **a game of ~** eine Runde Poker

pok·er² ['pəʊkəʳ, AM 'poʊkɚ] *n (fireplace tool)* Schürhaken *m*

'pok·er face *n* Pokerface *nt* **'pok·er-faced** *adj* ausdruckslos; **to sit/be ~** seine Miene nicht verziehen **'pok·er ma·chine** *n* AUS *(slot machine)* Spielautomat *m*

pok·ey ['pəʊki, AM 'poʊki] I. *adj see* **poky**
II. *n* ① AM *(dated sl: prison)* Bau *m fam,* Kittchen *nt fam;* ***he'll get three years in ~ if he's caught*** wenn man ihn schnappt, muss er drei Jahre sitzen *fam*
② AUS *see* **pokie**

pokie ['pəʊki] *n* AUS *(fam)* Spielautomat *m*

poky ['pəʊki, AM 'poʊki] *adj (pej)* ① *(small)* winzig
② AM *(slow)* lahm, träge

pol [pɑːl] *n (sl) short for* **politician** Politiker(in) *m(f)*

Po·lack ['poʊlæk] *n* AM *(pej! sl)* Polack[e], Polackin *m, f pej sl*

Po·land ['pəʊlənd, AM 'poʊ-] *n* Polen *nt*

po·lar ['pəʊləʳ, AM 'poʊlɚ] *adj attr, inv* ① *(near pole)* polar; ~ **explorer** Polarforscher(in) *m(f);* ~ **ice caps** polare Eiskappen; ~ **region** Polargebiet *nt*
② *(opposite)* gegensätzlich, polar *geh;* ~ **extremes** extreme Gegensätze; ~ **opposites** diametrale Gegensätze *geh;* ~ **opposition** frontale Gegenposition

po·lar 'air *n no pl* polare Kaltluft **po·lar 'bear** *n* Eisbär *m* **po·lar 'cir·cle** *n* Polarkreis *m* **po·lar 'front** *n* METEO Polarfront *f* **po·lar 'ice** *n no pl* Polareis *nt*

po·lar·ity [pə(ʊ)'lærɪti, AM poʊ'lerət̬i] *n* SCI Polarität *f; (fig also)* Gegensätzlichkeit *f*

po·'lar·ity thera·py *n* Polaritätstherapie *f*

po·lari·za·tion [ˌpəʊlᵊraɪ'zeɪʃᵊn, AM ˌpoʊlɚɪ'-] *n no pl* Polarisierung *f*

po·lar·ize ['pəʊlᵊraɪz, AM 'poʊlə-] I. *vt* ■**to ~ sb/sth** jdn/etw polarisieren
II. *vi* sich *akk* polarisieren; ***public opinion has ~d*** die öffentliche Meinung hat sich in zwei Fronten gespalten

po·lar 'lights *npl* Polarlicht *nt*

Po·lar·oid® ['pəʊlᵊrɔɪd, AM 'poʊlə-] I. *n* ① *(camera)* Polaroidkamera® *f,* Sofortbildkamera *f*
② *(photo)* Polaroidfoto® *nt*
③ *(sunglasses)* ■**~s** *pl* entspiegelte Sonnenbrille
II. *n modifier (camera, picture)* Polaroid-

'po·lar zone *n* Polarzone *f*

pole¹ [pəʊl, AM poʊl] *n* Stange *f; (pointed at one end)* Pfahl *m;* **electricity ~** Hochspannungsmast *m;* **fishing ~** *esp* AM Angelrute *f;* **flag~** Fahnenmast *m;* **telegraph ~** Telegrafenmast *m*
▸PHRASES: **to be up the ~** BRIT übergeschnappt sein *fam*

pole² [pəʊl, AM poʊl] *n* ① GEOG, ELEC Pol *m;* **the magnetic ~** der Magnetpol; **the North/South P~** der Nord-/Südpol; **the minus/positive ~** der Minus-/Pluspol
② *(extreme)* Extrem *nt;* **to be ~s apart** Welten voneinander entfernt sein; ***my sister and I are ~s apart*** meine Schwester und mich trennen Welten

Pole [pəʊl, AM poʊl] *n* Pole, Polin *m, f*

pole·axe ['pəʊlæks, AM 'poʊl-] I. *n* Schlächterbeil *nt,* Metzgerbeil *nt* SCHWEIZ
II. *vt* ■**to ~ sb** ① *(strike powerfully)* jdn zusammenschlagen
② *(shock strongly)* jdn schockieren [*o fam* [völlig] umhauen]; ***he was completely ~d when ...*** er war wie vor den Kopf gestoßen, als ...

pole·cat ['pəʊlkæt, AM 'poʊl-] *n* ① BRIT *(wild cat)* Iltis *m*
② AM *(dated: skunk)* Stinktier *nt; (fig: person also)* Stinkstiefel *m pej fam*

'pole danc·ing *n no pl Vorführung von fast unbekleideten Tänzerinnen in Bars: erotische Bewegungen, bei denen ein vertikaler Stab als Mittelpunkt und Accessoire dient*

po·lem·ic [pə'lemɪk] I. *n* Polemik *f*
II. *adj* polemisch

po·lemi·cal [pə'lemɪkᵊl] *adj* polemisch

po·lemi·cist [pə'lemɪsɪst] *n* Polemiker(in) *m(f)*

po·lem·ics [pə'lemɪks] *n + sing vb* Polemik *f*

pole po·'si·tion *n no pl* SPORT Poleposition *f fachspr; (fig)* ***this company is boasting the ~ in the frozen food business*** die Firma rühmt sich, die Nummer eins auf dem Markt für Tiefkühlprodukte zu sein; **to be in ~** die Poleposition haben; *(fig)* an der Spitze stehen

'Pole Star *n no pl* ASTRON Polarstern *m; (fig liter: guiding principle)* Leitgedanke *m*

'pole vault I. *n* Stabhochsprung *m kein pl* II. *n modifier (equipment, champion, mat)* Stabhochsprung-; ~ **record** Rekord *m* im Stabhochsprung

'pole-vault·er *n* Stabhochspringer(in) *m(f)*

po·lice [pə'liːs] I. *n + pl vb* ① *(force)* ■**the ~** die Polizei *kein pl;* ***the ~ are investigating ...*** die Polizei untersucht ...; ***he works for the ~*** er ist bei der Polizei; **to call the ~** die Polizei rufen
② *(police officers)* Polizisten, Polizistinnen *mpl, fpl;* **to put more ~ on the beat** das Polizeiaufgebot verstärken
II. *vt* ① *(guard)* ■**to ~ sth** etw überwachen
② *(regulate)* ■**to ~ sb/sth/oneself** jdn/etw/sich selbst kontrollieren
③ AM MIL ■**to ~ sth** *an event* irgendwo Wache halten
III. *n modifier (helmet, patrol, uniform)* Polizei-; **to be in ~ custody** in Polizeigewahrsam sein; ~ **investigation** polizeiliche Untersuchung; **to ask for ~ protection** Polizeischutz anfordern

po·'lice ac·tion *n* MIL Polizeiaktion *f* **po·'lice blot·ter** *n* AM *(charge sheet)* Polizeiprotokoll *nt* **po·'lice car** *n* Polizeiauto *nt* **po·lice com·'mis·sion·er** *n* Polizeipräsident(in) *m(f);* **the Metropolitan Police Commissioner** der Chef/die Chefin der Londoner Polizei **po·lice 'con·sta·ble** *n,* **PC** *n* BRIT Polizeiwachtmeister(in) *m(f)* **po·'lice court** *n* ≈Amtsgericht *nt* **po·'lice de·part·ment** *n* Polizeidienststelle *f,* Polizeidepartement *nt* SCHWEIZ, Polizeikommissariat *nt* ÖSTERR **po·'lice dog** *n* Polizeihund *m* **po·lice 'es·cort** *n* Polizeieskorte *f;* **under ~** unter Polizeischutz **po·'lice force** *n* ① *no pl (the police)* ■**the ~** die Polizei
② *(unit of police)* Polizeieinheit *f* **po·lice in·'form·er** *n* Informant(in) *m(f)* [der Polizei], Polizeispitzel(in) *m(f) pej* **po·lice in·'spec·tor** *n* Polizeikommissar(in) *m(f)* **po·lice inter·'ven·tion** *n no pl* Polizeieinsatz *m* **po·lice 'mag·is·trate** *n* Polizeirichter(in) *m(f)* **po·'lice·man** *n* Polizist *m;* **a ~'s beat** das Revier eines Polizisten **po·'lice of·fic·er** *n* Polizeibeamte(r), -beamtin *m, f* **po·lice 'pre·cinct** *n* Polizeibezirk *m,* [Polizei]revier *nt* **po·lice 'pres·ence** *n no pl* Polizeipräsenz *f,* Polizeiaufgebot *nt;* ***we will maintain ~ at all points*** wir werden überall Polizeiposten aufstellen **po·'lice raid** *n* Razzia *f* **po·lice 'rec·ord** *n* ① *(dossier)* Polizeiakte *f* ② *(history of convictions)* Vorstrafenregister *nt;* **to have a long ~** ein langes Vorstrafenregister haben **po·'lice re·port·er** *n* Polizeireporter(in) *m(f)* **po·lice 'sci·en·tist** *n* polizeiliche(r) Untersuchungsbeamte(r)/polizeiliche Untersuchungsbeamtin **po·'lice state** *n (pej)* Polizeistaat *m* **po·'lice sta·tion** *n* Polizeiwache *f,* Polizeiposten *m* SCHWEIZ **po·'lice·wom·an** *n* Polizistin *f*

polic·ing [pə'liːsɪŋ] *n no pl* polizeiliche Betreuung *f,* Aufrechterhaltung *f* von Recht und Ordnung

poli·cy¹ ['pɒləsi, AM 'pɑː-] *n* ① *(plan)* Programm *nt,* Strategie *f; (principle)* Grundsatz *m;* ***Europe needs a common defence ~*** Europa braucht eine gemeinsame Verteidigungspolitik; ***the school has a ~ on drug abuse*** die Schule vertritt eine klare Linie bei Drogenmissbrauch; ***what's your party's ~ on immigration?*** welche Linie vertritt Ihre Partei in der Immigrationsfrage?; *my ~* ***is to tell the truth whenever possible*** mein Grundsatz ist es, nach Möglichkeit die Wahrheit zu sagen; **to work out a ~** eine Strategie entwickeln

② *no pl* Politik *f;* **a change in ~** ein Richtungswechsel *m* in der Politik; **company ~** Firmenpolitik *f;* **domestic ~** Innenpolitik *f;* **economic ~** Wirtschaftspolitik *f;* **to make** [*or* **set**] **~ on sth** Richtlinien für etw *akk* festlegen; **~ of restraint** restriktive Politik

poli·cy² ['pɒləsi, AM 'pɑː-] *n (in insurance)* Police *f,* Polizze *f* ÖSTERR; **to take out a ~** eine Versicherung abschließen

'poli·cy ad·vis·er *n* Strategieberater(in) *m(f)*

'poli·cy·hold·er *n* Versicherungsnehmer(in) *m(f)*

'poli·cy in·stru·ment *n* Politikinstrument *nt* **'poli·cy mak·er** *n* Parteiideologe, -ideologin *m, f* **'poli·cy-mak·ing** *n no pl* Festsetzen *nt* von Richtlinien, Politikgestaltung *f*

'poli·cy num·ber *n* Versicherungsnummer *f,* Polizzennummer *f* ÖSTERR **'poli·cy own·er** *n* Versicherungsnehmer(in) *m(f)*

'poli·cy state·ment *n* Aussage *f*

po·lio ['pəʊliəʊ, AM 'poʊlioʊ] *n,* **po·lio·my·eli·tis** [ˌpəʊliə(ʊ)maɪə'laɪtɪs, AM ˌpoʊlioʊˌmaɪə'laɪt̬əs] *n (spec)* Kinderlähmung *f,* Polio[myelitis] *f fachspr*

'po·lio vac·cine *n* Polioimpfstoff *m*

pol·ish ['pɒlɪʃ, AM 'pɑː-] **I.** *n* ① *(substance)* Politur *f;* **furniture/silver ~** Möbel-/Silberpolitur *f;* **shoe ~** Schuhcreme *f,* ÖSTERR *a.* Schuhpasta *f*

② *usu sing (act)* Polieren *nt kein pl;* **to give sth a ~** etw polieren

③ *(fig: refinement)* [gesellschaftlicher] Schliff; ***this is a musical with ~ and wit*** dieses Musical hat Witz und Eleganz

II. *vt* ① *(rub)* ■**to ~ sth** etw polieren; **to ~ shoes/silver** Schuhe/Silber putzen

② *(fig: refine)* ■**to ~ sth** etw überarbeiten [*o fig* aufpolieren]

◆**polish off** *vt* ① *(eat up)* ■**to ~ off** ↔ **sth** *food* etw verdrücken *fam*

② *(deal with)* ■**to ~ off** ↔ **sth** etw schnell erledigen [*o* vom Tisch schaffen]; ***I ~ ed the report off in a couple of hours*** ich habe den Bericht in ein paar Stunden runtergerissen *fam*

③ *(defeat easily)* ■**to ~ off** ↔ **sb** jdn vom Platz fegen

◆**polish up** *vt* ■**to ~ up** ↔ **sth** etw aufpolieren; *(fig)* etw auffrischen *fig;* **to ~ up one's French** sein Französisch auffrischen

Po·lish ['pəʊlɪʃ, AM 'poʊ-] **I.** *n* Polnisch *nt*

II. *adj* polnisch; ***her grandparents were ~*** ihre Großeltern stammten aus Polen

pol·ished ['pɒlɪʃt, AM 'pɑː-] *adj* ① *(gleaming)* glänzend *attr*

② *(showing great skill)* formvollendet; **~ performance** großartige Leistung

③ *(refined)* gebildet; **~ manners** geschliffene Manieren

pol·ish·er ['pɒlɪʃəʳ, AM 'pɑːlɪʃɚ] *n* ① *(person)* Polierer(in) *m(f);* **silver ~** Silberputzer(in) *m(f)*

② *(tool)* **floor ~** Bohner[besen] *m;* **electric floor ~** Bohnermaschine *f*

Po·lish Peo·ple's Re·'pub·lic *n* Volksrepublik *f* Polen

pol·it·bu·ro ['pɒlɪtˌbjʊərəʊ, AM 'pɑːlɪtbjʊroʊ] *n (hist)* Politbüro *nt hist*

po·lite <-er, -est *or* more ~, most ~> [pə'laɪt] *adj* ① *(courteous)* höflich; **to make ~ conversation** höfliche Konversation machen; **~ refusal** höfliche Ablehnung

② *(cultured)* vornehm; **~ society** gehobene [*o* feine] Gesellschaft

po·lite·ly [pə'laɪtli] *adv* höflich; **~ but firmly** höflich aber bestimmt

po·lite·ness [pə'laɪtnəs] *n no pl* Höflichkeit *f*

poli·tesse [ˌpɒlɪ'tes, AM ˌpɑː-] *n no pl* Politesse *f veraltet,* Höflichkeit *f*

poli·tic ['pɒlətɪk, AM 'pɑː-] *adj* ① *(prudent)* [taktisch] klug; ***it would not be ~ for you to be seen there*** es wäre nicht besonders klug, wenn man Sie dort sähe

② POL **the body ~** die Nation, der Staat

po·liti·cal [pə'lɪtɪkəl, AM -'lɪt̬ə-] *adj* ① *(of politics)* politisch; **a ~ animal** ein politikinteressierter Mensch; **to make ~ capital out of sth** aus etw *dat* politisches Kapital schlagen; **~ leaders** politische Größen; **~ platform** politische Bühne; **to commit ~ suicide** politischen Selbstmord begehen

② *esp* AM *(pej: tactical)* taktisch

po·liti·cal 'ac·tion com·mit·tee *n,* **PAC** *n* politisches Aktionskomitee *(zum Auftreiben von Wahlkampfgeldern)* **po·liti·cal a'sy·lum** *n no pl* politisches Asyl; **to request** [*or* **seek**]/**grant** [*or* **offer**] **~** politisches Asyl beantragen/gewähren **po·liti·cal cor·'rect·ness** *n,* **PC** *n no pl* politische Korrektheit **po·liti·cal e'cono·my** *n* Nationalökonomie *f*

po·liti·cal·ly [pə'lɪtɪkəli, AM -'lɪt̬ə-] *adv* ① *(of politics)* politisch; **~ aware** politisch gebildet; **to be ~ informed** in der Politik auf dem Laufenden sein; **to be ~ naive** keine Ahnung von Politik haben; **~ speaking** politisch gesehen

② *esp* AM *(pej: self-interestedly)* taktisch; ***Patrick thinks ~ and acts to benefit himself*** Patrick ist ein Taktierer und handelt nur zu seinem Vorteil

po·liti·cal·ly cor·'rect *adj,* **PC** politisch korrekt

po·liti·cal 'par·ty *n* [politische] Partei **po·liti·cal 'pris·on·er** *n* politische(r) Gefangene(r) *f(m)* **po·liti·cal 'risk** *n* politisches Risiko **po·liti·cal 'sci·ence** *n no pl* Politologie *f,* Politikwissenschaft *f* **po·liti·cal sta·'bil·ity** *n no pl* politische Stabilität

poli·ti·cian [ˌpɒlɪ'tɪʃən, AM ˌpɑːlə'-] *n* ① *(job)* Politiker(in) *m(f)*

② *esp* AM *(pej: self-interested person)* Taktierer(in) *m(f)*

po·liti·ci·za·tion [pəˌlɪtɪsaɪ'zeɪʃən, AM ˌlɪt̬əsɪ'-] *n no pl* Politisierung *f*

po·liti·cize [pə'lɪtɪsaɪz, AM -'lɪt̬ə-] **I.** *vt* ■**to ~ sth/sb** etw/jdn politisieren *geh;* ***the whole issue has become increasingly ~ d*** die ganze Angelegenheit wurde immer mehr zu einem Politikum *geh;* ***the party tried to ~ the unemployed*** die Partei versuchte, die Arbeitslosen politisch zu mobilisieren; **to become ~ d** sich *akk* politisch engagieren

II. *vi* politisieren *geh,* sich *akk* politisch engagieren

poli·tick·ing ['pɒlətɪkɪŋ, AM 'pɑː-] *n no pl (esp pej fam)* Politisieren *nt geh*

po·liti·co <*pl* -os> [pə'lɪtɪkəʊ, AM 'lɪt̬ɪkoʊ] *n (pej fam)* politischer Sektierer/politische Sektiererin *pej,* Weltverbesserer, -verbesserin *m, f fig pej*

poli·tics ['pɒlətɪks, AM 'pɑː-] *n* ① + *sing vb* Politik *f kein pl;* **global/local ~** Welt-/Lokalpolitik *f kein pl;* **to be in ~** in der Politik sein; **to go into ~** in die Politik gehen; **to talk ~** politisieren *geh*

② + *pl vb (political beliefs)* politische Ansichten *pl*

③ + *sing vb (within group)* Vetternwirtschaft *f kein pl pej,* Protektion *f* ÖSTERR; **office ~** Büroklüngelei *f pej;* **to play ~** Winkelzüge machen

④ + *sing vb* BRIT *(political science)* Politologie *f kein pl,* Politikwissenschaft *f kein pl*

pol·ity <*pl* -ties> ['pɒləti, AM 'pɑːlət̬i] *n* ① *(constitution)* Regierungsform *f,* politisches System

② *(organized society)* Staatswesen *nt,* Gemeinwesen *nt*

pol·ka ['pɒlkə, AM 'poʊ(l)kə] **I.** *n* Polka *f*

II. *vi* Polka tanzen

'pol·ka dot *n usu pl* Tupfen *m* **'pol·ka-dot** *adj attr* getupft; **a ~ bow tie** eine getupfte Fliege

poll [pəʊl, AM poʊl] **I.** *n* ① *(voting)* Abstimmung *f;* *(public survey)* Erhebung *f;* **a** [**public**] **opinion ~** eine [öffentliche] Meinungsumfrage; ***the latest opinion ~ gives the Democrats a clear lead*** einer neueren Meinungsumfrage zufolge liegen die Demokraten klar in Führung; **to conduct** [*or* **carry out**] [*or* **take**] **a ~** eine Umfrage machen

② *(voting places)* ■**the ~s** *pl* die Wahllokale *pl;* **to go to the ~s** wählen [gehen]

③ *(result of vote)* [Wähler]stimmen *pl;* **to head the ~** in Führung liegen

④ *(number of votes cast)* Wahlbeteiligung *f;* **a heavy/light ~** eine hohe/geringe Wahlbeteiligung

II. *vt* ① *(canvass in poll)* ■**to ~ sb** jdn befragen; ***half the people ~ ed said ...*** die Hälfte der befragten Leute gab an, dass ...

② *(receive)* ■**to ~ sth:** ***the party ~ ed 67% of the vote*** die Partei hat 67 % der Stimmen erhalten

③ AGR *(remove horns)* ■**to ~ an animal** ein Tier kappen *fachspr*

④ COMPUT ■**to ~ sth** etw abrufen

pol·lack <*pl* - *or* -s> ['pɒlæk, AM 'pɑː-] *n (fish)* Pollack *m*

pol·lard ['pɒləd, AM 'pɑːlɚd] **I.** *n* ① *(tree)* gekappter Baum

② *(animal)* hornloses Tier

II. *vt* **to ~ a tree/an animal** einen Baum/ein Tier kappen

pol·len ['pɒlən, AM 'pɑː-] *n no pl* Blütenstaub *m,* Pollen *m*

'pol·len count *n* Pollenflug *m kein pl*

pol·li·nate ['pɒləneɪt, AM 'pɑː-] *vt* BOT ■**to ~ sth** etw bestäuben

pol·li·na·tion [ˌpɒlə'neɪʃən, AM ˌpɑː-] *n no pl* BOT Bestäubung *f*

poll·ing ['pəʊlɪŋ, AM 'poʊl-] *n no pl* ① *(election)* Wahl *f;* *(referendum)* Abstimmung *f*

② COMPUT Sendeaufruf *m*

'poll·ing booth *n* BRIT, AUS Wahlkabine *f* **'poll·ing card** *n* BRIT, AUS Wahlbenachrichtigung *f form* **'poll·ing day** *n no art* BRIT, AUS Wahltag *m* **'poll·ing sta·tion** *n* BRIT, AUS, AM **'poll·ing place** *n* Wahllokal *nt*

pol·lock *n see* **pollack**

poll·ster ['pəʊlstəʳ, AM 'poʊlstɚ] *n* Meinungsforscher(in) *m(f)*

'poll tax *n* ① *(tax)* Kopfsteuer *f*

② BRIT *(hist: council tax)* Kommunalsteuer *f,* Gemeindesteuer *f*

pol·lu·tant [pə'luːtənt] *n* Schadstoff *m;* **~ concentration** Schadstoffkonzentration *f;* **~ emission** Schadstoffausstoß *m*

pol·lute [pə'luːt] *vt* ① *(contaminate)* ■**to ~ sth** etw verschmutzen; **to ~ the atmosphere/environment** die Luft/Umwelt verschmutzen

② *(fig: corrupt)* ■**to ~ sth** etw besudeln *fig pej;* **to ~ sb's mind** jds Charakter verderben

pol·lut·ed [pə'luːtɪd, AM -t̬ɪd] *adj* ① *(contaminated)* verschmutzt; **~ air** verpestete Luft; **~ environment** verschmutzte Umwelt; **~ river/soil** verseuchter Fluss/Boden

② *(fig: corrupted)* befleckt, verdorben; **a society ~ by racism** eine durch Rassenhass moralisch verkommene Gesellschaft

pol·lut·er [pə'luːtəʳ, AM -t̬ɚ] *n* Umweltverschmutzer(in) *m(f)*

pol·lut·er 'pays prin·ci·ple *n no pl* Verursacherprinzip *nt*

pol·lu·tion [pə'luːʃən] *n no pl* ① *(polluting)* Verschmutzung *f;* **air ~** Luftverschmutzung *f;* **~ of the environment, environmental ~** Umweltverschmutzung *f;* **water ~** Wasserverschmutzung *f;* **toxic ~** Verseuchung *f* mit giftigen Substanzen

② *(pollutants)* Schadstoffe *pl;* **a cloud of ~** eine Schadstoffwolke

③ *(corruption)* Besudelung *f fig pej*

pol·'lu·tion bur·den *n* ECOL Schadstoffbelastung *f*

Pollyanna [ˌpɒli'ænə, AM ˌpɑː-] *n esp* AM, AUS überoptimistischer Mensch; ***I see grounds for cautious optimism, but I don't want to be a ~*** ich sehe Grund zu vorsichtigem Optimismus, möchte aber nicht zu euphorisch sein

polo ['pəʊləʊ, AM 'poʊloʊ] **I.** *n* ① *no pl* SPORT Polo *nt*

② *(shirt)* Polohemd *nt*

II. *n modifier (player, equipment, field)* Polo-; **~ game** [*or* **match**] Polospiel *nt*

polo·naise [ˌpɒlə'neɪz, AM ˌpɑː-] **I.** *n (dance, music)* Polonäse *f,* Polonaise *f* SCHWEIZ

II. *adj after n* auf polnische Art; **carp ~** Karpfen polnisch [*o* auf polnische Art]

'polo neck *n* Rollkragen *m* **'polo-necked** *adj attr, inv* Rollkragen-; **~ jumper** [*or* **sweater**] Rollkragenpullover *m*

po·lo·nium [pə'ləʊniəm, AM -'loʊ-] *n no pl* CHEM

Polonium *nt*

'**polo pony** *n* Polopferd *nt*

'**polo shirt** *n* Polohemd *nt*

pol·ter·geist ['pɒltəgaɪst, AM 'poʊltɚ-] *n* Poltergeist *m*

pol·troon [pɒl'tru:n, AM pɑ:l] *n (liter or old)* Feigling *m*, Memme *f*

poly ['pɒli] *n* BRIT *(fam) short for* **polytechnic** Fachhochschule *f*

poly·am·ide [,pɒli'æmaɪd, AM ,pɑ:-] *n no pl* CHEM Polyamid *nt*

poly·an·dry ['pɒliændri, AM 'pɑ:li,æn-] *n no pl* Polyandrie *f fachspr*, Vielmännerei *f*

poly·an·thus <*pl* -> [,pɒli'ænθəs, AM ,pɑ:li'] *n* BOT Schlüsselblume *f*

'**poly bag** *n* BRIT *(fam)* Plastiktüte *f*, Plastiktasche *f*, Plastiksack *m* SCHWEIZ

poly·car·bon·ate [,pɒlɪ'kɑ:bəneɪt, -nɪt, -nət, AM ,pɑ:lɪ'kɑ:rbənɪt, -neɪt] *n no pl* Polycarbonat *nt*

poly·chlo·rin·at·ed bi·phen·yl [pɒlɪ,klɔ:rɪneɪtɪdbaɪ'fenɪl, AM pɑ:lɪ,klɔ:rɪneɪṭɪdbaɪ'fenəl] *n*, **PCB** *n no pl* CHEM *see* **PCB** Polychlorbiphenyl *nt fachspr*

poly·chrome ['pɒlɪkrəʊm, AM 'pɑ:lɪkroʊm] **I.** *adj* polychrom *fachspr;* ~ **printing** Farbdruck *m*

II. *n* ART *(statue)* polychrome Statue *fachspr; (sculpture)* polychrome Skulptur *fachspr*

poly·chron·ic [,pɒlɪ'krɒnɪk, AM ,pɑ:lɪ'krɑ:nɪk] *adj* ~ **personality** [*or* **type**] *Persönlichkeitstyp, der viele Dinge gleichzeitig machen kann*

poly·clin·ic [,pɒlɪ'klɪnɪk, AM ,pɑ:-] *n* Poliklinik *f*

poly·es·ter [,pɒli'estəʳ, AM ,pɑ:li'estɚ] **I.** *n no pl (polymer)* Polyester *m*

II. *n modifier (material)* Polyester-; ~ **shirt/trousers** Hemd *nt*/Hose *f* aus Polyester

poly·eth·yl·ene [,pɑ:li'eθəli:n] *n no pl* AM CHEM Polyäthylen *nt*, Polyethen *nt*

po·lyga·mist [pə'lɪgəmɪst] *n* Polygamist(in) *m(f) geh*

po·lyga·mous [pə'lɪgəməs] *adj inv* polygam *geh*

po·lyga·my [pə'lɪgəmi] *n no pl* Polygamie *f geh*

poly·glot ['pɒlɪglɒt, AM 'pɑ:lɪglɑ:t] **I.** *adj (form)* vielsprachig, polyglott *geh;* ~ **Bible** mehrsprachige Bibel, Polyglottenbibel *f fachspr;* ~ **city** polyglotte Stadt

II. *n (form)* Polyglotte(r) *f(m) geh*

poly·gon ['pɒlɪgən, AM 'pɑ:lɪgɑ:n] *n* Vieleck *nt*, Polygon *nt fachspr*

po·lygo·nal [pə'lɪgᵊnᵊl] *adj inv* vieleckig, polygonal *fachspr*

poly·graph ['pɒlɪgrɑ:f, AM 'pɑ:lɪgræf] *n esp* AM Lügendetektor *m*, Polygraf *m fachspr*

poly·he·dron [,pɒlɪ'hi:drən, AM ,pɑ:-] *n* MATH Polyeder *nt fachspr*

poly·math ['pɒlɪmæθ, AM ,pɑ:-] *n (approv form)* universell Gebildete(r)

poly·math·ic [,pɒlɪ'mæθɪk, AM ,pɑ:lɪ'-] *adj (approv) person* vielseitig gebildet

poly·mer ['pɒlɪməʳ, AM 'pɑ:lɪmɚ] *n* CHEM Polymer *nt fachspr;* **branched** ~ verzweigtes Polymer; ~ **hydrocarbons** *pl* polymere Kohlenwasserstoffe *pl*

poly·mer·ic [,pɒlɪ'merɪk, AM ,pɑ:-] *adj inv* CHEM polymer *fachspr*

poly·mor·phic [,pɒlɪ'mɔ:fɪk, AM ,pɑ:lɪ'mɔ:r-], **poly·mor·phous** [,pɒlɪ'mɔ:fəs, AM ,pɑ:lɪ'mɔ:r-] *adj inv (form or spec)* polymorph *fachspr*, vielgestaltig; ~ **perversity** PSYCH polymorphe Perversion *fachspr*

Poly·nesia [,pɒlɪ'ni:ʒə, AM ,pɑ:lə-] *n* Polynesien *nt*

Poly·nesian [,pɒlɪ'ni:ʒən, AM ,pɑ:lə-] **I.** *adj* polynesisch

II. *n* ❶ *(native of Polynesia)* Polynesier(in) *m(f)*

❷ *(language group)* polynesische Sprachen *pl*

pol·yp ['pɒlɪp, AM 'pɑ:-] *n* MED, ZOOL Polyp *m*

poly·phon·ic [,pɒlɪ'fɒnɪk, AM ,pɑ:lɪ'fɑ:-] *adj inv* MUS polyphon *fachspr;* ~ **music** polyphone Musik

po·lypho·ny [pə'lɪfᵊni] *n no pl* MUS Polyphonie *f fachspr*

poly·pro·pyl·ene [,pɒli'prɒpɪli:n, AM ,pɑ:li'proʊpə] *n no pl* CHEM Polypropylen *nt fachspr*

poly·pus <*pl* -pi *or* -es> ['pɒlɪpəs, AM ,pɑ:-, *pl* -paɪ] *n (old) see* **polyp**

poly·sty·rene [,pɒlɪ'staɪ(ə)ri:n] BRIT, AUS **I.** *n no pl* Styropor® *nt*

II. *n modifier* Styropor-; ~ **chips** Styroporschnitzel *pl;* ~ **insulation tile** Isolierplatte *f* aus Styropor

poly·syl·lab·ic [,pɒlɪsɪ'læbɪk, AM ,pɑ:-] *adj inv* mehrsilbig, polysyllabisch *fachspr*

poly·syl·la·ble [,pɒlɪ'sɪləbl, AM ,pɑ:-] *n* LING mehrsilbiges Wort, Polysyllabum *nt fachspr*

poly·tech·nic [,pɒlɪ'teknɪk, AM ,pɑ:-] **I.** *n esp* BRIT Fachhochschule *f*, SCHWEIZ *a.* Polytechnikum *nt*

II. *n modifier* ~ **degree/lecturer/student** Abschluss *m*/Dozent(in) *m(f)*/Student(in) *m(f)* an einer Fachhochschule

poly·the·ism ['pɒlɪθi:ɪzᵊm, AM 'pɑ:-] *n no pl* REL Polytheismus *m fachspr*

poly·the·is·tic [,pɒlɪθi:'ɪstɪk, AM ,pɑ:-] *adj inv* REL polytheistisch *fachspr*

poly·thene ['pɒlɪθi:n] BRIT, AUS **I.** *n no pl* CHEM Polyäthylen *nt*, Polyethen *nt*

II. *n modifier (sheet, wrap)* Polyäthylen-; ~ **bag** Plastiktüte *f*, Plastiktasche *f*, Plastiksack *m* SCHWEIZ, Plastiksackerl *nt* ÖSTERR

poly·un·satu·rat·ed [,pɒliʌn'sætʃᵊreɪtɪd, AM ,pɑ:liʌn'sætʃəreɪṭ-] *adj inv* CHEM mehrfach ungesättigt

poly·un·satu·rat·ed fats *npl*, **poly·un·satu·rates** [,pɒliʌn'sætʃᵊreɪts, AM ,pɑ:lɪʌn'sætʃə-] *npl* CHEM *(fatty acids)* mehrfach ungesättigte Fettsäuren; *(fats)* Fette *pl* mit einem hohen Anteil an mehrfach ungesättigten Fettsäuren

poly·urethane [,pɒlɪ'jʊərəθeɪn, AM ,pɑ:lɪ'jʊrə-] *n no pl* CHEM Polyurethan *nt fachspr*

poly·va·lence [,pɒlɪ'veɪlən(t)s, AM ,pɑ:lɪ-] *n no pl* Mehrwertigkeit *f*

poly·va·lent [,pɒlɪ'veɪlənt, AM ,pɑ:-] *adj inv* CHEM polyvalent *fachspr*

pom [pɒm] AUS, NZ **I.** *n (pej! sl) abwertende Bezeichnung für Briten*

II. *n modifier (pej! sl)* ~ **bastard** Britenschwein *nt pej derb*

po·made [pə(ʊ)'meɪd, AM pɑ:'-] *(dated)* **I.** *n no pl* Pomade *f veraltend*

II. *vt* **to** ~ **sb's hair** jdm Pomade ins Haar streichen *veraltend*

po·man·der [pə'mændəʳ, AM 'poʊmændɚ] *n* Duftkissen *nt*

pom·egran·ate ['pɒmɪgrænɪt, AM 'pɑ:m,grænɪt] *n* Granatapfel *m*

Pom·era·nia [,pɒmə'reɪniə, AM ,pɑ:-] *n (hist)* Pommern *nt hist*

Pom·era·nian [,pɒmə'reɪniən, AM ,pɑ:-] **I.** *adj (hist)* pommer[i]sch *hist*

II. *n* ❶ *(hist: person)* Pommer(in) *m(f) hist*

❷ *(dog)* Spitz *m*

pom·mel ['pɒmᵊl, AM 'pʌm-] **I.** *n* ❶ *(on saddle)* Sattelknopf *m*

❷ *(on sword handle)* Schwertknauf *m*

II. *vt esp* AM *see* **pummel**

'**pom·mel horse** *n (in gymnastics)* Pferd *nt*

pom·mie, pom·my ['pɒmi] AUS, NZ **I.** *n (pej! sl) abwertende Bezeichnung für Briten*

II. *n modifier (pej! sl)* ~ **bastard** Britenschwein *nt pej derb*

PoMo ['poʊmoʊ] *n modifier short for* **postmodernism** postmodern, der Postmoderne *nach n*

pomp [pɒmp, AM pɑ:mp] *n no pl* Pomp *m*, Prunk *m;* **with** ~ **and circumstance** mit Glanz und Gloria

pom·pa·dour ['pɒmpədʊəʳ, AM 'pɑ:mpədɔ:r] *n* Dutt *m;* AM *(quiff)* [Haar]tolle *f*

Pom·peii [pɒm'peɪi, AM pɑ:m'] *n no pl* Pompeji *nt*

pom·pom ['pɒmpɒm, AM 'pɑ:mpɑ:m] *n* ❶ *(bobble)* Quaste *f*, Pompon *m*

❷ *(flower)* Pompondahlie *f*

pom-pom ['pɒmpɒm] *n* BRIT MIL automatische Flugzeugabwehrkanone

pom·pos·ity [pɒm'pɒsəti, AM pɑ:m'pɑ:səṭi] *n no pl* Selbstgefälligkeit *f*, Aufgeblasenheit *f*

pomp·ous ['pɒmpəs, AM 'pɑ:m-] *adj* ❶ *(self-important) person* selbstgefällig; ***he is a*** ~ ***ass*** er ist ein aufgeblasener Wichtigtuer *pej*

❷ *(pretentious) language* schwülstig *pej*, geschraubt *pej*

pomp·ous·ly ['pɒmpəsli, AM 'pɑ:m-] *adv manner* aufgeblasen *pej; choice of words* geschraubt *pej*

pomp·ous·ness ['pɒmpəsnəs, AM 'pɑ:m-] *n no pl* Selbstgefälligkeit *f*, Aufgeblasenheit *f pej*

'pon [pɒn, AM pɑ:n] *prep* DIAL *(poet) see* **upon**: ~ ***my soul!*** bei meiner Seele!

ponce [pɒn(t)s] **I.** *n* ❶ BRIT, AUS *(pej fam: effeminate man)* Mimose *f oft pej*, Softie *m oft pej sl*

❷ BRIT *(fam: pimp)* Zuhälter *m*

II. *vi* ▪**to** ~ **about** [*or* **around**] ❶ BRIT, AUS *(behave effeminately)* herumtänzeln *fam*

❷ BRIT *(muck about)* herumlungern *fam*, herumhängen *fam*

pon·cho ['pɒntʃəʊ, AM 'pɑ:ntʃoʊ] *n* FASHION Poncho *m*

poncy ['pɒn(t)ʃi] *adj* BRIT, AUS *(pej fam)* affig *pej fam*

pond [pɒnd, AM pɑ:nd] *n* ❶ *(body of water)* Teich *m;* **fish** ~ Fischteich *m*

❷ *(hum: Atlantic Ocean)* ▪**the** ~ der Große Teich *hum*

pon·der ['pɒndəʳ, AM 'pɑ:ndɚ] **I.** *vt* ▪**to** ~ **sth** etw durchdenken

II. *vi* nachdenken; ***he appeared to be*** ~***ing deeply*** er schien tief in Gedanken versunken; ▪**to** ~ **on** [*or* **over**] **sth** über etw *akk* nachdenken, sich *dat* über etw *akk* Gedanken machen; ▪**to** ~ **whether/why ...** sich *akk* fragen, ob/warum ...

pon·der·ous ['pɒndᵊrəs, AM 'pɑ:n-] *adj (pej)* ❶ *(heavy and awkward)* mühsam, beschwerlich

❷ *(laborious)* schwerfällig

pon·der·ous·ly ['pɒndᵊrəsli, AM 'pɑ:n-] *adv* ❶ *(heavily and awkwardly)* mühsam

❷ *(tediously)* schwerfällig

pone [poʊn] *n* AM [**corn**] ~ Maisbrot *nt*

pong [pɒŋ] BRIT, AUS **I.** *n (fam)* Mief *m pej fam;* ***what a*** ~***!*** was für ein Mief! *pej fam;* ***there was a*** ~ ***of old cigar smoke in the room*** das Zimmer miefte nach kaltem Zigarrenrauch *pej fam*

II. *vi (fam)* ▪**to** ~ **of sth** nach etw *dat* miefen *pej fam*

pongy ['pɒŋi] *adj* BRIT, AUS *(pej fam)* muffig *meist pej*

pon·tiff ['pɒntɪf, AM 'pɑ:nṭɪf] *n* REL *(form)* ▪**the** ~ der Pontifex, der Papst; **the sovereign** [*or* **supreme**] ~ der Oberhirte *geh;* **the supreme** ~**, His Holiness Benedictus XVI** das Oberhaupt der katholischen Kirche, Seine Heiligkeit Benedictus XVI.

pon·tifi·cal [pɒn'tɪfɪkᵊl, AM pɑ:n'-] REL **I.** *adj* päpstlich; ~ **mass** Papstmesse *f*

II. *n (form)* ❶ *(vestments)* ▪~**s** *pl* Pontifikalien *pl fachspr*

❷ *(book of liturgy)* Pontifikale *nt fachspr*

pon·tifi·cate [pɒn'tɪfɪkət, AM pɑ:n'-] **I.** *vi (pej)* ▪**to** ~ **about** [*or* **on**] **sth** sich *akk* über etw *akk* auslassen

II. *n* REL *(form)* Pontifikat *m o nt fachspr*

pon·toon [pɒn'tu:n, AM pɑ:n'-] *n* ❶ *(floating device)* Ponton *m*

❷ *no pl* BRIT *(blackjack)* Siebzehnundvier *nt*

pon·toon 'bridge *n* Pontonbrücke *f*

pony ['pəʊni, AM 'poʊni] **I.** *n* ❶ *(small horse)* Pony *nt*

❷ *(fam: racehorse)* ▪**the ponies** *pl* die Rennpferde *pl;* ***Roger has lost his week's wages betting on the ponies again*** Roger hat wieder mal bei der Pferdewette seinen ganzen Wochenlohn verloren

❸ *(fam: small glass)* Schnapsglas *nt*, Stamperl *nt* SÜDD, ÖSTERR

❹ AM *(fam: crib)* Eselsbrücke *f sl*, Pons *m* DIAL *sl*, Schmierer *m* ÖSTERR *sl*

❺ BRIT *(fam: £25)* 25 Pfund

II. *vi* <-ie-> AM *(sl: pay one's account)* blechen *fam*

◆**pony up** **I.** *vt* ▪**to** ~ **up sth for sth** *(sl)* etw für etw *akk* blechen müssen *fam*

II. *vi (dated fam)* ▪**to** ~ **up for sth** für etw *akk* blechen *fam*

'**pony·tail** *n* Pferdeschwanz *m; (braided)* Zopf *m*

'**pony-trek·king** *n no pl* Ponyreiten *nt;* **to go** ~ Pony reiten

poo *n* BRIT, AUS *(childspeak) see* **pooh**

pooch <*pl* -es> [pu:tʃ] *n (esp hum fam)* Hündchen *nt*, Hundetier *nt meist hum fam*

poo·dle ['pu:dl] *n* ❶ Pudel *m;* **miniature** ~ Zwergpudel *m*

❷ BRIT *(pej hum)* Handlanger *m pej,* Büttel *m pej;* ■ **to be sb's ~** jds Handlanger sein *pej*

poof¹ [pʊf] *n* BRIT, AUS *(pej! sl)* Tunte *f meist pej fam*

poof² [pʊf] *interj (fam)* hui!

poof·ter ['pʊftəʳ] *n* BRIT, AUS *(pej! sl)* Tunte *f meist pej fam*

poofy ['pʊfi, AM 'pu:fi] *adj* BRIT *(pej fam)* schwuchtelhaft *pej sl,* tuntenhaft *pej sl*

pooh [pu:] *(fam)* **I.** *n usu pl (childspeak)* Aa *nt kein pl Kindersprache;* **to do a ~** Aa machen *Kindersprache*
II. *vi (childspeak)* Aa machen *Kindersprache*
III. *interj* ❶ *(in disgust)* pfui!, igitt!; ***~! what a ghastly smell!*** pfui, wie das hier stinkt!
❷ *(in impatience)* ach was

pooh-pooh [pu:'pu:] *vt (fam)* ■ **to ~ sth** etw abtun

pool¹ [pu:l] **I.** *n* ❶ *(natural)* Tümpel *m;* **rock ~** Wassertümpel *m*
❷ *(of liquid)* Lache *f;* **~ of blood** Blutlache *f;* **~ of oil** Öllache *f; (fig)* ***the shrubbery illuminated in a ~ of moonlight*** die Büsche, die in Mondlicht gebadet waren
❸ *(construction)* Becken *nt;* **ornamental ~** Zierteich *m;* **[swimming] ~** Schwimmbecken *nt; (private)* Swimmingpool *m; (public)* Schwimmbad *nt*
II. *vi liquid* sich *akk* stauen

pool² [pu:l] **I.** *n* ❶ *(spec)* Pool *m fachspr;* **car ~** Autopool *m;* **gene ~** Erbmasse *f;* **typing ~** *(dated)* Schreibpool *m*
❷ *no pl* SPORT Poolbillard *nt;* **to shoot ~** *esp* AM *(fam)* Poolbillard spielen
❸ *(in card games)* Jackpot *m;* AM *(in gambling)* Wetteinsatz *m;* **the office ~** der Wetteinsatz im Büro
❹ BRIT ■ **~s** *pl,* ■ **the ~s** Toto *nt o m;* **football ~s** Fußballtoto *nt o m;* **to do the ~s** Toto spielen
❺ AM FIN *Kombinierung mehrerer Hypotheken und anderer Sicherheiten im Kreditgeschäft*
▸ PHRASES: **that is dirty ~** AM *(fam)* das ist unfair
II. *vt* ■ **to ~ sth** etw zusammenlegen; **to ~ money** Geld zusammenlegen

pooled [pu:ld] *adj* **~ funds** *pl* FIN Pooled Funds *pl*

'pool hall, 'pool room *n* Billardzimmer *nt*

pool·ing ['pu:lɪŋ] *n no pl* FIN Pooling *nt*

'pool shark *n* AM *(fam: expert pool player)* Poolhai *m pej fam* **'pool·side** *adj bar, loungers* am Swimmingpool *nach n* **'pool table** *n* Poolbillardtisch *m*

poon·tang ['pu:ntæŋ] *n no pl* AM *(sl)* Sex *kein art fam*

poop¹ [pu:p] *n (of ship)* Heck *nt;* **~ deck** Hüttendeck *nt*

poop² [pu:p] *n no pl* AM *(fam)* [Insider]informationen *pl;* ***did you get all the ~ on the candidates?*** hast du über die Kandidaten etwas herausbekommen?

poop³ [pu:p] **I.** *n no pl (euph or esp childspeak)* Aa *nt Kindersprache,* Kacka *f,* Gagga *nt* SCHWEIZ *fam o Kindersprache;* ■ **to do a ~** Aa [*o* Kacka] machen *Kindersprache;* **dog ~** Hundedreck *m fam*
II. *vi (fam)* Aa [*o* Kacka] machen *Kindersprache;* ***he ~ed in his pants*** er hat in die Hose gekackt *fam*

pooped [pu:pt] *adj usu pred esp* AM, AUS *(fam)* erledigt; ***I'm ~!*** bin ich geschafft!; **to be too ~ to pop** AM fix und fertig sein *fam*

poop·er scoop·er ['pu:pəˌsku:pəʳ, AM -pɚˌsku:pɚ], **poop scoop** *n Schaufel zum Entfernen von Hundedreck*

poop 'out *vi* AM, AUS *(fam)* ❶ *(become tired)* schlappmachen *fam*
❷ *(not persevere)* sich *akk* geschlagen geben

'poop sheet *n* AM JOURN *(fam: information sheet)* Infoblatt *nt*

poor [pɔ:ʳ, AM pʊr] **I.** *adj* ❶ *(lacking money)* arm, SCHWEIZ, ÖSTERR *a.* bedürftig; **~ man's caviar** der Kaviar des armen Mannes; **a ~ area/family/country** eine arme Region/Familie/ein armes Land
❷ *(inadequate)* unzureichend, mangelhaft, SCHWEIZ, ÖSTERR *a.* dürftig; ***their French is still quite ~*** ihr Französisch ist noch ziemlich bescheiden; ***margarine is a ~ substitute for butter*** Margarine ist ein minderer Ersatz für Butter; ■ **to be ~ at sth** schlecht in etw *dat* sein; **to give a ~ account of oneself** sich *akk* von seiner schlechtesten Seite zeigen; **~ attendance** geringer Besucherandrang; **a ~ excuse** eine faule Ausrede; ***he must be a ~ excuse for a carpenter if ...*** er muss ein ziemlich mieser Tischler sein, wenn ...; **~ eyesight/hearing** schlechtes Seh-/Hörvermögen; **to cut a ~ figure [as sth]** *(dated)* eine schlechte Figur [als etw] machen; **~ harvest** schlechte Ernte; **to be in ~ health** in schlechtem gesundheitlichen Zustand sein; **to make a ~ job of [doing] sth** bei etw *dat* schlechte Arbeit leisten; **to be a ~ loser** ein schlechter Verlierer/eine schlechte Verliererin sein; **~ memory** schlechtes Gedächtnis; **to be a ~ sailor** seeuntauglich sein; **to come a ~ second [in sth]** [bei etw *dat*] weit abgeschlagen an zweiter Stelle landen; **~ showing** armselige Vorstellung; **~ soil** karger Boden; **~ visibility** schlechte Sicht
❸ *attr (deserving of pity)* arm; ***you ~ thing!*** du armes Ding!
❹ *pred (lacking)* ■ **to be ~ in sth** arm an etw *dat* sein; ***Iceland is ~ in natural resources*** Island hat kaum Bodenschätze
❺ *attr (hum dated: humble)* bescheiden; **in my ~ opinion** meiner unmaßgeblichen Meinung nach
▸ PHRASES: **[as] ~ as a church mouse** *(dated)* [so] arm wie eine Kirchenmaus; **to take a ~ view of sth** etw missbilligen [*o* nicht gerne sehen]
II. *n* ■ **the ~** *pl* die Armen *pl*

'poor box *n* Almosenbüchse *f,* Klingelbeutel *m* ÖSTERR **'poor·house** *n (hist)* Armenhaus *nt hist*

'Poor Law *n* BRIT *(hist)* Armengesetzgebung *f (im England des 19. Jahrhunderts)*

poor·ly ['pɔ:li, AM 'pʊr-] **I.** *adv* ❶ *(not rich)* arm; ■ **to be ~ off** arm [dran] sein *fam;* **~ dressed** ärmlich gekleidet
❷ *(inadequately)* schlecht; **~ dressed** schlecht gekleidet; **to think ~ of sb/sth** *(dated)* eine schlechte Meinung von jdm/etw haben
II. *adj pred* **to feel ~** sich *akk* schlecht fühlen; BRIT, AUS ***the doctor described his condition as ~*** die Ärztin beschrieb seinen Zustand als kritisch

poor·ness ['pɔ:nəs, AM 'pʊr-] *n no pl* ❶ *(inadequacy)* Dürftigkeit *f,* Mangelhaftigkeit *f;* **the ~ of his judgment** sein mangelndes Urteilsvermögen
❷ *(poverty)* Armut *f*

poor re·'la·tion *n* arme(r) Verwandte(r) *f(m); (fig)* Stiefkind *nt fig;* **to treat sb like a ~** jdn stiefmütterlich behandeln

poor-'spir·it·ed *adj* verängstigt, verschüchtert

pop¹ [pɒp, AM pɑ:p] **I.** *n* ❶ *(noise)* Knall *m;* ***there were a few ~s*** es knallte ein paar Mal
❷ *no pl (dated fam: effervescent drink)* Limonade *f,* Brause *f veraltend;* **a bottle of [fizzy] ~** eine Flasche Limonade; **orange ~** Orangenlimonade *f,* Orangina® *nt* SCHWEIZ
❸ *usu sing* AM, AUS COMM ■ **a ~** pro Stück; ***she gives lectures and gets paid $5,000 a ~*** sie hält Vorlesungen und bekommt 5.000 Dollar pro Veranstaltung
II. *adv* **to go ~** *(make noise)* einen Knall machen; *(toy gun)* peng machen; *(burst)* explodieren
III. *vi* <-pp-> ❶ *(make noise)* knallen; ***my ears always ~ as the plane comes in to land*** in meinen Ohren knackt es immer, wenn das Flugzeug im Landeanflug ist; **to let the cork ~** den Korken knallen lassen
❷ *(burst)* platzen
❸ *(go quickly)* ■ **to ~ out** hinausgehen; ***Paula must have ~ped out for a minute*** Paula wird kurz rausgegangen sein; ■ **to ~ over** vorbeikommen; ***why don't you ~ over and see us this afternoon?*** warum kommst du heute Nachmittag nicht mal eben vorbei?; **to ~ upstairs** die Treppen hinaufspringen
▸ PHRASES: **sb's eyes [nearly] ~ [out of his/her head]** jdm fallen [beinahe] die Augen heraus
IV. *vt* <-pp-> ❶ *(burst)* ■ **to ~ sth** etw platzen lassen; **to ~ corn** Popcorn machen
❷ *(put quickly)* **~ *the pizza in the oven*** schieb die Pizza in den Ofen; ***she ~ped the children into bed*** sie steckte die Kinder ins Bett; **to ~ one's clothes on/off** sich *dat* ein Kleidungsstück überstreifen/ausziehen; *(at the doctor's)* sich *akk* freimachen
❸ AM *(fam)* ■ **to ~ sb** *(shoot)* jdn abknallen; *(hit)* jdn schlagen
▸ PHRASES: **to ~ one's clogs** BRIT *(fam)* den Löffel abgeben *fam;* **to ~ pills** Pillen schlucken; **to ~ the question** die entscheidende Frage stellen; ***Harry still hasn't ~ped the question*** Harry hat ihr noch immer keinen Heiratsantrag gemacht

◆**pop in** *vi* vorbeischauen; ***my neighbour often ~s in for a cup of coffee*** mein Nachbar kommt oft auf eine Tasse Kaffee vorbei; **to keep ~ping in and out** dauernd rein und rauslaufen

◆**pop into** *vi* **to ~ into a shop** [nochmal] schnell bei einem Geschäft vorbeischauen [*o* vorbeigehen]

◆**pop off I.** *vi* ❶ *(hum fam: die)* abkratzen *derb*
❷ *(fam: leave)* abhauen *fam;* **to ~ off home** nach Hause düsen *fam*
II. *vt* COMPUT ■ **to ~ off sth** etw wegnehmen

◆**pop on** *vt* COMPUT ■ **to ~ on sth** etw hervorholen

◆**pop out** *vi* ❶ *(come out)* herausspringen
❷ *(leave)* kurz weg sein; ■ **to ~ out for sth** schnell etw besorgen; ***I'll just ~ out for a coffee*** ich gehe mal eben einen Kaffee holen

◆**pop up** *vi* ❶ *(appear unexpectedly)* auftauchen; **to ~ up out of nowhere** aus dem Nichts auftauchen
❷ *(in pop-up book)* sich *akk* aufrichten; ***the pictures ~ up when you spread the pages open*** die Bilder falten sich auf, wenn man die Seiten öffnet
❸ AM SPORT *(hit a short fly ball)* einen Ball im Flug berühren

pop² [pɒp, AM pɑ:p] **I.** *n no pl (music)* Pop *m*
II. *n modifier (group, music, singer, song, star, video)* Pop-
III. *adj attr* ❶ *(popular)* populär; ***Dario Fo is a ~ poet*** Dario Fo ist ein Poet des Volkes; **~ culture** Popkultur *f;* **~ film-making** populäre Filmkunst
❷ *(also pej: popularized)* populär; **~ psychology** populärwissenschaftliche Psychologie

pop³ [pɒp, AM pɑ:p] *n esp* AM *(esp childspeak fam)* Paps *m fam,* Papa *m fam*

pop⁴ *n no pl abbrev of* **population** Bev. *f*

PoP *n abbrev of* **point of purchase** PoP *m*

'pop art *n no pl* Pop-Art *f*

'pop charts *npl* Pop-Charts *pl* **'pop con·cert** *n* Popkonzert *nt*

'pop·corn *n no pl* Popcorn *nt*

pop 'cul·ture *n no pl* Popkultur *f*

pop-down 'menu *n* Pop-down-Menü *nt,* Hervorholmenü *nt,* Einblendmenü *nt*

pope [pəʊp, AM poʊp] *n* Papst, Päpstin *m, f*

Pope·mo·bile ['pəʊpmə(ʊ)bi:l, AM 'poʊpmoʊ-] *n* Papstmobil *nt,* Papamobil *nt*

pop·ery ['pəʊpəri, AM 'poʊ-] *n no pl (old or pej)* Papismus *m pej geh,* Pfaffentum *nt pej veraltend*

pop-'eyed *adj inv* ❶ *(with surprise)* mit Stielaugen *fam;* ■ **to be ~** Stielaugen bekommen
❷ *(with bulging eyes)* mit hervortretenden Augen [*o* Glupschaugen] *nach n,* glupschäugig

'pop fly *n* SPORT *bezeichnet im Baseball einen Ball, der leicht zu fangen ist*

'pop group *n* Popgruppe *f*

'pop·gun *n* Spielzeugpistole *f*

pop·in·jay ['pɒpɪndʒeɪ, AM 'pɑ:p-] *n (old)* Geck *m veraltend,* Lackaffe *m pej fam,* Dandy *m meist pej*

pop·ish ['pəʊpɪʃ, AM 'poʊ-] *adj inv (pej old)* papistisch *pej geh,* streng katholisch

pop·lar ['pɒpləʳ, AM 'pɑ:plɚ] *n* Pappel *f*

pop·lin ['pɒplɪn, AM 'pɑ:p-] **I.** *n no pl* Popelin *m,* Popeline *f*
II. *n modifier (dress, shirt, shawl)* Popelin-

'pop mu·sic *n no pl* Popmusik *f*

pop·pa ['pɑ:pə] *n* AM *(esp childspeak: father)* Papa *m fam,* Papi *m fam,* Paps *m fam*

pop·pa·dom, pop·pa·dum ['pɒpədəm, AM 'pɑ:-] *n* FOOD Papadam *m o nt (hauchdünner frittierter Teigfladen aus Linsenmehl, der in Indien als Vorspeise gegessen wird)*

pop·per ['pɒpəʳ] *n* BRIT *(fam)* Druckknopf *m*

pop·pet ['pɒpɪt, AM 'pɑ:-] *n esp* BRIT, AUS *(fam)*

P

Schatz *m fam; (form of address also)* Schätzchen *nt fam;* ***be a ~ and fetch me my dressing gown*** sei so lieb und bring mir mal meinen Morgenmantel

pop psy·'chol·ogy *n no pl* populärwissenschaftliche Psychologie

pop·py ['pɒpi, AM 'pɑ:-] *n* Mohn *m kein pl,* Mohnblume *f*

'pop·py·cock *n no pl (pej dated fam)* Quatsch *m fam,* Unsinn *m,* Blödsinn *m fam*

'Pop·py Day *n* BRIT *Sonntag, der dem 11. November am nächsten kommt, an dem insbesondere der Gefallenen der beiden Weltkriege gedacht wird* **'pop·py seed** *n* Mohnsamen *m,* Mohn *m kein pl*

pops [pɑ:ps] *n + sing vb* AM *(esp childspeak fam: dad)* Papa *m fam,* Papi *m fam,* Paps *m fam*

Pop·si·cle® ['pɑ:psɪkl] *n* AM *(ice lolly)* Eis *nt* am Stiel, Stängelglacé *f* SCHWEIZ

pop·sie *n* BRIT *(dated) see* **popsy**

'pop sing·er *n* Popsänger(in) *m(f)* **'pop song** *n* Popsong *m* **'pop star** *n* Popstar *m*

pop·sy ['pɒpsi] *n* BRIT *(dated)* Mieze *f veraltend sl,* [flotte] Biene [*o* SCHWEIZ Schnitte] *fam o veraltend sl*

popu·lace ['pɒpjələs, AM 'pɑ:pjəlɪs] *n no pl* SOCIOL ▪**the ~** die breite Masse [der Bevölkerung], das Volk; **the general ~** die Durchschnittsbevölkerung

popu·lar ['pɒpjələʳ, AM 'pɑ:pjələ˞] *adj inv* ① *(widely liked)* beliebt, populär; ***the new scheme has proved enormously ~*** das neue System kommt sehr gut an; ***you won't be very ~ if you burn the sausages*** du wirst dich nicht grade beliebt machen, wenn du die Würstchen verbrennst; *(iron hum)* ***I bet you were ~ when your parents got their phone bill!*** ich wette, deine Eltern haben sich sehr bei dir bedankt, als sie ihre Telefonrechnung gesehen haben! *iron hum;* ▪**to be ~ with sb** bei jdm beliebt sein; **a ~ brand** eine beliebte [*o* bekannte] Marke

② *attr (not high-brow)* populär; **~ music** Unterhaltungsmusik *f;* **the ~ press** die Massenmedien *pl;* **~ science** Populärwissenschaft *f*

③ *attr (widespread)* weit verbreitet, allgemein verbreitet; ***it is a ~ belief that ...*** viele glauben, dass ...; **a ~ saying** ein geflügeltes Wort

④ *attr (of the people)* Volks-; ***the socialists can no longer be sure of the ~ vote*** die Sozialisten können sich nicht mehr auf die Unterstützung der breiten Massen verlassen; **by ~ request** auf allgemeinen Wunsch; **~ revolt** [*or* **uprising**] Volksaufstand *m,* Massenunruhen *pl;* **~ support** Unterstützung *f* durch breite Schichten der Bevölkerung

popu·lar·ity [ˌpɒpjə'lærəti, AM ˌpɑ:pjə'lerəṭi] *n no pl* Beliebtheit *f,* Popularität *f;* ***movie-going in America is enjoying an upsurge of ~*** das Interesse an Kinobesuchen hat in den USA rapide zugenommen; ***how do you account for Tom's amazing ~ with women?*** wie erklärst du dir, dass Tom bei den Frauen so gut ankommt?

popu·lari·za·tion [ˌpɒpjələraɪ'zeɪʃən, AM ˌpɑ:pjələ˞ɪ'-] *n no pl* ① *(making liked)* Beliebtwerden *nt;* ***TV has been responsible for the ~ of landscape gardening*** das Fernsehen hat Landschaftsgärtnerei populär gemacht

② *(making accessible)* [allgemeine] Verbreitung, Popularisierung *f geh;* ***the ~ of air travel took place mainly in the 1960s*** Flugreisen wurden eigentlich erst in den 60er-Jahren der breiten Öffentlichkeit zugänglich

popu·lar·ize ['pɒpjələraɪz, AM 'pɑ:pjələ-] *vt* ① *(make liked)* ▪**to ~ sb/sth** jdn/etw populär machen; **to ~ an artist** einem Künstler/einer Künstlerin zum Durchbruch verhelfen

② *(make accessible)* ▪**to ~ sth** etw breiteren Kreisen zugänglich machen

popu·lar·iz·er ['pɒpjələraɪzəʳ, AM 'pɑ:pjələraɪzə˞] *n* ① *(of activity) jd, der etw populär macht*

② *(of academic subject) jd, der etw allgemein verständlich darstellt*

popu·lar·ly ['pɒpjələli, AM 'pɑ:pjələ˞-] *adv* ① *(commonly)* allgemein; ***it is ~ assumed that ...*** es ist eine weit verbreitete Annahme, dass ...; **to be ~ known as sth** *city* etw allgemein genannt werden; *person* allgemeinhin als etw bekannt sein; **as is ~ believed** wie man allgemein annimmt; **to be ~ thought of as sth** allgemein für etw *akk* gehalten werden

② *(by the people)* vom Volk; **to be ~ elected** vom Volk gewählt sein

popu·late ['pɒpjəleɪt, AM 'pɑ:p-] *vt* ① *usu passive (inhabit)* ▪**to be ~d** bevölkert sein; *island* bewohnt sein (**by/with** von +*dat*); ***the river is ~d mainly by smaller species of fish*** in dem Fluss sind vor allem kleinere Fischarten heimisch; **a very sparsely/densely ~d area** eine sehr dünn/dicht besiedelte Gegend

② *(provide inhabitants)* ▪**to ~ sth** etw besiedeln; ***Eastern Canada was initially ~d by the French*** in Ostkanada ließen sich ursprünglich die Franzosen nieder; **to ~ a stream with trout** in einem Bach Forellen ansiedeln

③ COMPUT ▪**to ~ sth** etw bestücken

popu·lat·ed board [ˌpɒpjəleɪtɪd'-, AM ˌpɑ:p-] *n* COMPUT bestückte Leiterplatte

popu·la·tion [ˌpɒpjə'leɪʃən, AM ˌpɑ:p-] **I.** *n* ① *usu sing (inhabitants)* Bevölkerung *f kein pl; (of particular place)* Einwohnerschaft *f kein pl;* ***there's been a rise in the prison ~*** die Zahl der in Haft befindlichen Personen ist gestiegen; **the entire ~ of the area** die gesamte [orts]ansässige Bevölkerung; **the American/urban ~** die amerikanische/städtische Bevölkerung; **the civilian ~** die Zivilbevölkerung

② *no pl (number of people)* Einwohnerzahl *f;* ***a ~ of 1.2 million*** 1,2 Millionen Einwohner

③ BIOL Population *f fachspr,* Bestand *m;* **the deer ~** der Hirschbestand; **the dolphin ~** die Delfinpopulation, der Delfinbestand; **the fish ~** die Fischvorkommen *pl,* der Fischbestand

④ *(in statistics)* Grundgesamtheit *f*

II. *n modifier (group, problems)* Bevölkerungs-, Einwohner-; **~ change** Veränderung *f* der Bevölkerung; **~ increase** Bevölkerungswachstum *nt,* Bevölkerungszunahme *f;* **~ decrease** sinkende Einwohnerzahlen, Bevölkerungsschwund *m;* **world ~** Weltbevölkerung *f*

popu·la·tion con·'trol *n no pl* Geburtenkontrolle *f* **popu·la·tion 'den·sity** *n no pl* Bevölkerungsdichte *f* **popu·la·tion ex·'plo·sion** *n* Bevölkerungsexplosion *f* **popu·'la·tion struc·ture** *n* Bevölkerungsaufbau *m*

popu·lism ['pɒpjəlɪzəm, AM 'pɑ:p-] *n no pl* Populismus *m geh*

popu·list ['pɒpjəlɪst, AM 'pɑ:p-] *(esp pej)* **I.** *adj inv* populistisch *geh*

II. *n* Populist(in) *m(f) geh*

popu·lous ['pɒpjələs, AM 'pɑ:p-] *adj (form)* bevölkerungsreich; *region, area* dicht besiedelt; ***China is the world's most ~ country*** China ist das Land mit der höchsten Bevölkerungsdichte

pop-up ['pɒpʌp, AM 'pɑ:p] **I.** *adj attr, inv* ① *book, card, computer* Popup-

② *toaster* Automatic-

II. *n* ① *(in a book)* Auffaltungskarton *m,* Auffaltkarton *m* SCHWEIZ, ÖSTERR

② COMPUT Popup *nt*

p.o.q. [ˌpi:əʊ'kju:] *vi* AUS *(fam)* abzischen *fam*

porce·lain ['pɔ:səlɪn, AM 'pɔ:r-] **I.** *n no pl* Porzellan *nt;* **Meissen ~** Meißener Porzellan

II. *n modifier (bowl, factory, plate)* Porzellan-

porch <*pl* -es> [pɔ:tʃ, AM pɔ:rtʃ] *n* ① *(without walls)* Vordach *nt; (with walls)* Vorbau *m; of a church* Portal *nt*

② AM *(veranda)* Veranda *f*

por·cine ['pɔ:saɪn, AM 'pɔ:r] *adj* schweineähnlich, Schweine-, wie ein Schwein *nach n*

por·cino <*pl* -cini> [pɔ:'tʃi:nəʊ, AM pɔ:r'tʃi:noʊ] *n* Steinpilz *m*

por·cu·pine ['pɔ:kjəpaɪn, AM 'pɔ:r-] *n* Stachelschwein *nt*

pore¹ [pɔ:ʳ, AM pɔ:r] *n* Pore *f*

pore² [pɔ:ʳ, AM pɔ:r] *vi* ▪**to ~ over sth** über etw *dat* brüten; **to ~ over books** über Büchern hocken *fam;* **to ~ over a map/newspaper** eine Landkarte/Zeitung eingehend studieren

pork [pɔ:k, AM pɔ:rk] **I.** *n no pl* Schweinefleisch *nt*

II. *n modifier (fat, meat, roast)* Schweine-, Schweins-; **~ escalope** [*or* AM **cutlet**] Schweineschnitzel *nt,* Schweinsschnitzel *nt* ÖSTERR; **~ sausage** Schweinswurst *f*

◆**pork up** *vi* AM *(sl)* schnell zunehmen, sich *dat* einen Ranzen anfressen *sl*

'pork-bar·rel *adj attr, inv* AM POL *(pej sl) bezeichnet die Vergabe von Regierungsgeldern für kommunale Projekte, um damit Wählerstimmen zu gewinnen* **'pork butch·er** *n* BRIT Schweinemetzger(in) *m(f)* **pork 'chop** *n* Schweinekotelett *nt,* Schweinskotelett *nt* ÖSTERR

pork·er ['pɔ:kəʳ, AM 'pɔ:rkə˞] *n* Mastschwein *nt*

porkie ['pɔ:ki] *n usu pl* BRIT *(hum rhyming sl) see* **porky**

pork 'pie *n* BRIT ① *(food)* Schweinefleischpastete *f* ② *(hum rhyming sl) see* **porkie** **pork-pie 'hat** *n flacher Hut mit Krempe* **pork 'scratch·ings** *npl* BRIT, **'pork rinds** *npl* AM [Speck]grieben *pl (als Snack),* Grammeln *pl* ÖSTERR

porky ['pɔ:ki, AM 'pɔ:rki] **I.** *adj (pej fam)* fett; ***hey, look at that ~ little boy*** hey, schau dir mal den kleinen Fettsack an *pej fam*

II. *n* ① AM *(fam)* Stachelschwein *nt*

② BRIT *(hum rhyming sl)* Lüge[ngeschichte] *f;* ***have you been telling them porkies again?*** hast du ihnen wieder einmal einen Bären aufgebunden? *fam*

porky-'pie *n* BRIT *(hum rhyming sl) see* **porkie**

porn [pɔ:n, AM pɔ:rn] *(fam)* **I.** *n no pl short for* **pornography** Porno *m;* **hard-core ~** harter Porno; **soft ~** Softporno *m*

II. *adj attr short for* **pornographic** Porno-; **~ film** [*or* **movie**] Pornofilm *m,* Pornostreifen *m;* **~ magazine** Pornoheft *nt*

por·no ['pɔ:nəʊ, AM 'pɔ:rnoʊ] *adj attr (fam) short for* **pornographic** Porno-

por·nog·ra·pher [pɔ:'nɒgrəfəʳ, AM pɔ:r'nɑ:grəfə˞] *n* Pornograf(in) *m(f) geh*

por·no·graph·ic [ˌpɔ:nə'græfɪk, AM ˌpɔ:r-] *adj inv* ① *(containing pornography)* pornografisch, Porno-; **~ literature** Pornoliteratur *f*

② *(obscene)* obszön, schmutzig

por·nog·ra·phy [pɔ:'nɒgrəfi, AM pɔ:r'nɑ:g-] *n no pl* Pornografie *f;* **hard-core ~** harter Porno; **soft-core ~** Softporno *m*

porny ['pɔ:ni, AM 'pɔ:rni] *adj (fam) short for* **pornographic** pornografisch, Porno-

po·ros·ity [pɔ:'rɒsəti, AM -'rɑ:səṭi] *n no pl (form)* Porosität *f,* Porigkeit *f*

po·rous ['pɔ:rəs] *adj* ① *(permeable)* porös; **~ barrier** CHEM poröse Trennwand; **~ diaphragm** semipermeable Membran

② *(not secure)* durchlässig; **~ information/security system** undichtes Informations-/Sicherheitssystem

por·poise ['pɔ:pəs, AM 'pɔ:r-] *n* ZOOL Tümmler *m*

por·ridge ['pɒrɪdʒ, AM 'pɔ:r-] *n no pl* ① *(boiled oats)* Porridge *m o nt,* Haferbrei *m*

② BRIT *(fam: time in prison)* **five years ~** fünf Jahre Knast *fam;* **to do ~** [hinter Gittern [*o* im Knast]] sitzen *fam*

por·ridge 'oats *npl* BRIT Haferflocken *pl*

port¹ [pɔ:t, AM pɔ:rt] *n* ① *(harbour)* Hafen *m;* **~ of embarkation** Einschiffungshafen *m;* **fishing/naval ~** Fischerei-/Seehafen *m;* **to come into ~** [in den Hafen] einlaufen; **to leave ~** auslaufen

② *(town)* Hafenstadt *f*

▸PHRASES: **it's any ~ in a storm** *(prov)* in der Not frisst der Teufel Fliegen *prov*

port² [pɔ:t, AM pɔ:rt] **I.** *n no pl* AVIAT, NAUT Backbord *nt;* **to turn to ~** nach Backbord drehen

II. *n modifier* AVIAT, NAUT Backbord-; **on the ~ bow** Backbord voraus; **the ~ side** die Backbordseite; **on the ~ side** backbord

port³ [pɔ:t, AM pɔ:rt] *n* ① COMPUT Anschluss *m,* Schnittstelle *f,* Port *m fachspr;* ***have you got a ~ for a joystick on your computer?*** kannst du einen Joystick an deinen Computer anschließen?; **terminal ~** Port *m fachspr*

② NAUT *(porthole)* Bullauge *nt,* Luke *f*

3 NAUT, MIL *(gun port)* Geschützpforte *f*

port[4] [pɔːt, AM pɔːrt] *n no pl (wine)* Portwein *m;* **ruby/tawny ~** Ruby/Tawny Port *m*

port[5] [pɔːt] *n* AUS *(fam: travelling bag)* Reisetasche *f*

port·abil·ity [ˌpɔːtəˈbɪləti, AM ˌpɔːrt̬əˈbɪlət̬i] *n no pl* 1 *(to be carried)* Tragbarkeit *f;* ***the advantage of the smaller model is its greater ~*** das kleinere Modell hat den Vorteil, dass man es besser tragen kann

2 COMPUT Übertragbarkeit *f*

port·able [ˈpɔːtəbl̩, AM ˈpɔːr-] **I.** *adj inv* 1 *(easily movable)* tragbar, portabel *geh; (fig) family, business executive* flexibel, beweglich, ortsungebunden; **~ computer** tragbarer Computer; **~ radio** Kofferradio *nt,* tragbares Radiogerät; **~ TV set** tragbarer Fernseher, Portable *m o nt fachspr;* **~ typewriter** Kofferschreibmaschine *f,* Reiseschreibmaschine *f*

2 COMPUT übertragbar, kompatibel

II. *n* ■ **a ~** ein tragbarer Computer, ein Portable

port·able ˈpen·sion *n* FIN [auf eine andere Firma] übertragbarer Rentenanspruch [*o* ÖSTERR Pensionsanspruch]

por·ta·cab·in *n* BRIT *see* **Portakabin**®

Por·ta·crib® [ˈpɔːrt̬əˌkrɪb] *n* AM *(carrycot)* Babytrag[e]tasche *f*

por·tage [ˈpɔːtɪdʒ, AM ˈpɔːr-] *n* 1 *no pl* TRANSP, NAUT *(carrying)* Transport *m* über Land

2 *no pl (costs)* Transportkosten *pl*

3 *(place)* Portage *f*

por·ta-john [ˈpɔːrtədʒɑːn] *n* AM Dixiklo *nt fam,* mobile Toilette **Por·ta·kab·in**® [ˈpɔːtəˌkæbɪn] *n* BRIT transportables Gebäude, ≈ Wohn-/Büro-/Schulcontainer *m*

por·tal [ˈpɔːtᵊl, AM ˈpɔːrt̬-] *n* 1 *(form)* Portal *nt;* **the ~s of heaven** die Himmelspforten *pl poet*

2 COMPUT Portal *nt*

Por·ta·loo® [ˈpɔːtəˌluː, AM ˈpɔːrt̬-], AM **Por·ta·pot·ty** [ˈpɔːrt̬əˌpɑːt̬i] *n (fam)* Miet-WC *nt*

Por·ta Pot·ti® [ˈpɔːrtəpɑːti] *n* AM mobiles Toilettenhäuschen

port au'thor·ity *n* Hafenbehörde *f* **port ˈcharges** *npl,* **port ˈdues** *npl* Hafengebühr[en] *f[pl]*

port·cul·lis <*pl* -es> [ˌpɔːtˈkʌlɪs, AM ˌpɔːrtˈ-] *n* Fallgitter *nt,* Fallgatter *nt*

porte co·chère [ˌpɔːtkɒˈʃeəʳ, AM ˌpɔːrtekɑːˈʃer] *n* Toreinfahrt *f,* Wagenauffahrt *f*

por·tend [pɔːˈtend, AM pɔːrˈ-] *vt (form)* ■ **to ~ sth** auf etw *akk* hindeuten; **to ~ calamity** Unheil ankündigen

por·tent [ˈpɔːtent, AM ˈpɔːr-] *n (form)* Vorzeichen *nt,* Omen *nt;* ***this could be a ~ of worse weather to come*** das könnte auf eine Wetterverschlechterung hindeuten; ***worrying economic ~s for the coming year*** beunruhigende Hinweise auf die Wirtschaftsentwicklung des kommenden Jahres

por·ten·tous [pɔːˈtentəs, AM pɔːrˈtent̬-] *adj inv* 1 *(form: highly significant)* bedeutungsvoll; *(ominous)* unheilvoll; *(grave)* schicksalhaft; **a ~ step** ein verhängnisvoller Schritt

2 *(pej: pompous)* hochtrabend *pej*

por·ten·tous·ly [pɔːˈtentəsli, AM pɔːrˈtent̬-] *adv (form)* 1 *(ominously)* unheilvoll

2 *(pej: pompously)* gewichtig

por·ter[1] [ˈpɔːtəʳ, AM ˈpɔːrt̬ɚ] *n* 1 *(baggage-carrier)* Gepäckträger *m; (on expedition)* Träger *m*

2 *no pl (beer)* Porter *nt*

por·ter[2] [ˈpɔːtəʳ, AM ˈpɔːrt̬ɚ] *n* 1 *esp* BRIT *(doorkeeper)* Portier, Portiersfrau *m, f,* SCHWEIZ *a.* Concierge *m o f;* **the college ~** der Pförtner/die Pförtnerin des College[s]; **hall/night ~** Empfangs-/Nachtportier *m;* **hotel ~** Hotelportier *m;* **~'s lodge** Pförtnerloge *f*

2 AM RAIL *(on sleeping car)* [Schlafwagen]schaffner(in) *m(f)*

por·ter·age [ˈpɔːtərɪdʒ, AM ˈpɔːrt̬ɚ-] *n no pl* 1 *(action)* ***in this kind of terrain, ~ is the best option*** in solchem Terrain ist es am besten Träger anzustellen; ***nowadays most rail and air travellers do their own ~*** heutzutage tragen die meisten Bahn- und Flugreisenden ihr Gepäck selbst

2 *(cost)* Trägerlohn *m*

ˈpor·ter·house, por·ter·house ˈsteak *n* AM, AUS Porterhouse-Steak *nt*

port fa·ˈcil·ities *npl* Hafenanlage *f*

port·fo·lio [ˌpɔːtˈfəʊliəʊ, AM ˌpɔːrtˈfoʊlioʊ] *n* 1 *(case)* Aktenmappe *f,* Aktentasche *f*

2 *(of drawings, designs)* Mappe *f;* **to build up a ~** eine Mappe anlegen

3 FIN *(financial investments)* Portefeuille *nt fachspr,* Wechselbestand *m,* Wertpapierbestand *m,* Aktienportfeuille *nt fachspr;* **entire ~** Gesamtportfolio *nt,* Gesamtportefeuille *nt;* **~ of claims** Forderungsbestand *m;* **~ of holdings** Beteiligungsportefeuille *nt,* Beteiligungsportfolio *nt*

4 POL *(ministerial position)* Portefeuille *nt fachspr,* Geschäftsbereich *m;* **minister without ~** Minister(in) *m(f)* ohne Geschäftsbereich [*o fachspr* Portefeuille]

port·fo·lio a'naly·sis *n* FIN Portfolio-Analyse *f,* Portefeuille-Analyse *f,* Depotanalyse *f* **port·fo·lio ˈas·sets** *npl* Wertpapiervermögen *nt* **port·fo·lio di·ver·si·fi·ˈca·tion** *n no pl* FIN Portfolio-Diversifikation *f* **port·fo·lio ˈmake·up** *n* FIN Portefeuille-Struktur *f,* Portefeuille-Zusammensetzung *f*

port·fo·lio ˈman·age·ment *n no pl* FIN 1 *(department)* Vermögensverwaltung *f,* Portfolio-Management *nt,* Portefeuille-Management *nt* 2 *(process)* Portfolio-Steuerung *f,* Depotadministration *f,* Depotgeschäft *nt* **port·fo·lio ˈman·ag·er** *n* FIN Portfolio-Manager(in) *m(f),* Portefeuille-Manager(in) *m(f)*

port·fo·lio ˈmod·el *n* FIN Portefeuille-Modell *nt*

port·fo·lio ˈmoni·tor·ing *n* FIN Portfolio-Überwachung *f*

ˈport·hole *n* NAUT Bullauge *nt,* Luke *f;* AVIAT Kabinenfenster *nt*

por·ti·co <*pl* -es *or* -s> [ˈpɔːtɪkəʊ, AM ˈpɔːrt̬ɪkoʊ] *n* Säulengang *m,* Portikus *m fachspr*

por·tion [ˈpɔːʃᵊn, AM ˈpɔːr-] **I.** *n* 1 *(part)* Teil *m;* **a large ~ of time** ein Großteil der Zeit

2 *(share)* Anteil *m;* ***I accept my ~ of the blame*** ich bekenne mich zu meinem Teil der Schuld

3 *(serving)* Portion *f; (piece)* Stück *nt;* **child's ~** Kinderportion *f;* **a huge ~** eine Riesenportion

4 LAW Ausstattung *f* eines Kindes mit Vermögen

II. *vt* ■ **to ~ out** ⟲ **sth** etw aufteilen [*o* verteilen]; ***we'll have to ~ the money out between the six of us*** wir werden uns das Geld zu sechst teilen müssen; **to ~ out blame** *(fig)* [die] Schuld zuweisen

Port·land·er [ˈpɔːtləndəʳ, AM ˈpɔːrtləndɚ] *n* Bewohner(in) *m(f)* Portlands

port·ly [ˈpɔːtli, AM ˈpɔːr-] *adj (esp hum)* korpulent, [wohl] beleibt

port·man·teau [pɔːtˈmæntəʊ, AM pɔːrtˈmæntoʊ] **I.** *n* <*pl* -s *or* -x> *(dated)* Reisekoffer *m*

II. *adj attr, inv* umfassend, weit gespannt; **~ word** Schachtelwort *nt*

port of ˈcall <*pl* ports of call> *n* 1 NAUT Anlaufhafen *m* 2 *(place to stop)* Anlaufstelle *f* **port of ˈclear·ance** *n* COMM Zollabfertigungshafen *m* **port of de·ˈpar·ture** <*pl* ports of departure> *n* NAUT Abgangshafen *m* **port of ˈen·try** <*pl* ports of entry> *n* NAUT Einlaufhafen *m,* Zollhafen *m*

por·trait [ˈpɔːtrɪt, AM ˈpɔːr-] *n* 1 *(picture)* Porträt *nt,* Bildnis *nt;* **to paint a ~ of sb** [*or* **sb's ~**] jds Porträt malen; **to have one's ~ painted** sich *akk* porträtieren lassen; **to sit for one's ~** jdm [für sein Porträt] Modell sitzen

2 *(fig: description)* Bild *nt,* Porträt *nt fig;* **to paint a vivid ~ of sth** ein lebendiges Bild einer S. *gen* zeichnen

3 *no art* TYPO *(format)* Hochformat *nt*

por·trait·ist [ˈpɔːtrɪtɪst, AM ˈpɔːrtrɪt̬-], **por·trait paint·er** *n* Porträtist(in) *m(f),* Porträtmaler(in) *m(f)*

por·trai·ture [ˈpɔːtrɪtʃəʳ, AM ˈpɔːrtrɪtʃɚ] *n no pl* Porträtmalerei *f*

por·tray [pɔːˈtreɪ, AM pɔːrˈ-] *vt* 1 *(paint)* ■ **to ~ sb** jdn porträtieren

2 *(describe)* ■ **to ~ sb/sth** jdn/etw darstellen [*o* porträtieren]

por·tray·al [pɔːˈtreɪəl, AM pɔːrˈ-] *n* Porträt *nt fig,* Darstellung *f; (in literature)* Schilderung *f*

Por·tu·gal [ˈpɔːtʃəgᵊl, AM ˈpɔːr-] *n* Portugal *nt*

Por·tu·guese [ˌpɔːtʃəˈgiːz, AM ˌpɔːr-] **I.** *n* 1 <*pl* -> *(person)* Portugiese, Portugiesin *m, f*

2 *no pl (language)* Portugiesisch *nt*

II. *adj* 1 *(of Portugal)* portugiesisch; ***her husband is ~*** ihr Mann kommt aus Portugal; **a ~ woman** eine Portugiesin

2 *(of language) course, teacher* Portugiesisch-

Por·tu·guese man-of-ˈwar, Por·tu·guese man-o'-ˈwar *n* ZOOL Staatsqualle *f,* Röhrenqualle *f*

port ˈwine *n no pl* Portwein *m*

POS, p.o.s. *n* ECON *abbrev of* **point of sale** Verkaufsstelle *f,* Verkaufsort *m; (in shop)* Kasse *f*

pose [pəʊz, AM poʊz] **I.** *n* 1 *(bodily position)* Haltung *f,* Pose *f;* **to adopt** [*or* **assume**] [*or* **strike**] **a ~** eine Pose einnehmen; **to hold a ~** eine Pose beibehalten, in einer Haltung verharren

2 *usu sing (pretence)* Getue *nt fig,* Gehabe *nt pej;* ***it's all a ~*** das ist alles bloß Show *fam*

II. *vi* 1 *(adopt position)* posieren, eine Haltung einnehmen; ■ **to ~ for sb** für jdn Modell sitzen [*o* stehen]; **to ~ for one's photograph** sich fotografieren lassen; **to ~ nude/topless** sich *akk* nackt/ohne Oberteil fotografieren lassen

2 *(pretend)* ■ **to ~ as sth** sich *akk* als etw ausgeben; ***he's just posing!*** das ist doch alles nur Bluff!

3 *(behave affectedly)* sich *akk* geziert [*o* affektiert] benehmen

III. *vt* 1 *(cause)* ■ **to ~ sth** etw aufwerfen; ***it does ~ the problem of where/how/when ...*** es stellt sich dann natürlich das Problem, wo/wie/wann ...; **to ~ difficulties** Schwierigkeiten mit sich *dat* bringen; **to ~ a threat to sb/sth** eine Bedrohung für jdn/etw darstellen

2 *(ask)* **to ~ a question** eine Frage stellen

3 *(for picture)* ■ **to ~ sb** jdn Positur einnehmen [*o* posieren] lassen

pose·able [ˈpəʊzəbl, AM ˈpoʊz-] *adj soft toy* beweglich; *doll* Glieder-

pos·er [ˈpəʊzəʳ, AM ˈpoʊzɚ] *n (fam)* 1 *(problem)* schwierige [*o* knifflige] Frage

2 *(pej: person)* Angeber(in) *m(f),* (in) Bluffer *m fam;* ***you look like a real ~ in your fancy sports car*** in deinem tollen Sportwagen siehst du ja ziemlich schickimicki aus! *pej fam*

po·seur [pəʊˈzɜːʳ, AM poʊˈzɜːr] *n (pej)* Angeber(in) *m(f),* SCHWEIZ *a.* Bluffer(in) *m(f) fam*

posey [ˈpəʊzi, AM ˈpoʊ-] *adj* BRIT *(pej fam)* protzig *pej,* großspurig *pej,* SCHWEIZ *a.* bluffig *fam o pej*

posh [pɒʃ, AM pɑːʃ] *(fam)* **I.** *adj* 1 *(stylish)* vornehm, piekfein; **~ area** vornehme Gegend; **~ car** Luxusschlitten *m fam;* **~ hat** todschicker Hut *fam;* **~ hotel** vornehmes [*o* feudales] Hotel; **~ restaurant** feines Restaurant; **~ shop** schicker Laden

2 *esp* BRIT *(upper-class)* vornehm; **~ accent** vornehmer Akzent; **a ~ woman** eine feine Dame

II. *adv* BRIT vornehm; ***stop acting so ~!*** sei nicht so überkandidelt!; ***she talks dead ~*** sie spricht so furchtbar gestelzt

ˈpos·ing pouch *n esp* BRIT Suspensorium *nt fachspr*

pos·it [ˈpɒzɪt, AM ˈpɑː-] *vt (form)* ■ **to ~ sth** etw postulieren *geh,* auf etw *dat* basieren

po·si·tion [pəˈzɪʃᵊn] **I.** *n* 1 *(place)* Platz *m,* Stelle *f; building* Lage *f;* ***the house has a good ~ overlooking the valley*** man hat vom Haus aus einen guten Blick über das Tal; ***the sofa is in a different ~ now*** jetzt steht das Sofa woanders; **to take up a ~** sich *akk* platzieren

2 *(appointed place)* Platz *m;* **to be in ~** an seinem/ihrem Platz sein; **to get** [*or* **move**] **into ~** seinen/ihren Platz einnehmen; ***the dancers moved into ~*** die Tänzer nahmen ihre Position[en] ein; **to move sth into ~** etw zurechtrücken; **to move out of ~** seinen/ihren Platz verlassen

3 *(in navigation)* Position *f,* Standort *m*

4 *(posture)* Stellung *f,* Lage *f;* **yoga ~** Yogahaltung *f;* **lying/sitting ~** liegende/sitzende Stellung, liegend/sitzend; **to change one's ~** eine andere Stellung einnehmen

5 SPORT *(in team)* [Spieler]position *f;* ***his ~ is in midfield*** er ist Mittelstürmer

⑥ *(rank)* Position *f,* Stellung *f;* **the ~ of women in society** die gesellschaftliche Stellung der Frau; **to jockey** [*or esp* Brit **jostle**] **for ~** um eine Position rangeln *fam*

⑦ Brit, Aus *(in race, competition)* Platz *m;* ***she finished the race in third*** **~** sie belegte bei dem Rennen am Schluss den dritten Platz

⑧ *(job)* Stelle *f,* Position *f;* **a ~ of responsibility** ein verantwortungsvoller Posten; **a ~ of trust** eine Vertrauensstellung; **a teaching ~** eine Stelle als Lehrer/Lehrerin; **to apply for a ~** sich *akk* um eine [Arbeits]stelle bewerben

⑨ *usu sing (situation)* Situation *f,* Lage *f;* ***put yourself in my*** **~** versetz dich in meine Lage; ■**to be in a/no ~ to do sth** in der Lage/nicht in der Lage sein, etw zu tun; **to put sb in an awkward ~** jdn in eine unangenehme Lage bringen; **financial ~** Vermögensverhältnisse *pl*

⑩ *usu sing (form: opinion)* Haltung *f,* Standpunkt *m;* ***what's the company's ~ on recycling?*** welchen Standpunkt vertritt die Firma in der Frage des Recycling?; ***his ~ is that ...*** er steht auf dem Standpunkt, dass ...; ***a party's ~ on defence*** die Position einer Partei zur Frage der Verteidigung; **to take the ~ that ...** die Meinung vertreten, dass ...

⑪ *usu pl* mil Stellung *f*

⑫ stockex [Wertpapier]position *f,* Stellung *f;* **to take a ~ in a share** Aktien für eigene Rechnung kaufen; **bear ~** Baisseposition *f;* **bull ~** Hausse-Engagement *nt,* Hausseposition *f;* **to close a ~** eine Position schließen [*o* glattstellen]; **to cover a ~** eine Position abdecken; **long ~** Hausse-Engagement *nt,* Long-Position *f;* **short ~** Baisse-Engagement *nt,* Short-Position *f*

II. *vt* ■**to ~ sb/sth** jdn/etw platzieren; ***I ~ed myself as far away from him as possible*** ich habe mich so weit wie möglich von ihm weggesetzt; **to ~ guns/troops** mil Gewehre in Stellung bringen/Truppen positionieren

po·si·tion·al [pəˈzɪʃᵊnᵊl] *adj inv esp* sport Stellungs-, positionell *fachspr;* **a ~ change** ein Stellungswechsel

po·si·tion·ing [pəˈzɪʃᵊnɪŋ] *n* Positionierung *f*

po·ˈsi·tion trad·er *n* stockex Position-Trader(in) *m(f)* **po·ˈsi·tion trad·ing** *n no pl* stockex Position Trading *nt*

posi·tive [ˈpɒzətɪv, AM ˈpɑːzət̬-] **I.** *adj inv* ① *(certain)* sicher, bestimmt; ***are you sure ...? — absolutely ~!*** bist du sicher, dass ...? – aber klar [doch]!; ***are you sure you're coming tonight? — ~!*** und du kommst heute Abend ganz bestimmt? – ganz bestimmt!; ■**to be ~ about sth** sich *dat* einer S. *gen* sicher sein; ■**to be ~ that ...** sicher sein, dass ...; **~ proof** [*or* **proof ~**] ein sicherer Beweis

② *(optimistic)* positiv; **~ attitude** optimistische [*o* positive] Einstellung; **~ criticism** konstruktive Kritik; **~ development** positive [*o* viel versprechende] Entwicklung; **~ feedback** positive Reaktion; ***I gave her some ~ feedback on it*** ich habe ihr eine positive Rückmeldung dazu gegeben; **~ person/thinking** positiver Mensch/positives Denken; **a ~ response** eine positive Antwort; **to think ~** positiv denken

③ *inv* med positiv; **to be HIV-~** HIV-positiv sein

④ *attr, inv (complete)* wirklich, absolut; ***she was a ~ joy to have around*** es war wirklich eine Freude, sie hier zu haben; **a ~ disadvantage/miracle** ein echter Nachteil/ein echtes Wunder

⑤ *inv* math *(above zero)* positiv; **a ~ quantity** eine positive Menge

⑥ *inv* elec *(carried by protons)* Plus-, positiv

II. *n* Stärke *f,* Pluspunkt *m*

posi·tive dis·crimi·ˈna·tion *n* Brit affirmative [*o* bestätigende] Diskriminierung *geh;* **a policy of ~** der Grundsatz, weiblichen Bewerberinnen bei gleicher Qualifikation den Vorzug zu geben

posi·tive dis·ˈplay *n* comput Schwarz-auf-weiß-Anzeige *f*

posi·tive·ly [ˈpɒzətɪvli, AM ˈpɑːzət̬-] *adv* ① *(definitely)* bestimmt; *say, promise* fest

② *(optimistically)* positiv

③ *inv (fam: completely)* völlig, absolut; ***Nicky ~ glows with health*** Nicky strotzt [ja] richtig vor Gesundheit; ***rich? — they're ~ loaded!*** reich? – die schwimmen geradezu im Geld! *fam;* **to be ~ rude** regelrecht grob sein

posi·tive·ness [ˈpɒzətɪvnəs, AM ˈpɑːzət̬-] *n no pl*

① *(certainty)* Bestimmtheit *f*

② *(optimism)* Zuversicht *f;* **the ~ of sb's criticism/development/response** jds konstruktive Kritik/positive Entwicklung/positive Antwort

posi·tive ˈvet·ting *n* Brit Sicherheitsüberprüfung *f*

posi·tiv·ism [ˈpɒzɪtɪvɪzᵊm, AM ˈpɑːzɪt̬-] *n no pl* philos Positivismus *m fachspr*

posi·tiv·ist [ˈpɒzɪtɪvɪst, AM ˈpɑːzɪt̬-] **I.** *n* philos Positivist(in) *m(f) fachspr*

II. *adj* positivistisch *fachspr*

posi·tiv·is·tic [ˌpɒzɪtɪˈvɪstɪk, AM ˌpɑːzɪt̬ɪ-] *adj inv* positivistisch

posi·tron [ˈpɒzɪtrɒn, AM ˈpɑːzɪtrɑːn] *n* phys, elec Positron *nt fachspr*

poss [pɒs, AM pɑːs] *adj pred, inv (fam) short for* **possible** möglich

pos·se [ˈpɒsi, AM ˈpɑːsi] *n* ① *(group of people)* Gruppe *f,* Schar *f;* **a whole ~ of armed policemen/reporters** ein ganzes Aufgebot an bewaffneten Polizeikräften/Reportern

② *(sl: group of friends)* Clique *f fam*

③ *(hist: summoned by sheriff)* [Hilfs]trupp *m*

pos·sess [pəˈzes] *vt* ① *(own, have)* ■**to ~ sth** etw besitzen; **to ~ charm** Charme haben [*o* besitzen]; **to ~ dignity** voller Würde sein; **to ~ magical powers** über magische Kräfte verfügen; **to ~ special skills** besondere Fähigkeiten besitzen

② law *(carry illegally)* ■**to ~ sth** etw [illegal] besitzen; ***he was sentenced to six months' imprisonment for ~ing heroin*** er wurde wegen Heroinbesitzes zu sechs Monaten Haft verurteilt; ***they've been charged with ~ing guns and explosives*** sie sind wegen Waffen- und Sprengstoffbesitzes angeklagt worden

③ *(fam: cause)* ■**to ~ sb:** ***what ~ed you?*** was ist denn [bloß] in dich gefahren?; ***whatever ~ed him to ...*** wie ist er bloß auf den Gedanken gekommen, ...

④ *usu passive (control)* **to be ~ed by demons/the Devil** von Dämonen/vom Teufel besessen sein; **to be ~ed by the urge to do sth** von dem Drang besessen sein, etw tun zu müssen; **like [some]one/a man/woman ~ed** wie ein Besessener/eine Besessene

⑤ *passive (form: have)* ■**to be ~ed of sth** etw besitzen [*o* haben]; **to be ~ed of a sense of humour** Humor haben

▶ phrases: **to ~ oneself in <u>patience</u>** sich *akk* in Geduld üben

pos·ses·sion [pəˈzeʃᵊn] *n* ① *no pl (having)* Besitz *m;* **to be in full ~ of one's faculties** im Vollbesitz seiner geistigen Kräfte sein; ■**to be in sb's ~** sich *akk* in jds Besitz befinden; ■**to be in the ~ of sb** in jds Besitz sein; ***he was found in ~ of explosives*** man fand Sprengstoff bei ihm; **to come into ~ of sth** *(form)* in den Besitz einer S. *gen* kommen; ***how did this painting come into your ~?*** wie ist dieses Gemälde in Ihre Hände gelangt?; **to gain** [*or* **take**] **~ [of sth]** law etw in Besitz nehmen; **to have sth in one's ~** *(form)* etw in seinem Besitz haben

② *usu pl (something owned)* Besitz *m kein pl*

③ pol *(area of land)* Besitzung[en] *f[pl] geh,* Landbesitz *m kein pl*

④ *no pl* sport **to regain ~ [of the ball]** wieder in den Ballbesitz gelangen

▶ phrases: **~ is nine <u>tenths</u>** [*or* Brit *also* **<u>points</u>**] **of the law** der Eigentümer hat das letzte Wort

pos·ses·sive [pəˈzesɪv] *adj* ① *(not sharing)* eigen; ***he's a bit ~ about his clothes*** was seine Kleidung angeht, ist er etwas eigen

② *(jealous)* besitzergreifend; ■**to be ~ towards** [*or* **about**] **sb:** ***he's very ~ towards his wife*** was seine Frau angeht, ist er sehr besitzergreifend

③ ling *(showing possession)* besitzanzeigend, possessiv *fachspr;* **the ~ singular of a noun** der Genitiv Singular eines Substantivs

pos·ses·sive·ly [pəˈzesɪvli] *adv* besitzergreifend

pos·ses·sive·ness [pəˈzesɪvnəs] *n no pl* Besitzgier *f; (towards people)* Besitzansprüche *pl*

pos·ses·sive ˈpro·noun *n* besitzanzeigendes Fürwort, Possessivpronomen *nt fachspr*

pos·ses·sor [pəˈzesəʳ, AM -ɚ] *n usu sing (form or hum)* Besitzer(in) *m(f);* **to be the proud ~ of sth** der stolze Besitzer einer S. *gen* sein

pos·set [ˈpɒsɪt, AM ˈpɑː] *n* food, hist *Getränk aus heißer Milch, Alkohol und Gewürzen*

pos·sibil·ity [ˌpɒsəˈbɪləti, AM ˌpɑːsəˈbɪlət̬i] *n* ① *(event or action)* Möglichkeit *f;* **there's a ~ that ...** es kann sein, dass ..., möglicherweise ...; **there is every** [*or* **a strong**] **~ that ...** es ist sehr wahrscheinlich, dass ..., höchstwahrscheinlich ...; **to consider/examine the possibilities** alle Möglichkeiten durchdenken; **to consider the ~ of sth** etw in Erwägung ziehen

② *no pl (likelihood)* Möglichkeit *f,* Wahrscheinlichkeit *f;* ***is there any ~ [that] ...?*** besteht irgendeine Möglichkeit, dass ...?; ***there's not much ~ of that happening*** die Wahrscheinlichkeit, dass das passiert, ist sehr gering; ***it's not beyond the bounds of ~ that ...*** es ist nicht völlig auszuschließen, dass ...

③ *(potential)* ■**possibilities** *pl* Möglichkeiten *pl;* **to have possibilities** entwicklungsfähig sein; ***the old cottage definitely has possibilities*** aus dem alten Landhaus lässt sich durchaus etwas machen

pos·sible [ˈpɒsəbl̩, AM ˈpɑːs-] **I.** *adj inv* ① *usu pred (feasible)* möglich; ***it's just not ~*** das ist einfach nicht machbar; ***is it ~ to book tickets in advance?*** kann man die Karten auch im Voraus reservieren?; ***would it be ~ to ...*** könnten wir vielleicht ...; **the best/cheapest ~ ...** der/die/das allerbeste/allerbilligste ...; **as clean/early/good as ~** so sauber/früh/gut wie möglich; **as much/soon as ~** so viel/bald wie möglich; **if ~** wenn möglich

② *(that could happen)* möglich, vorstellbar, denkbar; ***I never thought it ~, but ...*** ich habe es nie für möglich gehalten, aber ...; ***anything's ~*** alles ist möglich; **to make sth ~** etw ermöglichen

II. *n* Kandidat(in) *m(f); (sth to consider)* **to be a ~** infrage kommen

pos·sibly [ˈpɒsəbli, AM ˈpɑːs-] *adv inv* ① *(feasibly)* ***I kept the speech as short as I ~ could*** ich habe die Rede so kurz gehalten, wie ich nur konnte; ***he can't ~ have drunk all that on his own!*** das kann er doch unmöglich alles allein getrunken haben!; **to do all that one ~ can** alles Menschenmögliche tun

② *(perhaps)* möglicherweise, vielleicht; ***I might ~ be a little late*** ich werde mich möglicherweise ein wenig verspäten; **very** [*or* **quite**] **~** durchaus möglich; *(more likely)* sehr wahrscheinlich

③ *(in polite use)* möglicherweise; ***could I ~ ask you to ...?*** dürfte ich Sie vielleicht bitten, ...?; ***could you ~ speak up a little?*** würde es Ihnen etwas ausmachen, ein wenig lauter zu sprechen?; ***another chocolate? — no, really, I couldn't ~*** noch ein Stück Schokolade? – danke, aber das wäre wirklich zu viel

pos·sum <*pl* - *or* -s> [ˈpɒsəm, AM ˈpɑːs-] *n* Gleitbeutler *m*

post [pəʊst, AM poʊst] **I.** *n* ① *(pole)* Pfosten *m,* Pfahl *m;* **concrete/iron/wooden ~** Beton-/Eisen-/Holzpfosten *m*

② *(in horse race)* ■**the ~** *(finishing post)* der Zielpfosten, das Ziel; *(starting post)* der Startpfosten *m*

③ *(fam: goalpost)* [Tor]pfosten *m;* **to hit the ~** den Pfosten treffen; ***the ball hit the ~*** der Ball prallte gegen den Pfosten

④ Brit *(mail)* Post *f;* **by ~** mit der Post; ***is there any ~ for me?*** habe ich Post bekommen?

II. *vt* ① *(send)* ■**to ~ sth** etw [per Post] schicken

② *(put into letterbox)* **to ~ a letter** einen Brief einwerfen

③ *(give notice)* ■**to ~ sth** etw [durch Aushang] bekanntgeben; **to ~ sth on the [Inter]net** etw über das Internet bekanntgeben; **to ~ sth on the noticeboard** etw am Schwarzen Brett aushängen; **to be ~ed missing** mil als vermisst gemeldet sein

4 FIN **to ~ an entry** einen Posten buchen; **to ~ losses** Verluste buchen [*o* ausweisen]; **~ed price** STOCKEX Listenpreis *m*
◆**post up** *vt* ■**to ~ up** ○ **sth** *message* etw anschlagen [*o* aushängen]; **to ~ up an announcement on the noticeboard** eine Mitteilung am Schwarzen Brett anschlagen
post- [pəʊst, AM poʊst] *in compounds* nach-/Nach-, post-/Post-
post·age [ˈpəʊstɪdʒ, AM ˈpoʊ-] *n no pl* Porto *nt*, Portoauslage *f*, Postgebühren *pl* **post·age and ˈpack·ing** *n*, **P & P** *n no pl* BRIT, AUS Porto und Verpackung **ˈpost·age me·ter** *n* AM *(franking machine)* Frankiermaschine *f* **post·age ˈpaid** *adj inv* [porto]frei; **~ envelope** Freiumschlag *m*, vorfrankiertes Couvert SCHWEIZ, ÖSTERR; **~ reply card** frankierte Rückantwortkarte **ˈpost·age rate** *n* Porto *nt*, Postgebühren *pl* **ˈpost·age stamp** *n (form)* Briefmarke *f*, Postwertzeichen *nt form*
post·al [ˈpəʊstəl, AM ˈpoʊ-] *adj attr, inv* Post-, postalisch *geh*; **~ worker** Postangestellte(r) *f(m)*; **to go ~** *(fam)* durchdrehen, ausflippen *fam*
post·al ˈbal·lot *n* BRIT POL Briefwahl *f* **ˈpost·al bank** *n* Postbank *f*; **~ account** Postbankkonto *nt* **ˈpost·al charges** *npl* Postgebühren *pl* **ˈpost·al code** *n* BRIT, AUS Postleitzahl *f* **ˈpost·al or·der** *n esp* BRIT Postanweisung *f* **post·al ˈvote** *n* BRIT POL Briefwahl *f*
post-apoca·lyp·tic [ˌpəʊstəˌpɒkəˈlɪptɪk, AM ˌpoʊstəˌpɑːkəˈ-] *adj book, film setting, society* post-apokalyptisch
ˈpost·bag *n* BRIT 1 *(letters)* Zuschriften *pl*; *(by readers)* Leserzuschriften *pl*; *(by viewers)* Zuschauerzuschriften *pl*; *(by listeners)* Hörerzuschriften *pl*; **to have an enormous** [*or* **a heavy**] **~ on a subject** zahllose [*o* Unmengen von] Zuschriften zu einem Thema bekommen haben 2 *(bag)* Postsack *m* **ˈpost·box** *n esp* BRIT, AUS Briefkasten *m* **ˈpost·card** *n* Postkarte *f*; **to drop** [*or* **send**] **sb a ~** jdm eine [Post]karte schicken
post-chaise <*pl* -s> [ˈpəʊsʃeɪz, AM ˈpoʊs-] *n* HIST Postchaise *f*
post-ˈclas·si·cal *adj inv* nachklassisch
ˈpost·code *n* BRIT, AUS Postleitzahl *f*
post-ˈcoit·al *adj attr, inv* postkoital *geh*, nach dem Koitus *nach n geh* **post·co·ˈlo·nial** *adj inv* postkolonial **post-ˈdate** *vt* 1 *(give later date)* ■**to ~ sth** etw vordatieren; **~d cheque** [*or* AM **check**]/**letter** vordatierter Scheck/Brief 2 *(happen after)* ■**to ~ sth** sich *akk* später ereignen **post·ˈdoc·tor·al** *adj* im Anschluss an die Promotion *nach n*
post·er [ˈpəʊstəʳ, AM ˈpoʊstɚ] *n* 1 *(advertisement)* [Werbe]plakat *nt*
2 *(large picture)* Poster *nt*
ˈpost·er child *n* ■**to be a ~ for sth** ein Aushängeschild *nt* für etw *akk* sein **ˈpost·er col·our**, AM **ˈpost·er col·or** *n* Plakatfarbe *f*
poste res·tante [ˌpəʊstˈrestɑːnt, AM ˌpoʊstresˈtɑːnt] I. *n usu sing* Aufbewahrungs- und Abholstelle *f* für postlagernde Briefe und Sendungen; *(on envelopes)* **'~'** ‚postlagernd'
II. *n modifier* **sb's ~ address** *die Adresse, an die man jdm postlagernd schreiben kann*
III. *adv inv* postlagernd, poste restante
pos·teri·or [pɒsˈtɪəriəʳ, AM pɑːˈstɪriɚ] I. *n (hum)* Hinterteil *nt hum*, Hintern *m fam*
II. *adj attr, inv (form)* 1 *(later in time)* spätere(r, s)
2 *(towards the back)* hintere(r, s)
pos·ter·ity [pɒsˈterəti, AM pɑːˌsterət̬i] *n no pl (form)* Nachwelt *f geh*; **to preserve sth for ~** etw der Nachwelt erhalten
PO'S ter·mi·nal *n* COMM POS-Terminal *nt*
pos·tern [ˈpɒstən, AM ˈpoʊstɚn] *n (old: at back)* Hintertür *f*; *(at side)* Seitentür *f*, Nebentür *f*
ˈpost·er paint *n* Plakatfarbe *f*
post-ˈfemi·nism *n no pl* Postfeminismus *m geh* **post-ˈfemi·nist** I. *adj inv* postfeministisch *geh* II. *n* Postfeminist(in) *m(f) geh*
ˈpost-free BRIT I. *adj inv* portofrei, gebührenfrei; **~ reply card** frankierte Rückantwortkarte; **~ service** gebührenfreie Zustellung
II. *adv* portofrei, gebührenfrei
post·ˈgrad [ˌpəʊs(t)ˈgræd] I. *n (fam) short for* **postgraduate** Postgraduierte(r) *f(m) fachspr*, Student(in) *m(f)* im Aufbaustudium *(nach Erreichen des ersten akademischen Grades)*, Doktoratsstudent(in) *m(f)* ÖSTERR
II. *adj attr, inv (fam) short for* **postgraduate** weiterführend, Postgraduierten- *fachspr*, Aufbau-
post·ˈgradu·ate I. *n* Postgraduierte(r) *f(m) fachspr*, Student(in) *m(f)* im Aufbaustudium *(nach Erreichen des ersten akademischen Grades)*, Doktoratsstudent(in) *m(f)* ÖSTERR II. *adj attr, inv* weiterführend, Postgraduierten- *fachspr*, Aufbau-; **~ research** weiterführende Forschungsarbeiten; **~ studies** Aufbaustudium *nt* **Post·gradu·ate Cer·tifi·cate in Edu·ˈca·tion** *n*, **PGCE** *n* BRIT *in Großbritannien für Lehramtskandidaten/-kandidatinnen vorgeschriebenes einjähriges Referendariat nach Ablegen des ersten Examens*
post-ˈhaste *adv inv (dated form)* schnellstens, eilends; ***may I suggest you pay that bill ~?*** darf ich Ihnen vorschlagen, die Rechnung baldigst zu begleichen? *form*
post-hi·ber·ˈna·tion *adj attr, inv* **~ check** [**of a device**] Überprüfung [eines Geräts] nachdem es länger ausgeschaltet war
post·hu·mous [ˈpɒstjəməs, AM ˈpɑːstʃə-] *adj inv (form)* post[h]um *form*; *child* nachgeboren; **a ~ award/novel** ein post[h]um verliehener Preis/veröffentlichter Roman
post·hu·mous·ly [ˈpɒstjəməsli, AM ˈpɑːstʃə-] *adv inv (form)* post[h]um *form*; ***his last novel was published ~*** sein letzter Roman wurde nach seinem Tode veröffentlicht; **to be awarded ~** post[h]um verliehen werden
postie [ˈpəʊsti] *n* BRIT *(fam)* Briefträger(in) *m(f)*, Postbote, -botin *m, f*
post-Im·ˈpres·sion·ist *adj inv* nachimpressionistisch **post-in·ˈdus·trial** *adj inv* postindustriell *geh*
post·ing [ˈpəʊstɪŋ, AM ˈpoʊ-] *n esp* BRIT 1 *(appointment to job)* Versetzung *f*; MIL Abkommandierung *f*; **overseas ~** Versetzung *f* nach Übersee
2 *(location)* Ort, an den jd versetzt wird; MIL ***we moved from one ~ to another all through our childhood*** während meiner Kindheit zogen wir von einer Einheit zur anderen um
3 FIN Verbuchung *f*
ˈPost-it®, **ˈPost-it note®** *n* Post-it® *nt*, Haftnotiz *f*
post·lude [ˈpəʊstljuːd, AM ˈpoʊstluːd, -ljuːd] *n* MUS Nachspiel *nt*
ˈpost·man *n* Postbote *m*, Briefträger *m*
post·man's ˈknock *n* BRIT *Kinderspiel, bei dem mit Küssen für imaginäre Briefe bezahlt wird*
ˈpost·mark I. *n* Poststempel *m*; **date as ~** Datum des Poststempels II. *vt usu passive* ■**to be ~ed** abgestempelt sein; **to be ~ed Manchester/the thirtieth of September** in Manchester/am dreißigsten September abgestempelt sein; ***the envelope hadn't been ~ed*** auf dem Umschlag war kein Poststempel **ˈpost·mas·ter** *n* Leiter *m* einer Postdienststelle **post·mas·ter ˈgen·er·al** *n* BRIT *(hist)* Postminister *m*
post me·rid·iem [ˌpəʊs(t)məˈrɪdiəm, AM ˌpoʊ-] *adv inv see* **p.m.**
post·mil·ˈlen·nial *adj* nach der Jahrtausendwende *nach n*
ˈpost·mis·tress *n* Leiterin *f* einer Postdienststelle
post·ˈmod·ern *adj inv* postmodern *geh* **post·mod·ern·ism** *n no pl* Postmoderne *f geh* **post·mod·ern·ist** I. *n* Postmodernist(in) *m(f) geh* II. *adj inv* postmodernistisch *geh* **post-mor·tem** [ˌpəʊs(t)ˈmɔːtem, AM ˌpoʊs(t)ˈmɔːrt̬əm], **PM** I. *n* 1 MED *(examination)* Obduktion *f*, Autopsie *f*; **to carry out** [*or* **conduct**] [*or* **perform**] **a ~** eine Autopsie vornehmen
2 *(fam: discussion)* Nachbesprechung *f*, Manöverkritik *f hum*
II. *adj attr, inv (done after death)* nach dem Tod *nach n*, postmortal *fachspr*; **~ report** Obduktionsbericht *m* **post·mor·tem ex·ami·ˈna·tion** *n* MED Obduktion *f*, Autopsie *f* **post-ˈna·tal** *adj inv* nach der Geburt *nach n*, postnatal *fachspr*; **~ blues** Wochenbettdepression *f*; **~ care** Versorgung *f* nach der Geburt; **~ depression** postnatale Depression *fachspr*; **the ~ period** die Zeit nach der Geburt
post-9-11 [ˈpəʊstnaɪnɪˌlevən, AM ˈpoʊst-], **post-Sept. 11** [ˈpəʊstsepˌtembəʳɪˌlevən, AM ˈpoʊstsepˌtembɚ-] *adj inv* nach dem 11. September *nach n*
post·ˈnup·tial *adj inv* nach der Hochzeit *nach n*; ZOOL nach der Paarungszeit *nach n* **post·nup·tial aˈgree·ment** *n* Ehevertrag *m*
ˈPost Of·fice *n*, **PO** *n* ■**the ~** die Post *kein pl* **ˈpost of·fice** *n* 1 *(for postal services)* Postamt *nt*, Post *f kein pl*, SCHWEIZ *a.* Poststelle *f*; ■**at the ~** auf der Post; *(have account etc.)* bei der Post; **to go to the ~** zur [*o* auf die] Post gehen 2 AM *(postman's knock) Kinderspiel, bei dem imaginäre Briefe mit Küssen bezahlt werden* **post of·fice ac·ˈcount** *n* Postscheckkonto *nt* **post of·fice ˈbank** *n* Postscheckamt *nt* **post of·fice ˈbox** *n* Postfach *nt*
post-ˈop·era·tive *adj inv* MED postoperativ *fachspr*; **~ care** [medizinische] Versorgung nach einer Operation; **the immediate ~ period** die Zeit unmittelbar nach der Operation
post-ˈpaid I. *adj inv* portofrei, gebührenfrei, frei[gemacht]; **~ reply card** frankierte Rückantwortkarte; **~ service** gebührenfreie Zustellung
II. *adv* gebührenfrei, portofrei; ***it went ~*** die Zustellung war gebührenfrei
post-par·tum [ˌpəʊstˈpɑːtəm, AM ˌpoʊstˈpɑːr] *adj inv* MED post partum *fachspr*, postpartal *fachspr*, nach der Geburt auftretend *attr*
post·pone [pəʊs(t)ˈpəʊn, AM poʊs(t)ˈpoʊn] *vt* ■**to ~ sth** etw verschieben [*o* aufschieben]; **to ~ a meeting** eine Sitzung vertagen; **to ~ sth for a week/until** [*or* **to**] **Thursday** etw um eine Woche/auf Donnerstag verschieben
post·pone·ment [pəʊs(t)ˈpəʊnmənt, AM poʊs(t)ˈpoʊ-] *n* 1 *(delay)* Verschiebung *f*; ***we were disappointed by yet another ~ of our trip*** wir waren enttäuscht, dass wir unsere Reise noch einmal verschieben mussten
2 *no pl (deferment)* Aufschub *m*; *of a court case* Vertagung *f*; **~ of payment** Zahlungsaufschub *m*; **to apply for a ~** LAW eine Vertagung [der Gerichtsverhandlung] beantragen
post·pran·dial [ˌpəʊs(t)ˈprændiəl, AM ˌpoʊs(t)ˈ-] *adj inv (hum)* Verdauungs-, nach dem Essen *nach n*; **~ walk** [*or* **stroll**] Verdauungsspaziergang *m* **post-pro·ˈduc·tion** I. *n* FILM, RADIO, TV Post Production *f fachspr (Nachbearbeitung von Film- oder Videomaterial)* II. *adj attr, inv* nach den Dreharbeiten *nach n*
ˈpost-ranking *adj* nachrangig
ˈpost room *n* BRIT Poststelle *f*
ˈpost·script *n* 1 *(to a letter)* Postskript[um] *nt*; **to add a ~ to a letter** ein Postskript[um] anfügen
2 *(to piece of writing)* Nachwort *nt*
3 *(sequel)* Fortsetzung *f*; ***and did the matter end there, or was there a ~?*** und war die Geschichte damit zu Ende, oder gab es ein Nachspiel?
post·ˈseason I. *n esp* AM SPORT Nachsaisonspiel *nt*
II. *adj esp* AM Nachsaison-; **~ game** Nachsaisonspiel *nt*
post-trau·ˈmat·ic *adj* posttraumatisch **post-trau·mat·ic ˈstress dis·or·der** *n no pl* posttraumatisches Stresssyndrom *fachspr* **post-trau·mat·ic ˈstress syn·drome** *n* posttraumatisches Belastungssyndrom
pos·tu·late *(form)* I. *vt* [ˈpɒstjəleɪt, AM ˈpɑːstʃə-] ■**to ~ sth** etw postulieren *geh*; ■**to ~ that ...** die These vertreten, dass ...
II. *n* [ˈpɒstjələt, AM ˈpɑːstʃəlɪt] Postulat *nt geh*
pos·tur·al [ˈpɒstʃərəl, AM ˈpɑːs] *adj inv* Haltungs-, Stellungs-, Lagerungs-
pos·ture [ˈpɒstʃəʳ, AM ˈpɑːstʃɚ] I. *n* 1 *no pl (natural)* [Körper]haltung *f*; *(pose also)* Stellung *f*, Pose *f*; **to have a good/bad ~** eine gute/schlechte Haltung haben; **in a very awkward ~** in einer sehr merkwürdigen Haltung [*o* Stellung]; **in a kneeling/an upright ~** in kniender/aufrechter Stellung; **to adopt** [*or* **assume**] [*or* **get into**] **a ~** eine Pose einnehmen

P

(2) *no pl (attitude)* Haltung *f* (**on** zu +*dat*); **to adopt a defensive ~** eine defensive Haltung einnehmen
II. *vi (pej)* sich *akk* in Pose werfen

pos·tur·ing ['pɒstʃᵊrɪŋ, AM 'pɑːstʃɚ-] *n no pl (pej)* Gehabe *nt pej,* Getue *nt pej;* **intellectual ~** intellektuelles Getue *pej;* **macho ~** Machogehabe *nt pej*

post·vi·ral [ˌpəʊs(t)'vaɪrᵊl, AM ˌpoʊs(t)'-] *adj* MED postviral; ~ [**fatigue**] **syndrome** Erschöpfungssyndrom *nt*

post-'war *adj inv* Nachkriegs-, der Nachkriegszeit *nach n;* **~ era** Nachkriegsära *f;* **~ Europe** Nachkriegseuropa *nt;* **the immediate ~ period** die unmittelbare Nachkriegszeit; **the ~ rationing** die Rationierung[en] *f[pl]* in der Nachkriegszeit

'post·wom·an *n* Postbotin *f,* Briefträgerin *f*

post-'work *adj attr* nach der Arbeit *nach n;* ***on a Friday afternoon we often go for a ~ drink*** freitags nachmittags gehen wir oft nach der Arbeit noch was trinken **post-'work·out** *adj inv* nach dem Training *nach n*

posy ['pəʊzi, AM 'poʊ-] *n* Sträußchen *nt;* **~ of anemones/flowers** Anemonen-/Blumensträußchen *nt*

pot[1] *n abbrev of* **potentiometer**

pot[2] [pɒt, AM pɑːt] *n no pl (sl)* Pot *nt sl;* **to smoke ~** Pot rauchen

pot[3] [pɒt, AM pɑːt] **I.** *n* (1) *(for cooking)* Topf *m;* **~s and pans** Töpfe und Pfannen
(2) *(container)* Topf *m; (glass)* Glas *nt;* **coffee ~/tea~** Kaffee-/Teekanne *f,* SCHWEIZ *a.* Kaffee-/Teekrug *m;* **jam/mustard ~** BRIT Marmeladen-/Senfglas *nt;* **paint ~** Farbtopf *m*
(3) *(amount)* **a ~ of coffee/tea** eine Kanne Kaffee/Tee; ***make a fresh ~*** [***of tea***] mach noch mal Tee; **two ~s of sour cream/yoghurt** BRIT zwei Becher saure Sahne [*o* ÖSTERR Rahm]/Joghurt; **a ~ of moisturizing cream** BRIT ein Tiegel *m* Feuchtigkeitscreme; **a ~ of paint** BRIT ein Topf *m* Farbe
(4) *(for plants)* Blumentopf *m;* **terracotta ~** Terrakottatopf *m*
(5) *(clay container)* Keramikgefäß *nt*
(6) *(sl: trophy)* Pokal *m*
(7) *(fam: a lot)* ■ **~s** *pl* jede Menge; **to have ~s of money** steinreich sein, jede Menge [*o* massenhaft] Geld haben; ***she's got ~s of money*** sie hat Geld wie Heu *fam*
(8) *(potty)* Töpfchen *nt,* Topf *m*
(9) *usu sing (esp hum: pot belly)* Wampe *f pej fam*
(10) *esp* BRIT *(potshot)* Schuss *m* aufs Geratewohl; **to take a ~ at sb/sth** aufs Geratewohl auf jdn/etw schießen; *(fig)* jdn/etw aufs Korn nehmen
(11) *(in billiards, snooker)* Stoß *m; (in cards)* Pott *m; (jackpot)* Topf *m*
▸PHRASES: **it's** [**a case of**] **the ~ calling the kettle black** ein Esel schimpft den anderen Langohr; **to go to ~** *(fam)* vor die Hunde gehen *fam,* auf den Hund kommen *fam; country, economy, business* den Bach runtergehen *fam; hopes* sich *akk* zerschlagen; *plan* ins Wasser fallen *fig;* **~ of gold at the end of the rainbow** ein unerfüllter Wunsch; ***she's still searching for that ~ of gold*** sie jagt immer noch ihrem Traum hinterher; **to keep the ~ boiling** sich/jdn über Wasser halten; **to let sth go to ~** etw verwildern lassen
II. *vt* <-tt-> (1) *(put in pot)* ■ **to ~ sth** [**up**] *plants* etw eintopfen [*o* in einen Topf pflanzen]; *food* etw in Töpfe [*o* einen Topf] füllen
(2) *(shoot)* ■ **to ~ sth** etw abschießen [*o fam* abknallen]
(3) SPORT *(in billiards, snooker)* **to ~ the black/green** die schwarze/grüne Kugel einlochen
III. *vi* ■ **to ~ at sth** auf etw *akk* schießen
◆**pot on** *vt* **to ~ a plant on** BRIT eine Pflanze [in einen größeren Topf] umtopfen

po·table ['pəʊtəbl̩, AM 'poʊt̬-] *adj (form)* trinkbar; **~ water** [sauberes] Trinkwasser

po·tage [pɒt'ɑːʒ, AM poʊ'tɑːʒ] *n no pl (old)* [dicke] Suppe

pot·ash ['pɒtæʃ, AM 'pɑːt-] *n no pl* Pottasche *f,* Kaliumkarbonat *nt fachspr*

po·tas·sium [pə'tæsiəm] *n no pl* CHEM Kalium *nt*

po·tas·sium 'chlo·ride *n no pl* CHEM Kaliumchlorid *nt fachspr* **po·tas·sium 'cya·nide** *n no pl* CHEM Kaliumzyanid *nt fachspr,* Zyankali *nt* **po·tas·sium fer·ri·cya·nide** [-ˌferɪ'saɪəˌnaɪd] *n no pl* CHEM rotes Blutlaugensalz; **~ soap** Schmierseife *f* **po·tas·sium fer·ro·cya·nide** [-ˌferə'saɪəˌnaɪd] *n no pl* CHEM gelbes Blutlaugensalz **po·tas·sium per·'man·ga·nate** *n no pl* CHEM Kaliumpermanganat *nt fachspr* **po·tas·sium 'soap** *n* CHEM Schmierseife *f*

po·ta·to <*pl* -es> [pə'teɪtəʊ, AM -t̬oʊ] *n* Kartoffel *f,* Erdapfel *m* ÖSTERR; **baked ~** Ofenkartoffel *f;* **fried/roasted ~es** Brat-/Röstkartoffeln *pl;* **mashed ~es** Kartoffelbrei *m,* Kartoffelpüree *nt,* Erdäpfelpüree *nt* ÖSTERR, Kartoffelstock *m* SCHWEIZ; **to dig up** [*or* **lift**] **~es** Kartoffeln ausgraben [*o* ernten]

po·'ta·to bee·tle, po·'ta·to bug *n* AM Kartoffelkäfer *m* **po·ta·to 'crisp** BRIT, AM, AUS **po·ta·to 'chip** *n usu pl* Kartoffelchip *m* **po·ta·to 'dump·ling** *n* Kartoffelkloß *m,* Erdäpfelknödel *m* ÖSTERR **po·'ta·to mash·er** *n* Kartoffelstampfer *m* **po·'ta·to peel·er** *n* Kartoffelschäler *m,* Kartoffelmesser *nt* **po·ta·to 'sal·ad** *n no pl* Kartoffelsalat *m,* Erdäpfelsalat *m* ÖSTERR

pot-bel·lied ['pɒtˌbelid, AM 'pɑːt-] *adj inv* dickbäuchig, mit einer Wampe *nach n;* **starving ~ children** hungernde Kinder mit aufgeblähten Bäuchen

pot 'bel·ly *n* dicker Bauch, Wampe *f fam; (sign of illness)* Blähbauch *m* **pot-bel·ly 'stove** *n* Kanonenofen *m*

'pot·boil·er *n (pej: music)* rein kommerzielles Stück; *(novel)* rein kommerzieller Roman

'pot-bound *adj inv plant* eingewachsen

po·teen [pɒt'iːn] *n* IRISH *illegal gebrannter irischer Schnaps*

po·ten·cy ['pəʊtᵊn(t)si, AM 'poʊ-] *n no pl* (1) *(strength)* Stärke *f; of evil, temptation, a spell* Macht *f; of a drug, poison* Wirksamkeit *f; of a weapon* Durchschlagskraft *f*
(2) *(sexual)* Potenz *f*

po·tent ['pəʊtᵊnt, AM 'poʊ-] *adj* (1) *(strong)* mächtig, potent *geh; antibiotic, drink, poison* stark; *argument* schlagkräftig; *symbol* aussagekräftig; *weapon* durchschlagend
(2) *(sexual)* potent

po·ten·tate ['pəʊtᵊnteɪt, AM 'poʊ-] *n (esp pej liter)* Potentat(in) *m(f) pej geh*

po·ten·tial [pə(ʊ)'ten(t)ʃᵊl, AM poʊ'-] **I.** *adj inv* potenziell *geh,* möglich; ***she is a ~ Olympic gold medallist*** sie ist eine Anwärterin auf Olympisches Gold; **~ buyer** potenzieller Käufer/potenzielle Käuferin; **~ customer** potenzieller Kunde/potenzielle Kundin; **~ dangers** potenzielle Gefahren; **~ market** potenzieller Markt
II. *n no pl also* ELEC Potenzial *nt geh;* **the growth ~ of the company** das Wachstumspotenzial des Unternehmens; **share with a growth ~** [*or* **with a ~ for growth**] Aktie *f* mit Wachstumspotenzial; **untapped ~** ungenutztes [*o* nicht ausgeschöpftes] [*o* brachliegendes] Potenzial; **to achieve** [*or* **fulfil**] **one's ~** sein volles Potenzial ausschöpfen; **to have the ~ to do sth** das Zeug dazu haben, etw zu tun; **to have** [**a lot of**] **~** *building, idea* [vollkommen] ausbaufähig sein; *person* [sehr] begabt sein, [großes] Talent haben; *song* viel versprechend sein; ***this room has got a lot of ~*** aus diesem Raum lässt sich eine ganze Menge machen

po·ten·tial 'dif·fer·ence *n* ELEC Potenzialunterschied *m*

po·ten·ti·al·ity [pə(ʊ)ˌten(t)ʃi'æləti, AM poʊˌten(t)ʃi'æləṭi] *n no pl (form: ability)* Potenzial *nt geh,* Möglichkeiten *pl; (capacity)* Leistungsfähigkeit *f;* **~ of danger** Gefahrenpotenzial *nt;* **~ for development** Entwicklungsmöglichkeiten *pl;* **~ for growth** Wachstumschancen *pl*

po·ten·tial·ly [pə(ʊ)'ten(t)ʃᵊli, AM poʊ'-] *adv inv* potenziell *geh;* **~ disastrous/successful** möglicherweise verheerend/erfolgreich; **sth is ~ fatal** etw kann tödlich sein

po·ten·ti·om·eter [pəˌten(t)ʃi'ɒmɪtəʳ, AM -'ɑːmɪt̬ɚ] *n* Potenziometer *m*

po·ten·tio·met·ric [pə(ʊ)ˌten(t)ʃiə'metrɪk, AM poʊˌten(t)ʃiə-] *adj inv* CHEM potentiometrisch; **~ analysis** [*or* **titration**] potentiometrische Titration; **~ measuring instrument** Kompensationsmessgerät *nt*

po·tent·ly ['pəʊtᵊntli, AM 'poʊ-] *adv* mächtig; **to demonstrate** [**most**] **~ that ...** [nur zu] deutlich zeigen, dass ...

pot·head ['pɒthed, AM 'pɑːt-] *n (sl)* Kiffer(in) *m(f) sl*

poth·er ['pɒðəʳ, AM 'pɑːðɚ] *n (liter)* Wirbel *m;* **to make a ~** viel Wirbel machen

'pot-herb *n* Küchenkraut *nt*

'pot hold·er *n esp* AM, AUS Topflappen *m*

'pot·hole *n* (1) *(in road)* Schlagloch *nt;* **to hit a ~** über ein Schlagloch fahren; *(fig)* ***the road to economic recovery is full of ~s*** der Weg zur wirtschaftlichen Erholung ist voller Hindernisse
(2) *(underground hole)* Höhle *f* **'pot·holed** *adj inv street* voller Schlaglöcher *nach n,* mit Schlaglöchern übersät

'pot·hol·er *n esp* BRIT *jd, der als Hobby Höhlen erforscht* **'pot·hol·ing** *n esp* BRIT Höhlenforschung *f* als Hobby

'pot-hook *n* (1) *(for pot)* Kesselhaken *m*
(2) *(in writing)* unbeholfener Schnörkel

'pot-hunt·er *n (sl)* Preisjäger(in) *m(f) fam*

po·tion ['pəʊʃᵊn, AM 'poʊ-] *n* Trank *m;* **love/magic ~** Liebes-/Zaubertrank *m; (esp pej: medicine)* Mittelchen *nt hum o pej*

pot 'luck *n no pl* Zufallstreffer *m;* **to take ~** nehmen, was es gerade gibt; ***I took ~ and got on the first available flight*** ich nahm aufs Geratewohl den nächsten freien Flug; **to take ~ with sth** mit etw *dat* vorliebnehmen **pot·luck 'din·ner,** AM *also* **pot·luck 'sup·per** *n Abendessen, zu dem die Gäste verschiedene Gerichte mitbringen und miteinander teilen*

'pot plant *n esp* BRIT, AUS Topfpflanze *f*

pot·pour·ri [ˌpəʊ'pʊəri, AM ˌpoʊpʊ'riː] *n* (1) *no pl (mixture)* Potpourri *nt*
(2) *(pot)* Potpourrigefäß *nt*
(3) *(medley)* bunte Mischung, Potpourri *nt;* MUS Medley *nt geh*

'pot roast *n* Schmorbraten *m*

'pot·shot *n (with gun)* blinder Schuss, Schuss *m* ins Blaue; *(fig: verbal attack)* scharfe Kritik, Seitenhieb *m;* **to take a ~ at sb/sth** [aufs Geratewohl] auf jdn/etw schießen; *(fig)* Seitenhiebe gegen jdn/etw austeilen

pot·ted ['pɒtɪd, AM 'pɑːt̬-] *adj attr, inv* (1) *(in a pot)* Topf-; **~ palm** Zimmerpalme *f;* **~ plant** Topfpflanze *f*
(2) *(preserved)* eingelegt; **~ shrimps** eingelegte Krabben
(3) BRIT *(fam: shorter)* gekürzt; **~ biography** Kurzbiografie *f;* **~ version** gekürzte Ausgabe

pot·ter[1] ['pɒtəʳ, AM 'pɑːt̬ɚ] *n* Töpfer(in) *m(f)*

pot·ter[2] ['pɒtəʳ, AM 'pɑːt̬ɚ] *esp* BRIT **I.** *n no pl (stroll)* Bummel *m; (around town)* Stadtbummel *m*
II. *vi* (1) *(unhurriedly)* bummeln, schlendern
(2) *(do nothing in particular)* vor sich *akk* hin werkeln *fam*
◆**potter about** *esp* BRIT, **potter around** *esp* BRIT, **potter round** *vi* BRIT (1) *(go unhurriedly)* herumschlendern; *(in car)* dahinzuckeln *fam;* **to ~ around the village** im Dorf umherschlendern, durchs Dorf bummeln
(2) *(do nothing in particular)* vor sich *akk* hin werkeln *fam;* **to ~ about** [*or* **around**] [*or* **round**] **in the kitchen** in der Küche werkeln [*o* hantieren] *fam*

pot·ter's 'wheel *n* Töpferscheibe *f*

pot·tery ['pɒtᵊri, AM 'pɑːt̬ɚi] *n* (1) *no pl (activity)* Töpfern *nt*
(2) *(objects)* Keramik *f kein pl,* Töpferwaren *pl*
(3) *(factory)* Töpferei *f*

pot·ti·ness ['pɒtɪnəs] *n no pl* BRIT *(fam)* Verrücktheit *f*

pot·ting com·post ['pɒtɪŋkɒmpɒst, AM 'pɑːt̬ɪŋkɑːmpoʊst] *n no pl* Blumenerde *f* **'pot·ting shed** *n esp* BRIT Gartengeräteschuppen *m*

pot·ty ['pɒti, AM 'pɑːt̬i] **I.** *adj esp* BRIT *(fam)* verrückt; ***I must have been ~ to ...*** ich war wohl nicht ganz bei Trost, als ich ...; ■ **to be ~ about sb/sth** nach jdm/etw verrückt sein; **to drive sb ~** jdn zum

Wahnsinn treiben; **to go ~** *(get angry)* ausflippen *sl; (become eccentric)* nicht mehr richtig ticken *fam*
II. *n* Töpfchen *nt* **'pot·ty-trained** *adj inv* ■ **to be ~** sauber sein; ***is Sammy ~ yet?*** geht der Sammy schon aufs Töpfchen? **'pot·ty-train·ing** *n no pl* Sauberkeitserziehung *f*

pouch <*pl* -es> [paʊtʃ] *n* ❶ *(small bag)* Beutel *m;* ***food sealed in foil ~ es*** in Folie eingeschweißte Lebensmittel; **leather/tobacco ~** Leder-/Tabaksbeutel *m*
❷ ZOOL *(of kangaroo, koala)* Beutel *m; (of hamster)* Tasche *f*
❸ *(under eyes)* ■ **~es** *pl* Tränensäcke *pl*

pouf¹ [pu:f] *n see* **pouffe**

pouf² *n esp* BRIT, AUS *(pej sl) see* **poof**

pouffe *n* Puff *m,* gepolsterter Hocker

poul·ter·er ['pəʊltᵊrəʳ] *n* BRIT Geflügelhändler(in) *m(f)*

poul·tice ['pəʊltɪs, AM 'poʊl-] *n* MED Breiumschlag *m,* Breipackung *f*

poul·try ['pəʊltri, AM 'poʊ-] *n* ❶ *pl (birds)* Geflügel *nt kein pl*
❷ *no pl (meat)* Geflügel[fleisch] *nt*

'poul·try farm *n* Geflügelfarm *f* **'poul·try farm·ing** *n no pl* Geflügelzucht *f*

pounce [paʊn(t)s] *vi* ❶ *(jump)* lospringen; *attacker, animal* einen Satz machen; *bird of prey* niederstoßen
❷ *(fig: seize opportunity) police, journalist* zuschlagen, zuschnappen *fam; interrogator* sich *akk* auf sein Opfer stürzen *fig*

◆**pounce on, pounce upon** *vi* ❶ *(spring forward)* ■ **to ~ on** [*or* **upon**] **sb/sth** sich *akk* auf jdn/etw stürzen, über jdn/etw herfallen, auf jdn/etw losgehen; *police* jdn fassen; *criminal* jdn überfallen; **to ~ on its prey** [sich *akk*] auf seine Beute stürzen; *bird of prey* auf seine Beute niederstoßen
❷ *(grab quickly)* ■ **to ~ on** [*or* **upon**] **sth** [hastig] nach etw *dat* greifen; ***she ~d on the money as soon as I offered it to her*** kaum hatte ich es ihr angeboten, schon grapschte sie nach dem Geld
❸ *(fig: take advantage of)* ■ **to ~ on sth** etw aufgreifen, sich *akk* auf etw *akk* stürzen *fig;* **to ~ on an idea** sich *akk* auf eine Idee stürzen; **to ~ on an opportunity** eine Gelegenheit sofort beim Schopfe packen

pound¹ [paʊnd] *n* ❶ *(for dogs) Zwinger für entlaufende Hunde*
❷ *(for cars) Abstellplatz für abgeschleppte Autos, die von dort wieder abgeholt werden können*

pound² [paʊnd] *n* Pfund *nt; (coin)* Pfundmünze *f;* ■ **the ~** das [englische] Pfund; **five-~ note** Fünfpfundschein *m;* **~ for ~** BRIT, AUS auf Heller und Pfennig

pound³ [paʊnd] *n* ≈ Pfund *nt (454 g);* ***I'd like three ~s of bananas*** ich hätte gern drei Pfund Bananen; **by the ~** pfundweise, pro Pfund
▸PHRASES: **to get one's ~ of flesh from sb** gnadenlose Forderungen an jdn stellen, keine Gnade kennen

pound⁴ [paʊnd] **I.** *vt* ❶ *(hit repeatedly)* ■ **to ~ sth** auf etw *akk* hämmern, auf etw *dat* herumtrommeln; **to ~ the door** gegen die Tür hämmern; **to ~ the piano** [*or* **keyboard**] in die Tasten hauen; **to ~ the typewriter** auf der Schreibmaschine herumhämmern
❷ MIL *(bombard)* **to ~ the enemy positions/town** die feindlichen Stellungen/Stadt bombardieren; ***the town was ~ed to rubble*** die Stadt wurde in Schutt und Asche gelegt; *(fig)* ***the storm ~ed southern France*** der Sturm peitschte über Südfrankreich hinweg
❸ *esp* BRIT *esp* FOOD *(crush)* ■ **to ~ sth** etw zerstampfen
❹ *(fam: walk along repeatedly)* herumlaufen; **to ~ the beat** *policeman* auf Streife gehen
▸PHRASES: **to ~ one's ear** AM *(hum)* schlafen; **to ~ the pavement** AM Arbeit suchen
II. *vi* ❶ *(strike repeatedly)* hämmern; ***we watched the huge waves ~ ing against the shore*** wir beobachteten, wie die gewaltigen Wellen sich an der Küste brachen; **to ~ on the door/wall** an [*o* gegen] die Tür/Wand hämmern; **to ~ on the table** auf den Tisch hämmern
❷ *(run noisily)* stampfen; ■ **to ~ up to sb** auf jdn zustürmen
❸ *(beat) pulse* schlagen; *heart also* pochen; ***I could feel my heart ~ ing*** ich konnte fühlen, wie mir das Herz bis zum Halse schlug

◆**pound away** *vi* ■ **to ~ away at** [*or* **on**] **sth** auf etw *dat* [herum]hämmern; **to ~ away on the computer/typewriter** auf der Computertastatur/der Schreibmaschine herumhämmern; **to ~ away on a piano** heftig in die Tasten hauen

◆**pound out I.** *vt* **to ~ out a letter/tune** einen Brief/eine Melodie herunterhämmern
II. *vi* dröhnen

pound·age ['paʊndɪdʒ] *n* BRIT Gebühr *f* [pro Pfund]; *(commission)* Provision *f* [pro Pfund]

'pound cake *n* Napfkuchen *m*

pound·ing ['paʊndɪŋ] **I.** *n* ❶ *no pl (noise) of guns* Knattern *nt; of heart* Schlagen *nt; (in head)* Pochen *nt; of music, drum* Dröhnen *nt; of waves* Brechen *nt;* ***I could hear the ~ of my heart as I stepped onto the stage*** ich konnte mein eigenes Herz klopfen hören, als ich auf die Bühne stieg
❷ *(attack)* Beschuss *m kein pl; (from air)* Bombardement *nt;* **to take a ~** unter schweren Beschuss geraten, heftig bombardiert werden; *(fig)* ziemlich unter Beschuss geraten *fig,* heftig [*o* scharf] kritisiert werden
❸ *(defeat)* Niederlage *f; (in election, match)* Schlappe *f*
II. *adj drum, music* dröhnend; *head, heart* pochend

pound 'note *n* Pfundnote *f* **'pound sign** *n* Pfundzeichen *nt,* Pfundsymbol *nt* **pound 'ster·ling** *n* Pfund *nt* [Sterling]

pour [pɔ:ʳ, AM pɔ:r] **I.** *vt* ❶ *(cause to flow)* ■ **to ~ sth into/onto sth** etw in/auf etw *akk* gießen; *flour, rice, paint* etw in/auf etw *akk* schütten; ***~ about two kilos of salt into the water softener*** dem Wasserenthärter etwa zwei Kilogramm Salz zugeben; ■ **to ~ sth onto sb/oneself** *(accidentally)* etw über jdn/sich kippen; ■ **to ~ sb/oneself sth** [*or* **sth for sb/oneself**] jdm/sich etw einschenken; *(as refill)* jdm/sich etw nachschenken; ***~ yourself a drink*** nimm dir was zu trinken
❷ *(fig: give in large amounts)* ■ **to ~ sth into sth** *money, resources* etw in etw *akk* fließen lassen [*o fig fam* pumpen]; *energies* etw in etw *akk* stecken
▸PHRASES: **to ~ money down the drain** das Geld zum Fenster hinauswerfen *fig;* **to ~ oil on troubled waters** Öl auf die Wogen gießen *fig;* **to ~ scorn on sth/sb** etw/jdn mit Spott überhäufen; **to ~ scorn on an idea/a theory** eine Idee/Theorie verreißen
II. *vi* ❶ *(fill glasses, cups)* eingießen, einschenken; ***shall I ~?*** soll ich einschenken?
❷ *(flow)* ■ **to ~ into/out of sth** in etw *akk*/aus etw *dat* fließen [*o* strömen]; ***the sunlight came ~ ing into the room*** das Sonnenlicht durchströmte den Raum; ***donations are ~ing into the appeal office*** Spenden gehen in großer Zahl beim Spendenbüro ein; ***smoke was ~ ing from a pipe*** Rauch quoll aus einem Rohr; **to be ~ing with sweat** schweißgebadet sein
❸ *impers (rain)* **it's ~ing** [**with rain**] es gießt in Strömen, es schüttet *fam*

◆**pour away** *vt* ■ **to ~ away** ○ **sth** etw weggießen; *solid substances* etw wegschütten

◆**pour down** *vi impers* **it's ~ing down** [**with rain**] es gießt in Strömen, es schüttet *fam*

◆**pour forth I.** *vi (form) liquid* ausströmen; *gas, vapour also* ausgestoßen werden; *smoke* herausquellen, hervorquellen; *(fig) crowds, tourists, troops* herausströmen
II. *vt (form)* ■ **to ~ forth** ○ **sth** etw ausstoßen

◆**pour in** *vi* hereinströmen, hineinströmen; *letters, donations* massenweise eintreffen

◆**pour off** *vt* ■ **to ~ off** ○ **sth** etw weggießen; *pasta or vegetable water* etw abgießen; *solid substances* etw wegschütten

◆**pour out I.** *vt* ❶ *(serve from a container)* ■ **to ~ out** ○ **sth** *liquids* etw ausgießen; *solids* etw ausschütten; **to ~ out a cup of tea** eine Tasse Tee einschenken
❷ *(fig: recount)* ■ **to ~ out** ○ **sth** *feelings, words* etw hervorstoßen; **to ~ out the whole story** mit der ganzen Geschichte herausrücken; ■ **to ~ out** ○ **sth to sb** jdn mit etw *dat* überschütten *fig;* **to ~ out one's problems/thoughts/worries** sich *dat* Probleme/Gedanken/Sorgen von der Seele reden
❸ *(produce quickly)* ■ **to ~ out sth** etw ausstoßen
▸PHRASES: **to ~ one's heart out to sb** jdm sein Herz ausschütten
II. *vi* ❶ *(come out)* ausströmen; *smoke* herausquellen, hervorquellen
❷ *(be expressed) words etc.* herauskommen *fig*

pour·ing ['pɔ:rɪŋ] *adj attr, inv* strömend *attr;* **the ~ rain** der strömende Regen

pout [paʊt] **I.** *vi* einen Schmollmund machen; *(sulk)* schmollen
II. *vt* **to ~ one's lips** die Lippen spitzen
III. *n* Schmollmund *m*

pou·tine [pu:'ti:n] *n* CAN FOOD *Pommes frites mit zerbröseltem Frischkäse und brauner Soße*

pout·ing ['paʊtɪŋ, AM -ṭ-] *adj attr, inv* ***the gorgeous ~ Tanya*** die umwerfende Tanya mit dem Kussmund; **~ lips** gespitzte Lippen; **~ mouth** Schmollmund *m*

pouty ['paʊti] *adj see* **pouting**

pov·er·ty ['pɒvəti, AM 'pɑ:vɚṭi] *n no pl* ❶ *(state of being poor)* Armut *f;* **to live in** [**abject**] **~** in [entsetzlicher] Armut leben; **extreme/grinding ~** drückende/bitterste Armut; **intellectual/spiritual ~** geistige/seelische Armut; **to alleviate ~** die Armut lindern
❷ *(form: lack)* Mangel *m* (**of** an +*dat)*
▸PHRASES: **when ~ comes in at the door, love flies out of the window** *(prov)* wenn die Armut zur Tür hereinkommt, fliegt die Liebe zum Fenster hinaus

'pov·er·ty line *n* ■ **the ~** die Armutsgrenze; **to live below the ~** unter der Armutsgrenze leben **'pov·er·ty-strick·en** *adj* bitterarm, bettelarm; **the ~ countryside** die armen ländlichen Gegenden **'pov·er·ty trap** *n* BRIT Armutsfalle *f;* **to be caught in the ~** in der Armutsfalle sitzen

POW [,pi:əʊ'dʌblju:, AM -oʊ'-], BRIT *also* **PoW** *n (hist) abbrev of* **prisoner of war** KG

pow [paʊ] *interj (fam: esp in children's comics)* peng, zack

pow·der ['paʊdəʳ, AM -ɚ] **I.** *n* ❶ *no pl* Pulver *nt;* **baking ~** Backpulver *nt;* **curry ~** Currypulver *nt;* **to crush** [*or* **grind**] **sth to a ~** etw zu Pulver zermahlen
❷ *no pl (make-up)* Puder *m;* ***dust the face lightly with ~*** pudern Sie sich ganz leicht das Gesicht; **to cover oneself with talcum ~** sich *dat* den Körper pudern; **loose ~** loser Puder
❸ *no pl (snow)* Pulverschnee *m*
❹ BRIT *(washing powder)* Waschpulver *nt;* **biological ~** Biowaschmittel *nt*
II. *vt* ■ **to ~ sth/sb/oneself** etw/jdn/sich pudern; ■ **to be ~ed with sth** mit etw *dat* bestreut [*o* bestäubt] sein; **~ed with snow** mit Puderzucker [*o* ÖSTERR Staubzucker] bestäubt; **~ with dandruff** mit Schuppen übersät; **to ~ one's nose** sich *dat* die Nase pudern; *(euph hum: go to the lavatory)* ***would you get me another drink while I go and ~ my nose?*** würdest du mir noch einen Drink bestellen, während ich mal kurz verschwinde? *fam*

pow·der 'blue [,paʊdə'blu:, AM -ɚ'-] **I.** *n no pl* Himmelblau *nt*
II. *adj attr* himmelblau

'pow·der com·pact *n* Puderdose *f*

pow·dered ['paʊdəd, AM -ɚd] *adj inv* ❶ *(in powder form)* Pulver-, pulverisiert; **~ coffee** Pulverkaffee *m;* **~ egg** Trockenei *nt;* **~ milk** Trockenmilch *f,* Milchpulver *nt*
❷ *(covered with powder)* gepudert

'pow·der keg *n* Pulverfass *nt* **'pow·der maga·zine** *n (hist)* Pulverkammer *f,* Pulvermagazin *nt*

'pow·der puff *n* Puderquaste *f* **'pow·der room** *n (dated)* Damentoilette *f*

P

'pow·der snow *n no pl* Pulverschnee *m*

pow·dery ['paʊdᵊri, AM -ɚi] *adj* pulvrig; *(finer)* pudrig; ~ **chalk** bröck[e]lige [*o* brös[e]lige] Kreide

pow·er ['paʊəʳ, AM -ɚ] **I.** *n* 1 *no pl (control)* Macht *f; (influence)* Einfluss *m;* **gay/black ~ movement** Schwulenbewegung *f*/schwarze Bürgerrechtsbewegung; **to be in sb's ~** völlig unter jds Einfluss stehen; **to have sb in one's ~** jdn in seiner Gewalt haben; **to have ~ over sb/sth** *(control)* Macht über jdn/etw haben; *(influence)* Einfluss auf jdn/etw haben; ***he has a mysterious ~ over her*** sie ist ihm auf eine rätselhafte Art verfallen
2 *no pl (political control)* Macht *f;* **absolute ~** absolute Macht; **to come to ~** an die Macht kommen; **executive/legislative ~** die exekutive/legislative Gewalt; **to fall from ~** die Macht abgeben müssen; **to be in/out of ~** an der Macht/nicht an der Macht sein; **to restore sb to ~** jdn wieder an die Macht bringen; **to be returned to ~** wieder [*o* erneut] an die Macht kommen; **to seize ~** die Macht ergreifen [*o* übernehmen]
3 *(nation)* [Führungs]macht *f;* **industrial/military ~** Industriemacht/Militärmacht *f;* **naval** [*or* **sea**] **~** Seemacht *f;* **nuclear ~** Atommacht *f;* **the West's leading ~s** die westlichen Führungsmächte; **world ~** Weltmacht *f*
4 *(person, group)* Macht *f; (person also)* treibende Kraft; ■ **~s** *pl (group)* Kräfte *pl;* ***she is becoming an increasingly important ~ in the company*** sie wird innerhalb des Unternehmens zunehmend wichtiger; ***Mother Teresa was a ~ for good*** Mutter Teresa hat viel Gutes bewirkt; **the ~s of darkness** die Mächte *pl* der Finsternis
5 *no pl (right)* Berechtigung *f,* Befugnis *f;* ***it is*** [***with***] ***in my ~ to order your arrest*** ich bin dazu berechtigt, Sie unter Arrest zu stellen; **to have the ~ of veto** das Vetorecht haben
6 *(authority)* ■ **~s** *pl* Kompetenz[en] *f*[*pl*]; **to act beyond one's ~s** seine Kompetenzen überschreiten; **to give sb full ~s to do sth** jdn bevollmächtigen, etw zu tun
7 *no pl (ability)* Vermögen *nt,* Macht *f;* ***it is beyond my ~ to ...*** es steht nicht in meiner Macht, ...; ***the doctors will soon have it within their ~ to ...*** die Ärzte werden bald in der Lage sein, ...; **~ of absorption** Absorptionsvermögen *nt;* **to do everything in one's ~** alles in seiner Macht Stehende tun; **to have the** [*or* **have it in one's**] **~ to do sth** die Fähigkeit haben, etw zu tun, etw tun können; ***they have the ~ to destroy us*** sie haben die Macht, uns zu zerstören
8 *(skills)* ■ **~s** *pl* Vermögen *nt kein pl,* Fähigkeiten *pl;* **~s of concentration** Konzentrationsfähigkeit *f;* **~s of endurance** Durchhaltevermögen *nt;* **to be at the height** [*or* **peak**] **of one's ~s** auf dem Höhepunkt seiner Leistungsfähigkeit sein; **intellectual/mental ~s** intellektuelle/geistige Fähigkeiten; **~s of observation** Beobachtungsfähigkeit *f;* **~s of persuasion** Überzeugungskraft *f*
9 *no pl (strength)* Kraft *f,* Stärke *f; (of sea, wind, explosion)* Gewalt *f; (of nation, political party)* Stärke *f,* Macht *f;* **economic ~** Wirtschaftsmacht *f;* **explosive ~** Sprengkraft *f a. fig;* **military ~** militärische Stärke
10 *no pl (emotion)* Intensität *f; of words* Macht *f;* ***a poet of immense ~*** eine Dichterin von unglaublicher Ausdruckskraft
11 *no pl (electricity)* Strom *m,* Elektrizität *f;* **to cut off the ~** den Strom abstellen; **to disconnect the ~** den Strom abschalten; **hydroelectric ~** Wasserkraft *f;* **nuclear ~** Atomenergie *f;* **solar ~** Solarenergie *f,* Sonnenenergie *f;* **source of ~** Energiequelle *f,* Energielieferant *m*
12 *no pl (output)* Leistung *f,* Kraft *f;* ***full ~ ahead!*** volle Kraft voraus!
13 *no pl (dioptres)* Stärke *f;* ***what's the magnification ~ of your binoculars?*** wie stark ist Ihr Fernglas?
14 *no pl* MATH Potenz *f;* **~ of ten** Zehnerpotenz *f;* ***two to the ~*** [***of***] ***four*** [*or* ***to the fourth ~***] zwei hoch vier; ***three raised to the ~ of six*** drei in die sechste Potenz erhoben
▸PHRASES: **the ~s that be** die Mächtigen; ***it's up to the ~s that be to decide what ...*** sollen die da oben doch entscheiden, was ... *fam;* **to do sb a ~ of good** *(fam)* jdm wirklich gut tun; **more ~ to your elbow** [*or* AM **to you**]! nur zu!, viel Erfolg!; **~ behind the throne** graue Eminenz
II. *n modifier* 1 *(electric) (source, supply)* Strom-; **~ failure** [*or* **loss**] Stromausfall *m;* **~ industry** Energiewirtschaft *f;* **~ output** elektrische Leistung, Stromleistung *f;* **~ switch** [Strom]schalter *m*
2 *(political) (block, game, structure)* Macht-; **~ politics** Machtpolitik *f;* **~ struggle** Machtkampf *m;* **~ vacuum** Machtvakuum *nt*
III. *vi* 1 *(speed)* ■ **to ~ somewhere** irgendwohin sausen [*o fam* rasen]
2 *(work hard)* sich *akk* mächtig ins Zeug legen *fam*
IV. *vt* ■ **to ~ sth** etw antreiben; ***diesel-~ed trucks*** Lkws mit Dieselantrieb
◆**power down** *vt* ELEC, TECH ■ **to ~ down** ↔ **sth** etw abschalten; **to ~ down a computer** einen Computer herunterfahren
◆**power up I.** *vt* 1 ELEC, TECH ■ **to ~ up** ↔ **sth** etw einschalten [*o* anschalten]; **to ~ up a computer** einen Computer hochfahren
2 *(fig: energize)* ■ **to ~ up** ↔ **sb** jdn aufbauen [*o* motivieren]
II. *vi* 1 TECH, COMPUT hochfahren
2 *(fig: gain energy)* Kräfte sammeln; *(to confront)* sich *akk* rüsten; ***the baseball team is ~ing up for the new season*** die Baseballmannschaft trainiert zurzeit fleißig für die neue Saison

'pow·er-ad·just·able *adj inv* elektrisch verstellbar

'pow·er as·set *n* FIN Powerschein *m*

pow·er-as·'sist·ed *adj attr, inv* Servo-; **~ brakes** Servobremsen *pl;* **~ steering** Servolenkung *f*

'pow·er base *n* POL Stütze *f,* Hochburg *f fig*

'pow·er·boat *n* Rennboot *nt*

pow·er 'brakes *npl* Servobremsen *pl*

pow·er 'break·fast *n (fam)* Arbeitsfrühstück *nt*

'pow·er bro·ker *n* einflussreicher Politiker/einflussreiche Politikerin; *of a party* Parteigröße *f*

'pow·er cable *n* Stromkabel *nt* **'pow·er cut** *n* BRIT, AUS *(accidental)* Stromausfall *m; (deliberate)* Stromsperre *f*

'pow·er dive *n* Sturzflug *m* **'pow·er-dive** <-d *or* AM *also* -dove, -d *or* AM *also* -dove> *vi* einen Sturzflug machen

pow·er 'dress·ing *n no pl Kleidung, die berufliche Autorität unterstreicht*

'pow·er drill *n* Bohrmaschine *f* **'pow·er-driven** *adj inv* Motor-; *(by electricity)* elektrisch, Elektro-

-pow·ered ['paʊəd, AM -ɚd] *in compounds battery, nuclear, solar*-betrieben

'pow·er-fold·ing *adj attr, inv* elektrisch faltbar; **~ seats** elektrisch absenkbare Sitze

pow·er·ful ['paʊəfᵊl, AM -ɚ-] *adj* 1 *(mighty)* mächtig; *(influential)* einflussreich
2 *(physically strong)* stark, kräftig; *swimmer* kraftvoll; **~ arms/legs** kräftige Arme/Beine; **~ voice** kraftvolle Stimme
3 *(having physical effect)* stark; **~ bite/blow** kraftvoller [*o* kräftiger] Biss/Schlag; **~ drug** starkes Medikament; **~ explosion** heftige Explosion; **~ kick** kräftiger [*o* heftiger] Tritt; **~ smell** durchdringender Geruch; **~ storm/wind** starker [*o* heftiger] Sturm/Wind
4 *(compelling) effect, influence* stark; **~ argument** schlagkräftiges [*o* überzeugendes] [*o* SCHWEIZ, ÖSTERR *a.* schlagendes] Argument; **~ evidence** überzeugender Beweis; **~ gaze** fester [*o* durchdringender] Blick; **~ incentive** [*or* **stimulus**] mächtiger [*o* starker] Anreiz; **to have a ~ presence** eine starke Ausstrahlung haben
5 *(emotionally moving)* mitreißend; *literature, music also* ausdrucksvoll; *speech also* bewegend; *language, painting* ausdrucksstark; **~ emotions** starke [*o* überwältigende] Gefühle; **~ drama/novel** packendes Drama/packender Roman
6 TECH, TRANSP leistungsstark, leistungsfähig; **~ car/computer/motor** leistungsfähiger Wagen/Computer/Motor; **~ light** starkes [*o* helles] Licht
7 *(with high magnification) lens, microscope, telescope* stark

pow·er·ful·ly ['paʊəfᵊli, AM -ɚ-] *adv* 1 *(strongly)* stark; *(very much)* sehr; **to be ~ influenced by sth/sb** sehr stark von jdm/etw beeinflusst sein
2 *(using great force)* kraftvoll, mit Kraft; *argue* schlagkräftig

pow·er·ful·ly 'built *adj* kräftig gebaut

'pow·er hood *n* AM elektrisches Schiebedach

'pow·er·house I. *n* treibende Kraft, Motor *m fig; (of ideas, suggestions)* unerschöpfliche Quelle; **to be an academic ~** eine Hochburg der Wissenschaft sein; **to be an economic ~** eine führende Wirtschaftsmacht sein
II. *n modifier (singer, performance)* dynamisch

pow·er·less ['paʊələs, AM -ɚ-] *adj* machtlos (**against** gegen +*akk*); *(without authority) monarchy* ohne Machtbefugnis; ■ **to be ~ to do sth** unfähig [*o* nicht in der Lage] sein, etw zu tun

pow·er·less·ness ['paʊələsnəs, AM -ɚ-] *n no pl* Machtlosigkeit *f*

'pow·er line *n* Stromkabel *nt* **'pow·er loom** *n* Webmaschine *f,* maschineller Webstuhl

pow·er 'lunch *n (fam)* Arbeitsessen *nt*

'pow·er mow·er *n (electric)* elektrischer Rasenmäher; *(petrol-driven)* Benzinrasenmäher *m*

pow·er of at·'tor·ney <*pl* powers of attorney> *n* LAW 1 *no pl (right)* Handlungsvollmacht *f;* **joint ~** Gemeinschaftsvollmacht *f;* **unlimited ~** Generalvollmacht *f;* **to give ~ to sb** jdm Handlungsvollmacht erteilen; **to have ~** die Vollmacht haben
2 *(document)* Bevollmächtigung *f;* **general commercial ~** Prokura *f fachspr*

'pow·er out·age *n* AM *(power cut)* Stromausfall *m; (deliberate)* Stromsperre *f* **'pow·er pack** *n* ELEC 1 *(source)* Leistungsaggregat *nt* 2 *(transformer)* Netzgerät *nt,* Netz[anschluss]teil *nt* **'pow·er plant** *n* 1 *esp* AM Kraftwerk *nt* 2 TECH *(engine)* Triebwerk *nt,* Antriebsmaschine *f; (equipment)* Triebwerkanlage *f,* Antriebsaggregat *nt fachspr*

'pow·er play·er *n jd, der seine Macht für politische oder wirtschaftliche Ziele einsetzt*

'pow·er point *n* BRIT, AUS Steckdose *f* **'pow·er rat·ing** *n* Leistung *f,* Leistungsstärke *f*

'pow·er-re·tract·able *adj inv* elektrisch einziehbar; *hardtop* elektrisch versenkbar

'pow·er saw *n* Motorsäge *f*

'pow·er se·ries *n* MATH Potenzreihe *f* **'pow·er set** *n* MATH Potenzmenge *f*

'pow·er shar·ing I. *n no pl* POL [Auf]teilen *nt* der Macht
II. *n modifier* **~ agreement** *Übereinkunft, bei der die Macht unter den verschiedenen Parteien aufgeteilt wird*

'pow·er sta·tion *n* Kraftwerk *nt;* **coal-fired ~** Kohlekraftwerk *nt;* **nuclear ~** Atomkraftwerk *nt*

pow·er 'steer·ing *n no pl* Servolenkung *f*

'pow·er sup·ply *n* Stromversorgungseinheit *f*

'pow·er tool *n* Motorwerkzeug *nt; (electric)* Elektrowerkzeug *nt,* elektrisch angetriebenes Werkzeug

'pow·er train *n* TECH Kraftübertragung *f*

pow·er-'up *n* COMPUT Hochfahren *nt*

'pow·er walk·ing *n no pl* Walking *nt*

pow·wow ['paʊwaʊ] *n* Powwow *nt (indianische Versammlung); (fig fam)* Versammlung *f,* Treffen *nt;* **a family ~** ein Familienrat *m*

pox [pɒks, AM pɑːks] *n no pl (dated fam)* ■ **the ~** die Syphilis

poxy ['pɒksi] *adj* BRIT *(fam)* verflixt *fam,* verdammt *fam; (stupid)* blöd *fam;* **a ~ three pounds an hour** lächerliche 3 Pfund in der Stunde; **a ~ little village** eine gottverlassene kleine Ortschaft

pp *npl (form) abbrev of* **pages** S.; ***see ~ 101-123 for more information*** s.a. S. 101-123

pp, p.p. *(form) abbrev of* **per pro**[**curation**] i.A.; **to ~ a letter** einen Brief i.A. von jdm unterschreiben

PPE [ˌpiːpiːˈiː] *n no pl* UNIV *abbrev of* **philosophy, politics and economics** Philosophie, politische Wissenschaften und Wirtschaft

PPS¹ [ˌpiːpiːˈes] *n* BRIT *abbrev of* **Parliamentary**

Private Secretary *Abgeordnete(r), die/der einem/einer Minister(in) zuarbeitet*

PPS² [ˌpiːpiːˈes] *adv inv see* **post postscript** PPS

PR¹ [ˌpiːˈɑːʳ, AM -ˈɑːr] **I.** *n pl abbrev of* **public relations** PR *pl*

II. *n modifier (decision, department, firm)* PR-; **a ~ campaign/exercise** eine PR-Kampagne/PR-Maßnahme; **~ man** PR-Mann *m*

PR² [ˌpiːˈɑːʳ, AM -ˈɑːr] *n abbrev of* **proportional representation** Verhältniswahlsystem *nt*

PR³ [ˌpiːˈɑːʳ, AM -ˈɑːr] *n* SPORT *abbrev of* **personal record** persönliche Rekordzeit

prac·ti·ca·bil·ity [ˌpræktɪkəˈbɪləti, AM -əṭi] *n no pl (form)* Durchführbarkeit *f*

prac·ti·cable [ˈpræktɪkəbl̩] *adj (form)* ausführbar, durchführbar, machbar, praktikabel; **~ idea** Idee, die [auch] umsetzbar ist; **~ solution** praktikable Lösung; **~ timetable** realistischer Zeitplan

prac·ti·cably [ˈprætɪkəbli] *adv* praktikabel; **~ reasonable** [*or* **possible**] im Rahmen des Möglichen

prac·ti·cal [ˈpræktɪkᵊl] **I.** *adj* ① *(not theoretical)* praktisch; ***what does his decision mean in ~ terms?*** was soll diese Entscheidung denn nun konkret bedeuten?; **~ experience** praktische Erfahrung, Praxiserfahrung *f*; **to offer ~ advice** praktische [*o* realisierbare] Vorschläge anbieten; **~ use/application** praktischer Nutzen/praktische Anwendung; **for all ~ purposes** de facto, tatsächlich, in Wirklichkeit; **the ~ side of things** die Praxis

② *(suitable)* praktisch; **~ clothing/equipment** praktische Kleidung/Ausrüstung; **~ footwear** praktisches Schuhwerk; ■**to be ~ for sth** sich zu etw *dat* eignen

③ *(approv: good at doing things)* praktisch [veranlagt]; ***she has a lot of interesting ideas, but she's not very ~*** sie hat eine Menge interessanter Ideen, kann sie aber in der Praxis nicht so richtig umsetzen; ***we need someone ~ who ...*** wir brauchen einen Praktiker, der ...; **to have a ~ attitude** praxisorientiert sein

④ *(possible)* realisierbar, praktikabel; **~ method/technique** [in der Praxis] anwendbare Methode/Technik

⑤ *(fam: virtual)* praktisch; ***it's a ~ certainty that ...*** es ist praktisch sicher, dass ...; ***the car was a ~ write-off*** der Wagen sah so ziemlich nach Totalschaden aus

II. *n* praktische Prüfung; **biology/chemistry ~** praktische Biologie-/Chemieprüfung

prac·ti·cal·ity [ˌpræktɪˈkæləti, AM -əṭi] *n* ① *no pl (feasibility)* Durchführbarkeit *f*, Machbarkeit *f*; *(practical gain)* praktischer Nutzen; **to lack ~** in der Praxis kaum durchführbar sein

② *(not theoretically)* ■**the practicalities** *pl* die praktische Seite

③ *no pl (usability)* Nützlichkeit *f*; ***I bought these shoes for their ~ not their appearance*** ich habe diese Schuhe gekauft, weil sie praktisch sind, und nicht wegen ihres Aussehens

④ *(approv) of a person* praktische Veranlagung; ***he's got no sense of ~ at all*** er ist ohne jeden Sinn für die praktischen Dinge des Lebens

prac·ti·cal 'joke *n* Streich *m*; **to play a ~ on sb** jdm einen Streich spielen **prac·ti·cal 'jok·er** *n* Witzbold *m*, Spaßvogel *m*

prac·ti·cal·ly [ˈpræktɪkᵊli, AM -kli] *adv inv* ① *(almost)* praktisch; ***we're ~ home*** wir sind fast zu Hause; ***she ~ forced me to drive her home*** sie hat mich geradezu gezwungen, sie nach Hause zu fahren; **~ all/no one/nothing** praktisch alle/keiner/nichts; **~ everybody** praktisch jeder; **~ impossible/useless** praktisch unmöglich/zwecklos

② *(not theoretically)* praktisch; ***is there anything we can do ~ to help?*** können wir Ihnen auch ganz konkret helfen?; **~ based** [*or* **oriented**] praxisorientiert; to be **~ minded** praktisch denken [*o* veranlagt sein]; **~ speaking** praktisch betrachtet, von der praktischen Seite her

prac·ti·cal 'nurse *n* AM *(auxiliary nurse)* Hilfsschwester *f*

prac·tice [ˈpræktɪs] **I.** *n* ① *no pl (preparation)* Übung *f*; ***it will take a lot of ~*** ich werde noch viel üben müssen; ***I've had plenty of ~ at answering difficult questions*** ich bin es gewohnt, schwierige Fragen zu beantworten; ■**to be out of/in ~** aus der/in Übung sein

② *(training session)* [Übungs]stunde *f*; SPORT Training *nt*; **choir ~** Chorprobe *f*; **driving ~** Fahrstunde *f*; **football/hockey ~** Fußball-/Hockeytraining *nt*

③ *no pl (actual performance)* Praxis *f*; ■**in ~** in der Praxis; **to put sth into ~** etw [in die Praxis] umsetzen; **to put a method/theory into ~** eine Methode/Theorie anwenden; **to put a plan into ~** einen Plan verwirklichen [*o* ausführen]

④ *no pl (usual procedure)* Praxis *f*; **code of ~** Verhaltenskodex *m*; **to be accepted** [*or* **normal**] [*or* **standard**] **~** üblich sein; *(to be good/bad practice)* ratsam/inakzeptabel sein; ***it is very bad ~ to ...*** es zeugt von schlechten Geschäftspraktiken, wenn man ...

⑤ *(regular activity)* Praktik *f*, Gewohnheit *f*; *(custom)* Sitte *f*; **business/working ~s** Geschäfts-/Arbeitspraktiken *pl*; **a cruel ~** eine grausame Sitte; **traditional religious ~s** traditionelle religiöse Praktiken; **to make a ~ of sth** etw zu einer Gewohnheit werden lassen

⑥ *(business)* Praxis *f*; **dental/medical/veterinary ~** Zahnarzt-/Arzt-/Tierarztpraxis *f*; **legal ~** [Rechtsanwalts]kanzlei *f*; **private ~** [Privat]praxis *f*

⑦ *no pl (work)* Praktizieren *nt*; **to go into private ~** eine eigene Praxis aufmachen; ■**to be in ~** praktizieren

▸PHRASES: **~ <u>makes</u> perfect** *(prov)* Übung macht den Meister! *prov*

II. *n modifier (game, shot)* Probe-; SPORT Trainings-; **a ~ session** ein Training

III. *vt* AM *see* **practise**

prac·ticed *adj* AM *see* **practised**

'prac·tice mas·ter *n* Rechtspfleger *m (im High Court)* **'prac·tice teach·er** *n* AM *(student teacher)* ≈Referendar(in) *m(f)*, Beiwagerl *nt* ÖSTERR *fam*

prac·tic·ing *adj attr, inv* AM *see* **practising**

prac·ti·cum cred·it [ˈpræktɪkʌm,-] *n* AM *schulischer Nachweis über eine praktische Arbeit oder Feldforschung*

prac·tise [ˈpræktɪs], AM **prac·tice** **I.** *vt* ① *(rehearse)* ■**to ~** [**doing**] **sth** etw üben; *(improve particular skill)* an etw *dat* arbeiten; **to ~ one's backhand** die Rückhand trainieren; **to ~ the flute/piano/violin** Flöte/Klavier/Geige üben; **to ~ one's German/English** Deutsch/Englisch üben; **to ~ a sonata/song** eine Sonate/ein Lied proben

② *(do regularly)* ■**to ~ sth** etw [üblicherweise] machen [*o* tun], etw praktizieren; ***I have started practising meditation*** ich habe angefangen zu meditieren; ***foot-binding is no longer ~d in China*** in China ist es nicht mehr üblich, den Mädchen die Füße zu binden; **to ~ austerity** ein einfaches Leben führen, bescheiden leben; **to ~ birth control** verhüten; **to ~ black magic/sorcery/voodoo** schwarze Magie/Zauberei/Voodoozauber betreiben; **to ~ cannibalism** Kannibalismus praktizieren; **to ~ celibacy/monogamy/polygamy** zölibatär/monogam/polygam leben; **to ~ a custom** einen Brauch befolgen; **to ~ deceit** [*or* **deception**] [gewohnheitsmäßig] betrügen; **to ~ discrimination** diskriminieren; **to ~ a religion** eine Religion ausüben; **to ~ safe sex** sicheren Sex [*o* Safer Sex] praktizieren; **to ~ thrift** sparsam leben

③ *(work in)* ■**to ~ sth** etw praktizieren; ***she ~d medicine for twenty years*** sie war zwanzig Jahre lang als Ärztin tätig; **to ~ dentistry** als Zahnarzt/Zahnärztin praktizieren; **to ~ law** als Anwalt/Anwältin praktizieren; **to ~ medicine** als Arzt/Ärztin praktizieren, den Arztberuf ausüben

▸PHRASES: **to ~ what one <u>preaches</u>** nach den Grundsätzen leben, die man anderen predigt; **to not ~ what one <u>preaches</u>** Wasser predigen und Wein trinken *prov*

II. *vi* ① *(improve skill)* üben; SPORT trainieren

② *(work in a profession)* praktizieren, als etw tätig sein; ***he trained as a lawyer but he's no longer practising*** er ist Anwalt, übt seinen Beruf aber nicht mehr aus; **to ~ as a doctor** praktizierender Arzt/praktizierende Ärztin sein; **to ~ as a lawyer** praktizierender Anwalt/praktizierende Anwältin sein

prac·tised [ˈpræktɪst], AM **prac·ticed** *adj* ① *(experienced)* erfahren; ■**to be ~ in sth** in etw *dat* geübt [*o* erfahren] sein; ■**to be ~ at doing sth** sich *akk* mit etw *dat* auskennen, Übung in etw *dat* haben; **~ ear/eye** geübtes Ohr/Auge; **~ hand** geübte Hand; **~ liar** gekonnter Lügner/gekonnte Lügnerin

② *(form: obtained by practice)* gekonnt; ***she performed the song with ~ skill*** sie trug das Lied absolut gekonnt vor; **~ deceit** gekonnte Täuschung; **~ skill** große Fertigkeit

prac·tis·ing [ˈpræktɪsɪŋ], AM **prac·tic·ing** *adj attr, inv* praktizierend; **~ Christians/Muslims** praktizierende Christen/Muslime

prac·ti·tion·er [prækˈtɪʃᵊnəʳ, AM -ɚ] *n (form)* ■**to be a ~** [**of sth**] [etw] praktizieren; *of a job, profession* etw ausüben; ***the ~s of many professions are now able to work in any EC country*** Angehörige zahlreicher Berufsgruppen können nun in jedem Land der EG arbeiten; **dental ~** praktizierender Zahnarzt/praktizierende Zahnärztin; **legal ~** praktizierender Rechtsanwalt/praktizierende Rechtsanwältin; **medical ~** praktischer Arzt/praktische Ärztin

prae·sid·ium [priˈsɪdiəm] *n + sing/pl vb see* **presidium**

prae·tor [ˈpriːtəʳ, AM tɚ] *n* Prätor *m*

prae·to·rian guard [prɪˌtɔːriənˈɡɑːd, AM ˈɡɑːrd] *n* Prätorianer *m*

prag·mat·ic [præɡˈmætɪk, AM -ṭ-] *adj person, attitude* pragmatisch; *idea, reason* vernünftig

prag·mati·cal·ly [præɡˈmætɪkᵊli, AM -ṭ-] *adv* pragmatisch

prag·ma·tism [ˈpræɡmətɪzᵊm] *n no pl* Pragmatismus *m*

prag·ma·tist [ˈpræɡmətɪst] *n* Pragmatiker(in) *m(f)*

Prague [prɑːɡ] *n* Prag *nt*

prai·rie [ˈpreəri, AM ˈpreri] *n* [Gras]steppe *f*; *(in North America)* Prärie *f*

prai·rie 'chick·en *n* Präriehuhn *nt* **'prai·rie dog** *n* Präriehund *m* **prai·rie 'oys·ter** *n* Prärieauster *f* **prai·rie 'schoon·er** *n* AM Planwagen *m* **'prai·rie wolf** *n* AM Präriewolf *m*

praise [preɪz] **I.** *vt* ① *(express approval)* ■**to ~ sb/sth** jdn/etw loben [*o* rühmen] [*o geh* preisen]; ■**to ~ sb for sth** jdn für etw *akk* loben; **a widely ~d documentary** eine viel gepriesene Dokumentation; **to ~ sb/sth to the skies** jdn/etw in den Himmel heben [*o fam* über den grünen Klee loben]

② *(worship)* **to ~ God/the Lord** Gott/den Herrn preisen *geh*; ***hymns are sung to ~ God*** Hymnen werden zum Lobpreis Gottes gesungen; ***~ the Lord!*** gelobt sei der Herr!

II. *n no pl* ① *(approval)* Lob *nt*; ***a poem in ~ of older women*** ein Lobgedicht auf die reiferen Frauen; ***that's high ~, coming from her*** aus ihrem Mund ist das ein großes Kompliment; ***~ from Rachel is ~ indeed*** ein Lob aus Rachels Mund! das will etwas heißen!; **to have nothing but ~ for sb/sth** jdn/etw nur loben können; ***I have nothing but ~ for her*** ich bin von ihr begeistert; **to shower ~ on sb, to shower sb with ~** jdn mit Lob überschütten; **to sing the ~ of sb/sth** über jdn/etw ein Loblied singen *fig*; **to sing one's own ~s** sich *akk* selbst loben; **to win ~ for sth** für etw *akk* [großes] Lob ernten; **sth wins sb ~** etw bringt jdm Lob ein

② *(form: worship)* Lobpreis *m geh*; **a hymn of ~** ein Loblied; **to give ~ to God/the Lord** Gott/den Herrn preisen *geh*; **~ be!** *(dated)* dem Himmel sei Dank! *veraltend*

praise·wor·thy [ˈpreɪzˌwɜːði, AM -ˌwɜːr-] *adj* lobenswert

pra·line [ˈprɑːliːn, AM *also* ˈpreɪ-] *n* ① *no pl (filling)* Nougat *m o nt*

② *no pl* AM *(roasted almonds)* gebrannte Mandeln

③ *(chocolate)* Nougatpraline *f*, Nougatpraliné *nt* SCHWEIZ

pram [præm] *n* BRIT, AUS Kinderwagen *m*

prance [prɑːn(t)s, AM præn(t)s] *vi person* stolzieren; *(horse)* tänzeln; ***she ~d into the office*** sie kam einfach ins Büro [herein]spaziert; ■**to ~ around** [*or* **about**] herumhüpfen; *children* umhertollen

prang [præŋ] **I.** *vt esp* BRIT, AUS *(fam)* ■**to ~ sth** etw ramponieren *fam*

II. *n* BRIT, AUS *(fam)* Bums *m fam,* Rums *m fam;* ***there was a ~ at the crossroads this morning*** an der Kreuzung hat es heute Morgen ordentlich gekracht *fam;* **to have a ~** in einen Unfall verwickelt sein; *(cause an accident)* einen Unfall bauen *fam*

prank [præŋk] *n* Streich *m;* **childish ~s** kindische Faxen; **to play a ~ on sb** jdm einen Streich spielen, jdn verulken

prank·ster ['præŋkstəʳ, AM -ɚ] *n* Scherzbold *m*

prat [præt] **I.** *n* ① BRIT *(fam)* Dummkopf *m pej fam,* Trottel *m pej fam;* ***he looked a right ~ in that pink suit*** in dem pinkfarbenen Anzug sah er einfach idiotisch aus *pej;* **to make a ~ of oneself** sich *akk* zum Narren machen

② *(sl: buttocks)* Hintern *m fam*

II. *vi* <-tt-> BRIT *(fam)* ■**to ~ about** [*or* **around**] herumspinnen *fam*

prate [preɪt] *vi (pej form)* schwadronieren *geh o oft pej,* [große] Reden schwingen *iron*

prat·fall ['prætfɔːl] *n* ① *esp* AM *(fall)* Plumps *m* aufs Hinterteil; **to take a ~** sich *akk* auf den Hintern setzen *fam*

② *(fig: humiliation)* Reinfall *m*

prat·tle ['prætl, AM -t̬-] **I.** *vi* ① *(talk foolishly)* plappern; ■**to ~ away** ununterbrochen plappern

② *(talk at length)* schwafeln *pej,* labern *pej fam;* ■**to ~ on** immer weiterreden; ■**to ~ on about sth** von nichts anderem als etw *dat* reden

II. *n no pl* ① *(foolish talk)* Geplapper *nt*

② *(inconsequential talk)* Geschwafel *nt pej,* Gelabere *nt pej fam*

prat·tler ['prætləʳ, AM -t̬lɚ] *n (pej)* Schwafelkopf *m pej fam,* Schwafler(in) *m(f) pej,* Quasselstrippe *f* SCHWEIZ, ÖSTERR *pej*

prawn [prɔːn, AM *esp* prɑːn] **I.** *n* Garnele *f,* Krabbe *f fam,* Crevette *f* SCHWEIZ; **giant ~** Riesengarnele *f*

▸PHRASES: **to come the raw ~ with sb** AUS *(fam)* jdn übers Ohr hauen wollen *fam;* ***don't come the raw ~ with me*** versuch jetzt nicht, mich für dumm zu verkaufen *fam*

II. *n modifier (recipe, salad, shell)* Garnelen-, Krabben- *fam*

prawn 'cock·tail *n* Krabbencocktail *m,* Crevettencocktail *m* SCHWEIZ **prawn 'crack·er** *n* Krabbenchip *m,* Kroepoek *m*

pray [preɪ] **I.** *vi* ① REL beten; ***let us ~*** lasset uns beten; ■**to ~ for sb** für jdn beten; ■**to ~ for sth** für [*o* um] etw *akk* beten; ***we ~ for God's blessing on their marriage*** wir erbitten Gottes Segen für diese Hochzeit; **to ~ to God** [zu Gott] beten; ***she ~ed to God to keep her children safe from harm*** sie bat Gott, ihre Kinder vor allem Übel zu bewahren; **to ~ to be absolved/forgiven/healed** um Absolution/Vergebung/Heilung bitten

② *(fig: hope)* ■**to ~ for sth** für etw *akk* beten, auf etw *akk* hoffen; ***we're hoping and ~ing for rain*** wir hoffen und beten, dass es Regen gibt; **to ~** [**to God**] **that ...** [hoffen und] beten, dass ..., [zu Gott] beten, dass ...

③ LAW **to ~ in aid of sth** sich *akk* auf etw *akk* berufen

II. *vt (form)* ■**to ~ sth** um etw *akk* bitten; ***~ God they've come to no harm!*** hoffentlich ist ihnen nichts passiert!, gebe Gott, dass ihnen nichts passiert ist! *veraltend*

III. *adv* ① *(old form: please)* ***~ take a seat*** nehmen Sie doch bitte Platz *form*

② *(iron form)* ***and who, ~, are you?*** und mit wem habe ich die Ehre? *oft iron;* ***and what, ~, is that supposed to mean?*** und was, bitte, soll das heißen?

prayer ['preəʳ, AM 'prer] *n* ① *(request to a god)* Gebet *nt;* **evening/morning ~** Abend-/Morgengebet *nt;* *(for children)* Gute-Nacht-Gebet *nt;* **family ~** Gebet *nt* in der Familie, Familiengebet *nt;* **~ for forgiveness** Bitte *f* um Vergebung; **to answer sb's ~**[**s**] jds Gebet[e] erhören; **to say a ~** ein Gebet sprechen; **to say a ~ for sb** für jdn beten; **to say one's ~s** sein Gebet verrichten *form*

② *no pl (action of praying)* Gebet *nt,* Beten *nt;* ■**to be at ~** [gerade] beten; **to kneel/clasp one's hands in ~** zum Gebet niederknien/die Hände falten

③ *(fig: hope)* Hoffnung *f;* **to not have a ~** *(fam)* kaum Aussichten [*o* Chancen] haben; ***she hasn't a ~ of winning the competition*** ihre Chancen, den Wettkampf zu gewinnen, sind gleich null

④ *(service)* ■**~s** *pl* Andacht *f;* **evening/morning ~s** Abend-/Morgenandacht *f*

⑤ LAW Klageantrag *m*

'prayer beads *npl* Perlen *pl* des Rosenkranzes; *(rosary)* Rosenkranz *m* **'prayer book** *n* Gebetbuch *nt* **'prayer mat** *n* Gebetsteppich *m* **'prayer meet·ing** *n* Gebetsstunde *f,* Andacht *f* **'prayer rug** *n* Gebetsteppich *m* **'prayer ser·vice** *n* Andacht *f* **'prayer wheel** *n* Gebetsmühle *f*

pray·ing 'man·tis *n* ZOOL Gottesanbeterin *f*

PRC [ˌpiːɑːˈsiː, AM -ɑːrˈ-] *n abbrev of* **People's Republic of China** VRC *f*

pre- [priː] *in compounds* prä- **pre-ac·'ces·sion coun·try** *n* EU Beitrittskandidat *m* **Pre-Ac·ces·sion 'Lend·ing Fa·cil·ity** *n* EU Vor-Beitritts-Fazilität *f*

preach [priːtʃ] **I.** *vi* ① *(give a sermon)* predigen; ■**to ~ to sb** vor jdm predigen [*o* eine Predigt halten]

② *(pej: lecture)* ■**to ~ at** [*or* **to**] **sb** jdm eine Predigt halten *fig;* ***she's always ~ing at me about keeping my room tidy*** sie predigt mir immer, dass ich mein Zimmer in Ordnung halten soll

▸PHRASES: **to ~ to the converted** offene Türen einrennen *fig*

II. *vt* ① *(give)* **to ~ a sermon** eine Predigt halten; *(proclaim)* **to ~ the Gospel** das Evangelium verkünden

② *(advocate)* ■**to ~ sth** etw predigen *fig;* **to ~ austerity/peace** Enthaltsamkeit/Frieden predigen *fam;* **to ~ communism** den Kommunismus propagieren; **to ~ a doctrine** eine Doktrin verkünden; **to practise** [*or* AM **practice**] **what one ~es** sich *dat* an die eigene Nase fassen, sich *akk* an der eigenen Nase nehmen ÖSTERR

preach·er ['priːtʃəʳ, AM -ɚ] *n* ① *(priest)* Geistliche(r) *f(m),* Pfarrer(in) *m(f)*

② *esp* AM Prediger(in) *m(f)*

preachi·fy <-ie-> ['priːtʃɪfaɪ] *vi (pej fam)* ① *(preach)* [einschläfernd] predigen, eine langatmige Predigt halten

② *(moralize)* Moralpredigten halten

preachy ['priːtʃi] *adj (fam)* predigerhaft

pre-ado·les·cent [ˌpriːædəˈlesᵊnt] *adj inv person* im Vorpubertätsalter *nach n;* **~ gawkiness** jugendliche Ungeschicktheit **pre·ad·vice** [ˌprɪˌədˈvaɪs] *n* Vorabbenachrichtigung *f*

pre·am·ble ['priːæmbl] *n (form)* ① *(introduction)* Einleitung *f,* Vorwort *nt,* Präambel *f* SCHWEIZ, ÖSTERR *geh; (to a lecture)* einleitende Worte, Einführung *f*

② *no pl (fig: introductory material)* Einleitung *f,* Vorbemerkung[en] *f[pl];* ***I like to get straight down to business, without a lot of ~*** ich möchte ohne lange Worte direkt zum Geschäftlichen kommen

pre·amp [priːˈæmp] *n* ELEC, RADIO *(fam) short for* **preamplifier** Vorverstärker *m*

pre·am·pli·fi·er [priːˈæmplɪfaɪəʳ, AM -əfaɪɚ] *n* ELEC, RADIO Vorverstärker *m*

pre-ap·prov·ed [ˌpriːəˈpruːvd] *adj inv* vorgenehmigt **pre·ar·range** [ˌpriːəˈreɪndʒ] *vt usu passive* ■**to ~ sth** etw vorplanen [*o* vorbereiten]; ■**to ~ sth with sb** etw vorher mit jdm absprechen **pre·ar·ranged** [ˌpriːəˈreɪndʒd] *adj inv* vorher vereinbart [*o* abgesprochen]; **~ meeting/signal** vereinbartes Treffen/Signal; **~ visit** vereinbarter Besuch

preb·end ['prebənd] *n* ① *(stipend)* Präbende *f,* Pfründe *f*

② *(prebendary)* Pfründner(in) *m(f)*

preb·en·dary ['prebᵊndᵊri, AM -deri] *n* Pfründner(in) *m(f)*

'pre-board·ing *adj attr, inv* vor dem Einsteigen [ins Flugzeug] *nach n* **pre-built** [ˌpriːˈbɪlt] *adj inv* AM *(prefabricated)* vorgefertigt **pre·can·cer·ous** [ˌpriːˈkæn(t)sᵊrəs] *adj inv* MED **~ cell/growth** Krebszelle *f*/Krebstumor *m* im Frühstadium

pre·cari·ous [prɪˈkeəriəs, AM -ˈker-] *adj (hazardous)* gefährlich, prekär *geh; (insecure) hold, balance* unsicher; *peace* unstabil; ***he makes a rather ~ living*** seine Einkommensverhältnisse sind ziemlich ungesichert; **~ financial position** prekäre finanzielle Lage; **to be in a ~ position** sich *akk* in einer gefährlichen [*o* prekären] Lage befinden

pre·cari·ous·ly [prɪˈkeəriəsli, AM -ˈker-] *adv* gefährlich; *(insecurely)* unsicher; ***her suitcase was ~ balanced on the tiny luggage rack*** ihr Koffer hing gefährlich schief in dem winzigen Gepäcknetz; ***he lived rather ~ from one day to the next*** er lebte von der Hand in den Mund

pre·cari·ous·ness [prɪˈkeəriəsnəs, AM -ˈker-] *n no pl* Gefährlichkeit *f; (insecurity)* Unsicherheit *f,* Labilität *f;* ***the ~ of the new democracies*** die prekäre Situation der neuen Demokratien; **to be made aware of the ~ of one's authority/health/position** sich *dat* bewusst werden, wie gefährdet die eigene Autorität/Gesundheit/Position ist

pre·car·ium [prɪˈkeərɪəm, AM -ˈkerɪ-] *n* LAW Prekarium *nt,* Bittleihe *f*

pre·cast [ˌpriːˈkɑːst, AM ˈpriːkæst] *adj inv* vorgefertigt; **~ concrete** Fertigbeton *m;* **~ concrete slab** vorgefertigte Betonplatte

pre·cau·tion [prɪˈkɔːʃᵊn, AM *esp* -ˈkɑː-] *n* ① *(to prevent sth)* Vorkehrung *f;* **fire ~s** Brandschutzmaßnahmen *pl;* **to take the ~ of doing sth** etw sicherheitshalber [*o* vorsichtshalber] tun; **to take ~s** [**against sth**] [Sicherheits]vorkehrungen [gegen etw *akk*] treffen; **as a ~** sicherheitshalber, vorsichtshalber, zur Vorsicht; **as a ~ against sth** als Vorsorgemaßnahme [*o* Vorsichtsmaßnahme] gegen etw *akk*

② *(euph)* ■**~s** *pl* Verhütungsmittel *pl;* **to take ~s** verhüten

pre·cau·tion·ary [prɪˈkɔːʃᵊnᵊri, AM -ˈkɑːʃᵊneri] *adj inv* Vorsichts-; **~ measure** [*or* **step**] Vorsichtsmaßnahme *f;* ***he took the ~ step of writing his address on his luggage*** er versah sein Gepäck vorsichtshalber mit Adressaufschriften

pre·cede [priːˈsiːd, AM prɪˈ-] *vt* ① *(in time)* ■**to ~ sth** etw *dat* vorausgehen

② *(in space)* ■**to ~ sb/sth** jdm/etw vorangehen [*o* vorausgehen]; ■**sb/sth is ~d by sb/sth** jd/etw geht jdm/etw voran; ***we were ~d into the hall by the chancellor*** der Rektor schritt uns voraus in die Halle; ***if the instruction is ~d by an asterisk, ...*** wenn ein Sternchen vor der Anweisung steht, ...; ■**to ~ sth by** [*or* **with**] **sth** etw mit etw *dat* einleiten [*o* beginnen]

prec·edence ['presɪdᵊn(t)s, AM -ədən(t)s] *n no pl* ① *(priority)* Priorität *f,* Vorrang *m;* **to give ~ to sb/sth** jdm/etw den Vorrang geben [*o* Priorität einräumen]; **to take ~** [**over sth/sb**] Priorität [*o* Vorrang] [gegenüber jdm/etw] haben; ***caring for my children takes ~ over everything else*** die Versorgung meiner Kinder ist das Allerwichtigste für mich

② *(form: order of priority)* Rangordnung *f;* ***the order of ~ for titled nobility is ...*** die Hierarchie der Adelstitel lautet ...; **to take ~ over sb** ranghöher als jd sein, im Rang über jdm stehen

prec·edent ['presɪdᵊnt, AM -əd-] *n* ① *(example)* vergleichbarer Fall, Präzedenzfall *m geh;* **to set** [*or* **establish**] **a ~** einen Präzedenzfall schaffen, ein Beispiel setzen; **without ~** noch nie da gewesen, ohne Beispiel; ***this situation is entirely without ~*** so etwas hat es noch nie gegeben

② LAW Präzedenzfall *m,* Präjudiz *nt fachspr;* ***is there any ~ in a case like this?*** gibt es dafür irgendeinen Präzedenzfall?; ***there is no ~ for an annulment being granted in a case like this*** in einem solchen Fall hat es noch nie eine Annullierung gegeben; **to set a ~** einen Präzedenzfall schaffen

③ *no pl (past procedure)* Tradition *f;* **to break with**

~ [by doing sth] [durch etw *akk*] mit der Tradition brechen

pre·ced·ing [priːˈsiːdɪŋ, AM prɪ'-] *adj attr, inv* vorhergehend, vorangegangen; **the ~ article/paragraph/chapter** der vorherige Artikel/Paragraf/das vorherige Kapitel; **the ~ day** der vorige Tag [*o* Tag davor]; **the ~ letter/vowel** der Buchstabe/Vokal davor; **the ~ page** die vorige Seite; **the ~ summer/winter** der vorige [*o* letzte] Sommer/Winter; **the ~ year** das Jahr davor

pre·cen·tor [ˌpriːˈsentəʳ, AM -t̬ɚ] *n* REL Vorsänger(in) *m(f)*, Präzentor(in) *m(f) fachspr*

pre·cept [ˈpriːsept] *n* ① *(form: rule)* Regel *f; (principle)* Prinzip *nt*, Grundsatz *m;* **common ~s of decency** allgemeine Anstandsregeln
② LAW gerichtliche Anordnung

pre-Chris·tian [ˌpriːˈkrɪstʃən] *adj inv* vorchristlich

pre·cinct [ˈpriːsɪŋ(k)t] *n* ① *(boundaries)* ■ **~s** *pl* [*or* ~] *(form)* Bereich *m*, Umgebung *f*, Gelände *nt;* **the ~s of a castle/palace** der Schlossbezirk/Palastbezirk; **the cathedral ~** das Domgelände; **within the ~s of the monastery/the museum ~s** auf dem Gelände des Klosters/des Museums
② BRIT *(restricted traffic zone)* verkehrsberuhigte Zone; **pedestrian ~** Fußgängerzone *f;* **shopping ~** Einkaufszone *f*
③ AM *(police district)* Bezirk *m*, Polizeirevier *nt; (electoral district)* Wahlbezirk *m*

pre·ci·os·ity [ˌpresiˈɒsəti, AM ˌpreʃiˈɑːsət̬i] *n no pl (pej)* Affektiertheit *f*

pre·cious [ˈpreʃəs] **I.** *adj* ① *(of great value)* wertvoll, kostbar; ■ **to be ~ to sb** jdm viel bedeuten; **~ commodity** kostbarer [*o* wertvoller] Rohstoff; **~ memory/moment** kostbare Erinnerung/kostbarer Moment; **a ~ possession** ein wertvoller Besitz; **to waste ~ time** wertvolle Zeit verschwenden
② *(pej: affected) manner, style* manieriert *geh*, geziert; *person* affektiert *geh;* ■ **to be ~ about sth** viel Aufhebens [*o* großes Getue] um etw *akk* machen
③ *attr, inv (iron fam: with annoyance)* heiß geliebt *iron;* ***if it weren't for your ~ short cut, ...*** wenn wir nicht deine heiß geliebte Abkürzung genommen hätten, ... *iron;* ***a ~ lot he cares about it!*** es kümmert ihn herzlich wenig [*o fam* einen Dreck]!
II. *adv (fam)* **~ little** herzlich wenig; ***there's ~ little chance of that happening*** die Chance, dass so etwas passiert, ist wohl minimal; **to be ~ little help** wohl kaum eine große Hilfe sein; **~ few** nur eine Hand voll

pre·cious·ly [ˈpreʃəsli] *adv (pej)* affektiert *geh*, geziert

pre·cious ˈmet·al *n* Edelmetall *nt*

pre·cious·ness [ˈpreʃəsnəs] *n no pl* ① *(value)* Kostbarkeit *f*
② *(pej)* Affektiertheit *f*

pre·cious ˈstone *n* Edelstein *m*

preci·pice [ˈpresɪpɪs, AM -sə-] *n (steep drop)* Abgrund *m; (cliff face)* Steilhang *m*, Abhang *m;* **to stand at the edge of the ~** am Abgrund stehen; **to fall over a ~** in einen Abgrund stürzen; **to push sb over the ~ into financial ruin/mental breakdown** *(fig)* jdn in den finanziellen Ruin stürzen/in den Wahnsinn treiben

pre·cipi·table [prɪˈsɪpɪˌtəbl̩, prə-, AM prɪ-, priː-] *adj* CHEM fällbar; **~ substance** fällbare Substanz

pre·cipi·tant [prɪˈsɪpɪtənt] *n* ① *(cause)* Auslöser *m*
② PSYCH Vorläufer *m*
③ CHEM Fällungsmittel *nt*

pre·cipi·tate I. *vt* [prɪˈsɪpɪteɪt] ① *(form: trigger)* ■ **to ~ sth** etw auslösen; ***the affair ultimately ~d his downfall*** die Affäre versetzte ihm schließlich den Todesstoß; **to ~ a political crisis/a war** eine politische Krise/einen Krieg auslösen
② *usu passive (form: throw)* ■ **to ~ sb/sth somewhere** jdn/etw irgendwohin schleudern
③ *(force suddenly)* ■ **to ~ sb/sth into sth** jdn/etw in etw *akk* stürzen; **to ~ sb into action** jdn zwingen, aktiv zu werden; **to ~ sb/sth into crisis** jdn/etw in eine Krise stürzen
④ *usu passive* CHEM etw ausfällen *fachspr*
II. *vi* [prɪˈsɪpɪteɪt] ■ **to ~ [out]** CHEM ausfallen *fachspr;* METEO einen Niederschlag bilden
III. *adj* [prɪˈsɪpɪtət, AM -tɪt] *(form)* übereilt, hastig; ■ **to be ~** übereilt handeln, vorschnell sein; **to act with ~ haste** voreilig [*o* vorschnell] handeln
IV. *n* [prɪˈsɪpɪteɪt, AM -tɪt] Satz *m;* GEOL, MED Sediment *nt fachspr;* CHEM [Aus]fällung *f fachspr;* METEO Niederschlag *m;* **to form a ~** sich *akk* setzen; CHEM eine Ausfällung bilden; METEO einen Niederschlag bilden

pre·cipi·tate·ly [prɪˈsɪpɪtətli, AM -tɪt-] *adv* hastig, überstürzt, übereilt; **to act ~** voreilig handeln; **to begin/end ~** abrupt beginnen/enden; **to decide ~** eine übereilte [*o* überstürzt eine] Entscheidung treffen

pre·cipi·ta·tion [prɪˌsɪpɪˈteɪʃən] *n no pl* ① *(form: haste)* Hast *f*, Eile *f;* **to act with ~** übereilt handeln
② *(forming into a solid)* Setzen *nt;* GEOL, MED Sedimentieren *nt;* CHEM Ausfällung *f fachspr*, Ausfällen *nt fachspr;* METEO Niederschlag *m*
③ *(triggering)* **the ~ of a conflict/crisis** das Auslösen eines Konflikts/einer Krise

pre·cipi·tous [prɪˈsɪpɪtəs, AM -t̬-] *adj* ① *(very steep)* steil, abschüssig, steil abfallend *attr;* ■ **to be ~** steil [*o* abschüssig] sein, steil abfallen; **~ slope** Steilhang *m*, SCHWEIZ *a.* Abhang *m*
② *(fig: abrupt)* abrupt; **a ~ fall/decline** ein abrupter [*o* plötzlicher] Fall/Rückgang; ***there has been a ~ fall in car sales*** die Autoverkäufe sind schlagartig zurückgegangen
③ *(form: precipitate)* voreilig, übereilt

pre·cipi·tous·ly [prɪˈsɪpɪtəsli, AM -t̬-] *adv* ① *(steeply)* steil; ***the cliff face fell away ~ to the raging sea below*** die Vorderfront der Klippe fiel jäh zu der tosenden See hin ab
② *(fig: abruptly)* abrupt; **to drop ~** schlagartig abfallen; **to rise ~** sprunghaft ansteigen

pré·cis [ˈpreɪsiː] **I.** *n* <*pl* -> Zusammenfassung *f*, Précis *nt geh;* **~ of a statement** Kurzfassung *f* einer Aussage
II. *vt (form)* ■ **to ~ sth** etw [kurz] zusammenfassen

pre·cise [prɪˈsaɪs] *adj* ① *(exact)* genau, präzise; **~ details** genaue Einzelheiten; **~ instructions** präzise [*o* exakte] Angaben; **at the ~ moment** genau in dem Moment; **to be ~** um genau zu sein
② *(approv: careful)* sorgfältig, genau; *movement* [ziel]sicher; *pronunciation, spelling* korrekt; ■ **to be ~ about doing sth** etw sehr genau nehmen; ***he has always been very ~ about recording expenditures*** er hat über seine Ausgaben immer peinlich genau Buch geführt

pre·cise·ly [prɪˈsaɪsli] *adv* ① *(exactly)* genau, präzise, exakt; ***at eight o'clock ~*** um Punkt acht Uhr; ***£14.20 ~*** genau 14,20 Pfund
② *(just)* genau; ***~!*** genau!; ***I know ~ what you mean*** ich weiß [haar]genau, was Sie meinen; ***that is ~ what the government is trying to avoid*** das versucht die Regierung doch gerade zu vermeiden; **to do ~ the opposite** genau das Gegenteil machen; **to do ~ that** genau das tun; **~ because** eben [*o* gerade] wegen
③ *(approv: carefully)* sorgfältig

pre·ci·sion [prɪˈsɪʒən] **I.** *n no pl* ① *(accuracy)* Genauigkeit *f*, Präzision *f*, Exaktheit *f;* **with absolute/mathematical ~** mit absoluter/mathematischer Genauigkeit
② *(approv: meticulous care)* Sorgfalt *f*
II. *adj attr, inv* exakt, präzise; **~ drilling** exakte Bohrung; **~ timing** präzise Zeitplanung, genaues Timing

pre·ci·sion ˈin·stru·ments *npl*, **pre·ˈci·sion tools** *npl* Präzisionsinstrumente *pl*

pré·cis-writ·ing [ˈpreɪsiː-, AM -t̬-] *n* das Schreiben eines Précis *geh*

pre·clude [prɪˈkluːd] *vt (form)* ■ **to ~ sth** etw ausschließen [*o* unmöglich machen]; ***the planning regulations ~ all construction other than in natural stone*** die Bauvorschriften lassen als Baumaterial nur Naturstein zu; ■ **to ~ sb from doing sth** *(form)* jdn davon abhalten [*o* daran hindern], etw zu tun

pre·clu·sion [prɪˈkluːʒən] *n no pl (form)* Hindernis *nt*, Hinderungsgrund *m*

pre·co·cious [prɪˈkəʊʃəs, AM -ˈkoʊ-] *adj* ① *(developing early)* frühreif; **~ skill** früh entwickelte Fertigkeit; **~ talent** frühe Begabung
② *(pej: maturing too early)* altklug; **a ~ little brat** ein altkluges kleines Gör *pej fam*

pre·co·cious·ly [prɪˈkəʊʃəsli, AM -ˈkoʊ-] *adv* ① *(at early stage)* früh; **at a ~ young age** in sehr jungen Jahren; **~ developed/gifted** früh entwickelt/begabt; **~ mature** frühreif
② *(pej)* altklug

pre·co·cious·ness [prɪˈkəʊʃəsnəs, AM -ˈkoʊ-], **pre·coc·ity** [prɪˈkɒsəti, AM -ˈkɑːsət̬i] *n no pl (form)* ① *(early development)* Frühreife *f*
② *(pej: maturing too early)* Altklugheit *f*

pre·cog·ni·tion [ˌpriːkɒgˈnɪʃən, AM -kɑːg'-] *n no pl* Vorausahnung *f*, Präkognition *f fachspr;* **to give sb a ~** jdm die Zukunft zeigen

pre·cog·ni·tive [ˌpriːˈkɒgnətɪv, AM -ˈkɑːgnət̬-] *adj inv* präkognitiv *fachspr;* **to have ~ abilities** in die Zukunft sehen können, präkognitive Fähigkeiten haben

pre-Co·lum·bian [ˌpriːkəˈlʌmbiən] *adj* präkolumbianisch

pre·con·ceived [ˌpriːkənˈsiːvd] *adj (esp pej)* vorgefasst; **a ~ idea** [*or* **notion**] eine vorgefasste Meinung

pre·con·cep·tion [ˌpriːkənˈsepʃən] *n (esp pej)* vorgefasste Meinung; ■ **~s about** [*or* **of**] **sth/sb** feste [*o* genaue] Vorstellungen von etw/jdm

pre·con·di·tion [ˌpriːkənˈdɪʃən] *n* Vorbedingung *f*, Voraussetzung *f*

pre·con·ˈfigured *adj attr, inv* **a ~ computer** ein Computer-Paket [*o* Komplettsystem] *nt*

pre-cook [ˌpriːˈkʊk] *vt* ■ **to ~ sth** etw vorkochen

pre-cooked [ˌpriːˈkʊkt] *adj inv* vorgekocht

pre·cur·sor [ˌpriːˈkɜːsəʳ, AM prɪˈkɜːrsɚ] *n (form)* ① *(forerunner)* Vorläufer *m; (preparing way for sth)* Wegbereiter *m*
② *(harbinger)* Vorbote *m;* ***a ~ to pneumonia*** das erste Zeichen einer Lungenentzündung

pre·date [ˌpriːˈdeɪt] *vt (form)* ■ **to ~ sth** etw *dat* zeitlich vorausgehen, älter als etw sein

preda·tor [ˈpredətəʳ, AM -t̬ɚ] *n* ① *(animal)* Raubtier *nt; (bird)* Raubvogel *m; (fish)* Raubfisch *m;* ***there are no ~s of the fox*** der Fuchs hat keine natürlichen Feinde
② *(pej: person)* Profiteur(in) *m(f) pej; (vulture)* Aasgeier *m fig pej fam*
③ *(company) Unternehmen, das darauf aus ist, ein anderes zu übernehmen*

preda·tory [ˈpredətəri, AM -tɔːri] *adj* ① *(preying)* Raub-, räuberisch; **~ animal** Raubtier *nt;* **~ bird** Raubvogel *m;* **~ fish** Raubfisch *m;* **~ instincts** Raubtierinstinkte *pl*
② *(esp pej: exploitative)* raubtierhaft, rücksichtslos; *(greedy)* [raff]gierig
③ *(in business)* expansionistisch *geh*
④ *(pej: sexually obtrusive)* lüstern, geil *oft pej*

preda·tory ˈpric·ing *n no pl* COMM Einsatz *m* von Dumpingpreisen

preda·tory ˈpric·ing poli·cy *n no pl* COMM Verdrängungswettbewerb *m*

pre·de·cease [ˌpriːdɪˈsiːs, AM -diː'-] *vt* LAW *(form)* ■ **to ~ sb** vor jdm sterben

pre·de·ces·sor [ˌpriːdɪˈsesəʳ, AM ˈpredəsesɚ] *n* Vorgänger(in) *m(f)*

pre·des·ti·nate [ˌpriːˈdestɪneɪt, AM -tə-] *vt (liter)* ■ **to ~ sth** etw vor[her]bestimmen

pre·des·ti·na·tion [ˌpriːdestɪˈneɪʃən] *n no pl* REL Vor[her]bestimmung *f*, Prädestination *f fachspr*

pre·des·tine [ˌpriːˈdestɪn] *vt* ■ **to ~ sth** etw vor[her]bestimmen [*o geh* prädestinieren]

pre·des·tined [ˌpriːˈdestɪnd] *adj inv* vor[her]bestimmt; ***it was a ~ disaster*** das musste einfach schiefgehen *fam;* **to be ~ to fail** zum Scheitern verurteilt sein; **to feel ~ to become sth** sich *akk* zu etw *dat* berufen fühlen

pre·de·ter·mi·na·tion [ˌpriːdɪˌtɜːmɪˈneɪʃən, AM -ˌtɜːrmə'-] *n no pl (form)* Vor[her]bestimmung *f;* PHILOS Prädetermination *f*

pre·de·ter·mine [ˌpriːdɪˈtɜːmɪn, AM -ˈtɜːrmən] *vt usu passive (form)* ■ **to ~ sth** etw vor[her]bestimmen; **at a ~d signal** auf ein verabredetes Zeichen hin; **at a ~d time** zu einem vorher festgelegten Zeitpunkt

pre·de·ter·mined [ˌpriːdɪˈtɜːmɪnd, AM ˈtɜːrmənd] *adj inv* vorherbestimmt

pre·de·ter·min·er [ˌpriːdɪˈtɜːmɪnəʳ, AM -ˈtɜːrmənɚ] *n* LING Predeterminer *m fachspr (grammatikalischer Oberbegriff für*

Vervielfältigungszahlwörter wie z.B. doppelt, zwei-, dreifach usw., indefinite Zahladjektive und Indefinitpronomen)

pre·dica·ment [prɪˈdɪkəmənt] *n* Notlage *f;* **financial ~** prekäre Finanzlage; **legal ~** verzwickte Rechtslage; **to be** [*or* **find oneself**] **in a ~** sich *akk* in einer misslichen Lage befinden; ***I'm in a bit of a ~ because ...*** ich sitze in der Zwickmühle, weil ...; ***he found himself in a real ~*** er steckte wirklich in der Klemme *fam;* **to get oneself into a ~** sich *akk* in Schwierigkeiten bringen

predi·cate I. *n* [ˈpredɪkət, AM -kɪt] LING, COMPUT Prädikat *nt fachspr;* LING *also* Satzaussage *f fachspr*
II. *vt* [ˈpredɪkeɪt] *(form)* ① *(assert)* ■**to ~ that ...** behaupten, dass ...
② *usu passive (base)* ■**to be ~d on** [*or* **upon**] **sth** auf etw *dat* basieren

pre·dica·tive [prɪˈdɪkətɪv, AM -t̬-] *adj inv* LING prädikativ *fachspr*

predi·cat·or [ˈpredɪkeɪtəʳ, AM -t̬ɚ] *n* LING Prädikator *m*

pre·dict [prɪˈdɪkt] *vt* ■**to ~ sth** etw vorhersagen [*o* voraussagen]; *economic developments etc.* etw prognostizieren; *sb's future etc.* etw prophezeien; ■**to ~ that ...** vorhersagen [*o* voraussagen] [*o* im Voraus sagen], dass ...; **to ~ the future/the outcome/the winner** die Zukunft/den Ausgang/den Gewinner vorhersagen [*o* voraussagen]; **to ~ the weather** das Wetter vorhersagen; ***the storms are ~ed to reach London tomorrow morning*** laut Vorhersage erreichen die Unwetter morgen Vormittag London; *(to estimate)* **to ~ costs/turnover** Kosten/Umsatz abschätzen

pre·dict·abil·ity [prɪˌdɪktəˈbɪləti, AM -ət̬i] *n no pl* Vorhersagbarkeit *f*

pre·dict·able [prɪˈdɪktəbl̩, AM -t̬-] *adj* ① *(foreseeable)* vorhersehbar, voraussagbar
② *(pej: not very original)* berechenbar; ***her answer was so ~*** es war von vornherein klar, was sie antworten würde

pre·dict·ably [prɪˈdɪktəbli, AM -t̬-] *adv* erwartungsgemäß; *(without fail)* zuverlässig

pre·dic·tion [prɪˈdɪkʃᵊn] *n* ① *(forecast)* Vorhersage *f,* Voraussage *f,* Prophezeiung *f;* ECON, POL Prognose *f;* **to make a ~ about sth** etw vorhersagen; ECON, POL eine Prognose zu etw *dat* abgeben
② *no pl (act of predicting)* Vorhersagen *nt;* **the methods of weather ~** die Methoden der Wettervorhersage

pre·dic·tive [prɪˈdɪktɪv] *adj inv* **~ accuracy** [*or* **value**] Vorhersagegenauigkeit *f;* **~ speech/words** prophetische Rede/Worte

pre·dic·tor [prɪˈdɪktəʳ, AM ɚ] *n* Anzeige *f*

pre·di·gest·ed [ˌpriːdaɪˈdʒestɪd] *adj inv* ① *(simplified)* [leicht] verständlich; ***if I wanted my news ~, I'd ...*** wenn ich die Nachrichten vorgekaut haben wollte, würde ich ... *fam*
② *food* vorverdaut

pre·di·lec·tion [ˌpriːdɪˈlekʃᵊn, AM ˌpredᵊlˈek-] *n (form)* Vorliebe *f,* Schwäche *f,* Faible *nt* (**for** für +*akk)*

pre·dis·pose [ˌpriːdɪˈspəʊz, AM -ˈspoʊz] *vt* ① *(form: influence)* ■**to ~ sb to** [*or* **towards**] **sth** jdn zu etw *dat* neigen lassen; ■**to be ~d to** [*or* **towards**] **sth** zu etw *dat* neigen; ■**to ~ sb to do sth** jdn zu etw tendieren lassen
② *(make susceptible)* ■**to ~ sb to** [*or* **towards**] **sth** jdn zu etw *dat* prädisponieren *geh,* jdn für etw *akk* anfällig [*o* empfänglich] machen; ***smoking ~s you to lung cancer*** wer raucht, bekommt leichter Lungenkrebs; ***his childhood ~d him to a life of crime*** angesichts seiner Kindheit war ihm eine Verbrecherlaufbahn regelrecht vorbestimmt; ■**to be ~d to** [*or* **towards**] **sth** für etw *akk* anfällig [*o geh* prädisponiert] sein

pre·dis·po·si·tion [ˌpriːdɪspəˈzɪʃᵊn] *n* ① *(form: tendency)* Neigung *f;* ■**a ~ to** [*or* **towards**] **sth/sb** eine Neigung zu etw/jdm; ■**to have a ~ in favour** [*or* AM **favor**] **of sth/sb** zu etw/jdm neigen, eine Vorliebe für etw/jdn haben; ■**to have a ~ against sth/sb** eine Abneigung gegen etw/jdn haben
② MED *(susceptibility)* ■**a ~ to** [*or* **towards**] **sth** eine Anfälligkeit [*o fachspr* Prädisposition] für etw *akk;* **a ~ to asthma/bronchitis** eine Asthma-/Bronchitisanfälligkeit

pre·domi·nance [prɪˈdɒmɪnən(t)s, AM -ˈdɑːmə-] *n no pl* ① *(greater number)* zahlenmäßige Überlegenheit; ***there is a ~ of people with an arts degree on the council*** Personen mit einem geisteswissenschaftlichen Abschluss sind in dem Rat in der Überzahl
② *(predominant position)* Vorherrschaft *f;* **to have ~** [**in sth**] die Vorherrschaft [bei etw *dat*] haben, [bei etw *dat*] dominieren [*o* in der Übermacht sein]

pre·domi·nant [prɪˈdɒmɪnənt, AM -ˈdɑːmə-] *adj inv* vorherrschend, beherrschend; ■**to be ~** führend sein, dominieren; **a ~ characteristic** [*or* **feature**] eine hervorstechende [*o* auffällige] Eigenschaft; **to have a ~ role** eine führende Rolle spielen; ***dancers have a ~ role in this performance*** den Tänzern kommt bei dieser Vorstellung eine tragende Rolle zu

pre·domi·nant·ly [prɪˈdɒmɪnəntli, AM -ˈdɑːmə-] *adv inv* überwiegend

pre·domi·nate [prɪˈdɒmɪneɪt, AM -ˈdɑːmə-] *vi* ① *(be most important)* vorherrschen
② *(be more numerous)* überwiegen; ***in the Cotswolds, stone buildings ~ over brick ones*** in den Cotswolds gibt es mehr Häuser aus Naturstein als Backsteinhäuser

pre·domi·nate·ly [prɪˈdɒmɪnətli, AM ˈdɑːmɪnɪt] *adv see* **predominantly** überwiegend

pre-eclamp·sia [ˌpriːɪˈklæmsiə] *n no pl* MED Präeklampsie *f fachspr,* Eklampsismus *m fachspr,* Schwangerschaftstoxikose *f* [mit Organschäden]

pre-elec·tion [ˌpriːɪˈlekʃᵊn] *adj attr, inv* vor der Wahl *nach n*

pree·mie [ˈpriːmiː] *n* AM *(fam) short for* **premature baby** Frühchen *nt*

pre-emi·nence [ˌpriːˈemɪnən(t)s] *n no pl (form)* Überlegenheit *f,* überragende Bedeutung; ***she achieved ~ as a director with her first movie*** mit ihrem ersten Film erwies sie sich als hervorragende Regisseurin; **sb's intellectual ~** jds intellektuelle [*o* geistige] Überlegenheit

pre-emi·nent [ˌpriːˈemɪnənt] *adj (form)* herausragend, überragend; **to be ~ in one's field** eine Koryphäe auf seinem Gebiet sein

pre-emi·nent·ly [ˌpriːˈemɪnəntli] *adv (form)* hauptsächlich, vor allem; **a ~ critical attitude** eine überwiegend kritische Haltung

pre-empt [ˌpriːˈem(p)t] *vt* ① *(form: act in advance)* ■**to ~ sb/sth** jdm/etw zuvorkommen
② *(form: appropriate in advance)* ■**to ~ sth** etw mit Beschlag belegen
③ AM LAW **to ~ public land** staatlichen Grundbesitz aufgrund eines Vorkaufsrechts erwerben

pre-emp·tion [ˌpriːˈem(p)ʃᵊn] *n no pl* ① LAW *(purchase)* Vorkaufsrecht *nt;* STOCKEX Bezugsrecht *nt;* **~ clause** Bezugsrechtsklausel *f;* **right of ~** Vorkaufsrecht *nt; of shareholders* Bezugsrecht *nt*
② *(form: pre-empting)* Ausüben *nt* des Vorkaufsrechts, Vorkauf *m*
③ MIL präventive Kriegsführung; **war of ~** Präventivkrieg *m*

pre-emp·tive [ˌpriːˈem(p)tɪv] *adj inv* ① *(preventive)* vorbeugend, Präventiv-; **~ measure** Präventivmaßnahme *f*
② LAW, ECON zum Vorkauf berechtigend, Präventiv-, Vorkaufs-, Bezugs-; **~ right** Vorkaufsrecht *nt; (of shareholders)* Bezugsrecht *nt;* **~ strike against a takeover bid** Präventivstreik *m* gegen ein Übernahmeangebot
③ MIL *(forestalling the enemy)* präventiv; **~ attack** [*or* **strike**] Erstschlag *m;* **~ war** Präventivkrieg *m*

pre-emp·tive 'right *n* LAW Vorkaufsrecht *nt*

preen [priːn] I. *vi* ① *bird* sich *akk* putzen
② *(pej) person* sich *akk* herausputzen [*o pej* auftakeln]
③ *(esp pej: congratulate oneself)* **to ~ and posture** sich *akk* stolz präsentieren [*o* in die Brust werfen]
II. *vt* ① *(of bird)* ■**to ~ its feathers** sein Gefieder putzen
② *(pej: groom)* ■**to ~ oneself** sich *akk* herausputzen [*o pej* auftakeln]
③ *(esp pej: congratulate)* ■**to ~ oneself** sich *akk* stolz präsentieren [*o* in die Brust werfen]; ***politicians like nothing more than an opportunity to ~ themselves*** Politiker lieben nichts mehr als eine Gelegenheit zur Selbstdarstellung; ■**to ~ oneself on** [*or* **for**] **sth** sich *akk* mit etw *dat* brüsten

pre-ex·ist [ˌpriːɪgˈzɪst] *(form)* I. *vi* vorher existieren; PHILOS, REL präexistieren *fachspr*
II. *vt* ■**to ~ sth/sb** vor etw/jdm existieren [*o* vorhanden sein], jdm/etw vorausgehen

pre-ex·ist·ence [ˌpriːɪgˈzɪstᵊn(t)s] *n no pl* vorherige Existenz; PHILOS, REL Präexistenz *f fachspr*

pre-ex·ist·ent [ˌpriːɪgˈzɪstᵊnt] *adj inv* vorher vorhanden; *(contract)* vorher bestehend *attr*

pre·fab [ˈpriːfæb] *(fam)* I. *n short for* **prefabricated house** Fertighaus *nt*
II. *adj inv short for* **prefabricated** vorgefertigt, SCHWEIZ, ÖSTERR *a.* vorfabriziert

pre·fab·ri·cate [ˌpriːˈfæbrɪkeɪt] *vt* ■**to ~ sth** etw vorfertigen; **to ~ a building/house** genormte Fertigteile für ein Gebäude/Haus herstellen

pre·fab·ri·cat·ed [ˌpriːˈfæbrɪkeɪtɪd, AM -t̬-] *adj inv* vorgefertigt, SCHWEIZ, ÖSTERR *a.* vorfabriziert

pre·fab·ri·ca·tion [ˌpriːfæbrɪˈkeɪʃᵊn] *n no pl* Vorfertigung *f*

pref·ace [ˈprefɪs] I. *n* ① *(introduction)* Einleitung *f; to a novel, play, collection of poems* Vorwort *nt* (**to** zu +*dat)*
② *(fig: preceding event)* ■**as a ~** als Einstieg; *(to entertainment etc.)* zur Einstimmung; **a ~ to peace** eine Vorstufe zum Frieden
II. *vt* ① *(provide with preface)* ■**to ~ sth** eine Einleitung [*o* einleitende Worte] zu etw *dat* verfassen; ■**to be ~d by sth** durch etw *akk* eingeleitet werden; ■**to ~ sth with sth** etw mit etw *dat* einleiten; **to ~ a book** ein Buch mit einem Vorwort versehen; **to ~ a speech/reply with sth** einer Rede/Antwort etw vorausschicken; ***she ~d all her replies with a giggle*** sie kicherte jedes Mal, bevor sie etwas entgegnete
② *(lead up to)* ■**to ~ sth** etw einleiten; *disaster etc.* zu etw *dat* führen

prefa·tory [ˈprefətᵊri, AM -tɔːri] *adj inv (form)* einleitend *attr,* zur Einleitung *nach n;* **after a few ~ remarks/words** nach ein paar einleitenden Bemerkungen/Worten

pre·fect [ˈpriːfekt] *n* ① *(official)* Präfekt(in) *m(f)*
② *esp* BRIT, AUS SCH *Schüler, der die Jüngeren beaufsichtigen muss*

pre·fec·ture [ˈpriːfektʃəʳ, AM tʃɚ] *n* Präfektur *f*

pre'·femi·nist *adj inv* präfeministisch

pre·fer <-rr-> [prɪˈfɜːʳ, AM priːˈfɜːr] *vt* ① *(like better)* ■**to ~ sth/sb** etw/jdn vorziehen [*o* bevorzugen] [*o* SCHWEIZ *a.* präferieren]; ***do you ~ hot or cold weather?*** mögen Sie lieber heißes oder kaltes Wetter?; ***she ~s it if you ...*** es ist ihr lieber, wenn du ...; *(form)* ***I would ~ that the concert be cancelled*** mir wäre [es] lieber, das Konzert würde abgesagt; ■**to ~ sth/sb to sth/sb** jdn/etw jdm/etw vorziehen; ***she ~s Daniel to his brother*** sie mag Daniel lieber als seinen Bruder; ■**to ~ doing sth** [**to doing sth**] etw lieber [als etw] tun; ***he ~s watching rugby to playing it*** er sieht sich lieber ein Rugbyspiel an, als selbst Rugby zu spielen; ■**to ~ to do sth** etw lieber tun; ■**to ~ sb to do sth** es vorziehen, dass jd etw tut; ***I'd ~ you not to smoke, please*** ich möchte Sie bitten, hier nicht zu rauchen
② BRIT LAW **to ~ charges** [**against sb**] Anklage [gegen jdn] erheben, Klage [gegen jdn] einreichen

pref·er·able [ˈprefᵊrəbl̩] *adj inv* besser; ***surely a diplomatic solution is ~ to war*** eine diplomatische Lösung ist einem Krieg sicherlich vorzuziehen; ***wouldn't it be ~ to ...?*** wäre es nicht besser, ...?

pref·er·ably [ˈprefᵊrəbli] *adv inv* am besten, vorzugsweise

pref·er·ence [ˈprefᵊrᵊn(t)s] *n* ① *no pl (priority)* Priorität *f,* Vorzug *m;* ***I phoned Mary in ~ to Liz because ...*** ich habe lieber Mary als Liz angerufen, weil ...; **in order of ~** nach Prioritäten; **to give ~ to**

sb/sth [*or* **sb/sth** ~] jdm/etw den Vorzug geben [*o* Priorität einräumen]; **to be given** ~ Vorrang haben, vorrangig behandelt werden; **to give** ~ **to sb/sth** [*or* **give sb/sth** ~] **over sb/sth** jdm/etw vor jdm/etw den Vorzug geben; ***why do you never give me ~ over your work?*** warum ist dir deine Arbeit immer wichtiger als ich?
② *no pl (greater liking)* Vorliebe *f* (**for** für *+akk*); ***her ~ is for comfortable rather than smart clothes*** sie kleidet sich lieber bequem als schick; **sexual** ~ sexuelle Neigung
③ *(preferred thing)* Vorliebe *f; **what are your ~ s in music?*** welche Musik hören Sie am liebsten?; ***which is your personal ~ ?*** was ist Ihnen persönlich lieber?; ■**to have a ~ for sth** eine Vorliebe für etw *akk* haben, etw bevorzugen; ***red or white wine? — I have no*** ~ Rotwein oder Weißwein? – ich mag beides; **to express a** ~ sagen, was man [lieber] mag
④ FIN [Gläubiger]begünstigung *f;* **special ~s** Sonderkonditionen *pl*

'pref·er·ence bond *n* FIN Prioritätsobligation *f,* Vorzugsobligation *f* **'pref·er·ence share, 'pref·er·ence stock** *n* BRIT Vorzugsaktie *f,* Prioritätsaktie *f*

pref·er·en·tial [ˌprefᵊr'en(t)ʃᵊl] *adj attr* Vorzugs-, Präferenz-; ~ **condition** Vorzugskondition *f;* ~ **price** Vorzugspreis *m;* ~ **rates** Sonderraten *pl;* ~ **right** Vorzugsrecht *nt;* ~ **tariff** Präferenzzoll *m,* Vorzugszoll *m;* ~ **terms** Sonderkonditionen *pl;* ~ **treatment** Vorzugsbehandlung *f;* **to get** [*or* **be given**] [*or* **receive**] ~ **treatment** eine Sonderbehandlung erhalten, bevorzugt behandelt werden

pref·er·en·tial·ly [ˌprefᵊr'en(t)ʃᵊli] *adv* bevorzugt

pre·fer·ment [prɪ'fɜːmənt, AM -'fɜːr] *n* Beförderung *f,* Vorankommen *nt*

pre·ferred [prɪ'fɜːd, AM priː'fɜːrd] *adj attr, inv* bevorzugt, Lieblings-; **the ~ choice** die erste Wahl; ~ **dividend** FIN Vorzugsdividende *f;* **sb's ~ drink** jds Lieblingsgetränk; ~ **route** Lieblingsroute *f;* ~ **security** FIN Vorzugspapier *nt;* ~ **venue** bevorzugter Treffpunkt

pre·ferred 'share, pre·ferred 'stock *n* AM *(preference share)* Vorzugsaktie *f;* **absolute** ~ absolute Vorzugsaktien *pl;* **cumulative** ~ kumulative Vorzugsaktie; **participating** ~ Aktie *f* mit Gewinnbeteiligung

'pre-fetch *adj inv* COMPUT, INET Prefetching- **pre-'fetch·ing** *n no pl* COMPUT, INET Prefetching *nt*

pre·fig·ure [priː'fɪgəʳ, AM -gjɚ] *vt (form)* ■**to ~ sth** etw anzeigen; **to ~ a change** eine Veränderung ankündigen

pre·fix I. *n* <*pl* -es> ['priːfɪks] ① LING Präfix *nt fachspr,* Vorsilbe *f*
② *(something prefixed)* Namensvorsatz *m;* **to add sth as a** ~ etw voranstellen; ***the Institute was granted the ~ 'Royal' in 1961*** das Institut erhielt 1961 die Erlaubnis, das Wort ‚Royal' vor seinen Namen zu setzen
③ *(title)* Anrede *f; (Dr etc.)* Titel *m*
④ BRIT *(dialling code)* Vorwahl *f*
⑤ PHYS Vorsatz *m*
⑥ COMPUT Vorspann *m*
II. *vt* [ˌpriː'fɪks, AM 'priːfɪks] ■**to ~ sth to sth** [*or* **sth with sth**] etw einer S. *dat* voranstellen; BRIT *(in phone numbers)* ~ ***83 to the existing number*** [*or* ***the existing number with 83***] wählen Sie zusätzlich zu der Nummer die 83 vor

pre·flight [ˌpriː'flaɪt] *adj inv* vor dem Flug

pre·flight 'checks *npl* letzte Kontrollen vor dem Flug

pre·form [ˌpriː'fɔːm, AM 'fɔːrm] *vt* ■**to ~ sth** etw vorbilden

preg·gers ['pregəz, AM -ɚz] *adj pred, inv esp* BRIT *(fam)* schwanger

preg·nan·cy ['pregnən(t)si] *n* Schwangerschaft *f;* ZOOL Trächtigkeit *f*

'preg·nan·cy test *n* Schwangerschaftstest *m;* **to do a** ~ einen Schwangerschaftstest machen

preg·nant ['pregnənt] *adj inv* ① *(with child) woman* schwanger; *animal* trächtig; ***she's eight months ~*** sie ist im achten Monat [schwanger]; ***my sister is ~ with twins*** meine Schwester erwartet Zwillinge; ■**to be ~ by sb** ein Kind von jdm bekommen; **heavily** [*or* AM *hum fam* **very**] ~ hochschwanger; **to become** [*or* **get**] ~ [**by sb**] [von jdm] schwanger werden; **to get sb ~** jdn schwängern, jdm ein Kind machen *fam*
② *(fig: meaningful)* bedeutungsvoll; *(tense)* spannungsgeladen; ***she sensed that the situation was ~ with danger*** sie spürte, dass die Situation große Gefahren in sich barg; ~ **with meaning** bedeutungsschwanger; ~ **pause/remark** bedeutungsvolle Pause/Bemerkung; **to be ~ with possibilities for sth** zahlreiche Möglichkeiten für etw *akk* bieten

pre·hab ['priːhæb] *n no pl short for* **prehabilitation** *Übungen zur Vorsorge gegen Verletzungen*

pre·heat [ˌpriː'hiːt] *vt* ■**to ~ sth** etw vorheizen (**to** auf *+akk)*

pre·hen·sile [prɪ'hen(t)saɪl, AM priː'hen(t)sɪl] *adj inv* ZOOL Greif-; ~ **tail** Greifschwanz *m*

pre·his·tor·ic [ˌprɪ(h)ɪ'stɒrɪk, AM -hɪ'stɔːr-] *adj inv* ① *(before written history)* prähistorisch *geh,* vorgeschichtlich; ~ **man** der prähistorische Mensch; **a ~ monster** ein urzeitliches Monster; ~ **remains** prähistorische Überreste, Überreste aus vorgeschichtlicher Zeit [*o* aus der Frühzeit]; **in ~ times** in prähistorischer Zeit
② *(pej fam: outdated)* steinzeitlich *pej fig,* völlig veraltet; ~ **methods** Steinzeitmethoden *pl pej fig;* ~ **management structures** völlig überholte Managementmethoden; ~ **views** völlig veraltete Ansichten

pre·his·to·ry [ˌpriː'hɪstᵊri] *n no pl* Prähistorie *f geh,* Vorgeschichte *f;* **human** ~ die Vorgeschichte der Menschheit

pre·hyper'·ten·sive *adj inv* hochnormal

pre-in·dus·trial [ˌpriːɪn'dʌstriəl] *adj inv* vorindustriell; **in ~ times** in der Zeit vor der industriellen Revolution

pre-in·va·sive [ˌpriːɪn'veɪsɪv] *adj* nicht invasiv *fachspr*

pre·judge [ˌpriː'dʒʌdʒ] *vt* ■**to ~ sb/sth** vorschnell ein Urteil über jdn/etw fällen, eine vorgefasste Meinung über jdn/etw haben; **to ~ the issue** ein vorschnelles Urteil fällen

pre·judg(e)·ment [ˌpriː'dʒʌdʒmənt] *n* ① *(premature conclusion)* Vorurteil *nt,* vorgefasste Meinung; **to make a ~ [about sb/sth]** ein vorschnelles Urteil [über jdn/etw] fällen
② *no pl (premature judging)* vorschnelles Urteilen

preju·dice ['predʒədɪs] I. *n* ① *(preconceived opinion)* Vorurteil *nt*
② *no pl (bias)* Vorurteil *nt* (**against** gegen *+akk),* Voreingenommenheit *f* (**against** gegen *+akk);* **racial** ~ Rassenvorurteil *nt;* ~ **against homosexuals/women** Vorurteil *nt* gegen Homosexuelle/Frauen
③ *no pl* LAW [Rechts]nachteil *m,* Schaden *m,* Benachteiligung *f;* **without** ~ ohne Schaden für die eigenen Rechte, freibleibend, ohne Verbindlichkeit; **without ~ to sth** unbeschadet einer S. *gen*
II. *vt* ① *(harm)* ■**to ~ sb/sth** jdn/etw schädigen; **to ~ sb's chances** jds Chancen beeinträchtigen; **to ~ an outcome** [*or* **result**] ein Ergebnis [*o* Resultat] beeinträchtigen
② *(bias)* ■**to ~ sb [against/in favour** [*or* AM **favor**] **of sb/sth]** jdn [gegen/für jdn/etw] einnehmen; **to ~ a case** LAW den Ausgang eines Prozesses beeinflussen; **to ~ a witness** LAW einen Zeugen/eine Zeugin beeinflussen

preju·diced ['predʒədɪst] *adj* voreingenommen; ***he is racially*** ~ er hat Rassenvorurteile; ***he was such a ~ man*** er steckte voller Vorurteile; ■**to be ~ about sth/sb** Vorurteile gegenüber etw/jdm haben; ■**to be ~ against sb/sth** Vorurteile gegen jdn/etw haben, jdm/etw gegenüber voreingenommen sein; ■**to be ~ in favour** [*or* AM **favor**] **of sb/sth** gegenüber jdm/etw positiv eingestellt sein; ~ **attitude/opinion** vorgefasste Einstellung/Meinung; ~ **judgment** vorgefasstes Urteil; ~ **witness** befangener Zeuge/befangene Zeugin

preju·di·cial [ˌpredʒə'dɪʃᵊl] *adj (form)* abträglich; ■**to be ~ to sb/sth** jdm/etw abträglich sein; **to have a ~ effect on sth** eine nachteilige Wirkung auf etw *akk* haben; **to be ~ to sb's health/safety** jds Gesundheit/Sicherheit beeinträchtigen; ***these chemicals are ~ to health*** diese Chemikalien sind gesundheitsschädlich

pre-K [priː'keɪ] *n short for* **pre-kindergarten** ≈ Krabbelgruppe *f,* ≈ Krabbelstube *f* ÖSTERR *(vor dem Kindergarten)*

prel·ate ['prelɪt] *n* Prälat *m*

pre·lim[1] ['priːlɪm] *n (fam: preliminary examination) short for* **preliminary** Vorprüfung *f*

prelim[2] ['priːlɪm] *n (fam)* SPORT *short for* **preliminary** Vorrunde *f*

prelim[3] ['priːlɪm] *n (fam)* TYPO ■**~s** *pl short for* **preliminary pages** Titelei *f*

prelim[4] ['priːlɪm] *n (fam) short for* **preliminary announcement** erste [*o* vorläufige] Bekanntmachung

pre·limi·nary [prɪ'lɪmɪnᵊri, AM -əneri] I. *adj attr, inv* einleitend; *(preparatory)* vorbereitend; ~ **arrangements** Vorbereitungen *pl;* **a ~ draft/step** ein erster Entwurf/Schritt; **a ~ drawing** eine erste Skizze; ~ **estimate** Kostenvoranschlag *m;* ~ **financing** *no pl* Vorfinanzierung *f;* ~ **hearing** Voruntersuchung *f;* ~ **remark** Vorbemerkung *f;* ~ **results** erste [*o* vorläufige] Ergebnisse; **a ~ selection/stage/study** eine Vorauswahl/Vorstufe/Vorstudie; ~ **sketch** Vorstudie *f,* Rohskizze *f;* ~ **talks** Vorgespräche *pl*
II. *n* ① *(introduction)* Einleitung *f; (preparation)* Vorbereitung *f;* **after a few polite preliminaries** nach einigen einleitenden Höflichkeitsfloskeln; **as** [*or* **by way of**] **a ~** als Einleitung
② SPORT *(heat)* Vorrunde *f*
③ *(form: preliminary exam)* Vorprüfung *f*
④ PUBL ■**preliminaries** *pl* Titelei *f*

pre·limi·nary 'mat·ter *n no pl,* **pre·limi·nary 'pages** *npl* Titelei *f*

pre·lit·er·ate [priː'lɪtᵊrət, AM -'lɪt̬ɚət] *adj inv* vorschriftlich, ohne Schrift *nach n;* **a ~ culture** eine Kultur ohne schriftliche Zeugnisse; ~ **tribes** Stämme, die keine Schrift kennen

prel·ude ['prelju:d, AM *also* 'preɪluːd] I. *n* ① *usu sing (preliminary)* Vorspiel *nt,* Auftakt *m; **the changes are a ~ to wide-ranging reforms*** die Veränderungen werden weitreichende Reformen einleiten; **a ~ to the negotiations** ein Auftakt zu den Verhandlungen
② MUS Prélude *nt fachspr,* Präludium *nt fachspr;* **Chopin's ~s** die Préludes von Chopin
II. *vt* ■**to ~ sth** etw einleiten; ***the incident might ~ more violence*** der Vorfall könnte vielleicht noch mehr Gewalt provozieren

pre-lunch 'drink *n* Aperitif *m*

pre·mari·tal [ˌpriː'mærɪtᵊl, AM -'merət̬ᵊl] *adj inv* vorehelich *attr;* ~ **pregnancy** Schwangerschaft *f* vor der Ehe; ~ **sex** vorehelicher Geschlechtsverkehr

pre·mar·ket 'trad·ing *n* vorbörslicher Handel

prema·ture ['premətʃəʳ, AM ˌpriːmə'tʃʊr, -'tʊr] *adj* ① *(too early)* verfrüht, vorzeitig; ~ **aging/death** vorzeitiges Altern/vorzeitiger Tod; ~ **announcement/criticism/decision** voreilige Ankündigung/Kritik/Entscheidung; ~ **departure/resignation** vorzeitige Abreise/Kündigung
② MED ~ **baby** Frühgeburt *f,* Frühchen *nt;* **to be ~** zu früh geboren werden [*o* zur Welt kommen], eine Frühgeburt sein; ***he was born six weeks*** ~ er kam sechs Wochen zu früh; ~ **twins** zu früh geborene Zwillinge

prema·ture ejacu·'la·tion *n* vorzeitiger Samenerguss

prema·ture·ly ['premətʃəli, AM ˌpriːmə'tʃʊr-] *adv* ① *(too early)* verfrüht, vorzeitig; **to make sb go ~ grey** jdn vorzeitig ergrauen lassen; **to age ~** vorzeitig altern; **to decide ~** eine übereilte Entscheidung treffen; **to depart/resign ~** vorzeitig abreisen/kündigen; **to die/leave ~** frühzeitig sterben/gehen
② MED **to be born ~** zu früh geboren werden [*o* zur Welt kommen], eine Frühgeburt sein

pre-med [ˌpriː'med] *adj no pl short for* **pre-medication** Prämedikation *f fachspr,* Narkosevorbereitung *f,* Vornarkose *f*

pre·medi·ca·tion [ˌpriːmedɪˈkeɪʃᵊn] *n* ❶ MED Prämedikation *f fachspr,* Narkosevorbereitung *f,* Vornarkose *f*
❷ LAW Vorbedacht *m,* Überlegung *f*

pre·medi·tat·ed [ˌpriːˈmedɪteɪtɪd, AM -t̬-] *adj inv* vorsätzlich, geplant; ~ **act** überlegtes Vorgehen; ~ **attack** vorsätzlicher [*o* geplanter] Angriff; ~ **crime/murder** vorsätzlich begangenes Verbrechen/vorsätzlicher Mord

pre·medi·ta·tion [ˌpriːmedɪˈteɪʃᵊn] *n no pl (form)* [wohl durchdachtes] Planen; **with/without** ~ mit/ohne Absicht; *of a crime* mit/ohne Vorsatz

pre·men·stru·al [ˌpriːˈmen(t)struəl, AM -strəl] *adj attr, inv* prämenstruell

pre·men·stru·al ˈsyn·drome *n,* **PMS** *n no pl* prämenstruelles Syndrom **pre·men·stru·al ˈten·sion** *n,* **PMT** *n no pl* BRIT prämenstruelles Syndrom

pre·mie [ˈpriːmi] *n* AM *(fam) short for* **premature baby** Frühchen *nt*

prem·ier [ˈpremiəʳ, AM prɪˈmɪr] **I.** *n* Premierminister(in) *m(f),* Premier *m;* CAN, AUS Ministerpräsident(in) *m(f)*
II. *adj attr, inv* führend; **the** ~ **port** der bedeutendste [*o* wichtigste] Hafen; **the** ~ **sport arena** das bedeutendste Stadion

prem·ière [ˈpremieəʳ, AM prɪˈmɪr] **I.** *n* Premiere *f,* Uraufführung *f;* **world** ~ Weltpremiere *f,* Welturaufführung *f*
II. *vt* ■**to** ~ **sth** etw uraufführen
III. *vi* **to** ~ **in New York/London** in New York/London uraufgeführt werden

Prem·ier ˈLeague *n* BRIT FBALL ■**the** ~ die Premier League, ≈ die Erste Bundesliga

prem·ier·ship [ˈpremieəʃɪp, AM prɪˈmɪr-] *n* ❶ *(office)* Amt *nt* des Premierministers/der Premierministerin
❷ *(period of office)* Amtszeit *f* [*o* Amtsperiode *f*] als Premierminister/Premierministerin

Prem·ier·ship [ˈpremieəʃɪp] *n* BRIT SPORT ■**the** ~ die Saison der Premier League

pre·mil·len·nial [ˌpriːmɪˈleniəl] *adj* vor der Jahrtausendwende *nach n*

prem·ise **I.** *n* [ˈpremɪs] Prämisse *f geh,* Voraussetzung *f;* ■**on** [*or* **with**] **the** ~ **that ...** unter der Voraussetzung, dass ...; **to start from the** ~ **that ...** von der Voraussetzung [*o geh* Prämisse] ausgehen, dass ...
II. *vt* [prɪˈmaɪz, AM ˈpremɪs] *(form)* ❶ *(base)* ■**to** ~ **sth on** [*or* **upon**] **sth** etw auf etw *akk* [auf]bauen; ■**to be** ~**d on sth** auf etw *dat* basieren [*o* beruhen]; **to** ~ **one's argument on sth** sein Argument auf etw *akk* aufbauen [*o* gründen]
❷ AM *(preface)* ■**to** ~ **sth** etw einleiten

prem·ises [ˈpremɪsɪz] *npl* ❶ *(building)* Gebäude *nt; (building and site)* [bebautes] Gelände; *(rooms)* Räumlichkeiten *pl;* **business** ~ Geschäftsgebäude *nt,* Geschäftsräume *pl;* **school** ~ Schulgelände *nt;* **residential** ~ Privatgrund *m* mit Wohnhaus; **off the** ~ außerhalb des Gebäudes/Geländes; **on the** ~ *(in the building)* im Gebäude, in den Räumlichkeiten; *(on the site)* auf dem Gelände; **to be made on the** ~ an Ort und Stelle [*o* [direkt] vor Ort] hergestellt werden
❷ *(personal property)* Land *nt,* Grundstück *nt*
❸ *(things referred to)* Vorstehendes, Vorangehendes, Obenerwähntes

prem·iss *n esp* BRIT *(form) see* **premise**

pre·mium [ˈpriːmiəm] **I.** *n* ❶ *(insurance payment)* [Versicherungs]prämie *f;* **insurance** ~ Versicherungsbeitrag *m,* Versicherungsprämie *f;* **life insurance** ~**s** Lebensversicherungsprämie *f;* **additional** ~ Beitragszuschlag *m,* Prämienzuschlag *m*
❷ *(extra charge)* Zuschlag *m; (rate above a previous rate)* Aufschlag *m* (**on** auf +*akk*); **to attract a** ~ teurer sein, mehr kosten; **to be** [**sold**] [*or* **to sell**] **at a** ~ zu einem höheren Preis verkauft werden; ***organic vegetables will always sell at a*** ~ Biogemüse wird immer teurer sein; **at a 5%** ~ für einen Aufschlag von 5 %
❸ STOCKEX Aufgeld *nt,* Agio *nt;* **at a** ~ über pari; **shares sold at a** ~ Aktienverkauf *m* über Pari [*o* mit Agio]
❹ *(bonus)* Prämie *f,* Bonus *m;* **to earn a** ~ **for sth** eine Prämie für etw *akk* bekommen; ~ **on a salary** Bonus *m* [*o* Prämie *f*] zusätzlich zum Gehalt
❺ *no pl* AM *(petrol)* Super[benzin] *nt*
❻ *(amount paid to a landlord)* Abstandssumme *f*
▸PHRASES: **to be at a** ~ [sehr] wertvoll [*o* kostbar] sein; ***free time is at a*** ~ ***for working parents*** Freizeit ist für berufstätige Eltern ein kostbares Gut; **to place** [*or* **put**] **a** ~ [**up**]**on sth** auf etw *akk* besonderen Wert legen
II. *adj attr, inv* ❶ *(high)* hoch; ~ **price** hoher Preis; ~ **rent** hohe Miete
❷ *(top-quality)* Spitzen-; **the** ~ **brand** die führende Marke; ~ **fruit** erstklassige Früchte, Früchte *pl* der Klasse 1 A; ~ **product** Spitzenprodukt *nt;* ~ **sausages** Qualitätswürste *pl,* erstklassige Würste

Pre·mium ˈBond *n* BRIT Prämienaktie *f,* Lotterieaktie *f;* ■~**s** *pl* Sparprämienanleihen *pl*

pre·mium ˈgas, pre·mium ˈgaso·line *n* AM Super[benzin] *nt*

pre·mium ˈin·come *n* Prämienaufkommen *nt,* Prämieneinnahmen *fpl* **pre·mium ˈof·fer** *n* Werbegeschenk *nt*

pre·mium ˈqual·ity *n* Spitzenqualität *f*

prem·mie [ˈpriːmiː] *n* AUS *(fam) short for* **premature baby** Frühchen *nt*

pre·mod·ern [ˌpriːˈmɒdᵊn, AM -mɑːdɚn] *adj culture, society* prämodern; *way of life* althergebracht; *world* rückständig

premo·ni·tion [ˌpreməˈnɪʃᵊn] *n* [böse] Vorahnung, [schlechtes] Vorgefühl; ***this*** ~ ***of defeat ...*** die dunkle Ahnung einer bevorstehenden Niederlage...; ~ **of disaster/danger** Vorahnung *f* einer Katastrophe/drohenden Gefahr; ~ **of death** Todesahnung *f;* **to have a** ~ [**that ...**] [so] eine Vorahnung haben[, dass ...]

pre·moni·tory [prɪˈmɒnɪtᵊri, AM ˈmɑːnətɔːri] *adj* warnend *attr;* ~ **feeling** ungutes Gefühl

pre·na·tal [ˌpriːˈneɪtᵊl, AM -t̬ᵊl] *adj attr, inv* AM, AUS vorgeburtlich, pränatal *fachspr;* ~ **care** vorgeburtliche Betreuung, Geburtsvorbereitung *f*

pre-9-11 [ˈpriːˌnaɪnɪˌlevᵊn], **pre-Sept. 11** [ˈpriːsepˌtembəʳɪˌlevᵊn, AM -sepˌtembɚ-] *adj inv* vor dem 11. September *nach n (bezieht sich auf die Zeit vor dem 11. September 2001, dem Tag der Terrorangriffe auf New York und Washington)*

pre·nup·tial [ˌpriːˈnʌp(t)ʃᵊl] *adj inv* vor der Heirat [*o* Hochzeit] *nach n;* ~ **contract** [*or* **agreement**] Ehevertrag *m*

pre·oc·cu·pa·tion [priːˌɒkjəˈpeɪʃᵊn, AM -ˌɑːkjuːˈ-] *n* ❶ *(dominant concern)* Sorge *f;* **main** ~ Hauptsorge *f*
❷ *no pl (state of mind)* ■[**a**] ~ **with sth** gedankliches Kreisen um etw *akk,* ständige [gedankliche] Beschäftigung mit etw *dat,* Absorbiertsein *nt* von etw *dat;* **a** ~ **with death/work** die ständige Beschäftigung mit dem Tod/mit der Arbeit; **to have a** ~ **with sth** von etw *dat* besessen sein; **to have a** ~ **with sex** sexbesessen sein

pre·oc·cu·pied [ˌpriːˈɒkjəpaɪd, AM priːˈɑːkjuː-] *adj* ❶ *(distracted)* gedankenverloren; *(absorbed)* nachdenklich; ***my mind has*** [*or* ***I have***] ***been so*** ~ ***lately*** ich hatte in letzter Zeit so viel im Kopf; ***she is quite*** ~ ***at the moment*** sie hat im Moment zu viel um die Ohren; ■**to be** ~ **with sb/sth** sich *akk* mit jdm/etw stark beschäftigen, unablässig an etw/jdn denken; ***he is so*** ~ ***with his own problems that ...*** er ist so von seinen Problemen in Anspruch genommen, dass ...
❷ *(worried)* besorgt; ~ **frown** besorgtes Stirnrunzeln

pre·oc·cu·py <-ie-> [ˌpriːˈɒkjəpaɪ, AM priːˈɑːkjuː-] *vt* ■**to** ~ **sb** jdn [sehr stark] beschäftigen; **to** ~ **sb's mind** [*or* **thoughts**] jdn stark beschäftigen, jdm ständig im Kopf herumgehen

pre·or·dain [ˌpriːɔːˈdeɪn, AM -ɔːr-] *vt usu passive (form)* ■**to be** ~**ed** vorherbestimmt sein; **a** ~**ed path** [*or* **route**] [*or* **direction**] ein vorgezeichneter Weg; **to be** ~**ed to fail** zum Scheitern verurteilt sein; **sb/sth is** ~ **to succeed** der Erfolg ist jdm/etw sicher

pre-owned [ˈpriːoʊnd] *adj inv short for* **previously owned** *car, jewellery, watch* Gebraucht-, Secondhand-

prep¹ [prep] *n no pl (fam)* ❶ *(preparation)* Vorbereitung *f*
❷ BRIT *(homework)* Hausaufgaben *pl,* Hausarbeiten *pl;* **history** ~ Geschichtshausaufgaben *pl,* Hausaufgaben *pl* in Geschichte
❸ BRIT *(time for homework)* Hausaufgabenstunde *f; (at school)* Übungs- und Lernstunde *f*
❹ AM *(prep school) private Vorbereitungsschule vor dem College*

prep² [prep] *n* LING *abbrev of* **preposition** Präp.

pre-pack [ˌpriːˈpæk] *vt esp* BRIT ■**to** ~ **sth** etw abpacken

pre-pack·age [ˌpriːˈpækɪdʒ] *vt esp* AM, AUS ■**to** ~ **sth** etw abpacken

pre-pack·aged [ˌpriːˈpækɪdʒd] *adj inv esp* AM, AUS abgepackt

pre-packed [ˌpriːˈpækt] *adj inv esp* BRIT abgepackt

pre·paid [ˌpriːˈpeɪd] *adj inv* im Voraus bezahlt, bereits bezahlt; ***$20*** ~, ***$25 at the door*** 20 Dollar im Vorverkauf, 25 Dollar an der Abendkasse; ~ **reply envelope** frankierter Rückumschlag, frankiertes Antwortcouvert SCHWEIZ [*o* ÖSTERR Antwortkuvert]; ~ **envelope/postcard** freigemachter Umschlag/freigemachte Postkarte

pre·paid re·ˈply *n* frankierte Rückantwortkarte

prepa·ra·tion [ˌprepᵊrˈeɪʃᵊn, AM -əˈreɪ-] **I.** *n* ❶ *no pl (getting ready)* Vorbereitung *f; of food* Zubereitung *f; of data, documents* Aufstellung *f;* **to do a lot of/very little** ~ [**for sth**] sich *akk* sehr gut/kaum [auf etw *akk*] vorbereiten; **in** ~ **for sth** als Vorbereitung auf etw *akk;* ***the church was being decorated in*** ~ ***for the wedding*** die Kirche wurde für die Hochzeit dekoriert
❷ *(measures)* ■~**s** *pl* Vorbereitungen *pl* (**for** für +*akk*); *(precautions)* Vorkehrungen *pl;* ~**s for a flight** Flugvorbereitungen *pl;* ~**s for a journey/voyage** Reisevorbereitungen *pl;* ~**s for war** Kriegsvorbereitungen *pl;* **to make** [**one's**] ~**s for sth** Vorbereitungen für etw *akk* treffen
❸ *(substance)* Präparat *nt,* Mittel *nt;* **beauty** ~ Schönheitsmittel *nt;* **pharmaceutical** ~ Arzneimittel *nt,* pharmazeutisches Präparat
II. *n modifier (time, work)* Vorbereitungs-; ~ **stage** Vorbereitungsstadium *nt*

pre·para·tory [prɪˈpærətᵊri, AM -ˈperətɔːri] *adj inv* vorbereitend *attr;* ~ **course** Vorbereitungskurs *m;* ~ **meeting** Vorbereitungstreffen *nt;* ~ **stage** Vorbereitungsstadium *nt;* ~ **work** vorbereitende Arbeiten *pl,* Vorbereitung *f;* **to be** ~ [**to sth**] als Vorbereitung [auf [*o* für] etw *akk*] dienen; ***a task force was formed*** ~ ***to the conference*** es wurde eine Taskforce gegründet, um die Konferenz vorzubereiten

pre·ˈpara·tory school *n* AM *(form: mixed private school) private Vorbereitungsschule vor dem College;* BRIT *(for public school) private Vorbereitungsschule vor der Privatschule*

pre·pare [prɪˈpeəʳ, AM -ˈper] **I.** *vt* ❶ *(get ready)* ■**to** ~ **sth/sb/oneself** [**for sth**] etw/jdn/sich [auf etw *akk*] vorbereiten; ***you need to*** ~ ***yourself for a long wait*** Sie sollten sich auf eine lange Wartezeit einstellen; ***I hadn't*** ~ ***d myself for such a shock*** auf einen solchen Schock war ich nicht gefasst; **to** ~ **a site** ein Grundstück erschließen; **to** ~ **the way** [**for sb/sth**] den Weg [für jdn/etw] bereiten
❷ *(make)* ■**to** ~ **sth** etw zubereiten [*o* vorbereiten]; ***our products are*** ~ ***d in the most hygienic conditions*** unsere Produkte werden unter strengen hygienischen Bedingungen hergestellt; ~**d by hand** selbst gemacht; **to** ~ **breakfast/dinner/lunch** das Frühstück/Abendessen/Mittagessen machen
❸ *(produce)* ■**to** ~ **data/documents** Daten/Dokumente erstellen
II. *vi* ■**to** ~ **for sth** sich *akk* auf etw *akk* vorbereiten [*o* SCHWEIZ, ÖSTERR *a.* einrichten], sich *akk* für etw *akk* rüsten; **to** ~ **for take-off** sich *akk* zum Start bereit machen; ***we should*** ~ ***for a time of troubles*** wir sollten uns auf schwierige Zeiten gefasst machen; ■**to** ~ **to do sth** sich *akk* darauf vorbereiten, etw zu

tun; **to ~ to enter/leave** sich *akk* anschicken, hineinzugehen/wegzugehen, gerade hineingehen/weggehen wollen; **to ~ to fight** sich *akk* für den Kampf rüsten, sich *akk* auf den Kampf vorbereiten; ***she was just preparing to speak when ...*** sie wollte gerade etwas sagen, als ...

pre·pared [prɪ'peəd, AM -'perd] *adj* ① *pred (ready)* bereit, fertig *fam; **I'm not** ~* ich bin noch nicht so weit; ■**to be ~ for sb/sth** auf jdn/etw vorbereitet sein; ***be ~!*** allzeit bereit!; ***they were ~ for the worst*** sie waren auf das Schlimmste gefasst; **to be ~ for a journey** reisefertig sein
② *pred (willing)* ■**to be ~ to do sth** bereit sein, etw zu tun; ***I am not ~ to stand by and do nothing*** ich denke nicht daran, untätig zuzusehen
③ *(arranged previously)* vorbereitet; ***his speech was obviously*** ~ seine Rede hatte er offensichtlich schon vorher abgefasst; ***the room had been specially*** ~ das Zimmer war extra zurechtgemacht worden; ~ **meal** Fertiggericht *nt;* ~ **statement** vorbereitete Erklärung

pre·pared·ness [prɪ'peədnəs, AM -'perd-] *n no pl (form)* Bereitschaft *f;* ~ **for conflict/battle** Konfliktbereitschaft/Kampfbereitschaft *f;* **sb's ~ for an exam** jds Vorbereitung auf ein Examen; **the nation's military ~** die militärische Einsatzbereitschaft der Nation

pre·pay <-paid, -paid> [ˌpriː'peɪ] *vt* ■**to ~ sth** etw im Voraus bezahlen; ***the cost of postage had been prepaid*** die Zustellungsgebühr war bereits bezahlt

pre·pay·ment [ˌpriː'peɪmənt] *n* Anzahlung *f,* Vorauszahlung *f,* Bezahlung *f* im Voraus

pre·'pay·ment pen·al·ty *n* Vorfälligkeitsentschädigung *f*

pre·pon·der·ance [ˌpriː'pɒndərən(t)s, AM -'pɑːn-] *n no pl (form)* [überwiegende] Mehrheit; *(fact of being in majority)* zahlenmäßiges Übergewicht; ***there is a ~ of women in part-time work*** Frauen sind bei Teilzeitarbeitsstellen in der Überzahl

pre·pon·der·ant [ˌpriː'pɒndərənt, AM -'pɑːn-] *adj inv (form)* vorherrschend *attr;* ■**to be ~ [in sth]** [bei etw *dat*] eine vorherrschende Rolle spielen; *(in numbers)* [bei etw *dat*] überwiegen [*o* in der Mehrheit sein]; ~ **influence** entscheidender Einfluss; ~ **role** herausragende Rolle

pre·pon·der·ant·ly [ˌpriː'pɒndərəntli, AM -'pɑːn-] *adv inv (form)* überwiegend, mehrheitlich

pre·pon·der·ate [ˌpriː'pɒndəreɪt, AM -'pɑːndə-] *vi (form)* überwiegen, in der Überzahl sein; ***a garden where white flowers*** ~ ein Garten, in dem weiße Blumen bestimmend sind

prepo·si·tion [ˌprepə'zɪʃən] *n* Verhältniswort *nt,* Präposition *f*

prepo·si·tion·al [ˌprepə'zɪʃənəl] *adj inv* LING präpositional, Verhältnis-; ~ **phrase** Präpositionalgefüge *nt fachspr;* ~ **word** Verhältniswort *nt,* Präposition *f*

prepo·si·tion·al 'verb *n* Präpositionalverb *nt fachspr,* präpositionales Verb *fachspr*

pre·pos·ses·sing [ˌpriːpə'zesɪŋ] *adj usu neg* einnehmend, anziehend; **to be not very ~** nicht sehr ansprechend sein; *person* nicht sehr einnehmend sein

pre·pos·ter·ous [prɪ'pɒstərəs, AM -'pɑːstɚ-] *adj* absurd, unsinnig, widersinnig; ~ **accusation** absurder [*o* unsinniger] Vorwurf

pre·pos·ter·ous·ly [prɪ'pɒstərəsli, AM 'pɑːstɚ-] *adv* absurd[erweise]

prepped [prept] *adj* AM *person* vorbereitet; **to get ~** sich *akk* auf etw *akk* gefasst machen

prep·pie, prep·py ['prepi] AM **I.** *n Schüler(in) einer privaten „prep school", der/die großen Wert auf gute Kleidung und das äußere Erscheinungsbild legt*
II. *adj appearance* adrett; *clothes, look* popperhaft *meist pej fam; **it's a ~ neighborhood*** die Nachbarschaft ist ziemlich etepetete *fam*

pre-print·ed [ˌpriː'prɪntɪd, AM t̬ɪd] *adj inv* vorgedruckt

'prep school *n (fam)* ① BRIT *(private school) vorbereitende Privatschule für die Aufnahme an einer „Public School"*
② AM *(preparatory school) vorbereitende [Privat]schule für die Aufnahme an einem College*

'prep time *n no pl* AM Vorbereitungszeit *f (für den Unterricht)*

pre·pu·'bes·cent *adj girl, boy* präpubertär, präpuberal *fachspr* **pre-pub·li·ca·tion** [ˌpriːpʌblɪ'keɪʃən] PUBL **I.** *adj attr, inv* vor der Veröffentlichung *nach n;* ~ **promotion** Werbekampagne *f* vor einer Veröffentlichung **II.** *n* Vorveröffentlichung *f*

pre·puce ['priːpjuːs] *n* ANAT *(spec: foreskin)* [Penis]vorhaut *f,* Präputium *nt* penis *fachspr; (spec: clitoral foreskin)* Vorhaut *f* der Klitoris, Präputium *nt* clitoridis *fachspr*

pre·quel ['priːkwəl] *n usu sing* FILM, LIT, THEAT *die Vorgeschichte eines bereits bekannten Films, Buchs, oder erzählenden Werks*

Pre-Raph·ael·ite [ˌpriː'ræfiəlaɪt] ART **I.** *n* Präraffaelit *m fachspr*
II. *adj inv* präraffaelitisch *fachspr;* ~ **works** Werke der Präraffaeliten, präraffaelitische Werke; **to have ~ looks** präraffaelitisch aussehen

pre-re·cord I. *vt* [ˌpriːrɪ'kɔːd, AM -'kɔːrd] ■**to ~ sth** *music, speech* etw vorher aufzeichnen [*o* aufnehmen]; **a ~ed cassette** eine bespielte Kassette; **~ed message** Bandansage *f (z.B. beim Anrufbeantworter)*
II. *n* [ˌpriː'rekɔːd, AM -'kɔːrd] Voraufzeichnung *f*

pre·requi·site [ˌpriː'rekwɪzɪt] *n (form)* [Grund]voraussetzung *f,* Vorbedingung *f* (**of/to** für +*akk)*

pre·roga·tive [prɪ'rɒgətɪv, AM -'rɑːgət̬-] *n usu sing (form)* ① *(right)* Recht *nt; (privilege)* Vorrecht *nt,* Privileg *nt;* **the ~ of the rich** das Privileg der Reichen; **the Royal P~** das [königliche] Hoheitsrecht [*o veraltet* Prärogativ]; **to exercise** [*or* **use**] **one's ~ [to do sth]** sein Recht ausüben[, etw zu tun]
② *(responsibility)* Zuständigkeit *f;* **to remain the ~ of sb** jds Vorrecht bleiben; ***foreign policy will remain the ~ of the central authorities*** Außenpolitik bleibt allein in der Hand der zentralen Regierung

Pres *n abbrev of* **President** Präs.

pres·age ['presɪdʒ, AM prɪ'seɪdʒ] *vt (form)* ■**to ~ sth** *(predict)* etw ankündigen [*o* anzeigen]; *(intuit)* etw ahnen, eine Vorahnung einer S. *gen* haben; **to ~ a fine day** einen schönen Tag verheißen

pres·by·ope [ˌpresbi'əʊp, AM -'oʊp] *n* MED Presbyoper *m fachspr,* [alters]weitsichtige Person

pres·byo·pia [ˌpresbi'əʊpiə, AM -'oʊp-] *n* MED Presbyopie *f fachspr,* [Alters]weitsichtigkeit *f*

Pres·by·ter·ian [ˌprezbɪ'tɪəriən, AM -'tɪr-] **I.** *n* Presbyterianer(in) *m(f)*
II. *adj inv* presbyterianisch

pres·by·tery ['prezbɪtəri, AM -teri] *n* REL ① *(sanctuary)* Altarraum *m,* Presbyterium *nt fachspr*
② *(administrative body)* Kirchenvorstand *m,* Presbyterium *nt fachspr*
③ *(Catholic priest's residence)* Pfarrhaus *nt,* Pfarre *f*

pre-school ['priːskuːl] **I.** *n* AM, AUS Kindergarten *m*
II. *adj attr, inv* vorschulisch, Vorschul-; ~ **age** Vorschulalter *nt;* ~ **children** Kinder *pl* im Vorschulalter; ***is your child of ~ age?*** ist Ihr Kind im Vorschulalter?

pre-school·er ['priːskuːləʳ, AM -ɚ] *n* AM, AUS Kind *nt* im Vorschulalter, Vorschulkind *nt,* Kindergärtler(in) *m(f)* SCHWEIZ

pres·ci·ence ['presiəns, AM 'preʃəns] *n no pl* Vorherwissen *nt,* Voraussicht *f*

pres·ci·ent ['presiənt, AM 'preʃənt] *adj (form)* vorausschauend, vorhersehend

pre·scribe [prɪ'skraɪb] *vt* ① *(medical)* ■**to ~ sth [for sb]** [*or* **[sb] sth**] [jdm] etw verschreiben; ■**to be ~d sth** etw verschrieben bekommen; ***I've been ~d painkillers*** man hat mir ein schmerzstillendes Mittel verschrieben; **to ~ sth for headache/a cough** etw gegen Kopfschmerzen/Husten verschreiben [*o* verordnen]; **a widely ~d drug** ein häufig verschriebenes Medikament
② *(recommend)* ■**to ~ sth [to sb]** *a special diet* [jdm] etw verordnen; *fresh air, exercise* [jdm] etw empfehlen
③ *(form: state)* ■**to ~ sth** etw vorschreiben; **~d by law** gesetzlich vorgeschrieben; **internationally ~d standards** international vorgeschriebene Normen; **the ~d time** die vorgeschriebene Zeit; ***the law ~s that ...*** es ist gesetzlich vorgeschrieben, dass ...
④ LAW **to ~ rights** Gewohnheitsrechte *pl* geltend machen, Rechte *pl* aufgrund von Ersitzung geltend machen

pre·scrip·tion [prɪ'skrɪpʃən] *n* ① *(medical)* Rezept *nt* (**for** für +*akk*), Verschreibung *f;* **repeat ~** Wiederholungsrezept *nt;* **on ~** auf Rezept; **to be only available on ~** verschreibungspflichtig [*o* rezeptpflichtig] sein
② *(form: rule)* Vorschrift *f* (**for** für +*akk*); *(instruction)* Belehrung *f meist pej; **she would prefer guidance to*** ~ ihr wäre Anleitung statt Belehrungen lieber
③ LAW Erwerb *m* durch ständigen Genuss, Ersitzung *f*

pre·'scrip·tion charge *n* BRIT Rezeptgebühr *f* **pre·scrip·tion 'drug, pre·scrip·tion 'medi·cine** *n* verschreibungspflichtiges [*o* rezeptpflichtiges] Arzneimittel

pre·scrip·tive [prɪ'skrɪptɪv] *adj (pej form)* normativ *geh;* ~ **guidelines** bindende Richtlinien; LING präskriptiv *fachspr*

pre·scrip·tive 'gram·mar *n no pl* LING präskriptive Grammatik *fachspr*

pre·sea·son [ˌpriː'siːzən] **I.** *n* SPORT, TOURIST Zeit *f* vor Saisonbeginn; SPORT Vorbereitungszeit *f*
II. *adj attr, inv* vor Saisonbeginn *nach n;* ~ **match** Vorbereitungsspiel *nt*

pre-se·lect [ˌpriːsɪ'lekt] *vt* ■**to ~ sb/sth** jdn/etw vorher auswählen; ***the candidates have been ~ed*** die Kandidaten wurden im Voraus bestimmt

pres·ence ['prezən(t)s] *n* ① *no pl (attendance)* Anwesenheit *f; (occurrence)* Vorhandensein *nt; (form) **your ~ is requested*** Sie sind eingeladen; **to make one's ~ felt** sich *akk* bemerkbar machen; **in sb's ~, in the ~ of sb** in jds Gegenwart [*o* Anwesenheit]; **in the ~ of a third party** Dritten gegenüber; **in the ~ of two witnesses** in Gegenwart [*o* im Beisein] zweier Zeugen/Zeuginnen; **in my ~** in meiner Gegenwart
② *(approv: dignified bearing)* Haltung *f,* Auftreten *nt;* **to have ~** *of person* ein gutes Auftreten haben
③ *(supernatural)* Gegenwart *f kein pl;* **to feel sb's ~** jds Gegenwart [förmlich] spüren können
④ *(representation)* Präsenz *f kein pl;* **military/police ~** Militär-/Polizeipräsenz *f*

pres·ence of 'mind *n no pl (approv)* Geistesgegenwart *f;* **to have the ~ to do sth** die Geistesgegenwart besitzen [*o* geistesgegenwärtig [genug] sein], etw zu tun; **to keep one's ~** geistesgegenwärtig handeln [*o* sein], einen kühlen [*o* klaren] Kopf bewahren

pres·ent[1] ['prezənt] **I.** *n* ① *no pl (now)* ■**the ~** die Gegenwart; ***the play is set** [or **takes place**] **in the*** ~ das Stück spielt in der Gegenwart; **to live for the ~** im Hier und Jetzt leben; **to refuse to think beyond the ~** nicht an die Zukunft denken wollen; **at ~** zurzeit, gegenwärtig; **for the ~** vorläufig; ***that's all** [or **that will be all**] **for the*** ~ das ist vorläufig [*o* zunächst einmal] alles; **up to the ~** bis jetzt, bislang
② *no pl* LING Gegenwart *f,* Präsens *nt; **the verbs are all in the*** ~ die Verben stehen alle im Präsens
③ LAW **these ~s** vorliegende Urkunde; **by these ~s** hierdurch, durch diese Urkunde
▶PHRASES: **there's no time like the ~** *(prov)* was du heute kannst besorgen, das verschiebe nicht auf morgen *prov; **when do you want me to leave? — no time like the*** ~ wann möchtest du, dass ich gehe? – am besten sofort
II. *adj* ① *inv, attr (current)* derzeitig, jetzig, gegenwärtig; **sb's ~ address** jds derzeitige Adresse; **down to the ~ day** bis zum heutigen Tag; **duration of ~ employment** Dauer *f* der gegenwärtigen Beschäftigung; **the ~ generation** die heutige Generation; **at the ~ moment** im Moment [*o* Augenblick]; **the ~ month** der laufende Monat; **at the ~ time** zurzeit, gegenwärtig; ~ **value** FIN Tageswert *m*
② *inv, attr (being dealt with)* betreffend; ***that's not relevant to the ~ matter*** das ist für diese Sache

P

nicht von Bedeutung; **in the ~ case** im vorliegenden Fall; **in the ~ connection** in diesem Zusammenhang

❸ *inv, usu pred (in attendance)* anwesend, präsent; ***all ~ and correct*** BRIT, ***all ~ and accounted for*** AM *things* alles [ist] da; *people* alle [sind] da; **~ company excepted** Anwesende ausgenommen; **counting those ~** Anwesende eingeschlossen; **all those ~** alle Anwesenden; ■**to be ~ at sth** bei etw *dat* anwesend [*o geh* zugegen] sein; ***how many people will be ~ at the ceremony?*** wie viele Personen werden an der Feier teilnehmen?

❹ *inv, usu pred (existing)* vorhanden; ■**to be ~ [in sth]** [in etw *dat*] vorkommen [*o* vorhanden sein]; ***are there certain chemicals ~ in the air?*** sind in der Luft bestimmte Chemikalien enthalten?; ***traces of arsenic were ~ in the body*** im Körper konnten Spuren von Arsen nachgewiesen werden; ***the patient was weak, fever was also ~*** der Patient war schwach, Fieber war auch aufgetreten

pres·ent² ['prezᵊnt] *n* Geschenk *nt,* Präsent *nt geh o hum;* ***as a retirement ~ she was given a week's vacation to the Caribbean*** zur Pensionierung schenkte man ihr einen einwöchigen Urlaub in der Karibik; **birthday/Christmas/wedding ~** Geburtstags-/Weihnachts-/Hochzeitsgeschenk *nt;* **to get** [*or* **receive**] **sth as a ~** etw geschenkt bekommen; **to give sth to sb** [*or* **sb sth**] **as a ~** jdm etw schenken; **to make sb a ~ of sth** jdm etw schenken

pre·sent³ [prɪ'zent] **I.** *vt* ❶ *(give formally)* ■**to ~ sth [to sb/sth]** *gift* [jdm/etw] etw schenken; *award, medal, diploma* [jdm/etw] etw überreichen; ■**to ~ sb with sth** *gift* jdm etw schenken; *award, medal, diploma* jdm etw überreichen; ***he is going to ~ the town with a new hospital*** er wird der Stadt ein neues Krankenhaus stiften

❷ *(express)* **to ~ ones apologies** *(form)* [vielmals] um Entschuldigung bitten; ***the major ~s his apologies, but he is unable to attend*** der Bürgermeister lässt sich entschuldigen, aber er kann leider nicht teilnehmen; **to ~ one's compliments** *(form or hum)* ***Mr Barney ~s his compliments*** Herr Barney lässt Grüße ausrichten; ***please ~ my compliments to the chef*** mein Kompliment an den Koch; **to ~ a critique of sth** Kritik an etw *dat* äußern [*o* üben]; **to ~ one's thoughts/view** seine Gedanken/Ansichten darlegen

❸ *(hand over, show)* ■**to ~ sth [to sb/sth]** [jdm/etw] etw vorlegen [*o* präsentieren]; ***she ~ed her passport at the checkpoint*** sie zeigte ihren Reisepass am Kontrollpunkt vor; **to ~ a bill for acceptance** FIN einen Wechsel zur Annahme vorlegen; **to ~ a bill for £3000** eine Rechnung über 3000 Pfund präsentieren [*o* vorlegen]; **to ~ a cheque for payment** einen Scheck einreichen; **to ~ one's credentials** sich *akk* ausweisen; **to ~ a united front** *organization, people* sich *akk* geeint zeigen; **to ~ a petition** ein Gesuch einreichen; **to ~ proof of payment** einen Zahlungsnachweis erbringen

❹ *(put forward)* ■**to ~ sth [to sb/sth]** [jdm/etw] etw präsentieren; **to sth ~ for acceptance/payment** FIN etw zum Akzept *fachspr/* zur Zahlung vorlegen; **to ~ an argument** ein Argument anführen; **to ~ a bill** LAW einen Gesetzentwurf einbringen [*o* zur Zahlung vorlegen]; **to ~ evidence** LAW Beweismittel beibringen *fachspr; (in science)* den Beweis erbringen; **to ~ a motion** einen Antrag stellen; **to ~ a motion of no confidence** einen Misstrauensantrag einbringen; **to ~ a paper/report** eine Arbeit/einen Bericht vorlegen; **to ~ a plan/theory** einen Plan/eine Theorie darlegen; **to ~ a proposal** einen Vorschlag unterbreiten

❺ *(face, confront)* **to ~ sb with a challenge** jdn vor eine Herausforderung stellen; **to ~ sb with [the] facts** jdm die Fakten vor Augen führen; **to be ~ed with different options** verschiedene Wahlmöglichkeiten geboten bekommen; **to ~ sb with a problem** jdn vor ein Problem stellen; **to ~ sb with an ultimatum** jdm ein Ultimatum stellen

❻ ■**to ~ sth** *(be)* etw darstellen; *(offer, provide)* etw bieten; *(cause)* mit sich bringen; ***use of these chemicals may ~ a fire risk*** die Verwendung dieser Chemikalien könnte ein Brandrisiko darstellen; ***the classroom ~ed a cheerful atmosphere to the visitor*** das Klassenzimmer bot den Besuchern eine freundliche Atmosphäre; **to ~ a challenge to sb** eine Herausforderung für jdn sein; **to ~ a contrast to sth** einen Gegensatz zu etw *dat* darstellen; **to ~ difficulties for sb** jdm Schwierigkeiten bereiten; **to ~ a problem for sb** jdn vor ein Problem stellen

❼ *(form: introduce)* ■**to ~ sb [to sb]** jdn [jdm] vorstellen; ***may I ~ Professor Carter?*** darf ich Professor Carter vorstellen?; ***allow me to ~ Mrs Richards to you*** darf ich Ihnen Frau Richards vorstellen?

❽ *(compère)* **to ~ a programme** eine Sendung moderieren; *(show)* **to ~ a film** einen Film zeigen; **to ~ a play** ein Stück aufführen; **to ~ a product** ein Produkt vorstellen; **to ~ a TV-series** eine Fernsehserie bringen [*o* zeigen]

❾ *(portray, show)* ■**to ~ sb/sth [as sb/sth]** jdn/etw [als jdn/etw] präsentieren; **to ~ sb/sth in a favourable light** jdn/etw in einem günstigen Licht präsentieren [*o* zeigen]; ■**to ~ oneself** sich *akk* präsentieren; ***you need to ~ yourself better*** du musst dich besser präsentieren; ***he likes to ~ himself as an intellectual*** er gibt sich gerne als Intellektueller

❿ MIL **to ~ arms** das Gewehr präsentieren; **~ *arms!*** präsentiert das Gewehr!

⓫ *(appear)* ■**to ~ oneself** erscheinen, sich *akk* einfinden *geh;* ***you will be asked to ~ yourself for an interview*** man wird Sie bitten, zu einem Vorstellungsgespräch zu kommen; **to ~ oneself in court** vor Gericht erscheinen; **to ~ oneself at the doctor's** sich *akk* beim Arzt vorstellen

⓬ *(arise)* ■**to ~ itself** *opportunity, solution* sich bieten [*o* auftun]; *problem* sich zeigen; ***the opportunity to work in Boston ~ed itself quite out of the blue*** die Gelegenheit, in Boston zu arbeiten, kam aus heiterem Himmel

⓭ MED ■**to ~ itself** *illness* sich zeigen, auftreten

II. *vi* MED ❶ *patient* ■**to ~ with sth** Anzeichen einer S. *gen* zeigen; ***the patient ~ed with a serious case of TB*** der Patient zeigte Anzeichen einer schweren Tuberkulose

❷ *fetus* ausgetrieben werden; ***the fetus ~ed to the birth canal feet first*** der Fötus trat mit den Füßen zuerst in den Geburtskanal

❸ *illness* sich zeigen, auftreten

III. *n no pl* **to bring the rifle down to the ~** das Gewehr in Anschlag bringen

pre·sent·able [prɪ'zentəbl] *adj person* vorzeigbar, *hum* gesellschaftsfähig; *thing* ansehnlich; ***I can't answer the door — I'm not ~*** ich kann nicht an die Tür, so wie ich aussehe!; **to look ~** vorzeigbar aussehen, sich *akk* sehen lassen können; **to make oneself [look] ~** sich *akk* zurechtmachen [*o* SÜDD, SCHWEIZ, ÖSTERR herrichten] *fam;* **to make sth ~** etw herrichten [*o* in einen präsentablen Zustand bringen]

pres·en·ta·tion [ˌprezᵊn'teɪʃᵊn] *n* ❶ *(giving)* Präsentation *f; of a theory* Darlegung *f; of a dissertation, thesis* Vorlage *f; of gifts* Überreichung *f,* Übergabe *f; (awarding)* Verleihung *f*

❷ *(lecture, talk)* Präsentation *f* (**on** zu *+dat),* Vortrag *f* (**on** über *+akk)*

❸ *no pl (display) of photographs, works* Ausstellung *f*

❹ *(exhibition, theatre)* Inszenierung *f*

pres·en·ta·tion 'copy *n* PUBL Widmungsexemplar *nt,* Dedikationsexemplar *nt geh*

pres·ent con·'tinu·ous *n* LING Verlaufsform *f* [des] Präsens; **to be in the ~** in der Verlaufsform [des] Präsens stehen

pres·ent-'day *adj usu attr* heutig *attr;* **~ facilities** heutige [*o* moderne] Einrichtungen; **~ London** das heutige London

pres·en·tee·ism [ˌprezen'tiːɪzəm] *n no pl die Praktik, länger als nötig am zu Arbeitsplatz bleiben, um positiv aufzufallen*

pre·sent·er [prɪ'zentəʳ] *n* BRIT, AUS RADIO, TV Moderator(in) *m(f)*

pre·sen·ti·ment [prɪ'zentɪmənt] *n (form)* Vorahnung *f* (**of** *+gen);* **to have a ~ of sth** eine Vorahnung [*o* ein ungutes Gefühl] in Bezug auf etw *akk* haben; **to have a ~ of danger** eine Gefahr vorausahnen

pre·'sent·ing bank *n* Einreicherbank *f*

pres·ent·ly ['prezᵊntli] *adv inv* ❶ *(soon)* bald, gleich, in Kürze; **to do sth ~** etw bald [*o geh* in Kürze] erledigen

❷ *esp* BRIT, AUS *(now)* zurzeit, derzeit, gegenwärtig

pres·ent par·'ti·ci·ple *n* LING Partizip *nt* Präsens **pres·ent 'per·fect** *n* LING Perfekt *nt,* vollendete Gegenwart; **to be in the ~** im Perfekt stehen **pres·ent pro·'gres·sive** *n* LING Verlaufsform *f* [des] Präsens **pres·ent 'sim·ple** *n* LING einfache Form des Präsens; **to be in the ~** in der einfachen Form des Präsens stehen **pres·ent 'tense** *n* LING Präsens *nt,* Gegenwartsform *f;* **to be/write in the ~** im Präsens stehen/schreiben

pres·ent 'value *n* FIN Barwert *m,* Zeitwert *m,* Gegenwartswert *m,* gegenwärtiger Wert; **the ~ of an annuity of $100** der Kapitalwert einer Jahresrente von 100 Dollar

pres·er·va·tion [ˌprezə'veɪʃᵊn, AM -ɚ'-] **I.** *n no pl* ❶ *(upkeep)* Erhaltung *f;* **the ~ of listed buildings** die Erhaltung unter Denkmalschutz stehender Gebäude; **state of ~** Erhaltungszustand *m;* **to be in an excellent/a poor state of ~** noch außerordentlich gut/nicht mehr gut erhalten sein; **historic ~** AM Erhaltung *f* historischer Stätten, Denkmalschutz *m*

❷ *(conservation)* Bewahrung *f; of order* Aufrechterhaltung *f; (protection)* Schutz *m; of [national] interests* Wahrung *f;* **the ~ of the countryside** der Erhalt der ländlichen Landschaftsstriche

❸ FOOD Konservierung *f,* Einmachen *nt,* Einkochen *nt,* Einwecken *nt;* **food ~** Lebensmittelkonservierung *f*

II. *adj attr, inv* Konservierungs-; **~ method** Konservierungsmethode *f*

pres·er·va·tion·ist [ˌprezə'veɪʃᵊnɪst, AM -ɚ'-] *n* Verfechter(in) *m(f)* der Denkmal[s]pflege

pres·er·'va·tion or·der *n* BRIT, AUS *Erlass, der etwas unter Denkmalschutz stellt;* **to have a ~ on it/them** unter Denkmalschutz stehen; **to issue a ~ on sth** etw unter Denkmalschutz stellen **pres·er·'va·tion spe·cial·ist** *n* Denkmal[s]pfleger(in) *m(f); (curator, keeper)* Konservator(in) *m(f); (restorer)* Restaurator(in) *m(f)*

pre·serva·tive [prɪ'zɜːvətɪv, AM -'zɜːrvət̬-] *n* Konservierungsmittel *nt,* Konservierungsstoff *m;* **free from artificial** [*or* **with no added**] **~s** ohne Konservierungsstoffe

pre'·serva·tive-free *adj inv* ohne Konservierungsstoffe *nach n*

pre·serve [prɪ'zɜːv, AM -'zɜːrv] **I.** *vt* ■**to ~ sth** ❶ *(maintain)* etw erhalten; **to do sth to ~ one's sanity** etw tun, damit man nicht verrückt wird *fam;* **to ~ the appearance of sth** den Schein einer S. *gen* wahren; **to ~ the character of sth** den Charakter einer S. *akk* erhalten; **to ~ customs/tradition** Bräuche/die Tradition bewahren; **to ~ one's sense of humour** sich *dat* seinen Humor bewahren; **to ~ the peace/the status quo** den Frieden/den Status quo bewahren; **to ~ one's right to do sth** sich *dat* das Recht vorbehalten, etw zu tun

❷ *(conserve)* etw konservieren; *wood* etw [mit Holzschutzmittel] behandeln; *fruit and vegetables* etw einmachen [*o* einkochen] [*o* einwecken]; **to ~ gherkins in cider vinegar** Gurken in Apfelessig einlegen

❸ *(protect)* etw schützen; **to ~ the environment** die Umwelt schützen

II. *n* ❶ *usu pl (food)* Eingemachte(s) *nt kein pl;* ***a jar of ~s*** ein Glas *nt* Eingemachtes; **apricot/strawberry ~** eingemachte Aprikosen/Erdbeeren

❷ *(domain)* Domäne *f;* ***the gardening is Jo's ~*** für die Gartenarbeit ist Jo zuständig; **to be the ~ of the rich** den Reichen vorbehalten sein; *(responsibility)* Wirkungsbereich *m; of a department* Ressort *nt; (property)* Besitztum *nt;* ***she regards that cupboard as her own ~*** sie betrachtet dieses Schränk-

chen als ihr ganz privates Eigentum
③ esp AM *(reserve)* Reservat *nt;* **game** ~ Wildpark *m;* **nature/wildlife** ~ Naturschutzgebiet *nt*
pre·served [prɪ'zɜ:vd, AM -'zɜ:rvd] *adj* ① *(maintained)* konserviert; ~ **building** erhaltenes Gebäude; **to be badly/well** ~ nicht [mehr] gut/sehr gut erhalten sein
② FOOD eingemacht, eingelegt, eingeweckt; ~ **fruit/vegetables** eingemachtes Obst/Gemüse; ~ **food** konservierte Lebensmittel
pre·serv·er [prɪ'zɜ:vəʳ, AM 'zɜ:rvɚ] *n* ① *(protector, saviour)* [Be]wahrer(in) *m(f),* Erhalter(in) *m(f)*
② *(agent)* Konservierungsmittel *nt*
pre·set [pri:'set] **I.** *vt* <-set, -set> ■**to** ~ **sth** *machine* etw vorher einstellen; *(arrange in advance)* etw vorher absprechen; COMPUT etw voreinstellen; **to** ~ **an agenda** [vorher] eine Tagesordnung festlegen; *(fig: predetermine)* etw vorherbestimmen
II. *adj inv* [vorher] eingestellt; ~ **button** *(for recording)* Aufnahmeknopf *m; (for setting time)* [Ein]stellschalter *m;* **on a** ~ **course** auf einem vorgegebenen Kurs; **at a** ~ **price** zu einem festgelegten Preis; **at a** ~ **time** zu einer vorher festgelegten Zeit, zu einem vorher festgelegten Zeitpunkt
pre-shrunk [ˌpri:'ʃrʌŋk] *adj inv clothes* vorgewaschen
pre·side [prɪ'zaɪd] *vi* ① *(be in charge) of meeting, rally* den Vorsitz haben; ■**to** ~ **at sth** bei etw *dat* den Vorsitz haben, etw *dat* vorsitzen; ■**to** ~ **over sth** etw leiten, etw *dat* präsidieren; **to** ~ **over a case** LAW bei einer Verhandlung den Vorsitz haben [*o* führen]; **to** ~ **over a change/dissolution** für eine Änderung/Auflösung verantwortlich sein, bei einer Änderung/Auflösung die Federführung haben; **to** ~ **over a meeting/rally/seminar** einer Sitzung/Versammlung/einem Seminar vorsitzen [*o* präsidieren]
② *(dominate)* ■**to** ~ **over sth** *(iron hum)* etw beherrschen *fig,* über etw *akk* hinausragen; *(hum)* ***Ma and Grandma were presiding over lunch*** Mutter und Großmutter gaben bei Tisch den Ton an *hum*
presi·den·cy ['prezɪdᵊn(t)si] *n* ① *(office)* Präsidentschaft *f;* **to assume the** ~ das Amt des Präsidenten/der Präsidentin antreten; **to stand for the** ~ für das Amt des Präsidenten/der Präsidentin kandidieren
② *(tenure)* Präsidentschaft *f;* **during his/her** ~ während seiner/ihrer Amtszeit als Präsident/Präsidentin; *(of company)* Aufsichtsratsvorsitz *m*
presi·dent ['prezɪdᵊnt] *n* ① *(head of state)* Präsident(in) *m(f);* **Madam/Mr P~** Frau Präsidentin/Herr Präsident
② *(head) of society* Präsident(in) *m(f); of company, corporation* [Vorstands- [*o* Aufsichtsrats]]vorsitzende(r) *f(m);* **vice-~** Vizepräsident(in) *m(f)*
presi·dent-e'lect <*pl* presidents-elect> *n* gewählter Präsident/gewählte Präsidentin *(vor der Amtseinführung)*
presi·den·tial [ˌprezɪ'den(t)ʃᵊl] *adj* ① *inv, usu attr* POL *(of president)* Präsidenten-; *(of office)* Präsidentschafts-; ~ **ambitions** Ambitionen *pl* auf die Präsidentschaft; ~ **aspirations** [das] Streben nach der Präsidentschaft; ~ **authority** Amtsgewalt *f* des Präsidenten/der Präsidentin; ~ **contender** [*or* **hopeful**] Präsidentschaftskandidat(in) *m(f);* ~ **election** Präsidentschaftswahl *f;* ~ **primary** Vorwahl *f* für die Präsidentschaft; ~ **race** Rennen *nt* um die Präsidentschaft
② *attr, inv (of head of organization)* ~ **address** Ansprache *f* des/der Vorsitzenden [*o* des Präsidenten/der Präsidentin]
presi·den·tial 'aide *n* POL Berater(in) *m(f)* des Präsidenten/der Präsidentin **presi·den·tial 'can·di·date** *n* Präsidentschaftskandidat(in) *m(f)*
presi·den·tial·ness [ˌprezɪ'den(t)ʃᵊlnəs] *n* Eignung [*o* zur Präsidentin] zum Präsidenten *f*
presi·den·tial 'pal·ace *n* POL Präsidentenpalast *m* **presi·den·tial 'year** *n* AM POL Jahr *nt* der Präsidentschaftswahlen, Wahljahr *nt (für die Präsidentschaft)*
'Presi·dents' Day *n no pl* AM *amerikanischer Feiertag am dritten Montag im Februar zum Gedenken an die Geburtstage von Washington und Lincoln*
pre·sid·ing com·'mit·tee *n + sing/pl vb* Präsidialausschuss *m* **pre·sid·ing judge** [prɪˌzaɪdɪŋ'-] *n* LAW Gerichtspräsident(in) *m(f),* Vorsitzende(r) *f(m)* des Gerichts
pre·sid·ium [prɪ'sɪdiəm] *n + sing/pl vb* POL [Partei]präsidium *nt,* [Partei]vorstand *m;* **the P~ of the Supreme Soviet** *(hist)* das Präsidium des Obersten Sowjets
press [pres] **I.** *n* <*pl* -es> ① *(push)* Druck *m;* **at the** ~ **of a button** auf Knopfdruck; **to give sth a** ~ [auf] etw *akk* drücken
② *(ironing)* Bügeln *nt kein pl,* SCHWEIZ *a.* Glätten *nt kein pl;* **to give sth a** ~ etw bügeln
③ *(instrument)* Presse *f;* **garlic** ~ Knoblauchpresse *f;* **trouser** ~ Hosenpresse *f;* **wine** ~ Weinpresse *f,* Kelter *f*
④ *(news media, newspapers)* ■**the** ~ *+ sing/pl vb* die Presse; ***the story has been all over the*** ~ die Geschichte wurde in allen Zeitungen gebracht; **freedom of the** ~ Pressefreiheit *f;* **to be in** [*or* AM **on**] ~ im Druck sein; **to go to** ~ *newspaper, book* in Druck gehen; *editorial staff* Redaktionsschluss haben; **to hold the** ~**[es]** den Druck verzögern; **to inform the** ~ **[about sth]** [mit etw *dat*] an die Presse [*o* ÖSTERR *a.* in die Medien] gehen; **to leak sth to the** ~ etw der Presse zuspielen; **in the** ~ in der Presse
⑤ *(publicity)* Presse *f;* **to have a bad/good** ~ eine schlechte/gute Presse bekommen, schlechte/gute Kritiken bekommen
⑥ *(publishing house)* Verlag *m,* Verlagshaus *nt*
II. *vt* ① *(push)* ■**to** ~ **sth** [auf] etw *akk* drücken; ***to speak to an operator,*** ~ ***'0' now*** um mit der Vermittlung zu sprechen, wählen Sie jetzt die ‚0'; ***Sammy*** ~***ed his nose against the windowpane*** Sammy drückte die Nase gegen die Fensterscheibe; **to** ~ **a bell/button/switch** auf eine Klingel/einen Knopf/einen Schalter drücken; **to** ~ **on the brake pedal** auf das Bremspedal treten [*o fam* steigen]; ■**to** ~ **sth** ○ **down** etw herunterdrücken; ■**to** ~ **sth into sth** etw in etw *akk* hineindrücken
② *(flatten)* ■**to** ~ **sth** etw zusammendrücken; **to** ~ **flowers** Blumen pressen
③ *(extract juice from)* ■**to** ~ **sth** etw auspressen; **to** ~ **grapes** Weintrauben keltern
④ *(iron)* ■**to** ~ **sth** etw bügeln [*o* SCHWEIZ glätten] [*o* NORDD *a.* plätten]
⑤ *(manufacture)* ■**to** ~ **sth** *CD, record* etw pressen
⑥ *(fig: urge, impel)* ■**to** ~ **sb** jdn bedrängen [*o* unter Druck setzen]; ■**to** ~ **sb to do sth** jdn bedrängen, etw zu tun; ■**to** ~ **sb for sth** jdn zu etw *dat* drängen, jdn dazu drängen, etw zu tun; ■**to** ~ **sb on sb/sth** jdn über jdn/zu etw *dat* befragen; ***they are*** ~***ing demands on the country's leaders*** sie versuchen massiv, ihre Forderungen bei den führenden Vertretern des Landes durchzusetzen; ■**to** ~ **sb/sth into sth** jdn/etw zu etw *dat* bringen [*o* zwingen]; *of person also* jdn zu etw *dat* nötigen; **to** ~ **sb for an answer/a decision** jdn zu einer Antwort/Entscheidung drängen; **to** ~ **sb into a role** jdn in eine Rolle hineindrängen; **to** ~ **sb into service** jdn [gezwungenermaßen] in Dienst nehmen, jdn einspannen *fam;* **to** ~ **sb/sth into service [as sth]** jdn/etw [als etw] einsetzen [*o fam* einspannen]
⑦ *(forcefully promote)* ■**to** ~ **sth** etw forcieren; **to** ~ **one's case** seine Sache durchsetzen wollen; **to** ~ **one's claim** auf seiner Forderung beharren; **to** ~ **one's point** beharrlich seinen Standpunkt vertreten, auf seinem Standpunkt herumreiten *fam*
⑧ *(insist on giving)* ■**to** ~ **sth [up]on sb** *gift, offer* jdm etw aufdrängen
⑨ *usu passive (face difficulty)* ■**to be** ~**ed** unter Druck stehen; ***they'll be hard*** ~***ed to complete the assignment*** wenn sie den Auftrag ausführen wollen, müssen sie sich aber ranhalten
⑩ LAW *(bring)* **to** ~ **charges** Anklage erheben **(against** gegen *+akk)*
▸PHRASES: **to** ~ **home** ○ **sth** etw durchzusetzen versuchen; **to** ~ **home one's advantage** seinen Vorteil ausnutzen
III. *vi* ① *(push)* drücken; ~ ***down firmly on the lever*** drücken Sie fest auf den Hebel; ***stop*** ~***ing! you'll all get your turn*** hört auf zu drängeln! es kommen alle an die Reihe; **to** ~ **against a door** sich *akk* gegen eine Tür stemmen; **to** ~ **hard** fest drücken
② *(be urgent)* drängen, dringlich sein *geh;* **time is** ~**ing** die Zeit drängt
◆**press ahead** *vi* ■**to** ~ **ahead [with sth]** [mit etw *dat*] weitermachen, etw vorantreiben [*o geh* forcieren], etw mit Nachdruck betreiben; **to** ~ **ahead with the negotiations/talks** mit den Verhandlungen/Gesprächen fortfahren
◆**press for I.** *vi* ■**to** ~ **for sth** auf etw *akk* drängen; **to** ~ **for reform** um eine Reform kämpfen
II. *vt* ① *(forcefully persuade)* ■**to** ~ **sb for sth** jdn zu etw *dat* drängen; **to** ~ **sb for an explanation** jdm eine Erklärung abfordern
② *usu passive (have barely enough)* **to be [hard]** ~**ed [for sth]** [mit etw *dat*] [sehr [*o* SÜDD arg]] knapp dran sein *fam;* **to be [hard]** ~**ed for an answer** um eine Antwort verlegen sein; **to be** ~**ed for cash** [*or* **money**] in Geldnot [*o* Geldnöten] sein, knapp bei Kasse sein *fam;* **to be** ~**ed for space** zu wenig Platz haben; **to be** ~**ed for time** unter Zeitdruck stehen
◆**press forward** *vi see* **press on**
◆**press on I.** *vi* ■**to** ~ **on [with sth]** [mit etw *dat*] [zügig] weitermachen [*o geh* fortfahren]; **to** ~ **on with one's journey** seine Reise fortsetzen; **to** ~ **on with one's plans** seine Pläne vorantreiben; **to** ~ **on with one's work** sich *akk* bei der Arbeit ranhalten [*o* ÖSTERR tummeln] *fam;* **to** ~ **on regardless** trotzdem [*o geh* dessen ungeachtet] weitermachen
II. *vt* ■**to** ~ **sth on sb** jdm etw aufdrängen [*o fam* aufdrücken]
◆**press upon** *vt* ■**to** ~ **sth upon sb** jdm etw aufdrängen [*o fam* aufdrücken]
'press ag·en·cy *n* Presseagentur *f* **'press agent** *n* Presseagent(in) *m(f)* **'press at·ta·ché** *n* Presseattaché *m* **'press bar·on** *n* Pressezar *m* **'press box** *n (room)* Pressekabine *f; (area)* Pressetribüne *f*
'press-but·ton *adj, n see* **push-button**
'press cam·paign *n* Pressekampagne *f,* Pressefeldzug *m;* **to initiate** [*or* **launch**] [*or* **start**] **a** ~ eine Pressekampagne [*o* einen Pressefeldzug] starten
'press card *n* Presseausweis *m* **'press clip·ping** *n* Zeitungsausschnitt *m* **'press con·fer·ence** *n* Pressekonferenz *f;* **to attend a** ~ an einer Pressekonferenz teilnehmen; **to carry/hold/schedule a** ~ eine Pressekonferenz übertragen/abhalten/ansetzen
'press corps *n no pl* Pressevertreter(innen) *mpl(fpl),* Pressekorps *nt* **'press cov·er·age** *n* ① *(scale of reporting)* Berichterstattung *f (in der Presse)* ② *(footage)* [Fernseh]übertragung *f;* **live** ~ Liveübertragung *f* **'press cut·ting** *n* Zeitungsausschnitt *m* **press 'dead·line** *n* **to meet a** ~ einen Presseschlusstermin [*o* ÖSTERR den Redaktionsschluss] einhalten
pressed [prest] *adj* ① *(flattened)* gepresst, Press-; ~ **steel** Pressstahl *m;* **to be** ~ **up close against sb/sth** auf Tuchfühlung mit jdm/etw stehen/sitzen/liegen
② FOOD *(crushed, squeezed)* gepresst; **freshly** ~ **orange juice** frisch gepresster Orangensaft
'press gal·lery *n* Pressetribüne *f*
'press gang I. *n (hist)* Werber *pl fachspr veraltet*
II. *vt* ■**to press-gang sb into doing sth** jdn [dazu] zwingen, etw zu tun; ***we press-ganged Simon into playing football*** wir haben Simon regelrecht zum Fußballspielen gezwungen
pres·sie ['prezi] *n* BRIT, AUS *(fam) see* **prezzie**
press·ing ['presɪŋ] **I.** *adj (urgent) issue, matter, bills, engagements* dringend, dringlich; *requests* nachdrücklich
II. *n (manufacture of CD, record)* Pressung *f; (series made together)* Auflage *f*
'press·man *n* Zeitungsmann, -frau *m, f sl,* Pressevertreter(in) *m(f)* **'press of·fice** *n* Pressestelle *f* **'press of·fic·er** *n* Pressereferent(in) *m(f)* **press pho·'tog·ra·pher** *n* Pressefotograf(in) *m(f)*

P

'press re·lease *n* Pressemitteilung *f,* Pressemeldung *f,* Presseverlautbarung *f,* Presseaussendung *f* ÖSTERR; **to issue** [*or* **put out**] **a ~** eine Pressemitteilung [*o* ÖSTERR Presseaussendung] herausgeben **'press re·port** *n* Pressebericht *m,* Artikel *m* ÖSTERR **'press re·port·er** *n* [Presse]berichterstatter(in) *m(f)* **press 'sec·re·tary** *n* Pressesprecher(in) *m(f)*

'press stud *n* BRIT, AUS Druckknopf *m*

'press-up *n* BRIT Liegestütz *m,* Liegestütze *f* SCHWEIZ

pres·sure ['preʃəʳ, AM -ɚ] **I.** *n* ❶ *no pl (physical force)* Druck *m;* ***massage with gentle ~*** mit leichten Druckbewegungen massieren; **to apply ~** Druck ausüben; ***apply ~ to the bleeding wound*** drücken Sie die Wunde ab; **to put ~ on sth** auf etw *akk* drücken
❷ PHYS Druck *m;* ***under deep-sea ~s*** bei Tiefseedruck; **to store gas at a particular ~** Gas unter einem bestimmten Druck lagern
❸ *no pl (stress)* Druck *m,* Stress *m,* Belastung *f; (stronger)* Überlastung *f;* **the ~ of work** die Arbeitsbelastung; *(stronger)* die Arbeitsüberlastung; **to be under ~ to do sth** unter Druck stehen, etw zu tun, etw dringend tun müssen; **to handle ~** Belastungen [*o* Druck] aushalten; ***she is very good at handling ~*** sie kann sehr gut mit Stress umgehen; **there is a lot of ~ on sb** jd hat Stress [*o* ist im Stress] [*o* steht unter Druck]
❹ *no pl (insistence)* Druck *m;* **~ *to abandon the new motorway is increasing*** die Forderungen, die neuen Autobahnpläne zu verwerfen, werden lauter; **~ for action** Handlungszwang *m;* **~ of public opinion** Druck *m* der öffentlichen Meinung; **to do sth under ~** etw gezwungenermaßen [*o* unter Druck] tun; **to do sth under ~ from sb** etw auf jds Drängen hin tun; **to put ~** [*or* **bring ~ to bear**] **on sb** [**to do sth**] *(form)* jdn unter Druck setzen[, damit er/sie etw tut]
❺ *(demands, stress)* ■ **~s** *pl* Druck *m kein pl,* Belastung[en] *f[pl]*; ***he's got a lot of ~s on him just now*** er ist im Moment starken Belastungen ausgesetzt
II. *vt esp* AM ■ **to ~ sb to do** [*or* **into doing**] **sth** jdn dazu drängen [*o* unter Druck setzen], etw zu tun

'pres·sure cab·in *n* AVIAT [Über]druckkabine *f*

'pres·sure cook·er *n* Dampfkochtopf *m,* Schnellkochtopf *m,* ÖSTERR *a.* Druckkochtopf *m; (fig)* ***this job is like being in a ~ all day long*** bei diesem Job steht man den ganzen Tag unter Druck **'pres·sure gauge** *n* Druckmesser *m,* Manometer *nt fachspr*

'pres·sure group *n* POL Pressuregroup *f*

'pres·sure point *n* ❶ *(sensitive area)* Druckpunkt *m*
❷ *(fig: time)* kritischer [*o* heikler] Punkt; *(area)* kritische [*o* heikle] Zone

'pres·sure sore *n* MED wunde [*o* wund gelegene] Stelle

'pres·sure suit *n* AVIAT Druckanzug *m*

'pres·sure tac·tics *n + sing vb* Druckmittel *pl; (negotiating)* aggressive Verhandlungsmethoden *pl;* **to resort to ~** auf Druckmittel zurückgreifen; **to use ~** Druckmittel [zur Überzeugung] einsetzen, mit harten Bandagen kämpfen

'pres·sure ves·sel *n* Druckbehälter *m* **'pres·sure wash·er** *n* Hochdruckschlauch *m*

pres·suri·za·tion [ˌpreʃᵊraɪ'zeɪʃᵊn, AM -ɚɪ'-] *n no pl* Druckausgleich *m;* **the ~ of a cabin** die Haltung des Normaldrucks in einer Kabine

pres·sur·ize ['preʃᵊraɪz, AM -ʃɚ-] *vt* ❶ *(control air pressure)* ■ **to ~ sth** etw druckfest [*o* auf Normaldruck] halten
❷ *(persuade by force)* ■ **to ~ sb to do** [*or* **into doing**] **sth** jdn [massiv] dazu drängen, etw zu tun, auf jdn [massiven] Druck ausüben, damit er/sie etw tut; ***the protests were an attempt to ~ the government into agreeing*** durch die Demonstrationen erhoffte man sich, die Regierung zum Einlenken zu bringen

pres·sur·ized ['preʃəraɪzd] *adj* komprimiert, Druck-; **~ water reactor** NUCL Druckwasserreaktor *m*

pres·tige [pres'tiːʒ, AM -'tiː(d)ʒ] **I.** *n no pl* Prestige *nt,* Ansehen *nt;* **loss of ~** Prestigeverlust *m;* **to acquire ~** [**with sth**] sich *dat* [mit etw *dat*] Geltung verschaffen; **to hurt sb's ~** jds Ansehen schaden
II. *n modifier* angesehen, renommiert *geh;* **~ hotel** vornehmes Hotel, Luxushotel *nt*

pres·'tige value *n* Prestigewert *m*

pres·tig·ious [pres'tɪdʒəs] *adj* angesehen, renommiert *geh,* Prestige-; **to have a ~ career** eine außergewöhnliche Karriere machen; **to have a ~ reputation** einen ausgezeichneten [*o geh* exzellenten] Ruf haben, großes Ansehen besitzen; **to be** [**very**] **~** [einen hohen] Prestigewert haben

pres·to ['prestəʊ, AM toʊ] MUS **I.** *adj inv* schnell, presto *fachspr*
II. *n* <*pl* -os> Presto *nt fachspr*

pre·stressed [ˌpriː'strest] *adj inv* TECH vorgespannt; **~ concrete** Spannbeton *m*

pre·sum·able [prɪ'zjuːməbl, AM -'zuː-] *adj* vermutlich

pre·sum·ably [prɪ'zjuːməbli, AM -'zuː-] *adv inv* vermutlich; ***~, they're on their way here*** ich nehme mal an, dass sie auf dem Weg hierher sind

pre·sume [prɪ'zjuːm, AM -'zuː-] **I.** *vt (suppose, believe)* ■ **to ~ sth** etw annehmen [*o* vermuten]; ***you are Dr Smith, I ~?*** ich nehme an, Sie sind Dr. Smith?; **~d dead** mutmaßlich tot [*o* verstorben]; **to be ~d innocent** als unschuldig gelten; **I ~ so/not** ich denke [*o* glaube] ja/nein; ***are we walking to the hotel? — I ~ so*** laufen wir zum Hotel? – ich denke schon; ■ **to ~ that ...** annehmen [*o* vermuten], dass ...; ***I'd ~d that your train would be on time*** ich bin davon ausgegangen, dass dein Zug rechtzeitig ankommen würde; ■ **to be ~d** [**to be**] **sth** für etw *akk* gehalten werden; ***she's ~d to have shot him in cold blood*** man sagt ihr nach, sie hätte ihn kaltblütig erschossen
II. *vi* ❶ *(be rude)* anmaßend [*o geh* vermessen] sein
❷ *(take advantage of)* ■ **to ~ on** [*or* **upon**] **sth** etw über Gebühr in Anspruch nehmen [*o* ausnützen] [*o* strapazieren], etw überbeanspruchen; **to ~ on sb's good nature** jds Gutmütigkeit ausnutzen; **to ~ on sb's time** jds Zeit in Anspruch nehmen; ***could I ~ on your time for a moment?*** hätten Sie wohl einen Moment Zeit für mich?
❸ *(dare)* ■ **to ~ to do sth** sich *dat* erlauben [*o* herausnehmen], etw zu tun; ***she would never ~ to question my authority*** sie würde sich nie anmaßen, meine Autorität in Frage zu stellen; **to ~ to claim that ...** sich *akk* zu der Behauptung versteigen, dass ...; ***I don't wish to ~, but shouldn't you apologize to her?*** ich will ja nicht aufdringlich sein, aber solltest du dich nicht bei ihr entschuldigen?

pre·sum·ed·ly [prɪ'zjuːmɪdli, AM -'zuː-] *adv* **~** [**so**] vermutlich [ja [*o* schon]]; **~ not** vermutlich nicht

pre·sum·ing [prɪ'zjuːmɪŋ, AM -'zuː-] *adj (dated: arrogant) person, tone of voice* anmaßend; *(impertinent) action, behaviour, person* dreist, unverschämt

pre·sump·tion [prɪ'zʌmpʃᵊn] *n* ❶ *(assumption)* Annahme *f,* Vermutung *f;* **~ of death** LAW Todesvermutung *f;* **the ~ of innocence** LAW die Unschuldsvermutung; **to be based on the ~ that ...** auf der Annahme basieren, dass ...; **the ~ is that ...** man vermutet [*o* es wird angenommen], dass ...; **to make a ~** eine Vermutung anstellen, etw annehmen; **under the ~ that ...** unter der Annahme [*o* davon ausgehend], dass ...
❷ *no pl (form: arrogance)* Vermessenheit *f geh,* Überheblichkeit *f*

pre·sump·tive [prɪ'zʌmptɪv] *adj attitude, reasoning* vermutlich, mutmaßlich; **~ diagnosis** Verdachtsdiagnose *f*

pre·sump·tive 'evi·dence *n* LAW Indizienbeweis *m,* Anscheinsbeweis *m,* Primafaciebeweis *m fachspr*

pre·sump·tuous [prɪ'zʌmptʃuəs, AM -tʃuːəs] *adj (arrogant) person, behaviour* anmaßend, großspurig; *attitude* vermessen *geh,* überheblich; *(forward)* dreist, unverschämt; ***I hope I won't be considered ~ if I ...*** ich hoffe, Sie nehmen es mir nicht übel, wenn ich ...

pre·sump·tuous·ly [prɪ'zʌmptʃuəsli, AM -tʃuːəs-] *adv (arrogantly)* dreist, unverschämt; **to act ~** sich *akk* dreist [*o* unverschämt] benehmen; **to ~ assume that ...** *(arrogantly)* dreisterweise davon ausgehen, dass ...; *(forwardly)* überheblicherweise davon ausgehen, dass ...

pre·sump·tuous·ness [prɪ'zʌmptʃuəsnəs, AM -tʃuːəs-] *n no pl* Überheblichkeit *f; (arrogance also)* Vermessenheit *f geh*

pre·sup·pose [ˌpriːsə'pəʊz, AM -'poʊz] *vt (form)* ■ **to ~ sth** etw voraussetzen, etw zur Voraussetzung haben; ■ **to ~ that ...** voraussetzen, dass ...

pre·sup·po·si·tion [ˌpriːsʌpə'zɪʃᵊn] *n* Voraussetzung *f,* Annahme *f;* **to be based on false ~s** von falschen [*o* irrigen] Voraussetzungen ausgehen, auf falschen [*o* irrigen] Annahmen basieren

prêt-à-por·ter [ˌpretɑː'pɔːteɪ, AM -pɔːr'teɪ] **I.** *n no pl* Konfektion *f,* Prêt-à-porter *nt kein pl selten*
II. *adj attr* Konfektions-; **~ department** Abteilung *f* mit Konfektionsware; **~ fashions** Konfektionsmode *f*

pre-tax [ˌpriː'tæks] *adj inv* unversteuert, vor Abzug der Steuern *nach n,* vor [der] Versteuerung *nach n,* Brutto-; **~ amount** Vorsteuerbetrag *m;* **~ deduction** Vorsteuerabzug *m;* **~ earnings** Bruttoeinnahmen *pl;* **~ income** Bruttoeinkommen *nt;* **~ loss** Verlust *m* vor Abzug der Steuern, Bruttoverlust *m;* **~ profit** [*or* **margin**] Vorsteuerergebnis *nt,* Gewinn *m* vor Abzug der Steuern, Bruttogewinn *m;* **~ yield** Rendite *f* vor Steuern

pre-teen [ˌpriː'tiːn] *adj attr ca. zwischen dem zehnten und zwölften Lebensjahr;* **~ children** *Kinder im Alter von zehn bis zwölf*

pre·tence [prɪ'ten(t)s], AM **pre·tense** ['priːt-] *n no pl* ❶ *(false behaviour, insincerity)* Vortäuschung *f,* Vorspiegelung *f;* **under the ~ of friendship** unter dem Deckmantel der Freundschaft; **under** [*or* **by**] **false ~s** *also* LAW unter Vorspiegelung falscher Tatsachen; **to give up a ~ of sth** etw nicht länger vortäuschen; **to keep up a ~ of sth** etw vortäuschen, den [An]schein einer S. *gen* vermitteln; ***they kept up a ~ of normality*** sie wahrten den Anschein der Normalität; ***the army has given up any ~ of neutrality*** die Armee hat ihre vorgetäuschte Neutralität aufgegeben; **to make a ~ of doing sth** [nur] so tun, als ob man etw tut; **to make no ~ of sth** etw nicht verhehlen, keinen Hehl aus etw *dat* machen, mit etw *dat* nicht hinter dem Berg halten; **to make no ~ of doing sth** nicht vorgeben, etw zu tun; ***I had made no ~ of being interested in her*** ich hatte ihr keinerlei Hoffnungen gemacht
❷ *(story, excuse)* Vorwand *m;* **under the ~ of doing sth** unter dem Vorwand, etw zu tun
❸ *(claim)* **to make no ~ to sth** keinen Anspruch auf etw *akk* erheben; ***I make no ~ to having any athletic skill*** ich behaupte gar nicht, sportlich zu sein
❹ *(imagination)* Vorstellungskraft *f,* Fantasie *f;* **~ *is engaged in by young children in order to learn*** kleine Kinder lernen mit Hilfe ihrer Fantasie

pre·tend [prɪ'tend] **I.** *vt* ❶ *(behave falsely)* ■ **to ~ sth** etw vorgeben [*o* vortäuschen]; **to ~ surprise** so tun, als ob man überrascht wäre [*o* als sei man überrascht]; ■ **to ~ that ...** vorgeben [*o* vortäuschen], dass ...; **to ~ that one is asleep** sich *akk* schlafend stellen; ■ **to ~ to be/do sth** vorgeben, etw zu sein/zu tun; **to ~ to be interested** Interesse vortäuschen, so tun, als sei man interessiert
❷ *(imagine)* ■ **to ~ to be sb/sth** so tun, als sei man jd/etw [*o* als ob man jd/etw wäre]; ***as a child, I used to ~ I was Robin Hood*** als Kind habe ich immer Robin Hood gespielt; ■ **to ~ that ...** so tun, als ob ...; ***I'll just ~ that I didn't hear that*** ich tue einfach so, als hätte ich das nicht gehört
II. *vi* ❶ *(feign)* sich *dat* etw vormachen; ***let's not ~ any more*** machen wir uns doch nicht länger etwas vor; ***relax, I'm only ~ing*** immer mit der Ruhe, ich hab doch nur Spaß gemacht *fam;* ■ **to ~ to sb** jdm etw vormachen
❷ *(form: claim)* ■ **to ~ to sth** etw für sich *akk* in Anspruch nehmen; ***I don't ~ to remember all the details*** ich behaupte nicht, mich an alle Einzel-

heiten zu erinnern
III. *adj attr (fam: in deception, game)* Spiel-; ***this doll is Katie's ~ baby*** mit dieser Puppe spielt Katie Baby
pre·tend·ed [prɪˈtendɪd] *adj attr* vorgetäuscht, geheuchelt, gespielt
pre·tend·er [prɪˈtendəʳ, AM -ɚ] *n* ■ **a ~ to sth** *to position, title* ein Anwärter/eine Anwärterin auf etw *akk*, ein Prätendent/eine Prätendentin auf etw *akk geh;* **~ to the throne** Thronanwärter(in) *m(f)*
pre·tense *n no pl esp* AM *see* **pretence**
pre·ten·sion [prɪˈten(t)ʃᵊn] *n* ❶ *usu pl (claim)* Anspruch *m* (**to** auf *+akk*); *(aspiration)* Ambition *f;* ***his ~s to his father's wealth ...*** mit den Ansprüchen, die er auf das Vermögen seines Vaters stellt, ...; **of modest ~s** mit geringen Ambitionen; **to have ~s to being/doing sth** [für sich *akk*] den Anspruch erheben, etw zu sein/zu tun
❷ *no pl (pej) see* **pretentiousness**
pre·ten·tious [prɪˈten(t)ʃəs] *adj (pej: boastful) person* angeberisch *fam*, großspurig *pej; (pompous) manner, speech, style* hochtrabend *pej*, hochgestochen *pej fam; (ostentatious)* protzig *meist pej fam*, großkotzig *pej sl; house, style* pompös, bombastisch
pre·ten·tious·ly [prɪˈten(t)ʃəsli] *adv (pej: ostentatious) attitude* protzig *meist pej fam*, großkotzig *pej sl; (boastfully) person* angeberisch *fam*, großspurig *pej*
pre·ten·tious·ness [prɪˈten(t)ʃəsnəs] *n no pl (arrogance)* Überheblichkeit *f*, Anmaßung *f; (boastfulness)* Angeberei *f fam*, Großspurigkeit *f pej*
pret·er·it(e) [ˈpretᵊrɪt, AM -t̬ɚɪt] LING I. *n* Präteritum *nt*, Imperfekt *nt*
II. *adj attr* Präteritums-; **~ form** Präteritum *nt*, Imperfekt *nt*, Verbform *f* im Präteritum [*o* Imperfekt]
pre·ter·natu·ral [ˌpriːtəˈnætʃᵊrᵊl, AM -t̬ɚˈnætʃɚᵊl] *adj (form)* ❶ *(exceptional)* außergewöhnlich
❷ *(supernatural)* übernatürlich
pre·ter·natu·ral·ly [ˌpriːtəˈnætʃᵊrᵊli, AM -t̬ɚˈnætʃɚ-] *adv (form)* außergewöhnlich
pre·text [ˈpriːtekst] *n* Vorwand *m* (**for** für *+akk*); **on** [*or* **under**] **the ~ of doing sth** unter dem Vorwand, etw zu tun; **to give sth as a ~** etw als Vorwand [*o* Ausrede] benutzen
pre·ˈtreat *vt* ■ **to ~ sth** etw vorbehandeln; *raw materials, hazardous waste etc* etw aufbereiten **pre·ˈtreat·ment** *n* Vorbehandlung *f; of raw materials, hazardous waste etc* Aufbereitung *f*
pret·ti·fi·ca·tion [ˌprɪtɪfɪˈkeɪʃᵊn, AM ˌprɪt̬-] *n (fig)* Ausschmückung *f*, verschönte Darstellung
pret·ti·fy <-ie-> [ˈprɪtɪfaɪ, AM -t̬-] *vt* ■ **to ~ sth** *room etc.* etw verschönern
pret·ti·ly [ˈprɪtɪli, AM -t̬-] *adv (charmingly)* reizend; *(pleasingly)* nett, hübsch; **to sing ~** schön singen; **to speak ~** *(dated)* sich *akk* gepflegt ausdrücken
pret·ti·ness [ˈprɪtɪnəs, AM -t̬-] *n no pl of person* hübsches [*o* nettes] Aussehen; **the ~ of her smile** ihr nettes Lächeln; *of place* Schönheit *f; of manners* Artigkeit *f*
pret·ty [ˈprɪti, AM -t̬i] I. *adj* ❶ *(attractive) person* hübsch; *thing* nett; **to be not just a ~ face** *(hum iron)* nicht nur gut aussehen, sondern auch was im Kopf haben *sl;* **not a ~ sight** kein schöner Anblick
❷ *(dated or iron: not good)* schön *iron*, prima *iron fam;* ***that's a ~ mess*** das ist ja ein schönes Durcheinander *iron;* **a ~ state of affairs** eine schöne Geschichte *iron*
▸PHRASES: **to cost/pay a ~ penny** eine schöne [*o* hübsche] Stange Geld kosten/[be]zahlen *fam;* **to reach** [*or* **come to**] [*or* **be at**] **a ~ pass** schon weit gekommen sein *fig*
II. *adv inv (fam)* ❶ *(fairly)* ziemlich; **to be ~ certain** [*or* **sure**] [sich *dat*] ziemlich sicher sein; **~ difficult** reichlich [*o* ziemlich] schwierig; *(very)* ganz; **~ good** *(fam)* ganz gut; **~ damn good/quick** *(fam)* verdammt gut/schnell *fam*
❷ *(almost)* **~ well everything** beinah alles; **~ well all the ...** so ziemlich alle ...; **~ much** [*or* **nearly**] [*or* **well**] fast, nahezu; **~ nearly finished** so gut wie fertig
▸PHRASES: **~ please!** bitte bitte!; **to be sitting ~** gut dastehen, seine Schäfchen im Trockenen haben *oft pej fam*
III. *vt* ■ **to ~ up** ⊂ **oneself** sich *akk* zurechtmachen [*o* schön machen] [*o* SÜDD, ÖSTERR herrichten] *fam;* ■ **to ~ up** ⊂ **sth** [**with sth**] *(enhance)* etw [mit etw *dat*] verschönern; *(enliven)* etw [mit etw *dat*] aufpeppen *sl* [*o fam* aufmotzen]
pret·ty ˈmuch *adv (sl)* ziemlich
pret·zel [ˈpretsᵊl] *n* Brezel *f o* ÖSTERR *a. nt; (dried)* Salzstange *f*
pre·vail [prɪˈveɪl] *vi* ❶ *(triumph) justice, good* siegen; *person* sich *akk* durchsetzen, die Oberhand gewinnen; ***did greed ~ over generosity?*** war die Gier größer als der Großmut?
❷ *(induce)* ■ **to ~ on** [*or* **upon**] **sb to do sth** jdn dazu bewegen [*o* bringen], etw zu tun
❸ *(exist, be widespread) custom* weit verbreitet sein; *opinion* geläufig sein
pre·vail·ing [prɪˈveɪlɪŋ] *adj attr, inv wind* vorherrschend; *weather* derzeit herrschend; **under the ~ circumstances** unter den gegebenen Umständen, bei den derzeit herrschenden Bedingungen; **under ~ law** nach geltendem Recht [und Gesetz]; **~ mood** momentane Stimmung; **~ opinion** aktuelle Meinungslage; **~ wind** vorherrschender Wind; **~ westerly winds** vorherrschend westliche Winde
preva·lence [ˈprevᵊlən(t)s, AM -vəl-] *n no pl (common occurrence) of crime, disease* weite Verbreitung, Häufigkeit *f; of bribery, of drugs* Überhandnehmen *nt; (predominance)* Vorherrschen *nt*
preva·lent [ˈprevᵊlənt, AM -vəl-] *adj (common)* vorherrschend *attr; disease* weit verbreitet; *opinion* geläufig, weit verbreitet; *(frequent)* besonders häufig; ■ **to be ~** besonders häufig vorkommen
pre·vari·cate [prɪˈværɪkeɪt, AM -ˈver-] *vi (form)* Ausflüchte machen; ■ **to ~** [**over sth**] sich *akk* [in Bezug auf etw *akk*] ausweichend verhalten; ***Jane is prevaricating over whether to buy a new house*** Jane kann sich einfach nicht zu dem Kauf eines neuen Hauses entscheiden
pre·vari·ca·tion [prɪˌværɪˈkeɪʃᵊn, AM -ˌver-] *n no pl (form)* Ausflüchte *pl*, Ausweichmanöver *nt meist pl;* **to be an expert at ~** nie um Ausflüchte verlegen sein
pre·vent [prɪˈvent] *vt* ■ **to ~ sth** etw verhindern; MED etw *dat* vorbeugen; **to ~ accidents/confusion/panic** Unfälle/Verwirrung/Panik vermeiden; **to ~ crime** Verbrechen verhüten; ■ **to ~ sb/sth** [**from**] **doing sth** jdn/etw daran hindern [*o* davon abhalten], etw zu tun; ***there's nothing to ~ us from doing it*** davon kann uns überhaupt nichts abhalten; **to ~ a bomb from exploding/a disease from spreading** verhindern, dass eine Bombe explodiert/dass sich eine Krankheit ausbreitet
pre·vent·able [prɪˈventəbl̩, AM -t̬-] *adj* vermeidbar
pre·ven·ta·tive [prɪˈventətɪv, AM -t̬ət̬ɪv] *adj inv see* **preventive**
pre·ven·tion [prɪˈven(t)ʃᵊn] *n no pl of disaster* Verhinderung *f; of accident* Vermeidung *f; of crime* Verhütung *f; of illness* Vorbeugung *f*, Prophylaxe *f;* **society for the ~ of cruelty to animals/children** Tierschutz-/Kinderschutzverein *m*
▸PHRASES: **~ is better than cure** *(prov)*, AM **an ounce of ~ is worth a pound of cure** *(prov)* vorbeugen ist besser als heilen *prov*
pre·ven·tive [prɪˈventɪv, AM -t̬-] *adj inv* vorbeugend, präventiv *geh*, Präventiv-; ■ **to be ~** zur Vorbeugung dienen; **~ action** Vorbeugemaßnahme *f*, Vorbeugung *f*
pre·ven·tive ˈmain·ten·ance *n* Wartung *f (als Schutz- oder Präventivmaßnahme)* **pre·ven·tive ˈmeas·ure** *n usu pl* Präventivmaßnahme *f*, Vorbeugemaßnahme *f* **pre·ven·tive ˈmedi·cine** *n* Präventivmedizin *f*
pre·view [ˈpriːvjuː] I. *n of a film, play* Vorpremiere *f*, Voraufführung *f;* **sneak ~** Vorpremiere *f; of a trailer* Vorschau *f; of an exhibition* Vorbesichtigung *f*, Vernissage *f geh; of new products* Vor[ab]besichtigung *f*
II. *vt* ■ **to ~ sth** ❶ *(detail in advance) film, theatre, TV* etw vorab ankündigen; *book* etw vorab besprechen [*o geh* rezensieren]; *report* etw vorab besprechen
❷ *(see in advance) film, theatre* etw schon vorher [*o* in einer Vorpremiere] sehen; *(read in advance)* etw schon vorher lesen; TYPO das Layout einer S. *gen* kontrollieren
III. *vi* eine Voraufführung geben; ***Miller's new play is ~ing at the Theatre Royal*** das Theatre Royal gibt eine Voraufführung von Millers neuem Stück
pre·vi·ous [ˈpriːviəs] *adj attr, inv* ❶ *(former)* vorig, vorausgegangen; *(prior)* vorherig; ***all the singer's ~ engagements ...*** alle bisherigen Auftritte des Sängers ...; **~ conviction** Vorstrafe *f;* **no ~ experience required** keine Vorkenntnisse erforderlich; **~ holder/owner** Vorbesitzer(in) *m(f)*, voriger [*o* früherer] Besitzer/vorige [*o* frühere] Besitzerin
❷ *(preceding)* vorig, vorhergehend; ***could you please repeat the ~ question?*** könnten Sie die letzte Frage bitte wiederholen?; ***on my ~ visit to Florida*** bei meinem letzten Besuch in Florida; **on the ~ day** am Tag davor [*o* zuvor]; **the ~ evening/week** der Abend/die Woche zuvor; **the ~ speaker** der Vorredner/die Vorrednerin; **the ~ summer** im vorigen Sommer; **~ year** Vorjahr *nt*, Vorjahresperiode *f*, Vorjahresabschnitt *m;* **~ year's balance** Vorjahresbilanz *f;* **~ year's figure** Vorjahreszahl *f;* **the ~ ten years** die vergangenen [*o* letzten] zehn Jahre
pre·vi·ous·ly [ˈpriːviəsli] *adv inv (beforehand)* zuvor, vorher; *(formerly)* früher; ***she was ~ employed as a tour guide*** sie arbeitete früher als Reiseleiterin; **~ unknown/unreleased** bisher unbekannt/unveröffentlicht; **to have met sb ~** jdn schon kennen
pre·vi·ous ˈques·tion *n* POL Vorfrage *f (ob eine Abstimmung ohne weitere Debatte durchgeführt werden soll);* **to call for a ~** eine Vorfrage für eine Abstimmung fordern
pre-war [ˌpriːˈwɔːʳ, AM -ˈwɔːr] *adj inv* Vorkriegs-; **~ period** Vorkriegszeit *f*
pre-wash <*pl* -es> [ˌpriːˈwɒʃ, AM ˈwɑːʃ] *n* vor dem Waschen
prey [preɪ] I. *n no pl* ❶ *(food)* Beute *f*, Beutetier *nt;* ■ **to be ~ to sb/sth** jds Beute/die Beute einer S. *gen* sein
❷ *(fig: victim)* Beute *f fig;* ECON Opfer *nt* [einer Übernahme]; **to be easy ~ for sb** leichte Beute für jdn sein *fig;* **to be** [*or* **fall**] **~ to sb/sth** jds Opfer/das Opfer einer S. *gen* sein/werden; ***he had fallen ~ to a swindler*** er war einem Schwindler aufgesessen; **to be ~ to all sorts of fears** von allen möglichen Ängsten befallen werden
II. *vi* ❶ *(kill)* ■ **to ~ on** [*or* **upon**] **sth** Jagd [*o* Beute] auf etw *akk* machen
❷ *(exploit)* ■ **to ~ on** [*or* **upon**] **sb** jdn ausnutzen [*o* SCHWEIZ, ÖSTERR ausnützen]; *(abuse)* jdn ausnehmen [*o sl* abzocken]; **to ~ on old people** sich *dat* alte Menschen als Opfer [aus]suchen
▸PHRASES: **to ~ on sb's mind** jdm keine Ruhe lassen, an jdm nagen, jdn quälen *fig*
prez·zie [ˈprezi] *n* BRIT, AUS *(fam)* Geschenk *nt*
pri·ap·ic [praɪˈæpɪk] *adj* phallisch *geh*, Phallus-; **~ symbol** Phallussymbol *nt*
price [praɪs] I. *n* ❶ *(money)* Preis *m; (monetary sum)* [Geld]preis *m;* ***what ~ are apples this week?*** was kosten diese Woche die Äpfel?; ***~s have been on the rise*** die Preise sind gestiegen; ***for a ~ of £200*** für 200 Pfund; **asking ~** STOCKEX Briefkurs *m;* **closing/opening ~** STOCKEX Schlusskurs *m*/Eröffnungskurs *m;* **computer ~s** Preise *pl* für Computer, Computerpreise *pl;* **the ~ of oil** der Ölpreis; **to fetch a bad/good/high/low ~** einen schlechten/guten/hohen/niedrigen Preis erzielen; **to name** [*or* **quote**] **a ~** einen Preis angeben [*o* nennen]; **at** [*or* **for**] **a ~** zum entsprechenden Preis, für entsprechendes Geld; **to buy sth at** [*or* **for**] **a ~** einen horrenden Preis für etw *akk* bezahlen; **at any ~** um jeden Preis; *(fig)* koste es, was es wolle *fig;* **beyond ~** unerschwinglich, unbezahlbar
❷ *(forfeit)* Preis *m kein pl fig;* ***what ~ fame?*** wie viel ist dir der Ruhm wert?; ***one's privacy is the ~ one has to pay for fame*** Ruhm geht auf Kosten der Privatsphäre; ***I'll do it for a ~*** das kostet dich aber was *sl;* **that's too high a ~** [**to pay**] **for ...** das ist ein

zu hoher Preis für ...; **to pay a** [**heavy** [*or* **steep**]/ **small**] ~ einen [hohen/geringen] Preis zahlen *fig;* **to pay the** ~ Opfer bringen; **at** [*or* **for**] **a** ~ *(not without difficulty)* um einen hohen Preis *fig,* unter Inkaufnahme von Opfern; **not at any** ~ um keinen Preis

▸PHRASES: **to have a ~ on one's head** steckbrieflich gesucht werden; **to put** [*or* **set**] **a ~ on sb's head** eine Belohnung auf jdn [*o* auf jds Kopf] aussetzen

II. *vt* ■**to ~ sth** ❶ *(mark with price)* etw auszeichnen; *(set value)* den Preis für etw *akk* festsetzen; *(evaluate risk)* etw bepreisen; **to ~ oneself/sth out of the market** durch [die eigene] schlechte Preispolitik an Wettbewerbsfähigkeit verlieren; **to be ~d at 10 dollars/£50** 10 Dollar/50 Pfund kosten; **to be reasonably ~d** einen angemessenen Preis haben, angemessen im Preis sein

❷ *(inquire about cost)* die Kosten für etw *akk* erfragen

'price base *n* Preisbasis *f* **'price boom** *n* Preisaufschwung *m* **'price brack·et** *n* Preisklasse *f* **'price ceil·ing** *n* FIN Preisobergrenze *f,* oberste Preisgrenze; **to raise the** ~ die oberste Preisgrenze anheben **'price-com·peti·tive** *adj pred, inv* kostengleich **'price-con·scious** *adj* preisbewusst **'price con·trol** *n* Preiskontrolle *f,* Preislenkung *f* **'price cut** *n* Preissenkung *f* **'price cut·ting** *n* [plötzliche] Preissenkung

priced *adj* **equally** ~ preisgleich

price dif·fer·'en·tial *n* Preisgefälle *nt;* STOCKEX Kursgefälle *nt,* Preisdifferenz *f* **price dis·'tor·tion** *n* COMM Preisverzerrung *f* **price-'earn·ings ra·tio** *n* STOCKEX Kursgewinnverhältnis *nt* **price elas·'tici·ty** *n no pl* COMM Preiselastizität *f* **price equi·'lib·rium** *n no pl* COMM Preisgleichgewicht *nt* **'price fix·ing** *n no pl* Preisabsprache *f,* Preisbindung *f,* Preisvereinbarung *f* **price fluc·tu'a·tion** *n* Preisschwankung *f,* Preisfluktuation *f;* STOCKEX Kursschwankung *f* **'price freeze** *n* Preisstopp *m,* Einfrieren der Preise *nt* **'price-goug·ing** *n no pl* überhöhte Preise, Preistreiberei *f* **'price in·crease** *n* COMM Preisanstieg *m* **'price in·dex** *n* Preisindex *m* **'price la·bel** *n* Preisschild *nt*

'price-led *adj attr marketing strategy* preisfixiert; *supermarket chain* Billig-, Niedrigpreis-

price·less ['praɪsləs] *adj* ❶ *(invaluable)* unbezahlbar, von unschätzbarem Wert *nach n;* ■**to be** ~ von unschätzbarem Wert [*o* unbezahlbar] sein

❷ *(fig fam: funny) remark, situation* köstlich; *of person* unbezahlbar *hum;* ■**to be** ~ *person, remark, situation* [zu] köstlich sein, zum Piepen [*o* Totlachen] sein *fam; person* [einfach] unbezahlbar sein

'price lev·el *n* ❶ COMM Preisniveau *nt* ❷ STOCKEX Kurshöhe *f* **'price list** *n* Preisliste *f* **price 'main·te·nance, 'price sup·port** *n* Kursstützung *f* **'price mak·er** *n* Preissetzer(in) *m(f)* **price 'man·age·ment** *n no pl* Preismanagement *nt* **price 'mar·gin** *n* Preisspielraum *m* **price 'mark·down** *n* Kursabschlag *m* **price 'mecha·nism** *n* Preismechanismus *f* **'price-neu·tral** *adj inv* kostenneutral; **to be** ~ den Preis nicht weiter heraufsetzen **price/per'formance ra·tio** *n* Preis-Leistungsverhältnis *nt* **'price range** *n* Preislage *f,* Preisklasse *f,* Preisskala *f* **'price ring** *n* Preiskartell *nt* **price-'sen·si·tive** *adj information* preisempfindlich, preissensibel, preissensitiv **'price set·ter** *n* COMM Preissetzer(in) *m(f)* **price sta·'bil·ity** *n* Preisstabilität *f* **'price stick·er** *n* Preisaufkleber *m* **'price tag, 'price tick·et** *n* ❶ *(label)* Preisschild *nt*

❷ *(fam: cost)* Preis *m* (**for** für +*akk*); ***these suits have designer names and a ~ to match*** das sind Designeranzüge zum [dem]entsprechenden Preis **'price war** *n* Preiskrieg *m*

price·worthi·ness ['praɪswɜ:ðɪnəs, AM -wɜ:rðɪ-] *n no pl* COMM Preiswürdigkeit *f*

pricey ['praɪsi] *adj (fam)* kostspielig, teuer, [ein bisschen [*o* ziemlich]] happig *fam*

pric·ing ['praɪsɪŋ] *n no pl* Preisermittlung *f,* Preisgestaltung *f,* Preisfestlegung *f,* Preisfestsetzung *f;* POL Tarifbestimmung *f;* STOCKEX *(evaluation of risk)* Bepreisung *f*

'pric·ing mod·el *n* Preismodell *nt* **'pric·ing poli·cy** *n* ❶ COMM Preispolitik *f* ❷ POL Tarifpolitik *f* **'pric·ing sys·tem** *n* Preissystem *nt*

prick [prɪk] **I.** *n* ❶ *(act of piercing)* Stechen *nt; (pierced hole, mark)* Stich *m; (fig: sharp pain)* Stich *m fig;* **a ~ of anxiety/resentment** ein Anflug *m* von Angst/Groll

❷ *(vulg: penis)* Schwanz *m vulg*

❸ *(vulg: idiot)* Scheißkerl *m derb,* Arsch *m vulg,* Arschloch *nt vulg*

II. *vt* ■**to ~ sb/sth** jdn/etw stechen; **to ~ one's finger** sich *dat o akk* in den Finger stechen; **to ~ a potato with a fork** eine Kartoffel mit einer Gabel einstechen

▸PHRASES: **to ~ one's/the balloon** [*or* **bubble**] *esp* BRIT alles wie eine Seifenblase zerplatzen lassen; ***I'm sorry to ~ your bubble, but ...*** tut mir leid, dir alles kaputtzumachen, aber ... *fam;* **to ~ sb's conscience** jdm Gewissensbisse [*o* ein schlechtes Gewissen] bereiten [*o* verursachen]

◆**prick out** *vt* ■**to ~ out** ◌ **sth** ❶ HORT etw auspflanzen [*o* setzen]

❷ *(draw, decorate) design, pattern, shape* etw punktieren

◆**prick up I.** *vt* **to ~ up one's ears** die Ohren spitzen

II. *vi* **sb's ears ~ up** [**at sth**] jd spitzt die Ohren [bei etw *dat*]

prick·le ['prɪkl̩] **I.** *n* ❶ *(thorn) of plant* Dorn *m; of animal* Stachel *m*

❷ *(sensation) by beard, wool* Kratzen *nt; (fig)* Kribbeln *nt a. fig fam;* **to feel a ~ of excitement** vor [lauter] Aufregung ganz kribb[e]lig sein *fam*

II. *vi of beard, wool* jucken, kratzen; *(fig)* kribbeln *fig,* prickeln *fig*

III. *vt* ■**to ~ sb** *wool sweater etc.* jdn kratzen

prick·ly ['prɪkli] *adj* ❶ *(thorny)* stachelig

❷ *(scratchy)* kratzig; ***woollen jumpers are so ~*** Wollpullover kratzen immer so

❸ *(fam: easily offended) person* [leicht] reizbar; *(stronger)* bissig, kratzbürstig; **a ~ subject** [*or* **issue**] ein heikles Thema

prick·ly 'heat *n* MED Frieselausschlag *m,* Hitzeausschlag *m,* Miliaria *f fachspr* **prick·ly 'pear** *n* ❶ *(plant)* Feigenkaktus *m* ❷ *(fruit)* Kaktusfeige *f*

'prick-tease I. *vt (vulg)* ■**to ~ a man** einen Mann [zum Spaß] aufgeilen *derb* [*o fam* scharfmachen] [und dann abblitzen lassen] **II.** *vi (fam!)* [zum Spaß] Männer aufgeilen *derb* [*o fam* scharfmachen] [und dann abblitzen lassen] **'prick-teas·er** *n (pej fam!)* **to be a** ~ Männer [zum Spaß] aufgeilen *derb* [*o fam* scharfmachen] [und dann abblitzen lassen]

pricy *adj see* **pricey**

pride [praɪd] **I.** *n* ❶ *no pl (arrogance)* Hochmut *m,* Überheblichkeit *f; (satisfaction)* Stolz *m;* **to feel great** ~ besonders stolz sein; **to take ~ in sb/sth** stolz auf jdn/etw sein; **to take** [**great**] **~ in doing sth** [großen] Wert auf etw *akk* legen; *(self-respect)* Stolz *m;* **to have too much ~ to do sth** zu stolz sein, um etw zu tun, sich *dat* zu schade sein, [um] etw zu tun *pej;* **to hurt** [*or* **wound**] **sb's** ~ jds Stolz verletzen

❷ *no pl (object of satisfaction)* Stolz *m;* **the ~ of one's/sb's collection** das Glanzstück in der eigenen/jds Sammlung; **to be sb's ~ and joy** jds ganzer Stolz sein; **to have** [*or* **take**] **~ of place** einen Ehrenplatz einnehmen

❸ *(animal group)* Rudel *nt;* **a ~ of lions** ein Rudel *nt* Löwen

▸PHRASES: **~ comes** [*or* **goes**] **before a fall** *(prov)* Hochmut kommt vor dem Fall *prov;* **to swallow one's** ~ seinen Stolz überwinden

II. *vt* ■**to ~ oneself on** [*or* **upon**] **sth** auf etw *akk* [besonders] stolz sein, sich *akk* mit etw *dat* rühmen; ■**to ~ oneself on** [*or* **upon**] **doing sth** [besonders] stolz darauf sein, etw zu tun; ***he ~s himself that he's never ...*** er kann von sich mit Stolz behaupten, dass er noch nie im Leben ...

priest [pri:st] *n* Priester *m,* Geistlicher *m*

priest·ess <*pl* -es> [ˌpri:'stes, AM 'pri:stɪs] *n* Priesterin *f,* Geistliche *f*

priest·hood ['pri:sthʊd] *n no pl* ❶ *(position, office)* Priestertum *nt;* **to enter the** ~ Priester/Priesterin werden; **to leave the** ~ das Priesteramt niederlegen

❷ *(body of priests)* Priesterschaft *f*

priest·ly ['pri:stli] *adj* priesterlich, Priester-; **~ blessing** priesterlicher Segen; **~ caste** Priesterkaste *f*

prig [prɪg] *n (pej: moralist)* Tugendbold *m pej; (pedant)* Erbsenzähler *m pej fam;* ***why must you always be such a ~?*** warum bist du bloß so schrecklich kleinkariert? *pej fam*

prig·gish ['prɪgɪʃ] *adj (pej: self-righteous)* tugendhaft, selbstgefällig *pej; (prudish)* kleinkariert, übertrieben tugendhaft

prig·gish·ness ['prɪgɪʃnəs] *n no pl* Dünkel *m,* Eingebildetheit *f*

prill [prɪl] *vt* TECH ■**to ~ sth** etw granulieren

prill·ing ['prɪlɪŋ] *n* TECH Sprühkristallisation *f*

prim <-mm-> [prɪm] *adj (pej: stiffly formal)* steif, spröde; *(prudish)* prüde; *(neat) house* mustergültig, untadelig; *clothes* streng; **to be ~ and proper** etepetete sein *fam*

pri·ma bal·leri·na [ˌpri:məbæləˈri:nə, AM -ə'ri:-] *n* Primaballerina *f*

pri·ma·cy ['praɪməsi] *n no pl (form)* Vorrang *m,* Primat *m o nt geh*

pri·ma don·na [ˌpri:mə'dɒnə, AM -'dɑ:nə] **I.** *n (also fig)* Primadonna *f;* **to behave like a right** ~ sich *akk* aufführen wie eine Primadonna

II. *n modifier* arrogant *pej,* primadonnenhaft *pej*

pri·ma don·na-ish [ˌpri:mə'dɒnəɪʃ, AM -'dɑ:n-] *adj (pej fam)* primadonnenhaft *pej*

pri·mae·val *adj esp* BRIT *see* **primeval**

pri·ma fa·cie [ˌpraɪmə'feɪʃi] *adj attr, inv* LAW *(form)* auf den ersten Blick *nach n;* **~ case** Rechtsfall *m* mit klarem Sachverhalt [*o* Tatbestand]; **to have a ~ case** genügend Beweise haben; **~ evidence** glaubhafter Beweis, Anscheinsbeweis *m fachspr,* Primafaciebeweis *m fachspr*

pri·mal ['praɪməl] *adj inv* ursprünglich, Ur-

pri·mal 'scream *n* PSYCH Urschrei *m* **pri·mal 'thera·py** *n* PSYCH Urschreitherapie *f,* Primärtherapie *f*

pri·mari·ly [praɪ'merəli] *adv inv* vorwiegend, hauptsächlich, in erster Linie

pri·ma·ry ['praɪməri, AM -meri] **I.** *adj inv* ❶ *(principal)* primär *geh,* Haupt-; **~ concern** Hauptanliegen *nt;* **to have ~ jurisdiction** zuständig sein; ***the FBI still has ~ jurisdiction*** die Zuständigkeit liegt zunächst beim FBI; **~ responsibility** Hauptverantwortlichkeit *f*

❷ *(not derivative)* roh gewonnen, Roh-; **~ source materials** Rohmaterialien *pl*

❸ *esp* BRIT, AUS *(education)* Grundschul[s]-

II. *n* AM POL *(election)* Vorwahl *f*

pri·ma·ry 'care *n no pl* medizinische Grundversorgung **pri·ma·ry care phy·'si·cian** *n* AM Allgemeinarzt, -ärztin *m, f*

pri·ma·ry 'col·our, AM **pri·ma·ry 'col·or** *n* Grundfarbe *f*

pri·ma·ry edu·'ca·tion *n no pl esp* BRIT Grundschul[aus]bildung *f*

pri·ma·ry e'lec·tion *n* AM POL *(candidate selection)* Vorwahl *f*

pri·ma·ry 'health care *n no pl* medizinische Grundversorgung

pri·ma·ry 'key *n* COMPUT Primärschlüssel *m*

pri·ma·ry 'mar·ket *n* Primärmarkt *m,* Emissionsmarkt *m*

'pri·ma·ry school *n esp* BRIT Grundschule *f,* Primarschule *f* SCHWEIZ, Volksschule *f* ÖSTERR

pri·ma·ry 'stress *n no pl* LING Hauptakzent *m*

'pri·ma·ry teach·er *n* BRIT Grundschullehrer(in) *m(f),* Primarlehrer(in) *m(f)* SCHWEIZ, Volksschullehrer(in) *m(f)* ÖSTERR

pri·ma·ry 'tooth *n* Milchzahn *m*

pri·mate ['praɪmeɪt] *n* ❶ ZOOL *(mammal)* Primat *m*

❷ REL *(priest)* Primas *m fachspr*

pri·ma·tolo·gist [ˌpraɪmə'tɒlədʒɪst, AM -'tɑ:l-] *n* SCI Primatologe, Primatologin *m, f fachspr,* Primatenforscher(in) *m(f)*

pri·ma·tol·ogy [ˌpraɪmə'tɒlədʒi, AM -'tɑ:l-] *n no pl* SCI

Primatologie *f fachspr,* Primatenforschung *f*

prime [praɪm] **I.** *adj attr, inv* ① *(main)* wesentlich, Haupt-; **of ~ importance** von äußerster Wichtigkeit; **~ objective** oberstes Ziel; **~ suspect** Hauptverdächtige(r) *f(m)*

② *(best)* erstklassig; **~ cuts of meat** Fleischstücke *pl* bester Qualität; **a ~ example** ein ausgezeichnetes [*o* vortreffliches] Beispiel

③ MATH **~ factor** Primfaktor *m;* **~ factorization** Primfaktorenzerlegung *f*

II. *n no pl* ① *(time of greatest success)* Blütezeit *f fig;* **the ~ of life** das beste Alter; **in the ~ of one's youth** in der Blüte der Jugend *geh;* **to be in one's ~** im besten Alter sein, in der Blüte seiner Jahre stehen *geh;* **to be past one's ~** die besten Jahre hinter sich *dat* haben, [schon] bessere Zeiten gesehen haben *fam*

② AM FIN Primerate *f,* Leitzins *m* [für erste Adressen]

③ MATH Primzahl *f*

III. *vt* ① *(prepare)* ■**to ~ sb** jdn vorbereiten; ■**to be ~d to do sth** bereit [*o* darauf vorbereitet] sein, etw zu tun; ■**to ~ oneself to do sth** sich *akk* darauf vorbereiten [*o* einstellen], etw zu tun

② TECH, MIL ■**to ~ sth** *(for exploding)* etw scharf machen; *(for firing)* etw schussbereit machen; *(undercoat) canvas, metal, wood* etw grundieren; **to ~ an engine** Anlasskraftstoff [in einen Motor] einspritzen; **to ~ a pump** eine Pumpe mit Wasser füllen *(um sie betriebsbereit zu machen)*

③ *usu passive* MED, BIOL ■**to ~ sth** etw stärken; ***the immune system is ~d to attack diseased cells*** das Immunsystem ist darauf ausgerichtet, kranke Zellen anzugreifen

④ *(brief)* ■**to ~ sb** jdn instruieren

prime 'cost *n* ECON Selbstkosten *pl*

prime me·'ridi·an *n* GEOG Nullmeridian *m* **prime 'min·is·ter** *n* Premierminister(in) *m(f),* Ministerpräsident(in) *m(f)* **prime 'mov·er** *n* treibende Kraft; *also* PHILOS bewegende Kraft, Triebfeder *f;* **to be a ~ in sth** die treibende Kraft einer S. *gen* sein

prime 'num·ber *n* Primzahl *f*

prim·er[1] ['praɪmə^r, AM -ɚ] *n (paint)* Grundierfarbe *f; (coat)* Grundierung *f*

prim·er[2] ['praɪmə^r, AM 'prɪmɚ] *n* ① SCH *(dated)* Fibel *f*

② COMPUT Elementarbuch *nt*

prime 'rate *n* AM Basis[zins]satz *m,* Leitzins *m* für erste Adressen, Prima Rate *f* **'prime time** *n* Hauptsendezeit *f*

pri·meval [,praɪ'mi:vəl] *adj* urzeitlich, Ur-; **~ desire** Urverlangen *nt;* **~ forest** Urwald *m*

primi·gravi·da <*pl* -s *or* -dae> [,pri:mɪ'grævɪdə, *pl* -di:] *n* MED *(spec)* Primigravida *f fachspr,* Erstschwangere *f*

pri·mipa·ra <*pl* -rae> [praɪ'mɪpərə, AM -ərə, *pl* -ri:] *n* MED *(spec)* Primipara *f fachspr,* Erstgebärende *f*

pri·mipa·rous [praɪ'mɪpərəs, AM -ərəs] *adj usu attr* MED *(spec)* primipar *fachspr,* erstgebärend *attr*

primi·tive ['prɪmɪtɪv, AM -t̬-] **I.** *adj* ① *(early stage)* primitiv; ZOOL urzeitlich; **~ mammal** Säugetier *nt* aus der Urzeit; *(unsophisticated, unreasoned) society, tribe, behaviour, emotion* primitiv

② *(pej: simple)* primitiv *pej*

③ ART naiv; **~ style** naiver [Kunst]stil

④ ECON frühzeitlich; **~ economy** frühzeitliche Wirtschaftsform; *(pej)* primitiv *pej*

II. *n* COMPUT Grundroutine *f,* Elementarroutine *f; (in graphics)* Grafikelement *nt*

primi·tive·ly ['prɪmɪtɪvli, AM -t̬-] *adv* primitiv

primi·tive·ness ['prɪmɪtɪvnəs, AM -t̬-] *n no pl (in development)* Primitivität *f; (simplicity)* Einfachheit *f*

primi·tiv·ism ['prɪmɪtɪvɪzəm, AM -t̬-] *n no pl* ① *(uncivilizedness)* Rohheit *f,* Unkultur *f*

② *(school of art)* Primitivismus *m fachspr*

prim·ly ['prɪmli] *adv (stiffly, formally)* steif, spröde, [übertrieben] sittsam; *(prudishly)* prüde; *(neatly)* mustergültig, untadelig; **~ dressed** sittsam [*o* streng] gekleidet

prim·ness ['prɪmnəs] *n no pl* Sprödigkeit *f,* [Über]korrektheit *f*

pri·mo·geni·ture [,praɪməʊ'dʒenɪtʃə^r, AM -oʊ'dʒenɪtʃɚ] *n no pl* LAW *(spec)* ① *(being first-born)* Primogenitur *f fachspr,* Erstgeburt *f*

② *(right of succession)* Primogenitur *f fachspr,* Erstgeburtsrecht *nt*

pri·mor·dial [praɪ'mɔ:diəl, AM -'mɔ:r-] *adj (form)* ① ASTRON *(primeval)* Ur-, ursprünglich, primordial *fachspr;* **~ dust** Urstaub *m;* **~ gas** Urgas *nt;* **~ rain forest** ursprünglicher Regenwald

② *(basic, fundamental)* Ur-, ureigen *attr;* **~ feelings** Urinstinkte *pl,* ureigene Instinkte

primp [prɪmp] **I.** *vi* sich *akk* zurechtmachen, sich *akk* herausputzen

II. *vt* ■**to ~ sth/oneself** etw/sich *akk* zurechtmachen

prim·rose ['prɪmrəʊz, AM -roʊz] *n* [gelbe] Schlüsselblume

▶PHRASES: [**the**] **~ path** Weg *m* des lustvollen Verderbens

primu·la ['prɪmjələ] *n* Primel *f*

Pri·mus® ['praɪməs], **Pri·mus stove**® *n* Campingkocher *m*

prince [prɪn(t)s] *n* ① *(royal)* Prinz *m; (head of principality)* Fürst *m*

② *(fig: one of best)* herausragende Erscheinung; **to be a ~** [**among sb**] eine herausragende Persönlichkeit [unter jdm] sein

Prince 'Charm·ing *n (hum fam)* Märchenprinz *m*

prince 'con·sort *n* Prinzgemahl *m*

prince·ling ['prɪnslɪŋ] *n (esp pej)* Prinzchen *nt*

prince·ly ['prɪn(t)sli] *adj (approv)* fürstlich; **a ~ income/salary** ein fürstliches Einkommen/Gehalt; **for the ~ sum of ...** *(iron hum: very small)* für die gewaltige Summe von ... *iron hum*

Prince of 'Dark·ness *n (liter)* Fürst *m* der Finsternis *liter* **Prince of 'Wales** *n* Prinz *m* von Wales

prin·cess <*pl* -es> [prɪn'ses, AM 'prɪn(t)sɪs] *n* Prinzessin *f;* **P~ Royal** die Princess Royal *(Titel für die älteste Tochter der regierenden Monarchin)*

prin·ci·pal ['prɪn(t)səpəl] **I.** *adj attr, inv* ① *(most important)* Haupt-, hauptsächlich; **~ character** FILM, THEAT Hauptdarsteller(in) *m(f);* LIT zentrale Figur [*o* Gestalt], Hauptfigur *f;* **~ export** Hauptexportartikel *m;* **~ ingredient** Hauptbestandteil *m;* **~ reason** Hauptgrund *m;* **one of the ~ towns** eine der bedeutendsten [*o* wichtigsten] Städte

② FIN *(original sum)* Kapital-; **~ amount/investment** Kapitalbetrag *m*/-anlage *f*

③ *(law of agency)* Auftraggeber(in) *m(f)*

II. *n* ① AM, AUS *(head person) in a school* Direktor(in) *m(f),* Schulleiter(in) *m(f),* Rektor(in) *m(f)* SCHWEIZ; *in a company* Vorgesetzte(r) *f(m),* Chef(in) *m(f); in a play* Hauptdarsteller(in) *m(f); in an orchestra* Solist(in) *m(f); (duellist)* Duellant(in) *m(f); (person responsible for crime)* Hauptschuldige(r) *f(m)*

② *(client of lawyer)* Klient(in) *m(f),* Mandant(in) *m(f)*

③ *usu sing (of investment)* Kapitalsumme *f; (of loan)* Kreditsumme *f*

④ ECON *für eigene Rechnung kaufender Händler/kaufende Händlerin*

prin·ci·pal 'bank *n* Hausbank *f* **prin·ci·pal 'boy** *n* BRIT THEAT *meist von einer weiblichen Darstellerin gespielte junge männliche Hauptrolle in britischen Weihnachtsaufführungen* **prin·ci·pal 'clause** *n* Hauptsatz *m*

prin·ci·pal·ity [,prɪn(t)sɪ'pæləti, AM -sə'pælət̬i] *n* Fürstentum *nt*

prin·ci·pal·ly ['prɪn(t)səpli] *adv inv* hauptsächlich, vorwiegend, in erster Linie

prin·ci·ple ['prɪn(t)səpl̩] *n* ① *(basic concept)* Prinzip *nt;* **basic** [*or* **guiding**] **~** Grundprinzip *nt,* Leitsatz *m;* **on Socialist ~s** nach sozialistischen Prinzipien

② *(fundamental)* Grundlage *f;* **the elementary ~s of physics** die Grundgesetze *pl* der Physik; **to function** [*or* **operate**] **on a ~** nach einem Prinzip funktionieren; **~ of conservation of energy** Energieerhaltungssatz *m;* **~ of least restraint** Prinzip *nt* des kleinsten Zwanges

③ *(approv: moral code)* Prinzip *nt,* Grundsatz *m;* ***it's the ~ of the thing*** es geht [dabei] ums Prinzip; ***cheating is against my ~s*** Betrug verstößt gegen meine Prinzipien; **to be a man of ~** ein Mann mit Prinzipien [*o* Grundsätzen] sein; **to stick to one's ~s** an seinen Prinzipien festhalten

④ CHEM Grundbestandteil *m*

▶PHRASES: **in ~** im Prinzip; **on** [*or* **as a matter of**] **~** aus Prinzip

prin·ci·pled ['prɪn(t)səpl̩d] *adj* ① *(moral)* prinzipientreu; **a ~ man** ein Mann *m* mit Prinzipien [*o* Grundsätzen]; **to take a ~ stand against sth** aus Überzeugung gegen etw *akk* Stellung beziehen

② *inv (based on rules)* fundiert

prin·ci·ples of prop·er ac·'count·ing *npl* FIN Grundsätze *pl* ordnungsgemäßer Buchführung

print [prɪnt] **I.** *n* ① *(lettering)* Gedruckte(s) *nt;* **bold ~** Fettdruck *m;* **in large ~** in Großschrift; **the small** [*or* **fine**] **~** das Kleingedruckte; **to write sth in ~** etw in Druckschrift schreiben

② *no pl (printed form)* Druck *m;* **to appear in ~** veröffentlicht [*o* gedruckt] werden; **to be in/out of ~** erhältlich/vergriffen sein; **to get into ~** erscheinen, gedruckt werden; **to go out of ~** nicht mehr gedruckt [*o* aufgelegt] werden; **to put sth into ~** etw in Druck geben; **to rush sth into ~** etw schnell veröffentlichen

③ *(printed media)* ■**the ~s** *pl* die Presse *kein pl;* ■**in ~** in der Presse

④ *(photo)* Abzug *m,* Kopie *f; (film)* Kopie *f; (reproduction)* Kopie *f; (copy of artwork)* Druck *m*

⑤ *(pattern)* [Druck]muster *nt;* **floral ~** Blumenmuster *nt*

⑥ *(footprint)* Fußabdruck *m; (fam: fingerprint)* Fingerabdruck *m;* **to leave ~s** Fingerabdrücke hinterlassen; **to take sb's ~s** jds Fingerabdrücke nehmen

II. *n modifier (concerning media) (industry, sales, worker)* Druck-; **~ maker** Grafiker(in) *m(f);* **~ scandal** Presseskandal *m;* **~ union** Druckergewerkschaft *f*

III. *vt* ■**to ~ sth** ① TYPO etw drucken; **to ~ a magazine/newspaper** eine Zeitschrift/Zeitung herausgeben

② PUBL etw veröffentlichen; *(in magazine, newspaper)* etw abdrucken; **to be ~ed in hardback** in gebundener Ausgabe erscheinen; **to ~ a special issue** eine Sonderausgabe herausbringen; **to ~ only lies** nur Lügen drucken; **to ~ the truth about sb/sth** die Wahrheit über jdn/etw veröffentlichen

③ COMPUT etw ausdrucken

④ PHOT etw abziehen, von etw *dat* einen Abzug machen

⑤ *(on fabric)* etw bedrucken; **~ed by hand** handbedruckt; **to ~ a pattern on sth** etw mit einem Muster bedrucken, ein Muster auf etw *akk* [auf]drucken

⑥ *(write by hand)* etw in Druckschrift [*o* Druckbuchstaben] schreiben; ***please ~ your name below your signature*** schreiben Sie bitte ihren Namen in Druckbuchstaben unter ihre Unterschrift

IV. *vi* ① *(be in preparation)* sich *akk* im Druck befinden; ***the book is ~ing*** das Buch ist im Druck

② *(make copy)* drucken; **to ~ in black and white/colour** in schwarzweiß/Farbe drucken

③ *(write in unjoined letters)* in Druckschrift [*o* Druckbuchstaben] schreiben; **to ~ clearly/sloppily** deutlich/unleserlich schreiben

◆**print off** *vt* ■**to ~ off** ↔ **sth** etw drucken; **to ~ off a photograph** ein Foto abziehen, von einem Foto einen Abzug machen

◆**print out** *vt* ■**to ~ out** ↔ **sth** etw ausdrucken

print·able ['prɪntəbl̩, AM -t̬ə-] *adj inv* druckfähig, druckbar; *manuscript* druckfertig

print·ed cir·cuit *n,* **PC** *n,* **print·ed cir·cuit board** *n,* **PCB** [,prɪntɪd'-] *n* ELEC Leiterplatte *f*

print·ed 'form *n* Formularvordruck *m* **'print·ed mat·ter** *n no pl* Drucksache *f* **print·ed 'word** *n no pl* ■**the ~** das gedruckte Wort

print·er ['prɪntə^r, AM -t̬ɚ] *n* ① *(person)* Drucker(in) *m(f);* **to be sent to the ~** zum Druck gehen

② *(machine)* Drucker *m;* **ink-jet ~** Tintenstrahldrucker *m;* **laser ~** Laserdrucker *m*

'print·er ca·ble *n* Druckerkabel *nt* **'print·er driv·er** *n* Druckertreiber *m*

P

print·er's 'er·ror *n* Druckfehler *m*

print·ing ['prɪntɪŋ, AM -t̬-] **I.** *n* ① *no pl (act)* Drucken *nt*
② *(print run)* Auflage *f;* ***the book is already in the fifth ~*** das Buch erscheint bereits in der fünften Auflage
③ *no pl (handwriting)* Druckschrift *f*
II. *n modifier (equipment, industry)* Druck-; **~ costs** Druckkosten *pl;* **~ shop** Druckerei *f,* grafischer Betrieb

'print·ing house *n* Druckerei *f* **'print·ing ink** *n* Druckerschwärze *f,* Druckfarbe *f* **'print·ing of·fice** *n* [Buch]druckerei *f* **'print·ing press** *n* Druckerpresse *f*

print 'jour·nal·ism *n no pl* Zeitungsjournalismus *m*

'print·mak·er *n* Grafiker(in) *m(f)* **'print·mak·ing** *n no pl* ① *(technique)* grafische Herstellung, Grafik *f*
② *(art)* grafische Künste *pl*

print-on-de'mand *n* Print-on-Demand *kein art*

'print·out *n* Ausdruck *m;* **computer ~** Computerausdruck *m*

print 'qual·ity *n no pl* Druckqualität *f* **'print run** *n* ① TYPO Auflage *f,* Auflagenhöhe *f* ② COMPUT Drucklauf *m* **'print shop** *n* ① *(factory)* Druckmaschinensaal *m* ② *(copy store)* Druckerei *f* ③ *(shop)* Grafikhandlung *f* **'print·wheel** *n (dated)* Typenrad *nt*

'print·works *n + sing/pl vb* [Textil]druckerei *f,* Kattundruckerei *f*

pri·or¹ ['praɪəʳ, AM -ɚ] **I.** *adv* ■**~ to sth** vor etw *dat;* ***what did you do ~ to getting this acting role?*** was haben Sie gemacht, bevor Sie diese Schauspielrolle erhielten?
II. *adj attr, inv* ① *(earlier)* frühere(r, s), vorherige(r, s); ***she has denied ~ knowledge of the meeting*** sie hat geleugnet, von dem Treffen schon früher gewusst zu haben; **~ engagement** vorher getroffene Verabredung; **~ arrest** LAW frühere Festnahme; **~ conviction** LAW Vorstrafe *f*
② *(having priority)* vorrangig; **~ claim** LAW vorrangiger Anspruch, bevorrechtigte Forderung
III. *n* AM *(prior conviction)* Vorstrafe *f*

pri·or² ['praɪəʳ, AM -ɚ] *n (of abbey/priory)* Prior *m*

pri·or·ess <*pl* -es> ['praɪərəs, AM -ɚɪs] *n (of abbey/priory)* Priorin *f*

pri·ori·ti·za·tion [praɪˌɒrɪtaɪ'zeɪʃən, AM -ˌɔːrətɪ'-] *n no pl* ① *(ordering)* Ordnung *f* nach der Priorität
② *(preference)* Einräumung *f* einer Vorrangstellung; ***this order deserves ~*** dieser Auftrag hat Vorrang

pri·ori·tize [praɪ'ɒrɪtaɪz, AM -'ɔːrə-] *esp* AM **I.** *vt* ■**to ~ sth** ① *(order)* etw der Priorität nach ordnen
② *(give preference to)* etw *dat* [den] Vorrang einräumen, etw vorrangig behandeln
II. *vi* Prioritäten setzen

pri·or·ity [praɪ'ɒrəti, AM -'ɔːrət̬i] **I.** *n* ① *(deserving greatest attention)* vorrangige Angelegenheit; **first/top ~** Angelegenheit *f* von höchster Priorität; ***my first ~ is to find somewhere to live*** für mich ist es vorrangig, eine Wohnung zu finden; **to get one's priorities right** [*or* **straight**] seine Prioritäten richtig setzen; **to set priorities** Prioritäten setzen, Schwerpunkte festlegen
② *no pl (great importance)* Priorität *f,* Dringlichkeit *f;* **first/top ~** höchste Priorität, größte Dringlichkeit; **to have high ~** dringend anstehen
③ *no pl (precedence)* Vorrang *m,* Vorzug *m,* Priorität *f;* **to give ~ to sb/sth** jdm/etw den Vorzug geben, jdn/etw vorrangig behandeln; **to have** [*or* **take**] **~** Vorrang [*o* Priorität] haben
④ *no pl (right of way)* Vorfahrt *f,* Vorfahrtsrecht *nt*
II. *n modifier* ① *(urgent) (task)* vordringlich; **~ mail** AM Expresszustellung *f*
② *(preferential)* vorrangig; **~ treatment** Vorzugsbehandlung *f*

pri·ory ['praɪəri, AM 'praɪri] *n* Priorat *nt*

prise [praɪz] *esp* BRIT, AUS, AM **prize** *vt* ■**to ~ sth open** etw [mit einem Hebel] aufbrechen [*o* aufstemmen]; **to ~ sb's hand open** jds Hand [mit Gewalt] öffnen

◆**prise apart** *vt* ■**to ~ apart** ↔ **sth** etw auseinanderstemmen

◆**prise away** *vt* ■**to ~ away** ↔ **sth** etw wegbrechen [*o* abreißen]; ■**to ~ sb away from sth** jdn von etw *dat* wegreißen; ■**to ~ sth away from sth** etw aus etw *dat* herausbrechen

◆**prise off** *vt* ■**to ~ off** ↔ **sth** etw [mit Gewalt] entfernen

◆**prise out** *vt* ■**to ~ sth out of sb** etw aus jdm herausbekommen *fam;* **to ~ a secret out of sb** jdm ein Geheimnis entlocken

prism ['prɪzəm] *n* Prisma *nt*

pris·mat·ic [prɪz'mætɪk, AM -t̬ɪk] *adj inv* ① *(shape)* prismatisch, prismenförmig
② *(formed by a prism)* Prismen-; **~ colours** Spektralfarben *pl;* **~ square** PHYS Winkelprisma *nt,* rechtwinkeliges Prisma

pris·on ['prɪzən] **I.** *n* ① *(also fig: jail)* Gefängnis *nt a. fig;* **maximum-security ~** Hochsicherheitsgefängnis *nt;* **minimum-security ~** *Besserungsanstalt mit Arbeitsprogrammen, Freigang und niedrigen Sicherheitsstandards;* **to be in ~** im Gefängnis sitzen, einsitzen *fam;* **to escape from ~** aus dem Gefängnis ausbrechen [*o* fliehen]; **to go to ~** ins Gefängnis kommen; **to put sb in ~** jdn einsperren *fam;* **to send sb to ~** jdn ins Gefängnis schicken; **to throw sb into ~** jdn ins Gefängnis werfen *fam*
② *no pl (time in jail)* Haft *f*
II. *n modifier (facility, guard, routine)* Gefängnis-; **the ~ life** das Leben im Gefängnis; **~ work** Gefangenenarbeit *f*

'pris·on break *n* Gefängnisausbruch *m* **'pris·on camp** *n (for POWs)* [Kriegs]gefangenenlager *nt; (for political prisoners)* Gefangenenlager *nt,* Straflager *nt* **'pris·on cell** *n* Gefängniszelle *f* **pris·on 'chap·el** *n* Gefängniskapelle *f* **pris·on 'chap·lain** *n* Gefängnisgeistlicher *m* **pris·on 'com·pound** *n (buildings and land)* Gefängnisanlage *f; (yard)* Gefängnishof *m*

pris·on·er ['prɪzənəʳ, AM -ɚ] *n (also fig)* Gefangene(r) *f(m) a. fig,* Häftling *m,* Sträfling *m; (fig)* ***I'm a ~ of my past*** ich bin meiner Vergangenheit gefangen; **category B ~** Häftling *m* der zweithöchsten Gefährlichkeitsstufe; **category C ~** *relativ ungefährlicher Häftling, der trotzdem nicht als Freigänger beschrieben werden kann;* **category D ~** Freigänger(in) *m(f);* **political ~** politischer Häftling; **to hold** [*or* **keep**] **sb ~** jdn gefangen halten; **to take sb ~** jdn gefangen nehmen
▸PHRASES: **take no ~s!** keine Kompromisse!

pris·on·er of 'con·science *n* politischer Häftling

pris·on·er of 'war <*pl* prisoners of war> *n,* **POW** *n* Kriegsgefangene(r) *f(m)* **pris·on·er of 'war camp** *n* [Kriegs]gefangenenlager *nt* **pris·on·er of war in·'ter·ro·ga·tor** *n* Vernehmungsoffizier *m*

pris·on 'gov·er·nor *n* BRIT Gefängnisdirektor(in) *m(f)* **'pris·on guard** *n* Gefängniswärter(in) *m(f),* Gefängnisaufseher(in) *m(f)* **pris·on in·'mate** *n* Gefängnisinsasse, -insassin *m, f,* Häftling *m* **'prison-issue** *adj inv* Gefängnis-; **~ trousers** zur Gefängnisuniform gehörende Hosen **pris·on 'riot** *n* Gefängnisaufstand *m,* Gefängnisrevolte *f* **'pris·on sen·tence, 'pris·on term** *n* Gefängnisstrafe *f,* Freiheitsstrafe *f;* **to serve a ~** eine Freiheitsstrafe verbüßen **pris·on 'war·den** *n* AM Gefängnisdirektor(in) *m(f)* **pris·on 'war·der** *n* BRIT, AUS Gefängnisaufseher(in) *m(f)* **'pris·on yard** *n* Gefängnishof *m*

priss <*pl* -es> [prɪs] *n* AM *(pej sl)* Zicke *f pej sl,* Zimtziege *f pej fam*

pris·si·ly ['prɪsɪli] *adv (pej)* zickig *pej fam;* **to act ~** zickig sein

pris·sy ['prɪsi] *adj (pej) person* zickig *pej fam,* zimperlich *pej; dress, hairstyle* brav *pej*

pris·tine ['prɪstiːn] *adj (approv: original)* ursprünglich; *nature* unberührt; *(perfect)* tadellos, makellos; **in ~ condition** in tadellosem Zustand

prithee ['prɪði] *interj (old)* bitte[!]

pri·va·cy ['prɪvəsi, AM 'praɪ-] *n no pl* ① *(personal realm)* Privatsphäre *f,* Intimsphäre *f,* Privatleben *nt;* **in the ~ of one's home** in den eigenen vier Wänden *fam;* **right to ~** Recht *nt* auf [Achtung der] Privatsphäre; **to have no ~** keine Privatsphäre [*o* kein Privatleben] haben; **to disturb sb's ~** jdn in seiner Privatsphäre stören; **to invade sb's ~** in jds Privatsphäre eindringen
② *(time alone)* Zurückgezogenheit *f,* Abgeschiedenheit *f;* **to desire** [*or* **yearn for**] **~** sich *akk* nach Ruhe sehnen; **to give sb ~** jdn alleine lassen
③ *(secret)* Geheimhaltung *f;* ■**in ~** unter Geheimhaltung; **in strict ~** streng vertraulich

'pri·va·cy glass *n no pl (in cars)* **~ windows** abgedunkelte Scheiben

pri·vate ['praɪvɪt, AM -vət] **I.** *adj* ① *inv (personal)* privat, Privat-; **~ initiative/life** Privatinitiative *f*/-leben *nt;* **~ joke** Insiderwitz *m fam;* **to speak in some ~ language** in seiner eigenen Sprache reden; **sb's ~ opinion** jds persönliche Meinung; **~ papers** persönliche Papiere
② *(not open to public)* privat, Privat-; *discussion, meeting* nicht öffentlich; **~ beach/club/collection** Privatstrand *m*/-klub *m*/-sammlung *f;* **~ function** Privatveranstaltung *f,* private Feier; **~ funeral** Beerdigung *f* in aller Stille; **~ land** Privatgrund *m;* **~ wedding ceremony** Hochzeitsfeier *f* im engsten Familienkreis
③ *(confidential)* vertraulich; **to keep sth ~** etw für sich *akk* behalten
④ *(not social)* zurückhaltend, introvertiert; **to be a very ~ sort of person** ein sehr verschlossener [*o* in sich *akk* gekehrter] Mensch sein
⑤ *(secluded)* abgelegen; *(undisturbed)* ungestört
⑥ *inv (not governmental)* privat, Privat-; **~ business** Privatwirtschaft *f;* **~ financing** Privatfinanzierung *f;* **~ funds** private Gelder; **~ hospital** Privatklinik *f*
⑦ *(not as official)* **as a ~ person** als Privatperson
II. *n* ① *no pl (not in public)* ■**in ~** privat, im Privatleben; LAW unter Ausschluss der Öffentlichkeit; **to speak** [*or* **talk**] **to sb in ~** jdn [*o* mit jdm] unter vier Augen sprechen
② *(fam: genitals)* ■**~s** *pl* Geschlechtsteile *pl*
③ *(soldier)* Gefreiter *m,* einfacher Soldat

pri·vate ac·'count *n* FIN Privatkonto *nt*

pri·vate as·'sets *npl* Privatvermögen *nt* **pri·vate 'bank·er** *n* Privatbankier *m* **pri·vate 'bank·ing** *n* Private Banking *nt,* Privatkundengeschäft *nt*

pri·vate 'busi·ness *n no pl* ECON Privatwirtschaft *f*

pri·vate 'citi·zen *n* Privatperson *f*

pri·vate con·tract *n* **by ~** *financing* freihändig

pri·vate de·'tec·tive *n* Privatdetektiv(in) *m(f);* **to hire a ~** einen Privatdetektiv/eine Privatdetektivin engagieren

pri·vate 'en·ter·prise *n* ① *no pl (free enterprise)* Privatwirtschaft *f,* freie Marktwirtschaft
② *(a business)* Privatunternehmen *nt*

pri·va·teer [ˌpraɪvə'tɪəʳ, AM -'tɪr] *n (hist)* ① *(armed ship)* Kaperschiff *nt,* Freibeuter *m*
② *(person)* Kaper *m,* Freibeuter *m*

pri·vate 'eye *n (fam)* Privatdetektiv(in) *m(f),* Schnüffler(in) *m(f) pej fam*

pri·vate first 'class <*pl* privates first class> *n* MIL Obergefreite(r) *f(m);* **to promote sb to ~** jdn zum/zur Obergefreiten befördern

pri·vate 'in·come *n no pl* private Einkünfte, Privateinkommen *nt*

pri·vate in·di·'vid·ual *n* LAW Privatperson *f*

pri·vate in·'ves·ti·ga·tor *n* Privatdetektiv(in) *m(f)*

pri·vate law *n* Privatrecht *nt;* **under ~** privatrechtlich

pri·vate 'les·sons *npl* Privatstunden *pl,* Privatunterricht *m kein pl;* **to get/give/take ~** Privatunterricht bekommen/geben/nehmen

pri·vate·ly ['praɪvɪtli, AM -vət-] *adv* ① *(not in public)* privat; **to celebrate ~** im kleinen Kreis feiern; **to speak ~ with sb** mit jdm unter vier Augen sprechen
② *(secretly)* heimlich, insgeheim; **~ *he was worried*** insgeheim machte er sich Sorgen
③ *(personally)* persönlich; **to benefit ~ from sth** von etw *dat* persönlich profitieren, aus etw *dat* persönlichen Nutzen ziehen

pri·vate·ly-owned 'busi·ness, pri·vate·ly-owned 'com·pa·ny *n* privates Unternehmen, Unternehmen *nt* in Privatbesitz

pri·vate 'means *npl* Privatvermögen *nt kein pl;* **to**

have ~ Privatvermögen besitzen; **to live off** ~ von seinem privaten Vermögen leben

pri·vate 'parts *npl (fam)* Geschlechtsteile *pl,* Genitalien *pl;* **to cover one's** ~ seine Blöße bedecken *geh*

pri·vate 'prac·tice *n* MED Privatpraxis *f;* LAW eigene Anwaltskanzlei

pri·vate 'prop·er·ty *n no pl (property)* Privateigentum *nt,* Privatbesitz *m; (land)* Privatgrund *m;* ***~, no trespassing!*** kein Durchgang, Privatgrundstück!

pri·vate 'school *n* Privatschule *f*

pri·vate 'sec·re·tary *n,* **PS** *n* Privatsekretär(in) *m(f)*

'pri·vate sec·tor I. *n no pl* ECON Privatwirtschaft *f,* privater Sektor
II. *n modifier (funds, funding)* Privat-; ~ **business** privatwirtschaftliches Unternehmen; ~ **market** privater Markt; ~ **profits** private Gewinne

pri·vate 'tu·tor *n* Privatlehrer(in) *m(f)*

pri·vate 'view, pri·vate 'view·ing *n* Vorabbesichtigung *f,* Vernissage *f*

pri·va·tion [praɪ'veɪʃ^{ə}n] *n (form)* ① *no pl* Armut *f,* Not *f*
② *(hardship)* Entbehrung *f,* Einschränkung *f;* **to suffer ~s** Entbehrungen leiden

pri·vati·za·tion [ˌpraɪvɪtaɪ'zeɪʃ^{ə}n, AM -vətɪ'-] *n no pl* Privatisierung *f;* ~ **measure** Privatisierungsmaßnahme *f;* ~ **policy** Privatisierungspolitik *f*

pri·va·tize ['praɪvɪtaɪz, AM -və-] *vt* ■ **to ~ sth** etw privatisieren

priv·et ['prɪvɪt] *n* Liguster *m*

'priv·et hedge *n* Ligusterhecke *f*

privi·lege ['prɪv^{ə}lɪdʒ] I. *n* ① *(special right)* Privileg *nt,* Vorrecht *nt;* **to enjoy** [*or* **have**] **a** ~ ein Vorrecht besitzen [*o* Privileg genießen]
② *(honour)* Ehre *f; (iron)* Vergnügen *nt iron;* ■ **it is a ~ [for sb] to do sth** es ist [jdm] eine Ehre, etw zu tun; ***it's a ~ to meet you, Mr Brown*** es ist mir eine Ehre, Sie kennenzulernen, Herr Brown; **to have the ~ of doing sth** die Ehre haben, etw tun zu dürfen
③ *no pl (advantage)* Sonderrecht *nt,* Privileg *nt;* **to be a man of wealth and** ~ reich und privilegiert sein; **to enjoy** [*or* **have**] **certain ~s** gewisse Sonderrechte besitzen [*o* genießen]; **diplomatic** ~ diplomatische Immunität; **parliamentary** ~ BRIT Immunität *f* eines Abgeordneten/einer Abgeordneten
④ LAW **attorney-client** ~ Aussageverweigerungsrecht *nt* des Anwalts/der Anwältin, Anwaltsgeheimnis *nt*
⑤ COMPUT Zugriffsrecht *nt*
⑥ COMM *(financial perk)* Vergünstigung *f*
II. *vt usu passive* ① *(give privileges to)* ■ **to ~ sb** jdn privilegieren [*o* bevorrechtigen]; ***I am ~d to be able to present to you Robin Williams*** ich habe die besondere Ehre, Ihnen Robin Williams vorstellen zu dürfen
② *(exempt from)* ■ **to be ~d from sth** von etw *dat* befreit [*o* ausgenommen] sein

privi·leged ['prɪv^{ə}lɪdʒd] *adj* ① *(with privileges)* privilegiert, bevorrechtigt; ~ **class** privilegierte Klasse [*o* Schicht]; **the ~ few** die kleine Gruppe von Privilegierten; ~ **status** Sonderstatus *m*
② *inv* LAW ~ **communication/information** vertrauliche Mitteilung/Information
③ *diplomat* immun

privi·ly ['prɪvɪli] *adv inv (old: hidden, secretly)* heimlich, insgeheim *liter*

privy ['prɪvi] I. *adj inv (form)* ■ **to be ~ to sth** in etw *akk* eingeweiht sein
II. *n* ① *(old: toilet)* Abort *m,* SCHWEIZ *a.* Abtritt *m selten*
② LAW Mitinteressent(in) *m(f),* Beteiligte(r) *f(m)*

Privy 'Coun·cil *n,* **PC** *n* BRIT Geheimer Staatsrat, Kronrat *m* **privy 'coun·cil·lor** *n,* **PC** *n* BRIT Mitglied *nt* des Geheimen Staatsrats **privy 'seal** *n* BRIT Kleines Siegel, Geheimsiegel *nt*

prize¹ [praɪz] I. *n* ① *(sth won)* Preis *m; (in lottery)* Gewinn *m; (in competition)* Preis *m,* Auszeichnung *f;* **to carry off** [*or* **win**] **a** ~ einen Preis gewinnen; **to receive a** ~ einen Preis erhalten; **to take a** ~ **for sth** einen Preis für etw *akk* bekommen
② *(reward)* Lohn *m;* NAUT Prise *f,* Beute *f;* ***the competitors were struggling for the ~ of market dominance*** die Konkurrenten kämpften um die Vorherrschaft auf dem Markt
③ *(beautiful thing)* Kostbarkeit *f*
▸ PHRASES: **there are no ~s for guessing** dreimal darfst du raten *a. iron*
II. *adj attr, inv* ① *(dated or iron fam: first-rate)* erster Güte *nach n a. iron,* erstklassig *a. iron;* ~ **idiot** Vollidiot(in) *m(f) pej sl*
② *(prize-winning)* preisgekrönt, präm[i]iert; ~ **horse** Siegerpferd *nt*
III. *vt usu passive* ■ **to ~ sth** etw schätzen; ■ **to ~ sth above sth** etw über etw *dat* stellen; ***she ~s money above all*** für sie ist Geld am wichtigsten; **sb's ~d possession** jds wertvollster Besitz; **to ~ sth highly** etw hochschätzen

prize² *vt* AM *see* **prise**

'prize court *n* LAW Prisengericht *nt* **'prize·fight** *n* Profiboxkampf *m,* Preisboxkampf *m* **'prize·fight·er** *n* Profiboxer(in) *m(f),* Berufsboxer(in) *m(f),* Preisboxer(in) *m(f)* **'prize·fight·ing** *n no pl* Profiboxen *nt,* Preisboxen *nt*

'prize-giv·ing *n* Preisverleihung *f* **'prize list** *n* Gewinnerliste *f* **'prize mon·ey** *n no pl* Geldpreis *m;* SPORT Preisgeld *nt*

'prize ring *n* [Box]ring *m*

'prize·win·ner *n* Gewinner(in) *m(f),* Preisträger(in) *m(f)* **'prize·win·ning** *adj attr, inv* preisgekrönt

pro¹ [prəʊ, AM proʊ] *(fam)* I. *n* Profi *m;* **tennis** ~ Tennisprofi *m;* **to handle sth like a** ~ etw wie ein Profi machen
II. *adj attr, inv* Profi-; ~ **sports** Profisport *m*

pro² [prəʊ, AM proʊ] I. *adv* dafür
II. *n* Pro *nt;* ■ **the ~s of sth** die Vorteile *pl* einer S. *gen;* **the ~s and cons of sth** das Pro und Kontra [*o* Für und Wider] einer S. *gen;* **to weigh the ~s and cons of sth** die Vor- und Nachteile einer S. *gen* gegeneinander abwägen
III. *prep (in favour of)* für
IV. *adj inv* pro-; **a measure's ~ arguments** die Argumente *pl* für eine Maßnahme

pro- [prəʊ, AM proʊ] *in compounds* pro-; **~environment** umweltfreundlich

pro·ac·tive [ˌprəʊ'æktɪv, AM ˌproʊ'æktɪv] *adj* initiativ *geh;* ***some firms should be taking a more ~ attitude towards exporting*** manche Firmen sollten, was den Export betrifft, mehr Eigeninitiative zeigen; ~ **strategy** Offensivstrategie *f*

pro·ac·tive·ly [ˌprəʊ'æktɪvli, AM ˌproʊ'æktɪv-] *adv* initiativ *geh*

pro-am [ˌprəʊ'æm, AM ˌproʊ'-] *adj inv short for* **professional-amateur** für Profis und Amateure *nach n;* ~ **tournament** Turnier *nt* der Profis gegen Amateure

prob [prɒb] *n (fam) short for* **problem** Problem *nt*

prob·abil·is·tic [ˌprɒbəb^{ə}l'ɪstɪk, AM ˌprɑː] *adj inv* SCI, PHILOS Wahrscheinlichkeits-, probabilistisch *fachspr*

prob·abil·ity [ˌprɒbə'bɪləti, AM ˌprɑːbə'bɪləti] *n* Wahrscheinlichkeit *f;* ~ **of occurrence** Eintrittswahrscheinlichkeit *f;* ***the ~ is that little will come of the environmental summit*** wahrscheinlich wird der Umweltgipfel kaum neue Ergebnisse bringen; ***it looks like peace is now a ~*** der Friede scheint jetzt in greifbarer Nähe; ***the ~ of her making a full recovery is quite good*** ziemlich wahrscheinlich wird sie wieder ganz gesund; **high/strong** ~ hohe/große Wahrscheinlichkeit; **in all** ~ aller Wahrscheinlichkeit nach, höchstwahrscheinlich

prob·abil·ity dis·tri·'bu·tion *n no pl* Wahrscheinlichkeitsverteilung *f,* Zufallsverteilung *f* **prob·a'bil·ity theo·ry** *n no pl* Wahrscheinlichkeitstheorie *f*

prob·able ['prɒbəbl, AM 'prɑːb-] I. *adj* wahrscheinlich
II. *n* POL, ECON Kandidat(in) *m(f);* SPORT ***they are ~s for the competition*** sie werden wahrscheinlich am Wettkampf teilnehmen

prob·able 'cause *n no pl* AM LAW hinreichender [Tat]verdacht; **to arrest sb on** ~ jdn aufgrund eines hinreichenden Tatverdachts verhaften

prob·ably ['prɒbəbli, AM 'prɑːb-] *adv* wahrscheinlich

pro·bate ['prəʊbeɪt, AM 'proʊ-] I. *n no pl* ① LAW gerichtliche Testamentsbestätigung [und Erbscheinerteilung]; **to grant ~ of a will** ein Testament gerichtlich bestätigen; **to grant sb** ~ jdm einen Erbschein ausstellen
② AUS *(tax)* Erbschaftssteuer *f*
II. *vt* AM ■ **to ~ sth** etw gerichtlich bestätigen; **to ~ an estate** einen Nachlass feststellen; **to ~ a will** ein Testament eröffnen und als rechtswirksam bestätigen lassen

'pro·bate court *n* AM Nachlassgericht *nt;* **to settle a matter in** ~ eine Angelegenheit über das Nachlassgericht regeln

pro·ba·tion [prə(ʊ)'beɪʃ^{ə}n, AM proʊ'-] *n no pl* ① *(trial period)* Probezeit *f;* **to be on** ~ Probezeit haben [*o* SCHWEIZ, ÖSTERR in der Probezeit sein]
② LAW Bewährung *f;* **to be [out] on** ~ auf Bewährung [draußen] sein; **to get** ~ Bewährung bekommen; **to be let out on** ~ auf Bewährung aus dem Gefängnis entlassen werden; **to put** [*or* **place**] **sb on** ~ jdn unter Bewährung stellen; **to revoke sb's** ~ jds Bewährungsstrafe aufheben
③ AM SCH, UNIV *(disciplinary period)* Besserungsfrist *f;* **to place sb on** ~ jdm eine Besserungsfrist einräumen

pro·ba·tion·ary [prə(ʊ)'beɪʃ^{ə}n^{ə}ri, AM proʊ'beɪʃ^{ə}neri] *adj inv* Probe-; LAW Bewährungs-; ~ **period** Probezeit *f;* LAW Bewährungsfrist *f*

pro·ba·tion·er [prə(ʊ)'beɪʃ^{ə}nəʳ, AM proʊ'beɪʃ^{ə}nɚ] *n* ① *(ex-convict)* auf Bewährung Freigelassene(r) *f(m)*
② *(employee)* Angestellte(r) *f(m)* auf Probe

pro·'ba·tion of·fic·er *n* Bewährungshelfer(in) *m(f)*

probe [prəʊb, AM proʊb] I. *vi* ① *(investigate)* forschen; *(pester)* bohren *pej fam;* ■ **to ~ for sth** nach etw *dat* forschen [*o* suchen]; **to ~ for inconsistencies** nach Ungereimtheiten suchen; ■ **to ~ into sth** einer S. *dat* auf den Grund gehen; ***we will ~ into the circumstances surrounding her death*** wir werden uns eingehend mit den Umständen ihres Todes befassen; **to ~ into sb's past/private life** in jds Vergangenheit/Privatleben herumschnüffeln *pej fam*
② *(physically search)* Untersuchungen durchführen
II. *vt* ■ **to ~ sth** ① *(investigate)* etw untersuchen [*o* erforschen]; **to ~ a mystery** ein Geheimnis ergründen; **to ~ public opinion** versuchen, die öffentliche Meinung zu erfahren; **to ~ a scandal** einem Skandal auf den Grund gehen
② MED etw untersuchen
III. *n* ① *(investigation)* Untersuchung *f;* ~ **into a murder/scandal** Untersuchung *f* eines Mordes/Skandals; ~ **into sb's past/private life** Herumschnüffeln *nt* in jds Vergangenheit/Privatleben *pej fam*
② MED Sonde *f;* **to insert a** ~ eine Sonde einführen; AEROSP [Raum]sonde *f*

prob·ing ['prəʊbɪŋ, AM 'proʊ-] I. *adj attr* prüfend; *question* bohrend; ~ **fingers** suchende Finger; ~ **glance** forschender Blick
II. *n (investigation)* Untersuchung *f,* Prüfung *f;* MED Untersuchung *f;* ***they did some ~ into her private life*** sie stellten Nachforschungen über ihr Privatleben an; ~ **into sb's activities** eine Überprüfung der Aktivitäten einer Person *gen*

pro·bi·otic [prəʊbaɪ'ɒtɪk, AM proʊbaɪ'ɑːtɪk] *adj bacteria* probiotisch

pro·bity ['prəʊbəti, AM 'proʊbəti] *n no pl (form)* Rechtschaffenheit *f,* Redlichkeit *f,* Integrität *f*

prob·lem ['prɒbləm, AM 'prɑːb-] I. *n* ① *(difficulty)* Schwierigkeit *f,* Problem *nt;* ***it's not my ~!*** das ist [doch] nicht mein Problem!; ***and you think you've got ~s!*** deine Probleme möchte ich haben!; ***stay out of my ~s!*** halte dich aus meinen Angelegenheiten raus!; ***he had no ~ in getting the job*** er bekam die Arbeit ohne Probleme; *(fam)* **no ~** *(sure)* kein Problem; *(don't mention it)* keine Ursache; ***what's your ~?*** was ist [mit dir] los?; **family/financial/personal ~s** familiäre/finanzielle/persönliche Probleme; **main** ~ Hauptproblem *nt;* **to face a** ~ vor einem Problem stehen; **to get involved in sb's ~s**

P

sich *akk* in jds Probleme einmischen; **to have ~s at home/school/work** daheim/in der Schule/bei der Arbeit Probleme haben; **to have a ~ with sb/sth** mit jdm/etw ein Problem haben; **to pose** [*or* **present**] **a ~** [**for sb**] [für jdn] ein Problem sein; **to solve/tackle a ~** ein Problem lösen/angehen [*o* in Angriff nehmen]
❷ *(task)* Aufgabe *f,* Problem *nt; **that's her ~!*** das ist ihre Sache!
❸ MED Problem *nt;* **drinking/drug/weight ~** Alkohol-/Drogen-/Gewichtsproblem *nt;* **to have ~s with drinking** ein Alkoholproblem haben, [zu viel] trinken; **to have a drugs ~** [*or* **a ~ with drugs**] ein Drogenproblem haben; **health ~s** gesundheitliche Probleme
❹ MATH [Rechen]aufgabe *f,* Problem *nt*
II. *n modifier (area, family, play)* Problem-; **~ day** schwerer Tag

prob·lem·at·ic [ˌprɒbləˈmætɪk, AM ˌprɑːbləˈmæt̬] *n usu pl* Problem *nt,* Problematik *f;* ■**the ~s of unrestrained capitalism** das Problematische am uneingeschränkten Kapitalismus

prob·lem·at·ic(al) [ˌprɒbləˈmætɪk(ᵊl), AM ˌprɑːbləˈmæt̬-] *adj* ❶ *(difficult)* problematisch
❷ *(questionable)* fragwürdig

prob·lem·ati·cal·ly [ˌprɒbləˈmætɪkᵊli, AM ˌprɑːbləˈmæt̬-] *adv* problematisch

'prob·lem child *n* Problemkind *nt,* Sorgenkind *nt*
'prob·lem di·ag·no·sis *n* COMPUT Fehlererkennung *f* **'prob·lem per·son** *n* schwierige Person
'prob·lem-solv·ing *n no pl* Problemlösen *nt*
prob·lem-solv·ing a'bil·ity, prob·lem-solv·ing 'skill *n* Fähigkeit *f,* Probleme zu lösen

pro bono [ˌprəʊˈbəʊnəʊ] *adj attr, inv* AM LAW kostenlos; **on a ~ basis** unentgeltlich; **~ lawyer** kostenloser Rechtsanwalt/kostenlose Rechtsanwältin; **~ legal services** kostenlose Rechtsleistungen

pro·bos·cis <*pl* probosces> [prə(ʊ)ˈbɒsɪs, AM proʊˈbɑː-, *pl* -siːz] *n* ❶ ZOOL Rüssel *m*
❷ *(hum: person's nose)* Rüssel *m hum fam*

pro·'bos·cis mon·key *n* Nasenaffe *m*

pro·cedur·al [prəˈsiːdʒᵊrᵊl, AM -dʒɚᵊl] *adj inv* verfahrenstechnisch; LAW prozessual, verfahrensrechtlich, Verfahrens-; COMPUT Prozedur-, verfahrensorientiert

pro·'cedur·al·ism *n no pl* eingefahrene Verfahrensweise

pro·cedure [prə(ʊ)ˈsiːdʒəʳ, AM prəˈsiːdʒɚ] *n* ❶ *(particular course of action)* Verfahren *nt,* Vorgehensweise *f; **what is the correct ~ for dealing with such patients?*** wie sollte man mit solchen Patienten umgehen?; **standard ~** übliche Vorgehensweise; **operating ~** TECH Fertigungsverfahren *nt;* **to follow ~** sich *akk* an die übliche Vorgehensweise halten
❷ *(operation)* Vorgang *m,* Prozedur *f*
❸ LAW Verfahren *nt,* Prozess *m;* **court ~** Gerichtsverfahren *nt*
❹ COMPUT Prozedur *f*

pro·ceed [prə(ʊ)ˈsiːd, AM proʊˈ-] *vi (form)* ❶ *(make progress)* fortschreiten, vorangehen; ***preparations were ~ing smoothly*** die Vorbereitungen gingen reibungslos voran
❷ *(advance)* vorrücken; **to ~ to university** auf die Universität wechseln, mit dem Studium beginnen
❸ *(continue)* fortfahren, weiterfahren SÜDD, SCHWEIZ, ÖSTERR *a.* weitermachen; ***his lawyer will know how to ~ from here*** sein Anwalt weiß, wie weiter zu verfahren ist; ■**to ~ with** [*or* **in**] **sth** mit etw *dat* fortfahren; ***the detective decided to ~ with the investigation*** der Kriminalbeamte entschied sich, die Ermittlungen fortzuführen; ***shall we ~ with our planning?*** sollen wir mit unserer Planung weitermachen?
❹ ■**to ~ from sth** *(come from)* von etw *dat* kommen; *(be caused by)* von etw *dat* herrühren; ***does hard drug use ~ from marijuana use?*** führt der Konsum von Marihuana zum Konsum harter Drogen?
❺ *(form: drive)* [weiter]fahren; *(walk)* [weiter]gehen; ***please ~ to building 4*** fahren Sie bitte bis zu Gebäude 4 weiter; **~ *with caution!*** vorsichtig [weiter]fahren!; **to ~ down** [*or* **along**] **a street** eine Straße entlang fahren
❻ *(continue speaking)* fortfahren [zu sprechen]; ***may I ~?*** darf ich weitersprechen?
❼ *(go on)* ■**to ~ to do sth** sich *akk* anschicken, etw zu tun
❽ LAW ■**to ~ against sb** gegen jdn gerichtlich vorgehen [*o* einen Prozess anstrengen]

pro·ceed·ing [prə(ʊ)ˈsiːdɪŋ, AM proʊˈ-] *n* ❶ *(action)* Vorgehen *nt kein pl; (manner)* Vorgehensweise *f*
❷ LAW *(legal action)* ■**~s** *pl* Verfahren *nt;* **court ~s** Gerichtsverfahren *nt;* **criminal/disciplinary ~s** Strafprozess *m,* Straf-/Disziplinarverfahren *nt;* **to institute** [*or* **start**] [*or* **take**] **~s against sb** ein Verfahren gegen jdn einleiten, gegen jdn gerichtlich vorgehen
❸ *(event)* ■**~s** *pl* Veranstaltung *f;* **to open ~s** eine Veranstaltung eröffnen
❹ ADMIN *(report)* ■**~s** *pl* Bericht *m; (minutes)* Protokoll *nt*

pro·ceeds [ˈprəʊsiːdz, AM ˈproʊ-] *npl* Einnahmen *pl,* Gewinn *m;* **~ of a fund-raising event** Erlös *m* einer Benefizveranstaltung

pro·cess[1] [ˈprəʊses, AM ˈprɑː-] **I.** *n* <*pl* -es> ❶ *(set of actions)* Prozess *m;* **~ of ageing** Alterungsprozess *m;* **by a ~ of elimination** durch Auslese; **by a ~ of trial and error** durch [stetes] Ausprobieren, auf dem Weg der Empirie *geh;* **digestive ~** Verdauungsvorgang *m*
❷ *(method)* Verfahren *nt;* **a new ~ for treating breast cancer** eine neue Methode zur Behandlung von Brustkrebs; **to develop a new ~** ein neues Verfahren entwickeln
❸ *no pl (going on)* Verlauf *m;* ■**in ~** im Gange; **in the ~** dabei; ■**to be in the ~ of doing sth** dabei sein, etw zu tun
❹ ANAT Fortsatz *m*
❺ *(summons)* gerichtliche Verfügung; **to serve sb a ~** [*or* **a ~ on sb**] jdn vorladen
II. *vt* ❶ *(deal with)* ■**to ~ sth** etw bearbeiten; **to ~ an application/a document/the mail** einen Antrag/ein Dokument/die Post bearbeiten; **to ~ sb's papers** [*or* **paperwork**] jds Papiere durcharbeiten; ■**to ~ sb** jdn abfertigen
❷ COMPUT **to ~ data/information** Daten/Informationen verarbeiten [*o* aufbereiten]
❸ *(fig: comprehend)* ■**to ~ sth** etw verstehen [*o* [geistig] verarbeiten]
❹ *(treat)* ■**to ~ sth** etw bearbeiten [*o* behandeln]; **to ~ beans for freezing/canning** Bohnen zum Einfrieren/Einmachen verarbeiten; **to ~ food** Nahrungsmittel haltbar machen [*o* konservieren]; **to ~ raw materials** Rohstoffe [weiter]verarbeiten; **to ~ milk** Milch sterilisieren
❺ PHOT **to ~ a film** einen Film entwickeln

pro·cess[2] [prə(ʊ)ˈses, AM prəˈ-] *vi (form)* [in einer Prozession] mitgehen

pro·cess a'naly·sis *n* Prozessanalyse *f* **'pro·cess chain** *n* Prozesskette *f* **'pro·cess chart** *n* Arbeitsablaufdiagramm *nt;* COMPUT Verfahrensdiagramm *nt*

pro·cessed cheese [ˌprəʊsest'-, AM ˌprɑː-] *n no pl* Schmelzkäse *m* **pro·cessed 'food** *n* ❶ *(specifically treated)* behandelte Lebensmittel ❷ *(industrially processed)* industriell verarbeitete Nahrungsmittel

pro·cess en·gi·'neer·ing *n no pl* Verfahrenstechnik *f*

pro·cess·ing [ˈprəʊsesɪŋ, AM ˈprɑː-] *n no pl* ❶ *(dealing with) of application* Bearbeitung *f;* **the ~ of a claim for insurance** Schadensbearbeitung der Versicherung *f*
❷ *(treatment)* TECH Weiterverarbeitung *f,* Veredelung *f;* FOOD Konservierung *f,* Behandlung *f; of milk* Sterilisierung *f*
❸ COMPUT Verarbeitung *f;* **~ of data** Datenverarbeitung *f*
❹ PHOT Entwicklung *f;* **one-hour ~** Entwicklung *f* in einer Stunde

'pro·cess·ing sys·tem *n* COMM Abwicklungssystem *nt*

pro·ces·sion [prəˈseʃᵊn] *n* ❶ *(line)* Umzug *m;* REL Prozession *f;* **~ of cars** Autokorso *m;* **funeral ~** Trauerzug *m,* Leichenzug *m;* **wedding ~** Hochzeitszug *m;* ■**in ~** hintereinander; **to go** [*or* **march**] [*or* **walk**] **in ~** einen Umzug machen; REL eine Prozession machen
❷ *(fig: group)* Schlange *f,* Reihe *f;* **a non-stop ~ of visitors** ein nicht abreißender Besucherstrom

pro·ces·sion·al [prəˈseʃᵊnᵊl] **I.** *adj attr, inv* Prozessions-; **~ route** Prozessionsweg *m*
II. *n (book)* Prozessionsbuch *nt; (hymn)* Prozessionshymne *f*

pro·ces·sor [ˈprəʊsesəʳ, AM ˈprɑːsesɚ] *n* ❶ *(company)* [Weiter]verarbeitungsbetrieb *m,* Veredelungsbetrieb *m,* Verarbeiter *m*
❷ *(machine)* **food ~** Küchenmaschine *f*
❸ COMPUT Prozessor *m;* **word ~** Textverarbeitungscomputer *m*

pro·cess 'print·ing *n no pl* Vierfarbendruck *m*
'pro·cess serv·er *n* Zusteller(in) *m(f)* einer gerichtlichen Verfügung; **to act as a ~** eine gerichtliche Verfügung zustellen

pro-choice [ˌprəʊˈtʃɔɪs, AM ˌproʊˈ-] *adj inv esp* AM für das Recht auf Abtreibung; **~ advocate** Verfechter(in) *m(f)* des Rechts auf Abtreibung; **~ conservative** AM konservativer Abtreibungsbefürworter/konservative Abtreibungsbefürworterin; **the ~ movement** die Abtreibungsbefürworter *pl;* ■**to be ~** für das Recht auf Abtreibung sein

pro·claim [prə(ʊ)ˈkleɪm, AM proʊˈ-] *vt* ■**to ~ sth** ❶ *(form: announce)* etw verkünden [*o* erklären] [*o* SCHWEIZ proklamieren]; **to ~ one's independence** seine Unabhängigkeit erklären; **to ~ sb king/queen** jdn zum König/zur Königin ausrufen; **to ~ oneself king/queen** sich *akk* zum König/zur Königin erklären; **to ~ one's loyalty** seine Loyalität bekunden; **to ~ a republic/a state of emergency** eine Republik/den Notstand ausrufen; **to ~ a victory** einen Sieg verkünden
❷ *(liter: signify)* etw zum Ausdruck bringen; ■**to ~ sb sth: *his vast knowledge ~s him an expert*** seine umfassenden Kenntnisse weisen ihn als Experten aus

proc·la·ma·tion [ˌprɒkləˈmeɪʃᵊn, AM ˌprɑːk-] *n* ❶ *(form: act of proclaiming)* Verkündigung *f,* öffentliche Bekanntmachung, Proklamation *f geh;* **~ of the republic** Ausrufung *f* der Republik; **to make** [*or* **issue**] **a ~** einen Aufruf ergehen lassen
❷ *(decree)* Erlass *m;* **royal ~** königlicher Erlass; **to issue** [*or* **make**] **a ~** einen Erlass herausgeben
❸ *(liter: sign)* Ausdruck *m* (**of** +*gen*)

pro·cliv·ity [prə(ʊ)ˈklɪvəti, AM proʊˈklɪvəṭi] *n (form)* Hang *m kein pl,* Neigung *f* (**for** zu +*dat*), Schwäche *f* (**for** für +*akk*); **sexual proclivities** sexuelle Neigungen [*o* Vorlieben]

pro·con·sul [prəʊˈkɒnsᵊl, AM proʊˈkɑːn] *n* ❶ HIST *(in ancient Rome)* Prokonsul *m*
❷ *(in a modern colony)* Statthalter *m*

pro·cras·ti·nate [prə(ʊ)ˈkræstɪneɪt, AM proʊˈkræstə-] *vi (form)* zögern, zaudern

pro·cras·ti·na·tion [prə(ʊ)ˌkræstɪˈneɪʃᵊn, AM proʊˌkræstə'-] *n no pl (form)* Zögern *nt,* Zaudern *nt*

pro·cras·ti·na·tor [prə(ʊ)ˈkræstɪneɪtəʳ, AM proʊˈkræstəneɪṭɚ] *n (form)* Zögerer *m,* Zauderer *m*

pro·cre·ate [ˈprəʊkrieɪt, AM ˈproʊ-] **I.** *vi* sich *akk* fortpflanzen
II. *vt (also fig)* ■**to ~ sb/sth** jdn/etw zeugen *a. fig;* ■**to ~ sth** etw hervorbringen

pro·crea·tion [ˌprəʊkriˈeɪʃᵊn, AM ˌproʊ-] *n no pl* Fortpflanzung *f; (fig)* Erzeugung *f,* Hervorbringen *nt*

pro·crea·tive [ˈprəʊkrieɪtɪv, AM ˈproʊkrieṭ-] *adj inv* ■**to be ~** sich *akk* fortpflanzen

Pro·crus·tean [prəʊˈkrʌstiən, AM proʊˈ] *adj* Prokrustes- *geh;* **~ bed** Prokrustesbett *nt*

proc·tolo·gist [prɒkˈtɒlədʒɪst, AM prɑːkˈtɑːl-] *n* MED Proktologe, Proktologin *m, f fachspr*

proc·tol·ogy [prɒkˈtɒlədʒi, AM prɑːkˈtɑːl-] *n no pl* MED Proktologie *f fachspr*

proc·tor [ˈprɒktəʳ, AM ˈprɑːktɚ] **I.** *n* ❶ AM *(for exam)* [Prüfungs]aufsicht *f*

❷ BRIT UNIV Disziplinarbeamte(r), -beamtin *m, f*
❸ LAW Aufsichtsbeamte(r), -beamtin *m, f* einer Universität
II. *vi* AM Aufsicht führen
III. *vt* AM **to ~ an exam** eine Prüfung beaufsichtigen

pro·cur·able [prəˈkjʊərəbl̩, AM proʊˈkjʊr-] *adj* erhältlich, beschaffbar; **to be easily ~** leicht zu bekommen sein

procu·ra·tor [ˈprɒkjʊ(ə)reɪtəʳ, AM ˈprɑːkjəreɪt̬ɚ] *n* ❶ *(representative)* Bevollmächtigte(r) *f(m);* **to appoint a ~** einen Bevollmächtigten/eine Bevollmächtigte ernennen
❷ SCOT *(attorney)* Anwalt, Anwältin *m, f*

procu·ra·tor ˈfis·cal *n* SCOT Staatsanwalt, -anwältin *m, f; (for lesser offences)* Amtsanwalt, -anwältin *m, f*

pro·cure [prəˈkjʊəʳ, AM proʊˈkjʊr] *(form)* **I.** *vt* ❶ *(obtain)* ■**to ~ sth** etw beschaffen [*o* besorgen]; ■**to ~ sb sth** jdm etw besorgen [*o* beschaffen]; **to ~ sb's release** jds Freilassung erreichen [*o geh* erwirken]
❷ *(form: pimp)* ■**to ~ sb** jdn verkuppeln; **to ~ women for prostitution** Zuhälterei betreiben
II. *vi (form)* Zuhälterei treiben; **to be suspected of procuring** der Zuhälterei verdächtigt werden

pro·cure·ment [prəˈkjʊəmənt, AM proʊˈkjʊr-] *n (form)* ❶ *(acquisition)* Beschaffung *f,* Besorgung *f;* **~ of military supplies** Beschaffung *f* von militärischem Nachschub
❷ *no pl (system)* Beschaffungswesen *nt;* **public ~** öffentliches [*o* staatliches] Beschaffungswesen
❸ *of prositutes* Kuppelei *f,* Zuhälterei *f*

pro·ˈcure·ment man·age·ment *n no pl* Beschaffungsmanagement *nt* **pro·ˈcure·ment of·fic·er** *n* Einkäufer(in) *m(f)*

pro·cur·er [prəˈkjʊərəʳ, AM proʊˈkjʊrɚ] *n (form)* Zuhälter *m,* Kuppler *m pej*

pro·cur·ess <*pl* -es> [prəˈkjʊəres, AM proʊˈkjʊrɪs] *n (form)* Kupplerin *f pej*

pro·cy·cli·cal [prəʊˈsɪklɪkəl, AM proʊ-] *adj inv* FIN prozyklisch

prod [prɒd, AM prɑːd] **I.** *n* ❶ *(tool)* Ahle *f;* **cattle ~** [elektrischer] Viehtreibstab
❷ *(poke)* Schubs *m fam,* [leichter] Stoß [*o* SCHWEIZ Schupf] [*o* ÖSTERR *fam* Schubser]; **to give sb a ~** jdm einen Stoß versetzen, jdn schubsen [*o* SCHWEIZ schupfen] *fam*
❸ *(fig: incitation)* Anstoß *m fig; (reminder)* Gedächtnisanstoß *m;* ***he needs an occasional ~*** manchmal muss man seinem Gedächtnis nachhelfen; **to give sb a ~** jdm auf die Sprünge helfen
▸PHRASES: **to be on the ~** AM Streit suchen
II. *vt* <-dd-> ■**to ~ sb** ❶ *(poke)* jdn stoßen [*o fam* anstupsen]; ***I felt someone ~ me in the back*** ich spürte einen Stups in den Rücken *fam;* **to ~ a cake with a fork** mit einer Gabel in einem Kuchen herumstochern; **to ~ a horse with a stick** ein Pferd mit einem Stock vorwärtstreiben
❷ *(fig: encourage)* jdn antreiben [*o* anspornen]; ■**to ~ sb into doing sth** jdn dazu drängen, etw zu tun; **to ~ sb into action** jdn auf Trab bringen *fam*
III. *vi* <-dd-> stoßen; *with a fork* stochern

prod·dy [ˈprɒdi] *n* BRIT, AUS *(pej fam)* Protestant(in) *m(f)*

prodi·gal [ˈprɒdɪgəl, AM ˈprɑːd-] *adj* verschwenderisch; ■**to be ~ of sth** etw verschwenden

prodi·gal·ity [ˌprɒdɪˈgæləti, AM ˌprɑːdɪˈgælət̬i] *n* ❶ *no pl (wastefulness)* Verschwendungssucht *f*
❷ *(instance)* Verschwendung *f*
❸ *(lavishness)* Üppigkeit *f,* Fülle *f*

prodi·gal·ly [ˈprɒdɪgəli, AM ˈprɑːd-] *adv* verschwenderisch

prodi·gal ˈson *n* REL ■**the ~** der verlorene Sohn *a. fig;* **the return of the ~** die Rückkehr des verlorenen Sohnes

pro·di·gious [prəˈdɪdʒəs] *adj (form)* ❶ *(enormous)* gewaltig, ungeheuer
❷ *(wonderful)* wunderbar, erstaunlich

pro·di·gious·ly [prəˈdɪdʒəsli] *adv* ❶ *(enormously)* gewaltig; **to drink/eat ~** [sehr] ausgiebig trinken/essen
❷ *(wonderfully)* wunderbar; **~ gifted artist** begnadeter Künstler/begnadete Künstlerin

prodi·gy [ˈprɒdɪdʒi, AM ˈprɑːd-] *n* ❶ *(person)* außergewöhnliches Talent; **child ~** Wunderkind *nt;* **tennis ~** Tenniswunder *nt fam;* **mathematical ~** Mathematikgenie *nt*
❷ *(accomplishment)* Wunder *nt;* ■**to be a ~ of sth** ein Wunder an etw *dat* sein

pro·duce **I.** *vt* [prəˈdjuːs, AM -ˈduːs] ❶ *(make)* ■**to ~ sth** etw herstellen [*o* produzieren]; **to ~ antibodies/red blood cells** Antikörper/rote Blutkörperchen produzieren; **to ~ coal/oil** Kohle/Erdöl fördern; **to ~ electricity** Strom erzeugen; **to ~ ideas/thoughts** Ideen/Gedanken entwickeln; **to ~ an illusion** eine falsche Vorstellung erwecken; **to ~ a meal** eine Mahlzeit zubereiten; **to ~ noise** Lärm verursachen; **to ~ a novel/report** einen Roman/Bericht schreiben [*o* verfassen]; **to ~ an odour** einen Geruch absondern; **to ~ a painting/a sculpture** ein Gemälde/eine Skulptur schaffen; **to ~ a shadow** einen Schatten werfen; **to ~ a state of hypnosis** einen Hypnosezustand herbeiführen; **to ~ static/sparks** atmosphärische Störungen/Funken verursachen [*o* hervorrufen]; **to ~ wheat** Weizen produzieren
❷ *(bring about)* ■**to ~ sth** etw bewirken [*o* hervorrufen]; **to ~ a change** eine Änderung bewirken; **to ~ an echo** ein Echo hervorrufen; **to ~ an effect** eine Wirkung erzielen; **to ~ hysteria/uncertainty** Hysterie/Unsicherheit hervorrufen; **to ~ profits/revenue** Gewinne/Erträge erzielen [*o* einbringen]; **to ~ results** zu Ergebnissen führen; **to ~ a shift in public opinion** die öffentliche Meinung ändern
❸ ZOOL *(give birth to)* ■**to ~ sb/sth** jdn/etw zur Welt bringen; **to ~ kittens/puppies/young** [Katzen]junge/Welpen/Junge bekommen; **to ~ offspring** Nachwuchs bekommen, für Nachwuchs sorgen *hum*
❹ FILM, MUS ■**to ~ sth** *film, programme* etw produzieren; THEAT *play, opera* etw inszenieren; **to ~ top artists** Spitzenkünstler/Spitzenkünstlerinnen produzieren; **to ~ a CD/record** eine CD/Schallplatte produzieren
❺ *(show)* ■**to ~ sth** etw hervorholen; **to ~ a gun/a knife/a weapon** eine Pistole/ein Messer/eine Waffe ziehen; **to ~ identification/one's passport** seinen Ausweis/Pass zeigen; **to ~ a present** ein Geschenk hervorzaubern; **to ~ a receipt** eine Quittung vorlegen
❻ LAW **to ~ an alibi/a witness** ein Alibi/einen Zeugen/eine Zeugin beibringen; **to ~ evidence/proof** den Beweis/Nachweis erbringen
II. *vi* [prəˈdjuːs, AM -ˈduːs] ❶ *(bring results)* Ergebnisse erzielen; ECON einen Gewinn erwirtschaften
❷ *(give output)* produzieren; *mine* fördern
❸ *(be fertile) humans* Nachwuchs bekommen; *plant* Früchte tragen; *land* ertragreich sein
❹ FILM einen Film produzieren; THEAT ein Stück inszenieren
III. *n* [ˈprɒdjuːs, AM ˈprɑːduːs, ˈproʊ-] *no pl* ❶ AGR Erzeugnisse *pl,* Produkte *pl;* **dairy ~** Milchprodukte *pl,* Molkereiprodukte *pl;* **French ~** [*or* **~ of France**] französische Erzeugnisse
❷ AM *(fruit and vegetables)* Obst *nt* und Gemüse *nt*
IV. *n* [ˈprɒdjuːs, AM ˈprɑːduːs, ˈproʊ-] *modifier* AM *(market, order, purveyor)* Obst- und Gemüse-; **~ section** Obst- und Gemüseabteilung *f*

ˈprod·uce clean·er, ˈprod·uce wash *n Flüssigkeit zum Waschen von Obst und Gemüse*

pro·duc·er [prəˈdjuːsəʳ, AM -ˈduːsɚ] *n* ❶ *(manufacturer)* Hersteller *m,* Produzent *m;* AGR Erzeuger *m*
❷ FILM, TV Produzent(in) *m(f);* THEAT Regisseur(in) *m(f);* MUS [Musik]produzent(in) *m(f)*

prod·uct [ˈprɒdʌkt, AM ˈprɑː-] *n* ❶ *(sth produced)* Produkt *nt,* Erzeugnis *nt;* **dairy ~s** Milchprodukte *pl;* **food ~s** Nahrungsmittel *pl;* **to be a ~ of one's environment** *(fig)* ein Produkt seiner Umgebung sein; **to be a ~ on one's mind** *(hum)* nur in jds Vorstellung existieren; **to be a ~ of the 1960s/one's time** ein Kind der 60er-Jahre/seiner Zeit sein
❷ *(result)* Ergebnis *nt,* Folge *f*
❸ MATH Produkt *nt*

ˈprod·uct cy·cle *n* Produktzyklus *m,* Lebensdauer *f* eines Produkts **prod·uct de·ˈvel·op·ment** **I.** *n no pl* Produktentwicklung *f* **II.** *n modifier (costs, engineer, laboratory)* [Produkt]entwicklungs-; **~ department** Abteilung *f* für Produktentwicklung

pro·duc·tion [prəˈdʌkʃən] **I.** *n* ❶ *no pl (process)* Produktion *f,* Herstellung *f; of coal* Förderung *f; of energy* Erzeugung *f;* **~ of agricultural products** Erzeugung *f* landwirtschaftlicher Produkte; **to be [no longer] in ~** [nicht mehr] hergestellt werden; **to go into ~** *(factory)* die Produktion aufnehmen; *(product)* in Produktion [*o* Fertigung] gehen
❷ *no pl (yield)* Produktion *f;* **drop in ~** Produktionsrückgang *m;* **agricultural ~** landwirtschaftliche Produktion; **industrial ~** Industrieproduktion *f*
❸ *no pl* FILM, TV, RADIO, MUS Produktion *f;* THEAT Inszenierung *f;* **to do the ~ [on a record]** [eine Schallplatte] produzieren; **to get into ~** in das Produzieren einsteigen *fam;* **to go into ~** produziert werden
❹ *(finished film, etc.)* Produktion *f; (version of play/opera)* Inszenierung *f*
❺ *no pl (form: presentation)* Vorweisen *nt,* Vorlegen *nt;* ***entry is permitted on ~ of a ticket*** Einlass nur gegen Vorlage einer Karte; **upon ~ of your documents** bei Vorlage Ihrer Papiere
▸PHRASES: **to make a ~ [number] of sth** aus etw *dat* ein Drama machen
II. *n modifier* ❶ *(of factory) (output, worker)* Produktions-, Fertigungs-; **~ schedule** Fertigungsplan *m*
❷ FILM *(company, quality, studio)* Produktions-

pro·duc·tion ca·ˈpac·ity *n no pl* Produktionskapazität *f,* Fertigungskapazität *f* **pro·ˈduc·tion costs** *npl* Produktionskosten *pl,* Herstellungskosten *pl* **pro·ˈduc·tion cy·cle** *n* COMM Produktionszyklus *m* **pro·duc·tion ˈdi·rec·tor** *n* RADIO Sendeleiter(in) *m(f); (news)* Chef *m* vom Dienst ÖSTERR **pro·ˈduc·tion line** *n* Fließband *nt,* Fertigungsstraße *f* **pro·duc·tion ˈman·ag·er** *n* Produktionsleiter(in) *m(f)* **pro·ˈduc·tion pro·cess** *n* Produktionsprozess *m* **pro·ˈduc·tion strat·egy** *n* Produktionsstrategie *f* **pro·ˈduc·tion time** *n* Produktionszeit *f,* Fertigungszeit *f* **pro·ˈduc·tion values** *n pl* FILM, TV Produktionsqualität *f* **pro·ˈduc·tion vol·ume** *n* Fertigungsvolumen *nt,* Produktionsmenge *f*

pro·duc·tive [prəˈdʌktɪv] *adj* ❶ *(with large output)* produktiv; *land, soil* fruchtbar, ertragreich; *mine, well* ergiebig; **~ conversation** *(fig)* fruchtbares Gespräch; **~ discussion** ergiebige [*o* produktive] Diskussion; **~ meeting** ergiebiges Treffen; **~ period of a writer** schöpferische [*o* produktive] Phase eines Schriftstellers/einer Schriftstellerin; **sb's ~ years** jds Schaffenszeit
❷ *(profitable) business* rentabel; **~ capital** arbeitendes [*o* Gewinn bringendes] Kapital
❸ *(efficient)* leistungsfähig; **~ employee** produktiver Mitarbeiter/produktive Mitarbeiterin
❹ *(useful)* sinnvoll; ***would it be ~ to ask him why?*** hat es Sinn, ihn nach dem Grund zu fragen?; **~ exercise** sinnvolle [*o* gute] Übung
❺ *pred (causative)* ■**to be ~ of sth** etw hervorbringen [*o* erzeugen]
❻ LING häufig

pro·duc·tive·ly [prəˈdʌktɪvli] *adv* produktiv; **to use one's time ~** seine Zeit effektiv nutzen; **to work more ~** effizienter arbeiten

prod·uc·tiv·ity [ˌprɒdʌkˈtɪvəti, AM ˌproʊdʌkˈtɪvət̬i] *n no pl* ❶ *(output)* Produktivität *f;* **high/low ~** hohe/niedrige Produktivität
❷ *(effectiveness)* Effektivität *f,* Effizienz *f;* **to boost ~** die Effizienz erhöhen
❸ *(profitability)* Rentabilität *f*
❹ ECON *(rate of return of capital)* Ertragskraft *f*

prod·uc·ˈtiv·ity agree·ment *n* BRIT Produktivitätsvereinbarung *f* **prod·uc·ˈtiv·ity bo·nus** *n* Leistungszulage *f,* Produktivitätsprämie *f;* **to earn** [*or* **receive**] **a ~** eine Leistungszulage erhalten **prod·uc·ˈtiv·ity in·cen·tive** *n* Leistungsanreiz *m,* Produktivitätsanreiz *m* **prod·uc·ˈtiv·ity lev·el, prod·uc·ˈtiv·ity rate** *n* Produktivitätsrate *f*

prod·uct lia·ˈbil·ity *n* LAW Produkthaftung *f,* Produkthaftpflicht *f;* **~ insurance** Produkthaftpflicht-

P

versicherung *f* '**prod·uct line** *n* Produktlinie *f*, Produktpalette *f* '**prod·uct mix** *n* Sortiment *nt* '**prod·uct-mix** *adj attr, inv* ~ **projections** Vorausplanung *f* der Produkte in einer Produktlinie **prod·uct 'place·ment** *n* Productplacement *nt fachspr* '**prod·uct range** *n* Produktangebot *nt*, Produktpalette *f*, Sortiment *nt; of plant* Fertigungsspektrum *nt*

prof [prɒf, AM prɑːf] *n (hum fam) short for* **professor** Prof *m fam*

profa·na·tion [ˌprɒfəˈneɪʃən, AM ˌprɑː-] *n* Entweihung *f*, Profanierung *f*, SCHWEIZ *a.* Profanisierung *f geh*

pro·fane [prəˈfeɪn, AM *esp* proʊˈ-] **I.** *adj* ① *(blasphemous)* gotteslästerlich, frevelhaft; ~ **language** lästerliche Sprache
② *(form: secular)* weltlich, profan *geh*
II. *vt* ■**to ~ sth** etw entweihen

pro·fan·ity [prəˈfænəti, AM proʊˈfænət̬i] *n* ① *no pl (blasphemy)* Gotteslästerung *f*
② *(swearing)* Fluch *m*
③ *(word)* vulgärer Ausdruck, Kraftausdruck *m;* **to utter a ~** eine ordinäre Bemerkung machen
④ *(behaviour)* Lasterhaftigkeit *f*, Verderbtheit *f*

pro·fess [prəˈfes, AM *also* proʊˈ-] *vt* ■**to ~ sth** ① *(claim)* etw erklären [*o geh* bekunden]; *(insistingly)* etw beteuern; **to ~ little enthusiasm** wenig Begeisterung zeigen; **to ~ love for sb** seine Liebe zu jdm gestehen; ■**to ~ oneself sth** sich *akk* als etw bezeichnen; ***she ~ed herself a communist*** sie bekannte sich zum Kommunismus; **to ~ oneself satisfied with sth** sich *akk* über etw *akk* zufrieden äußern; ***I never ~ed myself satisfied with my looks*** ich war mit meinem Aussehen noch nie zufrieden; ■**to ~ to be sth** behaupten, etw zu sein
② *(affirm)* sich *akk* zu etw *dat* bekennen; **to ~ one's faith** sich *akk* zu seinem Glauben bekennen

pro·fessed [prəˈfest, AM *also* proʊˈ-] *adj attr, inv* ① *(openly declared) Marxist, communist* erklärt; ***he is my ~ enemy*** er ist mein erklärter Feind
② *(alleged)* angeblich
③ *(with vows)* ~ **nun** Nonne *f*, die die Gelübde abgelegt hat

pro·fess·ed·ly [prəˈfesɪdli, AM *also* proʊˈ-] *adv* ① *(admittedly)* zugegebenermaßen, erklärtermaßen; ***he was ~ tired*** er gab zu, müde zu sein
② *(allegedly)* angeblich

pro·fes·sion [prəˈfeʃən] *n* ① *(field of work)* Beruf *m;* **teaching ~** Lehrberuf *m;* **the oldest ~ in the world** das älteste Gewerbe der Welt; **to enter a ~** einen Beruf ergreifen; **by ~** von Beruf
② *(body of workers)* Berufsstand *m;* **the medical ~** die Ärzteschaft
③ *(claim)* Bekundung *f*, Erklärung *f;* ~ **of faith** Glaubensbekenntnis *nt;* ~ **of love/loyalty** Liebes-/Loyalitätserklärung *f*

pro·fes·sion·al [prəˈfeʃənəl] **I.** *adj* ① *(of a profession)* beruflich, Berufs-; ***are you meeting with me in a personal or ~ capacity?*** ist Ihr Treffen mit mir privater oder geschäftlicher Natur?; ***he is a ~ troubleshooter*** er ist ein professioneller Krisenmanager; ~ **career** berufliche Laufbahn [*o* Karriere]; **to be a ~ courtesy** zu den beruflichen Gepflogenheiten gehören; ~ **dress** Berufskleidung *f;* ~ **education** *no pl* Berufsausbildung *f;* ~ **expertise** *no pl* Fachkenntnis *f*, Fachkompetenz *f;* ~ **experience** Berufserfahrung *f;* ~ **interest** berufliches Interesse; ~ **jargon/journal/literature** Fachjargon *m*/-zeitschrift *f*/-literatur *f;* ~ **misconduct** standeswidriges Verhalten, Berufspflichtverletzung *f;* ~ **name** Künstlername *m;* ~ **qualifications** berufliche Qualifikationen; ~ **skill** Fachkompetenz *f*, Sachkompetenz *f;* ~ **standard** Berufsstandard *m*
② *(not tradesman)* freiberuflich, akademisch; ~ **man/woman** Akademiker *m*/Akademikerin *f;* ~ **people** Angehörige *pl* der freien [*o* akademischen] Berufe; ~ **types** *(fam)* Akademiker(innen) *mpl(fpl)*
③ *(expert)* fachmännisch, fachlich; ***is that your personal or ~ opinion?*** ist das Ihre private Meinung oder Ihre Meinung als Fachmann?; ~ **advice** fachmännischer Rat
④ *(approv: businesslike)* professionell, fachmännisch; **to maintain ~ conduct** professionell auftreten; **to do a ~ job** etw fachmännisch erledigen; ~ **manner** professionelles Auftreten; **in a ~ manner** fachmännisch; **to look ~** professionell aussehen
⑤ *(not amateur)* Berufs-; SPORT Profi-; ~ **career** Profilaufbahn *f*, Profikarriere *f;* ~ **dancer/gambler/soldier** Berufstänzer(in) *m(f)*/-spieler(in) *m(f)*/-soldat(in) *m(f);* ~ **player** Profispieler(in) *m(f);* **in ~ sports** im Profisport; **to be a ~ writer** von Beruf Schriftsteller(in) *m(f)* sein; **to go** [*or* **turn**] **~** Profi werden; SPORT ins Profilager [über]wechseln *fam*
⑥ *(fam: habitual)* notorisch; ~ **liar** notorischer Lügner/notorische Lügnerin, Lügenbold *m fam;* ~ **matchmaker** professioneller Ehestifter/professionelle Ehestifterin
II. *n* ① *(not an amateur)* Fachmann, -frau *m, f;* SPORT Profi *m*
② *(not a tradesman)* Akademiker(in) *m(f)*, Angehörige(r) *f(m)* der freien [*o* akademischen] Berufe

pro·fes·sion·al 'foul *n* absichtliches Foul; **to commit a ~** absichtlich ein Foul begehen

pro·'fes·sion·al-grade *adj inv product* Spitzen-, Qualitäts-

pro·fes·sion·al 'help *n no pl* professionelle Hilfe

pro·fes·sion·al·ism [prəˈfeʃənəlɪzəm] *n no pl* ① *(skill and experience)* Professionalität *f*, Routiniertheit *f; (attitude)* professionelle Einstellung; **to handle sth with ~** mit etw *dat* professionell [*o* fachmännisch] umgehen; **to handle oneself with ~** sich *akk* professionell verhalten
② SPORT Profitum *nt*

pro·fes·sion·al·ly [prəˈfeʃənəli] *adv* ① *(by a professional)* von einem Fachmann/einer Fachfrau; **to do sth ~** etw fachmännisch erledigen; **to get sth done ~** etw von einem Fachmann/einer Fachfrau machen lassen
② *(not as an amateur)* berufsmäßig; **to do sth ~** etw beruflich betreiben; **to play tennis ~** Tennisprofi sein

pro·fes·sor [prəˈfesəʳ, AM -ɚ] *n* ① *(at university)* Professor(in) *m(f);* ~ **of history/mathematics** Professor(in) *m(f)* für Geschichte/Mathematik; AM *(teacher at university)* Dozent(in) *m(f)*
② *(affirmer)* Bekenner(in) *m(f)*

pro·fes·sor emeri·tus [prəˈfesəʳɪˌmerɪtəs, AM -ɚɪˌmerət̬əs] *n* Professor emeritus, emeritierter Professor/emeritierte Professorin

pro·fes·so·rial [ˌprɒfɪˈsɔːriəl, AM ˌproʊfəˈ-] *adj inv* Professoren-; ~ **manner** professorales Gehabe *pej;* ~ **post** Professorenstelle *f*

pro·fes·sor·ship [prəˈfesəʃɪp, AM -ɚ-] *n* Professur *f*, Lehrstuhl *m;* **to apply for a ~** sich *akk* um eine Professur bewerben; **to get a ~** eine Professur erhalten

prof·fer [ˈprɒfəʳ, AM ˈprɑːfɚ] *vt (form)* ■**to ~ sth** etw anbieten; **to ~ sb one's hand** jdm seine Hand reichen; **to ~ an observation/opinion** eine Beobachtung/Meinung vorbringen; **to ~ thanks** Dank aussprechen

pro·fi·cien·cy [prəˈfɪʃən(t)si] *n no pl* Tüchtigkeit *f*, Können *nt;* ~ **at the computer** Computerkenntnisse *pl;* **his ~ in computer programming** sein Können als Programmierer; ~ **at one's job** Tüchtigkeit *f* im Beruf; ~ **in a language** Sprachkenntnisse *pl;* **to test sb's ~ in maths** jds Kenntnisse in Mathematik testen; ~ **in writing** schriftstellerisches Können; **to show ~** sein Können [*o* seine Fertigkeiten] unter Beweis stellen

pro·'fi·cien·cy exam, pro·'fi·cien·cy test *n* Leistungstest *m*

pro·fi·cient [prəˈfɪʃənt] *adj* fähig, tüchtig; **to be ~ in a language** eine Sprache beherrschen; **to be a ~ liar** gut lügen können; **to be ~ at swimming** gut schwimmen können

pro·file [ˈprəʊfaɪl, AM ˈproʊ-] **I.** *n* ① *(side view)* Profil *nt;* **to draw/photograph sb in ~** jdn im Profil zeichnen/fotografieren
② *(description)* Porträt *nt fig; (restricted in scope)* Profil *nt*
③ *(public image)* **to raise sb's ~** jdn hervorheben; **to raise sth's ~** etw bewusst[er] machen; **to raise an issue's ~ with the public** eine Thematik in der Öffentlichkeit stärker bewusst machen; **to be in a high-~ position** eine bedeutende Position innehaben
▸PHRASES: **to keep a low ~** sich *akk* zurückhalten [*o* bedeckt halten]
II. *vt* ■**to ~ sb** ① *(write)* jdn porträtieren *fig*
② *(draw)* jdn im Profil zeichnen, eine Profilzeichnung von jdm anfertigen

pro·fil·er [ˈprəʊfaɪləʳ, AM ˈproʊfaɪlɚ] *n* Profiler(in) *m(f) fachspr (Fachmann für die Erstellung eines psychologischen Profils eines gesuchten Täters); (program)* Profilerprogramm *nt*

pro·fil·ing [ˈprəʊfaɪlɪŋ, AM ˈproʊ-] *n* Profiling *nt fachspr (Erstellung eines Persönlichkeitsprofils)*

prof·it [ˈprɒfɪt, AM ˈprɑː-] **I.** *n* ① *(money earned)* Gewinn *m*, Profit *m;* **gross/net ~** Brutto-/Reingewinn *m;* **pre-tax ~** Gewinn *m* vor Steuern; **to make a ~** Gewinn [*o* Profit] machen [*o* erzielen]; **to run at a ~** Gewinn abwerfen; **to sell sth at a ~** etw mit Gewinn verkaufen
② *(advantage)* Nutzen *m*, Vorteil *m;* ***what ~ is there in it for me?*** was habe ich davon? [*o fam* springt für mich dabei heraus?]; ***there's no ~ to be gained from these endless discussions*** diese endlosen Diskussionen führen zu nichts
II. *vi* ① *(gain financially)* profitieren, Gewinn machen; ■**to ~ by** [*or* **from**] **sth** von etw *dat* profitieren, aus etw *dat* Gewinn ziehen
② *(benefit)* profitieren; ■**to ~ by** [*or* **from**] **sth** von etw *dat* profitieren, aus etw *dat* Nutzen ziehen; **to ~ enormously** erheblich profitieren, großen Nutzen ziehen
III. *vt* ■**to ~ sb** jdm nützlich sein [*o* nützen], jdm von Nutzen [*o* Vorteil] sein

prof·it·abil·ity [ˌprɒfɪtəˈbɪləti, AM ˌprɑːfɪt̬əˈbɪlət̬i] *n no pl* Ertragsfähigkeit *f*, Ertragskraft *f*, Rentabilität *f*, Wirtschaftlichkeit *f;* **measurement of ~** Rentabilitätsberechnung *f*

prof·ita·'bil·ity analy·sis *n* FIN Rentabilitätsanalyse *f;* **retrospective ~** retrospektive Rentabilitätsmessung

prof·it·able [ˈprɒfɪtəbl̩, AM ˈprɑːfɪt̬-] *adj* ① *(in earnings)* Gewinn bringend, rentabel, profitabel; ~ **business** einträgliches Geschäft; ~ **investment** lohnende [*o* Gewinn bringende] Investition
② *(advantageous)* nützlich, vorteilhaft; **to make ~ use of one's time** seine Zeit sinnvoll nutzen, mit seiner Zeit etw Sinnvolles anfangen

prof·it·ably [ˈprɒfɪtəbli, AM ˈprɑːfɪt̬-] *adv* ① *(at a profit)* Gewinn bringend, rentabel
② *(advantageously)* nutzbringend, vorteilhaft; **to spend one's time ~** seine Zeit sinnvoll nutzen

prof·it and 'loss ac·count *n*, **P & L** *n* Gewinn- und Verlustrechnung *f*, Ergebnisrechnung *f*, Erfolgsrechnung *f* **prof·it and 'loss state·ment** *n* Gewinn- und Verlustrechnung *f* '**prof·it cen·tre**, AM '**pro·fit cen·ter** *n* Profitcenter *nt*

profi·teer [ˌprɒfɪˈtɪəʳ, AM ˌprɑːfɪˈtɪr] **I.** *n (pej)* Profitjäger(in) *m(f) pej*, Geschäftemacher(in) *m(f) pej*
II. *vi* ① *(make excessive profit)* riesige Gewinne erzielen; *(make unfair profit)* sich *akk* bereichern
② *(earn money on black market)* Schwarzhandel treiben

profi·teer·ing [ˌprɒfɪˈtɪərɪŋ, AM ˌprɑːfɪˈtɪr-] *n no pl* ① *(profit-seeking)* Geschäftemacherei *f pej*
② *(selling at too high prices)* Wucher *m pej*

pro·fit·er·ole [prɒfˈɪtərəʊl, AM prəˈfɪtəroʊl] *n* Profiterole *f (Sahne gefüllte Windbeutel, die mit Schokoladensoße als Dessert serviert werden)*

'**pro·fit growth** *n* Ergebniszuwachs *m*, Gewinnzuwachs *m*, Gewinnwachstum *nt*

prof·it·less [ˈprɒfɪtləs, AM ˈprɑː-] *adj* unergiebig, unrentabel; *talk, argument* zwecklos

'**prof·it-mak·ing** *adj inv* Gewinn bringend, rentabel; **non-~** gemeinnützig '**prof·it mar·gin** *n* Gewinnspanne *f*, Gewinnmarge *f* **pro·fit maxi·mi·'za·tion** *n* Gewinnmaximierung *f* '**pro·fit mod·el** *n* Gewinnmodell *nt* **prof·it-'ori·en·tat·ed** [-ˌɔːrienteɪtɪd] BRIT, *esp* AM **prof·it-'ori·ent·ed** [-ˌɔːrientɪd, AM -t̬-] *adj* gewinnorientiert, ertragsorientiert, erfolgsorientiert; ■**to be** ~ auf Gewinn ausgerichtet sein **'pro·fit plan·ning** *n no pl* COMM Erfolgsplanung *f* **'prof·it-seek·ing** *adj inv* gewinnorientiert, profitorientiert **'prof·it-shar·ing** *n no pl* Gewinnbeteiligung *f*, Ergebnisbeteiligung *f*; ~ **loan stock** BRIT Gewinnschuldverschreibung *f* **'prof·it-tak·ing** *n no pl* Gewinnmitnahme *f*, Gewinnrealisierung *f* **'pro·fit tax** *n* Gewinnsteuer *f*, Erfolgssteuer *f*

prof·li·ga·cy ['prɒflɪɡəsi, AM 'prɑːf-] *n no pl (form)* ❶ *(lack of restraint)* Sittenlosigkeit *f*, Lasterhaftigkeit *f*
❷ *(wastefulness)* Verschwendung *f*; *(extravagance)* Verschwendungssucht *f*

prof·li·gate ['prɒflɪɡət, AM 'prɑːflɪɡɪt] **I.** *adj (form)* ❶ *(wasteful)* verschwenderisch
❷ *(without moral)* lasterhaft, ausschweifend
II. *n* ❶ *(wasteful person)* Verschwender(in) *m(f)*
❷ *(immoral person)* lasterhafter Mensch; *(rake)* Wüstling *m pej*

pro for·ma [ˌprəʊ'fɔːmə, AM ˌproʊ'fɔːr-] *(form)* **I.** *adj* Pro-forma-
II. *adv* pro forma
III. *n* Pro-forma-Rechnung *f*
IV. *vt* ■**to** ~ **sth** etw pro forma schicken

pro for·ma 'in·voice *n* Pro-forma-Rechnung *f*

pro·found [prə'faʊnd] *adj* ❶ *(extreme)* tiefgehend; *change* tiefgreifend; *effect* nachhaltig; *impression* tief; *interest* lebhaft, stark; *sleep* fest, tief; *sight* tief; ~ **ignorance** völlige Unwissenheit
❷ *(strongly felt)* tief, heftig; *compassion, gratification, gratitude* tief empfunden; *respect, reverence, veneration, love* groß; ~ **anger** tief sitzende Wut; ~ **distress** großes Leid
❸ *(intellectual)* tiefsinning, tiefgründig; *(iron)* ***that was very*** ~ ***of you*** das war sehr tiefsinnig von dir *iron*; ~ **knowledge** umfassendes [*o geh* profundes] Wissen; ~ **thoughts** tiefschürfende Gedanken; ~ **truth/wisdom** tiefe Wahrheit/Weisheit

pro·found·ly [prə'faʊndli] *adv* ❶ *(extremely)* zutiefst; ~ **deaf** hochgradig schwerhörig; ~ **grateful** überaus dankbar; ~ **religious** tief religiös; ~ **wise** sehr weise; **to change** ~ sich *akk* tiefgreifend verändern; **to** ~ **influence sb** jdn nachhaltig [*o* stark] beeindrucken
❷ *(intellectually)* tiefschürfend, tiefgründig

pro·fund·ity [prə'fʌndəti, AM proʊ'-] *n (form)* ❶ *no pl (great depth)* Tiefe *f*; **the** ~ **of his knowledge** sein umfangreiches Wissen
❷ *no pl (intellectual depth)* Tiefgründigkeit *f*, Tiefsinnigkeit *f*
❸ *(deep remark)* Weisheit *f*; ■**profundities** *pl* tiefsinnige Gedanken

pro·fuse [prə'fjuːs] *adj* überreichlich; *bleeding, perspiration* stark; *praise, thanks* überschwänglich; **to be** ~ **in one's apologies** sich *akk* wieder und wieder entschuldigen; **to be** ~ **in hospitality** überaus gastfreundlich sein; **to be** ~ **in one's praise of sth** etw überschwänglich loben

pro·fuse·ly [prə'fjuːsli] *adv* überschwänglich, übermäßig; **to apologize** ~ sich *akk* vielmals entschuldigen; **to bleed/sweat** ~ stark bluten/schwitzen; **to thank sb** ~ jdm überschwänglich danken

pro·fu·sion [prə'fjuːʒən] *n no pl (form)* Überfülle *f*; **in** ~ in Hülle und Fülle

pro·geni·tor [prə(ʊ)'dʒenɪtəʳ, AM proʊ'dʒenət̬ɚ] *n (form: ancestor)* Vorfahr(in) *m(f)*, Ahn(in) *m(f) geh*; *(predecessor)* Vorläufer(in) *m(f)*; *(intellectual ancestor)* geistiger Vater/geistige Mutter

prog·eny ['prɒdʒəni, AM 'prɑː-] *n* + *sing/pl vb (form)* Nachkommenschaft *f*, Nachkommen *pl*

pro·ges·ter·one [prə(ʊ)'dʒestərəʊn, AM proʊ'dʒestəroʊn] *n no pl* Gelbkörperhormon *nt*, Progesteron *nt fachspr*

prog·no·sis <*pl* prognoses> [prɒɡ'nəʊsɪs, AM prɑːɡ'noʊ-, *pl* -siːz] *n (prediction)* Prognose *f*, Vorhersage *f*, Voraussage *f*; MED Prognose *f*; **to make a** ~ eine Prognose stellen [*o* Voraussage machen]

prog·nos·tic [prɒɡ'nɒstɪk, AM prɑːɡ'nɑːs] *adj inv esp* MED prognostisch, Prognose-

prog·nos·ti·cate [prɒɡ'nɒstɪkeɪt, AM prɑːɡ'nɑːs-] *vt* ■**to** ~ **sth** etw voraussagen [*o* vorhersagen] [*o geh* prognostizieren]

prog·nos·ti·ca·tion [prəɡˌnɒstɪ'keɪʃən, AM prɑːɡˌnɑːs-] *n (form)* ❶ *no pl (action)* Prognostizierung *f fachspr*, Voraussage *f*, Vorhersage *f*
❷ *(instance)* Prophezeiung *f*

prog·nos·ti·ca·tor [prɒɡ'nɒstɪkeɪtəʳ, AM prɑːɡ'nɑːstɪkeɪt̬ɚ] *n* ❶ SCI, SOCIOL Prognostiker(in) *m(f)*
❷ ASTROL Wahrsager(in) *m(f)*

pro·gram ['prəʊɡræm, AM 'proʊ-] **I.** *n* ❶ COMPUT Programm *nt*; **to write a** ~ ein Programm schreiben
❷ *esp* AM, AUS *see* **programme**
▶ PHRASES: **to get with the** ~ *(fam)* sich *akk* sammeln
II. *vt* <-mm-> ❶ COMPUT ■**to** ~ **sth** etw programmieren
❷ *esp* AM, AUS *see* **programme**

'pro·gram di·rec·tor *n* AM Programmdirektor(in) *m(f)*

pro·gram·er *n* AM *see* **programmer**

pro·gram·ma·ble [prə(ʊ)'ɡræməbl, AM 'proʊ-] *adj* programmierbar

pro·gramme ['prəʊɡræm], AM **pro·gram** ['proʊ-] **I.** *n* ❶ RADIO, TV Programm *nt*, Sendefolge *f*; *(single broadcast)* Sendung *f*
❷ *(list of events)* Programm *nt*; THEAT *(for all plays)* Spielplan *m*; *(for one play)* Programmheft *nt*
❸ *(plan)* Programm *nt*, Plan *m*; ***what's on the*** ~ ***for today?*** was steht heute auf dem Programm?; **fitness/modernization** ~ Fitness-/Modernisierungsprogramm *nt*
II. *vt* <-mm-> ❶ *(instruct)* ■**to** ~ **sth** etw programmieren; **to** ~ **a VCR** einen Videorecorder programmieren [*o* einstellen]
❷ *usu passive (mentally train)* ■**to** ~ **sb to do sth** jdn darauf programmieren, etw zu tun; ***I'm*** ~***d to wake up at seven*** ich wache automatisch um sieben Uhr auf; ■**to** ~ **oneself to do sth** sich *dat* etw angewöhnen

pro·gram·mer ['prəʊɡræməʳ], AM **pro·gram·er** ['proʊɡræmɚ] *n* ❶ *(operator)* Programmierer(in) *m(f)*
❷ *(component)* Programmiergerät *nt*
❸ COMPUT **computer** ~ Programmierer(in) *m(f)*

pro·gram·ming ['prəʊɡræmɪŋ, AM 'proʊ-] *n no pl* ❶ COMPUT Programmieren *nt*, Programmierung *f*
❷ RADIO, TV Programm[e] *nt[pl]*, Programmgestaltung *f*

'pro·gram·ming lan·guage *n* Programmiersprache *f*

pro·gress **I.** *n* ['prəʊɡres, AM 'prɑːɡ-] ❶ *no pl (onward movement)* Vorwärtskommen *nt*; **to make slow/good** ~ langsam/gut vorwärtskommen [*o* vorankommen]
❷ *no pl (development)* Fortschritt *m*; ~ ***was slow in the early stages of the project*** in seinem Anfangsstadium kam das Projekt nur schleppend voran; **to make** [**good/slow**] ~ [gute/langsame] Fortschritte machen
❸ *no pl (to be going)* **to be in** ~ im Gange sein; ADMIN in Bearbeitung sein; ***the talks are in*** ~ die Gespräche laufen [gerade]
❹ *no pl, no art (general improvement)* Fortschritt *m*
❺ <*pl* -es> BRIT *(hist)* Staatsbesuch *m*
II. *vi* [prə(ʊ)'ɡres, AM prə'-] ❶ *(develop)* Fortschritte machen; ***how's the work*** ~***ing?*** wie geht's mit der Arbeit voran?; ***the patient seems to be*** ~***ing well*** der Patient scheint gute Fortschritte zu machen
❷ *(move onward) in space* vorankommen; *in time* fortschreiten; ***we started talking about literature then*** ~***ed to politics*** wir begannen über Literatur zu sprechen und kamen dann auf Politik

'pro·gress chas·er *n* BRIT Terminjäger(in) *m(f)*

pro·gres·sion [prə(ʊ)'ɡreʃən, AM prə'-] *n no pl* ❶ *(development)* Entwicklung *f*; ~ **of a disease** Entwicklung einer Krankheit; **a natural** ~ eine natürliche Entwicklung
❷ MATH *(series)* Reihe *f*; ***in the*** ~ ***1, 2, 3, 4, five is the next number*** in der Reihe 1, 2, 3, 4 ist fünf die nächste Zahl

pro·gres·sion·ist [prə(ʊ)'ɡreʃənɪst, AM prə'-] *n* ❶ *(advocate of socio-political progress)* Progressist(in) *m(f) geh*
❷ *(adherent of a philosophy)* Fortschrittler(in) *m(f)*

pro·gres·sive [prə(ʊ)'ɡresɪv, AM prə'-] **I.** *adj* ❶ *(gradual)* fortschreitend; *(gradually increasing)* zunehmend; **a** ~ **change/increase/decline** eine allmähliche Veränderung/Zunahme/ein allmählicher Verfall; **a** ~ **disease** eine fortschreitende Krankheit
❷ *(reformist)* progressiv; ~ **party** fortschrittliche Partei
❸ *(forward-looking)* fortschrittlich, progressiv; ~ **education** moderne Ausbildung
❹ MUS *(avant-garde)* progressiv; ~ **jazz** progressiver Jazz
❺ LING *(verb form)* ~ **form** Verlaufsform *f*
II. *n* ❶ *(reformist)* Progressive(r) *f(m)*
❷ LING ■**the** ~ die Verlaufsform

pro·gres·sive·ly [prə(ʊ)'ɡresɪvli, AM prə'-] *adv* zunehmend; ***my eyesight has got*** ~ ***worse over the years*** mein Sehvermögen hat sich im Lauf der Zeit immer mehr verschlechtert

pro·gres·sive 'tax *n* Progressivsteuer *f fachspr*

'pro·gress re·port *n* Entwicklungsbericht *m*; *(on work)* Tätigkeitsbericht *m*

pro·hib·it [prə(ʊ)'hɪbɪt, AM proʊ'-] *vt* ■**to** ~ **sth** ❶ *(forbid)* etw verbieten [*o* untersagen]; **to be** ~**ed by law** gesetzlich verboten sein; ***parking strictly*** ~***ed*** Parken verboten; ■**to** ~ **sb from doing sth** jdm verbieten [*o* untersagen], etw zu tun
❷ *(prevent)* etw verhindern

pro·hi·bi·tion [ˌprəʊ(h)ɪ'bɪʃən, AM ˌproʊ-] *n* ❶ *(ban)* Verbot *nt* (**of/on** gegen +*akk*); ~ **on smoking** Rauchverbot *nt*
❷ *no pl (banning)* Verbieten *nt*; **to be under** ~ gesetzlich verboten sein
❸ *(hist: US alcohol ban)* ■**P**~ *no art* die Prohibition *hist*
❹ *(High Court order)* Zuständigkeitsentziehung *f* durch ein höheres Gericht

pro·hibi·tive [prəʊ'hɪbətɪv, AM proʊ'hɪbət̬-] *adj* ❶ *(too expensive) price* unerschwinglich
❷ *(prohibiting)* ~ **legislation** Verbotsgesetzgebung *f*; ~ **measures** Verbotsmaßnahmen *pl*

pro·hibi·tive·ly [prəʊ'hɪbətɪvli, AM proʊ'hɪbət̬-] *adv* ~ **expensive** unverschämt teuer *fam*

proj·ect **I.** *n* ['prɒdʒekt, AM 'prɑː-] ❶ *(undertaking)* Projekt *nt*, Vorhaben *nt*; **research** ~ Forschungsprojekt *nt*
❷ *(plan)* Plan *m*
II. *n* ['prɒdʒekt, AM 'prɑː-] *modifier (coordinator, costs, deadline, director, leader, team)* Projekt-; ~ **planning** Projektplanung *f*
III. *vt* [prə(ʊ)'dʒekt, AM prə'-] ❶ *(forecast)* ■**to** ~ **sth** etw vorhersagen; *profit, expenses, number* etw veranschlagen; ***revenue from tourism is*** ~***ed to grow by 15% next year*** Einnahmen durch Tourismus sollen nächstes Jahr um 15 % ansteigen
❷ *(propel)* ■**to** ~ **sth** etw schleudern; **to** ~ **one's mind into the future** sich *akk* in die Zukunft hineinversetzen; **to** ~ **one's voice** *(fig)* laut und deutlich sprechen
❸ *(onto screen)* ■**to** ~ **sth** [**onto sth**] *slides, film* etw [auf etw *akk*] projizieren
❹ PSYCH *(attribute to)* ■**to** ~ **sth onto sb** etw auf jdn projizieren; ■**to** ~ **oneself onto sb** von sich *dat* auf andere schließen
❺ *(display)* ■**to** ~ **sth** etw darstellen; **to** ~ **a tougher image** ein härteres Image vermitteln; ■**to** ~ **oneself** sich *akk* selbst zur Geltung bringen
IV. *vi* [prə(ʊ)'dʒekt, AM prə'-] ❶ *(protrude)* hervorragen; ■**to** ~ **over sth** über etw *akk* [hinaus]ragen; ***the hotel's dining room*** ~***s*** [***out***] ***over the sea*** der Speisesaal des Hotels ragt über das Meer; **a** ~**ing nail/branch** ein abstehender Nagel/Ast
❷ THEAT *(throw voice)* laut und deutlich sprechen

proj·ect a'naly·sis *n* ECON Projektanalyse *f* **proj·ect 'com·pa·ny** *n* Projektgesellschaft *f* **proj·ect de'vel·op·ment** *n* Projektentwicklung *f*

pro·ject·ed [prə(ʊ)'dʒektɪd, AM prə'-] *adj inv* ❶ *(forecast)* vorhergesagt, prognostiziert; *expenses* veranschlagt

P

❷ *(planned)* geplant, SCHWEIZ *a.* projektiert

'proj·ect en·gi·neer *n* ECON Projektingenieur(in) *m(f)* **proj·ect fi·'nanc·ing** *n no pl* Projektfinanzierung *f*

pro·jec·tile [prə(ʊ)'dʒektaɪl, AM prə'dʒektᵊl] *n* *(thrown object)* Wurfgeschoss *nt;* *(bullet, shell)* Geschoss *nt,* Projektil *nt geh;* *(missile)* Rakete *f*

pro·jec·tion [prə(ʊ)'dʒekʃᵊn, AM prə'-] *n* ❶ *(forecast)* Prognose *f;* *of expenses* Voranschlag *m*
❷ *(protrusion)* Vorsprung *m*
❸ *no pl (on screen)* Vorführung *f;* *(projected image)* Projektion *f*
❹ *no pl* PSYCH *(unconscious transfer)* Projektion *f;* **the ~ of feelings onto sb** die Projektion von Gefühlen auf jdn; *(mental image)* Projektion *f*
❺ *no pl (presentation)* Darstellung *f,* Präsentation *f*

pro·jec·tion·ist [prə(ʊ)'dʒekʃᵊnɪst, AM prə'-] *n* Filmvorführer(in) *m(f)*

pro·'jec·tion re·port *n* Prognosebericht *m*

pro·'jec·tion room *n* Vorführraum *m*

pro·jec·tive [prəʊ'dʒektɪv, AM proʊ] *adj inv* projektiv, Projektions-

proj·ect 'man·age·ment *n* Projektmanagement *nt,* Projektleitung *f* **proj·ect 'man·ag·er** *n* Projektmanager(in) *m(f)*

pro·jec·tor [prə(ʊ)'dʒektəʳ, AM prə'dʒektɚ] *n* Projektor *m,* Vorführgerät *nt*

pro·lapse ['prəʊlæps, AM 'proʊ-] *n* MED Prolaps *m fachspr,* Vorfall *m*

pro·lapsed ['prəʊlæpst, AM 'proʊ-] *adj* MED prolabiert *fachspr*

prole [prəʊl, AM proʊl] *(pej or hum)* **I.** *n short for* **proletarian** Prolo *m sl,* Prolet(in) *m(f)* BRD
II. *adj inv short for* **proletarian** proletarisch, proletenhaft

pro·letar·ian [ˌprəʊlɪ'teəriən, AM ˌproʊlə'ter-] **I.** *n* Proletarier(in) *m(f)*
II. *adj inv* proletarisch

pro·letari·at [ˌprəʊlɪ'teəriət, AM ˌproʊlə'ter-] *n no pl* Proletariat *nt;* **the industrial ~** das industrielle Proletariat

pro-life [ˌprəʊ'laɪf, AM ˌproʊ'-] *adj inv* **~ demonstration** Demonstration *f* gegen Abtreibung; **~ poster** Poster *nt* gegen Abtreibung

pro-lif·er [ˌprəʊ'laɪfəʳ, AM ˌproʊ'laɪfɚ] *n (usu pej)* Abtreibungsgegner(in) *m(f)*

pro·lif·er·ate [prəʊ'lɪfᵊreɪt, AM proʊ'lɪfə-] *vi* stark zunehmen; *(animals)* sich *akk* stark vermehren

pro·lif·era·tion [prəʊˌlɪfᵊr'eɪʃᵊn, AM proʊˌlɪfə'reɪ-] *n no pl* starke Zunahme; *(of animals)* starke Vermehrung

pro·lif·ic [prə(ʊ)'lɪfɪk, AM proʊ'-] *adj* ❶ *(productive)* produktiv
❷ *(producing many offspring)* fruchtbar
❸ *pred (abundant)* ■**to be ~** in großer Zahl vorhanden sein

pro·lix ['prəʊlɪks, AM proʊ'lɪks] *adj (pej form)* weitschweifig

pro·lix·ity [prəʊ'lɪksəti, AM proʊ'lɪksət̬i] *n no pl* Weitschweifigkeit *f*

pro·logue ['prəʊlɒg], AM *also* **pro·log** ['proʊlɑ:g] *n*
❶ *(introduction)* Vorwort *nt;* THEAT Prolog *m*
❷ *(fig fam: preliminary event)* Vorspiel *nt;* **to be a ~ to sth** ein Vorspiel zu etw *dat* sein

pro·long [prə(ʊ)'lɒŋ, AM proʊ'lɑ:ŋ] *vt* ■**to ~ sth** etw verlängern; **to ~ the agony** die Qual hinauszögern

pro·lon·ga·tion [ˌprə(ʊ)lɒŋ'geɪʃᵊn, AM ˌproʊlɑ:ŋ'-] *n no pl* Verlängerung *f,* Prolongation *f* SCHWEIZ

pro·longed [prə(ʊ)'lɒŋd, AM proʊ'lɑ:-] *adj* [lang] anhaltend, langwierig *pej;* **~ applause** anhaltender Applaus; **a ~ debate** eine langwierige Debatte

prom [prɒm, AM prɑ:m] *n* ❶ AM *(school dance)* *Ball am Ende des Jahres in einer amerikanischen Highschool*
❷ BRIT *(concert)* Konzert *nt* *(Aufführung im Theater oder Konzert, wobei die Sitze im Parkett entfernt werden, um mehr Platz zu schaffen);* **the P~s** *Konzertreihe in London in der Albert Hall, deren Parkettsitze dafür entfernt werden, sodass die meisten Zuschauer stehen*
❸ BRIT *(seaside walkway)* [Strand]promenade *f*

prom·enade [ˌprɒmə'nɑ:d, AM ˌprɑ:-] **I.** *n* ❶ *(walkway)* [Strand]promenade *f*
❷ *(form or dated: walk)* Spaziergang *m;* *(in vehicle)* Spazierfahrt *f*
II. *vi (dated)* promenieren

prom·enade 'con·cert *n* BRIT Konzert *nt* **prom·e'nade deck** *n* Promenadendeck *nt*

Pro·methean [prə(ʊ)'mi:θiən, AM proʊ'-] *adj* prometheisch *geh*

promi·nence ['prɒmɪnən(t)s, AM 'prɑ:mə-] *n* ❶ *no pl (projecting nature)* Auffälligkeit *f*
❷ *no pl (conspicuousness)* Unübersehbarkeit *f;* **to give sth ~** [*or* **~ to sth**] etw in den Vordergrund stellen
❸ *no pl (importance)* Bedeutung *f;* **to gain** [*or* **come to**] [*or* **rise to**] **~** bekannt werden
❹ *(projection)* Vorsprung *m;* **a rocky ~** ein Felsvorsprung *m;* **a solar ~** ASTRON Sonnenprotuberanz *f*

promi·nent ['prɒmɪnənt, AM 'prɑ:mə-] *adj* ❶ *(projecting)* vorstehend *attr;* **~ chin** vorspringendes Kinn; **~ teeth** vorstehende Zähne
❷ *(conspicuous)* auffällig; **to put sth in a ~ position** etw deutlich sichtbar hinstellen
❸ *(distinguished)* prominent; ■**to be ~ in sth** eine herausragende Position in etw *dat* einnehmen; **a ~ position** eine führende Position; **a ~ politician** ein profilierter Politiker

promi·nent·ly ['prɒmɪnəntli, AM 'prɑ:mə-] *adv* auffallend *attr,* deutlich sichtbar; ***her name stands out ~ amongst those who signed the petition*** ihr Name ist der bekannteste von allen Unterzeichnern der Petition

promis·cu·ity [ˌprɒmɪ'skju:əti, AM ˌprɑ:mɪ'skju:ət̬i] *n no pl* Promiskuität *f geh*

pro·mis·cu·ous [prə'mɪskjuəs] *adj (pej)* promisk, promiskuitiv *geh;* **~ behaviour** [*or* AM **behavior**] häufiger Partnerwechsel; **~ sex** Sex *m* mit häufig wechselnden Partnern

pro·mis·cu·ous·ly [prə'mɪskjuəsli] *adv* promisk, promiskuitiv *geh*

prom·ise ['prɒmɪs, AM 'prɑ:-] **I.** *vt* ❶ *(pledge)* ■**to ~ sb sth** [*or* **sth to sb**] jdm etw versprechen; ■**to ~ to do sth** versprechen, etw zu tun; ■**to ~** [**sb**] **that ...** [jdm] versprechen, dass ...; ■**to ~ oneself sth** sich *dat* etw versprechen; *(intend)* sich *dat* etw schwören
❷ *(have the potential)* ■**to ~ to be sth** versprechen, etw zu sein; ***the men's final ~s to be an exciting match*** das Finale der Männer verspricht ein spannendes Spiel zu werden
▸PHRASES: **to ~ sb the earth/moon** jdm das Blaue vom Himmel versprechen *fam*
II. *vi* ❶ *(pledge)* versprechen; ***I ~!*** ich verspreche es!; **to do sth as ~d** etw wie versprochen tun
❷ *(be promising)* **to ~ well** viel versprechen
III. *n* ❶ *(pledge)* Versprechen *nt;* ***and that's a ~!*** großes Ehrenwort!, versprochen!; ***~s, ~s!*** Versprechen, nichts als Versprechen!; **to break/keep one's ~** [**to sb**] sein Versprechen [gegenüber jdm] brechen/halten; **to make a ~** ein Versprechen geben [*o* machen]; ***I'm not making any ~s*** ich kann [aber] nichts versprechen
❷ *no pl (potential)* **to have got ~** viel versprechend sein; **to show ~** aussichtsreich sein; *(person)* viel versprechend sein; **a ~ of fine weather/success** eine Aussicht auf gutes Wetter/Erfolg; **a young person of ~** eine viel versprechende junge Person; **to show** [**great**] **~** [sehr] viel versprechend sein
▸PHRASES: **a ~ is a ~** versprochen ist versprochen

Prom·ised Land [ˌprɒmɪst'lænd, AM ˌprɑ:-] *n no pl (also fig)* ■**the ~** das Gelobte Land

prom·is·ing ['prɒmɪsɪŋ, AM 'prɑ:-] *adj* viel versprechend; **a ~ career** eine Erfolg versprechende Karriere; **to have a ~ future** zukunftsträchtig sein

prom·is·ing·ly ['prɒmɪsɪŋli, AM 'prɑ:-] *adv* viel versprechend

prom·is·sory note [ˌprɒmɪsᵊri'nəʊt, AM 'prɑ:mɪsɔ:riˌnoʊt] *n* Solawechsel *m,* Schuldschein *m*

pro·mo[1] ['prəʊməʊ, AM 'proʊmoʊ] *n (fam) short for* **promotional film** Werbevideo *nt*

promo[2] ['prəʊməʊ, AM 'proʊmoʊ] **I.** *n* AM, AUS *short for* **promotion** Werbung *f*
II. *adj inv short for* **promotional** Werbe-

prom·on·tory ['prɒməntᵊri, AM 'prɑ:məntɔ:ri] *n* GEOG Vorgebirge *nt,* Kap *nt*

pro·mote [prə'məʊt, AM -'moʊt] *vt* ❶ *(raise in rank)* ■**to ~ sb** [**to sth**] jdn [zu etw *dat*] befördern; ***he was ~d to the rank of sergeant*** er wurde zum Feldwebel befördert
❷ SPORT ■**to be ~d** *team* aufsteigen
❸ AM SCH ■**to be ~d** versetzt werden
❹ *(encourage)* ■**to ~ sth** etw fördern; ***regular exercise ~s good health*** regelmäßige Bewegung ist gut für die Gesundheit; **to ~ awareness of sth** etw ins Bewusstsein rufen
❺ *(advertise)* ■**to ~ sth** für etw *akk* werben, SCHWEIZ *a.* promoten, ÖSTERR *sl* etw promoten; **to ~ a new book/product** für ein neues Buch/Produkt Werbung machen
❻ POL **to ~ a bill** eine Gesetzesvorlage einbringen

pro·mot·er [prə'məʊtəʳ, AM -'moʊt̬ɚ] *n* ❶ *(encourager)* Förderer, Förderin *m, f*
❷ *(organizer)* Veranstalter(in) *m(f)*
❸ ECON *of a company* Gründer(in) *m(f)*
❹ POL *jd, der eine Gesetzesvorlage einbringt*

pro·mo·tion [prə'məʊʃᵊn, AM -'moʊ-] *n* ❶ *no pl (in rank)* Beförderung *f* (**to** zu +*dat*); **to get ~** befördert werden
❷ *(raise in status)* Beförderung *f*
❸ *(encouragement)* Förderung *f*
❹ SPORT *(of team)* Aufstieg *m;* **~ race** Kampf *m* um den Aufstieg
❺ *(advertising campaign)* Werbekampagne *f;* **sales ~** Werbung *f*
❻ *of company* Gründung *f*

pro·mo·tion·al [prə'məʊʃᵊnᵊl, AM -'moʊ-] *adj* Werbe-; **~ literature** Verkaufsliteratur *f*

pro·mo·tion·al ma·'terial *n* Werbematerial *nt*

pro·'mo·tion scheme *n* POL Förderprogramm *nt*

prompt [prɒm(p)t, AM prɑ:m(p)t] **I.** *vt* ❶ *(spur)* ■**to ~ sth** etw veranlassen; ***her speech has ~ed an angry response from both parties*** ihre Rede hat auf beiden Seiten verärgerte Reaktionen hervorgerufen; ■**to ~ sb** [**to do sth**] jdn [dazu] veranlassen, etw zu tun; ***what ~ed you to say that?*** was hat dich dazu veranlasst, das zu sagen?
❷ THEAT *(remind of lines)* ■**to ~ sb** jdm soufflieren
❸ COMPUT ■**to ~ sb** [**to do sth**] jdn auffordern[, etw zu tun]
II. *adj* ❶ *(swift)* prompt; ■**to be ~ in** [*or* **about**] **doing sth** etw schnell [*o* zügig] tun; **~ action** sofortiges Handeln; **~ delivery** unverzügliche Lieferung; **~ reply** prompte Antwort
❷ *(punctual)* pünktlich
III. *adv inv* pünktlich; ***classes start at ten o'clock ~*** der Unterricht beginnt Punkt zehn Uhr
IV. *n* ❶ COMPUT Befehlsaufforderung *f,* Eingabeaufforderung *f,* Prompt *m fachspr*
❷ THEAT *(reminder)* Stichwort *nt*
❸ THEAT *(fam: prompter)* Souffleur, Souffleuse *m, f*

'prompt box *n* THEAT Souffleurkasten *m*

prompt·er ['prɒm(p)təʳ, AM 'prɑ:m(p)tɚ] *n* THEAT Souffleur, Souffleuse *m, f*

prompt·ing ['prɒm(p)tɪŋ, AM 'prɑ:m-] *n* ❶ *no pl (urging)* Drängen *nt;* ***she volunteered to do it off her own bat, without any ~ from us*** sie hat es von sich aus angeboten, ohne dass wir sie darum bitten mussten
❷ *(reminding)* Vorsagen *nt;* THEAT Soufflieren *nt;* ***it was only at the ~ of his wife that he remembered the date*** erst als seine Frau ihn daran erinnerte, fiel ihm die Verabredung wieder ein; **the ~s of conscience** die Stimme des Gewissens

promp·ti·tude ['prɒm(p)tɪtju:d, AM 'prɑ:m(p)tɪtu:d, -tju:d] *n no pl (form)* Promptheit *f*

prompt·ly ['prɒm(p)tli, AM 'prɑ:m-] *adv* ❶ *(quickly)* prompt
❷ *(fam: immediately afterward)* gleich danach, unverzüglich
❸ *(in time)* pünktlich; **to leave ~ at one** Punkt eins [*o* pünktlich um eins] gehen

prompt·ness ['prɒm(p)tnəs, AM 'prɑ:m-] *n no pl*

Promptheit *f*

'prompt note *n* Mahnung *f,* Zahlungserinnerung *f*

prom·ul·gate ['prɒməlgeɪt, AM 'prɑːm-] *vt (form)* ① *(spread)* ■**to ~ sth** etw verbreiten ② LAW *(proclaim)* **to ~ a law/decree** ein Gesetz/Urteil verkünden

prom·ul·ga·tion [ˌprɒməl'geɪʃən, AM ˌprɑːməl'-] *n no pl (form)* ① *(spread)* Verbreitung *f* ② LAW *(proclamation)* Verkündung *f*

pron *n* LING *abbrev of* **pronoun** Pronomen *nt,* Fürwort *nt*

pro·nate [prəʊ'neɪt, AM proʊ-] *vi mit dem Fuß leicht nach innen knicken beim Aufsetzen*

pro·na·tor [prəʊ'neɪtəʳ, AM proʊ'neɪtɚ] *n jd, dessen Fuß beim Aufsetzen leicht nach innen knickt*

prone [prəʊn, AM proʊn] *adj* ① *(disposed)* ■**to be ~ to sth** zu etw *dat* neigen; ■**to be ~ to do sth** dazu neigen, etw zu tun ② *inv (form)* **to be** [*or* **lie**] **~** auf dem Bauch liegen; **~ position** in Bauchlage

prone·ness ['prəʊnnəs, AM 'proʊn-] *n no pl* Neigung *f* (**to** zu *+dat)*

prong [prɒŋ, AM prɑːŋ] *n* Zacke *f,* Zinke *f; of antler* Ende *nt,* Sprosse *f fachspr*

-pronged [prɒŋd, AM prɑːŋd] *in compounds* -zackig; **a three~ fork** eine dreizackige Gabel; **a four~ strategy** eine Vier-Punkte-Strategie

pro·nomi·nal [prə(ʊ)'nɒmɪnəl, AM proʊ'nɑːmə-] *adj* LING Pronominal- *fachspr*

pro·noun ['prəʊnaʊn, AM 'proʊ-] *n* Pronomen *nt,* Fürwort *nt*

pro·nounce [prə'naʊn(t)s] **I.** *vt* ① *(speak)* ■**to ~ sth** etw aussprechen ② *(announce)* **to ~ a verdict/decision** einen Urteilsspruch/eine Entscheidung verkünden; **to ~ sentence on sb** das Urteil über jdn verkünden ③ *(declare)* ■**to ~ sb/sth sth:** ***the jury ~d him guilty*** die Geschworenen erklärten ihn für schuldig; ***he ~d them man and wife*** er erklärte sie zu Mann und Frau; ■**to ~ that ...** verkünden, dass ... **II.** *vi* ■**to ~ on** [*or* **upon**] **sth** zu etw *dat* Stellung nehmen

pro·nounce·able [prə'naʊn(t)səbl̩] *adj* aussprechbar

pro·nounced [prə'naʊn(t)st] *adj* deutlich; ***she has a ~ limp*** sie hinkt sehr stark; **a ~ accent** ein ausgeprägter [*o* starker] Akzent; **~ views** klare Vorstellungen

pro·nounce·ment [prə(ʊ)'naʊn(t)smənt, AM prə'-] *n* Erklärung *f;* **to make a ~ on sth** eine Erklärung zu etw *dat* abgeben

pron·to ['prɒntəʊ, AM 'prɑːntoʊ] *adv inv (fam)* fix *fam;* ***do it ~!*** aber dalli!

pro·nun·cia·tion [prəˌnʌn(t)si'eɪʃən] *n usu no pl* Aussprache *f;* ***what is the correct ~ of this word?*** wie wird dieses Wort richtig ausgesprochen?

proof [pruːf] **I.** *n* ① *no pl (confirmation)* Beweis *m* (**of** für *+akk);* **to have ~ of sth** einen Beweis für etw *akk* haben, etw beweisen können; **~ of delivery** Liefernachweis *m;* **~ sample** TECH Belegmuster *nt;* **~ of purchase** Kaufbeleg *m,* Quittung *f* SCHWEIZ, ÖSTERR; **the burden of ~** LAW die Beweislast ② *(piece of evidence)* Beweis *m;* **~s of sb's guilt** Beweise für jds Schuld ③ *(proving argument)* Beweis *m* (**of/for** für *+akk)* ④ TYPO *(trial impression)* Korrekturfahne *f;* PHOT Probeabzug *m* ⑤ MATH Beweis *m* ⑥ *no pl (degree of strength)* Volumenprozent *nt,* Vol.-% *nt; of alcohol* Alkoholgehalt *m* ⑦ ECON **~ of debt** Anmeldung *f* einer Konkursorderung
▸PHRASES: **the ~ of the <u>pudding</u> is in the eating** *(prov)* Probieren geht über Studieren *prov;* **to <u>put</u> sth/sb to the ~** etw/jdn auf die Probe stellen
II. *adj inv* ■**to be ~ against sth** gegen etw *akk* unempfindlich [*o geh* gefeit] sein; **to be ~ against temptation** gegen Versuchungen immun sein; **~ against wind and weather** wetterfest; **to be ~ against burglars** einbruchssicher sein
III. *vt* ■**to ~ sth** ① *(treat)* etw imprägnieren; *(make waterproof)* etw wasserdicht machen ② TYPO *(proofread)* etw Korrektur lesen ③ *(rise) dough* etw gehen lassen ④ TYPO, PUBL einen Korrekturabzug von etw *dat* anfertigen

proof 'po·si·tive *n no pl* eindeutiger Beweis

'proof-read <-read, -read> **I.** *vt* ■**to ~ sth** etw Korrektur lesen **II.** *vi* Korrektur lesen **'proof-read·er** *n* Korrektor(in) *m(f),* Korrekturleser(in) *m(f)* **'proof-read·ing I.** *n no pl* Korrekturlesen *nt* **II.** *adj attr, inv* Korrektur-; **at the ~ stage** im Korrekturstadium

prop[1] *n abbrev of* **proprietor** *(owner)* Inhaber(in) *m(f)*

prop[2] *n* AVIAT *abbrev of* **propeller** Propeller *m*

prop[3] *n* AM POL *abbrev of* **proposition** [Gesetzes]vorlage *f*

prop[4] [prɒp, AM prɑːp] *n usu pl* ① *(for play, film)* Requisite *f* ② *(theatre worker)* ■**P~s** *pl* Requisiteur(in) *m(f)*

prop[5] [prɒp, AM prɑːp] **I.** *n* ① *(support)* Stütze *f; (fig)* Halt *m* ② SPORT *(rugby forward) Rugbyspieler, der am äußeren Ende der ersten Reihe zum Einsatz kommt*
II. *vt* <-pp-> ■**to ~ sth against sth** etw gegen etw *akk* lehnen; ■**to ~ sth on sth** etw auf etw *akk* stützen; **to ~ sth open** etw offen halten
◆**prop up** *vt* ■**to ~ up** ↻ **sth** etw aufbocken; ■**to ~ oneself up** sich *akk* abstützen; **to ~ up the industry** *(fig)* die Industrie stützen
▸PHRASES: **to ~ up the <u>bar</u>** sich *dat* einen hinter die Binde kippen [*o* gießen] *fam*

propa·gan·da [ˌprɒpə'gændə, AM ˌprɑːp-] **I.** *n no pl (usu pej)* Propaganda *f* **II.** *n modifier (campaign, material)* Propaganda-

propa·gand·ist [ˌprɒpə'gændɪst, AM ˌprɑːp-] **I.** *n (usu pej)* Propagandist(in) *m(f)* **II.** *adj* propagandistisch; **a ~ film** ein Propagandafilm *m*

propa·gand·ize [ˌprɒpə'gændaɪz, AM ˌprɑːp-] **I.** *vi* propagieren **II.** *vt* ■**to ~ sth** etw propagieren

propa·gate ['prɒpəgeɪt, AM 'prɑː-] **I.** *vt* ① *(breed)* ■**to ~ sth** etw züchten; *(plants)* etw vermehren; ■**to ~ oneself** sich *akk* vermehren ② *(form: disseminate)* ■**to ~ sth** etw verbreiten; **to ~ a lie** eine Lüge verbreiten **II.** *vi* sich *akk* fortpflanzen; *plants* sich *akk* vermehren

propa·gat·ing 'er·ror *n* COMPUT mitlaufender Fehler

propa·ga·tion [ˌprɒpə'geɪʃən, AM ˌprɑː-] *n no pl* ① *(reproduction)* Fortpflanzung *f;* **the ~ of plants** die Vermehrung von Pflanzen ② *(spread) of rumour, lie* Verbreitung *f*

propa·ga·tor ['prɒpəgeɪtəʳ, AM 'prɑːpəgeɪt̬ɚ] *n* ① *(person)* Propagator(in) *m(f) geh* ② HORT *(box)* Keimungsbehälter *m*

pro·pane ['prəʊpeɪn, AM 'proʊ-] **I.** *n no pl* Propan *nt* **II.** *n modifier (gas, heater, tank, torch)* Propan-; **~ stove** Propangasofen *m*

pro·pel <-ll-> [prə'pel] *vt* ■**to ~ sth** etw antreiben; *(fig)* ***the country was being ~led towards civil war*** das Land wurde in den Bürgerkrieg getrieben

pro·pel·lant [prə'pelənt] *n* ① *(fuel)* Treibstoff *m* ② *(gas)* Treibgas *nt*

pro·pel·ler [prə'peləʳ, AM -ɚ] *n* Propeller *m*

pro·'pel·ler blade *n* Propellerblatt *nt* **pro·'pel·ler shaft** *n* Antriebswelle *f*

pro·pel·ling pen·cil [prəˌpelɪŋ'-] *n* BRIT, AUS Drehbleistift *m*

pro·pen·sity [prə(ʊ)'pen(t)səti, AM prə'pen(t)sət̬i] *n no pl (form)* Neigung (**for** zu *+dat);* ■**to have a ~ for sth** eine Neigung zu etw *dat* haben, zu etw *dat* neigen; **to have a ~ to do sth** dazu neigen, etw zu tun

prop·er ['prɒpəʳ, AM 'prɑːpɚ] **I.** *adj inv* ① *(real)* echt, richtig; **a ~ meal** eine anständige Mahlzeit ② *(correct)* richtig; ***she likes everything to be in its ~ place*** sie hat gern alles an seinem angestammten Platz; **in the ~ sense of the word** im wahrsten Sinne des Wortes; **the ~ tools/equipment** das richtige Werkzeug/die richtige Ausrüstung; **to put sth to its ~ use** etw zweckentsprechend benutzen ③ *(socially respectable)* anständig ④ *after n, inv (form: itself)* selbst *nach n;* ***they're not the party ~*** sie stellen nicht die Partei selbst dar ⑤ BRIT *(fam: total)* absolut; ***you've got yourself into a ~ mess there!*** da hast du dich ja in schöne Schwierigkeiten gebracht!
II. *adv* BRIT *(fam)* ① *(very)* richtig *fam;* ***they felt ~ daft when they were caught in the act*** sie kamen sich richtig doof vor, als sie auf frischer Tat ertappt wurden ② *(usu hum: genteelly)* vornehm; **to talk ~** vornehm sprechen

prop·er 'frac·tion *n* MATH echter Bruch

prop·er·ly ['prɒpəli, AM 'prɑːpɚ-] *adv inv* ① *(correctly)* richtig; **to be dressed ~** korrekt gekleidet sein; **~ speaking** genaugenommen, strenggenommen ② *(socially respectably)* anständig; ***he very ~ refused*** er hat sich zu Recht geweigert; **to behave ~** sich *akk* korrekt benehmen ③ BRIT *(thoroughly)* ganz schön *fam;* ***they were ~ disgusted*** sie waren ganz schön angewidert

prop·er 'name, prop·er 'noun *n* Eigenname *m*

prop·er·tied ['prɒpətid, AM 'prɑːpɚt̬id] *adj inv* begütert *attr;* **the ~ classes** die besitzenden Klassen

prop·er·ty ['prɒpəti, AM 'prɑːpɚt̬i] *n* ① *no pl (things owned)* Eigentum *nt;* ***that desk is school ~*** dieser Schreibtisch gehört der Schule; **personal ~** Privateigentum *nt;* **other people's ~** Fremdeigentum *nt form* ② *no pl (owned buildings)* Immobilienbesitz *m; (owned land)* Grundbesitz *m;* **private ~** Privatbesitz *m;* **a man of ~** *(form or hum)* ein begüterter Mann ③ *(piece of real estate)* Immobilie *f,* Liegenschaft *f* ④ *(attribute)* Eigenschaft *f;* ***herbs have medicinal properties*** Kräuter haben heilende Kräfte ⑤ THEAT *(dated: prop)* Requisite *f*
▸PHRASES: **to be [a] <u>hot</u> ~** sehr gefragt sein

'prop·er·ty ad·min·is·tra·tion *n no pl* Vermögensverwaltung *f* **'prop·er·ty de·vel·op·er** *n* ECON Bauträger(in) *m(f) (Bauunternehmer(in), der/die zum Wiederverkauf baut oder renoviert)* **'prop·er·ty de·vel·op·ment** *n* Grundstückserschließung *f* **'prop·er·ty in·sur·ance** *n no pl* Sachversicherung *f; (buildings)* Gebäudeversicherung *f* **'prop·er·ty man, 'prop·er·ty man·ag·er** *n* THEAT Requisiteur *m* **'prop·er·ty mar·ket** *n no pl* Immobilienmarkt *m* **'prop·er·ty mis·tress** *n* THEAT Requisiteurin *f* **'prop·er·ty room** *n* THEAT Requisitenkammer *f* **'prop·er·ty specu·la·tion** *n no pl* Immobilienspekulation *f* **'prop·er·ty tax** *n* AM *(on land)* ≈ Grundsteuer *f; (general)* Vermögenssteuer *f*

proph·ecy ['prɒfəsi, AM 'prɑː-] *n* ① *(prediction)* Prophezeiung *f* ② *no pl (ability)* Weissagen *nt*

prophe·sy <-ie-> ['prɒfəsaɪ, AM 'prɑː-] **I.** *vt* ■**to ~ sth** etw prophezeien; ■**to ~ that ...** prophezeien, dass ...; ■**to ~ whether/what/when/who ...** vorhersagen, ob/was/wann/wer ... **II.** *vi* Prophezeiungen machen

proph·et ['prɒfɪt, AM 'prɑː] *n* ① *(religious figure)* Prophet *m;* **an Old Testament ~** ein Prophet des alten Testamentes ② *(foreteller)* Prophet(in) *m(f);* **a ~ of doom** Unheilsverkünder(in) *m(f),* Schwarzseher(in) *m(f) fig* ③ *(precursor)* Vorkämpfer(in) *m(f)*

proph·et·ess <*pl* -es> [ˌprɒfɪ'tes, AM 'prɑːfɪt̬əs] *n* Prophetin *f*

pro·phet·ic [prə(ʊ)'fetɪk, AM prə'-] *adj* prophetisch; ***his words proved to be ~*** seine Voraussagen trafen ein

pro·pheti·cal·ly [prə(ʊ)'fetɪkəli, AM prə'-] *adv* prophetisch

prophy·lac·tic [ˌprɒfɪ'læktɪk, AM ˌproʊfə'-] **I.** *adj inv* MED prophylaktisch *fachspr,* vorbeugend *attr*

II. *n* ① *(medicine)* Prophylaktikum *nt fachspr*
② *esp* AM *(condom)* Präservativ *nt*

prophy·lac·ti·cal·ly [ˌprɒfɪˈlæktɪkəli, AM ˌproʊfəˈ-] *adv* MED prophylaktisch *fachspr*

prophy·lax·is [ˌprɒfɪˈlæksɪs, AM ˌproʊfəˈ-] *n no pl* MED Prophylaxe *f fachspr*

pro·pin·quity [prə(ʊ)ˈpɪŋkwəti, AM proʊˈpɪŋkwəṭi] *n no pl (form)* ① *(proximity)* Nähe *f*
② *(similarity, kinship)* Verwandtschaft *f*

pro·pi·ti·ate [prəˈpɪʃieɪt, AM proʊˈ-] *vt (form)* ■ **to ~ sb** jdn besänftigen; **to ~ the gods** die Götter versöhnlich stimmen

pro·pi·tia·tion [prəˌpɪʃiˈeɪʃən, AM proʊˈ-] *n no pl* Besänftigung *f*

pro·pi·tia·tory [prəˈpɪʃiətəri, AM proʊˈpɪʃiətɔːri] *adj (form)* besänftigend *attr;* **a ~ gesture** eine versöhnliche Geste

pro·pi·tious [prəˈpɪʃəs] *adj (form)* günstig

pro·pi·tious·ly [prəˈpɪʃəsli] *adv (form)* günstig

prop jet [ˈprɒpdʒet, AM ˈprɑːp-] *n (plane)* Turbo-Prop-Flugzeug *nt; (engine)* Turbo-Prop-Triebwerk *nt*

pro·po·nent [prə(ʊ)ˈpəʊnənt, AM prəˈpoʊ-] *n* Befürworter(in) *m(f);* **to be a ~ of sth** ein Befürworter einer S. *gen* sein

pro·por·tion [prəˈpɔːʃən, AM -ˈpɔːr-] *n* ① *(part)* Anteil *m*
② *no pl (relation)* Proportion *f,* Verhältnis *nt;* **in ~ to sb/sth** im Verhältnis zu jdm/etw; **to be in/out of ~ [to sth]** im/in keinem Verhältnis zu etw *dat* stehen; **to be in/out of ~ [to each other]** in den Proportionen [zueinander] stimmen/nicht stimmen; ***I'm all out of ~ in this picture*** auf diesem Bild stimmen die Proportionen überhaupt nicht
③ *(in drawing)* ■ **~s** *pl* Proportionen *pl*
④ *(balance)* Verhältnis *nt;* **to have/keep a sense of ~** bei etw *dat* den richtigen Maßstab anlegen; **to blow sth out of [all] ~** etw maßlos übertreiben; **to keep sth in ~** etw im richtigen Verhältnis sehen
⑤ *(size)* ■ **~s** *pl* Ausmaße *pl;* **a building of gigantic ~s** ein Gebäude von gewaltigen Ausmaßen; **to assume** [*or* **take on**] **massive/exaggerated ~s** massive/übertriebene Ausmaße annehmen

pro·por·tion·al [prəˈpɔːʃənəl, AM -ˈpɔːr-] *adj* proportional; ■ **to be ~ to sth** proportional zu etw *dat* sein; **inversely ~** umgekehrt proportional

pro·por·tion·al·ity [prəˌpɔːʃənˈæləti, AM -ˌpɔːrʃənˈæləṭi] *n no pl* Verhältnismäßigkeit *f;* **principle of ~** Grundsatz *m* der Verhältnismäßigkeit

pro·por·tion·al·ly [prəˈpɔːʃənəli, AM -ˈpɔːr-] *adv* proportional; ■ **~ to sth** proportional [*o* im Verhältnis] zu etw *dat*

pro·por·tion·al rep·re·sen·ˈta·tion *n,* **PR** *n no pl* Verhältniswahlsystem *nt*

pro·por·tion·ate [prəˈpɔːʃənət, AM -ˈpɔːrʃənɪt] *adj* proportional

pro·por·tion·ate·ly [prəˈpɔːʃənətli, AM -ˈpɔːrʃənɪt-] *adv* proportional

pro·por·tioned [prəˈpɔːʃənd, AM -ˈpɔːr-] *adj* **beautifully/finely ~** ebenmäßig/anmutig proportioniert; **perfectly ~** vollendet proportioniert; **well ~** wohl proportioniert; **to be generously ~** *(hum)* sehr beleibt sein

pro·po·sal [prəˈpəʊzəl, AM -ˈpoʊ-] *n* ① *(suggestion)* Vorschlag *m;* **to put forward a ~** einen Vorschlag unterbreiten
② *(offer of marriage)* Antrag *m;* **a marriage ~** [*or* **a ~ of marriage**] ein Heiratsantrag *m*

pro·pose [prəˈpəʊz, AM -ˈpoʊz] I. *vt* ① *(suggest)* ■ **to ~ sth** etw vorschlagen; ■ **to ~ doing sth** vorschlagen, etw zu tun; ■ **to ~ that ...** vorschlagen, dass ...
② *(intend)* ■ **to ~ to do/doing sth** beabsichtigen, etw zu tun; ***I do not ~ to reveal details*** ich habe nicht die Absicht, Einzelheiten preiszugeben; ***how do you ~ tackling this problem?*** wie wollen Sie dieses Problem angehen?
③ *(nominate)* ■ **to ~ sb** jdn vorschlagen; **to ~ sb as a candidate** jdn als Kandidaten aufstellen
④ *(put forward)* **to ~ a motion** einen Antrag stellen; **to ~ a toast** einen Toast ausbringen
II. *vi* ■ **to ~ [to sb]** [jdm] einen [Heirats]antrag machen
▸ PHRASES: **man ~s, God disposes** *(prov)* der Mensch denkt, Gott lenkt

pro·posed [prəˈpəʊzd, AM -ˈpoʊ-] *adj inv* geplant, beabsichtigt

pro·pos·er [prəˈpəʊzəʳ, AM -ˈpoʊzɚ] *n (of motion)* Antragsteller(in) *m(f); (of candidate)* Vorschlagende(r) *f(m)*

propo·si·tion [ˌprɒpəˈzɪʃən, AM ˌprɑːp-] I. *n* ① *(assertion)* Aussage *f;* PHILOS These *f;* LING Proposition *f fachspr*
② *(proposal)* Vorschlag *m;* **business ~** geschäftliches Angebot; **paying ~** lohnendes Geschäft
③ *(matter)* Unternehmen *nt;* **a difficult ~** ein schwieriges Unterfangen
④ *(person)* Wahl *f;* ***he's a better ~*** er ist die bessere Wahl
⑤ *(offer of sex)* [eindeutiges] Angebot *euph*
II. *vt* ■ **to ~ sb** jdm ein eindeutiges Angebot machen *euph*

pro·pound [prəˈpaʊnd] *vt (form)* ■ **to ~ sth** etw darlegen; **to ~ an argument/a theory** ein Argument/eine Theorie darlegen

pro·pri·etary [prəˈpraɪətəri, AM -teri] *adj* ① ECON, LAW *(with legal right)* urheberrechtlich geschützt, Marken-; **~ article** Markenartikel *m;* **~ drug** patentrechtlich geschütztes Arzneimittel; **a ~ name** ein gesetzlich geschützter Name
② *(owner-like)* besitzergreifend; ***he looked around with a ~ air*** er sah sich mit einem Ausdruck um, als würde ihm alles gehören

pro·pri·etary ˈcom·pa·ny *n,* **Pty** *n* SA, AUS Gesellschaft *f* mit beschränkter Haftung **pro·pri·etary ˈdeal·ing** *n no pl* FIN Eigenhandel *m* **pro·pri·etary trans·ˈac·tion** *n* FIN Eigengeschäft *nt*

pro·pri·etor [prəˈpraɪətəʳ, AM proʊˈpraɪəṭɚ] *n* Inhaber(in) *m(f),* Eigentümer(in) *m(f);* **~ of a business** Geschäftsinhaber(in) *m(f)*

pro·pri·etorial [prəˌpraɪəˈtɔːriəl] *adj* Besitzer-; **to be ~ about sth/sb** etw/jdn als seinen Besitz betrachten

pro·pri·etor·ship [prəˈpraɪətəʃɪp, AM -ṭɚ-] *n* ① *(possession)* Besitz *m*
② LAW Eigentumsrecht *nt* an Grundbesitz

pro·pri·etress <*pl* -es> [prəˈpraɪətrɪs, AM proʊˈ-] *n* Inhaberin *f; of land* Eigentümerin *f,* Besitzerin *f*

pro·pri·ety [prəˈpraɪəti, AM -əṭi] *n* ① *no pl (decency)* Anstand *m*
② *no pl (correctness)* Richtigkeit *f*
③ *(standards of conduct)* ■ **the proprieties** *pl* höfliche Umgangsformen; **to observe the proprieties** die Regeln der Höflichkeit wahren

props [prɒps, AM prɑːps] *npl (fam)* **to give sb ~** *(congratulate)* jdm gratulieren; *(thank)* jdm danken

prop·shaft [ˈprɒpʃæft, AM ˈprɑːp-] *n* AUTO Gelenkwelle *f,* Antriebswelle *f*

props man, props mas·ter [ˈprɒps-, AM ˈprɑːps-] *n* THEAT Requisiteur *m* **ˈprops mis·tress** *n* THEAT Requisiteurin *f*

pro·pul·sion [prəˈpʌlʃən] *n no pl* Antrieb *m*

pro rata [ˌprə(ʊ)ˈrɑːtə, AM ˌproʊˈreɪṭə] I. *adj inv (form)* anteilig, anteilmäßig; **~ account** Anteilskonto *nt;* **~ amount** Anteilsbetrag *m;* **~ payment** anteilmäßige Bezahlung
II. *adv (form)* anteilig, anteilmäßig

pro·rate [ˌproʊˈreɪt] *vt* AM ■ **to ~ sth** etw anteilmäßig aufteilen [*o* verteilen]

pro·ra·tion [ˌprə(ʊ)ˈreɪʃən, AM ˌproʊˈ-] *n* anteilmäßige Aufteilung

pro·rec·tor [ˌprə(ʊ)ˈrektəʳ, AM ˌproʊˈrektɚ] *n* Prorektor(in) *m(f)*

pro·ro·ga·tion [prəʊrəʊˈgeɪʃən, AM proʊroʊˈ] *n esp* POL Vertagung *f*

pro·rogue [prəʊˈrəʊg, AM proʊˈroʊg] *vt esp* POL ■ **to ~ sth** etw vertagen

pro·sa·ic [prə(ʊ)ˈzeɪɪk, AM proʊˈ-] *adj* nüchtern, prosaisch *geh*

pro·sai·cal·ly [prəʊˈzeɪɪkli, AM proʊˈ] *adv* nüchtern, trocken *fig,* prosaisch *geh*

pro·scenium <*pl* -s *or* -nia> [prə(ʊ)ˈsiːniəm, AM proʊˈ-, *pl* -niə] *n* THEAT Proszenium *nt fachspr;* **~ [arch]** Bühnenrahmen *m*

pro·sciut·to [prə(ʊ)ˈʃuːtəʊ, AM proʊˈʃuːṭoʊ] *n no pl* Parmaschinken *m*

pro·scribe [prə(ʊ)ˈskraɪb, AM proʊˈ-] *vt (form)* ■ **to ~ sth** etw verbieten

pro·scrip·tion [prə(ʊ)ˈskrɪpʃən, AM proʊˈ-] *n no pl (form)* Verbot *nt*

pro·scrip·tive [prə(ʊ)ˈskrɪptɪv, AM proʊˈ-] *adv (form)* restriktiv *geh*

prose [prəʊz, AM proʊz] I. *n no pl* Prosa *f*
II. *n modifier (passage, poem, writer)* Prosa-; **~ comedy/story** Komödie/Geschichte in Prosa; **~ style** Stil *m*

pros·ecut·able [ˌprɒsɪˈkjuːtəbl̩, AM ˌprɑːsɪˈkjuːṭ-] *adj* strafbar

pros·ecute [ˈprɒsɪkjuːt, AM ˈprɑːs-] I. *vt* ① LAW ■ **to ~ sb [for sth]** jdn [wegen einer S. *gen*] strafrechtlich verfolgen [*o* belangen]; ***shoplifters will be ~d*** Ladendiebstahl wird zur Anzeige gebracht
② *(form: carry on)* **to ~ an enquiry** [*or* AM **inquiry**]/**investigation** eine Untersuchung/Ermittlung durchführen; **to ~ studies** Studien verfolgen
II. *vi* ① *(bring a charge)* Anzeige erstatten, gerichtlich vorgehen
② *(in court)* für die Anklage zuständig sein

pros·ecut·ing [ˈprɒsɪkjuːtɪŋ, AM ˈprɑːsɪkjuːṭ-] *adj attr* Anklage-; **~ attorney** Staatsanwalt, -anwältin *m, f*

pros·ecu·tion [ˌprɒsɪˈkjuːʃən, AM ˌprɑː-] *n* ① *no pl (legal action)* strafrechtliche Verfolgung; **to be liable to ~** sich *akk* strafbar machen; **to face ~** sich *akk* vor Gericht verantworten müssen
② *(case)* Anklage[erhebung] *f* (**for** wegen +*gen*), Gerichtsverfahren *nt* (**for** gegen +*akk*)
③ *no pl (legal team)* ■ **the ~** die Anklagevertretung; **witness for the ~** Belastungszeuge, -zeugin *m, f,* Zeuge/Zeugin der Anklage
④ *no pl (form: pursuance)* Verfolgen *nt; of inquiry, investigation* Durchführung *f;* **~ of a policy** das Verfolgen einer Politik

pros·ecu·tor [ˈprɒsɪkjuːtəʳ, AM ˈprɑːsɪkjuːṭɚ] *n* Ankläger(in) *m(f),* ≈ Staatsanwalt, -anwältin *m, f*

pros·elyte [ˈprɒsəlaɪt, AM ˈprɑːs-] *n* REL *(form)* Neubekehrte(r) *f(m),* Proselyt(in) *m(f)*

pros·elyt·ize [ˈprɒsəlɪtaɪz, AM ˈprɑːsə-] I. *vt* ■ **to ~ sb** jdn bekehren
II. *vi* Leute bekehren

pros·elyt·iz·er [ˈprɒsəlɪtaɪzəʳ, AM ˈprɑːsəlɪtaɪzɚ] *n* Bekehrer(in) *m(f)*

pro·sod·ic [prəˈsɒdɪk, AM proʊˈsɑːd] *adj inv* LIT das Silbenmaß betreffend, prosodisch *fachspr*

proso·dy [ˈprɒsədi, AM ˈprɑːs-] *n no pl* ① LING Prosodie *f fachspr*
② LIT Verslehre *f*

pros·pect I. *n* [ˈprɒspekt, AM ˈprɑː-] ① *(idea)* Aussicht *f* (**of** auf +*akk*); ***I have to meet my boss tomorrow and I don't relish the ~*** ich habe morgen ein Gespräch mit meinem Chef und könnte dankend darauf verzichten; ■ **the ~ of doing sth** die Aussicht, etw zu tun
② *(likelihood)* Aussicht *f,* Wahrscheinlichkeit *f* (**of** auf +*akk*); ***what are the ~s of success in this venture?*** wie steht es um die Erfolgsaussichten bei diesem Unternehmen?
③ *(opportunities)* ■ **~s** *pl* Aussichten *pl,* Chancen *pl;* ***her ~s are good*** ihre Aussichten stehen gut; **employment ~s** Aussichten auf Arbeit
④ *(liter: extensive view)* Aussicht *f* (**of** auf +*akk,* **over** über +*akk*)
⑤ *(potential customer)* potenzieller Kunde/potenzielle Kundin; *(potential employee)* aussichtsreicher Kandidat/aussichtsreiche Kandidatin
II. *vi* [prəˈspekt, AM ˈprɑː-] nach Bodenschätzen suchen; **to ~ for gold** nach Gold suchen

pro·spec·tive [prəˈspektɪv] *adj inv* voraussichtlich; **~ candidate** möglicher Kandidat/mögliche Kandidatin; **~ customer** potenzieller Kunde/potenzielle Kundin; **~ dividend** zu erwartende Dividende; **~ P/E ratio** voraussichtliches Kurs-Gewinn-Verhältnis

pro·spec·tive ˈpress *n* ECON zu erwartende Dividende

pro·spec·tor [prəˈspektəʳ, AM ˈprɑːspektɚ] *n* MIN

Prospektor(in) *m(f) fachspr;* **gold** ~ Goldsucher(in) *m(f)*

pro·spec·tus [prəˈspektəs] *n* ❶ *(booklet)* Prospekt *m;* **complete** ~ Vollprospekt *nt;* **university** ~ Studienführer *m*
❷ FIN Emissionsprospekt *m,* Subskriptionsprospekt *m,* Zulassungsprospekt *m*

pros·per [ˈprɒspəʳ, AM ˈprɑːspɚ] *vi* ❶ *(financially)* florieren
❷ *(physically)* gedeihen

pros·per·ity [prɒsˈperəti, AM prɑːˈsperət̬i] *n no pl (economic boom)* Hochkonjunktur *f; (wealth)* Wohlstand *m,* Prosperität *f geh;* **a period of peace and** ~ eine Zeit des Friedens und Wohlstands; **in times of** ~ in Zeiten allgemeinen Wohlstandes

pros·per·ous [ˈprɒspərəs, AM ˈprɑːspɚ-] *adj* ❶ *(well off)* wohlhabend, reich; ~ **business** gut gehendes [*o* florierendes] Geschäft; ~ **economy** blühende [*o* florierende] Wirtschaft
❷ *(successful)* erfolgreich

pros·per·ous·ly [ˈprɒspərəsli, AM ˈprɑːspɚ-] *adv* florieren; **to live** ~ im Wohlstand leben

pros·ta·gland·in [ˌprɒstəˈglændɪn, AM ˌprɑːs-] *n* BIOL, CHEM Prostaglandin *nt fachspr*

pros·tate [ˈprɒsteɪt, AM ˈprɑːs-] **I.** *n* Prostata *f,* Vorsteherdrüse *f*
II. *n modifier* Prostata-; ~ **gland** Prostata *f,* Vorsteherdrüse *f*

pros·the·sis <*pl* -ses> [prɒsˈθiːsɪs, AM ˈprɑːsθə-, *pl* -siːz] *n* Prothese *f*

pros·thet·ic [prɒsˈθetɪk, AM prɑːsˈθet̬-] *adj inv* prothetisch

pros·ti·tute [ˈprɒstɪtjuːt, AM ˈprɑːstətuːt, -tjuːt] **I.** *n* Prostituierte(r) *f(m)*
II. *vt* ❶ *(sexually)* ■ **to** ~ **oneself** sich *akk* prostituieren
❷ *(debase)* ■ **to** ~ **sth** etw vermarkten; **to** ~ **one's talents** seine Talente verschleudern; **to** ~ **oneself** sich *akk* selbst verraten

pros·ti·tu·tion [ˌprɒstɪˈtjuːʃən, AM ˌprɑːstəˈtuː-] *n no pl* Prostitution *f*

pros·trate I. *adj* [ˈprɒstreɪt, AM ˈprɑː-] ❶ *(face downward)* ausgestreckt; **to lie** ~ **on sth** ausgestreckt auf etw *dat* liegen
❷ *(overcome)* überwältigt; ■ **to be** ~ **with sth** von etw *dat* überwältigt sein; **to be** ~ **with grief** von Trauer übermannt sein
II. *vt* [prɒsˈtreɪt, AM ˈprɑːstreɪt] ■ **to** ~ **oneself** sich *akk* zu Boden werfen

pros·trat·ed [prɒsˈtreɪtɪd, AM ˈprɑːstreɪt̬-] *adj pred, inv* ■ **to be** ~ **by sth** *grief, exhaustion* von etw *dat* übermannt sein; *illness* von etw *dat* geschwächt sein

pros·tra·tion [prɒsˈtreɪʃən, AM prɑːˈstreɪ-] *n* ❶ *(prostrating oneself)* Fußfall *m,* Kniefall *m* SCHWEIZ, ÖSTERR
❷ *no pl (exhaustion)* Erschöpfung *f*

pro·style [ˈprəʊstaɪl, AM ˈproʊ-] *n* Prostylos *m fachspr*

prosy [ˈprəʊzi, AM ˈproʊ-] *adj (pej)* langatmig

pro·tago·nist [prəʊˈtægənɪst, AM proʊ-] *n* ❶ *(main character)* Protagonist(in) *m(f)*
❷ *(advocate)* Verfechter(in) *m(f)* (**of** von +*dat*)

pro·tean [prəʊˈtiːən, AM ˈproʊtiːən] *adj (liter)* proteisch *geh*

pro·tect [prəˈtekt] *vt* ❶ *(safeguard)* ■ **to** ~ **sb/sth** jdn/etw schützen; ■ **to** ~ **oneself** sich *akk* selbst schützen; ■ **to** ~ **sb/sth against sb/sth** jdn/etw gegen jdn/etw schützen; ■ **to** ~ **sb/sth from sb/sth** jdn/etw vor jdm/etw schützen; *from danger* jdn/etw vor jdm/etw beschützen; **to** ~ **one's interests** seine Interessen wahren
❷ ECON *(shield from competition)* **to** ~ **farmers/industry** die Bauern/die Industrie durch Protektionismus schützen

pro·tect·ed [prəˈtektɪd] *adj species* geschützt

pro·tect·ed ˈsex *n no pl* kondomgeschützter Sex

pro·tec·tion [prəˈtekʃən] *n* ❶ *(defence)* Schutz *m* (**against** gegen +*akk,* **for** für +*akk*); *of interests* Wahrung *f;* **police** ~ Polizeischutz *m;* **to be under sb's** ~ unter jds Schutz stehen; ***lead is the preferred form of*** ~ ***against x-ray radiation*** zur Abschirmung der Röntgenstrahlung nutzt man meist Blei
❷ *no pl (paid to criminals)* Schutzgeld *nt;* **to pay** ~ Schutzgeld zahlen

pro·ˈtec·tion dog *n* Wachhund *m*

pro·ˈtec·tion fac·tor *n* Lichtschutzfaktor *m*

pro·tec·tion·ism [prəˈtekʃənɪzəm] *n no pl* Protektionismus *m*

pro·tec·tion·ist [prəˈtekʃənɪst] **I.** *adj inv (pej)* protektionistisch
II. *n* Protektionist(in) *m(f)*

pro·ˈtec·tion mon·ey *n no pl* Schutzgeld *nt*

pro·ˈtec·tion rack·et *n* Erpressung *f* von Schutzgeld; *(organization)* Erpresserorganisation *f*

pro·tec·tive [prəˈtektɪv] *adj* ❶ *(affording protection)* Schutz-; ~ **clothing** Schutzkleidung *f;* ~ **colouring** [*or* AM **coloring**] Tarnfarbe *f*
❷ *(wishing to protect)* fürsorglich; ■ **to be** ~ **of** [*or* **towards**] **sb/sth** jdm/etw gegenüber fürsorglich sein

pro·tec·tive ˈcus·to·dy *n no pl* Schutzhaft *m*

pro·tec·tive·ly [prəˈtektɪvli] *adv* schützend; *(with care)* beschützend

pro·tec·tive·ness [prəˈtektɪvnəs] *n no pl* Beschützerinstinkt *m*

pro·tec·tive ˈtar·iff *n* Schutzzoll *m*

pro·tec·tor [prəˈtektəʳ, AM -ɚ] *n* ❶ *(person)* Beschützer *m*
❷ *(device)* Schutzvorrichtung *f*
❸ HIST *(regent)* ■ **P**~ Protektor *m*

pro·tec·tor·ate [prəˈtektərət, AM -ɪt] *n* Protektorat *nt*

pro·tec·tress <*pl* -es> [ˌprəˈtektrəs, -trɪs, AM ˌproʊ-] *n* Beschützerin *f;* REL Schutzgottheit *f*

pro·té·gé, pro·té·gée [ˈprɒtɪʒeɪ, AM ˈproʊt̬ə-] *n* Protegé *m geh,* Schützling *m*

pro·tein [ˈprəʊtiːn, AM ˈproʊ-] **I.** *n* ❶ *no pl (collectively)* Eiweiß *nt*
❷ *(specific substance)* Protein *nt*
II. *n modifier (content)* Eiweiß-; ~ **deficiency** Eiweißmangel *m;* ~ **source** Proteinquelle *f*

ˈpro·tein shake *n* Proteindrink *m*

pro tem [ˌprəʊˈtem, AM ˌproʊ-] *adv inv short for* **pro tempore** befristet, vorübergehend

pro tem·po·re [ˌprəʊˈtempəriː, AM ˌproʊ-] *adv inv* befristet, vorübergehend

pro·teoly·sis [ˌprəʊtiˈɒlɪsɪs, AM ˌproʊ-] *n no pl* CHEM Eiweißabbau *m*

pro·test I. *n* [ˈprəʊtest, AM ˈproʊ-] ❶ *(strong complaint)* Protest *m;* **to make** [*or* **register**] **a** ~ eine Beschwerde einreichen; **to do sth in** ~ [**against sth**] etw aus Protest [gegen etw *akk*] tun; **to do sth under** ~ etw unter Protest tun
❷ *(demonstration)* Protestkundgebung *f*
❸ *(legal document)* Protest *m*
❹ FIN Wechselprotest *m*
II. *vi* [prə(ʊ)ˈtest, AM proʊˈ-] protestieren; ■ **to** ~ **against sth/sb** gegen etw/jdn protestieren
III. *vt* [prə(ʊ)ˈtest, AM proʊˈ-] ❶ *(assert)* ■ **to** ~ **sth** etw beteuern; ■ **to** ~ **that ...** beteuern, dass ...; **to** ~ **one's innocence** seine Unschuld beteuern
❷ AM *(object to)* ■ **to** ~ **sth** gegen etw *akk* protestieren
❸ FIN **to** ~ **a bill** Wechselprotest einlegen

Prot·es·tant [ˈprɒtɪstənt, AM ˈprɑːt̬ə-] **I.** *n* Protestant(in) *m(f)*
II. *adj inv* protestantisch; *(in Germany)* evangelisch; **the** ~ **church** die evangelische Kirche

Prot·es·tant·ism [ˈprɒtɪstəntɪzəm, AM ˈprɑːt̬ə-] *n no pl* Protestantismus *m*

Prot·es·tant ˈwork eth·ic *n* protestantische Arbeitsmoral

pro·tes·ta·tion [ˌprɒtesˈteɪʃən, AM ˌprɑːt̬esˈ-] *n usu pl* ❶ *(strong objection)* Protesterklärung *f*
❷ *(strong affirmation)* Beteuerung *f*

pro·test·er [prəˈtestəʳ, AM -ɚ] *n (objector)* Protestierende(r) *f(m); (demonstrator)* Demonstrant(in) *m(f)*

ˈpro·test march *n* Protestmarsch *m*

pro·tes·tor *n see* **protester**

ˈpro·test song *n* Protestlied *nt*

ˈpro·test vote *n* Proteststimme *f*

Proteus [ˈprəʊtiuːs, AM ˈproʊt̬iəs] *n* Proteus *m*

proto·col [ˈprəʊtəkɒl, AM ˈproʊt̬əkɔːl] *n* ❶ *no pl (system of rules)* Protokoll *nt;* **breach of** ~ Protokollverstoß *m*
❷ *(international agreement)* Protokoll *nt;* **the Geneva P**~ das Genfer Protokoll

pro·ton [ˈprəʊtɒn, AM ˈproʊtɑːn] *n* PHYS Proton *nt fachspr;* ~ **donor** Protonendonator *m;* ~ **number** Ordnungszahl *f,* Kernladungszahl *f*

proto·plasm [ˈprəʊtə(ʊ)plæzəm, AM ˈproʊt̬ə-] *n no pl* BIOL Protoplasma *nt fachspr*

proto·type [ˈprəʊtə(ʊ)taɪp, AM ˈproʊt̬ə-] *n* Prototyp *m* (**for** für +*akk*)

proto·typi·cal [ˌprəʊtəʊˈtɪpɪkəl, AM ˌproʊt̬əˈ] *adj inv* prototypisch *geh*

proto·zoan <*pl* -s *or* -zoa> [ˌprəʊtə(ʊ)ˈzəʊən, *pl* -zəʊə, AM ˌproʊt̬əˈzoʊ-, *pl* -zoʊə] *n* BIOL Protozoon *m fachspr,* Urtierchen *nt*

pro·tract [prəʊˈtrækt, AM proʊˈ-] *vt (form)* ■ **to** ~ **sth** etw in die Länge ziehen

pro·tract·ed [prəʊˈtræktɪd, AM proʊˈ-] *adj* langwierig; ~ **negotiations** langwierige Verhandlungen

pro·trac·tion [prəʊˈtrækʃən, AM proʊˈ-] *n* ❶ *no pl (prolonging)* Ausdehnung *f*
❷ *(muscle action)* Streckung *f*

pro·trac·tor [prəʊˈtræktəʳ, AM proʊˈtræktɚ] *n* ❶ MATH Winkelmesser *m*
❷ ANAT *(muscle)* Streckmuskel *m*

pro·trude [prəʊˈtruːd, AM proʊˈ-] **I.** *vi jaw* vorstehen; *branch, ears* abstehen; ■ **to** ~ **from sth** aus etw *dat* hervorragen
II. *vt* ■ **to** ~ **sth** etw vorstrecken [*o* herausstrecken]

pro·trud·ing [prəʊˈtruːdɪŋ, AM proʊˈ-] *adj attr* ~ **jaw** vorstehendes Kinn; ~ **ears** abstehende Ohren; ~ **eyes** vortretende Augen

pro·tru·sion [prəʊˈtruːʒən, AM proʊˈ-] *n* ❶ *no pl (sticking out)* Vorstehen *nt*
❷ *(bump)* Vorsprung *m*

pro·tu·ber·ance [prəʊˈtjuːbərən(t)s, AM proʊˈtuːb-, -tjuːb-] *n (form)* Beule *f*

pro·tu·ber·ant [prəʊˈtjuːbərənt, AM proʊˈtuːb-] *adj (form)* vorstehend; ~ **eyes** vortretende Augen

proud [praʊd] **I.** *adj* ❶ *(pleased)* stolz; ■ **to be** ~ **of sth/sb** stolz auf etw/jdn sein; ■ **to be** ~ **to do sth** stolz sein, etw zu tun; ■ **to be** ~ **that ...** stolz [darauf] sein, dass ...; ***it was a*** ~ ***moment for me*** es war ein erhebender Moment für mich
❷ *(having self-respect)* stolz; ***theirs was a small but*** ~ ***country*** sie waren ein kleines, aber stolzes Land
❸ *(pej: arrogant)* eingebildet; **as** ~ **as a peacock** stolz wie ein Pfau
❹ BRIT *(protrude)* **to stand** ~ [**of sth**] [von etw *dat*] abstehen
II. *adv* **to do sb** ~ BRIT, AUS *(dated: treat well)* jdn verwöhnen; AM *(please by doing well)* jdn mit Stolz erfüllen

proud ˈflesh *n no pl* MED wildes Fleisch

proud·ly [ˈpraʊdli] *adv* ❶ *(with pride)* stolz
❷ *(pej: haughtily)* hochnäsig *fam*

prov·able [ˈpruːvəbl̩] *adj* beweisbar, nachweisbar; **a** ~ **claim** eine beweisbare Tatsache; **a** ~ **theory** eine nachweisbare Theorie

prove <-d, -d *or* AM *usu* proven> [pruːv] **I.** *vt* ❶ *(establish)* ■ **to** ~ **sth** etw beweisen; **to** ~ **the truth of sth** die Richtigkeit von etw *dat* nachweisen; **to** ~ **a point** beweisen, dass man Recht hat
❷ *(show)* ■ **to** ~ **oneself sb/sth:** ***during the rescue she*** ~***d herself to be a highly competent climber*** während der Rettungsaktion erwies sie sich als sehr geübte Kletterin; ■ **to** ~ **oneself sth** sich *dat* selbst etw beweisen
II. *vi* ❶ + *n, adj* sich *akk* erweisen; ***working with children*** ~***d to require more patience than he'd expected*** mit Kindern zu arbeiten erforderte mehr Geduld, als er gedacht hatte; **to** ~ **successful** sich *akk* als erfolgreich erweisen
❷ BRIT *(rise) dough* gehen lassen

prov·en [ˈpruːvən] **I.** *vt, vi esp* AM *pp of* **prove**
II. *adj* ❶ *(tested)* nachgewiesen; **a** ~ **liar** ein bekannter Lügner; **a** ~ **remedy** ein erprobtes Heilmittel

P

② SCOT LAW **not ~** unbewiesen

prov·enance ['prɒvᵊnən(t)s, AM 'prɑːvᵊnᵊn(t)s] *n no pl (form)* Herkunft *f,* Provenienz *f geh;* **to be of unknown ~** unbekannter Herkunft sein

Pro·ven·çal [ˌprɒvɑ̃(n)'sɑːl, AM ˌproʊvɑːn'-] **I.** *n* ① *(language)* Provenzalisch *nt* ② *(person)* Provenzale, Provenzalin *m, f* **II.** *adj* provenzalisch

prov·en·der ['prɒvɪndəʳ, AM 'prɑːvᵊndɚ] *n no pl* ① AGR *(dated: dry fodder)* [Trocken]futter *nt* ② *(hum: sustenance)* Futter *nt hum fam*

pro·veni·ence [prə'viːnjən(t)s] *n* AM *(provenance)* Herkunft *f,* Provenienz *f geh*

prov·erb ['prɒvɜːb, AM 'prɑːvɜːrb] *n* ① *(saying)* Sprichwort *nt* ② *(fig: well-known for)* ■**to be a ~ for sth** für etw *akk* berühmt [*o pej* berüchtigt] sein; ***she's a ~ for lateness*** ihre Unpünktlichkeit ist geradezu sprichwörtlich ③ REL ■**P~s** + *sing vb* Sprüche *pl;* **the book of P~s** die Sprüche Salomos

pro·ver·bial [prə(ʊ)'vɜːbiəl, AM prə'vɜːr-] *adj* ① *(from a proverb)* sprichwörtlich ② *(fig: well-known)* sprichwörtlich

pro·ver·bial·ly [prə(ʊ)'vɜːbiəli, AM prə'vɜːr-] *adv* sprichwörtlich

pro·vide [prə(ʊ)'vaɪd, AM prə'-] **I.** *vt* ■**to ~ sth** etw zur Verfügung stellen [*o* bereitstellen]; ***we will not be able to ~ the same standard of teaching if there are funding cuts*** wir werden dieses Unterrichtsniveau nicht aufrechterhalten können, wenn der Etat gekürzt wird; **to ~ employment** Arbeitsplätze schaffen; **to ~ evidence/an explanation** Beweise/eine Erklärung liefern; **to ~ information about sb/sth** Informationen über jdn/etw geben; **to ~ inspiration** inspirieren; **to ~ proof** einen Nachweis erbringen; **to ~ a thrill** für Nervenkitzel sorgen; ■**to ~ sb/sth with sth** [*or* **sth for sb/sth**] *(supply)* jdn/etw mit etw *dat* versorgen; *(offer)* jdm/etw etw bieten [*o* geben]; **to ~ ammunition for sb/sth** [*or* **sb/sth with ammunition**] *(fig)* jdm/etw Munition liefern *fig;* ***by being late he ~d ammunition for his boss to use against him*** durch sein Zuspätkommen lieferte er seinem Chef Material, das dieser gegen ihn verwenden konnte; **to ~ a backdrop for sth** den Hintergrund für etw *akk* liefern; **to ~ a reference for sb** jdm eine Referenz geben; **to ~ sanctuary/shelter for sb/sth** jdm/etw Zuflucht/Schutz bieten; **to ~ treatment for sb/sth** jdn/etw behandeln **II.** *vi* ① *(form: anticipate)* ■**to ~ for sth** für etw *akk* vorsorgen [*o* Vorsorge treffen]; ■**to ~ against sth** Vorkehrungen gegen etw *akk* treffen, sich *akk* vor etw *dat* schützen ② *(look after)* ■**to ~ for sb/oneself** für jdn/sich selbst sorgen ③ *(form: enable)* ■**to ~ for sth** etw ermöglichen; *law* etw erlauben; ***current legislation ~s for the detention of suspects*** die gegenwärtige Gesetzgebung erlaubt die Inhaftierung von Verdächtigen ④ LAW *(form: stipulate)* ■**to ~ that ...** festlegen [*o* bestimmen] [*o* vorsehen], dass ...; ***section 17 ~s that all decisions must be circulated in writing*** Artikel 17 schreibt vor, dass alle Entscheidungen schriftlich weitergeleitet werden müssen

pro·vid·ed [prə(ʊ)'vaɪdɪd, AM prə'-] **I.** *adj inv* mitgeliefert, beigefügt; ***instructions on installation are ~ with the software*** Installationsanweisungen liegen der Software bei **II.** *conj see* **providing (that)**

provi·dence ['prɒvɪdᵊn(t)s, AM 'prɑːvə-] *n no pl* Vorsehung *f;* **by** [*or* **through**] **an act** [*or* **stroke**] **of ~** durch eine Fügung des Schicksals; **divine ~** göttliche Vorsehung; **to tempt ~** das Schicksal herausfordern

provi·dent ['prɒvɪdᵊnt, AM 'prɑːvə-] *adj (approv form)* ① *(foresighted)* vorausschauend, weitsichtig; **to be a ~ person** ein vorausblickender Mensch sein ② ECON Unterstützungs-, Fürsorge- ③ *(thrifty)* sparsam

provi·den·tial [ˌprɒvɪ'den(t)ʃᵊl, AM ˌprɑːvə'-] *adj (form)* günstig, glücklich; ***it was ~, my meeting you*** ein Glück, dass ich dich getroffen habe

provi·den·tial·ly [ˌprɒvɪ'den(t)ʃᵊli, AM ˌprɑːvə'-] *adv (form)* glücklicherweise

provi·dent·ly ['prɒvɪdᵊntli, AM 'prɑːvə-] *adv (approv form)* vorausschauend, weitsichtig

pro·vid·er [prə(ʊ)'vaɪdəʳ, AM prə'vaɪdɚ] *n* ① *(supplier)* Lieferant(in) *m(f); of a service* Anbieter(in) *m(f);* **~ of services** COMM Dienstleister(in) *m(f)* ② *(breadwinner)* Ernährer(in) *m(f)*

pro·vid·ing (that) [prə(ʊ)'vaɪdɪŋ, AM prə'-] *conj* sofern, vorausgesetzt, dass ...; ***~ we find the money to finance our business, ...*** vorausgesetzt, wir bekommen das Geld für die Finanzierung, ...

Provie ['prəʊvi] *n* BRIT *(fam) short for* **Provo** Mitglied *nt* der provisorischen IRA

prov·ince ['prɒvɪn(t)s, AM 'prɑː-] *n* ① *(territory)* Provinz *f;* ■**the P~** BRIT Nordirland *nt* ② *no pl (area of knowledge)* [Fach]gebiet *nt; (area of responsibility)* Zuständigkeitsbereich *m;* **to be within/outside the ~ of sth** für etw *akk* zuständig/nicht zuständig sein

prov·inces ['prɒvɪn(t)sɪz, AM 'prɑː-] *npl* ■**the ~** *(outside capital)* die Provinz *kein pl;* AM *(outside major cities)* die Vororte

prov·ince-wide ['prɒvɪn(t)sˌwaɪd, AM 'prɑː-] *adj inv* provinzweit, überall in der Provinz *nach n*

pro·vin·cial [prə(ʊ)'vɪn(t)ʃᵊl, AM prə'-] **I.** *adj* ① *(of a province)* Provinz-; **~ city/government** Provinzstadt *f*/-verwaltung *f* ② *(pej: unsophisticated)* provinziell *pej;* **~ attitude** provinzielle Einstellung **II.** *n* ① *(province inhabitant)* Provinzbewohner(in) *m(f)* ② *(pej: unsophisticated person)* Provinzler(in) *m(f) pej*

pro·vin·cial·ism [prə(ʊ)'vɪn(t)ʃᵊlɪzᵊm, AM prə'-] *n no pl* ① *(pej: narrow-mindedness)* Provinzialismus *m pej* ② *(localism)* Provinzialismus *m*

prov·ing flight ['pruːvɪŋ-] *n* MIL, AVIAT Testflug *m*

'prov·ing ground *n* Versuchsgelände *nt; (fig)* ***these elections were a ~ for his popularity with his voters*** diese Wahlen waren ein Stimmungsbarometer für seine Beliebtheit bei den Wählern

pro·vi·sion [prə(ʊ)'vɪʒᵊn, AM prə'-] **I.** *n* ① *no pl (providing)* Versorgung *f,* Bereitstellung *f; (financial precaution)* Vorkehrung *f;* **to make ~ for sb/sth** für jdn/etw Vorsorge treffen; **~s for pensions and similar allowances** Rückstellungen für Pensionen und ähnliche Verpflichtungen ② *(something supplied)* Vorrat *m* (**of** an *+dat)* ③ *(stipulation)* Auflage *f;* **with the ~ that ...** unter der Bedingung, dass ... **II.** *vt (form)* ■**to ~ sb/sth** jdn/etw versorgen **III.** *vi* vorsorgen; ■**to ~ against sth** gegen etw *akk* Vorkehrungen treffen

pro·vi·sion·al [prə(ʊ)'vɪʒᵊnᵊl, AM prə'-] **I.** *adj* ① *(temporary)* vorläufig; **~ government** Übergangsregierung *f;* **~ solution** provisorische Lösung ② BRIT *(of the IRA)* ■**P~** *inoffizieller Flügel der IRA* **II.** *n* BRIT ■**P~** Mitglied *nt* der provisorischen IRA

pro·vi·sion·al 'li·cence *n* BRIT, AUS Führerschein *m* auf Probe, provisorischer Fahrausweis SCHWEIZ

pro·vi·sion·al·ly [prə(ʊ)'vɪʒᵊnᵊli, AM prə'-] *adv* vorläufig, zeitweilig

pro·vis·ion·ing [prə(ʊ)'vɪʒᵊnɪŋ, AM prə-] *n no pl* FIN Rückstellungsverbuchung *f*

pro·vi·sions [prə(ʊ)'vɪʒᵊnz, AM prə'-] *npl* Vorräte *pl;* **to be low on ~** [nur noch] wenig Vorräte haben

pro·vi·so [prə(ʊ)'vaɪzəʊ, AM prə'vaɪzoʊ] *n* Auflage *f,* Bedingung *f;* LAW Vorbehaltsklausel *f;* ■**with** [*or* **on**] **the ~ that ...** unter der Bedingung, dass ...

Pro·vo ['prəʊvəʊ] *n* BRIT *(fam) short for* **Provisional** Mitglied *nt* der provisorischen IRA

provo·ca·tion [ˌprɒvə'keɪʃᵊn, AM ˌprɑː-] *n* Provokation *f;* **to be under** [**severe**] **~** [stark] provoziert werden

pro·voca·tive [prə'vɒkətɪv, AM -'vɑːkət̬-] *adj* ① *(provoking)* provokativ *geh* ② *(sexually arousing)* provokant *geh,* provozierend *attr*

pro·voca·tive·ly [prə'vɒkətɪvli, AM -'vɑːkət̬-] *adv* ① *(provokingly)* provokativ *geh* ② *(sexually arousing)* provokant *geh,* provozierend *attr*

pro·voke [prə'vəʊk, AM -'voʊk] *vt* ① *(vex)* ■**to ~ sb** [**into doing sth**] jdn [zu etw *dat*] provozieren; **to ~ sb to fury** jdn in Rage bringen ② *(give rise to)* ■**to ~ sth** *worries, surprise, outrage* etw hervorrufen [*o geh* provozieren]

pro·vok·ing [prə'vəʊkɪŋ, AM -'voʊk-] *adj* provozierend *attr; question* provokativ *geh; statement* provokant *geh*

prov·ost ['prɒvəst, AM 'proʊvoʊst] *n* ① BRIT UNIV Hochschulleiter(in) *m(f),* Rektor(in) *m(f)* ÖSTERR; AM [hoher] Verwaltungsbeamter/[hohe] Verwaltungsbeamtin ② SCOT *(mayor)* Bürgermeister(in) *m(f)*

prow [praʊ] *n* NAUT Bug *m*

prow·ess ['praʊɪs] *n no pl (esp form)* Können *nt;* **sexual/sporting ~** sexuelle/sportliche Leistungsfähigkeit

prowl [praʊl] **I.** *n (fam)* Streifzug *m;* **to be on the ~** auf einem Streifzug sein, umherstreifen; *(fig)* ***after the severe famine, death is now on the ~*** nach der schweren Hungersnot geht jetzt der Tod um **II.** *vt* ■**to ~ sth** etw durchstreifen **III.** *vi* ■**to ~** [**around**] umherstreifen, herumstreifen; *suspect* sich *akk* herumtreiben

'prowl car *n* AM *(patrol car)* Streifenwagen *m*

prowl·er ['praʊləʳ, AM -ɚ] *n* Herumtreiber(in) *m(f) fam*

'prowl·ing ['praʊlɪŋ] *n* Herumtreiben *nt*

prox. [prɒks, AM 'prɑːksəmoʊ] *short for* **proximo** [des] nächsten Monats

prox·em·ics [prɒk'siːmɪks, AM prɑːk'-] *n + sing vb* PSYCH *Wissenschaft, die sich mit gesellschaftlich konditionierten räumlichen Beziehungsfragen beschäftigt*

prox·im·ity [prɒk'sɪməti, AM prɑːk'sɪmət̬i] *n no pl* Nähe *f;* **~ to customers** Kundennähe *f;* ■**to be in ~ to sb/sth** sich *akk* nahe bei jdm/etw befinden; **in close ~ to sb/sth** in unmittelbarer Nähe zu jdm/etw befinden

prox·'im·ity fuse, AM *also* **prox·'im·ity fuze** *n* MIL, TECH Annäherungszünder *m*

proxi·mo ['prɒksɪməʊ, AM 'prɑːksɪmoʊ] *adj pred* FIN, ECON *(dated)* [des] nächsten Monats

proxy ['prɒksi, AM 'prɑː-] *n* ① *(person)* Bevollmächtigte(r) *f(m); to sign* Zeichnungsbevollmächtigte(r); **to do sth by ~** etw in Vertretung tun ② *(document)* Vollmachtsurkunde *f*

Pro·zac® ['prəʊzæk, AM 'proʊ] *n no pl* MED Prozac® *nt*

PRT [ˌpiːɑː'tiː, AM -ɑːr'-] *n abbrev of* **personal rapid transit system** PRT, individuelles Personentransportsystem

prude [pruːd] *n* prüder Mensch; **to be a ~** prüde sein

pru·dence ['pruːdᵊn(t)s] *n no pl* Vorsicht *f,* Besonnenheit *f;* **to show ~** Vorsicht an den Tag legen

pru·dent ['pruːdᵊnt] *adj* vorsichtig, umsichtig; *action* klug; **~ man rule** FIN *Standard für Anlagebeschränkungen zu Gunsten bestimmter geschützter Vermögen;* **~ step** weiser Schritt

pru·dent·ly ['pruːdᵊntli] *adv* vorsichtig, umsichtig

prud·ery ['pruːdᵊri, AM -ɚi] *n* Prüderie *f*

prud·ish ['pruːdɪʃ] *adj* prüde

prud·ish·ly ['pruːdɪʃli] *adv* prüde

prud·ish·ness ['pruːdɪʃnəs] *n no pl* Prüderie *f*

prune¹ [pruːn] *vt* HORT ■**to ~ sth** etw [be]schneiden [*o* stutzen]; *(fig)* etw reduzieren; *costs* etw kürzen; **to ~ back branches** Zweige zurückschneiden; **to ~ down a hedge/a tree** eine Hecke/einen Baum zurückschneiden; **to ~ staff** das Personal reduzieren

prune² [pruːn] *n* ① *(plum)* Dörrpflaume *f,* Dörrzwetschge *f* SCHWEIZ, Dörrzwetschke *f* ÖSTERR ② *(fam: person)* Miesmacher(in) *m(f) pej fam,* Miesepeter *m fam*

prun·er ['pruːnəʳ, AM ɚ] *n* Gartenmesser *nt*

prun·ing ['pruːnɪŋ] **I.** *adj* Schneide-; **~ tool** Garten-

gerät *nt* zum Zurückschneiden von Ästen
II. *n no pl* HORT Zurückschneiden *nt,* Stutzen *nt*
'prun·ing hook *n* HORT Schneidehaken *m* **'prun·ing knife** *n* Gartenmesser *nt* **'prun·ing saw** *n* Astsäge *f,* Baumsäge *f* **'prun·ing shears** *npl* AM *(secateurs)* Gartenschere *f,* Heckenschere *f,* SCHWEIZ *a.* Astschere *f*
pru·ri·ence ['prʊəriən(t)s, AM 'prʊr-] *n no pl (pej form: obsession) with sexual matters* Lüsternheit *f; with unpleasantness* Abartigkeit *f,* Perversität *f*
pru·ri·ent ['prʊəriənt, AM 'prʊr-] *adj (pej form)* lüstern; *inclination* abartig *pej*
pru·ri·ent·ly ['prʊəriəntli, AM 'prʊr-] *adv (pej form)* anzüglich; *(obsessed with sex)* lüstern
pru·ri·go [prʊə'raɪgəʊ, AM prʊ'raɪgoʊ] *n no pl* MED Prurigo *f fachspr*
pru·ri·tus [prʊə'raɪtəs, AM prʊ'raɪt̬-] *n no pl* MED Pruritus *m fachspr,* Juckreiz *m*
Prus·sia ['prʌʃə] *n* HIST Preußen *nt*
Prus·sian ['prʌʃən] I. *n (hist)* Preuße, Preußin *m, f*
II. *adj inv* HIST preußisch
Prus·sian 'blue *n no pl* CHEM Berliner Blau *nt*
prus·sic 'acid *n no pl (dated)* Blausäure *f*
pry¹ <-ie-> [praɪ] *vi* neugierig sein; ***I don't wish to ~, but ...*** ich möchte ja nicht aufdringlich sein, aber ...; ■**to ~ about** [*or* **around**] herumschnüffeln *fam;* ■**to ~ into sth** sich *akk* in etw *akk* einmischen, seine Nase in etw *akk* stecken *fam*
pry² <-ie-> [praɪ] *vt esp* AM *(prise)* ■**to ~ sth open** etw aufbrechen; **to ~ a secret out of sb** jdm ein Geheimnis entlocken
pry·ing ['praɪɪŋ] *adj (pej)* neugierig; **~ eyes** neugierige Blicke
PS¹ [,pi:'es] *n abbrev of* **postscript** PS *nt*
PS² [,pi:'es] *n abbrev of* **private secretary** Privatsekretär(in) *m(f)*
Ps. *n* REL *abbrev of* **psalm** Psalm *m*
psalm [sɑ:m] *n,* **Ps.** *n* REL Psalm *m*
'psalm book *n* REL Psalter *m,* Psalmenbuch *nt*
psalm·ist ['sɑ:mɪst] *n* REL Psalmist *m*
psalmo·dy ['sælmədi, AM 'sɑ:lm-] *n* REL Psalmodie *f,* Psalmengesang *m*
psal·ter ['sɔ:ltəʳ, AM t̬ɚ] *n* REL Psalter *m,* Buch *nt* der Psalmen
PSBR [,pi:esbi:'ɑ:ʳ] *n* BRIT ECON, FIN *abbrev of* **public-sector borrowing requirement** Kreditbedarf *m* der öffentlichen Hand
psepho·logi·cal [,sefə'lɒdʒɪkəl, AM ,si:fə'lɑ:] *adj inv* Wahlforschungs-
pse·pholo·gist [sɪ'fɒlədʒɪst, AM si:'fɑ:] *n* Wahlforscher(in) *m(f)*
pse·phol·ogy [(p)sɪ'fɒlədʒi, AM si:'fɑ:l-] *n no pl* Wahlanalyse *f,* Wahlforschung *f*
pseud [sju:d] BRIT I. *n (pej)* Angeber(in) *m(f),* Möchtegern *m fam*
II. *adj inv (pej)* angeberisch
pseudo- ['sju:dəʊ, AM 'su:doʊ], **pseud-** [sju:d, AM su:d] *in compounds* pseudo-
pseu·do ['sju:dəʊ, AM 'su:doʊ] I. *adj* ❶ *(false)* Pseudo-, Möchtegern-; **~-intellectual** Pseudointellektuelle(r) *f(m)*
❷ *(insincere)* heuchlerisch, verlogen
II. *n* Heuchler(in) *m(f)*
pseudo·nym ['sju:dənɪm, AM 'su:dən-] *n* Pseudonym *nt*
pseu·dony·mous [sju:'dɒnɪməs, AM su:'dɑ:-] *adj inv* **~ novels** unter einem Pseudonym geschriebene Romane
'pseudo·sci·ence *n* Pseudowissenschaft *f*
pseudy ['sju:di] *adj attr, inv* BRIT *(pej fam)* Pseudo-*pej;* **~ sentences** Pseudosprüche *pl*
psi [psaɪ, AM saɪ] *n* ❶ *(Greek letter)* Psi *nt*
❷ *no pl (psychokinesis)* Psi *nt*
psilo·cy·bin [,saɪlə(ʊ)'saɪbɪn, AM ,sɪlə'-] *n no pl* Psilocybin *nt (Art von Halluzinogen)*
psit·ta·cism ['sɪtəsɪzəm, AM 'sɪt̬ə-] *n no pl* ❶ PSYCH Psittazismus *m fachspr (krankhaftes Wiederholen unverstandener Wörter oder Sätze)*
❷ *(pej form: unreflecting repetition of words, ideas)* Nachplappern *nt pej fam*
psit·ta·co·sis [,(p)sɪtə'kəʊsɪs, AM ,sɪtə'koʊ-] *n no pl* MED Psittakose *f fachspr*
PSM [,pi:es'em] *n abbrev of* **professional science master's** PSM
pso·ria·sis [(p)sə'raɪəsɪs, AM sə'-] *n no pl* Schuppenflechte *f,* Psoriasis *f fachspr*
psst [pst] *interj (fam)* pst
PST¹ [,pi:es'ti:] *n abbrev of* **Pacific Standard Time** pazifische Zeit
PST² [,pi:es'ti:] *n* CAN *abbrev of* **Provincial Sales Tax** *Mehrwertsteuer auf Provinzebene*
psych [saɪk] *vt (fam)* ❶ *(psychoanalyse)* ■**to ~ sb** jdn psychiatrisch behandeln
❷ *(prepare)* ■**to ~ oneself/sb up** sich *akk*/jdn [psychisch] aufbauen
◆**psych out** *vt (fam)* ❶ *(intimidate)* ■**to ~ out** ○ **sb** jdn psychologisch schwächen
❷ *(analyse)* ■**to ~ sth** ○ **out** etw analysieren
psych- [saɪk] *in compounds* Psycho-
psyche¹ [saɪk] *vt see* **psych**
psy·che² ['saɪki] *n* Psyche *f*
psyched [saɪkt] *adj pred (sl: excited)* aufgedreht *fam,* aufgeputscht, überdreht *pej fam*
psyche·delia [,saɪkɪ'di:liə, AM -kə'-] *n no pl* psychedelische Gegenstände
psychedel·ic [,saɪkɪ'delɪk, AM -kə'-] *adj* ❶ *(kaleidoscopic)* psychedelisch
❷ *(hallucinogenic)* psychedelisch, bewusstseinsverändernd
psy·chi·at·ric [,saɪki'ætrɪk] *adj inv* psychiatrisch
psy·chi·at·ri·cal·ly [,saɪki'ætrɪkəli] *adv inv* psychiatrisch
psy·chi·at·ric 'hos·pi·tal *n* psychiatrisches Krankenhaus, psychiatrische Klinik **psy·chi·at·ric 'nurse** *n* psychiatrischer Pfleger/psychiatrische Pflegerin
psy·chia·trist [saɪ'kaɪətrɪst] *n* Psychiater(in) *m(f)*
psy·chia·try [saɪ'kaɪətri] *n no pl* Psychiatrie *f;* **to practise ~** als Psychiater/Psychiaterin tätig sein
psy·chic ['saɪkɪk] I. *n* Medium *nt,* Mensch *m* mit medialen Fähigkeiten
II. *adj* ❶ *(supernatural)* übernatürlich, telepathisch; **~ abilities** telepathische Fähigkeiten
❷ *(of the mind)* psychisch, seelisch; **~ illness** psychische Erkrankung
psy·chi·cal ['saɪkɪkəl] *adj* ❶ *(supernatural)* übernatürlich
❷ *(of the mind)* psychisch
psy·chi·cal·ly ['saɪkɪkəli] *adv* psychisch; **to be ~ connected** geistig miteinander verbunden sein
psy·cho ['saɪkəʊ, AM -koʊ] *(fam)*
I. *n* Psychopath(in) *m(f);* AM *(fig fam)* Spinner *m*
II. *adj* psychopathisch
III. *adv (fam)* **to go ~** ausrasten *fam*
psycho- ['saɪkəʊ, AM -koʊ] *in compounds* Psycho-
psycho·ana·lyse [,saɪkəʊ'ænəlaɪz, AM -koʊ'ænə-] *vt* ■**to ~ oneself/sb** sich *akk*/jdn psychoanalysieren
psycho·analy·sis [,saɪkəʊə'næləsɪs, AM -koʊə'-] *n no pl* Psychoanalyse *f*
psycho·ana·lyst [,saɪkəʊ'ænəlɪst, AM -koʊ'ænə-] *n* Psychoanalytiker(in) *m(f)*
psycho·ana·lyt·ic(al) [,saɪkəʊ,ænəl'ɪtɪk(əl), AM -koʊ,ænə'lɪt̬-] *adj* psychoanalytisch
psycho·bab·ble ['saɪkəʊ,bæbl, AM -koʊ,-] *n no pl (pej fam)* Psychogeschwätz *nt pej sl*
psycho·bi·og·ra·phy [,saɪkəʊbaɪ'ɒgrəfi, AM -koʊbaɪ'ɑ:grəfi] *n* Psychografie *f*
psycho·bi·ol·ogy [,saɪkəʊbaɪ'ɒlədʒi, AM -koʊbaɪ'ɑ:l-] *n no pl Wissenschaft, die die biologischen Grundlagen des Verhaltens erforscht*
psycho·drama ['saɪkəʊ,drɑ:mə, AM -koʊ,-] *n* ❶ *no pl* PSYCH Psychodrama *nt*
❷ TV, MEDIA Psychodrama *nt*
psycho·dy·nam·ic [,saɪkəʊdaɪ'næmɪk, AM koʊ] *adj inv* psychodynamisch
psycho·dy·nam·ics [,saɪkəʊdaɪ'næmɪks, AM -koʊ-] *n + sing vb* Psychodynamik *f*
psycho·ki·nesis [,saɪkəʊkaɪ'ni:sɪs, AM -koʊkɪ'-] *n no pl* Psychokinese *f*
psycho·ki·net·ic [,saɪkəʊkɪ'netɪk, AM -koʊ-] *adj* psychokinetisch
psycho·lin·guis·tic [,saɪkəʊlɪŋ'gwɪstɪk, AM koʊ] *adj inv* psycholinguistisch
psycho·lin·guis·tics [,saɪkəʊlɪŋ'gwɪstɪks, AM koʊ] *n + sing vb* Psycholinguistik *f*
psycho·logi·cal [,saɪkə'lɒdʒɪkəl, AM -'lɑ:dʒ-] *adj* ❶ *(of the mind)* psychisch; **~ boost** seelischer Auftrieb; **~ effect** Auswirkung *f* auf die Psyche; **~ well-being** seelisches Wohlbefinden
❷ *(of psychology)* psychologisch; **~ test** psychologischer Test, Psychotest *m*
❸ *(not physical)* psychisch; ***my headaches are purely ~*** meine Kopfschmerzen sind rein psychischer Natur
psycho·logi·cal·ly [,saɪkə'lɒdʒɪkəli, AM -'lɑ:dʒ-] *adv* ❶ *(mental)* psychisch; **~ disturbed** psychisch gestört
❷ PSYCH psychologisch
psycho·logi·cal 'mo·ment *n* **the right/wrong ~** der psychologisch richtige/falsche Moment **psycho·logi·cal 'pro·file** *n* MED, PSYCH, LAW psychologisches Profil; *(offender profile)* Täterprofil *nt* **psycho·logi·cal 'war·fare** *n* psychologische Kriegführung; **to employ ~ against sb** *(fig)* jdn psychisch unter Druck setzen
psy·cholo·gist [saɪ'kɒlədʒɪst, AM -'kɑ:l-] *n* Psychologe, Psychologin *m, f*
psy·chol·ogy [saɪ'kɒlədʒi, AM -'kɑ:l-] *n* ❶ *no pl (science)* Psychologie *f*
❷ *(thought processes)* Psychologie *f;* **~ of the crowd** Massenpsychologie *f*
psycho·met·rics [,saɪkə(ʊ)'metrɪks, AM -koʊ'-] *n + sing vb* Psychometrie *f*
psycho·path ['saɪkə(ʊ)pæθ, AM -kə-] *n* ❶ *(violent person)* Psychopath(in) *m(f) pej fam*
❷ PSYCH, MED Psychopath(in) *m(f)*
psycho·path·ic [,saɪkə(ʊ)'pæθɪk, AM -kə'-] *adj* ❶ *(violent)* psychopathisch *pej fam*
❷ PSYCH, MED psychopathisch
psycho·pa·thol·ogy [,saɪkə(ʊ)pæθ'ɒlədʒi, AM -koʊpæθ'ɑ:l-] *n no pl* Psychopathologie *f*
psy·chopa·thy [saɪ'kɒpəθi, AM -'kɑ:p-] *n no pl* Psychopathie *f*
psy·cho·ses [saɪ'kəʊsi:z, AM -'koʊ-] *n pl of* **psychosis**
psycho·sex·ual [,saɪkəʊ'sekʃʊəl, AM -koʊ'sekʃu-] *adj* psychosexuell; **~ disorders** psychosexuelle Störungen
psy·cho·sis <*pl* -ses> [saɪ'kəʊsɪs, AM -'koʊ-, *pl* -si:z] *n* Psychose *f*
psycho·so·cial [,saɪkəʊ'səʊʃəl, AM koʊ'soʊ] *adj inv* psychosozial
psycho·so·mat·ic [,saɪkə(ʊ)sə(ʊ)'mætɪk, AM -koʊsoʊ'mæt̬-] *adj* psychosomatisch; **~ disorder/illness** psychosomatische Störung/Erkrankung
psycho·thera·pist [,saɪkə(ʊ)'θerəpɪst, AM -koʊ'-] *n* Psychotherapeut(in) *m(f)*
psycho·thera·py [,saɪkə(ʊ)'θerəpi, AM -koʊ'-] *n no pl* Psychotherapie *f*
psy·chot·ic [saɪ'kɒtɪk, AM -'kɑ:t̬-] I. *adj* psychotisch
II. *n* Psychotiker(in) *m(f)*
psycho·trop·ic [,saɪkəʊ'trəʊpɪk, AM koʊ'troʊp] *adj inv* MED, CHEM wesensverändernd [wirksam], psychotrop *fachspr*
psy-war·ri·or [saɪ'wɒriəʳ, AM -'wɔ:rjɚ] *n* MIL *short for* **psychological warrior** Experte *m*/Expertin *f* in psychologischer Kriegführung
pt¹ *n abbrev of* **part I 3, 4**
pt² *n abbrev of* **pint** Pint *nt (0,568 l)*
pt³ *n abbrev of* **point I**
PT¹ [,pi:'ti:] *n no pl (dated) abbrev of* **physical training** Leibesübungen *pl veraltet*
PT² [,pi:'ti:] *n no pl* MED *abbrev of* **physical therapy** Physiotherapie *f*
PT³ [pi:'ti:] *n abbrev of* **physical therapist** Physiotherapeut(in) *m(f)*
PTA [,pi:ti:'eɪ] *n abbrev of* **parent-teacher association** Eltern-Lehrer-Organisation *f*
ptar·mi·gan ['tɑ:mɪgən, AM 'tɑ:r-] *n* Schneehuhn *nt*
P'T boat *n* AM MIL *(hist: MTB)* Torpedoboot *nt*
Pte *n* ECON *(in Singapore) abbrev of* **private limited company** GmbH *f*
ptero·dac·tyl [,terə(ʊ)'dæktɪl, AM -ə'dæktəl] *n* ZOOL

Pterodaktylus *m*

pto [ˌpiːtiː'əʊ, AM -'oʊ] *abbrev of* **please turn over** b.w.

PTO [ˌpiːtiː'əʊ, AM -'oʊ] *n esp* AM *abbrev of* **parent-teacher organization** ≈ Elternbeirat *m*, ≈ Elternverein *m* ÖSTERR

Ptol·ema·ic [ˌtɒlə'meɪɪk, AM ˌtɑːlə'] *adj inv* ptolemäisch

pto·maine pois·on·ing [ˌtəʊmeɪn-, AM ˌtoʊ-] *n (dated)* Leichenvergiftung *f*

P2P [ˌpiːtə'piː] *n modifier abbrev of* **peer to peer** P2P- *fachspr;* ~ **computing** P2P-Computing *nt fachspr (Webkommunikation ohne zentralen Verbindungsserver durch ein Programm, das die vernetzten Rechner der Benutzer selbst zu Servern umwandelt)*

PTSD [ˌpiːtiːes'diː] *n no pl abbrev of* **post-traumatic stress disorder** posttraumatisches Stresssyndrom

Pty AUS, NZ, SA *abbrev of* **proprietary company** Gesellschaft *f* mit beschränkter Haftung

pub[1] [pʌb] *n (fam) short for* **public house** Kneipe *f fam*, Beisl *nt* ÖSTERR

pub[2] *n abbrev of* **publication** Publikation *f*

'pub crawl *n esp* BRIT *(fam)* Kneipentour *f fam*, Beisltour *f* ÖSTERR *fam;* **to go on a** ~ eine Sauftour machen *fam*

pu·ber·ty ['pjuːbəti, AM -bɚt̬i] *n no pl* Pubertät *f*

pubes[1] [pjuːbz] *npl (fam)* Schamhaare *pl*, Schambehaarung *f kein pl*

pubes[2] ['pjuːbiːz] *n pl of* **pubis**

pu·bes·cent [pjuː'besᵊnt] *adj inv* heranwachsend *attr*, pubertierend *attr geh*

pu·bic ['pjuːbɪk] *adj attr, inv* Scham-; ~ **area/hair** Schamgegend *f*/-behaarung *f*

pu·bis <*pl* -bes> ['pjuːbɪs, *pl* -biːz] *n* ANAT Schambein *nt*

pub·lic ['pʌblɪk] **I.** *adj inv* ❶ *(of the people) opinion* öffentlich; ~ **approval** allgemeine Zustimmung; **in the ~ interest** im Interesse der Öffentlichkeit
❷ *(for the people) library* öffentlich; ~ **baths** *esp* BRIT öffentliches Bad; ~ **institution** öffentliche Einrichtung
❸ *(not private)* öffentlich; ~ **announcement/hearing** öffentliche Bekanntmachung/Anhörung; **to go ~ with sth** etw öffentlich bekanntgeben [*o* bekanntmachen]; **to make sth ~** etw öffentlich bekanntgeben; *(esp in writing)* etw veröffentlichen
❹ *(state)* öffentlich, staatlich; ~ **building** öffentliches Gebäude
❺ STOCKEX ***the company is going ~*** das Unternehmen wird in eine Aktiengesellschaft umgewandelt; ~ **offering** öffentliches Zeichnungsangebot; ~ **placing** AM öffentliche Platzierung
II. *n + sing/pl vb* ❶ *(the people)* ■**the** ~ die Öffentlichkeit, die Allgemeinheit; **a member of the** ~ jemand aus der Öffentlichkeit; **the general** ~ die allgemeine Öffentlichkeit; **the American/British/Canadian** ~ die amerikanische/britische/kanadische Öffentlichkeit; **the Great British P~** BRIT *(hum fam)* die breite britische Öffentlichkeit
❷ *(patrons)* Anhängerschaft *f; of newspapers* Leser(innen) *mpl(fpl); of TV* Zuschauer(innen) *mpl(fpl)*, Publikum *nt*
❸ *(not in private)* Öffentlichkeit *f;* **in** ~ in der Öffentlichkeit, öffentlich

pub·lic ac·'count·ant *n* AM *(licensed by state)* Buchprüfer(in) *m(f); (chartered)* ≈ Wirtschaftsprüfer(in) *m(f)*

pub·lic ad·'dress *n*, **pub·lic ad·'dress sys·tem** *n*, **PA** *n* Lautsprecheranlage *f*

pub·lic ad·min·is·'tra·tion *n no pl* POL öffentliche Verwaltung **pub·lic af·'fairs I.** *npl* öffentliche Angelegenheiten **II.** *n modifier* für öffentliche Angelegenheiten *nach n;* ~ **officer** Öffentlichkeitsreferent(in) *m(f)*

pub·li·can ['pʌblɪkən] *n* BRIT, AUS Kneipenbesitzer(in) *m(f) fam*, Kneipier *m veraltend*, Lokalbesitzer *m* ÖSTERR

pub·lic ap·'pear·ance *n* POL, ART öffentlicher Auftritt

pub·lic ap·'point·ment *n* POL, ADMIN öffentliche Bestellung **pub·lic as·'sist·ance** *n* AM staatliche Fürsorge, Sozialhilfe *f*

pub·li·ca·tion [ˌpʌblɪ'keɪʃᵊn] *n* ❶ *no pl (publishing)* Veröffentlichung *f*
❷ *(published work)* Publikation *f*

pub·li·'ca·tion date *n* Erscheinungsdatum *nt*

pub·lic 'auc·tion *n* öffentliche Versteigerung

pub·lic 'bar *n* BRIT [Steh]ausschank *m*

pub·lic 'body *n* öffentliche Stelle

pub·lic 'bond *n* öffentliche Anleihe

pub·lic 'com·fort sta·tion *n* AM *(euph: public toilet)* öffentliche Toilette, öffentliches WC

pub·lic 'com·pa·ny *n* BRIT Aktiengesellschaft *f*

pub·lic con·'veni·ence *n* BRIT, AUS *(euph form)* öffentliche Toilette, öffentliches WC **pub·lic con·'vey·ance** *n (old)* öffentliches Verkehrsmittel

pub·lic cor·po·'ra·tion *n* Publikumskapitalgesellschaft *f*, öffentliches Unternehmen

pub·lic 'debt *n* Staatsverschuldung *f*, Verschuldung *f* der öffentlichen Hand **pub·lic de·'fend·er** *n* AM LAW Pflichtverteidiger(in) *m(f)*

pub·lic do·'main *n* ❶ *(government property)* öffentliches Eigentum, Staatsbesitz *m* ❷ *(not subject to copyright)* Gemeingut *nt;* **to be in the ~** zum Allgemeingut gehören **pub·lic do·main 'soft·ware** *n* COMPUT urheberrechtlich nicht geschützte Software

pub·lic 'en·emy *n* Staatsfeind *m* **pub·lic en·emy num·ber 'one** *n* Staatsfeind *m* Nummer Eins; *(fig)* sehr großes Problem **pub·lic 'en·ter·prise** *n* staatliches Unternehmen **pub·lic ex·'pen·di·ture** *n* Staatsausgaben *pl*

pub·lic 'eye *n* ■**in the** ~ im Licht der Öffentlichkeit

pub·lic 'fig·ure *n* Figur *f* des öffentlichen Lebens

pub·lic 'funds *npl* öffentliche Gelder

pub·lic 'good *n* **to act for the** ~ im Interesse der Allgemeinheit handeln **pub·lic 'health** *n no pl* Volksgesundheit *f veraltend* **'pub·lic-health** *adj attr, inv* volksgesundheitlich **pub·lic 'health ser·vice** *n* [staatliches] Gesundheitssystem

pub·lic 'holi·day *n* gesetzlicher Feiertag

pub·lic 'house *n* BRIT *(form)* Kneipe *f fam*, Beisl *nt* ÖSTERR

pub·lic 'hous·ing *n* AM, AUS sozialer Wohnungsbau

pub·lic in·for·'ma·tion of·fic·er *n* Pressesprecher(in) *m(f)* **pub·lic in·'quiry** *n* LAW öffentliche Untersuchung

pub·lic in·sti·'tu·tion *n* öffentliche Institution, Anstalt *f* des öffentlichen Rechts

pub·lic 'in·ter·est *n* öffentliches Interesse; **to be in the** ~ im öffentlichen Interesse liegen

pub·lic 'is·sue *n* STOCKEX öffentliche Emission, öffentliche Platzierung

pub·li·cist ['pʌblɪsɪst] *n* ❶ *(agent)* Publizist(in) *m(f)*
❷ *(pej: attention-seeker)* **self-~** Selbstdarsteller(in) *m(f)*

pub·lic·ity [pʌb'lɪsəti, AM -ət̬i] **I.** *n no pl* ❶ *(promotion)* Publicity *f*, Reklame *f*, Werbung *f;* **bad/good ~** schlechte/gute Publicity [*o* ÖSTERR Presse]
❷ *(attention)* Aufsehen *nt*, Aufmerksamkeit *f*, Publicity *f;* **the glare of** ~ das Licht der Öffentlichkeit; **to attract** [*or* **generate**] ~ Aufsehen erregen
▸PHRASES: **any ~ is good** ~ *(saying)* jede Art von Publicity ist gute Publicity
II. *adj* Publicity-, Werbe-; ~ **material** Werbematerial *nt*

pub·'lic·ity agent *n* Werbeagent(in) *m(f)* **pub·'lic·ity cam·paign** *n* Werbekampagne *f* **pub·'lic·ity de·part·ment** *n* Werbeabteilung *f*, PR-Abteilung *f* ÖSTERR **pub·'lic·ity hound** *n* publicitygeiler Mensch **pub·'lic·ity-shy** <more ~, most ~> *adj* publicityscheu **pub·'lic·ity stunt** *n* Werbegag *m fam*

pub·li·cize ['pʌblɪsaɪz] *vt* ■**to ~ sth** etw bekanntmachen [*o geh* publikmachen]; *(advertise)* für etw *akk* Werbung machen

pub·lic 'law *n* öffentliches Recht

pub·lic 'li·brary *n* öffentliche Bibliothek

pub·lic 'life *n* öffentliches Leben, Öffentlichkeit *f*

pub·lic lim·it·ed 'com·pa·ny *n*, **plc** *n* BRIT Aktiengesellschaft *f*

pub·lic 'loan *n* Staatsanleihe *f*

pub·lic·ly ['pʌblɪkli] *adv inv* ❶ *(not privately)* öffentlich
❷ *(by the state)* staatlich; **to be ~ owned** sich *akk* im Staatseigentum befinden

pub·lic 'mon·ey *n* Publikumsgelder *pl*

pub·lic 'nui·sance *n* ❶ *(act)* öffentliches Ärgernis ❷ *(fam: person)* Störenfried *m*

pub·lic 'of·fice *n* öffentliches Amt; **to hold** ~ ein öffentliches Amt innehaben

pub·lic o'pin·ion *n* öffentliche Meinung **pub·lic o'pin·ion poll** *n* Meinungsumfrage *f*

pub·lic 'or·der *n* LAW öffentliche Ordnung

pub·lic 'own·er·ship *n no pl* Staatsbesitz *m;* **to be in** ~ sich *akk* im Staatseigentum befinden **pub·lic-pri·vate 'part·ner·ship** *n* Public Private Partnership *nt*

pub·lic 'prop·er·ty *n no pl* Staatseigentum *nt*

pub·lic pros·e'cu·tion *n* Staatsanwaltschaft *f* **pub·lic 'pros·ecu·tor** *n* Staatsanwalt, -anwältin *m, f* **pub·lic 'purse** *n esp* BRIT, AUS Staatskasse *f*, öffentliche Hand, Staatssäckel *m fam* **Pub·lic 'Rec·ord Of·fice** *n* BRIT Staatsarchiv *nt* **pub·lic 'rec·ords** *npl* staatliche Archive **pub·lic 'reg·is·ter** *n* POL Öffentlichkeitsregister *nt* **pub·lic 'regu·la·tors** *npl* LAW Regulierungsbehörde *f*

pub·lic re·'la·tions, PR I. *npl* MEDIA, POL Public Relations *pl*, Öffentlichkeitsarbeit *f kein pl*
II. *n modifier (campaign, department, manager, team)* Public-Relations-; ~ **consultant** PR-Berater(in) *m(f);* ~ **expert** PR-Experte, Expertin *m, f;* ~ **gesture** Imageaufbesserungsmaßnahme *f iron*, PR-Maßnahme *f* ÖSTERR; ~ **work** PR-Arbeit *f* **pub·lic-re·'la·tions ex·er·cise** *n* POL, MEDIA *(pej)* Imageaufbesserungsmaßnahme *f iron*, PR-Maßnahme *f* ÖSTERR **pub·lic-re·'la·tions of·fic·er** *n* POL, MEDIA Öffentlichkeitsreferent(in) *m(f)*

pub·lic 'safe·ty *n no pl* LAW öffentliche Sicherheit

pub·lic 'sale *n* öffentliche Versteigerung

pub·lic 'school *n* BRIT Privatschule *f;* AM, AUS, SCOT staatliche Schule

pub·lic 'sec·tor *n* öffentlicher Sektor, öffentliche Hand **pub·lic-sec·tor 'bor·row·ing re·quire·ment** *n*, **PSBR** *n* BRIT Kreditbedarf *m* der öffentlichen Hand

pub·lic 'ser·vant *n* ❶ *(state employee)* Angestellte(r) *f(m)* im öffentlichen Dienst ❷ AUS, NZ *(state administrator)* Staatsbeamte(r), -beamtin *m, f* **pub·lic 'ser·vice I.** *n* ❶ *(domain)* öffentlicher Dienst; AUS, NZ *(state administration)* Staatsdienst *m;* **to work in** ~ im öffentlichen Dienst beschäftigt sein
❷ *no pl (common good)* Dienst *m* an der Allgemeinheit **II.** *n modifier* öffentlich; ~ **announcement** öffentliche Bekanntgabe; ~ **employee** öffentliche Bedienstete/öffentlicher Bediensteter; ~ **job programme** BRIT Arbeitsbeschaffungsprogramm *nt* der öffentlichen Hand

pub·lic 'ser·vice cor·po·ra·tion *n* AM öffentlicher Versorgungsbetrieb

pub·lic 'space *n* öffentlicher Raum

pub·lic-'spir·it·ed *adj (approv)* von Gemeinsinn zeugend *attr;* ***she's a very ~ person*** sie hat viel Gemeinsinn

pub·lic 'tele·phone *n esp* BRIT öffentlicher Fernsprecher **pub·lic 'toi·let** *n esp* BRIT öffentliche Toilette **pub·lic 'trans·port**, *esp* AM **pub·lic trans·por·'ta·tion** *n* öffentliche Verkehrsmittel **pub·lic 'trial** *n* LAW öffentliche Verhandlung **pub·lic u'til·ity** *n* ECON Leistungen *pl* der öffentlichen Versorgungsbetriebe; *(company)* öffentlicher Versorgungsbetrieb **pub·lic 'works** *npl* öffentliche [*o* staatliche] Bauprojekte

pub·lish ['pʌblɪʃ] *vt* ❶ *(produce)* **to ~ an article/a result** einen Artikel/ein Ergebnis veröffentlichen; **to ~ a book/magazine/newspaper** ein Buch/Magazin/eine Zeitung herausgeben
❷ REL *(before marriage)* **to ~ the banns** das Aufgebot bestellen

pub·lish·er ['pʌblɪʃəʳ, AM -ɚ] *n* MEDIA ❶ *(company)* Verlag *m;* ~ **of books/magazines** Buch-/Zeitschriftenverlag *m*

② *(person)* Verleger(in) *m(f)*
③ AM *(newspaper owner)* Herausgeber(in) *m(f)*
pub·lish·ing ['pʌblɪʃɪŋ] I. *n no pl, no art* Verlagswesen *nt*
II. *adj attr, inv* Verlags-; ~ **empire** Verlagsimperium *nt*
'pub·lish·ing house *n* Verlag *m*, Verlagshaus *nt*
pub 'lunch *n Mittagessen, das in einem Pub serviert wird*
puce [pju:s] I. *n no pl* Braunrot *nt*
II. *adj* braunrot
puck [pʌk] *n* SPORT Puck *m*
puck·er ['pʌkəʳ, AM -ɚ] I. *vt* ■ **to ~ sth** etw *akk* in Falten legen; **to ~ [up] one's lips** seine Lippen spitzen; **to ~ [up] one's eyebrows** seine Augenbrauen runzeln
II. *vi* ■ **to ~ [up]** *cloth* sich *akk* kräuseln; *lips* sich *akk* spitzen; *eyebrows* sich *akk* runzeln
puck·ish ['pʌkɪʃ] *adj* spitzbübisch
pud [pʊd] *n* BRIT *(fam) abbrev of* **pudding 1**
pud·ding ['pʊdɪŋ] *n* ① BRIT *(dessert course)* Süßspeise *f*, Nachspeise *f*
② *no pl* AM *(blancmange)* Pudding *m*
③ *esp* BRIT *(with suet pastry)* [Fleisch]pastete *f*; **black ~** ≈ Blutwurst *f*, ÖSTERR *bes* Blunzen *f*
'pud·ding basin *n* BRIT Puddingform *f (meist aus Keramik)* **pud·ding-ba·sin 'hair·cut** *n* FASHION Topfschnitt *m*, Pfannenfrisur *f* SCHWEIZ, Pilzkopf *m*
'pud·ding club *n* ▶PHRASES: **to be in the ~** BRIT *(hum dated fam)* einen Braten in der Röhre haben *derb* **'pud·ding-head** *n (dated fam)* Dummkopf *m fam*
pud·dle ['pʌdl] *n* Pfütze *f*
pu·den·da [pju:'dendə] *npl (form)* Genitalien *pl*
pudgi·ness ['pʌdʒɪnəs] *n no pl esp* AM Rundlichkeit *f*
pudgy ['pʌdʒi] *adj esp* AM rundlich; *face* schwammig; *person* pummelig
pu·er·ile ['pjʊəraɪl, AM 'pju:ɚɪl] *adj* kindlich, kindisch *pej*
pu·er·il·ity [pjʊə'rɪləti, AM pju:ə'rɪləṭi] *n no pl*
① *(childlikeness)* kindliches Wesen
② *(pej: childishness)* Albernheit *f*, Infantilität *f geh*
pu·er·per·al fe·ver [pju'ɜ:pərəl'fi:vəʳ, AM 'ɜ:rpərəl'fi:vɚ] *n no pl* MED Kindbettfieber *nt*
Puer·to Ri·can [ˌpwɜ:tə(ʊ)'ri:kən, AM ˌpwerṭə'-] I. *n* Puertorikaner(in) *m(f)*
II. *adj* puertorikanisch
Puer·to Rico [ˌpwɜ:tə(ʊ)'ri:kəʊ, AM ˌpwerṭə'ri:koʊ] *n* Puerto Rico *nt*
puff [pʌf] I. *n* ① *(fam: short blast)* Windstoß *m*; *of breath* Atemstoß *m*; *of vapour* Wolke *f*; **a ~ of air/wind** ein Luft-/Windstoß *m*; **a ~ of dust/smoke** eine Staub-/Rauchwolke
② AM, CAN *(quilt)* Federbett *nt*, Duvet *nt* SCHWEIZ
③ *no pl* BRIT *(fam: breath)* Puste *f fam*; ■ **to be out of ~** außer Puste sein
④ *(drag)* Zug *m*; **to take ~s on [or at] a cigar/cigarette** an einer Zigarre/Zigarette ziehen
⑤ *(pastry)* Blätterteig *m*; *(savoury snack)* [Mais]flips *pl*, [Erdnuss]flips *pl*
⑥ *(fam: praise)* Lobeshymne *f fig hum*, Lobgesang *m fig hum*
II. *vi* ① *(breathe heavily)* schnaufen; ***he was ~ing after his jog*** nach seinem Dauerlauf war er außer Atem
② *(smoke)* **to ~ at [or on] a cigar/cigarette** eine Zigarre/Zigarette paffen *fam*; **to ~ on a pipe** eine Pfeife paffen *fam*
III. *vt* ① *(smoke)* **to ~ a cigar/cigarette** eine Zigarre/Zigarette paffen
② *(fam: praise)* ■ **to ~ sth** etw aufbauschen
◆**puff away** *vi* ■ **to ~ away [on [or esp** BRIT **at] sth]** *cigarette* [etw] paffen
◆**puff out** *vt* ① *(expand)* ■ **to ~ out ↔ sth** etw aufblähen; *feathers* etw aufplustern
② BRIT *(exhaust)* ■ **to ~ out ↔ sb** jdn erschöpfen; ***after the walk we were totally ~ed out*** nach dem Spaziergang waren wir vollkommen aus der Puste *fam*
◆**puff up** I. *vt* ① *(make swell)* ■ **to ~ up ↔ sth** etw [an]schwellen lassen
② *(fig)* ■ **to ~ oneself up** *person* sich *akk* aufblasen; **to be ~ed up with pride** ganz aufgeblasen sein
II. *vi* [an]schwellen
'puff ad·der *n* Puffotter *f*
'puff·ball *n* BOT Bovist *m* **puff·ball 'skirt** *n* Ballonrock *m*
puffed [pʌft] *adj pred esp* BRIT *(fam)* [völlig] außer Puste *fam*
puffed 'sleeves *npl* Puffärmel *pl*
puffer train ['pʌfətreɪn] *n* BRIT *(childspeak dated)* Puff-Puff-Zug *m Kindersprache*
puff·ery ['pʌfəri, AM -ɚi] *n no pl (fam)* überschwängliches Lob
puf·fin ['pʌfɪn] *n* ZOOL Papageientaucher *m*
puffi·ness ['pʌfɪnəs] *n no pl* [Auf]geblähtheit *f*, [Auf]gedunsenheit *f*
puff 'pas·try *n no pl* Blätterteig *m*
'puff piece *n* AM JOURN Lobschrift *f*, Lobeshymne *f fig*
puff 'sleeves *npl* Puffärmel *pl*
puf·fy ['pʌfi] *adj* geschwollen, verschwollen
pug [pʌg] *n* Mops *m*
pu·gi·lism ['pju:dʒɪlɪzəm] *n* ① SPORT *(dated: boxing)* Boxsport *m*, Boxen *nt*; *(fight)* Faustkampf *m geh*
② *(fam: enjoying hitting)* Prügellust *f*
pu·gi·list ['pju:dʒɪlɪst] *n* ① *(dated: boxer)* Boxkämpfer *m*, Faustkämpfer *m geh*
② *(fam: one who enjoys hitting)* Schläger *m fam*
pug·na·cious [pʌg'neɪʃəs] *adj (form)* kampflustig, streitlustig
pug·na·cious·ness [pʌg'neɪʃəsnəs] *n no pl (form)* Streitlust *f*
pug·nac·ity [pʌg'næsəti, AM -əṭi] *n no pl (form)* Kampflust *f*
'pug nose *n* Stupsnase *f*
puke [pju:k] I. *vt (fam!)* ■ **to ~ sth ↔ [up]** etw [aus]kotzen *sl*
II. *vi (sl)* ■ **to ~ [up]** kotzen *sl*, spucken DIAL *fam*; **sb/sth makes sb [want to] ~** *(fig)* jd findet jdn/etw zum Kotzen *sl*; ***go away! you make me ~*** verschwinde! du kotzt mich an *sl*
III. *n no pl (sl)* Kotze *f sl*
puk·ka ['pʌkə] *adj (dated fam: genuine)* echt, original; *(of good quality)* ausgezeichnet
pula <*pl* -> ['pʊlə] *n (currency of Botswana)* Pula *f*
Pulitzer Prize [ˌpʊlɪtsɚ'praɪz] *n* Pulitzerpreis *m*

pull [pʊl]

I. NOUN II. TRANSITIVE VERB
III. INTRANSITIVE VERB

I. NOUN

① *(tug)* Zug *m*, Ziehen *nt*; ***he gave the door a sharp ~ to open it*** er zog kräftig an der Tür, um sie zu öffnen
② *no pl (force)* Zugkraft *f*; *of the earth, moon* Anziehungskraft *f*; *of the water* Sog *m*
③ *(on a cigarette)* Zug *m*; *(on a bottle)* Schluck *m*; **to take a ~ on [or at] a cigarette** an einer Zigarette ziehen; **to take a ~ on [or at] a bottle** einen Schluck aus der Flasche nehmen
④ *(attraction) of an event, a thing* Anziehung *f*, Anziehungskraft *f*; *of a person* Anziehungskraft *f*; ***one of the ~s of urban life is ...*** was das Leben in der Stadt auch attraktiv macht, ist ...
⑤ *no pl (fam: influence)* Einfluss *m*; ***she's still got quite a bit of ~ in the club*** sie hat schon noch eine Menge zu sagen im Klub
⑥ *(handle)* [Hand]griff *m*; **bell ~** Klingelzug *m*; **curtain ~** Vorhangzugstange *f*; **door ~** Türgriff *m*
⑦ *no pl (effort)* Anstrengung *f*; ***it's a long ~ to the summit*** bis zum Gipfel muss man sich ganz schön anstrengen
⑧ BRIT, AUS *(sl: seek partner)* ■ **to be on the ~** *(for a woman)* auf Weiberjagd sein *sl*; *(for a man)* auf Männerfang sein *sl*
⑨ MED Zerrung *f*
⑩ TYPO Abzug *m*
⑪ SPORT *(in baseball, golf)* Pull *m fachspr (Schlag, der dem Ball einen Linksdrall gibt)*; *(in cricket)* Pull *m fachspr (besonders gekonnter Schlag von einer Seite zur anderen)*

II. TRANSITIVE VERB

① *(draw)* ■ **to ~ sth/sb** etw/jdn ziehen; ***he ~ed her gently towards him*** er zog sie sanft an sich; **to ~ a cart/plough** einen Wagen/Pflug ziehen; **to ~ the curtains** die Vorhänge zuziehen; **to ~ a door shut** eine Tür zuziehen; **to ~ a lever/rope** an einem Hebel/Seil ziehen; **to ~ the trigger** abdrücken
② *(put on)* **to ~ sth over one's head** *clothes* sich *dat* etw über den Kopf ziehen [*o fam* überziehen]
③ MED *(strain)* **to ~ a muscle/tendon** sich *dat* einen Muskel/eine Sehne zerren
④ *(fam: take out)* **to ~ a gun/knife** eine Pistole/ein Messer ziehen; **to ~ a gun/knife on sb** jdn mit einer Pistole/einem Messer bedrohen; **to ~ a tooth** einen Zahn ziehen
⑤ *(move)* **to ~ a vehicle to the right/left** ein Fahrzeug nach rechts/links ziehen
⑥ *(attract)* **to ~ a crowd** eine Menschenmenge anziehen
⑦ BRIT, AUS *(sl: attract sexually)* ■ **to ~ sb** jdn aufreißen *sl*
⑧ *(involve)* ■ **to ~ sb into sth** jdn in etw *akk* hineinziehen; ***he was ~ed into the argument*** er wurde in die Diskussion verwickelt
⑨ *(help through)* ■ **to ~ sb through sth** jdn durch etw *akk* durchbringen; ***his wife ~ed him through the illness*** seine Frau half ihm, die Krankheit durchzustehen
⑩ *(fam: cancel)* **to ~ an event** eine Veranstaltung absagen; **to ~ an advertisement** eine Anzeige zurückziehen
⑪ BRIT *(draw beer)* **to ~ [sb/oneself] a pint** BRIT [jdm/sich] ein Bier zapfen
⑫ AM *(withdraw)* **to ~ a player** SPORT einen Spieler aus dem Spiel nehmen; **to ~ a horse** ein Pferd parieren [*o* verhalten] *fachspr*
⑬ *(in baseball, golf)* ■ **to ~ sth** etw verpatzen [*o fam* vermasseln]; **to ~ a shot** einen Schlag/Schuss verpatzen
⑭ *(in cricket)* **to ~ the ball** *den Ball gekonnt von einer Seite auf die andere spielen*
⑮ COMPUT **to ~ data** Daten ziehen
▶PHRASES: **to ~ sth out of the bag [or hat]** etw aus dem Hut zaubern; **to ~ the carpet [or rug] from under sb** jdm den Boden unter den Füßen wegziehen; **to ~ a face [at sb]** [jdm] eine Grimasse schneiden; **to ~ a fast one** *(sl)* einen [gerissenen] Trick anwenden; **to ~ sb's leg** *(fam)* jdn auf den Arm nehmen; **~ the other leg [or one] [it's got bells on]** BRIT *(fam)* das kannst du deiner Oma erzählen *fam*; **to ~ the plug** *(fam)* den Hahn zudrehen; **to ~ one's punches** *(fam)* sich *akk* zurückhalten; ***his articles don't ~ any punches*** seine Artikel sind nicht gerade spektakulär; **to ~ [all] the stops out** sich *akk* ins Zeug legen; **to ~ strings** Beziehungen spielenlassen; **to ~ a trick on sb** jdn reinlegen; **to ~ one's weight** *(fam)* seinen [An]teil beitragen [*o* leisten], sich *akk* einsetzen

III. INTRANSITIVE VERB

① *(draw)* ■ **to ~ [at sth]** [an etw *dat*] ziehen; **"~"** „Ziehen"; **to ~ at [or on] a cigar/cigarette** an einer Zigarre/Zigarette ziehen
② *(work hard)* *engine* arbeiten, sich *akk* anstrengen; ***you can hear the engine ~ing, the hill's too steep for the little car*** man kann hören, wie der Motor arbeitet, die Steigung ist zu viel für das kleine Auto; ***the engine warmed up quickly and ~ed well*** der Motor wurde schnell warm und zog gut
③ *(drive)* ■ **to ~ into sth** in etw *akk* hineinfahren [*o* einbiegen]; ***the car ~ed into the driveway*** das Auto fuhr in die Einfahrt; **to ~ off a road** von einer Straße abfahren
④ *(move)* ziehen; ***the wheel is ~ing to the right*** das Steuer zieht nach rechts
⑤ BRIT *(sl: attract sexually)* jdn aufreißen *sl*; ***so, did***

P

you ~ last night? und, hast du letzte Nacht jemanden aufgerissen?

⑥ *(fam: support)* ■**to ~ for sb** jdn anfeuern

⑦ NAUT pullen *fachspr,* rudern; ***he ~ed towards the shore*** er hielt auf das Ufer zu; **to ~ at the oars** sich *akk* in die Riemen legen

⑧ *(in baseball, golf)* einen Pull ausführen *fachspr (Schlag, der dem Ball einen Linksdrall gibt); (in cricket)* einen Pull ausführen *fachspr (besonders gekonnter Schlag von einer Seite zur anderen)*

⑨ SPORT *(in American football) ein Spieler der Offensive verlässt seine Position, um die führende Rolle zu übernehmen*

◆**pull about** *vt* ■**to ~ about ↔ sb/sth** jdn/etw herumzerren

◆**pull ahead** *vi* ① *(overtake)* **to ~ ahead of sb** jdn überholen, an jdm vorbeiziehen

② SPORT in Führung gehen, sich *akk* an die Spitze setzen

③ *(make a career)* weiterkommen

◆**pull apart** *vt* ① *(break)* ■**to ~ apart ↔ sth** etw zerlegen [*o* auseinandernehmen]

② *(separate)* ■**to ~ apart ↔ sb/sth** jdn/etw auseinanderziehen; **to ~ apart ↔ fighting parties** Kampfparteien trennen

③ *(criticize)* ■**to ~ apart ↔ a book/play** ein Buch/Stück zerpflücken [*o* verreißen]

◆**pull around** I. *vt* ■**to ~ sb around** jdn herumzerren [*o* herumschubsen]; ■**to ~ sth around** etw herumzerren

II. *vi* sich *akk* erholen

◆**pull aside** *vt* ■**to ~ sb aside** jdn zur Seite nehmen [*o* beiseitenehmen]

◆**pull away** I. *vi* ■**to ~ away from sb/sth** ① *(leave)* sich *akk* von jdm/etw wegbewegen; ***the bus ~ed away*** der Bus fuhr davon

② *(leave behind)* jdn/etw zurücklassen

③ SPORT *runner* sich *akk* vom Feld absetzen

④ *(recoil)* vor jdm/etw zurückweichen

II. *vt* ■**to ~ away ↔ sb/sth** jdn/etw wegreißen; ■**to ~ sth away ↔ from sb/sth** jdm/etw etw entreißen

◆**pull back** I. *vi* ① *(recoil)* zurückschrecken

② MIL sich *akk* zurückziehen

③ *(back out)* ■**to ~ back [from sth]** [von etw *dat*] einen Rückzieher machen; *(from policies)* sich *akk* [von etw *dat*] distanzieren

II. *vt* ① *(draw back)* ■**to ~ back ↔ sth** etw zurückziehen; **to ~ back the bed sheets** die Bettlaken [*o* ÖSTERR das Bettzeug] zurückschlagen; **to ~ back the curtains** die Vorhänge aufziehen

② *(score)* ■**to ~ back ↔ sth** etw [wieder] aufholen; **to ~ back a goal** ein Tor aufholen

◆**pull down** *vt* ① *(move down)* ■**to ~ down ↔ sth** etw herunterziehen

② *(demolish)* ■**to ~ down ↔ sth** *building* etw abreißen

③ *(fig: hold back)* ■**to ~ down ↔ sb** jdn [moralisch] runterziehen *fam*

④ AM *(fam: earn)* ■**to ~ down ↔ sth** etw verdienen [*o fam* kassieren]

◆**pull in** I. *vi* TRANSP ① *(arrive)* einfahren

② *(move over)* [wieder] einscheren

II. *vt* ① *(attract)* **to ~ in ↔ a crowd/fans** eine Menschenmenge/Fans anziehen

② *(fam: arrest)* ■**to ~ in ↔ sb** jdn einkassieren *fam*

③ BRIT *(fam: earn)* **to ~ in ↔ $200,000** 200.000 Dollar [ab]kassieren *fam*

④ *(suck in)* **to ~ one's stomach** [*or* **belly**] **in** den Bauch einziehen

◆**pull off** I. *vt* ① *(take off)* ■**to ~ off ↔ sth** etw [schnell] ausziehen

② *(fam: succeed)* ■**to ~ off ↔ sth** etw durchziehen *fam;* **to ~ off a deal** ein Geschäft zustande bringen; **to ~ off an order** einen Auftrag an Land ziehen; **to ~ off a victory** einen Sieg davontragen

II. *vi* losfahren, abfahren

◆**pull on** I. *vi* ■**to ~ on sth** an etw *dat* ziehen

II. *vt* ■**to ~ on ↔ sth** etw [schnell] anziehen [*o* überziehen]

◆**pull out** I. *vi* ① *(move out) vehicle* ausscheren; **to ~ out from behind sth** hinter etw *dat* ausscheren; **to ~ out of a road** von einer Straße abfahren; **to ~ out onto a road** in eine Straße einfahren

② *(leave)* ausfahren; ***the train was just ~ing out of the station*** der Zug fuhr gerade aus dem Bahnhof

③ *(withdraw)* aussteigen *fam,* einen Rückzieher machen; ■**to ~ out of sth** sich *akk* aus etw *dat* zurückziehen, aus etw *dat* aussteigen *fam;* ***she knew she had to ~ out of the relationship*** ihr war klar, dass sie die Beziehung beenden musste

④ MIL abziehen

II. *vt* ① MIL **to ~ out troops** Truppen abziehen

② *(get out)* ■**to ~ sth out of sth** etw aus etw *dat* [heraus]ziehen [*o* herausholen]

③ *(take out)* ■**to ~ out ↔ sth** etw herausziehen; ***he ~ed a box out from under the table*** er zog eine Kiste unter dem Tisch hervor; **to ~ out a hair** ein Haar ausreißen

④ BRIT *(withdraw)* **to ~ out ↔ money** Geld abheben

◆**pull over** I. *vt* ① *(make fall)* ■**to ~ over ↔ sb/sth** jdn/etw umreißen; *(when falling)* jdn/etw mit sich *dat* reißen

② *(stop)* ■**to ~ over ↔ sb/sth** jdn/etw anhalten; ***the police ~ed me over last night*** letzte Nacht hat mich die Polizei rausgewunken

II. *vi vehicle* zur Seite fahren

◆**pull round** BRIT I. *vi* sich *akk* erholen

II. *vt* ■**to ~ sth round** etw [her]umdrehen

◆**pull through** I. *vi* *(survive)* durchkommen

II. *vt* ■**to ~ sb/sth through** [**sth**] jdn/etw [durch etw *akk*] durchbringen

◆**pull to** *vt* **to ~ a door/a window to** eine Tür/ein Fenster zuziehen

◆**pull together** I. *vt* ① *(regain composure)* ■**to ~ oneself together** sich *akk* zusammennehmen [*o* zusammenreißen]

② *(organize)* ■**to ~ sth together** etw auf die Beine stellen *fig fam*

③ *(coordinate)* ■**to ~ together ↔ sth** *(fig) colour scheme, outfit* etw *dat* ein harmonisches Aussehen verleihen, etw *dat* den letzten Schliff geben

II. *vi* zusammenarbeiten, an einem Strang ziehen *fig*

◆**pull under** *vt* ■**to ~ sb under** jdn herunterziehen [*o fam* runterziehen]

◆**pull up** I. *vt* ① *(raise)* ■**to ~ up ↔ sth** etw hochziehen [*o* ÖSTERR hinaufziehen]; **to ~ up blinds** die Rollläden hochziehen, die Rollos hinaufziehen ÖSTERR; **to ~ up a chair** einen Stuhl heranziehen

② *(fam: reprimand)* ■**to ~ sb up** jdn zurechtweisen

③ ELEC **to ~ up a line** eine Leitung unter Spannung setzen

▶PHRASES: **to ~ one's <u>socks</u> up** *(fam)* sich *akk* zusammenreißen [*o* am Riemen reißen] *fam*

II. *vi vehicle* [heranfahren und] anhalten

'pull·back *n* MIL Truppenrückzug *m* **'pull date** *n* AM *(sell-by date)* [Mindest]haltbarkeitsdatum *nt* **pull-down 'menu** *n* COMPUT Pulldown-Menü *nt,* Balkenmenü *nt*

pul·let ['pʊlɪt] *n* Junghenne *f*

pul·ley ['pʊli] *n* TECH Flaschenzug *m*

'pull-in *n* BRIT Raststätte *f*

'pull·ing pow·er *n* Anziehungskraft *f*

Pull·man ['pʊlmən] *n* RAIL *(dated)* Pullmanwaggon *m*

'pull-out I. *n* ① MIL Rückzug *m*

② MEDIA [Sonder]beilage *f*

II. *adj* herausziehbar; **~ bed/table** Ausziehbett *nt*/-tisch *m*

'pull·over *n esp* BRIT Pullover *m* **'pull-tab** *n* AM *(ring pull)* Aufreißring *m,* Dosenring *m*

'pull-up *n* ① *(exercise)* Klimmzug *m*

② BRIT *(service area)* Raststätte *f*

pul·mo·nary ['pʌlmənᵊri, AM -neri] *adj inv* Lungen-, Pulmonal- *fachspr;* **~ disease/embolism** Lungenerkrankung *f*/-embolie *f*

pul·mo·nary 'ar·tery *n* Lungenarterie *f,* Pulmonalarterie *f fachspr* **pul·mo·nary 'vein** *n* Lungenvene *f,* Pulmonalvene *f fachspr*

pulp [pʌlp] I. *n* ① *(mush)* Brei *m,* breiige Masse; **to beat sb to a ~** *(fig fam)* jdn zu Brei schlagen *fig sl;* **to mash sth to a ~** etw zu Brei kneten [*o* ÖSTERR einem Brei verrühren]; **to reduce sb to [a] ~** *(fig)* jdn einschüchtern

② *(in paper-making)* [Papier]brei *m*

③ FOOD Fruchtfleisch *nt kein pl*

II. *n modifier* ① *(pej: trashy)* Schund- *pej;* **~ fiction** [*or* **literature**] Schundliteratur *f;* **~ magazine** Groschenheft *nt;* **~ novel** Schundroman *m*

② *(in paper-making)* Papier-; **~ mill** Papiermühle *f*

III. *vt* ■**to ~ sth** ① *(mash)* etw zu Brei verarbeiten; *food* etw zerstampfen

② *(destroy printed matter)* etw einstampfen

pul·pit ['pʊlpɪt] *n* ① REL *(platform)* Kanzel *f; (preachers collectively)* ■**the ~** die Kanzel

② NAUT Kanzel *f*

'pulp·wood *n no pl* Industrieholz *nt*

pulpy ['pʌlpi] *adj* breiig, matschig, breiweich *a. fig; fruit* saftig, fleischig

pul·sar ['pʌlsɑːʳ, AM -sɑːr] *n* ASTRON Pulsar *m*

pul·sate [pʌl'seɪt, AM 'pʌlseɪt] *vi* pulsieren; *(with noise) building, loudspeaker* vibrieren; *(move rhythmically)* sich *akk* rhythmisch bewegen; ***she could feel his artery pulsating*** sie konnte das Pulsieren seiner Arterie fühlen; ***rue St. Denis is the pulsating heart of street life in Montreal*** die Rue St. Denis ist das pulsierende Zentrum des Straßenlebens in Montreal

pul·sa·tion [pʌl'seɪʃᵊn] *n* Pulsieren *nt*

pulse¹ [pʌls] I. *n* ① *(heartbeat)* Puls *m;* **strong/weak ~** starker/schwacher Puls; **to take sb's ~** jds Puls fühlen

② *(vibration)* [Im]puls *m;* **a ~ of light/sound** ein Licht-/Klangimpuls *m*

③ *(fig: mood)* **to take** [*or* **feel**] **the ~ of sth** etw sondieren *geh;* **to have/keep one's finger on the ~** am Ball sein/bleiben; ***she's someone with her finger on the ~ of current affairs*** sie ist am Puls der Zeit

④ ELEC Impuls *m*

II. *n modifier (rate)* Puls-

III. *vi* pulsieren

IV. *vt* ELEC ■**to ~ sth** etw *dat* einen Impuls geben

pulse² [pʌls] *n* FOOD Hülsenfrucht *f*

pulse am·pli·tude modu·'la·tion *n* ELEC Impulsamplitudenmodulation *f*

pul·veri·za·tion [ˌpʌlvᵊraɪ'zeɪʃᵊn, AM -rɪ'-] *n no pl* ① *(reduction)* Pulverisierung *f*

② SPORT *(fig fam)* [vernichtende] Niederlage

pul·ver·ize ['pʌlvᵊraɪz, AM -və-] *vt* ① *(crush)* ■**to ~ sth** etw pulverisieren

② *(fam: damage)* ■**to ~ sth** etw zermalmen [*o fam* demolieren]

③ *(fig fam: thrash)* ■**to ~ sb** jdn zu Brei schlagen *fig fam,* jdn fertigmachen *fam;* SPORT jdn vernichtend schlagen

puma ['pjuːmə] *n* Puma *m*

pum·ice ['pʌmɪs], **pum·ice stone** *n no pl* GEOL Bimsstein *m*

pum·mel <BRIT -ll- *or* AM *usu* -l-> ['pʌmᵊl] *vt* ① *(hit)* ■**to ~ sb** auf jdn einprügeln

② *(fig: defeat)* ■**to ~ sb** jdn fertigmachen *fam*

③ *(criticize)* ■**to ~ sb/sth** jdn/etw niedermachen *fam*

pum·mel·ling, AM **pum·mel·ing** ['pʌmᵊlɪŋ] *n* ① *(beating)* Prügel *pl*

② *(fig: criticism)* Verriss *m*

pump¹ [pʌmp] *n* ① BRIT, AUS *(for gymnastics)* Gymnastikschuh *m; (for dancing)* Tanzschuh *m; (for ballet)* Ballettschuh *m*

② AM, AUS *(court shoe)* Pumps *m*

pump² [pʌmp] I. *n* Pumpe *f;* **fuel/petrol/water ~** Treibstoff-/Benzin-/Wasserpumpe *f*

II. *vt* ■**to ~ sth** etw pumpen; ***blood is ~ed round the body*** das Blut wird durch den Körper gepumpt; **to ~ the brakes** mehrmals kurz auf das Bremspedal treten; **to ~ iron** *(fam)* Gewichte heben [*o* stemmen]; **to ~ one's fists** mit den Fäusten [in die Luft] schlagen; **to ~ ideas/money/resources into sth** Ideen/Geld/Mittel in etw *akk* pumpen [*o* stecken] *fam;* ■**to ~ sb for sth** *(fig)* etw aus jdm herausholen; **to ~ sb for news** jdn ausfragen [*o fam* ausquetschen]; ■**to ~ sth out of sb** *(fig)* etw aus jdm herausholen; ***they tried to ~ the information out of him*** sie versuchten ihm die Informationen zu entlocken

◆**pump away** I. *vi* [kräftig] pumpen
II. *vt* **to ~ oil/water away** Öl/Wasser abpumpen

◆**pump in** *vt* ■**to ~ in** ○ **sth** etw in etw *akk* pumpen *a. fig;* **to ~ money in sth** Geld in etw *akk* stecken *fam*

◆**pump out** *vt* ■**to ~ out** ○ **sth** ① *(remove)* etw herauspumpen; *stomach, room, container* etw auspumpen
② *(fam: blast out)* etw von sich *dat* geben, mit etw *dat* herausplatzen ÖSTERR
③ *(pej fam: churn out)* etw herunterleiern *fam*

◆**pump up** *vt* ① *(inflate)* ■**to ~ up** ○ **sth** etw aufpumpen
② *(force up)* **to ~ up gas/oil** Gas/Öl fördern; **to ~ up water** Wasser hochpumpen [*o* ÖSTERR heraufpumpen]
③ MUS *(fam: increase)* ■**to ~ up** ○ **sth** etw aufdrehen *fam;* **to ~ up the bass/volume** den Bass/die Lautstärke aufdrehen
④ *(fig fam: fill with enthusiasm)* ■**to ~ up** ○ **sb** jdn in Stimmung bringen; ***I'm really ~ed up for today's game*** ich bin so richtig in Stimmung für das Spiel heute
▶PHRASES: **to ~ up the ponies** AM *(sl)* die Motorleistung aufmotzen *sl*

'**pump-ac·tion** *adj attr* **~ container** Behälter *m* ohne Treibgas; **~ toothpaste tube** Zahnpasta[dosier]spender *m*

pump-and-'run *n* AM *(fam)* Tankbetrug *m (Tanken ohne zu bezahlen)* **pump-and-'runner** *n* AM *(fam) jd, der tankt und wegfährt, ohne zu bezahlen*

pumped [pʌmpt] *adj pred (sl)* begeistert

pum·per·nick·el ['pʌmpəˌnɪkl, AM -pɚ'-] *n no pl* Pumpernickel *nt*

pump·ing ['pʌmpɪŋ] I. *n no pl* Pumpen *nt*
II. *adj attr, inv* Pump-; **~ machine** [*or* **device**] Pumpe *f*

'**pump·ing sta·tion** *n* Pumpstation *f,* Pumpwerk *nt,* Wasserhebewerk *nt*

pump·kin ['pʌmpkɪn] I. *n* ① *(vegetable)* [Garten]kürbis *m*
② AM *(fig: term of endearment for child)* Schatz *m,* Mäuschen *nt*
II. *n modifier (bread, muffin, soup)* Kürbis-; **~ head** Dummkopf *m pej,* Tölpel *m pej;* **~ pie** AM Kürbiskuchen *m;* **~ seed** AM *(fam: drug)* Meskalin *nt; (kernel)* Kürbiskern *m; (fish)* Sonnenbarsch *m,* Butterfisch *m*

'**pump-prim·ing** *n* ① MECH Ansaugenlassen *nt* der Pumpe
② *esp* AM ECON, HIST Ankurbelung *f* der Wirtschaft, konjunkturelle Starthilfe, konjunkturelle Ankurbelungsmaßnahme *(insbesondere durch Staatsaufträge, erstmals nach der Depression der Dreißigerjahre)*

'**pump room** *n* ① *(storage area)* Pumpenhaus *nt*
② TOURIST *(at spas)* Kurhaus *nt,* Trinkhalle *f*
③ *(fig fam: bar)* Kneipe *f fam,* Beisl *nt* ÖSTERR

pun [pʌn] I. *n* Wortspiel *nt;* ***no ~ intended*** das soll kein Wortspiel sein
II. *vi* <-nn-> Wortspiele machen

punch[1] [pʌn(t)ʃ, AM pʌntʃ] I. *n hot or cold* Punsch *m; cold* Bowle *f*
II. *n modifier (glasses, set)* Punsch-, Bowlen-; **~ ladle** Bowlenlöffel *m*

punch[2] [pʌn(t)ʃ, AM pʌntʃ] I. *n* <*pl* -es> ① *(hit)* [Faust]schlag *m,* Hieb *m,* Stoß *m; (in boxing)* Punch *m kein pl fachspr,* Schlagkraft *f kein pl;* **to pack a hard ~** einen harten Schlag haben; **to beat sb to the ~** *(also fig fam)* jdm den entscheidenden Schlag zuvorkommen [*o a. fig* Schritt voraus sein]; **to give sb a ~** jdn boxen, jdm einen [Faust]schlag/Hieb versetzen; **to give sb a ~ on the chin** jdm einen Kinnhaken geben; **to give sb a ~ on** [*or* AM **in**] **the nose/in the stomach** jdn auf die Nase schlagen/in den Bauch boxen; **to land a** [**knockout**] **~** einen [K.-o.-]Treffer landen [*o* erzielen]; **to land a ~ to the head/nose** den Kopf/die Nase treffen
② *(perforation)* Stanzen *nt kein pl,* Lochen *nt kein pl,* Punzen *nt kein pl*
③ *(piercing tool)* Stanzwerkzeug *nt,* Lochstanze *f,* Locheisen *nt; (for leather, metal)* Punze *f;* [**hole**] **~** *(for paper)* Locher *m;* [**ticket**] **~** Lochzange *f; (stamping tool)* [Präge]stempel *m*
④ *(strong effect)* Durchschlagskraft *f kein pl; of arguments* Überzeugungskraft *f kein pl;* ***his performances usually pack a big ~*** seine Auftritte sind gewöhnlich ein durchschlagender Erfolg; *(power) of a speech* Schwung *m,* Lebendigkeit *f; of music* Schwung *m,* Schmiss *m;* **a piece with ~** ein Stück *nt* mit Schwung; **a rhythm with ~** ein schwungvoller [*o fam* fetziger] Rhythmus; *of criticism* Biss *m fam; of a presentation* Pep *m fam;* **to lack ~** keinen Schwung [*o* Pep] haben
II. *vt* ① *(hit)* ■**to ~ sb/sth** jdn/gegen etw *akk* [mit der Faust] schlagen; **to ~ the air** mit den Händen [*o* Armen] in der Luft herumfuchteln; **to ~ sb in the eye/nose** jdm aufs Auge/auf die Nase schlagen; **to ~ sb in the stomach** jdn in den Bauch boxen; **to ~ sb black and blue** jdn grün und blau schlagen; **to ~ sb unconscious** jdn bewusstlos schlagen
② *esp* AM *(strike)* ■**to ~ sth** *buttons* etw drücken; *keyboard* auf etw *akk* hauen [*o* hämmern]
③ *(stamp)* ■**to ~ sth** *coin, ring* etw stempeln; *(pierce) metal, leather* etw [aus]stanzen [*o* punzen]; *paper* etw lochen; **to ~ holes in a belt** Löcher in einen Gürtel stanzen; **to ~ a ticket** eine Fahrkarte [*o* SCHWEIZ ein Billett] entwerten [*o* knipsen]; **to ~ the** [**time**] **clock** [die Kontrolluhr] stechen
④ AM, CAN AGR *(drive)* **to ~ cattle/a herd** Vieh/eine Herde treiben

◆**punch in** I. *vi* [bei Arbeitsbeginn] die Kontrolluhr stechen
II. *vt* ■**to ~ in** ○ **sth** *data, phone number* etw eintippen [*o fachspr* [über die Tastatur] eingeben]

◆**punch out** I. *vi* [bei Arbeitsende] die Kontrolluhr stechen
II. *vt* ① *(type out)* ■**to ~ out** ○ **sth** etw tippen; ***I ~ed out an angry letter on my typewriter*** ich haute einen wütenden Brief in meine Schreibmaschine
② *(extract information: from a computer)* **to ~ out data** Daten [über die Tastatur] abrufen
③ *(sl: hit repeatedly)* ■**to ~ out** ○ **sb** jdn zusammenschlagen
④ *(make holes)* ■**to ~ out** ○ **sth** *patterns, shapes* etw ausstanzen

◆**punch up** *vt* ① *(register)* ■**to ~ up** ○ **sth** etw eintippen [*o* eingeben]; **to ~ up data** *on a computer* Daten aufrufen
② AM *(brighten up)* ■**to ~ up** ○ **sth** [**with sth**] *presentation, speech* etw [mit etw *dat*] aufpeppen

Punch [pʌn(t)ʃ, AM pʌntʃ] *n* Kasper *m,* Kasperle *nt,* Kasperli *m* SCHWEIZ; **~ and Judy** [**show**] Kasperletheater *nt,* Kasperlitheater *nt* SCHWEIZ; **to be as pleased as ~** *(fig fam)* sich *akk* freuen wie ein Schneekönig *fig fam;* **to be as proud as ~** *(fig fam)* mächtig stolz [*o* stolz wie ein Spanier] sein *fig*

'**punch·bag** *n* BRIT ① *(for boxers)* Sandsack *m*
② *(person)* Opfer *nt fig* '**punch·ball** *n* SPORT ① BRIT *(punching bag)* Punchingball *m fachspr* ② AM *(rubber ball)* Gummiball *m; (ball game)* mit der Faust gespielter Baseball *(dabei werden statt der Schläger die Fäuste benutzt - wird auf der Straße gespielt)*

'**punch·bowl** *n* Punschschüssel *f,* Punschterrine *f,* Bowle *f,* Bowlengefäß *nt*

'**punch·card** *n* COMPUT *(hist)* Lochkarte *f hist,* Hollerithkarte *f fachspr hist* '**punch-clock** *n* Stechuhr *f*

punch-'drunk *adj inv* ① *(of boxers)* hirngeschädigt; **to be ~** Hirnschäd[igung]en haben
② *(unstable)* wack[e]lig [auf den Beinen]
③ *(fig: dazed)* ■**to be ~** benommen [*o* benebelt] sein
④ *(fig: overwhelmed)* [tief] erschüttert, ganz mitgenommen *fig*

'**punch·ing bag** *n* AM SPORT Punchingball *m fachspr,* Sandsack *m* '**punch·ing doll** *n* Stehaufmännchen *nt,* Watschenmann *m* ÖSTERR *fam*

'**punch·line** *n* Pointe *f,* Knalleffekt *m fig*

'**punch-tape** *n* COMPUT *(hist)* Lochstreifen *m hist*

'**punch-up** *n* BRIT Schlägerei *f,* Prügelei *f;* **to get into a ~** *voluntarily* eine Schlägerei anfangen; *involuntarily* in eine Schlägerei geraten; **to have a ~** sich *akk* prügeln

punchy ['pʌn(t)ʃi, AM -tʃi] *adj* ① *(effective)* eindrucksvoll, [ausdrucks]stark, peppig *fam;* **a ~ rhythm** ein schwungvoller [*o fam* fetziger] Rhythmus; **a ~ speech** eine mitreißende [*o* zündende] Rede
② AM *(fam: unstable)* wack[e]lig [auf den Beinen]
③ AM *(fam: dazed)* benommen, benebelt
④ AM *(fam: stupid)* blöd[e]

punc·tili·ous [pʌŋk'tɪliəs] *adj (also pej form)* ① *(thorough) in observing rules* [peinlich] genau, penibel *a. pej,* pedantisch *pej;* ■**to be ~ about sth** es mit etw *dat* peinlich genau nehmen
② *(formal) in clothing* [übertrieben] festlich *a. pej,* korrekt; *in conduct* [übertrieben] förmlich *a. pej,* [sehr] steif *pej,* korrekt, [form]vollendet

punc·tili·ous·ly [pʌŋk'tɪliəsli] *adv (also pej form)* ① *(thoroughly)* [peinlich] genau, penibel *a. pej,* pedantisch *pej*
② *(correctly) in clothing* [übertrieben] festlich *a. pej,* korrekt; *in conduct* [übertrieben] förmlich *a. pej,* [sehr] steif *pej*

punc·tili·ous·ness [pʌŋk'tɪliəsnəs] *n no pl (also pej form)* ① *(thoroughness)* [peinliche] Genauigkeit, Penibilität *f a. pej,* Pedanterie *f pej*
② *(correctness) in clothing* [übertriebene] Festlichkeit *a. pej,* Korrektheit *f; in conduct* [übertriebene] Förmlichkeit *a. pej,* [übermäßige] Steifheit *pej,* Korrektheit *f,* vollendete Form

punc·tu·al ['pʌŋktʃuəl] *adj* pünktlich; ■**to be ~ in doing sth** etw pünktlich tun; **to be ~ for an appointment** pünktlich zu einem Termin erscheinen; *(keeping to schedule)* termingerecht

punc·tu·al·ity [ˌpʌŋktʃu'æləti, AM -əṭi] *n no pl* Pünktlichkeit *f*

punc·tu·al·ly ['pʌŋktʃuəli] *adv* pünktlich

punc·tu·ate ['pʌŋktʃueɪt] *vt* ■**to ~ sth** ① LING *(mark) written matter* etw mit Satzzeichen versehen [*o fachspr* interpunktieren]
② *(fig form: accentuate)* etw unterstreichen [*o* betonen] *fig*
③ *(intersperse)* etw [hier und da] einfügen [*o* einstreuen]; *(interrupt)* etw [immer wieder] unterbrechen; ***he ~s his conversation with snatches of songs*** er untermalt seine Worte mit Songeinlagen; ***his speech was ~d by applause*** seine Rede wurde immer wieder von Beifall unterbrochen

punc·tua·tion [ˌpʌŋktʃu'eɪʃən] *n no pl* Zeichensetzung *f,* Interpunktion *f fachspr*

punc·tu'a·tion mark *n* Satzzeichen *nt,* Interpunktionszeichen *nt fachspr*

punc·ture ['pʌŋktʃəʳ, AM -ɚ] I. *vt* ■**to ~ sth** ① *(pierce) cardboard, leather* etw durchstechen [*o* durchbohren]; ***the animal's fangs ~ d her skin*** die Zähne des Raubtiers bohrten sich in ihre Haut; **to ~ a hole in sth** ein Loch in etw *akk* bohren; **a ~d organ** MED Perforation eines Organs *fachspr*
② *(fig: make collapse) dream, hope* etw zerstören [*o* zunichtemachen] *fig pej; mood* etw verderben; **to ~ a fallacy** mit einem Irrtum aufräumen *fig pej;* **to ~ a myth** einen Mythos entzaubern; ***any inflated egos tend to be quickly ~ d here*** wer allzu eingenommen von sich selbst ist, wird hier meist schnell zurechtgestutzt
II. *vi (burst) tyre* ein Loch bekommen; *plastic* einreißen
III. *n* Loch *nt* [im Reifen], Reifenpanne *f;* **a slow ~** BRIT eine undichte Stelle; **to have a ~** eine Reifenpanne [*o fam* einen Platten] [*o* ÖSTERR *sl* einen Patschen] haben
IV. *n modifier* ① TRANSP Flick-; **~ patch** Flicken *m;* **~ repair kit** *on bikes, cars* Flickzeug *nt; on cars* Reifenreparatursatz *m*

② MED ~ **wound** leichte Stichwunde; *(of an insect)* Stich *m*

pun·dit ['pʌndɪt] *n* ① REL *(scholar)* Pandit *m fachspr (Ehrentitel indischer Gelehrter, hauptsächlich von Brahmanen geführt)*
② ECON, POL *(also pej: authority)* Experte, Expertin *m, f,* Koryphäe *f,* Guru *m hum pej*
③ *(pej: commentator)* autoritärer Kritiker/autoritäre Kritikerin *pej*

pung·en·cy ['pʌndʒᵊn(t)si] *n of smell, taste* Schärfe *f; (fig) of criticism, wit* Schärfe *f kein pl a. pej; of comments, remarks* Bissigkeit *f kein pl*

pun·gent ['pʌndʒᵊnt] *adj* ① *(also pej: strong) smell* scharf, stechend *pej,* beißend *pej; taste* scharf, pikant
② *(fig: biting) wit, words* scharf; ~ **criticism** scharfe [*o* beißende] Kritik; *comment, remark* bissig; *(pointed) comment, expression* treffend; *style* pointiert, scharfzüngig

pun·gent·ly ['pʌndʒᵊntli] *adv* beißend, ätzend

pun·ish ['pʌnɪʃ] *vt* ① *(penalize)* ■**to ~ sb** jdn bestrafen [*o geh* strafen]; ■**to ~ sth** *crime, offence* etw bestrafen [*o geh* ahnden]; ***murder, in some states, can be ~ed with the death penalty*** auf Mord steht in manchen Staaten die Todesstrafe; **to ~ sb heavily/severely** jdn hart/streng bestrafen; **to ~ sb with a fine** jdn mit einer Geldstrafe belegen
② *(treat roughly)* ■**to ~ sb/sth** jdn/etw strapazieren [*o* stark beanspruchen] [*o fig* arg mitnehmen]; *(treat badly)* ■**to ~ sb** jdn malträtieren; *in a fight* jdn übel zurichten; ■**to ~ sth** etw malträtieren [*o fam* ramponieren]
③ *(exert oneself)* ■**to ~ oneself** sich *akk* [ab]quälen [*o* [ab]schinden]
④ *(fig fam: consume)* ■**to ~ sth** *food* etw verputzen [*o* wegputzen] *fig fam; drink* etw zischen [*o* ÖSTERR runterkippen] *fig fam;* **to ~ a beer** ein Bier zischen [*o fam* runterkippen]; **to ~ a bottle of whisky** eine Flasche Whiskey köpfen *fig fam*

pun·ish·able ['pʌnɪʃəbl̩] *adj inv* LAW strafbar; ***murder is ~ by life imprisonment*** Mord wird mit lebenslanger Haft bestraft; ~ **offence** strafbare Handlung *fachspr;* ~ **offender** Straffällige(r) *f(m) fachspr*

pun·ish·ing ['pʌnɪʃɪŋ] **I.** *adj attr (fig)* ① *(heavy) pace, workload* Mords-, mörderisch *fig fam;* ~ **blow** Mordsschlag *m;* ~ **storms** mörderische Stürme
② *(brutal)* mörderisch *fig fam,* gnadenlos; ~ **air strikes** gnadenlose Luftangriffe
③ *(tough)* hart, schwer, anstrengend; **a ~ schedule** ein anstrengender [*o* alle Kräfte beanspruchender] Terminplan; **a ~ race** ein schweres [*o* hartes] Rennen
II. *n* TECH *(severe handling)* starke [*o* harte] Beanspruchung, Strapazierung *f; (rough treatment)* Malträtierung *f;* **to take a ~** *device, equipment* stark beansprucht werden; *(be damaged)* malträtiert [*o fam* ramponiert] werden, leiden [müssen] *fig; boxer* Prügel beziehen *fig fam,* eine Packung kriegen *fig fam*

pun·ish·ing·ly ['pʌnɪʃɪŋli] *adv* extrem, mörderisch, gnadenlos; **a ~ fast pace** ein extrem [*o* gnadenlos] schnelles Tempo; **a ~ heavy workload** ein extrem [*o* mörderisch] hohes Arbeitspensum

pun·ish·ment ['pʌnɪʃmənt] *n* ① *(penalty)* Bestrafung *f,* Strafe *f;* **capital** ~ Todesstrafe *f;* **corporal** ~ körperliche Züchtigung, Prügelstrafe *f;* **full** [*or* **maximum**] ~ Höchststrafe *f;* **minimum** ~ Mindeststrafe *f;* **to administer a ~** *(form)* eine Strafe verhängen; LAW **to award a ~** *(form)* eine Strafe zuerkennen; **to escape ~** der Strafe entgehen; **to incur a ~** sich *akk* strafbar machen; **to inflict a ~** eine Strafe verhängen *fachspr;* **to mete out ~** Strafe zumessen *fachspr;* **to mitigate the ~** die Strafe mildern *fachspr;* **as a ~** [**for sth**] als Strafe [für etw *akk*]
② TECH *(severe handling)* starke [*o* harte] Beanspruchung, Strapazierung *f; (rough treatment)* harte [*o* grobe] Behandlung; **to take ~** *in boxing* Prügel beziehen *fam,* schwer einstecken müssen *fig fam*
③ *(strain)* Strapaze *f,* Belastung *f,* Schlauch *m fig fam;* **to take a lot of ~** *device, equipment* stark beansprucht [*o* strapaziert] werden

▶ PHRASES: **let** [*or* **make**] **the ~ fit the crime** *(prov)* [die Dinge] nicht mit zweierlei Maß messen

pu·ni·tive ['pju:nətɪv, AM -t̬ɪv] *adj (form)* ① *(penalizing)* Straf-; **to take ~ action** [*or* **measures**] [**against sb**] eine Strafaktion [gegen jdn] unternehmen, Strafmaßnahmen [gegen jdn] treffen; ~ **damages** LAW *in case of libel, slander* verschärfter Schaden[s]ersatz, Schaden[s]ersatz *m* mit Strafwirkung *fachspr;* ~ **detention** BRIT [kurzfristige] Jugendhaft *fachspr;* ~ **expedition** MIL Strafexpedition *f fachspr;* ~ **justice** LAW Strafgerichtsbarkeit *f,* Strafjustiz *f; **they are seeking ~ justice*** sie wollen vor Gericht ihr Recht einklagen; ~ **law** Strafgesetz *nt;* ~ **measure** Strafmaßnahme *f;* ~ **sanctions** Strafsanktionen *pl*
② ECON, FIN *(severe)* streng, rigoros, einschneidend; ~ **measures** einschneidende Maßnahmen; ~ **taxation** strenge [*o* rigorose] Besteuerung
③ FIN *(extreme)* unverhältnismäßig [*o* übermäßig] [hoch]; ~ **import duties** übermäßig hohe Einfuhrzölle

pu·ni·tive·ly ['pju:nətɪvli, AM -t̬ɪv-] *adj* ① *(severely)* empfindlich, spürbar; **to tax imports** ~ FIN Importe streng [*o* rigoros] besteuern; **to act ~ against sb** LAW strafrechtlich gegen jdn vorgehen *fachspr*
② *(extremely)* unerhört, unverschämt, verboten *fam*

Pun·jab [ˌpʌn'dʒɑ:b, AM pʌn'-] *n no pl* GEOG Pandschab *nt o veraltet f*

Pun·ja·bi [pʌn'dʒɑ:bi:] **I.** *n* ① *(person)* Pandschabbewohner(in) *m(f)*
② *(language)* Pandschabi *nt*
II. *adj inv* pandschabisch

punk [pʌŋk] **I.** *n* ① *esp* AM *(pej sl: worthless person)* Dreckskerl *m sl,* Mistkerl *m fam*
② AM *(pej sl: male criminal)* [kleiner] [Jung]ganove *fam*
③ *esp* AM *(pej sl: troublemaker)* Randalierer(in) *m(f) fam,* Rabauke *m fam*
④ AM *(pej sl: novice)* Grünschnabel *m fig pej fam; also in addressing* Anfänger(in) *m(f) pej fam*
⑤ AM *(pej sl: dull person)* Blödmann *m fam,* Dummkopf *m pej*
⑥ *(pej: young rebel)* Punker(in) *m(f)*
⑦ *no pl (anarchist movement)* Punk *m*
⑧ *no pl (music)* Punk[rock] *m; (fan)* Punkrocker(in) *m(f),* Punker(in) *m(f)*
II. *n modifier (clothes, group, song)* Punk[er]-; ~ **band** Punkband *f;* ~ **haircut** Punkerfrisur *f;* **the ~ scene** die Punkszene

punk·ette [pʌŋk'et] *n* Punkrockerin *f*

punk 'rock *n no pl* Punk[rock] *m* **punk 'rock·er** *n* Punkrocker(in) *m(f),* Punker(in) *m(f)*

pun·net ['pʌnɪt] *n* BRIT, AUS [Obst]körbchen *nt*

pun·ster ['pʌnstəʳ, AM -ɚ] *n* Spaßvogel *m,* Witzbold *m fam; (for woman also)* Nudel *f fam*

punt¹ [pʌnt] SPORT **I.** *vt* **to ~ the ball** *in American football* einen Befreiungsschlag ausführen *fachspr; in rugby* einen Falltritt ausführen *fachspr*
II. *n (kick) in American football* Befreiungsschlag *m fachspr; in rugby* Falltritt *m fachspr*

punt² [pʌnt] **I.** *vt* NAUT staken *fachspr;* **to ~ a boat** [**through the reeds**] einen Stechkahn [durch das Schilf] staken *fachspr*
II. *vi* NAUT staken *fachspr;* **to go ~ing** Stechkahn fahren; ***we ~ed up the river*** wir stakten flussaufwärts
III. *n* NAUT flaches [viereckiges] Boot, Stechkahn *m fachspr*

punt³ [pʌnt] **I.** *vi* ① *(bet against bank) at card game* gegen die Bank setzen [*o* den Bankhalter spielen]
② *(bet) at horse races* wetten, [auf ein Pferd] setzen
③ *(gamble on stocks)* [an der Börse] spekulieren; **to ~ in the stock market** an der Börse spekulieren
II. *n* Wette *f;* **to make** [*or* **place**] **a ~ on sth** Geld auf etw *akk* setzen, auf etw *akk* wetten

punt⁴ [pʌnt] *n* irisches Pfund

punt·er¹ ['pʌntəʳ] *n* BRIT ① *(gambler)* [Glücks]spieler(in) *m(f),* Zocker(in) *m(f) sl; in lottery, pools* Tipper(in) *m(f); at horse races* [kleiner] Wetter/[kleine] Wetterin *(das Wetten wird berufsmäßig betrieben); on stocks* [Börsen]spekulant(in) *m(f)*
② *(fam: customer)* Kunde, Kundin *m, f,* Käufer(in) *m(f); of a casino* Besucher(in) *m(f);* **the average ~** *(fam)* Otto Normalverbraucher *fam;* **to attract** [*or* **pull in**] [**the**] **~s** [die] Kundschaft [*o* Käufer] anlocken; *(user) newspaper reader* Leser(in) *m(f)*
③ *(fam: prostitute's customer)* Freier *m sl*

punt·er² ['pʌntəʳ, AM -ɚ] *n* Stechkahnfahrer(in) *m(f)*

puny ['pju:ni] *adj* ① *(pej: sickly) person* schwächlich, mick[e]rig
② *(small) person* winzig *pej*
③ *(fig pej: lacking in power)* schwach; **a ~ argument** ein schwaches [*o* wenig überzeugendes] Argument; **a ~ attempt** ein schüchterner Versuch; **a ~ excuse** eine billige Ausrede
④ *(minor)* belanglos, unerheblich, unmaßgeblich; **a ~ objection** ein belangloser [*o* unerheblicher] Einwand; **a ~ opinion** eine unmaßgebliche Meinung

pup [pʌp] **I.** *n* ① *(baby dog)* junger Hund, Welpe *m;* ■**to be in** [*or* **with**] ~ trächtig sein
② *(baby animal) of a fox, otter, seal* Junge(s) *nt*
③ BOT *(young plant)* Schössling *m fachspr*
④ *(fig pej: inexperienced young man)* Grünschnabel *m oft pej,* junger Spund *fam; (brash young man)* junger Schnösel *m pej fam;* **conceited ~** Fatzke *m pej fam*
⑤ AM *(fig pej sl: stupid person)* Blödmann *m derb,* Dummkopf *m pej*
⑥ AM *(fig pej sl: penis)* Schwanz *m fig pej sl*
⑦ BRIT COMM, ECON *(fig pej sl: bad investment)* Fehlinvestition *f,* Pleite *f pej fam,* Niete *f pej*
▶ PHRASES: **to be in ~** AM *(pej sl)* einen dicken Bauch haben *pej fam;* **to sell sb a ~** jdn über den Tisch ziehen, jdm etw andrehen *fig pej fam;* **to be sold a ~** übers Ohr gehauen werden
II. *vi* <-pp-> [Junge] werfen

pupa <*pl* pupas *or* pupae> ['pju:pə, *pl* -pi:] *n* BIOL ① *(covering)* Puppe *f fachspr*
② *(stage)* Puppenstadium *nt fachspr*

pu·pal ['pju:pᵊl] *adj inv* BIOL Puppen- *fachspr*

'pu·pal stage *n* BIOL Puppenstadium *nt fachspr*

pu·pate ['pju:peɪt] *vi* BIOL sich *akk* verpuppen *fachspr*

pu·pil¹ ['pju:pᵊl] *n* ① *(schoolchild)* Schüler(in) *m(f);* ***he is a second-year ~*** er ist in der zweiten Klasse
② *(follower)* Schüler(in) *m(f);* **a ~ of Titian** ein Schüler Titians
③ LAW *(ward)* Mündel *nt fachspr;* SCOT Minderjährige(r) *f(m) (Mädchen bis 12, Jungen bis 14)*

pu·pil² ['pju:pᵊl] *n* ANAT Pupille *f*

pu·pil-'teach·er ra·tio *n* Lehrer-Schüler-Verhältnis *nt,* Klassenstärke *f*

pup·pet ['pʌpɪt] **I.** *n* ① *(theatre doll)* [Hand]puppe *f,* SCHWEIZ *a.* Kasperlifigur *f fam,* ÖSTERR *a.* Kasperlfigur *f; (on strings)* Drahtpuppe *f,* Gliederpuppe *f,* Marionette *f;* **finger ~** Fingerpuppe *f;* **glove** [*or* **hand**] ~ Handpuppe *f*
② *(pej fig: controlled by another)* Marionette *f pej;* **to be sb's ~ on a string** *(fig)* von jdm am Gängelband geführt werden *fig fam*
II. *n modifier (maker, play)* Puppen-; *(play, strings)* Marionetten-

pup·pet·eer [ˌpʌpɪ'tɪəʳ, AM -ə'tɪr] *n* ① THEAT *(entertainer using puppets)* Puppenspieler(in) *m(f); (theatre operator)* Betreiber(in) *m(f)* eines Figurentheaters
② *(pej: manipulator)* **to be the ~ of sth** der Drahtzieher/die Drahtzieherin einer S. *gen* sein

pup·pet 'gov·ern·ment *n* Marionettenregierung *f*

'pup·pet play·er *n* Puppenspieler(in) *m(f)* **pup·pet re·'gime** *n* Marionettenregierung *f*

pup·pet·ry ['pʌpɪtri] *n no pl* Puppenspiel *nt*

'pup·pet show *n* Puppenspiel *nt,* Marionettentheater *nt,* Figurentheater *nt*

pup·pet 'state *n* Marionettenstaat *m*

'pup·pet thea·ter AM, **'pup·pet thea·tre** *n* Puppentheater *nt,* Figurentheater *nt,* SCHWEIZ *a.* Kasperlitheater *nt,* ÖSTERR *a.* Kasperltheater *nt*

pup·py ['pʌpi] *n* ① *(baby dog)* junger Hund, Welpe *m*
② *(baby animal)* Junge(s) *nt*
③ *(dated or fig, usu pej fam: inexperienced young man)* Grünschnabel *m oft pej,* junger Spund *fam*
④ AM *(fig pej sl: weak person)* Waschlappen *m,*

Weichei *nt fig pej fam*

❸ AM *(fig fam: thing)* Dings *nt fam*

'pup·py-dog *n* ❶ *(childspeak: young dog)* Hündchen *nt*

❷ *(fig hum: enamoured innocent)* verliebter Kater *fig hum*

'pup·py fat *n no pl (fam)* Babyspeck *m hum fam*

'pup·py love *n no pl (fam)* erste Liebe, Jugendliebe *f,* Jugendschwärmerei *f*

'pup tent *n* MIL Schutzzelt *nt; (for one person)* Einmannzelt *nt; (for two people)* Zweimannzelt *nt*

pur·chas·able ['pɜːtʃəsəbl̩, AM 'pɜːr-] *adj inv (also fig, pej)* käuflich *a. fig, pej; at a shop* erhältlich; *house, real estate* zum Kauf [aus]stehend *attr*

pur·chase ['pɜːtʃəs, AM 'pɜːr-] **I.** *vt* ❶ *(form: buy)* ■ **to ~ sth** etw kaufen [*o geh* erstehen]

❷ FIN, LAW *(form: acquire)* ■ **to ~ sth** etw [käuflich] erwerben *geh;* **to ~ sb's debt/loan** jds Restschuld/Restdarlehen übernehmen *fachspr*

❸ *(pej: by bribery)* ■ **to ~ sth** *career, success* sich *dat* etw erkaufen *pej*

❹ NAUT *(lift up)* **to ~ the anchor** den Anker hieven [*o* lichten]; **to ~ a rope** [*or* **cable**] ein Tau einholen

II. *n (form)* ❶ *(something to be bought)* [Handels]ware *f,* Kaufobjekt *nt; (something bought)* Kauf *m,* Ankauf *m,* Einkauf *m; additional* Zukauf; ■ **~s** *pl* COMM, FIN Wareneingänge *pl;* LAW *real property* gekaufte Sache *fachspr;* **to make a ~** einen Kauf tätigen; *bulky goods* eine Anschaffung machen

❷ *(act of buying)* Kauf *m;* **accelerated ~** vorgezogener Kauf; **compulsory ~** BRIT LAW Enteignung *f fachspr*

❸ FIN, LAW *(acquisition)* Erwerb *m kein pl;* **~ of a debt/loan** Übernahme *f* einer Restschuld/eines Restdarlehens

❹ *(old: return) from rent* [jährlicher] Mietertrag; *from land* [jährlicher] Pachtertrag

❺ *no pl (spec: hold)* Halt *m;* TECH *(grip)* Haftung *f fachspr;* ***these tyres don't provide much ~ on the road*** diese Reifen haben keine ausreichende Bodenhaftung; *(fig)* ***I just couldn't get a ~ on what he was saying*** ich hatte einfach keine Ahnung, worauf er hinaus wollte

❻ TECH *(power)* Hebelwirkung *f,* Hebelkraft *f fachspr; device* [einfaches] Hebezeug *fachspr; (fig)* Einfluss *m*

III. *n modifier* COMM Kauf-, Einkaufs-, [Waren]eingangs-; **~ account** Wareneingangskonto *nt fachspr,* Einkaufskonto *nt;* **~ budget/discount** Einkaufsbudget *nt*/Einkaufsrabatt *m;* **~ invoice** Eingangsrechnung *f,* Lagerrechnung *f fachspr;* **~ price** [Ein]kauf[s]preis *m,* Anschaffungspreis *m;* **~ receipt** Quittung *f; (from a cash machine)* Kassenbon *m,* Kassenzettel *m*

'pur·chase agree·ment *n* Kaufvertrag *m* **'pur·chase book** *n* FIN Wareneingangsbuch *nt,* Eingangsjournal *nt fachspr* **'pur·chase de·ci·sion** *n* Kaufentscheidung *f* **'pur·chase led·ger** *n* FIN Einkaufsbuch *nt,* Kreditorenjournal *nt fachspr* **'pur·chase or·der** *n* Bestellung *f,* Kaufauftrag *m;* **to place** [*or* **make**] **a ~** [**with sb/a company**] etw [bei jdm/einer Firma] bestellen [*o* in Auftrag geben] **'pur·chase price** *n* Kaufpreis *m,* Anschaffungspreis *m,* Erwerbspreis *m*

pur·chas·er ['pɜːtʃəsəʳ, AM 'pɜːrtʃəsɚ] *n* ❶ *(buyer)* Käufer(in) *m(f),* Abnehmer(in) *m(f);* FIN, LAW Erwerber(in) *m(f);* **first ~** Ersterwerber(in) *m(f) fachspr*

❷ *(purchasing agent)* Einkäufer(in) *m(f)*

'pur·chase tax *n* ECON Kaufsteuer *f*

pur·chas·ing ['pɜːtʃəsɪŋ, AM 'pɜːr-] *n no pl (form)* Erwerb *m geh,* [Ein]kaufen *nt,* [Ein]kauf *m;* **~ of goods** Wareneinkauf *m*

'pur·chas·ing agent *n* Einkäufer(in) *m(f); (manager)* Einkaufsleiter(in) *m(f)* **'pur·chas·ing de·part·ment** *n* Einkaufsabteilung *f,* Einkauf *m kein pl fachspr* **'pur·chas·ing man·ag·er** *n* Einkaufsleiter(in) *m(f)* **'pur·chas·ing or·der** *n* Kaufauftrag *m,* Bestellung *f;* **to place** [*or* **make**] **a ~** [**with sb/a company**] etw [bei jdm/einer Firma] bestellen [*o* in Auftrag geben] **'pur·chas·ing pow·er** *n no pl* Kaufkraft *f*

pur·dah ['pɜːdə, AM 'pɜːr-] *n no pl* ❶ *(seclusion) hinduistisch-muslimische Praxis, nach der Frauen im Inneren eines Hauses den Blicken fremder Männer durch Zwischenwände bzw. Vorhänge entzogen werden;* ***the women in the village live in strict ~*** die Frauen des Dorfes leben streng abgeschirmt

❷ *(state of wearing veil)* Verschleierung *f;* ■ **out of ~** unverschleiert; **to be in ~** einen Schleier tragen; **to go into ~** *(fig) thing* aus dem Blickfeld verschwinden; *person* sich *akk* zurückziehen

❸ *(screen)* Vorhang *m,* Zwischenwand *f*

pure [pjʊəʳ, AM pjʊr] *adj* ❶ *(unmixed)* rein, pur; **~ alcohol** reiner [*o fachspr* absoluter] Alkohol; **~ chocolate** unverfälschte Schokolade; **~ cotton** reine Baumwolle; **~ gold** reines [*o* pures] Gold, Feingold *nt fachspr;* **~ orange juice/honey** reiner Orangensaft/Honig; ***I have ~ Irish ancestry*** ich bin rein irischer Abstammung; ZOOL *(purebred)* reinrassig *fachspr;* **~ German shepherd** reinrassiger deutscher Schäferhund

❷ *(clean) air, water* sauber, klar

❸ *(fig: utter)* rein, pur, wahr; ***the film was ~ Disney*** der Film war Disney pur; ***that's ~ guesswork*** das sind bloße Vermutungen; ***the hot bath was ~ bliss*** das heiße Bad war eine wahre Wohltat; ***that was ~ hell for us*** das war die reinste Hölle für uns; **~ chance** reiner Zufall; **a ~ delight** eine reine [*o* wahre] Freude; **~ insanity** glatter Wahnsinn, kompletter Schwachsinn *fam;* **for ~ joy** aus reinem [*o* nur zum] Vergnügen; **~ luck** reines Glück, reiner Zufall; **~ and utter rubbish** ausgemachter Blödsinn; **~ and simple** schlicht und einfach

❹ *(free of evil)* unschuldig, rein; **~ feelings** reine Gefühle; **to be ~ in heart** ein reines Herz haben *geh;* **~ intentions** ehrliche [*o geh* lautere] Absichten; **~ motives** uneigennützige Motive

❺ *(non-sexual)* rein *geh,* keusch

❻ *(virginal)* rein *geh,* unberührt

❼ MUS *(in tune)* rein

❽ LING *(single-sounded)* monophthongisch *fachspr;* **a ~ vowel** ein Monophthong *m fachspr*

❾ *(abstract)* rein, theoretisch; **~ geometry** projektive [*o* synthetische] Geometrie *fachspr;* **~ mathematics** reine [*o* abstrakte] Mathematik *fachspr;* **~ reason** reine Vernunft; ***as ~ reason that makes perfect sense*** rein theoretisch ist das vollkommen klar

'pure blood *n* reinrassiges Tier **'pure-bred I.** *n* reinrassiges Tier **II.** *adj inv* reinrassig

pu·rée ['pjʊəreɪ, AM pjʊ'reɪ] **I.** *vt* <puréed, puréeing> ■ **to ~ sth** etw pürieren

II. *n no pl* Püree *nt;* **tomato ~** passierte Tomaten *pl,* Tomatenpüree *nt* SCHWEIZ

pure·ly ['pjʊəli, AM 'pjʊr-] *adv* ❶ *(completely)* rein, ausschließlich; ***any resemblance to any person, living or dead, is ~ coincidental*** jede Ähnlichkeit mit lebenden oder verstorbenen Personen ist rein zufällig; **a ~ vegetarian diet** eine rein vegetarische Kost

❷ *(merely)* bloß, lediglich; **~ and simply** schlicht und einfach

❸ *(free of evil)* unschuldig

❹ *(virtuously)* keusch; **to live ~** keusch leben

pur·ga·tion [pɜː'geɪʃᵊn, AM pɜːr'-] *n* ❶ MED *(bowel movement)* Darmentleerung *f,* Stuhlentleerung *f; by using a drug* Abführen *nt fachspr*

❷ REL Reinigung *f,* Läuterung *f;* LAW *(old)* Rechtfertigung *f,* Purgation *f veraltet o fachspr;* REL *(hist) by an oath, ordeal* Reinigung *f* [durch Eideshelfer] *hist,* Purgation *f hist o fachspr*

pur·ga·tive ['pɜːgətɪv, AM 'pɜːrgət̬-] **I.** *n* MED Abführmittel *nt,* Laxativum *nt fachspr*

II. *adj* ❶ MED abführend, Abführ-

❷ *(fig liter)* befreiend

pur·ga·to·rial [ˌpɜːgə'tɔːriəl, AM ˌpɜːrgə'] *adj* höllisch

pur·ga·tory ['pɜːgətᵊri, AM 'pɜːrgətɔːri] *n no pl* ❶ REL ■ **P~** das Fegefeuer [*o geh* Purgatorium]; **to be in P~** im Fegefeuer sein

❷ *(fig: unpleasant experience)* die Hölle; ***this is sheer ~!*** das ist die reinste Hölle!; **to go through ~** Höllenqualen ausstehen

purge [pɜːdʒ, AM pɜːrdʒ] **I.** *vt* ❶ *(also fig: cleanse)* ■ **to ~ sb/sth of sth** jdn/etw von etw *dat* reinigen *a. fig;* **to ~ metal of dross** Metall von Schlacke reinigen; **to ~ oneself/sb of a suspicion** sich/jdn von einem Verdacht lossprechen; ■ **to ~ sth of sth** *(fig) organization* etw von etw *dat* säubern; ■ **to ~ oneself/sb of sth** *guilt, suspicion* sich/jdn von etw *dat* reinwaschen; ***most government officials have been ~d of charges of corruption*** die meisten Regierungsangestellten sind von Korruptionsvorwürfen freigesprochen worden; REL *(fig)* ■ **to ~ sb/sth of sth** jdn/etw von etw *dat* befreien [*o* rein waschen] *fig;* ***Roman Catholics go to confession to ~ their souls of sin*** Katholiken gehen zur Beichte, um ihre Seele von Sünden reinzuwaschen

❷ POL *(get rid of)* ■ **to ~ sth of** [*or* **from**] **sb/sth** *organization* etw von jdm/etw säubern; ***the new state governor has promised to ~ the police force of corruption*** der neue Gouverneur hat versprochen, die Polizei von korrupten Elementen zu säubern; ■ **to ~ sb** *(also euph) unwanted members* jdn liquidieren *euph*

❸ LAW *(wipe out)* **to ~ an offence** ein Verbrechen sühnen; **to ~ one's contempt** [*or* **a contempt of court**] sich *akk* für Missachtung des Gerichts entschuldigen

❹ MED *(empty)* **to ~ the bowels** Stuhlgang haben, den Darm entleeren, abführen; ■ **to ~ sb** jdn abführen lassen, jdm Abführmittel geben

❺ COMPUT ■ **to ~ sth** etw löschen

II. *vi* MED **to binge and ~** sich *akk* vollstopfen und [anschließend] erbrechen

III. *n* ❶ *(cleaning out)* Reinigung *f,* Säuberung *f*

❷ POL *(getting rid of)* Säuberung[saktion] *f*

❸ *(dated: laxative)* Abführmittel *nt*

pu·ri·fi·ca·tion [ˌpjʊərɪfɪ'keɪʃᵊn, AM ˌpjʊrə-] **I.** *n no pl* ❶ *(cleansing)* Reinigung *f;* **~ of sewage water** Abwasserreinigung *f*

❷ REL *(spiritual cleansing)* Reinigung *f,* Läuterung *f*

II. *n modifier* ❶ *(for cleansing)* Reinigungs-

❷ REL *(cleansing of sins)* Reinigungs-; **to undergo a ~ ritual** sich *akk* einem Reinigungsritual unterziehen

pu·ri·fi·er ['pjʊərɪfaɪəʳ, AM 'pjʊrəfaɪɚ] *n* ❶ CHEM, TECH *(apparatus)* Reiniger *m,* Reinigungsanlage *f*

❷ *(agent)* Reinigungsmittel *nt,* reinigendes Mittel

pu·ri·fy ['pjʊərɪfaɪ, AM 'pjʊrə-] *vt* ❶ *(cleanse)* ■ **to ~ sth** [**of** [*or* **from**] **sth**] *air, metal, water* etw [von etw *dat*] reinigen [*o* säubern]

❷ REL *(cleanse morally)* ■ **to ~ sth** etw reinigen [*o* läutern]; **to ~ one's mind** seinen Geist reinigen [*o* läutern]; ■ **to ~ oneself of** [*or* **from**] **sth** sich *akk* von etw *dat* befreien; *(free from guilt)* etw entlasten

pur·ism ['pjʊərɪzᵊm, AM 'pjʊr-] *n no pl* ❶ *(usu pej: school of thought) in language, style* Purismus *m oft pej*

❷ *(French art form)* ■ **P~** der Purismus

pur·ist ['pjʊərɪst, AM 'pjʊr-] *n* Purist(in) *m(f)*

pu·ri·tan ['pjʊərɪtᵊn, AM 'pjʊr-] **I.** *n* ❶ *(Protestant)* Puritaner(in) *m(f);* ■ **the P~s** *pl* die Puritaner *pl*

❷ *(fig, usu pej: strict person)* Puritaner(in) *m(f) fig, a. pej,* Tugendwächter(in) *m(f) oft pej,* Frömmler(in) *m(f) pej;* ***don't be such a ~*** sei nicht so prüde *pej*

II. *adj* ❶ *(of Puritans)* puritanisch

❷ *(fig, usu pej: strict)* puritanisch *fig, a. pej,* sittenstreng, prüde *fig pej*

pu·ri·tani·cal [ˌpjʊərɪ'tænɪkᵊl, AM ˌpjʊrɪ'-] *adj (usu pej)* puritanisch, sittenstreng, prüde *pej*

pu·ri·tani·cal·ly [ˌpjʊərɪ'tænɪkᵊli, AM ˌpjʊrɪ'-] *adv* puritanisch, sittenstreng

Pu·ri·tan·ism ['pjʊərɪtᵊnɪzᵊm, AM 'pjʊr-] *n no pl* Puritanismus *m*

pur·ity ['pjʊərəti, AM 'pjʊrɪt̬i] **I.** *n no pl* ❶ *(cleanness)* Sauberkeit *f*

❷ *(freedom from admixture)* Reinheit *f*

❸ REL *(moral goodness)* Reinheit *f; (innocence)* Unschuld *f,* Keuschheit *f,* Unberührtheit *f*

❹ MUS *(true sound)* Reinheit *f,* Klarheit *f;* ***her singing has ~, clarity and strength*** sie singt rein, klar und kraftvoll

II. *n modifier* CHEM *standard, test* Reinheits-; ~ **degree** Reinheitsgrad *m fachspr;* ~ **campaign** POL Sauberkeitskampagne *f*

purl [pɜːl, AM pɜːrl] **I.** *n* linke Masche; **a row of** ~ eine links gestrickte Reihe
II. *adj attr, inv* linke(r, s); ~ **stitch** linke Masche
III. *vt* ■**to** ~ **sth** etw links stricken; ***knit one,*** ~ ***one*** eine Masche rechts, eine links stricken
IV. *vi* links stricken

pur·loin [pɜːˈlɔɪn, AM pɚˈ-] *vt (form)* ■**to** ~ **sth** etw entwenden *form; (hum fam: pinch)* etw mitgehen lassen *hum fam*

pur·ple [ˈpɜːpl, AM ˈpɜːrpl] **I.** *adj* ❶ *(red/blue mix)* violett; *(more red)* lila[farben]; *(crimson)* purpurn, purpurrot; ~ **grapes** dunkle Trauben
❷ *(darkly coloured)* hochrot; **to go** [*or* **become**] ~ [**in the face**] hochrot [im Gesicht] anlaufen
❸ *(fig approv: brilliant) patch* glänzend, Glanz-, brillant
❹ *(fig, usu pej: elaborate) passage, patch* überreich ausgeschmückt, blumig *oft pej; prose, style* überladen, blumig *fig pej*
II. *n* ❶ *(blue/red mix)* Violett *nt; (more red)* Lila *nt; (crimson)* Purpur *m kein pl;* **dark/light** ~ dunkles/helles Lila [*o* Violett]
❷ *(robe)* Purpur *m kein pl*
❸ *(fig: high position)* ■**the** ~ *nobility* der [Hoch]adel; *high society* die höchsten Kreise; *in church* die Kardinalswürde/Bischofswürde; **to raise sb to the** ~ *(fig)* jdn in den Kardinalsrang/Bischofsrang erheben
▸ PHRASES: **to be born in** [*or* **to**] **the** ~ *(of aristocracy)* blaues Blut in den Adern haben *fig; (of high society)* zu den höchsten Kreisen gehören *geh; (of royalty)* von königlichem Geblüt sein *geh;* **to hit a** ~ **patch** *(be lucky)* eine Glückssträhne haben; *(be successful)* eine Erfolgssträhne haben
III. *vt* ■**to** ~ **sth** etw violett [*o* lila] [ein]färben; *(crimson)* etw purpurn [*o* purpurrot] [ein]färben
IV. *vi* violett [*o* lila] werden; *(crimson)* purpurn [*o* purpurrot] werden; **to** ~ **with rage** vor Wut hochrot anlaufen

pur·ple 'heart *n* BRIT Amphetamintablette *f* **Pur·ple 'Heart** *n* AM Verwundetenabzeichen *nt (in der US-amerikanischen Armee)*

pur·ple·ness [ˈpɜːplnəs, AM ˈpɜːrpl-] *n no pl* violette Färbung; *(crimson)* purpurne Färbung

purp·lish [ˈpɜːplɪʃ, AM ˈpɜːrpl-] *adj* [leicht] violett [*o* lila]

pur·port [pəˈpɔːt, AM pɜːrˈpɔːrt] **I.** *vi (form)* ❶ *(claim)* ■**to** ~ **to do sth** vorgeben, etw tun zu wollen; ***they*** ~ ***to look after our interests*** sie nehmen angeblich unsere Interessen wahr; ***he is*** ~***ed to be a spy*** man sagt ihm nach, er sei ein Spion
❷ *(convey meaning)* ■**to** ~ **that ...** bedeuten [*o* besagen] [*o* zum Inhalt haben], dass ...; ***his speech*** ~***ed that ...*** seiner Rede war zu entnehmen, dass ...
II. *n (form)* ❶ *(meaning)* Inhalt *m,* Sinn *m,* Tenor *m geh*
❷ *(object)* Zweck *m,* [erklärte] Absicht, Intention *f geh*

pur·pose [ˈpɜːpəs, AM ˈpɜːr-] **I.** *n* ❶ *(reason)* Grund *m;* **to do sth for financial/humanitarian** ~**s** etw aus finanziellen/humanitären Gründen tun
❷ *(goal)* Absicht *f,* Ziel *nt,* Zielsetzung *f,* Zweck *m,* Sinn *m;* ***the*** ~ ***of this organization is to help homeless people*** Zweck dieser Organisation ist es, Obdachlosen zu helfen; **to give sb a** ~ **in life** [*or* **their lives**] jds Leben einen Sinn geben; **to have a** ~ **in life** ein Lebensziel haben; **to be** [*or* **talk**] **at cross** ~**s** sich *akk* [unabsichtlich] missverstehen, aneinander vorbeireden; **to all intents and** ~**s** in jeder Hinsicht; **for that** [*or* **this**] **very** ~ eigens zu diesem Zweck; ***I came to Brighton for the express*** ~ ***of seeing you*** ich bin einzig und allein nach Brighton gekommen, um Sie zu sehen; **on** ~ absichtlich, vorsätzlich *pej,* mit Absicht [*o* Bedacht] [*o pej* Vorsatz]; **to the** ~ zweckdienlich
❸ *(resoluteness)* Entschlossenheit *f,* Zielbewusstheit *f;* **lack of** ~ mangelnde Entschlossenheit, Unentschlossenheit *f;* **singleness of** ~ Zielstrebigkeit *f;* **strength of** ~ Entschlusskraft *f;* ***you need more*** ~ ***in your life, young woman!*** Sie müssen Ihr Leben mehr in die Hand nehmen, junge Frau!
❹ *(intention)* Zweck *m;* **to answer** [*or* **serve**] **a** ~ einem Zweck entsprechen [*o* dienen]
❺ *(effect)* Erfolg *m,* Nutzen *m;* **for** [**all**] **practical** ~**s** im Endeffekt, praktisch [genommen]; **to put** [*or* **turn**] **sth to good** ~ *energy, money* etw nutzbringend verwenden [*o* einsetzen]; **to be to little** ~ von geringem Nutzen [*o* nicht sehr erfolgreich] sein; **to be to no** ~ nutzlos [*o* erfolglos] sein; ***all her efforts turned out to be to no*** ~ alle ihre Bemühungen waren letztlich erfolglos; ***it's to no*** ~ ***to vacuum*** es bringt sowieso nichts staubzusaugen
II. *vi (form)* ■**to** ~ **to do sth** *(intend)* vorhaben [*o* beabsichtigen], etw zu tun; *(resolve)* beschließen [*o geh* den Entschluss fassen], etw zu tun

pur·pose-'built *adj inv* ❶ *(manufactured) part of machinery* speziell gefertigt, Spezial-
❷ *(erected)* speziell gebaut [*o* errichtet], Zweck-; ~ **facilities** Zweckbauten *pl*

pur·pose·ful [ˈpɜːpəsfᵊl, AM ˈpɜːr-] *adj* ❶ *(single-minded)* zielbewusst, zielstrebig
❷ *(resolute)* entschlossen
❸ *(meaningful) existence* sinnvoll
❹ *(useful)* zweckdienlich
❺ *(intentional)* absichtlich, vorsätzlich *pej,* mit Absicht [*o pej* Vorsatz] *nach n;* ***each move was*** ~ jeder Schritt geschah mit Absicht

pur·pose·ful·ly [ˈpɜːpəsfᵊli, AM ˈpɜːr-] *adv* ❶ *(single-mindedly)* zielstrebig, zielbewusst
❷ *(resolutely)* entschlossen; **to act** ~ entschlossen handeln
❸ *(intentionally)* absichtlich, vorsätzlich *pej,* mit Absicht [*o pej* Vorsatz]

pur·pose·ful·ness [ˈpɜːpəsfᵊlnəs, AM ˈpɜːr-] *n no pl* Zielstrebigkeit *f,* Entschlossenheit *f; (usefulness)* Zweckhaftigkeit *f*

pur·pose·less [ˈpɜːpəsləs, AM ˈpɜːr-] *adj* ❶ *(lacking goal)* ziellos
❷ *(lacking meaning)* zwecklos, sinnlos; **to lead a** ~ **life** ein sinnloses Leben führen
❸ *(useless)* unzweckmäßig

pur·pose·less·ly [ˈpɜːpəsləsli, AM ˈpɜːr-] *adv* ❶ *(without goal)* ziellos
❷ *(without meaning)* zwecklos, sinnlos
❸ *(without use)* unzweckmäßig

pur·pose·less·ness [ˈpɜːpəsləsnəs, AM ˈpɜːr-] *n no pl* ❶ *(aimlessness)* Ziellosigkeit *f*
❷ *(meaninglessness)* Zwecklosigkeit *f,* Sinnlosigkeit *f*
❸ *(uselessness)* Unzweckmäßigkeit *f*

pur·pose·ly [ˈpɜːpəsli, AM ˈpɜːr-] *adv* ❶ *(intentionally)* absichtlich, mit Absicht, bedacht, bewusst
❷ *(expressly)* ausdrücklich, gezielt

pur·pos·ive [ˈpɜːpəsɪv, AM ˈpɜːr-] *adj inv* zielstrebig, entschlossen

pur·pos·ive·ly [ˈpɜːpəsɪvli, AM ˈpɜːr-] *adv inv* entschlossen; *(intentionally)* absichtsvoll

purr [pɜːʳ, AM pɜːr] **I.** *vi* ❶ *(cat)* schnurren
❷ *(fig: person)* schnurren
❸ *(engine)* surren, schnurren, summen
II. *n* ❶ *(cat's sound)* Schnurren *nt kein pl;* **to give a** ~ schnurren
❷ *(engine noise)* Surren *nt kein pl,* Schnurren *nt kein pl,* Summen *nt kein pl*

purse [pɜːs, AM pɜːrs] **I.** *n* ❶ BRIT *(for money)* Portemonnaie *nt,* Geldbeutel *m,* Geldbörse *f;* **change** ~ Geldbeutel *m* für Wechselgeld [*o* Kleingeld]; **common** [*or* **joint**] ~ *(fig)* gemeinsame Kasse
❷ AM *(handbag)* Handtasche *f*
❸ SPORT *(prize money)* Preisgeld *nt; (in boxing)* Börse *f*
❹ *(financial resources)* **public** ~ Staatskasse *f;* **to be beyond one's** ~ jds finanzielle Möglichkeiten übersteigen; ***this is beyond my*** ~ das kann ich mir nicht leisten
▸ PHRASES: **to hold the** ~ **strings** den Geldbeutel [*o* die Haushaltskasse] verwalten; **to loosen/tighten the** ~ **strings** den Geldhahn aufdrehen/zudrehen *fig*
II. *vt* **to** ~ **one's lips/mouth** die Lippen schürzen/den Mund spitzen; *(sulkily)* die Lippen aufwerfen/einen Schmollmund machen
III. *vi* ***under stress her lips would*** ~ ***slightly*** wenn sie angespannt war, verzog sich ihr Mund ein wenig

purs·er [ˈpɜːsəʳ, AM ˈpɜːrsɚ] *n* AVIAT Purser *m;* NAUT Zahlmeister(in) *m(f) fachspr*

purs·er·ette [ˈpɜːsəret, AM ˈpɜːr-] *n* AVIAT Purserette *f*

pur·su·ance [pəˈsjuːən(t)s, AM pɚˈsuː-] *n no pl (form)* ❶ *(seeking after) of freedom, ideal, truth* Streben *nt*
❷ *(execution) of a plan* Verfolgung *f,* Ausführung *f; of instructions* Befolgung *f,* Ausführung *f; of duties* Erfüllung *f*
❸ *(accordance)* Übereinstimmung *f;* **in** ~ **of the terms** [**of a contract**] LAW gemäß den Bestimmungen [eines Vertrages]

pur·su·ant [pəˈsjuːənt, AM pɚˈsuː-] *adv inv* LAW *(form)* ■~ **to sth** laut [*o* gemäß] einer S. *dat;* ***she acted*** ~ ***to an order of her government*** sie befolgte eine Anweisung ihrer Regierung; ~ **to commercial law** handelsrechtlich; ~ **to the contract** gemäß dem [*o* laut] Vertrag; ~ **to the statute** satzungsgemäß, nach dem Gesetz *fachspr*

pur·sue [pəˈsjuː, AM pɚˈsuː] *vt* ❶ *(follow)* ■**to** ~ **sb/sth** jdn/etw verfolgen, jdm/etw auf den Fersen sein *fam*
❷ *(fig: seek to achieve)* ■**to** ~ **sth** etw verwirklichen [*o* erreichen] wollen; **to** ~ **a strategy** eine Strategie fortsetzen; **to** ~ **one's goals** [*or* **aims**] seine Ziele verfolgen
❸ *(fig pej: repeatedly attack)* ■**to** ~ **sb** jdn verfolgen *fig pej;* ***misfortune seems to*** ~ ***him*** er scheint vom Pech verfolgt zu sein
❹ *(investigate)* ■**to** ~ **sth** etw weiterverfolgen, einer S. *dat* nachgehen; **to** ~ **a theory/an idea** eine Theorie/eine Idee weiterverfolgen
❺ *(engage in)* ■**to** ~ **sth** etw betreiben; **to** ~ **a career** einen Beruf ausüben [*o* einem Beruf nachgehen]; **to** ~ **a hobby** ein Hobby betreiben, einem Hobby nachgehen; **to** ~ **a policy/strategy** eine Politik/Strategie betreiben [*o* verfolgen]; **to** ~ **one's studies** seinem Studium nachgehen; **to** ~ **a trade** ein Gewerbe betreiben
❻ *(fig: admire)* ■**to** ~ **sb** *film star* jdn [schwärmerisch] verehren [*o fig* anhimmeln]

pur·su·er [pəˈsjuːəʳ, AM pɚˈsuːɚ] *n* Verfolger(in) *m(f)*

pur·suit [pəˈsjuːt, AM pɚˈsuːt] *n* ❶ *(chase)* Verfolgung[sjagd] *f; of knowledge, fulfilment* Streben *nt* (**of** nach +*dat*); *(hunt)* Jagd *f a. pej* (**of** nach +*dat*); ***he began writing books in*** ~ ***of happiness and satisfaction*** er fing an, Bücher zu schreiben, um Glück und Erfüllung zu finden; **to be in** ~ **of sb/sth** jdn/etw verfolgen; **to be in hot** ~ **of sb** jdm dicht auf den Fersen sein; **right of hot** ~ LAW Verfolgungsrecht *nt,* Recht *nt* auf Nacheile *fachspr (danach kann ein fremdes Handelsschiff im Falle eines Unrechts auf hoher See verfolgt werden)*
❷ *(activity)* Aktivität *f,* Beschäftigung *f,* Betätigung *f;* ***she wants to engage in social*** ~***s*** sie möchte sich sozial engagieren; **indoor/outdoor** ~**s** Innen-/Außenaktivitäten *pl;* **leisure** ~**s** Freizeitaktivitäten *pl*

pu·ru·lent [ˈpjʊərʊlənt, AM ˈpjʊrə-] *adj* MED eitrig, purulent *fachspr;* **to become** ~ eitern

pur·vey [pəˈveɪ, AM pɚˈ-] *vt (form)* ❶ *(trade)* ■**to** ~ **sth** *food* mit etw *dat* handeln
❷ *(provide)* ■**to** ~ **sth to sb** *food* jdm etw liefern, jdn mit etw *dat* versorgen
❸ *(supply)* ■**to** ~ **sth** *service* etw anbieten; *information* etw liefern [*o* zur Verfügung stellen]; *(spread) news* etw verbreiten

pur·vey·ance [pəˈveɪən(t)s, AM pɚˈ-] *n no pl* ❶ *(trading) in food* Handel *m*
❷ *(form: supplying)* Lieferung *f,* Beschaffung *f*

pur·vey·or [pəˈveɪəʳ, AM pɚˈveɪɚ] *n (form)* ❶ *(trader) in food* Händler(in) *m(f)*
❷ *(supplier)* Lieferant(in) *m(f),* Versorger(in) *m(f),* Beschaffer(in) *m(f);* ***radio stations are*** ~***s of music and information*** Radiosender versorgen

die Öffentlichkeit mit Musik und Informationen; ~ **to Her Majesty the Queen** [*or* **the Royal Household**] Hoflieferant *m*

pur·view ['pɜːvjuː, AM 'pɜːr-] *n (form)* ① LAW *(scope) of a law* Geltungsbereich *m,* verfügender Teil, gesetzgeberische Absicht; *of jurisdiction* Zuständigkeitsbereich *m;* **to fall outside/within sb's** ~ nicht in/in jds Zuständigkeit fallen
② *(domain)* Aufgabenbereich *m,* Ressort *nt,* Zuständigkeitsbereich *m;* **to be** [*or* **come**] [*or* **lie**] **under** [*or* **within**] **sb's** ~ in jds Ressort [*o* Aufgabenbereich] [*o* Zuständigkeit] fallen
③ *(sphere)* Wirkungskreis *m,* Wirkungsbereich *m*

pus [pʌs] *n no pl* Eiter *m*

push [pʊʃ]

I. NOUN II. TRANSITIVE VERB III. INTRANSITIVE VERB

I. NOUN

<*pl* -es> ① *(shove)* Stoß *m; (slight push)* Schubs *m fam;* ***my car won't start — can you give me a ~?*** mein Auto springt nicht an, kannst du mal anschieben?; **to give sb/sth a** ~ jdm/etw einen Stoß versetzen; ***he gave the girl on the swing a*** ~ er schubste das Mädchen auf der Schaukel an
② *(press)* Druck *m;* **at the ~ of a button** auf Knopfdruck *a. fig*
③ *(fig: motivation)* Anstoß *m;* ***she needs a little ~ to get motivated*** man muss sie ein bisschen anstoßen, um sie zu motivieren
④ *(concerted effort)* Anstrengung[en] *f[pl],* Kampagne *f;* ***the company plans to make a big ~ into Europe*** das Unternehmen will eine große Kampagne zur Erschließung des europäischen Marktes starten; **to make a ~ for sth** etw anstreben; **to make a ~ to do sth** Anstrengungen unternehmen, etw zu tun
⑤ *(publicity)* **to get** [*or* **be given**] **a** ~ gepusht werden *sl;* ***the company is giving passion fruit a ~ this month*** die Firma macht diesen Monat Werbung für Passionsfrüchte
⑥ *(military attack)* Vorstoß *m*
▸PHRASES: **at a** ~ BRIT im Notfall; ***at a ~, I could make 7.30*** wenn ich mich sehr beeile, könnte ich es bis 7.30 Uhr schaffen; **if/when it comes to the ~, if/when ~ comes to shove** *(fam)* wenn es hart auf hart kommt; **to get** [*or* **be given**] **the** ~ *(fam: boy-/girlfriend)* den Laufpass kriegen *fam; (be fired)* gefeuert werden *fam;* **to give sb the** ~ *(fam: break up)* mit jdm Schluss machen *fam; (fire)* jdn rausschmeißen *fam*

II. TRANSITIVE VERB

① *(shove)* ■**to ~ sb** jdn schieben; *(in a crowd)* [jdn] drängeln; *(violently)* jdn stoßen [*o* schubsen]; ■**to ~ sth** etw schieben; ***he ~ed his plate away from him*** er schob seinen Teller weg; ***she ~ed her hair out of her eyes*** sie strich sich die Haare aus den Augen; ***he ~ed his way through the herd of cattle*** er kämpfte sich durch die Viehherde; ***he ~ed his bike up the hill*** er schob sein Fahrrad den Hügel hinauf; **to ~ sth to the back of one's mind** *(fig)* etw verdrängen
② *(move forcefully)* ■**to ~ sth** etw schieben; *(give a push)* etw stoßen; ***she ~ed the drawer hard*** sie drückte fest gegen die Schublade; ***he ~ed the ball over the bar*** er stieß den Ball über die Latte; **to ~ the door open/shut** eine Tür auf-/zuschieben [*o* SCHWEIZ auf-/zustossen]; *(violently)* eine Tür auf-/zustoßen; **to ~ things to the limit** *(fig)* etw bis zum Äußersten [*o* auf die Spitze] treiben; **to ~ sth down sb's throat** *(fig)* jdm etw aufdrängen
③ *(manoeuvre)* ■**to ~ sb towards sth** jdn in eine Richtung drängen; **to ~ the nation toward recovery** die Nation auf den Weg des wirtschaftlichen Aufschwungs bringen; **to ~ sb out of the running** *(also fig)* jdn aus dem Rennen werfen
④ *(impose)* ■**to ~ sth** [**on sb**] [jdm] etw aufdrängen [*o* aufzwingen]
⑤ *(pressure)* ■**to ~ sb to do sth** jdn [dazu] drängen, etw zu tun; *(force)* jdn zwingen, etw zu tun; *(persuade)* jdn überreden, etw zu tun; ■**to ~ sb into doing sth** jdn dazu drängen, etw zu tun; **to ~ a share** STOCKEX jdn drängen, eine Aktie zu kaufen
⑥ *(press)* ■**to ~ sth** auf etw *akk* drücken; ***he ~ed the money into my hand*** er drückte mir das Geld in die Hand; **to ~ a button** auf einen Knopf drücken; **to ~ the doorbell** klingeln, SCHWEIZ, ÖSTERR *a.* läuten; **to ~ one's point home** seinen Standpunkt verdeutlichen
⑦ *(be persistent)* ■**to ~ sb** jdn drängen; ***when I ~ed him, he admitted that ...*** als ich ihn in die Enge trieb, gab er zu, dass ...; ***why do you keep ~ing me? I've said no*** warum nervst du mich ständig? ich habe Nein gesagt *fam*
⑧ *(demand a lot)* ■**to ~ oneself** sich *dat* alles abverlangen; **to not ~ oneself** sich *akk* nicht überanstrengen *iron;* **to ~ sb to his/her limit** jdn bis zum Äußersten treiben; ***sometimes you ~ me to the point of violence!*** manchmal treibst du mich echt zur Weißglut! *fam*
⑨ *(find sth difficult)* ■**to be** [**hard**] **~ed to do sth** *esp* BRIT [große] Schwierigkeiten haben, etw zu tun
⑩ *esp* BRIT *(be short of)* **to be ~ed for money/time** wenig Geld/Zeit haben; ***I'm rather ~ed for cash*** ich bin ziemlich knapp bei Kasse; ***she looks rather ~ed*** sie sieht ziemlich gehetzt aus
⑪ *(sl: promote)* ■**to ~ sth** etw propagieren; ECON etw pushen *sl*
⑫ *(sl: sell illegal drugs)* ■**to ~ sth** mit etw *dat* dealen, etw pushen *sl;* **to ~ drugs to sb** Drogen an jdn verkaufen
⑬ *(approach)* **to be ~ing 30/40** *(age)* auf die 30/40 zugehen; *(drive at)* fast 30/40 fahren
⑭ *(fam: overdo)* **to ~ sth too far** etw übertreiben; ***that's ~ing it a bit*** das ist etwas übertrieben
▸PHRASES: **to ~ one's luck** den Bogen überspannen *fig;* **to ~ one's nose into sth** *(fig)* seine Nase in etw *akk* stecken

III. INTRANSITIVE VERB

① *(exert force)* dränge[l]n; *(press)* drücken; *(move)* schieben; ***I'm sorry, I didn't mean to ~ in front of you*** Entschuldigung, ich wollte mich nicht vordrängeln; **"~"** *(on a door)* „Drücken"; **to ~ hard** mit Kraft [*o* feste] drücken *fam;* **to ~ and pull** [*or* **shove**] hin- und herschieben
② *(manoeuvre through)* sich *akk* durchdrängen; MIL vorstoßen; ■**to ~ into sth** sich *dat* Zugang zu etw *dat* verschaffen; ■**to ~ past sb** sich *akk* an jdm vorbeidrängen; ■**to ~ by** [**sth/sb**] sich *akk* [an jdm/etw] vorbeidrängen
③ *(bear down)* pressen
④ *(support)* ■**to ~ for sb** jdn unterstützen; *(wish luck)* jdm die Daumen drücken

◆**push about** *vt* ① *(move around)* ■**to ~ about** ○ **sth** etw herumschieben [*o* herumstoßen]; ■**to ~ sb about** *(in a wheelchair)* jdn herumfahren
② *(fig pej: bully)* ■**to ~ sb about** jdn herumkommandieren; *(violently)* jdn herumstoßen [*o fam* herumschubsen]; *(fig)* ***you can't ~ me about like that*** so kannst du mit mir nicht umspringen

◆**push ahead I.** *vi* ① *(approv fig: continue despite trouble)* ■**to ~ ahead** [**with sth**] *plans, projects* [mit etw *dat*] weiterkommen *fig*
② *(approv fig: take the lead)* sich *akk* bis zur Spitze vorarbeiten [*o* an die Spitze kämpfen]; *(in a race)* sich *akk* an die Spitze setzen
③ *(continue travelling)* [noch] weiterfahren
④ MIL *(advance)* weiter vorrücken [*o* vorstoßen]
II. *vt* ■**to ~ sth ahead** etw [energisch] vorantreiben [*o* weiterverfolgen]

◆**push along I.** *vi (fig fam: leave)* sich *akk* [wieder] auf den Weg [*o fam* die Socken] machen, [wieder] weg [*o* los] müssen *fam*
II. *vt* ■**to ~ sth along** etw vorantreiben [*o* [energisch] weiterverfolgen]

◆**push around** *vt* ① *(move around)* ■**to ~ sth** ○ **around** etw herumschieben; *(violently)* etw herumstoßen; ■**to ~ sb around** *(in a wheelchair)* jdn herumfahren
② *(fig pej: bully)* ■**to ~ sb** ○ **around** jdn herumkommandieren; **to ~ a child about** ein Kind herumstoßen [*o* herumschubsen] *fig fam*

◆**push aside** *vt* ① *(move away)* ■**to ~ sb/sth aside** jdn/etw zur Seite schieben [*o* beiseiteschieben]; *(violently)* jdn/etw zur Seite stoßen [*o* beiseitestoßen]
② *(fig pej: reject)* ■**to ~ sb aside** *spouse* jdn links liegenlassen, jdm die kalte Schulter zeigen; *applicant* jdn unberücksichtigt lassen [*o* übergehen]
③ *(fig, usu pej: not think about)* ■**to ~ sth aside** *problem* etw verdrängen; *thought* von etw *dat* loskommen

◆**push away** *vt* ■**to ~ sb/sth away** jdn/etw wegschieben; ■**to ~ sb away** jdn aus dem Weg stoßen

◆**push back** *vt* ① *(move backwards)* ■**to ~ sth back** etw zurückschieben; ■**to ~ sb back** jdn zurückdrängen
② *(fig: delay)* **to ~ back a date** ein Datum verschieben; ■**to ~ sb back** jdn zurückwerfen
③ *(fig pej: ignore)* ■**to ~ sth back** etw verdrängen

◆**push down** *vt* ① *(knock down)* ■**to ~ down** ○ **sb/sth** jdn/etw umstoßen [*o fam* umschubsen]
② *(press down)* ■**to ~ down** ○ **sth** *lever* etw hinunterdrücken [*o fam* runterdrücken]
③ ECON *(fig pej: cause decrease)* ■**to ~ down** ○ **sth** *prices* etw [nach unten] drücken; *value* etw mindern

◆**push forward I.** *vt* ① *(approv fig: advance)* ■**to ~ forward** ○ **sth** *development, process* etw [ein großes Stück] voranbringen [*o* vorwärtsbringen]
② *(present forcefully)* ■**to ~ sth** ○ **forward** etw in den Vordergrund stellen [*o* schieben]; ***he always tries to ~ his own ideas forward*** er versucht immer, seine eigenen Ideen herauszustellen; **to ~ forward a claim** eine Forderung geltend machen
③ *(draw attention)* ■**to ~ oneself forward** sich *akk* vordrängen [*o* in den Vordergrund stellen [*o* schieben]] *fig*
II. *vi* ① *(continue)* ■**to ~ forward** [**with sth**] [mit etw *dat*] weitermachen
② *(continue travelling)* weiterfahren

◆**push in I.** *vt* ① *(destroy)* ■**to ~ in** ○ **sth** etw eindrücken
② *(fig, also pej: force in)* **to ~ one's way in** sich *akk* hineindrängen
II. *vi* ① *(fig, also pej: force way in)* sich *akk* hineindrängen, sich *dat* Zugang verschaffen
② *(fig pej: jump queue)* sich *akk* vordränge[l]n; ***that man there just ~ed in in front of me*** der Mann da hat sich gerade vor mich gedrängelt! *fam*

◆**push off I.** *vi* ① *(fig, also pej fam: leave)* losziehen, sich *akk* verziehen *fam,* abschieben *fam;* ***well, I have to ~ off now*** also, ich muss jetzt los *fam*
② NAUT *(set sail)* abstoßen, ablegen *fachspr*
II. *vt* NAUT abstoßen *fachspr;* **to ~ off a boat** [**from the quayside**] ein Boot [von der Kaimauer] abstoßen

◆**push on I.** *vi* ① *(continue despite trouble)* ■**to ~ on with sth** *plan, project* mit etw *dat* weiterkommen
② *(take the lead)* sich *akk* bis zur Spitze vorarbeiten [*o* an die Spitze kämpfen]; *(in a race)* sich *akk* an die Spitze setzen
③ *(continue travelling)* [noch] weiterfahren
II. *vt* ■**to ~ sth** ○ **on** etw [energisch] vorantreiben [*o* weiterverfolgen]

◆**push out I.** *vt* ① *(force out)* ■**to ~ sb/sth** ○ **out** *person, cat, dog* jdn/etw hinausjagen [*o* nach draußen jagen]
② ■**to ~ sb** ○ **out** *(dismiss)* jdn hinauswerfen; *(reject)* jdn ausstoßen
③ ECON *(produce)* ■**to ~ out** ○ **sth** etw ausstoßen [*o* produzieren] [*o fam* raushauen]
▸PHRASES: **to ~ the boat out** [**on sth**] BRIT *(fam: celebrate)* [etw] ganz groß feiern *fam; (spend money)* viel Geld [für etw *akk*] hinlegen [*o fam* berappen]
II. *vi* HORT *buds, flowers* sprießen; *buds, seed* treiben; *buds, trees* austreiben *veraltend geh; bushes,*

P

trees ausschlagen *veraltend geh*

◆**push over** *vt* ■**to ~ sth over** etw umwerfen [*o* umstoßen]; ■**to ~ sb over** jdn umstoßen [*o* zu Boden werfen]

◆**push round** *vt, vi* BRIT *see* **push around**

◆**push through** **I.** *vi (manoeuvre through)* ■**to ~ through sth** sich *akk* durch etw *akk* drängen; ***we ~ed through the undergrowth*** wir bahnten uns einen Weg durch das Unterholz
II. *vt* ① POL *(make pass)* ■**to ~ through** ↔ **sth** *bill, motion* etw durchdrücken *fam;* ***we are trying to ~ this deal through as quickly as possible*** wir versuchen, dieses Geschäft so schnell wie möglich durchzuziehen
② *(help to succeed)* ■**to ~ sb through sth:** ***the school manages to ~ most of its students through their exams*** die Schule bringt die meisten ihrer Schüler durch die Prüfungen

◆**push to** *vt* ■**to ~ sth to** *door* etw zumachen

◆**push up** **I.** *vt* ① *(move higher)* ■**to ~ up** ↔ **sb** jdn hochheben
② ECON *(cause increase)* ■**to ~ up** ↔ **sth** *demand* etw steigern; *prices* etw hochtreiben [*o* in die Höhe treiben]
▸PHRASES: **to be ~ing up [the] daisies** *(euph hum)* sich *dat* die Radieschen von unten besehen *euph hum*
II. *vi* ① *(fig: grow) weeds* [nach oben] kommen [*o fig* schießen]
② *(fig fam: move)* [rüber]rücken [*o* rutschen] *fam,* Platz machen; **~ up!** rück mal rüber! *fam*

'push-bar *n* Riegel *m,* Querholz *nt* **'push·bike** *n* BRIT, AUS *(fam)* [Fahr]rad *nt,* SCHWEIZ *a.* Velo *nt,* Drahtesel *m fig hum fam;* **to ride a ~** Rad fahren **'push-but·ton** **I.** *adj inv* ① *(automated)* Druckknopf-, [Druck]tasten-, [voll]automatisch; **a ~ control panel/telephone** ein Tastenfeld/Tastentelefon *nt;* **a ~ home** ein vollautomatischer Haushalt ② *(using complex weapons)* mit modernsten Waffensystemen [*o* modernster Elektronik] *nach n;* **~ warfare** Krieg *m* mit modernsten Waffensystemen **II.** *n* Druckknopf *m,* [Druck]taste *f* **push-but·ton 'switch** *n* Druckschalter *m* **push-but·ton 'tele·phone** *n* Drucktastentelefon *nt* **'push·cart** *n* ① *(barrow)* Handkarren *m,* Schubkarren *m,* Carette *f* SCHWEIZ, Gepäckkarren *m* ② *(trolley)* Einkaufswagen *m* **'push·chair** *n* BRIT [Kinder]sportwagen *m*

push·er ['pʊʃəʳ, AM -ɚ] *n (pej)* Dealer(in) *m(f),* Pusher(in) *m(f) sl;* **drug ~** Drogendealer(in) *m(f)*

'push-fit *adj* TECH *pipes, connections* Steck-

pushi·ly ['pʊʃɪli] *adv (fig pej fam)* ① *(aggressively)* aggressiv, rücksichtslos
② *(obnoxiously)* in aufdringlicher [*o* penetranter] Weise

pushi·ness ['pʊʃɪnəs] *n no pl (fig)* ① *(ambition)* Tatkraft *f,* Unternehmungsgeist *m*
② *(pej fam: aggressiveness)* Aggressivität *f,* Rücksichtslosigkeit *f*
③ *(pej fam: obnoxiousness)* Aufdringlichkeit *f,* Penetranz *f*

push·ing ['pʊʃɪŋ] **I.** *n no pl* Gedränge[l] *nt;* **~ and shoving** [großes] [Geschiebe und] Gedränge
II. *adj (fig)* ① *(ambitious)* tatkräftig, dynamisch
② *(pej: forceful)* aggressiv, rücksichtslos
③ *(pej: obnoxious)* aufdringlich, penetrant

'push·over *n* ① *(approv fig fam: easy success)* Kinderspiel *nt kein pl,* kinderleichte Sache; ***the test will be a ~ for her*** den Test macht sie mit links
② *(fig pej fam: easily defeated opponent)* leichter Gegner/leichte Gegnerin; ***the other applicants are ~s for her*** ihre Mitbewerber haben gegen sie nichts drin *fam; (fig pej fam: easily influenced)* Umfaller *m fig pej fam,* leicht rumzukriegender [*o* zu bequatschender] Mensch *fam;* **to be a real ~** echt leicht rumzukriegen [*o* zu bequatschen] sein *fam;* **to be a ~ for sb/sth** auf jdn/etw hereinfallen

'push·pin *n* AM Reißzwecke *f,* Reißnagel *m*

push-'pull *adj inv* im Gegentakt *nach n;* ELEC Gegentakt-

'push-start **I.** *vt* ① *(jump-start)* **to ~ a car** ein Auto anschieben
② *(fig: begin improvement)* **to ~ the economy** der Wirtschaft auf die Beine helfen, die Wirtschaft ankurbeln *fig*
II. *n* ① *(jump-start) of a car* Anschieben *nt kein pl;* **to give sb a ~** *(fig)* jdm auf die Sprünge helfen *fig fam*
② *(fig: helpful prompt)* Starthilfe *f;* **to give a ~ to the economy** der Wirtschaft eine Konjunkturspritze geben *fig*

Push·tu ['pʌʃtu:] LING **I.** *n* Puschtu *nt,* Paschto *nt*
II. *adj inv* Puschtu-, Paschto-

'push-up *n* Liegestütz *m;* **to do ~s** Liegestütze machen

pushy ['pʊʃi] *adj (fig fam)* ① *(ambitious)* tatkräftig, dynamisch
② *(pej: aggressive)* aggressiv, rücksichtslos
③ *(pej: obnoxious)* aufdringlich, penetrant

pu·sil·la·nim·ity [ˌpju:sɪlə'nɪməti, AM -əṭi] *n no pl (form)* Kleinmütigkeit *f geh,* Verzagtheit *f geh,* Feigheit *f*

pu·sil·lani·mous [ˌpju:sɪ'lænɪməs, AM -'lænə-] *adj (form)* kleinmütig *geh,* verzagt *geh,* ängstlich

pu·sil·lani·mous·ly [ˌpju:sɪ'lænɪməsli, AM -'lænə-] *adv (form)* zaghaft *geh,* ängstlich, feige

puss <*pl* -es> [pʊs] *n* ① *(fam)* Mieze[katze] *f fam*
② AM *(fig, also pej fam: female)* Puppe *f,* Biene *f fig, a. pej*
③ IRISH, SCOT, AM *(sl: face)* Visage *f fam; (mouth)* Fresse *f derb,* Klappe *f fam,* Maul *nt fam;* ***shut your ~!*** halt's Maul! *derb;* **to smack sb in the ~** jdm in die Fresse hauen *derb*

pussy ['pʊsi] *n* ① *(cat)* Mieze[katze] *f fam*
② *no pl (fig pej vulg: woman's genitals)* Muschi *f vulg; (fig pej vulg: copulation)* Fick *m vulg;* **to have some ~** ficken *vulg,* vögeln *vulg*
③ AM *(fig pej sl: effeminate male)* Waschlappen *m pej fam,* Schlappschwanz *m fig pej fam*

'pussy cat *n* ① *(childspeak: cat)* Mieze[katze] *f fam*
② AM *(fig, also pej fam: female)* Puppe *f fam,* Biene *f fig, a. pej sl*
③ AM *(fig pej fam: mild-mannered male)* Softie *m fig pej fam; (fig pej sl: effeminate male)* Waschlappen *m pej fam,* Schlappschwanz *m fig pej fam; (fig pej fam: timid male)* Angsthase *m fig pej fam*
④ AM *(fig fam: non-threatening person)* [im Grunde völlig] harmloser Mensch; ***he's a real ~*** er tut wirklich keiner Fliege was [zuleide] *fig fam; (fig fam: thing not threatening)* [im Grunde völlig] harmlose Sache

'pussy·foot *vi (fig pej fam)* ① *(move cautiously)* schleichen *fig pej fam;* ■**to ~ around** [*or* **about**] herumschleichen *fam*
② *(be evasive)* sich *akk* [herum]drücken *fig pej fam;* ■**to ~ around** [*or* **about**] herumreden *fam;* ***we've been ~ing around far too long*** wir haben uns zu lange um die Sache herumgedrückt

'pussy wil·low *n* Salweide *f,* Palmweide *f*

pus·tule ['pʌstju:l, AM -tʃu:l] MED **I.** *n* Eiterbläschen *nt,* Pustel *f,* Pustula *f fachspr*
II. *vi* eitern

put <-tt-, put, put> [pʊt]

I. TRANSITIVE VERB **II.** INTRANSITIVE VERB
III. NOUN

I. TRANSITIVE VERB

① *(place)* ■**to ~ sth somewhere** etw irgendwohin stellen [*o* setzen]; *(lay down)* etw irgendwohin legen; *(push in)* etw irgendwohin stecken; ***they ~ a horseshoe above*** [*or* ***over***] ***their door*** sie brachten ein Hufeisen über ihrer Tür an; ***he was ~ up against the wall*** man stellte ihn an die Wand; ***he looked at the pile of work his boss had ~ before him*** er sah sich den Haufen Arbeit an, den seine Chefin ihm hingelegt hatte; ***you've got to ~ the past behind you*** du musst die Vergangenheit vergangen seinlassen [*o* begraben]; **~ *your clothes in the closet*** häng deine Kleider in den Schrank; ***he ~ his hands in his pockets*** er steckte die Hände in die Taschen; ***she ~ some milk in her coffee*** sie gab etwas Milch in ihren Kaffee; **to ~ the ball in the net** *(tennis)* den Ball ins Netz schlagen; *(football)* den Ball ins Netz spielen; ***this ~s me in a very difficult position*** das bringt mich in eine schwierige Situation; ***I ~ my complete confidence in him*** ich setze mein volles Vertrauen auf ihn [*o* in ihn]; **to ~ oneself in sb's place** [*or* **position**] [*or* **shoes**] sich *akk* in jds Situation versetzen; **~ *the cake into the oven*** schieb den Kuchen in den Backofen; ***they ~ the plug into the socket*** sie steckten den Stecker in die Steckdose; ***he ~ salt into the sugar bowl by mistake*** er hat aus Versehen Salz in die Zuckerdose gefüllt; ***they ~ him into a cell*** sie brachten ihn in eine Zelle; **to ~ sth into storage** etw einlagern; **to ~ a child into care** ein Kind in Pflege geben; **to ~ sb into a home** jdn in ein Heim stecken; **to ~ sb in[to] prison** jdn ins Gefängnis bringen; **to ~ fear into sb's heart** jdn ängstigen, jdm Angst machen; **to ~ an idea in[to] sb's head** jdn auf eine Idee bringen; ***whatever ~ that idea into your head?*** wie kommst du denn darauf?; **to ~ one's ideas into practice** seine Ideen in die Praxis umsetzen; ***Sam will eat anything you ~ in front of him*** Sam isst alles, was man ihm vorsetzt; **~ *the soup spoons next to the knives*** leg die Suppenlöffel neben die Messer; ***we should ~ my mum next to Mrs Larson*** wir sollten meine Mutter neben Frau Larson setzen; ***she ~ her coffee cup on the table*** sie stellte ihre Kaffeetasse auf den Tisch; ***do you know how to ~ a saddle on a horse?*** weißt du, wie man ein Pferd sattelt?; ***I ~ clean sheets on the bed*** ich habe das Bett frisch bezogen; ***he ~ his head on my shoulder*** er legte seinen Kopf auf meine Schulter; ***you can't ~ a value on friendship*** Freundschaft lässt sich nicht mit Geld bezahlen; **to ~ the emphasis on sth** den Schwerpunkt auf etw *akk* legen, etw betonen; ***a price of £10,000 was ~ on the car*** das Auto wurde mit 10.000 Pfund veranschlagt; ***she ~ her arm round him*** sie legte ihren Arm um ihn; ***he ~ his head round the door*** er steckte den Kopf zur Tür herein; ***he ~ his finger to his lips to call for silence*** er hielt seinen Finger vor die Lippen und bat um Ruhe; **to ~ a glass to one's lips** ein Glas zum Mund führen; ***she ~ the shell to her ear*** sie hielt sich die Muschel ans Ohr; **to ~ sb to bed** jdn ins Bett bringen; ***he was ~ under the care of his aunt*** er wurde in die Obhut seiner Tante gegeben; ***I didn't know where to ~ myself*** ich wusste nicht wohin mit mir; **to ~ sb/sth in jeopardy** jdn/etw in Gefahr bringen; **to ~ sb in a rage** jdn wütend machen; ***this ~s me in a very difficult position*** das bringt mich in eine sehr schwierige Situation; ***he was able to ~ them in a good mood*** er konnte sie aufheitern; **to stay ~** *person* sich nicht von der Stelle rühren; *object* liegen/stehen/hängen bleiben; *hair* halten; **~ *it there!*** *(congratulating)* gratuliere!; *(concluding a deal)* abgemacht!; **to ~ the shot** SPORT Kugel stoßen
② *(invest)* **to ~ effort/energy/money/time into sth** Mühe/Energie/Geld/Zeit in etw *akk* stecken [*o* investieren]; ***we ~ most of the profits towards research*** wir verwenden den Großteil der Gewinne für die Forschung; ***everyone could ~ £3 towards a new coffee machine*** jeder könnte 3 Pfund zum Kauf einer neuen Kaffeemaschine dazugeben; **to ~ money into an account** Geld auf ein Konto einzahlen; ***she ~ money on a horse*** sie setzte auf ein Pferd; ***we ~ back all our profits into the company*** all unsere Gewinne fließen in die Firma zurück
③ *(impose)* **to ~ the blame on sb** jdm die Schuld geben; **to ~ sb to great cost** [*or* **expense**] jdn viel kosten, jdm große Ausgaben verursachen; **to ~ demands upon sb** von jdm etwas verlangen; **to ~ an embargo on sth** ein Embargo über etw *akk* verhängen; **to ~ an embargo on trade** ein Handelsembargo verhängen; **to ~ faith** [*or* **trust**] **in sth** sein Vertrauen in etw *akk* setzen; **to ~ the heat** [*or*

screws] on sb for sth *(sl)* jdm wegen einer S. *gen* die Hölle heißmachen *fam;* **to ~ sb under oath** jdn vereidigen; **to ~ a premium on sth** etw hoch einschätzen; **to ~ pressure on sb** jdn unter Druck setzen; **to ~ sb under pressure** [*or* **strain**] jdn unter Druck setzen; **to ~ a restriction** [*or* **limitation**] **on sth** etw einschränken; **to ~ a spell** [*or* **curse**] **on sb** jdn verwünschen [*o* verfluchen]; ***the children were ~ on their best behaviour*** den Kindern wurde gesagt, dass sie sich ja gut zu benehmen haben; **to ~ a tax on sth** etw besteuern [*o* mit einer Steuer belegen]; **to ~ sb/sth to the test** jdn/etw auf die Probe stellen; *(put a strain on)* jdn/etw strapazieren; **to ~ sb on trial** jdn vor Gericht bringen; **to ~ sb to a lot of trouble** jdm viel Mühe bereiten [*o* machen]
❹ *(present)* **to ~ a case to** [*or* **before**] **a judge** einen Fall vor Gericht bringen; **to ~ sth to a discussion** etw zur Diskussion stellen; **to ~ an idea** [*or* **a suggestion**] **to sb** jdm etw vorschlagen; **to ~ one's point of view** seinen Standpunkt darlegen; **to ~ a problem to sb** jdm ein Problem darlegen; **to ~ a proposal before a committee** einem Ausschuss einen Vorschlag unterbreiten; **to ~ a question to sb** jdm eine Frage stellen; **to ~ sth to a vote** etw zur Abstimmung bringen
❺ *(include)* ■ **to ~ sth in[to] sth** etw in etw *akk o dat* aufnehmen, etw in etw *akk* einfügen; **to ~ sth on the agenda** etw auf die Tagesordnung setzen; FOOD *(add)* ***~ some more salt in*** füge noch etwas Salz hinzu
❻ *(indicating change of condition)* ***she always ~s her guests at ease right away*** sie schafft es immer, dass ihre Gäste sich sofort wohl fühlen; **to ~ sb at risk** [*or* **in danger**] jdn in Gefahr bringen; **to ~ sb in a good/bad mood** jds Laune heben/verderben; **to ~ one's affairs in order** seine Angelegenheiten in Ordnung bringen; **to ~ a plan into operation** einen Plan in die Tat umsetzen; **to ~ sth out of order** etw kaputtmachen *fam;* **to ~ sb/an animal out of his/its misery** jdn/ein Tier von seinen Qualen erlösen; **to ~ sb to death** jdn hinrichten; **to ~ sb to flight** jdn in die Flucht schlagen; **to ~ sb to shame** jdn beschämen; **to ~ a stop** [*or* **an end**] **to sth** etw beenden; **to ~ sb under arrest** jdn unter Arrest stellen; **to ~ sb under hypnosis** jdn hypnotisieren; **to ~ sth right** etw in Ordnung bringen; **to ~ sb straight** jdn korrigieren; **to ~ sb out of the competition** jdn aus dem Rennen werfen
❼ *(express)* ■ **to ~ sth** etw ausdrücken; ***let me ~ it this way*** lass es mich so sagen; ***how should I ~ it?*** wie soll ich mich ausdrücken?; ***to ~ it bluntly*** um es deutlich zu sagen; ***to ~ it mildly, we were shocked at your behaviour*** wir waren, gelinde gesagt, geschockt über dein Verhalten; ***that's ~ting it mildly*** das ist ja noch milde ausgedrückt; ***as Shakespeare ~ it*** wie Shakespeare schon sagte; ***she didn't know how to ~ her thoughts into words*** sie wusste nicht, wie sie ihre Gedanken in Worte fassen sollte; ***~ting Shakespeare into modern English is difficult*** Shakespeare in zeitgenössisches Englisch zu übertragen ist schwierig; ***she really ~s passion into her performance*** sie steckt viel Leidenschaftlichkeit in ihren Vortrag; **to ~ one's feelings into words** seine Gefühle ausdrücken; **to ~ a verb into the past tense** ein Verb in die Vergangenheit setzen
❽ *(write)* **to ~ a cross/tick next to sth** etw ankreuzen/abhaken; **to ~ one's signature to sth** seine Unterschrift unter etw setzen; ***please ~ your signature here*** bitte unterschreiben Sie hier
❾ *(estimate, value)* ***I wouldn't ~ him among the best film directors*** ich würde ihn nicht zu den besten Regisseuren zählen; ***she ~s her job above everything else*** für sie geht ihr Beruf allem anderen vor, sie stellt ihren Beruf vor allem anderen; ■ **to ~ sb/sth at sth** jdn/etw auf etw *akk* schätzen; ***I'd ~ him at about 50*** ich schätze ihn auf ungefähr 50; ■ **to ~ sb/sth in sth** jdn/etw in etw *akk* einordnen; ***I would ~ her in her 50s*** ich würde sie so in den Fünfzigern schätzen; **to ~ sb/sth in a category** jdn/etw in eine Kategorie einordnen; ***it can't be ~ in the same category as a Rolls Royce*** man kann es nicht auf eine Stufe mit einem Rolls Royce stellen; **to ~ sb/sth on a level** [*or* **par**] **with sb/sth** jdn/etw auf eine Stufe mit jdm/etw stellen; **to ~ a value of £10,000 on sth** den Wert einer S. *gen* auf 10.000 Pfund schätzen
❿ *(direct)* ■ **to ~ sb onto sth/sb** jdn auf etw/jdn aufmerksam machen; ***the phone book ~ me onto the dentist*** durch das Telefonbuch kam ich auf den Zahnarzt; ***they ~ three people on the job*** sie setzen drei Leute ein für diesen Job; **to ~ sb to do sth** [*or* **doing sth**] jdn abordnen, etw zu tun
⓫ *(see someone off)* ■ **to ~ sb on sth** jdn zu etw *dat* bringen; ***he ~ his girlfriend on the plane*** er brachte seine Freundin zum Flugzeug; **to ~ sb onto the bus** jdn zum Bus bringen; **to ~ sb in a taxi** jdn in ein Taxi setzen
⓬ *(install)* ■ **to ~ sth into sth** MECH etw in etw *akk* einsetzen; **to ~ heating/a kitchen into a house** eine Heizung/Küche in einem Haus installieren; ***we ~ a new hard drive on our computer*** wir haben eine neue Festplatte in unseren Computer eingebaut
⓭ MED *(prescribe)* ■ **to ~ sb on sth** jdm etw verschreiben; ***the doctor has ~ her on a strict diet*** der Arzt hat ihr eine strenge Diät verordnet

II. INTRANSITIVE VERB

NAUT anlegen, vor Anker gehen; **to ~ into the dock** am Dock anlegen, vor Anker gehen; **to ~ into Hamburg/harbour** in Hamburg/in den Hafen einlaufen; **to ~ to sea** in See stechen

III. NOUN

STOCKEX Verkaufsoption *f*

◆**put about I.** *vt* ❶ *(scatter within)* ■ **to ~ sth about sth** etw in etw *dat* verteilen; ***she ~ the balloons about the room*** sie verteilte die Ballons im Zimmer
❷ *(spread rumour)* ■ **to ~ sth about** etw verbreiten [*o* herumerzählen]; ***he has been ~ting it about that I'm having an affair*** er hat überall herumerzählt, dass ich eine Affäre habe
❸ BRIT *(fam: be promiscuous)* ■ **to ~ it** [*or* **oneself**] **about** mit jedem/jeder ins Bett gehen
❹ *(fam: be extroverted)* ■ **to ~ oneself about** sich *akk* in Szene setzen
II. *vi* NAUT wenden, stagen *fachspr,* umlegen *fachspr*

◆**put across** *vt* ❶ *(make understood)* ■ **to ~ sth across** etw vermitteln [*o fam* rüberbringen]; ■ **to ~ sth across to sb** jdm etw sagen; ***how are we going to ~ a new product across to the public?*** wie werden wir ein neues Produkt an den Mann bringen?
❷ *(fam: trick)* **to ~ one across sb** jdn hintergehen [*o fam* reinlegen]; ***that salesman ~ one across me*** dieser Händler hat mich letztes Mal reingelegt

◆**put aside** *vt* ❶ *(save)* ■ **to ~ aside** ◌ **sth** etw auf die Seite legen [*o* beiseitelegen]; ***I had the dress ~ aside until tomorrow*** ich habe das Kleid bis morgen zurücklegen lassen; **to ~ some money aside** etwas Geld zurücklegen
❷ *(postpone)* ■ **to ~ aside** ◌ **sth** *activity* mit etw *dat* aufhören; *book etc.* etw beiseitelegen
❸ *(fig: abandon)* ■ **to ~ aside** ◌ **sth** etw aufgeben; *plan* etw über Bord werfen *fam;* **to ~ aside disagreements/animosity/anger** Streit/Feindlichkeiten/Wut begraben

◆**put away** *vt* ❶ *(tidy up)* ■ **to ~ away** ◌ **sth** etw wegräumen [*o* aufräumen]; *(in storage place)* etw einräumen; ***~ your money away — I'm paying for this!*** steck dein Geld wieder ein — du bist eingeladen!; ***don't forget to ~ the car away*** vergiss nicht, das Auto wegzustellen
❷ *(set aside)* ■ **to ~ away** ◌ **sth** *book, game, glasses* etw beiseitelegen
❸ *(save)* ■ **to ~ away** ◌ **sth** *money, savings* etw zurücklegen
❹ *(fam: eat a lot)* ■ **to ~ away** ◌ **sth** etw in sich *akk* hineinstopfen *fam*
❺ *(fam: have institutionalized)* ■ **to ~ sb away** *(in an old people's home)* jdn in Pflege [*o* ins Altersheim] geben; *(in prison)* jdn einsperren; **to ~ sb away for life** jdn lebenslänglich einsperren
❻ AM *(fam: kill)* ■ **to ~ sb away** jdn umlegen *fam*

◆**put back** *vt* ❶ *(replace)* ■ **to ~ back** ◌ **sth** etw zurückstellen [*o* zurücklegen]; ***~ that book back on[to] the shelf, please*** stell das Buch bitte wieder in das Regal
❷ *(reassemble)* ■ **to ~ sth back together** etw wieder zusammensetzen [*o* zusammenbauen]; ■ **to ~ sth back on** *clothes* etw wieder anziehen
❸ *(postpone)* ■ **to ~ back** ◌ **sth** etw verschieben; *time, clock* etw zurückstellen; ***the economic crisis has ~ us back at least two months*** die Wirtschaftskrise hat uns bestimmt zwei Monate zurückgeworfen
❹ SCH *(not progress)* ■ **to ~ sb back** jdn eine Klasse zurückstufen
❺ *esp* BRIT *(fam: drink a lot)* ■ **to ~ back** ◌ **sth** etw trinken [*o* BRD picheln] *fam*

◆**put behind** *vt* ❶ *(put in the past)* ■ **to ~ sth behind oneself** etw hinter sich *dat* lassen
❷ *(delay)* ■ **to ~ sb behind** jdn in Verzug bringen; *(in fulfilling a task)* jdn zurückwerfen

◆**put by** *vt* ■ **to ~ by** ◌ **sth** etw zurücklegen; *money a.* etw auf die hohe Kante legen; ***he's got a bit ~ by*** er hat was auf der hohen Kante

◆**put down I.** *vt* ❶ *(set down)* ■ **to ~ sth** ◌ **down** etw ablegen [*o* abstellen]; **to not be able to ~ a book down** *(fig)* ein Buch nicht aus der Hand legen können
❷ *(put to bed)* **to ~ a child down** ein Kind ins Bett bringen; ***I think I'll ~ little Jane down for her nap*** ich bringe die kleine Jane ins Bett, damit sie ein bisschen schläft
❸ *(lower)* ■ **to ~ sth** ◌ **down** *arm, feet* etw herunternehmen; **to ~ down the car roof** das Dach runterkurbeln; **to ~ down the [tele]phone** [*or* **the receiver**] [den Hörer] auflegen; ■ **to ~ sb** ◌ **down** jdn runterlassen
❹ *(drop off)* ■ **to ~ down** ◌ **sb** jdn rauslassen [*o* absetzen]; ***this bus will ~ you down right at the train station*** dieser Bus hält direkt am Bahnhof
❺ *(spread)* **to ~ down poison** Gift auslegen; **to ~ down roots** *(also fig)* Wurzeln schlagen *a. fig*
❻ *(write)* ■ **to ~ down** ◌ **sth** etw aufschreiben; ***we'll ~ your name down on the waiting list*** wir setzen Ihren Namen auf die Warteliste; ***~ the date of the party down in your diary*** schreib das Datum der Party in deinen Kalender; **to ~ sth down on paper** etw aufschreiben; *(sign up for)* ■ **to ~ sb down for sth** jdn für etw *akk* eintragen; **to ~ one's name down for sth** sich *akk* für etw *akk* in eine Liste eintragen
❼ ECON *(leave as deposit)* ■ **to ~ sth down** *money* etw anzahlen; **to ~ down a deposit** eine Anzahlung machen
❽ *(stop)* ■ **to ~ down** ◌ **sth** *rebellion* etw niederschlagen; *crime* etw besiegen; *rumour* etw zum Verstummen bringen; ■ **to ~ down** ◌ **sb** *rebels* jdn niederwerfen; *critics* jdn zum Schweigen bringen
❾ *(deride)* ■ **to ~ down** ◌ **sb/oneself** jdn/sich *akk* schlechtmachen
❿ *(assume to be)* ■ **to ~ sb down as sb/sth** jdn [fälschlicherweise] für jdn/etw halten; ***I'd ~ her down as about 40*** ich würde sie auf etwa 40 schätzen
⓫ *(have killed)* ■ **to ~ an animal down** ein Tier einschläfern lassen
⓬ *(give as cause)* ■ **to ~ sth down to sth** den Grund für etw *akk* bei etw *dat* sehen, etw auf etw *akk* zurückführen; **to ~ sth down to experience** etw als Erfahrung mitnehmen
II. *vi* AVIAT landen

◆**put forth** *vt* ■ **to ~ forth** ◌ **sth** *argument, idea* etw vorbringen; *theory* etw propagieren

◆**put forward** *vt* ❶ *(propose)* ■ **to ~ sth** ◌ **forward** *idea, plan* etw vorbringen; **to ~ forward a proposal** [*or* **a suggestion**] einen Vorschlag machen [*o geh* unterbreiten]; **to ~ a candidate forward** einen Kandidaten vorschlagen
❷ *(make earlier)* ■ **to ~ sth** ◌ **forward to ...** etw

P

auf ... vorverlegen
③ *(set later)* **to ~ the clock/time forward** die Uhr vorstellen

◆**put in** I. *vt* ① *(place in)* ■**to ~ in** ↔ **sth** etw hineinsetzen/-legen/-stellen
② *(add)* ■**to ~ in** ↔ **sth** *food, ingredients* etw hinzufügen; *plants* etw [ein]pflanzen; *(in speech)* etw hinzufügen; ***he put in the remark that ...*** er warf ein, dass ...; ***"we all know that!" she ~ in impatiently*** „das wissen wir doch alle!" sagte sie ungeduldig; **to ~ in a comma/full stop** ein Komma/einen Punkt setzen
③ *(install)* ■**to ~ sth** ↔ **in** etw installieren; ***we had a new central heating system ~ in*** bei uns wurde eine neue Zentralheizung installiert
④ *(elect)* ■**to ~ sb/sth** ↔ **in** jdn/etw einsetzen
⑤ *(enter, submit)* ■**to ~ sb/sth** ↔ **in for sth** *exam, school, competition* jdn/etw für etw anmelden; **to ~ in an order for sth** etw bestellen
⑥ FIN *(deposit)* ■**to ~ sth** ↔ **in** etw einzahlen; *(for a birthday present)* etw beisteuern
⑦ *(invest)* ■**to ~ in** ↔ **sth** *time, work* etw investieren; ***I ~ in an hour on the tennis court*** ich habe eine Stunde Tennis gespielt; ***I ~ in a good day's work today*** ich habe heute ein ordentliches Arbeitspensum erreicht; **to ~ in a [phone] call to sb** jdn anrufen
II. *vi* ■**to ~ in for sth** *job* sich *akk* um etw *akk* bewerben; *pay rise, transfer* etw beantragen

◆**put off** *vt* ① *(delay)* ■**to ~ off** ↔ **sth** etw verschieben; **to ~ guests off** Gäste ausladen; **to ~ sth off for a week** etw um eine Woche verschieben; *(avoid)* ***we've been ~ting off the decision about whether to have a baby*** wir haben die Entscheidung, ob wir ein Kind haben wollen, vor uns her geschoben
② *(fob off)* ■**to ~ sb off** jdn vertrösten; ***you're not going to ~ me off with excuses*** ich lasse mich von dir nicht mit Ausreden abspeisen
③ *(deter)* ■**to ~ sb off** jdn abschrecken; ***his description really ~ me off*** seine Beschreibung hat mir wirklich die Lust genommen; ■**to ~ sb off sth** jdm etw verleiden; ***he was really trying to ~ me off*** er wollte es mir richtig miesmachen; ***I didn't think the film was very good, but don't let that ~ you off going*** ich fand den Film nicht besonders gut, aber lass dich dadurch nicht abschrecken; ***his tone ~s people off*** sein Ton verschreckt die Leute; **to ~ sb right off sb/sth** jdn sofort gegen jdn/etw einnehmen
④ *(distract)* ■**to ~ sb off** jdn ablenken; ***once she's made up her mind to do something, nothing will ~ her off*** wenn sie sich einmal entschlossen hat, etwas zu tun, wird sie nichts davon abbringen; ■**to ~ sb off sth** jdn von etw *dat* ablenken; *(prevent)* jdn von etw *dat* abbringen; ***you're ~ting me right off*** du bringst mich völlig raus; **to ~ sb off their stride** *(fig)* jdn aus dem Konzept bringen; **to be ~ off a scent** [*or* **trail**] die Spur verlieren; **to ~ sb off the track** jdn von der Fährte bringen
⑤ BRIT TRANSP *(drop off)* ■**to ~ off sb** jdn aussteigen lassen; *(forcibly)* jdn hinauswerfen
⑥ ELEC *(turn off)* ■**to ~ off** ↔ **sth** etw ausmachen [*o* ausschalten]
▶PHRASES: **never ~ off until tomorrow what you can do today** *(prov)* was du heute kannst besorgen, das verschiebe nicht auf morgen *prov*

◆**put on** *vt* ① *(wear)* ■**to ~ on** ↔ **sth** *clothes, shoes* etw anziehen; **to ~ on one's thinking cap** gründlich nachdenken; **to ~ on a happy face** ein fröhliches Gesicht machen; **to ~ on a frown** *(fig)* die Stirn runzeln; **to ~ on make-up** Make-up auflegen; ***I'll ~ on a plaster for you*** ich mach dir ein Pflaster drauf *fam;* **to ~ on a smile** *(fig)* lächeln, ein Lächeln aufsetzen; ***why are you ~ting on that silly voice?*** warum redest du so albern?; ***there's no need to ~ on that injured expression*** du brauchst nicht so gekränkt zu schauen
② *(pretend)* ■**to ~ sth** ↔ **on** etw vorgeben; ***it's all ~ on*** es ist alles nur Schau; ***I can't tell whether he's really upset, or if he's just ~ting it on*** ich weiß nicht, ob er wirklich gekränkt ist, oder ob er nur so tut; **to ~ on an air of innocence/a display of anger** eine unschuldige/böse Miene aufsetzen
③ *(turn on)* ■**to ~ on** ↔ **sth** etw einschalten [*o* anmachen]; **to ~ on the brakes** bremsen; **to ~ the kettle on** das Wasser für den Tee/Kaffee aufsetzen; **to ~ on the light** das Licht anschalten [*o* ÖSTERR aufdrehen]; **to ~ on Mozart** Mozart auflegen
④ *(provide)* ■**to ~ sth** ↔ **on** etw bereitstellen; ***additional buses had to be ~ on after the concert*** nach dem Konzert mussten zusätzliche Busse eingesetzt werden; *(fam)* ***she ~ on a fantastic spread for her birthday*** sie zauberte für ihren Geburtstag ein wahres Festmahl; **to ~ on an exhibition** eine Ausstellung veranstalten; **to ~ on a play** ein Theaterstück aufführen; **to ~ sth on the market** etw auf den Markt bringen; **to ~ sth on the menu** etw auf die Karte setzen; **to ~ on a party** eine Party geben; **to ~ on a protest** eine Protestkundgebung veranstalten
⑤ *(increase)* ***ten pence was ~ on the price of cigarettes*** der Preis von Zigaretten wurde um zehn Pence erhöht; *(gain weight)* **to ~ on a few pounds** ein paar Pfund zunehmen; **to ~ on weight** zunehmen
⑥ *(bet)* **to ~ money on a horse** Geld auf ein Pferd setzen; **to ~ a bet on a race** beim Rennen setzen; *(fig)* ***I wouldn't ~ my money on it*** darauf würde ich nichts geben
⑦ *(start cooking)* ■**to ~ on** ↔ **sth** etw aufsetzen [*o* aufstellen]; ***I'll just ~ the potatoes on*** ich setze schnell die Kartoffeln auf; **to ~ the dinner on** mit dem Kochen anfangen, anfangen zu kochen
⑧ *(allow to speak on phone)* **to ~ sb on [the telephone** [*or* **line**]] jdm den Hörer weitergeben

◆**put out** I. *vt* ① *(place outside)* **to ~ the cat/dog out** die Katze/den Hund nach draußen bringen [*o fam* rausbringen]; ■**to ~ sb out** *(ask to leave)* jdn vor die Tür setzen; **to ~ the washing out [to dry]** die Wäsche draußen aufhängen; **to ~ sb/sth out of business** jdn/etw verdrängen, jdn/etw aus dem Geschäft drängen; **to ~ sb out of a job** jdn entlassen; **to ~ sb/sth out of one's mind** [*or* **head**] jdn/etw vergessen; ***I just can't ~ her out of my mind*** sie geht mir einfach nicht aus dem Kopf
② *(extend)* ■**to ~ out** ↔ **sth** *hand, foot* etw ausstrecken; ***she ~ her head out of the window*** sie lehnte den Kopf aus dem Fenster; **to ~ out feelers** *(also fig)* die Fühler ausstrecken; **to ~ out one's hand** die Hand ausstrecken; **to ~ out one's tongue** die Zunge herausstrecken; **to ~ out the welcome mat for sb** *(fig)* jdm einen freundlichen Empfang bereiten
③ MEDIA *(publish, circulate)* ■**to ~ out** ↔ **sth** etw veröffentlichen
④ *(produce)* ■**to ~ out** ↔ **sth** etw herstellen [*o* produzieren]; HORT *(sprout) leaves, roots* etw austreiben
⑤ *(place ready)* ■**to ~ sth out [for sb/sth]** *cutlery, plate, dish* [jdm/etw] etw hinstellen [*o* hinlegen] [*o* hinsetzen]
⑥ *(contract out)* ■**to ~ out** ↔ **sth** etw vergeben [*o* außer Haus geben]; ***the contract was ~ out to the competition*** der Auftrag ging an die Konkurrenz
⑦ *(inconvenience)* ■**to ~ sb out** jdm Umstände machen; ***would it ~ you out if we came tomorrow?*** wäre es dir recht, wenn wir morgen kommen?; ■**to ~ oneself out for sb** sich *akk* jds wegen Umstände machen
⑧ *(bother)* ■**to be ~ out by sth** über etw *akk* verärgert sein
⑨ *(extinguish)* ■**to ~ out** ↔ **sth** *fire* etw löschen; *candle, cigarette* etw ausmachen; *(turn off) lights* etw ausschalten [*o* ausmachen]
⑩ *(hurt)* ■**to ~ out** ↔ **sth** *knee, shoulder* sich *akk* an etw *dat* verletzen; ***he ~ his back out*** er hat seinen Rücken verrenkt; **to ~ sb's eyes out** jdm die Augen ausstechen
⑪ *(knock out)* ■**to ~ sb out** jdn narkotisieren; ***the medication really ~ me out*** die Medikamente haben mich total benommen gemacht
II. *vi* ① NAUT *(set sail)* in See stechen; ***the ship ~ out of London harbour*** das Schiff lief aus dem Londoner Hafen aus
② AM *(vulg: have sex)* es treiben *sl,* es machen *fam;* ■**to ~ out for sb** es mit jdm treiben *sl*

◆**put over** *vt* ① *(make understood)* ■**to ~ sth over** etw verständlich machen [*o fam* rüberbringen]
② *(fool)* **to ~ one over on sb** sich *dat* mit jdm einen Scherz erlauben, jdn veräppeln *fam,* jdn hochnehmen SCHWEIZ *fam,* jdn auf den Arm nehmen ÖSTERR *fam*

◆**put past** *vt* ■**to not ~ sth past sb** jdm etw zutrauen; ***I wouldn't ~ it past him to sue his own mother*** ich würde es ihm durchaus zutrauen, seine eigene Mutter zu verklagen

◆**put through** *vt* ① *(insert through)* ■**to ~ sth through sth** etw durch etw *akk* schieben; *(pierce)* etw durch etw *akk* stechen; ***he ~ his hand through the hole in the fence*** er steckte seine Hand durch das Loch im Zaun; ***she ~ her arm through his*** sie hakte sich bei ihm unter
② TELEC *(connect)* ■**to ~ sb through** jdn durchstellen; ■**to ~ sb through to sb** jdn mit jdm verbinden; **to ~ a call through to sb** einen Anruf an jdn weiterleiten
③ *(cause to undergo)* **to ~ a car through the car-wash** ein Auto in die Waschanlage bringen; **to ~ sb through hell** jdm das Leben zur Hölle machen
④ *(support)* **to ~ sb through college/school** jdn zum College/zur Schule schicken; ***we spent over $100,000 ~ting our daughter through college*** wir haben 100.000 Dollar für das Studium unserer Tochter ausgegeben; **to ~ oneself through college** [*or* AM *also* **school**] sich *dat* das Studium selbst finanzieren
⑤ *(carry through)* ■**to ~ through** ↔ **sth** *bill, plan, proposal* etw durchbringen; *claim* etw weiterleiten

◆**put to** *vt* ① *(suggest)* ■**to ~ it to sb that ...** jdm unterstellen, dass ...; ***I ~ it to you that you were in the building at the time of the murder*** ich behaupte, dass Sie zur Tatzeit in dem Gebäude waren
② *(assign)* ■**to ~ sth to sth** *date, name* sich *akk* an etw *akk* erinnern; ***I can't ~ a name to his face*** ich komme nicht auf seinen Namen; ***I couldn't ~ a precise date to it*** ich kann mich nicht an das genaue Datum erinnern
③ *(apply, devote)* **to ~ one's mind to sth** sich *akk* auf etw *akk* konzentrieren
④ AGR *(mate)* **to ~ a cow to a bull** eine Kuh mit einem Bullen decken

◆**put together** *vt* ① *(assemble)* ■**to ~ together** ↔ **sth** etw zusammensetzen; *machine, model, radio* etw zusammenbauen; **to ~ together a [jigsaw] puzzle** puzzeln; **to ~ sth back together** etw wieder zusammensetzen; *machine, model, radio* etw wieder zusammenbauen
② *(place near)* ■**to ~ sth together** etw zusammenschieben; ***let's ~ these tables together*** lass uns diese Tische zusammenschieben
③ *(make)* ■**to ~ together** ↔ **sth** etw zusammenstellen; **to ~ together a joint venture** sich *akk* in einem Jointventure zusammentun; **to ~ together a dinner/snack** ein Mittagessen/einen Imbiss fertig machen; **to ~ together a list** eine Liste aufstellen; **to ~ together a plan** einen Plan entwerfen [*o* ausarbeiten]
④ MATH *(add)* **to ~ 10 and 15 together** 10 und 15 zusammenzählen [*o* addieren]; *(fig)* ***she earns more than all the rest of us ~ together*** sie verdient mehr als wir alle zusammengenommen
⑤ FOOD *(mix)* ■**to ~ together** ↔ **sth** etw mischen
▶PHRASES: **to ~ two and two together** zwei und zwei zusammenzählen

◆**put up** I. *vt* ① *(hang up)* ■**to ~ sth up** *decorations, curtains, notice* etw aufhängen; **to ~ up a flag/sail** eine Flagge/ein Segel hissen [*o* aufziehen]
② *(raise)* ■**to ~ sth up** etw hochheben; ***~ your hand up if you know the answer*** hebt die Hand hoch, wenn ihr die Antwort wisst; ***~ 'em up!*** *(surrender)* Hände hoch!; *(to fight)* mach schon, schlag doch zu!; **to ~ up a drip** MED einen Tropf anbringen;

to ~ **up one's dukes** *(dated)* seine Fäuste hochnehmen [*o* ÖSTERR heben]; to ~ **one's feet up** die Füße hochlegen; to ~ **one's hair up** sich *dat* das Haar aufstecken; *(open)* etw öffnen [*o* aufmachen]; **to ~ up the car window** das Autofenster zumachen; **to ~ up an umbrella** einen Schirm öffnen [*o* aufklappen]; ***why don't you ~ up your hood?*** warum nimmst du nicht deine Kapuze?
❸ *(build)* ■**to ~ up ⊃ sth** etw bauen; **to ~ up a fence** einen Zaun [*o* SCHWEIZ *a.* Hag] errichten; **to ~ up a tent** ein Zelt aufstellen [*o* aufschlagen]
❹ *(increase)* ■**to ~ up ⊃ sth** *numbers, price, sales, blood pressure* etw erhöhen [*o* hochtreiben]
❺ *(offer)* ■**to ~ up ⊃ sth** *amount* etw bezahlen; ***the money was ~ up by an anonymous donor*** das Geld wurde von einem anonymen Spender aufgebracht; **to ~ up bail** eine Kaution zahlen; **to ~ up capital** Kapital aufbringen; **to ~ one's child up for adoption** sein Kind zur Adoption freigeben; **to ~ sth up for rent** etw vermieten; **to ~ up a reward** eine Belohnung aussetzen; **to ~ sth up for sale** etw zum Verkauf anbieten
❻ *(give shelter)* ■**to ~ up ⊃ sb** jdn unterbringen; ***we're ~ting up my sister for the weekend/a while*** meine Schwester bleibt [*o* wohnt] das Wochenende über/eine Weile bei uns
❼ *(propose)* ■**to ~ up ⊃ sb/sth** jdn/etw vorschlagen; ***he ~ up the argument that ...*** er hat argumentiert, dass ...; **to ~ up a candidate** einen Kandidaten/eine Kandidatin vorschlagen [*o* aufstellen]; **to ~ sb up for election** jdn zur Wahl stellen; **to ~ up a proposal** etwas vorschlagen
❽ *(cause to do)* ■**to ~ sb up to sth** jdn zu etw *dat* verleiten; *to a fight, criminal offence* jdn zu etw *dat* anstiften; ***she must have ~ him up to it*** sie muss ihn dazu verleitet haben
❾ *(resist)* **to ~ up opposition** [*or* **objections**] widersprechen; ***no one has yet ~ up any objections to the proposal*** bis jetzt hat sich noch niemand gegen den Vorschlag ausgesprochen; **to ~ up a struggle** [*or* **fight**] kämpfen; ***the villagers did not ~ up any resistance*** die Dorfbewohner leisteten keinen Widerstand
II. *vi (stay)* **to ~ up in a hotel/at sb's place** in einem Hotel/bei jdm unterkommen; **to ~ up in a hotel/at sb's place for the night** die Nacht in einem Hotel/bei jdm verbringen
◆**put upon** *vi usu passive (form: take advantage of)* ■**to ~ upon sb** jdn ausnutzen [*o* SCHWEIZ, ÖSTERR ausnützen]; ■**to be ~ upon by sb** von jdm ausgenutzt werden
◆**put up with** *vi* ■**to ~ up with sth/sb** sich *akk* mit etw/jdm abfinden; ***I don't know how she ~s up with him*** ich weiß nicht, wie sie es mit ihm aushält; ***they have a lot to ~ up with*** sie haben viel zu ertragen; ***I'm not ~ing up with this any longer*** ich werde das nicht länger dulden

pu·ta·tive ['pju:tətɪv, AM -t̬ət̬ɪv] *adj attr, inv (form)* ❶ *(reputed) efficiency, superiority* angeblich
❷ *(supposed) father, leader, offender* mutmaßlich
pu·ta·tive·ly ['pju:tətɪvli, AM -t̬ət̬ɪv-] *adv inv (form)* angeblich
'put-down *n* ❶ *(landing) of an aircraft* Landung *f*
❷ *(fam: disparagement)* verächtliche [*o* herabsetzende] Bemerkung, Verächtlichmachung *f kein pl,* Herabsetzung *f kein pl; (embarrassment)* peinliche Bemerkung, Peinlichkeit *f; (snub)* brüskierende Bemerkung, Brüskierung *f;* **to give sb a ~** jdm eine Abfuhr erteilen *fam*
'put-off *n* ❶ *(delay)* Verschiebung *f,* Aufschub *m*
❷ *(fam: excuse)* Ausrede *f,* Ausflucht *f,* Vorwand *m;* **to give sb a ~** jdm mit einer Ausrede kommen *fam*
'put-on *n* AM *(fam)* ❶ *(act of teasing)* Veräppelung *f kein pl* BRD *fig fam,* Neckerei *f,* Scherz *m*
❷ *(affected manner)* Theater *nt fig fam,* Schau *f fig fam,* Getue *nt fam,* Theater *nt fam*
'put op·tion *n* STOCKEX Verkaufsoption *f;* **currency ~** Devisenoptionsverkauf *m* **'put price** *n* FIN Put-Preis *m*
pu·tre·fac·tion [,pju:trɪ'fækʃᵊn, AM -ə'-] *n no pl (form)* ❶ *(decay)* MED *of a body* Verwesung *f,* Putrefaktion *f fachspr,* Putreszenz *f fachspr;* BIOL *of organic matter* Fäulnis *f,* Fäulnisprozess *m,* Zersetzung *f,* Verrottung *f,* Putrefaktion *f fachspr,* Putreszenz *f fachspr*
❷ *(fig: corruption) of a culture, morals* Verfall *m fig,* Zersetzung *f fig*
pu·tre·fy <-ie-> ['pju:trɪfaɪ, AM -trə-] *vi (form)* MED *body* verwesen, putreszieren *fachspr;* BIOL *organic matter* [ver]faulen, sich *akk* zersetzen, verrotten, vermodern, putreszieren *fachspr; (fig: become corrupt)* verfallen, verkommen, verrotten *fig*
pu·trid ['pju:trɪd] *adj (form)* ❶ *(decayed)* MED *corpse* verwest, putrid *fachspr;* BIOL *organic matter* verfault, verrottet; *water* faul, mod[e]rig; ~ **infection** MED Fäulnisbakterieninfektion *f*
❷ *(foul) smell* faulig, übel riechend
❸ *(fig: corrupt)* verworfen, verdorben
❹ *(fig: objectionable) behaviour* widerlich, abstoßend; *(fam: horrible)* grässlich, scheußlich; ***that was a pretty ~ trick!*** das war ein ziemlich übler Trick!
❺ *(fig: worthless) effort, achievement* armselig, erbärmlich, miserabel
putsch <*pl* -es> [pʊtʃ] *n* Putsch *m,* Staatsstreich *m,* Umsturz[versuch] *m;* **army ~** Militärputsch *m*
putt [pʌt] SPORT **I.** *vt* ■**to ~ sth** etw putten [*o* einlochen]; ***let's go and ~ a few holes!*** lass uns ein paar Bälle einlochen!
II. *vi* putten, einlochen, einen Putt schlagen
III. *n* Putt *m*
put·tee ['pʌti, AM pʌt'i:] *n* ❶ MIL *(hist: strip of cloth) worn by soldier* Wickelgamasche *f hist*
❷ AM *(legging) worn by rider* [Leder]gamasche *f*
putt·er¹ ['pʌtəʳ, AM -t̬ɚ] *n* SPORT ❶ *(golf club)* Putter *m*
❷ *(golfer)* Einlocher(in) *m(f);* **to be a good ~** gut putten, einen guten Putt schlagen
putt·er² ['pʌt̬ɚ] *vi* AM ❶ *(busy oneself)* geschäftig sein, werkeln SÜDD, SCHWEIZ, ÖSTERR, hantieren; **to ~ in the garden** im Garten werkeln; **to ~ in the kitchen** in der Küche hantieren; **to ~ with a bike** an einem Fahrrad herumbasteln
❷ *(move slowly)* [herum]trödeln
❸ *(idle)* die Zeit mit Nichtstun verbringen, [lustlos] herumhängen *fam*
putt·ing ['pʌtɪŋ, AM -t̬-] **I.** *n no pl* SPORT *in golf* Putten *nt,* Einlochen *nt*
II. *adj attr, inv* zum Putten *nach n;* ~ **iron** Putter *m*
'putt·ing green *n* SPORT ❶ *(grassy area)* Grün *nt*
❷ *(practising area)* Übungsgrün *nt*
put·ty ['pʌti, AM -t̬i] **I.** *n no pl* [Dichtungs]kitt *m,* Spachtel[kitt] *m,* Dichtungsmasse *f;* [**glazier's**] ~ Glaserkitt *m,* Fensterkitt *m;* [**plasterer's**] ~ Kalkbrei *m,* Kalkteig *m*
▸PHRASES: **to be like ~ in sb's** __**hands**__ Wachs in jds Händen sein
II. *vt* <-ie-> [ver]kitten, [ver]spachteln
'put·ty-knife *n of a glazier* Kittmesser *nt; of a plasterer* Spachtelmesser *nt,* Spachtel *m o f*
'put-up *adj inv (fam)* abgemacht, abgekartet *fam;* ~ **job** abgekartetes Spiel *fam,* abgekartete Sache *fam,* Schiebung *f fig pej fam*
'put-upon *adj (fam)* vereinnahmt, ausgenutzt, ausgenützt SCHWEIZ, ÖSTERR, missbraucht *fig;* **to feel ~** sich *akk* ausgenutzt fühlen
'put value *n* FIN Put-Wert *m*
putz <*pl* -es> [pʌtz] *n* AM *(sl)* ❶ *(fool)* Blödmann *m fam,* Dussel *m fam*
❷ *(penis)* Schwanz *m vulg sl*
puz·zle ['pʌzl] **I.** *n* ❶ *(test of ingenuity)* Rätsel *nt,* Fragespiel *nt,* Denksportaufgabe *f;* **crossword ~** Kreuzworträtsel *nt;* **jigsaw ~** Puzzle *nt*
❷ *(test of patience)* Geduldsspiel *nt,* Puzzlespiel *nt*
❸ *(question)* Rätsel *nt,* schwieriges Problem; **to be a ~** ein Rätsel [*o* rätselhaft] sein; **to be a ~ to sb** jdm ein Rätsel sein, jdn vor ein Rätsel stellen
❹ *(mystery)* Rätsel *nt,* Geheimnis *nt;* **to solve a ~** ein Rätsel lösen, hinter ein Geheimnis kommen
❺ *(confusion)* Verwirrung *f,* Fassungslosigkeit *f*
II. *vt* ■**to ~ sb** jdn vor ein Rätsel stellen [*o* verwirren] [*o* verdutzen]; ***it ~s me why she said that*** es ist mir ein Rätsel, warum sie das gesagt hat
III. *vi* ■**to ~ about sth** über etw *akk* nachgrübeln [*o* rätseln]
◆**puzzle out I.** *vt* ■**to ~ out ⊃ sth** ❶ *(find out) answer, solution* etw herausfinden [*o* herausbekommen] [*o fam* herauskriegen]; **to ~ out a message** eine Botschaft entschlüsseln [*o* enträtseln]
❷ *(work out) plan, strategy* etw austüfteln [*o* ausknobeln] *fam*
II. *vi* herausfinden; ***I can't ~ out how he did it*** ich kann mir nicht erklären, wie er das geschafft hat
◆**puzzle over I.** *vi* ■**to ~ over sth** über etw *akk* nachgrübeln [*o* rätseln]
II. *vt* **to ~ one's head over sth** sich *dat* den Kopf über etw *akk* zerbrechen
puz·zled ['pʌzld] *adj* ❶ *(helpless) expression* ratlos, verständnislos; ~ **look** fragender Blick; ***she's ~ about what would be the best thing to do*** sie weiß nicht so richtig, was das Beste für sie wäre
❷ *(confused)* verwirrt, fassungslos
❸ *(surprised)* [sehr] überrascht, verdutzt, verblüfft
❹ *(disconcerted) expression* irritiert, befremdet
puz·zle·ment ['pʌzlmənt] *n no pl* ❶ *(helplessness)* Ratlosigkeit *f,* Verständnislosigkeit *f*
❷ *(confusion)* Verwirrung *f,* Fassungslosigkeit *f*
❸ *(surprise)* Verblüffung *f,* [große] Überraschung; **much to my ~** zu meiner großen Überraschung
❹ *(disconcertment)* Irritation *f,* Befremden *nt*
puz·zler ['pʌzləʳ, AM -ɚ] *n* ❶ *(usu fam: question)* Rätsel *f,* Geheimnis *nt,* schwieriges Problem, harte Nuss *fig fam*
❷ *(fig: difficult person)* Rätsel *nt fig*
❸ *(thinker)* Puzzler(in) *m(f),* Puzzlespieler(in) *m(f)*
puz·zling ['pʌzlɪŋ] *adj* ❶ *(mysterious) mechanism, story* rätselhaft, geheimnisvoll
❷ *(difficult) question, situation* schwierig
❸ *(confusing)* verwirrend
❹ *(surprising) outcome, success* verblüffend, [sehr] überraschend; ~ **trick** verblüffender Trick
PVC [,pi:vi:'si:] CHEM **I.** *n abbrev of* **polyvinyl chloride** PVC *nt*
II. *adj attr abbrev of* **polyvinyl chloride** PVC-, aus PVC *nach n*
PVR [,pi:vi:'ɑ:ʳ, AM -'ɑ:r] *n abbrev of* **personal video recorder** PVR *m*
PV tech·'nol·ogy *n* Fotovoltaik *f kein pl*
pw *adv* BRIT *abbrev of* **per week** wöchentlich, die Woche
PWA [,pi:,dʌblju'eɪ] *n* AM *abbrev of* **person with Aids** Aidskranke(r) *f(m)*
PX [,pi:'eks] *n* AM MIL *abbrev of* **post exchange** PX-Laden *m (eigens für Angehörige der US-Armee im Ausland)*
pyg·my ['pɪgmi:] **I.** *n (pej)* ❶ *(short person)* Zwerg(in) *m(f),* Liliputaner(in) *m(f)*
❷ *(fig pej: insignificant person)* Zwerg(in) *m(f) fig pej,* Wicht *m fig pej;* **political ~** politischer Zwerg
II. *adj attr, inv* Zwerg-; ZOOL *(chimpanzee, rabbit)* Zwerg-; ~ **lamp** ELEC Zwerglampe *f fachspr*
Pyg·my ['pɪgmi:] **I.** *n* Pygmäe *m*
II. *adj inv* Pygmäen-, pygmäisch; **a ~ man/woman** ein Pygmäenmann/eine Pygmäenfrau
py·ja·ma [pɪ'dʒɑ:mə, AM pə'-] *adj attr, inv* Pyjama-, Schlafanzug-; ~ **bottom**[**s**] [*or* **trousers**] Pyjamahose *f;* ~ **top** [*or* **jacket**] Pyjamaoberteil *nt;* ~ **party** Pyjamaparty *f*
py·ja·mas [pɪ'dʒɑ:məz, AM pə'-] *npl* Pyjama *m,* Schlafanzug *m;* **in** [**one's**] ~ im Pyjama [*o* Schlafanzug]; **a pair of ~** ein Pyjama *m* [*o* Schlafanzug *m*]
py·lon ['paɪlɒn, AM -lɑ:n] *n* ❶ ELEC *(power lines pole)* freitragender Stahlmast [*o* Leitungsmast]; [**electricity**] ~ Hochspannungsmast *m;* AVIAT *(fin-like device)* Außen[bord]lastträger *m (für Zusatztanks, Bomben etc.)*
❷ AVIAT *(guidance pole) in gliding* Orientierungsturm *m,* Wendepunkt *m,* Wendemarke *f*
PYO [,pi:waɪ'əʊ, AM -'oʊ] **I.** *n abbrev of* **pick your own** Selberpflücken *nt,* Selberernten *nt*
II. *adj attr, inv abbrev of* **pick your own** *raspberries, strawberries* zum Selberpflücken *nach n; carrots, mushrooms, vegetables* zum Selberernten *nach n*
py·or·rhoea [,paɪə'rɪə], AM **py·or·rhea** [-'ri:ə] *n no*

pl MED Eiterfluss *m,* Pyorrhö *f fachspr*

pyra·mid ['pɪrəmɪd] *n* ❶ *(geometry)* Pyramide *f* ❷ *(Egyptian tombs)* Pyramide *f;* **the Great P~** die Große Pyramide; **the ancient ~s** die [alten] Pyramiden ❸ *(billiard game)* ■ **~s** *pl* [Pool]billard *nt kein pl*

py·rami·dal [pɪ'ræmɪdəl] *adj inv* pyramidenförmig, pyramidenartig, pyramidal *fachspr*

'pyra·mid scheme *n* AM STOCKEX [sofortige] Wiederanlage nicht realisierter Spekulationsgewinne *fachspr,* Anhäufung *f* von Spekulationsgewinnen **pyra·mid 'sell·ing** *n no pl* ECON, LAW Vertrieb *m* nach dem Schneeballprinzip, Schneeballsystem *nt (der Vertrieb läuft über eine Kette von Vertretern und Untervertretern)* **'pyra·mid struc·ture** *n* AM ECON Verschachtelungsstruktur *f,* verschachtelte Struktur

pyre ['paɪəʳ, AM -ɚ] *n* Scheiterhaufen *m*

Pyr·enean [ˌpɪrə'niːən] *adj inv* pyrenäisch

Pyr·enees [ˌpɪrə'niːz] *npl* ■**the ~** die Pyrenäen *pl*

Py·rex® ['paɪ(ə)reks, AM 'paɪreks] **I.** *n* Pyrexglas®, Hartglas *nt*
II. *n modifier (baking dish, pan, bowl)* Pyrex-®, aus Pyrexglas® [*o* Hartglas] *nach n*

py·rite ['paɪəraɪt, AM 'paɪraɪt] *n* MIN *see* **pyrites** Pyrit *m,* Eisenkies *m*

py·rites [paɪ(ə)'raɪtiːz, AM paɪ'-] *n + sing vb* GEOL Pyrit *m fachspr,* [Schwefel]kies *m,* [Eisen]kies *m;* [**iron**] **~** Eisenkies *m*

pyro·ma·nia [ˌpaɪ(ə)rə(ʊ)'meɪniə, AM ˌpaɪroʊ'-] *n no pl* PSYCH krankhafter Brandstiftungstrieb, Pyromanie *f fachspr*

pyro·ma·ni·ac [ˌpaɪ(ə)rə(ʊ)'meɪniæk, AM ˌpaɪroʊ'-] *n* PSYCH Brandstifter(in) *m(f)* [aus krankhafter Veranlagung], Feuerteufel *m fig fam,* Pyromane, Pyromanin *m, f fachspr*

pyro·tech·nic [ˌpaɪ(ə)rə(ʊ)'teknɪk, AM ˌpaɪroʊ'-] *adj attr, inv* ❶ *(fireworks)* pyrotechnisch, Feuerwerks-; **~ display** Feuerwerk *nt*
❷ MIL *(ammunition)* **~ bomb/charge** pyrotechnische Bombe/Ladung; *for signalling* Leucht-; **~ cartridge** Leuchtpatrone *f;* **~ pistol** Leuchtpistole *f*
❸ *(fig: sensational) musical performance, rhetoric* brillant, glänzend; **~ recital** brillanter [*o* glänzender] Vortrag; *wit* sprühend

pyro·tech·nics [ˌpaɪ(ə)rə(ʊ)'teknɪks, AM ˌpaɪroʊ'-] *n sing* ❶ *(art of making fireworks)* Pyrotechnik *f,* Feuerwerkerei *f*
❷ *(firework display)* Feuerwerk *nt*
❸ *(fig: sensational display) of musical performance, rhetoric* Feuerwerk *nt,* Brillanz *f;* **musical ~** musikalisches Feuerwerk, musikalische Brillanz; **verbal ~** brillante Wortwahl, rednerische Brillanz

pyr·rhic ['pɪrɪk] *adj inv* **~ victory** Pyrrhussieg *m;* **~ defeat** Scheinniederlage *f*

Pyr·rhic vic·tory [ˌpɪrɪk'vɪktəri] *n* Pyrrhussieg *m*

Pythagoras [paɪ'θægərəs, AM pɪ'θægɚəs] *n no pl* Pythagoras *m;* **~' theorem** der Satz des Pythagoras

Py·thago·rean [paɪˌθægə'riːən, AM pɪˌθægə'riːən]
I. *adj inv* pythagoräisch
II. *n* Pythagoräer *m*

py·thon <*pl* -s *or* -> ['paɪθən, AM -θɑːn] *n* Python *m,* Pythonschlange *f*
▸PHRASES: **to pull the ~** AM *(vulg)* sich *dat* einen runterholen *vulg*

pyx <*pl* -es> [pɪks] *n* REL Pyxis *f,* Hostienkelch *m*

pzazz [pə'zæz] *n no pl (fam) see* **pizzazz**

Q

Q <*pl* 's>, **q** <*pl* 's *or* -s> [kjuː] *n* Q *nt,* q *nt;* **~ for Queenie** [*or* AM **as in Queen**] Q für Quelle; *see also* **A 1**

Q¹ [kjuː] *n abbrev of* **Queen** Königin *f*

Q² [kjuː] *n* SCH, UNIV *abbrev of* **question** Frage *f*

Q³ *n* ECON *abbrev of* **quarter** Quartal *nt*

Q⁴ *n* REL *(gospel source)* Logienquelle *f* Q *(dient als Symbol für Stellen bei Matthäus und Lukas, die nicht bei Markus vorhanden sind)*

QA [ˌkjuː'eɪ] *n no pl abbrev of* **quality assurance** QA *f*

Q and 'A sec·tion *n* SCH, UNIV *(question and answer part)* Übungsaufgaben *pl,* Übungen *pl*

Qa·tar [kə'tɑːʳ, AM 'kɑːtɑːr] *n* Katar *nt*

QC [ˌkjuː'siː] *n* BRIT *abbrev of* **Queen's Counsel** Kronanwalt, -anwältin *m, f*

QED¹ [ˌkjuːiː'diː] *n* MATH *abbrev of* **quod erat demonstrandum** q.e.d.

QED² [ˌkjuːiː'diː] *n (fig: and that's the solution)* ganz einfach, so geht das

Qld. AUS *abbrev of* **Queensland**

QM [ˌkjuː'em] *n no pl abbrev of* **quality management** QM *nt*

'Q shell *n* NUCL Q-Schale *f*

qt *n* AM *abbrev of* **quart**

q.t. [ˌkjuː'tiː] *n (fam)* **on the ~** im Stillen, in aller Stille, insgeheim; **to meet sb on the ~** jdn heimlich treffen

Q-Tip® ['kjuːtɪp] *n* AM Wattestäbchen *nt*

qtr *abbrev of* **quarter** Viertel *nt;* ***a ~ of flour*** ein Viertel[pfund] Mehl

qu *n* AM *abbrev of* **question**

qua [kweɪ, kwɑ] *prep* LAW *(form)* [in der Eigenschaft] als, qua *geh;* **art ~ art** Kunst [in ihrer Eigenschaft] als Kunst [*o* solche]

quack¹ [kwæk] **I.** *n* ❶ *(duck's sound)* Quaken *nt*
❷ *(childspeak: duck)* ■**~** Quakente *f Kindersprache,* SCHWEIZ, ÖSTERR *a.* Quietschente *Kindersprache*
II. *vi* quaken, quak machen *fam*

quack² [kwæk] *(pej)* **I.** *n* MED *(fake doctor)* Quacksalber(in) *m(f) pej;* BRIT, AUS *(sl: doctor)* Doktor *m fam*
II. *adj attr, inv (pej)* **~ doctor** Kurpfuscher(in) *m(f) pej,* Quacksalber(in) *m(f) pej;* **~ medicine** [*or* **remedy**] Mittelchen *nt pej;* **~ treatment** Quacksalberei *f pej,* Kurpfuscherei *f pej*

quack·ery ['kwækəri] *n no pl* MED *(pej)* Kurpfuscherei *f pej,* Quacksalberei *f pej;* **to practise ~** Kurpfuscherei [*o* Quacksalberei] betreiben

quack-quack ['kwækˌkwæk] *n (childspeak: duck)* Quakente *f Kindersprache,* SCHWEIZ, ÖSTERR *a.* Quietschente *Kindersprache*

quad¹ [kwɒd, AM kwɑːd] *n (fam) short for* **quadruplet** Vierling *m*

quad² [kwɒd, AM kwɑːd] *n short for* **quadrangle** *(block of buildings)* [Häuser]block *m,* Geviert *nt; (on a campus)* Hof, [viereckiger] Innenhof; *(on school grounds)* viereckiger Schulhof

quad³ [kwɒd, AM kwɑːd] **I.** *n* ❶ MEDIA *(space) in printing* Geviert *nt*
❷ PHYS *(energy unit)* Quad *nt*
❸ ELEC, TELEC *(cable)* Vierer *m,* Viererkabel *nt*
❹ MED *(fam: paralysed person)* Tetraplegiker(in) *m(f)*
❺ COMPUT *(sheet of paper)* Quartblatt *nt*
II. *adj* vierfach

'quad-band *adj inv* Quad-Band-

'quad bike *n* Quad *nt*

quad·ran·gle ['kwɒdræŋgl, AM 'kwɑː-] *n (form)* ❶ *(figure)* Viereck *nt,* Karree *nt*
❷ *(square) of buildings* [Häuser]block *m,* Geviert *nt;* BRIT *on a campus* von Gebäuden umschlossener viereckiger Hof *(z.B. in Oxford); of a court* [viereckiger] Innenhof; *on school grounds* viereckiger Schulhof
❸ AM GEOG *in surveying* Landkartenviereck *nt fachspr*

quad·ran·gu·lar [kwɒd'ræŋgjələʳ, AM kwɑː'dræŋgjələɚ] *adj inv* viereckig

quad·rant ['kwɒdrənt, AM 'kwɑː-] *n* ❶ MATH *(quarter) of a circle* Viertelkreis *m,* Viertelebene *f,* Quadrant *m fachspr;* **one ~ of a circle** ein Viertelkreis *m; of two axes* Viertelebene *f,* Quadrant *m fachspr; of a sphere* Viertelkugel *f;* ASTRON Viertel *nt,* Quadrant *m fachspr;* **the first ~ of the moon** das erste Viertel des Mondes
❷ ASTRON, NAUT *(instrument)* Quadrant *m fachspr*

quad·ra·phon·ic [ˌkwɒdrə'fɒnɪk, AM ˌkwɑːdrə'fɑːn-] *adj inv* MUS, COMPUT quadrophon[isch]; **~ sound system** Quadroanlage *f*

quad·rat·ic [kwɒd'rætɪk, AM kwɑː'dræt̬-] **I.** *adj inv* quadratisch, zweiten Grades *nach n;* **~ curve** Kurve *f* zweiten Grades; **~ equation** quadratische Gleichung, Gleichung *f* zweiten Grades
II. *n* quadratische Gleichung, Gleichung *f* zweiten Grades

quad·ri·lat·er·al [ˌkwɒdrɪ'lætərəl, AM ˌkwɑːdrɪ'læt̬ɚ-]
I. *adj inv* vierseitig
II. *n (shape)* Viereck *nt*

quad·rille [kwə'drɪl] *n* Quadrille *f*

quad·ri·par·tite [ˌkwɒdrɪ'pɑːtaɪt, AM ˌkwɑːdrɪ'pɑːr-] *adj (form)* vierteilig, Vier[er]-; **~ agreement** Viermächteabkommen *nt,* Viererabkommen *nt;* **~ conference** Viermächtekonferenz *f,* Viererkonferenz *f;* **the ~ division of Berlin** POL, HIST die Teilung Berlins in vier Teile; **~ pact** Viererpakt *m;* **~ plan** Vierpunkteplan *m*

quad·ri·plegia [ˌkwɒdrɪ'pliːdʒə, AM ˌkwɑːdrɪ'-] *n no pl* MED Tetraplegie *f fachspr,* Lähmung *f* aller vier Gliedmaßen

quad·ri·ple·gic [ˌkwɒdrɪ'pliːdʒɪk, AM ˌkwɑːdrɪ'-] MED
I. *adj inv* tetraplegisch *fachspr*
II. *n* Tetraplegiker(in) *m(f) fachspr*

quad·ro·phon·ic *adj esp* BRIT, AUS *see* **quadraphonic**

quad·ru·ped ['kwɒdrʊped, AM 'kwɑːdrə-] **I.** *adj* ZOOL vierfüßig
II. *n* Vierfüßer *m,* Tetrapode *m*

quad·ru·ple ['kwɒdrʊpl, AM kwɑː'druː-] **I.** *vt* ■**to ~ sth** etw vervierfachen
II. *vi* sich *akk* vervierfachen
III. *adj* vierfach *attr;* **~ the amount/number** die vierfache Menge/Anzahl; **~ alliance** POL Viererbündnis *nt,* Viererbund *m;* **Q~ Alliance** HIST Quadrupelallianz *f fachspr;* **~ time** [*or* **beat**] MUS Vierertakt *m,* Viervierteltakt *m*
IV. *adv* vierfach [ausgelegt]

quad·ru·ple·gic *adj, n* AUS MED *see* **quadriplegic**

quad·ru·plet ['kwɒdrʊplət, AM kwɑː'druːplɪt] *n* ❶ *(fourth offspring)* Vierling *m*
❷ MUS *(fugue)* Quadrupelfuge *f fachspr*

quad·ru·pole field [kwɒˌdruːpəʊl'-, AM kwɑːˌdruːpoʊl] *n* NUCL Quadrupolfeld *nt*

quaff [kwɒf, AM kwɑːf] *(hum)* **I.** *vt (dated)* ■**to ~ sth** etw [in großen Zügen] trinken [*o fam* in sich *akk* hineinschütten], *fam* [hinein]kippen
II. *vi (dated)* zechen *veraltet,* [in großen Zügen [*o* Mengen]] trinken

quaff·able ['kwɒfəbl, AM 'kwɑːf-] *adj (dated or hum) wine* süffig *fam*

quag·mire ['kwɒgmaɪəʳ, AM 'kwægmaɪɚ] *n* ❶ *(muddy ground)* aufgeweichter Boden, Sumpf[boden] *m,* Morast[boden] *m;* ***at the end of the match the pitch was a real ~*** nach dem Spiel war der Platz völlig aufgeweicht
❷ *(fig: difficult situation)* Sumpf *m fig,* Morast *m fig,* Patsche *f fig;* **to be caught in a ~** in der Patsche sitzen; **a ~ of corruption** ein Morast *m* der Korruption; **a ~ of violence** ein Sumpf *m* der Gewalt
❸ *(fig: mess)* Wust *m fig,* Chaos *nt fig;* **a ~ of details/instructions** ein Wust *m* von Einzelheiten/Instruktionen

quail¹ <*pl* -s *or* -> [kweɪl] *n* ❶ *(bird)* Wachtel *f*
❷ AM *(fig pej sl: girl)* Mieze *f fig pej fam,* ÖSTERR *a.* Katz *f fig pej sl*

quail² [kweɪl] *vi* bangen *geh,* verzagen *geh,* den Mut verlieren [*o* sinken lassen]; ***she ~ed with fear*** ihr war angst und bange; ***he ~ed before the consequences*** ihm bangte vor den Konsequenzen

quaint [kweɪnt] *adj* ❶ *(charming)* reizend, entzückend, wunderschön; *landscape, village* idyllisch, malerisch, pittoresk *geh; cottage, pub* urig
❷ *(also pej: strangely old-fashioned) customs, way of speaking* altmodisch [*o* altertümlich] [anmutend] *a. pej; expression, name* altmodisch [*o* altertümlich] [klingend] *a. pej*
❸ *(usu pej: strange) person* eigenartig, sonderbar, wunderlich, schrullig, verschroben *oft pej;* **~ old**

man alter Sonderling [*o pej* Kauz]; ~ **old woman** schrullige [*o* wunderliche] Alte; *customs, ideas, sight* eigenartig, eigentümlich, sonderbar, seltsam, kurios *oft pej;* **a ~ sense of humour** ein seltsamer [*o* eigenartiger] Sinn für Humor; *views* eigentümlich, verschroben *oft pej*
❹ *(pleasantly unusual) encounter, sound* wundersam

quaint·ly ['kweɪntli] *adv* ❶ *(charmingly)* reizend, entzückend, wunderschön; **to be ~ decorated** wunderschön geschmückt sein
❷ *(also pej: old-fashionedly)* altmodisch, altertümlich *a. pej;* **to be ~ worded** altmodisch [*o* in einem altertümlich anmutenden Stil] formuliert sein
❸ *(usu pej: strangely)* merkwürdig, seltsam, eigentümlich *oft pej;* ***he was ~ dressed*** er war eigentümlich gekleidet; ***she's ~ helpful*** sie ist auf eine wunderliche Art hilfsbereit

quaint·ness ['kweɪntnəs] *n no pl* ❶ *(charm)* Reiz *m; of landscape, village* idyllischer [*o* malerischer] Charakter, das Idyllische [*o* Malerische]; *of pub* Urigkeit *f,* das Urige
❷ *(usu pej: strangeness) of a person* Schrulligkeit *f,* Verschrobenheit *f oft pej; of customs, ideas, sight* Merkwürdigkeit *f,* Eigentümlichkeit *f,* Kuriosität *f oft pej; of views* Eigentümlichkeit *f,* Verschrobenheit *f oft pej; of way of speaking* Eigenartigkeit *f,* Seltsamkeit *f oft pej*

quake [kweɪk] **I.** *n (fam)* [Erd]beben *nt,* Erschütterung *f*
II. *vi* ❶ *(move) earth* beben; ***they felt the ground ~*** sie fühlten, dass die Erde bebte
❷ *(fig: shake)* zittern, [er]beben, sich *akk* schütteln; **to ~ at the prospect** [*or* **thought**] bei der Aussicht [*o* dem Gedanken] erbeben *fig;* ***her voice ~ d with emotion*** ihre Stimme bebte vor Erregung *fig*

Quak·er ['kweɪkəʳ, AM -ɚ] **I.** *n* Quäker(in) *m(f);* ■ **the ~s** *pl* die Quäker *pl*
II. *adj attr* Quäker-; ~ [*or* **~s'**] **meeting** schweigende Quäkerversammlung

Quak·er·ism ['kwækərɪzəm] *n no pl* Quäkerreligion *f,* Religion *f* der Quäker

quali·fi·ca·tion [ˌkwɒlɪfɪ'keɪʃən, AM ˌkwɑ:l-] *n*
❶ *(skill)* Qualifikation *f; (document)* Abschlusszeugnis *nt;* ***do you have any teaching ~s?*** haben Sie Unterrichtserfahrung?; ***he left school with no ~s*** er verließ die Schule ohne einen Abschluss
❷ *no pl (completion of training)* Qualifizierung *f,* Abschluss *m* seiner Ausbildung; *from school* [Schul]abschluss *m; from university* [Studien]abschluss *m;* ***after his ~ as a doctor he went to Africa*** nach Abschluss seiner ärztlichen Ausbildung ging er nach Afrika
❸ *(restriction)* Einschränkung *f,* Vorbehalt *m;* **~ of an offer** COMM Einschränkung *f* eines Angebots; **without any ~** ohne jede Einschränkung
❹ *(change)* [Ab]änderung *f,* Modifikation *f;* ***after certain ~s, the proposal was accepted*** nach einigen Abänderungen wurde der Vorschlag angenommen; **subject to ~s** COMM Änderungen vorbehalten
❺ *(condition)* [notwendige] Voraussetzung *f* (**for/of** für *+akk*); **~ for citizenship** Voraussetzung *f* für den Erwerb der Staatsbürgerschaft; **~ for an examination** AM UNIV Zulassung *f* zu einer Prüfung; **~ for public office** Voraussetzung *f* [*o* Vorbedingung *f*] für ein öffentliches Amt; **~ procedure** AM UNIV Zulassungsverfahren *nt*
❻ *(eligibility)* Berechtigung *f;* **~ for election** Wahlberechtigung *f;* STOCKEX *(for directorship)* Pflichtaktienkapital *nt* [eines Vorstandsmitglieds]; **~ for dividend** Dividendenberechtigung *f*
❼ SPORT *(preliminary test)* Qualifikation *f,* Ausscheidung *f*
❽ LING *(modification)* nähere Bestimmung

quali·fied ['kwɒlɪfaɪd, AM 'kwɑ:l-] *adj* ❶ *(competent)* qualifiziert, befähigt, geeignet, ausgebildet; **highly ~** hoch qualifiziert; **well ~** gut geeignet
❷ *(certified)* ausgebildet, -meister [*o* -meisterin]; **~ mason** Maurermeister(in) *m(f);* **~ radiologist** ausgebildeter Radiologe/ausgebildete Radiologin, Facharzt , -ärztin *m, f* für Radiologie ÖSTERR; *(at university)* graduiert; *(by the state)* staatlich anerkannt [*o* zugelassen], diplomiert; **~ medical practitioner** approbierter [*o* ÖSTERR ausgebildeter] praktischer Arzt/approbierte [*o* ÖSTERR ausgebildete] praktische Ärztin; ***Tim is now a ~ architect*** Tim ist jetzt Diplomarchitekt; **to be ~ to practise as a doctor/lawyer** approbiert [*o* ÖSTERR als Arzt/Ärztin]/als Anwalt zugelassen sein; ***he is not ~ to teach this course*** er hat nicht die für die Erteilung dieses Kurses erforderlichen Qualifikationen
❸ *(restricted)* bedingt, eingeschränkt, mit Einschränkungen *nach n;* **~ acceptance** COMM bedingte Annahme [eines Wechsels], bedingtes [*o* eingeschränktes] Akzept *fachspr;* **~ approval/reply** Zustimmung *f*/Antwort *f* unter Vorbehalt; **~ as to time** zeitlich beschränkt; **~ endorsement** COMM eingeschränktes Indossament, Indossament *nt* ohne Obligo *fachspr;* **~ majority** COMM, ECON qualifizierte Mehrheit; **in a ~ sense** mit Einschränkungen; **to make a ~ statement** eine Erklärung unter Einschränkungen abgeben; **to be a ~ success** kein uneingeschränkter [*o* voller] Erfolg sein, ein mäßiger Erfolg sein
❹ *(eligible)* berechtigt, imstande; **to be ~ to vote** wahlberechtigt [*o* stimmberechtigt] sein; ***I don't feel ~ to speak for her*** ich sehe mich nicht imstande, für sie zu sprechen
❺ ECON, FIN **~ accounts** berichtigter Jahresabschluss; **~ auditors' report** [*or* AM **audit report**] [*or* **opinion**] eingeschränkter Bestätigungsvermerk

quali·fied ma·'jor·ity *n + sing/pl vb* qualifizierte Mehrheit *f*

quali·fi·er ['kwɒlɪfaɪəʳ, AM 'kwɑ:lɪfaɪɚ] *n* ❶ *(restriction)* Einschränkung *f; (condition)* Bedingung *f*
❷ SPORT *(test)* Qualifikationsspiel *nt,* Qualifikationskampf *m,* Ausscheidungsspiel *nt,* Ausscheidungskampf *m; (person)* Qualifikant(in) *m(f);* ■ **to be a ~** sich *akk* qualifiziert haben
❸ LING *(modifier)* nähere Bestimmung

quali·fy <-ie-> ['kwɒlɪfaɪ, AM 'kwɑ:l-] **I.** *vt* ❶ *(make competent)* ■ **to ~ sb for sth** jdn für etw *akk* qualifizieren [*o* zu etw *dat* befähigen]; ***your course on cookery doesn't ~ you as an expert chef*** dein Kochkurs macht aus dir noch lange keinen Meisterkoch
❷ *(make eligible)* ■ **to ~ sb** [**for sth**] jdm das Recht [*o* den Anspruch] [auf etw *dat*] geben; ***being a single parent qualifies you for extra benefits*** als allein erziehender Elternteil hat man Anspruch auf Sonderleistungen; ■ **to ~ sb to do sth** jdn berechtigen etw zu tun
❸ *(restrict)* ■ **to ~ sth** *criticism, judgement* etw einschränken [*o* modifizieren] [*o* unter Vorbehalt äußern]; **to ~ an opinion/remark** eine Meinung/Bemerkung unter Vorbehalt [*o* einschränkend] äußern; **to ~ a statement** eine Erklärung [*o* Feststellung] einschränken
❹ LING *(modify)* ■ **to ~ sth** *adjective, noun* etw näher bestimmen
II. *vi* ❶ *(complete training)* die Ausbildung abschließen; UNIV das Studium abschließen; ***Chris has just qualified as a doctor*** Chris hat gerade seinen Doktor in Medizin gemacht; **to ~ as an officer** ein Offizierspatent erwerben
❷ *(prove competence)* ■ **to ~** [**for sth**] sich *akk* [für etw *akk*] qualifizieren [*o* als geeignet erweisen], seine Eignung [für etw *akk*] nachweisen; **to ~ for the semi-final** SPORT sich *akk* für das Halbfinale qualifizieren
❸ *(meet requirements)* ■ **to ~** [**for sth**] *citizenship, membership, an office* [für etw] die [nötigen] Voraussetzungen [*o* Bedingungen] erfüllen; *(be eligible) benefits, a job* für etw *akk* infrage kommen; ***he barely qualified*** er hat die Voraussetzungen [*o* Bedingungen] gerade noch erfüllt; **to ~ for a scholarship** den Qualifikationsnachweis für ein Stipendium erbringen

◆**qualify as** *vi* LAW ■ **to ~ as sth** seine Ausbildung als etw abschließen

◆**qualify for** *vi* LAW ■ **to ~ for sth** zu etw berechtigt sein

quali·fy·ing ['kwɒlɪfaɪɪŋ, AM 'kwɑ:l-] **I.** *n no pl*
❶ *(meeting requirement)* Qualifizierung *f*
❷ *(restricting)* Einschränkung *f,* Modifizierung *f*
❸ SPORT *(preliminary testing)* Qualifizierung *f*
II. *adj attr, inv* ❶ *(restrictive)* einschränkend, modifizierend
❷ *(testing standard)* Qualifikations-, Eignungs-; **~ examination** [*or* **test**] Eignungsprüfung *f;* SCH, UNIV Aufnahmeprüfung *m,* Aufnahmetest *m;* **~ heat** [*or* **round**] SPORT Qualifikationsrunde *f,* Ausscheidungsrunde *f;* **~ match** [*or* **game**] SPORT Qualifikationsspiel *nt,* Ausscheidungsspiel *nt;* **~ period** LAW Anwartschaftszeit *f,* Wartezeit *f;* **~ shares** FIN, LAW Pflichtaktien *pl;* **~ test** [*or* **exam**] SCH, UNIV Aufnahmetest *m,* Aufnahmeprüfung *f*
❸ LING *(modifying) adjective, adverb* bestimmend

'quali·fy·ing pe·ri·od *n* FIN *for bonds, deposits* Sperrfrist *f fachspr;* COMM, LAW *for insurance benefits* Wartezeit *f,* Karenzzeit *f fachspr;* ECON, LAW *for pension claims* Anwartschaftszeit *f fachspr* **'quali·fy·ing shares** *npl* FIN, STOCKEX Pflichtaktien *pl* [eines Vorstandsmitglieds]

quali·ta·tive ['kwɒlɪtətɪv, AM 'kwɑ:lɪteɪt̬ɪv] *adj inv* qualitativ, Qualitäts-, gütemäßig; **~ classification** Einteilung *f* [*o* Wert] nach Güte, gütemäßige Klassifizierung; **~ difference** Qualitätsunterschied *m*

quali·ta·tive a'naly·sis *n* CHEM qualitative Analyse *fachspr;* **to perform** [**a**] **~ on sth** eine qualitative Analyse von etw *dat* durchführen **quali·ta·tive dis·tri·'bu·tion** *n* MATH qualitative Verteilung *fachspr*

quali·ta·tive·ly ['kwɒlɪtətɪvli, AM 'kwɑ:lɪteɪt̬-] *adj* qualitativ

qual·ity ['kwɒləti, AM 'kwɑ:ləti] **I.** *n* ❶ *(standard)* Qualität *f,* Güte *f,* Wert *m;* MECH, TECH Gütegrad *m fachspr;* **~ of life** Lebensqualität *f;* **of high/low ~** von hoher/minderer Qualität, hochwertig/minderwertig; **first/second ~** erste/zweite Qualität [*o* Wahl] [*o* Klasse]; **to vary in ~** sich *akk* qualitätsmäßig unterscheiden
❷ *(character)* Art *f,* Beschaffenheit *f,* Natur *f;* ***the unique ~ of their relationship*** die Einzigartigkeit ihrer Beziehung
❸ *(feature)* Eigenschaft *f,* Merkmal *nt;* **artistic ~** künstlerisches Merkmal; **managerial qualities** Führungsqualitäten *pl,* Führungseigenschaften *pl;* ***the school has many excellent qualities*** die Schule hat viele Vorzüge; ***this cheese has a rather rubbery ~ to it*** dieser Käse hat etwas ziemlich Gummiartiges an sich
❹ *(dated or hum: high rank)* Rang *m,* hohes Ansehen; **to be a person of ~** jd von Rang [und Namen] sein
II. *n modifier* [qualitativ] hochwertig, Qualitäts-; **~ assessment** Qualitätsprüfung *f;* **~ control** COMPUT Qualitätskontrolle *f;* **~ goods/products** Qualitätswaren *pl*/Qualitätserzeugnisse *pl; (fam)* ***that's a real ~ job you've done there*** das hast du wirklich toll gemacht *fam*

qual·ity a'naly·sis *n* Qualitätsanalyse *f* **qual·ity as·'sur·ance** *n no pl* Qualitätssicherung *f* **qual·ity-as'sured** *adj inv* qualitätsgesichert **'qual·ity con·trol** *n usu sing* Qualitätskontrolle *f,* Qualitätsüberwachung *f,* Qualitätssicherung *f,* Güteprüfung *f,* Fertigungskontrolle *f* **qual·ity cri·'teri·on** *n* COMM Qualitätsmerkmal *nt*

'qual·ity dai·ly, 'qual·ity news·pa·per, 'qual·ity pa·per *n* seriöse [*o* angesehene] [Tages]zeitung, ÖSTERR *a.* Qualitätszeitung *f*

qual·ity 'man·age·ment *n* Qualitätsmanagement *nt*

'qual·ity press *n no pl* seriöse Presse

qual·ity re·'quire·ment *n* Qualitätsanforderung *f* **qual·ity 'stand·ard** *n* Qualitätsstandard *m*

'qual·ity time *n no pl die Zeit, die man dafür aufbringt, familiäre Beziehungen zu entwickeln und zu pflegen*

qualm [kwɑ:m] *n* ❶ *(doubt)* ■ **~s** *pl* Bedenken *pl,* Zweifel *m meist pl,* Skrupel *m meist pl;* **to feel** [**no**] [*or* **have**] **~s** [**about doing sth**] [keine] Bedenken [*o* Skrupel] haben [etw zu tun]

❷ *(uneasiness)* ungutes [*o* unangenehmes] Gefühl; **without the slightest ~** ohne die geringsten [*o* jeden] Skrupel
❸ *(feeling of faintness)* [plötzliche] Schwäche, Schwächeanfall *m*
❹ *(feeling of sickness)* [plötzliche] Übelkeit, [plötzliches] Unwohlsein

quan·da·ry ['kwɒndəri, AM 'kwɑ:n-] *n usu sing* ❶ *(indecision)* Unentschiedenheit *f,* Unentschlossenheit *f;* **to be in a ~** sich *akk* nicht entscheiden können, unentschlossen sein; ***we're in a ~ over** [or **about**] **where to spend Christmas*** wir wissen nicht, wo wir Weihnachten feiern sollen
❷ *(difficult situation)* [große] Verlegenheit, verzwickte Lage, verfahrene Situation; ***I've got myself into a ~*** ich habe mich in eine äußerst schwierige Lage hineinmanövriert; **to put sb in a ~** jdn in große Verlegenheit bringen; **legal ~** schwierige Rechtslage, rechtlicher Problemfall

quan·go ['kwæŋgəʊ] *n* BRIT *(usu pej) acr for* **quasi-autonomous non-governmental organization** halbautonome nichtstaatliche Organisation

quan·ta ['kwɒntə, AM 'kwɑ:nṭə] *n pl of* **quantum**

quan·ti·fi·able ['kwɒntɪfaɪəbl, AM 'kwɑ:nṭə-] *adj inv* mengenmäßig messbar [*o* bestimmbar], quantifizierbar *fachspr;* COMPUT in Zahlen auszudrücken

quan·ti·fi·ca·tion [,kwɒntɪfɪ'keɪʃən, AM ,kwɑ:nṭə-] *n* mengenmäßige Messung [*o* Bestimmung], Quantifizierung *f fachspr*

quan·ti·fi·er ['kwɒntɪfaɪəʳ, AM 'kwɑ:nṭəfaɪɚ] *n* ❶ *(particle) in logic* Quantor *m fachspr,* Quantifikator *m fachspr*
❷ MATH *(expression)* Klammerausdruck *m fachspr*
❸ LING *(modifier)* Zahlwort *nt,* Numeral *nt fachspr*
❹ COMPUT Quantor *m*

quan·ti·fy <-ie-> ['kwɒntɪfaɪ, AM 'kwɑ:nṭə-] *vt* ■**to ~ sth** etw mengenmäßig messen [*o* bestimmen] [*o fachspr* quantifizieren]; **to ~ the effect of sth** COMPUT die Auswirkungen von etw in Zahlen ausdrücken

quan·ti·fy·ing ['kwɒntɪfaɪɪŋ, AM 'kwɑ:nṭə-] *n no pl* Quantifizierung *f*

quan·ti·ta·tive ['kwɒntɪtətɪv, AM 'kwɑ:nṭəteɪṭɪv] *adj* quantitativ *geh,* mengenmäßig; **a ~ analysis/study** eine quantitative Analyse/Studie

quan·ti·ta·tive·ly ['kwɒntɪtətɪvli, AM 'kwɑ:nṭəteɪṭ-] *adv* quantitativ *geh,* mengenmäßig

quan·tity ['kwɒntəti, AM 'kwɑ:nṭəṭi] **I.** *n* ❶ *(amount)* Menge *f,* Quantität *f;* ***you can buy the paper plates in quantities of 10, 100, and 1000*** Sie können Papierteller in Stückzahlen von 10, 100 oder 1000 kaufen; **a large/small ~ of apples/flour** eine große/kleine Menge Äpfel/Mehl
❷ *(large amount)* Menge *f,* große Menge[n] *f[pl],* Unmenge[n] *f[pl];* **to buy in ~** ECON in großen Mengen [*o fachspr* en gros] kaufen
❸ *(huge amount)* ■**quantities** *pl* große Menge[n] *f[pl],* Unmenge[n] *f[pl];* ***they drank quantities of beer at the party*** sie tranken Unmengen von Bier bei der Party
❹ MATH *(magnitude)* [direkt messbare] Größe
II. *n modifier* in großen Mengen *nach n;* ECON en gros *nach n;* **~ theory** ECON Quantitätstheorie *f*

'quan·tity ad·just·er *n* COMM Mengenanpasser(in) *m(f)* **quan·tity 'dis·count** *n* ECON Mengenrabatt *m*

'quan·tity sur·vey·or *n* BRIT ARCHIT, FIN Kalkulator(in) *m(f) fachspr,* Kostenplaner(in) *m(f)*

quan·tize ['kwɒntaɪz, AM 'kwɑ:n-] *vt* PHYS ■**to ~ sth** etw quanteln [*o* quantisieren]

quan·tized ['kwɒntaɪzd, AM 'kwɑ:n-] *adj inv* PHYS gequantelt; **~ field theory** Quantenfeldtheorie *f*

quan·tum <*pl* -ta> ['kwɒntəm, AM 'kwɑ:nṭ-, *pl* -ṭə] *n* ❶ *(form: amount)* Menge *f,* Anzahl *f,* Quantum *nt geh* (**of** an +*dat*)
❷ *(portion)* [An]teil *m*
❸ PHYS *(unit)* Quant[um] *nt fachspr;* **~ leak** Tunneleffekt *m;* **~ well** quantenmechanischer Potenzialtopf; **~ of action** Wirkungsquant[um] *nt,* Planck'sche Konstante *fachspr;* **~ of energy** Energiequant[um] *nt;* **~ of light** Lichtquant[um] *nt,* Strahlungsquant[um] *nt,* Foton *nt fachspr*
❹ COMPUT Quantum *nt*
❺ LAW Schadenhöhe *f,* Entschädigungssumme *f*

quan·tum 'jump, quan·tum 'leap *n* ❶ PHYS *(transition)* Quantensprung *m fachspr,* Quantenübergang *m fachspr*
❷ *(fig: advance)* gewaltiger Sprung *fig,* riesiger Fortschritt **quan·tum me·'chan·ics** *n + sing vb* Quantenmechanik *f kein pl* **quan·tum num·ber** *n* PHYS **first ~** Hauptquantenzahl *f*

quar·an·tine ['kwɒrənti:n, AM 'kwɔ:r-] **I.** *n* Quarantäne *f;* **to place sb under ~** jdn unter Quarantäne stellen; **to be in ~** in Quarantäne sein
II. *vt* ■**to ~ sb/an animal** jdn/ein Tier unter Quarantäne stellen

quark [kwɑ:k, AM kwɑ:rk] *n* PHYS Quark *nt*

quar·rel ['kwɒrəl, AM 'kwɔ:r-] **I.** *n* ❶ *(argument)* Streit *m,* Auseinandersetzung *f,* Zank *m;* **a ~/~s over border territory** ein Grenzstreit *m*/Grenzstreitigkeiten; **to have a ~** sich *akk* streiten [*o* zanken], Streit [*o* eine Auseinandersetzung] haben; **to patch up a** [*or* **the**] **~** *(fig)* einen [*o* den] Streit beilegen *fig;* **to pick** [*or* **start**] **a ~ with sb** einen Streit anfangen [*o fig* vom Zaun brechen]
❷ *(cause of complaint)* Einwand *m,* Gegengrund *m;* **to have no ~ with sth** *decisions, methods, verdict* keinen Einwand gegen etw *akk* haben, nichts gegen etw *akk* einzuwenden haben
II. *vi* <-ll-> ❶ *(argue)* sich *akk* streiten [*o* zanken]; ***stop ~ling, you two!*** hört auf zu streiten, ihr beiden!; ■**to ~ about** [*or* **over**] **sth** [sich *akk*] über [*o* um] etw *akk* streiten; ***what did you ~ about?*** worüber habt ihr gestritten?; ***they seemed to ~ about money*** sie schienen sich um Geld zu streiten; ■**to ~ with sb** [sich *akk*] mit jdm streiten
❷ *(disagree with)* ■**to ~ with sth** etw an etw *dat* aussetzen; ***you can't ~ with that*** daran gibt es nichts auszusetzen

quar·rel·some ['kwɒrəlsəm, AM 'kwɔ:r-] *adj (pej)* streitsüchtig, zänkisch

quar·ry[1] ['kwɒri, AM 'kwɔ:ri] **I.** *n* ❶ *(rock pit)* Steinbruch *m;* **marble ~** Marmor[stein]bruch *m;* **slate ~** Schieferbruch *m; (fig)* Fundgrube *f fig,* Quelle *f fig*
❷ *(square stone)* Quader[stein] *m*
II. *vt* <-ie-> ■**to ~ sth** ❶ *(obtain) marble, stone* etw brechen [*o* abbauen]
❷ *(fig: make visible) contradictions, secrets* etw zutage fördern *fig*
❸ *(fig: gather) data, information* etw zusammentragen [*o* erarbeiten]

quar·ry[2] ['kwɒri, AM 'kwɔ:ri] *n* ❶ *(hunted animal)* gejagtes [*o* verfolgtes] Wild, Jagdbeute *f*
❷ *(pursued person) criminal* gejagte [*o* verfolgte] Person; *(fig: victim)* Opfer *nt fig,* Beute *f fig*

'quar·ry·man *n* Steinbrucharbeiter *m,* Brecher *m fachspr*

quart [kwɔ:t, AM kwɔ:rt] *n* Quart *nt (1,14 l in England, 0,95 l in Amerika);* **a ~ of beer/water** ein Quart *nt* Bier/Wasser
▶PHRASES: [**to try**] **to put a ~ into a pint pot** BRIT *(saying)* [versuchen,] etwas Unmögliches [zu] tun; ***it's like putting a ~ into a pint pot*** das ist ein Ding der Unmöglichkeit

quar·ter ['kwɔ:təʳ, AM 'kwɔ:rṭɚ] **I.** *n* ❶ *(one fourth)* Viertel *nt;* ***the bottle was a ~ full*** es war noch ein Viertel in der Flasche; **for a ~ of the price** [*or* **for ~ the price**] zu einem Viertel des Preises; **a ~** [**of a pound**] **of tea** ein Viertel[pfund] Tee; **three ~s** drei Viertel; **to divide sth into ~s** etw in vier Teile teilen
❷ *(time)* Viertel *nt;* **a ~ of a century** ein Vierteljahrhundert *nt;* **a ~ of an hour** eine Viertelstunde; **an hour and a ~** eineinviertel Stunden; **a ~ to** [*or* AM **of**]/**past** [*or* AM **after**] **three** Viertel vor/nach drei
❸ *(1/4 of year)* Quartal *nt;* AM *(school term)* Quartal *nt;* **paid by the ~** vierteljährlich bezahlt
❹ *(1/4 of a game)* Viertel *nt*
❺ AM *(25 cents)* Vierteldollar *m;* ■**~s** *pl ein Spiel, bei dem ein Vierteldollar in ein Glas Bier geschnippt wird*
❻ *(area)* Gegend *f;* *(neighbourhood)* Viertel *nt,* Quartier *nt* SCHWEIZ, Grätz[e]l *nt* ÖSTERR
❼ *(unspecified place)* Seite *f; (place)* Stelle *f;* ***help came from a totally unexpected ~*** Hilfe kam von völlig unerwarteter Seite; **in certain ~s** in gewissen Kreisen; **from high ~s** von höherer Stelle
❽ *(mercy)* Gnade *f kein pl,* Erbarmen *nt kein pl;* **to ask/cry for ~** um Gnade bitten/flehen; ***no ~ was asked for and none given*** es wurde auf beiden Seiten schonungslos gekämpft; **to give ~** Erbarmen haben
❾ *(lodgings)* ■**~s** *pl* Wohnung *f;* MIL Quartier *nt,* Unterkunft *f;* **married ~s** Familienunterkunft *f;* **servants' ~s** Dienstbotenwohnung *f;* **to be confined to ~s** MIL Stubenarrest haben
❿ *(area of compass)* [Himmels]richtung *f;* **from the north/west ~** aus nördlicher/westlicher Richtung
⓫ NAUT *(part of ship)* **on the port ~** backbord; **on the starboard ~** steuerbord
▶PHRASES: **at close ~s with sb** in jds Nähe; ***they fought at close ~s*** sie kämpften Mann gegen Mann
II. *vt* ❶ *(cut into four)* ■**to ~ sth** etw vierteln; ■**to ~ sb** HIST jdn vierteilen
❷ *(give housing)* ■**to ~ sb somewhere** jdn irgendwo unterbringen; ■**to be ~ed with sb** bei jdm untergebracht [*o* einquartiert] werden; ■**to ~ oneself on sb** sich *akk* bei jdm einquartieren
III. *adj inv* Viertel-; **~ hour** Viertelstunde *f;* **~ pound** Viertelpfund *nt*

'quar·ter·back *n* AM ❶ SPORT *(in American Football)* Quarterback *m fachspr,* offensiver Rückraumspieler
❷ *(leader)* Gruppenleiter(in) *m(f),* Teamchef(in) *m(f)*
▶PHRASES: **to be a Monday morning ~** ein alter Besserwisser sein

'quar·ter day *n* BRIT Quartalstag *m* [für fällige Zahlungen]; *for rent* Mietzahltag *m;* FIN *for interest* Zinstag *m,* Zinstermin *m;* MIL *for pay* Zahltag *m,* Löhnungstag *m*

'quar·ter·deck *n* NAUT Quarterdeck *nt fachspr,* Achterdeck *nt fachspr,* Hinterdeck *nt*

quar·ter·'fi·nal *n* SPORT Viertelfinale *nt;* ■**the/in the ~s** das/im Viertelfinale **quar·ter-'fi·nal·ist** *n* Viertelfinalist(in) *m(f)*

quar·ter·ing ['kwɔ:tərɪŋ, AM 'kwɔ:rṭɚ-] *n* ❶ *no pl (dividing into fourths)* Vierteln *nt,* [Auf]teilen *nt* in Viertel [*o* gleiche Teile]
❷ *no pl (lodging)* Unterbringung *f,* Beherbergung *f;* MIL Einquartierung *f fachspr*
❸ *(divisions)* ■**~s** *pl in heraldry* Wappenfelder *pl*

quar·ter·ly ['kwɔ:təli, AM 'kwɔ:rṭɚ-] **I.** *adv* vierteljährlich, quartal[s]weise; **to be paid ~** vierteljährlich gezahlt werden
II. *adj* vierteljährlich, Vierteljahres-, Quartals-; **~ journal** [*or* **magazine**] Vierteljahrsschrift, Vierteljahreszeitschrift; **~ payment** vierteljährliche Zahlung, Quartalszahlung *f*
III. *n* AM ECON Vierteljahr *nt*

quar·ter·mas·ter ['kwɔ:tə,mɑ:stəʳ, AM 'kwɔ:rṭɚ,mæstɚ] *n* ❶ MIL *(army officer)* Quartiermeister *m*
❷ NAUT *(steersman) in merchant marine* Quartermeister *m,* Steu[e]rer *m; rank in navy* Steuermannsmaat *m*

Quar·ter·mas·ter 'Gen·er·al <*pl* Quartermasters General> *n* MIL Generalquartiermeister *m*

'quar·ter note *n* MUS Viertelnote *f* **'quar·ter-tone** *n* MUS Viertelton *m* **'quar·ter-wave** *adj attr, inv* PHYS Lambda-Viertel-; **~ plate** Lambda-Viertel-Plättchen *nt*

quar·tet, quar·tette [kwɔ:'tet, AM kwɔ:r'-] *n* MUS Quartett *nt;* **string ~** Streichquartett *nt*

quar·tic ['kwɔ:tɪk, AM 'kwɔ:rṭɪk] *adj inv* MATH vierten Grades *nach n;* **~ equation** Gleichung *f* vierten Grades

quar·tile ['kwɔ:taɪl, AM 'kwɔ:r-] *n* MATH, ECON *in statistics* Quartil *nt,* Viertel[s]wert *m*

quar·to ['kwɔ:təʊ, AM 'kwɔ:rṭoʊ] *n* ❶ TYPO Quart[format] *nt*
❷ COMPUT Quarto *nt*

quartz [kwɔ:ts, AM kwɔ:rts] **I.** *n no pl* Quarz *m,* Kiesel *m;* **rose ~** Rosenquarz *m*
II. *n modifier* Quarz-; **~ crystal** MIN Bergkristall *m;*

TECH Quarzkristall *m;* ~ **glass** Quarzglas *nt*

quartz 'clock *n* Quarzuhr *f* **quartz iodine 'lamp, quartz 'lamp** *n* Quarz[halogen]lampe *f;* MED künstliche Höhensonne

quartz·ite ['kwɔːtsaɪt, AM 'kwɔːrt] *n no pl* MIN Quarzit *m*

qua·sar ['kweɪzɑːʳ, AM -zɑːr] *n* ASTRON Quasar *m*

quash [kwɒʃ, AM kwɑːʃ] *vt* ■**to ~ sth** ❶ *(destroy) bones, a hand, people* etw zermalmen; *(fig) hopes, plans* etw zerstören [*o* zunichtemachen] *fig*
❷ *(fig: suppress) rebellion, revolt* etw [gewaltsam] unterdrücken [*o fig* niederschlagen] [*o fig* niederwerfen]; **to ~ an objection** einen Einwand zurückweisen [*o fig* abschmettern]; **to ~ rumours** Gerüchte zum Verstummen bringen *fig;* **to ~ a suggestion** einen Vorschlag ablehnen [*o* verwerfen] [*o fig* abschmettern]; **to ~ a bill** POL eine Gesetzesvorlage zu Fall bringen [*o* ablehnen]
❸ LAW *(annul)* etw aufheben [*o* annullieren]; **to ~ a conviction/decision/sentence** einen Schuldspruch/Beschluss/ein Urteil aufheben *fachspr;* **to ~ an indictment** *in a criminal case* ein Verfahren einstellen, freisprechen *fachspr;* **to ~ a law** ein Gesetz für ungültig erklären [*o* außer Kraft setzen] *fachspr;* **to ~ the proceedings** *in a civil case* das Verfahren einstellen [*o* niederschlagen] *fachspr;* **to ~ a writ** eine gerichtliche [*o* richterliche] Anweisung aufheben [*o* für nichtig erklären] *fachspr*

quash·ing ['kwɒʃɪŋ, AM 'kwɑːʃ-] *n no pl* LAW *of judgement* Aufhebung *f*

quasi ['kweɪzaɪ, AM -saɪ] *adj attr, inv* Quasi-; **to be a ~ member** ein Quasimitglied sein

quasi- ['kweɪzaɪ, AM -saɪ] *in compounds* ❶ *(resembling) (religion, science)* Quasi-; *(philosophical, spiritual)* quasi-; *(official)* halb-; *(legislative)* -ähnlich; LAW *(partner, partnership)* Schein-; **~contract** vertragsähnliches [Schuld]verhältnis *fachspr;* **~contractual relationship** vertragsähnliches Rechtsverhältnis *fachspr;* **~crime** verbrechensähnliches Delikt; **~judicial functions** quasigerichtliche [*o* quasirichterliche] Aufgaben *fachspr;* **~optical** PHYS quasioptisch *fachspr*
❷ *(pej: seeming) (intellectual, scientific)* pseudo- *pej*

quasi-'fis·cal *adj inv* ECON, POL quasi-fiskalisch

qua·ter·nary [kwə'tɜːnᵊri, AM 'kwɑːt̬ɚneri] *adj inv* quartär

quat·rain ['kwɒtreɪn, AM 'kwɑː-] *n* LIT Vierzeiler *m,* Quatrain *nt o m fachspr*

qua·ver ['kweɪvəʳ, AM 'kweɪvɚ] **I.** *vi* ❶ *(shake) person, voice* zittern, beben; ***the little boy ~ed with fear*** der kleine Junge zitterte vor Angst; ***her voice ~ed*** ihre Stimme bebte
❷ *(utter)* mit zitternder Stimme sprechen
❸ MUS *(sing)* trillern *fam,* mit Tremolo singen *fachspr,* tremolieren *fachspr; (sound) on organ, piano, string instrument* mit Tremolo spielen *fachspr,* tremolieren *fachspr*
II. *n* ❶ *(shake)* Zittern *nt kein pl,* Beben *nt kein pl;* **a ~ in one's voice** ein Beben *nt* in der Stimme
❷ BRIT, AUS MUS *(note)* Achtelnote *f fachspr; (sound)* Tremolo *nt fachspr*

qua·very ['kweɪvᵊri] *adj* zitternd, bebend

quay [kiː, AM *also* keɪ] *n* Kai *m,* Quai *m* SCHWEIZ, Hafendamm *m,* Kaje *f* NORDD; NAUT **along the ~** längsseits des Kais, *fachspr* Kai

'quay·side I. *n* Kai *m,* Hafendamm *m,* Kaje *f* NORDD; **the bars at** [*or* **on**] **the ~** die Bars am Hafen
II. *n modifier* Kai-, Hafen-

Que. CAN *abbrev of* Quebec

quea·si·ly ['kwiːzɪli] *adv* [über]empfindlich, [leicht] gereizt; ***his stomach tends to react ~*** er hat einen sehr empfindlichen Magen

quea·si·ness ['kwiːzɪnəs] *n no pl* ❶ *(sickness)* Übelkeit *f;* **a ~ in one's stomach** ein flaues Gefühl im Magen
❷ *(irritability)* [Über]empfindlichkeit *f*

quea·sy ['kwiːzi] *adj* ❶ *(easily upset) person, stomach* [über]empfindlich; **to be ~** [*or* **have a ~ stomach**] empfindlich sein, einen empfindlichen Magen haben
❷ *(upset)* übel *nach n,* schlecht *nach n fam;* ***he feels ~*** ihm ist übel; **a ~ feeling** ein Gefühl der Übelkeit [*o* flaues Gefühl im Magen]; **to have a ~ stomach** Magenbeschwerden haben
❸ *(fig: uneasy)* **a ~ conscience** ein schlechtes Gewissen; **with a ~ conscience** mit Gewissensbissen; **to feel ~** [*or* **have a ~ feeling**] **about sth** ein ungutes [*o fig fam* mulmiges] Gefühl bei etw *dat* haben, sich *akk* bei etw *dat* nicht wohl fühlen

Que·bec [kwɪ'bek, AM kwiː'bek] *n* Quebec *nt*

Que·bec·er [kwɪ'bekəʳ, AM kwiː'bekɚ] *n* Bewohner(in) *m(f)* Quebecs

Que·be·cois [ˌkeɪbek'wɑː] *n* Bewohner(in) *m(f)* Quebecs

Quechua ['ketʃuə, AM -uwɑː] *n* ❶ *(Peruvian Indian)* Quechua *m o f,* Ketschua *m o f*
❷ *(South American language)* Quechua *nt,* Ketschua *nt*

queen [kwiːn] **I.** *n* ❶ *(female monarch)* Königin *f;* **the Q~ of England** die englische Königin, die Königin von England; ***Marie Antoinette was ~ to Louis XVI*** Marie Antoinette war die Gemahlin von Ludwig XVI.; **the Q~ of Heaven** die Himmelskönigin
❷ *(fig: top lady)* Königin *f fig;* **beauty ~** Schönheitskönigin *f;* **carnival ~** Karnevalskönigin *f,* ÖSTERR *bes* Faschingskönigin *f;* **Q~ of the May** Maikönigin *f;* **Venus, ~ of love** Venus, Göttin der Liebe
❸ *(card)* **~ of hearts/diamonds** Herzkönigin/Karokönigin *f; (chess piece)* Dame *f*
❹ *(pej fam: flamboyant gay man)* Schwuchtel *f pej sl,* Tunte *f oft pej sl;* **drag ~** Transvestit *m,* Drag Queen *f* ÖSTERR
II. *vt* ❶ *(make queen)* ■**to ~ sb** jdn [zur Königin] krönen
❷ *(chess)* **to ~ a pawn** einen Bauern in eine Dame verwandeln
❸ *(fig pej: behave affectedly)* **to ~ it** die große [*o* feine] Dame spielen *fig pej; (behave dominatingly)* sich *akk* aufspielen *fig pej;* **to ~ it over sb** sich *akk* gegenüber jdm aufspielen, jdn von oben herab behandeln *fig pej*

Queen Anne's lace [ˌkwiːnænz'leɪs] *n no pl esp* AM HORT wilde Möhre [*o* ÖSTERR Karotte] *fachspr* **queen 'ant** *n* Ameisenkönigin *f* **queen 'bee** *n* ❶ ZOOL *(fertile female)* Bienenkönigin *f fachspr* ❷ *(fig: leader)* tonangebende Frau *fig,* Frau *f* in exponierter Stellung [*o* herausragender Position]; *(fig pej)* sich *akk* [überall] wichtigmachende [*o* als etwas Besonderes aufspielende] Frau *pej* **'queen cake** *n kleiner, meist herzförmiger Biskuitkuchen mit Rosinen* **Queen Char·lotte Is·lands** [-'ʃɑːlət-, AM -'ʃɑːr-] *npl* Königin-Charlotte-Inseln *pl* **queen 'dowa·ger** *n* Königinwitwe *f* **Queen Eliza·beth Is·lands** [-ɪ'lɪzəbəθ-] *npl* Königin-Elizabeth-Inseln *pl*

queen·ly ['kwiːnli] *adj* ❶ *(belonging to a queen)* königlich; *(befitting a queen)* königlich, einer Königin geziemend *nach n geh;* **~ raiment** *(poet)* königliches Gewand *liter*
❷ *(like a queen)* königlich, wie eine Königin *nach n,* majestätisch; **to have a ~ appearance** aussehen wie eine Königin; **a ~ stance** eine königliche Haltung; **to give a ~ wave** majestätisch winken

Queen 'Moth·er *n* Königinmutter *f*

Queens·berry rules [ˌkwiːnzbᵊri'ruːlz, AM -beri'-] *npl* BOXING Queensberry-Regeln *pl*

Queen's 'Coun·sel, QC *n* BRIT LAW Kronanwalt, -anwältin *m, f fachspr* **Queen's 'Eng·lish** *n no pl* BRIT Standardenglisch *nt,* reines [*o* gutes] Englisch; **to speak the ~** die [englische] Hochsprache sprechen **Queen's 'evi·dence** *n no pl* BRIT LAW Aussage *f* des Kronzeugen/der Kronzeugin *fachspr;* **to turn ~** als Kronzeuge/Kronzeugin auftreten [*o* aussagen] *fachspr*

'queen·side I. *n no pl (chess)* Damenflügel *m*
II. *adj inv* auf dem [*o* über den] Damenflügel

'queen-size, 'queen-sized *adj* übergroß, mit Übergröße; **~ bed** französisches Bett, Bett *nt* mit Übergröße *(ca. 150 cm breit und 200 cm lang)*

Queens·land·er ['kwiːnzləndəʳ, AM -ɚ] *n* Bewohner(in) *m(f)* von Queensland

Queen's 'Speech *n* BRIT POL Thronrede *f fachspr,* Parlamentseröffnungsrede *f (von der Königin zur Eröffnung einer parlamentarischen Sitzungsperiode verlesene Regierungserklärung)*

queen 'wasp *n* Wespenkönigin *f*

queer [kwɪəʳ, AM kwɪr] **I.** *adj* ❶ *(strange)* seltsam, merkwürdig, komisch; **a ~ fish** *(fig)* ein seltsamer Vogel [*o* komischer Kauz] *fig;* **to be [a bit] ~ in the head** nicht [ganz] richtig im Kopf sein; **to have ~ ideas** [*or* **notions**] schräge Ideen [*o* merkwürdige Vorstellungen] haben; **to have a ~-sounding name** einen merkwürdig klingenden Namen haben
❷ *(usu pej: homosexual)* schwul *fam*
❸ *(suspicious)* merkwürdig; ***there's something ~ about that house*** irgendetwas stimmt nicht mit diesem Haus
❹ BRIT *(fam or dated: not well)* unwohl, schwach, komisch; *(giddy)* schwind[e]lig, schwumm[e]rig *fam;* ***suddenly she came over all ~*** plötzlich wurde ihr ganz komisch; **to feel rather ~** sich *akk* ziemlich daneben fühlen *sl*
▸PHRASES: **to be in Q~ Street** BRIT *(old sl: in trouble)* in der Bredouille [*o* Tinte] [*o* in Schwulitäten] sein *fam; (in financial trouble)* in Geldnöten [*o* Zahlungsschwierigkeiten] sein
II. *n (pej fam: homosexual)* Schwule(r) *m oft pej fam; female* Lesbe *f oft pej fam; male* warmer Bruder *pej fam*
III. *vt (spoil)* ■**to ~ sth** *bargain, deal* etw verderben [*o fam* vermasseln]
▸PHRASES: **to ~ sb's pitch** AUS, BRIT *(fig pej fam)* jdm einen Strich durch die Rechnung machen [*o* die Tour vermasseln] [*o* die Suppe versalzen] *fig pej fam*

'queer-bash·ing *n* Verprügeln *nt* [*o fam* Aufmischen *nt*] von Schwulen

queer·ly ['kwɪəli, AM 'kwɪr] *adv* sonderbar, seltsam

quell [kwel] *vt* ❶ *(suppress)* ■**to ~ sth** *opposition, protest* etw [gewaltsam] unterdrücken [*o* ersticken]; *rebellion, revolt* etw niederschlagen [*o* niederwerfen]
❷ *(fig: subdue)* **to ~ one's anger** seinen Zorn bezwingen [*o* zügeln] *fig;* **to ~ one's passions** seine Leidenschaften bändigen [*o* zügeln] *fig; (overcome)* **to ~ one's fear** seine Angst überwinden
❸ *(fig: quiet)* ■**to ~ sb** jdn beschwichtigen [*o* besänftigen]; **to ~ sb's anxieties/doubts/fears** jds Befürchtungen/Zweifel/Ängste zerstreuen; **to ~ sb's anger** jds Zorn besänftigen; **to ~ sb's feelings/passion** jds Gefühle/Leidenschaft bändigen [*o* zügeln]

quench [kwen(t)ʃ] *vt* ❶ *(also fig: put out)* ■**to ~ sth** *fire, flames* etw löschen; **to ~ sb's ardour/enthusiasm** *(fig)* jds Eifer/Begeisterung dämpfen
❷ *(also fig: satisfy)* ■**to ~ sth** etw befriedigen; **to ~ one's thirst [for knowledge]** seinen [Wissens]durst löschen [*o* stillen] *a. fig*

quench·er [kwen(t)ʃəʳ, AM -ɚ] *n* PHYS Löscher *m*

queru·lous ['kwerʊləs, AM -rjəl-] *adj* ❶ *(peevish)* missmutig, übellaunig, gereizt, unleidlich *veraltend;* **in a ~ voice** in gereiztem Ton
❷ *(complaining)* nörg[e]lig, queng[e]lig *fam,* ÖSTERR *a.* raunzend *fam,* ständig jammernd [*o* lamentierend]; **a ~ child/old man** ein quengeliges [*o* ÖSTERR *bes* raunzendes] Kind/nörgeliger [*o* ÖSTERR *bes* raunzender] alter Mann; **a ~ person** ein Querulant/eine Querulantin

queru·lous·ly ['kwerʊləsli, AM -rjəl-] *adv (peevishly)* gereizt; **to answer ~** gereizt antworten; **to discuss sth ~** etw in gereiztem Ton diskutieren; *(complainingly)* in queng[e]ligem [*o* nörg[e]ligem] [*o* lamentierendem] [*o* ÖSTERR *bes* raunzendem] Ton

que·ry ['kwɪəri, AM 'kwɪri] **I.** *n* ❶ *(also fig: question)* [zweifelnde] Frage, Rückfrage *f,* Zweifel *m fig;* **to have a ~ about** [*or* **concerning**] **sth** eine [Rück]frage zu etw *dat* haben; **to have a ~ for sb** eine [Rück]frage an jdn haben; **to put a ~** eine [Rück]frage stellen, nachfragen; **to raise a ~** eine Frage aufwerfen, Zweifel anmelden; **to settle a ~** eine [Rück]frage beantworten; ***~, when was the contract signed?*** Frage, wann wurde der Vertrag unterzeichnet?; ***~, if this would be acceptable***

die Frage ist, ob dies annehmbar wäre
❷ TYPO *(question mark) on printer's proof* [anzweifelndes] Fragezeichen *fachspr*
❸ COMPUT Abfrage *f*
II. *vt* <-ie-> *(form)* ❶ *(question)* ■ **to ~ sth** etw infrage stellen [*o* in Zweifel ziehen] [*o* bezweifeln]; ■ **to ~ whether ...** bezweifeln, dass ...; ***"but is that really the case?" he queried*** „aber ist das wirklich so?" fragte er
❷ AM *(put questions to)* ■ **to ~ sb** jdn befragen
❸ TYPO *(mark)* ■ **to ~ sth** *on printer's proof* etw mit einem [anzweifelnden] Fragezeichen versehen

quest [kwest] **I.** *n (also fig)* Suche *f* (**for** nach +*dat*); **a ~ for a treasure** eine Schatzsuche; **the ~ for the Holy Grail** die Suche nach dem Heiligen Gral; **~ for truth** Wahrheitssuche *f;* **in ~ of sth** auf der Suche nach etw *dat;* **to go in ~ of sb/sth** *(old liter)* sich *akk* auf die Suche nach jdm/etw begeben [*o* SCHWEIZ machen] *geh*
II. *vi (liter)* ■ **to ~ after** [*or* **for**] **sb/sth** nach jdm/etw suchen

ques·tion ['kwestʃən] **I.** *n* ❶ *(inquiry)* Frage *f;* ***don't ask so many ~s*** frag nicht so viel; ***what a ~*** [***to ask***]! was für eine Frage!; ***they'll do what you tell them to do and no ~s asked*** sie machen das, was du ihnen sagst und stellen keine dummen Fragen; [***that's a***] ***good ~!*** [das ist eine] gute Frage!; **to put** [*or* **direct**] **a ~ to sb** jdm eine Frage stellen; **to beg the ~** die Frage aufwerfen; **in answer to your ~** um Ihre Frage zu beantworten; **a direct/indirect ~** LING direkte/indirekte Frage; **to pop the ~** jdm einen [Heirats]antrag machen
❷ *no pl (doubt)* Zweifel *m;* ***is there any ~ as to the feasibility?*** gibt es irgendwelche Zweifel darüber, ob das machbar ist?; ***there's no ~ about it*** keine Frage; **the time/place in ~** LAW besagte Zeit/besagter Ort; **to be beyond ~** außer Zweifel stehen; **to be open to ~** umstritten sein; **to call sth into ~** etw bezweifeln; **to come into ~** in Zweifel gezogen [*o* angezweifelt] werden; **without ~** zweifellos
❸ *(matter)* Frage *f;* ***it's a ~ of life or death*** es geht um Leben und Tod; ***there's no ~ of a general strike*** von einem Streik kann keine Rede sein; **to raise a ~** eine Frage aufwerfen; **to be out of the ~** nicht infrage kommen
❹ SCH, UNIV *(test problem)* Frage *f,* Aufgabe *f;* **to do a ~** eine Frage [*o* Aufgabe] bearbeiten
❺ COMPUT Frage *f*
II. *vt* ❶ *(ask)* ■ **to ~ sb about sth** jdn über etw *akk* befragen
❷ *(interrogate)* ■ **to ~ sb** [**about sth**] jdn [zu etw *dat*] verhören
❸ *(doubt)* ■ **to ~ sth** etw bezweifeln [*o* in Zweifel ziehen]; *facts, findings* etw anzweifeln, an etw *akk* zweifeln
❹ SCH *(test)* **to ~ sb on sth** jdn in etw *akk* prüfen

ques·tion·able ['kwestʃənəbl] *adj* ❶ *(uncertain)* fraglich, zweifelhaft, ungewiss; **a ~ assumption/decision** eine zweifelhafte Behauptung/Entscheidung; **a ~ future** eine ungewisse Zukunft; ***it is ~ how reliable those statements are*** es ist fraglich, wie glaubwürdig diese Aussagen sind
❷ *(not respectable)* fragwürdig, zweifelhaft, bedenklich; **to do ~ business** bedenkliche Geschäfte machen; **a person of ~ character/reputation** eine Person von zweifelhaftem Charakter/Ansehen; **in a ~ company** in zweifelhafter Gesellschaft; **to live in a ~ neighbourhood** in einer anrüchigen Gegend wohnen; **a ~ offer/profit** ein fragwürdiges Angebot/fragwürdiger Gewinn; **to pursue ~ plans** bedenkliche Pläne verfolgen; **~ traditions** fragwürdige Traditionen; ***some of his jokes were in ~ taste*** manche seiner Witze waren von etwas zweideutiger Natur

ques·tion-and-an·swer ses·sion [ˌkwestʃənən(d)'ɑːn(t)səˌseʃən, AM -'æn(t)sɚ-] *n* Diskussionsrunde *f;* *with the press* Pressekonferenz *f;* ***the spokesman held a ~ with the press*** der Sprecher stellte sich den Fragen der Presse

ques·tion·er ['kwestʃənəʳ, AM -ɚ] *n* Fragesteller(in) *m(f)*

ques·tion·ing ['kwestʃənɪŋ] **I.** *n no pl* Befragung *f;* LAW *by police* Verhör *nt,* Vernehmung *f fachspr;* **to be brought in for ~** ins Verhör genommen werden *fachspr;* **to be taken in** [*or* **held for**] **~** zwecks Verhör [*o* Vernehmung] in Haft genommen werden *fachspr;* ***the applicant was subjected to persistent ~*** der Bewerber wurde einer intensiven Befragung unterzogen
II. *adj* fragend, forschend; **to have a ~ mind** einen forschenden Geist besitzen; **a ~ look** ein fragender Blick; **in a ~ voice** in fragendem Ton

ques·tion·ing·ly ['kwestʃənɪŋli] *adv* fragend

'ques·tion mark *n* ❶ TYPO *(symbol)* Fragezeichen *nt*
❷ *(fig: doubt)* Fragezeichen *nt fig;* ***there seems to hang a*** [***big***] ***~ over his future*** seine Zukunft muss man wohl mit einem [großen] Fragezeichen versehen **'ques·tion mas·ter** *n* BRIT Moderator(in) [bei einer Quizsendung] *m,* Quizmaster *m*

ques·tion·naire [ˌkwestʃə'neəʳ, AM -'ner] **I.** *n* Fragebogen *m*
II. *n modifier* [anhand] eines Fragebogens [*o* von Fragebögen] *nach n;* **~ analysis/construction** die Analyse/Erstellung von Fragebögen; **~ surveys** COMM, ECON Umfragen *pl* anhand von Fragebögen

'ques·tion time *n* Zeit *f* für Fragen, Diskussionszeit *f;* POL *in parliament* Fragestunde *f*

queue [kjuː] **I.** *n* BRIT, AUS ❶ *(line)* Schlange *f,* Reihe *f;* **a ~ of cars** eine Autoschlange [*o* Autokolonne]; **a ~ of people** eine Menschenschlange [*o* Warteschlange]; **to join the ~** sich *akk* mit [*o* SCHWEIZ, ÖSTERR hinten] anstellen; *(fig)* mit von der Partie sein *fig;* **to jump the ~** sich *akk* vordränge[l]n; *driver* aus der Kolonne ausscheren, aus der Reihe tanzen *fig;* **to stand** [*or* **wait**] **in a ~** Schlange stehen, in einer Reihe warten, anstehen, sich *akk* anstellen; ***there was a long ~ for the toilets*** vor den Toiletten stand eine lange Schlange
❷ ECON *(of documents)* Unterlagenstapel *m;* ***his order went to the end of the ~*** seine Bestellung [*o* wanderte an das Ende des Stapels] landete zuunterst; **mortgage ~** Hypothekenwarteliste *f*
❸ *(number)* [ganze] Anzahl [*o* Reihe]
❹ *(old: braid of hair)* [Haar]zopf *m*
❺ COMPUT Warteschlange *f*
II. *vi* anstehen, Schlange stehen, sich *akk* anstellen
III. *vt* COMPUT ■ **to ~ sth** etw in die Warteschlange einreihen
◆**queue up** *vi* BRIT ■ **to ~ up** [**for sth**] *meat, tickets* sich *akk* [nach etw *dat* [*o* ÖSTERR um etw *akk*]] anstellen, [nach etw *dat* [*o* ÖSTERR um etw *akk*]] anstehen [*o* Schlange stehen]

'queue-jump·ing *n no pl* BRIT Vordränge[l]n *nt;* *by driver* Kolonnenspringen *nt*

queu·er ['kjuːəʳ] *n* BRIT Schlangensteher(in) *m(f);* **~s** Leute *pl* in der Schlange, Schlange *f*

quib·ble ['kwɪbl] **I.** *n* ❶ *(pej: petty argument)* haarspalterisches Argument *fig pej,* Spitzfindigkeit *f pej;* *(petty arguments)* Spitzfindigkeit *f pej,* Haarspalterei *f fig pej,* Wortklauberei *f fig pej*
❷ *(also pej: minor criticism)* Krittelei *f pej,* kleine [*o pej* kleinliche] Kritik, [kleiner] Kritikpunkt (**about/over/with** an +*dat*)
II. *vi* ■ **to ~ about** [*or* **over**] [*or* **with**] **sth** sich *akk* über [*o* um] etw *akk* streiten; ***no one would ~ with that*** das würde niemand bestreiten

quib·bler ['kwɪbləʳ, AM -ɚ] *n* ❶ *(pej: petty arguer)* Streithahn *m fig pej,* Querulant(in) *m(f) pej*
❷ *(over-critical person)* kleinlicher Kritiker/kleinliche Kritikerin *pej,* Nörgler(in) *m(f) pej,* Kritikaster *m* BRD *pej,* Raunzer(in) *m(f)* ÖSTERR *pej fam*

quib·bling ['kwɪblɪŋ] **I.** *n (pej)* Zankerei *f pej,* Streiterei *f pej;* ***quit your ~!*** hört auf zu streiten!
II. *adj (pej: petty)* kleinlich *pej,* spitzfindig *pej,* haarspalterisch *fig pej;* *(quarrelsome)* streitsüchtig

quiche <*pl* -> [kiːʃ] *n* Quiche *f*

quick [kwɪk] **I.** *adj* ❶ *(also fig: fast)* schnell, rasch, SCHWEIZ, ÖSTERR *a.* geschwind, sofortig; **to be ~ about sth** sich *akk* mit etw *dat* beeilen, schnell mit etw *dat* machen; **~ as lightning** [*or* **a flash**] schnell wie der Blitz *fig;* **a ~ decision** eine schnelle [*o* rasche] [*o* sofortige] Entscheidung; **to have a ~ drink/meal** [noch] schnell [*o* mal eben] etw trinken/essen; MIL **~ march** Eilmarsch *m fachspr;* ***~ march!*** im Gleichschritt, marsch! *fachspr;* **a ~ one** *(fig fam: drink)* ein Schluck *m* auf die Schnelle *fam;* *(sex)* ein Quickie *m fam,* eine schnelle Nummer *fig fam;* **to have a ~ one** *(fig fam) drink* einen auf die Schnelle kippen *fam;* *sex* eine schnelle Nummer schieben *fam;* **in ~ succession** in schneller [*o* rascher] [Ab]folge, schnell [*o* kurz] nacheinander; **to have a ~ temper** *(fig pej)* ein rasch aufbrausendes Temperament haben, sich *akk* schnell aufregen; ***my boss needs a ~ answer*** mein Chef braucht eine rasche Antwort; ■ **to be ~ to do sth** *(fig, usu pej)* rasch mit etw *dat* bei der Hand sein; ***he is always ~ to criticize*** mit Kritik ist er rasch bei der Hand
❷ *(short)* kurz; **to give sb a ~ call** jdn kurz anrufen; **to have a ~ look at sth** sich *dat* etw kurz ansehen; **to ask sb a ~ question** jdn [noch] kurz etw fragen, jdm eine kurze Frage stellen; **the ~est way** der kürzeste Weg; ***could I have a ~ word with you?*** könnte ich Sie kurz sprechen?
❸ *(hurried)* noch schnell [*o* kurz] [*o* SCHWEIZ, ÖSTERR *a.* geschwind]; **to say a ~ goodbye/hello** noch schnell auf Wiedersehen/hallo sagen; **to give sb a ~ hug** jdn noch kurz umarmen
❹ *(alert)* [geistig] gewandt [*o* beweglich], intelligent, klug, scharfsinnig; **to have a ~ mind** ein kluger Kopf sein, einen scharfen Verstand [*o* wachen Geist] haben; **~ wit** Aufgewecktheit *f;* *in replying* Schlagfertigkeit *f fig;* ***she's a ~ girl*** sie ist ein aufgewecktes Mädchen; ***he's too ~ for me*** mit ihm kann ich nicht mithalten
▶PHRASES: **to be ~ with child** *(old)* hochschwanger sein
II. *adv* schnell, rasch; **as ~ as possible** so schnell wie möglich; **to get rich ~** schnell reich werden
III. *interj* schnell
IV. *n* ❶ *(sensitive part)* **to bite/cut nails to the ~** die Nägel bis auf das Nagelbett abbeißen/schneiden; **to cut sb to the ~** *(fig)* jdn bis ins Mark treffen *fig*
❷ *(liter: living persons)* **the ~ and the dead** die Lebenden und die Toten

'quick-act·ing *adj* schnell wirksam; ■ **to be ~** schnell [*o* sofort] wirken **quick-'change art·ist** *n* THEAT Verwandlungskünstler(in) *m(f) fachspr;* *(fig)* Lebenskünstler(in) *m(f) fig*

quick·en ['kwɪkən] **I.** *vt* ❶ *(make faster)* ■ **to ~ sth** etw beschleunigen; **to ~ one's steps/the pace** seine Schritte/das Tempo beschleunigen
❷ *(fig: awaken)* ■ **to ~ sth** etw anregen [*o fig* wecken]; **to ~ sb's curiosity/interest** jds Neugier/Interesse wecken; **to ~ the imagination** die Fantasie anregen [*o fig geh* beflügeln]
II. *vi* ❶ *(increase speed)* schneller werden; ***her heart ~ed*** ihr Herz schlug schneller; ***his pulse ~ed*** sein Pulsschlag erhöhte sich
❷ *(old or fig: become alive)* [wieder] aufleben [*o* aufblühen] *fig,* zu neuem Leben erwachen *fig;* *spirit* sich regen *fig*
◆**quicken up I.** *vt* **to ~ up the speed** die Geschwindigkeit beschleunigen
II. *vi* schneller werden

'quick·fire *adj inv* Schnellfeuer-; **~ dialogue** Schlagabtausch *m,* Wortgefecht *nt fig;* **~ gun** MIL Schnellfeuergewehr *nt;* **to shoot ~ questions at sb** *(fig)* jdn mit Fragen bombardieren; **~ round** Schnellraterunde *f* **quick 'fix** *n* Notbehelf *m,* Notlösung *f,* Provisorium *nt* **'quick-fix** *adj* Not-, notdürftig *attr,* behelfsmäßig *attr,* provisorisch *attr;* **~ solution** Notlösung *f,* provisorische Lösung **quick-'freeze** <-froze, -frozen> *vt* ■ **to ~ sth** etw tiefgefrieren **quick-'fro·zen** *adj inv* tiefgefroren *attr,* tiefgekühlt *attr* SCHWEIZ

quickie ['kwɪki] **I.** *n* ❶ *(fam: fast thing)* kurze Sache; ***this meeting will have to be a ~*** diese Besprechung müssen wir kurz halten *fam;* **to make it a ~** es [*o* die Sache] kurzmachen
❷ *(fam: fast drink)* Schluck *m* [*o fig fam* einen] auf die Schnelle; **to have a ~** einen auf die Schnelle kippen *fig fam*
❸ *(fam: quick sex)* Quickie *m fam,* schnelle Num-

mer *fig fam*
❹ *(fam)* LAW Blitzscheidung *f*
II. *adj (also pej fam)* Schnell-, schnell [erledigt [*o fig fam* hingehauen]]; **a ~ paper** ein schnell hingehauenes Referat; ***the movie was a ~ production*** der Film war eine Schnellproduktion; **a ~ divorce** eine schnelle und unkomplizierte Scheidung [*o* Scheidung im Schnellverfahren]
quickie di·'vorce *n* LAW Blitzscheidung *f*
'quick·lime *n no pl* ungelöschter [*o* gebrannter] Kalk, Löschkalk *m*
quick·ly ['kwɪkli] *adv* schnell, rasch; **to read/work ~** schnell lesen/arbeiten; **to act ~** rasch handeln; ***he said goodbye ~*** er sagte noch schnell auf Wiedersehen; ***we'll have to walk ~*** wir müssen uns beeilen
quick-n-'easy *adj inv* kinderleicht; **a ~ way** die [aller]einfachste Art
quick·ness ['kwɪknəs] *n no pl* ❶ *(speed)* Schnelligkeit *f*
❷ *(fig pej: temper)* Hitzigkeit *f fig pej;* **~ of temper** rasch aufbrausendes Temperament [*o* Wesen] *fig pej*
❸ *(approv: alertness)* Intelligenz *f,* [geistige] Beweglichkeit, schnelle Auffassungsgabe; **~ of mind** scharfer [*o* wacher] Verstand *fig*
'quick·sand *n no pl* GEOL Treibsand *m fachspr; (fig)* ***they ran into moral ~*** sie gerieten moralisch in die Bredouille
'quick·sil·ver *n no pl (old) see* **mercury** Quecksilber *nt*
'quick·step **I.** *n no pl* ❶ *(dancing)* ■**the ~** der Quickstep ❷ MUS Quickstep *m;* ***the group played the ~*** die Band spielte einen Quickstep **II.** *vi* <-pp-> Quickstep tanzen **quick-'tem·pered** *adj* [rasch] aufbrausend, hitzköpfig **quick-'win** *adj attr (fam) investment* mit schnellem Gewinn *nach n; strategy* kurzfristig **quick-'wit·ted** *adj (alert)* aufgeweckt; *(quick in replying)* schlagfertig; **a ~ reply** eine schlagfertige Antwort
quid[1] <*pl* -> [kwɪd] *n* BRIT *(fam: money)* Pfund *nt;* ***could you lend me twenty ~, mate?*** kannst du mir zwanzig Piepen leihen? *fam;* ■**to be ~s in** *(fig)* dick drin sein *sl,* ein dickes Geschäft machen *fig fam;* **to not be the full ~** AUS *(fig pej)* nicht ganz dicht [*o* bei Trost] sein *fig pej fam*
quid[2] [kwɪd] *n* Stück *nt* Kautabak, Priem *m*
quid pro quo [ˌkwɪdprəʊ'kwəʊ, AM -proʊ'kwoʊ] *n (form)* ECON, LAW Gegenleistung *f*
qui·es·cence [kwi:'esᵊn(t)s, kwaɪ'-, AM *esp* kwaɪ'-] *n no pl (form)* Ruhe *f,* Stille *f*
qui·es·cent [kwi:'esᵊnt, kwaɪ'-, AM *esp* kwaɪ'-] *adj (form)* ruhig, still; COMPUT ruhig
qui·et [kwaɪət] **I.** *adj* <-er, -est> ❶ *(not loud) voice, appliance, machine* leise; **to speak in a ~ voice** leise sprechen
❷ *(silent)* ruhig; ***please be ~*** Ruhe bitte!; **~ nap** BRIT *(after lunch)* Nachmittagsruhe *f;* **to keep ~** ruhig sein; ***they were told to keep ~*** ihnen wurde gesagt, dass sie still sein sollen; ***give the baby a bottle to keep her ~*** gib mal dem Baby die Flasche, damit es nicht schreit; ***the new teacher can't keep the children ~*** der neue Lehrer hat die Kinder nicht im Griff; **a ~ corner/place** eine ruhige Ecke/ein ruhiger Platz; **in ~ contemplation** in stiller Betrachtung
❸ *(not talkative)* still; *person* schweigsam; *child* ruhig; ***you've been very ~ all evening — is anything the matter?*** du warst den ganzen Abend sehr ruhig – ist irgendwas?; **to keep ~ about sth** über etw *akk* Stillschweigen bewahren; ***if she knows something, she's keeping very ~ about it*** wenn sie etwas davon weiß, so sagt sie nichts darüber; **to keep sb ~** jdn zum Schweigen bringen
❹ *(secret)* heimlich; **to feel a ~ satisfaction** eine stille Genugtuung empfinden; **to have a ~ word with sb** mit jdm ein Wörtchen im Vertrauen reden *fam;* ***can I have a ~ word with you?*** könnte ich Sie [mal] unter vier Augen sprechen?; **to keep sth ~** etw für sich *akk* behalten
❺ *(not ostentatious)* schlicht; *clothes* dezent; *colour* gedämpft; ***they wanted a ~ wedding*** sie wollten eine Hochzeit in kleinem Rahmen
❻ *(not exciting)* geruhsam; ***it's a ~ peaceful little village*** es ist ein beschaulicher und friedlicher kleiner Ort; *(not busy) street, town* ruhig
▶PHRASES: **anything for a ~ life!** wenn ich doch nur eine Sekunde mal meine Ruhe hätte!; **as ~ as a mouse** mucksmäuschenstill *fam*
II. *n no pl* ❶ *(silence)* Stille *f;* ***let's have some ~!*** Ruhe bitte!
❷ *(lack of excitement)* Ruhe *f;* **peace and ~** Ruhe und Frieden; ***I just want peace and ~ for five minutes*** ich will nur fünf Minuten lang meine Ruhe haben; ***I go camping for some peace and ~*** ich gehe zelten, weil ich ein wenig Ruhe und Stille finden möchte
▶PHRASES: **on the ~** heimlich; **to get married on the ~** in aller Stille heiraten
III. *vt esp* AM ■**to ~ sb/sth** jdn/etw besänftigen; **to ~ children** Kinder zur Ruhe bringen
IV. *vi esp* AM sich *akk* beruhigen
◆**quiet down** *vt, vi* AM *see* **quieten down**
qui·et·en ['kwaɪətᵊn] **I.** *vi* ❶ *(become quiet)* sich *akk* beruhigen
❷ *(become calm)* ruhiger werden
II. *vt* ❶ *(make quiet)* ■**to ~ sb** jdn beruhigen; ***she went out to ~ the shouting children*** sie ging hinaus, um die kreischenden Kinder zur Ruhe zu ermahnen
❷ *(calm)* ■**to ~ sth** etw beruhigen; **to ~ sb's fears** jds Ängste zerstreuen; **to ~ tension** Spannung lösen
◆**quieten down** **I.** *vi* ❶ *(become quiet)* leiser werden; ***all right kids, I want everyone to ~ down please*** also, Kinder, nun seid mal bitte ein bisschen leiser!
❷ *(become calm)* sich *akk* beruhigen
II. *vt* ■**to ~ down** ○ **sb** ❶ *(make less noisy)* jdn zur Ruhe bringen
❷ *(calm down)* jdn beruhigen
'qui·et·ism ['kwaɪətɪzᵊm] *n no pl* PHILOS *(form)* Quietismus *m fachspr*
'qui·et·ist ['kwaɪətɪst] REL **I.** *n* Quietist(in) *m(f)*
II. *adj inv* quietistisch
qui·et·ly ['kwaɪətli] *adv* ❶ *(not loudly)* leise; ***he is a ~ spoken, thoughtful man*** er ist ein nachdenklicher Mann, der mit leiser Stimme spricht
❷ *(silently)* still; ***it's a fair cop — I'll come ~*** erwischt! – ich werde kein Theater machen und mitkommen *fam;* **to sit ~** stillsitzen; **to wait ~** ruhig warten
❸ *(unobtrusively)* unauffällig; ***the plan has been ~ dropped*** der Plan wurde stillschweigend fallengelassen; **to chuckle/laugh ~ to oneself** in sich *akk* hineinkichern/-lachen; **to be ~ confident** insgeheim überzeugt sein
qui·et·ness ['kwaɪətnəs] *n no pl* Ruhe *f; (silence)* Stille *f*
qui·etude ['kwaɪətju:d, AM *esp* -tu:d] *n no pl (form)* Ruhe *f,* Frieden *m;* **the ~ of the countryside** die Beschaulichkeit des Landlebens
qui·etus <*pl* -es> [kwaɪ'i:təs, AM t̬əs] *n* [befreiender] Tod, [erlösendes] Ende
quiff [kwɪf] *n* [Haar]tolle *f,* Stirnlocke *f*
quill [kwɪl] *n* ❶ *(feather)* Feder *f*
❷ *(of porcupine)* Stachel *m*
❸ *(pen)* Federkiel *m; (fig hum)* Feder *f fig*
quill 'pen *n* Federkiel *m*
quilt [kwɪlt] **I.** *n* Steppdecke *f;* **patchwork ~** Patchworkdecke *f,* Quilt *m*
II. *vt* ■**to ~ sth** etw [ab]steppen
quilt·ed ['kwɪltɪd] *adj* gesteppt; **~ bedspread** Patchworkdecke *f,* Patchworküberwurf *m;* **~ dressing gown** gesteppter Morgenmantel; **~ jacket** Steppjacke *f*
quilt·ing ['kwɪltɪŋ] *n no pl* Quilten *nt*
'quilt·ing bee *n* Quiltkränzchen *nt,* Quiltrunde *f*
quim [kwɪm] *n* BRIT *(vulg sl)* Möse *f vulg,* Fotze *f vulg*
quin [kwɪn] *n* BRIT *(fam) short for* **quintuplet** Fünfling *m*
quince [kwɪn(t)s] **I.** *n* Quitte *f; (tree also)* Quittenbaum *m*
II. *n modifier (jam, jelly, tart)* Quitten-
quin·cen·te·nary [ˌkwɪnsen'ti:nᵊri, AM kwɪn'sentəneri] *n* Fünfhundertjahrfeier *f;* **sth celebrates its ~** etw feiert sein fünfhundertjähriges Bestehen
qui·nine ['kwɪni:n, AM 'kwaɪnaɪn] *n no pl* Chinin *nt*
quin·ol ['kwɪnɒl, AM -noʊl] *n no pl* CHEM Hydrochinon *nt*
quino·line ['kwɪnəˌli:n, -lɪn] *n no pl* CHEM Chinolin *nt*
qui·none [kwɪ'nəʊn, 'kwɪnəʊn, AM -noʊn] *n no pl* CHEM Chinon *nt*
quin·quen·nial [kwɪŋ'kweniəl, AM kwɪn'] *adj inv* fünfjährlich, alle fünf Jahre durchgeführt
quin·que·reme ['kwɪnkwəri:m] *n* NAUT, HIST Fünfdecker *m fachspr*
quin·sy ['kwɪnzi] *n* Halsentzündung *f*
quint [kwɪnt] *n* AM *(fam) short for* **quintuplet** Fünfling *m*
quin·tess·ence [kwɪn'tesᵊn(t)s] *n no pl* Quintessenz *f geh; (embodiment)* Inbegriff *m;* **to be the ~ of sth** etw verkörpern
quin·tes·sen·tial [ˌkwɪntɪ'sen(t)ʃᵊl] *adj inv (form)* essenziell *geh,* wesentlich; ***this is the ~ English village*** dies ist der Inbegriff eines englischen Dorfes; ***the ~ Corsican meal*** korsische Küche pur
quin·tes·sen·tial·ly [ˌkwɪntɪ'sen(t)ʃᵊli] *adv inv (form)* von Grund auf, durch und durch
quin·tet(te) [kwɪn'tet] *n* ❶ MUS Quintett *nt*
❷ COMPUT Fünf-Bit-Byte *nt*
quin·tu·ple ['kwɪntju:pl, AM kwɪn'tu:] **I.** *vi* sich *akk* verfünffachen
II. *vt* ■**to ~ sth** etw verfünffachen
quin·tu·plet [kwɪn'tju:plət, AM -'tʌplɪt] *n* Fünfling *m*
quip [kwɪp] **I.** *n* Bonmot *nt,* witzige [*o* geistreiche] Bemerkung
II. *vi* <-pp-> witzeln
quire [kwaɪəʳ, AM kwaɪɚ] *n* TYPO ❶ *(24 sheets)* 24 Bogen Papier; **a book in ~s** ein Buch in Lagen, ein [noch] nicht gebundenes Buch
❷ *(single sheet)* Bogen *m*
quirk [kwɜ:k, AM kwɜ:rk] *n* ❶ *(odd habit)* Marotte *f,* Schrulle *f*
❷ *(oddity)* Merkwürdigkeit *f kein pl;* **by some strange** [*or* **an odd**] **~ of fate** durch eine [merkwürdige] Laune des Schicksals, wie das Leben eben manchmal so spielt
quirki·ness ['kwɜ:kɪnəs, AM 'kwɜ:r] *n no pl* ❶ *(characteristic)* Schrulle *f*
❷ *(whimsicalness)* Schrulligkeit *f,* Schnurrigkeit *f,* kurioses [*o* marottenhaftes] Wesen
❸ *(wittiness)* geistreiche [*o* treffsichere] Art
❹ *(shrewdness)* Findigkeit *f,* trickreiche [*o* fintenreiche] Reaktionen *pl*
quirky ['kwɜ:ki, AM 'kwɜ:rki] *adj* schrullig *fam*
quis·ling ['kwɪzlɪŋ] *n* Kollaborateur(in) *m(f),* Quisling *m veraltend*
quit <-tt-, quit *or* quitted, quit *or* quitted> [kwɪt] **I.** *vi* ❶ *(resign) worker* kündigen, künden SCHWEIZ; *manager, official* zurücktreten; **to threaten to ~** mit einem Rücktritt drohen
❷ *(leave rented flat)* kündigen, künden SCHWEIZ; **to give sb notice to ~** jdm kündigen [*o* SCHWEIZ künden]
❸ COMPUT *(exit)* aussteigen
❹ *(give up)* aufgeben; AM *(fam: stop)* **~!** hör [damit] auf!
II. *vt* ❶ *esp* AM *(stop)* ■**to ~ sth** mit etw *dat* aufhören; ***will you ~ that!*** wirst du wohl damit aufhören!; ■**to ~ doing sth** aufhören etw zu tun; ***~ wasting my time*** hör auf meine Zeit zu verschwenden; **to ~ smoking** *(as a habit)* das Rauchen aufgeben; *(put cigarette out)* zu rauchen aufhören
❷ *(give up)* ■**to ~ sth** etw aufgeben; **to ~ one's job** kündigen, künden SCHWEIZ
❸ *(leave)* ■**to ~ sth** *building, place* etw verlassen; **to ~ London/one's home town** London/seine Heimatstadt verlassen; **to ~ a flat/room** eine Wohnung/einen Raum kündigen
❹ COMPUT *(end)* **to ~ the program** aus dem Programm aussteigen
III. *adj pred, inv (rid)* ■**to be ~ of sth/sb** jdn/etw loswerden
quite [kwaɪt] *adv inv* ❶ *(fairly)* ziemlich *fam;* ***we had ~ a pleasant evening in the end*** schließlich war

es doch noch ein recht netter Abend; ***I'm feeling ~ a bit better, thank you*** es geht mir schon viel besser, danke; ***that was ~ something!*** das war echt nicht schlecht!; *(fam)* ***that girl's ~ something!*** das Mädchen ist wirklich klasse! *fam;* ***I had to wait ~ a time*** ich musste ganz schön lange warten *fam;* ~ **a distance away** ziemlich [*o fam* ganz schön] weit weg

② *(completely)* ganz, völlig; ***that's ~ out of the question*** das ist völlig ausgeschlossen; ***her new book is not ~ as good as her last one*** ihr neues Buch ist nicht ganz so gut wie ihr letztes; ***I don't ~ know what to say*** ich weiß nicht so recht, was ich sagen soll; ***I didn't ~ catch what he said*** ich habe nicht ganz mitbekommen, was er gesagt hat *fam;* ***I'm not ~ sure*** ich bin nicht ganz sicher; ~ **different** ganz [*o* völlig] verschieden; ~ **frankly** [*or* **honestly**] ganz ehrlich; ~ **honestly, ...** ehrlich gesagt ...; **to be ~ frank** [*or* **honest**] um ganz ehrlich zu sein; ~ **sure** ganz [*o* völlig] sicher; ~ **wrong** völlig falsch

quits [kwɪts] *adj pred, inv* quitt *fam; (fam)* **to be ~ [with sb]** [mit jdm] quitt sein *fam;* **to call it ~** es gut sein lassen; ***let's just call it ~*** lassen wir es dabei bewenden

quit·tance [ˈkwɪtᵊn(t)s] *n (form)* ① *(settlement of debt)* Schulderfüllung *f*

② *(receipt)* Quittung *f*

quit·ter [ˈkwɪtəʳ, AM -t̬ɚ] *n esp* AM *jd, der schnell aufgibt;* **to be a ~** schnell aufgeben; ***I'm no ~*** ich werfe doch nicht gleich die Flinte ins Korn *fam;* ***are you calling me a ~ ?*** willst du sagen, dass ich gleich aufgebe?

quiv·er¹ [ˈkwɪvəʳ, AM -ɚ] I. *n (shiver)* Zittern *nt kein pl;* ***a ~ went down my spine*** mir lief ein kalter Schauder über den Rücken *geh;* **to send a ~ of excitement/fear through sb** jdn vor Erregung/Angst erschaudern lassen *geh*

II. *vi* zittern; **to ~ with rage** vor Wut beben [*o* zittern]

quiv·er² [ˈkwɪvəʳ, AM -ɚ] *n (arrow holder)* Köcher *m*

qui vive [ˌkiːˈviːv] *n* ▸PHRASES: **on the ~** auf dem Quivive, auf der Hut

quix·ot·ic [kwɪkˈsɒtɪk, AM -ˈsɑːt̬ɪk] *adj (liter) personality* schwärmerisch; *idea, suggestion, vision* unrealistisch; *attempt* naiv; ***he's ~*** er ist ein Don Quichotte

quix·oti·cal·ly [kwɪkˈsɒtɪkᵊli, AM -ˈsɑːt̬ɪk-] *adv (liter: idealistically)* schwärmerisch; *(unrealistically)* unrealistisch; *(naively)* naiv

quiz [kwɪz] I. *n* <*pl* -es> ① *(question game)* Quiz *nt,* Ratespiel *nt*

② AM SCH, UNIV *(test)* [kurze] Prüfung, Abfragen *nt kein pl;* **to start the class with a short ~** den Unterricht mit einer kleinen Prüfung beginnen

II. *n modifier* ① *(question)* Quiz-; ~ **night** BRIT Quizabend *m;* ~ **team** Rateteam *nt*

② AM SCH, UNIV *(question, results)* Prüfungs-

III. *vt* ▪**to ~ sb** ① *(question)* jdn befragen (**about** zu +*dat*)

② AM SCH, UNIV jdn prüfen (**on** über +*akk*)

ˈquiz bowl *n* AM *Wettbewerb zwischen zwei College-Teams mit jeweils vier Studenten mit Fragen aus diversen Gebieten* **ˈquiz bowl·er** *n* AM *Team-Mitglied bei einem Quiz Bowl* **ˈquiz·mas·ter** *n* Quizmaster *m* **ˈquiz show** *n* Quizsendung *f*

quiz·zi·cal [ˈkwɪzɪkᵊl] *adj* ① *(questioning)* fragend; ~ **expression** zweifelnder [*o* fragender] Gesichtsausdruck; ~ **look** fragender Blick

② *(teasing)* spöttisch, schelmisch

quiz·zi·cal·ly [ˈkwɪzɪkᵊli] *adv* ① *(questioningly)* fragend, zweifelnd

② *(teasingly)* spöttisch, schelmisch

quoin [kwɔɪn] *n* ARCHIT [vorspringende] Ecke; *(quoin stone)* Eckstein *m*

quoit [kwɔɪt] *n* ① *(dolmen)* Dolmen *m,* Steintischgrab *nt*

② *(game)* ▪~**s** *pl* Wurfringspiel *nt;* **deck ~** *Wurfringspiel, das auf dem Deck eines Kreuzfahrtschiffs gespielt wird*

quok·ka [ˈkwɒkə, AM ˈkwɑː-] *n* [kleines] Wallaby

Quon·set hut® [ˈkwɑːn(t)sɪt,-] *n* AM Nissenhütte *f veraltend*

quor·ate [ˈkwɔːreɪt, AM ˈkwɔːrɪt] *adj inv* handlungsfähig; LAW beschlussfähig

quor·um [ˈkwɔːrəm] *n* ① *(in a society, gathering)* Quorum *nt geh*

② ECON, LAW beschlussfähige Anzahl; **to have a ~** beschlussfähig sein

quo·ta [ˈkwəʊtə, AM ˈkwoʊt̬ə] *n* ① *(fixed amount)* Quote *f,* Kontingent *nt;* **export ~** Exportanteil *m,* Ausfuhrkontingent *nt;* **import ~** Einfuhrkontingent *nt;* **production ~** Produktionsquote *f*

② *(fig: proportion)* Quantum *nt,* Menge *f;* ***no more for me, thanks, I've had my ~*** für mich nichts mehr, danke, ich habe bereits mein Quantum

quot·able [ˈkwəʊtəbl̩, AM ˈkwoʊt̬ə-] *adj* ① *(suitable for quoting)* zitierbar

② POL *(on the record)* für die Öffentlichkeit bestimmt

quo·ta·tion [kwə(ʊ)ˈteɪʃᵊn, AM kwoʊ-] *n* ① *(from book, person)* Zitat *nt;* ▪**a ~ from sb/sth** ein Zitat *nt* von jdm/aus etw *dat*

② *no pl (quoting)* Zitieren *nt*

③ *(estimate)* Preisangebot *nt,* Kostenvoranschlag *m,* Offerte *f* SCHWEIZ; ***I can give you a ~ tomorrow*** morgen kann ich Ihnen ein Angebot machen

④ STOCKEX *(price of stock)* [Kurs]notierung *f,* Quotierung *f;* ***what's today's ~ on BASF's shares?*** wie stehen die BASF-Aktien heute?

quoˈta·tion marks *npl* Anführungszeichen *pl;* **to close/open ~** Anführungszeichen oben/unten setzen

quoˈta·tion sys·tem *n* FIN Quotierungssystem *nt*

quote [kwəʊt, AM kwoʊt] I. *n* ① *(fam: quotation)* Zitat *nt*

② *(fam: quotation marks)* ▪~**s** *pl* Gänsefüßchen *pl fam*

③ *(fam: estimate)* Kostenvoranschlag *m,* [Preis]angebot *nt,* Offerte *f* SCHWEIZ; **to give sb a ~** jdm ein Angebot machen

▸PHRASES: ~ **[unquote]** ***Mr Brown stated that, ~, ...*** Hr. Brown meinte, ich zitiere ...; *(implying disbelief)* ***they are ~, 'just good friends'*** sie sind – in Anführungszeichen – ‚nur gute Freunde'

II. *vt* ① *(say words of)* ▪**to ~ sth/sb** jdn/etw zitieren; ▪**to ~ sb on sth** jdn zu etw *dat* zitieren; ***but don't ~ me on that!*** aber sag's nicht weiter! *fam*

② *(give)* ▪**to ~ a price** einen Preis nennen; ***the architect has ~d £3,000 for it*** der Architekt hat dafür 3.000 Pfund Sterling verlangt; **to ~ sb a price** jdm ein Angebot machen

③ STOCKEX etw notieren; ***shares ~d on the stock exchange*** Aktien, die an der Börse notiert sind

④ *(name)* ▪**to ~ sth** etw nennen; ***~ me one organization that ...*** nenne mir eine Organisation, die ...

III. *vi* zitieren; **to ~ from memory** auswendig [*o* aus dem Kopf] zitieren; ▪**to ~ from sb** jdn zitieren; ▪**to ~ from sth** aus etw *dat* zitieren; ***he's always quoting from the Bible*** er bringt immer Zitate aus der Bibel

quot·ed [ˈkwəʊtɪd, AM ˈkwoʊt-] *adj inv* STOCKEX notiert; ~ **currency** quotierte Währung

ˈquote marks *npl* Anführungszeichen *pl*

quoth [kwəʊθ, AM kwoʊθ] *vt (old or hum)* ***"o woe, alas," ~ he*** „nun denn", sprach er *veraltet liter*

quo·tid·ian [kwə(ʊ)ˈtɪdiən, AM kwoʊ-] *adj inv (form)* [all]täglich; ***television has become part of ~ existence*** das Fernsehen ist zu einem festen Bestandteil des Alltags geworden

quo·tient [ˈkwəʊʃᵊnt, AM ˈkwoʊ-] *n also* MATH Quotient *m*

Qur'an *n see* **Koran**

q.v. [ˌkjuːˈviː] *abbrev of* **quod vide** s.d.

qwerty key·board [ˌkwɜːtiˈ-, AM ˌkwɜːrt̬iˈ-], **QWERTY key·board** *n* QWERTY-Tastatur *f (englische Standard-Computertastatur)*

R

r, R <*pl* -'s *or* -s> [ɑːʳ, AM ɑːr] *n* r, R *nt; see also* **A 1**

r *adv abbrev of* **right** re.

R¹ [ɑːʳ, AM ɑːr] *n no pl abbrev of* **Regina** Regina; ***Elizabeth ~*** Elizabeth Regina

R² I. *n no pl abbrev of* **Rex** Rex; ***George ~*** George Rex

II. *adj abbrev of* **Royal** königl.

R³ [ɑːr] *n abbrev of* **river I 1**

R⁴ *adj abbrev of* **right** re.

R⁵ [ɑːr] *adv* AM FILM *abbrev of* **Restricted: rated ~** nicht für Jugendliche unter 16 Jahren, nicht jugendfrei

R & D [ˌɑːrən(d)ˈdiː] *n* COMPUT *abbrev of* **research and development: ~ department** Forschungs- und Entwicklungsabteilung *f*

R & R [ˌɑːrən(d)ˈɑːʳ, AM -ˈɑːr] *n abbrev of* **R and R**

RA [ˌɑːʳˈeɪ, AM ˌɑːr-] *n no pl* MED *abbrev of* **rheumatoid arthritis** Gelenkrheumatismus *m*

R.A. [ˌɑːrˈeɪ] *n* AM UNIV *abbrev of* **resident assistant** *Student, der im Wohnheim Hausmeisterpflichten versieht und dafür keine Miete bezahlen muss*

rab·bi [ˈræbaɪ] *n* Rabbiner *m;* **Chief R~** Oberrabbiner *m*

rab·bini·cal [rəˈbɪnɪkᵊl] *adj inv* rabbinisch

rab·bit [ˈræbɪt] I. *n* ① *(animal)* Kaninchen *nt;* **a pet** [*or* **tame**] **~** ein Hauskaninchen *nt;* **to run like a frightened** [*or* **scared**] **~** wie ein erschrecktes Kaninchen davonlaufen; **wild ~** Wildkaninchen *nt;* **to breed like ~s** *(pej)* sich *akk* wie die Karnickel vermehren *pej*

② *no pl (meat)* Hase *m kein pl*

▸PHRASES: **to pull a ~ out of the hat** einen Trumpf aus dem Ärmel schütteln *fam*

II. *vi* BRIT, AUS *(pej fam)* quasseln *oft pej fam* (**about** über +*akk*), schwafeln *pej fam;* ***for goodness sake stop ~ing!*** jetzt hör doch endlich mal mit dem Geschwafel auf! *fam*

ˈrab·bit bur·row *n* Kaninchenbau *m* **ˈrab·bit food** *n (hum fam)* Hasenfutter *nt fam,* Grünfutter *nt fam* **ˈrab·bit fur** *n no pl* Kaninchenfell *nt* **ˈrab·bit hole** *n* Kaninchenbau *m* **ˈrab·bit hutch** *n* Kaninchenstall *m,* Hasenstall *m* **rab·bit ˈpie** *n* Hasenauflauf *m* **ˈrab·bit punch** *n* Nackenschlag *m,* Genickschlag *m* **ˈrab·bit skin** *n* Kaninchenfell *nt* **rab·bit ˈstew** *n no pl* Haseneintopf *m* **ˈrab·bit war·ren** *n* Kaninchenbau *m; (fig)* Labyrinth *nt fig*

rab·ble [ˈræbl] *n no pl (pej)* ① *(disorderly group)* ungeordneter Haufen *pej fam*

② *(mob)* ▪**the ~** der Mob *pej,* der Pöbel *pej*

ˈrab·ble-rous·er *n* Aufwiegler(in) *m(f);* ***Johnson was unpopular with the management because he was a well-known ~*** Johnson war bei der Führungsspitze unbeliebt, weil er die anderen aufhetzte

ˈrab·ble-rous·ing *adj inv* Hetz-, [auf]hetzerisch; ~ **speech/oratory** Hetzrede *f;* **to make ~ speeches** Hetzreden halten, agitieren

rab·id [ˈræbɪd] *adj* ① *(esp pej: fanatical)* fanatisch; **a ~ critic** ein scharfer Kritiker/eine scharfe Kritikerin; **a ~ feminist** eine fanatische Feministin; **a ~ nationalist** ein radikaler Nationalist/eine radikale Nationalistin

② *inv (having rabies)* tollwütig

rab·id·ly [ˈræbɪdli] *adv (esp pej)* fanatisch; **a ~ nationalistic newspaper** eine radikale nationalistische Zeitung

ra·bies [ˈreɪbiːz] I. *n + sing vb* Tollwut *f;* **to carry ~** Tollwut übertragen

II. *n modifier (case, danger, warning)* Tollwut-; ~ **injection** [*or* **shot**] Tollwutimpfung *f*

RAC <*pl* -> [ˌɑːʳeɪˈsiː] *n abbrev of* **Royal Automobile Club:** ▪**the ~** der RAC

rac·coon [rəˈkuːn, ræ-, AM *esp* ræ-] I. *n* Waschbär(in) *m(f)*

II. *n modifier (coat, fur, hat)* Waschbären-

rac·coon ˈeyes *npl* Augenringe *pl*

race¹ [reɪs] I. *n* ① *(competition)* Rennen *nt;* **car/**

dog/horse ~ Auto-/Hunde-/Pferderennen *nt;* **cycle/motorcycle** ~ Rad-/Motorradrennen *nt;* **cross-country/100-metre/obstacle** ~ Gelände- [*o* SCHWEIZ, ÖSTERR *a.* Orientierungs-]/Hundertmeter-/Hindernislauf *m;* **egg-and-spoon** ~ Eierlaufen *nt kein pl;* **pancake** ~ Pfannkuchenrennen *nt (findet in England am Faschingsdienstag statt);* **road/track** ~ Straßen-/Bahnrennen *nt;* **sack** ~ Sackhüpfen *nt kein pl;* **three-legged** ~ Dreibeinlauf *m;* **to go in for** [*or* **take part in**] **a** ~ an einem Wettlauf [*o* SCHWEIZ, ÖSTERR Wettrennen] teilnehmen *nt;* **to have** [*or* **run**] **a** ~ einen Wettlauf [*o* SCHWEIZ, ÖSTERR ein Wettrennen] machen; ***let's have a*** ~ komm, wir laufen um die Wette; **to keep** [*or* **stay**] **in the** ~ im Rennen bleiben *a. fig;* **to win/lose a** ~ einen Wettkampf gewinnen/verlieren

❷ *(fig: contest)* Rennen *nt; (competition)* Wettkampf *m fig;* **a** ~ **against time** [*or* **the clock**] ein Wettlauf gegen die Uhr [*o* SCHWEIZ Zeit]; ***the two are involved in a*** ~ ***for promotion*** die zwei liefern sich ein Kopf-an-Kopf-Rennen um die Beförderung; **presidential** ~ Präsidentenwahlkampf *m;* **the space** ~ der Wettlauf [*o* SCHWEIZ das Wettrennen] im All *fig*

❸ *no pl (rush)* Hetze *f,* Hektik *f;* ***it's always a*** ~ ***to get out of the house on time in the mornings*** in der Früh ist es immer eine Hetzerei, damit man rechtzeitig aus dem Haus kommt *pej fam*

❹ SPORT ■ ~**s** *pl,* ■**the** ~**s** das Pferderennen; **a day at the** ~**s** ein Tag *m* beim Pferderennen

❺ *(fast-flowing water) river* Stromschnelle *f; sea* Strömung *f;* **mill** ~ Mühl[en]bach *m*

❻ COMPUT Zeitbedingung *f*

II. *vi* ❶ *(compete) people, animals* Rennen laufen; *vehicles* Rennen fahren; ***I enjoy running for fun, but I refuse to*** ~ ich laufe gern zum Vergnügen, aber ich weigere mich, an Wettläufen teilzunehmen; ■**to** ~ **with sb** mit jdm um die Wette laufen; ■**to** ~ **against sb** gegen jdn antreten

❷ *(rush)* rennen; ***the boys came racing across the playground*** die Jungen kamen über den Schulhof gerannt; ***she*** ~***d for the bus*** sie rannte, um den Bus zu erreichen; **to** ~ **along** [*or* **down**] **the street** die Straße entlangrennen; **to** ~ **into the house** in das Haus rennen; **to** ~ **up the stairs** die Treppe hinaufrennen

❸ *(pass quickly)* ■**to** ~ **by** [*or* **past**] schnell vergehen; ***the summer seems to have*** ~***d by*** der Sommer ist wie im Nu vergangen *fam*

❹ *(beat fast) heart* heftig schlagen; *pulse* rasen

III. *vt* ❶ ■**to** ~ **sb** *(in competition)* gegen jdn antreten; *(for fun)* mit jdm ein Wettrennen machen; ***come on, I'll*** ~ ***you home*** los, wir laufen um die Wette bis nach Hause

❷ *(enter for races)* **to** ~ **a greyhound/horse** einen Greyhound/ein Pferd rennen [*o* laufen] lassen; **to** ~ **a car** an einem Autorennen teilnehmen

❸ *(rev up)* **to** ~ **the car engine** den Motor hochjagen *sl*

❹ *(transport fast)* ■**to** ~ **sb somewhere** jdn schnellstmöglich irgendwohin bringen; ***the ambulance*** ~***d the injured to hospital*** der Krankenwagen brachte den Verletzten mit Blaulicht ins Krankenhaus

race[2] [reɪs] *n* ❶ *(ethnic grouping)* Rasse *f;* ~ **relations** Beziehungen *pl* zwischen den Rassen; **to be of mixed** ~ gemischtrassig sein

❷ *(species)* **the human** ~ die menschliche Rasse; *(of animals, plants)* Spezies *f;* ***crops which are resistant to different*** ~***s of pest*** Getreidesorten, die gegen verschiedene Krankheiten resistent sind

❸ + *sing/pl vb (people)* Volk *nt; (fig)* Gruppe *f;* ***the British are an island*** ~ die Briten sind ein Inselvolk; **the French/Russian** ~ die Franzosen/die Russen

'race·card *n* Rennprogramm *nt*

race 'con·flict *n no pl* Rassenkonflikt *m*

'race·course *n* Rennbahn *f* **'race·goer** *n* Besucher(in) *m(f)* von Rennen; **sb is a keen** ~ jd besucht gern Pferderennen

race 'ha·tred *n no pl* Rassenhass *m*

'race·horse *n* Rennpferd *nt;* **a string of** ~**s** eine Gruppe von Rennpferden

'race meet·ing, AM **'race meet** *n* Rennen *nt;* **the** ~ **at Ascot** das Pferderennen in Ascot

ra·cemic [rə'siːmɪk, ræs'iː-, reɪ'siː-, -'semɪk, AM reɪ'siː-, rə-] *adj inv* CHEM racemisch

rac·er ['reɪsə^r, AM -ɚ] *n* ❶ *(runner)* [Renn]läufer(in) *m(f); (horse)* Rennpferd *nt*

❷ *(boat)* Rennboot *nt; (cycle)* Rennrad *nt,* Rennvelo *nt* SCHWEIZ; *(car)* Rennwagen *m; (yacht)* Rennjacht *f*

❸ *(fam: computer game)* Rennspiel *nt*

race re·'la·tions *npl* Beziehungen *pl* zwischen den Rassen **race re·'la·tions of·fic·er** *n* Beauftragte(r) für Rassenfragen *f(m)* **'race riot** *n* Rassenunruhen *pl*

'race·track *n* ❶ *(racecourse)* Rennbahn *f; esp* AM *(for horses also)* Rennstrecke *f*

❷ *(racing complex)* Rennplatz *m*

ra·cial ['reɪʃ^əl] *adj inv* ❶ *(to do with race)* rassisch, Rassen-; ***they lived in*** ~ ***harmony*** die verschiedenen Volksgruppen lebten in Frieden miteinander; ~ **equality** Rassengleichheit *f;* ~ **groups** rassische Gruppierungen; ~ **hatred** Rassenhass *m;* ~ **minority** rassische Minderheit; ~ **supremacy** Vormachtstellung *f* einer Rasse

❷ *(motivated by racism)* rassistisch; ***the attack was*** ~ der Angriff war rassistisch motiviert; ~ **discrimination/segregation** Rassendiskriminierung *f/* -trennung *f;* ~ **prejudice** Vorurteile *pl* gegen eine Rasse

ra·cial·ism ['reɪʃ^əlɪz^əm] *n no pl* BRIT Rassismus *m*

ra·cial·ist ['reɪʃ^əlɪst] BRIT **I.** *n* Rassist(in) *m(f)*

II. *adj* rassistisch

ra·cial·ly ['reɪʃ^əli] *adv* ❶ *(ethnically)* rassisch; ~ **mixed child** gemischtrassiges Kind; **a** ~ **mixed class/group** eine gemischtrassige Klasse/Gruppe

❷ *(by racism)* ~ **motivated** rassistisch motiviert; **to be** ~ **prejudiced** Vorurteile gegen Menschen anderer Hautfarbe haben

ra·cial 'pro·fil·ing *n no pl* Profiling *nt* aufgrund der Rassenzugehörigkeit **ra·cial 'slur** *n* rassistische Bemerkung

raci·ly ['reɪsɪli] *adv* flott *fam*

raci·ness ['reɪsɪnəs] *n no pl* Draufgängertum *nt;* ***he was attractive, sporty-looking with a hint of*** ~ er war attraktiv, sportlich und draufgängerisch

rac·ing ['reɪsɪŋ] *n no pl* ❶ *(in horse racing: event)* Pferderennen *nt; (sport)* Pferderennsport *m;* **to go** ~ an einem Pferderennen teilnehmen

❷ *(conducting races)* Rennen *nt;* **dog/greyhound** ~ Hunde-/Greyhoundrennen *nt;* **motor/motorcycle** ~ Auto-/Motorradrennen *nt;* **stock-car** ~ Stock-Car-Rennen *nt*

'rac·ing bi·cy·cle *n,* **'rac·ing bike** *n (fam)* Rennrad *nt,* Rennvelo *nt* SCHWEIZ **'rac·ing car** *n* Rennwagen *m* **'rac·ing driv·er** *n* Rennfahrer(in) *m(f)* **'rac·ing pi·geon** *n* Brieftaube *f* **'rac·ing sta·ble** *n* Rennstall *m* **rac·ing 'start** *n* ECON Wettbewerbsvorteil *m;* **to have a** ~ [**over sb**] einen Wettbewerbsvorteil [gegenüber jdm] haben **'rac·ing yacht** *n* Rennjacht *f*

rac·ism ['reɪsɪz^əm] *n no pl* Rassismus *m;* **institutionalized** ~ behördlich sanktionierter Rassismus; **overt** ~ offener Rassismus, unverhohlen rassistische Einstellung

rac·ist ['reɪsɪst] **I.** *n* Rassist(in) *m(f)*

II. *adj* rassistisch; ~ **attack** rassistisch motivierter Angriff; ~ **remark** rassistische Bemerkung

rack[1] [ræk] *n no pl* ~ **and ruin** Verfall *m;* **to go to** ~ **and ruin** verkommen, vor die Hunde gehen *fam;* ***the economy has gone to*** ~ ***and ruin*** die Wirtschaft ist total heruntergekommen

rack[2] [ræk] *vt* **to** ~ [**off**] **wine/beer** Wein/Bier abfüllen

rack[3] [ræk] **I.** *n* ❶ *(for storage)* Regal *nt;* **clothes** ~ AM Kleiderständer *m;* **luggage** ~ Gepäcknetz *nt;* **magazine/newspaper** ~ Zeitschriften-/Zeitungsständer *m;* **plate/toast** ~ Abtropf-/Toastständer *m;* **roof** ~ [Dach]gepäckträger *m;* **soap** ~ Seifenschale *f;* **towel** ~ Handtuchhalter *m;* **vegetable** ~ Gemüsekorb *m;* **wine** ~ Weinregal *nt;* **metal** ~ Metallständer *m;* **wire** ~ Drahtgestell *nt;* **wooden** ~ Holzregal *nt;* ~**s of dresses/children's clothes** Ständer *pl* mit Kleidern/Kinderkleidung; **off the** ~ AM von der Stange; ***I never buy dresses off the*** ~ ich kaufe nie Kleider von der Stange

❷ *(for torture)* Folterbank *f;* **to be on the** ~ *(fig)* Höllenqualen ausstehen *fam;* ***he was on the*** ~***, following accusations of fraud*** als man ihm Bestechung vorwarf, durchlitt er wahre Höllenqualen; **to put sb on the** ~ *(fig)* jdn auf die Folter spannen

❸ *(bar with teeth)* Zahnstange *f;* ~**-and-pinion gearing** Zahnstangengetriebe *nt*

❹ FOOD *(joint)* ~ **of lamb** Lammrippchen *pl*

❺ COMPUT Rahmen *m*

II. *vt* ❶ *(hurt)* ■**to** ~ **sb** jdn quälen [*o* plagen]; ***at the end, his cancer*** ~***ed his body*** am Ende zerfraß der Krebs seinen Körper; **to be** ~**ed with doubts/pain** von Zweifeln/Schmerzen gequält [*o* geplagt] werden; **to be** ~**ed with guilt** von Gewissensbissen gequält werden, unter Gewissensbissen leiden

❷ *(afflict)* ■**to** ~ **sth** etw erschüttern; ***the violence that has*** ~***ed the region*** die Welle der Gewalt, von der die Region heimgesucht wurde; ■**to be** ~**ed by** [*or* **with**] **sth** von etw *dat* erschüttert werden *fig*

▸ PHRASES: **to** ~ **one's brains** sich *dat* den Kopf zerbrechen [*o fam* zermartern], sich *dat* das Hirn zermartern *fam*

◆ **rack up** *vt esp* AM ■**to** ~ **up** ◯ **sth** etw zu verzeichnen haben; ***the show has*** ~***ed up 450 performances*** die Show hat es auf 450 Vorstellungen gebracht; **to** ~ **up losses** Verluste hinnehmen müssen

rack·et[1] ['rækɪt] **I.** *n* ❶ SPORT Schläger *m,* Racket *nt;* **badminton** ~ Badmintonschläger *m,* Federballschläger *m;* **squash/tennis** ~ Squash-/Tennisschläger *m*

❷ *(game)* ■ ~**s** *pl* Racketball *nt kein pl*

II. *n modifier (handle, strings)* Schläger-; ~ **abuse** Werfen *nt* des Schlägers; ~ **case** Schutzhülle *f* für den Schläger; ~ **press** Spanner *m*

rack·et[2] ['rækɪt] **I.** *n (fam)* ❶ *no pl (din)* Krach *m,* Lärm *m;* ***there was such a*** ~ ***going on outside, that ...*** es war draußen so laut, dass ...; ***stop that*** ~***!*** hör(t) auf mit dem Krach!, jetzt ist aber Schluss mit dem Radau! *fam;* **to make** [*or* **kick up**] **a** ~ Krach machen *fam,* lärmen

❷ *(pej: dishonest scheme)* unsauberes Geschäft; ***telephone chat lines are a bit of a*** ~ Chat Lines sind ziemliche Halsabschneiderei *pej fam;* **drug-smuggling** ~ Drogengeschäft *nt;* **protection** ~ Schutzgelderpressung *f;* **to run a** ~ ein [einträgliches] Geschäft betreiben

❸ *(hum: business)* Geschäft *nt;* **the advertising/insurance** ~ die Werbe-/Versicherungsbranche

II. *vi* lärmen, Krach machen

rack·et·eer [ˌrækɪ'tɪə^r, AM -ə'tɪr] *n* Gauner(in) *m(f),* Betrüger(in) *m(f),* Gangster *m pej*

rack·et·eer·ing [ˌrækɪ'tɪərɪŋ, AM -ə'tɪr-] *n no pl* dunkle Machenschaften *pl pej*

rack·ety ['rækəti, AM -ət̬i] *adj life* wild; ***have a*** ~ ***lifestyle*** nur auf Vergnügen aus sein

rack·ing ['rækɪŋ] *adj* fürchterlich, quälend *attr;* **a** ~ **headache** rasende Kopfschmerzen *pl;* **a** ~ **toothache** entsetzliche Zahnschmerzen *pl;* **a** ~ **pain** furchtbare [*o* quälende] Schmerzen *pl*

'rack rent *n* ECON ❶ *(high rent)* überhöhte Miete [*o* Pacht], Wuchermiete *f pej,* Wahnsinnsmiete *f pej fam*

❷ *(full yearly rent)* [volle] Jahresmiete [*o* Jahrespacht]

rac·on·teur [ˌrækɒn'tɜː^r, AM -ɑːn'tɜːr] *n* Geschichtenerzähler(in) *m(f),* Erzähler(in) *m(f)* von Anekdoten

ra·coon *n see* **raccoon**

rac·quet *n see* **racket**[1] **I 1**

racy ['reɪsi] *adj* ❶ *(risqué) behaviour, novel* anzüglich; **to tell** ~ **stories** schlüpfrige Geschichten erzählen *pej*

❷ *(sexy) clothing* gewagt; ~ **swimsuit** tief ausgeschnittener Badeanzug

❸ *(lively and vigorous) person, image* draufgängerisch; *wine, car, yacht* rassig

rad [ræd] *adj inv* AM *(sl: wonderful)* toll *fam*

RADA ['rɑːdə] *n no pl, no art acr for* **Royal Academy of Dramatic Art** RADA *f,* Königliche Schauspielakademie

ra·dar ['reɪdɑːʳ, AM -dɑːr] **I.** *n no pl* Radar *m o nt*
II. *n modifier (screen, signal, station)* Radar-; ~ **contact** Radarerfassung *f;* ~ **operator** Bediener(in) *m(f)* eines Radargerätes; ~ **scanner** Radarsuchgerät *nt*

'ra·dar screen *n* Radarschirm *m* **'ra·dar trap** *n* Radarfalle *f;* **to be caught in a ~ trap** in eine Radarfalle geraten

rad·dle ['rædl] *n no pl* Rötel *m*

ra·dial ['reɪdiəl] **I.** *adj inv* ❶ *(radiating)* strahlenförmig; ~ **road system** sternförmig angeordnetes Straßennetz
❷ TECH radial *fachspr,* Radial- *fachspr;* ~ **engine** Sternmotor *m;* ~ **symmetry** Radialsymmetrie *f fachspr*
II. *n* Gürtelreifen *m*

ra·dial·ly ['reɪdiəli] *adj inv* sternförmig; BOT strahlig

ra·dial 'tyre *n* Gürtelreifen *m*

ra·dian ['reɪdiən] *n* MATH Radiant *m;* ~ **frequency** Kreisfrequenz *f;* ~ **measure** Bogenmaß *nt*

ra·di·ance ['reɪdiən(t)s] *n no pl* ❶ *(glowing beauty)* Strahlen *nt;* ***the ~ of her smile*** ihr strahlendes Lächeln
❷ *(heat and light)* Leuchten *nt; of sun* strahlendes Licht

ra·di·ant ['reɪdiənt] *adj* ❶ *(happy)* strahlend *attr fig;* ***the bride looked ~*** die Braut strahlte vor Glück; **to be ~ with happiness/pride** vor Glück/Stolz strahlen; **a ~ smile** ein strahlendes Lächeln; ***he gave a ~ smile when he heard the news*** er strahlte, als er die Nachricht hörte
❷ *(splendid) weather, day* wunderschön, strahlend *attr fig*
❸ *attr* PHYS *(shining)* Strahlungs-; ~ **energy** Strahlungsenergie *f;* ~ **heat** Strahlungswärme *f;* **the ~ heat of the sun** die gleißende Hitze der Sonne *geh;* ~ **heater** Heizsonne *f*

ra·di·ant·ly ['reɪdiəntli] *adv* strahlend *a. fig*

ra·di·ate ['reɪdieɪt] **I.** *vi* ❶ *(spread out)* ■**to ~** [**from sth**] strahlenförmig [von etw *dat*] ausgehen; *roads* strahlenförmig [von etw *dat*] wegführen; ***flows of lava ~d from the volcano's crater*** Lavaströme flossen aus dem Vulkankrater in alle Richtungen
❷ *(be given off)* ■**to ~ from sth** von etw *dat* abstrahlen; *light, energy, bad vibes* aus etw *dat* ausstrahlen; ***a single beam of light ~d from the lighthouse*** vom Leuchtturm war ein einzelner Lichtstrahl zu sehen
II. *vt (also fig)* ■**to ~ sth** etw ausstrahlen [*o* aussenden]; ***he was radiating joy and happiness*** er strahlte vor lauter Glück und Freude *fam;* ***she ~d health*** sie strotzte regelrecht vor Gesundheit; **to ~ energy/light** Energie/Licht ausstrahlen [*o* abgeben]; **to ~ heat** Hitze abstrahlen [*o* abgeben]

ra·dia·tion [ˌreɪdi'eɪʃᵊn] *n no pl* ❶ *(radiated energy)* Strahlung *f;* **electromagnetic/radioactive/ultraviolet ~** elektromagnetische/radioaktive/ultraviolette Strahlung; **harmful ~** schädliche Strahlen *pl;* **microwave ~** Mikrowellenstrahlen *pl*
❷ *(emitting)* Abstrahlen *nt;* **the ~ of heat/energy** [**from sth**] das Abstrahlen von Hitze/Energie [von etw *dat*]
❸ *(conversion of electrical signals)* Ausstrahlung *f*

ra·di'a·tion burn *n* MED Strahlenverbrennung *f* **ra·di'a·tion sick·ness** *n no pl* Strahlenkrankheit *f* **ra·di'a·tion thera·py** *n* Strahlentherapie *f*

ra·dia·tor ['reɪdieɪtəʳ, AM -t̬ɚ] **I.** *n* ❶ *(heating device)* Heizkörper *m,* Radiator *m selten*
❷ *(to cool engine)* Kühler *m*
II. *n modifier (fluid, parts)* Kühler-; ~ **cap** Kühlerverschlussdeckel *m;* ~ **grill**[**e**] Kühlergrill *m*

radi·cal ['rædɪkᵊl] **I.** *adj* ❶ POL radikal; ~ **activist** radikaler Aktivist/radikale Aktivistin; ~ **bookshop/newspaper** radikaler Buchladen/radikale Zeitung; ~ **feminist** radikale Feministin; **the ~ left/right** die radikale [*o* äußerste] Linke/Rechte; ~ **views** radikale [*o* extreme] Ansichten; **the ~ wing of the party** der radikale Parteiflügel
❷ *(fundamental)* fundamental, total; ***we need to take a ~ look at our operating procedures*** wir müssen unsere Vorgehensweise nochmals eingehend überprüfen; **to make some ~ changes** tiefgreifende [*o* weitreichende] Veränderungen vornehmen; ~ **difference** grundlegender [*o* fundamentaler] Unterschied; ~ **measures** tiefgreifende [*o* grundlegende] Maßnahmen; **a ~ restructuring of a company** eine völlige Umstrukturierung einer Firma; **a ~ transformation** ein grundlegender Wandel
❸ MED radikal; ~ **surgery** Radikaloperation *f;* **to undergo ~ surgery** sich *akk* einer Totaloperation unterziehen
❹ *(sl: excellent, cool)* cool *sl,* toll
II. *n* ❶ *(person)* Radikale(r) *f(m);* **left-wing ~** radikale(r) Linke(r) *f(m);* **right-wing ~** radikale(r) Rechte(r) *f(m)*
❷ CHEM Radikal *nt*

radi·cal·ism ['rædɪkᵊlɪzᵊm] *n no pl* Radikalismus *m*

radi·cal·ize ['rædɪkᵊlaɪz] *vt* ■**to ~ sb** jdn radikalisieren

radi·cal·ly ['rædɪkᵊli] *adv* radikal, völlig; *(fundamentally)* grundlegend; ~ **new ideas** völlig neue Ideen; **to change sth ~** etw von Grund auf ändern

radi·cle ['rædɪkl] *n* ❶ BOT Keimwurzel *f*
❷ ANAT Wurzel *f*

ra·dii ['reɪdiaɪ] *n pl of* **radius**

ra·dio ['reɪdiəʊ, AM -oʊ] **I.** *n* ❶ *(receiving device)* Radio *nt o* SÜDD, ÖSTERR, SCHWEIZ *a. m;* **car ~** Autoradio *nt;* **portable ~** tragbares Radio[gerät]; **transistor ~** Transistorgerät *nt;* **to turn** [*or* **switch**] **the ~ on/off** das Radio auf-/abdrehen; ***the ~ was turned up to full volume*** das Radio spielte mit voller Lautstärke
❷ *(transmitter and receiver)* Funkgerät *nt;* **ship's ~** Schiffsfunk *m;* **on** [*or* **over**] **the ~** über Funk
❸ *no pl (broadcasting)* Radio *nt,* [Rund]funk *m;* ***he's got a job in ~*** er arbeitet beim Radio; **to listen to the ~** Radio hören; ***did you hear the news on the ~ this morning?*** hast du heute Morgen die Radionachrichten gehört?; **on the ~** im Radio; ***what's on the ~?*** was kommt im Radio? *fam; (in names of stations)* **R~ Bristol/Moscow** *esp* BRIT Radio Bristol/Moskau
❹ *no pl (medium)* Funk *m;* **to receive a message by ~** einen Funkspruch empfangen
II. *n modifier* ❶ *(of communications) (frequency, receiver, signal)* Funk-; ~ **beam** Funkleitstrahl *m;* ~ **navigation** Funknavigation *f;* ~ **telephone** Funktelefon *nt;* ~ **waves** Funkwellen *pl*
❷ *(of broadcasting) (broadcast, commercial, network)* Radio-; ~ **commentator** Rundfunkkommentator(in) *m(f)*
III. *vt* ❶ *(call on radio)* ■**to ~ sb/sth** jdm/etw funken; *base, shore* jdn/etw anfunken
❷ *(send by radio)* ■**to ~ sth** etw funken [*o* über Funk mitteilen]; ***we ~ed our position to the coastguard*** wir gaben unsere Position über Funk an die Küstenwache durch
IV. *vi* funken, sich *akk* über Funk melden; **to ~ for help/assistance** über Funk Hilfe/Unterstützung anfordern

ra·dio·ac·tive [ˌreɪdiəʊ'æktɪv, AM -oʊ'-] *adj* radioaktiv; ~ **cloud** radioaktive Wolke; ~ **decay** Zerfall *m* radioaktiven Materials; ~ **dust/fallout** radioaktiver Staub/Niederschlag; ~ **isotope/material** radioaktives Isotop/Material; ~ **waste** radioaktiver Abfall, Atommüll *m* **ra·dio·ac·tive 'dat·ing** *n* radioaktive Altersbestimmung

ra·dio·ac·tiv·ity [ˌreɪdiəʊæk'tɪvəti, AM -oʊæk'tɪvət̬i] *n no pl* Radioaktivität *f*

'ra·dio a·larm, ra·dio a'larm clock *n* Radiowecker *m*

'ra·dio an·nounc·er *n* Rundfunk-/Radiosprecher(in) *m(f)*

'ra·dio bea·con *n* Funkfeuer *nt,* Funkbake *f fachspr*

'ra·dio broad·cast *n* Radiosendung *f,* Rundfunksendung *f*

'ra·dio but·ton *n* COMPUT Optionsschaltfläche *f*

ra·dio·'car·bon *n no pl* PHYS Radiokarbon *nt* **ra·dio·car·bon 'dat·ing** *n no pl* Radiokarbonmethode *f*

ra·dio cas·'sette re·cord·er *n* Radiorecorder *m*

ra·dio com·mu·ni·'ca·tion *n* TELEC ❶ *no pl (connection)* Funkverbindung *f* ❷ *(communication)* ■**~s** *pl* Funkverkehr *m* **'ra·dio con·tact** *n* Funkkontakt *m*

ra·dio-con·'trolled *adj inv* ferngesteuert, ferngelenkt; **a ~ car** ein Auto *nt* mit Fernsteuerung

'ra·dio en·gi·neer *n* Rundfunktechniker(in) *m(f)*

ra·dio·gram[1] ['reɪdiə(ʊ)græm, AM -oʊ-] *n short for* **radio telegram** Funktelegramm *nt*

radiogram[2] ['reɪdiə(ʊ)græm, AM -oʊ-] *n* BRIT *(dated) short for* **radiogramophone** Musiktruhe *f veraltet*

ra·dio·gramo·phone [ˌreɪdiəʊ'græməfəʊn] *n* BRIT *(dated)* Musiktruhe *f veraltet*

ra·dio·graph ['reɪdiə(ʊ)grɑːf, AM -oʊgræf] *n* Röntgenbild *nt,* Röntgenaufnahme *f*

ra·di·og·ra·pher [ˌreɪdi'ɒgrəfəʳ, AM -'ɑːgrəfɚ] *n* Röntgenassistent(in) *m(f)*

ra·di·og·ra·phy [ˌreɪdi'ɒgrəfi, AM -'ɑːgrə-] **I.** *n* Röntgenografie *f*
II. *n modifier* ***I was sent to the ~ unit*** ich wurde zum Röntgen geschickt

'ra·dio ham *n* Funkamateur(in) *m(f)*

ra·dio·iso·tope [ˌreɪdiəʊ'aɪsətəʊp, AM oʊ'aɪsətoʊp] *n* CHEM Radioisotop *nt fachspr*

ra·dio·logi·cal [ˌreɪdiəʊ'lɒdʒɪkᵊl, AM oʊ'lɑː] *adj inv* PHYS, MED radiologisch *fachspr,* Röntgen-

ra·di·olo·gist [ˌreɪdi'ɒlədʒɪst, AM -'ɑːlə-] *n* Radiologe, Radiologin *m, f*

ra·di·ol·ogy [ˌreɪdi'ɒlədʒi, AM -'ɑːlə-] *n no pl* Radiologie *f*

ra·dio 'micro·phone *n* Funkmikrofon *nt* **'ra·dio op·era·tor** *n* Funker(in) *m(f)*

'ra·dio·pag·er *n* Piepser *m fam*

'ra·dio play *n* Hörspiel *nt* **'ra·dio pro·gramme** *n* ❶ *(broadcast)* Rundfunkprogramm *nt,* Radioprogramm *nt,* Programm *nt* im Radio ❷ *(dated: radio channel)* [Radio]sender *m*

ra·di·os·co·py [ˌreɪdi'ɒskəpi, AM -'ɑːskə-] *n no pl* MED Radioskopie *f fachspr*

'ra·dio set *n* Radioapparat *m,* Rundfunkgerät *nt* **'ra·dio show** *n* Radioshow *f* **'ra·dio si·lence** *n no pl* Funkstille *f* **'ra·dio sta·tion** *n* ❶ *(radio channel)* Radiosender *m;* **commercial/independent/local ~** kommerzieller/unabhängiger/lokaler Radiosender; **pirate ~** Piratensender *m;* **to tune in to a ~** einen Sender einschalten ❷ *(building)* Rundfunkstation *f,* Radiostation *f* SCHWEIZ

ra·dio-'tele·phone *n* Funktelefon *nt* **ra·dio-te·'lepho·ny** *n no pl* Funktelefonie *f* **ra·dio 'tele·scope** *n* Radioteleskop *nt* **ra·dio·'thera·py** *n no pl* Strahlentherapie *f* **'ra·dio trans·mit·ter** *n* Funkgerät *nt* **'ra·dio wave** *n* Radiowelle *f*

rad·ish <*pl* -es> ['rædɪʃ] *n* Rettich *m;* **black ~** Schwarzer Rettich; **red ~** Radieschen *nt;* **white ~** Rettich *m*

ra·dium ['reɪdiəm] *n no pl* Radium *nt*

'ra·dium thera·py, 'ra·dium treat·ment *n* Radiumtherapie *f*

ra·dius <*pl* -dii> ['reɪdiəs, *pl* -diaɪ] *n* ❶ MATH Radius *m*
❷ *(distance from centre)* Radius *m;* ***within a ~ of 10 miles*** in einem Umkreis von 10 Meilen; ~ **of action** Aktionsradius *m,* Wirkungsbereich *m*
❸ ANAT Speiche *f*

ra·dix <*pl* -ices> ['reɪdɪks, 'ræd-, *pl* -dɪsiːz] *n* SCI Wurzel *f*

ra·don ['reɪdɒn, AM -dɑːn] *n no pl* CHEM Radon *nt*

RAF [ˌɑːreɪ'ef, AM ˌɑːr-] *n abbrev of* **Royal Air Force**: ■**the ~** die R.A.F. *(britische Luftwaffe);* ~ **base** R.A.F.-Stützpunkt *m*

Rafferty's rule ['ræfətiz-] *n* AUS *(sl)* ***according to ~*** ohne jegliche Regeln

raf·fia ['ræfiə] **I.** *n no pl* Raphia[bast] *m*
II. *n modifier (basket, hat, mat)* Raphia-; ~ **work** *(of activity)* Raphiabastarbeit *f; (of result)* Arbeiten *pl* aus Raphiabast

raff·ish ['ræfɪʃ] *adj* ❶ *(rakish)* flott *fam,* verwegen
❷ *(disreputable) area, place* verrufen, mit schlechtem Ruf *nach n;* ***she seems to have had a ~ past*** sie scheint ja eine Frau mit zweifelhafter Vergangen-

heit zu sein

raff·ish·ness ['ræfɪʃnəs] *n no pl* Verwegenheit *f*

raf·fle ['ræfl] I. *n* Tombola *f,* Verlosung *f;* **prize in a ~** Preis *m* bei der Tombola
II. *vt* **to ~ sth** etw verlosen
◆**raffle off** *vt* **to ~ off** ⊂ **sth** etw verlosen

'raf·fle tick·et *n* Los *nt (für die Tombola)*

rafia *n see* **raffia**

Rafia ['ræfiə] *n no pl (fam) Gruppe der IRA, die für kriminelle Aktivitäten zuständig ist*

raft¹ [rɑːft, AM ræft] I. *n (vessel)* Floß *nt;* **rubber ~** Schlauchboot *nt;* **inflatable ~** aufblasbares Schlauchboot
II. *vi* an einem Rafting teilnehmen
III. *vt* **to ~ sth** etw auf einem Floß transportieren

raft² [rɑːft, AM ræft] *n esp* AM *(large number)* **a ~ of sth** eine [ganze] Menge einer S. *gen;* **a ~ of papers** ein Riesenstapel an Unterlagen *fam;* ***we have designed a whole ~ of measures to improve the system*** wir haben einen ganzen Maßnahmenkatalog erstellt, um das System zu verbessern

raft·er¹ ['rɑːftəʳ, AM 'ræftɚ] *n* ARCHIT Dachsparren *m*
▶PHRASES: **to make the ~s ring** Krach machen, dass sich die Balken biegen *fam*

raft·er² ['rɑːftəʳ, AM 'ræftɚ] *n (sb using a raft)* Rafter(in) *m(f)*

raft·ing ['rɑːftɪŋ, AM 'ræft-] *n no pl* Rafting *nt;* **white-water ~** Wildwasserrafting *nt*

rag¹ [ræg] *n* ① *(old cloth)* Lumpen *m; (for cleaning)* Lappen *m,* Fetzen *m* ÖSTERR, Putzlumpen *m* SCHWEIZ; *(for dust)* Staubtuch *nt,* Staublappen *m*
② *(worn-out clothes)* **~s** *pl* Lumpen *pl pej,* Fetzen *pl pej fam;* **to be dressed in ~s** in Lumpen herumlaufen *pej*
③ *(fig: remnants)* **~s** *pl* Reste *pl;* **the ~s of one's pride/self-esteem** das letzte bisschen Stolz/Selbstachtung
④ *(pej fam: newspaper)* Käseblatt *nt pej fam,* Schmierblatt *nt* ÖSTERR *pej fam,* Schundblatt *nt pej;* **local ~** Lokalblättchen *nt pej fam*
▶PHRASES: **to feel like a wet ~** *(fam)* sich *akk* wie ein nasser Sack [*o* ÖSTERR Fetzen] fühlen *fam;* **to go from ~s to riches** vom Tellerwäscher zum Millionär werden; **to be in ~s** zerlumpt sein; **to be on the ~** AM *(sl)* die Regel haben; **to be like a red ~ to a bull** [**to sb**] [jdm] ein rotes Tuch sein; **to be in ~s and tatters** in zerschlissenen Lumpen herumlaufen *pej*

rag² [ræg] I. *n* BRIT *(students' fund-raising event) studentische karnevalistische Veranstaltung, um Spenden für wohltätige Zwecke zu sammeln;* **~ day/week** *Zeit, in der die Studenten nach Aufführungen für wohltätige Zwecke sammeln*
II. *vt* <-gg-> *(fam)* **to ~ sb** jdn aufziehen (**about** wegen +*gen*)
III. *vi* <-gg-> AM *(pej sl)* **to ~ on sb** jdn nerven *sl; (scold)* auf jdm herumhacken *fam*

rag³ [ræg] *n* Ragtime *m*

raga ['rɑːgə] *n* MUS Raga *m*

raga·muf·fin ['rægəˌmʌfɪn] *n (fam or dated)* Dreckspatz *m fam;* ***you little ~*** du kleiner Schmutzfink *fam*

rag and 'bone man *n* BRIT *(dated)* Lumpensammler *m veraltet*

'rag·bag I. *n* Sammelsurium *nt*
II. *adj attr, inv* **~ collection** bunte Mischung, Sammelsurium *nt*

'rag book *n Bilderbuch mit Stoffseiten*

rag 'doll *n* Stoffpuppe *f*

rage [reɪdʒ] I. *n* ① *no pl (violent anger)* Wut *f,* Zorn *m,* Rage *f;* **to react with ~ to sth** wütend auf etw *akk* reagieren; **in ~** wutentbrannt, zornig; ***she screamed at them in ~*** sie schrie sie voller Zorn an
② *(fit of anger)* **a towering ~** rasende [*o* unbändige] Wut, Tobsuchtsanfall *m;* **to be in a ~** wütend sein, toben; **to get in a ~** sich *akk* aufregen (**about** über +*akk*)
③ *(mania)* ***why this sudden ~ for Australian films?*** warum sind australische Filme plötzlich so modern?; **to be** [**all**] **the ~** der letzte Schrei sein *fam*
④ AUS *(fam: lively event)* Knüller *m fam;* ***the party was a ~*** auf der Party ging's echt ab *sl,* das war eine Wahnsinnsparty *sl*
II. *vi* ① *(express fury)* toben; **to ~ at sb** jdn anschreien; **to ~ at sth** sich *akk* über etw *akk* aufregen; **to ~ against sth** gegen etw *akk* wettern *fam,* heftig gegen etw *akk* aufbegehren *geh;* ***he ~d against fate*** er haderte heftig mit dem Schicksal *geh*
② *(continue violently) argument, debate* toben; *battle, war, storm* toben; *epidemic, fire* wüten; ***the fire is raging through the forest*** die Feuerwand rast durch den Wald; ***a hurricane was raging in the west*** ein Hurrikan fegte über den Westen des Landes

rag·ga ['rægə] *n* Ragga *m (Musikstil, Kombination aus Reggae und Rap)*

rag·ga·muf·fin ['rægəˌmʌfɪn] *n* ① *(child)* [schmutziges] Gassenkind
② *(person in rags)* Gossenköter *m fig derb,* Vogelscheuche *f fig,* Sandler(in) *m(f)* ÖSTERR *oft pej fam*
③ *no pl (music)* Ragamuffin *m*

rag·ged ['rægɪd] *adj* ① *(torn) clothes* zerlumpt, zerfetzt, zerrissen; *cuffs, hem* ausgefranzt
② *(wearing worn clothes) children* zerlumpt; **~ appearance** verlottertes Erscheinungsbild *pej;* **~ tramp** abgerissener Landstreicher
③ *(jagged)* **~ coastline** zerklüftete Küste; ***the leaves of this plant have ~ edges*** die Blätter dieser Pflanze haben gezackte Ränder; *(irregular)* abgehackt; ***the patient's breathing was ~ and uneven*** der Patient atmete stoßweise und unregelmäßig
④ *(disorderly) people, group* unorganisiert; *esp in sports* stümperhaft; *rooms* unordentlich; *hair* zottig; ***a ~ line of people*** ein Menschenhaufen
⑤ COMPUT ausgefranst
▶PHRASES: **to run sb ~** *(fam)* jdn schlauchen *fam*

rag·ged·ly ['rægɪdli] *adv* ① *(in torn clothes)* abgerissen; ***the old tramp was ~ dressed*** der alte Penner kam völlig zerlumpt daher *fam*
② *(in a disorganized manner)* chaotisch
③ *(irregularly)* unregelmäßig; ***the patient was breathing ~*** der Patient atmete stoßweise

rag·ged·ness ['rægɪdnəs] *n no pl* ① *(torn condition)* Abgerissenheit *f*
② *(shaggy appearance)* zerlumptes Aussehen; ***she was shocked by his ~*** sie war schockiert, wie abgerissen er aussah
③ *(irregularity)* Unregelmäßigkeit *f*
④ *(disorderliness)* Uneinheitlichkeit *f*

rag·ged 'rob·in *n* Kuckuckslichtnelke *f*

rag·ing ['reɪdʒɪŋ] *adj* ① GEOG *(flowing fast)* reißend *attr;* ***the rains had turned the stream into a ~ torrent*** die Regenfälle hatten den Bach in einen reißenden Strom verwandelt; **the ~ floodwaters** die reißenden Fluten
② *(burning fiercely) fire* lodernd *attr;* **a ~ inferno** ein flammendes Inferno
③ METEO *(very violent)* tobend *attr;* **a ~ blizzard/gale** ein tobender Schneesturm/Sturm; **the ~ sea** die tosende See; **a ~ storm** ein heftiges Unwetter
④ *(severe)* rasend; **a ~ fever** wahnsinniges Fieber *fam;* **a ~ headache/toothache** rasende Kopf-/Zahnschmerzen *pl;* **to have a ~ temperature** sehr hohes Fieber haben; **~ thirst** schrecklicher Durst
⑤ *(fam: extreme)* äußerst; **a ~ bore** ein totaler Langweiler *fam;* **a ~ success** ein voller Erfolg

rag·lan ['ræglən] *adj inv* ① *(material)* Raglan-; **~ sleeve** Raglanärmel *m*
② *(with raglan sleeves)* **~ blouse/jacket/pullover** Bluse *f*/Jacke *f*/Pullover *m* mit Raglanärmeln

rag·lan-'sleeved *adj inv* mit Raglanärmeln *nach n*

'rag mag *n* BRIT *Studentenzeitung mit oft derben Witzen und Cartoons*

'rag·man *n* AM Altwarenhändler *m,* Gebrauchtwarenhändler *m,* SCHWEIZ *a.* Occasionshändler *m*

ra·gout [ræg'uː] *n no pl* Ragout *nt,* Voressen *nt* SCHWEIZ; **~ of veal** Kalbsragout *nt,* Kalbsvoressen *nt* SCHWEIZ

rag 'rug *n* Flickenteppich *m,* Fleckerlteppich *m* SÜDD, ÖSTERR **rags-to-'riches** *adj inv* **to tell a ~ story** die Geschichte vom Tellerwäscher erzählen, der zum Millionär wurde **'rag·tag** I. *n* Pöbel *m kein pl pej,* Gesindel *nt kein pl pej,* das gemeine Volk *kein pl veraltend fam;* **~ and bobtail** Hinz und Kunz *pej fam,* Krethi und Plethi *pej geh* II. *adj* pöbelhaft; ***a ~ crowd gathered outside the factory gates*** eine lärmende und pöbelnde Menge sammelte sich vor den Fabriktoren

'ragtime I. *n no pl* Ragtime *m*
II. *n modifier (band, composer, concert)* Ragtime-; **~ music** Ragtime *m;* **~ beat** Ragtimerhythmus *m*

'rag trade *n (sl)* **the ~** die Fetzenindustrie BRD, ÖSTERR *pej fam;* ***her dad's in the ~*** ihr Vater hat irgendwas mit Klamotten zu tun *sl,* ihr Vater ist im Fetzengeschäft *pej fam*

rag·wort <*pl* - *or* -s> ['rægwɜːt, AM wɜːrt] *n* BOT [Jakobs]kreuzkraut *nt*

rah-rah ['rɑːrɑː] *adj attr* AM *(fam: showing great enthusiasm)* überschwänglich; *(uncritical)* überenthusiastisch *pej*

raid [reɪd] I. *n* ① *(military attack)* Angriff *m;* **air/bombing ~** Luft-/Bombenangriff *m;* **a daring ~** ein kühner Angriff; **a ~ on Belgrade/London** ein Angriff *m* auf Belgrad/London; **to carry out** [*or* **make**] [*or* **stage**] **a ~** einen Angriff machen
② *(robbery)* Überfall *m;* **bank ~** Banküberfall *m;* **a ~ on a post office/security van** ein Überfall *m* auf ein Postamt/einen Geldtransporter; *(fig hum)* ***I'm going to have to make a ~ on my savings*** ich werde mein Sparkonto plündern müssen *hum fam*
③ *(by police)* Razzia *f*
④ STOCKEX *(takeover bid) Drücken der Kurse durch Aktienverkäufe;* **dawn ~** aggressives Überraschungsmanöver *nt;* **bear ~** Baissemanöver *nt,* Baissierangriff *m*
II. *vt* **to ~ sth/sb** ① MIL *(attack)* etw/jdn überfallen; *(bomb)* etw/jdn bombardieren; **to ~ a town** eine Stadt plündern
② *(by police)* eine Razzia in etw *dat*/bei jdm durchführen; ***police ~ed the bar looking for drugs*** die Polizei führte eine Drogenrazzia in einer Bar durch
③ *(steal from)* etw/jdn ausplündern; *(fig)* **to ~ a bank/post office** eine Bank/ein Postamt überfallen; **to ~ the fridge/larder/orchard** den Kühlschrank/die Speisekammer/den Obstgarten plündern *hum;* **to ~ sb's handbag/purse** jds Handtasche/Geldbörse plündern *hum;* **to ~ one's moneybox** [*or* **piggybank**] sein Sparschwein plündern [*o* schlachten] *hum*
III. *vi* ① *(steal)* einen Diebstahl begehen; ***during the riots people were looting and ~ing*** während der Aufstände plünderten und stahlen die Menschen
② MIL *(make incursions)* einfallen

raid·er ['reɪdəʳ, AM -ɚ] *n* ① *(attacker)* Angreifer(in) *m(f)*
② *(robber)* Einbrecher(in) *m(f); (bank)* Bankräuber(in) *m(f)*
③ *(pej)* [**corporate**] **~** Firmenaufkäufer(in) *m(f);* STOCKEX Raider *m,* aggressiver Aktienaufkäufer/aggressive Aktienaufkäuferin *(mit Übernahmeabsicht)*

raid·ing par·ty ['reɪdɪŋ-] *n* Überfallkommando *nt,* Stoßtrupp *m*

rail¹ [reɪl] *vi* **to ~ against** [*or* **at**] **sth** gegen etw *akk* wettern, über etw *akk* schimpfen

rail² [reɪl] *n (bird)* Ralle *f*

rail³ [reɪl] I. *n* ① *no pl (transport system)* Bahn *f;* **by ~** mit der Bahn [*o* SCHWEIZ, ÖSTERR *a.* dem Zug], per Bahn
② *(railway track)* Schiene *f;* **to leave** [*or* **go off**] [*or* **run off**] **the ~s** entgleisen
③ *(on stairs)* Geländer *nt; (on fence)* Stange *f; (on ship)* Reling *f;* ***hold onto the ~*** halten Sie sich am Geländer fest; ***special ~s for the disabled*** spezielle Haltegriffe für Behinderte
④ *(to hang things on)* [**hanging**] **~** Halter *m,* Stange *f;* **clothes ~** Kleiderstange *f;* **curtain ~** Vorhangstange *f,* Gardinenstange *f;* **picture/towel ~** Bilder-/Handtuchhalter *m;* **off the ~** von der Stange; ***I never buy dresses off the ~*** ich kaufe nie Kleider von der Stange
⑤ *(at racecourse)* **the ~s** Absperrung *f,* Umzäu-

R

nung *f;* **on the ~s** auf der Außenbahn

▶PHRASES: **to get sth back on the ~s** etw wieder in den Griff bekommen *fam;* **to go off the ~s** *people* aus der Bahn geworfen werden; *things* aus den Fugen geraten

II. *n modifier (pass, strike, worker)* Bahn-; **~ ticket** Fahrschein *m,* Bahn-/Zugbillet *nt* SCHWEIZ, Fahrkarte *f* ÖSTERR; **~ travel** Bahnfahrt *f,* SCHWEIZ, ÖSTERR *a.* Zugfahrt *f*

◆**rail in** *vt* ■**to ~ in ◯ sth** etw einzäunen

◆**rail off** *vt* ■**to ~ off ◯ sth** etw abzäunen [*o* absperren]

'rail·car ['reɪlkɑːʳ] *n* BRIT RAIL Triebwagen *m* **'rail·card** *n* BRIT Bahnkarte *f,* Abonnement *nt* SCHWEIZ; **family ~** Familienpass *m;* **young person's ~** Juniorenticket *nt* **'rail fare** *n* Fahrpreis *m* **'rail freight** *n no pl* Bahnfracht *f; (load of goods)* Bahntransport *m* **'rail·head** *n* ❶ *(end of track)* Gleisstutzen *m,* Gleisabschluss *m* ❷ *(depot)* Kopfbahnhof *m*

rail·ing ['reɪlɪŋ] *n* ❶ *(fence)* Geländer *nt;* **iron/wood ~** Eisen-/Holzgeländer *nt*

❷ *(on a ship)* Reling *f*

rail·lery ['reɪlᵊri] *n no pl* Necken *nt,* Neckerei *f*

'rail link *n* Bahnverbindung *f* **'rail net·work** *n* Bahnnetz *nt,* Schienennetz *nt* **'rail pas·sen·ger** *n* Bahnreisende(r) *f(m),* SCHWEIZ, ÖSTERR *a.* Zugreisende(r) *f(m)*

'rail·road I. *n* AM ❶ *(train track)* Schienen *pl,* Gleise *pl; (stretch of track)* Strecke *f* ❷ *(railway system)* [Eisen]bahn *f kein pl* **II.** *n modifier* AM *(bridge, tunnel)* [Eisen]bahn-; **~ accident** Eisenbahnunglück *nt;* **~ worker** Bahnarbeiter(in) *m(f)* **III.** *vt* ■**to ~ sb** jdn zwingen; ■**to have been ~ed into sth** gezwungen worden sein, etw zu tun; ■**to ~ sth** etw durchpeitschen *fig pej fam* **'rail·road car** *n* AM *(for people)* Waggon *m; (for goods)* Güterwagen *m* **'rail·road switch** *n* AM Weiche *f* **'rail·road tie** *n* AM [Bahn]schwelle *f* **'rail·road track** *n* Schienen *pl* **'rail·road train** *n* Zug *m*

'rail system *n* Bahnnetz *nt* **'rail traffic** *n no pl* Bahnverkehr *m*

'rail·way ['reɪlweɪ] **I.** *n esp* BRIT ❶ *(train tracks)* Gleise *pl,* Schienen *pl* ❷ *(rail system)* ■**the ~[s]** die [Eisen]bahn; ***he worked on the ~[s] for forty years*** er hat vierzig Jahre bei der Bahn gearbeitet; **the trans-continental/Trans-Siberian ~** die transkontinentale/Transsibirische Eisenbahn **II.** *n modifier (museum, tunnel)* [Eisen]bahn-; **~ accident** Eisenbahnunglück *nt;* **~ worker** Bahnarbeiter(in) *m(f);* **~ yard** Rangierbahnhof *m,* Verschiebebahnhof *m* **'rail·way bill** *n* BRIT COMM Eisenbahnfrachtbrief *m* **'rail·way bridge** *n* ❶ *(carrying railway line)* Eisenbahnbrücke *f* ❷ *(over railway)* Brücke *f* über einen Bahndamm **'rail·way car·riage** *n* Personenwagen *m* **'rail·way cross·ing** *n* Bahnübergang *m* **'rail·way cut·ting** *n* Durchstich *m* **'rail·way em·bank·ment** *n* Bahndamm *m* **'rail·way en·gine** *n* Lokomotive *f* **'rail·way line** *n* ❶ *(train track)* Bahnlinie *f* ❷ *(stretch of track)* Bahnstrecke *f,* Bahnabschnitt *m* **'rail·way·man** *n* Eisenbahner *m,* [Eisen]bähnler *m* SCHWEIZ **'rail·way por·ter** *n* Gepäckträger *m (bei der Bahn)* **'rail·way sta·tion** *n* Bahnhof *m* **'rail·way time·table** *n* Fahrplan *m* **'rail·way track** *n* Gleis *nt* **'rail·way train** *n* Zug *m* **'rail·way truck** *n* Güterwagen *m*

rai·ment ['reɪmənt] *n no pl (old)* Gewand *nt geh*

rain [reɪn] **I.** *n* ❶ *no pl (precipitation)* Regen *m;* **~ *is forecast for tomorrow*** morgen soll es regnen; **~ *stopped play*** das Spiel wurde wegen Regens abgebrochen; **in case of ~** falls es regnet; **gentle** [*or* **light**] **~** leichter Regen, Nieselregen *m;* **heavy ~** heftige [*o* starke] Regenfälle *pl;* **pouring ~** strömender Regen; **steady ~** Landregen *m,* Dauerregen *m;* **torrential ~** sintflutartige Regenfälle *pl;* **in the ~** im Regen; **to be** [*or* **get**] **caught in the ~** in den Regen kommen; **out of the ~** ins Trockene

❷ *(rainy season)* ■**the ~s** *pl* Regenzeit *f*

▶PHRASES: **come ~ or shine** bei jedem Wetter, ob's regnet oder schneit *fig,* was auch geschieht; **to not have enough sense to come in out of the ~** strohdumm sein; **~ before seven, fine before eleven** BRIT *(prov)* heut' Regen, morgen Sonnenschein

II. *n modifier (cloud, shower, water)* Regen-

III. *vi impers* regnen; ***it's ~ing heavily*** es gießt in Strömen

▶PHRASES: **to ~ cats and dogs** *(fam)* [wie aus Kübeln] gießen *fam,* [wie aus Eimern] schütten *fam*

IV. *vt (fig)* ■**to ~ sth on sb** jdn mit etw *dat* überhäufen *fig,* überschütten; ***he ~ed blows on him*** er ließ die Schläge nur so auf ihn niederprasseln; **to ~ abuse on sb** jdn mit Beschimpfungen überhäufen

◆**rain down I.** *vi* hinabregnen; ***bombs and shells ~ed down on the city*** ein wahrer Bomben- und Granatenhagel ging auf die Stadt nieder

II. *vt (fig)* ■**to ~ down ◯ sth on sb** etw auf jdn niederprasseln lassen *fig;* ***he ~ed blows down on him*** er ließ die Schläge auf ihn niederprasseln; **to ~ down questions on sb** jdn mit Fragen überhäufen

◆**rain off** BRIT, **rain out** *vt passive* AM ■**to be ~ed off** [*or* **out**] wegen Regens abgesagt werden

rain·bow ['reɪnbəʊ, AM -boʊ] **I.** *n* Regenbogen *m;* **to shimmer with** [**all**] **the colours** [*or* AM **colors**] **of the ~** in allen Regenbogenfarben schillern

II. *n modifier (colours)* Regenbogen-; **~ assortment** bunte Auswahl, breite Palette

rain·bow coa·'li·tion *n ein Bündnis verschiedener Minderheitengruppierungen* **rain·bow 'trout** *n* Regenbogenforelle *f*

'rain check *n esp* AM ❶ *(fam)* **to take a ~ on sth** später auf etw *akk* zurückkommen, etw verschieben ❷ SPORT *Ersatzticket für Sportveranstaltungen, die wegen Regen abgesagt werden müssen* ❸ COMM *(dated) Gutschein für ausverkaufte, reduzierte Waren* **'rain cloud** *n* Regenwolke *f* **'rain·coat** *n* Regenmantel *m* **'rain·drop** *n* Regentropfen *m* **'rain·fall** *n no pl* ❶ *(period of rain)* Niederschlag *m;* **heavy/light ~** starke/leichte Niederschläge *pl* ❷ *(quantity of rain)* Niederschlagsmenge *f;* **the average ~** die durchschnittliche Niederschlagsmenge; **high/low ~** hoher/geringer Niederschlag **'rain for·est** *n* Regenwald *m;* **tropical ~** tropischer Regenwald **'rain gauge,** AM **'rain gage** *n* Regenmesser *m*

raini·ness ['reɪnɪnəs] *n no pl* Regenwetter *nt*

rain·less ['reɪnləs] *adj inv* niederschlagsfrei, ohne Regen *nach n*

'rain·out *n* ❶ AM *(cancellation) Ausfall einer Veranstaltung wegen Regen*

❷ *(fallout)* radioaktiver Niederschlag

'rain·proof *adj* wasserdicht; **~ coat/hat** Wasser abweisender Mantel/Hut **'rain·storm** *n* starke Regenfälle *pl*

'rain·swept *adj* regengepeitscht

'rain·wa·ter *n* Regenwasser *nt*

rainy ['reɪni] *adj* regnerisch; **a ~ day** ein verregneter Tag; *(fig)* schlechte Zeiten *pl;* **~ weather** Regenwetter *nt;* **a ~ week** eine verregnete Woche

raise [reɪz] **I.** *n* AM, AUS *(rise)* Gehaltserhöhung *f,* Lohnerhöhung *f*

II. *vt* ❶ *(lift)* ■**to ~ sth** etw heben; **to ~ an anchor** einen Anker lichten; **to ~ one's arm/hand/leg** den Arm/die Hand/das Bein heben; **to ~ the baton** den Taktstock heben; **to ~ the blinds/the window shade** die Jalousien/das Springrollo hochziehen; **to ~ one's eyebrows** die Augenbrauen hochziehen; **to ~ one's eyes** die Augen erheben *geh,* aufblicken, hochblicken; **to ~ one's fist to sb** die Faust gegen jdn erheben; **to ~ a flag/a sail** eine Flagge/ein Segel hissen; **to ~ the glass** das Glas erheben; **to ~** [**up**] **a ship** ein Schiff heben

❷ *(cause to rise)* **to ~ a drawbridge** eine Zugbrücke hochziehen; **to ~ the landing gear** AVIAT das Fahrgestell einfahren

❸ *(rouse)* ■**to ~ sb** jdn [auf]wecken; **to ~ sb from the dead** jdn wieder zum Leben erwecken

❹ *(stir up)* **to ~ dust** Staub aufwirbeln

❺ *(increase)* ■**to ~ sth** etw erhöhen; ***press this button to ~ the volume*** drücken Sie auf diesen Knopf, wenn Sie lauter stellen möchten; **to ~ sb's awareness** jds Bewusstsein schärfen; **to ~ public awareness** [*or* **consciousness of the masses**] das öffentliche Bewusstsein schärfen; **to ~ oneself to one's full height** sich *akk* zu seiner vollen Größe aufrichten; **to ~ the speed limit** das Tempolimit erhöhen; **to ~ one's voice** seine Stimme erheben; *(speak louder)* lauter sprechen

❻ *(in gambling)* ***I'll ~ you*** ich erhöhe den Einsatz [*o* [gehe mit und] erhöhe]; ***I'll ~ you $50*** ich erhöhe Ihren Einsatz um 50 Dollar

❼ MATH **to ~ sth to the power of ten** etw hoch zehn nehmen; ***ten ~d to the power of six*** zehn hoch sechs

❽ *(improve)* ■**to ~ sth** etw anheben; **to ~ the morale** die Moral heben; **to ~ the quality** die Qualität verbessern; **to ~ sb's spirits** jdm Mut machen; **to ~ the standard** einen höheren Maßstab anlegen; **to ~ the tone** *esp* BRIT *(hum)* das Niveau heben

❾ *(promote)* **to ~ sb to the peerage** jdn in den Adelsstand erheben; **to ~ sb in rank** jdn befördern

❿ *(arouse)* ■**to ~ sth** etw auslösen; **to ~ a cheer/a laugh/a murmur** Jubel/Gelächter/Gemurmel hervorrufen; ***the announcement ~d a cheer*** die Ankündigung wurde mit lautem Jubel begrüßt; ***Joe couldn't ~ a laugh in the audience*** Joe konnte das Publikum nicht zum Lachen bringen; **to ~ a commotion** Unruhe verursachen; **to ~ doubts** Zweifel aufkommen lassen [*o* wecken]; **to ~ fears** Ängste auslösen [*o* hervorrufen]; **to ~ havoc** ein Chaos anrichten; ***this scheme will ~ havoc with the staff*** dieser Plan wird zu einem Aufruhr unter den Angestellten führen; **to ~ hopes** Hoffnungen wecken; ***don't ~ your hopes too high*** mach dir nicht allzu große Hoffnungen; **to ~ a ruckus** zu Krawallen [*o* Ausschreitungen] führen; **to ~ a rumpus** *(fam)* Krach schlagen *fam;* **to ~ suspicions** Verdacht erregen; ***our suspicions were ~d*** wir schöpften Verdacht; **to ~ welts** Striemen hinterlassen

⓫ *(moot)* ■**to ~ sth** etw vorbringen; ***I want to ~ two problems with you*** ich möchte zwei Probleme mit Ihnen erörtern; **to ~ an issue/a question** ein Thema/eine Frage aufwerfen; **to ~ an objection** *also* LAW einen Einwand erheben

⓬ *(to write out)* **to ~ an invoice** eine Rechnung ausstellen

⓭ FIN ■**to ~ sth** etw beschaffen; **to ~ capital/money** Kapital/Geld aufbringen [*o fam* auftreiben]; **to ~ funds for charities** Spenden für wohltätige Zwecke sammeln

⓮ *(form: erect)* **to ~ a building/a monument** ein Gebäude/ein Monument errichten

⓯ *(bring up)* **to ~ children** Kinder aufziehen [*o* großziehen]; ***she was ~d by her grandparents*** sie wuchs bei ihren Großeltern auf

⓰ *esp* AM **to ~ animals** *(breed)* Tiere züchten; *(look after)* Tiere aufziehen; **to ~ an animal by hand** ein Tier mit der Flasche aufziehen; **to ~ livestock** Vieh züchten, Viehzucht betreiben

⓱ AGR ■**to ~ sth** *crops* etw anbauen

⓲ *(end)* **to ~ an embargo/sanctions/the siege** ein Embargo/Sanktionen/die Belagerung aufheben

⓳ *(contact)* ■**to ~ sb** *(by telephone)* jdn [telefonisch] erreichen; *(by radio)* jdn [über Funk] erreichen

▶PHRASES: **to ~ Cain** [*or* **hell**] *(fam)* Krach schlagen *fam;* **to ~ eyebrows** einiges Erstaunen hervorrufen; **to ~ the roof** ausrasten *sl;* ***the audience ~d the roof*** das Publikum tobte vor Begeisterung

rai·sin ['reɪzɪn] *n* Rosine *f*

'rais·ing agent *n* Treibmittel *nt,* Backtriebmittel *nt*

rai·son d'être <*pl* raisons d'etre> [ˌreɪzɔ̃(n)'deɪtr(ə), AM -zoʊn'det] *n* Daseinsberechtigung *f*

Raj [rɑːʒ] *n no pl* ■**the** [**British**] **~** *die britische Kolonialzeit in Indien*

ra·jah ['rɑːdʒə] *n* Radscha *m*

rake [reɪk] **I.** *n* ❶ *(garden tool)* Harke *f,* Rechen *m;* **garden ~** Rechen *m;* **lawn** [*or* **grass**] **~** Laubrechen *m;* **steel ~** Stahlrechen *m;* **wooden ~** Holzrechen *m;* **bug-~, flea-~** *(fig sl)* Kamm *m,* Lausrechen *m* ÖSTERR *fig sl*

❷ *(incline)* Neigung *f*

③ *(pej: dissolute man)* Lebemann *m,* Windhund *m pej*
II. *vt* ① *(treat)* **to ~ the soil** den Boden harken [*o* lockern]
② *(gather up)* ■**to ~ sth** etw [zusammen]rechen; **to ~ leaves/the lawn** Laub/den Rasen rechen
③ *(sweep)* ■**to ~ sth** *with the eyes* etw durchstreifen; *with gunfire* etw beharken; *with a searchlight* etw absuchen
④ *(comb)* **to ~ one's fingers through one's hair** sich *dat* mit den Fingern durchs Haar fahren
III. *vi* ■**to ~ through sth** etw durchsuchen; **to ~ through a cupboard** einen Schrank durchsuchen; **to ~ through a pile of washing** einen Wäscheberg durchwühlen
◆**rake about, rake around** *vi* ■**to ~ about** [*or* **around**] **in sth** in etw *dat* herumstöbern; **to ~ about** [*or* **around**] **in a drawer** eine Schublade durchwühlen
◆**rake in** *vt* ① *(work in)* ■**to ~ in ○ sth** etw rechen; ***spread the seed thinly and ~ it in lightly*** streuen Sie die Saat dünn aus und mischen Sie sie dann mit dem Rechen leicht unter das Erdreich
② *(fam: of money)* ■**to ~ in ○ sth** etw zusammenbringen, etw kassieren *fam* [*o pej* einstreichen]; **to ~ it in** [*or* **in cash**] Geld scheffeln *fam*
◆**rake out** *vt* ■**to ~ sth ○ out** etw herausholen [*o fam* herauskramen]
◆**rake over** *vt* ■**to ~ sth ○ over** ① *(treat)* etw harken
② *(fig: revive)* etw aufwühlen *fig;* **to keep raking over sth** immer wieder mit etw *dat* anfangen
▶PHRASES: **to ~ over the ashes** [*or* [**old**] **coals**] BRIT alte Geschichten wieder ausgraben; **to ~ sb over the coals** AM jdn regelrecht runterputzen *fam*
◆**rake up** *vt* ■**to ~ up ○ sth** ① *(gather up)* etw zusammenrechen; *(fig)* etw einstreichen; **to ~ up the leaves** das Laub zusammenrechen
② *(fig: revive)* etw aufwärmen *fam;* ***she's always raking up the past*** ständig muss sie die alten Geschichten wieder aufwärmen; **to ~ up a quarrel** einen Streit schüren
③ *(get together)* ***see if you can ~ up a few costumes for the carnival*** sieh zu, ob du ein paar Faschingskostüme auftreiben kannst; **to ~ up a few people** ein paar Leute zusammentrommeln *fam*
raked [reɪkt] *adj inv* geneigt, mit einer Schräge *nach n;* **~ funnel/mast** schräger Schornstein [*o* SCHWEIZ Kamin] [*o* ÖSTERR Rauchfang]/Mast; **a steeply ~ ramp** eine steil ansteigende Rampe
rake-off ['reɪkɒf, AM -ɑːf] *n (fam)* Anteil *m; esp* ECON Provision *f*
rak·ish ['reɪkɪʃ] *adj* ① *(jaunty)* flott, keck, frech; ***he wore his hat at a ~ angle*** er hatte seinen Hut frech aufgesetzt
② *(dissolute)* ausschweifend; **~ behaviour** freizügiges Verhalten; **~ charm** verwegener Charme
rak·ish·ly ['reɪkɪʃli] *adv* ① *(dissolutely)* ausschweifend; ***he lived ~*** er war ein richtiger Lebemann
② *(jauntily)* flott, keck; **to tip one's hat ~ to one side** seinen Hut frech zur Seite hin aufsetzen
rak·ish·ness ['reɪkɪʃnəs] *n no pl* ① *(dissoluteness)* ausschweifendes Verhalten
② *(jauntiness)* Verwegenheit *f*
ral·ly ['ræli] **I.** *n* ① *(motor race)* Rallye *f;* **the Paris-Dakar ~** die Rallye Paris-Dakar
② SPORT *(in tennis)* Ballwechsel *m*
③ *(meeting)* [Massen]versammlung *f,* Treffen *nt,* Zusammenkunft *f;* **vintage car ~** Oldtimertreffen *nt;* **county ~** Bezirkstreffen *nt;* **a ~ of 2000 people** eine Versammlung von 2000 Menschen; **Scout ~** Pfadfindertreffen *nt;* **annual ~** Jahrestreffen *nt;* **election ~** Wahlversammlung *f;* **peace ~** Friedenskundgebung *f;* **to hold a ~** [**against sth**] eine Kundgebung [gegen etw *akk*] abhalten; **to stage a ~** eine Kundgebung abhalten
④ ECON *(recovery)* Erholung *f;* *(increase in value)* Aufschwung *m*
II. *vt* <-ie-> ■**to ~ sth** etw sammeln; **to ~ forces/troops** Streitkräfte/Truppen sammeln; **to ~ support** Unterstützung gewinnen; **to ~ supporters** Anhänger mobilisieren; ■**to ~ sb against/in favour** [*or* AM **favor**] **of sth** jdn gegen/für etw *akk* mobilisieren; ■**to ~ sb around** [*or* **round**] **sb** jdn um jdn scharen; ***father's death rallied the family around mother*** nach Vaters Tod scharte sich die Familie um Mutter
III. *vi* <-ie-> ① *(support)* ■**to ~ behind** [*or* **to**] **sb** sich *akk* geschlossen hinter jdn stellen; ■**to ~ round sb** sich *akk* jds annehmen, sich *akk* um jdn kümmern; **to ~ around the flag** Patriotismus [*o* sich patriotisch] zeigen
② MED sich *akk* erholen; SPORT sich *akk* fangen *fam;* FIN, STOCKEX sich *akk* erholen, anziehen
'**ral·ly-cross** *n no pl* BRIT Crossrallye *nt* '**ral·ly driv·er** *n* Rallyefahrer(in) *m(f)*
ral·ly·ing call, ral·ly·ing cry ['ræliɪŋ-] *n (also fig)* Schlachtruf *m*
ralph [rælf] *n no pl* AM *(sl: vomit)* Kotze *f derb*
RAM [ræm] *n* COMPUT *acr for* **Random Access Memory** RAM *m o nt,* Direktzugriffsspeicher *m*
ram [ræm] **I.** *n* ① *(implement)* Rammbock *m,* Ramme *f;* **battering ~** Sturmbock *m,* Rammbock *m*
② TECH Presskolben *m,* Stoßheber *m*
③ *(sheep)* Widder *m,* Schafbock *m*
④ ASTROL **the sign of the ~** das Sternzeichen Widder
II. *vt* <-mm-> ① *(hit)* ■**to ~ sth** etw rammen
② *(push in)* ■**to ~ sth into sth:** ***he ~med the sweets into his mouth*** er stopfte sich die Süßigkeiten in den Mund; ■**to ~ sth into sb** *(fig)* jdm etw eintrichtern *fig fam* [*o* einschärfen]; ***it's time someone ~med a bit of sense into you*** es ist höchste Zeit, dass dir mal jemand Vernunft beibringt
③ *(push down)* **to ~ down the soil** den Boden feststampfen
④ *(slam in)* **to ~ sth home** *bolt* etw zuknallen; **to ~ sth home to sb** jdm etw deutlich vor Augen führen; **to ~ one's point home** seinen Standpunkt [mit Vehemenz] klarmachen
▶PHRASES: **to ~ sth down sb's throat** jdm etw eintrichtern *fig fam;* ***his mother is always ~ming his failed marriage down his throat*** seine Mutter hält ihm andauernd seine verkorkste Ehe vor
III. *vi* <-mm-> ■**to ~ into sth** gegen etw *akk* prallen; *(with car also)* gegen etw *akk* fahren
◆**ram in** *vt* ■**to ~ sth ○ in** etw hineinzwängen [*o fam* reinquetschen]
◆**ram through** *vt (fam)* ■**to ~ sth ○ through** *proposal* etw durchdrücken [*o* durchboxen] *fam*
Rama·dan [ˌræmə'dæn, AM -'dɑːn] *n no pl* Ramadan *m*
ram·ble ['ræmbl] **I.** *n* Wanderung *f,* Spaziergang *m;* **to go for a ~** eine Wanderung [*o* einen Spaziergang] machen
II. *vi* ① *(walk)* wandern, umherstreifen (**through** durch +*akk*); **to go rambling** einen Spaziergang machen
② *(spread)* sich *akk* ranken, klettern
③ *(meander) stream* sich *akk* winden [*o* schlängeln]
④ *(be incoherent)* faseln *fam,* unzusammenhängendes Zeug reden *pej;* *(be too detailed)* vom Hundertsten ins Tausendste kommen; ***sorry, I'm rambling — let me get back to the point*** Verzeihung, ich schweife ab – lassen Sie mich wieder zurück zum Thema kommen
◆**ramble on** *vi* schwafeln *fam;* ■**to ~ on about sth** etw stundenlang erzählen
ram·bler ['ræmbləʳ, AM -ɚ] *n* ① *(walker)* Wanderer, Wanderin *m, f*
② HORT, BOT *(rose)* Kletterrose *f*
③ *(incoherent talker)* Schwafler(in) *m(f) fam*
ram·bling ['ræmblɪŋ] **I.** *n* ■**~s** *pl* Gefasel *nt kein pl pej*
II. *adj* ① *(sprawling) building* weitläufig
② BOT, HORT rankend *attr,* Kletter-; **a ~ plant** eine Kletterpflanze
③ *(incoherent)* unzusammenhängend, zusammenhanglos; **a rather ~ discussion** eine ziemlich zusammenhanglose Diskussion; **a ~ letter** ein unzusammenhängender Brief; **~ talk** unsinniges Gefasel *fam*
Rambo ['ræmbəʊ, AM -boʊ] *n* Rambo *m fam*
Rambo·esque [ˌræmbəʊ'esk, AM -boʊ'-] *adj* rambohaft *fam,* wie Rambo *nach n*
ram·bunc·tious [ræm'bʌŋ(k)ʃəs] *adj esp* AM *(fam)* lärmend *attr; character* plump *pej; horse* wild
ram·ekin ['ræmɪkɪn, AM -mə-] *n* [kleine] Auflaufform
ra·men ['rɑːmen] *n no pl (Japanese noodles)* Ramen-Nudeln *pl*
'**ram ex·tru·sion** *n* TECH Sinterextrusion *f fachspr*
rami·fi·ca·tion [ˌræmɪfɪ'keɪʃᵊn] *n usu pl (consequences)* Auswirkung *f,* Konsequenz *f;* *(subdivision of a structure)* Verzweigung *f;* ***have you considered the ~s of your suggestion?*** haben Sie alle möglichen Konsequenzen Ihres Vorschlags bedacht?
rami·fy <-ie-> ['ræmɪfaɪ] *vi* sich *akk* verzweigen
'**ram·jet** *n* AVIAT Staustrahltriebwerk *nt*
ramp [ræmp] **I.** *n* ① *(slope)* Rampe *f;* AVIAT Gangway *f*
② BRIT *(speed deterrent)* Schwelle *f,* Bodenwelle *f*
③ AM *(slip road)* Auffahrt *f,* Ausfahrt *f*
④ ECON Schieberei *f,* Schiebergeschäft *nt*
II. *vt* ■**to ~ sth** etw in Form einer Rampe bauen, an etw *dat* eine Rampe bauen
◆**ramp up I.** *vi* beschleunigen, zunehmen
II. *vt* ■**to ~ up ○ sth** *production, speed* etw heraufsetzen
ram·page I. *n* ['ræmpeɪdʒ] Randale *f,* Ausschreitungen *pl;* **to go on a ~** Randale machen, randalieren; **on the ~** angriffsbereit, angriffslustig
II. *vi* [ræm'peɪdʒ] randalieren, wüten; ***the demonstrators ~d through the town*** die Demonstranten zogen randalierend durch die Stadt
ram·pag·ing [ræm'peɪdʒɪŋ] *adj inv* tobend *attr; mob* randalierend *attr;* *(fig)* grassierend *attr,* rasch um sich greifend; **~ inflation** galoppierende Inflation
ram·pant ['ræmpənt] *adj* ① *(unrestrained)* ungezügelt; **~ inflation** galoppierende Inflation; **~ nationalism/racism** zügelloser Nationalismus/Rassismus; **to encounter ~ prejudice** sich *akk* mit zahllosen [*o* unzähligen] Vorurteilen konfrontiert sehen
② *(spreading)* ■**to be ~** grassieren, um sich *akk* greifen
③ *inv, after n (rearing)* sprungbereit; **a lion ~** ein [drohend] aufgerichteter Löwe
ram·part ['ræmpɑːt, AM -pɑːrt] *n* [Schutz]wall *m,* Befestigungswall *m;* **earth ~** Erdwall *m*
'**ram-raid** BRIT **I.** *n Einbruch, bei dem die Schaufensterscheibe eines Geschäfts mit einem Auto zertrümmert wird* **II.** *vt* ■**to ~ sth** *mit einem Auto die Schaufenster eines Geschäfts zertrümmern und anschließend das Geschäft ausrauben* '**ram-raid·er** *n* BRIT *Dieb, der bei einem Einbruch ein Auto als Rammbock einsetzt* '**ram·rod** *n* Ladestock *m;* ***he stood as stiff as a ~*** er stand so steif da, als hätte er einen Besenstiel verschluckt; **to stand ~-stiff** [*or* **-straight**] in Hab-Acht-Stellung stehen
ram·shack·le ['ræmˌʃækl] *adj* ① *(dilapidated)* klapp[e]rig, wack[e]lig; *building* baufällig
② *(fig pej: disorganized)* chaotisch, systemlos
ran [ræn] *pt of* **run**
ranch [rɑːn(t)ʃ, AM ræntʃ] **I.** *n* <*pl* -es> Farm *f;* **cattle ~** Rinderfarm *f;* **sheep ~** Schaffarm *f*
II. *n modifier* Farm-; **~ hand** Farmarbeiter(in) *m(f);* **~ mink** Zuchtnerz *m*
III. *vi* Viehwirtschaft treiben
IV. *vt* **to ~ cattle** Rinder züchten; **to ~ mink** Nerze züchten; **to ~ salmon** Lachse züchten, eine Lachszucht betreiben
ranch·er ['rɑːn(t)ʃəʳ, AM 'ræntʃɚ] *n* ① *(ranch owner)* Viehzüchter(in) *m(f)*
② *(ranch worker)* Farmarbeiter(in) *m(f)*
'**ranch house** *n* ① *(farm house)* Farmhaus *nt*
② AM *(single-storey house)* einstöckiges Haus, Bungalow *m*
ranch·ing ['rɑːn(t)ʃɪŋ, AM 'ræntʃ-] *n no pl, no art* Viehwirtschaft *f*
'**ranch-style house** *n* AM Bungalow *m*
ran·cid ['ræn(t)sɪd] *adj* ranzig; **to go ~** ranzig werden
ran·cor *n* AM, AUS *see* **rancour**
ran·cor·ous ['ræŋkᵊrəs] *adj* bitter; **a ~ dispute/feud** eine bittere Auseinandersetzung/Fehde; **a**

~ **quarrel** ein erbitterter Streit; **a ~ tone** ein giftiger [*o* bösartiger] Ton

ran·cour [ˈræŋkəʳ], AM **ran·cor** [-ɚ] *n no pl (bitterness)* Verbitterung *f*, Groll *m* (**towards** gegenüber +*dat*); *(hatred)* Hass *m*

rand [rænd] *n* FIN Rand *m*

R and B [ˌɑːrən(d)ˈbiː] *n abbrev of* **rhythm and blues** R & B *m*

R and D [ˌɑːrən(d)ˈdiː] *n abbrev of* **research and development** Forschung *f* und Entwicklung *f*

randi·ness [ˈrændɪnəs] *n no pl (fam)* Geilheit *f fam*

ran·dom [ˈrændəm] **I.** *n no pl* 1 *(aimlessly)* **at ~** willkürlich, wahllos; **to choose at ~** auf Gutglück wählen; **to open a book at ~** ein Buch irgendwo aufschlagen; **to talk at ~** irgendetwas daherreden, einfach drauflosreden *fam;* **to wander at ~ through the streets** ziellos durch die Straßen wandern
2 *(by chance)* **at ~** zufällig, per Zufallsprinzip
II. *adj* zufällig, wahllos; **a ~ choice of sth** eine willkürliche Auswahl an [*o* von] etw *dat;* **a ~ sample** eine Stichprobe; **a ~ selection** eine willkürliche Auswahl; ***we asked a ~ selection of people what they thought*** wir fragten irgendwelche x-beliebigen Leute nach ihrer Meinung

ran·dom ˈbreath test *n*, **RBT** *n* AUS [stichprobenartig durchgeführter] Alkoholtest *(bei Autofahrern)*

ran·dom ˈer·ror *n* unvorhersehbarer Fehler; *esp* ECON Zufallsfehler *m*

ran·dom·ly [ˈrændəmli] *adv* zufällig, wahllos, willkürlich; **~ chosen/selected** zufällig gewählt/ausgesucht; **~ variable** beliebig veränderbar

ran·dom·ness [ˈrændəmnəs] *n no pl* Zufälligkeit *f*

R and R[1] [ˌɑːrən(d)ˈɑːʳ, AM -ˈɑːr] *(fam) abbrev of* **rest and recreation** Spaß und Spiel; MIL Diensturlaub *m* für Armeeangehörige

R and R[2] *abbrev of* **rock and roll**

R and R[3] MED *abbrev of* **rescue and resuscitation** Bergung und Wiederbelebung

randy [ˈrændi] *adj (fam)* geil *fam;* **to feel ~** scharf [*o* SCHWEIZ *a.* spitz] sein *fam*

ra·nee *n see* **rani**

rang [ræŋ] *pt of* **ring**

range[1] [reɪndʒ] **I.** *n* 1 *no pl (limit)* Reichweite *f*; *(area)* Bereich *m;* ***that is beyond my price ~*** das übersteigt meine finanziellen Möglichkeiten; **to be out of ~** außer Reichweite sein; **to be beyond** [*or* **out of**] [*or* **outside**] **sb's ~ of competence/experience** außerhalb jds Kompetenz-/Erfahrungsbereiches liegen; **hearing ~** Hörweite *f;* TECH Tragweite *f* des Tons; **to be beyond** [*or* **out of**] [*or* **outside**]/**in sb's ~ of hearing** für jdn außer/in Hörweite sein; **~ of knowledge** Wissensgebiet *nt; of a specialist* Fachgebiet *nt;* **temperature ~** Temperaturbereich *m;* **narrow ~** enger Spielraum; ***the value of sterling fluctuated within a narrow ~ yesterday*** der Wert des englischen Pfundes war gestern geringfügigen Schwankungen unterworfen
2 *(series of things)* Reihe *f;* **narrow/wide ~ of sth** kleine/große Auswahl an etw *dat;* **a wide ~ of products** ein breites Spektrum an Produkten; **a wide ~ of opinions** eine große Meinungsvielfalt
3 *(selection)* Angebot *nt*, Sortiment *nt;* ***our full ~ of cars is on display in our showroom*** die ganze Palette unserer Automodelle ist in unserem Ausstellungsraum zu sehen; **~ of instruments** Instrumentarium *nt;* **~ of products** Produktangebot *nt;* **~ of services** Leistungsspektrum *nt*, Leistungsangebot *nt*, Serviceangebot *nt;* **~ of services and products** Angebotspalette *f;* **autumn** [*or* AM **fall**]/**spring ~** Herbst-/Frühjahrskollektion *f*
4 MUS *of a voice* Stimmumfang *m; of an instrument* Tonumfang *m*
5 *(distance)* Entfernung *f; of a gun* Schussweite *f; of a missile* Reichweite *f;* ***you can't miss the target at this close ~*** auf diese geringe Entfernung kannst du das Ziel nicht verfehlen; **at point-blank ~** aus [allernächster Nähe; **out of/within ~** außer/in Schussweite
6 MIL *(practice area)* **firing** [*or* **shooting**] **~** Schießplatz *m;* **missile ~** Raketenbasis *f;* **rifle ~** Schießstand *m*
7 COMPUT Wertebereich *m*
II. *vi* 1 *(vary)* schwanken; *temperature, price* sich *akk* bewegen, schwanken; **to ~ from ... to ...** eine Bandbreite von ... *dat* bis ... *dat* haben; ***dress sizes ~ from petite to extra large*** die Kleidergrößen gehen von S bis XL *fam*
2 *(roam)* umherstreifen, umherschweifen *geh;* ***the walkers ~ through the hills all day*** die Spaziergänger wandern den ganzen Tag in den Bergen
3 *(deal with)* ■**to ~ over sth** *discussion* sich *akk* auf etw *akk* erstrecken; ■**to ~ from sth to sth** von etw *dat* bis etw *dat* reichen; **a wide-ranging investigation** eine umfassende Ermittlung; **a wide-ranging survey** eine breit angelegte Umfrage
III. *vt* 1 *(arrange)* ■**to ~ sb** jdn in Reih und Glied aufstellen; ■**to ~ oneself** sich *akk* aufreihen [*o* aufstellen]; ***the crowd ~d itself along the route of the procession*** die Menschenmenge reihte sich entlang des Prozessionsweges auf; ■**to ~ oneself with sb** *(fig)* sich *akk* auf jds Seite schlagen *fam;* ■**to ~ sb against sth** *(fig)* jdn gegen etw *akk* aufwiegeln [*o* aufbringen]
2 *(count among)* ■**to ~ sb among** [*or* **with**] **sth** jdn zu etw *dat* zählen
3 COMPUT ■**to ~ sth** etw ausrichten [*o* verschieben]

range[2] [reɪndʒ] *n* 1 GEOG *(of mountains)* Hügelkette *f*, Bergkette *f*
2 AM *(pasture)* Weide *f*, Weideland *nt*

range[3] [reɪndʒ] *n* [Koch]herd *m;* **kitchen ~** Küchenherd *m*

ranged [reɪndʒd] *adj* ■**to be ~ against sb/sth** gegen jdn/etw [ein]gestellt sein; ***on really bad days, it seems like everything is ~ against you*** an schwarzen Tagen sieht es manchmal so aus, als hätte man die ganze Welt gegen sich

ˈrange find·er *n* Entfernungsmesser *m*

ˈrange·land *n* AM offenes Grasland

rang·er [ˈreɪndʒəʳ, AM -ɚ] *n* Aufseher(in) *m(f);* AM *(mounted soldier)* Ranger(in) *m(f);* BRIT *(Girl Guide)* Pfadfinderin *f;* **forest ~** Förster(in) *m(f);* **park ~** Parkaufseher(in) *m(f)*

Rang·er ˈGuide *n* Pfadfinderin *f*

rangy [ˈreɪndʒi] *adj* hoch aufgeschossen, hoch gewachsen

rani [ˈrɑːniː] *n* 1 *(ruler)* Rani *f*
2 *(raja's wife)* Rani *f*

rank[1] [ræŋk] **I.** *n* 1 *no pl* POL *(position)* Position *f*, [hohe [*o* leitende]] Stellung; **to pull ~** den Vorgesetzten herauskehren *fam;* POL Rang *m;* **a top ~ of government** ein Spitzenposten *m* in der Regierung
2 MIL Dienstgrad *m*, Rang *m;* ■**the ~s** *pl (non-officers)* einfache Soldaten; **to close ~s** die Reihen schließen; *(fig)* sich *akk* zusammenschließen; **to join the ~s** in die Armee eintreten; **to join the ~s of sth** sich *akk* in etw *akk* einreihen; ***John has joined the ~s of the unemployed*** John ist dem Heer der Arbeitslosen beigetreten; **to be promoted to the ~ of captain** zum Hauptmann befördert werden; **to rise from** [*or* **through**] **the ~s** sich *akk* zum Offizier hochdienen; *(fig)* sich *akk* hocharbeiten
3 *(membership)* ■**the ~s** Mitglieder *pl;* ***there is great concern about safety among the ~s of racing drivers*** unter Rennfahrern herrscht große Sorge über die Sicherheit; **party ~s** Parteimitglieder *pl*
4 *(row)* Reihe *f;* **cab** [*or* **taxi**] **~** Taxistand *m;* **the front ~ of sth** die vorderste Reihe einer S. *gen;* **serried ~s of sth** ganze Reihen von etw *dat*
II. *adj attr, inv (absolute)* absolut, ausgesprochen; **a ~ amateur** ein absoluter Amateur; **a ~ beginner** ein blutiger Anfänger/eine blutige Anfängerin; **~ cowardice** reine Feigheit; **~ injustice** zum Himmel schreiende Ungerechtigkeit; **~ insubordination** pure Aufsässigkeit; MIL schiere Gehorsamsverweigerung; **~ negligence** extreme Vernachlässigung; **a ~ novice** ein absoluter Neuling; **a ~ outsider** ein totaler Außenseiter/eine totale Außenseiterin; **~ stupidity** reine [*o* schiere] Dummheit
III. *vi* 1 *(hold a position)* ■**to ~ above sb** einen höheren Rang als jd einnehmen, im Rang über jdm stehen
2 *(be classified as)* ***he currently ~s second in the world*** er steht derzeit auf Platz zwei der Weltrangliste, er ist derzeit Weltranglistenzweiter; ***she ~s among the theatre's greatest actors*** sie gehört mit zu den größten Theaterschauspielern
IV. *vt* 1 *(classify)* ■**to ~ sth/sb** jdn/etw einstufen; ■**to ~ sb among sb/sth** jdn zu jdm/etw zählen; ■**to ~ sb/sth alongside sb/sth** jdn/etw auf die gleiche Stufe mit jdm/etw stellen
2 *(arrange)* ■**to ~ sth** etw anordnen; **to ~ sb/sth in order of size** jdn/etw der Größe nach aufstellen

rank[2] [ræŋk] *adj* 1 *(growing thickly) of a plant* üppig wuchernd, wild wachsend
2 *(overgrown)* verwildert, überwuchert
3 *(rancid)* stinkend *attr;* ■**to be ~ with sth** nach etw *dat* stinken; ***his body was ~ with sweat*** er stank nach Schweiß; **~ smell/odour** [*or* AM **odor**] übler Geruch/Gestank

rank and ˈfile **I.** *n* 1 *(non-officers)* einfache Soldaten *pl*
2 *(non-leaders)* Basis *f*, das einfache Volk *hum fam; of a party* [Partei]basis *f*
II. *n modifier* einfache(r, s); **~ citizens** einfache Bürger, Menschen wie du und ich *fam;* **~ workers** einfache Arbeiter

rank·er [ˈræŋkəʳ, AM -ɚ] *n* BRIT MIL 1 *(officer)* Fachoffizier *m*
2 *(soldier)* einfacher Soldat

rank·ing [ˈræŋkɪŋ] *n* 1 *no pl (rating)* Ranking *nt; (process)* Einstufung *f*, Klassifizierung *f;* FIN *of bill* Ranking *nt*
2 *(position)* Rangordnung *f*, Rangfolge *f*
3 SPORT Ranglistenplatz *m;* **the ~s** die Platzierungen

ˈrank·ing list *n* Rankingliste *f* **rank·ing ˈof·fic·er** *n* AM ranghoher Offizier **ˈrank·ing or·der** *n* 1 *(classification)* Rangordnung *f; of preference* Beliebtheitsskala *f* 2 *(scale of importance)* Rangordnung *f*, Hierarchie *f*

ran·kle [ˈræŋkl] *vi* ■**to ~ with sb** jdm zu schaffen machen, jdn wurmen *fam;* ■**it ~s that ...** es tut weh, dass ..., es geht jdm nach [*o* ÖSTERR nahe], dass ...

rank·ness [ˈræŋknəs] *n no pl* 1 *(growth)* Üppigkeit *f;* **the ~ of the vegetation** das üppige [Pflanzen]wachstum
2 *(smell)* ranziger Geruch

ˈrank or·der *n* 1 *(classification)* Rangordnung *f; (fig)* Beliebtheitsgrad *m*
2 *(scale of importance)* Rangordnung *f*, Hierarchie *f*

ran·sack [ˈrænsæk] *vt* 1 *(search)* ■**to ~ sth** *cupboard* etw durchwühlen
2 *(plunder)* ■**to ~ sth** etw plündern; *(rob)* etw ausrauben; *(also fig hum)* über etw *akk* herfallen *fam*, etw plündern *fig*

ran·som [ˈræn(t)sᵊm] **I.** *n* Lösegeld *nt;* **to demand a ~** [ein] Lösegeld fordern; **to hold sb to** [*or* AM **for**] **~** jdn als Geisel [fest]halten; *(fig)* jdn erpressen
▸ PHRASES: **a king's ~** ein Vermögen, eine Riesensumme *fam*
II. *n modifier (amount, demand, pickup)* Lösegeld-; **~ money** Lösegeld *nt*
III. *vt* ■**to ~ sb** jdn auslösen [*o* freikaufen]

rant [rænt] **I.** *n* 1 *no pl (angry talk)* Geschimpfe *nt*, Gezeter *nt fam*
2 *(tirade)* Schimpfkanonade *f;* **to go into a ~ about** [*or* **against**] **sb/sth** eine Tirade gegen jdn/etw loslassen *geh*, gegen jdn/etw wettern *fam*
II. *vi* [vor sich *akk* hin] schimpfen, schwadronieren *veraltend;* **to ~ and rave** herummeckern *fam*, herumnörgeln *fam*, SCHWEIZ, ÖSTERR *a.* herummäkeln *fam;* ■**to ~ about sb/sth** gegen jdn/etw wettern *fam*, sich *akk* über jdn/etw auslassen; ■**to ~ on about sb/sth** ewig weiter über jdn/etw wettern *fam;* ■**to ~ that ...** sich *akk* darüber auslassen, dass ...

rant·ing [ˈræntɪŋ] *n* 1 *no pl (talking angrily)* Geschimpfe *nt;* **mindless ~** leeres Gerede, dummes Geschwätz *fam*
2 *(angry talk)* ■**~s** *pl* wütendes Gerede

rap[1] [ræp] **I.** *n* 1 *(knock)* Klopfen *nt kein pl*, Pochen *nt kein pl*

❷ *(fam: rebuke)* Anpfiff *m fam,* Anschiss *m sl*
❸ AM *(sl: criticism)* Verriss *m fam;* **to get a ~ [in the papers]** [in den Zeitungen] verrissen werden
❹ AM *(sl: punishment)* Gefängnisstrafe *f,* Knast *m sl;* ***he got a bum ~ from the judge*** er wurde vom Richter zu Knast verdonnert; **to beat the ~** nicht hinter Gittern landen *fam,* dem Knast entgehen *fam;* **to take the ~ for sb** für jdn den Kopf hinhalten *fam*
❺ *(fam: a jot)* **sb does not care a ~ about** [*or* **for**] **sth** etw ist jdm [völlig] egal [*o fam* schnuppe]
▶PHRASES: **to get** [*or* **be given**] **a ~ on** [*or* **over**] **the knuckles** eins auf die Finger [*o* auf den Deckel] bekommen *fam;* **to give sb a ~ on** [*or* **over**] **the knuckles** jdm auf die Finger klopfen *fam*
II. *vt* <-pp-> ❶ *(strike)* ■**to ~ sth** an [*o* auf] etw *akk* klopfen
❷ *(fig: criticize)* ■**to ~ sb** jdn scharf kritisieren
❸ *(fam: find guilty of a crime)* ■**to ~ sb [for sth/for doing sth]** jdn [einer S. *gen*] für schuldig befinden, jdn [zu etw *dat*] verknacken BRD
▶PHRASES: **to be ~ped on the knuckles, to get one's knuckles ~ped** eins auf die Finger kriegen *fam;* **to ~ sb on** [*or* **over**] **the knuckles** jdm auf die Finger klopfen *fam*

rap² [ræp] **I.** *n* ❶ *no pl* MUS *(music)* Rap *m*
❷ *no pl* MUS *(spoken interlude)* Rap *m*
❸ *(sl: conversation)* Plausch *m kein pl* DIAL, SÜDD, ÖSTERR, Plauderei *f*
II. *n modifier* ❶ MUS **~ musician** Rapmusiker(in) *m(f);* **~ music** Rapmusik *f*
❷ PSYCH *(dated)* **~ session** *(group therapy)* Gruppensitzung *f,* Gesprächsrunde *f*
III. *vi* MUS rappen
◆**rap out** *vt* ❶ *(say sharply)* **to ~ out instructions** lauthals Anweisungen geben; **to ~ out orders** Befehle bellen [*o* brüllen]
❷ *(beat)* **to ~ out a rhythm** einen Rhythmus klopfen [*o* schlagen]

ra·pa·cious [rəˈpeɪʃəs] *adj (form)* ❶ *(grasping)* habgierig; **~ appetite** Wolfshunger *m;* **a ~ landlord/businessman** ein raffgieriger Vermieter/Geschäftsmann
❷ *(plundering)* plündernd *attr;* **~ soldiers** plündernde Soldaten

ra·pa·cious·ly [rəˈpeɪʃəsli] *adv (form)* habgierig

ra·pa·cious·ness [rəˈpeɪʃəsnəs] *n no pl (form)* Habgier *f*

ra·pac·ity [rəˈpæsəti, AM -əţi] *n no pl* Habgier *f*

rape¹ [reɪp] **I.** *n* ❶ *no pl (sexual assault)* Vergewaltigung *f;* **to commit ~** eine Vergewaltigung begehen
❷ *no pl (fig: destruction)* Zerstörung *f;* **the ~ of the countryside** die Verschandelung der Landschaft
❸ *no pl (liter poet: kidnapping)* Raub *m,* Entführung *f*
II. *n modifier (victim)* Vergewaltigungs-; **~ case** Vergewaltigung *f;* **~ charge** Anklage wegen Vergewaltigung
III. *vt* ■**to ~ sb** jdn vergewaltigen
IV. *vi* eine Vergewaltigung begehen

rape² [reɪp] *n no pl* BOT, AGR Raps *m;* **oilseed ~** Raps[öl]pflanze *f*

ˈrape·seed oil *n* Rapsöl *nt*

rap·id [ˈræpɪd] *adj* ❶ *(quick)* schnell; **~ change/growth/expansion** rascher Wandel/rasches Wachstum/rasche Expansion; **~ improvement** schnelle Verbesserung; **~ increase/rise** rapider [*o* steiler] Anstieg; **to have made a ~ recovery** sich *akk* schnell erholt haben; **~ progress** rascher Fortschritt; **to make ~ strides** große Fortschritte machen, gut vorankommen
❷ *(sudden)* plötzlich

rap·id eye move·ment ˈsleep *n no pl* REM-Phase *f (des Schlafes)* **rap·id ˈfire** *n no pl* Schnellfeuer *nt* **ˈrap·id-fire** *adj attr* Schnellfeuer-, schnell aufeinanderfolgend; **~-fire jokes** ein wahres Feuerwerk an Witzen

ra·pid·ity [rəˈpɪdəti, AM -əţi] *n no pl* ❶ *(suddenness)* Plötzlichkeit *f*
❷ *(speed)* Geschwindigkeit *f,* Schnelligkeit *f*

rap·id·ly [ˈræpɪdli] *adv* schnell, rasch; **to speak ~** schnell sprechen; **~ growing** wachstumsstark

Rap·id Re·ˈac·tion Force *n* MIL schnelle Eingreiftruppe **rap·id-re·ˈsponse** *adj* reaktionsschnell; **~ team** schnelle Eingreiftruppe

rap·ids [ˈræpɪdz] *npl* Stromschnellen *pl;* **to shoot the ~** die Stromschnellen hinunterfahren

rap·id ˈtrans·it sys·tem *n* ≈ S-Bahn *f* **rap·id ˈtrans·it train** *n* ≈ S-Bahn-Zug *m*

ra·pi·er [ˈreɪpiəʳ, AM -ɚ] **I.** *n* Rapier *nt*
II. *n modifier (wit)* scharf
III. *adj attr (fig)* schlagfertig, scharfzüngig

ra·pi·er-like *adj attr* schlagfertig, scharfzüngig; **to have a ~ tongue** eine scharfe Zunge haben, schlagfertig sein

rap·ist [ˈreɪpɪst] *n* Vergewaltiger *m*

rap·pel <-ll-> [ræpˈel] *vi* AM *(abseil)* sich *akk* abseilen

rap·per [ˈræpəʳ, AM -ɚ] *n* ❶ *(artist)* Rapper(in) *m(f)*
❷ *(fan)* Rapper(in) *m(f),* Fan *m* von Rapmusik

rap·port [ræpˈɔːʳ, AM -ˈɔːr] *n no pl* Übereinstimmung *f,* Harmonie *f;* ***there is absolutely no ~ in the team*** das Team harmoniert einfach nicht; **a close/good ~ between sb and sb** ein enges/gutes Verhältnis zwischen jdm und jdm; **to have a ~ with sb** ein gutes Verhältnis zu jdm haben

rap·proche·ment [ræpˈrɒʃmɑ̃(ŋ), AM ˌræprɔːʃˈmɑ̃(ŋ)] *n (form)* Annäherung *f*

rapt [ræpt] *adj* ❶ *(engrossed)* versunken, selbstvergessen; ***they held the audience completely ~*** sie hielten das Publikum völlig in Atem; **with ~ attention** gespannt, mit ungeteilter Aufmerksamkeit
❷ AUS *(fam) see* **wrapped**

rap·ture [ˈræptʃəʳ, AM -ɚ] *n* ❶ *no pl (bliss)* Verzückung *f,* Entzücken *nt;* ***his supporters greeted his speech with ~*** seine Anhänger begrüßten seine Rede mit wahren Begeisterungsstürmen
❷ *(expression of joy)* ■**~s** *pl* **to be in ~s about** [*or* **over**] **sth** entzückt [*o* außer sich *dat* vor Freude] über etw *akk* sein; **to go into ~s** [richtig] ins Schwärmen geraten

rap·tur·ous [ˈræptʃərəs, AM -ɚəs] *adj* ❶ *(delighted)* entzückt, hingerissen; **~ facial expression** hingerissener Gesichtsausdruck; **~ smile** verzücktes Lächeln
❷ *(enthusiastic)* begeistert; **~ applause** stürmischer Applaus; **a ~ reception/welcome** eine begeisterte Aufnahme/ein begeisterter Empfang

rap·tur·ous·ly [ˈræptʃərəsli, AM -ɚəs-] *adv* ❶ *(delightedly)* verzückt, entzückt
❷ *(enthusiastically)* begeistert, hingerissen; ***the audience received the play ~*** das Publikum nahm das Stück mit Begeisterung auf

rare¹ [reəʳ, AM rer] *adj* ❶ *(uncommon)* rar, selten; ***it's ~ to find these birds in England*** diese Vögel findet man in England nur selten; **a ~ breed/species** eine seltene Rasse/Spezies
❷ *(thin)* dünn; **~ air** dünne Luft
▶PHRASES: **to be a ~ bird** ein komischer Vogel sein *fig fam;* **to have a ~ old time** *(dated)* eine schöne Zeit verbringen; **to have a ~ old time doing sth** *(dated)* viel Mühe haben, etw zu tun

rare² [reəʳ, AM rer] *adj meat* nicht durch[gebraten] *präd,* blutig

rare·bit [ˈreəbɪt, AM ˈrer-] *n* **buck ~** *überbackene Käseschnitte mit Ei;* **Welsh ~** *überbackene Käseschnitte*

rare ˈearth ele·ment, rare ˈearth me·tal *n* CHEM Seltenerdmetal *nt*

rar·efac·tion [ˌreərɪˈfækʃᵊn, -rə-, AM ˌrerə-] *n* **~ of air** PHYS Luftverdünnung *f*

rar·efi·able [ˈreərɪˌfaɪəbl̩, -rə-, AM ˈrerə-] *adj* PHYS verdünnbar

rar·efied [ˈreərɪfaɪd, AM ˈrerə-] *adj* ❶ *(of air)* dünn
❷ *(fig: select)* exklusiv

rar·efy [ˈreərɪfaɪ, AM ˈrerə-] *vt* ■**to ~ sth** etw verdünnen

rare ˈgas *n* CHEM Edelgas *nt;* **~ shell** Edelgasschale *f*

rare·ly [ˈreəli, AM ˈrer-] *adv* selten, nicht oft

rar·ified *adj see* **rarefied**

rar·ify *vt see* **rarefy**

rar·ing [ˈreərɪŋ, AM ˈrer-] *adj* ■**to be ~ to do sth** großes Verlangen haben [*o fam* ganz wild darauf sein], etw zu tun; **to be ~ to go** startbereit sein, in den Startlöchern sitzen *fig fam*

rar·ity [ˈreərəti, AM ˈrerəţi] *n* Rarität *f,* Seltenheit *f;* **to be something of a ~** eine Rarität sein

ˈrar·ity value *n no pl* Seltenheitswert *m*

ras·cal [ˈrɑːskᵊl, AM ˈræs-] *n* ❶ *(scamp)* Schlingel *m;* *(child)* Frechdachs *m;* **old/little ~** alter/kleiner Schlawiner *fam*
❷ *(dated: dishonest person)* Schurke, Schurkin *m, f veraltend*

ras·cal·ly [ˈrɑːskᵊli, AM ˈræs-] *adv* ❶ *(mischievous)* frech; **~ children** kleine Schlingel
❷ *(dishonest)* gemein, niederträchtig, schurkisch *veraltend*

rash [ræʃ] **I.** *n* <*pl* -es> ❶ *(skin condition)* Ausschlag *m;* **nettle ~** Nesselausschlag *m,* Nesselsucht *f;* **to come out** [*or* AM **break out**] **in a ~** einen Ausschlag bekommen
❷ *no pl (spate)* ■**a ~ of sth** Unmengen *pl* von etw *dat*
II. *adj* übereilt, hastig, vorschnell; ***it was very ~ of you*** das war sehr unbesonnen von dir; **a ~ decision** ein überstürzter [*o* übereilter] Entschluss; **in a ~ moment** in einem unbedachten Augenblick

rash·er [ˈræʃəʳ, AM -ɚ] *n* **~ [of bacon]** Speckscheibe *f*

rash·ly [ˈræʃli] *adv* unbedacht, unbesonnen, übereilt

rash·ness [ˈræʃnəs] *n no pl* Unbedachtheit *f,* Unbesonnenheit *f;* **in a moment of ~** in einem unbedachten Augenblick

rasp [rɑːsp, AM ræsp] **I.** *n* ❶ *(tool)* Raspel *f,* Grobfeile *f*
❷ *(noise)* schneidendes Geräusch
II. *vt* ■**to ~ sth** ❶ *(file)* etw feilen
❷ *(rub roughly)* etw wegschaben; *skin* etw aufreiben
III. *vi* ❶ *(of a noise)* kratzen
❷ *(talk roughly)* krächzen, schnarren
▶PHRASES: **to ~ on sb** [*or* **sb's nerves**] jdm auf die Nerven gehen *fam*

rasp·berry [ˈrɑːzbᵊri, AM ˈræzˌberi] **I.** *n* ❶ *(fruit)* Himbeere *f*
❷ *(fam: disapproving noise)* verächtliches Schnauben; **to blow a ~** verächtlich prusten; **to get a ~** Buhrufe bekommen; **to give sb the ~** jdn auspfeifen
II. *n modifier (cake, jam, syrup, vinegar)* Himbeer-; **~ bush** Himbeerstrauch *m;* **~ cane** Himbeerzweig *m*

rasp·ing [ˈrɑːspɪŋ, AM ˈræs-] *adj* krächzend; **a ~ voice** eine krächzende Stimme; **~ breath** rasselnder Atem

raspy [ˈrɑːspi, AM ˈræspi] *adj* rau, krächzend

Ras·ta [ˈræstə, AM ˈrɑː-] *n (fam) short for* **Rastafarian** Rasta *m*

Ras·ta·far·ian [ˌræstəˈfeəriən, AM ˌrɑːstəˈfer-] **I.** *n* Rastafari *m*
II. *adj inv* Rasta-; **~ music** Rastamusik *f*

Ras·ta·far·ian·ism [ˌræstəˈfeəriənɪzᵊm, AM ˌrɑːstəˈfer-] *n no pl religiöse Bewegung der Rastafari*

ras·ter [ˈræstəʳ, AM -ɚ] *n* TV, COMPUT Raster *nt*

rat [ræt] **I.** *n* ❶ *(rodent)* Ratte *f;* **to put out a ~ trap** eine Rattenfalle aufstellen; **to have ~s** Ratten haben
❷ *(fam: person)* Ratte *f pej fam;* ***he's a real ~*** er ist eine ganz miese Ratte
II. *vi* <-tt-> ❶ *(inform on)* ■**to ~ on sb [to sb]** jdn [an jdn] verraten [*o fam* verpfeifen]
❷ *(let down)* ■**to ~ on sb** jdn im Stich lassen; **to ~ on a deal** sich *akk* nicht an eine Abmachung halten; **to ~ on one's promise** sein Versprechen brechen

rat·able *adj see* **rateable**

rat-arsed BRIT *(sl),* AM *sl* **rat-assed** [ˈrætɑːst, AM -æst] *adj* sturzbesoffen *sl,* sternhagelvoll *sl*

ra·ta·touille [ˌrætəˈtwiː, AM -ˈtuːi] *n no pl* Ratatouille *f o nt*

ˈrat·bag *n* BRIT, AUS *(fam)* Fiesling *m,* Miststück *nt fam*

ratch·et [ˈrætʃɪt] *n* TECH Ratsche *f,* Sperrklinke *f fachspr*
◆**ratchet up** *vt (fam)* ■**to ~ up** ↻ **sth** etw Schritt für Schritt verstärken [*o fam* hochkurbeln] [*o fam* hochfahren]

ˈratch·et wheel *n* TECH Sperrrad *nt fachspr*

rate [reɪt] **I.** *n* ❶ *(speed)* Geschwindigkeit *f;* **at a fast/slow ~** schnell/langsam; **at a tremendous ~**

R

rasend schnell; **at one's own ~** in seinem eigenen Rhythmus [*o* Tempo]; **~ of fall** PHYS Fallgeschwindigkeit *f;* **~ of flow** TECH Durchflussmenge *f;* **~ of growth** Wachstumsrate *f*

❷ *(measure)* Maß *nt,* Menge *f;* ***in the winter months there is usually a rise in the ~ of absenteeism*** in den Wintermonaten kommt es gewöhnlich zu einer Zunahme der Ausfälle; **growth/inflation ~** Wachstums-/Inflationsrate *f;* **mortality ~** Sterblichkeitsrate *f,* Sterblichkeitsziffer *f;* **unemployment ~** Arbeitslosenrate *f,* Arbeitslosenzahlen *pl*

❸ *(payment)* Satz *m;* ***we agreed a ~ with the painter before he started work*** wir haben einen Stundensatz mit dem Maler vereinbart, bevor er mit der Arbeit begann; **the going ~** die übliche Bezahlung

❹ *(premium payable)* Zinssatz *m; (excise payable)* Steuersatz *m;* **fixed/variable ~** fester/variabler Zinssatz; **high/low ~ of interest/taxation** [*or* **interest/taxation ~**] hoher/niedriger Zins-/Steuersatz; ***interest ~s have risen again*** die Zinsen sind wieder gestiegen; ***the country has a high taxation ~*** in dem Land sind die Steuern sehr hoch

❺ FIN *(amount of interest paid)* Rate *f;* **~ of return** Rendite *f*

❻ FIN *(value of a currency)* Kurs *m,* Wechselkurs *m;* **exchange ~** [*or* **~ of exchange**] Wechselkurs *m;* **to calculate costs on a fixed exchange ~** die Kosten berechnen anhand eines festen Wechselkurses; **cross ~** Kreuzkurs *m;* **forward ~** Devisenterminkurs *m;* **managed ~** FIN kontrollierter Kurs; **seller's ~** Verkaufskurs *m*

❼ BRIT, AUS *(dated: local tax)* ■**~s** *pl* Haus- und Grundsteuern *pl*

❽ COMPUT Rate *f*

▸PHRASES: **at any ~** *(whatever happens)* auf jeden Fall; *(at least)* zumindest, wenigstens; ***I don't think they liked my idea — at any ~, they didn't show much enthusiasm*** ich glaube nicht, dass sie meine Idee gut fanden – zumindest zeigten sie keine große Begeisterung; **at this ~** unter diesen Umständen; **at a ~ of knots** *(fam)* in null Komma nichts *fam*

II. *vt* ❶ *(regard)* ■**to ~ sb/sth** jdn/etw einschätzen; ***how do you ~ the new government?*** was halten Sie von der neuen Regierung?; ***she is ~d very highly by the people she works for*** die Leute, für die sie arbeitet, halten große Stücke auf sie; ***she ~s him among her closest friends*** sie zählt ihn zu ihren engsten Freunden; ■**to ~ sb as sth:** ***how do you ~ him as a footballer?*** was hältst du von ihm als Fußballer? *fam; (fam)* ***what do you think of her as a singer? — I don't really ~ her*** wie findest du sie als Sängerin? – nicht so toll *fam*

❷ *(be worthy of)* **to ~ a mention** der Rede wert [*o* erwähnenswert] sein

❸ BRIT, AUS *(dated: value)* ■**to ~ sth** den besteuerbaren Wert einer S. *gen* schätzen, etw veranlagen; ***they ~ the property in this area very heavily*** Immobilienbesitz in dieser Gegend wird sehr hoch besteuert

❹ COMPUT ■**to ~ sth** etw abschätzen

III. *vi* ■**to ~ as sth** als etw gelten; ***that ~s as the worst film I've ever seen*** das war so ziemlich der schlechteste Film, den ich jemals gesehen habe

rate·able ['reɪtəbl̩] *adj inv* BRIT ECON *(dated)* steuerpflichtig; **~ value** Einheitswert *m,* steuerbarer Wert

'rate-cap <-pp-> *vt* BRIT ADMIN *(hist)* ■**to ~ sth** einer S. *dat* eine finanzielle Obergrenze setzen, etw finanziell beschränken **'rate-cap·ping** *n no pl* BRIT ADMIN *(hist)* finanzielle Beschneidung, finanzielle Einschnitte *pl* **rate of re·'turn** <*pl* rates of return> *n* FIN, ECON [Rein]gewinn *m,* Rendite *f,* Wertentwicklung *f* **rate of 'sales** <*pl* rates-> *n* ECON Absatz *m kein pl;* **the ~ of sth booms** etw findet reißenden Absatz **'rate·pay·er** *n* BRIT [Gemeinde]steuerzahler(in) *m(f)* **'rate ta·ble** *n* FIN Kurstabelle *f*

ra·ther ['rɑːðəʳ, AM 'ræðɚ] **I.** *adv inv* ❶ *(somewhat)* ziemlich; ***it's ~ cold/difficult*** es ist ziemlich kalt/schwer; ***I've ~ foolishly lost their address*** ich habe dummerweise ihre Adresse verlegt; ***I ~ doubt ...*** ich bin nicht ganz sicher, ob ...; **to be ~ more expensive than sb was expecting** um einiges teurer sein als erwartet

❷ *(very)* ziemlich, recht; ***I was ~ pleased to be invited to the wedding*** ich war hocherfreut darüber, dass ich zur Hochzeit eingeladen war; ***he's ~ a nice man*** er ist ziemlich nett; **it's ~ a shame that ...** es ist wirklich schade, dass ...; **to be ~ ill** ziemlich krank sein

❸ *(on the contrary)* eher; ***no, I'm not tired — ~ the opposite in fact*** nein, ich bin nicht müde – ganz im Gegenteil

❹ *(in preference to)* ***I'd like to stay at home this evening ~ than going out*** ich möchte heute Abend lieber zu Hause bleiben und nicht ausgehen; ***I've got to have two teeth out next week — ~ you than me*** mir werden nächste Woche zwei Zähne gezogen – besser dir als mir

❺ *(more exactly)* genauer [*o* besser] gesagt; ***he's my sister's friend really, ~ than mine*** eigentlich ist er der Freund meiner Schwester, und nicht so sehr meiner

II. *interj esp* BRIT *(dated)* na klar [doch] *fam*

rati·fi·ca·tion [ˌrætɪfɪ'keɪʃᵊn, AM ˌræt̬ə-] *n no pl* Ratifizierung *f geh,* Genehmigung *f*

rati·fy <-ie-> ['rætɪfaɪ, AM -t̬ə-] *vt* LAW ■**to ~ sth** etw ratifizieren; **to ~ an amendment/a contract** einen Änderungsantrag/Vertrag sanktionieren

rat·ing ['reɪtɪŋ, AM -t̬-] *n* ❶ *no pl (assessment)* Einschätzung *f;* ***what's your ~ of our chances of winning?*** wie schätzt du unsere Gewinnchancen ein?

❷ *(regard)* Einstufung *f;* ***the government's ~ in the opinion polls sank to an all-time low*** die Regierung hatte in Meinungsumfragen noch nie so schlecht abgeschnitten

❸ *(audience)* ■**~s** *pl* [Einschalt]quoten *pl,* Zuschauerzahlen *pl*

❹ *esp* BRIT MIL *(sailor)* Matrose *m*

❺ FIN *(classification)* Klassifizierung *f,* Bewertung *f,* Rating *nt*

'rat·ing agen·cy *n + sing/pl vb* FIN Ratingagentur *f* **'rat·ing pro·cedure** *n* Ratingverfahren *nt* **'rat·ing sys·tem** *n* Ratingsystem *nt,* Bewertungssystem *nt*

ra·tio ['reɪʃiəʊ, AM -oʊ] *n* ECON, COMPUT Verhältnis *nt,* Quote *f;* **price-dividend ~** Preis-Dividenden-Rate *f;* **price-earnings ~** Kurs-Gewinn-Verhältnis *nt;* FIN Kennziffer *f,* Kennzahl *f;* **~ of aperture** PHYS *of optical system* Öffnungsverhältnis *nt;* **~ of components** CHEM Mischungsverhältnis *nt;* **~ of dimensions** Größenverhältnis *nt*

ra·tio a'naly·sis *n* ECON Kennzahlenanalyse *f*

ra·tion ['ræʃᵊn] **I.** *n* ❶ *(fixed amount)* Ration *f;* **butter/milk/sugar ~** Butter-/Milch-/Zuckerration *f;* **~ of food** Essensration *f;* **~ book** *(hist)* Bezugsscheinbuch *nt hist;* **~ card** *(hist)* Bezugsschein *m hist;* **daily ~** Tagesration *f;* **a full/short ~** eine ganze/halbe Ration; **to be [put] on short ~s** auf halbe Ration gesetzt werden; **more than one's ~ of sth** *(fig)* jede Menge *fam;* **combat ~** MIL Feldration *f*

❷ *(food supplies)* ■**~s** *pl* [Lebensmittel]marken *pl*

II. *vt* ■**to ~ sth** etw rationieren; ***my children would watch television all day long, but I ~ it*** meine Kinder würden den ganzen Tag vor dem Fernseher sitzen, aber ich erlaube ihnen nur ganz bestimmte Fernsehzeiten; ■**to ~ sth to sth** etw auf etw *akk* beschränken; ***I ~ myself to three cups of coffee a day*** ich habe mir ein Limit von drei Tassen Kaffee pro Tag gesetzt; ■**to ~ sb** jdn kurzhalten *fam*

◆**ration out** *vt* ■**to ~ sth** ↻ **out** etw [in Rationen] austeilen [*o* aufteilen]

ra·tion·al ['ræʃᵊnᵊl] *adj* ❶ *(sensible)* rational; ***she was too upset to be ~*** sie war zu aufgeregt, um vernünftig denken zu können; **a ~ approach** ein rationaler Ansatz; **a ~ argument** ein vernünftiges Argument; **the most ~ course of action** die sinnvollste Vorgehensweise; **a ~ explanation** eine rationale Erklärung

❷ MATH **~ numbers** rationale Zahlen

ra·tion·ale [ˌræʃə'nɑːl, AM -'næl] *n* Gründe *pl;* ■**the ~ behind sth** die Hintergründe *pl* einer S. *gen;* **sth lacks any ~** etw entbehrt jeder Grundlage; **to provide a ~ for sth** einen [vernünftigen] Grund für etw *akk* nennen

ra·tion·al·ism ['ræʃᵊnᵊlɪzᵊm] *n no pl* ❶ PHILOS Rationalismus *m*

❷ *(belief in reason)* Rationalismus *m geh*

ra·tion·al·ist ['ræʃᵊnᵊlɪst] **I.** *n* ❶ PHILOS Rationalist(in) *m(f)*

❷ *(believer in reason)* Rationalist(in) *m(f) geh*

II. *adj* ❶ PHILOS rationalistisch

❷ *(believing in reason)* rationalistisch *geh*

ra·tion·al·is·tic [ˌræʃᵊnᵊl'ɪstɪk] *adj* ❶ PHILOS rationalistisch

❷ *(believing in reason)* rationalistisch *geh*

ra·tion·al·ity [ˌræʃᵊn'æləti, AM -ət̬i] *n no pl* ❶ *(clear reasoning)* Rationalität *f geh,* Vernunft *f*

❷ *(sensibleness)* Vernünftigkeit *f*

ra·tion·ali·za·tion [ˌræʃᵊnᵊlaɪ'zeɪʃᵊn, AM -lɪ'-] *n no pl* ❶ *(logical explanation)* vernünftige Erklärung; PSYCH Rationalisierung *f*

❷ *(improve efficiency)* Rationalisierung *f*

ra·tion·ali·'za·tion in·vest·ment *n* FIN Rationalisierungsinvestition *f*

ra·tion·al·ize ['ræʃᵊnᵊlaɪz] **I.** *vt* ❶ *(explain)* ■**to ~ sth** etw [vernünftig] erklären; *(give reasons)* etw begründen

❷ *(make efficient)* ■**to ~ sth** etw rationalisieren

II. *vi* rationalisieren, Rationalisierungsmaßnahmen durchführen

ra·tion·al·ly ['ræʃᵊnᵊli] *adv* ❶ *(sensibly)* vernünftig

❷ *(using reason)* rational; ***~, he knows that she won't ever go back to him, but emotionally he can't accept it*** vom Kopf her weiß er, dass sie nie zu ihm zurückkehren wird, aber gefühlsmäßig kann er es nicht akzeptieren

ra·tion·ing ['ræʃᵊnɪŋ] *n no pl* Rationierung *f;* **food/fuel ~** Lebensmittel-/Treibstoffrationierung *f*

'ra·tio pa·per *n* MATH halblogarithmisches Papier

'rat poi·son *n* Rattengift *nt* **'rat race** *n* erbarmungsloser Konkurrenzkampf; **to get out of the ~** dem Konkurrenzkampf Ade sagen; **to join the ~** sich *akk* ins Heer der arbeitenden Bevölkerung einreihen, in die Tretmühle einsteigen **'rat run** *n (fam)* Schleichweg *m*

rat·tan [rə'tæn] *n* Rattan *nt*

rat·tle ['rætl̩, AM -t̬l̩] **I.** *n* ❶ *no pl (sound)* Klappern *nt; (of chains)* Rasseln *nt; (of hail)* Prasseln *nt*

❷ MUS Rassel *f;* **[baby's] ~** Klapper *f* BRD, Rassel *f;* **[football] ~** Ratsche *f,* Rätsche *f* SCHWEIZ

❸ *(of a rattlesnake)* Klapper *f*

II. *vi* ❶ *(make noise)* klappern; *keys* rasseln; *hail* prasseln; *engine* knattern; *bottles [in a crate]* klirren; *coins* klingen

❷ *(move noisily)* rattern

❸ *(talk)* ■**to ~ away** [los]plappern *fam;* ■**to ~ on** [drauflos]quasseln *fam*

III. *vt* ❶ *(jangle)* ■**to ~ sth** *windows* etw zum Klirren bringen; *keys* mit etw *dat* rasseln; *crockery* mit etw *dat* klappern [*o* klirren]

❷ *(make nervous)* ■**to ~ sb** jdn durcheinanderbringen, jdn aus dem Konzept bringen *fam*

◆**rattle off** *vt* ■**to ~ off** ↻ **sth** etw herunterrattern [*o fam* herunterrasseln]

◆**rattle through** *vi* ■**to ~ through sth** ❶ *(do quickly)* etw ruckzuck [*o* im Nu] erledigen *fam*

❷ *(say quickly)* etw herunterrasseln *fam*

rat·tler ['rætləʳ, AM -t̬lɚ] *n* ❶ *(fam: rattlesnake)* Klapperschlange *f*

❷ *(old vehicle)* [alte] Klapperkiste *fam,* [alte] Rostlaube *fam*

'rat·tle·snake *n* Klapperschlange *f* **'rat·tle·trap** **I.** *n (fam)* [alte] Klapperkiste *fam,* [alte] Rostlaube *fam* **II.** *adj attr, inv (fam)* klapp[e]rig

rat·tling ['rætlɪŋ, AM -t̬l-] **I.** *adj inv* ❶ *(making a noise)* klappernd *attr; car, engine* ratternd *attr; windows* klirrend *attr; keys* rasselnd *attr*

❷ *inv (fast)* [rasend] schnell, geschwind DIAL; **at a ~ pace** im Eiltempo

II. *adv inv* ***that was a ~ good story*** das war eine wirklich tolle Geschichte

rat·ty ['ræti, AM -t̬-] *adj (fam)* ❶ BRIT *(ill-tempered)* gereizt
❷ *(shabby) house, chair* verlottert; *hair* verknotet

rau·cous ['rɔ:kəs, AM 'rɑ:-] *adj* ❶ *(loud and harsh)* rau, heiser; **the ~ call of the crows** die krächzenden Rufe der Krähen; **~ laughter** heiseres Lachen; *(boisterous)* kreischendes Gelächter
❷ *(noisy)* lärmend *attr,* wild; **~ crowd** johlende Menge

rau·cous·ly ['rɔ:kəsli, AM 'rɑ:-] *adv* krächzend *attr,* rau; *(boisterously)* wild

rau·cous·ness ['rɔ:kəsnəs, AM 'rɑ:-] *n no pl* Lärm *m; (boisterousness)* wilde Ausgelassenheit; **the ~ of the discos** der Diskolärm

raun·chi·ly ['rɔ:n(t)ʃɪli, AM 'rɑ:ntʃ-] *adv* provokant; *dressed* aufreizend; *look* lüstern

raun·chi·ness ['rɔ:n(t)ʃɪnəs, AM 'rɑ:ntʃ-] *n no pl* vulgäre Art, Vulgarität *f geh*

raun·chy ['rɔ:n(t)ʃi, AM 'rɑ:ntʃi] *adj* vulgär, scharf *fam;* **~ conversation** schlüpfriges Gespräch; **~ film** scharfer Film *fam;* **~ video** heißes Video *fam*

rav·age ['rævɪdʒ] *vt* ■**to ~ sth** etw verwüsten [*o* vernichten], verheerende Schäden an etw *dat* anrichten; **to ~ a face** ein Gesicht verunstalten [*o geh* schwer zeichnen]

rav·ages ['rævɪdʒɪz] *npl of a fire* Wüten *nt kein pl; of time, a disease* Spuren *pl;* ***their business plans were ruined by the ~ of inflation*** ihre Geschäftspläne wurden durch die verheerenden Auswirkungen der Inflation zunichtegemacht; **the ~ of war** die Verwüstungen des Krieges

rave [reɪv] I. *n* BRIT *(fam)* Party *f,* Fete *f fam,* Rave *m o nt (mit Technomusik);* **an all-night ~** eine Party, die die ganze Nacht dauert
II. *n modifier* BRIT Rave-; **~ music** Rave *m;* **~ scene** Raverszene *f*
III. *adj attr* begeistert, enthusiastisch; **to receive ~ reviews** von den Kritikern hoch gelobt werden, glänzende Kritiken bekommen
IV. *vi* ❶ *(talk wildly)* toben, wüten; ■**to ~ against sb/sth** gegen jdn wettern *fam;* ■**to ~ on** [**about**] **sth** sich *akk* [maßlos] über etw *akk* aufregen; ■**to ~** [**on**] **at sb** jdm die Hölle heißmachen *fam,* jdm den Marsch blasen *sl;* ■**to ~ that ...** seinem Unmut darüber Luft machen, dass ...; **to rant and ~** auf hundertachtzig sein *fam,* toben
❷ *(fam: praise)* schwärmen; **to ~ about sth** von etw *dat* schwärmen

rav·el <BRIT -ll- *or* AM *usu* -l-> ['rævᵊl] I. *vi* sich *akk* verwickeln; *thread* sich *akk* verheddern
II. *vt* ■**to ~ sth** etw verwickeln; *thread* etw verheddern

ra·ven ['reɪvᵊn] I. *n* Rabe *m*
II. *adj attr (liter)* rabenschwarz; **~ locks** rabenschwarze Locken

rav·en·ing ['rævᵊnɪŋ] *adj inv (liter)* [beute]hungrig; **a pack of ~ wolves** ein Rudel hungriger Wölfe; **to be pursued by ~ journalists** *(fig)* von sensationsgierigen Journalisten verfolgt werden

rav·en·ous ['rævᵊnəs] *adj (very hungry)* ausgehungert; *(predatory)* räuberisch; ***I'm ~*** ich habe einen Bärenhunger; **~ appetite** unbändiger Appetit; **~ hunger** Riesenhunger *m*

rav·en·ous·ly ['rævᵊnəsli] *adv* [heiß]hungrig, völlig ausgehungert; ***I'm ~ hungry*** ich habe einen Bärenhunger

'rave par·ty *n* Raveparty *f*

rav·er ['reɪvəʳ, AM -ɚ] *n (fam)* ❶ *(uninhibited person)* **to be a ~** einen lockeren Lebenswandel führen; ***at weekends she's a right little ~*** am Wochenende lässt sie's immer ordentlich krachen
❷ BRIT *(rave party-goer)* Raver(in) *m(f)*

'rave-up ['reɪvʌp] *n* BRIT *(fam)* ausgelassene Party

ra·vine [rə'vi:n] *n* Schlucht *f,* Klamm *f*

rav·ing ['reɪvɪŋ] I. *n* ❶ *no pl (delirium)* wirres Gerede
❷ *(ramblings)* ■**~s** *pl* Hirngespinste *pl,* Fantastereien *pl*
II. *adj attr, inv* absolut, total *fam;* ***she's a ~ beauty*** sie ist eine wahre Schönheit; **a ~ idiot** ein kompletter Idiot *fam;* **a ~ lunatic** ein total Verrückter/eine total Verrückte *fam;* **a ~ nightmare** ein echter Albtraum; **a ~ success** ein Wahnsinnserfolg *fam*
III. *adv* völlig; [**stark**] **~ mad/crazy** völlig verrückt; **to go** [**stark**] **~ mad** völlig durchdrehen [*o* ausrasten] *fam*

ra·vio·li [ˌrævi'əʊli, AM -'oʊ-] *n* Ravioli *pl*

rav·ish ['rævɪʃ] *vt* ❶ *(delight)* ■**to ~ sb** jdn entzücken; ■**to be ~ed by sb/sth** von jdm/etw hingerissen sein
❷ *(old: rape)* ■**to ~ sb** jdn vergewaltigen

rav·ish·ing ['rævɪʃɪŋ] *adj* ❶ *(beautiful)* hinreißend, bildschön; *countryside* atemberaubend
❷ *(delicious)* köstlich, wundervoll

rav·ish·ing·ly ['rævɪʃɪŋli] *adv* entzückend, hinreißend

rav·ish·ment ['rævɪʃmənt] *n* ❶ *(dated: rape)* Schändung *f veraltet,* Vergewaltigung *f*
❷ *(enrapture)* Entzücken *nt,* Hingerissensein *nt*

raw [rɔ:, AM *esp* rɑ:] I. *adj inv* ❶ *(unprocessed)* roh, unbehandelt; **~ material** Rohstoff *m;* **~ sewage** ungeklärte Abwässer *pl;* **~ silk** Rohseide *f*
❷ *(uncooked)* roh; **in their ~ state** im Rohzustand, in ungekochtem Zustand
❸ *(of information)* Roh-; **~ data** Rohdaten *pl;* **~ evidence** unbestätigter Hinweis; **~ figures** Schätzzahlen *pl,* Schätzungen *pl*
❹ *(inexperienced)* unerfahren; **a ~ beginner/recruit** ein blutiger Anfänger/eine blutige Anfängerin
❺ *(unbridled)* rein; **~ energy** pure Energie; **~ power** rohe Kraft
❻ *(outspoken)* offen; **a ~ drama** ein offenes Drama
❼ *(sore)* wund; *(fig) nerves, emotions* blank, empfindlich
❽ *(cold)* rau; **a ~ wind** ein rauer Wind
▸PHRASES: **to <u>come</u> the ~ prawn** AUS unschuldig tun; **to <u>expose</u> a ~ nerve** [*or* **spot**] einen wunden Punkt berühren; **to <u>get</u>** [*or* **<u>be given</u>**] **a ~ deal** unfair behandelt werden, zu kurz kommen
II. *n* ❶ *(fam: naked)* **in the ~** nackt
❷ *(hiding nothing)* **in the ~** ungeschönt, ohne jede Beschönigung
▸PHRASES: **to <u>touch</u> sb on the ~** BRIT, AUS jdn an einer empfindlichen Stelle treffen, einen wunden Punkt bei jdm berühren

'raw-boned *adj* abgemagert, knochig

raw 'data *n + sing/pl vb* Rohdaten *pl*

'raw·hide *n no pl* ungegerbtes Leder

Rawl·plug® ['rɔ:lˌplʌg] *n* BRIT Dübel *m*

raw·ness ['rɔ:nəs, AM *esp* 'rɑ:-] *n no pl* ❶ *(harshness)* Rauheit *f;* **the ~ of the weather** das raue Wetter
❷ *(soreness)* Wundsein *nt*

raw 'sug·ar *n no pl* Rohzucker *m*

ray¹ [reɪ] *n* ❶ *(beam)* Strahl *m;* **light ~s** Lichtstrahlen *pl;* **the sun's ~s** die Sonnenstrahlen
❷ *(trace)* Spur *f;* **not even the smallest ~ of comfort** ohne jeglichen Komfort; **a ~ of hope** ein Hoffnungsschimmer *m*
❸ PHYS *(radiation)* Strahlung *f;* **~ beam** Strahlenbündel *nt;* **~ tube** Kathodenstrahlröhre *f;* **radioactive ~s** radioaktive Strahlung, radioaktive Strahlen
▸PHRASES: **a ~ of <u>sunlight</u>** ein Lichtstreif am Horizont, ein Hoffnungsschimmer; **a ~ of <u>sunshine</u>** ein [wahrer] Sonnenschein *fig fam*

ray² [reɪ] *n (fish)* Rochen *m;* **manta ~** Manta[rochen] *m;* **sting ~** Stachelrochen *m*

ray·on ['reɪɒn, AM -ɑ:n] FASHION I. *n no pl* ❶ *(fibre)* Kunstseide *f,* Viskose *f,* Reyon *m o nt veraltet*
❷ *(cloth)* Viskose *f*
II. *n modifier (blouse, dress)* Viskose-

raze [reɪz] *vt* ■**to ~ sth** etw [völlig] zerstören; MIL etw schleifen; **to ~ sth to the ground** etw dem Erdboden gleichmachen

ra·zor ['reɪzəʳ, AM -zɚ] I. *n* Rasierapparat *m,* Rasierer *m fam; (cutthroat)* Rasiermesser *nt;* **electric ~** Elektrorasierer *m,* Trockenrasierer *m*
II. *n modifier* Rasier-; **~ case** Rasierapparatetui *nt;* **~ kit** Rasierzeug *nt fam;* **~ shave** Rasur *f* mit dem Elektrorasierer; **~ slash** Schnittverletzung *f (durch Rasiermesser)*
III. *vt* **to ~ hair** Haare [ab]rasieren

'ra·zor·back *n* ❶ *(rorqual)* Finnwal *m* ❷ AM *(hog)* [*halbwildes*] *spitzrückiges Schwein* ❸ *(narrow ridge)* schmaler Grat **'ra·zor·bill** *n* ORN Tordalk *m* **'ra·zor blade** *n* Rasierklinge *f* **'ra·zor cut** *n* FASHION Messerschnitt *m* **'ra·zor-cut** *vt* **to ~ hair** das Haar millimeterkurz [ab]rasieren, einen Messerschnitt machen **'ra·zor edge** *n* ❶ *(sharp edge)* Grat *m; of a knife, sword* Schneide *f* ❷ *(fig: mentally sharp state)* Scharfsinn *m kein pl,* messerscharfer Verstand ❸ *(fig: cutting edge)* ■**the ~** der [allerletzte Schrei *fig* ❹ *(tiny difference)* minimaler Unterschied ▸PHRASES: **to be** [**balanced**] **<u>on</u> a ~** auf [des] Messers Schneide stehen **'ra·zor knife** *n* AM Teppichmesser *nt,* Kartonmesser *nt,* Cutter *m fam*

'ra·zor's edge *n see* **razor edge**

'ra·zor sharp *adj pred,* **'ra·zor-sharp** *adj attr* ❶ *(sharp)* scharf wie ein Rasiermesser [*o* eine Rasierklinge]; **~ teeth** messerscharfe Zähne
❷ *(fig: intelligent) person* [äußerst] scharfsinnig; **~ brain** [*or* **mind**] [messer]scharfer Verstand **'ra·zor thin** *adj pred,* **'ra·zor-thin** *adj attr* hauchdünn **'ra·zor wire** *n no pl* Nato-Draht *m fam*

razz [ræz] *vt esp* AM *(sl)* ■**to ~ sb** jdn nerven [*o* ärgern] *fam*

raz·za·ma·tazz ['ræzəmətæz] *n no pl* ❶ *(commotion)* Trubel *m,* Rummel *m fam*
❷ *(pej: humbug)* Zirkus *m pej fam,* Zinnober *m pej sl*

raz·zle ['ræzl̩] *n no pl* BRIT *(fam)* **to be** [**out**] **on the ~** einen draufmachen *fam,* auf den Putz hauen *fam*

raz·zle-daz·zle [ˌræzl̩'dæzl̩] *n no pl esp* AM Trubel *m,* Rummel *m fam,* Tamtam *nt pej fam;* **to go on the ~** eine Sause machen BRD *sl,* einen draufmachen *fam,* ÖSTERR *fam a.* auf den Putz hauen

razz·ma·tazz ['ræzmətæz] *n no pl see* **razzamatazz**

RBT [ˌɑ:bi:'ti:] *n* AUS *abbrev of* **random breath test** [stichprobenartig durchgeführter] Alkoholtest *(bei Autofahrern)*

RC¹ [ˌɑ:'si:, AM ˌɑ:r-] *n* REL *abbrev of* **Roman Catholic** r.-k., röm.-kath.

RC² [ˌɑ:'si:, AM ˌɑ:r-] *n (organization) abbrev of* **Red Cross** RK *nt*

RC³ [ˌɑ:'si:, AM ˌɑ:r-] *n* ARCHIT *abbrev of* **reinforced concrete** Stahlbeton *m*

RCMP [ˌɑ:si:em'pi:, AM ˌɑ:r-] *n + pl vb* CAN *abbrev of* **Royal Canadian Mounted Police** *berittene Polizeieinheit*

Rd *n abbrev of* **road** Str.

RD [ɑ:ʳ'di:] *n abbrev of* **registered dietician** Ernährungsberater(in) *m(f)*

RDF¹ [ˌɑ:di:'ef, AM ˌɑ:r-] *n abbrev of* **radio direction finder** *Gerät zur Funkpeilung*

RDF² [ˌɑ:di:'ef, AM ˌɑ:r-] *n* AM MIL *abbrev of* **rapid deployment force** schnelle Eingreiftruppe

RDF³ [ˌɑ:di:'ef, AM ˌɑ:r-] *n abbrev of* **refuse-derived fuel** BRAM *m,* Brennstoff *m* aus Müll

re¹ [ri:] MUS re *nt*

re² [ri:] *prep* bezüglich *+gen,* in Bezugnahme auf *+akk; (in letter)* betrifft, Betr[eff] *veraltend;* ***I spoke to her ~ your accident*** ich habe mit ihr wegen Ihres Unfalls gesprochen; ***~ : your letter of 03/15/02*** Ihr Schreiben vom 15.03.02

RE¹ [ˌɑ:ʳ'i:] *n* BRIT *+ pl vb* MIL *abbrev of* **Royal Engineers** Pionierkorps der britischen Armee

RE² [ˌɑ:ʳ'i:] *n* BRIT *no pl* REL, SCH *abbrev of* **religious education** Religionslehre *f*

reach [ri:tʃ] I. *n* <*pl* -es> ❶ *no pl (arm length)* Reichweite *f;* **to have a long/short ~** lange/kurze Arme *pl* haben; **out of/within ~** außer/in Reichweite; **to be out of** [*or* **beyond**]**/within** [*or* **in**] **sb's ~** sich *akk* nicht/sich *akk* in jds Reichweite befinden; ***the apples were on a branch just out of/within*** [***my***] **~** die Äpfel hingen an einem Ast, an den ich nicht herankam/ich gerade noch [heran]kam; **to be within arm's** [*or* **easy**] **~** in greifbarer Nähe sein; **to keep sth out of/within ~** etw außer Reichweite/parat haben; ***I like to keep a notebook and pencil within*** [***arm's***] **~** ich habe immer etwas zum

R

Schreiben parat; ***keep out of ~ of children*** für Kinder unzugänglich aufbewahren!

② *no pl (distance to travel)* **to be within** [**easy**] ~ [ganz] in der Nähe sein

③ *no pl (power)* Reichweite *f*

④ *no pl* TV, RADIO [Sende]bereich *m*

⑤ ■ **~es** *pl (part)* Abschnitt *m; (land)* Gebiet *nt; (river)* [Fluss]abschnitt *m; (fig: circles)* Kreise *pl;* **the higher ~es of government** die oberen Regierungskreise; **the farthest** [*or* **outermost**] **~es of the universe** die entlegensten Bereiche des Universums

⑥ *no pl (stretch)* **to make a ~ for sb/sth** nach jdm/etw greifen; *(fig)* ***it takes quite a ~ of the imagination to ...*** es bedarf schon einer gehörigen Portion Vorstellungskraft, um ...

▸PHRASES: **to be out of** [*or* **beyond**]/**within** [*or* **in**] **sb's ~** *(capability)* nicht im Rahmen/im Rahmen des Möglichen liegen; *(financially)* jds finanzielle Möglichkeiten übersteigen/für jdn erschwinglich sein; ***after years of saving the car was at last within her ~*** nach jahrelangem Sparen konnte sie sich endlich das Auto leisten; **to be beyond sb's ~** *(intellectually)* über jds Horizont gehen; **to come within ~ of doing sth** kurz davor sein, etw zu tun

II. *vi* ① *(stretch)* langen *fam,* greifen; ***she ~ed to the top shelf of the cupboard and produced a present*** sie langte in das oberste Schrankfach und holte ein Geschenk hervor *fam;* ■ **to ~ across/into/through sth** über/in/durch etw *akk* langen *fam;* ■ **to ~ for sth** nach etw *dat* greifen [*o fam* langen]; ■ **to ~ over sth** über etw *akk* [hinüber]greifen [*o fam* hinüberlangen]

② *(touch)* herankommen, [d]rankommen *fam,* heranreichen; ***can you get the book? I can't ~*** kannst du mir das Buch geben? ich komme nicht [d]ran *fam*

③ *(extend)* reichen; ■ **to ~ to** [*or* **as far as**] **sth** bis zu etw *dat* reichen; ***the snow ~ed almost to my knees*** der Schnee ging [*o* reichte] mir fast bis zu den Knien

▸PHRASES: **~ for the sky** [*or* **skies**]! AM *(dated sl)* Hände hoch!; **to ~ for the stars** nach den Sternen greifen

III. *vt* ① *(arrive at)* **to ~ sb/sth** jdn/etw erreichen; ***how long will it take this letter to ~ Italy?*** wie lange braucht dieser Brief bis nach Italien?; ***the news has only just ~ed me*** ich habe die Nachricht gerade erst erhalten; ***I ~ed chapter five*** ich bin bis Kapitel fünf gekommen; **to ~ one's destination** an seinem Bestimmungsort ankommen; **to ~ sb's ears** *sound* an jds Ohren dringen; *information* jdm zu Ohren kommen; **to be easily ~ed** leicht zu erreichen sein; **to ~ the finishing line** [*or* **the tape**] die Ziellinie überqueren, durchs Ziel kommen

② *(attain)* ■ **to ~ sth** etw erreichen; ***the temperature is expected to ~ 25°C today*** heute soll es bis zu 25°C warm werden; ***she had ~ed the nadir of her existence*** sie war an einem absoluten Tiefpunkt [in ihrem Leben] angelangt; **to ~ adulthood** [*or* **maturity**]/**one's majority** erwachsen/volljährig werden; **to ~ an agreement/a consensus** eine Übereinkunft/Übereinstimmung erzielen; **to ~ a certain altitude/velocity** eine bestimmte Höhe/Geschwindigkeit erreichen; **to ~ the conclusion/decision that ...** zu dem Schluss/der Entscheidung kommen, dass ...; **to ~** [**a**] **deadlock** in einer Sackgasse landen *fig;* **to ~ fever pitch** den Siedepunkt erreichen; **to ~ an impasse** nicht mehr weiterkommen; **to ~ manhood/womanhood** zum Mann/zur Frau werden; **to ~ orgasm** zum Orgasmus kommen; **to ~ the point of no return** einen Punkt erreichen, an dem es kein Zurück [mehr] gibt; ***she's ~ed the point of no return*** es gibt für sie kein Zurück [mehr]; **to have ~ed one's prime/puberty** im besten Alter/in der Pubertät sein; **to ~ a settlement** zu einer Einigung gelangen; **to ~ the turning point** zum Wendepunkt kommen; **to ~ a verdict** zu einem Urteil gelangen

③ *(extend to)* ■ **to ~ sth** *road* bis zu etw *dat* führen; *hair, clothing* bis zu etw *dat* reichen; ***her hair ~es her waistline*** ihre Haare reichen ihr bis zur Taille

④ *(touch)* **to be able to ~ sth** an etw *akk* heranreichen [können], an etw *akk* herankommen; ***our daughter can ~ the door handle now*** unsere Tochter kommt jetzt schon an den Türgriff ran *fam*

⑤ *(give)* ■ **to ~ sb sth** jdm etw hinüberreichen [*o geh* reichen]; ***can you ~ me the water, please?*** kannst du mir bitte das Wasser herüberreichen?; ***I ~ed him a plate from the cupboard*** ich holte ihm einen Teller aus dem Schrank

⑥ ■ **to ~ sb** *(contact)* jdn erreichen; *(phone)* jdn [telefonisch] erreichen

⑦ TV, RADIO **to ~ an audience** ein Publikum erreichen

⑧ *(influence)* ■ **to ~ sb** jdn erreichen *fig,* zu jdm vordringen *fig*

◆**reach across** *vt, vi see* **reach over**

◆**reach down** *vi* ① *(stretch)* hinuntergreifen, hinunterlangen *fam,* nach unten greifen; ■ **to ~ down for sth** nach etw *dat* greifen [*o fam* langen]; ■ **to ~ down** [**for/to sb**] die Hand [nach jdm] ausstrecken

② *(extend)* hinabreichen; ***her hair ~es down to her waist*** das Haar geht [*o* reicht] ihr bis zur Taille

◆**reach out I.** *vt* **to ~ out** ↔ **one's hand** [**for sth/sb**] die Hand [nach etw/jdm] ausstrecken

II. *vi* die Hand ausstrecken; ■ **to ~ out for sth** nach etw *dat* greifen [*o fam* langen]; ■ **to ~ out** [**for sb**] die Hand [nach jdm] ausstrecken

◆**reach out to** *vi* ■ **to ~ out to sb** ① *(stretch)* die Hand nach jdm ausstrecken

② *(appeal to)* sich *akk* [Hilfe suchend] an jdn wenden

③ *(help)* für jdn da sein

◆**reach over** *vi* hinübergreifen, hinüberlangen *fam; (reach over for sth)* nach etw *dat* greifen [*o fam* langen]; ■ **to ~ over** [**to sb**] die Hand [nach jdm] ausstrecken

◆**reach up** *vi* ① *(stretch)* nach oben greifen, hinauflangen *fam;* ■ **to ~ up for sth** nach etw *dat* greifen [*o fam* langen]; ■ **to ~ up** [**for/to sb**] die Hand [nach jdm] ausstrecken

② *(extend)* hinaufreichen

reach·able [ˈriːtʃəbl] *adj* erreichbar

re·act [riˈækt] *vi* ① *(respond)* reagieren; ■ **to ~ against sth** etw *dat* widersprechen; *law* etw *dat* zuwiderhandeln; **to ~ quickly/strongly** schnell/heftig reagieren; **to be slow to ~** langsam reagieren; ■ **to ~ to sb/sth** auf jdn/etw reagieren; **to ~ to a stimulus** auf einen Reiz reagieren

② MED ■ **to ~ to sth** auf etw *akk* reagieren [*o* ansprechen]; ■ **to ~ on sth** eine Reaktion bei etw *dat* hervorrufen

③ CHEM ■ **to ~ with sth** mit etw *dat* reagieren

re·ac·tant [riˈæktᵊnt, AM -tənt] *n* CHEM Reaktionspartner *m*

re·ac·tion [riˈækʃᵊn] *n* ① *(response)* Reaktion *f* (to auf +*akk*); ***what was his ~ when you told him you were leaving him?*** wie reagierte er, als du ihm sagtest, du würdest ihn verlassen?; ***there has been a widespread ~ against the government's proposed tax increases*** die von der Regierung vorgesehenen Steuererhöhungen stoßen weitgehend auf Ablehnung; **chain ~** Kettenreaktion *f*

② *(reflexes)* ■ **~s** *pl* Reaktionsfähigkeit *f kein pl,* Reaktionsvermögen *nt kein pl;* **to have quick ~s** ein gutes Reaktionsvermögen haben

③ MED Reaktion *f;* **to cause a ~ in** [**certain**] **people** bei [bestimmten] Personen eine Reaktion hervorrufen; **to have an allergic ~ to sth** auf etw *akk* allergisch reagieren

④ CHEM, PHYS Reaktion *f;* **nuclear ~** Kernreaktion *f;* **~ accelerator** Reaktionsbeschleuniger *m;* **~ chain** Reaktionskette *f;* **~ flask** Reaktionskolben *m;* **~ of formation** Bildungsreaktion *f*

⑤ *no pl* POL *(pej form)* Reaktion *f pej;* **the forces of ~** die reaktionären Kräfte

⑥ *(opposite response)* [Gegen]reaktion *f;* **action and ~** Wirkung *f* und Gegenwirkung *f,* Aktion *f* und Reaktion *f*

re·ac·tion·ary [riˈækʃᵊnᵊri, AM -eri] **I.** *adj* POL reaktionär

II. *n* POL Reaktionär(in) *m(f)*

re·ac·ti·vate [riˈæktɪveɪt, AM -tə-] **I.** *vt* ■ **to ~ sth** etw reaktivieren; ***there are plans to ~ the old railway line*** es gibt Pläne, die alte Eisenbahnstrecke wieder in Betrieb zu nehmen; **to ~d memories for sb** Erinnerungen in jdm wachrufen

II. *vi* wieder aktiv werden; *virus* wieder ausbrechen

re·ac·tive [riˈæktɪv] *adj* ① *(showing response)* gegenwirkend

② *(acting in response)* ■ **to be ~** als Gegenreaktion erfolgen

③ PSYCH, MED reaktiv *fachspr,* durch einen Reiz ausgelöst, Abwehr-; **~ disease** [*or* **illness**] reaktive Krankheit

④ CHEM reaktiv, reaktionsfähig; **~ gas** reaktives Gas

⑤ ELEC Blind-; **~ current** Blindstrom *m*

re·ac·tor [riˈæktəʳ, AM -tɚ] *n* ① *(sb or sth that reacts)* **to be a quick/slow ~** schnell/langsam reagieren

② NUCL Reaktor *m;* **nuclear ~** Kernreaktor *m;* **~ accident** NUCL Reaktorunfall *m*

③ CHEM Reaktionsapparat *m*

④ MED *jd, der auf ein Medikament reagiert;* **to be a non-~** nicht reagieren, keine Wirkung zeigen

⑤ ELEC Induktor *m*

re·ˈac·tor core *n* NUCL Reaktorkern *m*

read[1] [riːd] **I.** *n usu sing* ① BRIT, AUS *(act of reading)* Lesen *nt;* **to have a quiet ~** *(fam)* in Ruhe lesen; **to have a ~ of sth** in etw *akk* hineinschauen *fam,* einen Blick in etw *akk* werfen

② *(fam: book)* **good/bad ~** spannende/langweilige Lektüre; **to be a good ~** sich *akk* gut lesen [lassen]

③ AM *(interpretation)* Lesart *f*

II. *vt* <read, read> ① *(understand written material)* ■ **to ~ sth** etw lesen; *handwriting* etw entziffern; **to ~ sth avidly** etw leidenschaftlich gern lesen; **to ~ sth voraciously** etw geradezu verschlingen; **to ~ a map** eine Karte lesen

② MUS **to ~ music** Noten lesen

③ *(speak aloud)* **to ~ sth aloud** [*or* **out loud**] etw laut vorlesen; ■ **to ~ sb sth** [*or* **sth to sb**] jdm etw vorlesen

④ *(discern)* **to ~ an emotion** ein Gefühl erraten; **to ~ sb's face** in jds Gesicht lesen; **to ~ sth in sb's face** jdm etw vom Gesicht ablesen

⑤ *(interpret)* interpretieren, deuten; ***if I've ~ the situation aright, ...*** wenn ich die Situation richtig verstehe, ...

⑥ *(substitute)* ■ **to ~ sth for sth**: ***on page 19, for Blitish, please ~ British*** auf Seite 19 muss es statt Blitish British heißen

⑦ *(proof-read)* ■ **to ~ sth** etw Korrektur lesen; **to ~ a proof** Korrektur lesen

⑧ POL, LAW **to ~ a bill/measure** eine Gesetzesvorlage/gesetzliche Verfügung lesen

⑨ *(inspect and record)* ■ **to ~ sth** etw ablesen; **to ~ a meter** einen Zählerstand ablesen

⑩ *(show information)* ■ **to ~ sth** etw anzeigen; ***the thermometer is ~ing 40°C in the shade*** das Thermometer zeigt 40°C im Schatten an

⑪ BRIT UNIV *(form)* ■ **to ~ sth** *chemistry, English, history* etw studieren

⑫ COMPUT **to ~ a card** eine Karte [ein]lesen; **to ~ data** Daten lesen; **~/write head** Lese-/Schreibkopf; **~ only** nur zum Lesen; **~-only memory** Festwertspeicher *m*

⑬ RADIO, TELEC ■ **to ~ sb** jdn verstehen; *(fig: understand sb's meaning)* jdn verstehen; ***do you ~ me? — loud and clear*** können Sie mich verstehen? – laut und deutlich; ***I don't ~ you*** ich verstehe nicht, was du meinst

⑭ *(prophesy)* **to ~ sb's palm** jdm aus der Hand lesen; **to ~ the tea leaves** aus dem Kaffeesatz lesen; **to ~ sth in the cards** etw in den Karten lesen

▸PHRASES: **to ~ sb like a book** in jdm lesen können wie in einem [offenen] Buch; **to ~ sb a lecture** *(form)* jdm die Leviten lesen *fam;* **~ my lips!** hör [mal] ganz genau zu!; **to ~ sb's lips** jdm von den Lippen lesen; **to ~ sb's mind** [*or* **thoughts**] jds Gedanken lesen; **to ~ sb the Riot Act** jdm gehörig die Leviten lesen *fam;* **to ~ the runes** BRIT die Zeichen

der Zeit erkennen
III. *vi* <read, read> ① *(understand written material)* lesen; to ~ **avidly** leidenschaftlich gern lesen; **to ~ voraciously** Bücher geradezu verschlingen; ■**to ~ about** [*or* **of**] **sb/sth** über jdn/etw lesen
② *(speak aloud)* **to ~ aloud** [*or* **out loud**] [**to sb**] [jdm] laut vorlesen
③ *(create impression)* **to ~ well** *book, letter, article, magazine* sich *akk* gut lesen
④ *(have wording)* lauten; ***there was a sign ~ ing "No Smoking"*** auf einem Schild stand „Rauchen verboten"
⑤ THEAT, FILM **to ~ for a part** sich *akk* in eine Rolle einlesen
⑥ *esp* BRIT UNIV *(form)* ■**to ~ for sth** etw studieren; **to ~ for the Bar** Jura [*o* ÖSTERR Jus] studieren
⑦ *(be interpreted as)* ■**to ~ as sth** als etw *akk* interpretiert werden
▶PHRASES: **to ~ between the <u>lines</u>** zwischen den Zeilen lesen
◆**read back** *vt* ■**to ~ back ○ sth** etw nochmals gründlich durchlesen
◆**read down** *vt* **to ~ down a list** eine Liste verlesen
◆**read in** *vt* COMPUT **to ~ in data** Daten einlesen
◆**read into** *vt (interpret)* **to ~ a meaning/significance into sth** eine Bedeutung in etw *akk* hineininterpretieren; **to ~ too much into sth** zu viel in etw *akk* hineininterpretieren
◆**read off** *vt* ■**to ~ off ○ sth** ① *(note exactly) measurements, technical readings* etw ablesen
② *(enumerate)* etw herunterlesen
◆**read on** *vi* weiterlesen
◆**read out** *vt* ① *(read aloud)* ■**to ~ out ○ sth** etw laut vorlesen [*o form* verlesen]; ■**to ~ out sth to sb** jdm etw laut vorlesen
② COMPUT **to ~ out data** Daten auslesen
③ *esp* AM *(expel)* **to ~ sb out of a body/an organization** jdn aus einem Gremium/einer Organisation ausschließen
◆**read over, read through** *vt* ■**to ~ over** [*or* **through**] **○ sth** etw [schnell] durchlesen [*o* überfliegen]
◆**read up** I. *vt* ■**to ~ up ○ sb/sth** sich *akk* über jdn/etw informieren
II. *vi* nachlesen; ■**to ~ up on** [*or* **about**] **sb/sth** sich *akk* über jdn/etw informieren

read² [red] I. *vt, vi pt, pp of* **read**
II. *adj* ▶PHRASES: **to <u>take</u> sth as ~** etw als selbstverständlich voraussetzen; ***we will take the minutes as ~*** wir setzen das Protokoll als bekannt voraus

read·abil·ity [ˌriːdəˈbɪləti, AM -əṭi] *n no pl* Lesbarkeit *f*

read·able [ˈriːdəbl̩] *adj* ① *(legible)* lesbar, leserlich
② *(enjoyable to read)* lesenswert; **highly ~** sehr lesenswert
③ *(easy to read)* [gut] lesbar

re·ad·dress [ˌriːəˈdres] *vt* ① *(write new address)* **to ~ an envelope/a letter/a parcel** einen Umschlag/einen Brief/ein Paket umadressieren
② *(re-examine)* **to ~ an issue/a problem** sich *akk* einer Frage/einem Problem erneut zuwenden

read·er [ˈriːdəʳ, AM -ɚ] *n* ① *(person who reads)* Leser(in) *m(f)*; **to be an avid ~ of sth** etw leidenschaftlich gern lesen
② *(person who reads aloud)* Vorleser(in) *m(f)*
③ *(in library)* Leser(in) *m(f)*
④ PUBL **publisher's ~** [Verlags]lektor(in) *m(f)*
⑤ *(proof-corrector)* Lektor(in) *m(f)*
⑥ *(book of extracts)* Aufsatzsammlung *f*; SCH Lesebuch *nt;* UNIV Reader *m*
⑦ BRIT UNIV ≈ Dozent(in) *m(f)*; ***he is a ~ in history at Liverpool*** er ist Dozent für Geschichte in Liverpool
⑧ *(device)* Leser *m;* **microfilm/microfiche ~** Mikrofilm-/Mikrofichelesegerät *nt*

read·er·ship [ˈriːdəʃɪp, AM -dɚ-] *n + sing/pl vb*
① *(readers)* Leserschaft *f*, Leserkreis *m*
② BRIT UNIV Dozentenstelle *f*

readi·ly [ˈredɪli] *adv* ① *(willingly)* bereitwillig
② *(easily)* einfach, ohne Weiteres

readi·ness [ˈredɪnəs] *n no pl* ① *(willingness)* Bereitwilligkeit *f*, Bereitschaft *f;* **to declare one's ~ to do sth** sich *akk* bereit erklären, etw zu tun
② *(preparedness)* Bereitschaft *f;* ***the scaffolding has been put up in ~ for the repair work*** das Gerüst wurde für die Ausbesserungsarbeiten bereitgehalten
③ *(quickness)* Schnelligkeit *f*

read·ing [ˈriːdɪŋ] I. *n* ① *no pl (activity)* Lesen *nt; of a legal document* Verlesen *nt;* **~ and writing** Lesen *nt* und Schreiben *nt*
② *no pl (material to be read)* Lesestoff *m;* **to catch up on one's ~** den Stoff nachholen
③ *no pl (with indication of quality)* **to make** [**good/bad**] **~** eine [gute/schlechte] Lektüre sein; **bedtime ~** Bettlektüre *f;* **compulsory** [*or* **required**] **~** Pflichtlektüre *f;* **light/heavy ~** leichte/[sehr] schwierige Lektüre
④ *(form: literacy)* Belesenheit *f;* **to be of wide ~** sehr belesen sein
⑤ *(recital)* Lesung *f;* **poetry ~** Dichterlesung *f*
⑥ REL Lesung *f;* **~s from the Bible** Lesungen *pl* aus der Bibel
⑦ *(interpretation) of a literary work, a passage, a sentence* Deutung *f*, Interpretation *f; of a situation, the facts* Einschätzung *f*
⑧ *(amount shown)* Anzeige *f;* **meter ~** Zählerstand *m;* **to take a ~ of sth** etw ablesen
⑨ POL Lesung *f;* **to give a bill its first/second/third ~** über ein Gesetz in erster/zweiter/dritter Lesung beraten
⑩ COMPUT Ablesewert *m*
II. *n modifier (relating to reading)* Lese-; **~ material** Lesestoff *m*, Lektüre *f;* **~ speed** Lesegeschwindigkeit *f;* **~ skills** Lesefähigkeit *f kein pl*, Fähigkeit *f* zu lesen

ˈread·ing age *n* **to have a ~ of seven** wie eine Siebenjährige lesen [können]

ˈread·ing book *n* Lesebuch *nt*

ˈread·ing glasses *npl* Lesebrille *f*

ˈread·ing knowl·edge *n no pl* ***I've got a good ~ of French*** ich kann Französisch gut lesen

ˈread·ing lamp *n* Leselampe *f*

ˈread·ing list *n* Lektüreliste *f*, Leseliste *f*

read·ing ˈpub·lic *n* Leserschaft *f*

ˈread·ing room *n* Lesesaal *m*

re·ad·just [ˌriːəˈdʒʌst] I. *vt* ■**to ~ sth** ① *(correct)* etw [wieder] neu anpassen; ***he ~ ed his tie*** er rückte seine Krawatte zurecht
② TECH *machine* etw neu einstellen
II. *vi* ① *(adjust again) objects, machines* sich *akk* neu einstellen; *clock* sich *akk* neu stellen
② *(readapt)* ■**to ~ to sth** sich *akk* wieder an etw *akk* gewöhnen

re·ad·just·ment [ˌriːəˈdʒʌstmənt] *n* ① TECH Neueinstellung *f*, Korrektur *f*
② POL Neuorientierung *f*, Neuausrichtung *f*
③ ECON Anpassung *f*, Neuregelung *f*

ˈread-only *adj* COMPUT Nur-Lese-, Fest-

read-only ˈmemo·ry *n* COMPUT Festspeicher *m*, ROM *m o nt*

ˈread-out *n* COMPUT [Sicht]anzeige *f*

ˈread-through *n* THEAT Durchlesen *nt (von Rollentexten)*

read-ˈwrite head *n* COMPUT Schreib-Lese-Kopf *m*

ready [ˈredi] I. *adj* ① *pred (prepared)* fertig, bereit, SCHWEIZ, ÖSTERR *a.* parat; ***are you ~ ? — I'm ~ if you are*** bist du bereit? – ich bin fertig, wenn du so weit bist; **to be ~** [**for sth**] [für etw *akk*] bereit sein; **to get** [*or* **make**] **~** [**for sth**] sich *akk* [für etw *akk*] fertig machen; ***I hope you have made ~ for the trip*** ich hoffe, du bist reisefertig; ■**to be ~ to do sth** bereit sein, etw zu tun; ***the waiter asked, "are you ~ to order?"*** der Ober fragte: „haben Sie schon gewählt?"; **to get ~ to get out/leave** sich *akk* zum Ausgehen/Weggehen fertig machen; **to get** [*or* **make**] **sth ~** etw fertig machen; **to get a meal ~** ein Essen vorbereiten; **to get sb ~** [**for sth**] jdn [auf etw *akk*] vorbereiten; **to be ~ and waiting** bereit sein
② *(willing)* ■**to be ~ to do sth** bereit sein, etw zu tun; ■**to be ~ with sth** etw gerne [*o* bereitwillig] geben; ***he is always ~ with compliments*** er verteilt gerne Komplimente
③ *(on verge of)* ■**to be ~ to do sth** kurz davorstehen, etw zu tun; ***he looked ~ to collapse*** er sah aus, als würde er gleich zusammenbrechen
④ *(immediately available)* verfügbar; **~ supply** sofort verfügbarer Nachschub; **~ to hand** zur Hand, griffbereit
⑤ *attr (esp approv: quick)* prompt, schnell; **to find ~ acceptance** bereitwillig aufgenommen werden; **~ access** schneller Zugang; **~ mind** wacher Verstand; **to have a ~ reply** immer eine Antwort parat haben; **to have a ~ tongue** [*or* **wit**] schlagfertig sein; **to be too ~ to do sth** etw allzu schnell tun
⑥ *(fam: desirous)* ■**to be ~ for sth** etw wollen; *(in need of)* etw brauchen; **to be ~ for a drink** etw zum Trinken brauchen [*o* trinken müssen]; **to be ~ for a fight** kämpfen wollen
▶PHRASES: **~, <u>steady</u>, go!** BRIT SPORT auf die Plätze, fertig, los!
II. *n (money)* ■**readies** [*or* **the ~**] *pl* BRIT *(fam)* Bare(s) *nt kein pl fam;* **to be short of the ~** nicht flüssig [*o* knapp bei Kasse] sein *fam*
▶PHRASES: **<u>at</u> the ~** bereit; ***he stood by the phone, pencil at the ~*** er stand mit gezücktem Bleistift am Telefon
III. *vt* <-ie-> ■**to ~ sb/sth** [**for sth**] jdn/etw [für etw *akk*] bereit machen

ready ˈcash *n see* **ready money**

ready-ˈmade *adj* ① *(ready for use)* gebrauchsfertig; FOOD fertig; **~ meal** Fertiggericht *nt*
② FASHION Konfektions-; **~ clothing/suit** Konfektionskleidung *f*/-anzug *m*
③ *(available immediately)* vorgefertigt; **to have a ~ answer/excuse** eine Antwort/Entschuldigung parat haben

ready-ˈmixed *adj inv* gebrauchsfertig

ready ˈmon·ey *n no pl (fam)* Bare(s) *nt fam*, Bargeld *nt*

ready ˈreck·on·er *n* BRIT Rechentabelle *f*

ˈready-to-wear *adj* Konfektions-; **~ clothes** Konfektionskleidung *f*

re·af·firm [ˌriːəˈfɜːm, AM -ˈfɜːrm] *vt* **to ~ sth** etw bestätigen; **to ~ one's belief/one's intentions** seine Überzeugung/seine Absichten erneut beteuern; **to ~ one's commitment/support** seine Einsatzbereitschaft/Unterstützung nochmals betonen; **to ~ one's opposition** seinen Widerstand nochmals zum Ausdruck bringen

re·af·fir·ma·tion [ˌriːæfɜːˈmeɪʃᵊn, AM -fɜːrˈ-] *n no pl* [wiederholte] Bestätigung

re·af·for·est [ˌriːəˈfɒrɪst, AM -ˈfɔːr-] *vt* BRIT, AUS ECOL *see* **reforest**

re·af·for·esta·tion [ˌriːəˌfɒrɪˈsteɪʃᵊn, AM -ˌfɔːr-] *n no pl* BRIT, AUS ECOL *see* **reforestation**

re·agent [riːˈeɪdʒənt] *n* CHEM Reagens *nt*, Reagenz *nt*

real [rɪəl, AM riːl] I. *adj* ① *(not imaginary)* wirklich, real; *things* dinglich, Sach-; *land* unbeweglich; **in ~ life** im wirklichen Leben; **the ~ world** die wirkliche Welt
② *(genuine)* echt; ***she is a ~ godsend*** sie ist wahrhaft ein Geschenk des Himmels; **~ beauty** wahre Schönheit; **~ danger** echte Gefahr; **made of ~ leather/silver** aus echtem Leder/Silber gefertigt; **~ pleasure** wahre Freude; ***it's a ~ pleasure to meet you*** ich bin sehr erfreut, Sie kennenzulernen; **to be one's ~ self** sich *akk* so geben, wie man ist, ganz man selbst sein; **~ threat** wirkliche [*o* reale] Bedrohung
③ *(for emphasis)* **~ bargain** echt günstiges Angebot [*o fam* Schnäppchen] *nt;* **to be a ~ dump** die reinste Müllkippe [*o* ÖSTERR ein wirkliches Loch] sein *fam*
④ FOOD unbehandelt; **~ coffee** Bohnenkaffee *m*
⑤ *(hum: proper)* **a ~ man** ein richtiger Mann; **a ~ gentleman** ein wahrer Gentleman
⑥ *(fam: utter)* **a ~ disaster** eine echte Katastrophe *fam*
⑦ *attr* FIN, ECON effektiv, real, Real-; **~ earnings** [*or* **income**] Realeinkommen *nt*, effektives Einkommen; **in ~ terms** effektiv; **~ wages** Reallohn *m*
⑧ MATH **~ number** reelle Zahl; **~ quantity** reale Menge
⑨ PHOT **~ image** reales [*o* echtes] Bild
▶PHRASES: **<u>for</u> ~** *(fam)* echt, wahr; ***is this letter a joke or is it for ~ ?*** ist dieser Brief ein Scherz oder

R

[ist er] ernst gemeint?; **get ~!** *esp* AM *(fam)* mach dir doch nichts vor!; **to be the ~ McCoy** *(fam)* der/die/das einzig Wahre sein *fam;* **the ~ thing** *(not fake)* das Echte [*o* Wahre]; *(true love)* die wahre Liebe; **to look like the ~ thing** echt aussehen

II. *adv esp* AM *(fam)* wirklich *fam,* total *sl,* echt *sl;* ***this lemonade is ~ good!*** diese Limonade schmeckt wirklich toll!

real 'ale *n no pl esp* BRIT FOOD Real Ale *nt,* echtes Ale

real 'as·sets *npl* Realwerte *pl* **real 'capi·tal** *n no pl* Realkapital *nt* **real e'cono·my** *n* Realwirtschaft *f*

'real es·tate *n no pl esp* AM, AUS ARCHIT Immobilien *pl; (business field)* Grundstückswesen *nt;* **a piece of ~** ein Immobilienobjekt *nt;* **~ administration** *no pl* Immobilienverwaltung *f;* **~ brokerage** *no pl* Immobilienvermittlung *f;* **~ business** Immobiliengeschäft *nt;* **~ certificate** Immobilienzertifikat *nt;* **~ company** Grundstücksgesellschaft *f,* Immobilienunternehmen *nt;* **~ management** *no pl* Immobilienbewirtschaftung *f,* Liegenschaftsverwaltung *f;* **~ property** Grundstück *nt,* Immobilienobjekt *nt;* **~ tax** Grundsteuer *f;* **~ trading** *no pl* Immobilienhandel *m;* **~ valuation** Grundstücksschätzung *f*

'real es·tate agent AM, AUS, **'real es·tate bro·ker** *n* AUS *(estate agent)* Immobilienmakler(in) *m(f)*

real es·tate de·'vel·op·er *n* AM Immobilienhändler(in) *m(f)*

re·align [ˌriːəˈlaɪn] *vt* ① *(align again)* ■**to ~ sth** etw neu ordnen; **to ~ books** Bücher umsortieren; **to ~ a joint** eine Nahtstelle richten

② POL **to ~ one's policies** sein Parteiprogramm neu ausrichten; **to ~ with the opposition** sich *akk* der Opposition anschließen

re·align·ment [ˌriːəˈlaɪnmənt] *n* ① *(new alignment)* Neuordnung *f,* Neuaufstellung *f,* Neuausrichtung *f;* TECH [neuerliches] Fluchten; AUTO [neuerliche] Spureinstellung

② POL Neuordnung *f,* Neugruppierung *f*

real 'in·come *n,* **real 'wages** *npl* ECON Realeinkommen *nt* **real 'in·ter·est rate** *n* Realzins *m*

re·al·ism [ˈrɪəlɪzəm, AM ˈriː-] *n no pl* ① *(attitude)* Wirklichkeitssinn *m,* Realitätssinn *m,* Realismus *m*

② ART, LIT Realismus *m*

③ PHILOS Realismus *m*

re·al·ist [ˈrɪəlɪst, AM ˈriː-] I. *n* ① *(realistic person)* Realist(in) *m(f)*

② ART, LIT Realist(in) *m(f),* Vertreter(in) *m(f)* des Realismus

II. *n modifier* ART, LIT realistisch; **~ painter** Maler(in) *m(f)* des Realismus, realistischer Maler/realistische Malerin

re·al·is·tic [ˌrɪəˈlɪstɪk, AM ˌriːəˈ-] *adj* ① *(practical)* realistisch; ***I wish Jason were more ~*** ich wünschte, Jason hätte etwas mehr Sinn für die Realität; ■**to be ~ about sth** etw [ganz] realistisch sehen

② ART, LIT realistisch

re·al·is·ti·cal·ly [ˌrɪəˈlɪstɪkli, AM ˌriːəˈ-] *adv* realistisch

re·al·ity [riˈæləti, AM -ət̬i] *n* ① *no pl (the actual world)* Realität *f,* Wirklichkeit *f;* **to be in/out of touch with ~** den Sinn für die Realität haben/verloren haben; **to bear little resemblance to ~** wenig mit der Realität zu tun haben; **to come back to ~** auf den Boden der Tatsachen zurückkehren; **to escape from ~** vor der Realität flüchten; **to face** [*or* **confront**] **~** den Tatsachen ins Auge sehen, sich *akk* der Realität stellen; **to lose touch with ~** den Sinn für die Realität verlieren; **the ~ of the situation is that ...** die tatsächliche Situation sieht so aus, dass ...

② *(fact)* Tatsache *f;* **harsh ~** harte Tatsache; **to become a ~** wahr werden, sich *akk* verwirklichen; **to make one's ambition/goal/plan a ~** seine Ambitionen/sein Ziel/seinen Plan in die Tat umsetzen; **to make sb's dream a ~** jds Traum wahr werden lassen

③ *no pl* ART, LIT Realität *f; of a portrayal, painting* Naturtreue *f*

▸ PHRASES: **in ~** in Wirklichkeit, tatsächlich

re·'al·ity check *n (fam)* Augenöffner *m fig fam;* ■**to do a ~** der Wahrheit ins Auge blicken **re·'al·ity se·ries** *n* Realityserie *f* **re'·al·ity show** *n* Realityshow *f* **re·al·ity 'tele·vi·sion, re·al·ity T'V** *n* Realityfernsehen *nt,* Reality-TV *nt* **re·al·ity-'test·ed** *adj* [in der Praxis] erprobt, praxisorientiert

re·al·iz·able [ˌrɪəˈlaɪzəbl̩, AM ˌriːəˈ-] *adj* ① *(able to happen)* realisierbar, umsetzbar

② FIN realisierbar *fachspr,* veräußerbar

re·ali·za·tion [ˌrɪəlaɪˈzeɪʃən, AM ˌriːəlɪˈ-] *n* ① *(awareness)* Erkenntnis *f;* ***the ~ was dawning that ...*** allmählich dämmerte ihnen, dass ...; **sobering ~** ernüchternde Erkenntnis

② *no pl (fulfilment)* Realisierung *f,* Verwirklichung *f,* Ausführung *f;* ECON *also* Durchführung *f;* **the ~ of a project** die Ausführung eines Planes

③ *no pl* FIN Realisierung *f fachspr,* Veräußerung *f;* **~ of assets** Veräußerung *f* von Vermögenswerten; **~ of profits** Gewinnerzielung *f*

re·al·ize [ˈrɪəlaɪz, AM ˈriːə-] *vt* ① *(be aware of)* ■**to ~ sth** sich *dat* einer S. *gen* bewusst [*o* über etw *akk* im Klaren] sein; *(become aware of)* etw erkennen [*o* begreifen], sich *dat* einer S. *gen* bewusst werden, sich *dat* etw klarmachen, sich *dat* über etw *akk* im Klaren sein; ***you're standing on my foot — sorry, I didn't ~*** du stehst auf meinem Fuß – entschuldige, das habe ich gar nicht gemerkt; ***I ~ how difficult it's going to be*** mir ist klar, wie schwierig das sein wird; ■**to ~ that ...** bemerken [*o* erkennen], dass ...

② *(make real)* ■**to ~ sth** etw realisieren [*o* verwirklichen]; *(come true) fears* sich *akk* bewahrheiten; **to ~ one's potential** sich *akk* verwirklichen; **to ~ a wish** einen Wunsch erfüllen

③ ART, LIT **to ~ a film/play** einen Film/ein Stück [künstlerisch] umsetzen

④ FIN ■**to ~ sth** etw veräußern [*o fachspr* realisieren], etw zu Geld machen *fam;* **to ~ assets** Vermögenswerte veräußern; **to ~ a price/profit** einen Preis/Gewinn erzielen; FIN **~d profit** erzielter Gewinn

re·al·iz·er [ˈrɪəlaɪzəʳ, AM ˈriːəlaɪzɚ] *n* Realisierer *m*

re·al·iz·ing [ˈrɪəlaɪzɪŋ, AM ˈriːə-] *n no pl* Realisierung *f*

real 'life I. *n* reales Leben

II. *n modifier* ■**real-life** real; **to be based on a ~ story** auf einer wahren Begebenheit beruhen

re·al·lo·cate [ˌriːˈæləkeɪt] *vt* ■**to ~ sb/sth** [**to sb/sth**] [*or* [**sb/sth**] **sb/sth**] jdn/etw [jdm/etw *dat*] neu zuteilen [*o* zuweisen]

re·allo·ca·tion [ˌriːæləˈkeɪʃən] *n* FIN Umschichtung *f,* Reallokation *f*

'real-look·ing *adj inv* echt aussehend

re·al·ly [ˈrɪəli, AM ˈriːə-] I. *adv* ① *(in fact)* wirklich; ***the film was ~ quite good/quite good ~*** der Film war wirklich ziemlich gut/recht gut

② *(used to stress sth)* tatsächlich, wirklich; ***I ~ don't think that this is of any importance to us*** ich glaube wirklich nicht, dass das eine Rolle für uns spielt; ***the film was ~ good*** der Film war echt stark *fam*

③ *(seriously)* ernsthaft; ***did you ~ believe that ...*** haben Sie im Ernst geglaubt, dass ...

▸ PHRASES: **to be ~ something** schon etwas [Tolles] sein *fam;* ***wow! your new car is ~ something!*** Mann! dein neues Auto macht ganz schön was her! *fam*

II. *interj* ① *(indicating surprise, disbelief)* wirklich, tatsächlich; ***I'm getting married to Fred — ~? when?*** Fred und ich werden heiraten – nein, wirklich? wann denn?

② *(indicating annoyance)* also wirklich, [also] so was; ***well, ~! I think he might have called us!*** nein, wirklich! ich finde, er hätte uns [wenigstens] anrufen können!

③ AM *(indicating agreement)* in der Tat

realm [relm] *n* ① *(dated liter: kingdom)* [König]reich *nt;* **in the coin of the ~** in der Landeswährung; **in defence of the ~** *(form)* in Verteidigung des Landes; **Defence of the R~ Act** BRIT Ermächtigungsgesetz *nt* zur Verteidigung des Königreiches; **peer of the ~** Peer *m,* Mitglied *nt* des britischen Oberhauses

② *(sphere of interest)* Bereich *m;* **to** [**not**] **be within the ~**[**s**] **of possibility** [nicht] im Bereich des Möglichen liegen

real 'num·ber *n* MATH reelle Zahl

re·al·po·li·tik [reɪˈɑːlpɒlɪˌtiːk, AM -poʊlɪ-] *n no pl, no art* Realpolitik *f*

real 'prop·er·ty *n no pl* BRIT Grundbesitz *m,* Immobilien *pl*

real 'ten·nis *n no pl* BRIT *ursprüngliche Form des Tennis*

'real time I. *n* Echtzeit *f,* Realtime *f*

II. *n modifier* COMPUT ■**real-time** Realzeit-, Echtzeit-; **~ application** Anwendung *f* im Echtzeitbetrieb; **~ control program** Echtzeitsteuerprogramm *nt*

re·al·tor [ˈriːəltəʳ] *n* AM Grundstücksmakler(in) *m(f),* Immobilienmakler(in) *m(f),* Immobilienhändler(in) *m(f)*

re·al·ty [ˈrɪəlti, AM ˈriːəlti] *n no pl* Immobilien *pl,* Grundbesitz *m;* LAW Rechte *pl* an Grund und Boden

ream[1] [riːm] *n* ① *(500 sheets)* [altes] Ries *veraltet*

② *(fam)* ■**~s** *pl* Bände *pl*

ream[2] [riːm] *vt* ① *(widen)* **to ~ a bore/a hole** ein Bohrloch/ein Loch größer machen

② AM **to ~ fruit** Obst auspressen

③ AM *(vulg sl)* ■**to ~ sb** jdn in den Arsch ficken *vulg*

▸ PHRASES: **to ~ sb's ass** [*or* **butt**] AM *(vulg sl)* jdn zusammenscheißen *vulg*

◆**ream out** *vt* AM *(fam)* ■**to ~ out** ⊂ **sb** jdn zusammenstauchen [*o* rüffeln] *fam,* jdm den Kopf waschen *fam*

reamed [riːmd] *adj (fam!)* verarscht *derb*

ream·er [ˈriːməʳ, AM -ɚ] *n* Reibahle *f*

re·ani·mate [riˈænɪmeɪt] *vt* ① *(revive)* ■**to ~ sb** jdn wiederbeleben

② *(give fresh activity to)* ■**to ~ sth** [neuen] Schwung in etw *akk* bringen, etw [neu] beleben; ■**to ~ sb** jdm neuen Schwung [*o* Elan] geben

re·ani·ma·tion [ˌriːænɪˈmeɪʃən] *n no pl* Reanimation *f fachspr,* Wiederbelebung *f; (fig) of an artist, actor, singer* Comeback *nt*

reap [riːp] *vt* ① *(gather)* **to ~ the crops** ernten; **to ~ a field** ein Feld abernten

② *(fig: receive)* ■**to ~ sth** etw ernten *fig;* ***only years later he ~ed the rewards of his earlier investments*** erst Jahre später machten sich seine früheren Investitionen für ihn bezahlt; **to ~ the benefits** [*or* **rewards**] [**of sth**] [für etw *akk*] entlohnt werden; **to ~ profits** Gewinne realisieren

▸ PHRASES: **to ~ the bitter harvest** [*or* **fruits**] [**of sth**] den Preis [für etw *akk*] bezahlen müssen *fig,* [für etw *akk*] büßen müssen; **to ~ the fruits of one's labours** die Früchte seiner Arbeit ernten; **to ~ a rich harvest from sth** reichlich von etw *dat* profitieren; **to ~ what one has sown** ernten, was man gesät hat; **he who sows the wind shall ~ the whirlwind** *(prov)* wer Wind sät, wird Sturm ernten *prov*

reap·er [ˈriːpəʳ, AM -ɚ] *n* ① *(dated: person)* Mäher(in) *m(f) veraltet,* Schnitter(in) *m(f) veraltet liter*

② *(dated: machine)* Mähmaschine *f*

▸ PHRASES: **the Grim R~** der Sensenmann *euph*

reap·er-'bind·er *n* AGR *(dated)* Mähbinder *m*

reap·ing hook [ˈriːpɪŋ-] *n* AGR *(dated)* Sichel *f*

re·ap·pear [ˌriːəˈpɪəʳ, AM -ˈpɪr] *vi* wieder auftauchen; *moon, sun* wieder zum Vorschein kommen

re·ap·pear·ance [ˌriːəˈpɪərən(t)s, AM -ˈpɪr-] *n* Wiederauftauchen *nt kein pl,* erneutes Erscheinen

re·ap·ply <-ie-> [ˌriːəˈplaɪ] I. *vi* ■**to ~ for sth** sich *akk* nochmals um etw *akk* bewerben; LAW etw erneut beantragen

II. *vt* ① *(apply differently)* **to ~ a principle/rule** ein Prinzip/eine Regel anders anwenden

② *(spread again)* ■**to ~ sth** etw erneut auftragen

re·ap·point [ˌriːəˈpɔɪnt] *vt* ■**to ~ sb** jdn wieder einstellen

re·ap·point·ment [ˌriːəˈpɔɪntmənt] *n* Wiederernennung *f,* Wiederanstellung *f*

re·ap·prais·al [ˌriːəˈpreɪzəl] *n* ① *(new assessment)* Neubewertung *f,* Neubeurteilung *f*

② FIN Neuschätzung *f*

re·ap·praise [ˌriːəˈpreɪz] *vt* ① *(assess again)* ■**to ~ sb/sth** jdn/etw neu bewerten; **to ~ a situation** eine Situation neu beurteilen

② FIN ■**to ~ sth** den Wert einer S. *gen* neu schätzen

rear[1] [rɪəʳ, AM rɪr] **I.** *n* ① *(back)* ■**the ~** der hintere Teil; ***we went to the ~ of the house*** wir gingen hinter das Haus
② MIL Nachhut *f*
③ ANAT *(fam: buttocks)* Hintern *m fam;* **a kick in the ~** ein Tritt *m* in den Hintern; **to be a pain in the ~** einem [fürchterlich] auf den Wecker gehen *fam*
▸PHRASES: **to bring up the ~ [of sth]** die Nachhut [einer S. *gen*] bilden
II. *adj attr, inv* ① *(backward)* hintere(r, s), Hinter-; **~ entrance** Hintereingang *m;* **~ legs** *of an animal* Hinterbeine *pl*
② AUTO Heck-; **~ axle/wheel** Hinterachse *f*/-rad *nt;* **~ seat** Rücksitz *m;* **~ window** Heckscheibe *f*

rear[2] [rɪəʳ, AM rɪr] **I.** *vt* ① *usu passive (bring up)* **to ~ an animal** ein Tier aufziehen; **to ~ a child** ein Kind großziehen [*o* aufziehen]
② *(breed)* **to ~ livestock** Vieh züchten; **to hand-~ an animal** ein Tier aufziehen
③ *(cultivate)* **to ~ crops/plants** Getreide/Pflanzen anbauen
④ *(raise)* **to ~ one's head** den Kopf heben
⑤ *(form: erect)* **to ~ a structure** ein Gebäude errichten
▸PHRASES: **to ~ its [ugly] head** *(pej)* seine [hässliche] Fratze zeigen *pej*
II. *vi* ① *(rise up on hind legs) horse, pony* sich *akk* aufbäumen
② *(rise high)* ■**to ~ above** [*or* **over**] **sth** *building, mountain* sich *akk* über etw *akk* erheben, etw überragen
◆**rear up** *vi* ① *(rise up on hind legs) horse* sich *akk* aufbäumen; *four-legged animal* sich *akk* aufrichten
② *(rise high) building, mountain* sich *akk* erheben
③ *(exhibit anger)* sich *akk* auf die Hinterbeine stellen

rear 'ad·mi·ral *n* MIL Konteradmiral(in) *m(f)* **rear 'eche·lon** *n* MIL rückwärtiger Stab

rear 'end *n* ① *(back end)* hinteres Ende ② *(euph fam: buttocks)* Hinterteil *nt fam;* **to work one's ~ off** *(sl)* sich *akk* abrackern *fam* **'rear-end** *vt (fam)* ■**to ~ sb** jds Wagen von hinten rammen; **to ~ a vehicle** auf das Heck eines Wagens auffahren

rear-'en·gined *adj* mit Heckantrieb *nach n;* ■**to be ~** Heckantrieb haben

rear·guard ['rɪəgɑ:d, AM 'rɪrgɑ:rd] *n no pl* MIL Nachhut *f* **rear·guard 'ac·tion** *n* MIL Nachhutgefecht *nt;* **to fight a ~** *(fig)* versuchen zu retten, was zu retten ist

rear 'lamp, rear 'light *n esp* BRIT Rücklicht *nt*

re·arm [ˌri:'ɑ:m, AM -'ɑ:rm] **I.** *vt* ■**to ~ sb** jdn wieder aufrüsten
II. *vi* sich *akk* wieder bewaffnen

re·arma·ment [ri'ɑ:məmənt, AM -'ɑ:r-] *n no pl* Wiederbewaffnung *f; of a country* Wiederaufrüstung *f*

rear·most ['rɪəməʊst, AM 'rɪrmoʊst] *adj attr, inv* ■**the ~ ...** der/die/das hinterste ...

re·ar·range [ˌri:ə'reɪndʒ] *vt* ■**to ~ sth** ① *(arrange differently)* etw umstellen [*o* umräumen]; ***he ~d his limbs into a more comfortable position*** er nahm eine bequemere Position ein
② *(change)* ■**to ~ sth [for sth]** etw [zeitlich] [auf etw *akk*] verlegen; **to ~ the order of sth** die Reihenfolge von etw *dat* ändern
③ CHEM ■**to ~ sth** etw umlagern

re·ar·range·ment [ˌri:ə'reɪndʒmənt] *n* Umstellen *nt kein pl;* CHEM Umlagerung *f;* **~s of a molecule's structure** Veränderungen *pl* an der Struktur eines Moleküls

rear view 'mir·ror *n* AUTO Rückspiegel *m*

rear·ward ['rɪəwəd, AM 'rɪrwəd] **I.** *adj* hintere(r, s), rückwärtige(r, s)
II. *adv* nach hinten
III. *n (liter)* Rückseite *f;* ■**to** [*or* **in**] [*or* **at**] [*or* **on**] **the ~ of sb/sth** hinter jdm/etw

rear-wheel 'drive *n* AUTO Hinterradantrieb *m*

rea·son ['ri:zᵊn] **I.** *n* ① *(cause)* Grund *m* (**for** für +*akk*); **the ~ [that] I'm asking is that ...** der Grund, warum ich frage, ist, dass ...; ***for ~s best known to herself, she's decided to ...*** aus Gründen, die nur sie allein kennt, hat sie beschlossen zu ...; ***there's no ~ to complain*** es gibt keinen Anlass, sich zu beschweren; ***give me one good ~ why I should stay*** nenne mir einen guten Grund, warum ich bleiben sollte; **for ~s of health** aus gesundheitlichen Gründen; **not guilty by ~ of insanity** LAW nicht schuldig wegen Unzurechnungsfähigkeit; **for ~s of state** aus Gründen der Staatsräson; ***there is every ~ to believe that ...*** es spricht alles dafür, dass ...; **to have good/every [good]/no ~ to do sth** guten/allen/keinen Grund haben, etw zu tun; ***the police have every good ~ to believe that ...*** die Polizei hat allen Grund zur Annahme, dass ...; **for no obvious/particular ~** aus keinem ersichtlichen/besonderen Grund; **for personal ~s** aus persönlichen Gründen; **for some ~** aus irgendeinem Grund; **by ~ of sth** aufgrund [*o* wegen] einer S. *gen;* **the ~ why** [der Grund,] warum; ***the ~ why he did it was a mystery to us all*** [der Grund,] warum er es getan hast, war uns allen ein Rätsel; ***I'd like to know the ~ why*** ich wüsste gern, warum [*o* weshalb]; ***and that's the ~ why we decided against it*** und deshalb [*o* darum] haben wir uns dagegen entschieden; ***and that's the ~ why!*** und das ist der Grund dafür!
② *no pl (good cause)* Grund *m;* **to do sth with ~** etw aus gutem Grund tun; ***she was furious, and with ~*** sie war wütend, und das aus gutem Grund; ***there is ~ to believe that ...*** es gibt Grund zur Annahme, dass; **to have ~ to believe that ...** Grund zur Annahme haben, dass ...
③ *no pl (power to think)* Denkvermögen *nt;* **the power of ~** logisches Denkvermögen
④ *no pl (common sense)* Vernunft *f;* ***there was ~ in what he said*** was er sagte, klang vernünftig; **the Age of R~** das Zeitalter der Vernunft; **to reach the age of ~** vernünftig werden; **to be** [*or* **go**] **beyond all ~** vollkommen unsinnig sein; **to bring sb to ~** jdn zur Vernunft bringen; **to see** [*or* **listen to**] **~** auf die Stimme der Vernunft hören; ***they tried to persuade him, but he wouldn't listen to ~*** sie versuchten, ihn zu überreden, aber er ließ sich einfach nichts sagen; **it stands to ~ that ...** es ist logisch, dass ...; **within ~** innerhalb eines vernünftigen Rahmens; ***you can choose your own gift, within ~*** wenn es im Rahmen bleibt, kannst du dir dein Geschenk selbst aussuchen; ***we'll do anything within ~ to ...*** wir werden alles was in unserer Macht steht tun, um ...
⑤ *no pl (sanity)* Verstand *m;* **to lose one's ~** den Verstand verlieren
II. *vi* ① *(form judgments)* ■**to ~ from sth** von etw *dat* ausgehen; ***~ing from past experience, she was convinced that ...*** aufgrund ihrer [früheren] Erfahrung war sie davon überzeugt, dass ...
② *(persuade)* ■**to ~ with sb** vernünftig mit jdm reden; ***the police ~ed with the hijackers to at least let the children go*** die Polizei versuchte, die Kidnapper [dazu] zu überreden, wenigstens die Kinder freizulassen; ■**to ~ with sb that ...** versuchen, jdm klarzumachen, dass ...
III. *vt* ① *(deduce)* ■**to ~ that ...** schlussfolgern, dass ...; ■**to ~ from sth that ...** aus etw [schluss]folgern [*o* schließen], dass ...; ***from the suitcase in the passage, Gerald ~ed that his aunt had arrived*** aus dem Koffer im Gang schloss Gerald, dass seine Tante eingetroffen war
② *(persuade)* ■**to ~ sb into sth** jdn zu etw *dat* überreden; ***I ~ed him into telling the truth*** ich überredete ihn, die Wahrheit zu sagen; ■**to ~ sb out of sth** jdm etw ausreden; ***we have to ~ him out of giving up his studies*** wir müssen ihm die Idee ausreden, sein Studium aufzugeben
◆**reason out** *vt* ■**to ~ out** ⊂ **sth** *(deduce)* etw [schluss]folgern; *(work out)* etw herausfinden; ***I spent hours ~ing out the solution to the puzzle*** ich habe stundenlang an der Lösung des Rätsels herumgeknobelt *fam*

rea·son·able ['ri:zᵊnəbl] *adj* ① *(sensible) person, answer* vernünftig; ***her story is ~*** ihre Geschichte klingt ganz vernünftig
② *(understanding) person* einsichtig, verständig; ***be ~!*** sei [doch] vernünftig!
③ *(justified)* angebracht; ***it's only ~ that we allow you this*** es ist nur recht und billig, dass wir Ihnen dies gestatten; **beyond [a] ~ doubt** ohne [jeden] berechtigten Zweifel
④ *(decent)* relativ gut, [ganz] passabel; ***the meal was ~*** das Essen war in Ordnung; **~ chance** reelle Chance; **~ compromise** akzeptabler [*o* vernünftiger] Kompromiss; **~ offer** akzeptables Angebot
⑤ *(inexpensive)* annehmbar; **~ prices** reelle [*o fam* zivile] Preise

rea·son·able·ness ['ri:zᵊnəblnəs] *n no pl* ① *(quality of being sensible)* Vernünftigkeit *f*
② *(quality of being moderate)* Angemessenheit *f,* Vertretbarkeit *f*

rea·son·ably ['ri:zᵊnəbli] *adv* ① *(in a sensible manner)* vernünftig
② *(justifiably)* **to ~ believe** vernünftigerweise glauben
③ *(fairly)* ziemlich, ganz; **~ good** ziemlich gut, ganz passabel *fam;* **to be ~ lucky** einigermaßen Glück haben
④ *(inexpensively)* **~ priced** preiswert, günstig, preisgünstig

rea·soned ['ri:zᵊnd] *adj* **well/poorly ~** gut/schlecht durchdacht

rea·son·ing ['ri:zᵊnɪŋ] **I.** *n no pl* logisches Denken, Logik *f;* **to follow sb's ~** jds Gedankengang [*o* Argumentation] folgen; **the ~ behind sth** die Logik hinter etw *dat*
II. *n modifier* **~ ability** [*or* **power**] logisches Denkvermögen

re·as·sem·ble [ˌri:ə'sembl] **I.** *vi* sich *akk* wieder versammeln, wieder zusammentreten
II. *vt* ■**to ~ sth** etw wieder zusammenbauen

re·as·sem·bly [ˌri:ə'sembli] *n no pl* nochmaliger Zusammenbau, nochmalige Montage

re·as·sert [ˌri:ə'sɜ:t, AM -'sɜ:rt] *vt* ■**to ~ sth** ① *(state again)* etw erneut zum Ausdruck bringen, etw [nochmals] hervorstreichen
② *(claim)* etw geltend machen; ***by his victory the Prime Minister has ~ed his shattered authority*** mit seinem Sieg hat der Premierminister seine angeschlagene Autorität wieder gestärkt

re·as·sess [ˌri:ə'ses] *vt* ■**to ~ sth** etw neu bewerten [*o* beurteilen]; FIN, ECON etw veranlagen, etw neu schätzen

re·as·sess·ment [ˌri:ə'sesmənt] *n* Neubewertung *f,* Neubeurteilung *f,* Neuveranlagung *f,* Neu[ein]schätzung *f*

re·as·sign [ˌri:ə'saɪn] *vt* ① *(reappoint)* **to ~ sb to a different post** jdn versetzen, jdm eine andere Stelle zuteilen; **to ~ sb to a different task** jdm eine andere Aufgabe zuweisen
② *(distribute differently)* **to ~ resources/work** Ressourcen/Arbeit neu verteilen

re·as·sign·ment [ˌri:ə'saɪnmənt] *n* ① *(reappointment)* Versetzung *f*
② *(redistribution)* Neuverteilung *f*

re·as·sume [ˌri:ə'sju:m, AM -'su:m] *vt* ■**to ~ sth** *attitude, posture* etw wieder annehmen; *office, activity* etw wieder aufnehmen; **to ~ control** die Kontrolle wieder übernehmen; *position, place* etw wieder einnehmen

re·as·sur·ance [ˌri:ə'ʃʊərᵊn(t)s, AM -'ʃʊr-] *n* ① *no pl (action)* Bestärkung *f;* ***I was in desperate need of some ~*** ich brauchte dringend etwas, das mir den Rücken stärkte
② *(statement)* Versicherung *f,* Beteuerung *f;* ***despite her father's ~s she was still frightened of the dark*** obwohl ihr Vater ihr beruhigend zuredete, hatte sie immer noch Angst im Dunkeln
③ ECON Rückversicherung *f*

re·as·sure [ˌri:ə'ʃʊəʳ, AM -'ʃʊr] *vt* ■**to ~ sb** ① *(soothe)* jdn [wieder] beruhigen; ***he ~d me that my cheque would arrive soon*** er versicherte mir, dass mein Scheck bald eintreffen würde; ***I was nervous on my first day at college, but I was ~d to see some friendly faces*** an meinem ersten Tag

im College war ich nervös, aber es machte mir Mut, einige freundliche Gesichter zu sehen
② ECON *(insure)* jdn rückversichern
re·as·sur·ing [ˌriːəˈʃʊərɪŋ, AM -ˈʃʊr-] *adj* beruhigend
re·as·sur·ing·ly [ˌriːəˈʃʊərɪŋli, AM -ˈʃʊr-] *adv* beruhigend
re·awak·en [ˌriːəˈweikᵊn] **I.** *vt* ■**to ~ sth** etw wiedererwecken, etw erneut wachrufen
II. *vi* wieder erwachen, wachgerufen werden
re·badge [riːˈbædʒ] *vt* ■**to ~ sth** *product, car* etw mit einem neuen Markenzeichen versehen [auf den Markt bringen]
re·bar·ba·tive [rɪˈbɑːbətɪv, AM ˈbɑːrbət̬ɪv] *adj (form)* widerwärtig, abschreckend
re·bate [ˈriːbeɪt] *n* ① *(refund)* Rückzahlung *f,* Rückvergütung *f,* Rückerstattung *f;* **tax ~** Steuerrückzahlung *f*
② *(discount)* [Preis]nachlass *m*
re·bel **I.** *n* [ˈrebᵊl] ① *(against government)* Rebell(in) *m(f),* Aufständische(r) *f(m)*
② *(against authority)* Rebell(in) *m(f)*
II. *n* [ˈrebᵊl] *modifier* ① *army, guerrillas, forces* aufständisch, rebellierend
② *person* rebellisch
III. *vi* <-ll-> [rɪˈbel] ① *(oppose)* ■**to ~** [**against sb/sth**] [gegen jdn/etw] rebellieren, sich *akk* [gegen jdn/etw] erheben
② *(show repugnance)* rebellieren; ***his conscience ~led at the thought of keeping the stolen money*** sein Gewissen plagte ihn bei dem Gedanken, das gestohlene Geld zu behalten
re·bel·lion [rɪˈbeliən, AM -jən] *n* ① *no pl (resistance to government)* Rebellion *f;* *(resistance to authority)* Rebellion *f fig,* heftiger Widerstand; **open ~** offene Rebellion; ■**to be in ~** [**against sth**] [gegen etw *akk*] rebellieren, sich *akk* [gegen etw *akk*] auflehnen
② *(instance of this)* [Rebellen]aufstand *m*
re·bel·lious [rɪˈbeliəs, AM -jəs] *adj* ① *(insubordinate) child* aufsässig, widerspenstig
② POL rebellierend, aufständisch
③ *(unmanageable) hair* widerspenstig
re·bel·lious·ly [rɪˈbeliəsli, AM -jəs-] *adv* rebellisch
re·bel·lious·ness [rɪˈbeliəsnəs, AM -jəs-] *n no pl* Aufsässigkeit *f,* Widerspenstigkeit *f*
rebel ˈyell *n* AM *(hist)* [*Kampf*]*schrei konföderierter Soldaten im Amerikanischen Bürgerkrieg*
re·birth [ˌriːˈbɜːθ, AM -ˈbɜːrθ] *n no pl* ① *(reincarnation)* Wiedergeburt *f,* Reinkarnation *f;* **to experience ~** wiedergeboren werden
② *(enlightenment)* Wiedergeburt *f fig*
③ *(revival)* Wiederaufleben *nt,* Renaissance *f geh*
re·boot [ˌriːˈbuːt] COMPUT **I.** *vt* **to ~ a computer system** einen Computer neu starten
II. *vi* rebooten *fachspr,* erneut booten [*o* starten]
III. *n* Rebooten *nt kein pl fachspr,* Warmstart *m*
re·born [ˌriːˈbɔːn, AM -ˈbɔːrn] *adj* ① *(rejuvenated)* **to feel ~** sich *akk* wie neugeboren fühlen
② REL wiedergeboren
re·bound **I.** *vi* [rɪˈbaʊnd, AM ˈriːbaʊnd] ① *(bounce back)* abprallen, zurückprallen; ■**to ~ off sth** von etw *dat* abprallen
② *(recover in value) stocks* wieder stark an Wert gewinnen [*o* nach oben schnellen], wieder ansteigen
③ *(have negative effect)* ■**to ~ on** [*or* **upon**] **sb** auf jdn zurückfallen, sich *akk* negativ für jdn auswirken
II. *n* [ˈriːbaʊnd] ① *no pl (ricochet)* Abprallen *nt,* Zurückprallen *nt*
② *(in basketball)* Rebound *m*
③ *(increase) of profits* Ansteigen *nt*
▸PHRASES: **on the ~** *(after bouncing)* als Abpraller; *(in basketball)* als Rebound; *(from relationship)* unter einer gescheiterten Beziehung leidend
re·brand [ˌriːˈbrænd] *vt* ■**to ~ sth** einer Firma ein anderes Markenimage verschaffen
re·broad·cast [ˌriːˈbrɔːdkɑːst, AM -kæst] *n* Wiederholung[ssendung] *f*
re·buff [rɪˈbʌf] **I.** *vt* ■**to ~ sb/sth** jdn/etw [schroff] zurückweisen [*o* abweisen], jdn/etw abblitzen lassen *fam*
II. *n* Zurückweisung *f;* **to meet with** [*or* **suffer**] **a ~** zurückgewiesen werden, sich *dat* eine Abfuhr holen *fam*
re·build <rebuilt, rebuilt> [ˌriːˈbɪld] *vt* ■**to ~ sth** ① *(build again)* etw wieder aufbauen; **to ~ one's life** *(fig)* sein Leben ändern [*o* neu ordnen]
② TECH etw umbauen; **to ~ an engine** einen Motor [vollständig] überholen
③ *(restructure)* etw umstrukturieren [*o* neu organisieren]
re·buke [rɪˈbjuːk] **I.** *vt* ■**to ~ sb** [**for sth**] jdn [für etw *akk*] rügen [*o* zurechtweisen]
II. *n* ① *(reproof)* Zurechtweisung *f;* **to receive a stern ~** streng zurechtgewiesen werden
② *no pl, no art (censure)* Verweis *m,* Tadel *m*
re·bus <*pl* -es> [ˈriːbəs] *n* Bilderrätsel *nt,* Rebus *m o nt*
re·but <-tt-> [rɪˈbʌt] *vt* ■**to ~ sth** etw widerlegen; LAW etw ablehnen
re·but·tal [rɪˈbʌtᵊl, AM -t̬-] *n* Widerlegung *f;* **to issue a ~** einen Gegenbeweis anführen
rec [rek] *n modifier short for* **recreation** Freizeit-; **~ sports** Freizeitsport *m kein pl*
re·cal·ci·trance [rɪˈkælsɪtrən(t)s] *n no pl* Aufsässigkeit *f*
re·cal·ci·trant [rɪˈkælsɪtrənt] **I.** *adj* ① *(defiant)* aufmüpfig, unbequem; *child* aufsässig
② *(not responsive)* widerspenstig, hartnäckig
③ *(resisting restraint) animal* störrisch
II. *n* Widerspenstige(r) *f(m)*
re·call **I.** *vt* [rɪˈkɔːl] ① *(remember)* ■**to ~ sth** sich *akk* an etw *akk* erinnern; ■**to ~ how/that/what/when ...** sich *akk* [daran] erinnern, wie/dass/was/wann ...; ■**to ~ doing sth** sich *akk* [daran] erinnern, etw getan zu haben; **to distinctly/faintly/vividly ~ sth** sich *akk* genau/nur schwach/lebhaft an etw *akk* erinnern
② *(call back to mind)* ■**to ~ sth** an etw *akk* erinnern; ***his paintings ~ the style of Picasso*** seine Gemälde erinnern an den Stil Picassos
③ COMPUT ■**to ~ sth** *data* etw aufrufen [*o* abrufen]
④ *(order to return)* ■**to ~ sb** jdn zurückrufen [*o* zurückbeordern]; **to ~ an ambassador** einen Botschafter abberufen; **to ~ sb to the present** *(fig)* jdn in die Gegenwart zurückholen
⑤ SPORT **to ~ a player** einen Spieler [in die Mannschaft] zurückholen
⑥ *(request to return)* **to ~ a product** ein Produkt zurückrufen
⑦ *(revoke)* ■**to ~ sth** etw zurücknehmen; **to ~ an action/a decision** eine Handlung/eine Entscheidung rückgängig machen; **to ~ a bid** ein Gebot zurückziehen
II. *n* [rɪˈkɔːl, AM ˈriːkɔːl] ① *(instance of recalling)* Zurückrufung *f*
② AM *(dismissal) of an elected official* Abberufung *f,* Absetzung *f*
③ ECON *of a product* Rückruf *m*
④ *no pl (ability to remember)* **powers of ~** Erinnerungsvermögen *nt;* **to have total ~** ein absolutes Erinnerungsvermögen besitzen
⑤ COMPUT Aufruf *m*
▸PHRASES: **to be lost beyond ~** für immer verloren sein
re·cant [rɪˈkænt] **I.** *vi* widerrufen
II. *vt* ■**to ~ sth** etw widerrufen; **to ~ one's belief/faith** seiner Überzeugung/seinem Glauben abschwören
re·can·ta·tion [ˌriːkænˈteɪʃᵊn] *n* Widerruf *m*
re·cap[1] [ˈriːkæp] **I.** *vt* <-pp-> *short for* **recapitulate**: ■**to ~ sth** etw [kurz] zusammenfassen [*o geh* rekapitulieren]
II. *vi* <-pp-> *short for* **recapitulate** [kurz] zusammenfassen, rekapitulieren *geh*
III. *n short for* **recapitulation** [kurze] Zusammenfassung, Rekapitulation *f geh*
re·cap[2] [ˈriːkæp] *vt* AM AUTO **to ~ tyres** Reifen runderneuern
re·capi·tali·za·tion [riːˌkæpɪtᵊlaɪˈzeɪʃᵊn, AM -ˌkæpət̬ᵊlɪˈ-] *n no pl* Rekapitalisierung *f*
re·ca·pitu·late [ˌriːkəˈpɪtjəleɪt, AM -ˈpɪtʃe-] **I.** *vt* ■**to ~ sth** etw [kurz] zusammenfassen
II. *vi* [kurz] zusammenfassen, rekapitulieren *geh*
re·ca·pitu·la·tion [ˌriːkəˌpɪtjəˈleɪʃᵊn, AM -ˌpɪtʃeˈ-] *n* ① *(summary)* [kurze] Zusammenfassung, Rekapitulation *f geh*
② MUS, THEAT, FILM Reprise *f*
re·cap·ture [ˌriːˈkæptʃəʳ, AM -tʃɚ] **I.** *vt* ① *(capture again)* **to ~ an animal** ein Tier wieder einfangen; **to ~ an escapee** einen Flüchtigen wieder ergreifen; **to ~ a town** MIL eine Stadt zurückerobern [*o* wiedererobern]
② *(fig: re-experience)* ■**to ~ sth** etw noch einmal erleben; *(recreate)* etw wieder lebendig werden [*o* neu aufleben] lassen; **to ~ an emotion** ein Gefühl wieder aufleben lassen; **to ~ the past/one's youth** die Vergangenheit/seine Jugendjahre heraufbeschwören; **to ~ a style** einen Stil wiederbeleben
II. *n* MIL Rückeroberung *f,* Wiedereroberung *f,* Wiedereinnahme *f*
re·cast <recast, recast> [ˌriːˈkɑːst, AM -ˈkæst] *vt* ① *(change form)* **to ~ a metal object** einen Metallgegenstand in eine andere Form gießen
② *(arrange differently)* ■**to ~ sth** etw neu arrangieren; *(rewrite) play, novel* etw umschreiben
③ THEAT, FILM *(cast again)* **to ~ a film/a play** die Rollen in einem Film/einem Stück neu besetzen; **to ~ a role** eine Rolle neu besetzen [*o* umbesetzen]
rec·ce [ˈreki] **I.** *n esp* BRIT MIL *(fam) short for* **reconnaissance** Auskundschaftung *f kein pl;* **to be on ~** auf Spähpatrouille sein; *(by plane)* auf einem Aufklärungsflug sein; **to do a ~** *(fig)* die Lage peilen *sl*
II. *vt esp* BRIT MIL *(fam) short for* **reconnoitre**: ■**to ~ sth** etw auskundschaften [*o* erkunden]
III. *vi short for* **reconnoitre** das Terrain sondieren *a. fig,* sich *akk* umsehen
re·cede [rɪˈsiːd] *vi* ① *(move farther away) sea, tide* zurückgehen; *fog* sich *akk* auflösen
② *(appear farther off)* **to ~ into the distance** in der Ferne verschwinden
③ *(fig: diminish)* weniger werden; *memories* verblassen; *prices, hopes* sinken; *trends* sich *akk* abschwächen
④ *(stop growing) hair* aufhören zu wachsen; *(go bald)* kahl[köpfig] werden, eine Glatze bekommen
re·ced·ing ˈchin *n* fliehendes Kinn **re·ced·ing ˈhair·line** *n* einsetzende Stirnglatze
re·ceipt [rɪˈsiːt] **I.** *n* ① *no pl (act of receiving)* Eingang *m,* Erhalt *m;* **to acknowledge ~** den Erhalt bestätigen; **on ~** bei Erhalt [*o* Empfang]; ***goods will be delivered on ~ of payment*** die Warensendung erfolgt nach Zahlungseingang; **payable on ~** zahlbar bei Erhalt; **to be in ~ of sth** *(form)* im Besitz einer S. *gen* sein; **to be in ~ of a letter** einen Brief erhalten haben; **to be in ~ of stolen goods** LAW im Besitz von Diebesgut sein
② *(statement acknowledging payment)* Quittung *f,* [Zahlungs]beleg *m;* *(statement acknowledging acquisition)* Empfangsbestätigung *f*
③ *(money)* ■**~s** *pl* Einnahmen *pl*
④ AM, DIAL *(dated: recipe)* Rezept *nt*
II. *vt* **to ~ a bill** eine Rechnung quittieren, den Erhalt einer Rechnung bestätigen
re·ˈceipt book *n* Quittungsbuch *nt* **re·ˈceipt stamp** *n (on letter)* Eingangsstempel *m;* *(on receipt)* Quittungsstempel *m*
re·ceiv·able [rɪˈsiːvəbl] **I.** *adj pred, inv* ECON offen, ausstehend; **accounts ~** Außenstände *pl;* **bills ~** Wechselforderungen *pl;* **~ commission** *no pl* Provisionsertrag *m;* **~ interest** Zinsertrag *m*
II. *n* FIN ■**~s** *pl* Außenstände *pl,* ausstehende Zahlungen, Forderungen *pl*
re·ceive [rɪˈsiːv] **I.** *vt* ① *(get)* ■**to ~ sth** etw erhalten [*o* bekommen]; ***he ~d his education at Eton and Oxford*** er wurde in Eton und Oxford ausgebildet; ***they ~d a visit from the police*** die Polizei stattete ihnen einen Besuch ab; **to ~ asylum/citizenship/a loan from sb** Asyl/die Staatsbürgerschaft/einen Kredit von jdm [gewährt] bekommen; **to ~ a clean bill of health** eine gute Gesundheit attestiert bekommen; **to ~ credit for sth** für etw *akk* Anerkennung erhalten; **to ~ custody of one's children** das Sorgerecht für seine Kinder zugesprochen bekommen; **to ~ Communion** die heilige Kommunion

empfangen; **to ~ the last rites** die Letzte Ölung bekommen; **to ~ a pay increase** mehr Gehalt bekommen; **to ~ a pension/a salary** Rente/[ein] Gehalt beziehen; **to ~ a rebuke/a tongue-lashing** eine Abfuhr/eine Abreibung bekommen *fam;* **to ~ a scolding** ausgeschimpft werden; **to ~ a standing ovation** stehende Ovationen erhalten; **to ~ recognition** Anerkennung finden; **to ~ treatment** behandelt werden; **to ~ a hearty** [*or* **warm**] **welcome** herzlich empfangen werden
❷ *(be awarded)* ■**to ~ sth** etw erhalten [*o* [verliehen] bekommen]; **to ~ a degree** einen akademischen Grad erhalten; **to ~ a knighthood** in den Adelsstand erhoben werden; **to ~ a prize** [*or* **a reward**] einen Preis [verliehen] bekommen, mit einem Preis ausgezeichnet werden
❸ *(get in writing)* ■**to ~ sth** etw erhalten; *(take delivery of)* etw annehmen [*o* entgegennehmen]; **to ~ authorization** die Genehmigung erhalten; **to ~ clearance for sth** die Freigabe für etw *akk* bekommen; **to ~ official notification of sth** offiziell über etw *akk* informiert werden; **to ~ one's orders** seine Befehle erhalten; **to ~ an ultimatum** ein Ultimatum gestellt bekommen
❹ *esp* BRIT LAW **to ~ stolen goods** Hehlerei mit Diebesgut betreiben; **to be convicted of receiving stolen property** der Hehlerei überführt werden
❺ RADIO, TV ■**to ~ sth** etw empfangen; **to ~ sb loud and clear** jdn laut und deutlich hören
❻ *(form)* **to ~ an idea** eine Idee formulieren; **to ~ an impression** einen Eindruck gewinnen
❼ *(consent to hear)* ■**to ~ sb/sth** jdn/etw anhören; REL jdn/etw erhören; **to ~ sb's confession/an oath** jdm die Beichte/einen Eid abnehmen; **to ~ a petition** ein Gesuch entgegennehmen
❽ *(be receptacle for)* etw auffangen; **to ~ blood** das Blut auffangen
❾ *(suffer)* ■**to ~ sth** *blow, shock* etw erleiden
❿ *(react to)* ■**to ~ sth** etw aufnehmen; ***his speech was well ~d*** seine Rede wurde positiv aufgenommen; ***her suggestions were coldly ~*** ihre Vorschläge trafen auf Ablehnung
⓫ *(welcome)* ■**to ~ sb** jdn begrüßen; ***the returning soldiers were ~d as heroes*** die zurückkehrenden Soldaten wurden als Helden gefeiert [*o* empfangen]
⓬ *(admit to membership)* **to ~ sb into an organization** jdn in eine Organisation aufnehmen
⓭ *(form: provide space for)* ■**to ~ sb** jdn unterbringen [*o* aufnehmen]; ■**to ~ sth** etw unterbringen; **to ~ stock** das Vieh unterbringen
▶PHRASES: **to ~** [**no**] **quarter** [nicht] verschont werden
II. *vi (in tennis)* den Ball bekommen
▶PHRASES: **it is more blessed to give than to ~** *(prov)* geben ist seliger denn nehmen *prov*
re·ceived [rɪˈsiːvd] *adj attr, inv* allgemein akzeptiert; **~ opinion** landläufige Meinung; **~ payment** Zahlungseingang *m*
re·ceived pro·nun·ci'a·tion *n*, **RP** *n*, **re·ceived 'stand·ard** *n no pl* BRIT LING britische Standardaussprache
re·ceiv·er [rɪˈsiːvəʳ, AM -ɚ] *n* ❶ *(telephone component)* Hörer *m*
❷ RADIO, TV Receiver *m*, Empfänger *m*
❸ *also* ECON *(person)* Empfänger(in) *m(f)*
❹ *esp* BRIT, AUS *of stolen goods* Hehler(in) *m(f)*
❺ *(in bankruptcy cases)* **the official ~** der [gerichtlich bestellte] Konkursverwalter/die [gerichtlich bestellte] Konkursverwalterin; **to be put in the hands of the ~** liquidiert werden
re·ceiv·er·ship [rɪˈsiːvəʃɪp] *n no pl* Konkursverwaltung *f*, Zwangsverwaltung *f;* **to be in ~** unter Konkursverwaltung stehen; **to go into ~** in Konkurs gehen, Konkurs machen
re·'ceiv·ing blan·ket *n* AM *(dated)* Babydecke *f*
re·'ceiv·ing end *n no pl* **to be on** [*or* **at**] **the ~ of sth** derjenige sein, der bei etw *dat* am Ende die Prügel einsteckt *fig* **re·'ceiv·ing line** *n* Empfangsreihe *f (zur offiziellen Begrüßung)*
re·'ceiv·ing or·der *n* BRIT ECON Konkurseröffnungsbeschluss *m*
re·'ceiv·ing set *n* RADIO *(dated)* Empfangsgerät *nt*
re·cen·cy [ˈriːsənsi] *n no pl* Neuheit *f*
re·cent [ˈriːsənt] *adj* kürzlich; **~ developments** die neuesten [*o* jüngsten] Entwicklungen; **~ events** die jüngsten Ereignisse; **in/from the ~ past** in/aus der jüngsten Vergangenheit; **in ~ times** in der letzten Zeit; **~ trends** die neuesten Trends
re·cent·ly [ˈriːsəntli] *adv* kürzlich, vor Kurzem, neulich; ***have you seen any good films ~?*** hast du in letzter Zeit irgendwelche guten Filme gesehen?
re·cep·ta·cle [rɪˈseptəkl] *n* [Sammel]behälter *m*
re·cep·tion [rɪˈsepʃən] *n* ❶ *no pl (receiving)* Aufnehmen *nt*
❷ *(response)* Aufnahme *f;* ***his speech received an enthusiastic/a frosty ~*** seine Rede wurde begeistert/sehr zurückhaltend aufgenommen; **chilly/cool/warm ~** eisiger/kühler/herzlicher Empfang
❸ *no pl* RADIO, TV Empfang *m*
❹ *no pl (receiving people)* Empfang *m*, Aufnahme *f*
❺ *no pl (formal welcoming)* offizieller Empfang
❻ *(social occasion)* Empfang *m;* **to give a ~** einen Empfang geben; **wedding ~** Hochzeitsempfang *m*
❼ *no pl, no art (area for greeting guests)* Rezeption *f*, Empfang *m;* **at** [*or* **in**] **~** am Empfang, an der Rezeption
❽ BRIT SCH *see* **reception class**
re·'cep·tion area *n* TOURIST Rezeption *f*, Empfang *m*
re·'cep·tion cen·tre *n* BRIT Aufnahmelager *nt*, Sammellager *nt*
re·'cep·tion class *n* BRIT SCH erste Klasse; **to be in the ~** in die erste Klasse gehen
re·'cep·tion desk *n* TOURIST Rezeption *f*, Empfang *m*
re·'cep·tion hall *n* Empfangshalle *f*
re·cep·tion·ist [rɪˈsepʃənɪst] *n (in hotels)* Empfangschef *m; (female)* Empfangsdame *f; (with offices)* Vorzimmerdame *f*, Empfangssekretärin *f; (in hospitals)* Herr *m*/Dame *f* an der Anmeldung
re·'cep·tion or·der *n* BRIT Einweisungsbescheid *m (in eine psychiatrische Klinik)*
re·'cep·tion room *n* ❶ *(in hotel)* Aufenthaltsraum *m; (room for receiving visitors)* Empfangshalle *m*
❷ BRIT *(form: in private home)* Wohnzimmer *nt*
re·'cep·tion teach·er *n* BRIT SCH Grundschullehrer(in) *m(f)*, Primarlehrer(in) *m(f)* SCHWEIZ, Volksschullehrer(in) *m(f)* ÖSTERR
re·cep·tive [rɪˈseptɪv] *adj* ■**to be ~ to sth** empfänglich [*o* offen] für etw *akk* sein
re·cep·tive·ness [rɪˈseptɪvnəs], **re·cep·tiv·ity** [ˌrɪsepˈtɪvəti, AM -t̬i] *n no pl* Empfänglichkeit *f*, Aufnahmebereitschaft *f*
re·cep·tor [rɪˈseptəʳ, AM -ɚ] *n* BIOL Rezeptor *m*
re·cess [ˈriːses, rɪˈses] **I.** *n* <*pl* -es> ❶ LAW, POL [Sitzungs]pause *f*, Parlamentsferien *pl;* **to go into ~** sich *akk* in die Sommerpause begeben; **to be in ~** in der Sommerpause sein; **to be recalled from ~** aus der Sommerpause zurückgerufen werden
❷ *esp* AM, AUS SCH Pause *f*
❸ ARCHIT Nische *f*
❹ *(fig: secret places)* ■**~es** *pl* Winkel *pl fig;* **the deepest** [*or* **innermost**] **~es** die verborgensten Winkel
II. *vt* ❶ ARCHIT **to ~ a fitment** eine Nische aussparen
❷ *(suspend)* **to ~ proceedings** die Verhandlung vertagen
III. *vi esp* AM, AUS [eine] Pause machen; LAW, POL sich *akk* vertagen
re·cessed [rɪˈsest] *adj inv* eingelassen, eingebaut; **~ lights** versenkte Lichter
re·ces·sion [rɪˈseʃən] *n* ECON Rezession *f*, Konjunkturrückgang *m;* **times of ~** Zeiten *pl* der Rezession; **to be in ~** einen Konjunkturrückgang erleben, von einer Rezession betroffen sein
re·ces·sion·al [rɪˈseʃənəl] **I.** *adj* ECON **~ times** Zeiten *pl* der Rezession
II. *n* MUS, REL Schlusschoral *m*
III. *n modifier* Schluss-; **~ hymn** Schlusschoral *m*
re·ces·sive [rɪˈsesɪv] *adj* BIOL rezessiv
re·charge [ˌriːˈtʃɑːdʒ, AM -ˈtʃɑːrdʒ] **I.** *vt* **to ~ a battery** eine Batterie [neu] aufladen; **to ~ a gun** ein Gewehr nachladen; **to ~ one's batteries** *(fig)* neue Kräfte tanken
II. *vi battery* sich *akk* [neu] aufladen; *(fig) person* neue Kräfte tanken
re·charge·able [ˌriːˈtʃɑːdʒəbl, AM -ˈtʃɑːrdʒ-] *adj inv* [wieder] aufladbar
re·charge·able 'bat·tery *n* wieder aufladbare Batterie
re·check [ˌriːˈtʃek] *vt* ■**to ~ sth** etw nochmals [über]prüfen [*o* kontrollieren] [*o* checken] *fam*
re·cher·ché [rəˈʃeəʃeɪ, AM -ˈʃer-] *adj (form: exotic) menu, wine* ausgesucht, erlesen; *(obscure) topic, book* ausgefallen
re·chris·ten [ˌriːˈkrɪsən] *vt* ■**to ~ sb/sth** jdn/etw umtaufen [*o* umbenennen]; ***Hermione was ~ed Sally by her friends*** Hermione wurde von ihren Freunden in Sally umbenannt; ■**to ~ sb** REL jdn noch einmal taufen
re·cidi·vism [rəˈsɪdɪvɪzəm, AM -ˈsɪdə-] *n no pl* Rückfälligkeit *f;* **rate of ~** Rückfallquote *f*
re·cidi·vist [rəˈsɪdɪvɪst, AM -ˈsɪdə-] **I.** *n* Rückfalltäter(in) *m(f)*, Wiederholungstäter(in) *m(f)*
II. *adj inv* rückfällig
reci·pe [ˈresɪpi] *n* ❶ *(in cooking)* Rezept *nt* (**for** für +*akk*); **to follow a ~** etw nach Rezept zubereiten
❷ *(for producing sth)* **a ~ for growth/happiness/profit** ein Rezept für Wachstum/Fröhlichkeit/Gewinn; **a ~ for success** ein Erfolgsrezept *nt;* ***lifting the arms embargo would be a ~ for bloodshed*** mit dem Aufheben des Waffenembargos wäre ein Blutvergießen vorprogrammiert
'reci·pe book *n* Rezeptbuch *nt*, Kochbuch *nt*
re·cipi·ent [rəˈsɪpiənt] *n* Empfänger(in) *m(f);* **to be the ~ of sb's attentions** die Person sein, der jds Aufmerksamkeiten gelten; **~ of the Nobel Prize** Empfänger(in) *m(f)* des Nobelpreises; **~ of fees** Gebührengläubiger(in) *m(f);* **~ of an organ transplant** Organempfänger(in) *m(f);* **welfare ~** Sozialhilfeempfänger(in) *m(f)*
re·cip·ro·cal [rəˈsɪprəkəl] **I.** *adj inv* ❶ *(mutual)* beidseitig; *favour, help* gegenseitig; ***the feeling is ~*** das Gefühl beruht auf Gegenseitigkeit
❷ *(reverse)* umgekehrt; ***her natural generosity was matched by his ~ stinginess*** ihre natürliche Großzügigkeit und seine entsprechende Knauserigkeit passten gut zusammen
❸ MATH, LING reziprok; **~ pronoun/verb** reziprokes Pronomen/Verb
❹ ECON gegenseitig, wechsel-; **~ holdings** gegenseitige Beteiligung; **~ trade** zweiseitiger Handel
II. *n* MATH reziproker Wert *fachspr*, Kehrwert *m*
re·cip·ro·cal·ly [rəˈsɪprəkəli] *adv* gegenseitig, wechselseitig; LING reziprok
re·cip·ro·cate [rəˈsɪprəkeɪt] **I.** *vt* **to ~ help/a favour** sich *akk* für die Hilfe/einen Gefallen revanchieren; **to ~ love/trust** Liebe/Vertrauen erwidern [*o* zurückgeben]
II. *vi* sich *akk* revanchieren (**with** mit +*dat)*
re·cip·ro·cat·ing [rəˈsɪprəkeɪtɪŋ, AM -t̬-] *adj attr, inv* TECH sich *akk* hin- und herbewegend; **a ~ piston** ein auf- und abgehender Kolben
re·cip·ro·cat·ing 'en·gine *n* TECH Kolbenmotor *m*
re·cip·ro·ca·tion [rəˌsɪprəˈkeɪʃən] *n no pl* Erwiderung *f;* ***she helped him and in ~ he found her an inexpensive apartment*** sie half ihm, und als Revanche dafür fand er eine billige Wohnung für sie; TECH Hin und Her *nt; of pistons* Auf und Ab *nt*
reci·proc·ity [resɪˈprɒsəti, AM -ˈprɑːsət̬i] *n no pl* Gegenseitigkeit *f*, Wechselseitigkeit *f*, Reziprozität *f fachspr;* **~ agreement** Gegenseitigkeitsabkommen *nt*
re·cir·cu·late [ˌriːˌsɜːkjəleɪt, AM -ˈsɜːr-] **I.** *vi air, water* ständig zirkulieren
II. *vt* **to ~ a journal/memo** eine Zeitschrift/Mitteilung erneut in Umlauf bringen; ***used envelopes are ~d in this office*** in diesem Büro werden benutzte Briefumschläge wiederverwendet
re·cit·al [rɪˈsaɪtəl] *n* ❶ *(performance) of poetry, music* Vortrag *m; of dance* Aufführung *f*, Recital *nt fachspr;* **piano ~** Klavierkonzert *nt;* **vocal ~** Liederabend *m;* **to give a ~** ein Konzert geben
❷ *(description)* Schilderung *f*, Bericht *m; of facts,*

details Aufzählung *f*; ***she gave us a long, boring ~ of all her troubles*** sie gab uns eine lange und langweilige Schilderung all ihrer Schwierigkeiten
③ LAW *(introduction)* ■ **~s** *pl* einleitender Teil

reci·ta·tion [ˌresɪ'teɪʃᵊn] *n* LIT Rezitation *f*, Vortrag *m*; **to give a ~ of sth** etw rezitieren [*o* vortragen]

reci·ta·tive [ˌresɪtəti:v] *n* MUS Rezitativ *nt*

re·cite [rɪ'saɪt] **I.** *vt* ① *(say aloud)* **to ~ a lesson/an oath** eine Lesung/einen Eid rezitieren [*o* vortragen]; **to ~ a monologue/poem** einen Monolog/ein Gedicht [auswendig] aufsagen; **to ~ the rosary** den Rosenkranz beten
② *(tell)* **to ~ one's adventures/a story** seine Abenteuer/eine Geschichte vortragen
③ *(enumerate)* **to ~ arguments/complaints/details** Argumente/Beschwerden/Einzelheiten aufzählen; **to ~ dates/facts/names** Namen/Daten/Fakten hersagen
II. *vi* rezitieren, vortragen

reck·less ['rekləs] *adj (not cautious)* unbesonnen, leichtsinnig; *disregard, speed* rücksichtslos; ***he drinks with ~ abandon*** er trinkt völlig maßlos; **~ of consequences/danger** ungeachtet der Konsequenzen/Gefahr; LAW grob fahrlässig; **~ driving** rücksichtslose Fahrweise; **to be ~ with sb's feelings/money** leichtsinnig mit jds Gefühlen/Geld umgehen

reck·less·ly ['rekləsli] *adv* unbesonnen, leichtsinnig; *drive, disregard* rücksichtslos

reck·less·ness ['rekləsnəs] *n no pl* Leichtsinn *m*; *of sb's driving* Rücksichtslosigkeit *f*; *of speed* Gefährlichkeit *f*; *in sports* Gewagtheit *f*; LAW [grobe] Fahrlässigkeit

reck·on ['rekᵊn] **I.** *vt* ① *(calculate)* ■ **to ~ sth** etw berechnen [*o* ausrechnen]; ***the inflation rate is now ~ed to be 10%*** die Inflationsrate wird momentan mit 10 % angegeben
② *(judge)* ■ **to ~ sb [to be] sth** jdn für etw *akk* halten; ***she ~s him [to be] a talented pianist*** sie hält ihn für einen talentierten Pianisten; ■ **to be ~ed [to be] sth** als etw gelten; ***she was widely ~ed the best actress*** sie galt als die beste Schauspielerin weit und breit; ***I don't ~ much to [or of] their chances of winning*** bei ihnen rechne ich nicht wirklich mit Gewinnchancen; ■ **to ~ sb among sth** jdn zu etw *dat* zählen; ***she is ~ed to be among the greatest professional ice skaters of all time*** sie zählt zu den größten Profischlittschuhläuferinnen aller Zeiten; ***I ~ that you won't see her again*** ich denke nicht, dass du sie je wiedersehen wirst
II. *vi (fam: believe)* meinen; ***can you fix my car today? — I ~ so/not*** Können Sie mein Auto heute reparieren? – ich denke schon/glaube nicht
◆ **reckon in** *vt* **to ~ in** ⊂ **overtime/tax** Überstunden/Steuern [mit] einrechnen
◆ **reckon on** *vt* ① *(expect)* ■ **to ~ on sth** mit etw *dat* rechnen; ***you can ~ on paying at least £300 for a new screen*** du musst mit mindestens 300 Pfund für einen neuen Bildschirm rechnen, du zahlst garantiert mindestens 300 Pfund für einen neuen Bildschirm
② *(need)* ■ **to ~ on sth/sb** auf etw/jdn zählen
◆ **reckon up** *vt* **to ~ up** ⊂ **a bill/costs** eine Rechnung/Kosten zusammenrechnen; **to ~ up** ⊂ **an estimate** einen Kostenvoranschlag [*o* SCHWEIZ *a.* eine Offerte] erstellen
◆ **reckon with** *vt* ① *(expect)* ■ **to ~ with sth/sb** mit etw/jdm rechnen; ***I didn't ~ with having to re-type the whole document*** ich habe nicht damit gerechnet, das ganze Schriftstück noch mal tippen zu müssen
② *(not underestimate)* ***they're a team to be ~ed with*** das ist eine nicht zu unterschätzende Mannschaft; ***the trade unions are a force to be ~ed with*** man sollte die [Macht der] Gewerkschaften nicht unterschätzen [*o fam* abtun]
◆ **reckon without** *vt* ■ **to ~ without sb/sth** nicht mit jdm/etw rechnen, jdn/etw nicht bedenken; ***they wanted to build a nuclear power station in our little town, but they ~ed without us*** sie wollten in unserer kleinen Stadt ein Kernkraftwerk bauen, aber da haben sie die Rechnung ohne den Wirt gemacht

reck·on·er ['rekᵊnəʳ, AM -ɚ] *n* MATH Rechentabelle *f*

reck·on·ing ['rekᵊnɪŋ] *n* ① *no pl (calculation)* Berechnung *f*, Kalkulation *f* SCHWEIZ; ***your ~ is out [or off] by £10*** du hast dich um 10 Pfund verrechnet; **by sb's ~** nach jds Rechnung
② *(opinion)* **to be out in one's ~** falschliegen, sich *akk* verrechnet haben *fig fam*; ***in life, people will take you very much at your own ~*** im Leben wird man so beurteilt, wie man sich selbst einschätzt
③ *(vengeance)* Abrechnung *f*; **the day of ~** der Tag der Abrechnung
④ *(old: bill)* [Ab]rechnung *f*

re·claim [rɪ'kleɪm] *vt* ① *(claim back)* ■ **to ~ sth** etw zurückverlangen; LAW etw zurückfordern; **to ~ one's luggage** sein Gepäck abholen
② *(make usable)* **to ~ land** Land urbar machen [*o* kultivieren]; **to ~ land from the sea** dem Meer Land abgewinnen; **to ~ waste material** Abfälle wiederverwerten
③ *(form: reform)* ***the organization is dedicated to ~ing drug addicts and alcoholics*** der Verband ist darin engagiert, Drogen- und Alkoholabhängige von ihrer Sucht zu befreien; **to ~ sb from alcoholism/smoking** jdn vom Alkoholismus/Rauchen abbringen

re·claim·able [rɪ'kleɪməbl̩] *adj* geltend zu machen[d], reklamierbar

rec·la·ma·tion [ˌreklə'meɪʃᵊn] *n no pl* ① *(demanding)* Rückforderung *f*; *(receiving)* Rückgewinnung *f*; **~ of expenses** Kostenrückerstattung *f*
② *of land, resources* Kultivierung *f*, Urbarmachung *f*; **land ~** Landgewinnung *f*; **~ of waste materials** Wiedergewinnung *f* von Altmaterialien
③ *(form: redemption) person* Besserung *f*, Bekehrung *f*

rec·la·'ma·tion yard *n* Händler(in) *m(f)* für antike Bauelemente und -materialien

re·clas·si·fi·ca·tion [ri:ˌklæsɪfɪ'keɪʃᵊn, AM -ɪfə'-] *n* FIN Neueinstufung *f*, Neueinteilung *f*

re·cline [rɪ'klaɪn] **I.** *vi person* sich *akk* zurücklehnen; **to ~ on a bed/sofa/in a chair** sich *akk* auf einem Bett/Sofa/in einem Stuhl ausruhen; *chair* verstellbar sein
II. *vt* **to ~ one's chair/seat** die Rückenlehne seines Stuhls/Sitzes nach hinten stellen; **to ~ one's head against [*or* on] sth** den Kopf an etw *akk* lehnen

re·clin·er [rɪ'klaɪnəʳ, AM -ɚ] *n* [verstellbarer] Lehnstuhl

re·clin·ing 'chair, re·clin·ing 'seat *n* [verstellbarer] Lehnstuhl; *(in a bus, car, plane)* Liegesitz *m*

re·cluse [rɪ'klu:s, AM *usu* 'reklu:s] *n* Einsiedler(in) *m(f)*; **to live [*or* lead] the life of a ~** ein Einsiedlerleben führen; ***she has lead the life of a ~ since her husband died*** seit dem Tod ihres Mannes lebt sie sehr zurückgezogen

re·clu·sive [rɪ'klu:sɪv] *adj* einsiedlerisch, zurückgezogen

rec·og·ni·tion [ˌrekəg'nɪʃᵊn] *n no pl* ① *(act, instance)* [Wieder]erkennung *f*; **to change beyond [*or* out of all] ~** nicht wiederzuerkennen sein
② *(appreciation)* Anerkennung *f*; ***the company never gave her any ~ for her work*** niemand in der Firma erkannte ihre Arbeit an; ***they gave him a gold watch in ~ of his years of service*** sie gaben ihm eine goldene Uhr als Anerkennung seiner Dienstjahre; **to achieve ~** Anerkennung finden
③ *(acknowledgement)* Anerkennung *f*; **[diplomatic] ~** [diplomatische] Anerkennung
④ COMPUT [Wieder]erkennung *f*

rec·og·niz·able [ˌrekəg'naɪzəbl̩, AM 'rekəgnaɪ-] *adj* erkennbar; ***despite everything he's still ~ as himself*** trotz allem ist er er selbst geblieben

rec·og·niz·ably [ˌrekəg'naɪzəbli, AM 'rekəgnaɪ-] *adv* erkennbar

re·cog·ni·zance [rɪ'kɒgnɪzᵊn(t)s, AM -'kɑ:g-] *n* LAW schriftliche Verpflichtung *(vor Gericht)*; **to enter into a ~** ein Sicherheitsversprechen abgeben; **to be released on one's own ~** gegen ein Kautionsversprechen freigelassen werden

rec·og·nize ['rekəgnaɪz] *vt* ① ■ **to ~ sb/sth** *(identify) person, symptoms* jdn/etw erkennen; ***I never would have ~d her*** ich hätte sie niemals erkannt; *(know again) person, place* jdn/etw wiedererkennen
② *(demonstrate appreciation)* ■ **to ~ sth** etw anerkennen; ■ **to ~ sb** jdm Anerkennung zollen
③ *esp* POL, ECON *(acknowledge)* ■ **to ~ sth/sb** etw/jdn anerkennen; **to ~ a country/regime/state** ein Land/Regime/einen Staat anerkennen; **to ~ a union** eine Gewerkschaft anerkennen; ***he refuses to ~ the fact that he's getting older*** er weigert sich, die Tatsache anzuerkennen, dass er älter wird; ■ **to be ~d as sth** als etw gelten
④ LAW *(allow to speak)* ■ **to ~ sb** jdm das Wort erteilen
⑤ COMPUT ■ **to ~ sth** etw [wieder]erkennen

rec·og·nized ['rekəgnaɪzd] *adj attr* anerkannt; **~ agent** zugelassener Vertreter/zugelassene Vertreterin; **~ professional body** anerkannter Berufsverband

re·coil I. *vi* [rɪ'kɔɪl] ① *(spring back)* zurückspringen; *(draw back)* zurückweichen; **to ~ in disgust** zurückschaudern; **to ~ in horror** zurückschrecken; *(mentally)* ■ **to ~ at [*or* from] sth** vor etw *dat* zurückschrecken; ***she ~ed at the idea of paying $70 for a theatre ticket*** ihr graut bei dem Gedanken, 70 Dollar für eine Theaterkarte zu bezahlen
② *(fig: have bad effect)* ■ **to ~ on [*or* upon] sb/oneself** auf jdn/einen zurückfallen; ***his evil plan ~ed on himself*** sein teuflischer Plan rächte sich an ihm selbst
③ *(be driven backwards) gun* einen Rückstoß haben; *rubber band, spring* zurückschnellen
II. *n* ['ri:kɔɪl] Rückstoß *m*

're·coil chemis·try *n* NUCL Chemie *f* der heißen Atome

rec·ol·lect [ˌrekᵊl'lekt, AM -ə'-] **I.** *vt* ■ **to ~ sth/sb** sich *akk* an etw/jdn erinnern; ***do you ~ where she went?*** kannst du dich [daran] erinnern, wo sie hingegangen ist?; ***he does not ~ seeing her at the party*** er entsinnt sich nicht, sie auf der Party gesehen zu haben
II. *vi* sich *akk* erinnern

rec·ol·lec·tion [ˌrekᵊl'lekʃᵊn, AM -ə'-] *n* ① *(memory)* Erinnerung *f*; **to have no ~ of sth** sich *akk* an etw *akk* nicht erinnern können; ***I have no ~ of having requested this catalogue*** ich kann mich nicht daran erinnern, diesen Katalog bestellt zu haben
② *no pl (ability to remember)* **power of ~** Erinnerungsvermögen *nt*; ***to the best of my ~ I have never seen her before*** soweit ich mich erinnern kann, habe ich sie nie zuvor gesehen

re·com·mence [ˌri:kə'mens] **I.** *vt* ■ **to ~ sth** etw wieder beginnen
II. *vi fighting* wieder beginnen [*o* anfangen]

rec·om·mend [ˌrekə'mend] *vt* ■ **to ~ sth/sb** etw/jdn empfehlen; **to highly/strongly ~ sth** etw wärmstens empfehlen; ***the city has much to ~ it*** es spricht viel für die Stadt; ***I ~ sending her flowers*** ich empfehle, ihr Blumen zu schicken; ***she has been ~ed for promotion*** sie ist für eine Beförderung vorgeschlagen worden; ***the doctor ~s [that] I take more exercise*** der Arzt rät, dass ich mich mehr bewege

rec·om·mend·able [ˌrekə'mendəbl̩] *adj* empfehlenswert

rec·om·men·da·tion [ˌrekəmen'deɪʃᵊn] *n* ① *(suggestion)* Empfehlung *f*; **letter of ~** Empfehlungsschreiben *nt*; **to do sth on sb's ~** etw auf jds Empfehlung hin tun
② *(advice)* Empfehlung *f*, Rat *m*; **to follow sb's ~** jds Rat folgen; **to make a ~ on sth** etw empfehlen

rec·om·mend·ed [ˌrekə'mendɪd] *adj* empfohlen; **to come highly ~** einen ausgezeichneten Ruf haben

rec·om·mend·ed dai·ly al·'low·ance *n esp* AM **the ~ of Vitamin A/B12** die empfohlene Tagesdosis an Vitamin A/B12 **rec·om·mend·ed 'price, rec·om·mend·ed 're·tail price** *n*, **RRP** unverbindliche Preisempfehlung

rec·om·mend·ed 'speed *n* Richtgeschwindigkeit *f*

rec·om·pense ['rekəmpen(t)s] **I.** *n no pl* ❶ *(reward)* Belohnung *f;* **as a ~** als [*o* zur] Belohnung; **in ~ for** als Belohnung für
❷ *(retribution)* Entschädigung *f,* Ersatz *m* (**for** für +*akk*)
II. *vt* ■**to ~ sb** *(pay back)* jdm eine Entschädigung zahlen; *(for damages)* jdn entschädigen (**for** für +*akk*)

re·con ['ri:kɑ:n] *n no pl* AM MIL *(fam) short for* **reconnaissance** Aufklärung *f;* ***who's on ~ in this sector?*** wer ist im Aufklärungseinsatz in diesem Sektor?

rec·on·cile ['rekənsaɪl] *vt* ❶ *(make friends)* ■**to ~ sb** jdn versöhnen; ***my brother and I were finally ~d with*** [*or* **to**] ***each other*** mein Bruder und ich haben uns schließlich versöhnt
❷ *(make compatible)* **to ~ a conflict** einen Streit schlichten; **to ~ differences** Meinungsverschiedenheiten beilegen; ***it's difficult to ~ different points of view*** es ist schwierig, verschiedene Standpunkte unter einen Hut zu bringen; ■**to ~ sth and** [*or* **with**] **sth** etw mit etw *dat* vereinbaren [*o* abstimmen] [*o* in Einklang bringen]; **to ~ accounts/one's checkbook** AM FIN Konten/sein Scheckbuch abgleichen
❸ *(accept)* ■**to ~ oneself to sth** sich *akk* mit etw *dat* abfinden; **to be ~d to sth** an etw *akk* gewöhnt sein; ***he slowly became ~d to living a solitary life*** langsam gewöhnte er sich daran, ein einsames Leben zu führen

rec·on·cile·ment, rec·on·cilia·tion [ˌrekənsɪli'eɪʃən] *n* ❶ *(of good relations)* Aussöhnung *f,* Versöhnung *f* (**with** mit +*dat*)
❷ *no pl (making compatible)* Beilegung *f; of systems, markets* Annäherung *f;* ***the ~ of their differences was at this point no longer possible*** die Beilegung ihrer Meinungsverschiedenheiten war zu diesem Zeitpunkt nicht mehr möglich; ***the ~ of the facts with the theory is not always easy*** das Vereinbaren von Fakten mit der Theorie ist nicht immer einfach
❸ AM ECON Abstimmung *f;* **bank ~** [Konten]abstimmung *f,* Überleitungsrechnung *f (Abstimmung zwischen dem Konto einer Bank und einem Kundenkonto);* **~ statement** Erklärung *f* von Kontenabstimmungsdifferenzen

rec·on·cilia·tory [ˌrekənsɪli'eɪtəri] *adj* versöhnlich

rec·on·dite ['rekəndaɪt] *adj (form) information, fact* abstrus

re·con·di·tion [ˌri:kən'dɪʃən] *vt* **to ~ an engine/a ship** einen Motor/ein Schiff [general]überholen; **a ~ed engine** ein Austauschmotor *m*

re·con·nais·sance [rɪ'kɒnɪsən(t)s, AM -'kɑ:nə-] **I.** *n* MIL Aufklärung *f;* **to be on ~** auf Spähpatrouille sein; ***they made a ~ before planning the attack*** sie führten einen Aufklärungseinsatz durch, bevor sie den Angriff planten
II. *adj attr, inv* MIL Aufklärungs-; **~ flight/mission/satellite** Aufklärungsflug/-einsatz/-satellit *m;* **~ patrol** Spähpatrouille *f;* **~ plane** Aufklärungsflugzeug *nt,* Aufklärer *m*

rec·on·noi·tre [ˌrekə'nɔɪtə'], AM **rec·on·noi·ter** [ˌri:kə'nɔɪṭə] **I.** *vt* MIL **to ~ a coast/enemy territory** eine Küste/feindliches Gebiet auskundschaften [*o* erkunden]
II. *vi* MIL das Gelände erkunden [*o* auskundschaften]
III. *n (fam)* Aufklärungseinsatz *m*

re·con·quer [ˌri:'kɒŋkə', AM 'kɑ:ŋkə] *vt* ■**to ~ sb/sth** etw/jdn zurückerobern

re·con·quest [ˌri:'kɒŋkwest, AM 'kɑ:ŋ] *n* Rückeroberung *f,* Wiedereroberung *f*

re·con·sid·er [ˌri:kən'sɪdə', AM -ə] **I.** *vt* ■**to ~ sth** etw [noch einmal] überdenken; *facts* etw neu [*o* SCHWEIZ wieder] erwägen; *case* etw wieder aufnehmen
II. *vi* sich *dat* etw [noch einmal] überlegen

re·con·sid·era·tion [ˌri:kənˌsɪdə'reɪʃən] *n no pl* Überdenken *nt,* SCHWEIZ *a.* Wiedererwägung *f;* ***our recommendations were returned for ~*** unsere Empfehlungen wurden uns zur nochmaligen Beratung zurückgeschickt

re·con·sti·tute [ˌri:'kɒnstɪtju:t, AM -'kɑ:nstətu:t, -tju:t] *vt* ■**to ~ sth** ❶ FOOD *milk, orange juice* etw aus Konzentrat zubereiten
❷ *(reorganize)* etw wiederherstellen; ***the Health Council has been ~d as the Health Authority*** der Gesundheitsrat wurde als Gesundheitsbehörde neu eingerichtet
❸ COMPUT etw rekonstituieren [*o* wiederherstellen]

re·con·sti·tut·ed [ˌri:'kɒnstɪtju:tɪd, AM -'kɑ:nstətu:ṭɪd, -tju:ṭ-] *adj attr, inv milk, orange juice* aus einem Konzentrat zubereitet

re·con·sti·tu·tion [ˌri:ˌkɒnstɪ'tju:ʃən, AM ˌkɑ:nstɪ'tu:] *n* ❶ *(change)* Umbildung *f,* Neugestaltung *f*
❷ *(restitution)* Wiederherstellung *f*

re·con·struct [ˌri:kən'strʌkt] *vt* ❶ *(build again)* ■**to ~ sth** etw wieder aufbauen [*o* rekonstruieren]; **to ~ an army/economy/a government** eine Armee/Wirtschaft/Regierung wiederherstellen
❷ *(reorganize)* **to ~ a company/public transport system** eine Firma/ein öffentliches Verkehrssystem umstrukturieren; **to ~ one's life** [im Leben] noch einmal von vorn anfangen; ***after the divorce, it took him almost a year to ~ his life*** nach der Scheidung brauchte er fast ein Jahr, um sein Leben wieder in den Griff zu bekommen
❸ *(in an investigation)* **to ~ a crime/events** ein Verbrechen/Ereignisse rekonstruieren

re·con·struc·tion [ˌri:kən'strʌkʃən] *n* ❶ *no pl (rebuilding)* Rekonstruktion *f; of a country* Wiederaufbau *m;* **economic ~** Wiederaufbau *m* der Wirtschaft
❷ *(reorganization) system* Neustrukturierung *f,* Neuaufbau *m;* **~ of a company** Sanierung *f* eines Unternehmens
❸ *of crime, events* Rekonstruktion *f*

Re·con·struc·tion [ˌri:kən'strʌkʃən] *n* AM *(hist)* ■**the ~** *die Phase der wirtschaftspolitischen Neuordnung nach dem Sezessionskrieg (1861-1865) zwischen den Nord- und Südstaaten Amerikas*

re·con·struc·tive 'sur·gery *n no pl* MED rekonstruktive [*o* plastische] Chirurgie

rec·ord I. *n* ['rekɔ:d, AM -əd] ❶ *(information)* Aufzeichnungen *pl,* Unterlagen *pl; (document)* Akte *f; of attendance* Liste *f; (minutes)* Protokoll *nt,* Niederschrift *f;* ***this summer has been the hottest on ~*** dieser Sommer war der heißeste, der jemals verzeichnet wurde; ***the coach went on ~ as saying ...*** der Trainer äußerte sich öffentlich dahingehend, dass ...; **to be a matter of** [**public**] **~** [offiziell] belegt [*o* dokumentiert] sein; **to keep ~s** *(register)* Buch führen; *(list)* eine Liste führen; *historian* Aufzeichnungen machen; **to keep a private ~ of sth** sich *dat* etw notieren; **for the ~** *(for the minutes)* für das Protokoll; *(as a matter of form)* der Ordnung halber
❷ *no pl (past history)* Vorgeschichte *f; of achievements* bisherige Leistungen; ***this applicant has the best ~*** dieser Bewerber hat die besten Voraussetzungen; ***he's got a clean ~*** er hat sich nichts zuschulden kommen lassen; *(no convictions)* er ist nicht vorbestraft; ***given Mr Smith's ~ as a good credit risk, we can give him the loan*** in Anbetracht der Tatsache, dass Herr Smith sich in der Vergangenheit bereits als kreditwürdig erwiesen hat, können wir ihm das Darlehen geben; **police ~** Vorstrafen *pl;* **safety ~** Sicherheitszeugnis *nt;* **criminal ~** Vorstrafenregister *nt;* **dental ~** zahnärztliche Unterlagen *pl;* **to have an excellent ~** *worker, employee* ausgezeichnete Leistungen vorweisen können; **to have a good/bad ~** einen guten/schlechten Ruf haben; **medical ~** Krankenblatt *nt*
❸ *(music)* [Schall]platte *f;* **hit ~** Hit *m fam;* **to change/play/put on a ~** eine Platte umdrehen/spielen/auflegen; **to make** [*or* **cut**] **a ~** eine [Schall]platte aufnehmen
❹ SPORT Rekord *m;* **Olympic ~** olympischer Rekord; **world ~** Weltrekord *m;* **to break** [*or* **beat**] **a ~** einen Rekord brechen; **to hold a ~** einen Rekord halten; **to set** [*or* **establish**] **a ~** einen Rekord aufstellen
❺ LAW *(court report)* [Gerichts]protokoll *nt,* Gerichtsakte *f;* **a court of ~** ein ordentliches Gericht
❻ COMPUT [Daten]satz *m*
▸ PHRASES: **to put** [*or* **set**] **the ~ straight** für Klarheit sorgen, alle Missverständnisse aus dem Weg räumen; **to say sth on/off the ~** etw offiziell/inoffiziell sagen; **strictly off the ~** ganz im Vertrauen, streng vertraulich
II. *adj* ['rekɔ:d, AM -əd] *inv* Rekord-; **~ crop/turnout/year** Rekordernte *f*/-beteiligung *f*/-jahr *nt;* **to reach a ~ high/low** ein Rekordhoch/Rekordtief *nt* erreichen; **to do sth in ~ time** etw in Rekordzeit erledigen
III. *vt* [rɪ'kɔ:d, AM -'kɔ:rd] *hyphenate re·cord*
❶ *(store)* ■**to ~ sth** *facts, events* etw aufzeichnen [*o* festhalten]; ***the temperature fell today, with -14°C being ~ed in some places*** die Temperaturen fielen heute, stellenweise wurden -14°C gemessen; **to ~ a birth/a death/a marriage** LAW eine Geburt/einen Todesfall/eine Heirat registrieren [*o* [ins Register] eintragen]; **to ~ one's feelings/ideas/thoughts** seine Gefühle/Ideen/Gedanken niederschreiben; **to ~ sth in the minutes of a meeting** etw in einem Sitzungsprotokoll vermerken
❷ *(register)* **to ~ rotations/the speed/the temperature** Umdrehungen/die Geschwindigkeit/die Temperatur anzeigen [*o* messen]; ***the needle ~ed 50 mph*** die Nadel zeigte 80 km/h
❸ *(for later reproduction)* ■**to ~ sth** FILM, MUS etw aufnehmen; *event* etw dokumentieren; **to ~ a speech** eine Rede aufzeichnen
IV. *vi* [rɪ'kɔ:d, AM -'kɔ:rd] *hyphenate re·cord (on tape, cassette)* Aufnahmen machen, ÖSTERR aufnehmen; *person* eine Aufnahme machen; *machine* aufnehmen; ***the VCR is ~ing*** der Videorecorder nimmt gerade auf

'rec·ord-break·er *n (performance)* Rekordleistung *f,* Rekordergebnis *nt; (person)* Rekordler(in) *m(f)* BRD *fam,* Rekordhalter(in) *m(f)* ÖSTERR **'rec·ord-break·ing** *adj attr, inv* Rekord-, rekordverdächtig; **~ result** Rekordergebnis *nt;* **a ~ year** ein Rekordjahr *nt*

'rec·ord chang·er *n* Plattenwechsler *m* **'rec·ord col·lec·tion** *n* [Schall]plattensammlung *f* **'rec·ord com·pa·ny** *n* [Schall]plattenfirma *f*

re·cord·ed [rɪ'kɔ:dɪd, AM -'kɔ:rd-] *adj inv* ❶ *(appearing in records)* verzeichnet, dokumentiert, belegt; ***the level of ~ crime has decreased by 5% this year*** die Zahl der registrierten Verbrechen ist dieses Jahr um 5 % zurückgegangen; **throughout ~ history** seit der Geschichtsschreibung
❷ *(stored electronically)* aufgenommen, aufgezeichnet; **a ~ message** eine aufgezeichnete Nachricht

re·cord·ed de·'liv·ery *n* BRIT Einschreiben *nt;* **by ~** per Einschreiben

re·cord·er [rɪ'kɔ:də', AM -'kɔ:rdə] *n* ❶ *(recordkeeper)* Registriergerät *nt*
❷ *(machine)* Rekorder *m*
❸ MUS *(instrument)* Blockflöte *f*
❹ BRIT LAW *(judge)* Anwalt, Anwältin *m, f* in Richterfunktion, nebenamtlicher Richter/nebenamtliche Richterin
❺ COMPUT Aufnahmegerät *nt*

rec·ord 'high *n* Rekordhoch *nt* **'rec·ord hold·er** *n* Rekordhalter(in) *m(f)*

re·cord·ing [rɪ'kɔ:dɪŋ, AM -'kɔ:rd-] *n* ❶ *no pl (process)* Aufnahme *f,* Aufzeichnen *nt*
❷ *(of sound)* Aufnahme *f; (of programme)* Aufzeichnung *f*
❸ ECON *(in a register etc.)* Eintragung *f,* Registrierung *f*
❹ LAW *(certification)* Beurkundung *f*

re·cord·ing 'an·gel *n* REL ■**the ~** *Engel, der die guten und schlechten Taten eines Menschen vermerkt*

re·'cord·ing art·ist *n Musiker, dessen Musikstücke produziert werden* **re·'cord·ing con·tract** *n* Plattenvertrag *m* **re·'cord·ing ses·sion** *n* Aufnahme *f* **re·'cord·ing stu·dio** *n* Aufnahme-/Tonstudio *nt*

'rec·ord la·bel *n (dated)* [Schall]plattenfirma *f,* Plattenlabel *nt*

rec·ord 'lev·el *n* Rekordniveau *nt,* Spitzenwert *nt*

'rec·ord li·brary *n* Plattenverleih *m; archives* Phonothek *f; (collection)* Plattensammlung *f* **'rec·ord play·er** *n* [Schall]plattenspieler *m*

rec·ord re·'sult *n* Rekordergebnis *nt*

'rec·ord to·ken *n (dated)* [Schall]plattengutschein *m*

re·count[1] **I.** *vt* [ˌriːˈkaʊnt] ■ **to ~ sth** *(count again)* etw nachzählen; **to ~ votes** Stimmen noch einmal auszählen
II. *vi* [ˌriːˈkaʊnt] POL eine erneute Stimmenauszählung durchführen
III. *n* [ˈriːkaʊnt] POL erneute Stimmenauszählung

re·count[2] [rɪˈkaʊnt] *vt (tell)* ■ **to ~ sth** etw [ausführlich] erzählen; ***he often ~ed how he had played for Manchester United when he was 19*** er hat oft erzählt, wie er für Manchester United gespielt hat, als er 19 war

re·coup [rɪˈkuːp] **I.** *vt* ① *(regain)* **to ~ costs/one's investment** Kosten/seine Investition wieder einbringen [*o* hereinbekommen]; **to ~ one's losses** seine Verluste wettmachen; **to ~ one's strength** wieder zu Kräften kommen
② *(reimburse)* ■ **to ~ sb for sth** jdn für etw *akk* entschädigen
II. *vi* sich *akk* erholen; ■ **to ~ from** [*or* **after**] **sth** sich *akk* von [*o* nach] etw *dat* erholen; ***she'll need some time to ~ after her sickness*** sie wird etwas Zeit brauchen, um sich nach ihrer Krankheit zu erholen

re·course [rɪˈkɔːs, AM -ˈkɔːrs] *n no pl* Zuflucht *f;* ECON Regress *m,* Rückgriff *m;* **to have ~ to sb** sich *akk* an jdn wenden können; **to have ~ to sth** Zuflucht zu etw *dat* nehmen können; **to decide to have ~ to the courts to obtain money due** auf gerichtlichem Wege Forderungen geltend machen; ■ **without ~ to sth/sb** ohne etw/jdn in Anspruch zu nehmen; ***it is hoped that the dispute will be settled without ~ to litigation*** man hofft, dass sich der Streit außergerichtlich beilegen lässt; ■ **without ~** FIN ohne Regress

re·cov·er [rɪˈkʌvəʳ, AM -ɚ] **I.** *vt* ① *(get back)* ■ **to ~ sth** *one's health* etw zurückerlangen; *sth lent* etw zurückbekommen; *one's appetite* etw wiedergewinnen; *stolen goods* etw sicherstellen; **to ~ one's balance/composure** sein Gleichgewicht/seine Selbstbeherrschung wiederfinden; **to ~ consciousness** das Bewusstsein wiedererlangen, wieder zu Bewusstsein kommen; **to ~ one's costs** seine Kosten decken; **to ~ data/a directory/file** COMPUT Daten/ein Verzeichnis/eine Datei wiederherstellen; **to ~ one's health** wieder gesund werden; **to ~ one's hearing/sight** wieder hören/sehen können; **to ~ one's strength** wieder zu Kräften kommen; **to be fully ~ed** völlig genesen sein; ■ **to ~ oneself** sich *akk* wieder fangen [*o* fassen]; FIN **to ~ one's disbursement** seine Auslagen vergütet bekommen; **to ~ money** Geld wieder hereinholen; **to ~ the costs** die Unkosten eintreiben
② *(obtain)* **to ~ coal/ore** Kohle/Erz gewinnen; **to ~ compensation/damages** LAW *(legally)* eine Entschädigung/Schadenersatz erhalten; **to ~ possession** den Besitz wiedererlangen
II. *vi* sich *akk* erholen; ■ **to ~ from** [*or* **after**] **sth** sich *akk* von [*o* nach] etw *dat* erholen; ***the economy has ~ed after the slump*** die Wirtschaft hat sich nach der Rezession wieder erholt

re-cov·er [ˌriːˈkʌvəʳ, AM -ɚ] *vt* **to ~ a chair/sofa** einen Stuhl/ein Sofa neu beziehen

re·cov·er·able [rɪˈkʌvᵊrəbl] *adj inv* FIN eintreibbar; ECON *also* erstattungsfähig; COMPUT wiederherstellbar; **~ ACT** Rückerstattungsanspruch auf vorausgezahlte Körperschaftssteuer; **~ amount** Zeitwert *m;* **~ costs** erstattungsfähige Kosten; **~ damage/loss** ersetzbarer Schaden/Verlust

re·cov·ered 'memo·ry syn·drome *n* PSYCH *das Wiedererlangen unbewusst unterdrückter traumatischer Erinnerungen*

re·cov·ery [rɪˈkʌvᵊri, AM -ɚi] *n* ① *no pl* MED *(action)* Erholung *f,* Gesundung *f geh,* Genesung *f geh; of sight/hearing* Wiedererlangung *f;* **to be on the road to ~** sich *akk* auf dem Weg[e] der Besserung befinden; **to show signs of ~** [erste] Zeichen einer Besserung zeigen; ECON [Anzeichen für] einen Aufschwung erkennen lassen; **to be beyond** [*or* **past**] **~** nicht mehr zu retten sein; ***the coal industry in this area is beyond ~*** für die Kohleindustrie gibt es in dieser Region keine Zukunftsperspektive; **in ~** *(after substance abuse)* auf Entzug
② *(instance) medical* Erholung *f,* Genesung *f geh;* **to make a full/quick/slow ~ from sth** sich *akk* völlig/schnell/langsam von etw *dat* erholen; ***hope you make a speedy ~!*** ich hoffe, dass du schnell wieder gesund wirst!; *economic* Aufschwung *m,* Erholung *f,* Wiederbelebung *f;* **economic ~** wirtschaftlicher Aufschwung
③ *no pl (getting back)* Wiedererlangung *f,* Wiedergewinnung *f,* Zurückgewinnung *f;* FIN Wiedererlangung *f,* Rückgewinnung *f; of a body/an object* Bergung *f;* **cost ~** Kostendeckung *f;* **~ of damages** Erlangung *f* eines Schaden[s]ersatzes; **~ of debts** Eintreibung *f* von Schulden; **investment ~** Rückgewinnung *f* von investiertem Kapital
④ *(recovered item)* Fundstück *nt*
⑤ AM *(in American football)* **to make a ~** den Ball wieder unter Kontrolle bekommen
⑥ COMPUT Wiederaufnahme *f*

re·'cov·ery room *n* Aufwachraum *m*

re·'cov·ery ser·vice *n* Abschleppdienst *m*

re·'cov·ery shares *npl* FIN im Aufschwung begriffene Aktien

re·'cov·ery ship *n* Bergungsschiff *nt* **re·'cov·ery ve·hi·cle** *n* Abschleppwagen *m*

re·cre·ate [ˌriːkriˈeɪt] *vt* ■ **to ~ sth** ① *(create again)* etw wiederherstellen [*o geh* erschaffen]; *friendship* etw wiederbeleben; ***will we ever be able to ~ the spontaneous enthusiasm for this cause?*** werden wir jemals in der Lage sein, die spontane Begeisterung für diese Angelegenheit wiederzuerlangen?; ***the garden was ~d here*** der Garten ist hier erneut angelegt worden
② *(reproduce)* etw nachstellen; ***they tried to ~ the events*** sie versuchten die Ereignisse nachzustellen

re·crea·tion[1] [ˌriːkriˈeɪʃᵊn] *n* ① *no pl (creation again)* Wiedergestaltung *f;* ***they felt that a ~ of their love was now impossible*** sie fühlten, dass eine Wiederbelebung ihrer Liebe zu diesem Zeitpunkt nicht mehr möglich war
② *(reproduction)* Nachstellung *f;* ***this is not the actual event — it's only a ~*** dies ist nicht das tatsächliche Ereignis – es ist nur nachgestellt

rec·rea·tion[2] [ˌrekriˈeɪʃᵊn] *n* ① *(hobby)* Freizeitbeschäftigung *f,* Hobby *nt*
② *no pl (fun)* Erholen *nt,* Entspannen *nt;* **to do sth for ~** etw zur Erholung tun
③ *(in school)* Pause *f*

rec·rea·tion·al [ˌrekriˈeɪʃᵊnᵊl] *adj* Freizeit-, Erholungs-; **~ activities/facilities** Freizeitaktivitäten/-einrichtungen *pl;* **~ drug** weiche Droge; **~ therapy** PSYCH Rekreationstherapie *f*

rec·rea·tion·al 'drug *n* Freizeitdroge *f* **rec·rea·tion·al 've·hi·cle** *n,* **RV** *n* AM Caravan *m,* Wohnwagen *m*

rec·re'a·tion cen·ter *n* AM Freizeitzentrum *nt*

rec·re'a·tion ground *n* BRIT Freizeitgelände *nt*

rec·re'a·tion room *n* Aufenthaltsraum *m,* Freizeitraum *m*

rec·rea·tive [ˌrekriˈeɪtɪv, AM -t̬-] *adj* erholsam, entspannend

re·crimi·nate [rəˈkrɪmɪneɪt, AM -ˈkrɪmə-] *vi* gegenseitige Anschuldigungen vorbringen

re·crimi·na·tion [rəˌkrɪmɪˈneɪʃᵊn, AM -ˌkrɪmə-] *n usu pl* Gegenbeschuldigung *f;* LAW Gegenklage *f;* **mutual ~s** gegenseitige Beschuldigungen

re·crimi·na·tory [rəˈkrɪmɪnətᵊri, AM -ənətɔːri] *adj remarks, atmosphere* von gegenseitigen Beschuldigungen erfüllt

rec room [ˈrekˌruːm] *n* AM Aufenthaltsraum *m,* Freizeitraum *m*

re·cru·des·cence [ˌriːkruːˈdesᵊn(t)s] *n no pl (form)* erneutes Auftreten, Wiederauftreten *nt; of violence, a virus* erneuter Ausbruch; MED Rekrudeszenz *f fachspr,* Wiederaufleben *nt*

re·cruit [rɪˈkruːt] **I.** *vt* ① ■ **to ~ sb** *(persuade to join) employees* jdn einstellen; **to ~ members** Mitglieder werben; **to ~ soldiers** Soldaten rekrutieren; **to ~ volunteers** Freiwillige finden; *(fam: get help from)* jdn heranziehen; ***she ~ed her friends to help her move*** sie zog ihre Freunde heran, um ihr beim Umziehen zu helfen
② *(form)* ■ **to ~ sth** etw rekrutieren; ***we ~ed our data processing department from the local college*** unsere EDV-Abteilung setzt sich aus Abgängern des örtlichen Colleges zusammen
II. *vi army* Rekruten anwerben; *company* Neueinstellungen vornehmen; *club, organization* neue Mitglieder werben
III. *n* MIL Rekrut(in) *m(f); to party, club* neues Mitglied; *staff* neu eingestellte Arbeitskraft; ***new ~s are being given four weeks of training before beginning at the office*** die Neuen müssen sich einer vierwöchigen Schulung unterziehen, bevor sie im Büro anfangen

re·cruit·ing [rɪˈkruːtɪŋ] **I.** *n no pl* MIL Rekrutierung *f; (in business)* [An]werben *nt* [von Arbeitskräften], [Personal]rekrutierung *f*
II. *adj attr, inv (in army)* Rekrutierungs-; *(in business)* Einstellungs-; **~ agent** [Personal]anwerber(in) *m(f);* **~ centre** Rekrutierungsstelle *f;* **~ office** *(in a company)* Anstellungsbüro *nt; (in the army)* Rekrutierungsbüro *nt;* **~ officer** Werbeoffizier *m;* **~ tactics** Strategie *f* zur Personalanwerbung

re·cruit·ment [rɪˈkruːtmənt] **I.** *n no pl of soldiers* Rekrutierung *f; of employees* Neueinstellung *f,* Personalaufbau *m; of members, volunteers* Anwerbung *f;* **graduate ~** Anwerbung *f* von Hochschulabgängern/-abgängerinnen
II. *adj attr, inv* Anwerbungs-; **~ agency** Personal[vermittlungs]agentur *f;* **~ drive** Anwerbungskampagne *f*

re·'cruit·ment con·sult·ant *n* Angestellte(r) *f(m)* einer Personalagentur **re·'cruit·ment fair** *n* Jobmesse *f,* Rekrutierungsmesse *f*

re·crys·tal·li·za·tion [riːˌkrɪstᵊlaɪˈzeɪʃᵊn, -lɪˈ-, AM -lɪˈ-] *n* CHEM Umkristallisation *f*

rec·tal [ˈrektᵊl] *adj inv* MED Mastdarm-, rektal *fachspr,* Rektum- *fachspr;* **~ examination** rektale Untersuchung; **~ thermometer** Rektalthermometer *nt;* **~ suppository** Rektalzäpfchen *nt*

rec·tal·ly [ˈrektᵊli] *adv* MED rektal *fachspr;* **to take sb's temperature ~** jds Temperatur rektal messen

rec·tan·gle [ˈrektæŋgl] *n* Rechteck *nt*

rec·tan·gu·lar [rekˈtæŋgjələʳ, AM -lɚ] *adj inv* rechteckig; **~ coordinates** rechtwinklige Koordinaten; **~ prism** PHYS Winkelprisma *nt*

rec·ti·fi·ca·tion [ˌrektɪfɪˈkeɪʃᵊn, AM -tə-] *n* ① *no pl of a mistake, situation* Berichtigung *f,* Korrektur *f; of a statement* Richtigstellung *f*
② ELEC *of current* Gleichrichtung *f*

rec·ti·fi·er [ˈrektɪfaɪəʳ, AM -təfaɪɚ] *n* ① ELEC *(conversion device)* Gleichrichter *m*
② CHEM *(distiller)* Rektifikator *m*

rec·ti·fy <-ie-> [ˈrektɪfaɪ, AM -tə-] *vt* ① *(set right)* ■ **to ~ sth** etw korrigieren [*o* verbessern]; *omission* etw nachholen; **to ~ a statement** eine Aussage richtigstellen [*o* berichtigen]
② ELEC, COMPUT ■ **to ~ sth** etw gleichrichten; **to ~ current** Strom gleichrichten
③ CHEM *(refine)* **to ~ liquor** [*or* **a spirit**] Spirituosen rektifizieren

rec·ti·lin·ear [ˌrektɪˈlɪniəʳ, AM -ɚ] *adj inv* geradlinig

rec·ti·tude [ˈrektɪtjuːd, AM -tətuːd, -tjuːd] *n no pl (form)* Rechtschaffenheit *f*

rec·to [ˈrektəʊ, AM -toʊ] *n* TYPO *(right hand page)* rechte Seite *(eines Buches); (cover page)* Rekto *nt fachspr*

rec·tor [ˈrektəʳ, AM -tɚ] *n* ① BRIT REL *(parish priest)* Pfarrer *m*
② SCOT UNIV *(student rep)* Rektor(in) *m(f);* AM *(head of school)* Rektor(in) *m(f),* Direktor(in) *m(f)* ÖSTERR

rec·tory [ˈrektᵊri] *n* Pfarrhaus *nt*

rec·tum <*pl* -ta *or* -s> [ˈrektəm, *pl* -tə] *n* MED Rektum *nt fachspr,* Mastdarm *m*

re·cum·bent [rɪˈkʌmbənt] *adj (liter)* liegend, ruhend; **to be ~** liegen; *plant* kleinwüchsig sein

re·cu·per·ate [rɪ'kju:pᵊreɪt, AM -'ku:pə-] **I.** *vi* to ~ **from the flu/injuries/an operation** sich *akk* von der Grippe/Verletzungen/einer Operation erholen; ***no one knows if the almost bankrupt steel industry will*** ~ niemand weiß, ob sich die fast bankrotte Stahlindustrie erholen wird
II. *vt* ▪ **to ~ sth** etw wettmachen; **to ~ losses** Verluste wiedergutmachen

re·cu·pera·tion [rɪ,kju:pᵊr'eɪʃᵊn, AM -,ku:pə'reɪ-] *n no pl* Erholung *f;* MED Gesundung *f geh,* Genesung *f geh* (**from** von +*dat*); **powers of ~** Heilkräfte *pl;* ***the human body's powers of ~ are amazing*** die Heilkräfte des menschlichen Körpers sind erstaunlich

re·cu·pera·tive [rɪ'kju:pᵊrətɪv, AM -'ku:pəəṭɪv] *adj inv* heilsam, erholsam

re·cur <-rr-> [rɪ'kɜ:ʳ, AM -'kɜ:r] *vi* ❶ *(happen again) event* wieder passieren, sich *akk* wiederholen; *opportunity* sich *akk* wieder bieten; *pain, symptoms* wieder auftreten; *problem, theme* wieder auftauchen
❷ *(come to mind)* ▪ **to ~ to sb** jdm wieder einfallen; ***his words of goodbye kept ~ring to me*** seine Abschiedsworte kamen mir immer wieder

re·cur·rence [rɪ'kʌrᵊn(t)s, AM -'kɜ:r-] *n* Wiederholung *f,* erneutes Auftreten; ***the doctor told him to go to the hospital if there was a ~ of his symptoms*** der Arzt wies ihn an, ins Krankenhaus zu gehen, falls die Symptome wiederkehrten

re·cur·rent [rɪ'kʌrənt, AM -'kɜ:r-], **re·cur·ring** [rɪ'kɜ:rɪŋ] *adj attr, inv* sich wiederholend; *dream, nightmare, theme* [ständig] wiederkehrend; *bouts, problems* häufig [*o* wiederholt] auftretend; ~ **costs** laufende Kosten

re·cur·ring 'deci·mal *n* MATH periodischer Dezimalbruch

recu·sant ['rekjʊzᵊnt] **I.** *n* ❶ HIST *Person, die sich dem Anspruch der anglikanischen Staatskirche verweigert*
❷ *(fig)* Verweigerer, Verweigerin *m, f*
II. *adj inv* ❶ HIST den anglikanischen Gottesdienst verweigernd
❷ *(fig)* renitent, verweigernd

re·cy·clable [rɪ'saɪkləbl̩] *adj* recycelbar, wiederverwertbar

re·cy·clate [,ri:'saɪkleɪt, -klət] *n* wiederverwertbares Material

re·cy·cle [rɪ'saɪkl̩] *vt* ❶ *(convert into sth new)* to ~ **glass/paper/plastic** Glas/Papier/Plastik recyceln [*o* recyclieren] [*o* wiederaufbereiten]
❷ *(fig: use again)* ▪ **to ~ sth** etw wiederverwenden; ***critics claimed he just ~d material from his previous books*** die Kritiker behaupteten, dass er einfach nur das Material aus seinen vorherigen Büchern wiederverwendet hat

re·cy·cled [rɪ'saɪkl̩d] *adj attr* recycelt, wiederverwertet; *(fig)* wiederverwendet

re·cy·cled 'pa·per *n no pl* Recyclingpapier *nt,* Umweltschutzpapier *nt*

re·cy·cling [rɪ'saɪkl̩ɪŋ] **I.** *n no pl* ❶ *(of glass, plastic etc.)* Recycling *nt,* Wiederverwertung *f,* Wiederaufbereitung *f*
❷ FIN Rückschleusung *f* von Geldern
II. *adj attr, inv* Recycling-; ~ **bin** Wertstoff[sammel]behälter *m,* Wertstofftonne *f;* ~ **container** Wertstoffcontainer *m,* Sammelcontainer *m;* ~ **plant** Recyclinganlage *f*

re·'cy·cling cen·tre, AM **re·'cy·cling cen·ter** *n* Wertstoffsammelstelle *f*

red [red] **I.** *adj* <-dd-> ❶ *(colour)* rot
❷ *(fig: flushing)* **to be/go** [*or* **turn**] ~ rot sein/werden; ***she went bright ~ with embarrassment/shame/anger*** sie wurde ganz rot vor Verlegenheit/Scham/Wut; **to be/turn ~ as a beetroot** [*or* AM **beet**] puterrot [*o* rot wie eine Tomate] [*o* ÖSTERR krebsrot] sein/werden; ***there were lots of ~ faces on the committee when the accusations were made public*** es gab eine Menge hochroter Köpfe im Komitee, als die Anschuldigungen veröffentlicht wurden
❸ *(bloodshot) eyes* rot, gerötet; ***she knew he had been drinking last night because his eyes were totally ~*** sie wusste, dass er letzte Nacht getrunken hatte, weil seine Augen ganz rot unterlaufen waren; *(from crying)* rot geweint
❹ POL *(Socialist)* rot; *Communist* kommunistisch
❺ AM POL *(fam: Republican)* der Republikanischen Partei *nach n*
II. *n* ❶ *(colour)* Rot *nt; (shade)* Rotton *m;* ***the pictures were painted in blues and ~s*** die Gemälde waren in Blau- und Rottönen gehalten
❷ *(clothes/fabric)* Rot *nt;* [**dressed**] **all in ~** ganz in Rot gekleidet
❸ *no pl* FIN **to be in the ~** in den roten Zahlen sein; **to be out of the ~** aus den roten Zahlen heraus sein
❹ POL *(pej fam: left-winger)* Rote(r) *f(m) fam*
❺ *no pl* POL *(Republican territory)* Wahlkreis *nt* der Republikanischen Partei
▸PHRASES: **to see ~** rotsehen *fig*

Red [red] POL **I.** *n (pej fam)* Rote(r) *f(m)*
II. *adj inv* rot; *Communist* kommunistisch

red 'ad·mi·ral *n* Admiral *m* **red a'lert** *n* höchste Alarmbereitschaft; **to be on ~** in höchster Alarmbereitschaft sein

Red 'Army *n no pl* MIL ▪ **the ~** die Rote Armee **Red Army 'Fac·tion** *n* POL Rote-Armee-Fraktion *f*

red 'blood cell *n* MED rotes Blutkörperchen **red-'blood·ed** *adj* heißblütig **'red·breast** *n* ORN Rotkehlchen *nt* **'red-brick** *adj attr, inv* aus rotem Ziegelstein [*o* Backstein] **red-brick uni·'ver·sity** *n* BRIT *im späten 19./frühen 20. Jahrhundert gegründete Universität, die weniger traditionell und elitär ausgelegt ist als etwa Oxford und Cambridge* **red 'cab·bage** *n* ❶ *no pl (dish)* Rotkohl *m,* SÜDD, ÖSTERR, SCHWEIZ Rotkraut *nt,* Blaukraut *nt* SÜDD, ÖSTERR, SCHWEIZ, Blaukabis *m* SCHWEIZ, Rotkabis *m* SCHWEIZ ❷ *(head)* Rotkohl[kopf] *m,* Rotkraut[kopf] *nt* SÜDD, ÖSTERR, SCHWEIZ, Blaukraut[kopf] *nt* SÜDD, ÖSTERR, SCHWEIZ **'red·cap** *n* ❶ BRIT MIL *(sl: policeman)* Militärpolizist *m* ❷ AM *(dated: at railway)* Gepäckträger *m* **red 'car·pet I.** *n no pl (usu fig)* roter Teppich *a. fig;* **to roll out the ~ for sb** den roten Teppich für jdn ausrollen *a. fig* **II.** *adj attr, inv* **to be given the ~ treatment** mit allen Ehren [*o fam* mit großem Bahnhof] empfangen werden **red 'cent** *n no pl* AM **to not give a** [*or* **one**] ~ **for sth** keinen roten Heller für etw *akk* geben

Red 'Chi·na *n (fam)* Rotchina *nt*

'red·coat *n* BRIT ❶ MIL *(hist)* Rotrock *m,* britischer Soldat
❷ *(at Butlin's® holiday camp) Animateur[in] im englischen Butlin's® Ferienklub*

red 'cor·pus·cle *n* MED rotes Blutkörperchen **Red 'Cres·cent** *n* ▪ **the ~** der Rote Halbmond **Red 'Cross** *n,* **RC** *n* ▪ **the ~** das Rote Kreuz **red·'cur·rant I.** *n* [rote] Johannisbeere, [rote] Ribisel ÖSTERR **II.** *n modifier* Johannisbeer-, Ribisel- ÖSTERR; ~ **jelly** Johannisbeergelee *nt,* Ribiselgelee *nt* ÖSTERR **red 'deer** *n* ❶ *(animal)* Rothirsch *m* ❷ *no pl (species)* Rotwild *nt*

red·den ['redᵊn] **I.** *vi face, eyes* sich *akk* röten; *person* rot werden, erröten *geh; leaves, sky, water* sich *akk* rot färben; **to ~ with embarrassment** vor Verlegenheit erröten *geh*
II. *vt* ▪ **to ~ sth** etw rot färben; **to ~ sb's cheeks** jds Wangen erröten lassen *geh*

red·dish ['redɪʃ] *adj* rötlich

re·deco·rate [,ri:'dekəreɪt] **I.** *vt* ▪ **to ~ sth** *(by painting)* etw neu streichen; *(by wallpapering)* etw neu tapezieren
II. *vi* renovieren

re·deco·ra·tion [,ri:dekə'reɪʃᵊn] *n* Renovierung *f; (with paint)* Neuanstrich *m; (with wallpaper)* Neutapezieren *nt*

re·deem [rɪ'di:m] *vt* ❶ *(compensate for)* ▪ **to ~ sth** *fault, mistake* etw wettmachen [*o* wiedergutmachen]
❷ *(save)* **to ~ one's good name/reputation** seinen guten Namen/Ruf wiederherstellen; ***he tried to ~ himself in her eyes by giving her a huge bunch of flowers*** er versuchte, sie mit einem riesigen Strauß Blumen wieder versöhnlich zu stimmen; ▪ **to ~ sb** REL jdn erlösen; *(dated form: buy freedom)* jdn auslösen
❸ FIN *(convert)* **to ~ shares** Aktien einziehen; **to ~ a bond/coupon/savings certificate** einen Pfandbrief/Gutschein/Sparbrief einlösen; *(from pawnshop)* ▪ **to ~ sth** etw [gegen Zahlung] zurückerhalten; **to ~ a bond** eine Obligation verkaufen
❹ FIN *(pay off)* ▪ **to ~ sth** etw ab[be]zahlen; **to ~ one's debts** seine Schulden abtragen; **to ~ a mortgage/debt** eine Hypothek/Schulden tilgen [*o* ablösen]
❺ *(fulfil)* ▪ **to ~ sth** etw erfüllen; **to ~ a promise** ein Versprechen einlösen

re·deem·able [rɪ'di:məbl̩] *adj inv* ❶ *(financially) coupon, savings certificate, voucher* einlösbar; *mortgage* tilgbar; *loan* rückzahlbar; ~ **government stock** rückkaufbare Staatspapiere; ~ **loan** Abzahlungsdarlehen *nt,* Tilgungsdarlehen *nt;* ~ **preference share** rückzahlbare Vorzugsaktie; ~ **security** rückzahlbares Wertpapier
❷ *(by compensation)* ▪ **to be ~** *faux pas, fault* wiedergutzumachen sein

Re·deem·er [rɪ'di:məʳ, AM -mɚ] *n* REL ▪ **the ~** der Erlöser [*o* Retter] [*o* Heiland]

re·deem·ing [rɪ'di:mɪŋ] *adj attr* ausgleichend; ***the only ~ feature of the dull film was the soundtrack*** das einzig Positive an dem langweiligen Film war die Filmmusik; ***he has absolutely no ~ qualities*** er hat aber auch gar nichts Gewinnendes an sich

re·de·fine [,ri:dɪ'faɪn] *vt* ▪ **to ~ sb/sth** [**as sth**] jdn/etw neu definieren [als etw]

re·demp·tion [rɪ'dem(p)ʃᵊn] *n no pl* ❶ *(from blame/guilt)* Wiedergutmachung *f,* Ausgleich *m;* REL *(from sin)* Erlösung *f*
❷ *(rescue)* **to be beyond** [*or* **past**] ~ nicht mehr zu retten sein
❸ FIN *(conversion) of a bond, coupon, voucher* Einlösen *nt,* Einlösung *f; of a debt, loan, mortgage* Tilgung *f,* Abzahlung *f,* Rückzahlung *f;* ~ **claim** Rückzahlungsanspruch *m;* ~ **fee** Ablöseentschädigung *f;* ~ **loan** Amortisationsdarlehen *nt;* ~ **payment** Tilgungszahlung *f,* Tilgungsleistung *f;* ~ **before due date** Rückzahlung vor Fälligkeit

re·'demp·tion date *n* FIN Tilgungstermin *m,* Einlösungsdatum *nt* **re·'demp·tion value** *n* FIN Einlösungswert *m,* Rückzahlungswert *m* **re·'demp·tion yield** *n* FIN Tilgungserlös *m,* Aktienrendite *f,* Ertrag bis Fälligkeit *m,* Ertrag bis Laufzeitende *m*

re·demp·tive [rɪ'dem(p)tɪv] *adj* heilend *attr,* rettend *attr*

re·de·nomi·na·tion [,ri:dɪ,nɒmɪ'neɪʃᵊn, AM -,nɑ:mə'-] *n* FIN Neudenominierung *f*

re·de·ploy [,ri:dɪ'plɔɪ] *vt* ▪ **to ~ sb/sth** *workers, staff, troops* jdn/etw verlegen; **to ~ soldiers/troops** Soldaten/Truppen verlegen

re·de·ploy·ment [,ri:dɪ'plɔɪmənt] *n of workers, staff, troops* Verlegung *f*

re·de·vel·op [,ri:dɪ'veləp] *vt* ▪ **to ~ sth** *neighbourhood, area* etw sanieren; *machine* etw neu entwickeln

re·de·vel·op·ment [,ri:dɪ'veləpmənt] **I.** *n* Sanierung *f;* **neighbourhood ~** Sanierung *f* einer Wohngegend
II. *n modifier (fund, loan)* Sanierungs-; ~ **area** Sanierungsgebiet *nt;* ~ **project** Sanierungsprojekt *nt*

'red-eye *n* AM *(sl)* ❶ *(flight)* Nachtflug *m* ❷ *(dated: whisky)* Fusel *m fam* ❸ *(in photos) Rotfärbung der Augen auf Blitzlichtfotos* **red-'faced** *adj* rotgesichtig; **to be ~ with anger/embarrassment/shame** vor Wut/Verlegenheit/Scham einen [hoch]roten Kopf haben **red 'flag** *n* ❶ *(indicating danger)* Warnflagge *f,* Signalflagge *f* ❷ *(of socialist revolution)* Rote Fahne **red 'gi·ant** *n* ASTRON roter Riese **red-'haired** *adj inv* rothaarig **red-'hand·ed** *adj* **to catch sb ~** jdn auf frischer Tat ertappen **'red·head** *n* Rothaarige(r) *f(m),* Rotschopf *m* **red-'head·ed** *adj* ❶ *(person)* rothaarig ❷ *(bird)* mit roter Haube *nach n;* ~ **woodpecker** Rotkopfspecht *m* **red 'her·ring** *n* ❶ *(fish)* Räucherhering *m* ❷ *(sth misleading)* Ablenkungsmanöver *nt;* ***the police investi-***

R

gated many clues, but they were all ~ s die Polizei ging etlichen Hinweisen nach, aber es waren alles falsche Spuren ③ AM ECON vorläufiger Emissionsprospekt **red-'hot** *adj* ① *(glowing)* **to be ~** [rot] glühen; *(fig: very hot)* glühend heiß sein ② *(fam: emotional)* heiß *fam;* ***he plays some ~ jazz!*** er spielt heißen Jazz!; ***there was ~ anger in his eyes*** seine Augen glühten vor Wut; **a ~ mama** AM *(sl)* eine heiße Torte *sl* ③ *(brand new) news, data* brandaktuell, brandheiß *fam*

re·di·al [ˌriːˈdaɪəl, AM -ˈdaɪ(ə)l] **I.** *vt* <BRIT -ll- *or* AM *usu* -l-> ■**to ~ sb** jdn wieder [*o* erneut] anrufen; **to ~ a number** eine Nummer nochmals wählen
II. *vi* <BRIT -ll- *or* AM *usu* -l-> [die Telefonnummer] erneut wählen, wieder anrufen
III. *n no pl* Wahlwiederholung *f*

Red 'In·dian *n (pej! dated)* Indianer(in) *m(f)* **red 'ink** *n no pl* AM COMM Verlust *m;* **to be drowning in ~** rote Zahlen schreiben *fig;* **to go into ~** in die roten Zahlen geraten

re·di·rect [ˌriːdɪˈrekt] *vt* **to ~ one's energy to sth** seine Energie anderweitig für etw *akk* einsetzen; **to ~ one's interests** seine Interessen neu ausrichten; **to ~ a letter/package** einen Brief/ein Paket nachsenden; **to ~ resources** Mittel umverteilen; **to ~ traffic** Verkehr umleiten; ■**to ~ sth** COMPUT etw umleiten

re·dis·count [riːˈdɪskaʊnt] *n* Rediskontierung *f;* **~ facility** Rediskontfazilität *f;* **~ rate** Rediskontsatz *m*

re·dis·count·ing [riːdɪˈskaʊntɪŋ] *n no pl* Rediskontierung *f*

re·dis·cov·er [ˌriːdɪsˈkʌvəʳ, AM -ɚ] *vt* ■**to ~ sth** etw wiederentdecken

re·dis·cov·ery [ˌriːdɪˈskʌvəri] *n* Wiederentdeckung *f*

re·dis·tri·bute [ˌriːdɪˈstrɪbjuːt] *vt* **to ~ land/resources/wealth** Land/Mittel/Vermögen umverteilen [*o* neu verteilen]; ***one manager was fired and his work ~ d among the others*** ein Manager wurde gefeuert und seine Arbeit anderen zugeteilt

re·dis·tri·bu·tion [ˌriːdɪstrɪˈbjuːʃᵊn] *n no pl* Umverteilung *f,* Neuverteilung *f;* **~ of risk** Risikoumverteilung *f;* **~ of wealth** Vermögensumverteilung *f*

red-'let·ter day *n ein besonderer Tag, den man sich im Kalender rot anstreichen muss* **red 'light** *n* rote Ampel; **to run** [*or* **jump**] [*or* **drive through**] **a ~** bei Rot über eine Ampel fahren **red-'light dis·trict** *n* Rotlichtviertel *nt* **'red·line** [ˈredlaɪn] **I.** *vt* ■**to ~ sb** jdn ausgrenzen **II.** *n* rote Linie, Höchstgrenze *f* **red 'meat** *n no pl* dunkles [*o* SCHWEIZ, ÖSTERR rotes] Fleisch *(wie Rind, Lamm und Reh)* **'red·neck** *n esp* AM *(pej fam) weißer Arbeiter aus den amerikanischen Südstaaten, oft mit reaktionären Ansichten*

red·ness [ˈrednəs] *n no pl* Röte *f*

re·do <-did, -done> [ˌriːˈduː] *vt* ① *(do again)* ■**to ~ sth** etw noch einmal machen; *task* mit etw *dat* von vorn beginnen
② *(redecorate)* **to ~ an apartment/house/room** eine Wohnung/ein Haus/Zimmer renovieren

redo·lent [ˈredᵊlənt] *adj pred (form)* ■**to be ~ with** [*or* **of**] **sth** ① *(smelling)* nach etw *dat* duften
② *(suggestive)* [stark] an etw *akk* erinnern; ***such slogans are ~ of the cold war*** solche Slogans erinnern stark an den Kalten Krieg

re·dou·ble [ˌriːˈdʌbl] **I.** *vt* ■**to ~ sth** etw verdoppeln; **to ~ one's efforts** seine Anstrengungen verdoppeln
II. *vi* sich *akk* verdoppeln

re·doubt [rɪˈdaʊt] *n* ① MIL *(fort)* Redoute *f hist*
② *(fig: stronghold)* Bastion *f*

re·doubt·able [rɪˈdaʊtəbl] *adj person* Respekt einflößend; *(hum)* gefürchtet; **~ opponent** gefürchteter Gegner/gefürchtete Gegnerin

re·dound [rɪˈdaʊnd] *vi (form)* ① *(contribute)* **to ~ to sb's advantage/honour** jdm zum Vorteil/zur Ehre gereichen *geh;* ***her financial support of the artist ~ ed to her credit*** ihre finanzielle Unterstützung für den Künstler wurde ihr hoch angerechnet
② *(come back)* ■**to ~ on** [*or* **upon**] **sb** [negativ] auf jdn zurückfallen

red 'pep·per I. *n* ① *(fresh)* rote(r) Paprika
② *no pl (powdered)* Paprikagewürz *nt; (Cayenne)* Cayennepfeffer *m*
II. *n modifier* rote Paprika-; **~ flakes** getrocknete rote Paprikaraspeln; **~ stripes** rote Paprikastreifen

re·draft [ˌriːˈdrɑːft, AM -ˈdræft] **I.** *vt* **to ~ a contract/law/proposal** einen Vertrag/ein Gesetz/einen Vorschlag neu entwerfen; **to ~ a map** eine Karte überarbeiten
II. *n* Neuentwurf *m,* überarbeiteter Entwurf

red 'rag *n* ▶PHRASES: **sth is like a ~ to a bull to sb** etw ist für jdn wie ein rotes Tuch

re·dress I. *vt* [rɪˈdres] ■**to ~ sth** *mistake* etw wiedergutmachen; *situation* etw bereinigen; *grievance* etw beseitigen; ***most managers and politicians are men — how can women ~ the imbalance?*** die meisten Manager und Politiker sind Männer – wie können Frauen das Ungleichgewicht beheben?
II. *n* [rɪˈdres, AM ˈriːdres] *no pl* Wiedergutmachung *f,* Abhilfe *f;* **to have no ~** unumstößlich feststehen; *of an imbalance* Behebung *f; of a grievance* Beseitigung *f;* LAW **legal ~** Rechtshilfe *f;* **to seek ~** einen Regressanspruch geltend machen

Red 'Rid·ing Hood *n* Rotkäppchen *nt* **Red 'Sea** *n* ■**the ~** das Rote Meer **'red·shank** <*pl* - *or* -s> *n* ORN Rotschenkel *m* **'red·skin** *n (pej! dated)* Indianer(in) *m(f),* Rothaut *f pej* **Red 'Square** *n* Roter Platz **'red·start** <*pl* -s *or* -> *n* ORN Rotschwänzchen *nt* **red 'tape** *n no pl* ① *(tape)* rotes Band [mit dem Dokumente verschnürt werden] ② *(fig: rules)* Bürokratie *f,* Bürokratismus *nt pej,* Amtsschimmel *m pej;* ***my passport application is stuck in ~*** mein Passantrag steckt irgendwo in den Mühlen der Verwaltung fest

re·duce [rɪˈdjuːs, AM *esp* -ˈduːs] **I.** *vt* ① *(make less)* ■**to ~ sth** etw verringern [*o* reduzieren]; ***we must ~ expenditures by 10% in the second quarter*** wir müssen die Ausgaben im zweiten Quartal um 10 % reduzieren; ***the television was ~ d from £500 to £350 in the sales*** der Fernseher war von 500 auf 350 Pfund heruntergesetzt; ***my wage has been ~ d to £160*** mein Lohn wurde auf 160 Pfund gekürzt; ***the judge ~ d his sentence to 1 year in jail*** der Richter setzte sein Strafmaß auf 1 Jahr Gefängnis herab; **to ~ sb's authority/duties/responsibilities** jds Autorität/Aufgaben/Verantwortlichkeiten einschränken; *price* etw heruntersetzen; ***after the scandal, the officer was ~ d in rank*** nach dem Skandal wurde der Offizier degradiert; **to ~ a backlog** einen Rückstand aufholen; **to ~ speed/velocity** die Geschwindigkeit verringern; **to ~ taxes** Steuern senken; **to ~ wages** Löhne kürzen
② *(make smaller)* **to ~ a drawing/photo** eine Zeichnung/ein Foto verkleinern; **to ~ a fraction** MATH einen Bruch kürzen [*o fachspr* reduzieren]; **to ~ liquids/a sauce** Flüssigkeiten/eine Soße einkochen lassen; **~ *the sauce to*** [*or* ***by***] ***half over a medium flame*** die Soße bis zur halben Menge bei mittlerer Hitze einkochen lassen; **to ~ sth to ashes** CHEM etw veraschen; **to ~ sth to a common denominator** MATH etw auf einen gemeinsamen Nenner bringen
③ *(bring down)* **to ~ sth to ashes** [*or* **rubble**] [*or* **ruins**] etw in Schutt und Asche legen; ***Allied bombing ~ d the city to ruins*** alliierte Bombenangriffe legten die Stadt in Schutt und Asche; ■**to ~ sb to sth** [*or* **doing sth**] jdn dazu treiben, etw zu tun; ***when he lost his job, they were ~ d to begging help from his parents*** als er seine Arbeit verlor, waren sie gezwungen, seine Eltern um Hilfe zu bitten; **to ~ sb to obedience/submission** jdn zum Gehorsam/zur Unterwerfung bringen; **to ~ sb to the ranks** MIL jdn [in den Mannschaftsdienstgrad] degradieren; **to ~ sb to tears** jdn zum Weinen bringen
④ MED *(repair)* **to ~ a dislocated arm/joint** einen ausgekugelten Arm/ein Gelenk einrenken
II. *vi* AM abnehmen; **to be reducing** eine Diät machen

re·duced [rɪˈdjuːst, AM *esp* -ˈduːst] *adj attr* ① *(in price)* reduziert, heruntergesetzt; **~ fare** ermäßigter Fahrpreis; **~ wage** gekürzter Lohn
② *(in number, size, amount)* reduziert, verringert; **to be** [*or* **live**] **in ~ circumstances** in verarmten Verhältnissen leben; **~ risk** niedriges Risiko; **on a ~ scale** in kleinerem Umfang; **~** [**jail**] **sentence** herabgesetzte [Gefängnis]strafe
③ CHEM **~ haematin** Häm *nt*

re·duced-'calo·rie *adj inv* kalorienarm **re·duced-'fat** *adj inv* fettarm **re·duced 'time** *n no pl* Kurzarbeit *f;* **to be** [**put**] **on ~** kurzarbeiten [müssen]

re·duc·er [rɪˈduːsɚ, -ˈdjuː-] *n* AM *Person, die eine Diät macht*

re·duc·ible [rɪˈdjuːsɪbl, AM ˈduː] *adj inv, pred* ■**to be ~ to sth** auf etw reduzierbar sein, sich *akk* auf etw zurückführen lassen

re·duc·ing [rɪˈdjuːsɪŋ, AM *esp* -ˈduːsɪŋ] *n no pl* Reduzierung *f*

re·duc·tion [rɪˈdʌkʃᵊn] *n* ① *no pl (action)* Reduzierung *f,* Reduktion *f,* Verringerung *f; in taxes* Senkung *f; of staff* Abbau *m; in price* Ermäßigung *f,* Herabsetzung *f;* **cost/price ~** Kosten-/Preissenkung *f*
② *(decrease)* Reduzierung *f,* Verminderung *f;* **~ in rank** Degradierung *f;* **~ in taxes** Steuersenkung *f; in production, output* Drosselung *f; authorities* Schwächung *f; in price* Ermäßigung *f,* Reduzierung *f,* Nachlass *m; in salary* Reduzierung *f,* Senkung *f;* **~ in personnel** Personalabbau *m;* **a ~ in traffic** ein verringertes Verkehrsaufkommen; **~ in wages** Lohnkürzung *f*
③ *of drawing, photo* Verkleinerung *f*
④ *(simplification)* Vereinfachung *f*

re·duc·tion·ism [rɪˈdʌkʃᵊnɪzᵊm] *n no pl (pej)* Reduktionismus *m pej geh*

re·duc·tive [rɪˈdʌktɪv] **I.** *adj* reduzierend, Reduktions-
II. *n* CHEM Reduktionsmittel *nt*

re·dun·dan·cy [rɪˈdʌndən(t)si] *n* ① *no pl* BRIT, AUS *(downsizing)* Personalfreisetzung *f euph,* Entlassung *f (aus Arbeitsmangel oder Rationalisierungsgründen); (unemployment)* Arbeitslosigkeit *f;* ***he is terrified of ~*** er hat Angst, seinen Arbeitsplatz zu verlieren; *(person)* Arbeitslose[r] *f(m);* **voluntary ~** freiwilliges Ausscheiden
② BRIT, AUS ECON *(instance)* Entlassung *f;* ***the depression means 10,000 redundancies in the East*** der Konjunkturrückgang bedeutet 10.000 Entlassungen im Osten
③ *no pl* LING Redundanz *f*
④ LING *(instance)* Überflüssigkeit *f*
⑤ COMPUT Redundanz *f*

re·'dun·dan·cy pay·ment *n* BRIT, AUS ECON Entlassungsabfindung *f,* Abfindung[szahlung] *f,* Entlassungsgeld *nt*

re·dun·dant [rɪˈdʌndənt] *adj* ① *(superfluous)* überflüssig; LING redundant
② BRIT, AUS *(unemployed)* arbeitslos; *(fig)* überflüssig; **to make sb ~** jdn entlassen
③ COMPUT redundant

re·du·pli·cate [rɪˈdjuːplɪkeɪt, AM -ˈduːplə-, -ˈdjuː-] *vi* LING reduplizieren

re·du·pli·ca·tion [rɪˌdjuːplɪˈkeɪʃᵊn, AM -ˌduːpləˈ-, -ˈdjuː-] *n* LING Reduplikation *f*

red 'wine *n* Rotwein *m* **'red·wing** <*pl* - *or* -s> *n* ORN Rotdrossel *f* **'red·wood** *n* BOT ① *(tree)* Mammutbaum *m* ② *no pl (wood)* Redwood *nt,* Rotholz *nt*

re-echo <-oes, -oing, -oed> [ˌriːˈekəʊ, AM -oʊ] **I.** *vt* ■**to ~ sb/sth** jdn/etw echoartig wiederholen
II. *vi* widerhallen

reed [riːd] **I.** *n* ① BOT *(plant)* Schilf[gras] *nt;* **to be slim as a ~** dünn wie eine Bohnenstange sein *fam*
② BRIT *(straw)* Stroh *nt (zum Decken von Strohdächern)*
③ MUS *(of an instrument)* Rohrblatt *nt*
④ MUS *(reed instrument)* Rohrblattinstrument *nt*
▶PHRASES: **to be a broken ~** ein schwankendes Rohr sein
II. *n modifier (curtain)* aus Schilfrohr; **~ basket** Korb *m* aus Schilfrohr

reed 'in·stru·ment *n* Rohrblattinstrument *nt;* **a double-~** ein [Rohrblatt]instrument *nt* mit doppeltem Rohrblatt

re-edit [ˌriːˈedɪt] *vt* ■**to ~ sth** etw überarbeitet herausgeben

ˈreed or·gan *n* Harmonium *nt*

re-edu·cate [ˌriːˈedʒʊkeɪt] *vt* ■**to ~ sb** jdn umerziehen

re-edu·ca·tion [ˌriːˌedʒʊˈkeɪʃᵊn] *n no pl* ① *esp* POL Umerziehung *f;* ***between your age and mine a ~ has taken place*** zwischen unseren Jahrgängen hat ein Prozess des Umlernens stattgefunden
② SCH Umschulung *f*

reedy [ˈriːdi] *adj* ① *(full of reeds)* schilfig, schilfbedeckt
② *voice* durchdringend, grell
③ *(thin) person* dünn

reef [riːf] **I.** *n* ① GEOG Riff *nt;* **coral ~** Korallenriff *nt; (of gold ore)* [Gold]ader *f*
② *(of a sail)* Reff *nt*
II. *vt* **to ~ the sails** die Segel reffen

reef·er [ˈriːfəʳ, AM -fɚ] *n* ① *no pl (sl: marijuana)* Pot *nt fam*
② *(sl: joint)* Joint *m fam*
③ *(jacket)* [kurze] Seemannsjacke

ˈreef·er jack·et *n* [kurze] Seemannsjacke

ˈreef knot *n* Reffknoten *m; (square knot)* Kreuzknoten *m*

reek [riːk] **I.** *n* Gestank *m,* [übler] Geruch
II. *vi* ① *(smell bad)* übel riechen [*o* stinken]; **to ~ of alcohol/garlic/manure** übel nach Alkohol/Knoblauch/Dünger riechen [*o* stinken]
② *(fig: be pervaded with)* stinken *fig fam;* **to ~ of corruption/favouritism/racism** nach Korruption/Vetternwirtschaft/Rassismus stinken

reel¹ [riːl] **I.** *n* ① *(device)* Rolle *f; (for film, yarn, tape)* Spule *f; (for fishing line)* Angelrolle *f;* **~-to-~ tape** [**station**] Magnetbandgerät *nt* mit zwei Rollen
② *(unit)* **~ of film** Filmrolle *f;* **~ of thread** Fadenspule *f;* **~ of yarn** BRIT Garnrolle *f*
II. *vt* **to ~ thread** Faden *m* aufspulen
◆**reel in** *vt* **to ~ in** ↔ **a fish** einen Fisch einholen; **to ~ in** ↔ **the line** die Angelschnur einrollen; ■**to ~ sb in** *(fig fam)* jdn angeln *fam*
◆**reel off** *vt* ■**to ~ off** ↔ **sth** etw herunterrasseln *fam;* **to ~ off the same programme/speech/text** immer wieder das gleiche Programm/die gleiche Rede/den gleichen Text abspulen *fig*
◆**reel out** *vt* **to ~ out** ↔ **a fishing line/a hose** eine Angelschnur/einen Schlauch ausrollen; **to ~ out** ↔ **a thread** einen Faden abspulen

reel² [riːl] **I.** *n* ① *(dance)* Reel *m*
② MUS Reel *m*
II. *vi* ① *(sway) person* torkeln, taumeln; *ground* sich *akk* drehen; **to send sb ~ing** jdn taumeln lassen; ***the next punch sent the boxer ~ing against the ropes*** der nächste Schlag ließ den Boxer gegen die Seile taumeln
② *(be shaken)* schaudern; ***they are still ~ing with shock*** sie sind noch benommen von dem Schock; *(be in a whirl)* sich *akk* drehen; ***my mind is ~ing*** in meinem Kopf dreht sich alles
③ *(dance)* [einen] Reel tanzen
◆**reel back** *vi* taumeln, zurücktaumeln; ***she hit him so hard that he ~ed back*** sie traf ihn so hart, dass er nach hinten taumelte; ***he ~ed back in shock*** er prallte entsetzt zurück

re-elect [ˌriːɪˈlekt] *vt* ■**to ~ sb** jdn wiederwählen

re-elec·tion [ˌriːɪˈlekʃᵊn] *n* Wiederwahl *f;* **to seek** [*or* **stand for**] [*or* AM **run for**] **~** sich *akk* zur Wiederwahl stellen

re-emerge [ˌriːɪˈmɜːdʒ, AM ˈmɜːrdʒ] *vi* wieder hervorkommen; *(fig)* wieder auftauchen; ***he ~d some time later*** er ist später wieder aufgetaucht

re-em·ˈploy *vt* ■**to ~ sb** jdn wieder einstellen

re-en·act [ˌriːɪˈnækt] *vt* ① *(act out)* ■**to ~ sth** etw wiederholen; *battle, event* etw nachstellen; *play* etw neu aufführen [*o* inszenieren]; **to ~ a crime** ein Verbrechen nachvollziehen
② LAW **to ~ a law** ein Gesetz wieder in Kraft setzen

re-en·act·ment [ˌriːɪˈnæktmənt] *n* ① *(acting out)* Wiederaufführung *f,* Neuinszenierung *f,* Wiederholung *f*
② LAW Wiederinkraftsetzung *f*

re-en·ˈgage *vt* ■**to ~ sb** jdn wieder einstellen; *artist* jdn wieder engagieren

re-en·ter [ˌriːˈentəʳ, AM -t̬ɚ] **I.** *vt* ① *(go in again)* **to ~ the** [**earth's**] **atmosphere** wieder in die [Erd]atmosphäre eintreten; **to ~ a bus/car** in einen Bus/ein Auto wieder einsteigen; **to ~ a country** in ein Land wieder einreisen; **to ~ a driveway/parking lot** in eine Einfahrt/einen Parkplatz wieder einfahren; **to ~ a house/store** in ein Haus/Geschäft wieder hineingehen; **to ~ a room** ein Zimmer wieder betreten
② *(enrol)* ■**to ~ sth** sich *akk* wieder an etw *dat* beteiligen; **to ~ a club** einem Verein wieder beitreten; **to ~ a competition** an einem Wettbewerb wieder teilnehmen; **to ~ Parliament** wieder ins Parlament einziehen; **to ~ politics** sich *akk* wieder an der Politik beteiligen, wieder am politischen Geschehen teilnehmen; **to be ~ed for** [*or* **in**] **a competition** für einen Wettkampf wieder aufgestellt werden
③ COMPUT *(type in)* **to ~ sth** etw nochmals eingeben; **to ~ data** Daten neu eingeben
II. *vi* ① *(go in)* ■**to ~ through** [*or* **by**] **sth** durch etw *akk* wieder eintreten
② *(join)* wieder Mitglied werden [*o* beitreten]

re-en·try [ˌriːˈentri] *n* ① *no pl (going in)* Wiedereintritt *m; (in a car)* Wiedereinstieg *m; (into a country)* Wiedereinreise *f;* **~ to the atmosphere** Wiedereintritt *m* in die Atmosphäre
② LAW Wiederinbesitznahme *f*
③ COMPUT Rücksprung *m*

re-ˈen·try shock *n no pl* Kulturschock *m* bei Rückkehr

re-erect [ˌriːɪˈrekt] *vt usu passive* ■**to ~ sth** etw wieder aufbauen [*o* errichten]

re-es·tab·lish [ˌriːɪˈstæblɪʃ] *vt* ■**to ~ sth** *custom, department* etw wieder einrichten [*o* einführen]; **to ~ contact/order/peace** Kontakt/Ordnung/Frieden wiederherstellen; **to ~ contact with sb** Kontakt zu jdm wiederherstellen; **to ~ a system** ein System wieder einführen; **to ~ oneself** [*or* **one's presence**] [**in a field**] sich *akk* [auf einem Gebiet] wieder behaupten [*o* durchsetzen]

re-es·tab·lish·ing [ˌriːɪˈstæblɪʃɪŋ] *n no pl* Neubildung *f*

re-es·tab·lish·ment [ˌriːɪˈstæblɪʃmənt] *n* Wiederherstellung *f,* Wiedereinführung *f; state, enterprise* Neu[be]gründung *f*

re-evalu·ate [ˌriːɪˈvæljueɪt] *vt* ■**to ~ sb/sth** jdn/etw wieder schätzen; **to ~ one's life** sein Leben erneut abwägen; **to ~ a patient** einen Patienten neu beurteilen

reeve [riːv] *n* HIST Vogt *m*

re-ex·ami·na·tion [ˌriːɪgˌzæmɪˈneɪʃᵊn] *n* ① *(test)* Nachprüfung *f,* Wiederholungsprüfung *f*
② LAW nochmalige Untersuchung; *witness, culprit* nochmaliges Verhör, erneute Zeugenvernehmung

re-ex·am·ine [ˌriːɪgˈzæmɪn] *vt* ① *(check again)* ■**to ~ sth** *evidence, facts* etw überprüfen; **to ~ priorities** Prioritäten erneut überprüfen
② SCH, UNIV *(test)* ■**to be ~d** noch einmal geprüft werden; **to ~ a witness** LAW einen Zeugen/eine Zeugin erneut [*o* nochmals] vernehmen

re-ex·port **I.** *vt* [ˌriːɪkˈspɔːt, -ek-, AM -ˈspɔːrt] ■**to ~ sth** *clothing, cars, raw materials* etw wieder ausführen
II. *n* [ˌriːˈekspɔːt, AM -spɔːrt] ECON Wiederausfuhr *f,* Reexport *m geh*

ref¹ [ref] *n (fam) abbrev of* **referee** Schiri *m fam*

ref² [ref] *n abbrev of* **reference** AZ

ref³ [ref] *n* ECON *abbrev of* **reference** Zeugnis *nt,* Referenz *f*

re·fec·tory [rɪˈfektᵊri, AM -tɚi] *n of a school* Speisesaal *m; of a university* Mensa *f; of a monastery* Refektorium *nt*

re·fer <-rr-> [rɪˈfɜːʳ, AM -ˈfɜːr] **I.** *vt* ① *(to an authority/expert)* ■**to ~ sb/sth to sb/sth** jdn/etw an jdn/etw überweisen; ***the patient was ~red to a specialist*** der Patient wurde an einen Facharzt überwiesen; *(to hospital)* ■**to ~ sb** jdn verlegen; **to ~ a case to sb/sth** LAW jdm/etw einen Fall übertragen; **to ~ a cheque** FIN einen Scheck zurückschicken; **to ~ a decision to sb** jdm eine Entscheidung übergeben; **to ~ a problem to sb** ein Problem an jdn weiterleiten
② *(for guidance)* ■**to ~ sb to sb/sth** jdn an jdn/auf etw *akk* verweisen; ***the reader is ~red to the Bible*** der Leser möge die Bibel [zum Vergleich] heranziehen; **to ~ sb to an article** jdn auf einen Artikel hinweisen [*o* verweisen]
③ *(send)* **to ~ an application/a letter/a request** eine Bewerbung/einen Brief/eine Bitte weiterleiten
II. *vi* ① *(allude)* ■**to ~ to sb/sth** auf jdn/etw hinweisen; ***who are you ~ring to?*** wen meinst du?, von wem sprichst du?; ***it's you I am ~ring to*** dich meine ich; ***he always ~s to his wife as 'the old woman'*** er spricht von seiner Frau immer als ‚der Alten'; **~ring to your letter/phone call, ...** Bezug nehmend auf Ihren Brief/Anruf ...
② *(concern)* ■**to ~ to sb/sth** jdn/etw betreffen; *law, rule* für jdn/etw *akk* gelten; *criticism* sich *akk* auf jdn/etw beziehen
③ *(consult)* ■**to ~ to sb** sich *akk* an jdn wenden, jdn hinzuziehen [*o geh* konsultieren]; ■**to ~ to sth** auf etw *akk* zurückgreifen, etw zu Hilfe nehmen; ***he ~red to a history book*** er schlug in einem Geschichtsbuch nach; **to ~ to one's notes** seine Aufzeichnungen zu Hilfe nehmen
◆**refer back** **I.** *vt* ① LAW, ADMIN *(send back)* ■**to ~ sb/sth back to sb/sth** *case, plan, proposal* jdn/etw an jdn/etw zurückverweisen
② *(direct attention)* ■**to ~ sb back to sth** jdn auf etw *akk* zurückverweisen; ***the reader is constantly ~red back to the introduction*** der Leser wird ständig auf die Einleitung zurückverwiesen
II. *vi* sich *akk* beziehen (**to** auf *+akk)*

ref·eree [ˌrefᵊrˈiː, AM -əˈriː] **I.** *n* ① *(umpire)* Schiedsrichter *m;* **to play to the ~'s whistle** sich *akk* an die Spielregeln halten
② *(arbitrator)* Schlichter(in) *m(f); (decision maker)* Schiedsrichter(in) *m(f),* Sachverständige(r) *f(m)*
③ BRIT *(endorser)* Referenz *f;* **to act as ~** als Referenz dienen; **to give sb as ~** jdn als Referenz angeben
II. *vt* **to ~ a match** bei einem Spiel Schiedsrichter sein, ein Spiel pfeifen *fam*
III. *vi* die Leitung eines Spiels übernehmen, Schiedsrichter sein

ref·er·ence [ˈrefᵊrᵊn(t)s] **I.** *n* ① *(to an authority)* Rücksprache *f; (to a book, article)* Verweis *m;* ***I cut out the article for future ~*** ich schnitt den Artikel heraus, um ihn später verwenden zu können; **to make ~ to sb** mit jdm Rücksprache halten; **to make ~ to sth** etw erwähnen
② *(responsibility)* **terms of ~** Aufgabenbereich *m,* Zuständigkeiten *pl*
③ *(allusion) indirect* Anspielung *f; direct* Bemerkung *f; (direct mention)* Erwähnung *f,* Bezugnahme *f;* ***with ~ to what was said at the last meeting, ...*** mit Bezug [*o* unter Bezugnahme] auf das bei der letzten Sitzung Gesagte, ...; **with particular ~ to sth** unter besonderer Berücksichtigung einer S. *gen;* **to make a ~ to sb/sth** auf jdn/etw anspielen; **to make a passing ~ to sb/sth** nebenbei auf jdn/etw zu sprechen kommen, jdn/etw nebenbei erwähnen; **in** [*or* **with**] **~ to sb/sth** mit Bezug [*o* Bezug nehmend] auf jdn/etw; ***I am writing to you in ~ to your letter of March 15*** mit diesem Schreiben nehme ich Bezug auf Ihren Brief vom 15. März
④ *(citation)* Verweis *m;* **list of ~s** Anhang *m,* Glossar *nt;* **~ mark** Verweiszeichen *nt; (information)* Hinweis *m;* **for future ~** [als Hinweis] für die Zukunft; ***for future ~ please note that we do need your account number*** für die Zukunft bitten wir Sie, zur Kenntnis zu nehmen, dass wir Ihre Kontonummer benötigen
⑤ *(in correspondence)* Aktenzeichen *nt;* **to use** [*or* **quote**] **~** das Aktenzeichen angeben
⑥ *(in library)* Ansicht *f;* ***the books in that section of the library are for ~ only*** die Bücher in diesem Teil der Bibliothek sind nur zum Nachschlagen gedacht
⑦ *(recommendation)* Empfehlungsschreiben *nt,* [Arbeits]zeugnis *nt,* Referenz *f geh;* **to have bad/**

R

good ~s schlechte/gute Referenzen haben; **to ask a company for trade/bank ~s** ein Unternehmen um Handelsauskünfte/Bankreferenzen ersuchen; **to write sb a glowing ~** jdm ein glänzendes Zeugnis ausstellen; **letter of ~** Zeugnis *nt,* Referenz *f;* **to give sb a ~** jdm eine Referenz [*o* ein Zeugnis] ausstellen; **to take up ~s** Referenzen einholen

8 COMPUT *(starting point value)* Bezugspunkt *m*

9 LAW *(person)* Referenz *f; (passing of problem) Vorlage einer Frage an einen Schiedsrichter oder Sachverständigen*

II. *vt* ■**to ~ sth** 1 *(allude to)* auf etw *akk* anspielen

2 COMPUT auf etw *akk* zugreifen

'ref·er·ence book *n* Nachschlagewerk *nt* **'ref·er·ence li·brary** *n* Präsenzbibliothek *f*

'ref·er·ence mark *n* Verweiszeichen *nt* **'ref·er·ence num·ber** *n (in letters)* Aktenzeichen *nt; (on goods)* Artikelnummer *f*

'ref·er·ence pub·lish·ing *n no pl* Verlegen *nt* von Nachschlagewerken **'ref·er·ence sec·tion** *n* Präsenzabteilung *f*

ref·er·en·dum <*pl* **referendums** *or* **referenda**> [ˌrefəˈrendəm, AM -əˈr-, *pl* -də] *n* POL Referendum *nt geh,* Volksentscheid *m;* **to be decided in** [*or* **by**] **a ~** durch ein Referendum entschieden werden; **to hold a ~** ein Referendum abhalten

re·fer·ral [rɪˈfɜːrəl] *n* 1 *(case)* Überweisung *f; (to the hospital)* Einweisung *f,* Einlieferung *f*

2 *no pl (action)* Einweisung *f*

re·ferred 'pain *n* MED Übertragungsschmerz *m*

re·fill I. *n* [ˈriːfɪl] Auffüllen *nt,* Nachfüllen *nt; for fountain pen* Nachfüllpatrone *f; for ballpoint* Nachfüllmine [*o* Ersatzmine] *f; for lipstick* Nachfüllstift *m;* **a ~ for** [*or* **on**] **medication/a prescription** eine Neuverordnung einer Behandlung/eines Rezeptes; **to give sb a ~** *(with drink, coffee)* jdm etw nachschenken

II. *vt* [ˌriːˈfɪl] **to ~ a cup/glass** eine Tasse/ein Glas wieder füllen

re·fi·nance [rɪˈfaɪnæn(t)s] *vt* ■**to ~ sth** etw umfinanzieren; *(take over existing loan)* etw refinanzieren

re·fi·nanc·ing [ˌriːˈfaɪnæn(t)sɪŋ] *n no pl* Refinanzierung *f,* Umfinanzierung *f;* **~ costs** *pl* Refinanzierungskosten *pl;* **~ facility** Refinanzierungsfazilität *f;* **~ loan** Refinanzierungskredit *m*

re·fine [rɪˈfaɪn] I. *vt* 1 *(from impurities)* **to ~ metal/oil/sugar** Metall/Öl/Zucker raffinieren

2 *(fig: improve)* ■**to ~ sth** etw verfeinern; ■**to ~ sb** jdm Benimm [*o* Manieren] beibringen *fam;* ■**to ~ oneself** an sich *dat* arbeiten, sich *akk* bilden; **to ~ one's behaviour** sein Benehmen kultivieren; **to ~ one's style** LIT seinen Stil verbessern

II. *vi* ■**to ~ on sth** etw verfeinern, an etw *dat* feilen *fig;* **to ~ on a method** eine Methode verfeinern

re·fined [rɪˈfaɪnd] *adj* 1 *(processed)* raffiniert; **~ foods** aufbereitete Nahrungsmittel; **~ metal** veredeltes Metall; **~ oil** raffiniertes Öl; **~ sugar** Raffinade *f*

2 *(approv: sophisticated)* [hoch] entwickelt, verfeinert; **highly ~** hoch entwickelt; **a ~ film** ein anspruchsvoller Film; **~ methods** ausgeklügelte Methoden; **~ tastes** feiner Geschmack

3 *(well-mannered) person* gebildet, kultiviert

re·fine·ment [rɪˈfaɪnmənt] *n* 1 *no pl (processing)* Raffinieren *nt,* Raffination *f; of metal* Veredelung *f;* **the ~ of raw opium** die Aufbereitung von Rohopium

2 *(improvement)* Verbesserung *f;* **with all the latest ~s** mit den neuesten technischen Raffinessen; *of ideas, methods* Überarbeitung *f,* Verbesserung *f;* ***the hypothesis does need some ~*** an der Hypothese muss noch überarbeitet werden *fam*

3 *no pl (good manners)* Gebildetheit *f,* Kultiviertheit *f*

re·fin·ery [rɪˈfaɪnəri, AM -əi] *n* Raffinerie *f;* **oil/sugar ~** Öl-/Zuckerraffinerie *f*

re·fit I. *vi* <BRIT -tt- *or* AM *usu* -t-> [ˌriːˈfɪt] NAUT überholt werden

II. *vt* <BRIT -tt- *or* AM *usu* -t-> [ˌriːˈfɪt] **to ~ a factory** eine Fabrik neu ausstatten; **to ~ a ship** ein Schiff überholen

III. *n* [ˈriːfɪt] NAUT Überholung *f*

re·flate [ˌriːˈfleɪt] I. *vt* **to ~ a currency** eine Währung [bewusst] inflationieren; **to ~ the economy** die Wirtschaft ankurbeln

II. *vi* [bewusst] inflationieren

re·fla·tion [ˌriːˈfleɪʃən] *n* Reflation *f,* Konjunkturbelebung *f,* Ankurbelung *f* der Wirtschaft

re·fla·tion·ary [ˌriːˈfleɪʃənəri, AM -eri] *adj inv* reflationär; **~ measures** [*or* **moves**] reflationäre Maßnahmen

re·flect [rɪˈflekt] I. *vt* 1 *(throw back)* ■**to be ~ed in sth** sich *akk* in etw *dat* spiegeln; ***he saw himself ~ed in the shop window*** er sah sein Spiegelbild im Schaufenster; **to ~ heat/light/sound** Hitze/Licht/Schall reflektieren

2 *(show)* ■**to ~ sth** *hard work, multiculturalism, one's views* etw zeigen [*o* zum Ausdruck bringen]; *honesty, generosity* für etw *akk* sprechen; ***his refusal to accept the bribe ~s his integrity*** es spricht für seine Integrität, dass er ein Bestechungsgeld abgelehnt hat; **to ~ [great] credit on sb/sth** jdm/etw [viel] Ehre machen

3 *(think)* ■**to ~ that ...** denken, dass ...; ***she ~ed that this was probably the last time she would see him*** sie dachte bei sich, dass dies vielleicht das letzte Mal war, dass sie ihn sah

II. *vi* 1 *light, mirror* reflektieren

2 *(ponder)* nachdenken, reflektieren *geh;* **to ~ closely** [*or* **carefully**] [*or* **seriously**] gründlich nachdenken; ■**to ~ on** [*or* **upon**] **sb/sth** über jdn/etw nachdenken

3 *(make impression)* ■**to ~ on** [*or* **upon**] **sth** etw in einem Licht erscheinen lassen; ***will the accident ~ on his ability to do his job?*** wird der Unfall seine Arbeitsfähigkeit beeinträchtigen?; ■**to ~ on** [*or* **upon**] **sb** ein Licht auf jdn werfen; **to ~ badly/well on** [*or* **upon**] **sb/sth** gegen/für jdn/etw sprechen; ***it ~ed badly on his character*** es warf ein schlechtes Licht auf seinen Charakter

re·flec·tant [rɪˈflektənt] *n* Glitterpartikel *m*

re·flect·ing [rɪˈflektɪŋ] *adj attr, inv* reflektierend; **~ telescope** Spiegelteleskop *nt*

re·flec·tion [rɪˈflekʃən] *n* 1 *(reflecting)* Reflexion *f;* **heat/light ~** Hitze-/Lichtreflexion *f;* **sound ~** Hall *m;* **sound ~ effect** Halleffekt *m*

2 *(mirror image)* Spiegelbild *nt*

3 *(fig: sign)* Ausdruck *m;* ***his unhappiness is a ~ of ...*** seine Unzufriedenheit ist ein Zeichen für ...; **~ of a lack of breeding/education** Zeichen *nt* für mangelnde Erziehung/Bildung; **to be a fair** [*or* **accurate**] **~ of sth** etw richtig widerspiegeln [*o* wiedergeben]

4 *no pl (consideration)* Betrachtung *f,* Überlegung *f* (**on/about** über +*akk*); **on** [*or* **after**] **~** nach reiflicher Überlegung

5 *(thought, comment)* Betrachtung *f;* **~s on** [*or* **about**] **life** Betrachtungen *pl* über das Leben

6 *(discredit)* ■**to be a ~ on sb/sth** ein Licht auf jdn/etw werfen; **to cast a ~ upon sb's abilities** jds Fähigkeiten infrage stellen; ***it's no ~ on your character*** [*or* ***personality***] es geht nicht gegen Sie persönlich

re·flec·tive [rɪˈflektɪv] *adj* 1 *glass, clothing* reflektierend

2 *person* nachdenklich

re·flec·tive·ly [rɪˈflektɪvli] *adv* nachdenklich

re·flec·tive·ness [rɪˈflektɪvnəs] *n no pl* 1 PHYS Reflexionsvermögen *nt*

2 *(thoughtfulness)* Nachdenklichkeit *f; (ability to consider things)* Wohlüberlegtheit *f*

re·flec·tor [rɪˈflektəʳ, AM -ɚ] *n* 1 *(device)* Reflektor *m; on a bicycle, car* Rückstrahler *m,* Katzenauge *nt*

2 *(telescope)* Spiegelteleskop *nt*

3 AM *(on road)* Reflektor *m*

re·flex [ˈriːfleks] I. *n* <*pl* -es> Reflex *m;* **conditioned ~** bedingter Reflex; **to test sb's ~es** jds Reflexe prüfen

II. *n modifier (text, point)* Reflex-; **~ sneeze** reflexartiges Niesen

're·flex ac·tion *n* Reflexhandlung *f* **'re·flex an·gle** *n* MATH überstumpfer Winkel **'re·flex cam·era** *n* Spiegelreflexkamera *f*

re·flex·ion *n esp* BRIT *see* **reflection**

re·flex·ive [rɪˈfleksɪv] I. *adj* AM 1 *(involuntary)* reflexartig

2 *inv* LING reflexiv

II. *n* LING Reflexiv *nt*

re·flex·ive·ly [rɪˈfleksɪvli] *adv* 1 *(involuntarily)* reflexartig

2 *inv* LING reflexiv

re·flex·ive 'pro·noun *n* Reflexivpronomen *nt* **re·flex·ive 'verb** *n* reflexives Verb

re·flex·olo·gist [ˌriːflekˈsɒlədʒɪst, AM -ˈsɑː-] *n* MED Reflexologe, Reflexologin *m, f*

re·flex·ol·ogy [ˌriːflekˈsɒlədʒi, AM -ˈsɑːl-] *n no pl* Reflexologie *f*

're·flex re·sponse *n* Reflexhandlung *f*

re·float [ˌriːˈfləʊt, AM ˈfloʊt] *vt* ■**to ~ sth** etw [wieder] flottmachen

re·flow [ˈriːfləʊ, AM -floʊ] *n* FIN Rückfluss *m*

re·flux <*pl* -es> [ˈriːflʌks] *n* Rückfluss *m;* ***tides have a flux and ~*** Gezeiten haben eine Flut und eine Ebbe

re·for·est [ˌriːˈfɒrɪst, AM -ˈfɔːr-] *vt esp* AM **to ~ land/an area** Land/ein Gebiet aufforsten

re·for·esta·tion [ˌriːfɒrɪˈsteɪʃən, AM -fɔːrɪˈ-] I. *n no pl esp* AM Aufforstung *f*

II. *adj attr, inv* **~ programme/project** Aufforstungsprogramm *nt*/-projekt *nt*

re·forge [ˌriːˈfɔːdʒ, AM -ˈfɔːrdʒ] *vt* ■**to ~ sth** etw wiederherstellen; **to ~ a new identity** sich *dat* ein neues Leben aufbauen

re·form [rɪˈfɔːm, AM -ˈfɔːrm] I. *vt* ■**to ~ sth** *institution, system* etw reformieren; **to ~ a criminal/drug addict** einen Kriminellen/Drogenabhängigen/eine Kriminelle/Drogenabhängige bessern [*o* ÖSTERR *bes* resozialisieren]; ■**to ~ oneself** sich *akk* bessern

II. *vi person* sich *akk* bessern; ***for years I was an alcoholic but I ~ed*** ich war jahrelang Alkoholiker, aber ich bin davon losgekommen

III. *n* Reform *f; of self, a criminal* Besserung *f; of criminal, drug-addict* Resozialisierung *f* ÖSTERR; **~s to the system** Reformen *pl* am System; ■**to be beyond ~** nicht reformierbar sein; **far-reaching** [*or* **sweeping**] [*or* **wide-ranging**] **~** weitreichende Reform; **social ~** Sozialreform *f;* **to cry out for ~** nach Reform schreien

IV. *n modifier (measures, programme)* Reform-

re-form [ˌriːˈfɔːm, AM -ˈfɔːrm] I. *vt* ■**to ~ sth** etw umformen [*o* umgestalten]

II. *vi clouds* eine neue Form annehmen; *police, troops* sich *akk* neu formieren; *committee, management* sich *akk* wieder [*o* erneut] bilden

re·for·mat <-tt-> [ˌriːˈfɔːmæt, AM -ˈfɔːrm-] *vt* COMPUT ■**to ~ sth** etw neu formatieren; **to ~ a disk** eine Diskette neu formatieren

ref·or·ma·tion [ˌrefəˈmeɪʃən, AM -ɚˈ-] *n institution* Reformierung *f; person* Besserung *nt;* **to undergo a ~** sich *akk* bessern

Ref·or·ma·tion [ˌrefəˈmeɪʃən, AM -ɚˈ-] *n* ■**the ~** die Reformation

re·for·ma·tive [rɪˈfɔːmətɪv, AM ˈfɔːrmət̬ɪv] *adj* auf Reform *f* ausgerichtet *nach n*

re·for·ma·tory [rɪˈfɔːmətəri, AM -ˈfɔːrmətɔːri] I. *n* AM Besserungsanstalt *f veraltet,* Jugendhaftanstalt *f*

II. *adj attr, inv* reformatorisch, Reform-; **~ punishment** Strafe *f* zur Besserung; **to give sb a ~ speech** jdm eine Strafpredigt halten

re·'form coun·try *n* Reformstaat *m*

re·formed [rɪˈfɔːmd, AM -ˈfɔːrmd] *adj attr* gebessert; **~ alcoholic** trockener Alkoholiker/trockene Alkoholikerin; **~ criminal** resozialisierte[r] Kriminelle[r]; **~ drug addict/gambler** geheilter Drogenabhängiger/Spieler/geheilte Drogenabhängige/Spielerin; **a ~ person** ein neuer [*o* anderer] Mensch

re·form·er [rɪˈfɔːməʳ, AM -ˈfɔːrmɚ] *n* Reformer(in) *m(f);* **social ~** Sozialreformer(in) *m(f);* REL Reformator *m*

re·form·ism [rɪˈfɔːmɪzəm, AM ˈfɔːrm] *n no pl (reforms happening)* [stille] Reformen; *(intention to imple-*

ment reforms) Wille *m* zur Reform

re·form·ist [rɪˈfɔːmɪst, AM -ˈfɔːrm-] **I.** *n* Reformist(in) *m(f)*
II. *adj* reformistisch

Re·form ˈJu·da·ism *n no pl* Reformjudentum *nt*

re·ˈform school *n* Besserungsanstalt *f veraltet,* Erziehungsheim *nt*

re·fract [rɪˈfrækt] *vt* PHYS **to ~ a ray of light** einen Lichtstrahl brechen; ***one can see light ~ed in water*** man kann sehen, wie sich das Licht im Wasser bricht

re·fract·ing ˈtele·scope *n* Refraktor *m*

re·frac·tion [rɪˈfrækʃᵊn] *n no pl* Refraktion *f fachspr,* Brechung *f;* **light ~** Lichtbrechung *f;* **~ of light** Brechung *f* des Lichtes; **angle of ~** Brechungswinkel *m*

re·frac·tive [rɪˈfræktɪv] *adj* brechend, Refraktions-, Brechungs-; **~ error** Refraktionsfehler *m,* Brechungsfehler *m*

re·frac·tory [rɪˈfræktᵊri, AM -ɚi] *adj person* starrsinnig *geh,* stur; *disease* hartnäckig; *metal* hitzebeständig

re·frain¹ [rɪˈfreɪn] *n (in a song)* Refrain *m; (in a poem)* Kehrreim *m; (comment)* häufiger Ausspruch; **constant ~** ständiger Spruch, ewige Leier *pej fam*

re·frain² [rɪˈfreɪn] *vi* sich *akk* zurückhalten, Abstand nehmen *geh;* ■**to ~ from sth** LAW etw unterlassen; ***please ~ from smoking*** *(on a sign)* „Bitte nicht rauchen!"; ***kindly ~ from smoking/talking*** wir bitten, das Rauchen/Sprechen zu unterlassen; ■**to ~ oneself** sich *akk* zurückhalten; **to ~ from laughing** sich *dat* das Lachen verkneifen

re·fresh [rɪˈfreʃ] *vt* ① *(reinvigorate)* ■**to ~ sb** *sleep, a holiday* jdn erfrischen [*o* beleben]; **to ~ oneself** sich *akk* erfrischen; **~ *yourselves!*** *(with drink)* nehmen Sie doch eine Erfrischung!; *(with food)* stärken Sie sich!
② *(cool)* ■**to ~ sb/oneself** jdn/sich *akk* abkühlen; ■**to ~ sth** *food* etw abschrecken
③ *(fig)* **to ~ one's knowledge/skills** sein Wissen/seine Kenntnisse auffrischen; **to ~ one's memory** seinem Gedächtnis auf die Sprünge helfen; **screen ~** COMPUT Bildwiederholung *f*
④ AM *(refill)* **to ~ sb's coffee/glass/lemonade** jds Kaffee/Glas/Limonade nachfüllen
⑤ COMPUT *(update)* ■**to ~ sth** etw wiederauffrischen

re·freshed [rɪˈfreʃt] *adj* ① *(rejuvenated)* erholt, belebt; **to feel ~** sich *akk* erholt fühlen
② *(cooled)* erfrischt, abgekühlt; **to feel ~** sich *akk* erfrischt fühlen

re·fresh·er [rɪˈfreʃəʳ, AM -ɚ] *n* ① *(course)* Auffrischungskurs *m;* **one-day ~** eintägiger Auffrischungskurs
② *(drink)* Erfrischung *f*
③ BRIT LAW *(fee)* zusätzliches Honorar *(für einen Anwalt bei längerer Prozessdauer)*

re·ˈfresh·er course *n* Auffrischungskurs *m*

re·fresh·ing [rɪˈfreʃɪŋ] *adj* ① *(rejuvenating) air, colour, drink* erfrischend; **to taste ~** erfrischend schmecken
② *(pleasing)* [herz]erfrischend; **a ~ change** eine willkommene Abwechslung; **a ~ thought** ein wohltuender Gedanke

re·fresh·ing·ly [rɪˈfreʃɪŋli] *adv* erfrischend *fig,* wohltuend; **~ honest/unusual** wohltuend ehrlich/ungewöhnlich

re·fresh·ment [rɪˈfreʃmənt] **I.** *n* ① *(rejuvenation)* Erfrischung *f,* Belebung *f*
② ■**~s** *pl (drink)* Erfrischungen *pl; (food)* Snacks *pl;* **light ~s** Erfrischungsgetränke und Snacks; **a little ~** ein [kleiner] Imbiss
II. *n modifier* Erfrischungs-; **~ bar** Büfett *nt;* **~ concession** Schankerlaubnis *f,* Schankkonzession *f;* **~ stand** Getränkestand *m*

re·fried beans [ˌriːfraɪdˈbiːnz] *npl* FOOD mexikanisches Bohnenpüree

re·frig·er·ant [rɪˈfrɪdʒᵊrᵊnt, AM -ɚᵊnt] *n* Kühlmittel *nt*

re·frig·er·ate [rɪˈfrɪdʒᵊreɪt, AM -ɚeɪt] **I.** *vt* ■**to ~ sth** *food, drink* etw im Kühlschrank aufbewahren
II. *vi* **~ after opening** nach dem Öffnen kühl aufbewahren

re·frig·er·at·ed [rɪˈfrɪdʒᵊreɪtɪd, AM -ɚeɪt̬ɪd] *adj* ① *(in transport)* Kühl-; **~ lorry** Kühlwagen *m;* **~ ship** Kühlschiff *nt*
② *(chilled) food* gekühlt; *(frozen)* tiefgekühlt; **~ meat/vegetables** Tiefkühlfleisch/-gemüse *nt*

re·frig·era·tion [rɪˌfrɪdʒᵊrˈeɪʃᵊn, AM -əˈreɪ-] *n no pl* Kühlung *f*

re·frig·era·tor [rɪˈfrɪdʒᵊreɪtəʳ, AM -əreɪt̬ɚ] *n* Kühlschrank *m*

re·frig·era·tor-ˈfreez·er *n* AM Kühl- und Gefrierkombination *f*

re·frin·gence [rɪˈfrɪndʒəns] *n* PHYS Lichtbrechungsvermögen *nt,* Brechkraft *f*

re·frin·gent [rɪˈfrɪndʒənt] *adj* PHYS lichtbrechend *attr,* strahlenbrechend *attr;* **~ medium** lichtbrechendes Medium

re·fuel <BRIT -ll- *or* AM *usu* -l-> [ˌriːˈfjuːəl] **I.** *vi plane* auftanken
II. *vt* **to ~ an airplane/a lorry** ein Flugzeug/einen Lastwagen auftanken; **to ~ controversy/speculation** *(fig)* die Kontroverse/Spekulation anheizen

re·fuel·ing, AM **re·fuel·ling** [ˌriːˈfjuːəlɪŋ] **I.** *n* Auftanken *nt*
II. *adj attr, inv* **~ stop** Zwischenstopp *m* zum Auftanken

ref·uge [ˈrefjuːdʒ] *n* ① *(secure place)* Zuflucht *f,* Zufluchtsort *m;* **game ~** Wildreservat *nt;* **mountain ~** Unterstand *m* in den Bergen; **women's ~** Frauenhaus *nt;* **to take** [*or* **seek**] **~ in sth** in etw *dat* Zuflucht suchen
② *(from reality)* **to seek ~ in sth** in etw *dat* Zuflucht suchen; **to take ~ in sth** sich *akk* in etw *akk* flüchten; **to take ~ in drink/drugs/religion** Zuflucht im Trinken [*o* ÖSTERR Alkohol]/in Drogen/in der Religion nehmen

refu·gee [ˌrefjʊˈdʒiː] **I.** *n* Flüchtling *m;* **economic ~** Wirtschaftsflüchtling *m;* **political ~** politischer Flüchtling; **to conceal/harbour ~s** Flüchtlinge verstecken/beherbergen
II. *n modifier (tribunal)* Flüchtlings-; **~ status** Rechtsstellung *f* als [anerkannter] Flüchtling

refu·ˈgee camp *n* Flüchtlingslager *nt*

re·fund I. *vt* [ˌriːˈfʌnd] **to ~ expenses/money** Auslagen/Geld zurückerstatten; ■**to ~ sb sth** jdm etw *akk* zurückerstatten
II. *n* [ˈriːfʌnd] *(repayment)* Rückzahlung *f,* Rückerstattung *f,* Rückvergütung *f; (return)* Rückgewähr *f;* ***I'd like a ~ on this shirt, please*** ich hätte gern mein Geld für dieses Hemd zurück; **~ of costs** Kostenersatz *m;* **to demand a ~** eine Rückzahlung fordern; **to be due a ~** Anrecht *nt* auf eine Rückzahlung haben; ***I'm due a ~*** mir steht eine Rückzahlung zu; **to obtain** [*or* **get**] **a ~** eine Rückzahlung erhalten

re·fund·able [ˌriːˈfʌndəbl] *adj inv* zurückzahlbar, zurückerstattbar; ***all your expenses on the business trip are ~*** all Ihre Ausgaben für die Geschäftsreise werden erstattet; **a ~ sum of £30** ein Pfand *nt* [*o* SCHWEIZ Depot *nt*] von 30 Pfund; **~ deposit** Kaution *f*

re·fund·ing [ˌriːˈfʌndɪdʒ] *n no pl* Umfinanzierung *f*

re·furb [ˌriːˈfɜːb] *(fam)* **I.** *n short for* **refurbishment** Renovierung *f*
II. *adj short for* **refurbished** *computer, equipment* umgebaut, repariert, aufgemotzt *fam*

re·fur·bish [ˌriːˈfɜːbɪʃ, AM -ˈfɜːrb-] *vt* ■**to ~ sth** etw aufpolieren; *furniture* etw verschönern; **to ~ a house** ein Haus renovieren

re·fur·bished [ˌriːˈfɜːbɪʃt, AM -ˈfɜːrb-] *adj attr house* renoviert; *interior of car* aufpoliert; *furniture* verschönert

re·fur·bish·ment [ˌriːˈfɜːbɪʃmənt, AM -ˈfɜːrb-] *n house* Renovierung *f; interior of car* Aufpolierung *f; furniture* Verschönerung *f;* **to carry out ~s** Renovierungsarbeiten durchführen

re·fur·nish [ˌriːˈfɜːnɪʃ, AM -ˈfɜːrn-] *vt* ■**to ~ sth** etw neu einrichten; **to ~ a room** ein Zimmer neu möblieren

re·fus·al [rɪˈfjuːzᵊl] *n* Ablehnung *f; of offer* Zurückweisung *f; of invitation* Absage *f; of food, visa* Verweigerung *f;* **~ of an application/planning permission** Ablehnung *f* eines Antrags/einer Baugenehmigung; **the right of ~ to guests** das Recht, Gästen den Zutritt zu verweigern; **to shake one's head in ~** ablehnend den Kopf schütteln; **to have first ~ on a house/land** das Vorkaufsrecht für ein Haus/Land haben; **to promise first ~ on sth** das Vorkaufsrecht für etw *akk* einräumen; **a flat** [*or* **blunt**] [*or* **point-blank**] **~** eine klare Absage; **to meet with** [*or* **receive**] **a ~** eine Absage erhalten

re·fuse¹ [rɪˈfjuːz] **I.** *vi* ablehnen; *horse* verweigern; ***I ~ to be ordered about*** ich lasse mich nicht herumkommandieren; **to ~ to eat/pay/talk** sich *akk* weigern zu essen/bezahlen/sprechen
II. *vt* ■**to ~ sth** etw ablehnen; ■**to ~ sb** jdn zurückweisen; ■**to ~ sb sth** jdm etw *akk* verweigern; **to ~ admittance** den Zutritt verweigern; **to ~ compensation** Schadenersatzansprüche ablehnen [*o* abweisen]; **to ~ consent** die Zustimmung verweigern; **to ~ sb credit** jdm keinen Kredit gewähren; **to ~ a fence/obstacle** *horse* ein Hindernis verweigern; ***the horse ~d the obstacle*** das Pferd hat am Hindernis verweigert; **to ~ all** [**offers of**] **help** jegliche Hilfe ablehnen; **to ~ an offer** ein Angebot ausschlagen; **to ~ a request** eine Bitte abschlagen

ref·use² [ˈrefjuːs] *n (form)* Abfall *m;* **garden/kitchen ~** Garten-/Küchenabfälle *pl*

ˈref·use bin *n* Mülltonne *f,* Abfallcontainer *m* SCHWEIZ **ˈref·use chute** *n* Müllschlucker *m* **ˈref·use col·lec·tion** *n no pl* Müllabfuhr *f,* Kehrichtabfuhr *f* SCHWEIZ **ˈref·use col·lec·tor** *n (form)* Müllwerker *m geh,* Müllmann *m* **ref·use-de·rived ˈfuel** *n,* **RDF** *n no pl* Müllbrennstoff *m* **ˈref·use dis·pos·al** *n no pl* Müllbeseitigung *f,* Abfallbeseitigung *f* SCHWEIZ **ˈref·use dump** *n* Mülldeponie *f,* Abfalldeponie *f* SCHWEIZ **ˈref·use in·cine·ra·tion** *n no pl* Müllverbrennung *f,* Abfallverbrennung *f* SCHWEIZ **ref·use in·cine·ˈra·tion plant** *n* Müllverbrennungsanlage *f,* Abfallverbrennungsanlage *f* SCHWEIZ

re·fuse·nik [rɪˈfjuːznɪk] *n* POL ① *(hist)* Flüchtling *(ursprünglicher Ausdruck für russische Juden, denen die Emigration aus einem Land verweigert wird)*
② *(protestor)* Verweigerer, Verweigerin *m, f*

re·fut·able [ˈrefjʊtəbl, AM rɪˈfjuːt̬-] *adj* widerlegbar, falsifizierbar *geh*

refu·ta·tion [ˌrefjʊˈteɪʃᵊn] *n* Widerlegung *f;* ■**~ of an accusation/charge/evidence** Widerlegung *f* einer Anschuldigung/eines Vorwurfs/eines Beweises; **~ of an argument/a theory** Widerlegung *f* eines Arguments/einer Theorie; **~ of the prosecution's case** Entkräftung *f* der Vorwürfe der Staatsanwaltschaft

re·fute [rɪˈfjuːt] *vt* ■**to ~ sth** ① *(disprove)* etw widerlegen [*o* entkräften]; **to ~ an assertion** [*or* **contention**] eine Behauptung widerlegen [*o* entkräften]; **to ~ a charge** [*or* **an allegation**] einen Vorwurf entkräften; **to ~ a statement/testimony** eine Aussage/Zeugenaussage entkräften
② *(deny)* etw widerlegen; **to ~ an argument/a theory/a thesis** ein Argument/eine Theorie/eine These widerlegen

reg¹ [reg] *n usu pl short for* **regulation: rules and ~s** *(sl)* Verordnungen *pl,* Vorschriften *pl*

reg² [redʒ] *n* BRIT *(fam) short for* **registration number**

re·gain [rɪˈgeɪn] *vt* ■**to ~ sth** ① *(get again)* etw wiederbekommen [*o* zurückbekommen]; **to ~ the championship/cup** den Meisterschaftstitel/Cup zurückgewinnen [*o* zurückholen]; **to ~ consciousness** das Bewusstsein wiedererlangen; **to ~ one's footing** wieder Stand [*o* Halt] finden; **to ~** [**lost**] **ground** [verlorenen] Boden zurückgewinnen; **to ~ one's health** wieder gesund werden; **to ~ a position** eine Position wiedererlangen; **to ~ possession of sth** wieder in den Besitz einer S. *gen* gelangen; **to ~ a region/territory** MIL eine Region/ein Gebiet zurückgewinnen; **to ~ one's self-control** [*or* **composure**] seine Selbstbeherrschung wiedergewinnen; **to ~ lost time** verlorene Zeit wieder einholen; **to ~ the use of one's legs/fingers** seine Beine/Finger wieder gebrauchen können; **to ~** [**one's**] **vigour** [*or* **strength**] seine Kraft zurückge-

R

winnen

❷ *(form liter: reach again)* etw wieder erreichen; ***we'll drive on little roads for a while, and ~ the main road later*** wir benutzen eine Zeit lang Nebenstraßen, und kommen später auf die Hauptstraße zurück

re·gal ['ri:gᵊl] *adj* königlich, majestätisch; **~ bearing** majestätische Haltung; **~ manner** vornehme Art, Vornehmtuerei *nt pej,* vornehmes Gehabe *pej;* **~ splendour** königlicher Prunk

re·gale [rɪ'geɪl] *vt* ■**to ~ sb with sth** *stories, jokes* jdn mit etw *dat* aufheitern; *food, drink* jdn mit etw *dat* verwöhnen

re·ga·lia [rɪ'geɪliə, AM -ljə] *n + sing/pl vb* Kostüme *pl,* Aufmachung *f kein pl hum; (of royalty)* Insignien *pl;* **the Queen's ~** die Insignien der Königin; **in full ~** in voller Montur *hum;* **military ~** volle Uniform; **to appear in ~** in vollem Staat erscheinen

re·gal·ly ['ri:gᵊli] *adv* königlich; **to behave ~** sich *akk* majestätisch benehmen

re·gard [rɪ'gɑ:d, AM -'gɑ:rd] **I.** *vt* ❶ *(consider)* betrachten; ■**to ~ sb/sth as sth** jdn/etw als etw *akk* betrachten; ***her parents always ~ed her as the cleverest of their children*** für ihre Eltern war sie immer das klügste ihrer Kinder; ***she is ~ed as a talented actress*** sie wird für eine talentierte Schauspielerin gehalten; ■**to ~ sth with sth** etw mit etw *dat* betrachten; ***local people ~ this idea of a motorway through their village with horror*** für die Anwohner ist die Vorstellung einer Autobahn durch ihr Dorf schrecklich; **to ~ sb with great respect** jdn sehr schätzen; **to ~ sb highly** jdn hochschätzen; *(be considerate of)* große Rücksicht auf jdn nehmen; **to not ~ sb's needs/situation/wishes** jds Bedürfnisse/Situation/Wünsche nicht berücksichtigen

❷ *(look at)* ■**to ~ sb/sth** jdn/etw betrachten; **to ~ sb/sth curiously/strangely** jdn/etw neugierig/befremdet betrachten

❸ *(concerning)* ***as ~s the excessive noise from your neighbours, on that point we may be able to help you*** was den enormen Lärm, den Ihre Nachbarn machen, angeht, so können wir Ihnen in diesem Punkt wahrscheinlich helfen

II. *n* ❶ *(consideration)* Rücksicht *f;* ***he has no ~ for other people's feelings*** er nimmt keine Rücksicht auf die Gefühle von anderen; **without** [*or* **with no**] **~ for sb/sth** ohne Rücksicht auf jdn/etw; **without ~ to race or colour** egal welcher [*o* ungeachtet der] Rasse und Hautfarbe; **to pay ~ to sth** auf etw *akk* Rücksicht nehmen; **to pay no ~ to a warning** eine Warnung in den Wind schlagen

❷ *(respect)* Achtung *f* (**for** vor +*dat*); **to hold sb/sth in high** [*or* **the highest**] **~** Hochachtung vor jdm/etw haben; ***the work of the theatre is held in the highest ~*** die Arbeit des Theaters wird hoch geschätzt; **to hold sb/sth in low ~** jdn/etw geringschätzen; **to lose one's ~ for sb** seine Achtung vor jdm verlieren

❸ *(gaze)* Starren *nt;* ***she became aware of his ~*** sie merkte, dass er sie anstarrte

❹ *(aspect)* **in this** [*or* **that**] **~** in dieser Hinsicht

❺ *(concerning)* ■**with** [*or* **in**] **~ to ...** in Bezug auf ...; ***I am writing to you with ~ to your letter of 15 March*** mit diesem Schreiben nehme ich Bezug [*o* beziehe ich mich] auf Ihr Schreiben vom 15. März; ***there is no problem as ~s the financial arrangements*** es gibt kein Problem, was die finanziellen Vereinbarungen angeht; ***having ~ to the fire regulations, ...*** der Brandschutzverordnung entsprechend ...

re·gard·ful [rɪ'gɑ:dfᵊl, AM -'gɑ:rd-] *adj pred* ■**to be ~ of sth** auf etw *akk* Rücksicht nehmen; ***when travelling you should be ~ of local customs*** wenn man reist, sollte man die örtlichen Gebräuche beachten

re·gard·ing [rɪ'gɑ:dɪŋ, AM -'gɑ:rd-] *prep* ■**~ sth** bezüglich einer S. *gen,* was etw *akk* anbetrifft, im Hinblick auf etw *akk;* **~ *your inquiry*** bezüglich Ihrer Anfrage

re·gard·less [rɪ'gɑ:dləs, AM -'gɑ:rd-] *adv inv* trotzdem; ***I want the account, ~ of what we have to do to get it*** ich möchte die Aufzeichnung, egal was wir tun müssen, um sie zu bekommen; **~ of age/consequences/danger** trotz [*o* ungeachtet] des Alters/der Konsequenzen/der Gefahr; **~ of the expense** ungeachtet der [*o* ohne Rücksicht auf die] Kosten; **~ of sb's opposition** gegen jds Widerstand; **to press on ~** trotzdem weitermachen; ***press on ~!*** Augen zu und durch!

re·gards [rɪ'gɑ:dz, AM -'gɑ:rdz] *npl* Grüße *pl;* **kind** [*or* **best**] **~** *(in a letter)* viele Grüße; **to give** [*or* **convey**] **sb's ~ to sb** jdm jds Grüße ausrichten [*o* übermitteln]; ***please give my ~ to your mother*** bitte grüße deine Mutter von mir; **to send sb one's ~** jdn grüßen lassen

re·gath·er [rɪ'gæðəʳ, AM -ɚ] **I.** *vi troops* sich *akk* wieder sammeln

II. *vt* **to ~ one's thoughts** sich *akk* sammeln *fig*

re·gat·ta [rɪ'gætə, AM -'gɑ:t̬ə] *n* Regatta *f;* **the Henley R~** die Henley-Regatta

re·gen·cy ['ri:dʒᵊn(t)si] **I.** *n* Regentschaft *f; (period of rule)* Regentschaft[szeit] *f;* **the R~ of the Empire** die Herrschaft des britischen Empire

II. *adj attr, inv* Régence-, Regency-; **~ architecture** Régencestil *m,* Regencyarchitektur *f;* **~ furniture** Regencymöbel *pl;* **R~ style** Régencestil *m,* Regencystil *m*

re·gen·er·ate [rɪ'dʒenᵊreɪt, AM -əreɪt] **I.** *vt* ■**to ~ sth** ❶ *(revive)* etw erneuern; **to ~** [**inner**] **cities** [Innen]städte neu gestalten; **to ~ enthusiasm/an issue/a movement** Begeisterung/ein Problem/eine Bewegung neu aufleben lassen; **to ~ sb/sb's spirit** REL jdn/jds Geist erneuern

❷ ELEC etw rückkoppeln

❸ *(grow again) claw, tissue* etw neu bilden; ***a lizard can ~ its tail*** bei einer Eidechse wächst der Schwanz wieder nach

❹ COMPUT etw regenerieren

II. *vi* BIOL sich *akk* regenerieren *geh; tissue* sich *akk* neu bilden

re·gen·er·ated [rɪ'dʒenᵊreɪtɪd, rə-, ˌri:-, AM -əreɪt̬ɪd] *adj inv* CHEM regeneriert; **~ cellulose** regenerierte Cellulose; **~ cellulose film** Zellglas *nt*

re·gen·era·tion [rɪˌdʒenᵊr'eɪʃᵊn, AM -ə'reɪ-] *n no pl* ❶ *(improvement)* Erneuerung *f,* Regeneration *f;* **~ of cities/a region** Erneuerung *f* von Städten/einer Region; **urban ~** Stadtsanierung *f; of issue* Neubildung *f; of spirit* Erholung *f;* REL Erneuerung *f*

❷ ELEC Rückkoppelung *f*

❸ BIOL *(regrowth)* Regeneration *f geh,* Neubildung *f;* **~ of cells/skin/tissue** Regeneration *f* von Zellen/der Haut/des Gewebes; **skin ~** Regeneration *f* der Haut

❹ COMPUT Regeneration *f*

re·gen·er'a·tion area *n* Sanierungsgebiet *nt*

re·gen·era·tive [rɪ'dʒenᵊrətɪv, AM -ɚt̬ɪv] *adj inv* ❶ *(improving)* erneuernd, aufbauend; *spiritually* erneuernd

❷ BIOL *(causing growth)* regenerierend; **~ activity of the cells** regenerative Funktion der Zellen; **~ cream** Aufbaucreme *f*

re·gen·era·tive 'medi·cine *n no pl* Reproduktionsmedizin *f fachspr (auf die Gentechnik gestützter medizinischer Forschungszweig)*

re·gent ['ri:dʒᵊnt] **I.** *n* Regent(in) *m(f)*

II. *adj after n* **Prince R~** Prinzregent *m*

reg·gae ['regeɪ] **I.** *n no pl* Reggae *m*

II. *n modifier (group, CD, concert, singer)* Reggae-

regi·cide ['redʒɪsaɪd] *n (person)* Königsmörder(in) *m(f); (act)* Ermordung *f* eines Königs; *(crime)* Königsmord *m;* **attempted ~** versuchter Königsmord

re·gime [reɪ'ʒi:m, AM rə'-] *n* ❶ *(government)* Regime *nt;* **the Hitler/Stalin ~** das Hitler-/Stalinregime; **totalitarian ~** totalitäres Regime

❷ *(in management)* Führung *f,* Leitung *f*

❸ *(procedure)* Behandlungsweise *f*

regi·men ['redʒɪmən, AM -dʒə-] *n* ❶ *(plan for health)* Gesundheitsplan *m (entsprechend ärztlichen Anweisungen);* ***the doctor put him on a strict ~*** der Arzt verordnete ihm eine streng gesunde Lebensweise; **drug ~** Medikamentenverordnung *f*

❷ *(routine)* geregelter Tagesablauf

regi·ment **I.** *n* ['redʒɪmənt, AM -dʒə-] *+ sing/pl vb* ❶ *(in military)* Regiment *nt;* **the 8th ~** das achte Regiment

❷ *(group of people)* Schar *f;* **a whole ~ of people** eine ganze Schar von Leuten; **a ~ of youths** eine Schar Jugendlicher

II. *vt* ['redʒɪment, AM -dʒə-] ❶ MIL **to ~ troops** Truppen in Gruppen einordnen

❷ *(regulate)* ■**to ~ sb** jdn kontrollieren; ■**to ~ sth** etw reglementieren; ***their behaviour was strictly ~ed*** ihr Verhalten war genau reglementiert

regi·men·tal [ˌredʒɪ'mentᵊl, AM -ə'ment̬ᵊl-] **I.** *adj* ❶ *inv (of a regiment)* Regiments-; **~ club** Regimentskasino *nt;* **~ commander** Regimentskommandant *m;* **~ uniform** Regimentsuniform *f*

❷ *(strict)* reglementiert, starr

II. *n* ■**~s** *pl* Uniform *f*

regi·men·tal 'col·our *n* BRIT Regimentsfarbe *f*

regi·men·ta·tion [ˌredʒɪmen'teɪʃᵊn, AM -əmən'-] *n* Reglementierung *f*

regi·ment·ed ['redʒɪmentɪd, AM -əment̬ɪd] *adj* reglementiert; **~ school/society** straff organisierte Schule/Gesellschaft

re·gion ['ri:dʒᵊn] *n* ❶ *(geographical)* Region *f;* **the Birmingham ~** die Region um Birmingham; **desert ~** Wüstengebiet *nt;* **mountain ~** Bergregion *f*

❷ *(administrative)* [Verwaltungs]bezirk *m,* Provinz *f*

❸ *(of the body)* Gegend *f;* **in the ~ of the head** im Bereich des Kopfes; **the stomach ~** die Magengegend

❹ *(approximately)* ■**in the ~ of ...** etwa bei ..., im Bereich von ..; ***the cost would be in the ~ of £500*** die Kosten belaufen sich auf ca. 500 Pfund

❺ COMPUT Region *f,* Bereich *m*

re·gion·al ['ri:dʒᵊnᵊl] **I.** *adj inv* regional; **~ accent/dialect** regionaler Akzent/Dialekt; **~ economic integration** EU regionale wirtschaftliche Integration; **~ loyalties** regionale Bindungen; **~ newspaper** Lokalzeitung *f;* **~ sales manager** regionaler Verkaufsleiter; **R~ Tourist Board** BRIT regionales Fremdenverkehrsamt

II. *n* ■**the ~s** *pl* SPORT regionaler Wettbewerb

're·gion·al bank *n* Regionalbank *f,* Landesbank *f*

re·gion·al ex·'change *n* STOCKEX Regionalbörse *f*

re·gion·al·ism ['ri:dʒᵊnᵊlɪzᵊm] *n* ❶ *no pl* Regionalismus *m*

❷ LING Regionalismus *m; word* nur regional verwendeter Ausdruck

re·gion·al·ist ['ri:dʒᵊnᵊlɪst] **I.** *n* Regionalist(in) *m(f)*

II. *adj inv* ❶ *(opposed to centralist)* dezentral; *person* provinziell *pej*

❷ *(peculiar to a particular region)* regional

re·gion·al·ly ['ri:dʒᵊnᵊli] *adv inv* regional

reg·is·ter ['redʒɪstəʳ, AM -ɚ] **I.** *n* ❶ *(official list)* Register *nt,* Verzeichnis *nt;* **~ of births, marriages and deaths** Personenstandsregister *nt;* **bridal ~** Hochzeitstisch *m;* **class ~** Klassenbuch *nt;* **electoral ~** Wählerverzeichnis *nt;* **~ of electors** [*or* **voters**] Wählerverzeichnis *nt;* **hotel ~** Gästebuch *nt;* **~ of members** [*or* **shareholders**] BRIT Aktienbuch *nt*

❷ *(device)* Registriergerät *nt;* AM *(till)* Kasse *f*

❸ *(range)* Volumen *nt,* Stimmumfang *m; (part of span)* Stimmlage *f;* **higher/lower ~** höhere/tiefere Stimmlage

❹ LING Register *nt fachspr,* Sprachebene *f;* **informal ~** informelles Register; **transactional ~** Transaktionsregister *nt*

❺ *(of fire place)* Klappe *f; (of heater)* Lüftungsschieber *m*

❻ *(in printing)* [Inhalts]verzeichnis *nt*

❼ *(of book)* Lesezeichen *nt*

❽ COMPUT Register *nt*

II. *vt* ❶ *(report)* ■**to ~ sb/sth** jdn/etw registrieren [*o* eintragen]; **to ~ a birth/death** eine Geburt/einen Tod anmelden [*o* eintragen lassen]; **to ~ a car** ein Auto zulassen; ***she ~ed the car in her name*** sie meldete das Auto auf ihren Namen an; **to ~ a copyright/trademark** ein Urheberrecht/Warenzeichen eintragen; **to ~ an invention** eine Erfindung patentieren lassen; **to ~ luggage** BRIT Gepäck

aufgeben; **to ~ a voter** einen Wähler registrieren
② *(measure)* ■**to ~ sth** etw anzeigen; **to ~ heat/light/movement/rainfall** Hitze/Licht/Bewegung/Regen registrieren
③ *(at post office)* **to ~ a letter/parcel** einen Brief/ein Päckchen per Einschreiben schicken
④ *(notice)* ■**to ~ sth** sich *dat* etw merken
⑤ *(show)* **to ~ disappointment/shock/surprise** sich *akk* enttäuscht/schockiert/überrascht zeigen; **to ~ protest** Protest zum Ausdruck bringen
⑥ COMPUT ■**to ~ sth** *(react to stimulus)* auf etw *akk* ansprechen
III. *vi* ① *(person)* sich *akk* melden; *to vote* sich *akk* eintragen; *at university* sich *akk* einschreiben [*o* immatrikulieren]; ***the bridal couple ~ ed at a popular department store*** das Hochzeitspaar stellte einen Hochzeitstisch in einem beliebten Warenhaus auf; **to ~ with the authorities/police** sich *akk* behördlich/polizeilich melden; **to ~ for a course** [*or* **class**] einen Kurs [*o* eine Klasse] belegen; *(at university)* sich *akk* für einen Kurs einschreiben; **to ~ for the draft** *esp* AM sich *akk* zum Wehrdienst melden; **to ~ at a hotel** sich *akk* in einem Hotel anmelden; **to ~ as unemployed** sich *akk* arbeitslos melden
② *machine, measuring device* angezeigt werden; ***the earthquake was too small to ~ on the Richter scale*** das Erdbeben war zu klein, um auf der Richterskala angezeigt zu werden
③ *(fam: be understood)* ankommen *fam;* ***I did mention the address but I'm not sure that it ~ ed*** [***with him***] ich habe die Adresse genannt, aber ich bin nicht sicher, ob sie bei ihm angekommen ist
④ *(show)* sich *akk* zeigen; ***a smile slowly ~ ed on his face*** ein Lächeln zeigte sich langsam auf seinem Gesicht
⑤ COMPUT *(superimpose images)* Register halten

reg·is·tered ['redʒɪstəd, AM -ɚd] *adj inv* registriert, gemeldet; **~ charity** eingetragene [*o* offiziell anerkannte] Hilfsorganisation; **~ childminder** professionelle Tagesmutter; **~ Democrat/Republican** AM POL demokratisches/republikanisches Parteimitglied; **~ nurse** *esp* AM examinierte [*o* staatlich anerkannte] [*o* ÖSTERR geprüfte] Krankenschwester; **~ patent** eingetragenes Patent; **~ trademark** eingetragenes Warenzeichen; **~ vehicle** amtlich zugelassenes Fahrzeug; **~ voter** eingetragener Wähler

reg·is·tered 'bond *n* FIN Namensschuldverschreibung *f* **reg·is·tered 'capi·tal** *n* FIN genehmigtes Kapital

Reg·is·tered Gen·er·al 'Nurse *n,* **RGN** *n* BRIT examinierte [*o* staatlich geprüfte] [*o* SCHWEIZ eidgenössisch anerkannte] Krankenschwester/examinierter [*o* staatlich geprüfter] [*o* SCHWEIZ eidgenössisch anerkannter] Krankenpfleger

reg·is·tered 'let·ter *n* eingeschriebener Brief, Einschreiben *nt;* **to send sth to sb by ~** jdm etw *akk* per Einschreiben schicken **reg·is·tered 'post** BRIT, AUS, AM **reg·is·tered 'mail** *n no pl* Einschreibesendung *f*

reg·is·tered se·'cur·ity *n usu pl* ECON Namensaktie *f,* Namenspapier *nt* **reg·is·tered 'share** *n* Namensaktie *f*

'reg·is·ter of·fice *n* BRIT Standesamt *nt*

reg·is·trar [ˌredʒɪ'strɑːʳ, AM 'redʒɪstrɑːr] *n* ① *(for the state)* Standesbeamte(r), -beamtin *m, f;* **district ~** Standesbeamte(r), -beamtin *m, f* eines Gerichtbezirkes
② LAW *(in civil cases)* Gerichtsbeamte(r), -beamtin *m, f,* Rechtspfleger(in) *m(f)*
③ UNIV *(office)* Studentensekretariat *nt,* Studiensekretariat *nt* SCHWEIZ, ÖSTERR; *person* höchste(r) Verwaltungsbeamte(r)/höchste Verwaltungsbeamtin
④ ECON Registrator(in) *m(f),* Registerführer(in) *m(f),* Archivar(in) *m(f);* **company ~** Unternehmensregistrator(in) *m(f),* Führer(in) *m(f)* des Gesellschaftsregisters; **R~ of Companies** Leiter(in) *m(f)* der britischen Gesellschaftsregisterbehörde
⑤ BRIT, AUS *(at hospital)* Assistenzarzt, -ärztin *m, f*

Reg·is·trar 'Gen·er·al *n* oberster Standesbeamter, oberste Standesbeamtin

reg·is·tra·tion [ˌredʒɪ'streɪʃᵊn] *n* ① *(action)* Anmeldung *f; (at university)* Einschreibung *f,* Immatrikulation *f* SCHWEIZ, ÖSTERR; **car ~** Autozulassung *f;* **voter ~** Wählereintragung *f* ② LAW *(official notation)* Eintragung *f,* Registrierung *f,* Erfassung *f;* **~ fee** Anmeldegebühr *f;* **land ~** Grundbucheintragung *f;* **~ number** Eintragungsnummer *f,* Registrierungsnummer *f,* Registernummer *f* SCHWEIZ, ÖSTERR ③ AUTO *(certificate)* Kraftfahrzeugbrief *m,* Fahrzeugausweis *m* SCHWEIZ, Zulassungsschein *m* ÖSTERR; *(number)* Kraftfahrzeugkennzeichen *nt,* Kontrollnummer *f* SCHWEIZ, Autokennzeichen *nt* ÖSTERR **reg·is·'tra·tion docu·ment** *n* BRIT Kraftfahrzeugbrief *m,* Fahrzeugausweis *m* SCHWEIZ, Zulassungsschein *m* ÖSTERR **reg·is·'tra·tion fee** *n* Anmeldegebühr *f;* UNIV Einschreibegebühr *f,* Immatrikulationsgebühr *f* SCHWEIZ, ÖSTERR **reg·is·'tra·tion form** *n* Anmeldeformular *nt* **reg·is·'tra·tion num·ber** *n* Kraftfahrzeugkennzeichen *nt,* Kontrollnummer *f* SCHWEIZ, Autokennzeichen *nt* ÖSTERR

reg·is·try ['redʒɪstri] *n* BRIT Standesamt *nt;* **business ~** Handelsregister *nt;* **electoral ~** Wahlaufsichtsbehörde *f;* **land ~** Katasteramt *nt*

'reg·is·try of·fice *n* BRIT Standesamt *nt;* **to marry at the ~** standesamtlich heiraten

re·gress [rɪ'gres] *vi (lose ability)* sich *akk* verschlechtern, Rückschritte machen; *(deteriorate) person* sich *akk* zurückentwickeln; *society* sich *akk* rückläufig entwickeln; PSYCH regredieren *fachspr;* ***she ~ ed to the mental age of a five-year-old child*** sie fiel auf den geistigen Entwicklungsstand einer Fünfjährigen zurück

re·gres·sion [rɪ'greʃᵊn] *n no pl* ① MED *(physical)* Regression *f fachspr,* Verschlechterung *f;* *(mental)* Zurückentwicklung *f;* ***her ~ into her depression*** ihr Rückfall in die Depression
② MATH Regression *f*

re·gres·sive [rɪ'gresɪv] *adj* ① *(becoming worse)* rückschrittlich
② *(tax type)* regressiv; **~ tax/taxation** regressive Steuer/Besteuerung
③ *(in philosophy)* rückläufig

re·gret [rɪ'gret, re-] **I.** *vt* <-tt-> ■**to ~ sth** etw bedauern; ***they ~ ted pouring paint on the neighbour's car*** es tat ihnen leid, dass sie Farbe auf das Auto des Nachbarn geschüttet hatten; ***it is to be ~ ted that there are less registrations for the event this year*** es ist leider so, dass es weniger Anmeldungen für die diesjährige Veranstaltung gibt; ***we ~ any inconvenience to passengers*** die Passagiere werden um Verständnis gebeten
II. *vi* <-tt-> ■**to ~ to do sth** bedauern, etw tun zu müssen; ***the airline ~ s to announce the cancellation of flight BA 205 to Madrid*** die Fluggesellschaft bedauert, die Streichung des Fluges BA 205 nach Madrid bekanntgeben zu müssen; ***I ~ to have to inform you that ...*** leider muss ich Ihnen mitteilen, dass ...
III. *n* Bedauern *nt kein pl;* ***my only ~ is that ...*** das Einzige, was ich bedaure, ist, dass ...; **a pang of ~** ein Anflug *m* von Reue; **to have** [*or* **feel**] **a pang of ~** Reue empfinden; **much to sb's ~** sehr zu jds Bedauern; ***we think, much to our ~, that we will not be able to visit you next year*** es tut uns sehr leid, aber wir glauben, dass wir euch nächstes Jahr nicht besuchen werden können; **much to my ~** zu meinem großen Bedauern; **to express ~ at** [*or* **for**] **sth** seinem Bedauern über etw *akk* Ausdruck verleihen, sein Bedauern über etw *akk* aussprechen; **to have no ~ s about sth** etw nicht bereuen; **to send one's ~ s** sich *akk* entschuldigen [lassen]

re·gret·ful [rɪ'gretfᵊl, re-] *adj* bedauernd; ■**to be ~ about sth** etw bedauern; **a ~ feeling** ein Gefühl *nt* des Bedauerns; **to say a ~ goodbye** schweren Herzens auf Wiedersehen sagen; **~ smile** wehmütiges Lächeln; **to sound ~** sein Bedauern zum Ausdruck bringen

re·gret·ful·ly [rɪ'gretfᵊli, re-] *adv* mit Bedauern; ***I left New York ~*** schweren Herzens verließ ich New York

re·gret·table [rɪ'gretəbl̩, re-, AM -t̬ə-] *adj* bedauerlich; ***it is deeply ~ that the government refuses to listen to our ideas*** es ist äußerst enttäuschend, dass die Regierung sich weigert, sich unsere Ideen anzuhören; **a deeply ~ mistake** ein äußerst bedauerlicher Fehler

re·gret·tably [rɪ'gretəbli, re-, AM -t̬əbli] *adv* leider, bedauerlicherweise; **~ slow/unwilling** bedauerlich langsam/unwillig

re·group [ˌriː'gruːp] **I.** *vt* **to ~ books/members/pupils** Bücher/Mitglieder/Schüler neu gruppieren [*o* umgruppieren]; **to ~ one's forces** die Streitkräfte neu formieren
II. *vi troops, demonstrators* sich *akk* neu formieren [*o* gruppieren]

regt *n abbrev of* **Regiment** Reg.

regu·lar ['regjələʳ, AM -ɚ] **I.** *adj* ① *(routine)* regelmäßig; ***she's a ~ churchgoer*** sie geht regelmäßig zur Kirche; ***he's a ~ contributor*** er spendet regelmäßig; **~ appearances** regelmäßiges Erscheinen; **to make ~ appearances on TV** regelmäßig im Fernsehen auftreten; **to do sth on a ~ basis** etw regelmäßig tun; ***we met on a ~ basis*** wir trafen uns regelmäßig; **~ check-up** regelmäßige Kontrolluntersuchung; **~ customer** [*or* **patron**] Stammkunde, -kundin *m, f;* **~ exercise** regelmäßiges Training; **to take ~ exercises** *esp* BRIT regelmäßig trainieren; **~ guest** Stammgast *m;* **a man/woman of ~ habits** ein Mann/eine Frau mit festen Gewohnheiten; **~ income** geregeltes Einkommen; **~ meetings** regelmäßige Treffen; **to have ~ meetings** sich *akk* regelmäßig treffen; **~ price** regulärer Preis; **~ procedure** übliche Vorgehensweise; **~ reader** Stammleser(in) *m(f);* **~ working hours** reguläre Arbeitszeiten
② *(steady in time)* **~ beat** regelmäßiger Takt; **~ breathing** regelmäßiges Atmen; **to keep ~ hours** sich *akk* an feste Zeiten halten; **~ intervals** regelmäßige Abstände; **to eat ~ meals** regelmäßig essen; **~ service** regelmäßige [Bus-/Flug-/Zug]verbindung; **to be ~** MED *(of digestive system)* eine regelmäßige Verdauung haben; *(of menstruation)* einen regelmäßigen Zyklus haben
③ *(well-balanced)* regelmäßig; *surface* gleichmäßig; MATH symmetrisch; **~ features** regelmäßige [*o geh* ebenmäßige] Gesichtszüge; **~ quadrilateral** gleichseitiges Viereck; **~ teeth** regelmäßige [*o* gerade] Zähne
④ *(not unusual)* üblich, normal; *(not special)* normal; ***it's a pretty dress but too ~*** es ist ein schönes Kleid, aber nicht ausgefallen genug; ***her ~ secretary was off for a week*** ihre fest angestellte Sekretärin hatte eine Woche frei; ***my ~ doctor was on vacation*** mein Hausarzt hatte Urlaub; **~ gas** AM Normalbenzin *nt*
⑤ *(correct)* korrekt, ordentlich; **~ work arrangements** geordnetes [*o* ordentliches] Arbeitsverhältnis; **to do things the ~ way** etwas so machen, wie es sich gehört
⑥ *attr, inv* AM *(size)* **~ fries** normale Portion Pommes Frites; *(of clothing)* **~ size** Normalgröße *f*
⑦ LING regelmäßig; **~ conjugation** regelmäßige Konjugation; **~ verb** regelmäßiges Verb
⑧ *(approv: nice)* nett, umgänglich; **a ~** [**sort of**] **fellow** [*or* AM **guy**] ein umgänglicher Typ
⑨ *attr, inv (esp hum fam: real, absolute)* regelrechte(r, s) *fam,* richtige(r, s) *fam;* ***this child is a ~ charmer/nuisance*** dieses Kind ist ein richtiger Charmeur/Plagegeist
⑩ *soldier, officer* Berufs-; **~ troops** Berufsheer *nt*
⑪ REL **~ clergy** Ordensgeistlichkeit *f*
▸PHRASES: **as ~ as clockwork** auf die Minute pünktlich
II. *n* ① *(customer)* Stammgast *m*
② MIL Berufssoldat *m*

regu·lar 'army *n* Berufsheer *nt*

regu·lar·ity [ˌregjə'lærəti, AM -'lerət̬i] *n no pl (in time)* Regelmäßigkeit *f,* Gleichmäßigkeit *f;* ***the magazine appears with improved ~*** das Magazin erscheint jetzt regelmäßiger; *(in shape)* Ebenmäßigkeit *f*

regu·lari·za·tion [ˌregjələraɪ'zeɪʃᵊn, AM -rɪ'-] *n no pl* ① *(standardization)* Einheitlichkeit *f*
② *(normalization)* Normalisierung *f*

regu·lar·ize ['regjələraɪz, AM -lər-] **I.** *vt* ■**to ~ sth** ❶ *(make consistent) a language, work hours* etw standardisieren [*o* vereinheitlichen]
❷ *(normalize) status, relationship* etw normalisieren
II. *vi breathing, heart beat* sich *akk* regulieren

regu·lar·ly ['regjələli, AM -ə-li] *adv* ❶ *(evenly)* regelmäßig; ~ **spaced intervals** regelmäßige Abstände; **to breathe ~** gleichmäßig atmen
❷ *(frequently)* regelmäßig *pej;* ***accidents ~ occur at this bend*** an dieser Kurve kommt es ständig zu Unfällen
❸ *(equally)* gleichmäßig; ~ **divided** gleichmäßig aufgeteilt
❹ AM COMM, ECON *(normally)* regulär; ***the cameras are ~ priced at $500*** die Kameras kosten normalerweise 500 Dollar

regu·late ['regjəleɪt] *vt* ■**to ~ sth** ❶ *(supervise)* etw regeln [*o* steuern]; ■**to ~ whether/how/when ...** festlegen, ob/wie/wann ...; **~d industry** öffentlich gebundene Unternehmen; **to ~ the use of additives/alcohol/radiation** den Gebrauch von Zusätzen/Alkohol/Strahlungen regeln
❷ *(adjust)* etw regulieren; **to ~ the clock** [**from winter time to summer time**] die Uhr [von Winter- auf Sommerzeit] umstellen; **to ~ the flow of input/supplies/water** den Eingaben-/Versorgungs-/Wasserfluss regeln; **to ~ the temperature** die Temperatur regulieren [*o* einstellen]

regu·lat·ed 'mar·ket *n* geregelter Markt

regu·la·tion [,regjə'leɪʃən] **I.** *n* ❶ *(rule)* Vorschrift *f,* Bestimmung *f* (**on** über *+akk*); LAW Regelung *f,* Regulierung *f; legal* Rechtsverordnung *f;* **in accordance with the ~s** vorschriftsmäßig; **EU-~** EU-Vorschrift *f;* **fire ~s** Brandschutzbestimmungen *pl;* **health ~s** Gesundheitsverordnungen *pl;* **rules and ~s** Regeln und Bestimmungen; **safety ~s** Sicherheitsvorschriften *pl,* Sicherheitsbestimmungen *pl;* **traffic ~s** Verkehrsregeln *pl;* **against** [*or* **contrary to**] **the ~s** gegen die Vorschriften, vorschriftswidrig; **under the ~s** laut Vorschrift
❷ *no pl (supervision)* Überwachung *f;* **government ~** staatliche Überwachung
II. *adj inv* vorgeschrieben; ***it's ~ to wear suits at the office*** das Tragen von Anzügen im Büro ist vorgeschrieben; **the ~ pin-stripe suit** der obligatorische Nadelstreifenanzug; **~ uniform** MIL Dienstuniform *f;* SCH Schuluniform *f*

regu·la·tive ['regjələtɪv, AM leɪṭɪv] *adj* regulativ

regu·la·tor ['regjəleɪtəʳ, AM -ṭə-] *n* Regulator *m,* Aufsicht führende Person

regu·la·tory ['regjələtəri, AM -tɔ:ri] *adj inv* ECON Aufsichts-, Kontroll-; LAW regulativ, regelnd; **~ agency** [*or* **body**] [*or* **organization**] Aufsichtsbehörde *f;* **~ enzymes/hormones** Regulierungsenzyme *pl*/-hormone *pl;* **~ powers** *(measures)* ordnungspolitische Instrumente; *(power to use measures)* Aufsichts- und Kontrollbefugnisse *pl*

regu·latory au'thor·ity *n + sing/pl vb* Aufsichtsbehörde *f,* Kontrollbehörde *f* **regu·latory 'frame·work** *n* LAW Ordnungsrahmen *m* **regu·latory 'pow·er** *n no pl* Kontrollfunktion *f,* Überwachungsfunktion *f*

re·gur·gi·tate [rɪ'gɜ:dʒɪteɪt, AM -'gɜ:rdʒə-] *vt* ■**to ~ sth** ❶ *(throw up) food* etw wieder hochwürgen
❷ *(pej: repeat) facts, information* etw nachplappern

re·gur·gi·ta·tion [rɪ,gɜ:dʒʊ'teɪʃən, AM ,gɜ:rdʒə] *n no pl* ❶ *of food* Herauswürgen *nt*
❷ *(fig: repetition)* Wiederkäuen *nt pej*

re·hab ['ri:hæb] *n (fam) short for* **rehabilitation** Reha *f;* ■**to be in ~** auf Reha sein *fam*

re·ha·bili·tate [,ri:hə'bɪlɪteɪt, AM -lə-] *vt* ■**to ~ sb** ❶ *(have therapy)* jdn rehabilitieren; **to ~ a criminal** einen Kriminellen resozialisieren; **to ~ victims of accidents** Unfallopfer wieder ins normale Leben eingliedern
❷ *(restore reputation)* jdn rehabilitieren, jds Ruf wiederherstellen

re·ha·bili·ta·tion [,ri:hə,bɪlɪ'teɪʃən, AM -bɪlə'-] **I.** *n no pl* ❶ *of criminals* Resozialisierung *f; of drug addicts* Rehabilitation *f geh; of victims* Wiedereingliederung *f* ins normale Leben
❷ *(of reputation)* Rehabilitation *f geh;* **to be given a ~** rehabilitiert werden
❸ *(renovation)* Instandsetzung *f,* Sanierung *f,* Wiederaufbau *m;* **~ of buildings/flats** Instandsetzung *f* von Gebäuden/Wohnungen
II. *n modifier (facility, method, therapist, programme)* Rehabilitations-

re·ha·bili·'ta·tion cen·tre, AM **re·ha·bili·'ta·tion cen·ter** *n* Rehabilitationszentrum *nt;* **drug ~** Entziehungsanstalt *f* **re·ha·bili·'ta·tion pro·gramme**, AM **re·ha·bili·'ta·tion pro·gram** *n* ECOL Sanierungsprogramm *nt;* MED Rehabilitationsprogramm *nt; (for substance abusers)* Wiedereingliederungsprogramm *nt*

re·hash **I.** *vt* [,ri:'hæʃ] ■**to ~ sth** ❶ *(pej fam: offer as new)* etw aufwärmen *pej fig fam*
❷ *(discuss)* etw wiederkäuen *pej fig,* etw noch einmal durchgehen; **to ~ events** Ereignisse noch einmal durchsprechen
II. *n* <*pl* -es> ['ri:hæʃ] *(fam)* Aufguss *m,* Abklatsch *m pej fam;* **~ of Elvis Presley** Elvis-Presley-Verschnitt *m*

re·hears·al [rɪ'hɜ:səl, AM -'hɜ:r-] *n* ❶ THEAT Probe *f;* ■**to be in ~** *play* geprobt [*o* einstudiert] werden; **wedding ~** Hochzeitsprobe *f;* **~ dinner** AM *Familienessen nach der Hochzeitsprobe;* **to have** [*or* **hold**] **a ~** proben; MIL Truppenübung *f*
❷ *(recital)* **a ~ of arguments/complaints/criticisms** eine Aufzählung von Argumenten/Beschwerden/Kritiken

re·hearse [rɪ'hɜ:s, AM -'hɜ:rs] **I.** *vt* ❶ THEAT, MUS **to ~ a play/scene** ein Stück/eine Szene proben; **to ~ one's lines** seinen Text vorsprechen; ***the actors appeared to be well ~d*** die Schauspieler schienen ihre Rollen gut einstudiert zu haben; *(in thought)* etw [in Gedanken] durchgehen
❷ *(prepare)* ■**to ~ sb** jdn vorbereiten; ***the PM appeared to have been carefully ~d by advisors*** der Ministerpräsident schien von seinen Beratern genauestens instruiert worden zu sein
❸ *(repeat)* ■**to ~ sth** *arguments, old theories* etw aufwärmen *fig*
II. *vi* proben

re·heat [,ri:'hi:t] *vt* ■**to ~ sth** *food* etw aufwärmen

re·house [,ri:'haʊz] *vt usu passive* ■**to ~ sb** jdn umsiedeln [*o* umquartieren]

re·hy·dra·tion [,ri:haɪ'dreɪʃən] *n* Flüssigkeitsersatz *m,* Rehydration *f,* Rehydrierung *f;* **oral ~ salts** Salze zur oralen Rehydration; **oral ~ solution** orale Rehydrationslösung

Reich [raɪk, raɪx] *n (hist)* Reich *nt hist;* **the Second ~** das deutsche Kaiserreich *(1871-1918);* **the Third ~** das Dritte Reich *(1933-1945)*

rei·fy ['reɪɪfaɪ, AM 'ri:ə] *vt (form)* ■**to ~ sth** etw konkretisieren *geh*

reign [reɪn] **I.** *vi* ❶ *(be king/queen)* regieren, herrschen; *(be head of state)* regieren; **to ~ over a country** ein Land regieren
❷ *(be dominant)* dominieren; ■**to ~ over sb/sth** jdn/etw beherrschen; ***chaos ~ed over the city*** in der Stadt herrschte Chaos; **confusion/peace/silence ~s** es herrscht Verwirrung/Frieden/Stille; **to ~ supreme** [absolut] herrschen; ***love ~s supreme in her heart*** ihr Herz ist voller Liebe
II. *n* Herrschaft *f;* **the ~ of Henry VIII** die Herrschaft Heinrichs VIII.; **during the ~ of Queen Victoria** unter der Herrschaft von Königin Victoria; **~ of terror** Schreckensherrschaft *f*

reign·ing ['reɪnɪŋ] *adj inv* SPORT **~ champion** der gegenwärtige Champion

re·im·burse [,ri:ɪm'bɜ:s, AM -'bɜ:rs] *vt* ■**to ~ sb** jdn entschädigen *geh;* **to ~ sth** etw ersetzen; **to ~ expenses** Auslagen [rück]erstatten [*o* vergüten]

re·im·burse·ment [,ri:ɪm'bɜ:smənt, AM -'bɜ:rs-] *n* Rückzahlung *f,* Rückvergütung *f; of expenses* [Rück]erstattung *f,* Auslagenersatz *m geh,* Spesenersatz *m* SCHWEIZ, ÖSTERR; *of loss* Entschädigung *f;* **~ of costs** Kostenersatz *m;* **~ of expenses** Unkostenerstattung *f*

re·im·pose [,ri:ɪm'pəʊz, AM 'poʊz] *vt* ■**to ~ sth** *embargo* etw wieder verhängen; *law* etw wieder auferlegen; *charges* etw wieder einführen

rein [reɪn] **I.** *n usu pl (for horse)* Zügel *m;* BRIT *(for children)* Laufgurt *m; (fig)* ***who's at the ~s in that company?*** wer hält in dieser Firma die Zügel?; **to draw ~** die Zügel anziehen; **to assume the ~s of government** die Regierung übernehmen
▶PHRASES: **to give free ~ to sb** [*or* **sb a free ~**] jdm freie Hand lassen; **to hand over the ~s** die Kontrolle übergeben; **to keep a tight ~ on sb/sth** [*or* **sb/sth on a tight ~**] jdn/etw an der kurzen Leine [*o* kurz] halten; **to keep one's emotions/imagination on a tight ~** seine Gefühle/Fantasie im Zaum halten
II. *vt* **to ~ a horse in** [*or* **back**] [*or* **to ~ in** [*or* **back**] **a horse**] ein Pferd zügeln; *(fig)* ■**to ~ sb in** [*or* **back**] jdn an die Kandare nehmen *fig;* ■**to ~ in** [*or* **back**] ↻ **sth** etw im Zaum halten; **to ~ in** [*or* **back**] **power** Macht einschränken [*o* beschneiden]; **to ~ in** [*or* **back**] **spending** Ausgaben einschränken

re·in·car·nate [,ri:ɪnkɑ:'neɪt, AM -'kɑ:r-] *usu passive* **I.** *vi* ■**to be ~d** wiedergeboren werden
II. *vt (fig)* ■**to ~ sth** etw wieder zum Leben erwecken *fig;* ***they have ~d the old Mini Cooper*** sie haben den alten Mini Cooper wiederauferstehen lassen

re·in·car·nat·ed [,ri:ɪnkɑ:'neɪtɪd, AM -'kɑ:rneɪṭɪd] *adj attr, inv* wiedergeboren; *(fig)* ***he became a ~ film star*** er kam als Filmstar erneut zu Ruhm

re·in·car·na·tion [,ri:ɪnkɑ:'neɪʃən, AM -kɑ:r'-] *n* ❶ *(rebirth)* Reinkarnation *f geh,* Wiedergeburt *f; (fig) product* Nachbau *m*
❷ *no pl (philosophy)* Reinkarnation[slehre] *f*

rein·deer <*pl* -> ['reɪndɪəʳ, AM -dɪr] *n* Rentier *nt*

re·in·force [,ri:ɪn'fɔ:s, AM -'fɔ:rs] *vt* ❶ *(strengthen)* ■**to ~ sth** etw verstärken; ***that just ~s what I've been saying*** das unterstreicht genau das, was ich gesagt habe; **to ~ an argument with sth** ein Argument mit etw *dat* untermauern; **to ~ concrete** Beton armieren; **to ~ evidence** einen Beweis bestätigen; **to ~ findings** Ergebnisse bestätigen; **to ~ an impression** einen Eindruck verstärken; **to ~ sb's opinion** jds Meinung bestätigen; **to ~ sb's prejudices** [*or* **bias**] jds Vorurteile bestätigen
❷ *(in military)* **to ~ a border/one's position/troops** eine Grenze/seine Position/Truppen verstärken; ***Buchanan did not ~ Anderson at Ft. Sumter*** Buchanan gab Anderson im Fort Sumter keine Verstärkung

re·in·forced 'con·crete *n,* **RC** *n no pl* Stahlbeton *m*

re·in·force·ment [,ri:ɪn'fɔ:smənt, AM -'fɔ:rs-] *n* ❶ *no pl wall, highway* Verstärkung *f,* Armierung *f fachspr;* **steel ~** Stahlträger *m meist pl; of troops, policy* Verstärkung *f*
❷ PSYCH *(reward)* Belohnung *f*
❸ *(troops)* ■**~s** *pl* Verstärkungstruppen *pl; (equipment)* Verstärkung *f*

re·in·stall [,ri:ɪn'stɔ:l] *vt* ❶ COMPUT ■**to ~ sth** etw neu installieren
❷ *(reinstate)* ■**to ~ sb** jdn wieder einsetzen [*o* wieder einstellen]; ***the minister was ~ed in the cabinet*** der Minister wurde wieder ins Kabinet gerufen

re·in·state [,ri:ɪn'steɪt] *vt* ❶ *(at job)* ■**to ~ sb** jdn wieder einstellen; **to ~ sb in a position** jdn in eine Position wieder einsetzen
❷ *(re-establish)* ■**to ~ sth** *death penalty, sales tax* etw wieder einführen; **to ~ law and order** die öffentliche Ordnung wiederherstellen; **to ~ a policy** eine Politik wieder einführen

re·in·state·ment [,ri:ɪn'steɪtmənt] *n no pl* ❶ *of a worker* Wiedereinstellung *f*
❷ *of law, tax* Wiedereinführung *f,* Wiederinkraftsetzung *f*

re·in·sur·ance [,ri:ɪn'ʃʊərəns, AM 'ʃʊr] *n no pl* Rückversicherung *f;* **~ cover** *no pl* Rückversicherungsschutz *m*

re·in·sure [,ri:ɪn'ʃʊəʳ, AM -'ʃʊr] **I.** *vt* ■**to ~ sth** *a risk* etw rückversichern
II. *vi* rückversichern

re·in·sur·er [,ri:ɪn'ʃʊərəʳ, AM -'ʃʊrə-] *n* Rückversicherer, -versicherin *m, f,* Rückversicherungsgesellschaft *f*

re·in·te·grate [ˌriːˈɪntɪgreɪt, AM -t̬ə-] *vt* **to ~ a criminal into society** einen Kriminellen resozialisieren; **to ~ a patient** einen Patienten wieder [in die Gesellschaft] eingliedern

re·in·te·gra·tion [ˌriːɪntɪˈgreɪʃᵊn, AM -t̬ə-] *n of a criminal* Resozialisierung *f; of a patient* Wiedereingliederung *f*

re·in·tro·duce [ˌriːɪntrəˈdjuːs, AM *esp* -ˈduːs] *vt* ■**to ~ sth** etw wieder einführen; **to ~ the death penalty** die Todesstrafe wieder einführen; **to ~ an animal into the wild** ein Tier in die Wildnis zurückführen

re·in·tro·duc·tion [ˌriːɪntrəˈdʌkʃᵊn] *n* Wiedereinführung *f*

re·in·vent [ˌriːɪnˈvent] *vt* ■**to ~ sth** etw neu erfinden; ■**to ~ oneself** *artist* sich *akk* neu erschaffen [*o* ÖSTERR erfinden] [*o* ein neues Image geben]; **to ~ the wheel** *(iron)* noch einmal bei null [*o* Adam und Eva] anfangen, das Rad noch einmal [*o* SCHWEIZ, ÖSTERR neu] erfinden *fig*

re·in·vest [ˌriːɪnˈvest] FIN **I.** *vt* ■**to ~ sth [in sth]** etw [in etw *akk*] reinvestieren; **~ed earnings** nicht ausgeschüttete Gewinne

II. *vi* ■**to ~ [in sth]** [in etw *akk*] reinvestieren

re·in·vest·ment [ˌriːɪnˈvestmənt] *n* FIN Wiederanlage *f,* Reinvestition *f*

re·is·sue [ˌriːˈɪʃuː, AM -juː] **I.** *vt* **to ~ a novel/recording** einen Roman/eine Aufnahme neu herausgeben [*o* auflegen]

II. *n* Neuauflage *f,* Neuausgabe *f*

re·it·er·ate [riˈɪtᵊreɪt, AM -ˈɪt̬ər-] *vt* ■**to ~ sth** etw wiederholen

re·it·era·tion [riˌɪtᵊrˈeɪʃᵊn, AM -ˌɪt̬əˈr-] *n* Wiederholung *f;* **explicit ~** ausdrückliche Wiederholung

re·ject I. *vt* [rɪˈdʒekt] ① *(decline)* ■**to ~ sth** etw ablehnen [*o* zurückweisen]; **to ~ an application/a request** eine Bewerbung/Bitte ablehnen; **to ~ an article/a manuscript** einen Artikel/ein Manuskript ablehnen; **to ~ a bill/motion** einen Gesetzesvorschlag/Antrag ablehnen; **to ~ a candidate** [*or* **applicant**] einen Bewerber ablehnen; **to ~ a claim** eine Forderung [*o* einen Anspruch] zurückweisen; **to ~ a complaint/protest** einen Vorwurf/Protest zurückweisen; **to ~ a compromise/demand/proposal** einen Kompromiss/eine Forderung/einen Vorschlag ablehnen; **to ~ an excuse** eine Entschuldigung nicht annehmen; **to ~ the minutes** das Protokoll beanstanden; **to ~ an offer/a plan/a plea** ein Angebot/einen Plan/ein Gesuch ablehnen; **to ~ a religion** eine Religion ablehnen, nicht an eine Religion glauben

② *(snub)* ■**to ~ sb** jdn abweisen [*o* zurückweisen]; **to feel ~ed** sich *akk* als Außenseiter fühlen; ***she felt as though her parents had ~ed her*** sie hatte das Gefühl, von ihren Eltern verstoßen worden zu sein

③ MED **to ~ a drug** ein Medikament nicht vertragen; **to ~ a transplant** ein Transplantat abstoßen

④ *(not accept)* ■**to ~ sth** *token, bill, coin, card* etw nicht annehmen

II. *n* [ˈriːdʒekt] *(product)* Fehlerware *f,* Ausschussware *f; (person)* Außenseiter(in) *m(f)*

re·jec·tion [rɪˈdʒekʃᵊn] *n* ① *(dismissing)* Ablehnung *f,* Absage *f;* ECON Zurückweisung *f,* Abweisung *f;* **fear of ~** Furcht *f* vor Ablehnung; **letter of ~, ~ letter** Absage *f,* Absageschreiben *nt;* **~ of delivery** Annahmeverweigerung *f;* **to meet with ~** auf Ablehnung stoßen; ***he was met with ~*** man brachte ihm Ablehnung entgegen; **~ slip** Absage *f (eines Verlags); of goods* Aussortierung *f*

② MED Abstoßung *f*

③ COMPUT Zurückweisung *f*

ˈre·ject shop *n* Ramschladen *m fam*

re·jig <-gg-> [ˌriːˈdʒɪg], AM **re·jig·ger** [ˌriːˈdʒɪgəʳ] *vt (fam)* ■**to ~ sth** etw umgestalten [*o* neu gestalten], etw umkrempeln *fam;* **to ~ the furniture** die Möbel umstellen

re·joice [rɪˈdʒɔɪs] *vi* sich *akk* freuen; ***I ~ d to see that she had made a quick recovery*** ich war erfreut zu sehen, dass sie schnell wieder gesund wurde; ■**to ~ at sth** sich *akk* an etw *dat* erfreuen *geh;* **to ~ in sb's enthusiasm/spontaneity** sich *akk* an jds Begeisterung/Spontaneität erfreuen; ***~ in the Lord!*** freut euch im Herrn!; ■**to ~ in doing sth** genießen, etw zu tun; **to ~ in the name of ...** *(hum iron)* sich *akk* des Namens ... erfreuen *hum iron*

re·joic·ing [rɪˈdʒɔɪsɪŋ] *n no pl* Freude *f* (**at** über *+akk*); ***there was much ~ at the good news*** die Freude über die guten Nachrichten war groß; **cause for ~** Anlass *m* zur Freude; **an occasion for general ~** ein Anlass zu allgemeinem Jubel

re·join[1] [ˌriːˈdʒɔɪn] *vt (reunite with)* ■**to ~ sb/sth** sich *akk* mit jdm/etw wiedervereinigen; ***she ~ed her husband in Toronto*** in Toronto traf sie wieder mit ihrem Ehemann zusammen; **to ~ the motorway** [*or* AM **highway**] wieder auf die Autobahn fahren; **to ~ a political party** wieder in eine Partei eintreten; **to ~ one's regiment** sich *akk* seinem Regiment wieder anschließen

re·join[2] [rɪdʒɔɪn] *vt (reply)* ■**to ~ sth** etw erwidern *geh*

re·join·der [rɪˈdʒɔɪndəʳ, AM -ɚ] *n* Erwiderung *f geh;* **~ to** [*or* **for**] **a question** Antwort *f* auf eine Frage; **amusing/sharp/witty ~** witzige/spitze/schlagfertige Erwiderung

re·ju·venate [rɪˈdʒuːvᵊneɪt, AM -və-] *vt* ■**to ~ sb** ① *(energize)* jdn revitalisieren *geh,* jdm jugendliche Frische geben; **to feel ~d** *(after a rest, holiday)* sich *akk* frisch und munter fühlen

② *(make younger, modernize)* jdn verjüngen; ***since he fell in love, he has felt ~d*** seit er sich verliebt hat, fühlt er sich Jahre jünger; **to ~ a factory/firm/town** eine Fabrik/Firma/Stadt modernisieren

re·ju·vena·tion [rɪˌdʒuːvᵊnˈeɪʃᵊn, AM -vəˈneɪ-] *n no pl (enlivening)* Revitalisierung *f geh; of youthful feelings* Verjüngung *f; of a company, factory* Modernisierung *f*

re·kin·dle [ˌriːˈkɪndl] *vt* ① *(light again)* **to ~ a fire** ein Feuer wieder entfachen

② *(fig)* ■**to ~ sth** etw wieder entfachen *fig;* **to ~ a friendship/romance** eine Freundschaft/Romanze wieder aufleben lassen; **to ~ sb's hope/passion** jds Hoffnung/Leidenschaft wiedererwecken; **to ~ sb's interest** jds Interesse wieder wecken; **to ~ memories** Erinnerungen wiedererwecken

re·lapse I. *n* [ˈriːlæps] MED Rückfall *m; (in economy)* Rückschlag *m;* **to have/suffer a ~** einen Rückfall haben/erleiden

II. *vi* [rɪˈlæps] ① MED *(after improvement)* einen Rückfall haben; ECON *economy* einen Rückschlag erleiden; **to ~ into alcoholism/drug abuse** wieder dem Alkoholismus/Drogenkonsum verfallen

② *(to previous state)* **to ~ into coma/sleep** in ein Koma/einen Schlaf verfallen; **to ~ into silence** in Schweigen verfallen

re·late [rɪˈleɪt] **I.** *vt* ① *(show relationship)* ■**to ~ sth with sth** etw mit etw *dat* in Verbindung [*o* Zusammenhang] bringen

② *(narrate)* ■**to ~ sth** etw erzählen; ■**to ~ sth to sb** jdm etw berichten, jdm über etw *akk* Bericht erstatten; **strange to ~** so unglaublich es klingt; **to ~ an anecdote/stories/tales** eine Anekdote/Geschichten/Märchen erzählen [*o* wiedergeben]

II. *vi* ① *(fam: get along)* sich *dat* zugetan sein; ■**to ~ to sb/sth** eine Beziehung [*o* Zugang] zu jdm/etw finden; ***my father cannot ~ to the idea of working with computers*** mein Vater kann sich nicht mit dem Gedanken anfreunden, mit Computern zu arbeiten; ***can you ~ to country music?*** hast du etwas für Countrymusic übrig?; **to find it hard** [*or* **difficult**] **to ~ to sth** sich *akk* nur schwer mit etw *dat* abfinden können

② *(be about)* ■**to ~ to sb/sth** von jdm/etw handeln; *(be relevant to)* auf jdn/etw zutreffen, mit jdm/etw zu tun haben, sich *akk* auf jdn/etw beziehen; ***chapter nine ~s to the effect of inflation*** in Kapitel neun geht es um die Auswirkungen der Inflation; ***I fail to see how your proposal ~s to me*** es ist mir nicht klar, inwiefern Ihr Vorschlag mich betrifft

re·lat·ed [rɪˈleɪtɪd, AM -t̬ɪd] *adj inv* ① *(connected)* verbunden; ***we discussed inflation, unemployment and ~ issues*** wir diskutierten über Inflation, Arbeitslosigkeit und damit zusammenhängende Themen; **~ subject matter** einschlägiges Material; **to be directly ~ to sth** in direktem Zusammenhang mit etw *dat* stehen

② *(in family)* verwandt; *species, language* verwandt; **to be ~ by blood** blutsverwandt sein; **to be ~ by marriage** durch Heirat verwandt sein; [**closely**] **~ species** [eng] miteinander verwandte Arten; **closely/distantly ~** nah/entfernt verwandt; **to be ~ to sb** mit jdm verwandt sein

re·lat·ing to [rɪˈleɪtɪŋ-, AM -t̬ɪŋ-] *prep* ■**~ sth** in Zusammenhang mit etw *dat,* in Bezug auf etw *akk*

re·la·tion [rɪˈleɪʃᵊn] *n* ① *no pl (correspondence)* Verbindung *f,* Bezug *m;* **in** [*or* **with**] **~ to sth** in Bezug auf etw *akk;* ***I haven't understood what this question is in ~ to*** ich verstehe nicht, worauf sich diese Frage bezieht; **to bear no ~** keinerlei Beziehung haben; *(in appearance)* **to bear no ~ to sb** jdm überhaupt nicht ähnlich sehen

② *(relative)* Verwandte(r) *f(m);* ***is Hans any ~ to you?*** ist Hans irgendwie mit dir verwandt?; **~ by marriage** angeheirateter Verwandter/angeheiratete Verwandte; **closest living ~** nächster lebender Verwandter/nächste lebende Verwandte; **to have ~s in a country** in einem Land Verwandte haben

③ *(between people, countries)* ■**~s** *pl* Beziehungen *pl,* Verhältnis *nt* (**between** zwischen *+dat*); **to enjoy friendly ~s with sb** freundschaftliche Kontakte mit jdm pflegen; **to break off/restore diplomatic ~s** die diplomatischen Beziehungen abbrechen/wiederherstellen; **to have sexual ~s with sb** ein intimes Verhältnis mit jdm haben; **to break off ~s with sb/sth** den Kontakt zu jdm/etw abbrechen

re·la·tion·al [rɪˈleɪʃᵊnᵊl] *adj inv* relational *geh*

re·la·tion·ship [rɪˈleɪʃᵊnʃɪp] *n* ① *(connection)* Beziehung *f;* **to establish a ~ between sth and sth** zwischen etw *dat* und etw *dat* eine Verbindung herstellen

② *(in family)* Verwandtschaftsverhältnis *nt,* verwandtschaftliche Beziehung; **family ~** familiäre Beziehung

③ *(association)* Verhältnis *nt,* Beziehung *f* (**to/with** zu *+dat*); **business ~** Geschäftsbeziehung *f;* **to have a love-hate ~ with sb** für jdn eine Hassliebe empfinden; **patient-doctor ~** Patient-Arzt-Verhältnis *nt;* **to find it difficult to have ~s with people** Kontaktschwierigkeiten haben; **to have a bad/good ~ with sb/sth** zu jdm/etw ein schlechtes/gutes Verhältnis haben; *(romantic)* Beziehung *f,* Verhältnis *nt veraltend;* **a six-year ~** eine sechsjährige Beziehung; ■**to be in a ~ with sb** mit jdm eine feste Beziehung haben

re·ˈla·tion·ship man·ag·er *n* Firmenkundenberater(in) *m(f),* Relationship-Manager(in) *m(f)*

rela·tive [ˈrelətɪv, AM *also* -t̬ɪv] **I.** *adj inv* ① *(connected to)* relevant; ■**to be ~ to sth** *(important)* relevant für etw *akk* sein *geh; (relevant)* sich *akk* auf etw *akk* beziehen

② *(corresponding)* jeweilige(r, s); **the ~ advantages** die jeweiligen Vorteile; **~ merits** jeweilige Vorzüge; ■**to be ~ to sth** von etw *dat* abhängen; ***petrol consumption is ~ to a car's speed*** der Benzinverbrauch hängt von der Geschwindigkeit des Autos ab

③ *(comparative)* relative(r, s), vergleichbare(r, s); *(not absolute) age, evil, happiness* relative(r, s); **to live in ~ comfort** in relativem Wohlstand leben; **~ to sb** verglichen mit jdm

II. *adv* ■**~ to** sich *akk* beziehend auf; ***~ to the country, city air is quite polluted*** verglichen zur Landluft ist die Luft in der Stadt ziemlich verschmutzt

III. *n* Verwandte(r) *f(m),* Angehörige(r) *f(m);* **blood ~** Blutsverwandte(r) *f(m);* **~ by marriage** angeheirateter Verwandter/angeheiratete Verwandte; **distant ~** entfernter Verwandter/entfernte Verwandte

rela·tive ˈclause *n* Relativsatz *m*

rela·tive ˈden·sity *n* PHYS, SCI relative Dichte **rela·tive hu·ˈmid·ity** *n no pl* METEO relative Feuchtigkeit

rela·tive·ly ['relətɪvli, AM *also* -t̬ɪvli] *adv inv* relativ; **~ few people** relativ wenige Leute; **~ little** relativ wenig; **~ speaking** relativ gesehen

rela·tive 'pro·noun *n* Relativpronomen *nt*

rela·tiv·ism ['relətɪvɪzᵊm, AM t̬ɪ] *n no pl* Relativismus *m*

rela·tiv·ist ['relətɪvɪst, AM t̬ɪ] I. *n* Relativist(in) *m(f)*
II. *adj inv* relativistisch

rela·tiv·is·tic [ˌrelətɪ'vɪstɪk, AM t̬ɪ'] *adj inv* ❶ PHYS relativistisch
❷ relativistisch

rela·tiv·ity [ˌrelə'tɪvəti, AM -ət̬i] *n no pl* ❶ *(condition)* Relativität *f geh*
❷ *(theory)* **[Einstein's] Theory of R~** [Einsteins] Relativitätstheorie *f*

re·launch [rɪ'lɔːn(t)ʃ, AM *esp* -'lɑːn-] I. *vt* ❶ AEROSP **to ~ a rocket** eine Rakete erneut starten
❷ ECON **to ~ a product** ein Produkt erneut auf den Markt bringen
II. *n* ['rɪlɔːn(t)ʃ, AM *esp* -lɑːn-] ❶ AEROSP, TRANSP **~ of a rocket** Zweitstart *m* einer Rakete; **~ of a ship** zweiter Stapellauf eines Schiffes
❷ ECON **~ of a brand/a product** Wiedereinführung *f* einer Marke/eines Produkts

re·lax [rɪ'læks] I. *vi* sich *akk* entspannen; **~!** entspann dich!; *(don't worry)* beruhige dich!; **to ~ with a cup of tea** sich *akk* bei einer Tasse Tee entspannen
II. *vt* **to ~ one's efforts** in seinen Bemühungen nachlassen; **to ~ one's grip** [*or* **hold**] **on sth** seinen Griff um etw *akk* lockern; **to ~ one's tight hold on sth** *(fig)* seine Kontrolle über etw *akk* lockern; **to ~ one's muscles** *(by resting)* die Muskeln entspannen; *(by massage or movement)* die Muskeln lockern; **to ~ rules** [*or* **regulations**]**/supervision** Vorschriften/die Kontrolle lockern; **to ~ security** die Sicherheitsmaßnahmen einschränken

re·lax·ant [rɪ'læksᵊnt] *n* ❶ *(drug)* Relaxans *nt fachspr*
❷ *(relaxing substance or activity)* Entspannungsmittel *nt*; ***fishing is a very good ~*** Angeln ist sehr entspannend

re·laxa·tion [ˌriːlæk'seɪʃᵊn] I. *n* ❶ *(recreation)* Entspannung *f*; ***Yoga is one of my favourite ~s*** Yoga ist eine meiner liebsten Entspannungsmethoden; ***do you find ~ in knitting?*** kannst du dich beim Stricken entspannen?
❷ *(liberalizing)* **~ of discipline** Nachlassen *nt* der Disziplin; **~ of laws** Liberalisierung *f* von Gesetzen; **~ in** [*or* **of**] **the rules** Lockerung *f* der Vorschriften
II. *adj attr* Entspannungs-; **~ exercise** [*or* **technique**] Entspannungsübung *f*

re·laxed [rɪ'lækst] *adj* ❶ *(at ease)* entspannt; **to feel ~** sich *akk* entspannt fühlen
❷ *(easy-going)* locker, gelassen; **~ atmosphere** lockere [*o* entspannte] Atmosphäre; **~ manner** [*or* **style**] lässige Art; **to have a ~ manner** sich *akk* lässig geben; **to be ~ about sth** etw gelassen sehen; **to take a ~ approach to sth** gelassen an etw *akk* herangehen

re·lax·ing [rɪ'læksɪŋ] *adj* entspannend, erholsam; **~ day** Tag *m* zum Ausspannen; **~ holidays** [*or* AM **vacation**] erholsame Ferien; **~ place** Ort *m* der Erholung

re·lay ['riːleɪ] I. *vt* ❶ *(communicate)* ■**to ~ sth to sb** jdm etw mitteilen; **to ~ a message** eine Meldung weiterleiten; **to ~ the news to sb** jdm die Neuigkeiten weitererzählen
❷ COMPUT, TV ■**to ~ sth** etw [weiter]übertragen; **to ~ TV pictures** Fernsehbilder übertragen
II. *n* ❶ *(group)* Ablösung *f*; *of workers* Schicht *f*; ***to break the record for playing chess non-stop, he needed ~s of opponents*** um den Rekord im Dauerschachspielen brechen zu können, benötigte er ständig neue Gegner; **to organize into ~s** in Schichten einteilen; **to work in ~s** in Schichten [*o* SCHWEIZ, ÖSTERR *a.* Schicht] arbeiten
❷ SPORT **~** [**race**] Staffellauf *m*
❸ ELEC *(device)* Relais *nt*
❹ TELEC, TV Relais *nt*

re-lay <-laid, -laid> [ˌriː'leɪ] *vt* **to ~ a carpet** einen Teppich neu verlegen; **to ~ a floor** einen Boden neu auslegen

're·lay race *n (running)* Staffellauf *m*; *(swimming)* Staffelschwimmen *nt* **'re·lay team** *n* Staffel *f*

re·lease [rɪ'liːs] I. *vt* ❶ *(set free)* ■**to ~ sb/an animal** jdn/ein Tier freilassen; ***the zoo keepers ~d the lions from their cage*** die Zoowärter ließen die Löwen aus dem Käfig; ■**to ~ sb** jdn freigeben [*o* freistellen]
❷ LAW ■**to ~ sb** jdn [aus der Haft] entlassen [*o* freilassen]; **to ~ sb on bail** jdn gegen Kaution auf freien Fuß setzen; **to ~ sb on parole** jdn bedingt aus der Haft entlassen; **to ~ sb from prison** jdn aus dem Gefängnis entlassen; **to ~ sb on probation** jdn auf Bewährung entlassen; **to be ~d early for good behaviour** [*or* AM **behavior**] wegen guter Führung vorzeitig entlassen werden
❸ *(fig: free from suffering)* ■**to ~ sb from sth** jdn von etw *dat* befreien
❹ *(move sth from fixed position)* ■**to ~ sth** etw lösen; **to ~ the brake** die Bremse lösen; **to ~ the shutter** PHOT den Auslöser betätigen
❺ *(detonate, drop)* **to ~ a bomb** eine Bombe abwerfen; **to ~ a missile** eine Rakete abschießen
❻ *(allow to escape)* **to ~ gas/steam** Gas/Dampf freisetzen; **to ~ sth into the atmosphere** etw in die Atmosphäre entweichen lassen; ***steam was ~d*** Dampf entwich
❼ *(relax pressure)* ■**to ~ sth** etw loslassen; **to ~ one's grip** [*or* **hold**] seinen Griff lockern
❽ *(make public, circulate)* ■**to ~ sth** etw verbreiten [*o* in Umlauf bringen] [*o* der Öffentlichkeit zugänglich machen]; *(issue)* etw veröffentlichen [*o* herausbringen]; ■**to ~ sth to sb** jdm etw aushändigen; **to ~ a film/a CD** einen Film/eine CD herausbringen; **to ~ a statement** eine Erklärung abgeben; **to be ~d** erscheinen, auf den Markt kommen
❾ ECON **to ~ dues** überfällige Bestellungen abwickeln
❿ *(put on market)* ■**to ~ sth** etw zum Verkauf freigeben, etw herausbringen
⓫ COMPUT *(release block of memory)* ■**to ~ sth** etw freigeben
II. *n no pl* ❶ *(setting free)* Entlassung *f*; **~ of a hostage** Freilassung *f* einer Geisel; **~ from prison** Entlassung *f* aus dem Gefängnis
❷ ECON *(from work)* Freistellung *f*; **day ~** BRIT Freistellung zur beruflichen Fortbildung
❸ *(mechanism)* Auslöser *m*; **brake/clutch ~** Brems-/Kupplungsausrückmechanismus *m*; **~ cord** Reißleine *f*; **steam ~** Dampfventil *nt*
❹ *(action) of a handbrake* Lösen *nt*
❺ *(items on hold) of goods* Freigabe *f*; **~ of funds** Mittelfreisetzung *f*; **~ for payment** Zahlungsfreigabe *f*
❻ *(relaxation)* Entspannung *f*; *of tension* Nachlassen *nt*; *(freeing from unpleasant feeling)* Erleichterung *f*; **merciful ~** *(euph)* Erlösung *f euph*; **to experience a feeling of ~** ein Gefühl der Erleichterung verspüren
❼ *(escape of gases etc.)* Entweichen *nt*
❽ *no pl (publication)* Veröffentlichung *f*
❾ *(information document)* Verlautbarung *f*; **press ~** Pressemitteilung *f*, Presseverlautbarung *f*, ÖSTERR *bes* Presseaussendung *f*
❿ *(new CD etc.)* Neuerscheinung *f*; *(new film)* neuer Film; ***her latest ~ is a song about hopeless love*** sie hat zuletzt ein Lied über hoffnungslose Liebe herausgebracht; **to go on ~** *film* [in den Kinos] anlaufen
⓫ COMPUT *(version)* Version *f*
⓬ LAW Verzicht *m*, Aufgabe *f*

re·'lease date *n of film* Tag *m* der Erstaufführung; *of CD, DVD, Book* Erscheinungsdatum *nt*; FIN Freigabedatum *nt*

rel·egate ['relɪgeɪt, AM -lə-] *vt usu passive* ❶ *(lower in status)* ■**to ~ sb/sth to sth** jdn/etw auf etw *akk* verweisen; ***the story was ~d to the middle pages of the paper*** die Story wurde in den Mittelteil der Zeitung verschoben; ■**to ~ sb out of sth** jdn aus etw *dat* verbannen *geh*; **to ~ sb to the background** jdn in den Hintergrund drängen; **to ~ sb to a secondary role** jdn in eine untergeordnete Position abdrängen
❷ BRIT SPORT **to ~ a team** eine Mannschaft absteigen lassen; **to be ~d from a higher to a lower division** aus einer höheren Liga in eine niedrigere absteigen

rel·ega·tion [ˌrelɪ'geɪʃᵊn, AM -ə'-] *n no pl* ❶ BRIT SPORT Abstieg *m*, Relegation *f geh*; **to face ~** abstiegsgefährdet sein; **~ struggle** Abstiegskampf *m*
❷ *(demotion)* [Zurück]verweisung *f*, Verbannung *f* (**to** auf +*akk)*

re·lend·ing [riː'lendɪŋ] *n no pl of funds* Weitervergabe *f*

re·lent [rɪ'lent] *vi people* nachgeben; *wind, rain* nachlassen

re·lent·less [rɪ'lentləs] *adj (unwilling to compromise)* unnachgiebig; *(without stopping)* unablässig; **~ persecution** gnadenlose Verfolgung; **~ pressure** unaufhörlicher Druck; **~ pressure to succeed** ständiger Erfolgsdruck; **~ pursuit** gnadenlose Verfolgung[sjagd]; **~ pursuit of sth** unaufhörliches Streben nach etw *dat*; **~ summer heat** anhaltende sommerliche Hitze; ■**to be ~ in doing sth** etw unermüdlich tun

re·lent·less·ly [rɪ'lentləsli] *adv* unaufhörlich; *(tirelessly)* unermüdlich; *(continuously)* beständig

re·let <-tt-> [ˌriː'let] *vt* BRIT ■**to ~ sth** etw wieder [*o* neu] vermieten

rele·vance ['reləvən(t)s], **rele·van·cy** ['reləvən(t)si] *n no pl* ❶ *(appropriateness)* Relevanz *f geh*, Bedeutsamkeit *f* (**to** für +*akk)*; ***I don't quite understand the ~ of your question*** ich weiß nicht so recht, worauf Sie mit Ihrer Frage hinauswollen; **to have** [*or* **bear**] **~ to sth** Bezug auf etw *akk* haben
❷ *(significance)* Bedeutung *f* (**to** für +*akk)*; **to have ~ for sb/sth** für jdn/etw relevant [*o* von Bedeutung] sein
❸ COMPUT Relevanz *f*

rele·vant ['reləvənt] *adj* ❶ *(appropriate)* relevant, entsprechend; *literature* einschlägig; *department, personnel* zuständig; ***for further information please refer to the ~ leaflet*** weitere Informationen entnehmen Sie bitte der entsprechenden Broschüre; **to be** [**hardly**] **~ to sth** für etw *akk* [kaum] von Bedeutung [*o* Belang] sein; ***the question is not ~ to the case*** die Frage gehört nicht zur Sache; **~ documents** zweckdienliche Unterlagen; ***please bring all the ~ documents*** bitte bringen Sie die nötigen Papiere mit; **~ evidence** sachdienliches Beweismaterial; **~ question** angebrachte Frage
❷ *(important)* wichtig, bedeutend; **highly ~** höchst bedeutungsvoll
❸ *(appropriate to modern life)* gegenwartsbezogen; **to remain ~** seine Aktualität bewahren

re·li·abil·ity [rɪˌlaɪə'bɪləti, AM -ət̬i] *n no pl* ❶ *(dependability)* Zuverlässigkeit *f*
❷ *(trustworthiness)* Vertrauenswürdigkeit *f*

re·li·able [rɪ'laɪəbl] *adj* ❶ *(dependable)* verlässlich, zuverlässig; **~ memory** gutes Gedächtnis
❷ *(credible)* glaubwürdig; **~ authority** verlässliche [*o* glaubwürdige] Quelle; **~ criterion** sicheres Kriterium; **~ evidence** glaubwürdiger Beweis; **to have sth on ~ evidence from a good source** etw aus zuverlässiger Quelle erfahren haben; **~ figures/statistics** verlässliche [*o* glaubwürdige] Zahlen/Statistiken; **~ source** sichere [*o* zuverlässige] Quelle; **~ testimony** verlässliche Zeugenaussage
❸ *(trustworthy)* vertrauenswürdig, seriös

re·li·ably [rɪ'laɪəbli] *adv* verlässlich; **to be ~ informed that ...** aus sicherer Quelle wissen, dass ...

re·li·ance [rɪ'laɪən(t)s] *n no pl* ❶ *(dependence)* Verlass *m* (**on** auf +*akk)*; ***the region's ~ on tourism is unwise*** es ist unklug, dass die Region sich nur auf den Tourismus verlässt; **sb cannot avoid ~ on sth** jd ist auf etw *akk* angewiesen; **to place ~ on sth** sich *akk* auf etw *akk* verlassen
❷ *(trust)* Vertrauen *nt*; **to place ~ on sb/sth** Vertrauen in jdn/etw setzen

re·li·ant [rɪ'laɪənt] *adj* ■**to be ~ on sb/sth** von jdm/etw abhängig sein; ■**to be ~ on sb/sth to do sth** abhängig davon [*o* darauf angewiesen] sein, dass jd/etw etw tut

rel·ic ['relɪk] *n* ① *(object)* Relikt *nt,* Überbleibsel *nt,* Überrest *m;* **Iron Age ~s** Überreste *pl* aus der Eisenzeit

② *(pej: survival from past)* Relikt *nt; (hum: sth old-fashioned)* altmodisches Ding *hum,* Ding *nt* von anno dazumal *hum;* **~ of the past** Relikt *nt* der Vergangenheit

③ *(saintly remains etc.)* Reliquie[n] *f*[*pl*]

re·lief¹ [rɪ'li:f] **I.** *n* ① *no pl (assistance for poor)* Hilfsgüter *pl; (help)* Hilfe *f,* Unterstützung *f;* **shipment of ~** Hilfsgütersendung *f;* **to be on ~** AM *(fam)* von der Sozialhilfe leben; **disaster/famine ~** Katastrophen-/Hungerhilfe *f*

② *(diminution)* Entlastung *f;* **~ of hunger/suffering** Linderung *f* von Hunger/Leid; **tax ~** Steuerermäßigung *f*

③ *(release from tension)* Erleichterung *f;* ***that's*** [*or* ***what***] ***a ~!*** was für eine Erleichterung!; ***you can imagine my ~*** du kannst dir vorstellen, wie erleichtert ich war; ***it was such a ~ to hear that Glen had been found safe and well*** mir fiel ein Stein vom Herzen, als ich hörte, dass man Glen sicher und wohlauf gefunden hatte; **sense of ~** Gefühl *nt* der Erleichterung; **to feel an incredible sense of ~** sich *akk* unglaublich erleichtert fühlen; **a sigh of ~** ein Seufzer *m* der Erleichterung; **to breathe a sigh of ~** erleichtert aufatmen; **light** [*or* **comic**] **~** THEAT befreiende Komik; **to be greeted with ~** mit Erleichterung aufgenommen werden; **much to my** [*or* **to my great**] **~** zu meiner großen Erleichterung

④ *(substitute)* Ersatz *m,* Vertretung *f*

⑤ MIL *(liberation)* **~ of a country/a town** Entsatz *m* eines Landes/einer Stadt

⑥ LAW *(remedy)* Klagebegehren *nt*

II. *n modifier* Ersatz-, Vertretungs-; **~ driver** Ersatzfahrer(in) *m(f)*

re·lief² [rɪ'li:f] *n* ① *(three-dimensional representation)* Reliefdruck *m*

② *(sculpture)* Relief *nt;* **bronze ~** Bronzerelief *nt*

③ *no pl (sharpness of image)* Kontrast *m;* ■**to be in ~ against sth** sich *akk* von etw *dat* abheben; **to stand out in sharp** [*or* **bold**] **~** sich *akk* deutlich von etw *dat* [*o* gegen etw *akk*] abheben; **to throw sth into ~** etw hervortreten lassen

re·'lief ag·en·cy *n* Hilfsorganisation *f*

re·'lief map *n* Reliefkarte *f*

re·'lief road *n* BRIT Umgehungsstraße *f,* ÖSTERR *a.* Umfahrungsstraße *f* **re·'lief sup·ply** *n* Notversorgung *f;* **~ of water** Wassernotversorgung *f* **re·'lief train** *n* Sonderzug *m* **re·'lief work·er** *n* Mitarbeiter(in) *m(f)* einer Hilfsorganisation; *(in third-world countries)* Entwicklungshelfer(in) *m(f)*

re·lieve [rɪ'li:v] *vt* ① *(assist)* ■**to ~ sb** jdm [in einer Notsituation] helfen; ■**to ~ sth** etw lindern; **to ~ the famine** die Hungersnot lindern

② *(take burden from)* ■**to ~ sb of sth** jdm etw abnehmen; *(hum: steal)* jdn um etw *akk* erleichtern *hum;* ***she was ~d of financial pressures*** sie war von finanziellen Sorgen befreit

③ *(take over)* ■**to ~ sb** jdn ablösen; **to ~ sb of a position** jdn eines Amtes entheben *geh*

④ MIL *(break a siege)* **to ~ a city** eine Stadt befreien [*o fachspr* entsetzen]

⑤ *(weaken negative feelings)* ■**to ~ sth** etw erträglicher machen; **to ~ one's anxiety** seine Angst [teilweise] überwinden; ***the good news ~d my anxiety*** die guten Nachrichten beruhigten mich; **to ~ boredom** gegen die Langeweile angehen; **to ~ one's feeling[s] of frustration** seiner Enttäuschung Luft machen; **to ~ the pressure** den Druck verringern; **to ~ the tension** die Spannung abbauen

⑥ *(alleviate)* **to ~ the pain/the suffering** den Schmerz/das Leid lindern

⑦ *(improve)* ■**to ~ sth** etw bessern; **to ~ pressure on sth** etw entlasten

⑧ *(euph dated: urinate)* **to ~ oneself** sich *akk* erleichtern *euph*

re·lieved [rɪ'li:vd] *adj* erleichtert; ***I'm so ~ to find you*** ich bin so froh, dich zu sehen; **to be ~ at sth** über etw *akk* erleichtert sein; **to be ~ to hear/see sth** etw mit Erleichterung hören/sehen; **to feel ~** sich *akk* erleichtert fühlen

re·liev·er [rɪ'li:vəʳ, AM -ɚ] *n* Ersatzspieler(in) *m(f),* Auswechselspieler(in) *m(f)*

re·light <-lit *or* AM -lighted, -lit *or* AM -lighted> [ˌri:'laɪt] *vt* **to ~ a cigarette** eine Zigarette wieder anzünden

re·li·gion [rɪ'lɪdʒᵊn] *n* ① *no pl (faith in god)* Religion *f; (set of religious beliefs)* Glaube *m*

② *(system of worship)* Kult *m;* **to practise** [*or* AM **practice**] **a ~** eine Religion praktizieren [*o* ausüben]; ***he practises the Jewish ~*** er ist praktizierender Jude

③ *(fig: sth done with devotion)* Kult *m;* **to make a ~ of sth** einen Kult mit etw *dat* treiben

④ *(also hum: personal set of beliefs)* Glaube *m,* Überzeugung *f;* ***it's against his ~ to do the gardening*** es verstößt gegen seine heiligen Prinzipien, die Gartenarbeit zu verrichten *hum*

re·ligi·os·ity [rɪˌlɪdʒi'ɒsəti, AM 'ɑ:səṭi] *n no pl* Religiosität *f*

re·li·gious [rɪ'lɪdʒəs] *adj* ① *(of religion)* religiöse(r, s), Religions-; **~ bigotry** Frömmelei *f;* **~ creed/organization** Glaubensbekenntnis *nt*/-gemeinschaft *f;* **~ denomination** [religiöses] Bekenntnis, Konfession *f;* **~ education/practice** Religionsunterricht *m*/-ausübung *f;* **~ equality** Gleichstellung *f* der Religionen; **~ fanatic** religiöser Fanatiker/religiöse Fanatikerin; **~ zealot** religiöser Eiferer/religiöse Eiferin; **~ fervour** [*or* AM **fervor**] [*or* **zeal**] religiöser Eifer; **~ festival** religiöses Fest; **~ freedom** [*or* **liberty**] Religionsfreiheit *f,* Glaubensfreiheit *f;* **~ holiday** religiöser Feiertag; **~ observance** religiöse Pflicht; **~ persecution** Verfolgung *f* aufgrund der Religionszugehörigkeit; **~ service** Gottesdienst *m;* **~ retreat** *(place for religious meditation)* religiöser Einkehrort; *(for Roman Catholics)* Exerzitien *pl;* **~ tradition/upbringing** religiöser Brauch/religiöse Erziehung

② *(pious)* religiös, fromm; **deeply ~** tief religiös

③ *(fig: meticulous)* gewissenhaft; ***to be very ~ about doing sth*** eifrig darauf bedacht sein, etw zu tun

re·li·gious·ly [rɪ'lɪdʒəsli] *adv* ① *(concerning religion)* religiös

② *(fig: done conscientiously)* gewissenhaft

re·li·gious 'right *n no pl* ■**the ~** die religiöse Rechte

re·line [ˌri:'laɪn] *vt* ■**to ~ sth** ① *drapes* neu [aus]füttern

② *painting* doublieren *fachspr*

③ TECH neu belegen

re·lin·quish [rɪ'lɪŋkwɪʃ] *vt (form)* ■**to ~ sth** ① *(abandon)* etw aufgeben; **to ~ one's belief/a claim/a plan** seine Überzeugung/einen Anspruch/einen Plan aufgeben; **to ~ a chair/a seat** einen Vorsitz/einen Sitz aufgeben; **to ~ one's seat** seinen Sitz aufgeben [*o geh* zur Disposition stellen]; **to ~ the leadership** auf die Führung verzichten, die Führung abgeben; **to ~ a right** auf ein Recht verzichten; ■**to ~ sth to sb** jdm etw überlassen; *responsibility* jdm etw übertragen

② *(lose)* **to ~ one's hold on reality** den Bezug zur Realität verlieren; **to ~ the lead** die Führung verlieren

③ *(weaken grip)* **to ~ one's grip** [*or* **hold**] seinen Griff lockern

re·lin·quish·ment [rɪ'lɪŋkwɪʃmənt] *n* Aufgabe *f; of claim, territory* Verzicht *m*

reli·quary ['relɪkwᵊri, AM -əkweri] *n* Reliquiar *nt*

rel·ish ['relɪʃ] **I.** *n* ① *no pl (enjoyment)* Genuss *m;* ■**with ~** genüsslich; ■**to have no ~ for doing sth** kein Vergnügen dabei empfinden, etw zu tun; ***I have no ~ for hunting and killing animals*** es macht mir keinen Spaß, zu jagen und Tiere zu töten

② *(chunky sauce)* Relish *nt;* **tomato and onion ~** Tomaten-Zwiebel-Relish *nt*

II. *vt* ■**to ~ sth** etw genießen; ■**to ~ doing sth** etw sehr gern tun; ***I don't ~ telling her*** [***that***] ... es ist mir nicht gerade eine große Freude, ihr sagen zu müssen, dass ...; **to ~ the thought that ...** sich *akk* darauf freuen, dass ...; **to ~ the prospect of doing sth** sich *akk* darauf freuen, etw zu tun

re·live [ˌri:'lɪv] *vt* **to ~ a traumatic experience** eine traumatische Erfahrung nochmals durchleben; **to ~ the past** die Vergangenheit noch einmal erleben

rellie ['reli] *n* AUS *(fam) short for* **relative** Verwandte(r) *f(m)*

re·load [ˌri:'ləʊd, AM -'loʊd] **I.** *vt (load again)* **to ~ a gun/a pistol** ein Gewehr/eine Pistole nachladen; **to ~ a camera** eine Kamera neu laden *fam,* einen neuen Film in eine Kamera einlegen; **to ~ a ship** ein Schiff wieder beladen; **to ~ software** Software neu laden

II. *vi (load again) weapon* nachladen

re·lo·cate [ˌri:lə(ʊ)'keɪt, AM -'loʊ-] **I.** *vi* umziehen; ***the company has ~d from London to Liverpool*** die Firma hat ihren Sitz von London nach Liverpool verlegt

II. *vt* ■**to ~ sb** jdn versetzen; ■**to ~ sth** etw verlegen

re·lo·ca·tion [ˌri:lə(ʊ)'keɪʃᵊn, AM -loʊ'-] *n* ① *of a company* Verlegung *f; of a person* Versetzung *f*

② COMPUT Verschiebung *f*

re·luc·tance [rɪ'lʌktᵊn(t)s] *n no pl* Widerwillen *m,* Widerstreben *nt;* ■**with ~** widerwillig, ungern; **to accept sth with ~** etw widerwillig akzeptieren [*o* annehmen]

re·luc·tant [rɪ'lʌktᵊnt] *adj* widerwillig, widerstrebend; ■**to be ~ to do sth** sich *akk* dagegen sträuben, etw zu tun, etw nur ungern tun; **to feel ~ to do sth** etw ungern tun; ***many parents feel ~ to talk openly with their children*** vielen Eltern widerstrebt es, offen mit ihren Kindern zu sprechen; **to be a ~ participant in sth** sich *akk* gegen eine Teilnahme an etw *dat* sträuben, an etw *dat* nur ungern teilnehmen

re·luc·tant·ly [rɪ'lʌktᵊntli] *adv* widerwillig; ***I say it ~ but ...*** ich sage es ungern, aber ...; **to accept sth ~** etw widerstrebend akzeptieren; **to agree ~** widerwillig zustimmen

rely [rɪ'laɪ] *vi* ① *(have confidence in)* ■**to ~ on** [*or* **upon**] **sb/sth** sich *akk* auf jdn/etw verlassen; ***British weather can never be relied upon*** auf das britische Wetter ist kein Verlass; ■**to ~ on** [*or* **upon**] **sb/sth to do** [*or* **doing**] **sth** sich *akk* darauf verlassen [*o* darauf vertrauen], dass jd/etw etw tut; ***don't ~ on that lot winning the match*** sei nicht so sicher, dass die da das Spiel gewinnen

② *(depend on)* ■**to ~ on** [*or* **upon**] **sb/sth** von jdm/etw abhängen; ■**to ~ on** [*or* **upon**] **sb/sth doing sth** darauf angewiesen sein, dass jd/etw etw tut

REM [ˌɑ:ri:'em, rem] *abbrev of* **Rapid Eye Movement** REM

re·made [ˌri:'meɪd] *pt, pp of* **remake**

re·main [rɪ'meɪn] *vi* ① *(stay)* bleiben; **to ~ in bed** im Bett bleiben; **to ~ behind** zurückbleiben; **to ~ where one is** auf seinem Platz bleiben, [da] bleiben, wo man ist

② + *n, adj (not change)* bleiben; ***the epidemic has ~ed unchecked*** die Epidemie hält unvermindert an; **to ~ friends** Freunde bleiben; **to ~ aloof** Distanz wahren; **to ~ anonymous/unnamed** anonym/ungenannt bleiben; **to ~ cool** einen kühlen Kopf bewahren, cool bleiben *sl;* **to ~ faithful** [*or* **loyal**] [**to sb**] [jdm] treu bleiben [*o* die Treue halten]; **to ~ open** *shop* geöffnet bleiben; **to ~ silent** [*or* **quiet**] Stillschweigen bewahren *geh;* **to ~ seated** sitzen bleiben; **to ~ unclaimed** nicht beansprucht werden; **to ~ undecided** sich *akk* nicht entscheiden können; **to ~ unpunished** ungestraft davonkommen; **to ~ untreated** nicht behandelt [*o* versorgt] werden

③ *(survive, be left over)* übrig bleiben; *person* überleben; ***is there any food ~ing?*** ist noch etwas zu essen übrig?; ***much ~s to be done*** es muss noch vieles getan werden; **the fact ~s that ...** das ändert nichts an der Tatsache, dass ...; **it** [**only**] **~s for me to ...** mir bleibt nur noch übrig, zu ...; **it ~s to be seen** [**who/what/how ...**] es bleibt abzuwarten[, wer/was/wie ...]

re·main·der [rɪˈmeɪndəʳ, AM -ɚ] **I.** *n no pl* ① *(residue, rest)* Rest *m;* ***for the ~ of his life*** für den Rest seines Lebens; ■ **~s** *pl* Restauflage *f*
② MATH *(number)* Rest *m;* ***9 divided by 4 is 2 ~ 1*** 9 dividiert durch 4 ist 2 Rest 1
II. *vt usu passive* ■ **to ~ sth** etw verramschen; **to ~ books** Bücher billig verkaufen [*o fam* verramschen]

re·main·ing [rɪˈmeɪnɪŋ] *adj attr, inv* übrig, restlich; ***the two ~ lectures*** die letzten beiden Vorträge; **our only ~ hope** unsere letzte Hoffnung

re·mains [rɪˈmeɪnz] *npl* ① *(leftovers)* Überbleibsel *pl,* Überreste *pl;* **the ~ of a 12th-century monastery** die Überreste eines Klosters aus dem 12. Jahrhundert
② *(form: corpse)* sterbliche Überreste *geh;* **animal/human ~** tierische/menschliche Überreste

re·make I. *vt* <-made, -made> [ˌriːˈmeɪk] **to ~ a film** einen Film neu drehen, einen Stoff neu verfilmen
II. *n* [ˈriːmeɪk] Neuverfilmung *f,* Remake *nt;* **to do a ~** ein Remake machen, eine Neuverfilmung drehen

re·mand [rɪˈmɑːnd, AM -ˈmænd] **I.** *vt usu passive (form)* ■ **to ~ sb on sth** jdn wegen einer S. *gen* in Untersuchungshaft nehmen; **to ~ on bail** auf Kaution freilassen; **to ~ sb in custody** jdn in Untersuchungshaft behalten; **to ~ sb to prison** jdn ins Untersuchungsgefängnis bringen
II. *n no pl* **custodial ~** Untersuchungshaft *f;* **to be on ~** in Untersuchungshaft sitzen *fam;* **to hold** [*or* **keep**] **sb on ~** jdn in Untersuchungshaft behalten

re·ˈmand cen·tre *n* BRIT, AUS Untersuchungsgefängnis *nt,* Untersuchungshaftanstalt *f; (for youths)* Jugendstrafanstalt *f* **re·ˈmand home** *n* BRIT, AUS Untersuchungshaftanstalt *f (für Jugendliche)*

re·mark [rɪˈmɑːk, AM -ˈmɑːrk] **I.** *vt* äußern, bemerken; **sb once ~ed** [**that**] ... jd hat einmal gesagt, dass ...
II. *vi* eine Bemerkung machen; ■ **to ~ on sb/sth** sich *akk* über jdn/etw äußern; **it has often been ~ed upon that ...** es ist oft darauf hingewiesen worden, dass ...
III. *n* ① *(comment)* Bemerkung *f,* Äußerung *f;* **to make** [*or* **pass**] **~s about sb/sth** Bemerkungen über jdn/etw machen
② COMPUT *(in BASIC)* Kommentar *m*

re·mark·able [rɪˈmɑːkəbl̩, AM -ˈmɑːrk-] *adj* ① *(approv: extraordinary)* bemerkenswert, erstaunlich; *ability* beachtlich; ***it's ~ for a woman of her age to be so alert*** es ist beachtlich, dass eine Frau in ihrem Alter geistig noch so rege ist
② *(surprising)* merkwürdig; ■ **to be ~ for sth** sich *akk* durch etw *akk* auszeichnen; **~ coincidence** merkwürdiger Zufall; **it's ~** [**that**] ... es ist erstaunlich, dass ..., erstaunlicherweise ...

re·mark·ably [rɪˈmɑːkəbli, AM -ˈmɑːrk-] *adv* ① *(strikingly)* bemerkenswert, auffällig; ***this is a ~ noisy city*** diese Stadt ist besonders laut
② *(surprisingly)* überraschenderweise, erstaunlicherweise

re·mar·riage [ˌriːˈmærɪʤ, AM *esp* -ˈmer-] *n* Wiederverheiratung *f* (**to** mit +*dat*)

re·mar·ry <-ie-> [ˌriːˈmæri, AM *esp* -ˈmeri] **I.** *vt* ■ **to ~ sb** jdn wieder heiraten; **to ~ each other** noch einmal heiraten
II. *vi* sich *akk* wieder verheiraten

re·mas·ter [ˌriːˈmɑːstəʳ, AM -ˈmæstɚ] *vt* MUS ■ **to ~ sth** das Mastertape von etw *dat* neu aufnehmen; **to ~ a recording** das Mastertape einer Aufnahme [technisch] verbessern; **~ed edition of sth** [verbesserte] Neuaufnahme einer S. *gen*

re·medi·able [rɪˈmiːdiəbl] *adj (form)* ① *(curable)* heilbar
② *(rectifiable)* behebbar; *damage* wiedergutzumachen
③ LAW anfechtbar

re·medial [rɪˈmiːdiəl] *adj (form)* ① *(relief)* Hilfs-; **~ action** Hilfsmaßnahme *f*
② SCH Förder-; **~ education** Förderunterricht *m;* **~ reading** Lesen *nt* für Leseschwache
③ MED Heil-; **~ exercises** [*or* **training**] Heilgymnastik *f*

re·medial ˈac·tion *n no pl* Gegenmaßnahme *f,* Abhilfe *f* **re·medial ˈles·sons** *npl,* **re·medial ˈteach·ing** *n esp* BRIT, AUS Förderunterricht *m* **re·medial ˈmeas·ure** *n (countermeasure)* Gegenmaßnahme *f; (corrective measure)* Sanierungsmaßnahme *f,* Korrekturmaßnahme *f*

rem·edy [ˈremədi] **I.** *n* ① *(medicinal agent)* Heilmittel *nt* (**for** gegen +*akk*); ■ **to be beyond** [*or* **past**] **~** unheilbar sein
② *(solution)* Mittel *nt* (**for** zu +*dat*), Lösung *f* (**for** für +*akk*)
③ *(legal redress)* Abhilfe *f;* [**legal**] **~** Rechtsmittel *nt*
II. *vt (form)* ■ **to ~ sth** etw in Ordnung bringen; LAW etw *dat* Abhilfe schaffen, etw wiedergutmachen; **to ~ a mistake** einen Fehler berichtigen; **to ~ poverty** die Armut beseitigen

re·mem·ber [rɪˈmembəʳ, AM -ɚ] **I.** *vt* ① *(recall)* ■ **to ~ sb/sth** sich *akk* an jdn/etw erinnern; *(memorize)* ■ **to ~ sth** sich *dat* etw merken; ***I find it easy to ~ people's faces*** ich kann mir Gesichter von Leuten gut merken; ***I never ~ her birthday*** ich denke nie an ihren Geburtstag; ■ **to be ~ed for sth** für etw *akk* bekannt sein; ***she will be ~ed for her courage*** ihr Mut wird für immer im Gedächtnis bleiben; ***he was ~ed as being a very outgoing and helpful person*** man erinnerte sich an ihn als an einen sehr offenen und hilfsbereiten Menschen; ■ **to ~ doing sth** sich *akk* daran erinnern, etw getan zu haben; ■ **to ~ sb/sth doing sth** sich *akk* daran erinnern, dass jd/etw etw getan hat; ■ **to ~ oneself** sich *akk* benehmen [*o fam* zusammenreißen]
② *(commemorate)* ■ **to ~ sb/sth** einer Person/einer S. *gen* gedenken
③ *(give a present)* ■ **to ~ sb** jdn beschenken; ■ **to ~ sb with sth** jdm etw hinterlassen [*o* vermachen]
④ *(form: greetings)* ■ **to ~ sb to sb** jdn von jdm grüßen; ***please ~ me to your parents*** bitte grüß deine Eltern von mir!; ■ **to be ~ed to sb** *(esp form)* jdn grüßen lassen, jdm Grüße bestellen
II. *vi* ① *(recall)* sich *akk* erinnern; ***I can't ~*** ich kann mich nicht erinnern; ***it was a night to ~*** es war eine Nacht, die man nicht vergisst; ***it's on the tip of my tongue — I'll ~ in a minute*** es liegt mir auf der Zunge – es fällt mir gleich wieder ein; ■ **to ~** [**that**] ... sich *akk* daran erinnern, [dass] ...; ■ **to ~ what/who/why ...** sich *akk* daran erinnern, was/wer/warum ...; ***can you ~ what her telephone number is?*** weißt du ihre Telefonnummer noch?; **please** [*or* **will you**] **~ that ...** denk bitte daran, dass ...; **please** [*or* **will you**] **~ to do sth** denk bitte daran, etw zu tun
② *(fam: indicating prior knowledge)* ***we had tea in the little cafe — you ~ the one next to the bookshop*** wir tranken Tee in dem kleinen Cafe – du weißt schon, das neben der Buchhandlung; ***Henry the Eighth, you will ~, executed three of his wives*** Heinrich der Achte hat, wie Sie wissen, drei seiner Frauen hinrichten lassen

re·mem·brance [rɪˈmembrᵊn(t)s] *n (form)* ① *no pl (act of remembering)* Gedenken *nt geh;* ■ **in ~ of sb/sth** zum Gedenken an jdn/etw
② *(a memory/recollection)* Erinnerung *f* (**of** an +*akk*)

Re·ˈmem·brance Day, Re·mem·brance ˈSun·day *n* BRIT, CAN ≈ Volkstrauertag *m (britischer Gedenktag für die Gefallenen der beiden Weltkriege)* **Re·ˈmem·brance Ser·vice** *n* BRIT *Gedenkgottesdienst am Remembrance Day*

re·mind [rɪˈmaɪnd] *vt* ■ **to ~ sb** jdn erinnern; ***that*** [*or* ***which***] ***~s me!*** das erinnert mich an etwas!, dabei fällt mir etwas ein!; ■ **to ~ sb to do sth** jdn daran erinnern, etw zu tun; ■ **to ~ sb** [**that**] jdn daran erinnern, dass ...; ■ **to ~ sb about sth** jdn an etw *akk* erinnern; ■ **to ~ sb of sb/sth** jdn an jdn/etw erinnern

re·mind·er [rɪˈmaɪndəʳ, AM -ɚ] *n* ① *(prompting recall)* Mahnung *f;* **to give sb a gentle ~** [**that**] ... jdn freundlich darauf hinweisen, dass ...; **to send sb a ~** jdm eine Mahnung schicken; **as a ~ to oneself that ...** um sich *akk* daran zu erinnern, dass ...
② *(awakening memories)* Erinnerung *f* (**of** an +*akk*); **stark ~** unübersehbares Mahnmal

remi·nisce [ˌremɪˈnɪs, AM -əˈ-] *vi (form)* in Erinnerungen schwelgen; ■ **to ~ about sb/sth** von jdm/etw erzählen

remi·nis·cence [ˌremɪˈnɪsᵊn(t)s, AM -əˈ-] *n (form)* ① *no pl (reflection on past)* Erinnerung *f*
② *(memory)* Erinnerung *f* (**of**/**about** an +*akk*), Reminiszenz *f geh* (**of**/**about** an +*akk*)
③ LIT *(form: book of memoirs)* ■ **~s** *pl* Memoiren *pl;* **to write/publish one's ~s** seine Memoiren schreiben/veröffentlichen

remi·nis·cent [ˌremɪˈnɪsᵊnt, AM -əˈ-] *adj* ① *(suggestive, evocative)* ■ **to be ~** [**of sb/sth**] Erinnerungen [an jdn/etw] hervorrufen, sich *akk* an jdn/etw erinnern
② *(recalling the past)* **to be in a ~ mood** in Erinnerungen schwelgen

remi·nis·cent·ly [ˌremɪˈnɪsᵊntli, AM -əˈ-] *adv* sich *akk* erinnernd; ***they smiled ~ as they recalled how they had once been in love*** sie lächelten in Erinnerung daran, wie verliebt sie einmal gewesen waren

re·miss [rɪˈmɪs] *adj pred (form)* nachlässig; ***you have been ~ in your duties*** du hast deine Pflichten vernachlässigt

re·mis·sion [rɪˈmɪʃᵊn] *n no pl* ① BRIT *(reduction in sentence)* Straferlass *m;* ***he was given three months' ~ for good behaviour*** wegen guter Führung wurden ihm drei Monate [Gefängnis] erlassen
② *(cancellation of debt etc.)* Erlass *m;* **~ of debt/fee** Schulden-/Gebührenerlass *m;* **~ of duty** Zollerlass *m;* **~ of taxes** Steuerrückzahlung *f*
③ *(form: lessening of pain)* Nachlassen *nt; of symptoms* Remission *f fachspr;* ***her cancer has been in ~ for several years*** seit einigen Jahren hat sie keine Krebssymptome mehr gehabt
④ *no pl (form: pardon)* Vergebung *f*

re·mit I. *vt* <-tt-> [rɪˈmɪt] *(form)* ① *(shorten prison sentence)* **to ~ a sentence** eine Strafe erlassen; ***his prison sentence was ~ted to two years*** seine Gefängnisstrafe wurde auf zwei Jahre verkürzt
② *(tender money)* **to ~ money** [**to sb**] [jdm] Geld überweisen
③ *(pass on)* ■ **to ~ sth** etw weiterleiten; **to ~ a case to sb/sth** jdm/etw einen Fall übertragen
II. *n* [ˈriːmɪt] *no pl* Aufgabengebiet *nt;* **the ~ of an inquiry** der Zweck einer Befragung

re·mit·tance [rɪˈmɪtᵊn(t)s] *n (form)* Überweisung *f;* **~ amount** Überweisungsbetrag *m;* **~ man** ECON *(hist) Emigrant, der aus seinem Heimatland finanzielle Unterstützung erhält;* **~ recipient** Überweisungsempfänger(in) *m(f)*

re·ˈmit·tance slip *n* BRIT FIN Überweisungsbeleg *m,* Einzahlungsschein *m* SCHWEIZ

re·mit·tent [rɪˈmɪtᵊnt] *adj* MED *(form)* ■ **to be ~** nachlassen, remittieren *fachspr;* **~ fever** Wechselfieber *nt*

re·mix MUS **I.** *vt* [ˌriːˈmɪks] ① *(mix tracks again)* **to ~ songs** einen Remix von Liedern machen
② *(re-record)* **to ~ songs** Lieder neu aufnehmen
II. *n* <*pl* -es> [ˈriːmɪks] Remix *m*

rem·nant [ˈremnənt] *n* Rest *m;* ■ **~s** *of a meal* Reste *pl; of a body* Leichenreste *pl*

ˈrem·nant sale *n* Resteverkauf *m,* Restverkauf *m*

re·mod·el <BRIT -ll- *or* AM *usu* -l-> [ˌriːˈmɒdᵊl, AM -ˈmɑːdᵊl] *vt* ■ **to ~ sth** etw umgestalten

re·mold *vt* AM *see* **remould**

re·mon·strance [rɪˈmɒn(t)strᵊn(t)s, AM -ˈmɑːn-] *n (form)* ① *(reproachful protest)* Vorwurf *m,* Vorhaltung[en] *f*[*pl*]
② *(complaint, protest)* Protest *m,* Einspruch *m;* **to make a ~ against sth** gegen etw *akk* Einspruch erheben

re·mon·strate [ˈremənstreɪt, AM rɪˈmɑːn(t)s-] *vi (form)* protestieren, sich *akk* beschweren; ■ **to ~ against sb/sth** sich *akk* über jdn/etw beschweren; ■ **to ~ with sb about sth** jdm wegen einer S. *gen* Vorhaltungen machen

re·morse [rɪˈmɔːs, AM -ˈmɔːrs] *n no pl (form)* Reue *f;* **feeling** [*or* **twinge**] **of ~** Schuldgefühl[e] *nt*[*pl*], Gefühl *nt* der Reue; **in a fit of ~** in einem Anfall von

Reue; **sign of ~** Anzeichen *nt* von Reue; **to be filled with ~** zutiefst bereuen; **to feel ~ for** [*or* **about**] **sth** etw bereuen; **to show ~** Reue zeigen; ■**without ~** erbarmungslos; ***the defendant was without ~*** der Angeklagte zeigte keine Reue

re·morse·ful [rɪˈmɔːsfəl, AM -ˈmɔːrs] *adj (form: filled with regret)* reuevoll *geh; sinner* reuig *geh; (apologetic)* schuldbewusst; **to be ~ for sth** etw bereuen

re·morse·ful·ly [rɪˈmɔːsfəli, AM -ˈmɔːrs] *adv (form)* reumütig *geh,* voller Reue

re·morse·less [rɪˈmɔːsləs, AM -ˈmɔːrs] *adj (form)* ① *(relentless)* unerbittlich
② *(callous)* gnadenlos, unbarmherzig; **~ attack** brutaler Überfall; **~ cruelty** gnadenlose Grausamkeit; **~ judge** unbarmherzig strenger Richter; ■**to be ~ in sth** unerbittlich in etw *dat* sein

re·morse·less·ly [rɪˈmɔːsləsli, AM ˈmɔːrs] *adv* erbarmungslos, unerbittlich

re·mort·gage [ˌriːˈmɔːgɪdʒ, AM -ˈmɔːr] **I.** *vt* ① *(mortgage again)* ■**to ~ sth** etw erneut hypothekarisch belasten
② *(alter conditions)* ■**to ~ sth** die Hypothek für etw *akk* neu festsetzen
II. *vi* ① *(mortgage again)* erneut eine Hypothek aufnehmen
② *(alter conditions)* die Hypothek neu festsetzen
III. *n* Zweithypothek *f*

re·mote <-er, -est *or* more ~, most ~> [rɪˈməʊt, AM -ˈmoʊt] *adj* ① *(distant in place)* fern, [weit] entfernt; *(far from conurbations)* abgelegen; **~ area** abgelegene [*o* abgeschiedene] Gegend; **to be ~ from everyday** [*or* **normal**] **life** *(fig)* realitätsfern sein
② *(distant in time)* lang vergangen; **~ ancestors** Urahnen *pl;* **~ geological times** frühe geologische Epochen; **~ past/future** ferne Vergangenheit/Zukunft
③ *(standoffish)* distanziert, unnahbar
④ *(slight)* gering; **~ chance/likelihood** geringe Chance/Wahrscheinlichkeit; **~ resemblance** entfernte Ähnlichkeit; **not to have the ~st idea about sth** von etw *dat* nicht die geringste Ahnung haben
⑤ COMPUT entfernt, fern-, Fern-
⑥ LAW *damage, allegation* abgelegen, vage

re·mote ˈac·cess *n no pl* TELEC Fernabfrage *f;* STOCKEX Fernzugriff *m,* Fernzugang *m* **re·mote ˈbank·ing** *n no pl* INET Remote-Banking *nt* **re·mote con·ˈtrol** *n* ① *(control from distance)* Fernsteuerung *f* ② *(device)* Fernbedienung *f* **re·mote-con·ˈtrolled** *adj inv* ferngesteuert; **~ television** Fernsehen *nt* mit Fernbedienung **re·mote ˈdata trans·fer** *n* COMPUT, INET Datenfernübertragung *f*

re·mote·ly [rɪˈməʊtli, AM -ˈmoʊt-] *adv inv* ① *(far away)* entfernt; **to be ~ placed** fernab liegen, abgeschnitten sein; **~ related** entfernt [miteinander] verwandt; **~ situated** abgelegen
② *(in any way)* irgendwie; ***we're not even ~ interested in your proposal*** wir sind nicht im Mindesten an Ihrem Vorschlag interessiert

re·mote·ness [rɪˈməʊtnəs, AM -ˈmoʊt-] *n no pl* ① *(inaccessibility)* Abgelegenheit *f*
② *(aloofness)* Distanziertheit *f;* **air of ~** unnahbare Art
③ LAW Ferne *f,* Entlegenheit *f;* **~ of damage** Nichtzurechenbarkeit *f* eines Schadens

re·mote ˈstart *n no pl* Fernstart *m*

re·mould, AM **re·mold I.** *vt* [ˌriːˈməʊld, AM -ˈmoʊld] ■**to ~ sth** etw neu gestalten; **to ~ one's image** sein Image aufpolieren *fam;* **to ~ a tyre** [*or* **wheel**] einen Reifen runderneuern
II. *n* [ˈriːməʊld, AM -moʊld] *of a tyre* Runderneuerung *f*

re·mount [ˌriːˈmaʊnt] *vt* **to ~ a bicycle/horse/motorbike** wieder auf ein Fahrrad/Pferd/Motorrad steigen

re·mov·able [rɪˈmuːvəbl] *adj inv* ① *(cleanable) ink* abwaschbar; **~ stain** auswaschbarer Fleck
② *(detachable) sleeves* abnehmbar, zum Abnehmen *nach n*
③ COMPUT auswechselbar

re·mov·al [rɪˈmuːvəl] *n* ① *esp* BRIT *(changing address)* Umzug *m;* **~ man** BRIT Möbelpacker *m;* **to do ~s** Umzüge übernehmen
② *no pl (expulsion)* Beseitigung *f,* Abschaffung *f; of a dictator* Absetzung *f; (abolition) of customs duties* Abschaffung *f; (fire from job)* Entlassung *f,* Absetzung *f;* **~ from power** Absetzung *f (der Regierung)*
③ *no pl (cleaning)* Entfernung *f*
④ *no pl (taking off)* Abnahme *f,* Entfernung *f*
⑤ COMPUT Beseitigung *f*
⑥ LAW *(move to new court)* Verweisung *f* [an ein anderes Gericht]

re·ˈmov·al ex·penses *n* BRIT Umzugskosten *pl,* SCHWEIZ *a.* Zügelkosten *pl* **re·ˈmov·al firm** *n* BRIT Umzugsfirma *f,* SCHWEIZ *a.* Zügelfirma *f*

re·mov·al·ist [rɪˈmuːvəlɪst] *n* AUS Umzugsspediteur *m*

re·ˈmov·al van *n* BRIT Möbelwagen *m*

re·move [rɪˈmuːv] **I.** *vt* ① *(take away)* ■**to ~ sth** etw entfernen [*o* wegräumen]; ***she angrily asked him to ~ himself from the room*** sie forderte ihn wütend auf, den Raum zu verlassen; **to ~ a mine** MIL eine Mine räumen; **to ~ a roadblock** eine Straßensperre beseitigen; **to ~ a wrecked vehicle** ein Autowrack abschleppen
② *(get rid of)* ■**to ~ sth** etw entfernen; *(cancel)* etw streichen; ***he is having the stitches ~d today*** heute bekommt er die Fäden gezogen; **to ~ the cork from a bottle** eine Flasche entkorken; **to ~ a dent** eine Delle ausbeulen; **to ~ sth from an embargo** etw von einem Embargo ausnehmen; **to ~ an entry/a name** einen Eintrag/einen Namen streichen; **to ~ the film from the camera** den Film aus der Kamera nehmen; **to ~ hair/warts** Haare/Warzen entfernen; **to ~ handcuffs** Handschellen abnehmen; **to ~ one's make-up/a stain** sein Make-up/einen Fleck entfernen; **to ~ sb's doubts** [*or* **suspicions**]/**fears** *(fig)* jds Zweifel/Ängste ausräumen [*o* beseitigen]
③ *(take off clothes)* ■**to ~ sth** etw ausziehen; **to ~ a tie** eine Krawatte ablegen
④ *(form: dismiss)* **to ~ sb** [**from office**] jdn [aus dem Amt] entlassen
II. *n (form)* Distanz *f,* Entfernung *f;* **to be at one ~ from sth** ganz nah an etw *dat* sein; ***we are at one ~ from war*** wir stehen kurz vor einem Krieg; **several** [*or* **many**] **~s** [**away**] **from sth** von etw *dat* meilenweit entfernt

re·moved [rɪˈmuːvd] *adj* ① *(form: not close)* **first cousin once/twice ~** Cousin/Cousine ersten/zweiten Grades
② *(distant)* entfernt; **to be** [**far**] **~ from sb/sth** von jdm/etw [weit] entfernt sein

re·mov·er [rɪˈmuːvəʳ, AM -ɚ] *n* ① BRIT *(sb doing home removals)* Möbelpacker *m*
② *(cleaning substance)* Reinigungsmittel *nt;* **nail-varnish ~** Nagellackentferner *m;* **stain ~** Fleckenentferner *m*

re·mu·ner·ate [rɪˈmjuːnəreɪt, AM -nər-] *vt (form)* ■**to ~ sb for sth** jdn für etw *akk* bezahlen [*o geh* entlohnen]

re·mu·nera·tion [rɪˌmjuːnərˈeɪʃən, AM -nəˈreɪ-] *n* ECON ① *(form: action)* Vergütung *f geh,* Entgelt *nt,* Remuneration *f* ÖSTERR (**for** für +*akk*)
② *(money)* Bezahlung *f,* Lohn *m,* Honorar *nt*

re·mu·nera·tive [rɪˈmjuːnərətɪv, AM -nəreɪt̬ɪv] *adj* ECON *(form)* einträglich, lukrativ *geh*

re·nais·sance [rəˈneɪsən(t)s, AM ˌrenəˈsɑːn(t)s] *n* Wiedergeburt *f fig,* Renaissance *f*

Re·nais·sance [rəˈneɪsən(t)s, AM ˌrenəˈsɑːn(t)s] *n* ■**the ~** die Renaissance; **~ art** Kunst *f* der Renaissance; **~ music/painting** Renaissancemusik *f*/-malerei *f*

Re·nais·sance ˈMan *n* Alleskönner *m,* Allroundtalent *nt fam (besonders in der Kunst und den Wissenschaften)*

re·nal [ˈriːnəl] *adj inv* Nieren-; **~ dialysis** Dialyse *f;* **~ failure/transplant** Nierenversagen *nt*/-transplantation *f;* **~ specialist** Nierenspezialist(in) *m(f);* **~ unit** Abteilung *f* für Nierenkrankheiten, Dialysezentrum *nt*

re·name [ˌriːˈneɪm] *vt* ■**to ~ sth** etw umbenennen; COMPUT etw neu benennen

re·nas·cent [rɪˈneɪsənt, AM *esp* ˈnæ-] *adj (form)* wiedererwachend *attr geh;* **~ fervour** [*or* AM **fervor**] **for doing sth** wieder aufkeimender Eifer, etw zu tun

rend <rent *or* AM *also* rented, rent *or* AM *also* rented> [rend] *vt* ① *(old esp liter: separate violently)* ■**to ~ sth** etw zerreißen; ***a terrifying scream ~s the air*** ein furchtbarer Schrei zerreißt die Luft; **to ~ sth asunder** [*or* **apart**] etw in Stücke reißen; **to ~ one's garments into pieces** seine Kleider zerreißen
② *(drag out)* **to ~ sb free** [**of sth**] jdn [aus etw *dat*] herauszerren
③ *(split into parts)* ■**to ~ sth** etw spalten *fig;* ***the former Yugoslavia was rent by civil war in the early '90s*** das ehemalige Jugoslawien wurde zu Beginn der 90er-Jahre durch einen Bürgerkrieg gespalten

ren·der [ˈrendəʳ, AM -ɚ] *vt (form)* ① *(cause to become)* ■**to ~ sb/sth** + *adj* jdn/etw ... werden lassen [*o* machen]; ***she was ~ed unconscious by the explosion*** sie wurde durch die Explosion ohnmächtig; **to ~ sb speechless** jdn sprachlos machen
② *(interpret)* ■**to ~ sth** etw wiedergeben; **to ~ a song** ein Lied vortragen
③ *(offer)* **to ~ aid** [*or* **assistance**] Hilfe leisten; **to ~ [faithful] service** [treue] Dienste leisten; **to ~ services to the Crown** der Krone [*o* dem König/der Königin] dienen
④ *(submit)* ■**to ~ sth** etw vorlegen; **to ~ an account** eine Rechnung vorlegen; **to ~ an account of sth to sb/sth** jdm/etw Rechenschaft über etw *akk* ablegen; **to ~ a report on sth to sb/sth** jdm/etw einen Bericht über etw *akk* vorlegen; LAW **to ~ a decision** eine Entscheidung bekanntgeben; **to ~ a judgement** [*or* **verdict**] ein Urteil verkünden
⑤ *(translate)* ■**to ~ sth** etw übersetzen; **to ~ a phrase into English** einen Satz ins Englische übersetzen [*o* übertragen]
⑥ *(put plaster on wall)* **to ~ sth in plaster** etw mit Mörtel bewerfen [*o* verputzen]
◆**render down** *vt* **to ~ fat down** Fett auslassen

ren·der·ing [ˈrendərɪŋ, AM -ɚ-] *n* ① *(performance of art work)* Interpretation *f; song* Vortrag *m; of a part* Darstellung *f*
② *(translation)* Übertragung *f,* Übersetzung *f*
③ *(account)* Schilderung *f;* **~ of what happened** LAW Schilderung *f* des Tathergangs

ren·dez·vous [ˈrɒndɪvuː, AM ˈrɑːndeɪ-] **I.** *n* <*pl* -> ① *(meeting)* Rendezvous *nt,* Stelldichein *nt veraltend o hum,* Treffen *nt,* Verabredung *f*
② *(meeting place)* Treffpunkt *m,* Treff *m fam;* **a ~ for artists** ein Künstlertreff *m*
II. *vi* sich *akk* heimlich treffen

ren·di·tion [renˈdɪʃən] *n* Wiedergabe *f; of a song* Interpretation *f,* Version *f*

ren·egade [ˈrenɪgeɪd, AM -nə-] **I.** *n* Abtrünnige(r) *f(m) pej,* Renegat(in) *m(f) pej geh*
II. *adj attr priest, province* abtrünnig; **~ soldier** Deserteur(in) *m(f)*

re·nege [rɪˈniːg, AM -ˈnɪg] *vi* **to ~ on a deal** sich *akk* nicht an ein Abkommen halten; **to ~ on a promise** ein Versprechen nicht halten [*o* brechen]

re·new [rɪˈnjuː, AM *esp* -ˈnuː] *vt* ① *(resume)* ■**to ~ sth** etw erneuern; **to ~ an attack on sb** jdn erneut angreifen; **to ~ one's efforts to do sth** seine Bemühungen, etw zu tun, wieder aufnehmen; **to ~ old friendships** alte Freundschaften erneuern [*o* auffrischen]; **to ~ a relationship with sb/sth** eine Beziehung zu jdm/etw wieder aufnehmen; **to ~ relations** [*or* **one's contact**] **with sb** die Beziehungen zu jdm wieder aufnehmen; **to ~ pressure** erneut Druck ausüben
② ECON ■**to ~ sth** etw verlängern, etw erneuern; *bill of exchange* etw prolongieren
③ *(revalidate)* **to ~ a book/membership/visa** ein Buch/eine Mitgliedschaft/ein Visum verlängern lassen; **to ~ an insurance policy** eine Versicherung erneuern; **to ~ a subscription** ein Abonnement erneuern
④ *(grant continued validity)* **to ~ a passport** einen

R

Pass verlängern
❺ *(repair)* ■**to ~ sth** etw reparieren; *(to mend in places)* etw ausbessern
re·new·able [rɪ'nju:əbl, AM *esp* -'nu:-] **I.** *adj inv* ❶ *energy sources* erneuerbar; **~ energy** erneuerbare Energie
❷ *contract, documents, passport* verlängerbar
II. *n usu pl* erneuerbare Energiequelle *meist pl*
re·new·able 'en·er·gies *npl* erneuerbare Energien *pl*
re·new·al [rɪ'nju:əl, AM *esp* -'nu:-] *n* ❶ *(extension) of a passport* Verlängerung *f;* **~ of a bill** FIN Wechselprolongation *f*
❷ *(process of renewing)* Erneuerung *f;* **~ of an acquaintance with sb** Wiederaufnahme *f* einer Beziehung zu jdm
❸ MECH Austausch *m*
❹ *(urban regeneration)* Erneuerung *f,* Entwicklung *f*
re·'new·al cou·pon *n* FIN Erneuerungsschein *m,* Talon *m* **re·'new·al op·tion** *n* FIN Erneuerungsoption *f*
re·newed [rɪ'nju:d, AM *esp* -'nu:d] *adj inv* erneuert *attr;* **~ interest** wiedererwachtes Interesse; **~ relationship** wieder aufgenommene Beziehung; **to receive ~ support** erneut Unterstützung erhalten
ren·net ['renɪt], **ren·nin** ['renɪn] *n no pl* FOOD Lab *nt*
re·nounce [rɪ'naʊn(t)s] *vt* ■**to ~ sth** ❶ *(formally give up)* etw aufgeben; *right* auf etw *akk* verzichten; **to ~ arms/force/the use of violence** auf Waffen/Gewalt/die Anwendung von Gewalt verzichten; **to ~ one's citizenship** seine Staatsbürgerschaft aufgeben; **to ~ one's family** seine Familie aufgeben; **to ~ one's faith/religion** seinem Glauben/seiner Religion abschwören; **to ~ the world** *(liter)* der Welt entsagen *liter*
❷ *(deny sb's authority)* **to ~ sb's authority** die Autorität einer Person *gen* ablehnen; **to ~ allegiance to the king** *(hist)* dem König die Gefolgschaft verweigern
reno·vate ['renəveɪt] *vt* **to ~ a flat** [*or* AM **apartment**]**/a house** eine Wohnung/ein Haus renovieren
reno·va·tion [,renə'veɪʃᵊn] *n (small and large scale)* Renovierung *f; (large scale only)* Sanierung *f;* **~ work** Renovierungsarbeiten *pl;* **to make ~s** Renovierungsarbeiten durchführen; **to be closed for ~** wegen Renovierungsarbeiten geschlossen sein; **to be under ~** gerade renoviert werden
re·nown [rɪ'naʊn] *n no pl (form liter)* Ruhm *m,* guter Ruf; **great ~** hohes Ansehen; **to win ~ [as sth]** sich *dat* Ansehen [als etw] verschaffen, zu Ansehen [*o* Berühmtheit] gelangen; **of ~** von Ansehen; ***she was a woman of ~*** sie war eine angesehene Frau
re·nowned [rɪ'naʊnd] *adj (form liter)* berühmt; ■**to be ~ as sth** als etw berühmt sein; ■**to be ~ for sth** für etw *akk* berühmt sein
rent[1] [rent] **I.** *n* Riss *m*
II. *pt, pp of* **rend**
rent[2] [rent] **I.** *n (for accommodation, business premises or objects)* Miete *f; (esp for land and business)* Pacht *f; (for accommodation and especially business premises)* Mietzins *m* SÜDD, ÖSTERR, SCHWEIZ; **~ ceiling** Höchstmiete *f;* **~ control** Mietpreisbindung *f;* **~ controls** Mietgesetze *pl;* **~-a-room** AM Mietraum *m;* **~-a-room company** Zimmervermittlung *f;* **monthly ~ of £55** Monatsmiete *f* von 55 Pfund; **to pay ~** Miete bezahlen; **to raise ~s** [*or* AM **the ~**] die Mieten erhöhen; **to be behind with the ~** mit der Miete in Verzug [*o* im Rückstand] sein; ■**for ~** AM zu vermieten; **flats** [*or* AM **apartments**] **for ~** Wohnungen zu vermieten
II. *vt* ■**to ~ sth** ❶ *(let) flat, house, office* etw vermieten
❷ *(hire)* etw mieten; **to ~ land** Land pachten; **to ~ sth from sb** etw von jdm mieten
III. *vi* vermietet werden; ■**to ~ at sth** gegen [*o* für] etw *akk* zu mieten sein
◆**rent out** *vt* ■**to ~ out** ↔ **sth** etw vermieten; *land* etw verpachten; ■**to ~ sth out to sb** etw an jdn vermieten
rent-a- ['rentə] *in compounds (hum)* **~crowd** mobilisierte Massen *pl* **'rent-a-car** *n* Mietwagen *m,* Leihwagen *m* **'rent-a-cop** *n* AM *(pej fam)* Aushilfspolizist(in) *m(f)*
rent·al ['rentᵊl] **I.** *n* Miete *f;* **property ~** Pachtgebühr *f;* **video and television ~** Leihgebühr *f* für Video- und Fernsehgeräte
II. *adj attr* Miet-; **~ agency** Verleih *m,* Verleihfirma *f;* **~ library** *esp* AM Leihbücherei *f,* SCHWEIZ, ÖSTERR *a.* Leihbibliothek *f*
'ren·tal agree·ment *n* Mietvertrag *m,* Pachtvertrag *m* **'rent·al com·pa·ny** *n* Verleih *m;* **car ~** Autovermietung *f,* Autoverleih *m*
'rent ar·rears *npl* Mietrückstände *pl*
'rent boy *n* BRIT *(fam)* Strichjunge *m sl,* Stricher *m pej derb* **'rent col·lec·tion** *n* Mieteinzug *m* **rent-'free** *adj* mietfrei
ren·tier ['rɑ:ntieɪ, AM ,rɑ:n'tjeɪ] *n (esp pej form)* Rentier *m;* **~ class** *von Mieteinkommen lebende Gesellschaftsschicht*
'rent strike *n* Mietstreik *m* **'rent tri·bu·nal** *n* Schiedsgericht *nt* für Mietstreitigkeiten
re·num·ber [,ri:'nʌmbəʳ, AM -bɚ] *vt* ■**to ~ sth** etw umnummerieren, etw neu beziffern
re·nun·cia·tion [rɪ,nʌn(t)si'eɪʃᵊn] *n no pl* Verzicht *m* (**of** auf +*akk*); **letter of ~** Abtretungsformular für Bezugsrechte; **~ of a peerage** Verzicht *m* auf einen Adelstitel; **~ of the throne/violence** Thron-/Gewaltverzicht *m*
re·oc·cu·py <-ie-> [,ri:'ɒkjəpaɪ, AM 'ɑ:kjə] *vt* ■**to ~ sth** ❶ MIL etw wieder besetzen
❷ *(building)* etw wieder benutzen [*o* ÖSTERR benützen]; *(flat)* etw wieder bewohnen
re·oc·cur <-rr-> [,ri:ə'kɜ:ʳ, AM -'kɜ:r] *vi* sich *akk* wiederholen; *cancer, ulcers* erneut auftreten
re·oc·cur·rence [,ri:ə'kʌrən(t)s, AM -'kɜ:r-] *n* nochmaliges Vorkommen; ***the ~ of attacks on foreigners is causing serious concern*** die wiederholten Überfälle auf Ausländer sind Anlass zu ernster Besorgnis
re·of·fend [,ri:ə'fend] *vi* wieder straffällig werden
re·open [,ri:'əʊpᵊn, AM -'oʊ-] **I.** *vt* ❶ *(open again)* **to ~ a door/window** eine Tür/ein Fenster wieder aufmachen; **to ~ a shop** ein Geschäft wieder eröffnen
❷ *(start again)* **to ~ a case** LAW einen Fall wieder eröffnen; **to ~ negotiations** die Verhandlungen wieder aufnehmen
II. *vi* wieder eröffnen
re·or·der [,ri:'ɔ:dəʳ, AM -'ɔ:rdɚ] **I.** *n* Nachbestellung *f;* **to send** [*or* **put in**] **a ~** nachbestellen
II. *vt* ■**to ~ sth** ❶ *(order again)* etw nachbestellen
❷ *(rearrange)* etw umordnen; **to ~ priorities** Prioritäten neu festlegen
re·or·gani·za·tion [ri:,ɔ:gᵊnaɪ'zeɪʃᵊn, AM -,ɔ:rgᵊnɪ'-] *n* Reorganisation *f,* Umstrukturierung *f,* Sanierung *f;* LAW Neuordnung *f*
re·or·gan·ize [ri:'ɔ:gᵊnaɪz, AM -'ɔ:r-] **I.** *vt* ■**to ~ sth** etw umorganisieren [*o* reorganisieren]; LAW etw neu ordnen; **to ~ a company/department** eine Firma/Abteilung reorganisieren
II. *vi* reorganisieren, eine Umstrukturierung vornehmen
re·ori·ent [,ri:'ɔ:riənt] **I.** *vt* ■**to ~ sth** etw neu ausrichten; ***as the company started making losses they had to ~ their staff*** als die Firma anfing, Verluste zu machen, musste sie entsprechende neue Direktiven an ihre Belegschaft ausgeben; ■**to ~ sb** PSYCH jdm helfen, sich *akk* wieder [im Leben] zurechtzufinden
II. *vi* sich *akk* einleben; ■**to ~ to sth** sich *akk* an etw *akk* anpassen; ■**to ~ oneself** [**to sth**] sich *akk* [in etw *dat*] zurechtfinden
re·ori·en·ta·tion [ri:,ɔ:riən'teɪʃᵊn, AM -rien'-] *n* ❶ *(new direction)* Umorientierung *f,* Neuausrichtung *f*
❷ *(personal adjustment)* Eingewöhnung *f*
rep[1] [rep] *n (fam: salesperson) short for* **representative** Vertreter(in) *m(f),* Klinkenputzer *m pej fam*
rep[2] *n no pl* THEAT *(fam) abbrev of* **repertory company/theatre** *(single)* Repertoireensemble *nt,* Repertoiretheater *nt; (in general)* Repertoiretheater *nt*
rep[3] *n abbrev of* **repetition** Wiederholung *f* [einer Fitnessübung]
rep[4] <-pp-> [rep] *vi (fam)* Klinken putzen *pej fam*
re·paid [,ri:'peɪd, rɪ'-] *pt, pp of* **repay**
re·paint [,ri:'peɪnt] **I.** *vt* ■**to ~ sth** etw neu streichen
II. *vi* neu bemalen
re·pair [rɪ'peəʳ, AM -'per] **I.** *vt* ❶ *(restore)* ■**to ~ sth** etw reparieren; **to ~ a road** eine Straße ausbessern; **to ~ a puncture** eine Reifenpanne beheben; **to ~ a tyre** [*or* AM **tire**] einen Reifen flicken; **to ~ the ravages wrought by war** die Kriegsschäden beseitigen
❷ *(put right)* ■**to ~ sth** etw [wieder] in Ordnung bringen; **to ~ the damage** den Schaden wiedergutmachen; **to ~ a friendship** eine Freundschaft kitten *fam*
❸ *(dated: retire)* ■**to ~ to sth** sich *akk* zu etw *dat* begeben *geh*
II. *n* ❶ *(overhaul)* Reparatur *f;* ■**~s** *pl* Reparaturarbeiten *pl,* Instandsetzungsarbeiten *pl form* (**to** an +*dat*); *(specific improvement)* Reparaturstelle, ausgebesserte Stelle *f;* ***my car is in the garage for ~s*** mein Auto ist zur Reparatur in der Werkstatt; ***the motorway will be under ~ until January*** an der Autobahn werden bis Januar Ausbesserungsarbeiten durchgeführt; **in need of ~** reparaturbedürftig; **~ service** Reparaturdienst *m;* **to do** [*or* **carry out**] **~s** Reparaturen durchführen; **to make ~s to sth** etw ausbessern; **beyond ~** irreparabel
❷ *(state)* Zustand *m;* **to be in good/bad ~** in gutem/schlechtem Zustand sein; **state of ~** *of building* baulicher Zustand; **to be in an excellent/a terrible state of ~** in einem ausgezeichneten/schlimmen Zustand sein; **to keep sth in** [**very**] **good ~** etw [sehr gut] instand halten
re·pair·able [rɪ'peərəbl, AM -'per-] *adj* reparabel; ***the watch is not ~*** die Armbanduhr kann nicht [mehr] repariert werden
re·'pair costs *npl* Reparaturkosten *pl*
re·pair·er [rɪ'peərəʳ, AM 'perɚ] *n* Reparaturwerkstatt *f; (of ships)* Reparaturwerft *f*
re·'pair kit *n* Flickzeug *nt kein pl;* **bicycle ~** Fahrradflickzeug *nt* **re·'pair·man** *n (for domestic installations)* Handwerker *m; (for cars)* Mechaniker *m;* **computer ~** Computerfachmann *m;* **TV ~** Fernsehtechniker *m;* **watch ~** Uhrmacher *m* **re·'pair shop** *n* Reparaturwerkstatt *f*
re·pa·per [,ri:'peɪpəʳ, AM -ɚ] *vt* ■**to ~ sth** etw neu tapezieren
repa·rable ['repᵊrəbl] *adj* reparabel; **~ loss** LAW ersetzbarer Schaden
repa·ra·tion [,repᵊr'eɪʃᵊn, AM -ə'reɪ-] *n (form)* Entschädigung *f;* ■**~s** *pl (for war victims)* Wiedergutmachung *f kein pl; (for a country)* Reparationen *pl;* **to make ~ to sb** jdn entschädigen, jdm eine Entschädigung zahlen
rep·ar·tee [,repɑ:'ti:, AM -ɑ:r'-] *n no pl* schlagfertige Antwort
re·past [rɪ'pɑ:st, AM -'pæst] *n (form liter)* Mahl *nt geh*
re·pat·ri·ate [ri:'pætrieɪt, AM -'peɪ-] *vt* ■**to ~ sb** jdn [in sein Heimatland] zurückschicken [*o geh* repatriieren]; **to ~ prisoners of war/refugees** Kriegsgefangene/Flüchtlinge repatriieren
re·pat·ria·tion [ri:,pætri'eɪʃᵊn, AM rɪ,peɪ-] *n no pl* Repatriierung *f geh,* Wiedereinbürgerung *f,* Rückführung *f;* **~ camp** Rückführungslager *nt;* **~ of capital** FIN Kapitalrückführung *f*
re·pay <-paid, -paid> [,ri:'peɪ] *vt* ❶ *(pay back)* ■**to ~ sth** etw zurückzahlen; **to ~ debts/a loan** Schulden/ein Darlehen tilgen; **to ~ sth with labour** [*or* AM **labor**] etw abarbeiten; ■**to ~ sb** jdm Geld zurückzahlen; **to ~ money to sb** jdm Geld zurückzahlen
❷ *(fig)* ■**to ~ sb for sth** jdm etw vergelten, sich *akk* bei jdm für etw *akk* revanchieren; **to ~ a kindness** sich *akk* für eine Gefälligkeit erkenntlich zeigen; ■**to ~ sth by sth** etw mit etw *dat* vergelten; ***the government repaid his contributions to party funds by awarding him a peerage*** die Regierung dankte ihm für seine Spenden an die Partei, indem sie ihm einen Adelstitel verlieh; ■**to ~ sth with sth** etw mit etw *dat* belohnen [*o geh* vergelten]; ***the***

team repaid their manager's faith with a series of wins das Team bedankte sich beim Manager für sein Vertrauen mit einer Siegesserie; **sth ~s one's attention/interest/time** *esp* BRIT etw ist jds Aufmerksamkeit/Interesse/Zeit wert; ***you should read this article — it would ~ your interest*** du solltest diesen Artikel lesen – es lohnt sich

re·pay·able [ˌriːˈpeɪəbl̩] *adj inv* ECON rückzahlbar; **~ amount** Rückzahlungsbetrag *m*

re·pay·ment [ˌriːˈpeɪmənt] *n of a loan* Rückzahlung *f,* Tilgung *f,* Rückerstattung *f,* Rückführung *f;* **~ amount** Rückzahlungsbetrag *m;* **mortgage ~** Hypothekenrückzahlung *f;* ***he fell behind with his mortgage ~*** er war im Rückstand mit seinen Hypothekentilgungen; **~ of capital** FIN Kapitalrückzahlung *f;* **~ for damages** Schadensersatz *m;* **~ of debt** Schuldentilgung *f;* **immediate** [*or* **prompt**] **~** sofortige Rückzahlung; **to spread ~s** die Rückzahlung in Raten aufteilen

re·ˈpay·ment mort·gage *n* ECON Tilgungshypothek *f* **re·ˈpay·ment sched·ule** *n* Tilgungsplan *m*

re·peal [rɪˈpiːl] **I.** *vt* **to ~ a decree/a law** ein Urteil/ein Gesetz aufheben [*o* außer Kraft setzen]
II. *n no pl of a decree, law* Aufhebung *f*

re·peat [rɪˈpiːt] **I.** *vt* ❶ *(say again)* ■**to ~ sth** etw wiederholen; **to ~ a/the question** eine/die Frage wiederholen; **~ *after me*** bitte mir nachsprechen; ***it can't be ~ed too often that ...*** es kann nicht oft genug gesagt werden, dass ...; ■**to ~ oneself** sich *akk* wiederholen
❷ *(communicate)* etw weitersagen; **don't ~ this but ...** sag es nicht weiter, [aber] ...; **to ~ a secret to sb** jdm ein Geheimnis weitererzählen
❸ *(emphasizing)* ***I am not, ~ not, going to allow you to hitchhike by yourself*** ich werde dir nicht, ich betone nicht, erlauben, allein zu trampen
❹ *(recite)* **to ~ a poem** ein Gedicht aufsagen
❺ *(do again)* ■**to ~ sth** etw wiederholen [*o* noch einmal machen]; ***history ~s itself*** die Geschichte wiederholt sich; ***this is an offer never to be ~ed*** dies ist ein einmaliges Angebot; **to ~ a class/a year** eine Klasse/ein Schuljahr wiederholen; **to ~ an offence** LAW eine Straftat wiederholen; **to ~ an order** nachbestellen
II. *vi* ❶ *(recur)* sich *akk* wiederholen; ***the same pattern is ~ing over and over again*** es läuft immer wieder nach dem gleichen Muster ab
❷ *(fam: taste)* ■**sth ~s on sb** etw stößt jdm auf; ***cucumber always ~s on me*** Gurke stößt mir immer auf
III. *n* ❶ *(recurrence)* Wiederholung *f;* **~ performance** LAW Nachahmungstat *f*
❷ TV Wiederholung *f*
IV. *adj attr* Wiederholungs-; **~ business** Stammkundschaft *f;* **~ pattern** sich *akk* wiederholendes Muster; *(on material, carpets etc.)* Rapport *m fachspr*

re·peat·ed [rɪˈpiːtɪd, AM -t̬-] *adj inv* wiederholte(r, s); **despite ~ attempts** trotz wiederholter Versuche

re·peat·ed·ly [rɪˈpiːtɪdli, AM -t̬-] *adv inv* wiederholt; *(several times)* mehrfach

re·peat·er [rɪˈpiːtəʳ, AM ˈt̬ə] *n* ❶ *(weapon)* Repetiergewehr *nt,* Mehrlader *m*
❷ *(watch, clock)* Repetieruhr *f*

re·peat·ing [rɪˈpiːtɪŋ, AM ˈt̬ɪŋ] *adj attr, inv also* MATH sich wiederholend

re·ˈpeat or·der *n* Nachbestellung *f;* **to place a ~** eine Nachbestellung aufgeben **re·peat per·ˈfor·mance** *n* ❶ *(repetition of show)* Wiederholungsvorstellung *f* ❷ *(pattern)* Wiederholung *f;* LAW Nachahmungstat *f*

re·pel <-ll-> [rɪˈpel] *vt* ❶ *(ward off)* ■**to ~ sb** jdn zurückweisen [*o* abweisen]; ■**to ~ sth** etw abweisen; ***this coat ~s moisture*** dieser Mantel ist Wasser abweisend
❷ MIL *(form: repulse)* ■**to ~ sb/sth** jdn/etw abwehren; **to ~ an attack** einen Angriff abwehren
❸ PHYS ■**to ~ sth** *magnets* etw abstoßen
❹ *(disgust)* ■**sb is ~led by sth** etw stößt jdn ab; **to be ~led by the sight of sb/sth** vom Anblick einer Person/einer S. *gen* abgestoßen werden

re·pel·lent [rɪˈpelᵊnt] **I.** *n* Insektenspray *nt;* **insect/mosquito ~** Insekten-/Mückenspray *nt*
II. *adj* abstoßend, widerwärtig; ***I find this idea ~*** diese Vorstellung ist mir zuwider

re·pent [rɪˈpent] **I.** *vi (form)* bereuen; ■**to ~ of sth** etw bereuen; **to ~ of one's sins** seine Sünden bereuen; ■**to ~ doing sth** bereuen, etw getan zu haben
II. *vt* ■**to ~ sth** etw bereuen; **to ~ one's sins** seine Sünden bereuen

re·pen·tance [rɪˈpentən(t)s, AM -tᵊnts] *n no pl* Reue *f;* **lack of ~** Mangel *m* an Reue; **to show ~** Reue zeigen

re·pen·tant [rɪˈpentənt, AM -tᵊnt] *adj (form)* reuig *geh;* **to feel ~** Reue fühlen, reumütig sein

re·per·cus·sion [ˌriːpəˈkʌʃᵊn, AM -pɚˈ-] *n usu pl* Auswirkung[en] *f[pl];* **far-reaching ~s** weitreichende Konsequenzen

rep·er·toire [ˈrepətwɑːʳ, AM -pɚtwɑːr] *n* Repertoire *nt;* **~ of songs/stories** Repertoire *nt* an Liedern/Geschichten; **large** [*or* **wide**] **~** großes Repertoire

rep·er·tory [ˈrepətᵊri, AM -ɚtɔːri] *n no pl* ❶ *(repeated performances)* ■**to be in ~** *play* auf dem Spielplan stehen; ***Macbeth is in ~ at the Royal Shakespeare Company*** Macbeth gehört zum Repertoire der Royal Shakespeare Company
❷ *(theatre)* Repertoiretheater *nt;* ***she's working in ~*** sie spielt in einem Repertoiretheater

ˈrep·er·tory com·pa·ny *n* Repertoireensemble *nt*

ˈrep·er·tory thea·tre, AM **ˈrep·er·tory thea·ter** *n* ❶ *(theatre company)* Repertoiretheater *nt;* **Manchester's ~** Manchesters Repertoiretheater
❷ *no pl (theatre)* Repertoiretheater *nt*

rep·eti·tion [ˌrepɪˈtɪʃᵊn, AM -əˈ-] *n* ❶ *(say again)* Wiederholung *f*
❷ *(do again)* Wiederholung *f*

rep·eti·tious [ˌrepɪˈtɪʃəs, AM -əˈ-], **re·peti·tive** [rɪˈpetətɪv, AM -t̬ət̬ɪv] *adj* sich *akk* wiederholend *attr,* monoton *pej;* **~ factory work** monotone Fabrikarbeit; **boringly ~** stumpfsinnig

re·peti·tive ˈstrain in·ju·ry *n no pl,* **RSI** *n no pl,* **re·peti·tive ˈstress syn·drome** *n* RSI-Syndrom *nt,* Repetitive Strain Injury *f fachspr (chronische Beschwerden durch einseitige Belastung)*

re·phrase [ˌriːˈfreɪz] *vt* ■**to ~ sth** etw neu formulieren

re·pine [rɪˈpaɪn] *vi (form liter)* unzufrieden sein; ***we're in a terrible situation but it won't do us any good to ~*** wir sind in einer schlimmen Lage, aber Jammern bringt uns auch nicht weiter

re·place [rɪˈpleɪs] *vt* ❶ *(take the place of)* ■**to ~ sb/sth** [**with sb/sth**] jdn/etw [durch jdn/etw] ersetzen
❷ *(put back)* ■**to ~ sth** etw [an seinen Platz] zurücklegen [*o* zurückstellen]; **to ~ the receiver** [**on the hook**] den Hörer wieder auflegen
❸ *(substitute)* ■**to ~ sth** etw ersetzen; **to ~ a dressing** [*or* **bandage**] einen Verband wechseln; **to ~ a loss** einen Schaden ersetzen
❹ COMPUT ■**to ~ sth** etw austauschen

re·place·able [rɪˈpleɪsəbl̩] *adj inv* ersetzbar

re·place·ment [rɪˈpleɪsmənt] **I.** *n* ❶ *(substitute)* Ersatz *m; (person)* Vertretung *f*
❷ *no pl (substitution)* Ersetzung *f;* ***the ~ of pencil and paper with computers is not yet complete*** Stift und Papier wurden noch nicht völlig von Computern verdrängt
II. *adj attr* Ersatz-; **~ hip/knee joint** künstliches Hüft-/Kniegelenk

re·plant [ˌriːˈplɑːnt, AM ˈplænt] *vt* ■**to ~ sth** ❶ *trees, plants* etw neu pflanzen; *(plant sth again)* etw umpflanzen
❷ *land* etw neu bepflanzen

re·play I. *vt* [ˌriːˈpleɪ] ❶ *(game)* **to ~ a match** [*or* **game**] ein Spiel wiederholen
❷ *(recording)* **to ~ a video** ein Video nochmals abspielen; **to ~ sth over and over again in one's mind** *(fig)* etw in Gedanken immer wieder durchspielen
II. *n* [ˈriːpleɪ] ❶ *(match)* Wiederholungsspiel *nt;* **the semi-final ~** das Wiederholungsspiel im Halbfinale; **~ of a final/match** Wiederholung *f* eines Endspiels/Spiels
❷ *(recording)* Wiederholung *f;* **instant** [*or* BRIT *also* **action**] **~** Instantreplay *nt;* **slow-motion ~** Wiederholung *f* in Zeitlupe; **television ~** Fernsehwiederholung *f*
❸ COMPUT Wiedergabe *f*

ReplayTV® [ˌriːpleɪtiːˈviː] *n* ReplayTV® *nt,* digitaler Videorecorder, Festplatten-Videorecorder *m*

re·plen·ish [rɪˈplenɪʃ] *vt* ❶ *(form: fill)* **to ~ a glass** ein Glas wieder füllen; **to ~ petrol** [*or* AM **gas**] auftanken; **to ~ supplies** Vorräte [wieder] auffüllen; **to ~ coal stocks with imports from abroad** die Kohlenvorräte durch Importe aus dem Ausland aufstocken
❷ COMPUT ■**to ~ sth** etw wieder aufladen

re·plen·ish·able [rɪˈplenɪʃəbl̩] *adj inv* erneuerbar

re·plen·ish·ment [rɪˈplenɪʃmənt] *n no pl (form) of stocks, supplies* Auffüllung *f*

re·plete [rɪˈpliːt] *adj pred (form)* ❶ *(no longer hungry) person* satt, gesättigt, voll *fam;* **to feel ~** satt sein
❷ *(provided)* ■**to be ~ with sth** mit etw *dat* großzügig ausgestattet sein

re·ple·tion [rɪˈpliːʃᵊn] *n no pl (form)* ❶ *(satisfying of hunger)* Sättigung *f*
❷ *(filling of something)* Füllen *nt*

rep·li·ca [ˈreplɪkə] *n* Kopie *f; painting* Replik *f geh;* ***he is a ~ of his father*** er ist seinem Vater wie aus dem Gesicht geschnitten; **~ of a car/ship** Auto-/Schiffsmodell *nt*

rep·li·cate [ˈreplɪkeɪt] **I.** *vt (form)* ■**to ~ sth** etw nachbilden [*o geh* reproduzieren]; **to ~ an experiment** ein Experiment wiederholen; ■**to ~ oneself** BIOL sich *akk* replizieren *fachspr*
II. *vi (form)* BIOL sich *akk* replizieren *fachspr*

rep·li·cat·ing [ˈreplɪkeɪtɪŋ, AM -keɪt̬ɪŋ] *n inv* FIN Replizierung *f*

rep·li·ca·tion [ˌreplɪˈkeɪʃᵊn, AM -ləˈ-] *n (form)* ❶ *(exact copy)* Kopie *f,* Reproduktion *f geh; (model)* Nachbildung *f;* **~ of the original** Originalkopie *f;* **~ of a ship** Schiffsmodell *nt*
❷ BIOL Replikation *f fachspr;* **~ of cells** Zellreplikation *f*
❸ COMPUT Replikation *f*

re·ply [rɪˈplaɪ] **I.** *vi* <-ie-> ❶ *(respond)* antworten, erwidern; **to ~ in the affirmative/negative** die Frage bejahen/verneinen; **to ~ to letters/a question** Briefe/eine Frage beantworten
❷ *(fig: react)* ■**to ~ to sth** auf etw *akk* reagieren
❸ LAW *(answer claims)* Stellung *f* nehmen, entgegnen
II. *n* ❶ *(answer)* Antwort *f; (verbal also)* Erwiderung *f,* Replik *f geh;* **~ to a question** Antwort *f* auf eine Frage; **to make** [*or* **give**] **a ~** [**to sth**] [auf etw *akk*] antworten
❷ *(reaction)* Reaktion *f* (**to** auf +*akk*); ***we advertised the job but received very few replies*** wir haben die Stelle ausgeschrieben, bekamen aber nur sehr wenige Zuschriften; ■**as a ~ to sth** als Reaktion auf etw *akk*
❸ LAW *(speech)* Gegenplädoyer *nt* des Klägers auf Klagebeantwortung

re·ˈply cou·pon *n* BRIT Antwortcoupon *m* **re·ply-ˈpaid** *adj* BRIT **~ envelope** Freiumschlag *m,* vorfrankiertes Rückantwortcouvert [*o* ÖSTERR Rückantwortkuvert] SCHWEIZ; **to make a letter ~** einen Brief freimachen

re·po¹ [ˈriːpəʊ, AM -poʊ] *n* LAW *(fam) short for* **repossession** Zwangsenteignung *f;* **to do a ~** eine Zwangsenteignung durchführen; **~ man** Gerichtsvollzieher *m*

repo² [ˈriːpəʊ, AM -poʊ] *n* ECON *(fam) short for* **repurchase operation** Wertpapierpensionsgeschäft *nt*

re·point [ˌriːˈpɔɪnt] *vt* ■**to ~ sth** etw neu ausfugen [*o* verfugen]

re·popu·late [ˌriːˈpɒpjəleɪt, AM ˈpɑːpjə] *vt* ■**to ~ sth** etw neu besiedeln

re·port [rɪˈpɔːt, AM -ˈpɔːrt] **I.** *n* ❶ *(news)* Meldung *f* (**on** über +*akk*); **newspaper ~** Zeitungsbericht *m,* Zeitungsmeldung *f;* **~s in the newspaper/press** Zeitungs-/Presseberichte *pl*

R

❷ *(formal statement)* Bericht *m* (**on** über +*akk*); ***the project leader gave a progress ~ on what had been achieved so far*** der Projektleiter erstattete Bericht über die bisher gemachten Fortschritte; [**school**] ~ BRIT Schulzeugnis *nt;* **stock market/weather** ~ Börsen-/Wetterbericht *m;* **annual/financial** ~ [**of a company**] Jahres-/Rechenschaftsbericht *m* [einer Firma]; **weekly/yearly** ~ wöchentlicher/jährlicher Bericht; **to give** [*or* **make**] [*or* **submit**] **a** ~ einen Bericht vorlegen
❸ *(unproven claim)* Gerücht *nt;* **according to ~s ...** Gerüchten zufolge ...
❹ *(form: sound of gunshot)* Knall *m;* ~ **of a gun** Knallen *nt* eines Gewehrs; **sharp** ~ durchdringender Knall
II. *vt* ❶ *(communicate information)* ■**to ~ sth** [**to sb**] [jdm] etw berichten [*o* melden]; ***the assassination was ~ed in all the cities*** über den Mordanschlag wurde in allen Städten berichtet; ***he was ~ed missing in action*** er wurde als vermisst gemeldet; **to ~ profits/losses** Gewinne/Verluste ausweisen; **to ~ casualties** Verluste melden; **to ~ a crime/break-in/theft** [**to the police**] ein Verbrechen/einen Einbruch/einen Diebstahl anzeigen [*o* [der Polizei] melden]; **to ~ information to the authorities** Informationen an die Behörden weiterleiten; **to ~ having seen sth** aussagen, dass man etw gesehen hat; ***several people ~ed having seen the stolen car*** mehrere Leute gaben an, das gestohlene Auto gesehen zu haben
❷ *(denounce)* ■**to ~ sb** jdn melden; ***the foreman ~ed the lorry driver to the boss*** der Vorarbeiter meldete den Lastwagenfahrer beim Chef; **to ~ sb to the police** jdn anzeigen
❸ *(claim)* ■**sb/sth is ~ed to be sth** jd/etw soll etw sein; ***the new management are ~ed to be more popular among the staff*** es heißt, dass die neue Geschäftsleitung bei der Belegschaft beliebter sei
❹ *(give account)* ■**to ~ sth** etw wiedergeben; ***I heard that the account ~ed in the press is completely false*** ich habe gehört, der Bericht in der Presse sei völlig falsch
III. *vi* ❶ *(make public)* Bericht erstatten; ■**to ~ on sb/sth to sb** [*or* **to sb on sb/sth**] *(once)* jdm über jdn/etw Bericht erstatten; *(ongoing)* jdn über jdn/etw auf dem Laufenden halten; ***I want you to ~ on progress every Friday*** ich möchte, dass sie mir jeden Freitag über die gemachten Fortschritte Bericht erstatten; ■**to ~** [**that**] ... mitteilen, [dass] ...
❷ ADMIN *(be accountable to sb)* ■**to ~ to sb** jdm unterstehen; ***you will ~ directly to the boss*** Sie sind direkt dem Chef unterstellt
❸ *(arrive at work)* **to ~ for duty/work** sich *akk* zum Dienst/zur Arbeit melden; **to ~ sick** *esp* BRIT sich *akk* krankmelden
❹ *(present oneself formally)* ■**to ~ to** [*or* **at**] **somewhere/sb** sich *akk* irgendwo/bei jdm melden, irgendwo/bei jdm vorsprechen; ***some young offenders have to ~ to the police station once a month*** manche jugendliche Straftäter müssen sich einmal im Monat bei der Polizei melden

◆**report back I.** *vt (communicate results)* ■**to ~ back sth** [**to sb**] [jdm] über etw *akk* berichten [*o* Bericht erstatten]
II. *vi* Bericht erstatten; ■**to ~ back on sth** über etw *akk* Bericht erstatten; ■**to ~ back to sb** jdm Bericht erstatten

re·port·able [rɪˈpɔːtəbl̩, AM -ˈpɔːrt-] *adj inv* FIN *loan* berichtspflichtig; ~ **amount/income** ausweisbarer Betrag/Gewinn

re·por·tage [ˌrepɔːˈtɑːʒ, AM rɪˈpɔːrt̬ɪdʒ] *n no pl* Reportage *f*

re·ˈport card *n* AM [Schul]zeugnis *nt*

re·port·ed [rɪˈpɔːtɪd, AM -ˈpɔːrt̬-] *adj inv* gemeldete(r, s); ***there has been a ~ hijack in Tel Aviv*** einer Meldung zufolge hat in Tel Aviv eine Entführung stattgefunden

re·port·ed·ly [rɪˈpɔːtɪdli, AM -ˈpɔːrt̬-] *adv inv* wie verlautet *geh;* ***New York is ~ a very exciting place to live*** angeblich ist es sehr aufregend in New York zu wohnen; ***the minister ~ said that ...*** Berichten zufolge hat der Minister erklärt, dass ...

re·port·ed ˈspeech *n no pl* indirekte Rede

re·port·er [rɪˈpɔːtəʳ, AM -ˈpɔːrt̬ɚ] *n* Reporter(in) *m(f)*

re·port·ing [rɪˈpɔːtɪŋ, AM -ˈpɔːrt-] *n no pl* ❶ *(documenting)* Berichterstattung *f; (in-house also)* Reporting *nt*
❷ FIN *(accounting)* Rechnungslegung *f*

re·ˈport writ·er *n* Berichtschreiber(in) *m(f)*

re·pose [rɪˈpəʊz, AM -ˈpoʊz] **I.** *vi (form)* ❶ *(rest)* sich *akk* ausruhen
❷ *(lie)* liegen; ***the necklace ~d in its case*** die Halskette lag in der Schatulle
❸ *(be buried)* ruhen *geh*
II. *vt (form)* **to ~ hope/trust in sb/sth** Hoffnung/Vertrauen auf jdn/etw setzen
III. *n no pl (form)* Ruhe *f;* **in ~** in [der] Ruhe, im Ruhezustand

re·po·si·tion·ing [ˌriːpəˈzɪʃənɪŋ] *n no pl* Neupositionierung *f*

re·posi·tory [rɪˈpɒzɪtəri, AM -ˈpɑːzɪtɔːri] *n (form)* ❶ *(place)* Aufbewahrungsort *m; (fig)* ***my diary is a ~ for all my secret thoughts*** in meinem Tagebuch bewahre ich all meine geheimen Gedanken auf
❷ *(container)* Behältnis *nt; (fig)* Quelle *f fig;* ~ **of information** Informationsquelle *f*

re·pos·sess [ˌriːpəˈzes] *vt* ■**to ~ sth** etw wieder in Besitz nehmen

re·pos·ses·sion [ˌriːpəˈzeʃən] *n* Wiederinbesitznahme *f;* **mortgage ~** Zwangsenteignung *f*

rep·re·hen·sible [ˌreprɪˈhen(t)səbl̩] *adj (form)* verurteilenswert; ~ **act** verwerfliche Tat; **morally ~** moralisch verwerflich

rep·re·hen·sibly [ˌreprɪˈhen(t)səbli] *adv (form)* verurteilenswert; ***he had behaved ~*** sein Verhalten war zu missbilligen

rep·re·sent [ˌreprɪˈzent] *vt* ❶ *(act on behalf of)* ■**to ~ sb/sth** jdn/etw repräsentieren [*o* vertreten]; POL der Abgeordnete für jdn/etw sein, jdn/etw vertreten; **to be poorly/strongly/well ~ed** schwach/stark/gut vertreten sein
❷ LAW ■**to ~ sb** jdn vertreten, der Vertreter/die Vertreterin von jdm sein, ÖSTERR *a.* die Vertretung von jdm machen
❸ *(depict)* ■**to ~ sth** etw darstellen [*o* zeigen]
❹ *(be a symbol of)* ■**to ~ sth** etw symbolisieren, für etw *akk* stehen
❺ *(state)* ■**to ~ sth** [**to sb**] *(form)* [jdm gegenüber] etw vorbringen; ***we ~ed our demands to the boss*** wir unterbreiteten dem Chef unsere Forderungen; ■**to ~ oneself as sth** *(form)* sich *akk* als etw darstellen; ***he ~s himself as an expert*** er gibt sich als Experte aus
❻ *(be the result of)* ■**to ~ sth** etw darstellen; ***this book ~s ten years of research*** dieses Buch ist das Ergebnis von zehn Jahren Forschung
❼ *(be typical of)* ■**to ~ sth** etw widerspiegeln; ***what she said ~ed the feelings of many of those present*** mit dem, was sie sagte, brachte sie die Gefühle vieler Anwesender zum Ausdruck
❽ COMPUT ■**to ~ sth** etw repräsentieren [*o* vertreten]

re-pre·sent [ˌriːprɪˈzent] *vt* ■**to ~ sth** *cheque* etw nochmals vorlegen

rep·re·sen·ta·tion [ˌreprɪzenˈteɪʃən] *n* ❶ *no pl (acting on behalf of a person)* [Stell]vertretung *f;* POL, LAW Vertretung *f,* Repräsentation *f; (political system)* Volksvertretung *f;* **legal ~** gesetzliche Vertretung
❷ *(something that depicts)* Darstellung *f*
❸ *(statement)* Erklärung *f,* Zusicherung *f,* Angabe *f*
❹ *no pl (act of depicting)* Darstellung *f;* **the ~ of women in art** die Darstellung der Frau in der Kunst
❺ COMPUT Darstellung *f*
▸PHRASES: **to make ~s** *(form)* Vorhaltungen machen, Vorstellungen erheben; **to make a ~** [*or* **~s**] **to sb about sth** *(form)* wegen einer S. *gen* bei jdm vorstellig werden *geh,* sich wegen einer S. *gen* an jdn wenden

rep·re·sen·ta·tion·al [ˌreprɪzenˈteɪʃənəl] *adj* ART gegenständlich

rep·re·sen·ta·tive [ˌreprɪˈzentətɪv, AM -t̬ət̬ɪv] **I.** *adj* ❶ POL repräsentativ; ~ **democracy/government** parlamentarische Demokratie/Regierung
❷ *(like others) cross section, result* repräsentativ
❸ *(typical)* typisch; ■**to be ~ of sb/sth** für jdn/etw typisch sein
II. *n* ❶ *(person)* [Stell]vertreter(in) *m(f);* ECON Vertreter(in) *m(f);* **company ~** Firmenvertreter(in) *m(f)*
❷ POL [Volks]vertreter(in) *m(f),* Abgeordnete(r) *f(m),* Repräsentant(in) *m(f);* **elected ~** gewählter Vertreter/gewählte Vertreterin
❸ AM *(member of House of Representatives)* Mitglied *nt* des Repräsentantenhauses, Abgeordnete(r) *f(m)*
❹ COMPUT Vertreter(in) *m(f),* Beauftragte(r) *f(m)*

re·press [rɪˈpres] *vt* ■**to ~ sth** etw unterdrücken; **to ~ laughter/one's tears/a thought** das Lachen/seine Tränen/einen Gedanken unterdrücken

re·pressed [rɪˈprest] *adj* ❶ *(hidden)* unterdrückt; PSYCH verdrängt; ~ **emotions/feelings** verdrängte Emotionen/Gefühle
❷ *(unable to show feelings)* gehemmt, verklemmt *fam*

re·pres·sed ˈmemo·ry syn·drome *n* PSYCH *das unbewusste Unterdrücken traumatischer Erinnerungen*

re·pres·sion [rɪˈpreʃən] *n no pl* ❶ POL Unterdrückung *f,* Repression *f geh;* **political ~** politische Unterdrückung
❷ PSYCH Verdrängung *f*

re·pres·sive [rɪˈpresɪv] *adj* repressiv *geh;* ~ **regime** unterdrückerisches Regime

re·pres·sive·ness [rɪˈpresɪvnəs] *n no pl* unterdrückerisches Wesen; *of an organization* repressives Vorgehen

re·prieve [rɪˈpriːv] **I.** *vt* ■**to ~ sb** jdn begnadigen; LAW jdm [Straf]vollstreckungsaufschub *m* gewähren; *(fig)* ■**to ~ sb/sth** jdn/etw verschonen; ***the government has ~d the hospitals threatened with closure*** die Regierung hat die von der Schließung bedrohten Krankenhäuser [noch einmal] verschont
II. *n* ❶ LAW *(official order)* Begnadigung *f;* **to be granted** [*or* **given**] **a ~** begnadigt werden
❷ LAW *(delay of punishment)* [Straf]vollstreckungsaufschub *m*
❸ *(fig: respite)* Gnadenfrist *f fig,* Schonfrist *f fig*

rep·ri·mand [ˈreprɪmɑːnd, AM -əmænd] **I.** *vt* ■**to ~ sb** [**for sth**] ❶ *(rebuke)* jdn [für etw *akk* [*o* wegen einer S. *gen*]] rügen [*o* tadeln] [*o* zurechtweisen], SCHWEIZ, ÖSTERR *a.* mit jdm schimpfen *fam*
❷ LAW jdm [für etw *m*] einen Verweis *akk* erteilen, jdn [wegen einer S. *gen*] verwarnen
II. *n* ❶ *(rebuke)* Rüge *f;* **to give sb a ~** [**for sth**] jdm [für etw *akk*] eine Rüge erteilen; **to give sb a ~ for doing sth** jdn rügen, weil er/sie etw getan hat
❷ LAW Verweis *m,* Verwarnung *f*

re·print I. *vt* [ˌriːˈprɪnt] ■**to ~ sth** etw nachdrucken [*o* neu auflegen]
II. *vi* [ˌriːˈprɪnt] nachgedruckt werden
III. *n* [ˈriːprɪnt] Nachdruck *m,* Neuauflage *f*

re·pris·al [rɪˈpraɪzəl] *n* Vergeltungsmaßnahme *f;* **to take ~s against sb** Vergeltungsmaßnahmen gegenüber jdm ergreifen; ■**as a** [*or* **in**] **~ for sth** als Vergeltung für etw *akk;* **for/without fear of ~s** aus/ohne Angst vor Vergeltungsmaßnahmen

re·prise [rɪˈpriːz] *n* MUS Reprise *f fachspr*

re·pro [ˈriːprəʊ, AM -oʊ] **I.** *n* ART, COMPUT *(fam) short for* **reproduction** Repro *f o nt*
II. *n modifier* ART *(fam) (table, chair)* Repro-; ~ **Georgian table** Repro *f o nt* eines Tisches im georgianischen Stil; ~ **proof** Reproabzug *m;* ***is it genuine? — no, it's ~*** ist das echt? – nein, das ist nachgemacht

re·proach [rɪˈprəʊtʃ, AM -ˈproʊtʃ] **I.** *vt* ■**to ~ sb** jdm Vorwürfe machen; ■**to ~ sb for doing sth** jdm wegen einer S. *gen* Vorwürfe machen; ■**to ~ sb with sth** jdm etw vorwerfen; ■**to ~ oneself** sich *dat* Vorwürfe machen
II. *n* <*pl* -es> ❶ *no pl (criticism)* Vorwurf *m;* ■**to be a ~ to sb/sth** ein schlechtes Bild auf jdn/etw werfen; ***the recent drop in passenger numbers***

should be a ~ to the airline die Fluglinie sollte auf den jüngsten Rückgang der Passagierzahlen reagieren; **a look of ~** ein vorwurfsvoller Gesichtsausdruck; **to be above** [*or* **beyond**] **~** über jeden Tadel erhaben sein

② *(expression of criticism)* Vorwurf *m*

re·proach·ful [rɪ'prəʊtʃfᵊl, AM -'proʊtʃ-] *adj* vorwurfsvoll

re·proach·ful·ly [rɪ'prəʊtʃfᵊli, AM -'proʊtʃ-] *adv* vorwurfsvoll

rep·ro·bate ['reprə(ʊ)beɪt, AM -rəbeɪt] *n (form or hum)* Gauner *m fam*, Halunke *m fam*

re·pro·cess [ˌriː'prəʊses, AM -'prɑː-] *vt* ■**to ~ sth** ECOL, TECH etw wiederaufbereiten

re·pro·cess·ing [ˌriː'prəʊsesɪŋ, AM -'prɑː-] *n no pl* ECOL, TECH Wiederaufbereitung *f*; FIN Wiederverwertung *f*

re·'pro·cess·ing plant *n* ECOL, TECH Wiederaufbereitungsanlage *f*

re·pro·duce [ˌriːprə'djuːs, AM *esp* -'duːs] **I.** *vi* ① *(produce offspring)* sich *akk* fortpflanzen; *(multiply)* sich *akk* vermehren; **to ~ sexually/asexually** sich *akk* geschlechtlich/ungeschlechtlich fortpflanzen

② *(be copied)* sich *akk* kopieren lassen

II. *vt* ① *(produce offspring)* ■**to ~ oneself** sich *akk* fortpflanzen; *(multiply)* sich *akk* vermehren

② *(produce a copy)* ■**to ~ sth** etw reproduzieren; *(in large numbers)* etw vervielfältigen

③ *(repeat sth)* ■**to ~ sth** etw wiederholen

④ *(recreate)* ■**to ~ sth** etw neu erstehen lassen; **to ~ an atmosphere** eine Atmosphäre wiedergeben

re·pro·duc·ible [ˌriːprə'djuːsɪbl̩, AM 'duː-] *adj* reproduzierbar

re·pro·duc·tion [ˌriːprə'dʌkʃᵊn] **I.** *n* ① *no pl (producing offspring)* Fortpflanzung *f*; *(multiplying)* Vermehrung *f*

② *no pl (copying)* Reproduktion *f*, Vervielfältigung *f*

③ *(repeating)* Wiederholung *f*

④ *(quality of sound)* Wiedergabe *f*; ***my new hi-fi system gives marvellous ~*** meine neue Hi-Fi-Anlage hat eine fantastische [Klang]wiedergabe

⑤ *(copy)* Reproduktion *f*, Kopie *f*; *of construction* Nachbau *m*; **facsimile ~** Faksimileausgabe *f*

⑥ COMPUT Kopieren *nt*

II. *n modifier* ① *(concerning the production of offspring) (process, rate)* Fortpflanzungs-; **~ instinct** Fortpflanzungstrieb *m*

② *(copying an earlier style) (chair, desk, furniture)* nachgebaut; **~ furniture** Stilmöbel *pl*

re·pro·duc·tive [ˌriːprə'dʌktɪv] *adj inv* Fortpflanzungs-; **~ behaviour** [*or* AM **behavior**]/**organs** Fortpflanzungsverhalten *nt*/-organe *pl*

re·pro·gram <-mm- *or* AM *also* -m-> [ˌriː'prəʊgræm, AM -'proʊ-] *vt* COMPUT ■**to ~ sth** etw umprogrammieren [*o* neu programmieren]

re·proof[1] [rɪ'pruːf] *n (form)* ① *(words expressing blame)* Tadel *m geh*; **to get** [*or* **receive**] **a** [**sharp**] **~ for sth** für etw *akk* [streng] getadelt werden *geh*

② *no pl (blame)* Vorwurf *m*; **to look at sb with ~** jdn vorwurfsvoll ansehen

re·proof[2] [ˌriː'pruːf] *vt* ■**to ~ sth** etw neu imprägnieren

re·prove [rɪ'pruːv] *vt (form)* ■**to ~ sb** jdn zurechtweisen *geh*

re·prov·ing [rɪ'pruːvɪŋ] *adj (form)* tadelnd, vorwurfsvoll; **to look ~** vorwurfsvoll dreinblicken

re·prov·ing·ly [rɪ'pruːvɪŋli] *adv* missbilligend, tadelnd

rep·tile ['reptaɪl] *n* Reptil *nt*

'rep·tile house *n* Reptilienhaus *nt*

rep·til·ian [rep'tɪliən] *adj inv* ① *(of reptiles)* Reptilien-, reptilienartig

② *(pej: unpleasant) person* unangenehm; **~ stare** stechender Blick

re·pub·lic [rɪ'pʌblɪk] *n* Republik *f*

re·pub·lic·an [rɪ'pʌblɪkən] **I.** *n* Republikaner(in) *m(f)*

II. *adj inv* republikanisch

Re·pub·lic·an [rɪ'pʌblɪkən] **I.** *n* ① AM POL Republikaner(in) *m(f)*

② *(supporter of Irish Republicanism)* Republikaner(in) *m(f)*

II. *adj inv* ① AM POL republikanisch

② *(concerning Republicanism in Ireland)* republikanisch

Re·pub·lic·an·'cen·tric *adj inv* pro-republikanisch

re·pub·lic·an·ism [rɪ'pʌblɪkənɪzᵊm] *n no pl* POL Republikanismus *m*, republikanische Gesinnung

Re·pub·lic·an·ism [rɪ'pʌblɪkənɪzᵊm] *n no pl* ① AM POL Republikanismus *m*

② *(belief in united Ireland)* Republikanismus *m*

Re·'pub·lic·an Par·ty AM **I.** *n no pl* ■**the ~** die republikanische Partei

II. *n modifier (funding, headquarters, policy)* der republikanischen Partei *nach n*; **~ leaders** Führung *f* der republikanischen Partei; **~ member** Mitglied *nt* der republikanischen Partei

re·pub·li·ca·tion [ˌriːˌpʌblɪ'keɪʃᵊn] *n no pl* Neuveröffentlichung *f*, Neuauflage *f*

re·pub·lish [ˌriː'pʌblɪʃ] *vt usu passive* ■**to ~ sth** etw wieder [*o* erneut] veröffentlichen

re·pu·di·ate [rɪ'pjuːdieɪt] *vt (form)* ■**to ~ sth** etw zurückweisen, etw nicht anerkennen, sich *akk* gegen etw *akk* verwahren *geh*; **to ~ an accusation/a claim** eine Anschuldigung/eine Forderung zurückweisen; **to ~ an agreement/a contract** eine Vereinbarung/einen Vertrag nicht anerkennen; **to ~ a suggestion** einen Vorschlag ablehnen

re·pu·dia·tion [rɪˌpjuːdi'eɪʃᵊn] *n no pl* Zurückweisung *f*; *of a suggestion* Ablehnung *f*; LAW Erfüllungsverweigerung *f*; *of a treaty* Nichtanerkennung *f*

re·pug·nance [rɪ'pʌgnən(t)s] *n no pl (form)* Abscheu *m o f*; **to fill sb with ~** jdn mit Abscheu erfüllen

re·pug·nant [rɪ'pʌgnənt] *adj (form)* widerlich; ■**to be ~ to sb** jdm zuwider sein, jdn anwidern; ***it is ~ for these essential services to rely on charity*** es ist skandalös, dass diese wichtigen Einrichtungen auf Almosen angewiesen sind; **~ behaviour** [*or* AM **behavior**] abstoßendes Verhalten; **~ smell** widerlicher Geruch

re·pulse [rɪ'pʌls] **I.** *vt* ① MIL ■**to ~ sb/sth** jdn/etw abwehren; **to ~ an offensive** eine Offensive zurückschlagen

② *(reject)* ■**to ~ sb/sth** jdn/etw zurückweisen; **to ~ sb's friendship/an offer** jds Freundschaft/ein Angebot zurückweisen

③ *(disgust)* ■**to ~ sb** jdn abstoßen [*o* anwidern]

II. *n (form)* Abwehr *f*

re·pul·sion [rɪ'pʌlʃᵊn] *n no pl* ① *(disgust)* Abscheu *m*, Ekel *m*; **to fill sb with ~** jdn mit Abscheu [*o* Ekel] erfüllen

② PHYS Abstoßung *f*, Repulsion *f fachspr*; **magnetic ~** magnetische Abstoßung

re·pul·sive [rɪ'pʌlsɪv] *adj* abstoßend

re·pur·chase [ˌriː'pɜːtʃəs, AM -'pɜːr-] **I.** *vt* ■**to ~ sth** etw zurückkaufen [*o* rückkaufen]; **~ agreement** Rückkaufvereinbarung *f*

II. *n* FIN Wiederkauf *m*

re·'pur·chase agree·ment *n* FIN Rückkaufsvereinbarung *f*, Pensionsgeschäft *nt* **re·'pur·chase price** *n* Rückkaufspreis *m*

repu·table ['repjətəbl̩, AM -t̬-] *adj* angesehen, achtbar; **~ company** seriöse Firma

repu·tably ['repjətəbli, AM -t̬-] *adv* angesehen, achtbar; **~ established firm** seriöse alteingesessene Firma

repu·ta·tion [ˌrepjə'teɪʃᵊn] *n no pl* ① *(general estimation)* Ruf *m*, Renommee *nt form*, Reputation *f* SCHWEIZ, ÖSTERR; **to have a bad/good ~** einen schlechten/guten Ruf haben; **to have a ~ for sth** für etw *akk* bekannt sein; **to have a ~ as sth** einen Ruf als etw haben; ***he has a ~ as an acknowledged expert*** er steht im Ruf, ein anerkannter Experte zu sein; **to establish** [*or* **gain**] [*or* **acquire**] **a ~ as sth** sich *dat* einen Ruf als etw erwerben; **to make a ~ for oneself** [**as sth**] sich *dat* [als etw] einen Namen machen; **to live up to one's ~** seinem Ruf gerecht werden

② *(being highly regarded)* Ansehen *nt*, guter Ruf; **to destroy/ruin sb's ~** jds Ansehen [*o* guten Ruf] zerstören/ruinieren

③ *(being known for sth)* Ruf *m*; ***she has the ~ of being a good doctor*** sie gilt als gute Ärztin; **to know sb/sth by ~** jdn/etw vom Hörensagen kennen

re·pute [rɪ'pjuːt] *n no pl* Ansehen *nt*; **of ~** angesehen; ***she's a doctor of ~*** sie ist eine angesehene Ärztin; **sth of ill** [*or* **evil**]/**good ~** etw von zweifelhaftem/gutem Ruf; ***there are several bars of ill ~ down by the docks*** unten bei den Docks gibt es etliche verrufene Bars; **of great** [*or* **high**] [*or* **some**] **~** hoch angesehen, von hohem Ansehen *nach n*; **to be held in high ~** [**by sb**] [bei jdm] einen guten Ruf genießen [*o* hoch angesehen sein]; ***he was held in high ~ by his colleagues*** er wurde von seinen Kollegen sehr geschätzt

re·put·ed [rɪ'pjuːtɪd, AM -t̬-] *adj* ① *inv (believed)* angenommen, vermutet; ***she is widely ~ to be 25 years younger than her husband*** es wird allgemeinhin angenommen, dass sie 25 Jahre jünger ist als ihr Mann

② *attr, inv (supposed)* mutmaßlich; ***he was employed because of his ~ skill in dealing with the press*** er wurde wegen seines angeblichen Geschicks im Umgang mit der Presse eingestellt

re·put·ed·ly [rɪ'pjuːtɪdli, AM -t̬-] *adv inv* angeblich; ***he is ~ extremely rich*** es wird gemutmaßt, dass er ungeheuer reich ist

re·quest [rɪ'kwest] **I.** *n* ① *(act of asking)* Bitte *f* (**for** um +*akk*), Anfrage *f* (**for** nach +*dat*); **to make a ~ for sth** um etw *akk* bitten; **at sb's ~** auf jds Bitte [*o* Wunsch] hin; **on ~** auf Anfrage [*o* Wunsch]

② *(formal entreaty)* Antrag *m*; **to submit a ~ that ...** beantragen, dass ...

③ RADIO *(requested song etc.)* [Musik]wunsch *m*

II. *vt* ① *(ask for)* ■**to ~ sth** *(form)* um etw *akk* bitten; ***I ~ ed a taxi for 8 o'clock*** ich bestellte ein Taxi für 8 Uhr; ***visitors are ~ ed not to walk on the grass*** die Besucher werden gebeten, den Rasen nicht zu betreten; **as ~ ed** wie gewünscht

② RADIO *(ask for song)* ■**to ~ sth** [sich *dat*] etw wünschen

re·quest·er [rɪ'kwəstəʳ, AM -ɚ] *n* Anforderer *m*

re·'quest pro·gramme, AM **re·'quest show** *n* RADIO Wunschprogramm *nt* **re·'quest stop** *n* BRIT Bedarfshaltestelle *f*

requi·em ['rekwiəm], **requi·em 'mass** *n* ① *(church service)* Requiem *nt*, Totenmesse *f*

② *(piece of music)* Requiem *nt*

re·quire [rɪ'kwaɪəʳ, AM -ɚ] *vt* ① *(need)* ■**to ~ sth** etw brauchen; ***the house ~ s painting*** das Haus müsste mal gestrichen werden *fam*; ***this decision ~ s much careful thought*** diese Entscheidung bedarf gründlicher Überlegung; ■**to be ~ d for sth** für etw *akk* erforderlich sein; ***what qualifications are ~ d for this position?*** welche Qualifikationen werden für diese Stelle verlangt?

② *(demand)* ■**to ~ sth** [**of sb**] etw [von jdm] verlangen [*o* erfordern]

③ *(officially order)* ■**to ~ sth** [**of sb**] [jdm] etw vorschreiben; ■**to ~ sb to do sth** von jdm verlangen, etw zu tun; ***regulations ~ all visitors to sign in at the porter's lodge*** nach den Bestimmungen muss sich jeder Besucher beim Portier eintragen; ***the rules ~ that ...*** die Vorschriften besagen, dass ...

④ *(wish to have)* ■**to ~** [*or* **be requiring**] **sth** *(form)* etw wünschen; ***"will you be requiring anything else, sir?", asked the waiter*** „wünschen Sie sonst noch etwas, mein Herr?", fragte der Kellner

re·quired [rɪ'kwaɪəd, AM -ɚd] *adj attr, inv* erforderlich; **to do sth in the ~ time** etw in der festgesetzten [*o* vorgeschriebenen] Zeit tun

re·quired 'read·ing *n* Pflichtlektüre *f*

re·quire·ment [rɪ'kwaɪəmənt, AM -ɚmənt] *n* ① *(necessary condition)* Voraussetzung *f* (**for** für +*akk*); ***it is a legal ~ that ...*** es ist gesetzlich vorgeschrieben, dass ...; ***my ~ s from life are a well-paid job and a fast car*** ich erwarte vom Leben einen gut bezahlten Job und ein schnelles Auto; **minimum ~** Grundvoraussetzung *f*; **to meet the ~ s** die Voraussetzungen erfüllen; **to** [**fully/not**] **meet the/sb's ~** den/jds Ansprüchen [voll/nicht] gerecht wer-

R

den; ***I do hope that the new computer will meet your ~s*** ich hoffe, der neue Computer wird Ihren Anforderungen gerecht

❷ ECON *(specific need)* Erfordernis *f,* Bedarf *m;* **the ~s of a market** [*or* **market ~s**] Marktbedarf *m;* **public sector borrowing** ~ Kreditbedarf *m* der öffentlichen Hand; **budgetary ~s** Budgeterfordernisse *pl*

requi·site ['rekwɪzɪt] **I.** *adj attr, inv (form)* erforderlich

II. *n usu pl* Notwendigkeit *f;* ***a good book is a ~ for long journeys*** ein gutes Buch ist auf langen Reisen ein Muss; **toilet ~s** Toilettenartikel *pl*

requi·si·tion [,rekwɪ'zɪʃᵊn] **I.** *vt* ❶ *(repossess)* ■**to ~ sth [from sb]** etw [von jdm] beschlagnahmen

❷ ECON *(request supplies)* ■**to ~ sth** etw anfordern

❸ LAW ■**to ~ sth** etw beschlagnahmen, requirieren

II. *n* ❶ *no pl (official request)* Ersuchen *nt,* Anforderung *f;* ~ **on title** LAW Ersuchen um Auskunft über Grundstückseigentumsnachweis

❷ *(written request)* Anforderung *f,* Antrag *m* (**for** auf *+akk*); **to make a ~ for sth** etw anfordern

re·quite [rɪ'kwaɪt] *vt (form)* ■**to ~ sth** etw erwidern

re·ran [,ri:'ræn] *vt pt of* **rerun**

re·rate [,ri:'reɪt] *vt* FIN ■**to ~ sth** etw neu bewerten

re·rat·ing [,ri:'reɪtɪŋ] *n no pl* FIN Neubewertung *f*

re·read <-read, -read> [,ri:'ri:d, *pt, pp* -'red] *vt* ■**to ~ sth** etw noch einmal lesen

re·re·cord·able [,ri:rɪ'kɔ:dəbl̩, AM -'kɔ:rd-] *adj inv* wieder beschreibbar; MUS wieder bespielbar

rere·dos <*pl* -> ['rɪərədɒs, AM 'rɪrdɑ:s] *n* REL Altarwand *f*

re·re·lease [,ri:rɪ'li:s] *vt* ■**to ~ sth** etw wieder auflegen

re·route [,ri:'ru:t, AM *also* -'raʊt] *vt* ■**to ~ sth** etw umsteuern; **to ~ a demonstration/a flight/a phone call** eine Demonstration/einen Flug/ein Telefongespräch umleiten

re·run **I.** *vt* <-ran, -run> [,ri:'rʌn] ❶ *(repeat)* ■**to ~ sth** etw wiederholen; **to ~ an election/a race** eine Wahl/ein Rennen wiederholen; **to ~ a film** einen Film noch einmal zeigen; **to ~ a play** ein Stück noch einmal aufführen

❷ CHEM ■**to ~ sth** etw erneut destillieren

II. *n* ['ri:rʌn] ❶ FILM, TV *(repeated programme)* Wiederholung *f*

❷ *(fig: repeat of)* Wiederholung *f; of an event, situation* Wiederkehr *f*

re·sale ['ri:seɪl] *n* COMM Wiederverkauf *m,* Weiterverkauf *m;* ***these samples are free and not for ~*** diese Proben sind umsonst und nicht für den Weiterverkauf vorgesehen; FIN, LAW Rückverkauf *m,* Weiterveräußerung *f,* Wiederveräußerung *f*

're·sale price *n* Wiederverkaufspreis *m* **re·sale price 'main·te·nance** *n,* **rpm** *n* BRIT Preisbindung *f* der zweiten Hand, vertikale Preisbindung

're·sale value *n* Wiederverkaufswert *m*

re·sat [,ri:'sæt] *vt pt of* **resit**

re·sched·ule [,ri:'ʃedju:l, AM -'skedʒu:l] *vt* ❶ *(rearrange time)* **to ~ a date** einen Termin verschieben; **to ~ an event** eine Veranstaltung verlegen

❷ *(postpone payment)* ■**to ~ sth** *debts* etw stunden

re·scind [rɪ'sɪnd] *vt (form)* ■**to ~ sth** *esp* LAW etw aufheben [*o* widerrufen]; ECON etw annullieren [*o* rückgängig machen] [*o* für nichtig erklären]; **to ~ a contract** von einem Vertrag zurücktreten

re·scis·sion [rɪ'sɪʒᵊn] *n esp* LAW *(form)* Aufhebung *f,* Annullierung *f geh;* ~ **of contract** Rücktritt *m* vom Vertrag, Auflösung *f* des Vertrags; ~ **of sale** Wandelung *f*

re·scrip·tion [,ri:'skrɪpʃᵊn] *n* FIN Reskription *f*

res·cue ['reskju:] **I.** *vt* ■**to ~ sb/sth** *(save)* jdn/etw retten; *(free)* jdn/etw befreien; **to ~ a hostage/a prisoner** eine Geisel/einen Gefangenen befreien; **to ~ sb from danger** jdn aus einer Gefahr retten; **to ~ sb/sth from a fire** jdn/etw aus einem Feuer retten

II. *n* ❶ *(act of saving)* Rettung *f*

❷ *no pl (being saved)* Rettung *f;* **to come** [*or* **go**] **to sb's ~** jdm zu Hilfe kommen

III. *n modifier (attempt, helicopter)* Rettungs-; ~ **bid** Rettungsversuch *m;* ~ **mission** Rettungsmission *f,* Rettungseinsatz *m;* ~ **operation** Rettungsarbeiten *pl,* Bergungsarbeiten *pl;* ~ **package** Notpaket *nt;* ~ **team** Rettungsmannschaft *f*

'res·cue com·pa·ny *n* FIN Auffanggesellschaft *f*

res·cu·er ['reskju:əʳ, AM -ɚ] *n* Retter(in) *m(f)*

re·seal [,ri:'si:l] *vt* ■**to ~ sth** FOOD etw wieder [luftdicht] verschließen; **to ~ a bottle/a letter/a packet** eine Flasche/einen Brief/ein Paket wieder versiegeln

re·seal·able [,ri:'si:ləbl̩] *adj inv* wiederverschließbar

re·search **I.** *n* [rɪ'sɜ:tʃ, AM 'ri:sɜ:rtʃ] ❶ *no pl (study)* Forschung *f* (**into/in/on** über *+akk*); **cancer ~** Krebsforschung *f;* **medical/scientific ~** medizinische/wissenschaftliche Forschung

❷ *no pl (study of)* Erforschung *f* (**into/in/on** *+gen*); ~ **in human genetics** Forschungen *pl* auf dem Gebiet der Humangenetik; **to carry out** [*or* **conduct**] [*or* **pursue**] ~ [**into** [*or* **in**] [*or* **on**] **sth**] [etw er]forschen

❸ *(studies)* ■**~es** *pl* Untersuchungen *pl* (**in** über *+akk*)

II. *n* [rɪ'sɜ:tʃ, AM 'ri:sɜ:rtʃ] *modifier (centre, programme, project, unit, work)* Forschungs-; ~ **assistant** wissenschaftlicher Mitarbeiter/wissenschaftliche Mitarbeiterin; ~ **institute/facility** Forschungsinstitut *nt*/Forschungsanstalt *f;* ~ **scientist** Forscher(in) *m(f);* ~ **team** Forschungsteam *nt,* Forscherteam *nt*

III. *vi* [rɪ'sɜ:tʃ, AM -'sɜ:rtʃ] forschen; ■**to ~ into** [*or* **in**] **sth** etw erforschen [*o* untersuchen]

IV. *vt* [rɪ'sɜ:tʃ, AM -'sɜ:rtʃ] ■**to ~ sth** ❶ SCI etw erforschen

❷ JOURN etw recherchieren; **a well-~ed article** ein gut recherchierter Artikel

re·search and de·'vel·op·ment, R & D, R and D **I.** *n* ❶ *(investigative activities)* Forschung *f* und Entwicklung *f*

❷ *(department)* Forschungs- und Entwicklungsabteilung *f*

II. *n modifier (department, programme, unit)* Forschungs- und Entwicklungs-; ~ **budget** Forschungs- und Entwicklungsetat *m;* ~ **grant** *(for student)* Forschungsstipendium *nt; (for institutes, scientists)* Zuschuss *m,* ÖSTERR *a.* Subvention *f*

re·search·er [rɪ'sɜ:tʃəʳ, AM -'sɜ:rtʃɚ] *n* Forscher(in) *m(f)*

re·'search fel·low *n* Forschungsstipendiat(in) *m(f)*

re·'search fel·low·ship *n* Forschungsstipendium *nt* **re·search in·sti·tute** [rɪ'-, AM 'ri:-] *n* Forschungsinstitut *nt* **re·'search work·er** *n* Forscher(in) *m(f)*

re·sec·tion [,ri:'sekʃᵊn] *n* MED Resektion *f fachspr*

re·se·lect [,ri:sɪ'lekt] *vt usu passive* ■**to ~ sb/sth** ❶ *(choose for the first time)* jdn/etw neu auswählen; *candidate* jdn/etw neu aufstellen

❷ *(choose for another time)* jdn/etw erneut auswählen; *candidate* jdn erneut aufstellen; **to be ~ed as a candidate** wieder als Kandidat aufgestellt werden

re·se·lec·tion [,ri:sɪ'lekʃᵊn] *n esp* POL ❶ *(first election)* Neuaufstellung *f*

❷ *(repeated election)* Wiederaufstellung *f*

re·sell <-sold, -sold> [,ri:'sel] **I.** *vt* ■**to ~ sth [to sb]** [*or* [**sb**] **sth**] etw [jdm [*o* an jdn]] wieder verkaufen

II. *vi* ■**to ~ [to sb]** [an jdn] weiter verkaufen

re·sem·blance [rɪ'zemblən(t)s] *n no pl* Ähnlichkeit *f;* **family ~** Familienähnlichkeit *f;* **to bear a ~ to sb/sth** Ähnlichkeit mit jdm/etw haben, jdm/etw ähnlich sehen; ***this account bears no ~ to the truth*** diese Darstellung hat nichts mit der Wahrheit zu tun; ***there isn't much ~ between them*** sie haben nicht viel Ähnlichkeit miteinander

re·sem·ble [rɪ'zembl] *vt* ■**to ~ sb/sth** jdm/etw ähneln [*o* ähnlich sehen]; ***after the earthquake the city ~d a battlefield*** nach dem Erdbeben glich die Stadt einem Schlachtfeld

re·sent [rɪ'zent] *vt* ■**to ~ sb/sth** sich *akk* [sehr] über jdn/etw ärgern; ■**to ~ doing sth** etw [äußerst] ungern tun, es hassen, etw zu tun *fam;* ■**to ~ sb's doing sth** jdm übelnehmen [*o* verübeln], dass jd etw tut

re·sent·ful [rɪ'zentfᵊl] *adj* ❶ *(feeling resentment)* verbittert, verärgert; ■**to be ~ of sb/sth** sich *akk* über jdn/etw ärgern; ***he had felt ~ towards his stepmother for many years*** er hatte seiner Stiefmutter gegenüber jahrelang Groll empfunden

❷ *(showing resentment)* nachtragend

re·sent·ful·ly [rɪ'zentfᵊli] *adv* verbittert, verärgert; ***she looked at him ~*** sie sah ihn böse an

re·sent·ful·ness [rɪ'zentfᵊlnəs] *n no pl* Verbitterung *f,* Groll *m*

re·sent·ment [rɪ'zentmənt] *n* Verbitterung *f,* Groll *m;* **to feel** [*or* **harbour**] [**a**] ~ **against** [*or* **at**] [*or* **towards**] **sb** einen Groll gegen jdn hegen

res·er·va·tion [,rezə'veɪʃᵊn, AM -zɚ'-] *n* ❶ *usu pl (doubt)* Bedenken *pl; (objection)* Einwendung *f;* **to have ~s about sth** wegen einer S. *gen* Bedenken haben; **with/without ~[s]** mit/ohne Vorbehalt [*o* vorbehaltlos]

❷ TOURIST Reservierung *f,* Buchung *f;* **flight/hotel/table ~** Flug-/Hotel-/Tischreservierung *f;* **to make a ~** eine Reservierung vornehmen *geh,* reservieren

❸ *no pl* TOURIST Reservierung *f,* Buchung *f;* ~ **of seats** Sitzplatzreservierung *f*

❹ *(area of land)* Reservat *nt*

❺ LAW Einschränkung *f,* Vorbehalt *m;* ~ **of ownership** Eigentumsvorbehalt *m*

re·ser·'va·tion price *n* Mindestpreis *m;* ~ **of labour** LAW Mindestlohn *m*

re·serve [rɪ'zɜ:v, AM -'zɜ:rv] **I.** *n* ❶ *no pl (form: doubt)* Zurückhaltung *f;* **with ~** mit Vorbehalt; **without ~** ohne Vorbehalt, vorbehaltlos

❷ *(store)* Reserve *f,* Vorrat *m;* **oil ~s** Ölreserven *pl;* **legal ~s** gesetzliche Rücklagen; **to have/keep sth in ~** etw in Reserve haben/halten; ***she keeps a little money in ~*** sie hat etwas Geld auf der hohen Kante *fam;* **to put sth on ~ [for sb]** etw [für jdn] reservieren; **to put a book on ~ for sb** jdm ein Buch zurücklegen

❸ *(area)* Reservat *nt;* **wildlife ~** Naturschutzgebiet *nt*

❹ SPORT Ersatzspieler(in) *m(f);* ■**~s** Reservemannschaft *f*

❺ MIL Reserve *f;* ■**the ~[s]** die Reserve

❻ *(lowest price at auction)* Mindestgebot *nt*

❼ *no pl (self-restraint)* Reserviertheit *f,* Zurückhaltung *f*

II. *vt* ❶ *(keep)* **to ~ the leftovers/the rest** die Überbleibsel/den Rest aufheben

❷ *(save)* ■**to ~ sth [for sth]** etw [für etw *akk*] reservieren [*o* zurückhalten] [*o* aufheben]; ***the best brandy is ~d for special occasions*** der beste Brandy ist für besondere Anlässe bestimmt; ■**to ~ sth for sb** etw für jdn reservieren; **to ~ judgment [on sth]** seine Meinung [zu etw *dat*] nicht [gleich] kundtun; **to ~ the right to do sth** sich *dat* das Recht vorbehalten, etw zu tun

❸ *(arrange for own use)* **to ~ a room/table/ticket** ein Zimmer/einen Tisch/eine Karte vorbestellen [*o* reservieren]; ***if you get there early, ~ me a seat*** halte mir einen Platz frei, wenn du früher da bist

❹ LAW ■**to ~ sth** [sich *dat*] etw vorbehalten [*o* zurückbehalten]; **to ~ one's defence** sich *dat* Einwendungen vorbehalten; **to ~ judgement** die Urteilsverkündung aussetzen; **to ~ the right to do sth** sich *dat* das Recht vorbehalten, etw zu tun

re·serve 'cur·ren·cy *n* Leitwährung *f,* Reservewährung *f*

re·served [rɪ'zɜ:vd, AM -'zɜ:r-] *adj* ❶ *(booked)* reserviert, vorbestellt; ~ **seat/table** reservierter Sitzplatz/Tisch

❷ *(restrained) person* reserviert, zurückhaltend; *smile* verhalten

re·'serve fund *n* FIN Reservefonds *m,* Sicherungsreserve *f* **re·'serve price** *n* ECON Vorbehaltspreis *m; (at auctions)* Mindestpreis *m*

re·serv·ist [rɪ'zɜ:vɪst, AM -'zɜ:r-] *n* MIL Reservist(in) *m(f)*

res·er·voir ['rezəvwɑ:ʳ, AM -ɚvwɑ:r] *n* ❶ *(large lake)* Wasserreservoir *nt,* Speichersee *m*

❷ *(fig: supply of)* Reservoir *nt fig,* Fundus *m*

re·set <-tt-, -set, -set> [ˌriːˈset] *vt* ❶ *(set again)* **to ~ a clock/a timer** eine Uhr/einen Wecker neu stellen ❷ MED **to ~ a broken bone** einen gebrochenen Knochen [ein]richten ❸ COMPUT *(set to initial state)* ■**to ~ sth** etw in Grundstellung bringen; *(set to zero)* etw auf null stellen; **to ~ a computer/a system** einen Computer/ein System neu starten

're·set but·ton *n* COMPUT, ELEC Resetknopf *m,* Resettaste *f,* Rückstelltaste *f*

re·set·tle [ˌriːˈsetl̩, AM -t̬-] **I.** *vi* sich *akk* neu niederlassen **II.** *vt* ■**to ~ sb** jdn umsiedeln

re·set·tle·ment [ˌriːˈsetl̩mənt, AM -t̬l̩-] *n no pl* Umsiedlung *f*

re·shape [ˌriːˈʃeɪp] *vt* ■**to ~ sth** ❶ *(return to original shape)* etw [wieder] in Form bringen; *~ **the pullover while wet*** ziehen Sie den Pullover noch nass in Form ❷ *(give new form)* etw umformen [*o* umgestalten]

re·shuf·fle [ˌriːˈʃʌfl] **I.** *vt* POL **to ~ a cabinet/an organization** ein Kabinett/eine Organisation umbilden **II.** *n* POL Umbildung *f;* **cabinet ~** Kabinettsumbildung *f;* FIN Umschichtung *f*

re·side [rɪˈzaɪd] *vi (form)* ❶ *(be living)* wohnen, residieren *geh,* wohnhaft sein *form* ❷ *(form: be kept)* aufbewahrt werden ❸ *(form: have the right)* ***the power to sack employees ~ s in the Board of Directors*** nur der Vorstand hat das Recht, Angestellte zu entlassen

resi·dence [ˈrezɪdᵊn(t)s] *n* ❶ *(form: domicile)* Wohnsitz *m,* Domizil *nt form;* ■**to be in ~** ansässig sein; **to take up ~ in a country** sich *akk* in einem Land niederlassen ❷ *no pl (act of residing)* Wohnen *nt;* ■**to be in ~** wohnen; *monarch* residieren ❸ *(building)* Wohngebäude *nt; of a monarch* Residenz *f* ❹ UNIV *(for research)* Forschungsaufenthalt *m; (for teaching)* Lehraufenthalt *m; **he will remain in ~ for the remainder of the academic year*** sein Lehraufenthalt dauert noch bis zum Ende des Studienjahres

'resi·dence hall *n* AM *(hall of residence)* [Studenten]wohnheim *nt*

'resi·dence per·mit *n* Aufenthaltserlaubnis *f,* Aufenthaltsgenehmigung *f*

resi·den·cy [ˈrezɪdᵊn(t)si] *n no pl (form)* Wohnsitz *m;* **permanent ~** ständiger Wohnsitz; **to take up ~ abroad** seinen Wohnsitz ins Ausland verlegen

resi·dent [ˈrezɪdᵊnt] **I.** *n* ❶ *(person living in a place)* Bewohner(in) *m(f); of a town* Bewohner(in) *m(f); of a hotel* [Hotel]gast *m;* **local ~** Anwohner(in) *m(f),* Anrainer(in) *m(f)* ÖSTERR ❷ ADMIN Gebietsansässige(r) *f(m)* ❸ POL *~ **of Canada*** wohnhaft in Kanada; ***is she a ~ of Canada?*** lebt sie in Kanada? **II.** *adj* ❶ *inv (stay)* ansässig, wohnhaft; **to be ~ in a town/country** in einer Stadt/einem Land leben ❷ *attr, inv (living where one is employed)* im Haus lebend *nach n;* **~ doctor** Arzt/Ärztin im Haus ❸ *(employed in a particular place)* hauseigen; ***she is the university's ~ expert on Italian literature*** sie ist an der Universität die Expertin für italienische Literatur ❹ COMPUT ständig vorhanden, resident

resi·den·tial [ˌrezɪˈden(t)ʃᵊl] *adj inv* ❶ *(housing area)* Wohn-; **~ district** Wohngebiet *nt* ❷ *(job requiring person to live in)* mit Wohnung im Haus *nach n; **my job is ~*** ich wohne an meinem Arbeitsplatz ❸ *(used as a residence)* Wohn-; **~ establishment** Wohnheim *nt;* **~ construction** Wohnungsbau *m;* **~ hotel** Hotel *nt* für Dauergäste; **~ housing** *no pl (buildings)* Mietwohnbauten *pl; (department)* Wohnungswesen *nt;* **~ property** Wohnliegenschaft *f* ❹ *(concerning residence)* Aufenthalts-

re·sid·ual [rɪˈzɪdjuəl, AM -ˈzɪdʒ-] **I.** *adj inv* ❶ *(remaining)* restlich, übrig; **~ amount** Restbetrag *m,* Restgröße *f;* **~ moisture/warmth** Restfeuchtigkeit *f/*-wärme *f;* **~ opposition** vereinzelter Widerstand; **~ term** Restlaufzeit *f;* **~ value** Restwert *m* ❷ COMPUT Rest-, rest- **II.** *n* CHEM Rückstand *m*

re·sid·ual 'in·come *n* BRIT Nettogehalt *nt*

re·sidu·ary [rɪˈzɪdjʊəri, AM ˈzɪdʒʊeri] *adj inv* ❶ LAW restlich; **~ estate** Restnachlass ❷ CHEM rückständig

resi·due [ˈrezɪdjuː, AM -əduː, -djuː] *n usu sing* ❶ *(form: remainder)* Rest *m* ❷ CHEM Rückstand *m;* **~ analysis** Rückstandsanalyse *f* ❸ LAW restlicher Nachlass ❹ ECON Restbetrag *m*

re·sid·uum <*pl* -dua *or* -s> [rɪˈzɪdjʊəm, AM ˈzɪdʒ] *n* ❶ *(spec: residue)* Rückstand *m,* Rest *m,* Residuum *nt geh* ❷ SOCIOL Bodensatz *m fig,* unterstes Unten

re·sign [rɪˈzaɪn] **I.** *vi* ❶ *(leave one's job)* kündigen; **to ~ from a job** einen Job kündigen; **to ~ from an office/a post** von einem Amt/einem Posten zurücktreten ❷ CHESS aufgeben **II.** *vt* ❶ *(give up)* ■**to ~ sth** etw aufgeben; **to ~ an office/a post** ein Amt/einen Posten niederlegen; **to resign from a company/an office** aus *dat* einer Firma/einem Amt ausscheiden ❷ CHESS **to ~ a hopeless position** das Spiel aufgeben ❸ *(accept)* **to ~ oneself to a fact/one's fate/the inevitable** sich *akk* mit einer Tatsache/seinem Schicksal/dem Unvermeidlichen abfinden

res·ig·na·tion [ˌrezɪgˈneɪʃᵊn] *n* ❶ *(official letter)* Kündigung *f;* **to hand** [*or* **give**] [*or* **send**] **in one's ~** seine Kündigung einreichen ❷ *no pl (act of resigning)* Kündigung *f; from post, office* Rücktritt *m,* Amtsniederlegung *f* ❸ *no pl (acceptance)* Resignation *f; **they received the news with ~*** sie nahmen die Nachricht schicksalsergeben auf

re·signed [rɪˈzaɪnd] *adj* resigniert; ■**to be ~ to sth** sich *akk* mit etw *dat* abgefunden haben; **~ expression/look** resignierter Ausdruck/Blick

re·sign·ed·ly [rɪˈzaɪnɪdli] *adv* resigniert

re·sili·ence [rɪˈzɪliən(t)s, AM -jən(t)s], **re·sili·en·cy** [rɪˈzɪliən(t)si, AM -jən-] *n no pl* ❶ *(ability to regain shape)* Elastizität *f* ❷ *(ability to recover)* Widerstandskraft *f,* Zähigkeit *f,* Durchhaltevermögen *nt,* Widerstandsfähigkeit *f*

re·sili·ent [rɪˈzɪliənt, AM -jənt] *adj* ❶ *(able to keep shape) material* elastisch ❷ *(fig: able to survive setbacks)* unverwüstlich *fig,* zäh *fig; health* unverwüstlich; *share prices* widerstandsfähig; ***she's a ~ girl*** sie ist hart im Nehmen *fam; **he seems to be ~ to stress*** er scheint mit Stress gut zurechtzukommen

res·in [ˈrezɪn] *n no pl* Harz *nt;* **fir/pine ~** Tannen-/Kiefernharz *nt;* **industrial/plastic ~** Industrie-/Kunst[stoff]harz *nt*

res·in 'acid *n no pl* CHEM Harzsäure *f* **res·in ben·ja·min** [-ˈbendʒəmɪn], **res·in ben·zo·in** [-ˈbenzɔɪn] *n no pl* CHEM Benzoeharz *nt*

res·in·ous [ˈrezɪnəs] *adj* harzig

re·sist [rɪˈzɪst] **I.** *vt* ❶ *(fight against)* ■**to ~ sth** etw *dat* Widerstand leisten; **to ~ arrest** LAW sich *akk* der Verhaftung widersetzen ❷ *(refuse to accept)* ■**to ~ sth** sich *akk* gegen etw *akk* wehren, sich *akk* etw *dat* widersetzen ❸ *(be unaffected by)* ■**to ~ sth** etw *dat* widerstehen; **to ~ corrosion** korrosionsbeständig sein; **to ~ a disease/an infection** gegen eine Krankheit/eine Infektion resistent sein ❹ *(not give into)* ■**to ~ sb/sth** jdm/etw widerstehen; ***she couldn't ~ laughing*** sie musste einfach loslachen *fam;* **to ~ a desire/a temptation** einem Verlangen/einer Versuchung widerstehen **II.** *vi* ❶ *(fight an attack)* sich *akk* wehren, Widerstand leisten ❷ *(refuse sth)* widerstehen **III.** *n* COMPUT Abdeckmittel *nt*

re·sist·ance [rɪˈzɪstᵊn(t)s] *n* ❶ *no pl (military opposition)* Widerstand *m* (**to** gegen +*akk*) ❷ *(organization)* ■**the R~** der Widerstand; **the** [**French**] **R~** die [französische] Résistance ❸ *(refusal to accept)* Widerstand *m* (**to** gegen +*akk*); **to offer no ~** [**to sb/sth**] [jdm/etw] keinen Widerstand leisten; **to put up** [**a**] **determined** [*or* **stiff**] **~** erbitterten Widerstand leisten ❹ *no pl (ability to withstand illness)* Widerstandskraft *f;* **~ to a disease/an infection** Resistenz *f* gegen eine Krankheit/eine Infektion ❺ *no pl (force)* Widerstand *m;* **air/wind ~** Luft-/Windwiderstand *m* ❻ *no pl* PHYS, ELEC, COMPUT Widerstand *m* ❼ LAW Widerstand *m*
▸PHRASES: **to take the path** [*or* BRIT *usu* **line**] **of least ~** den Weg des geringsten Widerstands gehen

re·'sis·tance fight·er *n* Widerstandskämpfer(in) *m(f)* **re·'sis·tance move·ment** *n* Widerstandsbewegung *f*

re·sis·tant [rɪˈzɪstᵊnt] *adj* ❶ *(refusing to accept)* ablehnend; ■**to be ~ to sth** etw *dat* ablehnend gegenüberstehen ❷ *(hardened against damage)* resistent; ■**to be ~ to sth** gegen etw *akk* resistent [*o* immun] sein; **~ to corrosion** korrosionsbeständig

-re·sis·tant [rɪˈzɪstᵊnt] *in compounds* + *n* -beständig; **corrosion/heat/rust~** korrosions-/hitze-/rostbeständig; **disease~** krankheitsresistent; **flame~** feuerfest; **stain~** Schmutz abweisend; **water/dirt~** Wasser/Schmutz abweisend

re·sist·er [rɪˈzɪstəʳ, AM ɚ] *n* Gegner(in) *m(f),* Widerstandleistende(r) *f(m)*

re·sis·tive [rɪˈzɪstɪv] *adj* TECH widerstandsfähig; **~ material** widerstandsfähiges Material; **~ coupling** ELEC Widerstandskopplung *f*

re·sis·tor [rɪˈzɪstəʳ, AM -ɚ] *n* ELEC, COMPUT Widerstand *m*

re·sit *esp* BRIT **I.** *vt* <-tt-, -sat, -sat> [ˌriːˈsɪt] SCH, UNIV **to ~ an examination** eine Prüfung wiederholen **II.** *n* [ˈriːsɪt] SCH, UNIV Wiederholungsprüfung *f*

re·skill [ˌriːˈskɪl] *vt* ■**to ~ sb** jdn umschulen

reso·lute [ˈrezᵊluːt, AM -zə-] *adj (form)* entschlossen; ■**to be ~ in sth** hartnäckig in etw *dat* sein; **~ belief** fester [*o* unbeirrbarer] Glaube; **~ character** entschlossener Charakter; **~ person** energische [*o* resolute] Person; **~ stand** fester Standpunkt

reso·lute·ly [ˈrezᵊluːtli, AM -zə-] *adv* resolut, entschlossen; **to ~ refuse to do sth** sich *akk* hartnäckig weigern, etw zu tun

reso·lute·ness [ˈrezᵊluːtnəs, AM -zə-] *n no pl (approv)* Resolutheit *f,* Entschlossenheit *f*

reso·lu·tion [ˌrezᵊlˈuːʃᵊn, AM -əˈluː-] *n* ❶ *no pl (approv: determination)* Resolutheit *f,* Entschlossenheit *f* ❷ *no pl (form: solving of)* Lösung *f; of crises* Überwindung *f;* **~ of crises** Krisenbewältigung *f;* **~ of a difficulty/dilemma** Lösung *f* eines Problems/Dilemmas; **~ of a question** Klärung *f* einer Frage ❸ POL *(proposal)* Beschluss *m,* Resolution *f geh;* **to lay down** [*or* **propose**] **a ~** [**that ...**] eine Resolution einbringen[, dass ...]; **to pass/reject a ~** [**to do sth**] eine Resolution [etw zu tun] verabschieden/ablehnen ❹ *(decision)* Entscheidung *f; (intention)* Vorsatz *m;* **to make a ~** eine Entscheidung treffen; **joint ~** AM gemeinsame Entschließung [*o* Resolution] ❺ *no pl* CHEM, TECH Aufspaltung *f* ❻ *no pl* COMPUT, PHOT, TV *(picture quality)* Auflösung *f*

re·solv·able [rɪˈzɒlvəbl̩, AM -ˈzɑːlv-] *adj* lösbar

re·solve [rɪˈzɒlv, AM -ˈzɑːlv] **I.** *vt* ❶ *(solve)* ■**to ~ sth** etw lösen [*o* klären]; **to ~ a problem** ein Problem lösen ❷ *(settle)* **to ~ one's differences** seine Differenzen beilegen; ***the crisis ~d itself*** die Krise legte sich von selbst ❸ *(separate)* ■**to ~ sth into sth** etw in etw *akk* zerlegen ❹ *(form: decide)* ■**to ~ that ...** beschließen, dass ... **II.** *vi* ❶ *(decide)* beschließen; ■**to ~ to do sth** beschließen, etw zu tun; ■**to ~ on doing sth** beschlie-

R

ßen [*o* sich *akk* entschließen], etw zu tun
❷ *(separate into)* sich *akk* auflösen
III. *n (form)* Entschlossenheit *f*
re·solved [rɪˈzɒlvd, AM -ˈzɑːlvd] *adj pred* entschlossen; ■ **to be ~ to do sth** [fest] entschlossen sein, etw zu tun
re·sol·vent [rɪˈzɒlvənt, AM -ˈzɑːlv-] **I.** *n* CHEM Lösungsmittel *nt*
II. *adj* MATH auflösend; **~ matrix** auflösende Matrix
reso·nance [ˈrezᵊnən(t)s] *n* ❶ *no pl (echo)* [Nach]hall *m,* Resonanz *f geh;* **~ of an instrument/of laughter/of thunder** der [Nach]hall eines Instruments/von Gelächter/von Donner
❷ *(form)* Erinnerung *f;* **to have ~s for sb** für jdn mit Erinnerungen behaftet sein
❸ COMPUT Resonanz *f*
reso·nant [ˈrezᵊnənt] *adj* [wider]hallend; ■ **to be ~ with sth** von etw *dat* widerhallen; **to be ~ with memories** *(fig)* Erinnerungen aufkommen lassen
reso·nate [ˈrezᵊneɪt] **I.** *vi* ❶ *(resound)* hallen; ***the hall ~d with laughter*** der Saal hallte von Gelächter wider
❷ *(fig: be important)* ■ **to ~ with sth** etw ausstrahlen *fig;* ***the building ~s with historic significance*** das Gebäude hat eine geschichtsträchtige Aura; ■ **to ~ with sb** bei jdm Echo [*o* Widerhall] finden
❸ *esp* AM *(fig: share an understanding)* einer Meinung sein; ■ **to ~ with sth** mit etw *dat* im Einklang sein
II. *vt* ■ **to ~ sth** mit etw *dat* Resonanzen erzeugen
reso·na·tor [ˈrezᵊneɪtəʳ, AM -t̬ɚ] *n* MUS Resonator *m*
re·sort [rɪˈzɔːt, AM -ˈzɔːrt] **I.** *n* ❶ *(place for holidays)* Urlaubsort *m;* **health/holiday** [*or* AM *also* **vacation**] **~** Kur-/Ferienort *m*
❷ *no pl (employment)* Einsatz *m,* Anwendung *f;* ***he should have won easily without ~ to such underhand methods*** er hätte leicht gewinnen können, auch ohne auf solch zweifelhafte Methoden zurückgreifen zu müssen; **without ~ to violence** ohne Gewaltanwendung; **as a last ~** als letzten Ausweg [*o* letzte Möglichkeit]; ***you're my last ~!*** du bist meine letzte Hoffnung!
❸ LAW **court of last ~** Gericht *nt* letzter Instanz; **lender of the last ~** Kreditgeber(in) *m(f)* der letzten Instanz
II. *vi* ■ **to ~ to sth** auf etw *akk* zurückgreifen, etw anwenden; ***when she didn't answer I ~ed to standing outside and calling up to her*** als sie nicht antwortete, blieb mir nichts anderes übrig, als draußen zu stehen und zu ihr hoch zu rufen; **to ~ to alcohol** sich *akk* dem Alkohol zuwenden
re·sound [rɪˈzaʊnd] *vi* ❶ *(resonate)* [wider]hallen; ***a gong ~ed*** ein Gong ertönte
❷ *(fig: cause sensation)* Furore machen; ***the rumour ~ed through the whole world*** das Gerücht ging um die ganze Welt
re·sound·ing [rɪˈzaʊndɪŋ] *adj pred* ❶ *(very loud)* schallend; **~ applause** tosender Applaus; **~ laughter** schallendes Gelächter
❷ *(emphatic)* unglaublich; **~ defeat** schwere Niederlage; **~ success** durchschlagender Erfolg
re·sound·ing·ly [rɪˈzaʊndɪŋli] *adv* ❶ *(very loudly)* schallend
❷ *(emphatically)* unglaublich
re·source [rɪˈzɔːs, AM ˈriːsɔːrs] **I.** *n* ❶ *usu pl (asset)* Ressource *f*
❷ *(source of supply)* ■ **~s** *pl* Ressourcen *pl;* **energy ~s** Energieressourcen *pl;* **natural ~s** Bodenschätze *pl*
❸ *(wealth)* ■ **~s** *pl* [finanzielle] Mittel; ***the cost of the new project is easily within our ~s*** die Kosten für das neue Projekt liegen durchaus im Rahmen unserer finanziellen Möglichkeiten
❹ *(approv form: resourcefulness)* Ideenreichtum *m,* Einfallsreichtum *m*
❺ COMPUT Betriebsmittel *nt*
II. *vt* ■ **to ~ sth with sth** etw mit etw *dat* ausstatten
re·sourced [rɪˈzɔːst, AM ˈriːsɔːrst] *adj* ❶ *(wealthy)* wohlhabend
❷ *(financed)* finanziert; **under-~** unterfinanziert
re·source·ful [rɪˈzɔːsfᵊl, AM ˈriːsɔːr-] *adj (approv)* ideenreich, einfallsreich
re·source·ful·ly [rɪˈzɔːsfᵊli, AM ˈriːsɔːr-] *adv (approv)* clever, geschickt
re·source·ful·ness [rɪˈzɔːsfᵊlnəs, AM ˈriːsɔːr-] *n no pl (approv)* Einfallsreichtum *m,* Ideenreichtum *m*
re·ˈsource room *n* SCH, UNIV Informationsraum *m*
re·spect [rɪˈspekt] **I.** *n* ❶ *no pl (esteem)* Respekt *m,* Achtung *f* (**for** vor *+dat);* **to have great ~ for sth** große Achtung vor etw *dat* haben; ***I have great ~ for his ideas*** ich schätze seine Ideen sehr; **to have great ~ for sb, to hold sb in great ~** große Achtung vor jdm haben; **to show ~ for sb/sth** jdm/etw Respekt [*o* Achtung] erweisen; **to command ~** eine Respektsperson sein, sich *dat* Respekt verschaffen; **to earn** [*or* **gain**] [*or* **win**] **the ~ of sb** [*or* **sb's ~**] sich *dat* jds Respekt verdienen
❷ *no pl (consideration)* Rücksicht *f;* **to have** [*or* **show**] **~ for sb/sth** Rücksicht auf jdn/etw nehmen; **to have no ~ for sth** etw nicht respektieren; **to show a lack of ~ for sth** einen Mangel an Respekt gegenüber etw *dat* zeigen; **out of ~ for sb's feelings** aus Rücksicht auf jds Gefühle
❸ *(form: polite greetings)* ■ **~s** *pl* Grüße *pl;* ***please convey my ~s to your parents*** bitte grüße deine Eltern von mir; **to pay one's ~s** [**to sb**] jdm einen Besuch abstatten; **to pay one's last ~s to sb** jdm die letzte Ehre erweisen
▸PHRASES: **in all/many/some ~s** in allen/vielen/einigen Punkten; **with all due ~** bei allem nötigen Respekt; **in every ~** in jeglicher Hinsicht; **with great** [*or* **the greatest** [**of**]] [*or* **the utmost**] **~** [**to sb**] mit größtem Respekt [jdm gegenüber]; **in ~ of** [*or* **with ~ to**] **sth** *(form)* in [*o* mit] Bezug auf etw *akk,* bezüglich *+gen,* hinsichtlich *+gen;* ***I am writing with ~ to your letter of 15 June*** ich schreibe Ihnen Bezug nehmend auf Ihren Brief vom 15. Juni; **in most ~s** in den meisten Punkten, in vielerlei Hinsicht; **in this ~** in dieser Hinsicht
II. *vt* ❶ *(esteem)* ■ **to ~ sb/sth** jdn/etw respektieren; LAW jdn/etw anerkennen [*o* berücksichtigen], Hochachtung vor jdm/etw haben; **to ~ sb's decision/opinions** jds Entscheidung/Ansichten respektieren; ■ **to ~ oneself** Selbstachtung haben
❷ *(show consideration towards)* **to ~ sb's decision/opinions/wishes** jds Entscheidung/Ansichten/Wünsche respektieren; **to ~ sb's feelings/privacy/rights** jds Gefühle/Privatsphäre/Rechte respektieren
re·spect·abil·ity [rɪˌspektəˈbɪləti, AM -ət̬i] *n no pl* Ansehen *nt,* Seriosität *f,* Respektabilität *f geh;* **to gain** [*or* **achieve**] **~** Ansehen gewinnen
re·spect·able [rɪˈspektəbl̩] *adj* ❶ *(decent)* anständig, ehrbar; **~ area** anständige Gegend; **~ behaviour** [*or* AM **behavior**] anständiges [*o* korrektes] Benehmen
❷ *(presentable)* anständig, ordentlich; **~ clothes** anständige Kleidung
❸ *(acceptable) salary, sum* anständig *fam,* ordentlich *fam,* ansehnlich
❹ *(deserving respect)* respektabel; **~ person** angesehene Person
❺ *(hum: be dressed)* **to be ~** angezogen sein, etw anhaben; **to make oneself ~** sich *dat* was anziehen *fam*
re·spect·ably [rɪˈspektəbli] *adv* ❶ *(in a respectable manner)* anständig, ordentlich
❷ *(reasonably well)* passabel *fam*
re·spect·ed [rɪˈspektɪd] *adj* angesehen; **to be well ~** hoch angesehen sein
re·spect·er [rɪˈspektəʳ, AM -ɚ] *n* Anhänger(in) *m(f);* ■ **to be no ~ of sth** etw *dat* keine Beachtung schenken; ***air pollution is no ~ of national frontiers*** Luftverschmutzung macht an Landesgrenzen nicht Halt
re·spect·ful [rɪˈspektfᵊl] *adj* respektvoll; **to be ~ of sth** etw respektieren [*o* achten], etw *dat* Respekt entgegenbringen
re·spect·ful·ly [rɪˈspektfᵊli] *adv* respektvoll; **R~ yours** hochachtungsvoll, Ihr(e)
re·spect·ing [rɪˈspektɪŋ] *prep (form)* bezüglich
re·spec·tive [rɪˈspektɪv] *adj attr, inv* jeweilig, SCHWEIZ *a.* respektiv
re·spec·tive·ly [rɪˈspektɪvli] *adv inv* beziehungsweise, SCHWEIZ *a.* respektive
res·pi·ra·tion [ˌrespᵊrˈeɪʃᵊn, AM -pəˈreɪ-] *n no pl (form or spec)* Atmung *f;* **artificial ~** künstliche Beatmung; **to give sb artificial ~** jdn künstlich beatmen
res·pi·ra·tor [ˈrespᵊreɪtəʳ, AM -pəreɪt̬ɚ] *n* ❶ MED *(breathing equipment)* Beatmungsgerät *nt;* **to put sb on a ~** jdn an ein Beatmungsgerät anschließen
❷ *(air-filtering mask)* Atem[schutz]gerät *nt*
re·spira·tory [rɪˈspɪrətᵊri, AM ˈrespɚətɔːri] *adj attr, inv (form)* Atem-; **~ complaint/failure** Atembeschwerden *pl/*-stillstand *m;* **~ disease** Atemwegserkrankung *f*
re·ˈspira·tory sys·tem *n* Atmungssystem *nt*
re·spire [rɪˈspaɪəʳ, AM -ɚ] *vi* BIOL, MED *(spec)* atmen, respirieren *fachspr*
res·pite [ˈrespaɪt, AM -pɪt] *n no pl (form)* ❶ *(pause)* Unterbrechung *f,* Pause *f;* ***the injection provided only a temporary ~ from the pain*** die Spritze befreite nur vorübergehend von den Schmerzen; **without ~** pausenlos, ohne Pause
❷ *(delay)* Aufschub *m*
ˈres·pite care *n* BRIT *zeitweilige Pflege von bedürftigen Personen*
re·splen·dence [rɪˈsplendən(t)s] *n no pl (form)* Pracht *f*
re·splen·dent [rɪˈsplendənt] *adj (form or liter)* prächtig, prachtvoll; ***I saw her, ~ in a red cocktail dress*** ich sah sie, eine strahlende Erscheinung in einem roten Cocktailkleid
re·splen·dent·ly [rɪˈsplendəntli] *adv (form or liter)* prachtvoll, prächtig
re·spond [rɪˈspɒnd, AM -ˈspɑːnd] **I.** *vt* ■ **to ~ that ...** erwidern, dass ...
II. *vi* ❶ *(answer)* antworten; ■ **to ~ to sth** auf etw *akk* antworten; **to ~ to a letter/a question** auf einen Brief/eine Frage antworten, einen Brief/eine Frage beantworten
❷ *(react)* reagieren; ■ **to ~ to sth** auf etw *akk* reagieren; ***how did she ~ to the news?*** wie hat sie auf die Neuigkeit reagiert?; **to ~ to the controls** der Steuerung gehorchen
❸ MED *(react)* **to ~ to treatment** auf eine Behandlung ansprechen
re·spon·dent [rɪˈspɒndənt, AM -ˈspɑːn-] *n* ❶ *(person who answers)* Befragte(r) *f(m); to research, a survey* Proband(in) *m(f)*
❷ LAW Angeklagte(r) *f(m),* Berufungsbeklagte(r) *f(m); (person answering petition)* [Scheidungs]beklagte(r) *f(m)*
re·sponse [rɪˈspɒn(t)s, AM -ˈspɑː-] *n* ❶ *(answer)* Antwort *f* (**to** auf *+akk);* **to have/receive a ~** eine Antwort haben/bekommen; **to make no ~** keine Antwort geben
❷ *(act of reaction)* Reaktion *f;* **to meet with a bad/good ~** eine schlechte/gute Resonanz finden; ***her proposals have met with an enthusiastic ~*** ihre Vorschläge wurden begeistert aufgenommen; ***his comments provoked an angry ~ from the government*** seine Bemerkungen riefen eine wütende Reaktion seitens der Regierung hervor; **in ~ to sth** in Erwiderung auf etw *akk;* ***I am writing in ~ to your advertisement*** ich schreibe auf Ihre Anzeige hin
❸ *no pl (sign of reaction)* Reaktion *f*
❹ *(part of church service)* Responsorium *nt*
re·spon·sibil·ity [rɪˌspɒn(t)səˈbɪləti, AM -ˌspɑːn(t)səˈbɪlət̬i] *n* ❶ *no pl (state of being responsible)* Verantwortung *f* (**for** für *+akk);* **sense of ~** Verantwortungsbewusstsein *nt;* **~ for risks** Risikoverantwortung *f;* **to act on one's own ~** auf eigene Verantwortung handeln; **to claim ~ for sth** sich *akk* für etw *akk* verantwortlich erklären; **to take** [*or* **accept**] **full ~ for sth** die volle Verantwortung für etw *akk* übernehmen
❷ *(duty, authority)* Verantwortlichkeit *f,* Zuständigkeit *f;* ***it's her ~ to ensure the project finishes on time*** es liegt in ihrer Verantwortung, dass das Projekt rechtzeitig abgeschlossen wird; ***who has ~ here?*** wer ist hier zuständig?; **to carry a lot of ~** ei-

ne große Verantwortung tragen; **to have a ~ to sb/sth** jdm/etw gegenüber eine Verpflichtung haben

re·spon·sible [rɪˈspɒn(t)səbl̩, AM -ˈspɑː-] *adj* ❶ *(accountable)* verantwortlich; ■**to be ~ for sth** für etw *akk* verantwortlich sein; LAW für etw *akk* haften; **to hold sb ~ [for sth]** jdn [für etw *akk*] verantwortlich machen; LAW jdn [für etw *akk*] haftbar machen ❷ *(in charge)* verantwortlich, zuständig; ■**to be ~ for sb/sth** für jdn/etw verantwortlich sein; **to be ~ to sb** jdm gegenüber verantwortlich sein ❸ *(sensible)* verantwortungsbewusst ❹ *(requiring responsibility) job, task* verantwortungsvoll; **a ~ job** eine verantwortungsvolle Stellung

re·spon·sibly [rɪˈspɒn(t)səbli, AM -ˈspɑː-] *adv* verantwortungsbewusst

re·spon·sive [rɪˈspɒn(t)sɪv, AM -ˈspɑː-] *adj* gut reagierend; ***I always found him very ~*** ich fand ihn immer sehr entgegenkommend; ***we had a wonderfully ~ audience for last night's performance*** das Publikum ging bei der Vorstellung gestern Abend sehr gut mit *fam;* ***the new car has a very ~ engine*** das neue Auto hat einen Motor, der sehr gut anspringt; **to be ~ to treatment** auf eine Behandlungsmethode ansprechen

re·spon·sive·ly [rɪˈspɒn(t)sɪvli, AM -ˈspɑː-] *adv* [gut] ansprechend; ***he reacted very ~ to your praise*** er zeigte sich sehr empfänglich für deine Lobrede

re·spon·sive·ness [rɪˈspɒn(t)sɪvnəs, AM -ˈspɑː-] *n no pl* gute Reaktionsfähigkeit; MED Ansprechen *nt;* ***we are studying the ~ of this condition to ultrasound treatment*** wir untersuchen, wie dieses Leiden auf eine Ultraschallbehandlung anspricht

rest¹ [rest] *n + sing/pl vb* ■**the ~** der Rest; ***the ~ is silence*** der Rest ist Schweigen

rest² [rest] **I.** *n* ❶ *(period of repose)* [Ruhe]pause *f;* **to have a ~** eine Pause machen [*o* einlegen]; **to need a ~** eine Pause brauchen; ***I feel like I need a ~ from all my problems*** ich könnte eine Verschnaufpause von allen meinen Problemen gebrauchen ❷ *no pl (repose)* Erholung *f;* **for a ~** zur Erholung ❸ MUS Pause *f; (symbol)* Pausenzeichen *nt* ❹ *(support)* Stütze *f,* Lehne *f; (in billiards)* Führungsqueue *m o nt;* **arm/foot/book ~** Arm-/Fuß-/Buchstütze *f*
▸PHRASES: **to be at ~** *(not moving)* sich *akk* im Ruhezustand befinden; *(dead)* ruhen *euph;* **to come to ~** zur Ruhe kommen; **to give sth a ~** etw ruhenlassen; **to give it a ~** *(fam)* es seinlassen *fam,* damit aufhören
II. *vt* ❶ *(repose)* **to ~ one's eyes/legs** seine Augen/Beine ausruhen; **to ~ oneself** sich *akk* ausruhen ❷ *(support)* ■**to ~ sth against/[up]on sth** etw gegen/an etw *akk* lehnen; ***she ~ed her head on my shoulder*** sie lehnte den Kopf an meine Schulter ❸ AM LAW *(conclude evidence)* **to ~ one's case** seine Beweisführung abschließen
III. *vi* ❶ *(cease activity)* [aus]ruhen, sich *akk* ausruhen; **to not ~ until ...** [so lange] nicht ruhen, bis ... ❷ *(not to mention sth)* **to let sth ~** etw ruhenlassen; *(fam)* ***let it ~!*** lass es doch auf sich beruhen!; ***why won't you let me come with you? — oh, let it ~!*** warum darf ich nicht mitkommen? – ach, hör doch endlich auf! ❸ *(form: remain)* ruhen; ***the problem cannot be allowed to ~*** das Problem darf nicht aufgeschoben werden; ***it ~s on her to decide*** die Entscheidung liegt bei ihr ❹ *(be supported)* ruhen; ***the child's head ~ed in her lap*** der Kopf des Kindes ruhte in ihrem Schoß; ■**to ~ against sth** an etw *dat* lehnen ❺ *(depend on)* ■**to ~ on sth** auf etw *dat* ruhen; *(be based on)* auf etw *dat* beruhen; ***the prosecution's case ~s almost entirely on circumstantial evidence*** die Anklage gründet sich fast ausschließlich auf Indizienbeweise; ■**to ~ on [*or* with] sb** auf jdm ruhen, jdm obliegen *geh;* ***the final decision ~s with the planning committee*** die endgültige Entscheidung ist Sache des Planungskomitees ❻ *(form or liter: alight on)* ■**to ~ [up]on sb/sth** *gaze* auf jdm/etw ruhen
▸PHRASES: **[you can] ~ assured [*or* easy] [that ...]** seien Sie versichert, dass ...; **to be ~ing** BRIT *(fam)* arbeitslos sein; **to ~ on one's laurels** sich *akk* auf seinen Lorbeeren ausruhen; **~ in peace** ruhe in Frieden; ***may he/she ~ in peace*** möge er/sie in Frieden ruhen
◆**rest up** *vi* AM ausruhen

re·ˈstage *vt* ■**to ~ sth** *play* etw wieder aufnehmen; *event* etw wiederholen

re·start [ˌriːˈstɑːt, AM ˈstɑːrt] **I.** *vt* ■**to ~ sth** etw wieder in Gang bringen [*o* setzen], mit etw *dat* erneut anfangen; *motor* etw wieder anlassen; *machine* etw wieder anwerfen; *activity, talk* etw wieder aufnehmen
II. *vi* wieder anfangen [*o* beginnen]; *machine* wieder starten
III. *n usu sing* ❶ *(continuation)* Wiederaufnahme *f; factory* Wiederinbetriebnahme *f* ❷ *(recommencement)* Neubeginn *m* ❸ *(re-opening)* Wiedereröffnung *f*

re·state [ˌriːˈsteɪt] *vt* ■**to ~ sth** etw noch einmal [mit anderen Worten] sagen [*o* neu formulieren]

re·state·ment [ˌriːˈsteɪtmənt] *n no pl* Neuformulierung *f,* Umformulierung *f*

res·tau·rant [ˈrestᵊrɔ̃(ŋ), AM -tərɑːnt] **I.** *n* Restaurant *nt,* Gaststätte *f*
II. *n modifier (owner, staff)* Gaststätten-; **~ food** Essen *nt* in der Gaststätte; **~ prices** Gaststättenpreise *pl,* Restaurantpreise *pl*

ˈres·tau·rant car *n* BRIT Speisewagen *m,* Zugrestaurant *nt form* **ˈres·tau·rant chain** *n* Restaurantkette *f*

res·tau·ra·teur [ˌrestɒrəˈtɜːʳ, AM -təˈəˈtɜːr] *n* Gastwirt(in) *m(f),* Gastronom(in) *m(f)*

ˈrest cure *n* Erholungskur *f* **ˈrest day** *n* Ruhetag *m*

rest·ed [ˈrestɪd] *adj* erholt; **to feel ~** sich *akk* erholt fühlen

rest·ful [ˈrestfᵊl] *adj* erholsam; *sound* beruhigend; *atmosphere* entspannt; *place* friedlich; **to be ~ to the eyes** eine Erholung für die Augen sein

rest·ful·ness [ˈrestfᵊlnəs] *n no pl* Erholsamkeit *f*

ˈrest home *n* Altersheim *nt*

rest·ing place [ˈrestɪŋ-] *n* ❶ *(euph: burial place)* **sb's [final [*or* last]] ~** jds [letzte] Ruhestätte *euph* ❷ *(place to relax)* Rastplatz *m,* Ruheplatz *m*

res·ti·tu·tion [ˌrestɪˈtjuːʃᵊn, AM *esp* -ˈtuː-] *n no pl* ❶ *(return)* Rückgabe *f; of sb's rights* Wiederherstellung *f; of money* [Zu]rückerstattung *f; of a house, estates etc.* [Zu]rückgabe *f;* **export ~** Exporterstattung *f* ❷ *(compensation)* Entschädigung *f;* FIN *usu* Schaden[s]ersatz *m;* **to make ~ [to sb] for sth** [jdm] für etw *akk* Ersatz leisten

res·tive [ˈrestɪv] *adj* ❶ *(restless and impatient)* unruhig, nervös ❷ *(stubborn)* widerspenstig; **a ~ horse** ein störrisches Pferd

res·tive·ly [ˈrestɪvli] *adv* unruhig

res·tive·ness [ˈrestɪvnəs] *n no pl* ❶ *(restlessness)* Rastlosigkeit *f; (nervousness)* Unruhe *f,* Nervosität *f* ❷ *(stubbornness)* Widerspenstigkeit *f*

rest·less [ˈrestləs] *adj* ❶ *(agitated)* unruhig ❷ *(uneasy)* rastlos; **to get ~** anfangen, sich *akk* unwohl zu fühlen ❸ *(wakeful)* ruhelos; **a ~ night** eine schlaflose Nacht

rest·less·ly [ˈrestləsli] *adv* unruhig

rest·less·ness [ˈrestləsnəs] *n no pl* ❶ *(agitation)* Unruhe *f* ❷ *(impatience)* Rastlosigkeit *f*

re·stock [ˌriːˈstɒk, AM -ˈstɑːk] **I.** *vt* ■**to ~ sth [with sth]** etw wieder [mit etw *dat*] auffüllen; **to ~ the bar with soft drinks** die Bar wieder mit alkoholfreien Getränken auffüllen; **to ~ a lake** den See wieder mit Fischen besetzen
II. *vi* Vorräte erneuern

re·stock·ing fee [ˌriːˈstɒkɪŋˌfiː, AM -ˈstɑːk-] *n* Umtauschgebühr *f*

res·to·ra·tion [ˌrestᵊrˈeɪʃᵊn, AM -təˈreɪ-] **I.** *n* ❶ *no pl (act of restoring)* Restaurieren *nt* ❷ *(instance of restoring)* Restaurierung *f* ❸ *no pl (re-establishment)* Wiederherstellung *f;* **the ~ of the death penalty** die Wiedereinführung der Todesstrafe; **~ of health** Wiederherstellung *f* der Gesundheit; **the ~ of law and order** die Wiederherstellung der [öffentlichen] Ordnung ❹ *no pl (form: return to owner)* Rückgabe *f;* **the full ~ of the misappropriated funds** die volle Rückerstattung der fehlgeleiteten Gelder ❺ *no pl (return to position)* Wiedereinsetzung *f* (to in +*akk)*
II. *n modifier (costs)* Restaurierungs-; **~ work** Restaurierungsarbeiten *pl*

Res·to·ra·tion [ˌrestᵊrˈeɪʃᵊn, AM -təˈreɪ-] HIST **I.** *n* ■**the ~** die Restauration
II. *n modifier* **~ architecture/art** die Architektur/Kunst der Restaurationszeit; **~ house** Haus *nt* aus der Restaurationszeit

re·stora·tive [rɪˈstɒrətɪv, AM -ˈstɔːrət̬ɪv] **I.** *n* Stärkungsmittel *nt*
II. *adj* stärkend *attr;* **~ powers [of sth]** *(strengthening)* kräftigende Wirkung [von etw *dat*]; *(healing)* heilende Wirkung [von etw *dat*]

re·store [rɪˈstɔːʳ, AM -ˈstɔːr] *vt* ❶ *(renovate)* ■**to ~ a building/painting** ein Gebäude/Gemälde restaurieren ❷ *(re-establish)* ■**to ~ sth** etw wiederherstellen; **to ~ sb's faith in sth** jdm sein Vertrauen in etw *akk* zurückgeben; **to ~ sb to health** jds Gesundheit [*o* jdn] wiederherstellen; **to ~ a law** ein Gesetz wieder einführen; **to ~ [law and] order** die [öffentliche] Ordnung wiederherstellen; **to ~ sb to life** jdn ins Leben zurückbringen; **to ~ sb's sight** jds Sehvermögen wiederherstellen ❸ *(form: return to owner)* ■**to ~ sth to sb** jdm etw zurückgeben; ■**to ~ sb to sb** jdn [zu] jdm zurückbringen ❹ *(reinstate)* ■**to ~ sb to sth** jdn wieder in etw *akk* einsetzen; **to ~ sb to their former position** jdn in seine/ihre frühere Position wieder einsetzen; **to ~ sb to power** jdn wieder an die Macht bringen

re·stor·er [rɪˈstɔːrəʳ, AM -ˈstɔːrɚ] *n* ❶ ARCHIT, ART *(person)* Restaurator(in) *m(f)* ❷ *(hair growth treatment)* **hair ~** Haarwuchsmittel *nt*

re·strain [rɪˈstreɪn] *vt* ❶ *(physically check)* ■**to ~ sb** jdn zurückhalten; *(forcefully)* jdn bändigen; ■**to ~ sb from [doing] sth** jdn davon abhalten, etw zu tun ❷ *(hold back)* ■**to ~ sth** etw zurückhalten; ■**to ~ oneself** sich *akk* beherrschen; **to ~ an impulse to do sth** einen Drang, etw zu tun, unterdrücken; ***she ~ed her impulse to smile*** sie unterdrückte ein Lächeln ❸ *(keep under control)* ■**to ~ sth** etw einschränken [*o* beschränken] [*o geh* restringieren]; **to ~ arms sales** den Waffenverkauf mit Restriktionen belegen; **to ~ inflation** die Inflation aufhalten

re·strained [rɪˈstreɪnd] *adj* beherrscht; ***she was ~, despite the anger that welled up inside her*** sie war sehr beherrscht trotz des Zorns, der in ihr aufstieg; **~ criticism** verhaltene Kritik; **~ manners** gepflegte Manieren; **~ policy** zurückhaltende Politik

re·strain·ing ˈin·flu·ence *n* beruhigender Einfluss; **to act as a ~ on sb** einen beruhigenden Einfluss auf jdn ausüben **re·ˈstrain·ing or·der** *n* LAW einstweilige Verfügung *fachspr;* **to obtain a ~** eine einstweilige Verfügung erwirken

re·straint [rɪˈstreɪnt] *n* ❶ *no pl (self-control)* Beherrschung *f;* **to exercise ~** Zurückhaltung üben; **to laugh without ~** frei und unbeschwert lachen ❷ ECON *(restriction)* Einschränkung *f,* Beschränkung *f;* **~s of competition** Wettbewerbsbeschränkung *f;* **~s on imports** Einfuhrbeschränkungen *pl;* **a ~ on the press** eine Beschneidung der Pressefreiheit; **pay [*or* wage] ~** *esp* BRIT Lohnstopp *m* ❸ LAW **to place/keep sb under ~** jdn in Gewahrsam nehmen/behalten

re·straint of ˈtrade *n* ECON ❶ *(obligation to maintain secrecy)* Geheimhaltungspflicht *f* ❷ *(trading restriction)* Wettbewerbsbeschränkung *f,* Handelsbeschränkung *f*

R

re·strict [rɪˈstrɪkt] *vt* ❶ *(limit)* ■**to ~ sth** etw beschränken [*o* einschränken]; *number* etw begrenzen; ■**to ~ sb to sth:** ***we will have to ~ managers to half an hour's lunch break*** wir müssen die Mittagspause für Manager auf eine halbe Stunde beschränken; ■**to ~ oneself to sth** sich *akk* auf etw beschränken; **to ~ freedom of speech** die Redefreiheit beschneiden; **to ~ the sale of cigarettes** den Verkauf von Zigaretten mit Restriktionen belegen; **to ~ vision** [*or* **visibility**] die Sicht einschränken
❷ *(deprive of right)* ■**to ~ sb from sth** jdm etw untersagen
❸ *(confine)* ■**to ~ sb to sth** jdn in etw *akk* einsperren; **to be ~ed to barracks** Kasernenarrest haben

re·strict·ed [rɪˈstrɪktɪd] *adj* ❶ *(limited) choice, vocabulary* begrenzt; *view* eingeschränkt
❷ *(subject to limitation)* eingeschränkt; *view, number* beschränkt; ■**to be ~ to sb/sth** auf jdn/etw beschränkt sein; *privilege* jdm/etw vorbehalten sein *geh;* **~ area** MIL Sperrgebiet *nt; (with speed limits)* verkehrsberuhigte Zone; **~ document** geheimes Dokument; **~ entry** beschränkte Zufahrt
❸ *(spatially confined)* eng

re·stric·tion [rɪˈstrɪkʃᵊn] *n* ❶ *(limit)* Begrenzung *f,* Beschränkung *f,* Einschränkung *f,* Restriktion *f;* **speed ~** Geschwindigkeitsbegrenzung *f;* **~ on trade** Handelsbeschränkung *f;* **to be subject to ~s** Beschränkungen [*o geh* Restriktionen] unterliegen; **to impose** [*or* **place**] **a ~ on sth** etw mit Restriktionen belegen; **to lift ~s** Restriktionen aufheben
❷ *no pl (action of limiting)* Einschränken *nt*
❸ COMPUT Einschränkung *f*

re·stric·tive [rɪˈstrɪktɪv] *adj (esp pej)* einschränkend, einengend; *measure* restriktiv; **~ business practice** restriktive Geschäftspraktiken *pl;* **~ trade practices** wettbewerbsbeschränkende Handelspraktiken

re·stric·tive 'prac·tice *n* BRIT unwirtschaftliche Arbeitspraktiken **re·stric·tive 'trade prac·tices** *npl* wettbewerbsbeschränkende Geschäftspraktiken

re·string <-strung, -strung> [riːˈstrɪŋ] *vt* **to ~ an instrument** ein Instrument neu besaiten; **to ~ pearls** Perlen neu aufziehen; **to ~ a tennis racket** einen Tennisschläger neu bespannen

'rest·room *n esp* AM *(toilet)* Toilette *f*

re·struc·ture [ˌriːˈstrʌktʃəʳ, AM -ɚ] *vt* ECON ■**to ~ sth** etw umstrukturieren [*o* restrukturieren] [*o* reorganisieren]

re·struc·tur·ing [ˌriːˈstrʌktʃᵊrɪŋ, AM -ɚɪŋ] *n* Restrukturierung *f,* Umstrukturierung *f,* Neuausrichtung *f;* **to undergo ~** umstrukturiert werden

re·'struc·tur·ing plan *n* Reorganisationsprogramm *nt,* Sanierungsplan *m*

re·strung [riːˈstrʌŋ] *vt pt, pp of* **restring**

'rest stop *n* AM *(lay-by)* Raststätte *f*

re·sult [rɪˈzʌlt] **I.** *n* ❶ *(consequence)* Folge *f;* ■**with the ~ that ...** mit dem Ergebnis [*o* so], dass ...; ■**as a ~ of sth** als Folge [*o* wegen] einer S. *gen;* **~s of an accident** Unfallfolgen *pl*
❷ *(outcome)* Ergebnis *nt;* ***the ~ of the match was 4 to 2*** das Spiel ist 4 zu 2 ausgegangen; **election ~s** Wahlergebnisse *pl;* **end ~** Endergebnis *nt;* **football ~s** Fußballergebnisse *pl;* **~s of a test** Testresultate *pl;* **with no** [*or* **without**] **~** ergebnislos
❸ ECON *(corporate performance)* ■**~s** *pl* Ergebnisse *pl;* ***Smith's annual ~s will be published on Friday*** der Jahresbericht von Smith wird am Freitag veröffentlicht; *(for year)* Jahresergebnis *nt*
❹ *(satisfactory outcome)* ■**~s** *pl* Erfolg *m,* Resultat *nt;* **to get/see ~s** Erfolge erzielen/sehen; **to have good ~s with sth** gute Ergebnisse mit etw *dat* erzielen
❺ BRIT *(fam: a win)* Sieg *m*
❻ MATH *of a calculation, a sum* Resultat *nt,* Ergebnis *nt*
❼ COMPUT Ergebnis *nt*
II. *vi* ❶ *(ensue)* resultieren, sich *akk* ergeben; ***chaos ~ed*** es kam zu einem Chaos, es entstand ein Chaos; ■**to ~ from sth** aus etw *dat* resultieren, sich *akk* aus etw *dat* ergeben, auf etw *akk* hinauslaufen
❷ *(cause)* ■**to ~ in sth** etw zur Folge haben, zu etw *akk* führen

re·sult·ant [rɪˈzʌltᵊnt] *adj attr, inv (form),* **re·sult·ing** [rɪˈzʌltɪŋ] *adj attr, inv* resultierend *attr,* sich daraus ergebend *attr*

re·sume [rɪˈzjuːm, AM *esp* -ˈzuːm] **I.** *vt* ❶ *(start again)* ■**to ~ sth** etw wieder aufnehmen; **to ~ a journey** eine Reise fortsetzen; **to ~ work** die Arbeit wieder aufnehmen; ■**to ~ doing sth** fortfahren, etw zu tun
❷ *(form: reoccupy)* etw wieder einnehmen; **to ~ one's seat** sich *akk* wieder auf seinen Platz begeben
II. *vi* wieder beginnen; *(after short interruption)* weitergehen

ré·su·mé [ˈrezjuːmeɪ, AM ˈrezʊ-] *n* ❶ *(summary)* Zusammenfassung *f,* Resümee *nt geh;* **to give** [**sb**] **a ~ of sth** [jdm] eine Zusammenfassung über etw *akk* geben, etw [für jdn] zusammenfassen
❷ AM, AUS *(curriculum vitae)* Lebenslauf *m*

re·sump·tion [rɪˈzʌm(p)ʃᵊn] *n* ❶ *no pl (act) of a game, negotiations, talks* Wiederaufnahme *f*
❷ *(instance)* Wiederbeginn *m kein pl;* ***there have been several ~s of hostilities during the negotiations*** während der Verhandlungen kam es immer wieder zu Feindseligkeiten

re·sur·face [ˌriːˈsɜːfɪs, AM -ˈsɜːr-] **I.** *vi* ❶ *(rise to surface) submarine, diver* wieder auftauchen
❷ *(reappear)* wieder zum Vorschein kommen [*o fam* auftauchen]; *(fig) memories, topic* aufkommen
II. *vt* ■**to ~ sth** die Oberfläche einer S. *gen* erneuern; **to ~ a road** den Straßenbelag erneuern

re·sur·gence [ˌriːˈsɜːdʒən(t)s, AM -ˈsɜːr-] *n no pl (form)* Wiederaufleben *nt;* **to enjoy a ~ in popularity** *band* ein Comeback erleben

re·sur·gent [ˌriːˈsɜːdʒənt, AM -ˈsɜːr-] *adj usu attr (form)* wieder auflebend *attr*

res·ur·rect [ˌrezᵊrˈekt, AM -əˈrekt] *vt* ❶ *(revive)* ■**to ~ sth** etw wieder aufleben lassen; **to ~ a fashion** eine Mode wiederbeleben; **to ~ an idea** eine Idee wieder aufleben lassen
❷ *(bring back to life)* **to ~ sb** [**from the dead**] jdn [von den Toten] auferstehen lassen; **to ~ the dead** die Toten wieder zum Leben erwecken

Res·ur·rec·tion [ˌrezᵊrˈekʃᵊn, AM -əˈrek-] *n no pl* ■**the ~** *(raising of Christ)* die Auferstehung; *(at Last Judgment)* die Wiederauferstehung

res·ur·rec·tion [ˌrezᵊrˈekʃᵊn, AM -əˈrek-] *n no pl* Wiederbelebung *f;* **the ~ of a law** die Wiedereinführung eines Gesetzes

re·sus·ci·tate [rɪˈsʌsɪteɪt, AM -ˈsʌsə-] *vt* ❶ MED ■**to ~ sb** jdn wiederbeleben
❷ *(fig)* ■**to ~ sth** etw [neu] beleben; **to ~ a play/poem** ein Stück/Gedicht aus der Versenkung hervorholen *fig*

re·sus·ci·ta·tion [rɪˌsʌsɪˈteɪʃᵊn, AM -səˈ-] *n* ❶ MED *(revival)* Wiederbelebung *f;* **mouth-to-mouth ~** Mund-zu-Mund-Beatmung *f*
❷ COMM *(reanimation)* Belebung *f,* SCHWEIZ *a.* Reanimation *f;* **~ of the economy** Belebung *f* der Wirtschaft

re·tail [ˈriːteɪl] **I.** *n no pl* Einzelhandel *m,* Kleinhandel *m,* Detailhandel *m* SCHWEIZ; **experience in ~** Einzelhandelserfahrung *f*
II. *n modifier (customer, goods, shop)* Einzelhandels-; **~ dealer** Einzelhändler(in) *m(f),* Detailist(in) *m(f)* SCHWEIZ; **~ sales** Umsatzzahlen *pl* im Einzelhandel
III. *vt* ■**to ~ sth** etw im Einzelhandel verkaufen
IV. *vi* ■**to ~ at** [*or* **for**] **sth:** ***this model of computer is ~ing at £650*** im Einzelhandel kostet dieses Computermodell 650 Pfund
V. *adv inv* im Einzelhandel; **to buy/sell sth ~** etw im Einzelhandel einkaufen/verkaufen

re·tail 'bank·ing *n* Privatkundengeschäft *nt* **'re·tail busi·ness** *n* ECON Einzelhandel *m; (shop)* Einzelhandelsgeschäft *nt*

re·tail·er [ˈriːteɪləʳ, AM -ɚ] *n* Einzelhändler(in) *m(f)*

re·tail in·'ves·tor *n* Retailinvestor(in) *m(f)* **re·tail 'mar·ket** *n* Handel *m,* Retailmarkt *m* **'re·tail out·let** *n* Einzelhandelsgeschäft *nt,* Verkaufsstelle *f* [für Endabnehmer] **'re·tail price** *n* Einzelhandelspreis *m,* Ladenpreis *m,* Endpreis *m;* ***this product sells at a ~ price of ...*** im Einzelhandel kostet dieses Produkt ... **re·tail 'price(s) in·dex** *n* BRIT ECON ■**the ~** der Einzelhandelspreisindex **re·tail 'sales** *npl* Einzelhandelsumsatz *m* **'re·tail sec·tor** *n* Einzelhandel *m* **re·tail 'thera·py** *n no pl (hum fam)* Shoppingtherapie *f* **'re·tail trade** *n* Einzelhandel *m*

re·tain [rɪˈteɪn] *vt* ❶ *(keep)* ■**to ~ sth** etw behalten; **to ~ sb's attention** jds Aufmerksamkeit halten; **to ~ the championship** SPORT Meister/Meisterin bleiben; **to ~ one's composure** die Haltung bewahren; **to ~ control of sth** etw weiterhin in der Gewalt haben; **to ~ one's dignity/independence** seine Würde/Unabhängigkeit wahren; **to ~ the right to do sth** LAW sich *akk* das Recht vorbehalten, etw zu tun; **to ~ a title** SPORT einen Titel behalten
❷ *(not alter)* ■**to ~ sth** etw beibehalten, bei etw *dat* bleiben
❸ *(not lose)* ■**to ~ sth** etw speichern; ***limestone ~s water*** Kalkstein nimmt viel Wasser auf
❹ *(remember)* ■**to ~ sth** sich *dat* etw merken; ***I am able to ~ names easily*** ich kann Namen gut behalten
❺ *(hold in place)* ■**to ~ sth** etw zurückhalten; ***the wall of this dam ~s 5,000,000 cubic metres of water*** die Wand dieses Dammes hält 5.000.000 Kubikmeter Wasser
❻ FIN *(withhold)* **to ~ profit** Gewinn einbehalten [*o* zurückbehalten]
❼ *(secure services of)* **to ~ a lawyer** [*or* AM **attorney**] einen Anwalt [durch Zahlung eines Vorschusses] verpflichten

re·tained 'earn·ings *npl* FIN, ECON *(corporate income)* Gewinnrücklagen *pl,* unverteilte Gewinne, nicht ausgeschüttete Gewinne; *of a business, company, firm* thesaurierter Gewinn *fachspr*

re·tain·er [rɪˈteɪnəʳ, AM -ɚ] *n* ❶ LAW *(fee)* Vorschuss *m;* ECON Honorarvorschuss *m;* **~ amount** Einbehaltsbetrag *m*
❷ *(dated: servant)* Faktotum *nt veraltend*

re·tain·ing [rɪˈteɪnɪŋ] *adj attr, inv* Halte-, Sicherungs-, Sperr-; *wall* Stütz-; *water* Stau-

re·'tain·ing fee *n esp* LAW Anwaltsvorschuss *m*

re·'tain·ing wall *n* Stützmauer *f*

re·take **I.** *vt* <-took, -taken> [ˌriːˈteɪk] ■**to ~ sth** ❶ *(take again)* etw wiederholen; **to ~ an exam** eine Prüfung wiederholen
❷ *(regain)* etw wiedergewinnen; **to ~ the lead** SPORT sich *akk* wieder an die Spitze setzen; *(in a race)* wieder die Führung übernehmen; **to ~ a town** MIL eine Stadt zurückerobern
❸ *(film again)* **to ~ a scene** eine Szene nochmals drehen
II. *n* [ˈriːteɪk] ❶ *esp* BRIT *(repeated exam)* Wiederholungsprüfung *f*
❷ *(filming again)* Neuaufnahme *f;* ***it took seven ~s to get the scene right*** er drehte die Szene siebenmal, um sie richtig hinzukriegen

re·tak·en [ˌriːˈteɪkᵊn] *vt pp of* **retake**

re·tali·ate [rɪˈtælieɪt] *vi* Vergeltung üben, sich *akk* rächen; *for insults* sich *akk* revanchieren (**to** für +*akk*); ***the terrorists ~d against the government with a bomb attack*** die Terroristen schlugen mit einem Bombenanschlag gegen die Regierung zurück

re·talia·tion [rɪˌtæliˈeɪʃᵊn] *n no pl* Vergeltung *f,* Vergeltungsmaßnahme *f; (in fighting)* Vergeltungsschlag *m;* **in ~ for sth** als Vergeltung für etw *akk;* ***the bomb attack was in ~ for the arrest of two terrorists*** der Bombenanschlag war ein Vergeltungsschlag für die Verhaftung von zwei Terroristen

re·talia·tory [rɪˈtæliətᵊri, AM -tɔːri] *adj attr, inv* Vergeltungs-; **~ measures** POL Repressalien *pl;* LAW Vergeltungsmaßnahmen *pl*

re·tard **I.** *vt* [rɪˈtɑːd, AM -ˈtɑːrd] *(form)* ■**to ~ sth** etw verzögern [*o* verlangsamen]; **to ~ the development of a country** die Entwicklung eines Landes aufhalten; **to ~ economic growth** das Wirtschaftswachstum bremsen
II. *n* [ˈriːtɑːrd] AM *(pej! fam)* Idiot *m pej;* ***get out of my way, ~!*** aus dem Weg, du Blödmann!

re·tard·ant [rɪˈtɑːdənt, AM -ˈtɑːr-] *n* CHEM Verzögerungsmittel *nt;* **growth ~** Wachstumsverzögerungsmittel *nt;* **fire ~** Feuerhemmer *m*

re·tar·da·tion [ˌriːtɑːˈdeɪʃ(ə)n, AM -tɑːr-] *n no pl (form)* Verzögerung *f;* **growth** ~ Wachstumsverzögerung *f;* **mental** ~ *(dated or pej!)* geistige Retardation *geh*
re·tard·ed [rɪˈtɑːdɪd, AM -ˈtɑːr-] **I.** *adj (pej! dated)* zurückgeblieben; **emotionally** ~ emotional gehemmt; **mentally** ~ geistig zurückgeblieben
II. *n (pej! dated)* ■**the** [**mentally**] ~ + *pl vb* [geistig] Zurückgebliebene *pl,* die [geistig] Zurückgebliebenen *pl*
re·tard·er [rɪˈtɑːdər, AM -ˈtɑːrdər] *n* CHEM Verzögerungsmittel *nt*
retch [retʃ] *vi* würgen; **to make sb** ~ jdn zum Würgen bringen
retd *adj after n, inv abbrev of* **retired** a.D.
re·tell <-told, -told> [ˌriːˈtel] *vt* ■**to** ~ **sth** etw wieder [*o* nochmals] erzählen; ***she told and retold herself that she wouldn't give in*** sie sagte sich immer wieder, dass sie nicht klein beigeben würde; ***the film ~s the story of Anne Frank*** der Firm erzählt die Geschichte der Anne Frank
re·ten·tion [rɪˈten(t)ʃ(ə)n] *n no pl* ❶ *(keeping)* Beibehaltung *f;* *of funds, payments* Einbehaltung *f,* Zurückbehaltung *f;* ~ **of ownership** LAW Eigentumsvorbehalt *m;* ~ **of power** Machterhalt *m;* ~ **of a title** SPORT Verteidigung *f* eines Titels
❷ *(preservation)* Erhaltung *f;* ~ **of rights** Wahrung *f* von Rechten; **staff** ~ ECON Personalerhaltung *f*
❸ *(not losing)* Speicherung *f;* MED Retention *f fachspr;* ***she suffers from water*** ~ sie leidet unter Wasseransammlungen im Gewebe; ~ **of heat** Hitzespeicherung *f*
❹ FIN *(withholding)* Einbehaltung *f*
❺ *(form: memory)* Gedächtnis *nt;* **powers of** ~ Merkfähigkeit *f*
❻ *esp* LAW *(securing sb's services)* ~ **of a lawyer** Mandat *nt* [nach geleisteter Vorauszahlung]
re·ˈten·tion pe·ri·od *n* Aufbewahrungsfrist *f* **re·ˈten·tion time** *n* SCI, TECH Verweilzeit *f*
re·ten·tive [rɪˈtentɪv, AM -t̬-] *adj* aufnahmefähig; **to have a** ~ **memory** ein sehr gutes Gedächtnis haben
re·ten·tiv·ity [ˌriːtenˈtɪvəti, AM -t̬ɪv-] *n no pl* PHYS Remanenz *f*
re·think **I.** *vt* <-thought, -thought> [ˌriːˈθɪŋk] ■**to** ~ **sth** etw überdenken; ■**to** ~ **how/why/whether ...** überdenken, wie/warum/ob ...
II. *vi* <-thought, -thought> [ˌriːˈθɪŋk] überlegen
III. *n* [ˈriːθɪŋk] *no pl* Überdenken *nt;* **to have a** ~ etw noch einmal überdenken
re·thought [ˌriːˈθɔːt, AM *esp* -ˈθɑːt] *vt pt, pp of* **rethink**
reti·cence [ˈretɪs(ə)n(t)s, AM ˈret̬ə-] *n no pl* Zurückhaltung *f;* *(taciturnity)* Wortkargheit *f*
reti·cent [ˈretɪs(ə)nt, AM ˈret̬ə-] *adj (form)* zurückhaltend; *(taciturn)* wortkarg; ■**to be** ~ [**about sth/sb**] [in Bezug auf etw/jdn] nicht sehr gesprächig sein; ***he is very ~ about his past*** über seine Vergangenheit schweigt er sich aus
reti·cent·ly [ˈretɪs(ə)ntli, AM ˈret̬ə-] *adv (form)* zurückhaltend
re·ticu·late [rɪˈtɪkjələt, AM -lɪt], **re·ticu·lat·ed** [rɪˈtɪkjəleɪtɪd, AM -t̬-] *adj inv* BOT, ZOOL netzartig, retikular *fachspr*
re·ticu·la·tion [rɪˌtɪkjəˈleɪʃ(ə)n] *n* TECH Geflecht *nt*
reti·na <*pl* -s *or* -nae> [ˈretɪnə, AM -(ə)nə, *pl* -niː] *n* Netzhaut *f,* Retina *f fachspr*
reti·nal [ˈretɪnəl, AM -(ə)nəl] *adj attr, inv* ANAT Netzhaut-; ~ **detachment** Netzhautablösung *f*
reti·nal ˈscan *n* Irisscan *m*
reti·nue [ˈretɪnjuː, AM -t(ə)nuː, -njuː] *n* + *sing/pl vb* Gefolge *nt kein pl*
re·tire [rɪˈtaɪər, AM -ər] **I.** *vi* ❶ *(stop working)* in den Ruhestand treten, pensioniert werden SCHWEIZ, ÖSTERR; *worker* in Rente [*o* SCHWEIZ, ÖSTERR Pension] gehen; *civil servant* in Pension gehen; *self-employed person* sich *akk* zur Ruhe setzen; *soldier* aus der Armee ausscheiden; SPORT seine Karriere beenden; **to** ~ **from business** sich *akk* aus dem Geschäftsleben zurückziehen; **to** ~ **from a company** aus einer Firma ausscheiden
❷ SPORT ausscheiden; ***he ~d injured*** [*or* ***hurt***] er schied verletzungsbedingt aus
❸ *(form: withdraw)* sich *akk* zurückziehen; LAW ***the jury ~d to consider the verdict*** die Jury zog sich zur Urteilsfindung zurück
❹ *(form: go to bed)* sich *akk* zu Bett begeben *geh*
II. *vt* ❶ *(cause to stop working)* ■**to** ~ **sb** jdn in den Ruhestand versetzen; *worker* jdn verrenten [*o* SCHWEIZ, ÖSTERR pensionieren]
❷ *(pull back)* **to** ~ **troops** Truppen zurückziehen
❸ *(fam: stop using)* ■**to** ~ **sth** etw ausrangieren
❹ FIN **to** ~ **a loan** eine Anleihe zurückzahlen; **to** ~ **a note** [*or* **bill**] [**from circulation**] eine Banknote aus dem Verkehr ziehen
re·tir·ed [rɪˈtaɪəd, AM -ərd] *adj inv (not working any longer)* im Ruhestand *präd,* in Pension *präd* ÖSTERR; *worker* in Rente *präd,* pensioniert SCHWEIZ, ÖSTERR; *civil servant* pensioniert; ***he is a ~ soldier*** er ist ein ehemaliger Soldat; ~ **employee** Pensionär(in) *m(f)*
re·tiree [rɪˌtaɪ(ə)ˈriː, AM rɪˈtaɪriː] *n* AM Ruheständler(in) *m(f),* Pensionist(in) *m(f)* ÖSTERR; *(retired worker)* Rentner(in) *m(f),* Pensionist(in) *m(f)* ÖSTERR; *(retired civil servant)* Pensionär(in) *m(f),* Pensionist(in) *m(f)* ÖSTERR
re·tire·ment [rɪˈtaɪəmənt, AM -ər-] **I.** *n* ❶ *(from job)* Ausscheiden *nt* aus dem Arbeitsleben, Pensionierung *f* ÖSTERR; *of a civil servant* Pensionierung *f;* *of a soldier* Verabschiedung *f*
❷ *no pl esp* SPORT *(ceasing to compete)* Ausscheiden *nt*
❸ *no pl (after working life)* Ruhestand *m;* ■**on** ~ bei Eintritt in den Ruhestand; **to be in** ~ im Ruhestand sein; **to come out of** ~ wieder zur Arbeit zurückkehren; **to go into** ~ *worker* in Rente gehen, pensioniert werden SCHWEIZ, ÖSTERR; *self-employed person* sich *akk* zur Ruhe setzen, SCHWEIZ, ÖSTERR *a.* sich *akk* pensionieren lassen; *civil servant;* **to take early** ~ *(as a worker)* in Frührente [*o* ÖSTERR Frühpension] gehen, sich *akk* frühpensionieren lassen SCHWEIZ, ÖSTERR; *(as a civil servant)* sich *akk* frühzeitig pensionieren lassen
❹ *no pl (form: seclusion)* Zurückgezogenheit *f;* **to live in** ~ zurückgezogen leben
❺ LAW das Sichzurückziehen [der Jury]
II. *n modifier* Pensions-, Renten-; ~ **benefit** Altenhilfe *f;* ~ **pay** *(for worker)* [Alters]rente *f,* AHV[-Rente] *f* SCHWEIZ, Pension *f* ÖSTERR; *(for civil servant)* [Alters]ruhegeld *nt,* Pension *f* ÖSTERR; ~ **plan** Altersversorgungsschema *nt;* ~ **village** Rentnerdorf *nt,* Pensionistendorf *nt* ÖSTERR
re·ˈtire·ment age *n of a worker* Rentenalter *nt,* Pensionsalter *nt* ÖSTERR; *of a civil servant* Pensionsalter *nt* **re·ˈtire·ment com·mun·ity** *n* betreutes Wohnen **re·ˈtire·ment home** *n* Altenheim *nt,* Altersheim *nt* SCHWEIZ, ÖSTERR **re·ˈtire·ment pen·sion** *n* Altersversorgung *f;* *(for worker)* [Alters]rente *f,* Pension *f* ÖSTERR; *(for civil servant)* [Alters]ruhegeld *nt* BRD, Pension *f* **re·ˈtire·ment plan** *n* Vorsorgeplan *m* **re·ˈtire·ment scheme** *n* **company** ~ betriebliche Altersvorsorge
re·tir·ing [rɪˈtaɪərɪŋ, AM -ər-] *adj* ❶ *attr, inv (stopping work)* ausscheidend
❷ *(reserved)* zurückhaltend
re·told [ˌriːˈtəʊld] *vt pp, pt of* **retell**
re·took [ˌriːˈtʊk] *vt pt of* **retake**
re·tool [ˌriːˈtuːl] ECON **I.** *vt* ■**to** ~ **sth** etw mit neuen Maschinen bestücken; **to** ~ **an assembly line** ein Montageband neu ausrüsten
II. *vi* sich *dat* neue Maschinen anschaffen
re·tort [rɪˈtɔːt, AM -ˈtɔːrt] **I.** *vt* ■**to** ~ **that ...** scharf erwidern, dass ...; ***"no need to be so rude," she ~ed*** „kein Grund so unhöflich zu sein", gab sie zurück
II. *vi* scharf antworten
III. *n* scharfe Antwort [*o* Erwiderung]; ***he made an angry*** ~ er antwortete verärgert und mit scharfen Worten
re·touch [ˌriːˈtʌtʃ] *vt* ■**to** ~ **sth** etw retuschieren
re·trace [rɪˈtreɪs] *vt* ■**to** ~ **sth** etw zurückverfolgen; *in mind* etw [geistig] nachvollziehen; **to** ~ **one's steps** denselben Weg zurückgehen
re·tract [rɪˈtrækt] **I.** *vt* ■**to** ~ **sth** ❶ *(withdraw)* etw zurückziehen; **to** ~ **an offer/a statement** ein Angebot/eine Behauptung zurücknehmen
❷ *(draw back)* etw zurückziehen; *(into body)* etw einziehen; ***the cat ~ed its claws*** die Katze zog ihre Krallen ein; ***the pilot ~ed the undercarriage*** der Pilot zog das Fahrgestell ein
II. *vi* ❶ *(withdraw words)* einen Rückzieher machen *fam*
❷ *(be drawn back)* eingezogen werden
re·tract·able [rɪˈtræktəbl] *adj inv* einziehbar
re·trac·tion [rɪˈtrækʃ(ə)n] *n (form)* Zurücknahme *f kein pl*
re·train [ˌriːˈtreɪn] **I.** *vt* ❶ *(train for work)* ■**to** ~ **sb** jdn umschulen; **to** ~ **staff** das Personal umschulen
❷ COMPUT ■**to** ~ **sth** etw resynchronisieren
II. *vi* umgeschult werden
re·train·ing [rɪˈtreɪnɪŋ] *n no pl* Umschulung *f*
re·trans·fer [ˌriːˈtræn(t)sfɜːr, AM -fɜːr] *n* FIN Rückübertragung *f*
re·trans·for·ma·tion [ˌriːtræn(t)sfəˈmeɪʃ(ə)n, AM -fər-] *n* Rückverwandlung *f*
re·tread **I.** *vt* [ˌriːˈtred] AUTO **to** ~ **a tyre** [*or* AM **tire**] einen Reifen runderneuern
II. *n* [ˈriːtred] ❶ *(retreaded tyre)* runderneuerter Reifen
❷ *(fig fam: film, play)* Abklatsch *m*
re·treat [rɪˈtriːt] **I.** *vi* ❶ MIL sich *akk* zurückziehen, den Rückzug antreten
❷ *(move backwards)* zurückweichen; *(become smaller)* *flood waters* zurückgehen, fallen; *ice* schmelzen; *shares* fallen; ***when she came towards me shouting I ~ed behind my desk*** als sie schreiend auf mich zukam, bin ich hinter meinen Schreibtisch geflüchtet
❸ *(withdraw)* sich *akk* zurückziehen; *(hide)* sich *akk* verstecken; ■**to** ~ **into oneself** sich *akk* in sich selbst zurückziehen; **to** ~ **into a fantasy world** sich *akk* in eine Fantasiewelt flüchten; **to** ~ **into the shade** sich *akk* in den Schatten zurückziehen
❹ *(fail to uphold)* einen Rückzieher machen; **to** ~ **from one's beliefs** seine Überzeugungen ändern; **to** ~ **from one's principles** von seinen Prinzipien abweichen; **to** ~ **from one's promises/proposals** seine Versprechen/Vorschläge zurücknehmen
II. *n* ❶ MIL *(withdrawal)* Rückzug *m;* ■**to be in** ~ sich *akk* auf dem Rückzug befinden; ***enemy soldiers are now in full*** ~ die feindlichen Soldaten haben jetzt den totalen Rückzug angetreten; **to sound a** ~ zum Rückzug blasen
❷ *no pl (withdrawal)* Abwendung *f,* Abkehr *f* (**from** von + *dat*)
❸ *(private place)* Zufluchtsort *m;* ***she's gone off to a Buddhist ~ in the mountains*** sie hat sich zu den Buddhisten in die Berge zurückgezogen
❹ *(period of seclusion)* Zeit *f* der Ruhe und Abgeschiedenheit; **to go on** ~ REL in Klausur gehen
❺ *(failure to uphold)* Abweichung *f;* **to mark** [*or* **signal**] **a** ~ **from sth** eine Abweichung von etw *dat* darstellen
re·treat·ing [rɪˈtriːtɪŋ, AM -t̬-] *adj attr, inv* MIL sich im Rückzug befindend *attr*
re·trench [rɪˈtren(t)ʃ, AM -ˈtrentʃ] **I.** *vi (form)* sich *akk* einschränken, sparen
II. *vt* ❶ *(reduce costs)* **to** ~ **one's expenditure** seine Ausgaben reduzieren
❷ AUS, SA *(make redundant)* ■**to** ~ **sth** etw einsparen; **to** ~ **personnel** Personal abbauen
re·trench·ment [rɪˈtren(t)ʃmənt, AM -ˈtrentʃ-] *n* ❶ ECON *(form: financial cut)* Kürzung *f,* Senkung *f,* Abbau *m,* Einschränkung *f*
❷ *no pl (reducing spending)* Einschränken *nt*
❸ AUS *(dismissal from employment)* Stellenstreichung *f;* ~ **of personal** Personalabbau *m*
re·trial [ˌriːˈtraɪəl, AM ˈriːtraɪ(ə)l] *n* LAW Wiederaufnahmeverfahren *nt;* ***the ~ of Atkinson's case is scheduled for April*** der Fall Atkinson wird im April wieder aufgenommen
ret·ri·bu·tion [ˌretrɪˈbjuːʃ(ə)n, AM -rə-] *n no pl (form)* Vergeltung *f;* ~ ***overtook him*** die Strafe holte ihn schnell ein; ■**in** ~ **for sth** als Vergeltung für etw *akk;* **divine** ~ die gerechte Strafe Gottes; **to escape** ~ seiner Strafe entgehen

R

re·tribu·tive [rɪˈtrɪbjuːtɪv, AM -t̬-] *adj attr (form)* Vergeltungs-; ~ **justice** ausgleichende Gerechtigkeit

re·triev·able [rɪˈtriːvəbl̩] *adj* ❶ *(available)* [wieder] beschaffbar, beizubringen[d]
❷ *(replaceable)* ersetzbar

re·triev·al [rɪˈtriːvəl̩] *n no pl* ❶ *(regaining)* Wiedererlangen *nt; **he had little hope for the ~ of the stolen painting*** er hatte wenig Hoffnung, dass das gestohlene Gemälde wieder auftauchen würde
❷ *(rescuing)* Rettung *f; (of wreckage)* Bergung *f;* **to be beyond** [*or* **past**] ~ hoffnungslos verloren sein
❸ COMPUT **data/information ~** *(obtaining)* Daten-/Informationsabruf *m; (getting back)* Retrieval *nt fachspr,* Daten-/Informationsrückgewinnung *f,* Wiederauffinden *nt*

re·trieve [rɪˈtriːv] *vt* ■**to ~ sth** ❶ *(get back)* etw wiederfinden; ***so far, the police have ~d very little of the stolen jewellery*** bis jetzt konnte die Polizei nur wenig von dem gestohlenen Schmuck aufspüren; **to ~ forgotten memories** sich *akk* wieder erinnern können
❷ *(fetch)* etw heraus-/herunter-/zurückholen; ***my hat blew off in the wind but I managed to ~ it*** der Wind hatte meinen Hut weggeblasen, aber ich konnte ihn noch fangen
❸ *(rescue)* etw retten; *(from wreckage)* etw bergen; **to ~ the situation** die Situation retten
❹ COMPUT **to ~ data/information** Daten/Informationen abrufen
❺ *(by dog)* etw apportieren

re·triev·er [rɪˈtriːvəʳ, AM -ɚ] *n* Retriever *m*

ret·ro [ˈretrəʊ, AM -roʊ] *adj* Retro-; ~ **60s fashions** Retromode *f* der Sechziger; ***the restaurant is called '1830' and its design is suitably ~*** das Restaurant heißt ‚1830' und ist dieser Zeit entsprechend aufgemacht [*o* ÖSTERR im Stil dieser Zeit eingerichtet]

retro- [ˈretrəʊ, AM -troʊ] *in compounds* Rück-, rück-

retro·ac·tive [ˌretrəʊˈæktɪv, AM -roʊˈ-] *adj inv* rückwirkend; ***your pay rise is ~ to January of last year*** Ihre Gehaltserhöhung gilt rückwirkend ab Januar des letzten Jahres; ~ **law** rückwirkendes Gesetz

retro·ac·tive·ly [ˌretrəʊˈæktɪvli, AM -roʊˈ-] *adv* rückwirkend

retro·ces·sion·aire [ˌretrə(ʊ)ˌseʃənˈeəʳ, AM ˌretroʊˌseʃənˈer] *n* FIN Retrozessionär *m*

retro·choir [ˈretrəʊˌkwaɪəʳ, AM -roʊˌkwaɪɚ] *n* Chorraum *m*

retro·fit <-fitted, -fitted> [ˈretrə(ʊ)fɪt, AM -roʊ-] *vt* ■**to ~ sth to sth** *component, accessory* etw nachträglich in etw *akk* einbauen, etw mit etw *dat* nachrüsten

retro·grade [ˈretrə(ʊ)greɪd, AM -rəgreɪd] *adj* ❶ *(form: regressive) development* rückläufig; ~ **policy** rückschrittliche Politik; ~ **step** Rückschritt *m*
❷ GEOL, ASTRON rückläufig, retrograd *fachspr*

retro·gress [ˌretrə(ʊ)ˈgres, AM ˈretrəgres] *vi (form)* sich *akk* zurückentwickeln

retro·gres·sion [ˌretrə(ʊ)ˈgreʃən, AM -rəˈ-] *n no pl (form)* Rückentwicklung *f*

retro·gres·sive [ˌretrə(ʊ)ˈgresɪv, AM ˈretrəgre-] *adj (form) policy, reforms* rückschrittlich; *development* rückläufig

retro·rock·et [ˈretrəʊˌrɒkɪt, AM -roʊˌrɑːk-] *n* AVIAT Bremsrakete *f*

retro·spect [ˈretrə(ʊ)spekt, AM -rə-] *n no pl* **in ~** im Rückblick [*o* Nachhinein], rückblickend

retro·spec·tion [ˌretrə(ʊ)ˈspekʃən, AM -rəˈ-] *n no pl, no def art* Rückblick *m,* Retrospektion *f geh;* ***too much ~ makes me sad*** es macht mich traurig, wenn ich zu viel über die Vergangenheit nachdenke

retro·spec·tive [ˌretrə(ʊ)ˈspektɪv, AM -rəˈ-] **I.** *adj* ❶ *(looking back)* rückblickend; ~ **mood** nachdenkliche Stimmung
❷ *esp* LAW *(form)* rückwirkend; ~ **pay award** rückwirkende Lohn-/Gehaltserhöhung
II. *n* Retrospektive *f*

retro·spec·tive·ly [ˌretrə(ʊ)ˈspektɪvli, AM -rəˈ-] *adv* ❶ *(with hindsight)* im Nachhinein
❷ *esp* LAW *(form: retroactively)* rückwirkend, retrospektiv *fachspr*

retro·vi·rus <*pl* -es> [ˈretrə(ʊ)vaɪ(ə)rəs, AM -roʊvaɪrəs] *n* MED Retrovirus *nt fachspr*

re·try <-ie-> [ˌriːˈtraɪ] **I.** *vt* LAW ■**to ~ sb** gegen jdn neu verhandeln; **to ~ a case** einen Prozess [*o* ein Verfahren] wieder aufnehmen
II. *vi* COMPUT wieder eingeben, neu eingeben

ret·si·na [retˈsiːnə] *n no pl* Retsina *m*

re·tune [ˌriːˈtjuːn, AM *esp* -ˈtuːn] **I.** *vt* ■**to ~ sth** ❶ MUS *(tune again)* etw stimmen; **to ~ a piano** ein Klavier stimmen
❷ RADIO, TV *(readjust)* etw einstellen
II. *vi* einstellen; **to ~ to another frequency** eine andere Frequenz einstellen

re·turn [rɪˈtɜːn, AM -ˈtɜːrn] **I.** *n* ❶ *(to a place/time)* Rückkehr *f* (**to** zu +*dat*), Wiederkehr *f geh;* ~ **home** Heimkehr *f;* ***after his ~ from the war, ...*** nachdem er aus dem Krieg zurückgekehrt war, ...; ~ **to school** Schulbeginn *m*
❷ *(reoccurrence) of an illness* Wiederauftreten *nt*
❸ *(giving back)* Rückgabe *f;* ~ **of goods** *(by post etc.)* Warenrücksendung *f; (handed back)* Rückgabe *f;* **by ~** [**of post**] BRIT, AUS postwendend
❹ *(recompense)* Gegenleistung *f;* ***a small ~ for your kindness*** ein kleines Zeichen der Dankbarkeit für Ihre Zuvorkommenheit; ***in ~ for your cooperation we will give you a free gift*** als Anerkennung für Ihre Mitarbeit erhalten Sie ein Geschenk von uns
❺ BRIT, AUS *(ticket)* Hin- und Rückfahrkarte *f,* Retourbillet *nt* SCHWEIZ, ÖSTERR *a.* Retourfahrkarte *f;* **day ~** Tagesfahrkarte *f;* **first-class/second-class ~** Hin- und Rückfahrkarte *f* erster/zweiter Klasse; **weekend ~** Wochenendkarte *f*
❻ SPORT *(stroke)* Rückschlag *m;* ~ **of serve** Return *m*
❼ ECON *(proceeds)* Gewinn *m,* Ertrag *m,* Rendite *f;* ~**s on capital** Rendite *f;* ~ **of investment** Investitionsrückfluss *m;* **return per day/month/week** FIN Tages-/Monats-/Wochenrendite *f;* **law of diminishing ~s** Gesetzmäßigkeit *f* vom abnehmenden Ertragszuwachs
❽ POL *(election)* Wahl *f* [eines Parlamentsabgeordneten]; **his ~ to power** seine Wiederwahl
❾ AM POL ■**the ~s** *pl* die Wahlergebnisse
❿ ECON *(returned goods)* ■**~s** *pl* Rücksendungen *pl,* Retourwaren *pl,* Remittenden *pl*
⓫ *no pl* COMPUT *(key on keyboard)* Return, Return-Taste *f,* Eingabetaste *f*
⓬ FIN [**income**] **tax ~** [Einkommens]steuererklärung *f*
⓭ *(end of line indication)* Zeilenbruch *m*
⓮ COMPUT *(instruction)* Rücksprung *m*
▶ PHRASES: **to do sth by ~** BRIT etw sofort tun; **many happy ~s** [**of the day**] herzlichen Glückwunsch zum Geburtstag
II. *adj attr, inv postage, flight, trip* Rück-
III. *vi* ❶ *(come/go back)* zurückkehren, zurückkommen; *(fig)* ***is there any hope that peace will ~?*** besteht die Hoffnung, dass es je wieder Frieden geben wird?; **to ~ home** *(come back home)* nach Hause kommen; *(go back home)* nach Hause gehen; *(after long absence)* heimkehren; ■**to ~ from somewhere** von irgendwo zurückkommen [*o* zurückkehren]; ■**to ~ to somewhere** irgendwohin zurückkehren; ~ **to sender** zurück an Absender
❷ *(reoccur) pain, illness* wiederkommen
❸ *(revert to)* ■**to ~ to sth** etw wieder aufnehmen; ***she ~ed to making her own clothes*** sie nähte sich ihre Kleider wieder selbst; ***she longed to ~ to her gardening*** sie sehnte sich danach, wieder im Garten zu arbeiten; **to ~ to office** [*or* **power**] wiedergewählt werden; **to ~ to a problem** sich *akk* einem Problem wieder zuwenden; **to ~ to a subject** auf ein Thema zurückkommen; **to ~ to a task** sich *akk* einer Aufgabe wieder widmen; **to ~ to one's old ways** in seine alten Gewohnheiten zurückfallen; **to ~ to normal** *things* sich wieder normalisieren; *person* wieder zu seinem alten Ich zurückfinden
IV. *vt* ❶ *(give back)* ■**to ~ sth** etw zurückgeben; ***when are you going to ~ the money you owe me?*** wann zahlst du mir das Geld zurück, das du mir schuldest?; ■**to ~ sth to sb/sth** *(in person)* jdm/etw etw zurückgeben; *(by post)* jdm/etw etw zurückschicken; **to ~ goods** Waren zurücksenden; **to ~ sth to its place** etw an seinen Platz zurückstellen
❷ *(reciprocate)* ■**to ~ sth** etw erwidern; **to ~ a blow/a salute/a wave** zurückschlagen/-grüßen/-winken; **to ~ sb's call** jdn zurückrufen; **to ~ a compliment/a greeting** ein Kompliment/einen Gruß erwidern; **to ~ a favour** sich *akk* revanchieren; ***let me ~ your favour*** jetzt tue ich *dir* einen Gefallen; **to ~ fire** das Feuer erwidern; **to ~ good for evil** Böses mit Gutem vergelten; **to ~ sb's love** jds Liebe erwidern
❸ *(place back)* ■**to ~ sth somewhere** etw irgendwohin zurückstellen [*o* zurücklegen]; **to ~ animals to the wild** Tiere auswildern
❹ POL ■**to ~ sb** BRIT jdn wählen; **to ~ sb to power** [*or* **office**] jdn wieder ins Amt wählen; ~**ing officer** Wahlleiter(in) *m(f)*
❺ FIN **to ~ a profit** einen Gewinn einbringen [*o* abwerfen]
❻ LAW *(pronounce)* **to ~ a verdict of guilty/not guilty** einen Schuldspruch/Freispruch aussprechen
❼ TENNIS **to ~ a volley** einen Volley annehmen

re·turn·able [rɪˈtɜːnəbl̩, AM -ˈtɜːrn-] *adj* ❶ *(recyclable)* wiederverwendbar, Mehrweg-; ~ **bottle** Mehrwegflasche *f;* ~ **bottle with deposit** Pfandflasche *f,* Depotflasche *f* SCHWEIZ
❷ *(accepted back)* umtauschbar; ***these items are not ~*** diese Waren sind vom Umtausch ausgeschlossen

re·turnee [rɪˌtɜːˈni, AM ˌtɜːr] *n esp* POL Rückkehrer(in) *m(f),* Rückkehrwillige(r) *f(m)*

re·turn·er [rɪˈtɜːnəʳ, AM ˌtɜːrnɚ] *n* Zurückkehrende(r) *f(m); job* Wiedereinsteiger(in) *m(f)*

re·ˈturn fare *n* Preis *m* für eine Rückfahrkarte; AVIAT Preis *m* für ein Rückflugticket

re·turn·ing [rɪˈtɜːnɪŋ, AM -ˈtɜːrn-] *adj attr* rückkehrend; ~ **soldier** heimkehrender Soldat

re·ˈturn·ing of·fic·er *n* NENG, CAN POL Wahlleiter(in) *m(f)*

re·ˈturn key *n* Eingabetaste *f* **re·ˈturn mail** *n* AM, AUS **to do sth by ~** etw postwendend [*o* umgehend] tun **re·ˈturn match** *n* Rückspiel *nt*

re·turn on in·ˈvest·ment *n,* **ROI** *n* AM *(yield)* Kapitalrendite *f,* Anlageertrag *m,* Anlagenrendite *f,* Investitionsrendite *f,* Ertrag aus investiertem Kapital, Investitionsrentabilität *f*

re·ˈturn re·ceipt *n* AM Rückschein *m,* Empfangsbescheinigung *f,* Empfangsbestätigung *f* ÖSTERR **re·ˈturn tick·et** *n* ❶ BRIT, AUS *(ticket there and back)* Hin- und Rückfahrkarte *f,* Retourbillet *nt* SCHWEIZ, ÖSTERR *a.* Retourfahrkarte *f;* AVIAT Hin- und Rückflugticket *nt,* Hin- und Rückflugschein *m* ❷ AM *(ticket for return)* Rückfahrkarte *f*

re·uni·fi·ca·tion [ˌriːjuːnɪfɪˈkeɪʃən, AM riːˌjuːnə-] *n no pl* Wiedervereinigung *f*

re·uni·fy <-ie-> [ˌriːˈjuːnɪfaɪ, AM nə] *vt* ■**to ~ sth** wiedervereinigen

re·union [ˌriːˈjuːniən, AM -njən] *n* ❶ *(gathering)* Treffen *nt,* Zusammenkunft *f;* **family ~** Familientreffen *nt*
❷ *no pl (form: bringing together)* Wiedervereinigung *f; (coming together)* Wiedersehen *nt;* ***he had a tearful ~ with his parents*** als er seine Eltern endlich wiedersah, flossen viele Tränen; **the ~ of East and West Germany** die Wiedervereinigung Deutschlands, die deutsche Wiedervereinigung; ~ **of people** Zusammenführung *f* von Menschen

re·unite [ˌriːjuːˈnaɪt] **I.** *vt* ■**to ~ sb with sb** jdn mit jdm [wieder] zusammenbringen; **to ~ families** Familien wieder zusammenführen; **to ~ a party** eine Partei einigen
II. *vi* sich *akk* wiedervereinigen; *people* wieder zusammenkommen

re·us·able [ˌriːˈjuːzəbl̩] *adj (in the same shape)* wiederverwendbar; *(reprocessed)* wiederverwertbar; ~ **plastic** wiederverwertbares Plastik

re·use [ˌriːˈjuːz] *vt* ❶ *(use again)* ■**to ~ sth** etw wie-

derverwenden; ***the tape can be erased and ~d*** das Band kann gelöscht und neu bespielt werden
2 *(recycle by processing)* **to ~ waste material** Abfall wiederverwerten

Rev. *n abbrev of* **reverend**

rev[1] [rev] *n (fam) short for* **revolution** Drehzahl *f;* ■ **~s** *pl* Umdrehungen *pl* [pro Minute]

rev[2] <-vv-> [rev] **I.** *vt* **to ~ [up] an engine** einen Motor auf Touren bringen [*o fam* hochjagen]; *(noisily)* einen Motor aufheulen lassen
II. *vi* ■ **to ~ [up]** *engine* auf Touren kommen; *(make noise)* aufheulen; *(fig) person* aufdrehen

re·valua·tion [ˌriːˌvæljuˈeɪʃən] *n* 1 *(value again)* Neubewertung *f*
2 *(change in value) of a currency* Aufwertung *f*

re·value [ˌriːˈvæljuː] *vt* ■ **to ~ sth** etw neu bewerten; **to ~ an asset** ein Vermögen neu schätzen lassen; **to ~ a currency** eine Währung aufwerten

re·vamp [ˌriːˈvæmp] *vt (fam)* ■ **to ~ sth** etw aufpeppen *fam; room* etw aufmöbeln *fam,* etw aufpolieren; ***the words have been ~ed but the song's still no good*** der Text hat zwar jetzt mehr Pep, aber der Song ist noch immer nicht gut; **to ~ a department** eine Abteilung auf Vordermann bringen; **to ~ one's image/a play** sein Image/ein Theaterstück aufpolieren *fam*

RevCan [ˈrevkæn] *n* CAN *(fam)* ≈ Finanzamt *nt*

ˈrev count·er *n* Drehzahlmesser *m*

Revd *n abbrev of* **reverend**

re·veal [rɪˈviːl] *vt* 1 *(allow to be seen)* ■ **to ~ sth** etw zeigen [*o* zum Vorschein bringen]; ***her veil only ~ed her eyes*** der Schleier ließ nur ihre Augen frei; ***a gap in the clouds ~ed the Atlantic far below*** durch die aufgerissenen Wolken konnte man weit unten den Atlantik sehen; **to ~ a talent** ein Talent erkennen lassen
2 *(disclose)* ■ **to ~ sth** etw enthüllen [*o* offenlegen]; *particulars* etw preisgeben; ***the reporter has refused to ~ his sources*** der Reporter weigerte sich, seine Quellen preiszugeben; ■ **to ~ that ...** enthüllen, dass ...; *(admit)* zugeben, dass; ■ **to ~ how/where/why ...** verraten, wie/wo/warum ...; ***she later ~ed why she had been so reluctant to come forward*** sie erklärte später, warum sie so gezögert hatte, sich zu melden; **to ~ sb's identity** jds Identität zu erkennen geben; **to ~ a secret** ein Geheimnis verraten
3 REL *(make known)* ■ **to ~ sth [to sb]** [jdm] etw offenbaren
4 COMPUT ■ **to ~ sth** etw aufdecken

re·veal·ing [rɪˈviːlɪŋ] *adj* 1 *(displaying body)* freizügig; **a ~ dress** ein gewagtes Kleid
2 *(divulging sth) account, comment, interview* aufschlussreich; ***his scathing review was all too ~ of his own envy of the author's success*** seine beißende Kritik zeigt nur allzu deutlich, dass er auf den Erfolg des Autors einfach neidisch ist

re·veal·ing·ly [rɪˈviːlɪŋli] *adv* 1 *(physically revealing)* freizügig
2 *(openly)* offen; **to speak ~ about sth** offen über etw *akk* sprechen

re·veil·le [rɪˈvæli, AM ˈrevəli] *n no pl* MIL Reveille *f veraltet,* Wecksignal *nt;* **to play** [*or* **sound**] **~** zum Wecken blasen

rev·el <BRIT -ll- *or* AM *usu* -l-> [ˈrevəl] *vi (liter or hum)* feiern; ■ **to ~ in sth** seine wahre Freude an etw *dat* haben

rev·ela·tion [ˌrevəlˈeɪʃən] *n* 1 *no pl (act of revealing)* Enthüllung *f,* Aufdeckung *f*
2 *(sth revealed)* Enthüllung *f;* ***his wife divorced him after the ~ that he was having an affair*** seine Frau ließ sich von ihm scheiden, nachdem herausgekommen war, dass er ein Verhältnis hatte; **~s about sb's private life** Enthüllungen über jds Privatleben
3 *no pl* REL *(supernatural revealing)* Offenbarung *f;* **divine ~** göttliche Offenbarung
▸PHRASES: **to <u>be</u> a ~ for** [*or* **to**] **sb** jdn umhauen *fam*

Rev·ela·tions [ˌrevəlˈeɪʃənz] *npl no art* REL die Offenbarung [des Johannes]; **the Book of ~** das Buch der Offenbarung

rev·ela·tory [ˌrevəˈleɪtəri] *adj* offenbarend, aufschlussreich

rev·ell·er [ˈrevələr], AM **rev·el·er** [-ɚ] *n* Feiernde(r) *f(m)*

rev·el·ry [ˈrevəlri] *n* 1 *no pl (noisy merry-making)* [ausgelassenes] Feiern; **sounds of ~** Partygeräusche *pl*
2 *usu pl (festivity)* [ausgelassene] Feier

re·venge [rɪˈvendʒ] **I.** *n no pl* 1 *(retaliation)* Rache *f* (**on** an +*dat*); SPORT Revanche *f;* ■ **in ~ for sth** als Rache für etw *akk;* **to exact** [*or* **take**] [**one's**] **~** [**on sb**] [**for sth**] sich *akk* [an jdm] [für etw *akk*] rächen; **to get one's ~** sich *akk* rächen; SPORT sich *akk* revanchieren
2 *(desire for retaliation)* Rachedurst *m;* **to do sth out of ~** etw aus Rache tun
▸PHRASES: **~ is <u>sweet</u>** *(prov)* Rache ist süß *prov*
II. *n modifier (attack, bombing, raid)* aus Rache *nach n;* **~ killing** Vergeltungsmord *m*
III. *vt* ■ **to ~ sth** etw rächen; ■ **to ~ oneself** [*or* **be ~d**] [**up**]**on sb** *(liter or old)* sich *akk* an jdm rächen; SPORT sich *akk* bei jdm revanchieren

re·venge·ful [rɪˈvendʒfəl] *adj* rachsüchtig; **~ act** Racheakt *m*

re·venge·ful·ly [rɪˈvendʒfəli] *adv* rachsüchtig

rev·enue [ˈrevənjuː, AM *esp* -vənuː] *n* 1 *no pl (income)* Erträge *pl,* Einkünfte *pl* (**from** aus +*dat*); **the firm's ~** die Firmeneinnahmen *pl*
2 *no pl (of a state)* öffentliche Einnahmen, Staatseinkünfte *pl*
3 *(instances of income)* ■ **~s** *pl* **sales ~s** Verkaufseinnahmen *pl;* **state ~s** Staatseinkünfte *pl;* **tax ~s** Steueraufkommen *nt*

Rev·enue ˈCana·da *n* CAN ≈ Finanzamt *nt* **ˈrev·enue gen·era·tor** *n* FIN Ertragsquelle *f* **ˈrev·enue of·fic·er** *n* Finanzbeamte(r), -beamtin *m, f* **ˈrev·enue shar·ing** *n no pl* AM Finanzausgleich *m* **ˈrev·enue stamp** *n* AM Steuermarke *f*

re·verb [rɪˈvɜːb, AM -ˈvɜːrb] *n* ELEC, MUS 1 *no pl (effect)* Hall[effekt] *m*
2 *(device)* Hallerzeuger *m*

re·ver·ber·ate [rɪˈvɜːbəreɪt, AM -ˈvɜːrbər-] *vi* 1 *(echo)* widerhallen, nachhallen; ■ **to ~ through[out] sth** durch etw *akk* [hindurch]hallen; ***the narrow street ~d with the sound of workmen's drills*** der Lärm der Bohrarbeiten ließ die enge Straße vibrieren; ***the sound of the explosion ~d around the canyon*** der Knall der Explosion erfüllte das ganze Tal
2 *(be recalled)* ■ **to ~ through[out]** [*or* [**a**]**round**] **sth:** ***his terrible childhood experiences ~d throughout the whole of his life*** die schlimmen Kindheitserfahrungen wirkten sein ganzes Leben lang nach
3 *(be widely heard)* ■ **to ~ through[out]** [*or* [**a**]**round**] **sth** durch etw *akk* gehen; ***news of the disaster ~d through the company*** die Nachricht von der Katastrophe ging wie ein Lauffeuer durch die Firma

re·ver·bera·tion [rɪˌvɜːbərˈeɪʃən, AM -ˌvɜːrbəˈreɪ-] *n (form)* 1 *no pl (echoing)* Widerhallen *nt,* Nachhallen *nt*
2 *usu pl (an echo)* Widerhall *m,* Nachhall *m*
3 *usu pl (long-lasting effects)* Nachwirkungen *pl*

re·vere [rɪˈvɪər, AM -ˈvɪr] *vt (form)* ■ **to ~ sb** [**for sth**] jdn [für etw *akk*] verehren; ■ **to ~ sth** etw achten; **to ~ sb's work** jds Arbeit hochschätzen

rev·er·ence [ˈrevərən(t)s] *n no pl* Verehrung *f* (**for** für +*akk*); **to feel** [*or* **have**] **~ for sb** jdn hochschätzen [*o* verehren]; **to pay** [*or* **show**] **~ to sb/sth** jdm/etw Ehrfurcht bezeigen *geh,* jdm Reverenz erweisen SCHWEIZ, ÖSTERR *geh;* **to treat sth/sb with ~** etw/jdn ehrfürchtig behandeln

rev·er·end [ˈrevərənd] *n* ≈ Pfarrer *m,* ≈ Pastor *m;* ***the R~ James Fraser*** Herr Pfarrer James Fraser; **the Most/Right/Very R~ John Jones** Erzbischof/Bischof/Dekan John Jones

Rev·er·end ˈMoth·er *n* ■ **the ~** die Mutter Oberin

rev·er·ent [ˈrevərənt] *adj* ehrfürchtig, ehrfurchtsvoll; **~ behaviour** [*or* AM **behavior**] ehrerbietiges Benehmen

rev·er·en·tial [ˌrevərˈen(t)ʃəl] *adj (form)* ehrfürchtig, ehrfurchtsvoll

rev·er·ent·ly [ˈrevərəntli] *adv (form)* ehrfürchtig, ehrfurchtsvoll; ***you ought to behave more ~ in church!*** Sie sollten in der Kirche mehr Ehrfurcht zeigen!

rev·erie [ˈrevəri, AM -əri] *n* 1 *(liter: daydream)* Träumerei *f* (**about** über +*akk*)
2 *no pl (liter: daydreaming)* Tagträumen *nt;* **to be** [**lost**] **in ~** traumverloren sein, in Träumereien versunken sein; **to fall into** [**a state of**] **~** ins Träumen kommen
3 MUS *(instrumental piece)* Reverie *f fachspr*

re·vers <*pl* -> [rɪˈvɪər, AM -ˈvɪr] *n usu pl* Revers *nt o* ÖSTERR *m*

re·ver·sal [rɪˈvɜːsəl, AM -ˈvɜːr-] *n* 1 *(changing effect)* Wende *f;* **~ of a trend** Trendwende *f*
2 *(changing situation)* Umkehrung *f;* **role ~** Rollentausch *m*
3 *(misfortune)* Rückschlag *m;* **a financial/political/military ~** ein finanzieller/politischer/militärischer Rückschlag; **to suffer a ~** einen Rückschlag erleiden
4 *(annulment)* Aufhebung *f,* Widerruf *m;* **~ of a verdict** Urteilsaufhebung *f*
5 ECON *(financial downturn)* Rückschlag *m;* STOCKEX *usu* Umschwung *m*
6 FIN *of a booking* Stornierung *f*

re·verse [rɪˈvɜːs, AM -ˈvɜːrs] **I.** *vt* 1 *esp* BRIT, AUS *(move sth backwards)* **to ~ a car/truck** ein Auto/einen Lkw zurücksetzen, mit einem Auto/Lkw rückwärtsfahren
2 *(change to opposite)* ■ **to ~ sth** etw umkehren; ***now our situations are ~d*** jetzt ist unsere Situation umgekehrt; **to ~ the charges** ein R-Gespräch führen; **to ~ a judgement** LAW ein Urteil aufheben; **to ~ the order of sth** die Reihenfolge von etw *dat* vertauschen; **to ~ a vasectomy** MED eine Vasektomie rückgängig machen
3 *(turn sth over)* ■ **to ~ sth** etw umdrehen; **to ~ a coat** eine Jacke wenden
II. *vi esp* BRIT, AUS *(move backwards)* rückwärtsfahren; *(short distance)* zurücksetzen; ■ **to ~ into/out of sth** rückwärts in etw *akk* hinein-/aus etw *dat* herausfahren; ***she ~d into her father's car*** beim Zurücksetzen fuhr sie in das Auto ihres Vaters; **to ~ into a parking space** rückwärts einparken
III. *n* 1 *no pl (opposite)* ■ **the ~** das Gegenteil; ***no, quite the ~!*** nein, ganz im Gegenteil!; **to do the ~ of what sb expects** das Gegenteil tun von dem, was jd erwartet; **to do sth in ~** etw umgekehrt tun
2 *(gear)* Rückwärtsgang *m;* **to get** [*or* **put**] **a vehicle in[to] ~** den Rückwärtsgang [eines Fahrzeugs] einlegen; **to go into ~** in den Rückwärtsgang schalten; *(fig)* rückläufig sein; ***the trend towards home ownership has gone into ~*** der Trend zum Hauseigentum ist rückläufig
3 *(misfortune)* Rückschlag *m;* **a damaging ~** eine vernichtende Niederlage; **to suffer a ~** eine Niederlage erleiden
4 *(back)* ■ **the ~** die Rückseite; *of a coin, medal also* Kehrseite *f*
IV. *adj* umgekehrt; **~ direction** entgegengesetzte Richtung; **to do sth in ~ order** etw in umgekehrter Reihenfolge tun

re·verse-charge ˈcall *n* BRIT R-Gespräch *nt;* **to make/place a ~** [**to sb**] ein R-Gespräch [mit jdm] führen/anmelden **re·verse dis·crimi·ˈna·tion** *n no pl Diskriminierung von Mehrheiten und damit einhergehende bevorzugte Behandlung von Minderheiten oder benachteiligten Gruppen* **re·verse-en·gi·neer** *vt* ■ **to ~ sth** *etw reproduzieren anhand einer Analyse der Bestandteile oder der Struktur* **re·verse ˈgear** *n* Rückwärtsgang *m;* **to get** [*or* **put**] **a vehicle in[to] ~** den Rückwärtsgang [eines Fahrzeugs] einlegen; **to go into ~** den Rückwärtsgang einlegen **re·verse ˈtake·over** *n* ECON gegenläufige Übernahme [*o* Fusion] *(Übernahme einer größeren Gesellschaft durch ein kleinere)*

re·ver·sibil·ity [rɪˌvɜːsəˈbɪləti, AM ˌvɜːrsəˈbɪləṱi] *n no pl* Umkehrbarkeit *f,* Reversibilität *f geh*

re·ver·sible [rɪˈvɜːsəbl, AM -ˈvɜːr-] *adj* 1 *(inside out)* zum Wenden *nach n;* ~ **cloth** Doubleface *nt o m;* ~ **coat** Wendejacke *f*

② *(alterable)* umkehrbar, reversibel *geh;* ***the new manager hoped that the decline in the company's fortunes would be*** ~ der neue Leiter hoffte, dass der Niedergang der Firma sich abwenden ließe

re·'vers·ing light *n* BRIT Rückfahrscheinwerfer *m,* Rücklicht *nt* SCHWEIZ, ÖSTERR

re·ver·sion [rɪ'vɜːʃᵊn, AM -'vɜːrʒᵊn] *n no pl* ① *(form: return to earlier position)* Umkehr *f* (**to** zu *+dat*); *(to bad state)* Rückfall (**to** in *+akk*)

② LAW Rückfallsrecht *nt fachspr;* ~ **of property to the state** Heimfall *m* von Besitz an den Staat; **right of** ~ Anwartschaftsrecht *nt*

re·ver·sion·ary [rɪ'vɜːʃᵊnᵊri, AM 'vɜːrʒᵊneri] *adj inv* LAW anwartschaftlich, Erwartungs-; *estate* Heimfallsvermögen *nt fachspr;* ~ **annuity** Rente *f* auf den Überlebensfall; ~ **interest** aussichtsreiche Erwartung

re·vert [rɪ'vɜːt, AM -'vɜːrt] *vi* ① *(go back)* ■**to** ~ **to sth** zu etw *dat* zurückkehren; *bad state* in etw *akk* zurückfallen; ***if left untouched, this heath would ~ to woodland*** wenn man sie unberührt ließe, würde diese Heide wieder zu Wald werden; ***he has ~ed to type*** er ist wieder ganz der Alte; **to ~ to a method** auf eine Methode zurückgreifen; **to ~ to a question** auf eine Frage zurückkommen

② LAW *(become sb's property)* ■**to** ~ **to sb** an jdn zurückfallen

re·view [rɪ'vjuː] **I.** *vt* ■**to** ~ **sth** ① *(examine)* etw [erneut] [über]prüfen [*o geh* revidieren]; *(reconsider)* etw überdenken; **to ~ a contract** einen Vertrag einer Revision unterziehen; **to ~ a decision** eine Entscheidung überdenken; **to ~ discounts** Preisnachlässe neu überdenken; **to ~ salaries** die Gehälter revidieren

② *(look back over)* auf etw *akk* zurückblicken; ***let's ~ what has happened so far*** führen wir uns vor Augen, was bis jetzt passiert ist

③ *(read again)* **to ~ one's notes** seine Notizen noch einmal durchgehen

④ *(produce a criticism)* etw besprechen; **to ~ a book/film/play** ein Buch/einen Film/ein Stück rezensieren

⑤ MIL **to ~ the troops** eine Parade abnehmen

⑥ AM *(study again)* etw wiederholen

⑦ COMPUT etw überprüfen

II. *n* ① *(assessment)* Überprüfung *f,* Revision *f geh;* ***the party is conducting a ~ of its campaign strategy*** die Partei überdenkt gerade die Strategie ihrer Wahlkampagne; **to be** [*or* **come**] **under** [*or* **to be up for**] ~ überprüft [*o* erneut geprüft] werden; LAW *case* wieder aufgenommen werden; **a thorough ~ of the facts** eine gründliche Überprüfung der Tatsachen; ~ **of a sentence** LAW Überprüfung *f* eines Urteils; **to carry out a ~ of sth** eine Überprüfung einer S. *gen* durchführen; **to be subject to** ~ nachgeprüft werden; ***this decision is subject to ~ — it can be revoked at any time*** dieser Beschluss gilt unter Vorbehalt – er kann jederzeit zurückgezogen werden

② *esp* ECON *(summary)* Überblick *m* (**of** über *+akk*); ~ **of the market** Marktbericht *m;* **month/quarter/year under** ~ Berichtsmonat *m*/Berichtsquartal *nt*/Berichtsjahr *nt;* **financial** ~ Finanzprüfung *f;* **rent** ~ Mieterhöhung *f;* **wage** [*or* **salary**] ~ Gehaltsrevision *f;* ***she had a salary ~ last April*** ihr Gehalt wurde letzten April revidiert

③ *(criticism) of a book, play* Kritik *f,* Rezension *f;* **film** ~ Filmbesprechung *f;* **to get a bad/good** ~ eine schlechte/gute Kritik bekommen

④ MEDIA Magazin *nt;* **arts** ~ Kunstmagazin *nt*

⑤ MIL Truppenschau *f,* Parade *f;* **to hold a** ~ eine Parade abhalten

⑥ THEAT Revue *f*

III. *n modifier* BRIT ~ **section** JOURN Nachrichtenteil *m;* ~ **programme** RADIO, TV Magazin *nt*

re·'view date *n* Prüfungsdatum *nt*

re·view·er [rɪ'vjuːəʳ, AM -ɚ] *n* Kritiker(in) *m(f); of plays, literature also* Rezensent(in) *m(f)*

re·'view pe·ri·od *n* Berichtszeitraum *m*

re·vile [rɪ'vaɪl] *vt (form)* ■**to** ~ **sb/sth** jdn/etw verunglimpfen *geh;* ■**to** ~ **sb for sth** jdn wegen einer S. *gen* beschimpfen

re·vise [rɪ'vaɪz] **I.** *vt* ■**to** ~ **sth** ① *(reread)* etw überarbeiten; **to ~ a book** ein Buch redigieren

② *(reconsider)* etw überdenken [*o geh* revidieren]; **to ~ one's opinion** seine Meinung ändern

③ BRIT, AUS *(increase/decrease)* ■**to** ~ **sth upwards/downwards** *estimates, number* etw nach oben/unten korrigieren

④ BRIT, AUS *(study again)* etw wiederholen

⑤ COMPUT etw überarbeiten [*o* revidieren]

II. *vi* BRIT, AUS den Stoff wiederholen; **to ~ for an exam** auf [*o* ÖSTERR für] eine Prüfung lernen

re·vised [rɪ'vaɪzd] *adj attr, inv* ① *(reread)* revidiert; ~ **edition** überarbeitete Ausgabe

② *(reconsidered)* abgeändert

re·vi·sion [rɪ'vɪʒᵊn] *n* ① *no pl (act of revising)* Revision *f,* Überarbeitung *f;* ■**for** ~ zur Revision

② *(reconsidered version)* Neufassung *f;* ~ **of a book** überarbeitete Ausgabe; ~ **of a contract** Neufassung *f* eines Vertrages

③ *(alteration)* Änderung *f;* **to make a** ~ [**to sth**] eine Änderung [an etw *dat*] vornehmen

④ *no pl* BRIT, AUS *(studying a subject again)* Wiederholung *f* [des Stoffs]; ~ **for an exam** Prüfungsvorbereitung *f;* **to do** ~ den Stoff wiederholen

re·vi·sion·ism [rɪ'vɪʒᵊnɪzᵊm] *n no pl* POL Revisionismus *m fachspr*

re·vi·sion·ist [rɪ'vɪʒᵊnɪst] POL **I.** *n* Revisionist(in) *m(f) fachspr*

II. *adj* revisionistisch *fachspr*

re·'vi·sion num·ber *n* Prüfnummer *f*

re·vis·it [ˌriː'vɪzɪt] *vt* ■**to** ~ **a place/sb** einen Ort/jdn wieder [*o* nochmals] besuchen

re·vi·tal·ize [ˌriː'vaɪtᵊlaɪz, AM -t̬ᵊl-] *vt* ■**to** ~ **sb** jdn neu beleben [*o geh* revitalisieren]; **to ~ trade** die Wirtschaft wiederbeleben [*o* ankurbeln]

re·viv·al [rɪ'vaɪvᵊl] *n* ① *no pl (restoration to life)* Wiederbelebung *f*

② *no pl (coming back) of an idea etc.* Wiederaufleben *f,* Revival *nt,* Comeback *nt; of a custom, fashion also* Renaissance *f;* ***recently, there has been some ~ of interest in ancient music*** seit Kurzem besteht wieder Interesse an altertümlicher Musik; **economic** ~ wirtschaftlicher Aufschwung; **to undergo a** ~ eine Renaissance erleben; *person* ein Comeback feiern

③ *(new production)* Neuauflage *f; of a film* Neuverfilmung *f; of a play* Neuaufführung *f;* **musical** ~ Revival *nt* eines Songs

④ REL Erweckung *f;* **to hold a** ~ eine Erweckungsveranstaltung abhalten

re·viv·al·ism [rɪ'vaɪvᵊlɪzᵊm] *n no pl* ① *(revitalization)* Wiederbelebung *f,* Neubelebung *f,* Erneuerung *f,* SCHWEIZ, ÖSTERR *a.* Revitalisierung *f*

② REL [religiöse] Erweckungsbewegung

re·viv·al·ist [rɪ'vaɪvᵊlɪst] **I.** *n* REL Anhänger(in) *m(f)* einer [religiösen] Erweckungsbewegung

II. *adj inv* ① *(renewing)* Erneuerungs-, erneuernd

② REL der Erweckungsbewegung *nach n;* **the ~ movement** die Erweckungsbewegung

re·'vi·val meet·ing *n* AM REL *(dated)* Erweckungsversammlung *f*

re·vive [rɪ'vaɪv] **I.** *vt* ① *(bring back to life)* ■**to** ~ **sb** jdn wiederbeleben; **to ~ flowers** Blumen [wieder] aufpäppeln *fam*

② *(give new energy)* ■**to** ~ **sb** jdn beleben; ■**to** ~ **oneself** sich *akk* fit machen *fam*

③ *(resurrect)* ■**to** ~ **sth** etw wieder aufleben lassen; **to ~ the economy** die Wirtschaft ankurbeln [*o* beleben]; **to ~ sb's hopes** jdm neue Hoffnungen machen; **to ~ an idea** eine Idee wieder aufgreifen; **to ~ interest in sb/sth** das Interesse an jdm/etw wieder wecken; **to ~ a political movement** eine politische Bewegung zu neuem Leben erwecken; **to ~ sb's spirits** jds Stimmung wieder heben

④ MUS, THEAT ■**to** ~ **sth** etw wieder aufführen; **to ~ a musical** ein Musical wieder auf die Bühne bringen

II. *vi* ① *(be restored to consciousness)* wieder zu sich *dat* kommen

② *(be restored to health) person, animal, plant* sich *akk* erholen

③ *(be resurrected)* sich *akk* erholen; *economy also* wieder aufblühen; *custom, tradition* wieder aufleben; *confidence, hopes* zurückkehren; *suspicions* wieder aufkeimen; ***their flagging spirits soon ~d when Jack produced a bottle of whisky*** ihre sinkende Laune besserte sich zusehends, als Jack ein Flasche Whisky auspackte

re·vivi·fy <-ie-> [ˌriː'vɪvɪfaɪ] *vt (form)* ■**to** ~ **sth** etw wiederbeleben; **to ~ a political party** wieder Schwung in eine politische Partei bringen

revo·ca·tion [ˌrevəʊ'keɪʃᵊn, AM və'] *n* Widerruf *m,* Aufhebung *f*

re·voke [rɪ'vəʊk, AM -'voʊk] *vt (form)* ■**to** ~ **sth** etw aufheben, rückgängig machen; LAW etw annullieren [*o* widerrufen]; **to ~ a decision** eine Entscheidung widerrufen; **to ~ a licence** [*or* AM **license**] eine Lizenz entziehen; **to ~ an order** einen Auftrag zurückziehen; **to ~ a sentence** ein Urteil aufheben

re·volt [rɪ'vəʊlt, AM -'voʊlt] **I.** *vi* rebellieren, revoltieren; ■**to** ~ **against sb/sth** gegen jdn/etw rebellieren, sich *akk* gegen jdn/etw auflehnen

II. *vt* ■**to** ~ **sb** jdn abstoßen; ***the way he eats ~s me*** die Art, wie er isst, widert mich an; ■**to be ~ed by sth** von etw *dat* angeekelt sein

III. *n* ① *(rebellion)* Revolte *f,* Aufstand *m;* ~ **against the government** Regierungsputsch *m;* **armed** ~ bewaffneter Aufstand; **to crush** [*or* **put down**] **a** ~ einen Aufstand niederschlagen; **to incite** [*or* **stir up**] **a** ~ eine Revolte anzetteln; **to start a** ~ eine Revolte anfangen

② *no pl (insurrection)* ■**to be in** ~ [**against sb/sth**] [gegen jdn/etw] rebellieren; **to rise in** ~ [**against sb/sth**] einen Aufstand [gegen jdn/etw] machen, sich *akk* [gegen jdn/etw] erheben

re·volt·ing [rɪ'vəʊltɪŋ, AM -'voʊ-] *adj* abstoßend; ■**it is ~ that ...** es ist widerlich, dass ...; ~ **smell** ekelhafter [*o* widerlicher] Geruch; ~ **person** widerliche Person; **to look/smell/taste** ~ ekelhaft aussehen/riechen/schmecken

re·volt·ing·ly [rɪ'vəʊltɪŋli, AM -'voʊ-] *adv* abstoßend; *dirty* widerlich

revo·lu·tion [ˌrevᵊl'uːʃᵊn, AM -ə'luː-] *n* ① *(overthrow)* Revolution *f;* **the American/French/Russian R~** die Amerikanische/Französische/Russische Revolution; **the green** ~ die grüne Revolution

② *(fig: complete change)* Revolution *f,* [umwälzende] Neuerung

③ ASTRON Umlauf *m,* Rotation *f geh;* ***the moon makes one ~ of the Earth in approximately 29.5 days*** der Mond umkreist die Erde in ungefähr 29,5 Tagen

④ TECH Umdrehung *f;* **~s per minute** Drehzahl *f,* Umdrehungen *pl* pro Minute

revo·lu·tion·ary [ˌrevᵊl'uːʃᵊnᵊri, AM -ə'luːʃᵊneri] **I.** *n* Revolutionär(in) *m(f)*

II. *adj* revolutionär *a. fig; (fig)* umwälzend, bahnbrechend; **the American R~ War** der Amerikanische Revolutionskrieg

revo·lu·tion·ize [ˌrevᵊl'uːʃᵊnaɪz, AM -ə'luː-] *vt* ■**to** ~ **sth** etw revolutionieren

re·volve [rɪ'vɒlv, AM -'vɑːlv] **I.** *vi* sich *akk* drehen; ■**to** ~ **around** [*or* BRIT **round**] **sth** sich *akk* um etw *akk* drehen *a. fig; (fig)* ***he thinks everything ~s around him*** er glaubt, alles drehe sich nur um ihn; **to ~ on an axis** sich *akk* um eine Achse drehen

II. *vt* ■**to** ~ **sth** etw drehen

re·volv·er [rɪ'vɒlvəʳ, AM -'vɑːlvɚ] *n* Revolver *m*

re·volv·ing [rɪ'vɒlvɪŋ, AM -'vɑːl-] *adj attr, inv* rotierend, Dreh-; ~ **chair** Drehstuhl *m;* ~ **credit** FIN Revolvingkredit *m,* revolvierender Kredit; ~ **door** Drehtür *f*

re·vue [rɪ'vjuː] *n* Revue *f;* **satirical** ~ Kabarett *nt*

re·vul·sion [rɪ'vʌlʃᵊn] *n no pl* Abscheu *f;* ■~ **against** [*or* **at**] [*or* **towards**] **sth** Abscheu *f* gegen etw *akk,* Ekel *m* vor etw *dat;* ■**in** ~ mit Abscheu, angeekelt; **to fill sb with** ~ jdn mit Abscheu [*o* Ekel] erfüllen; **to be filled with** ~ mit Abscheu [*o* Ekel] erfüllt sein

re·ward [rɪ'wɔːd, AM -'wɔːrd] **I.** *n* ① *(recompense)*

Belohnung *f; for merit, service* Anerkennung *f* (**for** für *+akk*); *(for return of sth lost)* Finderlohn *m;* ■ **in** [*or* **as a**] ~ als Belohnung; ***the ~ s of motherhood outweigh the anguish*** die Freuden der Mutterschaft wiegen die damit verbundenen Schmerzen auf
② *(money)* Belohnung *f,* Entgelt *nt form;* **to offer a** ~ eine Belohnung aussetzen
II. *vt* ① *(give a reward)* ■ **to ~ sb** [**for/with sth**] jdn [für etw *akk*/mit etw *dat*] belohnen
② *(form: repay)* ■ **to ~ sth/sb** [**with sth**] etw/jdn [mit etw *dat*] belohnen; ***I'd like to ~ your loyalty by taking you out to dinner*** als Zeichen der Anerkennung Ihrer Loyalität möchte ich Sie gerne zum Essen einladen; **to ~ sb's generosity/kindness** sich *akk* für jds Großzügigkeit/Liebenswürdigkeit revanchieren
③ *(form: be worth)* ■ **to ~ sth** etw wert sein [*o* verdienen]; ■ **to be ~ed** belohnt werden; **to ~ sb's attention** jds Aufmerksamkeit verdienen
re·ward·ing [rɪˈwɔːdɪŋ, AM -ˈwɔːrd-] *adj* befriedigend; **a ~ experience** eine lohnende Erfahrung; **a ~ work** eine dankbare Aufgabe
re·wind I. *vt* <-wound, -wound> [ˌriːˈwaɪnd] **to ~ a cable** eine Kabel aufwickeln; **to ~ a cassette/tape** eine Kassette/ein Band zurückspulen; **to ~ a watch** eine Uhr aufziehen
II. *vi* <-wound, -wound> [ˌriːˈwaɪnd] *cassette, tape* zurückspulen
III. *n* [ˈriːwaɪnd] *of a cassette, tape* Zurückspulen *nt*
IV. *n* [ˈriːwaɪnd] *modifier (button, control)* Rückspul-
re·wire [ˌriːˈwaɪəʳ, AM -ɚ] *vt* ■ **to ~ sth** ① *(replace wiring system)* **to ~ a building/house** ein Gebäude/Haus neu verkabeln
② *(insert wires)* **to ~ a plug** einen Stecker neu anschließen
re·word [ˌriːˈwɜːd, AM -ˈwɜːrd] *vt* ■ **to ~ sth** etw umschreiben [*o* umformulieren]; **to ~ a contract** einen Vertrag neu abfassen
re·work [ˌriːˈwɜːk, AM -ˈwɜːrk] *vt* ■ **to ~ sth** etw überarbeiten; **to ~ a speech** eine Rede umschreiben; **to ~ a theme** ein Thema neu verarbeiten
re·work·ing [ˌriːˈwɜːkɪŋ, AM -ˈwɜːrk-] *n* Überarbeitung *f; of existing material* Wiederaufbereitung *f*
re·wound [ˌriːˈwaʊnd] *vt, vi pt, pp of* **rewind**
re·write <-wrote, -written> **I.** *vt* [ˌriːˈraɪt] ■ **to ~ sth** etw neu schreiben; *(revise)* etw überarbeiten; *(recast)* etw umschreiben; **to ~ history** die Geschichte neu schreiben; *(fig)* ***you can't ~ history*** Vergangenes lässt sich nicht ändern; **to ~ the rules** [*or* **the rule book**] *(fig)* die Regeln neu schreiben *fig,* neue Maßstäbe setzen
II. *n* [ˈriːraɪt] ① *(revision)* Überarbeitung *f;* ***the producer demands a ~ of the script*** der Produzent verlangt, dass das Skript umgeschrieben wird
② COMPUT erneuter Schreibvorgang
RFC [ˌɑːʳefˈsiː] *n* BRIT *abbrev of* **rugby football club** Rugbyverein *m*
RFID [ˌɑːʳefaɪˈdiː] *n abbrev of* **radio-frequency identification** RFID
RGN [ˌɑːʳdʒiːˈen] *n* BRIT *abbrev of* **Registered General Nurse** examinierte [*o* staatlich anerkannte] [*o* SCHWEIZ eidgenössisch anerkannte] [*o* ÖSTERR staatlich geprüfte] Krankenschwester/examinierter [*o* staatlich anerkannter] [*o* SCHWEIZ eidgenössisch anerkannter] [*o* ÖSTERR staatlich geprüfter] Krankenpfleger
Rh *abbrev of* **rhesus** [**factor**] Rh [faktor] *m*
Rhaeto-Romanic [ˌriːtəʊrə(ʊ)ˈmænɪk, AM -t̬oʊroʊˈ-] **I.** *n* Rätoromanisch *nt*
II. *adj* rätoromanisch
rhap·sod·ic [ræpˈsɒdɪk, AM -ˈsɑːd-] *adj (form)* ① *(expressing enthusiasm) speech* ekstatisch; *style* enthusiastisch
② MUS rhapsodisch *fachspr*
rhap·so·dize [ˈræpsədaɪz] *vi (form)* [überschwänglich] schwärmen; ■ **to ~ about** [*or* **over**] **sth/sb** von etw/jdm schwärmen
rhap·so·dy [ˈræpsədi] *n* ① *(piece of music)* Rhapsodie *f*
② *(form: great enthusiasm)* Schwärmerei *f;* **to go into rhapsodies** [**about** [*or* **over**] **sth**] [über etw *akk*] ins Schwärmen geraten
rhea <*pl* - *or* -s> [ˈriːə] *n* ORN Nandu *m*
Rhen·ish [ˈrenɪʃ] **I.** *adj inv* rheinisch, rheinländisch
II. *n no pl* FOOD Rheinwein *m*
rhe·nium [ˈriːniəm] *n no pl* CHEM Rhenium *nt*
rheo·stat [ˈriːə(ʊ)stæt, AM ˈriːoʊ-] *n* TECH Regelwiderstand *m,* Rheostat *m fachspr*
rhe·sus <*pl* -es> [ˈriːsəs] *n* Rhesus *m*
ˈrhe·sus fac·tor, ˈRh fac·tor *n no pl* Rhesusfaktor *m* **rhe·sus ˈmon·key** *n* Rhesusaffe *m* **rhe·sus-ˈnega·tive** *adj inv* Rhesusfaktor negativ **rhe·sus-ˈposi·tive** *adj inv* Rhesusfaktor positiv
rheto·ric [ˈretərɪk, AM ˈret̬ɚ-] *n no pl* ① *(persuasive language)* Redegewandtheit *f*
② *(bombastic language)* Phrasendrescherei *f pej;* **empty ~** leere Worte
③ *(effective use of language)* Rhetorik *f geh,* Redekunst, f; **the art of ~** die Rhetorik [*o* Redekunst]
rhe·tori·cal [rɪˈtɒrɪkəl, AM -ˈtɔːr-] *adj* ① *(relating to rhetoric)* rhetorisch
② *(overdramatic) gesture* übertrieben dramatisch; *commitment* plakativ *geh*
rhe·tori·cal·ly [rɪˈtɒrɪkəli, AM -ˈtɔːr-] *adv* ① *(not expecting answer)* rhetorisch
② *(overdramatically) speak, write* schwülstig *pej*
rhe·tori·cal ˈques·tion *n* rhetorische Frage
rhe·tori·cian [ˌretərˈɪʃən, AM ˌret̬əˈr-] *n* Rhetoriker(in) *m(f)*
rheu·mat·ic [ruːˈmætɪk, AM -t̬-] **I.** *adj* rheumatisch; *joint also* rheumakrank; ***he is ~*** er hat Rheuma; **to suffer from a ~ condition** an Rheuma leiden; **~ hip** rheumatische Hüfte; **~ pain** rheumatischer Schmerz, Rheumaschmerz *m*
II. *n* ① *(person)* Rheumatiker(in) *m(f)*
② *(fam)* ■ **~s** *usu + sing vb* Rheuma *nt kein pl;* **to have the ~s** Rheuma haben
rheu·mat·ic ˈfe·ver *n no pl* rheumatisches Fieber
rheu·ma·tism [ˈruːmətɪzəm] *n no pl* Rheuma *nt,* Rheumatismus *m*
rheu·ma·toid ar·thri·tis [ˌruːmətɔɪd-] *n no pl* MED rheumatoide Arthritis *fachspr*
rheu·ma·tol·ogy [ruːməˈtɒlədʒi, AM -ˈtɑːlə-] *n no pl* MED Rheumatologie *f fachspr*
rheumy [ˈruːmi] *adj* wässerig, feucht
Rh fac·tor *n no pl* MED *abbrev of* **rhesus factor** Rh-Faktor *m*
Rhine [raɪn] *n no pl* ■ **the ~** der Rhein; **~ Falls** Rheinfall *m*
Rhine·land *n no pl* ■ **the ~** das Rheinland **ˈrhine·stone** *n* Rheinkiesel *m*
rhi·no [ˈraɪnəʊ, AM -noʊ] *n (fam) short for* **rhinoceros** Nashorn *nt,* Rhinozeros *nt*
rhi·noc·er·os <*pl* -es *or* -> [raɪˈnɒsərəs, AM -ˈnɑːsɚ-] *n* Nashorn *nt,* Rhinozeros *nt*
rhi·no·plas·ty [ˈraɪnə(ʊ)plæsti, AM -noʊ-] *n* Rhinoplastik *f fachspr (chirurgische Korrektur der Nase)*
rhi·zome [ˈraɪzəʊm, AM -zoʊm] *n* BOT Wurzelstock *m,* Rhizom *nt fachspr*
Rhode Is·land·er [ˌrəʊdˈaɪləndəʳ, AM ˌroʊdˈaɪləndɚ] *n* Bewohner(in) *m(f)* von Rhode Island
Rhodes [rəʊdz, AM roʊdz] *n no pl* Rhodos *nt*
Rho·de·sia [rə(ʊ)ˈdiːʒə, AM roʊˈ-] *n no pl (hist)* Rhodesien *nt hist*
Rho·de·sian [rə(ʊ)ˈdiːʒən, AM roʊˈ-] *(hist)* **I.** *n* Rhodesier(in) *m(f) hist*
II. *adj inv* rhodesisch *hist*
Rhodes ˈSchol·ar *n* UNIV Rhodes-Stipendiat(in) *m(f) (mit einem Stipendium der Universität von Oxford für Studenten aus den Commonwealthländern, Deutschland und den USA)* **Rhodes ˈSchol·ar·ship** *n* UNIV Rhodes-Stipendium *nt (Stipendium der Universität von Oxford für Studenten aus den Commonwealthländern, Deutschland und den USA)*
rho·dium [ˈrəʊdiəm, AM ˈroʊ-] *n no pl* CHEM Rhodium *nt*
rho·do·de·ndron [ˌrəʊdəˈdendrən, AM ˌroʊ-] *n* Rhododendron *m*
rhom·bi [ˈrɒmbaɪ, AM ˈrɑːm-] *n pl of* **rhombus**
rhom·boid [ˈrɒmbɔɪd, AM ˈrɑːm] *n* Rhomboid *nt*
rhom·bus <*pl* -es *or* -bi> [ˈrɒmbəs, AM ˈrɑːm-, *pl* -baɪ] *n* Rhombus *m,* Raute *f*
Rhône [rəʊn, AM roʊn] *n no pl* GEOG ■ **the ~** die Rhone
RHR [ˌɑːʳeɪtʃɑːʳ] *n abbrev of* **resting heart rate** Ruhepuls *m*
rhu·barb [ˈruːbɑːb, AM -bɑːrb] **I.** *n* ① *no pl* FOOD, BOT Rhabarber *m*
② *no pl esp* BRIT *(fam: noise)* Rhabarber *nt*
③ *no pl* BRIT *(fam: nonsense)* Blödsinn *m fam*
④ AM *(sl: dispute)* Krach *m*
II. *n modifier* Rhabarber-; **~ flan** Rhabarberkuchen *m;* **~ pie** gedeckter Rhabarberkuchen; **~ plant** Rhabarber *m,* Rhabarberpflanze *f;* **~ season** Rhabarberzeit *f;* **~ stalk** Rhabarberstängel *m;* **~ tart** Rhabarbertorte *f*
rhyme [raɪm] **I.** *n* ① *no pl (identity in sound)* Reim *m;* ■ **in ~** gereimt, in Reimform
② *(poem)* Reim[vers] *m*
③ *(word)* Reimwort *nt*
▸PHRASES: **without ~ or reason** ohne [jeden] Sinn und Verstand
II. *vi* ■ **to ~** [**with sth**] *poem, song, words* sich *akk* [auf etw *akk*] reimen
III. *vt* **to ~ words** Wörter reimen
ˈrhyme scheme *n* LIT Reimschema *nt*
rhym·ing [ˈraɪmɪŋ] *adj inv* Reim-; **~ couplet** Reimpaar *nt;* **~ verse** Reimvers *m*
ˈrhym·ing slang *n no pl* LING Rhyming Slang *m (aus dem Cockney in Großbritannien bekannter regionaler Sprachgebrauch, bei dem das eigentliche Wort durch ein sich reimendes Wort ersetzt wird, z. B. ‚porky pie' statt ‚lie')*
rhythm [ˈrɪðəm] *n* Rhythmus *m,* Takt *m;* ***she didn't give the German player the opportunity to establish any ~*** sie gab der deutschen Spielerin keine Gelegenheit, zu ihrem Spiel zu finden; **the ~ of nature** der Rhythmus der Natur; **the ~ of the seasons** der Wechsel der Jahreszeiten; **sense of ~** Rhythmusgefühl *nt;* **biological ~** biologischer Rhythmus
rhythm and ˈblues *n,* **R and ˈB** *n no pl* Rhythm and Blues *m*
rhyth·mic(al) [ˈrɪðmɪk(əl)] *adj* rhythmisch
rhyth·mi·cal·ly [ˈrɪðmɪkəli] *adv* rhythmisch; **to breathe deeply and ~** tief und gleichmäßig atmen; **to dance ~** nach dem Rhythmus tanzen
ˈrhythm meth·od *n* MED Knaus-Ogino-Methode *f*
ˈrhythm sec·tion *n* MUS Rhythmusgruppe *f*
R.I. AM *abbrev of* **Rhode Island**
rib [rɪb] **I.** *n* ① ANAT Rippe *f;* **to break a ~** sich *dat* eine Rippe brechen; **to dig** [*or* **poke**] **sb in the ~s** jdm einen Stoß in die Rippen versetzen
② FOOD ■ **~s** Rippchen *nt;* **prime ~** Hochrippe *f*
③ *of a boat, roof* Spant *m*
④ *of a lute, violin* Zarge *f*
⑤ *of an umbrella* Speiche *f*
⑥ *(in aerofoil)* Stab *m,* Stange *f*
⑦ *of an insect's wing, a leaf* Rippe *f*
⑧ *of land, rock* Grat *m,* Erhebung *f*
⑨ *no pl (in knitting)* Rippung *f*
⑩ *esp* AM *(fam: joke)* Scherz *m*
II. *vt* <-bb-> ① *usu passive (mark with ridges)* ■ **to ~ sth** etw mit Speichen versehen
② *(fam: tease)* ■ **to ~ sb** [**about sth**] jdn [wegen einer S. *gen*] aufziehen [*o* necken]
RIBA [ˌɑːraɪbiːˈeɪ] *n no pl, + sing/pl vb* BRIT *abbrev of* **Royal Institute of British Architects** *königliche Vereinigung der britischen Architekten*
rib·ald [ˈrɪbəld, ˈraɪ-] *adj (dated)* unanständig
rib·ald·ry [ˈrɪbəldri, ˈraɪ] *n no pl (dated)* Ferkeleien *pl*
rib·and [ˈrɪbənd] *n (old) see* **ribbon** [Zier-]Band *nt;* **the Blue R~** das Blaue Band
ribbed [rɪbd] *adj inv* FASHION gerippt, SCHWEIZ *a.* geripppelt, Ripp-; **~ tights** gerippte Strumpfhose
rib·bing [ˈrɪbɪŋ] *n* ① *no pl* FASHION Rippung *f*
② *usu sing (fam: teasing)* Necken *nt kein pl;* **to get a ~** aufgezogen werden
rib·bon [ˈrɪbən] *n* ① *(strip of fabric)* Band *nt; (fig)* Streifen *m;* **a ~ of road** ein Straßenband *nt*
② MIL Ordensband *nt*

③ *(rag)* ■ **in ~s** in Fetzen; **to cut sb/sth to ~s** jdn/etw zerfetzen [*o* in Stücke reißen]; *(fig)* jdn/etw in der Luft zerreißen
④ *of a typewriter* Farbband *nt*

rib·bon de·'vel·op·ment *n* BRIT, AUS Zeilenbauweise *f* *(Bebauung entlang stadtauswärts führenden Straßen)*

'rib cage *n* ANAT Brustkorb *m*

ri·bo·fla·vin [ˌraɪbə(ʊ)'fleɪvɪn, AM 'raɪbəfleɪ-] *n no pl* BIOL, CHEM Riboflavin *nt fachspr*

ri·bo·nu·cleic acid [ˌraɪbə(ʊ)nju:ˌkli:ɪk'-, AM -boʊnu:ˌ-] *n*, **RNA** *n no pl* BIOL, CHEM Ribonukleinsäure *f fachspr*

'rib·tick·ler *n* *(fam)* urkomischer Witz; ***this is a real*** **~** das ist ein echt guter Witz *fam* **'rib·tick·ling** *adj* *(fam)* urkomisch **'rib·tickl·ing·ly** *adv* *(fam)* urkomisch

rice [raɪs] **I.** *n no pl* Reis *m*; **brown ~** Naturreis *m*; **white ~** [weißer] Reis
II. *vt* AM **to ~ potatoes/vegetables** Kartoffeln/Gemüse passieren [*o* durch ein Sieb treiben]

'rice bowl *n* Reisschüssel *f*; **the ~ of China/India** *(fig)* die Reiskammer Chinas/Indiens **'rice field** *n* Reisfeld *nt* **'rice-grow·ing** *n no pl* Reisanbau *m* **'rice pad·dy** *n* Reisfeld *nt* **'rice paper** *n no pl* Reispapier *nt* **rice 'pud·ding** *n no pl* Milchreis *m*

ric·er ['raɪsəʳ, AM -ɚ] *n esp* AM FOOD [Kartoffel]presse *f*

rich [rɪtʃ] **I.** *adj* ① *(wealthy)* reich; **~ nation** reiches Land; **~ pickings** reiche [Aus]beute; *for pickpockets* leichte Beute; **to get ~ quick** schnell zu Reichtum kommen [*o* reich werden]; **to become** [*or* **grow**] **~** reich werden
② *(abounding)* reich; ■ **to be ~ in sth** reich an etw *dat* sein; ***it was a journey ~ in incidents*** es war eine Reise voller Zwischenfälle; **~ deposits of minerals** reiche Mineralienvorkommen; **~ in detail** sehr detailliert; **~ in ideas** ideenreich; **~ source** unerschöpfliche Quelle; **~ in vitamins** vitaminreich
③ *(very fertile) land* fruchtbar, reich; *earth, soil also* fett; **~ harvest** reiche Ernte; **~ vegetation** üppige Vegetation
④ *(opulent) carvings, furniture* prachtvoll; **~ buildings** Prachtbauten *pl*
⑤ *(valuable)* **~ offerings** reiche Gaben; **~ reward** großzügige Belohnung
⑥ *(of food)* gehaltvoll; *(hard to digest)* schwer; **a ~ meal** ein opulentes Mahl
⑦ *drink* schwer, vollmundig
⑧ *(intense)* **~ colour** [*or* AM **color**] satte [*o* kräftige] Farbe; **~ flavour** [*or* AM **flavor**] reiches Aroma; **~ smell** schwerer Duft; **~ taste** voller Geschmack; **~ tone** voller [*o* satter] Klang
⑨ AUTO **~ mixture** fettes Gemisch *fachspr*
⑩ *(interesting)* reich; *life also* erfüllt; **~ experience** wertvolle Erfahrung; **~ history** bedeutende Vergangenheit
⑪ MIN **~ mine** ergiebige Mine; **~ mineral deposit** fündiger Erzgang
⑫ *pred (fam: causing amusement) criticism, remark* lächerlich; ***that's ~ coming from him!*** das muss gerade er sagen!, das ist ein starkes Stück von ihm! *fam*
II. *n* ■ **the ~** *pl* die Reichen *pl*

riches ['rɪtʃɪz] *npl* ① *(material wealth)* Reichtümer *pl*; *(fig: success)* Erfolge *pl*; **to accumulate ~** Reichtümer anhäufen; **to hoard ~** Reichtümer horten
② *(resources)* Vorkommen *pl*; **oil ~** Ölvorkommen *pl*

rich·ly ['rɪtʃli] *adv* ① *(lavishly)* prachtvoll, prächtig; **~ decorated** reich verziert
② *(generously)* **~ illustrated** reich bebildert; **~ rewarded** reich belohnt
③ *(plentifully)* reichhaltig; ***they have a ~ stocked wine cellar*** sie haben einen gut bestückten Weinkeller
④ *(fully)* **to be ~ deserved** [*or* **earned**] wohlverdient sein

Rich·mond·er ['rɪtʃməndəʳ, AM -ɚ] *n* Bewohner(in) *m(f)* Richmonds

rich·ness ['rɪtʃnəs] *n no pl* ① *(wealth)* Reichtum *m*; **~ of detail** *(fig)* Detailgenauigkeit *f*
② *(fattiness)* Reichhaltigkeit *f*
③ *(intensity)* Stärke *f*; *of a colour* Sattheit *f*

Richter scale ['rɪktə,-, AM -tɚ,-] *n* ■ **the ~** die Richterskala

ric·ino·lic acid [rɪsɪˌnəʊlɪk'-, AM -noʊ-] *n no pl* CHEM Ricinolsäure *f*

rick[1] [rɪk] **I.** *n* Heuhaufen *m*, Dieme *f* NORDD, Schochen *m* SÜDD, Heuschober *m* ÖSTERR
II. *vt* AGR **to ~ hay** Heu schobern [*o* ÖSTERR *a.* schöbern]; **to ~ wood** Holz aufschichten [*o* stapeln]

rick[2] [rɪk], AM *also* **wrick** MED **I.** *n* Verzerrung *f*
II. *vt* *(fam)* **to ~ one's back/neck** sich *dat* eine Zerrung im Rücken/Nacken zuziehen

rick·ets ['rɪkɪts] *npl + sing/pl vb* MED Rachitis *f*

rick·ety ['rɪkəti, AM -t̬i] *adj* ① *(likely to collapse)* wack[e]lig; **a ~ bus** ein klapp[e]riger Bus; **a ~ chair** ein wack[e]liger Stuhl; **~ wooden stairs** morsche Holzstufen
② *(decrepit) person* alt und klapp[e]rig; *(tottering)* gebrechlich
③ *(suffering from rickets)* rachitisch

rick·sha(w) ['rɪkʃɔ:, AM *esp* -ʃɑ:] *n* Rikscha *f*

rico·chet ['rɪkəʃeɪ] **I.** *n* ① *no pl (action)* Abprallen *nt kein pl*, Abprall *m kein pl*
② *(a rebounding ball)* Abpraller *m*; *bullet* Querschläger *m*; **to be hit** [*or* **struck**] **by a ~** von einem Querschläger getroffen werden
II. *vi* ■ **to ~** [**off sth**] [von etw *dat*] abprallen

ri·cot·ta [rɪ'kɒtə, AM -'kɑ:t̬ə] *n no pl* Ricotta *m*

ric·tus <*pl* -es> ['rɪktəs] *n* [Gesichts]verzerrung, f

rid <-dd-, rid *or old* ridded, rid *or old* ridded> [rɪd] *vt* ■ **to ~ sth/sb of sth** etw/jdn von etw *dat* befreien; ***he ~ himself of all worry during his weekend vacation*** bei seinem Wochenendurlaub ließ er [endlich einmal] all seine Sorgen hinter sich; ■ **to be ~ of sb/sth** jdn/etw los sein; **to get ~ of sb/sth** jdn/etw loswerden; ***the cream got ~ of my skin rash*** durch die Creme bin ich meinen Hautausschlag losgeworden

rid·dance ['rɪdᵊn(t)s] *n* *(fam)* *no pl* Loswerden *nt*
▶ PHRASES: **to bid sb good ~** jdn dahin wünschen, wo der Pfeffer wächst *fam*; **good ~** [**to bad rubbish**] Gott sei Dank [, dass wir den/die/das los sind]

rid·den ['rɪdᵊn] *pp of* **ride**

rid·dle[1] ['rɪdl] **I.** *n* Rätsel *nt a. fig*; **to solve a ~** ein Rätsel lösen; **to speak** [*or* **talk**] **in ~s** *(fig)* in Rätseln sprechen
II. *vi* in Rätseln sprechen
III. *vt* ■ **to ~ sth** etw enträtseln; ***can you ~ me this?*** kannst du mir dieses Rätsel erklären?

rid·dle[2] ['rɪdl] **I.** *vt usu passive* ■ **to ~ sth** ① *(perforate)* etw durchlöchern, Löcher in etw *akk* machen; *(fig: permeate)* etw durchdringen; **to ~ sth/sb with bullets** etw/jdn mit Kugeln durchlöchern [*o* durchsieben]
② *(sift through sieve)* etw [aus]sieben
II. *n* [Schüttel]sieb *nt*

rid·dled ['rɪdl̩d] *adj pred, inv* durchlöchert; *(fig: permeated)* durchsetzt; **to be ~ with errors** *(fig)* vor Fehlern strotzen; **to be ~ with loopholes** *(fig)* äußerst lückenhaft sein; ***tax law is ~ with loopholes*** im Steuerrecht gibt es viele Schlupflöcher

ride [raɪd] **I.** *n* ① *(journey)* Fahrt *f* (**on** mit +*dat*); *(on a horse)* Ritt *m*; **bus ~** Busfahrt *f*; **motorcycle ~** Motorradfahrt *f*; **bumpy ~** holperige Fahrt; **to go for a ~** eine Fahrt machen; *(with horse)* ausreiten
② AM *(person)* Fahrer(in) *m(f)*
③ *(trip costing nothing)* Mitfahrgelegenheit *f*; **to give sb a ~** jdn [im Auto] mitnehmen
④ AM *(fam: motor vehicle)* fahrbarer Untersatz *fam*
⑤ *(quality)* Fahrweise *f*; ***this is a great car to take on longer trips because of its smooth ~*** dieser Wagen eignet sich wunderbar für längere Strecken, weil er sich so angenehm fährt
⑥ *(path)* [Reit]weg *m*
⑦ *(at a fair)* [Karussell]fahrt *f*
⑧ *(vulg: sex)* Fick *m vulg*
▶ PHRASES: **to take sb for a ~** *(fam)* jdn übers Ohr hauen *fam*
II. *vt* <rode, ridden> ① *(sit on)* **to ~ a bicycle/motorcycle** [Fahr]rad/Motorrad fahren; ***I ~ my bicycle to work*** ich fahre mit dem Fahrrad zur Arbeit; **to ~ a bobsled** Bob fahren; **to ~ a horse** ein Pferd reiten; ***they rode their horses into town*** sie ritten auf ihren Pferden in die Stadt ein
② *(as a passenger)* **to ~ the bus/train** Bus/Zug fahren; **to ~ the merry-go-round** Karussell fahren
③ *(traverse)* **to ~ an area** eine Gegend durchqueren, ein Gebiet befahren; ***the ship rode the waves*** das Schiff durchpflügte die Wellen *liter*; ***they rode the waves at the beach*** sie surften am Strand; **to ~ the rapids** die Stromschnellen befahren; **to ~** [**the crest of**] **a wave of popularity** *(fig)* auf einer Welle der Beliebtheit schwimmen
④ *(take part on race)* **to ~ a race** an einem Rennen [*o* Wettlauf] teilnehmen
⑤ *(take the lift)* **to ~ a lift** [*or* AM **elevator**] mit dem Aufzug [*o* Lift] fahren
⑥ *(prevent blow)* **to ~ a blow** einen Schlag abfangen
⑦ *(vulg sl: have sex with)* ■ **to ~ sb** jdn vögeln *derb* [*o vulg* ficken]
⑧ AM *(pester)* ■ **to ~ sb** jdn antreiben *fam*; ***your boss is riding you much too hard at the moment*** dein Chef nimmt dich momentan viel zu hart ran *fam*
⑨ *usu passive (full of)* **to be ridden with anger** wutentbrannt [*o* zornentbrannt] sein; **to be ridden with guilt** von [schweren] Schuldgefühlen geplagt werden
▶ PHRASES: **to ~ the brakes** *(fam)* auf die Tube drücken *sl*, rasen *fam*
III. *vi* <rode, ridden> ① *(as a sport)* reiten; **to ~ to hounds** *esp* BRIT an einer Parforcejagd [*o* Fuchsjagd] teilnehmen
② *(travel on animal)* reiten; ■ **to ~ by** [*or* **past**] vorbeireiten, vorüberreiten
③ *(travel on vehicle)* fahren; ***I rode home from work on the bus*** ich fuhr mit dem Bus von der Arbeit nach Hause; **to ~ in a sports car** in einem Sportwagen mitfahren; **to ~ on a motorbike** auf einem Motorrad fahren
④ *(have said character)* laufen; **to ~ smoothly** *car* sich *akk* angenehm fahren
▶ PHRASES: **to be riding for a fall** *(fam)* in sein Unglück [*o* Verderben] rennen; **to ~ high** obenauf sein; ***now that he's managing director, he's really riding high*** jetzt wo er leitender Direktor ist, ist er wirklich obenauf; **to let sth ~** *(fam)* etw laufen lassen *fam*; **to ~ roughshod over sb** rücksichtslos über jdn hinweggehen, jdn unterbuttern *sl*
◆**ride down** *vt* ■ **to ~ down** ⊂ **sb/sth** jdn/etw umreiten
◆**ride on** *vi* ■ **to ~ on sth** von etw *dat* abhängen; ***the future of the company ~s on the success of the talks*** die Zukunft des Unternehmens hängt vom Erfolg der Gespräche ab
◆**ride out** *vt* ■ **to ~ out** ⊂ **sth** etw überstehen; **to ~ out a crisis** eine Krise durchstehen
◆**ride up** *vi* *T-shirt, skirt* nach oben rutschen, hochrutschen

rid·er ['raɪdəʳ, AM -ɚ] *n* ① *of a horse* Reiter(in) *m(f)*; *of a vehicle* Fahrer(in) *m(f)*
② *(form: amendment)* Zusatzklausel *f*, Zusatzvereinbarung *f*
③ POL *(to a bill)* Nachtrag *m*, [Gesetzes]novelle *f*; BRIT LAW *(to a verdict)* zusätzliche Empfehlung

rid·er·less ['raɪdələs, AM -dɚ-] *adj inv horse* reiterlos; *vehicle* fahrerlos

ridge [rɪdʒ] *n* ① GEOG Grat *m*; **mountain ~** Gebirgskamm *m*
② *of a roof* Dachfirst *m*
③ METEO **~ of high/low pressure** Hoch-/Tiefdruckkeil *m*
▶ PHRASES: **to have been around the ~s** AUS viel erlebt haben

ridged [rɪdʒd] *adj inv soles* geriffelt; *rock, sand, surface* zerfurcht

'ridge pole *n* Firststange *f* **'ridge·way** *n* Gratweg *m*

ridi·cule ['rɪdɪkju:l] **I.** *n no pl* Spott *m*, Hohn *m*; **object of ~** Zielscheibe *f* des Gespötts [*o* ÖSTERR *bes*

Spotts]; ***he was regarded as an object of ~ because of his eccentric ideas concerning sexuality*** seine exzentrischen Vorstellungen über Sexualität machten ihn zum Gespött der Leute; **to lay oneself open to ~** sich *akk* lächerlich machen; **to hold sb/sth up to ~** sich *akk* über jdn/etw lustig machen

II. *vt* ■**to ~ sb/sth** jdn/etw verspotten

ri·dicu·lous [rɪ'dɪkjələs] **I.** *adj* ① *(comical)* lächerlich, albern; ***you look ~ in that old hat*** mit diesem alten Hut siehst du ziemlich albern aus; **to make oneself look ~** sich *akk* lächerlich machen

② *(inane)* absurd, hirnverbrannt *fam;* ***don't be so ~!*** mach keine Witze!

③ BRIT *(approv sl: incredible)* unglaublich

II. *n no pl* ■**the ~** das Absurde; **from the sublime to the ~** vom Erhabenen zum Lächerlichen

ri·dicu·lous·ly [rɪ'dɪkjələsli] *adv* ① *(laughably)* lächerlich; **to behave** [*or fam* **act**] **~** sich *akk* zum Narren machen

② *(unbelievably)* unglaublich, wahnsinnig; **~ easy** unglaublich [*o fam* total] einfach

ri·dicu·lous·ness [rɪ'dɪkjələsnəs] *n no pl* Lächerlichkeit *f,* Lachhaftigkeit *f*

rid·ing ['raɪdɪŋ] **I.** *n* ① *no pl (sport)* Reiten *nt*

② BRIT *(path)* Reitweg *m*

③ CAN POL *(constituency)* ≈ Wahlkreis *m,* Wahlbezirk *m*

II. *adj attr, inv* Reit-; **~ holiday** [*or* AM **vacation**] Reitferien *pl*

'rid·ing boot *n* Reitstiefel *m* **'rid·ing breeches** *npl* Reithose *f* **'rid·ing crop** *n* Reitgerte *f* **'rid·ing hab·it** *n (dated)* Reitkleid *nt veraltet* **'rid·ing hat** *n* Reitkappe *f*

'rid·ing lamp, 'rid·ing light *n* NAUT Ankerleuchte *f*

'rid·ing school *n* Reitschule *f* **'rid·ing whip** *n* Reitpeitsche *f*

riel ['ri:əl, AM ri'el] *n (Cambodian currency)* Riel *m*

rife [raɪf] *adj inv, pred (form)* ① *(widespread)* weit verbreitet

② *(full of)* voller (**with** *+gen*); ***the office was ~ with rumours*** im Büro kursierten jede Menge Gerüchte

riff I. *vt* ■**to ~ on sth** ① *(play jazz music)* auf etw *dat* Riffs spielen

② *(sl: make fun of)* etw auf die Schippe nehmen *fam*

II. *n* ① MUS Riff *m fachspr*

② *(pej: repeated theme)* Leier *f fig pej fam*

rif·fle ['rɪfl] **I.** *vt* ① *(leaf through)* **to ~ the pages of a book** ein Buch durchblättern

② *(ruffle)* **to ~ sb's hair** *wind* jdm das Haar zerzausen

③ *(shuffle)* **to ~** [**playing**] **cards** Karten mischen

II. *vi* **to ~ through a book** ein Buch durchblättern

III. *n* ① *usu sing (search)* Durchsuchung *f*

② *(rustle of paper)* Rascheln *nt kein pl*

③ CARDS Mischen *nt kein pl*

④ *esp* AM *of a stream* seichte Stelle, seichter Abschnitt

riff-raff ['rɪfræf] *n no pl, + sing/pl vb (pej)* Gesindel *nt kein pl pej*

ri·fle¹ ['raɪfl] **I.** *n* ① *(gun)* Gewehr *nt*

② *(troops)* ■**~s** *pl* Schützen, Schützinnen *mpl, fpl*

II. *n modifier (bullet, fire, grenade)* Gewehr-; **~ ammunition** Gewehrmunition *f*

ri·fle² ['raɪfl] **I.** *vi* ■**to ~ through sth** etw durchwühlen; **to ~ through a bag/papers** eine Tasche/Papiere durchwühlen

II. *vt* ■**to ~ sth** etw plündern; **to ~ the safe** den Safe plündern [*o fam* ausräumen]

'ri·fle butt *n* Gewehrkolben *m* **'ri·fle·man** *n* Schütze *m* **'ri·fle range** *n* ① *(for practice)* Schießstand *m* ② *(shooting distance)* ■**within ~** in Schussweite [eines Gewehrs]

ri·fle·ry ['raɪflri] *n no pl* AM Gewehrschießen *nt*

'ri·fle shot *n* ① *(shot)* Gewehrschuss *m*

② *no pl (distance)* Schussweite *f*

③ *(person)* Gewehrschütze, -schützin *m, f;* **a skilled ~** ein geübter Gewehrschütze/eine geübte Gewehrschützin

rift [rɪft] **I.** *n* ① *(open space)* Spalt *m;* ***a ~ in the clouds appeared*** die Wolken rissen für einen kurzen Augenblick auf

② GEOL [Erd]spalt *m*

③ *(fig: disagreement)* Spaltung *f* (**between** zwischen *+dat*); *(in friendship)* Bruch *m;* **to heal a ~** eine Kluft überbrücken

II. *vi* GEOL ■**to ~ away** sich *akk* abspalten

III. *vt* ■**to ~ sth** etw spalten

rift 'val·ley *n* GEOG Grabenbruch *m fachspr*

rig¹ [rɪg] **I.** *vt* <-gg-> *esp* ECON ■**to ~ sth** etw manipulieren; **to ~ an election/results** eine Wahl/Ergebnisse manipulieren; **to ~ the market/prices** den Markt/Preise manipulieren; **~ging of ballots** [*or* **ballot-~ging**] Wahlmanipulation *f*

II. *n (old)* Scheinmanöver *nt,* Schwindel *m*

rig² [rɪg] **I.** *n* ① NAUT Takelage *f fachspr,* Takelung *f fachspr*

② *(apparatus)* Vorrichtung *f;* **hi-fi ~** Hi-Fi-Anlage *f;* **lighting ~** Beleuchtungsanlage *f*

③ *(for fishing tackle)* [Vorfach]montage *f fachspr*

④ *(drilling/oil rig)* **drilling ~** Bohrinsel *f;* **gas/oil ~** Gas-/Ölbohrinsel *f*

⑤ *(fam)* FASHION Outfit *nt sl;* **in full ~** in voller Montur *fam*

⑥ *esp* AM TRANSP *(semi-trailer)* [mehrachsiger] Sattelschlepper

II. *vt* <-gg-> ① NAUT **to ~ a boat/ship/yacht** ein Boot/ein Schiff/eine Jacht takeln *fachspr;* **to ~ sails/shrouds/stays** Segel/Wanten/Stags anschlagen *fachspr*

② AVIAT **to ~ an aircraft** ein Flugzeug aufrüsten *fachspr*

③ *(set up)* ■**to ~ sth** etw [behelfsmäßig] zusammenbauen

◆**rig out** *vt (fam)* ■**to ~ out ⊂ oneself/sb** sich/jdn ausstaffieren; *esp woman* sich *akk* auftakeln *pej o hum*

◆**rig up** *vt* ■**to ~ up ⊂ sth** ① NAUT etw auftakeln *fachspr*

② *(set up hastily)* etw [behelfsmäßig] aufbauen [*o* aufstellen], etw improvisieren

rig·ger¹ ['rɪgəʳ, AM -ɚ] *n* ① NAUT Takler(in) *m(f) fachspr*

② *(scaffolder)* Gerüstbauer(in) *m(f)*

③ *(on oil rig)* Arbeiter(in) *m(f)* auf einer Bohrinsel

rig·ger² ['rɪgəʳ, AM -ɚ] *n* Manipulant(in) *m(f);* FIN Kurstreiber(in) *m(f)*

rig·ging¹ ['rɪgɪŋ] *n no pl* ① NAUT Auftakeln *nt fachspr; (ropes and wires)* Takelung *f fachspr,* Takelage *f fachspr*

② AVIAT Aufrüstung *f fachspr*

rig·ging² ['rɪgɪŋ] *n no pl (manipulating)* Manipulation *f;* **ballot ~** Wahlmanipulation *f*

right [raɪt]

I. ADJECTIVE	**II.** ADVERB
III. NOUN	**IV.** TRANSITIVE VERB
V. INTERJECTION	

I. ADJECTIVE

① *inv (morally good)* richtig; *(fair)* gerecht; ***it was ~ of you to tell me*** es war richtig von dir, es mir zu sagen; ***you're ~ to be annoyed*** du bist zu Recht verärgert; **to do the ~ thing** das Richtige tun; **~ and proper** recht und billig

② *inv (correct) answer, direction, order, position* richtig; *time* genau; ***were you given the ~ change?*** hat man dir richtig herausgegeben?; ***do you have the ~ time?*** können Sie mir bitte sagen, wie spät es ist?; ***is your watch ~?*** geht deine Uhr richtig?; **the ~ way round** [*or* AM **around**] richtig herum; **to get sth ~** etw richtig machen; ***you got three answers ~*** du hast drei Antworten richtig; ***did you get that sum ~?*** hast du [da] richtig gerechnet?; **to put sth ~** etw richtigstellen; **to put a clock ~** eine Uhr richtig einstellen; **to put matters ~** Tatsachen richtigstellen; **to put sb ~** jdn berichtigen

③ *pred, inv (correct in opinion)* ***am I ~ in thinking that ...*** gehe ich recht in der Annahme, dass ...; ***you were ~ about him*** Sie haben was ihn angeht Recht gehabt; **to put** [*or* **set**] **sb ~** *(fam)* jdn eines Besseren belehren

④ *inv (interrogative)* oder, richtig; ***you're leaving tomorrow, ~?*** Sie haben doch vor, morgen abzureisen, oder [*o* richtig]?

⑤ *inv (best)* richtig; ***he's the ~ person for the job*** er ist der Richtige für den Job; ***he thought the time was ~ to ...*** er dachte, das sei der passende [*o* richtige] Zeitpunkt, um ...; **to be on the ~ lines** auf dem richtigen Weg sein; **to be in the ~ place at the ~ time** zur rechten Zeit am rechten Ort sein

⑥ *inv (important) people, places* richtig

⑦ *pred, inv (working correctly)* in Ordnung; ***something isn't quite ~ with the brakes*** irgendetwas stimmt mit den Bremsen nicht [ganz] *fam;* **to put a machine ~** eine Maschine reparieren [*o* in Ordnung bringen]

⑧ *inv (healthy)* **to put** [*or* **set**] **sb ~** jdn gesund machen; **to be not** [**quite**] **~ in the head** *(fam)* nicht [ganz] richtig im Kopf sein *fam;* **to be/not in one's ~ mind** [ganz]/nicht [ganz] bei Verstand sein; **to be as ~ as rain** *(fam)* sich *akk* gut [*o* kerngesund] fühlen

⑨ *inv (not left)* rechte(r, s); ***I would give my ~ hand to meet the President*** *(fam)* ich würde alles dafür geben, [um] mal den Präsidenten zu treffen *fam;* **~ helix** CHEM rechtsdrehende Helix; **a ~ hook** SPORT ein rechter Haken; **to make a ~ turn** rechts abbiegen

⑩ *inv (conservative)* rechte(r, s)

⑪ *attr, inv esp* BRIT *(fam: complete)* völlige(r, s), totale(r, s) *fam;* ***he's a ~ idiot*** er ist ein Vollidiot [*o* totaler Idiot] *fam*

⑫ *inv* BRIT *(fam: foolish)* **a ~ one** ein Dummkopf *m fam;* ***we've got a ~ one here!*** hier haben wir ja einen richtigen Knallkopf! *fam*

II. ADVERB

inv ① *inv (completely)* völlig, ganz; ***the car ran ~ out of fuel*** der Tank war völlig leer; ***she walked ~ past me*** sie lief direkt an mir vorbei; **~ through** durch und durch; **to be ~ behind sb** voll [und ganz] hinter jdm stehen

② *inv (all the way)* ganz; *(directly)* genau, direkt; ***I filled the bath ~ up to the top*** ich habe die Badewanne [bis zum Rand] volllaufen lassen; ***she came up ~ behind me*** plötzlich stand sie direkt hinter mir

③ *inv (fam: immediately)* gleich; ***he'll be ~ back*** er ist gleich [wieder] zurück; ***I'll be ~ with you*** ich komme sofort; **~ now** gleich jetzt, im Moment

④ *inv (correctly)* richtig; **~ on!** *(fam)* ganz genau!; **~ enough** *(fam)* völlig richtig; ***it's a hard job ~ enough*** es ist ein echt harter Job; **to guess ~** richtig raten

⑤ *inv (morally good)* **to do ~ by sb** sich *akk* jdm gegenüber anständig [*o* korrekt] verhalten

⑥ *inv (properly)* gut; **to go ~** gut laufen; *(end)* gut ausgehen; ***things have been going ~ for me*** es läuft gut für mich

⑦ *inv (not left)* rechts; **to go** [*or* **turn**] **~** [nach] rechts abbiegen

⑧ *inv* BRIT *(form: in titles)* ***the R~ Honourable Sarah Bast, MP*** die sehr Ehrenwerte Sarah Bast, Mitglied des Parlaments; **the R~ Reverend John Jones** Bischof John Jones

▸ PHRASES: **~ away** [*or* BRIT *also fam* **off**] sofort, [jetzt] gerade *fam*

III. NOUN

① *no pl (goodness)* Recht *nt;* ***the difference between ~ and wrong*** der Unterschied zwischen Recht und Unrecht

② *(morally correct thing)* das Richtige; **to discuss the ~s and wrongs of sth** [über] das Für und Wider [*o* das Pro und Kontra] einer S. *gen* diskutieren

③ *(claim, entitlement)* Recht *nt;* **the ~ to sth** das Anrecht auf etw *akk;* **~ of abode** Wohnrecht *nt;* **~ of asylum** Asylrecht *nt;* **~ of determination** Bestimmungsrecht *nt;* **~ of entry** Eintrittsrecht *nt;* **~ of**

R

free speech Recht *nt* auf freie Meinungsäußerung; ~ **of indemnity** Ersatzanspruch *m;* ~ **of inspection** Einsichtsrecht *nt;* ~ **of lien** Pfandrecht *nt;* ~ **of recourse** Rückgriffsrecht *nt;* ~ **to recourse** Regressrecht *nt;* ~ **of residence** Wohnrecht *nt;* **women's ~s** die Frauenrechte *pl,* die Rechte *pl* der Frau[en]; **pre-emptive** ~ ECON Bezugsrecht *nt fachspr;* **established** ~ Gewohnheitsrecht *nt;* **it is sb's [legal] ~ to do sth** es ist jds gutes Recht, etw zu tun; ***it's my ~ as a doctor to ...*** es ist mein Recht als Arzt, zu ...; **to be within one's ~s to do sth** das Recht haben, etw zu tun; *(I am within my rights)* das ist mein gutes Recht; **to have the ~ to do sth** das Recht haben, etw zu tun; ***what ~ have you got to criticize me?*** was gibt dir das Recht, mich zu kritisieren?; **to know one's ~s** seine Rechte kennen; **to stand up for one's ~s** für seine Rechte einstehen; **by ~s** von Rechts wegen
❹ *(authority, ownership)* ■ **~s** *pl* Rechte *pl* (**to** an +*dat*); **fishing ~s** Fischereirechte *pl*
❺ *no pl (right side)* rechte Seite; **on** [*or* **to**] **the ~** rechts, auf der rechten Seite, zur Rechten *geh;* **on my/her ~** rechts [von mir/ihr], zu meiner/ihrer Rechten *geh*
❻ *no pl (turn)* **to make** [*or* **take**] [*or* AM *fam* **hang**] **a ~** [nach] rechts abbiegen
❼ *no pl (road)* **the first/second ~** die erste/zweite [Straße] rechts; ***take the second ~*** fahren Sie die zweite rechts [rein *fam*]
❽ *(fist)* Rechte *f;* *(blow)* rechter Haken
❾ + *sing/pl vb* POL ■ **the R~** die Rechte; **the far ~** die Rechtsextremen *pl;* **on the ~** im rechten Lager
▸ PHRASES: **by ~ of sth** aufgrund einer S. *gen;* **to be in the ~** im Recht sein; **in one's own ~** selber; **to put** [*or* **set**] **sth to ~s** etw in Ordnung bringen; **to put** [*or* **set**] **the world to ~s** die Welt verbessern

IV. TRANSITIVE VERB

❶ ■ **to ~ sth** *(correct position)* etw aufrichten; *(correct condition)* etw in Ordnung bringen; ***the boat will ~ itself if it capsizes*** das Boot balanciert sich von selbst wieder aus, wenn es kentert
❷ *(rectify)* **to ~ a mistake/wrong** einen Fehler/ein Unrecht wiedergutmachen

V. INTERJECTION

(fam) ❶ *(okay)* in Ordnung, okay *fam;* ***~ you are!*** in Ordnung!
❷ BRIT *(fam: agreed)* ***too ~!*** wohl [*o* nur zu] wahr!
❸ *(filler word)* also; ***so we were on our way to work, ~, when ...*** also, wir waren auf dem Weg zur Arbeit, als ...
❹ *(as introduction)* ***~, let's go*** also, nichts wie los *fam*
❺ AUS *(reassuring)* nur keine Sorge

'right an·gle *n* rechter Winkel **'right-an·gled** *adj inv* rechtwinklig; ~ **triangle** BRIT, AUS rechtwinkliges Dreieck

right·eous ['raɪtʃəs] *(form)* **I.** *adj* ❶ *(virtuous) person* rechtschaffen
❷ *(justifiable) anger, indignation* berechtigt, gerechtfertigt
❸ *(pej iron: self-righteous)* selbstgerecht *pej*
II. *n* ■ **the ~** *pl* die Gerechten *pl*

right·eous·ly ['raɪtʃəsli] *adv (usu iron pej)* selbstgerecht; **to ~ maintain that ...** selbstgerecht behaupten, dass ...

right·eous·ness ['raɪtʃəsnəs] *n no pl* Rechtschaffenheit *f*

right 'field *n esp* AM *(in baseball) der rechte Teil des Spielfeldes neben dem Spieler am Abschlag; (player)* rechter Außenfeldspieler/rechte Außenfeldspielerin

right·ful ['raɪtfᵊl] *adj attr, inv* rechtmäßig; ~ **claimant** Anspruchsberechtigte(r) *f(m);* ~ **owner** rechtmäßiger Eigentümer/rechtmäßige Eigentümerin; ~ **share** rechtmäßiger Anteil

right·ful·ly ['raɪtfᵊli] *adv inv* rechtmäßig

right 'hand *n* ❶ ANAT Rechte *f,* rechte Hand ❷ *(direction)* rechte Seite; **on the ~ of the street** auf der rechten Straßenseite ❸ *(position)* **to stand at sb's ~** zu jds Rechten stehen ❹ *(assistant)* rechte Hand

'right-hand *adj attr, inv* ❶ *(on the right)* rechte(r, s); **on the ~ side** auf der rechten Seite ❷ *(with the right hand)* mit der Rechten *nach n;* ~ **punch** Schlag *m* mit der Rechten, rechter Haken **right-hand 'drive I.** *n no pl* Rechtslenkung *f* **II.** *n modifier* ~ **car** Wagen *m* mit Rechtslenkung **right-'hand·ed** *adj inv* rechtshändig **right-'hand·er** *n* ❶ *(person)* Rechtshänder(in) *m(f)* ❷ *(in boxing)* rechter Haken

right-hand 'man *n (fig approv)* ■ **sb's ~** jds rechte Hand *fig*

right·ism ['raɪtɪzᵊm, AM -t̬-] *n no pl* POL rechtsgerichtete Ideologie

right·ist ['raɪtɪst, AM -t̬-] **I.** *n* POL Rechte(r) *f(m)*
II. *adj* rechtsgerichtet

right·ly ['raɪtli] *adv inv* ❶ *(correctly)* richtig; **to ~ assess sth** etw richtig einschätzen; **to remember ~** sich *akk* genau erinnern
❷ *(justifiably)* zu Recht; **quite ~** völlig zu Recht; [**whether**] **~ or wrongly** [ob] zu Recht oder zu Unrecht
❸ *(suitably)* ~ **dressed** passend gekleidet

right-'mind·ed *adj (approv)* vernünftig; **every ~ person** jeder vernünftige Mensch

right·ness ['raɪtnəs] *n no pl* Richtigkeit *f;* ***he is convinced of the ~ of his actions*** er ist davon überzeugt, dass er das Richtige tut

right of es·'tab·lish·ment *n* LAW Niederlassungsrecht *nt* **right of 'use** *n* LAW Nutzungsrecht *nt,* Nießbrauchrecht *nt* **right of 'way** <*pl* rights of way> *n* ❶ *no pl (right to pass)* Durchgangsrecht *nt* ❷ *(path)* Wegerecht *nt* ❸ AUTO, AVIAT, NAUT Vorfahrt *f*

right-'on *adj* ❶ *(usu pej: in fashion)* linientreu
❷ *(approv sl: excellent)* super *sl,* klasse *fam*

'rights de·part·ment *n* Rechtsabteilung *f* **'rights is·sue** *n* BRIT STOCKEX Bezugsrechtsemission *f fachspr*

right-'think·ing *adj (approv)* vernünftig

right-to-'life *adj inv* Antiabtreibungs-

right 'tri·an·gle *n* AM rechtwinkliges Dreieck

'right whale *n* ZOOL Glattwal *m*

right 'wing *n* + *sing/pl vb* POL, SPORT ■ **the ~** der rechte Flügel; **to be on the ~** POL dem rechten Flügel angehören **right-'wing** *adj* POL rechts *präd,* rechte(r, s) **right-'wing·er** *n* POL Rechte(r) *f(m)*

righty ['raɪt̬i] *n* AM *(fam)* Rechtshänder(in) *m(f)*

rig·id ['rɪdʒɪd] **I.** *adj* ❶ *(inflexible)* starr, steif; **to be ~ with fear/pain** gelähmt vor Angst/Schmerzen sein; **to be bored ~** BRIT *(fam)* zu Tode gelangweilt sein
❷ *(fig: unalterable) routine, rules, principles* starr; *(overly stringent)* streng, hart, SCHWEIZ *a.* rigid; ~ **censorship** strenge Zensur
II. *n* BRIT Lkw *m*

ri·gid·ity [rɪ'dʒɪdəti, AM -ət̬i] *n no pl* ❶ *(inflexibility)* Starrheit *f,* Steifheit *f; of concrete* Härte *f*
❷ *(pej: intransigence)* Starrheit *f,* Unbeugsamkeit *f*

rig·id·ly ['rɪdʒɪdli] *adv* ❶ *(not flexibly)* starr
❷ *(esp pej: strictly)* streng, SCHWEIZ *a.* rigid; **to ~ adhere to sth** eisern an etw *dat* festhalten

rig·ma·role ['rɪgmᵊrəʊl, AM -roʊl] *n usu sing (pej)* ❶ *(procedure)* Prozedur *f;* ***what a ~!*** was für ein Umstand!; **to go through the** [**whole**] **~** die [ganze] Prozedur noch einmal wiederholen
❷ *(rambling story)* Gelabere *nt pej*

rig·or *n* AM *see* **rigour**

rig·or mor·tis [ˌrɪgə'mɔːtɪs, AM -gɚ'mɔːrt̬-] *n no pl* MED Leichenstarre *f*

rig·or·ous ['rɪgᵊrəs, AM -gɚ-] *adj* ❶ *(approv: thorough)* [peinlich] genau, präzise; ~ **testing** gründliches Testen
❷ *(disciplined)* strikt, streng, SCHWEIZ, ÖSTERR *a.* rigoros; ***she is a ~ vegetarian*** sie lebt strikt vegetarisch; ~ **discipline** strenge Disziplin
❸ *(physically demanding)* hart; ~ **training** hartes Training
❹ *(harsh)* ~ **climate/weather** raues Klima/Wetter

rig·or·ous·ly ['rɪgᵊrəsli, AM -gɚ-] *adv* ❶ *(approv: thoroughly)* [peinlich] genau, präzise; ***he ~ notes down every penny he spends*** er führt ganz genau Buch über seine Ausgaben
❷ *(strictly)* strikt, SCHWEIZ, ÖSTERR *a.* rigoros; **to ~ adhere to rules** Regeln strikt einhalten
❸ *(severely)* hart; **to train ~** hart trainieren

rig·our ['rɪgəʳ], AM **rig·or** [-ɚ] *n* ❶ *no pl (approv: thoroughness)* Genauigkeit *f,* Präzision *f*
❷ *no pl (strictness)* Strenge *f,* Härte *f*
❸ *(demanding conditions)* ■ **~s** *pl* Härten *pl;* **the ~s of the winter** die Härten des Winters

'rig-out ['rɪgaʊt] *n esp* BRIT *(dated fam)* Putz *m kein pl veraltet,* Klamotten *pl fam*

rile [raɪl] *vt (fam)* ❶ *(annoy)* ■ **to ~ sb** jdn ärgern; ***don't let her ~ you*** lass dich nur nicht von ihr provozieren; **to get sb ~d** jdn verärgern
❷ AM **to ~ water** Wasser verschmutzen [*o* trüben]

rill [rɪl] *n* ❶ *(small stream)* kleiner Bach, Rinnsal *nt*
❷ *(shallow cut)* Rille *f*

rim [rɪm] **I.** *n* ❶ *(brim) of a cup, plate* Rand *m*
❷ *(boundary)* Rand *m;* ~ **of a lake** Seeufer *nt;* **on the Pacific ~** am Rande des Pazifiks; **the ~ of the solar system** der Rand des Sonnensystems
❸ *of a wheel* Felge *f,* Radkranz *m*
❹ *usu pl (spectacle frames)* Fassung *f*
❺ *(stain)* Rand *m;* ~ **of dirt** Schmutzrand *m*
II. *vt* <-mm-> ■ **to ~ sth** etw umgeben; *(frame)* etw umrahmen; ***the garden was ~med with a wall*** der Garten war von einer Mauer umgeben; ***the lake was ~med by trees*** der See war von Bäumen gesäumt

rime[1] [raɪm] *(liter)* **I.** *n no pl* [Rau]reif *m*
II. *vt* ■ **to ~ sth** etw mit [Rau]reif bedecken

rime[2] *n (old) see* **rhyme**

'rim job *n (vulg) orale Stimulierung im Bereich des Afters*

'rim·less ['rɪmləs] *adj inv* randlos; ~ **glasses** [*or* **spectacles**] randlose Brille

-rimmed [rɪmd] *in compounds* -randig, -gerandet; ***he wears gold~ spectacles*** er trägt eine Brille mit Goldrand; ***he blinked red~ eyes*** er blinzelte aus rotgeränderten Augen

rind [raɪnd] **I.** *n no pl* Schale *f; (of a tree)* [Baum]rinde *f;* **bacon ~** [Speck]schwarte *f;* **cheese ~** Käserinde *f;* [**grated**] **lemon ~** [geriebene] Zitronenschale; **whale ~** Fettschicht *f* eines Wals
II. *vt* **to ~ a tree** einen Baum entrinden

ring[1] [rɪŋ] **I.** *n* ❶ *(jewellery)* Ring *m;* **diamond ~** Diamantring *m*
❷ *(circular object)* Ring *m;* **metal/onion ~** Metall-/Zwiebelring *m*
❸ ASTRON Ring *m;* **the ~s of Saturn** die Ringe des Saturn
❹ *(marking)* Rand *m;* ***the wet glass left a ~ on the table*** das nasse Glas hinterließ einen Rand auf dem Tisch; **to have ~s around one's eyes** Ringe unter den Augen haben
❺ BRIT *(cooking device)* Kochplatte *f,* Herdplatte *f*
❻ *(arena)* Ring *m;* **boxing ~** Boxring *m;* **circus ~** Manege *f*
❼ + *sing/pl vb (circle of people)* Kreis *m*
❽ + *sing vb (circle of objects)* Kreis; **to sit in a ~ around sb** im Kreis um jdn herumsitzen
❾ + *sing/pl vb (clique)* Ring *m,* Kartell *nt,* Syndikat *nt; (at an auction)* Händlerring *m* bei einer Auktion; **drug/spy ~** Drogen-/Spionagering *m*
❿ CHEM ringförmige atomare Struktur
⓫ *(circular course)* Kreis *m;* ***they ran around in a ~*** sie liefen [*o* rannten] im Kreis herum
⓬ STOCKEX *(trading floor)* Börsenstand *m*
⓭ COMPUT *(data list)* Ring *m; (topology of network)* Ringtopologie *f*
▸ PHRASES: **to run ~s [a]round sb** jdn in die Tasche stecken *fam*
II. *vt* ❶ *usu passive (surround)* ■ **to ~ sb/sth** jdn/etw umringen; ***armed police ~ the hijacked plane*** bewaffnete Polizisten kreisen das entführte Flugzeug ein; ***the harbour is ~ed by rocks and reefs*** der Hafen ist von Felsen und Riffen umgeben
❷ BRIT *(draw)* ■ **to ~ sth** etw einkreisen
❸ BRIT *(put ring on)* **to ~ a bird** einen Vogel beringen; **to ~ a bull/a pig** einen Stier/ein Schwein mit

einem Nasenring versehen

④ *(falsify)* Chassis- oder Motornummer *f* an etw *dat* betrügerisch verändern

ring² [rɪŋ] **I.** *n* ① *(act of sounding bell)* Klingeln *nt kein pl;* **to give a ~** klingeln; ***he gave a ~ at the door*** er klingelte [*o* läutete] an der Tür

② *(sound made)* Klingeln *nt kein pl,* Läuten *nt kein pl;* ***there was a ~ at the door*** es hat geklingelt [*o* geläutet]

③ *usu sing esp* BRIT *(telephone call)* **to give sb a ~** jdn anrufen

④ *(loud sound)* Klirren *nt kein pl;* **the ~ of iron on stone** das Klirren von Eisen auf Stein

⑤ *usu sing (quality)* Klang *m;* ***your name has a familiar ~*** Ihr Name kommt mir bekannt vor; ***his story had the ~ of truth*** seine Geschichte hörte sich glaubhaft an

⑥ *(set of bells)* Glockenspiel *nt; of a church* Läut[e]werk *nt*

II. *vi* <rang, rung> ① *(produce bell sound) telephone* klingeln, läuten; *(cause bell sound)* klingen

② *(summon)* läuten; ■**to ~ for sth** nach etw *dat* läuten

③ *(have humming sensation)* klingen; ***my ears are still ~ing from the explosion*** mir klingen noch die Ohren von der Explosion

④ *(reverberate)* **to ~ with** [*or* **to**] **a sound** von einem Klang widerhallen; ***the room rang with laughter*** der Raum war von Lachen erfüllt; *(fig)* ***his voice rang with anger*** seine Stimme bebte vor Zorn

⑤ *(appear)* **to ~ false/true** unglaubhaft/glaubhaft klingen [*o* SCHWEIZ *a.* tönen]; **to ~ hollow** hohl klingen [*o* SCHWEIZ *a.* tönen] *pej*

⑥ *esp* BRIT *(call on telephone)* anrufen; **to ~ for an ambulance/a taxi** einen Krankenwagen/ein Taxi rufen; **to ~ home** zu Hause anrufen; ■**to ~ back** zurückrufen

▸PHRASES: **sth ~s in sb's ears** [*or* **head**] etw klingt jdm im Ohr

III. *vt* <rang, rung> ① *(make sound)* **to ~ a bell** eine Glocke läuten; **to ~ the alarm** Alarm auslösen

② *(of a church)* **to ~ the hour** die Stunde schlagen; **to ~ a peal** die Glocken läuten

③ *esp* BRIT *(call on telephone)* ■**to ~ sb** jdn anrufen; ■**to ~ sb back** jdn zurückrufen

▸PHRASES: **to ~ a bell** Assoziationen hervorrufen; ***the name rang a bell*** der Name kam mir irgendwie bekannt vor; **to ~ the changes** [**on sth**] für Abwechslung [bei etw *dat*] sorgen

◆**ring around** *vi* BRIT herumtelefonieren

◆**ring down** *vt* ① THEAT **to ~ down ↔ the curtain** den Vorhang herunterlassen; **to ~ down the curtain on sth** *(fig)* etw abschließen, einen Schlussstrich unter etw *akk* ziehen

② TELEC ■**to ~ sb ↔ down** einen Rundruf machen

◆**ring in I.** *vi* BRIT sich *akk* telefonisch melden; **to ~ in sick** sich *akk* telefonisch krankmelden

II. *vt* ■**to ~ in ↔ sb** nach jdm klingeln; ■**to ~ in ↔ sth** etw einläuten; **to ~ in the New Year** das neue Jahr einläuten

◆**ring off** *vi* BRIT auflegen

◆**ring out I.** *vi* ertönen; ***a cry of warning rang out*** ein Warnruf ertönte

II. *vt* ■**to ~ out ↔ sth** etw ausläuten; ***the bells are ~ing out the old year*** die Glocken läuten das alte Jahr aus; ■**to ~ out ↔ sb** jdm durch ein Klingelzeichen zu verstehen geben, dass er/sie nicht mehr gebraucht wird

◆**ring round** *vi* BRIT herumtelefonieren

◆**ring up I.** *vt* ① *esp* BRIT *(telephone)* ■**to ~ up ↔ sb** jdn anrufen

② COMM **to ~ up an amount** einen Betrag [in die Kasse] eintippen

③ THEAT **to ~ up ↔ the curtain on a performance** den Vorhang zu einer Vorstellung hochgehen lassen; **to ~ up ↔ the curtain on a new epoch** *(fig)* ein neues Zeitalter einläuten

II. *vi* BRIT anrufen

'ring bind·er *n* Ringbuch *nt,* Ordner *m* SCHWEIZ, ÖSTERR **'ring dove** *n* Ringeltaube *f*

ring·er¹ ['rɪŋəʳ, AM -ɚ] *n* ① *esp* AM SPORT *(fam) Spieler, der unerlaubt an einem Wettkampf teilnimmt oder gegen das Reglement eingewechselt wird; (in horseracing)* Ringer *m (vertauschtes Pferd)*

② *(impostor)* Schwindler(in) *m(f)*

③ *(person)* Glöckner(in) *m(f)*

▸PHRASES: **to be a dead ~ for sb** *(fam)* jdm aufs Haar gleichen

ring·er² ['rɪŋəʳ] *n* ① AUS, NZ *(shearer)* [Schaf]scherer(in) *m(f)*

② AUS *(stockman)* Farmarbeiter(in) *m(f); (employed in droving)* Viehtreiber(in) *m(f)*

ring fence *n (fig)* Zweckbindung *f*

ring-fence *vt* BRIT ■**to ~ sth** etw an einen bestimmten Verwendungszweck binden

'ring fin·ger *n* Ringfinger *m*

ring·git <*pl* - *or* -s> ['rɪŋgɪt] *n (Malaysian currency)* Ringgit *m*

'ring-in *n* AUS *(fam)* Quereinsteiger(in) *m(f)*

ring·ing ['rɪŋɪŋ] **I.** *adj attr, inv* ① *(resounding)* schallend; **~ cheer** lauter Jubel; **~ crash** ohrenbetäubendes Krachen

② *(unequivocal)* eindringlich

II. *n no pl* Klingeln *nt*

'ring·lead·er *n* Anführer(in) *m(f)*

ring·let ['rɪŋlɪt] *n usu pl* Locke *f;* **in ~s** in Locken, lockig

'ring·mas·ter *n* Zirkusdirektor *m*

'ring-pull I. *n* Aufreißring *m,* Dosenring *m*

II. *n modifier (can)* Aufreißring-

'ring road *n* BRIT, AUS Ringstraße *f,* Umgehungsstraße *f*

'ring·side I. *n* ■**the ~** *(in boxing)* die Sitzreihe am Boxring; *(in a circus)* die Sitzreihe an der Manege

II. *n modifier* **~ seat** *(in boxing)* Ringplatz *m; (in a circus)* Manegenplatz *m;* **to have a ~ seat** [*or* **view**] *(fig)* einen Logenplatz haben

'ring-tailed *adj inv* ZOOL mit beringtem Schwanz *nach n*

'ring tone *n* Klingelton *m*

'ring·toss *n no pl* Wurfringspiel *nt,* Wurfringe *pl;* **to play ~** Wurfringe werfen

'ring·worm *n no pl* MED Flechte *f*

rink [rɪŋk] *n* Bahn *f;* **ice ~** Eisbahn *f,* Schlittschuhbahn *f;* **roller skating ~** Rollschuhbahn *f*

rinky-dink ['rɪŋkidɪŋk] *adj* AM *(fam: amateurish) business, operation* dilettantisch; *(shoddy) bike, recorder* schäbig

rinse [rɪns] **I.** *n* ① *(action)* Spülung *f;* **to give a bottle/one's mouth a ~** eine Flasche/sich *dat* den Mund ausspülen; **to give one's clothes a ~** seine Kleidungsstücke kurz durchspülen; **to give one's hair a ~** sich *dat* schnell die Haare waschen; **to give dishes/one's hands a ~** das Geschirr/sich *dat* die Hände abspülen; **cold/hot ~** Kalt-/Heißspülen *nt*

② *(for mouth)* Mundspülung *f*

③ *(conditioner)* [Haar]spülung *f; (for tinting hair)* Tönung *f*

II. *vt* ■**to ~ sth** etw spülen; **to quickly ~ one's hands** sich *dat* kurz die Hände abspülen; **to ~ laundry** Wäsche spülen; **to ~ one's mouth** sich *dat* den Mund ausspülen; **to ~ the suds from the dishes** den Schaum vom Geschirr abspülen

III. *vi* spülen; **to ~ thoroughly** gründlich spülen

◆**rinse off I.** *vt* ■**to ~ off ↔ sth** etw abspülen

II. *vi* [ab]spülen

◆**rinse out** *vt* ■**to ~ out ↔ sth** etw ausspülen

'rinse aid *n* Klarspüler *m*

riot ['raɪət] **I.** *n* ① *(disturbance)* Krawall *m,* Unruhen *pl,* Ausschreitungen *pl; (uproar)* Aufstand *m a. fig,* Aufruhr *m a. fig;* **race ~** Rassenunruhen *pl;* **to trigger a ~** Unruhen auslösen

② *no pl (fig approv: display)* **a ~ of colour**[**s**] eine Farbenpracht

③ *no pl (fig: outburst)* **a ~ of emotions** ein Gefühlsausbruch *m*

④ *no pl (fam: entertaining person, thing)* **to have a ~ of a time** eine tolle Zeit haben *fam;* **to be a ~** zum Schießen [*o* Schreien] sein *fam*

▸PHRASES: **to run ~** *(behave uncontrollably) people* Amok laufen; *emotions* verrücktspielen; *artist* sich *akk* in [wilden] Farb-/Klangorgien ergehen; *(spread uncontrollably) prejudices* um sich *akk* greifen; *weeds* wuchern; ***my imagination ran ~*** die Fantasie ist mit mir durchgegangen

II. *vi* ① *(act violently)* randalieren, Krawall machen

② *(fig: behave uncontrollably)* wild feiern

'riot act *n* ▸PHRASES: **to read sb the ~** jdm die Leviten lesen

ri·ot·er ['raɪətəʳ, AM -t̬ɚ] *n* Aufständische(r) *f(m),* Aufrührer(in) *m(f),* Unruhestifter(in) *m(f),* Randalierer(in) *m(f)*

'riot gear *n no pl* Schutzanzug *m*

riot·ing ['raɪətɪŋ, AM -t̬-] *n no pl* Randalieren *nt,* Krawalle *pl*

ri·ot·ous ['raɪətəs, AM -t̬-] *adj* ① *(involving disturbance)* aufständisch

② *(boisterous)* ausschweifend; **a ~ party** eine wilde Party

③ *(vivid)* **a ~ display** eine hemmungslose Zurschaustellung

ri·ot·ous·ly ['raɪətəsli, AM -t̬-] *adv* ① *(uncontrollably)* **to behave ~** völlig außer Rand und Band sein, sich *akk* aufführen wie die Wilden

② *(approv)* unglaublich *fam;* **~ funny** unglaublich komisch *fam,* urkomisch; ***it is ~ funny*** es ist einfach zum Schreien

ri·ot·ous·ness ['raɪətəsnəs, AM -t̬-] *n no pl* Bereitschaft *f* auf die Barrikaden zu gehen

'riot po·lice *n + sing/pl vb* Bereitschaftspolizei *f*

'riot shield *n* Schutzschild *m*

rip¹ [rɪp] *n* GEOG, NAUT Kabbelung *f fachspr*

rip² [rɪp] **I.** *n* ① *(tear)* Riss *m*

② *usu sing (act)* Zerreißen *nt; (with knife)* Zerschlitzen *nt*

II. *vt* <-pp-> ① *(tear)* ■**to ~ sth** etw zerreißen; ***I ~ped my shirt on a nail*** ich bin an einem Nagel hängen geblieben und habe mir das Hemd aufgeschlitzt; **to ~ sth into shreds** etw zerfetzen [*o* in Fetzen reißen]; **to ~ sth open** etw aufreißen; *(with knife)* etw aufschlitzen; **to ~ open a seam** einen Saum auftrennen; ■**to ~ sth apart** etw auseinanderreißen

② *(convert to MP3 format)* ■**to ~ sth** *track, CD* etw in MP3-Format umwandeln, etw rippen

III. *vi* <-pp-> ① *(tear)* reißen; *seams of clothing* platzen

② *(rush)* ■**to ~ through sth** durch etw *akk* fegen; ***the tornado ~ped through town*** der Wirbelsturm fegte durch die Stadt

◆**rip down** *vt* ■**to ~ down ↔ sth** etw runterreißen; *(building)* etw abreißen

◆**rip into** *vi (fam)* ■**to ~ into sb** über jdn herfallen; *(fig)* auf jdn losgehen

◆**rip off** *vt* ① *(take off fast)* ■**to ~ off ↔ sth** etw abreißen; ***they ~ped off their clothes*** sie rissen sich die Kleider vom Leib

② *(fam: overcharge)* ■**to ~ off ↔ sb** jdn übers Ohr hauen *fam*

③ *(fam: steal)* ■**to ~ off ↔ sth** etw mitgehen lassen *fam;* **to ~ off ideas** Ideen klauen *fam;* ■**to ~ off ↔ sb** jdn beklauen *fam*

◆**rip out** *vt* ■**to ~ sth ↔ out** etw herausreißen

◆**rip up** *vt* ■**to ~ up ↔ sth** etw zerreißen; **to ~ the carpets up** den Teppichboden herausreißen

RIP [ˌɑːraɪ'piː, AM ˌɑːr-] *abbrev of* **rest in peace** R.I.P.

ri·par·ian [raɪ'peəriən, AM rɪ'per-] LAW **I.** *adj inv* Ufer-; **~ state** Uferstaat *m;* **~ parties** *pl* EU Anrainerstaaten *pl*

II. *n Eigentümer von Uferland an einem Fluss;* ***he is a ~*** sein Grundstück liegt direkt am Flussufer

rip·cord ['rɪpkɔːd, AM -kɔːrd] *n* Reißleine *f*

ripe [raɪp] *adj* ① *(ready to eat) fruit, grain* reif

② *(matured) cheese, wine* ausgereift

③ *(intense) flavour, smell* beißend

④ ZOOL *insect, fish* reif für die Eiablage *präd*

⑤ *pred (prepared)* ■**to be ~ for sth** reif für etw *akk* sein

⑥ *pred (full of)* ■**to be ~ with sth** von etw *dat* erfüllt sein

⑦ *attr (advanced)* fortgeschritten; **to live to a ~ old age** ein hohes [*o* reifes] Alter erreichen; **~ in years**

in fortgeschrittenem Alter
❸ *(hum dated)* anrüchig; ~ **joke** obszöner Witz
▸PHRASES: **the time is ~** die Zeit ist reif [*o* gekommen]

rip·en ['raɪpᵊn] **I.** *vi* [heran]reifen *a. fig; **my plans are ~ ing*** meine Pläne nehmen Gestalt an
II. *vt* **to ~ fruit** eine Frucht reifen [*o* reif werden] lassen

ripe·ness ['raɪpnəs] *n no pl* Reife *f*

'rip-off *n (fam)* Wucher *m kein pl pej; (fraud)* Schwindel *m,* Beschiss *m kein pl derb; **that's just a ~ of my idea!*** da hat doch bloß einer meine Idee geklaut! *fam*

ri·poste [rɪ'pɒst, AM -'poʊst] **I.** *n* ❶ *(usu approv liter: reply)* [schlagfertige] Antwort
❷ *(in fencing)* Riposte *f fachspr*
II. *vt (usu approv)* ■**to ~ that ...** [schlagfertig] kontern, dass ...
III. *vi* ripostieren *fachspr*

rip·ping ['rɪpɪŋ] *adj* BRIT *(dated fam)* großartig, spitzenmäßig *sl,* famos *veraltend*

rip·ple ['rɪpl] **I.** *n* ❶ *(in water)* leichte Welle, Kräuselung *f; (fig)* ***~ s of the crisis are continuing to spread*** die Krise schlägt weiterhin [ihre] Wellen
❷ *(sound)* Raunen *nt kein pl;* **a ~ of applause** ein kurzer Applaus; **a ~ of laughter** ein leises Lachen
❸ *(feeling)* Schauer *m;* **a ~ of excitement** ein Schauer der Erregung
❹ *(reaction)* Wirkung *f; **news of the war hardly caused a ~*** die Berichte über den Krieg verhallten nahezu wirkungslos
❺ *no pl* ELEC Brummstrom *m,* Brummspannung *f*
❻ *no pl (ice cream)* **chocolate/raspberry ~** *[Vanille]eiscreme, die marmorartig mit Schokoladen-/Himbeersirup durchzogen ist*
II. *vi* ❶ *(form waves) water* sich *akk* kräuseln
❷ *(flow with waves)* [kleine] Wellen schlagen, plätschern
❸ *(move with waves) grain* wogen; ***his muscles ~ d under his skin*** man sah das Spiel seiner Muskeln [unter der Haut]
❹ *(spread) feeling* sich *akk* breitmachen; *sound* ertönen, erschallen
III. *vt* ❶ *(produce wave in)* **to ~ the water** das Wasser kräuseln
❷ *(make wavy)* **to ~ grain** Getreide wogen lassen; **to ~ muscles** die Muskeln spielenlassen

'rip·ple ef·fect *n* Nachwirkungen *pl*

rip-'roar·ing *adj attr (fam) match* sagenhaft, mitreißend; *person* Aufsehen erregend

'rip tide *n* GEOG, NAUT Kabbelung *f fachspr*

rise [raɪz] **I.** *n* ❶ *(upward movement) of theatre curtain* Hochgehen *nt kein pl,* Heben *nt kein pl; of the sun* Aufgehen *nt kein pl*
❷ *(in fishing)* Steigen *nt kein pl*
❸ MUS *of a pitch, sound* Erhöhung *f*
❹ *(in society)* Aufstieg *m;* **~ to power** Aufstieg *m* an die Macht; **meteoric ~** kometenhafter Aufstieg
❺ *(hill)* Anhöhe *f,* Erhebung *f; (in a road)* [Straßen]kuppe *f*
❻ *(height) of an arch, incline, step* Höhe *f; (in trousers)* Schritt *m*
❼ *(increase)* Anstieg *m kein pl,* Steigen *nt kein pl; **the team's winning streak has triggered a ~ in attendance*** die Erfolgsserie der Mannschaft hat die Zuschauerzahlen ansteigen lassen; [**pay**] **~** BRIT Gehaltserhöhung *f,* Lohnerhöhung *f;* **temperature ~** Temperaturanstieg *m;* **~ in costs** Kostenanstieg *m;* **~ in interest rates** Zinsanstieg *m;* **~ in volume** COMM Umsatzzunahme *f;* **to be on the ~** im Steigen begriffen sein; ***inflation is on the ~*** die Inflation steigt
❽ *(origin) of a brook* Ursprung *m; **the river Cam has its ~ in a place called Ashwell*** der Fluss Cam entspringt an einem Ort namens Ashwell
▸PHRASES: **to get** [*or* **take**] **a ~ out of sb** *(fam)* jdn [total] auf die Palme bringen *fam;* **to give ~ to sth** etw verursachen, Anlass zu etw *akk* geben; **to give ~ to a question** eine Frage aufwerfen
II. *vi* <rose, risen> ❶ *(ascend)* steigen; *curtain* aufgehen, hochgehen; ***the curtain is rising*** der Vorhang geht auf [*o* hebt sich]
❷ *(become visible) moon, sun* aufgehen
❸ *(move towards water surface) fish* an die Oberfläche kommen
❹ *(become higher in pitch) voice* höher werden
❺ *(improve position)* aufsteigen; **to ~ to fame** berühmt werden; **to ~ in the hierarchy** in der Hierarchie aufsteigen; **to ~ in the ranks** im Rang steigen; **to ~ through the ranks** befördert werden; **to ~ in sb's esteem** in jds Ansehen steigen
❻ *(from a chair)* sich *akk* erheben; LAW ***all ~*** bitte erheben Sie sich
❼ *(get out of bed)* aufstehen
❽ *esp* BRIT *(form: adjourn)* enden, schließen; ***the meeting rose at 6p.m.*** die Besprechung endete um 18.00 Uhr
❾ *(be reborn)* auferstehen; **to ~ from the dead** von den Toten auferstehen; **to ~ again** wiederauferstehen
❿ *(blow) wind* aufkommen; ***they noticed that the wind was rising*** sie bemerkten, dass der Wind stärker wurde
⓫ *(originate) river* entspringen
⓬ *(rebel)* sich *akk* auflehnen; ■**to ~ against sb/sth** sich *akk* gegen jdn/etw auflehnen
⓭ *(incline upwards) ground* ansteigen
⓮ *(be higher than surroundings)* sich *akk* erheben; ***the mountains ~ above the woods*** die Berge ragen über den Wäldern empor
⓯ *(stand on end) hair* zu Berge stehen; ***his hair rose*** ihm standen die Haare zu Berge
⓰ *(be constructed) building* entstehen; ***we were impressed by the skyscrapers rising above the plain*** wir waren beeindruckt von den Wolkenkratzern, die sich über der Ebene erhoben
⓱ FOOD *yeast, dough* aufgehen
⓲ *(appear) blister, bump, weal* sich *akk* bilden
⓳ *(get nauseated) stomach* sich *akk* umdrehen [*o* heben]
⓴ *(increase)* [an]steigen; *(in height) river, sea* steigen; ***house prices have ~ n sharply*** die Immobilienpreise sind stark gestiegen
㉑ *of emotion* sich *akk* erhitzen; ***tempers were rising at the meeting*** die Gemüter erhitzten sich auf der Besprechung; ***he felt panic ~ in him*** er fühlte Panik in sich aufsteigen
㉒ *(become louder) voice* lauter werden, sich *akk* erheben; ***murmurs of disapproval rose from the crowd*** die Menge ließ ein missbilligendes Gemurmel hören
㉓ *mood, spirit* steigen; ***my spirits ~ whenever I think of my next holiday*** immer wenn ich an meinen nächsten Urlaub denke, steigt meine Laune
㉔ *barometer, thermometer* steigen
▸PHRASES: **to ~ to the bait** anbeißen; ***they offered a good salary, but I didn't ~ to the bait*** sie boten mir ein gutes Gehalt an, aber ich habe mich nicht ködern lassen; **~ and shine!** aufstehen!, los, raus aus den Federn!
◆**rise above** *vi* ■**to ~ above sth** ❶ *(protrude) skyscrapers* sich *akk* über etw *dat* erheben
❷ *(be superior to)* über etw *dat* stehen [*o* erhaben sein]; **to ~ above difficulties/poor conditions** Schwierigkeiten/Notlagen überwinden
◆**rise to** *vi* ■**to ~ to sth** auf etw *akk* reagieren; **to ~ to the challenge** [*or* **occasion**] sich *akk* der Herausforderung stellen; **to ~ to provocation** sich *akk* provozieren lassen
◆**rise up** *vi* ❶ *(mutiny)* ■**to ~ up** [**against sb/sth**] sich *akk* [gegen jdn/etw] auflehnen
❷ *(be visible)* aufragen
❸ *(become present in mind)* aufsteigen; ***a feeling of nervousness rose up in him*** ein Gefühl der Nervosität stieg in ihm auf; **to ~ up in sb's mind** jdm in den Sinn kommen

ris·en ['rɪzᵊn] *pp of* **rise**

ris·er ['raɪzəʳ, AM -ɚ] *n* ❶ *(person)* **early ~** Frühaufsteher(in) *m(f);* **late ~** Spätaufsteher(in) *m(f),* Langschläfer(in) *m(f)*
❷ ARCHIT *of a step* Setzstufe *f fachspr,* Futterstufe *f fachspr*
❸ AM *(platform)* ■**~ s** *pl* Tribüne *f*
❹ *(pipe)* Steigrohr *nt,* Steigleitung *f*

ris·ible ['rɪzəbl] *adj (pej form)* lächerlich; **~ excuse** lächerliche Ausrede

ris·ing ['raɪzɪŋ] **I.** *adj attr, inv* ❶ *(increasing in status) author, politician* aufstrebend
❷ *(getting higher)* **~ flood waters** steigendes Hochwasser; **~ sun** aufgehende Sonne
❸ *(increasing) costs* steigend; *wind* aufkommend; *fury* wachsend
❹ *(advancing to adulthood)* heranwachsend; **the ~ generation** die kommende Generation
❺ *(angled upwards) ground* [auf]steigend
❻ LING **~ intonation** Anhebung *f* der Stimme
II. *n* Aufstand *m,* Erhebung *f*

ris·ing 'damp *n no pl* BRIT Grundmauerfeuchte *f fachspr*

ris·ing 'sign *n* ASTROL Aszendent *m*

ris·ing 'star *n* Aufsteiger(in) *m(f),* aufgehender Stern

risk [rɪsk] **I.** *n* ❶ *(hazard)* Risiko *nt;* ■**at the ~ of doing sth** auf die Gefahr hin, etw zu tun; ***at the ~ of seeming rude, I'm afraid I have to leave now*** auch wenn es vielleicht unhöflich erscheinen mag, ich fürchte, ich muss jetzt gehen; **fire ~** Brandgefahr *f;* **~ to health** Gesundheitsrisiko *nt,* Gefahr *f* für die Gesundheit; **at the ~ of one's life** unter Einsatz seines Lebens; **at owner's ~** auf Gefahr des Eigentümers; **safety** [*or* **security**] **~** Sicherheitsrisiko *nt;* **bad** [*or* **high**]**/good** [*or* **low**] **~** hohes/geringes Risiko; ***the company is quite a good ~*** das Unternehmen hat eine recht gute Bonität; ***he is a bad ~*** bei ihm besteht ein hohes Schadensrisiko; **financial ~** finanzielles Risiko; **negligible ~** vernachlässigbares Risiko; **at one's own ~** auf eigenes Risiko; **to be worth the ~** das Risiko wert sein; **to take** [*or* **run**] **a ~** ein Risiko eingehen, etw riskieren; ■**to be at ~** einem Risiko ausgesetzt sein; ***they are a minority at ~*** sie sind eine gefährdete Minderheit; **~ risk** risikolos
❷ *(insurance policy)* Risiko *nt,* Gefahr *f,* Gefährdung *f;* **fire ~** Feuergefahr *f*
II. *n modifier (analysis, factor)* Risiko-
III. *vt* ■**to ~ sth** etw riskieren [*o* aufs Spiel setzen]; ■**to ~ doing sth** riskieren [*o* es wagen], etw zu tun; **to ~ one's life** [*or fam* **neck**] sein Leben [*o fam* Kopf und Kragen] riskieren; **to ~ life and limb** Leib und Leben riskieren

'risk ad·just·ment *n* Risikoadjustierung *f,* Risikobereinigung *f* **'risk ad·vi·so·ry** *n* FIN Risk-Advisory *nt* **'risk analy·sis** *n* Risikoanalyse *f* **'risk as·sess·ment** *n* Risikoabschätzung *f,* Risikoeinschätzung *f,* Risikobeurteilung *f,* Risikoanalyse *f* **'risk as·set** *n* FIN risikobehaftete Anlage **'risk-averse** *adj investment strategy* risikomeidend; *investor* auf Sicherheit bedacht **'risk aver·sion** *n no pl* Risikoaversion *f* **'risk aware·ness** *n no pl* Risikobewusstsein *nt* **'risk capi·tal** *n no pl* ECON Risikokapital *nt* **'risk car·ri·er** *n* FIN *(insurance)* Risikoträger(in) *m(f)* **'risk cat·ego·ry** *n* Risikokategorie *f,* Risikoart *f,* Risikoklasse *f* **'risk com·mu·nity** *n (insurance)* Gefahrengemeinschaft *f* **'risk con·sult·ant** *n* FIN Risk-Consultant *m* **'risk con·trol** *n* FIN Risikokontrolle *f,* Risiko-Controlling *nt;* **~ manager** Steuerungsverantwortliche(r) *f(m)* **'risk con·trol·ling** *n no pl* FIN Risiko-Controlling *nt* **'risk evalu·ation** *n* FIN Risikobetrachtung *f* **'risk fac·tor** *n* Risikoaspekt *m,* Risikofaktor *m* **'risk-free** *adj (approv)* risikolos, unriskant, risikofrei **'risk iden·ti·fi·ca·tion** *n* FIN Risikoidentifikation *f*

risk·less ['rɪskləs] *adj* risikofrei

'risk lia·bil·ity *n* Risikohaftung *f* **'risk limi·ta·tion** *n no pl* FIN Risikobegrenzung *f* **risk 'man·age·ment** *n no pl* Risikomanagement *nt,* Risikosteuerung *f* **risk 'man·ag·er** *n* Riskmanager(in) *m(f)* **'risk poli·cy** *n* Risikopolitik *f* **'risk pre·ven·tion** *n* Risikoprophylaxe *f* **'risk re·port** *n* FIN Risikobericht *m* **'risk re·port·ing** *n no pl* FIN Risikoberichterstattung *f,* Risk-Reporting *nt,* Risiko-Reporting *nt* **'risk tak·er** *n* FIN Sicherungsnehmer(in) *m(f); (insurance)* Risikoträger(in) *m(f),* Gefahrenträger(in) *m(f)*

risky [ˈrɪski] *adj* riskant; *(daring)* gewagt; FIN risikoträchtig, risikofreudig

ri·sot·to [rɪˈzɒtəʊ, AM -ˈzɑːt̬oʊ] *n* Risotto *m o* ÖSTERR, SCHWEIZ *nt*

ris·qué [ˈrɪskeɪ, AM rɪˈskeɪ] *adj* gewagt

ris·sole [ˈrɪsəʊl, AM -soʊl] *n* FOOD Rissole *f*

rite [raɪt] *n usu pl* Ritus *m;* **funeral** ~ Bestattungsritual *nt;* **last** ~**s** Sterbesakramente *pl;* **to administer last** ~**s** die Sterbesakramente erteilen

rite of 'pas·sage <*pl* rites of passage> *n* REL Übergangsritus *m*

ritu·al [ˈrɪtjuəl, AM -tʃu-] **I.** *n* Ritual *nt,* Ritus *m;* **one's daily/evening/morning** ~ das tägliche/abendliche/morgendliche Ritual; **mating** ~ ZOOL Balzritual *nt;* **religious** ~ religiöse Riten
II. *adj attr* rituell, Ritual-; ~ **bath** rituelle Waschung

ritu·al·is·tic [ˌrɪtjuəlˈɪstɪk, AM -tʃuəlˈ-] *adj* rituell

ritu·al·is·ti·cal·ly [ˌrɪtjuəlˈɪstɪkəli, AM -tʃuəlˈ-] *adv* rituell

ritu·al·ize [ˈrɪtjuəlaɪz, AM ˈrɪtʃ] *vt* ■**to** ~ **sth** ein Ritual aus etw *dat* machen, etw ritualisieren

ritu·al·ized [ˈrɪtjuəlaɪzd, AM -tʃu-] *adj* ritualisiert

ritu·al·ly [ˈrɪtjuəli, AM ˈrɪtʃ] *adv* ritualgemäß, rituell

ritu·al 'mur·der *n* Ritualmord *m*

ritzy [ˈrɪtsi] *adj (dated fam)* nobel

ri·val [ˈraɪvəl] **I.** *n* Rivale, Rivalin *m, f;* ECON, COMM Konkurrenz *f,* Konkurrent(in) *m(f);* **arch** ~ Erzrivale, -rivalin *m, f;* **bitter** ~**s** scharfe Rivalen; **closest** [*or* **nearest**] ~ größter [*o* schärfster] Rivale/größte [*o* schärfste] Rivalin
II. *n modifier* rivalisierend *attr,* konkurrierend *attr;* ~ **brand** Konkurrenzmarke *f;* ~ **camp/team** gegnerisches Lager/gegnerische Mannschaft; ~ **factions** rivalisierende Gruppen
III. *vt* <BRIT -ll- *or* AM *usu* -l-> ■**to** ~ **sb/sth** mit jdm/etw konkurrieren, es mit jdm/etw aufnehmen; ■**to be** ~**led by sth/sb** von etw/jdm übertroffen werden

ri·val·ry [ˈraɪvəlri] *n* ① *no pl (competition)* Rivalität *f* (**among** unter +*dat*); *esp* ECON, SPORT Konkurrenz *f,* Wettbewerb *m* (**for** um +*akk*)
② *(incidence)* Rivalität *f;* **friendly** ~ freundschaftlicher Wettstreit; **to revive old rivalries** alte Rivalitäten wieder aufleben lassen

riv·en [ˈrɪvən] *adj inv (liter)* gespalten

riv·er [ˈrɪvəʳ, AM -ɚ] **I.** *n* ① *(water)* Fluss *m;* ***they took a walk by the*** ~ sie machten einen Spaziergang entlang dem Flussufer; **the R~ Amazon** der Amazonas; **the R~ Thames** die Themse; **down** ~ stromabwärts; **up** ~ stromaufwärts; **down by the** ~ unten am Fluss
② *(quantity)* Strom *m;* ~***s of sweat ran down his back*** der Schweiß rann ihm in Strömen den Rücken hinunter
③ *no pl* ■**the** ~ AM *(card in poker game) bei Texas Hold 'Em (Pokerspiel): die fünfte Karte, die alle Spieler zugeteilt bekommen*
II. *n modifier* Fluss-; ~ **fishing** Fischen *nt* am Fluss; ~ **industry** Industrie *f* am Fluss; ~ **pollution** Verschmutzung *f* des Flusses; ~ **system** Flusssystem *nt;* ~ **traffic** Flussschifffahrt *f;* ~ **water** Wasser *nt* des Flusses, Flusswasser *nt*

'riv·er bank *n* GEOG Flussufer *nt* **'riv·er ba·sin** *n* GEOG Flussbecken *nt* **'riv·er bed** *n* GEOG Flussbett *nt* **'riv·er blind·ness** *n no pl* MED *durch Insekten übertragene Tropenkrankheit, die Erblindung verursachen kann* **'riv·er boat** *n* Flussschiff *nt* **'riv·er fish** *n* Flussfisch *m* **riv·er navi·'ga·tion** *n no pl* NAUT Navigation *f* auf Binnengewässern **'riv·er po·lice** *n no pl, + sing/pl vb* Wasserschutzpolizei *f* **'riv·er·side I.** *n* [Fluss]ufer *nt* **II.** *n modifier* Ufer-; ~ **area** Uferzone *f*

riv·et [ˈrɪvɪt] **I.** *n* Niete *f*
II. *vt* ① *(join)* ■**to** ~ **sth** [**together**] etw [zusammen]nieten
② *(fix firmly)* ■**to** ~ **sb/sth** jdn/etw fesseln; **to be** ~**ed to the spot** wie angewurzelt stehen bleiben
③ *(engross)* ■**to** ~ **sb** jdn fesseln; ■**to be** ~**ed by** [*or* **on**] **sth** von etw *dat* gefesselt sein; ***my attention was*** ~***ed by my grandmother's stories*** ich war von Großmutters Geschichten ganz gefesselt; ***the attention of the crowd was*** ~***ed on the fire*** die Menge schaute gebannt auf das Feuer

riv·et·er [ˈrɪvɪtəʳ, AM ɪt̬ɚ] *n* ① *(person)* Nieter *m,* Nietschläger *m*
② *(machine)* Nietmaschine *f*

riv·et·ing [ˈrɪvɪtɪŋ, AM -t̬-] *adj (fam)* fesselnd

rivi·era [ˌrɪviˈeərə, AM -ˈerə] *n* Riviera *f*

rivu·let [ˈrɪvjələt, AM -lɪt] *n* Bächlein *nt; (fig)* ~***s of sweat ran down his face*** der Schweiß lief ihm in Rinnsalen übers Gesicht

RM [ˌɑːˈem] *npl* BRIT *abbrev of* **Royal Marines** *britische Marineinfantrie*

RN[1] [ˌɑːrˈen] *n* BRIT MIL *abbrev of* **Royal Navy** Königliche Marine

RN[2] [ˌɑːrˈen] *n* AM *abbrev of* **registered nurse** examinierte [*o* staatlich anerkannte] [*o* SCHWEIZ eidgenössisch anerkannte] [*o* ÖSTERR staatlich geprüfte] Krankenschwester/examinierter [*o* staatlich anerkannter] [*o* SCHWEIZ eidgenössisch anerkannter] [*o* ÖSTERR staatlich geprüfter] Krankenpfleger

RNA [ˌɑːrenˈeɪ] *n no pl* SCI, MED *abbrev of* **ribonucleic acid** RNS *f*

RNLI [ˌɑːrenelˈaɪ] *n* BRIT *abbrev of* **Royal National Lifeboat Institution** ≈ DLRG *f*

roach[1] <*pl* -> [rəʊtʃ, AM roʊtʃ] *n* Rotauge *nt*

roach[2] <*pl* -es> [rəʊtʃ, AM roʊtʃ] *n (fam)* ① AM ZOOL Küchenschabe *f,* Kakerlak *m,* Kakerlake *f* SCHWEIZ, ÖSTERR
② *(sl: of a cannabis cigarette) eingedrehter Pappfilter eines Joints*

road [rəʊd, AM roʊd] *n* ① *(way)* Straße *f;* ***is this the*** ~ ***to Burlington?*** ist das die Straße nach Burlington?; ***all*** ~***s into the town were blocked by snow*** sämtliche Zufahrtsstraßen in die Stadt waren völlig zugeschneit; **on this/the other side of the** ~ auf dieser/der anderen Straßenseite; **back** [*or* BRIT *also* **minor**] ~ Nebenstraße *f;* **busy** ~ stark befahrene Straße; **dirt** ~ Feldweg *m;* **impassable** ~ unpassierbare Straße; **main** ~ Hauptstraße *f;* **to cross the** ~ die Straße überqueren
② *no pl (street name)* Straße *f;* ***I live in 77 Mill R~*** ich wohne in der Mill Road [Nr.] 77
③ MIN Tunnel *m,* Förderstrecke *f*
④ AM *(railroad)* Eisenbahn *f*
⑤ BRIT *(railway track)* Schiene *f*
⑥ *(fig: course)* Weg *m;* **to be on the** ~ **to recovery** sich *akk* auf dem Wege der Besserung befinden; **to be on the right** ~ auf dem richtigen Weg sein
⑦ *usu pl* NAUT Reede *f*
▸PHRASES: **by** ~ mit dem Auto/Bus/LKW; **to come to the end of the** ~ zu Ende sein; ***my relationship with Ann has come to the end of the*** ~ mit Ann ist Schluss *fam;* ~ **to Damascus** prägendes, einschneidendes Erlebnis; ***meeting Martin Luther King was a*** ~ ***to Damascus for many people*** die Begegnung mit Martin Luther King war für viele Menschen ein Erlebnis, das ihr Leben entscheidend geprägt hat; **to face a bumpy** ~ einen steinigen Weg vor sich *dat* haben; **to get out of the** [*or* **one's**] ~ AM *(fam)* Platz machen; **the** ~ **to hell is paved with good intentions** *(saying)* der Weg zur Hölle ist mit guten Absichten gepflastert *hum;* **all** ~**s lead to Rome** *(saying)* alle Wege führen nach Rom *prov;* **to be on the** ~ *(performing at different venues)* auf Tournee sein; *(travelling by road)* unterwegs sein; *(fit for driving)* straßentauglich sein; **one for the** ~ *(fam: drink)* einen für unterwegs *fam;* **to take** [**to**] **the** ~ sich *akk* auf den Weg machen, losfahren

'road ac·ci·dent *n* Verkehrsunfall *m* **'road·block** *n* Straßensperre *f* **'road con·struc·tion** *n no pl* Straßenbau *m* **'road crew I.** *n* THEAT, MUS Tourneecrew *f* **II.** *n modifier (members)* Tourneecrew-; ~ **pay** Bezahlung *f* der Tourneecrew **'road fund li·cence** *n* BRIT Steuerplakette *f* **'road haul·age** *n no pl* BRIT Güterverkehr *m (auf den Straßen)* **road haul·age 'in·dus·try** *n no pl* BRIT Güterverkehrsindustrie *f* **'road hog** *n (pej fam)* Rowdy *m pej fam* **'road·hold·ing** *n no pl* AUTO Straßenlage *f* **'road·house** *n esp* AM *(dated)* Raststätte *f* **'road-hug·ging** *adj attr, inv* mit perfekter Straßenlage *nach n*

roadie [ˈrəʊdi, AM ˈroʊdi] *n (fam)* Roadie *m fam*

'road kill *n no pl esp* AM AUTO ① *(animal)* totgefahrene Tiere ② *(action)* Überfahren eines Tieres *nt* **'road·man** *n* BRIT Straßenarbeiter *m* **'road map** *n* Straßenkarte *f* **'road met·al** *n no pl* BRIT Schotter *m* **'road movie** *n* Roadmovie *nt sl* **'road pric·ing** *n no pl esp* BRIT Erhebung einer Straßen[be]nutzungsgebühr [*o* Maut], Einhebung einer Mautgebühr SÜDD, ÖSTERR **'road rage** *n no pl* aggressives Verhalten im Straßenverkehr, Verkehrsrowdytum *nt* **'road·run·ner** [-ˌrʌnəʳ, AM -ˌrʌnɚ] *n* Erdkuckuck *m* **road 'safe·ty I.** *n no pl* Verkehrssicherheit *f* **II.** *n modifier (evaluation, statistics)* Verkehrssicherheits-; ~ **expert** Verkehrssicherheitsexperte, -expertin *m, f;* ~ **research** Untersuchung *f* zum Thema Verkehrssicherheit **'road sense** *n no pl* BRIT verantwortungsvolles Verhalten im Straßenverkehr **'road·show** *n* ① RADIO, TV Direktübertragung *f* vom Dreh-/Aufnahmeort ② POL Kampagne *f* ③ MUS, THEAT Tournee *f; (people)* Musikgruppe *f*/Theatertruppe *f* auf Tournee **'road·side I.** *n no pl* Straßenrand *m;* **at** [*or* **by**] [*or* **on**] **the** ~ am Straßenrand **II.** *n modifier* Straßen-, am Straßenrand gelegen; ~ **shop** Laden *m* an der Straße; ~ **stop** Rastplatz *m* **'road sign** *n* Verkehrsschild *nt*

'road·stead *n* NAUT Ankerplatz *m*

road·ster [ˈrəʊdstəʳ, AM ˈroʊdstɚ] *n* ① *(car)* Roadster *m (offener, zweisitziger Sportwagen)*
② *(bicycle)* Tourenrad *nt,* Tourenvelo *nt* SCHWEIZ

'road sur·face *n* Straßenbelag *m* **'road sweep·er** *n* Straßenkehrer(in) *m(f),* Straßenfeger(in) *m(f)* SÜDD, Strassenputzer(in) *m(f)* SCHWEIZ **'road sys·tem** *n* Straßennetz *nt* **'road tax** *n no pl* BRIT Kraftfahrzeugsteuer *f,* Motorfahrzeugsteuer *f* SCHWEIZ **'road test** *n* AUTO ① *(trial drive)* Testfahrt *f* ② AM *(examination)* praktische Fahrprüfung **'road-test** *vt* AUTO **to** ~ **a car** ein Auto Probe fahren **'road toll** *n* ① AM *(fee)* Straßen[be]nutzungsgebühr *f,* Maut *f* SÜDD, ÖSTERR, Mautgebühr *f* ÖSTERR ② AUS Zahl *f* der Verkehrstoten **'road traf·fic** *n no pl* Straßenverkehr *m* **road 'trans·port** *n no pl* BRIT Güterverkehr *m* **'road trip** *n* AM Geschäftsreise *f;* **to be on a** ~ auf Geschäftsreise sein **'road us·er** *n* Verkehrsteilnehmer(in) *m(f)* **'road ve·hi·cle** *n* Kraftfahrzeug *nt,* Motorfahrzeug *nt* SCHWEIZ **'road war·ri·or** *n* Verkehrsrowdy *m,* Raser(in) *m(f)* **'road·way** *n no pl* Fahrbahn *f* **'road·work** *n* ① TRANSP ■~**s** *pl* BRIT, AUS, ■~ *no pl* AM Straßenbauarbeiten *pl* ② *no pl* SPORT Bewegungstraining *nt (im Freien)* **'road·wor·thy** *adj esp* BRIT ~ **bicycle/car** verkehrstüchtiges Fahrrad/Auto

roam [rəʊm, AM roʊm] **I.** *vi* ① *(travel aimlessly)* **to** ~ **about/around/over/through** umherstreifen, umherziehen
② *mind, thoughts* abschweifen
③ COMPUT roamen
II. *vt* **to** ~ **the streets** durch die Straßen ziehen *fam; dog* herumstreunen; **to** ~ **the internet** [im Internet] surfen
III. *n* [Herum]wandern *nt kein pl*

roam·er [ˈrəʊməʳ, AM ˈroʊmɚ] *n (fam)* Herumtreiber(in) *m(f) pej o hum fam,* Vagabund(in) *m(f)*

roam·ing [ˈrəʊmɪŋ, AM ˈroʊm-] **I.** *adj inv* [umher]streifend, sich *pej* herumtreibend *akk; animals* streunend
II. *n no pl* TELEC Roaming *nt (per Handy Auslandsgespräche führen)*

roan[1] [rəʊn, AM roʊn] **I.** *adj horse, calf* rötlich grau
II. *n* Rotschimmel *m*

roan[2] [rəʊn, AM roʊn] *n no pl* Schafleder *nt*

roar [rɔːʳ, AM rɔːr] **I.** *n* ① *(bellow) of a lion, person* Brüllen *nt kein pl,* Gebrüll *nt kein pl*
② *(loud noise) of an aircraft, a cannon* Donnern *nt kein pl; of an engine* [Auf]heulen *nt kein pl,* Dröhnen *nt kein pl; of a fire* Prasseln *nt kein pl; of thunder* Rollen *nt kein pl,* Grollen *nt kein pl; of waves* Tosen *nt kein pl; of wind* Heulen *nt kein pl*
③ *(laughter)* schallendes Gelächter
II. *vi* ① *(bellow) lion, person* brüllen; ■**to** ~ **at sb** jdn anbrüllen
② *(make a loud noise) aircraft, cannon* donnern;

engine [auf]heulen, dröhnen; *fire* prasseln; *thunder* rollen, grollen; *waves* tosen; *wind* heulen; ***she looked up as a plane ~ ed overhead*** sie sah auf, als ein Flugzeug über sie hinwegdonnerte

❸ *(laugh)* schallend lachen, brüllen vor Lachen; **to ~ with laughter** in schallendes Gelächter ausbrechen

❹ *(make noise in breathing) horse* keuchen

III. *vt* ■**to ~ sth** etw brüllen

◆**roar by, roar past** *vi* vorbeidonnern *fam*

◆**roar on** *vt* ■**to ~ on** ◯ **sb** jdn anfeuern

roar·ing [ˈrɔːrɪŋ] *adj attr, inv* ❶ *(noisy) animal, crowd, person* brüllend; *inanimate object* lärmend; *aircraft, cannon* donnernd; *engine, wind* heulend; *fire* prasselnd; *traffic, waves* tosend; *thunder* rollend; **~ inferno** *(fig)* entsetzliches Inferno

❷ *(fam: for emphasis)* **~ business** Bombengeschäft *nt fam;* **~ drunk** sturzbetrunken *fam;* **to be a ~ success** ein Bombenerfolg sein *fam;* **to do a ~ trade** ein Bombengeschäft machen *fam;* **the ~ twenties** *(fam)* die wilden Zwanziger

roar·ing ˈfor·ties *n* METEO ■**the ~** *stürmische Klimazone am 40. Breitengrad*

roast [rəʊst, AM roʊst] **I.** *vt* ❶ *(heat)* ■**to ~ sth** etw rösten; ■**to ~ sb** *(fig)* jdn rösten [*o* verbrennen]; **to ~ chestnuts/coffee beans** Kastanien rösten [*o* ÖSTERR Maroni braten]/Kaffeebohnen rösten; **to ~ meat** Fleisch braten; **to ~ ore** Erz rösten

❷ *(fam: criticize)* ■**to ~ sb** mit jdm hart ins Gericht gehen

II. *vi* braten *a. fig;* ***hundreds of people were lying in the sun ~ ing*** hunderte von Menschen ließen sich in der Sonne braten; ■**to be ~ing** *(fig)* [vor Hitze] fast umkommen *fam*

III. *adj attr, inv* Brat-; **~ beef** Roastbeef *nt;* **~ chicken** Brathähnchen *nt;* **~ coffee** Röstkaffee *m;* **~ potatoes** Ofenkartoffeln *pl*

IV. *n* ❶ FOOD Braten *m*

❷ *no pl (process)* Rösten *nt*

❸ *(coffee)* Röstung *f*

❹ AM *(party)* Grillparty *f*

roast·ed [ˈrəʊstɪd, AM ˈroʊ-] *adj attr, inv* gebraten; **~ chestnuts** geröstete Kastanien, gebratene Maroni ÖSTERR

roast·er [ˈrəʊstəʳ, AM ˈroʊstɚ] *n* ❶ *(device)* Röstapparat *m,* Röster *m; for metal ore* Röstofen *m*

❷ *(oven)* Bratofen *m,* Bratröhre *f*

❸ *(person)* Sonnenanbeter(in) *m(f)*

❹ *(chicken)* Brathähnchen *nt; (pig)* Spanferkel *nt*

roast·ing [ˈrəʊstɪŋ, AM ˈroʊ-] **I.** *adj attr, inv* ❶ *(for roasting)* zum Braten *nach n*

❷ *(being roasted)* **~ coffee** Röstkaffee *m*

❸ *(fam: hot)* knallheiß *fam*

II. *n* ❶ *no pl (action of cooking)* Braten *nt*

❷ *usu sing (fam: criticism)* Standpauke *f;* **to give sb a ~** jdm eine Standpauke halten; **to give sth a ~** etw verreißen

ˈroast·ing tin, AM **ˈroast·ing pan** *n* Bratpfanne *f*

rob <-bb-> [rɒb, AM rɑːb] *vt* ❶ *(steal from)* ■**to ~ sb** [**of sth**] jdn [um etw *akk*] bestehlen; *(violently)* jdm [etw] rauben; **to ~ a bank** eine Bank ausrauben

❷ *usu passive (fam: overcharge)* ■**to ~ sb** jdn ausnehmen *fam,* SCHWEIZ, ÖSTERR *a.* jdn berauben

❸ *(deprive)* ■**to ~ sb of sth** jdn um etw *akk* bringen

▸PHRASES: **to ~ Peter to pay Paul** *(saying)* das eine Loch stopfen und ein anderes aufmachen *fig (sich Geld leihen, um Schulden bezahlen zu können)*

rob·ber [ˈrɒbəʳ, AM ˈrɑːbɚ] *n* Räuber(in) *m(f);* **bank ~** Bankräuber(in) *m(f)*

rob·ber ˈbar·on *n* ❶ *(hist: noble)* Räuberbaron *m*

❷ *esp* AM *(pej)* Raffzahn *m pej fam,* Geldhai *m pej*

rob·bery [ˈrɒbəri, AM ˈrɑːbɚi] *n* ❶ *no pl (action)* Raubüberfall *m;* **~ with violence** BRIT, AUS LAW, **armed ~** AM bewaffneter Raubüberfall

❷ *(theft)* Raub *m,* Raubüberfall *m;* **bank ~** Bankraub *m;* **armed ~** bewaffneter Raubüberfall; **to commit a ~** einen Raubüberfall verüben

❸ *(fam: overcharging)* **daylight** [*or* AM **highway**] **~** Nepp *m* BRD, ÖSTERR *pej fam,* Halsabschneiderei *f pej fam*

robe [rəʊb, AM roʊb] **I.** *n* ❶ *(long garment)* langes Kleid, Abendkleid *nt*

❷ *usu pl (formal gown)* Robe *f,* Talar *m*

❸ *(dressing gown)* Morgenmantel *m,* Bademantel *m*

II. *vt* ■**to ~ sb** jdn ankleiden; ■**to ~ sb/sth in sth** jdn/etw in etw *akk* kleiden *a. fig liter*

III. *vi* sich *akk* anziehen [*o veraltend* ankleiden]

robed [rəʊbd, AM roʊbd] *adj inv (form)* gekleidet; *judge* mit einer Robe bekleidet; ***she was ~ in blue*** sie war ganz in Blau gekleidet; **a white-~ figure** eine Gestalt in [einem] weißen Gewand

rob·in [ˈrɒbɪn, AM ˈrɑːb-], *liter* **rob·in ˈred·breast** *n* ❶ *(European bird)* Rotkehlchen *nt*

❷ AM *(American bird)* Wanderdrossel *f*

ro·bot [ˈrəʊbɒt, AM ˈroʊbɑːt] *n* ❶ *(machine)* Roboter *m a. fig*

❷ SA *(traffic light)* Ampel *f*

ro·bot·ic [rə(ʊ)ˈbɒtɪk, AM roʊˈbɑːt̬-] *adj* ❶ *device* Roboter-; **~ arm** Roboterarm *m*

❷ *(pej) person* roboterhaft

ro·bot·ic ˈdanc·ing *n* SPORT, MUS *Tanz mit roboterhaften Bewegungen*

ro·boti·cist [rə(ʊ)ˈbɒtɪsɪst, AM roʊˈbɑːt̬ə-] *n* Robotikexperte, -expertin *m, f,* Robotiker(in) *m(f)*

ro·bot·ics [rə(ʊ)ˈbɒtɪks, AM roʊˈbɑːt̬-] *n + sing vb* Robotertechnik *f kein pl,* Robotik *f kein pl fachspr*

ro·bust [rə(ʊ)ˈbʌst, AM roʊˈ-] *adj* ❶ *(healthy)* kräftig, robust; **~ appetite** gesunder Appetit; **to be in ~ health** bei guter Gesundheit [*o* kerngesund] sein

❷ *(sturdy) material* robust, widerstandsfähig

❸ ECON stabil, widerstandsfähig; **~ finances** stabile Finanzlage

❹ *(down-to-earth) approach, attitude, view* bodenständig

❺ *(physical)* hart; **~ exercise** hartes Training

❻ *(full-bodied) food* deftig, kräftig; *wine* robust, kernig

ro·bus·ta [rəʊˈbʌstə] *n no pl (coffee bean)* Robusta *kein art*

ro·bust·ly [rə(ʊ)ˈbʌstli, AM roʊˈ-] *adv* ❶ *(healthily)* **~ healthy** kerngesund

❷ *(sturdily)* ***he walked ~ up the hill*** mit energischen Schritten ging er den Berg hinauf

❸ *(determinedly) argue, defend, express* entschlossen, energisch

❹ *(physically)* hart; **to exercise ~** hart trainieren

ro·bust·ness [rə(ʊ)ˈbʌstnəs, AM roʊˈ-] *n no pl* ❶ *(vitality, sturdiness)* Widerstandsfähigkeit *f,* Robustheit *f*

❷ ECON *(stability)* Stabilität *f*

❸ *(determination)* Entschlossenheit *f*

❹ COMPUT *(ability to function)* Gutmütigkeit *f*

rock¹ [rɒk, AM rɑːk] *n* ❶ *no pl (mineral material)* Stein *m*

❷ *(sticking out of ground)* Fels[en] *m; (sticking out of sea)* Riff *nt; (boulder)* Felsbrocken *m;* **to be** [**as**] **solid as a ~** *(hard)* hart wie Stein [*o* steinhart] sein; *(approv fig: reliable)* wie ein Fels in der Brandung sein *fig;* ***our team's defense has been as solid as a ~ all year*** auf unsere Verteidigung war das ganze Jahr über absolut Verlass; ***their marriage is solid as a ~*** ihre Ehe ist durch nichts zu erschüttern

❸ GEOL Gestein *nt*

❹ *(Gibraltar)* ■**the R~** der Felsen von Gibraltar

❺ AM, AUS *(a stone)* Stein *m; (fig: served with ice)* ■**on the ~s** mit Eis, on the rocks

❻ *(fig: firm support)* Fels *m* in der Brandung *fig*

❼ *no pl* BRIT *(candy)* Zuckermasse *f;* **stick of ~** Zuckerstange *f*

❽ *(fam: diamond)* Klunker *m fam*

❾ *(fam: piece of crack cocaine)* Crack *nt kein pl*

❿ *(vulg sl: testicles)* ■**~s** Eier *pl derb*

⓫ *usu pl (source of danger)* Gefahr *f;* **to head for the ~s** in sein Verderben rennen

⓬ AM *(dated fam: money)* ■**~s** *pl* Kohle *f kein pl fam,* Kies *m kein pl fam*

▸PHRASES: **to get one's ~s off** *(fam!)* bumsen *vulg;* **to be between a ~ and a hard place** zwischen den Stühlen sitzen *fig;* **on the ~s** *(fam: in disastrous state)* am Ende *fam; relationship, marriage* in die Brüche gegangen, kaputt *fam;* ***the company is on the ~s*** das Unternehmen ist vom Pleitegeier bedroht

rock² [rɒk, AM rɑːk] **I.** *n* ❶ *no pl* Rockmusik *f*

❷ *(movement)* Schaukeln *nt kein pl,* Wiegen *nt kein pl*

❸ *(dance)* Rock 'n' Roll *m kein pl*

II. *vt* ❶ *(cause to move)* ■**to ~ sb/sth** jdn/etw schaukeln; *(gently)* jdn/etw wiegen; **to ~ sb to sleep** jdn in den Schlaf wiegen

❷ *(sway)* ■**to ~ sth** etw erschüttern

❸ *(shock)* ■**to ~ sb/sth** jdn/etw erschüttern *fig*

▸PHRASES: **to ~ the boat** *(fam)* für Aufregung sorgen, Staub aufwirbeln *fig*

III. *vi* ❶ *(move)* schaukeln; **to ~ back and forth** hin und her schaukeln

❷ *(dance)* rocken *fam; (play music)* Rock[musik] spielen

❸ *(be excellent)* ***he really ~s!*** er ist ein Supertyp! *fam;* ***that's his third goal of the game — he ~s!*** das ist sein drittes Tor bei diesem Spiel — er ist einfach ein Ass! *fam;* ***this party really ~s!*** diese Party bringt's! *fam*

◆**rock out** *vi (fam)* abrocken *sl*

rocka·bil·ly [ˌrɒkəˈbɪli, AM ˌrɑːk-] *n no pl* Rockabilly *m*

rock and ˈroll I. *n no pl* Rock and Roll *m,* Rock 'n' Roll *m* **II.** *n modifier (concert, group, lyrics, music, musician)* Rock-'n'-Roll- **ˈrock band** *n* Rockband *f,* Rockgruppe *f*

rock ˈbot·tom *n* Tiefpunkt *m; (economic trough)* Talsohle *f;* **to be at** [*or* **hit**] [*or* **reach**] **~** am Tiefpunkt [angelangt] sein; *person also* am Boden zerstört sein; ***sales have reached ~*** der Absatz hat einen Tiefpunkt erreicht **ˈrock-bottom** *n modifier* Niedrigst-; **~ prices** Tiefstpreise *pl,* Niedrigstpreise *pl,* Schleuderpreise *pl* **ˈrock bun, ˈrock cake** *n* BRIT, AUS [kleiner] Rosinenkuchen **rock ˈcan·dy** *n* AM ❶ *(candy)* Zuckerstange *f* ❷ *(boiled sugar)* Zuckerhut *m* **ˈrock climb·er** *n* Bergsteiger(in) *m(f)* **ˈrock climb·ing** *n no pl* Klettern *nt,* Rockclimbing *nt fachspr*

ˈrock con·cert *n* Rockkonzert *nt*

rock ˈcrys·tal *n no pl* Bergkristall *m*

rock·er [ˈrɒkəʳ, AM ˈrɑːkɚ] *n* ❶ *(musician)* Rockmusiker(in) *m(f); (fan)* Rockfan *m; (song)* Rocksong *m;* **punk ~** Punker(in) *m(f)*

❷ BRIT *(dated: in '60s motorcycle cult)* Rocker(in) *m(f)*

❸ *(chair)* Schaukelstuhl *m; (rocking horse)* Schaukelpferd *nt*

❹ *(curved bar) of a chair* [Roll]kufe *f; of a cradle* [Wiegen]kufe *f*

❺ TECH Wippe *f fachspr,* Schwinge *f fachspr; (in dynamo)* Kipphebel *m fachspr,* Schwinghebel *m fachspr*

▸PHRASES: **to be off one's ~** *(fam)* nicht mehr alle Tassen im Schrank haben *fam,* [komplett] übergeschnappt sein *fam*

rock·ery [ˈrɒkəri, AM ˈrɑːkɚi] *n* Steingarten *m*

rock·et¹ [ˈrɒkɪt, AM ˈrɑːk-] **I.** *n* ❶ *(projectile)* [Feuerwerks]rakete *f;* **anti-tank ~** Panzerabwehrrakete *f*

❷ *(engine)* Raketentriebwerk *nt*

❸ *(missile)* [Marsch]flugkörper *m; (for space travel)* Rakete *f*

❹ *no pl* BRIT *(fam: reprimand)* Anpfiff *m fam,* Anschiss *m derb;* **to give sb a ~** jdn zusammenstauchen *fam;* **to get a ~** einen Anschiss bekommen *derb*

II. *vi* ■**to ~** [**up**] *costs, prices* hochschnellen, in die Höhe schnellen; ***the firework ~ed into the sky*** die Feuerwerksrakete schoss in den Himmel; ***their team ~ ed to the top of the league*** ihr Team nahm einen kometenhaften Aufstieg und setzte sich an die Tabellenspitze; ■**to ~ away** [wie ein geölter Blitz] davonschießen; **to ~ to fame** über Nacht berühmt werden

III. *vt* ❶ *(make move fast)* ■**to ~ sb somewhere** jdn irgendwohin katapultieren; ***the TGV ~ed us from Paris to Lyon*** wir jagten mit dem TGV von Paris nach Lyon; ***the film ~ed her to the top*** der Film machte sie über Nacht berühmt

❷ *(attack)* ■**to ~ sb/sth** jdn/etw mit Raketen

beschießen
rock·et² ['rɒkɪt, AM 'rɑːk-] *n no pl* BOT Rauke *f*
'rock·et fuel *n* Raketentreibstoff *m* **'rock·et launch·er** *n* MIL Raketenabschussrampe *f* **'rock·et-launch·ing site** *n* AEROSP Raketenabschussbasis *f* **'rock·et-pro·pelled** *adj inv* raketengetrieben, mit Raketenantrieb *nach n*
rock·et·ry ['rɒkɪtri, AM 'rɑːk-] *n no pl* Raketentechnik *f*
'rock·et ship *n* AM AEROSP Raketenschiff *nt*
'rock face *n* Felswand *f* **'rock·fall** *n* Steinschlag *m kein pl*
'rock fes·ti·val *n* Rockfestival *nt*
'rock gar·den *n esp* AM Steingarten *m*
'rock group *n* Rockgruppe *f*
rock 'hard *adj pred, inv* steinhart
Rockies ['rɒkiz, AM 'rɑːkiz] *n* ■**the** ~ die Rocky Mountains *pl*
rock·ing ['rɒkɪŋ, AM 'rɑːk-] *adj inv* schaukelnd, schwankend, Schaukel-
'rock·ing chair *n* Schaukelstuhl *m* **'rock·ing horse** *n* Schaukelpferd *nt*
'rock·mel·on *n* AUS Kantalupmelone *f*
'rock mu·sic *n no pl* Rockmusik *f* **rock 'n' 'roll** *n, n modifier see* **rock and roll**
'rock plant *n* BOT, HORT Steingartenpflanze *f* **'rock pool** *n* Felsenbecken *nt*, Felsenbucht *f* **'rock salt** *n no pl* Steinsalz *nt* **'rock·slide** *n* Steinschlag *m kein pl* **rock 'sol·id** *adj* ❶ *(hard)* steinhart
❷ *(stable) table* [absolut] stabil ❸ *(steadfast) person* unerschütterlich
'rock star *n* Rockstar *m*
rocky¹ ['rɒki, AM 'rɑːki] *adj* ❶ *(characterized by rocks)* felsig
❷ *(full of rocks) soil* steinig
▸PHRASES: **to be on a ~ path** [*or* **road**] einen steinigen Weg gehen *fig*
rocky² ['rɒki, AM 'rɑːki] *adj* ❶ *(tottering)* wack[e]lig
❷ *(full of difficulties)* schwierig; ~ **start** schwieriger Beginn; ~ **future** unsichere Zukunft; ~ **relationship** problematische [*o* wackelige] Beziehung
Rocky 'Moun·tains *n* ■**the** ~ die Rocky Mountains *pl* **Rocky Moun·tain spot·ted 'fe·ver** *n* MED *durch Zecken übertragene Infektionskrankheit*
ro·co·co [rə(ʊ)'kəʊkəʊ, AM rə'koʊkoʊ] **I.** *adj* Rokoko-; ~ **architecture** Rokokoarchitektur *f*
II. *n no pl* Rokoko *nt*
rod [rɒd, AM rɑːd] *n* ❶ *(bar)* Stange *f*
❷ *(staff)* Stab *m*, [Holz]stock *m*, ÖSTERR *fam a.* Stecken *m* SCHWEIZ; *(symbol of authority)* Zepter *nt*
❸ *(tree shoot)* Reis *nt*
❹ *(for punishing)* Rute *f*; *(cane)* Rohrstock *m*
❺ *(vulg sl: penis)* Schwanz *m vulg*
❻ *(for fishing)* [Angel]rute *f*; *(angler)* Angler(in) *m(f)*
❼ *esp* BRIT *(hist: linear measure)* Rute *f hist (ca. 5 m)*; *(square measure)* Quadratrute *f hist*
❽ AM *(fam: gun)* Schießeisen *nt fam*, Kanone *f fam*
❾ ANAT *(cell in eye)* Stäbchen *nt*
▸PHRASES: **to <u>give</u> sb a ~ to beat sb with** jdm eine Waffe in die Hand geben *fig*; **to <u>make</u> a ~ for one's own back** BRIT sich *dat* selbst eine Grube graben [*o veraltend* eine Rute aufbinden]; **to <u>rule</u> sb/sth with a ~ of iron** jdn/etw mit eiserner Hand regieren; **<u>spare</u> the ~ and spoil the child** *(saying)* wer die Rute spart, verzieht das Kind
rode [rəʊd, AM roʊd] *pt of* **ride**
ro·dent ['rəʊdᵊnt, AM 'roʊ-] **I.** *n* Nagetier *nt*
II. *adj* nagend, Nage-
'ro·dent op·era·tive *n* BRIT Kammerjäger(in) *m(f)*
ro·deo [rə(ʊ)'deɪəʊ, AM 'roʊdioʊ] **I.** *n* ❶ *(for cowboys)* Rodeo *nt*; *(for motorcyclists)* Motorrad-/Autorodeo *nt*
❷ *(cattle round-up)* Zusammentreiben *nt* des Viehs
❸ *(enclosure) umzäunter Sammelplatz für das Zusammentreiben des Viehs*
II. *vi* an einem Rodeo [*o* Wettkampf] teilnehmen
roe¹ [rəʊ, AM roʊ] *n no pl of female fish* Rogen *m*; *of male fish* Milch; **hard** ~ Rogen *m*; **soft** ~ Milch *f*
roe² <*pl* -s *or* -> [rəʊ, AM roʊ] *n* Reh *nt*
'roe·buck *n* Rehbock *m* **roe 'deer** *n* Reh *nt*
roent·gen ['rɒntjən, AM 'rentgən] *n* SCI, MED Röntgen *nt fachspr*

ro·ga·tion [rəʊ'geɪʃᵊn, AM roʊ] REL **I.** *n* Fürbitte[n] *f[pl]*, Bittlitanei *f*
II. *n modifier* Bitt-
Ro·'ga·tion Days *npl* REL Bittage *pl* **Ro·ga·tion 'Sun·day** *n* REL [der] Sonntag Rogate **Ro·'ga·tion·tide** *n* REL *die drei Bitttage vor Christi Himmelfahrt*
rog·er ['rɒdʒəʳ, AM 'rɑːdʒɚ] **I.** *interj* verstanden!, roger! *sl*
II. *vt* BRIT, AUS *(vulg sl)* ■**to ~ sb** jdn bumsen *vulg*
III. *vi* BRIT, AUS bumsen *vulg*
rog·er·ing ['rɒdʒᵊrɪŋ] *n no pl* BRIT *(vulg sl)* **give sb a ~** jdn bumsen *sl*
rogue [rəʊg, AM roʊg] **I.** *n (pej)* Gauner(in) *m(f) pej*, Schurke, Schurkin *m, f pej*; *(rascal)* Spitzbube *m pej*; *(hum)* Schlingel *m*, Schelm *m*
II. *n modifier* ❶ ZOOL aggressiver Einzelgänger; ~ **elephant** aggressiver Einzelgänger[elefant]
❷ *(without scruples) company, organization* skrupellos; ~ **state** Schurkenstaat *m*; ~ **regime** Unrechtsregime *nt*, Terrorregime *nt*
III. *vt* **to ~ a crop** Getreide [her]ausreißen
ro·guery ['rəʊgᵊri, AM 'roʊgɚi] *n (pej)* ❶ *(dishonesty)* Gaunerei *f*
❷ *(mischief)* Unfug *m kein pl*, Unsinn *m kein pl*
rogues' 'gal·lery *n (fam)* Verbrecherkartei *f*, Verbrecheralbum *nt fam*
ro·guish ['rəʊgɪʃ, AM 'roʊ-] *adj* ❶ *(dishonest)* schurkisch
❷ *(mischievous)* schalkhaft, schelmisch; ~ **smile/twinkle** spitzbübisches Lächeln/Aufblitzen der Augen
ro·guish·ly ['rəʊgɪʃli, AM 'roʊ-] *adv* ❶ *(dishonestly)* wie ein Schuft
❷ *(mischievously)* spitzbübisch; **to smile ~** spitzbübisch lächeln
ro·guish·ness ['rəʊgɪʃnəs, AM 'roʊ-] *n no pl* ❶ *(dishonesty)* Unredlichkeit *f*
❷ *(mischief)* Verschmitztheit *f*; ***there is a slight ~ about him*** er hat so etwas Spitzbübisches an sich
Ro·hyp·nol® [rəʊ'hɪpnɒl, AM roʊ'hɪpnɑːl] *n (drug)* Rohypnol *nt*, KO-Tropfen *pl*
ROI [ˌɑːrəʊ'aɪ, AM ˌɑːroʊ'-] *n* FIN *abbrev of* **return on investment** Ertrag *m* aus investiertem Kapital, Kapitalrendite *f*, Investitionsrentabilität *f*, Anlageertrag *m*, Anlagenrendite *f*; ~ **analysis** ROI-Analyse *f*, Rentabilitätsanalyse *f*
roid [rɔɪd] *n usu pl* AM *(sl) short for* **steroid** Steroid *nt*
roil [rɔɪl] *vi (liter) liquid* sich *akk* trüben, aufgerührt werden, zerfließen; *(fig)* ***his mind was ~ing*** er war innerlich aufgewühlt; ***a kind of fear ~ed in her*** eine Angst stieg in ihr auf
rois·ter ['rɔɪstəʳ, AM ɚ] *vi* lärmen, poltern, sich *akk* lautstark bemerkbar machen
role [rəʊl, AM roʊl] *n* ❶ FILM, THEAT, TV Rolle *f*; **to have the leading ~ in a play** die Hauptrolle in einem Stück spielen; **principal** [*or* **starring**] ~ Hauptrolle *f*; **supporting** ~ Nebenrolle *f*; **to play a ~** eine Rolle spielen
❷ *(function)* Rolle *f*, Funktion *f*; ***he has a ~ in that village as a tough guy*** er gilt in dem Dorf als ziemlich harter Bursche; **to play a ~** eine Rolle spielen; **to take on a ~** eine Rolle übernehmen
'role mod·el *n* Rollenbild *nt* **'role play, 'role play·ing** *n no pl* Rollenspiel *nt* **'role-play I.** *vt* **to ~ sb** in einem Rollenspiel jds Rolle übernehmen
II. *vi* an einem Rollenspiel teilnehmen **'role play·er** *n* Teilnehmer(in) *m(f)* an einem Rollenspiel **'role re·ver·sal** *n* Rollentausch *m kein pl*
rolf·ing ['rɒːlfɪŋ, AM 'rɑːlf-] *n no pl* Rolfing *nt (eine Art Bindegewebsmassage)*
roll [rəʊl, AM roʊl] **I.** *n* ❶ *(cylinder)* Rolle *f*; **film ~** Filmrolle *f*; **a ~ of film/paper** eine Rolle Film/Papier
❷ *(cylindrical mass)* Rolle *f*; *of cloth* Ballen *m*; **~ of fat** Speckrolle *f*, Speckwulst *m*
❸ *(roller)* Rolle *f*; TECH Walze *f*; *(for dough, pastry)* Nudelholz *nt*
❹ *(list)* [Namens]liste *f*; *(register)* Verzeichnis *nt*, Register *nt*; *of lawyers* Anwaltsliste *f*; *(rolled up document)* Schriftrolle *f hist*; **electoral ~** Wählerverzeichnis *nt*; **to be admitted to the ~** als Anwalt zugelassen werden; **to call** [*or* **take**] **the ~** die Anwesenheit überprüfen, die Anwesenheitsliste durchgehen; ■**the ~s** BRIT das Staatsarchiv
❺ *(meat)* Roulade *f*; *(cake, pastry)* Rolle *f*; **Swiss ~** Biskuitrolle *f*, Biskuitroulade *f* ÖSTERR *fam*
❻ *(bread)* Brötchen *nt*, Semmel *f* ÖSTERR; **cheese ~** Käsebrötchen *nt*, Käsesemmel *f*; **buttered ~** Butterbrötchen *nt*, Buttersemmel *f* ÖSTERR
❼ AM, AUS *(money)* Bündel *nt* Banknoten
❽ *no pl (movement)* Rollen *nt*; *(turning over)* Herumrollen *nt*; *(wallowing)* Herumwälzen *nt*; ***the dog went for a ~ in the grass*** der Hund wälzte sich im Gras
❾ *no pl (unsteady movement) of a car, plane, ship* Schlingern *nt*; *(gait)* **to walk with a ~** einen wiegenden Gang haben
❿ SPORT, AVIAT Rolle *f*; **a backward ~** eine Rolle rückwärts
⓫ *usu sing (sound) of thunder* [G]rollen *nt kein pl*; *of an organ* Brausen *nt kein pl*; *of a canary* Trillern *nt kein pl*; MUS **drum ~**, **~ of the drum** Trommelwirbel *m*
▸PHRASES: **to have a ~ in the <u>hay</u>** [*or* **<u>sack</u>**] **with sb** *(fam)* mit jdm ins Heu gehen *hum fam*; **to be <u>on</u> a ~** *(fam)* eine Glückssträhne haben *fam*
II. *vt* ❶ *(make move around axis)* ■**to ~ sb/sth** jdn/etw rollen; **to ~ one's eyes** die Augen verdrehen; **to ~ one's car** AM *(fam)* sich *akk* mit dem Auto überschlagen
❷ *(make turn over)* ■**to ~ sb/sth** jdn/etw drehen; ***~ him onto his side*** dreh ihn auf die Seite
❸ *(push on wheels)* ■**to ~ sth** etw rollen; *(when heavier)* etw schieben
❹ *(shape)* ■**to ~ sth into sth** etw zu etw *dat* rollen; ***he ~ed the clay into a ball in his hands*** er formte [*o* rollte] den Ton in seinen Händen zu einer Kugel
❺ *(wind)* ■**to ~ sth** etw aufrollen; ***the hedgehog ~ed itself into a ball*** der Igel rollte sich zu einer Kugel zusammen; **to ~ a cigarette** eine Zigarette drehen; **to ~ one's own**[**cigarettes**] *(fam)* [sich *dat*] seine Zigaretten selbst drehen; **to ~ wool into a ball** Wolle aufwickeln
❻ *(wrap)* ■**to ~ sth in sth** etw in etw *akk* einwickeln
❼ *(flatten)* ■**to ~ sth** etw walzen; **to ~ pastry** Teig ausrollen [*o* SCHWEIZ auswallen] [*o* ÖSTERR auswalzen]
❽ *(games)* **to ~ a die** [*or* **dice**] würfeln; **to ~ a two/six** eine Zwei [*o* ÖSTERR einen Zweier]/Sechs [*o* ÖSTERR einen Sechser] würfeln
❾ *(start)* **to ~ a device/machine** ein Gerät/eine Maschine in Gang bringen; ***~ the camera!*** Kamera an!
❿ LING **to ~ one's r's** das R rollen
⓫ AM *(fam: rob)* ■**to ~ sb** jdn beklauen *fam*
▸PHRASES: [**all**] **~ed into <u>one</u>** [alles] in einem
III. *vi* ❶ *(move around axis)* rollen; *(turn over)* sich *akk* herumrollen; *(wallow)* sich *akk* [herum]wälzen; **to ~ down the hill** den Berg hinunterrollen; ■**to ~ off sth** von etw *dat* [herunter]rollen; ***the newspapers ~ed off the presses*** die Zeitungen rollten von den Druckerpressen
❷ *(flow) drop, tears* rollen, kullern; *waves* rollen; ***a tear ran down his check*** eine Träne lief ihm die Wange herunter; ***the sweat ran down my back*** der Schweiß lief ihr den Rücken hinunter
❸ *(move on wheels)* rollen; ***the truck ~ed to a stop just before the barricade*** der Lastwagen kam gerade noch vor dem Hindernis zum Stehen
❹ *(oscillate) ship, plane* schlingern; *(person)* schwanken
❺ *(revolve in an orbit) planet* kreisen
❻ SPORT, AVIAT eine Rolle machen
❼ *(operate)* laufen; **to keep sth ~ing** etw in Gang halten
❽ *(fig: elapse) years* **to ~ by** vorbeiziehen
❾ *(undulate)* wogen, wallen; ***a wave of cigarette smoke ~ed towards me*** ein Schwall von Zigarettenrauch schlug mir entgegen
❿ *(reverberate)* widerhallen; *thunder* [g]rollen; ***the***

R

drums ~ ed ein Trommelwirbel ertönte
⑪ *(curl up)* **to ~ into a ball** sich *akk* zu einem Ball [*o* einer Kugel] zusammenrollen
⑫ *(be uttered effortlessly)* leicht über die Lippen kommen
▸PHRASES: **to have sb ~ing in the** __**aisles**__ *(fam)* jdn dazu bringen, sich *akk* vor Lachen zu kugeln; **to ~ over in one's** __**grave**__ sich *akk* im Grabe umdrehen; **to ~ with the** __**punches**__ AM *(fam)* die Dinge geregelt bekommen *fam;* **to** __**set**__ [*or* **start**] **the ball ~ing** die Sache in Schwung [*o* Gang] bringen
◆**roll about** *vi* ① *(move around axis, turn over)* herumrollen; *(wallow)* sich *akk* herumwälzen; **to ~ about in the grass/on the floor** sich *akk* im Gras/auf dem Boden [herum]wälzen; **to ~ about with laughter** sich *akk* vor Lachen kugeln *fam*
② *(move unsteadily) ship* schlingern
◆**roll along** *vi* ① *(move by turning)* dahinrollen
② *(move) flood* dahinströmen; *clouds* dahinziehen
③ *(fam: arrive)* eintrudeln *fam*
◆**roll back** I. *vt* ① ■**to ~ back** ○ **sth** *(move back)* etw zurückrollen; *(push back)* etw zurückschieben; *(fold back)* etw zurückschlagen
② *(fig: reverse development)* **to ~ back advances** Fortschritte umkehren; **to ~ back the frontiers of the state** den Einfluss des Staates einschränken; **to ~ back rights** Rechte zurücknehmen; **to ~ back the years** die Uhr zurückdrehen *fig*
③ AM *(lower)* **to ~ back** ○ **costs/prices/wages** Kosten/Preise/Löhne senken
II. *vi* ① *(move backwards)* zurückrollen
② ECON, FIN *prices, wages* sinken
◆**roll down** I. *vt* ① ■**to ~ down** ○ **sth** *(move around axis)* etw hinunterrollen; *(bring down)* etw herunterrollen
② *(turn)* **to ~ down** ○ **one's sleeves** die Ärmel herunterkrempeln; **to ~ down** ○ **a window** ein Fenster herunterkurbeln
II. *vi* hinunterrollen; *(come down)* herunterrollen; *tears also* hinunterlaufen, herunterlaufen
◆**roll in** I. *vi (fam)* ① *(move)* hineinrollen, come in, hereinrollen
② *(be received) gifts, offers* [massenhaft] eingehen; *money* reinkommen *fam*
③ *(arrive)* hereinplatzen *fam*
▸PHRASES: **to be ~ing in** __**money**__ [*or* __**it**__] *(fam)* im Geld schwimmen
II. *vt* ■**to ~ sth in** *(bring in)* etw hereinrollen; *(take in)* etw hineinrollen
◆**roll off** I. *vt* ■**to ~ off** ○ **sth:** ***he quickly ~ ed off some copies on the duplicating machine*** er machte schnell ein paar Kopien am Kopierer
II. *vi* ① *(fall)* herunterrollen
② *(set off)* davonrollen
◆**roll on** I. *vi* ① *(move further)* weiterrollen
② *(continue)* weitergehen; *time* verfliegen
▸PHRASES: **~ on the** __**holidays**__/__**weekend!**__ BRIT, AUS *(fam)* wenn doch nur schon Ferien wären/Wochenende wäre!
II. *vt* ① *(apply)* ■**to ~ on** ○ **sth** etw aufwalzen
② *(treat)* **to ~ on paper** Papier glätten [*o fachspr* kalandern] [*o fachspr* kalandrieren]
◆**roll out** I. *vt* ① ■**to ~ out** ○ **sth** *(take out)* etw hinausrollen; *(bring out)* etw herausrollen
② *(flatten)* **to ~ out dough** Teig ausrollen [*o* SCHWEIZ auswallen] [*o* ÖSTERR auswalzen]; **to ~ out metal** Metall auswalzen
③ AM ECON **to ~ out** ○ **a new product** ein neues Produkt herausbringen
④ *(unroll)* ■**to ~ out** ○ **sth** etw ausrollen; **to ~ out** ○ **the red carpet** *(also fig)* den roten Teppich ausrollen *a. fig*
II. *vi* ① *(move outside)* hinausrollen; *(come out)* herausrollen
② AM ECON *new product* herauskommen
◆**roll over** I. *vi* herumrollen; *person, animal* sich *akk* umdrehen; *bicycle, car* umkippen; **to ~ over onto one's side** sich *akk* auf die Seite rollen
II. *vt* ① *(turn over)* ■**to ~ over** ○ **sb/sth** jdn/etw umdrehen; ***~ him over onto his back/side*** dreh ihn auf den Rücken/die Seite
② FIN **to ~ over a credit** einen Kredit erneuern; **to ~ over a debt** umschulden
◆**roll up** I. *vt* ① *(move up, around axis)* etw hochrollen; *clothes* etw hochkrempeln; **to ~ up** ○ **one's sleeves** *(also fig)* die Ärmel hochkrempeln *a. fig;* **to ~ up** ○ **a window** ein Fenster hochkurbeln
② *(coil)* ■**to ~ up** ○ **sth** etw aufrollen; **to ~ a string up** eine Schnur aufwickeln
③ MIL **to ~ up** ○ **an enemy line** eine gegnerische Front aufrollen
④ FIN, ECON **to ~ up** ○ **a credit** einen Kredit verlängern
II. *vi* ① *(move up)* hochrollen
② *(fam: arrive)* aufkreuzen *fam; crowds* herbeiströmen
③ BRIT, AUS *(participate)* **~ *up!*** treten Sie näher!
④ *(fam: make a cigarette)* sich *dat* eine drehen *fam*
'roll·back ['rəʊlbæk, AM 'roʊl-] *n esp* AM *(reduction) of taxes* Minderung *f* **'roll bar** *n* AUTO Überrollbügel *m fachspr*
'roll-call *n* Namensaufruf *m kein pl*
rolled gold [ˌrəʊld'-, AM ˌroʊld'-] *esp* BRIT, AUS I. *n no pl* Dubleegold *nt* II. *n modifier* **~ jewellery** vergoldeter Schmuck **rolled 'oats** *npl* Haferflocken *pl*
rolled-'up *adj* zusammengerollt; **~ sleeves** hochgekrempelte Ärmel
roll·er ['rəʊlə', AM 'roʊlɚ] *n* ① TECH Walze *f*
② *(for paint)* Rolle *f,* Roller *m*
③ *(for hair)* Lockenwickler *m*
④ MED Rollbinde *f*
⑤ *(wave)* Brecher *m*
⑥ *(tumbling bird)* Blauracke *f*
⑦ *(pigeon)* Tümmler *m*
⑧ *(canary)* Harzer Roller *m*
⑨ *(for horse)* Sattel-/Packgurt *m*
'roll·er bandage *n* MED Rollbinde *f* **'roll·er bear·ing** *n* TECH Rollenlager *nt* **'Roll·er·blade®** I. *n* SPORT Rollerblade® *m* II. *vi* skaten, bladen **'roll·er blind** *n esp* BRIT, AUS Rollo *nt* **'roll·er-coast** *vi* [rasch] wechseln **'roll·er coast·er** *n* Achterbahn *f; (fig)* [ständiges] Auf und Ab *nt; (fig)* ***he's been on an emotional ~ for the past few weeks*** in den letzten Wochen fahren seine Gefühle mit ihm Achterbahn **'roll·er-coast·er** I. *n modifier (attendant, car, frame)* Achterbahn-; *(fig)* achterbahnmäßig; **~ ride** Achterbahnfahrt *f;* **~ safety** Sicherheit *f* einer Achterbahn II. *vi* [rasch] wechseln **'roll·er der·by** *n* AM SPORT Rollschuhderby *nt* **'roll·er skate** *n* Rollschuh *m* **'roll·er-skate** *vi* Rollschuh laufen [*o* fahren] **'roll·er skat·er** *n* Rollschuhläufer(in) *m(f)* **'roll·er skat·ing** *n no pl* Rollschuh fahren [*o* laufen] **'roll·er skat·ing rink** *n* Rollschuhbahn *f* **'roll·er tow·el** *n* Handtuchspender *m*
rol·lick ['rɒlɪk, AM 'rɑːl-] I. *vi* herumtollen
II. *n* ① *(merrymaking)* [ausgelassenes] Feiern
② *(escapade)* Eskapade *f*
rol·lick·ing[1] ['rɒlɪkɪŋ, AM 'rɑːl-] *adj attr (approv)* **~ party** ausgelassenes Fest; **~ film** lustiger Film; **~ fun** Riesenspaß *m,* Mordsspaß *m fam;* **to have a ~ good time** mal so richtig auf den Putz hauen
rol·lick·ing[2] ['rɒlɪkɪŋ] *n usu sing* BRIT *(fam)* Anpfiff *m fam,* Anschiss *m derb*
roll·ing ['rəʊlɪŋ, AM 'roʊ-] *adj attr, inv* ① *(not immediate)* allmählich; **a ~ extension of the tax** eine allmähliche Anhebung der Steuer
② *(moderately rising) countryside, hills* sanft ansteigend
③ *(undulating) gait, step* wankend, schwankend
'roll·ing mill *n* ① *(machine)* Walzmaschine *f* ② *(factory)* Walzwerk *nt* **'roll·ing pin** *n* Teigroller *m,* Nudelholz *nt,* Wallholz *nt* SCHWEIZ, Nudelwalker *m* ÖSTERR **'roll·ing stock** *n no pl* ① RAIL *(vehicles used)* Waggons *pl* im Einsatz, rollendes Material ② AM TRANSP Fuhrpark *m,* Fahrzeugpark *m* **roll·ing 'stone** *n* unsteter Geselle/unstete Gesellin *fam,* Vagabund(in) *m(f)* ▸PHRASES: **a ~** __**gathers**__ **no moss** *(prov dated)* wer immer umherzieht, wird es nie zu etwas bringen
roll·mop ['rəʊlmɒp, AM 'roʊlmɑːp] *n* Rollmops *m*
'roll-neck *n* FASHION Rollkragen *m; (sweater)* Rollkragenpullover *m*
roll of 'hon·our *n* BRIT, AUS Gedenktafel *f*
'roll-on I. *adj attr* Roll-on-; **~ deodorant** Deoroller *m* II. *n* ① *(deodorant)* Deoroller *m* ② BRIT *(corset)* Korselett *nt* **roll-on roll-off 'fer·ry** *adj attr* TRANSP Roll-on-roll-off-Fähre *f*
roll-out ['rəʊlaʊt, AM 'roʊl-] *n* Markteinführung *f*
'roll·over *n* ① FIN Umschuldung *f*
② *(fam: overturning of a vehicle)* Umschlagen *nt,* Umkippen *nt*
roll-over 'cred·it *n* Roll-over-Kredit *m* **roll-top 'bath** *n Emailbadewanne mit gewölbtem Rand* [*im viktorianischen Stil*] **roll-top 'desk** *n* Sekretär *m*
'roll-up, AM, AUS **roll-your-'own** *n* Selbstgedrehte *f fam*
Ro·lo·dex® ['rəʊlə(ʊ)deks, AM 'roʊloʊ-] *n* Rolodex® *m;* **to be in sb's ~** *(fig)* in jds Kartei stehen, auf jds Verteiler stehen
roly-poly [ˌrəʊli'pəʊli, AM ˌroʊli'poʊ-] I. *n* ① *no pl esp* BRIT FOOD ≈ Strudel *m (gebacken oder gedämpft)*
② AUS BOT *(tumbleweed)* Steppenläufer *m,* Steppenhexe *f*
II. *adj (hum fam)* rundlich; *baby* moppelig BRD *fam; child* pummelig
roly-poly 'pud·ding *n no pl esp* BRIT ≈ Strudel *m (gebacken oder gedämpft)*
ROM [rɒm, AM rɑːm] *n no pl* COMPUT *acr for* **Read Only Memory** ROM *m o nt*
ro·maine [rə(ʊ)'meɪn, AM rə'-] *n* römischer Salat, Romagna-Salat *m*
ro·man ['rəʊmən, AM 'roʊ-] TYPO I. *adj inv* Antiqua- *fachspr;* **~ type** Antiquaschrift *f*
II. *n no pl* Antiqua *f fachspr;* **in ~** in Antiqua
Ro·man ['rəʊmən, AM 'roʊ-] I. *adj inv* römisch; **~ architecture** römische Architektur; **the ~ Empire** das römische Reich
II. *n* Römer(in) *m(f)*
▸PHRASES: **when in** __**Rome**__ **do as the ~s do** *(prov)* man muss sich den jeweiligen Gepflogenheiten des Landes anpassen
ro·man-à-clef <*pl* romans-à-clef> [rəʊˌmɑ̃ːnɑː'kleɪ, AM ˌroʊ-] *n* Schlüsselroman *m*
Ro·man 'al·pha·bet *n* lateinisches Alphabet **Ro·man 'blind** *n* Raffrollo *nt* **Ro·man 'can·dle** *n Feuerwerkskörper, der bunte Funken hervorbringt* **Ro·man 'Catho·lic, RC** I. *adj* römisch-katholisch
II. *n* Katholik(in) *m(f)* **Ro·man Catho·lic 'Church** *n* römisch-katholische Kirche **Ro·man Ca·'tholi·cism** *n no pl* Katholizismus *m*
ro·mance [rə(ʊ)'mæn(t)s, AM roʊ'-] I. *n* ① *no pl (romanticism)* Romantik *f; (love)* romantische Liebe; ***he loves the ~ of travelling on a steam train*** er liebt romantische Zugfahrten mit einem Dampflokzug; **the ~ of the night** der Zauber der Nacht
② *(love affair)* Romanze *f,* Liebesaffäre *f; (fig)* ***America's long-running ~ with Hollywood seems to be over*** das ständige Liebäugeln der Amerikaner mit Hollywood scheint vorüber zu sein; **secret ~** heimliche Liebschaft; **whirlwind ~** heftige Liebesaffäre
③ *(movie)* Liebesfilm *m; (remote from reality)* Fantasiegeschichte *f; (book)* Liebesroman *m; (medieval tale)* Ritterroman *m*
④ MUS Romanze *f,* lyrisches Instrumentalstück
II. *vt* ① *(dated: court)* ■**to ~ sb** jdn umwerben
② *(fam: flatter)* ■**to ~ sb** jdn anschwärmen *fam*
③ *(glamourize)* ■**to ~ sth** etw romantisieren
III. *vi* schwärmen; ■**to ~ about sth** von etw *dat* schwärmen
Ro·mance [rə(ʊ)'mæn(t)s, AM roʊ'-] LING I. *n* romanische Sprachen
II. *adj attr, inv* romanisch; **~ language** romanische Sprache; **~ philologist** Philologe, Philologin *m, f* für romanische Sprachen, ÖSTERR *a.* Romanist(in) *m(f)*
rom·an·cer [rəʊ'mæntsə', AM roʊ'mænsɚ] *n* ① *(fabricator)* Phantast(in) *m(f),* Aufschneider(in) *m(f)*
② *(romance writer)* Autor(in) *m(f)* von Romanzen
Ro·man·esque [ˌrəʊmᵊn'esk, AM ˌroʊ-] ARCHIT I. *adj inv* romanisch
II. *n no pl* ■**the ~** die Romanik
Ro·ma·nia [rʊ'meɪniə, AM roʊ'-] *n* Rumänien *nt*

Ro·ma·nian [rʊ'meɪniən, AM roʊ'-] **I.** *adj* rumänisch
II. *n* ❶ *(person)* Rumäne, Rumänin *m, f*
❷ *no pl (language)* Rumänisch *nt*

Ro·man 'law *n no pl* LAW das römische Recht **Ro·man 'nose** *n* römische Nase **Ro·man 'nu·mer·al** *n* römische Ziffer

Ro·ma·no- [rə(ʊ)'mɑːnəʊ, AM roʊ'mɑːnoʊ] *in compounds* römisch-; **~Germanic** römisch-germanisch

Ro·mansh [rə(ʊ)'mænʃ, AM roʊ'mɑːnʃ] *n* Rätoromanisch *nt,* Romansch *nt*

ro·man·tic [rə(ʊ)'mæntɪk, AM roʊ'-] **I.** *adj* romantisch; **a ~ attitude to the past** eine verklärte Einstellung zur Vergangenheit
II. *n* Romantiker(in) *m(f)*; **hopeless** [*or* **incurable**] **~** hoffnungsloser Romantiker/hoffnungslose Romantikerin

Ro·man·tic [rə(ʊ)'mæntɪk, AM roʊ'-] ART, LIT **I.** *adj inv* romantisch
II. *n* Romantiker(in) *m(f)*

ro·man·ti·cal·ly [rə(ʊ)'mæntɪkəli, AM roʊ'-] *adv* romantisch; *(fig)* ***he always views things ~*** er sieht die Dinge immer durch die rosarote Brille

ro·man·ti·cism, Ro·man·ti·cism [rə(ʊ)'mæntɪsɪzəm, AM roʊ'-] *n no pl* ART, LIT Romantik *f*

ro·man·ti·cist [rə(ʊ)'mæntɪsɪst, AM roʊ'-] *n* ART, LIT Romantiker(in) *m(f)*

ro·man·ti·cize [rə(ʊ)'mæntɪsaɪz, AM roʊ'-] **I.** *vt* ■**to ~ sth** etw romantisieren
II. *vi* romantisieren; ■**to ~ about sth** etw verklärt darstellen

Roma·ny ['rɒməni, AM 'rɑːm-] **I.** *n* ❶ *no pl (language)* Romani *nt*
❷ *(gypsy)* Roma *pl*
II. *adj* Roma-

rom-com ['rɒmkɒm, AM 'rɑːmkɑːm] *n short for* **romantic comedy** Liebeskomödie *f*

Rome [rəʊm, AM roʊm] *n* Rom *nt*
▶PHRASES: **~ wasn't built in a day** *(saying)* Rom ist [auch] nicht an einem Tag erbaut worden *prov*

Romeo ['rəʊmiəʊ, AM 'roʊmioʊ] *n* ❶ *(pej hum: lover)* Romeo *m iron,* Herzensbrecher *m*
❷ RADIO *(the letter R)* Romeo *nt*

romp [rɒmp, AM rɑːmp] **I.** *vi* ❶ *(play) children, young animals* tollen; ■**to ~ around** [*or* **about**] herumtollen
❷ *(fam: go easily)* ■**to ~ through sth** mit etw *dat* spielend fertigwerden, etw mit links machen; ***don't worry, you'll ~ through!*** keine Sorge, du schaffst das schon!; **to ~ home** [*or* **in**] [*or* **to victory**] BRIT SPORT spielend gewinnen
❸ *(fam: have sex)* bumsen *vulg,* vögeln *vulg*
II. *n* ❶ *(play)* Tollerei *f kein pl*
❷ *(book, film, play)* Klamauk *m kein pl*
❸ *(fam)* SPORT leichter Sieg
❹ *(fam: erotic activity)* **sex ~** Sexspiel[chen] *nt meist pej*

romp·ers ['rɒmpəz, AM 'rɑːmpɚz] *npl,* **romp·er suit** *n* Strampler *m,* Strampelanzug *m*

ron·do ['rɒndəʊ, AM 'rɑːndoʊ] *n* MUS Rondo *nt*

rönt·gen *n see* **roentgen**

roo [ruː] *n* AUS *(fam) short for* **kangaroo** Känguru *nt*

rood [ruːd] *n* REL Kruzifix *nt*

'rood screen *n* ARCHIT Lettner *m fachspr*

roof [ruːf] **I.** *n* ❶ *(top of house)* Dach *nt;* ■**on the ~** auf dem/das Dach; **to live under one** [*or* **the same**] **~ as sb** mit jdm unter einem Dach wohnen; **without a ~ over one's head** ohne [ein] Dach über dem Kopf
❷ *(attic)* Dachboden *m,* Estrich *m* SCHWEIZ; ■**in the ~** auf dem/den Dachboden
❸ *(ceiling) of a cave* Decke *f; of mouth* Gaumen *m; of a tree* Krone *f*
❹ *(upper limit)* Obergrenze *f,* [oberes] Limit
▶PHRASES: **to go through** [*or* **hit**] **the ~** an die Decke gehen *fig fam;* **to raise** [*or* BRIT *also* **lift**] **the ~** die Wände zum Wackeln bringen *fig fam*
II. *vt* ■**to ~ sth** etw überdachen
◆**roof in, roof over** *vt usu passive* ■**to ~ sth** ⊂ **in** [*or* **over**] etw überdachen

roof·er ['ruːfəʳ, AM -ɚ] *n* Dachdecker(in) *m(f)*

'roof gar·den *n* Dachgarten *m*

roofie ['ruːfi] *n (sl: Rohypnol)* Rohypnol *nt,* KO-Tropfen *pl*

roof·ing ['ruːfɪŋ] **I.** *n no pl* ❶ *(material)* Material *nt* zum Dachdecken
❷ *(job)* Dachdecken *nt*
II. *n modifier* Dach-; **~ company** Dachdeckerfirma *f;* **~ material** Bedachungsmaterial *nt*

roof·less ['ruːfləs] *adj inv* unüberdacht, ohne Dach *präd*

'roof light *n* Dachfenster *nt* **'roof-mount·ed** *adj inv* auf dem Dach befestigt **'roof rack** *n* Dachgepäckträger *m,* Dachträger *m* SCHWEIZ, ÖSTERR **'roof·shade** *n* Wintergarten-Jalousie *f,* Jalousie *f* für Glasanbauten **'roof·top I.** *n* Dach *nt* ▶PHRASES: **to proclaim** [*or* **shout**] **sth from the ~s** etw an die große Glocke hängen *fig* **II.** *n modifier (terrace)* Dach-; **~ view** Aussicht *f* vom Dach [*o* von der Dachterrasse] aus **roof·top 'par·ty** *n* Dachparty *f*

rook[1] [rʊk] **I.** *n (bird)* Krähe *f*
II. *vt (fam or dated)* ■**to ~ sb** jdn übers Ohr hauen *fam* [*o* betrügen]; ***they ~ed him of £100*** sie haben ihm 100 Pfund aus der Tasche gezogen *fig fam*

rook[2] [rʊk] *n* CHESS Turm *m*

rook·ery ['rʊkəri, AM -ɚi] *n* Krähenkolonie *f*

rookie ['rʊki] *n esp* AM, AUS *(fam)* Neuling *m;* MIL Rekrut(in) *m(f);* **baseball ~** Baseballneuling *m*

room [ruːm] **I.** *n* ❶ *no pl (space)* Platz *m,* Raum *m;* ***there were so many people in the lift that there wasn't ~ to move*** in dem Aufzug waren so viele Menschen, dass man sich überhaupt nicht mehr rühren konnte; **plenty of ~** viel Platz; **to have ~ for sb/sth** für jdn/etw Platz haben; **to make ~ for sb/sth** für jdn/etw Platz machen; **to take up ~** Raum einnehmen
❷ *(scope)* Raum *m;* ***her cooking has got better but there is still ~ for improvement*** ihre Kochkünste haben sich gebessert, sind aber noch verbesserungswürdig; **~ for manoeuvre** [*or* AM **to maneuver**] Bewegungsspielraum *m*
❸ *(building section)* Zimmer *nt,* Raum *m;* ■**~s** *pl* Räumlichkeiten *pl form;* ***~s to let*** [*or* AM ***for rent***] Zimmer zu vermieten, Zimmer frei; **~ and board** AM Unterkunft *f* und Verpflegung; **cheap/cosy/dreary ~** billiges/gemütliches/trostloses Zimmer; **double/single ~** Doppel-/Einzelzimmer *nt;* **in the next ~** ein Zimmer weiter, [im Zimmer] nebenan; **to book a ~** ein Zimmer buchen [*o* reservieren]
❹ *(people present)* alle Anwesenden; ***the whole ~ turned around and stared at him*** alle, die im Zimmer waren, drehten sich um und starrten ihn an
▶PHRASES: **there's not enough ~ to swing a cat** [*or* AM *usu* **to turn around in**] es gibt nicht mal genug Platz, um die Arme auszustrecken, da kann man sich nicht einmal umdrehen ÖSTERR
II. *vi esp* AM wohnen; ■**to ~ with sb** mit jdm zusammenwohnen
III. *vt* ■**to ~ sb** jdn unterbringen

'room clerk *n* AM Hotelangestellte(r) *f(m)*

room·er ['ruːmɚ] *n* AM Untermieter(in) *m(f)*

room·ful ['ruːmfʊl] *n usu sing* **a ~ of boxes/people** ein Zimmer *nt* voller Kisten/Leute

'room·ing house *n* AM *(boarding house)* Pension *f* **room·ing-'in** *n no pl* AM *(after giving birth)* Roomingin *nt*

'room-mate, AM *usu* **'room·mate** *n* ❶ *(sharing room)* Zimmergenosse, -genossin *m, f*
❷ AM *(sharing flat or house)* Mitbewohner(in) *m(f)*

'room ser·vice *n no pl* Zimmerservice *m* **room 'tem·pera·ture** *n no pl* Raumtemperatur *f,* Zimmertemperatur *f;* ***red wine should be served at ~*** Rotwein sollte bei Zimmertemperatur getrunken werden

roomy ['ruːmi] *adj (approv)* geräumig

roost [ruːst] **I.** *n* Rastplatz *m; (for sleep)* Schlafplatz *m*
II. *vi* rasten
▶PHRASES: **to come back** [*or* **home**] **to ~** sich *akk* rächen *fig*

roost·er ['ruːstəʳ, AM -ɚ] *n* AM, AUS *(cockerel)* Hahn *m*

root [ruːt] **I.** *n* ❶ *(embedded part)* Wurzel *f; (of a celery)* Knolle *f; (of a tulip)* Zwiebel *f;* **the ~ of a nail** die Nagelwurzel; **shallow ~s** flache Wurzeln; **to send out ~s** Wurzeln schlagen
❷ *(fig: basic cause)* Wurzel *f,* Ursprung *m; (essential substance)* Kern *m kein pl;* ***the high crime rate has its ~s in unemployment and poverty*** die hohe Kriminalitätsrate wurzelt in Arbeitslosigkeit und Armut; **the ~ of all evil** die Wurzel allen Übels, der Ursprung alles Bösen; **to get to the ~ of the matter** zum Kern der Sache kommen; **to lie at the ~ of a problem** der Kern eines Problems sein
❸ *(fig)* ■**~s** *pl (origins)* Wurzeln *pl,* Ursprung *m;* **historical ~s** geschichtliche Wurzeln
❹ LING Stamm *m,* Stammwort *nt,* Wurzelwort *nt,* Etymon *nt fachspr*
❺ MATH Wurzel *f;* ***the ~ of 64 is 8*** die Wurzel aus 64 ist 8; **cube ~** Kubikwurzel *f;* **square ~** Quadratwurzel *f*
❻ AUS, NZ, IRISH *(vulg sl: act of sex)* Fick *m vulg; (sexual partner)* Fick *m vulg*
❼ COMPUT *(starting node)* Stamm *m*
▶PHRASES: **~ and branch** mit Stumpf und Stiel; **to put down** [**new**] **~s** [neue] Wurzeln schlagen
II. *vt* ❶ *(plant)* **to ~ cuttings/a plant** Stecklinge/eine Pflanze einpflanzen
❷ AUS, NZ, IRISH *(vulg sl: have sex)* ■**to ~ sb** jdn ficken *vulg*
❸ *(exhaust)* ■**to ~ sb** jdn ermüden [*o* entkräften]; **to ~ sb's efforts** jds Anstrengungen zunichtemachen
❹ *(immobilize)* ■**to ~ sb to the spot** jdn wie angewurzelt dastehen lassen
III. *vi* ❶ *plant* wurzeln, Wurzeln schlagen
❷ *esp* AM *(fam: support)* ■**to ~ for sb** jdm die Daumen drücken *fam;* **to ~ for a team** eine Mannschaft anfeuern
❸ *(search)* ■**to ~ for sth** nach etw *dat* wühlen; ■**to ~ through sth** etw durchstöbern
◆**root about, root around** *vi (fam)* herumwühlen; ■**to ~ about** [*or* **around**] **in sth** in etw *dat* herumwühlen; ■**to ~ about** [*or* **around**] **for sth** nach etw *dat* wühlen
◆**root on** *vt* AM *(fam)* ■**to ~ sb on** jdn anfeuern
◆**root out** *vt* ❶ BOT **to ~ out** ⊂ **a plant/weeds** eine Pflanze/Unkraut ausgraben [*o* mit der Wurzel ausreißen]
❷ *(eliminate)* ■**to ~ out** ⊂ **sb/sth** jdn/etw ausrotten
❸ *(find)* ■**to ~ out** ⊂ **sth** etw aufstöbern
◆**root up** *vt* ❶ BOT **to ~ up** ⊂ **sth** etw ausgraben [*o* mit der Wurzel ausreißen]
❷ *(find)* ■**to ~ up** ⊂ **sth** etw aufstöbern

'root ball *n* Wurzelballen *m* **'root beer** *n no pl* AM *colaartiges alkoholfreies Getränk aus verschiedenen Pflanzenwurzeln* **'root ca·nal** *n* MED Wurzelkanal *m*

root 'cause *n* Grundursache *f,* Wurzel *f fig*

'root cel·lar *n* AM Gemüsekeller *m* **'root crop** *n* BOT *(of beets, carrots)* Wurzel *f; (of celery, potatoes)* Knolle *f*

root di·'rec·tory *n* COMPUT Stammverzeichnis *nt*

root·ed ['ruːtɪd, AM -t̬-] *adj inv* verwurzelt; **to be** [**firmly**] **~ in sth** *distrust, problems* in etw *dat* [tief] verwurzelt sein
▶PHRASES: **to be ~ to the spot** wie angewurzelt dastehen

root·less ['ruːtləs] *adj inv* ❶ *(without home)* heimatlos
❷ BOT wurzellos

root·less·ness ['ruːtləsnəs] *n no pl* ❶ *(having no home)* Heimatlosigkeit *f,* Nomadenleben *nt*
❷ BOT Wurzellosigkeit *f*

root mean de·vi'a·tion *n* MATH Standardabweichung *f* **root mean 'square** *n no pl* MATH quadratisches Mittel **'root sign** *n* MATH Wurzelzeichen *nt*

roots mu·sic ['ruːts-] *n* MUS *Musikrichtung mit Ursprüngen in traditioneller Musik*

'root·stock *n* BOT Wurzelstock *m* **root 'veg·eta·ble** *n* BOT *(beets, carrots)* Wurzel *f,* Wurzelgemüse *nt; (celery, potatoes)* Knolle *f,* Knollengewächs *nt*

rope [rəʊp, AM roʊp] **I.** *n* ❶ *(cord)* Seil *nt,* Strick *m;* NAUT Tau *nt;* **to be on the ~** angeseilt sein, am Seil

R

hängen
② AM *(lasso)* Lasso *nt*
③ *(capital punishment)* ■ **the ~** der Strang
④ BOXING ■ **the ~s** *pl* Seile *pl*
⑤ *(string)* **~ of garlic** Knoblauchzopf *m;* **~ of pearls** Perlenkette *f*
▶PHRASES: **to learn the ~s** sich *akk* [in etw *akk*] einarbeiten; **to be on the ~s** *(in boxing)* in den Seilen hängen; *(fig)* in der Klemme stecken [*o* sitzen]; **to show** [*or* **teach**] **sb the ~s** jdn [in etw *akk*] einweisen
II. *vt* ■ **to ~ sb** jdn anseilen; ***the climbers ~d themselves together*** die Kletterer hängten sich ans Seil; ■ **to ~ sth to sth** etw an etw *dat* festbinden; **to ~ calves** Kälber mit dem Lasso [ein]fangen
◆ **rope down** *vi* sich *akk* abseilen
◆ **rope in** *vt (fam)* ■ **to ~ in** ◌ **sb** jdn einspannen
◆ **rope into** *vt* ■ **to ~ sb into doing sth** jdn dazu kriegen, etw zu tun *fam*
◆ **rope off** *vt* **to ~ off** ◌ **an area** ein Gebiet [mit Seilen/einem Seil] absperren
◆ **rope up** *vi* ① *(connect)* sich *akk* anseilen
② *(climb up)* angeseilt hinaufklettern
rope 'bridge *n* Seilbrücke *f* **'rope danc·er** *n* THEAT Seiltänzer(in) *m(f)* **rope 'lad·der** *n* Strickleiter *f* **'rope line** *n* Absperrung *f;* **to work a ~** ein Bad in der Menge nehmen **'rope-walk·er** *n (dated)* Seiltänzer(in) *m(f)* **'rope-walk·ing** *n no pl (dated)* Seiltanzen *nt* **'rope·way** *n* RAIL Kabelbahn *f,* Seilbahn *f* SCHWEIZ, ÖSTERR
ropey, ropy ['rəʊpi, AM 'roʊ-] *adj* ① *(rope-like)* seilartig
② BRIT, AUS *(pej fam: ill)* elend; **to feel ~** sich *akk* elend fühlen; **~ welfare system** marodes Wohlfahrtssystem; **~ tyres** schlechte Reifen
Roque·fort® ['rəʊkfɔːʳ, AM 'roʊkfɚt] I. *n no pl* Roquefort® *m*
II. *n modifier (cheese, crumbs, quiche, sauce)* Roquefort-; **~ dressing** Roquefort-Dressing *nt*
ro-ro ['rəʊrəʊ] *adj* BRIT TRANSP *short for* **roll-on-roll-off** Ro-Ro-
Rorschach test ['rɔːʃɑːkˌ, AM 'rɔːr-] *n* PSYCH Rorschachtest *m fachspr*
rort [rɔːt] I. *n* AUS *(fam: trick)* Betrug *m kein pl,* Beschiss *m kein pl derb*
II. *vt* AUS *(fam)* **to ~ a public service** eine staatliche Dienstleistungsstelle hintergehen; **to ~ the state** den Staat bescheißen *derb*
ros·ani·lin [rəʊ'zænɪˌliːn, -lɪn, AM roʊ-] *n no pl* CHEM Fuchsin *nt*
ro·sary ['rəʊzᵊri, AM 'roʊ-] *n* Rosenkranz *m;* **to say the ~** den Rosenkranz beten
rose¹ [rəʊz, AM roʊz] I. *n* ① *(flower)* Rose *f; (bush)* Rosenbusch *m; (tree)* Rosenbäumchen *nt;* **the Wars of the R~s** die Rosenkriege; **red ~s** rote Rosen
② *(nozzle)* Brause *f*
③ *no pl (colour)* Rosa *nt,* Rosenrot *nt liter*
④ *usu pl (complexion)* rosige Wangen; ***a brisk walk will put the ~s*** [***back***] ***into your cheeks*** bei einem flotten Spaziergang kriegst du wieder etwas Farbe [im Gesicht]
▶PHRASES: **not a bed of** [*or* **not all**] **~s** nicht immer [nur] rosig; ***being an actress is not all ~*** als Schauspielerin ist man [auch] nicht immer auf Rosen gebettet; **to come up** [*or* **out**] [**smelling of**] **~s** bestens laufen *fam*
II. *adj inv* rosa
III. *vt (liter)* **to ~ sb's cheeks** jds Wangen röten [*o* Farbe verleihen]
rose² [rəʊz, AM roʊz] *pt of* **rise**
rosé ['rəʊzeɪ, AM roʊ'-] *n no pl* FOOD Rosé *m*
ro·seate ['rəʊziət, AM 'roʊziɪt] *adj (poet)* rosenfarben
'rose·bud *n* Rosenknospe *f* **'rose bush** *n* Rosenstrauch *m* **'rose-col·oured**, AM **'rose-col·ored** *adj attr, inv* rosarot *a. fig;* **to look at** [*or* **see**] [*or* **view**] **sth through ~ glasses** [*or* BRIT, AUS *also* **spectacles**] *(fig)* etw durch eine rosarote Brille sehen *fig* **'rose gar·den** *n* Rosengarten *m* **'rose hip** I. *n* Hagebutte *f* II. *n modifier (syrup, wine)* Hagebutten-; **~ tea** Hagebuttentee *m*
ro·sel·la [rəʊ'zelə] *n* AUS ① ORN *australische Papageienart*
② ZOOL *(sheep) Schaf, das die Wolle verliert*
rose·mary ['rəʊzmᵊri, AM 'roʊzmeri] *n no pl* Rosmarin *m*
'rose pet·al *n* Rosen[blüten]blatt *nt* **'rose-tint·ed** *adj attr, inv see* **rose-coloured**
ro·sette [rə(ʊ)'zet, AM roʊ'-] *n* Rosette *f*
'rose wa·ter *n no pl* Rosenwasser *nt* **rose 'win·dow** *n* ARCHIT Fensterrose *f*
rosé 'wine *n* Roséwein *m,* Rosé *m* SCHWEIZ, ÖSTERR
'rose·wood *n no pl* Rosenholz *nt*
Rosh Ha·sha·na, Rosh Ha·sha·nah [ˌrɒʃhæʃ'ɑːnə, AM ˌroʊʃhə'ʃɔːnə] *n* REL Rosh Hashanah *nt (jüdisches Neujahr)*
ros·in ['rɒzɪn, AM 'rɑːzən] I. *n no pl* Kolophonium *nt fachspr*
II. *vt* **to ~ a violin bow/string** einen Geigenbogen/eine Geigensaite mit Kolophonium einreiben
RoSPA ['rɒspə] *n no pl, + sing/pl vb* BRIT *acr for* **Royal Society for the Prevention of Accidents** *königliche Gesellschaft zur Verhütung von Unfällen*
ros·ter ['rɒstəʳ, AM 'rɑːstɚ] I. *n esp* AM, AUS ① *(list)* Liste *f; (plan)* Plan *m;* **duty ~** Dienstplan *m*
② SPORT Spielerliste *f*
II. *vt usu passive* ■ **to ~ sb/sth** jdn/etw auf die Liste [*o* den Dienstplan] setzen
ros·trum <*pl* rostrums *or* rostra> ['rɒstrəm, AM 'rɑːs-, *pl* -trə] *n* ① *(raised platform)* Tribüne *f,* Podium *nt; (for public speaker also)* Rednerpult *nt; (for conductor)* Dirigentenpult *nt*
② ZOOL Rostrum *nt fachspr*
rosy ['rəʊzi, AM 'roʊ-] *adj* rosig *a. fig;* **~ cheeks** rosige Wangen; **~ prospects** *(fig)* rosige Aussichten *fig;* **to paint a ~ picture of sth** *(fig)* etw in den rosigsten Farben ausmalen *fig*
'rosy-cheeked *adj attr* mit rosigen Wangen *nach n*
rot [rɒt, AM rɑːt] I. *n no pl* ① *(process)* Fäulnis *f*
② *(decayed matter)* Verfaultes *nt,* Verwestes *nt*
③ BRIT *(process of deterioration)* ■ **the ~** der Verfall; ***the ~ set in when he started taking drugs*** es ging mit ihm bergab, als er anfing, Drogen zu nehmen
④ BOT Fäule *f*
⑤ *(in sheep)* Leberfäule *f*
⑥ *(fam or dated)* Blödsinn *m fam;* **to talk ~** Blödsinn reden *fam*
II. *interj (fam or dated)* Blödsinn! *fam,* so ein Quatsch! *fam*
III. *vi* <-tt-> ① *(decay)* verrotten; *teeth, meat* verfaulen; *woodwork* vermodern; **to leave sb to ~ in jail** *(fig)* jdn im Gefängnis verrotten lassen *fig*
② *(deteriorate) institution, society* verkommen
③ BRIT *(dated fam: joke)* Quatsch [*o* ÖSTERR *bes* Blödsinn] erzählen *fam*
IV. *vt* <-tt-> ① *(cause to decay)* ■ **to ~ sth** etw vermodern lassen
② BRIT *(dated fam: tease)* ■ **to ~ sb** jdn verulken [*o* ÖSTERR aufziehen]
◆ **rot away** I. *vi* verfaulen
II. *vt* ■ **to ~ away** ◌ **sth** etw verfaulen lassen
rota ['rəʊtə, AM 'roʊt̬ə] *n* ① *esp* BRIT *(list)* Liste *f; (plan)* Plan *m;* **cleaning ~** Putzplan *m;* **daily/weekly ~** Tages-/Wochenplan *m*
② REL ■ **the R~** die Rota *fachspr*
Ro·tar·ian [rəʊ'teəriən, AM roʊ'teri] I. *n* Rotarier(in) *m(f),* Mitglied *nt* des Rotary Clubs
II. *adj inv* des Rotary Clubs *nach n,* Rotary-
ro·tary ['rəʊtᵊri, AM 'roʊt̬ɚi] I. *adj inv* kreisend, rotierend, Dreh-; **~ blade** rotierendes Messer; **~ disk contractor** [*or* **column**] CHEM Drehscheibenkolonne *f;* **~ evaporator** CHEM Rotationsverdampfer *m;* **~ motion** Drehbewegung *f;* **~ press** Rotationspresse *f;* **~ pump** Rotationspumpe *f*
II. *n* ① TECH Rotationsmaschine *f*
② AM TRANSP Kreisverkehr *m*
ro·ta·ry 'en·gine *n* AUTO Wankelmotor *m*
'rota sys·tem *n* BRIT Dienstplan *m*
ro·tate [rə(ʊ)'teɪt, AM 'roʊteɪt] I. *vi* ① *(revolve)* rotieren; ■ **to ~ around sth** um etw *akk* rotieren, sich *akk* um etw *akk* drehen
② *(alternate)* wechseln; ***the job of washing the dishes constantly ~s*** mit dem Abwasch ist reihum jeder einmal dran *fam*
II. *vt* ① *(cause to turn)* ■ **to ~ sth** etw drehen
② *(alternate)* **to ~ duties** Aufgaben turnusmäßig [abwechselnd] [*o* reihum] verteilen; **to ~ troops** Truppen auswechseln
③ AGR **to ~ crops** [*or* **fields**] im Fruchtwechsel anbauen
④ AUTO **to ~ tyres** [*or* AM **tires**] Reifen turnusmäßig wechseln
⑤ COMPUT *(move data)* ■ **to ~ sth** etw rotieren
ro·tat·ing [rəʊ'teɪtɪŋ, AM roʊ'teɪt̬ɪŋ] *adj inv* rotierend, Rotations-; **~ presidency** POL turnusmäßig wechselnde Präsidentschaft; **~ chair** [*or* **chairmanship**] ADMIN nach dem Rotationsprinzip wechselnder Vorsitz
ro·ta·tion [rə(ʊ)'teɪʃᵊn, AM roʊ'-] *n* ① *(movement)* Rotation *f,* Umdrehung *f;* **crop ~** AGR Fruchtwechsel *m;* **the earth's ~** die Erdumdrehung; **to adjust the speed of ~** die Drehzahl einstellen; **in ~** im Wechsel [*o* Turnus]
② COMPUT Rotation *f fachspr*
③ FIN Rotation *f fachspr*
ro·ta·tion·al [rə(ʊ)'teɪʃᵊnᵊl, AM roʊ-] *adj* SCI rotierend *attr,* Rotations-; **~ quantum number** Rotationsquantenzahl *f;* **~ sense** PHYS Drehsinn *m*
ro·ta·tory ['rəʊtətᵊri, AM 'roʊt̬ətɔːri] *adj* rotierend, Rotations-
rote [rəʊt, AM roʊt] *n no pl (usu pej)* **to learn sth by ~** etw auswendig lernen
'rote learn·ing *n no pl (usu pej)* Auswendiglernen *nt*
rot·gut ['rɒtgʌt, AM 'rɑːt-] *n no pl (fam)* Fusel *m sl*
ro·tis·serie [rəʊ'tɪsᵊri, AM roʊ'tɪsɚi] *n* ① *(restaurant)* Rotisserie *f*
② *(appliance)* Drehgrill *m*
ro·tor ['rəʊtəʳ, AM 'roʊt̬ɚ] *n* TECH Rotor *m fachspr*
rot·ten ['rɒtᵊn, AM 'rɑː-] I. *adj* ① *(decayed)* verfault; *fruit* verdorben; *tooth* faul; *wood* modrig
② *(corrupt)* korrupt, völlig verdorben *fig*
③ *(fam: very bad)* mies *fam;* ***I'm a ~ cook*** ich bin ein hundsmiserabler Koch *fam;* **to feel ~** sich *akk* mies fühlen *fam*
④ *(fam: nasty) trick, joke* gemein
II. *adv (fam)* total *fam;* **to be spoiled ~** *child* völlig verzogen sein
rot·ten·ness ['rɒtᵊnnəs, AM 'rɑːt] *n no pl* ① *(decay)* Fäulnis *f,* Moder *m; wood* Morschheit *f*
② *(corruptness)* Verderbtheit *f,* Bodenlosigkeit *f fig*
③ *(fam: badness) food* Verdorbenheit *f,* Ungenießbarkeit *f*
④ *(fam: unpleasantness)* Elend *nt;* ***the ~ of this attitude has been agreed upon*** das Untragbare dieser Einstellung ist allgemein anerkannt
rot·ter ['rɒtəʳ, AM 'rɑːt̬ɚ] *n esp* BRIT *(dated fam)* Fiesling *m pej fam*
Rott·weil·er ['rɒtwaɪləʳ, AM 'rɑːtwaɪlɚ] *n* Rottweiler *m*
ro·tund [rə(ʊ)'tʌnd, AM roʊ'-] *adj* ① *(plump) person* massig
② BRIT *(fig pej) literary style* bombastisch *oft pej; speech* hochtrabend *pej*
③ *(spherical)* kreisförmig
ro·tun·da [rə(ʊ)'tʌndə, AM roʊ'-] *n* ARCHIT Rotunde *f fachspr*
rou·ble ['ruːbl] *n* Rubel *m*
roué ['ruːeɪ, AM *esp* ruː'eɪ] *n* Lebemann *m pej*
rouge [ruːʒ] I. *n no pl* ① *(makeup)* Rouge *nt*
② *(polish)* Polierrot *nt fachspr*
II. *vt* **to ~ one's cheeks** Rouge auflegen
III. *vi* Rouge auflegen
rough [rʌf] I. *adj* ① *(uneven)* rau; *ground, terrain* uneben; *landscape* rau, unwirtlich; *road* holprig; **~ fur/hair** struppiges Fell/Haar; **~ skin** raue Haut
② *(not soft) accent, sound, voice* rau, hart; *(in taste) wine* sauer; *brandy* hart
③ *(harsh)* rau, hart; **~ area** raue Gegend; **~ play** raues [*o* hartes] Spiel; **~ sea** raue See; **~ weather** raues [*o* stürmisches] Wetter
④ *(fam: difficult)* hart, schwer; ■ **to be ~ on sb** für jdn schwer [*o* hart] sein; **to give sb a ~ time** jdm

das Leben ganz schön schwermachen
⑤ BRIT *(fam: ill)* **to look ~** mitgenommen aussehen *fam;* **to feel ~** sich *akk* elend fühlen
⑥ *(plain) furniture* unbearbeitet; *gem* ungeschliffen, Roh-
⑦ *(makeshift)* einfach, primitiv
⑧ *(unrefined)* rau, ungehobelt; **~ ways** ungehobelte Manieren
⑨ *(imprecise)* grob; **~ calculation/estimate** grobe [*o* ungefähre] Kalkulation/Schätzung; **to give sb a ~ idea of sth** jdm eine ungefähre Vorstellung von etw *dat* geben; **~ work** Rohfassung *f*
▸PHRASES: **to give sb the ~ edge** [*or* **side**] **of one's tongue** *(fam)* jdm gegenüber einen rauen Ton anschlagen *fam;* **to give sb a ~ ride** [*or* **time**] jdm gehörig den Marsch blasen *fam*
II. *adv (fam)* rau
▸PHRASES: **to sleep ~** BRIT im Freien schlafen
III. *n* ① *esp* BRIT *(pej: person)* Rohling *m pej*
② *no pl (in golf)* ■**the ~** das Rough *fachspr*
③ *(sketch)* Entwurf *m,* Konzept *nt;* **in ~** skizzenhaft
▸PHRASES: **to be a diamond in the ~** AM rau, aber herzlich sein; **to take the ~ with the smooth** die Dinge nehmen, wie sie kommen
IV. *vt (fam)* **to ~ it** [ganz] primitiv leben [*o pej* hausen]
◆**rough down** *vt* ■**to ~ down** ↔ **sth** etw formen
◆**rough in** *vt* **to ~ in a drawing** eine Zeichnung [grob] skizzieren
◆**rough out** *vt* ■**to ~ out** ↔ **sth** einen groben Entwurf von etw *dat* machen, etw [grob] umreißen
◆**rough up** *vt* ① *(fam: beat up)* ■**to ~ up** ↔ **sb** jdn aufmischen *fam*
② *(make ruffled)* ■**to ~ up** ↔ **sth** etw aufrauen; **to ~ up the water** das Wasser aufwühlen

rough·age [ˈrʌfɪdʒ] *n no pl* ① *(fiber)* Ballaststoffe *pl*
② *(fodder)* Raufutter *nt*

rough and ˈready *adj pred,* **ˈrough-and-ready** *adj attr* behelfsmäßig; *plan also* provisorisch; *(unrefined) person* raubeinig; ***there was no luxury but we lived in ~ comfort*** es war kein Luxus, aber wir hatten alles, was wir brauchten **rough and ˈtum·ble** *n* Rauferei *f,* wildes Gerangel *a. fig;* ***the ~ of politics*** das wilde Gerangel in der Politik **ˈrough-and-tum·ble** *adj attr, inv* **~ atmosphere** raue Atmosphäre **ˈrough·book** *n* Schmierheft *nt* **ˈrough·cast I.** *n no pl (in construction)* Rauputz *m fachspr,* Anwurf *m fachspr* **II.** *adj* ① *(in construction)* roh verputzt ② *(unrefined) person* ungehobelt **III.** *vt* <-cast, -cast> **to ~ a wall** eine Wand roh verputzen **ˈrough cut** *n* FILM Rohschnitt *m kein pl fachspr* **rough ˈdia·mond** *n* ungeschliffener Diamant; BRIT, AUS *(fig)* ***he's a ~*** er ist rau, aber herzlich

rough·en [ˈrʌfᵊn] **I.** *vt* ■**to ~ sth** etw aufrauen
II. *vi skin, voice* rau werden; *society* verrohen; *weather* stürmisch [*o* rau] werden

rough ˈground *n* brachliegendes Grundstück **rough-ˈhew** <-hewed, -hewn *or* -hewed> *vt* **to ~ stone/wood** Stein/Holz grob behauen [*o* bearbeiten] **rough-ˈhewn** *adj carving, pillar* grob; *(fig) person, style* ungehobelt **ˈrough house** *n usu sing esp* AM *(fam)* Radau *m fam* **ˈrough-house I.** *vi* ① *(be boisterous)* Radau machen *fam* ② BRIT *(have a fight)* sich *akk* prügeln ③ AM *(have playful fight)* sich *akk* raufen **II.** *vt* ■**to ~ sb** jdn grob behandeln [*o* hart anfassen]; *(playfully)* sich *akk* mit jdm raufen **rough ˈjus·tice, rough ˈluck** *n* Ungerechtigkeit *f;* ■**it is ~ on sb/sth, that...** es ist ungerecht gegenüber jdm/etw, dass...

rough·ly [ˈrʌfli] *adv* ① *(harshly)* grob, roh
② *(without refinement)* **~ built** roh [*o* grob] zusammengezimmert
③ *(approximately)* grob; **to calculate ~** grob kalkulieren [*o* überschlagen]; **~ speaking** ganz allgemein gesagt; **~ similar** [*or* **the same**] ungefähr gleich; **~ about** ungefähr, schätzungsweise

ˈrough·neck I. *n* ① *esp* AM, AUS *(fam: rude person)* Rohling *m pej,* Grobian *m pej*
② *(oil rig worker)* Bohrarbeiter(in) *m(f)*
II. *vi* auf einer Bohrinsel arbeiten

rough·ness [ˈrʌfnəs] *n no pl* ① *(not smoothness)* Rauheit *f; of ground, terrain* Unebenheit *f*
② *(harshness)* Rauheit *f; of a game also* Härte *f*

rough ˈpa·per *n* BRIT Konzeptpapier *nt* **ˈrough·shod I.** *adj horse* scharf beschlagen **II.** *adv* **to ride a horse ~** ein unbeschlagenes Pferd reiten; **to ride ~ over sb** *(fig)* jdn unterdrücken [*o fam* unterbuttern] **rough-ˈspok·en** *adj* sprachlich ungewandt [*o* unbeholfen] **rough ˈtrade** *n (sl)* ① *(male prostitution) Prostitution von Homosexuellen, meist mit sadistischen Praktiken* ② *(male prostitute) Strichjunge, der sich für gewalttätige Sexualpraktiken anbietet*

rou·lette [ruːˈlet] **I.** *n* ① *no pl* Roulette *nt*
② *(wheel)* Roulette[rad] *nt*
II. *vt* **to ~ paper/postage stamps** Papier/Briefmarken [mit einem Rollrädchen] perforieren

rou·ˈlette chips *npl* Roulettechips *pl*

round [raʊnd] **I.** *adj* <-er, -est> ① *(circular)* rund; **~ arch** Rundbogen *m;* **~ arms/legs** rund[lich]e [*o* dicke] Arme/Beine; **~ cheeks** runde Backen; **~ eyes** Kulleraugen *pl;* **~ face** rundliches Gesicht; **~ peg** Runddübel *m;* **~ table** runder Tisch; **~ vowel** gerundeter Vokal
② *inv (even number)* rund; **a ~ dozen** ein rundes Dutzend; **to make sth a ~ hundred** *(bring up)* etw auf hundert aufrunden; *(bring down)* etw auf hundert abrunden; **in ~ figures** aufgerundet, abgerundet
II. *adv inv esp* BRIT ① *(in circular motion)* **to go** [*or* **turn**] **~** sich *akk* umdrehen; *wheel* sich *akk* drehen; ***the children turned ~ and ~ until they made themselves dizzy*** die Kinder drehten sich so lange im Kreis, bis ihnen schwindlig wurde; ***sorry, you'll have to go ~*** tut mir leid, aber Sie müssen außen herumgehen
② *(here and there)* **to run ~** herumrennen *fam*
③ *(to a specific place)* **to come ~** vorbeikommen *fam;* **to go ~** *virus, rumours* umgehen; ***there aren't enough pencils to go ~*** es sind nicht genügend Stifte für alle vorhanden; **to go ~ to Mary's/Peter's** bei Mary/Peter vorbeischauen *fam;* **to show sb ~** jdn herumführen
④ *(surrounding)* rundherum; ***the house has trees all ~*** das Haus ist von Bäumen umgeben; ***everyone for a mile ~ heard the explosion*** jeder im Umkreis von einer Meile hörte die Explosion; **in the mountains ~ about** in den Bergen ringsherum; **all year ~** das ganze Jahr hindurch
⑤ *(towards other direction)* **the other way ~** anders herum; **the right/wrong way ~** richtig/falsch herum; **to have sth on** [*or* **be wearing sth**] **the wrong way ~** etw falsch [*o* links] herum anhaben; **to turn ~** *person* sich *akk* umdrehen; *(go back)* umdrehen, kehrtmachen
⑥ *(circa)* ungefähr; ***~ about 4 o'clock*** gegen 4 Uhr; ***~ about 20 people*** ungefähr 20 Personen
⑦ *(in girth)* ***the pyramid is 50 metres high and 100 metres ~*** die Pyramide ist 50 Meter hoch und hat einen Umfang von 100 Metern
III. *prep* ① *(surrounding)* um +*akk,* um +*akk* ... herum; ***he put his arms ~ her*** er legte seine Arme um sie; ***there are trees all ~ the house*** um das ganze Haus herum stehen Bäume
② *(circling)* um +*akk;* ***the moon goes ~ the earth*** der Mond kreist um die Erde; ***they walked ~ the lake*** sie liefen um den See herum
③ *(curving to other side of)* um +*akk;* ***drive ~ the corner and take the second road on the left*** fahren Sie um die Ecke und nehmen sie die zweite Straße zur Linken; **to be just ~ the corner** gleich um die Ecke sein
④ *(at points at)* um +*akk* ... herum; ***they sat ~ the table*** sie saßen um den Tisch [herum]
⑤ *(within)* um +*akk;* ***she looked ~ the house*** sie sah sich im Haus um; ***she walked ~ the room*** sie lief im Zimmer herum; ***from all ~ the world*** aus aller Welt
⑥ *(about)* um ungefähr; ***I heard a strange noise ~ 12:15*** um ungefähr 12.15 Uhr hörte ich ein seltsames Geräusch
▸PHRASES: **to be/go ~ the bend/twist** den Verstand verloren haben/verlieren, wahnsinnig geworden sein/werden; **to centre/revolve ~ sth** sich *akk* um etw *akk* konzentrieren/drehen; **to get ~ sth** um etw *akk* herumkommen; ***there seems to be no way ~ this problem*** es führt wohl kein Weg um dieses Problem herum; **to lie/sit/stand ~** herumliegen/-sitzen/-stehen
IV. *n* ① *(for all)* Runde *f;* ***this ~ is on me!*** diese Runde geht auf mich!; **a ~ of sandwiches** BRIT ein belegtes Brot; **a ~ of toast** eine Scheibe Toast
② *(series)* Folge *f;* ***when we were young, life was just one long ~ of parties*** als wir jung waren, war unser Leben eine einzige Folge von Partys; **to be a ~ of pleasure** ein einziges Vergnügen sein; **~ of talks** Gesprächsrunde *f*
③ *(salvo)* **~ of applause** Beifall *m;* **to get a big ~ of applause** stürmischen Beifall bekommen
④ *(route)* ■**~s** *pl* **to be** [**out**] **on** [*or* **make**] **one's ~s** seine Runden drehen; *doctor* Hausbesuche machen; ***I've made the ~s of all the agents, but nobody has any tickets left*** ich habe alle Verkaufsstellen abgeklappert, aber es waren keine Karten mehr zu bekommen *fam;* **to go** [*or* **do**] **the ~s** die Runde machen; *flu* umgehen
⑤ *esp* BRIT, AUS *(delivery route)* Runde *f;* **to have a milk ~** die Milch ausliefern; **to do a paper ~** Zeitungen austragen
⑥ *(routine)* Trott *m pej;* ***my daily ~ includes going for a jog in the morning*** zu meinem Tagesablauf gehört mein täglicher Morgenlauf
⑦ SPORT Runde *f;* **a ~ of golf** eine Runde Golf; **to be** [*or* **get**] [*or* **make it**] **through to the next ~** in die nächste Runde kommen
⑧ *(song)* Kanon *m*
⑨ *(of ammunition)* Ladung *f;* **to fire a ~** eine Ladung Munition abfeuern
V. *vt* ① *(make round)* ■**to ~ sth** etw umrunden
② *(go around)* **to ~ the corner** um die Ecke biegen
VI. *vi* ① *(become round)* rund werden
② *(turn against)* ■**to ~ on sb** jdn anfahren; **to ~ on one's critics** über seine Kritiker herfallen; **to ~ on one's pursuers** seine Verfolger angreifen
◆**round down** *vt* ■**to ~ down** ↔ **sth** *number, sum* etw abrunden
◆**round off** *vt* ■**to ~ off** ↔ **sth** ① *(finish)* etw abrunden; ***to ~ things off we'd like to thank our sponsors*** zum Abschluss möchten wir noch unseren Sponsoren danken; **to ~ off her education ...** zum Abschluss ihrer Ausbildung ...
② *(smooth out)* etw abrunden
③ MATH etw [auf]runden [*o* [ab]runden]
◆**round out** *vt* ■**to ~ out** ↔ **sth** *story* etw abrunden
◆**round up** *vt* ① *(increase)* **to ~ up** ↔ **a figure** eine Zahl aufrunden
② *(gather)* ■**to ~ up** ↔ **sb** jdn zusammentrommeln *fam;* ■**to ~ up** ↔ **sth** etw zusammentragen; **to ~ up cattle** eine Rinderherde zusammentreiben; **to ~ up support** Unterstützung holen

round·about [ˈraʊndəˌbaʊt] **I.** *n* ① BRIT, AUS *(traffic)* Kreisverkehr *m*
② BRIT *(for funfair)* Karussell *nt;* **to ride the ~** Karussell fahren
II. *adj* umständlich; **to take a ~ approach** umständlich an etw *akk* herangehen; **to take a ~ route** einen Umweg machen; **to give a ~ statement** eine unklare Aussage machen; **to ask sb in a ~ way** jdn durch die Blume fragen

round-bottomed *adj* **~ flask** CHEM Rundkolben *m* **round ˈbrack·ets** *npl* runde Klammern; **to give sth in ~** etw in runden Klammern angeben; **to put sth in ~** etw in runde Klammern setzen **ˈround dance** *n* Rundtanz *m; (in past times)* Reigen *m*

round·ed [ˈraʊndɪd] *adj* rund; **~ belly/cheeks** runder Bauch/runde Backen; **~ edges** abgerundete Ecken; **~ vowel** runder Vokal

round·el [ˈraʊndᵊl] *n* AVIAT, MIL Hoheitszeichen *nt*

roun·de·lay [ˈraʊndɪleɪ, AM -də-] *n* Rundgesang *m*

round·ers [ˈraʊndəz, AM -dəz] *npl* + *sing vb* BRIT SPORT *ein dem Baseball ähnliches Spiel*

round-ˈeyed *adj* mit großen Augen *nach n;* ***she***

R

was ~ with amazement sie starrte ungläubig vor Erstaunen **round 'fig·ure** *n* runde Zahl; ***how much is it in ~ s?*** wie viel ist das so grob über den Daumen gepeilt? **'Round·head** *n* HIST Rundkopf *m* **'round·house** *n* RAIL Lokomotivschuppen *m*

round·ing ['raʊndɪŋ] *n no pl* Rundung *f*; **~ method** Rundungsverfahren *nt*

round 'lot *n* AM STOCKEX voller Börsenschluss

round·ly ['raʊndli] *adv (form)* gründlich; **to boo sb ~** jdn gehörig auspfeifen; **to criticize sb ~** jdn heftig kritisieren; **to defeat sb ~** jdn haushoch besiegen

'round-necked *adj inv* mit rundem Ausschnitt *nach n*

round·ness ['raʊndnəs] *n no pl* Rundheit *f*

round 'num·ber *n* runde Zahl

round 'rob·in *n* ① *(letter)* Petition *f (mit oft kreisförmig angeordneten Unterschriften)*; **to sign a ~** eine Petition unterzeichnen
② *(competition format) Wettkampf, in dem jeder gegen jeden antritt*

round-'shoul·dered *adj* mit runden Schultern *nach n*; **to be ~** runde Schultern haben

rounds·man ['raʊndzmən] *n* BRIT Austräger(in) *m(f)*; ***last summer I worked as a ~ for a milk company*** letzten Sommer arbeitete ich als Milchmann

round-'ta·ble *adj attr, inv* **~ conference/discussion** Konferenz *f*/Gespräch *nt* am runden Tisch; **to host a ~ discussion** eine Diskussion am runden Tisch leiten

'round-the-clock I. *adj attr, inv* rund um die Uhr *präd, nach n*; **~ coverage** Berichterstattung *f* rund um die Uhr; **~ surveillance** Dauerüberwachung *f*; **to keep a ~ vigil on sb** jdn rund um die Uhr überwachen II. *adv inv* rund um die Uhr; **to be open ~** *shops* durchgehend geöffnet haben; **to work ~** rund um die Uhr arbeiten **'round-the-world** *adj attr, inv* rund um die Welt *nach n*; **~ flight** Flug *m* rund um die Welt; **~ journey** [*or* **trip**] [*or* **voyage**] Weltreise *f*

round 'trip I. *n* Rundreise *f* II. *adv inv* AM **to fly ~** ein Rückflugticket haben; **to travel ~** hin- und zurückreisen **round·trip 'flight** *n esp* AM Hin- und Rückflug *m* **round·trip 'tick·et** *n esp* AM AVIAT Rückflugticket *nt*; *(on train, bus)* Rückfahrkarte *f*

'round·up *n* ① *(gathering)* Versammlung *f*; *of criminals, suspects* Festnahme *f*; *of cattle* Zusammentreiben *nt*
② *(summary)* Zusammenfassung *f*; **a ~ of today's news** eine Zusammenfassung der wichtigsten Tagesmeldungen

'round·worm *n* Spulwurm *m*

rouse [raʊz] *vt* ① *(waken)* ▪**to ~ sb** jdn wecken; **to ~ sb out of his/her apathy** jdn aus seiner/ihrer Apathie reißen; **to ~ oneself from a pleasant daydream** sich *akk* aus einem angenehmen Tagtraum reißen
② *(activate)* ▪**to ~ sb to do sth** jdn dazu bewegen, etw zu tun; **to ~ sb to action** jdn zum Handeln bewegen; **to ~ sb's admiration** jds Bewunderung hervorrufen; **to ~ sb's ire** *(liter)* jds Zorn erregen

rouse·about ['raʊzə,baʊt] *n* AUS Hilfsarbeiter(in) *m(f)*

rous·ing ['raʊzɪŋ] *adj* mitreißend; **~ cheer/reception** stürmischer Beifall/Empfang; **a ~ speech** eine mitreißende Rede; **to receive a ~ welcome** überschwänglich empfangen werden

roust [raʊst] *vt* ▪**to ~ sb** jdn wecken; *(fig)* jdn aufscheuchen *fam*

roust·about ['raʊstə'baʊt] *n* Hilfsarbeiter(in) *m(f)*

rout[1] [raʊt] I. *vt (form: defeat)* ▪**to ~ sb** jdn besiegen; **to ~ the enemy** [*or* **put the enemy to ~**] den Feind in die Flucht schlagen
II. *n* ① *(defeat)* Niederlage *f*, Schlappe *f fam*
② *(disorderly retreat)* ungeordneter Rückzug; ***the retreat quickly turned into a ~*** der Rückzug endete rasch im Chaos
③ LAW *(riot)* Zusammenrottung *f*, Auflauf *m*

rout[2] [raʊt] I. *vi pigs* herumwühlen
II. *vt* ① *(root)* **to ~ the ground** die Erde umwühlen
② TECH ▪**to ~ sth** etw ausfräsen

◆**rout out** *vt* ▪**to ~ out** ↔ **sb/sth** jdn/etw herausjagen; *(find)* jdn/etw aufstöbern; ***the pigs were ~ ing out truffles*** die Schweine suchten nach Trüffeln; **to ~ sb out of bed** jdn aus dem Bett holen

route [ru:t, AM *usu* raʊt] I. *n* ① *(way)* Strecke *f*, Route *f*; *of a parade* Verlauf *m*; **the ~ to success** der Weg zum Erfolg; **to map out a ~** eine Route festlegen
② TRANSP Linie *f*; **bus ~** Buslinie *f*; **shipping ~** Schifffahrtsweg *m*; **domestic ~s** Inlandsflüge *pl*
③ AM *(delivery path)* Runde *f*; **to have a paper ~** Zeitungen austragen
④ AM *(road)* Route *f*
⑤ MATH Leitweg *m*
II. *vt* ▪**to ~ sth** etw schicken; *deliveries* etw liefern; ***we're not going to ~ our buses through that part of town any more*** unsere Busse werden diesen Stadtteil nicht mehr anfahren

'route march *n* MIL Geländemarsch *m*; **to go on a ~** einen Geländemarsch absolvieren

rou·tine [ru:'ti:n] I. *n* ① *(habit)* Routine *f*; ***he gave me the old ~ of having had his wallet stolen*** er kam wieder mit der alten Leier, dass seine Geldbörse gestohlen worden war; **to do sth as a matter of ~** etw routinemäßig tun; **daily ~** tägliche Routine; **set** [*or* **fixed**] **~** feste Routine; **to go into a ~** *(fig)* immer dieselbe Leier bringen *fam*
② *(dancing)* Figur *f*; *(gymnastics)* Übung *f*
③ THEAT Nummer *f*; **to go through** [*or* **over**] **a ~** eine Rolle noch einmal durchgehen; **to practise a ~** eine Rolle proben
④ COMPUT Programm *nt*, Routine *f*
II. *adj* ① *(regular)* routinemäßig; **~ medical check-up** Routineuntersuchung *f*; **~ enquiry/inspection/search** Routinebefragung/-untersuchung/-durchsuchung *f*; **~ maintenance** laufende Wartung; **to be ~** Routine sein; ***don't worry, this medical is just ~*** machen Sie sich keine Sorgen, diese Untersuchung ist nur Routine; **to become ~** zur Gewohnheit werden
② *(pej: uninspiring)* routinemäßig; **~ performance** durchschnittliche Leistung; **~ tasks** Routine *f*; **~ work** Routinearbeit *f*; **to be ~ and boring** alltäglich und langweilig sein

rou·tine·ly [ru:'ti:nli] *adv* routinemäßig; ***health and safety rules are ~ flouted on the building site*** Gesundheits- und Sicherheitsvorkehrungen werden auf der Baustelle für gewöhnlich übergangen

'rout·ing num·ber *n* AM *(sort code)* Bankleitzahl *f*

roux <*pl* -> [ru:] *n* FOOD Mehlschwitze *f*, Einbrenne *f* SÜDD, Einbrenn *f* ÖSTERR

rove [rəʊv, AM roʊv] I. *vi person* umherwandern; *gaze* [umher]schweifen
II. *vt* **to ~ the countryside** durchs Land ziehen; **to ~ the world** durch die Welt ziehen

rov·er ['rəʊvəʳ, AM 'roʊvɚ] *n* Vagabund(in) *m(f)*

rov·ing ['rəʊvɪŋ, AM 'roʊv-] *adj* umherstreifend *attr*; **~ ambassador** Botschafter(in) *m(f)* für mehrere Vertretungen; **~ band of thieves** umherziehende Diebesbande; **~ musicians** umherziehende Musiker

rov·ing com·'mis·sion *n* BRIT weitläufiges Mandat; **to have a ~** ein weitläufiges Mandat besitzen **rov·ing 'eye** *n (hum dated)* **to have a ~** ein Auge riskieren **rov·ing re·'port·er** *n* rasender Reporter/rasende Reporterin *fam*

row[1] [rəʊ, AM roʊ] *n* ① *(line)* Reihe *f*; **~s and ~s of cars** lange Autoschlangen; **a ~ of chairs** eine Stuhlreihe; **~ of houses** Häuserreihe *f*; **~s of people** Menschenschlangen *pl*; **to move up a few ~s** ein paar Reihen aufrücken; **to stand in a ~** in einer Reihe stehen; **in ~s** reihenweise
② *(street)* Straße *f*
③ *(in succession)* **in a ~** hintereinander; **four times in a ~** viermal hintereinander
④ *(line of characters)* Zeile *f*; *(on a punched card)* Lochzeile *f*
⑤ COMPUT *(set of data elements)* Sprosse *f*

row[2] [raʊ] I. *n esp* BRIT, AUS ① *(quarrel)* Streit *m*, Krach *m fam*; **political ~** politische Auseinandersetzung; **to get into a ~** [**with sb**] [mit jdm] Streit [*o fam* Krach] bekommen; **to have a ~** Streit [*o fam* Krach] haben, streiten
② *(noise)* Lärm *m*, Krach *m kein pl*; **to make** [*or* **kick up**] **a ~** Krach schlagen *fam*
II. *vi esp* BRIT *(fam)* sich *akk* streiten; ▪**to ~ about** [*or* **over**] **sth** sich *akk* wegen einer S. *gen* streiten; ▪**to ~ with sb** sich *akk* mit jdm streiten

row[3] [rəʊ, AM roʊ] I. *vi* rudern
II. *vt* **to ~ a boat** ein Boot rudern; **to ~ sb across a lake/river** jdn über einen See/Fluss rudern
III. *n usu sing* Rudern *nt kein pl*; **to go for a ~** rudern gehen

ro·wan ['rəʊən, AM 'roʊən] *n* Eberesche *f*

ro·wan·ber·ry ['rəʊən,beri, AM 'roʊən-] *n* Vogelbeere *f*

row·boat ['rəʊbəʊt, AM 'roʊboʊt] *n* AM *(rowing boat)* Ruderboot *nt*

row·di·ly ['raʊdɪli] *adv (pej)* rowdyhaft; **to behave very ~** sich *akk* sehr rüpelhaft benehmen

row·di·ness ['raʊdɪnəs] *n no pl (pej)* Rüpelhaftigkeit *f*

row·dy ['raʊdi] *(pej)* I. *adj* laut, rüpelhaft; **~ behaviour** rüpelhaftes Benehmen; **~ party** wilde Party
II. *n* Krawallmacher *m*, Rowdy *m*

rowdy·ism ['raʊdiɪzᵊm] *n no pl (pej)* Rowdytum *nt*; *(noisy)* Randalieren *nt*

row·er ['rəʊəʳ, AM 'roʊɚ] *n* ① *(person)* Ruderer, Ruderin *m, f*
② *(at the gym)* Rudergerät *nt*

row house ['roʊ-] *n* AM *(terraced house)* Reihenhaus *nt*

row·ing ['rəʊɪŋ, AM 'roʊ-] *n no pl* Rudern *nt*

'row·ing boat *n* BRIT Ruderboot *nt* **'row·ing club** *n* Ruderklub *m* **'row·ing ma·chine** *n* Rudergerät *nt*

row·lock ['rɒlək, AM 'rɑ:-] *n* Dolle *f*

roy·al ['rɔɪəl] I. *adj* <-er, -est> ① *inv (of a monarch)* königlich; **~ decree/visit** königlicher Erlass/Besuch; **~ insignia/yacht** königliche Insignien/Jacht; **~ palace** Königspalast *m*
② *(fig)* fürstlich; **~ feast** fürstliches Mahl; **to be in ~ spirits** prächtig gelaunt sein; **~ welcome** fürstlicher Empfang
③ *esp* AM *(fam: big)* gewaltig; ***you're a ~ pain in the butt!*** du gehst mir ganz gewaltig auf die Nerven!; **a ~ mess** eine Riesensauerei
II. *n (fam)* Angehörige(r) *f(m)* der königlichen Familie

Roy·al 'Air Force *n*, **RAF** *n no pl, + sing/pl vb* BRIT ▪**the ~** die Königliche Luftwaffe **roy·al as·'sent, Roy·al As·'sent** *n* Zustimmung *f* der Königin/des Königs, königliche Genehmigung **roy·al 'blue** I. *n* Königsblau *nt* II. *adj* königsblau; **~ eyes** strahlend blaue Augen **roy·al 'fami·ly** *n + sing/pl vb* königliche Familie **roy·al 'flush** *n* CARDS Royal Flush *m* **Roy·al 'High·ness** *n* **Your/His/Her ~** Eure/Seine/Ihre Königliche Hoheit

roy·al·ist ['rɔɪəlɪst] I. *n* Royalist(in) *m(f)*
II. *adj* royalistisch

roy·al 'jel·ly *n no pl* Gelee royale *nt*

roy·al·ly ['rɔɪəli] *adv* königlich

Roy·al 'Navy *n*, **RN** *n no pl, + sing/pl vb* BRIT ▪**the ~** die Königliche Marine **roy·al 'par·don, Roy·al 'pardon** *n* königliche Begnadigung, Begnadigung *f* [auf Anordnung Ihrer/Seiner Majestät] **roy·al pre·'roga·tive** *n* BRIT königliches Vorrecht **Roy·al 'Shakespeare Com·pa·ny** *n*, **RSC** *n no pl, + sing/pl vb* ▪**the ~** die Royal Shakespeare Company **Roy·al So·'ci·ety** *n no pl, + sing/pl vb* ▪**the ~** die Königlich Britische Akademie der Naturwissenschaften

roy·al·ty ['rɔɪəlti] *n* ① *no pl, + sing/pl vb (sovereignty)* Königshaus *nt*; **to treat sb like ~** jdn fürstlich behandeln
② *(money paid to an inventor)* Lizenzgebühr *f*, Patentgebühr *f*; *(to the landowner)* Nutzungsgebühr *f*; *(to a writer)* Tantiemen *pl*, Autorenhonorar *nt*; PUBL ▪**royalties** *pl* Tantiemen *pl*

'roy·al·ty cheque, AM **'roy·al·ty check** *n* Honorarscheck *m*

Roy·al Ul·ster Con·'stabu·lary, RUC *n no pl, + sing/pl vb* BRIT *(hist)* ▪**the ~** *die ehemalige*

Polizeibehörde Nordirlands

roz·zer ['rɒzəʳ] *n* BRIT *(fam)* Polyp *m fam,* Bulle *m sl*

RP¹ [ˌɑ:'pi:, AM ˌɑ:r-] *n no pl* LING *abbrev of* **received pronunciation** britische Standardaussprache

RP² [ˌɑ:'pi:, AM ˌɑ:r-] *n* FIN *abbrev of* **repurchase agreement** Wertpapierpensionsgeschäft *nt*

RPB [ˌɑ:pi:'bi:, AM ˌɑ:r-] *n abbrev of* **recognized professional body** anerkannter Berufsverband

RPG [ˌɑ:pi:'dʒi:, AM ˌɑ:r-] *n* MIL *abbrev of* **rocket propelled grenade** Granate *f* mit Raketenantrieb

RPI [ˌɑ:pi:'aɪ] *n* ECON *abbrev of* **retail price index** Einzelhandelspreisindex *m*

rpm¹ *<pl ->* [ˌɑ:pi:'em, AM ˌɑ:r-] *n* AUTO, AVIAT *abbrev of* **revolutions per minute** U/min

rpm² *<pl ->* [ˌɑ:pi:'em, AM ˌɑ:r-] *n no pl* BRIT PUBL *abbrev of* **resale price maintenance** Preisbindung *f* der zweiten Hand, vertikale Preisbindung

rr *n* AM *abbrev of* **rural route** ungeteerte ländliche Straße, Feldweg *m* ÖSTERR

RR *n* AM *abbrev of* **railroad**

RRP [ˌɑ:ɑ:'pi:] *n* BRIT PUBL *abbrev of* **recommended retail price** unverbindl. Preisempfehlung

RSC [ˌɑ:es'si:] *n no pl, + sing/pl vb abbrev of* **Royal Shakespeare Company**: ▪**the** ~ die Royal Shakespeare Company

RSI¹ [ˌɑ:es'aɪ, AM ˌɑ:r-] *n* MED *abbrev of* **repetitive strain injury** LSI *f fachspr (chronische Beschwerden durch einseitige Belastung)*

RSI² [ˌɑ:es'aɪ, AM ˌɑ:r-] *n* FIN *abbrev of* **relative strength index** Relative-Stärke-Indikator *m (Kursindex eines Aktientitels)*

RSPB [ˌɑ:espi:'bi:] *n no pl, + sing/pl vb* BRIT *abbrev of* **Royal Society for the Protection of Birds** Bund *m* für Vogelschutz

RSPCA [ˌɑ:esˌpi:si:'eɪ] *n no pl, + sing/pl vb* BRIT *abbrev of* **Royal Society for the Prevention of Cruelty to Animals** ≈ Tierschutzverein *m*

RSS [ˌɑ:ʳes'es] *n abbrev of* **Really Simple Syndication** RSS

RSVP [ˌɑ:esvi:'pi:, AM ˌɑ:r-] *abbrev of* **répondez s'il vous plaît** u. A. w. g.

RTA [ˌɑ:ti:'eɪ, AM ˌɑ:r-] *n* BRIT *abbrev of* **road traffic accident** Verkehrsunfall *m*

Rt Hon *adj attr, inv abbrev of* **Right Honourable**: **the** ~ ... der sehr ehrenwerte ...

Ru·an·da [ru'ændə, AM -'ɑ:n-] *n see* **Rwanda**

rub [rʌb] **I.** *n* Reiben *nt kein pl;* **to give sth a** ~ *hair* etw trocken rubbeln; *material* etw polieren; *bruise* etw reiben
▸PHRASES: **to** <u>**get**</u> [*or* <u>**have**</u>] **the** ~ **of the green** Glück haben; <u>**there's**</u> **the** ~ *(dated liter)* da liegt der Hase im Pfeffer
II. *vt* <-bb-> ▪**to** ~ **sth** etw einreiben; *furniture* etw behandeln; *(polish)* etw polieren; ▪**to** ~ **oneself** [**up**] **against sth** sich *akk* an etw *akk* reiben; **to** ~ **one's eyes sleepily** sich *dat* verschlafen die Augen reiben; **to** ~ **one's hands together** sich *dat* die Hände reiben; **to** ~ **noses** die Nasen aneinanderreiben; **to** ~ **a stain** einen Fleck wegreiben; **to** ~ **sth clean** etw sauber wischen; **to** ~ **the blackboard clean** die Tafel wischen [*o* SCHWEIZ *a.* abputzen]
▸PHRASES: **to** ~ <u>**shoulders**</u> [*or* AM <u>**elbows**</u>] **with sb** *(fam)* mit jdm Kontakt [*o* Umgang] haben, mit jdm in Berührung kommen; **to** ~ **sb** [BRIT, AUS **up**] **the** <u>**wrong**</u> **way** bei jdm anecken *fam*
III. *vi* <-bb-> reiben; *shoes, collar* scheuern; ***the branches ~ bed against each other in the wind*** die Äste schlugen im Wind aneinander

◆**rub along** *vi* BRIT *(fam)* ▪**to** ~ **along** [**together**] mehr schlecht als recht [miteinander] auskommen; **to** ~ **along okay** [**together**] ganz gut [miteinander] auskommen

◆**rub down** *vt* **to** ~ **down a surface** [**with sth**] eine Fläche [mit etw *dat*] abreiben; *(clean)* eine Fläche [mit etw *dat*] abwischen; ▪**to** ~ **down** ↔ **sb** jdn abfrottieren; **to** ~ **down a dog** einen Hund trocken reiben; **to** ~ **down a horse** ein Pferd striegeln; **to** ~ **sth down with sandpaper** etw mit Sandpapier abschmirgeln

◆**rub in** *vt* ❶ *(spread)* ▪**to** ~ **sth** ↔ **in** etw einreiben
❷ *(fam: keep reminding)* ▪**to** ~ **it in** auf etw *dat* herumreiten *fam;* ***don't ~ it in!*** jetzt reite doch nicht ständig darauf rum!
▸PHRASES: **to** ~ **sb's** <u>**nose**</u> **in it** [*or* **the dirt**] jdm etw unter die Nase reiben *fam*

◆**rub off I.** *vi* ❶ *(become clean)* wegreiben; *stains* rausgehen; ***does this paint ~ off easily?*** lässt sich diese Farbe leicht entfernen?
❷ *(fam: affect)* ▪**sth ~s off on sb** etw färbt auf jdn ab
II. *vt* ▪**to** ~ **off** ↔ **sth** etw wegwischen; ***there's no way to ~ this dye off my trousers, is there?*** diese Farbe kriege ich nicht mehr aus meiner Hose, oder?; **to** ~ **dirt off** Schmutz abreiben

◆**rub out I.** *vt* ❶ *(erase)* ▪**to** ~ **out** ↔ **sth** etw ausradieren
❷ AM *(sl: murder)* ▪**to** ~ **out** ↔ **sb** jdn abmurksen *sl*
II. *vi stain* herausgehen; *(erase)* sich *akk* ausradieren lassen

rub·ber¹ ['rʌbəʳ, AM -ɚ] **I.** *n* ❶ *no pl (elastic substance)* Gummi *m o nt;* **to be made of** ~ aus Gummi sein
❷ BRIT, AUS *(eraser)* Radiergummi *m*
❸ *esp* AM *(sl: condom)* Gummi *m sl*
❹ AM *(shoes)* ▪~**s** *pl* Überschuhe *pl (aus Gummi),* Galoschen *pl veraltend*
II. *n modifier (ball, gloves)* Gummi-; ~ **hose** Gummischlauch *m;* ~ **seal** Gummidichtung *f;* ~ **suit** Tauchanzug *m;* ~ **truncheon** Gummiknüppel *m*

rub·ber² ['rʌbəʳ, AM -ɚ] *n* CARDS Robber *m*

rub·ber 'band *n* Gummiband *nt* **rub·ber 'boot** *n* Gummistiefel *m* **rub·ber 'bul·let** *n* Gummigeschoss *nt,* Gummigeschoß *nt* ÖSTERR **rub·ber ce·'ment** *n no pl* Gummilösung *f* **rub·ber 'cheque,** AM **rub·ber 'check** *n (sl)* FIN ungedeckter Scheck **rub·ber 'din·ghy** *n* Schlauchboot *nt* **'rub·ber in·dus·try** *n* Gummiindustrie *f*

rub·ber·ize ['rʌbəraɪz] *vt* ▪**to** ~ **sth** etw gummieren; ~**d tubing** gummierte Rohrleitung

rub·ber·neck ['rʌbənek, AM 'rʌbɚnek] **I.** *n* Gaffer(in) *m(f) pej fam* **II.** *vi* gaffen *fam* **rub·ber·neck·er** ['rʌbənekəʳ, AM 'rʌbɚnekɚ] *n (sl: sb who gawks)* Schaulustige(r) *f(m),* Gaffer(in) *m(f) pej* **'rub·ber plant** *n* Gummibaum *m* **'rub·ber plan·ta·tion** *n* Kautschukplantage *f* **rub·ber-'stamp I.** *vt (often pej)* ▪**to** ~ **sth** etw genehmigen; **to** ~ **a decision** eine Entscheidung bestätigen; **to** ~ **a vacation** einen Urlaub bewilligen **II.** *n* Stempel *m; (fig)* Genehmigung *f;* **to put one's** ~ **on sth** etw bewilligen **'rub·ber tree** *n* Kautschukbaum *m*

rub·bery ['rʌbᵊri] *adj* ❶ *(rubber-like)* gummiartig; *meat* zäh; **to taste** ~ wie Gummi schmecken
❷ *(fam: weak) legs* wack[e]lig

rub·bing ['rʌbɪŋ] *n no pl* ❶ *(action)* Reiben *nt; (polishing)* Polieren *nt; (using a towel)* Frottieren *nt*
❷ ART *Durchreiben eines Reliefs auf ein Blatt Papier mit Bleistift, Kreide oder Wachsmalstift*

'rub·bing al·co·hol *n no pl esp* AM, AUS *(surgical spirit)* Wundbenzin *nt*

rub·bish ['rʌbɪʃ] **I.** *n no pl esp* BRIT ❶ *(waste)* Müll *m,* Kehricht *m* SCHWEIZ; **to take** [*or* **put**] **the** ~ **out** den Müll rausbringen
❷ *(fig fam: nonsense)* Unsinn *m,* Quatsch *m fam;* ***his ideas are a load of*** [***old***] ~ seine Ideen sind völliger Schwachsinn; **to be** ~ Quatsch sein; ***the film was*** ~ der Film war völliger Schrott; **to talk** ~ Blödsinn reden *fam*
❸ *(fam: junk)* Gerümpel *nt*
II. *vt* BRIT, AUS *(fam)* ▪**to** ~ **sth** etw als Unsinn abtun
III. *adj* BRIT *(fam)* ▪**to be** ~ **at sth** in etw *dat* sehr schlecht sein; ***I'm ~ at maths*** in Mathe bin ich eine absolute Null

'rub·bish bag *n* Mülltüte *f,* Müllsack *m* ÖSTERR, Abfall-/Kehrichtsack *m* SCHWEIZ **'rub·bish bin** *n* Abfalleimer *m,* SCHWEIZ *a.* Kehrichteimer *m,* ÖSTERR *bes* Müllkübel *m* **'rub·bish chute** *n* Müllschlucker *m* **'rub·bish col·lec·tion** *n* Müllabfuhr *f,* Kehrichtabfuhr *f* SCHWEIZ **'rub·bish con·tain·er** *n* Müllcontainer *m,* Abfall-/Kehrichtcontainer *m* SCHWEIZ **'rub·bish dump, 'rub·bish tip** *n* Mülldeponie *f,* Abfalldeponie *f* SCHWEIZ

rub·bishy ['rʌbɪʃi] *adj esp* BRIT, AUS *(fam)* mies *fam;* ▪**to be** ~ Mist sein *fam;* ~ **film** mieser Film

rub·ble ['rʌbl̩] *n no pl* ❶ *(smashed rock)* Trümmer *pl;* **to reduce sth to** ~ *(fig)* etw in Schutt und Asche legen
❷ *(not bricks)* Bauschutt *m;* **to fill sth with** ~ etw mit Bauschutt auffüllen

'rub-down *n no pl* Abreiben *nt;* **to give sb a** ~ jdn abfrottieren

rube [ru:b] *n* AM *(pej fam)* Landei *nt pej fam,* Tölpel *m pej*

ru·bel·la [ru:'belə] *n no pl* MED *(spec)* Röteln *pl*

Ru·bi·con ['rubikən] *n no pl* ▪**the** ~ der Rubikon
▸PHRASES: **to** <u>**cross**</u> **the** ~ den Rubikon überschreiten

ru·bi·cund ['ru:bɪkənd, AM -kʌnd] *adj (dated liter or hum)* rötlich; *complexion* rosig

ru·bid·ium [ru:'bɪdiəm, rʊ-, AM ru:-] *n no pl* CHEM Rubidium *nt*

ru·ble ['ru:bl̩] *n esp* AM *see* **rouble**

rub·out ['rʌbaʊt] *n (sl)* Mord *m (im Verbrechermilieu)*

ru·bric ['ru:brɪk] *n* ❶ *(form: instruction)* Anweisungen *pl;* **under the** ~ unter der Rubrik
❷ COMPUT Rubrik *f,* Überschrift *f*

ruby ['ru:bi] **I.** *n* Rubin *m*
II. *n modifier (ring, necklace, bracelet)* Rubin-
III. *adj inv* rubinrot

ruby 'port *n dunkelroter, nur wenige Jahre gelagerter Portwein* **ruby 'wed·ding** *n 40. Hochzeitstag*

RUC [ˌɑ:ju:'si:, AM ˌɑ:r-] *n no pl, + sing/pl vb abbrev of* **Royal Ulster Constabulary**: ▪**the** ~ *die Polizeibehörde Nordirlands*

ruche [ru:ʃ] *n* Rüsche *f*

ruched [ru:ʃt] *adj inv* gerüscht; ~ **collar** Rüschenkragen *m*

ruck [rʌk] **I.** *n* ❶ *+ sing/pl vb (average crowd)* die breite Masse; **to rise above the** ~ sich *akk* über den Durchschnitt erheben
❷ SPORT *(in rugby)* offenes Gedränge
❸ BRIT *(fam: brawl)* laute Auseinandersetzung
❹ *(fold)* Falte *f;* **to be caught up in** ~**s** sich *akk* in Falten legen
II. *vt* ▪**to** ~ **up** ↔ **sth** *clothes* etw [zer]knittern
III. *vi* Falten werfen; ***this jumper continuously ~s up at the bottom*** dieser Pullover rutscht ständig hoch

ruck·sack ['rʌksæk] *n* BRIT Rucksack *m;* **frame** ~ Rucksack *m* mit Traggestell

ruck·us ['rʌkəs] *n esp* AM *(fam)* Krawall *m;* **to make a** ~ Krawall machen

ruc·tion ['rʌkʃᵊn] *n (fam)* Zoff *m fam,* Streit *m*

ruc·tions ['rʌkʃᵊns] *npl esp* BRIT, AUS *(fam)* Krach *m kein pl fam;* ***there'll be ~ if I'm not home by midnight*** wenn ich um Mitternacht nicht zu Hause bin, kriege ich Ärger

rud·der ['rʌdəʳ, AM -ɚ] *n* [Steuer]ruder *nt*

rud·der·less ['rʌdələs, AM -ɚ-] *adj* ohne Ruder *präd, nach n; (fig)* führerlos; ~ **boat** *(also fig)* ruderloses Boot; ~ **plane** steuerloses Flugzeug

rud·di·ness ['rʌdinəs] *n no pl* Röte *f; of complexion* gesunde Gesichtsfarbe

rud·dy ['rʌdi] **I.** *adj* ❶ *(approv: red)* rot; *(liter)* rötlich; ~ **cheeks** gerötete Wangen; ~ **complexion** rötliche Gesichtsfarbe, gesunde Röte; ~ **light** rötliches Licht
❷ *attr, inv* BRIT, AUS *(dated fam: bloody)* verdammt *sl;* ~ **hell!** verdammt nochmal! *sl;* ***you're a ~ fool*** du bist ein verdammter Idiot
II. *adv inv* BRIT, AUS *(dated fam: bloody)* verdammt *sl;* ***it's ~ cold*** es ist saukalt

rude [ru:d] *adj* ❶ *(impolite)* unhöflich; ***it is ~ to stare*** es ist unhöflich, zu starren; ▪**to be** ~ **to sb** zu jdm unfreundlich sein; ~ **behaviour** unverschämtes Benehmen; ~ **gesture** unflätige Geste *geh;* **to tell a** ~ **joke** einen unanständigen Witz erzählen; ~ **man** Rüpel *m;* ~ **manners** ungehobelte Manieren; **to make a** ~ **noise** einen fahrenlassen *sl*
❷ *attr (sudden)* unerwartet; ***it was a ~ shock to us*** es war ein großer Schock für uns; ~ **awakening**

böses Erwachen; ~ **surprise** böse Überraschung
3 *(liter: crude)* primitiv; ~ **shelter** notdürftige Unterkunft; ~ **tool** einfaches Werkzeug
4 *attr (robust)* **to be in ~ health** kerngesund sein
rude·ly ['ru:dli] *adv* 1 *(impolitely)* unhöflich; ***he pushed past me*** ~ er drängte sich rüde an mir vorbei
2 *(suddenly)* unerwartet; ***the news ~ pushed her into the glare of worldwide publicity*** die Nachrichten rückten sie urplötzlich ins Licht der weltweiten Öffentlichkeit
3 *(liter: crudely)* primitiv; ~ **constructed** einfach gebaut; ~ **made** primitiv hergestellt
rude·ness ['ru:dnəs] *n no pl* 1 *(impoliteness)* Unhöflichkeit *f; (obscenity)* Unanständigkeit *f*
2 *(liter: crudeness)* Primitivität *f; of a tool* Einfachheit *f*
ru·di·men·ta·ry [ˌru:dɪ'mentəri, AM -də'-] *adj (form)*
1 *(basic)* elementar; ~ **knowledge** Grundkenntnisse *pl*
2 *(not highly developed)* primitiv; ~ **equipment** primitive Ausrüstung; ~ **method** einfache Methode; ~ **system** primitives System
ru·di·ments ['ru:dɪmənts, AM -də-] *npl* ■**the** ~ die Grundlagen *pl;* **to learn** [*or* **pick up**] **the ~ of sth** die Grundlagen einer S. *gen* erlernen
rue [ru:] *vt (liter or dated)* ■**to ~ sth** etw bereuen; **to ~ the day** [**that**] ... den Tag verwünschen, an dem ...
rue·ful ['ru:fəl] *adj (liter)* reuevoll *geh;* **a ~ glance** ein reuiger Blick *geh*
rue·ful·ly ['ru:fəli] *adv (liter)* reuevoll *geh*
ruff [rʌf] *n on clothing, of an animal* Halskrause *f*
ruf·fian ['rʌfiən] *n (dated or hum)* Schlingel *m hum*
ruf·fle ['rʌfl] **I.** *vt* 1 *(agitate)* ■**to ~ sth** etw durcheinanderbringen; *hair* etw zerzausen; ***the birds ~d their feathers*** [***up***] ***in alarm*** die Vögel plusterten sich beunruhigt auf; ***the strong gust ~d the surface of the water*** die starke Böe kräuselte die Oberfläche des Wassers
2 *(fig: upset)* ■**to ~ sb** jdn aus der Ruhe bringen; ***nothing ever ~s her self-confidence*** ihr Selbstbewusstsein lässt sich durch nichts erschüttern; **to be** [**easily**] **~d** sich *akk* schnell aus der Ruhe bringen lassen
▶PHRASES: **to ~ sb's feathers** [*or* **feelings**] jdn auf die Palme bringen *fam*
II. *n* Rüsche *f;* **lace ~s** Spitzenrüschen *pl*
ruf·fled ['rʌfld] *adj inv* FASHION gerüscht, mit Rüschen *nach n*
ru·fi·yaa <*pl* -> ['ru:fi:jɑ:] *n (currency of the Maldives)* Rufiyaa *f*
ru·fous ['ru:fəs] *adj* rotbraun
rug [rʌg] *n* 1 *(carpet)* Teppich *m;* **to pull the ~** [**out**] **from under sb**['**s feet**] *(fig)* jdm den Teppich unter den Füßen wegziehen
2 AM *(sl: hairpiece)* Haarteil *nt*
rug·by ['rʌgbi] **I.** *n no pl* Rugby *nt*
II. *n modifier (ball, field, shirt)* Rugby-
rugby 'foot·ball *n no pl (form)* Rugby *nt* **Rug·by 'League** *n no pl* Rugbyliga *f* **'rug·by tack·le I.** *n* Stoppen des Ballträgers **II.** *vt* ■**to rugby-tackle sb** jdn zu Boden werfen **Rug·by 'Un·ion** *n no pl* Rugbyunion *f*
rug·ged ['rʌgɪd] *adj* 1 *(uneven) terrain, ground* uneben; *cliff, mountain, rocks* zerklüftet; *landscape, country, coast* wild
2 *(robust)* kräftig; *looks, features* markant
3 *(solid)* fest; ~ **constitution** unverwüstliche Konstitution; ~ **honesty** unerschütterliche Ehrlichkeit; ~ **individualism** unbeugsamer Individualismus
4 *(difficult)* hart; ~ **climb** schwierige Kletterpartie; ~ **life** hartes Leben
5 *(sturdy)* kräftig; ~ **vehicle** robustes Fahrzeug
rug·ged·ized ['rʌgɪdaɪzd] *adj computer, electronic equipment* robust
rug·ged·ly ['rʌgɪdli] *adv* 1 *(robustly)* markig
2 *(unbendingly)* unbeugsam; ~ **honest** unerschütterlich ehrlich
3 *(sturdily)* kräftig; ~ **built** robust gebaut
rug·ged·ness ['rʌgɪdnəs] *n no pl* 1 *(surface)* Rauheit *f*
2 *(sturdiness)* Robustheit *f*
3 *(scenery)* Unverfälschtheit *f*
rug·ger ['rʌgəʳ] *n no pl* BRIT *(fam)* Rugby *nt*
'rug rat *n* AM *(fam)* Hosenscheißer *m fam,* Kleinkind *nt*
ruin ['ru:ɪn] **I.** *vt (destroy)* ■**to ~ sb/sth** jdn/etw zerstören; ***cheap imported goods are ~ing many businesses*** durch billige Importware gehen viele Geschäfte zugrunde; **to ~ a child** ein Kind verderben; **to ~ sb's day** jdm den Tag vermiesen [*o* verderben]; **to ~ a dress** ein Kleid ruinieren; **to ~ one's eyesight** sich *dat* die Augen verderben; **to ~ one's future** seine Zukunft ruinieren; **to ~ the harvest** die Ernte kaputtmachen; **to ~ one's health** seine Gesundheit ruinieren; **to ~ sb's holiday** jdm den Urlaub verderben; **to ~ sb's hopes** jds Hoffnungen zunichtemachen; **to ~ sb's plans** jds Pläne durchkreuzen; **to ~ sb's reputation** jds Ruf ruinieren
II. *n* 1 *(destroyed building)* Ruine *f;* **to fall into ~s** zu einer Ruine verfallen
2 ■**~s** *pl of building* Ruinen *pl; of reputation* Reste *pl; of career, hopes* Trümmer *pl;* **the ~s of Carthage** die Ruinen *pl* von Karthago; **to be** [*or* **lie**] **in ~s** in Trümmern liegen, eine Ruine sein; *(after bombing, fire)* in Schutt und Asche liegen; *(fig)* zerstört sein
3 *no pl (bankruptcy)* Ruin *m,* AUS *nt;* **to be on the edge** [*or* **brink**] [*or* **verge**] **of ~** am Rande des Ruins stehen; **to face** [**financial**] **~** vor dem [finanziellen] Ruin stehen
4 *(downfall)* Untergang *m;* ***alcohol was my*** ~ Alkohol hat mich zerstört; **the ~ of my hopes** das Ende meiner Hoffnungen; **to be on the road to ~** sich *akk* auf dem Weg nach unten befinden; **to be in/fall into ~**[**s**] vollkommen zerstört sein/werden; **to lie in ~s** in Trümmern liegen; *see also* **rack**[1]
ru·ina·tion [ˌru:ɪ'neɪʃən] *n no pl* Ruin *m;* ■**to be the ~ of sb** jds Ruin sein
ruined ['ru:ɪnd] *adj inv* ■**to be ~** ruiniert sein; ~ **castle/house** verfallenes Schloss/Haus; **a ~ city** eine Stadt, die in Ruinen liegt; ~ **life** ruiniertes Leben
ru·in·ous ['ru:ɪnəs] *adj* ruinös; ***the cost was*** ~ die Kosten waren enorm hoch; ***smoking is ~ to the health*** Rauchen schadet der Gesundheit; **to have a ~ effect on sth** etw zerstören
ru·in·ous·ly ['ru:ɪnəsli] *adv* ruinös; ~ **expensive** enorm teuer
rule [ru:l] **I.** *n* 1 *(instruction)* Regel *f;* ***where in the ~s does it say that?*** wo steht das?; ***those are the ~s*** so sind nun mal die Regeln; ***this is a club*** ~ das ist im Klub hier so üblich; ***it is a ~ that ...*** es ist eine Regel, dass ...; **company ~** Betriebsvorschriften *pl;* **~s and regulations** Regeln und Bestimmungen; **set of ~s** Regeln *pl;* **traffic ~s** Verkehrsregeln *pl;* **~s** *pl* **of procedure** LAW Geschäftsordnung *f;* **~ of mixtures** CHEM Mischungsregel *f;* **~ of three** MATH Dreisatz *m;* **to bend** [*or* **stretch**] **the ~s** die Regeln beugen; **to break a ~** eine Regel brechen; **to follow** [*or* **obey**] [*or form* **observe**] **a ~** eine Regel befolgen [*o* einhalten]; **to know the ~s of a game** die Spielregeln kennen; **to play** [**it**] [*or* **go**] [*or* **do things**] **by the ~s** sich *akk* an die Spielregeln halten; **according to the ~s** nach den Regeln, den Regeln entsprechend; **to be against the ~s** gegen die Regeln verstoßen
2 *no pl (control)* Herrschaft *f;* **the ~ of law** die Rechtsstaatlichkeit; **one-party ~** Einparteienherrschaft *f;* **the period of Fascist ~** die faschistische Herrschaft
3 *(form or dated: measuring device)* Lineal *nt*
4 *(condition)* Regel *f;* **~ of 72** 72er Regel
5 *(line)* Linie *f*
6 LAW *(court decision)* gerichtliche Entscheidung
▶PHRASES: **as a** [**general**] **~** normalerweise, in der Regel; **to be the ~** die Regel sein; **to make sth a ~** etw zur Regel machen; **to run the ~ over sth** überprüfen, ob etw in Ordnung ist; **~ of thumb** Faustregel *f; see also* **exception**
II. *vt* 1 *(govern)* ■**to ~ sth/sb** etw/jdn regieren; **to ~ a country with a rod of iron** ein Land mit eiserner Faust regieren
2 *(control)* ■**to ~ sth** etw beherrschen; ***she ~s her household with an iron hand*** sie führt ihren Haushalt mit eiserner Hand; **to ~ sb's thinking** jds Denken beherrschen
3 *(draw)* **to ~ a line** eine Linie ziehen
4 *(decide)* ■**to ~ sth** *(to give an official decision)* etw entscheiden [*o* anordnen] [*o* bestimmen]; ■**to ~ that ...** entscheiden, dass ...; ***the courts have ~d his brave action*** [***to be***] ***illegal*** die Gerichte entschieden, dass seine mutige Tat illegal war
▶PHRASES: **to ~ the roost** der Herr im Haus sein, die Hosen anhaben *hum fam*
III. *vi* 1 *(control)* herrschen; *king, queen* regieren
2 LAW ■**to ~ on sth** in etw *dat* entscheiden; ***only the appeal court can ~ on this point*** nur das Berufungsgericht kann in diesem Punkt entscheiden; **to ~ for** [*or* **in favour of**]/**against sb** zu Gunsten von jdm/gegen jdn entscheiden
3 ECON *(be current)* gelten
▶PHRASES: **he ~s, OK!** BRIT, AUS *(hum fam)* er ist der Größte!
◆**rule off** *vt* ■**to ~ off** ⊂ **sth** etw ausmessen; **to ~ off a margin** einen Rand ziehen
◆**rule out** *vt* ■**to ~ out** ⊂ **sth** etw ausschließen; ***we've ~d him out as a suspect*** er kommt für uns als Verdächtiger nicht infrage
'rule book *n* Regelheft *nt,* Vorschriftenbuch *nt; of organization* Satzung *f*
▶PHRASES: **to throw the ~ at sb** jdn wegen jeder Kleinigkeit kritisieren
ruled [ru:ld] *adj inv* liniert; ~ **paper** liniertes Papier
rul·er ['ru:ləʳ, AM -ɚ] *n* 1 *(person)* Herrscher(in) *m(f);* **~ of the country** Staatschef(in) *m(f)*
2 *(device)* Lineal *nt*
rul·ing ['ru:lɪŋ] **I.** *adj attr, inv* 1 *(governing)* herrschend; **the ~ hierarchy** die vorherrschende Hierarchie; **the ~ party** die Regierungspartei
2 *(primary)* hauptsächlich; ~ **ambition/passion** größter Wunsch/größte Leidenschaft
3 ECON *price, commodity* geltend, laufend
II. *n* LAW Entscheidung *f;* **the final ~** die letzt[endlich]e Entscheidung; **to give** [*or* **hand down**] **a ~** eine Entscheidung fällen
rul·ing 'class *n + sing/pl vb,* **rul·ing 'classes** *npl* ■**the ~** die herrschende Klasse
rum[1] [rʌm] *n (drink)* Rum *m*
rum[2] <-mm-> [rʌm] *adj* BRIT *(dated)* komisch; **a ~ character** ein komischer Kauz; **a ~ do** eine seltsame Angelegenheit
Ru·ma·nia [rʊ'meɪniə, AM roʊ'] *n no pl see* **Romania**
Ru·ma·nian [rʊ'meɪniən, AM roʊ'-] *n see* **Romanian**
rum·ba ['rʌmbə] *n* Rumba *m;* **to do** [*or* **dance**] **the ~** Rumba tanzen; **to play a ~** einen Rumba spielen
rum·ble ['rʌmbl] **I.** *n* 1 *(sound)* Grollen *nt kein pl; of stomach* Knurren *nt;* **~s of discontent** Anzeichen *pl* von Unzufriedenheit; **the ~ of thunder** das Grollen des Donners
2 *esp* AM, AUS *(fam)* Schlägerei *f*
II. *vi* rumpeln; *stomach* knurren; *thunder* grollen
III. *vt* BRIT *(fam)* ■**to ~ sth** etw durchschauen [*o fam* auffliegen lassen]; **to ~ a plot** eine Verschwörung aufdecken; **to ~ a scheme** einen Plan durchschauen
◆**rumble on** *vi* weiterreden; *(continue)* weitergehen
'rum·ble seat *n* AM Notsitz *m* **'rum·ble strip** *n* Fahrbahnschwelle *f*
rum·bling ['rʌmblɪŋ] **I.** *n* 1 *(indication)* ■**~s** *pl* [erste] Anzeichen *pl;* ***~s of discontent among the staff*** Anzeichen von Unzufriedenheit unter den Angestellten
2 *(sound)* Grollen *nt;* **the ~ of distant guns** das Donnern entfernter Geschütze; **the ~ of thunder** das Grollen des Donners
II. *adj inv* grollend *attr*
rum·bus·tious [rʌm'bʌstiəs] *adj esp* BRIT *(fam)* wild; ~ **behaviour** ungehobeltes Benehmen; ~ **child** wildes Kind
ru·mi·nant ['ru:mɪnənt, AM -mə-] **I.** *n* ZOOL Wiederkäuer *m*

II. *adj attr, inv* wiederkäuend; ~ **animal** Wiederkäuer *m*

ru·mi·nate ['ru:mɪneɪt, AM -mə-] *vi* ① *(form: meditate)* ■ **to ~ about** [*or* **over**] [*or* **on**] **sth** über etw *akk* nachgrübeln
② *cows* wiederkäuen

ru·mi·na·tion [ˌru:mɪ'neɪʃən, AM -mə'-] *n* ① *(form: thought)* Grübelei *f; (thinking)* Grübeln *nt,* Nachsinnen *nt geh*
② *cows* Wiederkäuen *nt kein pl*

ru·mi·na·tive ['ru:mɪnətɪv, AM -mənet̬ɪv] *adj (form)* grübelnd *attr;* ~ **look** nachdenklicher Blick

ru·mi·na·tive·ly ['ru:mɪnətɪvli, AM məˌneɪt̬ɪv] *adv* nachdenklich

rum·mage ['rʌmɪdʒ] I. *vi* ■ **to ~ through** [*or* **in**] **sth** etw durchstöbern; **to ~ through a drawer/sb's pockets** eine Schublade/jds Taschen durchwühlen
II. *n* Durchstöbern *nt;* **to have a ~ around** [*or* **about**] [**sth**] etw durchstöbern

'**rum·mage sale** *n esp* AM Flohmarkt *m*

rum·my ['rʌmi] *n no pl* CARDS Rommé *nt;* **to play ~** Rommé spielen

ru·mour ['ru:məʳ], AM **ru·mor** ['ru:mɚ] I. *n* Gerücht *nt;* ~ ***has it*** [***that***] ... es geht das Gerücht um, dass ...; **to circulate** [*or* **spread**] **a ~ that ...** das Gerücht verbreiten, dass ...; **to confirm/deny a ~** ein Gerücht bestätigen/dementieren
II. *vt passive* ■ **sb is ~ed to be sth** jd soll Gerüchten zufolge [*o* angeblich] etw sein; ***the president is ~ed to be seriously ill*** der Präsident soll angeblich ernsthaft krank sein; ***it is ~ed that ...*** es wird gemunkelt, dass ...

ru·moured ['ru:məd], AM **ru·mored** ['ru:mɚd] *adj attr, inv* angebliche(r, s); ***the painting was purchased for a ~ £3m*** das Bild wurde angeblich für 3 Millionen Pfund gekauft

'**ru·mour mill** *n* Gerüchteküche *f* **ru·mour-mon·ger** ['ru:məˌmʌŋgəʳ, AM -mɚˌmʌŋgɚ] *n (pej)* Gerüchtemacher(in) *m(f),* Klatschbase *f pej*

rump [rʌmp] *n* ① *of an animal* Hinterbacken *pl*
② *(beef)* Rumpsteak *nt*
③ *(hum: buttocks)* Hinterteil *nt fam*
④ *(remaining group)* Rest *m;* ***the council was reduced to a ~ of 10*** der Rat wurde auf 10 Mitglieder reduziert; **the ~ of an amount** der Restbetrag

rumpie ['rʌmpi] *n short for* **rural, upwardly-mobile professional** *junger, vom Land stammender Aufsteiger oder karrierebewusster Mensch*

rum·ple ['rʌmpl] *vt* ■ **to ~ sth** etw zerknittern; **to ~ sb's hair** jdm das Haar zerzausen

rum·pled ['rʌmpl̩d] *adj* in Unordnung *präd;* ~ **bed** zerwühltes Bett; ~ **hair** zerzaustes Haar; ~ **suit** zerknitterter Anzug; **to look ~** zerknittert aussehen

rump 'steak *n* Rumpsteak *nt*

rum·pus ['rʌmpəs] *n no pl (fam)* Krawall *m,* Krach *m*
▸ PHRASES: **to raise** [*or* **kick up**] [*or* **cause**] **a ~** einen Heidenlärm machen

'**rum·pus room** *n* AM, AUS Spielzimmer *nt*

run [rʌn]

I. NOUN	II. INTRANSITIVE VERB
III. TRANSITIVE VERB	

I. NOUN

① *(jog)* Lauf *m;* ***the burglar made a ~ for the door*** [*or* ***for it***] der Einbrecher nahm Reißaus *fam;* **to let the dog out for** [*or* **let the dog have**] **a ~** den Hund hinauslassen [*o* ÖSTERR *fam* äußerln führen]; **to break into a ~** zu laufen beginnen; **to go for** [*or* **do**] **a ~** laufen gehen; ***I go for*** [*or* ***do***] ***a 5 mile ~ before breakfast*** ich laufe vor dem Frühstück 5 Meilen; **to set off/come in at a ~** weg-/hereinlaufen; ***he took the ditch at a ~*** er nahm Anlauf und sprang über den Graben; *(fig)* ***with his main rival out injured, he has a clear ~ at the title*** da sein Hauptrivale verletzt ist, hat er keine Konkurrenten beim Kampf um den Titel
② *(journey)* Strecke *f;* ***the ~ down to the coast only takes half an hour*** man braucht nur eine halbe Stunde zur Küste; ***on the London–Glasgow ~*** auf der Strecke London–Glasgow; **to go for a ~ in the car** *(dated)* eine Spritztour machen *fam;* **bombing ~** Bombardierungsstrecke *f*
③ *(period)* Dauer *f;* ~ **of bad/good luck** Pech-/Glückssträhne *f;* **a long ~ of bad weather** eine lange Schlechtwetterperiode
④ *(trend)* Verlauf *m;* **in the normal ~ of things** normalerweise
⑤ THEAT Laufzeit *f;* ***after a short ~ on Broadway*** nach kurzer Laufzeit am Broadway; **dry** [*or* **dummy**] [*or* **practice**] **~** Generalprobe *f*
⑥ *(production)* Auflage *f;* ***the company is planning a first ~ of 10,000 red teddy bears*** die Firma plant eine Anfangsproduktion von 10.000 roten Teddybären
⑦ ECON *(as test) of a machine* Durchlauf *m,* Maschinenlauf *m;* **a cheque ~** Ausstellung *f* von Schecks durch Computer; **a computer ~** Arbeitsgang *m* [*o* Durchlauf *m*] eines Computers; **test ~** Probelauf *m*
⑧ *usu sing (demand)* Run *m,* Ansturm *m;* ***a sudden ~ on the dollar has lowered its value*** die plötzliche Nachfrage nach dem Dollar ließ den Kurs sinken; **a ~ on a bank** ein Ansturm *m* auf eine Bank; **a ~ on the pound** Panikverkäufe *pl* des Pfundes
⑨ *(type)* Art *f;* ***their food is not the usual ~ of hotel cooking*** ihr Essen hebt sich von der üblichen Hotelküche ab
⑩ *(enclosed area)* Gehege *nt;* **chicken ~** Hühnerhof *m*
⑪ SPORT *(point)* Treffer *m; (sailing)* Vorwindkurs *m; (in cricket, baseball)* Run *m;* **to score 4 ~s** vier Treffer erzielen; **to score a home ~** einen Homerun erzielen
⑫ *esp* AM *(ladder)* Laufmasche *f*
⑬ *(fam: diarrhoea)* **to have the ~s** Dünnpfiff haben *sl*
▸ PHRASES: **to give sb a ~ for their money** jdn etw für sein Geld tun lassen; **to have the ~ of sth** etw zur Verfügung haben; ***while she's away, I have the ~ of the house*** während sie weg ist, hat sie mir das Haus überlassen; **to have a** [**good**] **~ for one's money** etw für sein Geld bekommen; **in the long ~** langfristig, auf lange Sicht gesehen; **in the short ~** kurzfristig; **on the ~** *(escaped)* auf der Flucht; *(extremely busy)* auf Trab *fam;* ***when I am rushed in the mornings, I eat breakfast on the ~*** wenn ich morgens in Eile bin, dann esse ich mein Frühstück auf dem Weg

II. INTRANSITIVE VERB

<ran, run> ① *(move fast)* laufen, rennen; ***he ran up/down the hill*** er rannte den Hügel hinauf/hinunter; ***he ran along/down the street*** er rannte die Straße entlang/hinunter; ***he ran into/out of the house*** er rannte in das Haus/aus dem Haus; ***people came ~ning at the sound of shots*** Menschen kamen gelaufen, als sie Schüsse hörten; **to ~ for the bus** dem Bus nachlaufen; **to ~ for cover** schnell in Deckung gehen; **to ~ for it** sich *akk* aus dem Staub machen; **to ~ for one's life** um sein Leben rennen; **to ~ for help** um Hilfe laufen; **to ~ for the police** die Polizei benachrichtigen; **to ~ on the spot** auf der Stelle laufen; **to go ~ning** laufen gehen; ■ **to ~ at sb** jdn angreifen
② *(operate)* fahren, verkehren; *engine* laufen; *machine* in Betrieb sein; ***are there a lot of trains ~ning between London and York?*** verkehren viele Züge zwischen London und York?; ***they had the new computer system up and ~ning within an hour*** sie hatten das neue Computerprogramm innerhalb einer Stunde installiert und am Laufen; *(fig)* ***work is ~ning smoothly at the moment*** die Arbeit geht im Moment glatt von der Hand; **to keep the economy ~ning** die Wirtschaft am Laufen halten
③ *(travel)* laufen; *(go)* verlaufen; *ski* gleiten; ***the route ~s through the mountains*** die Strecke führt durch die Berge; ***a shiver ran down my back*** mir lief ein Schauder über den Rücken *geh;* **to ~ off the road** von der Straße abkommen; **to ~ onto the rocks** [*or* **aground**] [*or* **ashore**] auflaufen, auf Grund laufen
④ *(grow) plants* sich *akk* schlingen; ***the vine ~s up the wall and along the fence*** die Weinreben schlingen sich die Wand hinauf und den Zaun entlang
⑤ *(extend)* ***there's a beautiful cornice ~ning around all the ceilings*** ein wunderschönes Gesims verläuft um alle Decken
⑥ *(last)* [an]dauern; ***the film ~s for two hours*** der Film dauert zwei Stunden, der Film geht zwei Stunden *fam;* ***how much longer does this course ~?*** wie lange dauert dieser Kurs noch?; ***a magazine subscription usually only ~s for one year*** ein Zeitschriftenabonnement läuft normalerweise nur ein Jahr; ***I've had that tune ~ning in my head all day*** diese Melodie geht mir schon den ganzen Tag im Kopf herum; ***this show will ~ and ~*** diese Show wird ewig laufen
⑦ *(be)* ***inflation is ~ning at 10%*** die Inflationsrate beträgt 10 %; *(amount to)* ■ **to ~ into** [*or* **to**] **sth** sich *akk* auf etw *akk* belaufen, gehen; ***he has an income ~ning into six figures*** er hat ein Einkommen, das sich auf sechsstellige Zahlen beläuft
⑧ *(flow)* fließen; ***I could feel trickles of sweat ~ning down my neck*** ich fühlte, wie mir die Schweißtropfen den Hals herunterliefen; ***their bodies were ~ning with sweat*** ihre Körper waren schweißüberströmt; ***when the sand has ~ through the egg timer, it'll be five minutes*** wenn der Sand durch die Eieruhr gelaufen ist, dann sind fünf Minuten vorbei; ***the river ~s*** [***down***] ***to the sea*** der Fluss mündet in das Meer; ***there was a strong tide/heavy sea ~ning*** die Flut/die See war hoch; ***don't cry, or your make-up will ~*** weine nicht, sonst verwischt sich dein Make-up; ***the colour of the dress has ~*** das Kleid hat abgefärbt; ***my nose is ~ning*** meine Nase läuft; ***if the paint is wet, the colours will ~ into each other*** wenn die Farbe nass ist, fließen die Farben ineinander
⑨ POL *(enter an election)* kandidieren; **to ~ for President** für das Präsidentenamt kandidieren, sich *akk* für das Amt des Präsidenten bewerben; ■ **to ~ against sb** gegen jdn kandidieren
⑩ *(in tights)* ***oh no, my tights have ~*** oh nein, ich habe eine Laufmasche im Strumpf
⑪ *(proceed)* verlaufen; ***can you give me an idea of how the discussion ran?*** kannst du mir den Verlauf der Diskussion schildern?
⑫ NAUT fahren; **to ~ before the wind** vor dem Wind segeln
⑬ *(to be in force) price, value of commodity* gelten, gültig sein
▸ PHRASES: **to ~ amok** Amok laufen; **to ~ with blood** blutüberströmt sein; ***the streets were ~ning with blood*** in den Straßen floss überall Blut; **to ~ round** [*or* AM **around**] **in circles** sich *akk* im Kreise drehen; **to ~ deep** ***differences between the two sides ~ deep*** die Unterschiede zwischen den beiden Seiten sind sehr groß; **to ~ dry** *river* austrocknen; **to ~ in the family** in der Familie liegen; **feelings are ~ning high** die Gefühle gehen hoch; **to ~ low** *supplies* [langsam] ausgehen; **to make sb's blood ~ cold** jds Blut in den Adern gefrieren lassen; **to ~ short** knapp werden; **to ~ short of sth** etw nicht mehr haben; ***we're beginning to ~ short of money*** uns geht langsam das Geld aus; **to ~ wild** *animals* frei herumlaufen; *plants* wuchern; *children* alles machen dürfen; *(pej)* ***she lets her kids ~ wild*** [*or* ***~ riot***] sie setzt ihren Kindern keinerlei Grenzen; **to let one's imagination ~ wild** seiner Fantasie freien Lauf lassen

III. TRANSITIVE VERB

<ran, run> ① *(move fast)* **to ~ a dead heat/a mile/a race** ein totes Rennen/eine Meile/ein Rennen laufen
② *(enter in race)* **to ~ a candidate** einen Kandidaten aufstellen; **to ~ a horse** ein Pferd laufen lassen

3 *(drive)* ***he ran his car into a tree last night*** er fuhr letzte Nacht mit seinem Auto gegen einen Baum; **to ~ sb home** jdn nach Hause fahren; **to ~ sb to the station** jdn zum Bahnhof bringen
4 *(pass)* ***she ran her eyes/finger down the list*** sie ließ die Augen/den Finger über die Liste gleiten; ***~ this rope round the tree*** wickle dieses Seil um den Baum; ***he ran a vacuum cleaner over the carpet*** er saugte den Teppich ab; **to ~ one's fingers through one's hair** sich *dat* mit den Fingern durchs Haar fahren
5 *(operate)* ■**to ~ sth** *machine* etw bedienen; **to ~ a computer program** ein Computerprogramm laufen lassen; **to ~ the engine** den Motor laufen lassen; **to ~ additional trains** zusätzliche Züge einsetzen; **to ~ the dishwasher/washing machine** die Spülmaschine/Waschmaschine laufen lassen
6 *(manage)* ■**to ~ sth** *business* etw leiten; *farm* etw betreiben; ***how did he end up ~ning the city?*** wie wurde er Bürgermeister der Stadt?; ***don't tell me how to ~ my life!*** erklär mir nicht, wie ich mein Leben leben soll!; ***some people ~ their lives according to the movements of the stars*** manche Leute richten ihr Leben nach dem Verlauf der Sterne aus; **to ~ a company** ein Unternehmen leiten; **to ~ a government/household** eine Regierung/einen Haushalt führen; **to ~ a store** ein Geschäft haben
7 *(conduct)* **to ~ a course** einen Kurs anbieten; **to ~ an experiment/a test** ein Experiment/einen Test durchführen
8 *(let flow)* ■**to ~ sth** *water* etw laufen lassen; ***he ran a little cold water into the bath*** er ließ etwas kaltes Wasser in die Badewanne laufen; **to ~ [sb] a bath** [*or* **to ~ a bath [for sb]**] [jdm] ein Bad einlaufen lassen
9 *(in newspaper)* **to ~ a story about sth** über etw *akk* berichten; **to ~ an article/a series** einen Artikel/eine Serie bringen *fam*
10 *(smuggle)* ■**to ~ sth** etw schmuggeln; **to ~ sth across the border** etw über die Grenze schmuggeln
11 *(not heed)* **to ~ a blockade** eine Blockade durchbrechen; **to ~ a red light** eine rote Ampel überfahren
12 *(incur)* **to ~ a risk** ein Risiko eingehen; ***you ~ the risk when gambling of losing your entire stake*** wenn du spielst, riskierst du, deinen gesamten Einsatz zu verlieren
13 *(perform small tasks)* **to ~ errands [for sb]** [für jdn] Botengänge machen
▸PHRASES: **to ~ sb/sth close** nur knapp von jdm/etw geschlagen werden; **to let sth ~ its course** etw seinen Lauf nehmen lassen; **to ~ sb to earth** [*or* **ground**] jdn aufspüren; **to ~ one's eye over sth** etw überfliegen; **to be ~ off one's feet** alle Hände voll zu tun haben *fam;* **to ~ a fever** [*or* **temperature**] Fieber haben; **to ~ oneself into the ground** sich *akk* völlig verausgaben; **to ~ a mile** BRIT sich *akk* aus dem Staub machen *fam;* **to ~ sb ragged** jdn schaffen *fam;* **to ~ the show** verantwortlich sein
◆**run about** *vi see* **run around**
◆**run across** *vi* ■**to ~ across sb** jdn zufällig treffen; **to ~ across a problem** auf ein Problem stoßen
◆**run after** *vi* ■**to ~ after sb/sth** jdm/etw hinterherlaufen; ***they ran after the taxi*** sie liefen dem Taxi nach; ***she has spent her life ~ning after fame and fortune*** ihr ganzes Leben lang strebt sie schon nach Ruhm und Reichtum; ***he's always ~ning after women*** er läuft immer den Frauen hinterher
◆**run along** *vi (dated fam)* ■**~!** troll [*o* ÖSTERR *fam* zupf] dich!; ***~ along now, children — go and play outside*** nun geht mal schön, Kinder – geht und spielt draußen
◆**run around** *vi* 1 *(bustle)* herumrennen *fam*
2 *(run freely)* herumlaufen; **to ~ around the streets** auf den Straßen herumlaufen
3 *(spend time with)* ■**to ~ around with sb** sich *akk* mit jdm herumtreiben *fam*
4 *(fam: have affair with)* ■**to ~ around with sb** etwas mit jdm haben *fam*

5 COMPUT, TYPO umlaufen
◆**run away** *vi* 1 *(leave) person* weglaufen; *liquid* abfließen; ■**to ~ away from sb** jdn verlassen; **to ~ away from home** von zu Hause weglaufen
2 *(avoid)* ■**to ~ away from sth** etw *dat* ausweichen; **to ~ away from a situation** einer Situation aus dem Wege gehen
3 *(leave, elope)* weglaufen; **to ~ away together** gemeinsam durchbrennen *fam;* ■**to ~ away with sb** mit jdm durchbrennen *fam*
4 *(control)* ■**to ~ away with sb** mit jdm durchgehen; ***don't let the idea of winning all that money ~ away with you*** verrenne dich bloß nicht in die Idee, dieses ganze Geld zu gewinnen
5 *(imagine)* **to ~ away with the idea that ...** auf den Gedanken [*o* die Idee] kommen, dass ...
6 *(fig: easily win)* ■**to ~ away with sth** etw spielend gewinnen; ***she ran away with four first prizes*** mühelos erzielte sie vier erste Preise
◆**run back** *vi* zurücklaufen
◆**run by** *vt* ■**to ~ sth by sb** jdm etw erzählen; ***let me ~ this by you and see what you think*** ich möchte dir das erzählen und wissen, was du denkst
◆**run down I.** *vt* 1 *(fam: criticize)* ■**to ~ down** ⊂ **sb/sth** jdn/etw runtermachen *fam;* ***he's always ~ning himself down*** er macht sich immer selbst schlecht
2 BRIT *(reduce)* ■**to ~ down** ⊂ **sth** etw reduzieren; **to ~ down production** die Produktion drosseln; **to ~ down one's savings** seine Ersparnisse aufwenden; **to ~ down supplies** Lieferungen einschränken
3 *(hit)* ■**to ~ down** ⊂ **sb** jdn überfahren; **to ~ down a boat** ein Boot rammen
4 *(exhaust)* ■**to ~ oneself down** sich *akk* auslaugen *fam;* ***since he took that extra job, he's really ~ himself down*** seitdem er diese zusätzliche Arbeit angenommen hat, ist er wirklich abgespannt; **to ~ down a car battery** eine Autobatterie völlig leer machen
5 *(find)* ■**to ~ down** ⊂ **sb/sth** jdn/etw ausfindig machen
II. *vi* 1 BRIT *(become reduced)* reduziert werden; ***the fishing industry is ~ning down but the government does nothing*** die Fischindustrie geht den Bach runter, aber die Regierung unternimmt nichts dagegen
2 *(lose power) battery* leer werden
◆**run in I.** *vt* 1 *(fam: arrest)* ■**to ~ in** ⊂ **sb** jdn einlochen *sl*
2 BRIT, AUS *(break in)* **to ~ in** ⊂ **an engine/a car** einen Motor/ein Auto einfahren
II. *vi* COMPUT mit reduzierter Kraft laufen
◆**run into** *vi* 1 *(hit)* ■**to ~ into sb/sth** in jdn/etw hineinrennen; ***he ran into a tree on his motorbike*** er fuhr mit seinem Motorrad gegen einen Baum; **to ~ into a car** auf ein Auto auffahren; ***the car behind ran into me*** das Auto hinter mir ist auf mich aufgefahren
2 *(bump into)* ■**to ~ into sb** jdm über den Weg laufen; ■**to ~ into sth** *(fig)* auf etw *akk* stoßen; **to ~ into an ambush** in einen Hinterhalt geraten; **to ~ into debt** sich *akk* in Schulden stürzen; **to ~ into difficulties** auf Schwierigkeiten stoßen; **to ~ into opposition** auf Widerstand stoßen; **to ~ into bad weather** in schlechtes Wetter geraten
3 *(reach)* ***the repairs will probably ~ into thousands of pounds*** die Reparaturen werden sich wahrscheinlich auf Tausende von Pfund belaufen; ***the number of books we produce ~s into the 100,000 range*** die Anzahl der von uns produzierten Bücher geht in die Hunderttausende
◆**run off I.** *vi* 1 *(fam: leave)* abhauen *fam;* ■**to ~ off with sb/sth** mit jdm/etw durchbrennen *fam;* ***my partner's ~ off with all the cash*** mein Partner hat sich mit dem ganzen Geld aus dem Staub gemacht
2 *(break off) path, track* abbiegen; ***do you see that narrow path up there that ~s off to the left?*** siehst du den schmalen Weg da oben, der nach links abgeht [*o* ÖSTERR wegführt]?

3 *(drain) liquid* ablassen; **to let excess rainwater ~ off** überflüssiges Regenwasser ablaufen lassen
II. *vt* 1 *(produce)* ■**to ~ off** ⊂ **sth [for sb]** etw [für jdn] machen; **to ~ off a copy** eine Kopie herunterziehen
2 *(lose weight)* **to ~ off** ⊂ **one's pounds** seine Pfunde [durch Laufen] abtrainieren
◆**run on I.** *vi* 1 *(continue talking)* weiterreden; *(continue)* ***the game ran on for too long*** das Spiel zog sich zu lange hin; ***the list of crimes he committed ran on and on for three pages*** die Liste der Verbrechen, die er begangen hatte, umfasste drei Seiten
2 *(pass by) time* vergehen; ***time's ~ning on — let's hurry up!*** die Zeit wird knapp – beeilen wir uns!
3 *(power with)* ■**to ~ on sth** mit etw *dat* betrieben werden
4 TYPO ohne Absatz drucken
II. *vt* TYPO ■**to ~ sth on** etw fortdrucken
◆**run out I.** *vi* 1 *(finish)* ausgehen; ***the milk has ~ out*** die Milch ist alle; ***time/money is ~ning out*** die Zeit/das Geld wird knapp; ■**to ~ out of sth** etw nicht mehr haben; ***I'm slowly ~ning out of patience*** langsam geht mir die Geduld aus; **to ~ out of cash/time** kein Geld/keine Zeit mehr haben; **to ~ out of food** nichts mehr zu essen haben
2 *(expire) passport* ablaufen; *licence* auslaufen
3 *(leave)* ■**to ~ out on sb** jdn verlassen; **to ~ out on a restaurant bill** die Zeche prellen
4 SPORT ***they ran out easy winners in the end*** zum Schluss gewannen sie doch noch problemlos
▸PHRASES: **to ~ out of steam** an Schwung verlieren; ***the peace talks seem to have ~ out of steam*** aus den Friedensgesprächen scheint die Luft draußen zu sein; **sb ~s out of steam** jdm geht die Luft aus
II. *vt* 1 *(pass out)* **to ~ out** ⊂ **a rope/line** ein Seil/eine Schnur ausrollen; **to ~ out** ⊂ **a rope to sb** jdm ein Seil zuwerfen
2 *(in cricket)* ■**to ~ out** ⊂ **sb** *einen Schlagmann zum Ausscheiden bringen, während er seinen Lauf macht*
▸PHRASES: **to ~ sb out of town** *esp* AM *(fam)* jdn aus der Stadt jagen
◆**run over I.** *vt* ■**to ~ over** ⊂ **sb/sth** jdn/etw überfahren
II. *vi* 1 *(exceed)* **to ~ over time** überziehen
2 *(overflow) water, bath, sink* überlaufen
3 *(review)* ■**to ~ over sth** etw durchgehen; ***she quickly ran over her speech before going onstage*** vor ihrem Auftritt ging sie ihre Rede noch einmal kurz durch
◆**run past** *vt see* **run by**
◆**run through I.** *vt* ■**to ~ sb through [with sth]** jdn [mit etw *dat*] durchbohren
II. *vi* 1 *(examine)* ■**to ~ through sth [with sb]** etw [mit jdm] durchgehen; **to ~ through a list** eine Liste durchgehen
2 *(practise)* ■**to ~ through** ⊂ **sth** etw durchspielen; **to ~ through a speech** eine Rede [noch einmal] durchgehen
3 *(exist)* ■**to ~ through sth** sich *akk* durch etw *akk* ziehen; ***melancholy ~s through all her stories*** all ihre Geschichten sind von Melancholie geprägt; ***racism ~s right through society*** Rassismus zieht sich durch alle Gesellschaftsschichten; ***the rumour ran through the town*** das Gerücht ging in der Stadt um
4 *(spend, consume)* ■**to ~ through sth** etw verbrauchen; *(use)* etw benutzen [*o* SCHWEIZ, ÖSTERR *a.* benützen]; ***he ~s through a pack of cigarettes a day*** er raucht eine Schachtel Zigaretten am Tag; **to ~ through a fortune** ein Vermögen durchbringen
◆**run to** *vi* ■**to ~ to sth** für etw *akk* ausreichen; ***I'm afraid my cooking skills don't ~ to fancy cakes and desserts*** ich glaube kaum, dass meine Kochkünste für anspruchsvolle Kuchen und Desserts ausreichen; ***the new encyclopedia ~s to several thousand pages*** die neue Enzyklopädie umfasst mehrere tausend Seiten
◆**run up I.** *vt* 1 *(increase)* ■**to ~ up** ⊂ **sth** *prices*

etw in die Höhe treiben; **to ~ up a debt** Schulden machen; ***without realizing it, I had already ~ my debt up to £5,000*** ohne dass ich es merkte, hatten sich meine Schulden bereits auf 5.000 Pfund erhöht; ***she stayed two weeks at the hotel and ran up a bill which she couldn't pay*** sie blieb zwei Wochen im Hotel und hatte schließlich eine Rechnung, die sie nicht bezahlen konnte

② *(produce)* ■**to ~ up** ○ **sth** [**for sb**] etw [für jdn] machen; **to ~ up a dress** ein Kleid nähen

③ BRIT, AUS *(raise)* ■**to ~ up** ○ **sth** etw hochziehen; **to ~ up a flag** eine Fahne hissen

II. *vi* ■**to ~ up against sth** auf etw *akk* stoßen; **to ~ up against opposition/problems** auf Widerstand/Probleme stoßen

◆**run with** *vi* ■**to ~ with sth** etw fortführen; ***the board has agreed to ~ with the project for 6 months*** der Vorstand hat zugestimmt, das Projekt 6 Monate weiterlaufen zu lassen

'run·about *n* ① *(car)* [kleiner] Stadtflitzer *fam,* [offener] Kleinwagen [*o* Sportwagen], Roadster *m; (boat)* leichtes Motorboot, Rennboot *nt*

② *(tramp)* Herumtreiber(in) *m(f) pej fam,* Vagabund(in) *m(f) pej*

'run·around *n no pl (fig)* **to get the ~** im Dunkeln [*o* Ungewissen] gelassen werden, keine klare Auskunft bekommen; **to give sb the ~** jdm keine klare Auskunft geben, jdn von Pontius zu Pilatus schicken

'run·away I. *adj attr, inv* ① *(out of control) economy, vehicle* außer Kontrolle geraten; *prices* galoppierend; **~ inflation** galoppierende Inflation

② *(escaped) animal, prisoner, slave* entlaufen; *horse* durchgegangen; *criminal* flüchtig; ***a mother was looking for her ~ daughter*** eine Mutter suchte nach ihrer Tochter, die von zu Hause weggelaufen war; **~ child** kleiner Ausreißer/kleine Ausreißerin *fam*

③ *(enormous)* **~ success** [*or* **hit**] Riesenerfolg *m fam*

II. *n* ① *(person)* Ausreißer(in) *m(f) fam*

② COMPUT Weglaufen *nt*

'run·down I. *n* ['rʌndaʊn] ① *(report)* zusammenfassender Bericht (**of/on** über +*akk*); ***let me give you a ~ of yesterday's events*** lassen Sie mich die wichtigsten Ereignisse des gestrigen Tages zusammenfassen

② *no pl (reduction)* Kürzung *f;* **~ of staff** Personalabbau *m,* Stellenabbau *m*

II. *adj* [ˌrʌn'daʊn] ① *(dilapidated)* verwahrlost, heruntergekommen *fam; building* baufällig

② *(worn out)* abgespannt; **to look ~** erledigt [*o* fertig] aussehen *fam*

rune [ruːn] *n* ① *(letter)* Rune *f*

② *(mark)* Geheimzeichen *nt*

③ *(charm)* Zauberwort *nt,* Zauberformel *f*

rung¹ [rʌŋ] *n* Sprosse *f; (fig)* Stufe *f fig*

rung² [rʌŋ] *pp of* **ring**

run·ic ['ruːnɪk] *adj* ① *(of runes)* runisch, Runen-; **~ inscription** Runeninschrift *f*

② *(mysterious)* geheimnisvoll; **~ rhyme** Zauberreim *m*

'run-in ['rʌnɪn] *n* ① *(fam: argument)* Streit *m,* Krach *m fam;* **to have a ~ with sb** Krach [*o* einen Zusammenstoß] mit jdm haben *fam*

② *(prelude)* Vorlauf *m,* Vorbereitungsphase *f;* SPORT Einlauf *m*

run·ner ['rʌnəʳ, AM -ɚ] *n* ① *(person)* Läufer(in) *m(f); (horse)* Rennpferd *nt*

② AUS *(plimsoll)* Turnschuh *m*

③ *(messenger)* Bote, Botin *m, f,* Laufbursche *m*

④ *(pej: smuggler)* Schmuggler(in) *m(f);* **drug ~** Drogenkurier(in) *m(f);* **gun ~** Waffenschmuggler(in) *m(f)*

⑤ *(skid)* Kufe *f; (rail)* Laufschiene *f*

⑥ BOT *(stem)* Ausläufer *m*

⑦ *(carpet)* Läufer *m*

⑧ *(for table)* Tischläufer *m*

⑨ LAW *(sl: criminal) Mitglied einer Taschendiebbande, das mit dem Diebesgut davonrennt*

▸PHRASES: **to do** [*or* AM **pull**] **a ~** *(sl)* die Fliege machen *sl*

run·ner 'bean *n* BRIT Stangenbohne *f*

run·ner-'up *n* Zweite(r) *f(m),* Zweitplazierte(r) *f(m),* Vizemeister(in) *m(f);* **the runners-up** die weiteren Plätze; **to be the ~** den zweiten Platz belegen

run·ning ['rʌnɪŋ] I. *n no pl* ① *(not walking)* Laufen *nt,* Rennen *nt;* **road ~** Laufen *nt* auf Asphalt

② *(management) of a business* Leitung *f; of a machine* Bedienung *f,* Überwachung *f;* ***she has control of the day-to-day ~ of the business*** sie führt die laufenden Geschäfte des Unternehmens

▸PHRASES: **to be <u>in</u>/<u>out</u> of the ~** *(as a competitor)* mit/nicht mit im Rennen sein; *(as a candidate)* noch/nicht mehr mit im Rennen sein; **to <u>make</u>** [*or* **<u>take</u>** [**up**]] **the ~ in sth** bei etw *dat* das Rennen machen; **to <u>put</u> sb out of the ~** jdn aus dem Rennen werfen

II. *adj* ① *after n (in a row)* nacheinander *nach n,* hintereinander *nach n;* **five days ~** fünf Tage hintereinander [*o* in Folge]

② *(ongoing)* [fort]laufend; **to have a ~ battle with sb** laufend [*o* andauernd] Streit mit jdm haben

③ *(operating)* betriebsbereit; ***the machines are back to ~ condition*** die Maschinen sind wieder betriebsbereit

④ *attr, inv (flowing)* fließend; **~ waters** fließende Gewässer

'run·ning back *n* FBALL Angriffsspieler(in) *m(f),* Stürmer(in) *m(f)* SCHWEIZ, ÖSTERR

'run·ning board *n* Trittbrett *nt*

run·ning 'catch *n (baseball, cricket)* Fangen *nt* eines [geschlagenen] Balls im Lauf, im Lauf gefangener Ball; **to make a ~** einen Ball im Lauf fangen

run·ning 'com·men·tary *n* fortlaufender Bericht, laufender Kommentar; RADIO [Rund]funkreportage *f;* RADIO, TV Livebericht *m,* Liveberichterstattung *f;* **to give a ~ on** [*or* **about**] **sth** fortlaufend über etw *akk* berichten **'run·ning costs** *npl* Betriebskosten *pl,* Festkosten *pl,* laufende Kosten *pl,* allgemeine Unkosten *pl; of a car* Unterhaltskosten *pl* **run·ning 'joke** *n* Running Gag *m (immer wiederkehrender Scherz)*

run·ning 'jump *n* Sprung *m* mit Anlauf; **to make** [*or* **take**] **a ~** mit Anlauf springen

▸PHRASES: **to <u>take</u> a ~** BRIT *(fam)* die Platte putzen *fam*

run·ning 'knot *n* NAUT Schifferknoten *m,* Laufknoten *m fachspr*

'run·ning mate *n esp* AM POL Bewerber(in) *m(f)* um die Vizepräsidentschaft

'run·ning or·der *n* Sendefolge *f;* ***what is the ~ of these commercials?*** in welcher Abfolge werden diese Werbespots gesendet?

'run·ning part·ner *n* Laufpartner(in) *m(f)* **'run·ning shoe** *n* Laufschuh *m* **'run·ning shorts** *npl* kurze Laufhose **run·ning 'sore** *n* nässende [*o* eiternde] Wunde

run·ning 'start *n* ① SPORT *(in jump)* Anlauf *m* [zum Absprung]; *(in race)* fliegender Start

② *(advantage)* anfänglicher Vorteil

'run·ning stitch *n* Vorstich *m,* Heftstich *m*

'run·ning time *n* Laufzeit *f;* ***this movie has about a 60-minute ~*** dieser Film hat eine Laufzeit von etwa 60 Minuten

'run·ning track *n* Rennbahn *f; (with cinders)* Aschenbahn *f; (with tartan)* Tartanbahn *f*

run·ning trans·'la·tion *n* Simultanübersetzung *f*

run·ning 'wa·ter *n no pl* fließendes Wasser

run·ning 'yield *n* FIN Umlaufrendite *f*

run·ny ['rʌni] *adj nose* laufend *attr; dough, jam, sauce* dünnflüssig; ***I've got a ~ nose*** mir läuft die Nase; **~ cheese** geschmolzener Käse

'run-off *n* ① *(in an election)* Stichwahl *f*

② *(in a race)* Entscheidungslauf *m,* Entscheidungsrennen *nt*

③ *(of rainfall)* Abfluss *m; (of a blast furnace)* Abstich *m*

run-of-the-'mill *adj* durchschnittlich, mittelmäßig

run-on 'sen·tence *n* fortlaufender Satz

'run-out *n* SPORT Auslauf *m*

runs [rʌnz] *npl (fam)* ■**the ~** Durchfall *m;* **to have the ~** Dünnschiss [*o* die Scheißerei] haben *derb*

runt [rʌnt] *n* ① *(animal) of a litter* zurückgebliebenes Jungtier, Kümmerer *m fachspr; (cattle)* Zwergochse *m,* Zwergrind *nt*

② *(pej sl: person)* Wicht *m pej,* Kümmerling *m pej*

'run-through *n* ① *(examination)* Durchgehen *nt,* Überfliegen *nt;* **to give a file a ~** eine Akte durchgehen; **to have a ~ of a letter** einen Brief überfliegen

② *(outline)* kurze Zusammenfassung, Kurzbericht *m;* **~ of sb's medical history** zusammenfassende Krankengeschichte einer Person *gen*

③ THEAT Durchlaufprobe *f fachspr*

run to 'set·tle·ment *n* ECON Termingeschäft mit Erfüllungsfrist bis zur tatsächlichen Lieferung der Ware

'run-up *n* ① SPORT Anlauf *m* [zum Absprung]

② *esp* BRIT *(fig: prelude)* Vorlauf *m,* Endphase *f* der Vorbereitungszeit; ***everyone is very busy during the ~ to publication*** in den letzten Tagen vor der Veröffentlichung ist jeder sehr beschäftigt; ***the debates are expected to get more and more heated as the ~ to the election gets underway*** es wird erwartet, dass die Debatten hitziger werden, je näher die Wahlen heranrücken

③ AM *(increase)* [An]steigen *nt,* Anziehen *nt;* **~ on exchange rates/prices** Kurs-/Preisanstieg *m*

'run·way *n* AVIAT Piste *f,* Start- und Landebahn *f,* Rollbahn *f;* SPORT Anlaufbahn *f* **'run·way lights** *npl* Start- und Landebahnfeuer *pl fachspr,* Start- und Landebahnbefeuerung *kein pl fachspr*

ru·pee [ruː'piː, AM 'ruːpiː] *n* Rupie *f*

rup·ture ['rʌptʃəʳ, AM -ɚ] I. *vi* zerreißen, [auseinander]brechen; MED *(have hernia) person* sich *dat* einen Bruch heben; *(tear muscle)* sich *dat* einen Muskelriss zuziehen; *appendix* durchbrechen, rupturieren *fachspr; artery, blood vessel* platzen; *muscle* reißen

II. *vt (also fig)* ■**to ~ sth** etw zerreißen *a. fig;* **to ~ an artery/a blood vessel** eine Arterie/ein Blutgefäß zum Platzen bringen; ***I think you have ~d a blood vessel*** ich glaube, bei Ihnen ist ein Blutgefäß geplatzt; **to ~ a nation's unity** die Einheit einer Nation sprengen; **to ~ a relationship** eine Beziehung abbrechen; **to ~ ties** Bande zerreißen *liter*

III. *n (also fig)* Zerreißen *nt a. fig,* Zerbrechen *nt a. fig,* Bruch *m a. fig;* **~ of diplomatic relations** Abbruch *m* diplomatischer Beziehungen; MED *(hernia)* Bruch *m; (torn muscle)* [Muskel]riss *m; of an artery, blood vessel* Platzen *nt;* **to give oneself a ~** *(have hernia)* sich *dat* einen Bruch heben; *(tear muscle)* sich *dat* einen Muskelriss zuziehen

rup·tured ['rʌptʃəd, AM -ɚd] *adj (also fig)* zerrissen *a. fig,* [ab]gebrochen *a. fig; appendix* durchgebrochen; *artery, blood vessel* geplatzt; *muscle* gerissen

ru·ral ['rʊərᵊl, AM 'rʊr-] *adj* ländlich, Land-; **~ exodus/population** Landflucht *f*/-bevölkerung *f;* **~ life/tranquillity** das Leben/die Ruhe auf dem Land; **~ population** + *sing/pl vb* Landbevölkerung *f*

ru·ral de·'liv·ery, ru·ral free de·'liv·ery *n* AM *(dated)* Abhol- und Zustelldienst *m* auf dem Land

ruse [ruːz] *n* List *f,* Kniff *m,* Kunstgriff *m*

rush¹ [rʌʃ] *n* BOT Binse *f;* **~ mat** Binsenmatte *f;* **to not be worth a ~** *(fig pej)* keinen Pfifferling [*o* ÖSTERR Groschen] wert sein *pej fam*

rush² [rʌʃ] I. *n* ① *(hurry)* Eile *f;* ***slow down! what's the ~?*** mach langsam! wozu die Eile?; **to be in a ~** in Eile sein, es eilig haben; **to leave in a ~** sich *akk* eilig auf den Weg machen

② *(rapid movement)* Losstürzen *nt,* Losstürmen *nt,* Ansturm *m* (**for** auf +*akk*); *(press)* Gedränge *nt,* Gewühl *nt; (demand)* lebhafter Andrang, stürmische [*o* rege] Nachfrage; ***at the outbreak of the fire there was a mad ~ for the emergency exits*** als das Feuer ausbrach, stürmte alles wie wild auf die Notausgänge zu; ***I hate driving during the afternoon ~*** ich hasse das Autofahren im nachmittäglichen Verkehrsgewühl; ***there's been a ~ for tickets*** es gab eine stürmische Nachfrage nach Karten; **the Christmas ~** der Weihnachtstrubel; **~ of customers** Kundenandrang *m;* **to make a ~ at sb** sich *akk* auf jdn stürzen

③ *(also fig: surge)* Schwall *m,* Woge *f; of emotions*

R

[plötzliche] Anwandlung, Anfall *m; **the memory of who he was came back to him with a** ~* mit einem Schlag fiel ihm wieder ein, wer er war; ***she became light-headed as a result of a sudden ~ of blood to the head*** ihr wurde schwindlig, nachdem ihr auf einmal das Blut in den Kopf geschossen war; **a ~ of air** ein Luftstoß *m;* **a ~ of dizziness** ein Schwindelanfall *m;* **a ~ of sympathy** eine Woge des Mitgefühls; **a ~ of tears** ein plötzlicher Tränenausbruch; **a ~ of water** ein Wasserschwall *m*
④ *(migration)* **gold ~** Goldrausch *m*
⑤ *(in American football)* Lauf[spiel]angriff *m,* Durchbruchsversuch *m,* Durchstoßversuch *m*
II. *vi* ① *(hurry)* eilen, hetzen; ***stop ~ing!*** hör auf zu hetzen!; ***she's ~ing to help the others*** sie eilt den anderen zu Hilfe; ***we ~ed to buy tickets for the show*** wir besorgten uns umgehend Karten für die Show; ***we shouldn't ~ to blame them*** wir sollten sie nicht voreilig beschuldigen; ■**to ~ about** [*or* **around**] herumhetzen; ■**to ~ in** hineinstürmen, hineinstürzen; **to ~ into sb's mind** *(fig)* jdm plötzlich in den Sinn kommen [*o* durch den Kopf schießen]; ■**to ~ out** hinauseilen, hinausstürzen; *water* herausschießen; ■**to ~ through sth** *work* etw eilig [*o* hastig] erledigen; ■**to ~ towards sb** auf jdn zueilen [*o* zustürzen]; **to ~ up the hill/the stairs** den Berg/die Treppe hinaufeilen; **to ~ into sb's mind** jdm plötzlich in den Sinn kommen [*o* durch den Kopf schießen]
② *(hurry into)* ■**to ~ into sth** *decision, project* etw überstürzen [*o* übereilen]; ***we shouldn't ~ into things*** wir sollten die Dinge nicht überstürzen; **to ~ into a marriage** überstürzt heiraten; **to ~ into a war** einen Krieg vom Zaun brechen
③ *(in Am football)* einen Lauf[spiel]angriff [*o* Durchbruchsversuch] unternehmen; ***he has ~ed for over 100 yards*** er hat den Ball über 100 Yards im Lauf nach vorn getragen
III. *vt* ① *(send quickly)* ■**to ~ sb/sth [to a place]** jdn/etw schnell [an einen Ort] bringen; ***she was ~ed to hospital*** sie wurde auf schnellstem Weg ins Krankenhaus gebracht; ***the United Nations has ~ed food to the famine zone*** die Vereinten Nationen haben eilends Lebensmittel in die Hungerregion geschickt
② *(pressure)* ■**to ~ sb [into sth]** jdn [zu etw *dat*] treiben [*o* drängen]; ***they tried to ~ me into joining*** sie versuchten, mich zu einem schnellen Beitritt zu bewegen; ***he ~ed her into marrying him*** er drängte sie zu einer schnellen Heirat; ***don't ~ me!*** dräng mich nicht!
③ *(do hurriedly)* **to ~ one's food** [*or* **supper**] das Essen hinunterschlingen, hastig essen; **to ~ a job** eine Arbeit hastig [*o* in aller Eile] erledigen; ***let's not ~ things*** lass uns nichts überstürzen; ■**to ~ sth through** [**sth**] etw schnell [durch etw *akk*] durchbringen; ***the new government ~ed several bills through Parliament*** die neue Regierung peitschte mehrere Gesetzesvorlagen durch das Parlament
④ *(charge)* ■**to ~ sb** sich *akk* auf jdn stürzen, über jdn herfallen; ■**to ~ sth** etw stürmen; **to ~ the enemy's defences** die feindlichen Verteidigungsstellungen stürmen; **to ~ the stage** auf die Bühne stürmen
⑤ BRIT *(sl: overcharge)* ■**to ~ sb** jdn schröpfen [*o* neppen] BRD, ÖSTERR *fam;* ***how much did they ~ you for that?*** wie viel haben sie dir dafür abgeknöpft? *fam*
⑥ AM UNIV *(enter fraternity or sorority)* ■**to ~ sth** am Aufnahmeritual zu etw *dat* teilnehmen
▸PHRASES: **to** [**not**] **~ one's <u>fences</u>** BRIT die Sache [nicht] überstürzen
◆**rush at** *vi* ■**to ~ at sth** sich *akk* auf etw *akk* stürzen
◆**rush in** *vi* vorschnell handeln; **to ~ in with solutions** vorschnell Lösungen präsentieren
▸PHRASES: **<u>fools</u> ~ in [where angels fear to tread]** *(prov)* blinder Eifer schadet nur *prov*

◆**rush out** *vt* ■**to ~ out ↔ sth** etw schnell auf den Markt bringen
rushed [rʌʃt] *adj* gehetzt; **~ decisions** übereilte Entscheidungen
rushes [ˈrʌʃɪz] *npl* erste Probekopie *(eines Films)*
ˈrush hour *n* Hauptverkehrszeit *f,* Stosszeit *f* SCHWEIZ, Stoßzeit *f* ÖSTERR **rush-hour com·ˈmute** *n* Pendeln *nt* im Berufsverkehr **rush-hour ˈtraf·fic** *n no pl* Berufsverkehr *m,* Stoßverkehr *m*
rush·ing [ˈrʌʃɪŋ] *adj inv* dahineilend *attr;* **~ river** reißender Fluss; **~ wind** brausender Wind
ˈrush·ing game *n (in Am football)* Laufspiel *nt,* Durchbruch *m,* Durchstoß *m*
rush ˈjob *n* eilige Arbeit [*o* Sache]; ***the book was a bit of a ~*** das Buch wurde etwas schnell zusammengeschrieben *fam*
ˈrush·light *n* HIST *Kerze aus in Talg getauchtes Binsenmark*
rush ˈor·der *n* Eilauftrag *m*
rusk [rʌsk] *n* ① *(crisp bread)* Zwieback *m*
② *(cake)* Sandkuchen *m*
rus·set [ˈrʌsɪt] **I.** *n* [rostbrauner] Winterapfel *m,* Boskop *m,* berosteter Apfel *fachspr*
II. *adj (esp liter)* rotbraun, SCHWEIZ, ÖSTERR *a.* rostrot, gelbbraun, rotgelb
III. *n no pl* Rotbraun *nt,* Gelbbraun *nt,* Rotgelb *nt*
Rus·sia [ˈrʌʃə] *n* Russland *nt*
Rus·sian [ˈrʌʃᵊn] **I.** *adj* russisch
II. *n* ① *(person)* Russe, Russin *m, f*
② *(language)* Russisch *nt*
Rus·sian ˈdress·ing *n no pl* altrussische Salatsoße
Rus·sian Fed·eˈra·tion *n* Russische Föderation
Rus·sian rou·ˈlette *n no pl* russisches Roulette
Rus·sian ˈsal·ad *n* russischer Salat
Russ·ki [ˈrʌski] *n* Iwan *m pej*
rust [rʌst] **I.** *n no pl* ① *(decay)* Rost *m*
② *(colour)* Rostbraun *nt*
③ BOT, HORT Rost *m,* Brand *m*
II. *vi* rosten; ■**to ~ away/through** ver-/durchrosten
III. *vt* ■**to ~ sth** etw rostig machen [*o* rosten lassen]; *(fig)* etw einrosten lassen *fig*
ˈrust-col·oured, AM **ˈrust-col·ored** *adj* rostfarben
rus·tic [ˈrʌstɪk] *adj* ① *(of the country)* ländlich, rustikal; **to give sth a ~ appearance** etw *dat* ein rustikales Aussehen verleihen; **~ furniture** Bauernmöbel *pl*
② *(simple)* grob [zusammen]gezimmert; *(fig)* schlicht, einfach; **~ finish** schlichte Ausführung
rus·tic·ity [rʌsˈtɪsəti, AM -əṭi] *n no pl* ① *(of the country)* Ländlichkeit *f,* ländlicher Charakter
② *(simplicity)* Einfachheit *f,* Schlichtheit *f*
rusti·ness [ˈrʌstɪnəs] *n no pl* Rostigkeit *f; (fig)* Eingerostetsein *nt; **I struggled in Italy because of the ~ of my Italian*** in Italien hatte ich mit meinem Italienisch Schwierigkeiten, da ich ganz aus der Übung war; ***some more workout will help you to combat ~*** gegen deine eingerosteten Glieder hilft dir etwas mehr Konditionstraining
rus·tle [ˈrʌsl] **I.** *vi* ① *(make sound) leaves, paper* rascheln; *silk* rauschen, knistern
② LAW *(steal)* Vieh *nt* stehlen
II. *vt* ■**to ~ sth** ① *(make noise)* **to ~ paper** mit Papier rascheln, Papier rascheln lassen
② *esp* AM, AUS *(steal)* **to ~ cattle/horses/sheep** Vieh/Pferde/Schafe stehlen
III. *n of paper, leaves* Rascheln *nt; of silk* Rauschen *nt,* Knistern *nt*
◆**rustle up** *vt (fam)* ■**to ~ up ↔ sth** ① *(prepare) beverage, meal* etw schnell [*o fam* mal eben] machen; ***I'll ~ up a salad for your supper*** ich mach dir schnell einen Salat zum Abendessen
② *(gather)* etw auftreiben [*o* organisieren] *fam;* **to ~ up some wood for a fire** etwas Holz für ein Feuer auftreiben; **to ~ up votes** Stimmen zusammenkriegen *fam*
rus·tler [ˈrʌslər, AM -ˡlɚ] *n esp* AM, AUS Viehdieb(in) *m(f);* **cattle ~** Rinderdieb(in) *m(f);* BRIT *also* **sheep ~** Schafdieb(in) *m(f)*

rus·tling [ˈrʌslɪŋ] **I.** *n* ① *(noise) of paper, leaves* Rascheln *nt; of silk* Rauschen *nt,* Knistern *nt*
② *(stealing)* [Vieh]diebstahl *m*
II. *adj inv leaves, paper* raschelnd *attr; silk* rauschend *attr,* knisternd *attr;* **to make a ~ noise** *(paper)* rascheln; *(silk)* rauschen, knistern
ˈrust·proof I. *adj inv* rostbeständig; **~ coating** Rostschutzanstrich *m;* **~ paint** Rostschutzfarbe *f*
II. *vt* ■**to ~ sth** etw rostbeständig machen
rusty [ˈrʌsti] *adj* ① *(covered in rust)* rostig, verrostet
② *(fig: out of practice)* eingerostet *fig;* **to be/get ~** [ganz] aus der Übung sein/kommen; ***my Spanish is a bit ~*** ich bin mit meinem Spanisch etwas aus der Übung
rut[1] [rʌt] *n* [Rad]spur *f,* [Velo]spur *f* SCHWEIZ, [Wagen]spur *f,* [Auto]spur *f* SCHWEIZ; *(furrow)* Furche *f; (fig)* ausgefahrenes [*o* altes] Gleis *fig,* Trott *m fig;* **to make** [*or* **wear**] **a ~ [in sth]** *(vehicle)* [auf etw *dat*] eine [Rad]spur [*o* [Wagen]spur] hinterlassen; *(plough)* [in etw *akk*] eine Furche machen
▸PHRASES: **to <u>get</u> into a ~** in einen immer gleichen Trott geraten [*o* verfallen]; **to <u>get</u> out of a ~** aus einem immer gleichen Trott herauskommen; **to be [stuck] <u>in</u> a ~** in einen [immer gleichen] Trott geraten sein, sich *akk* in ausgefahrenen Gleisen bewegen; ***the company is in a ~*** die Firma geht ausgetretene Wege; ***I feel I'm [stuck] in a ~*** ich habe das Gefühl, in einer Tretmühle zu sein
rut[2] [rʌt] *n no pl* Brunst *f;* HUNT Brunft *f;* **to be in ~** brunsten, brünstig sein; HUNT brunften, brünftig sein
ru·ta·ba·ga [ˌruːṭəˈbeɪgə] *n* AM Steckrübe *f,* Kohlrübe *f*
ru·the·nium [ruːˈθiːniəm] *n no pl* CHEM Ruthenium *nt*
ruth·less [ˈruːθləs] *adj cold, punishment* unbarmherzig; *remark, treatment* mitleid[s]los; *dictatorship, fight* erbarmungslos, gnadenlos; *action, behaviour* rücksichtslos, skrupellos; *criticism* schonungslos; *decision, measure* hart; **to be ~ in enforcing the law** das Gesetz unbarmherzig [*o* gnadenlos] durchsetzen; **to be ~ in shortening a text** einen Text erbarmungslos [*o* ohne Rücksicht auf Verluste] kürzen *hum*
ruth·less·ly [ˈruːθləsli] *adv* unbarmherzig, erbarmungslos; ***the kidnapper acted ~*** der Kidnapper ging skrupellos vor; **to criticize sb ~** jdn schonungslos kritisieren
ruth·less·ness [ˈruːθləsnəs] *n no pl of a person* Unbarmherzigkeit *f,* Erbarmungslosigkeit *f; of sb's behaviour* Rücksichtslosigkeit *f; of an action* Skrupellosigkeit *f*
rut·ted [ˈrʌtɪd, AM -ṭɪd] *adj inv field* durchfurcht; *road, track* ausgefahren
rut·ting [ˈrʌtɪŋ, AM -ṭɪŋ] *adj inv* brünstig, Brunst-; HUNT brünftig, Brunft-; **~ season** Brunstzeit *f;* HUNT Brunftzeit *f;* **~ stags** Brunfthirsche *pl*
RV [ˌɑːrˈviː] *n* AM *abbrev of* **recreational vehicle** Caravan *m,* Wohnwagen *m*
Rwan·da [ruˈwændə, AM -ˈɑːn-] *n* Ruanda *nt*
Rwan·dan [ruˈwændən, AM -ˈɑːn-] **I.** *n* Ruander(in) *m(f)*
II. *adj* ruandisch
Rwan·dese Re·ˈpub·lic [ruwænˌdiːz-] *n* Republik *f* Ruanda
Rx [ˌɑːˈreks, AM ˌɑːrˈ-] *n* AM, AUS *abbrev of* **prescription**
rye[1] [raɪ] *n no pl* Roggen *m*
rye[2] [raɪ] *n short for* **rye whiskey** Roggenwhiskey *m*
rye[3] [raɪ] *n short for* **rye bread** Roggenbrot *nt*
rye ˈbread *n no pl* Roggenbrot *nt* **rye ˈflour** *n no pl* Roggenmehl *nt* **ˈrye·grass** *n* Raigras *nt,* Raygras *nt,* Weidelgras *nt* **rye ˈwhis·key** *n* Roggenwhiskey *m*
Ryu·kyu Is·lands [riˈuːkjuː, AM riˈjuː-] *npl* Riukiuinseln *pl*

S

S <*pl* 's *or* -s>, **s** <*pl* 's> [es] *n* S *nt*, s *nt;* ~ **for** [*or* AM *also* **as in**] **Sugar** S für Samuel; *see also* **A 1**

S¹ I. *n no pl* GEOG *abbrev of* **south** S
II. *adj* GEOG *abbrev of* **south, southern** S

S² *n* SCH, UNIV *abbrev of* **satisfactory** ≈ befriedigend, ÖSTERR *a.* Befriedigend *nt,* ≈ genügend SCHWEIZ

S³ *adj* FASHION *abbrev of* **small** S

s <*pl* -> *abbrev of* **second** s, sek., Sek.

-'s I. *in compounds* ① *(plural form)* **seven 6's** sieben Sechsen [*o* ÖSTERR, SCHWEIZ Sechser]; **a line of m's** eine Zeile m; **the 40's** die 40er
② *(possessive genitive)* **the cat's tail** der Schwanz der Katze; **today's paper** die Zeitung von heute
③ *(local genitive)* ***the boys are at Alison's*** die Jungs sind bei Alison; **at the greengrocer's** beim Gemüsehändler
II. *(fam)* ① *(is)* ***Bernard's not here today*** Bernard ist heute nicht da
② *(has)* ***she's gone home*** sie ist nach Hause gegangen
③ *(fam: does)* ***what's he think of the new car?*** was hält er von dem neuen Auto?
④ *(us)* ***let's go*** gehen wir

SA [ˌes'eɪ] **I.** *n no pl abbrev of* **South Africa** Südafrika *nt*
II. AUS *abbrev of* **South Australia**
III. *adj attr, inv abbrev of* **South African** südafrikanisch

Saar·land·er ['sɑːlændəʳ, AM 'sɑːr-] *n* Saarländer(in) *m(f)*

sab·ba·tar·ian [ˌsæbə'teəriən, AM 'teri] **I.** *n* Sabbatarier(in) *m(f)*, Sabbatist(in) *m(f)*
II. *adj inv* ***he is a ~ lay preacher*** er ist ein Laienprediger und Sabbatist

Sab·bath ['sæbəθ] *n* Sabbat *m;* **to break/observe** [*or* **keep**] **the ~** den Sabbat entheiligen/heiligen

sab·bati·cal [sə'bætɪkəl, AM -bæṭ-] **I.** *n* UNIV [einjährige] Freistellung, [einjähriger] Forschungsurlaub, Sabbatjahr *nt;* **to take a ~** sich *akk* [für ein Jahr] freistellen lassen, einen [einjährigen] Forschungsurlaub nehmen; **to have a** [*or* **be on**] **~** [für ein Jahr] freigestellt sein, einen [einjährigen] Forschungsurlaub haben
II. *adj inv* ① REL Sabbat-
② UNIV **~ term** Freisemester *nt*, Forschungssemester *nt*

sab·bati·cal 'leave *n no pl* UNIV Freistellung *f*, Forschungsurlaub *m;* **to be on ~** freigestellt sein, einen Forschungsurlaub haben **sab·bati·cal 'year** *n* ① REL Sabbatjahr *nt*, Ruhejahr *nt* ② UNIV [einjährige] Freistellung, Forschungsjahr *nt*, Sabbatjahr *nt*

sa·ber *n* AM *see* **sabre**

Sabin vac·cine [ˌseɪbɪn'-] *n* Sabin-Impfung *f*, Poliomyelitis-Impfstoff *m*

sa·ble ['seɪbl] **I.** *n no pl* ① ZOOL Zobel *m; (marten)* [Fichten]marder *m*
② *(fur)* Zobel *m*, Zobelfell *nt*
③ *(clothing)* Zobelpelz *m*
II. *n modifier (farm, fur, stole)* Zobel-

sabo·tage ['sæbətɑː(d)ʒ, AM -tɑːʒ] **I.** *vt* ■**to ~ sth** etw sabotieren; **to ~ a ceasefire** eine Waffenruhe sabotieren [*o* [gezielt]zu vereiteln suchen]; **to ~ sb's chances of success** jds Erfolgsaussichten zunichtemachen; **to ~ efforts/plans** Versuche/Pläne sabotieren [*o* [gezielt] hintertreiben]; **to ~ a facility/a nuclear power station** einen Sabotageakt [*o* Anschlag] auf eine Einrichtung/ein Atomkraftwerk verüben; **to ~ machinery** Maschinen [durch Beschädigung] lahmlegen
II. *n* Sabotage *f;* **act of ~** Sabotageakt *m;* **economic/industrial ~** Wirtschafts-/Industriesabotage *f;* **to commit ~** Sabotage begehen

sabo·teur [ˌsæbə'tɜːʳ, AM -'tɜːr] *n* Saboteur(in) *m(f)*

sa·bre ['seɪbəʳ, AM -ɚ] **I.** *n esp* BRIT, AUS ① *(sword)* Säbel *m*
② SPORT Säbel *m*
II. *adj* SPORT Säbel-; **~ event** Säbelfechtkampf *m;* **~ fencing** Säbelfechten *nt*

'sa·bre-rat·tling *n (pej)* Säbelrasseln *nt pej* **'sa·bre saw** *n esp* AM [tragbare elektrische] Stichsäge **sa·bre-toothed 'cat, sa·bre-toothed 'ti·ger** *n* Säbelzahntiger *m*

sac [sæk] *n* BOT, ZOOL Beutel *f*, Sack *m;* **air ~** Luftsack *m;* **amniotic ~** Fruchtblase *f;* **lachrymal ~** Tränensack *m;* **synovial ~** Schleimbeutel *m*

sac·cha·rase ['sækəˌrəʊz, AM -roʊz] *n no pl* CHEM Invertase *f*

sac·chari·fi·ca·tion [sæˌkærɪfaɪ'keɪʒən] *n no pl* CHEM Verzuckerung *f;* **~ of wood** Holzverzuckerung *f*

sac·cha·rin ['sækərɪn] *n no pl* Saccharin *nt*, Süßstoff *m*

sac·cha·rine ['sækəraɪn, -ɪn, AM -ɚɪn, -əraɪn] *adj* Saccharin-; *(fig pej)* süßlich *fig pej; love story* schwülstig; *poem* honigsüß; *song* schmalzig

sac·er·do·tal [ˌsæsə'dəʊtəl, AM ɚ'doʊt] *adj inv* REL priesterlich, Priester-

sa·chet ['sæʃeɪ, AM sæ'ʃeɪ] *n* [kleiner] Beutel, [kleines] Kissen; **potpourri ~** Duftkissen *nt;* **free ~ of shampoo** Probepäckchen *nt* Shampoo; **~ of sugar** Zuckertütchen *nt*, Zuckerpackerl *nt* ÖSTERR, Zuckerbeutel *m* SCHWEIZ

sa·chet mar·ket·ing *n Marketing eines Produkts in kleinen Größen in einem neuen Markt*

sack¹ [sæk] **I.** *n* ① *(bag)* Beutel *m*, Tüte *f;* **paper ~** Papiertüte *f*, Papiersackerl *m* ÖSTERR, Papiersack *m* SCHWEIZ; **plastic ~** Plastikbeutel *m*, Plastiksackerl *nt* ÖSTERR, Plastiktragetasche *f*, Plastiksack *m* SCHWEIZ
② *no pl* AM, AUS *(fam: bed)* **to be bad/good in the ~** schlecht/gut im Bett sein *fam;* **to jump into** [*or* **hit**] **the ~** sich *akk* in die Falle hauen [*o* SCHWEIZ gehen] *fam*
③ *no pl (dismissal)* Laufpass *m fam;* **to get the ~** rausgeschmissen [*o* an die Luft gesetzt] werden *fam*, rausfliegen *fam;* **to give sb the ~** jdn rausschmeißen [*o* an die Luft setzen] *fam*
II. *vt* ■**to ~ sb** jdn rausschmeißen [*o* an die Luft setzen] *fam*

sack² [sæk] **I.** *n no pl* Plünderung *f;* **the ~ of Rome** die Plünderung Roms
II. *vt* ■**to ~ sth** etw plündern

◆**sack out** *vi* AM, CAN *(fam: go to sleep)* sich *akk* in die Falle hauen [*o* SCHWEIZ gehen] *fam; (fall asleep)* einpennen *fam*, wegschlafen ÖSTERR *fam*

'sack·cloth *n no pl* Sackleinen *nt*, Sackleinwand *f*
▸PHRASES: **to be in** [*or* **wear**] [*or* **go around in**] **~ and ashes** in Sack und Asche gehen **'sack·ful** *n* Sack *m kein pl;* **three ~s of apples** drei Sack [*o* SCHWEIZ Säcke] Äpfel; **a whole ~ of news** *(fig)* ein ganzer Sack voll Neuigkeiten

sack·ing ['sækɪŋ] *n* ① *no pl (material)* Sackleinen *nt*
② *(dismissal)* Entlassung *f*, Rausschmiss *m fam;* **mass ~** Massenentlassung *f*
③ *(looting)* Plünderung *f*

'sack·load *n* Sack *m kein pl;* **two ~s of cement** drei Sack Zement; **a whole ~ of surprises** *(fig)* ein ganzer Sack voll Überraschungen **'sack race** *n* Sackhüpfen *nt*

sa·cral ['seɪkrəl] *adj inv* ① ANAT Sakral-
② REL sakral

sa·cral 'ver·te·bra *n* ANAT Kreuzbeinwirbel *m*, Sakralwirbel *m fachspr*

sac·ra·ment ['sækrəmənt] *n* REL Sakrament *nt;* ■**the ~** *(in Roman Catholic Church)* die [heilige] Kommunion; *(in Protestant Church)* das [heilige] Abendmahl; **to take** [*or* **receive**] **the ~** die [heilige] Kommunion [*o* das [heilige] Abendmahl] empfangen

sac·ra·men·tal [ˌsækrə'mentəl, AM -ṭəl] *adj* sakramental; **~ wine** liturgisch geweihter [*o fachspr* konsekrierter] Wein; *(in Roman Catholic Church)* Messwein *m*

Sac·ra·men·tan [ˌsækrə'mentən, AM -ṭən] *n* Bewohner(in) *m(f)* Sacramentos

sa·cred ['seɪkrɪd] *adj* ① *(holy) place* heilig; *tradition* geheiligt
② *(pertaining to religion) poetry, music* geistlich, sakral *geh*, Kirchen-
③ *(venerable)* ehrwürdig; **~ memory** ehrendes Andenken [*o* Gedenken]
④ *(solemnly binding) duty* heilig; **~ promise** feierliches Versprechen; ***you have my ~ promise — I will always remain faithful to you*** ich verspreche dir hoch und heilig – ich werde dir immer treu sein; **to hold a promise ~** ein Versprechen als absolut bindend ansehen
⑤ *(inviolable) right* unverletzlich; *faith* unverbrüchlich
⑥ *(also hum: sacrosanct)* heilig *a. hum*, unantastbar; ***his daily routine is absolutely ~ to him*** seine tägliche Routine ist ihm absolut heilig; ***he holds nothing ~*** ihm ist nichts heilig

sa·cred 'cow *n (fig, also pej)* heilige Kuh *fig, a. pej*

sa·cred·ness ['seɪkrɪdnəs] *n no pl* Heiligkeit *f*

sac·ri·fice ['sækrɪfaɪs, AM -rə-] **I.** *vt* ① *(kill)* ■**to ~ sb/sth** [**to sb**] jdn/etw [jdm] opfern; **to ~ people to the gods** den Göttern Menschenopfer [dar]bringen; *(fig)* ***our company risks sacrificing its goodwill on the altar of profit*** unsere Firma läuft Gefahr, ihren guten Ruf auf dem Altar des Profits zu opfern
② *(give up)* ■**to ~ sth** [**for sb**] etw [für jdn] opfern [*o* aufgeben]; ***many women ~ promising careers for their family*** viele Frauen geben ihrer Familie zuliebe eine viel versprechende Karriere auf; **to ~ a knight** CHESS einen Springer opfern; **to ~ one's free time** seine Freizeit opfern
II. *vi* **to ~ to the gods** den Göttern opfern [*o* Opfer bringen]
III. *n* ① *(offering to a god)* Opfer *nt*
② *(sth given up)* Opfer *nt;* **at great personal ~** unter großem persönlichen Verzicht [*o* großen persönlichen Opfern]; **to make ~s** Opfer bringen, Verzicht leisten
▸PHRASES: **to make the ultimate** [*or* **supreme**] **~ for sb/sth** für jdn/etw das höchste Opfer bringen [*o* sein Leben geben]

sac·ri·fi·cial [ˌsækrɪ'fɪʃəl, AM -rə'-] *adj inv* Opfer-; **~ rites** Opferriten *pl*

sac·ri·fi·cial 'an·ode *n* PHYS Opferanode *f*, galvanische Schutzanode **sac·ri·fi·cial 'lamb, sac·ri·fi·cial 'vic·tim** *n (also fig)* Opferlamm *nt a. fig;* **to make sb a ~** jdn zum Opferlamm machen

sac·ri·fi·cial·ly [ˌsækrɪ'fɪʃəli, AM -rə'-] *adv inv* als Opfer; **to kill sb/an animal ~** jdn/ein Tier als Opfergabe töten; **to offer sb/an animal ~** jdn/ein Tier als Opfer darbringen

sac·ri·lege ['sækrɪlɪʤ, AM -rə-] *n* Sakrileg *nt geh*, Entweihung *f*, Frevel *m; (fig)* Verbrechen *nt fig;* ***it would be a ~ to put a neon sign on that beautiful old building*** es wäre ein Verbrechen, an diesem schönen alten Gebäude eine Leuchtreklame anzubringen; **to consider sth ~** etw als ein Sakrileg betrachten

sac·ri·legious [ˌsækrɪ'lɪʤəs, AM -rə'-] *adj* frevelhaft, gotteslästerlich, sakrilegisch *geh; (fig)* verbrecherisch, verwerflich; ***killing innocent people is ~*** es ist ein Verbrechen, unschuldige Menschen zu töten; **~ act** frevelhafte Tat

sac·ri·legious·ly [ˌsækrɪ'lɪʤəsli, AM -rə'-] *adv* frevelhaft, frevlerisch, gotteslästerlich; *(fig)* verbrecherisch, schändlich; **to act ~** schändlich [*o* verbrecherisch] handeln

sac·ris·tan ['sækrɪstən] *n* REL Sakristan(in) *m(f)*, Küster(in) *m(f)*, ÖSTERR *a.* Mesner *m*, Kirchendiener(in) *m(f)*, Sigrist(in) *m(f)* SCHWEIZ

sac·ris·ty ['sækrɪsti] *n* Sakristei *f*

sac·ro·sanct ['sækrə(ʊ)sæŋ(k)t, AM -roʊ-] *adj (esp hum)* sakrosankt *geh*, hochheilig *meist hum; principle* geheiligt *meist hum; right, treaty* unverletzlich; ***my weekends are ~*** meine Wochenenden sind mir heilig

sa·crum ['seɪkrəm] *n* Kreuzbein *nt*, Sakrum *nt fachspr*

SAD [ˌeseɪ'diː] *n abbrev of* **seasonal affective disorder** jahreszeitlich bedingte Depression, Winterdepression *f*

sad <-dd-> [sæd] *adj* ① *(unhappy)* traurig, betrübt, bekümmert; ***they were ~ to hear that you were sick*** es machte sie traurig zu hören, dass du krank seist; ***the old lady felt ~ because her pet had***

S

died die alte Dame war traurig, weil ihr Haustier gestorben war; **to look ~** betrübt aussehen; **to make sb ~** jdn betrüben [*o* traurig machen]
❷ *(unsatisfactory)* traurig, bedauerlich, schade; ***it's so ~*** [***that***] ***you can't remember his address*** es ist jammerschade, dass du dich nicht an seine Adresse erinnern kannst; ***it's a ~ comment on our society that many old people die of cold each winter*** es ist ein Armutszeugnis für unsere Gesellschaft, dass jeden Winter viele alte Menschen den Kältetod sterben; ***the ~ fact is we cannot afford a new car*** die traurige Tatsache ist, dass wir uns kein neues Auto leisten können; **~ to say** bedauerlicherweise
❸ *(depressing) news* traurig; *incident* betrüblich; *weather* trist
❹ *(deplorable)* bedauernswert, bemitleidenswert, beklagenswert, bedauerlich; *(hum pej)* jämmerlich, erbärmlich, elend; ***he's a ~ case*** er ist ein bedauernswerter Fall; ***give those flowers some water — they're looking a bit ~*** gib den Blumen da etwas Wasser – sie sehen etwas mitgenommen aus; **what a ~ person — still living with his parents at the age of 45** was für ein Jammerlappen – lebt mit 45 Jahren immer noch bei seinen Eltern; **a ~ relaxation of morals** eine beklagenswerte Lockerung der Sitten
▸PHRASES: **to be ~der but wiser** *(saying)* durch Schaden klug geworden sein

sad·den ['sædᵊn] *vt usu passive* ■**to ~ sb** jdn traurig machen [*o* betrüben]; ***it ~s me to think that we'll never see her again*** der Gedanke, sie nie wiederzusehen, stimmt mich traurig; **to be deeply ~ed** tieftraurig [*o* zutiefst betrübt] sein

sad·dle ['sædl] **I.** *n* ❶ *(seat)* Sattel *m;* **to be in the ~** *(riding)* im Sattel sein [*o* sitzen]; *(fig: in charge)* im Amt [*o* an der Macht] sein, im Sattel sitzen *fig*
❷ FOOD Rücken *m,* Rückenstück *nt;* **~ of lamb/venison** Lamm-/Rehrücken *m*
❸ GEOG [Berg]sattel *m*
II. *vt* ❶ *(put saddle on)* **to ~ a horse** ein Pferd satteln
❷ *(fig pej fam: burden)* ■**to ~ sb/oneself with sth** jdm/sich etw aufhalsen *fam;* **to be ~d with sth** etw am Hals haben *fam;* **to ~ oneself with a loan** sich *dat* einen Kredit auf den Hals laden *fam*
◆**saddle up I.** *vt* **to ~ up** ⊂ **a horse** ein Pferd [auf]satteln
II. *vi* aufsatteln

'sad·dle·bag *n* Satteltasche *f* **'sad·dle block, sad·dle block an·es·'the·sia** *n* AM Sattelblockanästhesie *f fachspr,* Reithosenanästhesie *f fachspr* **'sad·dle·cloth** *n* Satteldecke *f* **'sad·dle horse** *n* Reitpferd *nt*

sad·dler ['sædləʳ, AM -ɚ] *n* Sattler *m*

sad·dlery ['sædləri, AM -ɚi] *n no pl* Sattlerei *f*

'sad·dle shoes *npl* AM Sportschuhe *pl (aus hellem Leder, mit farblich davon abgesetztem Einsatz)* **'sad·dle soap** *n no pl* Sattelseife *f,* milde Lederseife **'sad·dle sore** *n of a horse, rider* wund geriebene [*o* gescheuerte] Stelle; *of a horse* Sattelwunde *f fachspr* **'sad·dle-sore** *adj horse* [am Rücken] wund gerieben [*o* gescheuert]; *rider* wund geritten

sad·do ['sædəʊ, AM -oʊ] *n (pej sl)* Idiot(in) *m(f)*

Sad·du·cee ['sædjʊsiː, AM 'sædʒʊ] *n* Sadduzäer(in) *m(f)*

sad·ism ['seɪdɪzᵊm, AM *also* 'sæd-] *n no pl* Sadismus *m*

sad·ist ['seɪdɪst, AM *also* 'sæd-] *n* Sadist(in) *m(f)*

sa·dis·tic [sə'dɪstɪk] *adj* sadistisch

sa·dis·ti·cal·ly [sə'dɪstɪkli] *adv* sadistisch

sad·ly ['sædli] *adv* ❶ *(unhappily)* traurig, betrübt, bekümmert; **to shake one's head ~** traurig den Kopf schütteln
❷ *(regrettably)* bedauerlicherweise, leider; ***~, they have no more tickets*** leider haben sie keine Karten mehr
❸ *(badly)* arg; ***her garden looks ~ neglected*** ihr Garten sieht ganz schön verwahrlost aus; ***you will be ~ missed by us all*** wir werden dich alle schmerzlich vermissen
❹ *(completely)* völlig; ***they are ~ lacking tactfulness*** ihnen fehlt jedes Taktgefühl; **to be ~ mistaken** völlig danebenliegen *fam*

sad·ness ['sædnəs] *n no pl* Traurigkeit *f* (**about/at** über +*akk*); ***his death filled me with great ~*** sein Tod erfüllte mich mit tiefer Trauer

sado·maso·chism [ˌseɪdə(ʊ)'mæsəkɪzᵊm, AM ˌsædoʊ'-] *n no pl* Sadomasochismus *m*

sado·maso·chist [ˌseɪdə(ʊ)'mæsəkɪst, AM ˌsædoʊ'-] *n* Sadomasochist(in) *m(f)*

sado·maso·chis·tic [ˌseɪdə(ʊ)mæsə'kɪstɪk, AM ˌsædoʊ-] *adj inv* sadomasochistisch

sae, SAE [ˌeseɪ'iː] *n abbrev of* **stamped addressed envelope, self-addressed envelope** frankierter Rückumschlag

sa·fa·ri [sə'fɑːri] *n* Safari *f*

sa·'fa·ri jack·et *n* Safarijacke *f* **sa·'fa·ri park** *n* Safaripark *m* **sa·'fa·ri suit** *n* Safarianzug *m*

safe [seɪf] **I.** *adj* ❶ *(secure)* sicher, ungefährlich; *medicine* unbedenklich; ***~ journey!*** gute Reise!; ***it's ~ to enter the building now*** man kann das Gebäude jetzt gefahrlos betreten; ***do you think it will be ~ to leave her in the car by herself?*** meinst du, es kann nichts passieren, wenn wir sie allein im Auto lassen?; **~ distance** Sicherheitsabstand *m;* **to drive at a ~ speed** mit angepasster Geschwindigkeit fahren; **~ vaccine** gut verträglicher Impfstoff
❷ *(protected)* sicher; ***your secret's ~ with me*** bei mir ist dein Geheimnis sicher aufgehoben; ***we're ~ from attack now*** wir sind jetzt vor einem Angriff sicher; **to keep sth in a ~ place** etw sicher aufbewahren; **to feel ~** sich *akk* sicher fühlen; **to put sth somewhere ~** etw an einen sicheren Ort tun
❸ *(certain)* [relativ] sicher; ***it's a pretty ~ assumption that she's going to marry him*** es ist so gut wie sicher, dass sie ihn heiraten wird; ***it's a ~ bet that his condition will get worse*** man kann davon ausgehen, dass sich sein Zustand verschlechtern wird; ***black shoes are always a ~ bet*** mit schwarzen Schuhen kann man nie etwas falsch machen; **~ method/source** sichere Methode/Quelle
❹ *(avoiding risk)* vorsichtig; **to make the ~ choice** auf Nummer Sicher gehen *fam;* **~ driver** vorsichtiger Fahrer/vorsichtige Fahrerin; **ten years of ~ driving** zehn Jahre unfallfreies Fahren; **~ estimate** vorsichtige Schätzung; **~ play** Spiel *nt* auf Sicherheit; **~ player** auf Sicherheit bedachter Spieler/bedachte Spielerin
❺ *(dependable)* sicher, verlässlich, zuverlässig; **~ adviser** verlässlicher Berater/verlässliche Beraterin; **~ car** verkehrssicheres Auto; **~ driver** sicherer Fahrer/sichere Fahrerin; **~ investment** risikolose Investition; **~ road** gut ausgebaute Straße
❻ POL **~ constituency/seat** sicherer Wahlkreis/Sitz
❼ SPORT **to win by a ~ margin** mit sicherem [*o* großem] Vorsprung gewinnen
▸PHRASES: **it is better to be ~ than sorry** *(prov)* Vorsicht ist besser als Nachsicht *prov;* **to be in ~ hands** in guten Händen sein; **to be as ~ as houses** BRIT *deal, job* bombensicher sein *fam;* **to play it ~** *fam* vorsicht walten lassen, auf Nummer Sicher gehen *fam;* [**just** [*or* **in order**]] **to be on the ~ side** [nur] um sicherzugehen [*o* zur Sicherheit]; **~ and sound** gesund und wohlbehalten
II. *n* Geldschrank *m,* Tresor *m,* Safe *m*

'safe·blow·er *n,* BRIT, AUS **'safe·break·er** *n* Tresorknacker(in) *m(f) fam,* Safeknacker(in) *m(f) fam,* ÖSTERR, SCHWEIZ *a.* Panzerknacker(in) *m(f) fam*

safe 'con·duct *n* freies [*o* sicheres] Geleit; *(document)* Geleitbrief *m,* Schutzbrief *m;* **to be granted ~** freies [*o* sicheres] Geleit gewährt bekommen; **to demand ~** freies [*o* sicheres] Geleit fordern; **to issue sb with a ~** jdm einen Geleitbrief [*o* Schutzbrief] ausstellen

'safe·crack·er *n* AM Tresorknacker(in) *m(f) fam,* Safeknacker(in) *m(f) fam,* ÖSTERR, SCHWEIZ *a.* Panzerknacker(in) *m(f) fam* **safe de·'pos·it** *n* Tresor[raum] *m,* Stahlkammer *f* **safe-de·'pos·it box** *n* Tresorfach *nt,* [Bank]schließfach *nt,* [Bank]safe *m*

'safe·guard ['seɪfgɑːd, AM -gɑːrd] **I.** *vt (form)* ■**to ~ sb/sth against** [*or* **from**] **sth** jdn/etw vor etw *dat* schützen; **to ~ a computer system against viruses** ein Computersystem gegen Viren sichern; **to ~ the environment** die Umwelt schützen; **to ~ sb's interests/rights** jds Interessen/Rechte wahren **II.** *n* Schutz *m* (**against** vor +*dat*), Vorsichtsmaßnahme *f* (**against** gegen +*akk*); TECH Sicherung *f,* Schutzvorrichtung *f;* ■**~s** LAW Sicherheitsklauseln *pl,* Sicherungsklauseln *pl;* **~ clause** ECON Schutzklausel *f;* **~ for consumers** Verbraucherschutz *m,* Konsumentenschutz *m* SCHWEIZ **safe·guard·ing** ['seɪfgɑːdɪŋ, AM -gɑːrd-] *n no pl* Sicherstellung *f;* **~ of the future** Zukunftssicherung *f* **'safe house** *n of terrorists* geheimer Unterschlupf; *(house)* Haus *nt* für konspirative Treffen; *(flat)* konspirative Wohnung; *of secret agents* sicheres Versteck **safe·'keep·ing** *n no pl* [sichere] Aufbewahrung [*o* Verwahrung], Gewahrsam *m;* **to be in sb's ~** in jds Gewahrsam [*o* Obhut] sein; **to give sth to sb** [*or* **leave sth with sb**] **for ~** jdm etw *akk* in Verwahrung geben [*o* anvertrauen]

safe·ly ['seɪfli] *adv* ❶ *(securely)* sicher, gefahrlos; ***the house was ~ locked up*** das Haus war sicher verschlossen; ***the children are ~ tucked up in bed*** die Kinder liegen wohl vermummt im Bett; ***the bomb was ~ defused*** die Bombe wurde gefahrlos entschärft; ***you can ~ take six tablets a day*** Sie können bedenkenlos sechs Tabletten täglich einnehmen
❷ *(avoiding risk)* vorsichtig, besonnen; ***drive ~!*** fahr vorsichtig!; ***we'll have to proceed ~*** wir müssen besonnen vorgehen
❸ *(without harm) person* wohlbehalten; *object* heil; ***the parcel arrived ~*** das Paket kam heil an; **to land ~** sicher landen
❹ *(with some certainty)* mit ziemlicher Sicherheit; ***one can ~ say that they will come tomorrow*** man kann mit ziemlicher Sicherheit davon ausgehen, dass sie morgen kommen

safe·ness ['seɪfnəs] *n no pl* Sicherheit *f; of a machine* Betriebssicherheit *f;* **feeling of ~** Gefühl *nt* der Sicherheit

'safe pe·ri·od *n* unfruchtbare Tage; **to calculate one's ~** die unfruchtbaren Tage bestimmen **safe 'sex** *n no pl* Safer Sex *m* **safe-'sex cam·paign** *n* Kampagne *f* für Safer Sex

safe·ty ['seɪfti] *n no pl* ❶ *(condition of being safe)* Sicherheit *f;* ***they all ran for ~ behind trees*** sie rannten alle, um sich hinter den Bäumen in Sicherheit zu bringen; ***I prefer to watch it on TV from the ~ of my own armchair*** ich sehe es mir lieber, von meinem sicheren Sessel aus, im Fernsehen an; **place of ~** sicherer Ort; **with no thought for one's own ~** ohne an seine eigene Sicherheit zu denken; **to be concerned for the ~ of sb** um jds Sicherheit besorgt sein; **to guarantee** [*or* **assure**] **sb's ~** für jds Sicherheit garantieren; **to leap to ~** sich *akk* mit einem Sprung in Sicherheit bringen; **to winch sb to ~** jdn mit einer Seilwinde in Sicherheit bringen; **for your** [**comfort and**] **~** zu Ihrer [Bequemlichkeit und] Sicherheit; **for ~**[**'s sake**] sicherheitshalber, aus Sicherheitsgründen
❷ *(freedom from harm)* Sicherheit *f; of a medicine* Unbedenklichkeit *f*
❸ *(safety catch) of a gun* Sicherung *f,* Sicherungshebel *m*
❹ *(in American football)* Sicherheits-Touchdown *m,* Safety *m fachspr; (player)* Rückraumspieler *m*
▸PHRASES: **there's ~ in numbers** *(saying)* in der Gruppe ist man sicherer

'safe·ty belt *n on a car, plane* Sicherheitsgurt *m,* Anschnallgurt *m;* NAUT Rettungsgürtel *m,* SCHWEIZ *a.* Rettungsgurte *f*

'safe·ty bond *n* ECON Kaution *f*

'safe·ty cage *n* Sicherheits[fahrgast]zelle *f*

'safe·ty catch *n of a gun* Sicherung *f,* Sicherungshebel *m;* ***is the ~ on?*** ist die Waffe gesichert?; **to release the ~ of a gun** eine Pistole entsichern

'safe·ty check *n* Sicherheitskontrolle *f,* Sicherheitsüberprüfung *f* **'safe·ty-con·scious** *adj* sicherheitsbewusst **'safe·ty cur·tain** *n* THEAT eiserner

Vorhang
safe·ty-de·'pos·it box *n* Tresorfach *nt,* [Bank]schließfach *nt,* [Bank]safe *m*
'safe·ty de·vice *n* Sicherheitsvorrichtung *f* **'safe·ty fac·tor** *n* Sicherheitsfaktor *m* **'safe·ty fea·ture** *n* Sicherheitsmerkmal *nt* **safe·ty 'first** *interj* Sicherheit geht vor! **'safe·ty-first** *adj attitude, policy* sicherheitsbetont, sicherheitsorientiert **'safe·ty gate** *n* Sicherheitsschranke *f* **'safe·ty glass** *n no pl* Sicherheitsglas *nt* **'safe·ty glasses** *npl* Schutzbrille *f* **'safe·ty har·ness** *n* Sicherheitsgurt *m (für Kinder)* **'safe·ty hel·met** *n* Schutzhelm *m* **'safe·ty is·land** *n* AM Verkehrsinsel *f* **'safe·ty lamp** *n* Grubenlampe *f*
'safe·ty lock *n* ① *(on gun)* Sicherung *f,* Sicherungshebel *m*
② *(secure lock)* Sicherheitsschloss *nt*
'safe·ty mar·gin *n* Sicherheitsabstand *m;* ECON, STOCKEX Sicherheitsspanne *f*/-spielraum *m,* Sicherheitsmarge *f fachspr* **'safe·ty match** *n* Sicherheitszündholz *nt* **'safe·ty mea·sures** *npl* Sicherheitsmaßnahmen *pl*
'safe·ty net *n* ① *(protective net)* Sprungnetz *nt,* Sicherheitsnetz *nt*
② *(fig)* soziales Netz, Absicherung *f;* ***the government provides a ~ of payments to the unemployed*** die Regierung sichert die Arbeitslosen mit einem Netz von Leistungen
③ COMPUT Sicherheitsvorrichtung *f*
'safe·ty pin *n* ① *(covered pin)* Sicherheitsnadel *f*
② *(on grenade)* Sicherungssplint *m*
③ NAUT Sicherungsbolzen *m*
'safe·ty ra·zor *n* Rasierapparat *m,* Nassrasierer *m fam* **'safe·ty rec·ord** *n* ① TECH Sicherheitsprotokoll *nt* ② AVIAT Unfallregister *nt;* ***I won't fly an airline that has a bad ~*** ich werde nicht mit einer Fluggesellschaft fliegen, die in der Vergangenheit [überdurchschnittlich] viele Unfälle zu verzeichnen hatte **'safe·ty regu·la·tions** *npl* Sicherheitsvorschriften *pl*
'safe·ty school *n Universität, bei der man sicher einen Studienplatz bekommt*
'safe·ty valve *n* Sicherheitsventil *nt; (fig)* Ventil *nt fig* **'safe·ty zone** *n* AM Verkehrsinsel *f*
saf·flow·er ['sæflaʊəʳ, AM -ɚ] *n* Färberdistel *f,* Saflor *m*
'saf·flow·er oil *n* Distelöl *nt,* Safloröl *nt*
saf·fron ['sæfrən] **I.** *n no pl* Safran *m*
II. *adj* safrangelb
saf·fron 'bun *n* Safranbrötchen *nt,* Safranweckerl *nt* ÖSTERR **saf·fron 'rice** *n no pl* Safranreis *m*
sag [sæg] **I.** *vi* <-gg-> ① *(droop)* [herab]hängen; *bed, roof, rope* durchhängen; *plate, shelf* sich *akk* durchbiegen; ***his shoulders ~ged and he walked with a stoop*** er ging gebeugt mit herabhängenden Schultern; ***I noticed that my breasts began to ~ when I turned 40*** mit 40 bemerkte ich, dass ich einen Hängebusen bekam
② *(fig: weaken) courage* sinken; ***her spirits ~ged*** ihre Stimmung wurde gedrückt; ***my interest began to ~*** mein Interesse ließ nach
③ *(fig: decline)* nachgeben, sich *akk* abschwächen; *support* nachlassen; ***the value of the dollar is likely to ~*** der Dollarkurs wird sich wahrscheinlich abschwächen; ***the pound ~ged*** das Pfund gab nach
II. *n no pl* ① *(droop)* Durchhängen *nt;* ***what is causing the ~ in the roof?*** wie kommt es, dass das Dach durchhängt?
② *(fig: fall)* [Ab]sinken *nt,* Abschwächung *f;* STOCKEX geringfügige Kursschwäche; ***I think there'll be a ~ in market prices*** ich glaube, die Börsenkurse werden sich abschwächen; ***as a result of the revelations there has been an immediate ~ in public support*** infolge der Enthüllungen ließ die Unterstützung durch die Öffentlichkeit sofort nach
saga ['sɑːɡə] *n* ① LIT *(medieval story)* Saga *f; (long family novel)* Familienroman *m*
② *(pej: long involved story)* Geschichte *f pej,* Story *f pej fam;* ***he made me listen to the whole sorry ~ of his lost cat*** ich musste mir das ganze Gejammer über seine entlaufene Katze anhören; **a ~ of corruption** eine Kette von Korruptionsfällen
sa·ga·cious [sə'ɡeɪʃəs] *adj (form)* klug, gescheit; *comment, remark* scharfsinnig; ***you certainly do have a ~ mind*** du bist wirklich ein kluger Kopf
sa·ga·cious·ly [sə'ɡeɪʃəsli] *adv (form)* klug; **to comment/remark ~** scharfsinnig kommentieren/bemerken
sa·gac·ity [sə'ɡæsəti, AM -əṭi] *n no pl (form)* Klugheit *f,* Scharfsinn *m;* **a statesman's ~** staatsmännische Klugheit
'sag bag *n* Knautschsack *m,* Knautsch[sitz]kissen *nt*
sage[1] [seɪdʒ] *(liter)* **I.** *adj inv advice, decision* weise, klug
II. *n (also hum)* Weise(r) *f(m)*
sage[2] [seɪdʒ] *n no pl* Salbei *m;* **~ tea** Salbeitee *m*
sage-and-on·ion 'stuff·ing *n* Salbei- und Zwiebelfüllung *f* **sage-'green** *adj* graugrün
sage·ly ['seɪdʒli] *adv (liter)* weise, klug; **to comment ~** klug anmerken [*o* kommentieren]; **to decide ~** weise entscheiden
sag·ging ['sæɡɪŋ] *adj* ① *(drooping) shoulders* herabhängend *attr; bed, roof, rope* durchhängend *attr;* **~ breasts** Hängebusen *m*
② *(fig: declining) demand* sinkend *attr; support* nachlassend *attr*
sag·ging 'mar·ket *n* STOCKEX geringfügig nachgebende Kurse
sag·gy ['sæɡi] *adj* durchhängend; *(of body parts)* schlaff
Sag·it·tar·ian [ˌsædʒɪ'teəriən, AM -ə'teri-] *n* ASTROL Schütze *m*
Sag·it·ta·rius [ˌsædʒɪ'teəriəs, AM -ə'teri-] *n* ASTROL Schütze *m*
sago ['seɪɡəʊ, AM -ɡoʊ] *n no pl* Sago *m*
Sa·ha·ra, Sa·ha·ra Des·ert [sə'hɑːrə-, AM -'herə-] *n no pl* ▪**the ~** die Sahara
Sa·har·an [sə'hɑːrən, AM -'herən] **I.** *n* Nilo-Saharanische Sprachen *pl*
II. *adj* nilo-saharanisch
sa·hib [sɑːb, AM 'sɑːɪb] *n* IND Sahib *m (indischer und pakistanischer Titel/höfliche Anrede)*
said [sed] **I.** *pp, pt of* **say**
II. *adj attr, inv* LAW besagt; ***where were you on the ~ evening?*** wo waren Sie an besagtem Abend?
sail [seɪl] **I.** *n* ① *no pl (journey)* Segelfahrt *f,* [Segel]törn *m;* **to come** [*or* **go**] **for a ~** eine Segelfahrt machen
② *(material)* Segel *nt;* **to hoist/lower the ~s** die Segel setzen/einholen; **under ~** unter Segel, auf der Fahrt
③ *(of windmill)* Flügel *m*
▸ PHRASES: **to <u>set</u> ~** in See stechen, auslaufen; **to set ~ for/from France** nach/von Frankreich absegeln
II. *vi* ① *(by ship)* fahren, reisen; *(by yacht)* segeln; ***we ~ed up/down the river*** wir segelten flussaufwärts/-abwärts; **to ~ against/before the wind** gegen den/vor dem Wind segeln; **to ~ around the world** die Welt umsegeln; **to ~ by** [*or* **past**] vorbeisegeln; *(fig)* wie im Flug vergehen
② *(start voyage)* auslaufen; ***their ship ~s for Bombay next Friday*** ihr Schiff läuft nächsten Freitag nach Bombay aus
③ *(move effortlessly)* gleiten; **to ~ along** dahingleiten; ***the clouds went ~ing by quickly*** die Wolken zogen rasch vorüber; ***the ball went ~ing over the wall*** der Ball segelte über die Mauer *fam;* ***she was ~ing along on her bike*** sie rollte mit ihrem Fahrrad dahin
④ *(move vigorously)* rauschen, segeln *fam;* ***she ~ed into the room*** sie kam ins Zimmer gerauscht [*o fam* gesegelt]; ***he wasn't looking where he was going, and just ~ed straight into her*** er passte nicht auf, wohin er ging und rauschte geradewegs mit ihr zusammen; **to ~ on to victory** dem Sieg entgegeneilen
⑤ *(fig: attack)* ▪**to ~ into sb** jdn attackieren; **to ~ into one's opponents** über seine Gegner herfallen *fam;* ***he ~ed into his wife for spending so much money every month*** er herrschte seine Frau an, weil sie jeden Monat so viel Geld ausgab
⑥ *(do easily)* ▪**to ~ through sth** etw mit Leichtigkeit [*o* spielend] schaffen; ***he's ~ing through school*** er schafft die Schule mit links; ***I ~ed through my first pregnancy*** bei meiner ersten Schwangerschaft verlief alles glatt
▸ PHRASES: **to ~ against the <u>wind</u>** Wind von vorn bekommen *fig;* **to ~ close to** [*or* **near**] **the <u>wind</u>** sich *akk* hart an der Grenze des Erlaubten bewegen
III. *vt* ① *(navigate)* **to ~ a ship** ein Schiff steuern; **to ~ a yacht** eine Yacht segeln
② *(travel)* **to ~ the Pacific** den Pazifik befahren [*o* durchsegeln]
'sail·board *n* Surfbrett *nt* **'sail·boat** *n* AM Segelboot *nt* **'sail·cloth** *n no pl* Segeltuch *nt* **'sail·fish** *n* Fächerfisch *m*
sail·ing ['seɪlɪŋ] *n* ① *(going for a sail)* Segeln *nt;* ***what a great day for ~!*** was für ein toller Tag zum Segeln!; ***perfect weather for ~*** ideales Segelwetter
② SPORT Segelsport *m,* Segeln *nt;* **~ *is a hobby of mine*** Segeln ist eines meiner Hobbys
③ *(departure)* Abfahrt *f*
'sail·ing boat *n* BRIT, AUS Segelboot *nt* **'sail·ing club** *n* Segelklub *m,* Segelverein *m* **'sail·ing din·ghy** *n* [kleines] Segelboot, Dingi *nt* **'sail·ing ship, 'sail·ing ves·sel** *n* Segelschiff *nt*
'sail·mak·er *n* Segelmacher(in) *m(f)*
sail·or ['seɪləʳ, AM -ɚ] *n* ① *(member of ship's crew)* Matrose *m,* Seemann *m*
② *(person who sails)* Segler(in) *m(f)*
▸ PHRASES: **to be a <u>bad</u>/<u>good</u> ~** leicht/nicht leicht seekrank werden, nicht seefest/seefest sein
'sail·or suit *n* Matrosenanzug *m*
'sail·plane *n* Segelflugzeug *nt*
saint [seɪnt, sᵊnt] *n* ① *(holy person)* Heilige(r) *f(m);* **to make sb a ~** jdn heiligsprechen; **S~ Peter** der heilige Petrus; **S~ Paul's Cathedral** Paulskathedrale *f*
② *(fig fam: very good person)* Heilige(r) *f(m) fig fam;* ***she must be a real ~ to stay with him all these years*** sie muss wirklich ein Engel in Person sein, wenn sie all die Jahre bei ihm geblieben ist; **to be no ~** *(hum)* nicht gerade ein Heiliger/eine Heilige sein *hum*
saint·ed ['seɪntɪd, AM -ṭɪd] *adj inv* ① *(canonized)* heiliggesprochen
② *(holy)* geheiligt; *place* geweiht
③ *(dead)* selig; **my ~ mother** meine selige Mutter
saint·hood ['seɪnthʊd] *n no pl* ① *(character)* Heiligkeit *f; (status)* Stand *m* der Heiligkeit; **to confer ~ on sb** jdn heiligsprechen [*o* in den Stand der Heiligkeit erheben]
② *(group)* die [Gemeinschaft der] Heiligen
saint·li·ness ['seɪntlɪnəs] *n no pl* Heiligkeit *f,* Frömmigkeit *f*
Saint Lucian ['luːʃən] **I.** *n* Lucianer(in) *m(f)*
II. *adj* lucianisch
saint·ly ['seɪntli] *adj* heilig, fromm; *(pej)* frömmlerisch *pej;* ***her ~ manner concealed a devious mind*** hinter ihrer Frömmlerei verbarg sich ein hinterhältiges Wesen
'saint's day *n* Heiligenfest *nt,* Namenstag *m* eines/einer Heiligen; ***what are you getting her for her ~?*** was schenkst du ihr zum Namenstag?
saith [seθ] *vi,vt (old) 3rd pers. sing pres of* **say** sprach *veraltet*
sake[1] [seɪk] *n* ① *(purpose)* **for the ~ of sth** [*or* **for sth's ~**] um einer S. *gen* willen; ***you're only arguing for the ~ of arguing*** du streitest dich nur um des Streitens willen; **for economy's ~** aus wirtschaftlichen Gründen; **for the ~ of peace** um des [lieben] Friedens willen
② *(benefit)* **for the ~ of sb** [*or* **for sb's ~**] jdm zuliebe; ***please do it, for my ~*** tu es bitte mir zuliebe; ***I hope for both of our ~s that you're right!*** ich hoffe für uns beide, dass du Recht hast; **to stay together for the ~ of the children** der Kinder wegen zusammenbleiben
▸ PHRASES: **for <u>Christ's</u>** [*or* **<u>God's</u>**] **~** *(pej! fam!)* Himmelherrgott noch mal! *pej sl;* ***for Christ's ~, turn that music off!*** nun stell doch [in Gottes Namen] endlich diese Musik ab!; **for <u>goodness</u>** [*or* **<u>heaven's</u>**] [*or* **<u>Pete's</u>**] [*or* **<u>pity's</u>**] **~** um Gottes [*o*

S

Himmels] willen

sake[2], **saki** ['sɑ:ki] *n* Sake *m*

sake·tini [ˌsɑ:ki'ti:ni] *n Cocktail aus Sake mit Gin oder Wodka*

sa·laam [sə'lɑ:m] **I.** *vi* ■**to ~ to sb** jdn mit [einem] Salam begrüßen
II. *n* Salam *m (muslimischer Friedensgruß)*; ***he made a ~ of greeting*** er grüßte mit einem Salam
III. *interj* Salam!

sal·able ['seɪləbl̩] *adj esp* Am *(saleable)* verkäuflich

sa·la·cious [sə'leɪʃəs] *adj (pej) joke, poem* obszön, schlüpfrig *pej; comment* anzüglich *pej; person* geil, lüstern *pej*

sa·la·cious·ly [sə'leɪʃəsli] *adv (pej)* obszön; **to act ~** sich *akk* aufreizend verhalten

sa·la·cious·ness [sə'leɪʃəsnəs] *n no pl (pej)* Obszönität *f pej; of a comment, joke* Anzüglichkeit *f*, Schlüpfrigkeit *f pej; of a person* Geilheit *f*, Lüsternheit *f pej*

sal·ad ['sæləd] *n* Salat *m*; **to make** [*or* **toss**] **a ~** einen Salat [an]machen

'sal·ad bar *n* Salatbar *f*; ***help yourself to the ~*** bedienen Sie sich an der Salatbar **'sal·ad bowl** *n* Salatschüssel *f* **'sal·ad cream** *n* Brit [Salat]mayonnaise *f* **'sal·ad days** *npl (dated)* ■**sb's ~** jds Zeit der jugendlichen Unerfahrenheit; ***I met her in my ~*** ich traf sie, als ich noch jung und unerfahren war **'sal·ad dress·ing** *n* Dressing *nt* **'sal·ad fork** *n* Salatgabel *f* **'sal·ad oil** *n* Salatöl *nt* **'sal·ad plate** *n* Salatplatte *f*

sala·man·der ['sæləmændəʳ, Am -ɚ] *n* ❶ *(animal)* Salamander *m*
❷ Tech Ofensau *f*

sa·la·mi [sə'lɑ:mi] *n* Salami *f*

sal am·mo·ni·ac [ˌsælə'məʊniæk, Am -'moʊ-] *n* Ammoniaksalz *nt*, Salmiak *m*

sala·ried ['sælərі:d] *adj inv* bezahlt, besoldet, fest angestellt; **~ civil-service employee** Besoldungsempfänger(in) *m(f)*; **~ employee** Gehaltsempfänger(in) *m(f)*; **~ partner** Partner(in) *m(f)* mit festem Gehalt; **~ post** Angestelltenposten *m*, Stelle *f* mit festem Gehalt; **~ staff** Gehaltsempfänger *pl*, Festangestellte *pl*

sala·ry ['sæləri] *n* Gehalt *nt*; **annual ~** Jahresgehalt *nt*; **to earn** [*or* **get**] [*or* **be on**] **a decent ~** ein anständiges Gehalt verdienen [*o* beziehen]; **to put up** [*or* **raise**] **sb's ~** jds Gehalt erhöhen [*o* aufbessern]

'sala·ry ac·count *n* Gehaltskonto *nt* **'sala·ry cap** *n* Spitzenverdienst *m* **'sala·ry class** *n* Gehaltsklasse *f* **'sala·ry cut** *n* Gehaltskürzung *f* **'sala·ry date** *n* Gehaltsdatum *nt* **'sala·ry earn·er** *n* Gehaltsempfänger(in) *m(f)* **'sala·ry in·crease** *n* Gehaltserhöhung *f*; **to award a ~ to sb** jdm eine Gehaltserhöhung gewähren **'sala·ry-linked** *adj* gehaltsabhängig **'sala·ry pay·ment** *n* Gehaltszahlung *f* **'sala·ry rise**, Am **'sala·ry raise** *n* Gehaltserhöhung *f*; **to get** [*or* **be given**] **a ~** eine Gehaltserhöhung [*o* Gehaltsaufbesserung] bekommen **'sala·ry scale** *n* Gehaltsskala *f*, Gehaltstabelle *f*

sale [seɪl] *n* ❶ *(act of selling)* Verkauf *m*; Law Veräußerung *f*; **~ and purchase agreement** Kaufvertrag *m*; **~ and repurchase scheme** Fin Wertpapierpensionsgeschäft *nt*; **~ by auction** Auktion *f*; **~ by private treaty** Grundstückskauf *m* unter Ausschluss von Versteigerung; **~ by sample** Kauf *m* nach Probe; **~ by tender** Verkauf *m* durch Submission; **~ of foreign exchange** Fin Devisenverkauf *m*; **~ of securities** Fin Wertpapierverkauf *m*; **~ on approval** Kauf *m* auf Probe; **~ or return** Kauf *m* mit Rückgaberecht, Verkauf *m* auf Kommissionsbasis; **~s abroad** Auslandsumsatz *m*; **to make a ~** ein Verkaufsgeschäft abschließen; ■**for ~** zu verkaufen; **to put sth up for ~** etw zum Verkauf anbieten; ■**to be on ~** erhältlich [*o* im Handel] sein
❷ *(amount sold)* Absatz *m*; ***the company is expecting a record ~ of the new model*** die Firma rechnet bei dem neuen Modell mit einem Rekordumsatz; ***~s of cars were up/down this week*** die Verkaufszahlen für Autos gingen diese Woche nach oben/unten
❸ *(at reduced prices)* Ausverkauf *m*; ***I bought this in a ~*** das habe ich im Ausverkauf gekauft; **to be in the** [*or* Am **on**] **~** im Angebot sein; ■**the ~s** *pl* der Schlussverkauf *kein pl*; **charity ~** Wohltätigkeitsbasar *m*; **clearance ~** Räumungsverkauf *m*, Liquidation *f* Schweiz; **in** [*or* **at**] **the January/summer ~s** im Winter-/Sommerschlussverkauf; **end-of-season ~** Saisonschlussverkauf *m*; **to hold a ~** einen Ausverkauf veranstalten
❹ *(auction)* Versteigerung *f*, Auktion *f*
❺ *pl (department)* ■**S~s** Verkaufsabteilung *f*
❻ *pl* Comm ■**~s** Absatz *m*
❼ *pl* Fin ■**~s** Umsatz *m*

sale·able ['seɪləbl̩] *adj* verkäuflich, marktgängig; **to be easily ~** sich *akk* gut verkaufen, gut gehen *fam*; **to not be very ~** sich *akk* schlecht verkaufen, schlecht gehen *fam*

sale and 'lease·back *n* Verkauf *m* mit anschließender Vermietung an den Verkäufer

'sale goods *npl* Ausverkaufsartikel *pl*

sale or re·'turn *n* Brit Kauf *m* mit Rückgaberecht **'sale price** *n* Verkaufspreis *m* **'sale pro·ceeds** *npl* Comm Veräußerungserlös *m*, Verkaufserlös *m*

'sale·room *n esp* Brit Auktionsraum *m*, Auktionslokal *nt*

'sales ac·count *n* Verkaufskonto *nt* **'sales ac·tiv·ity** *n* Absatzaktivität *f* **'sales analy·sis** *n* Verkaufsanalyse *f*, Umsatzanalyse *f* **'sales area** *n* ❶ *(in shop)* Verkaufsfläche *f* ❷ *(region)* Verkaufsgebiet *nt* **'sales as·sist·ant** *n* Brit, Aus *(form)* Verkäufer(in) *m(f)* **'sales book** *n* Comm Warenausgangsbuch *nt* **'sales cam·paign** *n* Verkaufskampagne *f*, Verkaufsaktion *f* **'sales chan·nel** *n* Comm Vertriebsstrang *m* **'sales clerk** *n* Am Verkäufer(in) *m(f)* **'sales con·fer·ence** *n* Vertreterkonferenz *f* **'sales de·part·ment** *n* Verkaufsabteilung *f*, Abteilung Verkauf **'sales di·rec·tor** *n* Verkaufsdirektor(in) *m(f)* **'sales drive** *n* Verkaufskampagne *f*, Verkaufsaktion *f*; **to launch a ~** eine Verkaufskampagne starten **'sales ex·ecu·tive** *n* Vertriebsleiter(in) *m(f)*, Verkaufsleiter(in) *m(f)* **'sales fig·ures** *npl* Verkaufsziffern *pl*, Verkaufszahlen *pl*, Absatzzahlen *pl* **'sales force** *n* Verkaufsstab *m*, Vertreterstab *m*, Verkaufspersonal *nt* **'sales fore·cast** *n* Absatzprognose *f* **'sales·girl** *n (dated)* Verkäuferin *f* **'sales in·voice** *n* Verkaufsrechnung *f* **'sales·lady** *n* Verkäuferin *f* **'sales ledg·er** *n* Warenausgangsbuch *nt*, Debitorenbuch *nt*, Verkaufsbuch *nt* **'sales lit·era·ture** *n* Verkaufsprospekte *pl* **'sales·man** *n* Verkäufer *m*, Handelsvertreter *m*, [Handlungs]reisender *m*; **door-to-door ~** Hausierer *m* **sales 'man·ag·er** *n* Verkaufsleiter(in) *m(f)* **'sales·man·ship** *n no pl (technique)* Verkaufstechnik *f*; *(skill)* Verkaufsgeschick *nt*, Geschäftstüchtigkeit *f* **'sales net·work** *n* Comm Vertriebsnetz *nt*, Flächenvertrieb *m* **'sales or·der** *n* Comm Verkaufsauftrag *m* **'sales out·let** *n* Verkaufsstätte *f* **'sales·per·son** *n* Verkäufer(in) *m(f)*; **car ~** Autoverkäufer(in) *m(f)* **'sales pitch** *n (also pej fam)* ❶ *(high-pressure approach)* mit [allem] Nachdruck geführtes Verkaufsgespräch; ***he made his ~ for the new line of shoes*** er machte sich in seinem Verkaufsgespräch für die neue Schuhkollektion stark; ***he's got a good ~*** er führt ein Verkaufsgespräch rhetorisch geschickt ❷ *(specific approach)* Verkaufstaktik *f*, Verkaufsargument *nt*, Verkaufsmasche *f pej* **'sales plat·form** *n* Comm Vertriebsplattform *f* **'sales po·ten·tial** *n* Comm Absatzchancen *pl*, Absatzpotenzial *nt*; ***a product with considerable ~*** ein Produkt mit beträchtlichen Absatzchancen **'sales price** *n* Verkaufspreis *m* **'sales pro·jec·tion** *n* Comm Absatzprognose *f* **'sales pro·mo·tion** *n* Comm Verkaufsförderung *f* **'sales re·ceipt** *n* Kassenzettel *m* **'sales rep·re·senta·tive**, *fam* **'sales rep** *n* Vertreter(in) *m(f)* **'sales re·sist·ance** *n* Kaufunlust *f* **'sales rev·enue** *n* Comm Umsatzerlös *m* **'sales·room** *n* Verkaufsraum *m*; *(auction)* Auktionsraum *m*, Auktionslokal *nt* **'sales slip** *n* Am *(receipt)* Kassenbeleg *m*, Verkaufsbeleg *m* **'sales staff** *n + sing/pl vb* Vertriebsmitarbeiter *pl*/-mitarbeiterinnen *pl* **'sales strat·egy** *n* Comm Vertriebsstrategie *f* **'sales strength** *n* Comm Umsatzstärke *f* **'sales struc·ture** *n* ❶ Comm Vertriebsstruktur *f* ❷ Fin Umsatzstruktur *f* **'sales talk** *n no pl* Verkaufsgespräch *nt*; *(pej)* Verkaufsmasche *f pej*; ***these figures can't be genuine — that's just ~*** diese Zahlen können nicht stimmen – hier geht es nur darum, etwas zu verkaufen **'sales tax** *n no pl esp* Am Fin [allgemeine] Umsatzsteuer **'sales tim·ing** *n no pl* Comm Verkaufs-Timing *nt* **'sales·wom·an** *n* Verkäuferin *f*

sa·li·ent ['seɪliənt, Am -ljənt] *adj inv* ❶ *(important)* bedeutend; **the ~ facts** die wichtigsten Fakten; **the ~ points** die Hauptpunkte
❷ *(prominent)* herausragend, hervorstechend
❸ *(pointing outwards)* [her]vortretend, hervorstehend

sali·fi·ca·tion [ˌsælɪfɪ'keɪʃən, Am -əfɪ-] *n no pl* Chem Salzbildung *f*

sa·lina [sə'laɪnə] *n* Tech Saline *f*, Salzwerk *nt*

sa·line ['seɪlaɪn, Am -li:n] **I.** *adj* salzig; **~ deposits** Salzablagerungen *pl*
II. *n* Salzlösung *f*; Med Kochsalzlösung *f*

sa·line 'drip *n* Med Tropfinfusion *f* **sa·line so·'lu·tion** *n* Salzlösung *f*

sa·lin·ity [sə'lɪnɪti, Am -əṭi] *n no pl* Salzgehalt *m*

Sa·lish·an ['seɪlɪʃən] **I.** *n* Salish-Sprachen *pl*
II. *adj* der Salish-Sprachen *nach n*

sa·li·va [sə'laɪvə] *n no pl* Speichel *m*; **~ test** Speichelprobe *f*

sa·li·vary [sə'laɪvəri, Am 'sæləveri] *adj inv* Speichel-; **~ chemicals** Speichelinhaltsstoffe *pl*

sa·'li·vary gland *n* Speicheldrüse *f*

sali·vate ['sælɪveɪt, Am -lə-] *vi* Speichel produzieren; ***the thought of all that delicious food made me ~*** *(fig)* beim Gedanken an all das köstliche Essen lief mir das Wasser im Mund zusammen

Salk vac·cine ['sɔ:lk,-] *n* Polioimpfstoff *m*, Salkvakzine *f kein pl fachspr*

Sal·lies ['sæliz] *npl* Aus *(fam)* ■**the ~** die Heilsarmee *kein pl*

sal·low[1] <-er, -est *or* more ~, most ~> ['sæləʊ, Am -oʊ] *adj* blassgelb; **~ complexion** fahle Gesichtsfarbe; **~ skin** bleiche Haut

sal·low[2] ['sæləʊ, Am -oʊ] *n* Bot Salweide *f*

sal·low·ness ['sæləʊnəs, Am -oʊnəs] *n no pl* Blässe *f*

sal·ly ['sæli] **I.** *n* ❶ Mil **to make a ~** einen Ausfall machen
❷ *(fig: excursion, attempt)* Ausflug *m fig*, Versuch *m*
❸ *(dated: remark)* witzige Bemerkung
II. *vi* <-ie-> *(form liter)* ■**to ~ forth** [*or* **out**] [**to do sth**] aufbrechen [*o* sich *akk* aufmachen][, um etw zu tun]

Sal·ly 'Army *n no pl* Brit *(fam)* ■**the ~** die Heilsarmee

salm·on ['sæmən] **I.** *n* <*pl* - *or* -s> ❶ *no pl (fish)* Lachs *m*; **smoked ~** Räucherlachs *m*
❷ *(individual fish)* Lachs *m*
II. *n modifier (croquettes, mousse, patty, steak)* Lachs-; **~ farm** Lachszucht *f*
III. *adj* lachsfarben

sal·mo·nel·la [ˌsælmə'nelə] *n no pl* Salmonelle[n] *f[pl]*

sal·mo·'nel·la pois·on·ing *n no pl* Salmonellenvergiftung *f*

'salm·on lad·der *n* Lachsleiter *f*, Lachstreppe *f* **salm·on 'pink I.** *adj pred, inv* lachsfarben **II.** *n* Lachsrosa *nt* **salm·on 'trout** *n* Lachsforelle *f*

sa·lon ['sælɔ̃:(ŋ), Am sə'lɑ:n] *n* ❶ *(dated: reception room)* Salon *m*, Empfangszimmer *nt*
❷ *(establishment)* Geschäft *nt*; **beauty ~** Schönheitssalon *m*; **hairdressing ~** Frisiersalon *m*
❸ *(hist: of people)* Kreis *m*; **literary ~** literarischer Salon

'sa·lon mu·sic *n (pej)* Salonmusik *f*

sa·loon [sə'lu:n] *n* ❶ Brit *(sedan)* Limousine *f*
❷ *esp* Am *(dated: public bar)* Saloon *m*, Kneipe *f fam*
❸ *(dated: public room)* Saal *m*; *(in hotel, on ship)* Salon *m*; **billiard ~** Billardhalle *f*; **dining ~** Brit [Luxus]speisewagen *m*

sa·'loon bar *n* Brit, Aus *(dated) eleganterer Teil*

einer Bar
Sal·op ['sæləp] BRIT *abbrev of* **Shropshire**
salo·pettes [ˌsælə'pets] *npl* FASHION Skioverall *m*
Sa·lo·pian [sə'ləʊpiən] *n* Bewohner(in) *m(f)* von Shropshire
sal·sa ['sælsə, AM 'sɑ:l-] *n no pl* ❶ *(spicy sauce)* Salsasoße *f*
❷ *(music)* Salsamusik *f; (dance)* Salsatanz *m*
sal·sa ver·de ['sælsəveəʳdə, AM 'sɑ:lsəverdə] *n* Salsa Verde *f*
sal·si·fy ['sælsɪfi, AM -sə-] *n no pl* Haferwurz *f;* **black** ~ Schwarzwurzel *f; (as dish)* Schwarzwurzelgemüse *nt*
salt [sɔ:lt] **I.** *n* ❶ *no pl (seasoning)* Salz *nt;* **celery/garlic/onion** ~ Sellerie-/Knoblauch-/Zwiebelsalz *nt;* **grains of** ~ Salzkörner *pl;* **a pinch of** ~ eine Prise Salz
❷ *(chemical compound)* Salz *nt*
❸ *(granular substance)* Salz *nt;* **bath** ~ Badesalz *nt*
❹ *(dated: ammonium carbonate)* **smelling** ~**s** Riechsalz *nt*
❺ *no pl (fig: wit, freshness)* Würze *f fig*
❻ *(dated fam: sailor)* **old** ~ alter Seebär *hum fam*
▸PHRASES: **the** ~ **of the earth** rechtschaffene Leute; REL das Salz der Erde *liter;* **to rub** ~ **in sb's wound** Salz in jds Wunde streuen; **to sit above/below the** ~ am oberen/unteren Ende der gesellschaftlichen Rangordnung angesiedelt sein; **to take sth with a grain** [*or* **pinch**] **of** ~ etw mit Vorsicht genießen *fam;* **to be worth one's** ~ sein Geld wert sein
II. *n modifier* ❶ MED Salz-; ~ **solution** Kochsalzlösung *f;* ~ **baths** Salzbäder *pl*
❷ *(cured with salt)* ~ **fish/meat** gepökelter Fisch/gepökeltes Fleisch
❸ *(fig)* ~ **tears** bittere Tränen
III. *vt* ❶ *(season food)* ■**to** ~ **sth** etw salzen
❷ *(preserve)* ■**to** ~ **sth** [**down**] etw in Salz einlegen
❸ *(sprinkle)* ■**to** ~ **sth** etw mit Salz bestreuen; **to** ~ **the roads** Salz [auf die Straßen] streuen
❹ *(fig: add sth illicit)* ■**to** ~ **sth** etw frisieren *fam;* **to** ~ **the books** FIN die Bücher frisieren *fam*
❺ *(fig: add interest)* ■**to** ~ **sth with sth** etw mit etw *dat* würzen *fig*
◆**salt away** *vt* ■**to** ~ **away** ↔ **sth** etw beiseiteschaffen *fig fam*
salt-and-'pep·per *adj inv beard, hair* [grau] meliert
'salt cel·lar *n* Salzstreuer *m*
salt·ed ['sɔ:ltɪd, AM -t̬ɪd] *adj* gesalzen; ~ **peanuts** gesalzene Erdnüsse
'salt flats *npl* Salzwüste *f* **'salt-free** *adj inv* salzlos; ~ **diet** salzfreie Diät **salt 'glaze** *n (in pottery)* Salzglasur *f*
sal·tine [ˌsɔ:l'ti:n] *n* AM *gesalzener, quadratischer Kräcker*
salti·ness ['sɔ:ltɪnəs] *n no pl* ❶ *(flavour)* Salzigkeit *f*
❷ *(raciness)* Dreistigkeit *f*
salt·ing ['sɔ:ltɪŋ] *n usu pl* BRIT Watt *nt*
salt 'lake *n* Salzsee *m* **'salt lick** *n* ❶ *(deposit)* Salzablagerung *f* ❷ *(for animals)* Salzblock *m,* Salzlecke *f fachspr* **'salt marsh** *n* Salzsumpf *m* **'salt mine** *n* Salzmine *f,* Salzbergwerk *nt* **'salt pan** *n* Salzpfanne *f* **salt·pe·tre,** AM **salt·pe·ter** [ˌsɔ:lt'pi:təʳ, AM 'sɔ:ltˌpi:t̬ɚ] *n no pl* Salpeter *m* **'salt·shak·er** *n* AM, AUS Salzstreuer *m* **salt 'wa·ter** *n no pl* Salzwasser *nt* **'salt-wa·ter** *adj attr, inv* Salzwasser-; ~ **fish** Meeresfisch *m;* ~ **lake** Salzsee *m*
salty ['sɔ:lti] *adj* ❶ *taste* salzig
❷ *(risqué)* gesalzen *sl;* ~ **joke** unanständiger Witz
sa·lu·bri·ous [sə'lu:briəs] *adj* ❶ *(of place)* vornehm; **a** ~ **part of town** ein angesehener Stadtteil
❷ *(healthy)* gesund
sa·lut [sa'lu:] *interj* prost *fam*
salu·tary ['sæljətəri, AM -teri] *adj* heilsam
salu·ta·tion [ˌsælja'teɪʃən] *n* ❶ *(dated form: greeting)* Gruß *m*
❷ *(in letter)* Anrede *f*
sa·lute [sə'lu:t] **I.** *vt* ❶ *(form: greet)* ■**to** ~ **sb** jdn grüßen; *(welcome)* jdn begrüßen
❷ MIL ■**to** ~ **sb** vor jdm salutieren; **to** ~ **the flag** vor der Fahne salutieren
❸ *(praise)* ■**to** ~ **sb** [**for sth**] jdn [für etw *akk*] würdigen; ***I ~ their efforts to stem the tide of poverty in this country*** ich verneige mich vor ihren Bemühungen, die Flut der Armut in diesem Land einzudämmen
II. *vi* MIL salutieren
III. *n* ❶ *(gesture)* Gruß *m;* ***she raised her arms in a ~*** sie erhob ihre Arme zum Gruß *liter*
❷ MIL Salut *m,* [militärischer] Gruß; **to give a** ~ salutieren; **to take the** ~ die Parade abnehmen
❸ *(firing of guns)* Salut[schuss] *m*
Sal·va·do·rian [ˌsælvə'dɔ:riən] **I.** *n* Salvadorianer(in) *m(f)*
II. *adj* salvadorianisch
sal·vage ['sælvɪdʒ] **I.** *vt* ■**to** ~ **sth** ❶ *(rescue) cargo* etw bergen
❷ *(preserve)* etw retten; **to** ~ **one's reputation** seinen Ruf wahren
II. *n no pl* ❶ *(rescue)* Bergung *f*
❷ *(goods saved from wreck)* Bergungsgut *nt,* geborgenes Gut
❸ LAW *(right)* Recht *nt* auf Bergelohn
III. *n modifier* Bergungs-; ~ **operation** Bergungsaktion *f*
sal·vage·able ['sælvɪdʒəbl] *adj* ■**to be** ~ zu retten sein
'sal·vage com·pa·ny *n* Bergungsunternehmen *nt*
'sal·vage value *n* Wert *m* der geretteten Sachen
'sal·vage ves·sel *n* Bergungsschiff *nt*
'sal·vage yard *n* AM Schrottplatz *m*
sal·va·tion [sæl'veɪʃən] *n no pl* ❶ *(rescue)* Rettung *f;* **to be beyond** ~ nicht mehr zu retten sein; **to work out one's own** ~ *(form)* sich *akk* um die eigene Rettung bemühen
❷ *(sth that saves)* Rettung *f,* Rettungsmittel *nt;* ***that was my ~*** das war meine Rettung
❸ REL Erlösung *f*
Sal·va·tion 'Army *n no pl* Heilsarmee *f*
Sal·va·tion·ist ['sæl'veɪʃənɪst] **I.** *n* Mitglied *nt* der Heilsarmee
II. *adj inv* Heilsarmee-
salve [sælv, AM sæv] **I.** *n* ❶ *(ointment)* Heilsalbe *f*
❷ *(fig: sth that soothes)* Linderung *f,* Balsam *m geh;* **as a** ~ **to one's conscience** um sein Gewissen zu beruhigen
II. *vt (soothe)* ■**to** ~ **sth** etw lindern; **to** ~ **one's conscience** sein Gewissen beruhigen
sal·ver ['sælvəʳ, AM -ɚ] *n (form)* Tablett *nt*
sal·vo <*pl* -s *or* -es> ['sælvəʊ, AM -oʊ] *n* ❶ MIL Salve *f;* **to fire a** ~ eine Salve abfeuern
❷ *(fig: verbal attack)* Salve *f fig*
❸ *(round of applause)* donnernder Applaus; ~ **of laughter** Lachsalve *f*
sal vola·ti·le [ˌsælvə(ʊ)'lætəli, AM -voʊ'læt̬-] *n no pl* CHEM Hirschhornsalz *nt,* Ammoniumkarbonat *nt*
SAM[1] [sæm] *n* MIL *acr for* **surface-to-air missile** Boden-Luft-Rakete *f*
SAM[2] ['eseɪem] *n* COMPUT *abbrev of* **serial access memory** serieller Zugriffsspeicher
Sa·mari·tan [sə'mærɪtən, AM -merə-] *n* ❶ REL **the good** ~ der barmherzige Samariter
❷ *(kindly person)* Samariter(in) *m(f),* barmherziger Mensch
❸ BRIT *(organization)* ■**the** ~**s** *pl* die Telefonseelsorge *kein pl*
sa·mar·ium [sə'meəriəm, AM -'meri-, -'mær-] *n no pl* CHEM Samarium *nt*
sam·ba ['sæmbə, AM 'sɑ:m-] **I.** *n* Samba *f o m*
II. *vi* Samba tanzen
Sam·bo <*pl* -os *or* -oes> ['sæmbəʊ, AM -boʊ] *n (pej!)* Neger *m pej*
same [seɪm] **I.** *adj attr, inv* ❶ *(exactly similar)* ■**the** ~ der/die/das Gleiche; *(identical)* der-/die-/dasselbe; ***I've got the ~ taste in clothes as my sister*** ich habe bei Kleidung den gleichen Geschmack wie meine Schwester; ***she brought up her children in the ~ way as her mother did*** sie erzog ihre Kinder genauso, wie ihre Mutter es getan hatte; ***she's the ~ age as me*** sie ist genauso alt wie ich; ***it all amounts to the ~ thing*** es läuft alles auf dasselbe hinaus; ~ **difference** *(fam)* ein und dasselbe; **to go the** ~ **way** [**as sb**] den gleichen Weg [wie jd] gehen
❷ *(not another)* ■**the** ~ der/die/das Gleiche; ***we sleep in the ~ room*** wir schlafen im gleichen Zimmer; ***our teacher always wears the ~ pullover*** unser Lehrer trägt stets denselben Pullover; ***he's still the ~ old grouch*** er ist noch immer der gleiche alte Miesepeter *fam;* ***I'm not in the ~ league*** *(fig)* da kann ich nicht mithalten; **in the** ~ **breath** im gleichen [*o* selben] Atemzug; **at the** ~ **time** gleichzeitig, zur gleichen Zeit; *(nevertheless)* trotzdem; **by the** ~ **token** *(fig)* ebenso; ***I don't think that prices will go up but, by the ~ token, I don't see them going down much lower either*** ich glaube nicht, dass die Preise steigen werden, aber ebenso wenig glaube ich, dass sie stark sinken werden
❸ *(monotonous)* eintönig; ***at every meeting you see the ~ old faces*** bei jedem Treffen sieht man die gleichen alten Gesichter; ***it's the ~ old story — the rich get richer and the poor get poorer*** es ist die alte Geschichte – die Reichen werden immer reicher und die Armen immer ärmer
▸PHRASES: **to be in the** ~ **boat** *(fig)* im gleichen [*o* in einem] Boot sitzen *fam;* **lightning never strikes in the** ~ **place twice** *(saying)* der Blitz schlägt nicht zweimal an derselben Stelle ein
II. *pron* ■**the** ~ der-/die-/dasselbe; ***after all those years you look exactly the ~*** du hast dich in all diesen Jahren überhaupt nicht verändert; ***people say I look just the ~ as my sister*** die Leute sagen, ich sähe genauso aus wie meine Schwester; ***they realized that things would never be the same again*** es wurde ihnen klar, dass nichts mehr so sein würde wie früher; **to be all the** ~ alle[s] gleich sein; ***men are all the ~*** die Männer sind alle gleich; ***it's all the ~ to me*** das macht für mich keinen Unterschied; **to be one and the** ~ ein und der-/die-/dasselbe sein; ***I was amazed to discover they are one and the ~ person*** ich war überrascht festzustellen, dass sie ein und dieselbe Person sind; ■**not the** ~ nicht der-/die-/das Gleiche; ***our old house wasn't the ~ without David*** unser altes Haus war ohne David nicht mehr das, was es [einmal] war
▸PHRASES: **all** ***the ~*** trotzdem; ***all the ~ we had a good time*** wir hatten dennoch eine schöne Zeit; ***thanks all the ~*** trotzdem vielen Dank; ~ **here** *(fam)* ich auch; ***I thought that film was awful! — ~ here!*** ich fand den Film schrecklich! – ganz meine Meinung; ~ **to you** danke, gleichfalls
III. *adv* ■**the** ~ gleich; ***these two machines are operated the ~*** diese beiden Maschinen werden auf dieselbe Art bedient; ***I feel just the ~ as you do*** mir geht es genauso wie dir; ***I need some time to myself, ~ as anybody else*** *(fam)* ich brauche Zeit für mich selbst, genau wie jeder andere auch
same-day 'set·tle·ment *n* STOCKEX taggleiche Abrechnung
same·ness ['seɪmnəs] *n no pl (identity)* Gleichheit *f; (uniformity)* Gleichförmigkeit *f*
'same-old *adj inv* AM *(sl)* ■~, ~ eintönig, repetitiv
same-sex un·ion [ˌseɪmseks'ju:njən] *n* gleichgeschlechtliche Ehe
samey ['seɪmi] *adj* BRIT, AUS *(pej fam)* gleich; ***his paintings all look a bit ~*** seine Bilder sehen alle irgendwie gleich aus
Sa·moa [sə'məʊə, AM sə'moʊə] *n* Samoa *nt*
Sa·mo·an [sə'məʊən, AM 'moʊən] **I.** *adj inv* samoanisch
II. *n* Samoaner(in) *m(f)*
sa·mo·sa [sə'məʊsə, AM -'moʊ-] *n mit Kartoffeln oder Hackfleisch gefüllte indische Teigtasche*
samo·var ['sæməvɑ:ʳ, AM -vɑ:r] *n* Samowar *m*
Samo·yed ['sæməjed] **I.** *n* ❶ *(Siberian)* Samojede, Samojedin *m, f veraltet o pej*
❷ *(language)* Samojedisch *nt*
❸ *(large dog)* Samoyede *m,* Samojede *m,* Samojedenspitz *m*
II. *adj* samojedisch
sam·pan ['sæmpæn] *n* Sampan *m*
sam·ple ['sɑ:mpl, AM 'sæ-] **I.** *n* ❶ *(small quantity)* Probe *f,* Muster *nt,* Probe *f;* ~**s of work** Arbeitsproben *pl;* **fabric** ~**s** Stoffmuster *pl;* **free** ~ Gratis-

S

probe *f;* **blood/tissue/urine** ~ MED Blut-/Gewebe-/Urinprobe *f*
❷ *(representative group) of people* Querschnitt *m; of things* Stichprobe *f;* **a random ~ of voters** POL stichprobenartig ausgewählte Wähler
II. *vt* ■**to ~ sth** ❶ *(try)* etw [aus]probieren; *food* etw kosten [*o* probieren]; **to ~ the delights/pleasures of sth** die Genüsse/Freuden einer S. *gen* kosten *fig geh*
❷ *(survey)* etw stichprobenartig untersuchen
❸ MUS *(record)* etw mischen [*o fachspr* sampeln]
❹ COMPUT etw abtasten
III. *n modifier* Muster-, Probe-; ~ **bottle** Probefläschchen *nt;* ~ **contract** LAW Vertragsmuster *nt;* ~ **questions** Musterfragen *pl*

'sam·ple book *n* Musterbuch *nt,* Musterheft *nt*

sam·pler ['sɑ:mpləʳ, AM 'sæmplɚ] *n* ❶ *(embroidery)* Stickerei *f*
❷ AM *(collection) of different products* Probe *f,* Probeset *nt*
❸ MUS *(recording equipment)* Mischpult *nt,* Sampler *m*
❹ COMPUT *(of signals)* Abtaster *m; (of audio signals)* Abfrageschalter *m*

sam·pling ['sɑ:mplɪŋ, AM 'sæm-] *n* ❶ *(surveying)* Stichprobenerhebung *f; (spot check)* Stichprobenverfahren *nt,* Befragung *f* eines repräsentativen Querschnitts
❷ *no pl (testing)* stichprobenartige Untersuchung; *of a product* Probeentnahme *f;* **acceptance ~** Qualitätskontrolle *f* mittels Stichproben
❸ *no pl* MUS *(sound engineering technique)* Mischen *nt,* Sampeln *nt*

Samson ['sæmsᵊn] *n no pl* MYTH, ART Samson *m*

samu·rai, Samu·rai ['sæmʊraɪ, AM -əraɪ] **I.** *n* <*pl* -> MIL *(hist)* Samurai *m*
II. *n modifier* MIL *(hist)* Samurai-; ~ **sword** Samuraischwert *nt*

San An·dre·as Fault [ˌsænænˌdreɪəs'fɔ:lt] *n* GEOL San-Andreas-Verwerfung *f,* San-Andreas-Spalte *f*

sana·to·rium <*pl* -s *or* -ria> [ˌsænə'tɔ:riəm, *pl* -riə] *n* Sanatorium *nt*

sanc·ti·fi·ca·tion [ˌsæŋ(k)tɪfɪ'keɪʃᵊn] *n no pl* REL Weihung *f,* Heiligung *f geh*

sanc·ti·fied ['sæŋ(k)tɪfaɪd] *adj inv, attr* geweiht, geheiligt *geh*

sanc·ti·fy <-ie-> ['sæŋ(k)tɪfaɪ] *vt* ❶ REL *(consecrate)* ■**to ~ sth/sb** etw/jdn weihen [*o geh* heiligen]
❷ REL *(divinely justify)* ■**to ~ sth/sb** etw/jdn rechtfertigen
❸ *(form: sanction)* ■**to ~ sth** etw sanktionieren *geh*

sanc·ti·mo·ni·ous [ˌsæŋ(k)tɪ'məʊniəs, AM -'moʊ-] *adj (pej)* scheinheilig

sanc·ti·mo·ni·ous·ly [ˌsæŋ(k)tɪ'məʊniəsli, AM -'moʊ-] *adv (pej)* scheinheilig

sanc·ti·mo·ni·ous·ness [ˌsæŋ(k)tɪ'məʊniəsnəs, AM -'moʊ-] *n no pl (pej)* Scheinheiligkeit *f*

sanc·tion ['sæŋ(k)ʃᵊn] **I.** *n* ❶ *no pl (approval)* Sanktion *f geh,* Zustimmung *f;* **to give one's ~ to sth** zu etw *dat* seine Zustimmung geben
❷ *(to enforce compliance)* Strafmaßnahme *f;* LAW, POL Sanktion *f;* **economic/trade ~s** Wirtschafts-/Handelssanktionen *pl;* **to impose/lift ~s** Sanktionen verhängen/aufheben
II. *vt* ■**to ~ sth** ❶ *(allow)* etw sanktionieren *geh*
❷ *(impose penalty)* etw unter Strafe stellen

'sanc·tions-bust·ing *n no pl* Sanktionsverstoß *m*

sanc·tity ['sæŋ(k)təti, AM -əṭi] *n no pl* ❶ REL Heiligkeit *f*
❷ *(inviolability)* Unantastbarkeit *f,* Heiligkeit *f geh;* **the ~ of life** die Unantastbarkeit des Lebens

sanc·tu·ary ['sæŋ(k)tʃʊəri, AM -tʃueri] *n* ❶ *(holy place)* Heiligtum *nt; (near altar)* Altarraum *m*
❷ *no pl (refuge)* Zuflucht *f;* **to find/seek ~** Zuflucht finden/suchen
❸ *(peaceful haven)* Zufluchtsort *m*
❹ *(for animals)* Schutzgebiet *nt;* **wildlife ~** Wildschutzgebiet *nt; (animal shelter)* Tierpflegestation *f*

sanc·tum ['sæŋ(k)təm] *n* REL Sanktuarium *nt;* **inner ~** Allerheiligste *nt; (fig)* Heiligtum *nt fig,* Allerheiligste *nt fig*

sand [sænd] **I.** *n* ❶ *no pl (substance)* Sand *m;* **grains of ~** Sandkörner *pl;* **coarse/fine ~** grober/feiner Sand; **to be built on ~** *(fig) idea, plan* auf Sand gebaut sein; **to drive** [*or* **run**] **sth into the ~** etw zum Stillstand bringen
❷ *(expanse)* ■**~s** *pl (beach)* Sandstrand *m; (of desert)* Sand *m kein pl; (sandbank)* Sandbank *f;* **sinking ~s** Treibsand *m*
❸ GEOL *(stratum)* Sand[stein]schicht *f*
▶PHRASES: **the ~s of time** *(liter)* die [dahinfließende] Zeit; ***the ~s of time were running out for them*** die Zeit lief ihnen davon
II. *n modifier (beach, sculpture)* Sand-
III. *vt* ■**to ~ sth** ❶ *(with sandpaper)* etw [ab]schmirgeln; *(smooth)* etw abschleifen
❷ *(sprinkle)* etw mit Sand bestreuen

◆**sand down** *vt* ■**to ~ down** ↔ **sth** etw abschleifen; *(with sandpaper)* etw abschmirgeln; **to ~ down a door/window frame** eine Tür/einen Fensterrahmen abschleifen

san·dal ['sændᵊl] *n* Sandale *f;* **a pair of ~s** ein Paar *nt* Sandalen

san·dalled ['sændᵊld] *adj inv* Sandalen tragend *attr*

'san·dal·wood *n no pl* Sandelholz *nt*

'sand·bag I. *n* Sandsack *m* **II.** *vt* <-gg-> ❶ *(protect)* ■**to ~ sth** etw mit Sandsäcken schützen; ***they ~ged the doors*** sie stapelten Sandsäcke vor den Türen auf ❷ *(hit)* ■**to ~ sb** jdn niederschlagen **III.** *vi* sich *akk* zurückhalten **'sand·bank** *n* Sandbank *f* **'sand·bar** *n* [schmale] Sandbank **'sand·blast** *vt* ■**to ~ sth** etw sandstrahlen **'sand·blast·ing** *n no pl* Sandstrahlen *nt* **'sand·box** *n* AM *(sandpit)* Sandkasten *m* **'sand·boy** *n* ▶PHRASES: **to be as happy as a ~** sehr vergnügt [*o fam* kreuzfidel] sein **'sand bun·ker** *n* SPORT Bunker *m* **'sand·cas·tle** *n* Sandburg *f* **'sand dune** *n* Sanddüne *f*

sand·er ['sændəʳ, AM -ɚ] *n* Schleifmaschine *f*

'sand flea *n* Sandfloh *m* **'sand·glass** *n* Sanduhr *f*

sand·ing ma·chine ['sændɪŋ-] *n* Schleifmaschine *f*

'sand·man *n no pl (childspeak)* ■**the ~** der Sandmann, das Sandmännchen **'sand mar·tin** *n* Uferschwalbe *f* **'sand·pail** *n* AM Sandeimer *m,* Sandkübel *m* ÖSTERR, SCHWEIZ *a.* Sandkessel *m* **'sand·pa·per I.** *n no pl* Sandpapier *nt,* Schmirgelpapier *nt;* **coarse/fine ~** grobes/feines Sandpapier **II.** *vt* ■**to ~ sth** etw abschmirgeln **'sand·pip·er** *n* ORN Strandläufer *m* **'sand·pit** *n esp* BRIT Sandkasten *m* **'sand shark** *n* Sandhai *m* **'sand·shoe** *n* ❶ *(for beach)* Strandschuh *m* ❷ AUS *(sneaker)* Freizeitschuh *m* **'sand·stone** *n no pl* Sandstein *m* **'sand·storm** *n* Sandsturm *m* **'sand trap** *n* AM SPORT Bunker *m*

sand·wich ['sænwɪdʒ, AM -(d)wɪtʃ] **I.** *n* <*pl* -es> Sandwich *m o nt,* SCHWEIZ *a.* Eingeklemmte *nt fam;* **cheese ~** Käsesandwich *m o nt;* **hero** [*or* **submarine**] **~** AM Riesensandwich *m o nt fam*
▶PHRASES: **to be one ~ short of a picnic** *(hum fam)* völlig übergeschnappt sein *fam*
II. *n modifier (sandwich form) cake* Schicht-; ~ **cookie** AM Doppelkeks *m* BRD
III. *vt* ❶ *(fit together)* ■**to ~ sth together** etw aufeinanderschichten
❷ *(squeeze)* ■**to ~ sb** jdn einklemmen; ***on the train I was ~ed between two very large men*** ich war im Zug zwischen zwei riesigen Männern eingequetscht; **to ~ sth in between sth** *(fig)* etw [zwischen etw *dat*] dazwischenschieben; ***she managed to ~ the repairs in between breakfast and starting work*** es gelang ihr, die Reparaturarbeiten zwischen Frühstück und eigenem Arbeitsbeginn dazwischenzuschieben

'sand·wich bar *n* BRIT, AUS Snackbar *f* **'sand·wich board** *n* Reklametafel *f (mittels verbindendem Schulterriemen von einer Person auf Brust und Rücken als doppelseitiges Werbeplakat getragen)* **'sand·wich box** *n* Frühstücksbox *f* **'sand·wich cake** *n* BRIT Schichtkuchen *m (mit cremiger Füllung)* **sand·wich com·pound** *n* TECH Sandwichverbindung *f* **'sand·wich count·er** *n Tresen, an dem ausschließlich Sandwiches verkauft werden* **'sand·wich course** *n* BRIT UNIV *Ausbildung, bei der theoretische und praktische Abschnitte abwechseln* **'sand·wich fill·ing** *n* Sandwichbelag *m* **'sand·wich·man** *n* Plakatträger *m,* Sandwichmann *m hum* **'sand·wich-size** *adj inv (fig)* in der Größe eines Sandwichs *nach n,* im Taschenformat *nach n*

sandy ['sændi] *adj* ❶ *(containing sand)* sandig
❷ *(of texture)* körnig
❸ *(of colour)* sandfarben

'sand yacht *n* Strandsegler *m*

sane [seɪn] *adj* ❶ *person* geistig gesund; LAW zurechnungsfähig; *(hum)* normal *fam;* ***no ~ person would ...*** niemand, der auch nur einigermaßen bei Verstand ist, würde ...; **to keep sb ~** jdn bei Verstand halten
❷ *action* vernünftig

San Fran·cis·can [ˌsænfrən'sɪskən] **I.** *n* Bewohner(in) *m(f)* San Franciscos
II. *adj* aus San Francisco *nach n*

sang [sæŋ] *pt of* **sing**

san·ger ['sæŋəʳ] *n* AUS *(fam)* Sandwich *nt*

sang·froid [ˌsɑ̃(ŋ)'frwɑ:] *n no pl (form)* Selbstbeherrschung *f*

san·gria ['sæŋ'gri:ə] *n no pl* Sangria *f*

san·gui·nary [sæŋ'gwɪnᵊri, AM neri] *adj (old)* blutrünstig, grausam; *(fig)* blutig *fig*

san·guine ['sæŋgwɪn] *adj* ❶ *(form: hopeful)* zuversichtlich; **to be ~ about sth** etw für wahrscheinlich halten
❷ *(liter: blood-red)* blutrot

sani·ta·rium <*pl* -s *or* -ria> [ˌsænɪ'teriəm] *n* AM Sanatorium *nt*

sani·tary ['sænɪtᵊri, AM -teri] *adj* ❶ *(relating to health conditions)* hygienisch; *(installations)* sanitär *attr;* ~ **conditions** hygienische Verhältnisse; ~ **facilities** sanitäre Anlagen
❷ *(hygienic)* hygienisch

'sani·tary fit·tings *npl* BRIT sanitäre Anlagen

'sani·tary pad, BRIT **'sani·tary tow·el,** AM **'sani·tary nap·kin** *n* Damenbinde *f* **sani·tary pro·'tec·tion** *n no pl* Monatshygiene *f*

sani·ta·tion [ˌsænɪ'teɪʃᵊn] *n no pl* ❶ *(health conditions)* Hygiene *f; (toilets)* sanitäre Anlagen
❷ *(water disposal)* Abwasserkanalisation *f;* **the ~ department** das Amt [*o* ÖSTERR die Abteilung] für Stadtreinigung; *(provision of clean water)* Frischwasserversorgung *f*

sani·'ta·tion work·er *n* AM Müllarbeiter(in) *m(f)*

sani·ti·za·tion [ˌsænɪtaɪ'zeɪʃᵊn, AM -tɪ'-] *n no pl* ❶ *esp* AM *(making sanitary)* [hygienische] Reinigung
❷ *(pej: making acceptable)* Säuberung *f fig geh*

sani·tize ['sænɪtaɪz] *vt* ■**to ~ sth** ❶ *esp* AM *(make clean)* etw desinfizieren
❷ *(pej: make acceptable)* etw säubern *fig geh*
❸ *(expurgate, make less offensive)* etw zensieren

sani·tized ['sænɪtaɪzd] *adj* gesäubert *fig geh;* ~ **report** zensierter Bericht

san·ity ['sænəti, AM -əṭi] *n no pl* ❶ *(mental health)* gesunder Verstand; LAW Zurechnungsfähigkeit *f; (hum)* Verstand *m fam;* **to doubt/question sb's ~** an jds Verstand zweifeln/jds Verstand infrage stellen; **to lose/preserve one's ~** seinen Verstand verlieren/bei Verstand bleiben
❷ *(sensibleness)* Vernünftigkeit *f;* ***maybe she can bring some ~ into this crazy situation*** vielleicht kann sie ein wenig Vernunft in diese verrückte Situation bringen

sank [sæŋk] *pt of* **sink**

San·skrit ['sænskrɪt] LING **I.** *n no pl* Sanskrit *nt*
II. *adj* Sanskrit-; ~ **alphabet** sanskritisches Alphabet

San·ta, San·ta Claus [ˌsæntə'klɔ:z, AM -ṭə'klɑ:z] *n* ❶ *no pl (Father Christmas)* Weihnachtsmann *m; (on 06/12)* Nikolaus *m,* SCHWEIZ *a.* Samichlaus *m fam*
❷ *(person dressed as Santa Claus)* [verkleideter] Weihnachtsmann; *(in Germany, Austria on 06/12)* [verkleideter] Nikolaus

San·ta's 'grot·to *n* BRIT *Platz, an dem Kinder Geschenke vom Weihnachtsmann bekommen (meist in einem Einkaufszentrum o.Ä.)*

São Tomé and Prín·ci·pe [ˌsaʊntə'meɪənd'prɪsɪ-

peɪ, AM ˌsaʊtoʊ-] *n* São Tomé und Príncipe *nt*
sap[1] [sæp] *n no pl* ❶ *(of tree)* Saft *m*
❷ *(fig: vitality)* Lebenskraft *f; (hum fig: sexual vigour)* [Liebes]trieb *m*
sap[2] [sæp] **I.** *n* MIL *(hist: trench)* Sappe *f veraltet; (tunnel)* Tunnel *m*
II. *vt* <-pp-> ❶ *(drain)* ■**to ~ sb of sth** jdm etw nehmen; **to ~ sb's confidence** jds Selbstvertrauen zerstören; **to ~ sb's energy/power/strength** an jds Energie/Kraft/Kräften zehren *geh*
❷ *(undermine)* ■**to ~ sth** etw unterhöhlen
III. *vi* MIL *(hist)* untergraben
sap[3] [sæp] *n (sl)* Trottel *m pej fam;* ***he's a ~ for any new machine*** er muss immer gleich jede neue Maschine haben
sa·pi·ent ['seɪpiənt] *adj (form)* weise *geh*
sap·ling ['sæplɪŋ] *n* junger Baum
sa·poni·fi·ca·tion [səˌpɒnɪfɪ'keɪʃᵊn, sæpˌɒn-, ˌ-ə-, AM səˌpɑːnə-] *n no pl* CHEM Verseifung *f;* **~ of fat** Fettverseifung *f;* **~ value** Verseifungszahl *f*
sap·per ['sæpəʳ] *n* MIL Pionier *m;* BRIT *Soldat der Royal Engineers*
Sap·phic ['sæfɪk] *adj* ❶ *inv* LIT *(liter: of verse form)* sapphisch
❷ *(form or hum: of Lesbianism)* lesbisch, sapphisch *selten geh*
sap·phire ['sæfaɪəʳ, AM -ɪɚ] **I.** *n* Saphir *m*
II. *adj* saphirfarben; **~ blue** saphirblau
III. *n modifier (cufflinks, earrings, necklace, tiepin)* Saphir-
sap·ping ['sæpɪŋ] *adj pred* ermüdend
sap·py ['sæpi] *adj* AM, AUS *(fam)* ❶ *(gullible)* leichtgläubig
❷ *(emotional)* [sehr] emotional
SAQ [eseɪ'kjuː] *n* CAN *abbrev of* **Société des Alcools de Québec** *von der Provinzregierung Québec geführte Ladenkette, die alkoholische Getränke verkauft*
Sara·cen ['særəsən] *n* Sarazene, Sarazenin *m, f*
sar·casm ['sɑːkæzᵊm, AM 'sɑːr-] *n no pl* Sarkasmus *m;* **biting** [*or* **heavy**] **~** beißender Sarkasmus
▸PHRASES: **~ is the lowest form of wit** *(saying)* Sarkasmus ist die niedrigste Form der Schlagfertigkeit
sar·cas·tic [sɑː'kæstɪk, AM sɑːr'-] *adj person, remark* sarkastisch; **~ tongue** scharfe Zunge
sar·cas·ti·cal·ly [sɑː'kæstɪkli, AM sɑːr'-] *adv* sarkastisch
sar·co·ma <*pl* -s *or* -mata> [sɑː'kəʊmə, *pl* -mətə, AM sɑːr'koʊ-, *pl* -mət̬ə] *n* MED Sarkom *nt*
sar·copha·gus <*pl* -es *or* -gi> [sɑː'kɒfəgəs, AM sɑːr'kɑːf-, *pl* -gaɪ, -dʒaɪ] *n* Sarkophag *m*
sar·dine [sɑː'diːn, AM sɑːr'-] *n* ❶ *(fish)* Sardine *f;* **to be squashed like ~s** wie die Ölsardinen zusammengepfercht sein
❷ *(game)* Versteckspiel *nt*
Sar·di·nia [sɑː'dɪniə, AM sɑːr] *n no pl* GEOG Sardinien *nt*
Sar·di·nian [sɑː'dɪniən, AM sɑːr] **I.** *adj inv* sardi[ni]sch
II. *n* ❶ *(person)* Sarde, Sardin *m, f,* Sardinier(in) *m(f)*
❷ *no pl (language)* Sardi[ni]sch *nt*
sar·don·ic [sɑː'dɒnɪk, AM sɑːr'dɑː-] *adj* höhnisch; **~ laughter** sardonisches Gelächter *geh;* **a ~ smile** ein süffisantes Lächeln *geh*
sar·doni·cal·ly [sɑː'dɒnɪkᵊli, AM sɑːr'dɑː-] *adv* höhnisch
saree *n see* **sari**
sarge [sɑːdʒ, AM sɑːrdʒ] *n (fam) short for* **sergeant**
❶ MIL Feldwebel *m*
❷ *(police)* Sergeant *m*
sari ['sɑːri] *n* Sari *m*
sar·ky ['sɑːki] *adj* BRIT, AUS *(fam)* sarkastisch
sar·nie ['sɑːni] *n* BRIT *(fam)* Sandwich *m o nt*
sa·rong [sə'rɒŋ, AM -'rɔːŋ] *n* Sarong *m*
SARS, Sars [sɑːz, AM sɑːrz] *n no pl, no art* MED *acr for* **severe acute respiratory syndrome** SARS *kein art*
sar·sa·pa·ril·la [ˌsɑːsəpᵊr'ɪlə, AM ˌsɑːrspə'r-] **I.** *n*
❶ *(plant)* Sarsaparille *f*
❷ *(drink) Getränk mit Sarsaparillegeschmack*
II. *adj* Sarsaparille-
sar·to·rial [sɑː'tɔːriəl, AM sɑːr'-] *adj inv, attr (form: relating to clothing)* Kleidung[s]-; *(relating to tailoring)* Schneider-; **~ elegance** elegante Kleidung
SAS[1] [ˌeseɪ'es] *n* BRIT *abbrev of* **Special Air Service** Spezialluftеinheit *f*
SAS[2] [ˌeseɪ'es] *n* COMPUT *abbrev of* **single attachment station** SAS *f*
SASE [ˌeseɪes'iː] *n* AM *abbrev of* **self-addressed stamped envelope** adressierter und frankierter Rückumschlag
sash[1] <*pl* -es> [sæʃ] *n* Schärpe *f*
sash[2] <*pl* -es> [sæʃ] *n (in windows)* Fensterrahmen *m; (in doors)* Türrahmen *m*
sa·shay ['sæʃeɪ, AM sæʃ'eɪ] *vi esp* AM ■**to ~ somewhere** irgendwohin stolzieren
'**sash cord** *n* Gewichtsschnur *f (an Schiebefenstern)*
sa·shi·mi [sæ'ʃiːmi] *n (Japanese thinly sliced raw fish)* Sashimi *nt*
sash 'win·dow *n* Schiebefenster *nt*
Sask. CAN *abbrev of* **Saskatchewan**
sas·quatch, Sas·quatch <*pl* -es> ['sæskwɒtʃ, AM -kwɑːtʃ] *n ein großes, behaartes menschenähnliches Wesen, das angeblich in den Bergen von Nordwestkanada lebt*
sass [sæs] *esp* AM **I.** *n no pl (fam)* Frechheit *f*
II. *vt (fam)* ■**to ~ sb** zu jdm frech sein
Sas·se·nach ['sæsənæk, -æx] **I.** *n* <*pl* -es> SCOT *(esp pej)* Engländer(in) *m(f)*
II. *adj inv* SCOT *(esp pej)* englisch
sas·sy ['sæsi] *adj esp* AM *(fam)* ❶ *(impudent)* frech, ungezogen
❷ *(lively)* spritzig *fam*
sat [sæt] *pt, pp of* **sit**
Sat *n abbrev of* **Saturday** Sa. *m*
Satan ['seɪtᵊn] *n no pl* Satan *m*
▸PHRASES: **~ finds work for idle hands** *(saying)* Müßiggang ist aller Laster Anfang *prov*
sa·tan·ic [sə'tænɪk] *adj* satanisch *geh,* teuflisch; **~ abuse** teuflischer Missbrauch; **~ cult/rite** Satanskult *m*/-ritus *m*
Sa·tan·ism ['seɪtᵊnɪzᵊm] *n no pl* Satanismus *m*
Sa·tan·ist ['seɪtᵊnɪst] *n* Satanist(in) *m(f)*
sa·tay ['sæteɪ, AM sɑː'teɪ] *n no pl gegrillte, mit Erdnusssoße servierte Fleischspieße aus Indonesien*
SATB [ˌeseɪtiː'biː] *n abbrev of* **soprano, alto, tenor, bass** *für Beschreibung eines Chors oder der Stimmen eines Stückes*
satch·el ['sætʃᵊl] *n* [Schul]ranzen *m,* Schultasche *f* ÖSTERR, Schulthek *m* SCHWEIZ
sat·com ['sætkɒm, AM -kɑːm] *n no pl short for* **satellite communications** Satellitenkommunikation *f*
sate [seɪt] *vt (form)* **to ~ one's desire/hunger/thirst** seine Begierde/seinen Hunger/seinen Durst stillen; ■**to ~ sb [with sth]** jdn [mit etw *dat*] zufriedenstellen
sat·ed ['seɪtɪd, AM -t̬ɪd] *adj inv* ■**to be ~ with sth** *food* gesättigt sein; *luxury* übersättigt sein; *(sexually)* ***they were ~ with each other*** sie hatten sich gegenseitig erfüllt *geh*
sa·teen [sæt'iːn] *n no pl* FASHION [Baumwoll]satin *m*
sat·el·lite ['sætᵊlaɪt, AM 'sæt̬-] **I.** *n* ❶ ASTRON Trabant *m*
❷ AEROSP, TECH Satellit *m;* **communications/spy/weather ~** Kommunikations-/Spionage-/Wettersatellit *m*
❸ *(form: hanger-on)* Anhänger(in) *m(f)*
❹ COMPUT *(system)* Satellit *m*
II. *n modifier (launch, technology)* Satelliten-; **~ broadcasting** Satellitenrundfunk *m;* **~ communication/transmission** Satellitenkommunikation/-übertragung *f*
sat·el·lite 'broad·cast·ing *n no pl* Satellitenübertragung *f;* RADIO Satellitenfunk *m;* TV Satellitenfernsehen *nt*
sat·el·lite 'coun·try *n* POL Satellitenstaat *m*
'**sat·el·lite dish** *n* Satellitenantenne *f,* Satellitenschüssel *f fam* '**sat·el·lite-linked** *adj attr, inv* Satelliten-, satellitengestützt
sat·el·lite 'of·fice *n* Satellitenbüro *nt*
sat·el·lite 'pic·ture *n* Satellitenfoto *nt*
sat·el·lite 'state *n* Satellitenstaat *m*
sat·el·lite 'tax *n* Satellitensteuer *f* **sat·el·lite 'tele·vi·sion** *n no pl* Satellitenfernsehen *nt*
'**sat·el·lite town** *n* Trabantenstadt *f*
sati ['sɑːtiː] *n no pl* Sati *f*
sa·ti·ate ['seɪʃieɪt] *vt usu passive* **to ~ one's curiosity** die Neugier[de] stillen; **to ~ a demand/market** ECON eine Nachfrage/einen Markt befriedigen; **to ~ one's hunger/thirst** den Hunger/Durst stillen
sa·tia·tion [ˌseɪʃi'eɪʃᵊn] *n no pl* Sättigung *f*
sa·ti·ety [sə'taɪəti, AM -ət̬i] *n no pl (form)* Sättigung *f*
sat·in ['sætɪn, AM -tᵊn] **I.** *n* Satin *m*
II. *n modifier (blouse, dress, gloves)* Satin-
sat·in fin·ish 'paint, 'sat·in paint *n* seidenmatte Farbe '**sat·in·wood** *n no pl* Satinholz *nt*
sat·iny ['sætɪni, AM -tᵊni] *adj* seidig; **~ skin** samtige Haut
sat·ire ['sætaɪəʳ, AM -aɪɚ] *n* LIT ❶ *no pl (genre)* Satire *f;* **political ~** politische Satire
❷ *(example of genre)* Satire *f* (**on** auf +*akk)*
sa·tiri·cal [sə'tɪrɪkᵊl] *adj (literature, film)* satirisch; *(mocking, joking)* ironisch
sa·tiri·cal·ly [sə'tɪrɪkᵊli] *adv (literature, film)* satirisch; *(mocking, joking)* ironisch
sati·rist ['sætᵊrɪst, AM 'sæt̬ɚ-] *n* Satiriker(in) *m(f)*
sati·rize ['sætᵊraɪz, AM 'sæt̬ə-] *vt* ■**to ~ sth/sb** etw/jdn satirisch darstellen
sat·is·fac·tion [ˌsætɪs'fækʃᵊn, AM ˌsæt̬-] *n no pl*
❶ *(fulfilment)* Zufriedenheit *f,* Befriedigung *f;* **sb derives** [*or* **obtains**] **~ from** [*or* **out of**] [**doing**] **sth** etw bereitet jdm [große] Befriedigung; ■**to do sth to sb's ~** etw zu jds Zufriedenheit tun; **~ *guaranteed or your money back!*** Geld-zurück-Garantie bei Unzufriedenheit!; **sth has its ~s** etw verschafft Befriedigung
❷ *(sth producing fulfilment)* Genugtuung *f geh;* ■**to be a ~ [to sb]** [jdm] eine Genugtuung sein; **to my great ~** zu meiner großen Genugtuung
❸ *(state of being convinced)* Zufriedenheit *f;* ■**to the ~ of sb** zu jds Zufriedenheit; **to the ~ of the court** zur Zufriedenstellung des Gerichts
❹ *(compensation)* Schadensersatz *m;* **to demand ~** Schadensersatz fordern [*o* verlangen] (**from** von +*dat)*
❺ *(hist form: challenge to a duel)* **to demand ~** Genugtuung fordern
❻ LAW *(acceptance of money/goods)* Befriedigung *f* eines Anspruches; *(payment)* Zufriedenstellung *f;* **in ~ of a claim/debt** in Erfüllung eines Anspruchs/in Begleichung einer Schuld; **accord and ~** vergleichsweise Erfüllung; **memorandum of ~** Löschungsbewilligung *f*
sat·is·fac·to·ri·ly [ˌsætɪs'fæktᵊrᵊli, AM ˌsæt̬-] *adv* zufriedenstellend, befriedigend
sat·is·fac·tory [ˌsætɪs'fæktᵊri, AM ˌsæt̬-] *adj* zufriedenstellend, befriedigend; MED zufriedenstellend; SCH, UNIV ≈ befriedigend; **~ condition** zufriedenstellender Zustand; **highly ~** *(approv)* äußerst zufriedenstellend
sat·is·fied ['sætɪsfaɪd, AM 'sæt̬-] *adj* zufrieden; ■**to be ~ with sth/sb** mit etw/jdm zufrieden sein; **a ~ customer** ein zufriedener Kunde/eine zufriedene Kundin
sat·is·fy <-ie-> ['sætɪsfaɪ, AM 'sæt̬-] **I.** *vt* ❶ *(meet needs)* ■**to ~ sb** jdn zufriedenstellen; **to ~ sb's curiosity** jds Neugier befriedigen [*o* stillen]; **to ~ a need/passion/an urge** ein Bedürfnis/eine Leidenschaft/ein Verlangen befriedigen
❷ *(fulfil)* **to ~ a demand** ECON eine Nachfrage befriedigen; **to ~ requirements** Anforderungen genügen
❸ *(comply with)* **to ~ a condition/criteria/a demand/requirements** eine Bedingung/Kriterien/eine Forderung/Anforderungen erfüllen
❹ *(convince)* ■**to ~ sb that ...** jdn überzeugen, dass ...; ***she satisfied the court that she was innocent*** sie überzeugte das Gericht von ihrer Unschuld; ■**to be satisfied as to** [*or* **of**] **sth** von etw *dat* überzeugt sein
❺ *(pay off)* **to ~ one's creditors** seine Gläubiger/Gläubigerinnen befriedigen; **to ~ a debt** eine Schuld begleichen; **to ~ a loan** einen Kredit tilgen

S

▶PHRASES: **to ~ the examiners** BRIT SCH, UNIV *(form)* eine Prüfung bestehen
II. *vi (form)* befriedigen, befriedigend sein

sat·is·fy·ing ['sætɪsfaɪɪŋ, AM 'sæt̬-] *adj* zufriedenstellend, befriedigend

sat·phone ['sætfəʊn, AM -foʊn] *n short for* **satellite phone** Satellitentelefon *nt*

sat·su·ma [,sæt'suːmə, AM 'sætsəmɑː] *n* BRIT, AM Satsuma *f*

sat·su·ma 'plum *n* AUS *rote Pflaumensorte, die besonders in Australien und Amerika verbreitet ist*

satu·rate ['sætʃᵊreɪt, AM -əreɪt] *vt* ① *(make wet)* ■**to be ~d [with sth]** [von etw *dat*] durchnässt sein; *soil* [von etw *dat*] aufgeweicht sein; *with liquid* [mit etw *dat*] getränkt sein
② *(fig: fill to capacity)* ■**to ~ sth** etw [völlig] auslasten; CHEM etw sättigen
③ *(fig: over-supply)* **to ~ the market** den Markt sättigen
④ *(fig: imbue)* **to be ~d in tradition** der Tradition verhaftet sein
⑤ *(fig: cover intensively)* ■**to ~ sth** *area* etw durchkämmen

satu·rat·ed ['sætʃᵊreɪtɪd, AM -əreɪt̬ɪd] *adj* ① *(soaking wet)* durchnässt; *soil* aufgeweicht
② CHEM gesättigt

satu·rat·ed 'fat *n* CHEM gesättigtes Fett **satu·rat·ed 'mar·ket** *n* gesättigter Markt **satu·rat·ed so·'lu·tion** *n* CHEM gesättigte Lösung

satu·ra·tion [,sætʃᵊr'eɪʃᵊn, AM ,sætʃə'reɪ-] *n no pl* CHEM, ECON, COMPUT Sättigung *f*

satu·ra·tion 'ad·ver·tis·ing *n* Sättigungswerbung *f* **satu·ra·tion 'bomb·ing** *n* MIL Flächenbombardement *nt* **satu·'ra·tion curve** *n* PHYS Sättigungskurve *f* **satu·'ra·tion point** *n* Sättigungspunkt *m;* **to reach ~** [*or* AM **the ~**] den Sättigungsgrad erreichen

Sat·ur·day ['sætədeɪ, AM -t̬ɚ-] *n* Samstag *m,* Sonnabend *m* NORDD; *see also* **Tuesday**

Sat·ur·day night 'spe·cial *n* AM *(fam)* kleine Handfeuerwaffe **'Sat·ur·day staff** *n no pl* BRIT Samstagsschicht *f*

Sat·urn ['sætən, AM -t̬ɚn] *n no pl* ASTRON Saturn *m*

Sat·ur·na·lia <*pl* - *or* -s> [,sætə'neɪliə, AM -t̬ɚ'-] *n*
① *(Roman festival)* Saturnalien *pl*
② *(liter: wild party)* Saturnalien *pl selten geh,* ausgelassenes Fest

sat·ur·nine ['sætənaɪn, AM -t̬ɚ-] *adj (liter: of features)* finster, düster; ~ **look** düstere Miene; *(of manner)* schwermütig, melancholisch

sat·ur·nism ['sætə,nɪzᵊm, AM 'sæt̬ɚ-] *n no pl* MED Bleivergiftung *f*

sa·tyr ['sætəʳ, AM 'seɪt̬ɚ] *n* ① *(mythical figure)* Satyr *m*
② *(liter: man)* Satyr *m,* lüsterner Mann

sauce [sɔːs, AM *esp* sɑːs] **I.** *n* ① *(liquid)* Soße *f,* Sauce *f* SCHWEIZ; **mushroom/tomato ~** Pilz-/Tomatensoße *f*
② *(of fruit)* **apple ~** Apfelmus *nt,* Apfelkompott *nt*
③ AM *(pej sl: alcohol)* Alkohol *m;* **to be on the ~** [zu viel] saufen *derb;* **to hit the ~** sich *dat* die Hucke vollsaufen *sl,* ÖSTERR, SCHWEIZ *a.* sich *akk* volllaufen lassen *fam*
④ *(fam: impertinence)* Unverschämtheit *f,* Frechheit *f*
▶PHRASES: **what's ~ for the goose is ~ for the gander** *(prov)* was dem einen recht ist, ist dem anderen billig *prov*
II. *vt* ① *(dated fam: be cheeky)* ■**to ~ sb** zu jdm frech sein
② *(fam: add interest)* ■**to ~ sth up** etw würzen *fig*
③ *usu passive (with sauce)* ■**to ~ sth** etw mit Soße anrichten [*o* servieren]; ■**to be ~d** mit Soße zubereitet/serviert werden

'sauce·boat *n* Sauciere *f*

sauced [sɔːst, AM *esp* sɑːst] *adj* AM *(fam)* besoffen *sl*

'sauce·pan *n* Kochtopf *m,* Pfanne *f* SCHWEIZ

sauc·er ['sɔːsəʳ, AM 'sɑːsɚ, -'sɔː] *n* Untertasse *f;* **to have eyes like ~s** große Augen haben

sau·ci·er ['səʊːsieɪ, AM 'sɑːs-] *n* Saucier *m,* Soßenkoch, -köchin *m, f*

sauci·ly ['sɔːsɪli, AM *esp* 'sɑːs-] *adv (dated)* frech

sauci·ness ['sɔːsɪnəs, AM *esp* 'sɑːs-] *n no pl (dated)*
① *(impertinence)* Frechheit *f*
② BRIT *(smuttiness)* Freizügigkeit *f*

saucy ['sɔːsi, AM *esp* 'sɑːsi] *adj* ① *(impertinent)* frech
② BRIT *(pej: smutty)* freizügig; **~ underwear** Reizwäsche *f*
③ *esp* AM *(approv fam: lively)* lebhaft

Saudi ['saʊdi] **I.** *n (male)* Saudi *m; (female)* Saudi-Araberin *f*
II. *adj inv* saudisch

Saudi A'ra·bia *n no pl* Saudi-Arabien *nt* **Saudi A'ra·bian I.** *n* Saudi-Araber(in) *m(f)* **II.** *adj inv* saudisch, saudi-arabisch

sauer·kraut ['saʊəkraʊt, AM 'saʊɚ-] *n no pl* Sauerkraut *nt*

sau·na ['sɔːnə, 'saʊnə, AM 'saʊnə, 'sɔːnə] *n* ① *(facility)* Sauna *f*
② *(activity)* Saunagang *m;* **to have a ~** in die Sauna gehen, saunieren

saun·ter ['sɔːntəʳ, AM 'sɑːnt̬ɚ] **I.** *vi* ■**to ~ somewhere** *(stroll)* irgendwo bummeln *fam; (amble)* irgendwo[hin] schlendern; ***they ~ed down to the beach*** sie schlenderten zum Strand hinunter; **to ~ along** herumschlendern
II. *n usu sing* Bummel *m*

sau·sage ['sɒsɪdʒ, AM 'sɑːs-] *n* ① *no pl* FOOD Wurst *f; (small)* Würstchen *nt;* **~ casing** Wurstdarm *m*
② BRIT *(fam: addressing child)* Dummerchen *nt fam*
▶PHRASES: **not a ~** BRIT *(hum dated fam)* rein gar nichts *fam*

'sau·sage dog *n* BRIT *(fam)* Dackel *m* **'sau·sage ma·chine** *n* ① *(for manufacture)* Wurstmaschine *f*
② BRIT *(pej fam: sth uniform)* Fabrik *f fig* **'sau·sage meat** *n no pl* Wurstfüllung *f,* Wurstteig *m* **sau·sage 'roll** *n* BRIT, AUS ≈ Bratwurst *f* im Schlafrock, Wurstweggen *m* SCHWEIZ

sau·té ['səʊteɪ, AM sɔː'teɪ] **I.** *vt* <sautéed *or* sautéd> ■**to ~ sth** etw [kurz] [an]braten [*o fachspr* sautieren]
II. *n (in ballet)* Sauté *nt*
III. *adj attr, inv* [kurz] [an]gebraten, sautiert *fachspr;* **~ potatoes** Bratkartoffeln *pl,* ÖSTERR *a.* Braterdäpfel *pl*

sauve qui peut [,səʊvkiː'pɜː, AM ,soʊv-] *n (liter)* [allgemeine] Panik

sav·age ['sævɪdʒ] **I.** *adj* ① *(primitive)* wild; **~ animal** wildes Tier
② *(fierce)* brutal; **a ~ attack/blow** ein scharfer Angriff/Schlag; **~ fighting** heftige Kämpfe
③ *(fam: mood)* **in a ~ mood** übel gelaunt
▶PHRASES: **to soothe the ~ breast** das aufgebrachte Gemüt beruhigen
II. *n* ① *(pej: barbarian)* Barbar(in) *m(f) pej*
② *(usu pej: primitive person)* Wilde(r) *f(m) pej;* **the noble ~** der/die edle Wilde
III. *vt* ■**to ~ sb** jdn anfallen; *(fig)* jdn attackieren

sav·age·ly ['sævɪdʒli] *adv* brutal; ***"what do you want?" he demanded ~*** „was wollen Sie?" fragte er brüsk

sav·age·ness ['sævɪdʒnəs] *n no pl* Brutalität *f*

sav·age·ry ['sævɪdʒᵊri] *n no pl* Brutalität *f*

sa·van·na(h) [sə'vænə] *n* Savanne *f*

sa·vant ['sævənt, AM sæ'vɑːnt] *n* Gelehrte(r) *f(m)*

save [seɪv] **I.** *vt* ① *(rescue)* ■**to ~ sb/sth [from sth]** jdn/etw [vor etw *dat*] retten; **to ~ the day** [*or* **situation**] die Situation retten; **to ~ sb's life** jdm das Leben retten; **to ~ one's marriage** seine Ehe retten; **to ~ the match** das Spiel retten; **to ~ one's own skin** [*or* **hide**] *(usu pej)* die eigene Haut retten; **to ~ sb's soul** jds Seele retten
② NAUT ■**to ~ sth** etw bergen
③ *(keep from danger)* ■**to ~ sb/sth** jdn/etw schützen; ***God ~ the Queen*** Gott erhalte die Königin; ■**to ~ sb from himself/herself** jdn vor sich *dat* selbst schützen
④ *(keep for future use)* ■**to ~ sth** etw aufheben; ***I ~ all my old letters in case I want to read them again*** ich hebe all meine alten Briefe auf, falls ich sie wieder einmal lesen möchte; **to ~ money** Geld sparen
⑤ *(collect)* ■**to ~ sth** etw sammeln; **to ~ coins/stamps** Münzen/Briefmarken sammeln
⑥ *(avoid wasting)* **to ~ energy** Energie sparen; **to ~ one's eyes** seine Augen schonen; **to ~ oneself** sich *akk* schonen; ***she's saving herself for the right man*** sie spart sich für den richtigen Mann auf; **to ~ one's strength** mit seinen Kräften haushalten; **to ~ time** Zeit sparen; ***we didn't ~ much time by taking the short cut*** wir haben nicht viel Zeit gewonnen, indem wir die Abkürzung genommen haben; **to ~ sth for posterity** etw der Nachwelt erhalten
⑦ *(reserve)* ■**to ~ sb sth** [*or* **to ~ sth for sb**] jdm etw aufheben; ***I'll be home late — can you ~ me some dinner?*** ich werde spät heimkommen – kannst du mir was vom Abendessen aufheben?; **~ *a dance for me*** reserviere mir einen Tanz; **~ *me a place at your table, will you?*** halte mir doch bitte einen Platz an deinem Tisch frei, ja?; **~ *my seat — I'll be back in five minutes*** halte meinen Platz frei – ich bin in fünf Minuten wieder da
⑧ *(spare)* ■**to ~ sb sth** jdm etw ersparen; ***thanks for your help — it ~d me a lot of work*** danke für deine Hilfe – das hat mir viel Arbeit erspart; ***I'll lend you a bag, it'll ~ you buying one*** ich leihe dir einen Beutel, dann brauchst du dir keinen zu kaufen; ***the tax changes ~ me £9 a week*** durch die Steueränderungen spare ich 9 Pfund pro Woche
⑨ COMPUT **to ~ data** Daten sichern [*o* abspeichern]
⑩ SPORT **to ~ a goal** ein Tor verhindern; **to ~ a penalty kick** einen Strafstoß abwehren
▶PHRASES: **to ~ appearances** den Schein wahren; **to ~ sb's bacon** [*or* **neck**] jds Hals retten; **to ~ one's breath** sich *dat* seine Worte sparen; **to ~ face** das Gesicht wahren; **to ~ one's life** ***Samantha is tone deaf — she can't carry a tune to ~ her life*** Samantha hat kein Gehör für Töne – sie kann beim besten Willen keine Melodie halten; **a stitch in time ~s nine** *(prov)* was du heute kannst besorgen, das verschiebe nicht auf morgen *prov*
II. *vi* ① *(keep for the future)* sparen; ***I ~ with the Cooperative Bank*** ich habe ein Sparkonto bei der Cooperative Bank; **to ~ for a new car/holiday/house** für [*o* auf] ein neues Auto/einen Urlaub/ein Haus sparen
② *(conserve sth)* ■**to ~ on sth** bei etw *dat* sparen; ***it was a warm winter, so we ~d on electricity*** es war ein warmer Winter, da haben wir Strom gespart
③ AM *(keep) food* sich *akk* halten
III. *n (in football)* Abwehr *f;* ***the goalkeeper made a great ~ in the last minute of the match*** der Torhüter bot eine großartige Parade in der letzten Spielminute
IV. *prep (form)* außer +*dat;* ***they found all the documents ~ one*** sie fanden alle Dokumente bis auf ein[e]s; ■**~ for ...** außer +*dat* ...; ***the house was in good shape ~ for the roof*** das Haus war bis auf das Dach in gutem Zustand
◆**save up I.** *vt* **to ~ up money** Geld sparen; ***she's ~d up enough loyalty coupons to get a set of wine glasses*** sie hat genügend Rabattmarken gesammelt, um ein Weingläserset zu bekommen
II. *vi* sparen; ■**to ~ up [for sth]** [auf/für etw *akk*] sparen; ***she's saving up to go on a world cruise*** sie spart für eine Weltreise

save as you 'earn *n* BRIT *Sparprogramm, das steuerliche Vorteile bringt*

'save·game *n* COMPUT Spielstand *m*

sav·eloy ['sævəlɔɪ] *n* BRIT Zervelatwurst *f,* Cervelat *m* SCHWEIZ

sav·er ['seɪvəʳ, AM -ɚ] *n* ① *(person saving money)* Sparer(in) *m(f); (investor)* Anleger(in) *m(f)*
② *(train fare)* Sparticket *nt*

-sav·er ['seɪvəʳ, AM -ɚ] *in compounds* -sparer; **energy~** Energiespargerät *nt;* **face~** Ausrede *f (um das Gesicht zu wahren);* **sth is a money/space/time~** etw spart Geld/Platz/Zeit

sav·ing ['seɪvɪŋ] **I.** *n* ① *usu pl (money)* Erspartes *nt kein pl;* ■**~s** *pl* Ersparnisse *pl*
② *no pl (result of economizing)* Ersparnis *f; (act)* Einsparung *f;* ***the ~ in time was minimal*** die Zeitersparnis war [nur] minimal
③ *no pl (rescue, preservation)* Rettung *f;* ■**to be**

the ~ of sb jds Rettung sein
❹ LAW Ausnahme *f*
II. *adj* rettend; ***the film's one ~ grace is the photography*** das einzig Versöhnende an dem Film sind seine Bilder
III. *prep see* **save IV**
-sav·ing ['seɪvɪŋ] *in compounds* -sparend; **face~ gesture** Geste, durch die man sein Gesicht wahrt; **energy~ light bulb** Energie sparende Glühbirne
'sav·ing clause *n* AM *(in taxation law)* Vorbehaltsklausel *f*
sav·ings ac·count ['seɪvɪŋz-] *n* Sparkonto *nt;* **anonymous ~** Nummernkonto *nt,* anonymes Sparkonto **sav·ings and 'loan as·so·cia·tion** *n* AM ≈ Bausparkasse *f* **'sav·ings as·so·cia·tion** *n* + *sing/pl vb* Bausparinstitut *nt* **'sav·ings bank** *n* FIN Sparkasse *(die nicht auf Profitbasis arbeitet und auch für kleine Einlagen Zinsen bietet)* **'sav·ings bank di·rec·tor** *n* Sparkassendirektor(in) *m(f)* **'sav·ings bond** *n* ❶ AM *(earning interest)* Sparbrief *m* ❷ BRIT *(premium bond)* Prämienaktie *f* **'sav·ings bonds** *npl* AM Sparschuldverschreibungen *pl* **'sav·ings book** *n* Sparbuch *nt* **'sav·ings cer·tifi·cate** *n* BRIT FIN Schuldverschreibung *f,* Staatspapier *nt* **'sav·ings de·pos·it** *n* Einzahlung *f,* Spareinlage *f* **'sav·ings in·sti·tu·tion** *n* + *sing/pl vb* Sparinstitut *nt* **'sav·ings plan** *n* FIN Sparplan *m; (insurance)* Vorsorgeplan *m*
sav·iour, AM **sav·ior** ['seɪvjəʳ, AM -jɚ] *n* Retter(in) *m(f);* ■**the S~** REL der Erlöser
savoir-faire [ˌsævwɑːˈfeəʳ, AM -wɑːrfer] *n no pl* Gewandtheit *f*
sa·vor *n* AM *see* **savour**
sa·vori·ness *n* AM *see* **savouriness**
sa·vory¹ ['seɪvəri] *n (herb)* Bohnenkraut *nt*
sa·vory² *n* AM *see* **savoury**
sa·vour ['seɪvəʳ, AM -ɚ] **I.** *n* ❶ *(taste)* Geschmack *m*
❷ *(quality)* Reiz *m*
II. *vt* ■**to ~ sth** etw auskosten [*o* genießen]
III. *vi (form)* ■**to ~ of sth** den Anschein von etw *dat* haben, nach etw *dat* schmecken *fig fam*
sa·vouri·ness ['seɪvərɪnəs] *n no pl* ❶ *(appetizing quality)* Schmackhaftigkeit *f*
❷ *(social acceptability)* ***there have always been whispers about the ~ of his reputation*** es hat schon immer Gerüchte um seinen Ruf gegeben
sa·voury ['seɪvəri] **I.** *adj* ❶ *(not sweet)* pikant; *(salty)* salzig
❷ *(appetizing)* appetitanregend; **~ smell/taste** appetitanregender Geruch/Geschmack
❸ *(socially acceptable)* **to have a ~ reputation** angesehenen sein, einen guten Ruf haben
II. *n* BRIT [pikantes] Häppchen
sa·voy, sa·voy cab·bage [sə'vɔɪ-] *n no pl* Wirsing *m,* Savoyerkohl *m*
sav·vy ['sævi] **I.** *adj (fam: shrewd)* ausgebufft *sl*
II. *n no pl (fam)* Köpfchen *nt fam; (practical knowledge)* Können *nt;* ***she's got a lot of ~*** sie hat eine Menge Ahnung *fam*
III. *vi (dated fam)* verstehen, kapieren *fam*
saw¹ [sɔː, AM *esp* sɑː] *pt of* **see**
saw² [sɔː, AM *esp* sɑː] *n (dated)* Sprichwort *nt,* Spruch *m*
saw³ [sɔː, AM *esp* sɑː] **I.** *n* Säge *f;* **chain ~** Kettensäge *f;* **power ~** Motorsäge *f;* **circular ~** Kreissäge *f*
II. *vt* <-ed, sawn *or esp* AM -ed> ■**to ~ sth** etw [zer]sägen; **to ~ a tree down** einen Baum umsägen [*o* fällen]
▶PHRASES: **to ~ the air** *(pej)* in der Luft herumfuchteln *fam;* **to ~ wood** *(sl)* schnarchen, sägen *fig fam*
III. *vi* ❶ *(operate a saw)* sägen
❷ *(pej: play stringed instrument)* ■**to ~ at sth** auf etw *dat* [herum]sägen *fam*
◆**saw off** *vt* ■**to ~ off** ⊂ **sth** etw absägen
◆**saw up** *vt* ■**to ~ up** ⊂ **sth** etw zersägen
SAW [ˌeserˈdʌbljuː] *n* MIL *abbrev of* **squad automatic weapon** Minimi-Maschinengewehr *nt*
'saw·dust *n no pl* Sägemehl *nt* **saw-'edged** *adj* gezähnt
'sawed-off *adj* AM *see* **sawn-off**
'saw·fish *n* Sägefisch *m* **'saw·frame** *n* Sägegatter *nt* **'saw·horse** *n* Sägebock *m* **'saw·mill** *n* Sägemühle *f*
sawn [sɔːn, AM *esp* sɑːn] *pp of* **saw**
'sawn-off *adj attr, inv* ❶ *(with shortened barrel)* **~ shotgun** abgesägte Schrotflinte
❷ *(dated sl: short person)* **~ person** abgesägter Riese *sl*
❸ *(fam: of clothes)* abgeschnitten
'saw·toothed *adj* gezähnt
saw·yer ['sɔːjəʳ, AM 'sɑːjɚ] *n* Säger *m; (in sawmill)* Sägewerker *m*
sax <*pl* -es> [sæks] *n short for* **saxophone** Saxophon *nt*
saxi·frage <*pl* - *or* -s> ['sæksɪfrɪdʒ, AM -sə-] *n* BOT Steinbrech *m*
Sax·on ['sæksᵊn] **I.** *n* ❶ *(person)* Sachse, Sächsin *m, f*
❷ *(hist: member of Germanic people)* [Angel]sachse, -sächsin *m, f*
❸ *no pl (language)* Sächsisch *nt*
II. *adj* ❶ *(of Saxony)* sächsisch
❷ *(hist: in England)* [angel]sächsisch
Saxo·ny ['sæksᵊni] *n no pl* Sachsen *nt*
saxo·phone ['sæksəfəʊn, AM -foʊn] *n* Saxophon *nt*
sax·opho·nist ['sæksəfəʊnɪst, AM -foʊn-] *n* Saxophonist(in) *m(f)*
'sax play·er *n (fam)* Saxophonspieler(in) *m(f)*

say [seɪ]

I. TRANSITIVE VERB	II. INTRANSITIVE VERB
III. NOUN	IV. ADJECTIVE
V. INTERJECTION	

I. TRANSITIVE VERB

<said, said> ❶ *(utter)* ■**to ~ sth** etw sagen; ***how do you ~ your name in Japanese?*** wie spricht man deinen Namen auf Japanisch aus?; ***I'm sorry, what did you ~ ?*** Entschuldigung, was hast du gesagt?; **to ~ sth to sb's face** jdm etw ins Gesicht sagen; **when all is said and done** letzten Endes; ***when all is said and done, you can only do your best*** letzten Endes kann man sich nur bemühen, sein Bestes zu geben
❷ *(state)* ■**to ~ sth** etw sagen; ***what did they ~ about the house?*** was haben sie über das Haus gesagt?; ***what did you ~ to him?*** was hast du ihm gesagt?; ***"the department manager is at lunch," he said apologetically*** „der Abteilungsleiter ist beim Mittagessen", meinte er bedauernd; ***another cup of tea? — I wouldn't ~ no*** *(fam)* noch eine Tasse Tee? – da würde ich nicht Nein sagen; **to ~ goodbye to sb** jdm auf Wiedersehen sagen, sich *akk* von jdm verabschieden; ***if Europe fails to agree on this, we can ~ goodbye to any common foreign policy*** *(fam)* wenn Europa sich hierauf nicht einigen kann, können wir jegliche gemeinsame Außenpolitik vergessen; **to ~ the least** um es [einmal] milde auszudrücken; ***he's rather unreliable to ~ the least*** er ist ziemlich unzuverlässig, und das ist noch schmeichelhaft ausgedrückt; **you can ~ that again!** *(fam)* das kannst du laut sagen *fam;* **to have anything/nothing/something to ~ [to sb]** [jdm] irgendetwas/nichts/etwas zu sagen haben; ***I've got something to ~ to you*** ich muss Ihnen etwas sagen; **to ~ yes/no to sth** etw annehmen/ablehnen; **having said that, ...** abgesehen davon ...
❸ *(put into words)* ■**to ~ sth** etw sagen; ***what are you ~ ing, exactly?*** was willst du eigentlich sagen?; ***that was well said*** das war gut gesagt; *(sl)* ***~ what?*** echt? *fam;* ***he talked for nearly an hour, but actually he said very little*** er redete beinahe eine Stunde lang, aber eigentlich sagte er sehr wenig; ***needless to ~ [that] he disagreed with all the suggestions, as usual*** natürlich war er, wie immer, mit keinem der Vorschläge einverstanden; **to have a lot/nothing to ~** viel/nicht viel reden; ***what have you got to ~ for yourself?*** was hast du zu deiner Rechtfertigung zu sagen?; **~ no more!** alles klar!; **to ~ nothing of sth** ganz zu schweigen von etw *dat; **it would be an enormous amount of work, to ~ nothing of the cost*** es wäre ein enormer Arbeitsaufwand, ganz abgesehen von den Kosten
❹ *(think)* ***it is said [that] he's over 100*** er soll über 100 Jahre alt sein; ***she is a firm leader, too firm, some might ~*** sie ist eine strenge Führungskraft, zu streng, wie manche vielleicht sagen würden; ***~ what you like, I still can't believe it*** du kannst sagen, was du willst, aber ich kann es noch immer nicht glauben; ■**to ~ sth to oneself** sich *dat* etw sagen; ***she said to herself, "what a fool I am!"*** „was bin ich doch für eine Idiotin", sagte sie zu sich selbst
❺ *(recite aloud)* ■**to ~ sth** etw aufsagen; **to ~ a prayer** ein Gebet sprechen
❻ *(give information)* ■**to ~ sth** etw sagen; ***the sign ~ s ...*** auf dem Schild steht ...; ***can you read what that notice ~ s?*** kannst du lesen, was auf der Mitteilung steht?; ***it ~ s on the bottle to take three tablets a day*** auf der Flasche heißt es, man soll drei Tabletten täglich einnehmen; ***my watch ~ s 3 o'clock*** auf meiner Uhr ist es 3 [Uhr]
❼ *(indicate)* **to ~ something/a lot about sb/sth** etwas/eine Menge über jdn/etw aussagen; ***the way he drives ~ s a lot about his character*** sein Fahrstil sagt eine Menge über seinen Charakter aus; **to ~ something for sb/sth** für jdn/etw sprechen; ***it ~ s a lot for her determination that she practises her cello so often*** dass sie so oft Cello übt, zeigt ihre Entschlossenheit; **there's little/a lot to be said for sth** es spricht wenig/viel für etw *akk;* ***there's a lot to be said for living alone*** es spricht viel dafür, alleine zu leben
❽ *(convey inner/artistic meaning)* ■**to ~ sth** etw ausdrücken; ***the look on his face said he knew what had happened*** der Ausdruck auf seinem Gesicht machte deutlich, dass er wusste, was geschehen war; ***the expression on her face when she saw them said it all*** ihr Gesichtsausdruck, als sie sie sah, sagte alles
❾ *(fam: suggest)* ■**to ~ sth** etw vorschlagen; ***I ~ we start looking for a hotel now*** ich schlage vor, wir suchen uns jetzt ein Hotel; ***what do you ~ we sell the car?*** was hältst du davon, wenn wir das Auto verkaufen?
❿ *(tell, command)* ■**to ~ when/where etc.** sagen, wann/wo usw.; ***he said to meet him here*** er sagte, dass wir ihn hier treffen sollen; ***she said to call her back when you get home*** sie sagte, du sollst sie zurückrufen, wenn du wieder zu Hause bist; **to ~ when** sagen, wenn es genug ist [*o* reicht]
⓫ *(for instance)* **[let's] ~ ...** sagen wir [mal] ...; *(assuming)* nehmen wir an, angenommen; ***try and finish the work by, let's ~ , Friday*** versuchen Sie die Arbeit bis, sagen wir mal, Freitag fertig zu machen; ***[let's] ~ [that] the journey takes three hours, that means you'll arrive at 2 o'clock*** angenommen die Reise dauert drei Stunden, das heißt, du kommst um 2 Uhr an
▶PHRASES: **to ~ amen to sth** Amen zu etw *dat* sagen; ***I'll ~ amen to that*** ich bin dafür; **to be unable to ~ boo to a goose** ein Hasenfuß sein *iron pej fam;* ***he's so shy he couldn't ~ boo to a goose*** er ist so schüchtern, er könnte keiner Fliege etwas zuleide tun; **to ~ cheese** ‚cheese' sagen, „wo ist das Vögelchen?" *hum;* **before sb could ~ Jack Robinson** bevor jd bis drei zählen konnte; **to ~ uncle** AM *(esp childspeak)* sich *akk* geschlagen geben, aufgeben; **to ~ the word** Bescheid geben; ***just ~ the word, and I'll come and help*** sag nur ein Wort und ich komme zu Hilfe; **you don't ~ [so]!** was du nicht sagst!; **you said it!** *(fam)* du sagst es!

II. INTRANSITIVE VERB

<said, said> ❶ *(state)* sagen; ***where was he going? — he didn't ~*** wo wollte er hin? – das hat er nicht gesagt; ***is it possible? — who can ~ ?*** ist das möglich? – wer kann das schon sagen?; ***I appreciate the gesture more than I can ~*** ich kann gar nicht sagen, wie ich die Geste schätze; ***I can't ~ for certain, but ...*** ich kann es nicht mit Sicherheit behaupten, aber ...; **hard to ~** schwer zu

sagen; **I can't** ~ das kann ich nicht sagen [*o* weiß ich nicht]; **it's not for sb to** ~ es ist nicht an jdm, etw zu sagen; ***I think we should delay the introduction, but of course it's not for me to*** ~ ich denke, wir sollten die Einführung hinausschieben, aber es steht mir natürlich nicht zu, das zu entscheiden; **not to** ~ **...** um nicht zu sagen ...
❷ *(believe)* sagen; ***is Spanish a difficult language to learn? — they*** ~ ***not*** ist Spanisch schwer zu lernen? – angeblich nicht
❸ *(to be explicit)* **... that is to** ~ **... ...** das heißt ...; ***our friends, that is to*** ~ ***our son's friends, will meet us at the airport*** unsere Freunde, genauer gesagt, die Freunde unseres Sohnes, werden uns am Flughafen treffen; **that is not to** ~ das soll nicht heißen; ***he's so gullible, but that is not to*** ~ ***that he is stupid*** er ist so leichtgläubig, aber das soll nicht heißen, dass er dumm ist
❹ LAW **how** ~ **you?** wie lautet Ihr Urteil?

III. NOUN

no pl Meinung *f;* **to have one's** ~ seine Meinung sagen; ***can't you keep quiet for a minute and let me have my*** ~***?*** könnt ihr mal eine Minute ruhig sein, damit ich auch mal zu Wort kommen kann? *fam;* **to have a/no** ~ **in sth** bei etw *dat* ein/kein Mitspracherecht haben

IV. ADJECTIVE

attr (form) ■**the said ...** der/die/das erwähnte [*o* genannte] ...

V. INTERJECTION

❶ AM *(fam: to attract attention)* sag mal ... *fam;* ~***, how about going out tonight?*** sag mal, was hältst du davon, wenn wir heute Abend ausgehen? *fam;* **I** ~**!** BRIT *(dated)* Donnerwetter! *fam;* ***I*** ~***, what a splendid hat you're wearing!*** Donnerwetter, das ist ja ein toller Hut, den du da trägst! *fam*
❷ *(to show surprise, doubt etc.)* ***I*** [***mean to*** [*or* ***must***]] ~***!*** [also,] ich muss [schon] sagen!; *(fam: for emphasis)* ***I'll*** ~***!*** und wie!, das kann man wohl sagen! *fam; (sl: to express doubt)* ~***s you!*** das glaubst aber auch nur du! *fam;* ~***s who?*** wer sagt das?
❸ AM *(expresses positive reaction)* sag mal *fam;* ~***, that's really a great idea!*** Mensch, das ist ja echt eine tolle Idee! *fam*

SAYE [ˌeseɪwaɪ'iː] *n* FIN *abbrev of* **save as you earn** *staatliches Sparförderungsprogramm*

say·ing ['seɪɪŋ] *n* ❶ *no pl (act)* Sprechen *nt;* ***there's no*** ~ ***what she may be up to*** es lässt sich nicht sagen, was sie wohl als Nächstes tun wird; **it goes without** ~ es versteht sich von selbst
❷ *(adage)* Sprichwort *nt;* **as the** ~ **goes** wie es so schön heißt *oft iron*
❸ *(collected wisdom)* ■**the** ~**s of sb** die Aussprüche einer Person *gen*

'say-so *n no pl (fam)* ❶ *(approval)* Genehmigung *f,* Erlaubnis *f;* **to have sb's** ~ jds Genehmigung [*o* Einverständnis] haben
❷ *(assertion)* Behauptung *f;* ***don't just believe it on my*** ~ glaub es doch nicht einfach nur, weil ich es sage

S-bend ['esˌbend] *n* S-Kurve *f;* MECH S-Biegung *f*

S.C. AM *abbrev of* **South Carolina**

scab [skæb] **I.** *n* ❶ *(of wound)* Kruste *f,* Schorf *m,* Grind *m* DIAL
❷ *(pej fam: strikebreaker)* Streikbrecher(in) *m(f)*
❸ *(pej fam: disliked person)* Halunke *m pej*
❹ *no pl (plant disease)* Schorf *m; (animal disease)* Räude *f*
II. *vi (fam)* ❶ *(act as blackleg)* als Streikbrecher/Streikbrecherin arbeiten
❷ BRIT *(cadge)* schnorren *sl*

scab·bard ['skæbəd, AM -ərd] *n* [Schwert]scheide *f*

scabbed [skæbd] *adj* schorfig

scab·by ['skæbi] *adj* ❶ *(having scabs)* schorfig
❷ *(having the scab disease)* räudig
❸ *(pej fam: reprehensible)* schäbig

sca·bies ['skeɪbiːz] *n no pl* Krätze *f*

sca·bi·ous <*pl* -> ['skeɪbiəs] *n* BOT Skabiose *f*

sca·brous ['skeɪbrəs, AM *esp* 'skæb-] *adj* ❶ *(covered with scabs)* schorfig
❷ *(pej liter: salacious)* unanständig
❸ *(pej: unpleasant)* schäbig

scads [skædz] *npl* AM, AUS *(fam)* ■ ~ **of ...** eine Menge [*o fam* ein Haufen] ...; ~ **of money** ein Haufen Geld; ~ **of people** jede Menge Leute

scaf·fold ['skæfəʊld, AM -fəld] **I.** *n* ❶ *(hist: for executions)* Schafott *nt;* **to die on the** ~ auf dem Schafott sterben
❷ *(rare: scaffolding)* Gerüst *nt*
II. *vt* **to** ~ **a building** ein Gebäude mit einem Gerüst versehen

scaf·fold·ing ['skæfəldɪŋ] *n no pl* [Bau]gerüst *nt;* **to put up** ~ ein Gerüst aufschlagen [*o* aufstellen]

scal·abil·ity [ˌskeɪlə'bɪləti, AM -əṱi] *n* Skalierbarkeit *f*

scal·able ['skeɪləbl] *adj* ❶ *(mountain)* ersteigbar
❷ *(size)* größenvariabel

scala·wag ['skæləwæg] *n* AM *(scallywag)* Schlingel *m hum*

scald [skɔːld, AM *esp* skɑːld] **I.** *vt* ❶ *(burn)* ■**to** ~ **sb/oneself** jdn/sich *akk* verbrühen
❷ *(clean)* ■**to** ~ **sth** etw auskochen; ~ ***the needles to sterilize them*** koche die Nadeln ab, um sie zu sterilisieren
❸ *(heat)* ■**to** ~ **sth** etw erhitzen; **to** ~ **the fruit** das Obst dünsten; **to** ~ **milk** Milch abkochen
▸PHRASES: **like a** ~**ed <u>cat</u>** wie ein geölter Blitz *fam*
II. *n* ❶ MED Verbrühung *f*
❷ HORT Brand *m kein pl*

scald·ing ['skɔːldɪŋ, AM *esp* 'skɑːld-] *adj* ❶ *liquid* kochend, siedend; ~ **hot** kochend [*o* siedend] heiß
❷ *(fig: extreme)* ~ **criticism** scharfe [*o* heftige] Kritik

scale¹ [skeɪl] **I.** *n* ❶ *(on skin)* Schuppe *f*
❷ *no pl (mineral coating)* Ablagerung *f*
❸ *(spec: dental plaque)* Zahnstein *m kein pl*
▸PHRASES: **the** ~**s <u>fall</u> from sb's eyes** *(liter)* es fällt jdm wie Schuppen von den Augen
II. *vt* ❶ *(remove scales)* **to** ~ **a fish** einen Fisch abschuppen
❷ *(remove tartar)* **to** ~ **teeth** Zahnstein entfernen
III. *vi skin* sich *akk* schuppen; *paint* abblättern

scale² [skeɪl] *n* ❶ *usu pl (weighing device)* Waage *f;* **bathroom/kitchen/letter** ~ Personen-/Küchen-/Briefwaage *f;* **a pair of** ~**s** *(form)* eine [Balken]waage; **to tip** [*or* **turn**] **the** ~**s** [**at sth**] [etw] auf die Waage bringen; ***he tipped the*** ~ ***at 210 pounds*** er wog 210 Pfund; **to tip the** ~**s** *(fig)* den [entscheidenden] Ausschlag geben
❷ ASTROL ■**the** ~**s** *pl* Waage *f kein pl*
▸PHRASES: **to <u>throw</u> sth into the** ~ etw in die Waagschale werfen

scale³ [skeɪl] **I.** *n* ❶ *(system of gradation)* Skala *f; (of map)* Maßstab *m;* ***how would you rate his work on a*** ~ ***of 1 to 5?*** wie würden Sie seine Arbeit auf einer Skala von 1 bis 5 beurteilen?; ***what*** ~ ***is this map?*** welchen Maßstab hat diese Karte?; ~ **of charges** Taxe *f;* ~ **of fees** Gebührenstaffel *f;* ~ **division** Skalenteilung *f;* ~ **of values** Wert[e]skala *f;* **a sliding** ~ ECON eine Gleitskala; ***remuneration is on a sliding*** ~ die Bezahlung ist gestaffelt
❷ *no pl* ■**to be in** [*or* **to**] ~ *building, drawing* maßstab[s]getreu [*o* maßstab[s]gerecht] sein; **to build/draw sth to** ~ etw maßstab[s]getreu [*o* maßstab[s]gerecht] bauen/zeichnen
❸ *(relative degree)* Umfang *m; (extent) profits, losses* Höhe *f;* **on a national** ~ auf nationaler Ebene; **on a large/small** ~ im großen/kleinen Rahmen
❹ *no pl (size)* Ausmaß *nt;* **advantages of** ~ ECON bedeutende Vorteile
❺ MUS Tonleiter *f;* **to play/practise** ~**s** Tonleitern spielen/üben
II. *vt* ■**to** ~ **sth** ❶ *(climb)* etw erklimmen *geh;* **to** ~ **a fence** auf einen Zaun klettern; **to** ~ **a mountain** einen Berg besteigen; *(fig)* ***she has already*** ~***d the heights of her profession*** sie hat bereits den Höhepunkt ihrer Karriere erreicht
❷ TECH, ARCHIT etw maßstab[s]getreu zeichnen; *(make)* etw maßstab[s]getreu anfertigen
❸ SCI *(order in system of graduation) concepts, findings* etw skalieren

◆**scale back** *vt* ■**to** ~ **back** ⊂ **sth** etw reduzieren [*o* einschränken]

◆**scale down I.** *vt* ■**to** ~ **down** ⊂ **sth** etw reduzieren; ECON etw einschränken [*o* drosseln], etw verringern [*o* herabsetzen]; ***my company is scaling down its operations in the Middle East*** meine Firma schränkt ihre Tätigkeiten im mittleren Osten ein; *(make smaller in proportion)* etw [vom Maßstab her] verkleinern
II. *vi* verkleinern; ***the company may be scaling down*** die Firma könnte ihr Volumen verringern

◆**scale up I.** *vt* ■**to** ~ **up** ⊂ **sth** etw erweitern; *transportation system etc.* etw ausbauen; ECON etw erhöhen [*o* heraufsetzen]; MATH etw im Maßstab vergrößern
II. *vi* expandieren

scale 'draw·ing *n* maßstab[s]getreue Zeichnung

scale 'mod·el *n* maßstab[s]getreues Modell

'scale paper *n* MATH Millimeterpapier *nt*

scale-up *n* MATH maßstäbliche Vergrößerung

scali·ness ['skeɪlɪnəs] *n no pl* ❶ ZOOL Schuppenbildung *f*
❷ MED Schuppigkeit *f*
❸ MECH Verkalkung *f*

scal·ing lad·der ['skeɪɪŋ,-, AM -ər] *n (hist)* Sturmleiter *f*

scal·lion ['skæliən, AM -jən] *n (spring onion)* Frühlingszwiebel *f; (shallot)* Schalotte *f*

scal·lop ['skæləp, AM *esp* 'skɑː-] **I.** *n* ❶ *(edible shellfish)* Kammmuschel *f; (esp in gastronomy)* Jakobsmuschel *f*
❷ *(plate)* ■ ~ [**shell**] Muschelschale *f;* ZOOL Schalenhälfte *f* der Kammmuschel
II. *vi* AM Muscheln sammeln

scal·loped ['skæləpt, AM *esp* 'skɑː-] *adj inv, attr* ❶ FASHION *edge* bogenförmig
❷ *(shape of scallop shell)* muschelförmig

scal·loped po·'ta·toes *npl Kartoffelgericht, bei dem die Kartoffeln in dünne Scheiben geschnitten und dann in Milch und Käse überbacken werden*

Scal·ly ['skæli] *n* Bewohner(in) *m(f)* von Liverpool

scal·ly·wag ['skæliwæg] *n (fam)* Schlingel *m hum*

scalp [skælp] **I.** *n* ❶ *(head skin)* Kopfhaut *f*
❷ *(hist)* Skalp *m; (fig: victory)* [Sieges]trophäe *f;* ***he's out for the doctor's*** ~ er will dem Arzt an den Kragen
II. *vt* ❶ *(hist: remove head skin)* ■**to** ~ **sb** jdn skalpieren; *(hum iron)* jdn kahl scheren
❷ AM, AUS *(fam: resell)* ■**to** ~ **sth** etw zu einem Wucherpreis weiterverkaufen
❸ AM *(iron fam: defeat)* ■**to** ~ **sb** jdn haushoch schlagen *fam*
III. *vi* STOCKEX auf schnellen Gewinn spekulieren

scal·pel ['skælpəl] *n* Skalpell *nt*

scal·pel sa·'fa·ri *n (fam or hum) Urlaub in Südafrika inklusive einer Schönheitsoperation*

scalp·er ['skælpəʳ, AM -ər] *n* AM, AUS *(fam)* Wucherer, Wucherin *m, f,* Absahner(in) *m(f); (ticket seller)* [Karten]schwarzhändler(in) *m(f);* STOCKEX Spekulant(in) *m(f)* in Terminkontrakten

scalp·ing ['skælpɪŋ] *n* STOCKEX kleine Gewinnmitnahmen

scaly ['skeɪli] *adj* ❶ ZOOL, MED schuppig; ~ **skin** schuppige Haut
❷ TECH verkalkt

scam [skæm] *n (fam)* Betrug *m;* **banking** ~ Bankbetrug *m*

scamp¹ [skæmp] *n (fam)* Schlingel *m hum*

scamp² [skæmp] *vt (dated)* ■**to** ~ **sth** etw schlampig erledigen

scamp·er ['skæmpəʳ, AM -ər] **I.** *vi* ■**to** ~ **somewhere** irgendwohin flitzen *fam;* ***the children*** ~***ed off into the garden*** die Kinder schossen in den Garten hinaus *fam*
II. *n no pl* Flitzen *nt fam*

scam·pi ['skæmpi] *npl* Scampi *pl*

scan [skæn] **I.** *vt* <-nn-> ❶ *(scrutinize)* ■**to** ~ **sth** etw absuchen (**for** nach +*dat)*
❷ *(glance through)* ■**to** ~ **sth** etw überfliegen

3 COMPUT ■ **to ~ sth** etw einlesen [*o fachspr* einscannen]; **to ~ a text** einen Text einlesen [*o fachspr* einscannen]; ***she had to have her brain ~ned*** sie musste sich einer Computertomografie des Schädels unterziehen
4 *(rotate)* **to ~ a beam/light/spotlight over sth** über etw *akk* einen Strahl/ein Licht/ein Scheinwerferlicht gleiten lassen
5 LIT ■ **to ~ sth** etw bestimmen; **to ~ a verse** ein Versmaß festlegen
II. *vi* <-nn-> 1 *(glance through)* through a *booklet, article* [flüchtig] durchsehen
2 LIT *(conform to verse)* das korrekte Versmaß haben; ***this line doesn't ~*** diese Zeile hat nicht das richtige Versmaß
III. *n* 1 *(glancing through)* [flüchtige] Durchsicht
2 MED Abtastung *f*, Scan *m*; **brain ~** Computertomografie *f* des Schädels; **ultrasound ~** Ultraschalluntersuchung *f*
3 *(image)* Scannerergebnis *nt*

scan·dal ['skændəl] *n* 1 *(cause of outrage)* Skandal *m*; **political ~** politischer Skandal; **to cause** [*or* **create**] **a ~** einen Skandal verursachen [*o* auslösen]; **a ~ breaks** ein Skandal kommt zutage; **to cover** [*or* **hush**] **up a ~** einen Skandal vertuschen; **to expose** [*or* **uncover**] **a ~** einen Skandal enthüllen [*o* aufdecken]
2 *no pl (gossip)* Skandalgeschichte *f*; **to spread ~** Skandalgeschichten verbreiten
3 *no pl (outrage)* Empörung *f*; **to be cause for ~** für Empörung sorgen
4 *(sth shocking)* Skandal *m*; *(disgrace)* Schande *f*; ***the way they treat their children is a ~*** es ist schockierend, wie sie ihre Kinder behandeln

scan·dal·ize ['skændəlaɪz, AM -də-] *vt* ■ **to ~ sb** jdn schockieren; ■ **to be ~d by sth** von etw *dat* schockiert sein; *(offended)* über etw *akk* empört sein

scan·dal·mon·ger ['skændəlˌmʌŋgəʳ, AM -ˌmɑːŋgɚ] *n (pej)* Lästermaul *nt sl*

scan·dal·ous ['skændələs] *adv* 1 *(causing scandal)* skandalös
2 *(disgraceful)* skandalös, unerhört; *(shocking)* schockierend; ***it's ~ that ...*** es ist skandalös, dass ...

scan·dal·ous·ly ['skændələsli] *adv* 1 *(in scandalous manner)* skandalös
2 *(disgracefully)* skandalös, unerhört; *(shockingly)* schockierend

'scan·dal sheet *n (pej)* Boulevardblatt *nt*, Skandalblatt *nt*

'Scan·di *adj short for* **Scandinavian** *style, design* skandinavisch; **~ pads** im skandinavischen Stil eingerichtete Wohnungen

Scan·di·na·via [ˌskændɪ'neɪviə] *n no pl* Skandinavien *nt*

Scan·di·na·vian [ˌskændɪ'neɪviən] I. *adj inv* skandinavisch
II. *n* Skandinavier(in) *m(f)*

scan·dium ['skændiəm] *n no pl* CHEM Scandium *nt*

scan·ner ['skænəʳ, AM -ɚ] *n* COMPUT, MED Scanner *m*, Abtaster *m*

'scan·ning ['skænɪŋ] *n* COMPUT, MED Scannen *nt*, Scanning *nt*

scan·ning elec·tron 'mi·cro·scope *n* Rasterelektronenmikroskop *nt*

scan·sion ['skænʃən] *n no pl* LIT 1 *(act of scanning)* Bestimmung *f* des Versmaßes, Skansion *f fachspr*; *(action)* Skandieren *nt*
2 *(rhythm)* metrische Gliederung, Metrik *f fachspr*

scant [skænt] I. *adj attr* 1 *(not enough)* unzureichend, ungenügend; ***he retold the story with ~ regard for the truth*** er wiederholte die Geschichte, ohne dabei der Wahrheit große Bedeutung beizumessen; **~ attention** mangelnde Aufmerksamkeit; **to pay ~ attention to sth** etw kaum beachten; **~ evidence** unzureichende Beweise
2 *(almost)* **a ~ litre/metre** ein knapper Liter/Meter
II. *vt* 1 *(neglect)* ■ **to ~ sth/sb** etw/jdn vernachlässigen
2 *esp* AM *(be grudging with)* ■ **to ~ sth** mit etw *dat* hadern *geh*

scanti·ly ['skæntɪli, AM -t̬ɪli] *adv* spärlich; **~ clad** *(alluringly)* freizügig gekleidet; **~ soluble** CHEM schwer [*o* kaum] löslich

scanty ['skænti, AM -t̬i] *adj* 1 *(very small)* knapp; **~ bathing suit** knapper Badeanzug
2 *(barely sufficient)* unzureichend, ungenügend; **~ evidence** unzulänglicher Beweis; **~ information** unzureichende Information

scape·goat ['skeɪpgəʊt, AM -goʊt] I. *n* Sündenbock *m*; ■ **to be a ~ for sb/sth** für jdn/etw der Sündenbock sein; **to make a ~ of sb** jdn zum Sündenbock machen; **to use sb as a ~** jdn als Sündenbock benutzen
II. *vt* ■ **to ~ sb** [**for sth/for doing sth**] jdm [für etw *akk*] die Schuld geben

scapu·la <*pl* -s *or* -lae> ['skæpjələ, *pl* -liː] *n* ANAT Schulterblatt *nt*

scar [skɑːʳ, AM skɑːr] I. *n* 1 MED Narbe *f*; **~ tissue** Narbengewebe *nt*; **emotional/mental/psychological ~** *(fig)* seelische/geistige/psychische Narbe; **to bear a ~** eine Narbe tragen; ***every village bears the ~s of war*** jeder Ort ist vom Krieg gezeichnet; **to leave a ~** eine Narbe hinterlassen
2 GEOL blanker [*o* nackter] Fels
II. *vt* <-rr-> ■ **to be ~red** [**by sth**] [von etw *dat*] gezeichnet sein; **to be ~red for life** fürs [ganze] Leben gezeichnet sein; ***his experiences in the army left him deeply ~red*** seine Erfahrungen bei der Armee hinterließen tiefe Wunden bei ihm
III. *vi* vernarben; ■ **to ~** [**over**] eine Narbe bilden

scar·ab ['skærəb, AM 'sker-] *n* 1 ZOOL Skarabäus *m*, Pillendreher *m*
2 *(hist: Egyptian gem)* Skarabäus *m*, Skarabäengemme *f*

scarce [skeəs, AM skers] *adj* knapp; *(rare)* rar; **to make oneself ~** *(fam)* sich *akk* rarmachen *fam*; *(disappear)* sich *akk* aus dem Staub machen *fam*

scarce·ly ['skeəsli, AM 'skers-] *adv* 1 *inv (barely)* kaum; ***I had ~ sat down when ...*** ich hatte mich gerade hingesetzt, als ...; ***she can ~ afford to pay the rent*** sie kann das Geld für die Miete kaum aufbringen
2 *(certainly not)* ***he would ~ have said a thing like that*** er hätte so etwas wohl kaum behauptet

scar·city ['skeəsəti, AM 'skersət̬i] *n no pl* Knappheit *f*; **~ value** Seltenheitswert *m*

scare [skeəʳ, AM sker] I. *n* 1 *(fright)* Schreck[en] *m*; **to get** [*or* **have**] **a ~** einen Schreck[en] bekommen; **to give sb a ~** jdm einen Schreck[en] einjagen
2 *(public panic)* Hysterie *f*; ***a few ~s about food poisoning*** einige panikartige Reaktionen in Bezug auf Lebensmittelvergiftungen; **bomb ~** Bombendrohung *f*
II. *adj attr, inv* Panik-; **~ story** Schauergeschichte *f*; **~ tactic** Panikmache *f*
III. *vt* ■ **to ~ sb** jdm Angst machen, jdn erschrecken; ***the two boys ~d the old man into handing over his wallet*** die beiden Jungs bedrohten den alten Mann so, dass er ihnen seine Brieftasche gab; **to ~ sb out of doing sth** jdn so ängstigen, dass er etw nicht tut
▶PHRASES: **to ~ the life** [*or* **the living daylights**] **out of sb** jdn zu Tode erschrecken; **to ~ the pants off sb** jdn unglaublich erschrecken; **to ~ sb shitless** *(vulg)* jdn höllisch erschrecken *fam*; **to ~ sb stiff** [*or* **witless**] [*or* **out of his wits**] [*or* **to death**] jdn zu Tode ängstigen
IV. *vi* erschrecken; **to ~ easily** leicht erschrecken, schreckhaft sein
◆**scare away, scare off** *vt* ■ **to scare sb** ↻ **away** [*or* **off**] 1 *(frighten into leaving)* jdn verscheuchen
2 *(discourage)* jdn abschrecken
◆**scare up** *vt* AM *(fam)* ■ **to ~ up** ↻ **sth** etw auftreiben *fam*

scare·crow ['skeəkrəʊ, AM 'skerkroʊ] *n* Vogelscheuche *f*

scared [skeəd, AM skerd] *adj* verängstigt; ■ **to be ~ of sth/sb** vor etw/jdm Angst haben; ■ **to be ~ to do** [*or* **of doing**] **sth** Angst davor haben, etw zu tun; ■ **to be ~ that ...** [be]fürchten [*o* Angst haben], dass ...; ***I was ~ that you might not be there*** ich befürchtete, du könntest vielleicht nicht da sein; **to be ~ to death** [*or* **stiff**] [*or* **witless**] [*or* **out of one's wits**] Todesängste ausstehen; **to be ~ of one's own shadow** sich *akk* vor seinem eigenen Schatten fürchten; **to be ~ shitless** *(vulg)* sich *dat* vor Angst in die Hosen scheißen *derb*; **to run ~** panisch reagieren

scare·dy, scare·dy cat ['skeədi-, AM 'skerdi-] *n (childspeak pej)* Angsthase *m fam*, Schisser *m sl*

scare·mon·ger ['skeəˌmʌŋgəʳ, AM 'skerˌmɑːŋgɚ] *n* Panikmacher(in) *m(f)*

scare·mon·ger·ing ['skeəˌmʌŋgərɪŋ, AM 'skerˌmɑːŋgɚ-] I. *n no pl (usu pej)* Panikmache *f pej*
II. *adj attr* Panik-; **~ tactics** Panikmache *f*

scarf[1] <*pl* -s *or* scarves> [skɑːf, AM skɑːrf] *n* Schal *m*; **silk ~** Seidentuch *nt*; **wool ~** Wollschal *m*

scarf[2] [skɑːf, AM skɑːrf] I. *vt (join)* ■ **to ~ sth** *metal* etw zusammenlaschen; *timber* etw zusammenblatten
II. *n (joint)* Verlaschung *f*; *of timber* Blattverbindung *f*, Blattfuge *f*

scarf[3] [skɑːf, AM skɑːrf] *vt* AM *(fam)* ■ **to ~ sth** [**down/up**] etw [runter-/auf]futtern *fam*, sich *dat* was reinziehen *sl*
◆**scarf up** *vt* AM *(fam)* ■ **to ~ sth** ↻ **up** etw auffuttern *fam*

'scarf ring *n* Halstuchring *m*

scari·fi·er ['skærɪfaɪəʳ, AM 'skerɪfaɪɚ] *n (for lawn)* Gerät *nt* zum Rasenauflockern; *(for soil)* Gerät *nt* zum Bodenauflockern

scari·fy[1] <-ie-> ['skærɪfaɪ, AM 'sker-] *vt* 1 *(make incisions)* **to ~ the ground** den Boden auflockern; **to ~ skin** Haut [an]ritzen
2 *(fig: hurt feelings)* ■ **to ~ sb** jdn verletzen

scari·fy[2] ['skærɪfaɪ, AM 'sker-] *vt (fam: scare)* ■ **to ~ sb** jdn [sehr] ängstigen

scari·fy·ing ['skærɪfaɪɪŋ, AM 'sker-] *adj (fig)* 1 *(hurtful)* schmerzhaft
2 *(fam: terrifying)* beängstigend

scari·ly ['skeərɪli, AM 'sker-] *adv* beängstigend

scar·la·ti·na [ˌskɑːlə'tiːnə, AM ˌskɑːr-] *n no pl* MED Scharlach *m*

scar·let ['skɑːlət, AM 'skɑːr-] I. *n no pl* Scharlachrot *nt*
II. *adj* scharlachrot

scar·let 'fe·ver *n no pl* MED Scharlach *m*, Scharlachfieber *nt* **scar·let 'run·ner** *n* BOT, FOOD Feuerbohne *f* **scar·let 'wom·an** *n (pej dated)* leichtlebige Frau *veraltet*

scarp [skɑːp, AM skɑːrp] *n* Steilhang *m*; MIL innere Grabenböschung, Eskarpe *f*

scarp·er [skɑːpəʳ] *vi* BRIT, AUS *(sl)* abhauen *fam*, sich *akk* verziehen *sl*

scarves [skɑːvz, AM skɑːrvz] *n pl of* **scarf**

scary ['skeəri, AM 'skeri] *adj* 1 *(frightening)* Furcht erregend
2 *(uncanny)* unheimlich

scat[1] [skæt] *interj (fam)* ■ **~!** verschwinde, hau ab *fam*

scat[2] [skæt] *n no pl* HUNT *(droppings)* Kot *m*

scat[3] [skæt] *n no pl* MUS Scat *m*

scathe [skeɪð] *vt usu passive* ■ **to be ~d** [**by sth**] [von etw *dat*] verletzt werden; ***she escaped barely ~d*** sie ist mit ein paar Schrammen davongekommen

scath·ing ['skeɪðɪŋ] *adj* versengend; **~ criticism** scharfe Kritik; **~ remark** bissige Bemerkung; ■ **to be ~ about sb/sth** jdn/etw verletzend herabsetzen

scath·ing·ly ['skeɪðɪŋli] *adv* vernichtend

scato·logi·cal [ˌskætə'lɒdʒɪkəl, AM -t̬ə'lɑːdʒ-] *adj (form)* skatologisch

sca·tol·ogy [skæt'ɒlədʒi, AM skə'tɑːl-] *n no pl* Skatologie *f*

'scat sing·er *n* MUS Scatsänger(in) *m(f)* **'scat sing·ing** *n no pl* MUS Scatgesang *m*

scat·ter ['skætəʳ, AM -t̬ɚ] I. *vt* ■ **to ~ sth** etw verstreuen; ***I ~ed grass seed all over the lawn*** ich streute Grassamen über den ganzen Rasen; ■ **to ~ sth with sth** etw mit etw *dat* bestreuen; PHYS etw streuen; **to be ~ed to the four winds** *(form)* in alle Winde zerstreut sein
II. *vi crowd, protesters* sich *akk* zerstreuen; **to ~ to**

S

the four winds *(form)* sich *akk* in alle vier Himmelsrichtungen zerstreuen
III. *n* ① *(small amount)* [vereinzeltes] Häufchen; ***a ~ of hailstones still lay on the drive*** ein paar vereinzelte Hagelkörner lagen immer noch in der Einfahrt
② *no pl* PHYS, COMPUT Streuung *f*
◆ **scatter about, scatter around** *vt* ■**to ~ sth about** [*or* **around**] etw [überall] verstreuen; ■**to be ~ed about** [*or* **around**] [überall] verstreut sein
'scat·ter·brain *n* zerstreute Person; ***I'm such a ~*** ich bin total zerstreut **'scat·ter·brained** *adj* zerstreut **'scat·ter cush·ion** *n* BRIT, AUS Sofakissen *nt*
'scat·ter dia·gram *n* FIN, MATH Streudiagramm *nt*
scat·tered ['skætəd, AM -t̬ɚd] *adj* ① *(strewn about)* verstreut; ***beer cans were left ~ on the grass*** Bierdosen lagen verstreut auf dem Rasen herum; ***my family is ~ all over the world*** meine Familie ist über die ganze Welt verstreut; **~ rays** *pl* PHYS Streustrahlen *pl*
② *(far apart)* weit verstreut; ***a few ~ villages*** ein paar verstreute Dörfer
③ *(sporadic)* vereinzelt; **~ showers** vereinzelte Regenschauer
scat·ter·ing ['skætərɪŋ, AM -t̬ɚ-] *n* ① *(amount)* vereinzeltes Häufchen; ***a ~ of people were still strolling around the park*** noch ein paar Leute gingen vereinzelt im Park spazieren
② *(act of strewing)* Streuen *nt*
③ *no pl* PHYS, NUCL Streuung *f;* **~ cross section** Streuquerschnitt *m;* **~ mean free path** mittlere Streuweglänge
'scat·ter·ing cham·ber *n* NUCL Diffusionskammer *f*
'scat·ter rug *n* [kleiner] Teppich
scat·ty ['skæti] *adj* BRIT, AUS *(fam)* schusselig *fam;* **to drive sb ~** jdn wahnsinnig machen *fam*
scav·enge ['skævɪndʒ] I. *vi* ① *(search)* stöbern; *(collect)* ergattern *fam;* ***just look at all those people scavenging on the rubbish tip*** guck' dir nur mal all die Leute an, die die Abfallhalde durchwühlen *fam*
② *(feed)* Aas fressen
③ COMPUT unerlaubt durchsuchen
II. *vt* ■**to ~ sth** etw aufstöbern
scav·en·ger ['skævɪndʒəʳ, AM -ɚ] *n* ① *(animal)* Aasfresser *m*
② *(person) jd, der nach ausrangierten, aber noch verwendbaren Sachen sucht; (pej)* Aasgeier *m pej fam*
'scav·en·ger hunt *n Spiel, bei dem die Teilnehmer verschiedene Gegenstände in der freien Natur sammeln und nach Hause bringen müssen*
SCE [ˌessiː'iː] *n abbrev of* **Scottish Certificate of Education** [*höherer*] *Schulabschluss in Schottland*
sce·nario [sɪ'nɑːriəʊ, AM sə'nerioʊ] *n* ① *(imaginary sequence)* Szenario *nt;* **nightmare ~** Albtraumvision *f;* **in the worst-case ~** im schlimmsten Fall
② THEAT, LIT Szenario *nt,* Szenarium *nt*
sce·'nario analy·sis *n* FIN Szenarioanalyse *f* **sce·nario simu·la·'tion** *n* FIN Szenariorechnung *f*
scene [siːn] *n* ① THEAT, FILM *(of drama)* Szene *f;* **nude ~** Nacktszene *f*
② THEAT, FILM *(setting)* Schauplatz *m; (scenery)* Kulisse *f;* ***the ~ is set in 19th-century Venice*** Ort der Handlung ist das Venedig des 19. Jahrhunderts; **change of ~** Kulissenwechsel *m,* Szenenwechsel *m; (fig)* Kulissenwechsel *m,* Tapetenwechsel *m fig fam;* **behind the ~s** *(also fig)* hinter den Kulissen *a. fig*
③ *(locality of event)* Schauplatz *m;* LAW Tatort *m;* ***the police were on the ~ within minutes*** die Polizei war binnen Minuten am Tatort; **the ~ of the crime** der Schauplatz des Verbrechens
④ *(real-life event)* Szene *f;* ***there were ~s of great joy as ...*** es spielten sich große Freudenszenen ab, als ...; **a ~ of horrifying destruction** ein schreckliches Bild der Verwüstung; ART Szene *f;* ***he paints street ~s*** er malt Straßenszenen
⑤ *(view of landscape)* Aussicht *f*
⑥ *(milieu)* Szene *f;* ***opera isn't really my ~*** die Oper ist nicht ganz mein Fall; **art/drugs/jazz ~** Kunst-/Drogen-/Jazzszene *f;* **to appear on** [*or* **burst upon**] **the ~** plötzlich auftauchen; ***rap music burst upon the ~ in the early 1980s*** Rapmusik erschien in den frühen 80ern plötzlich auf der Bildfläche *fam;* **to depart** [*or* **disappear**] [*or* **vanish**] **from the ~** von der Bildfläche verschwinden *fam*
⑦ *(public display)* Szene *f; (by child)* Theater *nt fig;* ***please don't make a ~ here in the restaurant*** bitte mach' hier im Restaurant keine Szene
▸ PHRASES: **to set the ~** den Rahmen abstecken *fig;* **to steal the ~** die Szene dominieren
'scene change *n* Szenenwechsel *m*
'scene-of-crime, 'scenes-of-crime *adj* BRIT Tatort-
'scene paint·er *n* Bühnenmaler(in) *m(f)*
scen·ery ['siːnəri, AM -nɚi] *n no pl* ① *(landscape)* Landschaft *f;* **beautiful/breathtaking/spectacular ~** wunderschöne/atemberaubende/spektakuläre Landschaft; **to blend into the ~** *(also pej)* sich *akk* in die Landschaft einfügen, mit der Landschaft verschmelzen *fig;* ***a secret agent has to be able to blend into the ~*** ein Geheimagent muss sich ganz unauffällig verhalten können
② THEAT, FILM Bühnenbild *nt*
'scene-shift·er *n* THEAT Bühnenarbeiter(in) *m(f),* Kulissenschieber(in) *m(f) hum fam*
'scene-steal·er *n* BRIT *jd, der sich in den Mittelpunkt rückt* **'scene-steal·ing** *adj inv* Aufsehen erregend; **a ~ model** ein Modell *nt,* das alles in den Schatten stellt
sce·nic ['siːnɪk] *adj* ① *inv, attr* THEAT Bühnen-; ***a career in ~ design*** eine Laufbahn als Bühnenbildnerin
② *landscape* landschaftlich [schön]; *(hum)* ländlich; **~ attractions** landschaftliche Attraktionen
sce·nic 'rail·way *n* landschaftlich attraktive Bahnlinie
scent [sent] I. *n* ① *(aroma)* Duft *m;* ***the evening air was full of the ~ of roses*** die Abendluft war erfüllt von Rosenduft
② *(animal smell)* Fährte *f;* ■**to be on the ~ of sth/sb** *(also fig)* etw/jdm auf der Fährte sein *a. fig;* **to put** [*or* **throw**] **sb off the ~** *(also fig)* jdn abschütteln [*o fam* loswerden]
③ *no pl* BRIT *(perfume)* Parfüm *nt*
II. *vt* ① *(smell)* ■**to ~ sb/sth** jdn/etw wittern
② *(detect)* ■**to ~ sth** etw ahnen; **to ~ danger** Gefahr ahnen; ■**to ~ that ...** ahnen, dass ...
③ *(apply perfume)* ■**to ~ sth** etw parfümieren
'scent bot·tle *n* Parfümfläschchen *nt*
scent·ed ['sentɪd, AM -t̬ɪd] *adj (with aroma)* duftend; *(perfumed)* parfümiert
'scent-free *adj inv* unparfümiert; *brochure* ohne Duftprobe *nach n* **'scent gland** *n* ZOOL Duftdrüse *f*
scent·less ['sentləs] *adj inv* geruchlos
'scent mark, 'scent mark·ing *n* Duftmarke *f*
scep·ter *n* AM *see* **sceptre**
scep·tic, AM **skep·tic** ['skeptɪk] I. *n* ① *(sb who doubts)* Zweifler(in) *m(f)*
② *(atheist)* Atheist(in) *m(f); (sb who doubts the existence of God)* Glaubenszweifler(in) *m(f)*
③ *(sb inclined to doubt)* Skeptiker(in) *m(f)*
④ PHILOS *(hist)* Skeptiker(in) *m(f)*
II. *adj see* **sceptical**
scep·ti·cal, AM **skep·ti·cal** ['skeptɪkəl] *adj* skeptisch; ■**to be ~ about sth/sb** etw/jdm gegenüber skeptisch sein; ***many experts remain ~ about this*** viele Experten bezweifeln das; **to remain ~** skeptisch bleiben
scep·ti·cal·ly, AM **skep·ti·cal·ly** ['skeptɪkəli] *adv* skeptisch
scep·ti·cism, AM **skep·ti·cism** ['skeptɪsɪzəm] *n no pl* Skepsis *f;* **with a degree of ~** mit einer gewissen Skepsis; **healthy ~** gesunde Skepsis; **to greet sth with ~** etw *dat* mit Skepsis begegnen; **to treat sth with ~** etw mit Skepsis behandeln
scep·tre, AM **scep·ter** ['septəʳ, AM -ɚ] *n* Zepter *nt*
scha·den·freude ['ʃɑːdənˌfrɔɪdə] *n no pl* Schadenfreude *f*
sched·ule ['ʃedjuːl, AM 'skedʒuːl] I. *n* ① *(timetable)* [Zeit-/Fahr]plan *m;* **bus/train ~** Bus-/Zugfahrplan *m;* **flight ~** Flugplan *m;* **teaching ~** Lehrplan *m;* **to draw up** [*or* **plan**] **a ~** einen Plan erstellen; **to keep to a ~** sich *akk* an einen Zeitplan halten
② *(plan of work)* Terminplan *m,* Zeitplan *m; (plan of event)* Programm *nt;* ***everything went according to ~*** alles lief nach Zeitplan; **ahead of ~** früher als geplant; **on ~** fristgerecht, fristgemäß
③ *(official listing/form)* Aufstellung *f,* Liste *f;* **~ B** FIN Einkommenssteuergruppe *f* B, [zu versteuernde] Einkünfte aus der Forstwirtschaft; **~ D** FIN Einkommenssteuergruppe *f* D
④ *(routine)* [Arbeits-/Tages]ablauf *m*
⑤ FIN Verzeichnis der Zinssätze; **tax ~s** BRIT Steuerklassen *pl;* **~ of fees** Gebührenordnung *f;* **~ of redemption** Tilgungsplan *m*
II. *vt* ■**to ~ sth** ① *(list officially)* etw festlegen [*o* aufführen]
② *(plan)* etw ansetzen [*o* anberaumen]; **to ~ a meeting** eine Besprechung ansetzen; ***they've ~d him to speak at three o'clock*** sie haben seine Rede für drei Uhr geplant; ***the restoration work is ~d to begin early next year*** die Restaurationsarbeiten sollen Anfang nächsten Jahres beginnen
sched·uled ['ʃedjuːld, AM 'skedʒuːld] *adj attr, inv* ① *(as planned)* geplant; TRANSP planmäßig; **~ repayments** planmäßige Tilgungen
② BRIT *(listed)* denkmalgeschützt; **a ~ building** ein Gebäude, das unter Denkmalschutz steht
sched·ul·er ['ʃedjuːləʳ, AM 'skedʒuːlɚ] *n* ① MEDIA Programmplaner(in) *m(f)*
② COMPUT *(program)* Ablaufsteuerungsprogramm *nt,* Zeitplanungsprogramm *nt*
③ COMPUT *(software)* Terminplaner *m,* Scheduler *m*
sche·ma <*pl* schemata *or* -s> ['skiːmə] *n* PHILOS [Denk]figur *f,* [Denk]schema *nt*
sche·mat·ic [skiː'mætɪk, AM -mæt̬-] I. *adj* ① *diagram* schematisch; **~ drawing** schematische Zeichnung
② *(simplistic)* simplistisch *geh*
II. *n* COMPUT Schema *nt*
sche·mati·cal·ly [skiː'mætɪkli, AM -mæt̬-] *adv* ① *diagram* schematisch
② *(simplistically)* simplistisch *geh*
scheme [skiːm] I. *n* ① *(pej: plot)* [finsterer] Plan; LAW, POL Verschwörung *f;* ***they've devised a ~ to defraud the government of millions of dollars*** sie haben einen Plan geschmiedet, die Regierung um Millionen von Dollar zu betrügen; **a hare-brained ~** ein verrückter Plan
② *esp* BRIT *(official plan)* Projekt *nt;* ***a play ~ for 7- to 11-year olds*** ein Spieleprogramm für die 7- bis 11-Jährigen; ECON Plan *m,* Programm *nt,* Vorhaben *nt,* Projekt *nt;* **~ of arrangement** Vergleichsvorschlag *m;* **pension ~** Altersversorgung *f*
③ *(overall pattern)* Gesamtbild *nt fig;* **colour ~** Farb[en]zusammenstellung *f;* ***it fits into his ~ of things*** das passt in seine Betrachtungsweise; **the great** [*or* **overall**] **~ of things** *(also hum)* der große [Welten]plan, der hinter allem steht *a. hum*
▸ PHRASES: **the best-laid ~s of mice and men** [**gang aft agley**] die ausgeklügeltsten Pläne der Menschen [gehen oft schief]
II. *vi* ① *(pej: plan deviously)* planen, einen Plan schmieden *fam;* **to ~ for sb's downfall** Pläne für jds Sturz schmieden; ***he was scheming to get the top job from the moment he joined the firm*** seit seinem ersten Tag in der Firma war es seine Absicht, den wichtigsten Posten zu ergattern
② SA *(fam: suppose)* ■**to ~ that ...** annehmen, dass ...
III. *vt (pej)* ■**to ~ sth** etw aushecken *fam;* ***what are you scheming now?*** was heckst du nun schon wieder aus? *fam*
schem·er ['skiːməʳ, AM -ɚ] *n (pej)* Intrigant(in) *m(f) geh*
schem·ing ['skiːmɪŋ] I. *adj inv, attr (pej)* intrigant *geh; (in a clever way)* raffiniert; **a ~ person** jd, der gerne intrigiert
II. *n no pl* Intrigieren *nt*
scher·zo ['skeətsəʊ, AM -'skertsoʊ] *n* MUS Scherzo *nt*
schil·ling ['ʃɪlɪŋ] *n* FIN Schilling *m*
schism ['skɪzəm] *n* ① *(division)* Spaltung *f*
② REL *(hist)* Kirchenspaltung *f,* Schisma *nt fachspr*
schis·mat·ic ['skɪzmætɪk, AM -mæt̬-] REL I. *adj*

schismatisch
II. *n* Schismatiker(in) *m(f)*
schist [ʃɪst] *n no pl* Schiefer *m*
schis·to·so·mia·sis [ˌʃɪstə(ʊ)səˈmaɪəsɪs, AM -təsoʊˈmaɪə-] *n no pl* MED *(spec)* Bilharziose *f*
schizo [ˈskɪtsəʊ, AM -soʊ] I. *n (pej sl)* Schizophrene(r) *f(m)*
II. *adj (pej sl)* schizophren; *(fig)* verrückt *fig fam*
schiz·oid [ˈskɪtsɔɪd] *adj* ❶ PSYCH schizoid *fachspr*
❷ *(fam: crazy)* schizomäßig *sl*
schizo·phre·nia [ˌskɪtsə(ʊ)ˈfriːniə, AM -səˈ-] *n no pl* ❶ MED Bewusstseinsspaltung *f*, Schizophrenie *f fachspr;* **paranoid** ~ paranoide Schizophrenie
❷ *(fam: of behaviour)* Schizophrenie *f geh*, schizophrenes Verhalten *geh*
schizo·phren·ic [ˌskɪtsə(ʊ)ˈfrenɪk, AM -səˈ-] I. *adj inv* schizophren
II. *n* Schizophrene(r) *f(m)*
schizo·phreni·cal·ly [ˌskɪtsə(ʊ)ˈfrenɪkəli, AM -səˈ-] *adv* schizophren
schlep(p) [ʃlep] *esp* AM I. *vt (fam)* ■**to** ~ **sth/sb** etw/jdn schleppen *fam;* ***why do I have to ~ my little sister along?*** wieso muss ich meine kleine Schwester überallhin mitschleppen? *fam*
II. *vi (fam)* ■**to** ~ **somewhere** sich *akk* irgendwohin schleppen; ***I've just spent the afternoon ~[p]ing around town*** ich bin gerade den ganzen Nachmittag durch die Stadt gelatscht *sl*
III. *n (fam)* weiter Weg
schlep·per [ˈʃlepɚ] *n* AM Blödmann *m derb*
schlock [ʃlɒk, AM ʃlɑːk] *n no pl esp* AM *(pej fam)* Schund *m pej fam*
schlock·meis·ter [ˈʃlɒkˌmaɪstəʳ, AM ˈʃlɑːkˌmaɪstɚ] *n esp* AM *(fam)* Ramschhändler(in) *m(f)*
schlocky [ˈʃlɒki, AM ˈʃlɑːki] *adj esp* AM *(pej fam)* schundig *pej fam*
schlump [ʃlʌmp] *n* AM *(fam: inept person)* Trottel *m pej fam; (slovenly person)* Lotterheini *m pej fam*, Schlumpel *m o f* DIAL *fam*, abgesandelter Mensch ÖSTERR *oft pej*
schmal(t)z [ʃmɔːlts, AM ʃmɑːlts] *n no pl* MUS, LIT *(pej fam)* Schmalz *m fam*
schmal·tzi·ness [ˈʃmɔːltsinəs, AM ˈʃmɑːltsi-] *n no pl* Gefühlsduselei *f*
schmal(t)zy [ˈʃmɔːltsi, AM ˈʃmɑː-] *adj* MUS, LIT *(pej fam)* schmalzig *fam*
schmear [ʃmiːr] I. *n* AM *(fam: bribe)* Bestechung *f; (money)* Schmiergeld[er] *nt[pl] fam*
II. *vt* AM *(fam)* ■**to** ~ **sb** [**up**] jdn schmieren *fam*
schmo [ʃmoʊ] *n* <*pl* -es> *(fam)* Trottel *m pej fam*
schmooze [ʃmuːz] *vi* AM *(sl: chat)* plaudern; ■**to** ~ [**with sb**] [mit jdm] plaudern [*o* Konversation machen] *(meist, um sich einen Vorteil zu verschaffen);* ■**to** ~ **sb** sich *akk* an jdn heranmachen
schmooz·er [ˈʃmuːzɚ] *n* AM *(fam)* jd, *der sich durch Konversation Vorteile verschafft*
schmooz·ing [ˈʃmuːzɪŋ] *n* AM *(fam)* Kontaktpflege *f* unter den Mitarbeitern *(z.B. Kaffeepausen, Gespräche auf dem Gang, usw.)*
schmuck [ʃmʌk] *n (pej fam)* Schwachkopf *m pej*
schnapps [ʃnæps, AM ʃnɑːps] *n no pl* Schnaps *m*
schnit·zel [ˈʃnɪtsəl] *n* Schnitzel *nt*
schnook [ʃnʊk] *n* AM *(pej fam)* Trottel *m pej fam*
schnor·kel *n* AUS *see* **snorkel**
schol·ar [ˈskɒləʳ, AM ˈskɑːlɚ] *n* UNIV ❶ *(academic)* Gelehrte(r) *f(m);* **distinguished** ~ nahmhafte(r) Gelehrte(r); **Greek** ~ des Griechischen Kundige(r) *f(m) geh*
❷ *(good learner)* Student(in) *m(f);* ***I'm not much of a ~ myself*** ich persönlich bin kein großer Lerner
❸ *(holder of scholarship)* Stipendiat(in) *m(f)*
schol·ar·ly [ˈskɒləli, AM ˈskɑːlɚ-] *adj* ❶ *(academic)* wissenschaftlich; ~ **article** wissenschaftlicher Artikel
❷ *(erudite)* gelehrt; **a ~ woman/man** eine gebildete Frau/ein gebildeter Mann
schol·ar·ship [ˈskɒləʃɪp, AM ˈskɑːlɚ-] *n* ❶ *no pl (academic achievement)* Gelehrsamkeit *f;* ***her book is a work of great ~*** ihr Buch ist eine großartige wissenschaftliche Arbeit
❷ *(financial award)* Stipendium *nt;* **to win** [*or* **be awarded**] **a** ~ ein Stipendium erhalten
ˈ**schol·ar·ship hold·er** *n* Stipendiat(in) *m(f)*
scho·las·tic [skəˈlæstɪk] *adj inv (relating to education)* Bildungs-; *(academic)* wissenschaftlich; ~ **standards** der Bildungsstandard
scho·las·ti·cal·ly [skəˈlæstɪkəli] *adv* wissenschaftlich
scho·las·ti·cism [skəˈlæstɪsɪzəm] *n no pl* REL, PHILOS *(hist)* Scholastik *f*
school[1] [skuːl] I. *n* ❶ *(for children)* Schule *f;* **graduate/undergraduate** ~ AM *hohe/niedrige Stufe innerhalb des Hochschulsystems;* **primary** [*or* AM **elementary**] ~ Grundschule *f*, Volksschule *f* ÖSTERR, Primarschule *f* SCHWEIZ; **public** ~ AM staatliche Schule; BRIT Privatschule *f;* **secondary** ~ ≈ weiterführende [*o* höhere] Schule, ≈ Hauptschule *f* ÖSTERR, ≈ Mittelschule *f* SCHWEIZ; **vocational** ~ Berufsschule *f;* ■**to be in** ~ in der Schule sein; **to attend** [*or* **go to**] ~ zur Schule gehen, die Schule besuchen; **to begin** [*or* **start**] ~ eingeschult werden; **to leave** ~ von der Schule [ab]gehen; *(with diploma)* die Schule beenden [*o* abschließen]; **to teach** ~ AM [an der Schule] unterrichten; ■**to be at** ~ **with sb** mit jdm zusammen zur Schule gehen
❷ *(school premises)* Schule *f*, Schulgebäude *nt*
❸ *no pl (activity)* [Schul]unterricht *m;* ***~ starts at 9 am*** die Schule fängt um 9 Uhr morgens an
❹ *(pupils and staff)* **the whole** ~ *+ sing vb* die ganze Schule
❺ AM *(fam: university)* Universität *f*
❻ *(university division)* Fakultät *f; (smaller division)* Institut *nt*, Seminar *nt*
❼ *(for learning one subject)* Schule *f;* **dancing/driving** ~ Tanz-/Fahrschule *f;* **the** ~ **of hard knocks** *(fig)* die Schule der bitteren Erfahrungen; **the** ~ **of life** die Schule des Lebens *fig*
❽ ART, PHILOS Schule *f;* ***the Impressionist ~ of painting*** die Schule des Impressionismus
▸PHRASES: **to be one of the old** ~ von der alten Schule sein; **to tell tales out of** ~ aus der Schule plaudern
II. *vt* ■**to** ~ **sb** ❶ *(educate)* jdn erziehen
❷ *(train)* jdn schulen; ***you must ~ yourself to be tolerant*** du musst dich in Toleranz üben; ***her children are well ~ed in correct behaviour*** ihre Kinder wissen sich korrekt zu benehmen; **to ~ a dog** einen Hund dressieren
III. *n modifier (library, nurse, song)* Schul-; ~ **cafeteria** Schülercafeteria *f;* ~ **paper** Schülerzeitung *f;* ~ **principal** Schuldirektor(in) *m(f)*, Rektor(in) *m(f)* SCHWEIZ; ~ **zone** Schulgebiet *nt*
school[2] [skuːl] I. *n* ZOOL Schule *f; (shoal)* Schwarm *m;* ~ **of fish** Fischschwarm *m*
II. *vi* ZOOL einen Schwarm bilden
ˈ**school age** *n* Schulalter *nt*, schulpflichtiges Alter ˈ**school-age** *adj attr, inv* schulpflichtig; ~ **children** schulpflichtige Kinder ˈ**school at·tend·ance** *n* Schulbesuch *m;* ***~ is low*** in der Schule wird oft gefehlt ˈ**school bag** *n* Schultasche *f*, SCHWEIZ *a.* Schulsack *m* ˈ**school board** *n* AM Schulbehörde *f* ˈ**school·book** *n* Schulbuch *nt* ˈ**school·boy** I. *n* Schuljunge *m*, Schüler *m* II. *adj attr, inv* schuljungenhaft; ~ **humour** Schuljungenhumor *m* **school** ˈ**bus** *n* Schulbus *m* ˈ**school·child** *n* Schulkind *nt* **school** ˈ**col·ours** *npl* Schulfarben *pl (Farben, die die jeweilige Schule repräsentieren)* **school cur**ˈ**ricu·lum** *n* Lehrplan *m* ˈ**school·days** *npl* Schulzeit *f kein pl* **school** ˈ**din·ner** *n* Schulessen *nt* **school** ˈ**dis·trict** *n* AM Schuldistrikt *m* ˈ**school fees** *npl* Schulgeld *nt kein pl* ˈ**school·girl** I. *n* Schulmädchen *nt*, Schülerin *f* II. *adj attr, inv* schulmädchenhaft ˈ**school·house** *n esp* AM *(dated)* Schulhaus *nt*, Schulgebäude *nt*
schoolie [ˈskuːli] *n* AUS *(fam)* Schullehrer(in) *m(f)*
school·ing [ˈskuːlɪŋ] *n no pl (education)* Ausbildung *f; (for young people)* Schulbildung *f*
ˈ**school in·spec·tor** *n* BRIT Schulinspektor(in) *m(f)* ˈ**school·kid** *n (fam)* Schulkind *nt* **school** ˈ**leav·er** *n* BRIT, AUS Schulabgänger(in) *m(f)* **school-**ˈ**leav·ing age** *n* BRIT, AUS Schulabgangsalter *nt* **school-leav·ing cer·**ˈ**tifi·cate** *n* BRIT Abschlusszeugnis *nt* **school maga·**ˈ**zine** *n* Schulzeitung *f*, Schülerzeitung *f* **school·marm** [ˈskuːlmɑːm, AM -mɑːrm] *n* ❶ AM *(dated: woman)* Lehrerin *f* ❷ *(pej: fussy, severe woman)* Schulmeisterin *f pej;* ***don't be such a ~*** sei nicht so schulmeisterlich *fam* **school·marm·ish** [ˈskuːlmɑːmɪʃ, AM -mɑːrm-] *adj (pej)* schulmeisterlich ˈ**school·mas·ter** *n (dated)* Lehrer *m* ˈ**school·mate** *n* Schulfreund(in) *m(f)*, Schulkamerad(in) *m(f)* ˈ**school·mis·tress** *n (dated)* Lehrerin *f*
school of ˈ**thought** <*pl* schools of thought> *n* ≈ Denkmodell *nt;* ***there are two opposing schools of thought on this question*** es gibt zwei gegensätzliche Ansätze im Hinblick auf diese Frage
ˈ**school re·port** *n* [Schul]zeugnis *nt* ˈ**school·room** *n* Klassenzimmer *nt* ˈ**school sys·tem** *n* Schulsystem *nt* ˈ**school·teach·er** *n* Lehrer(in) *m(f)* **school** ˈ**uni·form** *n* Schuluniform *f* ˈ**school·work** *n no pl* Schularbeiten *pl*, Aufgaben *pl* SCHWEIZ ˈ**school·yard** *n* Schulhof *m*, Pausenplatz *m* SCHWEIZ **school** ˈ**year** *n* Schuljahr *nt*
schoon·er [ˈskuːnəʳ, AM -ɚ] *n* ❶ NAUT Schoner *m*
❷ AM TRANSP *(hist)* **prairie** ~ Planwagen *m*
❸ AM, AUS *(tall beer glass)* [großes] Bierglas; ~ **of sherry** BRIT doppelter Sherry
schtook *n see* **shtuck**
SCHUFA [ˈʃuːfə] *n + sing/pl vb* FIN SCHUFA *f*
schuss [ʃʌs] *vi* SKI Schuss fahren
schwa [ʃwɑː] *n* LING Schwa *nt*
sci·at·ic [saɪˈætɪk, AM -t̬ɪk] *adj inv* MED Ischias-; ~ **nerve** Ischiasnerv *m;* ~ **pain** Ischiasschmerzen *pl*
sci·ati·ca [saɪˈætɪkə, AM -t̬ɪkə] *n no pl* MED Hüftschmerz *m*, Ischias *m o nt fachspr;* ***she suffers from ~*** sie hat Ischiasbeschwerden
sci·ence [ˈsaɪən(t)s] I. *n* ❶ *no pl (study of physical world)* [Natur]wissenschaft *f;* **the marvels** [*or* **wonders**] **of modern** ~ die Wunder der modernen Wissenschaft; **applied/pure** ~ angewandte/reine Wissenschaft
❷ *(discipline)* Wissenschaft *f;* ***physics and chemistry are ~s*** Physik und Chemie sind Naturwissenschaften
❸ *(body of knowledge)* Wissenschaft *f;* ~ **of axioms** MATH Axiomatik *f;* ~ **of building** Architekturlehre *f;* **the** ~ **of climatology** die Klimatologie; ~ **of electricity** Elektrizitätslehre *f;* ~ **of materials** TECH Werkstoffkunde *f;* ~ **of mining** Bergbaukunde *f*
II. *n modifier (class, experiment, reporter, teacher)* Wissenschafts-; ~ **laboratory** wissenschaftliches Labor; ~ **museum** Wissenschaftsmuseum *nt*
sci·ence ˈ**fic·tion** I. *n no pl* LIT, FILM Sciencefiction *f* II. *adj inv, attr* Sciencefiction-; ~ **novel** Sciencefictionroman *m* ˈ**sci·ence park** *n esp* BRIT Technologiepark *m*
sci·en·tif·ic [ˌsaɪənˈtɪfɪk] *adj* ❶ *(relating to exact science)* naturwissenschaftlich; ~ **approach** [naturwissenschaftlicher Ansatz; ~ **theory** [natur]wissenschaftliche Theorie; ~ **method** wissenschaftliche Methode
❷ *(relating to science)* wissenschaftlich; ~ **assistant** wissenschaftlicher Mitarbeiter/wissenschaftliche Mitarbeiterin; ~ **breakthrough** wissenschaftlicher Durchbruch; ~ **community** Wissenschaftsgemeinde *f*
❸ *(fam: systematic)* systematisch
sci·en·tifi·cal·ly [ˌsaɪənˈtɪfɪkəli] *adv* wissenschaftlich; ***this has not been ~ proven*** dies ist [bisher] nicht wissenschaftlich erwiesen
sci·en·tifi·cal·ly-ˈ**mind·ed** *adj* wissenschaftlich veranlagt
sci·en·tist [ˈsaɪəntɪst] *n* Wissenschaftler(in) *m(f);* ***he is employed as a research ~ at NASA*** er arbeitet als Forscher bei der NASA
Sci·en·tol·ogy® [ˌsaɪənˈtɒlədʒi] *n no pl* REL Scientology *f*, Scientologysekte *f*
sci fi [ˈsaɪˌfaɪ] *n* LIT, FILM *short for* **science fiction** Sciencefiction *f*
Scil·ly Isles [ˈsɪliˌaɪlz] *npl* GEOG ■**the** ~ die Scillyinseln *pl*
scimi·tar [ˈsɪmɪtəʳ, AM -ət̬ɚ] *n* Krummschwert *nt*
scin·til·la [sɪnˈtɪlə] *n no pl* Fünkchen *nt fig;* **not a**

S

~ **of doubt** nicht der geringste Zweifel; **not a ~ of truth** kein Fünkchen Wahrheit

scin·til·late ['sɪntɪleɪt, AM -t̬əl-] *vi* 1 *(form: be witty)* vor Geist/Witz sprühen *geh*
2 ASTRON funkeln, szintillieren *fachspr*

scin·til·lat·ing ['sɪntɪleɪtɪŋ, AM -t̬əleɪt̬-] *adj* sprühend *fig geh;* ~ **wit** sprühender Witz *geh*

sci·on ['saɪən] *n* 1 *(form)* Nachkomme *m,* Spross *m geh*
2 HORT Spross *m,* Schössling *m*

sci·roc·co *n see* **sirocco**

scis·sor ['sɪzəʳ, AM -ɚ] **I.** *vt* 1 *(cut)* ■**to ~ sth** etw schneiden
2 *(movement of legs)* **to ~ one's legs** *die Beine immer wieder mal nach vorne, mal nach hinten überkreuzen*
3 COMPUT ■**to ~ sth** etw beschneiden
II. *n modifier (blade, case)* Scheren-

'scis·sor jump *n* SPORT Scherensprung *m* **'scis·sor kick** *n (in swimming)* Scherenschlag *m*

'scis·sors ['sɪzəz, AM -ɚz] *npl* Schere *f;* **a pair of ~** eine Schere; **a ~ and paste job** *(pej)* ein Zusammenschnitt *m*

scle·ro·sis [sklə'rəʊsɪs, AM sklɪ'roʊ-] *n no pl* MED Sklerose *f*

scle·ro·thera·py [ˌsklɪərəʊ'θerəpi, AM ˌsklɪroʊ'-] *n no pl* MED Sklerotherapie *f fachspr*

scle·rot·ic [sklə'rɒtɪk, AM sklɪ'rɑːt̬-] *adj inv* 1 MED sklerotisch
2 *(fig pej: inflexible)* erstarrt; **to bring growth to a ~ economy** die stagnierende Wirtschaft in Schwung bringen

scoff¹ [skɒf, AM skɑːf] **I.** *vi* spotten; *(laugh)* lachen; ■**to ~ at sth/sb** sich *akk* über etw/jdn lustig machen
II. *n* Spott *m*

scoff² [skɒf, AM skɑːf] *vt esp* BRIT *(fam: eat)* ■**to ~ sth** etw verschlingen; ■**to ~ sth down/up** etw hinunterschlingen *fam*

scoff·er ['skɒfəʳ, AM 'skɑːfɚ] *n* Spötter(in) *m(f)*

scold [skəʊld, AM skoʊld] **I.** *vt* ■**to ~ sb** jdn ausschimpfen; ***the president was ~ed publicly*** der Präsident wurde öffentlich kritisiert
II. *n (dated: woman)* zänkisches Weib *pej fam,* Xanthippe *f pej*

scold·ing ['skəʊldɪŋ, AM 'skoʊld-] *n* Schimpfen *nt;* **to get a ~** furchtbar ausgeschimpft werden

sconce [skɒns, AM skɑːns] *n* Wandleuchter *m*

scone [skɒn, AM skoʊn] *n* Scone *m (brötchenartiges Gebäck, das lauwarm mit einer Art dicker Sahne und Marmelade gegessen wird)*

scoop [skuːp] **I.** *n* 1 *(utensil)* Schaufel *f,* Schippe *f* NORDD, MITTELD; *(ladle)* Schöpflöffel *m;* **coal ~** Kohlenschaufel *f;* **ice-cream ~** Eisportionierer *m,* Glacélöffel *m* SCHWEIZ; **measuring ~** Messlöffel *m*
2 *(amount)* Löffel *m; of ice cream* Kugel *f*
3 JOURN Knüller *m fam*
II. *vt* 1 *(move)* ■**to ~ sth** *sand, dirt* etw schaufeln; *(ladle) ice cream, pudding* etw löffeln
2 JOURN ■**to ~ sb** jdn ausstechen; ***we were ~ed by a rival paper*** eine konkurrierende Zeitung kam uns zuvor
3 *(win/get)* ■**to ~ sth** etw gewinnen; ***the film ~ed half of the awards at the festival*** der Film sahnte die Hälfte der Preise auf dem Festival ab *fam;* **to ~ the pool** BRIT, AUS *(fam)* den ganzen Gewinn einstreichen *fam*
◆**scoop out** *vt* ■**to ~ out** ◌ **sth** etw ausschaben
◆**scoop up** *vt* ■**to ~ up** ◌ **sth** etw hochheben; ***she ~ed the children up into her arms*** sie nahm ihre Kinder schnell in die Arme; ***I ~ed up the water with my hands*** ich habe das Wasser mit den Händen abgeschöpft

scoop 'neck *adj* U-Ausschnitt *m* **'scoop net** *n (for fishing)* Streichnetz *nt*

scoot [skuːt] *vi (fam)* rennen, springen DIAL *fam;* ***I'll have to ~ or ...*** ich muss schnell machen, sonst ... *fam;* ***would you mind ~ing across the street and getting me a paper?*** könntest du mal kurz über die Straße springen und mir eine Zeitung besorgen? *fam;* ■**to ~ over** AM zur Seite rutschen; ~ ***over a bit*** rutsch mal ein Bisschen rüber *fam*

scoot·er ['skuːtəʳ, AM -t̬ɚ] *n* [Tret]roller *m,* Trottinett *nt* SCHWEIZ; **motor ~** Motorroller *m,* Töff *m* SCHWEIZ *fam*

scope [skəʊp, AM skoʊp] *n no pl* 1 *(range)* Rahmen *m;* **the ~ of a law** der Anwendungsbereich [*o* Geltungsbereich] eines Gesetzes; ***that problem is beyond the ~ of my lecture*** diese Problematik sprengt den Rahmen meines Vortrags; ***we would now like to broaden the ~ of the enquiry*** wir würden nun gerne den Rahmen der Befragung erweitern; ***his study was very narrow in ~*** seine Studie war von sehr eingeschränkter Sichtweise
2 *(possibility)* Möglichkeit *f; (freedom to act)* Spielraum *m;* ~ **for improvement** Verbesserungsbereich *m;* **considerable/limited ~** beachtliche/begrenzte Möglichkeiten

scorch [skɔːtʃ, AM skɔːrtʃ] **I.** *vt* 1 *(burn)* ■**to ~ sth** etw versengen
2 *(sl: ignore, reject)* **to ~ an idea/a plan** eine Idee/einen Plan ablehnen
II. *vi* 1 *(become burnt)* versengt werden; ***don't stand too near the fire or your clothes will ~*** stell dich nicht zu dicht ans Feuer, sonst versengst du deine Kleider
2 *(dated fam: go fast)* ■**to ~ somewhere** irgendwohin rasen *fam;* ***the sports car ~ed past*** der Sportwagen raste vorbei *fam*
III. *n* <*pl* -es> versengte Stelle; **a ~ mark** ein Brandfleck *m*

scorched [skɔːtʃt, AM skɔːr-] *adj* 1 *(by explosion, fire etc.)* versengt; ~ **earth policy** MIL, POL Politik *f* der verbrannten Erde
2 *(by the sun)* verdörrt

scorch·er ['skɔːtʃəʳ, AM 'skɔːrtʃɚ] *n (fam)* sehr heißer Tag; ***it's a real ~ today!*** es ist heute wirklich affenheiß! *fam*

scorch·ing ['skɔːtʃɪŋ, AM 'skɔːr-] *adj* sengend; ~ **heat** sengende Hitze, SCHWEIZ *a.* Affenhitze *f fam;* ***it's ~ hot outside*** draußen herrscht eine Affenhitze

score [skɔːʳ, AM skɔːr] **I.** *n* 1 *(of points)* Punktestand *m; (of game)* Spielstand *m;* ***at half time, the ~ stood at two all*** zur Halbzeit stand es zwei zu zwei; **final ~** Endstand *m;* **to keep** [BRIT **the**] **~** die Punkte [*o* den Spielstand] mitschreiben
2 SCH Punktzahl *f,* Ergebnis *nt;* **an IQ ~ of 110** ein IQ von 110
3 *(act of getting point)* Treffer *m*
4 *(esp form: twenty)* zwanzig; ***he lived to be three ~ [years]*** er wurde sechzig Jahre alt; ***the play has only been performed a ~ of times*** das Stück wurde nur an die zwanzig Mal aufgeführt; ■**~s** *pl* Dutzende *pl;* ***there have been ~s of injuries*** es hat Dutzende von Verletzten gegeben; **by the ~** reihenweise *fam*
5 *(fam: reason)* Grund *m;* ***there's nothing to worry about on that ~*** darüber brauchst du dir nicht den Kopf zu zerbrechen
6 *(dispute)* Streit[punkt] *m;* ***it's time these old ~s were forgotten*** es ist an der Zeit, diese alten Streitereien zu vergessen; **to settle a ~** eine Rechnung begleichen *fig*
7 MUS Partitur *f*
8 *(for musical/film)* [Titel]musik *f*
9 *(mark scratched into a surface)* Kerbe *f,* Einschnitt *m*
▸PHRASES: **to know the ~** wissen, wie der Hase läuft *fam;* **what's the ~?** *(fam)* wie sieht's aus? *fam*
II. *vt* 1 *(gain)* **to ~ a goal** ein Tor [*o* SCHWEIZ Goal] schießen; **to ~ a point** einen Punkt machen
2 *(achieve result)* ■**to ~ sth** etw erreichen [*o* erzielen]; ***she ~d 18 out of 20*** sie erreichte 18 von 20 möglichen Punkten; ***two of the machines we tested ~d high marks*** zwei der getesteten Maschinen erzielten hohe Wertungen; **to ~ a hit** einen Treffer landen *fam;* ***nearly every shot ~d a hit*** nahezu jeder Schuss war ein [voller] Treffer; **to ~ points** *(fig)* sich *dat* einen Vorteil verschaffen; **to ~ a triumph** einen Triumph erzielen; **to ~ a victory** einen Sieg erringen
3 *(mark, cut)* ■**to ~ sth** etw einkerben; **to ~ the surface of sth** die Oberfläche einer S. *gen* verkratzen
4 *(fam: obtain, esp illegally)* ■**to ~ sth** etw beschaffen; **to ~ drugs** sich *dat* Stoff beschaffen *sl*
5 *(orchestrate)* ■**to ~ sth** etw orchestrieren
6 *(get cheaply, easily)* ■**to ~ sth [from sb]** etw [von jdm] abstauben *sl*
III. *vi* 1 *(make a point)* einen Punkt machen [*o* erzielen]
2 *(achieve result)* abschneiden; **to ~ well/badly** gut/schlecht abschneiden
3 *(record)* aufschreiben
4 *(approv fam: gain advantage)* punkten *fig fam;* ***that's where you ~ over your opponents*** darin liegt dein Vorteil gegenüber deinen Mitbewerbern; ***this new CD player really ~s in terms of sound quality*** dieser neue CD-Spieler ist in punkto Klangqualität eindeutig überlegen
5 *(sl: make sexual conquest)* eine Eroberung machen; ■**to ~ with sb** jdn aufreißen *sl,* bei jdm zum Schuss kommen *fig sl*
6 *(sl: obtain illegal drugs)* [sich *dat*] Stoff beschaffen *sl*
◆**score off** *vt* 1 *(cross off)* ■**to ~ off** ◌ **sth** etw ausstreichen
2 *(fam: outshine sb)* **to ~ [points] off sb** jdn in den Schatten stellen
◆**score out** *vt* ■**to ~ out** ◌ **sth** etw durchstreichen; ***he ~d out two names on the list*** er strich zwei Namen von der Liste

'score·board *n* SPORT Anzeigetafel *f* **'score·card** *n* SPORT Spielstandskarte *f* **'score·keep·er** *n* SPORT Punktezähler(in) *m(f)*

score·less ['skɔːʳləs, AM 'skɔːr-] *adj inv* SPORT torlos

scor·er ['skɔːrəʳ, AM 'skɔːrɚ] *n* SPORT 1 *(scorekeeper)* Punktezähler(in) *m(f)*
2 *(player who scores)* Torschütze, -schützin *m, f;* **to be [the] top ~** die meisten Punkte machen; *(in football)* die meisten Tore schießen

sco·ria <*pl* -e> ['skɔːriə, 'skɒri-, AM 'skɔːri-] *n* TECH Schlacke *f*

scorn [skɔːn, AM skɔːrn] **I.** *n* 1 *(contempt)* Verachtung *f;* ***why do you always pour ~ on my suggestions?*** warum machst du meine Vorschläge immer lächerlich?; **to feel** [*or* **have**] **~ for sb** für jdn Verachtung empfinden
2 *(object of contempt)* ■**to be the ~ of sb** von jdm verachtet werden
II. *vt* 1 *(feel contempt)* ■**to ~ sb/sth** jdn/etw verachten
2 *(refuse)* ■**to ~ sth** etw ablehnen [*o* ausschlagen]
▸PHRASES: **hell hath no fury like a woman ~ed** *(saying)* die Hölle kennt keinen schlimmeren Zorn als den einer verlachten Frau
III. *vi (form)* ■**to ~ to do sth** es ablehnen, etw zu tun; ***normally she would have ~ed to be associated with him*** normalerweise würde sie es verschmäht haben, mit ihm in Verbindung gebracht zu werden *veraltend geh*

scorn·ful ['skɔːnfəl, AM 'skɔːrn-] *adj* verächtlich; ~ **attitude** verächtliche Einstellung; ■**to be ~ of** [*or* **about**] **sth** etw verachten, etw verhöhnen

scorn·ful·ly ['skɔːnfəli, AM 'skɔːrn-] *adv* verächtlich; *laugh* spöttisch

Scor·pio ['skɔːpiəʊ, AM 'skɔːrpioʊ] *n* Skorpion *m;* ***he is a ~*** er ist Skorpion

scor·pi·on ['skɔːpiən, AM 'skɔːr-] *n* Skorpion *m*

Scot [skɒt, AM skɑːt] *n* Schotte, Schottin *m, f;* **Mary, Queen of ~s** Maria Stuart

scotch [skɒtʃ, AM skɑːtʃ] *vt* ■**to ~ sth** 1 *(stop) belief, idea* etw richtigstellen; **to ~ a rumour** [*or* AM **rumor**] ein Gerücht aus der Welt schaffen
2 *(frustrate)* etw zunichtemachen; ***the weather ~ed our plans*** das Wetter hat uns einen Strich durch die Rechnung gemacht *fam*

Scotch [skɒtʃ, AM skɑːtʃ] **I.** *n* <*pl* -es> 1 *no pl (drink)* Scotch *m;* **a bottle/glass of ~** eine Flasche/ein Glas *nt* Scotch
2 *(glass of)* Scotch *m;* **a double ~** ein doppelter Scotch; **a ~ on the rocks** ein Scotch *m* mit Eis
3 *(dated: people)* ■**the ~** *pl* die Schotten

II. *adj inv (old)* schottisch

Scotch 'broth *n no pl Eintopf aus Rindfleisch oder Hammel, Graupen und Gemüse* **Scotch 'egg** *n hart gekochtes Ei in Wurstbrät* **'Scotch·man** *n (dated)* Schotte *m* **Scotch 'mist** *n no pl* ① *(fog)* [dichter] Nebel ② *no pl* BRIT *(hum iron: something imaginary)* [pure] Einbildung *f* **Scotch 'tape®** *n no pl* AM, AUS Tesa[film]® *m,* Klebeband *nt* **Scotch 'ter·ri·er** *n* Scotchterrier *m,* schottischer Terrier **Scotch 'whis·ky** *n no pl* Scotch *m* **'Scotch·wom·an** *n (dated)* Schottin *f*

scot-'free *adv inv* ① *(without punishment)* straflos, straffrei; **to get away** [*or* **off**] ~ straffrei davonkommen

② *(unchallenged)* unbehelligt; *(unharmed)* ungeschoren; **to come away** [*or* **get off**] ~ ungeschoren davonkommen

Scot·land ['skɒtlənd, AM 'skɑ:t-] *n* Schottland *nt*

Scot·land 'Yard *n + sing/pl vb* Scotland Yard *m*

Scots [skɒts, AM skɑ:ts] **I.** *adj* schottisch

II. *n no pl* Schottisch *nt*

Scots 'fir *n* ① *(tree)* Kiefer *f,* Föhre *f* DIAL ② *no pl (wood)* Kiefernholz *nt,* Kiefer *f* **'Scots·man** *n* Schotte *m* **Scots 'pine** *n* ① *(tree)* Kiefer *f,* Föhre *f* DIAL ② *no pl (wood)* Kiefernholz *nt,* Kiefer *f* **'Scots·wom·an** *n* Schottin *f*

Scot·ti·cism ['skɒtɪsɪzᵊm, AM 'skɑ:t̬ɪ-] *n* LING schottischer Ausdruck

Scot·tie, Scot·tie dog ['skɒti-, AM 'skɑ:ti-] *n (fam)* Scotchterrier *m,* schottischer Terrier

Scot·tish ['skɒtɪʃ, AM 'skɑ:t̬-] **I.** *adj* schottisch

II. *n* ■**the** ~ *pl* die Schotten *pl*

Scot·tish 'ter·ri·er *n* schottischer Terrier, Scotchterrier *m*

scoun·drel ['skaʊndrᵊl] *n (dishonest person)* Schuft *m pej,* Halunke *m pej; (stronger)* Schurke *m pej*

scour¹ ['skaʊəʳ, AM -ɚ] *vt* ■**to ~ sth** [**for sb/sth**] *town, area* etw [nach jdm/etw] absuchen [*o fam* abklappern]; *newspaper* etw [nach jdm/etw] durchforsten [*o* durchkämmen]

scour² ['skaʊəʳ, AM -ɚ] **I.** *n no pl* Scheuern *nt,* Schrubben *nt fam;* **to give sth a good** ~ etw gründlich reinigen

II. *vt* ■**to ~ sth** ① *(clean)* etw scheuern [*o fam* schrubben]

② *(erode) river* etw auswaschen; *wind* etw abtragen

◆**scour about, scour around** *vi* ■**to ~ about** [*or* **around**] [**for sth**] [nach etw *dat*] herumsuchen *fam;* **to ~ about for an idea/a present** sich *dat* den Kopf nach einer Idee/einem Geschenk zerbrechen

◆**scour away, scour off** *vt* ■**to ~ sth** ⊂ **away** [*or* **off**] ① *(remove)* etw wegscheuern [*o* abscheuern]; **to ~ away stains** Flecken entfernen

② *(erode)* etw erodieren; *water* etw auswaschen; *wind* etw abtragen

◆**scour out** *vt* ■**to ~ out** ⊂ **sth** ① *(clean)* etw ausscheuern, SCHWEIZ ausfegen

② GEOL etw auswaschen

◆**scour round** *vi* BRIT *see* **scour about**

scour·er ['skaʊərəʳ, AM -ɚ] *n* Topfreiniger *m,* Topfkratzer *m*

scourge [skɜ:dʒ, AM skɜ:rdʒ] **I.** *n* ① *usu sing (cause of suffering)* Geißel *f geh,* Plage *f;* ~ **of famine** Hungerkatastrophe *f*

② *(fig: critic)* Kritiker(in) *m(f);* **to be the ~ of sth/sb** etw/jdn scharf kritisieren, mit jdm hart ins Gericht gehen

③ *(whip)* Peitsche *f;* REL Geißel *f*

II. *vt* ① *usu passive (inflict suffering on)* ■**to be ~d by sb/sth** von jdm/etw geplagt [*o geh* heimgesucht] sein

② *(hist: whip)* ■**to ~ sb** jdn [aus]peitschen [*o hist* geißeln]

scour·ing ['skaʊərɪŋ, AM -ɚ-] *n no pl* ① *(cleaning)* Scheuern *nt,* Schrubben *nt fam*

② *(eroding) river* Auswaschen *nt; wind* Abtragen *nt*

'scour·ing pad *n esp* AM, AUS Topfreiniger *m,* Pfannenreiniger *m* SCHWEIZ, Topfkratzer *m* **'scour·ing pow·der** *n no pl* Scheuermittel *nt*

Scouse [skaʊs] BRIT **I.** *adj (fam)* Liverpooler; ~ **accent** Liverpooler Akzent

II. *n (fam)* ① *(person)* Liverpooler(in) *m(f)*

② *no pl (dialect)* Liverpooler Dialekt

Scous·er ['skaʊsəʳ] *n* BRIT *(fam)* Liverpooler(in) *m(f)*

scout [skaʊt] **I.** *n* ① *(Boy Scout)* Pfadfinder *m;* AM *(Girl Scout)* Pfadfinderin *f;* **~'s honour** [*or* AM **honor**] Pfadfinderehrenwort *nt; (fig)* großes Indianerehrenwort *fam*

② *(organization)* ■**the ~s** [*or* **S~s**] *pl* die Pfadfinder *pl*

③ *(soldier)* Kundschafter(in) *m(f),* Späher(in) *m(f); (aircraft, ship)* Aufklärer *m*

④ *(talent searcher)* Talentsucher(in) *m(f)*

⑤ *no pl (search)* **to have a ~ around** [**for sth**] sich *akk* [nach etw *dat*] umsehen

⑥ BRIT *(at Oxford University colleges)* Collegebedienstete(r) *f(m) (der Studenten der Universität Oxford)*

⑦ AM *(dated fam: fellow)* Kerl *m fam;* ***he's a good*** ~ er ist ein feiner Kerl *fam*

II. *vi* ① *(reconnoitre)* kundschaften, auf Erkundung gehen

② *(search)* ■**to ~ for sb/sth** nach jdm/etw Ausschau halten; **to ~ for clues** nach Hinweisen suchen; **to ~ for players** nach Spielern/Spielerinnen suchen; **to ~ for new talent** nach neuen Talenten suchen, auf Talentsuche sein

III. *vt* ① *(reconnoitre)* ■**to ~ sth** etw auskundschaften

② *(talent-spot)* ■**to ~ sth for sb/sth** in etw *dat* nach jdm/etw Ausschau halten

◆**scout about, scout around** *vi* ■**to ~ about** [*or* **around**] [**for sth**] sich *akk* [nach etw *dat*] umsehen

◆**scout out** *vt* ① *(find by searching)* ■**to ~ out** ⊂ **sth/sb** etw/jdn aufspüren [*o fam* aufstöbern]

② *(find out)* ■**to ~ out** ⊂ **sth** *information* etw auskundschaften [*o* erkunden]

◆**scout round** *vi* BRIT *see* **scout about**

◆**scout up** *vt* AM ■**to ~ up** ⊂ **sth/sb** etw/jdn aufspüren

Scout [skaʊt] *n see* **scout I 1**

'scout camp, 'Scout camp *n* Pfadfinderlager *nt,* SCHWEIZ *a.* Pfadilager *nt fam;* **to go to** [*or* **on**] ~ ins Pfadfinderlager gehen; **at** [*or* **on**] ~ im Pfadfinderlager **'scout hut, 'Scout hut** *n* BRIT Pfadfinderheim *nt*

scout·ing, Scout·ing ['skaʊtɪŋ, AM -t̬ɪŋ] **I.** *n no pl (being a Scout)* Pfadfindersein *nt; (Scout system)* Pfadfinderei *f fam*

II. *adj attr, inv* Pfadfinder-

'scout·lead·er, 'Scout·lead·er *n* Pfadfinderführer(in) *m(f),* SCHWEIZ *a.* Pfadiführer(in) *m(f)* **'scout·mas·ter, 'Scout·mas·ter** *n* Pfadfinderführer(in) *m(f),* SCHWEIZ *a.* Pfadiführer(in) *m(f)* **'Scout Move·ment** *n no pl* ■**the** ~ die Pfadfinderbewegung **'scout troop, 'Scout troop** *n + sing/pl vb* Pfadfindergruppe *f* **scout 'uni·form, Scout 'uni·form** *n* Pfadfinderuniform *f*

scowl [skaʊl] **I.** *n* mürrischer [*o* missmutiger] [Gesichts]ausdruck; ***he wore a permanent ~ on his face*** er schaute immer mürrisch drein; **to look at sb with a** ~ jdn mürrisch [*o* missmutig] ansehen

II. *vi* mürrisch [*o* missmutig] [drein]blicken; ■**to ~ at sb** jdn mürrisch [*o* missmutig] ansehen

scowl·ing ['skaʊlɪŋ] *adj attr, inv* missmutig, mürrisch; *(grim)* finster

Scrab·ble® ['skræbl̩] *n no pl* Scrabble® *nt;* **a game of** ~ eine Runde [*o* Partie] Scrabble

scrab·ble ['skræbl̩] *vi* ① *(grope)* [herum]wühlen; ■**to ~ for sth** nach etw *dat* [herum]wühlen *fam;* ■**to ~ through sth** in etw *dat* herumwühlen; **to ~ in the mud/dirt for sth** im Schlamm/Dreck nach etw *dat* wühlen

② *(claw for grip)* ■**to ~ for sth** nach etw *dat* greifen; ***he hung from the rock ledge, desperately scrabbling with his toes for a foothold*** er hing am Felsvorsprung und suchte verzweifelt mit seinen Füßen nach Halt

③ *(scratch) animal* scharren

④ *(scramble, crawl quickly)* ■**to ~ across sth** über etw *akk* krabbeln; ■**to ~ along sth** etw entlangkrabbeln; ■**to ~ up sth** etw hochklettern; *insects* etw hochkrabbeln

⑤ *(try to get)* ■**to ~ for sth** *children* sich *akk* um etw *akk* streiten [*o* balgen], um etw *akk* kämpfen

◆**scrabble about, scrabble around,** BRIT *also* **scrabble round** *vi* ① *(search)* [herum]suchen; ***she ~d around in her bag*** sie wühlte in ihrer Tasche

② *(struggle to achieve)* sich *akk* abmühen

scrag <-gg-> [skræg] *vt (dated fam)* ■**to ~ sb** BRIT *(treat roughly)* jdn verdreschen *fam* [*o sl* vermöbeln]; *(in Rugby)* jdn in einen [*o* den] Würgegriff nehmen; AM *(kill)* jdn abmurksen *sl*

scrag 'end *n no pl* BRIT *(of mutton)* Hals *m*

scrag·gly ['skræglj] *adj esp* AM, AUS unordentlich; ~ **hair** zott[el]iges [*o* ÖSTERR, SCHWEIZ strähniges] Haar; ~ **plants** wild wachsende Pflanzen

scrag·gy ['skrægi] *adj* ① *(pej: thin and bony)* dürr; *(stronger)* klapperdürr *fam;* ~ **neck** hagerer Hals

② *(pej) meat* mager

scram <-mm-> [skræm] *vi (fam)* abhauen *fam,* verschwinden *fam,* sich *akk* verziehen *fam;* **~!** zieh Leine! *fam,* hau ab! *fam*

scram·ble ['skræmbl̩] **I.** *n* ① *no pl (scrambling)* Kletterpartie *f* (**over/through/up** über/durch/auf *+akk)*

② *no pl (rush)* Gedrängel *nt fam* (**for** um *+akk); (scrap)* Gerangel *nt fam* (**for** um *+akk); (chase)* Jagd *f* (**for** nach *+dat)*

③ *no pl (struggle)* Kampf *m* (**for** um *+akk);* **the S~ for Africa** HIST der Kampf um Afrika

④ BRIT *(motorcycle race)* Moto-Cross-Rennen *nt*

II. *vi* ① *(climb)* klettern; *(over difficult terrain also)* kraxeln *bes* SÜDD, ÖSTERR, SCHWEIZ *fam;* **to ~ through a hedge** *(push oneself through)* sich *akk* durch eine Hecke zwängen; **to ~ down the hillside** den Hang hinunterklettern [*o fam* hinunterkraxeln]; **to ~ up the hillside** den Hang hinaufklettern [*o fam* hinaufkraxeln]

② *(move hastily and awkwardly)* hasten; **to ~ into one's clothes** sich *dat* schnell etwas überziehen *fam,* in seine Kleider steigen *fam;* **to ~ for the exit** zum Ausgang stürzen; **to ~ to one's feet** sich *akk* hochrappeln [*o* SCHWEIZ aufrappeln] *fam;* **to ~ out of sb's way** jdm hastig freie Bahn machen *fam*

③ *(compete)* ■**to ~ for sth** sich *akk* um etw *akk* reißen; *(struggle)* sich *akk* um etw *akk* rangeln; *(push)* sich *akk* zu etw *dat* drängeln [*o fam* vordrängeln]; **to ~ for the exit** sich *akk* zum Ausgang drängeln; **to ~ for the best seats** sich *akk* um die besten Plätze rangeln

④ *(take off quickly) aircraft* sofort losfliegen [*o* aufsteigen]

III. *vt* ① *(beat and cook)* ■**to ~ sth** *eggs* etw verrühren [*o fam* verquirlen]; **to ~ eggs** Rührei[er] [*o* ÖSTERR Eierspeis] machen

② *(fam)* **to ~ sb's brains** jdn durcheinanderbringen [*o fam* meschugge machen]

③ *(encode)* ■**to ~ sth** etw verschlüsseln

④ *(take off quickly)* ■**to ~ sth** *aircraft* etw sofort starten

⑤ COMPUT ■**to ~ sth** etw verwürfeln

◆**scramble together, scramble up** *vt* ■**to ~ together** [*or* **up**] ⊂ **sth** etw zusammenraffen; *money, ingredients* etw zusammenbekommen

scram·bled 'egg *n oft pl* Rührei *nt,* Rühreier *pl,* Eierspeis[e] *f* ÖSTERR

scram'bler ['skræmbləʳ, AM -ɚ] *n* ① TECH *(device)* Verschlüsselungsgerät *nt*

② BRIT *(motorcycle)* Geländemotorrad *nt*

③ COMPUT *(for data stream)* Verwürfler *m; (for speech/signals)* Verwürfler *m,* Scrambler *m*

scram·bling ['skræmblɪŋ] *n no pl* BRIT Moto-Cross-Rennen *nt*

'scram·jet AVIAT *acr for* **Supersonic Combustion Ramjet I.** *n* Scramjet *nt,* Staustrahltriebwerk *nt* mit Ultraschallverbrennung

II. *n modifier* Scramjet-

scrap¹ [skræp] **I.** *n* ① *(small piece, amount)* Stück[chen] *nt;* ***there wasn't a ~ of food left on***

her plate sie ließ nicht ein Krümelchen auf ihrem Teller übrig; ***this does not make a ~ of difference!*** das macht doch nicht den geringsten Unterschied!; ~ **of cloth/paper** Stoff-/Papierfetzen *m;* **a few ~s of conversation** ein paar Gesprächsfetzen; **a few ~s of English** ein paar Brocken Englisch; **a few ~s of evidence** ein paar mickrige Beweisstücke *fam;* **not a ~ of evidence** nicht der geringste Beweis; **a few ~s of information** ein paar bruchstückhafte Informationen; **not a ~ of truth** kein Körnchen *nt* Wahrheit; **not a ~** kein bisschen
② *(leftover pieces of food)* ■**~s** *pl* Speisereste *pl,* Essensabfälle *pl*
③ BRIT *(fig fam: small child)* Ding *nt fam;* ***poor little ~*** armes, kleines Ding *fam*
④ *no pl (leftover material)* Altmaterial *nt; (old metal)* Schrott; ECON **~ value** Restbuchwert *m;* **to sell sth for ~** etw als Schrott verkaufen
II. *vt* <-pp-> ■**to ~ sth** ① *(get rid of)* etw wegwerfen [*o fam* ausrangieren]; *(use for scrap metal)* etw verschrotten
② *(fam: abandon)* etw aufgeben; *(abolish)* etw abschaffen

scrap² [skræp] **I.** *n (fam: fight)* Gerangel *nt fam,* Balgerei *f; (verbal)* Streit *m;* **to have a ~ [with sb]** sich *akk* [mit jdm] in der Wolle haben [*o* liegen] [*o* ÖSTERR, SCHWEIZ *bes* in den Haaren liegen] *fam*
II. *vi* <-pp-> ■**to ~ [over sth] [with sb]** ① *(fight)* sich *akk* [mit jdm] [um etw *akk*] balgen [*o fam* rangeln]; *(verbal)* sich *akk* [mit jdm] [um etw *akk*] streiten
② *(compete fiercely)* [mit jdm] [um etw *akk*] konkurrieren

'scrap·book *n* [Sammel]album *nt;* COMPUT Album *nt;* **to keep a ~** ein [Sammel]album führen

'scrap deal·er *n* Schrotthändler(in) *m(f)*

scrape [skreɪp] **I.** *n* ① *no pl (for cleaning)* [Ab]kratzen *nt,* [Ab]schaben *nt;* **to give a potato a ~** eine Kartoffel schälen; **to give one's boots a ~** seine Schuhe abstreifen
② *(graze on skin)* Abschürfung *f; (scratch)* Kratzer *m,* Schramme *f;* **to give sth a ~ [on sth]** sich *dat* etw [an etw *dat*] aufschürfen
③ *(sound)* Kratzen *nt*
④ *(fig fam: difficult situation)* Not *f,* Klemme *f fam,* Schwulitäten *pl* BRD *fam;* **to be in a ~** in der Klemme [*o* Bredouille] sein [*o* stecken] *fam;* **to get into a ~** in Schwulitäten kommen *fam;* **to get sb out of a ~** jdm aus der Bredouille [*o* Klemme] helfen *fam*
⑤ *(near disaster)* Gefahrensituation *f;* ***despite this ~ with disaster, he refused to give up racing*** obwohl er nur knapp an einer Katastrophe vorbeigeschrammt ist, weigerte er sich, mit dem Rennfahren aufzuhören *fam;* ***he had several fairly narrow ~s with death while mountaineering*** beim Bergsteigen ist er schon ein paar Mal knapp dem Tod entronnen
II. *vt* ① *(remove outer layer)* ■**to ~ sth** etw [ab]schaben; *(remove excess dirt)* etw [ab]kratzen; ***he must have been hungry, he's ~d his plate completely clean*** so, wie er seinen Teller ratzeputz leer gegessen hat, muss er sehr hungrig gewesen sein; **to ~ one's shoes** die Schuhe abstreifen [*o* SCHWEIZ abputzen]
② *(graze)* **to ~ sth [against [*or* on] sth]** sich *dat* etw [an etw *dat*] aufschürfen; *(scratch, rub against)* ■**to ~ sth** *car* etw verkratzen [*o* verschrammen]; *(with harsh noise)* ***he just ~s the bow of his violin over the strings*** er kratzt mit seinem Geigenbogen über die Saiten *hum*
③ *(fig: just manage to obtain)* ■**to ~ sth** etw nur mit Ach und Krach schaffen *fam;* **to ~ a living [together]** *(fam)* gerade [mal] so hinkommen [*o* über die Runden kommen] *fam;* **to ~ a living doing sth** sich *akk* mit etw *dat* über Wasser halten
④ BRIT *(brush)* **to ~ one's hair [back]** sein Haar straff [zurück]kämmen [*o* [zurück]bürsten]
▶PHRASES: **to ~ [the bottom of] the barrel** das Letzte zusammenkratzen *fam*
III. *vi* ① ■**to ~ against [*or* on] sth** *(rub)* an etw *dat* reiben; *(brush)* etw streifen; *(scratch)* an etw *dat* kratzen
② *(pej: on string instrument)* ■**to ~ away [on sth]** [auf etw *dat*] herumkratzen *hum fam*
③ *(economize)* sparen
④ *(barely)* **to ~ into college/university** es mit Ach und Krach auf die Fachhochschule/Uni[versität] schaffen *fam;* **to ~ home** BRIT, AUS mit Ach und Krach gewinnen *fam*
▶PHRASES: **to bow and ~** [katz]buckeln *pej*
◆**scrape along** *vi see* **scrape by**
◆**scrape away** *vt* ■**to ~ away** ↻ **sth** etw abkratzen
◆**scrape by** *vi* mit Ach und Krach [*o* Hängen und Würgen] durchkommen *fam;* ***the family has to ~ by on £50 a week*** die Familie muss mit 50 Pfund in der Woche auskommen; **to ~ by on the dole** BRIT mit dem Arbeitslosengeld gerade so über die Runden kommen *fam*
◆**scrape in** *vi* BRIT ① *(just manage to win)* mit Ach und Krach gewinnen *fam*
② *(just succeed in getting into sth)* hineinrutschen *fam*
◆**scrape off** *vt* ■**to ~ off** ↻ **sth [from sth]** *dirt, mud* etw [von etw *dat*] abkratzen
◆**scrape out** *vt* ■**to ~ out** ↻ **sth** etw auskratzen
◆**scrape through** *vi* gerade [mal] so durchkommen [*o* durchrutschen] *fam;* **to ~ through an exam** gerade so [*o* mit Hängen und Würgen] durch eine Prüfung kommen *fam;* **to ~ through college/high school/university** die Fachhochschule/die High School/die Uni[versität] gerade mal so schaffen *fam*
◆**scrape together** *vt* ■**to ~ together** ↻ **sth/people** etw/Leute zusammenbekommen [*o fam* zusammenkriegen]; **to ~ money together** Geld zusammenkratzen *fam;* **to ~ a team together** eine Mannschaft zusammenstellen
◆**scrape up** *vt* ■**to ~ up** ↻ **sth** ① *(scrape together)* etw zusammenbekommen [*o fam* zusammenkriegen]
② *(pick up)* etw wegmachen; ■**to ~ up** ↻ **sth off sth** etw von etw *dat* [ab]kratzen; **to ~ up snow** Schnee schippen [*o* ÖSTERR, SCHWEIZ schaufeln]; **to ~ up leaves** Blätter zusammenfegen [*o* ÖSTERR zusammenkehren]

scrap·er ['skreɪpəʳ, AM -ɚ] *n (tool) for paint, wallpaper* Spachtel *m o f; for windscreens* Kratzer *m; for shoes, boots* Abkratzer *m; (grid)* Abstreifer *m*

'scrap·er·board *n no pl* BRIT ART Schabpapier *nt fachspr*

'scrap heap *n cars* Schrotthaufen *m;* **to be on the ~** *(fig)* zum alten Eisen zählen [*o* gehören] *fam; plan, idea* verworfen werden; **to be thrown on [*or form* consigned to] the ~** zum alten Eisen geworfen werden *fam*

scrapie ['skreɪpi] *n no pl* Scrapie *f,* Scrapiekrankheit *f*

scrap·ing ['skreɪpɪŋ] **I.** *adj attr, inv* kratzend
II. *n* ① *no pl (sound)* Kratzen *nt*
② *(small amount)* Rest[e] *m[pl]*
③ *(bits peeled off)* ■**~s** *pl* Schabsel *pl,* Flankerl *pl* ÖSTERR *fam; vegetable* Schalen *pl*

'scrap iron *n no pl* Alteisen *nt,* Schrott *m* **'scrap mer·chant** *n* BRIT Schrotthändler(in) *m(f)* **scrap 'met·al** *n no pl* Schrott *m*

scrap 'pa·per *n no pl* Schmierpapier *nt*

scrap·pi·ly ['skræpɪli] *adv (unsystematically)* unsystematisch; *(unevenly)* uneinheitlich

scrap·py¹ ['skræpi] *adj (haphazard)* zusammengestückelt; *(lacking consistency)* unausgewogen, inkonsistent *geh; (incomplete) knowledge, education, report* lückenhaft; *(unsystematic)* unsystematisch; *(uneven in quality) handwriting* uneinheitlich, krakelig *fam*

scrap·py² ['skræpi] *adj* AM kampflustig, rauflustig; *dog* angriffslustig

'scrap value *n no pl* Schrottwert *m* **'scrap·yard** *n* Schrottplatz *m*

scratch [skrætʃ] **I.** *n* <*pl* -es> ① *(cut on skin)* Kratzer *m,* Schramme *f;* **to be covered in ~es** völlig zerkratzt [*o* verschrammt] sein
② *(mark on surface)* Kratzer *m,* Schramme *f*
③ *no pl (to relieve itching)* Kratzen *nt;* **to have [*or* give oneself] a scratch** sich *akk* kratzen
④ *no pl (acceptable standard)* **to not be up to ~** zu wünschen übrig lassen; **to bring sth/sb up to ~** etw/jdn auf Vordermann [*o sl* Zack] bringen *fam;* **to come up to ~** den Anforderungen entsprechen, nichts zu wünschen übrig lassen
⑤ *(beginning state)* **to learn sth from ~** etw von Grund auf lernen; **to start [sth] from ~** [mit etw *dat*] bei null anfangen, ganz von vorne anfangen; **to bake/cook sth from ~** etw selber [*o* nach Hausmacherart] [*o* ÖSTERR, SCHWEIZ nach Hausfrauenart] backen/kochen
⑥ COMPUT Arbeitsbereich *m*
II. *adj attr, inv* ① *(hastily got together)* improvisiert; **a ~ team** eine zusammengewürfelte Mannschaft
② *(without handicap)* ohne Vorgabe *nach n*
III. *vt* ① *(cut slightly)* ■**to ~ sth** etw zerkratzen [*o* zerschrammen]; ■**to ~ sb** jdn kratzen
② *(mark by scraping)* ■**to ~ sth** etw verkratzen [*o* zerkratzen]; ***people have been ~ing their names on this rock for years*** seit Jahren schon ritzen die Leute ihren Namen in den Stein; ***the dog ~ed a small hole in the ground*** der Hund scharrte ein kleines Loch in den Boden
③ *(relieve an itch)* ■**to ~ oneself** sich *akk* kratzen; ■**to ~ sth** an etw *dat* kratzen [*o fam* herumkratzen]; **to ~ one's arm** sich *akk* am Arm kratzen; **to ~ one's head** sich *akk* am Kopf kratzen; *(fig)* sich *dat* den Kopf zerbrechen
④ *(exclude from competition)* **to ~ sb from a list** jdn aus einer [Starter]liste streichen; **to ~ a horse from a race** ein Pferd aus dem Rennen nehmen; **to ~ sb from a team [*or* side]** jdn aus der Mannschaft nehmen
⑤ *(erase, remove)* ■**to ~ sth** etw streichen; ***you can ~ that idea*** diese Idee kannst du vergessen; **to ~ sb's name off a list** jds Namen aus einer Liste streichen
⑥ AM *(fam: cancel)* ■**to ~ sth** etw aufgeben [*o fam* abblasen]
⑦ *(write hastily)* ■**to ~ sth** etw [hin]kritzeln; ■**to ~ sth on sth** etw auf etw *akk* kritzeln
▶PHRASES: **you ~ my back and I'll ~ yours** eine Hand wäscht die andere *prov;* **~ a ... and you'll find a ... [underneath]** in jedem/jeder ... steckt ein/eine ..., hinter jedem/jeder ... verbirgt sich ein/eine ...; ~ ***a rabid nationalist and you're likely to find a racist underneath*** in jedem fanatischen Nationalisten steckt mit ziemlicher Sicherheit ein Rassist
IV. *vi* ① *(use claws, nails)* kratzen; *bird, chicken* scharren; ***she ~ed at me with her nails*** sie ging mit den Fingernägeln auf mich los
② *(relieve an itch)* sich *akk* kratzen
③ *(cause itchy feeling)* kratzen
④ BRIT *(write badly) pen, nib* kratzen
⑤ *(withdraw from race)* zurücktreten, nicht antreten
⑥ MUS scratchen
◆**scratch about, scratch around** *vi* ① *animals* herumscharren; ■**to ~ about [*or* around] for sth** nach etw *dat* scharren
② *(fig: search hard)* herumsuchen *fam;* ■**to ~ about [*or* around] for sth** nach etw *dat* suchen *fam;* **to ~ around [*or* about] for a bite to eat** nach etwas Essbarem suchen
◆**scratch out** *vt* ① *(strike out)* ■**to ~ out** ↻ **sth** etw auskratzen; **to ~ sb's eyes out** jdm die Augen auskratzen *fam;* **to ~ out a line** eine Zeile durchstreichen; **to ~ out a word** ein Wort ausstreichen [*o* SCHWEIZ wegstreichen]
② *(write hurriedly)* ■**to ~ sth** ↻ **out** etw hinkritzeln
③ *(fam: labour to get)* ■**to ~ out sth** etw aufbauen
◆**scratch round** *vi* BRIT *see* **scratch about**

scratch-and-'sniff pic·ture *n* Rubbel-Duft-Bild *nt*

'scratch card *n* Rubbelkarte *f,* Rubbellos *nt*

'scratch·ing post *n* Kratzbaum *m*

'scratch·mark *n* Kratzspur *f,* Kratzer *m*

'scratch pad *n* AM, AUS ① *(notepad)* Notizblock *m*
② COMPUT Notizblockspeicher *m fachspr*

'scratch pa·per *n no pl* AM *(scrap paper)* Schmierpapier *nt,* Sudel[papier] *m[f]* SCHWEIZ; *(for draft notes)* Konzeptpapier *nt*

scratchy ['skrætʃi] *adj* ① *(scratched)* verkratzt
② *(irritating to skin) pullover* kratzig; ■**to be ~** kratzen
③ BRIT *(that writes badly) pen, nib* kratzend; ■**to be ~** kratzen
④ *handwriting* krak[e]lig *pej fam; drawing, plan, sketch* kritz[e]lig *pej fam*
⑤ *(fig fam: irritable)* kratzbürstig, kratzig *fam*

scrawl [skrɔːl, AM *esp* skrɑːl] **I.** *vt* ■**to ~ sth** etw [hin]kritzeln; **to ~ a note to sb** jdm eine Nachricht hinkritzeln; **to ~ one's signature** seine Unterschrift [hin]kritzeln [*o fam* hinschmieren]; ■**to ~ sth on sth** etw auf etw *akk* kritzeln
II. *n* ① *no pl (untidy writing)* Gekritzel *nt pej,* Gekrakel *nt pej fam,* Klaue *f pej fam*
② *(of note, message)* Gekritzel *nt pej,* Gekrakel *nt pej fam,* Krakelei *f pej fam,* ÖSTERR *a.* Geschmiere *nt pej fam,* SCHWEIZ *a.* Gesudel *nt pej fam*

scrawny ['skrɔːni, AM *esp* 'skrɑːni] *adj human, animal* dürr; *vegetation* dürftig, mager

scream [skriːm] **I.** *n* ① *(loud shrill cry)* Schrei *m;* **a ~ of fear/for help** ein Aufschrei/Hilfeschrei *m;* **a piercing ~** ein gellender [*o* durchdringender] Schrei; ■**~s** *(continuous shouting)* Geschrei *nt kein pl oft pej*
② *(of an animal)* Gekreisch[e] *nt kein pl*
③ *no pl of an engine, siren* Heulen *nt; of a jet plane* Dröhnen *nt*
④ *no pl (fam: sth or sb very funny)* **to be a ~** zum Schreien [*o* Brüllen] sein *fam*
II. *vi* ① *(cry out loudly) with fear, pain, rage* schreien; *with joy, delight* kreischen; ■**to ~ at sb** jdn anschreien; **to ~ for help** [gellend] um Hilfe schreien; **to ~ with laughter** vor Lachen brüllen; **to ~ in terror** vor Schreck schreien
② *animals* schreien
③ *engine, siren* heulen; *jet plane* dröhnen; ***a fire engine ~ed past*** ein Feuerwehrauto fuhr mit heulenden Sirenen vorbei
④ *(travel fast noisily)* ■**to ~ past** vorbeibrausen, vorbeidüsen *fam,* mit heulenden Motoren vorbeirasen
⑤ *(fig: express oneself vociferously)* ■**to ~ about sth** um etw *akk* ein großes Trara [*o* viel Geschrei] machen *fam*
⑥ *esp* BRIT *(clash horribly)* ■**to ~ at sth** sich *akk* mit etw *dat* beißen [*o* ÖSTERR schlagen] *fam;* ■**to ~ at each other** *colours* sich *akk* beißen [*o* ÖSTERR schlagen] *fam*
⑦ *(fam: glaringly obvious)* ■**to be ~ing at sb** jdm ins Auge springen
III. *vt* ① *(cry loudly)* ■**to ~ [out] sth** etw schreien [*o bes* SÜDD, ÖSTERR, SCHWEIZ brüllen] *fam;* **to ~ abuse at sb** jdm Beschimpfungen an den Kopf werfen; **to ~ one's head off** [*or* **the place down**] *(fam)* sich *dat* die Kehle [*o* Lunge] aus dem Hals schreien *fam;* **to ~ oneself hoarse** sich *akk* heiser schreien
② *(fig: express forcefully)* ■**to ~ sth** etw lauthals schreien; ***'Royal Plane Disaster' ~ed the headlines next day*** ‚Königliches Flugzeugunglück' schrien einem die Schlagzeilen am nächsten Tag groß entgegen
◆**scream out** *vi (fam: demand)* ■**to ~ out for sth** nach etw *dat* schreien [*o* verlangen]; ■**to ~ out at sb** *(be very noticeable) colour, mistake* jdm ins Auge stechen

scream·ing ['skriːmɪŋ] **I.** *adj attr, inv* ① *(crying loudly) person* schreiend; *engine* heulend; **a ~ brat** ein Schreihals *m*
② *headline* reißerisch *pej*
II. *n no pl of people* Geschrei *nt oft pej,* Gebrüll *nt oft pej; of animals* Gekreisch[e] *nt; of an engine* Heulen *nt*

scream·ing·ly ['skriːmɪŋli] *adv* ***his life was just a ~ dull routine*** sein Leben war eine einzige öde Routine; **~ funny** zum Schreien komisch *fam,* urkomisch *fam;* **to be ~ obvious** ganz offensichtlich sein

scree [skriː] *n no pl* Geröll *nt,* Schotter *m*

screech [skriːtʃ] **I.** *n* <*pl* -es> *of a person* Schrei *m; of an animal* Kreischen *nt kein pl; of brakes, tyres* Quietschen *nt kein pl;* **a ~ of laughter** ein [gellendes] Auflachen *nt;* **to give a ~ of pain** vor Schmerz aufschreien; **to stop with a ~ of tyres** mit quietschenden Reifen zum Stillstand kommen
II. *vi person* schreien; *animal* kreischen; *brakes, tyres* quietschen; **to ~ with delight** vor Vergnügen quietschen; **to ~ to a halt** mit quietschenden Reifen zum Stillstand kommen; **to ~ with laughter** vor Lachen kreischen; **to ~ with pain** vor Schmerzen schreien
III. *vt* ■**to ~ that ...** schreien [*o* kreischen], dass ...

'screech owl *n* Kreischeule *f*

screed [skriːd] *n* ① *(speech, writing)* Roman *m; (book)* Wälzer *m fam;* **to write ~s [and ~s]** einen ganzen Roman [*o* ganze Romane] schreiben
② TECH *(layer of plaster)* Estrich *m*

screen [skriːn] **I.** *n* ① *(in a cinema, for slides)* Leinwand *f; (of television, computer)* Bildschirm *m; (for radar, sonar)* Schirm *m;* **~ dump** Bildschirmausdruck *m;* **radar ~** Radarschirm *m;* **on ~** am Bildschirm
② *no pl* ■**the ~** *(cinema)* das Kino; *(fam: television)* das Fernsehen; **the big ~** die Leinwand, das Kino; **the silver ~** *(dated) das Kino der 30er und 40er Jahre;* **the small ~** der Bildschirm, das Fernsehen
③ *(panel for privacy)* Trennwand *f; (decorative)* Wandschirm *m,* Paravent *m; (for protection)* Schutzschirm *m; (against insects)* Fliegengitter *nt; (fire screen)* Ofenschirm *m*
④ BRIT *(along a motorway)* Lärmschutzwand *f; (in a church)* Lettner *m;* **glass ~** Glaswand *f;* **a ~ of trees** *(fig)* eine Wand von Bäumen
⑤ *(on car)* Windschutzscheibe *f*
⑥ *no pl esp* AM *(fig: sth that conceals)* Tarnung *f*
⑦ *(test)* Kontrolle *f;* **health ~** Vorsorgeuntersuchung *f;* **security ~** Sicherheitskontrolle *f*
⑧ *(sieve)* [Gitter]sieb *nt;* **~ analysis** CHEM Siebanalyse *f;* **~ centrifuge** CHEM Siebzentrifuge *f*
II. *n modifier* FILM Kino-, Film-
III. *vt* ① *(conceal)* ■**to ~ sth [from sth]** etw [gegen etw *akk*] abschirmen; **to ~ sth from view** etw vor Einblicken schützen
② *(shield)* ■**to ~ sb/sth [from sth]** jdn/etw [vor etw *dat*] schützen; ■**to ~ sb/sth [from sth/sb]** *(fig: protect)* jdn/etw [vor etw/jdm] beschützen
③ *(examine closely)* ■**to ~ sb** jdn überprüfen; MIL jdn einer Auswahlprüfung unterziehen; ■**to ~ sb for sth** MED jdn auf etw *akk* hin untersuchen; *(test)* ■**to ~ sth** etw überprüfen; *(with answerphone)* **to ~ one's calls** nur bei bestimmten Anrufen das Telefon abnehmen, ÖSTERR, SCHWEIZ seine Anrufe filtern
④ *(show)* ■**to ~ sth** etw vorführen; TV etw senden
⑤ *(put through a sieve)* ■**to ~ sth** etw [durch]sieben; *(fig)* **to ~ candidates** Bewerber sieben [*o* aussondern]
⑥ COMPUT *(display)* ■**to ~ sth** etw vorführen
◆**screen off** *vt* ■**to ~ off** ↔ **sth [from sth]** etw [von etw *dat*] abtrennen
◆**screen out** *vt* ① *(prevent from entering)* ■**to ~ out** ↔ **sth** etw abhalten
② *(exclude selectively)* ■**to ~ out** ↔ **sb** jdn aussieben; ■**to ~ out** ↔ **sth** etw herausfiltern

screen·ager ['skriːnˌeɪdʒəʳ, AM -dʒɚ] *n (sl) internet- oder computersüchtiger Teenager*

screen 'door *n* AM, AUS *Eingangstür mit Fliegengitter*

'screen dump *n* COMPUT Screen-Dump *m fachspr (Ausdruck von der aktuellen Bildschirmanzeige)*

screen·er ['skriːnəʳ, AM -ɚ] *n* Screener *m (Pressekopie von einem professionellen Videoband eines Films)*

screen·ing ['skriːnɪŋ] *n* ① *(a showing in a cinema)* Filmvorführung *f*
② *no pl (process of showing) of films* Vorführen *nt; of TV programmes* Ausstrahlung *f,* Senden *nt;* ***the series has had repeated ~s*** die Serie ist mehrmals wiederholt worden
③ *no pl (testing)* Überprüfung *f*
④ MED *(examination)* Untersuchung *f; (X-ray)* Röntgenuntersuchung *f,* Röntgen *nt kein pl,* Durchleuchtung *f*

'screen·ing room *n* Vorführraum *m*

'screen name *n* Codename *m*

'screen·play *n* Drehbuch *nt*

'screen print *n* Siebdruck *m* **'screen print·ing** *n no pl* Siebdruckverfahren *nt*

'screen rights *npl* Filmrechte *pl*

'screen sav·er *n* Bildschirmschoner *m* **'screen·shot** *n* COMPUT Screenshot *m*

'screen test *n* FILM, TV Probeaufnahmen *pl* **'screen-test** *vt* ■**to ~ sb** von jdm Probeaufnahmen machen **'screen·writ·er** *n* Drehbuchautor(in) *m(f)*

screw [skruː] **I.** *n* ① *(metal fastener)* Schraube *f;* **to loosen/tighten [up] a ~** eine Schraube lockern/anziehen
② *no pl (turn)* Drehung *f;* **to give sth a ~** *(with one's fingers)* an etw *dat* drehen; *(with a screwdriver)* etw anziehen
③ *(propeller)* Schraube *f*
④ *no pl (vulg sl: sex)* Fick *m vulg;* **to have a ~** bumsen *sl,* vögeln *derb,* ficken *vulg*
⑤ *no pl (vulg sl: sexual partner)* Fick *m vulg*
⑥ *(sl: prison guard)* [Gefängnis]wärter(in) *m(f),* Schließer(in) *m(f)*
⑦ *no pl* SPORT Effet *m;* **to put ~ on the ball** dem Ball [einen] Effet geben, den Ball anschneiden
⑧ BRIT *(dated: twisted paper)* Tütchen *nt*
▸PHRASES: **to have a ~ loose** *(hum fam)* nicht ganz dicht sein *pej fam;* ***he must have a ~ loose!*** bei ihm muss eine Schraube locker sein! *fam;* **to put the ~s on sb** *(fam)* jdm [die] Daumenschrauben anlegen; **to tighten the ~[s] [on sb]** den Druck [auf jdn] verstärken, [jdm] die Daumenschrauben anziehen
II. *vt* ① *(with a screw)* ■**to ~ sth [on]to sth** etw an etw *akk* schrauben, etw an etw *dat* festschrauben
② *(by twisting)* **to ~ sth tight** etw fest zudrehen; ■**to ~ sth into sth** etw in etw *akk* schrauben; ■**to ~ sth on[to] sth** etw auf etw *akk* schrauben; **to ~ a nut tight** eine [Schrauben]mutter anziehen
③ *(fam: cheat)* ■**to ~ sb** jdn reinlegen *fam;* ■**to ~ sb for sth** jdn um etw *akk* bescheißen *sl,* jdm etw abzocken *sl*
④ *(vulg sl: have sex with)* ■**to ~ sb** jdn bumsen *sl* [*o derb* vögeln] [*o vulg* ficken]
⑤ *(fam!: expressing anger or contempt)* **~ it!** Mist! *fam,* Scheiße! *derb;* **~ you/them!** du kannst/die können mich mal! *sl*
⑥ *(twist)* ***he somehow managed to ~ his face into an expression of polite interest*** irgendwie schaffte er es, sein Gesicht freundlich zu verziehen; **to ~ sth into a ball** etw zu einem Knäuel [zusammen]knüllen
III. *vi (vulg sl: have sex)* bumsen *sl,* vögeln *derb,* ficken *vulg*
◆**screw about** *vi, vt see* **screw around I 2, II 2**
◆**screw around I.** *vi* ① *(vulg sl: be promiscuous)* herumbumsen *sl,* herumvögeln *derb*
② *(fam!: mess around)* [he]rummachen *fam,* ÖSTERR, SCHWEIZ *a.* herumfummeln *fam;* ■**to ~ around with sth** an etw *dat* [he]rummachen [*o* ÖSTERR, SCHWEIZ *a.* herumfummeln] *fam;* **to ~ around with the computer** am Computer [he]rumspielen *fam*
II. *vt* ① *(twist suddenly)* **to ~ one's head/neck around** den Kopf/Hals verdrehen
② *(fam!)* ■**to ~ sb around** *(take the piss)* jdn verarschen *derb; (cause trouble)* jdm das Leben sauer machen *fam*
◆**screw down** *vt* ■**to ~ down** ↔ **sth** ① *(with screws)* etw festschrauben
② *(by twisting)* etw fest zudrehen; **to ~ a nut down tight** eine [Schrauben]mutter anziehen
◆**screw in I.** *vt* ■**to ~ in** ↔ **sth** etw einschrauben [*o* eindrehen]
II. *vi* sich *akk* einschrauben [*o* eindrehen] lassen
◆**screw off I.** *vt* ■**to ~ off** ↔ **sth** etw abschrauben
II. *vi* sich *akk* abschrauben lassen
◆**screw on I.** *vt* ■**to ~ on** ↔ **sth** ① *(with screws)* etw anschrauben
② *(by twisting)* etw aufschrauben; **to ~ a lid/top**

on a jar/pot einen Deckel/Verschluss auf ein Glas/einen Topf schrauben; **to ~ sth on tight** etw fest zudrehen
▸PHRASES: **to have one's head ~ed on [right** [*or* **the right way**]] *(fam)* seine fünf Sinne beisammen haben *fam,* nicht auf den Kopf gefallen sein *fam*
II. *vi* ① *(with screws)* angeschraubt werden
② *(by twisting)* aufgeschraubt werden
◆**screw out** *vt* ■**to ~ sth out of sb** *money* etw aus jdm herauspressen *fam; truth* etw aus jdm herausquetschen *fam*
◆**screw round** *vt* BRIT **to ~ one's head/neck round** den Kopf/Hals verdrehen
◆**screw together** I. *vt* ■**to ~ together** ↻ **sth** etw zusammenschrauben
II. *vi* zusammengeschraubt werden
◆**screw up** I. *vt* ① *(with screws)* ■**to ~ up** ↻ **sth** etw zuschrauben
② *(by turning)* ■**to ~ up** ↻ **sth** etw zudrehen; **to ~ sth up tight** etw fest zudrehen; **to ~ a nut/screw up tightly** eine Mutter/Schraube anziehen
③ *(twist and crush)* ■**to ~ up** ↻ **sth** etw zusammenknüllen; **to ~ sth up in[to] a ball** etw zu einem Knäuel [zusammen]knüllen
④ *(twist into a shape)* **to ~ up one's eyes** blinzeln; **to ~ up one's face/mouth** das Gesicht/den Mund verziehen; ***she ~ed up her mouth into a pout*** sie zog einen Schmollmund
⑤ *(sl)* ■**to ~ up** ↻ **sth** *(spoil)* etw vermasseln *fam; (fail, do badly)* etw verpatzen [*o* vermasseln] [*o* verhauen] *fam;* **to ~ it/things up** Mist bauen *fam*
⑥ *(sl: make anxious, neurotic)* ■**to ~ up** ↻ **sb** jdn verkorksen *fam;* ***his mother's death has really ~ed him up*** der Tod seiner Mutter hat ihn ganz aus der Bahn geworfen
II. *vi* ① *(tighten)* sich *akk* zuschrauben lassen; *nut* sich *akk* anziehen lassen
② *(sl: fail, make a mess)* ■**to ~ up [on sth]** [bei etw *dat*] Mist bauen *fam* [*o sl* Murks machen]
'screw·ball *n* ① AM *(in baseball)* angeschnittener Ball
② *esp* AM *(fam: person)* Spinner(in) *m(f) pej fam*
'screw cap *n* Schraubdeckel *m,* Schraubverschluss *m* **screw·cap** ['skru:kæp], **screw·capped** ['skru:kæpt] *adj bottle, jar* mit Schraubverschluss *nach n* **'screw·driv·er** *n* ① *(tool)* Schraubenzieher *m* ② *(cocktail)* Screwdriver *m* **screw·driv·er e'cono·my** *n* ECON *Wirtschaftsform, in der Produkte montiert und vermarktet werden, deren Einzelteile woanders hergestellt worden sind*
screwed [skru:d] *adj pred (sl)* ① *(stymied)* festgefahren; *(in a hopeless situation)* geliefert *sl,* aufgeschmissen *sl;* ***we're ~*** wir sind geliefert *sl*
② BRIT *(dated: drunk)* voll *fam,* blau *fam,* ÖSTERR, SCHWEIZ zu *fam*
screwed-'up *adj (fam: neurotic)* neurotisch; *(messed up)* verkorkst *fam;* ■**to get [all] ~ about sth** wegen einer S. *gen* völlig durchdrehen *fam*
'screw-on *adj attr, inv* aufschraubbar; **~ cap/lid/top** Schraubverschluss *m;* **~ lens** aufschraubbare Linse
'screw top *n* Schraubverschluss *m,* Drehverschluss *m* **'screw-top, 'screw-topped** *adj inv* mit Schraubverschluss [*o* Drehverschluss] *nach n*
screwy ['skru:i] *adj (fam)* verrückt, verdreht *pej fam; (dangerously mad) idea* hirnrissig *fam*
scrib·ble ['skrɪbl̩] I. *vt* ■**to ~ sth** etw [hin]kritzeln; ■**to ~ sth on sth** etw auf etw *akk* kritzeln
II. *vi* ① *(make marks, write)* kritzeln; **to ~ in a book/on the wall** in ein Buch/an die Wand kritzeln
② *(hum: write)* schreiben, schriftstellern *fam*
III. *n* ① *(mark, words)* Gekritzel *nt kein pl pej,* Geschmier[e] *nt kein pl pej fam,* SCHWEIZ *a.* Gesudel *nt kein pl pej fam;* **illegible ~s** unleserliches Gekritzel *pej*
② *no pl (handwriting)* Klaue *f pej sl*
scrib·bler ['skrɪblər, AM -ɚ] *n (pej or hum)* Schreiberling *m pej*
'scrib·bling block, 'scrib·bling pad *n* Schreibblock *m,* Notizblock *m*
scrib·bly gum ['skrɪbligʌm] *n* AUS *australischer Gummibaum*
scribe [skraɪb] *n* ① *(copyist)* Schreiber(in) *m(f),* Kopist(in) *m(f)*
② *(teacher of religious law)* Schriftgelehrte(r) *m*
scrim·mage ['skrɪmɪdʒ] *n* ① SPORT *(in US football)* Gedränge *nt fachspr*
② *(confused fight)* Gerangel *nt kein pl fam; (in a doorway)* Gedränge *nt kein pl*
scrimp [skrɪmp] *vi* sparen; **to ~ and save** knausern *pej fam,* SCHWEIZ *a.* geizen; ■**to ~ on sth** an etw *dat* sparen, SCHWEIZ *a.* mit etw *dat* geizen
scrip [skrɪp] *n* FIN *(share certificate)* Interimsschein *m fachspr,* Scrip *m fachspr,* Zwischenschein *m*
'scrip hold·er *n* BRIT Inhaber(in) *m(f)* eines Interimsscheines **'scrip is·sue** *n* FIN *(share)* Interimsschein *m fachspr; (distribution)* Ausgabe *f* von Interimsscheine **'scrip share** *n* FIN Interimsschein *m*
script [skrɪpt] I. *n* ① *(text of film)* Drehbuch *nt,* Skript *nt; (of play)* Regiebuch *nt; (of broadcast)* Skript *nt;* **to keep** [*or* **stick**] **to the ~** FILM, TV sich *akk* ans Drehbuch halten; *(fig)* sich *akk* an die Absprache halten; **to read from a ~** ablesen
② *(style of writing)* Schrift *f;* TYPO *also* Schriftart *f;* **in Arabic/Cyrillic ~** in arabischer/kyrillischer Schrift; **italic ~** Kursivschrift *f*
③ BRIT, AUS *(exam)* Examensarbeit *f,* Prüfungsarbeit *f*
④ AUS *(prescription)* Rezept *nt*
⑤ COMPUT Script *nt*
II. *vt* ■**to ~ sth** das Drehbuch zu etw *dat* schreiben
script·ed ['skrɪptɪd] *adj inv* vorbereitet
'script-girl *n* Skriptgirl *nt*
scrip·to·rium <*pl* -ria *or* -s> [skrɪp'tɔ:riəm] *n* HIST Schreib- und Studierzimmer *nt* [eines Klosters], Skriptorium *nt geh*
scrip·tur·al ['skrɪptʃərəl, AM -tʃɚ-] *adj* biblisch
scrip·ture, Scrip·ture ['skrɪptʃər, AM -tʃɚ] *n* ① *no pl (the Bible)* die Bibel, die Schrift; **passages of ~** Bibeltexte *pl,* Bibelstellen *pl;* **[Holy] S~** die [Heilige] Schrift
② *(sacred writings)* ■**the ~s** [*or* **the S~s**] *pl* die heiligen Schriften *pl; (the Bible)* die Bibel, die Heilige Schrift; **the Hindu/Buddhist/Muslim ~s** die heiligen Schriften der Hindus/Buddhisten/Moslems
'script·writ·er *n* FILM, TV Drehbuchautor(in) *m(f);* RADIO Rundfunkautor(in) *m(f),* Radioautor(in) *m(f)* SCHWEIZ
scriv·en·er ['skrɪvənər, AM ɚ] *n (hist)* Amtsschreiber *m*
scrofu·la ['skrɒfjələ, AM 'skrɑ:fjə] *n no pl* MED *(hist)* Skrofeln *pl,* Skrofulose *f*
scroll [skrəʊl, AM skroʊl] I. *n* ① *(roll of paper)* [Schrift]rolle *f*
② ARCHIT Schnecke *f fachspr*
II. *vi* COMPUT scrollen *fachspr,* blättern; **to ~ up/down** zurück-/vorrollen, zurück-/vorscrollen *fachspr;* **to ~ [to the] right/left** nach rechts/links scrollen *fachspr;* **to ~ through sth** etw durchscrollen *fachspr*
Scrooge [skru:dʒ] *n (pej)* Geizhals *m pej,* Geizkragen *m pej fam*
scro·tum <*pl* -s *or* -ta> ['skrəʊtəm, *pl* -tə, AM -oʊt̬-, *pl* -t̬ə] *n* Hodensack *m,* Skrotum *nt fachspr*
scrounge [skraʊndʒ] *(fam)* I. *n no pl (pej or hum)* **to be on the ~** am Schnorren sein *pej fam,* schnorren, erbetteln SCHWEIZ; **to be on the ~ for money/cigarettes** Geld/Zigaretten schnorren *fam*
II. *vt (pej)* ■**to ~ sth [off** [*or* **from**] **sb]** etw [von jdm] schnorren *pej fam*
III. *vi (pej)* ■**to ~ [off** [*or* **from**] **sb]** [bei jdm] schnorren *pej fam*
◆**scrounge around** *vi (fam)* ■**to ~ around [for sth]** [nach etw *dat*] herumsuchen [*o* herumstöbern] *fam*
◆**scrounge up** *vt* AM, AUS *(fam)* **to ~ up a meal** ein Essen zusammenbekommen *fam;* **to ~ up money** Geld zusammenkratzen *fam*
scroung·er ['skraʊndʒər, AM -ɚ] *n (pej fam)* Schnorrer(in) *m(f) pej fam*
scrub¹ [skrʌb] *n no pl* ① *(trees and bushes)* Gestrüpp *nt*
② *(area)* Busch *m,* Buschland *nt*
scrub² [skrʌb] I. *n* ① *(thorough clean)* **to give sth a [good] ~** etw [gründlich] [ab]schrubben *fam*
② *(semi-abrasive skin-cleanser)* Peeling *nt*
II. *vt* <-bb-> ① *(clean)* ■**to ~ sth** etw [ab]schrubben *fam;* ■**to ~ sb clean** [*or* **down**] jdn abschrubben *fam;* **to ~ a saucepan clean** einen Topf blank scheuern
② *(fam: cancel, abandon)* ■**to ~ sth** etw fallenlassen; *project* etw abblasen *fam*
③ COMPUT ■**to ~ sth** etw löschen
III. *vi* <-bb-> schrubben *fam;* ■**to ~ at sth** an etw *dat* herumschrubben *fam*
◆**scrub off** *vt* ■**to ~ off** ↻ **sth [from sth]** etw [von etw *dat*] abschrubben *fam*
◆**scrub out** *vt* ■**to ~ out** ↻ **sth** *mistake* etw beseitigen
◆**scrub round** *vi* BRIT *(fam: avoid)* ■**to ~ round sth** etw umgehen
◆**scrub up** *vi* MED sich *dat* [gründlich] die Hände schrubben *fam*
scrub·ber ['skrʌbər, AM -ɚ] *n* ① *(scrub brush)* Schrubber *m; (smaller one)* Scheuerbürste *f*
② BRIT *(pej sl)* Flittchen *nt pej fam*
'scrub·bing brush, AM *also* **'scrub brush** *n* Schrubber *m; (smaller one)* Scheuerbürste *f*
scrub·by ['skrʌbi] *adj vegetation* struppig; *area* Busch-, mit Buschwerk bewachsen
scruff [skrʌf] *n* ① *(of neck)* Genick *nt;* **by the ~ of the/sb's neck** am Genick
② BRIT *(fam: woman)* Schlampe *f pej fam; (fam: man)* vergammelter [*o* ÖSTERR abgesandelter] Typ *pej fam*
scruffi·ly ['skrʌfɪli] *adv* gammelig *oft pej fam,* abgesandelt ÖSTERR *pej fam*
scruffi·ness ['skrʌfɪnəs] *n no pl* Schmudd[e]ligkeit *f,* verwahrlostes Aussehen
scruffy ['skrʌfi] *adj clothes* gammelig *oft pej fam,* schmuddelig *pej fam; person* vergammelt *pej fam,* gammelig *pej fam,* abgesandelt ÖSTERR *pej fam; area, place* heruntergekommen *fam,* verlottert *pej*
scrum [skrʌm] I. *n* ① *(in rugby)* Gedränge *nt fachspr*
② BRIT *(fam: disorderly crowd)* Getümmel *nt*
II. *vi* <-mm-> *(in rugby)* ■**to ~ down** ein Gedränge bilden *fachspr*
scrum 'half *n (in rugby)* Gedrängehalbspieler(in) *m(f) fachspr*
scrum·mage ['skrʌmɪdʒ] *n (in rugby)* Gedränge *nt fachspr*
scrum·mag·er ['skrʌmɪdʒər, AM -ɚ] *n (in rugby)* Gedrängespieler(in) *m(f) fachspr*
scrum·my ['skrʌmi] *adj* BRIT *(esp childspeak fam)* lecker, leckerschmecker *Kindersprache*
scrump [skrʌmp] *vt* BRIT *(fam)* ■**to ~ sth** etw klauen *fam*
scrump·tious ['skrʌm(p)ʃəs] *adj (fam)* lecker
scrumpy ['skrʌmpi] *n no pl* BRIT *starker Cidre*
scrunch [skrʌn(t)ʃ] I. *n no pl* Knirschen *nt*
II. *vi (make noise)* knirschen; *(with the mouth)* geräuschvoll kauen
III. *vt* ① *(crunch)* ***we ~ed the gravel/snow [under our feet]*** der Kies/Schnee knirschte unter unseren Füßen
② *(crush up)* ■**to ~ sth** etw zerknüllen
◆**scrunch up** I. *vt* ① *(crush small)* ■**to ~ up** ↻ **sth** etw zerknüllen [*o* zusammenknüllen]
② *(squeeze up)* **to ~ up one's face** das Gesicht verziehen; **to ~ up one's hair** die Haare zusammenbinden; **to ~ up one's shoulders** seine [*o* die] Schultern einziehen; ■**to ~ oneself up** sich *akk* klein machen
II. *vi* zusammenrücken
scrunchy ['skrʌn(t)ʃi] I. *adj gravel, snow* knirschend; *apple* knackig
II. *n* Haarband *nt,* Haargummi *m*
scru·ple ['skru:pl̩] I. *n* ① *no pl (moral responsibility)* Skrupel *m meist pl,* Gewissensbisse *pl,* Bedenken *pl;* **to be [entirely] without ~** [völlig] skrupellos sein, keiner[lei] Skrupel haben
② *(principles)* ■**~s** *pl* Skrupel *pl,* Bedenken *pl;* **moral ~s** moralische Bedenken; **to have [no] ~s**

about doing sth [keine] Skrupel [*o* Bedenken] haben, etw zu tun
II. *vi* Bedenken [*o* Skrupel] haben; ■**to not ~ to do sth** keine Bedenken [*o* Skrupel] haben, etw zu tun

scru·pu·lous ['skru:pjələs] *adj* ❶ *(extremely moral)* gewissenhaft; **to be too ~ to do sth** zu viele Skrupel haben, etw zu tun
❷ *(extremely careful)* [peinlich] genau; ■**to be ~ about/in sth** es mit etw *dat* sehr genau nehmen; **~ cleanliness** peinlichste Sauberkeit; **~ fairness/honesty** kompromisslose Gerechtigkeit/Ehrlichkeit

scru·pu·lous·ly ['skru:pjələsli] *adv* gewissenhaft; **~ honest** absolut ehrlich, auf unbedingte Ehrlichkeit bedacht; **~ clean** peinlich sauber; **to ~ avoid doing sth** peinlich darauf bedacht sein, etw nicht zu tun; ***he ~ avoided any reference to the incident*** er war sehr darauf bedacht, dass der Vorfall unerwähnt blieb

scru·pu·lous·ness ['skru:pjələsnəs] *n no pl (fairness)* Gewissenhaftigkeit *f; (meticulousness)* Genauigkeit *f*

scru·ti·neer [ˌskru:tɪ'nɪəʳ, AM -tən'ɪr] *n esp* BRIT, AUS Wahlprüfer(in) *m(f)*

scru·ti·nize ['skru:tɪnaɪz, AM -tən-] *vt* ■**to ~ sth** etw [genau] untersuchen [*o* prüfen]; **to ~ a text** einen Text [genau] studieren; **to ~ sb's face/sb** jdn [genau] mustern

scru·ti·ny ['skru:tɪni, AM -təni] *n no pl* [genaue] [Über]prüfung [*o* Untersuchung]; **to bear** [*or* **stand** [**up to**]] **~** einer [genauen] [Über]prüfung [*o* Untersuchung] standhalten; **to come under** [*or* **be subjected to**] [**close**] **~** einer [genauen] [Über]prüfung [*o* Untersuchung] unterzogen werden

scu·ba ['sku:bə] *n* Tauchgerät *nt*

'scu·ba div·er *n* Sporttaucher(in) *m(f)* **'scu·ba div·ing** *n no pl* Sporttauchen *nt;* **to go ~** sporttauchen

scud <-dd-> [skʌd] *vi* eilen, flitzen *fam; clouds* [schnell] ziehen

scud 'mis·sile *n* Scud Missile *nt*

scuff [skʌf] I. *vt* ❶ *(mark)* ■**to ~ sth** etw verschrammen; *(wear away)* etw abwetzen
❷ *(drag along the ground)* **to ~ one's feet** schlurfen
II. *vi* ❶ *(wear away)* sich *akk* abwetzen
❷ *(shuffle)* schlurfen
◆**scuff up** *vt* ■**to ~ up** ◯ **sth** etw aufscharren; **to ~ up dust/leaves** Staub/Blätter aufwirbeln

scuffed [skʌft] *adj (worn away)* abgewetzt; *(marked)* zerschrammt

scuf·fle ['skʌfl] I. *n* ❶ *(short fight)* Handgemenge *nt,* Handgreiflichkeiten *pl*
❷ *(sound, movement)* Schlurfen *nt*
II. *vi* ■**to ~** [**with sb**] sich *akk* [mit jdm] balgen [*o* raufen]

'scuff mark *n* Schramme *f*

scull [skʌl] I. *vi* rudern, skullen *fachspr*
II. *n* SPORT Skullboot *nt fachspr*

scul·lery ['skʌləri, AM -əri] *n esp* BRIT Spülküche *f*

'scul·lery maid *n (hist)* Küchenmagd *f*

scull·ing ['skʌlɪŋ] *n no pl* SPORT Rudern *nt,* Skullen *nt fachspr*

sculpt [skʌlpt] I. *vt* ■**to ~ sth** *(create)* etw [heraus]meißeln; *(in clay)* etw modellieren; *(reshape, work)* etw formen; *model* etw modellieren; ***the wind has ~ed strange patterns in the sand*** der Wind hat den Sand in seltsame Muster geformt; **to ~ sth from stone** etw aus Stein meißeln; **to ~ sth in wax** etw in Wachs modellieren; **to have beautifully/finely ~ed features** *(fig)* schön/fein geformte Züge haben
II. *vi* bildhauern *fam*

sculp·tor ['skʌlptəʳ, AM -ɚ] *n* Bildhauer(in) *m(f)*

sculp·tress <*pl* -es> ['skʌlptrɪs] *n* Bildhauerin *f*

sculp·tur·al ['skʌlptʃərəl, AM -ɚəl] *adj works of art* bildhauerisch, plastisch; *facial features, form, feel* plastisch; **~ works** Skulpturen *pl*

sculp·ture ['skʌlptʃəʳ, AM -ɚ] I. *n* ❶ *no pl (art)* Bildhauerei *f*
❷ *(object)* Skulptur *f,* Plastik *f;* **bronze ~** Bronzeplastik *f*
II. *vt* ■**to ~ sth** *(make with a chisel)* etw [heraus]meißeln; *(in clay)* etw modellieren; *(reshape, work)* etw formen; *model* etw modellieren
III. *vi* bildhauern *fam*

sculp·tured ['skʌlptʃəd, AM -ɚd] *adj inv* skulpturartig, plastisch geformt

scum [skʌm] I. *n no pl* ❶ *(foam)* Schaum *m; (residue)* Rand *m; (layer of dirt)* Schmutzschicht *f*
❷ *(pej: evil people)* Abschaum *m pej; (insult for man)* Mistkerl *m pej fam; (for woman)* Miststück *nt pej fam;* **to be ~** Abschaum sein *pej;* [**to be**] **the ~ of the earth** der Abschaum der Menschheit [sein] *pej,* zum Abschaum der Menschheit gehören *pej*
II. *vt* TECH ■**to ~ sth** etw abschöpfen [*o* abschäumen] [*o* abschlacken]

'scum·bag *n (pej sl: man)* Mistkerl *m pej fam; (stronger)* Dreckskerl *m pej derb; (woman)* Miststück *nt pej fam*

scum·my ['skʌmi] *adj (with a foamy layer)* schaumig, mit Schaum bedeckt; *(fam: dirty)* schmutzig; *(fig)* schmierig *fig pej;* ***I wish you wouldn't leave the bath in such a ~ state*** es wäre mir lieb, wenn du die Badewanne nicht immer mit einem Schaumrand hinterlassen würdest; **a ~ pond** ein Teich *m* mit einer Schleimschicht

scup·per ['skʌpəʳ] *vt* BRIT ■**to ~ sth** ❶ *(sink deliberately)* etw versenken
❷ *(fam: thwart)* etw vereiteln; ***the whole project will be ~ed if we can't find more money*** das ganze Projekt ist dahin, wenn wir nicht mehr Geld zusammenbekommen *fam;* **to ~ sb's plan** jds Plan über den Haufen werfen *fam*

scup·pers ['skʌpəz, AM -ɚz] *npl* NAUT Speigatt *nt fachspr*

scurf [skɜ:f, AM skɜ:rf] *n no pl* Schuppen *pl*

scur·ril·ity [skʌr'ɪləti, AM skə'rɪləṭi] *n no pl (pej form)* ❶ *(personality)* Skurrilität *f geh*
❷ *(indecency)* Unflätigkeit *f*
❸ *(indecent remark)* unflätige [*o* zotige] Bemerkung

scur·ril·ous ['skʌrələs, AM 'skɜ:r-] *adj (pej form: damaging to sb's reputation)* verleumderisch; *(insulting)* **~ remarks/attacks** ehrenrührige Bemerkungen/Angriffe, unflätig *pej geh,* zotig *pej;* **~ terms** unflätige Ausdrücke *pej geh*

scur·ril·ous·ly ['skʌrələsli, AM 'skɜ:r-] *adv (pej: maliciously)* auf niederträchtige Weise; *(obscenely)* auf unflätige Weise *geh*

scur·ry ['skʌri, AM 'skɜ:ri] I. *vi* <-ie-> *small animal* huschen; *person* rennen, eilen; *(with small steps)* trippeln; ***we all scurried for shelter when the storm began*** als der Sturm losbrach, suchten wir uns alle eilends einen Unterschlupf
II. *n no pl (hurry)* Hasten *nt,* Eilen *nt; (small steps)* Getrappel *nt;* ***we heard a ~ of feet/footsteps*** wir hörten das Getrappel von Füßen/Schritten

scur·vy ['skɜ:vi, AM 'skɜ:rvi] I. *n no pl* Skorbut *m*
II. *adj attr (old)* gemein, übel; **~ knave/trick** gemeiner Schurke/Trick

scuse [skju:z] *vt (fam) short for* **excuse: ~ me** 'tschuld[i]gung *fam*

scut [skʌt] *n* ZOOL Blume *f fachspr*

scut·tle¹ ['skʌtl, AM -ṭl] *vt* ■**to ~ sth** ❶ *(sink)* etw versenken
❷ *(put an end to)* etw zunichtemachen

scut·tle² ['skʌtl, AM -ṭl] *n* **coal ~** Kohleneimer *m,* Kohlenkübel *m* ÖSTERR, Kohlenkessel *m* SCHWEIZ; **~s full of coal** Eimer [*o* ÖSTERR Kübel] *pl* voll Kohle, eimerweise [*o* ÖSTERR kübelweise] [*o* SCHWEIZ kesselweise] Kohle

scut·tle³ ['skʌtl, AM -ṭl] *vi person* eilen, hasten, wuseln DIAL, flitzen *fam,* SCHWEIZ *a.* pressieren; *small creature* huschen
◆**scuttle away, scuttle off** *vi (run)* davoneilen, davonhuschen

scut·tle·butt *n* AM *(fam)* Bürotratsch *m pej fam*

scuzzy ['skʌzi] *adj* AM *(fam: disreputable)* vergammelt *pej fam; (disgusting)* widerlich *pej,* grauslich *bes* SÜDD, ÖSTERR *fam*

scythe [saɪð] I. *n* Sense *f*
II. *vt* ❶ *(with a scythe)* ■**to ~ sth** etw [mit der Sense] [ab]mähen; **to ~ the corn** das Korn [mit der Sense] schneiden
❷ *(with swinging blow)* ■**to ~ sth/sb** [**down**] etw/jdn niedermähen [*o* niedermachen] *fam*
III. *vi* ■**to ~ through sth** durch etw *akk* rasen [*o* preschen]; **to ~ through the defences** durch die Abwehr preschen

S.D. AM *abbrev of* **South Dakota**

SDI¹ [ˌesdi:'aɪ] *n abbrev of* **Strategic Defense Initiative** SDI *f*

SDI² [ˌesdi:'aɪ] *n abbrev of* **selective dissemination of information** SDI *f*

SDLP [ˌesdi:ˌel'pi:] *n* IRISH *abbrev of* **Social and Democratic Labour Party** *sozialistische Partei Nordirlands*

SDP [ˌesdi:'pi:] *n no pl, + sing/pl vb* BRIT HIST *abbrev of* **Social Democratic Party** Sozialdemokratische Partei

SDRs [ˌesdi:'ɑ:ʳz, AM -'ɑ:rz] *n* FIN *abbrev of* **special drawing rights** SZR *pl,* Sonderziehungsrechte *pl*

SE [ˌes'i:] I. *n abbrev of* **south-east** SO *m*
II. *adj abbrev of* **south-eastern** SO

sea [si:] *n* ❶ *no pl (salt water surrounding land)* ■**the ~** das Meer, die See; **at the bottom of the ~** auf dem Meeresboden [*o* Meeresgrund]; **the open ~** das offene Meer, die hohe See; **to be at ~** auf See sein; **to go to ~** zur See gehen; **across** [*or* **over**] **the ~** *(from one side to the other)* übers Meer; *(beyond)* jenseits des Meeres, in Übersee; **beyond the ~** jenseits des Meeres, in Übersee; **by ~** auf dem Seeweg, mit dem [*o geh* per] Schiff; **by** [*or* **beside**] **the ~** am Meer, an der See; **out to ~** auf das Meer; **to put** [**out**] **to ~** auslaufen, in See stechen *geh*
❷ *pl* **the high ~s** die hohe See
❸ *(specific area)* See *f kein pl,* Meer *nt;* **the ~ of Azov** das Asowsche Meer; **the Dead ~** das Tote Meer; **the seven ~s** die sieben Meere
❹ *(state of sea)* Seegang *m kein pl;* **a calm/high/rough ~** ein ruhiger/hoher/schwerer Seegang; **choppy/heavy ~s** kabbelige *fachspr*/schwere See
❺ *(waves)* ■**~s** *pl* Wellen *pl,* Wogen *pl geh*
❻ ASTRON Mondfleck *m*
❼ *(fig: wide expanse)* Meer *nt fig geh;* **a ~ of faces** ein Meer *nt* von Gesichtern *geh;* **a ~ of flames/people** ein Flammen-/Menschenmeer *nt*
▸ PHRASES: **to be** [**all**] **at ~** [ganz] ratlos sein, nicht mehr weiter wissen

SEA [ˌesi:'eɪ] *n abbrev of* **Single European Act** EEA *f*

sea 'air *n no pl* Seeluft *f* **sea a'nemo·ne** *n* Seeanemone *f* **'sea bass** <*pl* -> *n* Seebarsch *m* **sea 'bath·ing** *n no pl* BRIT Baden *nt* im Meer **'sea·bed** *n no pl* ■**the ~** der Meeresboden, der Meeresgrund **'sea·bird** *n* Seevogel *m* **'sea·board** *n* Küste *f;* **the Eastern/Atlantic ~ of the United States** die Ostküste/Atlantikküste der Vereinigten Staaten

'sea·borne *adj attr, inv* See-; **~ goods** Seefrachtgüter *pl;* **~ trade** Seehandel *m;* **~ invasion force** MIL von See angreifende Landungsstreitkräfte

sea 'breeze *n* Seewind *m,* Meeresbrise *f* **'sea-calf** *n* Seehund *m* **'sea cap·tain** *n* [Schiffs]kapitän(in) *m(f)* **'sea car·go** *n* Seefracht *f* **'sea change** *n* große Veränderung **'sea chest** *n* Seekiste *f* **'sea coast** *n* Seeküste *f,* Meer[es]küste *f* **'sea crea·ture** *n* Meerestier *nt* **sea 'cu·cum·ber** *n* Seegurke *f,* Meergurke *f,* Seewalze *f* **'sea dog** *n* ❶ *(sailor)* Seebär *m hum fam* ❷ *(seal)* Seehund *m* **'sea eagle** *n* Seeadler *m* **sea 'el·ephant** *n* Seeelefant *m* **sea·far·er** ['si:ˌfeərəʳ, AM -ˌferɚ] *n (liter)* Seefahrer *m veraltend,* Seemann *m* **sea·far·ing** ['si:ˌfeərɪŋ, AM -ˌfer-] *adj attr, inv (esp liter)* seefahrend; **~ man** Seefahrer *m veraltend,* Seemann *m;* **~ nation** Seefahrernation *f* **'sea·fish** *n* Meeresfisch *m,* Seefisch *m* **'sea·food** *n no pl* Meeresfrüchte *pl* **sea·food 'res·tau·rant** *n* Fischrestaurant *nt* **'sea freight** *n no pl* Seefracht *f* **'sea·front** *n (promenade)* Strandpromenade *f; (beach)* Strand *m* **'sea·go·ing** *adj attr, inv vessel* Hochsee-, hochseetüchtig; **a ~ life** ein Seefahrtsleben *nt,* ein Seemannsleben *nt* **'sea·grass** *n* Seegras *nt* **sea 'green** I. *n no pl* Meergrün *nt* II. *adj* meergrün **'sea·gull** *n* Möwe *f* **'sea·horse** *n* Seepferdchen *nt*

seal¹ [si:l] *n* ZOOL Seehund *m,* Robbe *f*

seal² [si:l] **I.** *n* ① *(insignia)* Siegel *nt;* **given under my hand and ~** von mir unterzeichnet und versiegelt
② *(stamp)* Siegel *nt,* Siegelstempel *m*
③ *(to prevent opening) on letters* Siegel *nt; on goods* Verschluss *m; (from customs man)* Plombe *f; (on doors)* Siegel *nt,* Plombe *f;* ***the police put ~s on the doors*** die Polizei versiegelte [*o* verplombte] die Türen
④ *(air-, watertight join)* Verschluss *m*
⑤ *(fig: guarantee)* **sb's ~ of approval** jds Zustimmung
▸ PHRASES: **to set** [*or* **put**] **the ~ on sth** etw besiegeln
II. *vt* ■**to ~ sth** ① *(stamp)* etw siegeln [*o* mit einem Siegel versehen]
② *(prevent from being opened)* etw [fest] verschließen; *(with a seal)* etw versiegeln; *(for customs)* etw plombieren; *(with adhesive)* etw zukleben
③ *(make airtight)* etw luftdicht verschließen; *(make watertight)* etw wasserdicht verschließen; *door, window, gaps* etw abdichten; *(cover with sealing fluid)* etw versiegeln; **to ~ a joint** einen Balken abdichten
④ *(block access to)* etw versiegeln [*o* verschließen]; **to ~ a frontier** [*or* AM **border**] **/port** eine Grenze/einen Hafen schließen
⑤ *(confirm and finalize)* etw besiegeln; ***we won't celebrate until the contract has been signed, ~ed and delivered*** wir feiern erst, wenn der Vertrag auch wirklich unter Dach und Fach ist; **to ~ an agreement with a handshake** eine Vereinbarung durch Handschlag besiegeln; **to ~ sb's fate** jds Schicksal besiegeln
◆**seal down** *vt* ■**to ~ down** ↔ **sth** etw fest verschließen; *(with adhesive)* etw richtig zukleben
◆**seal in** *vt* ■**to ~ in** ↔ **sth** etw einschließen; ***fry the meat quickly on both sides to ~ the flavour in*** man brate das Fleisch scharf auf beiden Seiten an, um den Geschmack zu erhalten
◆**seal off** *vt* ■**to ~ off** ↔ **sth** etw abriegeln [*o* absperren]
◆**seal up** *vt* ■**to ~ up** ↔ **sth** ① *(close)* etw [fest] verschließen; *(with a seal)* etw versiegeln; *(with adhesive)* etw zukleben
② *(close permanently)* etw verschließen; *shaft, mine* etw zuschütten
③ *door, window, gaps* etw abdichten
seal·ant ['si:lənt] *n (for surfaces)* Dichtungsmittel *nt; (for gaps)* Dichtungsmaterial *nt,* Kitt *m*
sealed [si:ld] *adj inv* ① *(firmly closed)* [fest] verschlossen; ***my lips are ~*** *(fig)* meine Lippen sind versiegelt; **~ bid** Angebot *nt* in verschlossenem Umschlag; **~ container/train** verplombter Container/Zug; **~ envelope** verschlossener Briefumschlag; **~ orders** versiegelte Order
② *(airtight)* luftdicht verschlossen; *(watertight)* wasserdicht verschlossen; *(covered with sealing fluid)* versiegelt
sealed-beam 'unit *n* Scheinwerfereinsatz *m*
'sea legs *npl* Seebeine *pl fachspr;* **to get** [*or* **find**] **one's ~** NAUT sich *dat* Seebeine wachsen lassen *fachspr,* seefest werden *fachspr*
seal·er ['si:ləʳ, AM -lɚ] *n* ① TECH *(sealant)* Mittel *nt* zum Abdichten
② HUNT *(hunter)* Robbenfänger *m*
'sea lev·el *n no pl* Meeresspiegel *m;* **above/below ~** über/unter dem Meeresspiegel [*o fachspr* Normalnull]; **at ~** auf Meereshöhe
'seal gas *n* TECH Dichtgas *nt;* NUCL Sperrgas *nt*
seal·ing ['si:lɪŋ] *n no pl* HUNT Robbenjagd *f,* Robbenfang *m*
'seal·ing wax *n no pl* Siegelwachs *nt,* Siegellack *m*
'sea lion *n* Seelöwe *m* **'sea loch** *n* Meeresarm *m*
seal of 'of·fice *n* LAW Dienstsiegel *nt*
'Sea Lord *n* BRIT Seelord *m (Rang innerhalb der britischen Admiralität)*
'seal ring *n* Siegelring *m*
'seal·skin I. *n no pl* Robbenfell *nt,* Seehundfell *nt*
II. *n modifier (coat, gloves)* Seal-, Seehund-; **~ hat** Seehundmütze *f,* Mütze *f* aus Seehundfell
seam [si:m] **I.** *n* ① *(join in garment)* Naht *f;* **to burst at the ~s** an den Nähten [auf]platzen; **to be bursting** [*or* **bulging**] **at the ~s** *(fig)* aus allen Nähten platzen *fig fam;* **to come** [*or* **fall**] **apart at the ~s** aus den Nähten gehen; *(fig) marriage* scheitern; *plan* fehlschlagen
② *(line of junction)* Naht *f;* NAUT Fuge *f;* **welded ~** Schweißnaht *f*
③ *(mineral layer)* Schicht *f,* Flöz *nt fachspr;* **~ of coal/iron ore** Kohlen-/Eisenerzflöz *nt;* **~ of marble** Marmorschicht *f; (fig)* Fundgrube *f*
④ *(liter: wrinkle of skin)* Furche *f,* Runzel *f; (scar)* Narbe *f*
II. *vt* ① *(stitch with seam)* ■**to ~ sth** etw zusammennähen
② *usu passive (liter: mark with lines)* ■**to be ~ed** [**with sth**] [mit [*o* von] etw *dat*] durchzogen sein; ***his face was ~ed with wrinkles*** sein Gesicht war zerfurcht
'sea·man ['si:mən] *n (sailor)* Seemann *m; (rank)* Matrose *m;* **able** [*or* **able-bodied**] **~** BRIT Vollmatrose *m;* **leading ~** BRIT Erster Matrose; **ordinary ~** BRIT Leichtmatrose *m*
'sea·man·like ['si:mənlaɪk] *adj (approv)* seemännisch
sea·man·ship ['si:mənʃɪp] *n no pl* seemännisches Geschick, Seemannschaft *f fachspr*
seamed [si:md] *adj inv* Naht-, mit Naht *nach n;* **~ stockings** Nahtstrümpfe *pl*
sea 'mile *n (old)* Seemeile *f* **'sea mist** *n* Küstennebel *m*
seam·less [si:mləs] *adj* ① *inv (without a seam)* nahtlos; *garment, robe* ohne Nähte
② *(fig: smooth)* nahtlos *fig,* problemlos; **~ transition** nahtloser Übergang
seam·stress <*pl* -es> ['sem(p)strɪs, AM 'si:m(p)-] *n* Näherin *f*
seamy ['si:mi] *adj* ① *(run down)* heruntergekommen
② *(dodgy) district, nightspot* zwielichtig, verrufen; **the ~ side of life** die Schattenseite des Lebens
sé·ance ['seɪɑ̃:(nt)s, AM 'seɪɑ:n(t)s] *n* Séance *f geh,* spiritistische Sitzung
Sea of Ja·'pan *n* Japanisches Meer **'sea·plane** *n* Wasserflugzeug *nt* **'sea·port** *n* Seehafen *m* **'sea pow·er** *n* ① *no pl (naval strength)* Stärke *f* zu Wasser ② *(state with strong navy)* Seemacht *f*
sear [sɪəʳ, AM sɪr] *vt* ① *(scorch)* ■**to ~ sth** etw verbrennen; *(singe)* etw versengen
② *(cause painful sensation)* ■**to ~ sth**: ***a pain ~ed his chest*** ein Schmerz durchzuckte seine Brust; ***the fiery liquid ~ed his throat*** die feurige Flüssigkeit brannte ihm in der Kehle
③ *usu passive (fig: remain)* **to be ~ed into sb's consciousness/memory** in jds Bewusstsein/Gedächtnis eingebrannt sein
④ FOOD *(fry quickly)* ■**to ~ sth** etw kurz [an]braten
⑤ *(cauterize)* ■**to ~ sth** *wound* etw ausbrennen
⑥ *usu passive (fig: make unable to feel)* ■**to be ~ed by sth** durch etw *akk* abgestumpft sein
search [sɜ:tʃ, AM sɜ:rtʃ] **I.** *n* ① *(for object, person)* Suche *f* (**for** nach +*dat*); **a land and sea ~** eine Suche zu Land und zu Wasser; **careful** [*or* **exhaustive**] [*or* **thorough**] **~** gründliche Suche; **after a long ~** nach langer Suche; ■**in ~ of sth** auf der Suche nach etw *dat;* **to go off in ~ of sth** sich *akk* auf die Suche nach etw *dat* machen
② *(for drugs, stolen property, etc.) of a building, house* Durchsuchung *f; of a person* Leibesvisitation *f;* **to make a ~ of sth** etw absuchen
③ COMPUT Suchlauf *m;* **to do a ~ for sth** etw [*o* nach etw *dat*] suchen, einen Suchlauf nach etw *dat* durchführen
II. *vi* suchen; ■**to ~ for sb/sth** nach jdm/etw suchen; ■**to ~ for** [*or* **after**] **sth** *(form)* nach etw *dat* suchen; **to ~ for peace/spiritual enlightenment/the truth** nach Frieden/geistiger Erleuchtung/der Wahrheit suchen; **to ~ high and low** [**for sth**] überall [nach etw *dat*] suchen; ■**to ~ through sth** etw durchsuchen
III. *vt* ① *(try to find sb/sth in)* ■**to ~ sth** [**for sb/sth**] *building, bag* etw [nach jdm/etw] durchsuchen; *place, street* etw [nach jdm/etw] absuchen; **to ~ a file/a text for errors** COMPUT eine Datei/einen Text nach Fehlern absuchen; **to ~ sth from top to bottom** etw von oben bis unten durchsuchen
② LAW ■**to ~ sb** [**for sth**] jdn [nach etw *dat*] durchsuchen
③ *(fig: examine carefully)* ■**to ~ sth** [**for sth**] etw [nach etw *dat*] absuchen; **to ~ one's conscience/heart** sein Gewissen/Herz prüfen; **to ~ one's memory** sein Gedächtnis durchforschen
▸ PHRASES: **~ me!** *(fam)* was weiß ich!? *fam,* woher soll ich das wissen!? *fam*
◆**search out** *vt* ■**to ~ out** ↔ **sb/sth** jdn/etw ausfindig machen [*o* aufspüren] [*o fam* aufstöbern]
'search en·gine *n* COMPUT Suchmaschine *f*
search·er ['sɜ:tʃəʳ, AM 'sɜ:rtʃɚ] *n* Suchende(r) *f(m),* Sucher(in) *m(f);* ■**the ~s** *pl* der Suchtrupp, die Suchmannschaft
'search func·tion *n* COMPUT Suchfunktion *f*
search·ing ['sɜ:tʃɪŋ, AM 'sɜ:rtʃɪŋ] *adj gaze, look* forschend, prüfend, durchdringend; *inquiry* eingehend, gründlich; *question* tiefschürfend, tiefgehend
search·ing·ly [sɜ:tʃɪŋli, AM sɜ:rtʃ-] *adv* forschend, prüfend; **to examine sth ~** etw eingehend prüfen
'search·light *n* Suchscheinwerfer *m* **'search op·era·tion** *n* Suchaktion *f* **'search par·ty** *n* Suchtrupp *m,* Suchmannschaft *f;* **to send out a ~** einen Suchtrupp [*o* eine Suchmannschaft] losschicken
'search war·rant *n* Durchsuchungsbefehl *m*
sear·ing ['sɪəʳrɪŋ, AM 'sɪr-] *adj attr* ① *(scorching) heat* sengend
② *(painfully burning) pain* brennend, scharf
③ *(fig: intense) description* eindringlich; *passion* glühend *geh; emotion, tale* leidenschaftlich; *attack, criticism* scharf, schonungslos
sear·ing·ly ['sɪəʳrɪŋli, AM 'sɪr-] *adv (fig)* äußerst; **~ critical** schonungslos kritisch
'sea salt *n* Meersalz *nt* **'sea·scape** *n* ① *(picture)* Seestück *nt* ② *(view)* Blick *m* auf das Meer **'sea ser·pent** *n* Seeschlange *f* **'sea shan·ty** *n esp* BRIT Seemannslied *nt* **'sea·shell** *n* Muschel *f* **'sea·shore** *n no pl (beach)* Strand *m; (land near sea)* [Meeres]küste *f* **'sea·sick** *adj* seekrank **'sea·sick·ness** *n no pl* Seekrankheit *f* **'sea·side** *esp* BRIT **I.** *n no pl* ■**the ~** die [Meeres]küste; ■**at the ~** am Meer; **to go to the ~** ans Meer [*o* an die See] fahren **II.** *adj attr, inv* See-; **a ~ holiday** Ferien *pl* am Meer; **~ resort** Seebad *nt;* **~ town** Küstenstadt *f*
sea·son ['si:zᵊn] **I.** *n* ① *(period of year)* Jahreszeit *f;* **the ~ of Advent/Lent** die Advents-/Fastenzeit; **the Christmas/Easter ~** die Weihnachts-/Osterzeit; **the compliments of the ~** frohes Fest; **the ~ of good will** die Zeit der Nächstenliebe; **~'s greetings** fröhliche Weihnachten und ein glückliches neues Jahr; **the dry/rainy/monsoon ~** die Trocken-/Regen-/Monsunzeit; **the festive ~** BRIT die Feiertage *pl (Weihnachten)*
② *(period of ripeness)* Saison *f;* ***oysters are in/out of ~ at the moment*** zurzeit gibt es/gibt es keine Austern; **apple/strawberry ~** Apfel-/Erdbeerzeit *f;* **flowering ~** Blüte *f*
③ ZOOL fruchtbare Zeit; **to be in ~** brünstig sein; *dog* läufig sein; *cat* rollig sein *fam;* **mating ~** Paarungszeit *f*
④ *(business period)* Saison *f,* Hauptzeit *f;* **at the height of the ~** in der [*o* zur] Hochsaison; **holiday ~** Ferienzeit *f;* **summer ~** Sommersaison *f;* **busy** [*or* **high**] **~** Hochsaison *f;* **low ~** *(before height)* Vorsaison *f; (after height)* Nachsaison *f,* SCHWEIZ *a.* Nebensaison *nt;* **in/out of ~** während/außerhalb der Saison
⑤ SPORT Saison *f;* **baseball/cricket/football ~** Baseball-/Kricket-/Fußballsaison *f;* **fishing/hunting ~** Angel-/Jagdzeit *f;* **close/open ~** *(hunting)* Schon-/Jagdzeit *f; (fishing)* Zeit *f,* in der das Angeln verboten/erlaubt ist; **in/out of ~** *(hunting)* während/außerhalb der Jagdzeit; *(fishing)* während/außerhalb der Angelzeit
⑥ *(period of entertainment)* Saison *f;* THEAT Spielzeit *f*
⑦ *(period for society events)* Saison *f*

⑧ BRIT *(fam: season ticket)* Dauerkarte *f,* Zeitkarte *f;* SPORT Saisonkarte *f;* THEAT Abonnement *nt*

II. *vt* ① *(add flavouring)* ■**to ~ sth** [**with sth**] etw [mit etw *dat*] würzen; **lightly/heavily ~ed** leicht/stark gewürzt; ***the stew's done, but it needs to be ~ed*** der Eintopf ist fertig, aber er muss noch abgeschmeckt werden

② *(dry out)* **to ~ wood** Holz ablagern lassen

③ *(mature)* **to ~ tobacco/wine** Tabak/Wein [aus]reifen lassen

III. *vi* ① FOOD würzen, abschmecken; **to ~ to taste** nach Geschmack würzen

② *(dry out) wood* [ab]lagern

③ *(mature) tobacco, wine* [aus]reifen

sea·son·able ['si:zᵊnəbl̩] *adj* ① *(expected for time of year)* der Jahreszeit angemessen; **~ temperatures** der Jahreszeit entsprechende Temperaturen

② *(liter: appropriate and timely)* angebracht, passend

sea·son·al ['si:zᵊnᵊl] *adj* ① *(connected with time of year)* jahreszeitlich bedingt, saisonbedingt; **~ adjustment** Saisonbereinigung *f;* **~ job/work** Saisonarbeitsplatz *m/*-arbeit *f;* **~ unemployment** saisonbedingte Arbeitslosigkeit

② *(grown in a season)* Saison-; **~ fruit/vegetables** Früchte *pl*/Gemüse *pl* der Saison

sea·son·al af·fec·tive dis·'or·der *n,* **SAD** *n no pl* PSYCH saisonale Affektstörung

sea·son·al·ity [ˌsi:zᵊn'ælɪti, AM -ət̬i] *n no pl* Saisonabhängigkeit *f*

sea·son·al·ly ['si:zᵊnᵊli] *adv* saisonbedingt, saisonal; **~ adjusted** saisonbereinigt; **~ adjusted unemployment figures** saisonbereinigte Arbeitslosenzahlen

sea·son·al 'work *n* Saisonarbeit *f* **sea·son·al 'work·er** *n* Saisonarbeiter(in) *m(f); (migrant worker)* Wanderarbeitskraft *f,* Saisonier *m* SCHWEIZ

sea·soned ['si:zᵊnd] *adj* ① *usu attr (experienced)* erfahren

② *(properly dried) timber* abgelagert

③ *(spiced)* gewürzt

sea·son·ing ['si:zᵊnɪŋ] *n* ① *no pl (salt and pepper)* Würze *f*

② *(herb or spice)* Gewürz *nt*

③ *no pl (drying out)* Ablagern *nt*

'sea·son tick·et *n* Dauerkarte *f,* Zeitkarte *f,* Abonnement *nt* SCHWEIZ; SPORT Saisonkarte *f;* THEAT Abonnement *nt,* Abonnementskarte *f* **'sea·son tick·et hold·er** *n (for train, bus)* Inhaber(in) *m(f)* einer Zeitkarte [*o* SCHWEIZ eines Abonnements]; *(for sports)* Besitzer(in) *m(f)* einer Saisonkarte; *(for theatre, opera)* Abonnent(in) *m(f)*

seat [si:t] **I.** *n* ① *(sitting place)* [Sitz]platz *m; (in a car)* Sitz *m; (in a bus, plane, train)* Sitzplatz *m; (in a theatre)* Platz *m;* ***is this ~ free/taken?*** ist dieser Platz frei/besetzt?; **back ~** Rücksitz *m;* **garden ~** [Garten]bank *f;* **to book** [*or* **reserve**] **a ~** *(for concert, film, play)* eine Karte reservieren lassen; *(on bus, train)* einen Platz reservieren lassen; **to keep** [*or* AM **save**] **a ~ for sb** jdm einen Platz freihalten; **to take** [*or* **have**] **a seat** sich *akk* [hin]setzen, Platz nehmen *geh;* ***please take your ~*** bitte nehmen Sie Platz; **bums on ~s** BRIT, AUS *(fam),* **fannies in the ~s** AM *(fam)* zahlendes Publikum

② *usu sing (part to sit on) of a chair* Sitz *m; of trousers, pants* Hosenboden *m*

③ *(form: buttocks)* Gesäß *nt,* Hinterteil *nt,* Hintern *m fam*

④ POL Sitz *m;* ***he was elected to a ~ on the local council*** er wurde in den Stadtrat gewählt; **a ~ in Congress/Parliament/the Senate** ein Sitz *m* im Kongress/Parlament/Senat; **marginal/safe ~** knappes/sicheres Mandat; **to lose/win a ~** einen Sitz verlieren/gewinnen; **to take one's ~** BRIT seinen Sitz [im Parlament] einnehmen

⑤ STOCKEX Börsenmitgliedschaft *f*

⑥ *(location)* Sitz *m; of an event* Schauplatz *m; (centre) of a company* Sitz *m;* **~ of government** Regierungssitz *m;* **~ of learning** *(form)* Stätte *f* der Gelehrsamkeit *geh*

⑦ BRIT *(aristocrat's country residence)* [Wohn]sitz *m;* **country ~** Landsitz *m;* **royal ~** Residenz *f*

⑧ *(style of riding horse)* Sitz *m;* **to have a good ~** eine gute [Reit]haltung haben

⑨ TECH Ventilsitz *m*

▶PHRASES: **by the ~ of one's pants** aus dem Gefühl [*o fam* Bauch] heraus

II. *vt* ① *(provide seats)* ■**to ~ sb** jdn setzen [*o* SCHWEIZ platzieren], jdm einen Platz anweisen *form;* ■**to ~ oneself** *(form)* sich *akk* setzen

② *(seating capacity)* **to ~ 2500** *room, stadium, theatre* 2500 Menschen fassen; ***his car ~s five*** in seinem Auto haben fünf Leute Platz

③ TECH *(fix in base)* ■**to ~ sth** etw einpassen

-seat [si:t] *in compounds* -sitzig; **a 500~ theatre** ein Theater *nt* mit 500 Plätzen

'seat belt *n* Sicherheitsgurt *m;* **to fasten** [*or* **do up**] **one's ~** den Sicherheitsgurt anlegen, sich *akk* anschnallen [*o* SCHWEIZ angurten]; **to unfasten** [*or* **undo**] **one's ~** sich *akk* abschnallen; **to be wearing a ~** angeschnallt sein **'seat-belt** *vt* ■**to ~ sb** jdm den Sicherheitsgurt anlegen

seat·ed ['si:tɪd, AM 'si:t̬ɪd] *adj inv* sitzend; ■**to be ~** [**somewhere**] [irgendwo] sitzen; ***please be ~ everybody*** *(form)* bitte nehmen Sie [alle] Platz *geh;* **to be ~ opposite sb** jdm gegenüber sitzen; **to remain** [*or* **stay**] **~** sitzen bleiben

-seat·er ['si:təʳ, AM 'si:t̬ɚ] *in compounds* -sitzer; ***they are planning to build a twenty thousand~ stadium*** man hat vor, ein Stadion mit 20.000 Sitzplätzen zu bauen; **two~** [**car/plane**] Zweisitzer *m;* ***the car is a four~*** der Wagen ist ein Viersitzer

seat·ing ['si:tɪŋ, AM 'si:t̬-] *n no pl* ① *(seats)* Sitzgelegenheiten *pl;* **~ *for 6/2000*** Sitzplätze *pl* für 6/2000 Personen

② *(sitting arrangement)* Sitzordnung *f*

'seat·ing ar·range·ments *npl* Sitzordnung *f;* **to do the ~** die Sitzordnung festlegen **'seat·ing ca·pac·ity** *n no pl* Sitzgelegenheiten *pl;* **a ~ of 2000** 2000 Sitzplätze **'seat·ing plan** *n* Sitzordnung *f,* Sitzplan *m*

'seat·mate *n* Sitznachbar(in) *m(f)*

SEATO ['si:təʊ, AM -t̬oʊ] *n no pl acr for* **South-East Asia Treaty Organization** SEATO *f*

seat-of-the-pants [ˌsi:tɒvðə'pænts, AM ˌsi:t̬ɑ:v-] *adj attr, inv (fam)* instinktive(r, s), gefühlsmäßige(r, s); ***she has a ~ ability to find the best way out of a crisis*** sie findet instinktiv immer den besten Weg aus einer Krise

'sea trout *n* ZOOL Lachsforelle *f* **'sea ur·chin** *n* Seeigel *m* **sea 'wall** *n (defence against sea)* Deich *m,* Damm *m; (pier)* Kai *m* [*o* Quai] *m o nt* SCHWEIZ

sea·ward ['si:wəd, AM -wɚd] **I.** *adv* seewärts; **to drift ~** aufs Meer hinaus treiben

II. *adj inv* ① *(facing towards sea)* seewärtig, dem Meer zugewandt; **~ side** Seeseite *f*

② *(moving towards sea)* auf das Meer hinaus *nach n;* **to make a ~ tack** seewärts kreuzen

III. *n no pl* **to ~** auf das Meer hinaus

sea·wards ['si:wədz, AM -wɚdz] *adv* seewärts

'sea·wa·ter *n no pl* Meerwasser *nt* **'sea·way** *n* ① *(channel for large ships)* Wasserstraße *f,* Kanal *m*

② *(route)* Seeweg *m* **'sea·weed** *n no pl* Seegras *nt,* [See]tang *m* **'sea·wor·thi·ness** *n no pl* Seetauglichkeit *f,* Seetüchtigkeit *f* **'sea·wor·thy** *adj* seetauglich, seetüchtig

se·ba·ceous gland [sɪ'beɪʃəsˌglænd, AM sə'beɪ-] *n* ANAT Talgdrüse *f*

se·bac·ic acid [sɪˌbeɪsɪk'-, AM sə-] *n no pl* CHEM Sebacinsäure *f*

se·bum ['sibəm] *n no pl* MED Talg *m*

sec [sek] *n short for* **second** Sek.; ***I'll be with you in a ~!*** *(fam)* Sekunde, ich komme gleich!

SEC [ˌesi:'si:] *n* AM *abbrev of* **Securities & Exchange Commission** *Aufsichtsbehörde für den US-Finanz- und Wertpapiersektor*

se·cant ['si:kᵊnt] *n* MATH *(ratio)* Sekans *m; (line)* Sekante *f*

seca·teurs [ˌsekə'tɜ:z, AM 'sekətɚz] *npl esp* BRIT Gartenschere *f,* Baumschere *f*

se·cede [sɪ'si:d] *vi* POL ■**to ~** [**from sth**] sich *akk* [von etw *dat*] abspalten [*o* lossagen]

se·ces·sion [sɪ'seʃᵊn] *n no pl* Abspaltung *f,* Sezession *f geh*

se·ces·sion·ist [sɪ'seʃᵊnɪst] **I.** *n* Sezessionist(in) *m(f)*

II. *adj inv* sezessionistisch

se·clude [sɪ'klu:d] *vt* ■**to ~ sb/sth** [**from sth**] jdn/etw [von etw *dat*] abschließen [*o* absondern]; **to ~ oneself** [**from sth**] sich *akk* [aus etw *dat*] zurückziehen

se·clud·ed [sɪ'klu:dɪd] *adj spot, house* abgelegen; *area* abgeschieden; **to live a ~ life** zurückgezogen leben

se·clu·sion [sɪ'klu:ʒᵊn] *n no pl* ① *(quiet and privacy)* Zurückgezogenheit *f,* Einsamkeit *f; of a place* Abgelegenheit *f,* Abgeschiedenheit; **in ~** zurückgezogen, isoliert

② *(keeping separate)* Absonderung *f;* **in total ~** in völliger Abgeschlossenheit [*o* SCHWEIZ Isolation]

se·'clu·sion cell, se·'clu·sion room *n* Einzelzelle *f*

sec·ond[1] ['sekᵊnd] **I.** *adj inv* ① *usu attr (next after first)* zweite(r, s); ***Brian's going first, who wants to be ~?*** Brian ist Erster, wer möchte der Nächste sein?; ***the ~ thing he did was*** [***to***] ***pour himself a whisky*** als Zweites hat er sich einen Whisky eingeschenkt; ***would you like a ~ cup of tea?*** möchten Sie noch eine Tasse Tee?; **~ derivative** MATH zweite Ableitung; **the ~ floor** der zweite [*o* AM erste] Stock; **~ form** BRIT siebte Klasse, die Siebte; **~ grade** AM zweite Klasse, die Zweite; **the ~ teeth** die bleibenden [*o* zweiten] Zähne, das bleibende Gebiss *fachspr;* **the ~ time around** beim zweiten Mal; **every ~ week** jede zweite Woche, alle zwei Wochen; *see also* **eighth I 1**

② *(next after winner)* zweite(r, s); **~ prize** zweiter Preis; **to take ~ place** *(fig)* zweitrangig sein; *see also* **eighth I 2**

③ *(not first in importance, size)* zweit-; **Germany's ~ city** Deutschlands zweitwichtigste Stadt; ■**the ~ ... + superl** der/die/das zweit-; **the ~ biggest town** die zweitgrößte Stadt; **to be ~ only to sb/sth** gleich nach jdm/etw kommen *fam;* **to be ~ to none** unübertroffen sein

④ *attr (another)* zweite(r, s), Zweit-; **~ car** Zweitwagen *m;* **~ language** zweite Sprache; **to be a ~ Mozart** ein zweiter Mozart sein; **to give sb a ~ chance** jdm eine zweite [*o* noch eine] Chance geben; **to get a ~ chance** eine zweite Chance bekommen; **to be sb's ~ home** jds zweites Zuhause sein; **to ask for a ~ opinion** eine zweite Meinung einholen; **to have ~ thoughts** seine Meinung ändern, es sich *dat* noch einmal [*o* anders] überlegen; **without a ~ thought** ohne lange zu überlegen; **to do sth a ~ time** etw noch einmal tun

▶PHRASES: **to be ~ nature to sb** jdm in Fleisch und Blut übergegangen sein; **to play ~ fiddle to sb** in jds Schatten stehen; **to get one's ~ wind** neuen Aufschwung bekommen *geh*

II. *n* ① *(order)* ■**the ~** der/die/das Zweite; **to come a poor ~ to sb/sth** erst an zweiter Stelle nach jdm/etw kommen; *see also* **eighth II 1**

② *(date)* ■**the ~** der Zweite; *see also* **eighth II 2**

③ *(in titles)* **Henry the S~** *spoken* Heinrich der Zweite; **Henry II** *written* Heinrich II.

④ BRIT UNIV ≈ Zwei *f,* ≈ Zweier *m* ÖSTERR, ≈ Fünf *m* SCHWEIZ, *die mittlere Note bei Abschlussprüfungen;* **an upper/a lower ~** eine Zwei [*o* SCHWEIZ Fünf] plus/minus, ein guter/schlechter Zweier ÖSTERR

⑤ *no pl* AUTO zweiter Gang; **to change** [**down**] **to** [*or* **into**] **~** in den zweiten Gang [*o fam* Zweiten] [runter]schalten

⑥ *(extra helping)* ■**~s** *pl* Nachschlag *m kein pl;* ***are there ~s, by any chance?*** kann ich noch eine Portion [*o fam* etwas] haben?

⑦ BRIT *(fam: dessert)* ■**~s** *pl* Nachtisch *m kein pl,* Dessert *nt* SCHWEIZ *geh,* ÖSTERR *bes* Nachspeise *f;* ***what's for ~s?*** was gibt's zum Nachtisch?

⑧ *(imperfect item)* Ware *f* zweiter Wahl

⑨ *(assistant in boxing or duel)* Sekundant(in) *m(f);* ***~s out*** [*or* ***away***] **— round two** Ring frei – zweite Runde

⑩ *(in ballet)* zweite [Tanz]position

⑪ *(in baseball)* zweite Base
⑫ *(musical interval)* Sekunde *f;* **major/minor ~** große/kleine Sekunde
⑬ *(seconder) of a motion* Befürworter(in) *m(f)*
III. *adv inv* ① *(secondly)* zweitens
② *(in second class)* **to travel ~** zweiter Klasse fahren/fliegen/reisen
IV. *vt* ① *(support formally in debate)* ■**to ~ sth** *proposal* etw unterstützen [*o* befürworten]; ***I'll ~ that*** *(fam)* ganz meine Meinung
② *(form: back up)* ■**to ~ sth** *action* etw unterstützen; **to ~ a motion** LAW einen Antrag unterstützen [*o* befürworten]
③ ECON ■**to ~ sb** jdn abstellen, jdn zeitweilig versetzen
④ LAW, POL **to ~ a candidate** einen Kandidat/eine Kandidatin unterstützen [*o* befürworten]

sec·ond² ['sekənd] *n* ① *(sixtieth of a minute)* Sekunde *f;* **with [only] ~s to spare** in [aller]letzter Sekunde
② *(very short time)* Sekunde *f,* Augenblick *m;* ***just a ~!*** [einen] Augenblick!; ***you go on, I'll only be a ~*** geh du weiter, ich komme gleich nach; ***if I could have your attention for a ~ or two*** dürfte ich für einen Augenblick um Ihre Aufmerksamkeit bitten; **a couple of** [*or* **a few**] **~s** ein paar Sekunden *fam;* **for a split ~** [*or* **a fraction of a ~**] für einen Bruchteil einer Sekunde; **to do sth in ~s** etw in Sekundenschnelle machen
③ MATH Sekunde *f*

se·cond³ [sɪ'kɒnd] *vt usu passive* BRIT, AUS ■**to be ~ed** abgestellt werden; *officer* abkommandiert werden

sec·ond·ari·ly ['sekəndərəli, AM -der-] *adv inv* in zweiter Linie, nebenbei

sec·ond·ary ['sekəndəri, AM -deri] **I.** *adj inv* ① *(not main)* zweitrangig, sekundär *geh;* **~ aim** sekundäres Ziel; **~ character** Nebenrolle *f;* **to be of ~ importance** von untergeordneter Bedeutung sein; **to play a ~ role** eine untergeordnete Rolle spielen; ■**to be ~ to sth** gegenüber etw *dat* zweitrangig sein
② *(education)* höher; **~ education** höhere Schulbildung; *see also* **secondary school, secondary modern school**
③ MED Sekundär-; **~ infection** Sekundärinfektion *f*
④ ECON weiterverarbeitende(r, s)
⑤ SCI **~ amine** CHEM sekundäres Amin; **~ circuit** ELEC Sekundärkreis *m;* **~ quantum number** PHYS Drehimpulsquantenzahl *f;* **~ reaction** CHEM Folgereaktion *f*
II. *n* ① MED Metastase *f fachspr,* Tochtergeschwulst *f*
② *(secondary school)* höhere [*o* weiterführende] Schule
③ *no pl (education)* ≈ Hauptschule *f; (more advanced level)* ≈ Realschule *f,* ≈ Oberstufenrealgymnasium *nt* ÖSTERR, ≈ Sekundar-/Mittelschule *f* SCHWEIZ

sec·ond·ary edu·'ca·tion *n no pl (education)* höhere Schulbildung *(jede Schulbildung vom 11. bis 16. bzw. 18. Lebensjahr); (system)* höheres Schulwesen

sec·ond·ary 'mar·ket *n* Sekundärmarkt *m,* Umlaufmarkt *m*

sec·ond·ary 'mod *n* BRIT *(fam or hist) short for* **secondary modern school** ≈ Hauptschule *f; (more advanced level)* ≈ Realschule *f,* ≈ Oberstufenrealgymnasium *nt* ÖSTERR, ≈ Sekundar-/Mittelschule *f* SCHWEIZ **sec·ond·ary 'mod·ern school** *n* BRIT ≈ Hauptschule *f; (more advanced level)* ≈ Realschule *f,* ≈ Oberstufenrealgymnasium *nt* ÖSTERR, ≈ Sekundar-/Mittelschule *f* SCHWEIZ

sec·ond·ary 'pick·et·ing *n no pl Aufstellen von Streikposten vor nur indirekt beteiligten Firmen*

'sec·ond·ary school *n* ① *(school)* höhere [*o* weiterführende] Schule
② *no pl (education)* ≈ Hauptschule *f; (more advanced level)* ≈ Realschule *f,* ≈ Oberstufenrealgymnasium *nt* ÖSTERR, ≈ Sekundar-/Mittelschule *f* SCHWEIZ

sec·ond·ary sexu·al char·ac·ter·'is·tic *n* sekundäres Geschlechtsmerkmal

sec·ond·ary 'stocks *npl* AM STOCKEX Nebenwerte *pl*

sec·ond 'best *adj* zweitbeste(r, s); ■**to be ~** Zweitbeste(r) sein; **to come off ~** *(fig)* den Kürzeren ziehen *fam;* **to feel ~** sich *akk* minderwertig fühlen; **to settle for** [*or* **be content with**] **~** sich *akk* mit weniger zufriedengeben [*o* begnügen]; **to refuse to settle for ~** sich *akk* nicht mit halben Sachen zufriedengeben

sec·ond 'cham·ber *n* POL zweite Kammer

sec·ond 'child·hood *n* zweite Kindheit

sec·ond 'class I. *n* ① *no pl (mail)* gewöhnliche Post; *(in travel)* zweite Klasse; **to put ~ on a letter** einen Brief normal frankieren
② UNIV **high/low ~** *guter/mittelmäßiger Universitätsabschluss*
II. *adv inv* ① TRANSP **to travel ~** zweiter Klasse reisen
② BRIT *(by second-class mail)* auf dem gewöhnlichen Postweg; **to send sth ~** etw auf dem gewöhnlichen Postweg verschicken

'sec·ond-class *adj inv* ① TRANSP zweiter Klasse *nach n;* **~ carriage** Wagen *m* zweiter Klasse
② *(pej: inferior)* zweitklassig *pej;* **~ service/treatment** Zweite-Klasse-Service *m*/-Behandlung *f*

sec·ond-class 'citi·zen *n* Bürger(in) *m(f)* zweiter Klasse

sec·ond-class de·'gree *n* UNIV **high/low ~** *guter/mittelmäßiger Universitätsabschluss*

sec·ond-class 'mail *n* ① BRIT gewöhnliche Post
② AM *(mail for printed matter)* Zeitungssendungen *pl,* Zeitschriftensendungen *pl*

Sec·ond 'Com·ing *n* Wiederkunft *f geh;* ■**the ~** die Wiederkunft Christi

sec·ond 'cous·in *n* Cousin *m*/Cousine *f* zweiten Grades **sec·ond-de·gree 'burn** *n* Verbrennung *f* zweiten Grades

se·conde [sɪ'kɒnd] *n (in fencing)* Sekond *f fachspr*

sec·ond·er [ˌsekəndəʳ, AM -ɚ] *n* Unterstützer, in *m; of a motion* Befürworter(in) *m(f)*

sec·ond 'floor *n* BRIT, AUS zweiter Stock; AM, AUS erster Stock **sec·ond 'gear** *n no pl* zweiter Gang

sec·ond-'guess *vt esp* AM ① *(forecast)* ■**to ~ sth** etw vorhersagen [*o* voraussagen] [*o* prophezeien]; ■**to ~ sb** vorhersagen, was jd tun/sagen wird
② *(criticize with hindsight)* ■**to ~ sb/sth** jdn/etw im Nachhinein kritisieren **sec·ond-'guess·er** [ˌsekən(d)'gesəʳ, AM -ɚ] *n (pej)* Besserwisser(in) *m(f) (der nachträglich alles kritisiert)*

sec·ond 'hand *n* Sekundenzeiger *m*

'sec·ond-hand I. *adj* ① *inv (used)* gebraucht; *clothes* secondhand; **~ car** Gebrauchtwagen *m,* Occasionsauto *nt* SCHWEIZ; **~ clothes** Secondhandkleidung *f*
② *attr, inv (for second-hand goods)* Gebraucht-, Secondhand-; **~ bookshop** Antiquariat *nt;* **~ car dealer[s]** Gebrauchtwagenhändler(in) *m(f),* Occasionshändler(in) *m(f)* SCHWEIZ; **~ dealer** Altwarenhändler(in) *m(f);* **~ shop** Secondhandladen *m,* Secondhandshop *m*
③ *inv (obtained from sb else) information, experience, knowledge* aus zweiter Hand *nach n*
II. *adv inv* ① *(in used condition)* gebraucht, SCHWEIZ *a.* occasion
② *(from third party)* aus zweiter Hand; **to hear** [*or* **learn**] **about sth ~** etw aus zweiter Hand erfahren
III. *n* COMPUT Gebrauchtgerät *nt*

sec·ond-hand 'smoke *n no pl* Passivrauch *m* **sec·ond-hand 'smok·er** *n* Passivraucher(in) *m(f)* **sec·ond-hand smok·ing** *n no pl* AM Passivrauchen *nt*

sec·ond 'honey·moon *n* zweite Flitterwochen

sec·ond-in-com·'mand *n* stellvertretender Geschäftsführer/stellvertretende Geschäftsführerin; MIL stellvertretender Kommandeur

sec·ond 'lan·guage *n* erste Fremdsprache

sec·ond lieu·'ten·ant *n* Leutnant *m*

sec·ond·ly ['sekəndli] *adv inv* zweitens, zum Zweiten

se·cond·ment [sɪ'kɒn(d)mənt] *n* BRIT, AUS ① *no pl (temporary transfer)* zeitweilige Versetzung; MIL Abkommandierung *f,* Abstellung *f;* ADMIN *of personnel* Abordnung *f;* **to be on ~** zeitweilig versetzt sein
② *(period of secondment)* Versetzungszeit *f;* **to be on a one-year ~** für ein Jahr versetzt werden

sec·ond 'name *n* ① *(surname)* Nachname *m,* Familienname *m*
② *(second forename)* zweiter Vorname

sec·ond-or·der *adj attr, inv* MATH zweiter Ordnung *nach n;* **~ differential equation** Differenzialgleichung *f* zweiter Ordnung

sec·ond 'per·son *n no pl* LING zweite Person; **the ~ singular/plural** die zweite Person Singular/Plural

sec·ond-'rate *adj inv (pej)* zweitklassig *pej,* zweitrangig, mittelmäßig

sec·ond 'sight *n no pl* zweites Gesicht; **to have ~** das zweite Gesicht haben, hellsehen können

sec·ond 'string *n* Ersatz *m; person* Ersatzperson *f,* zweite Garnitur *fig pej*

se·cre·cy ['siːkrəsi] *n no pl* ① *(act of keeping secret)* Geheimhaltung *f*
② *(ability of keeping secret)* Verschwiegenheit *f; (secretiveness)* Heimlichtuerei *f pej* (**about** um +*akk*); ■**in ~** im Geheimen; **in strict ~** unter strenger Geheimhaltung; **to be shrouded in ~** geheim gehalten werden; **to swear sb to ~** jdn zur Geheimhaltung verpflichten

se·cret ['siːkrət] **I.** *n* ① *(undisclosed act, information)* Geheimnis *nt;* **a closely guarded** [*or* **well-kept**] **~** ein streng gehütetes Geheimnis; **open ~** offenes Geheimnis; **to keep a ~** ein Geheimnis [be]wahren [*o* für sich *akk* behalten]; ■**in ~** im Geheimen, insgeheim; **to do sth in ~** etw heimlich tun; **to have no ~s from sb** vor jdm keine Geheimnisse haben; **to let sb in on a ~** jdm ein Geheimnis anvertrauen, jdn in ein Geheimnis einweihen; **to make no ~ of sth** aus etw *dat* kein Geheimnis machen; **it's no ~ that ...** es ist kein Geheimnis, dass ...
② *(fig: special knack)* Geheimnis *nt fig;* **the ~ of success** das Geheimnis des Erfolgs, der Schlüssel zum Erfolg
③ *(fig: hidden thing)* Geheimnis *nt fig;* **the ~s of the universe** die Geheimnisse [*o* Rätsel] des Universums
II. *adj* ① *(known to few people)* geheim, Geheim-; *(hidden)* verborgen; **~ door** Geheimtür *f;* **~ recipe** Geheimrezept *nt;* **to keep sth ~ [from sb]** etw [vor jdm] geheim halten
② *(doing sth secretly)* heimlich; **~ admirer** heimlicher Verehrer/heimliche Verehrerin

se·cret 'agent *n* Geheimagent(in) *m(f)*

sec·re·taire [ˌsekrɪ'teəʳ] *n* Sekretär *m*

sec·re·tar·ial [ˌsekrə'teəriəl, AM -'teriəl] *adj* als Sekretär, Sekretariats-, Büro-; **~ course** Sekretärinnenkurs *m;* **~ staff** Bürokräfte *pl*

sec·re·tari·at [ˌsekrə'teəriət, AM -'teriət] *n* Sekretariat *nt*

sec·re·tary ['sekrətəri, AM -teri] *n* ① *(office assistant)* Sekretär(in) *m(f);* **private ~** Privatsekretär(in) *m(f)*
② ECON Assistent(in) *m(f)* der Geschäftsführung; **company ~** BRIT *ranghöchster Angestellter einer Kapitalgesellschaft*
③ BRIT *(assistant ambassador)* **~ [of embassy]** Botschaftsrat, -rätin *m, f;* **first ~** erster Botschaftsrat/erste Botschaftsrätin
④ BRIT POL Staatssekretär(in) *m(f);* AM Minister(in) *m(f)*

Sec·re·tary ['sekrətəri, AM -teri] *n* Minister(in) *m(f);* **Defence ~** BRIT Verteidigungsminister(in) *m(f);* **Education ~** BRIT Minister(in) *m(f)* für Bildung und Erziehung; **~ of Health and Human Services** AM Minister(in) *m(f)* für Gesundheit und Soziales

'sec·re·tary bird *n* ORN Sekretär *m* **Sec·re·tary 'Gen·er·al** <*pl* Secretaries General> *n* Generalsekretär(in) *m(f)* **Sec·re·tary of 'State** <*pl* Secretaries of State> *n* ① BRIT *(head of government department)* Minister(in) *m(f),* Bundesrat, Bundesrätin *m, f* SCHWEIZ; **~ for Defence** Verteidigungsminister(in) *m(f);* **~ for the Environment** Umweltminister(in) *m(f)* ② AM *(minister for foreign affairs)* Außenminister(in) *m(f)*

sec·re·tary·ship ['sekrətərifɪp, AM -teri-] *n* Sekre-

tärsposten *m,* Sekretärssamt *nt;* POL Amtszeit *f* eines Ministers
se·cret 'bal·lot *n* geheime Abstimmung [*o* Wahl]
se·crete¹ [sɪ'kri:t] *vt* BIOL, MED ■**to ~ sth** etw absondern
se·crete² [sɪ'kri:t] *vt (form)* ■**to ~ sth** etw verbergen [*o* verstecken]
se·cre·tion [sɪ'kri:ʃᵊn] *n* ① BIOL, MED *(secreted substance)* Sekret *nt; (secreting)* Absonderung *f*
② *no pl (hiding)* Absonderung *f*
se·cre·tive ['si:krətɪv, AM -t̬ɪv] *adj behaviour* geheimnisvoll; *character* verschlossen; *(when acting)* geheimnistuerisch *pej fam;* ■**to be ~ [about sth]** [in Bezug auf etw *akk*] geheimnisvoll tun
se·cre·tive·ly ['sɪkrətɪvli, AM -t̬ɪvli] *adv* geheimnisvoll; **to behave ~** geheimnistuerisch sein *pej fam,* geheimnisvoll tun *fam*
se·cre·tive·ness ['sɪkrətɪvnəs, AM -t̬ɪv-] *n no pl* Geheimnistuerei *f pej fam*
se·cret·ly ['si:krətli] *adv* heimlich; **to ~ admire sth** etw im Stillen bewundern; **to ~ hope/wish** insgeheim hoffen/wünschen
se·cret po·'lice *n + pl vb* Geheimpolizei *f*
se·cret 'ser·vice *n usu sing* Geheimdienst *m* **Se·cret 'Ser·vice** *n no pl* AM ■**the ~** der Secret Service **se·cret 'ser·vice agent** *n* Geheimagent(in) *m(f)* **se·cret 'ser·vice man** *n* Geheimagent *m*
se·cret so·'ci·ety *n* Geheimbund *m* **se·cret 'weap·on** *n (also fig)* Geheimwaffe *f a. fig*
sect [sekt] *n* ① *(dissenting religious group)* Sekte *f*
② *(denomination)* Konfession *f,* Religionsgemeinschaft *f*
sec·tar·ian [sek'teəriən, AM -'teri-] **I.** *adj* ① *(relating to dissenting religious group)* sektiererisch, Sekten-; **~ killing** Sektenmord *m*
② *(relating to denomination)* konfessionell [bedingt]; **~ differences** Konfessionsunterschiede *pl;* **~ violence** religiöse Unruhen
II. *n* Anhänger(in) *m(f)* einer Sekte, Sektierer(in) *m(f)*
sec·tar·ian·ism [sek'teəriənɪzᵊm, AM -'teri-] *n no pl* Sektierertum *nt*
sec·tion ['sekʃᵊn] **I.** *n* ① *(component part)* Teil *nt; of a road* Teilstrecke *f,* Teilstück *nt; of a railway* Streckenabschnitt *m; of a pipeline* Teilstück *nt;* TECH [Bau]teil *nt*
② *(segment of fruit)* Stück *nt,* Schnitz *m,* Spalte *f bes* ÖSTERR
③ *(subdivision) of an act* Paragraf *m; of a book* Abschnitt *m; of a document* Absatz *m*
④ *(part of newspaper)* Teil *m;* **sports ~** Sportteil *m*
⑤ *(part of an area)* Bereich *m; of a railway carriage* Abteil *nt;* **non-smoking ~** *(in restaurant)* Nichtraucherbereich *m; (in railway carriage)* Nichtraucherabteil *nt*
⑥ *(group of people)* Teil *m;* **~ of the population** Teil *m* der Bevölkerung, Bevölkerungskreis *m,* Bevölkerungsschicht *f;* **the non-parliamentary ~ of the party** die außerparlamentarische Fraktion der Partei
⑦ *(department)* Abteilung *f;* **the reference ~ of the library** die Nachschlageabteilung der Bibliothek
⑧ *(group of instruments)* Gruppe *f;* **brass/woodwind ~** Blech-/Holzbläser *pl*
⑨ *(military unit)* Abteilung *f*
⑩ BIOL *(thin slice for examination)* Schnitt *m*
⑪ *(display of internal structure)* Schnitt *m;* **horizontal/vertical ~** Horizontal-/Vertikalschnitt *m;* **in ~** im Schnitt
⑫ *(surgical cut)* Schnitt *m;* [**Caesarean**] **~** Kaiserschnitt *m*
II. *vt* ① *(to separate)* ■**to ~ sth** etw [unter]teilen [*o* zerlegen]
② *(cut)* ■**to ~ sth** etw zerschneiden; BIOL etw segmentieren *fachspr;* MED etw sezieren *fachspr*
③ BRIT *(psych)* ■**to ~ sb** jdn in eine psychiatrische Klinik einweisen; **to ~ sb under the Mental Health Act** jdn zwangseinweisen
◆**section off** *vt* ■**to ~ off** ⟲ **sth** etw abteilen
sec·tion·al ['sekʃᵊnᵊl] **I.** *adj inv* ① *(usu pej: limited to particular group)* partikular *geh,* partikulär *geh;* **~ interests** Gruppeninteressen *pl*
② *(done in section)* Schnitt-; **~ drawing** Schnittzeichnung *f*
③ *esp* AM *(made in sections)* zusammensetzbar; **~ furniture** Anbaumöbel *pl;* **~ sofa** zerlegbares Sofa
II. *n* AM Anbaumöbel *pl*
sec·tion·al·ism ['sekʃᵊnᵊlɪzᵊm] *n no pl* Partikularismus *m geh*
sec·tor ['sektəʳ, AM -tɚ] **I.** *n* ① *(part of economy)* Sektor *m,* Bereich *m,* Branche *f;* **the private/public ~** der private/öffentliche Sektor
② *(area of land)* Sektor *m,* Zone *f;* **the American/British/French/Soviet ~** *(hist)* der Amerikanische/Britische/Französische/Sowjetische Sektor *hist*
③ MATH Sektor *m*
④ COMPUT Sektor *m*
II. *vt* COMPUT ■**to ~ sth** etw sektorieren [*o* in Sektoren unterteilen]
sec·tor·al ['sektᵊrᵊl] *adj inv* einen Teil betreffend, Sektoren-; **~ analysis** COMM Branchenanalyse *f;* **~ focus** COMM Branchenfokus *m;* **~ integration** gebietsweise Integration; **~ interests** partielle Interessen; **~ trend** COMM Branchentrend *m,* Branchenentwicklung *f*
secu·lar ['sekjələʳ, AM -lɚ] *adj* ① *(non-religious)* weltlich, säkular *geh*
② *inv (non-monastic)* welt[geist]lich; **~ priest** Weltgeistliche(r) *f(m)*
secu·lar·ism ['sekjələʳɪzᵊm] *n no pl* ① *(non-involvement of religion)* Trennung *f* von Staat und Kirche
② *(rejection of religion)* Weltlichkeit *f,* Säkularismus *m geh*
secu·lar·ist ['sekjələʳɪst] **I.** *n* Kirchengegner(in) *m(f),* Säkularist(in) *m(f) geh*
II. *adj* säkularistisch *geh*
secu·lari·za·tion [ˌsekjələraɪ'zeɪʃᵊn, AM lə] *n no pl* ① HIST, REL Säkularisation *f*
② *(decline of religion)* Verweltlichung *f*
secu·lar·ize ['sekjələʳaɪz, AM -ləraɪz] *vt* ■**to ~ sth** etw verweltlichen [*o geh* säkularisieren]
se·cure [sɪ'kjʊəʳ, AM -'kjʊr] **I.** *adj* <-r, -st *or* more ~, the most ~> ① *(certain, permanent)* sicher; **~ job** sicherer Arbeitsplatz; **financially ~** finanziell abgesichert
② *usu pred (safe, confident)* sicher; **to feel ~** sich *akk* sicher [*o* geborgen] fühlen
③ *(safely guarded)* bewacht; *(safe against interception)* abhörsicher; **~ against theft** diebstahlsicher; **~ mental hospital/unit** geschlossene psychiatrische Klinik/Abteilung; ■**to be ~ against** [*or* **from**] **sth** vor etw *dat* sicher sein; **to make sth ~ against attack** etw gegen Angriffe sichern
④ *usu pred (fixed in position)* fest; *door* fest verschlossen; ***check that the door is ~*** schau nach, ob die Tür auch wirklich zu ist; **to make a boat ~** ein Boot festmachen
II. *vt* ① *(obtain)* ■**to ~ sth** sich *dat* etw sichern, etw garantieren; ■**to ~ sth for sb** [*or* **sb sth**] jdm etw sichern; *job, order* jdm etw verschaffen
② *(make safe)* ■**to ~ sth** etw [ab]sichern; **to ~ one's future/position** *(fig)* seine Zukunft/Position absichern; **to ~ sb/sth against** [*or* **from**] **sth** jdn/etw vor etw *dat* schützen
③ *(fasten)* ■**to ~ sth** [**to sth**] etw [an etw *dat*] befestigen [*o* festmachen]; **to ~ a door/a window** eine Tür/ein Fenster fest schließen
④ *(guarantee repayment of)* ■**to ~ sth** etw absichern; **to ~ a loan** für einen Kredit Sicherheit stellen; **to ~ a loan against** [*or* **on**] **sth** einen Kredit durch etw *akk* abdecken
se·cured credi·tor [sɪˌkjʊəd'-, AM -ˌkjʊrd'-] *n* gesicherter Gläubiger/gesicherte Gläubigerin, Vorzugsgläubiger(in) *m(f)* **se·cured 'loan** *n* gesichertes [*o* gedecktes] Darlehen, gedeckter Kredit
se·cure·ly [sɪ'kjʊəʳli, AM -'kjʊr-] *adv* ① *(firmly)* fest; **to ~ fasten/lock/tie sth** etw fest zumachen/verriegeln/binden
② *(safely)* sicher; **to ~ lock away sth** etw sicher verwahren; ***prisoners must be held ~*** Gefangene müssen streng bewacht werden; **to remain ~ in control** unangefochten die Kontrolle behalten
se·cu·rities [sɪ'kjʊərətiz, AM -'kjʊrət̬iz] *npl* STOCKEX *(stock or share)* Wertpapiere *pl,* Effekten *pl,* Bestände *pl;* **to make a market in ~** Kauf- und Verkaufsaufträge bestimmter Wertpapiere entgegennehmen; **S~ and Investment Board** BRIT *britische Börsenaufsichtsbehörde;* **S~ and Exchange Commission** AM *amerikanische Börsenaufsichtsbehörde;* **blue-chip ~** Spitzenpapiere *pl;* **long-dated/medium-dated/short-dated ~** langfristige/mittelfristige/kurzfristige Anleihen
se·'cu·rities ac·count *n* Depot[konto] *nt,* Wertpapierkonto *nt;* **~ holder** Depotinhaber(in) *m(f)* **se·'cu·rities analy·sis** *n* FIN Wertpapieranalyse *f* **se·'cu·rities ana·lyst** *n* FIN Wertpapieranalyst(in) *m(f)* **Se·cu·rities and Ex·'change Com·mis·sion** *n + sing/pl vb* FIN, STOCKEX *Börsenaufsichtsbehörde* **Se·cu·rities and In·'vest·ment Board** *n + sing/pl vb* FIN, STOCKEX *Aufsichtsbehörde für den britischen Finanz- und Wertpapiersektor* **se·'cu·rities bro·ker** *n* Wertpapiermakler(in) *m(f)* **se·'cu·rities clear·ing** *n* Wertpapierverrechnung *f,* Effektenclearing *nt,* Wertschriften-Clearing *nt* **se·'cu·rities deal·er** *n* FIN Wertpapierhändler(in) *m(f),* Effektenhändler(in) *m(f),* Wertschriftenhändler(in) *m(f)* **se·'cu·rities ex·change** *n* FIN Wertpapierbörse *f* **se·'cu·rities mar·ket** *n* FIN, STOCKEX Wertpapiermarkt *m,* Wertpapierbörse *f;* **unlisted ~** Markt *m* für nicht notierte Wertpapiere
se·cu·ri·ti·za·tion [sɪˌkʊərɪtaɪ'zeɪʃᵊn, AM -ˌkʊrɪt̬ɪ'-] *n* LAW, FIN Verbriefung *f* von Krediten in Wertpapierform
se·cu·ri·tized [sɪ'kʊərɪtaɪzd, AM -'kʊr-] *adj inv* LAW verbrieft
se·cu·rity [sɪ'kjʊərəti, AM -'kjʊrət̬i] *n* ① *no pl (protection, safety)* Sicherheit *f;* **maximum-~ prison/wing** Hochsicherheitsgefängnis *nt/*-trakt *m;* **lax/tight ~** lasche/strenge Sicherheitsvorkehrungen; **national ~** nationale Sicherheit; **to be in charge of ~** für die Sicherheit verantwortlich sein; **to tighten ~** die Sicherheitsmaßnahmen verschärfen
② *no pl (guards)* Sicherheitsdienst *m,* Wachdienst *m;* **to call ~** den Sicherheitsdienst rufen
③ *no pl (permanence, certainty)* Sicherheit *f;* **job ~** Sicherheit *f* des Arbeitsplatzes; **~ of tenure** Kündigungsschutz *m;* **financial ~** finanzielle Sicherheit
④ *no pl (confidence)* [innere] Sicherheit, Geborgenheit *f*
⑤ *usu sing (safeguard)* Sicherheit *f,* Schutz *m* (**against** gegen *+akk)*
⑥ *no pl (guarantee of payment)* Sicherheit *f,* Kaution *f;* **~ for loans** FIN Kreditsicherheit *f;* **to lend money on/without ~** Geld gegen Sicherheit/ohne Sicherheit leihen; **to stand ~ for sb** für jdn bürgen; **to use sth as ~** [**for sth**] etw als Sicherheit [für etw *akk*] verwenden
⑦ FIN *(investment)* Wertpapier *nt;* **convertible ~** Wandelanleihe *f;* **deposited securities** *pl* FIN Kautionseffekten *pl;* **fixed-interest ~** festverzinsliches Wertpapier; **negotiable ~** begebbares Wertpapier; **unlisted ~** Freiverkehrswert *m;* **listed** [*or* **quoted**] **~** börsennotiertes [*o* SCHWEIZ *a.* börsenkotiertes] Wertpapier; ■**securities** *pl* Effekten *pl fachspr*
⑧ *(as guarantor)* Bürgschaft *f,* Garantie *f;* **to stand ~ for sb** für jdn bürgen [*o* Bürgschaft leisten]
⑨ *(being secret)* Geheimhaltung *f,* Diskretion *f*
se·'cu·rity ac·count *n* FIN Sicherheitskonto *nt*
se·'cu·rity agree·ment *n* LAW Sicherungsvertrag *m*
se·'cu·rity alert *n* Sicherheitsalarm *m* **se·'cu·rity analy·sis** *n* Sicherheitsanalyse *f*
se·'cu·rity ana·lyst *n* FIN Wertpapieranalytiker(in) *m(f)*
se·cu·rity a'ware·ness *n no pl* Sicherheitsbewusstsein *nt*
se·'cu·rity blan·ket *n* ① *(child's comforter)* Kuscheldecke *f*
② BRIT *(information blackout)* Nachrichtensperre *f*
se·'cu·rity check *n* Sicherheitsüberprüfung *f,* Sicherheitskontrolle *f;* **to run a ~** eine Sicherheitskontrolle durchführen
se·'cu·rity clear·ance *n* ① *no pl (official per-*

S

mission) Unbedenklichkeitserklärung *f*
2 *(pass)* Passierschein *m*
se·'cu·rity cor·don *n* [Sicherheits]kordon *m geh;* **to throw a ~ around** [*or* **surrounding**] **sb/sth** um jdn/etw einen [Sicherheits]kordon ziehen **Se·'cu·rity Coun·cil** *n* Sicherheitsrat *m*
se·'cu·rity de·pos·it *n* AM Kaution *f*
se·'cu·rity fea·ture *n (watermark)* Sicherheitsmerkmal *nt*
se·'cu·rity forces *npl* MIL Sicherheitskräfte *pl* **se·'cu·rity guard** *n* Sicherheitsbeamte(r), -beamtin *m, f,* Sicherheitsbedienstete(r) *f(m),* Wachmann, -frau *m, f*
se·'cu·rity hold·ings *npl* FIN Wertschriftenbestand *m*
se·'cu·rity meas·ure, se·'cu·rity pre·cau·tion *n* Sicherheitsmaßnahme *f* **se·'cu·rity risk** *n* Sicherheitsrisiko *nt* **se·'cu·rity service** *n britischer Inlandsnachrichtendienst, auch unter dem Namen MI5 bekannt*
se·'cu·rity thread *n of bank note* Sicherheitsfaden *m*
se·'cu·rity van *n* Geldtransporter *m*
se·dan [sɪ'dæn] *n* AM, AUS Limousine *f*
se·dan 'chair *n* Sänfte *f*
se·date [sɪ'deɪt] **I.** *adj person* ruhig, gelassen; *pace* gemächlich; *(pej) village, place* verschlafen *fig*
II. *vt* MED ■**to ~ sb** jdn ruhigstellen [*o* SCHWEIZ sedieren], jdm ein Beruhigungsmittel geben; ***she was heavily ~d*** sie stand unter dem Einfluss starker Beruhigungsmittel
se·date·ly [sɪ'deɪtli] *adv* ruhig; **to walk ~** gemächlich dahinspazieren
se·da·tion [sɪ'deɪʃᵊn] *n no pl* MED Ruhigstellung *f;* **to be under ~** ruhiggestellt [*o* SCHWEIZ sediert] sein, unter dem Einfluss von Beruhigungsmitteln stehen
seda·tive ['sedətɪv, AM -t̬ɪv] **I.** *adj* beruhigend, SCHWEIZ *a.* sedierend; **~ effect** beruhigende Wirkung
II. *n* Beruhigungsmittel *nt,* Sedativum *nt fachspr*
sed·en·tary ['sedᵊntᵊri, AM -teri] *adj* sitzend; ***my lifestyle is too ~*** ich sitze einfach zu viel; **to do a ~ job** im Sitzen arbeiten
sede va·can·te [seɪdeɪvɑ'kɑnteɪ] REL Sedisvakanz *f (Zeitraum zwischen Tod oder Rücktritt des Papstes und Wahl des Nachfolgers)*
sedge [sedʒ] *n no pl* Riedgras *nt,* Segge *f*
'sedge war·bler *n* ORN Schilfrohrsänger *m*
sedi·ment ['sedɪmənt, AM *also* -ə-] *n* 1 *no pl (dregs at bottom)* Sediment *nt; (in river)* Ablagerung *f; (in wine)* [Boden]satz *m*
2 *(deposited substance)* Sediment *nt,* Ablagerung *f*
sedi·men·tary [ˌsedɪ'mentᵊri] *adj* Sediment-, sedimentär; **~ layer/rock** Sedimentschicht *f*/-gestein *nt;* **~ deposits** sedimentäre Ablagerungen
sedi·men·ta·tion [ˌsedɪmen'teɪʃᵊn] *n no pl* Ablagerung *f,* Sedimentation *f fachspr*
se·di·tion [sɪ'dɪʃᵊn] *n no pl* Aufwiegelung *f,* Volksverhetzung *f*
se·di·tious [sɪ'dɪʃəs] *adj* aufwieglerisch, hetzerisch
se·duce [sɪ'dju:s, AM *also* -du:s] *vt* ■**to ~ sb** 1 *(persuade to have sex)* jdn verführen
2 *(win over)* jdn verführen [*o* gewinnen]; ■**to ~ sb into doing sth** jdn dazu verleiten, etw zu tun
se·duc·er [sɪ'dju:səʳ, AM -du:sɚ] *n* Verführer *m*
se·duc·tion [sɪ'dʌkʃᵊn] *n* 1 *no pl (persuasion into sex)* Verführung *f;* **arts of ~** Verführungskünste *pl*
2 *(act of seducing particular person)* Verführung *f*
3 *no pl (leading astray)* Verführung *f,* Verleitung *f*
4 *usu pl (seductive quality)* Verlockung *f geh;* **the ~ of money** der Lockruf des Geldes
se·duc·tive [sɪ'dʌktɪv] *adj* 1 *(sexy)* verführerisch
2 *(attractive, persuasive) argument, offer* verführerisch, verlockend *geh*
se·duc·tive·ly [sɪ'dʌktɪvli] *adv* verführerisch
se·duc·tive·ness [sɪ'dʌktɪvnəs] *n no pl* 1 *(sexiness) of a person* verführerische Art; **to feel confident of one's ~** sich *dat* seiner verführerischen Reize bewusst sein
2 *(attractiveness)* Attraktivität *f;* ***he resisted the ~ of the offer*** er widerstand dem verlockenden Angebot
se·duc·tress <*pl* -es> [sɪ'dʌktrɪs] *n* Verführerin *f*
sedu·lous ['sedjʊləs, AM 'sedʒələs] *adj (liter)* eifrig, unermüdlich, beharrlich; *worker* emsig, fleißig
sedu·lous·ly ['sedjʊləsli, AM 'sedʒə-] *adv* eifrig, geflissentlich

see¹ <saw, seen> [si:]

I. TRANSITIVE VERB

1 *(perceive with eyes)* ■**to ~ sb/sth** jdn/etw sehen; ***I've never ~n anything quite like this before*** so etwas habe ich ja noch nie gesehen; ***have you ever ~n this man before?*** haben Sie diesen Mann schon einmal gesehen?; ***he's ~n where you live*** er weiß jetzt, wo du wohnst; ***I can't ~ much without my glasses*** ohne Brille sehe ich nicht sonderlich viel; ***there's nothing to ~*** *(after accident)* hier gibt's nichts zu sehen!; ***I saw it happen*** ich habe gesehen, wie es passiert ist; ***it has to be ~n to be believed*** man muss es gesehen haben[, sonst glaubt man es nicht]; ***I'll believe it when I ~ it*** das glaube ich auch erst, wenn ich es mit eigenen Augen gesehen habe; ■**to ~ sb do** [*or* **doing**] **sth** sehen, wie jd etw tut; ***I saw her coming*** ich habe sie kommen sehen; ***the woman was ~n to enter the bank*** die Frau wurde gesehen, wie sie die Bank betrat; ***I can't believe what I'm ~ing — is that your car?*** ich glaube, ich spinne! ist das dein Auto?; ***she didn't want to be ~n visiting the doctor*** sie wollte nicht, dass jemand mitbekommt, dass sie zum Arzt geht; ***I've never ~n my brother eating mushrooms*** ich habe meinen Bruder noch nie Pilze essen sehen; ***can you ~ where ...*** siehst du, wo ...; **to ~ sth with one's own eyes** etw mit eigenen Augen sehen; **for all the world to ~** in aller Öffentlichkeit
2 *(watch as a spectator)* ■**to ~ sth** *film, play* [sich *dat*] etw [an]sehen [*o* ÖSTERR, SCHWEIZ *a.* anschauen]; ***this film is really worth ~ing*** dieser Film ist echt sehenswert; **to ~ sb in a film/in a play/on television** jdn in einem Film/Stück/im Fernsehen sehen
3 *(visit place)* ■**to ~ sth** *famous building, place* etw ansehen [*o* ÖSTERR, SCHWEIZ *a.* anschauen]; ***I'd love to ~ Salzburg again*** ich würde gerne noch einmal nach Salzburg gehen; **to ~ the sights of a town** die Sehenswürdigkeiten einer Stadt besichtigen
4 *(understand)* ■**to ~ sth** etw verstehen [*o* begreifen]; *(discern mentally)* etw erkennen; ***I ~ what you mean*** ich weiß, was du meinst; ***I can't ~ the difference between ... and ...*** für mich gibt es keinen Unterschied zwischen ... und ...; ***I just don't ~ why ...*** ich begreife [*o* verstehe] einfach nicht, warum ...; ***I can't ~ why I should do it*** ich sehe einfach nicht ein, warum ich es machen sollte; ***I can ~ you're having trouble with your car*** Sie haben Probleme mit Ihrem Auto?; ***I really can't ~ what difference it makes to ...*** ich weiß wirklich nicht, was es für einen Unterschied machen soll, ...; ***I can ~ it's difficult*** ich verstehe ja, dass es schwierig ist; ***I can ~ you have been fighting*** ich sehe doch, dass ihr euch gezankt habt; ***I can't ~ the joke*** ich weiß nicht, was daran komisch sein soll; ***I don't ~ the point of that remark*** ich verstehe den Sinn dieser Bemerkung nicht; ***~ what I mean?*** siehst du?
5 *(consider)* ■**to ~ sth** etw sehen; ***as I ~ it ...*** so wie ich das sehe ...; ***try and ~ it my way*** versuche es doch mal aus meiner Sicht zu sehen; ***I ~ myself as a good mother*** ich denke, dass ich eine gute Mutter bin; ***this is how I ~ it*** so sehe ich die Sache; ***I don't ~ it that way*** ich sehe das nicht so; **to ~ sth in a new** [*or* **a different**] [*or* **another**] **light** etw mit anderen Augen sehen; **to ~ reason** [*or* **sense**] Vernunft annehmen; **to ~ things differently** die Dinge anders sehen; **to make sb ~ sth** jdm etw klarmachen; **to ~ oneself obliged to do sth** sich *akk* dazu gezwungen sehen, etw zu tun
6 *(learn, find out)* ■**to ~ sth** etw feststellen; ***I ~*** [***that***] ... wie ich sehe, ...; ***I'll ~ what I can do/who it is*** ich schaue mal, was ich tun kann/wer es ist; ***let me ~ if I can help you*** mal sehen, ob ich Ihnen helfen kann; ***that remains to be ~n*** das wird sich zeigen
7 *(meet socially)* ■**to ~ sb** jdn sehen; *(by chance)* jdn [zufällig] treffen [*o* sehen]; ***we're ~ing friends at the weekend*** wir treffen uns am Wochenende mit Freunden; **to ~ a lot** [*or* **much**] **of sb** jdn häufig sehen; ***I haven't ~n much of him recently*** ich sehe ihn in letzter Zeit [auch] nur [noch] selten; ***I haven't ~n her around much in the last few weeks*** in den letzten Wochen habe ich sie [auch nur] selten gesehen; ***I shall be ~ing them at eight*** ich treffe sie um acht; ***I'll ~ you around*** bis dann!; ***~ you!*** [*or* BRIT ***be ~ing you!***] *(fam)* bis bald! *fam;* ***~ you later!*** *(fam: when meeting again later)* bis später!; *(goodbye)* tschüss! *fam;* ***~ you on Monday*** bis Montag!; **to go and ~ sb** jdn besuchen [gehen]
8 *(have meeting with)* ■**to ~ sb** jdn sehen; *(talk to)* jdn sprechen; *(receive)* jdn empfangen; ***I demand to ~ the manager*** ich möchte mit dem Geschäftsführer sprechen!; ***Mr Miller can't ~ you now*** Herr Miller ist im Moment nicht zu sprechen; ***the doctor will ~ you now*** Sie können jetzt reingehen, der Herr Doktor ist jetzt frei; **to ~ a doctor/a solicitor** zum Arzt/zu einem Anwalt gehen, einen Arzt/einen Anwalt aufsuchen *geh*
9 *(have relationship with)* ■**to be ~ing sb** mit jdm zusammen sein *fam;* ***I'm not ~ing anyone at the moment*** ich habe im Moment keine Freundin/keinen Freund; ***are you ~ing anyone?*** hast du einen Freund/eine Freundin?
10 *(envisage, foresee)* ■**to ~ sth** sich *dat* etw vorstellen; ***I ~ a real chance of us meeting again*** ich glaube wirklich, dass wir uns wiedersehen; ***I can't ~ him getting the job*** ich kann mir nicht vorstellen, dass er den Job bekommt; ***can you ~ her as a teacher?*** kannst du dir sie als Lehrerin vorstellen?; ***do you ~ ...*** kannst du dir vorstellen, ...; ***I can't ~ myself as a waitress*** ich glaube nicht, dass Kellnern was für mich wäre; **to ~ it coming** es kommen sehen
11 *(witness, experience)* ■**to ~ sth** etw [mit]erleben; ***1997 saw a slackening off in the growth of the economy*** 1997 kam es zu einer Verlangsamung des Wirtschaftswachstums; ***he won't ~ 50 again*** er ist gut über 50; ***I've ~n it all*** mich überrascht nichts mehr; ***now I've ~n everything!*** ist denn das zu fassen!; ***I've ~n it all before*** das kenne ich alles schon!; ■**to ~ sb do sth** [mit]erleben, wie jd etw tut; ***his parents saw him awarded the winner's medal*** seine Eltern waren mit dabei, als ihm die Siegermedaille überreicht wurde; ***I can't bear to ~ people being mistreated*** ich ertrag es nicht, wenn Menschen misshandelt werden; **to ~ the day when ...** den Tag erleben, an dem ...; **to ~ life** das Leben kennenlernen; **to live to ~ sth** etw erleben; ***I shall not live to ~ it*** das werde ich wohl nicht mehr miterleben
12 *(accompany)* ■**to ~ sb** jdn begleiten; **to ~ sb into bed** jdn ins Bett bringen; **to ~ sb to the door** [*or* **out**]/**home** jdn zur Tür/nach Hause bringen [*o geh* begleiten]; **to ~ sb into a taxi** jdn zum Taxi bringen; ***I saw her safely into the house*** ich brachte sie sicher zum Haus
13 *(inspect)* **sb wants to ~ sth** *licence, passport* jd möchte etw sehen; *references, records* jd möchte etw [ein]sehen; ***the policeman asked to ~ my driving licence*** der Polizist wollte meinen Führerschein sehen; ***let me ~ that*** lass mich das mal sehen
14 *in imperative (refer to)* ■**~ ...** siehe ...; ***~ below/page 23/over***[***leaf***] siehe unten/Seite 23/nächste Seite
15 *(perceive)* ■**to ~ sth in sb/sth** etw in jdm/etw sehen; ***I don't know what she ~s in him*** ich weiß nicht, was sie an ihm findet
16 *(ensure)* **to ~ sb right** BRIT, AUS *(fam: help)* jdm helfen [*o* behilflich sein]; *(pay or reimburse)* aufpassen [*o* dafür sorgen], dass jd sein Geld [wieder]bekommt; ■**to ~ that sth happens** dafür sorgen, dass etw passiert; ***~ that this doesn't happen again*** sieh zu, dass das nicht noch einmal passiert
17 *(view)* ■**to ~ sth** *house for sale* [sich *dat*] etw an-

sehen [*o* ÖSTERR, SCHWEIZ *a.* anschauen]
⑬ *(in poker)* ■ **to ~ sb: *I'll ~ you*** ich halte
▶PHRASES: **to have ~n better days** schon [einmal] bessere Tage gesehen haben; **let's ~ the colour of your money first** erst will ich dein Geld sehen! *fam;* **you couldn't ~ him/her for dust** man sah nur noch seine/ihre Staubwolke *fam;* **if ... you won't ~ the dust of him/her** wenn ..., wird er/sie die Fliege machen wie nichts *sl;* **he/she can't ~ further than** [*or* **beyond**] **the end of his/her nose** er/sie sieht nicht weiter als seine/ihre Nasenspitze [reicht] *fam;* **I'll ~ him/her in hell first** das wäre das Letzte, was ich täte!; **to not have ~n hide nor hair of sb** jdn nicht mal von hinten gesehen haben *fam;* **to ~ the last** [*or* BRIT, AUS **the back**] **of sb** [endlich] jdn los sein *fam;* **to ~ the last** [*or* BRIT, AUS **the back**] **of sth** endlich etw überstanden haben; **sb ~s the light** *(understand)* jdm geht ein Licht auf *fam;* *(become enlightened)* jdm gehen die Augen auf *fam;* *(be converted)* jd [er]schaut das Licht [Gottes] *geh;* **to ~ the light of day** *(first appear)* das Licht der Welt erblicken *geh o hum;* **to** [**go and**] **~ a man about a dog** hingehen, wo auch der Kaiser zu Fuß hingeht *euph hum fam;* **to ~ stars** Sterne sehen *fam;* **to be ~ing things** sich *dat* etw einbilden, Halluzinationen haben; **to ~ one's way** [**clear**] **to doing sth** es [sich *dat*] einrichten, etw zu tun; **to not ~ the wood** [*or* AM **the forest**] **for the trees** den Wald vor [lauter] Bäumen nicht sehen *hum*

II. INTRANSITIVE VERB

① *(use eyes)* sehen; ***I can't ~ very well without my glasses*** ohne Brille kann ich nicht sehr gut sehen; ***... but ~ing is believing*** ... doch ich habe es mit eigenen Augen gesehen!; **as far as the eye** [*or* **you**] **can ~** so weit das Auge reicht
② *(look)* sehen; ***let me ~!*** lass mich mal sehen!; ***~ for yourself!*** sieh doch selbst!; *(in theatre etc.)* ***can you ~?*** können Sie noch sehen?; ***there, ~, Grandad's mended it for you*** schau mal, Opa hat es dir wieder repariert!
③ *(understand, realize)* ***... — oh, I ~!*** ... – aha!; ***I ~*** ich verstehe; ***you ~! it wasn't that difficult was it?*** na siehst du, das war doch gar nicht so schwer!; ***~, I don't love you anymore*** ich liebe dich einfach nicht mehr, o.k.? *fam;* ***you ~, ...*** weißt du/wissen Sie, ...; ***well, you ~, all these rooms are going to be decorated*** alle Zimmer werden natürlich noch renoviert; ***~?!*** siehst du?!; ***as far as I can ~ ...*** so wie ich das sehe ...; ***I ~ from your report ...*** Ihrem Bericht entnehme ich, ...; ***... so I ~*** ... das sehe [*o* merke] ich
④ *(dated: as protest)* ***now, ~ here, I only bought this ticket a month ago*** also, dieses Ticket habe ich erst vor einem Monat gekauft!
⑤ *(find out)* nachsehen, ÖSTERR, SCHWEIZ *a.* nachschauen; *(in the future)* herausfinden; ***wait and ~*** abwarten und Tee trinken *fam;* ***well, we'll ~*** schau ma mal! *fam;* ***let me ~*** lass' mich mal überlegen; ***you'll ~*** du wirst schon sehen!; ***you'll soon ~ for yourself*** du wirst es schon bald selbst sehen!
▶PHRASES: **to not ~ eye to eye** [**with sb**] nicht derselben Ansicht sein [wie jd]; **to ~ fit to do sth** es für angebracht halten, etw zu tun; **to ~ red** rotsehen *fam;* **to make sb ~ red** jdn zur Weißglut treiben *fam*
◆**see about** *vi* ① *(fam: deal with)* ■ **to ~ about sth** sich *akk* um etw *akk* kümmern; ***I've come to ~ about the TV*** ich soll mir den Fernseher ansehen; ***I've come to ~ about the rent*** ich komme wegen der Miete; ■ **to ~ about getting sth done** sich *akk* darum kümmern, dass etw getan wird; ***I think we'd better ~ about getting home*** ich glaube, wir sehen jetzt besser zu, dass wir nach Hause kommen
② *(consider)* ***I'll ~ about it*** ich will mal sehen
▶PHRASES: **we'll ~ about that!** *(fam)* das werden wir ja sehen!
◆**see in I.** *vi* hineinsehen, ÖSTERR *a.* hineinschauen
II. *vt* ■ **to ~ sb in** jdn hineinbringen; **to ~ the New Year in** das neue Jahr begrüßen
◆**see into** *vi* ① *(look into)* ■ **to ~ into sth** in etw *akk* hineinsehen [*o* ÖSTERR *a.* hineinschauen]
② *(find out about)* **to ~ into the future** in die Zukunft schauen
③ *(investigate)* ■ **to ~ into sth** etw *dat* auf den Grund gehen
④ *(interpret)* **to ~ too much into sth** etw *dat* zu viel Bedeutung zumessen
◆**see off** *vt* ① *(say goodbye)* ■ **to ~ off ↔ sb** jdn verabschieden; **to ~ sb off at the airport/station** jdn zum Flughafen/Bahnhof bringen
② *(drive away)* ■ **to ~ off ↔ sb** jdn verjagen, jdm Beine machen *fam*
③ *(get the better of)* ■ **to ~ off ↔ sb/sth** mit jdm/etw fertigwerden *fam;* **to ~ off a challenger** einen Herausforderer/eine Herausforderin in die Tasche stecken *fam*
◆**see out I.** *vt* ① *(escort to door)* ■ **to ~ out ↔ sb** jdn hinausbegleiten [*o* hinausbringen]; ***I can ~ myself out, thanks*** danke, ich finde alleine hinaus
② ■ **to ~ out ↔ sth** *(continue to end of)* etw durchstehen; *(last until end of)* etw überleben [*o* überstehen]; ***she decided to ~ out the remainder of her contract*** sie beschloss, bis zum Ende ihres Vertrages zu bleiben; **to ~ out the winter** den Winter überstehen
II. *vi* hinaussehen
◆**see over** *vi* BRIT, AUS ■ **to ~ over sth** *building* etw besichtigen; *exhibition* sich *dat* etw ansehen [*o* ÖSTERR, SCHWEIZ *a.* anschauen]
◆**see round** *vi* BRIT, AUS sich *akk* umsehen [*o* ÖSTERR *a.* umschauen]
◆**see through I.** *vt* ① *(look through)* ■ **to ~ through sth** durch etw *akk* hindurchsehen [*o* DIAL durchgucken] [*o* ÖSTERR *a.* durchschauen]
② *(not be deceived by)* ■ **to ~ through sb/sth** jdn/etw durchschauen
II. *vi* ① *(sustain)* ■ **to ~ sb through** jdm über die Runden helfen *fam;* *(comfort)* jdm beistehen; ***we've got enough coffee to ~ us through until the end of the week*** unser Kaffee reicht noch bis Ende der Woche; ***will £20 be enough to ~ you through?*** reichen dir 20 Pfund?; **to ~ sb through a difficult time** jdm über eine schwierige Zeit hinweghelfen
② *(continue to the end of)* ■ **to ~ sth through** etw zu Ende bringen
◆**see to** *vi* ■ **to ~ to sb/sth** sich *akk* um jdn/etw kümmern; ***that cut of yours needs ~ing to*** deine Wunde solltest du mal jemandem zeigen; ***ok, I'll ~ to it*** o.k., ich kümmere mich drum; ■ **to ~ to it that ...** dafür sorgen, dass ...; **to ~ sb to the door** jdn zur Tür bringen
◆**see up I.** *vi* hinaussehen, ÖSTERR *a.* hinausschauen
II. *vt* ■ **to ~ sb ↔ up** *(escort)* jdn hinaufbringen

see² [siː] *n (of bishop or archbishop)* [Erz]bistum *nt;* *(Catholic)* [Erz]diözese *f;* **the Holy S~** der Heilige Stuhl
seed [siːd] **I.** *n* ① *(source of a plant)* Same[n] *m;* *of grain* Korn *nt;* ■ **~s** *pl* AGR Saat *f kein pl,* Saatgut *nt kein pl;* **to sow ~s** Samen [aus]säen
② *no pl (seeds)* Samen *pl;* **carrot/parsley/poppy ~** Karotten-/Petersilien-/Mohnsamen *pl;* **to go** [*or* **run**] **to ~** Samen bilden [*o* tragen]; *salad, vegetables* schießen
③ *(fig: small beginning of sth)* Keim *m fig;* **to sow the ~s of sth** etw säen *fig,* den Keim zu etw *dat* legen
④ *no pl (liter: semen)* Samen *m*
⑤ *no pl (old: offspring)* Nachkommenschaft *f;* **the ~ of Abraham/Moses** die Kinder Abrahams/Moses
⑥ *(seeded player)* Platzierte(r) *f(m);* **top** [*or* **number one**] **~** Erstplatzierte(r) *f(m)*
⑦ COMPUT Startwert *m*
▶PHRASES: **to go** [*or* **run**] **to ~** herunterkommen *fam*
II. *vt* ① *(sow with seed)* **to ~ a bed/field** ein Beet/Feld besäen
② *(drop its seed)* ■ **to ~ itself** sich *akk* aussäen
③ *(help start)* ■ **to ~ sth** etw bestücken [*o* ausstatten]; **to ~ a project with the necessary funds** ein Projekt mit den nötigen Mitteln versehen
④ *(remove seeds from)* ■ **to ~ sth** etw entkernen
⑤ *usu passive* SPORT **to be ~ed** gesetzt [*o* platziert] sein
'seed bank *n* AGR, BOT Samenbank *f* **'seed bed** *n* ① *(area of ground)* Samenbeet *nt* ② *(fig)* Grundlage *f*
'seed·cake *n* Kümmelkuchen *m*
'seed capi·tal *n no pl* FIN Gründungskapital *nt*
'seed·corn *n no pl* ① BRIT *(grain for planting)* Samenkorn *nt*
② *(fig: starting point)* Keim *m fig*
③ ECON Startkapital *nt*
'seed crys·tal *n* **~ crystal** CHEM Impfkristall *m*
seed·ed [ˈsiːdɪd] *adj inv* ① *(with seeds removed)* entkernt
② *(containing seeds)* mit Kernen *nach n;* **~ grapes** Trauben *pl* mit Kernen
③ *(ranked in tournament)* gesetzt, platziert
seedi·ness [ˈsiːdɪnəs] *n no pl* ① *(disreputableness)* Zwielichtigkeit *f*
② *(unwell feeling)* Katzenjammer *m fam*
seed·less [ˈsiːdləs] *adj inv* kernlos
seed·ling [ˈsiːdlɪŋ] *n* Sämling *m,* Setzling *m*
'seed mon·ey *n no pl* AM, AUS *(start-up money)* Startkapital *nt*
'seed po·ta·to *n* Saatkartoffel *f*
'seeds·man *n* Samenhändler *m*
'seed·time *n* AGR Saatzeit *f*
seedy [siːdi] *adj* ① *(dirty and dubious) district, hotel* zwielichtig; *character, reputation* zweifelhaft; *clothes, appearance* abgerissen, schäbig
② *usu pred (slightly unwell)* unwohl; **sb feels ~** jd fühlt sich *akk* ganz flau
③ *(full of seeds) bread* mit ganzen Getreidekörnern *nach n; fruits* voller Kerne *nach n*
see·ing [ˈsiːɪŋ] *conj* **~ that ..., ~ as** [**how**] ... da ...
See·ing-Eye 'dog® *n* AM, AUS Blindenhund *m*
'see·ing-to *n no pl (vulg sl)* **to give sb a good ~** jdn bumsen *vulg sl*
seek <sought, sought> [siːk] **I.** *vt* ① *(form: look for)* ■ **to ~ sb/sth** jdn/etw suchen
② *(try to obtain or achieve)* ■ **to ~ sth** etw erstreben; **to ~ asylum/refuge/shelter** Asyl/Zuflucht/Schutz suchen; **to ~ damages/redress** Schadenersatz/Entschädigung beantragen; **to ~ election** sich *akk* zur Wahl stellen; **to ~ employment** [*or* **a job**] eine Stelle suchen; **to ~ one's fortune** sein Glück suchen; **to ~ justice/revenge** nach Gerechtigkeit/Rache streben
③ *(ask for)* ■ **to ~ sth** etw erbitten *geh;* **to ~ advice from sb** bei jdm Rat suchen, jdn um Rat bitten; **to ~ approval from sb** jds Zustimmung einholen; **to ~ permission from sb** jdn um Erlaubnis bitten
II. *vi* ① *(form: search)* suchen; REL ***~ and ye shall find*** suchet, so werdet ihr finden; *(hum)* wer such[e]t, der findet *prov;* ■ **to ~ for** [*or liter* **after**] **sb/sth** nach jdm/etw suchen
② *(form: attempt)* ■ **to ~ to do sth** danach trachten *geh* [*o* [ver]suchen], etw zu tun
◆**seek out** *vt* ■ **to ~ out ↔ sb/sth** jdn/etw ausfindig machen; *opinion, information* etw herausfinden; **to ~ out new talent** auf Talentsuche sein
seek·er [siːkəʳ, AM -kɚ] *n* Suchende(r) *f(m);* **asylum ~** Asylsuchende(r) *f(m);* *(more formally)* Asylbewerber(in) *m(f);* **job ~** Arbeitssuchende(r) *f(m);* **to be a publicity ~** die Öffentlichkeit suchen; **~ after truth** Wahrheitssucher(in) *m(f) geh*
-seek·ing [ˌsiːkɪŋ] *in compounds* -suchend; **to be adventure~** abenteuerlustig sein; **to be attention~** im Mittelpunkt stehen wollen; **to be pleasure~** vergnügungssüchtig sein
seem [siːm] *vi* ① **+ n, adj** *(appear to be)* scheinen; ***he ~s a very nice man*** er scheint ein sehr netter Mann zu sein; ***you ~ very quiet today*** du wirkst heute sehr still; ***he's sixteen, but he ~s younger*** er ist sechzehn, wirkt aber jünger; ***that ~s a good idea to me*** ich halte das für eine gute Idee; ***they ~ to be ideally suited*** sie scheinen hervorragend zusammenzupassen; ■ **to ~ as if** [*or* **as though**] [*or fam* **like**] ... so scheinen [*o* aussehen], als ob ...; ***you ~ as if you don't want to get involved*** es sieht so aus, als wolltest du nicht darin verwickelt werden; ***it***

S

~s like ages since we last saw you es kommt mir wie eine Ewigkeit vor, seit wir dich das letzte Mal gesehen haben; *it ~ed like a good idea at the time* damals hielt ich das für eine gute Idee; *I can't ~ to get this right* wie's aussieht, kriege ich das nie hin *fam;* **sth is not all what it ~s** etw ist anders, als es zu sein scheint; *what ~s to be the problem?* wo liegt denn das Problem?; *I'm sorry, I ~ to have dented your car* es tut mir leid, wie es aussieht, habe ich eine Delle in Ihr Auto gefahren
② *(appear)* ■**it ~s [that]** ... anscheinend ...; *it now ~s likely that the event will be cancelled* es scheint jetzt ziemlich wahrscheinlich, dass die Veranstaltung abgesagt wird; *it ~s to me that he isn't the right person for the job* ich finde, er ist nicht der Richtige für den Job; *I'm just telling you how it ~s to me* ich sage dir nur, wie ich es sehe; ■**it ~s as if** [*or* **as though**] [*or fam* **like**] **...** es scheint [*o* hat den Anschein], als ob ...; *I'm in a bad way — so it ~s!* ich bin nicht gut drauf – den Eindruck habe ich auch!; *it ~s so* [es] scheint so; *it ~s not* anscheinend nicht; *there ~s to have been some mistake* da liegt anscheinend ein Irrtum vor; *there ~ed to be no point in continuing* es schien zwecklos weiterzumachen

seem·ing ['si:mɪŋ] *adj attr, inv (form)* scheinbare(r, s)

seem·ing·ly ['si:mɪŋli] *adv inv* scheinbar

seem·ly ['si:mli] *adj (old)* schicklich *geh*

seen [si:n] *pp of* **see**

seep [si:p] *vi* sickern; *(fig) information, truth* durchsickern *fig*
◆**seep away** *vi* versickern

seep·age ['si:pɪdʒ] *n no pl* ① *(process of seeping) of oil, water* Aussickern *nt; (fig) of information* Durchsickern *nt fig; of persons* Abwandern *nt*
② *(lost fluid)* versickernde Flüssigkeit; ~ **water** Sickerwasser *nt*

seer ['si:əʳ, AM si:ɚ] *n (liter)* Seher *m; (fig)* Prophet *m fig*

seer·suck·er ['sɪəˌsʌkəʳ, AM 'sɪrˌsʌkɚ] *n no pl* Seersucker *m (leichter crêpeartiger Leinenstoff)*

see-saw ['si:sɔ:, AM *also* -sɑ:] **I.** *n* ① *(for children)* Wippe *f*
② *(fig: vacillating situation)* Auf und Ab *nt*
II. *vi* ① *(play)* wippen
② *(fig)* sich *akk* auf und ab bewegen; *prices* steigen und fallen; *mood* schwanken
III. *adj attr, inv* schwankende(r, s); ~ **effect in temperatures** [ständige] Temperaturschwankungen

seethe [si:ð] *vi* ① *(fig: be very angry)* kochen *fam;* **to ~ with anger** vor Wut kochen [*o* schäumen] *fam*
② *(move about violently) river, sea* schäumen; *liquid* brodeln, kochen
③ *(be crowded)* wimmeln; **to ~ with people/tourists** von Menschen/Touristen wimmeln

seeth·ing [si:ðɪŋ] *adj attr, inv* ① *(fig: violently felt)* kochend, überschäumend; ~ **anger** rasende Wut; ~ **discontent** schwelende Unzufriedenheit
② *(bubbling) liquid* brodelnd; ~ **water** kochendes Wasser
③ *(swarming) crowd* wimmelnd

'see-through *adj* ① *(transparent)* durchsichtig
② *(of very light material)* durchscheinend, transparent; ~ **blouse** durchscheinende Bluse

seg·ment ['segmənt] **I.** *n* ① *(part, division)* Teil *m; of a population* Gruppe *f; of an orange* Schnitz *m,* Spalte *f bes* ÖSTERR
② RADIO, TV *(allocated time)* Sendezeit *f*
③ MATH Segment *nt*
④ *(of a worm)* Segment *nt,* Glied *nt,* Ring *m*
⑤ ECON Geschäftsbereich *m;* ~ **of industries** Branchensegment *nt*
⑥ COMPUT [Programm]segment *nt*
II. *vt* ■**to ~ sth** etw zerlegen [*o geh* segmentieren]; COMPUT etw segmentieren [*o* in Abschnitte unterteilen]; **to ~ the market/population** den Markt/die Bevölkerung aufspalten
III. *vi* sich *akk* teilen; ■**to ~ into sth** sich *akk* in etw *akk* teilen

seg·men·ta·tion [ˌsegmen'teɪʃᵊn] *n no pl* Segmentierung *f geh;* BIOL Zellteilung *f*

seg·re·gate ['segrɪgeɪt, AM -rə-] *vt* ■**to ~ sb** jdn absondern; **to ~ different races/the sexes** verschiedene Rassen/die Geschlechter trennen

seg·re·gat·ed ['segrɪgeɪtɪd, AM -rəgeɪt̬ɪd] *adj inv* nur für Weiße oder Schwarze; ~ **school** Schule mit Rassentrennung; **racially ~ system** auf Rassentrennung basierendes System; ■**to be ~ from sb/sth** von jdm/etw getrennt sein

seg·re·ga·tion [ˌsegrɪ'geɪʃᵊn, AM -rə'-] *n no pl* Trennung *f;* ~ **of duties** ADMIN Funktionstrennung *f;* **racial** ~ Rassentrennung *f*

seg·re·ga·tion·ist [ˌsegrɪ'geɪʃᵊnɪst, AM -rə'-] **I.** *adj* ■**to be ~** die Rassentrennung befürworten; ~ **system** auf der Rassentrennung beruhendes System
II. *n* Anhänger(in) *m(f)* der Rassentrennung

segue ['segweɪ] **I.** *n* Überblendung *f* von Musikstücken; **to make a ~** *(fig)* einen Schritt machen
II. *vi* ■**to ~ into sth** in etw *akk* übergehen

sei·gnior·age, sei·gnor·age ['seɪnjərɪdʒ] *n no pl* FIN Seigniorage *f*

seis·mic ['saɪzmɪk] *adj* ① GEOL seismisch *fachspr,* Erdbeben-; ~ **waves** Erdbebenwellen *pl*
② *(extremely damaging)* verheerend; *(distressing)* erschütternd

seis·mo·graph ['saɪzmə(ʊ)grɑ:f, AM -məgræf] *n* Seismograf *m*

seis·molo·gist [saɪz'mɒlədʒɪst, AM -'mɑ:-] *n* Seismologe, Seismologin *m, f*

seis·mol·ogy [saɪz'mɒlədʒi, AM -'mɑ:-] *n no pl* Seismologie *f*

seize [si:z] **I.** *vt* ① *(grab)* ■**to ~ sth** etw ergreifen [*o* packen]; ■**to ~ sb** jdn packen; **to ~ sb by the arm/throat/wrist** jdn am Arm/an der Kehle/beim Handgelenk packen; **to ~ sth with both hands** etw mit beiden Händen greifen
② *usu passive (fig: overcome)* ■**to be ~d with sth** von etw *dat* ergriffen werden; **to be ~d with desire** von Begierde gepackt werden; **to be ~d with panic** von Panik erfasst werden
③ *(make use of)* **to ~ the initiative/an opportunity** die Initiative/eine Gelegenheit ergreifen; **to ~ an opportunity with both hands** eine Gelegenheit mit beiden Händen ergreifen
④ *(capture)* ■**to ~ sth** etw einnehmen [*o* erobern]; **to ~ a criminal** einen Verbrecher festnehmen; **to ~ a fortress/harbour/town** eine Festung/einen Hafen/eine Stadt einnehmen [*o* erobern]; **to ~ a hostage** eine Geisel nehmen; **to ~ power** die Macht ergreifen; *(more aggressively)* die Macht an sich *akk* reißen
⑤ *(confiscate)* ■**to ~ sth** etw beschlagnahmen
II. *vi* ■**to ~ on** [*or* **upon**] **sth** *idea* etw aufgreifen; **to ~ on an excuse** zu einer Ausrede greifen
◆**seize up** *vi* ① *engine, machine* stehen bleiben; *brain* aussetzen; *economy* zum Erliegen kommen
② *back, muscles* steif [*o* unbeweglich] werden

sei·zure ['si:ʒəʳ, AM -ʒɚ] *n* ① *no pl (taking)* Ergreifung *f;* ~ **of power** Machtergreifung *f;* ~ **of enemy territory/a town** Einnahme *f* von feindlichem Gebiet/einer Stadt; ~ **of drugs/property** Beschlagnahmung *f* von Drogen/Eigentum
② MED *(fit)* Anfall *m; (dated: stroke)* Schlaganfall *m; (fig hum)* Schlag *m fig fam;* **epileptic ~** epileptischer Anfall
③ *usu sing* MECH Stillstand *m*
④ LAW Einziehung *f,* Pfändung *f,* Konfiszierung *f*

sel·dom ['seldəm] *adv* selten; ~ **if ever** fast nie, äußerst selten, so gut wie nie *fam*

se·lect [sɪ'lekt, AM sə-] **I.** *adj* ① *(high-class) hotel, club* exklusiv
② *(carefully chosen)* ausgewählt, auserlesen; *band, team* auserwählt; *fruit, cuts of meat* ausgesucht; **a ~ few** einige Auserwählte
II. *vt* ① *(choose)* ■**to ~ sth** etw aussuchen; ■**to ~ sb** jdn auswählen; **to ~ a captain/player/team** SPORT einen Kapitän/einen Spieler/eine Mannschaft aufstellen; ■**to ~ sb for sth** jdn für etw *akk* auswählen
② COMPUT ■**to ~ sth** etw auswählen
III. *vi* ■**to ~ from sth** aus etw *dat* [aus]wählen
◆**select out** *vt* ■**to ~ out** ⊂ **sb** jdn auswählen; ■**to ~ out** ⊂ **sth** etw aussuchen

se·lect com·'mit·tee *n* Sonderausschuss *m,* Sonderkommission *f* (**on** für *+akk)*

se·lec·tion [sɪ'lekʃᵊn, AM sə-] *n* ① *no pl (choosing)* Auswahl *f;* BIOL Selektion *f geh;* **to make one's ~** seine Wahl treffen
② *no pl (being selected)* Wahl *f; (for candidacy)* Aufstellung *f*
③ *usu sing (range)* Auswahl *f,* Sortiment *nt;* **a good ~ of books** eine gute Auswahl an Büchern
④ *(set of selected extracts)* Auswahl *f,* Auslese *f;* **a ~ of modern poetry** eine Auswahl moderner Lyrik
⑤ *(chosen player)* Spieler[aus]wahl *f*

se·'lec·tion com·mit·tee *n* POL Auswahlkomitee *nt* **se·'lec·tion cri·teri·on** *n* COMPUT Auswahlkriterium *nt* **se·'lec·tion pro·cedure** *n* [Aus-]Wahlverfahren *nt* **se·'lec·tion pro·cess** *n* Auswahlverfahren *nt,* Selektionsverfahren *nt geh*

se·lec·tive [sɪ'lektɪv, AM sə-] *adj* ① *(careful about choosing)* wählerisch; *reader, shopper* kritisch, anspruchsvoll; ■**to be ~ about sth** bei etw *dat* wählerisch sein; **to have a ~ memory** *(pej hum)* ein selektives Erinnerungsvermögen haben *pej hum*
② *(choosing the best)* ausgewählt; ~ **breeding** Zuchtwahl *f*
③ *(discriminately affecting) process, agent* gezielt; **to be ~ in effect** gezielt wirken
④ COMPUT wahlweise, selektiv, trennscharf

se·lec·tive·ly [sɪ'lektɪvli, AM sə-] *adv* selektiv; **to order ~** gezielt bestellen; ■**to quote ~** selektiv zitieren *geh*

se·lec·tive·ness [sɪ'lektɪvnəs, AM sə-], **se·lec·tiv·ity** [ˌsɪlek'tɪvəti, AM səˌlek'tɪvʳt̬i] *n no pl* ① *(careful choice)* [sorgfältiges] Auswählen
② *(discriminately affect) process, agent* Gezieltheit *f*

se·lec·tor [sɪ'lektəʳ, AM sə'lektɚ] *n* ① *(chooser)* Auswählende(r) *f(m);* SPORT *jd, der die Mannschaft aufstellt*
② *(switch)* Wählschalter *m;* BRIT *(in car)* Schalthebel *m;* ~ **lever** Automatikschalthebel *m*
③ COMPUT Selektor *m,* Wähler *m*

se·lenium [sɪ'li:niəm, AM sə-] *n no pl* CHEM Selen *nt*

se·lenol·ogy [ˌsi:lɪ'nɒlədʒi, AM ˌselə'nɑ:lədʒi] *n no pl* SCI Mondgeologie *f*

self <*pl* selves> [self] *n* ① *(personality)* ■**one's ~** das Selbst [*o* Ich]; *I was just being my usual cheerful ~* ich war wie immer fröhlich; **to be [like] one's former** [*or* **old**] [*or* **normal**] ~ wieder ganz der/die Alte sein; **to find one's true ~** sein wahres Ich finden, sich *akk* selbst finden
② *no pl (pej form: personal welfare)* das eigene Wohl; *(advantage)* das eigene Ego *pej;* **regard for ~** Sorge *f* um das eigene Wohlergehen; **with no thought of ~** ohne an sich *akk* selbst zu denken; **to put ~ above all else** das eigene Ego über alles stellen; **to think only of** [*or* **be all for**] [*or* **care about**] ~ nur an sich *akk* selbst denken
▸PHRASES: **one's good ~** *(iron) how is your good ~?* wie geht es Ihnen?; **unto thine own ~ be true** *(saying)* bleib dir selbst treu, tue recht und scheue niemand *prov veraltend*

self-a'base·ment [-ə'beɪsmənt] *n no pl* Selbsterniedrigung *f;* **to kneel in ~** in Demut niederknien

self-ab'sorbed *adj (pej)* mit sich *dat* selbst beschäftigt **self-ab·'sorp·tion** *n no pl* Ichbezogenheit *f* **self-a'buse** *n no pl* ① *(harm)* Selbstzerstörung *f;* **to practise ~** sich *akk* selbstzerstörerisch verhalten ② *(old: masturbation)* Selbstbefriedigung *f* **self-ac·cu·'sa·tion** *n no pl* Selbstanklage *f,* Eigenanzeige *f,* Selbstanzeige *f* **self-'act·ing** *adj inv* automatisch; ~ **machine** vollautomatische Maschine **self-ad·dressed 'en·velope** *n* adressierter Rückumschlag; **to send** [*or* **include**] **a ~** einen adressierten Rückumschlag beifügen **self-ad·'he·sive** *adj inv stamps, envelopes, labels* selbstklebend **self-ad·'just·ing** *adj inv* selbstregelnd, selbsteinstellend, selbstjustierend **self-ad·'ver·tise·ment** *n no pl* Eigenwerbung *f* **self-ag·'gran·dize·ment** *n no pl (esp pej)* Selbstverherrlichung *f* **self-ap·'point·ed** *adj inv manager, experts, critic* selbst ernannt **self-as·'sem·bly** *esp* BRIT **I.** *n no pl* Selbstmontage *f* **II.** *n modifier (kitchen, furniture)* zur Selbstmontage *nach n;* ~ **model airplane** Modellflugzeug *nt* zum Selbstbauen **self-as·'ser·tion** *n no pl* Selbstbewusstsein *nt,* Durchsetzungsvermögen *nt* **self-as·'ser·tive** *adj* ■ **to be** ~ sich *akk* behaupten [*o* durchsetzen] **self-as·'sess·ment** *n no pl* ① *(judgment)* Selbsteinschätzung *f* ② FIN **system of** ~ System *nt* der Selbsteinschätzung *(für die Einkommenssteuer von Selbstständigen)* **self-as·'sur·ance** *n no pl* Selbstvertrauen *nt,* Selbstsicherheit *f* **self-as·'sured** *adj* selbstbewusst, selbstsicher **self-a'ware** *adj* selbstkritisch **self-a'ware·ness** *n no pl* Selbsterkenntnis *f*

self-'ca·ter·ing BRIT, AUS **I.** *n no pl* Selbstverpflegung *f;* **to go for** ~ sich *akk* selbst verpflegen **II.** *n modifier* ~ **apartment** AM [*or* BRIT **flat**] [*or* **accommodations**] Ferienwohnung *f;* ~ **holiday** Urlaub *m* mit Selbstverpflegung **self-'cen·sor·ship** *n no pl* Selbstkontrolle *f; of writer* Selbstzensur *f;* **to practise** ~ Selbstkontrolle üben **self-'cen·tred,** AM **self-'cen·tered** *n (pej)* selbstbezogen *pej,* egozentrisch *pej;* ~ **person** Egozentriker(in) *m(f);* ■ **the** ~ *pl* die Egozentriker *pl* **self-'cen·tred·ness** *n no pl* Ichbezogenheit *f,* Egozentrizität *f geh* **self-cer·ti·fi·'ca·tion** *n no pl* BRIT *(form)* ① MED selbst erstellte Krankmeldung *f* ② FIN Selbsteinschätzung *f* **self-cer·ti·fi·'ca·tion form** *n* ① MED Krankmeldung *f* ② FIN Steuererklärung *f* **self-'clean·ing** *adj inv* selbstreinigend **self-'clos·ing** *adj inv* von selbst schließend *attr* **self-'col·oured,** AM **self-'col·ored** *adj inv* uni, einfarbig, einfärbig ÖSTERR **self-com·'pla·cent** *adj* selbstzufrieden; ~ **attitude** Laisser-faire-Haltung *f* **self-com·'posed** *adj* beherrscht; **to remain** ~ gelassen [*o fam* cool] bleiben **self-con·'ceit** *n no pl* Einbildung *f,* Arroganz *f* **self-con·'ceit·ed** *adj* eingebildet, arrogant **self-con·dem·'na·tion** *n no pl* Selbstverdammung *f* **self-con·'fessed** *adj attr, inv* selbsterklärt; ***she's a ~ thief*** sie bezeichnet sich selbst als Diebin; ***she had a ~ fear of heights*** sie gab zu, dass sie Höhenangst hatte **self-'con·fi·dence** *n no pl* Selbstvertrauen *nt;* **to have** [**a tremendous amount of**] ~ [eine gehörige Portion] Selbstvertrauen haben; **to improve on one's** ~ sein Selbstvertrauen stärken; **to undermine one's/sb's** ~ sein/jds Selbstvertrauen schwächen **self-'con·fi·dent** *adj* selbstsicher, selbstbewusst **self-'con·fi·dent·ly** *adv* selbstbewusst, selbstsicher; **to act** [*or* **behave**] ~ selbstsicher auftreten **self-con'·figu·ring** *adj inv* selbstkonfigurierend **self-con·gratu·'la·tion** *n no pl* Selbstgefälligkeit *f* **self-con·gratu·'la·tory** *adj tone, remark* selbstgefällig; ■ **to be** ~ **about sth** sich *dat* etwas auf etw *akk* einbilden **self-'con·scious** *adj* gehemmt, verlegen; **a** ~ **laugh** ein verlegenes Lachen **self-'con·scious·ly** *adv* gehemmt; ***he ~ glanced into the mirror every few minutes*** alle paar Minuten schaute er verstohlen in den Spiegel; **to hope** ~ **that ...** bei sich *dat* hoffen, dass ... **self-'con·scious·ness** *n no pl* Gehemmtheit *f,* Verlegenheit *f,* Befangenheit (**in** in +*dat*); **to lose one's** ~ seine Hemmungen verlieren **self-con'suming** *adj* selbstverzehrend **self-con·'tained** *adj inv* ① *(complete)* selbstgenügsam; ~ **community** autarke Gemeinschaft ② *(separate)* ~ **apartment** separate Wohnung ③ *(taciturn)* verschlossen, unnahbar **self-con·'tempt** *n no pl* Selbstverachtung *f;* **to express** ~ Selbstverachtung zum Ausdruck bringen **self-contra·'dic·tory** *adj (form)* paradox *geh,* widersprüchlich; ~ **statement** widersprüchliche Aussage; ***I find your argument ~*** ich meine, dass Sie sich selbst widersprechen **self-con·'trol** *n no pl* Selbstbeherrschung *f;* **incredible** ~ unglaubliche Selbstdisziplin; **to exercise** ~ Selbstdisziplin üben; **to lose/regain one's** ~ die Fassung verlieren/wiedergewinnen **self-con·'trolled** *adj* beherrscht, souverän *geh* **self-cor·'rect·ing** *adj inv* selbstkorrigierend **self-'criti·cal** *adj* selbstkritisch **self-'criti·cism** *n no pl* Selbstkritik *f;* **to practise** ~ selbstkritisch sein **self-de·'ceit, self-de·'cep·tion** *n no pl* Selbstbetrug *m;* **pure** [*or* **sheer**] ~ reiner Selbstbetrug; **to resort to** ~ sich *dat* selbst etwas vormachen **self-de·'clared** *adj attr, inv* selbst ernannt **self-de·'feat·ing** *adj* aussichtslos; ~ **attempt** verzweifelter Versuch **self-de·'fence,** AM **self-de·'fense** *n no pl* Selbstverteidigung *f;* ***in ~, I have to say that ...*** zu meiner Verteidigung muss ich sagen, dass ...; **a course** [*or* **class**] **in** ~ ein Selbstverteidigungskurs *m;* **to kill sb in** ~ jdn in Notwehr töten; **to use sth in** ~ etw zur Selbstverteidigung benutzen **self-de·'lu·sion** *n* Selbstbetrug *m* **self-de·'ni·al** *n no pl* Selbsteinschränkung *f,* Selbstzucht *f;* **to practise** ~ Verzicht üben **self-'dep·re·cat·ing** *adj (form)* selbstironisch; ~ **humour/manner** Selbstironie *f* **self-'dep·re·cat·ing·ly** *adv (form)* selbstironisch; **to say sth** ~ etw in aller Bescheidenheit sagen **self-dep·re·'ca·tion** *n no pl (form)* Selbstironie *f* **self-dep·re·'ca·tory** *adj (form) see* **self-deprecating** **self-de·pre·ci'a·tion** *n no pl (form)* Selbstironie *f* **self-de·pre·ci'a·tory** *adj (form) see* **self-deprecating** **self-de·'struct** *vi* sich *akk* selbst zerstören; *materials* zerfallen; *missile* [zer]bersten; *tape* sich *akk* löschen **self-de·'struct but·ton** *n* der rote Knopf, Selbstauslöser *m* ▸ PHRASES: **to hit the** ~ den roten Knopf drücken **self-de·'struc·tion** *n no pl* Selbstzerstörung *f;* **to be capable of** ~ sich *akk* selbst zerstören können **self-de·'struc·tive** *adj* selbstzerstörerisch **self-de·ter·mi·'na·tion** *n no pl* POL Entschlusskraft *f,* Selbstbestimmung *f;* **the right of** [*or* **to**] ~ das Recht auf Selbstbestimmung **self-de·'vel·op·ment** *n no pl of a person* Selbstentfaltung *f* **self-'dis·ci·pline** *n no pl* Selbstdisziplin *f;* ■ **to have the** ~ **to do sth** die Selbstdisziplin haben, etw zu tun **self-'dis·ci·plined** *adj* selbstdiszipliniert **self-dis·'cov·ery** *n no pl* Selbsterfahrung *f;* **a journey of** ~ eine Reise ins Ich; **national** ~ nationale Identitätsfindung **self-dis·'gust** *n no pl* Selbstekel *m* **self-'doubt** *n no pl* Selbstzweifel *pl;* **moments of** ~ Augenblicke *pl* des Selbstzweifels; **to be filled with** ~ voller Selbstzweifel sein; **to be plagued by** ~**s** von Selbstzweifeln gequält werden **self-drama·ti·'za·tion** *n no pl* Dramatisieren *nt* der eigenen Person

'self-drive BRIT **I.** *adj attr, inv* Selbstfahrer-; ~ **hire car** Mietwagen *m;* **to provide a** ~ **car** einen Mietwagen zur Verfügung stellen
II. *n no pl* Selbstfahren *nt*

self-'edu·cat·ed *adj inv* autodidaktisch; ***he's ~*** er ist ein Autodidakt; ~ **person** Autodidakt(in) *m(f)*

self-ef·'face·ment *n no pl* Zurückhaltung *f*

self-ef·'fac·ing *adj* zurückhaltend, bescheiden

self-ef·'fac·ing·ly *adv* zurückhaltend, bescheiden

self-em·'ployed **I.** *adj inv* selbstständig; ***he is ~*** er ist selbstständig; ~ **builder** Bauunternehmer(in) *m(f);* ~ **lawyer** Anwalt *m*/Anwältin *f* mit eigener Kanzlei; ~ **person** Selbstständige(r) *f(m)*
II. *n* ■ **the** ~ *pl* die Selbstständigen

self-em·'ploy·ment *n no pl* Selbstständigkeit *f*

'self-en·er·gy *n* NUCL Ruheenergie *f* **self-es·'teem** *n no pl* Selbstwertgefühl *nt;* **to have no/high/low** ~ kein/hohes/geringes Selbstwertgefühl haben; **to boost/destroy one's** ~ sein Selbstwertgefühl stärken/zerstören **self-'evi·dent** *adj* offensichtlich, selbstverständlich; ■ **it is** ~ **that ...** es liegt auf der Hand, dass ... **self-'evi·dent·ly** *adv* offensichtlich **self-ex·ami·'na·tion** *n no pl* Selbstprüfung *f,* Selbsterforschung *f* **self-ex·'plana·tory** *adj* unmittelbar verständlich, selbsterklärend **self-ex·'pres·sion** *n no pl* Selbstdarstellung *f*

self-fi·'nanc·ing **I.** *n* ECON Eigenfinanzierung *f,* Selbstfinanzierung *f*
II. *adj inv* ***fees will have to treble to make the courses ~*** die Gebühren müssen verdreifacht werden, damit sich die Kurse selbst finanzieren können; ■ **to be** ~ sich *akk* selbst finanzieren; ~ **attribute** Selbstfinanzierungseigenschaft *f;* ~ **level** Selbstfinanzierungsgrad *m;* ~ **potential** Selbstfinanzierungspotenzial *nt;* ~ **project** Projekt *nt* in eigener Trägerschaft

self-'flat·tery *n no pl* Selbstschmeichelei *f,* Eigenlob *nt* SCHWEIZ **self-ful·'filled** *adj* zufrieden; ***I became ~*** ich war mit mir zufrieden **self-ful·'fill·ing** *adj inv* ■ **to be** ~ sich *akk* selbst bewahrheiten; ~ **prophecy** Selffulfilling Prophecy *f geh,* sich selbst erfüllende Prophezeiung **self-ful·'fil·ment,** AM **self-ful·'fill·ment** *n no pl* Selbstverwirklichung *f;* **great** ~ große Erfüllung; **to achieve/seek** ~ Erfüllung erreichen/suchen **self-'gov·ern·ing** *adj inv* selbstverwaltet; ~ **school** Privatschule *f;* ~ **trust** Fonds *m* in privater Trägerschaft **self-'gov·ern·ment** *n no pl* Selbstverwaltung *f;* **regional** ~ regionale Selbstverwaltung **self-'hate, self-'ha·tred** *n no pl* Selbsthass *m* **self-'heat·ing** *adj inv* [eigen]wärmeerzeugend; ~ **coffee** Kaffee, der sich von selbst erhitzt **self-'help** **I.** *n no pl* Selbsthilfe *f;* **to provide** ~ Selbsthilfe vermitteln **II.** *n modifier* Selbsthilfe-; ~ **group** Selbsthilfegruppe *f* **self-'help group** *n + sing/pl vb* Selbsthilfegruppe *f* (**for** für +*akk*); **to form a** ~ eine Selbsthilfegruppe gründen **self-'im·age** *n* Selbstbild *nt* **self-im·'port·ance** *n no pl* Selbstgefälligkeit *f* **self-im·'port·ant** *adj* selbstgefällig **self-im·'port·ant·ly** *adv* selbstgefällig; ***she often behaves rather ~ in public*** sie zieht in der Öffentlichkeit immer eine ziemliche Schau ab **self-im·'posed** *adj inv* selbst verordnet; ***her exile is ~*** sie hat sich ihr Exil selbst auferlegt; ~ **deadline** selbst gesetzter Termin **self-im·'prove·ment** *n no pl* [selbstständige] Weiterbildung **self-in·'crimi·nat·ing** *adj* sich *akk* selbst belastend **self-in·'duced** *adj inv* selbst verursacht; ~ **hysteria** gesteigerte Hysterie; ~ **vomiting** selbst herbeigeführtes Erbrechen **self-in·'dul·gence** *n* ① *no pl (hedonism)* Luxus *m;* **to afford** ~ es sich *dat* gutgehen lassen ② *(act)* Hemmungslosigkeit *f* **self-in·'dul·gent** *adj* genießerisch; ***I know it's ~ of me, but I'll just have another chocolate*** ich weiß, dass ich mich nicht beherrschen kann, aber ich nehme mir einfach noch eine Praline **self-in·'flict·ed** *adj inv* selbst zugefügt [*o* beigebracht]; ***the mental anguish she is feeling is ~*** den seelischen Schmerz, den sie empfindet, hat sie sich selbst zugefügt; ~ **wound** selbst zugefügte Verletzung **self-in·'surance** *n no pl* Eigenversicherung *f,* Selbstversicherung *f* **self-'in·ter·est** *n no pl* Eigeninteresse *f;* **to act from** [*or* **out of**] ~ eigennützig [*o* aus Eigennutz] handeln **self-'in·ter·est·ed** *adj attitudes, aims* eigennützig

self·ish ['selfɪʃ] *adj* selbstsüchtig; ***you need to learn how to be more ~ once in a while*** du musst lernen, öfter an dich selbst zu denken; ~ **motive** eigennütziges Motiv

self·ish·ly ['selfɪʃli] *adv* selbstsüchtig, eigennützig

self·ish·ness ['selfɪʃnəs] *n no pl* Selbstsucht *f*

self-jus·ti·fi·'ca·tion *n* Rechtfertigung *f;* **attempt at** ~ Versuch *m,* sich zu rechtfertigen **self-'jus·ti·fy·ing** *adj inv* sich selbst rechtfertigend **self-'knowl·edge** *n no pl* Selbsterkenntnis *f*

self·less ['selfləs] *adj* selbstlos

self·less·ly ['selfləsli] *adv* selbstlos

self·less·ness ['selfləsnəs] *n no pl* Selbstlosigkeit *f*

self-load·er [-'ləʊdəʳ, AM -'loʊdɚ] *n* Selbstladegewehr *nt* **self-load·ing** [-'ləʊdɪŋ, AM -'loʊ-] *adj inv* selbstladend; ~ **gun** Selbstladegewehr *nt* **self-'love** *n no pl* Eigenliebe *f,* Selbstliebe *f* **self-'made** *adj inv* Selfmade-; ~ **man** Selfmademan *m* **self-made 'man** *n* ECON Selfmademan *m* **self-'man·age·ment** *n no pl* ① *(of self)* Selbstmanagement *nt* ② POL Selbstverwaltung *f* **self-'mas·tery** *n no pl* Selbstbeherrschung *f* **self-'mock·ery** *n no pl* Selbstspott *m* **self-'mock·ing** *adj* sich *akk* selbst verspottend **self-'morph·ing** *adj inv chip* sich *akk* selbst überwachend [*o* regulierend] *attr* **self-'mo·ti·vat·ed** *adj* eigenmotiviert **self-muti·'la·tion** *n no pl* Selbstverstümmelung *f* **self-neg·'lect** *n no pl* Selbstvernachlässigung *f,* Sichgehenlassen *nt* **self-ob·'sessed** *adj* selbstsüchtig **self-o'pin·ion·at·ed** *adj* starrköpfig **'self-os·cil·la·tion** *n* ELEC Eigenschwingung *f* **'self-oxi·da·tion** *n* CHEM Autoxidation *f* **self-'paro·dy** *n no pl* Selbstironie *f* **self-per·'petu·at·ing** *adj* endlos andauernd *attr,* nicht enden wollend *attr* **self-'pity** *n no pl* Selbstmitleid *nt;* **to wallow in** ~ in Selbstmitleid schwelgen **self-'pity·ing** *adj (pej)* selbstbemitleidend; ■ **to be** ~ sich *akk* selbst bemitleiden; ~ **tirade** Tirade *f* des Selbstmitleids **self-po'lic·ing** *n no pl* Selbstregulierung *f* **self-'por·trait** *n* Selbstbildnis *nt;* **a ~ by Rembrandt** ein Selbstporträt *nt* von Rembrandt; **to draw/paint a ~** sich *akk* selbst porträtieren **self-pos·'sessed** *adj* selbstbeherrscht **self-pos·'ses·sion** *n no pl* Selbstbeherrschung *f;* **to have ~** beherrscht sein; **to recover one's ~** seine Beherrschung wiedererlangen **self-pre·ser·'va·tion** *n no pl* Selbsterhaltung *f;* **instinct for ~** Selbsterhaltungstrieb *m* **self-pro·'claimed** *adj inv* selbst ernannt **self-pro·'fessed** *adj inv* selbst ernannt **self-pro·'pelled** *adj inv* selbstangetrieben; **~ vehicle** Fahrzeug *nt* mit Eigenantrieb **self-pro·'tec·tion** *n no pl* Selbstschutz *m;* **for ~** zum Selbstschutz **self-'rais·ing, self-rais·ing 'flour** *n no pl* BRIT, AUS *Mehl, dem Backpulver beigemischt ist* **self-re·ali·'za·tion** *n no pl* Selbstverwirklichung *f* **self-ref·er·en·tial** [ˌselfrefəˈren(t)ʃəl] *adj literary work, film* selbstreferenziell **self-re·'flec·tion** *n no pl* Selbstbetrachtung *f* **self-re·'gard** *n no pl* Rücksicht *f* auf sich *akk* selbst **self-'regu·lat·ing, self-regu·'la·tory** *adj inv* selbstverwaltend **self-regu·'la·tion** *n no pl* ECON Selbstverwaltung *f; of an industry* Selbststeuerung *f* **self-regu·'la·tory** *adj* ECON selbstverwaltend **Self-Regu·la·tory Or·gani·'za·tion** *n* ECON Selbstüberwachungsorgan *nt* **self-re·'li·ance** *n no pl (approv)* Selbstvertrauen *nt;* **to build sb's ~** jds Selbstvertrauen stärken **self-re·'li·ant** *adj* selbstbewusst, selbstsicher **self-re·'proach** *n no pl* Selbstvorwurf *m* **'self-reso·nance** *n* PHYS Eigenresonanz *f* **self-re·'spect** *n no pl* Selbstachtung *f;* **to lose all ~** jede Selbstachtung verlieren; **to take away sb's ~** jdn seiner Selbstachtung berauben **self-re·'spect·ing** *adj attr* ① *(having self-respect)* Selbstachtung besitzend; **~ government** ernst zu nehmende Regierung ② *(esp hum: good)* anständig, ehrenhaft; **no ~ person** niemand, der was auf sich hält **self-re·'straint** *n no pl* Selbstbeherrschung *f;* **to display** [*or* **exercise**] [*or* **exhibit**] [*or* **show**] **~** Selbstbeherrschung an den Tag legen **self-'right·eous** *adj* selbstgerecht **self-'right·eous·ly** *adv* selbstgerecht **self-'right·eous·ness** *n no pl* Selbstgerechtigkeit *f* **self-ris·ing 'flour** *n no pl* AM *Mehl, dem Backpulver beigemischt ist* **self-'rule** *n no pl* Selbstverwaltung *f;* **to move to ~** zur Selbstverwaltung übergehen **self-'sac·ri·fice** *n no pl* Selbstaufopferung *f;* **to require** [*or* **demand**] **~** Opferbereitschaft verlangen **self-sac·ri·fic·ing** [-ˈsækrɪfaɪsɪŋ, AM -rə-] *adj* hingebungsvoll; **to become ~** opferbereit werden **'self-same** *adj attr, inv* ■ **the ~ ...** genau derselbe/dieselbe/dasselbe ... **self-sat·is·'fac·tion** *n no pl* Selbstzufriedenheit *f;* **to feel ~** mit sich *dat* [selbst] zufrieden sein **self-'sat·is·fied** *adj* selbstzufrieden, selbstgefällig **self-'seal·ing** *adj inv* ① *(sealing itself)* **~ envelope** selbstklebender Umschlag ② TECH selbstdichtend; *fuel tank* schusssicher **self-'seek·ing** *(form)* **I.** *n no pl* Selbstsucht *f;* **to accuse sb of ~** jdm Selbstsucht vorwerfen **II.** *adj* selbstsüchtig **self-se'lect·ed** *adj inv* selbst [aus]gewählt, freiwillig; **~ students** aus freier Entscheidung Studierende

self-'ser·vice I. *n no pl* Selbstbedienung *f*
II. *n modifier (restaurant)* Selbstbedienungs-; **~ cafeteria** Cafeteria *f* mit Selbstdienung; **~ laundry** Selbstbedienungswaschautomat *m;* **~ store** [*or* **shop**] Selbstbedienungsladen *m,* SB-Laden *m*

self-'serv·ing *adj (form)* selbstsüchtig **self-'start·er** *n* ① *(dated)* Starter *m,* Anlasser *m* ② *(person)* Senkrechtstarter(in) *m(f)* **'self-styled** *adj attr* so genannte(r, s); **~ expert** so genannter Experte/so genannte Expertin **self-suf·'fi·cien·cy** *n no pl* Selbstversorgung *f,* Eigenständigkeit *f;* **economic ~** Autarkie *f geh* **self-suf·'fi·cient** *adj* selbstversorgend, autark *geh;* **a ~ creature** ein selbstständiges Wesen; **to be ~ in food** sich *akk* selbst mit Nahrung versorgen **self-sup·'port·ing** *adj inv* ① *(independent)* finanziell unabhängig; ■ **to be ~** sich *akk* selbst finanzieren; ***the vast majority of students here are ~*** die große Mehrheit der Studenten hier finanziert ihr Studium selbst ② ARCHIT selbsttragend *fachspr;* **~ mast** frei stehender Mast **self-sus·'tain·ing** *adj* selbststärkend; **~ regional development** eigenständige Regionalentwicklung; *(financially)* [sich] selbstunterhaltend **self-'tan·ner** [ˌselfˈtænəʳ, AM -ɚ] *n* Selbstbräuner *m* **self-tan·ning 'for·mu·la, self-tan·ning 'lo·tion** [ˌselftænɪŋˈ-] *n* Selbstbräunungscreme *f* **self-tap·ping 'screw** *n* Treibschraube *f* **self-'taught** *adj inv* ① *(educated)* selbst erlernt; **~ person** Autodidakt(in) *m(f)* ② *(acquired)* autodidaktisch; ***almost all of her knowledge is ~*** sie hat sich fast ihr gesamtes Wissen selbst beigebracht **self-'test** COMPUT **I.** *n* Selbsttest *m;* **to do** [*or* **perform**] **a ~** einen Selbsttest machen **II.** *vi* einen Selbsttest machen **self-'will** *n no pl* Eigenwilligkeit *f,* Eigensinn *m* **self-willed** [-ˈwɪld] *adj* starrköpfig, dickköpfig **self-wind·ing 'watch** *n* Armbanduhr *f* mit Selbstaufzug **self-'worth** *n no pl* Selbstwert *m;* **to derive one's ~ from one's work** seinen Selbstwert aus seiner Arbeit beziehen; **to feel ~** sich *akk* wertvoll fühlen

sell [sel] **I.** *vt* <sold, sold> ① *(for money)* ■ **to ~ sth to sb** [*or* **sb sth**] jdm etw verkaufen; ***we'll be ~ing the tickets at £50 each*** wir verkaufen die Karten für 50 Pfund das Stück; ***I sold him my car for £600*** ich verkaufte ihm mein Auto für 600 Pfund; **to ~ sth [for sb] on consignment** AM etw [für jdn] in Zahlung nehmen; **to ~ sth [to sb] on credit** [jdm] etw auf Kredit verkaufen; **to ~ [sb] sth at a loss/profit** [jdm] etw mit Verlust/Gewinn verkaufen; **to ~ [sb] sth at a price** [jdm] etw zu einem Preis verkaufen; **to ~ property** Besitz veräußern; **to ~ sb into slavery/prostitution** jdn in die Sklaverei/Prostitution verkaufen; **to ~ sth wholesale/retail** etw im Großhandel/Einzelhandel verkaufen; **to ~ sth as is** etw ohne Mängelgewähr verkaufen
② *(persuade)* ■ **to ~ sth to sb** [*or* **sb** [**on**] **sth**] jdn für etw *akk* gewinnen; ***she's really sold on the idea of buying a new car*** sie ist echt begeistert von der Idee, ein neues Auto zu kaufen; ■ **to ~ oneself** sich *akk* verkaufen *fam,* Anklang finden; **to ~ an idea/a proposal to sb** jdm eine Idee/einen Vorschlag schmackhaft machen *fam;* ***how do you plan to ~ her on your proposal?*** wie wollen Sie sie für Ihren Vorschlag gewinnen?
▸ PHRASES: **to ~ one's** __**body**__ [*or* **oneself**] seinen Körper verkaufen; **to ~ sb a** __**pup**__ BRIT, AUS [*or* AM **a** __**bill**__ **of goods**] jdm etw andrehen *pej fam;* **to ~ sb down the** __**river**__ jdn im Regen stehenlassen *fam;* **to ~ sth** __**short**__ etw schlechtmachen; **to ~ one's** __**soul**__ [**to the devil**] [dem Teufel] seine Seele verkaufen; **to ~ oneself** __**short**__ das eigene Licht unter den Scheffel stellen, sich *akk* unter Wert verkaufen
II. *vi* <sold, sold> ① *(give for money)* verkaufen; ***I don't care what you offer me, I'm not ~ing*** mir ist es egal, was Sie mir bieten, ich verkaufe nicht
② *(attract customers)* sich *akk* verkaufen; ■ **to ~ for** [*or* **at**] **sth** für etw *akk* zu haben sein; **to ~ well/badly** sich *akk* gut/schlecht verkaufen, gut/schlecht gehen *fam*
③ STOCKEX **to ~ short** leerverkaufen
▸ PHRASES: **to ~ like** __**hot**__ **cakes** wie warme Semmeln [*o* SCHWEIZ Brötchen] weggehen
III. *n* ① *no pl* Ware *f;* **to be a hard** [*or* **tough**]/**soft ~** schwer/leicht verkäuflich sein
② *(promotion)* Werbung *f*
③ *(fam: letdown)* Herunterlassen *nt*
④ ECON Verkauf *m,* Verkaufstaktik *f,* Verkaufsstrategie *f;* STOCKEX ■ **to be a ~** *shares* zum Verkauf stehen; **to give a product the hard ~** ein Produkt aggressiv verkaufen; ***he tried to give me the hard ~*** er versuchte auf aggressive Art, mich zum Kauf zu bewegen; **soft ~** diskreter [*o* zurückhaltender] Verkauf

◆**sell off** *vt* ■ **to ~ off** ↻ **sth** etw verkaufen; ECON etw abstoßen; FIN etw liquidieren; **to ~ sth off cheap/at half price** etw billig/zum halben Preis verkaufen

◆**sell out I.** *vi* ① *entire stock* ausverkaufen; ***I'm sorry, we've sold out*** es tut mir leid, aber wir sind ausverkauft; **to ~ out of a brand/goods** eine Serie/Waren vollständig absetzen [*o* ausverkaufen]
② *(be completely booked) performances* ■ **to be sold out** ausverkauft sein
③ FIN *(sell business)* seine Firma verkaufen; ■ **to ~ out to sb** an jdn verkaufen
④ *(do what others want)* ■ **to ~ out to sb** sich *akk* jdm [*o* an jdn] verkaufen; ***they've sold out to the road transport lobby*** sie haben sich ganz in den Dienst der Straßentransportlobby gestellt
⑤ *(betray)* sich *dat* selbst untreu werden; ■ **to ~ out on sb** jdn übers Ohr hauen *fam*
II. *vt* ① *entire stock* ■ **to be sold out** ausverkauft sein
② *(pej fam: betray)* ■ **to ~ out** ↻ **sb/sth** jdn/etw verraten; **to ~ out one's country** sein Land verraten
③ *(sell)* ■ **to ~ out** ↻ **sth** etw veräußern; **to ~ out one's interests/shares** seine Anteile/Aktien verkaufen [*o* abstoßen]

◆**sell up** BRIT, AUS **I.** *vi* [eine Firma komplett] verkaufen; ***this is a terrible location for a store — they'll be forced to ~ up in a year*** dies ist kein guter Standort für einen Laden – in einem Jahr werden sie ihn aufgeben müssen
II. *vt* ■ **to ~ up** ↻ **sth** etw verkaufen; **to ~ up a business/property** eine Firma/Besitz verkaufen

sell·able [ˈseləbl] *adj* [gut] verkäuflich; ***what is your store's most ~ item?*** welches Produkt Ihres Geschäftes lässt sich am besten verkaufen?; ***I'm convinced that my idea is ~*** ich bin mir sicher, dass sich meine Idee verkaufen lässt

'sell·back *n* **~ price** FIN Andienungspreis *m;* **~ right** Andienungsrecht *nt*

'sell-by date *n esp* BRIT Mindesthaltbarkeitsdatum *nt;* **past the ~** nach Ablauf des Mindesthaltbarkeitsdatums; **to be past one's ~** *(hum fam)* seine besten Jahre hinter sich *dat* haben

sell·er [ˈseləʳ, AM -ɚ] *n* ① *(person)* Verkäufer(in) *m(f);* **flower ~** Blumenverkäufer(in) *m(f);* **~ of securities** FIN Wertpapierverkäufer(in) *m(f)*
② *(product)* Verkaufsschlager *m*

sell·er's 'mar·ket, sell·ers' 'mar·ket *n* Verkäufermarkt *m*

sell·ing [ˈselɪŋ] *n no pl* Verkaufen *nt;* **buying and ~** Kaufen und Verkaufen *nt,* An- und Verkauf *m*

'sell·ing costs *npl* Verkaufskosten *pl* **'sell·ing date** *n* Verkaufszeitpunkt *m* **'sell·ing point** *n* Kaufattribut *nt* **'sell·ing price** *n* Kaufpreis *m,* Verkaufspreis *m;* **to lower the ~** den Kaufpreis senken; FIN, LAW Veräußerungspreis *m* **'sell·ing rate** *n* FIN Abgabekurs *m,* Verkaufskurs *m*

'sell-off *n* ① *of shares* Verkauf *m;* **to trigger** [*or* **spark**] [*or* **cause**] **a ~ of shares** den Verkauf von Aktien verursachen [*o* auslösen]
② *(privatization)* Aktienverkauf *m*

Sel·lo·tape® [ˈselə(ʊ)teɪp] *n no pl* BRIT Tesafilm® *m,* Tixo® *nt* ÖSTERR; **a roll of ~** eine Rolle Tesafilm [*o* ÖSTERR Tixo] [*o* SCHWEIZ Klebeband]

sel·lo·tape [ˈselə(ʊ)teɪp] *vt* BRIT ■ **to ~ sth** etw mit Tesafilm [*o* ÖSTERR Tixo] befestigen; ***she ~d the torn pages back into the book*** sie klebte die ausgerissenen Seiten mit Tesafilm wieder ins Buch ein; **to ~ a message to a door** eine Nachricht mit Tesafilm an einer Tür befestigen

'sell-out I. *n* ① *(approv: sales)* Ausverkauf *m;* ***the concert was a ~*** das Konzert war ausverkauft
② *(betrayal)* Auslieferung *f*
II. *n modifier* ① *(sales)* ausverkauft; **~ crowd** ausverkauftes Haus; **~ season** Ausverkauf *m*
② *(deceptive) character* betrügerisch

selt·zer, selt·zer wa·ter [ˈseltsɚ-] *n no pl* AM Selters *f*

sel·vedge, *esp* AM **sel·vage** [ˈselvɪdʒ] *n* Salband *nt*/-leiste *f,* Webrand *m*/-kante *f*

selves [selvz] *n pl of* **self**

se·man·tic [sɪˈmæntɪk] *adj inv unit* semantisch *fachspr*

se·manti·cal·ly [sɪˈmæntɪkli] *adv inv* semantisch *fachspr;* **~ related** semantisch verbunden

se·man·ti·cist [sɪˈmæntɪsɪst, AM t̬ə] *n* Semantiker(in) *m(f)*

se·man·tics [sɪˈmæntɪks] *n + sing vb* ① *(science)*

Semantik *f kein pl fachspr*
❷ *(meaning) of word, sentence, text* Bedeutung *f*
sema·phore ['seməfɔːʳ, AM -fɔːr] **I.** *n* ❶ *no pl (system of communication)* Semaphor *nt o* ÖSTERR *m fachspr,* Winkeralphabet *nt*
❷ *(apparatus)* Semaphor *nt o* ÖSTERR *m fachspr,* Signalmast *m*
❸ COMPUT *(coordination of jobs)* Semaphor *m*
II. *vt* ■**to ~ sth [to sb]** [jdm] etw signalisieren
'sema·phore sig·nal *n* Semaphorsignal *nt fachspr;* **to send ~s** Semaphorsignale aussenden
sem·blance ['semblən(t)s] *n no pl (form)* Erscheinungsbild *nt,* Anschein *m;* ***Mike has the job of creating some vague ~ of organization out of this chaos*** Mike hat die Aufgabe, so etwas wie Ordnung in dieses Chaos zu bringen; **~ of normality** [*or* **normal life**] Anschein *m* von Normalität; ***in spite of her disability, she has been able to maintain a ~ of normal life*** trotz ihrer Behinderung schafft sie es, ein einigermaßen normales Leben zu führen
se·men ['siːmən] *n no pl* Sperma *nt*
se·mes·ter [sɪ'mestəʳ, AM sə'mestɚ] *n esp* AM, AUS Semester *nt;* **~ of college** Collegesemester *nt;* **summer/winter ~** Sommer-/Wintersemester *nt;* **to take eight/ten ~s** acht/zehn Semester brauchen
semi <*pl* -s> ['semi] *n (fam)* ❶ BRIT, AUS *(house)* Doppelhaushälfte *f*
❷ AM, AUS *(truck)* Sattelschlepper *m*
❸ SPORT Halbfinale *nt;* **to make it to the ~s** es bis ins Halbfinale schaffen
semi-'annual *adj* halbjährlich; **~ report** FIN Halbjahresbericht *m* **semi-auto·bio·'graphi·cal** *adj inv novel* halbautobiografisch **semi-auto·'mat·ic** *adj inv* ❶ MIL **~ weapons** halbautomatische Waffen ❷ TECH halbautomatisch; **~ gearbox** halbautomatische Schaltung **'semi·bold** TYPO **I.** *adj inv* halbfett *fachspr* **II.** *n no pl* halbfette Schrift *fachspr* **'semi·breve** ['semibriːv] *n esp* BRIT, AUS MUS halbe Note **'semi·cir·cle** *n* Halbkreis *m;* **to form a ~** einen Halbkreis bilden; **to gather around in a ~** sich *akk* in einem Halbkreis aufstellen **semi-'cir·cu·lar** *adj inv formation* halbkreisförmig; **to be placed in a ~ arrangement** halbkreisförmig angeordnet sein **semi·'co·lon** *n* Semikolon *nt,* Strichpunkt *m* **semi·con·'duct·ing** *adj inv* ELEC halbleitend; **~ compound** Halbleiter *m* **semi·con·'duc·tor** *n* Halbleiter *m* **semi-'con·scious** *adj inv* halb bewusstlos; *feeling, memory* teilweise unbewusst; ■**to be ~** halb bei Bewusstsein sein **semi-'con·scious·ness** *n no pl* **to regain ~** das Bewusstsein teils wiedererlangen **semi-'cyl·in·der** *n* MATH Halbzylinder *m fachspr* **semi-'dark·ness** *n no pl* Halbdunkel *nt;* **in ~** im Halbdunkel[n] **semi-de·'tached I.** *n* Doppelhaushälfte *f;* **to live in a ~** in einer Doppelhaushälfte leben **II.** *adj inv* Doppelhaus- **semi-de·tached 'house** *n* Doppelhaushälfte *f* **semi-'fi·nal** *n* Halbfinale *nt;* **to advance to** [*or* **get through to**] [*or* **reach**] **the ~** das Halbfinale erreichen, ins Halbfinale einziehen; **to be eliminated in the ~** im Halbfinale ausscheiden **semi-'fi·nal·ist** *n* SPORT Halbfinalist(in) *m(f);* **to meet the ~** auf den Halbfinalisten treffen **semi-'fin·ished** *adj inv product* halbfertig; **~ good** Halbfabrikat *nt* **semi-in·de·'pend·ent** *adj inv* zum Teil eigenständig **semi-'lit·er·ate** *adj inv text* schlecht geschrieben
semi·nal ['semɪnəl, AM -mən-] *adj* ❶ *(form: important) role* tragend *geh; work, article* bedeutend
❷ *attr, inv* ANAT Samen-; **~ discharge** Samenerguss *m*
semi·nal 'flu·id *n* Samenflüssigkeit *f* **semi·nal 'vesi·cle** *n* ANAT Samenblase *f fachspr*
semi·nar ['semɪnɑːʳ, AM -ənɑːr] *n* ❶ UNIV Seminar *nt;* **to attend a ~** ein Seminar besuchen
❷ *(workshop)* Seminar *nt,* Kursus *m;* **~ on communication skills** Rhetorikkurs *m;* **training ~** Übung *f;* **to give** [*or* **hold**] **a ~ on sth** ein Seminar über etw *akk* abhalten
semi·nar·ian [ˌsemi'neəriən, AM 'neri] *n* Seminarist *m*
'semi·nar room *n* Seminarraum *m*
semi·nary ['semɪnəri, AM -neri] *n* Priesterseminar *nt*
semi-of·'fi·cial *adj inv* halboffiziell; **~ press release** halboffizielle Pressemeldung
se·mi·ot·ic [ˌsemi'ɒtɪk, AM -'ɑːt̬ɪk] *adj inv* semiotisch
se·mi·ot·ics [ˌsemi'ɒtɪks, AM ˌsiːmi'ɑːt̬ɪks] *n + sing vb* LING Semiotik *f kein pl fachspr*
semi-'per·ma·nent *adj inv* halbpermanent **semi-'per·me·able** *adj inv* TECH halbdurchlässig **semi-'pre·cious** *adj inv* **~ stone** [*or* **gem**] Halbedelstein *m* **semi-pro·'fes·sion·al,** *fam* **'semi-pro I.** *adj inv* Amateur-; **~ league** Amateurliga *f;* **~ musician** Amateurmusiker(in) *m(f)*
II. *n* Amateur(in) *m(f)* **semi-'public** *adj* halböffentlich; **~ enterprise** halbstaatliches Unternehmen **'semi·qua·ver** *n esp* BRIT, AUS Sechzehntel[note] *f* **semi-re·'tired** *adj inv* **~ senior partner** Seniorpartner/Seniorpartnerin, der/die sich weitgehend aus dem Berufsleben zurückgezogen hat **semi-re·'tire·ment** *n no pl* ≈ Vorruhestand *m* **semi-'ru·ral** *adj inv* halbländlich **semi-'skilled** *adj inv* angelernt; **~ work** Anlerntätigkeit *f;* **~ worker** angelernte Arbeitskraft **semi-skimmed 'milk** *n no pl* Halbfettmilch *f* **semi-'sweet** *adj inv* leicht gezuckert; **~ biscuits** Kräcker *pl,* Salzgebäck *nt;* **~ chocolate** Halbbitterschokolade *f;* **~ wine** lieblicher Wein
Se·mite ['siːmaɪt, AM 'sem-] *n* Semite, Semitin *m, f*
Se·mit·ic [sə'mɪtɪk, AM -t̬ɪk] *adj inv* semitisch; **the ~ empire** das Reich der Semiten
'semi·tone *n* Halbton[schritt] *m* **semi-'trail·er** *n* AM, AUS ❶ *(truck)* Sattelschlepper *m* ❷ *(trailer)* Anhänger *m (für Sattelschlepper)* **semi-'tropi·cal** *adj see* **subtropical semi-'ur·ban** *adj inv* halbstädtisch **semi·'va·cant** *adj inv (fig) eyes* abwesend **'semi·vow·el** *n* Halbvokal *m fachspr*
semo·'li·na [ˌseməl'iːnə, AM -ə'liː-] *n no pl* Gries *m;* **durum wheat ~** Hartweizengries *m*
sem·pi·ter·nal [ˌsempɪ'tɜːnəl, AM 'tɜːr] *adj inv* ewig, immerwährend
semp·stress ['sem(p)strɪs] *n see* **seamstress**
Sem·tex® ['semteks] *n no pl* Semtex® *nt (schwer nachweisbarer Sprengstoff)*
Sen *n* POL *abbrev of* **senator**
SEN [ˌesiː'en] *n* BRIT *abbrev of* **State Enrolled Nurse** staatlich geprüfte Krankenschwester/staatlich geprüfter Krankenpfleger
sen·ate ['senɪt] **I.** *n no pl, + sing/pl vb* POL, LAW, UNIV Senat *m;* **the US S~** der US-Senat; **the French S~** der oberste Gerichtshof Frankreichs
II. *n modifier* POL **~ hearing** Senatsanhörung *f;* **S~ Democrat** Demokrat/Demokratin im US-Senat
sena·tor ['senətəʳ, AM -t̬ɚ] *n* ❶ *(member)* Senator(in) *m(f)*
❷ *(title)* ■**S~** Senator
sena·to·rial [ˌsenə'tɔːriəl] *adj inv esp* AM *(form)* Senats-; **~ candidate** Senatskandidat(in) *m(f);* **~ committee** Senatsausschuss *m*
send <sent, sent> [send] **I.** *vt* ❶ *(forward)* ■**to ~ [sb] sth** [*or* **to ~ sth to sb**] jdm etw [zu]schicken; **to ~ sth by airmail/post** etw per Luftpost/mit der Post schicken; **to ~ cash/a cheque** Bargeld/einen Scheck schicken; **to ~ one's comments about sth** etw kommentieren; **to ~ flowers/a telegram to sb** jdm Blumen/ein Telegramm schicken; **to ~ invitations** Einladungen verschicken; **to ~ sb a message/warning** jdm eine Nachricht/Warnung zukommen lassen; **to ~ a signal to sb** jdm etw signalisieren; **to ~ word [to sb] [that ...]** *(form liter)* [jdm] Mitteilung machen[, dass ...] *geh;* ***she sent word with her secretary that ...*** sie ließ durch ihre Sekretärin mitteilen, dass ...
❷ *(pass on)* ■**to ~ sb sth** [*or* **to ~ sth to sb**] jdm etw übermitteln [lassen]; ***be sure to ~ my compliments to the chef*** ein Kompliment an den Küchenchef [*o* die Küche]; ***Maggie ~s her love and hopes you'll feel better soon*** Maggie lässt dich grüßen und wünscht dir gute Besserung; ***be sure to ~ them my regrets*** bitte entschuldige mich bei ihnen; ***she sent a message with John to say that she couldn't come*** sie ließ durch John ausrichten, dass sie nicht kommen konnte; **to ~ one's regards** [*or* **respects**] [*or* **greetings**] Grüße übermitteln [lassen]
❸ *(dispatch)* ■**to ~ sb somewhere** jdn irgendwohin schicken; ■**to ~ sb to do sth** jdn schicken, etw zu tun; ■**to ~ sb as sth** *representative* jdn als etw *akk* schicken; ■**to ~ sb for sth** jdn nach etw *dat* [los]schicken; **to ~ sb to prison** jdn ins Gefängnis stecken; **to ~ reinforcements** Verstärkung schicken; **to ~ sb on a trip** jdn auf eine Reise schicken
❹ *(transmit)* ■**to ~ sth** etw senden [*o* übertragen]; **to ~ a message in Morse code** eine Nachricht morsen; **to ~ a signal** ein Signal aussenden
❺ *(propel)* ■**to ~ sth somewhere** etw irgendwohin bewegen; ***the force of the blast sent shock waves in all directions*** durch die Wucht der Explosion breitete sich in allen Richtungen eine Druckwelle aus
❻ *(cause)* ■**to ~ sth in sth** jdn in etw *akk* versetzen; ***her jokes sent me into fits of laughter*** über ihre Witze musste ich schallend lachen; ***watching television always ~s me to sleep*** beim Fernsehen schlafe ich immer ein; ■**to ~ sb/sth doing sth** dazu führen, dass jd/etw etw tut; ***the dry weather has sent vegetable prices soaring*** durch das trockene Wetter sind die Gemüsepreise in die Höhe geschnellt; ***the news sent him running back to the house*** die Nachricht ließ ihn wieder ins Haus laufen; **to ~ sb into a panic** jdn in Panik versetzen; **to ~ shivers down sb's spine** jdm Schauer über den Rücken jagen
❼ BRIT *(make)* **to ~ sb crazy** [*or* **mad**]/**wild** jdn verrückt/wild machen
❽ *(fam: affect)* ■**to ~ sb** jdn emotional treffen
►PHRASES: **to ~ sb to Coventry** jdn schneiden; **to ~ sb flying** jdn zu Boden schicken; **to ~ sb packing** *(fam)* sagen, dass jd verschwinden soll *fam*
II. *vi* ***we have to ~ to Ireland to get a replacement*** wir müssen Irland informieren, um einen Ersatz zu bekommen; ***is there any way we can ~ to warn him?*** können wir ihm irgendwie eine Warnung zukommen lassen?
◆**send ahead** *vt* ■**to ~ ahead ○ sth** etw vorausschicken; **to ~ one's luggage/a trunk ahead** sein Gepäck/einen Koffer aufgeben
◆**send away I.** *vi* ■**to ~ away for sth** sich *dat* etw zuschicken lassen; **to ~ away for a brochure** eine Broschüre anfordern
II. *vt* ■**to ~ sb away** jdn wegschicken; ■**to ~ sb away somewhere** jdn irgendwohin schicken
◆**send back** *vt* ■**to ~ back ○ sth** etw zurückschicken
◆**send down I.** *vt* ❶ BRIT UNIV ■**to ~ sb down** jdn relegieren *geh* [*o* von der Hochschule verweisen]
❷ BRIT LAW ■**to ~ down ○ sb** jdn verurteilen; ***he was sent down for five years*** er wurde zu fünf Jahren Gefängnis verurteilt; **to ~ sb down for theft** jdn wegen Diebstahls zu einer Gefängnisstrafe verurteilen
❸ *(reduce level)* ■**to ~ down ○ sth** etw senken; **to ~ down a currency** eine Währung sinken lassen; **to ~ down sb's temperature** jds Fieber senken
II. *vi* ■**to ~ down for sth** nach etw *dat* schicken
◆**send for** *vi* ❶ *(summon)* ■**to ~ for sb** jdn rufen, nach jdm schicken; **to ~ for a doctor** einen Arzt rufen
❷ *(ask)* ■**to ~ for sth** *a brochure* etw anfordern; **to ~ for help** Hilfe holen; ***don't worry, you'll be fine — I've sent for help*** keine Angst, es geht dir bald besser – Hilfe ist unterwegs
◆**send forth** *vt* ❶ *(liter: dispatch)* ■**to ~ forth ○ sb** jdn fortschicken; ***who has sent you forth on this journey?*** wer hat euch auf diese Reise geschickt?
❷ *(form: emit)* ■**to ~ forth ○ sth** etw aussenden [*o* abgeben]
◆**send in I.** *vt* ❶ *(submit)* ■**to ~ in ○ sth** *a bill* etw einsenden [*o* einreichen]; **to ~ in a comment/report** einen Kommentar/Bericht einschicken; **to ~ in an order** eine Bestellung aufgeben; **to ~ in a resignation** ein Rücktrittsgesuch einreichen
❷ *(dispatch)* ■**to ~ in ○ sb/sth** jdn/etw einsetzen; **to ~ in reinforcements** Verstärkung einsetzen

II. *vi* to ~ **in for information** Informationen anfordern

◆**send off** I. *vt* 1 *(post)* ■**to ~ off ↔ sth** etw abschicken; **to ~ off a letter** einen Brief abschicken; **to ~ off a parcel** ein Paket aufgeben

2 BRIT, AUS SPORT ■**to ~ off ↔ sb** jdn des Platzes verweisen; **to get sent off** einen Platzverweis bekommen

3 *(dismiss)* ■**to ~ off ↔ sb** jdn wegschicken

4 *(dispatch)* ■**to send off ↔ sb somewhere** jdn irgendwohin fortschicken

II. *vi* ■**to ~ off for sth** sich *dat* etw zuschicken lassen, etw anfordern; **to ~ off for a brochure** eine Broschüre anfordern

◆**send on** *vt* ■**to ~ on ↔ sth** *letters* etw nachsenden

◆**send out** I. *vi* ■**to ~ out for sth** etw telefonisch bestellen; **to ~ out for pizza** Pizza bestellen

II. *vt* 1 *(emit)* ■**to ~ out ↔ sth** etw aussenden [*o* abgeben]; ***the chimney is ~ing out billows of smoke*** aus dem Schornstein steigen Rauchwolken auf; **to ~ out heat** Hitze abgeben; **to ~ out a signal** ein Signal aussenden

2 *(post)* ■**to ~ out ↔ sth [to sb]** etw [an jdn] verschicken

3 *(dispatch)* ■**to ~ out ↔ sb** jdn aussenden; **to ~ out a search party** einen Spähtrupp aussenden

◆**send up** *vt* 1 *(bring up)* ■**to ~ up ↔ sth** etw zuschicken; ***I've asked for some samples to be sent up from the stores*** ich habe um die Zusendung einiger Muster aus dem Lager gebeten

2 AM *(incarcerate)* ■**to ~ up ↔ sb** jdn inhaftieren; ***how many years were you sent up for?*** wie viele Jahre warst du im Gefängnis?

3 *(fam: parody)* ■**to ~ up ↔ sb** jdn nachäffen *fam*

4 *(force up)* ■**to ~ up ↔ sth** etw ansteigen lassen; **to ~ up prices** Preise ansteigen lassen; **to ~ up sb's temperature** das Fieber in die Höhe treiben

send·er ['sendəʳ, AM -ɚ] *n* Einsender(in) *m(f)*, Absender(in) *m(f)*; **return to ~ — not known at this address** Empfänger unbekannt verzogen

'send-off *n* Verabschiedung *f*; **to give sb a ~** jdn verabschieden; ***they gave him quite a ~ when he left for the navy*** sie gaben für ihn eine Abschiedsparty, als er zur Navy ging

'send-up *n (fam)* Parodie *f*; **to do a ~ of sb/sth** jdn/etw parodieren

sen·eca oil ['senɪkə-] *n no pl* CHEM Petroleum *nt*

Sen·egal [ˌsenɪ'gɔːl] *n* Senegal *m*

Sen·ega·lese [ˌsenɪgə'liːz] I. *adj inv* senegalesisch

II. *n* <*pl* -> Senegalese, Senegalesin *m, f*

Sen·egal gum ['senɪgɔːl, AM 'senɪgɔːl, -gɑːl, 'senəgəl] *n no pl* CHEM Gummiarabikum *nt*

se·nes·cence [sɪ'nesən(t)s, AM sə'-] *n no pl* Alter *nt*, Altern *nt*

se·nes·cent [sɪ'nesənt, AM sə'-] *adj inv* alternd; **~ people** alternde Menschen

se·nile ['siːnaɪl] *adj* senil; **to go ~** senil werden

se·nile de·'men·tia *n no pl* senile Demenz

se·nil·ity [sɪ'nɪləti, AM sə'nɪləṱi] *n no pl* Senilität *f*

sen·ior ['siːniəʳ, AM -njɚ] I. *adj inv* 1 *(form: older)* älter

2 *attr (chief)* Ober-; **~ executive** Vorstandsvorsitzende(r) *f(m)*

3 *employee* vorgesetzt; ■**to be ~ to sb** jds Vorgesetzte(r) sein; ***she's ~ to me*** sie ist meine Vorgesetzte

4 *(after name)* ***the Wisemans S~*** die alten Wisemans

II. *n* 1 *(older person)* Senior(in) *m(f)*; ***she's my ~ by three years*** sie ist drei Jahre älter als ich

2 *(employee)* Vorgesetzte(r) *f(m)*

3 AM *(pensioner)* Rentner(in) *m(f)*

4 *(pupil)* Oberstufenschüler(in) *m(f)* *(in Großbritannien und USA Bezeichnung für Schüler einer Highschool oder einer Collegeabgangsklasse)*

sen·ior 'citi·zen *n* ■**~s** *pl* ältere Menschen **sen·ior 'citi·zen cen·tre** *n* Altenzentrum *nt*

sen·ior 'class *n + sing/pl vb* AM Abschlussklasse *f*

sen·ior 'debts *npl* vorrangige Schulden

sen·ior 'high school *n + sing/pl vb* AM *(Schulform nach der Junior High School, die die Stufen 10, 11 und 12 enthält)*

sen·ior·ity [ˌsiːni'ɒrəti, AM siː'njɔːrəṱi] I. *n no pl* 1 *(age)* Alter *nt*

2 *(rank)* Dienstalter *nt*; **by virtue of ~** aufgrund des Dienstalters; **to be promoted by ~** nach Dienstalter befördert werden

II. *n modifier* Alters-; **~ system** Altersabstufung *f*

sen·ior 'man·age·ment *n + sing/pl vb* Topmanagement *nt* **sen·ior 'nurs·ing of·fic·er** *n* BRIT, AUS Oberschwester *f* **sen·ior 'of·fic·er** *n* 1 *(boss)* Vorgesetzte(r) *f(m)* 2 MIL Reserveoffizier(in) *m(f)*

sen·ior 'part·ner *n* Seniorpartner(in) *m(f)*

sen·ior 'prom *n* AM SCH *Abschlussball der Abschlussklasse in der Senior High School;* **to take sb to the ~** mit jdm zum Abschlussball gehen **'sen·ior school** *n Einteilung der Schüler in Altersklassen in britischen und amerikanischen Schulen;* **~ part of a school** Oberstufe *f*; **~ pupil** Oberstufenschüler(in) *m(f)*

sen·ior 'states·man *n* erfahrener Staatsmann [*o* Politiker] **sen·ior 'states·wom·an** *n* erfahrene Politikerin

sen·sa·tion [sen'seɪʃən] *n* 1 *(physical)* Gefühl *nt*; **~ of heat/cold** Hitze-/Kälteempfindung *f*; **~ of pain** Schmerzempfinden *nt*; **burning ~** brennendes Gefühl, Brennen *nt*

2 *(mental)* Gefühl *nt*; **to have the ~ that ...** das Gefühl haben, dass ...; ***I had the odd ~ that ...*** ich hatte das komische Gefühl, dass ...

3 *(stir)* Sensation *f*; **to be an overnight ~** einschlagen wie eine Bombe; **to cause** [*or* **create**] [*or* **make**] [*or* **produce**] **a ~** Aufsehen erregen, Schlagzeilen machen

sen·sa·tion·al [sen'seɪʃənəl] *adj* sensationell; *(very good also)* fantastisch; *(shocking also)* spektakulär, Aufsehen erregend; ***she looks ~ in her new dress*** sie sieht umwerfend aus in ihrem neuen Kleid; **~ disclosure** sensationelle Enthüllung; **~ newspaper** Sensationsblatt; **~ trial** spektakulärer Prozess

sen·sa·tion·al·ism [sen'seɪʃənəlɪzəm] *n no pl (pej) of the media* Sensationsmache *f pej*

sen·sa·tion·al·ist [sen'seɪʃənəlɪst] *adj (pej)* Sensations-; **~ journalism** Sensationsjournalismus *m*; **~ newspaper** Sensationsblatt *nt*

sen·sa·tion·al·ize [ˌsen'seɪʃənəlaɪz] *vt* ■**to ~ sth** etw aufbauschen

sen·sa·tion·al·ly [sen'seɪʃənəli] *adv* 1 *(excitingly)* fantastisch, sensationell

2 *(very)* unwahrscheinlich, extrem; ***the book sold ~ well*** das Buch verkaufte sich unwahrscheinlich gut; **~ popular/successful** enorm beliebt/erfolgreich

sense [sen(t)s] I. *n* 1 *no pl (judgement)* Verstand *m*; ***I hope they'll have the*** [***good***] ***~ to shut the windows before they leave*** ich hoffe, sie sind so klug, die Fenster zu schließen, bevor sie gehen; **to make** [**good**] **~** sinnvoll sein; ***planning so far ahead makes no ~*** es hat keinen Sinn, so weit im Voraus zu planen; **to see the ~ in sth** den Sinn in etw *dat* sehen; **to talk ~** sich *akk* verständlich ausdrücken; **there's no ~ in doing sth** es hat keinen Sinn, etw zu tun; ***there's no ~ in waiting*** es ist zwecklos zu warten

2 *(reason)* ■**one's ~s** *pl* jds gesunder Menschenverstand; ***it's time you came to your ~s*** es wird Zeit, dass du zur Vernunft kommst; **to bring sb to their ~s** jdn zur Vernunft bringen; **to take leave of one's ~s** den Verstand verlieren

3 *(faculty)* Sinn *m*; **~ of hearing** Gehör *nt*; **~ of sight** Sehvermögen *nt*; **~ of smell/taste/touch** Geruchs-/Geschmacks-/Tastsinn *m*; **the five ~s** die fünf Sinne; **sixth ~** sechster Sinn

4 *(feeling)* Gefühl *nt*; ***did you get any ~ of how they might react?*** kannst du dir irgendwie denken, wie sie reagieren werden?; ■**to have a ~ that ...** das Gefühl haben, dass ...; ***I had a sudden ~ that I was needed at home*** ich spürte auf einmal, dass ich zu Hause gebraucht wurde; **~ of beauty** Schönheitssinn *m*; **~ of belonging** Zusammengehörigkeitsgefühl *nt*; **~ of direction** Orientierungssinn *m*; **~ of duty** Pflichtgefühl *nt*; **~ of justice/reality** Gerechtigkeits-/Realitätssinn *m*; **a ~ of security** ein Gefühl *nt* der Sicherheit; **a ~ of social responsibility** ein Gefühl *nt* für soziale Verantwortung; **~ of time** Zeitgefühl *nt*

5 *(meaning)* Bedeutung *f*, Sinn *m*; ***she's pretty hot, in more ~s than one*** sie ist ganz schön heiß, in mehr als einer Hinsicht; **the broad/narrow ~ of a word/term** die weite/enge Bedeutung eines Wortes/Begriffes; **in the broad**[**est**] **~ of the term** im weitesten Sinne des Wortes; **figurative/literal ~** übertragene/wörtliche [*o* ursprüngliche] Bedeutung; **to make ~** einen Sinn ergeben; ***this passage doesn't make ~*** diese Passage ist unverständlich; **to make ~** [**out**] **of sth** sich *dat* auf etw *akk* einen Reim machen; ***I've read the letter twice, but I can't make any ~ of it*** ich habe den Brief zweimal gelesen, aber ich kann mir keinen Reim darauf machen

6 *(way)* Art *f*; **in a ~** in gewisser Weise; ***we are in no ~ obliged to agree to this*** wir sind in keiner Weise verpflichtet, dem zuzustimmen; **in every ~** in jeder Hinsicht

7 *(aptitude)* **to have a ~ of fun** Spaß verstehen können; ***it was just a joke — where's your ~ of fun?*** das war doch nur ein Scherz – verstehst du keinen Spaß?; **to have a ~ of humour** Sinn für Humor haben

8 *(direction)* **~ of helix** MATH Schraubensinn *m*; **~ of rotation** TECH Drehrichtung *f*, Drehsinn *m*

II. *vt* ■**to ~ sb/sth** jdn/etw wahrnehmen; ■**to ~ that ...** spüren, dass ...; ***he ~d that his guests were bored*** er spürte, dass seine Gäste sich langweilten; ***could you ~ what was likely to happen?*** hattest du eine Ahnung von dem, was passieren konnte?; ■**to ~ sth** COMPUT etw prüfen; **to ~ sb's anger** jds Wut spüren; **to ~ danger** Gefahr wittern

sense·less ['sen(t)sləs] *adj* 1 *(pointless) violence, waste* sinnlos; **~ killing** sinnloses Töten

2 *(foolish) argument* töricht; **~ remark** unsinnige Bemerkung

3 *inv (unconscious)* besinnungslos; **to beat** [*or* **knock**] **sb ~** jdn k.o. schlagen

sense of 'fun *n no pl* BRIT **to have a ~** Sinn für Humor haben, Spaß verstehen **sense of 'hu·mour**, AM **sense of 'hu·mor** *n no pl* Sinn *m* für Humor; **a wry ~** ein trockener Sinn für Humor; **to have a ~** Sinn für Humor haben, Spaß verstehen **sense of oc·'ca·sion** *n no pl* BRIT, AUS Gefühl *nt*, dass etwas Besonderes stattfindet

'sense or·gan *n* Sinnesorgan *nt*

sen·sibil·ity [ˌsen(t)sɪ'bɪləti, AM -sə'bɪləṱi] *n* 1 *no pl (sensitiveness)* Einfühlungsvermögen *nt*

2 *no pl (understanding)* Verständnis *nt*, Sicht *f* der Dinge; ***the author has applied a modern ~ to the social ideals of an earlier age*** der Autor betrachtet die sozialen Ideale einer früheren Zeit aus einer modernen Sicht

3 *(delicate sensitivity)* ■**sensibilities** *pl* Gefühle *pl*; ***to understand American sensibilities ...*** um zu verstehen, was in den Amerikanern vorgeht,...

sen·sible ['sen(t)sɪbl, AM -əbl] *adj* 1 *(rational)* vernünftig; ***I think the ~ thing to do is ...*** ich meine, es ist am besten, ...; ***that seems ~*** das erscheint mir vernünftig; ***it would be ~ to take an umbrella*** Sie nehmen besser einen Schirm mit; **~ decision** weise Entscheidung; **~ person** kluger Mensch

2 *(suitable) clothes* angemessen, passend

3 *(form: aware)* ■**to be ~ of sth** sich *dat* einer S. *gen* bewusst sein; **to be ~ of difficulties/a fact** sich *dat* [der] Schwierigkeiten/einer Tatsache bewusst sein; **to be ~ of the fact that ...** sich *dat* darüber im Klaren sein, dass ...

sen·sibly ['sen(t)sɪbli, AM -əbli] *adv* 1 *(rationally)* vernünftig; **to behave ~** sich *akk* gut benehmen

2 *(suitably)* angemessen; **~ dressed** passend gekleidet

sen·si·tive ['sen(t)sɪtɪv, AM -səṱ-] *adj* 1 *(kind)* verständnisvoll; ■**to be ~ to sth** für etw *akk* Verständnis haben; ***the plan will be ~ to special needs*** der Plan wird besondere Bedürfnisse berücksichtigen;

we are ~ to the needs and expectations of our customers wir sind aufgeschlossen für die Bedürfnisse und Erwartungen unserer Kunden
② *(precarious)* heikel; ~ **subject** [*or* **issue**] heikles Thema, Reizthema *nt;* ~ **time** kritischer Zeitpunkt
③ *(touchy)* empfindlich; ■**to be** ~ **to** [*or* **about**] **sth** empfindlich auf etw *akk* reagieren; ***he was very ~ about his scar*** er war sehr empfindlich im Hinblick auf seine Narbe
④ *(secret)* vertraulich; ~ **documents** vertrauliche [*o* geheime] Unterlagen
⑤ *(responsive)* empfindlich (**to** gegenüber +*dat*); **to be** ~ **to cold** kälteempfindlich sein; *teeth* empfindlich auf Kälte reagieren; ~ **chord** sanfter Akkord; ~ **feelings** verletzliche Gefühle; ~ **skin** empfindliche Haut
⑥ TECH *appliances* hoch empfindlich
⑦ PHOT empfindlich

sen·si·tive·ly ['sen(t)sɪtɪvli, AM -səṭ-] *adv* verständnisvoll; **to handle sth** ~ etw verständnisvoll angehen; ***this is a very delicate situation and it needs to be handled ~*** dies ist eine sehr heikle Situation, und man muss hier Fingerspitzengefühl beweisen

sen·si·tive·ness ['sen(t)sɪtɪvnəs, AM -səṭ-], **sen·si·tiv·ity** [ˌsen(t)sɪ'tɪvəti, AM -sə'tɪvəṭi] *n* ① *no pl (understanding)* Verständnis *nt;* **human** ~ Menschlichkeit *f*
② *(touchiness)* ■**sensitivities** *pl* Empfindsamkeit *f,* Sensibilität *f* (**about** gegenüber +*dat)*
③ *no pl (confidentiality)* Vertraulichkeit *f;* ~ **of information** Vertraulichkeit *f* der Informationen; ***such is the ~ of the information that only two people are allowed to know it*** die Informationen sind so streng vertraulich, dass nur zwei Leute sie kennen dürfen
④ *(reaction)* Überempfindlichkeit *f* (**to** gegen +*akk)*; ~ **to cold** Kälteempfindlichkeit *f;* ~ **to light** Licht[über]empfindlichkeit *f*

sen·si·tize ['sen(t)sɪtaɪz, AM -sə-] *vt* ① *(make aware)* ■**to** ~ **sb to sth** jdn für etw *akk* sensibilisieren; **to** ~ **sb to a problem** jdn auf ein Problem aufmerksam machen
② *(make sensitive)* ■**to** ~ **sb** jdn sensibilisieren [*o* empfindlich machen]

sen·sor ['sen(t)səʳ, AM -sɚ] *n* Sensor *m,* Messwertgeber *m;* **heat** ~ Hitzesensor *m*

sen·so·ri·mo·tor [ˌsensᵊri'məʊtəʳ, AM -'moʊṭɚ] *adj attr, inv* ANAT, BIOL sensorimotorisch *fachspr*

sen·so·ry ['sen(t)sᵊri] *adj inv* sensorisch; ~ **perception** Sinneswahrnehmung *f*

sen·so·ry 'nerve *n* Sinneszelle *f* **sen·so·ry 'organ** *n* Sinnesorgan *nt*

sen·su·al ['sen(t)sjʊəl, AM -(t)ʃuəl] *adj* sinnlich; ~ **experience** sinnliche Erfahrung; ~ **mouth** sinnlicher Mund

sen·su·al·ist ['sen(t)sjʊəlɪst, AM -(t)ʃuəl-] *n* sinnlicher Mensch

sen·su·al·ity [ˌsen(t)sju'æləti, AM -(t)ʃu'æləṭi] *n no pl* Sinnlichkeit *f*

sen·su·al·ly ['sensjʊəli, AM -ʃuəli] *adv* sinnlich, genussvoll

sen·su·ous ['sen(t)sjʊəs, AM -(t)ʃuəs] *adj* ① *see* **sensual**
② *(of senses)* sinnlich

sen·su·ous·ly ['sen(t)sjʊəsli, AM -(t)ʃuəs-] *adv* sinnlich; ~ **appealing** anziehend

sen·su·ous·ness ['sen(t)sjʊəsnəs, AM -(t)ʃuəs-] *n no pl* Sinnlichkeit *f,* Sinnenhaftigkeit *f*

sent [sent] *pp, pt of* **send**

sen·tence ['sentən(t)s] **I.** *n* ① *(court decision)* Urteil *nt; (punishment)* Strafe *f;* **death** ~ [*or* ~ **of death**] Todesstrafe *f;* **jail** [*or* **prison**] ~ Gefängnisstrafe *f;* **life** ~ lebenslängliche Haftstrafe; **a heavy/light** ~ eine hohe/niedrige Strafe; **to get a three-month** ~ eine Haftstrafe von drei Monaten bekommen; **to pronounce** [*or* **pass**] [**a**] ~ **on sb** über jdn ein [*o* das] Urteil fällen; **to serve a** ~ eine Strafe verbüßen [*o fam* absitzen]
② *(word group)* Satz *m;* ~ **structure** Satzbau *m*
II. *vt* ■**to** ~ **sb to sth** jdn zu etw *dat* verurteilen; ***the judge ~d her to three years in prison*** der Richter verurteilte sie zu drei Jahren Gefängnis

sen·ten·tious [sen'tən(t)ʃəs] *adj (pej form: moralizing)* moralisierend *oft pej,* moralistisch *oft pej; (affectedly formal)* salbungsvoll *pej;* ~ **book/document** moralisierendes Buch/Dokument; ~ **person/speech** salbungsvolle Person/Rede

sen·ten·tious·ly [sen'tən(t)ʃəsli] *adv (pej form)* moralisierend *pej,* moralistisch *pej;* ~ **written documents** moralistisch verfasste Dokumente

sen·tience ['senʃᵊns] *n no pl* Empfindung *f*

sen·ti·ent ['sentiənt, 'sen(t)ʃənt] *adj (form: having feelings)* fühlend *attr; (sensitive)* empfindsam, sensibel; ~ **being** empfindsames Wesen

sen·ti·ment ['sentɪmənt, AM -ṭə-] *n (form)* ① *usu pl (attitude)* Ansicht *f,* Meinung *f;* ***my ~s exactly!*** ganz meine Meinung!; **to put ~s into action** Ansichten in die Tat umsetzen; **~s of love** Zuneigungsbekundungen *pl;* **~s of support** Hilfsbereitschaftsbekundungen *pl;* **to share sb's ~s** jds Ansichten teilen
② *no pl (general opinion)* **popular/public** ~ allgemeine/öffentliche Meinung; **to echo/express a** ~ eine Ansicht bekräftigen/äußern; STOCKEX **market** ~ Börsenstimmung *f,* Börsenklima *nt*
③ *no pl (excessive emotion)* Sentimentalität *f a. pej,* Rührseligkeit *f,* Gefühlsduselei *f pej fam;* **to appeal to** ~ an das Gefühl appellieren

sen·ti·men·tal [ˌsentɪ'mentᵊl, AM -ṭə'menṭᵊl] *adj* ① *(emotional) mood, person* gefühlvoll, empfindsam; ■**to be** ~ **about sth** an etw *dat* hängen; **to have a** ~ **attachment to sth** eine gefühlsmäßige Bindung an etw *akk* haben; ~ **value** ideeller Wert
② *(pej: overly emotional) person* sentimental *a. pej,* rührselig; *music, style* kitschig *pej; song* schmalzig *pej,* schnulzig *pej; story* rührselig *pej*

sen·ti·men·tal·ism [ˌsentɪ'mentᵊlɪzᵊm, AM -ṭə'menṭᵊl-] *n no pl (pej form)* Sentimentalität *f oft pej*

sen·ti·men·tal·ist [ˌsentɪ'mentᵊlɪst, AM -ṭə'menṭᵊl-] *n (pej form)* Gefühlsmensch *m,* sentimentaler Mensch *a. pej*

sen·ti·men·tal·ity [ˌsentɪmen'tælɪti, AM -ṭəmen'tæləṭi] *n no pl (pej)* Sentimentalität *f oft pej*

sen·ti·men·tal·ize [ˌsentɪ'mentᵊlaɪz, AM -ṭə'menṭə-] *vt* ■**to** ~ **sth** etw gefühlvoll darstellen

sen·ti·men·tal·ly [ˌsentɪ'mentᵊli, AM -ṭə'menṭᵊli] *adv* gefühlvoll, sentimental *a. pej*

sen·ti·nel ['sentɪnᵊl, AM -ṭ-] *n (esp liter or old)* ① *(sentry)* [Wach]posten *m,* Wächter(in) *m(f);* **to stand** ~ [**at sth**] [über etw *dat o akk*] Wache halten [*o* wachen]; **a** ~ **of democracy** *(fig)* ein Wächter [*o* Hüter]/eine Wächterin [*o* Hüterin] der Demokratie *fig*
② AM *(newspaper) Bestandteil von Zeitungsnamen;* **the Fitchburg S~** der ‚Fitchburg Sentinel'
③ COMPUT Markierung *f*

sen·try ['sentri] *n* Wache *f,* Wachposten *m;* **to relieve a** ~ eine Wache ablösen; **to stand** ~, **to be on** ~ **duty** Wache stehen, Wachdienst haben

'sen·try box *n* Wachhäuschen *nt* **'sen·try duty** *n* Wachdienst *m;* **to have** [*or* **be on**] ~ Wachdienst haben, Wache stehen **'sen·try-go** *n* BRIT Wachdienst *m;* **to be on** ~ Wachdienst haben, Wache stehen

sep·al ['sepəl, AM *Brit also* 'si:pᵊl] *n* BOT Kelchblatt *nt*

sepa·rable ['sepᵊrəbl] *adj* ① *(form: able to separate)* [ab]trennbar; ***political rights are not ~ from other rights*** politische Rechte können nicht von anderen Rechten getrennt werden; ECON ~ **net assets** trennbares Nettovermögen
② LING trennbar

sepa·rate I. *adj* ['sepᵊrət, AM -ɚɪt] *(not joined)* getrennt, separat; *(independent)* einzeln *attr,* gesondert *attr,* verschieden *attr;* ~ **bedrooms** getrennte Schlafzimmer; **to retain a** ~ **entity** eine Einheit für sich *akk* bleiben; **a** ~ **piece of paper** ein extra Blatt Papier *fam;* **to go** ~ **ways** eigene Wege gehen; **to keep sth** ~ etw auseinanderhalten
II. *n* ['sepᵊrət, AM -ɚɪt] ■**~s** *pl* ≈ Einzelteile *pl;* **ladies' ~s** Röcke, Blusen, Hosen
III. *vt* ['sepᵊreɪt, AM -əreɪt] ■**to** ~ **sb/sth** jdn/etw trennen; CHEM ■**to** ~ **sth** etw abspalten; ***they look so alike I can't ~ them in my mind*** sie sehen sich so ähnlich, ich kann sie einfach nicht auseinanderhalten; ***you can't ~ ethics from politics*** du kannst doch die Ethik nicht von der Politik abspalten; **to** ~ **egg whites from yolks** Eigelb vom Eiweiß trennen
IV. *vi* ['sepᵊreɪt, AM -əreɪt] ① *(become detached)* sich *akk* trennen; CHEM sich *akk* scheiden
② *(of cohabiting couple)* sich *akk* trennen, auseinandergehen; *(divorce)* sich *akk* scheiden lassen; ***she is ~d from her husband*** sie lebt von ihrem Mann getrennt

◆**separate off** *vt* ■**to** ~ **off** ↔ **sth** [**from sth**] etw [von etw *dat*] abtrennen; ***the flood has ~d off the village from the rest of the world*** die Überschwemmung hat das Dorf vom Rest der Welt abgeschnitten

◆**separate out** *vt* ■**to** ~ **out** ↔ **sth** [**from sth**] etw [von etw *dat*] absondern; **to** ~ **out the good from the bad** die Guten von den Schlechten trennen

sepa·rate 'cov·er *n (form)* gesonderter Umschlag; **to send sth under** ~ etw mit separater Post schicken

sepa·rat·ed ['sepᵊreɪtɪd, AM ṭɪd] *adj inv* getrennt; *couples* getrennt lebend

sepa·rate·ly ['sepᵊrətli, AM -ɚɪt-] *adv (apart)* getrennt; *(individually)* gesondert, einzeln

sepa·rate·ness ['sepᵊrətnəs, AM ɚɪt] *n no pl* Distanz *f; (of countries)* Isolation *f*

sepa·rate 'school *n* CAN *Bezeichnung für eine römisch-katholische Schule in Ontario*

sepa·ra·ting agent [sepᵊreɪtɪŋ-', AM -əreɪt-] *n* CHEM Trennmittel *nt,* Scheidemittel *nt* **sepa·ra·ting col·umn** [sepᵊreɪtɪŋ-', AM -əreɪt-] *n* CHEM *(chromatography)* Trennsäule *f* **sepa·ra·ting course** [sepᵊreɪtɪŋ-', AM -əreɪt-] *n* CHEM Trennreihe *f* **sepa·ra·ting fun·nel** [sepᵊreɪtɪŋ-', AM -əreɪt-] *n* CHEM Scheidetrichter *m*

sepa·ra·tion [ˌsepᵊr'eɪʃᵊn, AM -ə'reɪ-] *n* ① *(act of separating)* Trennung *f; (state)* Getrenntsein *nt;* ~ **of functions** Funktionstrennung *f;* ~ **of property** LAW Gütertrennung *f;* **racial** ~ Rassentrennung *f*
② *(living apart)* [eheliche] Trennung
③ CHEM Scheidung *f,* Trennung *f; (by precipitation also)* Fällung *f;* TECH Abtrennung *f*
④ AM ECON *(leaving a job)* Aufgabe *f* einer Stellung

sepa·'ra·tion anxi·ety *n* Trennungsangst *f*

sepa·rat·ism ['sepᵊrətɪzᵊm] *n no pl* Separatismus *m*

sepa·rat·ist ['sepᵊrətɪst] **I.** *n* Separatist(in) *m(f)*
II. *adj* separatistisch

sepa·ra·tor ['sepᵊreɪtəʳ, AM -əreɪṭɚ] *n* ① TECH Separator *m fachspr*
② COMPUT Trennzeichen *nt*

se·pia ['si:piə] *adj* sepia[farben]

se·poy ['si:pɔɪ] *n* HIST Sepoy *m*

sep·sis ['sepsɪs] *n no pl* MED Blutvergiftung *f,* Sepsis *f fachspr*

Sept. *n abbrev of* **September** Sept.

Sep·tem·ber [sep'tembəʳ, AM -bɚ] *n* September *m; see also* **February**

sep·tet [sep'tet] *n* + *sing/pl vb* ① MUS Septett *nt*
② COMPUT Sieben-Bit-Byte *nt*

sep·tic ['septɪk] *adj* septisch *fachspr;* **to go** [*or* **become**] ~ eitern

sep·ti·cae·mia, AM **sep·ti·ce·mia** [ˌseptɪ'si:miə, AM -tə'-] *n no pl* MED Blutvergiftung *f*

sep·tic 'tank *n* Klärbehälter *m,* Faulbehälter *m*

sep·tua·genar·ian [ˌseptjʊədʒə'neəriən, AM -tuədʒə'neri-] *n* Siebzigjährige(r) *f(m);* **to be a** ~ ein Siebziger/eine Siebzigerin sein

sep·tu·plet [sep'tjʊplət, AM sep'tʌplɪt] *n* Siebenling *m;* **to have ~s** Siebenlinge bekommen

sep·ul·cher *n* AM *see* **sepulchre**

se·pul·chral [sɪ'pʌlkrᵊl, AM sə-] *adj (liter: of burial, tombs)* Grab-; *(gloomy)* düster; ~ **silence** Grabesstille *f;* [**in a**] ~ **tone** [mit] Grabesstimme

sep·ul·chre, AM **sep·ul·cher** ['sepᵊlkəʳ, AM -kɚ] *n (old: tomb)* Grab *nt,* Grabstätte *f; (monument)* Grabmal *nt;* **the Holy S~** das Heilige Grab

se·quel ['si:kwəl] *n* ① *(continuation)* Fortsetzung *f; of a novel, film* Folge *f;* **the ~ of an earlier success** die Fortsetzung eines früheren Erfolges
② *(fig: follow-up)* Nachspiel *nt;* ***there was a dramatic ~ to last week's scandalous revelations*** es gab ein dramatisches Nachspiel zu den skandalösen Enthüllungen der letzten Woche

se·quence ['si:kwən(t)s] **I.** *n* ① *(order of succession)* Reihenfolge *f; (connected series)* Abfolge *f;* ■**to be in/out of ~** innerhalb/außerhalb der Reihenfolge sein; **a ~ of events** eine Reihe von Ereignissen; **to be in chronological ~** in chronologischer Reihenfolge sein
② *(part of film)* Sequenz *f;* **the opening/closing ~** *(spec)* Anfangs-/Schlussszene *f*
③ MATH Reihe *f;* MUS Sequenz *f*
II. *vt* BIOL ■**to ~ sth** etw sequenzieren

se·quenc·er ['si:kwənsəʳ, AM ɚ] *n* ELEC Sequenzer *m*

se·quenc·ing ['si:kwən(t)sɪŋ] *n no pl* Sequenzbildung *f;* **~ of letters** Aufeinanderfolge *f* von Buchstaben

se·quen·tial [sɪ'kwen(t)ʃəl] *adj* COMPUT *(form)* [aufeinander]folgend *attr,* sequenziell *fachspr*

se·quen·tial·ly [sɪ'kwen(t)ʃəli] *adv (form)* [aufeinander]folgend; COMPUT sequenziell *fachspr*

se·ques·ter [sɪ'kwestəʳ, AM -ɚ] *vt usu passive* ① LAW *(temporarily confiscate)* ■**to ~ sth** etw beschlagnahmen [*o geh* konfiszieren], *geh* sequestrieren; **to ~ an estate/sb's property** ein Grundstück/jds Vermögen beschlagnahmen
② AM *(isolate)* ■**to ~ sb** jdn absondern [*o* isolieren]

se·ques·tered [sɪ'kwestəd, AM -ɚd] *adj (liter: isolated) location, place* abgeschieden *geh; (withdrawn, secluded) life* zurückgezogen

se·ques·ter·ing [sɪ'kwestərɪŋ] *n no pl* CHEM Maskierung *f;* **~ agent** Maskierungsmittel *nt*

se·ques·trate ['si:kwəstreɪt, AM *Brit also* sɪ'kwes-] *vt* ① LAW *(temporarily confiscate)* ■**to ~ sth** etw beschlagnahmen [*o geh* konfiszieren]
② AM *(isolate)* ■**to ~ sb** jdn absondern [*o* isolieren]

se·ques·tra·tion [,si:kwes'treɪʃən, AM -kwə'streɪ-] *n no pl* ① LAW *(temporary confiscation)* Beschlagnahme *f,* Einziehung *f,* Sequestration *f fachspr*
② AM *(isolation)* Absonderung *f,* Isolation *f;* **to keep in ~** abgesondert [*o* isoliert] halten

se·quin ['si:kwɪn] *n* Paillette *f*

se·quined ['si:kwɪnd] *adj* mit Pailletten besetzt; **a ~ dress** ein paillettenbesetztes Kleid

se·quoia [sɪ'kwɔɪə] *n* BOT Sequoia *f,* Mammutbaum *m*

sera ['sɪərə, AM 'sɪrə] *n pl of* **serum**

se·ra·glio [se'rɑ:liəʊ, AM sɪ'ræljoʊ] *n* ① *(harem)* Harem *m*
② *(hist: Turkish palace)* Serail *nt*

ser·aph <*pl* -im *or* -s> ['serəf, *pl* -fɪm] *n* Seraph *m*

se·raph·ic [sə'ræfɪk] *adj (approv liter)* seraphisch *geh o a. fig,* engelhaft, engelgleich *geh;* **~ smile** verzücktes Lächeln

se·raphi·cal·ly [sə'ræfɪkli] *adv (approv liter)* seraphisch *geh o a. fig,* engelhaft, engelgleich *fig;* **to smile ~** verzückt lächeln

ser·aphim ['serəfɪm] *n pl of* **seraph**

Serb [sɜ:b, AM sɜ:rb], **Ser·bian** ['sɜ:biən, AM 'sɜ:rb-] **I.** *adj inv* serbisch
II. *n* ① *(person)* Serbe, Serbin *m, f*
② *no pl (language)* Serbisch *nt*

Ser·bia ['sɜ:biə, AM 'sɜ:rb-] *n* Serbien *nt*

Serbo-Croat [,sɜ:bəʊ'krəʊæt, AM ,sɜ:rboʊkroʊ'-] *n* Serbokroatisch *nt*

Serbo-Croatian [,sɜ:bəʊkrəʊ'eɪʃən, AM ,sɜ:rboʊkroʊ'-] *n* Serbokroatisch *nt*

ser·enade [,serə'neɪd] **I.** *n* ① *(classical music)* Serenade *f*
② *(music of lover)* Ständchen *nt;* **to sing** [*or* **play**] **sb a ~** jdm ein Ständchen bringen
II. *vt (sing)* ■**to ~ sb** jdm ein Ständchen bringen; *(play music)* für jdn Musik spielen, für jdn spielen ÖSTERR

ser·en·dipi·tous [,serən'dɪpətəs, AM -ən'dɪpət̬əs] *adj (form)* glücklich [getroffen] *präd*

ser·en·dip·ity [,serən'dɪpəti, AM -ən'dɪpət̬i] *n no pl (form)* glücklicher Zufall

se·rene <-r, -st *or* more ~, most ~> [sə'ri:n] *adj (calm)* ruhig; *(untroubled)* gelassen; **~ sea** ruhige See; **~ sky** klarer Himmel

se·rene·ly [sə'ri:nli] *adv* gelassen

se·ren·ity [sə'renɪti, AM -ət̬i] *n no pl (calmness)* Ruhe *f; (untroubled state)* Gelassenheit *f*

serf [sɜ:f, AM sɜ:rf] *n (hist)* Leibeigene(r) *f(m) hist*

serf·dom ['sɜ:fdəm, AM 'sɜ:rf-] *n no pl (hist)* Leibeigenschaft *f hist*

serge [sɜ:dʒ, AM sɜ:rdʒ] *n no pl (fabric type)* Serge *f fachspr*

ser·geant ['sɑ:dʒənt, AM 'sɑ:r-] *n* ① *(military officer)* Sergeant *m,* Unteroffizier *m*
② *(police officer)* [**police**] **~** ≈ Polizeimeister(in) *m(f),* ≈ Inspektor *m o f* ÖSTERR, ≈ Polizist(in) *m(f)* SCHWEIZ

ser·geant 'ma·jor *n* Oberfeldwebel *m*

se·rial ['sɪəriəl, AM 'sɪri-] **I.** *n* MEDIA, PUBL Fortsetzungsgeschichte *f;* **TV ~** TV-Serie *f*
II. *adj* ① *(broadcasting, publishing)* Serien-; **~ rights** Rechte *pl* zur Veröffentlichung in Fortsetzungen; *of publishing* Fortsetzungs-
② *(repeated)* Serien-
③ COMPUT seriell, in Reihe

se·riali·za·tion [,sɪəriəlaɪ'zeɪʃən, AM ,sɪriəlɪ'-] *n* Veröffentlichung *f* in Fortsetzungen

se·rial·ize ['sɪəriəlaɪz, AM 'sɪriəlaɪz] *vt usu passive* ■**to ~ sth** *in newspapers* etw in Fortsetzungen veröffentlichen; *on tv, radio* etw in Fortsetzungen senden

'se·rial kill·er *n* Serienmörder(in) *m(f)*

se·rial·ly ['sɪəriəli, AM 'sɪri] *adv* nacheinander; *(of books, etc.)* in Fortsetzungen *nach n,* als Serie *nach n*

se·rial mo·'noga·my *n (hum)* Reihe *f* von monogamen Beziehungen; **to be into ~** *ein Mensch sein, der eine Reihe von monogamen Beziehungen hintereinander hat* **'se·rial mov·er** *n jd, der immer wieder umzieht in der Absicht, seine alte Wohnung mit Profit zu verkaufen* **se·rial 'mur·der** *n* Serienmord *m* **se·rial 'mur·der·er** *n* Serienmörder(in) *m(f)* **'se·rial num·ber** *n* Seriennummer *f*

'se·rial port *n* COMPUT serielle Schnittstelle

se·ries <*pl* -> ['sɪəri:z, AM 'sɪri:z] *n* ① *(set of events)* Reihe *f; (succession)* Folge *f;* **~ expansion** MATH Reihenentwicklung *f;* **~ of experiments** Versuchsreihe *f;* **~ of measurements** Messreihe *f;* **a ~ of scandals** eine Reihe Skandale
② SPORT Serie *f*
③ RADIO, TV Serie *f;* **comedy/TV ~** Comedyserie *f*/Fernsehserie *f*
④ PUBL Reihe *f* (**on** über +*akk*)
⑤ *(line of products) of machines, vehicles* Serie *f*
⑥ ELEC Reihe *f;* ■**in ~** in Reihe [geschaltet]

ser·if ['serɪf] *n* Serife *f*

se·rio·com·ic [,sɪəriəʊ'kɒmɪk, AM 'sɪrioʊ'kɑ:m-] *adj* tragikomisch *geh,* halb ernst, halb komisch

se·ri·ous ['sɪəriəs, AM 'sɪriəs] *adj* ① *(earnest) person* ernst; *(solemn, not funny) comment, situation* ernst; ***please don't laugh — I'm being ~*** bitte lach nicht – ich meine das ganz ernst; **to wear a ~ expression** ernst blicken [*o fam* dreinschauen]; **~ matter** ernste Angelegenheit; **a ~ threat** eine ernsthafte Bedrohung
② *(grave) accident, crime, offence, setback* schwer; *(dangerous)* gefährlich; *(not slight)* [*medical*] *condition, problem* ernst; *allegation* schwerwiegend; *argument, disagreement* ernsthaft; **~ trouble** ernsthafte Schwierigkeiten; **~ error** gravierender Fehler
③ *attr (careful)* ernsthaft; **to give sth a ~ thought** ernsthaft über etw *akk* nachdenken
④ *pred (determined)* ernst; ■**to be ~ about sb/sth** es mit jdm/etw ernst meinen; ***is she ~ about going to live abroad?*** ist das ihr Ernst, im Ausland leben zu wollen?
⑤ *(fam: substantial)* gründlich *fam,* mächtig *fam; (excellent)* super *fam,* bombig *fam;* ***she's planning on doing some ~ drinking tonight*** sie hat vor, heute Abend gründlich einen drauf zu machen *fam;* **to have some ~ difficulty** mächtig[e] Schwierigkeiten haben *fam;* **a ~ haircut** ein extremer Kurzhaarschnitt; ***that's a ~ jacket, man!*** eh, das ist eine starke Jacke! *fam*
⑥ *(significant)* bedeutend; *(thought-provoking)* tiefgründig; *literature, writer* anspruchsvoll

se·ri·ous·ly ['sɪəriəsli, AM 'sɪriəs-] *adv* ① *(in earnest)* ernst; *(not lightly)* ernst; **to take sb/sth ~** jdn/etw ernst nehmen
② *(gravely, badly)* schwer; *(dangerously)* ernstlich; **~ ill/wounded** schwer krank/verletzt
③ *(really)* ernsthaft, im Ernst, allen Ernstes; ***no, ~, ...*** nein, [ganz] im Ernst, ...; ***I'm ~ concerned about my father's health*** ich bin ernstlich um die Gesundheit meines Vaters besorgt; ***it would be ~ wrong of him to leave her*** es wäre wirklich ganz falsch von ihm, sie zu verlassen; ***you don't ~ expect me to iron your shirt!*** du erwartest doch nicht im Ernst von mir, dass ich dein Hemd bügle!
④ *(fam: very, extremely)* äußerst; **~ funny** urkomisch

se·ri·ous·ness ['sɪəriəsnəs, AM 'sɪriəs-] *n no pl* ① *(serious nature) of person* Ernst *m; (critical state) of problem, threat* Ernst *m; of situation* Ernsthaftigkeit *f,* Schwere *f*
② *(sincerity)* Ernsthaftigkeit *f,* Ernst *m; of offer* Seriosität *f geh;* **in all ~** ganz im Ernst

ser·mon ['sɜ:mən, AM 'sɜ:r-] *n* ① *(religious speech)* Predigt *f* (**on** über +*akk*); **to deliver** [*or* **preach**] **a ~** eine Predigt halten
② *(pej: moral lecture)* [Moral]predigt *f oft pej,* SCHWEIZ *a.* Sermon *m oft pej;* **to deliver** [*or* **give sb**] **a ~** jdm eine [Moral]predigt halten *pej*

ser·mon·ize ['sɜ:mənaɪz, AM 'sɜ:r-] *vi (pej: lecture)* moralisieren *oft pej; (preach)* predigen *fam*

sero·dis·cord·ant [,sɪərəʊdɪs'kɔ:dənt, AM ,sɪroʊdɪs-'kɔ:rdənt] *adj inv* MED serodiscordant *fachspr*

sero·to·nin [,serə'təʊnɪn, AM -'toʊ-] *n* BIOL, CHEM Serotonin *nt*

ser·pent ['sɜ:pənt, AM 'sɜ:r-] *n (old)* Schlange *f*

ser·pen·tine ['sɜ:pəntaɪn, AM 'sɜ:r-] *adj (liter)* ① *(snake-like)* schlangenförmig; *(twisting, winding) movement* sich *akk* windend [*o* schlängelnd] *attr; path, river* gewunden; *road* kurvenreich; *garden, park* verschlungen
② *(fig: complicated, subtle)* gewunden *fig; (cunning)* tückisch; **~ explanation** gewundene Erklärung *fig*

ser·rat·ed [sə'reɪtɪd, AM 'sereɪt̬ɪd] *adj inv* gezackt; **~ knife** Sägemesser *nt;* **knife with a ~ edge** Messer *nt* mit Wellenschliff

ser·ried ['serɪd] *adj (liter)* dicht; **~ ranks** dicht gedrängte Reihen

se·rum <*pl* -s *or* sera> ['sɪərəm, AM 'sɪr-, *pl* -rə] *n* ① MED *(watery part of blood)* [Blut]serum *nt; (infection-fighting agent)* [Heil]serum *nt*
② *(for hair)* Haarserum *nt*

serv·ant ['sɜ:vənt, AM 'sɜ:r-] *n* ① *(household helper)* Diener *m,* Bediensteter *m; (female)* Dienerin *f,* Bedienstete *f,* Dienstmädchen *nt*
② *(for public)* Angestellte(r) *f(m) (im öffentlichen Dienst);* **public ~, ~ of the State** Staatsdiener(in) *m(f),* Staatsbeamte(r), -beamtin *m, f,* Beamte(r), Beamtin *m, f* ÖSTERR, SCHWEIZ

serve [sɜ:v, AM sɜ:rv] **I.** *n (in tennis, etc.)* Aufschlag *m; (in volleyball)* Angabe *f*
II. *vt* ① *(in hotel, restaurant, shop)* ■**to ~ sb** jdn bedienen; ***are you being ~d, madam?*** werden Sie schon bedient, gnädige Frau?
② *(present food, drink)* ■**to ~ sth** etw servieren [*o geh* auftragen]; *(make ready to eat)* etw anrichten; ***what's a good wine to ~ with this dish?*** welchen Wein kann man zu diesem Gericht reichen?; ***dinner is ~d*** es ist angerichtet; **to ~ alcohol** Alkohol ausschenken; **to ~ a meal** ein Essen servieren
③ *(be enough for)* ■**to ~ sb** für jdn reichen; ***all recipes will ~ 4 to 5 people*** alle Rezepte ergeben 4 bis 5 Portionen
④ *(work for)* ■**to ~ sth** einer S. *dat* dienen; *(stronger)* einer S. *dat* treue Dienste erweisen; ***she ~d the church faithfully for many years*** sie war jahrelang im Dienst der Kirche aktiv; **to ~ sb's**

interests jds Interessen dienen; **to ~ the public** im Dienste der Öffentlichkeit stehen
5 *(complete due period)* ■**to ~ sth** etw ableisten; **to ~ one's apprenticeship** seine Lehrzeit absolvieren; **to ~ five years as president** eine fünfjährige Amtszeit als Präsident/Präsidentin durchlaufen; **to ~ time/a sentence** LAW eine Haftstrafe verbüßen [*o fam* absitzen]; **to ~ terms in office** Amtszeiten durchlaufen
6 *(provide for)* ■**to ~ sth** etw versorgen
7 *(perform a function)* **to ~ a purpose** einen Zweck erfüllen; ***this does not ~ any useful purpose*** das hat keinen praktischen Wert; ***if my memory ~s me right*** wenn ich mich recht erinnere
8 SPORT **to ~ the ball** Aufschlag haben; *(in volleyball)* Angabe haben
9 LAW *(formally deliver)* ■**to ~ sb with sth,** ■**to ~ sth on** [*or* **upon**] **sb** jdm etw zustellen; **to ~ sb with papers** jdm Papiere zustellen; **to ~ sb with a subpoena** [*or* **summons**] [*or* **writ**] jdn vorladen
▶PHRASES: **to ~ time** [**for sth**] *(fam)* eine Haftstrafe [wegen einer S. *gen*] absitzen *fam;* **this ~s him right** *(fam)* das geschieht ihm recht
III. *vi* 1 *(provide food, drink)* servieren; **~ *hot or cold*** kalt oder warm servieren
2 *(work for)* dienen; ■**to ~ as sth** als etw fungieren; ***she ~d as an interpreter*** sie fungierte als Dolmetscherin; ■**to ~ on sth** etw *dat* angehören; **to ~ in the army** in der Armee dienen; **to ~ on a committee** einem Ausschuss angehören; **to ~ on the council** im Stadtrat sein, ÖSTERR, SCHWEIZ sitzen; **to ~ on a jury** Geschworene(r) *f(m)* sein
3 *(function)* ■**to ~ as** [*or* **for**] **sth** als etw dienen; ***are these boxes sturdy enough to ~ as tables?*** sind diese Kisten stabil genug, um als Tische zu dienen?; **to ~ as a reminder/warning** als Erinnerung/Mahnung dienen
4 *(be acceptable)* seinen Zweck erfüllen, gehen *fam; (suffice)* genügen; *(be of use)* helfen; ***this old penknife will ~*** dieses alte Taschenmesser tut's *fam*
5 *(in tennis, etc.)* aufschlagen; *(in volleyball)* angeben
◆**serve out** *vt* 1 *(in restaurant, pub)* ■**to ~ out** ◌ **sth** etw servieren; *drink* etw ausschenken; *food* etw ausgeben
2 *(complete a due period)* ■**to ~ out sth** etw ableisten; **to ~ out a jail sentence** eine Gefängnisstrafe absitzen *fam;* **to ~ out a term of office** eine Amtszeit beenden
◆**serve up** *vt* ■**to ~ up** ◌ **sth** etw servieren [*o* auftischen]; ***I'm about to ~ up!*** das Essen kommt gleich!
serv·er ['sɜːvəʳ, AM 'sɜːrvɚ] *n* 1 *(utensil)* Vorlegebesteck *nt,* SCHWEIZ *a.* Schöpfbesteck *nt; (spoon)* Vorlegelöffel *m,* SCHWEIZ *a.* Schöpflöffel *m; (fork)* Vorlegegabel *f;* **salad ~s** Salatbesteck *nt*
2 *(person)* Servierer(in) *m(f),* Serviertochter *f* SCHWEIZ
3 *(central computer)* Server *m*
4 *(in tennis)* Aufschläger(in) *m(f)*
5 REL Ministrant(in) *m(f)*
6 LAW **process-~** Zustellungsbeamte(r), -beamtin *m, f*
'**serv·er archi·tec·ture** *n* COMPUT Serverarchitektur *f*
server-savvy ['sɜːvəsævi, AM 'sɜːrvɚ-] *adj inv* COMPUT, INET interneterfahren
ser·vice ['sɜːvɪs, AM 'sɜːr-] **I.** *n* 1 *no pl (help for customers)* Service *m; (in hotels, restaurants, shops)* Bedienung *f;* **customer ~** Kundendienst *m;* **to be at sb's ~** *(hum)* jdm zu Diensten stehen *hum;* **to offer ~** Hilfe anbieten
2 *(act of working)* Dienst *m,* Dienstleistung *f*
3 *(form: assistance)* Unterstützung *f; (aid, help)* Hilfe *f; (being useful)* Gefälligkeit *f,* [guter] Dienst; ■**to be of ~** [**to sb**] [jdm] von Nutzen sein [*o* nützen]; ***I'm just glad to have been of ~*** es freut mich, dass ich mich ein wenig nützlich machen konnte; **to need the ~s of a surveyor** einen Gutachter/eine Gutachterin brauchen; **to do sb a ~** jdm einen Dienst erweisen; **to see some** [*or* **give good**] **~** *(fig)* viel im Einsatz sein; ***these boots have seen some ~!*** diese Stiefel sind ziemlich strapaziert worden!
4 *(public or government department)* Dienst *m;* **civil/diplomatic ~** öffentlicher/diplomatischer Dienst
5 *(system for public)* Dienst *m; (organization for public)* Beratungsdienst *m,* Beratungsstelle *f;* **ambulance ~** Rettungsdienst *m;* **bus/train ~** Bus-/Zugverbindung *f;* **counselling ~** psychologischer Beratungsdienst; **health ~** Gesundheitsdienst *m,* Gesundheitswesen *nt* ÖSTERR, SCHWEIZ; **prison ~** Strafvollzug *m;* [**public**] **transport ~** [öffentliches] Transportwesen
6 *(operation)* Betrieb *m;* **postal ~** Postwesen *nt,* Post *f fam;* **to operate a** [**normal/reduced**] **~** *bus, train* eine [normale/eingeschränkte] Verbindung unterhalten [*o* betreiben]
7 *(roadside facilities)* ■**~s** *pl* Raststätte *f*
8 *(tennis, etc.)* Aufschlag *m;* **to lose one's ~** seinen Aufschlag abgeben
9 *(armed forces)* Militär *nt;* ■**the ~s** das Militär *nt kein pl;* **to spend time** [*or* **be**] **in the ~** beim Militär sein; **to be** [**un**]**fit for ~** militär[un]tauglich sein; **military ~** Militärdienst *m;* **a career in the ~s** eine militärische Laufbahn
10 *(religious ceremony)* Gottesdienst *m;* **funeral ~** Trauergottesdienst *m;* **morning/evening ~** Frühmesse *f*/Abendandacht *f;* **to go to** [*or* **attend**] **a ~** zu einem Gottesdienst gehen, einen Gottesdienst besuchen; **to hold a ~** einen Gottesdienst [ab]halten
11 *esp* BRIT *(maintenance check)* Wartung *f;* AUTO Inspektion *f;* **~ contract** Wartungsvertrag *m;* **to take one's car in for a ~** sein Auto zur Inspektion bringen
12 *(set of crockery)* Service *nt;* **tea ~** Teeservice *nt*
▶PHRASES: **to be in ~** *(employed as servant)* in Stellung sein; *(be in use, in operation)* im Einsatz sein
II. *vt* ■**to ~ sth** etw überholen [*o* überprüfen]; *appliances* etw warten
ser·vice·able ['sɜːvɪsəbl̩, AM 'sɜːr-] *adj* strapazierfähig
'**ser·vice agree·ment** *n* Dienstleistungsvertrag *m*
'**ser·vice area** *n* 1 *(on motorway)* Raststätte *f*
2 RADIO, TV Sendegebiet *nt*
'**ser·vice bus,** '**ser·vice car** *n* AUS, NZ Linienbus *m*
'**ser·vice cen·tre,** AM '**ser·vice cen·ter** *n* 1 AM *(on freeway)* Raststätte *f*
2 *(for repairs)* Reparaturwerkstatt *f; (garage)* Werkstatt *f*
'**ser·vice charge** *n* 1 *(in a restaurant)* Bedienungsgeld *nt,* Bedienung *f,* Bedienungszuschlag *m*
2 *(cleaning charge)* Reinigungskosten *pl*
3 AM *(bank charges)* Bearbeitungsgebühr *f,* Servicegebühr *f*
'**ser·vice com·pa·ny** *n* Dienstleistungsbetrieb *m*
'**ser·vice con·tract** *n* 1 *(employment)* Arbeitsvertrag *m,* Beschäftigungsvertrag *m*
2 *(warranty)* Garantie *f,* Garantieschein *m*
'**ser·vice de·part·ment** *n* Kundendienstabteilung *f,* Servicebereich *m;* ECON allgemeine Kostenstelle
'**ser·vice econo·my** *n* COMM tertiärer Sektor, Dienstleistungswirtschaft *f*
'**ser·vice el·eva·tor** *n* AM *(service lift) for employees* Personallift *m,* Personalaufzug *m; for goods* Warenaufzug *m,* Warenlift *m* SCHWEIZ, Lastenaufzug *m* '**ser·vice en·trance** *n* Personaleingang *m*
'**ser·vice hand·book** *n* Wartungshandbuch *nt*
'**ser·vice hatch** *n* Durchreiche *f*
'**ser·vice in·dus·try** *n* Dienstleistungsindustrie *f; (company)* Dienstleistungsbetrieb *m*
'**ser·vice learn·ing I.** *n no pl eine Kombination von gemeinnütziger Arbeit und Unterricht, der den Nutzen dieser Arbeit vermitteln soll*
II. *adj attr, inv* ■**service-learning** *bezieht sich auf eine Kombination von gemeinnütziger Arbeit und Unterricht, der den Nutzen dieser Arbeit vermitteln soll*
'**ser·vice lift** *n for employees* Personallift *m,* Personalaufzug *m; for goods* Warenaufzug *m,* Warenlift *m* SCHWEIZ, Lastenaufzug *m*
'**ser·vice·man** *n* Militärangehöriger *m*
'**ser·vice manu·al** *n* Wartungshandbuch *nt*
'**ser·vice·mem·ber** *n* Armeeangehörige(r) *f(m)*
'**ser·vice of·fer** *n* COMM Dienstleistungsangebot *nt*
'**ser·vice per·son** *n* Servicemitarbeiter(in) *m(f)*
'**ser·vice per·son·nel** *n* Militärpersonal *nt*
'**ser·vice pro·vid·er** *n* Anbieter(in) *m(f)* von Dienstleistungen; **logistics ~** Logistikdienstleister(in) *m(f)*
'**ser·vice road** *n (subsidiary road)* Nebenstraße *f; (access road)* Zufahrtsstraße *f; (for residents only)* Anliegerstraße *f,* Anrainerstraße *f* ÖSTERR, SCHWEIZ *a.*
'**ser·vice sec·tor** *n* Dienstleistungsindustrie *f,* Dienstleistungssektor *m*
'**ser·vice sta·tion** *n* Tankstelle *f*
'**ser·vice·wom·an** *n* MIL Militärangehörige *f*
ser·vic·ing ['sɜːvɪsɪŋ, AM 'sɜːr-] *n no pl esp* AM Wartung *f*
ser·vi·ent tene·ment ['sɜːvɪənt-, AM 'sɜːr-] *n* LAW dienendes Grundstück
ser·vi·ette [ˌsɜːvi'et, AM ˌsɜːr-] *n esp* BRIT Serviette *f*
ser·vile ['sɜːvaɪl, AM 'sɜːr-] *adj (pej) manner* unterwürfig *pej,* duckmäuserisch *pej; obedience* sklavisch *pej*
ser·vil·ity [sɜː'vɪləti, AM sɜːr'vɪləţi] *n no pl (pej form)* Unterwürfigkeit *f pej*
serv·ing ['sɜːvɪŋ, AM 'sɜːr-] **I.** *n of food* Portion *f* (**of** *+gen)*
II. *adj attr, inv* 1 *(person working)* dienend; **the longest-~ minister** der am längsten im Amt befindliche Minister/die am längsten im Amt befindliche Ministerin
2 *(imprisoned)* [ein]sitzend, inhaftiert; **a short-~ prisoner** ein Häftling, der/die eine kurze Gefängnisstrafe absitzt
'**serv·ing bowl** *n* [Servier]schüssel *f* '**serv·ing spoon** *n* Vorlegelöffel *m,* SCHWEIZ *a.* Schöpflöffel *m* '**serv·ing tray** *n* [Servier]tablett *nt*
ser·vi·tude ['sɜːvɪtjuːd, AM 'sɜːrvətuːd, -tjuːd] *n no pl (form)* Sklaverei *f,* Knechtschaft *f geh;* **penal ~** LAW Zwangsarbeit *f,* Zuchthaus *nt;* **to be sold into ~** in die Sklaverei verkauft werden
ser·vo[1] ['sɜːvəʊ, AM 'sɜːrvoʊ] *n* AUTO, TECH *short for* **servomechanism** Servomechanismus *m*
servo[2] ['sɜːvəʊ, AM 'sɜːrvoʊ] *n* AUTO, TECH *short for* **servomotor** Servomotor *m*
'**ser·vo·mecha·nism** *n* 1 AUTO, TECH Servomechanismus *m* 2 COMPUT Folgesteuerungsmechanismus *m* '**ser·vo·mo·tor** *n* AUTO, TECH Servomotor *m*
sesa·me ['sesəmi] **I.** *n no pl* Sesam *m*
II. *n modifier paste, roll* Sesam-
'**sesa·me oil** *n* Sesamöl *nt* '**sesa·me seed** *n* Sesamkorn *nt*
ses·sile ['sesaɪl, AM 'sesɪl] *adj inv* 1 BIOL *(immobile)* festsitzend, sesshaft, sessil *fachspr*
2 BOT *(without a stalk or peduncle)* stiellos, ungestielt
ses·sion ['seʃᵊn] *n* 1 *(formal meeting of organization)* Sitzung *f; (period for meetings)* Sitzungsperiode *f;* **parliamentary ~** parlamentarische Sitzungsperiode; *(term of office)* Legislaturperiode *f;* **to meet in ~** zu einer Sitzung zusammenkommen
2 *(period for specific activity)* Stunde *f,* Session *f;* STOCKEX Börsensitzung *f;* ***the press was allowed a short photo ~*** man gewährte der Presse kurz Zeit, um Aufnahmen zu machen; **recording ~** Aufnahme *f;* **training ~** Trainingsstunde *f;* **to sign up for a ~** sich *akk* für eine Sitzung eintragen
3 *(fam: bout of drinking)* Sauftour *f fam*
4 MUS Session *f;* **~ musician** Sessionmusiker(in) *m(f)*
5 AM, SCOT *(period for classes)* SCH Unterricht *m;* UNIV Seminar *nt; (teaching year)* SCH Schuljahr *nt;* UNIV Vorlesungszeit *f; (of two terms)* Semester *nt; (of three terms)* Trimester *nt;* **afternoon ~** Nachmittagsunterricht *m*
ses·ti·na <*pl* - s *or* -ne> [se'stiːnə] *n* LIT Sestine *f*

set [set]

I. ADJECTIVE II. NOUN
III. TRANSITIVE VERB IV. INTRANSITIVE VERB

I. ADJECTIVE

1 *pred (ready)* bereit, fertig; ■ **to be** [**all**] **~** [**for sth**] [für etw *akk*] bereit sein; ***be ~ to leave by 8 a.m.*** um 8 Uhr solltest du startklar sein; **to get ~ to do sth** sich *akk* darauf vorbereiten, etw zu tun; ***ready, get ~, go!*** auf die Plätze, fertig, los!; ***we were just getting ~ to leave when …*** wir wollten gerade gehen, als …

2 *(fixed) pattern, time* fest[gesetzt]; **~ expression** [*or* **phrase**] feststehender Ausdruck; **~ meal** Stammessen *nt*, Stammgericht *nt* ÖSTERR; *(dish of the day)* Tagesgericht *nt;* **~ menu** Tageskarte *f;* **~ price** Festpreis *m*, Fixpreis *m;* **at ~ times** zu festen Zeiten

3 *(expression of face)* starr; ***her face took on a ~ expression*** ihre Miene erstarrte; **~ smile** aufgesetztes Lächeln

4 *(unlikely to change)* **to have a ~ idea about sth** eine feste Vorstellung von etw *dat* haben; **to have become a ~ habit** zur festen Gewohnheit geworden sein; **to be ~ in one's ways** in seinen Gewohnheiten festgefahren sein

5 *(likely)* ***Manchester United looks ~ for victory*** es sieht ganz so aus, als würde Manchester United gewinnen; ***the rain is ~ to continue all week*** der Regen wird wohl noch die ganze Woche andauern

6 *attr, inv (assigned) number, pattern* vorgegebene(r, s); *subject also* bestimmte(r, s); **~ book** [*or* **text**] Pflichtlektüre

7 *(determined)* ■ **to be** [**dead**] **~ against sth** [vollkommen] gegen etw *akk* sein; ■ **to be** [**dead**] **~ on sth** zu etw *akk* [wild] entschlossen sein

II. NOUN

1 *(collection, group) of glasses, stamps etc.* Satz *m; (of two items)* Paar *nt; of clothes etc.* Set *nt*, Garnitur *f;* ***he's got a complete ~ of Joyce's novels*** er hat eine Gesamtausgabe von Joyce; **box**[**ed**] **~** Box-Set *nt (ein komplettes Set etwa von CDs oder Videokassetten, das in einem Schuber o.Ä. erhältlich ist);* **chemistry ~** Chemiekasten *m;* **chess ~** Schachspiel *nt;* **a ~ of chromosomes** ein Chromosomensatz *m;* **~ of encyclopaedias** Enzyklopädiereihe *f;* **~ of lectures** Vortragsreihe *f;* **~ of rules** Regelwerk *nt;* **tea ~** Teeservice *nt;* **~ of teeth** Gebiss *nt;* **tool ~** Werkzeugsatz *m;* **~ of twins** Zwillingspaar *nt*

2 *+ sing/pl vb (group of people)* [Personen]kreis *m*, Clique *f fam;* ***she's got in with a very arty ~*** sie bewegt sich neuerdings in sehr ausgewählten Künstlerkreisen; **the fashion ~** die Modefreaks *pl sl;* **the literary ~** die Literaten *pl;* **the smart ~** die Schickeria *meist pej*

3 BRIT SCH *(class)* Kurs *f*

4 THEAT Bühnenbild *nt*, Bühnenausstattung *f;* FILM Szenenaufbau *m; (film location)* Drehort *m;* **on the ~** bei den Dreharbeiten; *(location)* am Set

5 *(appliance)* Gerät *nt; (television)* Fernsehgerät *nt*, Fernseher *m; (radio)* Radio[gerät] *nt;* **colour ~** Farbfernseher *m;* **an electric fondue ~** ein elektrisches Fonduegerät

6 SPORT Satz *m;* **to win a ~** einen Satz gewinnen

7 MATH Menge *f;* **~ theory** Mengenlehre *f*

8 MUS Block *m*

9 COMPUT **data ~** Datensatz *m; (file)* Datei *f*

10 TYPO *(width of character)* Set *nt o m fachspr*

11 BOT *(young plant)* Setzling *m; (bulb)* Knolle *f*

12 *(coat of plaster)* Feinputz *m*

13 *(sett)* Bau *m*

14 *no pl of eyes, jaw* Stellung *f; of shoulders* Haltung *f*

15 *no pl (hair arrangement)* **to have a shampoo and ~** sich *dat* die Haare waschen und legen lassen

16 *no pl see* **mindset**

17 *no pl of the current, tide* Richtung *f*, Lauf *m*

18 *no pl* AUS, NZ *(fam: grudge)* **to get a ~ on sb** [die] Wut auf jdn kriegen *fam*

19 *no pl* HUNT Vorstehen *nt fachspr*

20 *no pl* TECH *of the teeth of a saw* Schränkung *f fachspr*

21 *no pl* TECH *(in metal, wood, etc.)* Durchbiegung *f fachspr*

▸PHRASES: **to make a ~ at sb** BRIT sich *akk* an jdn ranmachen *fam*

III. TRANSITIVE VERB

<set, set> 1 *(place)* ■ **to ~ sb/sth somewhere** jdn/etw irgendwohin stellen; *(on its side)* jdn/etw irgendwohin legen; ***the cat ~ a dead mouse in front of us*** die Katze legte uns eine tote Maus vor; ***~ the bricks one on top of the other*** setze einen Klotz auf den anderen; **to ~ a chair by the bed/window** einen Stuhl ans Bett/Fenster stellen; **to ~ sb on his/her way** *(fig)* jdn losschicken; ***I ~ her above all others*** für mich ist sie die Allergrößte

2 *usu passive (take place in, be located)* ■ **to be ~ somewhere**: ***'West Side Story' is ~ in New York*** ‚West Side Story' spielt in New York; ***their house is ~ on a hill*** ihr Haus liegt auf einem Hügel; ***the novel is ~ in the 16th century*** der Roman spielt im 16. Jahrhundert

3 *(cause to be, start)* **to ~ a boat afloat** ein Boot zu Wasser lassen; **to ~ sth on fire** etw in Brand setzen; **to ~ sth in motion** etw in Bewegung setzen [*o fig a.* ins Rollen bringen]; ■ **to ~ sb doing sth** jdn veranlassen [*o* dazu bringen], etw zu tun; ***his remarks ~ me thinking*** seine Bemerkungen gaben mir zu denken; **to ~ sb loose** [*or* **free**] jdn freilassen [*o* auf freien Fuß setzen]; **to ~ sth right** etw [wieder] in Ordnung bringen; **to ~ sb straight** jdn berichtigen; ***these changes will ~ the country on the road to economic recovery*** diese Änderungen werden das Land zum wirtschaftlichen Aufschwung führen; ***the noise ~ the dog barking*** wegen des Lärms fing der Hund an zu bellen

4 *(release)* CHEM **to ~ sth free** etw freisetzen

5 *(adjust, prepare)* ■ **to ~ sth** etw einstellen; *(prepare)* etw vorbereiten; **to ~ the alarm for 7.00 a.m.** den Wecker auf 07.00 Uhr stellen; **to ~ a clock/watch** eine Uhr/Armbanduhr stellen; **to ~ the margin** TYPO den Rand einstellen; **to ~ the table** den Tisch decken; **to ~ a thermostat/timer** einen Thermostat/Zeitmesser einstellen; **to ~ a trap** eine Falle aufstellen

6 *(fix)* ■ **to ~ sth** etw festsetzen; **to ~ the budget** das Budget festlegen; **to ~ a date/time** einen Termin/eine Zeit ausmachen; ***they still haven't ~ a date for their wedding*** sie haben immer noch keinen Termin für die Hochzeit festgesetzt; **to ~ a deadline for sb** jdm eine Frist setzen; **to ~ oneself a goal** sich *dat* ein Ziel setzen; **to ~ a limit** eine Grenze setzen; **to ~ a norm** eine Norm festlegen; **to ~ a price** [**on sth**] einen Preis [für etw *akk*] festsetzen; **to ~ one's teeth** die Zähne zusammenbeißen; ***… she said, ~ting her jaw firmly …*** sagte sie mit versteinerter Miene

7 *(establish)* **to ~ a good example to sb** jdm ein Vorbild sein; **to ~ the pace** das Tempo angeben [*o* bestimmen]; **to ~ a record** einen Rekord aufstellen

8 ANAT ■ **to ~ sth** etw einrenken; **to ~ a broken bone** einen gebrochenen Knochen einrichten *fachspr*

9 *(arrange)* **to ~ sb's hair** jdm die Haare legen; **to have one's hair ~** sich *dat* die Haare legen lassen

10 *(adorn)* ■ **to ~ sth with sth** etw mit etw *dat* besetzen; ***a watch ~ with sapphires*** eine mit Saphiren besetzte Uhr

11 *(insert)* ■ **to ~ sth in**[**to**] **sth** etw in etw *akk* einlassen [*o* fassen]; ***a bracelet with rubies ~ in gold*** ein Armband mit in Gold gefassten Rubinen

12 MUS **to ~ a poem/words etc. to music** ein Gedicht/einen Text etc. vertonen

13 *esp* BRIT, AUS *(assign)* **to ~ sb in charge of sth** jdn mit etw *dat* betrauen; **to ~ homework** Hausaufgaben [*o* ÖSTERR *a.* eine Hausübung] aufgeben; **to ~ a task for sb** [*or* **sb a task**] jdm eine Aufgabe stellen; **to ~ sb to work** jdm Arbeit zuweisen

14 COMPUT ■ **to ~ sth** *(give variable a value)* etw setzen; *(define value)* etw einstellen

15 TYPO *(compose)* **to ~ a text** einen Text setzen; **to be ~ in Times Roman** in Times Roman gesetzt sein

16 *(keep watch on)* **to ~ a guard on sb** jdn bewachen lassen

17 **to ~ the scene** [*or* **stage**] **for sth** *(create conditions)* die Bedingungen für etw *akk* schaffen; *(facilitate)* den Weg für etw *akk* frei machen; ***the scene is ~ for the summit next week*** die Vorbereitungen für das Gipfeltreffen nächste Woche sind unter Dach und Fach

18 *(sail)* **to ~ course for sth** auf etw *akk* Kurs nehmen; **to ~ sail** *(also fig)* die Segel setzen; **to ~ sail for/from …** nach/von … losfahren

19 *(see)* **to ~ eyes on sb/sth** jdn/etw sehen

20 *(enter)* **to ~ foot in** [*or* **on**] **sth** etw betreten

21 *(calm)* **to ~ one's mind at ease** sich *akk* beruhigen

22 **to ~ one's mind to** [*or* **on**] **sth** *(concentrate on)* sich *akk* auf etw *akk* konzentrieren; *(approach with determination)* etw entschlossen angehen

▸PHRASES: **to ~ the world** [*or* **the Thames**] **ablaze** [*or* **on fire**] [*or* **alight**] die Welt aus den Angeln heben

IV. INTRANSITIVE VERB

<set, set> 1 *(grow together) bones, limbs* zusammenwachsen

2 *(become firm) concrete, jelly* fest werden; ***the glue has ~ hard*** der Klebstoff ist ausgehärtet

3 *(sink) moon, sun* untergehen

4 *(have a specified direction) river, stream* **to ~ to the north/westwards** nach Norden/Westen verlaufen

5 HUNT *dog* vorstehen *fachspr*

6 *(become fixed) eyes* verharren; *features* sich *akk* versteinern

7 BOT Frucht ansetzen

◆**set about** *vi* 1 *(start work upon)* ■ **to ~ about sth** *job, task* sich *akk* an etw *akk* machen; ■ **to ~ about doing sth** sich *akk* daranmachen, etw zu tun

2 *(fam: attack)* ■ **to ~ about sb** [**with sth**] [mit etw *dat*] über jdn herfallen

◆**set against** *vt* 1 *(balance)* ■ **to ~ sth** [**off**] **against sth** etw etw *dat* gegenüberstellen; **to ~ the disadvantages against the advantages** die Nachteile gegen die Vorteile abwägen

2 *(make oppose)* ■ **to ~ sb against sb else** jdn gegen jdn anderen aufhetzen [*o* aufwiegeln], Zwietracht zwischen jdm und jdm anderen säen

3 ECON ■ **to ~ sth** [**off**] **against sth** etw mit etw *dat* verrechnen, etw auf etw *akk* anrechnen

◆**set apart** *vt* 1 *(distinguish)* ■ **sth ~s sb/sth** ↻ **apart from sb/sth** etw hebt jdn/etw von jdm/etw ab, etw unterscheidet jdn/etw von jdm/etw; ***she felt ~ apart from her sisters*** sie fühlte, dass sie anders war als ihre Schwestern

2 *(reserve)* ■ **to be ~ apart for sth** für etw *akk* reserviert sein

◆**set aside** *vt* 1 *(put to side)* ■ **to ~ aside** ↻ **sth** etw beiseitelegen; *clothes* sich *dat* etw zurücklegen lassen; **to ~ the glasses/chairs aside** die Gläser/Stühle beiseitestellen

2 *(keep for special use)* ■ **to ~ aside** ↻ **sth** *money* etw auf die Seite legen; *time* etw einplanen

3 *(ignore)* ■ **to ~ aside** ↻ **sth** *differences, hostilities, quarrels* etw begraben; *work* etw zurückstellen; *protest, issue* etw außer Acht lassen; **to ~ one's personal feelings aside** seine persönlichen Gefühle zurückstellen; **to ~ apart all formality** auf jegliche Formalitäten verzichten

4 LAW *(annul)* **to ~ aside** ↻ **a conviction/legal decision** ein Urteil/einen gerichtlichen Beschluss aufheben

◆**set back** *vt* 1 *(delay)* ■ **to ~ back** ↻ **sb/sth** jdn/etw zurückwerfen; **to ~ back a deadline** einen Termin verschieben; ***the opening of the new swimming pool has been ~ back by a few weeks*** die Eröffnung des neuen Schwimmbades hat sich um einige Wochen verzögert

② *(position)* ■ **to ~ back ○ sth [from sth]** etw [von etw *dat*] zurücksetzen; ***their garden is ~ back from the road*** ihr Garten liegt nicht direkt an der Straße
③ *(fam: cost)* ■ **to ~ sb back** jdn eine [schöne] Stange Geld kosten *fam*
◆ **set down** *vt* ① *(drop off)* ■ **to ~ down ○ sb** *passenger etc.* jdn absetzen
② *(put down)* ■ **to ~ down ○ sth** *suitcase etc.* etw absetzen
③ *(land)* **to ~ a plane down** ein Flugzeug landen
④ *(write down)* ■ **to ~ down ○ sth** etw aufschreiben [*o* niederschreiben]; **to ~ down one's thoughts** seine Gedanken niederschreiben [*o* festhalten]
⑤ *usu passive (esteem)* ■ **to be ~ down as sth** für etw *akk* gehalten werden; ***he's always been ~ down as a morose type*** er galt eigentlich immer als missmutig
⑥ *usu passive* LAW *(arrange trial)* **to be ~ down for 3 August** für den 3. August anberaumt sein
⑦ *(establish as a rule)* **to ~ down codes of practise** Verfahrensregeln aufstellen
◆ **set forth** I. *vt (form)* ■ **to ~ forth ○ sth** *plan etc.* etw darlegen
II. *vi (liter)* aufbrechen
◆ **set in** I. *vt* **to ~ in ○ a sleeve** einen Ärmel einsetzen
II. *vi bad weather* einsetzen; *complications* sich einstellen; ***the rain has ~ in*** es hat angefangen zu regnen; *(won't stop soon)* es hat sich jetzt erst mal eingeregnet
◆ **set off** I. *vi* aufbrechen, sich *akk* auf den Weg machen; *(in car)* losfahren; ***we ~ off early for the glaciers*** wir machten uns früh auf den Weg zu den Gletschern; ***they've just ~ off on a round-the-world trip*** sie haben gerade eine Weltreise angetreten; **to ~ off for Italy** nach Italien abfahren
II. *vt* ① *(initiate)* **to ~ off ○ an alarm/a blast/a reaction** einen Alarm/eine Explosion/eine Reaktion auslösen; **to ~ off ○ a bomb** eine Bombe zünden; **to ~ off an explosive** eine Sprengladung hochgehen lassen
② *(cause to do)* ■ **to ~ sb off doing sth** jdn dazu bringen, etw zu tun; ***that joke always ~s me off laughing*** bei diesem Witz muss ich immer lachen; **to ~ sb off crying/thinking** jdn zum Weinen/Nachdenken bringen
③ *(attractively contrast)* ■ **to ~ off ○ sth** etw hervorheben [*o* unterstreichen]; ***she ~ off her suntan by wearing a white dress*** mit ihrem weißen Kleid brachte sie ihre Bräune noch mehr zur Geltung
④ *(oppose)* ■ **to ~ off ○ sth against sth** etw etw *dat* gegenüberstellen
⑤ ECON ■ **to ~ off ○ sth against sth** etw mit etw *dat* verrechnen, etw auf etw *akk* anrechnen; **to ~ costs off against tax** Unkosten von der Steuer absetzen
◆ **set on** I. *vt* ■ **to ~ sb on sb** jdn auf jdn ansetzen; ■ **to ~ an animal on sb** ein Tier auf jdn hetzen
II. *vi* ■ **to ~ on sb** jdn überfallen *a. fig; animal* jdn anfallen
◆ **set out** I. *vt* ■ **to ~ out ○ sth** ① *(arrange) goods* etw auslegen; *chairs, chess pieces etc.* etw aufstellen; *(in essay, text)* etw anordnen
② *(explain) idea, point etc.* etw darlegen [*o* darstellen]
▶ PHRASES: **to ~ out one's <u>stall</u>** sich *akk* hervortun
II. *vi* ① *(begin journey)* aufbrechen, sich *akk* auf den Weg machen; *(in car)* losfahren; ***they ~ out for the station ten minutes ago*** sie haben sich vor 10 Minuten auf den Weg zum Bahnhof gemacht; ■ **to ~ out on sth** zu etw *dat* aufbrechen
② *(intend)* ■ **to ~ out with sth** *aim, idea, plan* mit etw *dat* antreten; ■ **to ~ out to do sth** beabsichtigen, etw zu tun
◆ **set to** *vi* ① *(begin work)* loslegen *fam; (hurry)* sich *akk* ranhalten *fam,* ÖSTERR, SCHWEIZ beeilen; **to ~ to work** sich *akk* an die Arbeit machen
② *(fam: begin fighting)* **to ~ to with feet/fists** mit Füßen/Fäusten draufloskämpfen
◆ **set up** *vt* ① *(erect)* **to ~ up a camp** ein Lager aufschlagen; **to ~ up a roadblock** eine Straßensperre errichten; **to ~ up ○ a tripod** ein Stativ aufbauen
② *(institute)* ■ **to ~ up ○ sth** *business, fund, school etc.* etw einrichten; **to ~ up a committee** einen Ausschuss bilden; **to ~ up a corporation** eine [Handels]gesellschaft gründen; **to ~ up a dictatorship** eine Diktatur errichten; **to ~ up a public enquiry** eine öffentliche Untersuchung einleiten
③ *(establish)* ■ **to ~ oneself up [as sth]** sich *akk* als etw niederlassen; **to ~ oneself up in business** ein Geschäft eröffnen; **to ~ sb up in business** es jdm ermöglichen, ein Geschäft zu eröffnen; ***his father ~ him up in the family business*** sein Vater brachte ihn im Familienbetrieb unter; **to ~ up a record** einen Rekord aufstellen; **to ~ up shop** sich *akk* niederlassen
④ *(cause)* **to ~ up an infection/reaction** eine Infektion/Reaktion hervorrufen [*o* auslösen]
⑤ *(make arrangements)* **to ~ up a meeting with sb** ein Treffen mit jdm vereinbaren
⑥ *(claim to be)* ■ **to ~ oneself up as sth** sich *akk* als etw ausgeben; *(pretend to be)* sich *akk* als etw aufspielen
⑦ *(fam: make healthy)* ■ **to ~ up ○ sb** jdn wiederherstellen; ***a few days in the country will surely ~ you up*** ein paar Tage auf dem Land werden dir sicher gut tun
⑧ *(provide)* ■ **to ~ up ○ sb [with sth]** jdn [mit etw *dat*] versorgen; **to ~ sb up for life** jdn für sein ganzes Leben versorgen
⑨ *(fam: deceive, frame)* ■ **to ~ up ○ sb** jdn übers Ohr hauen *fam;* ***I've been ~ up!*** da hat mich jemand geleimt! *fam; (framed)* da will mir jemand was in die Schuhe schieben!; ■ **to ~ up ○ sb for sth** jdm etw anhängen *fam,* jdm etw in die Schuhe schieben
⑩ *(make a loud sound)* **to ~ up a commotion** ein [lautes] Spektakel veranstalten
⑪ COMPUT **to ~ up a program** ein Programm installieren; **to ~ up a system** ein System konfigurieren
⑫ *(move in)* **to ~ up house together** einen gemeinsamen Hausstand gründen
◆ **set upon** I. *vt* ■ **to ~ sb upon sb** jdn auf jdn ansetzen; ■ **to ~ an animal upon sb** ein Tier auf jdn hetzen
II. *vi* ■ **to ~ upon sb** jdn überfallen *a. fig; animal* jdn anfallen

'set-aside I. *n* ① HORT stillgelegte Fläche
② POL Flächenstilllegung *f*
II. *adj* FIN gesondert bereitgestellt
'set·back *n* Rückschlag *m;* **to be [*or* prove] a ~ in sth** sich *akk* als Rückschlag für etw *akk* erweisen; **to experience [*or* suffer] [*or* receive] [*or* encounter] a ~** einen Rückschlag erleiden
'set de·sign·er *n* Bühnenbildner(in) *m(f); (for film/TV)* [Film]ausstatter(in) *m(f)*
SETI ['seti] *n no pl, no art acr for* **search for extraterrestrial intelligence** SETI *f,* Suche *f* nach außerirdischer Intelligenz
set-in 'sleeve *n* FASHION eingesetzter Ärmel
'set-off *n* LAW Aufrechnung *f* [im Prozess]
set 'piece *n* FILM, LIT, THEAT Standardszene *f*
set 'point *n* SPORT Satzball *m;* **to convert a ~** einen Satzball verwandeln; **to lose a ~** einen Satzball verlieren; **to overcome a ~** einen Satzball abwehren
'set-square *n* AUS, BRIT [Zeichen]dreieck *nt*
sett [set] *n* ① *(burrow of a badger)* Bau *m*
② *(granite paving block)* Pflasterstein *m*
set·tee [set'i:] *n* Sofa *nt,* Couch *f*
set·ter ['setəʳ, AM 'seṱɚ] *n* Setter *m*
'set theo·ry *n* Mengenlehre *f*
set·ting ['setɪŋ, AM 'seṱɪŋ] *n usu sing* ① *(location)* Lage *f; (immediate surroundings)* Umgebung *f; (for a wedding)* Rahmen *m*
② *(in film, novel, play)* Schauplatz *m*
③ *(adjustment on appliance)* Einstellung *f;* **to adjust the ~** die Einstellung anpassen
④ *(place at table)* Gedeck *nt*
⑤ *(frame for jewel)* Fassung *f*
⑥ MUS Vertonung *f*
⑦ *(fixing/arranging)* Einstellung *f*
⑧ TYPO *(composing text)* Setzen *nt*
'set·ting lo·tion *n* [Haar]festiger *m*
set·tle ['setl, AM 'seṱl] I. *vi* ① *(get comfortable)* es sich *dat* bequem machen; ***we ~d in front of the television*** wir machten es uns vor dem Fernseher bequem *fam*
② *(calm down) person* sich *akk* beruhigen; *anger, excitement* sich *akk* legen; *weather* beständig werden
③ AUS, BRIT *(apply oneself)* ■ **to ~ to sth** sich *akk* etw *dat* widmen; **to ~ to work** sich *akk* an die Arbeit machen
④ *(end dispute)* sich *akk* einigen
⑤ *(decide on)* ■ **to ~ on sth** sich *akk* für etw *akk* entscheiden; *(agree on)* sich *akk* auf etw *akk* einigen; **to ~ on a name** sich *akk* für einen Namen entscheiden; ■ **to ~ for sth** mit etw *dat* zufrieden sein; ***I'll ~ for chicken and chips*** ich nehme Hähnchen mit Pommes frites
⑥ *(form: pay)* begleichen *geh;* ■ **to ~ with sb** mit jdm abrechnen [*o fam* Kasse machen]
⑦ *(take up residence)* sich *akk* niederlassen; ***after they got married, they ~d in Brighton*** nach ihrer Hochzeit zogen sie nach Brighton
⑧ *(get used to)* ■ **to ~ into sth** sich *akk* an etw *akk* gewöhnen; ***it took Ed a long time to ~ into living in London*** es dauerte lange, bis sich Ed an das Leben in London gewöhnt hatte
⑨ *(alight on surface)* sich *akk* niederlassen; *(build up)* sich *akk* anhäufen [*o* ansammeln]; *(sink)* [ab]sinken; *particles in liquid* sich senken; *house, wall, dust* sich setzen; ***do you think the snow will ~?*** glaubst du, dass der Schnee liegen bleibt?; ***a peaceful expression ~d on her face*** *(fig)* ein friedlicher Ausdruck legte sich auf ihr Gesicht
II. *vt* ① *(calm down)* ■ **to ~ sb/sth** jdn/etw beruhigen; **to ~ the children for the night** die Kinder für die Nacht zurechtmachen; **to ~ one's stomach** seinen Magen beruhigen
② *(decide, agree upon)* ■ **to ~ sth** etw entscheiden; *(deal with)* etw regeln; *(in writing)* etw [schriftlich] festlegen; ***it's been ~d that we'll spend Christmas at home*** wir haben vereinbart, Weihnachten zu Hause zu verbringen; ■ **to ~ when/where/why ...** entscheiden, wann/wo/warum ...; **to ~ the details of a contract** die Einzelheiten eines Vertrags aushandeln
③ *(bring to conclusion)* ■ **to ~ sth** etw erledigen; *(resolve)* etw beilegen; *business transaction* abwickeln; ***that ~s that*** damit hat sich das erledigt, und damit hat sich's! *fam;* **to ~ one's affairs** *(form)* seine Angelegenheiten regeln [*o* in Ordnung bringen]; **to ~ an argument [*or* a dispute]/differences** einen Streit/Unstimmigkeiten beilegen; **to ~ a crisis/a problem** eine Krise/ein Problem lösen; **to ~ a grievance** einen Missstand beseitigen; **to ~ a lawsuit** einen Prozess durch einen Vergleich beilegen; **to ~ a matter** eine Angelegenheit regeln; **to ~ a strike** einen Streik beenden
④ *(pay)* ■ **to ~ sth** etw begleichen *geh;* ■ **to ~ sth on sb** *(bequeath)* jdm etw hinterlassen [*o* vererben] [*o fam* vermachen]; **to ~ an account** ein Konto ausgleichen; **to ~ money/property on sb** jdm Geld/Besitz übertragen
⑤ *(colonize)* **to ~ a place** einen Ort besiedeln
⑥ ECON **to ~ a property in trust** Eigentum einer Treuhänderschaft übertragen [*o* überschreiben]; **~d property** in Treuhänderschaft überschriebenes Eigentum
▶ PHRASES: **to ~ an <u>account</u> [*or* a <u>score</u>] [*or* <u>old</u> scores] [with sb]** [mit jdm] abrechnen *fig*
◆ **settle back** *vi* sich *akk* zurücklehnen; **to ~ back in a chair** sich *akk* in einem Sessel bequem zurücklegen
◆ **settle down** I. *vi* ① *(get comfortable)* es sich *dat* bequem [*o* gemütlich] machen
② *(adjust)* sich *akk* eingewöhnen [*o* einleben]; ***we've just about ~d down to a steady routine with the baby*** mit dem Baby hat sich mittlerweile

eine gewisse Routine eingespielt
❸ *(calm down)* sich *akk* beruhigen; ***the teacher told the children to ~ down*** der Lehrer ermahnte die Kinder zur Ruhe
❹ *(adopt steady lifestyle)* sich *akk* [häuslich] niederlassen
❺ CHEM sich *akk* anlagern
II. *vt* ■**to ~ oneself down** es sich *dat* bequem [*o* gemütlich] machen; ***he ~d himself down with a newspaper*** er machte es sich mit der Zeitung bequem
◆**settle in** I. *vi people* sich *akk* eingewöhnen [*o* einleben]; *things* sich *akk* einpendeln
II. *vt* ■**to ~ in** ⊂ **sb** jdm helfen, sich *akk* einzugewöhnen [*o* einzuleben]
◆**settle on** *vt* ■**to ~ sth on sth** jdm etw vermachen; ***he ~d his house on his children*** er vermachte seinen Kindern sein Haus
◆**settle up** *vi* abrechnen; ■**to ~ up with sb** mit jdm abrechnen

set·tled [ˈsetḷd, AM ˈset̬-] *adj* ❶ *pred (comfortable, established) of people* eingewöhnt, eingelebt; *of things* eingependelt; ■**to be ~** sich *akk* eingewöhnt [*o* eingelebt] haben; **to feel ~** sich *akk* heimisch fühlen
❷ *(calm)* ruhig
❸ *(with steady lifestyle)* geregelt, beständig
◆**settle down** *vi* CHEM sich *akk* anlagern

ˈsettle-for-less *adj inv* **a ~ attitude** eine Kompromisshaltung, die Bereitschaft, sich mit weniger zufriedenzugeben

set·tle·ment [ˈsetḷmənt, AM ˈset̬-] *n* ❶ *(resolution)* Übereinkunft *f; (agreement)* Vereinbarung *f;* LAW Vergleich *m;* ***they reached an out-of-court ~*** sie einigten sich außergerichtlich; **the ~ of a conflict** die Lösung eines Konflikts; **the ~ of a matter** die Regelung einer Angelegenheit; **pay ~** *esp* BRIT Tarifvereinbarung *f,* Tarifabschluss *m;* **the ~ of a question** die Klärung einer Frage; **the ~ of a strike** die Schlichtung eines Streiks; **to negotiate** [*or* **reach**] **a ~** [**with sb**] [mit jdm] eine Einigung erzielen
❷ FIN, ECON Bezahlung *f,* Begleichung *f,* Abwicklung *f,* Liquidation *f geh,* Abrechnung *f*
❸ *(conclusion) of business* Geschäftsabwicklung *f*
❹ *(colony)* Siedlung *f; (colonization)* Besiedlung *f; (people)* Ansiedlung *f;* **the ~ of the American West** die Besiedlung des Westens Amerikas
❺ *no pl (subsidence)* Absinken *nt*
❻ LAW *(passing land to trustees)* Verfügung *f* über Grundbesitz, der für nachfolgende Begünstigte durch einen Trust verwaltet wird
❼ LAW **to make a ~ on sb** jdm eine Schenkung machen

ˈset·tle·ment days *npl* ❶ ECON, FIN Abrechnungstage *pl*
❷ STOCKEX Liquidationstermine *pl*

set·tler [ˈsetḷəʳ, AM ˈset̬ḷɚ] *n* Siedler(in) *m(f)*

ˈset-to *n (fam)* Streit *m;* **to have a ~** [**with sb**] [mit jdm] Streit haben

set-top ˈbox *n* TV Set-Top-Box, f *(für den Empfang des digitalen Fernsehens)*

ˈset-up *n* ❶ *(way things are arranged)* Aufbau *m; (arrangement)* Einrichtung *f;* ***when I started my new job, it took me a while to get used to the ~*** als ich meine neue Stelle antrat, dauerte es eine Weile, bis ich mich an die Situation gewöhnte; ***"nice little ~ you've got here," he said as we showed him round the house*** „nette Bude habt ihr hier", sagte er, als wir ihm das Haus zeigten
❷ *(fam: act of deception)* abgekartetes Spiel *fam*

sev·en [ˈsevᵊn] I. *adj* ❶ *(number)* sieben; **the ~ deadly sins** die sieben Todsünden; **to sail the ~ seas** die sieben Meere befahren; *see also* **eight I 1**
❷ *(age)* sieben; *see also* **eight I 2**
❸ *(time)* sieben; **~ am/pm** sieben Uhr morgens [*o* früh]/abends [*o* neunzehn Uhr]; **half past** [*or* BRIT *fam* **half**] **~** halb acht; **at ~ thirty** um halb acht, um sieben [*o* neunzehn] Uhr dreißig; **at ~ forty-five** um Viertel vor acht [*o* drei viertel acht]; *see also* **eight I 3**
II. *n* ❶ *(number, symbol, quantity)* Sieben *f,* Siebener *m* ÖSTERR, SCHWEIZ *a.; see also* **eight II 1**
❷ BRIT *(shoe size)* [Schuhgröße] 40; AM *(shoe size)* [Schuhgröße] 38
❸ CARDS Sieben *f,* Siebener *m* ÖSTERR, SCHWEIZ
❹ *(public transport)* ■**the ~** die Sieben, der Siebener

sev·en·fold [ˈsevᵊnfəʊld, AM -foʊld] I. *adj* siebenfache(r, s)
II. *adv* siebenfach; **to increase ~** um das Siebenfache ansteigen

sev·en·teen [ˈsevᵊntiːn] I. *adj* ❶ *(number)* siebzehn; ***there were ~ of us*** wir waren zu siebzehnt; **one in ~** jeder Siebzehnte; *see also* **eight I 1**
❷ *(age)* siebzehn; *see also* **eight I 2**
❸ *(time)* **~ hundred hours** *spoken* siebzehn Uhr; **1700 hours** *written* 17:00
II. *n* Siebzehn *f; see also* **eight II**

sev·en·teenth [ˈsevᵊntiːn(t)θ] I. *adj* siebzehnte(r, s); **~ competitor** siebzehnter Teilnehmer/siebzehnte Teilnehmerin; **to be in ~ place** auf dem siebzehnten Platz liegen; **to come** [*or* **go**] [*or* **finish**] **~** Siebzehnte(r) *f(m)* werden
II. *n* ❶ *(date)* ■**the ~** [**of a month**] der Siebzehnte [eines Monats]
❷ *(fraction)* Siebzehntel *nt;* **a ~ of a company** ein Siebzehntel *nt* einer Firma; **to cut sth into ~s** etw in Siebzehntel [*o* siebzehn Teile] schneiden

sev·enth [ˈsevᵊn(t)θ] I. *adj* ❶ *(in sequence)* siebte(r, s); ***you're the ~ person to put your name down*** du bist der Siebte, der sich einträgt; **~ grade** AM siebte Klasse, die Siebte; *see also* **eighth I 1**
❷ *(in a race)* **to be/come** [*or* **finish**] **~** [**in a race**] [bei einem Rennen] Siebter sein/werden; *see also* **eighth I 2**
▸PHRASES: **to be in ~ heaven** im siebten Himmel sein
II. *n* ❶ *(order)* ■**the ~** der/die/das Siebte; *see also* **eighth II 1**
❷ *(date)* ■**the ~** *spoken* der Siebte; ■**the 7th** *written* der 7.; *see also* **eighth II 2**
❸ *(in titles)* **Edward the S~** *spoken* Edward der Siebte; **Edward VII** *written* Edward VII.
❹ *(fraction)* Siebtel *nt o* SCHWEIZ *a. m*
❺ MUS *(interval)* Septime *f; (chord)* Septimenakkord *m*

Sev·enth-Day ˈAd·vent·ist [ˌsevᵊn(t)θdeɪˈædvəntɪst] I. *n* Adventist(in) *m(f)* vom Siebenten Tag
II. *adj* Siebenten-Tags-Adventisten-; **~ church** Kirche der Adventisten vom Siebten Tag

sev·en·ties [ˈsevᵊntiz, AM -t̬-] *npl* ■**the ~** ❶ *(temperature) siebzig Grad Fahrenheit;* **to reach** [*or* **approach**] **the ~** um die siebzig Grad Fahrenheit erreichen
❷ *(decade)* die Siebziger *pl,* die Siebzigerjahre *pl;* **in the ~** in den Siebzigerjahren [*o fam* Siebzigern]
❸ *(age range)* **a man/woman in his/her ~** ein Mann/eine Frau in den Siebzigern

sev·en·ti·eth [ˈsevᵊntiəθ, AM -t̬i-] I. *adj* siebzigste(r, s); **~ customer** siebzigster Kunde/siebzigste Kundin
II. *n* ❶ *(ordinal number)* Siebzigste(r, s); **to be ranked ~** den siebzigsten Rang belegen
❷ *(fraction)* Siebzigstel *nt*

sev·en·ty [ˈsevᵊnti, AM -t̬-] I. *adj* siebzig; *see also* **eighty I**
II. *n* ❶ *(number)* Siebzig *f,* Siebziger *m* SCHWEIZ, ÖSTERR; *see also* **eighty II 1**
❷ *(age)* **to be in one's seventies** in den Siebzigern sein; *see also* **eighty II 2**
❸ *(decade)* ■**the seventies** *pl* die Siebzigerjahre *pl,* die Siebziger *pl; see also* **eighty II 3**
❹ *(fam: speed: 70 mph)* ca. hundertzehn km/h; *see also* **eighty II 5**
❺ *(public transport)* ■**the ~** die Siebzig, der Siebziger
❻ *(temperature)* **to be in the seventies** um die 20 Grad Celsius sein

sev·en·ty-ˈeight *n Schallplatte mit 78 Umdrehungen in der Minute*

ˈsev·en·ty·some·thing *adj attr, inv* der Übersiebzigjährigen *nach n*

sev·en-year ˈitch *n (hum fam)* verflixtes siebtes Jahr *fam;* **to have the ~** im verflixten siebten Jahr sein *fam*

sev·er [ˈsevəʳ, AM -ɚ] *vt* ■**to ~ sth** etw abtrennen; *(cut through)* etw durchtrennen; ***electricity cables have been ~ed by the storm*** Stromkabel sind beim Sturm durchtrennt worden; **to ~ links/relationships/ties with sb** *(fig)* die Verbindungen/Beziehungen/Bande mit jdm lösen

sev·er·al [ˈsevᵊrᵊl] I. *adj inv* ❶ *(some)* einige; *(various)* verschiedene; ***I've seen 'Gone with the Wind' ~ times*** ich habe ‚Vom Winde verweht' ein paar Mal gesehen; ***he is the author of ~ books*** er ist Autor mehrerer Bücher; ***we saw ~ students*** wir sahen einige Studenten; **to have ~ reasons for doing sth** verschiedene Gründe haben, etw zu tun
❷ *attr (form liter: respective)* jeweilige; *(distinct)* verschiedene; ***they decided to go their ~ ways*** sie beschlossen, getrennte Wege zu gehen; ***the two levels of government sort out their ~ responsibilities*** die beiden Regierungsebenen klären ihre jeweiligen Zuständigkeiten ab
II. *pron* ein paar; ***you can take one of these brochures if you want to — we've got ~*** Sie können eine dieser Broschüren mitnehmen, wenn Sie wollen – wir haben ein paar davon; ***I offered him one piece of candy but he took ~*** ich bot ihm ein Bonbon an, aber er nahm mehrere; ***~ of us want to go to the movies tonight*** einige von uns wollen heute Abend ins Kino gehen; **~ of the new books are worth reading** einige der neuen Bücher sind lesenswert

sev·er·al·ly [ˈsevᵊrᵊli] *adv inv (form liter: respectively)* einzeln; *(separately)* getrennt, gesondert; **~ operated** gesondert betrieben; **~ owned** im Besitz von mehreren Eigentümern/Eigentümerinnen

sev·er·ance [ˈsevᵊrᵊn(t)s] I. *n no pl (form)* ❶ *(act of ending)* Abbruch *m* (**of** +*gen*); **the ~ of aid** [**to sb/sth**] die Kürzung der Zuwendungen [an jdn/etw]
❷ *(separation)* Trennung *f*
❸ *(payment by employer)* Abfindung *f*
❹ LAW *(ending of tenancy)* Auflösung *f* des Mitbesitzes [*o* gemeinsamen Eigentums]
❺ *(ending of employment)* Entlassung *f*
II. *n modifier* Abfindungs-; **~ agreement/deal/package** Abfindungsübereinkunft *f,* Abfindungsabkommen *nt*

ˈsev·er·ance agree·ment *n* LAW Aufhebungsvertrag *m* **ˈsev·er·ance pay** *n no pl* Abfindung *f,* [Entlassungs]abfindung *f* **ˈsev·er·ance pay·ment** *n* ADMIN Abfindung *f*

se·vere [səˈvɪəʳ, AM -ˈvɪr] *adj* ❶ *(very serious)* schwer, schlimm; *(intense)* heftig, stark; **~ blow/concussion** schwerer Schlag/schwere Gehirnerschütterung; **~ cutbacks in** [**public**] **spending** drastische Kürzungen der [öffentlichen] Ausgaben; **~ headache** heftige Kopfschmerzen; **~ injury** schwere Verletzung; **~ pain** starker Schmerz; **to be under ~ strain** unter starkem Druck stehen
❷ *(harsh)* hart; *(strict)* streng; METEO *(harsh)* rau; *(extreme)* heftig, stark; *(violent)* gewaltig; ***his indecision was a ~ test of her patience*** seine Unentschlossenheit strapazierte ihre Geduld bis aufs Äußerste; ■**to be ~ with sb** streng mit jdm sein; **~ cold** eisige Kälte; **~ criticism/punishment/sentence** harte Kritik/Strafe/hartes Urteil; **~ frost/winter** strenger Frost/Winter; **~ judge** strenger Richter/strenge Richterin; **~ reprimand** scharfer Tadel; **~ storm** heftiger Sturm; **~ tone** barscher Ton
❸ *(very plain) building, dress* schlicht

se·vere·ly [səˈvɪəli, AM -ˈvɪr-] *adv* ❶ *(seriously)* schwer; **~ disabled/injured** schwerbehindert/schwer verletzt
❷ *(harshly)* hart; *(extremely)* heftig, stark; *(strictly)* streng; **to be ~ restricted** enorm eingeschränkt [*o* beschränkt] sein; **to be ~ punished** hart bestraft werden
❸ *(in a plain manner)* schlicht; ***she had her hair ~ pulled back from her face*** sie hatte das Haar

streng aus dem Gesicht zurückgekämmt; **to dress** ~ sich *akk* schlicht kleiden; **to frown** ~ streng die Stirn runzeln

se·ver·ity [sə'verəti, AM -ət̬i] *n no pl* ① *(seriousness)* Schwere *f; (of situation, person)* Ernst *m*
② *(harshness)* Härte *f; (strictness)* Strenge *f; of criticism* Schärfe *f; (extreme nature)* Rauheit *f;* ~ **of the climate** Rauheit des Klimas
③ *(plainness)* Schlichtheit *f*

Se·ville [sə'vɪl] *n* Sevilla *nt*

sew <sewed, sewn *or* sewed> [səʊ, AM soʊ] I. *vt* ■**to** ~ **sth** [**on sth**] etw [an etw *akk*] nähen; ***I made this skirt by simply ~ ing two pieces of material together*** ich habe für diesen Rock einfach zwei Stoffteile aneinandergenäht; **hand/machine** ~**n** hand-/maschinengenäht; **to** ~ **a button on** einen Knopf annähen; **to** ~ **on a patch** einen Flicken aufnähen
II. *vi* nähen; ***she taught me to*** ~ sie hat mir das Nähen beigebracht
◆**sew up** *vt* ■**to** ~ **sth** ○ **up** ① *(repair)* etw zunähen; ***the doctor ~ ed the wound up*** der Arzt nähte die Wunde; **to** ~ **up a hole** ein Loch zunähen
② *(fam: complete successfully)* etw zum Abschluss bringen; ***it's going to take another week or two to ~ up this deal*** man wird noch eine oder zwei Wochen brauchen, um den Deal perfekt zu machen
③ *(fam: make sure of winning)* sich *dat* etw sichern; ***the team had the match ~ n up by half-time*** die Mannschaft hatte schon zur Halbzeit den Sack zugemacht *fam;* ***the Democrats appear to have the election ~ n up*** die Demokraten scheinen die Wahl bereits für sich entschieden zu haben
④ *(gain control of)* sich *akk* einer Sache *gen* bemächtigen, etw einsacken *fam;* **to** ~ **up the market** den Markt unter seine Kontrolle bringen

sew·age ['su:ɪdʒ] *n no pl* Abwasser *nt;* **raw** [*or* **untreated**] ~ ungeklärte Abwässer; ***raw ~ is being pumped into the sea*** Abwässer werden ungeklärt ins Meer gepumpt; **to treat** ~ Abwasser aufbereiten

'sew·age dis·pos·al *n no pl* TECH Abwasserentsorgung *f* **sew·age dis·'pos·al plant** *n* TECH Kläranlage *f* **'sew·age farm, 'sew·age plant** *n* ECOL Rieselfeld *nt,* Abwasseraufbereitungsanlage *f* ÖSTERR, SCHWEIZ **'sew·age sludge** *n no pl* TECH Klärschlamm *m* **'sew·age sys·tem** *n* Kanalisation *f* **sew·age 'treat·ment plant** *n,* **'sew·age works** *n + sing/pl vb* BRIT ECOL Rieselfeld *nt,* Abwasseraufbereitungsanlage *f* ÖSTERR, SCHWEIZ

sew·er[1] ['sʊəʳ, AM 'su:ɚ] *n* Abwasserkanal *m,* Kloake *f;* **open** ~**s** oberirdische Abwasserkanäle, offene Kanalisation
▶PHRASES: **to have a mind like a** ~ ein Gemüt wie ein Fleischerhund haben

sew·er[2] ['səʊəʳ, AM 'soʊɚ] *n* Näher(in) *m(f)*

sew·er·age ['sʊərɪdʒ, AM 'su:ɚ-] *n no pl* Kanalisation *f;* ~ **system** Kanalisation *f*

'sew·er gas *n* Faulgas *nt* **'sew·er pipe** *n* Abwasserrohr *nt* **'sew·er rat** *n* Kanalratte *f* **'sew·er services** *npl* BRIT [kommunale] Abwasserentsorgung

sew·ing ['səʊɪŋ, AM 'soʊ-] I. *n no pl* ① *(activity)* Nähen *nt;* ***I'm not very good at*** ~ ich kann nicht besonders gut nähen
② *(things to sew)* Näharbeit *f*
II. *adj attr, inv* Näh-; ~ **class** Nähunterricht *m,* Nähkurs *m*

'sew·ing bas·ket *n* Nähkorb *m* **'sew·ing ma·chine** *n* Nähmaschine *f* **'sew·ing nee·dle** *n* Nähnadel *f*

sewn [səʊn, AM soʊn] *pp of* **sew**

sex [seks] I. *n* <*pl* -es> ① *(gender)* Geschlecht *nt;* **the battle of the** ~**es** *(fig)* der Kampf der Geschlechter; **members of the male/female** ~ Angehörige des männlichen/weiblichen Geschlechts; **the fair**[**er**] ~ *(dated)* das schöne Geschlecht *hum fam;* **the opposite** ~ das andere Geschlecht; **the weaker** ~ das schwache Geschlecht *hum fam*
② *no pl (intercourse)* Sex *m,* Geschlechtsverkehr *m;* ~ **and drugs and rock 'n' roll** Sex, Drogen und Rock 'n' Roll; **group** ~ Gruppensex *m;* ~ **before/outside marriage** Sex vor/außerhalb der Ehe; **extramarital/premarital** ~ außerehelicher/vorehelicher Geschlechtsverkehr; **casual** ~ gelegentlicher Sex; **gay** ~ homosexueller Geschlechtsverkehr; **unprotected** ~ ungeschützter Geschlechtsverkehr; **unsafe** ~ ungeschützter Sex; **to have** ~ Sex haben; **to have** ~ **with sb** mit jdm schlafen
③ *(euph: genitals)* Geschlechtsteil[e] *nt*[*pl*], Scham *f*
II. *vt (determine gender of)* ■**to** ~ **sb/an animal** jds Geschlecht/das Geschlecht eines Tieres bestimmen
III. *n modifier (partner, hormone, life)* Sexual-; *(problems)* sexuell; ~ **differences** Geschlechtsmerkmale *pl;* **explicit** ~ **scenes** eindeutige Sexszenen
◆**sex up** *vt (fam)* ■**to** ~ **up** ○ **sth** etw sexyer machen *fam*

sexa·genar·ian [ˌseksədʒɪ'neəriən, AM -'ner-] I. *n* Sechzigjährige(r) *f(m)*
II. *adj attr* sechzigjährig *attr,* in den Sechzigern *nach n*

'sex aid *n* Mittel *nt* zur sexuellen Stimulation **'sex ap·peal** *n no pl* Sexappeal *m*

'sex change, 'sex change op·era·tion *n* Geschlechtsumwandlung *f* **'sex dis·crimi·na·tion** *n no pl* Diskriminierung *f* aufgrund des Geschlechts **'sex drive** *n* Sexualtrieb *m,* Geschlechtstrieb *m;* **to have a high/low** ~ einen starken/schwachen Geschlechtstrieb haben

sexed [sekst] *adj* **to be highly** ~ einen starken Geschlechtstrieb haben

'sex-ed ['seks'ed] I. *n modifier short for* **sex education** Sexualkunde- II. *n short for* **sex education** Sexualerziehung *f,* Sexualkunde *f* **'sex edu·ca·tion** *n no pl* Sexualerziehung *f,* Sexualkunde *f*

sex-e'quali·ty law *n* Gesetz *nt* zur Gleichstellung der Geschlechter **'sex hor·mone** *n* Geschlechtshormon *nt*

'sexi·fy *vt (fam: to make sexy)* ■**to** ~ **sth** etw sexy aussehen lassen

sexi·ly ['seksɪli] *adv (fam)* sexy; **to dress** ~ sich *akk* sexy kleiden

'sex in·dus·try *n* ■**the** ~ die Sexindustrie

sex·ism ['seksɪzᵊm] *n no pl* Sexismus *m;* ***it's blatant ~ that the company has no female directors*** es ist der blanke Sexismus, dass keine Frauen in der Firmendirektion sitzen; **overt/covert** ~ offener/verborgener Sexismus

sex·ist ['seksɪst] I. *adj (pej)* sexistisch; ~ **language** sexistische Sprache
II. *n* Sexist(in) *m(f)*

'sex kit·ten *n (esp hum)* Betthäschen *nt hum sl,* Mieze *f sl*

sex·less ['sekslǝs] *adj* ① *(without gender)* geschlechtslos
② *(without physical attractiveness)* unerotisch
③ *(without sexual desire)* sexuell desinteressiert

'sex life *n* Sexualleben *nt*

'sex-linked *adj* geschlechtsspezifisch

sex 'ma·ni·ac *n (also hum iron)* Sexbesessene(r) *f(m)* **'sex ob·ject** *n* Sexualobjekt *nt* **'sex of·fend·er** *n* Sexualtäter(in) *m(f)*

sex·olo·gist [sek'sɒlədʒɪst, AM -'ɑ:lə-] *n* Sexologe, Sexologin *m, f*

'sex or·gan *n* Geschlechtsorgan *nt*

sex·ploi·ta·tion [ˌseksplɔɪ'teɪʃᵊn] *n no pl der Sexualbereich als kommerzielles Phänomen*

'sex·pot *n (fam)* Sexbombe *f sl*

'sex role *n* Geschlechtsrolle *f,* Geschlechterrolle *f;* **male/female** ~ männliches/weibliches Rollenverhalten **sex se·'lec·tion** *n* MED Geschlechtswahl *f* des Kindes

'sex shop *n* Sexshop *m* **'sex-starved** *adj* sexhungrig **'sex sym·bol** *n* Sexsymbol *nt*

sex·tant ['sekstǝnt] *n* Sextant *m*

sex·tet(te) [sek'stet] *n* ① *(group)* Sextett *nt*
② *(piece of music)* Sextett *nt;* **a** ~ **for strings, oboe and flute** ein Sextett für Streicher, Oboe und Flöte
③ COMPUT Sechs-Bit-Byte *nt,* Sextett *nt*

'sex thera·pist *n* Sexual[psycho]therapeut(in) *m(f)* **'sex thera·py** *n no pl* Sexual[psycho]therapie *f*

sex·ton ['sekstᵊn] *n* Küster *m,* Sigrist(in) *m(f)* SCHWEIZ, Friedhofswärter *m*

'sex tour·ism *n no pl* Sextourismus *m*

sex·tu·plet ['sekstjʊplet, AM sek'stʌplɪt] *n* Sechsling *m*

sex·ual ['sekʃʊəl, AM -ʃuəl] *adj* ① *(referring to gender)* geschlechtlich, Geschlechts-; ~ **discrimination** Diskriminierung *f* [*o* Benachteiligung *f*] aufgrund des Geschlechts, sexuelle Benachteiligung; ~ **equality** Gleichheit *f* [*o* Gleichstellung *f*] der Geschlechter; ~ **stereotypes** sexuelle Klischeevorstellungen
② *(erotic)* sexuell; ~ **attraction** sexuelle Anziehung; ~ **climax** sexueller Höhepunkt, Orgasmus *m;* ~ **desire** sexuelles Verlangen; ~ **pervert** sexuell Abartige(r) *f(m);* ~ **promiscuity** sexuelle Freizügigkeit; ~ **relations** sexuelle Beziehungen; ~ **relationship** sexuelle Beziehung; ~ **stimulation** sexuelle Erregung

sex·ual a'buse *n no pl* sexueller Missbrauch **sex·ual 'aid** *n* Mittel *nt* zur sexuellen Stimulation **sex·ual as·'sault** *n* sexueller Übergriff *f* **sex·ual 'har·ass·ment** *n no pl* sexuelle Belästigung **sex·ual 'hy·giene** *n no pl* Intimhygiene *f,* Intimpflege *f* **sex·ual 'inter·course** *n no pl* Geschlechtsverkehr *m,* Intimverkehr *m*

sex·ual·ity [ˌsekʃu'æləti, AM -ət̬i] *n no pl* Sexualität *f*

sex·ual·ly ['sekʃʊəli, AM -ʃuəli] *adv* ① *(referring to gender)* geschlechtlich; ~ **stereotyped behaviour** [*or* AM **behavior**] geschlechtsspezifisches Verhalten; ~ **segregated school** Schule *f* mit Geschlechtertrennung
② *(erotically)* sexuell; ***the film director was told not to be so ~ explicit*** der Filmdirektor wurde angewiesen, auf eindeutige Sexszenen zu verzichten; ~ **aroused** sexuell erregt; ~ **attractive** sexy; ~ **suggestive** anzüglich

sex·ual·ly trans·mit·ted dis·'ease *n,* **STD** *n* Geschlechtskrankheit *f*

'sex·ual or·gan *n* Geschlechtsorgan *nt*

sex·ual ori·en·'ta·tion *n* sexuelle Veranlagung

sex·ual 'poli·tics *npl Sexualität als Machtmittel im Geschlechterkampf*

sex·ual 'pref·er·ence *n* sexuelle Neigung, sexuelle Vorliebe

sex·ual re·pro·'duc·tion *n no pl* geschlechtliche Fortpflanzung

sex·ual revo·'lu·tion *n* sexuelle Revolution

sexy ['seksi] *adj* ① *(fam: physically appealing)* sexy
② *(fam: aroused)* erregt
③ *(fig: exciting)* aufregend, heiß *fam,* angesagt *fam;* ~ **issue** heißes Thema

Sey·chelles [seɪ'ʃelz] *n* ■**the** ~ die Seychellen *pl*

Sey·chel·lois [ˌseɪʃel'wɑ:] *n* Seycheller, Seychellerin *m, f*

SF [ˌes'ef] *n no pl abbrev of* **science fiction**

sgian dubh [ˌski:ən'du:] *n* SCOT *kleiner Zierdolch, der in den Kniestrumpf gesteckt wird und mit dem Kilt zum schottischen Nationalkostüm für Männer gehört*

SGML [ˌesdʒi:em'el] COMPUT *abbrev of* **Standard General Markup Language** SGML *nt*

Sgt *n abbrev of* **sergeant** Uffz.

sh, shh [ʃ] *interj* pst!

Shab·bat [ʃə'bæt] *n no pl* Sabbat *m*

shab·bi·ly ['ʃæbɪli] *adv* ① *(poorly)* ~ **dressed** ärmlich gekleidet
② *(unfairly)* schäbig, gemein; **to treat sb** ~ sich jemandem gegenüber schäbig verhalten

shab·bi·ness ['ʃæbɪnəs] *n no pl* Schäbigkeit *f*

shab·by ['ʃæbi] *adj* ① *(worn)* schäbig
② *(poorly dressed)* ärmlich gekleidet
③ *(unfair)* schäbig; ~ **excuse** fadenscheinige Ausrede; ~ **trick** billiger [*o* schäbiger] Trick

shab·by-gen·'teel *adj* arm aber edel

shack [ʃæk] I. *n* Bretterbude *f,* Hütte *f*
II. *vi (fam)* ■**to** ~ **up together** zusammenziehen; ■**to** ~ **up with sb** mit jdm zusammenziehen

shacked up [ˌʃækt'ʌp] *adj pred, inv* ■**to be** ~ **with sb** mit jdm zusammenleben

shack·le ['ʃækl] I. *vt* ① *(chain)* ■**to** ~ **sb** jdn [mit Ketten] fesseln

S

② *(fig: restrict)* ■**to ~ sb/sth** jdn/etw behindern [*o* hemmen]; ***the government is ~d by its own debts*** der Regierung sind durch eigene Schulden die Hände gebunden; **to be ~d by convention/outmoded attitudes** an Konventionen/überholten Ansichten haften
II. *n* NAUT, TECH Schäkel *m*

shack·les [ˈʃæk|z] *npl* ① *(fetters)* Fesseln *pl,* Ketten *pl*
② *(fig: restrictions)* Fesseln *pl,* Zwänge *pl;* **the ~ of censorship** die Beschränkungen durch die Zensur; **the ~ of convention** gesellschaftliche Zwänge; **to shake off one's ~** seine Fesseln abstreifen

shad [ʃæd] *n* ZOOL Alse *f*

shade [ʃeɪd] **I.** *n* ① *no pl (area out of sunlight)* Schatten *m;* **an area/a patch of ~** ein schattiger Ort/ein schattiges Plätzchen; **in** [*or* **under**] **the ~** im Schatten (**of** *+gen)*
② *no pl (darker area of picture)* Schatten *m,* Schattierung *f,* Farbtönung *f; (quantity of black)* Bildschwarz *nt;* **light and ~** Licht und Schatten; *(fig)* Licht- und Schattenseiten; *(in music)* Kontraste *pl*
③ *(lampshade)* [Lampen]schirm *m*
④ AM *(roller blind)* Rollladen *m,* ÖSTERR *a.* Rollbalken *m*
⑤ *(variation of colour)* Tönung *f,* Farbton *m;* ***the kitchen is painted an unusual ~ of yellow*** die Küche ist in einem ungewöhnlichen Gelb[ton] gestrichen; **~s of grey** Grautöne *pl,* Zwischentöne *pl;* **pastel ~s** Pastellfarben *pl*
⑥ *(variety)* Nuance *f;* **~[s] of meaning** Bedeutungsnuancen *pl;* ***they are trying to satisfy all ~s of public opinion*** man versucht, allen Spielarten der öffentlichen Meinung gerecht zu werden
⑦ *(a little)* ■**a ~** ein wenig; ***don't you think those trousers are a ~ too tight?*** ob die Hose nicht eine Idee zu stramm sitzt?; ***I suggest you move the sofa this way just a ~*** ich schlage vor, Sie schieben das Sofa leicht in diese Richtung; **a ~ under/over three hours** knapp unter/über drei Stunden
⑧ *(fam: sunglasses)* ■**~s** *pl* Sonnenbrille *f*
⑨ *pl (fam)* **~s of the Beatles!** die Beatles lassen grüßen! *fam*
⑩ *(liter: ghost)* Schatten *m,* Seele *f*
⑪ *(poet: darkness)* ■**~s** *pl* Dunkel *nt kein pl;* **the ~s of night** das Schattenreich der Nacht *liter*
▸PHRASES: **to leave** [*or* **put**] **sb/sth in the ~** jdn/etw in den Schatten stellen
II. *vt* ① *(protect from brightness)* ■**to ~ sth/sb** etw/jdn [vor der Sonnen] schützen; ***an avenue ~d by trees*** eine von Bäumen beschattete Allee; **to ~ one's eyes** seine Augen beschirmen
② *(in picture)* ■**to ~ sth** etw schattieren [*o* schraffieren]
③ BRIT *(win narrowly)* ■**to ~ sth** bei etw *dat* mit hauchdünnem Vorsprung siegen; ***the game became close, but she ~d it*** das Spiel wurde eng, aber sie schaffte es doch noch
III. *vi* ① *(alter colour)* ■**to ~ [off] into sth** allmählich in etw *akk* übergehen; ***the sky ~d from pink into dark red*** die Farbe des Himmels spielte von Rosa in Dunkelrot hinüber *geh*
② *(fig: gradually become)* ■**to ~ [away] into sth** allmählich in etw *akk* übergehen, allmählich etw *dat* weichen
③ *(fig: be very similar)* ■**to ~ into sth** kaum von etw *dat* zu unterscheiden sein; ***their views ~ into those of the extreme left of the party*** ihre Ansichten waren denen der Parteilinken sehr stark angenähert
◆**shade in** *vt* ■**to ~ in** ◌ **sth** etw dunkel [ein]färben [*o* schraffieren]

shad·ed [ˈʃeɪdɪd] *adj* ① *(in shadow)* schattig, beschattet
② *(with shading)* dunkel getönt

ˈshade-grown *adj attr, inv* **~ coffee** unter Schatten angebauter Kaffee

ˈshade tree *n* AM, AUS Schatten spendender Baum, Schattenspender *m*

shad·ing [ˈʃeɪdɪŋ] *n no pl* Schattierung *f*

shad·ow [ˈʃædəʊ, AM -oʊ] **I.** *n* ① *(produced by light)* Schatten *m;* **to be in ~** im Schatten sein [*o* liegen]; **to cast a ~ on** [*or* **over**] **sth/sb** [s]einen Schatten auf etw/jdn werfen; *(fig)* ***her father's illness cast a ~ over the birth of the baby*** die Geburt ihres Babys war von der Krankheit ihres Vaters überschattet; ***memories of the war still cast a long/dark ~ over relations between the two countries*** die Erinnerung an den Krieg wirft noch immer einen langen/dunklen Schatten auf die Beziehungen beider Länder; **to follow sb like a ~** jdm wie ein Schatten folgen; **to throw a ~ across sth** einen Schatten auf etw *akk* werfen; **in** [*or* **under**] **the ~ of sth** im Schatten von etw *dat;* **into the/out of ~s** in den/aus dem Schatten
② *(under eye)* Augenring *m,* Augenschatten *m;* ***she had dark ~s under her eyes*** sie hatte dunkle Ringe unter den Augen
③ *(on X-ray)* Schatten *m*
④ *(smallest trace)* Hauch *m,* Anflug *m;* ***there isn't even a ~ of doubt*** es besteht nicht der leiseste [*o* geringste] Zweifel
⑤ *(secret follower)* Schatten *m,* Beschatter(in) *m(f); (constant follower)* ständiger Begleiter/ständige Begleiterin; ***Nina was her big sister's ~*** Nina wich ihrer großen Schwester nicht von der Seite
⑥ *(trainee observing employee) Auszubildender, der einem bestimmten Angestellten zugeordnet ist und durch Beobachtung von ihm lernt*
⑦ TELEC Schatten *m*
▸PHRASES: **to be afraid** [*or* **frightened**] [*or* **scared**] **of one's own ~** sich *akk* vor seinem eigenen Schatten fürchten; **to be a ~ of one's former self** [nur noch] ein Schatten seiner selbst sein; **a ~ hangs over sb/sth** ein Schatten liegt auf jdm/etw; **to live/be in** [*or* **under**] **the ~ of sth** von etw *dat* bedroht sein; **to be a pale ~ of sb/sth** im Vergleich zu jdm/etw schlecht abschneiden; **to be under** [*or* **in**] **sb's ~** in jds Schatten stehen; **to wear oneself to a ~** sich *akk* kaputtmachen [*o* gesundheitlich ruinieren]
II. *vt* ① *(overshadow)* ■**to ~ sth** etw verdunkeln [*o* überschatten]; ***a glade ~ed by trees*** eine von Bäumen beschattete Lichtung
② *(follow secretly)* ■**to ~ sb/sth** jdn/etw beschatten; ***his every move was ~ed by a private detective*** er wurde auf Schritt und Tritt von einem Privatdetektiv beschattet
③ SPORT *(stay close to)* ■**to ~ sb** jdn decken [*o* bewachen]
④ FIN *(be closely linked to)* ■**to ~ sth** mit etw *dat* verknüpft sein, mit etw *dat* einhergehen
⑤ *(at work)* ■**to ~ sb** sich *akk* ständig an jdn halten
III. *adj attr, inv* BRIT, AUS Schatten-; **~ cabinet** Schattenkabinett *nt;* **S~ Foreign Minister** Außenminister(in) *m(f)* im Schattenkabinett

ˈshad·ow-box *vi* schattenboxen **ˈshad·ow-box·ing** *n no pl* Schattenboxen *nt; (fig)* Spiegelfechterei *f* **Shad·ow ˈCabi·net** *n* POL ■**the ~** das Schattenkabinett **ˈshad·ow pup·pet** *n* Schattenspielfigur *f* **ˈshad·ow scat·ter·ing** *n no pl* PHYS Diffraktionsstreuung *f*

shad·owy [ˈʃædəʊi, AM -oʊi] *adj* ① *(out of sun)* schattig; *(dark)* dämmerig, düster; **~ figure** schemenhafte Figur; *(fig)* rätselhaftes Wesen; ***King Arthur is a somewhat ~ figure*** König Artus ist historisch nicht recht fassbar; **~ outline** Schattenriss *m;* **~ photograph** verblasste Fotografie
② *(dubious)* zweifelhaft, fragwürdig

shady [ˈʃeɪdi] *adj* ① *(in shade)* schattig
② *(fam: dubious)* fragwürdig; **~ character** fragwürdiger [*o* zweifelhafter] Charakter

shaft [ʃɑːft, AM ʃæft] **I.** *n* ① *(hole)* Schacht *m;* **lift** [*or* AM **elevator**] **~** Aufzugsschacht *m;* **ventilation** [*or* **air**] **~** Lüftungsschacht *m;* **well ~** Brunnenschacht *m;* **to sink a ~** einen Schacht abteufen
② *(of tool)* Schaft *m; (of weapon)* Schaft *m;* **~ of an arrow** Pfeilschaft *m*
③ *(in engine)* Welle *f*
④ *(ray)* Strahl *m;* **~ of sunlight** Sonnenstrahl *m*
⑤ *(esp liter: witty remark)* treffende Bemerkung, schlagende Antwort; ***John came out with an unexpected ~ of wisdom*** John wartete mit einer erstaunlich klugen Pointe auf; **a scornful ~** Pfeil *m* des Spottes; **a ~ of wit** Seitenhieb *m,* geistreiche Spitze; ***he demolished their arguments with devastating ~s of wit*** er zerpflückte ihre Argumente mit vernichtenden satirischen Ausfällen
⑥ *(poet: arrow)* Pfeil *m*
⑦ AM *(fam: unfair treatment)* **to get** [*or* **be given**] **the ~** leer ausgehen, nicht bekommen, was einem zusteht
II. *vt* ■**to ~ sb** jdn betrügen [*o* über den Tisch ziehen]; ***we were ~ed on that deal*** wir sind bei dem Deal regelrecht abgezockt worden *fam;* ■**to ~ sb out of sth** jdn um etw *akk* betrügen

shag[1] [ʃæg] BRIT, AUS **I.** *n* ① *(sl: act)* **to have a ~ [with sb]** mit jdm eine Nummer schieben *sl;* ***he just came up to me and said, "fancy a ~?"*** er kam einfach zu mir her und sagte, „wie wär's mit 'ner kleinen Bett-Einlage?"
② *(sl: sex partner)* Bettgenosse, -genossin *m, f*
II. *vi* <-gg-> *(sl)* bumsen *derb*
III. *vt* <-gg-> *(sl)* ■**to ~ sb** jdn vögeln *derb;* ***he was later discovered ~ging one of the waitresses in the shrubbery*** er wurde später dabei erwischt, wie er es einer der Kellnerinnen im Gebüsch besorgte *sl*

shag[2] [ʃæg] **I.** *adj attr, inv* **~ carpet** [*or* **rug**] Veloursteppich *m;* **~ pile** Flor *m*
II. *n no pl* Shag *m*

shag[3] [ʃæg] *n* ORN Krähenscharbe *f*
▸PHRASES: **like a ~ on a rock** AUS *(sl)* völlig allein

shagged out [ʃægdˈaʊt] *adj pred* BRIT, AUS *(sl fam!)* ausgepumpt *fam*

shag·gy [ˈʃægi] *adj* ① *(hairy)* struppig, zottelig; **the ~ coat of a sheep** das Zottelfell eines Schafes; **a lion's ~ mane** die Zottelmähne eines Löwen; **~ rug** Langflorteppich *m*
② *(unkempt)* zottelig, zerzaust; **~ hair** Zottelhaar *nt*

shag·gy ˈdog sto·ry *n* Witz *m* ohne Pointe

Shah [ʃɑː] *n (hist)* Schah *m*

shake [ʃeɪk] **I.** *n* ① *(action)* Schütteln *nt kein pl;* ***she gave the box a ~*** sie schüttelte die Schachtel; **to say sth with a ~ of one's head** etw mit einem Kopfschütteln sagen
② *(nervousness)* ■**the ~s** *pl* das große Zittern *kein pl;* **to get/have the ~s** *(fam)* Muffensausen [*o* einen Flattermann] [*o* den Tatterich] kriegen/haben *fam*
③ *esp* AM *(fam: milkshake)* Shake *m*
▸PHRASES: **to be no great ~s as** [*or* **at**] **sth** als etw [*o* bei etw *dat*] nicht besonders gut sein; **in two ~s [of a lamb's** [*or* **duck's**] **tail]** *(fam)* sofort, im Handumdrehen
II. *vt* <shook, shaken> ① *(vibrate)* ■**to ~ sb/sth** jdn/etw schütteln; ***she shook her hair loose from its ribbon*** sie schüttelte das Band von ihrem Haar ab; **~ *well before using*** vor Gebrauch gut schütteln; ■**to ~ oneself** sich *akk* schütteln; ■**to ~ sth over sth** etw über etw *akk* streuen; **to ~ buildings** *detonation* Gebäude erschüttern; **to ~ one's fist [at sb]** [jdm] mit der Faust drohen; ***the demonstrators shook their fists*** die Demonstranten schwangen die Fäuste; **to ~ hands** einander die Hände schütteln; **to ~ hands with sb, to ~ sb by the hand** jdm die Hand schütteln; **to ~ one's head** den Kopf schütteln; **to ~ one's hips** die Hüften schwingen; **to ~ sb awake** jdn wach rütteln
② *(undermine)* ■**to ~ sth** etw erschüttern [*o* ins Wanken bringen]; ***after six defeats in a row the team's confidence has been badly ~n*** nach sechs Niederlagen in Folge ist das [Selbst]vertrauen des Teams schwer angeschlagen
③ *(shock)* ■**to ~ sb** jdn erschüttern; ***the news has ~n the whole country*** die Nachricht hat das ganze Land schwer getroffen
④ *(fam: get rid of)* ■**to ~ sth** etw loswerden [*o fig* abschütteln] [*o geh* überwinden]
▸PHRASES: **to ~ a leg** *(fam)* sich *akk* beeilen; **more than you can ~ a stick at** *(fam)* jede Menge *fam*
III. *vi* <shook, shaken> ① *(quiver)* beben; ■**to ~ with sth** vor etw *dat* beben [*o* zittern]; ***the***

child's body shook with sobs das Kind bebte vor Schluchzen am ganzen Körper; ***his voice shook with emotion*** seine Stimme zitterte vor Rührung; **to ~ violently** heftig beben
② *(shiver with fear)* zittern, beben
③ *(fam: agree)* ■**to ~ [on sth]** sich *dat* [in einer Sache] die Hand reichen; ***they shook on the deal*** sie besiegelten den Deal per Handschlag
▶PHRASES: **to ~ in one's boots** [*or* **shoes**] vor Angst schlottern; **to ~ like a leaf** [*or* BRIT, AUS **like jelly**] wie Espenlaub zittern

◆**shake down** *(fam)* **I.** *vt* AM ■**to ~ down** ○ **sb/sth** jdn/etw [gründlich] ausnehmen [*o* schröpfen] *fam*
II. *vi* ① *(achieve harmony) person* sich *akk* einleben [*o* eingewöhnen]; *situation* sich *akk* einpendeln
② BRIT *(spend the night)* auswärts übernachten; ***can I ~ down with you for a couple of nights?*** kann ich mich für ein paar Nächte bei dir einquartieren?

◆**shake off** *vt* ① *(remove)* ■**to ~ off** ○ **sth** etw abschütteln
② *(get rid of)* ■**to ~ off** ○ **sth** etw überwinden [*o* loswerden]; ■**to ~ off** ○ **sb** jdn loswerden; *pursuer* jdn abschütteln; **to ~ off a cold** eine Erkältung loswerden; **to ~ off a habit** eine Angewohnheit ablegen; **to ~ off an illness** eine Krankheit besiegen; **to ~ off an image/a reputation** ein Image/einen Ruf loswerden; **to ~ off restraints** sich *akk* von Beschränkungen befreien

◆**shake out** *vt* ■**to ~ out** ○ **sth** etw ausschütteln

◆**shake up** *vt* ① *(mix)* ■**to ~ up** ○ **sth** etw mischen
② *(shock)* ■**to ~ up** ○ **sth** jdn aufwühlen; *(give salutary shock)* jdn aufrütteln [*o* zur Besinnung bringen]; ***I think she was quite ~n up by the accident*** ich glaube, der Unfall hat sie ziemlich mitgenommen
③ *(significantly alter)* ■**to ~ up** ○ **sth** etw umkrempeln; *(significantly reorganize)* etw umstellen [*o* neu formieren]

'shake·down ['ʃeɪkdaʊn] AM **I.** *n (fam)* ① *(tests and trials)* Erprobung *f; machinery* Testlauf *m; aircraft* Testflug *m; vehicle* Testfahrt *f*
② *(extortion) by tricks* Abzocken *nt sl; by threats* Erpressung *f*
③ *(police search)* Razzia *f*
④ *(bed)* Notbett *nt*
II. *adj attr, inv* ① *(settling down)* Eingewöhnungs-
② *(trial)* Test-, Probe-; **~ flight** Testflug *m*

shak·en ['ʃeɪkᵊn] **I.** *vt, vi pp of* **shake**
II. *adj* erschüttert, aufgewühlt; ***the child seemed nervous and visibly ~*** das Kind schien nervös und sichtlich erregt

'shake·out ['ʃeɪkaʊt] *n* ① ECON *wettbewerbsbedingte Veränderung der Firmenstruktur;* **~ of staff** Personalabbau *m,* Gesundschrumpfen *nt*
② *(on a stock market)* Glattstellung *f*

shak·er ['ʃeɪkəʳ, AM -ɚ] *n* ① *(for mixing liquids)* Mixbecher *m;* **cocktail ~** Cocktailshaker *m*
② *(dispenser)* **salt/pepper ~** Salz-/Pfefferstreuer *m*
③ *(for dice)* Würfelbecher *m*

Shake·spear·ean, Shake·spear·ian [ʃeɪk'spɪəriən, AM -'spɪr-] **I.** *adj* Shakespeare-
II. *n (expert)* Shakespearekenner(in) *m(f)*

'shake-up ['ʃeɪkʌp] *n* Veränderung *f,* Umstellung *f,* Umstrukturierung *f;* **management ~** personelle Veränderungen im Management; ***the firm would clearly benefit from a thorough ~ in*** [*or* ***of***] ***its public relations department*** die Firma könnte bei einer völligen Umbesetzung ihrer Werbeabteilung nur gewinnen

shaki·ly ['ʃeɪkɪli] *adv* ① *(unsteadily)* wack[e]lig; *voice, hands* zittrig
② *(uncertainly)* unsicher; ***their relationship has survived if somewhat ~*** ihre Beziehung hat überdauert, wenn auch etwas angeschlagen

shaki·ness ['ʃeɪkɪnəs] *n no pl* ① *(unsteadiness)* Wack[e]ligkeit *f; voice, hands* Zittrigkeit *f*
② *(precariousness)* Instabilität *f,* Unsicherheit *f*

shak·ing ['ʃeɪkɪŋ] **I.** *n (jolting)* Schütteln *nt; (trembling)* Zittern *nt;* **to give sb/sth a good ~** jdn/etw kräftig schütteln
II. *adj* zitternd; **with ~ knees/hands** mit zitternden Knien/Händen

shako ['ʃeɪkəʊ, AM -koʊ] *n* FASHION Tschako *m*

shaky ['ʃeɪki] *adj* ① *(unsteady) hands, voice, handwriting* zittrig; *ladder, table* wack[e]lig; ***his voice was a bit ~ on the high notes*** bei den hohen Tönen war seine Stimme leicht brüchig; **to be ~ on one's feet** unsicher auf den Beinen sein; **to feel a bit ~** *(physically)* noch etwas wack[e]lig auf den Beinen sein; *(emotionally)* beunruhigt sein
② *(fig: unstable) basis, foundation* schwankend, unsicher; *economy, government* instabil; ***his English is rather ~*** sein Englisch ist etwas holprig; **on ~ ground** auf unsicherem Boden; **to get off to a ~ start** mühsam in Gang kommen

shale [ʃeɪl] *n no pl* Schiefer *m*

'shale oil *n* Schieferöl *nt*

shall [ʃæl, ʃᵊl] *aux vb* ① *usu* BRIT *(future)* ■**I/we ~ ...** ich werde/wir werden ...
② *esp* BRIT *(ought to, must)* ■**I/he/she ~ ...** ich/er/sie soll ...; ■**you ~ ...** du sollst ...; ■**we/you/they ~ ...** wir/Sie/sie sollen ...
③ *(mandatory)* ***it ~ be unlawful ...*** es ist verboten, ...
④ *(enquiring)* ***~ I/we ...?*** soll ich/sollen wir ...?; ***I'll try, ~ I?*** ich werd's versuchen, ja?; ***let's try, ~ we?*** lass uns versuchen, oder? [*o* ja?]

shal·lot [ʃə'lɒt, AM -'lɑːt] *n* Schalotte *f*

shal·low <-er, -est *or* more ~, most ~> ['ʃæləʊ, AM -oʊ] *adj* ① *(not deep)* seicht, flach; **~ bath** Bad *nt* mit wenig Wasser; **~ ditch** flacher Graben; **the ~ end** der seichte Rand; **~ grave** flaches Grab; **~ pan** flache Pfanne; **~ pool** Planschbecken *nt,* Kinderbecken *nt;* **~ roots** Flachwurzeln *pl*
② *(light)* **~ breathing** flacher Atem
③ *(superficial)* oberflächlich; **~ film/play** seichter Film/seichtes Theaterstück

'shal·low-fry *vt* ■**to ~ sth** etw in wenig Öl braten

shal·low·ly ['ʃæləʊli, AM -oʊli] *adv* ① *(not deeply)* seicht; ***he's been breathing ~ for several hours now*** sein Atem geht seit Stunden flach
② *(superficially)* oberflächlich

shal·low·ness ['ʃæləʊnəs, AM -loʊ-] *n no pl* ① *(shallow depth)* Seichtheit *f;* ***the ~ of her breathing concerned the doctors*** die Ärzte waren wegen ihres flachen Atems besorgt
② *(superficiality)* Seichtheit *f,* Oberflächlichkeit *f*

shal·lows ['ʃæləʊz, AM -loʊz] *npl* ■**the ~** die Untiefe *f;* ■**in the ~** im seichten Wasser, im flachen Gewässer

sha·lom [ʃæ'lɒm, AM ʃɑː'loʊm] *interj* Schalom

shalt [ʃælt, ʃᵊlt] *aux vb (old)* ***thou ~ not kill*** du sollst nicht töten; ***he's one of those people who believes that thou ~ not serve red wine with fish*** *(hum)* er gehört zu den Menschen, die glauben, dass es eine Sünde ist, Rotwein zu Fisch zu reichen

sham [ʃæm] *(pej)* **I.** *n* ① *usu sing (fake thing)* Trug *m kein pl,* Täuschung *f kein pl,* Betrug *m kein pl;* ***she appears to be rich with her fine clothes, but it's only a ~*** sie sieht reich aus in ihren schönen Kleidern, aber das ist nur Schein; ***the American dream is a ~*** der amerikanische Traum ist nur ein schöner Schein
② *no pl (pretence)* Verstellung *f;* ***I have no time for all this ~*** ich habe keine Zeit für so ein Theater
③ *(impostor)* Schwindler(in) *m(f)*
II. *adj inv* falsch, gefälscht; **~ deal** Scheingeschäft *nt;* **~ sympathy** geheuchelte Sympathie; **~ marriage** Scheinehe *f*
III. *vt* <-mm-> ■**to ~ sth** etw vortäuschen [*o* simulieren]
IV. *vi* <-mm-> sich *akk* verstellen; ***he isn't really upset — he's just ~ming*** er ist nicht wirklich gekränkt – er tut nur so

sham·an ['ʃæmən, AM 'ʃɑː-] *n* ① *(ethnic priest)* Schamane *m*
② *(guru)* Guru *m*

sham·an·ism ['ʃæmənɪzᵊm, AM 'ʃɑː-] *n no pl* Schamanismus *m*

sham·an·is·tic [ʃæmən'ɪstɪk, AM ʃɑː-] *adj inv* schamanistisch

sham·ble ['ʃæmbl̩] *vi (walk)* watscheln; *(shuffle)* schlurfen; **with a shambling gait** mit einem watschelnden Gang

sham·bles ['ʃæmbl̩z] *n + sing vb (fam)* ■**a ~** heilloses Durcheinander; ***the flat was a ~*** in der Wohnung herrschte ein wüstes Durcheinander; ***the morning after the party the house was a total*** [*or* ***complete***] ***~*** am Morgen nach dem Fest war das Haus ein einziges Schlachtfeld; **to be in a ~** sich *akk* in einem chaotischen Zustand befinden; **to degenerate into a ~** in ein wüstes Chaos ausarten; **to be reduced to a ~** nur noch ein einziges Chaos sein

sham·bol·ic [ʃæm'bɒlɪk] *adj* BRIT *(fam)* chaotisch

sham·boli·cal·ly [ʃæm'bɒlɪkli] *adv* BRIT *(fam)* chaotisch

shame [ʃeɪm] **I.** *n no pl* ① *(feeling)* Scham *f,* Schamgefühl *nt;* ***have you no ~?*** schämst du dich nicht?, hast du kein Schamgefühl?; ***~ on you!*** *(also hum)* schäm dich!; **to hang/bow one's head in ~** beschämt den Kopf senken/hängen lassen; **to be filled with a deep sense of ~** sich zutiefst schämen; **to die of ~** vor Scham sterben; **to feel no ~** sich *akk* nicht schämen; **to put sb to ~** jdn beschämen; ***your cooking puts mine to ~*** deine Kochkünste lassen meine dilettantisch erscheinen
② *(disgrace)* Schmach *f geh,* Schande *f;* ***the ~ of the scandal was so great that he shot himself a few weeks later*** der Skandal war für ihn eine derart unerträgliche Schmach, dass er sich wenige Wochen später erschoss; ***to my ~, I said nothing*** zu meiner Schande muss ich gestehen, dass ich geschwiegen habe; **to bring ~ on sb** Schande über jdn bringen
③ *(a pity)* Jammer *m;* ***it would be a ~ to spoil the party*** es wäre doch das Letzte, den Leuten den Spaß zu verderben *fam;* ***what a ~!*** wie schade!; **what a ~ that sth/sb ...** wie schade, dass etw/jd ...; **it's a [great] ~ that ...** es ist jammerschade, dass ...; **it's a crying ~ that ...** es ist empörend, dass ...
II. *interj esp* BRIT pfui!; ***cries of ~*** Buhrufe *pl*
III. *vt* ① *(make ashamed)* ■**to ~ sb** jdn beschämen; ***the number of people out of work has ~d the government into taking action*** ihre Beschämung über die Zahl der Arbeitslosen hat die Regierung zum Handeln veranlasst; ***she's trying to ~ her husband out of his drinking*** sie versucht, ihren Mann vom Trinken abzubringen
② *(bring shame on)* ■**to ~ sb/sth** jdm/etw Schande machen; ***the city is ~d by the large number of homeless people living on its streets*** die große Zahl von Obdachlosen, die auf den Straßen leben, ist eine Schande für die Stadt
③ *(put to shame)* ■**to ~ sb/sth** jdn/etw weit übertreffen; ***she ~s me with her efficiency*** mit ihrer Tüchtigkeit kann ich nicht mithalten; ***our neighbour's garden ~s ours*** gegen den Garten unseres Nachbarns sieht der unsrige alt aus *fam*

shame·faced [ʃeɪm'feɪst, AM 'ʃeɪmfeɪst] *adj* verschämt, betreten

shame·faced·ly [ʃeɪm'feɪstli, AM 'ʃeɪmfeɪ-] *adv* schamhaft, verlegen, betreten

shame·ful ['ʃeɪmfᵊl] *adj* ① *(causing shame)* schimpflich; **~ defeat** schmachvolle Niederlage
② *(disgraceful)* empörend, schandbar; ■**it's ~ that ...** es ist eine Schande, dass ...

shame·ful·ly ['ʃeɪmfᵊli] *adv* schändlich; ***I'm ~ behind with my work*** ich bin mit meiner Arbeit schmählich im Rückstand; **to be ~ neglected** sträflich vernachlässigt werden

shame·ful·ness ['ʃeɪmfᵊlnəs] *n no pl* ① *(humiliating nature)* Schmach *f*
② *(disgracefulness)* Schändlichkeit *f,* Anstößigkeit *f*

shame·less ['ʃeɪmləs] *adj* schamlos; **a ~ hussy** ein schamloses Flittchen *pej fam;* ■**to be ~ about sth** sich *akk* wegen einer S. *gen* nicht schämen

shame·less·ly ['ʃeɪmləsli] *adv* schamlos

shame·less·ness ['ʃeɪmləsnəs] *n no pl* Schamlosigkeit *f*

sham·my 'leath·er, sham·my ['ʃæmi-] *n (fam)* ① *(leather)* Sämischleder *nt,* Wildleder *nt*

S

② *(cleaning cloth)* Autofensterputztuch *nt*

sham·poo [ʃæmˈpuː] **I.** *n* ① *no pl (for hair)* Shampoo *nt*
② *(type)* Shampoo *nt;* **a carpet/car ~** ein Teppich-/Autoshampoo
③ *(wash)* ***my hair needs a ~*** ich muss mir die Haare waschen; **a ~ and set** Waschen und Legen
II. *vt* **to ~ hair** Haare waschen; **to ~ a sofa** ein Sofa mit einem Shampoo reinigen

sham·rock [ˈʃæmrɒk, AM -rɑːk] *n* weißer Feldklee; ■**the ~** der Shamrock *(Kleeblatt als Symbol Irlands)*

shan·dy [ˈʃændi] *n esp* BRIT, AUS Radler *nt bes* SÜDD, ÖSTERR, Panaché *nt* SCHWEIZ, Alsterwasser *nt* NORDD

shang·hai[1] [ʃæŋˈhaɪ] *n* AUS Schleuder *f*

shang·hai[2] <-s, ed, -ing> [ʃæŋˈhaɪ] *vt* ■**to ~ sb**
① *(force)* jdn zu etw zwingen
② *(hist) jdn zwingen, auf einem Schiff zu arbeiten; früher praktiziert, wenn die Schiffsmannschaft nicht vollständig war*

Shangri-La [ʃæŋgriˈlɑː] *n no art* Paradies *nt;* **shopper's ~** Einkaufsparadies *nt*

shank [ʃæŋk] **I.** *n* ① *(of tool)* Schaft *m,* Griff *m*
② *(dated: leg)* Bein *nt; (under knee)* Unterschenkel *m; (shin)* Schienbein *nt*
II. *vt* ① *(strike)* **to ~ a shot** einen Ball abschlagen
② *(fig)* ■**to ~ sth** etw zum Scheitern bringen

shank's ˈmare, shank's ˈpony *n no pl (fam)* Schusters Rappen *m;* **to use ~** auf Schusters Rappen reiten

shan't [ʃɑːnt, AM ʃænt] = **shall not** *see* **shall**

shan·ty[1] [ˈʃænti, AM -t̬i] *n* [Elends]hütte *f,* Baracke *f*

shan·ty[2] [ˈʃænti, AM -t̬i] *n* Seemannslied *nt*

ˈshan·ty town *n* Elendssiedlung *f,* Barackensiedlung *f*

shape [ʃeɪp] **I.** *n* ① *(outline)* Form *f;* BIOL Gestalt *f;* MATH Figur *f,* Form *f;* **circular/triangular ~** Kreis-/Dreiecksform *f;* **to be different ~s** eine unterschiedliche Form haben; **to be oval/square in ~** eine ovale/quadratische Form haben; **all ~s and sizes** alle Formen und Größen; ***we sell all ~s and sizes of teddy bears*** wir verkaufen alle möglichen Teddybären; **to come in all ~s and sizes** völlig verschieden voneinander sein; **to lose its ~** die Form verlieren; **to take ~** Form annehmen, Kontur gewinnen *form;* ***the vase began to take ~ in the potter's hands*** die Vase nahm unter den Händen des Töpfers Gestalt an; ***in order to tempt Faust, the devil took the ~ of a man*** um Faust zu versuchen, nahm der Teufel Menschengestalt an; ***life on earth takes many ~s*** das Leben auf der Erde ist sehr vielfältig; ■**in the ~ of sth** in Form [*o* Gestalt] einer S. *gen;* **in any ~ or form** *(fig)* in jeder Form; **out of ~** verformt; *metal* verbogen
② *no pl (nature)* Form *f,* Art *f;* ***technological developments have changed the ~ of the industry*** technologische Entwicklungen haben die Branche in ihrer ganzen Art verändert; **to show the ~ of things to come** das Gepräge der Zukunft tragen
③ *no pl (condition)* **to be in bad** [*or* **poor**]**/good ~** *things* in schlechtem/gutem Zustand sein; *people* in schlechter/guter Verfassung sein; SPORT nicht in Form/in Form sein; **to be in great ~** in Hochform sein; **to be out of ~** nicht in Form sein; **to be in no ~ to do sth** [gesundheitlich] nicht in der Verfassung sein, etw zu tun; **to get into ~** in Form kommen; **to get sb/oneself into ~** jdn/sich in Form bringen; **to get sth into ~** etw wieder auf die Reihe kriegen *sl;* **to knock** [*or* **whip**] **sth into ~** etw in Ordnung bringen; **to knock** [*or* **whip**] **sb into ~** jdn zurechtstutzen *fam*
II. *vt* ① *(mould)* ■**to ~ sth** etw [aus]formen; ■**to ~ sth into sth** etw zu etw *dat* formen; ■**to ~ sth out of sth** etw aus etw *dat* formen; *(from clay)* etw aus etw *dat* modellieren
② *(influence)* ■**to ~ sb/sth** jdn/etw prägen; ***we are all ~d by the times in which we live*** wir sind alle geprägt von der Zeit, in der wir leben; **to ~ sb's character/personality** jds Charakter/Persönlichkeit formen; **to ~ one's destiny** sein Schicksal [selbst] gestalten; **to ~ a policy** eine Politik [*o* einen politischen Kurs] bestimmen
③ *(style)* **to ~ sb's hair** jds Haar stylen
④ *(tailor)* ■**to ~ sth** etw entwerfen; ***the skirt has been ~d so that it hangs loosely*** der Rock ist so geschnitten, dass er lose fällt
III. *vi* sich *akk* entwickeln
◆**shape up** *vi* ① *(develop)* sich *akk* entwickeln; ***the election is shaping up to be a close contest*** die Wahl entwickelt sich zu einem Kopf-an-Kopf-Rennen; ■**to ~ up as sth** sich *akk* als etw herausstellen [*o* erweisen]; **to ~ up well** sich *akk* gut entwickeln; ***Colin has ~d up well in his new job*** Colin hat sich in seinem neuen Job gut gemacht *fam*
② *(fam: improve)* Fortschritte machen; **to ~ up one's act** *esp* AM *performance* mehr Leistung zeigen; *behaviour* sich *akk* besser benehmen; ***if the company doesn't soon ~ up its act it will go out of business*** wenn die Firma nicht endlich etwas zustande bringt, war sie die längste Zeit im Geschäft *fam*
▸PHRASES: **~ up or ship out!** *(fam)* entweder Sie bringen endlich was oder Sie gehen! *fam*

shaped [ʃeɪpt] *adj inv* ① *(in shape)* geformt; **~ like a heart** herzförmig; **to be ~ like a sausage** wurstförmig sein; **oddly/perfectly ~** seltsam/vollkommen geformt
② *(likely to become)* ■**to be ~ like sth/sb** wie etw/jd aussehen; **to be ~ like a winner** ein Siegertyp sein

-shaped [ʃeɪpt] *in compounds* -förmig; **an L/S~ bend** eine L-/S-Kurve; **egg~** eiförmig

shape·less [ˈʃeɪpləs] *adj* ① *(not shapely)* unförmig; **a ~ dress** ein Kleid *nt* ohne Form; **a ~ mass** eine unförmige Masse
② *(without shape)* formlos; ***his ideas are interesting but rather ~*** seine Ideen sind interessant, aber ziemlich vage

shape·less·ly [ˈʃeɪpləsli] *adv* formlos; ***her clothes hung ~ on her*** die Kleider hingen ihr lose am Körper

shape·less·ness [ˈʃeɪpləsnəs] *n no pl* Formlosigkeit *f,* Unstrukturiertheit *f*

shape·ly [ˈʃeɪpli] *adj (approv)* wohl geformt; **~ legs** schöne Beine; **a ~ woman** eine gut gebaute Frau

shard [ʃɑːd, AM ʃɑːrd] *n* Scherbe *f;* **~ of metal** Metallsplitter *m*

share [ʃeəʳ, AM ʃer] **I.** *n* ① *(part)* Teil *m,* Anteil *m; of food* Portion *f;* ***she's not doing her ~ of the work*** sie macht ihren Teil der Arbeit nicht; ***he should take his ~ of the blame for what happened*** er sollte die Verantwortung für seine Mitschuld am Geschehen übernehmen; **the lion's ~ of sth** der Löwenanteil von etw *dat;* **~ of the market** Marktanteil *m;* **~ of the vote** Stimmenanteil *m;* **to go ~s on sth** sich *dat* die Kosten für etw *akk* teilen; **to have one's ~ of sth** *(also fig)* seinen Teil von etw *dat* abbekommen haben; ***they've had their ~ of trouble in the past*** sie hatten einst auch ihr Päckchen zu tragen *dat;* **to have more than one's ~ of sth** mehr von etw *dat* haben, als einem zusteht; **to have had one's fair ~ of sth** *(iron)* etw reichlich abbekommen haben; **to have had more than one's fair ~** *(iron)* etw mehr als genug haben *fam;* ■**a ~ in sth** ein Anteil *m* an etw *dat;* **to give sb a ~ in sth** jdn an etw *dat* beteiligen [*o* teilhaben lassen]; **to have a ~ in sth** an etw *dat* teilhaben
② *usu pl (in company)* Anteil *m,* Aktie *f,* Beteiligungstitel *m;* **stocks and ~s** Wertpapiere *pl,* Effekten *pl;* **earnings per ~** Gewinn *m* pro Aktie; **A ~** A-Aktie *f;* **ordinary** [*or* BRIT **equity**] **~** Stammaktie *f;* **deferred ordinary ~** Nachzugsaktie *f;* **listed** [*or* **quoted**] **~** börsennotierte Aktie; **unlisted** [*or* **unquoted**] **~** nicht notierte Aktie; **index of ~s** BRIT Aktienindex *m*
II. *vi* ① *(with others)* teilen; ***you must learn to ~*** du musst lernen zu teilen; ***we don't mind sharing if there aren't enough copies for everyone*** wir teilen gern, falls es nicht genügend Exemplare für alle gibt; ***there aren't enough rooms for the children to have one each, so they have to ~*** es sind nicht genügend Zimmer für jedes Kind vorhanden – sie müssen sie sich eben teilen; **~ and ~ alike** gerecht teilen; ■**to ~ with sb** mit jdm teilen
② *(have part of)* ■**to ~ in sth** an etw *dat* teilhaben; ***as he found the money he should ~ in the reward*** da er das Geld gefunden hat, sollte er etwas von der Belohnung abbekommen; **to ~ in sb's joy/sorrow/triumph** die Freude/den Kummer/den Triumph mit jdm teilen
③ *(participate)* ■**to ~ in sth** an etw *dat* beteiligt sein
④ *(to be open with sb about sth)* ***I didn't want to ~ that ...*** ich wollte nicht, dass jemand wusste, dass ...
III. *vt* ① *(divide)* ■**to ~ sth** etw teilen; ***shall we ~ the driving?*** sollen wir uns beim Fahren abwechseln?; **to ~ the expenses** sich *dat* die Kosten teilen; **to ~ resources** Mittel gemeinsam nutzen; **to ~ responsibility** Verantwortung gemeinsam tragen; ■**to ~ sth among** [*or* **between**] **sb** etw unter jdm verteilen; ■**to ~ sth with sb** etw mit jdm teilen; ***I ~d a flat with Sue when we were at university*** als wir an der Uni waren, hatte ich mit Sue eine gemeinsame Wohnung
② *(have in common)* ■**to ~ sth** etw gemeinsam haben; **to ~ a birthday** am gleichen Tag Geburtstag haben; **to ~ [common] characteristics** Gemeinsamkeiten haben; **to ~ sb's concern** jds Besorgnis teilen; **to ~ an experience** eine gemeinsame Erfahrung haben; **to ~ an interest** ein gemeinsames Interesse haben; **to want to ~ one's life with sb** sein Leben mit jdm teilen wollen; **to ~ sb's sorrow** jds Kummer teilen; **to ~ sb's view** [*or* **belief**] jds Ansicht [*o* Meinung] teilen
③ *(communicate)* ■**to ~ sth with sb** *information, news* etw an jdn weitergeben; **to ~ one's problems/thoughts with sb** jdm seine Probleme/Gedanken anvertrauen; **to ~ a joke** einen Witz zum Besten geben; **to ~ a secret [with sb]** jdn in ein Geheimnis einweihen
▸PHRASES: **a problem ~d is a problem halved** *(prov)* geteiltes Leid ist halbes Leid *prov*
◆**share out** *vt* ■**to ~ out** ↔ **sth** etw aufteilen

share-based in·ˈvest·ment fund *n* Aktienfonds *m* **share ˈcapi·tal** *n* Aktienkapital *nt,* Stammkapital *nt,* Gesellschaftskapital *nt;* **authorized ~** genehmigtes Grundkapital; **issued ~** emittiertes Grundkapital **share cer·ˈtifi·cate** *n* STOCKEX Aktienzertifikat *nt,* Aktienurkunde *f,* Anteilschein *m*

ˈshare·crop·per *n* AM *Pächter einer kleinen Farm, der die Pacht teilweise in Naturalien begleicht* **ˈshare·crop·ping** *n no pl* AM *Bewirtschaftung kleiner Farmen durch Pächter, die ihre Pacht mit einem Teil der Ernte bezahlen*

shared [ʃeəd, AM ʃerd] *adj inv* ① *(not singly owned)* Gemeinschafts-; **~ ownership** Gemeinschaftsbesitz *m*
② *(common)* gemeinsam

ˈshare deal·ing *n no pl* Aktienhandel *m*

ˈshare·hold·er *n* Aktionär(in) *m(f),* Anteilseigner(in) *m(f),* Aktienbesitzer(in) *m(f),* Gesellschafter(in) *m(f)* **ˈshare·hold·er in·dex** *n* Aktionärsregister *m* **ˈshare·hold·er meet·ing** *n* Aktionärsversammlung *f,* Gesellschafterversammlung *f*

share·hold·er's ˈequi·ty *n* BRIT Eigenkapital *nt*

ˈshare·hold·ing *n* Aktienbesitz *m,* Aktienanteil *m* **ˈshare in·dex** *n* STOCKEX Aktienindex *m;* **composite ~** Gesamtindex *m* **ˈshare is·sue** *n* STOCKEX Aktienausgabe *f,* Aktienemission *f*

ˈshare mar·ket *n* FIN Aktienmarkt *m* **ˈshare op·tion** *n* Aktienoption *f,* Aktienbezugsrecht *nt*

ˈshare-out *n (distribution)* Verteilung *f; (division)* Aufteilung *f;* **~ of the profits/tasks** Gewinn-/Aufgabenverteilung *f*

ˈshare price *n* Aktienkurs *m,* Aktienpreis *m;* **lowest ~** Tiefstkurs *m;* **~s rise/fall** Aktienkurse steigen/fallen **ˈshare price in·dex** *n* STOCKEX Aktien[preis]index *m* **ˈshare reg·is·ter** *n* Aktienbuch *nt* **ˈshare split·ting** *n* Aktiensplitting *nt*

ˈshare value *n* FIN Aktienwert *m,* Anteilswert *m*

ˈshare·ware *n no pl* COMPUT Shareware *f*

sha·ria(h) [ʃəˈriːə] *n no pl* Scharia *f*

Shar·jah [ˈʃɑːdʒə, AM ˈʃɑːr-] *n (Emirate)* Schardscha

shark <*pl* -s *or* -> [ʃa:k, AM ʃa:rk] *n* ① *(fish)* Hai[fisch] *m;* **man-eating** ~ Menschen fressender Hai
② *(pej fam: person)* **local property** ~ Immobilienhai *m*
'shark fence *n Netz zum Schutz gegen Haie*
'shark·skin *n no pl* FASHION *glänzendes Gewebe aus Kunstfaser* **'shark·spot·ter** *n* AUS *Hubschrauber, der zum Schutz der Schwimmer vor Haien den Strand überfliegt*
sharp [ʃa:p, AM ʃa:rp] **I.** *adj* ① *(cutting) blade, knife* scharf
② *(pointed) end, point* spitz; ~ **features** kantige Gesichtszüge; ~ **nose** spitze Nase; ~ **pencil** spitzer Bleistift
③ *(acute)* ~ **angle** spitzer Winkel; ~ **bend** [*or* **curve**] scharfe Kurve; **to make a** ~ **right turn** [*or* **turn to the right**] scharf rechts abbiegen
④ *(severe) attack, rebuff, rebuke* scharf; ***the terrorist attack was a ~ reminder of how dangerous the world can be*** der terroristische Überfall erinnerte in drastischer Weise daran, wie gefährlich die Welt sein kann; ~ **blow** heftiger [*o* starker] Schlag; ~ **criticism** beißende Kritik; **to have a** ~ **tongue** eine scharfe [*o* spitze] Zunge haben, scharfzüngig sein; ■**to be** ~ **with sb** unfreundlich zu jdm sein, jdm eine schroffe Antwort geben
⑤ *(stabbing)* stechend; ~ **pain** stechender Schmerz; ~ **stab** [**of pain**] [schmerzhaftes] Stechen
⑥ *(sudden)* plötzlich; *(marked)* drastisch; ~ **deterioration** drastische Verschlechterung; ~ **downturn/upturn** starker Abschwung/Aufschwung; ~ **drop** [*or* **fall**] [*or* **decline**] starker [*o* drastischer] Rückgang; ~ **rise** [*or* **increase**] starker [*o* drastischer] Anstieg
⑦ *(clear-cut)* scharf, deutlich, klar; ***her pro-European views are in ~ contrast to those of many of her colleagues*** ihre proeuropäischen Ansichten sind denen vieler ihrer Kollegen diametral entgegengesetzt; **a** ~ **television picture** ein scharfes Fernsehbild; **to bring sth into** ~ **focus** etw klar und deutlich herausstellen
⑧ *(perceptive)* raffiniert, scharfsinnig; ~ **eyes/ears** scharfe Augen/Ohren; **to have a** ~ **eye for sth** etw sofort erkennen; ~ **mind** scharfer Verstand; **to keep a** ~ **watch** [*or* **eye**] **on sb/sth** jdn/etw immer im Auge behalten, jdn/etw genau beobachten
⑨ *(fam: trendy)* elegant; ***a ~-suited business executive*** ein sorgfältig gekleideter Manager; **to be a very** ~ **dresser** immer sehr schick angezogen sein
⑩ *(piquant) taste* scharf [gewürzt]
⑪ *(penetrating)* schrill; **a** ~ **noise** ein schrilles Geräusch; ~ **voice** schrille Stimme
⑫ *(cold)* schneidend; **a** ~ **frost** ein durchdringender Frost
⑬ MUS **C** ~ Cis *nt;* **F** ~ Fis *nt;* **G** ~ Gis *nt;* **D** ~ Dis *nt;* ■**to be** ~ zu hoch intonieren
▸PHRASES: **the** ~ **end** *(fam: cutting edge)* das Zentrum des Geschehens; BRIT *(of ship)* Bug *m*
II. *adv* ① *inv (exactly)* genau; ***the performance will start at 7.30*** ~ die Aufführung beginnt um Punkt 7.30 Uhr
② *(suddenly)* **to pull up** ~ *car* scharf ranfahren *fam,* knapp auffahren ÖSTERR, SCHWEIZ; **to turn** ~ **right/left** scharf rechts/links abbiegen
③ MUS zu hoch; ***she sang ~ at the top notes*** bei den oberen Tönen sang sie zu hoch
III. *n* MUS Kreuz *nt*
sharp·en ['ʃa:pən, AM 'ʃa:rp-] *vt* ■**to** ~ **sth** ① *(make sharp)* etw schärfen; **to** ~ **a pencil** einen Bleistift spitzen; **to** ~ **scissors** eine Schere schleifen; **to** ~ **a knife** ein Messer schärfen [*o* schleifen] [*o* wetzen]
② *(intensify)* etw verschärfen [*o* verstärken]; **to** ~ **one's appetite** den Appetit anregen; **to** ~ **competition** den Wettbewerb verschärfen; **to** ~ **a debate** eine Debatte verschärfen [*o fam* anheizen]
③ *(make more distinct)* etw scharf einstellen; ***how do you ~ the focus on this camera?*** wie stellt man bei dieser Kamera die Bildschärfe ein?
④ *(improve)* etw schärfen; **to** ~ **one's mind** den Verstand schärfen; **to** ~ **the senses** die Sinne schärfen; **to** ~ **one's skills** an seinem Können feilen
⑤ MUS etw um einen Halbton erhöhen
◆**sharpen up I.** *vt* ■**to** ~ **up** ○ **sth** ① *(improve)* etw verbessern; **to** ~ **up one's act** *esp* BRIT *performance* bei etw *dat* mehr Leistung zeigen; *behaviour* sich *akk* besser benehmen; ***if the company doesn't soon ~ up its act it will go out of business*** wenn die Firma nicht endlich etwas zustande bringt, war sie die längste Zeit im Geschäft; ***my sister told me to ~ up my act*** meine Schwester wollte, dass ich mich endlich am Riemen reiße
② *(make sharper)* etw schärfen [*o* schleifen]
II. *vi* besser werden, zulegen
sharp·en·er ['ʃa:pənər, AM 'ʃa:rpənər] *n* **pencil** ~ Bleistiftspitzer *m;* **knife** ~ Messerschleifgerät *nt*
sharp·er ['ʃa:pər, AM 'ʃa:rpər] *n (fam: cheat)* Betrüger(in) *m(f); (at cards)* Falschspieler(in) *m(f)*
sharp-'eyed *adj* scharfsichtig **sharp-'fea·tured** *adj* mit scharfen Gesichtszügen *nach n;* ■**to be** ~ scharfe Gesichtszüge haben
sharp·ish ['ʃa:pɪʃ] *adv* BRIT *(fam)* schnellstmöglich; ***I think we'd better get out of here pretty*** ~ ich glaube, wir sollten so schnell wie möglich von hier verschwinden
sharp·ly ['ʃa:pli, AM 'ʃa:rp-] *adv* ① *(having an edge)* ~ **pointed** scharf [zu]gespitzt
② *(severely)* scharf; **to criticize sb/sth** ~ jdn/etw scharf kritisieren; **to cross-examine sb** ~ jdn einem scharfen Kreuzverhör unterziehen; **a** ~ **worded letter** ein Brief in schneidenden Tönen
③ *(abruptly)* abrupt; *(suddenly)* plötzlich; ***she looked up*** ~ sie blickte unvermittelt auf; ***I had to brake ~ to avoid running into the car in front*** ich musste voll auf die Bremse treten, um einen Aufprall auf den Wagen vor mir zu vermeiden; **to bend** ~ **to the left** eine scharfe Linksbiegung machen
④ *(markedly)* drastisch; **to deteriorate** ~ sich *akk* drastisch verschlechtern
⑤ *(clearly)* klar, deutlich; ***men contrasted ~ with women on the issues they felt to be important*** Männer und Frauen unterschieden sich krass nach dem, was für sie wichtig war; ~ **differing** deutlich unterschiedlich, stark divergierend; **to be** ~ **divided on sth** über etw *akk* sehr unterschiedlicher Meinung sein; ~ **focused** scharf eingestellt
⑥ *(perceptively)* scharfsinnig; ***her ears are ~ attuned to her baby's cry*** sie hört sofort, wenn ihr Baby schreit; **a** ~ **observant comment** eine scharfsinnige Bemerkung
⑦ *(fashionably)* ~ **dressed** elegant gekleidet, scharf angezogen SCHWEIZ
sharp·ness ['ʃa:pnəs, AM 'ʃa:rp-] *n no pl* ① *(of blade, edge, angle, point, curve)* Schärfe *f*
② *(of pain)* Heftigkeit *f,* Stärke *f,* Intensität *f*
③ *(acerbity)* Schärfe *f,* Härte *f*
④ *(markedness)* Stärke *f,* Heftigkeit *f*
⑤ *(clarity)* Schärfe *f*
⑥ *(perceptiveness)* Intelligenz *f,* Scharfsinn *m;* ~ **of mind** Geistesschärfe *f,* scharfer Verstand
⑦ *(stylishness)* Eleganz *f,* Schick *m*
⑧ *(of taste)* Würzigkeit *f,* Würze *f*
sharp-nosed 'pli·ers *n* Spitzzange *f*
sharp 'prac·tice *n no pl* üble Geschäftspraktiken *pl,* Tricks *pl*
'sharp·shoot·er *n* Scharfschütze *m*
sharp-'sight·ed *adj* ① *(very observant)* scharfsichtig
② *(fig: alert)* scharfsinnig
sharp-'tem·pered *adj* leicht erregbar
sharp-'tongued *adj* scharfzüngig **sharp-'wit·ted** *adj* scharfsinnig
shat [ʃæt] *vi esp* BRIT *pt, pp of* **shit**
shat·ter ['ʃætər, AM -t̬ər] **I.** *vi* zerspringen, zerbrechen; ***the glass ~ed into a thousand tiny pieces*** das Glas zerbrach in tausend winzige Stücke
II. *vt* ① *(smash)* ■**to** ~ **sth** etw zertrümmern [*o* zerschmettern]; *health, nerves* etw zerrütten
② *(fig)* ■**to** ~ **sth** etw vernichten; **to** ~ **the calm** die Ruhe zerstören; **to** ~ **sb's dreams/illusions** jds Träume/Illusionen zunichtemachen; **to** ~ **the world record** den Weltrekord brechen
③ BRIT *(fam: exhaust)* ■**to** ~ **sb** jdn entkräften, jdn schlauchen; ***walking all this way in the heat has absolutely ~ed me*** ich bin ganz zerschlagen, nachdem ich bei dieser Hitze den ganzen Weg gelaufen bin
shat·tered ['ʃætəd, AM -t̬ərd] *adj (fam)* ① *(upset)* am Boden zerstört; ***the family are just too ~ to want to talk to the press*** die Familie ist viel zu aufgelöst, um mit der Presse reden zu wollen
② BRIT *(exhausted)* völlig erschöpft, fix und fertig *präd fam*
shat·ter·ing ['ʃætərɪŋ, AM -t̬ər-] *adj (fam)* ① *(very upsetting)* erschütternd, aufwühlend
② *(destructive)* vernichtend, tödlich
③ BRIT *(exhausting)* aufreibend, stressig *fam*
shat·ter·proof ['ʃætəpru:f, AM -t̬ər-] *adj inv* bruchsicher; ~ **windscreen** splitterfreie Windschutzscheibe
shave [ʃeɪv] **I.** *n* Rasur *f;* ***I need a*** ~ ich muss mich rasieren; **a close** ~ eine Glattrasur [*o* gründliche Rasur]; **to have a** ~ sich *akk* rasieren
▸PHRASES: **a close** ~ ein knappes Entkommen; **to have a close** ~ mit knapper Not entkommen, gerade noch davonkommen
II. *vi* sich *akk* rasieren; **to** ~ **under one's arms** sich *dat* die Achselhaare rasieren
III. *vt* ① *(remove hair)* ■**to** ~ **sth/sb** etw/jdn rasieren; **to** ~ **one's legs** sich *dat* die Beine rasieren
② *(decrease by stated amount)* ■**to** ~ **sth** etw verringern, etw kürzen; ***our prices have been ~d by 5%*** unsere Preise wurden um 5 % herabgesetzt
◆**shave off** *vt* ① *(remove completely)* ■**to** ~ **off** ○ **sth** *hair, moustache* etw abrasieren; **to** ~ **off one's beard** sich *dat* den Bart abnehmen
② *(slice off)* ■**to** ~ **off** ○ **sth** etw abhobeln
③ *(decrease)* ■**to** ~ **sth off** [**sth**] [*or* **off sth** [**from sth**]] etw [von etw *dat*] abziehen; ***the new high speed trains will ~ 25 minutes off the journey time*** mit den neuen Hochgeschwindigkeitszügen verringert sich die Reisezeit um 25 Minuten
shav·en ['ʃeɪvən] *adj inv* rasiert; ~ **head** kahl geschorener Kopf
shav·en-'head·ed *adj inv* kahl geschoren
shav·er ['ʃeɪvər, AM -ər] *n* Rasierapparat *m*
'shav·er point, AM **'shav·er out·let** *n* Steckdose *f* für den Rasierapparat
shav·ing ['ʃeɪvɪŋ] **I.** *adj attr, inv* Rasier-
II. *n usu pl* Hobelspan *m*
'shav·ing brush *n* Rasierpinsel *m* **'shav·ing cream** *n* Rasiercreme *f* **'shav·ing foam** *n no pl* Rasierschaum *m* **'shav·ing kit** *n* Rasierzeug *nt kein pl* **'shav·ing mir·ror** *n* Rasierspiegel *m* **'shav·ing soap,** BRIT **'shav·ing stick** *n* Rasierseife *f*
shawl [ʃɔ:l, AM *esp* ʃa:l] *n* Schultertuch *nt*
she [ʃi:, ʃi] **I.** *pron* ① *(female person, animal)* sie; ■~ **who ...** *(particular person)* diejenige, die ...; *(any person)* wer ...; ~ ***who told me this wasn't there herself*** diejenige, die mir das erzählt hat, war selbst nicht dabei; ~ ***who rocks the cradle rules the world*** die Hand an der Wiege regiert die Welt
② *(inanimate thing)* es; *(for moon)* er; *(for country)* es; *(for ship with name)* sie; *(for ship with no name)* es
③ *(of unspecified sex)* es; ***that's a cute dog! what's ~ called?*** was für ein süßer Hund! wie heißt er denn?
④ AUS, NZ *(fam: it)* es
II. *n usu sing* ■**a** ~ *(person)* eine Sie; *(animal)* ein Weibchen *nt*
she- [ʃi:] *in compounds with animal names (bear, wolf)* weiblich
s/he ['ʃi:ərhi:, AM -ərhi:] *pron (in general texts)* er/sie
sheaf <*pl* sheaves> [ʃi:f] *n* ① *(group of things)* Bündel *nt; of corn* Garbe *f*
② MATH, SCI *(family)* Schar *f;* ~ **of lines** Strahlenbündel *nt;* ~ **of sparks** Funkenregen *m*
shear <-ed, -ed *or* shorn> [ʃɪər, AM ʃɪr] **I.** *vt* ① *(remove fleece)* **to** ~ **a sheep** ein Schaf scheren
② *(hum fam: cut hair short)* ■**to** ~ **sb** jds Haare kurz scheren; ***he's been shorn*** er ist die Treppe

hinuntergefallen *hum*
II. *vi* TECH abbrechen
◆**shear off** I. *vt* ① *(cut off)* **to ~ off wool** Wolle abscheren
② *usu passive (tear off)* ***the wing of the plane had been ~ed off*** die Tragfläche des Flugzeugs wurde abgerissen
II. *vi* abbrechen
shear·er [ˈʃɪərəʳ, AM ˈʃɪrɚ] *n* ① *(for sheep)* [Schaf]scherer *m*
② TECH *(for metal)* Metallschneider *m*
shear·ing [ˈʃɪərɪŋ, AM ˈʃɪr-] *n no pl* Schur *f*
shear·ling [ˈʃɪəlɪŋ, AM ʃɪr-] *n no pl, modifier* Woll-
shears [ʃɪəz, AM ʃɪrz] *npl* TECH [große] Schere; *metal* Metallschere *f,* Blechschere *f;* [**garden**] **~** Gartenschere *f*
ˈshear sta·bili·ty *n* PHYS Scherstabilität *f* **ˈshear stress** *n* PHYS Scherspannung *f* **ˈshear vis·cosi·ty** *n* PHYS Scherviskosität *f*
shear·water [ˈʃɪəˌwɔːtəʳ, AM ˈʃɪrwɑːt̬ɚ] *n* ORN Sturmtaucher *m*
sheath [ʃiːθ] *n* ① *(for knife, sword)* Scheide *f*
② *(casing)* Hülle *f,* Ummantelung *f; (case)* Futteral *nt;* **nerve ~s** MED Nervenhüllen
③ BRIT *(condom)* Kondom *nt*
④ FASHION **~** [**dress**] enges Kleid
sheathe [ʃiːð] *vt* ① *(put into sheath)* **to ~ a knife/sword** ein Messer/Schwert in die Scheide stecken
② *(cover)* ■**to ~ sth in** [*or* **with**] **sth** etw mit etw *dat* umhüllen [*o* überziehen]; **to be ~d in** [*or* **with**] **ice** eisbedeckt sein
sheath·ing [ˈʃiːðɪŋ] *n* Überzug *m*
ˈsheath knife *n* Dolch *m*
sheaves [ʃiːvz] *n pl of* **sheaf**
she·bang [ʃɪˈbæŋ] *n no pl esp* AM *(fam)* Drum und Dran *nt,* Krempel *m hum sl;* **the whole ~** der ganze Kram *fam;* **to take care of the whole ~** den ganzen Laden schmeißen *fam*
she'd [ʃiːd] = **she would/she had** *see* **would, have I, II**
shed[1] [ʃed] *n* Schuppen *m;* **garden ~** Gartenhäuschen *nt;* **lambing ~** Stall *m* für Lämmer; **lean-to ~** Schuppen *m* mit einem Pultdach; **tool ~** Geräteschuppen *m*
shed[2] <-dd-, shed, shed> [ʃed] I. *vt* ① *(cast off)* ■**to ~ sth** etw abstoßen, etw ablegen; **to ~ its antlers** das Geweih abwerfen; **to ~ one's disguise** sich *akk* zu erkennen geben; **to ~ hair** Haare verlieren; **to ~ leaves** Blätter abwerfen; **to ~ a few pounds/kilos** ein paar Pfund/Kilo abnehmen; **to ~ one's skin** sich häuten; **to ~ one's winter coat** das Winterfell verlieren
② *(get rid of)* ■**to ~ sth** etw ablegen; **to ~ one's insecurity/inhibitions** seine Unsicherheit/Hemmungen verlieren [*o* loswerden]; **to ~ jobs** Stellen streichen
③ *(generate)* **to ~ blood/tears** Blut/Tränen vergießen; **to ~ light** Licht verbreiten
④ BRIT *(drop accidentally)* ***a lorry has ~ a load of gravel across the road*** ein LKW hat eine Ladung Kies auf der Straße verloren
II. *vi snakes* sich häuten; *cats* haaren
ˈshe-dev·il *n* Teufelin *f*
ˈshed·load *n (sl)* ■**a ~** [*or* **~s**] **of sth** Unmengen von etw *dat;* **~ of cash** Unsummen Geld
sheen [ʃiːn] *n no pl (approv)* ① *(gloss)* Glanz *m,* Schimmer *m*
② *(fig: aura)* Patina *f*
sheep <*pl* -> [ʃiːp] *n* Schaf *nt;* **flock of ~** Schafherde *f;* **to be** [**like**] **~** *people* sich *akk* wie Schafe verhalten
▶PHRASES: **to** <u>**separate**</u> [*or* <u>**tell**</u>] [*or* <u>**sort**</u> **out**] **the ~ from the goats** die Schafe von den Böcken trennen
ˈsheep·dip *n* AGR Desinfektionsbad *nt* für Schafe **ˈsheep·dog** *n* Schäferhund *m* **ˈsheep farm** *n* Schaffarm *f* **ˈsheep farm·ing** *n no pl* Schafzucht *f* **ˈsheep·fold** *n* Schafhürde *f*
sheep·ish [ˈʃiːpɪʃ] *adj* unbeholfen, belämmert *fam;* **~ smile** verlegenes Lächeln
sheep·ish·ly [ˈʃiːpɪʃli] *adv* verlegen, betreten
sheep·ish·ness [ˈʃiːpɪʃnəs] *n no pl* Verlegenheit *f,* Schüchternheit *f*
ˈsheep·shear·ing *n* Schafschur *f* **ˈsheep·skin** *n* Schaffell *nt,* Schafpelz *m* **sheep·skin ˈcoat** *n* Schafpelzmantel *m* **ˈsheep sta·tion** *n* AUS große Schaffarm
sheer[1] [ʃɪəʳ, AM ʃɪr] I. *adj* ① *(utter)* bloß, pur, rein, schier; ***the ~ size of the thing takes your breath away*** schon allein die Größe von dem Ding ist atemberaubend; **~ accident** purer Zufall; **~ blather** reines Gewäsch; **~ bliss** eine wahre Wonne; **~ boredom** schiere [*o* pure] Langeweile; **~ coincidence** reiner [*o* purer] Zufall; **~ despair** blanke [*o* schiere] Verzweiflung; **~ drudgery** reine Schinderei; **~ lunacy** purer Wahnsinn; **~ misery** blankes Elend; **~ nonsense** [*or* **rubbish**] blanker Unsinn; **~ willpower** pure Willenskraft
② *(vertical)* steil; **~ cliff** steile Klippe; **~ drop** steiles Gefälle
③ *(thin) material* hauchdünn; *(diaphanous)* durchscheinend
II. *adv inv (liter)* steil, jäh
sheer[2] [ʃɪəʳ, AM ʃɪr] *vi* ■**to ~ off** [*or* **away**] ① NAUT abscheren, abgieren
② *(avoid)* ausweichen; **to ~ away from an unpleasant topic** einem unangenehmen Thema aus dem Weg gehen
sheet [ʃiːt] I. *n* ① *(for bed)* Laken *nt;* **between the ~s** *(sexually)* im Bett *fam*
② *(of paper)* Blatt *nt; (of heavy paper)* Bogen *m;* **information ~** [Informations]blatt *nt;* **~ of instructions** Merkblatt *nt;* **a ~ of paper** ein Blatt *nt* Papier
③ *(of material)* Platte *f;* **~ of glass** Glasplatte *f;* **polythene ~** Polyethylenplatte *f*
④ *(large area)* ***the rain is coming down in ~s*** es regnet in Strömen; **~ of flame** Flammenwand *f;* **~ of ice** Eisschicht *f;* **~ of water** ausgedehnte Wasserfläche
⑤ *(set of stamps)* Bogen *m;* **souvenir ~** Gedenkblock *m*
II. *vi rain* prasseln; ***the rain was ~ing against the windows*** der Regen prasselte gegen die Fenster; **to ~ down** *rain* in Strömen regnen [*o* ÖSTERR, SCHWEIZ *bes* gießen]
ˈsheet feed *n* COMPUT Einzelblatteinzug *m*
sheet·ing [ˈʃiːtɪŋ, AM -t̬ɪŋ] *n no pl* ① *(for bedsheets)* Betttuchstoff *m,* Leintuchstoff *m* SCHWEIZ
② *(thin material)* Verkleidungsmaterial *nt; (casing)* Verschalung *f;* **plastic ~** Plastiküberzug *m*
ˈsheet light·ning *n no pl* Wetterleuchten *nt*
ˈsheet met·al *n* Blech *nt*
ˈsheet mu·sic *n* Noten *pl,* Notenblätter *pl*
sheik(**h**) [ʃeɪk, ʃiːk, AM *esp* ʃiːk] *n* ① *(Arab leader)* Scheich *m*
② *(religious leader)* Scheich *m*
sheikh·dom [ˈʃeɪkdəm, ʃiːk-, AM *esp* ˈʃiːk-] *n* Scheichtum *nt*
shei·la [ˈʃiːlə] *n* AUS *(pej! sl)* Puppe *pej sl*
shek·el [ˈʃekəl] *n* ① *(Israeli currency)* Schekel *m*
② *(hum sl)* ■**~s** *pl (money)* Zaster *m kein pl*
shelf <*pl* shelves> [ʃelf] *n* ① *(for storage)* [Regal]brett *nt,* Bord *nt; (set of shelves)* Regal *nt,* SCHWEIZ *a.* Gestell *nt;* **to buy sth off the ~** etw ab Lager kaufen; *clothing* etw von der Stange kaufen; **to stack** [*or* **stock**] **shelves** Regale einräumen
② GEOL *(horizontal portion of rock)* Schelf *m o nt*
▶PHRASES: **to** <u>**leave**</u>/<u>**put**</u> **sth on the ~** etw auf die lange Bank schieben; **to be** [**left**] <u>**on**</u> **the ~** *(fam: worker)* zum alten Eisen gehören; *(girl)* eine alte Jungfer sein, sitzengeblieben sein *fig*
ˈshelf life *n no pl* Haltbarkeit *f;* COMPUT Dauer *f* der Lagerfähigkeit; **to have a short ~** eine kurze Haltbarkeit haben; *(fig)* bald wieder in Vergessenheit geraten **ˈshelf space** *n no pl* Regalfläche *f*
shell [ʃel] I. *n* ① *(exterior case) of an egg, nut* Schale *f; of a tortoise, turtle* Panzer *m; (mother of pearl)* Perlmutt *nt; of a pea* Hülse *f,* Schote *f; of an insect wing* Flügeldecke *f;* ***to pick up ~s on the beach*** Muscheln am Strand sammeln; **crab ~** Krebsschale *f;* **snail ~** Schneckenhaus *nt*
② *(of a building)* Mauerwerk *nt; (unfinished building)* Rohbau *m; (damaged building)* Ruine *f; of a vehicle* Karosserie *f;* **the burnt-out ~ of a car** ein ausgebranntes Autowrack
③ *(for artillery)* Granate *f*
④ AM *(cartridge)* Patrone *f*
⑤ *(boat)* Rennruderboot *nt*
⑥ FOOD [**pastry**] **~** [Mürbteig]boden *m*
⑦ COMPUT *(software)* Shell *f*
▶PHRASES: **to** <u>**bring**</u> **sb out of their ~** jdn aus der Reserve locken; **to** <u>**come**</u> **out of one's ~** aus sich *dat* herausgehen; **to** <u>**go**</u> [**back**] [*or* <u>**crawl**</u> [**back**]] [*or* <u>**retreat**</u>] **into one's ~** sich *akk* in sein Schneckenhaus zurückziehen
II. *vt* ■**to ~ sth** ① *(remove shell)* etw schälen; **to ~ nuts** Nüsse knacken; **to ~ peas** Erbsen enthülsen
② *(bombard)* etw [mit Granaten] bombardieren
III. *vi* **to ~ easily** sich *akk* leicht schälen lassen
◆**shell out** *(fam)* I. *vt* ■**to ~ out** ◌ **sth** für etw *akk* blechen *fam;* ***you'll have to ~ out a few thousand for your engine*** du wirst ein paar Tausender für deinen Motor hinlegen müssen *fam*
II. *vi* ① *(pay)* ■**to ~ out for sth/sb** für etw/jdn bezahlen
② COMPUT ■**to ~ out from sth** von etw *dat* zur Shell wechseln
she'll [ʃiːl] = **she shall, she will** *see* **will**[1]**, shall**
shel·lac [ʃəˈlæk] *n* Schellack *m*
shel·lacked [ʃəˈlækt] *adj inv* ① *(beaten)* verprügelt
② *(drunk)* blau
shel·lack·ing [ʃəˈlækɪŋ] *n usu sing* AM, AUS *(sl)* [eine Tracht] Prügel; **to give sb a ~** jdm [eine Tracht] Prügel verabreichen; **to take a ~** Prügel einstecken [*o* beziehen]
ˈshell·fire *n no pl* Geschützfeuer *nt,* Granatenbeschuss *m;* **to come under heavy ~** unter schweren Beschuss geraten
ˈshell·fish <*pl* -> *n* Schalentier *nt*
shell·ing [ˈʃelɪŋ] *n no pl (bombardment)* Bombardierung *f; (shellfire)* Geschützfeuer *nt*
ˈshell-like *n* BRIT *(hum)* ***may I have a word in your ~ ear?*** wenn Sie mir huldvoll Ihr Ohr leihen würden? *hum*
ˈshell·proof *adj* bombensicher **ˈshell shock** *n no pl* Kriegsneurose *f* **ˈshell-shocked** *adj* ① *(after battle)* kriegsneurotisch ② *(fam: dazed)* schockiert, völlig geschockt *fam;* ■**to be ~** wie vom Blitz getroffen sein
ˈshell suit *n* Trainingsanzug *m,* SCHWEIZ *a.* Trainer *m (mit Wasser abweisender Nylonoberfläche)* **ˈshell top** *n gerade geschnittenes, ärmelloses Oberteil*
shel·ter [ˈʃeltəʳ, AM -ɚ] I. *n* ① *no pl* Schutz *m;* **to find ~** Schutz finden; ***we found ~ in an abandoned house*** in einem verlassenen Haus fanden wir Schutz; **to give** [*or* **provide**] **~ from sth** vor etw *dat* Schutz bieten; **to take ~** Schutz suchen
② *(structure)* Unterstand *m; (sth to sit in)* Häuschen *nt;* **bus ~** Häuschen *nt* an der Bushaltestelle; *(hut)* Schutzhütte *f;* MIL Unterstand *m;* **air raid ~** Luftschutzraum *m; (building for the needy)* Heim *nt,* Unterkunft *f;* **a ~ for the homeless** ein Obdachlosenheim *nt;* **a ~ for battered wives** ein Frauenhaus *nt*
II. *vi* Schutz suchen; **to ~ under the eaves** sich *akk* unter einen Dachvorsprung stellen; **to ~ under a tree** sich *akk* unter einen Baum flüchten; **to ~ under an umbrella** sich *akk* unter einem Schirm verstecken; ■**to ~ from sth/sb** vor etw/jdm Schutz suchen
III. *vt* ① *(protect)* ■**to ~ sth/sb** [**from sth**] etw/jdn [vor etw *dat*] schützen
② AM *(from tax)* **to ~ income from tax** Einkommen steuerlich nicht abzugsfähig machen
shel·tered [ˈʃeltəd, AM -ɚd] *adj* ① *(against weather)* geschützt
② *(pej: overprotected)* behütet
③ AM *(tax-protected)* steuerfrei
shel·tered ac·com·mo·ˈda·tion, shel·tered ˈhous·ing *n no pl* betreutes Wohnen **shel·tered ˈwork·shop** *n* Behindertenwerkstatt *f*
shelve[1] [ʃelv] *vt* ■**to ~ sth** ① *(postpone)* etw aufschieben [*o* auf später verschieben]; POL etw verta-

gen; **to ~ a bill** die Beratung über einen Gesetzesentwurf verschieben
② *(erect shelves)* etw mit Regalen ausstatten
shelve² [ʃelv] *vi* GEOL abfallen
shelves [ʃelvz] *n pl of* **shelf**
shelv·ing [ˈʃelvɪŋ] *n no pl* Regale *pl;* **adjustable ~** variable Regale
she·nani·gans [ʃɪˈnænɪgənz] *npl (pej fam)* ① *(fraud)* Betrug *m kein pl,* Betrügereien *pl; (trickery)* Gaunereien *pl,* krumme Dinger *pl fam*
② *(pranks)* [derbe] Späße *pl,* Streiche *pl*
shep·herd [ˈʃepəd, AM -ɚd] **I.** *n* Schäfer(in) *m(f),* Schafhirte, -hirtin *m, f; (fig)* [Seelen]hirte *m;* **the Lord is my ~** der Herr ist mein Hirte
II. *vt* ① *(look after)* **to ~ sheep** Schafe hüten
② *(drive)* **to ~ a herd into sth** eine Herde in etw *akk* treiben
③ *(guide)* **to ~ sb towards the door** jdn zur Tür führen [*o* begleiten]
shep·herd·ess <*pl* -es> [ˌʃepəˈdes, AM ˈʃepɚdɪs] *n* Schäferin *f,* Schafhirtin *f*
shep·herd's ˈpie *n Auflauf aus Hackfleisch und Kartoffelbrei*
sher·bet [ˈʃɜːbət, AM ˈʃɜːr-] *n* ① *no pl* BRIT, AUS *(sweet powder)* Brausepulver *nt*
② AM *(sorbet)* Sorbet[t] *m o nt*
sherd [ʃɜːd, AM ʃɜːrd] *n see* **potsherd** [Ton]scherbe *f*
sher·iff [ˈʃerɪf] *n* ① AM *(law officer)* Sheriff *m*
② BRIT *(county official)* Grafschaftsvogt, -vögtin *m, f*
③ SCOT *(judge)* Amtsrichter(in) *m(f)*
④ LAW [**High**] **S~** *oberster Verwaltungsbeamter/oberste Verwaltungsbeamtin einer Grafschaft mit gerichtlichen Aufgaben*
Sher·pa <*pl* - *or* -s> [ˈʃɜːpə, AM ˈʃɜːr-] *n* Sherpa *m o f*
sher·ry [ˈʃeri] *n* Sherry *m*
ˈsher·ry glass *n* Sherryglas *nt*
she's [ʃiːz, ʃɪz] = **she is, she has** *see* **be, have I, II**
Shet·land·er [ˈʃetləndəʳ, AM -ɚ] *n* Bewohner(in) *m(f)* Shetlands
Shet·land Is·lands *npl,* **Shet·lands** [ˈʃetləndz] *npl* ■**the ~** die Shetlandinseln *pl* **Shet·land ˈpony** *n* Shetlandpony *nt*
shew [ʃəʊ, AM ʃoʊ] *vt (dated) see* **show**
Shia <*pl* - *or* -s> [ˈʃiːə] *n* ① *no pl (branch of Islam)* Schia *f*
② *(Muslim)* Schiit(in) *m(f)*
shi·at·su [ʃiˈætsu, AM -ˈɑːt-] *n no pl* Shiatsu *nt*
shib·bo·leth [ˈʃɪbəleθ, AM -bə-] *n (form)* ① *(pej: outmoded doctrine)* Klischee *nt;* **outworn ~** überholte [*o* veraltete] Ansicht, alter Zopf [*o* ÖSTERR, SCHWEIZ Hut] *fam*
② *(password)* Losungswort *nt,* Schibboleth *nt*
shic·er [ˈʃaɪsəʳ] *n* AUS Schwindler(in) *m(f),* Betrüger(in) *m(f)*
shield [ʃiːld] **I.** *n* ① *(defensive weapon)* [Schutz]schild *m*
② *(with coat of arms)* [Wappen]schild *m o nt*
③ *(protective device)* Schutz *m kein pl,* Schutzvorrichtung *f; (screen)* Schutzschirm *m,* Schutzschild *m;* ELEC Abschirmung *f;* MIN Schutzdach *nt*
④ *(fig: protection)* Schutz *m kein pl* (**against** gegen +*akk*); ***the ozone layer acts as a ~ protecting the earth from the sun's radiation*** die Ozonschicht schirmt die Erde vor der Sonneneinstrahlung ab
⑤ SPORT Trophäe *f,* Abzeichen *nt (in Form eines Wappenschildes)*
⑥ AM *(police officer's badge)* Polizeiabzeichen *nt*
II. *vt* ① *(protect)* ■**to ~ sth/sb** [**from sth/sb**] etw/jdn [vor etw/jdm] beschützen; **to ~ one's eyes** die Augen schützen [*o* abschirmen]; **to ~ sb from criticism** jdn vor Kritik schützen
② COMPUT ■**to ~ sth** etw abschirmen
ˈshield-bear·er *n (hist)* Schildknappe *m hist*
shielded [ʃiːldɪd] *adj inv* PHYS geschützt; **~ room** Faradaykäfig *m*
shift [ʃɪft] **I.** *vt* ① *(move)* ■**to ~ sth** etw [weg]bewegen; *(move slightly) furniture* etw verschieben; ***we ~ed all the furniture into the spare bedroom*** wir haben die ganzen Möbel in das freie Zimmer gebracht; **to ~ sth out of the way** etw aus dem Weg räumen [*o* wegräumen]
② *(transfer elsewhere)* **to ~ the blame** die Schuld abwälzen; **to ~ the blame onto sb** die Schuld auf jdn abwälzen, jdm die Schuld zuschieben; **to ~ the emphasis** die Betonung [*o* Gewichtung] verlagern [*o* verändern]; **to ~ one's ground** seinen Standpunkt ändern; **to ~ one's weight** das Gewicht verlagern
③ *esp* AM MECH **to ~ gears** schalten
④ BRIT, AUS *(fam: get rid of)* ■**to ~ sth** etw entfernen [*o fam* wegmachen] [*o* ÖSTERR *fam* wegtun]; **to ~ stains** Flecken entfernen [*o fam* rausmachen] [*o* ÖSTERR *fam* rausputzen]
⑤ BRIT, AUS *(fam: sell)* ■**to ~ sth** etw verkaufen
⑥ COMPUT ■**to ~ sth** etw umschalten
II. *vi* ① *(move)* sich *akk* bewegen; *(change position)* die [*o* seine] Position verändern; ***it won't ~*** es lässt sich nicht bewegen; ***she ~ed uneasily from one foot to the other*** sie trat unruhig von einem Fuß auf den anderen; ***the wind is ~ing to the east*** der Wind dreht nach Osten; ***the balance of power has ~ed in China's favour*** das Gleichgewicht der Kräfte hat sich zu Gunsten Chinas verlagert; ***media attention has ~ed recently onto environmental issues*** die Medien haben ihr Interesse neuerdings den Umweltthemen zugewandt; ***his eyes kept ~ing to the clock*** seine Augen wanderten ständig zur Uhr
② *esp* AM AUTO ■**to ~ up/down** hinauf-/hinunterschalten; **to ~ into reverse** den Rückwärtsgang einlegen
③ BRIT *(sl: move over)* ***would you ~*** mach mal bitte Platz *fam,* rutsch mal rüber *fam*
④ *(dated: fend)* **to ~ for oneself** für sich *akk* selbst sorgen, allein zurechtkommen
⑤ BRIT *(fam: move very fast)* schnell fahren; ***that car can really ~!*** dieses Auto zieht wirklich gut
III. *n* ① *(alteration)* Wechsel *m,* Änderung *f;* ***there was an abrupt ~ of economic policy in November*** im November kam es zu einem plötzlichen Kurswechsel in der Wirtschaftspolitik; ***a ~ in the temperature is expected tonight*** heute Nacht soll die Temperatur umschlagen; ***a fundamental ~ in people's attitudes to drinking and driving has taken place*** die Einstellung der Leute gegenüber Alkohol am Steuer hat sich grundlegend geändert; **a ~ in the balance of power** eine Verlagerung im Gleichgewicht der Kräfte; **a ~ in opinion** ein Meinungsumschwung *m*
② LING Lautverschiebung *f;* **consonant/vowel ~** Konsonanten-/Vokalverschiebung *f*
③ *(period of work)* Schicht *f;* **day/night ~** Tag-/Nachtschicht *f;* **to be on the night ~** Nachtschicht haben; **to work in ~s** Schicht arbeiten, Schichtdienst machen
④ + *sing/pl vb (people working a shift)* Schicht *f*
⑤ *(type of dress)* Hänger *m*
shift·abil·ity [ˌʃɪftəˈbɪləti, AM -əṭi] *n no pl* FIN *(artificial liquidity)* Shiftability *f fachspr*
shifti·ly [ˈʃɪftɪli] *adv (evasively)* ausweichend; *(suspiciously)* verdächtig
shifti·ness [ˈʃɪftɪnəs] *n no pl* Unaufrichtigkeit *f,* Verschlagenheit *f; of person, character* Fragwürdigkeit *f*
shift·ing [ˈʃɪftɪŋ] *adj attr, inv* sich *akk* verändernd, veränderlich; **~ values** Wertewandel *m*
shift·ing cul·ti·ˈva·tion *n no pl* AGR Wanderfeldbau *m*
shift·ing ˈsands *npl* Treibsand *m kein pl*
ˈshift key *n of a typewriter* Umschalter *m,* Umschalthebel *m* SCHWEIZ; COMPUT Shifttaste *f,* Umschalttaste *f*
shift·less [ˈʃɪftləs] *adj (pej: idle)* träge; *(lacking purpose)* ziellos
ˈshift·work *n no pl* Schichtarbeit *f,* Schichtdienst *m*
ˈshift·work·er *n* Schichtarbeiter(in) *m(f)*
shifty [ˈʃɪfti] *adj* verschlagen, falsch, hinterhältig; **~ eyes** unsteter Blick; **to look ~** verdächtig aussehen
shifty-ˈeyed *adj* ■**to be ~** unstet [*o* rastlos] umherblicken; ***she avoided the ~ man*** sie vermied den Mann, der ständig seine Blicke umherschweifen ließ
ˈshifty-look·ing *adj* verdächtig aussehend *attr*
Shi·ism [ˈʃiːɪzəm] *n no pl* Schiismus *m*
Shi·ite [ˈʃiːaɪt] **I.** *n* Schiit(in) *m(f)*
II. *adj inv* schiitisch
shill¹ [ʃɪl] *n* AM *(fam)* Zugpferd *nt fig*
shill² [ʃɪl] *vt* AM *(fam)* ■**to ~ sth** etw anpreisen
shil·ling [ˈʃɪlɪŋ] *n (hist)* Schilling *m (alte britische Münze im Wert von 5 Pence)*
shilly-shal·ly <-ie-> [ˈʃɪliʃæli] *vi (pej fam)* unentschlossen sein, schwanken
shim·mer [ˈʃɪməʳ, AM -ɚ] **I.** *vi* schimmern; **~ing heat haze** flimmernde [*o* flirrende] Hitze
II. *n usu sing* Schimmer *m,* Schimmern *nt*
shim·mery [ˈʃɪməri] *adj inv* funkelnd
shim·my [ˈʃɪmi] **I.** *n* ① *(dance)* ■**the ~** der Shimmy; **to do the ~** den Shimmy tanzen
② *no pl* TECH Flattern *nt*
II. *vi* <-ie-> ① *(dance the shimmy)* den Shimmy tanzen; *(walk with sway) sich beim Gehen in den Hüften wiegen;* ***she shimmied through the door*** mit einem eleganten Hüftschwung ging sie durch die Tür
② TECH *(shake) wheel* flattern; *(vibrate) wheel* vibrieren
shin [ʃɪn] **I.** *n* ① *(of leg)* Schienbein *nt;* **to kick sb on the ~** jdm gegen das Schienbein treten
② *no pl (of meat)* Hachse *f,* Haxe *f* SCHWEIZ, Wadschinken *m* ÖSTERR
II. *vi* <-nn-> ■**to ~ down** [**sth**] [rasch] [etw] hinunterklettern; ■**to ~ up** [**sth**] [rasch] [auf etw *akk*] hinaufklettern
ˈshin bone *n* Schienbein *nt,* Schienbeinknochen *m*
shin·dig [ˈʃɪndɪg], **shin·dy** [ˈʃɪndi] *n (fam)* ① *(loud party)* [wilde] Party [*o fam* Fete]
② *(argument)* erregte Auseinandersetzung, Krach *m fam;* **to kick up a ~** lautstark protestieren, Krach schlagen *fam*
shine [ʃaɪn] **I.** *n no pl* Glanz *m*
▶ PHRASES: [**come**] **rain or ~** komme, was da wolle; **to take a ~ to sb** jdn ins Herz schließen
II. *vi* <shone *or* shined, shone *or* shined> ① *(give off light) moon, sun* scheinen; *stars* glänzen, leuchten; *gold, metal* glänzen; *light* leuchten, scheinen; ***the floodlights shining on the Parthenon*** das Flutlicht, das den Parthenon anstrahlt; ***the light shone in my eyes*** das Licht schien mir in die Augen; ***their bodies were shining with sweat*** ihre Körper glänzten vor Schweiß; ***he polished the brass till it shone*** er polierte das Messing, bis es glänzte
② *(fig: be gifted)* glänzen, brillieren; ***she ~s at science*** sie ist hervorragend in Naturwissenschaften
③ *(fig: show happiness)* ***her eyes shone with happiness*** ihre Augen strahlten vor Glück; *(be obvious)* ***her honesty and sincerity ~ out of her*** sie strahlt Ehrlichkeit und Aufrichtigkeit aus
III. *vt* <shone *or* shined, shone *or* shined>
① *(point light)* **to ~ a beam of light at sth/sb** etw/jdn anstrahlen; **to ~ a light down a well** in einen Brunnen hinunterleuchten; **to ~ a torch** [*or* AM **flashlight**] **into sth** in etw *akk* hineinleuchten; **to ~ a torch** [*or* AM **flashlight**] **on**[**to**] **sth/sb** etw/jdn mit einer Taschenlampe anstrahlen
② *(polish)* ■**to ~ sth** etw polieren; **to ~ shoes** Schuhe polieren
◆ **shine down** *vi* herabscheinen
◆ **shine out** *vi* ① *(be easily seen)* [auf]leuchten
② *(fig: excel, stand out)* herausragen
◆ **shine through** *vi* gut sichtbar sein, auffallen; ■**to ~ through sth** durch etw *akk* [hin]durchscheinen
shin·er [ˈʃaɪnəʳ, AM -ɚ] *n (fam)* blaues Auge, Veilchen *nt fam*
shin·gle [ˈʃɪŋgl] *n* ① *no pl (pebbles)* Kies *m;* **~ beach** Kiesstrand *m*
② *(tile)* Schindel *f*
shin·gle ˈroof *n* Schindeldach *nt*
shin·gles [ˈʃɪŋglz] *npl* + *sing vb* MED Gürtelrose *f,* Zoster *m fachspr*
shin·gly [ˈʃɪŋgli] *adj* kiesig, Kies-; **~ beach** Kiesstrand *m*
shini·ness [ˈʃaɪnɪnəs] *n no pl* Glanz *m,* Glänzen *nt*

S

shin·ing [ˈʃaɪnɪŋ] *adj* ① *(gleaming)* glänzend
② *(with happiness)* strahlend; ~ **eyes** strahlende Augen
③ *(outstanding)* hervorragend; ~ **example** leuchtendes [*o* glänzendes] Beispiel
▶PHRASES: **a knight in ~ armour** ein edler Ritter

shin·ny <-ie-> [ˈʃɪni] *vi* AM, AUS *(shin)* klettern; ■**to ~ up/down sth** etw hinauf-/hinunterklettern

ˈshin splints *npl + sing/pl vb Entzündung der Schienbein- und Zehenstreckmuskeln*

Shin·to [ˈʃɪntəʊ, AM -toʊ], **Shin·to·ism** [ˈʃɪntəʊɪzᵊm, AM -toʊ-] *n no pl* Schintoismus *m*

shin·ty [ˈʃɪnti] *n* SPORT *Variante des Hockeyspiels*

shiny [ˈʃaɪni] *adj* glänzend; *(very clean) surface, metal* [spiegel]blank; ~ **bright** hell leuchtend *attr*, hell glänzend *attr*; **a ~ bright silver dollar** ein blanker Silberdollar; ■**to be ~** glänzen

ship [ʃɪp] **I.** *n* Schiff *nt;* **~'s papers** Schiffspapiere *pl;* **passenger ~** Passagierschiff *nt;* **merchant ~** Handelsschiff *nt;* **naval ~** Schiff *nt* der Marine; **sailing ~** Segelschiff *nt;* **to board a ~** an Bord eines Schiffes gehen; **to jump ~** ohne Erlaubnis abheuern; ■**by ~** mit dem Schiff; *(goods)* per Schiff
▶PHRASES: **when my ~ comes in** wenn ich das große Los ziehe
II. *vt* <-pp-> ■**to ~ sth** ① *(send by boat)* etw verschiffen, etw per Schiff versenden; **to ~ freight** [*or* **merchandise**] Frachtgut [*o* Waren] verschiffen
② *(transport)* etw transportieren [*o* befördern]
◆**ship in** *vt* ■**to ~ in** ○ **sth** etw einschiffen, etw per Schiff einführen
◆**ship off** *vt* ① *(send by ship)* ■**to ~ off** ○ **sb/sth** jdn/etw verschiffen; **to ~ off goods** Waren per Schiff verschicken
② *(fam: send away)* ■**to ~ off** ○ **sb** jdn wegschicken; ***the children had already been ~ped off to stay with their grandparents*** die Kinder hatte man bereits zu den Großeltern geschickt
◆**ship out I.** *vt* ■**to ~ out** ○ **sth** etw per Schiff senden [*o* schicken]
II. *vi (fam)* sich *akk* verziehen *fam*

ˈship·board *adj attr, inv* Bord-; ~ **activities** Veranstaltungen *pl* an Bord [eines Schiffes]; **a ~ romance** eine Liebesaffäre während einer Schiffsreise **ˈship·build·er** *n* ① *(person)* Schiff[s]bauer(in) *m(f)* ② *(business)* Schiff[s]baufirma *f*, Werft *f* **ˈship·build·ing** *n no pl* Schiffbau *m* **ˈship ca·nal** *n* Schifffahrtskanal *m* **ˈship chan·dler** *n* ① *(person)* Schiffsausrüster(in) *m(f)* ② *(business)* Schiffsausrüster *m* **ˈship·lift** *n* Schiffshebewerk *nt* **ˈship·load** *n* Schiffsladung *f* **ˈship·mate** *n* Schiffskamerad(in) *m(f)*

ship·ment [ˈʃɪpmənt] *n* ① *(consignment)* Sendung *f*, Ladung *f*, Verschiffung *f*
② *no pl (dispatching)* Transport *m*, Versand *m;* ~ **journal** COMM Lieferjournal *nt;* ~ **number** COMM Liefernummer *f*

ˈship·own·er *n* ① *(inland navigation)* Schiffseigner(in) *m(f)*
② *(ocean navigation)* Reeder(in) *m(f)*

ship·per [ˈʃɪpəʳ, AM -ɚ] *n* ① *(person)* Spediteur(in) *m(f)*, Befrachter(in) *m(f)*
② *(business)* Spediteur *m;* **wine ~** Weinlieferant *m*

ship·ping [ˈʃɪpɪŋ] *n no pl* ① *(ships)* Schiffe *pl* [eines Landes]; ***this stretch of water is heavily used by ~*** dies ist eine stark befahrene Wasserstraße; **weather forecast for ~** Seewetterbericht *m*
② *(transportation of goods)* Versand *m*, Transport *m; (by ship)* Verschiffung *f*

ˈship·ping agen·cy *n* Schiffsagentur *f; (courier)* Zustelldienst *m*, Kurierdienst *m; (for packages also)* Paketdienst *m* **ˈship·ping agent** *n* ① *(courier)* Zustelldienst *m*, Kurierdienst *m* ② *(shipper)* Schiffsagent(in) *m(f); (company also)* Seehafenspediteur *m* **ship·ping and ˈhan·dling** *n no pl* Porto *nt* und Versand *m* **ˈship·ping clerk** *n* Expedient(in) *m(f)* **ˈship·ping com·pa·ny** *n* Reederei *f* **ˈship·ping date** *n* COMM Lieferdatum *nt* **ˈship·ping de·part·ment** *n* Versandabteilung *f* **ˈship·ping ex·penses** *npl* Versandkosten *pl* **ˈship·ping lane** *n* Schifffahrtsweg *m* **ˈship·ping line** *n* Schifffahrtslinie *f* **ˈship·ping mas·ter** *n* Seeamtsleiter(in) *m(f); (shipping agent)* Schiffsmakler(in) *m(f)*
ˈship·ping note *n* COMM Ladeschein *m*
ˈship·ping of·fice *n* ① *(of shipping master)* Seemannsamt *nt*, [staatlich überwachtes] Heuerbüro *nt* ② *(of shipping agent)* Schiffsmaklerbüro *nt*, Schiffsagentur *f*
③ *(courier)* Kurierdienst *m; (for packages also)* Paketdienst *m*
ˈship·ping pa·pers *npl* COMM Transportpapiere *pl*
ˈship·ping ter·mi·nal *n* Einschiffungshafen *m*

ship's ˈbis·cuit *n no pl esp* BRIT Schiffszwieback *m* **ship's ˈcap·tain** *n* Schiffskapitän(in) *m(f)* **ship's ˈchan·dler** *n* ① *(person)* Schiffsausrüster(in) *m(f)* ② *(business)* Schiffsausrüster *m* **ship's ˈchap·lain** *n* Schiffsgeistliche(r) *m* **ship's ˈcrew** *n + sing/pl vb* Schiffsmannschaft *f*, Schiffsbesatzung *f*, Crew *f*

ˈship·shape *adj pred (fam)* aufgeräumt; **to get sth ~** etw aufräumen
▶PHRASES: **~ and Bristol fashion!** BRIT *(dated)* in tadellosem Zustand, tadellos!

ship's ˈlog *n* Logbuch *nt*, Schiffstagebuch *nt;* **to write up the ~** das Logbuch führen

ship-to-ˈshore *adj inv* ~ **attack** Beschießung *f* der Küste von See aus; ~ **radio** Seefunk *m* **ˈship·way** *n* NAUT Stapel *m*, Helling *f* **ˈship·wreck I.** *n* ① *(accident)* Schiffbruch *m;* ***the danger of ~ is much greater in fog*** die Gefahr, Schiffbruch zu erleiden, ist bei Nebel weitaus größer ② *(remains)* [Schiffs]wrack *nt* **II.** *vt usu passive* ■**to be ~ed** ① NAUT Schiffbruch erleiden ② *(fig: fail)* Schiffbruch erleiden, scheitern **ˈship·wrecked** *adj inv* schiffbrüchig; **a ~ sailor** ein schiffbrüchiger Seemann **ship·wright** [ˈʃɪpraɪt] *n* Schiffszimmermann **ˈship·yard** *n* [Schiffs]werft *f*

shire [ˈʃaɪəʳ] *n* BRIT *(hist)* Grafschaft *f*

shire ˈcoun·ty *n* BRIT ländliche Grafschaft **ˈshire horse** *n* Shire[horse] *nt (schweres englisches Zugpferd)*

shirk [ʃɜːk, AM ʃɜːrk] *(pej)* **I.** *vt* ■**to ~ sth** etw meiden; **to ~ one's responsibilities** sich *akk* seiner Verantwortung entziehen
II. *vi* ■**to ~ from sth** etw meiden, sich *akk* etw *dat* entziehen

shirk·er [ˈʃɜːkəʳ, AM ˈʃɜːrkɚ] *n (pej)* Drückeberger(in) *m(f) fam;* ***she is no ~ of a tough decision*** sie scheut vor unangenehmen Entscheidungen nicht zurück

shirt [ʃɜːt, AM ʃɜːrt] *n (with buttons)* Hemd *nt;* **silk ~** Seidenhemd *nt;* **short-/long-sleeved ~** kurzärmeliges/langärmeliges Hemd
▶PHRASES: **to give sb the ~ off one's back** sein letztes Hemd für jdn hergeben *fam;* **to have the ~ off sb's back** jdm das Hemd über den Kopf ziehen *fam*, jdm das letzte Hemd ausziehen ÖSTERR *fam;* **keep your ~ on!** *(stay calm)* reg dich ab!; *(have patience)* einen Moment bitte!; **to lose one's ~** sein ganzes Geld verlieren; **to put one's ~ on sth** BRIT sich *dat* einer S. *gen* sicher sein, auf etw *akk* wetten *fam*

ˈshirt col·lar *n* Hemdkragen *m* **ˈshirt dress** [ˈʃɜːtˌdres, AM ˈʃɜːrt-] *n* Hemdkleid *nt* **ˈshirt front** *n* Hemdbrust *f*

shirt·ing [ˈʃɜːtɪŋ, AM ˈʃɜːrt̬-] *n no pl* Hemdenstoff *m*

shirt ˈpock·et *n* Hemdtasche *f* **ˈshirt·sleeve** *n usu pl* Hemdsärmel *m;* **to be in ~s** in Hemdsärmeln [*o* SCHWEIZ hemdsärmlig] sein ▶PHRASES: **to roll up one's ~s** die Ärmel hochkrempeln *fam* **ˈshirt·sleeved** *adj inv* in Hemdsärmeln *nach n* **ˈshirt tail** *n usu pl* Hemd[en]schoß *m* **ˈshirt·waist** *n esp* AM Hemdbluse *f* **ˈshirt·waist·er** *n* Hemdblusenkleid *nt*

shirty [ˈʃɜːti] *adj* BRIT, AUS *(pej fam)* verärgert, sauer *sl*, ÖSTERR *a.* angefressen *fam;* ***don't get ~ with me!*** sei nicht so griesgrämig! *fam*

shish ke·bab [ˈʃiːʃkɪˌbæb, AM ˈʃɪʃkəˌbɑːb] *n* Schaschlik *nt*

shit [ʃɪt] *(fam!)* **I.** *n* ① *no pl (faeces)* Scheiße *f derb*, Kacke *f derb;* **dog ~** Hundescheiße *f derb*, Hundekacke *f derb;* **to have** [*or* AM **take**] **a ~** scheißen *derb*
② *(diarrhoea)* ■**the ~s** *pl* Dünnschiss *m kein pl derb*, Dünnpfiff *m kein pl* SCHWEIZ *fam*, Durchfall *m kein pl*
③ *no pl (nonsense)* Scheiße *m derb*, Quatsch *m fam;* **a load of ~** ein einziger Mist *derb*, ein Haufen *m* Scheiße *derb*
④ *no pl (flak)* Anschiss *m sl;* ***Nicky gets a lot of ~ from his parents*** Nicky muss sich von seinen Eltern ganz schön was anhören *fam*
⑤ *no pl (unfairness)* Ungerechtigkeit *f;* ***Jackie doesn't take any ~ from anyone*** Jackie lässt sich von niemandem was gefallen *fam*
⑥ *no pl* AM *(anything)* ***he doesn't know ~ about what's going on*** er hat keinen blassen Schimmer, was los ist *fam*
⑦ *no pl esp* AM *(things)* Zeug *nt kein pl fam;* ***quit doing that ~*** hör auf, so einen Quatsch zu machen *fam*
⑧ *(pej!: contemptible person)* Scheißkerl *m derb*, Arschloch *nt derb;* **little ~** kleines Arschloch
⑨ *no pl (cannabis)* Haschisch *nt*
▶PHRASES: **to beat** [*or* **kick**] [*or* **knock**] **the ~ out of sb** jdn zu Hackfleisch machen *derb*, jdm die Eier polieren *derb;* **big ~!** scheißegal! *derb;* **to be up ~[s] creek [without a paddle]** [tief] in der Scheiße stecken *derb;* **eat ~!** AM leck mich am Arsch! *derb;* **go eat ~!** verpiss dich! *derb;* **[the] ~ flies** [*or* **hits the fan**] es gibt Ärger; ***if Dad finds out how much money you've spent, the ~ will really hit the fan*** wenn Papa rausfindet, wie viel Geld du ausgegeben hast, dann kannst du dich auf was gefasst machen *fam;* **to frighten** [*or* **scare**] **the ~ out of sb** jdn zu Tode erschrecken; **to get one's ~ together** *esp* AM *(fam!)* besser werden, sich *akk* zusammenreißen; **to give sb the ~s** AUS jdn ärgern; **to not give a ~ about sth/sb** sich *akk* einen Dreck um etw/jdn scheren *derb;* ***I couldn't give a ~ [about] what happens to her now*** es ist mir scheißegal, was jetzt mit ihr passiert *derb;* **to have ~ for brains** nur Stroh im Kopf haben *fam;* **to have one's ~ together** *esp* AM *(approv)* etw zustande bringen; **no ~!** tatsächlich? *a. iron;* **to shoot the ~** AM plaudern
II. *interj* Scheiße *derb*
III. *vi* <-tt-, shit *or* shitted *or* BRIT *also* shat, shit *or* shitted *or* BRIT *also* shat> scheißen *derb;* **to need to ~** dringend müssen *fam;* ■**to ~ on sb** *esp* AM *(fig sl)* jdn wie Dreck behandeln *fam*
IV. *vt* <-tt-, shit *or* shitted *or* BRIT *also* shat, shit *or* shitted *or* BRIT *also* shat> ① *esp* AM *(scare)* **to ~ bricks** [*or* **a brick**] zu Tode erschrocken sein, sich *dat* vor Angst in die Hosen machen *fam;* ■**to ~ oneself** sich *dat* in die Hosen machen *fam*
② *(vulg sl: bullshit)* ■**to ~ sb** jdn verarschen *derb*
V. *adv* **to be ~ out of luck** *(fam!)* ein Scheißpech haben *derb*

ˈshit·bag *n (pej! sl)* Scheißkerl *m derb*

shite [ʃaɪt] BRIT **I.** *n* ① *no pl (fam!: shit)* Scheiße *f derb*, Kacke *f derb*
② *no pl (fam!: rubbish)* Scheiße *f derb;* **a pile of ~** ein Haufen *m* Scheiße *derb*
③ *(pej! fam!: person)* Scheißkerl *m derb*, Arschloch *nt derb*
II. *interj (fam!)* Scheiße *derb*

shit-eat·ing ˈgrin *n* AM *(fam!)* überhebliches [*o* arrogantes] Lächeln; **to have** [*or* **wear**] **a ~** überheblich lächeln **ˈshit·face** *n (pej! fam!)* Arschloch *nt derb*, Scheißkerl *m derb* **ˈshit-faced** *adj (fam!)* stockbesoffen *fam* **ˈshit·head** *n (pej! fam!)* Scheißkerl *m pej derb*, Mistkerl *m pej derb* **ˈshit·hole** *n (pej! fam!)* Loch *nt fam*, Bruchbude *f sl* **ˈshit·house** *n (fam!)* ① *(outhouse)* Scheißhaus *nt derb* ② *(pej: disgusting place)* Loch *nt fam*, Bruchbude *f sl;* ***those unofficial casinos are complete ~s*** diese inoffiziellen Casinos sind die letzten Bruchbuden *fam* ▶PHRASES: **to be in the ~** in der Scheiße stecken *derb* **ˈshit·kick·ers** *npl* Springerstiefel *pl*

shit·less [ˈʃɪtləs] *adj inv* ▶PHRASES: **to be bored ~** *(fam!)* sich *akk* sträflich [*o* zu Tode] langweilen

ˈshit·list *n* AM *(pej! fam!)* schwarze Liste *fam;* ***he's on my ~*** bei mir ist er unten durch **ˈshit·load** *n no pl (fam!)* Haufen *m fam;* **to be in a ~ of trouble**

jede Menge [*o* einen Haufen] Ärger haben *fam* **'shit stir·rer** *n* BRIT *(fam!)* Denunziant(in) *m(f)* **'shit stir·ring** *n no pl* BRIT *(fam!)* Denunzierung *f,* SCHWEIZ *a.* Denunziation *f*

shit·ty ['ʃɪti, AM -t̬-] *adj (fam!)* ① *(nasty)* beschissen *derb*
② *(ill)* beschissen *derb;* **to feel ~** sich *akk* beschissen fühlen

shiv·er ['ʃɪvəʳ, AM -ɚ] **I.** *n* ① *(shudder)* Schauder *m,* Schauer *m; **a ~ went up and down my spine*** mir lief es kalt den Rücken hinunter; ***a ~ ran through the leaves*** die Blätter erzitterten; **to feel a ~** erschaudern
② MED ▪**the ~s** *pl* Schüttelfrost *m kein pl;* **to give sb the ~s** *(fig fam)* jdn das Fürchten lehren
II. *vi* zittern; **to ~ with cold** frösteln; ***he ~ed with cold in his thin cotton shirt*** ihn fröstelte in seinem dünnen Baumwollhemd; **to ~ like a leaf** [*or* **jelly**] wie Espenlaub zittern

shiv·ery ['ʃɪvᵊri, AM -ɚi] *adj* fröstelnd; **to be/feel ~** frösteln

shi·voo [ʃɪ'vuː] *n* AUS *(fam)* Party *f,* Fete *f fam*

shlep <-pp-> *vt, vi* AM *(fam) see* **schlep(p)**

shlub [ʃlʌb] *n (fam)* Trottel *m fam*

shoal¹ [ʃəʊl, AM ʃoʊl] *n* ① *(of fish)* Schwarm *m;* ▪**in ~s** in Schwärmen
② *(many)* ▪**~s of ...** *pl* Massen von [*o* Unmengen] ...; ▪**in ~s** in Scharen, massenweise

shoal² [ʃəʊl, AM ʃoʊl] **I.** *n* ① *(area of shallow water)* seichte Stelle
② *(sand bank)* Sandbank *f*
II. *vi water* flacher werden

sho·chu ['ʃəʊtʃuː] *n no pl* Shochu, m *(japanisches destilliertes alkoholisches Getränk)*

shock¹ [ʃɒk, AM ʃɑːk] **I.** *n* ① *(unpleasant surprise)* Schock *m; **be prepared for a ~*** mach dich auf etwas Schlimmes gefasst; ***she slowly recovered from the ~ of losing her husband*** sie erholte sich nur langsam von dem Schock, den der Verlust ihres Mannes für sie bedeutete; ***it was a ~ to see her look so ill*** es war erschreckend, sie so krank zu sehen; ***this gave me a ~*** das hat mir einen Schock versetzt; **the ~ of one's life** der Schock seines Lebens; **to give sb the ~ of their life** jdn zu Tode erschrecken; **look of ~** entsetzter Blick; **a ~ to the system** eine schwierige Umstellung; **to come as a ~** ein Schock [*o* schwerer Schlag] sein; **to get a ~** einen Schock bekommen
② *(fam: electric shock)* Elektroschock *m,* elektrischer Schlag
③ *no pl (serious health condition)* Schock[zustand] *m; **the survivors were taken to hospital suffering from ~*** die Überlebenden wurden mit einem Schock ins Krankenhaus eingeliefert; **in [a state of] ~** in einem Schockzustand; **to be in [a state of] ~** unter Schock stehen
④ *no pl (impact)* Aufprall *m,* Stoß *m*
⑤ *usu pl (fam: shock absorber)* Stoßdämpfer *m*
▸PHRASES: **~, horror!** *(iron)* oh Schreck, oh Graus! *hum*
II. *vt* ▪**to ~ sb** jdn schockieren; ***it ~s him to hear women talking about sex*** es schockiert ihn, Frauen über Sex reden zu hören; **to ~ sb deeply** [*or* **profoundly**] jdn zutiefst erschüttern
III. *vi* schockieren; *(deeply)* erschüttern; ***the play is intended to ~*** das Stück soll schockieren [*o* provozieren]
IV. *adj attr, inv esp* BRIT, AUS *(surprising)* überraschend, unerwartet; **~ defeat** völlig unerwartete Niederlage; *(frightening)* erschreckend; ***another ~ fall in the value of the euro*** wieder ein erschreckender Kursverlust des Euro

shock² [ʃɒk, AM ʃɑːk] *n* **~ of hair** [Haar]schopf *m*

shock·able ['ʃɒkəbḷ, AM 'ʃɑːk-] *adj (fam)* ▪**to be ~** leicht zu schockieren [*o* erschüttern] sein; **to be easily ~** leicht aus der Fassung zu bringen sein

'shock ab·sorb·er *n* AUTO Stoßdämpfer *m*

shocked [ʃɒkt, AM ʃɑːkt] *adj* schockiert, entsetzt; ***we were ~ to see smoke pouring out of a hole in our roof*** wir waren entsetzt, als wir sahen, wie Rauch aus einem Loch in unserem Dach drang; **a ~ silence** erschrockenes Schweigen

shock·er ['ʃɒkəʳ, AM 'ʃɑːkɚ] *n (fam)* ① *(shocking thing)* Schocker *m fam; **the Sun's headline was a deliberate ~*** die Schlagzeile der Sun sollte schockieren
② *(very bad thing)* Katastrophe *f; **the match was a ~*** das Match war katastrophal [*o* schrecklich]
③ *(crazy person)* abgedrehter Typ *sl;* **to be a ~** die Leute schockieren *fam*

'shock-head·ed *adj inv* strubbelig; ▪**to be ~** strubbelige Haare [*o* einen Strubbelkopf] haben

shock·ing ['ʃɒkɪŋ, AM 'ʃɑːk-] *adj* ① *(distressing)* schockierend; **~ accident** entsetzlicher Unfall; **~ news** schockierende Nachricht
② *esp* AM *(surprising)* völlig überraschend
③ *(offensive)* schockierend; **~ affront** unerhörte Beleidigung; **~ crime** abscheuliches Verbrechen; **~ scene** anstößige Szene
④ *esp* BRIT *(fam: appallingly bad)* schrecklich, furchtbar; ***my memory is ~*** ich habe ein furchtbar schlechtes Gedächtnis; ***what ~ weather!*** was für ein scheußliches Wetter!; **to be in a ~ state** in sehr schlechter Verfassung sein

shock·ing·ly ['ʃɒkɪŋli, AM 'ʃɑːk-] *adv* ① *(distressingly)* erschreckend; ***the animals had been ~ mistreated*** die Tiere waren schrecklich misshandelt worden; ***stories of battered children are ~ familiar*** Geschichten über misshandelte Kinder sind uns leider nur allzu vertraut; **~ realistic** erschreckend realistisch
② *(extremely)* extrem; ***they charge ~ high prices*** sie verlangen unverschämt hohe Preise; **~ bad** furchtbar schlecht

shock·ing 'pink I. *n no pl* Knallpink *nt*
II. *adj inv* knallpink

'shock·proof *adj inv* ① *(undamageable)* bruchsicher, stoßsicher; **~ watch** stoßfeste Uhr
② *(not producing electric shock)* berührungssicher

'shock tac·tics *n + sing vb* Stoßtaktik *f*

'shock thera·py, 'shock treat·ment *n* Schocktherapie *f,* Schockbehandlung *f*

'shock troops *npl* Stoßtruppen *pl*

'shock wave *n* ① PHYS Druckwelle *f*
② *(fig)* Welle *f* der Erschütterung; ***the news sent ~s through the financial world*** die Nachricht erschütterte die Finanzwelt

shod [ʃɒd, AM ʃɑːd] **I.** *pt, pp of* **shoe**
II. *adj inv* beschuht; **~ in boots** in Stiefeln; ***he went riding, ~ in leather boots*** er ritt in Lederstiefeln aus; **to be well-/poorly ~** gute/schlechte Schuhe tragen

shod·di·ly ['ʃɒdɪli, AM 'ʃɑːd-] *adv (pej)* ① *(slipshod)* schlampig *fam;* **to be ~ made** schlecht gemacht sein *fam*
② *(inconsiderately)* schäbig; **to treat sb ~** jdn schäbig behandeln

shod·di·ness ['ʃɒdɪnəs, AM 'ʃɑːd-] *n no pl (pej)* ① *(bad quality)* schlechte Qualität; *of goods* Minderwertigkeit *f*
② *(lack of respect)* Schäbigkeit *f*

shod·dy ['ʃɒdi, AM 'ʃɑːdi] *adj (pej)* ① *(poorly produced)* schlecht [*o fam* schlampig] [gearbeitet]; **~ goods** schlechte [*o* minderwertige] Ware; **~ little house** schäbiges Häuschen; **~ workmanship** schlechte Verarbeitung
② *(inconsiderate)* schäbig, schofelig BRD *fam*

shoe [ʃuː] **I.** *n* ① *(for foot)* Schuh *m;* **a pair of ~s** ein Paar *nt* Schuhe; **flat ~s** flache Schuhe; **high-heeled ~s** Schuhe *pl* mit hohen Absätzen; **training ~s** Turnschuhe *pl;* **to do** [*or* **lace**] **up** [*or* AM *also* **tie**] **one's ~s** die Schuhe zubinden; **to put on/take off one's ~s** seine Schuhe anziehen/ausziehen; **to repair ~s** Schuhe reparieren
② *(horseshoe)* Hufeisen *nt*
③ TRANSP [**brake**] **~** [Brems]backe *f*
▸PHRASES: **it's dead men's ~s** *jd muss auf den Tod eines Menschen warten, um an eine Position oder an Besitztümer zu kommen;* **to fill** [*or* **step into**] **sb's ~s** in jds Fußstapfen treten; **if I were in your ~s** *(fam)* wenn ich du wäre, an deiner Stelle; ***if I were in your ~s, I'd write to her*** an deiner Stelle würde ich ihr schreiben; **I wouldn't like to be in your/her ~s** ich möchte nicht in deiner/ihrer Haut stecken; **to put oneself in sb's ~s** sich *akk* in jds Lage versetzen; **to shake** [*or* **quake**] **in one's ~s** vor Angst schlottern
II. *vt* <shod *or* AM *also* shoed, shod *or* AM *also* shoed> **to ~ a horse** ein Pferd beschlagen

'shoe·black *n esp* BRIT Schuhputzer(in) *m(f)* **'shoe·box** *n* Schuhkarton *m* **'shoe·brush** *n* Schuhbürste *f* **'shoe·horn I.** *n* Schuhlöffel *m* **II.** *vt usu passive* ▪**to ~ sb/sth into sth** jdn/etw in etw *akk* hineinzwängen [*o* hineinquetschen] **'shoe·lace** *n usu pl* Schnürsenkel *m,* Schuhband *nt* SÜDD, ÖSTERR, Schuhbändel *nt* SCHWEIZ; **to tie** [*or* **do up**] **one's ~s** sich *dat* die Schuhe zubinden

shoe·less ['ʃuːləs] *adj inv* unbeschuht

'shoe·mak·er *n* Schuster(in) *m(f),* Schuhmacher(in) *m(f)* **'shoe pol·ish** *n no pl* Schuhcreme *f* **shoe-re·'pair shop** *n* Schusterwerkstatt *f* **'shoe·shine** *n esp* AM Schuhputzen *nt kein pl;* **to have a ~** sich *dat* die Schuhe putzen lassen **'shoe·shine boy** *n esp* AM Schuhputzer *m* **'shoe shop, 'shoe store** *n* Schuhgeschäft *nt,* Schuhladen *m* SCHWEIZ **'shoe size** *n* Schuhgröße *f*

'shoe·string *n usu pl* AM Schnürsenkel *m,* Schuhband *nt* SÜDD, ÖSTERR, Schuhbändel *nt* SCHWEIZ
▸PHRASES: **to do sth on a ~** *(fam)* etw mit wenig Geld machen; **to start on a ~** klein anfangen **shoe·string 'budg·et** *n* **to be on a ~** mit wenig Geld auskommen müssen; **to do sth on a ~** etw mit wenig Geld machen **shoe·string 'com·pa·ny** *n* finanzschwache Firma **shoe·string po·'ta·toes** *npl* frittierte Kartoffeln [*o* ÖSTERR Erdäpfel]

'shoe tree *n* Schuhspanner *m*

shone [ʃɒn, AM ʃoʊn] *pt, pp of* **shine**

shonky ['ʃɒŋki] *adj* AUS *(fam)* minderwertig

shoo [ʃuː] *(fam)* **I.** *interj (to child)* husch [husch]
II. *vt* ▪**to ~ sb/sth** jdn/etw wegscheuchen [*o* verscheuchen]; ***she ~ed the cat out of the kitchen*** sie verscheuchte die Katze aus der Küche
◆**shoo away** *vt* ▪**to ~ away** ↻ **sb/sth** jdn/etw wegscheuchen [*o* verscheuchen]

shoo-in ['ʃuːɪn] *n* AM *(fam)* ① *(sure win)* sicherer Sieg; ***the elections should be a ~ for the Republicans*** der Wahlsieg der Republikaner ist so gut wie sicher
② *(person) jd, der sicher gewinnt*
③ *(obvious choice)* Favorit(in) *m(f) (ein als sicher geltender Kandidat/eine als sicher geltende Kandidatin)*

shook [ʃʊk] *n pt of* **shake**

shoot [ʃuːt] **I.** *n* ① *(on plant)* Trieb *m;* **tender/young ~** zarter/junger Trieb; **green ~s** *(fig)* erste [hoffnungsvolle] Anzeichen
② *(hunt)* Jagd *f;* BRIT *(land used for shooting game)* Jagdrevier *nt;* **to go on a ~** auf die Jagd gehen
③ PHOT Aufnahmen *pl;* **to do a ~** Aufnahmen machen
II. *interj (euph: shit)* Scheibenkleister! *fam*
III. *vi* <shot, shot> ① *(discharge weapon)* schießen; ***don't move or I'll ~*** nicht bewegen oder ich schieße; **to ~ to kill** mit Tötungsabsicht schießen; **to ~ on sight** auf Sicht schießen; ▪**to ~ at sth/sb** auf etw/jdn schießen
② SPORT schießen
③ *+ adv, prep (move rapidly)* ***the car shot along the street*** das Auto jagte die Straße entlang; **to ~ to fame** über Nacht berühmt werden; **to ~ forwards** nach vorne preschen; ▪**to ~ past** [*or* **by**] *car* vorbeischießen; ▪**to ~ past sth/sb** an etw/jdm vorbeischießen
④ *(film)* filmen, drehen; *(take photos)* fotografieren; **to ~ on location** am Schauplatz drehen
⑤ AM *(aim)* ▪**to ~ for** [*or* **at**] **sth** nach etw *dat* streben, etw anstreben
⑥ *(say it)* **~!** schieß/schießen Sie los! *fam*
▸PHRASES: **to ~ from the hip** kein Blatt vor den Mund nehmen; **to ~ for the moon** AM nach den Sternen greifen
IV. *vt* <shot, shot> ① *(fire)* ▪**to ~ sth** *bow, gun* mit etw *dat* schießen; *arrow* etw abschießen; **to ~ a**

S

bullet eine Kugel abfeuern
② *(hit)* ▪**to ~ sb/an animal** jdn/ein Tier anschießen; **to ~ sb/an animal** [**dead**] jdn/ein Tier erschießen; ***you should be shot for that*** *(fam)* dafür gehörst du erschossen! *fam;* **to be shot in the head/leg** am Kopf/ins Bein getroffen werden
③ PHOT **to ~ a film** einen Film drehen; **to ~ a picture** ein Foto machen; ***these scenes were shot in the studio*** diese Aufnahmen wurden im Studio gemacht
④ *(direct)* **to ~ a glance at sb** einen schnellen Blick auf jdn werfen; **to ~ questions at sb** jdn mit Fragen bombardieren
⑤ *(pass quickly over)* ▪**to ~ sth:** ***he shot three sets of traffic lights*** er raste über drei Ampelanlagen hinweg; **to ~** [**the**] **rapids** [mit einem Boot] Stromschnellen befahren
⑥ *(score)* **to ~ a goal** ein Tor schießen
⑦ *esp* AM *(fam: play)* **to ~ baskets** Basketball spielen; **to ~ pool/craps** Poolbillard/Craps spielen *(eine Art Würfelspiel)*
⑧ *(sl: inject illegally)* **to ~ heroin** sich *dat* Heroin spritzen
▸PHRASES: **to ~ one's** __**bolt**__ sein Pulver verschießen; **to ~ the** __**breeze**__ [*or* **the** __**shit**__] AM *(fam!)* einfach daherreden *fam;* **to ~** __**darts**__ **at sb** AM *(fam)* jdm böse Blicke zuwerfen; **to ~ a** __**line**__ **to sb** vor jdm prahlen; **to ~ one's** __**load**__ [*or* AM __**wad**__] *(pej! vulg)* ejakulieren; **to ~ the** __**works**__ AM *(fam)* aufs Ganze gehen
◆**shoot back** *vi* zurückschießen [*o* -feuern] *fig*
◆**shoot down** *vt* ① *(kill)* ▪**to ~ down** ↔ **sb** jdn erschießen
② AVIAT, MIL ▪**to ~ down** ↔ **sb/sth** jdn/etw abschießen
③ *(fam: refute)* ▪**to ~ down** ↔ **sb/sth** jdn/etw niedermachen *fam;* ***Jane was able to ~ their argument down in flames*** Jane konnte ihre Argumente in der Luft zerreißen *fam*
◆**shoot off I.** *vt usu passive* **to ~ off an arm/a leg** einen Arm/ein Bein wegschießen; **to ~ a hat off** einen Hut herunterschießen
▸PHRASES: **to ~ one's** __**mouth**__ **off** *(sl)* sich *dat* das Maul zerreißen *derb*
II. *vi vehicle* schnell losfahren; *people* eilig aufbrechen
◆**shoot out I.** *vi* ① *(emerge suddenly)* ▪**to ~ out** [**of sth**] plötzlich [aus etw *dat*] herauskommen [*o* hervorschießen]
② *(gush forth)* ▪**to ~ out** [**of sth**] *water* [aus etw *dat*] herausschießen; *flames* [aus etw *dat*] hervorbrechen
II. *vt* ① *(extend)* ▪**to ~ out** ↔ **sth:** ***he shot out a hand to catch the cup*** er streckte blitzschnell die Hand aus, um die Tasse aufzufangen; ***the chameleon shot out its tongue*** das Chamäleon ließ seine Zunge hervorschnellen
② *(have gunfight)* ▪**to ~ it out** etw [mit Schusswaffen] ausfechten
③ *(cause to move suddenly)* ▪**to ~ out** ↔ **sb:** ***they were shot out of the car*** sie wurden aus dem Auto geschleudert
◆**shoot up I.** *vi* ① *(increase rapidly)* schnell ansteigen, emporschnellen; *skyscraper* in die Höhe schießen
② *(fam: grow rapidly) child* schnell wachsen
③ *(sl: inject narcotics)* [sich *akk*] spritzen, sich *dat* Rauschgift spritzen, sich *dat* einen Schuss verpassen *sl,* drücken *sl,* fixen *sl*
II. *vt* ▪**to ~ up** ↔ **sth** ① *(pepper with shots)* **to ~ up a town** in einer Stadt wild herumschießen
② *(inject illegally)* sich *dat* etw spritzen; **to ~ up heroin** drücken *sl,* fixen *sl*
shoot·er [ˈʃuːtəʳ, AM -t̬ɚ] *n* ① BRIT *(fam: gun)* Schießeisen *nt fam*
② SPORT *(in netball)* [Tor]schütze, -schützin *m, f; (in basketball)* Korbschütze, -schützin *m, f*
③ AM *(shot of liquor) ein Gläschen Alkohol, das in einem Zug leer getrunken wird*
shoot·ing [ˈʃuːtɪŋ, AM -t̬-] **I.** *n* ① *(attack with gun)* Schießerei *f;* ***there have been a number of ~s*** es gab einige Schießereien; *(from more than one side)* Schusswechsel *m; (killing, execution)* Erschießung *f*
② *no pl (firing guns)* Schießen *nt*
③ *no pl (sport)* Jagen *nt;* **grouse ~** Moorhuhnjagd *f,* Jagd *f* auf Moorhühner; **to go ~** auf die Jagd gehen
④ *no pl* FILM Drehen *nt,* Shooting *nt fachspr;* ***we lost a whole day's ~*** wir haben einen ganzen Drehtag verloren
II. *adj attr, inv* **~ pain** stechender Schmerz
ˈshoot·ing box *n* Jagdhütte *f*
ˈshoot·ing gal·lery *n* ① *(for target practice)* Schießstand *m*
② *(sl: for narcotics users) Ort, an dem man sich Rauschgift spritzt*
ˈshoot·ing iron *n* AM *(sl)* Schießeisen *nt fam*
ˈshoot·ing jack·et *n* Jägerjacke *f* **ˈshoot·ing lodge** *n* Jagdhütte *f*
ˈshoot·ing range *n* Schießstand *m*
ˈshoot·ing script *n* Drehbuch *nt*
ˈshoot·ing sea·son *n* Jagdzeit *f*
ˈshoot·ing star *n* ① *(meteor)* Sternschnuppe *f*
② *(person)* Shootingstar *m,* Senkrechtstarter(in) *m(f)*
ˈshoot·ing stick *n* Jagdstock *m*
ˈshoot·ing war *n* Krieg *m,* kriegerische Auseinandersetzung
ˈshoot-out *n* Schießerei *f*
shop [ʃɒp, AM ʃɑːp] **I.** *n* ① *(store)* Geschäft *nt,* Laden *m;* ***his latest novel will be in the ~s by Christmas*** sein neuester Roman wird bis Weihnachten erscheinen; **baker's ~** *esp* BRIT Bäckerei *f;* **betting ~** BRIT Wettbüro *nt;* **book ~** Buchladen *m;* **record ~** Schallplattengeschäft *nt;* **sweet** [*or* AM **candy**] **~** Süßwarenladen *m,* Zuckerlgeschäft *nt* ÖSTERR; **to go to the ~s** einkaufen gehen; **to set up ~** *(open a shop)* ein Geschäft eröffnen [*o fam* aufmachen]; *(start out in business)* ein Unternehmen eröffnen; *lawyer* eine Kanzlei eröffnen; **to set up ~ as a baker** eine Bäckerei eröffnen; **to set up ~ on one's own** sich *akk* selbstständig machen; **to shut** [*or* AM **close**] **up ~** sein Geschäft [*o* Unternehmen] schließen; ***she shut up ~ as a software consultant*** sie hörte auf, als Softwareberaterin zu arbeiten; ***the only lawyer in town shut up ~*** der einzige Anwalt der Stadt schloss seine Kanzlei
② BRIT, AUS *(shopping)* Einkauf *m;* **to do the ~** einkaufen [gehen]; **to do the weekly ~** den Wocheneinkauf erledigen
③ *(workshop)* Werkstatt *f;* **engineering ~** BRIT Konstruktionsbüro *nt;* **repair ~** [Reparatur]werkstatt *f;* **closed** [*or* AM **union**] **~** gewerkschaftspflichtiger Betrieb
▸PHRASES: **to be** __**all**__ **over the ~** BRIT *(fam)* ein [völliges] Durcheinander sein; **to** __**talk**__ **~** über die Arbeit reden
II. *vi* <-pp-> einkaufen; **to ~ at the market** auf dem Markt einkaufen; **to ~ at Marks and Spencers** bei Marks and Spencers einkaufen; **to ~ till you drop** *(hum)* eine Shoppingorgie veranstalten *hum;* ▪**to ~ for sth** etw einkaufen; **to ~ for bargains** auf Schnäppchenjagd sein *fam*
III. *vt* <-pp-> ① BRIT *(sl: inform)* ▪**to ~ sb to sb** jdn bei jdm verpfeifen *fam*
② *(go shopping somewhere)* ▪**to ~ sth** *certain shop* irgendwo einkaufen gehen
◆**shop around** *vi* ① *(visit shops)* einen Einkaufsbummel machen
② *(compare offers)* Preise vergleichen
③ *(look for)* sich *akk* umsehen
shopa·hol·ic [ʃɒpəˈhɒlɪk, AM ʃɑːpəˈhɑː-] *n* Einkaufssüchtige(r) *f(m)*
ˈshop as·sis·tant *n* Verkäufer(in) *m(f)* **ˈshop-bought** [ˈʃɒpbɔːt, AM ˈʃɑːpbɑːt] *adj inv* gekauft *(und nicht selbst gemacht)* **ˈshop·break·ing** *n no pl esp* BRIT Einbruch *m* in einen Laden [*o* ein Geschäft] **ˈshop·fit·ter** *n* Ladenausstatter(in) *m(f)* **ˈshop·fit·tings** *npl* Ladeneinrichtung *f*
shop ˈfloor *n* ① *(work area)* Produktionsstätte *f*
② + *sing/pl vb (manual workers)* ▪**the ~** die Belegschaft
ˈshop·front *n* Ladenfront *f* **ˈshop girl** *n (dated)* Verkäuferin *f* **ˈshop·keep·er** *n* Ladeninhaber(in) *m(f),* Geschäftsinhaber(in) *m(f)* **ˈshop·keep·ing** *n no pl* Führen *nt* eines Geschäfts **ˈshop·lift I.** *vt* ▪**to ~ sth** etw stehlen *(in einem Geschäft)* **II.** *vi* Ladendiebstahl begehen **ˈshop·lift·er** *n* Ladendieb(in) *m(f)* **ˈshop·lift·ing** *n no pl* Ladendiebstahl *m*
shop·per [ˈʃɒpəʳ, AM ˈʃɑːpɚ] *n* Käufer(in) *m(f);* **Christmas ~s** Weihnachtseinkäufer(innen) *mpl(fpl);* **~s' charter** BRIT ECON Verbraucherschutzgesetz *nt*
shop·ping [ˈʃɒpɪŋ, AM ˈʃɑːp-] *n no pl* ① *(buying in shops)* Einkaufen *nt;* ***the department store is open for late night ~ on Wednesdays*** das Kaufhaus hat am Mittwoch lange geöffnet; **Christmas ~** Weihnachtseinkäufe *pl;* **~ days** verkaufsoffene Tage; **to do the ~** einkaufen [gehen]; **to go ~** einkaufen gehen
② *(purchases)* Einkäufe *pl;* **bags of ~** volle Einkaufstaschen
ˈshop·ping ar·cade *n* Einkaufspassage *f* **ˈshop·ping area** *n* Geschäftsviertel *nt* **ˈshop·ping bag** *n* ① Einkaufstasche *f;* **plastic ~** Plastiktragetasche *f,* Plastiksack *m* SCHWEIZ; **string ~** Einkaufsnetz *nt*
② AM *(carrier bag)* Tragetasche *f* **ˈshop·ping bas·ket** *n* Einkaufskorb *m* **ˈshop·ping cart** *n* AM Einkaufswagen *m* **ˈshop·ping cen·tre,** AM **ˈshop·ping cen·ter** *n* Einkaufszentrum *nt* **ˈshop·ping chan·nel** *n* Werbesender *m* **ˈshop·ping list** *n* ① *(of goods to be purchased)* Einkaufsliste *f* ② *(fig: agenda)* geplanter Maßnahmenkatalog **ˈshop·ping mall** *n esp* AM, AUS überdachtes Einkaufszentrum **ˈshop·ping street** *n* Geschäftsstraße *f* **ˈshop·ping trip** *n* Einkaufstrip *m* **ˈshop·ping trol·ley** *n* BRIT Einkaufswagen *m*
ˈshop-soiled *adj inv* BRIT, AUS leicht beschädigt
shop ˈstew·ard *n* Gewerkschaftsvertreter(in) *m(f)*
ˈshop talk *n no pl* Fachsimpelei *f fam*
ˈshop·walk·er *n* BRIT [Kaufhaus]abteilungsleiter(in) *m(f)* **shop ˈwin·dow** *n* ① *(display area)* Schaufenster *nt,* Auslage *f* ② *(fig: showcase)* Schaufenster *nt*
ˈshop·worn *adj* ① *inv* AM *(shop-soiled)* leicht beschädigt
② *(fig: overused)* abgedroschen
shore[1] [ʃɔːʳ, AM ʃɔːr] *n* ① *(coast)* Küste *f; of a river, lake* Ufer *nt; (beach)* Strand *m;* **polluted ~** verschmutzter Strand; **off** [**the**] **~** vor der Küste; **on ~** *(on land)* an Land; *(towards land)* auf die Küste/das Ufer zu
② *(fig: country)* ▪**~s** *pl* Land *nt;* ***the first to visit these ~s*** der/die Erste, der/die dieses Land besucht
shore[2] [ʃɔːʳ, AM ʃɔːr] **I.** *n* Strebe *f,* Strebebalken *m*
II. *vt* ▪**to ~ sth** ↔ **up** etw abstützen; *(fig)* etw aufbessern; **to ~ up the image of sth** das Image einer S. *gen* aufpolieren
ˈshore leave *n no pl* Landurlaub *m* **ˈshore·line** *n* Küstenlinie *f* **ˈshore pa·trol** *n* Küstenpatrouille *f*
shorn [ʃɔːn, AM ʃɔːrn] *pp of* **shear**
short [ʃɔːt, AM ʃɔːrt] **I.** *adj* ① *(not long)* kurz; ***Jo's ~ for Josephine*** Jo ist die Kurzform von Josephine
② *(not tall)* klein
③ *(not far)* kurz; **~ distance** kurze Strecke; **a ~ haul** eine kurze Strecke [*o* Fahrt]; **a ~ hop** ein Katzensprung *m;* **at ~ range** aus kurzer Entfernung
④ *(brief)* kurz; **to have a ~ memory** ein kurzes Gedächtnis haben; **at ~ notice** kurzfristig; **in the ~ term** kurzfristig, in nächster Zeit; **~ trip** Kurztrip *m;* **~ and sweet** kurz und schmerzlos
⑤ *(not enough)* ***we're £15 ~ to pay the bill*** uns fehlen 15 Pfund, um die Rechnung bezahlen zu können; ***we're still one person ~ to make up a quiz team*** uns fehlt noch eine Person für ein Quizteam; **to be ~** [**of cash**] *(fam)* knapp bei Kasse sein; ***we're a bit ~ of coffee*** wir haben nur noch wenig Kaffee; **to be ~ of breath** außer Atem sein; **to be ~ of space** wenig Platz haben, räumlich beengt sein; **to be in ~ supply** schwer zu beschaffen sein, knapp sein; **to be ~ of time** wenig Zeit haben; ▪**to be ~ on sth** von etw *dat* wenig haben; **to be ~ on brains** nur wenig im Kopf haben
⑥ LING **~ vowel** kurzer Vokal, Kurzvokal *m*
⑦ *pred (not friendly)* ▪**to be ~** [**with sb**] [jdm

gegenüber] kurz angebunden sein
⑧ STOCKEX ~ **position** Baisseposition *f*
▸PHRASES: **the ~ answer is 'no'** die Antwort ist kurz und bündig ‚nein'; **to not be ~ of a bob or two** BRIT, AUS *(fam)* reich sein; **to draw** [*or* **get**] **the ~ straw** den Kürzeren ziehen; **to get** [*or* **be given**] **~ shrift** kurz abgefertigt werden; **to have a ~ fuse** sich *akk* schnell aufregen; ***he has a ~ fuse*** bei ihm brennt leicht die Sicherung durch *fam;* **to have sb by the ~ hairs** [*or* **by the ~ and curlies**] *esp* BRIT *(sl)* jdn in der Hand haben; **to make ~ shrift of sth** mit etw *dat* kurzen Prozess machen, etw schnell erledigen; **to make ~ work of sb** mit jdm kurzen Prozess machen; **to make ~ work of sth** etw schnell erledigen
II. *n* ① FILM Kurzfilm *m*
② ELEC *(fam)* Kurzer *m*
③ BRIT *(fam: alcoholic drink)* Kurzer *m,* Stamperl *nt* ÖSTERR
III. *adv* **to cut sth ~** etw abkürzen; ***I had to cut our holiday ~*** ich musste unseren Urlaub unterbrechen; ***they never let the children go ~*** sie ließen es den Kindern an nichts fehlen; **to fall ~ of sth** etw nicht erreichen, hinter etw *dat* zurückbleiben; *of expectations* etw *dat* nicht entsprechen; **to go** [*or* AM *usu* **be**] **~** [**of sth**] etw zu wenig haben; **to stop sb ~** jdn unterbrechen; **to stop sth ~** etw abbrechen; ***she stopped ~ of accusing him of lying*** beinahe hätte sie ihm vorgeworfen, dass er log
▸PHRASES: **to be caught** [*or* **taken**] **~** BRIT *(hum fam)* dringend [aufs Klo] müssen *fam;* **in ~** kurz gesagt

short·age ['ʃɔ:tɪdʒ, AM 'ʃɔ:rt̬-] *n* Knappheit *f kein pl,* Mangel *m kein pl* (**of** an +*dat*); **water ~** Wassermangel *m*

short and 'curlies ▸PHRASES: **to grab sb by the ~** BRIT *(hum fam)* jdn faszinieren

'short-arse *n* BRIT *(pej! sl)* Zwerg *m*

short back and 'sides *n* BRIT *(hair cut)* Topfschnitt *m fam,* Pfannenfrisur *f* SCHWEIZ

'short·bread *n no pl* Shortbread *nt (Buttergebäck);* **~ finger** *rechteckiges längliches Stück Shortbread*

'short·cake *n* ① *(biscuit)* Shortbread *nt (Buttergebäck)* ② *esp* AM *(layer cake)* Kuchen *m* mit Belag, Wähe *f* SCHWEIZ; *(with fruit)* [Torten]boden *m*

short 'call *n* STOCKEX Short Call *m*

short-'change *vt* ■**to ~ sb** ① *(after purchase)* jdm zu wenig Wechselgeld herausgeben
② *(fig fam: treat unfairly)* jdm zu wenig Geld bezahlen

short 'cir·cuit *n* Kurzschluss *m* **short-'cir·cuit I.** *vi* einen Kurzschluss haben **II.** *vt* ■**to ~ sth** ① ELEC etw kurzschließen ② *(fig: shorten)* etw abkürzen [*o* verkürzen]

short·'com·ing *n usu pl* Mangel *m; of person* Fehler *m; of system* Schwäche *f,* Unzulänglichkeit *f*

'short·crust, short·crust 'pas·try *n no pl* Mürbeteig *m*

'short cut *n* Abkürzung *f;* ***there are no ~s to success*** *(fig)* es gibt keinen einfachen Weg zum Erfolg

'short·cut key *n* COMPUT Tastenkombination *f*

short-'dat·ed *n* FIN kurzfristig [zahlbar]; **~ bill** Wechsel *m* auf kurze Sicht, kurzfristiger Wechsel; **~ bonds** Kurzläufer *pl*

short di·'vi·sion *n Verkürzung des Rechenwegs beim Dividieren*

short·en ['ʃɔ:tᵊn, AM 'ʃɔ:r-] **I.** *vt (make shorter)* ■**to ~ sth** etw kürzen; **to ~ a pair of trousers/a holiday** eine Hose/einen Urlaub verkürzen; **to ~ a name** einen Namen abkürzen
II. *vi* ① *(become shorter)* kürzer werden
② *(reduce odds)* ***the odds have ~ed on the German team winning the European Championship*** die Chancen des deutschen Teams, die Europameisterschaft zu gewinnen, sind gestiegen

short·en·ing ['ʃɔ:tᵊnɪŋ, AM 'ʃɔ:r-] *n no pl* AM, AUS Backfett *nt,* Bratfett *nt* SCHWEIZ

'short·fall *n* ① *(shortage)* Mangel *m kein pl;* **~ in food supply** Nahrungsmittelknappheit *f*
② FIN *(deficit)* Fehlbetrag *m,* Defizit *nt;* **~ in trade** Handelsdefizit *nt*

short 'fuse *n (fam)* cholerisches Temperament; ***he has a ~*** er wird leicht wütend, bei ihm brennt schnell die Sicherung durch *fam*

'short·hand I. *n no pl* Kurzschrift *f,* Stenografie *f;* ■**~ for sth** *(fig)* eine Abkürzung für etw *akk;* **to do ~** stenografieren; **to take sth down in ~** etw [mit]stenografieren
II. *n modifier (class, notes)* Kurzschrift-, Steno-; **~ letter** Kürzel *nt;* **~ pad** Steno[gramm]block *m*

short·'hand·ed *adj* unterbesetzt; ■**to be ~** zu wenig Personal haben

short·hand 'typ·ist *n* BRIT, AUS Stenotypist(in) *m(f)*

'short haul *n* ① *(transport)* Nahtransport *m* ② *(fig: short distance)* Katzensprung *m kein pl* **'short-haul** *adj attr* ① *(covering a short distance)* Nahverkehrs-, Kurzstrecken-; **~ flight** Kurzstreckenflug *m;* **~ route** Kurzstrecke *f;* **~ trip** kurze Fahrt ② *(short-term)* Kurzzeit-; **~ effort** kurze Anstrengung

'short·horn *n* Kurzhornrind *nt,* Shorthorn *nt*

shortie ['ʃɔ:ti, AM 'ʃɔ:rti] *n (fam) see* **shorty** Kleiner *m hum fam,* Kurzer *hum fam*

short·ish ['ʃɔ:tɪʃ, AM 'ʃɔ:rt̬-] *adj inv* ① *(in length)* ziemlich kurz
② *(in duration)* recht kurz; **a ~ film** ein eher kurzer Film

'short list *n* Liste *f* der aussichtsreichsten Bewerber/Bewerberinnen; **to be on the ~** in der engeren Wahl sein; **to draw up a ~** eine Liste der aussichtsreichsten Bewerber/Bewerberinnen anfertigen **'short-list** *vt* ■**to ~ sb/sth** jdn/etw in die engere Wahl ziehen

short-lived [-'lɪvd, AM -laɪvd, -lɪvd] *adj* kurzlebig; **~ happiness/triumph** kurzes Glück/kurzer Triumph; ■**to be ~** von kurzer Dauer sein

short·ly ['ʃɔ:tli, AM 'ʃɔ:rt-] *adv inv* ① *(soon)* in Kürze, bald; **~ after .../afterwards** kurz nachdem .../danach
② *(curtly)* kurz angebunden

short·ness ['ʃɔ:tnəs, AM 'ʃɔ:rt-] *n no pl* ① *(in length, brevity)* Kürze *f*
② *(insufficiency)* Knappheit *f;* MED Insuffizienz *f;* **~ of supplies** Lieferengpass *m;* **~ of breath** Atemnot *f,* Atembeschwerden *pl*

short 'or·der *n* AM ① *(order)* Bestellung *f (eines Schnellgerichts)* ② *(food)* Schnellgericht *nt* **short-or·der 'cook** *n* AM Koch *m*/Köchin *f* in einem Schnellrestaurant **short-or·der 'dish** *n* AM Schnellgericht *nt*

short 'put *n* STOCKEX Short-Put *m*

'short-range *adj* ① MIL Kurzstrecken-; **~ missile** Kurzstreckenrakete *f*
② *(short-term)* kurzfristig; **~ estimate** kurzfristige Prognose; **~ policy** kurzfristige Maßnahmen; **~ weather forecast** Wettervorhersage *f* für die nächsten Tage

shorts [ʃɔ:ts, AM ʃɔ:rts] *n pl* ① *(short trousers)* kurze Hose, Shorts *pl;* **a pair of ~** eine kurze Hose
② AM *(underpants)* Unterhose *f*
③ AM STOCKEX Kurzläufer *pl,* Papiere mit kurzer [*o* bis zu fünfjähriger] Laufzeit

'short sale *n* Leerverkauf *m*

short-'sight·ed *adj* kurzsichtig *a. fig* **short-'sight·ed·ly** *adv (also fig)* kurzsichtig *a. fig,* kurzsichtigerweise *fig* **short-'sight·ed·ness** *n no pl* Kurzsichtigkeit *f a. fig*

short-sleeved [-ˌsli:vd] *adj inv* kurzärmelig

short-staffed [-'stɑ:ft, AM -'stæft] *adj* unterbesetzt

'short-stay *adj inv* kurzzeitig, vorübergehend

short 'sto·ry *n* Kurzgeschichte *f*

short-'tem·pered [-'tempəd, AM -'tempɚd] *adj* cholerisch

'short-term *adj* kurzfristig; **on a ~ basis** kurzfristig, auf kurze Sicht; **~ debts** kurzfristige Schulden; **~ forecast** kurzfristige Prognose; **~ gains** rasch zu erzielender Gewinn; **~ loan** kurzfristiger Kredit, kurzfristiges Darlehen; **~ memory** Kurzzeitgedächtnis *nt;* **~ outlook** Aussichten *pl* für die nächste Zeit; **~ policy** kurzfristige Maßnahmen; **~ security** Kurzläufer *m;* **~ support** kurzfristige Kursstützung

short 'time *n no pl* Kurzarbeit *f;* **to be on ~** kurzarbeiten

short 'ton *n esp* AM *2000 amerikanische Pfund, entspricht 907,185 kg*

'short wave I. *n* ① *(radio wave)* Kurzwelle *f*
② *(radio)* Kurzwellenempfänger *m*
II. *n modifier* ■**short-wave** *(signal)* Kurzwellen-; **~ radio** [*or* **receiver**] Kurzwellenempfänger *m*

short-wind·ed [-'wɪndɪd] *adj* kurzatmig

shorty ['ʃɔ:ti, AM 'ʃɔ:rt̬i] *n (pej fam)* Kleine(r) *f(m) hum fam; (sl) Kleinkrimineller, der für einen anderen Kriminellen arbeitet*

Sho·sho·ne [ʃə'ʃəʊni, AM -'ʃoʊ-] *n* ① *(Native American)* Shoshone *m o f*
② *(Indian tribe)* Shoshonen *pl*
③ *(Indian language)* Shoshone *nt*

shot[1] [ʃɒt, AM ʃɑ:t] **I.** *n* ① *of a weapon* Schuss *m;* **to fire a ~** einen Schuss abgeben [*o* abfeuern]
② SPORT *(heavy metal ball)* Kugel *f;* **to put the ~** kugelstoßen
③ SPORT *(attempt at scoring) tennis, golf* Schlag *m; handball, basketball* Wurf *m; football, ice hockey* Schuss *m*
④ *no pl (ammunition)* Schrot *m o nt;* **lead ~** Bleischrot *m o nt;* **round of ~** Schrotladung *f*
⑤ *(photograph)* Aufnahme *f;* FILM Einstellung *f;* **to get** [*or* **take**] **a ~** ein Foto machen [*o* schießen]
⑥ *(fam: injection)* Spritze *f; (fig)* Schuss *m;* ***the campaign needs to be injected with a ~ of professionalism*** ein bisschen mehr Professionalität würde der Kampagne nicht schaden; **a ~ of heroin** ein Schuss *m* Heroin *sl;* **to give sb a ~** jdm eine Spritze verabreichen
⑦ *(fam: attempt)* Gelegenheit *f,* Chance *f;* **to give it a ~, to have a ~ at it** es mal versuchen *fam;* **to give sth one's best ~** *esp* AM bei etw *dat* sein Bestes geben; **to hope for a ~ at sth** auf eine Chance bei etw *dat* hoffen
⑧ *(of alcohol)* Schuss *m;* **a ~ of whisky** ein Gläschen *nt* Whisky
▸PHRASES: **~ in the arm** Anreiz *m,* Motivation *f;* **to be a good/poor ~** ein guter/schlechter Schütze/eine gute/schlechte Schützin sein; **like a ~** *(fam)* wie der Blitz *fam;* **to take a ~ in the dark** *(fam)* ins Blaue hinein raten *fam*
II. *vt, vi pp, pt of* **shoot**

shot[2] [ʃɒt, AM ʃɑ:t] *adj* ① *(with colour)* schillernd *attr;* **~ silk** changierende Seide; **to be ~ with silver** silbrig glänzen
② *inv (fam: worn out)* ausgeleiert *fam;* ***my nerves are ~*** ich bin mit meinen Nerven am Ende
▸PHRASES: **to be/get ~ of sb/sth** jdn/etw los sein/loswerden

'shot glass *n* Schnapsglas *nt,* Stamperl *nt* ÖSTERR, SÜDD

'shot·gun *n* Schrotflinte *f;* **a sawn-off** [*or* **sawed-off**] **~** eine abgesägte Schrotflinte ▸PHRASES: **to ride ~** AM *(fam)* vorne sitzen *(im Auto)* **shot·gun 'mar·riage, shot·gun 'wed·ding** *n (dated fam)* Mussheirat *f;* ***they had a ~*** sie ‚mussten' heiraten

shot·gun 'seat *n (sl)* Schleudersitz *m sl (Vordersitz)*

'shot put *n* SPORT ■**the ~** Kugelstoßen *nt kein pl,* Kugelstoßwettbewerb *m* **'shot put·ter** *n* Kugelstoßer(in) *m(f)*

should [ʃʊd] *aux vb* ① *(expressing advisability)* ■**sb/sth ~ ...** jd/etw sollte ...; ***if you're annoyed with him, you ~ tell him*** wenn du dich über ihn ärgerst, solltest du ihm das sagen; ***he said that I ~ see a doctor*** er meinte, ich soll[t]e zum Arzt gehen; ***you ~ be ashamed of yourselves*** ihr solltet euch [was] schämen; ***how kind! you really ~n't have!*** wie nett! das war doch [wirklich] nicht nötig!; ***I ~ have written to her*** ich hätte ihr schreiben sollen; ***one ~ not judge people by their appearance*** man sollte Menschen nicht nach ihrem Äußeren beurteilen; ***he ~n't say things like that*** er sollte so etwas nicht sagen; ***she ~ worry! she hasn't a problem in the world!*** *(iron)* was braucht sie sich schon Sorgen zu machen! sie hat doch keinerlei Probleme; ***the car ~ be serviced every year*** das Auto sollte jedes Jahr zur Inspektion; ***I recommend that there ~ be an investigation*** ich würde dazu raten, eine Untersuchung durchzuführen; ***it's***

S

shall/should

In the future

Where *shall* is used to form the future, usually as a slightly more formal alternative to *will*, it is translated by *werden*.

I *shall* be late home tonight.	Ich *werde* heute Abend spät nach Hause kommen.
I *shan't* [= *shall not*] say a word to anyone.	Ich *werde* mit keinem darüber sprechen.

It is also used to emphasize determination or to express the idea of a promise:

We *shall* overcome.	Wir *werden* siegen.
You *shall* have your revenge.	Du *wirst* noch Rache nehmen können.

and to express a demand, often in a legal context:

It *shall* only be considered a goal if the whole of the ball is over the line.	Es *wird* nur als Tor gezählt, wenn der ganze Ball über der Linie ist.

In questions

shall is most commonly used in questions or suggestions, where it is often translated by *sollen*:

What *shall* we do?	Was *sollen* wir machen/tun?
Where *shall* I put it?	Wo *soll* ich es hinlegen/stellen?
You don't know, do you? *Shall* I tell you?	Du weißt es nicht, stimmts? *Soll* ich es dir sagen?

In weighted suggestions, *sollen* is replaced by *wollen*:

Shall we go to the cinema this evening?	*Sollen* wir heute Abend ins Kino gehen? [neutral suggestion] *Wollen* wir heute Abend ins Kino gehen? [indicates the preference of the speaker]

In spoken German it is also possible to omit the modal verb entirely. Tone of voice indicates that the statement is actually a question.

Shall we meet outside the theatre?	Treffen wir uns vor dem Theater?

Expressing obligation

should can be used in the same way as *ought to* to express a sense of obligation or duty. It is most commonly translated by *sollte*:

I *should* give my parents a ring.	Ich *sollte* meine Eltern anrufen.
You *should* try it.	Das *solltest* du probieren.
You *should* see a doctor about that rash.	Wegen des Ausschlages *solltest* du zum Arzt gehen.
He *shouldn't* eat so much.	Er *sollte* nicht so viel essen.
Why *shouldn't* I go out tonight?	Warum *sollte* ich denn heute Abend nicht ausgehen?
Ben said I *should* buy a dog.	Ben meinte, ich *solle* mir einen Hund kaufen.

In the past, it is translated by the construction *hätte … machen sollen.*

We *should* have been more careful.	Wir *hätten* vorsichtiger sein *sollen.*
You *should* have told me that yesterday.	Das *hättest* du mir gestern sagen *sollen.*
You *shouldn't* have shouted at him.	Du *hättest* ihn nicht anschreien *sollen.*

should can also be translated by *sollen* when it is used to issue commands:

You *should* come at 11 o' clock.	Sie *sollten* um 11 Uhr kommen.
You *should* help in the garden.	Du *solltest* im Garten helfen.

When used to express an assertion (in the sense of *ought*), *should* corresponds to the subjunctive II forms *dürfte* and *müsste*.
dürfte expresses a more tentative assumption:

That *should* be enough.	Das *dürfte* eigentlich reichen.
They *should* be aware of the difference.	Der Unterschied *dürfte* ihnen bewusst sein.

müsste indicates a greater degree of confidence:

She *should* know that by now.	Das *müsste* sie jetzt schon wissen.
He *should* have arrived by now.	Er *müsste* jetzt schon angekommen sein.

In the conditional

should is sometimes used in the sense of *would*, where it corresponds to the German *würden*. Where the first person singular or plural is used to form the conditional, the conditional is also used in German.

I *should* be amazed if he pays up.	Es *würde* mich erstaunen, wenn er zahlen würde.

Where *should* occurs in the actual conditional clause (used with any person), *sollte* is used:

If you *should* see him, please give him my regards.	Falls du ihn sehen *solltest*, dann grüße ihn bitte von mir.
Should there be any problems, let me know.	*Sollten* irgendwelche Probleme auftreten, sagen Sie bitte Bescheid.
There is a room available, *should* you need it.	*Sollten* Sie ein Zimmer benötigen, stünde eines zur Verfügung.

Without translation

should is not translated when it is used to express surprise or pose rhetorical questions:

It's strange that we *should* both be allergic to avocados.	Es ist ungewöhnlich, dass wir beide gegen Avocados allergisch sind!
What *should* I find but the missing key!	Was entdeckte ich da? – Den verlorenen Schlüssel!
Who *should* be standing there but my long lost brother!	Wer stand plötzlich da? – Mein lang verschollener Bruder!

A direct translation of *should* is also omitted in clauses following an adjective and beginning with *that*:

It's only natural that she *should* be concerned.	Es ist ja ganz normal, dass sie sich sorgt.

in clauses using *in case* or *so that*:

He was forbidden to play rugby in case he *should* get injured.	Wegen möglicher Verletzungsgefahr war ihm verboten worden, Rugby zu spielen.
She wore a wig so that she *should* not be recognized.	Sie trug eine Perücke, damit man sie nicht erkennen konnte.

and in set phrases:

I *should* think...	Ich würde meinen, ...
Oh, you *shouldn't* have! [on receipt of a gift]	Das wäre doch nicht nötig gewesen!

essential that the project ~ not be delayed any further es ist wichtig, dass das Projekt nicht noch weiter verzögert wird
② *(asking for advice)* ■ **~ sb/sth ...?** soll[te] jd/etw ...?; ***~ I apologize to him?*** soll[te] ich mich bei ihm entschuldigen?; ***~ he apply for the job?*** soll[te] er sich für die Stelle bewerben?; ***how often ~ the plant be watered?*** wie oft sollte [*o* muss] die Pflanze gegossen werden?
③ *(expressing expectation)* ■ **sb/sth ~ ...** jd/etw sollte [*o* müsste] [eigentlich] ...; ***you ~ find this guidebook helpful*** dieser Führer wird dir sicher nützlich sein; ***there ~ n't be any problems*** es dürfte eigentlich keine Probleme geben; ***that ~ be safe enough*** das dürfte [*o* müsste eigentlich] sicher genug sein; ***everything is as it ~ be*** alles ist wie es sein soll; ***this shirt's made of very good quality silk — I ~ think it is, considering how much it cost*** dieses Hemd ist aus hochwertiger Seide – das will ich wohl meinen, wenn man bedenkt, was es gekostet hat; ***could you have the report ready by Friday? — yes, I ~ think so*** könnten Sie den Bericht bis Freitag fertig haben? – ja, ich glaube schon; ***I don't like to drink more than one bottle of wine in an evening — I ~ think not!*** ich mag pro Abend nicht mehr als eine Flasche Wein trinken – das will ich wohl meinen!; ***I bought her some flowers to say thank you — I ~ think so too*** ich habe ihr ein paar Blumen gekauft, um mich zu bedanken – das war auch gut so; ***the boss wants to see us in her office immediately — this ~ be good!*** *(iron fam)* wir sollen sofort zur Chefin ins Büro kommen – das kann ja heiter werden! *iron fam;* ***I ~ be so lucky*** *(fam)* schön wär's! *fam*
④ *(expressing futurity)* ■ **sb/sth ~ ...** jd/etw würde ...; ***he realized that he ~ have to do most of the work*** es wurde ihm klar, dass er die meiste Arbeit würde erledigen müssen
⑤ *(form: expressing a possibility)* **in case** [*or* **if**] **sth/sb ~ do sth** falls etw/jd etw tun sollte; ***he took his cap in case it ~ snow*** er nahm seine Mütze für den Fall mit, dass es zu schneien anfing; ***it seems very unlikely to happen, but if it ~, we need to be well-prepared*** es scheint unwahrscheinlich, aber für den Fall, dass es doch passieren sollte, müssen wir gut vorbereitet sein; ***he would be most welcome, ~ he be coming at all*** er wäre höchst willkommen, falls er überhaupt kommt
⑥ *(rhetorical)* ■ **why ~ sb/sth ...?** warum sollte jd/etw ...?; ***why ~ anyone want to eat something so horrible?*** warum sollte irgendjemand so etwas Scheußliches essen wollen?
⑦ *(expressing surprise)* ***I was just getting off the bus when who ~ I see but my old school friend Pat!*** was glaubst du, wen ich gesehen habe, als ich aus dem Bus ausstieg – niemand anderen als meinen alten Schulfreund Pat!
⑧ *(expressing an opinion)* ***it's odd that she ~ think I would want to see her again*** es ist seltsam, dass sie meint, ich wolle sie wiedersehen; ***it's so unfair that she ~ have died so young*** es ist so ungerecht, dass sie so jung sterben musste; ***it worries me that he ~ drive all that way on his own*** *esp* BRIT es beunruhigt mich, dass er die ganze Strecke alleine fährt; ***I suggest that you ~ leave*** *esp* BRIT *(form)* du solltest besser gehen; ***I prefer that Jane ~ do it*** *esp* BRIT *(form)* es wäre mir lieber, wenn Jane es täte
⑨ *(could)* ***where's Daryl? — how ~ I know?*** wo ist Daryl? – woher soll[te] ich das wissen?; ***for fear that I ~ miss my flight, I arrived at the airport five hours early*** aus Angst, ich könnte mein Flugzeug verpassen, war ich fünf Stunden früher am Flughafen
⑩ *(dated form: would)* ■ **I/we ~ ...** ich würde/wir würden ...; ***I ~ like a whisky before the meal*** ich hätte vor dem Essen gern einen Whisky; ***we ~ like to take you out for dinner next week*** wir würden Sie gerne nächste Woche zum Abendessen einladen; ***I ~ n't worry about it if I were you*** ich würde mir deswegen an deiner Stelle keine Sorgen machen; ***he took his umbrella so that he ~ n't get wet*** er nahm seinen Schirm mit, um nicht nass zu werden; ***we ~ have come sooner if we'd known how ill he was*** wir wären früher gekommen, wenn wir gewusst hätten, wie krank er war; ***I ~ n't be surprised*** ich wäre nicht überrascht

shoul·der [ˈʃəʊldəʳ, AM ˈʃoʊldɚ] **I.** *n* ① *(joint)* Schulter *f;* **~ joint** Schultergelenk *nt;* **a ~ to cry on** *(fig)* eine Schulter zum Ausweinen; **to dislocate one's ~** sich *dat* die Schulter ausrenken; **to glance over one's ~** einen Blick über die Schulter werfen; **to hunch one's ~s** die Schultern hochziehen; **to lay/rest one's head on sb's ~** den Kopf an jds Schulter legen/lehnen; **to lift a burden from sb's ~s** *(fig)* eine Last von jds Schultern nehmen; **to rest squarely on sb's ~** *(fig) responsibility* schwer auf jds Schultern lasten; **to put one's arm around sb's ~** den Arm um jds Schulter legen; **to shrug one's ~s** mit den Achseln zucken; **to sling sth over one's ~** sich *dat* etw über die Schulter werfen; **to stand ~ to ~ with sb** *(fig)* zu jdm halten; **to fight ~ to ~ with sb** *(fig)* Seite an Seite mit jdm kämpfen
② FASHION *(in clothing)* Schulter *f;* **padded ~s** gepolsterte Schultern
③ *(meat)* Schulter *f,* Schulterstück *nt; of beef* Bug *m;* **~ of lamb** Lammschulter *f*
④ *of a road* Bankett *nt,* Bankette *f;* **soft/hard ~** unbefestigtes/befestigtes Bankett
⑤ *(part)* Vorsprung *m;* **~ of a mountain** Bergrücken *m*
▸PHRASES: **to give sb the cold ~** jdm die kalte Schulter zeigen; **to get the cold ~** abgewiesen werden
II. *vt* ① *(push)* ■ **to ~ sb/sth** jdn/etw [mit den Schultern] stoßen; **to ~ one's way somewhere** sich *akk* irgendwohin drängen; ■ **to ~ sb aside** *(fig)* jdn links liegenlassen *fam*
② *(carry)* ■ **to ~ sth** etw schultern; ■ **to ~ sb** jdn auf die Schultern nehmen
③ *(accept)* ■ **to ~ sth** etw auf sich *akk* nehmen; **to ~ the cost of sth** die Kosten für etw *akk* tragen; **to ~ responsibility** Verantwortung übernehmen

ˈshoul·der bag *n* Umhängetasche *f* **ˈshoul·der blade** *n* Schulterblatt *nt* **ˈshoul·der brace** *n* Stützverband *m* für die Schulter **ˈshoulder-fired** *adj inv* MIL **a ~ missile** eine von der Schulter gestartete Rakete **shoul·der-ˈhigh** *inv* **I.** *adj* schulterhoch **II.** *adv* schulterhoch; **to carry sb ~** jdn auf den Schultern tragen **ˈshoul·der hol·ster** *n* Schulterhalfter *f o nt* **ˈshoul·der-length** *adj* schulterlang; **~ hair** schulterlanges Haar

ˈshoul·der pad *n* Schulterpolster *nt o* ÖSTERR *m;* SPORT *also* Schulterschoner *m* **ˈshoul·der patch** *n* Schulterflicken *m;* MIL Schulterklappe *f* **ˈshoul·der strap** *n* Riemen *m;* **a dress with thin ~s** ein Trägerkleid *nt* **ˈshoul·der surf** *vi jdm über die Schulter schauen, während er sein Passwort oder seine PIN eingibt*

shouldn't [ˈʃʊdᵊnt] = **should not** *see* **should**

shout [ʃaʊt] **I.** *n* ① *(loud cry)* Ruf *m,* Schrei *m;* **a ~ from the audience** ein Zuruf *m* aus dem Publikum; **~ of joy** Freudenschrei *m;* **~ of laughter** lautes Gelächter; **~ of pain** Schmerzensschrei *m*
② BRIT, AUS *(fam: round of drinks)* Runde *f;* ***whose ~ is it?*** wer bezahlt die nächste Runde?; ***it's my ~*** ich bin dran[, eine Runde zu schmeißen] *fam*
▸PHRASES: **to give sb a ~** *(fam)* jdm Bescheid sagen; *(phone)* jdn anrufen
II. *vi* schreien; ■ **to ~ at sb** jdn anschreien; ■ **to ~ to sb** jdm zurufen; **to ~ above noise** Lärm überschreien; **to ~ for help** um Hilfe rufen; **to ~ loud** laut jammern
▸PHRASES: **to give sb sth to ~ about** für jdn ein Grund zum Jubeln sein
III. *vt* ① *(yell)* ■ **to ~ sth** etw rufen [*o* schreien]; ***her clothes absolutely ~ money*** *(fig)* ihre Kleider sehen sehr teuer aus; **to ~ abuse at sb** jdn lautstark beschimpfen; **to ~ sth from the rooftops** etw laut ausposaunen *fam;* **to ~ slogans** Parolen rufen; **to ~ a warning to sb** jdm eine Warnung zurufen; **to ~ oneself hoarse** sich *akk* heiser schreien
② AUS *(fam: treat to)* **to ~ [sb] a drink** [jdm] ein Getränk spendieren [*o* ausgeben]
◆ **shout down** *vt* ■ **to ~ down** ↔ **sb** jdn niederschreien [*o* niederbrüllen] *fam*
◆ **shout out** *vt* ■ **to ~ out** ↔ **sth** etw [aus]rufen

shout·ing [ˈʃaʊtɪŋ, AM -t̬-] **I.** *n no pl* Schreien *nt,* Geschrei *nt*
II. *adj* ▸PHRASES: **in** [*or* **within**] **~ distance** [**of sth**] in Rufweite [einer S. *gen*]; *(fig)* nahe [an etw *dat*]; ***they are within ~ distance of a solution to their***

problem sie sind nahe an einer Lösung ihres Problems

'shout·ing match *n (pej)* Schreiduell *nt; (fig)* heftige Kontroverse

shouty ['ʃaʊti] *adj (fam) person* laut

shove [ʃʌv] **I.** *n* Ruck *m;* **to give sth a ~** etw [weg]rücken
II. *vt* ① *(push)* ■**to ~ sb** jdn schieben; *(fig)* jdn abdrängen; **to ~ one's way through sth** sich *dat* [mit Gewalt] einen Weg durch etw *akk* bahnen; ■**to ~ sb around** jdn herumstoßen [*o* herumschubsen] *fam; (intimidate)* jdn herumkommandieren; ■**to ~ sth aside** etw beiseiteschieben
② *(place)* **to ~ sth into a bag** etw in eine Tasche stecken; **to ~ sth onto the table** etw auf den Tisch [ab]stellen; *(throw)* etw auf den Tisch schmeißen *fam;* ■**to ~ sth [down] somewhere** etw irgendwohin stellen
▸PHRASES: **~ it [up your arse]!** *(vulg)* steck dir das sonst wohin! *sl*
III. *vi* ① *(push)* drängen, drängeln *fam*
② *(fam: move aside)* ■**to ~ along** [*or* **over**] beiseiterücken; **~ *over, Martha*** rutsch rüber, Martha *fam*
◆**shove down** *vt* BRIT ■**to ~ down** ↔ **sth** etw hinschreiben
◆**shove off** *vi* ① *(fam!: go away)* weggehen, abhauen *sl; **just ~ off, Chris!*** hau schon ab, Chris! *sl*
② NAUT *(push away)* [vom Ufer] abstoßen
◆**shove up** *vi* BRIT *(fam)* Platz machen

shov·el ['ʃʌvᵊl] **I.** *n* ① *(tool)* Schaufel *f; of an earth-moving machine* Baggerschaufel *f*
② *(shovelful)* **a ~ of coal/dirt/snow** eine Schaufel [voll] Kohle/Erde/Schnee
II. *vt* <BRIT -ll- *or* AM *usu* -l-> ■**to ~ sth** etw schaufeln *a. fig;* **to ~ food into one's mouth** sich *dat* Essen in den Mund schaufeln
III. *vi* <BRIT -ll- *or* AM *usu* -l-> schaufeln

shov·el·er <*pl* - *or* -s> ['ʃʌvᵊləʳ, AM ɚ] *n* AM ORN *see* **shoveller**

shov·el·ful ['ʃʌvᵊlfʊl] *n* **a ~ of coal/dirt/snow** eine Schaufel [voll] Kohle/Erde/Schnee

shov·el·ler <*pl* - *or* -s> ['ʃʌvᵊləʳ, AM -ɚ] *n* ORN Löffelente *f*

show [ʃəʊ, AM ʃoʊ]

I. NOUN **II.** TRANSITIVE VERB
III. INTRANSITIVE VERB

I. NOUN

① *(showing)* Bekundung *f geh,* Demonstration *f geh; **those members who had made the most open ~s of defiance surprisingly abstained*** diejenigen Mitglieder, die ihre Ablehnung am deutlichsten bekundet hatten, enthielten sich überraschenderweise der Stimme; ***his refusal was a childish ~ of defiance*** seine Weigerung war eine kindische Trotzreaktion; **~ of force** Machtdemonstration *f geh;* **~ of kindness** Geste *f* der Freundlichkeit; **~ of solidarity** Solidaritätsbekundung *f geh;* **~ of strength/unity** Demonstration *f* der Stärke/Einigkeit *geh; **the troops paraded in a ~ of strength through the capital*** die Truppen marschierten durch die Hauptstadt, um ihre Stärke zu demonstrieren; ***despite their public ~ of unity they are close to getting divorced*** obwohl sie nach außen hin Einigkeit demonstrieren, stehen sie kurz vor der Scheidung
② *no pl (display, impression)* Schau *f;* **just** [*or* **only**] **for ~** nur der Schau wegen; ***are those lights just for ~?*** sollen die Lichter nur Eindruck machen?; **to make a ~ of sth** etw zur Schau stellen; ***he really made a ~ of accepting the award*** *(fam)* er hat bei der Entgegennahme des Preises die große Show [*o* eine Show] abgezogen *fam*
③ *no pl (impressive sight)* Pracht *f,* Schauspiel *nt geh;* **a ~ of colour/flowers** eine Farben-/Blumenpracht
④ *(exhibition, event)* Schau *f,* Ausstellung *f;* **dog/fashion ~** Hunde-/Modenschau *f;* **retrospective ~** Retrospektive *f;* **slide ~** Diavorführung *f,* Diavortrag *m;* ■**to be on ~** ausgestellt sein
⑤ *(entertainment)* Show *f; (on TV also)* Unterhaltungssendung *f; (at a theatre)* Vorstellung *f,* Vorführung *f;* **puppet ~** Puppenspiel *nt,* Marionettentheater *nt;* **quiz ~** Quizsendung *f,* Quizshow *f;* **radio/stage ~** Radio-/Bühnenshow *f;* **talent ~** Talentwettbewerb *m;* **to stage a ~** eine Show auf die Bühne bringen
⑥ *no pl (fam: activity, affair)* Sache *f; (undertaking)* Laden *m fig fam; (situation)* Situation *f; **who will run the ~ when she retires?*** wer wird den Laden schmeißen, wenn sie in Pension geht? *fam; **she prefers to be in charge of her own ~*** sie zieht es vor, unabhängig schalten und walten zu können; ***how did she run the ~ when the company threatened legal action?*** wie hat sie die Angelegenheit geregelt, als die Firma mit rechtlichen Schritten drohte?; ***I didn't like how he ran the ~ during the strike*** mir hat es nicht gefallen, wie er mit der Situation während des Streiks umgegangen ist; ***it's her [own] ~*** sie ist hier der Boss [*o* hat hier das Sagen] *fam; **who is running the ~?, whose ~ is it?*** wer ist hier der Boss [*o* hat hier das Sagen]? *fam; **the wedding is their ~, let them do it their way*** es ist ihre Sache [zu entscheiden], wie ihre Hochzeit ablaufen soll
⑦ *no pl* AM *(sl: major league baseball)* ■**the ~** die Baseballoberliga
▸PHRASES: **bad** [*or* **poor**]/**good ~!** *(dated fam)* schwache Leistung!/gut [gemacht]!; **let's get the** [*or* **this**] **~ on the road** *(fam)* lasst uns die Sache [endlich] in Angriff nehmen; **the ~ must go on** *(saying)* die Show muss weitergehen; **~ of hands** [Abstimmung *f* per] Handzeichen *nt; **let me see a ~ of hands*** bitte mal die Hand hochheben; ***let's have a ~ of hands*** lass uns per Hand abstimmen; **by** [*or* **on**] **a ~ of hands** durch Handzeichen; **to make** [*or* **put** on] **a ~** eine Schau abziehen *fam;* **to make** [*or* **put** on] **a ~ of doing sth** vortäuschen, etw zu tun; ***they put on a ~ of being interested*** sie taten so als seien sie interessiert, sie täuschten Interesse vor; **to put on** [*or* **up**] **a good ~** sich *akk* bemühen, Einsatz zeigen

II. TRANSITIVE VERB

<showed, shown *or* showed> ① *(display, project)* ■**to ~ [sb] sth** [jdm] etw zeigen; *(exhibit)* ■**to ~ sth** etw ausstellen; *(perform)* ■**to ~ sth** etw vorführen; *(produce)* ■**to ~ sth** etw vorzeigen; ***don't ever ~ yourself here again!*** lass dich hier ja nie wieder blicken!; ***the photos ~ them kissing and cuddling*** die Fotos zeigen sie küssend und in liebevoller Umarmung; **to ~ sb one's ability** jdm seine Fähigkeiten vorführen; **to ~ a film** einen Film zeigen [*o fam* bringen]; ***this film has never been ~n on television*** dieser Film kam noch nie im Fernsehen; **to ~ a flag** eine Flagge hissen; **to ~ one's passport at the border** seinen Pass an der Grenze vorzeigen; **to ~ sb one's ticket** jdm seine Fahrkarte [vor]zeigen; **to ~ slides** Dias vorführen [*o* zeigen]; **to ~ the time** die Uhrzeit anzeigen; **to ~ one's work** ART [seine Arbeiten] ausstellen; ***his paintings will be ~n in the National Gallery until May*** seine Bilder sind bis Mai in der Nationalgalerie zu sehen
② *(expose)* ■**to ~ sth** etw sehen lassen; ***your blouse is ~ing your bra*** durch deine Bluse kann man deinen BH sehen; ***this carpet ~s all the dirt*** bei dem Teppich kann man jedes bisschen Schmutz sehen
③ *(reveal)* ■**to ~ sth** etw zeigen [*o* erkennen lassen]; ***he started to ~ his age*** man begann, ihm sein Alter anzusehen; ***he ~ed no signs of improvement*** er zeigte keinerlei Besserung; **to ~ courage/initiative/common sense** Mut/Unternehmungsgeist/gesunden Menschenverstand beweisen; **to ~ genius/originality** Genie/Originalität beweisen; **to ~ promise** viel versprechend sein
④ *(express)* ■**to ~ sth** etw zeigen; **to ~ a bias/enthusiasm for sth** eine Vorliebe/Begeisterung für etw *akk* zeigen; **to ~ clemency** Milde walten lassen; **to ~ compassion [for sb]** [mit jdm] Mitleid haben; **to ~ compunction** Gewissensbisse haben; **to ~ [sb] one's gratitude** sich *akk* [jdm gegenüber] dankbar erweisen [*o* zeigen]; **to ~ sb respect** jdm Respekt erweisen; ***you have to ~ more respect*** du solltest mehr Respekt zeigen
⑤ *(point out, indicate)* ■**to ~ sth [to sb]** [jdm] etw zeigen; *(represent)* ■**to ~ sth** etw darstellen; ***the map ~s where her house is*** auf der Karte ist ihr Haus zu sehen; ***this map ~s urban areas in grey*** auf dieser Karte sind die Stadtgebiete grau dargestellt; ***it's ~ing signs of rain*** es sieht nach Regen aus
⑥ *(explain)* ■**to ~ sb sth** jdm etw zeigen [*o* erklären]; **to ~ sb the way** jdm den Weg zeigen
⑦ *(record)* ■**to ~ sth** etw anzeigen; *statistics* etw [auf]zeigen; **to ~ a loss/profit** einen Verlust/Gewinn aufweisen
⑧ *(prove)* ■**to ~ sth** etw beweisen; **to ~ cause** LAW seine Gründe vorbringen; **order to ~ cause** gerichtliche Verfügung; **to ~ one's mettle** zeigen, was in einem steckt; ■**to ~ sb that ...** jdm zeigen [*o* beweisen], dass ...; ■**to ~ [sb] how/why ...** [jdm] zeigen, wie/warum ...; ■**to ~ oneself [to be] sth** sich *akk* als etw erweisen
⑨ *(escort)* ■**to ~ sb into/out of/to sth** jdn in etw *akk*/aus/zu etw *dat* führen [*o* bringen]; ■**to ~ sb over** [*or* AM *usu* **around**] **a place** jdm einen Ort zeigen; ***they ~ed us over the estate*** sie führten uns auf dem Anwesen herum
▸PHRASES: **to ~ one's cards** [*or* **hand**] seine Karten aufdecken *fig;* **to ~ sb the door** jdm die Tür weisen; **to dare [to] ~ one's face** es wagen, aufzukreuzen *fam; **he won't dare to ~ his face here again*** er wird es nie wieder wagen, hier aufzukreuzen *fam;* **to have nothing to ~ for it** [*or* **for one's efforts**] [am Ende] nichts vorzuweisen haben; ***five years in the job, and what have you got to ~ for it?*** du machst diesen Job nun schon seit fünf Jahren, und was hast du nun von all der Mühe?; **to ~ [sb] no quarter** *(liter)* [mit jdm] kein Erbarmen haben; **to ~ one's teeth** die Zähne zeigen *fig fam;* **to ~ one's true colours** Farbe bekennen; **to ~ the way** [**forward**] den Weg weisen *fig;* **that will ~ you/her** *(fam)* das wird dir/ihr eine Lehre sein

III. INTRANSITIVE VERB

<showed, shown *or* showed> ① *(be visible)* zu sehen sein; ***the trees ~ blue on these photographs*** die Bäume erscheinen auf diesen Fotos blau; ***she's four months pregnant and starting to ~*** sie ist im vierten Monat schwanger und allmählich sieht man es auch; **to let sth ~** sich *dat* etw anmerken lassen
② *esp* AM, AUS *(fam: arrive)* auftauchen, aufkreuzen *fam*
③ *(be shown) film* gezeigt werden, laufen *fam; **now ~ing at a cinema near you!*** jetzt im Kino!
④ *(exhibit)* ausstellen
⑤ AM *(come third in horse racing)* Dritte(r) *f(m)* werden
◆**show around** *vt* AM *see* **show round**
◆**show in** *vt* ■**to ~ in** ↔ **sb** *(bring)* jdn hereinführen; *(take)* jdn hineinführen
◆**show off I.** *vt* ■**to ~ off** ↔ **sb/sth** mit jdm/etw angeben
II. *vi* angeben
◆**show out** *vt* ■**to ~ out** ↔ **sb** jdn hinausführen; ***will you ~ Ms Nester out please?*** würden Sie Frau Nester bitte zur Tür bringen?; ***I'll ~ myself out*** ich finde schon allein hinaus
◆**show round** *vt* ① *(escort)* ■**to ~ sb round** jdn herumführen; **to ~ sb round the house** jdm das Haus zeigen
② *(pass round)* ■**to ~ sth round** etw herumzeigen
◆**show through** *vi* durchschimmern; *(fig) **her sadness ~ed through*** man merkte ihr ihre Traurigkeit an
◆**show up I.** *vi* ① *(appear)* sich *akk* zeigen; ***the drug does not ~ up in blood tests*** das Medikament ist in Blutproben nicht nachweisbar
② *(fam: arrive)* erscheinen, auftauchen *fam;* **to fail to ~ up** nicht erscheinen [*o fam* aufkreuzen]

II. *vt* ❶ *(make visible)* ■ **to ~ up** ⊂ **sth** etw zeigen [*o* zum Vorschein bringen]
❷ *(expose)* ■ **to ~ up** ⊂ **sth** etw aufdecken; ■ **to ~ up** ⊂ **sb** jdn entlarven; **to ~ sb up as [being] a cheat** jdn als Lügner entlarven
❸ *(embarrass)* ■ **to ~ up** ⊂ **sb** jdn bloßstellen [*o* kompromittieren]

show-and-'tell *n no pl* AM, AUS *Unterrichtsmethode, bei der Schüler ein Anschauungsobjekt mit in die Schule bringen und den anderen Schülern erklären*

show·biz ['ʃəʊbɪz, AM 'ʃoʊ-] *n no pl (fam) short for* **show business** Showbiz *nt fam* **show·biz per·son·'al·ity** *n (fam)* Prominente(r) *f(m) (aus dem Showgeschäft)*

'show·boat AM I. *n* ❶ *(ship)* Theaterschiff *nt* ❷ *(fam: show-off)* Angeber(in) *m(f)* II. *adj (fam)* angeberisch *fam* III. *vi (fam)* angeben *fam* **'show·boat·ing** *n no pl* AM Prahlerei *f*, Angeberei *f fam*

'show busi·ness *n no pl* Showbusiness *nt*, Showgeschäft *nt*, Unterhaltungsbranche *f*; **in ~** im Showgeschäft

'show·case I. *n* ❶ *(container)* Schaukasten *m*, Vitrine *f*
❷ *(fig: place/opportunity for presentation)* Schau *f*, Schaufenster *nt*
II. *vt* ■ **to ~ sth** etw ausstellen; **to ~ one's talent** seine Begabung unter Beweis stellen

'show·down *n* Showdown *m*, Kraftprobe *f*; ■ **a ~ with sb** ein Entscheidungskampf *m* gegen jdn; **to prepare for a ~ [with sb]** sich *akk* auf einen Showdown [mit jdm] vorbereiten

show·er ['ʃaʊəʳ, AM 'ʃaʊə] I. *n* ❶ *(brief fall)* Schauer *m*; **~ of rain/snow** Regen-/Schneeschauer *m*; **thunder ~** Gewitterschauer *m*; **hard [*or* heavy] ~** heftiger Schauer; **thundery ~s** gewittrige Schauer
❷ *(spray)* Regen *m*; **to bring a ~ of praise upon sb** *(fig)* jdm viel Lob einbringen; **~ of sparks** Funkenregen *m*
❸ *(for bathing)* Dusche *f*; **to be in the ~** unter der Dusche sein; **to have [*or* take] a ~** duschen
❹ AM *(party) Frauenparty vor einer Hochzeit, Geburt etc., bei der Geschenke überreicht werden*
II. *vt* ❶ *(with liquid)* ■ **to ~ sb/sth** etw/jdn bespritzen; **to ~ sb with champagne** jdn mit Champagner bespritzen
❷ *(fig)* ■ **to ~ sb/sth with sth,** ■ **to ~ sth on sb/sth** *(rain down)* etw auf jdn/etw niederregnen lassen; *(lavish)* jdn/etw mit etw *dat* überhäufen; **to ~ compliments on sb** jdn mit Komplimenten überhäufen; **to ~ sb with presents/praise** jdn mit Geschenken/Lob überhäufen; **to ~ a town with missiles** einen Raketenhagel auf eine Stadt niedergehen lassen, eine Stadt unter Raketenbeschuss nehmen
III. *vi* ❶ *(take a shower)* duschen
❷ *(spray)* ■ **to ~ down** niederregnen, niederfallen

'show·er at·tach·ment *n* Duschvorrichtung *f* **'show·er cabi·net** *n* Duschkabine *f* **'show·er cap** *n* Duschhaube *f* **'show·er cream** *n* Duschcreme *f* **'show·er cur·tain** *n* Duschvorhang *m* **'show·er gel** *n* Duschgel *nt* **'show·er·head** *n* Duschkopf *m* **'show·er·proof** *adj* AUS, BRIT Wasser abweisend *attr* **'show·er-safe** *adj inv* wasserfest

'show·er tea *n* AUS *Frauenparty, bei der einer Braut Geschenke überreicht werden*

show·ery ['ʃaʊəri, AM 'ʃaʊri] *adj* mit vereinzelten Regenschauern *nach n*; **~ weather** regnerisches Wetter

'show flask *n* CHEM Standgefäß *nt*

'show flat *n* Musterwohnung *f*

'show·girl *n* Revuegirl *nt* **'show·ground** *n* Veranstaltungsgelände *nt*

'show home, 'show house *n* BRIT Musterhaus *nt*

showi·ly ['ʃəʊɪli, AM 'ʃoʊ-] *adv* auffällig, protzig *meist pej fam*

showi·ness ['ʃəʊɪnəs, AM 'ʃoʊ-] *n no pl* Pomp *m*, Protzerei *f*

show·ing ['ʃəʊɪŋ, AM 'ʃoʊ-] *n usu sing* ❶ *(exhibition)* Ausstellung *f*
❷ *(broadcasting)* Übertragung *f*
❸ *(performance in competition)* Vorstellung *f*; **to make [*or* manage] a good/strong/dismal ~** eine gute/eindrucksvolle/schwache Vorstellung geben

'show jump·er *n* ❶ *(horse)* Springpferd *nt* ❷ *(rider)* Springreiter(in) *m(f)* **'show jump·ing** *n no pl* Springreiten *nt*

'show·man *n (esp approv)* Showman *m* **show·man·ship** ['ʃəʊmənʃɪp, AM 'ʃoʊ-] *n no pl (esp approv)* publikumswirksames Auftreten

shown ['ʃəʊn, AM 'ʃoʊn] *vt, vi pp of* **show**

'show-off *n* Angeber(in) *m(f)*

'show·piece I. *n* Paradebeispiel *nt* II. *n modifier (hospital, jail)* Vorzeige- **'show·place** *n* Ausstellungsgelände *nt*, Besichtigungsstätte *f*

'show pony *n* AUS Blender(in) *m(f)*

'show·room *n* Ausstellungsraum *m*

'show·stop·per *n* sensationelle Darbietung **'show·stop·ping** *adj attr, inv* sensationell; ***his recital of Shakespeare in the middle of the play was a ~ performance*** für seinen Shakespeare-Monolog im Stück erhielt er stürmischen Szenenapplaus

'show time *n no pl* Aufführung[szeit] *f*, Darbietung *f*, Show *f a. iron*

'show trial *n* Schauprozess *m*

showy ['ʃəʊi, AM 'ʃoʊi] *adj* auffällig, protzig *meist pej fam*

shrank [ʃræŋk] *vt, vi pt of* **shrink**

shrap·nel ['ʃræpnəl] *n no pl* Granatsplitter *pl*; **to be hit by ~** von Granatsplittern getroffen werden

shred [ʃred] I. *n* ❶ *usu pl (thin long strip)* Streifen *m*; **to leave sb's reputation in ~s** jds Ruf ruinieren; **to be in ~s** zerfetzt sein; **to rip [*or* tear] sth to ~s** etw in Fetzen reißen; **to tear sb to ~s** *(fig)* jdn in Stücke reißen
❷ *no pl (tiny bit) of hope* Funke *m*; ***there isn't a ~ of evidence*** es gibt nicht den geringsten Beweis; **without a ~ of clothing on** splitter[faser]nackt; **every ~ of credibility** jedes bisschen Glaubwürdigkeit
II. *vt* <-dd-> ■ **to ~ sth** etw zerkleinern; **to ~ a document** ein Dokument vernichten [*o* shredden]; **to ~ vegetables** Gemüse hacken
III. *vi (sl)* Ski laufen; *(snowboard)* snowboarden

shred·ded wheat [ʃredɪd'(h)wi:t] *n* AM Weizenschrot *m o nt kein pl*

shred·der ['ʃredəʳ, AM -ə] *n* Reißwolf *m*, Shredder *m*; **garden ~** Häcksler *m*

shrew [ʃru:] *n* ❶ *(animal)* Spitzmaus *f*
❷ *(pej: woman)* Hexe *f pej*, Xanthippe *f pej*

shrewd [ʃru:d] *adj (approv)* schlau, klug, gewieft *fam*; **~ comment** kluge [*o* scharfsinnige] Bemerkung; **~ decision** kluge Entscheidung; **~ eye** scharfes Auge; **to make a ~ guess** gut raten; **~ move** geschickter Schachzug

shrewd·ly ['ʃru:dli] *adv (approv)* schlau, klug; ***she ~ predicted the stock market crash*** sie sah den Zusammenbruch des Börsenmarkts scharfsinnig voraus

shrewd·ness ['ʃru:dnəs] *n no pl (approv)* Klugheit *f*

shrew·ish ['ʃru:ɪʃ] *adj (pej)* zänkisch *pej*

shriek [ʃri:k] I. *n* [schriller, kurzer] Schrei; *seagull* Kreischen *nt kein pl*; **~ of delight** Freudenschrei *m*
II. *vi* kreischen; **to ~ with laughter** vor Lachen brüllen; **to ~ in pain** vor Schmerzen schreien
III. *vt* ■ **to ~ sth** etw schreien; **to ~ abuse at sb** jdn lauthals beschimpfen

shrift [ʃrɪft] *n* ▸ PHRASES: **to get short ~ from sb** von jdm wenig Mitleid bekommen; **to give short ~ to sb** jdm wenig Beachtung schenken, jdn kurz abfertigen; **to give short ~ to sth** etw *dat* wenig Beachtung schenken; **to make short ~ of sth** mit etw *dat* kurzen Prozess machen

shrill [ʃrɪl] I. *adj* schrill; **~ attack** *(fig)* heftige Attacke, scharfer Angriff
II. *vi* schrillen

shrill·ness ['ʃrɪlnəs] *n no pl* schriller Ton

shril·ly ['ʃrɪli] *adv* schrill; **to utter/yell sth ~** etw mit schriller Stimme äußern/schreien

shrimp [ʃrɪmp] I. *n* ❶ <*pl* -s *or* -> *(crustacean)* Garnele *f*, Shrimp *m*, Crevette *f* SCHWEIZ
❷ *(pej fam: very short person)* Zwerg *m hum*
II. *n modifier (casserole, dip, dish, soup)* Garnelen-; **~ salad** Shrimpsalat *m*

shrimp 'cock·tail *n* AM Shrimpscocktail *m*, Crevettencocktail *m* SCHWEIZ

shrine [ʃraɪn] *n* Heiligtum *nt*; *(casket for relics)* Schrein *m a. fig*; *(tomb)* Grabmal *nt*; *(place of worship)* Pilgerstätte *f*

shrink [ʃrɪŋk] I. *vi* <shrank *or esp* AM shrunk, shrunk *or* AM *also* shrunken> ❶ *(become smaller)* schrumpfen; *sweater* eingehen; **to ~ dramatically** *(fig)* drastisch zusammenschrumpfen [*o* sinken]
❷ *(liter: cower)* sich *akk* ducken; ■ **to ~ at sth** bei etw *dat* zusammenzucken
❸ *(pull back)* ■ **to ~ away** zurückweichen, zurückschrecken; ■ **to ~ away from sb/sth** vor jdm/etw zurückschrecken
❹ *(show reluctance)* ■ **to ~ from [doing] sth** sich *akk* vor etw *dat* drücken *fam*; **to ~ from a difficulty** einer Schwierigkeit aus dem Weg gehen
II. *vt* <shrank *or* AM *esp* shrunk, shrunk *or* AM *also* shrunken> ■ **to ~ sth** etw schrumpfen lassen; ***I shrank another shirt today*** mir ist heute schon wieder ein Hemd eingegangen; **to ~ costs** die Kosten senken
III. *n (fam)* Psychiater(in) *m(f)*

shrink·age ['ʃrɪŋkɪdʒ] *n no pl* ❶ *(becoming smaller)* Schrumpfen *nt*; *of a sweater* Eingehen *nt*
❷ *(decrease)* Schwund *m*, Einbußen *pl*, Minderung *f*
❸ *(fam: shoplifting)* Ladendiebstahl *m*
❹ COMM, FIN Schrumpfung, f

shrink·ing ['ʃrɪŋkɪŋ] *adj* schrumpfend *attr*

shrink·ing 'vio·let *n (fam)* Mimose *f oft pej*

'shrink-wrap I. *n* Plastikfolie *f*
II. *vt* **to ~ food** Nahrungsmittel in Frischhaltefolie einpacken; **to ~ a book** ein Buch in Folie einschweißen

shrive <shrove, shriven> [ʃraɪv] *vt (old)* ■ **to ~ sb** jdm die Beichte abnehmen, jdn von seinen Sünden lossprechen

shriv·el <BRIT -ll- *or* AM *usu* -l-> ['ʃrɪvəl] I. *vi* [zusammen]schrumpfen; *fruit* schrumpeln; *plants* welken; *skin* faltig werden; *(fig) profits* schwinden
II. *vt* ■ **to ~ sth** etw zusammenschrumpfen lassen; **to ~ the crops** die Ernte vertrocknen lassen; **to ~ the skin** die Haut faltig werden lassen
◆ **shrivel up** *vi* zusammenschrumpfen; *fruit* vertrocknen, schrumpeln; **~led-up leaf** verwelktes Blatt
▸ PHRASES: **to want to ~ up and die** in den Boden versinken wollen

shriv·elled, AM **shriv·eled** ['ʃrɪvəld] *adj fruit* verschrumpelt; *leaf* verwelkt; *skin* faltig

shroud [ʃraʊd] I. *n* ❶ *(burial wrapping)* Leichentuch *nt*
❷ *(covering)* Hülle *f*; **~ of dust** Staubschicht *f*; **~ of fog** Nebelschleier *m*; **a ~ of secrecy** *(fig)* ein Mantel *m* der Verschwiegenheit *fig*
II. *vt* ■ **to ~ sth** etw einhüllen; **~ed in darkness** in Dunkelheit eingehüllt; **~ed in fog** in Nebel gehüllt, nebelverhangen *geh*; **~ed in mystery** *(fig)* geheimnisumwoben *geh*, geheimnisumwittert *geh*; **to ~ sth in scaffolding** etw einrüsten; **to ~ sth in secrecy** *(fig)* etw geheim halten

Shrove·tide ['ʃrəʊvtaɪd, AM 'ʃroʊv-] *n* Fastnacht *f*, Karneval *m bes* MITTELD, Fasching *m* SÜDD, ÖSTERR, Fasnacht *f* SCHWEIZ

Shrove Tues·day [ʃrəʊv'tju:zdeɪ, AM ʃroʊv'tu:-, tju:-] *n no art* Fastnachtsdienstag *m*, Faschingsdienstag *m* SÜDD, ÖSTERR, Fasnachtsdienstag *m* SCHWEIZ

shrub [ʃrʌb] *n* Strauch *m*, Busch *m*; **a flowering ~** ein blühender Busch

shrub·bery ['ʃrʌbəri] *n no pl* ❶ *(area planted with bushes)* Gebüsch *nt*, Buschwerk *nt*
❷ *(group of bushes)* Sträucher *pl*

shrub·by ['ʃrʌbi] *adj* buschig

shrug [ʃrʌg] I. *n* ❶ *of one's shoulders* Achselzucken *nt kein pl*; **~ of contempt** verächtliches Achselzucken
❷ FASHION *Stola mit Ärmeln*
II. *vi* <-gg-> die Achseln zucken

S

III. *vt* <-gg-> **to ~ one's shoulders** die Achseln zucken; *(fig)* tatenlos zusehen

◆**shrug aside** *vt* ■**to ~ aside** ↔ **sth** etw mit einem Achselzucken abtun

◆**shrug off** *vt* ❶ *see* **shrug aside**

❷ *(get rid of)* ■**to ~ off** ↔ **sth** etw loswerden

shrunk [ʃrʌŋk] *vt, vi pp, pt of* **shrink**

shrunk·en [ˈʃrʌŋkən] **I.** *adj* geschrumpft; **~ figure** in sich zusammengesunkene Gestalt; **~ profits** niedrigere Gewinne

II. *vt, vi* AM *pp of* **shrink**

shtick [ʃtɪk] *n* AM *(sl)* Trick *m,* Show *f fam;* ***Tom went into his ~ about his mother-in-law again*** Tom zog wieder mal seine Schwiegermuttershow ab *fam*

shtook, shtuck [ʃtʊk] *n no pl* BRIT *(sl)* Ärger *m,* Stunk *m pej fam;* **to be in ~** Schwierigkeiten bekommen, Stunk haben *pej fam*

shtum, schtum [ʃtu:m] *adj (fam: silent, non-communicative)* ■**to keep ~** [**about sth**] [zu etw *dat*] nichts sagen

shuck [ʃʌk] *vt* AM ❶ FOOD ■**to ~ sth** *corn* etw schälen; **to ~ beans** Bohnen enthülsen; **to ~ oysters** Austern aus der Schale herauslösen

❷ *(remove)* **to ~ one's clothes** seine Kleider ausziehen [*o* ablegen]

◆**shuck off** *vt* AM ■**to ~ off** ↔ **sth** sich *akk* von etw *dat* befreien, etw abschütteln; **to ~ a bad habit off** eine schlechte Angewohnheit ablegen

shucks [ʃʌks] *interj* AM *(fam)* ach Quatsch! *fam;* ***~, I wish I could have gone to the party*** ach Mensch, hätte ich doch nur zur Party gehen können *fam*

shud·der [ˈʃʌdəʳ, AM -ɚ] **I.** *vi* zittern, erschaudern *geh; ground* beben; ***I ~ to think what would have happened if ...*** mir graut vor dem Gedanken, was passiert wäre, wenn ...; ***she ~ed at the thought of kissing him*** es schauderte sie bei dem Gedanken, ihn zu küssen; **to ~ with disgust/horror/loathing** vor Ekel/Grauen/Abscheu erschaudern *geh;* **to ~ to a halt** mit einem Rucken zum Stehen kommen; ***the economy has ~ed to a halt*** *(fig)* die Wirtschaft ist zum Erliegen gekommen; **to ~ at the memory of sth** mit Schaudern an etw *akk* zurückdenken

II. *n* Schauder *m geh,* Schaudern *nt kein pl;* ***Wendy gave a ~ of disgust*** Wendy schüttelte sich vor Ekel; **to send a ~ down one's spine** jdm einen Schauder den Rücken hinunterjagen; **to send a ~ through sb** jdn erschaudern lassen *geh*

shuf·fle [ˈʃʌfl] **I.** *n* ❶ CARDS Mischen *nt kein pl (von Karten);* **to give the cards a ~** die Karten mischen

❷ *(rearrangement)* Neuordnung *f kein pl;* ***she gave her papers a quick ~*** sie sortierte ihre Papiere rasch neu

❸ *esp* AM, AUS, CAN *(shake-up)* **cabinet ~** Kabinettsumbildung *f;* **management ~** personelle Umstrukturierung in der Geschäftsleitung

❹ *no pl of feet* Schlurfen *nt*

II. *vt* ❶ *(mix)* **to ~ cards** [*or* AM **a deck**] Karten mischen

❷ *(move around)* ■**to ~ sth** [**around**] etw hin- und herschieben; **paper-shuffling employee** Angestellte(r) *f(m),* die/der nur Papier umschichtet

❸ *(drag)* **to ~ one's feet** schlurfen

III. *vi* ❶ CARDS Karten mischen

❷ *(sort through)* ■**to ~ through sth** etw durchblättern

❸ *(drag one's feet)* schlurfen; ■**to ~ along** *(fig)* sich *akk* dahinschleppen; ■**to ~ around** unruhig sein, herumzappeln *fam*

◆**shuffle off** *vt* ■**to ~ off** ↔ **sth** etw abschütteln; **to ~ off a burden** sich *akk* von einer Last befreien; **to ~ off responsibility** [**onto sb**] Verantwortung [auf jdn] abwälzen

▸PHRASES: **when we have ~d off this mortal coil** *(quotation from Hamlet)* wenn wir den Drang des Irdischen abgeschüttelt

shuf·fle·board [ˈʃʌflbɔ:d, AM -bɔ:rd] *n no pl* AM, CAN *(shovelboard)* Beilkespiel *nt*

shuf·fling [ˈʃʌflɪŋ] *adj inv* schlurfend

shuf·ti, shuf·ty [ˈʃʊfti] *n no pl* BRIT *(dated fam)* Blick *m;* **to have a ~** [**at sth**] einen Blick [auf etw *akk*] werfen

shun <-nn-> [ʃʌn] *vt* ■**to ~ sth** etw meiden, etw *dat* ausweichen; ■**to ~ sb** jdm aus dem Weg gehen; **to ~ publicity** die Öffentlichkeit meiden

shunt [ʃʌnt] **I.** *vt* ❶ RAIL ■**to ~ sth** etw verschieben; **to ~ a train/carriages** einen Zug/Waggons rangieren

❷ *(fig: move)* ■**to ~ sth** etw abschieben; ■**to ~ sb** jdn schieben; *(get rid of)* jdn abschieben *fam;* ***I spent most of my childhood being ~ed between my parents*** den größten Teil meiner Kindheit wurde ich von einem Elternteil zum anderen geschoben; **to be ~ed to later times** auf einen späteren Zeitpunkt verschoben werden; ■**to ~ sb aside** jdn aufs Abstellgleis stellen *fam*

II. *n* ❶ RAIL Rangieren *nt kein pl,* Verschieben *nt kein pl;* **to give a train/carriage a ~** einen Zug/Waggon verschieben

❷ BRIT AUTO *(fam)* Bums *m fam*

shunt·er [ˈʃʌntəʳ, AM -ɚ] *n* Rangierlok[omotive] *f*

shunt·ing [ˈʃʌntɪŋ] *n* Rangieren *nt kein pl,* Verschieben *nt kein pl*

ˈshunt·ing en·gine *n* Rangierlok[omotive] *f*
ˈshunt·ing sta·tion, ˈshunt·ing yard *n* Rangierbahnhof *m*

shush [ʃʊʃ] **I.** *interj* sch!, pst!

II. *vt (fam)* ■**to ~ sb** jdm sagen, dass er/sie still sein soll

III. *vi (fam)* still sein

shut [ʃʌt] **I.** *adj inv* geschlossen; **~ curtains** zugezogene Vorhänge; **to slam a door ~** eine Tür zuschlagen; **to slide ~** sich *akk* automatisch schließen

▸PHRASES: **to be/get ~ of sb/sth** jdn/etw los sein/loswerden

II. *vt* <-tt-, shut, shut> ❶ *(close)* ■**to ~ sth** etw schließen [*o* zumachen]; **to ~ a book** ein Buch zuklappen; **to ~ one's eyes/ears to sth** seine Augen/Ohren vor etw *dat* verschließen

❷ COMM *(stop operating)* ■**to ~ sth** etw schließen [*o* zusperren]

❸ *(pinch)* **to ~ one's finger/hand in sth** sich *dat* den Finger/die Hand in etw *dat* einklemmen

▸PHRASES: **~ your face!** *(fam!)* halt die Klappe! *fam;* **~ your gob!** *(fam!)* halt's Maul! *derb,* halt die Fresse! *derb;* **~ it!** *(fam!)* Klappe! *sl;* **~ your mouth!** *(fam!)* halt den Mund! *fam;* **~ your yap!** AM *(fam!)* halt die Schnauze! *fam*

III. *vi* <-tt-, shut, shut> ❶ *(close)* schließen, zumachen

❷ COMM *(stop operating)* schließen, zusperren

◆**shut away** *vt* ■**to ~ away** ↔ **sb** jdn einschließen [*o* einsperren]; ■**to ~ oneself away** sich *akk* einschließen

◆**shut down I.** *vt* ■**to ~ down** ↔ **sth** ❶ *(stop operating)* etw schließen; **to ~ down an airport** einen Flughafen sperren

❷ *(turn off)* etw abstellen; **to ~ the system down** das System herunterfahren

II. *vi business, factory* zumachen; *engine* sich *akk* abstellen

◆**shut in** *vt* ■**to ~ in** ↔ **sb** jdn einschließen [*o* einsperren]; ■**to ~ oneself in** sich *akk* einsperren

◆**shut off** *vt* ❶ *(isolate)* ■**to ~ off** ↔ **sb/sth** [**from sth**] jdn/etw [von etw *dat*] isolieren; *(protect)* jdn/etw [von etw *dat*] abschirmen; **to ~ oneself off** [**from one's friends**] sich *akk* [von seinen Freunden] zurückziehen

❷ *(turn off)* ■**to ~ off** ↔ **sth** etw abstellen [*o* ausmachen]; **to ~ off a computer/system** einen Computer/ein System herunterfahren

❸ *(stop sending)* ■**to ~ off** ↔ **sth** etw einstellen; **to ~ off humanitarian aid** humanitäre Hilfe unterbinden; **to ~ off funds** Geldmittel sperren; **to ~ off signals** Signale verhindern

◆**shut out** *vt* ❶ *(block out)* ■**to ~ out** ↔ **sth** etw ausschließen; *(fig) thoughts* etw verdrängen; ***the double glazing ~s out most of the traffic noise*** die doppelten Fenster halten den größten Teil des Verkehrslärms ab; **to ~ out the light** das Licht abschirmen; **to ~ out the memory of sth** die Erinnerung an etw *akk* ausschalten; **to ~ out pain** Schmerz ausschalten

❷ *(exclude)* ■**to ~ out sb** [**from** [*or* **of**] **sth**] jdn [von etw *dat*] ausschließen *a. fig;* **to ~ sb out of power** jdn nicht an der Macht teilhaben lassen

❸ SPORT *(prevent from scoring)* ■**to ~ out** ↔ **sb** jdn zu null schlagen

◆**shut up I.** *vt* ❶ *(confine)* ■**to ~ up** ↔ **sb/an animal** [**in sth**] jdn/ein Tier [in etw *dat*] einsperren

❷ AUS, BRIT *(close)* ■**to ~ up** ↔ **sth** etw schließen; **to ~ up shop** das Geschäft schließen; *(fig: stop business)* seine Tätigkeit einstellen

❸ *(fam: cause to stop talking)* ■**to ~ up** ↔ **sb** jdn zum Schweigen bringen; **to ~ up a baby** *(fig)* ein Baby beruhigen; **to ~ sb up for good** jdn für immer zum Schweigen bringen

II. *vi* ❶ AUS, BRIT *(close for day)* [seinen Laden] zuschließen

❷ *(fam: stop talking)* den Mund halten *fam*

ˈshut·down *n* Schließung *f,* Stilllegung *f*

ˈshut·down pro·cedure *n* Vorgehen *nt* im Fall eines Versagens der Anlage

ˈshut·eye *n no pl esp* AM *(dated fam)* Nickerchen *nt fam;* **to get** [*or* **grab**] **some ~** eine Mütze voll Schlaf nehmen *fam,* ein Nickerchen machen *fam*

shut ˈin *adj pred,* **ˈshut-in** *adj attr* **a ~ feeling** ein Gefühl *nt* des Eingesperrtseins [*o* der Enge]; **to feel ~** sich *akk* eingesperrt fühlen

ˈshut-in *n Person, die an das Haus gefesselt ist*

ˈshut-off I. *n* Abstellvorrichtung *f,* Abschaltmechanismus *m*

II. *n modifier* Abstell-, Abschalt-; **~ switch** Aus-Schalter *m*

ˈshut-off valve *n* Sperrventil *nt*

ˈshut·out *n* AM SPORT Niederlage *f* zu null [*o* ohne Punkt]

shut·ter [ˈʃʌtəʳ, AM ˈʃʌt̬ɚ] *n* ❶ PHOT Kameraverschluss *m,* Blende *f;* **to open the ~** die Blende öffnen

❷ *usu pl (window cover)* Fensterladen *m;* **to close/open the ~s** die Fensterläden schließen/öffnen; **to pull down/put up the ~s** die Rollläden [*o* ÖSTERR *a.* Rollbalken] herunterlassen/hochziehen

ˈshut·ter·bug *n* AM *(fam)* begeisterter Fotograf, begeisterte Fotografin, Fotofanatiker(in) *m(f)*

shut·tered [ˈʃʌtəd, AM ˈʃʌt̬ɚd] *adj inv* ❶ *(with shutters closed)* ■**to be ~** geschlossene Fensterläden haben, die Rollläden [*o* ÖSTERR *a.* Rollbalken] heruntergelassen haben

❷ *(having shutters)* mit Fensterläden *nach n*

ˈshut·ter speed *n* PHOT Belichtungszeit *f;* **high ~** kurze Belichtungszeit

shut·tle [ˈʃʌtl̩, AM ˈʃʌt̬l̩] **I.** *n* ❶ *(train)* Pendelzug *m; (plane)* Pendelmaschine *f;* **air ~** [**service**] Shuttleflug *m;* **space ~** Raumfähre *f*

❷ *(weaving bobbin)* Weberschiffchen *nt; (sewing-machine bobbin)* Schiffchen *nt*

❸ *(fam)* Federball *m*

II. *vt* ■**to ~ sb** jdn hin- und zurückbefördern; ***passengers were ~d by bus from the bus stop to the airport*** die Passagiere wurden mit dem Bus von der Bushaltestelle zum Flughafen gebracht

III. *vi* hin- und zurückfahren; ***there are trains which ~ from the airport to the city centre*** zwischen dem Flughafen und der Innenstadt verkehren Züge

ˈshut·tle bus *n* Zubringerbus *m*

ˈshut·tle·cock [-kɒk, AM -kɑ:k] *n* Federball *m*

shut·tle di·ˈplo·ma·cy *n* Reisediplomatie *f;* **to be involved** [*or* **engaged**] **in ~** Reisediplomatie betreiben **ˈshut·tle flight** *n* Shuttleflug *m* **ˈshut·tle ser·vice** *n* Zubringerdienst *m,* Shuttleservice *nt* **ˈshut·tle train** *n* Zubringerzug *m*

shy[1] [ʃaɪ] *(dated)* **I.** *vt* <-ie-> *(fam)* ■**to ~ sth at sb/sth** etw auf jdn/etw werfen

II. *n (fam)* Wurf *m;* **to have** [*or* **take**] **a ~ at sth** auf etw *akk* werfen; *(fig)* etw angreifen

shy[2] [ʃaɪ] **I.** *adj* ❶ *(timid)* schüchtern; **to be ~ of** [*or* **with**] **people** menschenscheu sein; *children* fremdeln; **~ smile** scheues Lächeln; **to be too ~ of doing** [*or* **to do**] **sth** zu schüchtern sein, etw zu tun

❷ *after n, inv (lacking)* ***we're only £100 ~ of the total amount*** uns fehlen nur noch 100 Pfund vom

Gesamtbetrag
II. *vi* <-ie-> ① *horse* scheuen
② *(avoid)* ■ to ~ away from [doing] sth vor etw *dat* zurückschrecken, etw scheuen

Shy·lock ['ʃaɪlɒk, AM lɑːk] *n* ① THEAT Shylock *m*
② *(fig)* Wucherer, Wucherin *m, f*

shy·ly ['ʃaɪli] *adv* schüchtern; to smile ~ scheu lächeln

shy·ness ['ʃaɪnəs] *n no pl* Schüchternheit *f; (esp of horses)* Scheuen *nt*

shys·ter ['ʃaɪstəʳ, AM -ɚ] *(fam)* I. *n* Gauner(in) *m(f)*, Ganove *m*
II. *adj attr, inv* gaunerhaft, ganovenhaft

SI [ˌes'aɪ] *adj no pl* SCI *abbrev of* Système International SI-

Sia·mese [ˌsaɪə'miːz] I. *n* <*pl* -> ① *(person)* Siamese, Siamesin *m, f; (cat)* Siamkatze *f*
② *no pl (language)* Siamesisch *nt*
II. *adj inv* siamesisch

Sia·mese 'cat *n* Siamkatze *f* **Sia·mese 'twins** *npl* siamesische Zwillinge

sib [sɪb] *n (sl) short for* sibling Geschwister *nt*

Si·beria [saɪ'bɪəriə, AM -'bɪriə] *n no pl* GEOG Sibirien *nt*

Si·berian [saɪ'bɪəriən, AM -'bɪri-] I. *n* Sibir[i]er(in) *m(f)*
II. *adj inv* sibirisch; ~ cold sibirische Kälte

Si·berian 'ti·ger *n* sibirischer Tiger

sibi·lant ['sɪbɪlᵊnt, AM ᵊl] *adj esp* LING zischend, Zisch-

sib·ling ['sɪblɪŋ] *n* Geschwister *nt meist pl*

sib·ling 'ri·val·ry *n* Geschwisterrivalität *f*

sic [sɪk] I. *adv inv* sic
II. *vt* ■ to ~ sb on sb jdn auf jdn ansetzen

Si·cil·ian [sɪ'sɪliən] I. *n* Sizilianer(in) *m(f)*
II. *adj inv* sizilianisch

Sici·ly ['sɪsɪli, AM -ᵊli] *n no pl* Sizilien *nt*

sick¹ [sɪk] I. *adj* ① *(physically)* krank; *(fig: in poor condition) machine, engine* angeschlagen; to be off ~ krankgemeldet sein; to call in [*or* report] ~ sich *akk* krankmelden; to fall [*or* take] [*or* form be taken] ~ erkranken *geh*
② *(mentally)* geisteskrank; *(fig)* krank; ***are you ~ or something?*** *(fam!)* spinnst du oder was?
③ *pred (in stomach)* to be [*or* get] ~ sich *akk* erbrechen, spucken *fam;* to feel ~ sich *akk* schlecht fühlen; ***I feel ~*** mir ist schlecht [*o* übel]; to make oneself ~ sich *dat* den Magen verderben; *(fig)* ***it makes me ~ to my stomach when I think of ...*** mir dreht sich der Magen um, wenn ich daran denke, ...; to feel ~ to one's stomach sich *akk* vom Magen her schlecht fühlen
④ *pred (fam: upset)* erschüttert, entsetzt; ***it makes me ~ the way he always complains*** ich kann sein Gejammer nicht mehr hören; ■ to be ~ about [*or* at] [*or* AM over] sth über etw *akk* entsetzt sein
⑤ *pred (fam: fed up)* ■ to be ~ of doing sth es satthaben, etw zu tun; to be ~ and tired [*or* ~ to death] of sth etw [gründlich] satthaben; ■ to be ~ of sth/sb von etw/jdm die Nase voll haben *fam*
⑥ *(angry)* [wahnsinnig] wütend; ***it makes me ~ ...*** es regt mich auf ...
⑦ *(fam: cruel and offensive)* geschmacklos; *person* pervers; *mind* abartig; ~ humour schwarzer Humor; ~ joke makab[e]rer Witz
▸ PHRASES: to feel [as] ~ as a dog AM, AUS sich hundeelend fühlen; ***I was ~ as a dog*** mir ging es hundeelend; to be ~ at heart [äußerst] niedergeschlagen sein; to be ~ as a parrot BRIT *(hum)* völlig fertig sein; to be worried ~ *(fam)* krank vor Sorge sein
II. *n* ① *(ill people)* ■ the ~ *pl* die Kranken *pl*
② *no pl* BRIT *(fam: vomit)* Erbrochenes *nt*
III. *vt* BRIT *(fam)* ■ to ~ up ⊃ sth etw erbrechen

sick² [sɪk] *vt* to ~ a dog on sb auf jdn einen Hund hetzen

'sick bag *n* MED, AVIAT Speibeutel *m,* Spucktüte *f fam,* Spucksackerl *nt* ÖSTERR **'sick·bay** *n* MIL Krankenstation *f,* Krankenraum *m* **'sick·bed** *n* Krankenbett *nt*

sick 'build·ing *n* kontaminiertes Gebäude **sick-build·ing 'syn·drome** *n* Sick Building Syndrom *nt (durch kontaminierte Bürogebäude ausgelöste Krankheit)*

'sick call *n* MED ① *(doctor's visit)* Visite *f;* to be on ~ auf Visite sein ② *(in military)* Krankenappell *m*

'sick day *n* ADMIN, MED Krankheitstag *m,* Krankenstandstag *m* ÖSTERR

sick·en ['sɪkᵊn] I. *vi* ① MED *(become sick)* erkranken; ■ to ~ of sth *(fig)* einer S. *gen* überdrüssig werden
② BRIT MED *(become sick with)* to ~ for measles/a cold an Masern/einer Erkältung erkranken
II. *vt* ■ to ~ sb *(upset greatly)* jdn krank machen *fam; (turn sb's stomach)* jdn anekeln [*o* anwidern]; ■ to be ~ed at [*or* by] sth von etw *dat* angeekelt sein

sick·en·ing ['sɪkᵊnɪŋ] *adj (repulsive) cruelty, smell* entsetzlich, ekelhaft; *prices, frequency* unerträglich; *(annoying)* [äußerst] ärgerlich; ***it's ~ that I can't go to the party*** es ist wirklich blöd, dass ich nicht auf die Party kann *fam*

sick·en·ing·ly ['sɪkᵊnɪŋli] *adv (repulsive)* entsetzlich, ekelhaft; *(fig)* unerträglich; ~ sweet widerlich süß; ***now it's ~ obvious*** das schreit ja schon zum Himmel *fam*

sick 'head·ache *n* Migräneanfall *m*

sickie ['sɪki] *n* ① *(childspeak fam: sick person)* Kranke(r) *f(m)*
② BRIT *(fam: sick leave)* Krankheitstag *m,* Krankenstandstag *m* ÖSTERR; to take a ~ krank machen
③ *(fam: crazy person)* Geistesgestörte(r) *f(m),* Verrückte(r) *f(m)*

sick·le ['sɪkl̩] *n* Sichel *f*

'sick leave *n no pl* MED Genesungsurlaub *m,* Krankenstand *m* ÖSTERR; to be on [*or* take] ~ krankgeschrieben sein

sick·le-cell an(a)emia [ˌsɪkl̩selə'niːmiə], **sickle-'cell dis·ease** *n* MED *no pl* Sichelzellenanämie *f*

'sickle flask *n* TECH Säbelkolben *m*

'sick list *n* MED Krankenliste *f;* to be on the ~ krankgemeldet sein

sick·ly ['sɪkli] *adj* ① *(not healthy)* kränklich; *(pale) complexion, light* blass; ***her face was a ~ colour*** sie war kreidebleich; ■ to be ~ kränkeln; ~ climate ungesundes Klima
② *(causing nausea)* ekelhaft, widerlich; ~ smell/taste ekelhafter Geruch/Geschmack
③ *(full of emotion)* schmalzig *pej,* rührselig *pej*

'sick-mak·ing *adj* BRIT *(fam)* unerhört; ***it's ~ that ...*** es ist eine Sauerei, dass ... *fam*

sick·ness <*pl* -es> ['sɪknəs] *n* ① *(illness)* Krankheit *f; (nausea)* Übelkeit *f*
② *(fig)* Schwäche *f;* ***the economic ~ of our society*** die wirtschaftliche Anfälligkeit unserer Gesellschaft
③ *no pl (vomiting)* Erbrechen *nt*
④ *no pl (perverseness)* Abartigkeit *f*

'sick·ness ben·efit *n* BRIT, AUS Krankengeld *nt,* Krankentaggeld *nt* SCHWEIZ

'sick note *n* Krankmeldung *f*

sicko ['sɪkəʊ, AM -oʊ] *(sl)* I. *n* Geistesgestörte(r) *f(m),* Verrückte(r) *f(m) fam*
II. *adj* geistesgestört, verrückt *fam*

'sick-out *n geschlossene Krankmeldung der Mitarbeiter einer Firma*

'sick pa·rade *n* BRIT MIL, MED Krankenappell *m* **'sick pay** *n no pl* ADMIN, MED Krankengeld *nt,* Krankentaggeld *nt* SCHWEIZ **'sick·room** *n* Krankenzimmer *nt*

sicky ['sɪki] *n* ▸ PHRASES: to throw a ~ *(fam!)* blaumachen *fam*

side [saɪd] I. *n* ① *(vertical surface) of a car, box* Seite *f; of a hill, cliff* Hang *m; (wall) of a house, cave, caravan* [Seiten]wand *f;* ***I have a small table at the ~ of my bed*** ich habe einen kleinen Tisch neben meinem Bett; ***don't store the box on its ~*** den Karton nicht auf der Seite liegend lagern
② *(of somebody)* Seite *f;* to stay at sb's ~ jdm zur Seite stehen; ~ by ~ Seite an Seite; ***the children sat ~ by ~*** die Kinder saßen nebeneinander
③ *(face, surface) of a coin, record, material, box, cube* Seite *f;* ***this ~ up!*** *(on a parcel)* oben!; the right/wrong ~ of the fabric/material die rechte/linke Seite des Stoffes; ***turn the right ~ out and stitch opening closed*** rechte Seite nach außen wenden und Öffnung zunähen
④ *(page)* Seite *f;* ***please write on one ~ of the paper only*** bitte beschreiben Sie das Papier nur einseitig
⑤ *(edge, border, line) of a plate, clearing, field* Rand *m; of a table, square, triangle* Seite *f; of a river* [Fluss]ufer *nt; of a road* [Straßen]rand *m;* at/on the ~ of the road am Straßenrand; on all ~s [*or* every ~] auf allen Seiten; ***they were surrounded on all ~s by the children*** sie wurden von allen Seiten von Kindern umringt; from ~ to ~ von rechts nach links
⑥ *(half) of a bed, house* Hälfte *f; of a town, road, brain, room* Seite *f; of a butchered animal* [Tier]hälfte *f;* ***in Britain, cars drive on the left ~ of the road*** in Großbritannien fahren die Autos auf der linken Straßenseite; three ~s of pork/lamb drei Schweine-/Lammhälften
⑦ *no pl (part) of a deal, agreement* Anteil *m; (in space)* this ~ of ... jenseits +*gen; (in time)* to be on the right/wrong ~ of 40/50 noch unter/schon über 40/50; this ~ of ... vor +*dat;* ***this is the best pizza I've tasted this ~ of Italy*** das ist die beste Pizza, die ich jenseits von Italien gegessen habe; ***we don't expect to see him this ~ of Christmas*** wir erwarten nicht, ihn vor Weihnachten zu sehen; ***she's still this ~ of forty*** sie ist noch unter vierzig; to keep one's ~ of a bargain seinen Anteil eines Geschäftes behalten
⑧ *(direction)* Seite *f;* ***move to one ~ please*** bitte treten Sie zur Seite; ***don't just stand to the ~ — help me!*** stehen Sie doch nicht nur rum – helfen Sie mir!; to put sth on [*or* to] one ~ etw beiseitelassen; to take sb on [*or* to] one ~ jdn auf die Seite nehmen; from all ~s von allen Seiten; on all ~s [*or* every ~] auf allen Seiten
⑨ + *sing/pl vb (opposing party) of a dispute, contest* Partei *f,* Seite *f;* to be on the ~ of sb [*or* on sb's ~] auf jds Seite sein [*o* stehen]; ***whose ~ are you on anyway?*** auf wessen Seite stehst du eigentlich?; ***don't worry, time is on our ~*** keine Angst, die Zeit arbeitet für uns; to change [*or* switch] ~s sich *akk* auf die andere Seite schlagen; to take ~s Partei ergreifen; to take sb's ~ sich *akk* auf jds Seite schlagen
⑩ + *sing/pl vb (team)* Mannschaft *f,* Seite *f;* ***our ~ lost again on Saturday*** wir haben am Samstag wieder verloren
⑪ *(aspect)* Seite *f;* ***there are at least two ~s to every question*** jede Frage kann von mindestens zwei Seiten beleuchtet werden; ***I've listened to your ~ of the story*** ich habe jetzt deine Version der Geschichte gehört; ***I've looked at life from both ~s*** ich habe das Leben von beiden Seiten kennengelernt; to be on the right/wrong ~ of the law auf der richtigen/falschen Seite des Gesetzes stehen; to look on the bright[er] ~ of life zuversichtlich sein; sb's good/bad/funny ~ jds gute/schlechte/komische Seite
⑫ + *sing/pl vb (of a family)* the maternal/paternal ~ of the family die mütterliche/väterliche Seite der Familie; the rich/religious/Irish ~ of the family der reiche/religiöse/irische Teil der Familie; on sb's mother's [*or* maternal]/father's [*or* paternal] ~ mütterlicherseits/väterlicherseits; ***he's a cousin on my mother's ~*** er ist ein Cousin mütterlicherseits; ***she has noble ancestors on her paternal ~*** sie hat väterlicherseits [*o* auf der väterlichen Seite] adlige Vorfahren
⑬ BRIT *(TV station)* Sender *m;* ***what ~ is 'Coronation Street' on?*** auf welchem Sender [*o* in welchem Programm] läuft ‚Coronation Street'?
⑭ *esp* AM *(side dish)* Beilage *f; (extra)* on the ~ extra; ***I'd like some sauce on the ~, please*** ich hätte gerne etwas Soße extra; with a ~ of broccoli/rice/French fries mit Brokkoli/Reis/Pommes frites als Beilage
⑮ *no pl esp* BRIT *(in billiards)* Effet *m fachspr;* to put some ~ on the ball die Kugel mit Effet spielen
⑯ *no pl* BRIT *(fam: boastfulness)* ***there's absolutely no ~ to her*** sie ist überhaupt nicht eingebildet

▸PHRASES: **the other ~ of the coin** die Kehrseite der Medaille *fig;* **to come down on one ~ of the fence or other** sich *akk* für das eine oder andere entscheiden; **to get/keep on the right ~ of sb** jdn für sich *akk* einnehmen/es sich *dat* mit jdm nicht verderben; **to get on the wrong ~ of sb** es sich *dat* mit jdm verderben; **this ~/the other ~ of the grave** im Diesseits/Jenseits; **to have a bit on the ~** *(fam: have an affair)* noch nebenher etwas laufen haben *fam,* fremdgehen *fam; (have savings)* etw auf der hohen Kante haben *fam;* **to have sb on the ~** nebenher mit jdm eine Affäre haben; **to be on the large/small ~** zu groß/klein sein; **to let the ~ down** *esp* BRIT *(fail)* alle im Stich lassen; *(disappoint)* alle enttäuschen; **to make a little money on the ~** [sich *dat*] nebenbei etwas Geld verdienen; **to put money on** [*or* **to**] **one ~** Geld auf die Seite [*o fam* auf die hohe Kante] legen; [**in order**] **to be on the safe ~** um sicherzugehen [*o fam* auf Nummer Sicher zu gehen]; [**in order**] **to stay on the safe ~** vorsichtshalber

II. *n modifier* ❶ *(lateral) (window, mirror)* Seiten-

❷ *(not main) (job, room)* Neben-; **~ job** Nebenbeschäftigung *f,* Nebenjob *m fam;* **~ vegetables** Gemüsebeilage *f*

III. *vi* ■**to ~ against sb** sich *akk* gegen jdn stellen; ■**to ~ with sb** zu jdm halten

'side·arm *n* an der Seite getragene Waffe

'side·bar *n* AM JOURN Zusatzinformation *f (zu einem gegebenen Artikel)*

'side·board *n* ❶ *(buffet)* Anrichte *f,* Sideboard *nt,* Buffet *nt* SCHWEIZ; *(in a bar)* Tresen *m,* Theke *f* SCHWEIZ

❷ BRIT *(fam: sideburns)* ■**~s** *pl* Koteletten *pl*

'side·burns *npl* Koteletten *pl*

'side·car *n* AUTO Seitenwagen *m,* Beiwagen *m*

'side chain *n* CHEM Seitenkette *f*

-sid·ed ['saɪdɪd] *in compounds* -seitig; **one~** einseitig; **many~ questions** komplizierte [*o* vielschichtige] Fragen; **a steep~ mountain** ein steilwandiger Berg

'side dish *n* FOOD Beilage *f*

'side door *n* Seitentür *f,* Nebeneingang *m; (exit)* Nebenausgang *m; (fig)* Hintertür *f;* **through the ~** durch die Hintertür

'side drum *n* MUS [kleine] Trommel

'side ef·fect *n* PHARM Nebenwirkung *f*

side 'en·trance, side 'en·try *n* Seiteneingang *m,* Nebeneingang *m*

'side horse *n* AM *(pommel horse)* Pferd *nt*

'side is·sue *n* Nebensache *f*

'side·kick *n (fam)* ❶ *(subordinate)* Handlanger *m*

❷ *(friend)* Kumpan *m fam,* Kumpel *m fam*

'side·light *n* ❶ BRIT AUTO Standlicht *nt*

❷ *(extra information)* Streiflicht *nt;* ***what he said threw an interesting ~ on what had happened*** was er sagte, beleuchtete die Ereignisse von einem interessanten Blickwinkel aus

'side·line I. *n* ❶ *(secondary job)* Nebenbeschäftigung *f; (money)* Nebenerwerb *m;* **to do sth as a ~** etw nebenher tun

❷ *esp* AM SPORT *(boundary line)* Begrenzungslinie *f; (area near field)* Seitenlinie *f*

❸ *(fig)* **on the ~s** auf der Seitenlinie, im Abseits; **to watch sth from the ~s** etw als unbeteiligter Außenstehender/unbeteiligte Außenstehende beobachten

II. *vt* ■**to ~ sb** ❶ SPORT *(keep from playing)* jdn auf die Ersatzbank verbannen

❷ *(fig: ignore opinions)* jdn ruhigstellen *fig*

'side·long *inv* **I.** *adj* seitlich; ***he gave her a ~ glance*** er warf ihr einen Blick aus dem Augenwinkel zu

II. *adv* seitlich; ***he glanced at her ~ and smiled*** er sah sie von der Seite an und grinste

side-'on *adv inv (hit, collide)* seitlich, von der Seite

'side or·der *n esp* AM FOOD *(side dish)* Beilage *f* **'side plate** *n* [Beilagen]teller *m*

side 'pock·et *n* Seitentasche *f*

si·dereal [saɪ'dɪəriəl, AM -'dɪri-] *adj inv* ASTRON siderisch *fachspr;* **~ clock** siderische Uhr; **~ year** Sternjahr *nt*

'side road *n* Seitenstraße *f,* Nebenstraße *f*

'side-sad·dle I. *n* Damensattel *m*

II. *adv inv* **to ride ~** im Damensattel reiten

'side sal·ad *n* Beilagensalat *m,* Salatbeilage *f*

'side shoot *n* BOT Seitentrieb *m*

'side·show *n (not main show)* Nebenaufführung *f; (fig)* Ablenkung *f; (exhibition)* Sonderausstellung *f*

'side-slip I. *n* ❶ *(on ice)* Schleudern *nt*

❷ *(by airplane)* Slippen *nt,* Seitenrutsch *m*

II. *vi* <-pp-> *car* schleudern; *airplane* slippen

'sides·man *n* BRIT Kirchendiener *m*

'side spin *n no pl* SPORT Drall *m* **'side-split·ting** *adj (fam) film, story* urkomisch

'side·step I. *vt* <-pp-> ■**to ~ sb/sth** jdm/etw ausweichen; **to ~ a question** *(fig)* einer Frage ausweichen

II. *vi* <-pp-> ausweichen

III. *n* Schritt *m* zur Seite; *(fig)* Ausweichmanöver *nt; (in dancing)* Seitenschritt *m; (in sports)* Ausfallschritt *m*

'side street *n* Seitenstraße *f,* Nebenstraße *f*

'side·stroke *n usu sing* SPORT Seitenschwimmen *nt;* **to swim a ~** auf der Seite schwimmen

'side·swipe I. *n* ❶ *(remark)* Seitenhieb *m;* **to take a ~ at sb** jdm einen Seitenhieb versetzen

❷ *(hit)* Seitenprall *m*

II. *vt* **to ~ a car** mit einem Auto seitlich zusammenprallen

'side ta·ble *n* Beistelltisch *m,* Nebentisch *m*

'side·track I. *vt* ❶ *(distract)* ■**to ~ sb** jdn ablenken; **to be** [*or* **get**] **~ed** abgelenkt werden; ***I'm sorry I'm late — I got ~ed*** entschuldige die Verspätung – ich wurde aufgehalten

❷ *(put on ice)* **to ~ an issue/a plan** eine Angelegenheit/einen Plan auf Eis legen

❸ RAIL **to ~ a train** einen Zug rangieren

II. *n* ❶ *(distraction)* Abschweifung *f,* Exkurs *m*

❷ RAIL *(siding)* Rangiergleis *nt*

'side trip *n* Tagesausflug *m*

'side view *n* Seitenansicht *f*

'side·walk *n esp* AM *(pavement)* Bürgersteig *m,* Gehsteig *m* ÖSTERR, Trottoire *nt* SCHWEIZ **'side·walk art·ist** *n* AM Straßenkünstler(in) *m(f)*

'side wall *n* ❶ *(mural part)* Seitenmauer *f; room* Seitenwand *f*

❷ *(side of a tyre)* Seitenwand *f* [eines Reifens]

side·ward ['saɪdwəd, AM -wɚd] *adj inv* seitlich

side·wards ['saɪdwədz, AM -wɚdz], **side·ways** ['saɪdweɪz] *inv* **I.** *adv* ❶ *(to, from a side)* seitwärts, zur Seite; ***the fence is leaning ~*** der Zaun steht schief; ***could you move ~ to the left?*** könntest du mehr nach links gehen?; ***I had to look ~ to the left and right*** ich musste nach rechts und links zur Seite schauen

❷ *(facing a side)* seitwärts

II. *adj* seitlich; ***he gave her a ~ glance*** er sah sie von der Seite an; **~ movement** Seitwärtsbewegung *f,* Bewegung *f* zur Seite

'side-wheel·er *n* AM NAUT *(paddle steamer)* Raddampfer *m* **'side whisk·ers** *npl* Koteletten *pl*

'side wind *n* Seitenwind *m* **'side·wind·er** ['saɪdwaɪndəʳ, AM -ɚ] *n* ❶ ZOOL *(rattlesnake)* Klapperschlange *f* ❷ AM *(punch)* Seitenhieb *m*

sid·ing ['saɪdɪŋ] *n* ❶ RAIL Rangiergleis *nt; (dead end)* Abstellgleis *nt*

❷ *no pl* AM *(wall covering)* Außenverkleidung *f;* **aluminum ~** Aluminiumverkleidung *f*

si·dle ['saɪdl] *vi* schleichen; ***she ~d past him*** sie schlich sich an ihm vorbei; ***he ~d off without anyone's noticing it*** er verdrückte sich, ohne dass es jemand bemerkte *fam;* ■**to ~ up** [*or* **over**] sich *akk* anschleichen; ■**to ~ over** [*or* **up**] **to sb** sich *akk* zu jdm hinschleichen

SIDS [sɪdz] *n* MED *acr for* **sudden infant death syndrome** plötzlicher Kindstod

siege [siːdʒ] *n* MIL Belagerung *f;* **to lay ~ to sth** etw belagern; **to raise the ~** die Belagerung aufheben; **to be under** [*or* **in a state of**] **~** unter Belagerung stehen; ***she was under ~ by photographers*** *(fig)* sie wurde von Fotografen belagert

siege e'cono·my *n* Belagerungswirtschaft *f* **siege men·'tal·ity** *n* Verfolgungswahn *m*

si·en·na [si'enə] *n no pl* Siena *nt,* Sienaerde *f*

si·er·ra [si'eərə, AM -'erə] *n* Sierra *f*

Si·er·ra Le·one [si,eərəli'əʊn, AM -'erəli'oʊn] *n no pl* Sierra Leone *f* **Si·er·ra Le·on·ean** [si,eərəli'əʊniən, AM -'erəli'oʊn-] **I.** *n* Sierra-Leoner(in) *m(f)* **II.** *adj inv* sierra-leonisch

si·es·ta [si'estə] *n* Siesta *f;* **to close for ~** zur Siesta schließen; **to take a ~** eine Siesta [ab]halten [*o* machen]

sieve [sɪv] **I.** *n* ❶ *(utensil)* Sieb *nt;* **to put** [*or* **pass**] **sth through a ~** etw [durch]sieben

❷ CHEM Sieb *nt;* **~ classification** Siebklassierung *f;* **~ diaphragm** CHEM Siebboden *m;* **~ size of a particle** Korngröße *f*

▸PHRASES: **to have a memory** [*or* **mind**] **like a ~** ein Gedächtnis wie ein Sieb haben

II. *vt* **to ~ flour/sand** Mehl/Sand sieben

III. *vi (fig)* **to ~ through a contract** einen Vertrag genau durchgehen

◆**sieve out** *vt* ■**to ~ out** ⊂ **sth** etw heraussieben

sift [sɪft] **I.** *n usu sing* Sieben *nt*

II. *vt* ❶ *(using sieve)* ***~ some icing sugar over the top of the cake*** bestäuben Sie den Kuchen mit Puderzucker; **to ~ flour/sand** Mehl/Sand sieben; ***she lay on the beach ~ing the sand through her fingers*** sie lag am Strand und ließ den Sand durch ihre Finger rieseln

❷ *(examine closely)* ■**to ~ sth** etw durchsieben; *evidence, documents* etw [gründlich] durchgehen

III. *vi* **to ~ through archives** Archive durchsehen; **to ~ through evidence/papers** Beweismaterial/ Papiere durchforsten; **to ~ through ruins** Ruinen durchkämmen

◆**sift out** *vt* ■**to ~ out** ⊂ **sth** etw aussieben; **to ~ out applicants** *(fig)* Bewerber aussieben [*o* aussondern]

sift·er ['sɪftəʳ, AM -ɚ] *n* Sieb *nt*

sigh [saɪ] **I.** *n* Seufzer *m;* **a ~ of relief** ein Seufzer der Erleichterung; **to let out** [*or* **give**] [*or* **heave**] **a ~** einen Seufzer ausstoßen

II. *vi person* seufzen; *wind* säuseln; ■**to ~ for sb** *(fig form)* sich *akk* nach jdm sehnen; **to ~ with relief** vor Erleichterung [auf]seufzen

sight [saɪt] **I.** *n* ❶ *no pl (ability to see)* [**sense of**] **~** Sehvermögen *nt; (strength of vision)* Sehleistung *f,* Sehkraft *f;* ***he's got very good ~*** er sieht sehr gut; ***his ~ is deteriorating*** seine Sehkraft lässt nach; **to improve sb's ~** jds Sehleistung verbessern; **to lose one's ~** das Sehvermögen verlieren

❷ *no pl (visual access)* Sicht *f; (visual range)* Sichtweite *f,* Sicht *f;* ***don't let the baby out of your ~*** behalte das Baby im Auge; ***land in ~!*** Land in Sicht!; ***get out of my ~!*** *(fam)* geh mir aus den Augen!; **to be in/come into ~** in Sichtweite sein/ kommen; **to disappear from ~** außer Sichtweite verschwinden; **to keep ~ of sth** etw im Auge behalten; **to lose ~ of sth/sb** *(also fig)* etw aus den Augen verlieren *a. fig;* **out of ~** außer [*o* nicht in] Sichtweite; **to keep out of ~** sich *akk* nicht sehen lassen; **to put sth out of ~** etw wegräumen [*o* verstecken]

❸ *no pl (fig)* Sicht *f;* **in the ~ of God/the law** vor Gott/dem Gesetz; ***a house within ~ of the mountains*** ein Haus mit Blick auf die Berge

❹ *no pl (act of seeing)* Anblick *m;* ***they can't stand the ~ of each other*** sie können einander nicht ertragen; ***she faints at the ~ of blood*** sie wird beim Anblick von Blut ohnmächtig; **at first ~** auf den ersten Blick; **love at first ~** Liebe *f* auf den ersten Blick; **to catch ~ of sb/sth** jdn/etw erblicken; ***if I ever catch ~ of you again ...*** wenn du mir noch einmal unter die Augen kommst, ...; **to do sth on ~** etw sofort tun; **to hate** [*or* **loathe**]/**be sick of the ~ of sb/sth** den Anblick einer Person/einer S. *gen* hassen/nicht mehr ertragen; **to know sb by ~** jdn vom Sehen her kennen; **to play** [**music**] **at** [*or* **from**] **~** [Musik] vom Blatt spielen

❺ *no pl (image, spectacle)* Anblick *m;* **to not be a pretty ~** kein angenehmer Anblick sein; **to be** [*or* look] a ~ *(fam: ridiculous)* lächerlich aussehen; *(terrible)* furchtbar aussehen; **to be a ~ to behold** *(beautiful)* ein herrlicher Anblick sein; *(funny)* ein Bild [*o* Anblick] für die Götter sein *a. hum fam*

6 *no pl (form: inspection) of a document, contract* Einsicht *f* (**of** in +*akk*); **to request ~ of the papers** Einsicht in die Unterlagen verlangen

7 *(attractions)* ■ **~s** *pl* Sehenswürdigkeiten *pl;* ***the ~s and sounds of London*** alle Sehenswürdigkeiten von London

8 *(on a gun)* Visier *nt,* Visiereinrichtung *f;* **to line up the ~s** das Visier ausrichten

9 *no pl (fam: a lot)* ■ **a ~** deutlich, um einiges; ***food is a darn ~ more expensive than it used to be*** Essen ist um einiges teurer, als es früher war; ***he's a ~ better than he was yesterday*** er ist heute deutlich besser als gestern

▸PHRASES: **to lower one's ~s** seine Ziele zurückschrauben; **out of ~, out of mind** *(prov)* aus den Augen, aus dem Sinn *prov;* **to be out of ~** *(beyond what's possible)* außerhalb des Möglichen sein [*o* liegen]; *(fam: excellent)* spitze [*o* toll] sein *fam;* ***the price of the house is out of ~*** der Preis für das Haus ist unbezahlbar; ***the group's new record is out of ~!*** die neue Platte der Gruppe ist der Wahnsinn! *fam;* **to be a ~ for sore eyes** *(fam: welcome sigh)* ein willkommener Anblick sein; *(attractive)* eine [wahre] Augenweide sein; **second ~** das zweite Gesicht; ***she's got the ~*** sie hat das zweite Gesicht; **to set one's ~s on sth** sich *dat* etw zum Ziel machen; **~ unseen** ungesehen, unbesehen SCHWEIZ; ***I never buy anything ~ unseen*** ich kaufe niemals etwas ungesehen; **to be within** [*or* **in**] **~ of sth** kurz vor etw *dat* stehen

II. *vt* 1 *(see)* **to ~ land/a criminal** Land/einen Kriminellen sichten

2 **to ~ a gun** ein Gewehr mit einem Visier versehen

'sight bill *n* Sichtwechsel *m* **'sight de·pos·it** *n* FIN Sichteinlage *f*

sight·ed ['saɪtɪd, AM -t̬-] I. *adj inv* sehend *attr*

II. *n* ■ **the ~** *pl* die Sehenden *pl*

'sight funds *npl* FIN Sichtguthaben *nt*

sight·ing ['saɪtɪŋ, AM -t̬-] *n* Sichten *nt;* **at the first ~ of land** als zum ersten Mal Land gesichtet wurde

sight·less ['saɪtləs] *adj inv* blind

'sight line *n* Blickdistanz *f*

sight·ly ['saɪtli] *adj* ansehnlich

'sight-read I. *vi* MUS vom Blatt spielen II. *vt* ■ **to ~ sth** etw vom Blatt spielen **'sight-read·er** *n* MUS *jd, der Musik vom Blatt spielen kann* **'sight-read·ing** *n* MUS Spielen *nt* vom Blatt; ***I've never been any good at ~*** ich konnte noch nie gut vom Blatt spielen **'sight screen** *n* SPORT *(in cricket) neben dem Spielfeld angebrachter Schirm, vor dessen Hintergrund der Schlagmann die Ballkurve besser verfolgen kann*

'sight·see·ing I. *n no pl* TOURIST Besichtigungen *pl,* Sightseeing *nt;* **to go ~** auf Besichtigungstour gehen II. *adj attr, inv* Sightseeing-; **~ trip** Besichtigungstour *f* **sight·seer** ['saɪtˌsiːəʳ, AM -ɚ] *n* Tourist(in) *m(f)* **'sight·wor·thy** *adj* sehenswürdig, ÖSTERR, SCHWEIZ *bes* sehenswert

sign [saɪn] I. *n* 1 *(gesture)* Zeichen *nt;* **to make the ~ of the cross** sich *akk* bekreuzigen; **a rude ~** eine unverschämte Geste; **to give/make a ~ to sb** jdm ein Zeichen geben/machen

2 *(notice)* [Straßen-/Verkehrs]schild *nt; (signboard)* Schild *nt; (for shop)* Ladenschild *nt;* **danger ~** Gefahrenschild *nt;* **stop ~** Stoppschild *nt*

3 *(symbol)* Zeichen *nt,* Symbol *nt;* **plus ~** Pluszeichen *nt*

4 *(polarity sign)* Vorzeichen *nt*

5 ASTROL *(of the zodiac)* Sternzeichen *nt;* **the ~ of Leo** das Sternzeichen des Löwen

6 *(indication)* [An]zeichen *nt; (from God)* Zeichen *nt;* ***the children's restlessness is a ~ that they're getting bored*** die Unruhe der Kinder ist ein Zeichen dafür, dass ihnen langweilig wird; *(trace)* Spur *f; of an animal* Fährte *f;* ***the search team could not find any ~ of the climbers*** die Suchmannschaft konnte keine Spur der Kletterer finden; **the least** [*or* **slightest**] **~ of confidence** das geringste Anzeichen von Vertrauen; **~ of life** Lebenszeichen *nt;* **a ~ of the times** ein Zeichen *nt* der Zeit; **a sure ~ of sth** ein sicheres Zeichen für etw *akk;* **to read the ~s** die Zeichen erkennen; **to show ~s of improvement** Anzeichen der Besserung erkennen lassen [*o* zeigen]

7 *no pl (sign language)* Gebärdensprache *f*

8 *(in maths)* Zeichen *nt*

II. *vt* 1 *(with signature)* ■ **to ~ sth** etw unterschreiben; *contract, document* etw unterzeichnen; *book, painting* etw signieren; ***he ~ed himself 'Mark Taylor'*** er unterschrieb mit ‚Mark Taylor'; ***~ your name on the dotted line*** unterschreiben Sie auf der gestrichelten Linie; **to ~ a guest book** sich *akk* ins Gästebuch eintragen; **to ~ a ceasefire** einen Waffenstillstand unterzeichnen; **to ~ a cheque** einen Scheck unterzeichnen; **to ~ a letter** einen Brief unterschreiben [*o form* unterzeichnen]; **to ~ a register** sich *akk* eintragen

2 *(employ under contract)* ■ **to ~ sb** *athlete, musician* jdn [vertraglich] verpflichten

3 *(gesticulate)* ■ **to ~ sb to do sth** jdm ein Zeichen machen, etw zu tun; ***he ~ed the waiter to bring him another drink*** er machte dem Kellner ein Zeichen, ihm noch einen Drink zu bringen

4 *(in sign language)* ■ **to ~ sth** etw in der Gebärdensprache ausdrücken

▸PHRASES: **to ~ one's own death warrant** *(fam)* sein eigenes Todesurteil unterschreiben; **~ed, sealed and delivered** unter Dach und Fach

III. *vi* 1 *(write signature)* unterschreiben; ***~ here, please*** unterschreiben Sie bitte hier; ■ **to ~ for** [*or* **with**] **sb/sth** *athlete, musician* sich *akk* für jdn/etw [vertraglich] verpflichten

2 *(accept)* **to ~ for a delivery** eine Lieferung gegenzeichnen

3 *(use sign language)* die Zeichensprache benutzen [*o* ÖSTERR, SCHWEIZ benützen]

4 *(make motion)* gestikulieren; ■ **to ~ to sb** jdm ein Zeichen geben

5 COMPUT *(log in)* unterschreiben

◆**sign away** *vt* ■ **to ~ away ↔ sth** auf etw *akk* verzichten; ***he decided to ~ away ownership of his house away to his sister*** er entschloss sich dazu, seiner Schwester das Besitzrecht an seinem Haus abzutreten; ***I'm not going to ~ away my life with a mortgage*** ich werde mich nicht ein ganzes Leben lang mit einer Hypothek belasten; **to ~ away rights** auf Rechte [*o* Ansprüche] verzichten

◆**sign in** I. *vi* sich *akk* eintragen

II. *vt* ■ **to ~ sb ↔ in** jdn eintragen

◆**sign off** I. *vi* 1 RADIO, TV *(from broadcast)* sich *akk* verabschieden; *(end a letter)* zum Schluss kommen; *(end work)* Schluss machen, aufhören; **to ~ off a radio show** eine Radiosendung beenden

2 BRIT *(at unemployment office)* sich *akk* bei der Agentur für Arbeit abmelden

3 AM *(fam: support)* ■ **to ~ off on sth** sich *akk* etw *dat* verschreiben

II. *vt* ■ **to ~ off ↔ sb** jdn krankschreiben

◆**sign on** I. *vi* 1 *(for work)* sich *akk* verpflichten; *(for a course)* ■ **to ~ on for sth** sich *akk* für etw *akk* einschreiben; **to ~ on as a soldier** sich *akk* als Soldat verpflichten

2 *(begin broadcasting)* station auf Sendung gehen; *disc jockey* sich *akk* melden

3 BRIT *(fam: register unemployment)* sich *akk* melden

II. *vt* ■ **to ~ on ↔ sb** jdn verpflichten [*o fam* anheuern]; ***shall we ~ you on for a year?*** sollen wir Sie für ein Jahr einstellen?

◆**sign out** I. *vi* sich *akk* austragen; *(at work)* to ~ out of a hotel [aus einem Hotel] abreisen, sich *akk* abmelden

II. *vt* **to ~ out books** Bücher ausleihen

◆**sign over** *vt* ■ **to ~ over ↔ sth** etw übertragen [*o* überschreiben]; **to ~ property over to sb** jdm Besitz überschreiben

◆**sign up** I. *vi* *(for work)* sich *akk* verpflichten; *(for a course)* sich *akk* einschreiben

II. *vt* ■ **to ~ up ↔ sb** jdn verpflichten; **to ~ sb up for a course** jdn für einen Kurs anmelden; **to ~ up a large order** einen Großauftrag abschließen

sign·age ['saɪnɪdʒ] *n no pl* AM Schilder *pl (bes Werbung)*

sig·nal ['sɪgnᵊl] I. *n* 1 *(gesture)* Zeichen *nt,* Signal *nt* (**for** für +*akk*)

2 *(indication)* [An]zeichen *nt;* ***they are demanding a clear ~ that the issues are being addressed*** sie verlangen ein klares [An]zeichen dafür, dass die Probleme angegangen wurden

3 *(traffic light)* Ampel *f; (for trains)* Signal *nt*

4 ELEC, RADIO *(transmission)* Signal *nt; (reception)* Empfang *m*

5 AM AUTO *(indicator)* Blinker *m*

II. *vt* <BRIT -ll- *or* AM *usu* -l-> 1 *(indicate)* ■ **to ~ sth** [**to sb**] [jdm] etw signalisieren; ***he ~led left, but turned right*** er blinkte nach links, bog aber nach rechts ab; **to ~ impatience** Ungeduld zu erkennen geben

2 *(gesticulate)* ■ **to ~ sb to do sth** jdm signalisieren, etw zu tun

III. *vi* <BRIT -ll- *or* AM *usu* -l-> signalisieren; TELEC melden; ***she ~led to them to be quiet*** sie gab ihnen ein Zeichen, ruhig zu sein; ■ **to ~ for sth** ein Zeichen *nt* zu etw *dat* geben

IV. *adj attr (form) achievement, success* bemerkenswert, beachtlich

'sig·nal box *n* RAIL Stellwerk *nt*

sig·nal·er *n* AM *see* **signaller**

sig·nal·ize ['sɪgnəlaɪz] *vt (form)* ■ **to ~ sb from sb** jdn von jdm unterscheiden [*o* abheben]

'sig·nal lamp *n* Signallampe *f*

sig·nal·ler, AM **sig·nal·er** ['sɪgnələʳ, AM -ɚ] *n* 1 RAIL Bahnwärter(in) *m(f)*

2 *(in military)* Fernmelder(in) *m(f),* Funker(in) *m(f)*

sig·nal·ly ['sɪgnᵊli] *adv* eindeutig

'sig·nal·man *n* RAIL Bahnwärter *m* **'sig·nal tow·er** *n* AM RAIL *(signal box)* Stellwerk *nt*

sig·na·tory ['sɪgnətᵊri, AM -tɔːri] I. *n* Unterzeichner(in) *m(f),* Unterzeichnender, Unterzeichnende *m, f* SCHWEIZ, Signatar(in) *m(f) form;* **a ~ to a treaty** ein Unterzeichner *m*/eine Unterzeichnerin *f* eines Vertrages

II. *n modifier (state, power)* Signatar-; **the ~ countries of an agreement** die Signatarstaaten *pl* eines Abkommens *geh*

sig·na·ture ['sɪgnətʃəʳ, AM -tʃɚ] I. *n* 1 *(person's name)* Unterschrift *f; of an artist* Signatur *f;* **to give sth one's ~** etw unterschreiben

2 *(characteristic)* Erkennungszeichen *nt*

3 AM *(on prescriptions)* Signatur *f*

4 *(in printing)* Signatur *f*

5 COMPUT *(authentication code)* Signatur *f*

II. *n modifier (music, pattern)* Erkennungs-

'sig·na·ture card *n* FIN Unterschriftenkarte *f*

'sig·na·ture tune *n* RADIO, TV [Erkennungs]melodie *f*

'sign·board *n* [Firmen]schild *nt*

signed [saɪnd] *adj inv* 1 MATH mit Vorzeichen *nach n*

2 *see* **sign**

sign·er ['saɪnəʳ, AM -ɚ] *n* 1 *(writer of name)* Unterzeichner(in) *m(f),* Unterzeichnender, Unterzeichnende *m, f* SCHWEIZ

2 *(user of sign language)* Benutzer(in) *m(f)* von Zeichensprache

sig·net ring ['sɪgnətˌ-] *n* Siegelring *m*

sig·nifi·cance [sɪg'nɪfɪkən(t)s, AM 'nɪfə-] *n no pl* 1 *(importance)* Wichtigkeit *f,* Bedeutung *f,* Belang *m;* **to be of great ~ for sb/sth** von großer Bedeutung für jdn/etw sein; **to be of no ~** belanglos [*o* bedeutungslos] sein

2 *(meaning)* Bedeutung *f;* ***what's the ~ of that gesture?*** was bedeutet diese Geste?; **to give ~ to sth/sb** etw/jdm Bedeutung beimessen

sig·nifi·cant [sɪg'nɪfɪkənt, AM 'nɪfə-] *adj* 1 *(considerable)* beachtlich, bedeutend, signifikant; *(important)* bedeutsam; **~ contribution** bedeutender Beitrag; **~ date/event** wichtiges Datum/Ereignis; **~ decrease** beachtlicher Rückgang; **~ difference** deutlicher Unterschied; **~ improvement** be-

achtliche Verbesserung; ~ **increase** beträchtlicher Anstieg; ~ **other** *(fig)* Partner(in) *m(f)*; *(hum)* bessere Hälfte *hum fam*; ~ **part** beachtlicher [An]teil; **to be historically** ~ eine historisch bedeutende Rolle spielen
② *(meaningful)* bedeutsam; ***do you think it's ~ that ...*** glaubst du, es hat etwas zu bedeuten, dass ...; **a ~ look** ein viel sagender Blick

sig·nifi·cant·ly [sɪg'nɪfɪkəntli, AM 'nɪfə-] *adv* ① *(considerably)* bedeutend, deutlich; ***it is not ~ different*** da besteht kein wesentlicher Unterschied; ~ **better** deutlich besser; ~ **cheaper** bedeutend billiger; ~ **fewer** wesentlich weniger; **to not be ~ lower** kaum niedriger sein; ~ **more** deutlich mehr; **to differ** ~ sich *akk* deutlich unterscheiden; **to improve** ~ sich *akk* deutlich verbessern
② *(in a meaningful way)* bedeutungsvoll; **to smile** ~ viel sagend lächeln

sig·ni·fi·cant 'oth·er *n (hum euph)* bessere Hälfte *fam*

sig·ni·fi·ca·tion [ˌsɪgnɪfɪ'keɪʃᵊn, AM -nə-] *n* Bedeutung *f*

sig·ni·fy <-ie-> ['sɪgnɪfaɪ, AM -nə-] **I.** *vt* ■**to ~ sth** ① *(form: mean)* etw bedeuten; ***in Christianity, the dove signifies the Holy Spirit*** im Christentum steht die Taube für den Heiligen Geist
② *(indicate)* etw andeuten [*o* erkennen lassen]; **to ~ agreement/disapproval** Einverständnis/Missbilligung signalisieren; **to ~ change** Änderungen erkennen lassen
II. *vi* ① *(make known)* [etw] zeigen; ***all those in favour, please*** ~ alle die dafür sind, sollen bitte ein Zeichen geben
② *(form: matter)* eine Rolle spielen; ***it doesn't*** ~ es macht nichts
③ AM DIAL *(exchange insults)* sich *akk* anpöbeln *fam*

sign·ing ['saɪnɪŋ] *n* ① *no pl of a document* Unterzeichnung *f*
② *no pl* SPORT *of an athlete* Verpflichten *nt*
③ *(athlete)* verpflichteter Spieler/verpflichtete Spielerin
④ *(book signing)* Buchsignierung *f*
⑤ *no pl of a street, town* Beschilderung *f*

'sign·ing author·ity *n no pl* LAW Zeichnungsbefugnis *f*, Zeichnungsberechtigung *f*

'sign lan·guage *n* Gebärdensprache *f*, Zeichensprache *f*

'sign paint·er *n* Plakatmaler(in) *m(f)* **'sign·post I.** *n* Wegweiser *m*; *(fig: advice)* Hinweis *m* **II.** *vt usu passive* **to ~ a route** eine Strecke beschildern [*o* ausschildern]; ■**to ~ sth** *(fig)* etw aufzeigen [*o* darlegen]

'sign re·ver·sal *n* COMPUT Zeichenumkehr *f*

'sign-swip·ing *n modifier* Schilderraub-

'sign-up fee *n* Einschreibungsgebühr *f*, Einschreibegebühr *f* SCHWEIZ

'sign writ·er *n* Schriftenmaler(in) *m(f)*, Schildermaler(in) *m(f)*, Plakatmaler(in) *m(f)*

Sikh [siːk] *n* REL Sikh *m*

sil·age ['saɪlɪdʒ] *n no pl* AGR Silage *f*

si·lence ['saɪlən(t)s] **I.** *n no pl (absolute)* Stille *f*; *(by an individual)* Schweigen *nt*; *(on a confidential matter)* Stillschweigen *nt*; *(calmness)* Ruhe *f*; ***~ reigned in the church*** in der Kirche herrschte Stille; ***~ will be considered to mean agreement*** Schweigen wird als Zustimmung gewertet; ***"~!" shouted the teacher*** „Ruhe!" schrie der Lehrer; **a minute** [*or* **moment**] **of** ~ eine Schweigeminute; **to break the** ~ die Stille zerreißen [*o* durchbrechen]; **to break one's** ~ sein Schweigen brechen; **to eat/sit/work in** ~ still essen/sitzen/arbeiten; **to keep one's** ~ Stillschweigen bewahren; **to be reduced to** ~ verstummen; **to reduce sb to** ~ jdn zum Schweigen bringen
▸PHRASES: ~ **is golden** *(prov)* Schweigen ist Gold
II. *vt* ■**to ~ sb** jdn zum Schweigen bringen; **to ~ one's critics** seine Kritiker mundtot machen; **to ~ doubts** Zweifel verstummen lassen

si·lenc·er ['saɪlən(t)səʳ, AM -ɚ] *n* ① *(on gun)* Schalldämpfer *m*
② BRIT *(on car)* [Auspuff]schalldämpfer *m*, Auspufftopf *m*

si·lent ['saɪlənt] *adj* ① *(without noise)* still; *(not active)* ruhig; ***the empty house was completely ~*** in dem leeren Haus herrschte absolute Stille; **to keep** ~ still sein, sich *akk* still verhalten
② *(not talking)* schweigsam, still; ■**to be** ~ schweigen; **to be ~ as the grave** schweigen wie ein Grab; ■**to be ~ on** [*or* **about**] **sth** über etw *akk* verschwiegen sein, sich *akk* über etw *akk* ausschweigen; **to fall** ~ in Schweigen verfallen; **to go** ~ verstummen; **to keep ~ about sth** sich *akk* über etw *akk* nicht äußern; *(on a confidential matter)* über etw *akk* Stillschweigen bewahren *geh*

si·lent a'larm *n* stummer Alarm; **to trip a ~ alarm** einen stummen Alarm auslösen **si·lent dis·'charge** *n* ELEC Glimmentladung *f* **si·lent 'film** *n* Stummfilm *m* **si·lent 'let·ter** *n* LING stummer Laut

si·lent·ly ['saɪləntli] *adv (quietly)* lautlos; *(without talking)* schweigend; *(with little noise)* leise

si·lent ma·'jor·ity *n + sing/pl vb* ■**the** ~ die schweigende Mehrheit **si·lent 'part·ner** *n* AM *(sleeping partner)* stiller Gesellschafter/stille Gesellschafterin **'si·lent treat·ment** *n* **to get the** ~ mit Schweigen bestraft werden; **to give sb the** ~ jdn mit Schweigen strafen

Si·lesia [saɪ'liːziə, AM 'liːʃə] *n no pl* GEOG Schlesien *nt*

Si·lesian [saɪ'liːziən, AM 'liːʃən] *adj inv* schlesisch

sil·hou·ette [ˌsɪlu'et] **I.** *n (shadow)* Silhouette *f*; *(picture)* Schattenriss *m*; *(outline)* Umriss *m*
II. *vt* ■**to be ~d against** [*or* **on**] **sth** sich *akk* gegen etw *akk* [*o* von etw *dat*] abheben; ***the goats high up in the mountains were ~d against the snow*** die Ziegen hoch oben in den Bergen hoben sich vom Schnee ab

sili·ca ['sɪlɪkə] *n no pl* CHEM Kieselerde *f*, Siliziumdioxid *nt fachspr*

sili·'ca flour *n* CHEM Quarzmehl *nt* **sili·'ca gel** *n* CHEM Kieselgel *nt* **sili·'ca glass** *n* CHEM Quarzglas *nt*

sili·cate ['sɪlɪkət] *n* CHEM Silikat *nt*

sili·'ca tube *n* CHEM Quarzrohr *nt*

sili·con ['sɪlɪkən] *n no pl* CHEM Silizium *nt*

sili·con 'chip *n* COMPUT, ELEC Siliziumchip *m*

sili·cone ['sɪlɪkəʊn, AM -koʊn] *n no pl* CHEM Silikon *nt*

sili·cone 'im·plant *n* Silikonimplantat *nt*

Sili·con 'Val·ley *n no pl* Silicon Valley *nt*

sili·co·sis [ˌsɪlɪ'kəʊsɪs, AM -'koʊ-] *n no pl* MED Staublunge *f*, Silikose *f fachspr*

silk [sɪlk] **I.** *n* ① *(material)* Seide *f*
② BRIT LAW *(Queen's, King's Counsel)* Kronanwalt, -anwältin *m, f*; **to receive** [*or* **take**] ~ Kronanwalt/Kronanwältin werden
③ *(racing colours)* ■**~s** *pl* [Renn]farben *pl*
II. *n modifier (scarf, stockings, tie)* seiden, Seiden-; ~ **dress** seidenes Kleid, Seidenkleid *nt* SCHWEIZ
▸PHRASES: **you can't make a ~ purse out of a sow's ear** *(prov)* aus einem Ackergaul kann man kein Rennpferd machen *prov*

silk·en ['sɪlkᵊn] *adj (approv: silk-like)* seiden *liter*; *(dated: made of silk)* seiden; ~ **dress** seidenes Kleid; ~ **hair** seidenes Haar; ~ **voice** *(fig)* seidene [*o* samtige] Stimme

silk 'hat *n* Zylinder *m*

silki·ness ['sɪlkɪnəs] *n no pl of appearance* seidiger Glanz; *(to the touch)* seidige Weichheit; *of voice* Sanftheit *f*; *of manner* Glätte *f*

'silk moth *n* ZOOL Seidenspinner *m* **silk 'pa·per** *n* Seidenpapier *nt* **'Silk Road, 'Silk Route** *n no pl* ■**the** ~ die Seidenstraße **silk 'screen** *n* [Seiden]sieb *nt* **'silk-screen** *vt* **to ~ a T-shirt** ein T-Shirt [im Siebdruckverfahren] bedrucken **silk-screen 'print·ing** *n no pl* Siebdruckverfahren *nt*, Siebdruck *m* **'silk-stock·ing** *adj attr, inv* AM vornehm **'silk·worm** *n* ZOOL Seidenraupe *f*

silky ['sɪlki] *adj (approv)* seidig; ~ **fur** seidiges Fell; **to be ~ smooth** seidenweich sein; ~ **voice** *(fig)* seidige [*o* samtige] Stimme

sill [sɪl] *n (of a door)* Türschwelle *f*; *(of a window)* Fensterbank *f*, Fenstersims *m*

sil·li·ness ['sɪlɪnəs] *n no pl* Albernheit *f*

sil·ly ['sɪli] **I.** *adj* ① *(foolish)* albern, dumm; ***don't be ~!*** *(make silly suggestions)* red keinen Unsinn!; *(ask silly questions)* frag nicht so dumm!; *(do silly things)* mach keinen Quatsch! *fam*; **a ~ idea** eine blöde Idee; **to look** ~ albern aussehen
② *pred (senseless)* **to be bored** ~ zu Tode gelangweilt sein *fam*; **to be worried** ~ außer sich *dat* vor Sorge sein; **to knock sb** ~ jdn ohnmächtig schlagen; **to laugh oneself** ~ sich *akk* totlachen *fam*
II. *n* Dussel *m*; **to be a** ~ sich *akk* kindisch benehmen

sil·ly 'bil·ly *n esp* BRIT *(fam)* Kindskopf *m*; **to be a** ~ sich *akk* kindisch benehmen

'sil·ly sea·son *n* MEDIA Sommerloch *nt fam*

silo ['saɪləʊ, AM -loʊ] *n* ① AGR Silo *nt*
② MIL [Raketen]silo *nt*

silt [sɪlt] **I.** *n no pl* Schlick *m*, Schlamm *m*
II. *vi* ■**to ~** [**up**] verschlicken, verschlammen
III. *vt* **to ~ a canal** einen Kanal verschlammen

sil·van ['sɪlvən] *adj inv (liter or dated)* Wald-; ~ **glade** Waldlichtung *f*

sil·ver ['sɪlvəʳ, AM -ɚ] **I.** *n no pl* ① *(metal)* Silber *nt*
② *(coins)* Münzgeld *nt*, Münz *nt* SCHWEIZ, Kleingeld *nt fam*
③ *(cutlery)* ■**the** ~ das [Tafel]silber
④ CHEM Silber *nt*; ~ **halide** Silberhalogenid *nt*; ~ **ingot** Silberbarren *m*; ~ [**re**]**finery** Silberscheideanstalt *f*
II. *n modifier* ① *(of silver)* *(mine)* Silber-; *(made of silver)* *(spoon, ring)* silbern; ~ **brooch** Silberbrosche *f*
② *(silver-coloured)* *(dress, car)* silbern; ~ **foil** Silberfolie *f*, Alufolie *f fam*; ~ **hair** silbergraues Haar
▸PHRASES: **to be born with a ~ spoon in one's mouth** mit einem silbernen Löffel im Mund geboren sein
III. *vt* ■**to ~ sth** *cutlery, candlesticks* etw versilbern; ***the years had ~ed her hair*** die Jahre hatten ihr Haar silbergrau werden lassen

sil·ver 'birch *n* Weißbirke *f* **sil·ver 'fir** *n* Weißtanne *f*, Edeltanne *f* **'sil·ver·fish** <*pl* -> *n* ZOOL Silberfischchen *nt* **sil·ver 'ju·bi·lee** *n* silbernes Jubiläum **sil·ver 'lin·ing** *n* Lichtblick *m*; **to look for the** ~ die positive Seite sehen ▸PHRASES: **every cloud has a** ~ *(saying)* kein Unglück ist so groß, es hat sein Glück im Schoß *prov* **sil·ver 'med·al** *n* SPORT Silbermedaille *f* **sil·ver 'pa·per** *n no pl* Silberpapier *nt* **sil·ver 'plate** *n no pl* ① *(coating)* Silberüberzug *m*, Versilberung *f* ② *(object)* versilberter Gegenstand **sil·ver-'plate** *vt* **to ~ a plate** einen Teller versilbern **sil·ver-'plat·ed** *adj inv* versilbert **sil·ver 'screen** *n* FILM ■**the** ~ die Leinwand **sil·ver 'ser·vice** *n no pl Servieren nach allen Regeln der Kunst* **'sil·ver·side** *n no pl* BRIT, AUS FOOD *Stück vom Rind, das vom oberen, äußeren Teil der Keule geschnitten wird* **'sil·ver·smith** *n* Silberschmied(in) *m(f)* **'sil·ver stand·ard** *n* FIN Silberwährung *f* **sil·ver 'surf·er** *n* Senioren-Netzsurfer(in) *m(f) fam* **sil·ver-'tongued** *adj* sprachgewandt

'sil·ver·ware *n no pl* ① *(articles)* Silberwaren *pl*
② *(cutlery)* Silberbesteck *nt*, Silber *nt*
③ AM *(utensils)* Silberwaren *pl*, Silber *nt*

sil·ver 'wed·ding an·ni·ver·sa·ry *n* silberne Hochzeit

sil·very ['sɪlvᵊri] *adj (in appearance)* silbrig; *(in sound)* silbern

sil·vi·cul·ture ['sɪlvɪˌkʌltʃəʳ, AM -tʃɚ] *n no art, no pl* SCI [die] Forstkultur

SIM [sɪm] *n acr for* **subscriber information module** SIM

sim·ian ['sɪmiən] *(form)* **I.** *n* Menschenaffe *m*
II. *adj inv* ① *(monkey-like)* affenartig; ~ **appearance** affenartiges Aussehen
② *(of monkeys)* Affen-; ~ **disease** Affenkrankheit *f*

simi·lar ['sɪmɪləʳ, AM -ɚ] *adj* ähnlich; ■**to be ~ to sb/sth** jdm/etw ähnlich sein; ***my bike is ~ to yours, only it's blue*** mein Fahrrad ist wie deines, nur blau; **to be ~ in appearance to sb** jdm ähnlich sehen; **to be ~ in size/length/height** ungefähr gleich groß/lang/hoch

simi·lar·ity [ˌsɪmɪ'lærəti, AM -mə'lerət̬i] *n* Ähnlichkeit *f* (**to** mit *+dat*), Parallele *f*; ***there were no points of ~ between the politicians' arguments*** es gab keine Gemeinsamkeiten in den Argumenten der Politiker

simi·lar·ly ['sɪmɪləli, AM -lɚli] *adv (almost the same)* ähnlich; *(likewise)* ebenso; **~, *you could maintain ...*** genauso gut könnten Sie behaupten, ...

simi·le ['sɪmɪli, AM -əli] *n* LIT, LING Gleichnis *nt*

si·mili·tude [sɪ'mɪlɪtjuːd, AM sə'mɪlətuːd, -tjuːd] *n* ❶ *(similarity)* Ähnlichkeit *f* ❷ *(comparison)* Vergleich *m*

sim·mer ['sɪməʳ, AM -ɚ] **I.** *n usu sing* Sieden *nt;* **to bring sth to a ~** etw zum Sieden bringen; **to keep at a ~** sieden [*o fam* köcheln] lassen
II. *vi* ❶ *(not quite boil)* sieden; *(fig)* ***New York ~ed in the summer heat*** New York brütete in der Sommerhitze; **to ~ with anger** vor Wut kochen
❷ *(fig: build up)* sich *akk* anbahnen
III. *vt* ■**to ~ sth** *food* etw auf kleiner Flamme kochen lassen; **to ~ water** Wasser sieden lassen
◆**simmer down** *vi (fam: calm down)* sich *akk* abregen *fam; (quiet down)* sich *akk* beruhigen

sim·nel cake ['sɪmnəl,-] *n* BRIT *mit Marzipan überzogener Früchtekuchen, der besonders in der Fastenzeit und um Ostern herum gegessen wird*

si·mo·ny ['saɪməni] *n no pl* HIST Pfründenschacher *m,* Simonie *f geh*

sim·per ['sɪmpəʳ, AM -ɚ] **I.** *vi* ■**to ~ at sb** jdn albern anlächeln
II. *n* Gehabe *nt*

sim·per·ing ['sɪmpərɪŋ] **I.** *adj smile, manner* albern, geziert
II. *n* Gehabe *nt*

sim·ple <-r, -st *or* more ~, most ~> ['sɪmpl] *adj* ❶ *(not elaborate) food, dress* einfach, simpel *pej;* ***I want an explanation, but keep it ~*** ich möchte eine einfache Erklärung
❷ *(not difficult)* einfach; ***it's not as ~ as that*** das ist nicht ganz so einfach; **in ~ English** in einfachem Englisch
❸ *attr (not complex)* einfach; **a ~ life form** eine schlichte Lebensform
❹ *attr, inv (honest)* schlicht; ***that's the truth, pure and ~*** das ist die reine Wahrheit; **the ~ fact is that ...** Tatsache ist, dass ...; **for the ~ reason that ...** aus dem schlichten [*o* einfachen] Grund, dass ...
❺ *(approv: ordinary)* einfach; ***he was just a ~ fisherman*** er war nur ein einfacher Fischer; **the ~ things in life** die einfachen Dinge im Leben
❻ *(foolish)* naiv

sim·ple 'frac·ture *n* MED einfacher Bruch, einfache Fraktur *fachspr*

sim·ple-'heart·ed *adj* gutherzig; *(honest)* aufrichtig

sim·ple 'in·ter·est *n no pl* FIN Kapitalzins *m,* einfache Zinsen **sim·ple ma·'jor·ity** *n + sing/pl vb* einfache Mehrheit

sim·ple-'mind·ed *adj (fam)* ❶ *(dumb)* einfach, dümmlich
❷ *(naive)* einfältig, naiv

sim·ple 'sen·tence *n* LING Aussagesatz *m*

sim·ple·ton ['sɪmp|tən, AM -tən] *n* ❶ *(dated: handicapped)* [geistig] Behinderte(r) *f(m)*
❷ *(pej fam: not intelligent)* einfältige Person, Einfaltspinsel *m fam,* SCHWEIZ *a.* Simpel *m*

sim·plex ['sɪmpleks] *adj inv (spec)* Simplex-

sim·plic·ity [sɪm'plɪsəti, AM -əṭi] *n no pl* ❶ *(plainness)* Einfachheit *f,* Schlichtheit *f*
❷ *(easiness)* Einfachheit *f;* **to be ~ itself** die Einfachheit selbst sein
❸ *(humbleness)* Bescheidenheit *f,* Einfachheit *f*

sim·pli·fi·ca·tion [,sɪmplɪfɪ'keɪʃən, AM -plə-] *n* Vereinfachung *f,* Simplifikation *f geh*

sim·pli·fy <-ie-> ['sɪmplɪfaɪ, AM -plə-] *vt* ■**to ~ sth** etw vereinfachen; **to ~ matters** um die Angelegenheit zu vereinfachen

sim·plis·tic [sɪm'plɪstɪk] *adj* simpel, simplistisch *form;* ***am I being ~?*** sehe ich das zu einfach?

sim·ply ['sɪmpli] *adv* ❶ *(not elaborately)* einfach
❷ *inv (just)* nur; *(absolutely)* einfach; ***I ~ do my job for the money*** ich mache meinen Job nur wegen des Geldes; ***I ~ don't know what happened*** ich weiß schlichtweg nicht, was passiert ist; ***you look ~ beautiful in that dress*** du siehst in dem Kleid einfach bezaubernd aus; ***you ~ must try this!*** du musst das einfach versuchen!
❸ *(in a natural manner)* einfach, schlicht; *(humbly)* bescheiden, einfach; ***he lived ~ in a small hut*** er lebte sehr bescheiden in einer kleinen Hütte

simu·la·crum <*pl* -s *or* -cra> [,sɪmjə'leɪkrəm, *pl* -krə] *n (form)* ❶ *(representation)* Nachahmung *f*
❷ *(pretence)* Vorwand *m,* Vortäuschung *f*

simu·late ['sɪmjəleɪt] *vt* ■**to ~ sth** ❶ *(resemble)* etw nachahmen [*o* imitieren]; ***in cheap furniture, plastic is often used to ~ wood*** bei billigen Möbeln wird häufig Holzimitat aus Plastik verwendet
❷ *(feign)* etw vortäuschen; ***she ~d pleasure at seeing him*** sie tat erfreut, ihn zu sehen
❸ COMPUT *(on a computer)* etw simulieren [*o* nachvollziehen]

simu·lat·ed ['sɪmjəleɪtɪd, AM -ṭ-] *adj inv leather, wood* nachgemacht, imitiert; *sorrow, pleasure* vorgetäuscht, gespielt; *(on computer)* simuliert; **~ fur** Pelzimitat *nt*

simu·la·tion [,sɪmjə'leɪʃən] *n of leather, a diamond* Imitation *f; of a feeling* Vortäuschung *f;* COMPUT Simulation *f,* Nachahmung *f*

simu·'la·tion mod·el *n* Simulationsmodell *nt*

simu·la·tor ['sɪmjəleɪtəʳ, AM -ṭɚ] *n* COMPUT, TECH Simulator *m;* **flight ~** Flugsimulator *m*

sim·ul·cast ['sɪməlkɑːst, AM 'saɪməlkæst] RADIO, TV **I.** *n esp* AM, AUS zeitgleiche Übertragung
II. *vt* <-cast, -cast *or* -casted> **to ~ a programme** ein Programm zeitgleich übertragen

sim·ul·ta·neity [,sɪməltə'neɪəti, AM ,saɪməltə'niːəṭi] *n no pl* Gleichzeitigkeit *f*

sim·ul·ta·neous [,sɪməl'teɪniəs, AM ,saɪməl'teɪnjəs] *adj inv* gleichzeitig, zeitgleich; COMPUT gleichzeitig, Simultan-, simultan-; ■**to be ~ with sth** zeitgleich mit etw *dat* stattfinden

sim·ul·ta·neous e'qua·tions *npl* Simultangleichungen *pl* **sim·ul·ta·neous in·'ter·pret·er** *n* Simultandolmetscher(in) *m(f)* **sim·ul·ta·neous in·'ter·pret·ing** *n no pl* Simultandolmetschen *nt*

sim·ul·ta·neous·ly [,sɪməl'teɪniəsli, AM ,saɪməl'teɪnjəs-] *adv inv* gleichzeitig, simultan *fachspr geh*

sim·ul·ta·neous·ness [,sɪməl'teɪniəsnəs, AM ,saɪməl'teɪnjəs-] *n no pl* Gleichzeitigkeit *f,* Simultaneität *f geh*

sin[1] [sɪn] **I.** *n* Sünde *f;* ***the sick are being thrown out on the streets — yes, it's a ~!*** die Kranken werden auf die Straße gesetzt – ja, das ist unerhört!; ***is that your work? — yes, for my ~s*** ist das Ihre Arbeit? – ja, leider; ***it would be a ~ not to go out on such a nice day*** *(fig)* es wäre eine Sünde, an so einem schönen Tag nicht rauszugehen; ***he's*** [***as***] ***ugly as ~*** er ist unglaublich hässlich; **a ~ of omission** eine Unterlassungssünde; **to commit/confess a ~** eine Sünde begehen/beichten; **to live in ~** in wilder Ehe leben
II. *vi* <-nn-> sündigen

sin[2] *n* MATH *abbrev of* **sine** Sinus *m*

Si·nai ['saɪnaɪ] *n no pl* GEOG ■**the ~** der Sinai

Si·nai Pen·'in·su·la *n* Sinai-Halbinsel *f*

'sin bin *n* BRIT, AUS SPORT *(sl)* Strafbank *f*

since [sɪn(t)s] **I.** *adv inv* ❶ *(from that point on)* seitdem, seither; ***she went to New York a year ago, and we haven't seen her ~*** sie ist vor einem Jahr nach New York gegangen, seitdem haben wir sie nicht mehr gesehen; ***my mother was seriously ill last month, but she has ~ got better*** meine Mutter war letzten Monat sehr krank, inzwischen geht es ihr aber wieder besser; **ever ~** seit dieser Zeit, seitdem
❷ *(ago)* **long ~** seit Langem, schon lange; **not long ~** vor Kurzem [erst]
II. *prep* seit; **~ Saturday/last week** seit Samstag/letzter Woche
III. *conj* ❶ *(because)* da, weil
❷ *(from time that)* seit, seitdem; ***ever ~ she started her new job, ...*** seitdem sie mit dem neuen Job angefangen hat, ...; ***it's a year now ~ we went to France*** es ist jetzt ein Jahr her, dass wir nach Frankreich gefahren sind

sin·cere [sɪn'sɪəʳ, AM -'sɪr] *adj person* ehrlich, aufrichtig; *congratulations, gratitude* aufrichtig; ***she is ~ in her political beliefs*** sie meint es ernst mit ihrer politischen Überzeugung; **~ believer** ernsthafter Gläubiger

sin·cere·ly [sɪn'sɪəli, AM -'sɪr-] *adv* ❶ *(in a sincere manner)* ehrlich, aufrichtig; ***I ~ appreciate all your help*** ich weiß eure Hilfe wirklich zu schätzen
❷ *(ending letter)* [**yours**] **~** [*or* **~** [**yours**]] mit freundlichen Grüßen

sin·cer·ity [sɪn'serəti, AM -əṭi] *n no pl* Ehrlichkeit *f,* Aufrichtigkeit *f;* ***in all ~, ...*** ganz ehrlich, ..., offen gesagt, ...

sine [saɪn] *n* MATH Sinus *m*

si·necure ['saɪnɪkjʊəʳ, AM -nəkjʊr] *n* Sinekure *f geh,* Pfründe *f*

sine die [,saɪnɪ'daɪiː, AM -ni'daɪ] *adv* LAW auf unbestimmte Zeit, ohne Anberaumung eines neuen Termins; **to be adjourned ~** auf unbestimmte Zeit vertagt werden

sine qua non [,sɪnikwɑː'nəʊn, AM -neɪkwɑː'noʊn] *n (form)* unabdingbare Voraussetzung, notwendige Bedingung, Conditio *f* sine qua non *geh*

sin·ew ['sɪnjuː] *n* ❶ *(tendon)* Sehne *f*
❷ *(liter or fig: constituent parts)* ■**~s** *pl* Kräfte *pl;* ***these steel cables are the ~s holding the whole construction together*** diese Stahlseile halten die gesamte Konstruktion zusammen; **the ~s of war** Kampfmittel *pl,* Kriegsmaterial *nt*

sin·ewy ['sɪnjuːi] *adj* ❶ *(muscular)* sehnig
❷ *(tough)* zäh; *meat* sehnig

sin·fo·nia [sɪn'fəʊniə, AM ,sɪnfə'niːə] *n* MUS ❶ *(symphony)* Sinfonie *f*
❷ *+ sing/pl vb (symphony orchestra)* Sinfonieorchester *nt,* Sinfoniker *pl*

sin·fo·niet·ta [,sɪnfəʊni'etə, AM fə'njetə] *n* MUS ❶ *(symphony)* Sinfonietta *f*
❷ *+ sing/pl vb (symphony orchestra)* kleines Sinfonieorchester

sin·ful ['sɪnfəl] *adj* ❶ *(immoral)* sündig, sündhaft; ***is it ~ to want what other people have?*** ist es eine Sünde, das zu wollen, was andere besitzen?; **~ thoughts** sündhafte Gedanken
❷ *(deplorable)* sündhaft; **a ~ waste of money** eine schreckliche Geldverschwendung
❸ *(fam: bad for one)* **to be absolutely ~** die reinste Sünde sein *hum iron*

sin·ful·ly ['sɪnfəli] *adv* sündhaft; ***indulge yourself ~ with ice creams and cakes*** genießen Sie Eis und Kuchen mit sündigem Vergnügen

sin·ful·ness ['sɪnfənəs] *n no pl* Sündhaftigkeit *f*

sing[1] LING **I.** *n abbrev of* **singular** Sg., Sing.
II. *adj abbrev of* **singular** im Sing. [*o* Sg.] *nach n;* **to be in the ~** im Sing. stehen

sing[2] <sang *or* AM *also* sung, sung> [sɪŋ] **I.** *vi* ❶ *(utter musical sounds)* singen; ■**to ~ to** [*or* **for**] **sb** jdm etw vorsingen; ■**to ~ to oneself** vor sich *dat* hinsingen; ■**to ~ of sb/sth** *(poet)* von jdm/etw singen
❷ *(high-pitched noise) kettle* pfeifen; *locusts* zirpen; *wind* pfeifen
❸ *(ringing noise)* dröhnen; ***my ears were ~ing*** mir dröhnten die Ohren
❹ *(sl: confess)* singen *sl*
II. *vt* ❶ *(utter musical sounds)* ■**to ~ sth** etw singen; **to ~ alto/tenor/soprano** Alt/Tenor/Sopran singen; **to ~ the praises of sb/sth** ein Loblied auf jdn/etw singen; **to ~ sb asleep** [*or* **to sleep**] jdn in den Schlaf singen
❷ *(poet: describe in verse)* ■**to ~ sb/sth** von jdm/etw singen, jdn/etw besingen *poet o veraltend*
▶ PHRASES: **to ~ another** [*or* **a different**] **tune** *(to be less friendly)* einen anderen Ton anschlagen; *(change opinion)* seine Einstellung [*o* Meinung] ändern
◆**sing along** *vi* mitsingen
◆**sing out I.** *vi* ❶ *(sing loudly)* laut [*o* aus voller Kehle] singen

S

2 *(fam: call out)* Bescheid geben
II. *vt (fam)* ■ **to ~ out** ◯ **sth** über etw *akk* Bescheid geben
◆ **sing up** *vi esp* Brit, Aus lauter singen
sing·along ['sɪŋəlɒŋ, AM -lɑːŋ] *n* gemeinsames Liedersingen; **to have a ~** zusammen singen
Sin·ga·pore [ˌsɪŋə'pɔːʳ, AM 'sɪŋəpɔːr] *n* Singapur *nt*
Sin·ga·po·rean [ˌsɪŋəpɔː'riːən] I. *adj* singapurisch, aus Singapur *nach n;* **the ~ economy** die Wirtschaft Singapurs
II. *n* Singapurer(in) *m(f)*
singe [sɪndʒ] I. *vt* ■ **to ~ sth** 1 *(burn surface of)* etw ansengen; *(burn sth slightly)* etw versengen; **to ~ one's eyebrows** sich *dat* die Augenbrauen versengen
2 *(burn off deliberately)* etw absengen; **to have one's hair ~d** sich *dat* die Haare ansengen
II. *vi (burn) hair, fur* angesengt werden; *(burn lightly)* versengen
III. *n* angesengte Stelle, Brandfleck *m*
sing·er ['sɪŋəʳ, AM -ɚ] *n* Sänger(in) *m(f);* **pop ~** Popsänger(in) *m(f)*
sing·er-'song·writ·er *n* Liedermacher(in) *m(f)*
'sing·fest *n* Am Treffen *nt* zum gemeinsamen Liedersingen; **family ~** [gemeinsames] Liedersingen im Familienkreis
Sin·gha·lese *adj, n see* **Sinhalese**
sing·ing ['sɪŋɪŋ] *n no pl* Singen *nt,* Gesang *m*
'sing·ing bird *n* Singvogel *m* **'sing·ing club** *n* Gesang[s]verein *m* **'sing·ing les·son** *n* Gesang[s]stunde *f* **'sing·ing so·ci·ety** *n* Gesang[s]verein *m* **'sing·ing teach·er** *n* Gesang[s]lehrer(in) *m(f)* **'singing-tele·gram** *n* Singing Telegram *nt* **'sing·ing voice** *n* Singstimme *f*
sin·gle ['sɪŋgl] I. *adj inv* 1 *attr (one only)* einzige(r, s); ***she didn't say a ~ word all evening*** sie sprach den ganzen Abend kein einziges Wort; ***patience is the ~ most important quality*** Geduld ist die absolut wichtigste Eigenschaft; **with a ~ blow** mit nur einem Schlag; **not a ~ person** [überhaupt] niemand; **not a ~ soul** keine Menschenseele; **every ~ thing** [absolut] alles; **every ~ time** jedes Mal
2 *(having one part)* einzelne(r, s); **in ~ figures** im einstelligen [Zahlen]bereich; **~-flowered** bot einblütig
3 *inv (unmarried)* ledig, unverheiratet, solo *fam;* ***he's 49 and still ~*** er ist 49 und immer noch nicht verheiratet
4 *inv (raising child alone)* allein erziehend; ***he is a ~ parent*** er ist allein erziehend; **~ father/mother** allein erziehender Vater/allein erziehende Mutter
II. *n* 1 Brit, Aus *(one-way ticket)* Einzelfahrkarte *f,* Einzelfahrschein *m,* einfache Billet *nt* schweiz; ***do you want a ~ or a return?*** möchten Sie eine einfache Fahrkarte oder eine Hin- und Rückfahrkarte?
2 *(one-unit dollar note)* Eindollarschein *m,* Eindollarnote *f*
3 *(record)* Single *f*
4 sport *(in cricket) Schlag für einen Lauf; (in baseball) Lauf zum ersten Base*
5 *(single measure of drink)* Einheit *f (eine Maßeinheit eines alkoholischen Getränks)*
6 *(single room)* Einzelzimmer *nt*
7 *pl (unmarried person)* Single *m*
III. *vi* sport mit einem Schlag das erste Base erreichen
◆ **single out** *vt* ■ **to ~ out** ◯ **sb/sth** *(for positive characteristics)* jdn/etw auswählen; *(for negative reasons)* jdn/etw herausgreifen; ***why were they of all people ~d out for punishment?*** warum wurden eigentlich ausgerechnet sie bestraft?; **to ~ sb out for special treatment** jdm eine Sonderbehandlung zukommen lassen
sin·gle 'bed *n* Einzelbett *nt* **sin·gle-'breast·ed** *adj inv* einreihig; **~ suit** Einreiher *m* **sin·gle 'com·bat** *n no pl* Einzelkampf *m; (duel)* Zweikampf *m;* **to challenge sb to ~** jdn zum Zweikampf herausfordern
sin·gle 'cream *n* Brit Sahne *f,* Obers *nt* österr, Rahm *m* schweiz *(mit niedrigem Fettgehalt)*
sin·gle-cup 'brew·er *n* Ein-Tassen-[Kaffee]maschine *f* **sin·gle 'cur·ren·cy** *n* fin gemeinsame Währung, Einheitswährung *f,* Gemeinschaftswährung *f* **sin·gle-'deck·er** *n* Bus *m (mit einem Deck)*
sin·gle·dom ['sɪŋgldəm] *n (fam or hum)* Single-Dasein *nt*
sin·gle-'en·gined *adj* einmotorig
sin·gle-en·try 'book·keep·ing *n* einfache Buchführung **Sin·gle Euro·'pean Act** *n,* **SEA** *n* Einheitliche Europäische Akte **Sin·gle Euro·pean 'Mar·ket** *n* Europäischer Binnenmarkt **sin·gle-fami·ly 'house** *n* Einfamilienhaus *nt* **sin·gle-'fig·ure** *adj inv* einstellig; **~ inflation rate** Inflationsrate *f* unter zehn Prozent, einstellige Inflationsrate **sin·gle 'file** *n no pl* **in ~** im Gänsemarsch **sin'gle-'gen·der** *adj inv* nach Geschlechtern getrennt; **~ school** Mädchenschule *f* [*o* Jungenschule] *f;* **~ education** Monoedukation *f fachspr*
sin·gle-'hand·ed I. *adv inv* [ganz] allein, ohne Hilfe [von außen], im Alleingang; ***he sailed round the world ~*** er segelte als Einhandsegler um die Welt
II. *adj inv* allein, ohne Hilfe *nach n,* eigenhändig
sin·gle-'hand·ed·ly *adv inv* [ganz] allein, ohne Hilfe [von außen]
sin·gle-'hand·er *n* 1 *(boat)* Einhandsegler *m*
2 *(person)* Einhandsegler(in) *m(f)*
sin·gle·hood ['sɪŋglhʊd] *n no pl* Am Singledasein *nt*
sin·gle-'lane *adj inv* einspurig **sin·gle-lens 're·flex, sin·gle-lens re·flex 'cam·era** *n* phot einäugige Spiegelreflexkamera **Sin·gle 'Mar·ket** *n* eu Binnenmarkt *m*
sin·gle-'mind·ed *adj* zielstrebig, zielbewusst; **to be ~ in sth** etw unbeirrbar tun
sin·gle-'mind·ed·ly *adv* zielstrebig, zielbewusst; *(unwaveringly)* unbeirrbar
sin·gle-'mind·ed·ness, sin·gle·ness of 'mind *n no pl* Zielstrebigkeit *f; (pursuing sth unwaveringly)* Unbeirrbarkeit *f*
sin·gle·ness ['sɪŋglnəs] *n no pl* Einzigartigkeit *f;* **~ of purpose** Zielstrebigkeit *f;* **~ of view** fest umrissene Meinung
sin·gle·ness of 'pur·pose *n no pl* Zielstrebigkeit *f*
sin·gle-par·ent 'fami·ly *n* Familie *f* mit [nur] einem Elternteil
sin·gle-pass as·'sem·bler *n* comput Assembler *m* mit einem Durchlauf **sin·gle-phase** *adj inv* elec einphasig **sin·gle 'price** *n* comm Einheitspreis *m;* **~ market** econ Einheitsmarkt *m* **sin·gle 'room** *n* Einzelzimmer *nt*
sin·gles ['sɪŋglz] I. *n* <*pl* -> sport *(in tennis)* Einzel *nt; (in golf)* Single *nt;* **men's/ladies' ~** Herren-/Dameneinzel *nt;* **to play a ~ against sb** ein Einzel gegen jdn spielen
II. *n modifier* sport **ladies' ~ champion** Siegerin *f* im Dameneinzel; **~ match** Einzel *nt*
'sin·gles bar *n* Singlekneipe *f,* Singletreff *m,* österr, schweiz *a.* Singlelokal *nt*
sin·gle-'seat·er *n* Einsitzer *m* **sin·gle-'sex** *adj inv* nach Geschlechtern getrennt; **~ school** [**for boys/girls**] reine Jungen- [*o* österr, schweiz *a.* Buben-]/Mädchenschule
'sin·gles holi·day *n* Singleurlaub *m*
sin·gle-sid·ed 'disk *n* comput Diskette *f* mit einfacher Schreibdichte **sin·gle 'spac·ing** *n* comput, typo einzeiliger [Zeilen]abstand **sin·gle-'stage** *adj* einstufig; **a ~ rocket** eine einstufige Rakete
sin·glet ['sɪŋglɪt] *n* 1 *esp* Brit, Aus ärmelloses Trikot; *(underwear)* Unterhemd *nt*
2 chem, nucl Singulett *nt;* **~ linkage** Singulettbindung *f*
sin·gle-'tap *vt* ■ **to ~ sth** *keypad key* etw einmal drücken [*o* tippen]
sin·gle 'tick·et *n* Brit einfache Fahrkarte, Einzelfahrkarte *f,* Einzelfahrschein *m*
sin·gle·ton ['sɪŋgltən] *n* 1 cards blanke Karte *(einzige Karte einer Farbe);* **to have a ~ in hearts** eine Herzkarte blank haben
2 *(person not married)* Single *m*
sin·gle-'track *adj inv* 1 rail eingleisig
2 Brit *(road)* einspurig
sin·gly ['sɪŋgli] *adv inv* einzeln
sing·song ['sɪŋsɒŋ, AM -sɑːŋ] I. *n* 1 Brit, Aus *(singing session)* gemeinsames Liedersingen; **to have a ~** gemeinsam Lieder singen
2 *no pl (way of speaking)* Singsang *m;* **to speak in a ~** in einem Singsang sprechen
II. *adj attr* **to speak in a ~ voice** in einem Singsang sprechen; **the Welsh ~ voices** der walisische Singsang *(melodischer Klang der Sprache)*
sin·gu·lar ['sɪŋgjələʳ, AM -ɚ] I. *adj* 1 ling *(referring to one person or thing)* Singular-; **to be ~** im Singular stehen; **~ ending** Singularendung *f;* **~ form** Singularform *f;* **~ noun** Substantiv *nt* im Singular; **~-only noun** Singularetantum *nt fachspr,* Einzahlwort *nt;* **the third person ~** die dritte Person Singular
2 *(form: extraordinary)* einzigartig; **of ~ beauty** von einmaliger [*o* einzigartiger] Schönheit; **a ~ lack of tact** eine beispiellose Taktlosigkeit
3 *(form: strange)* eigenartig, sonderbar; **a most ~ affair** eine höchst merkwürdige Angelegenheit
II. *n no pl* ling Singular *m,* Einzahl *f;* **to be in the ~** im Singular [*o* in der Einzahl] stehen
sin·gu·lar·ity [ˌsɪŋgjə'lærəti, AM -'lerət̬i] *n no pl (form)* Eigenartigkeit *f,* Sonderbarkeit *f;* **the ~ of sb's behaviour** jds sonderbares Verhalten
sin·gu·lar·ly ['sɪŋgjələli, AM -ɚli] *adv (form)* 1 *(extraordinarily)* außerordentlich; **~ beautiful** einmalig schön; ***he was ~ lacking in good sense*** ihm fehlte [wirklich] jede Spur guten Geschmacks
2 *(strangely)* eigenartig, sonderbar
sinh [ʃaɪn, sɪnʃ] *n* math Sinus hyperbolicus *m*
Sin·ha·lese [ˌsɪŋ(h)ə'liːz, AM ˌsɪn-] I. *adj inv* singhalesisch
II. *n* 1 *no pl (language)* Singhalesisch *nt*
2 <*pl* -> *(person)* Singhalese, Singhalesin *m, f*
sin·is·ter ['sɪnɪstəʳ, AM -ɚ] *adj* 1 *(scary)* unheimlich, sinister *geh*
2 *(fam: ominous)* unheilvoll, drohend; *forces* dunkel
Si·nit·ic [saɪ'nɪtɪk] I. *n* Sinitische Sprachen *pl*
II. *adj* der sinitischen Sprachen *nach n*
sink [sɪŋk] I. *n* 1 *(kitchen sink)* Spüle *f,* Spülbecken *nt,* Abwaschbecken *nt* schweiz, schweiz *a.* Schüttstein *m veraltend*
2 Am *(washbasin)* Waschbecken *nt,* Lavabo *nt* schweiz
3 *(cesspool)* Senkgrube *f*
4 *(sewer)* Abfluss *m*
5 geol Senke *f*
6 telec [Nachrichten]senke *f*
7 *(fig: place of vice)* Pfuhl *m fig veraltend geh*
II. *vi* <sank *or* sunk, sunk> 1 *(not float)* untergehen, sinken; ***will the cardboard box float or ~?*** wird die Schachtel schwimmen oder untergehen?; ***cork won't ~*** Kork schwimmt [oben]
2 *(in mud, snow)* einsinken
3 *(go downward)* sinken; *sun, moon* versinken, untergehen; ***the sun sank below the horizon*** die Sonne versank hinter dem Horizont; **to ~ to the bottom** auf dem Boden sinken; *sediments* sich *akk* auf dem Boden absetzen; **to ~ to the bottom of the table** *(fig)* ans Tabellenende rutschen
4 *(become lower) terrain* absinken, abfallen
5 *(move to a lower position) surface, house, construction* sich *akk* senken; *(level also)* sinken; ***the level of the flood waters did not ~ for weeks*** der Hochwasserstand ging wochenlang nicht zurück
6 *(become limp) arm, head* herabsinken; *person* umsinken; **to ~ to one's knees** auf die Knie sinken; **to ~ to the ground** zu Boden sinken
7 *(decrease) amount, value* sinken; *demand, sales, numbers also* zurückgehen; ***the pound sank two cents against the dollar*** das Pfund hat zwei Cent gegenüber dem Dollar verloren; ***the yen sank to a new low against the dollar*** der Yen hat gegenüber dem Dollar einen neuen Tiefstand erreicht; ***student numbers have sunk*** die Studentenzahlen sind zurückgegangen
8 *(become lower in pitch)* sich *akk* senken; ***his voice sank to a whisper*** seine Stimme senkte sich zu einem leisen Flüstern

9 *(decline)* *standard, quality* sinken, nachlassen; *moral character* sinken; ***I didn't think he'd ~ so low*** ich hätte nicht gedacht, dass er so tief sinken würde; ***you are ~ing to his level!*** du begibst dich auf das gleiche niedrige Niveau wie er!; **to ~ in sb's estimation** [*or* **esteem**] in jds Achtung sinken
10 *(decline in health)* ■**to be ~ing** [**fast**] [gesundheitlich] stark abbauen; ***Mrs Jones is ~ing fast*** Mrs. Jones Zustand verschlechtert sich rapide
11 *(become hollow)* *cheeks* einfallen
12 *(become absorbed)* **to be sunk in thought/a book** in Gedanken/ein Buch vertieft sein
▸PHRASES: **to be sunk in debt** in Schulden stecken; **sb's heart ~s** *(gets sadder)* jdm wird das Herz schwer; *(becomes discouraged)* jd verliert den Mut, jdm rutscht das Herz in die Hose *fam;* **to leave sb/sth to ~ or swim** jdn/etw seinem Schicksal überlassen; ***I was left to ~ or swim*** ich war ganz auf mich [selbst] gestellt; **we ~ or swim together** wir werden gemeinsam untergehen oder gemeinsam überleben; **sb's spirits ~** jds Stimmung sinkt [auf null]; **to ~ like a stone** ein Schlag ins Wasser sein *fig;* ***Jill's suggestion sank like a stone*** Jills Vorschlag stieß auf keinerlei Gegenliebe; **to ~ without trace** *ship* mit Mann und Maus untergehen *fam; person* von der Bildfläche verschwinden *fam*
III. *vt* <sank *or* sunk, sunk> 1 *(cause to submerge)* ■**to ~ sth** etw versenken; **to ~ a ship** ein Schiff versenken
2 *(fig: ruin)* ■**to ~ sth** etw zerstören, zunichtemachen; **to ~ plans/hopes** Pläne/Hoffnungen zunichtemachen
3 SPORT ■**to ~ sth** etw versenken; **to ~ a ball** *(into a hole)* einen Ball einlochen; *(into a pocket)* einen Ball versenken; **to ~ the black/red** die schwarze/rote Kugel versenken
4 BRIT, AUS *(fam: drink)* **to ~ a bottle of wine/a pint** eine Flasche Wein/eine Halbe Bier hinunterspülen *fam*
5 *(pay off)* **to ~ a debt** eine Schuld tilgen
6 *(suppress)* **to ~ a fact** eine Tatsache vertuschen
7 *(give up)* **to ~ a claim/one's pride** einen Anspruch/seinen Stolz aufgeben
8 *(settle)* **to ~ one's differences/a controversy** seine Differenzen/eine Streitigkeit beilegen
9 *(dig)* **to ~ a shaft** MIN einen Schacht abteufen *fachspr;* **to ~ a well** einen Brunnen bohren
10 *(lower)* ■**to ~ sth** etw senken; **to ~ one's voice to a whisper** seine Stimme zu einem Flüsterton senken
▸PHRASES: **to ~ one's worries in drink** seinen Kummer im Alkohol ertränken
◆**sink back** *vi* 1 *(lean back)* zurücksinken; ***he sank back and was soon lost in reverie*** er lehnte sich zurück und versank bald in Träumereien; **to ~ back in a deep armchair/the cushions** in einen tiefen Armsessel/die Kissen sinken; **to ~ back on the sofa** aufs Sofa sinken
2 *(fig: relapse)* ■**to ~ back into sth** [wieder] in etw *akk* [zurück]verfallen; ***I don't want him to ~ back into his old bad habits*** ich möchte nicht, dass er wieder in seine alten schlechten Gewohnheiten verfällt
◆**sink down** *vi* 1 *(descend gradually)* sinken; *sun* versinken
2 *(go down)* zurücksinken; *(on the ground)* zu Boden sinken; ***he went to stand up, then sank back down on his chair*** er wollte aufstehen, sank dann aber auf seinen Stuhl zurück
◆**sink in I.** *vi* 1 *(into a surface)* einsinken; ***on this wet ground the post may ~ in*** auf diesem feuchten Untergrund könnte der Pfosten einsinken; ■**to ~ in sth** in etw *akk o dat* einsinken
2 *(be absorbed)* *liquid, cream* einziehen
3 *(be understood)* ins Bewusstsein dringen; ***the news may take a while to ~ in*** es kann eine Weile dauern, bis die Nachricht angekommen ist *fam;* ***can't you get this to ~ in?*** geht das denn nicht in deinen Kopf? *fam;* ***I had to tell him several times before it finally sank in*** ich musste es ihm mehrere Male sagen, bevor er es endlich begriffen hatte
II. *vt* 1 *(force into)* **to ~ a knife in sth** ein Messer in etw *akk* rammen; **to ~ one's teeth in sth** seine Zähne in etw *akk* schlagen
2 *(invest)* **to ~ one's money in sth** sein Geld in etw *akk* stecken *fam*
3 *(engrave)* eingravieren; **to ~ sth in stone** etw in Stein eingravieren
◆**sink into I.** *vi* ■**to ~ into sth** 1 *(go deeper into)* in etw *dat* einsinken [*o* versinken]; ***I sank into the snow up to my waist*** ich versank bis zur Hüfte im Schnee
2 *(be absorbed)* in etw *akk* einziehen; ***let the cream ~ into your skin*** lass die Creme gut einziehen
3 *(lie back in)* in etw *akk* [hinein]sinken; **to ~ into an armchair** in einen Sessel sinken; **to ~ into bed** sich *akk* ins Bett fallen lassen
4 *(pass gradually into)* in etw *akk* sinken; **to ~ into a coma** ins Koma fallen; ***he sank into deep despair*** er fiel in tiefe Verzweiflung; **to ~ into debt** in Schulden geraten; **to ~ into** [**a**] **depression** in eine Depression verfallen
II. *vt* 1 *(put)* ■**to ~ sth into sth** etw in etw *akk o dat* versenken; *(pierce)* **to ~ one's teeth into sth** seine Zähne in etw *akk* schlagen; ***I'd love to ~ my teeth into a nice juicy steak*** ich würde gern in ein schönes, saftiges Steak beißen; ***she sank her spoon into a large bowl of cream*** sie versenkte ihren Löffel in eine große Schüssel Sahne
2 *(embed)* ■**to ~ sth into sth** etw in etw *akk* einlassen; **to ~ a post into the ground** einen Pfosten in den Boden schlagen
3 FIN **to ~ one's money into sth** sein Geld in etw *dat* anlegen [*o fam* in etw *akk* stecken]
sink·able ['sɪŋkəbl] *adj* versenkbar; **~ putt** SPORT *Putt, bei dem der Ball eingelocht werden kann*
sink·er ['sɪŋkər, AM -ɚ] *n* Senker *m,* Senkgewicht *nt,* Senkblei *nt* SCHWEIZ
sink·ing ['sɪŋkɪŋ] *adj attr, inv* 1 *(not floating)* sinkend
2 *(emotion)* ***that goal revived the ~ spirits of the team*** das Tor brachte neuen Schwung in die angeschlagene Mannschaft; **a ~ feeling** ein flaues Gefühl [in der Magengegend]; **with a ~ heart** resigniert
3 *attr (declining)* sinkend, fallend
▸PHRASES: **to leave the ~ ship** das sinkende Schiff verlassen
'sink·ing fund *n* FIN Tilgungsfonds *m,* Amortisationsfonds *m fachspr*
'sink unit *n* Spüle *f,* Abwaschbecken *nt* SCHWEIZ
sin·ner ['sɪnər, AM -ɚ] *n* Sünder(in) *m(f);* **the repentant ~** der reuige Sünder/die reuige Sünderin
Sinn Fein [ʃɪn'feɪn] *n no pl, + sing/pl vb* POL *(Ireland)* Sinn Fein *f*
si·nolo·gist [saɪ'nɒlədʒɪst, AM -'nɑːl-] *n* Sinologe, Sinologin *m, f*
si·nol·ogy [saɪ'nɒlədʒi, AM -'nɑːl-] *n no pl* Sinologie *f*
Sino-Tibetan [ˌsaɪnəʊtɪ'betən, AM -noʊ-] **I.** *n* Sinotibetische Sprachen *pl*
II. *adj* der sinotibetischen Sprachen *nach n*
'sin tax *n* AM *(fam)* Genussmittelsteuer *f*
sinu·ous ['sɪnjuəs] *adj* 1 *(winding)* gewunden; ***the river winds its ~ course through the countryside*** der Fluss schlängelt sich [in zahlreichen Windungen] durch die Landschaft; ***a ~ path*** ein verschlungener Pfad
2 *(curving and twisting)* geschmeidig
sinu·ous·ly ['sɪnjuəsli] *adv* gewunden; **to dance ~** geschmeidig [*o* schlangenartig] tanzen; **to move ~ along sth** *snake* sich etw *akk* entlang schlängeln
si·nus <*pl* -es> ['saɪnəs] **I.** *n* ANAT Nasennebenhöhle *f,* Sinus *m fachspr*
II. *n modifier* Nasennebenhöhlen-, Sinus- *fachspr;* **~ operation** Nasennebenhöhlenoperation *f;* **~ pain** Schmerzen *pl* im Nasennebenhöhlenbereich; **~ problems** Probleme mit den Nasennebenhöhlen
si·nusi·tis [ˌsaɪnə'saɪtɪs, AM -t̬-] *n no pl* MED Nasennebenhöhlenentzündung *f,* Sinusitis *f fachspr*
Siouan ['suːən] **I.** *n* Sioux-Sprachen *pl*
II. *adj* 1 *(of Native Americans)* der Sioux *nach n*
2 *(of language family)* der Sioux-Sprachen *nach n*
Sioux [suː] **I.** *adj inv (tribe)* Sioux-; **~ Indian** Siouxindianer(in) *m(f)*
II. *n* 1 <*pl* -> *(person)* Sioux *m o f*
2 *no pl (language)* Sioux *nt*
sip [sɪp] **I.** *vt* <-pp-> ■**to ~ sth** an etw *dat* nippen; *(drink carefully)* etw in kleinen Schlucken trinken
II. *vi* <-pp-> ■**to ~ at sth** an etw *dat* nippen
III. *n* kleiner Schluck, Schlückchen *nt;* **to drink sth in ~s** etw schlückchenweise trinken; **to have** [*or* **take**] **a ~** einen kleinen Schluck nehmen
si·phon ['saɪfən] **I.** *n* 1 *(pipe)* Saugheber *m*
2 BRIT *(soda siphon)* Siphon *m*
II. *vt* ■**to ~ sth** etw [mit einem Saugheber] absaugen [*o* abpumpen]
◆**siphon off** *vt* 1 *(remove)* ■**to ~ off** ◌ **sth** etw absaugen [*o* abpumpen]
2 FIN **to ~ off money** Gelder abziehen; **to ~ off profits** Gewinne abschöpfen
sir [sɜːr, sər, AM sɜːr, sɚ] *n no pl* 1 BRIT *(fam: reference to schoolteacher)* **~!** Herr Lehrer!; ***I told ~*** ich hab's dem Lehrer erzählt
2 *(form of address)* Herr *m;* ***can I get you anything, ~?*** kann ich Ihnen etwas bringen, mein Herr?; ***can I see your driving licence, ~?*** kann ich bitte Ihren Führerschein sehen?
3 *(not at all)* **no, ~!** AM *(fam)* keinesfalls!, auf keinen Fall!
Sir [sɜːr, sər, AM sɜːr, sɚ] *n* 1 BRIT *(title of knight)* Sir *m*
2 *(on letters)* **Dear ~** [*or* **Dear ~ or Madam**] [*or* **Dear ~s**] Sehr geehrte Damen und Herren
sire [saɪər, AM -ɚ] **I.** *n* 1 *(horse's father)* Vatertier *nt; (designated for breeding)* Deckhengst *m,* Zuchthengst *m*
2 *(old liter: father)* Vater *m; (forefather)* Ahn *m veraltet*
3 *(old: form of address)* Sire *m,* Majestät *f*
II. *vt (esp hum)* **to ~ children** Kinder in die Welt setzen *fam;* **to ~ a foal** ein Fohlen zeugen
si·ren ['saɪ(ə)rən, AM 'saɪrən] *n* 1 *(warning device)* Sirene *f;* **air-raid ~** Luftschutzsirene *f;* **police ~** Polizeisirene *f*
2 *(in mythology)* Sirene *f a. fig*
'si·ren call, 'si·ren song *n* Sirenengesang *m fig geh*
sir·loin ['sɜːlɔɪn, AM 'sɜːr-] *n no pl* Lendenfilet *nt,* Lendenstück *nt (vom Rind)*
sir·loin 'steak *n* Lendensteak *nt,* Beefsteak *nt*
si·roc·co [sɪ'rɒkəʊ, AM sə'rɑːkoʊ] *n* METEO Schirokko *m*
sir·rah ['sɪrə] *n (old)* Kerl *m,* Bursche *m veraltend*
sis [sɪs] *n esp* AM *(fam) short for* **sister** Schwesterherz *nt hum*
SIS [ˌesaɪ'es] *n* BRIT *abbrev of* **Secret Intelligence Service** britischer Auslandsgeheimdienst
si·sal ['saɪsəl] **I.** *n no pl* 1 *(tropical plant)* Sisal *m,* Sisalagave *f*
2 *(strong fibre)* Sisal *m*
II. *n modifier (hemp, mat, plant)* Sisal-
sis·sy ['sɪsi] **I.** *n (pej fam)* Weichling *m pej,* Waschlappen *m pej fam,* ÖSTERR, SCHWEIZ *a.* Weichei *nt pej fam*
II. *adj (pej fam)* weibisch *pej,* verweichlicht *pej*
sista ['sɪstə] *n* AM *(sl)* ≈Schwester *(hauptsächlich von Afroamerikaner gebrauchte Anrede für eine weibliche Person)*
sis·ter ['sɪstər, AM -ɚ] **I.** *n* 1 *(female sibling)* Schwester *f*
2 *(fellow feminist)* Schwester *f; (trade unionist)* Kollegin *f*
3 *(nun)* [Ordens]schwester *f;* **S~ Catherine** Schwester Catherine; *(form of address)* ■**S~!** Schwester! *f*
4 BRIT, AUS *(nurse)* [Kranken]schwester *f;* ***S~ Jones*** Schwester Jones *f;* **day ~** Tagesschwester *f*
5 AM *(dated fam: form of address to woman)* Schwester *f sl*
II. *n modifier (party, ship)* Schwester-; **~ company** Schwestergesellschaft *f,* Schwesterfirma *f*
sis·ter·hood ['sɪstəhʊd, AM -tɚ-] *n* 1 *no pl (sisterly bond)* Zusammenhalt *m* unter Schwestern

S

② *no pl (female solidarity)* Solidarität *f* unter Frauen
③ + *sing/pl vb (feminists)* ■ **the** ~ die Frauenbewegung
④ REL *(religious society)* Schwesternorden *m,* Frauenorden *m*

'sis·ter-in-law <*pl* sisters-in-law *or* -s> *n* Schwägerin *f*

sis·ter·ly ['sɪstəli, AM -ɚli] *adj* schwesterlich; ***I felt quite ~ towards him*** er war für mich wie ein Bruder

Sis·tine ['sɪstaɪn, AM ti:n] *adj inv* **the ~ Chapel** die Sixtinische Kapelle; **the ~ ceiling** die Decke in der Sixtinischen Kapelle

sit <-tt, sat, sat> [sɪt] **I.** *vi* ① *(seated)* sitzen; ***don't just ~ there!*** sitz doch nicht so tatenlos herum!; **to ~ in an armchair** im Sessel sitzen; **to ~ at the desk/table** am Schreibtisch/Tisch sitzen; **to ~ on the sofa** auf dem Sofa sitzen; ■ **to ~ for sb** für jdn Modell sitzen; **to ~ for one's portrait** jdm Porträt sitzen, sich *akk* porträtieren lassen; **to ~ for an exam** *esp* BRIT eine Prüfung ablegen
② *(fam: babysit)* ■ **to ~ for sb** für jdn babysitten
③ *(sit down)* sich *akk* hinsetzen; *(to a dog)* **~!** Platz!, Sitz!; ***would you all please ~!*** würden Sie sich bitte alle hinsetzen!; ***he sat [down] next to me*** er setzte sich neben mich; ***where would you like us to ~?*** wo sollen wir Platz nehmen?
④ *(perch)* hocken, sitzen
⑤ *(on a nest)* brüten
⑥ *(be located)* liegen; **to ~ in the bottom of a valley** am Fuße eines Tals liegen
⑦ *(remain undisturbed)* stehen; ***that car's been ~ting there for days*** dieses Auto steht schon seit Tagen dort; **to ~ on the shelf/on sb's desk** im [*o* auf dem] Regal stehen/auf jds Schreibtisch liegen
⑧ *(in session)* tagen, eine Sitzung abhalten; *court* zusammenkommen; ***Parliament is ~ting*** das Parlament tagt
⑨ AM *(be in office) senator, representative* einen Sitz haben; ■ **to ~ for sth** Abgeordnete(r) *f(m)* für etw *akk* sein; ***she ~s for Ashley East*** sie ist Abgeordnete für Ashley East
⑩ *(fit)* passen; *clothes* sitzen
⑪ AM *(be agreeable)* ***the idea didn't ~ well with any of us*** die Idee behagte keinem von uns so recht
▶PHRASES: **to ~ at sb's <u>feet</u>** jds Schüler/Schülerin sein; **to ~ on the <u>fence</u>** sich *akk* nicht entscheiden können; **to ~ on one's <u>hands</u>** [*or* BRIT *vulg* **<u>arse</u>**] [*or* AM *vulg* **<u>ass</u>**] keinen Finger krummmachen *fam;* **to ~ in <u>judgment</u> on** [*or* **over**] **sb** über jdn zu Gericht sitzen [*o* urteilen]; **to be ~ting <u>pretty</u>** fein heraus sein *fam;* **to ~ <u>tight</u>** *(not move)* sitzen bleiben, sich *akk* nicht rühren; *(not change opinion)* stur bleiben
II. *vt* ① *(put on seat)* **to ~ a child on a chair** ein Kind auf einen Stuhl setzen
② BRIT *(take exam)* **to ~ an exam** eine Prüfung ablegen

◆**sit around**, *esp* BRIT **sit about** *vi* herumsitzen

◆**sit back** *vi* ① *(lean back in chair)* sich *akk* zurücklehnen
② *(do nothing)* die Hände in den Schoß legen *fig*

◆**sit by** *vi* untätig zusehen, tatenlos dabeistehen

◆**sit down I.** *vi* ① *(take a seat)* sich *akk* [hin]setzen; **to ~ down to dinner** sich *akk* zum Essen an den Tisch begeben
② *(be sitting)* sitzen
③ *(fig: take time)* sich *akk* [in Ruhe] hinsetzen; ***I need time to ~ down and think about this*** ich brauche Zeit, um in Ruhe darüber nachzudenken; ■ **to ~ down with sb** sich *akk* mit jdm zusammensetzen
II. *vt* ① *(put in a seat)* ■ **to ~ sb down** jdn irgendwohin setzen; *(fig)* sich *dat* jdn vornehmen *fam;* **to ~ a child down** ein Kind [irgendwo] hinsetzen
② *(take a seat)* ■ **to ~ oneself down** sich *akk* hinsetzen

◆**sit in** *vi* ① *(attend)* dabeisitzen, dabei sein; **to ~ in on a conference/meeting** einer Konferenz/einem Treffen beisitzen
② *(represent)* ■ **to ~ in for sb** jdn vertreten
③ *(hold sit-in)* ein Sit-in [*o* einen Sitzstreik] veranstalten

◆**sit on** *vi* ① *(be member of)* **to ~ on a board/a committee** einem Ausschuss/Komitee angehören, Mitglied eines Ausschusses/Komitees sein
② *(fam: not act on sth)* ■ **to ~ on sth** auf etw *akk* nicht reagieren [*o fam* sitzen]
③ *(fam: unaware of value)* ■ **to be ~ting on sth** auf etw *dat* sitzen *fig fam;* ***has anybody had the land valued? we could be ~ting on a goldmine here*** hat jemand das Land schätzen lassen? wir könnten hier auf einer Goldmine sitzen
④ *(fam: rebuke)* ■ **to ~ on sb** jdm einen Dämpfer verpassen *fam,* jdm den Kopf zurechtrücken *fam;* **to ~ on an idea** *(stop)* eine Idee abwürgen *fam*
⑤ *(feel heavy)* **to ~ on sb's stomach** jdm schwer im Magen liegen

◆**sit out I.** *vi* ① *(sit outdoors)* draußen sitzen
② *(not dance)* einen Tanz auslassen
II. *vt* ■ **to ~ out** ◯ **sth** ① *(not participate)* etw auslassen; *in game, competition* bei etw *dat* aussetzen
② *(sit until end)* bei etw *dat* bis zum Ende ausharren [*o* durchhalten]

◆**sit over** *vi* ① *(spend time)* **to ~ over a meal** [lange Zeit] über einer Mahlzeit sitzen
② *(monitor)* ■ **to ~ over sb** auf jdn Acht geben, jdn beaufsichtigen

◆**sit round** *vi* BRIT, AUS herumsitzen

◆**sit through** *vi* ■ **to ~ through sth** etw über sich *akk* ergehen lassen

◆**sit under** *vi* AM ■ **to ~ under sb** etw von jdm lernen; **to ~ under a teacher** jds Schüler/Schülerin sein

◆**sit up I.** *vi* ① *(sit erect)* aufrecht [*o* gerade] sitzen; **~ *up!*** sitz gerade!; **to ~ up straight** sich *akk* gerade [*o* aufrecht] hinsetzen
② *(fig fam: pay attention)* **to ~ up and take notice** aufhorchen; **to make sb ~ up [and take notice]** jdn aufhorchen lassen
③ *(remain up)* aufbleiben; ***I'll be late, so don't ~ up for me!*** ich komme spät zurück, also warte nicht auf mich!
II. *vt* ■ **to ~ sb up** jdn aufrichten [*o* aufsetzen]

si·tar [sɪ'tɑ:r, AM -'tɑ:r] *n* MUS Sitar *m*

sit·com[1] ['sɪtkɒm, AM -kɑ:m] *n (fam) short for* **situation comedy** Sitcom *f*

sitcom[2] ['sɪtkɒm, AM -kɑ:m] *n short for* **single income, two children, oppressive mortgage** *(finanziell schwierige Situation bedingt durch hohe Hypothekrückzahlungen von großstädtischen Berufstätigen, wenn ein Ehepartner wegen der Kinder zu Hause bleibt)*

'sit-down *n* ① *no pl esp* BRIT *(fam: rest)* [Verschnauf]pause *f;* **to have a ~** sich *akk* einen Moment hinsetzen, [für] einen Moment verschnaufen
② *(fam: sit-down strike)* Sitzstreik *m,* Sit-in *nt*
③ *(sit-down meal)* eine richtige Mahlzeit **sit-down 'meal** *n* **a ~** eine richtige Mahlzeit **sit-down 'strike** *n* Sitzstreik *m,* Sit-in *nt;* **to hold a ~** einen Sitzstreik veranstalten

site [saɪt] **I.** *n* ① *(place)* Stelle *f,* Platz *m,* Ort *m; of crime* Tatort *m;* **~ of a battle** Kampfplatz *m*
② *(plot)* Grundstück *nt;* **archaeological ~** archäologische Fundstätte; **building ~** Baugelände *nt;* **caravan** [*or* AM **camping**] **~** Campingplatz *m;* **greenfield ~** Baugelände *nt* auf der grünen Wiese; **industrial ~** Industriegelände *nt;* **vacant ~** unbebautes Grundstück
③ *(building location)* Baustelle *f;* **on ~** vor Ort; ***no unauthorized persons are allowed on the ~*** Unbefugten ist das Betreten der Baustelle verboten
④ *(on the internet)* [**web**] **~** Website *f;* **fan ~** Fanpage *f*
II. *vt* ■ **to ~ sth** einen Standort für etw *akk* bestimmen; ***we ~d our tent under a tree*** wir schlugen unser Zelt unter einem Baum auf; **to be ~d out of town** außerhalb der Stadt liegen; **to be badly ~d** ungünstig gelegen sein

site de·'vel·op·ment *n no pl* Grundstückserschließung *f,* Geländeerschließung *f*

site en·gi·'neer *n* Bauingenieur(in) *m(f)* **'site of·fice** *n* Büro *nt* der Bauleitung, Bauleitung *f*

Site of Spe·cial Sci·en·tif·ic 'In·ter·est *n* BRIT Naturschutzgelände *nt*

'site own·er *n* Grundstückseigentümer(in) *m(f)*

'site plan *n* Lageplan *m* **site-spe·cif·ic** [ˌsaɪtspe'sɪfɪk] *adj exhibit, sculpture, advertising display* ortsspezifisch, für einen bestimmten Ort *nach n;* ***a ~ sculpture*** eine für einen bestimmten Standort entworfene Skulptur

'sit-in *n* Sit-in *nt;* **to hold a ~** ein Sit-in veranstalten

sit·ing ['saɪtɪŋ, AM -t̬-] *n no pl* Standortwahl *f*

sit·ter ['sɪtər, AM -t̬ɚ] *n* ① *(model for portrait)* Modell *nt*
② *(babysitter)* Babysitter(in) *m(f)*
③ SPORT ■ **a ~** *(fam: easy catch)* ein leichter Ball; *(easy shot)* ein todsicherer [*o* hundertprozentiger] Treffer *fam;* **to miss a ~** eine idiotensichere Chance vergeben *fam*

sit·ting ['sɪtɪŋ, AM -t̬-] *n* ① *(meal session)* Ausgabe *f;* ***dinner is served in two ~s*** das Essen wird zweimal ausgegeben
② *(session)* Sitzung *f; court/tribunal* Gerichtssitzung *f; (periods of time)* ■ **~s** *pl* Sitzungsperioden *pl;* **in** [*or* **at**] **one ~** in einer Sitzung

sit·ting 'duck *n* leicht zu treffendes Ziel; *(fig)* leichte Beute

sit·ting 'mem·ber *n* BRIT POL derzeitige(r) Abgeordnete(r) *f(m)*

'sit·ting po·si·tion *n no pl* Sitzposition *f* **'sit·ting room** *n esp* BRIT Wohnzimmer *nt*

sit·ting 'tar·get *n* leicht zu treffendes Ziel; **to be a ~ for sb/sth** *(fig: easy prey)* eine leichte Beute für jdn/etw abgeben

sit·ting 'ten·ant *n* derzeitiger Mieter/derzeitige Mieterin

situ·ate ['sɪtjueɪt, AM 'sɪtʃ-] *vt* ① *(form: position)* ■ **to ~ sth** etw platzieren; *patch, bed* etw anlegen; ***they ~d the garden table under the tree*** sie haben den Gartentisch unter den Baum gestellt
② *(form: place in context)* ■ **to ~ sb/sth in sth** jdn/etw im Zusammenhang zu etw *dat* sehen

situ·at·ed ['sɪtjueɪtɪd, AM -tʃueɪt̬-] *adj pred, inv* ① *(located)* gelegen; **to be ~ near the church** in der Nähe der Kirche liegen
② *(in a state)* **to be well/badly ~** [finanziell] gut/schlecht gestellt sein; **to be well ~ to do sth** gute Voraussetzungen besitzen, etw zu tun
③ *(have available)* ■ **to be ~ for sth** etw zur Verfügung haben; ***how are you ~ for time?*** wie ist es bei Ihnen mit der Zeit bestellt?

situa·tion [ˌsɪtju'eɪʃən, AM -tʃu'-] *n* ① *(circumstances)* Situation *f,* Lage *f;* ***he got himself into this ~*** er hat sich selbst in diese Lage gebracht; ***the ~ here is very tense*** die Lage hier ist sehr gespannt; **the economic/political ~** die wirtschaftliche/politische Lage
② *(location)* Lage *f,* Standort *m*
③ *(old: job)* Stelle *f*

situa·tion 'com·edy *n* Situationskomödie *f*

Situa·tion·ism [ˌsɪtju'eɪʃənɪzəm, AM ˌsɪtʃu-] *n no pl* Situationismus *m,* Situationsethik *f*

Situa·tion·ist [ˌsɪtju'eɪʃənɪst, AM ˌsɪtʃu-] **I.** *n* Situationist(in) *m(f)*
II. *adj inv* situationistisch

situa·tions 'va·cant *npl* BRIT, AUS Stellenangebote *pl*

'sit-up *n* SPORT Sit-up *m (Bauchmuskelübung)*

six [sɪks] **I.** *adj* ① *(number)* sechs; ***he is over ~ feet tall*** er ist über 1 Meter 80; ***there were ~ of us*** wir waren zu sechst; *see also* **eight I 1**
② *(age)* sechs; *see also* **eight I 2**
③ *(time)* sechs; **~ am/pm** sechs Uhr morgens [*o* früh]/abends [*o* achtzehn Uhr]; **half past** [*or* BRIT *fam* **half**] **~** halb sieben; **at ~ thirty** um halb sieben, um sechs [*o* achtzehn] Uhr dreißig; **at ~ forty-five** um Viertel vor sieben [*o* drei viertel sieben]; *see also* **eight I 3**
▶PHRASES: **to be ~ <u>feet</u> under** *(hum)* sich *dat* die Radieschen von unten anschauen *hum sl*
II. *n* ① *(number, symbol, quantity)* Sechs *f; see also* **eight II 1**
② *(in cricket)* Sechserschlag *m (durch einen Schlag*

sechs Läufe erzielen)
3 BRIT *(clothing size)* [Kleidergröße] 34; AM *(clothing size)* [Kleidergröße] 36; BRIT *(shoe size)* [Schuhgröße] 39; AM *(shoe size)* [Schuhgröße] 37
4 CARDS Sechs *f,* Sechser *m* ÖSTERR, SCHWEIZ; ~ **of hearts** Herz-Sechs *f;* **to throw a** ~ eine Sechs [*o* ÖSTERR, SCHWEIZ *a.* einen Sechser] würfeln
5 *(public transport)* ■**the** ~ die Sechs, der Sechser
▶PHRASES: **to get** ~ **of the best** BRIT *(dated)* eine Tracht Prügel kassieren; **to give sb** ~ **of the best** BRIT jdm eine Tracht Prügel verabreichen; **it's** ~ **of one and half a dozen of the other** das ist Jacke wie Hose *fam,* das ist gehupft wie gesprungen *fam;* **to knock** [*or* **hit**] **sb for** ~ BRIT *(amaze)* jdn umhauen *fig fam; (defeat completely)* jdn vernichtend schlagen; **to be at** ~**es and sevens** völlig durcheinander sein

six·fold I. *adj inv* sechsfach; **a** ~ **increase** ein Anstieg *m* um das Sechsfache
II. *adv inv* um das Sechsfache; **to increase** ~ um das Sechsfache ansteigen

'six-foot *adj attr, inv* einsachtzig; **an ordinary** ~ **bed** ein gewöhnliches Zwei-Meter-Bett; **a** ~ **man** ein Zwei-Meter-Mann **six-'foot·er** *n (tall male person)* Zwei-Meter-Mann *m,* [langer] Lulatsch *fam; (tall, powerful male)* Hüne *m; (tall female)* Zwei-Meter-Frau *f,* Riesin *f;* ■**to be a** ~ [fast] zwei Meter groß sein **'six-pack** *n* 1 *(package of six)* Sechserpackung *f,* Sechserpack *m; of beer* Sixpack *m* 2 *(well-toned stomach)* Waschbrettbauch *m* **six·pence** *n* 1 *(former coin)* Sixpencestück *nt* 2 *no pl* BRIT *(fig: not much)* ***that old thing's not worth*** ~ das alte Ding ist keine müde Mark wert *fam* **'six·pen·ny** *adj attr* BRIT *(hist)* zu sechs Pennies *nach n* **'six-shoot·er** *n* sechsschüssiger Revolver

six·teen [ˌsɪk'stiːn] I. *adj* 1 *(number)* sechzehn; ***there were*** ~ ***of us*** wir waren zu sechzehnt; **one in** ~ jeder Sechzehnte; *see also* **eight I 1**
2 *(age)* sechzehn; *see also* **eight I 2**
3 *(time)* ~ **hundred hours** *spoken* sechzehn Uhr; **1600 hours** *written* 16:00
II. *n* 1 *(number, symbol, quantity)* Sechzehn *f; see also* **eight II 1**
2 *(tennis)* **the last** ~ die letzten Sechzehn; ***he's reached the last*** ~ er hat das Achtelfinale erreicht
3 BRIT *(clothing size)* [Kleidergröße] 44; AM [Kleidergröße] 46
4 *(public transport)* ■**the** ~ die Sechzehn, der Sechzehner

six·teenth [ˌsɪk'stiːnθ] I. *adj* sechzehnte(r, s)
II. *pron* ■**the** ~ ... der/die/das sechzehnte ...; **the** ~ **of April** der sechzehnte April
III. *adv inv* als sechzehnte(r, s); ***they finished*** ~ ***out of a hundred*** sie wurden Sechzehnter von hundert
IV. *n* Sechzehntel *nt o* SCHWEIZ *a. m*

six·'teenth note *n* AM MUS *(semiquaver)* Sechzehntelnote *f,* Sechzehntel *nt o* SCHWEIZ *a. m*

sixth [sɪksθ, AM -stθ] I. *adj* 1 *(in sequence)* sechste(r, s); ***you're the*** ~ ***person to put your name down*** du bist der Sechste, der sich einträgt; ~ **form** BRIT *die letzten zwei Schuljahre für Schüler zwischen 16 und 18, die sich auf die A oder AS Levels vorbereiten;* ~ **grade** AM sechste Klasse, die Sechste; *see also* **eighth I 1**
2 *(in a race)* **to be/come** [*or* **finish**] ~ [**in a race**] [bei einem Rennen] Sechster sein/werden; *see also* **eighth I 2**
II. *n* 1 *(order)* ■**the** ~ der/die/das Sechste; *see also* **eighth II 1**
2 *(date)* ■**the** ~ *spoken* der Sechste; ■**the 6th** *written* der 6.; *see also* **eighth II 2**
3 *(in titles)* **Edward the S~** *spoken* Edward der Sechste; **Edward VI** *written* Edward VI.
4 *(fraction)* Sechstel *nt o* SCHWEIZ *a. m*
5 MUS *(interval)* Sexte *f; (chord)* Sextakkord *m*
III. *adv inv* sechstens

sixth form 'col·lege *n* BRIT SCH *College, das Schüler auf den A oder AS Level-Abschluss vorbereitet*

'sixth form·er *n* BRIT SCH Schüler(in) *m(f)* der zwölften/dreizehnten Klasse *(Schüler der englischen Oberstufe, die sich auf den A oder AS Level-Abschluss vorbereiten)*

sixth 'grade *n* AM SCH sechste Klasse

sixth·ly ['sɪksθli] *adv inv* sechstens

sixth 'sense *n no pl* sechster Sinn

six·ties ['sɪkstiz] I. *npl* 1 *(decade)* ■**the** ~ die Sechziger *pl,* die Sechzigerjahre *pl*
2 *(temperature)* ***the temperature was in the high*** ~ die Temperatur lag bei guten sechzig Grad Fahrenheit
3 *(age range)* **to be in one's** ~ in den Sechzigern sein
II. *adj inv* 60iger-, aus den Sechzigern *nach n;* ~ **music** Musik *f* aus den Sechzigern

six·ti·eth ['sɪkstiəθ] I. *adj* sechzigste(r, s); ***Mary's*** ~ ***birthday*** Marys sechzigster Geburtstag; ***your name is*** ~ ***on the list*** Ihr Name steht an sechzigster Stelle
II. *pron* ■**the** ~ der/die/das Sechzigste
III. *adv inv* als Sechzigste(r, s); ***they finished*** ~ ***out of a hundred*** sie wurden Sechzigster von hundert
IV. *n* Sechzigstel *nt o* SCHWEIZ *a. m*

six·ty ['sɪksti] I. *adj* sechzig; *see also* **eighty I**
II. *n* 1 *(number)* Sechzig *f,* Sechziger *m* SCHWEIZ, ÖSTERR; *see also* **eighty II 1**
2 *(age)* **to be in one's sixties** in den Sechzigern sein; *see also* **eighty II 2**
3 *(decade)* ■**the sixties** *pl* die Sechzigerjahre *pl,* die Sechziger *pl; see also* **eighty II 3**
4 *(fam: speed: 60 mph)* ca. fünfundneunzig km/h; *see also* **eighty II 5**
5 *(public transport)* ■**the** ~ die Sechzig, der Sechziger
6 *(temperature)* **to be in the sixties** um die 60 Grad Fahrenheit sein

six·ty-four-thou·sand-dol·lar 'ques·tion *n (fam)* alles entscheidende Frage, Hunderttausend-Mark-Frage *f hum*

'six-week *n* sechswöchig

siz·able *adj see* **sizeable**

size¹ [saɪz] I. *n no pl* [Grundier]leim *m; (textiles)* Schlichte *f fachspr*
II. *vt* ■**to** ~ **sth** etw mit [Grundier]leim bestreichen [*o* grundieren]; **to** ~ **textiles** Textilien schlichten *fachspr*

size² [saɪz] I. *n* 1 *usu sing (magnitude)* Größe *f; amount, debt* Höhe *f;* ***what is the*** ~ ***of that window?*** wie groß ist das Fenster?; **a company of that** ~ eine Firma dieser Größenordnung; **six inches in** ~ sechs Zoll lang; **the** ~ **of a thumbnail** daumennagelgroß; **to be a good** ~ *(quite big)* ziemlich groß sein; *(suitable size)* die richtige Größe haben; **to be the same** ~ genauso groß sein; **to increase/decrease in** ~ größer/kleiner werden, an Größe gewinnen/verlieren; **to cut sth to** ~ etw [auf die richtige Größe] zu[recht]schneiden; **to double in** ~ seine Größe verdoppeln; **of a** ~ *(dated)* gleich groß; **of any** ~ relativ groß; ***the nearest town of any*** ~ ***is Plymouth*** die nächstgrößere Stadt ist Plymouth
2 *(measurement)* Größe *f;* ***a*** ~ ***12 dress*** ein Kleid *nt* [der] Größe 42; ***the shirt is a couple of*** ~***s too big*** das Hemd ist ein paar Nummern zu groß; ***what*** ~ ***are you? — I'm a*** ~ ***10*** welche Größe haben Sie? - ich habe Größe 36; **children's** ~ Kindergröße *f;* **collar/shoe** ~ Kragenweite *f*/Schuhgröße *f;* ***he takes a*** ~ ***17 collar*** er hat Kragenweite 17; **economy** ~ **pack** Sparpackung *f;* **to try sth for** ~ etw anprobieren, ob es passt
▶PHRASES: **that's about the** ~ **of it** so könnte man sagen
II. *vt* ■**to** ~ **sth** etw nach Größe ordnen
◆**size up** *vt* ■**to** ~ **up** ○ **sb/sth** jdn/etw taxieren [*o* [prüfend] abschätzen]; **to** ~ **each other up** sich *akk* gegenseitig taxieren

size·able ['saɪzəbl̩] *adj* ziemlich groß; **a** ~ **amount** eine beträchtliche [*o* beachtliche] Summe

siz·ing ['saɪzɪŋ] *n no pl* 1 *(action)* Grundieren *nt; textiles* Schlichten *nt fachspr*
2 *(coat of size)* [Grundier]leim *m; (for textiles)* Schlichte *f fachspr*

siz·zle ['sɪzl̩] I. *vi* brutzeln
II. *n no pl* Zischen *nt,* Brutzeln *nt*

siz·zler ['sɪzləʳ, AM -ɚ] *n (fam)* knallheißer Tag *fam*

siz·zling ['sɪzl̩ɪŋ] *adj (fam)* 1 *(very hot)* zischend heiß
2 *(very exciting, very passionate)* heiß; ***he ran a*** ~ ***10.11 seconds to win the 100m*** er lief unglaubliche 10,11 Sekunden und gewann die 100m

siz·zling 'hot *adj (fam)* knallheiß *fam*

skank [skæŋk] *n* AM *(sl)* Schlampe *f pej vulg*

skate¹ [skeɪt] *n (flat fish)* Rochen *m*

skate² [skeɪt] *vt* ▶PHRASES: **to** ~ **a tab** AM *(sl)* die Zeche prellen *fam*

skate³ [skeɪt] I. *n* 1 *(ice skate)* Schlittschuh *m*
2 *(roller skate)* Rollschuh *m; (with stopper)* Rollerskate *m*
▶PHRASES: **to get** [*or* **put**] **one's** ~**s on** BRIT *(fam)* einen Zahn zulegen *sl*
II. *vi* 1 *(on ice)* Schlittschuh laufen
2 *(on roller skates)* Rollschuh fahren; *(on skates with stopper)* Rollerskate fahren
▶PHRASES: **to be skating on thin ice** sich *akk* auf dünnem Eis bewegen *fig*
III. *vt* **to** ~ **a figure** eine Figur laufen; **to** ~ **a figure of eight** [*or* AM **figure eight**] eine Acht [*o* ÖSTERR einen Achter] laufen
◆**skate around** *vi* ■**to** ~ **around sth** über etw *akk* [bewusst] hinweggehen; **to** ~ **around a problem** ein Problem ignorieren; **to** ~ **around a question** einer Frage ausweichen
◆**skate over** *vi* ■**to** ~ **over sth** etw nur streifen [*o* flüchtig behandeln]
◆**skate round** *vi* BRIT *see* **skate around**
◆**skate through** *vi* ■**to** ~ **through sth** etw problemlos bewältigen; ***don't worry, you'll*** ~ ***through it!*** mach dir keine Sorgen, das schaffst du spielend!; **to** ~ **through an exam/a test** eine Prüfung/einen Test mit Leichtigkeit schaffen

skate·board ['skeɪtbɔːd, AM -bɔːrd] *n* Skateboard *nt*
skate·board·er ['skeɪtˌbɔːdəʳ, AM -ˌbɔːrdɚ] *n* Skateboardfahrer(in) *m(f),* Skateboarder(in) *m(f)* **skate·board·ing** ['skeɪtˌbɔːdɪŋ, AM -ˌbɔːrd-] *n no pl* Skateboardfahren *nt;* **street** ~ Streetskaten *nt (Skateboardfahren auf der Straße);* **vertical** ~ Vertskaten *nt (Skateboardfahren auf Rampen und in Parks)*

'skate·park *n* Skateboardanlage *f*

skat·er ['skeɪtəʳ, AM -t̬ɚ] *n* 1 *(on ice)* Schlittschuhläufer(in) *m(f);* **figure** ~ Eiskunstläufer(in) *m(f);* **speed** ~ Eisschnellläufer(in) *m(f)*
2 *(on roller skates)* Rollschuhfahrer(in) *m(f) veraltet*
3 *(on roller blades)* Skater(in) *m(f)*

skat·ing ['skeɪtɪŋ, AM -t̬-] *n no pl* 1 *(ice)* Schlittschuhlaufen *nt,* Eislaufen *nt;* **figure** ~ Eiskunstlauf *m;* **speed** ~ Eisschnelllauf *m;* **to go** ~ Schlittschuhlaufen [*o* Eislaufen] gehen
2 *(roller skates)* Rollschuhlaufen *nt,* ÖSTERR, SCHWEIZ *bes* Rollschuhfahren *nt; (with modern roller skates)* Rollerskaten *nt;* **to go** ~ Rollschuhlaufen [*o* ÖSTERR, SCHWEIZ *bes* Rollschuhfahren]/Rollerskaten gehen

'skat·ing rink *n* 1 *(ice skating)* Eisbahn *f,* Eiskunstbahn *f* SCHWEIZ, Schlittschuhbahn *f*
2 *(roller skating)* Rollschuhbahn *f*

ske·dad·dle [skɪ'dædl̩] *vi (fam)* Reißaus nehmen *fam,* türmen *sl,* sich *akk* verdünnisieren *sl*

skeet·er ['skiːtəʳ, AM -t̬ɚ] *n* AM, AUS *(fam)* Stechmücke *f*

skeet·ing ['skiːtɪŋ, AM -t̬-], **skeet shoot·ing** *n no pl* SPORT Skeetschießen *nt,* Tontaubenschießen *nt*

skein [skeɪn] *n* 1 *(coil)* Strang *m;* **a** ~ **of wool** ein Strang *m* Wolle
2 *(birds)* Schwarm *m;* ~ **of birds** Vogelschwarm *m;* ~ **of geese** Gänseschar *f*

skel·etal ['skelɪtəl, AM -ət̬əl] *adj* 1 *inv (pertaining to skeleton)* Skelett-; ~ **muscle** Skelettmuskel *m;* ~ **remains** Gebeine *pl geh,* Gerippe *nt*
2 *(emaciated)* ausgemergelt, knochendürr *fam*
3 *(bare outline)* stichpunktartig; ~ **account** knapper [Übersichts]bericht

skel·eton ['skelɪtən] I. *n* 1 *(bones)* Skelett *nt;* **to develop a strong** ~ einen kräftigen Knochenbau ausbilden
2 *(fig: thin person)* [wandelndes] Gerippe *fam;* **to**

S

be reduced to a ~ bis auf die Knochen abgemagert sein
③ *(framework) of a boat, plane* Gerippe *nt fig; of a building* Skelett *nt fig*
④ *(outline sketch) of a book, report* Entwurf *m*
▸PHRASES: **to have ~s in the cupboard** [*or* AM *also* **closet**] eine Leiche im Keller haben *fam*
II. *vi* SPORT *einen Rodelschlitten Kopf voran und auf dem Bauch liegend fahren*
skel·eton 'form *n* **to be in ~** in Grundzügen bestehen [*o* feststehen]
skel·eton 'key *n* Dietrich *m*
skel·eton 'ser·vice *n* stark eingeschränkter Service, Grundservice *m* **skel·eton 'staff** *n* Rumpfbelegschaft *f,* Minimalbesetzung *f*
skep [skep] *n* ① *(beehive)* Bienenkorb *m*
② *(old: basket)* Korb *m*
skep·tic *n* AM, AUS *see* **sceptic**
skep·ti·cal *adj* AM, AUS *see* **sceptical**
skep·ti·cal·ly *n* AM, AUS *see* **sceptically**
skep·ti·cism *n no pl* AM, AUS *see* **scepticism**
sker·rick ['skerɪk] *n* AUS *(fam)* **not a ~** nicht ein bisschen; ***there wasn't a ~ left*** es war nichts übrig geblieben
sketch [sketʃ] I. *n* <*pl* -es> ① *(rough drawing)* Skizze *f;* **to make** [*or* **draw**] **a ~ of sth** eine Skizze von etw *dat* machen [*o geh* anfertigen]
② *(written piece)* Skizze *f*
③ *(outline)* Überblick *m,* knappe [zusammenfassende] Darstellung
④ *(performance)* Sketch *m*
II. *vt* ① *(rough drawing)* ■**to ~ sb/sth** jdn/etw skizzieren
② *(write in outline)* ■**to ~ sth** etw skizzieren [*o* umreißen]
III. *vi* Skizzen machen
◆**sketch in** *vt* ■**to ~ in** ◌ **sth** ① *(draw in)* etw [andeutungsweise] einzeichnen
② *(outline)* etw in groben Zügen darstellen, etw umreißen
◆**sketch out** *vt* ■**to ~ out** ◌ **sth** ① *(draw roughly)* etw [in groben Zügen] skizzieren
② *(outline)* etw umreißen
'sketch·book *n* Skizzenbuch *nt*
sketch·er ['sketʃəʳ, AM -ɚ] *n* Skizzenmaler(in) *m(f)*
sketchi·ly ['sketʃɪli] *adv* flüchtig, skizzenhaft
sketch·ing ['sketʃɪŋ] *n no pl* Skizzenzeichnen *nt,* Anfertigen *nt* von Skizzen
'sketch map *n* Kartenskizze *f,* Faustskizze *f* **'sketch·pad** *n* Skizzenblock *m*
sketchy ['sketʃi] *adj* ① *(not detailed)* flüchtig, oberflächlich; *(incomplete)* lückenhaft; **to have a ~ idea of sth** eine vage Vorstellung von etw *dat* haben
② *(not fully realized)* skizzenhaft dargestellt, angedeutet
skew [skju:] I. *vt* ① *(give slant to)* ■**to ~ sth** etw krümmen; TECH etw abschrägen
② *(distort)* ■**to ~ sth** etw verdrehen [*o* verzerren]
③ *(align incorrectly)* ■**to ~ sth** etw schräg ausrichten
II. *vi* **to ~ around** sich *akk* drehen; ***the vehicle ~ed right around*** das Fahrzeug geriet ins Schleudern und drehte sich um sich selbst; ***the lines ~ to the left*** die Linien gehen nach links weg; ***we ~ed to the right*** wir schwenkten nach rechts
III. *adj pred* schräg, schief
IV. *adv inv* schräg, schief
V. *n* Schräglauf *m*
skew·bald ['skju:bɔ:ld, AM -ba:ld] *n* Schecke *m o f*
skewed ['skju:d] *adj* ① *(not even)* schief
② *(distorted)* verzerrt
skew·er ['skju:əʳ, AM -ɚ] I. *n* Spieß *m*
II. *vt* ① *(pierce)* ■**to ~ sb/sth** jdn/etw aufspießen
② *(pierce with skewer)* ■**to ~ sth** etw anstechen
skew-whiff [ˌskju:'(h)wɪf] BRIT, AUS I. *adj pred (fam)* schief
II. *adv (fam)* schief
ski [ski:] I. *n* Ski *m,* Schi *m;* **a pair of ~s** ein Paar Skier; **on ~s** auf Skiern
II. *vi* Ski fahren [*o* laufen]; **to ~ down the slope** die Piste herunterfahren

ski·able ['ski:əbl̩] *adj slope, ski run* Ski-, zum Skifahren geeignet
'ski bind·ing *n* Skibindung *f;* **to adjust the ~** die Skibindung einstellen **'ski·bob** *n* Skibob *m* **'ski boot** *n* Skischuh *m,* Skistiefel *m* BRD **'ski car·ri·er** *n* Skiträger *m* **'ski club** *n* Skiklub *m*
skid [skɪd] I. *vi* <-dd-> ① *(slide while driving)* rutschen, schlittern; *(skew around)* schleudern; **to ~ to a halt** schlitternd zum Stehen kommen; **to ~ off the road** von der Straße geschleudert werden; **to ~ on the wet road** auf der nassen Straße ins Rutschen kommen
② *(slide over surface)* ■**to ~ along/across sth** *(in a controlled fashion)* über etw *akk* [hinweg]gleiten; *(out of control)* über etw *akk* rutschen
II. *n* ① *(slide while driving)* Rutschen *nt,* Schlittern *nt; (skewing round)* Schleudern *nt;* **to correct a ~** ein Fahrzeug wieder unter Kontrolle bringen; **to go into a ~** ins Schleudern geraten
② AVIAT *(on aircraft)* Gleitkufe *f*
③ *(set of wooden rollers)* Rolle *f*
▸PHRASES: **to be on the ~s** *(fam)* auf dem absteigenden Ast sein *fam;* **to put the ~s under sb/sth** BRIT, AUS *(fam)* jdn/etw zu Fall bringen
'skid lid *n* BRIT *(sl)* Sturzhelm *m*
'skid mark *n* Reifenspur *f; (from braking)* Bremsspur *f*
ski·dom ['ski:dəm] *n no pl* Skigebiet *nt*
ski-doo® [skɪ'du:] *n* CAN Schneemobil *nt*
'skid·pan *n* BRIT Übungsanlage *f (für Sicherheitsfahrtraining)*
skid 'row *n no pl esp* AM heruntergekommene Gegend, Pennerviertel *nt fam;* **to be on ~** heruntergekommen sein *fam;* **to end up on ~** auf der Straße enden *fam*
ski·er ['ski:əʳ, AM -ɚ] *n* Skifahrer(in) *m(f),* Skiläufer(in) *m(f)*
skiff [skɪf] *n* ① *(rowing boat)* Skiff *nt*
② *(sailing boat)* Einer *m*
skif·fle ['skɪfl̩] *n no pl* MUS Skiffle *m o nt*
'skif·fle group *n* Skiffleband *f*
'ski fly·ing *n no pl* Skifliegen *nt* **'ski gog·gles** *npl* Skibrille *f*
ski·ing ['ski:ɪŋ] I. *n no pl* Skifahren *nt,* Skilaufen *nt*
II. *n modifier (accident, equipment)* Ski-
'ski·ing holi·day *n* Skiurlaub *m,* Skiferien *pl* SCHWEIZ **'ski·ing trip** *n* Skiausflug *m*
'ski in·struc·tor *n* Skilehrer *m* **'ski in·struc·tress** *n* Skilehrerin *f*
ski·jor·ing ['ski:dʒɔ:rɪŋ] *n no pl* SPORT Skijöring *nt (Art des Skilaufens, bei der die Skifahrer durch ein Motorrad oder ein Pferdegespann gezogen werden)*
'ski jump *n* ① *(runway)* Sprungschanze *f* ② *no pl (jump)* Skisprung *m; (event)* Skispringen *nt* **'ski jump·er** *n* Skispringer(in) *m(f)* **'ski jump·ing** *n no pl* Skispringen *nt*
skil·ful, AM **skill·ful** ['skɪlfəl] *adj* ① *(adroit)* geschickt; ***I became more ~ at tennis*** ich bin im Tennis besser geworden; **to be ~ at dealing with difficult customers** geschickt im Umgang mit schwierigen Kunden sein
② *(showing skill)* gekonnt, kunstvoll
skil·ful·ly, AM **skill·ful·ly** ['skɪlfəli] *adv* geschickt, gekonnt
'ski lift *n* Skilift *m*
skill [skɪl] *n* ① *no pl (expertise)* Geschick *nt,* Geschicklichkeit *f;* **to involve some ~** einige Geschicklichkeit erfordern; **to show a lot of ~** viel Geschick beweisen
② *(particular ability)* Fähigkeit *f; (technique)* Fertigkeit *f;* **communication ~s** Kommunikationsfähigkeit *f;* **language ~s** Sprachkompetenz *f;* **negotiating ~s** Verhandlungsgeschick *nt*
skilled [skɪld] I. *adj* ① *(trained)* ausgebildet; *(skilful)* geschickt; **~ in electronics** in Elektronik geschult
② *(requiring skill)* Fach-, qualifiziert; **a highly ~ job** eine hoch qualifizierte Tätigkeit; **semi-~ occupation** Anlernberuf *m*
II. *n* ■**the ~** *pl* qualifiziertes [*o* ausgebildetes] [Fach]personal

skil·let ['skɪlɪt] *n* ① BRIT *(saucepan)* Kasserolle *f,* Topf *m,* Pfanne *f* SCHWEIZ
② AM *(frying pan)* Bratpfanne *f*
skill·ful *adj* AM *see* **skilful**
skill·ful·ly *adv* AM *see* **skilfully**
'skills base *n* Arbeitskräftepotenzial *nt*
skim <-mm-> [skɪm] I. *vt* ① *(move lightly above)* ■**to ~ sth** etw streifen, über etw *akk* streichen; **to ~ the surface of sth** *(fig)* nur an der Oberfläche von etw *dat* kratzen; *(deal with)* etw nur oberflächlich behandeln; **to ~ the surface of the water** die Wasseroberfläche kaum berühren
② *(bounce off water)* **to ~ stones on the water** Steine über das Wasser hüpfen lassen
③ *(read)* ■**to ~ sth** etw überfliegen
④ FOOD *(remove from surface)* ■**to ~ sth** etw abschöpfen; **to ~ the cream from the milk** die Milch entrahmen
II. *vi* ■**to ~ over** [*or* **along**] **sth** über etw *akk* hinwegstreifen
◆**skim off** *vt* ① FOOD *(remove from surface)* ■**to ~ off** ◌ **sth** etw abschöpfen; ***the cream has been ~med off the milk*** die Milch ist entrahmt worden
② *(fig: remove from group)* **to ~ off the best people** die besten Leute [irgendwo] abziehen; **to ~ off money** Geld absahnen [*o* abschöpfen]
◆**skim through** *vi* **to ~ through a book** ein Buch überfliegen
'ski mask *n* Skimaske *f*
skimmed milk [ˌskɪmd'-], **skim 'milk** *n no pl* entrahmte Milch, Magermilch *f*
skim·mer ['skɪməʳ, AM -ɚ] *n* Schaumlöffel *m*
skim·ming ['skɪmɪŋ] *n no pl* Kreditkartenbetrug *m*
skimp [skɪmp] I. *vt* ■**to ~ sth** etw nachlässig erledigen; **to ~ the work** schlud[e]rig arbeiten
II. *vi* knausern *fam,* sparen; ■**to ~ on sth** an etw *dat* sparen, mit etw *dat* knaus[e]rig sein *fam*
skimpy ['skɪmpi] *adj* ① *(not big enough)* dürftig, spärlich; **~ meal** karge Mahlzeit
② *(small and tight-fitting)* knapp, winzig [klein]
skin [skɪn] I. *n* ① *usu sing (on body)* Haut *f;* **to be soaked** [*or* **drenched**] **to the ~** nass bis auf die Haut sein; **to have a thin ~** dünnhäutig sein *fam;* **to have a thick ~** ein dickes Fell haben; **to strip to the ~** sich *akk* nackt ausziehen
② *(animal hide)* Fell *nt;* **lion ~** Löwenfell *nt*
③ *(rind) of a fruit, potato* Schale *f; of a boiled potato* Schale *f,* Pelle *f* BRD; *of sausage* [Wurst-]Haut *f,* [Wurst-]Pelle *f* BRD; *of almonds, tomatoes* Haut *f;* **to slip on a banana ~** auf einer Bananenschale ausrutschen; **to cook potatoes in their ~s** Pellkartoffeln kochen
④ *(outer covering) aircraft, ship* [Außen]haut *f*
⑤ *usu sing (film on hot liquid)* Haut *f*
⑥ *(sl: neo-Nazi)* Skinhead *m*
▸PHRASES: **to be all** [*or* **just**] [*or* **nothing but**] **~ and bone**[**s**] nur noch Haut und Knochen sein *fam;* **to get under sb's ~** *(irritate or annoy sb)* jdm auf die Nerven gehen [*o* fallen] *fam; (move or affect sb)* jdm unter die Haut gehen; **to jump** [*or* **leap**] **out of one's ~** erschreckt hochfahren; **it's no ~ off my nose** [*or* **teeth**] [*or* AM *also* **back**] das ist nicht mein Problem; **by the ~ of one's teeth** nur mit knapper Not
II. *vt* <-nn-> ① *(remove skin)* **to ~ an animal** ein Tier häuten; **to ~ fruits** Obst schälen; **to ~ sb alive** *(fig hum)* Hackfleisch aus jdm machen *hum fam*
② *(graze)* **to ~ one's elbow/knees** sich *dat* den Ellbogen/die Knie aufschürfen
◆**skin up** *vi* BRIT *(sl)* sich *dat* eine Tüte bauen *sl,* sich *dat* einen [Joint] drehen [*o* ÖSTERR, SÜDD wuzeln] *fam*
'skin can·cer *n no pl* Hautkrebs *m* **'skin·care** I. *n no pl* Hautpflege *f,* Hautpflegeprodukte *pl* II. *n modifier product, routine* Hautpflege- **'skin com·plaint** *n* MED Hautkrankheit *f* **skin-'deep** *adj pred, inv* oberflächlich; ***beauty is only ~*** man darf nicht nur nach den Äußerlichkeiten urteilen **'skin dis·ease** *n* Hautkrankheit *f* **'skin-div·er** *n* SPORT Taucher(in) *m(f) (ohne Anzug)* **'skin-div·ing** *n no pl* Tauchen *nt (ohne Anzug)* **'skin flick** *n (fam)*

Porno *m fam* **'skin·flint** *n (pej)* Geizhals *m pej,* Geizkragen *m pej fam*
skin·ful ['skɪnfʊl] *n no pl* BRIT *(sl)* **to have had a ~** einen sitzen haben *sl,* voll sein *sl*
'skin game *n* AM ① *(fam: rigged gambling game)* [manipuliertes [*o* betrügerisches]] Glücksspiel
② *(fam: swindle)* Schwindel *m*
'skin graft *n* MED ① *(skin transplant)* Hauttransplantation *f*
② *(skin section)* Hauttransplantat *nt*
'skin·head *n* Skinhead *m*
skink [skɪŋk] *n* Glattechse *f,* Skink *m fachspr*
skin·less ['skɪnləs] *adj inv fruits, potatoes* geschält; *fish fillet* enthäutet; *sausage* ohne Haut [*o* Darm] *nach n*
skin·ner [skɪnəʳ, AM ɚ] *n* Kürschner(in) *m(f)*
skin·ny ['skɪni] *adj* dünn, mager
'skin·ny-dip <-pp-> *vi (fam)* im Adams-/Evakostüm baden *hum sl,* nackt baden **'skin·ny-dip·ping** *n no pl (fam)* Nacktbaden *nt* **'skin·ny-fit** *adj attr garment* hauteng
skins *npl (fam)* Trommeln *pl*
skint [skɪnt] *adj pred* BRIT *(sl)* ■**to be ~** blank [*o* pleite] sein *fam*
'skin-tight *adj* hauteng
skip[1] [skɪp] **I.** *vi* <-pp-> ① *(hop)* hüpfen
② BRIT, AUS *(hop with rope)* seilhüpfen, seilspringen
③ *(fig: jump) gramophone needle* springen
④ *(fig: omit)* springen; ■**to ~ about** hin- und herspringen; ■**to ~ over sth** etw überspringen; ***let's ~ to the interesting bits*** lasst uns direkt zu den interessanten Dingen übergehen; ***I ~ped forward to see how the story ended*** ich übersprang einen Teil, um zu sehen, wie die Geschichte endete; **to ~ from one subject to another** von einem Thema zum nächsten springen
⑤ *(fam: go quickly)* ■**to ~ somewhere** auf einen Sprung irgendwohin gehen/fahren; **to ~ over to France** eine Spritztour nach Frankreich machen; **to ~ across to a shop** kurz bei einem Geschäft vorbeigehen
⑥ TELEC *(transmit radio waves)* [eine Strecke] überspringen
II. *vt* <-pp-> ① AM *(hop with rope)* **to ~ rope** seilspringen, seilhüpfen
② *(leave out)* ■**to ~ sth** etw überspringen [*o* auslassen]
③ *(not participate in)* ■**to ~ sth** an etw *dat* nicht teilnehmen; [***let's***] **~ *it!*** lass uns da einfach nicht hingehen!; ***oh, ~ it, I can't be bothered!*** oh, bitte nicht, ich habe wirklich keine Lust!; **to ~ breakfast** das Frühstück auslassen; **to ~ classes** den Unterricht schwänzen *fam*
④ *(fam: leave hurriedly)* **to ~ town** aus der Stadt verschwinden *sl*
⑤ AM, AUS *(bounce off water)* **to ~ stones on the lake** Steine über das Wasser springen lassen
⑥ COMPUT *(ignore instruction)* ■**to ~ sth** etw überspringen
III. *n* Hüpfer *m;* **to give a ~ of joy** einen Freudensprung machen
skip[2] [skɪp] *n* BRIT, AUS *(rubbish container)* [Müll]container *m,* [Abfall]container *m* SCHWEIZ
skip[3] [skɪp] *n (fam) short for* **skipper** Kapitän *m; (sailing ship, yacht)* Skipper *m sl*
skip[4] [skɪp] *n see* **skep**
'ski pants *npl* Skihose *f* **'ski pass** *n* Skipass *m*
skip-gen·era·tion 'fami·ly [ˌskɪpdʒenəreɪʃᵊn-'fæmɪli] *n Familie, in der die Großeltern die Kinder aufziehen*
'ski-plane *n* Kufenflugzeug *nt* **'ski pole** *n* Skistock *m*
skip·per ['skɪpəʳ, AM -ɚ] **I.** *n* NAUT Kapitän *m* [zur See]; AVIAT [Flug]kapitän *m;* SPORT [Mannschafts]kapitän *m; (form of address)* Kapitän *m*
II. *vt* ■**to ~ sth** etw befehligen; **to ~ a ship** Kapitän eines Schiffes sein; **to ~ an aircraft** Flugkapitän sein; **to ~ a team** Mannschaftsführer sein
skip·ping ['skɪpɪŋ] *n no pl* Seilspringen *nt*
'skip·ping rhyme *n* Kinderreim *m (zum Seilspringen)* **'skip·ping rope,** AM **'skip rope** *n* Springseil *nt,* Sprungseil *nt,* Hüpfseil *nt fam*
'skip pro·tec·tion *n no pl* Antischocksystem *nt*
SKIPPY ['skɪpi] *n acr for* **school kid with purchasing power** *Schulkind, das viel Geld zur Verfügung hat*
'ski rack *n* Skiträger *m* **'ski re·sort** *n* Wintersportort *m*
skirl [skɜːl, AM skɜːrl] *n* durchdringendes [*o* gellendes] Pfeifen
skir·mish <*pl* -es> ['skɜːmɪʃ, AM 'skɜːr-] **I.** *n* MIL Gefecht *nt,* [tätliche] Auseinandersetzung; *(fig: argument)* Wortgefecht *nt;* **a ~ with an enemy patrol** ein Gefecht *nt* mit einer feindlichen Patrouille
II. *vi* ■**to ~** [**with sb**] MIL sich *dat* [mit jdm] Gefechte liefern; *(fig: argue)* sich *dat* [mit jdm] heftige Wortgefechte liefern, sich *akk* heftig streiten
skir·mish·er ['skɜːmɪʃəʳ, AM 'skɜːrmɪʃɚ] *n* Kämpfende(r) *f(m); (verbal scrap)* Streitende(r) *f(m),* Streithahn *m fam*
skirt [skɜːt, AM skɜːrt] **I.** *n* ① *(garment)* Rock *m,* Jupe *m* SCHWEIZ; *(part of coat)* Schoß *m*
② TECH *(on hovercraft)* Schürzen *pl (am Luftkissenfahrzeug)*
③ *no pl (pej! sl: woman)* Weibsbild *nt pej fam*
II. *vt* ① *(encircle)* ■**to ~ sth** um etw *akk* herumführen, etw umgeben; *(proceed around edge of)* etw umfahren, um etw *akk* herumfahren; **to ~ a road** um eine Straße herumführen
② *(avoid)* ■**to ~ sth** *questions* etw [bewusst] umgehen
◆**skirt around, skirt round** *vi* BRIT, AUS ① *(encircle)* ■**to ~ around** [*or* **round**] **sth** *path, road* um etw *akk* herumführen, an etw *dat* entlang verlaufen; *(proceed around edge of)* etw umfahren, um etw *akk* herumfahren; ***take the road that ~s around the village*** nimm die Straße, die um das Dorf herumführt
② *(avoid)* ■**to ~ around** [*or* **round**] **sth** *questions* etw [bewusst] umgehen
skirt·ing, skirt·ing board ['skɜːtɪŋ-] *n* BRIT, AUS Fußleiste *f*
'ski run *n* Skipiste *f* **'ski school** *n* Skischule *f* **'ski slope** *n* Skipiste *f* **'ski stick** *n* BRIT Skistock *m* **'ski suit** *n* Skianzug *m*
skit [skɪt] *n* [satirischer] Sketch (**on** über +*akk*), [satirische] Parodie (**on** auf +*akk*)
'ski tour·ing *n no pl* Skitouren *nt* **'ski tow** *n* Schlepplift *m,* Skilift *m* SCHWEIZ
skit·ter ['skɪtəʳ, AM -t̬ɚ] *vi* umherschwirren, dahinjagen; *papers* flattern; ***we could hear the sound of tiny feet ~ing across the floor*** wir konnten hören, wie ein Paar kleine Füße über den Flur huschten; ■**to ~ about** *insect, leaves* umherschwirren
skit·tish ['skɪtɪʃ, AM -t̬-] *adj* ① *(nervous) horse, person* nervös, unruhig
② *(playful) person* übermütig, aufgekratzt *fam*
skit·tish·ly ['skɪtɪʃli, AM -t̬-] *adv* ① *(nervously)* nervös, unruhig
② *(playfully)* übermütig, ausgelassen
skit·tish·ness ['skɪtɪʃnəs, AM -t̬-] *n no pl* ① *(nervousness)* Nervosität *f,* Unruhe *f*
② *(playfulness)* Übermütigkeit *f,* Ausgelassenheit *f*
skit·tle ['skɪtl, AM -t̬l] *n esp* BRIT ① *(target)* Kegel *m*
② *(bowling game)* ■**~s** *pl* Kegeln *nt kein pl*
'skit·tle al·ley *n* BRIT Kegelbahn *f* **'skit·tle-ball** *n* BRIT [Kegel]kugel *f*
skive [skaɪv] *vi* BRIT *(fam)* sich *akk* drücken *fam;* ***no skiving!*** keine faulen Ausreden!
◆**skive off** *vi* BRIT *(fam)* sich *akk* verdrücken [*o* abseilen] *fam;* **to ~ off school** die Schule schwänzen *sl;* **to ~ off work** sich *akk* vor der Arbeit drücken
skiv·er ['skaɪvəʳ] *n* BRIT *(fam)* Drückeberger(in) *m(f) fam*
skiv·vy ['skɪvi] **I.** *n* ① BRIT *(low-grade servant)* Dienstmädchen *nt a. pej*
② AM *(fam: men's underwear)* ■**skivvies** *pl* Unterwäsche *f*
II. *vi* BRIT ■**to ~** [**for sb**] [für jdn] niedere Arbeiten erledigen; ***I'm not going to ~ for you any more*** ich werde nicht länger die Dienstmagd für dich spielen
skol <-ll-> [skɒl] *vt* AUS *(fam)* **to ~ a beer** ein Bier in einem Zug herunterkippen [*o* [auf] ex trinken] *fam*
skua ['skjuːə] *n* ORN Skua *f,* Raubmöwe *f*
skul·dug·gery [skʌl'dʌgᵊri, AM -ɚi] *n no pl* üble Tricks *pl; (dishonesty)* Hinterlist *f*
skulk [skʌlk] *vi* ① *(lurk)* herumschleichen *fam,* herumlungern *fam;* ***he was ~ing around outside the bank*** er schlich unauffällig um die Bank herum
② *(move furtively)* schleichen
◆**skulk off** *vi* sich *akk* davonschleichen
skull [skʌl] *n* Schädel *m;* **to be bored out of one's ~** *(fam)* sich *akk* zu Tode langweilen *fam;* **to get sth into one's/sb's** [**thick**] **~** *(fam)* etw in seinen/jds Schädel hineinbekommen *fam*
skull and 'cross·bones <*pl* skulls and crossbones> *n* ① *(symbol)* Totenkopf *m* ② *(pirate flag)* Piratenflagge *f* **'skull·cap** *n* ① *(top of skull)* Schädeldecke *f* ② REL Scheitelkäppchen *nt; (for Jews)* Kippa[h] *f; (for jockeys)* Kopfschutz *m*
skull·dug·gery *n no pl see* **skulduggery**
skunk [skʌŋk] **I.** *n* ① *(animal)* Stinktier *nt,* Skunk *m*
② *(fig fam: person)* Schweinehund *m fam*
③ *no pl (sl: marijuana)* Shit *m o nt sl*
II. *vt* ■**to ~ sb** jdn besiegen
sky [skaɪ] **I.** *n* ① *(the sky)* Himmel *m;* **to look up into the ~** zum Himmel aufblicken; **a blue/clear ~** ein blauer/klarer Himmel; **in the ~** am Himmel
② *(area above earth)* ■**skies** *pl* Himmel *m;* **sunny skies** sonniges Wetter; **cloudy skies** bewölkter Himmel; ***we're off to the sunny skies of Spain*** wir fahren ins sonnige Spanien
▶ PHRASES: **the ~'s the limit** alles ist möglich, nach oben ist alles offen; **to praise sb/sth to the skies** jdn/etw in den Himmel heben; **red ~ at night, shepherd's delight** *(prov)* Abendrot deutet auf gutes Wetter, Abendrot, gut Wetterbot' SÜDD, ÖSTERR; **red ~ in the morning, shepherd's warning** *(prov)* Morgenrot deutet auf schlechtes Wetter, Morgenrot, Schlechtwetterbot' ÖSTERR
II. *vt* <-ie-> SPORT **to ~ the ball** den Ball in den Himmel schlagen
sky 'blue I. *n no pl* Himmelblau *nt* **II.** *adj pred, inv* himmelblau **'sky-blue** *adj attr, inv* himmelblau **'sky·box** ['skaɪbɑːks] *n* AM Ehrentribüne *f* **'sky·cap** *n* AM *Gepäckträger an amerikanischen Flughäfen* **'sky·div·er** *n* Fallschirmspringer(in) *m(f)* **'sky·div·ing** *n no pl* Fallschirmspringen *nt* **sky-'high I.** *adv (direction)* [hoch] in die Luft; *(position)* [hoch] am Himmel; **to blow a building ~** etw in die Luft sprengen; **to blow sth ~** *(fig)* etw wie ein Kartenhaus in sich *akk* zusammenfallen lassen; **to go ~** *prices* in die Höhe schnellen **II.** *adj (fig) prices, premiums* Schwindel erregend hoch
'sky·jack I. *vt* **to ~ plane** ein Flugzeug entführen
II. *n* Flugzeugentführung *f*
'sky·jack·er *n* Flugzeugentführer(in) *m(f),* Luftpirat(in) *m(f)*
'sky·jack·ing *n* ① *(instance)* Flugzeugentführung *f*
② *no pl (action)* Flugzeugentführungen *pl*
'sky·lark I. *n* Feldlerche *f* **II.** *vi (dated)* Possen reißen *veraltet* **'sky·light** *n* Oberlicht *nt,* Oberlichte *f* ÖSTERR; *in roof* Dachfenster *nt* **'sky·line** *n of a city* Skyline *f; (horizon)* Horizont *m* **'sky pi·lot** *n (fam)* Schwarzrock *m fam* **'sky·rock·et I.** *vi cost, price* in die Höhe schießen; *person* [auf einen Schlag] berühmt werden **II.** *vt* **to ~ sb to fame/to power** jdn [mit einem Schlag] berühmt machen/zur Macht verhelfen **III.** *n* [Feuerwerks]rakete *f* **'sky·scrap·er** *n* Wolkenkratzer *m* **'sky-surf·ing** ['skaɪsɜːfɪŋ, AM -sɜːrf-] *n no pl* SPORT Skysurfing *nt (Extremsportart, bei der man mit einem an den Füßen angeschnallten Brett aus dem Flugzeug springt und damit durch die Luft reitet)* **'sky·walk** *n* Verbindungsbrücke *f (zwischen Gebäuden)*
sky·ward(s) ['skaɪwəd(z), AM -wɚd(z)] **I.** *adv inv* zum [*o geh* gen] Himmel *präd, nach n;* ***he raised his eyes slowly ~*** er richtete die Augen langsam zum Himmel empor; **to go/shoot ~** *(fig) prices* in die Höhe gehen/schnellen
II. *adj attr, inv* himmelwärts, zum [*o geh* gen] Himmel

sky·watch·ing ['skaɪwɒtʃɪŋ, AM -wɑ:tʃ-] *n no pl* Himmelsbeobachtung *f* **'sky·way** *n* AM ❶ *(airway)* Flugroute *f* ❷ *(highway)* Autobahnbrücke *f* ❸ *(between buildings)* Verbindungsbrücke *f (zwischen Gebäuden)* **'sky-writ·ing** *n no pl* Himmelsschrift *f*

slab [slæb] *n* ❶ *(of rock)* Platte *f; (of wood)* Tafel *f;* **concrete/marble ~** Beton-/Marmorplatte *f;* **paving ~** Pflasterstein *m;* **a butcher's/fishmonger's ~** BRIT ein Hackklotz *m; (in a mortuary)* Tisch *m*
❷ *(of food)* [dicke] Scheibe; **a ~ of cheese/meat** eine Scheibe Käse/Fleisch; **a ~ of cake** ein [großes] Stück Kuchen; **a ~ of chocolate** eine Tafel Schokolade
❸ *(foundation of house)* Plattenfundament *nt*

slack [slæk] **I.** *adj* ❶ *(not taut)* schlaff
❷ *(pej: lazy) person* träge; ***discipline has become very ~ lately*** die Disziplin hat in letzter Zeit sehr nachgelassen; **to have a ~ attitude towards sth** etw gegenüber *dat* eine lockere Einstellung haben
❸ *(not busy)* ruhig; *market* flau; ***business is always ~ after Christmas*** nach Weihnachten geht das Geschäft immer schlecht; **~ demand** schwache Nachfrage
II. *adv* schlaff; **to get ~** schlaff werden, erschlaffen *geh;* **to hang ~** schlaff herunterhängen
III. *n no pl* ❶ *(looseness)* Schlaffheit *f;* ***the men pulled on the rope to take up the ~*** die Männer zogen am Seil, um es zu spannen; **to take** [*or* **pick**] **up the ~** *(fig)* die Differenz ausgleichen; *money* für die Restsumme aufkommen; **to cut sb some ~** AM *(fam)* jdm Spielraum einräumen
❷ *(coal)* [Kohlen]grus *m*
❸ COMM ECON *(low activity)* Unterauslastung *f,* freie Kapazität, ungenutzte Kapazität
IV. *vi* bummeln *fam,* faulenzen
◆**slack off I.** *vi* ❶ *(at work)* es langsamer angehen lassen; ***everyone ~s off a bit on Fridays*** jeder lässt es freitags etwas ruhiger angehen
❷ *(move slower) person* langsamer gehen; *car* langsamer fahren; *speed, pace* langsamer werden; *demand, intensity* nachlassen, abflauen
❸ *(fam: be lazy)* bummeln *fam,* faulenzen
II. *vt* ■**to ~ off** ◌ **sth** etw reduzieren; *speed* etw drosseln
◆**slack up** *vi (in effort)* es langsamer angehen lassen; *(in speed) person* langsamer gehen; *car* langsamer fahren

slack·en ['slækᵊn] **I.** *vt* ❶ *(make less tight)* **to ~ the reins/a rope** die Zügel/ein Seil locker lassen; **to ~ one's grip** [*or* **hold**] seinen Griff lockern; **to ~ sail** NAUT die Segel einholen
❷ *(reduce)* **to ~ one's pace** seinen Schritt verlangsamen; **to ~ speed** die Geschwindigkeit drosseln; **to ~ vigilance** unaufmerksam werden; ***we must not ~ our efforts*** wir dürfen in unseren Bemühungen nicht nachlassen
II. *vi* ❶ *(become less tight)* sich *akk* lockern; ***her grip on the reins ~ed*** sie lockerte die Zügel
❷ *(diminish)* langsamer werden; *demand, intensity* nachlassen, abflauen; ***the car's speed ~ed*** das Auto wurde langsamer; ***their enthusiasm had not ~ed*** ihre Begeisterung war ungebrochen
◆**slacken off I.** *vi* ❶ *(at work) person* es langsamer angehen lassen; ***everyone ~s off a bit towards the end of the week*** gegen Ende der Woche lässt es jeder etwas langsamer angehen
❷ *(move slower) person* langsamer gehen; *car* langsamer fahren; *speed, pace* langsamer werden; *demand, intensity* nachlassen
II. *vt* ■**to ~ off** ◌ **sth** etw reduzieren; *speed* etw drosseln
◆**slacken up** *vi (in effort)* es langsamer angehen lassen; *(in speed) person* langsamer gehen; *car* langsamer fahren

slack·en·ing ['slækᵊnɪŋ] *n no pl* ❶ *(loosening)* Lockern *nt*
❷ *of speed* Verlangsamung *f; of demand* Nachlassen *nt,* Abflauen *nt;* ***there must be no ~ of our efforts to reach a solution*** wir müssen uns immer weiter bemühen, eine Lösung zu finden

slack·er ['slækəʳ, AM -ɚ] *n (fam)* Faulenzer(in) *m(f)*

slack-'jawed *adj inv* **to be ~** völlig erstaunt sein

slack·ly ['slækli] *adv* ❶ *(not tightly)* schlaff, locker; **to hang ~** schlaff herunterhängen
❷ *(pej: lazily)* träge

slack·ness ['slæknəs] *n no pl* ❶ *(looseness)* Schlaffheit *f,* Durchhängen *nt*
❷ *(lack of activity)* Nachlassen *nt; in demand* Flaute *f*
❸ *(pej: laziness)* Trägheit *f*

slacks [slæks] *npl* Hose *f;* **a pair of ~** eine Hose

slag [slæg] **I.** *n* ❶ *no pl (in mining, smelting)* Schlacke *f*
❷ BRIT *(pej fam!: slut)* Schlampe *f pej derb*
❸ *no pl* AUS *(fam: spit)* Spucke *f fam*
II. *vt* <-gg-> *(fam)* ■**to ~** [**off**] ◌ **sb/sth** über jdn/etw herziehen *fam*

slag·gy ['slægi] *adj (sl or pej) person* gewöhnlich; **~ clothes** gewöhnlich aussehende Kleidungsstücke

'slag·heap ['slæghi:p] *n* Schlackehügel *m*

slain [sleɪn] **I.** *vt, vi pp of* **slay**
II. *n (liter)* ■**the ~** *pl* die Gefallenen *pl;* **a monument to the ~** ein Kriegerdenkmal *nt*

slake [sleɪk] *vt* ■**to ~ sth** *needs, wants* etw befriedigen; **to ~ one's thirst** seinen Durst stillen

slaked lime [ˌsleɪkt'-] *n no pl* Löschkalk *m*

sla·lom ['slɑ:ləm] *n* SPORT Slalom *m*

slam [slæm] **I.** *n* ❶ *(sound)* Knall *m; of door* Zuschlagen *nt*
❷ *(punch)* Schlag *m; (push)* harter Stoß
❸ *(fig: insult)* vernichtende Kritik
❹ *(in cards)* Schlemm *m fachspr*
II. *vt* <-mm-> ❶ *(close)* **to ~ a door** eine Tür zuschlagen [*o fam* zuknallen]; **to ~ the door in sb's face** jdm die Tür vor der Nase zuschlagen
❷ *(hit hard)* ■**to ~ sth** etw schlagen; ***he ~med the ball into the net*** er schlug den Ball ins Netz; ***she ~med her fist into his face*** sie schlug ihn mit der Faust ins Gesicht
❸ *(fam: criticize)* ■**to ~ sth/sb** jdn/etw heruntermachen [*o* niedermachen] *fam*
III. *vi* <-mm-> ❶ *(shut noisily)* zuschlagen, zuknallen *fam;* ***the window ~med shut*** das Fenster schlug zu; **to ~ out of the house** wütend aus dem Haus stürmen
❷ *(hit hard)* **to ~ against a wall** gegen eine Wand schlagen; ***the shutter ~med against the wall*** der Fensterladen schlug gegen die Wand; **to ~ into a car/tree/building** ein Auto/einen Baum/ein Gebäude rammen; **to ~ on the brakes** voll auf die Bremse treten, eine Vollbremsung machen
◆**slam down** *vt* ■**to ~ down** ◌ **sth** hinknallen *fam;* ***he ~med his fist down on the table*** er schlug mit der Faust auf den Tisch; **to ~ the phone** [*or* **receiver**] **down** den Hörer auf die Gabel knallen *fam*

slam 'dunk I. *n* Korbleger *m*
II. *vt* ❶ *(score in basketball)* **to ~ the ball/a basket** einen Korbleger machen
❷ AM *(fig: defeat)* **to ~ a proposal** einen Vorschlag niederschmettern

slam·mer ['slæməʳ, AM -ɚ] *n* ❶ *(sl: prison)* ■**the ~** das Kittchen *fam*
❷ *(tequila drink)* Slammer *m*

slan·der ['slɑ:ndəʳ, AM 'slændɚ] LAW **I.** *n* ❶ *no pl (action)* üble Nachrede, Verleumdung *f;* **to sue sb for ~** jdn wegen Verleumdung anzeigen; **a campaign of ~ against sth** eine Hetzkampagne gegen etw *akk*
❷ *(statement)* Verleumdung *f*
II. *vt* ■**to ~ sb/sth** jdn/etw verleumden

'slan·der ac·tion *n* LAW Verleumdungsprozess *m;* **to bring a ~ against sb** einen Prozess wegen Verleumdung gegen jdn anstrengen

slan·der·er ['slɑ:ndᵊrəʳ, AM 'slændɚɚ] *n* Verleumder(in) *m(f)*

slan·der·ous ['slɑ:ndᵊrəs, AM 'slændɚ-] *adj remark, accusation* verleumderisch

slan·der·ous·ly ['slɑ:ndᵊrəsli, AM 'slændɚ-] *adv* verleumderisch

slang [slæŋ] **I.** *n no pl* Slang *m;* **army ~** Militärjargon *m;* **teenage ~** Jugendsprache *f*
II. *adj attr, inv* Slang-; **~ expression** [*or* **term**] [*or* **word**] Slangausdruck *m*
III. *vt (fam)* ■**to ~ sb** jdn anmeckern *fam*

'slang·ing match *n esp* BRIT, AUS Schlagabtausch *m*

slangy ['slæŋi] *adj (fam)* salopp; **~ expression** salopper Ausdruck

slant [slɑ:nt, AM slænt] **I.** *vi* sich *akk* neigen; ***the evening sun ~ed through the narrow window*** die Abendsonne fiel schräg durch das schmale Fenster ein; **to ~ to the right/outwards/down** sich *akk* nach rechts/vornüber/nach unten neigen
II. *vt* ❶ *(make diagonal)* ■**to ~ sth** etw ausrichten; **to ~ sth to the right/left** etw nach rechts/links ausrichten; ***she ~s her letters to the left/ right*** sie schreibt nach links/rechts
❷ *(present for)* ■**to ~ sth** etw zuschneiden; ***we can ~ this in such a way as to make it more interesting to children*** wir können es so gestalten, dass es interessanter für Kinder ist; *(pej: in biased way)* etw zurechtbiegen *fig fam;* **to ~ a report** einen Bericht frisieren *fam*
III. *n* ❶ *(slope)* Neigung *f;* **to have a ~** eine Schräge haben, abgeschrägt sein; ***the kitchen floor has a distinct ~ towards the outer wall*** der Küchenboden fällt zur Außenwand hin deutlich ab; **to be on the** [*or* **at a**] **~** sich *akk* neigen, schräg sein
❷ *(perspective)* Tendenz *f;* ***we gave the story an environmentalist ~*** wir gaben der Geschichte einen umweltbewussten Anstrich; **a political ~** eine politische Orientierung; **to have a right-wing ~** *newspaper, information* rechtsgerichtet sein

slant·ed ['slɑ:ntɪd, AM 'slæ-] *adj* ❶ *(sloping)* geneigt; **~ eyes** schräg gestellte Augen; **~ handwriting** geneigte Handschrift
❷ *(pej: biased)* gefärbt *fig;* **~ report** frisierter Bericht

slant·ing ['slɑ:ntɪŋ, AM 'slæ-] *adj* schräg; **~ roof** Schrägdach *nt*

slant·wise ['slɑ:ntwaɪz, AM 'slæ-], *esp* AM **slant·ways** ['slɑ:ntweɪz, AM 'slæ-] *adv* quer

slap [slæp] **I.** *n* ❶ *(with hand)* Klaps *m fam;* **to give sb a ~ on the back** jdm [anerkennend] auf den Rücken klopfen; *(fig)* jdn loben; **a ~ on the bottom/hand** ein Klaps auf den Hintern/die Hand; **a ~ in the face** eine Ohrfeige; *(fig)* ein Schlag ins Gesicht *fig;* **to give sb a ~** jdm eine Ohrfeige geben; **to be given** [*or* **get**] **a ~ on the wrist** *(fig)* eine Verwarnung bekommen
❷ *(noise)* Klatschen *nt;* **the ~ of water against the side of the boat** das Klatschen des Wassers gegen die Bootseite
❸ *no pl (fam)* Schminke *f*
II. *adv inv (fam)* genau *fam;* ***the child sat down ~ in the middle of the floor*** das Kind setzte sich mitten auf den Boden; **to run ~ into sth** genau in etw *akk* hineinrennen
III. *vt* <-pp-> ❶ *(with hand)* ■**to ~ sb** jdn schlagen; *(less hard)* jdm einen Klaps geben; **to ~ sb on the bottom/hand** jdn auf den Hintern/die Hand schlagen; **to ~ sb's face** [*or* **sb in the face**] jdn ohrfeigen; **to ~ sb on the back** jdn auf den Rücken schlagen; *(in congratulation)* jdm [anerkennend] auf die Schulter klopfen; **to ~ sb's wrist** [*or* **sb on the wrist**] jdn zurechtweisen
❷ *(strike)* ■**to ~ sth against sth** etw gegen etw *akk* schlagen; **to ~ sth on the table/in sb's hands** etw auf den Tisch/jdm in die Hände knallen *fam*
❸ *(fam: do quickly)* ***she ~ped a couple pieces of salami between some bread*** sie klatschte ein paar Scheiben Salami zwischen zwei Scheiben Brot; ***he ~ped his bookbag down*** er knallte seine Büchertasche hin
❹ *(fam: impose)* ■**to ~ sth on sb** jdm etw aufhalsen *fam;* **to ~ a fine/tax on sth** eine Geldstrafe/eine Steuer auf etw *akk* draufschlagen *fam*
IV. *vi water* schlagen, klatschen; ■**to ~ against sth** gegen etw *akk* schlagen
◆**slap down** *vt* ❶ *(put down)* ■**to ~ down** ◌ **sth** etw hinknallen *fam*
❷ *(silence rudely)* ■**to ~ down** ◌ **sb** jdn zusammenstauchen *fig fam*

◆**slap on** *vt (fam)* ■**to ~ on** ⊃ **sth** etw draufklatschen *fam;* **to ~ make-up/paint/suncream on** Make-up/Farbe/Sonnencreme draufklatschen *fam*
slap-'bang *adv* BRIT *(fam)* genau *fam* **'slap·dash** *adj (pej fam)* schlampig, schludrig *fam;* ~ **work** schlampige Arbeit, Schlamperei *f* **slap-'hap·py** *adj inv (fam)* ❶ *(irresponsible)* unbekümmert ❷ *(giggly)* überdreht *fam* **'slap·head** *n* BRIT *(pej sl)* Glatzkopf *m fam*
'slap·jack *n* AM ❶ *usu pl (pancake)* Pfannkuchen *m*
❷ *no pl (card game)* Slapjack *nt*
slap·per [slæpəʳ] *n* BRIT *(pej sl: promiscuous woman)* Schlampe *f pej fam*
'slap·stick I. *n no pl* Slapstick *m*
II. *adj attr, inv* Slapstick-; ~ **comedy** Slapstickkomödie *f;* ~ **gag** Slapstickgag *m*
'slap-up *adj attr* BRIT, AUS **a ~ meal** ein Essen mit allem Drum und Dran *fam,* ein opulentes Mahl *geh*
slash [slæʃ] I. *vt* ❶ *(cut deeply)* ■**to ~ sb/sth** jdn/etw aufschlitzen *fam;* **to ~ a painting/a seat/sb's tyres** [*or* AM **tires**] ein Gemälde/einen Sitz/jds Reifen aufschlitzen; **to ~ one's wrists** sich *dat* die Pulsadern aufschneiden; **to ~ sth to ribbons** [*or* **shreds**] etw zerfetzen *fig;* **to ~ one's way through sth** sich *dat* seinen Weg durch etw *akk* schlagen [*o* bahnen]
❷ *(fig: reduce)* **to ~ a budget** ein Budget kürzen; **to ~ prices/spending** Preise/Ausgaben senken; **to ~ staff/the workforce** Personal abbauen/die Belegschaft verringern; **to ~ an article/a story** einen Artikel/eine Geschichte kürzen
II. *vi (with a knife)* ■**to ~ at sb/sth** auf jdn/etw losgehen; *(with a bat)* **to ~ at the ball** wild nach dem Ball schlagen
III. *n* <*pl* -es> ❶ *(cut on person)* Schnittwunde *f; (in object)* Schnitt *m*
❷ *(swinging blow)* Hieb *m;* ***he took a wild ~ at the ball*** er schlug wild nach dem Ball
❸ *in prices, costs* Reduzierung *f; in budget* Kürzung *f*
❹ FASHION *(in clothing)* Schlitz *m*
❺ *(punctuation mark)* Schrägstrich *m*
❻ BRIT, AUS *(sl: act of urinating)* Pinkeln *nt fam;* **to go for/have a ~** pinkeln gehen *fam*
slashed [slæʃt] *adj* geschlitzt; ~ **skirt** geschlitzter Rock; ~ **sleeve** Ärmel *m* mit Schlitz
slash·er ['slæʃəʳ, AM -ɚ] *n (fam)* Messerstecher *m fam*
'slash·er book *n Buch mit vielen Schilderungen von Gewalt* **'slash·er film, 'slash·er movie** *n* Gewaltfilm *m*
slash·ing ['slæʃɪŋ] *adj attr* vernichtend *attr;* ~ **blow** vernichtender Schlag; ~ **attack/criticism** vernichtende Attacke/Kritik
'slash mark *n* ❶ *(cut)* Schnittwunde *f*
❷ *(punctuation mark)* Schrägstrich *m*
slat [slæt] *n* Leiste *f; in grid* Stab *m;* **wooden/plastic ~** Holz-/Plastiklatte *f*
slate [sleɪt] I. *n* ❶ *no pl (rock)* Schiefer *m*
❷ *(on roof)* [Dach]schindel *f*
❸ *(dated: for writing)* Schiefertafel *f*
❹ AM, AUS POL *(list of candidates)* Kandidatenliste *f*
❺ AM *(of products)* Auswahl *f*
❻ *(in film production)* Klappe *f*
▶PHRASES: **to <u>have</u> a clean ~** eine weiße Weste haben; **to <u>have</u> a ~ loose** BRIT eine Schraube locker haben; **to <u>put</u> sth on the ~** BRIT etw anschreiben; **to <u>wipe</u> the ~ clean** reinen Tisch machen
II. *n modifier (shingle, production)* Schiefer-; ~ **quarry** Schieferbruch *m*
III. *adj inv* Schiefer-, schief[e]rig
IV. *vt* ❶ *(cover with slates)* **to ~ a roof** ein Dach decken
❷ *usu passive* AM, AUS *(assign)* ***she's been ~d to lose her job*** sie wird wahrscheinlich ihren Job verlieren; ***he is ~d to be the next captain of the football team*** er wird aller Voraussicht nach der nächste Kapitän der Fußballmannschaft; ■**to be ~d for sth** für etw *akk* vorgesehen sein; *(schedule) event* für etw *akk* angesetzt sein; ***the election is ~d for next Thursday*** die Wahl ist auf nächsten Donnerstag angesetzt
❸ BRIT, AUS *(fam: criticize severely)* ■**to ~ sb** jdn zusammenstauchen *fam;* **to ~ a book** ein Buch verreißen *fam*
slate 'blue *adj inv* blaugrau **'slate-col·oured,** AM **'slate-col·ored** *adj inv* schiefergrau **slate 'grey,** AM **slate 'gray** I. *n* Schiefergrau *nt*
II. *adj inv* schiefergrau **slate 'pen·cil** *n* Griffel *m*
slat·er ['sleɪtəʳ, AM ţɚ] *n* Dachdecker(in) *m(f) (für Schieferdächer)*
slate 'roof *n* Schieferdach *nt*
slath·er ['slæðəʳ, AM -ɚ] *vt* ❶ *esp* AM *(smear thickly)* ■**to ~ sth on** [*or* **over**] **sth** *paint, glue* etw dick auf etw *akk* streichen; *bread* etw dick mit etw *dat* bestreichen; ***he ~ed suncream all over his body*** er cremte seinen ganzen Körper dick mit Sonnencreme ein
❷ AM *(spend wastefully)* **to ~ one's money around** sein Geld mit vollen Händen ausgeben, mit Geld um sich *akk* werfen
slat·ted ['slætɪd, AM -ţ-] *adj inv* ~ **blind** Jalousie *f;* ~ **fence** Bretterzaun *m;* ~ **floor** Bretterboden *m*
slat·tern ['slætən, AM -ţɚn] *n (pej)* Schlampe *f pej fam*
slat·tern·ly ['slætənli, AM -ţɚn-] *adj (pej)* schlampig, liederlich
slaty ['sleɪti, AM -ţ] *adj (in colour)* schieferfarben, dunkelgrau; ~ **colour** [*or* AM **color**] Schieferfarbe *f;* ~ **grey** [*or* AM **gray**] Schiefergrau *nt; (in texture)* schieferartig; ~ **rock** schieferartiges Gestein
slaugh·ter ['slɔːtəʳ, AM 'slɑːţɚ] I. *vt* ❶ *(kill)* ■**to ~ sb** jdn abschlachten [*o* niedermetzeln]; **to ~ an animal** ein Tier schlachten
❷ SPORT *(fig fam)* ■**to ~ sb** jdn vom Platz fegen *fam*
II. *n no pl* ❶ *(killing) of people* Abschlachten *nt,* Gemetzel *nt; of animals* Schlachten *nt;* **to fatten an animal for ~** ein Tier für die Schlachtung mästen
❷ *(fig fam: in sports)* Schlappe *f fam*
slaugh·ter·er ['slɔːtᵊrəʳ, AM 'slɑːţɚɚ] *n* Schlächter(in) *m(f)*
'slaugh·ter·house *n* Schlachthaus *nt,* Schlachthof *m*
Slav [slɑːv] I. *n* Slawe, Slawin *m, f*
II. *adj inv* slawisch
slave [sleɪv] I. *n* ❶ *(person)* Sklave, Sklavin *m, f;* **to become a real ~ of sth** *(fig)* ein wirklicher Sklave von etw *dat* werden
❷ COMPUT Nebencomputer *m*
II. *vi* schuften; ■**to ~ [away] at sth** sich *akk* mit etw *dat* abmühen [*o* herumschlagen]; **to ~ over a hot stove** *(hum)* [den ganzen Tag] am Herd stehen
'slave driv·er *n* Sklaventreiber(in) *m(f)* **slave 'labour,** AM **slave 'la·bor** *n no pl (forced work)* Sklavenarbeit *f; (fig fam)* Schinderei *f fam*
slav·er¹ ['slævəʳ, AM -ɚ] I. *vi* ❶ *(drool) animal* geifern; *person* speicheln, sabbern *sl*
❷ *(pej: show excitement)* ■**to ~ over sb/sth** nach jdm/etw gieren; ***she was just ~ing to be introduced to the big cheese himself*** sie konnte es kaum abwarten, dem wichtigsten Mann persönlich vorgestellt zu werden
II. *n no pl animal* Geifer *m; person* Speichel *m,* Sabber *m sl*
slav·er² ['sleɪvəʳ, AM -ɚ] *n (hist)* ❶ *(ship)* Galeere *f hist*
❷ *(trader)* Sklavenhändler(in) *m(f)*
slav·ery ['sleɪvᵊri, AM -ɚi] *n no pl* Sklaverei *f; (fig)* sklavische Abhängigkeit; **to sell sb into ~** jdn in die Sklaverei verkaufen
'slave ship *n* Sklavenschiff *nt* **'slave trade** *n (hist)* Sklavenhandel *m* **'slave trad·er** *n (hist)* Sklavenhändler(in) *m(f)*
Slav·ic ['slɑːvɪk] *adj inv* slawisch
slav·ish ['sleɪvɪʃ] *adj* ❶ *(without originality)* sklavisch; ~ **adherence to the guidelines** sklavische Befolgung der Richtlinien
❷ *(servile)* sklavisch; **to develop a ~ devotion to sth** etw *dat* sklavisch ergeben sein
slav·ish·ly ['sleɪvɪʃli] *adv* ❶ *(without change)* sklavisch
❷ *(with dependence)* sklavisch; **to be ~ devoted to sb/sth** jdm/etw unterwürfig ergeben sein
Sla·von·ic [slə'vɒnɪk, AM -'vɑːn-] *adj inv* slawisch
slaw [slɔː, AM slɑː] *n* AM, AUS *(fam) short for* **coleslaw** Krautsalat *m,* Kabissalat *m* SCHWEIZ
slay [sleɪ] *vt* ❶ <slew, slain> *(liter or old: kill)* **to ~ a dragon** einen Drachen erlegen *liter;* **to ~ an enemy** einen Feind bezwingen *liter*
❷ <slew, slain> AM *(murder)* ■**to be slain** ermordet werden; **to be found ~** ermordet aufgefunden werden
❸ <-ed, -ed> *(fam: amuse)* ***that guy just ~s me!*** ich könnte mich über den Typ totlachen!
slay·er ['sleɪəʳ, AM ɚ] *n* Schlächter(in) *m(f);* ***his ~s were warmly greeted by peasants*** die, die ihn umgebracht hatten, wurden von der Landbevölkerung herzlich in Empfang genommen
slay·ing ['sleɪɪŋ] *n* AM *(murder)* Mord *m*
SLD [ˌeselˈdiː] *n no pl, + sing/pl vb* POL *(hist) abbrev of* **Social and Liberal Democrats** *ehemalige sozialliberaldemokratische Partei in Großbritannien, heute: Liberal Democrats*
sleaze [sliːz] *n* ❶ *no pl (immorality)* Korruption *f*
❷ AM *(fam: person)* schmieriger Typ *fam*
❸ *(fam)* Schmutzkampagne *f*
'sleaze·bag, 'sleaze·ball *n* AM *(sl)* schmieriger Typ *fam*
'sleaze fac·tor *n no pl* Korruption *f*
sleaz·oid ['sliːzɔɪd] I. *n esp* AM *(fam)* schmierige Person
II. *adj esp* AM *(fam)* schmierig
sleazy ['sliːzi] *adj* anrüchig; ~ **area** zweifelhafte Gegend; ~ **bar** Spelunke *f fam;* ~ **affair** unappetitliche Angelegenheit; ~ **person** [*or* **character**] schäbige Person
sled [sled] AM I. *n* Schlitten *m*
II. *vi* <-dd-> **to go ~ding** Schlittenfahren [*o* DIAL Rodeln] [*o* SCHWEIZ Schlitteln] gehen
III. *vt* <-dd-> ■**to ~ sth** etw mit dem Schlitten transportieren
sledge [sledʒ] I. *n* ❶ *(for snow)* Schlitten *m*
❷ *(fam: sledgehammer)* Vorschlaghammer *m*
II. *vi esp* BRIT **to go sledging** Schlittenfahren [*o* DIAL Rodeln] [*o* SCHWEIZ Schlitteln] gehen
III. *vt* **to ~ sth** etw mit dem Schlitten transportieren
'sledge·ham·mer *n* Vorschlaghammer *m;* ***he tends to tackle problems with a ~*** *(fig)* er geht an Probleme gerne mit der Holzhammermethode heran
▶PHRASES: **to <u>use</u> a ~ to crack a nut** mit Kanonen auf Spatzen schießen **sledge·ham·mer 'blow** *n* ❶ *(hit)* Schlag *m* ❷ *(fig: setback)* Rückschlag *m*
sleek [sliːk] I. *adj* ❶ *(glossy) fur, hair* geschmeidig; *(streamlined)* elegant; ~ **car** schnittiges Auto
❷ *(fig: in manner)* [aal]glatt
❸ *(well-groomed)* gepflegt; ***he looked incredibly ~*** er sah unglaublich adrett aus
II. *vt* ■**to ~ sth** etw glätten; *horse* etw striegeln; ***the cat ~ed her fur with her tongue*** die Katze leckte ihr Fell, bis es glänzte; **to ~ one's hair back/down** sich *dat* die Haare zurückstreichen/glätten
sleek·ly ['sliːkli] *adv* sanft; ***his hair was swept back ~*** sein Haar war glatt zurückgekämmt; **to be ~ groomed** sehr gepflegt sein
sleek·ness ['sliːknəs] *n no pl* Glattheit *f; (of style)* Geschliffenheit *f*
sleep [sliːp] I. *n* ❶ *no pl (resting state)* Schlaf *m;* ***I must get some ~*** ich brauche etwas Schlaf; ***I didn't get to ~ until 4 a.m.*** ich bin erst um 4 Uhr morgens eingeschlafen; **to fall** [*or* **drift off**] **into a deep ~** in einen tiefen Schlaf fallen; **to go to ~** einschlafen; **to go back to ~** wieder einschlafen; ***go back to ~!*** *(fig)* träume weiter! *fig;* **to lose ~ over sth** wegen einer S. *gen* schlaflose Nächte haben; **to put sb to ~** jdn in Schlaf versetzen; **to put an animal to ~** ein Tier einschläfern; **to send sb to ~** jdn einschlafen lassen *fig;* **to talk/walk in one's ~** im Schlaf sprechen/schlafwandeln
❷ *usu sing (nap)* Nickerchen *nt;* **to have a ~** ein Nickerchen machen
❸ *no pl (in eyes)* Schlaf *m;* **to rub** [*or* **wipe**] **the ~ from one's eyes** sich *dat* den Schlaf aus den Augen reiben

4 COMPUT *(system)* bereitstehendes System
▶ PHRASES: **to be able to do sth in one's ~** etw im Schlaf beherrschen
II. *vi* <slept, slept> schlafen; *(fig: be buried)* ruhen; **~ *tight!*** schlaf schön!; ***we'll be ~ing at Sally and Steve's on Saturday night*** Samstagnacht werden wir bei Sally und Steve übernachten; **to ~ in a bed/on the floor** in einem Bett/auf dem Boden schlafen; **to ~ like a log** [*or* **baby**] *(fam)* wie ein Stein [*o* Baby] schlafen *fam;* **to ~ late** lange schlafen, ausschlafen; **to ~ sound[ly]** [tief und] fest schlafen; **to ~ rough** BRIT auf der Straße schlafen; ■**to ~ with sb** *(have sex)* mit jdm schlafen; *(share bedroom)* mit jdm das Zimmer teilen
▶ PHRASES: **to ~ with one's eyes open** leicht schlafen; **to ~ on it** eine Nacht darüber schlafen
III. *vt* **to ~ two/four/ten** zwei/vier/zehn Personen beherbergen können; ***the caravan ~s four comfortably*** in dem Wohnwagen haben vier Personen bequem Platz; **to ~ three to a bed** zu dritt in einem Bett schlafen; **to ~ the night with sb** bei jdm übernachten
◆**sleep around** *vi (fam)* sich *akk* herumtreiben *fam,* herumschlafen *fam*
◆**sleep in** *vi* 1 *(sleep late)* ausschlafen
2 *(sleep at work)* im Hause wohnen; ***none of the servants ~s in*** keiner der Bediensteten wohnt im Hause
◆**sleep off** *vt* ■**to ~ off** ◯ **sth** *a hangover* etw ausschlafen; *a cold, headache* sich *akk* gesund schlafen; **to ~ it off** seinen Rausch ausschlafen
◆**sleep out** *vi* draußen [*o* im Freien] schlafen
◆**sleep over** *vi* über Nacht bleiben, übernachten
◆**sleep through** *vi* weiterschlafen; **to ~ through noise/a storm** trotz des Lärms/eines Sturms weiterschlafen; ***I must have slept through the alarm*** ich muss den Wecker verschlafen haben; **to ~ through a boring film/lecture** einen langweiligen Film/eine langweilige Vorlesung verschlafen
◆**sleep together** *vi (have sex)* miteinander schlafen; *(share bedroom)* zusammen [in einem Zimmer] schlafen
'sleep debt *n* Schlafdefizit *nt*
sleep·er ['sli:pəʳ, AM -ɚ] *n* 1 *(person)* Schläfer(in) *m(f); (pill)* Schlaftablette *f; (sofa)* Bettsofa *nt,* ausklappbares Sofa; **to be a heavy/light ~** einen festen/leichten Schlaf haben; **to be a late ~** ein Langschläfer sein
2 *esp* AM *(pyjamas)* ■**~s** *pl* Schlafanzug *m,* Pyjama *m* SCHWEIZ
3 *(train)* Zug *m* mit Schlafwagenabteil; *(sleeping car)* Schlafwagen *m; (berth)* Schlafwagenplatz *m*
4 BRIT, AUS *(on railway track)* Schwelle *f*
5 *(earring)* Kreole *f*
6 PUBL *(unexpected success)* Sensationserfolg *m;* STOCKEX im Wert unterschätzte Aktie
7 *(spy)* Sleeper *m (inaktiver Spion, der jederzeit für einen Auftrag reaktiviert werden kann)*
8 *(fam: tip)* Geheimtipp *m*
'sleep·er cell *n* MIL, POL Schläferzelle *f* **'sleep·er plane** *n* MIL Aufklärungsflugzeug *nt,* Aufklärer *m*
sleepi·ly ['sli:pɪli] *adv* schläfrig
sleepi·ness ['sli:pɪnəs] *n no pl* Schläfrigkeit *f*
sleep·ing ['sli:pɪŋ] *adj attr, inv* schlafend *attr*
▶ PHRASES: **let ~ dogs lie** *(prov)* schlafende Hunde soll man nicht wecken *prov*
'sleep·ing ac·com·moda·tion *n* Übernachtungsmöglichkeit *f* **'sleep·ing ar·range·ments** *npl* Schlafgelegenheit *f* **'sleep·ing bag** *n* Schlafsack *m* **Sleep·ing 'Beau·ty** *n* Dornröschen *nt* **'sleep·ing car** *n* Schlafwagen *m* **'sleep·ing com·part·ment** *n* Schlafwagenabteil *nt* **'sleep·ing part·ner** *n* BRIT COMM stiller Teilhaber **'sleep·ing pill** *n* Schlaftablette *f*
sleep·ing po·'lice·man *n* BRIT Bodenschwelle *f*
'sleep·ing sick·ness *n no pl* Schlafkrankheit *f* **'sleep·ing tab·let** *n* Schlaftablette *f*
sleep·less ['sli:pləs] *adj inv* schlaflos
sleep·less·ness ['sli:lkəsnəs] *n no pl* Schlaflosigkeit *f*
'sleep·out *n* AUS *Schlafplatz außer Haus*
'sleep-over *n* Übernachtung *f;* ***why not make it a ~?*** warum bleiben wir nicht über Nacht?
'sleep-over par·ty *n* Party *f* mit Übernachtung
'sleep·walk *vi* schlafwandeln **'sleep·walk·er** *n* Schlafwandler(in) *m(f)* **'sleep·walk·ing** *n no pl* Schlafwandeln *nt* **'sleep·wear** *n no pl* Schlafkleidung *f*
sleepy ['sli:pi] *adj* 1 *(drowsy)* schläfrig; **~ eyes** müde Augen; **to feel ~** müde sein
2 *(quiet) town, village* verschlafen *fig fam*
'sleepy·head ['sli:pihed] *n (fam)* Schlafmütze *f hum fam*
sleet [sli:t] **I.** *n no pl* Eisregen *m*
II. *vi impers* ***it is ~ing*** es fällt Eisregen
sleety ['sli:ti, AM -t̬-] *adj* **~ rain** Eisregen *m*
sleeve [sli:v] *n* 1 *(on clothing)* Ärmel *m;* **with short/long ~s** mit kurzen/langen Ärmeln; **to roll up one's ~s** seine Ärmel hochkrempeln; *(fig: for hard work)* die Ärmel hochkrempeln
2 *(for rod, tube)* Muffe *f,* Manschette *f*
3 *(for record)* [Schallplatten]hülle *f,* Cover *nt* SCHWEIZ
4 *(cover for disk)* Schutzhülle *f*
▶ PHRASES: **to have sth up one's ~** etw im Ärmel [*o* auf Lager] haben
sleeved [sli:vd] *adj inv* FASHION mit Ärmeln *nach n;* **long ~** langärmelig; **short ~** kurzärmelig
sleeve·less ['sli:vləs] *adj inv blouse, dress* ärmellos *attr*
'sleeve notes *npl* BRIT Begleittext *m*
sleigh [sleɪ] *n* Pferdeschlitten *m*
'sleigh bed *n* Schlittenbett *nt* **'sleigh bell** *n* Schlittenglocke *f* **'sleigh ride** *n* Schlittenfahrt *f;* **to go for a ~** eine Schlittenfahrt machen
sleight [slaɪt] *n no pl (liter)* Trickserei *f;* **~ of hand** Fingerfertigkeit *f*
sleight of 'hand *n no pl (in tricks)* Fingerfertigkeit *f; (fig)* Trick *m*
slen·der ['slendəʳ, AM -ɚ] *adj* 1 *legs, waist* schlank; *railings, poles* schmal
2 *means, resources* knapp; **~ majority** knappe Mehrheit
slen·der·ize ['slendəraɪz] AM **I.** *vi (fam)* abnehmen
II. *vt (fam)* **to ~ one's figure** seine Figur trimmen; ■**to ~ sb** *colours* jdn schlank machen; **to ~ a budget** *(fig: reduce)* ein Budget kürzen
slen·der·ness ['slendənəs, AM -dɚ-] *n no pl* 1 *(slimness) of legs, waist* Schlankheit *f*
2 *(smallness)* Knappheit *f;* ***the ~ of her income*** ihr geringes Einkommen
slept [slept] *pt, pp of* **sleep**
sleuth [slu:θ] *n* Detektiv(in) *m(f)*
sleuth·ing ['slu:θɪŋ] *n no pl* Detektivarbeit *f,* Nachforschungen *pl*
slew¹ [slu:] *pt of* **slay**
slew² [slu:] *n* AM *(fam)* Haufen *m fam*
slew³ [slu:] BRIT, AUS **I.** *vi* schleudern; ■**to ~ round** herumschleudern
II. *vt* ■**to ~ sth [round]** *car, vehicle* etw herumreißen; *heavy object* etw herumdrehen
III. *n* COMPUT schneller Papiervorschub
slewed [slu:d] *adj pred (dated sl)* blau *fam*
slice [slaɪs] **I.** *n* 1 *of bread, ham, meat* Scheibe *f;* **~ of cake/pizza** ein Stück *nt* Kuchen/Pizza
2 *(portion)* Anteil *m;* **~ of a market** Marktanteil *m*
3 *(tool)* Pfannenwender *m,* SCHWEIZ *a.* Bratenwender *m;* **a cake ~** ein Tortenheber *m;* **a fish ~** eine Fischgabel
4 *(in golf, cricket)* verschlagener Ball
5 *(in tennis)* Slice *m*
▶ PHRASES: **a ~ of the cake** ein Stück vom großen Kuchen; **a ~ of life** Milieuschilderung *f*
II. *vt* 1 *(cut in slices)* ■**to ~ sth** etw in Scheiben schneiden; **to ~ cake/pizza** Kuchen/Pizza in Stücke schneiden
2 *(fig: reduce by)* ***he ~d three seconds off the previous record*** er verbesserte den früheren Rekord um drei Sekunden; ***they've ~d two hundred thousand pounds off our budget*** sie haben unser Budget um zweihunderttausend Pfund gekürzt
3 SPORT **to ~ the ball** *(in golf, cricket)* den Ball verschlagen; *(in tennis)* den Ball anschneiden
▶ PHRASES: **any way** [*or* AM **no matter how**] **you ~ it** wie man es auch dreht und wendet
III. *vi* 1 *(food)* **to ~ easily** [*or* **well**] sich *akk* gut schneiden lassen
2 *(cut)* ■**to ~ through sth** etw durchschneiden; ***the prow of the yacht ~d through the waves*** *(fig)* der Bug der Jacht pflügte durch die Wellen; ***he ~d through the Liverpool defence and scored*** er durchbrach die Verteidigung der Liverpooler Mannschaft und schoss ein Tor
◆**slice off** *vt* ■**to ~ off** ◯ **sth** etw abschneiden
◆**slice up** *vt* ■**to ~ up** ◯ **sth** 1 *(make slices)* etw in Scheiben schneiden; **to ~ up bread** Brot aufschneiden; **to ~ up cake/pizza** den Kuchen/die Pizza in Stücke schneiden
2 *(divide) profits* etw aufteilen
sliced [slaɪst] *adj inv* FOOD geschnitten; *bread* aufgeschnitten
slic·er ['slaɪsəʳ, AM -ɚ] *n* FOOD *(machine)* Schneidemaschine *f; (knife)* Bratenmesser *nt,* Fleischmesser *nt* ÖSTERR, SCHWEIZ; **egg ~** Eierschneider *m;* **bread ~** Brotschneidemaschine *f*
slick [slɪk] **I.** *adj* 1 *(approv: skilful)* gekonnt; *(great)* geil *sl;* **a ~ pass** SPORT ein gekonnter Pass; **~ performance/show** tadellose Aufführung/Show
2 *(pej: overly-polished) talk, answer, manner* glatt; *(clever)* gewieft; **~ sales talk** cleveres Verkaufsgespräch
3 *(shiny) hair* geschniegelt *fam;* AM *(slippery) road, floor* glatt, rutschig
II. *n* 1 *(oil slick)* Ölteppich *m*
2 AM *(glossy)* Hochglanzmagazin *nt,* Journal *nt*
3 *(tyre)* Slick *m*
III. *vt* **to ~ back/down one's hair** sich *dat* die Haare nach hinten klatschen/anklatschen *fam;* ■**to ~ on sth** *oil, cream* etw auftragen
slick·er ['slɪkɚ] *n* AM 1 *(city slicker)* feiner Pinkel aus der [Groß]stadt *fam*
2 *(raincoat)* Regenmantel *m*
slick·ly ['slɪkli] *adv (polished)* routiniert; *(overly-polished) talk, answer* professionell; *(clever)* raffiniert
slick·ness ['slɪknəs] *n no pl* 1 *(deftness)* Routine *f;* **~ of a performance/show** routinierter Ablauf einer Aufführung/Show
2 *(pej: glibness)* Gewieftheit *f fam*
slid [slɪd] *pp, pt of* **slide**
slide [slaɪd] **I.** *vi* <slid, slid> 1 *(glide)* rutschen; *(smoothly)* gleiten; **to ~ down the hill/banisters** den Hügel/das Geländer herunterrutschen
2 *(move quietly)* **to ~ into a room/along an alley** *person* in ein Zimmer/eine Gasse entlang schleichen; **to ~ out of the room** sich *akk* aus dem Zimmer stehlen
3 *(decline in value) currency* sinken
4 *(get into)* **to ~ into chaos** in ein Chaos geraten; **to ~ back into one's old habits** in seine alten Gewohnheiten zurückfallen; **to ~ into recession** in die Rezession abrutschen; **to ~ into war** in einen Krieg schlittern
5 *(fig)* **to let sth/things ~** etw/die Dinge schleifen lassen
II. *vt* <slid, slid> ***can you ~ your seat forward a little?*** können Sie mit Ihrem Sitz etwas nach vorne rutschen?; ***he slid the drawer in*** er schob die Schublade zu; ***she slid the hatch open*** sie schob die Luke auf
III. *n* 1 *(act of sliding)* Rutschen *nt*
2 *(on ice)* Eisbahn *f*
3 *(at playground)* Rutschbahn *f,* Rutsche *f*
4 GEOG *(landslide)* **earth ~** Erdrutsch *m;* **mud/rock ~** Schlamm-/Felslawine *f*
5 *usu sing (decline)* Sinken *nt; of a currency* Wertverlust *m;* ***what we are witnessing is a country's slow ~ into civil war*** wir beobachten im Moment, wie ein Land allmählich in einen Bürgerkrieg schlittert
6 *(in photography)* Dia *nt,* Diapositiv *nt geh*
7 *(for microscope)* Objektträger *m*
8 *(moving part) of a trombone* Zug *m; of a machine*

Schlitten *m*
❾ MUS *(glissando)* Glissando *nt*
❿ BRIT *(hair clip)* Haarspange *f*

'slide con·trol *n* Schieberegler *m* **slide 'fast·en·er** *n* AM *(zip)* Reißverschluss *m*

'slide pro·jec·tor *n* Diaprojektor *m*

'slide rule *n* Rechenschieber *m*

'slide show *n* Diavortrag *m*

slid·ing ['slaɪdɪŋ] *adj attr, inv* Schiebe-; ~ **sunroof** Schiebedach *nt;* ~ **window** Schiebefenster *nt*

slid·ing 'door *n* Schiebetür *f*

slid·ing 'scale *n* FIN gleitende Skala [*o* Tabelle]

slight [slaɪt] **I.** *adj* ❶ *(small)* gering; ***there's been a ~ improvement in the situation*** die Situation hat sich geringfügig verbessert; ***I'm not the ~est bit sorry about it*** das tut mir kein bisschen leid; ~ **chance/possibility** geringe Chance/Möglichkeit; **not the ~est interest** nicht das geringste Interesse; **the ~est thing** die kleinste Kleinigkeit; **not in the ~est** nicht im Geringsten; ***it didn't faze him in the ~est*** es berührte ihn nicht im Geringsten; **to not have the ~est idea** nicht die geringste Idee [*o* Ahnung] haben
❷ *(barely noticeable)* klein; ***there was a ~ smell of onions in the air*** es roch ein wenig nach Zwiebeln; **to have a ~ accent** einen leichten Akzent haben; **after a ~ hesitation** nach einer kurzen Unterbrechung
❸ *(minor)* leicht; ***their injuries were ~*** sie waren nur leicht verletzt; ***he has a ~ tendency to exaggerate*** er neigt zu Übertreibungen; ~ **mistake** kleiner Fehler *iron*
❹ *(slim and delicate) person* zierlich
❺ *(not profound) play, plot* bescheiden; ~ **work** leichte Arbeit
II. *n* Beleidigung *f;* **to take sth as a ~** etw als Beleidigung auffassen
III. *vt* ■**to ~ sb** jdn beleidigen

slight·ed ['slaɪtɪd, AM -t̬-] *adj* beleidigt

slight·ing ['slaɪtɪŋ, AM -t̬-] *adj attr comment, remark* beleidigend; **to be the target of ~ remarks** [die] Zielscheibe von Spott sein, verspottet werden

slight·ing·ly ['slaɪtɪŋli, AM -t̬-] *adv* beleidigend; **to refer ~ to** [*or* **remark ~ on**] **sth** eine spitze Bemerkung über etw *akk* machen

slight·ly ['slaɪtli] *adv* ein wenig, etwas; ***I feel ~ peculiar*** ich fühle mich irgendwie komisch; ~ **bigger/shorter** etwas größer/kürzer; **to know sb ~** jdn flüchtig kennen; **ever so ~** *(iron)* allmählich; ***I think he may have been exaggerating ever so ~*** ich denke, er hat wohl ein klein wenig übertrieben

slight·ly 'built *adj inv* zierlich

slight·ness ['slaɪtnəs] *n no pl* ❶ *(small extent)* Geringfügigkeit *f*
❷ *(physical)* Zierlichkeit *f*

slim [slɪm] **I.** *adj* <-mm-> ❶ *person, figure* schlank; *waist* schmal; *object* dünn; **a ~ volume** ein dünnes Buch
❷ *chance, possibility* gering; *profits, income* mager; ~ **pickings** magere Ausbeute; *(inferior)* **a ~ excuse** eine schwache Ausrede
II. *vi* <-mm-> abnehmen
◆**slim down I.** *vi* abnehmen
II. *vt* **to ~ one's hips/waist/legs down** an den Hüften/der Taille/den Beinen abnehmen; **to ~ down** ◯ **a workforce** Personal abbauen

slime [slaɪm] *n no pl* ❶ *(substance)* Schleim *m;* **the primeval ~** der Urschlamm; **a trail of ~** eine Schleimspur
❷ *(pej fam: person)* Schleimer(in) *m(f) pej fam*

'slime·bag, 'slime ball *n (pej fam)* Schleimer(in) *m(f) pej fam*

'slime mould, AM **'slime mold** *n* Schleimpilz *m*

slimi·ness ['slaɪmɪnəs] *n no pl of fish, mud* Glitschigkeit *f; (fig pej) of person* Schleimigkeit *f pej fam*

'slim·line ['slɪmlaɪn] *adj inv* schlank, schmal

slim·mer ['slɪmə^r, AM -ɚ] *n* figurbewusste Person

slim·ming ['slɪmɪŋ] **I.** *n no pl* Abnehmen *nt*
II. *adj* ❶ *inv (for slimmers)* schlank machend *attr;* ~ **pill** Schlankheitspille *f*
❷ *(fam: non-fattening)* schlank machend *attr;* ***have a salad — that's ~*** nimm einen Salat – das hält schlank; ~ **food** Diätkost *f*
❸ *(in appearance) colours* schlank machend

slim·ness ['slɪmnəs] *n no pl of body* Schlankheit *f; of chances, profits* Geringfügigkeit *f*

slimy ['slaɪmi] *adj* ❶ *(covered in slime) slug, pond, seaweed* schleimig
❷ *(fig pej fam) character, person* schleimig *pej fam;* ~ **git** BRIT Schleimer(in) *m(f) pej fam*

sling [slɪŋ] **I.** *n* ❶ *(for broken arm)* Schlinge *f; (for baby)* Tragetuch *nt; (for camera, gun)* Tragegurt *m; (for lifting)* Schlinge *f*
❷ *(weapon)* Schleuder *f*
II. *vt* <slung, slung> ❶ *(fling)* ■**to ~ sth** etw werfen [*o* schleudern]; ~ ***me a pen, will you?*** könntest du mir mal einen Kugelschreiber 'rüberwerfen?; **to ~ sth in the bin/on the floor** etw in den Mülleimer/auf den Boden werfen; **to ~ sb in prison** jdn ins Gefängnis werfen [*o* stecken] *fam*
❷ *(hang)* ***soldiers with rifles slung over their shoulders*** Soldaten mit geschulterten Gewehren; ***she sat next to him on the sofa, her legs slung over his*** sie saß neben ihm auf dem Sofa, ihre Beine über seine geschlagen
❸ *(suspend)* ■**to be slung from sth** von etw *dat* herunterhängen; **to ~ a hammock** eine Hängematte aufhängen
▶PHRASES: **to ~ beer** AM *(fam)* Bier ausschenken; **to ~ hash** AM in einer Küche arbeiten; **to ~ one's hook** BRIT *(sl)* die Fliege machen *sl*
◆**sling off** *vt (fam)* ■**to ~ off** ◯ **sb** jdn rauswerfen *fam*
◆**sling out** *vt (fam)* ■**to ~ out** ◯ **sb/sth** jdn/etw rauswerfen *fam;* ***she was slung out of college*** sie flog vom College *fam*
◆**sling together** *vt (fam)* ■**to ~ together** ◯ **sth** etw zusammenwerfen; ***I'll just ~ together a few things and I'll be ready to go*** ich suche mir nur eben ein paar Sachen zusammen, dann bin ich so weit

sling·backs ['slɪŋbæks] *npl,* **sling·back 'san·dals** *npl* Sandaletten *pl*

'sling·shot ['slɪŋʃɑːt] *n* AM, AUS *(catapult)* [Stein]schleuder *f*

slink <slunk, slunk> [slɪŋk] *vi* schleichen; **to ~ back to one's room/out of the office** [sich *akk*] zurück in sein Zimmer/aus dem Büro schleichen; ■**to ~ away** [sich *akk*] davonschleichen

slinky ['slɪŋki] *adj* verführerisch; ~ **dress** verführerisches Kleid; ~ **walk** aufreizender Gang

slip [slɪp] **I.** *n* ❶ *(fall)* Ausrutscher *m fam; of price, value* Fall *m;* **to have a ~** ausrutschen und hinfallen
❷ *(paper)* Zettel *m; (form)* Formular *nt; (receipt)* Kassenzettel *m; (galley proof)* Druckfahne *f;* LAW *(ship's insurance) Beleg über die beabsichtigte Seeversicherungspolice;* **compliments ~** Kurzmitteilung *f;* **a ~ of paper** ein Zettel *m,* ein Stück *nt* Papier; **paying-in** [*or* **deposit**] **~** Einzahlungsformular *nt*
❸ *(mistake)* Flüchtigkeitsfehler *m,* Schnitzer *m fam;* **a ~ of the pen** ein Schreibfehler *m;* **a ~ of the tongue** ein Versprecher *m;* **to make a ~** einen Schnitzer machen *fam*
❹ *(garment)* Unterrock *m*
❺ HORT Ableger *m*
❻ *(small)* **a ~ of a girl** eine halbe Portion von einem Mädchen *pej fam;* **a ~ of a thing** ein schmales Ding
❼ *(in cricket)* ■**the ~s** *pl Bereich schräg hinter dem Schlagmann*
❽ AEROSP Slippen *nt fachspr,* Seitenrutsch *m*
❾ *no pl (clay)* [Mal-]Schlicker *m fachspr*
▶PHRASES: **to give sb the ~** *(fam)* jdn abhängen *fam;* **there's many a ~** ['**twixt cup and lip**] *(prov)* man soll den Tag nicht vor dem Abend loben *prov*
II. *vi* <-pp-> ❶ *(slide) person* ausrutschen; *knife, hand* abrutschen; *tyres* wegrutschen; *clutch* schleifen; ***the CD ~ped out of his hand/through his fingers*** die CD ist ihm aus der Hand/durch die Finger gerutscht; **to ~ on the ice/in the mud** auf dem Eis/im Schlamm ausrutschen; ■**to ~ off sth** von etw *dat* abrutschen; *(drop off)* von etw *dat* herunter-/hinunterrutschen
❷ *(fig)* ***everything seemed to ~ into place*** alles schien [plötzlich] zusammenzupassen; **to ~ into a coma** ins Koma fallen; **to let sth ~** *secret* etw ausplaudern; **to let one's attention/concentration/guard ~** seine Aufmerksamkeit/Konzentration/Aufsicht schleifen lassen; ***he let his guard ~ for just a moment*** er war nur für einen Moment unaufmerksam; ***you can't afford to let your concentration ~ for a second*** man darf keine Sekunde lang unkonzentriert sein; **to let it ~ that ...** verraten, dass ...
❸ *(creep)* **to ~ out the door/into the house** zur Tür hinausschleichen/ins Haus schleichen; **to ~ downstairs/upstairs** die Treppe hinunter-/heraufschleichen; **to ~ through a gap** durch ein Loch schlüpfen; **to ~ into a seat** sich *akk* in einen Sitz drücken
❹ *(decline) dollar, price, productivity* sinken; ***the song has ~ped*** [***two places***] ***to number 17*** das Lied ist [um zwei Plätze] auf [die] Nummer 17 gefallen; ***the country is ~ping into recession*** das Land driftet in die Rezession ab; ***quality standards have ~ped*** die Qualitätsstandards haben nachgelassen
❺ *(make mistake) person* sich *akk* versprechen; ***he ~ped and accidentally mentioned the surprise party*** ihm rutschte aus Versehen etwas über die Überraschungsparty heraus
❻ *(fam: slacken)* ■**to be ~ping:** ***you're ~ping*** du bist nachlässig geworden, du lässt nach
❼ *(adopt)* ■**to ~ into sth** sich *dat* etw angewöhnen; **to ~ into a habit** sich *dat* etwas angewöhnen; **to ~ into bad habits** sich *dat* schlechte Gewohnheiten aneignen
❽ *clothing* ■**to ~ into sth** in etw *akk* hineinschlüpfen; ■**to ~ out of sth** etw ausziehen; **to ~ into something more comfortable** in etwas Bequemeres schlüpfen
▶PHRASES: **to ~ through the net** [*or* **cracks**] durch die Maschen schlüpfen; **to ~ through sb's fingers** jdm entkommen; **to let sth ~ through one's fingers** [*or* **grasp**] sich *dat* etw entgehen lassen; **to let sb ~ through one's fingers** jdn entwischen lassen; **~, slop, slap** AUS *Rat eines Autraliers: ziehen Sie sich ein T-Shirt an, cremen Sie sich mit einem Sonnenschutzmittel ein und setzen Sie sich einen Sonnenhut auf*
III. *vt* <-pp-> ❶ *(put)* ■**to ~ sth somewhere:** ***he ~ped his arm around her waist*** er legte seinen Arm um ihre Taille; ***someone had ~ped a piece of paper between the pages*** jemand hatte ein Stück Papier zwischen die Seiten gelegt; ~ ***the key through the letter box*** werfen Sie den Schlüssel in den Briefkasten; ***she ~ped the key under the mat*** sie schob den Schlüssel unter die Matte; ***she ~ped her hand into his*** sie nahm ihn verstohlen bei der Hand; ***he ~ped the letter into his pocket*** er steckte den Brief in seine Tasche; ***she ~ped a ten pound note into his hand*** sie drückte ihm eine Zehnpfundnote in die Hand; **to ~ sb money/a note** jdm Geld/eine Nachricht zustecken
❷ *(escape)* ■**to ~ sth** sich *akk* aus etw *dat* befreien; *chains, leash* sich *akk* von etw *dat* befreien; *(fig)* **to ~ sb's attention** jdm [*o* jds Aufmerksamkeit] entgehen; **sth ~s sb's mind** [*or* **memory**] jd vergisst etw
❸ AUTO **to ~ the car into gear** den Gang schnell einlegen; **to ~ the clutch** die Kupplung lösen
❹ NAUT **to ~ anchor** den Anker lichten
❺ MED **to ~ a disk** sich *dat* einen Bandscheibenschaden zuziehen
❻ *(knitting)* **to ~ a stitch** abketten
▶PHRASES: **to ~ one over on sb** *(dated fam)* jdn reinlegen *fam*
◆**slip away** *vi* ❶ *(leave) person* sich *akk* wegstehlen; ***we ~ped away down a side street*** wir schlichen uns eine Seitenstraße hinunter
❷ *(elude)* ■**to ~ away** [**from sb**] *control, power* [jdm] entgleiten; ***they wouldn't let this chance of victory ~ away from them*** sie würden sich diese

S

Siegeschance nicht entgehen lassen
③ *time* vergehen, verstreichen *geh*
④ *(euph: die)* im Sterben liegen
◆**slip by** *vi* ① *(elapse)* verfliegen
② *(move past) person* vorbeihuschen
③ *(go unnoticed) mistake, remark* durchgehen
◆**slip down** *vi* ① *trousers, socks* herunterrutschen
② *(food, drink)* ***a cool beer ~s down wonderfully easily*** ein kühles Bier geht runter wie nichts *fam*
◆**slip in** I. *vt* ① *(insert)* etw einschieben
② *(utter)* ■**to ~ in** ↻ **sth** etw einbringen [*o* einflechten]; **to ~ in a joke** einen Witz anbringen [*o* zum Besten geben]
II. *vi person* sich *akk* hereinschleichen
◆**slip off** I. *vi* ① *(leave)* sich *akk* davonstehlen *geh*
② *(fall off)* herunterrutschen; ***he tilted the tray and let the plates ~ off onto the table*** er kippte das Tablett und ließ die Teller auf den Tisch rutschen
II. *vt* ■**to ~ off** ↻ **sth** etw abstreifen [*o* ausziehen]
◆**slip on** *vt* ■**to ~ on** ↻ **sth** etw anziehen [*o* überstreifen]; **to ~ on** ↻ **a ring** sich *dat* einen Ring anstecken
◆**slip out** *vi* ① *(leave)* kurz hinausgehen; *(stealthily)* sich *akk* hinausschleichen; ***I'm just ~ping out to get a paper*** ich geh nur kurz eine Zeitung holen; ***I'll ~ out the back way*** ich nehme den Hinterausgang; **to ~ out for a moment** kurz weggehen
② *words, secret* herausrutschen
◆**slip through** *vi* ① *person* durchschlüpfen
② *mistake* durchgehen
◆**slip up** *vi* einen Fehler begehen; ***he's been ~ping up lately*** er hat in letzter Zeit einige Schnitzer gemacht
'slip-car·riage *n* BRIT *(hist)* Anhängerwagon *m* **'slip·case** *n* Schuber *m* **'slip-coach** *n* Anhängerwagon *m* **'slip·cov·er** *n* Schonbezug *m* **'slip·knot** *n* Schlaufe *f*, Schlippstek *m fachspr*
'slip-on I. *adj attr, inv* **~ shoes** Slipper *pl*
II. *n* ■**~s** *pl* Slipper *pl*
'slip·over *n* Pullunder *m*
slip·page ['slɪpɪdʒ] *n no pl* ① *in popularity, price* Sinken *nt*
② *(delay)* Verzögerung *f*
slipped disc [ˌslɪpt'-] *n* MED Bandscheibenvorfall *m*
'slip·per ani·mal·cule *n* BIOL Pantoffeltierchen *nt*
'slip·per bath *n Badewanne mit hoher Rückenlehne und bedecktem Fußende*
slip·pers ['slɪpəz, AM -ɚz] *npl* Hausschuhe *pl*, Finken *pl* SCHWEIZ
slip·pery ['slɪpᵊri, AM -ɚi] *adj* ① *(of surface, object)* rutschig; *(fig) situation* unsicher; **~ road/surface** glatte Straße/Oberfläche; **~ soap** glitschige Seife
② *(fig pej: untrustworthy)* windig *fig fam*; **a ~ person** eine unzuverlässige Person, ein Windhund *m*
▸PHRASES: **to be as ~ as an eel** aalglatt sein; **to be on the** [*or* **a**] **~ slope** auf der schiefen Bahn sein
slip·py ['slɪpi] *adj* ① *(slippery)* glatt
② BRIT *(dated: quick)* **to be** [*or* **look**] **~** sich *akk* beeilen
'slip road *n* BRIT Zubringer *m*
'slip·shod *adj* schludrig; **~ work** schlampige Arbeit
'slip·stream *n* AUTO Windschatten *m*; AVIAT Sog *m*
'slip-up *n* Fehler *m*, Versehen *nt*, Schnitzer *m*; ***there's been a ~*** es ist uns ein Fehler unterlaufen
'slip·way *n* NAUT Ablaufbahn *f*
slit [slɪt] I. *vt* <-tt-, slit, slit> ■**to ~ sth** etw aufschlitzen; **to ~ one's wrist** sich *dat* die Pulsadern aufschneiden; **to ~ an envelope open** einen Briefumschlag aufreißen
II. *n* ① *(tear)* Schlitz *m*
② *(narrow opening) eyes* Schlitz *m*; *door* Spalt *m*
'slit burn·er *n* TECH Fächerbrenner *m* **'slit dia·phragm** *n* PHYS Spaltblende *f* **'slit-eyed** *adj inv (pej)* schlitzäugig
slith·er ['slɪðəʳ, AM -ɚ] *vi lizard, snake* kriechen; *person* rutschen, schlittern; **to ~ on the ice** auf dem Eis herumschlittern
slith·ery ['slɪðᵊri, AM -ɚi] *adj inv* kriechend *attr*; *animal* Kriech-
slit 'skirt *n* geschlitzter Rock
slit·ty-eyed ['slɪtiˌaɪd, AM -ţ-] *adj (pej! fam)* schlitzäugig *fam*
sliv·er ['slɪvəʳ, AM -ɚ] *n* ① *(shard)* Splitter *m*; **~ of glass/wood** Glas-/Holzsplitter *m*; **a ~ of light** ein Lichtschimmer
② *(small piece)* **a ~ of cheese** ein Scheibchen *nt* Käse; **a ~ of cake** ein Stückchen *nt* Kuchen
Sloane, Sloane 'Rang·er [sləʊn-] *n* BRIT *(pej fam) wohlhabendes weibliches Mitglied der gehobenen Mittelschicht*
Sloaney ['sləʊni] *adj* BRIT *(pej fam)* yuppiemäßig *fam*
slob [slɒb, AM slɑːb] I. *n (pej fam)* Gammler(in) *m(f) fam o pej*, Sandler(in) *m(f)* ÖSTERR *oft pej fam*
II. *vi* ■**to ~ around** [*or* **about**] herumgammeln *fam o pej*, herumsandeln ÖSTERR *oft pej fam*
slob·ber ['slɒbəʳ, AM 'slɑːbɚ] I. *vi* sabbern; ■**to ~ over sb** *(fig fam)* von jdm schwärmen; ■**to ~ over sth** etw anschmachten
II. *n no pl* Sabber *m*
slob·bery ['slɒbᵊri, AM 'slɑːbɚi] *adj (wet)* feucht; *(slobbered on)* vollgesabbert *fam*; **~ kiss** feuchter Kuss
slob·bish ['slɒbɪʃ, AM 'slɑːb-] *adj (pej fam)* ungehobelt *pej*; **~ lifestyle** lockere Lebensart
sloe [sləʊ, AM sloʊ] *n* Schlehe *f*
sloe 'gin *n no pl* Schlehdornschnaps *m*
slog [slɒg, AM slɑːg] I. *n* ① *no pl (fam: hard work)* Schufterei *f fam*, Plackerei *f fam*; *(strenuous hike)* Marsch *m hum fam*, Hatscher *m* ÖSTERR *sl*
② *(hit)* wuchtiger Schlag
II. *vi* <-gg-> *(fam)* ① *(walk)* **to ~ to the village/up the hill** sich *akk* ins Dorf/auf den Hügel schleppen *fam*
② *(work)* ■**to ~ through sth** sich *akk* durch etw *akk* durcharbeiten
III. *vt* <-gg-> *(fam)* **to ~ the ball** SPORT den Ball schleudern; *(in fighting)* **to ~ sb in the belly/face** jdn in den Bauch/ins Gesicht schlagen
◆**slog away** *vi (fam)* sich *akk* abrackern *fam*; ■**to ~ away at** [*or* **on**] **sth** sich *akk* mit etw *dat* abmühen *fam*
◆**slog on** *vi (fam: continue working)* weitermachen; ***we ~ged on with the digging*** wir gruben weiter; *(continue walking)* weiterlatschen *fam*
slo·gan ['sləʊgən, AM 'sloʊ-] *n* Slogan *m*; **advertising ~** Werbeslogan *m*; **campaign ~** Wahlspruch *m*
slo·gan·eer·ing [ˌsloʊgə'niːrɪŋ] *n no pl* AM *(fam)* Sprücheklopfen *nt fam*
slog·ger ['slɒgəʳ, AM 'slɑːgɚ] *n* SPORT ① *(fam: in cricket)* Schläger(in) *m(f)*
② *(fam: boxer)* Preisboxer(in) *m(f)*
slo-mo¹ ['sləʊməʊ, AM 'sloʊmoʊ] *n (fam) short for* **slow motion** Zeitlupe *f*
slo-mo² ['sləʊməʊ, AM 'sloʊmoʊ] *n esp* BRIT *(pej sl: person)* lahme Ente *hum fam*
sloop [sluːp] *n* NAUT Slup *f*
slop [slɒp, AM slɑːp] I. *n* ① *(waste)* ■**~s** *pl* Abfälle *pl*; *(food waste)* Essensreste *pl*
② *no pl (pej fam: food)* Schlabber *m fam*, Fraß *m* ÖSTERR, SCHWEIZ *pej fam*
③ *(sentimental material)* rühřseliges Zeug *fam*
II. *vt* <-pp-> *(fam)* **to ~ water** Wasser verschütten; **to ~ sth on the floor** *a liquid* etw auf den Boden schütten; **to ~ sth on the table** etw auf dem Tisch verschütten
III. *vi* <-pp-> *(fam) a liquid* überschwappen; **to ~ out of the bucket/onto the floor** aus dem Eimer/auf den Boden schwappen
◆**slop about, slop around** *vi* BRIT, AUS *(fam)* herumhängen *fam*
◆**slop out** *vi* BRIT *in prison* den/die Toiletteneimer [*o* ÖSTERR *a.* Klokübel] [aus]leeren
◆**slop over** *vi* überschwappen
'slop ba·sin, AM **'slop bowl** *n* Abgussschale *f*
slope [sləʊp, AM sloʊp] I. *n* ① *(hill)* Hang *m*; **a steep ~** ein steiler Hang; ***the southern ~s of the Alps*** die südlichen Hänge/die Südseite der Alpen; **ski ~** Skipiste *f*
② *no pl (angle)* Neigung *f*; **~ of a roof** Dachschräge *f*; **a 30° ~** eine 30°-Neigung; **to be at a ~** eine Schräge haben; ***is that shelf supposed to be at a ~?*** hängt das Regal extra so schief?
③ MATH *(on graph)* Gefälle *nt*
④ MIL **to hold a rifle at the ~** ein Gewehr geschultert haben
⑤ AM, AUS *(pej! sl: Asian person)* Schlitzauge *nt pej fam*
II. *vi* ① *(incline/decline) ground* abfallen; *roof* geneigt sein; ■**to ~ down/up** abfallen/ansteigen
② *(lean)* sich *akk* neigen; **to ~ to the right/left/forwards/backwards** sich *akk* nach rechts/links/vorne/hinten neigen; ***my handwriting ~s to the left*** ich schreibe nach links
III. *vt* ① *(make sloping)* ■**to ~ sth** *roof, path* etw schräg anlegen
② MIL **to ~ arms** Gewehre schultern
◆**slope off** *vi* sich *akk* verziehen *fam* [*o fam* wegstehlen]
'slope·head *n* AM, AUS *(pej! sl)* Schlitzauge *nt pej fam*
slop·ing ['sləʊpɪŋ, AM 'sloʊ-] *adj attr, inv* schräg; *(upwards) hill, road* ansteigend; *(downwards)* abfallend; **~ hand** schräge Handschrift; **a ~ roof** ein Schrägdach *nt*; **~ shoulders** hängende Schultern
slop·pi·ly ['slɒpɪli, AM 'slɑː-] *adv dressed, written* schlampig
slop·pi·ness ['slɒpɪnəs, AM 'slɑː-] *n no pl* Schlampigkeit *f*; *of work* Nachlässigkeit *f*
slop·py ['slɒpi, AM 'slɑːpi] *adj* ① *(careless)* schlampig
② *(hum or pej: overly romantic)* rührselig, kitschig; **~ love song** Schnulze *f fam*; **~ romance novel** Groschenroman *m fam*; **~ sentimentality** Rührseligkeit *f*
③ *(pej: too wet)* triefend *attr*; **~ food** schlabberiges Essen *fam*; **a ~ kiss** ein feuchter Kuss
④ *(fam: loose-fitting) clothing* schlabberig *fam*
slosh [slɒʃ, AM slɑːʃ] I. *vt* ① *(fam: pour carelessly)* ***I ~ed some water on my face*** ich habe mir etwas Wasser ins Gesicht geworfen; **to ~ sth into a glass/onto the floor** etw in ein Glas/auf den Boden schütten; *(spill)* **to ~ one's coffee/milk** seinen Kaffee/seine Milch verschütten
② BRIT *(sl: hit)* ■**to ~ sb** jdm eine verpassen *sl*
II. *vi* ① *(splash around) a liquid* [herum]schwappen; *person* [herum]planschen *fam*
② *(move through water)* waten
◆**slosh about, slosh around** I. *vi* herumspritzen; *person* herumplanschen *fam*; *(in container)* herumschwappen
II. *vt* ■**to ~ sth about** [*or* **around**] etw umrühren
sloshed [slɒʃt, AM slɑːʃt] *adj pred (fam)* besoffen *sl*; **to get ~** sich *akk* besaufen [*o sl* volllaufen lassen]
slot [slɒt, AM slɑːt] I. *n* ① *(narrow opening)* Schlitz *m*; *(groove)* Rille *f*; *(for money)* Geldeinwurf *m*; *(for mail)* Briefschlitz *m*
② COMPUT Slot *m*, Steckplatz *m*
③ *(in TV programming)* Sendezeit *f*; **advertising ~** Werbepause *f*
④ AVIAT Slot *m*
II. *vt* <-tt-> ■**to ~ sth into sth** etw in etw *akk* [hinein]stecken
III. *vi* <-tt-> ■**to ~ into sth** in etw *akk* hineinpassen; ***he ~ted perfectly into the team*** er passte perfekt in das Team; ***it won't ~ into our schedule*** es passt nicht in unseren Ablauf
◆**slot in** I. *vi* hineinstecken; ***the legs of the chair are meant to ~ in here*** die Stuhlbeine gehören hier hinein
II. *vt* ① *(into frame)* ■**to ~ in** ↻ **sth** etw einpassen; ***~ the legs of the chair in here!*** passen Sie die Stuhlbeine hier ein!
② *(into schedule)* ■**to ~ in** ↻ **sb/sth** jdn/etw dazwischenschieben *fam*
◆**slot together** I. *vi parts* ineinanderpassen, zusammenpassen
II. *vt* ■**to ~ together** ↻ **sth** etw ineinanderstecken
sloth [sləʊθ, AM slɑːθ] *n* ① *no pl (laziness)* Trägheit *f*, Faulheit *f*
② *(animal)* Faultier *nt*
③ *(fig pej: person)* Faultier *nt fig pej*

sloth·ful ['sləʊθfᵊl, AM 'slɑ:θ-] *adj* faul
'slot ma·chine *n* ① *(for gambling)* Spielautomat *m* ② BRIT, AUS *(vending machine)* [Münz]automat *m*
'slot me·ter *n* Münzautomat *m*
slot·ted ['slɒtɪd, AM 'slɑ:t̬-] *adj inv* mit einem Spalt versehen; ~ **screw** Schlitzschraube *f*
slouch [slaʊtʃ] **I.** *n* <*pl* -es> ① *(bad posture)* krumme Haltung
② *(person)* Niete *f fam;* **to be no ~ at sth** etw gut können; ***she's no ~ when it comes to organizing parties*** sie ist ganz groß im Organisieren von Partys
II. *vi* ① *(have shoulders bent)* gebeugt stehen; *(with sadness)* sich *akk* hängenlassen *fig;* ***quit ~ing*** steh nicht so krumm da; ***she saw him ~ing in the corner*** sie sah ihn in der Ecke herumsitzen; ■**to ~ over** sich *akk* gehenlassen; ***she sat ~ed over her desk*** sie hing über ihrem Schreibtisch
② *(walk)* **to ~ along the street** die Straße entlangschlendern
◆**slouch about, slouch around** *vi* herumhängen *fam*
slouched [slaʊtʃt] *adj pred, inv* gebeugt; ***he sat ~ in an armchair*** er saß zurückgelehnt in einem Lehnstuhl
'slouch hat *n* AM, AUS Schlapphut *m*
slough[1] [slaʊ, AM *esp* slu:] *n* ① *(old: bog)* Sumpf *m* ② *(fig: depressed state)* Sumpf *m liter;* **a ~ of despair/self-pity** ein Sumpf *m* der Verzweiflung/des Selbstmitleids *liter*
slough[2] [slʌf] *vt* **to ~ old skin** ZOOL alte Haut abstreifen, sich *akk* häuten
◆**slough off** *vt* ① ZOOL **to ~ old skin off** alte Haut abstreifen, sich *akk* häuten
② *(fig: get rid of)* **to ~ off old acquaintances** alte Bekanntschaften lösen; **to ~ off an image** ein Image hinter sich *dat* lassen; **to ~ off one's responsibilities** seine Verpflichtungen über Bord werfen
Slo·vak ['sləʊvæk, AM 'sloʊvɑ:k] **I.** *n* ① *(person)* Slowake, Slowakin *m, f*
② *no pl (language)* Slowakisch *nt*
II. *adj inv* slowakisch
Slo·vakia [slə(ʊ)'vækiə, AM sloʊ'vɑ:k-] *n no pl* die Slowakei
Slo·vak·ian [slə(ʊ)'vækiən, AM sloʊ'vɑ:k-] **I.** *n* ① *(person)* Slowake, Slowakin *m, f*
② *no pl (language)* Slowakisch *nt*
II. *adj inv* slowakisch
Slo·vak Re·'pub·lic *n* Slowakische Republik
slov·en ['slʌvᵊn] *n (dated: messy)* schlampige Person; *(unkempt)* ungepflegte Person
Slo·vene [slə(ʊ)'vi:n, AM 'sloʊvi:n] **I.** *n* ① *(person)* Slowene, Slowenin *m, f*
② *no pl (language)* Slowenisch *nt*
II. *adj inv* slowenisch
Slo·venia [slə(ʊ)'vi:niə, AM sloʊ-] *n no pl* Slowenien *nt*
Slo·ven·ian [slə(ʊ)'vi:niən, AM sloʊ-] **I.** *n* ① *(person)* Slowene, Slowenin *m, f*
② *no pl (language)* Slowenisch *nt*
II. *adj inv* slowenisch
slov·en·li·ness ['slʌvᵊnlɪnəs] *n no pl* Schlampigkeit *f*
slov·en·ly ['slʌvᵊnli] *adj* schlampig; **a ~ appearance** ein ungepflegter Eindruck
slow [sləʊ, AM sloʊ] **I.** *adj* ① *(without speed)* langsam; *business, market* flau; ***it's ~ going*** es geht nur langsam voran; ■**to be ~ to do sth** lange brauchen, um etw zu tun; ~ **poison** langsam wirkendes Gift; **to make ~ progress** [nur] langsam vorankommen; ~ **track** SPORT Außenbahn *f*
② *(not quick-witted)* begriffsstutzig, langsam; **to be ~ off the mark** [*or* **on the uptake**] schwer von Begriff sein
③ *(behind the correct time)* **to be** [*or* **run**] [**10 minutes**] ~ *clock, watch* [10 Minuten] nachgehen
▶PHRASES: ~ **and steady wins the race** *(prov)* langsam, aber sicher
II. *vi* langsamer werden; *inflation* abflauen; **to ~ to a crawl** [*or* **trickle**] fast zum Stillstand [*o* Erliegen] kommen
III. *vt* ■**to ~ sb/sth** jdn/etw verlangsamen; ***drivers on the main roads are to be ~ed to 50 km per hour*** die Geschwindigkeit auf Hauptstraßen soll auf 50 Stundenkilometer reduziert werden
◆**slow down I.** *vt* ■**to ~ down** ↻ **sb/sth** jdn/etw verlangsamen; ***I don't like working with him, he ~s me down*** ich arbeite nicht gerne mit ihm, er hält mich auf
II. *vi* ① *(reduce speed)* langsamer werden; *(speak)* langsamer sprechen; *(walk)* langsamer laufen [*o* gehen]; *inflation* abflauen
② *(relax more)* kürzertreten *fam,* sich *akk* schonen
◆**slow up I.** *vt* ■**to ~ up** ↻ **sth** etw verlangsamen; ***the changes have ~ed up our progress on the project*** durch die Änderungen sind wir mit dem Projekt in Verzug geraten
II. *vi* langsamer werden; *(drive)* langsamer fahren; *(walk)* langsamer gehen; ***I'm ~ing up a bit now that I'm getting older*** jetzt, wo ich älter werde, brauche ich für alles etwas länger
'slow·coach *n* BRIT, AUS *(childspeak fam)* lahme Ente *fam*
slow 'cook·er *n* Crock-Pot® *m (Kochtopf mit Keramiktopfeinsatz, in dem der Inhalt bei konstant niedriger Temperatur gegart wird)* **'slow·down** *n* ① ECON *(business activity)* Verlangsamung *f;* **economic ~** Konjunkturabschwächung *f* ② AM ECON *(go-slow)* Bummelstreik *m* **slow 'hand·clap** *n* rhythmisches Klatschen *(zum Ausdruck des Protests)* **'slow lane** *n* Kriechspur *f*
slow·ly ['sləʊli, AM 'sloʊ-] *adv* langsam; ~ **but surely** langsam, aber sicher
slow-mo ['sloʊmoʊ] *esp* AM **I.** *n no pl* FILM *(fam)* Zeitlupe *f;* **in ~** in Zeitlupe **II.** *adj* FILM *(fam)* Zeitlupen- **slow 'mo·tion I.** *n no pl* FILM Zeitlupe *f;* **in ~** in Zeitlupe **II.** *adj* Zeitlupen- **slow-'mov·ing** <slower-, slowest-> *adj* sich *akk* [nur] langsam bewegend; *story, film, plot* langatmig; ~ **traffic** zähflüssiger Verkehr
slow·ness ['sləʊnəs, AM 'sloʊ-] *n no pl* ① *(lack of speed)* Langsamkeit *f*
② *(lack of intelligence)* Begriffsstutzigkeit *f*
'slow·poke *n* AM *(childspeak fam: slowcoach)* lahme Ente *fam*
'slow-through *n* COMPUT durchscheinender Druck
'slow train *n* TRANSP Personenzug *m,* Bummelzug *m fam* **slow-'wit·ted** *adj* begriffsstutzig; ■**to be ~** schwer von Begriff sein **'slow-worm** *n* Blindschleiche *f*
SLR [ˌesel'ɑ:ʳ, AM -'ɑ:r], **SLR cam·era** *n* PHOT *abbrev of* **single lens reflex** (**camera**) Spiegelreflexkamera *f*
sludge [slʌdʒ] *n no pl* Schlamm *m,* Matsch *m;* **sewage ~** Klärschlamm *m*
sludgy ['slʌdʒi] *adj* schlammig, matschig
slue *vt, vi* AM *see* **slew**
slug ['slʌg] **I.** *vt* <-gg-> *(fam)* ① *(hit with hard blow)* ■**to ~ sb** jdm eine verpassen *sl*
② *(fight physically or verbally)* **to ~ it out** es untereinander ausfechten
③ AUS *(overcharge)* ■**to ~ sb** jdn abzocken *sl*
II. *n* ① *(mollusc)* Nacktschnecke *f;* *(fig)* lahme Schnecke *fam*
② *(fam: bullet)* Kugel *f*
③ AM *(counterfeit coin)* gefälschte Münze
④ *(swig)* Schluck *m*
⑤ TYPO Zeilenguss *m*
slug·fest ['slʌgfest] *n (fam)* harter [Wett]kampf
slug·gard ['slʌgəd, AM -ərd] *n (dated)* Faulpelz *m*
slug·gard·ly ['slʌgədli, AM -ərd-] *adj (dated)* faul, träge
slug·ger ['slʌgəʳ, AM -ər] *n (fam)* Schläger(in) *m(f)*
slug·gish ['slʌgɪʃ] *adj* träge; *market* flau; *engine* lahm, langsam; ~ **trading** stagnierender Handel
slug·gish·ly ['slʌgɪʃli] *adv* träge; **to walk ~** schwerfällig gehen
slug·gish·ness ['slʌgɪʃnəs] *n no pl* Trägheit *f;* ECON Flaute *f*
'slug pel·lets *npl* Schneckengift *nt*
sluice [slu:s] **I.** *n* Schleuse *f*
II. *vi* ■**to ~ out** [**from sth**] *water* herausschießen [aus etw *dat*]
III. *vt* ■**to ~ sth down** etw [mit dem Schlauch] abspritzen
'sluice gate *n* Schleusentor *nt* **'sluice gate price** *n* EU Schleusenpreis *m* **'sluice·way** *n* [Schleusen]kanal *m*
slum [slʌm] **I.** *n* Slum *m,* Elendsviertel *nt;* **to live in ~ conditions** in elenden Verhältnissen leben
II. *vi* <-mm-> ① *(at lower social level)* **to be** [*or* **go**] **~ming** sich *akk* unters gemeine Volk mischen
② *(trying to be overly casual)* ■**to be ~ming** sich *akk* allzu salopp geben
III. *vt* <-mm-> **to ~ it** *(iron)* primitiv leben
slum·ber ['slʌmbəʳ, AM -bər] *(poet)* **I.** *vi* schlummern *geh*
II. *n* ① *(sleep)* Schlummer *m geh;* *(fig)* Dornröschenschlaf *m;* ~ **party** AM Party *f* mit Übernachtung
② *(dreams)* ■**~s** *pl* Träume *pl*
'slum child *n* Slumkind *nt* **slum 'clear·ance** *n no pl* Beseitigung *f* der Slums; ~ **project** [Stadt]sanierungsprojekt *nt* **'slum dwell·er** *n* Slumbewohner(in) *m(f)* **slum 'land·lord** *n* Vermieter *m* von Elendsquartieren
slum·my ['slʌmi] *adj* verwahrlost, heruntergekommen
slump [slʌmp] **I.** *n* ECON ① *(decline)* [plötzliche] Abnahme; STOCKEX Baisse *f,* [Kurs]einbruch *m;* ***there has been a ~ in demand for beef*** die Nachfrage nach Rindfleisch ist drastisch zurückgegangen; ~ **in prices** Preissturz *m;* ~ **in production** Produktionseinbruch *m*
② *(recession)* Rezession *f;* **economic ~** Wirtschaftskrise *f;* **to be in a ~** sich *akk* in einer Krise befinden
II. *vi* ① *(fall dramatically)* *prices* stürzen, fallen; *numbers, sales* zurückgehen; ***the value of property has ~ed*** Immobilien haben drastisch an Wert verloren
② *(fall heavily)* fallen, zusammensacken; **to ~ into a chair** sich *akk* in einen Stuhl fallen lassen
slumped ['slʌmpt] *adj inv, pred* zusammengesackt, zusammengesunken
slung [slʌŋ] *pt, pp of* **sling**
slunk [slʌŋk] *pt, pp of* **slink**
slur [slɜ:ʳ, AM slɜ:r] **I.** *vt* <-rr-> ① *(pronounce unclearly)* ■**to ~ sth** etw undeutlich artikulieren; *(because of alcohol)* etw lallen
② *(damage sb's reputation)* ■**to ~ sb** jdn verleumden
II. *n* ① *(blame)* Verleumdung *f;* **a ~ against** [*or* **on**] **sb/sth** eine beleidigende Äußerung über jdn/etw; **to cast a ~ on sb/sth** jdn/etw in einem schlechten Licht erscheinen lassen
② COMPUT *(printed image)* Schmitz *m*
③ *(distortion) of voice* Verzerrung *f*
slurp [slɜ:p, AM slɜ:rp] *(fam)* **I.** *vi* ① *(drink noisily)* schlürfen
② *(move slowly and loudly)* schwappen
II. *vt* ■**to ~ sth** etw schlürfen
III. *n* Schlürfen *nt;* **to take** [*or* **have**] **a ~ of tea** einen Schluck Tee schlürfen
Slurpee ['slɜ:pi:, AM 'slɜ:rpi:] *n Erfrischungsgetränk mit gestoßenem Eis*
slurred [slɜ:d, AM slɜ:rd] *adj inv* MUS gebunden, legato [gespielt] *fachspr*
slur·ry ['slʌri, AM 'slɜ:ri] *n no pl* TECH Brei *m,* Schlamm *m;* **farm ~** Gülle *f,* Jauche *f;* **ore ~** Erzschlamm *m*
slush [slʌʃ] *n no pl* ① *(melting snow)* [Schnee]matsch *m*
② *(pej: oversentimental language)* Gefühlsduselei *f*
'slush fund *n (pej)* Schmiergeldfonds *m,* Schmiergelder *pl*
slushy ['slʌʃi] *adj* ① *(melting)* matschig
② *(oversentimental)* kitschig
slut [slʌt] *n (pej)* ① *(promiscuous woman)* Schlampe *f pej derb*
② *(lazy, untidy woman)* [liederliche] Schlampe *sl*
slut·tish ['slʌtɪʃ, AM 'slʌt̬-], **slut·ty** ['slʌti] *adj (pej)* ① *(promiscuous)* schlampenhaft *pej*
② *(untidy)* schlampig *pej*
sly [slaɪ] *adj* ① *(secretive)* verstohlen; ~ **humour** versteckter Humor; ~ **smile** verschmitztes Lächeln; **on the ~** heimlich

S

❷ *(cunning)* gerissen, verschlagen
▶PHRASES: **as ~ as a fox** schlau wie ein Fuchs

'sly·boots <*pl* -> *n* Schlauberger(in) *m(f) fam*

sly 'grog *n no pl* AUS *(sl) illegal verkaufter Alkohol*

sly·ly ['slaɪli] *adv* ❶ *(secretively)* verstohlen; *grin* verschmitzt
❷ *(deceptively)* gerissen, verschlagen

sly·ness ['slaɪnəs] *n no pl* ❶ *(secretiveness)* Heimlichtuerei *f*
❷ *(pej: clever deceptiveness)* Gerissenheit *f*

SM [ˌes'em] I. *n no pl abbrev of* **sadomasochism** SM *m;* **to be into ~** auf SM stehen *fam*
II. *adj abbrev of* **sadomasochistic** SM-; **~ fantasies** SM-Fantasien *pl*

smack[1] [smæk] *n no pl (sl)* Heroin *nt;* **to be on ~** heroinabhängig sein

smack[2] [smæk] I. *n* ❶ *(slap)* [klatschender] Schlag; **a ~ on the bottom** ein fester Klaps auf den Hintern; **to give sb a ~ on the jaw** jdm eine knallen *fam*
❷ *(hearty kiss)* Schmatz[er] *m*
❸ *(loud noise)* Knall *m*
II. *adv inv* ❶ *(exactly)* direkt; ***his shot landed ~ in the middle of the target*** sein Schuss landete haargenau im Zentrum der Zielscheibe
❷ *(forcefully)* voll *fam;* ***I walked ~ into a lamp post*** ich lief voll gegen einen Laternenpfahl
III. *vt* ❶ *(slap)* ■**to ~ sb** jdm eine knallen *fam;* **to ~ sb's bottom** jdm den Hintern versohlen; **to ~ a ball** *esp* AM SPORT einen Ball schlagen
❷ *(slap sth against sth)* ■**to ~ sth on sth** etw auf etw *akk* knallen; **to ~ one's lips** mit den Lippen schmatzen
IV. *vi* ■**to ~ of sth** nach etw *dat* riechen *fam;* ***he avoids anything that ~s of commitment*** er geht allem aus dem Weg, was nach Bindung riecht

'smack-bang, AM **'smack-dab** *adv inv* ❶ *(exactly)* genau; ***she lives ~ in the middle of London*** sie wohnt mitten in London
❷ *(directly and forcefully)* voll *fam;* ***he drove ~ into the garden gate*** er fuhr voll in das Gartentor

smack·er ['smækəʳ, AM -ɚ] *n (sl)* ❶ *usu pl* BRIT *(pound)* Pfund *nt;* AM *(dollar)* Dollar *m*
❷ *(loud kiss)* Schmatz[er] *m fam*
❸ AM *(lips, mouth)* Schnute *f bes* DIAL *fam,* Schnoferl *nt* ÖSTERR *hum fam*

'smack head *n (sl)* Heroinabhängige(r) *f(m)*

smack·ing ['smækɪŋ] *adj inv* kräftig; **~ breeze** steife Brise

'smack-talk·er *n* AM *(pej fam) jd, der aus Spaß Gesprächspartner verunsichert, die dann den Faden verlieren*

small [smɔːl, AM *also* smɑːl] I. *adj* ❶ *(not large)* klein; ***he's quite ~ for his age*** er ist ziemlich klein für sein Alter; **~ amount** geringer Betrag; **~ circulation** MEDIA niedrige Auflage; **~ craft** NAUT [kleines] Boot; **~ fortune** kleines Vermögen; **~ number/quantity** kleine [*o* geringe] Menge/Zahl; **~ percentage** geringe Prozentzahl; **in ~ quantities** in kleinen Mengen; **~ street** enge Straße; **~ town** Kleinstadt *f;* **~ turnout** geringe Beteiligung
❷ *(young)* klein; **~ child** Kleinkind *nt*
❸ *(insignificant)* klein, unbedeutend; **~ consolation** ein schwacher Trost; **no ~ feat** keine schlechte Leistung; **~ wonder** kein Wunder; **to feel ~** sich *dat* klein und unbedeutend vorkommen; **to look ~** schlecht dastehen; **to make sb look ~** jdn niedermachen *fam*
❹ *(on a limited scale)* klein, bescheiden; **~ investor** Kleinanleger(in) *m(f);* **in a ~ way** bescheiden, im Kleinen; **in sb's own ~ way** auf jds eigene bescheidene Art
❺ TYPO **~ letter** Kleinbuchstabe *m*
▶PHRASES: **to be grateful** [*or* **thankful**] **for ~ mercies** mit wenig zufrieden sein; **it's a ~ world!** *(prov)* die Welt ist klein!
II. *n no pl* **the ~ of the** [*or* **one's**] **back** ANAT, ZOOL das Kreuz
III. *adv think, plan* in kleinem Rahmen

'small ad *n* Kleinanzeige *f* **'small arms** *npl* Handfeuerwaffen *pl*

small 'beer *n no pl* BRIT Kleinigkeit *f,* Klacks *m fam*

small 'busi·ness *n* Kleinunternehmen *nt,* Kleingewerbe *nt* **small 'bus·iness·man** *n* Kleinunternehmer *m* **small 'change** *n no pl* Kleingeld *nt; (fig: small amount)* Klacks *m fam* **small 'claims** *npl* LAW Bagatellsachen *pl;* **~ court** *Zivilgericht für Bagatellfälle*

small·est 'room *n no pl* BRIT, AUS *(euph sl)* ■**the ~** das stille Örtchen *hum*

'small fry *n no pl, + sing/pl vb (fam)* ❶ *(children)* junges Gemüse *hum*
❷ *(unimportant people)* kleine Fische *fam*

'small·hold·er *n* BRIT Kleinbauer, -bäuerin *m, f* **'small·hold·ing** *n* BRIT kleiner Landbesitz **'small hours** *npl* **the** [**wee**] **~** die frühen Morgenstunden **small in·'tes·tine** *n* Dünndarm *m*

small·ish ['smɔːlɪʃ, AM 'smɑːl-] *adj* [eher] klein; ***she is on the ~ side*** sie ist eher klein

small 'loan *n* Kleinkredit *m*

small-'mar·ket *adj inv* für einen kleinen Markt *nach n*

small-'mind·ed *adj (pej)* engstirnig; **~ opinions** kleinkarierte Ansichten

small-'mind·ed·ness *n no pl (pej)* Engstirnigkeit *f*

small·ness ['smɔːlnəs, AM *also* 'smɑːl-] *n no pl* Kleinheit *f*

small po·'ta·toes *npl + sing vb* AM *(small beer)* Kleinigkeit *f*

'small·pox *n no pl* Pocken *pl;* **~ vaccination** Pockenschutzimpfung *f* **small 'print** *n no pl* ■**the ~** das Kleingedruckte; **to read the ~** das Kleingedruckte lesen

smalls [smɔːlz] *npl* BRIT *(hum dated)* Unterwäsche *f kein pl*

'small-scale <smaller-, smallest-> *adj* in begrenztem Umfang [*o* Rahmen]; **a ~ enterprise** ein Kleinbetrieb; **~ drawing** Zeichnung *f* im verkleinerten Maßstab; **~ map** Karte *f* in einem kleinen Maßstab; **a ~ operation** *(fig)* ein kleiner Betrieb

small 'screen *n no pl* [Fernseh]bildschirm *m*

'small talk *n no pl* oberflächliche Konversation, Smalltalk *m o nt;* ■**to make ~** Smalltalk machen **'small-time** *adj* mickerig *fam; person* unbedeutend; **~ crook** kleiner Gauner **'small-tim·er** *n* kleiner Fisch **'small-town** *adj attr* kleinstädtisch, Kleinstadt-; **~ politics** Lokalpolitik *f*

smarm [smɑːm, AM smɑːrm] *vt (pej)* **to ~ one's way into sth** sich *dat* etw erschleichen; ***she thinks that she can ~ her way into the smart set*** sie glaubt, sie könne sich bei der Schickeria einschmeicheln

smarmi·ly ['smɑːmɪli, AM 'smɑːrm-] *adv (pej)* schmeichlerisch

smarmy ['smɑːmi, AM 'smɑːrmi] *adj (pej)* schmeichlerisch; **~ charm** schmieriger Charme

smart [smɑːt, AM smɑːrt] I. *adj* ❶ *(intelligent)* schlau, clever *fam;* **a ~ child** ein intelligentes Kind; **to make a ~ move** klug handeln; **to be too ~ for sb** zu clever für jdn sein; **to be/get ~ with sb** *(pej)* jdm gegenüber frech sein/werden
❷ *(stylish)* schick
❸ *(quick and forceful)* [blitz]schnell; ***we'll have to work at a ~ pace*** wir werden zügig arbeiten müssen; ***the soldier gave a ~ salute*** der Soldat salutierte zackig
II. *n* ❶ AM *(sl: intelligence)* ■**the ~s** *pl* die [nötige] Intelligenz
❷ *(sharp pain)* Schmerz *m*
III. *vi eyes, wound* brennen; *(fig)* leiden; ■**to ~ from sth** unter etw *dat* leiden

smart alec(k) ['smɑːtˌælek, AM ˌsmɑːrt'ælek] *n (pej fam)* Schlauberger(in) *m(f) fam,* Besserwisser(in) *m(f),* Blitzgneißer *m* ÖSTERR *fam*

'smart-alec(k) *adj (fam)* neunmalklug, klugscheißerisch *sl*

'smart ass, BRIT, AUS **'smart arse** I. *n (pej fam!)* Klugscheißer(in) *m(f) sl*
II. *adj (fam)* neunmalklug, klugscheißerisch *sl*
'smart bomb *n* MIL [laser]gelenkte Bombe **'smart card** *n* COMPUT Chipkarte *f,* intelligente Kreditkarte **'smart cir·cles** *npl* Schickeria *f fam* **'smart drug** *n Medikament, das ganz gezielt auf bestimmte Bereiche wirkt*

smart·en ['smɑːtᵊn, AM 'smɑːrt-] I. *vt* ■**to ~ sth** ↻ **up** etw herrichten; *house, town* etw verschönern; ■**to ~ sb/oneself** ↻ **up** jdn/sich herausputzen [*o fam* in Schale werfen]; **to ~ up one's act** sich *akk* ins Zeug legen *fam*
II. *vi* ■**to ~ up** mehr Wert auf sein Äußeres legen

smart·ly ['smɑːtli, AM 'smɑːrt-] *adv* ❶ *(stylishly)* schick
❷ *(quickly)* [blitz]schnell

'smart mon·ey *n no pl* FIN rentabel angelegtes Geld; *(fig)* Expertenmeinung *f;* ***the ~ says ...*** nach Ansicht der Experten ...

'smart mouth *n no pl* AM *(pej fam)* **to have a ~** eine große Klappe haben *fam*

smart·ness ['smɑːtnəs, AM 'smɑːrt-] *n no pl* ❶ BRIT, AUS *(neatness)* Schick *m,* Eleganz *f*
❷ *(intelligence)* Schlauheit *f;* ***the ~ of his reply*** seine kluge Antwort

'smart phone *n* Smart Phone *nt*

'smart set, **smart so·'ci·ety** *n + sing/pl vb* Schickeria *f fam*

smarty ['smɑːti, AM 'smɑːrti] *n (fam)* Alleswisser(in) *m(f) iron,* Klugscheißer(in) *m(f) sl*

'smarty-pants <*pl* -> *n (pej fam)* Besserwisser(in) *m(f),* Klugscheißer(in) *m(f) sl,* Blitzgneißer *m* ÖSTERR *fam*

smash [smæʃ] I. *n* <*pl* -es> ❶ *(crashing sound)* Krachen *nt;* ***I was awakened by the ~ of glass*** ich wurde durch das Geräusch von splitterndem Glas geweckt
❷ *(traffic or rail accident)* Unfall *m;* **car ~** Autounfall *m;* **rail ~** Zugunglück *nt*
❸ SPORT Schlag *m;* TENNIS Schmetterball *m*
❹ *(smash hit)* Superhit *m fam;* **box-office ~** Kassenschlager *m*
II. *vt* ❶ *(break into pieces)* ■**to ~ sth** etw zerschlagen; **to ~ a window** ein Fenster einschlagen
❷ *(strike against sth)* ■**to ~ sth against sth** etw gegen etw *akk* schmettern [*o* schleudern]
❸ POL *(destroy, crush)* ■**to ~ sth** etw zerschlagen; **to ~ a rebellion** eine Rebellion niederschlagen
❹ SPORT **to ~ a record** einen Rekord brechen
❺ SPORT *(hit forcefully)* **to ~ a ball** einen Ball schmettern
III. *vi* ❶ *(break into pieces)* zerbrechen; ***she dropped her cup and it ~ed to pieces on the floor*** sie ließ ihre Tasse fallen, und sie zersprang in Stücke
❷ *(strike against)* prallen; ■**to ~ into sth** gegen etw *akk* prallen; ■**to ~ through sth** etw durchbrechen
◆**smash down** *vt* ■**to ~ down** ↻ **sth** etw niederschlagen; *(destroy)* etw kaputt machen; **to ~ down a door** eine Tür eintreten
◆**smash in** *vt* ■**to ~ in** ↻ **sth** etw einschlagen; **to ~ in a window** ein Fenster einschlagen; **to ~ sb's face in** *(fam!)* jdm die Fresse polieren [*o* ÖSTERR in die Goschen hauen] *derb*
◆**smash up** *vt* ■**to ~ up** ↻ **sth** etw zertrümmern; **to ~ up a car** ein Auto zu Schrott fahren

smash-and-'grab, **smash-and-'grab raid** *n* BRIT, AUS Schaufenstereinbruch *m*

smashed [smæʃt] *adj pred* sternhagelvoll *fam;* **to get ~** sich *akk* volllaufen lassen *fam*

smash·er ['smæʃəʳ, AM -ɚ] *n* BRIT *(approv dated fam: man)* toller Typ; *(woman)* Klassefrau *f;* **to be a ~** eine Wucht sein *fam*

smash 'hit *n* Superhit *m fam;* **~ at the box-office** Kassenschlager *m*

smash·ing ['smæʃɪŋ] *adj* BRIT *(approv dated fam)* klasse *fam,* toll *fam;* **a ~ view** eine fantastische Aussicht

'smash-up *n* schwerer Unfall; *(pile-up)* Karambolage *f*

smat·ter·ing ['smætᵊrɪŋ, AM 'smæt̬-] *n usu sing* ❶ *(very small amount)* **a ~ of applause** [ein] schwacher Applaus
❷ *(slight knowledge)* **to have a ~ of sth** eine oberflächliche Kenntnis von etw *dat* haben; **to have a ~ of a language** ein paar Brocken einer Sprache können

SME [ˌesem'iː] *npl abbrev of* **small and medium-**

sized enterprises KMU *pl,* kleine und mittelständische Betriebe

smear [smɪəʳ, AM smɪr] **I.** *vt* ① *(spread messily)* ■**to ~ sth on** [*or* **over**] **sth** etw mit etw *dat* beschmieren
② *(attack reputation)* ■**to ~ sb/sth** jdn/etw verunglimpfen; **to ~ sb's good name** jds guten Namen beschmutzen
II. *n* ① *(blotch)* Fleck *m;* **~ of ketchup** Ketchupfleck *m*
② *(public accusations)* Verleumdung *f;* **~ campaign** Verleumdungskampagne *f*
③ MED *(smear test)* Abstrich *m*

'smear tac·tics *npl* Verleumdungstaktik *f sing*

'smear test *n* MED Abstrich *m*

smeary ['smɪəri, AM 'smɪri] *adj* verschmiert

smeg·ma ['smegmə] *n no pl* MED Smegma *nt fachspr*

smell [smel] **I.** *n* ① *(sense of smelling)* Geruch *m;* **sense of ~** Geruchssinn *m;* **to have a ~ of sth** an etw *dat* riechen
② *(characteristic odour)* Geruch *m; perfume* Duft *m;* **the ~ of success** *(fig)* der Ruhm des Erfolgs; **delicious ~** herrlicher Duft
③ *(pej: bad odour)* Gestank *m*
II. *vi* <smelt *or* AM -ed, smelt *or* AM -ed> ① *(perceive)* riechen
② + *adj (give off odour)* riechen; *(pleasantly)* duften; ■**to ~ of** [*or* **like**] **sth** nach etw *dat* riechen; **evil-~ing** übel riechend, stinkend; **sweet-~ing** duftend, wohl riechend
③ *(pej: have an unpleasant smell)* stinken; ***your feet*** **~** du hast Käs[e]füße
▸PHRASES: **to come out of sth ~ing of** [*or* AM **like**] **roses** frei von jedem Verdacht aus etw *dat* hervorgehen; **to ~ fishy** verdächtig sein
III. *vt* <smelt *or* AM -ed, smelt *or* AM -ed> ■**to ~ sth** etw riechen; ***can't you ~ something burning?*** riechst du nicht, dass etwas brennt?
▸PHRASES: **to ~ blood** Blut riechen; **to ~ sth a mile** [*or* **long way**] **off** etw schon von Weitem riechen; **to ~ a rat** Lunte [*o* den Braten] riechen *fam*
◆**smell out** *vt* ■**to ~ out ↻ sth** ① *(also fig: discover by smelling)* etw aufspüren *a. fig*
② *(pej: cause to smell bad)* etw verpesten
◆**smell up** *vt* AM ■**to ~ up ↻ sth** etw verpesten

'smell·ing bot·tle *n,* **'smell·ing salts** *npl* Riechfläschchen *nt*

smelly ['smeli] *adj (pej)* stinkend *attr,* übel riechend; **~ feet** Schweißfüße *pl*

smelt[1] [smelt] *vt, vi* BRIT, AUS *pt, pp of* **smell**

smelt[2] [smelt] *vt* ■**to ~ sth** *metal* etw [aus]schmelzen; **to ~ iron from its ores** Eisenerze zu Eisen verhütten

smelt[3] <*pl* - *or* -s> [smelt] *n* ZOOL Stint *m*

smelt·er ['smeltəʳ, AM -ɚ] *n* ① *(iron and steel works)* Schmelzhütte *f,* Schmelzerei *f*
② *(melting-pot)* CHEM, TECH Schmelztiegel *m*

smelt·ing ['smeltɪŋ] *n no pl of metal* Schmelzen *nt;* **~ plant** Hütte *f*

smid·gen, smid·geon, smid·gin ['smɪdʒən] *n* ■**a ~ ...** ein [klitzekleines] bisschen ...; *of liquid* ein winziges Schlückchen

smile [smaɪl] **I.** *n* Lächeln *nt;* ***we exchanged knowing ~s*** wir lächelten uns wissend an; ***his face was wreathed in ~s*** er strahlte über das ganze Gesicht; ***wipe that ~ off your face!*** hör auf, so zu grinsen!; **to bring a ~ to sb's face** jdn zum Lächeln bringen; **~ of pleasure/satisfaction** freudiges/zufriedenes Lächeln; **to be all ~s** über das ganze Gesicht strahlen; **embarrassed/pained/sad ~** verlegenes/gequältes/trauriges Lächeln; **to give sb a ~** jdm zulächeln
II. *vi* ① *(produce a smile)* lächeln; ■**to ~ at sb** jdn anlächeln; ■**to ~ to oneself** in sich *akk* hineinlächeln; ■**to ~ over sth** über etw *akk* lächeln; **to ~ in the face of adversity** [*or* **disaster**] *(fig)* sich *akk* nicht unterkriegen lassen
② *(look favourably upon)* ■**to ~ on sb** es gut mit jdm meinen
III. *vt* ① *(express with a smile)* ***he ~d his congratulations*** er gratulierte mit einem Lächeln; ***the hostess ~d a welcome*** die Gastgeberin lächelte einladend
② *(express with a particular smile)* ***he ~d a peculiarly joyless smile*** er legte ein auffällig freudloses Lächeln auf; ***he ~d the smile of a man who knew victory was within reach*** er lächelte siegesgewiss

smiley ['smaɪli] *adj* immer lächelnd *attr*

'smiley-face *adj attr* lächelnd **'smiley face** *n* COMPUT Smiley *m*

smil·ing ['smaɪlɪŋ] *adj* lächelnd *attr;* **~ faces** strahlende Gesichter

smil·ing·ly ['smaɪlɪŋli] *adv* lächelnd

smirch [smɜːtʃ, AM smɜːrtʃ] *vt (dated)* ■**to ~ sth** etw besudeln *veraltend*

smirk [smɜːk, AM smɜːrk] *(pej)* **I.** *vi* grinsen; ■**to ~ at sb** jdn süffisant anlächeln
II. *n* Grinsen *nt*

smite <smote, smitten> [smaɪt] *vt (liter)* ■**to ~ sb/sth** jdn/etw schlagen; **to be smitten by** [*or* **with**] **a disease** mit einer Krankheit geschlagen sein *geh;* **to ~ sb dead** *(dated)* jdn totschlagen

smith [smɪθ] *n* Schmied *m*

smith·er·eens [ˌsmɪðə'riːnz] *npl* **to blow/smash sth to ~** etw in tausend Stücke sprengen/schlagen; ***the city was bombed to ~*** die Stadt wurde in Schutt und Asche gelegt

smithy ['smɪði, AM 'smɪθi] *n* Schmiede *f*

smit·ten ['smɪtən] **I.** *adj pred (in love)* ■**to be ~ by sb** von jdm hingerissen sein; ■**to be ~ with sb/sth** in jdn/etw vernarrt sein; ***she was ~ with jazz at a very early age*** sie wurde schon in frühen Jahren zum Jazzfan
II. *pp of* **smite**

smock [smɒk, AM smɑːk] *n* Kittel *m*

smock·ing ['smɒkɪŋ, AM 'smɑːk-] *n no pl* FASHION Smokarbeit *f*

smog [smɒg, AM smɑːg] *n no pl* Smog *m*

'smog alert *n* Smogalarm *m*

smog·gy ['smɒgi, AM 'smɑːgi] *adj* ① *(high levels of smog)* ■**to be ~** hohe Smogwerte aufweisen; ***today will be particularly ~*** die Smogwerte werden heute besonders hoch sein
② *(tending toward smog)* ***Mexico City is one of the world's smoggiest capitals*** Mexiko-Stadt gehört zu den Hauptstädten der Welt mit dem größten Smogproblem

'smog warn·ing *n* Smogwarnung *f*

smoke [sməʊk, AM smoʊk] **I.** *n* ① *no pl (from burning)* Rauch *m;* **cigarette ~** Zigarettenrauch *m;* **drifts of ~** Rauchschwaden *pl;* **~ inhalation** Einatmen *nt* von Rauch; **a pall of ~** eine Rauchwolke; **plumes of ~** [dichte] Rauchwolken; **~ poisoning** Rauchvergiftung *f;* **a puff of ~** ein Rauchwölkchen *nt;* **~ ring** Rauchring *m;* **wisp of ~** Rauchfahne *f*
② *(act of smoking)* **to have a ~** eine rauchen *fam*
③ *(fam: cigarettes)* ■**~s** *pl* Glimmstängel *pl*
④ *(fam)* ■**the ~** AUS *(big city)* die Großstadt; BRIT *(London)* London *nt*
▸PHRASES: **there's no ~ without fire,** AM **where there's ~, there's fire** *(prov)* wo Rauch ist, da ist auch Feuer *prov;* **to go up in ~** in Rauch [und Flammen] aufgehen; **~ and mirrors** *esp* AM Lug und Trug; **to vanish in a puff of ~** sich *akk* in Rauch auflösen
II. *vt* ① *(use tobacco)* ■**to ~ sth** etw rauchen
② FOOD ■**to ~ sth** etw räuchern
③ *(sl: defeat)* ■**to ~ sb** jdn besiegen
▸PHRASES: **to ~ the peace pipe** AM die Friedenspfeife rauchen; **put that in your pipe and ~ it!** schreib dir das hinter die Ohren!
III. *vi* ① *(produce smoke)* rauchen
② *(action of smoking)* rauchen; ***do you mind if I ~?*** stört es Sie, wenn ich rauche?
◆**smoke out** *vt* ■**to ~ out ↻ sth** etw ausräuchern; ■**to ~ out ↻ sb** *(fig)* jdn entlarven

'smoke bomb *n* MIL Rauchbombe *f*

smoked [sməʊkt, AM smoʊkt] *adj inv* geräuchert; **~ fish** Räucherfisch *m*

'smoke de·tec·tor *n* Rauchmelder *m*

smoked 'glass *n no pl* Rauchglas *nt*

'smoke-dried *adj inv* geräuchert **smoke-filled 'room** *n* POL *(pej)* **decisions made in ~s** Entscheidungen, die hinter geschlossenen Türen getroffen werden **'smoke·free** ['sməʊkfriː, AM 'smoʊk-] *adj attr* rauchfrei, Nichtraucher- **'smoke·house** *n* Räucherei *f*

smoke·less ['sməʊkləs, AM 'smoʊk-] *adj inv* ① *(without smoke)* rauchfrei
② AM **~ tobacco** Kautabak *m*

smoke·less 'zone *n* rauchfreie Zone

smok·er ['sməʊkəʳ, AM 'smoʊkɚ] *n* ① *(person)* Raucher(in) *m(f);* **~'s cough** Raucherhusten *m;* **heavy ~** starker Raucher/starke Raucherin; **non-~** Nichtraucher(in) *m(f)*
② *(compartment in train)* Raucherabteil *nt,* SCHWEIZ *a.* Rauchercoupé *nt*
③ *(device)* Räuchergefäß *nt*

'smoke room *n* Rauchzimmer *nt*

'smoke·screen *n* ① *(pretext)* Vorwand *m;* **to hide behind a ~** sich *akk* hinter einem Deckmantel verstecken ② MIL *(smoke cloud)* Rauchvorhang *m,* Nebelwand *f* **'smoke sig·nal** *n* Rauchzeichen *nt*

'smoke·stack *n* Schornstein *m,* Kamin *m* SCHWEIZ

smoke·stack e'mis·sion *n* Schornsteinemission *f*

smoke·stack 'in·dus·try *n esp* AM Schwerindustrie *f*

'smoke-stained *adj* rauchgeschwärzt

smok·in' ['sməʊkɪn, AM 'smoʊ-] *adj pred, inv* AM *(sl)* unwiderstehlich, sexy

smok·ing ['sməʊkɪŋ, AM 'smoʊk-] **I.** *n no pl* Rauchen *nt;* **~ ban** Rauchverbot *nt;* **to give up** [*or* **quit**] [*or* **stop**] **~** mit dem Rauchen aufhören, das Rauchen aufgeben
II. *adj inv* **non-~** Nichtraucher-

'smok·ing com·part·ment, AM **'smok·ing car** *n* Raucherabteil *nt,* SCHWEIZ *a.* Rauchercoupé *nt*

smok·ing 'gun *n* schlagender Beweis

'smok·ing jack·et *n (dated)* Hausjacke *f veraltet*

'smok·ing room *n* Rauchzimmer *nt* **'smok·ing sec·tion** *n* AM Raucherzone *f*

smoky ['sməʊki, AM 'smoʊki] *adj* ① *(filled with smoke)* verraucht, verqualmt
② *(producing smoke)* rauchend *attr;* ***the fire is very ~*** das Feuer qualmt sehr
③ *(appearing smoke-like)* rauchartig; **~ blue** graublau
④ *(tasting of smoke)* rauchig

smol·der *vi* AM *see* **smoulder**

smooch [smuːtʃ] **I.** *vi* ① *(kiss vigorously)* knutschen *fam; (tenderly)* schmusen *fam*
② BRIT *(dance closely)* eng umschlungen tanzen
II. *n usu sing* ① *(vigorous)* Knutschen *nt fam; (tender)* Schmusen *nt fam;* **to have a ~** rumschmusen, rumknutschen *fam*
② BRIT *(intimate dance)* Blues *m fam,* Schieber *m fam*

smoochy ['smuːtʃi] *adj* ① *(gushy, romantic)* romantisch
② BRIT *(suited to intimate dancing)* schmusig *fam*

smoosh [smuːʃ] *vt* ■**to ~ sth against sth** etw an etw *akk* pressen [*o fam* quetschen]

smooth [smuːð] **I.** *adj* ① *(not rough)* glatt; **as ~ as a baby's bottom** so glatt wie ein Kinderpopo; **~ sea** ruhige See; **as ~ as silk** seidenweich; **~ skin** glatte Haut; **~ surface/texture** glatte Oberfläche/Textur; **to be worn ~** glatt gewetzt sein
② *(well-mixed)* sämig; **~ sauce** glatte Soße
③ *(free from difficulty)* problemlos, reibungslos; **~ flight** ruhiger Flug; **~ landing** glatte Landung; **to get off to a ~ start** wie geplant beginnen
④ *(mild flavour)* mild; **~ whisky** weicher Whiskey; **~ wine** Wein *m* mit einem weichen Geschmack
⑤ *(polished, suave)* [aal]glatt *pej;* **~ operator** gewiefte Person; **to be a ~ talker** ein Schönredner/eine Schönrednerin sein
II. *vt* ① *(make less difficult)* **to ~ the path** [**to sth**] den Weg [zu etw *dat*] leichter machen; **to ~ the way** den Weg ebnen; **to ~ sb's way** jdm den Weg ebnen
② *(rub in evenly)* ■**to ~ sth into sth** etw in etw *akk* einmassieren; ■**to ~ sth over sth** etw gleichmäßig auf etw *dat* vereiben [*o* verteilen]
◆**smooth away** *vt* ■**to ~ away ↻ sth** etw

glätten; *(fig)* etw besänftigen
◆**smooth down** *vt* ■**to ~ down** ◌ **sth** etw glätten [*o* glatt streichen]
◆**smooth out** *vt* ■**to ~ out** ◌ **sth** etw ausbügeln *fam*
◆**smooth over** *vt* ■**to ~ over** ◌ **sth** etw in Ordnung bringen; **to ~ things over between two persons** die Sache zwischen zwei Leuten geradebiegen
smoothie ['smu:ði] *n* ❶ *(pej: charmer)* Charmeur *m* ❷ *esp* AM, AUS, NZ *(drink)* Shake *m*
smooth·ing ['smu:ðɪŋ] *n no pl* MATH Glättung *f*
smooth 'jazz *n no pl* Smooth Jazz *m*
smooth·ly ['smu:ðli] *adv* ❶ *(without difficulty)* reibungslos; **to go ~** glattlaufen *fam*; ***if all goes ~*** wenn alles glattläuft; **to run ~** *engine* einwandfrei laufen
❷ *(suavely)* aalglatt *pej*
smooth·ness ['smu:ðnəs] *n no pl* ❶ *(evenness)* Glätte *f*; *silk* Weichheit *f*; *skin* Glattheit *f*
❷ *(lack of difficulty)* problemloser Verlauf [*o* Ablauf]
❸ *(pleasant consistency) taste* Milde *f*; *texture* Glätte *f*
smooth 'sail·ing *n no pl* **to be ~** glattlaufen, reibungslos laufen *fam*
smooth-'shav·en *adj* glatt rasiert
smooth-'spok·en *adj* ■**to be ~** ein Schönredner/eine Schönrednerin sein **'smooth-talk** ['smu:ðtɔ:k] *vi (fam)* sich *akk* einschmeicheln; **to ~ one's way into sth** *a room* sich *dat* durch Schmeicheleien Zutritt zu etw *dat* verschaffen **smooth-'tongued** *adj (pej)* schmeichlerisch
smoothy ['smu:ði] *n* Charmeur *m*
s'more [smɔ:r] *n* AM *Sandwich aus Kräckern, belegt mit getoasteten Marshmallows und Schokoladetäfelchen*
smor·gas·bord ['smɔ:gəsbɔ:d, AM 'smɔ:rgəsbɔ:rd] *n* FOOD Smörgåsbord *m*; ■**a ~ of sth** *(fig)* eine große Auswahl an etw *dat*
smote [sməʊt, AM smoʊt] *pt of* **smite**
smoth·er ['smʌðəʳ, AM -ɚ] *vt* ❶ *(suffocate)* ■**to ~ sb [with sth]** jdn [mit etw *dat*] ersticken; **to ~ a flame** eine Flamme ersticken
❷ *(prevent from growing)* ■**to ~ sth** etw unterdrücken
❸ *(suppress)* **to ~ a cough** ein Husten unterdrücken; **to ~ hopes** Hoffnungen zerstören
❹ *(cover)* ■**to be ~ed in sth** von etw *dat* völlig bedeckt sein; ***during the summer months, the city is ~ed in smog*** während der Sommermonate liegt die Stadt unter einer Dunstglocke; ***when she saw her boyfriend at the arrivals gate she ~ed him in kisses*** als sie ihren Freund im Ankunftsbereich erblickte, bedeckte sie ihn mit Küssen
smoul·der ['sməʊldəʳ, AM 'smoʊldɚ] *vi* ❶ *(burn slowly)* schwelen; *cigarette* glimmen; *(fig) dispute* schwelen
❷ *(fig: repressed emotions)* **to ~ with desire/jealousy/passion/rage** vor Verlangen/Eifersucht/Leidenschaft/Zorn glühen; *(sexual feelings)* ***he gazed at her with ~ing eyes*** er starrte sie mit glühenden Augen an
smoul·der·ing ['sməʊldᵊrɪŋ, AM 'smoʊl-] *adj* schwelend *a. fig*, glühend *a. fig*; *(fig) eyes* glutvoll
SMS [ˌesem'es] *n abbrev of* **short message service** SMS *f*
smudge [smʌdʒ] **I.** *vt* ■**to ~ sth** ❶ *(smear, blur) lipstick* etw verwischen
❷ *(soil)* etw beschmutzen; **to ~ sb's reputation** *(fig)* jds Ruf besudeln [*o* beschädigen]
II. *vi* verlaufen; *ink* klecksen; ***her mascara had ~d*** ihre Wimperntusche war verschmiert
III. *n (also fig)* Fleck *m a. fig*; **~ of blood** Blutfleck *m*
smudged [smʌdʒd] *adj* verwischt, verschmiert; *(fig) outline* verschwommen
smudge-proof ['smʌdʒpru:f] *adj lipstick* kussecht; *mascara* wischfest
smudg·ing ['smʌdʒɪŋ] *n no pl* Verwischen *nt*
smudgy ['smʌdʒi] *adj* verschmiert
smug <-gg-> [smʌg] *adj* selbstgefällig; **~ self-satisfaction** eitle Selbstzufriedenheit; ■**to be ~ about sth** sich *dat* auf etw *akk* viel einbilden
smug·gle ['smʌgl] *vt* ■**to ~ sb/sth** jdn/etw schmuggeln; **to ~ arms/drugs/illegal aliens** Waffen/Drogen/illegale Einwanderer schmuggeln
smug·gler ['smʌgləʳ, AM -lɚ] *n* Schmuggler(in) *m(f)*
smug·gling ['smʌglɪŋ] *n no pl* Schmuggel *m*
'smug·gling ring *n* Schmugglerring *m*
smug·ly ['smʌgli] *adv* selbstgefällig
smug·ness ['smʌgnəs] *n no pl* Selbstgefälligkeit *f*
smut [smʌt] *n* ❶ *no pl (pej: indecent material)* Schweinereien *pl*, Schweinkram *m* NORDD *fam*
❷ *(soot from burning)* Rußflocke *f*; *(stains made by smut)* Rußfleck *m*
❸ *no pl (fungal disease)* [Getreide]brand *m*
smut·ti·ness ['smʌtɪnəs, AM 'smʌṭɪ-] *n no pl (pej) person* Unflätigkeit *f*; *joke* Obszönität *f*
smut·ty ['smʌti, AM 'smʌṭi] *adj (pej)* schmutzig; **~ joke** dreckiger Witz *fam*
snack [snæk] **I.** *n* Snack *m*, Imbiss *m*; **bar ~s** Knabberzeug *nt fam*; **to have a ~** eine Kleinigkeit essen
II. *vi* naschen; ■**to ~ on sth** etw naschen
'snack bar *n* Imbissstube *f* **'snack box** *n* AM Snackbox *f* **'snack count·er** *n* Imbisstheke *f*, Imbissstand *m* SCHWEIZ **'snack food** *n* Snacks *pl*
snack 'meal *n* Imbiss *m*, Zwischenmahlzeit *f* SCHWEIZ
snacky ['snæki] *adj (fam) food, meal* für zwischendurch *nach n*
snaf·fle ['snæfl] *vt* BRIT, AUS *(fam)* ■**to ~ sth** sich *dat* etw unter den Nagel reißen *fam*; ***who's ~d my pen?*** wer hat mir meinen Stift geklaut?
sna·fu [snæ'fu:] *n* AM, AUS *(sl)* Schlamassel *m fam*
snag [snæg] **I.** *n* ❶ *(hidden disadvantage)* [verborgenes] Problem (**with** mit +*dat*), Haken *m fam* (**with** an +*dat*); **to hit** [*or* **run into**] **a ~** auf Schwierigkeiten stoßen
❷ *(damage to textiles)* gezogener Faden
II. *vt* <-gg-> ■**to ~ sth** ❶ *(cause problems)* etw belasten; ***financial problems have ~ged the project for the past six months*** in den letzten sechs Monaten hat das Projekt unter finanziellen Problemen gelitten
❷ *(damage by catching)* an etw *dat* Fäden ziehen; ***be careful not to ~ your coat on the barbed wire*** pass auf, dass du mit deiner Jacke nicht am Stacheldraht hängen bleibst
❸ AM *(get)* sich *dat* etw schnappen *fam*; ■**to ~ sth from sb** jdm etw wegschnappen *fam*
III. *vi* <-gg-> ■**to ~ on sth** durch etw *akk* belastet sein
snail [sneɪl] *n* Schnecke *f*; **garden ~** Gartenschnecke *f*; **at a ~'s pace** im Schneckentempo
'snail mail *n no pl* Schneckenpost *f*, traditioneller Brief
'snail shell *n* Schneckenhaus *nt*
snake [sneɪk] **I.** *n* ❶ *(reptile)* Schlange *f*
❷ *(pej: untrustworthy person)* **~ in the grass** falsche Schlange *pej*
❸ **plumber's ~** Spiralrohrschlange *f*
❹ EU *(hist)* Europäische Währungsschlange
II. *vi* sich *akk* schlängeln
'snake bite *n* Schlangenbiss *m* **'snake charm·er** *n* Schlangenbeschwörer(in) *m(f)* **'snake oil** *n no pl* AM *(fig)* unwirksames Heilmittel; **~ salesman** *(sl)* Bauernfänger *m fam*, Quacksalber *m fam* **'snake pit** *n* Schlangengrube *f a. fig* **'snake poi·son** *n no pl* Schlangengift *nt* **'snake ranch** *n* Schlangenzucht *f*
snakes and 'lad·ders *npl + sing vb (games) Brettspiel, auf dem sich Schlangen und Leitern befinden*
'snake·skin *n* ❶ *(skin)* Schlangenhaut *f* ❷ FASHION Schlangenleder *nt* **'snake ven·om** *n no pl* Schlangengift *nt*
snaky ['sneɪki] *adj* ❶ *(winding)* gewunden; **~ road** kurvenreiche Straße
❷ AUS *(fam: irritable)* reizbar; ***he's been acting ~ lately*** in letzter Zeit reagiert er gereizt
snap [snæp] **I.** *n* ❶ *usu sing (act)* Knacken *nt*; *(sound)* Knacks *m*
❷ *(photograph)* Schnappschuss *m*
❸ AM *(snap fastener)* Druckknopf *m*
❹ METEO **cold ~** Kälteeinbruch *m*
❺ AM *(fam: very easy)* **to be a ~** ein Kinderspiel sein
❻ *no pl* BRIT *(games)* Schnippschnapp *nt*
II. *interj (fam: games)* schnippschnapp!; *(fig)* ***~! we're wearing the same shirts!*** Volltreffer! wir tragen das gleiche Hemd!
III. *vi* <-pp-> ❶ *(break cleanly)* auseinanderbrechen; *(with less force)* entzweigehen; ***her patience finally ~ped*** *(fig)* ihr riss schließlich der Geduldsfaden
❷ *(spring into position)* einrasten, einschnappen; **to ~ to attention** MIL [zackig] Haltung annehmen; **to ~ back** zurückschnellen; **to ~ shut** zuschnappen; *mouth* zuklappen
❸ *(make a whip-like motion)* peitschen; ***broken cables were ~ping back and forth in the wind*** abgerissene Kabel peitschten im Wind hin und her
❹ *(sudden bite)* schnappen; ■**to ~ at sb/sth** nach jdm/etw schnappen; **to ~ at sb's heels** nach jds Fersen schnappen; *(fig)* jdm auf den Fersen sein
❺ *(speak sharply)* bellen *fam*; **to ~ [back] that ...** [zurück]schnauzen, dass ... *fam*; ■**to ~ at sb** jdn anfahren *fam*; ***there's no need to ~ at me like that*** du brauchst mich nicht gleich so anzufahren
❻ *(take many photographs)* ■**to ~ away** drauflos fotografieren, knipsen *fam*
▶PHRASES: **~ to it!** ein bisschen dalli! *fam*
IV. *vt* <-pp-> ❶ *(break cleanly)* ■**to ~ sth** etw entzweibrechen; ■**to ~ sth** ◌ **off** etw abbrechen
❷ *(close sharply)* **to ~ sth shut** etw zuknallen; *book* etw zuklappen
❸ *(attract attention)* **to ~ one's fingers** mit den Fingern schnippen; ***she just has to ~ her fingers and he'll do whatever she wants*** *(fig)* sie muss nur mit den Fingern schnippen und er macht, was sie will
❹ *(crack a whip)* **to ~ a whip** mit einer Peitsche knallen
❺ *(speak unreasonably sharply)* **to ~ sb's head off** jdm den Kopf abreißen *fam*
❻ *(take a photograph)* **to ~ a/sb's picture** ein Bild/ein Bild von jdm schießen
◆**snap out** *vi* ❶ *(in anger)* brüllen
❷ *(get over)* ■**to ~ out of sth** etw überwinden, aus etw *dat* herauskommen *fam*; ***now come on, ~ out of it*** nun komm schon, krieg dich wieder ein; **to ~ out of a recession** *(fig)* eine Rezession überwinden
◆**snap up** *vt* ■**to ~ up** ◌ **sth** etw schnell kaufen; *(faster than sb else)* etw wegschnappen; *(buy up)* etw aufkaufen; **to be ~ped up** vergriffen sein
'snap bean *n* AM Brechbohne *f*
'snap bolt *n* Schnappschloss *nt*
snap de·'ci·sion *n* schneller Entschluss
'snap·drag·on *n* HORT Löwenmaul *nt*
snap e'lec·tion *n* BRIT POL *kurzfristig angesetzte Wahl*
'snap fast·en·er *n* BRIT Druckknopf *m* **'snap lock** *n* Schnappschloss *nt*
snap·per ['snæpəʳ, AM -ɚ] *n* FOOD, ZOOL **red ~** Rotbarsch *m*
snap·pi·ly ['snæpɪli] *adv* ❶ *(approv fam: stylishly)* **to be ~ dressed** schick gekleidet sein
❷ *(approv: in an eye-catching manner)* auffallend; **to be ~ titled** einen kurzen und treffenden Titel haben
❸ *(pej: irritably)* gereizt
snap·ping tur·tle ['snæpɪŋ,-] *n* ZOOL, BIOL Schnappschildkröte *f*
snap·pish ['snæpɪʃ] *adj* gereizt, bissig
snap·pish·ly ['snæpɪʃli] *adv* gereizt
snap·py ['snæpi] *adj* ❶ *(approv fam: smart, fashionable)* schick; **to be a ~ dresser** immer schick gekleidet sein
❷ *(quick)* zackig; ***make it ~!*** mach fix! *fam*; **~ salute** zackiger Gruß; **to look ~** sich *akk* ranhalten *fam*
❸ *(approv: eye-catching)* peppig *fam*
❹ *(pej: irritable)* gereizt, bissig
'snap·shot *n* ❶ PHOT Schnappschuss *m*
❷ COMPUT selektives Protokollprogramm; *(storing screen contents)* selektives Bildschirmspeichern

snare [sneəʳ, AM sner] **I.** *n* ① *(animal trap)* Falle *f;* *(noose)* Schlinge *f*
② *(fig: trap, pitfall)* Falle *f,* Fallstrick *m*
II. *vt* ① *(catch animals)* ■**to ~ an animal** ein Tier [mit einer Falle] fangen
② *(capture)* ■**to ~ sb/sth** jdn/etw fangen, sich *dat* jdn/etw angeln

'snare drum *n* MUS kleine Trommel, Schnarrtrommel *f*

snar·ky ['snɑːrki] *adj* AM *(fam)* abfällig

snarl¹ [snɑːl, AM snɑːrl] **I.** *vi* ① *(growl) dog* knurren
② *(fig: speak angrily)* ■**to ~ at sb** jdn anknurren; ***"go to hell!" he ~ed*** „fahr zur Hölle!" knurrte er
II. *n* ① *(growl)* Knurren *nt;* ***the dog gave a low ~*** der Hund knurrte leise
② *(fig: angry utterance)* Knurren *nt;* **to say sth with a ~** etw knurren
③ *(growling sound)* Knurren *nt*

snarl² [snɑːl, AM snɑːrl] **I.** *n* ① *(traffic jam)* **traffic ~** Verkehrschaos *nt*
② *(knot)* Knoten *m;* *(tangle)* Gewirr *nt;* ***my fishing line had many ~s in it*** meine Angelschnur hatte sich an vielen Stellen verheddert
II. *vi (become tangled)* sich *akk* verheddern
◆**snarl up** *vi usu passive* durcheinandergeraten; ***traffic was ~ed up for several hours after the accident*** nach dem Unfall herrschte ein stundenlanges Verkehrschaos

snarled [snɑːld, AM snɑːrld] *adj* ① *(tangled)* verheddert; **~ hair** verfilztes Haar
② *(piled up)* gestaut

'snarl-up *n* **traffic ~** Verkehrschaos *nt*

snatch [snætʃ] **I.** *n* <*pl* -es> ① *(sudden grab)* schneller Griff; **to make a ~ at sth** nach etw *dat* greifen
② *(theft)* Diebstahl *m (durch Entreißen)*
③ *(fragment)* Fetzen *m;* ***I only managed to catch a few ~es of the conversation*** ich konnte nur ein paar Gesprächsfetzen mitbekommen
④ *(spell of activity)* **to do sth in ~es** etw mit Unterbrechungen tun
⑤ *(vulg: vulva)* Möse *f vulg*
II. *vt* ① *(grab quickly)* ■**to ~ sth** etw schnappen; **to ~ sth out of sb's hand** jdm etw aus der Hand reißen
② *(steal)* ■**to ~ sth** sich *dat* etw greifen [*o* schnappen]; *(fig)* ***he ~ed the gold medal from the Canadian champion*** er schnappte dem kanadischen Champion die Goldmedaille weg
③ *(kidnap)* ■**to ~ sb** jdn entführen
④ *(take quick advantage of sth)* ■**to ~ sth** etw ergattern; ***perhaps you'll be able to ~ a couple of hours' sleep before dinner*** vielleicht schaffst du es, vor dem Abendessen noch zwei Stunden Schlaf zu kriegen
▸PHRASES: **to ~ victory from the jaws of defeat** eine drohende Niederlage in einen Sieg verwandeln
III. *vi (grab quickly)* greifen; ■**to ~ at sth** nach etw *dat* greifen; ***when this job came along I ~ed at it*** *(fig)* als sich mir dieser Job bot, griff ich zu
◆**snatch away** *vt* ■**to ~ away** ↔ **sth** etw an sich *akk* reißen; ■**to ~ sth away from sb** jdm etw entreißen
◆**snatch up** *vt* ■**to ~ up** ↔ **sth** sich *dat* etw schnappen, etw an sich *akk* reißen

snatch·er ['snætʃəʳ, AM -ɚ] *n* [Taschen]dieb(in) *m(f)*

snaz·zi·ly ['snæzɪli] *adv (usu approv sl)* schick *fam*

snaz·zy ['snæzi] *adj (usu approv sl)* schick *fam*

sneak [sniːk] **I.** *vi* <-ed *or esp* AM snuck, -ed *or esp* AM snuck> ① *(move stealthily)* schleichen; **to ~ away** [*or* **off**] sich *akk* davonstehlen; **to ~ in/out** [sich *akk*] hinein-/hinausschleichen; **to ~ up on sb/sth** sich *akk* an jdn/etw heranschleichen
② BRIT *(pej fam: denounce)* petzen *fam;* ■**to ~ on sb** jdn verpetzen
II. *vt* <-ed *or esp* AM snuck, -ed *or esp* AM snuck> ① *(view secretly)* **to ~ a look** [*or* **glance**] **at sb/sth** einen verstohlenen Blick auf jdn/etw werfen
② *(move secretly)* ■**to ~ sb/sth in/out** jdn/etw hinein-/herausschmuggeln
III. *n* BRIT *(childspeak pej fam)* Petze(r) *f(m) pej fam*

'sneak at·tack *n (fig)* Überraschungsangriff *m*

sneak·er ['sniːkɚ] *n* ① *usu pl* AM *(shoe)* Turnschuh *m*
② *(fam: sneaky trick)* **to pull a ~ on sb** jdn austricksen *fam,* jdm einen Streich spielen

sneaki·ly ['sniːkɪli] *adv* raffiniert

sneak·ing ['sniːkɪŋ] *adj attr, inv* heimlich; ***I have a ~ admiration for her*** ich hege eine heimliche Bewunderung für sie; **~ feeling** leises Gefühl; **~ suspicion** leiser Verdacht

sneak 'pre·view *n* FILM [inoffizielle] Vorschau *f*

'sneak thief *n* [Taschen]dieb(in) *m(f)*

sneaky ['sniːki] *adj* raffiniert

sneer [snɪəʳ, AM snɪr] **I.** *vi* ① *(smile derisively)* spöttisch grinsen
② *(express disdain)* spotten; ■**to ~ at sth/sb** etw/jdn verhöhnen [*o* verspotten], über etw/jdn spotten
II. *n* spöttisches Lächeln

sneer·ing ['snɪərɪŋ, AM 'snɪr-] *adj* höhnisch, spöttisch

sneer·ing·ly ['snɪərɪŋli, AM 'snɪr-] *adv* höhnisch, spöttisch

sneeze [sniːz] **I.** *vi* niesen
▸PHRASES: **not to be ~d at, nothing to ~ at** nicht zu verachten sein
II. *n* Nieser *m;* ■**the ~s** *pl* Niesen *nt*

snick [snɪk] *vt* BRIT, AUS SPORT **to ~ a ball** einen Ball auf Kante schlagen *(beim Kricket)*

snick·er ['snɪkɚ] *vi* AM *see* **snigger**

snide [snaɪd] *adj (pej)* **~ remark** abfällige Bemerkung

snide·ly ['snaɪdli] *adv (pej)* abfällig

snide·ness ['snaɪdnəs] *n no pl* Abfälligkeit *f*

sniff [snɪf] **I.** *n* ① *(smell deliberately)* Riechen *nt;* *dog* Schnüffeln *nt;* ***he took a deep ~ of the country air*** er atmete die Landluft tief ein; **to have a ~ of sth** an etw *dat* riechen
② *(smell a trace)* **to catch a ~ of sth** etw wittern; ***when I arrived I caught a ~ of perfume*** als ich kam, roch es leicht nach Parfüm
③ *(fig: expression of disdain)* Naserümpfen *nt*
II. *vi* ① *(inhale sharply)* die Luft einziehen; *animal* wittern; ■**to ~ at sth** an etw *dat* schnuppern; *animal* die Witterung von etw *dat* aufnehmen
② *(show disdain)* die Nase rümpfen; ■**to ~ at sth** über etw *akk* die Nase rümpfen
▸PHRASES: **not to be ~ed at** nicht zu verachten sein
III. *vt (test by smelling)* ■**to ~ sth** an etw *dat* riechen [*o* schnuppern]
◆**sniff out** *vt* ■**to ~ out** ↔ **sth** etw aufspüren; *(fig)* etw entdecken; ***he thought he could hide his affair, but his wife ~ed it out*** er dachte, er könne seine Affäre geheim halten, aber seine Frau kam dahinter

sniff·er ['snɪfəʳ, AM -ɚ] *n* ① *(junky)* **glue ~** Klebstoffschnüffler(in) *m(f)*
② *(device)* Suchgerät *nt*

'sniff·er dog *n* Spürhund *m*

snif·fle ['snɪfl] **I.** *vi* schniefen
II. *n* ① *(repeated sniffing)* Schniefen *nt*
② MED ■**the ~s** *pl* leichter Schnupfen

snif·fy ['snɪfi] *adj (fam)* naserümpfend *attr;* ■**to be ~ about sth** über etw *akk* die Nase rümpfen

snif·ter ['snɪftəʳ, AM -ɚ] *n* ① *esp* AM *(glass)* Schwenker *m;* **brandy ~** Kognakschwenker *m*
② *(drink of alcohol)* Gläschen *nt hum*

snig·ger ['snɪgəʳ, AM -ɚ] **I.** *vi* kichern; ■**to ~ at** [*or* **about**] **sth** über etw *akk* kichern; ***what are you two ~ing about?*** worüber kichert ihr beiden?
II. *n* Kichern *nt,* Gekicher *nt;* **to have a ~ at sth** über etw *akk* kichern

snip [snɪp] **I.** *n* ① *(cut)* Schnitt *m;* **to give sth a ~** etw [ab]schneiden
② *(piece)* **a ~ of cloth** ein Stück *nt* Stoff
③ BRIT *(fam: bargain)* Schnäppchen *nt fam;* ■**to be a ~** ein echtes Schnäppchen sein
④ *no pl* BRIT *(hum fam: vasectomy)* ■**the ~** der Schnitt
II. *vt* ■**to ~ sth** etw schneiden [*o fam* schnippeln]
◆**snip off** *vt* ■**to ~ off** ↔ **sth** etw abschneiden [*o fam* abschnippeln]

snipe [snaɪp] **I.** *vi* ① MIL aus dem Hinterhalt schießen; ■**to ~ at sb** aus dem Hinterhalt auf jdn schießen; ■**to be ~d** aus dem Hinterhalt beschossen werden
② *(fig: criticize)* ■**to ~ at sb** jdn attackieren
II. *n* <*pl* - *or* -es> Schnepfe *f*

snip·er ['snaɪpəʳ, AM -ɚ] **I.** *n* MIL Heckenschütze *m,* Scharfschütze *m*
II. *n modifier (shot, fire)* von Scharfschützen [*o* Heckenschützen] *nach n,* Scharfschützen-; **~ attacks** Angriffe *pl* durch Heckenschützen

'snip·ing [snaɪpɪŋ] *n (criticism)* scharfes Kritisieren; *(verbally)* Verbalattacke *f*

snip·pet ['snɪpɪt] *n* ① *(small piece)* Stückchen *nt;* **~s of cardboard/paper** Karton-/Papierschnipsel *pl;* **~s of cloth** Stofffetzen *pl*
② *(fig: information)* Bruchstück *nt; of gossip, information, knowledge also* Brocken; **~s of a conversation** Gesprächsfetzen *pl*
③ LIT *(of a text)* Ausschnitt *m* (**from** aus +*dat*); **~ from a newspaper** Zeitungsausschnitt *m*

snit [snɪt] *n* AM, AUS *(fam)* üble [*o* schlechte] Laune; **to be in/get into a ~** üble Laune haben/bekommen

snitch [snɪtʃ] **I.** *vt (fam)* ■**to ~ sth** [**from sb**] [jdm] etw klauen *fam*
II. *vi (pej sl)* petzen *pej sl;* ■**to ~ to sb** jdm etw verraten [*o fam* stecken]; ■**to ~ on sb** jdn verpfeifen *pej fam*
III. *n* <*pl* -es> ① *(fam: thief)* Dieb(in) *m(f)*
② *(pej sl: informer)* Petze *f pej sl,* Tratsche *f pej fam*

'snit fit *n (fam)* Wutanfall *m,* Ausbruch *m fig*

sniv·el ['snɪvᵊl] **I.** *vi* <BRIT -ll- *or* AM *usu* -l->
① *(sniffle)* schniefen *fam*
② *(cry)* flennen *pej fam,* plärren *pej fam;* *(whine)* heulen *fam*
II. *n* ① *no pl* AM *(snivelling)* Geplärre *nt pej fam*
② *(sad sniffle)* Schniefen *nt,* Schnüffeln *nt*

sniv·el·ling, AM **sniv·el·ing** ['snɪvᵊlɪŋ] **I.** *n no pl* Geheul *nt pej fam,* Geplärre *nt pej fam*
II. *adj attr, inv person, manner* weinerlich; ***that ~ coward!*** diese Memme!

snob [snɒb, AM snɑːb] *n* Snob *m;* ***I'm a bit of a wine ~*** bei Wein habe ich doch recht hohe Ansprüche

'snob ap·peal *n no pl* Snobappeal *m*

snob·bery ['snɒbᵊri, AM 'snɑːbɚi] *n* ① *no pl (self-superiority)* Snobismus *m;* ***she accused me of ~*** sie warf mir vor, snobistisch zu sein; **intellectual ~** geistiger Hochmut; **inverted ~** *Bekenntnis zu und Höherbewertung von Dingen und Attributen der unteren Gesellschaftsschichten*
② *(act of snobbery)* Snobismus *m,* snobistisches Verhalten

snob·bi·ly ['snɒbɪli, AM 'snɑːb-] *adv* snobistisch

snob·bish ['snɒbɪʃ, AM 'snɑːb-] *adj* snobistisch, versnobt; ***my brother is very ~ about cars*** mein Bruder ist ein ziemlicher Snob, was Autos betrifft

snob·bish·ly ['snɒbɪʃli, AM 'snɑːb-] *adv* snobistisch, versnobt

snob·bish·ness ['snɒbɪʃnəs, AM 'snɑːb-] *n no pl* Versnobtheit *f*

snob·by ['snɒbi, AM 'snɑːbi] *adj (fam)* snobistisch, versnobt

'snob value *n no pl* **to have ~** gesellschaftliche Überlegenheit symbolisieren; *thing* als Statussymbol gelten

snog [snɒg] **I.** *vi* <-gg-> BRIT *(fam)* [rum]knutschen *fam;* ■**to ~ with sb** mit jdm rumknutschen *fam*
II. *vt* <-gg-> BRIT *(fam)* ■**to ~ sb** jdn küssen; ***don't you want to ~ me?*** willst du mich nicht küssen?
III. *n* Kuss *m;* **to have a ~** rumknutschen *fam*

snood [snuːd] *n* FASHION Haarband *nt,* Stirnband *nt*

snook [snuːk] *n no pl* ▸PHRASES: **to cock a ~ at sb** BRIT *(fam)* jdm eine lange Nase drehen; **to cock a ~ at sb/sth** *(fig)* sich *akk* über jdn/etw lustig machen

snook·er ['snuːkəʳ, AM 'snʊkɚ] **I.** *vt* ① *usu passive* ■**to be ~ed** BRIT, AUS *(fig: be defeated)* festsitzen
② AM *(fig fam: trick)* ■**to ~ sb** jdn übers Ohr hauen *fam*
③ *(in snooker)* ■**to ~ sb** jdn abblocken; ■**to be ~ed** abgeblockt werden; ■**to ~ oneself** sich *akk*

selbst ausmanövrieren
II. *n* ❶ *(game)* Snooker *nt*
❷ *(shot)* Abblocken *nt; **well, you've got me in a ~*** du hast mich eingesperrt

snoop [snu:p] **I.** *n (fam)* ❶ *(look)* Herumschnüffeln *nt kein pl fam;* **to take** [*or* **have**] **a ~** sich *akk* [mal] ein bisschen umschauen *fam; **I think someone's been having a ~ around my office*** ich glaube, in meinem Büro hat jemand rumgeschnüffelt *fam*
❷ *(interloper)* Schnüffler(in) *m(f) fam; (spy)* Spion(in) *m(f); (investigator)* Schnüffler(in) *m(f) fam*
II. *vi (fam)* ❶ *(look secretly)* [herum]schnüffeln *fam; (pry)* [herum]spionieren; ***I don't mean to ~, but ...*** ich will ja nicht neugierig sein, aber ...
❷ *(spy on)* ■**to ~ on sb** hinter jdm herspionieren *fam,* jdn ausspionieren
❸ *(investigate)* sich *akk* umsehen; *police* Nachforschungen anstellen; ■**to ~ for sth** sich *akk* nach etw *dat* umsehen, nach etw *dat* suchen; ■**to ~ on sth** etw ausspionieren [*o* auskundschaften]
❹ *(look around) customer* sich *akk* umschauen *fam*
◆**snoop about, snoop around** *vi (fam)* ❶ *(look secretly)* ■**to ~ around somewhere** irgendwo herumschnüffeln *fam*
❷ *(investigate) police* sich *akk* umsehen
❸ *(look around) customer* sich *akk* umschauen *fam*

snoop·er ['snu:pəʳ, AM -ɚ] *n (fam)* ❶ *(interloper)* Schnüffler(in) *m(f) fam; **there has been a ~ here in my room*** hier in meinem Zimmer hat einer rumgeschnüffelt *fam*
❷ *(spy)* Spion(in) *m(f)*
❸ *(investigator)* Schnüffler(in) *m(f) fam,* Spion(in) *m(f)*

snoot [snu:t] *n (fam)* ❶ *(nose)* Nase *f; **get your ~ out of my business*** hör auf, deine Nase in meine Angelegenheiten zu stecken
❷ *(snob)* Snob *m; **don't be such a ~*** sei nicht so hochnäsig

snooti·ly ['snu:tɪli, AM -ṭ-] *adv (fam)* hochnäsig

snooty ['snu:ti, AM -ṭ-] *adj (fam)* arrogant, hochnäsig, großkotzig *pej sl*

snooze [snu:z] *(fam)* **I.** *vi* ein Nickerchen machen *fam,* dösen
II. *n* Nickerchen *nt fam,* Schläfchen *nt;* **to have a ~** ein Nickerchen machen [*o* halten] *fam*

'snooze but·ton *n* Schlummertaste *f (am Wecker)*

snore [snɔ:ʳ, AM snɔ:r] **I.** *vi* schnarchen
II. *n* Schnarchen *nt kein pl*

snore·plasty ['snɔ:ʳplɑ:sti] *n no pl Injektion in die Rückseite des Rachens gegen Schnarchen*

snor·er ['snɔ:rəʳ, AM 'snɔ:rɚ] *n* Schnarcher(in) *m(f)*

snor·ing ['snɔ:rɪŋ] *n no pl* Schnarchen *nt*

snor·kel ['snɔ:kəl, AM 'snɔ:r-] SPORT **I.** *n* Schnorchel *m*
II. *vi* <BRIT -ll- *or* AM *usu* -l-> schnorcheln

snor·kel·ling, AM **snor·kel·ing** ['snɔ:kəlɪŋ, AM 'snɔ:r-] *n no pl* SPORT Schnorcheln *nt;* **to go ~** schnorcheln gehen

snort [snɔ:t, AM snɔ:rt] **I.** *vi* schnauben, prusten; *horse* schnauben; **to ~ with anger/disbelief/disgust** wütend/ungläubig/verächtlich schnauben; **to ~ with laughter** vor Lachen [los]prusten
II. *vt* ❶ *(sl: inhale)* **to ~ cocaine/heroin/speed** Kokain/Heroin/Speed schnupfen
❷ *(disapprovingly)* ■**to ~ sth** etw [verächtlich] schnauben
III. *n* ❶ *(noise)* Schnauben *nt kein pl;* **to give a ~** ein Schnauben von sich *dat* geben, schnauben; ***the horse gave a ~*** das Pferd schnaubte
❷ *(fam: drink)* Gläschen *nt fam;* **a ~ of bourbon/whiskey** ein Gläschen Bourbon/Whisky

snort·er ['snɔ:təʳ] *n* BRIT *(fam)* Wahnsinnsding *nt fam; **this is a ~ of a riddle*** das ist ja ein Hammer von einem Rätsel *fam; **that was a ~ of a storm*** das war vielleicht ein Wahnsinnssturm *fam*

snot [snɒt, AM snɑ:t] *n* ❶ *no pl (fam: mucus)* Rotz *m fam*
❷ *(pej sl: person)* miese Type *pej fam*

'snot-nosed, 'snot·ty-nosed *adj attr, inv (pej fam)* rotznasig *fam;* **~ answer/reply** *(fig)* patzige [*o* pampige] Antwort *pej fam;* **~ boy** Rotzbengel *m pej sl;* **~ girl** Rotzgöre *f pej sl* **'snot-rag** *n (sl)* Rotzfahne *f fam*

snot·ty ['snɒti, AM 'snɑ:ṭi] *adj (fam)* ❶ *(full of mucus)* Rotz- *fam;* **~ handkerchief** vollgerotztes Taschentuch *fam;* **~ nose** Rotznase *f fam,* laufende Nase
❷ *(pej: rude)* rotzfrech *pej sl;* **~ answer** patzige [*o* pampige] Antwort *pej fam;* **~ clerk** AM pampiger Verkäufer/pampige Verkäuferin *pej fam;* **~ customer** unverschämter Kunde/unverschämte Kundin; **~ look** unverschämter Blick; **~ manner** unverschämte Art; **~ question** [rotz]freche Frage *fam*

snout [snaʊt] *n (nose) of an animal* Schnauze *f; of a person* Rüssel *m sl,* Zinken *m hum fam;* **dog's ~** Hundeschnauze *f;* **pig's ~** Schweinerüssel *m sl*

snow [snəʊ, AM snoʊ] **I.** *n* ❶ *no pl (frozen vapour)* Schnee *m; **outside the ~ was falling*** draußen schneite es; ***a blanket of ~ lay on the ground*** der Boden war schneebedeckt; **as white as ~** weiß wie Schnee, schneeweiß
❷ *(snowfall)* Schneefall *m*
❸ TV, COMPUT Schnee *m,* Flimmern *nt*
❹ *no pl (sl: cocaine)* Schnee *m sl*
II. *vi impers* schneien; ***it's ~ing*** es schneit
III. *vt* AM *(fam)* ■**to ~ sb** jdm Honig um's Maul schmieren *fam;* ■**to be ~ed into doing sth** [mit schönen Worten] zu etw *dat* überredet werden
◆**snow in** *vt usu passive* **to be/get ~ed in** eingeschneit sein/werden
◆**snow under** *vt usu passive* **to be ~ed under with work** mit Arbeit eingedeckt sein
◆**snow up** *vt usu passive* **to be/get ~ed up** eingeschneit sein/werden

'snow·ball I. *n* Schneeball *m* ▶PHRASES: **not to have a ~'s chance in hell [of doing sth]** *(fam)* nicht die allerkleinste Chance [*o fam* null Chancen] haben[, etw zu tun] **II.** *n modifier* Schneeball-; **~ fight** Schneeballschlacht *f* **III.** *vi (fig)* lawinenartig anwachsen [*o* zunehmen]; **to keep ~ing** eskalieren

'snow·ball ef·fect *n no pl* Schneeballeffekt *m*

'snow bank *n esp* AM *(snow drift)* Schneewehe *f,* ÖSTERR, SCHWEIZ *bes* Schneewechte *f* **'snow·bike** ['snəʊbaɪk, AM 'snoʊ-] *n* Snowbike *nt fachspr (Fahrrad mit Kufen)* **'snow·bird** [snoʊbɜ:rd] *n* AM, CAN *(fam) Nordamerikaner, der z. T. den ganzen Winter im Süden der Vereinigten Staaten verbringt (insbesondere in Florida), um der winterlichen Kälte zu entkommen* **'snow-blind** *adj inv* schneeblind; **to go ~** schneeblind werden **'snow blind·ness** *n no pl* Schneeblindheit *f* **'snow·board** *n* Snowboard *nt* **'snow·board·er** *n* Snowboarder(in) *m(f)* **'snow·board·ing** *n* Snowboarding *nt*

'snow·bound *adj inv (snowed-in)* eingeschneit; *(blocked)* durch Schneemassen abgeschnitten; *road* wegen Schnees gesperrt; ***large areas are still ~*** große Gebiete sind wegen der Schneemassen noch immer von der Außenwelt abgeschnitten

'snow-capped *adj inv* schneebedeckt

'snow·cat *n* SKI Pistenwalze *f* **'snow chains** *npl* AUTO Schneeketten *pl;* **to put on ~** Schneeketten anlegen **'snow-clad** *(poet),* **'snow-cov·ered** *adj inv* verschneit; *mountain* schneebedeckt **'snow day** *n* AM *schulfreier Tag wegen hohen Schnees* **'snow·deck** *n* Snowskate *nt (Kreuzung zwischen einem Skateboard und einem Snowboard)* **'snow·drift** *n* Schneewehe *f,* ÖSTERR, SCHWEIZ *bes* Schneewechte *f* **'snow·drop** *n* Schneeglöckchen *nt* **'snow·fall** *n* ❶ *no pl (amount)* Schneemenge *f;* **annual/average/regional ~** jährliche/durchschnittliche/örtliche Schneemenge ❷ *(snowstorm)* Schneefall *m;* **heavy/light ~s** heftige/leichte Schneefälle **'snow fence** *n* Schneezaun *m,* Schneehag *m* SCHWEIZ **'snow·field** *n* GEOL, METEO Schneefeld *nt* **'snow·flake** *n* Schneeflocke *f* **'snow gog·gles** *npl* Schneebrille *f,* Skibrille *f* ÖSTERR **'snow gun** *n* Schneekanone *f* **'snow job** *n (fam)* freundliches Getue *pej fam; **my boss did a ~ on me*** mein Chef hat mich eingewickelt *fam* **'snow leop·ard** *n* Schneeleopard *m* **'snow·line** *n* Schneefallgrenze *f* **'snow·man** *n* Schneemann *m;* **the abominable ~** der Schneemensch [*o* Yeti]

snow·mo·bile ['snəʊmə,bi:l, AM 'snoʊmoʊ,-] *n* Schneemobil *nt* **'snow pea** *n* AM Zuckererbse *f* **'snow·plough,** AM **'snow·plow·** *n* ❶ *(vehicle)* Schneepflug *m*
❷ SKI [Schnee]pflug *m* **'snow·shoe I.** *n usu pl* Schneeschuh *m* **II.** *vi* mit Schneeschuhen gehen **'snow show·er** *n* Schneegestöber *nt* **'snow·skate** *n* SPORT Snowskate *nt (Kreuzung zwischen einem Skateboard und einem Snowboard)* **'snow·skat·er** *n* Snowskater(in) *m(f)* **'snow·storm** *n* Schneesturm *m* **'snow·suit** *n* Schneeanzug *m* **'snow throw·er** *n* Schneeräummaschine *f (die den Schnee zur Seite wirft)* **'snow-tub·ing** *n no pl* SPORT Snowtubing *nt (auf einem Reifenschlauch die Piste hinunterrutschen)* **'snow tyre,** AM **'snow tire** *n* Winterreifen *m* **snow-'white I.** *adj* schneeweiß; *blouse, sheets also* blütenweiß; *hair also* schlohweiß; *face* kalkweiß; **to be/look ~** schneeweiß sein/aussehen **II.** *n no pl* Schneeweiß *nt*
Snow 'White *n no pl* Schneewittchen *nt*

snowy ['snəʊi, AM 'snoʊ-] *adj* ❶ *(with much snow) country, region, month* schneereich; ***January is usually a very ~ month*** im Januar fällt normalerweise sehr viel Schnee
❷ *(snow-covered) field, street* verschneit; *mountain* schneebedeckt
❸ *(colour)* schneeweiß

SNP [,esen'pi:] *n no pl, + sing/pl vb abbrev of* **Scottish National Party** *schottische Nationalpartei*

Snr *adj abbrev of* **Senior** sen., Sr.

snub [snʌb] **I.** *vt* <-bb-> ■**to ~ sb** *(offend by ignoring)* jdn brüskieren [*o* vor den Kopf stoßen]; *(insult)* jdn beleidigen
II. *n* Brüskierung *f;* **to take sth as a ~** sich *akk* durch etw *akk* beleidigt [*o* brüskiert] fühlen

snub 'nose *n (pej)* Stupsnase *f* **'snub-nosed** *adj attr, inv* ❶ *person* stupsnasig, mit einer Stupsnase *nach n* ❷ MIL *gun, revolver* mit kurzem Lauf *nach n* ❸ TECH **~ pliers** Rundzange *f*

snuck [snʌk] *vt, vi esp* AM *pp of* **sneak**

snuff [snʌf] **I.** *n* Schnupftabak *m;* **a pinch of ~** eine Prise Schnupftabak; **to take ~** schnupfen
II. *vt* **to ~ it** BRIT, AUS *(fam)* abkratzen *sl*
◆**snuff out** *vt* ■**to ~ out** ◌ **sth** ❶ *(extinguish)* etw auslöschen; **to ~ out ashes/candles** glühende Asche/Kerzen löschen
❷ *(fig: end)* etw *dat* ein Ende bereiten; **to ~ out one's hopes** seine Hoffnungen begraben; **to ~ out sb's hopes** jds Hoffnungen zunichtemachen
❸ AM *(die)* **to ~ one's life out** sein Leben aushauchen *geh*

'snuff box *n* Schnupftabak[s]dose *f*

snuf·fle ['snʌfl] **I.** *vi* ❶ *(sniffle)* schniefen *fam,* die Nase hochziehen
❷ *(speak nasally)* ■**to ~ [out]** näseln
II. *n* ❶ *(runny nose)* laufende Nase; **to have [a case of] the ~s** einen Schnupfen haben
❷ *(noisy breathing)* Schnüffeln *nt kein pl*

'snuff movie *n Pornofilm, der einen wirklichen [nicht gestellten] Mord zeigt*

snug [snʌg] **I.** *adj* ❶ *(cosy)* kuschelig, behaglich, gemütlich; *(warm)* mollig [*o* ÖSTERR, SCHWEIZ *a.* wohlig] warm
❷ FASHION *(tight)* eng; ***the boots look good but they're just a bit too ~*** die Stiefel sehen gut aus, aber sie sind ein wenig zu klein; **to be a ~ fit** eng anliegen
❸ *esp* AM *(adequate)* passend; **~ income/salary** gutes [*o fam* schönes] Einkommen/Gehalt; **~ wage** guter Verdienst
▶PHRASES: **to feel** [*or* **be**] **[as] ~ as a bug in a rug** es urgemütlich [*o* so richtig mollig [*o* ÖSTERR, SCHWEIZ *a.* wohlig] warm und gemütlich] haben
II. *n* BRIT kleines, gemütliches Nebenzimmer *(in einem Pub oder Gasthaus)*

snug·gery ['snʌgəri] *n* BRIT *(old)* kleines, gemütliches Nebenzimmer *(in einem Pub oder Gasthaus)*

snug·gle ['snʌgl] **I.** *vi* sich *akk* kuscheln [*o* schmiegen]; ***let's ~ [up] together on the sofa*** komm, wir machen es uns auf dem Sofa gemütlich; ■**to ~ with sb** mit jdm kuscheln; **to ~ under the covers** sich *akk* unter die Bettdecke kuscheln
II. *vt* ❶ *(hold)* ■**to ~ sb/sth** jdn/etw an sich *akk*

drücken; *he ~d the package under his arm* er klemmte sich das Paket unter den Arm
② *usu passive (nestle)* ■**to be ~d** sich *akk* schmiegen
III. *n (sl)* Umarmung *f*
◆**snuggle down** *vi* sich *akk* ins Bett kuscheln
◆**snuggle up** *vi* sich *akk* aneinanderkuscheln; ■**to ~ up to sb** sich *akk* an jdn kuscheln [*o* schmiegen]; ■**to ~ up with sb** mit jdm kuscheln; ■**to ~ up against sb** sich *akk* an jdn schmiegen [*o* kuscheln]
snug·ly ['snʌgli] *adv* ① *(comfortably)* gemütlich, behaglich; *they wrapped blankets ~ around her* sie packten sie warm in Decken ein
② *(tightly)* eng; **to fit ~** *clothes* wie angegossen passen [*o* sitzen]; *the fridge will fit ~ into this space* der Kühlschrank passt genau in diesen Zwischenraum
snug·ness ['snʌgnəs] *n no pl* Behaglichkeit *f,* Wohligkeit *f,* [Ur]gemütlichkeit *f*
so [səʊ, AM soʊ] **I.** *adv inv* ① *(to an indicated degree)* so; *I'm ~ tired* [*that*] *I could sleep in this chair* ich bin so müde, dass ich hier im Sessel einschlafen könnte; *he's quite nice, more ~ than I was led to believe* er ist ganz nett, viel netter als ich angenommen hatte; *he's not ~ stupid as he looks* er ist gar nicht so dumm, wie er aussieht; *look, the gap was about ~ wide* schau mal, die Lücke war ungefähr so groß; *the table that I liked best was about ~ wide* der Tisch, der mir am besten gefallen hat, war ungefähr so breit
② *(to a great degree) what are you looking ~ pleased about?* was freut dich denn so [sehr]?; *your hair is ~ soft* dein Haar ist so [unglaublich] weich; *she's ~ beautiful* sie ist so [wunder]schön; *I am ~ cold* mir ist so kalt; *I am ~* [*very*] *hungry/thirsty* ich bin [ja] so hungrig/durstig!, hab ich einen Durst/einen Riesenhunger! *fam; she's ever ~ kind and nice* sie ist ja so freundlich und nett!; *~ fair a face he could not recall (liter or old)* niemals zuvor hatte er ein so liebreizendes Gesicht gesehen *liter; what's ~ wrong with that?* was ist denn daran so falsch?; *is that why you hate him ~?* ist das der Grund, warum du ihn so sehr hasst?; *and I love you ~* und ich liebe dich so sehr; *you worry ~* [*much*] du machst dir so viele Sorgen
③ *(in such a way)* so; *we've ~ planned our holiday that the kids will have a lot of fun* wir haben unsere Ferien so geplant, dass die Kinder viel Spaß haben werden; *gently fold in the eggs like ~* rühren Sie die Eier auf diese Weise vorsichtig unter
④ *(perfect)* [**to be**] **just ~** genau richtig [sein]; *I want everything just ~* ich will, dass alles perfekt ist; *if you don't do things just ~, he comes along and yells at you* wenn du nicht alles absolut richtig machst, kommt er und schreit dich an
⑤ *(also, likewise)* auch; *I'm hungry as can be and ~ are the kids* ich habe einen Riesenhunger und die Kinder auch *fam; I've got an enormous amount of work to do — ~ have I* ich habe jede Menge Arbeit – ich auch; *I'm allergic to nuts — ~ is my brother* ich bin gegen Nüsse allergisch – mein Bruder auch; *I hope they stay together — I hope ~, too* ich hoffe, sie bleiben zusammen – das hoffe ich auch; *I* [*very much*] *hope ~!* das hoffe ich doch sehr!
⑥ *(yes)* ja; *should we get going now? — I should say ~* sollen wir jetzt anfangen? – ja, ich finde schon; *can I watch television? — I suppose ~* darf ich fernsehen? – na gut, meinetwegen [*o* von mir aus]; *is this that the correct answer? — I suppose ~* ist das die richtige Antwort? – ich glaube schon [*o* ja]; *I'm afraid ~* ich fürchte ja
⑦ AM *(fam: contradicting)* doch; *haha, you don't have a bike — I do ~* haha, du hast ja gar kein Fahrrad – hab ich wohl!
⑧ *(that)* das; *~ they say* so sagt man; *~ I believe* [das] glaube ich jedenfalls; *I'm sorry I'm late — ~ you should be* es tut mir leid, dass ich mich verspätet habe – das will ich auch schwer hoffen; *... or ~ they say/I've heard* ... so heißt es jedenfalls/das habe ich zumindest gehört; *Carla's coming over this summer or ~ I've heard* Carla kommt diesen Sommer, [das] habe ich jedenfalls gehört; *well then, ~ be it* also gut; *I told you ~* ich habe es dir ja [*o* doch] gesagt; *he looks like James Dean — ~ he does* er sieht aus wie James Dean – stimmt!
⑨ *(as stated)* so; *(true)* wahr; *is that ~?* ist das wahr?, stimmt das?; *~ it is* das stimmt; *if ~ ...* wenn das so ist ...; *that being ~, ...* angesichts dieser Tatsache ...; **to be quite ~** wirklich stimmen
⑩ *(this way, like that)* so; *I'm sure it's better ~* ich bin sicher, so ist es besser; *and ~ it was* und so kam es dann auch; *and ~ it was that ...* und so kam es, dass ...; *it ~ happened that I was in the area* ich war zufällig [gerade] in der Nähe; **and ~ forth** [*or* **on**] und so weiter; **~ to say** [*or* **speak**] sozusagen
▶PHRASES: **~ far ~ good** so weit, so gut; **~ long** bis dann [*o* später]; **~ much for that** so viel zum Thema; **~ what?** na und? *fam,* na wenn schon? *fam*
II. *conj* ① *(therefore)* deshalb, daher; *I couldn't find you ~ I left* ich konnte dich nicht finden, also bin ich gegangen; *my landlord kicked me out and ~ I was forced to seek yet another apartment* mein Vermieter hat mich rausgeworfen, weshalb ich mir schon wieder eine neue Wohnung suchen musste
② *(fam: whereupon) he said he wanted to come along, ~ I told him that ...* er sagte, er wolle mitfahren, worauf ich ihm mitteilte, dass ...
③ *(introducing a sentence)* also; *~ we leave on the Thursday* wir fahren also an diesem Donnerstag; *~ that's what he does when I'm not around* das macht er also, wenn ich nicht da bin; *~ where have you been?* wo warst du denn die ganze Zeit?; *~ what's the problem?* wo liegt denn das Problem?; *~ that's that for now* das wär's dann fürs Erste *fam*
④ *(in order to)* damit; *be quiet ~ she can concentrate* sei still, damit sie sich konzentrieren kann
▶PHRASES: **~ long as ...** *(if)* sofern; *(for the time)* solange; *I'll join the army ~ long as you do too* ich gehe zum Militär, sofern du auch gehst; *~ long as he doesn't go too far, ...* solange er nicht zu weit geht, ...; **~ there!** *(hum)* ätsch! *Kindersprache; mine's bigger than yours, ~ there! (hum)* ätsch, meiner ist größer als deiner! *Kindersprache*
III. *adj (sl)* typisch *fam; that's ~ 70's* das ist typisch 70er *fam*
soak [səʊk, AM soʊk] **I.** *n* ① *(immersion)* Einweichen *nt kein pl; there's nothing like a good long ~ in the bath (hum)* es geht doch nichts über ein genüssliches langes Bad
② *(fam: drinker)* Säufer(in) *m(f) pej derb; (drinking bout)* Sauftour *f fam*
II. *vt* ① *(immerse)* **to ~ dry beans/stains** getrocknete Bohnen/Flecken einweichen; **to ~ a fruit in brandy** eine Frucht in Brandy einlegen
② *(make wet)* ■**to ~ sb/sth** jdn/etw durchnässen
③ *(fam: demand money)* ■**to ~ sb** jdn schröpfen *fam*
④ *(study)* ■**to ~ oneself in sth** sich *akk* in etw *akk* vertiefen
⑤ COMPUT **to ~ a program/device** ein Programm *nt*/ein Gerät *nt* ununterbrochen laufen lassen
III. *vi* ① *(immerse)* einweichen lassen; **to leave sth to ~** [**overnight**] etw [über Nacht] einweichen [lassen]
② *(fam: booze)* saufen *derb*
◆**soak in I.** *vi* ① *(absorb)* aufgesogen werden, einziehen
② *(understand)* in den Schädel gehen *fam; it just seems not to ~ in* es will einfach nicht in seinen Schädel *fam; will it ever ~ in?* ob er/sie das wohl jemals kapiert? *fam*
II. *vt* ■**to ~ in** ◌ **sth** etw einsaugen; *(fig)* etw in sich *akk* aufnehmen; **to ~ in culture** Kultur tanken *fam*
◆**soak off** *vt* ■**to ~ off** ◌ **sth** etw [mit Wasser] ablösen
◆**soak through** *vi* durchsickern, durchtropfen; ■**to ~ through sth** durch etw *akk* [hindurch]sickern; ■**to be ~ed through** völlig durchnässt sein
◆**soak up** *vt* ① *(absorb)* ■**to ~ up** ◌ **sth** etw aufsaugen; *(fig)* etw [gierig] in sich *akk* aufnehmen [*o* aufsaugen]; *I ~ed up most of the spilt milk with a cloth* ich nahm den größten Teil der verschütteten Milch mit einem Lappen auf; *we unconsciously ~ up stereotypes* wir verinnerlichen Klischees unbewusst
② *(bask in)* **to ~ up the atmosphere** die Atmosphäre in sich *akk* aufnehmen [*o* genießen]; **to ~ up the sun**[**shine**] sonnenbaden, sich *akk* in der Sonne aalen *fam*
③ *(use up)* **to ~ up money/resources** Geld/Mittel aufbrauchen [*o fam* schlucken]; **to ~ up sb's time** jds Zeit in Anspruch nehmen
soak·away ['səʊkəˌweɪ, AM 'soʊk-] *n* BRIT ECOL Abflussgrube *f*
soaked [səʊkt, AM soʊkt] *adj* ① *(wet)* ■**to be ~** pitschnass sein *fam;* **to be ~ to the skin** [*or* **bone**] bis auf die Haut nass sein; **to be ~ in sweat** schweißgebadet sein; *shirt* völlig durchgeschwitzt sein
② *(fam: drunk)* stockbetrunken *fam,* völlig blau *fam*
soak·ing ['səʊkɪŋ, AM 'soʊk-] **I.** *n* ① *(immersion)* Einweichen *nt kein pl;* **to give sth a ~** etw einweichen
② *(becoming wet)* Nasswerden *nt kein pl;* **to get a ~** patschnass werden *fam*
II. *adj inv* ~ [**wet**] klatschnass *fam,* patschnass *fam*
so-and-so ['səʊən(d)səʊ, AM 'soʊən(d)soʊ] *n (fam)* ① *(unspecified person)* Herr/Frau Soundso; *(unspecified thing)* das und das
② *(pej fam: disliked person)* Miststück *nt derb,* gemeines Biest *fam; oh, he was a right old ~ that Mr Baker* ja, dieser Mr. Baker war ein richtiger alter Fiesling *sl*
③ AM *(pej)* **Mr/Mrs ~** *(nit-picker)* du alter Besserwisser/alte Besserwisserin *fam*
soap [səʊp, AM soʊp] **I.** *n* ① *no pl (substance)* Seife *f;* **to wash one's hands with ~** sich *dat* die Hände mit Seife waschen; **a piece** [*or* **bar**] [*or* **tablet**] **of ~** ein Stück *nt* Seife; **liquid ~** Flüssigseife *f*
② TV, MEDIA *(soap opera)* Seifenoper *f;* **afternoon ~** Nachmittagsserie *f (im Fernsehen)*
▶PHRASES: **soft ~** Schmeichelei *f*
II. *vt* ■**to ~ sb/oneself/sth** jdn/sich/etw einseifen; **to ~ oneself all over** sich *akk* von oben bis unten einseifen
'soap bark *n no pl* Seifenrinde *f,* Quillajarinde *f*
'soap·box *n* ① *(hist: container)* Seifenkiste *f*
② *(cart)* Seifenkiste *f*
③ *(pedestal)* Obstkiste *f (improvisierte Rednerbühne, z.B. in Speaker's Corner im Hyde Park)*
▶PHRASES: **to get on/off one's ~** anfangen/aufhören, große Reden zu schwingen
'soap bub·ble *n* Seifenblase *f;* **to turn out to be only a ~** *(fig)* sich *akk* als Seifenblase erweisen *fig*
'soap dish *n* Seifenschale *f* **'soap dis·pens·er** *n* Seifenspender *m* **'soap flakes** *npl* Seifenflocken *pl*
'soap op·era *n* TV, MEDIA Seifenoper *f*
'soap pow·der *n no pl* Seifenpulver *nt* **'soap·stone** *n no pl* GEOL Speckstein *m* **'soap·suds** *npl* Seifenschaum *m kein pl*
soapy ['səʊpi, AM 'soʊp-] *adj* ① *(lathery)* seifig, Seifen-; **~ water** Seifenwasser *nt,* Seifenlauge *f*
② *(like soap)* seifig, wie Seife; **to feel ~** sich *akk* wie Seife anfühlen; **to taste ~** nach Seife schmecken
③ *(pej: flattering)* schmeichlerisch; *smile, voice* ölig *pej*
soar [sɔːʳ, AM sɔːr] *vi* ① *(rise)* aufsteigen; *(fig) mountain peaks* sich *akk* erheben; **to ~ into the sky** zum [*o liter* gen] Himmel steigen
② *(increase) temperature, prices, profits* in die Höhe schnellen, rapide steigen; *consumer awareness* zunehmen
③ *(glide) bird* [*of prey*] [in großer Höhe] segeln [*o* [dahin]schweben]; *glider, hang-glider* gleiten, schweben
④ *(excel)* sehr erfolgreich sein; **to ~ in school** sehr gute Schulleistungen erbringen
soar·away ['sɔːrəweɪ] *adj attr* Blitz- *fig,* Senkrechtstarter- *fig*

soar·ing ['sɔːrɪŋ] *adj attr, inv* ① *(increasing)* rasch steigend, in die Höhe schnellend
② *(gliding)* [dahin]gleitend

S.O.B. [ˌesoʊ'biː] *n* AM *(pej fam) abbrev of* **son of a bitch** Scheißkerl *m derb*

sob [sɒb, AM sɑːb] **I.** *n* Schluchzen *nt kein pl,* Schluchzer *m*
II. *vi* <-bb-> schluchzen
III. *vt* <-bb-> ① *(cry)* **to ~ one's heart out** sich *dat* die Seele aus dem Leib weinen; **to ~ oneself to sleep** sich *akk* in den Schlaf weinen
② *(say while crying)* ■**to ~ sth** etw schluchzen; ***"no, please don't go," she ~bed*** „nein, bitte geh nicht", stieß sie schluchzend hervor

so·ber ['səʊbəʳ, AM 'soʊbɚ] **I.** *adj* ① *inv (not drunk)* nüchtern; ***I've been ~ for 5 years now*** ich bin jetzt seit fünf Jahren trocken; **to be [as] ~ as a judge** stocknüchtern sein *fam;* **to be stone cold ~** stocknüchtern sein *fam*
② *(fig: unemotional) thought, judgement, opinion* sachlich, nüchtern; *person* nüchtern, besonnen; **~ realization** nüchterne Erkenntnis
③ *(plain) clothes* unauffällig, schlicht; *colour* gedeckt; *(simple) truth* schlicht, einfach
II. *vt* ■**to ~ sb** jdn ernüchtern
III. *vi person* ruhiger werden
◆**sober up I.** *vi* ① *(become less drunk)* nüchtern werden
② *(become serious)* zur Vernunft kommen
II. *vt* ■**to ~ sb up** ① *(make less drunk)* jdn nüchtern machen
② *(make serious)* jdn ernüchtern [*o* zur Vernunft bringen]

so·ber·ing ['səʊbᵊrɪŋ, AM 'soʊ-] *adj effect, thought* ernüchternd; **to have a ~ effect on sb** wie eine kalte Dusche auf jdn wirken

so·ber·ly ['səʊbəli, AM 'soʊbɚ-] *adv* ① *(seriously)* vernünftig, ruhig; *(down-to-earth)* nüchtern
② *(plainly)* unauffällig, einfach

so·ber·ness ['səʊbənəs, AM 'soʊbɚ-] *n no pl* ① *(sobriety)* Nüchternheit *f*
② *(seriousness)* Ernst *m;* ***the ~ of the news slowly sunk in*** langsam wurde ihnen der Ernst der Nachricht bewusst
③ *(plainness)* Schlichtheit *f;* ***she chose the grey suit for its ~*** sie wählte das graue Kostüm, weil es so dezent war

so·ber·sides <*pl* -> ['səʊbəsaɪdz, AM 'soʊbɚ-] *n usu sing (old fam)* Muffel *m fam,* Trauerkloß *m hum fam*

so·bri·ety [sə(ʊ)'braɪəti, AM sə'braɪəṭi] *n no pl (form or hum)* ① *(soberness)* Nüchternheit *f; (life without alcohol)* Abstinenz *f;* **to achieve ~** trocken werden *fam*
② *(seriousness)* Ernst *m;* ***his ~ often dampened the others' good moods*** seine Ernsthaftigkeit dämpfte oft die gute Laune der anderen

so·'bri·ety test *n* AM Alkoholtest *m;* **to give sb a ~** jdn einem Alkoholtest unterziehen [*o fam* [ins Röhrchen] blasen lassen]

so·bri·quet ['səʊbrɪkeɪ, AM 'soʊ-] *n (form or hum)* Spitzname *m*

'sob sis·ter *n (fam: journalist)* Verfasserin *f* rührseliger Geschichten; *(agony aunt)* Briefkastentante *f; (actress) Schauspielerin, die sentimentale Rollen spielt* **'sob sto·ry** *n (fam)* ① *(story)* rührselige Geschichte ② *(excuse)* Ausrede *f;* **to tell a ~** mit einer Mitleid heischenden Ausrede daherkommen *fam*

'sob stuff *n no pl (fam)* rührselige Geschichten

so-called [ˌsəʊ'kɔːld, AM ˌsoʊ'kɑːld] *adj attr, inv* ① *(supposed)* so genannt, angeblich; ***one of his ~ friends*** einer seiner angeblichen Freunde
② *(with neologisms)* so genannt; ***people smugglers, ~ coyotes*** Schlepper, Kojoten genannt

soc·cer ['sɒkəʳ, AM 'sɑːkɚ] **I.** *n no pl* Fußball *m;* **a game of ~** ein Fußballspiel *nt*
II. *n modifier (field, game, match, player, team)* Fußball-; **~ ball** Fußball *m;* **~ coach** [Fußball]trainer *m,* Trainer *m* einer Fußballmannschaft

'soc·cer mom *n* AM *(pej fam) Bezeichnung für Mütter aus den Vorortsiedlungen, die viel Zeit damit verbringen, ihre Kinder von einer Sportveranstaltung zur nächsten zu fahren*

so·cia·bil·ity [ˌsəʊʃə'bɪləti, AM 'soʊʃə'bɪləṭi] *n no pl* Geselligkeit *f*

so·cia·ble ['səʊʃəbl̩, AM 'soʊ-] **I.** *adj* ① *(keen to mix)* gesellig; ***I wasn't feeling very ~*** mir war nicht nach Geselligkeit zumute; **~ mood** gesellige Stimmung
② *(friendly)* freundlich, umgänglich; ***she invited her new neighbours round for coffee just to be ~*** sie lud ihre neuen Nachbarn zum Kaffee ein, um nicht unfreundlich zu erscheinen
③ *(of an event)* gesellig; **~ evening** bunter [*o* geselliger] Abend; **~ occasion** gesellschaftliches Ereignis
II. *n* ① *(hist: carriage)* Kutsche *f*
② BRIT *(sofa)* **~ [couch]** *Sofa in S-Form für zwei Personen, die sich darauf gegenübersitzen*
③ AM *(party)* Treffen *nt,* Zusammenkunft *f;* **church ~** Gemeindefest *nt*

so·cial[1] ['səʊʃᵊl, AM 'soʊ-] **I.** *adj* ① *(of human contact)* Gesellschaft-, gesellschaftlich; ***I'm a ~ drinker*** ich trinke nur, wenn ich in Gesellschaft bin; **~ activities** gesellschaftliche Aktivitäten; **~ calendar** Veranstaltungskalender *m (für die gesellschaftliche Saison);* **~ connections** Beziehungen *pl;* **~ elite** gesellschaftliche Elite; **~ event** [*or* **function**] Veranstaltung *f,* [gesellschaftliches] Ereignis; **~ gatherings** gesellschaftliche Zusammenkünfte; **to climb the ~ ladder** die soziale Leiter hinaufklettern, gesellschaftlich aufsteigen; **~ obligation** gesellschaftliche Verpflichtung
② SOCIOL *(concerning society)* gesellschaftlich, Gesellschafts-; **~ anthropology/psychology** Sozialanthropologie *f*/-psychologie *f;* **~ class** Gesellschaftsklasse *f;* **~ differences/problems** soziale Unterschiede/Probleme; **~ equality/justice/movement** soziale Gleichheit/Gerechtigkeit/Bewegung; **~ group** gesellschaftliche Gruppe; **~ reform** Sozialreform *f;* **~ reformer** Sozialreformer(in) *m(f);* **~ revolution** soziale Revolution; **~ studies** AM SCH Gemeinschaftskunde *f,* Sozialkunde *f;* UNIV Gesellschaftswissenschaften *pl*
③ SOCIOL *(of human behaviour)* sozial, Sozial-; **~ critic** Gesellschaftskritiker(in) *m(f);* **~ disease** *(old fam)* Geschlechtskrankheit *f;* **~ disorder** [*or* **unrest**] soziale Unruhen; **~ problem** gesellschaftliches Problem; **~ skills** soziale Fähigkeiten
④ *(concerning the public)* Sozial-, sozial; **~ institution** soziale Einrichtung; **~ insurance/legislation** Sozialversicherung *f*/-gesetzgebung *f;* **~ policy** Sozialpolitik *f*
⑤ ZOOL, BIOL *(living together)* Herden-; **~ animal** Herdentier *nt*
II. *n* BRIT Treffen *nt,* Zusammenkunft *f;* **church ~** Gemeindefest *nt*

so·cial[2] ['soʊʃᵊl] *n* AM *(fam) short for* **Social Security Number** Sozialversicherungsnummer *f*

so·cial 'class *n + sing/pl vb* Bevölkerungsschicht *f* **so·cial 'climb·er** *n (pej)* sozialer Aufsteiger/soziale Aufsteigerin *fam* **so·cial com·'mit·ment** *n* soziales Engagement **so·cial 'con·science** *n no pl* soziales Gewissen **so·cial con·tri·'bu·tion** *n* POL Sozialversicherungsbeitrag *m*

So·cial 'Demo·crat *n* Sozialdemokrat(in) *m(f);* BRIT *(hist) Mitglied der britischen Sozialdemokratischen Partei*

So·cial Demo·'crat·ic Par·ty *n,* **SDP** *n no pl* BRIT *(hist)* Sozialdemokratische Partei

so·cial en·gi·'neer·ing *n no pl* ① SOCIOL angewandte Sozialwissenschaft
② COMPUT Social Engineering *nt (Versuch, persönliche Daten eines Computersystems durch Täuschung zu erhalten, oft über das Internet)*

so·cial in·'sur·ance *n no pl* Sozialversicherung *f*

so·cial·ism ['səʊʃᵊlɪzᵊm, AM 'soʊ-] *n no pl* Sozialismus *m*

so·cial·ist ['səʊʃᵊlɪst, AM 'soʊ-] **I.** *n* Sozialist(in) *m(f)*
II. *adj* sozialistisch

so·cial·is·tic [ˌsəʊʃᵊl'ɪstɪk, AM ˌsoʊʃe'lɪs] *adj* sozialistisch

so·cial·ite ['səʊʃᵊlaɪt, AM 'soʊʃə-] *n* Persönlichkeit *f* des öffentlichen Lebens

so·ciali·za·tion [ˌsəʊʃᵊlaɪ'zeɪʃᵊn, AM ˌsoʊʃᵊlɪ-] *n no pl* ① POL Sozialisierung *f,* Vergesellschaftung *f*
② SOCIOL Sozialisation *f;* **process of ~** *(for criminals)* Resozialisierungsprozess *m; (for babies)* Sozialisationsprozess *m,* Prozess *m* der Sozialisation

so·cial·ize ['səʊʃᵊlaɪz, AM 'soʊʃəl-] **I.** *vi* unter Leuten sein; ***Adrian seems to spend most of his time socializing*** Adrian scheint ja ein ziemlich reges gesellschaftliches Leben zu haben; ■**to ~ with sb** mit jdm gesellschaftlich verkehren
II. *vt* ① SOCIOL, BIOL ■**to ~ sb** jdn sozialisieren; **to ~ an offender** einen Straftäter/eine Straftäterin [re]sozialisieren; ■**to ~ an animal** ein Tier zähmen [*o* an den Menschen gewöhnen]
② POL ■**to ~ sth** etw sozialistisch machen; *(nationalize)* etw verstaatlichen [*o* vergesellschaften]

so·cial·ized 'medi·cine *n no pl* AM *(usu pej) beitragsfreie Krankenversicherung*

'so·cial life *n* gesellschaftliches Leben, Privatleben *nt*

so·cial·ly ['səʊʃᵊli, AM 'soʊ-] *adv* ① *(convivially)* gesellschaftlich; **~ *they're a great company*** was das Betriebsklima angeht, ist das eine tolle Firma; **to be ~ active** ein reges gesellschaftliches Leben führen
② *(behaviourally)* was das Sozialverhalten betrifft; **~ *she's a disaster*** sie fällt in Gesellschaft immer unangenehm auf
③ *(privately)* **to meet** [*or* **see**] **sb ~** jdn privat [*o* außerhalb der Arbeit] treffen
④ *(of the public)* gesellschaftlich; **to be ~ acceptable** gesellschaftlich akzeptabel sein

so·cial 'net·work·ing *n no pl* Social Networking *nt*

so·cial 'pho·bia *n* Sozialphobie *f* **so·cial 'sci·ence** *n* Sozialwissenschaft *f;* ■**the ~s** *pl* die Sozialwissenschaften *pl*

so·cial se·'cur·ity *n no pl* ① BRIT, AUS *(welfare)* Sozialhilfe *f;* **~ contributions** *pl* Sozialabgaben *pl;* **~ scheme** soziales Sicherungssystem; **~ system** Versorgungssystem *nt*
② AM *(pension)* Sozial[versicherungs]rente *f*

so·cial 'ser·vice *n* ① *(community help)* gemeinnützige Arbeit
② *(welfare)* ■**~s** *pl* staatliche Sozialleistungen; **~s office** Sozialamt *nt,* Sozialeinrichtung *f*

so·cial 'skill *n* Sozialkompetenz *f*

so·cial 'stand·ing *n no pl* gesellschaftliche Stellung, Rang *m* in der Gesellschaft

so·cial 'sys·tem *n* Gesellschaftssystem *nt* **'so·cial work** *n no pl* Sozialarbeit *f* **'so·cial work·er** *n* Sozialarbeiter(in) *m(f)*

so·ci·etal [sə'saɪətᵊl, AM -ṭᵊl] *adj inv* gesellschaftlich

so·ci·ety [sə'saɪəti, AM -əṭi] **I.** *n* ① *(all people)* Gesellschaft *f;* **consumer ~** Konsumgesellschaft *f;* **a member of ~** ein Mitglied *nt* der Gesellschaft; **to be a menace** [*or* **danger**] **to ~** eine Bedrohung für die Allgemeinheit darstellen; **American/British ~** die amerikanische/britische Gesellschaft; **capitalist/classless/multicultural ~** kapitalistische/klassenlose/multikulturelle Gesellschaft; **to do sth for the good** [*or* **benefit**] **of ~** etw zum Nutzen der Allgemeinheit tun
② *(elite)* die [feine] Gesellschaft; **high ~** High Society *f*
③ *(form: company)* Gesellschaft *f;* ***she prefers her own ~*** sie ist am liebsten alleine; **to avoid sb's ~** jdn meiden; ***he avoids ~ when possible*** wann immer möglich, vermeidet er es, unter Menschen zu gehen
④ *(organization)* Verein *m,* Vereinigung *f;* **the S~ of Friends** die Gesellschaft der Freunde [*o* Quäker]; **literature ~** Literaturzirkel *m;* **music ~** Musikverein *m,* Musikkreis *m;* **writers' ~** Schriftstellervereinigung *f,* Schriftstellerverband *m*
II. *n modifier (ball)* Gesellschafts-; **~ column/reporter** Klatschspalte *f*/-reporter(in) *m(f);* **~ event** gesellschaftliche Veranstaltung; **~ news** Illustrierte *f*

So·'ci·ety Is·lands *npl* Gesellschaftsinseln *pl*

so·cio- ['səʊsiəʊ, AM 'soʊsioʊ] *in compounds* Sozio-, sozio-

so·cio·cul·tur·al [ˌsəʊʃiəʊ'kʌltʃᵊrəl, -si-, AM ˌsoʊsioʊ-, -ʃi-] *adj inv* soziokulturell **so·cio-eco·nom·ic**

[ˌsəʊʃiəʊˌiːkəˈnɒmɪk, -si-, AM ˌsoʊsioʊˌekəˈnɑːmɪk, -ʃi-] *adj inv* sozioökonomisch; ~ **group** sozioökonomische Gruppierung **so·cio-eco·nomi·cal·ly** [ˌsəʊʃiəʊˌiːkəˈnɒmɪkli, -si-, AM ˌsoʊsioʊˌekəˈnɑːmɪk-, -ʃi-] *adv inv* sozioökonomisch **so·cio·lin·guis·tic** [ˌsəʊʃiəʊlɪŋˈgwɪstɪk, -si-, AM ˌsoʊsioʊ-, -ʃi-] *adj inv* soziolinguistisch **so·cio·lin·guis·tics** [ˌsəʊʃiəʊlɪŋˈgwɪstɪks, AM ˌsoʊsioʊ-] *n* Soziolinguistik *f*
so·cio·logi·cal [ˌsəʊʃiəˈlɒdʒɪkəl, -si-, AM ˌsoʊsiəˈlɑːdʒɪ-, -ʃi-] *adj inv* soziologisch
so·cio·logi·cal·ly [ˌsəʊʃiəˈlɒdʒɪkəli, -si-, AM ˌsoʊsiəˈlɑːdʒɪ-, -ʃiə-] *adv inv* soziologisch
so·ci·olo·gist [ˌsəʊʃiˈɒlədʒɪst, -si-, AM ˌsoʊsiˈɑːlə-, -ʃi-] *n* Soziologe, Soziologin *m, f*
so·ci·ol·ogy [ˌsəʊʃiˈɒlədʒi, -si-, AM ˌsoʊsiˈɑːlə-, -ʃi-] *n no pl* Soziologie *f*
so·cio·path [ˈsəʊʃiə(ʊ)pæθ, -si-, AM ˌsoʊsiəpæθ, -ʃi-] *n* Soziopath(in) *m(f)*, gesellschaftsunfähiger Mensch
so·cio·path·ic [ˌsəʊsiə(ʊ)ˈpæθɪk, AM ˌsoʊsiə'-] *adj* soziopathisch
so·ci·opa·thy [ˌsəʊsiˈɒpəθi, AM ˌsoʊsiˈɑː-] *n* Soziopathie *f*
so·cio·po·liti·cal [ˌsəʊʃiəʊpəˈlɪtɪkəl, -si-, AM ˌsoʊsioʊpəlɪt̬-, -ʃi-] *adj inv* soziopolitisch
sock¹ [sɒk, AM sɑːk] *n* Socke *f;* **ankle** ~ Söckchen *nt,* Socke *f;* **cotton** ~ Baumwollsocke *f;* **knee** ~ Kniestrumpf *m,* Kniesocke *f* SCHWEIZ; **nylon** ~ Nylonsöckchen *nt;* **a pair of** ~**s** ein Paar *nt* Socken; **toe** ~ Socke *f* mit Zehen; **odd** [*or* **mismatched**] ~**s** zwei verschiedene Socken; **wool[l]en** ~ Wollsocke *f*
▸PHRASES: **to blow** [*or* **knock**] **sb's** ~**s off** *(fam)* jdn vom Hocker reißen *fam;* **to pull one's** ~**s up** *(fam)* sich *akk* am Riemen reißen *fam;* **put a** ~ **in it!** *(hum fam)* halt die Klappe! *sl;* ***put a** ~ **in it, Dad*** ach, jetzt hör doch auf, Papa
sock² [sɒk, AM sɑːk] **I.** *vt* ❶ *(dated fam: punch)* ■**to** ~ **sb** jdn hauen *fam;* **to** ~ **sb in the eye** jdm eins aufs *fam* Auge geben; **to** ~ **sb on the jaw** jdm einen Kinnhaken verpassen *fam*
❷ AM SPORT **to** ~ **the ball** den Ball schlagen
▸PHRASES: **to** ~ **it to sb** *(fam)* jdm zeigen, was man kann, es jdm zeigen *fam*
II. *n (dated fam)* Schlag *m;* **to give sb a** ~ jdm eine verpassen *fam*
◆**sock away** *vt* ■**to** ~ **away** ⊂ **sth** *money* etw wegpacken
sock·et [ˈsɒkɪt, AM ˈsɑː-] *n* ❶ ELEC *(for a plug)* Steckdose *f;* *(for lamps)* Fassung *f;* MECH Sockel *m;* **mains/wall** ~ Netz-/Wandsteckdose *f;* **single/double/triple** ~ Einfach-/Zweifach-/Dreifachsteckdose *f*
❷ ANAT, MED **arm/hip/knee** ~ Arm-/Hüft-/Kniegelenkpfanne *f;* **eye** ~ Augenhöhle *f;* **tooth** ~ Zahnfach *nt*
ˈsock·et span·ner, AM **ˈsock·et wrench** *n* MECH Steckschlüssel *m*
Socrates [ˈsɒkrətiːz, AM ˈsɑːkrə] *n no pl* Sokrates *m*
So·crat·ic [səˈkrætɪk, AM t̬ɪk] *adj inv* sokratisch
sod¹ [sɒd, AM sɑːd] **I.** *n* Grassode *f,* Grasnarbe *f;* **to be under the** ~ *(euph)* unter der Erde liegen *euph*
II. *vt* <-dd-> ■**to** ~ **sth** etw mit Gras bedecken
sod² [sɒd] **I.** *n* BRIT ❶ *(sl: mean person)* Sau *f derb;* *(vexing thing)* blödes Ding *fam,* Mist *m fam;* ***this is a** ~ **of a car*** das ist vielleicht eine Mistkarre! *sl;* **silly** [*or* **stupid**] ~ blöde Sau *derb*
❷ *(fam: person)* **lucky** ~ Glückspilz *m;* **poor** ~ armer Kerl, armes Schwein *fam*
▸PHRASES: ~ **all** *(sl)* nicht das kleinste bisschen; **to give** [*or* **care**] **a** ~ [**about sth**] *(sl)* [auf etw *akk*] pfeifen *fam o derb*
II. *vt* BRIT *(sl)* ■**to** ~ **sb/sth** jdn/etw verfluchen; ~ ***it!*** verdammter Mist! *sl*
◆**sod off** *vi* BRIT *(sl)* abhauen *sl,* Leine ziehen *sl,* ÖSTERR *a.* sich *akk* schleichen *sl;* ~ ***off!*** zieh Leine! *sl,* hau ab! *sl*
soda [ˈsəʊdə, AM ˈsoʊ-] *n* ❶ *no pl (water)* Sodawasser *nt*
❷ AM *(sweet drink)* Limonade *f,* Limo *f fam*
❸ CHEM Soda *nt;* ~ **lye** Natronlauge *f*
ˈsoda bread *n no pl mit Backpulver gebackenes Brot*
ˈsoda foun·tain *n esp* AM ❶ *(device)* Siphon *m* ❷ *(dated: counter)* Erfrischungshalle *f veraltend,* Eisbar *f* **ˈsoda pop** *n no pl* AM Limo *f fam,* Zitro *nt* SCHWEIZ **ˈsoda si·phon** *n* Siphon *m*
ˈsoda wa·ter *n no pl* Sodawasser *nt*
sod·den [ˈsɒdən, AM ˈsɑː-] *adj inv* ❶ *(soaked)* durchnässt; ~ **grass** durchweichter Rasen
❷ FOOD *(pej)* pampig; *(doughy)* teigig, klitschig
❸ AM *(sl: not interesting)* fad
❹ *(sl: drunk)* besoffen *sl,* voll *fam;* ~ **with drink** total besoffen *sl,* sternhagelvoll *fam*
sod·ding [ˈsɒdɪŋ, AM ˈsɑː-] *adj attr, inv* BRIT *(sl)* verdammt *sl,* Scheiß- *derb*
so·dium [ˈsəʊdiəm, AM ˈsoʊ-] *n no pl* Natrium *nt;* ~ **discharge lamp** Natriumdampflampe *f*
so·dium bi·ˈcar·bon·ate *n no pl* Natriumhydrogenkarbonat *nt fachspr,* doppeltkohlensaures Natrium; *(baking soda)* Natron *nt* **so·dium ˈcar·bon·ate** *n no pl* Soda *nt,* Natriumkarbonat *nt fachspr* **so·dium ˈchlo·ride** *n no pl* Kochsalz *nt,* Natriumchlorid *nt fachspr*
sodo·mite [ˈsɒdəmaɪt, AM ˈsɑː-] *n* Sodomit(in) *m(f)*
sodo·mize [ˈsɒdəmaɪz, AM ˈsɑː-] *vt usu passive* ■**to** ~ **sb** Analverkehr mit jdm haben
sodo·my [ˈsɒdəmi, AM ˈsɑː-] *n no pl (form)* Analverkehr *m*
sod's ˈlaw, Sod's ˈlaw *n no pl (hum) Gesetz, nach dem alles, was danebengehen kann, auch danebengeht;* ***that's*** ~ das musste ja passieren
sofa [ˈsəʊfə, AM ˈsoʊ-] *n* Sofa *nt,* Couch *f*
ˈsofa bed *n* Schlafcouch *f,* Bettsofa *nt* SCHWEIZ
soft [sɒft, AM sɑːft] *adj* ❶ *(not hard)* weich; ***the ice cream had gone*** ~ das Eis war geschmolzen; ~ **contact lenses** weiche Kontaktlinsen; ~ **tissue** MED Weichteile *pl*
❷ *(smooth)* weich; *cheeks, skin* zart; *cloth, dress* weich; *leather* geschmeidig; ~ **hair** seidiges Haar
❸ *(weak)* weich, schlaff; **to go** [*or* **get**] ~ schlaff werden
❹ *(not bumpy)* ~ **landing** weiche Landung
❺ *(of weather) climate* mild; ~ **rain** leichter [*o* sanfter] Regen; ~ **wind** sanfte Brise
❻ *(subtle) colour* zart; ~ **blue/lilac/yellow** zartes Blau/Lila/Gelb; ~ **pastel colours** zarte [*o* weiche] Pastelltöne; ~ **glow** zartes Leuchten; ~ **light** weiches [*o* gedämpftes] Licht
❼ *(not loud)* ~ **music** gedämpfte Musik; ~ **rock** Softrock *m;* ~ **sound** leises Geräusch; ~ **voice** leise [*o* sanfte] [*o* gedämpfte] Stimme; ~ **words** sanfte Worte
❽ *(lenient)* nachgiebig; ■**to be** ~ **with sb** jdm gegenüber nachgiebig sein; ***you can't be*** ~ ***with those kids*** du kannst diesen Kindern nicht immer alles durchgehen lassen; ■**to be** ~ **on sb/sth** jdm/etw gegenüber nachsichtig sein; ***this government is too*** ~ ***on crime*** diese Regierung geht nicht energisch genug gegen die Kriminalität vor; **to have a** ~ **time of it** es leicht [*o* bequem] haben
❾ *(easy)* leicht, einfach; ***he's got a pretty*** ~ ***job*** er hat eine ziemlich leichte Arbeit; **the** ~ **option** der Weg des geringsten Widerstandes
❿ *(not firm in opinion)* **to go** ~ **on sth** bei etw *dat* zu nachgiebig sein; **the** ~ **left** *(pej)* die schwache Linke
⓫ *(compassionate)* weich; ***she's got a*** ~ ***heart*** sie hat ein weiches Herz; **to have** ~ **feelings for sb** Mitgefühl für jdn haben; **to be a** ~ **touch** *(fam)* leicht rumzukriegen sein *fam*
⓬ *(unfinished)* grob; ~ **design/plan** grober Entwurf/Plan
⓭ STOCKEX, FIN *(falling)* ~ **currency** weiche Währung; ~ **market** rückläufiger Aktienmarkt; ~ **prices** nachgiebige Preise
⓮ COMPUT *material* weich, soft; *data* weich
▸PHRASES: **to have a** ~ **spot for sb** eine Schwäche für jdn haben; **to be** ~ **in the head** *(fam)* nicht ganz richtig im Kopf sein *fam;* **to be** ~ **on sb** *esp* AM *(fam)* jdn sehr gernhaben, eine Schwäche für jdn haben
soft as·ˈsault *n* MIL Angriff *m* mit weichem Ziel
ˈsoft·back *adj inv* Taschenbuch *nt*
ˈsoft·ball *n* Softball *m*
soft-ˈboiled *adj inv* weich [gekocht]; ~ **egg** weich gekochtes [*o* weiches] Ei **soft-ˈcen·tred** *adj* ❶ *(of sweets)* cremig ❷ *(compassionate, sentimental)* weich *fig,* mit weichem Kern *nach n fig* **ˈsoft·cov·er** *adj inv* AM *(softback)* Taschenbuch *nt*
ˈsoft drink *n* alkoholfreies Getränk
soft ˈdrug *n* weiche Droge
sof·ten [ˈsɒfən, AM ˈsɑːf-] **I.** *vi* ❶ *(melt)* weich werden; *ice cream* schmelzen
❷ *(moderate)* nachgiebiger werden; **to** ~ **with age** mit dem Alter nachsichtiger werden
❸ FIN *quotation* sich abschwächen, nachgeben; ***quotations at the LSE are expected to*** ~ ***further*** es ist zu erwarten, dass die Notierungen an der Londoner Börse weiter abschwächen
II. *vt* ■**to** ~ **sth** ❶ *(melt)* etw weich werden lassen; **to** ~ **skin** Haut weich und geschmeidig machen
❷ *(moderate)* etw mildern; *manner, behaviour* sich *akk* mäßigen; **to** ~ **a colour/light** eine Farbe/ein Licht dämpfen; **to** ~ **one's heart** sich *akk* erweichen lassen; **to** ~ **one's opinion** einen moderateren Standpunkt vertreten; **to** ~ **one's voice** seine Stimme dämpfen; **to** ~ **words** Worte [etwas] abschwächen
❸ *(alleviate)* etw erträglicher machen; ***how can we*** ~ ***the news for her?*** wie können wir ihr die Nachricht möglichst schonend beibringen?; **to** ~ **the blow** den Schock mildern
◆**soften up I.** *vt* ❶ *(make less hard)* ■**to** ~ **up** ⊂ **sth** etw weicher machen
❷ *(win over)* ■**to** ~ **up** ⊂ **sb** jdn erweichen; *(persuade)* jdn rumkriegen *fam*
❸ MIL *(weaken)* ■**to** ~ **up** ⊂ **sth** etw schwächen; **to** ~ **up the enemy** den Feind schwächen
II. *vi* weich werden
sof·ten·er [ˈsɒfənəʳ, AM ˈsɑːfənɚ] *n* ❶ *(softening agent)* Weichmacher *m;* **fabric** ~ Weichspüler *m*
❷ *(mineral reducer)* Enthärter *m;* **water** ~ Wasserenthärter *m*
sof·ten·ing [ˈsɒfənɪŋ, AM ˈsɑːf-] **I.** *n no pl* ❶ *(making less hard)* Weichmachen *nt; of clothes* Weichspülen *nt; of leather* Geschmeidigmachen *nt; of a voice* Dämpfen *nt; of an attitude, opinion* Mäßigen *nt; of a manner* Mäßigung *f*
❷ *(making less bright) of a colour, light* Dämpfen *nt; of a contrast* Abschwächen *nt*
II. *adj attr, inv* Enthärtungs-, enthärtend; ~ **agent** Weichmacher *m*
soft-ˈfo·cus *adj* Weichzeichner-
soft ˈfruit *n esp* BRIT Beeren *pl,* Beerenobst *nt kein pl*
soft ˈfurn·ish·ings *npl* BRIT, AUS, **ˈsoft goods** *npl* AM Heimtextilien *pl* **soft-ˈhead·ed** *adj* blöd *fam,* doof *fam*
soft-ˈheart·ed *adj* ❶ *(compassionate)* weichherzig
❷ *(gullible)* leichtgläubig; ***don't be so*** ~ ***with those boys*** lass dich von diesen Jungs nicht um den Finger wickeln *fam*
softie [ˈsɒfti, AM ˈsɑːfti] *n (fam)* Softie *m fam,* Weichling *m pej*
soft ˈloan *n* [zins]günstiger Kredit, vergünstigter Kredit, Anleihe *f* zu günstigen Bedingungen
soft·ly [ˈsɒftli, AM ˈsɑːft-] *adv* ❶ *(not hard)* sanft; ***please place the computer down on the desk*** ~ bitte stellen Sie den Computer vorsichtig auf dem Tisch ab; ***it was raining*** ~ es regnete leicht [*o* nieselte]; ***the wind blew*** ~ es wehte ein leichter Wind
❷ *(quietly)* leise; **to speak** ~ ruhig sprechen
❸ *(dimly)* schwach; ***the room was*** ~ ***lit*** der Raum war schwach beleuchtet
❹ *(leniently)* nachsichtig, nachgiebig
▸PHRASES: **to tread** ~ mit Bedacht vorgehen
soft·ly-sof·tly *adj attr, inv* BRIT, AUS vorsichtig
soft·ness [ˈsɒftnəs, AM ˈsɑːft-] *n no pl* ❶ *(not hardness)* Weichheit *f*
❷ *(smoothness)* Weichheit *f; of skin* Zartheit *f,* Glätte *f; of hair* Seidigkeit *f*
❸ *(subtlety) of lighting* Gedämpftheit *f; of the sun* Schwäche *f; of colours* Zartheit *f*
❹ *(wishy-washyness)* Schwächlichkeit *f,* Laschheit *f pej fam,* Schlaffheit *f*

S

'soft ped·al *n* Dämpfer *m (Pedal am Klavier)* **'soft-ped·al** <Brit -ll- *or* Am *usu* -l-> **I.** *vi* mit Dämpfer [Klavier] spielen **II.** *vt* ■**to ~ sth** MUS etw mit Dämpfer [auf dem Klavier] spielen; *(fig)* etw herunterspielen *fam;* ***we'd better ~ it for the moment on this sensitive issue*** wir sollten diese heikle Frage im Moment lieber mit Zurückhaltung behandeln

soft 'porn *n* Softporno *m*

softs [sɒfts, AM sɑ:fts] *npl* STOCKEX Lebensmittelrohstoffe *pl*

soft 'sell *n* ECON diskreter [*o* zurückhaltender] Verkauf, weiche [*o* unaufdringliche] Verkaufstaktik **'soft-sell I.** *adj inv* **~ philosophy** Philosophie *f* der unaufdringlichen Verkaufstaktik; **~ style** unaufdringliche Verkaufstaktik **II.** *vt* <-sold, -sold> ■**to ~ sth** etw auf die sanfte Tour an den Mann bringen *fam*

'soft skill *n usu pl* Soft Skill *m (soziale oder emotionale Kompetenz)*

soft 'soap *n no pl* ❶ *(cleanser)* flüssige Seife ❷ *(fig fam: flattery)* Schmeichelei *f,* Schleimerei *f pej* **'soft-soap** *vt (fig fam)* ■**to ~ sb** jdm Honig um's Maul schmieren *fam*

soft-'spok·en *adj (person)* ■**to be ~** leise sprechen; *(sound)* leise gesprochen; **~ manner** freundliche und sanfte Art

soft 'tar·get *n* MIL weiches Ziel

'soft-top *n* AUTO ❶ *(vehicle)* Kabrio[lett] *nt,* Cabriolet *nt* ❷ *(roof) hochklappbares Verdeck aus weichem Material* **soft 'toy** *n* Brit Plüschtier *nt,* Kuscheltier *nt*

soft·ware ['sɒf(t)weəʳ, AM 'sɑ:ftwer] COMPUT **I.** *n no pl* Software *f,* Programmausstattung *f;* **computer ~** Computersoftware *f,* Computerprogramme *pl;* **accounting/foreign language ~** Buchhaltungs-/Fremdsprachensoftware *f*
II. *n modifier (company, component, development, market, problem, publisher)* Software-; **~ house** Softwarefirma *f;* **~ package** Softwarepaket *nt;* **~ piracy** Softwarepiraterie *f;* **~ tool** Programmentwicklungssystem *nt;* **~ writer** Programmierer(in) *m(f)*

'soft·ware en·gi·neer *n* Programmierer(in) *m(f)* **'soft·ware pack·age** *n* Softwarepaket *nt* **soft·ware 'pi·ra·cy** *n no pl* Software-Piraterie *f*

soft 'wa·ter *n no pl* CHEM weiches Wasser **'soft·wood I.** *n* ❶ *no pl (wood)* Weichholz *nt* ❷ *(tree)* immergrüner Baum, Baum *m* mit weichem Holz; ■**~s** Weichhölzer *pl* **II.** *n modifier (frame)* Weichholz-; **~ chair** Stuhl *m* aus Weichholz

softy *n see* **softie**

sog·gi·ly ['sɒgɪli, AM 'sɑ:g-] *adv* matschig *fam,* glitschig *fam*

sog·gi·ness ['sɒgɪnəs, AM 'sɑ:g-] *n no pl* ❶ *(wetness)* triefende Nässe; *(bogginess)* Matschigkeit *f fam,* Glitschigkeit *f fam*
❷ FOOD *(mushiness)* Matschigkeit *f fam;* ***the pasta has been cooked to the point of ~*** die Nudeln waren zu Matsch verkocht *fam*

sog·gy ['sɒgi, AM 'sɑ:gi] *adj* ❶ *(sodden)* durchnässt; *(boggy)* glitschig *fam;* **~ soil** aufgeweichter [Erd]boden
❷ AM METEO feucht, schwül; Brit feucht, regnerisch; **~ summer** verregneter Sommer
❸ FOOD matschig, pampig; **to go ~** matschig werden

soh [səʊ, AM soʊ] *n* MUS so

soi-disant [ˌswɑ:'di:zɑ̃(n), AM zɑ̃] *adj attr, inv (form)* selbst ernannt, angeblich, so genannt

soi·gné(e) ['swɑ:njeɪ] *n* soigniert *geh*

soil[1] [sɔɪl] **I.** *vt (form)* ❶ *(dirty)* ■**to ~ sth** etw verschmutzen; **to ~ one's clothes/shoes** sich *dat* seine Kleider/Schuhe schmutzig [*o* dreckig] machen
❷ *(foul)* ■**to ~ sth** etw verunreinigen; ***the kittens ~ed the carpet*** die Kätzchen haben auf den Teppich gemacht; **to ~ one's diapers/pants** in die Windeln/Hose machen
❸ *usu passive (fig: ruin)* **to ~ sb's name/reputation** jds Namen/guten Ruf beschmutzen [*o fig* besudeln] *fig*
▸PHRASES: **to not ~ one's hands with sth** sich *dat* nicht die Hände an etw *dat* schmutzig machen *fig*
II. *vi* ***the puppies have ~ed on the carpet*** die kleinen Hunde haben auf den Teppich gemacht

soil[2] [sɔɪl] *n no pl* ❶ *(earth)* Boden *m,* Erde *f,* Erdreich *nt;* **~ clean-up** ECOL Bodensanierung *f;* **clay/sandy ~** Lehm-/Sandboden *m,* lehmiger/sandiger Boden; **fertile/heavy ~** fruchtbarer/schwerer Boden
❷ *(form: farming)* ■**the ~** die Scholle *liter*
❸ *(territory)* Boden *m;* ***she didn't want to leave her native ~*** sie wollte ihre Heimat nicht verlassen; **foreign ~** fremdes Land

'soil analy·sis *n* AGR Bodenanalyse *f*

'soil con·ser·va·tion *n no pl* AGR Bodenschutz *m*

'soil creep *n no pl* Erdrutsch *m*

soiled [sɔɪld] *adj* verschmutzt, besudelt

'soil ero·sion *n no pl* GEOL Bodenerosion *f* **'soil ex·haus·tion** *n no pl* AGR Auslaugen *nt* des Bodens **soil fer·'til·ity** *n no pl* AGR Ertrag[s]fähigkeit *f* des Bodens

soil-less gar·den·ing [ˌsɔɪlləs'-] *n no pl* Anbau *m* von Hydrokulturen

'soil pipe *n* Abflussrohr *nt,* Fallrohr *nt*

'soil sci·ence *n no pl* Bodenkunde *f*

soi·rée, soiree ['swɑ:reɪ, AM swɑ:'reɪ] *n (form or hum)* Soiree *f,* Soirée *f* SCHWEIZ *geh*

so·journ ['sɒdʒ3:n, AM 'soʊdʒ3:rn] **I.** *vi (liter)* ■**to ~ somewhere** irgendwo [ver]weilen *geh,* sich *akk* irgendwo [vorübergehend] aufhalten
II. *n (liter or hum)* [vorübergehender] Aufenthalt

sol <*pl* soles> [sɒl, *pl* 'sɒles, AM sɑ:l, *pl* 'soules] *n (Peruvian currency)* Sol *m*

sol·ace ['sɒləs, AM 'sɑ:lɪs] **I.** *n no pl* Trost *m;* ***I know it isn't much ~, but ...*** ich weiß, das ist kein großer Trost, aber ...; **to find ~ in sth** Trost in etw *dat* finden
II. *vt* ■**to ~ oneself with sth** sich *akk* mit etw *dat* trösten; **to ~ sb's anxiety** [*or* **worries**]**/fear** jds Sorgen/Angst zerstreuen

so·lar ['səʊləʳ, AM 'soʊlɚ] *adj inv* ❶ *(relating to sun)* Solar-, Sonnen-; **~ calculator** Rechner *m* mit Solarzellen; **~ car** Solarauto *nt,* mit Solarenergie betriebenes Auto; **~ light** durch Solarenergie gewonnenes Licht
❷ ASTRON **~ day/time** Sonnentag *m*/-zeit *f*

so·lar 'bat·tery *n* Solarbatterie *f,* Sonnenbatterie *f* **so·lar 'cell** *n* Solarzelle *f* **so·lar e'clipse** *n* Sonnenfinsternis *f;* **full/partial ~** totale/partielle Sonnenfinsternis **so·lar 'en·er·gy** *n no pl* Sonnenenergie *f,* Solarenergie *f* **so·lar 'heat·ing** *n no pl* Solarheizung *f*

so·lar·ium <*pl* -aria *or* -s> [sə(ʊ)'leəriəm, AM soʊ'leri-, *pl* -iə] *n* ❶ *(tanning room)* Solarium *nt,* Sonnenstudio *nt*
❷ AM *(conservatory)* Glashaus *nt,* Gewächshaus *nt*

so·lar 'pan·el *n* Sonnenkollektor *m*

so·lar plex·us [ˌsəʊlə'pleksəs, AM ˌsoʊlɚ'-] *n no pl* ANAT, MED Solarplexus *m fachspr;* **punch in the ~** Schlag *m* in die Magengrube

so·lar 'pow·er *n no pl* Sonnenkraft *f* **so·lar 'pow·er s·ta·tion** *n* Sonnenkraftwerk *nt,* Solarkraftwerk *nt* **so·lar ra·di'a·tion** *n no pl* Sonnenstrahlung *f* **'so·lar sys·tem** *n* Sonnensystem *nt* **so·lar 'wind** *n no pl* ASTRON Sonnenwind *m*

so·lar 'year *n* ASTRON Sonnenjahr *nt*

sold [səʊld, AM soʊld] *pt, pp of* **sell**

sol·der ['səʊldəʳ, AM 'sɑ:dɚ] **I.** *vt* ■**to ~ sth** etw löten; ■**to ~ sth on** etw anlöten; ■**to ~ sth together** etw zusammenlöten [*o* verlöten]
II. *n no pl* Lötmetall *nt,* Lötzinn *nt*

sol·der·ing iron ['səʊldərɪŋ-, AM 'sɑ:dɚ-] *n* Lötkolben *m*

sol·dier ['səʊldʒəʳ, AM 'soʊldʒɚ] **I.** *n* ❶ MIL Soldat(in) *m(f);* **~ of fortune** Söldner *m;* **tin ~** Zinnsoldat *m*
❷ *(fig: active member)* Aktivist(in) *m(f);* **S~ of Christ** Streiter *m* Christi
❸ *(well-behaved person)* braver [*o* tapferer] Junge/braves [*o* tapferes] Mädchen; ***my boss expects me to be a good ~ and work the necessary overtime*** mein Chef erwartet, dass ich schön brav meine Überstunden mache
II. *vi* Soldat sein, in der Armee dienen

◆**soldier on** *vi* sich *akk* durchkämpfen, unermüdlich [und unbeirrt] weitermachen, bei der Stange bleiben

sol·dier·ing ['səʊldʒərɪŋ, AM 'soʊl-] *n no pl* Leben *nt* als Soldat [*o* in der Armee]; **to go ~** zur Armee gehen, Soldat werden

sol·dier·ly ['səʊldʒəli, AM 'soʊldʒɚ] *adj* soldatisch

sol·diery ['səʊldʒəri, AM 'soʊl] *n* ❶ + *sing/pl vb (soldiers collectively)* Militär *nt,* Soldaten *pl,* Soldateska *f pej*
❷ *no pl (military training or knowledge)* Soldatentum *nt*

sold 'out *adj* ausverkauft

sole[1] [səʊl, AM soʊl] *adj attr, inv* ❶ *(only)* einzig, alleinig; **to take ~ charge of sb/sth** die alleinige Verantwortung für jdn/etw übernehmen, allein für jdn/etw sorgen; **~ exception** einzige Ausnahme; **~ surviving relative** einziger überlebender Verwandter/einzige überlebende Verwandte; **~ responsibility** alleinige Verantwortung; **~ survivor** einziger Überlebender/einzige Überlebende
❷ *(exclusive)* Allein-; **~ agency** Alleinvertretung *f;* **~ agent** Alleinvertreter(in) *m(f);* **~ right** alleiniges Recht; **~ right to sell** Alleinverkaufsrecht *nt*

sole[2] [səʊl, AM soʊl] *n* ❶ FASHION [Schuh]sohle *f*
❷ ANAT [Fuß]sohle *f*

sole[3] <*pl* - *or* -s> [səʊl, AM soʊl] *n* ❶ *(fish)* Seezunge *f;* **Dover ~** [Dover]seezunge *f;* **lemon ~** Seezunge *f*
❷ *no pl* FOOD Seezunge *f;* **filet of ~** Seezungenfilet *nt*

sol·ecism ['sɒlɪsɪzəm, AM 'sɑ:lə-] *n (form)* ❶ LING *(mistake)* Fehler *m,* Solözismus *m fachspr*
❷ *(faux pas)* Fauxpas *m*

sole·ly ['səʊlli, AM 'soʊl-] *adv inv* einzig und allein, nur; **to be ~ in charge of sth** für etw *akk* allein verantwortlich sein; **to be ~ responsible for sth** die alleinige Verantwortung für etw *akk* tragen

so·lemn ['sɒləm, AM 'sɑ:ləm] *adj* ❶ *(ceremonial)* feierlich; **~ commitment** heilige Verpflichtung; **~ oath** heiliger Eid; **~ occasion** feierlicher Anlass; **~ promise** heiliges Versprechen; **to make a ~ promise to sb to do sth** jdm hoch und heilig versprechen, etw zu tun; **~ undertaking** heiliges Unternehmen
❷ *(grave)* ernst; ***his ~ face betrayed the seriousness of the matter*** seine düstere Miene verriet den Ernst der Angelegenheit; **~ look** ernster Blick; **~ voice** getragene Stimme

so·lem·nity [sə'lemnəti, AM -t̬-] *n* ❶ *no pl (gravity)* Feierlichkeit *f,* Erhabenheit *f;* ■**to do sth with ~** etw mit großem Ernst tun
❷ *(ceremony)* ■**solemnities** *pl* Trauerfeierlichkeiten *pl;* REL [kirchliche] Feierlichkeiten

so·lem·ni·za·tion [ˌsɒləmnaɪ'zeɪʃən, AM ˌsɑ:ləmnɪ'-] *n no pl (form)* ❶ *(carrying out)* feierlicher Vollzug; *of marriage* Zeremonie *f*
❷ *(celebration)* Feier *f*

so·lem·nize ['sɒləmnaɪz, AM 'sɑ:-] *vt (form)* ■**to ~ sth** etw feiern; **to ~ a marriage** eine Trauung [feierlich] vollziehen

so·lemn·ly ['sɒləmli, AM 'sɑ:-] *adv* ❶ *(ceremonially)* feierlich; **to ~ promise sth** etw hoch und heilig versprechen; **to ~ swear sth** etw bei allem, was einem heilig ist, schwören
❷ *(gravely)* ernst

so·lemn·ness ['sɒləmnəs, AM 'sɑ:-] *n no pl* Feierlichkeit *f,* feierlicher Ernst; ■**to do sth with ~** etw mit großem Ernst tun

so·lenoid ['səʊlənɔɪd, AM 'soʊ-] *n* ELEC Magnetspule *f,* Solenoid *nt fachspr*

so·lenoid 'switch *n* ELEC Magnetschalter *m*

sole·plate ['səʊlpleɪt, AM 'soʊl-] *n* Gleitsohle *f*

sole 'trad·er *n* ❶ *(person)* Besitzer(in) *m(f)* eines Ein-Mann-Betriebs
❷ *(company)* Ein-Mann-Betrieb *m*

sol-fa [ˌsɒl'fɑ:, AM ˌsoʊl-] MUS **I.** *n* Tonleiter *f,* Solmisation *f fachspr*
II. *vi* die Tonleiter singen, solmisieren *fachspr*
III. *vt* **to ~ a song** ein Lied als Tonleiternoten singen

so·lic·it [sə'lɪsɪt] *vt (form)* ❶ *(ask for)* ■**to ~ sth** um etw *akk* bitten, etw erbitten; ***during an oral exam, a professor will ~ detailed answers from a***

student in einer mündlichen Prüfung verlangt ein Professor ausführliche Antworten von einem Studenten; ■ **to ~ sth for sth from sb** von jdm etw für etw *akk* erbitten; ***he tried to ~ support for the restructuring from his employees*** er versuchte, bei seinen Angestellten um Verständnis für die Umstrukturierung zu werben; **to ~ donations/gifts** [dringend] um Spenden/Gaben bitten; **to ~ support** um Unterstützung bitten; **to ~ votes** um [Wähler]stimmen werben
2 *(sell)* ■ **to ~ sb** *prostitutes* jdn anwerben; **to ~ sex** sich *akk* anbieten [*o geh* prostituieren]

so·lici·ta·tion [sə,lɪsɪ'teɪʃən] *n (form)* 1 *no pl (seeking)* [dringende] Bitte; **~ of donations** Spendenaufruf *m*
2 *(selling)* Kundenwerbung *f*; **~ of orders** Einholung *f* von Aufträgen
3 *(prostitution)* Ansprechen *nt* von Männern *(durch Prostituierte)*

so·lic·it·ing [sə'lɪsɪtɪŋ, AM -t̬-] *n no pl (marketing)* Kundenwerbung *f*, Akquisition *f*; *(prostitution)* Ansprechen *nt* von Männern *(durch Prostituierte)*

so·lici·tor [sə'lɪsɪtəʳ, AM -t̬ɚ] *n* 1 *esp* BRIT, AUS LAW Rechtsanwalt, -anwältin *m, f (der/die seine/ihre Mandanten nur in den unteren Instanzen vertreten darf, im Gegensatz zum ‚barrister')*; **a firm of ~s** eine [Anwalts]kanzlei
2 AM POL Rechtsreferent(in) *m(f) (einer Stadt)*

So·lici·tor 'Gen·er·al <*pl* Solicitors -> [sə,lɪsɪtə'dʒenərəl] *n* LAW, POL 1 *(in England)* zweiter Kronanwalt/zweite Kronanwältin
2 *(in the USA)* stellvertretender Justizminister/stellvertretende Justiz- ministerin

so·lici·tous [sə'lɪsɪtəs, AM -t̬-] *adj (form)* 1 *(anxious)* besorgt
2 *(careful)* sorgfältig; ***to give ~ attention to the wording in the contract*** sehr genau auf den Wortlaut des Vertrags achten
3 *(attentive)* aufmerksam; **~ service** zuvorkommende Bedienung

so·lici·tous·ly [sə'lɪsɪtəsli, AM -t̬-] *adv (form)* 1 *(anxiously)* besorgt
2 *(carefully)* sorgfältig

so·lici·tous·ness [sə'lɪsɪtəsnəs, AM -t̬-] *n no pl (form)* 1 *(anxiousness)* Besorgtheit *f*; *(care)* Fürsorglichkeit *f*
2 *(attentiveness) of a waiter* Zuvorkommenheit *f*, zuvorkommende Art

so·lici·tude [sə'lɪsɪtju:d, AM *esp* -tu:d] *n (form)* 1 *no pl (attentiveness) of a waiter* zuvorkommende Art
2 *(anxiety)* Sorge *f* (**about** um +*akk*), Besorgtheit *f* (**about** über +*akk*)

sol·id ['sɒlɪd, AM 'sɑ:-] **I.** *adj* 1 *(hard)* fest; *chair, door, wall* solide; **~ foundation** stabile [*o* solide] Grundlage; **~ punch** kräftiger Schlag; **~ rock** massiver [*o* harter] Fels; **to be ~ as a rock** *person* hart wie Stahl sein
2 *(not hollow)* massiv
3 *(not liquid)* fest; **~ waste** Festmüll *m*; **to be frozen ~** zugefroren sein
4 *(completely)* ganz; **~ gold** Massivgold *nt*; **~ silver** massives [*o* reines] Silber; **~ black/blue/red** rein schwarz/blau/rot
5 *(substantial)* verlässlich; **~ argument** stichhaltiges [*o* triftiges] Argument; **~ evidence** handfester Beweis; **~ facts** zuverlässige Fakten; **~ footing** stabile Basis; **~ grounding** solides [*o* fundiertes] Grundwissen; **~ meal** ordentliche [*o* richtige] Mahlzeit; **~ reasoning** fundierte Argumentation; **~ reasons** vernünftige [*o* stichhaltige] Gründe
6 *(concrete) plan* konkret
7 *(uninterrupted) line, wall* durchgehend; *month, week* ganz; ***he slept for 12 hours ~*** er schlief 12 Stunden am Stück; ***it rained for a month ~*** es regnete einen ganzen Monat lang ohne Unterbrechung; **a ~ line of cars** eine Autoschlange; **~ record** ungebrochener Rekord; **~ success/winning streak** anhaltender Erfolg/anhaltende Glückssträhne
8 *(unanimous)* **~ approval** volle [*o* geschlossene] Zustimmung; **~ support** volle Unterstützung
9 *(dependable) person* solide, zuverlässig; *democrat, socialist* hundertprozentig; *marriage, relationship* stabil; **~ bond** festes Band; **~ conservative** Erzkonservative(r) *f(m)*
10 ECON *(financially strong) company* solide, gesund; *(financially sound) investment* solide, sicher
11 *(sound)* solide, gut; **~ performance** gediegene Vorstellung
12 TYPO *(not spaced) text* kompress
II. *adv* voll; ***the lecture hall was packed ~ with students*** der Vorlesungssaal war randvoll mit Studenten; ***the hotel was booked ~ throughout January*** das Hotel war den ganzen Januar hindurch ausgebucht
III. *n* 1 PHYS fester Stoff, Festkörper *m*
2 MATH Körper *m*
3 CHEM Bodenkörper *m*
4 FOOD ■ **~s** *pl* feste Nahrung *kein pl*

soli·dar·ity [,sɒlɪ'dærəti, AM ,sɑ:lə'derət̬i] *n no pl* 1 *(unity)* Solidarität *f* (**with** mit +*dat*)
2 *(movement)* **S~** Solidarität *f*

sol·id 'food *n* 1 *no pl (non-liquid food)* feste Nahrung 2 *(food items)* ■ **~s** *pl* feste Nahrung **sol·id 'fuel** *n* 1 *no pl (power source)* fester Brennstoff
2 *(pieces)* feste Brennstoffe *pl*

sol·id 'ge·om·etry *n no pl* räumliche Geometrie

so·lidi·fi·ca·tion [sə,lɪdɪfɪ'keɪʃən, AM -,lɪdə-] *n no pl* Festwerden *nt*, Verfestigung *f*; *of cement* Hartwerden *nt*

so·lidi·fy <-ie-> [sə'lɪdɪfaɪ, AM -'lɪdə-] **I.** *vi* 1 *(harden)* fest werden; *lava* erstarren; *cement* hart werden; *water* gefrieren
2 *(fig: take shape) plans* sich *akk* konkretisieren; *project* [konkrete] Gestalt annehmen; *idea, thought* konkret[er] werden; *support* sich *akk* festigen
II. *vt* ■ **to ~ sth** 1 *(harden)* etw fest werden [*o* erstarren] lassen; **to ~ water** Wasser gefrieren lassen
2 *(fig: reinforce)* etw festigen; **to ~ one's commitment** sein Engagement bekräftigen; **to ~ an idea/an opinion/a thought** eine Idee/eine Meinung/einen Gedanken konkretisieren [*o* klar herausarbeiten]; **to ~ a plan** einen Plan konkretisieren

so·lid·ity [sə'lɪdɪti, AM -'lɪdət̬i] *n no pl* 1 *(hardness)* fester Zustand; *of wood* Härte *f*; *of a foundation, table* Stabilität *f*; *of a wall* Stabilität *f*, Festigkeit *f*
2 *(reliability)* Zuverlässigkeit *f*; *of facts, evidence* Stichhaltigkeit *f*, Zuverlässigkeit *f*; *of an argument, reasons, reasoning* Stichhaltigkeit *f*; *of a judgement* Fundiertheit *f*; *of commitment* Verlässlichkeit *f*
3 *(strength)* Stabilität *f*
4 *(soundness)* Gediegenheit *f*
5 *(financial soundness) of an investment* Solidität *f*; *(financial strength) of a company* finanzielle Stärke

sol·id·ly ['sɒlɪdli, AM 'sɑ:-] *adv* 1 *(sturdily)* solide; **to be ~ built** solide gebaut sein
2 *(uninterruptedly) win, work* ununterbrochen
3 *(fully)* voll, geschlossen; **to be ~ behind sb** geschlossen hinter jdm stehen

sol·id 'mat·ter *n* CHEM Trockensubstanz *f*

sol·id·ness ['sɒlɪdnəs, AM 'sɑ:l-] *n no pl see* **solidity**

sol·id 'state *n* PHYS fester Zustand **'sol·id-state** *adj* Festkörper-, Halbleiter-; **~ circuit** Festkörperschaltkreis *m*, monolithischer Schaltkreis; **~ device/physics** Festkörperbauteil *nt*/-physik *f*

soli·dus <*pl* -di> ['sɒlɪdəs, AM ,sɑ:l-, *pl* -daɪ] *n esp* BRIT Schrägstrich *m*

so·lilo·quize [sə'lɪləkwaɪz] *vi* Selbstgespräche führen; THEAT monologisieren

so·lilo·quy [sə'lɪləkwi] *n* Selbstgespräch *nt*; THEAT Monolog *m*

sol·ip·sism ['sɒlɪpsɪzəm, AM 'sɑ:l-] *n* PHILOS Solipsismus *m*

sol·ip·sist ['sɒlɪpsɪst, AM 'sɑ:lɪp] *n* PHILOS Solipsist(in) *m(f)*

sol·ip·sis·tic [,sɒlɪp'sɪstɪk, AM ,sɑ:l-] *adj inv* PHILOS solipsistisch

soli·taire [,sɒlɪ'teəʳ, AM 'sɑ:lɑter] *n* 1 *(jewel)* Solitär *m*; **~ diamond** Diamantsolitär *m*
2 *no pl esp* AM *(card game)* Patience *f*

soli·tari·ness ['sɒlɪtərɪnəs, AM 'sɑ:lɑterɪ] *n no pl* Einsamkeit *f*, Vereinzelung *f*

soli·tary ['sɒlɪtəri, AM 'sɑ:ləteri] **I.** *adj* 1 *(single)* einzelne(r, s) *attr*, solitär *fachspr*; **one ~ figure** eine einzelne Person; **one ~ tree** ein allein stehender Baum
2 *(lonely)* einsam; *(remote)* abgeschieden, abgelegen; **~ life** Einsiedlerleben *nt*; **to go for a ~ stroll** [*or* **walk**] allein spazieren gehen
II. *n* 1 *no pl (fam: in prison)* Einzelhaft *f*; **to do two weeks in ~** zwei Wochen in Einzelhaft sein *fam*
2 *(liter: hermit)* Einsiedler(in) *m(f)*

soli·tary con·'fine·ment *n* Einzelhaft *f*; **to keep sb in ~** jdn in Einzelhaft halten; **to spend** [*or fam* **do**] **three months in ~** drei Monate in Einzelhaft verbringen [*o* sein]

soli·tude ['sɒlɪtju:d, AM 'sɑ:lətu:d, -tju:d] *n* 1 *no pl (being alone)* Alleinsein *nt*; **in ~** alleine; **to live in ~** in völliger Abgeschiedenheit leben
2 *no pl (loneliness)* Einsamkeit *f*
3 *(liter: remote place)* Einöde *f*

solo ['səʊləʊ, AM 'soʊloʊ] **I.** *adj attr, inv* 1 *(unaccompanied)* Solo-; **~ attempt** Einzelversuch *m*; **~ flight** Alleinflug *m*; **~ walking** Alleinwanderung *f*
2 MUS Solo-; **~ career/performance** Solokarriere *f*/-vorstellung *f*
II. *adv inv (single-handed)* allein; MUS solo; **to fly ~** einen Alleinflug machen; **to go ~** als Einzelkünstler(in) *m(f)* auftreten
III. *n* MUS Solo *nt*; **guitar/piano ~** Gitarren-/Klaviersolo *nt*
IV. *vi (play unaccompanied)* solo spielen; *(sing unaccompanied)* solo singen

solo·ist ['səʊləʊɪst, AM 'soʊloʊ-] *n* Solist(in) *m(f)*

Solo·mon Is·lands ['sɒləmən,aɪləndz, AM 'sɑ:lə-] *npl* ■ **the ~** die Salomonen *pl*

solo 'whist *n no pl* CARDS Solo[whist] *nt*

sol·stice ['sɒlstɪs, AM 'sɑ:l-] *n* Sonnenwende *f*, Sonnwende *f* SCHWEIZ, Solstitium *nt fachspr*; **summer/winter ~** Sommer-/Wintersonnenwende *f*

sol·ubil·ity [,sɒljə'bɪləti, AM ,sɑ:ljə'bɪlət̬i] *n no pl* CHEM Löslichkeit *f*

solu·bil·ize ['sɒljʊbɪ,laɪz, AM 'sɑ:l-] *vt* CHEM ■ **to ~ sth** etw aufschließen [*o* [auf]lösen]

solu·bil·iz·er ['sɒljʊbɪ,laɪzəʳ, AM 'sɑ:l-, -aɪzɚ] *n* CHEM Lösungsvermittler *m*

solu·bil·iz·ing ['sɒljʊbɪ,laɪzɪŋ, AM 'sɑ:l-] CHEM **I.** *n no pl* Solubilisieren *nt fachspr*
II. *adj inv* **~ agent** Lösungshilfsmittel *nt*; **~ power** Lösungskraft *f*, Lösungsvermögen *nt*

sol·uble ['sɒljəbl, AM 'sɑ:l-] *adj* 1 *(that dissolves)* löslich, solubel *fachspr*; **~ aspirin®** Aspirin® *nt* in Brausetablettenform; **~ in water** wasserlöslich
2 *(solvable)* lösbar

so·lus ['səʊləs, AM 'soʊ-] *adj attr* THEAT allein

sol·ute ['sɒlju:t, AM 'sɑ:l-] *n* CHEM gelöster Stoff

so·lu·tion [sə'lu:ʃən, AM -'lu:-] *n* 1 *(to problem)* Lösung *f*; *(to riddle/puzzle)* [Auf]lösung *f*
2 *no pl (act of solving)* Lösen *nt*
3 *(in business)* Vorrichtung *f*; **software ~s** Softwareanwendungen *pl*
4 CHEM *(liquid)* Lösung *f*; **in ~** gelöst, in einer Lösung; **~ adhesive** TECH Lösungsmittelklebstoff *m*

solv·abil·ity [,sɒlvə'bɪləti, AM ,sɑ:lvə'bɪlət̬i] *n no pl* FIN *(insurance)* Solvabilität *f*

solv·able ['sɒlvəbl, AM 'sɑ:l-] *adj* lösbar

solv·ate ['sɒlveɪt, AM 'sɑ:l-] *vt* CHEM ■ **to ~ sth** etw solvatisieren

solve [sɒlv, AM sɑ:lv] *vt* ■ **to ~ sth** etw lösen; ***complaining won't ~ anything*** Meckern allein hilft nicht *fam*; **to ~ a crime** ein Verbrechen aufklären; **to ~ a mystery** ein Geheimnis aufdecken; **to ~ a problem** ein Problem lösen

sol·ven·cy ['sɒlvən(t)si, AM 'sɑ:l-] *n no pl* FIN Zahlungsfähigkeit *f*, Solvenz *f fachspr*

sol·vent ['sɒlvənt, AM 'sɑ:l-] **I.** *n* CHEM Lösungsmittel *nt*; **~ extraction** Ausschütteln *nt*; **~ vapours** *pl* Lösungsmitteldämpfe *pl*
II. *adj* 1 FIN solvent *geh*, liquid(e), zahlungsfähig; **to be barely ~** an der Liquiditätsgrenze [*o* [gerade] noch solvent] sein
2 *(fam: having sufficient money)* flüssig *fam*

'sol·vent abuse *n esp* BRIT Missbrauch *m* von Lösungsmitteln *(als Rauschgift)* **'sol·vent-free** *adj*

S

inv lösungsmittelfrei, ohne Lösungsmittel *nach n*

Som¹ BRIT *abbrev of* **Somerset**

som² <*pl* -> [sɒm, AM sa:m] *n (currency of Kyrgyzstan)* Som *m*

So·ma·li [sə'mɑ:li, AM soʊ'-] **I.** *n* <*pl* - *or* -s> ❶ *(person)* Somalier(in) *m(f)*
❷ *no pl (language)* Somali *nt*
II. *adj* somalisch

So·ma·lia [sə'mɑ:liə, AM soʊ'-] *n* Somalia *nt*

So·ma·li Demo·crat·ic Re·'pub·lic *n* Demokratische Republik Somalia

so·mat·ic [səʊ'mætɪk, AM soʊ'mæt̬ɪk] *adj inv* BIOL, MED körperlich, physisch, somatisch *fachspr*

som·ber *adj* AM *see* **sombre**

som·ber·ly *adv* AM *see* **sombrely**

som·ber·ness *n* AM *see* **sombreness**

som·bre ['sɒmbəʳ], AM **som·ber** ['sɑ:mbɚ] *adj*
❶ *(sad)* düster; ***he replied in a ~ tone*** er antwortete mit ernster Stimme; **~ mood** düstere [*o* melancholische] Stimmung; **~ setting** ernster Rahmen
❷ *(dark-coloured)* dunkel; **~ day** trüber [*o* finsterer] Tag

som·bre·ly ['sɒmbəli], AM **som·berly** ['sɑ:mbɚ-] *adv* ❶ *(sad)* düster, ernst
❷ *(dark-coloured)* **~ dressed** dunkel gekleidet

som·bre·ness ['sɒmbənəs], AM **som·ber·ness** ['sɑ:mbɚ-] *n no pl* ❶ *(sadness, mournfulness)* Düsterkeit *f,* Betrübtheit *f,* Trübseligkeit *f*
❷ *(of colour)* Düsterkeit *f*

som·brero [sɒm'breərəʊ, AM sɑ:m'breroʊ] *n* Sombrero *m*

some [sʌm, səm] **I.** *adj inv, attr* ❶ + *pl n (unknown amount)* einige, ein paar; + *sing n* etwas; ***he played ~ records for me*** er spielte mir ein paar Platten vor; ***here's ~ news you might be interested in*** ich habe Neuigkeiten, die dich interessieren könnten; ***there's ~ cake in the kitchen*** es ist noch Kuchen in der Küche; ***I made ~ money running errands*** ich habe mit Gelegenheitsjobs etwas Geld verdient; ***I've got to do ~ more work*** ich muss noch etwas arbeiten
❷ + *pl n (certain)* gewisse; ***~ people actually believed it*** gewisse Leute haben es tatsächlich geglaubt; ***there are ~ questions you should ask yourself*** es gibt [da] gewisse Fragen, die du dir stellen solltest
❸ *(general, unknown)* irgendein(e); ***clearly the treatment has had ~ effect*** irgendeine Wirkung hat die Behandlung sicher gehabt; ***there must be ~ mistake*** da muss ein Fehler vorliegen; ***he's in ~ kind of trouble*** er steckt in irgendwelchen Schwierigkeiten; ***could you give me ~ idea of when you'll finish?*** können Sie mir ungefähr sagen, wann sie fertig sind?; ***it must have been ~ teacher/pupils*** das muss irgendein Lehrer/müssen irgendwelche Schüler gewesen sein; ***~ idiot's locked the door*** irgend so ein Idiot hat die Tür verschlossen *fam;* **~ day or another** irgendwann
❹ *(noticeable)* gewiss; **to ~ extent** bis zu einem gewissen Grad; ***there's still ~ hope*** es besteht noch eine gewisse Hoffnung
❺ *(slight, small amount)* etwas; ***there is ~ hope that he will get the job*** es besteht noch etwas Hoffnung, dass er die Stelle bekommt
❻ *(considerable amount, number)* beträchtlich; *(fam: intensifies noun)* ziemlich; ***it was ~ years later when they next met*** sie trafen sich erst viele Jahre später wieder; ***we discussed the problem at ~ length*** wir diskutierten das Problem ausgiebig; ***I've known you for ~ years now*** ich kenne dich nun schon seit geraumer Zeit; ***that took ~ courage!*** das war ziemlich mutig!; ***he went to ~ trouble*** er gab sich beträchtliche [*o* ziemliche] Mühe; ***that was ~ argument/meal!*** das war vielleicht ein Streit/Essen!
❼ *(fam: showing annoyance)* ***~ mother she turned out to be*** sie ist eine richtige Rabenmutter; ***~ hotel that turned out to be!*** das war vielleicht ein Hotel!; ***~ chance! we have about one chance in a hundred of getting away*** *(iron)* tolle Aussichten! die Chancen stehen eins zu hundert, dass wir davonkommen *iron;* ***perhaps there'll be ~ left for us — ~ hopes!*** *(iron)* vielleicht bleibt was für uns übrig – [das ist] sehr unwahrscheinlich!
II. *pron* ❶ *(unspecified number of persons or things)* welche; ***have you got any drawing pins? — if you wait a moment, I'll get you ~*** haben Sie Reißnägel? – wenn Sie kurz warten, hole ich [Ihnen] welche; ***do you have children? — if I had ~ I wouldn't be here!*** haben Sie Kinder? – wenn ich welche hätte, wäre ich wohl kaum hier!
❷ *(unspecified amount of sth)* welche(r, s); ***if you want whisky I'll give you ~*** wenn du Whisky möchtest, gebe ich dir welchen; ***if you need more paper then just take ~*** wenn du mehr Papier brauchst, nimm es dir einfach [*o* nimm dir einfach welches]; ***if you need money, I can lend you ~*** wenn du Geld brauchst, kann ich dir gerne was [*o* welches] leihen
❸ *(at least a small number)* einige, manche; ***surely ~ have noticed*** einige [*o* manche] haben es aber sicher bemerkt
❹ + *pl vb (proportionate number)* einige, ein paar; ***no, I don't want all the green beans, ~ are enough*** nein, ich möchte nicht alle grünen Bohnen, ein paar genügen; ***I've already wrapped ~ of the presents*** ich habe einige [*o* ein paar] der Geschenke schon eingepackt; ***~ of you have already met Imran*** einige von euch kennen Imran bereits
❺ *(certain people)* gewisse Leute; ***~ just never learn!*** gewisse Leute lernen es einfach nie!
❻ + *sing vb (proportionate number)* ein bisschen; ***no, I don't want all the mashed potatoes, ~ is enough*** nein, ich möchte nicht das ganze Püree, ein bisschen genügt; ***have ~ of this champagne, it's very good*** trink ein wenig Champagner, er ist sehr gut; ***~ of the prettiest landscape in Germany is found nearby*** eine der schönsten Landschaften Deutschlands liegt ganz in der Nähe
▸PHRASES: **and <u>then</u> ~** *(fam)* und [noch] mehr; ***we got our money's worth and then ~*** wir bekamen mehr als unser Geld wert war
III. *adv inv* ❶ *(roughly)* ungefähr, in etwa; ***~ twenty or thirty metres deep/high*** ungefähr zwanzig oder dreißig Meter tief/hoch; ***~ thirty different languages are spoken in this country*** in diesem Land werden etwa dreißig verschiedene Sprachen gesprochen
❷ AM *(fam: a little)* etwas, ein bisschen; ***I'm feeling ~ better*** mir geht es [schon] etwas [*o* ein bisschen] besser; ***could you turn the heat down ~?*** könntest du bitte die Heizung etwas herunterstellen?
❸ AM *(fam: a lot)* viel; ***he sure does talk ~, your brother*** dein Bruder spricht wirklich viel; ***he needs feeding up ~*** er muss ganz schön aufgepäppelt werden *fam;* ***we were really going ~ on the highway*** wir hatten auf der Autobahn ganz schön was drauf *fam*
▸PHRASES: **~ <u>few</u>** einige, ein paar; **~ <u>little</u>** ziemlich; ***we are going to be working together for ~ little time yet*** wir werden noch ziemlich lange zusammenarbeiten müssen

some·body ['sʌmbədi, AM -ˌbɑ:di] **I.** *pron indef* ❶ *(anyone)* (irgend)jemand, irgendwer *fam*
❷ *(one person)* jemand; ***we'll need a software engineer or ~ on the project team*** *(fam)* wir brauchen einen Informatiker oder so in unserem Projektteam; ***we need ~ English to check our translation*** wir brauchen jemand Englischsprachigen, der unsere Übersetzung prüft; **~ else** jemand anders; **~ or other** jemand anders
❸ *(unnamed, unknown person)* jemand; ***there's ~ at the door*** da ist jemand an der Tür; **~ or other** irgendjemand, irgendwer *fam;* ***~ or other called for you while you were out*** als du fort warst, hat irgendwer angerufen
❹ *(some non-specified person of a group)* einer; ***I wish ~ would finally tell the boss what an idiot he was!*** ich wünschte, einer würde dem Chef endlich mal sagen, was für ein Idiot er ist!
II. *n* <*pl* -dies> *(important person)* wichtige Person; **to be [a] ~** jemand sein, etwas darstellen

some·day ['sʌmdeɪ] *adv inv* eines Tages, irgendwann einmal

some·how ['sʌmhaʊ] *adv inv* ❶ *(by unknown means)* irgendwie; ***~ the dogs had escaped*** die Hunde sind irgendwie entkommen
❷ *(for some reason or other)* irgendwie, aus irgendeinem Grund; ***I know what we're doing is legal but ~ it doesn't feel right*** ich weiß, dass das, was wir tun, legal ist, aber es kommt mir irgendwie nicht richtig vor
❸ *(come what may)* irgendwie; ***I'll get it done ~*** irgendwie schaffe ich das schon

some·one ['sʌmwʌn] *pron indef see* **somebody**

some·place ['sʌmpleɪs] *adv inv* AM irgendwo; **~ else** *(in a different place)* woanders, irgendwo anders; *(to a different place)* woandershin, irgendwo anders hin; ***is there ~ we can talk?*** können wir irgendwo miteinander sprechen?; **~ around here** irgendwo hier

som·er·sault ['sʌməsɔ:lt, AM -ɚsɑ:lt] **I.** *n (on ground)* Purzelbaum *m; (in air)* Salto *m;* **to turn** [*or* **do**] **a ~** einen Purzelbaum schlagen; *(in air)* einen Salto springen [*o* machen]
II. *vi* einen Purzelbaum schlagen; *(in air)* einen Salto springen [*o* machen]; *vehicle, car* sich *akk* überschlagen

some·thing ['sʌm(p)θɪŋ] **I.** *pron indef* ❶ *(unspecified thing, situation, action)* etwas; ***there's ~ sharp in my shoe*** in meinem Schuh ist etwas Spitzes; ***~ terrible had happened*** etwas Schreckliches war geschehen; ***there's ~ wrong with the engine*** mit dem Motor stimmt was nicht; ***I need ~ to write with*** ich brauche etwas zum Schreiben; ***we stopped for ~ to eat*** wir hielten an, um etwas zu essen; ***is there ~ you'd like to say?*** möchtest du mir etwas sagen?; ***I'll need a credit card or ~ of the kind to break into the apartment*** ich brauche eine Kreditkarte oder so etwas Ähnliches, um in die Wohnung einzubrechen; **~ else** etwas anderes; ***would you like some coffee or perhaps there's ~ else you'd like?*** möchtest du Kaffee oder lieber etwas anderes?; **~ a little stronger** etwas Stärkeres [*o* Alkoholisches]; **to get ~ for nothing** etwas einfach so bekommen; **to do ~ [about sb/sth]** etwas [gegen jdn/etw] unternehmen; **to have [got] ~ to do with sb/sth** etwas mit jdm/etw zu tun haben; ***didn't she have ~ to do with that scandal?*** hatte sie nicht etwas mit dem Skandal zu tun?
❷ *(outstanding person, thing, quality,)* etwas; ***that's ~*** das ist schon was; ***there's ~ about her which many men find appealing*** sie hat etwas an sich, das die meisten Männer attraktiv finden; **to be really** [*or* **quite**] **~** *(approv fam)* etwas darstellen; ***as a violinist, she's really ~*** als Geigerin ist sie wirklich etwas Besonderes; ***it was quite ~ for her to remember us after all these years*** dass sie sich nach all den Jahren noch an uns erinnerte!; **to make ~ of oneself** etwas aus sich *dat* machen
❸ *(not exact)* ***a wry look, ~ between amusement and regret*** ein scheeler Blick, irgendwas zwischen Belustigung und Bedauern; ***she has ~ of her mother's facial features*** sie hat etwas von den Gesichtszügen ihrer Mutter; ***he always was ~ of a moaner*** er war schon immer ein rechter Nörgler; ***it was ~ of a surprise*** es war eine ziemliche Überraschung; ***the building materials cost ~ under $4,500*** das Baumaterial kostet etwas unter 4.500 Dollar; *(fam)* ***she works for a bank or ~*** sie arbeitet für eine Bank oder so was *fam;* ***hey, are you drunk or ~?*** he, bist du betrunken oder was? *fam;* **~ like ...** ungefähr wie ..., in etwa wie ...; ***he sounds ~ like his father on the phone*** er klingt am Telefon fast genauso wie sein Vater; **~ like** [*or* *fam* **around**] **...** um die ...; ***there were ~ like fifty applicants*** es gab um die fünfzig Bewerber/Bewerberinnen
▸PHRASES: **to be ~ <u>else</u>** etwas Besonderes sein; ***the reaction from the crowd was ~ else*** die Reaktion des Publikums war wirklich beeindruckend; **to have ~ <u>going on</u> with sb** etwas mit jdm haben *fam;* ***they say he's got ~ going on with his boss***

es heißt, dass er etwas mit seiner Chefin hat; **to have** [**got**] **~ there** ein Hammer sein *fam;* ***there's ~ in sth*** an etw *dat* ist etwas dran; ***there's ~ in catching the earlier train*** es macht in der Tat Sinn, den früheren Zug zu nehmen
II. *adv inv (fam: very)* ganz; ***my back hurts ~ terrible*** mein Rücken schmerzt ganz furchtbar
III. *n* Etwas *nt;* ***I've been looking for that special ~ for your birthday*** ich suche etwas ganz Besonderes für deinen Geburtstag; **the certain ~** das gewisse Etwas; **a little ~** eine Kleinigkeit; ***time for a little ~*** Zeit, eine Kleinigkeit zu essen

some·time ['sʌmtaɪm] **I.** *adv inv* irgendwann; ***come up and see me ~*** komm mich mal besuchen; **~ in the summer/in August** irgendwann im Sommer/im August; **~ soon** demnächst irgendwann, bald einmal
II. *adj attr, inv (form)* ehemalige(r, s) *attr,* frühere(r, s) *attr,* einstige(r, s) *attr*

some·times ['sʌmtaɪmz] *adv inv* manchmal

some·way(s) ['sʌmweɪ(z)] *adv inv* AM *(fam)* irgendwie; ***I'll get it done ~ or another*** irgendwie schaffe ich das schon

some·what ['sʌm(h)wɒt, AM -(h)wɑːt] *adv inv* etwas, ein wenig [*o* bisschen]; ***~ to my surprise, I found the whole house empty*** ich war etwas überrascht, das ganze Haus leer zu finden; ***the foul-up has annoyed him more than ~*** das Durcheinander hat ihn ganz schön aufgeregt; ***this is ~ of a new departure for the group*** das ist so etwas wie ein neuer Anfang für die Gruppe; ***she's ~ more confident than she used to be*** sie ist doch etwas selbstsicherer als früher; ***she was well known as being ~ of a strange character*** sie war für ihre etwas seltsame Art bekannt

some·where ['sʌm(h)weəʳ, AM -(h)wer] *adv inv* ❶ *(in unspecified place)* irgendwo; ***I think we've met ~ before*** ich glaube, wir sind uns irgendwo schon mal begegnet *fam;* **~ around here** hier irgendwo; **~ else** woanders, irgendwo anders; **~ nice/warm** irgendwo, wo es nett/warm ist; ***can we go ~ special for dinner?*** können wir in ein besonderes Restaurant zum Essen gehen?
❷ *(to unspecified place)* irgendwohin; **~ else** woandershin, irgendwo anders hin
❸ *(roughly)* ungefähr; ***the turnover is ~ around*** [*or* ***in the region of***] ***£70.7 million*** die Umsätze liegen bei ungefähr 70,7 Millionen Pfund; **~ between 30 and 40** so zwischen 30 und 40
▶ PHRASES: **to get ~** Fortschritte machen, weiterkommen

som·melier [sɒm'eliəʳ, AM ˌsʌməl'jeɪ] *n (wine waiter)* Sommelier *m*

som·nam·bu·lism [sɒm'næmbjəlɪzəm, AM sɑːm'-] *n no pl* MED *(spec)* Somnambulismus *m fachspr,* Schlafwandeln *nt*

som·nam·bu·list [sɒm'næmbjəlɪst, AM sɑːm'-] *n* MED Somnambule *f o m fachspr,* Schlafwandler(in) *m(f)*

som·no·lence ['sɒmnələn(t)s, AM 'sɑːm-] *n no pl* Schläfrigkeit *f*

som·no·lent ['sɒmnələnt, AM 'sɑːm-] *adj* ❶ *(sleepy)* schläfrig; **~ village** verschlafenes Dorf
❷ *(inducing drowsiness)* einschläfernd

son [sʌn] *n* ❶ *(male offspring)* Sohn *m*
❷ *(said to a younger male)* Junge *m,* Sohnemann *m,* ÖSTERR, SCHWEIZ *a.* Bub *m*
❸ *(native)* Sohn *m fig*
❹ AM *(pej sl: wimp)* Schwächling *m pej,* Waschlappen *m pej fam*

Son [sʌn] *n* REL **the ~ of God** der Sohn Gottes

so·nar ['səʊnɑːʳ, AM 'soʊnɑːr] *n no pl* Sonar[gerät] *nt,* Unterwasserortungsgerät *nt,* Echolot *nt*

so·na·ta [sə'nɑːtə, AM -t̬-] *n* Sonate *f*

son et lu·mi·ère [ˌsɒneɪ'luːmjeəʳ, AM ˌsɑːneɪ'luːmjer] *n no pl* Musik-Licht-Installation *f (Lichtshow mit Musik)*

song [sɒŋ, AM sɑːŋ] *n* ❶ MUS Lied *nt;* **folk/love ~** Volks-/Liebeslied *nt;* **pop ~** Popsong *m;* **to give sb a ~** jdm etw vorsingen [*o* ein Lied singen]; **to sing a ~** ein Lied singen
❷ *(singing)* Gesang *m;* **to burst** [*or* **break**] **into ~** ein Lied anstimmen
❸ *of bird* Gesang *m; of cricket* Zirpen *nt*
▶ PHRASES: [**to go**] **for a ~** für einen Apfel und ein Ei [weggehen] *fam;* **to be on ~** BRIT in Topform sein *fam*

song and 'dance *n no pl* AM *(fam)* alte Leier *fam,* altes Lied *fam;* ***the court didn't swallow his ~ about having lousy parents*** das Gericht nahm ihm seine Story vom schrecklichen Elternhaus nicht ab *fam*
▶ PHRASES: **to make a ~ about sb/sth** BRIT um jdn/etw viel Trara machen *fam*

'song·bird *n* Singvogel *m*

'song·book *n* Liederbuch *nt* **'song cy·cle** *n* Liederzyklus *m* **'song·fest** *n* AM *Treffen zum gemeinsamen Liedersingen* **Song of Solomon** [ˌsɒŋəv'sɒləmən, AM ˌsɑːŋəv'sɑː-] *n,* **Song of 'Songs** *n* REL Hohelied *nt,* Lied *nt* der Lieder

song·ster ['sɒŋ(k)stəʳ, AM 'sɑːŋ(k)stɚ] *n (liter)* Sänger *m*

song·stress <*pl* -es> ['sɒŋ(k)strɪs, AM 'sɑː-] *n (liter)* Sängerin *f*

song swap·per ['sɒŋswɒpəʳ, AM -ɚ] *n* Musikpirat(in) *m(f)* **song swap·ping** ['sɒŋswɒpɪŋ] *n no pl* Musikpiraterie *f*

'song thrush *n* Singdrossel *f*

'song trad·er *n* Musikpirat(in) *m(f)* **'song-trad·ing** *n no pl* Musikpiraterie *f* **'song·writ·er** *n* Texter(in) *m(f)* und Komponist(in) *m(f),* Songwriter *m;* **singer-~** Liedermacher(in) *m(f)* **'song·writ·ing** *n no pl* Texten *nt* und Komponieren *nt*

son·ic ['sɒnɪk, AM 'sɑːn-] *adj inv* akustisch, Schall-; **~ wave** Schallwelle *f*

son·ic 'bar·ri·er *n* Schallmauer *f* **son·ic 'boom** *n* Überschallknall *m* **son·ic 'speed** *n* Schallgeschwindigkeit *f*

'son-in-law <*pl* sons-in-law *or* -s> *n* Schwiegersohn *m*

son·net ['sɒnɪt, AM 'sɑːn-] *n* Sonett *nt*

son·ny ['sʌni] *n no pl (fam)* Kleiner *m fam*

son of a 'bitch <*pl* sons of bitches>, **son·ofa·'bitch** <*pl* -es> *n* AM *(vulg)* Scheißkerl *m derb* **son of a 'gun** <*pl* sons of guns> **I.** *n* AM *(fam)* alter Gauner *fam* **II.** *interj* AM heiliges Kanonenrohr *fam o veraltend*

so·no·gram ['səʊnəgræm, AM 'sɑːn-] *n* Sonogramm *nt*

so·nor·ity [sə(ʊ)'nɒrəti, AM sə'nɔːrət̬i] *n* ❶ *no pl (sound of a voice)* Klangfülle *f,* Sonorität *f geh*
❷ MUS *(type of sound)* Klang *m*

son·or·ous ['sɒnərəs, AM sə'nɔːr-] *adj* klangvoll; *voice* sonor, volltönend

son·or·ous·ly ['sɒnərəsli, AM sə'nɔːr-] *adv* klangvoll; *voice* sonor, volltönend

sook [sʊk] *n* AUS *(pej)* Memme *f* ÖSTERR, SCHWEIZ *pej fam o veraltend*

soon [suːn] *adv* ❶ *(in a short time)* bald; **~ after sth** kurz nach etw *dat;* ***~ after agreeing to go, she ...*** kurz nachdem sie zugestimmt hatte mitzugehen, ...; ***no ~er said than done*** gesagt, getan; ***no ~er had I started mowing the lawn than it started raining*** kaum hatte ich angefangen, den Rasen zu mähen, begann es zu regnen; **how ~** wie schnell; **~er or later** früher oder später; **~er rather than later** lieber früher als später; **as ~ as possible** so bald wie möglich; ***they'd shoot you as ~ as look at you*** *(fam)* die würden dich abknallen, ohne mit der Wimper zu zucken *fam*
❷ *(early)* früh; ***Monday is the ~est we can deliver the chairs*** wir können die Stühle frühestens am Montag liefern; ***the ~er we leave, the ~er we'll get there*** je eher wir fahren, desto schneller sind wir dort; **the ~er the better** je eher [*o* früher], desto besser; **not a moment too ~** gerade noch rechtzeitig
❸ *(rather)* lieber; ***I'd ~er not speak to him*** ich würde lieber nicht mit ihm sprechen

soon-to-be ['suːntəbiː] *adj attr, inv* künftige(r, s)

soot [sʊt] *n no pl* Ruß *m*

soothe [suːð] *vt* ❶ *(calm)* ■**to ~ sb/sth** jdn/etw beruhigen [*o* beschwichtigen]
❷ *(relieve)* **to ~ the pain** den Schmerz lindern
◆ **soothe down** *vt* ■**to ~ down** ⊂ **sb** jdn beruhigen [*o* beschwichtigen] [*o* besänftigen]

sooth·ing ['suːðɪŋ] *adj* ❶ *(calming)* beruhigend; **a nice ~ bath** ein schönes entspannendes Bad; **to have a ~ effect on sb** beruhigend auf jdn wirken; **~ rhetoric** besänftigende Worte, Beschwichtigungen *pl*
❷ *(pain-relieving)* [Schmerz] lindernd; **~ balm** [*or* **ointment**] schmerzlindernde Salbe

sooth·ing·ly ['suːðɪŋli] *adv* beruhigend, besänftigend

sooth·say·er ['suːθˌseɪəʳ, AM -ɚ] *n (hist)* Wahrsager(in) *m(f)*

sooty ['sʊti, AM -t̬-] *adj* rußig, verrußt

sop [sɒp, AM sɑːp] **I.** *n (pej)* Beschwichtigungsmittel *nt;* ***he gave some money to charity which was a ~ to his bad conscience*** er spendete etwas Geld für wohltätige Zwecke, nur um sein Gewissen zu beruhigen
II. *vt* ■**to ~ up** ⊂ **sth** etw aufsaugen

SOP [ˌesoʊ'piː] *n* AM *abbrev of* **standard operating procedure** übliches Prozedere

soph·ism ['sɒfɪzəm, AM 'sɑːf-] *n (form)* Sophismus *m geh*

soph·ist ['sɒfɪst, AM 'sɑːf-] *n (hist)* Sophist(in) *m(f) a. pej*

so·phist·ic(al) [sə(ʊ)'fɪstɪk(əl), AM sə'-] *adj (also pej form)* sophistisch *a. pej geh,* haarspalterisch *pej*

so·phis·ti·cate [sə'fɪstɪkət, AM -təkɪt] *n (esp approv)* kultivierte Person

so·phis·ti·cat·ed [sə'fɪstɪkeɪtɪd, AM -təkeɪt̬ɪd] *adj (approv)* ❶ *(urbane)* [geistig] verfeinert, weltklug *selten; (cultured)* kultiviert, gebildet; *audience, readers* niveauvoll, anspruchsvoll; *restaurant* gepflegt; **~ wit** intellektueller Humor
❷ *(highly developed)* hoch entwickelt, ausgeklügelt; *method* raffiniert; *(complex) approach* differenziert

so·phis·ti·ca·tion [səˌfɪstɪ'keɪʃən, AM -tə'-] *n no pl (approv)* ❶ *(urbanity)* Kultiviertheit *f; (finesse)* Gepflegtheit *f,* Feinheit *f*
❷ *(complexity)* hoher Entwicklungsstand; ***the ~ of computers is increasing*** Computer werden technisch immer ausgefeilter

soph·ist·ry ['sɒfɪstri, AM 'sɑːf-] *n (form)* ❶ *no pl (pej: nitpicking)* Sophisterei *f pej geh*
❷ *(sophistical argument)* Augenwischerei *f*

sopho·more ['sɑːfəmɔːr] **I.** *n* AM *(in college)* Student(in) *m(f)* im zweiten Studienjahr; *(at high school)* Schüler(in) *m(f)* einer Highschool im zweiten Jahr
II. *adj attr, inv* ❶ SCH im zweiten Studienjahr *nach n (an einer Highschool bzw. Universität);* **~ year** zweites Studienjahr *(an einer Highschool bzw. Universität)*
❷ *(second)* zweite(r, s)

sopo·rif·ic [ˌsɒpər'ɪfɪk, AM ˌsɑːpə'rɪf-] *adj* einschläfernd *a. fig;* **to have a ~ effect** eine einschläfernde Wirkung haben

sopo·ri·fi·cal·ly [ˌsɒpər'ɪfɪkəli, AM ˌsɑːpə'rɪf-] *adv* einschläfernd

sop·pi·ly ['sɒpɪli, AM 'sɑːp-] *adv (fam)* [übertrieben] sentimental

sop·pi·ness ['sɒpɪnəs, AM 'sɑːp-] *n no pl (fam)* [übertriebene] Sentimentalität, Gefühlsduselei *f pej fam*

sop·ping ['sɒpɪŋ, AM 'sɑːp-] *(fam)* **I.** *adj* klatschnass *fam,* [völlig] durchnässt
II. *adv inv* **~ wet** klatschnass *fam,* triefnass

sop·py ['sɒpi, AM 'sɑːpi] *adj (fam)* [übertrieben] sentimental, gefühlsdus[e]lig *pej fam; story, film* schmalzig

so·pra·no [sə'prɑːnəʊ, AM -'prænoʊ] **I.** *n* ❶ *(vocal range)* Sopran *m*
❷ *(singer)* Sopranistin *f*
II. *adj inv* Sopran-; **~ part/voice** Sopranpart *m*/-stimme *f*
III. *adv inv* **to sing ~** Sopran singen

sor·bet ['sɔːbeɪ, AM 'sɔːr-] *n* Sorbet *nt o selten m;* **lemon ~** Zitronensorbet *nt o selten m*

S

sorb·ic acid [ˌsɔːbɪk ˈ-, AM ˌsɔːr-] *n no pl* CHEM Sorbinsäure *f*

sor·cer·er [ˈsɔːsᵊrəʳ, AM ˈsɔːrsɚɚ] *n (esp liter)* Zauberer *m,* Magier *m,* Hexenmeister *m*

sor·cer·ess <*pl* -es> [ˈsɔːsᵊrɪs, AM ˈsɔːrsɚ-] *n (esp liter)* Zauberin *f,* Magierin *f*

sor·cery [ˈsɔːsᵊri, AM ˈsɔːrsɚi] *n no pl (esp liter)* Zauberei *f,* Magie *f,* Hexerei *f*

sor·did [ˈsɔːdɪd, AM ˈsɔːr-] *adj* ① *(dirty)* schmutzig; *(squalid)* schäbig; *apartment* verkommen, heruntergekommen
② *(pej: disreputable)* schmutzig *fig;* **all the ~ detail[s]** all die peinlichen Details

sor·did·ly [ˈsɔːdɪdli, AM ˈsɔːr-] *adv (pej)* schäbig

sor·did·ness [ˈsɔːdɪdnəs, AM ˈsɔːr-] *n no pl* ① *(dirtiness)* Schmutzigkeit *f; (squalidness)* Schäbigkeit *f,* Verkommenheit *f*
② *(pej: dishonourableness)* Schändlichkeit *f,* Schmutzigkeit *f fig*

sore [sɔːʳ, AM sɔːr] **I.** *adj* ① *(hurting)* schlimm, weh; *(through overuse)* wund [gescheuert], entzündet; ***all the dust has made my eyes ~*** von dem ganzen Staub brennen mir die Augen; **~ muscles** Muskelkater *m;* **~ nipples** wunde Brustwarzen; **~ point** *(fig)* wunder Punkt; **to be a ~ point with sb** jds wunder Punkt sein
② AM *(fam: annoyed)* verärgert, sauer *fam; (aggrieved)* verletzt; ■**to be** [*or* **feel**] **~ about sth** sich *akk* von etw *dat* betroffen fühlen; **to get ~ with sb** sich *akk* über jdn ärgern, auf jdn sauer sein *fam;* **~ loser** schlechter Verlierer/schlechte Verliererin
③ *(liter: serious)* schwer; **to be in ~ need of sth** etw dringend benötigen, einer S. *gen* dringend bedürfen
▸PHRASES: **sth stands** [*or* **sticks**] **out like a ~ thumb** etw fällt [unangenehm] ins Auge; **sb stands** [*or* **sticks**] **out like a ~ thumb** jd fällt [total] aus dem Rahmen
II. *n* wunde Stelle; **running ~** eiternde [*o* nässende] Wunde; *(fig)* offener Skandal, ständiges Ärgernis; **to open** [*or* **reopen**] **an old ~** *(fig)* alte Wunden aufreißen

sore·head [ˈsɔːhed] *n* AM *(fam)* Brummbär *m a. hum fam,* mürrische Person

sore·ly [ˈsɔːli, AM ˈsɔːr-] *adv* sehr, arg; **to be ~ felt** schmerzlich zu spüren sein; **to be ~ missed** schmerzlich vermisst werden; **to be ~ needed** dringend benötigt werden; **to be ~ tempted to do sth** stark versucht sein, etw zu tun

sore·ness [ˈsɔːnəs, AM ˈsɔːr-] *n no pl* Schmerz *m*

sore ˈthroat *n* Halsschmerzen *pl;* **to have a ~** Halsschmerzen haben

sor·ghum [ˈsɔːgəm, AM ˈsɔːr-] *n no pl* Sorghum *nt,* Sorghumhirse *f*

so·ror·ity [səˈrɒrəṭi] *n* AM Studentinnenvereinigung *f*

so·ˈror·ity house *n* Haus *nt* der Studentinnenvereinigung

sor·rel [ˈsɒrᵊl, AM ˈsɔːr-] *n no pl* Sauerampfer *m,* Wiesenampfer *m*

sor·row [ˈsɒrəʊ, AM ˈsɑːroʊ] **I.** *n (form)* ① *(feeling)* Kummer *m,* Betrübnis *f,* Traurigkeit *f;* **more in ~ than in anger** mehr aus Kummer [*o* Betrübnis] als aus Zorn; **to feel ~ over** [*or* **at**] **sth** über etw *akk* traurig [*o* betrübt] sein; **to my ~** *(dated)* zu meinem größten Bedauern
② *(sad experience)* Leid *nt;* ***it was a great ~ to us when ...*** es war sehr schmerzlich für uns, als ...
II. *vi* ■**to ~ over** [*or* **for**] **sb/sth** über jdn/etw betrübt [*o* traurig] sein

sor·row·ful [ˈsɒrə(ʊ)fᵊl, AM ˈsɑːrəfᵊl] *adj (form)* traurig, betrübt (**at** über +*akk*); **with a ~ sigh** mit einem schweren Seufzer

sor·row·ful·ly [ˈsɒrə(ʊ)fᵊli, AM ˈsɑːrəfᵊli] *adv (form)* traurig, betrübt

sor·row·ing [ˈsɒrəʊɪŋ, AM ˈsɑːroʊ-] *adj attr (liter)* trauernd

sor·ry [ˈsɒri, AM ˈsɑːri] **I.** *adj* ① *pred (regretful)* ***I'm/she's ~*** es tut mir/ihr leid; ***say you're ~*** sag, dass es dir leid tut; ***you'll be ~*** das wird dir noch leid tun; ■**to be ~ about** [*or* **for**] **sth** etw bedauern; ***I'm ~ about the mix-up*** ich möchte mich für das Durcheinander entschuldigen; [***I'm***] ***~ about that*** ich bitte um Entschuldigung, das tut mir leid; ■**to be ~** [**that**] ... bedauern, dass ...; ***I'm only ~ that we can't stay for the final*** es tut mir nur leid, dass wir nicht bis zum Finale bleiben können; ***he began to feel ~ he had ever given the man the job*** er fing an zu bereuen, dass er dem Mann den Job jemals gegeben hatte; **to say ~** [**to sb**] sich *akk* [bei jdm] entschuldigen
② *pred (sad)* traurig; ***we were ~ to hear*** [***that***] ***you've not been well*** es tat uns leid zu hören, dass es dir nicht gutging; ***most people, I'm ~ to say, give up within the first two weeks*** die meisten Leute, das muss ich leider sagen, geben innerhalb der ersten beiden Wochen auf; ■**to be ~ for oneself** *(esp pej)* sich *akk* selbst bemitleiden; ***he sounded very ~ for himself*** er tat sich wohl selbst sehr leid; **sb feels** [*or* **is**] **~ for sb/sth** jd/etw tut jdm leid; ***her mother's the one I feel ~ for!*** um ihre Mutter tut es mir leid!
③ *pred (polite preface to remark)* ***I'm ~*** [***but***] ***I don't agree*** [es] tut mir leid, aber da bin ich anderer Meinung; ***I'm ~, I think you have made a little mistake there*** Entschuldigung, ich glaube, Sie haben da einen kleinen Fehler gemacht
④ *attr (wretched)* traurig, armselig, jämmerlich; **~ figure** bedauernswerte [*o* armselige] Erscheinung; **to be in a ~ mess** in Schwierigkeiten stecken; **~ sight** bedauernswerter Anblick; **a ~ state of affairs** eine traurige Angelegenheit
II. *interj* ① *(expressing apology)* ■**~!** Verzeihung!, Entschuldigung!; ***~ for the inconvenience*** entschuldige die Unannehmlichkeiten; ***~, but I have to stop you there*** es tut mir leid, aber ich muss Sie da unterbrechen
② *(prefacing refusal)* ***~ you can't go in there*** bedaure, aber Sie können da nicht hinein
③ *esp* BRIT, AUS *(asking sb to repeat sth)* ■**~?** wie bitte?, Entschuldigung?

sort [sɔːt, AM sɔːrt] **I.** *n* ① *(type)* Sorte *f,* Art *f;* ***what ~ of day did you have?*** wie war dein Tag?; ***what ~ of person is he/she?*** was für ein Mensch ist er/sie?; ***is there any ~ of food which you don't like?*** gibt es irgendein Essen, das du nicht magst?; ■**to be sb's ~** *person* jds Typ sein *fam; thing* [nach] jds Geschmack sein; ***I never thought he was her ~*** ich hätte nie gedacht, dass er ihr Typ ist *fam;* **all ~s of people** alle möglichen Leute; **sb's favourite** [*or* AM **favorite**] **~** jds Lieblingssorte
② *(fam: expressing vagueness)* ***I had a ~ of feeling that ...*** ich hatte so ein Gefühl, dass ...; ***it's a ~ of machine for peeling vegetables and things*** es ist so eine Art Maschine, mit der man Gemüse und anderes schälen kann
③ *(person)* ***she's a very generous ~ really*** sie ist ein ausgesprochen großzügiger Mensch; ***I know your ~!*** Typen wie euch kenne ich [zur Genüge]! *fam;* **to be not the ~ to do sth** nicht der Typ [Mensch] sein, etw zu tun
▸PHRASES: **nothing of the ~** nichts dergleichen; **of ~s** [*or* **of a ~**] eine Art von, so etw wie; ***he's an artist of ~s*** er nennt sich Künstler; **to be** [*or* **feel**] **out of ~s** *(not well, sick)* sich *akk* nicht fit fühlen, nicht ganz auf der Höhe [*o* auf dem Posten] sein *fam; (crotchety)* nicht besonders gut gelaunt sein; **something of the ~** so etwas in der Art; **it takes all ~s to make a world** *esp* BRIT *(prov)* es gibt solche und solche *fam*
II. *adv (fam)* ■**~ of** ① *(rather)* irgendwie; ***that's ~ of difficult to explain*** das ist nicht so einfach zu erklären; ***it's getting ~ of late*** es ist schon recht spät; ***the walls were painted ~ of pink*** die Wände waren in einem Rosaton gestrichen
② *(not exactly)* mehr oder weniger, so ungefähr, sozusagen; ***is he inviting you? — well, ~ of*** lädt er dich ein? – mehr oder weniger
III. *vt* ① *(classify)* ■**to ~ sth** etw sortieren; ***I'm going to ~ these old books into those to be kept and those to be thrown away*** ich sortiere diese Bücher nach solchen, die ich behalte und solchen, die ich wegwerfe; **to ~ the mail** die Post sortieren
② *usu passive* BRIT *(fam: restore to working order)* ■**to ~ sth** etw in Ordnung bringen; ***can you ~ the car by tomorrow?*** können Sie das Auto bis morgen reparieren?
▸PHRASES: **sth ~s the men from the boys** an etw *dat* zeigt sich, wer ein ganzer Kerl ist *fam*
IV. *vi* ■**to ~ through sth** etw sortieren [*o* durchsehen]

◆**sort out** *vt* ① *(arrange)* ■**to ~ out** ◯ **sth** etw ordnen [*o* sortieren]; *(choose, select)* etw aussuchen; *(for throwing or giving away)* etw aussortieren; **to ~ out one's priorities** seine Prioritäten [neu] setzen
② *(tidy up mess)* ■**to ~ out** ◯ **sth** etw in Ordnung bringen; ***will you please ~ your room out!*** räum bitte dein Zimmer auf!
③ *(resolve)* ■**to ~ out sth** etw klären [*o* regeln]; ■**to ~ out whether/how/what/who ...** klären [*o* regeln], ob/wie/was/wer ...; **to ~ out the details** die Details [ab]klären; **to ~ out initial difficulties** Anfangsschwierigkeiten beheben; **to ~ out a problem** ein Problem lösen
④ *(help)* ■**to ~ out** ◯ **sb** jdm [weiter]helfen; **to ~ oneself out** zur Ruhe kommen, seine Gedanken ordnen
⑤ *(fam: beat up)* ■**to ~ sb out** jdm zeigen, wo es langgeht *fam,* sich *dat* jdn zur Brust nehmen [*o* vorknöpfen] *fam*

ˈsort code *n* FIN ≈ Bankleitzahl *f*

sort·ed [ˈsɔːtɪd] *adj pred* BRIT *(sl)* ① *(arranged)* erledigt; ■**to get sth ~** etw geregelt [*o* auf die Reihe] bekommen [*o* ÖSTERR, SCHWEIZ *a.* hinkriegen] *fam*
② *usu pred (stoned on drugs)* ■**to get ~** sich *akk* volldröhnen lassen *sl*

sort·er [ˈsɔːtəʳ, AM ˈsɔːrṭɚ] *n* ① AM *(postal employee)* Sortierer(in) *m(f)*
② *(machine)* Sortiermaschine *f;* **grain ~** [Getreide]trieur *m*

sor·tie [ˈsɔːtiː, AM ˈsɔːrṭi] *n* ① MIL Ausfall *m; (flight)* Einsatz *m*
② BRIT *(fam: short trip)* [kurzer] Abstecher [*o* Ausflug]; **to make a ~ into town** einen kurzen Abstecher in die Stadt machen
③ BRIT *(fam: attempt)* Versuch *m,* Anlauf *m fig*

sort·ing [ˈsɔːtɪŋ, AM ˈsɔːrṭ-] *n no pl* Sortieren *nt (der Post)*

ˈsort·ing code *n* FIN ≈ Bankleitzahl *f* **ˈsort·ing of·fice** *n* Sortierstelle *f; (central office)* Verteilerpostamt *f*

sort·ing-ˈout, BRIT **ˈsort-out** *n (fam)* Aufräumaktion *f;* ***this cupboard needs a ~*** dieser Schrank muss mal gründlich aufgeräumt werden

ˈsort·ing pass *n* COMPUT Sortierlauf *m*

SOS¹ [ˌesəʊˈes, AM -oʊˈ-] *n* SOS *nt; (fig)* Hilferuf *m;* **to send an ~** SOS funken

SOS² [ˌesəʊˈes, AM -oʊˈ-] *n abbrev of* **silicon on sapphire** Silizium-Saphir-Technologie *f*

SOˈS call, SOˈS mes·sage *n* SOS-[Not]ruf *m; (fig)* Hilferuf *m*

so-so [ˈsəʊsəʊ, AM ˈsoʊsoʊ] *(fam)* **I.** *adj inv* so lala *präd fam,* mittelprächtig *hum fam*
II. *adv inv* so lala *fam*

sot [sɒt, AM sɑːt] *n (pej)* Trunkenbold *m pej*

sot·tish [ˈsɒtɪʃ, AM ˈsɑːt-] *adj (pej)* versoffen *pej sl*

sot·to voce [ˌsɒtəʊˈvəʊtʃeɪ, AM ˌsɑːṭoʊˈvoʊ-] *(form)* **I.** *adj* ① *(speaking very quietly)* leise, gedämpft; **~ comment** kaum hörbarer Kommentar; **in a ~ voice** mit gedämpfter Stimme
② MUS sotto voce
II. *adv* ① *(quietly)* leise, mit gedämpfter Stimme
② MUS sotto voce

sou [suː] *n no pl (fam)* Sou *m;* **to not have a ~** keinen roten Heller [*o* ÖSTERR Groschen] [*o* SCHWEIZ Rappen] besitzen *fam*

sou·bri·quet *n (form) see* **sobriquet**

souf·flé [ˈsuːfleɪ, AM suːˈfleɪ] *n* Soufflé *nt,* Soufflee *nt*

sough [saʊ, sʌf] **I.** *vi wind* pfeifen, heulen, ächzen; *sea* rauschen, branden
II. *n usu sing wind* Sausen *nt,* Säuseln *nt; water*

Brausen *nt,* Wallen *nt*
sought [sɔːt, AM sɑːt] *pt, pp of* **seek**
'sought-after *adj* begehrt; **much ~** heiß begehrt *fam*
soul [səʊl, AM soʊl] **I.** *n* ① *(spirit)* Seele *f;* ***her ~ is now at peace*** ihre Seele ruht nun in Frieden; **to pray for sb's ~** für jds Seele beten; **to sell one's ~ [to sb]** seine Seele [an jdn] verkaufen
② *no pl (approv: profound feeling)* Seele *f,* Gefühl *nt;* ***her paintings lack ~*** ihre Bilder wirken [kalt und] seelenlos
③ *(person)* Seele *f fig;* **a town of five thousand ~s** eine Stadt mit fünftausend Seelen; **not a ~** keine Menschenseele
④ *(essence)* **to be the ~ of discretion/honesty** die Verschwiegenheit/die Ehrlichkeit in Person sein
⑤ *no pl* MUS Soul *m*
⑥ AM *(black culture) Anerkennung der afroamerikanischen Kultur;* **to have got ~** *sich als Afroamerikaner der afroamerikanischen Kultur bewusst sein*
▸PHRASES: **to throw oneself body and ~ into sth** sich *akk* etw *dat* mit Leib und Seele widmen; **upon my ~!** *(dated)* meiner Treu! *veraltet*
II. *adj attr, inv* AM *(relating to black Americans) sich auf die afroamerikanische Kultur beziehend;* **~ cooking** [*or* **food**] die traditionelle afroamerikanische Küche
'soul broth·er *n* ① *(black male)* Schwarzer *m*
② *(close friend)* Seelenbruder *m*
'soul-de·stroy·ing *adj esp* BRIT *(pej)* nervtötend *pej; work* geisttötend *pej,* ÖSTERR, SCHWEIZ *bes* stupid *pej; (destroying sb's confidence)* zermürbend
soul·ful ['səʊlfəl, AM 'soʊl-] *adj* gefühlvoll
soul·ful·ly ['səʊlfəli, AM 'soʊl-] *adv* gefühlvoll
soul·ful·ness ['səʊlfəlnəs, AM 'soʊl-] *n no pl* gefühlsbetonter Charakter
soul·less ['səʊlləs, AM 'soʊl-] *adj (pej)* seelenlos; *building, town, person* kalt; *(dull)* öde
soul·less·ly ['səʊlləsli, AM 'soʊl-] *adv (pej)* gefühllos
soul·less·ness ['səʊlləsnəs, AM 'soʊl-] *n (pej)* Gefühllosigkeit *f*
'soul mate *n* Seelenverwandte(r) *f(m),* Gleichgesinnte(r) *f(m)*
'soul mu·sic *n* Soulmusik *f,* Soul *m*
soul-scar·ring ['səʊl,skɑːrɪŋ, AM 'soʊl-] *adj (fam)* verletzend *attr;* ***it was a ~ experience*** die Erfahrung hat tiefe Narben hinterlassen **'soul-search·ing** *n no pl* Prüfung *f* des Gewissens; **after much ~** nach eingehender Prüfung des [eigenen] Gewissens
'soul sis·ter *n* ① AM *(female black)* Schwarze *f*
② *(close friend)* Seelenverwandte *f*
'soul-stir·ring *adj* aufwühlend, bewegend
sound¹ [saʊnd] *n (sea channel)* Meerenge *f,* Sund *m; (inlet)* Meeresarm *m;* **Plymouth ~** Bucht *f* von Plymouth
sound² [saʊnd] **I.** *n* ① *(noise)* Geräusch *nt; (musical tone) of a bell* Klang *m; (verbal, TV, film)* Ton *m;* ***we heard the ~ of someone climbing the stairs*** wir hörten, wie jemand die Treppe hinaufging; ***there wasn't a ~ to be heard*** es war nicht das geringste Geräusch zu hören; ***not a ~ escaped her lips*** ihre Lippen waren fest versiegelt; ***we heard the ~ of voices on the terrace*** wir hörten Stimmen auf der Terrasse; **to like the ~ of one's own voice** sich *akk* selbst gern[e] reden hören; **a knocking ~** Klopfgeräusch *nt;* **to make a ~** einen Laut [*o* Ton] von sich *dat* geben; ***don't make a ~!*** sei still!
② LING Laut *m*
③ *no pl* PHYS Schall *m;* **speed of ~** Schallgeschwindigkeit *f*
④ *no pl* RADIO, TV *(volume)* Ton *m;* ***the ~ of the TV was very loud*** der Fernseher war sehr laut; **to turn the ~ down/up** den Ton leiser/lauter stellen; **~ interference** Tonstörung *f*
⑤ *no pl (on film)* Sound *m;* ***who did the ~ on that commercial?*** wer hat die Musik zu diesem Werbespot geschrieben?
⑥ *(characteristic of musicians' style)* Sound *m;* ***the ~ of the eighties*** der Sound der Achtziger
⑦ *no pl (impression)* ***I don't like the ~ of it*** das klingt gar nicht gut; **by** [*or* **from**] **the ~ of it** so wie sich das anhört
II. *n modifier* ① MEDIA *(assistant, mixer, specialist)* Ton-
② PHYS *(spectrograph, velocity)* Schall-
III. *vi* ① *(resonate)* erklingen; *alarm* ertönen; *alarm clock* klingeln; *bell* läuten
② *(fam: complain)* ■**to ~ off** herumtönen; ■**to ~ off about sth/sb** sich *akk* [lauthals] über etw/jdn auslassen
③ + *adj (seem)* klingen, sich *akk* anhören; ***he ~s Canadian*** er hört sich wie ein Kanadier an; ***I know it ~s silly but ...*** ich weiß, es klingt albern, aber ...; ***it ~s to me like a case of homesickness*** für mich klingt das nach Heimweh; ***they ~ like just the sort of people we're looking for*** das klingt, als sei das genau die Art von Leuten, nach denen wir suchen; ***it ~s to me from the rumours that ...*** den Gerüchten nach zu urteilen scheint es fast so, als ...; ***that ~s good*** [das] klingt gut; ***that ~s fun*** das hört sich nach Spaß an; **to ~ as though** [*or* **if**] **...** so klingen [*o* sich *akk* anhören], als ob ...
IV. *vt* ① *(produce sound from)* **to ~ the alarm** den Alarm auslösen; **to ~ the bell** die Glocke läuten; **to ~ the buzzer** den Summer betätigen; **to ~ the death-knell for sth** *(fig)* etw *dat* den Todesstoß versetzen; **to ~ the [car] horn** hupen; **to ~ the gong** den Gong schlagen; **to ~ the retreat** MIL zum Rückzug blasen; ***the siren was being ~ed*** die Sirene ging los
② LING ■**to ~ sth:** ***the 'b' in the word 'plumb' is not ~ed*** das ‚b' in dem Wort ‚plumb' wird nicht ausgesprochen
sound³ [saʊnd] **I.** *adj* ① *(healthy)* gesund; *(in good condition)* intakt, in gutem Zustand; **as ~ as a bell** *(fam)* völlig intakt, in einwandfreiem Zustand; *animal, person* kerngesund; **to be of ~ mind** bei klarem Verstand sein
② *(trustworthy)* solide, verlässlich; *(reasonable)* vernünftig; **~ advice** guter Rat; **~ argument** schlagendes Argument; **~ basis** solide [*o* vernünftige] Basis; **~ economy** gesunde Wirtschaft; **to have a ~ grasp of the subject** über ein eingehendes Verständnis des Themas verfügen; **~ investment** kluge Investition; **a person of ~ judgement** ein Mensch *m* mit einem guten Urteilsvermögen; **~ knowledge** fundiertes Wissen; **~ method** wirksame Methode; **to have ~ views on sth** vernünftige Ansichten über etw *akk* vertreten; **environmentally ~** umweltfreundlich; ■**to be ~ on sth** in etw *dat* versiert sein
③ *(severe)* **~ defeat** [*or* **thrashing**] schwere Niederlage; **to give sb a ~ thrashing** jdm eine ordentliche Tracht Prügel verpassen
④ *(undisturbed)* **~ sleep** tiefer [*o* fester] Schlaf; **to be a ~ sleeper** einen gesunden Schlaf haben
II. *adv* **to be ~ asleep** tief [und fest] schlafen
sound⁴ [saʊnd] *vt* NAUT ■**to ~ sth** etw [aus]loten
◆**sound out** *vt* ■**to ~ out** ⊂ **sb** bei jdm vorfühlen [*o fam* auf den Busch klopfen]; *(ask)* bei jdm anfragen; ***I just wanted to ~ you out about Alice Bates*** ich wollte nur mal Ihre Meinung über Alice Bates hören; **to ~ out public opinion** die öffentliche Meinung sondieren
'sound ar·chives *npl* Tonarchiv *nt*
'sound bar·ri·er *n* Schallmauer *f;* **to break the ~** die Schallmauer durchbrechen
'sound bite *n kurzer, prägnanter Soundclip*
'sound·board *n* MUS Resonanzboden *m* **'sound·box** *n* Resonanzkörper *m,* Schallkörper *m* **'sound card** *n* COMPUT Soundkarte *f* **'sound·check** *n* Tonprobe *f,* Soundcheck *m* **'sound ef·fect** *n* Geräuscheffekt *m,* Toneffekt *m* **'sound en·gi·neer** *n* Toningenieur(in) *m(f)* **'sound film** *n* Tonfilm *m*
sound·ing ['saʊndɪŋ] *n usu pl* NAUT [Aus]loten *nt,* Lotung *f;* **to take ~s** Lotungen vornehmen, loten; **to make** [*or* **take**] **~s** *(fig)* sondieren *fig*
'sound·ing board *n* ① *(resonator)* Resonanzboden *m*
② *(fig) Gruppe von Testpersonen für eine erste Meinungssondierung;* ***she would often use her family as a ~ for new recipes*** sie pflegte neue Rezepte erst einmal an ihrer Familie auszuprobieren
sound·less ['saʊndləs] *adj* lautlos, geräuschlos
sound·less·ly ['saʊndləsli] *adv* lautlos, geräuschlos
sound·ly ['saʊndli] *adv* ① *(thoroughly)* gründlich, ordentlich; *(clearly)* eindeutig, klar; *(severely)* schwer *fam,* gehörig *fam;* **to be ~ defeated** vernichtend [*o* klar] geschlagen werden
② *(reliably)* fundiert *geh;* **to be ~ based** auf einer soliden Basis beruhen
③ *(deeply)* **to sleep ~** fest [*o* tief] schlafen
sound·ness ['saʊndnəs] *n no pl* Solidität *f geh,* Verlässlichkeit *f,* Zuverlässigkeit *f; of mind* Vernünftigkeit *f;* ***the ~ of sb's judgement*** jds gutes Urteilsvermögen
sound 'prac·tice *n* vernünftige Vorgehensweise
'sound·proof I. *adj* schalldicht, schallisoliert **II.** *vt* ■**to ~ sth** etw schallisolieren [*o* schalldicht machen]
'sound·proof·ing *n no pl* Schallisolierung *f*
'sound re·cord·ing *n* Tonaufnahme *f,* Tonaufzeichnung *f* **'sound re·pro·duc·tion** *n* Tonwiedergabe *f,* Klangwiedergabe *f*
'sound shift *n* LING Lautverschiebung *f*
'sound·stage ['saʊndsteɪdʒ] *n* Fernsehbühne *f*
'sound sys·tem *n* Hi-Fi-Anlage *f,* Stereoanlage *f*
'sound·track *n* ① *(on film)* Tonspur *f* ② *(film music)* Filmmusik *f,* Soundtrack *m*
'sound wave *n* Schallwelle *f*
soup [suːp] **I.** *n* ① *(fluid food)* Suppe *f;* **oxtail/vegetable ~** Ochsenschwanz-/Gemüsesuppe *f;* **packet ~** Tütensuppe *f,* Packerlsuppe *f* ÖSTERR, Päcklisuppe *f* SCHWEIZ; **clear ~** klare Brühe [*o* ÖSTERR Suppe], Bouillon *f* SCHWEIZ; **home-made ~** selbst gemachte Suppe; **instant ~** Fertigsuppe *f;* **thick ~** angedickte Suppe
② PHYS *(fig)* **cosmic ~** Urschlamm *m*
③ *esp* AM *(fig: fog)* Suppe *f fig*
▸PHRASES: **to be in the ~** *(fam or dated)* in der Patsche sitzen *fam*
II. *vt (fam)* **to ~ up** ⊂ **a car/an engine** ein Auto/einen Motor frisieren *fam*
'soup bowl *n* Suppentasse *f*
soup·çon ['suːpsɔ̃ː(ŋ), AM suːp'sɔ̃ʊn] *n no pl* Spur *f,* Hauch *m;* **a ~ of garlic** eine Spur Knoblauch; **a ~ of irony** ein Anflug *m* von Ironie; **a ~ of wine** ein kleiner Schuss Wein
souped-up [,suːpt'ʌp] *adj attr* aufgemöbelt *fam,* aufgemotzt *fam; auto, engine* frisiert *fam;* **~ version** aufpolierte Version *fam*
'soup kit·chen *n* Armenküche *f,* Suppenküche *f*
'soup plate *n* Suppenteller *m* **'soup spoon** *n* Suppenlöffel *m* **'soup tu·reen** *n* Suppenterrine *f,* Suppenschüssel *f*
sour ['saʊəʳ, AM -ɚ] **I.** *adj* ① *(in taste)* sauer; **~ milk** saure Milch; **~ taste** säuerlicher Geschmack; **to go** [*or* **turn**] **~** sauer werden
② *(fig: bad-tempered)* griesgrämig, missmutig; *(embittered)* verbittert; **~ look** saure Miene, säuerlicher Blick; **~ note** bitterer Beigeschmack; **sth goes** [*or* **turns**] **~ on sb** jd verliert die Lust an etw *dat*
▸PHRASES: **it's ~ grapes** die Trauben hängen zu hoch *fig*
II. *n esp* AM *saures, alkoholisches Getränk;* **whisky ~** Whisky *m* mit Zitrone
III. *vt* ① *(give sour taste)* ■**to ~ sth** etw sauer machen [*o* säuern]
② *(fig: make unpleasant)* etw trüben [*o* beeinträchtigen]; ***his tactless remark ~ed the atmosphere*** seine taktlose Bemerkung ruinierte die Stimmung
IV. *vi* ① *(become sour)* sauer werden
② *(fig)* getrübt [*o* beeinträchtigt] werden
source [sɔːs, AM sɔːrs] **I.** *n* ① *(origin)* Quelle *f; (reason)* Grund *m* (**of** für +*akk*); ***oranges are a good ~ of Vitamin C*** Orangen sind reich an Vitamin C; **to be a ~ of disappointment/embarrassment to sb** jdn ständig enttäuschen/in Verlegenheit bringen; **~ of capital** FIN Kapitalquelle *f;* **~ of data** COMPUT Datenquelle *f;* **energy/light ~** Energie-/Lichtquelle *f;* **~ of finance** Finanz[ierungs]quelle *f;* **~ of funds** Mittelherkunft *f;* **~ of income** Ertragsquelle *f;* **a ~ of inspiration** eine Quelle der Inspiration *geh;* **to be a ~ of pride for sb** jdn stolz machen; **to trace sth**

S

back to its ~ etw an seinen Ursprung zurückverfolgen; **to track down** [*or* **trace**] **the ~ of sth** den Ursprung einer S. *gen* zurückverfolgen, die Ursache einer S. *gen* ausfindig machen; **at ~** an der Quelle; **tax deducted at ~** BRIT, AUS FIN Quellensteuer *f;* **to tax at ~** Quellensteuer erheben
② *(of information)* [Informations]quelle *f;* ■ **~s** *pl* LIT *(for article, essay)* Quellen[angaben] *pl,* Literaturangaben *pl;* **primary/secondary ~s** Primär-/Sekundärliteratur *f;* **to list** [*or* **acknowledge**] **one's ~s** Quellenangaben machen, die [verwendete] Literatur angeben
③ *usu pl (person)* Quelle *f;* **according to Government ~s** wie in [*o* aus] Regierungskreisen verlautete; **from a reliable ~** aus zuverlässiger Quelle; **well-informed ~s** gut unterrichtete Kreise [*o* informierte Quellen]; **to disclose** [*or* **reveal**] [*or* **identify**] **one's ~s** seine Quellen preisgeben
④ *(spring)* Quelle *f*
⑤ COMPUT *(name of terminal)* Quelle *f*
II. *vt usu passive* ■ **to be ~d** ① *(have origin stated)* belegt sein; ***the quoted results weren't ~d*** zu den zitierten Ergebnissen fehlten die Quellenangaben; ■ **to ~ sth** [**to sb**] auf jdn zurückgehen
② ECON *(be obtained)* stammen; ***the produce used in our restaurant is very carefully ~d*** die in unserem Restaurant verwendeten Produkte werden sorgfältig nach ihrer Herkunft ausgewählt

'source·book *n* Quellenwerk *nt,* Nachschlagewerk *nt;* ***this is truly the ~ as to gardening*** dies ist das führende Buch zum Thema Garten

'source code *n* COMPUT Quellcode *m,* Ausgangscode *m,* Source Code *m fachspr* **'source disk** *n* COMPUT Quelldiskette *f* **'source docu·ment** *n* Quelle *f;* COMPUT Originaldokument *nt* **'source file** *n* COMPUT Ursprungsdatei *f*

'source lan·guage *n* Ausgangssprache *f;* COMPUT Ursprungssprache *f*

'source ma·terial *n no pl* Quellenmaterial *nt*

sourc·ing ['sɔːsɪŋ, AM 'sɔːrs-] *n* ① *(study of sources)* Quellenarbeit *f,* Quellenstudium *nt*
② *(econ)* Ermitteln *nt*

sour 'cream *n* Sauerrahm *m,* saure Sahne **'sour·dough** *n no pl* Sauerteig *m;* **~ bread** Sauerteigbrot *nt*

soured cream [saʊəd'-, AM -ɚd'-] *n* BRIT Sauerrahm *m,* saure Sahne

sour·ly ['saʊəli, AM -ɚli] *adv (fig)* griesgrämig *fam,* missmutig

sour·ness ['saʊənəs, AM -ɚ-] *n no pl* ① *(acidity)* Säuerlichkeit *f,* saurer Geschmack
② *(fig: churlishness)* Griesgrämigkeit *f,* Missmutigkeit *f;* **to have a note of ~ in one's voice** einen bitteren Unterton in seiner Stimme haben

sour·puss <*pl* -es> ['saʊəpʊs, AM -ɚ-] *n (fam)* Miesepeter *m pej fam,* Griesgram *m pej*

sou·sa·phone ['suːzəfəʊn, AM -foʊn] *n* Sousaphon *nt*

souse [saʊs] *vt* ① *(drench)* ■ **to ~ sb/sth** [**in/with sth**] jdn/etw [mit etw *dat*] übergießen
② *(pickle)* ■ **to ~ sth** etw einlegen [*o* marinieren]

soused [saʊst] *adj inv* ① *(marinated)* eingelegt
② *(drenched)* durchnässt
③ *(sl or dated: very drunk)* sturzbetrunken *fam,* [sternhagel]voll *fam*

sou·tane [suː'tɑːn, AM 'tæn] *n* REL Soutane *f*

south [saʊθ] **I.** *n no pl* ① *(compass direction)* Süden *m;* ***Munich lies further to the ~*** München liegt weiter im Süden [*o* weiter südlich]; **to face the ~** nach Süden zeigen; ***the kitchen faces the ~*** die Küche geht [*o* liegt] nach Süden; **to veer/go to the ~** in südliche Richtung [*o* nach Süden] drehen/gehen; **from the ~** aus dem Süden; *wind* aus Süden, aus südlicher Richtung; **in the ~** im Süden; ***he lives in the ~ of England*** er lebt in Südengland [*o* im Süden Englands]; **to the ~ of ...** südlich von ...
② *(southern part of England)* ■ **the S~** der Süden Englands
③ ■ **the S~** *(the Third World)* die Dritte Welt
④ *(southern states of the USA)* ■ **the S~** die Südstaaten *pl*
II. *adj* ① *(opposite of north)* Süd-, südlich; ***he lives on the ~ side of town*** er lebt im Süden der Stadt; **the ~ coast/side/wind** die Südküste/-seite/der Südwind; **due ~** direkt [*o* genau] nach Süden
② *(fig fam: downwards in terms of quality/quantity)* nach unten; ***I was worth $11 million, 10 years later only $37 — it was a big trip ~*** ich hatte 11 Millionen Dollar, 10 Jahre später nur noch 37 – das war ein rasanter Absturz
III. *adv (toward the south)* nach Süden; **to face ~** nach Süden zeigen; *room* nach Süden gehen [*o* liegen]; **to drive/go/travel ~** nach Süden [*o* Richtung Süden] fahren/gehen/reisen; **~ of ...** südlich von ...; **to live/move down ~** *esp* BRIT *(fam)* im Süden wohnen/in den Süden ziehen
▸ PHRASES: **to <u>go</u> ~** AM *(fam) prices* fallen

South 'Af·ri·ca *n* Südafrika *nt* **South 'Af·ri·can I.** *adj* südafrikanisch **II.** *n* Südafrikaner(in) *m(f)*

South A'meri·ca *n* Südamerika *nt* **South A'meri·can I.** *adj* südamerikanisch **II.** *n* Südamerikaner(in) *m(f)* **South A'ra·bia** *n* Südjemen *m*

'south·bound *adj inv* [in] Richtung Süden; **~ passengers** Richtung Süden reisende Passagiere; **~ train** Zug *m* in Richtung Süden

South Caro·li·na *n* [ˌkærə'laɪnə, AM ˌkerə'-] Südkarolina *nt* **South Caro·lin·ian** ['kærə'lɪniən] **I.** *n* Bewohner(in) *m(f)* South [*o* Süd] Carolinas **II.** *adj* aus South [*o* Süd] Carolina *nach n* **South China 'Sea** *n* Südchinesisches Meer **South Da·ko·ta** *n* [də'kəʊtə, AM -'koʊ-] Süddakota *nt* **South Da·ko·tan** [də'kəʊtən, AM -'koʊ-] **I.** *n* Bewohner(in) *m(f)* South [*o* Süd] Dakotas **II.** *adj* aus South [*o* Süd] Dakota *nach n*

south-'east I. *n no pl* Südosten *m;* **in the ~** im Südosten; **the ~ of England** der Südosten Englands
II. *adj inv* Südost-, südöstlich; **~ Asia** Südostasien *nt;* **~ wind** Südostwind *m,* Wind *m* aus südöstlicher Richtung
III. *adv inv* südostwärts, nach Südosten

South·east 'Asian I. *n* Bewohner(in) *m(f)* Südostasiens
II. *adj* aus Südostasien *nach n*

south-'east·er *n* Südostwind *m;* NAUT Südost *m kein pl*

south-'east·er·ly *adj inv* südöstlich

south-'east·ern *adj inv* südöstlich

south-'east·ward(s) *inv* **I.** *adj* südostwärts *präd;* **in a ~ direction** in südöstlicher Richtung
II. *adv* südostwärts *präd,* nach Südosten *nach n*

south·er·ly ['sʌðᵊli, AM -ɚli] **I.** *adj* südlich; **in a ~ direction** in südlicher Richtung; **the most ~ place** der südlichste Punkt; **~ wind** Wind *m* aus südlicher Richtung, Südwind *m*
II. *adv* südlich; *(going south)* südwärts; *(coming from south)* von Süden
III. *n* Südwind *m;* NAUT Süd *m kein pl*

south·ern ['sʌðən, AM -ɚn] *adj* südlich, Süd-; **~ England** Südengland *nt;* **~ motorway** Autobahn *f* nach Süden

South·ern 'Cross *n* ASTRON Kreuz *nt* des Südens, Südliches Kreuz

south·ern·er ['sʌðᵊnə', AM -ɚnɚ] *n* **to be a ~** aus dem Süden kommen; AM ein Südstaatler sein

south·ern 'hemi·sphere *n* **the ~** die südliche [Erd]halbkugel **South·ern 'Lights** *npl* Südlicht *nt kein pl*

south·ern·most ['sʌðənməʊst, AM -ɚnmoʊst] *adj* ■ **the ~ ...** der/die/das südlichste ...

South·ern Rho·'desia *n* Südrhodesien *nt*

south-'fac·ing *adj* nach Süden gelegen [*o* zeigend] [*o* ausgerichtet]; **~ wall** Südwand *f*

South Ko·'rea *n* Südkorea *nt* **South Ko·'rean I.** *adj* südkoreanisch **II.** *n* Südkoreaner(in) *m(f)*

'south·paw *n* AM SPORT *(fam)* Linkshänder(in) *m(f)*

South 'Pole *n* Südpol *m*

south·ward(s) ['saʊθwəd(z), AM -wɚd(z)] *inv* **I.** *adj* südlich; **in a ~ direction** in Richtung Süden
II. *adv* südwärts, nach [*o* [in] Richtung] Süden

south-'west I. *n no pl* Südwesten *m*
II. *adj inv* südwestlich, Südwest-
III. *adv inv* südwestwärts, nach Südwesten

south-'west·er *n* Südwestwind *m;* NAUT Südwest *m kein pl*

south-'west·er·ly I. *adj* südwestlich, Südwest-
II. *adv* südwestlich, nach Südwesten

south-'west·ern *adj inv* südwestlich

south-'west·ward(s) I. *adj* südwestlich; **~ migration** Zug *m* in südwestliche Richtung [*o* nach Südwesten]
II. *adv* südwestlich, nach Südwesten

'south wind *n* Südwind *m;* NAUT Süd *m kein pl*

sou·ve·nir [ˌsuːvᵊn'ɪə', AM -'nɪr] *n* Andenken *nt,* Souvenir *nt* (**of an** *+akk*); **tourist ~** Reiseandenken *nt*

sou·ve·'nir hunt·er *n* Souvenirjäger(in) *m(f)* **sou·ve·'nir shop** *n* Souvenirladen *m*

sou·vla·ki <*pl* -a *or* -s> [sʊv'lɑːki] *n* Lammspießchen *nt*

sou'west·er [ˌsaʊ'westə', AM -ɚ] *n* ① *(wind)* Südwest *m poet o fachspr,* Südwestwind *m*
② *(hat)* Südwester *m*

sov·er·eign ['sɒvᵊrɪn, AM 'sɑːvrən] **I.** *n* ① *(ruler)* Herrscher(in) *m(f),* Souverän *m veraltend*
② *(hist: British coin)* Zwanzigshillingmünze *f*
II. *adj attr, inv* ① *(chief)* höchste(r, s), oberste(r, s); **~ power** Hoheitsgewalt *f*
② *(thorough)* uneingeschränkt, tiefste(r, s); **~ contempt** tiefste Verachtung
③ POL *(independent) state* souverän
④ *(good)* **~ remedy** Allheilmittel *nt*

sov·er·eign 'good *n no pl* ■ **the ~** die Oberhoheit

sov·er·eign 'rights *npl* Hoheitsrechte *pl* **sov·er·eign 'ter·ri·tory** *n* Hoheitsgebiet *nt*

sov·er·eign·ty ['sɒvrᵊnti, AM 'sɑːv-] *n* ① *no pl (supremacy)* höchste Gewalt, Oberhoheit *f; (right of self-determination)* Souveränität *f,* Eigenstaatlichkeit *f;* **to have ~ over sb/sth** oberste Herrschaftsgewalt über jdn/etw besitzen
② *(independent state)* souveräner Staat

'sov·er·eign·ty as·so·cia·tion *n* CAN *angestrebte Unabhängigkeit der kanadischen Provinz Québec vom Rest Kanadas*

so·vi·et ['səʊviət, AM 'soʊ-] *n (hist)* Sowjet *m hist*

So·vi·et ['səʊviət, AM 'soʊ-] *(hist)* **I.** *n* Sowjetbürger, -bürgerin *m, f hist;* ■ **the ~s** *pl* die Sowjets *pl hist;* **the Supreme ~** der Oberste Sowjet *hist*
II. *adj attr, inv* sowjetisch, Sowjet- *hist*

So·vi·et 'bloc *n no pl (hist)* ■ **the ~** der Sowjetblock *hist* **So·vi·et 'Un·ion** *n no pl (hist)* ■ **the ~** die Sowjetunion *hist*

sow[1] <sowed, sown *or* sowed> [səʊ, AM soʊ] **I.** *vt* ■ **to ~ sth** ① *(plant)* etw säen; MIL *mines* etw legen; ***we'll ~ this field with barley*** auf diesem Feld werden wir Gerste säen; **to ~ seeds** Samen aussäen
② *(fig: cause)* etw säen *fig;* **to ~ dissension** Meinungsverschiedenheiten verursachen; **to ~ doubts** [**in sb's mind**] Zweifel [in jdm] wecken; **to ~ suspicion** Misstrauen wecken; **to ~ terror** panische Angst hervorrufen
▸ PHRASES: **to ~ the <u>seeds</u> of discord/hatred** Zwietracht/Hass säen; ***he's ~n the seeds of his own downfall*** er hat sich selbst das Wasser abgegraben; **to ~ one's <u>wild</u> oats** sich *dat* die Hörner abstoßen
II. *vi* säen; ***when is the best time to ~?*** wann ist die beste Zeit der Aussaat?
▸ PHRASES: **as you ~, so you <u>reap</u>** *(prov)* was du säst, das wirst du ernten *prov*

sow[2] [saʊ] *n* ① *(pig)* Sau *f*
② TECH *(block)* Massel *f fachspr; (trough)* Kokille *f fachspr*

sow·er ['səʊə', AM 'soʊɚ] *n* ① *(also fig: person)* Sämann, -frau *m, f a. fig,* Säer(in) *m(f) selten;* ***she is a ~ of hatred*** sie sät Hass
② *(machine)* Sämaschine *f*

sow·ing ['səʊɪŋ, AM 'soʊ-] *n no pl* Aussaat *f; (action also)* [Aus]säen *f*

'sow·ing ma·chine *n* Sämaschine *f* **'sow·ing time** *n* Saatzeit *f*

sown [səʊn, AM soʊn] *vt, vi pp of* **sow**[1]

sox [sɒks, AM sɑːks] *npl (fam)* Socken *pl*

soya ['sɔɪə], AM **soy** [sɔɪ] **I.** *n no pl* Soja *f*
II. *n modifier* Soja-

'soya bean *n* Sojabohne *f* **soya 'bean curd,**

'soya curd *n no pl* Sojaquark *m,* Sojatopfen *m* ÖSTERR **'soya flour** *n no pl* Sojamehl *nt* **'soya milk** *n no pl* Sojamilch *f* **'soya oil** *n no pl* Sojaöl *nt* **soya 'sauce** *n esp* BRIT Sojasoße *f,* Sojasauce *f* SCHWEIZ

'soy·bean *n esp* AM Sojabohne *f* **soy 'sauce** *n esp* AM Sojasoße *f,* Sojasauce *f* SCHWEIZ

soz·zled ['sɒzl̩d, AM 'sɑː-] *adj pred (fam)* beschwipst, besoffen *fam;* **to get ~** sich *akk* besaufen *fam*

spa [spɑː] *n* ① *(spring)* Heilquelle *f*
② *(place)* [Bade]kurort *m,* Bad *nt*
③ AM *(health centre)* Heilbad *nt*

'spa bath *n* Mineralbad *nt*

space [speɪs] **I.** *n* ① *no pl (expanse)* Raum *m;* **outside ~ and time** außerhalb von Raum und Zeit
② *(gap)* Platz *m; (between two things)* Zwischenraum *m;* **parking ~** Parkplatz *m,* Parklücke *f*
③ *no pl (vacancy)* Platz *m,* Raum *m;* **storage ~** Stauraum *m;* **empty ~** [freier] Platz; **to leave** [*or* **save**] **~ for sb/sth** Platz für jdn/etw lassen; **to take up ~** Platz einnehmen
④ *(seat)* [Sitz]platz *m*
⑤ *no pl (country)* Land *nt; (bigger extent)* Fläche *f;* **wide open ~** das weite, offene Land
⑥ *no pl (premises)* Fläche *f; (for living)* Wohnraum *m;* **prime office ~** Hauptbüroräume *pl;* **commercial ~** Gewerbefläche *f*
⑦ *no pl (cosmos)* Weltraum *m;* ***the first person to go into ~*** der erste Mensch im Weltraum; ▪**in ~** im Weltraum; **outer ~** Weltall *nt,* Weltraum *m*
⑧ *no pl (interim)* Zeitraum *m;* **during** [*or* **in**] [*or* **within**] **the ~ of four hours** innerhalb von vier Stunden; **in** [*or* **within**] **a short ~ of time** in kurzer Zeit
⑨ *(blank)* Platz *m; for a photo* freie Stelle; TYPO *(between words)* Zwischenraum *m,* Spatium *nt fachspr;* **blank ~** Lücke *f;* **~ between the lines** Abstand *m* zwischen den Zeilen, Durchschuss *m fachspr*
⑩ COMPUT *(binary zero)* Leerzeichen *nt*
⑪ *no pl* MEDIA *(for report)* Raum *m;* **advertising ~** Reklamefläche *f; (in newspaper)* Anzeigenfläche *f,* SCHWEIZ *a.* Inseratefläche *f*
⑫ *no pl (fig: freedom)* [Frei]raum *m,* Freiheit *f;* **breathing ~** *(fig)* Atempause *f;* **to give sb ~ to develop his/her own life** jdm Freiraum für die eigene Entwicklung lassen
▸PHRASES: **to gaze** [*or* **stare**] **into ~** ins Leere starren
II. *vt* ① *(position)* ▪**to ~ sth** etw verteilen, etw aufstellen; TYPO etw spationieren *fachspr;* ***the posts are ~d 3m apart*** die Pfosten stehen 3m voneinander entfernt
② *see* **space out I**

◆**space out I.** *vt* ▪**to ~ out** ◯ **sth** ① *(position at a distance)* etw in Abständen verteilen; ***they've ~d out their family well*** sie haben ihre Kinder in vernünftigen Zeitabständen bekommen; **to ~ out a payment over two years** eine Rechnung innerhalb von zwei Jahren [nach und nach] abbezahlen; **to be evenly ~d out** gleichmäßig verteilt sein
② TYPO *(put blanks) page* etw auseinanderschreiben [*o fachspr* spationieren]; ***that page looks badly ~d out*** die Aufteilung dieser Seite ist sehr schlecht; ***the letter has to be evenly ~d out*** die Zeilenabstände des Briefes müssen regelmäßig sein
③ AM *(sl: forget)* etw verpennen *fam,* etw verschlafen ÖSTERR, SCHWEIZ
④ *usu passive (sl)* ▪**to be ~d out** *(in excitement)* geistig weggetreten sein *fam; (scatter-brained)* schusselig sein *fam; (drugged)* high sein *fam*
II. *vi* AM *(sl) person* Löcher in die Luft starren

'space age *n no pl* ▪**the ~** das Weltraumzeitalter **'space-age** *adj attr* Weltraum-; **~ technology** Weltraumtechnologie *f*

'space bar *n* COMPUT Leertaste *f*

'space blan·ket *n* Rettungsdecke *f*

'space buy·er *n* ECON Anzeigenvermittler(in) *m(f),* Inseratevermittler(in) *m(f)* SCHWEIZ

'space ca·det *n* ① *(astronaut)* Astronaut(in) *m(f)*
② *(sl: person high on drugs)* Drogi *m sl,* Kiffer *m (der gerade high ist)* **'space cap·sule** *n* Weltraumkapsel *f* **'space cen·tre,** AM **'space cen·ter** *n* Weltraumzentrum *nt* **'space·craft** <*pl* -> *n* Raumfahrzeug *nt;* **manned/unmanned ~** [bemanntes] Raumfahrzeug/[unbemannte] Raumkapsel **'space de·fence** *n no pl* Weltraumverteidigung *f*

spaced out *adj pred,* **spaced-out** [ˌspeɪst'aʊt] *adj attr (sl: scatter-brained)* schusselig *pej fam; (on drugs)* high *fam;* **to be ~ on drugs** high [*o* auf dem Trip] sein; **to look totally ~** total high aussehen

space ex·plo·'ra·tion *n* Raumforschung *f* **'space flight** *n* [Welt]raumflug *m* **'space-flight pro·gramme,** AM **'space-flight pro·gram** *n* Raumflugprogramm *nt*

'space frame *n* AUTO Gitterrohrrahmen *m fachspr*

'space heat·er *n* Heizlüfter *m*

'space lab, 'space la·bora·tory *n* Weltraumlabor *nt* **'space·man** *n* [Welt]raumfahrer *m*

space 'man·age·ment *n no pl* ADMIN Flächenmanagement *nt*

space 'medi·cine *n no pl* Raumfahrtmedizin *f* **'space·plane** *n* Weltraumflugzeug *nt* **'space plat·form** *n* Raumstation *f* **'space·port** *n* AEROSP Raumflughafen *m* **'space probe** *n* Raumsonde *f* **'space pro·gramme,** AM **'space pro·gram** *n* Raumfahrtprogramm *nt*

spac·er ['speɪsəʳ, AM -ɚ] *n* ① TYPO Leerzeichen *nt;* **intelligent ~** geschütztes Leerzeichen
② TECH Distanzstück *nt fachspr*
③ COMPUT **intelligent ~** intelligentes Trennprogramm

'space race *n no pl* ▪**the ~** der Wettlauf um die Eroberung des Weltalls **'space re·search** *n no pl* [Welt]raumforschung *f*

'space sav·er *n* Platzsparendes *nt;* **to be a ~** Platz sparend sein **'space-sav·ing** *adj* Platz sparend; *furniture* Raum sparend

'space·ship *n* Raumschiff *nt;* **~ earth** Raumschiff *nt* Erde **'space shut·tle** *n* [Welt]raumfähre *f* **'space sta·tion** *n* [Welt]raumstation *f* **'space·suit** *n* Raumanzug *m* **space 'tele·scope** *n* Weltraumteleskop *nt* **space-'time** *n no pl* PHYS Raum-Zeit-Kontinuum *nt fachspr* **'space tour·ism** *n no pl* Weltraumtourismus *m* **'space trav·el** *n no pl* Raumfahrt *f* **'space trav·el·ler,** *esp* AM **'space trav·el·er** *n* Raumfahrer(in) *m(f)* **'space ve·hi·cle** *n* Raumfahrzeug *nt* **'space walk** *n* Weltraumspaziergang *m* **'space weap·on** *n* Raumwaffe *f* **'space·wom·an** *n* Raumfahrerin *f*

spacey ['speɪsi] *adj* ① *(roomy)* geräumig
② *esp* AM *(sl: freaky)* ausgeflippt *fam*
③ *(forgetful)* schusselig *fam,* verträumt
④ *(fam: out of touch with reality)* unirdisch, fremdartig
⑤ *(fam: drifting and ethereal) music* traumwandlerisch, jenseitig *fig*

spac·ing ['speɪsɪŋ] *n no pl* Abstände *pl;* TYPO Spationierung *f fachspr;* **single/double/treble ~** TYPO einzeiliger/zweizeiliger/dreizeiliger Abstand

spa·cious ['speɪʃəs] *adj (approv) house, room* geräumig; *area* weitläufig

spa·cious·ly ['speɪʃəsli] *adv (approv)* weitläufig

spa·cious·ness ['speɪʃəsnəs] *n no pl (approv) of house, room* Geräumigkeit *f; of area* Weitläufigkeit *f*

spacy *adj (sl) see* **spacey**

spade [speɪd] *n* ① *(tool)* Spaten *m;* **a bucket and ~** Eimer und Schaufel; **garden ~** Gartenschaufel *f*
② CARDS Pik *nt,* Schaufel *f* SCHWEIZ; ▪**~s** *pl* Pik *nt kein pl;* **the queen of ~s** Pikdame *f,* Schaufeldame *f* SCHWEIZ
③ *(pej! dated: black)* Nigger *m pej!*
▸PHRASES: **to call a ~ a ~** das Kind beim [rechten] Namen nennen, kein Blatt vor den Mund nehmen; **in ~s** AM *(fam)* mit Zins und Zinseszinsen *fam;* ***I don't get colds very often but when I do I get them in ~s*** ich erkälte mich nicht oft, aber wenn, dann kommt's dicke

spade·ful ['speɪdfʊl] *n* ein Spaten voll; **a ~ of soil** einen Spaten [voll] Erde

spade·work ['speɪdwɜːk, AM -wɜːrk] *n no pl* Vorarbeit *f;* **to do the ~** die mühevolle Vorarbeit leisten

spag bol ['spægˌbɒl] *n* BRIT *(fam)* Spaghetti *pl* Bolognese

spa·ghet·ti [spə'geti, AM -t̬-] *n no pl* ① FOOD Spaghetti *pl*
② *(fig hum fam)* Kabelsalat *m fam*

spa·ghet·ti bo·lo·gnese [-bɒlə'neɪz, AM -boʊlə'-] *n no pl* Spaghetti *pl* Bolognese **spa·ghet·ti 'junc·tion** *n* BRIT *(fam)* Autobahnknotenpunkt *m* **spa·'ghet·ti strap** *n* Spaghettiträger *m* **spa·ghet·ti 'west·ern** *n (fam)* Italowestern *m fam*

Spain [speɪn] *n no pl* Spanien *nt*

spake [speɪk] *vt, vi (old or hum) pt of* **speak**

Spam® [spæm] *n no pl* Frühstücksfleisch *nt*

spam [spæm] **I.** *n no pl* COMPUT *(sl)* Spammail *f,* Spam *m*
II. *vt* COMPUT *(sl)* ▪**to ~ sb** jdn zuspammen *sl,* jdn [mit E-Mails] überhäufen

spam·bot ['spæmbɒt, AM -bɑːt] *n* COMPUT, INET Spambot-Programm *nt*

span¹ [spæn] **I.** *n usu sing* ① *(period of time)* Spanne *f;* ***the ~ of years between them seemed to act as a separation*** der Altersabstand zwischen ihnen schien sie zu trennen; **attention** [*or* **concentration**] **~** Konzentrationsspanne *f;* **~ of history** Geschichtsspanne *f;* **life ~** Lebensspanne *f;* **over a ~ of several months** über einen Zeitraum von einigen Monaten; **~ of office** Amtszeit *f;* **~ of time** Zeitspanne *f*
② *(distance)* Breite *f; (as measurement)* Spanne *f selten;* **finger ~** Fingerbreite *f;* **wing ~** Flügelspannweite *f;* **broad ~** große Spannbreite [der Hand]
③ *(fig: scope)* Umfang *m,* Spannweite *f fig;* **enormous** [*or* **wide**] **~ of responsibility** umfassender Verantwortungsbereich
④ ARCHIT *(arch of bridge)* Brückenbogen *m; (full extent)* Spannweite *f;* ***the bridge crosses the river in a single ~*** die Brücke überspannt den Fluss in einem Bogen; **a single-~ bridge** eine eingespannte Brücke
II. *vt* <-nn-> ① *(stretch over)* ▪**to ~ sth** *bridge, arch* etw überspannen; *(cross)* über etw *akk* führen
② *(time)* ▪**to ~ sth** etw umfassen [*o* umspannen], sich *akk* über etw *akk* erstrecken
③ *(contain)* ▪**to ~ sth** *knowledge* etw umfassen
④ *(place hands round)* **to ~ sth with one's hands** etw mit den Händen umspannen
III. *adj* ▸PHRASES: **spick and ~** blitz[e]blank *fam*

span² [spæn] *n* SA *(yoke)* Gespann *nt*

span³ [spæn] *vt, vi* BRIT *pt of* **spin**

span·gle ['spæŋgl̩] **I.** *n* Paillette *f*
II. *vt* ▪**to ~ sth** etw mit Pailletten besetzen

span·gled ['spæŋgl̩d] *adj* ① *(with spangles)* mit Pailletten besetzt
② *(shiny)* glitzernd
③ *(fig: covered)* ▪**to be ~ with sth** mit etw *dat* übersät sein

Spang·lish ['spæŋglɪʃ] *n no pl* Spanglish *nt*

Span·iard ['spænjəd, AM -jɚd] *n* Spanier(in) *m(f)*

span·iel ['spænjəl] *n* Spaniel *m*

Span·ish ['spænɪʃ] **I.** *n* ① *no pl (language)* Spanisch *nt*
② + *pl vb (people)* ▪**the ~** die Spanier *pl*
II. *adj* spanisch; **~ omelette** Tortilla *f;* **~ teacher** Spanischlehrer(in) *m(f)*

Span·ish A'meri·ca *n* ≈ Lateinamerika *nt (Spanisch sprechende Länder Mittel- und Südamerikas)* **Span·ish-A'meri·can** *adj inv* lateinamerikanisch **Span·ish 'chest·nut** *n* Edelkastanie *f* **Span·ish 'fly** *n no pl* Spanische Fliege **Span·ish 'Guinea** *n* Spanisch-Guinea *nt* **Span·ish gui·'tar** *n* akustische Gitarre **Span·ish In·qui·'si·tion** *n no pl* HIST ▪**the ~** die Inquisition **Span·ish 'Main** *n* HIST *Nordküste und Gewässer Südamerikas zwischen dem Orinoko und Panama* **Span·ish 'on·ion** *n* Gemüsezwiebel *f*

spank [spæŋk] **I.** *vt (slap)* ▪**to ~ sb** jdn verprügeln, jdm den Hintern versohlen; *(sexually)* jdm einen Klaps auf den Hintern geben; ▪**to be ~ed for doing sth** für etw *akk* verprügelt werden
II. *n* Klaps *m fam;* **to give sb a ~** jdm einen Klaps auf den Hintern geben; *(beating)* jdm den Hintern versohlen

spank·ing [spæŋkɪŋ] **I.** *adj (fam)* ❶ *(approv: fast)* schnell; **at a ~ pace** in einem hohen Tempo
❷ *(dated fam: good) time* toll; **~ performance** tolle [*o* herausragende] Leistung
II. *adv inv (dated fam: very)* **~ good yarn** tolle Lügengeschichte; **brand ~ new** funkelnagelneu; **~ new** brandneu *fam;* **~ white** blitzsauber
III. *n* Tracht *f* Prügel; **to give sb a good** [*or* **sound**] **~** jdm eine ordentliche Tracht Prügel verpassen

span·ner [spænəʳ] *n* BRIT, AUS Schraubenschlüssel *m;* **ring ~** Ringschlüssel *m;* **adjustable ~** Rollgabelschlüssel *m fachspr;* **open ended ~** Gabelschlüssel *m*
▸PHRASES: **to put** [*or* **throw**] **a ~ in the works** jdm Knüppel zwischen die Beine werfen

span 'roof *n* Satteldach *nt*

spar¹ [spɑːʳ, AM spɑːr] *n* ❶ NAUT Rundholz *nt,* Spiere *f fachspr*
❷ AVIAT Holm *m fachspr*

spar² [spɑːʳ, AM spɑːr] **I.** *vi* <-rr-> ❶ BOXING sparren *fachspr,* ein Sparring machen *fachspr*
❷ *(argue)* ■**to ~** [**with sb**] sich *akk* [mit jdm] zanken
II. *n* Sparring *nt kein pl fachspr,* Sparren *nt kein pl fachspr;* **to practise** [*or* AM **practice**] **in ~s** Sparren üben

spar³ [spɑːʳ, AM spɑːr] *n* GEOL Spat *m fachspr*

spare [speəʳ, AM sper] **I.** *vt* ❶ *(not kill)* ■**to ~ sb** jdn verschonen
❷ *(go easy on)* ■**to ~ sb** jdn schonen; ■**to not ~ oneself** [**in sth**] *(form)* sich *akk* selbst [bei etw *dat*] nicht schonen; **to ~ sb's feelings** jds Gefühle schonen, Rücksicht auf jds Gefühle nehmen
❸ *(avoid)* ■**to ~ sb sth** jdm etw ersparen; ***the government troops have been ~d loss of life*** bis jetzt sind den Regierungstruppen Verluste [an Menschenleben] erspart geblieben; **~ *us the suspense and tell us who won the first prize*** spann uns nicht auf die Folter und erzähl uns, wer den ersten Preis gewonnen hat; **to ~ sb embarrassment/worry** jdm Peinlichkeiten/Sorgen ersparen
❹ *(not use)* ■**to ~ sth** mit etw *dat* sparen; **to ~ no costs** [*or* **expense**] keine Kosten scheuen; **to ~ no effort**[**s**] [*or* **pains**] [**in sth**] [bei etw *dat*] keine Mühen scheuen
❺ *(do without)* ■**to ~ sb/sth** jdn/etw entbehren, auf jdn/etw verzichten; ***can you ~ one of those apples?*** kannst du mir einen dieser Äpfel geben?; **to ~ room for sth** für etw *akk* Platz [frei] haben; **to have sth to ~** etw übrig haben
❻ *(make free)* ***there's no time to ~*** es ist keine Zeit übrig; **to ~** [**the**] **time** [**for sth**] Zeit [für etw *akk*] übrig haben; **to not have time to ~** keine Zeit zu verlieren haben
❼ *(give)* ■**to ~ sb sth** jdm etw geben; ***could you ~ me £10*** [*or* ***£10 for me***]***?*** kannst du mir 10 Pfund leihen?; **to ~ a thought for sb** an jdn denken
▸PHRASES: **to ~ sb's blushes** BRIT jdn nicht in Verlegenheit bringen; **to ~ one's breath** *(iron)* sich *dat* die Worte sparen; **~ the rod and spoil the child** *(prov)* wer mit der Rute spart, verzieht das Kind *prov;* **to ~** übrig haben; ***I caught the plane with only two minutes to ~*** ich erreichte das Flugzeug zwei Minuten vor dem Abflug
II. *adj* ❶ *inv (extra)* Ersatz-; ***all children should bring a ~ set of clothes*** alle Kinder sollten Kleider zum Wechseln mitbringen; ***is this seat ~?*** ist dieser Platz noch frei?; **~** [**bed**]**room** Gästezimmer *nt;* **to have some ~ cash** noch etwas Geld übrig haben; **~ key** Ersatzschlüssel *m;* **to have a ~ minute** [*or* **moment**] einen Moment Zeit haben; **to be going ~** BRIT *(fam)* übrig bleiben; ***do you want this piece of cake? — yes, if it's going ~*** willst du dieses Stück Kuchen? – ja, wenn es sonst keiner will
❷ *(liter: thin)* hager; **~ build** hagerer Körperbau
❸ *(liter: meagre)* mager; **to survive on a ~ diet** mit dürftiger Kost auskommen; **~ meal** mageres Essen
❹ *(usu approv liter: modest)* einfach; ***the room was ~ in design*** der Raum war sparsam ausgestattet
❺ *inv* BRIT *(sl: crazy)* **to drive sb ~** jdn wahnsinnig machen *fam;* **to go ~** durchdrehen *sl*
III. *n* ❶ *(reserve)* Reserve *f;* ***I seem to have lost my key but luckily I always carry a ~*** ich habe wohl meinen Schlüssel verloren, aber glücklicherweise trage ich immer einen Ersatzschlüssel bei mir
❷ *(parts)* ■**~s** *pl* Ersatzteile *pl*

spare·ly ['speəli, AM 'sper-] *adv* **~ built** schlank gebaut

spare 'parts *npl* Ersatzteile *pl* **spare-part 'sur·gery** *n no pl* BRIT Ersatzteilchirurgie *f*

spare·'ribs *npl* Spareribs *pl,* Rippchen *pl;* **barbecued ~** gegrillte Rippchen

spare 'time *n no pl* Freizeit *f* **'spare-time** *adj attr, inv* Freizeit-; **~ hobby** Hobby *nt* **spare 'tyre,** AM **spare 'tire** *n* ❶ AUTO Reserverad *nt,* Ersatzreifen *m*
❷ *(fig hum fam: fat)* Rettungsring *m iron fam* **spare 'wheel** *n* Ersatzrad *nt*

spar·ing ['speərɪŋ, AM 'sper-] *adj (economical)* sparsam; ■**to be ~ in** [*or* **with**] **sth** mit etw *dat* geizen, an etw *dat* sparen; **to be ~ with one's praise** mit Lob geizen; **~ use of sth** sparsamer Umgang mit etw *dat*

spar·ing·ly ['speərɪŋli, AM 'sper-] *adv* sparsam; ***the ointment should be used ~*** die Salbe sollte sparsam aufgetragen werden

spark [spɑːk, AM spɑːrk] **I.** *n* ❶ *(fire, electricity)* Funke[n] *m*
❷ *(fig: cause) of riots* Auslöser *m*
❸ *(fig: trace)* ■**a ~ of sth** eine Spur einer S. *gen;* ***there was a ~ of decency in them*** sie besaßen einen Rest von Anstand; **a ~ of hope** ein Fünkchen *nt* Hoffnung; **a ~ of inspiration** ein Hauch *m* an Inspiration; **a ~ of sympathy** eine Spur [von] Mitgefühl; **not a ~ of vitality** nicht die geringste Spur von Lebendigkeit
❹ *(fig: person)* **a bright ~** ein Intelligenzbolzen *m fam;* BRIT *(iron: idiot)* ein Tollpatsch *m*
❺ *(fam: nickname for an electrician)* Elektriker(in) *m(f)*
▸PHRASES: **when the ~s fly** wenn die Funken fliegen
II. *vt* ❶ *(ignite, cause)* ■**to ~ sth** etw entfachen *a. fig;* **to ~ interest** Interesse wecken; **to ~ an outrage** Empörung hervorrufen; **to ~ problems** Probleme verursachen; **to ~ a protest** einen Protest auslösen
❷ *(provide stimulus)* **to ~ sb into action** jdn zum Handeln bewegen
III. *vi* Funken sprühen
◆**spark off** *vt* ■**to ~ off** ◌ **sth** etw entfachen *a. fig;* **to ~ off** [**an**] **outrage** Empörung hervorrufen; **to ~ off a protest** einen Protest auslösen

'spark cham·ber *n* NUCL Funkenkammer *f* **'spark dis·charge** *n* ELEC Funkenentladung *f* **'spark ex·tin·guish·er** *n* ELEC Funkenlöscher *m* **'spark-gap** *n* ELEC Funkenstrecke *f,* Elektrodenabstand *m*

spark·ing plug ['spɑːkɪŋ,plʌg, AM 'spɑːrk-] *n* BRIT *(dated)* Zündkerze *f*

spar·kle ['spɑːkl̩, AM 'spɑːr-] **I.** *vi* ❶ *(also fig: glitter)* funkeln, glitzern; *fire* sprühen
❷ *(fig: be witty)* ■**to ~** [**with sth**] [vor etw *dat*] sprühen *fig; (be lively)* [vor Lebensfreude] sprühen; ***his speech ~d with wit*** seine Rede sprühte vor Geist
II. *n no pl* ❶ *(also fig: light)* Funkeln *nt,* Glitzern *nt*
❷ *(fig: liveliness)* **with a bit of ~** mit etwas Pep *fam;* **the ~ goes out of** [*or* **leaves**] **sb** jd verliert an Energie; **to have ~** Schwung haben; **sth lacks ~** einer S. *dat* fehlt es an Schwung

spar·kler ['spɑːkləʳ, AM 'spɑːrlɚ] *n* ❶ *(firework)* Wunderkerze *f*
❷ *(sl: diamond)* Klunker *m fam*

spar·kling ['spɑːklɪŋ, AM 'spɑːr-] *adj* ❶ *(shining)* glänzend; *eyes* funkelnd, glitzernd; **~ white teeth** strahlend weiße Zähne
❷ *(fig approv: lively) person* vor Leben sprühend; ***he's a ~ conversationalist*** er ist ein geistreicher Gesprächspartner; **~ conversation/wit** spritzige Unterhaltung/sprühender Geist; **~ performance** glänzende Leistung
❸ *(bubbling) drink* mit Kohlensäure *nach n; lemonade* perlend; *wine, champagne* schäumend, moussierend; **~ mineral water** Mineralwasser *nt* mit Kohlensäure

spar·kling 'wine *n* Schaumwein *m*

spar·kly ['spɑːkli, AM 'spɑːrk] *adj* ❶ *(glittering)* glänzend, funkelnd
❷ *(vivacious)* quicklebendig, sprühend *fig*

'spark met·al *n* TECH pyrophores Metall **'spark plug** *n* ❶ AUTO Zündkerze *f* ❷ AM *(fam: person)* Energiebündel *nt;* ***she's the ~ of the team*** sie treibt das ganze Team an

sparky ['spɑːki, AM 'spɑːrki] *adj (approv fam)* anregend; **~ personality** sprühende Persönlichkeit

spar·ring ['spɑːrɪŋ] *n no pl* ❶ BOXING [Trainings]boxen *nt,* Sparring *nt fachspr*
❷ *(fig: row)* Wortgefecht *nt*

'spar·ring match *n* ❶ BOXING [Trainings]boxkampf *m,* Sparringskampf *m fachspr* ❷ *(fig: row)* Wortgefecht *nt* **'spar·ring part·ner** *n* ❶ BOXING Sparringspartner(in) *m(f) fachspr* ❷ *(fig: arguer)* Kontrahent(in) *m(f);* ***Bill and Eric are ~s because they enjoy disagreeing with each other*** Bill und Eric liegen ständig miteinander im Clinch, denn sie lieben es, gegenteiliger Meinung zu sein

spar·row ['spærəʊ, AM 'speroʊ] *n* Spatz *m,* Sperling *m;* **house ~** Haussperling *m,* Hausspatz *m*
▸PHRASES: **at ~'s fart** BRIT *(fam)* früh morgens

spar·row·hawk ['spærəʊhɔːk, AM 'speroʊhɑːk] *n* ❶ *(in Europe)* Sperber *m*
❷ *(in North America)* Falke *m*

sparse [spɑːs, AM spɑːrs] *adj* ❶ *(scattered)* spärlich; ***the population of Greenland is ~*** Grönland ist nur dünn besiedelt
❷ *(small)* spärlich; **~ audience/crowd** spärliches Publikum/spärliche Menge
❸ *(meagre) information* dünn, dürftig; **~ hair** dünnes [*o* schütteres] Haar

sparse·ly ['spɑːsli, AM 'spɑːr-] *adv* ❶ *(thinly)* spärlich; ***the plain is ~ covered with some shrubs*** in der Ebene wachsen nur hier und da ein paar Sträucher; **to be ~ populated** dünn besiedelt sein
❷ *(meagrely)* dürftig; **~ furnished** dürftig eingerichtet

sparse·ness ['spɑːsnəs, AM 'spɑːr-], **spar·sity** ['spɑːsəti, AM 'spɑːrsət̬i] *n no pl* ❶ *(thinness)* Spärlichkeit *f;* **~ of the population** geringe Bevölkerungsdichte
❷ *(meagreness)* Dürftigkeit *f*

Spar·ta ['spɑːtə, AM 'spɑːrt̬ə] *n* Sparta *nt*

Spar·tan ['spɑːtᵊn, AM 'spɑːr-] **I.** *adj life* spartanisch; *meal* frugal *geh*
II. *n* Spartaner(in) *m(f)*

spasm ['spæzᵊm] *n* ❶ MED *(cramp)* Krampf *m,* Spasmus *m fachspr;* **muscle** [*or* **muscular**] **~** Muskelkrampf *m;* **to go into ~** BRIT, AUS einen Krampf bekommen
❷ *(surge)* Anfall *m;* **~ of anger** Wutanfall *m;* **~ of coughing/pain** krampfartige Hustenanfälle/Schmerzen *pl*
❸ *(fam: activity)* **a ~ of activity** eine hektische Tätigkeit
❹ *(fam: fluctuation)* **~s of brief trade** sporadische Umsätze

spas·mod·ic [spæz'mɒdɪk, AM -'mɑː-] *adj* ❶ MED krampfartig, spasmodisch *fachspr*
❷ *(fig: occasional) attempts* sporadisch
❸ *(fig pej: erratic) feelings* schwankend; **to have ~ interest in sth** wechselndes Interesse an etw *dat* haben

spas·modi·cal·ly [spæz'mɒdɪkli, AM -'mɑː-] *adv* ❶ MED krampfartig, spasmodisch *fachspr*
❷ *(fig: occasionally)* sporadisch, ab und zu

spas·tic ['spæstɪk] **I.** *adj inv* ❶ MED *(dated)* spastisch *fachspr*
❷ *(fig pej! sl: stupid)* schwach *sl*
II. *n* ❶ MED *(dated)* Spastiker(in) *m(f) fachspr*
❷ *(pej! sl)* Spastiker(in) *m(f) pej sl*

spas·tic·ity [spæs'tɪsəti, AM ət̬i] *n no pl* MED Spastikertum *nt*

spat¹ [spæt] *vt, vi pt, pp of* **spit**

spat² [spæt] *n usu pl* HIST *(gaiter)* Gamasche *f*

spat³ [spæt] **I.** *n (fam)* Krach *m fam;* **to have a ~ with sb about sth** sich *akk* mit jdm um etw *akk* streiten

II. *vi* <-tt-> [sich *akk*] streiten [*o* zanken]; ■to ~ **with sb** sich *akk* mit jdm streiten

spat[4] [spæt] **I.** *n* Muschellaich *m*
II. *vi* laichen

spate [speɪt] *n no pl* ❶ *esp* BRIT *(flood)* **to be in full** ~ Hochwasser führen
❷ *(fig: large number)* ■**a** ~ **of sth** eine Flut [*o* Reihe] von etw *dat*
▸PHRASES: **to be in full** ~ in vollem Redefluss sein

spa·tial ['speɪʃᵊl] *adj inv* räumlich; ~ **arrangements** Raumanordnung *f*

spa·tial·ly ['speɪʃᵊli] *adv inv* räumlich

spa·tio-tem·por·al [ˌspeɪʃiəʊ-, AM -oʊ'-] *adj inv* raum-zeitlich

'spa town *n* Kurort *m*

spat·ter ['spætəʳ, AM -t̬ɚ] **I.** *vt* ■**to** ~ **sb/sth** [**with sth**] jdn/etw [mit etw *dat*] bespritzen; ■**to** ~ **sth on sb/sth** etw auf jdn/etw spritzen; ■**to** ~ **sth over sb** jdn mit etw *dat* vollspritzen; **to** ~ **sb with water** jdn nass spritzen
II. *vi raindrops* prasseln
III. *n (dirt)* Spritzer *m; (sound)* Prasseln *nt kein pl;* **a** ~ **of rain** ein paar Tropfen Regen

spat·tered ['spætəd, AM -t̬ɚd] *adj* bespritzt; **blood-**~ blutbespritzt; **ink-**~ tintenverschmiert; **mud-**~ matschig

'spat·ter movie *n esp* AM Splattermovie *m (blutrünstiger Horrorfilm)*

spatu·la ['spætjələ, AM -tʃə-] *n* ❶ ART, FOOD Spachtel *m o f*
❷ MED *(doctor's instrument)* Spatel *m o f*

spav·in ['spævɪn] *n no pl* MED Spat *m fachspr*

'spa wa·ter *n no pl* Quellwasser *nt,* Heilwasser *nt,* ÖSTERR *a.* Thermalwasser *nt*

spawn [spɔːn, AM spɑːn] **I.** *vt* ❶ *(lay eggs)* ■**to** ~ **sth** *fish, mollusc, frog* etw ablegen
❷ *(fig: produce)* ■**to** ~ **sth** etw hervorbringen [*o* produzieren]; **to** ~ **offshoots** Ausläufer hervorbringen
❸ *(pej: offspring)* ■**to** ~ **sb** jdn erzeugen *pej*
II. *vi* ❶ *frog* laichen
❷ *(fig: grow)* entstehen
III. *n* <*pl* -> ❶ *no pl (eggs)* Laich *m*
❷ *(liter or pej: offspring)* Nachwuchs *m,* Brut *f pej*

'spawn·ing ground *n* Laichplatz *m*

spay [speɪ] *vt* **to** ~ **an animal** ein Tier sterilisieren

spaz(z) <*pl* -es> [spæz] *n (pej! fam)* ❶ *(cripple)* Krüppel *m pej*
❷ *(oaf)* Trampel *m pej fam*

speak <spoke, spoken> [spiːk] **I.** *vi* ❶ *(say words)* sprechen, reden; ~ ***when you're spoken to*** antworte, wenn man dich etwas fragt!; ■**to** ~ **about sth** über etw *akk* sprechen; **to** ~ **over a loudspeaker** über Lautsprecher sprechen; **to** ~ **into a microphone** in ein Mikrofon sprechen; **to** ~ **in platitudes** Allgemeinplätze verwenden; **to** ~ **in riddles** in Rätseln sprechen; **to** ~ **in** [*or* **with**] **a whisper** flüstern, im Flüsterton sprechen; **to** ~ **quickly** schnell sprechen
❷ *(converse)* sich *akk* unterhalten; ■**to** ~ **to** [*or esp* AM **with**] **sb** mit jdm reden [*o* sprechen]; ***I'll never ~ to you again!*** ich rede nie wieder mit dir!; ***can I ~ to Ian please? — ~ing!*** kann ich bitte [mit] Ian sprechen? – am Apparat!; ■**to** ~ **to** [*or esp* AM **with**] **sb about sth** mit jdm über etw *akk* sprechen; **to** ~ **on** [*or* **over**] **the telephone** telefonieren; **to** ~ **to each other once more** wieder miteinander reden
❸ *(rebuke)* ■**to** ~ **to sb** [**about sth**] jdn [für etw *akk*] zurechtweisen
❹ *(know language)* sprechen; ***she ~s with an American accent*** sie spricht mit amerikanischem Akzent; **to** ~ **in dialect** einen Dialekt sprechen; **to** ~ **in jargon** einen Jargon benutzen; **to** ~ **in a foreign language** in einer fremden Sprache sprechen
❺ + *adv (view)* **broadly** [*or* **generally**] ~**ing** im Allgemeinen; **geographically** ~**ing** vom geografischen Standpunkt aus; **scientifically** ~**ing** wissenschaftlich gesehen; **strictly** ~**ing** genaugenommen
❻ *(make speech)* reden, sprechen; ***the Queen ~s to the nation on television every Christmas*** die Queen richtet jedes Weihnachten das Wort an die Nation; **to** ~ **on behalf of sb/sth** in jds Namen/im Namen einer S. *gen* reden; **to** ~ **in the debate** in der Debatte das Wort ergreifen; **to** ~ **from memory** frei sprechen; **to** ~ **from notes** von einer Vorlage ablesen; **to** ~ **from a platform** vom Podium sprechen
❼ *(appeal)* ■**to** ~ **to sb** jdn ansprechen; ***the story spoke to her directly*** die Geschichte sprach sie direkt an
▸PHRASES: **actions** ~ **louder than words** *(prov)* Taten sagen mehr als Worte *prov;* ~**ing as sb ...** als jd ...; ~***ing as a mother of four, I can tell you that children are exhausting*** als Mutter von vier Kindern kann ich sagen, dass Kinder anstrengend sind; **to know sb to** ~ **to** jdn näher kennen; **so to** ~ sozusagen; **to** ~ **too soon** voreilig urteilen
II. *vt* ❶ *(say)* ■**to** ~ **sth** etw sagen; **to not** ~ **a word** kein Wort herausbringen
❷ *(language)* ■**to** ~ **sth** etw sprechen; ***"English spoken"*** „hier wird Englisch gesprochen"; ***I couldn't ~ a word of English when I first arrived in Australia*** ich sprach kein Wort Englisch, als ich zum ersten Mal in Australien ankam; **to** ~ **dialect** Dialekt sprechen; **to** ~ **English fluently** fließend Englisch sprechen; **to** ~ **a foreign language** eine Fremdsprache sprechen [können]; **to** ~ **the lingo** *(fam)* die Sprache drauf haben *fam*
❸ *(represent)* **to** ~ **one's mind** sagen, was man denkt; **to** ~ **the truth** die Wahrheit sagen
❹ *(reveal)* ■**to** ~ **sth** etw aussprechen; ***she was silent but her eyes spoke her real feelings for him*** sie schwieg, aber ihre Augen verrieten ihre wahren Gefühle für ihn
▸PHRASES: **to** ~ **the same language** die gleiche Sprache sprechen; **to** ~ **volumes** [**for** [*or* AM **about**] **sth**] Bände [über etw *akk*] sprechen

◆**speak against** *vi* ■**to** ~ **against sth** sich *akk* gegen etw *akk* aussprechen; **to** ~ **against a motion/proposal** einen Antrag/Vorschlag ablehnen

◆**speak for** *vt* ❶ *(support)* ■**to** ~ **for sb/sth** jdn/etw unterstützen, sich *akk* für jdn/etw aussprechen; **to** ~ **for a motion** einen Antrag unterstützen
❷ *(represent)* ■**to** ~ **for sb** in jds Namen [*o* für jdn] sprechen; ***I think I ~ for everyone when I say he was a fine man*** ich denke, ich spreche im Namen aller, wenn ich sage, dass er ein feiner Mann war; ***I can help on Saturday but I can't ~ for my wife*** ich kann am Samstag helfen, aber was meine Frau angeht, kann ich nichts sagen; ■**to** ~ **for oneself** für sich *akk* selbst sprechen; **to** ~ **for the accused** *(form)* den Angeklagten/die Angeklagte vertreten
❸ *(verify)* ■**to** ~ **for sb's sth:** ***her report ~s well for her understanding of the problem*** ihr Bericht lässt deutlich ihr Verständnis des Problems erkennen
❹ *(allocated)* ■**to be spoken for** [bereits] vergeben sein
▸PHRASES: ~ **for yourself!** *(hum pej fam)* das mag vielleicht für dich stimmen!, du vielleicht!

◆**speak of** *vt* ❶ *(opinion)* **to** ~ **ill/**[**very**] **highly** [*or* **well**] **of sb/sth** schlecht/[sehr] gut von jdm/etw reden [*o* sprechen]; ***she ~s highly of the new director*** sie lobt den neuen Direktor in den höchsten Tönen
❷ *(form: mention)* ■**to** ~ **of sb/sth** von jdm/etw reden [*o* sprechen]; ***he didn't ~ of his father all evening*** er hat seinen Vater den ganzen Abend nicht erwähnt; **to** ~ **of certain things** bestimmte Dinge ansprechen
❸ *(suggest)* ■**to** ~ **of sth** für etw *akk* sprechen, etw zeigen; ***the whole robbery spoke of inside knowledge on the part of the criminals*** der ganze Einbruch lässt erkennen, dass die Verbrecher über interne Informationen verfügten
▸PHRASES: **none** [*or* **nothing**] **to** ~ **of** nicht der Rede wert; **not to** ~ **of ...** ganz zu schweigen von ...; ~**ing of sth** da wir gerade von etw *dat* sprechen; ~ **of films ...** da wir gerade beim Thema Film sind ...; ~**ing of which ...** in diesem Zusammenhang ..., apropos ...

◆**speak out** *vi* seine Meinung deutlich vertreten; ■**to** ~ **out against sth** sich *akk* gegen etw *akk* aussprechen; ■**to** ~ **out on sth** sich *akk* über etw *akk* äußern

◆**speak through** *vi* ❶ *(speak into)* ■**to** ~ **through sth** durch etw *akk* sprechen; **to** ~ **through a megaphone** durch ein Megaphon sprechen
❷ *(be represented)* ■**to** ~ **through sb** durch jdn sprechen

◆**speak up** *vi* ❶ *(raise voice)* lauter sprechen; ***can you ~ up, please?*** können Sie bitte etwas lauter sprechen?
❷ *(support)* seine Meinung sagen [*o* äußern]; **to** ~ **up for** [*or* **in favour of**] **sb/sth** für jdn/etw eintreten, sich *akk* für jdn/etw aussprechen; ***he spoke up for me when I was in trouble*** als ich in Schwierigkeiten war, hat er sich für mich eingesetzt

speak·easy ['spiːkˌiːzi] *n* AM *(hist sl)* Mondscheinkneipe *f fam (während der Prohibition wurde dort illegal Alkohol ausgeschenkt)*

speak·er ['spiːkəʳ, AM -ɚ] *n* ❶ *(orator)* Redner(in) *m(f);* **guest** ~ Gastredner(in) *m(f);* **keynote** ~ Hauptsprecher(in) *m(f),* politischer Programmredner/politische Programmrednerin; **to be a plain** ~ die Dinge offen beim Namen nennen; **public** ~ öffentlicher Redner/öffentliche Rednerin
❷ *of language* Sprecher(in) *m(f);* ***he's a French ~*** er spricht Französisch; ***she's a*** [***fluent***] ~ ***of various languages*** sie spricht mehrere Sprachen [fließend]; ***the couple there are non-English ~s*** dieses Paar dort spricht kein Englisch; **native** ~ Muttersprachler(in) *m(f),* Muttersprachige(r) *f(m)* SCHWEIZ
❸ *(chair)* ■**S~** Sprecher(in) *m(f);* **Madame** ~ Frau Vorsitzende; **the S~ of the House** AM POL der Vorsitzende des Repräsentantenhauses
❹ *(loudspeaker)* Lautsprecher *m*

speak·er·phone *n* Freisprechanlage *f*

speak·ing ['spiːkɪŋ] **I.** *n no pl (act)* Sprechen *nt; (hold a speech)* Reden *nt;* ***unaccustomed as I am to public ~ ...*** ungeübt wie ich es bin, in der Öffentlichkeit zu reden ...
II. *adj attr, inv* ❶ *(able to speak)* sprechend
❷ *(involving speech)* ~ **tour** Vortragsreihe *f;* ~ **voice** Sprechstimme *f*
❸ *(fig: lifelike)* verblüffend; ~ **likeness** verblüffende Ähnlichkeit
▸PHRASES: **to be on** ~ **terms** *(acquainted)* miteinander bekannt sein; *(friendly)* miteinander reden; ***they are no longer on ~ with each other*** sie reden nicht mehr miteinander

-speak·ing ['spiːkɪŋ] *in compounds* ❶ *foreign language* -sprechend; *mother tongue* -sprachig; **German~** *(as foreign language)* Deutsch sprechend; *(as mother tongue)* deutschsprachig
❷ *(with respect to)* gesprochen; **medically speaking** aus medizinischer Sicht; **strictly speaking** strenggenommen

'speak·ing ac·quaint·ance *n* ❶ *(person)* flüchtige(r) Bekannte(r) ❷ *(relationship)* flüchtige Bekanntschaft **speak·ing 'clock** *n* ❶ *(device)* sprechende Uhr ❷ BRIT *(service)* telefonische Zeitansage

'speak·ing en·gage·ment *n* Vortragstermin *m;* **to have** ~**s** Vorträge halten müssen **'speak·ing part** *n* Sprechrolle *f*

'speak·ing trum·pet *n (hist)* Hörrohr *nt*

'speak·ing tube *n* Sprachrohr *nt (zwischen zwei Räumen oder Gebäuden)*

spear [spɪəʳ, AM spɪr] **I.** *n* ❶ *(weapon)* Speer *m,* Lanze *f*
❷ BOT *(leaf)* Halm *m; (shoot)* Stange *f;* **asparagus** ~**s** Spargelstangen *pl*
II. *vt* ■**to** ~ **sth/an animal** etw/ein Tier aufspießen; ■**to** ~ **sb** jdn durchbohren; ***she ~ed a piece of cake with her fork*** sie spießte ein Stück Kuchen auf ihre Gabel

'spear car·ri·er *n* ❶ THEAT Statist(in) *m(f)*
❷ *(minion)* Lakai *m* **'spear-fish·ing** *n no pl* Speerfischen *nt* **'spear·head I.** *n* ❶ *(point of spear)* Speerspitze *f* ❷ *(fig: leading group or thing)* Spitze *f;* **to form the** ~ **of an attack** die Angriffsspitze bilden
II. *vt (also fig)* ■**to** ~ **sth** etw anführen, etw *dat* vorstehen; ***Joe has been chosen to ~ our new mar-***

keting initiative Joe wurde als Leiter unserer neuen Marketinginitiative gewählt; **to ~ an attack** einen Angriff leiten **'spear·man** *n* HIST Lanzenträger *m*

'spear·mint I. *n no pl* grüne Minze

II. *n modifier (mouthwash, sweet, toothpaste)* Pfefferminz-; ~ **chewing-gum** Kaugummi *m o nt* mit Spearmintgeschmack

spec¹ [spek] *n no pl (fam)* **on ~** auf Verdacht; **to buy** [*or* **get**] **sth on ~** etw auf gut Glück kaufen

spec² [spek] *n (fam) short for* **specification**

① *(data)* ■ **~s** *pl* technische Daten

② *(plan)* detaillierter Plan; ***has the engineer brought the ~s with him?*** hat der Ingenieur die Entwürfe dabei?; **to draw up a ~** einen Bauplan erstellen

'spec build·er *n esp* AUS *(fam)* Bauspekulant(in) *m(f)*

spec·cy *adj attr, inv (fam) see* **specky**

spe·cial ['speʃᵊl] I. *adj* ① *(more)* besondere(r, s); **to be in need of ~ attention** ganz besondere Aufmerksamkeit verlangen; **to pay ~ attention to sth** bei etw *dat* ganz genau aufpassen; **to attach ~ significance to sth** etw *dat* besondere Bedeutung beimessen

② *(unusual)* besondere(r, s); ***what's so ~ about that?*** na und?, das ist doch nichts Besonderes!; ~ **aptitude** besondere Fähigkeit; ~ **case** Ausnahme *f;* **to be a ~ case** ein Ausnahmefall sein; ~ **character** außergewöhnlicher Charakter; ~ **charm** ungewöhnlicher Charme; ~ **circumstances** außergewöhnliche Umstände; ~ **needs** spezielle Bedürfnisse; **on ~ occasions** zu besonderen Gelegenheiten; ~ **order** Sonderauftrag *m;* **to ~ order** auf Sonderbestellung; **nothing ~** nichts Besonderes

③ *(dearest)* beste(r, s); ***Linda is my ~ friend*** Linda ist meine beste Freundin; ■ **to be ~ to sb** jdm sehr viel bedeuten

④ *(characteristic)* speziell; **to do sth one's own ~ way** etw auf seine/ihre eigene Weise machen

⑤ *attr, inv (for particular purpose)* speziell; *(for particular use) tyres, equipment* Spezial-; ***could I ask you a ~ favour?*** könnte ich dich um einen ganz besonderen Gefallen bitten?; ~ **assignment** Sonderauftrag *m;* ~ **clinic** Spezialklinik *f;* ~ **committee** Sonderausschuss *m;* ~ **deputy** Sonderbeauftragte(r) *f(m);* ~ **session** Sondersitzung *f;* ~ **staff** Fachkräfte *pl;* ~ **train** Sonderzug *m*

⑥ *inv (extra)* gesondert; **a ~ privilege** ein besonderes Privileg; ~ **rates** besondere Tarife; **to get ~ treatment** bevorzugt behandelt werden

⑦ *attr, inv* SCH Sonder-; ~ **education** [*or fam* **ed**] Sonder[schul]erziehung *f*

⑧ *attr, inv* POL Sonder-; ~ **adviser** Sonderberater(in) *m(f);* ~ **agent** Sonderbevollmächtigte(r) *f(m);* ~ **envoy** Sonderbotschafter(in) *m(f)*

II. *n* ① MEDIA *(programme)* Sonderprogramm *nt,* Sondersendung *f; (newspaper)* Sonderausgabe *f*

② *esp* AM, AUS *(meal)* Tagesgericht *nt;* ***what do you have on ~ today?*** was steht heute auf der Speisekarte?

③ *pl esp* AM *(bargains)* ■ **~s** Sonderangebote *pl*

④ *(extra transport)* Sondertransport *m; (train)* Sonderzug *m*

Spe·cial 'Air Ser·vice *n,* **SAS** *n* BRIT MIL Spezialluftеinheit *f* **'Spe·cial Branch** *n no pl usu* BRIT ■ **the ~** der Sicherheitsdienst, die Sicherheitspolizei

spe·cial 'cha·rac·ter *n* COMPUT Sonderzeichen *nt*

spe·cial 'con·sta·ble *n* BRIT Hilfspolizist(in) *m(f)*

spe·cial cor·re·'spond·ent *n* Sonderberichterstatter(in) *m(f)* **spe·cial de·'liv·ery** *n* ① *no pl (service)* Eilzustellung *f* ② *(letter)* Eilbrief *m;* **to sign for a ~** einen Eilbrief entgegennehmen **spe·cial-de·'liv·ery** *adj attr, inv* **~ letter** Eilbrief *m;* **to send sth ~ mail** etw per Eilpost verschicken **spe·cial 'draw·ing rights** *npl,* **SDRs** *n* FIN Sonderziehungsrechte *pl*

spe·cial 'ed *n* AM *short for* **special education** Förderunterricht *m*

spe·cial e'di·tion *n* Sonderausgabe *f*

spe·cial edu·'ca·tion AM I. *n no pl* Sondererziehung *f* II. *n modifier* Sonder-; ~ **teacher** Sonderschullehrer(in) *m(f);* ~ **program** Sondererziehungsprogramm *nt* **spe·cial edu·ca·tion·al 'needs** BRIT I. *npl* ① *(for exceptional children)* Sondererziehungsanforderungen *pl* ② *(for below-average children)* Sonderanforderungen *pl* II. *n modifier (teacher)* Sonderschul-; *(for disabled children)* Behinderten-; ~ **teaching** Sonderschulwesen *nt*

spe·cial ef·'fect *n usu pl* Spezialeffekt *m,* Special-Effect *m fachspr* **spe·cial 'in·ter·est group** *n* POL Interessengemeinschaft *f* **spe·cial 'in·ter·ests** *npl* AM Interessengemeinschaften *pl*

spe·cial·ism ['speʃᵊlɪzᵊm] *n* ① *no pl (studies)* Spezialisierung *f;* ~ **in sth** Spezialisierung *f* in etw *dat*

② *(speciality)* Spezialgebiet *nt*

spe·cial is·sue 'stamps *npl* Sonderbriefmarken *pl*

spe·cial·ist ['speʃᵊlɪst] I. *n* ① *(expert)* Fachmann, -frau *m, f,* Fachkraft *f,* Spezialist(in) *m(f),* Experte, Expertin *m, f* (**in** für +*akk,* **on** in +*dat)*

② *(doctor)* Spezialist(in) *m(f),* Facharzt, -ärztin *m, f;* **eye ~** Facharzt, -ärztin *m, f* für Augenkrankheiten; **heart ~** Herzspezialist(in) *m(f)*

③ AM STOCKEX Eigenhändler(in) *m(f)* [an der Börse], amtlicher Kursmakler/amtliche Kursmaklerin

II. *adj attr (bookshop, lawyer, shop)* Fach-; ~ **advisor** Fachbetreuer(in) *m(f);* ~ **institution** Spezialinstitut *nt;* ~ **knowledge** Fachwissen *nt;* ~ **skills** fachliche Fähigkeiten; ~ **supplier** Spezialanbieter(in) *m(f)*

spe·ci·al·ity [ˌspeʃi'æləti] *n esp* BRIT ① *(product, quality)* Spezialität *f;* ~ **of the house** *(food)* Spezialität *f* des Hauses; **local ~** *(food)* örtliche Spezialität

② *(feature)* besonderes Merkmal; *(iron or pej)* Spezialität *f iron;* ***unkind remarks are one of his specialities*** unfreundliche Bemerkungen sind eine seiner Spezialitäten; ***that's my ~*** darin bin ich wirklich ein Meister

③ *(skill)* Fachgebiet *nt,* Fachbereich *m*

spe·ciali·za·tion [ˌspeʃᵊlaɪ'zeɪʃᵊn, AM -lɪ'-] *n* ① *no pl (studies)* Spezialisierung *f* (**in** auf +*akk)*

② *(skill)* Spezialgebiet *nt*

spe·cial·ize ['speʃᵊlaɪz, AM -ʃəl-] I. *vi* sich *akk* spezialisieren (**in** auf +*akk);* ***he ~s in divorce cases*** er ist auf Scheidungsrecht spezialisiert

II. *vt* ① *usu passive* BIOL *(adapted)* ■ **to become ~d** *organ* sich *akk* gesondert ausbilden

② *(modify)* ■ **to ~ sth** *statement* etw spezifizieren

spe·cial·ized ['speʃᵊlaɪzd, AM -ʃəl-] *adj* ① *(skilled)* spezialisiert; ***her job is very ~*** ihre Arbeit ist hoch spezialisiert; ~ **care** fachliche Betreuung; ~ **knowledge** Fachwissen *f;* ~ **skills** fachliche Fähigkeiten

② *(particular)* spezial; ~ **magazine** Fachzeitschrift *f;* ~ **software** Spezialsoftware *f*

spe·cial·ly ['speʃᵊli] *adv* ① *inv (specifically)* speziell, extra, eigens; ***I came here ~ to see you*** ich bin extra hierher gekommen, um dich zu sehen; **a ~ invited audience** ein ausgewähltes Publikum; **~ designed/made** speziell angefertigt/hergestellt; **~ educated** besonders gebildet; **~ equipped/trained** speziell ausgerüstet/ausgebildet; **to ~ ask sb not to do sth** jdn explizit [*o* ausdrücklich] darum bitten, etw [gerade] nicht zu tun

② *(particularly)* besonders, insbesondere; **not ~** nichts Besonderes; ***is there anything you want to do this evening? — not ~*** hast du heute Abend irgendetwas vor? – nichts Besonderes

③ *(very)* besonders; **a ~ good wine** ein ganz besonders guter Wein

spe·cial 'needs I. *npl* ① *(teaching)* Sondererziehungsanforderungen *pl*

② *(requirements)* Sonderanforderungen *pl,* spezielle Bedürfnisse

II. *n modifier (disabled)* behindert; ~ **child** behindertes Kind; *(exceptional)* Sonder-; ~ **teacher** SCH Sonderschullehrer(in) *m(f);* ~ **teaching** SCH Sonderschulwesen *nt*

spe·cial 'of·fer *n* Sonderangebot *nt,* Aktion *f* SCHWEIZ; **on ~** im Sonderangebot, in Aktion SCHWEIZ

Spe·cial O'lym·pics *npl* Behindertenolympiade *f*

spe·cial 'plead·ing *n no pl* ① LAW Beibringung *f* neuen Beweismaterials

② *(unfair argument)* Berufung *f* auf einen Sonderfall

special-'purpose *adj* Spezial-; ~ **bank** Spezialbank *f;* ~ **company** Objektgesellschaft *f*

'spe·cial school *n* Sonderschule *f*

spe·cial·ty ['speʃᵊlti] *n* AM, AUS *see* **speciality**

spe·cia·tion [ˌspi:ʃi'eɪʃᵊn] *n* Artenbildung *f*

spe·cie ['spi:ʃi:] *n no pl* ① *(coin)* Münzgeld *nt,* Münz *nt* SCHWEIZ, Hartgeld *nt*

② *(cash)* Bargeld *nt;* **in ~** in bar; *(fig)* in gleicher Münze *fig*

spe·cies <*pl* -> ['spi:ʃi:z] *n* ① BIOL Art *f,* Spezies *f fachspr;* **bird ~** Vogelart[en] *f[pl];* **rare ~ of insect** seltene Insektenart; **endangered ~** vom Aussterben bedrohte [Tier]art; **extinct ~** ausgestorbene Spezies; **mammalian ~** Säugetierart[en] *f[pl]*

② *(fig fam: kind)* Art *f;* ***she was wearing a strange ~ of hat*** sie trug einen sehr merkwürdigen Hut; **to be a rare ~** eine Seltenheit sein

spe·cif·ic [spə'sɪfɪk] I. *adj* ① *(exact)* genau; ***could you be a bit more ~?*** könntest du dich etwas klarer ausdrücken?; ***can you be more ~ about where your back hurts?*** können Sie mir genauer sagen, wo Sie Schmerzen im Rücken haben?; **to fix a ~ date** ein genaues Datum festmachen

② *attr (particular)* bestimmte(r, s), speziell; ***are you doing anything ~ this weekend?*** hast du etwas Bestimmtes vor dieses Wochenende?; ■ **to be ~ to sth** sich *akk* auf etw *akk* beschränken; ~ **details** besondere Einzelheiten; **for ~ purposes** für einen bestimmten Zweck

③ *(characteristic)* spezifisch, typisch (**to** für +*akk);* ~ **knowledge** Fachwissen *nt*

④ SCI spezifisch; ~ **power** NUCL spezifische Brennstoffleistung; ~ **pressure** PHYS spezifischer Flächendruck; ~ **reaction rate** CHEM spezifische Reaktionsgeschwindigkeit; ~ **surface** CHEM spezifische Oberfläche

II. *n* MED *(hist)* Spezifikum *nt fachspr*

spe·cifi·cal·ly [spə'sɪfɪkli] *adv* ① *(particularly)* speziell, extra, besonders; **~, *we'd like to know ...*** insbesondere interessiert uns ...

② *(clearly)* ausdrücklich; **to ~ ask sb not to do sth** jdn ausdrücklich [darum] bitten, etw nicht zu tun; **to ~ mention/prohibit sth** etw ausdrücklich erwähnen/verbieten

speci·fi·ca·tion [ˌspesɪfɪ'keɪʃᵊn, AM -fə'-] *n* ① *(specifying)* Angabe *f,* Spezifizierung *f geh*

② *(plan)* detaillierter Entwurf; *(for building)* Bauplan *m;* **to conform to** [*or* **match**] [*or* **meet**] **the ~** dem Entwurf entsprechen; **to draw up a ~** einen Entwurf erstellen

③ *no pl (description)* genaue Angabe, Beschreibung *f,* Spezifikation *f; (for patent)* Patentschrift *f; (for machines)* Konstruktionsplan *m;* **detailed ~** detaillierte Beschreibung

④ *no pl (function)* detaillierter Entwurf; **to be almost identical in ~** vom Entwurf her fast identisch sein

speci·fi·ca·tions [ˌspesɪfɪ'keɪʃᵊnz, AM -fə'-] *npl (details) of a plan* genaue Angaben; *of a building* Raum- und Materialangaben *pl;* TECH technische Daten [*o* Angaben], Leistungsbeschreibung *f*

spe·cif·ic 'grav·ity *n* PHYS spezifisches Gewicht

speci·fic·ity [ˌspəsɪ'fɪsəti, AM -əṭi] *n no pl* ① *(definition)* Spezifität *f;* **level of ~** Grad *m* an Spezifität

② COMPUT Spezifizität *f*

spe·cif·ics [spə'sɪfɪks] *npl* Einzelheiten *pl* (**about,** **on** über +*akk);* ***the President's speech was lacking in ~*** die Rede des Präsidenten hielt sich zu sehr an der Oberfläche; **to get down to ~** auf die näheren Einzelheiten zurückkommen

speci·fied ['spesɪfaɪd] *adj attr* vorgeschrieben; *(particular)* bestimmte(r, s); ~ **date** bestimmtes Datum; **within a ~ period** innerhalb eines vorgeschriebenen Zeitraums

speci·fy <-ie-> ['spesɪfaɪ] *vt* ■ **to ~ sth** etw angeben [*o* über etw *dat* Angaben machen]; *(list in detail)* etw spezifizieren; *(list expressly)* etw ausdrücklich angeben; ***she did not ~ reasons for resigning*** sie nannte keine Gründe für ihren Rücktritt; ***my contract specifies*** [***that***] ***I must give a month's***

notice if I leave my job mein Arbeitsvertrag sieht einen Monat Kündigungsfrist vor; **to ~ conditions** Bedingungen festlegen; **to ~ requirements** Anforderungen darlegen; **to ~ a time** eine feste Zeit angeben; **to clearly ~ sth** etw klar darlegen [*o geh* spezifizieren]

speci·men ['spesəmɪn, AM -mən] *n* ❶ *(example)* Exemplar *nt;* **collection of rare insect ~s** Sammlung *f* seltener Insekten; **~ of earth** Bodenprobe *f*
❷ MED Probe *f;* **~ of blood/urine** Blut-/Urinprobe *f;* **to provide/take a ~** eine Probe abliefern/nehmen
❸ *(usu pej fam: person)* Exemplar *nt fam;* **a fine ~** ein Prachtexemplar *nt,* ein Prachtkerl *m a. hum;* **to be a miserable ~** ein jämmerlicher Kauz sein
❹ *(sample)* Muster *nt,* Probe *f,* Probexemplar *nt*

speci·men 'copy *n* Belegexemplar *nt,* Probeexemplar *nt;* **~ of a form** Musterformular *nt*

'speci·men glass *n* CHEM Präparateglas *nt* **'speci·men jar** *n* Probenbehälter *m*

speci·men 'page *n* Probeseite *f* **speci·men 'sig·na·ture** *n* Unterschriftenprobe *f*

spe·cious ['spiːʃəs] *adj (pej form) allegation, argument* fadenscheinig *pej;* **~ claim** unfundierte Forderung; **~ reasoning** vordergründige Schlussfolgerungen *pl*

spe·cious·ly ['spiːʃəsli] *adv (form)* trügerisch *geh*

spe·cious·ness ['spiːʃəsnəs] *n no pl (form)* Fadenscheinigkeit *f; of promise* Oberflächlichkeit *f; of theory* Vordergründigkeit *f*

speck [spek] *n* ❶ *(spot)* Fleck *m; of blood, mud* Spritzer *m,* Sprenkel *m;* ***the island in the distance had become a mere ~ on the horizon*** in der Ferne war die Insel zu einem bloßen Pünktchen am Horizont geworden; **a ~ of light at the end of the tunnel** ein Fünkchen *nt* Licht am Ende des Tunnels; **~ of paint** Farbspritzer *m*
❷ *(stain)* Fleck *m;* **to have ~s** fleckig sein
❸ *(particle)* Körnchen *nt;* **not a ~ of dirt/dust** kein Körnchen Schmutz/Staub; **a ~ of soot** eine Rußflocke; **not a ~ of truth** *(fig)* kein Fünkchen [*o* Körnchen] Wahrheit

specked [spekt] *adj* gefleckt, gesprenkelt; ***the floor was ~ with paint*** auf dem Boden waren Farbspritzer

speck·le ['spekl̩] *n* Tupfen *m,* Tupfer *m fam,* Sprenkel *m;* **with brown ~s** braun gesprenkelt

speck·led ['spekl̩d] *adj* gesprenkelt; **to be ~ with yellow** gelb gesprenkelt sein

specky ['speki] *adj attr, inv* BRIT *(fam)* eine Brille tragend *attr;* **~ four eyes** Brillenschlange *f pej fam*

specs[1] [speks] *npl (fam) short for* **specifications** technische Daten

specs[2] [speks] *npl esp* BRIT *(fam) short for* **spectacles** Brille *f;* ***hey ~, ...*** hey, du mit der Brille, ... *fam*

spec·ta·cle ['spektəkl̩] *n* ❶ *(display)* Spektakel *nt;* **a magnificent ~** ein großartiges Spektakel; **to be mere/pure ~** ein reines/wirkliches Spektakel sein
❷ *(event)* Schauspiel *nt geh,* Spektakel *nt pej; (sight)* Anblick *m;* **public ~** öffentliches Spektakel; **to make a real ~ of oneself** unangenehm auffallen; **a strange ~** ein ungewöhnlicher Anblick

'spec·ta·cle case *n* BRIT Brillenetui *nt*

spec·ta·cled ['spektəkl̩d] *adj* ❶ *esp* BRIT *(with glasses)* bebrillt; ***the person you want to speak to is the ~ man*** derjenige, mit dem du reden willst, ist der Mann mit der Brille
❷ ZOOL *animal* mit brillenähnlichem Muster *nach n*

spec·ta·cles ['spektəkl̩z] *npl* BRIT Brille *f;* **horn-rimmed ~** Hornbrille *f;* **steel-rimmed ~** Metallbrille *f;* **to put on one's ~** seine Brille aufsetzen

spec·tacu·lar [spek'tækjələʳ, AM -ɚ] I. *adj* ❶ *(wonderful) dancer, scenery* atemberaubend, fantastisch, großartig
❷ *(striking) increase, failure, success* spektakulär, sensationell
II. *n film, play* Schauspiel *nt*

spec·tacu·lar·ly [spek'tækjələli, AM -ɚli] *adv* ❶ *(wonderfully)* wundervoll; ***at night the city is ~ lit*** bei Nacht ist die Stadt herrlich erleuchtet
❷ *(extremely)* sensationell; ***you were ~ wrong in your judgement*** bei deiner Beurteilung hast du absolut danebengelegen; **~ well-paid job** außergewöhnlich gut bezahlte Arbeit; **to be ~ fit** ungewöhnlich fit sein; **to rise ~** sensationell ansteigen

spec·tate [spek'teɪt] *vi* BRIT zuschauen (**at** bei *+dat*)

spec·ta·tor [spek'teɪtəʳ, AM -t̬ɚ] *n* Zuschauer(in) *m(f)* (**at** bei *+dat*)

spec·'ta·tor sport *n no pl* Publikumssport *m*

spec·ter *n* AM *see* **spectre**

spec·tra ['spektrə] *n pl of* **spectrum**

spec·tral ['spektrᵊl] *adj* ❶ *(ghostly)* geisterhaft, gespenstisch; **a ~ figure** eine gespenstische Gestalt
❷ *inv (able to detect ghosts)* **~ machine** Geistermaschine *f*
❸ *inv* PHYS spektral *fachspr;* **~ colours** [*or* AM **colors**] Spektralfarben *pl fachspr*

spec·tre, AM **spec·ter** ['spektəʳ, AM -ɚ] *n* ❶ *(liter or old: ghost)* Gespenst *nt*
❷ *(fig liter: threat)* [Schreck]gespenst *nt fig;* ***the awful ~ of civil war hangs over the country*** über dem Land liegt das Schreckgespenst des Bürgerkriegs

spec·tro·gram ['spektrə(ʊ)græm, AM -əgræm] *n* PHYS Spektrogramm *nt fachspr*

spec·tro·graph ['spektrə(ʊ)grɑːf, AM -trəgræf] *n* PHYS Spektrograf *m fachspr*

spec·tro·scope ['spektrəskəʊp, AM -skoʊp] *n* PHYS Spektroskop *nt fachspr*

spec·tro·scop·ic analy·sis [ˌspektrəskɒpɪk-, AM -skɑːp-] *n* PHYS Spektralanalyse *f fachspr*

spec·trum <*pl* -tra *or* -s> ['spektrəm, *pl* -trə] *n* ❶ PHYS *(band of colours)* Spektrum *nt;* **~ analysis** Spektralanalyse *f;* **the visible ~** das sichtbare Spektrum
❷ *(frequency band)* Palette *f,* Skala *f;* **~ of services** COMM Dienstleistungsspektrum *nt,* Servicepalette *f*
❸ *(fig: range)* Spektrum *nt fig;* **~ of liquidity** FIN Liquiditätsspektrum *nt;* **a wide ~ of opinions** ein breites Meinungsspektrum; **~ of operations** ADMIN Tätigkeitsspektrum *nt*
❹ POL, SOCIOL Spektrum *nt;* **the political/social ~** das politische/soziale Spektrum
❺ COMPUT Spektrum *nt fachspr*

specu·late ['spekjəleɪt] *vi* ❶ *(guess)* spekulieren; ***it has been ~d that ...*** es wird vermutet, dass ...; ■**to ~ about** [*or* **on**] **sth** Vermutungen über etw *akk* anstellen, etw mutmaßen
❷ FIN, STOCKEX *(trade)* spekulieren (**in** mit *+dat*); **to ~ on the gold/stock market** am Goldmarkt/an der Börse spekulieren

specu·la·tion [ˌspekjə'leɪʃᵊn] *n* ❶ *(guess)* Spekulation *f,* Vermutung *f* (**about** über *+akk*); ***there have been ~s*** [***that***] ***he's looking for a new job*** man vermutet, dass er eine neue Arbeit sucht; **to be pure ~** reine Vermutung sein; **to fuel** [*or* **prompt**] **~** die Spekulationen anheizen
❷ *(trade)* Spekulation *f;* **stock-market ~** Börsenspekulation *f;* **to protect sth from ~** etw vor Spekulation schützen

specu·la·tive ['spekjələtɪv, AM -leɪt̬ɪv] *adj* ❶ *(conjectural)* spekulativ *geh;* PHILOS hypothetisch *geh;* **a highly ~ story** eine höchst spekulative Geschichte; **to be purely ~** reine Vermutung sein
❷ FIN *(risky)* spekulativ; **~ deals** Spekulationsgeschäfte *pl;* **~ gains** Spekulationsgewinn *m;* **~ loss** Spekulationsverlust *m;* **for ~ property development** zur Entwicklung der Grundstücksspekulation; **~ venture** spekulatives Unternehmen

specu·la·tive·ly ['spekjələtɪvli, AM -leɪt̬ɪv-] *adv* ❶ *(conjecturally)* spekulativ *geh;* PHILOS hypothetisch *geh;* ***he writes rather ~*** er schreibt eher theoretisch
❷ *(riskily)* spekulativ

specu·la·tor ['spekjəleɪtəʳ, AM -leɪt̬ɚ] *n* Spekulant(in) *m(f);* **currency/property ~** Währungs-/Grundstücksspekulant(in) *m(f)*

specu·lum <*pl* -la> ['spekjələm, *pl* -jələ] *n* ❶ MED Spiegel *m,* Spekulum *nt fachspr*
❷ *(mirror) in telescope* Metallspiegel *m*

sped [sped] *pt, pp of* **speed**

speech <*pl* -es> [spiːtʃ] *n* ❶ *no pl (faculty of speaking)* Sprache *f; (act of speaking)* Sprechen *nt;* ■**in ~** mündlich; **to lose/recover the power of ~** die Sprechfähigkeit [*o* die Sprache] verlieren/wiedererlangen; **in everyday ~** in der Alltagssprache; **to be slow in** [*or* **of**] **~** langsam reden
❷ *no pl (spoken style)* Sprache *f,* Redestil *m*
❸ *(oration)* Rede *f; (shorter)* Ansprache *f* (**about, on** über *+akk*); *(in court)* Plädoyer *nt;* **acceptance ~** Aufnahmerede *f;* **after-dinner ~** Tischrede *f;* **freedom of ~** POL Redefreiheit *f;* **keynote ~** Hauptrede *f;* **eloquent ~** ausdrucksvolle Rede; **rousing ~** stürmische Rede; **to deliver** [*or* **give**] [*or* **make**] **a ~** eine Rede halten
❹ *of actor* Rede *f; (longer)* Monolog *m;* **Hamlet's ~** Hamlets Monolog *m*
❺ *no pl* LING **direct/indirect** [*or* **reported**] **~** direkte/indirekte Rede
❻ *no pl* AM *(speech therapy)* Sprachtherapie *f*

'speech act *n* LING Sprechakt *m fachspr* **'speech bal·loon, 'speech bub·ble** *n* Sprechblase *f*

'speech com·mun·ity *n* LING Sprachgemeinschaft *f fachspr*

'speech day *n* BRIT Schulfeier *f*

'speech de·fect *n* Sprachfehler *m*

speechi·fy <-ie-> ['spiːtʃɪfaɪ, AM -tʃə-] *vi (pej or hum)* salbadern *pej fam;* ***please talk normally, don't ~!*** bitte sprich normal und halte keine langen Reden!; ***my uncle's always ~ing about what's wrong with the world today*** mein Onkel hält immer große Vorträge über die Fehler in der heutigen Welt

'speech im·pedi·ment *n* Sprachfehler *m*

speech·less ['spiːtʃləs] *adj inv* ❶ *(shocked)* sprachlos; **to be ~ with indignation/rage** sprachlos vor Empörung/vor Wut sein; **sth leaves** [*or* **renders**] **sb ~** etw verschlägt jdm die Sprache; **to be left ~** sprachlos sein
❷ *(mute)* stumm; **to be ~ from birth** von Geburt an stumm sein

speech·less·ly ['spiːtʃləsli] *adv* wortlos; *(from shock)* sprachlos; **to look at sb ~** jdn sprachlos anschauen

speech·less·ness ['spiːtʃləsnəs] *n no pl* ❶ *(shock)* Sprachlosigkeit *f*
❷ *(muteness)* Stummheit *f*

'speech mak·ing *n* Redenhalten *nt;* ***he's good/bad at ~*** er ist ein guter/schlechter Redner

'speech rec·og·ni·tion *n no pl* COMPUT Spracherkennung *f* **'speech thera·pist** *n* Sprachtherapeut(in) *m(f),* Logopäde, Logopädin *m, f fachspr*

'speech thera·py *n* Sprachtherapie *f,* Logopädie *f fachspr*

'speech writ·er *n* Redenschreiber(in) *m(f)*

speed [spiːd] I. *n* ❶ *(velocity)* Geschwindigkeit *f,* Tempo *nt;* ***at a ~ of seventy kilometres per hour*** mit einer Geschwindigkeit von 70 km/h; **cruising ~** Reisegeschwindigkeit *f;* **~ of light/sound** Licht-/Schallgeschwindigkeit *f;* **average traffic ~** durchschnittliche Verkehrsgeschwindigkeit; **high ~** hohe Geschwindigkeit; **maximum** [*or* **top**] **~** Höchstgeschwindigkeit *f;* **steady ~** gleich bleibende Geschwindigkeit; **to gain** [*or* **gather**] [*or* **pick up**] **~** an Geschwindigkeit gewinnen; *vehicle* beschleunigen; *person* schneller werden; **to lower** [*or* **reduce**] **one's ~** seine Geschwindigkeit verringern; *vehicle* langsamer fahren; *person* langsamer werden
❷ *no pl (high velocity)* hohe Geschwindigkeit; **at ~** *esp* BRIT bei voller Geschwindigkeit; **at breakneck ~** *(fam)* mit einem Mordstempo *fam;* **at lightning ~** schnell wie der Blitz; **at full ~** mit Höchstgeschwindigkeit; **at supersonic ~** mit Überschallgeschwindigkeit; **up to ~** bis Höchstgeschwindigkeit
❸ *no pl (quickness)* Schnelligkeit *f;* **with ~** schnell; **with all possible ~** so schnell wie möglich
❹ TECH *(operating mode)* Drehzahl *f;* **full ~ ahead/astern!** NAUT volle Kraft voraus/achteraus!
❺ *(gear)* Gang *m;* ***I have a ten-~ bicycle*** ich habe ein Fahrrad mit Zehngangschaltung
❻ PHOT [Licht]empfindlichkeit *f;* **shutter ~** Belichtungszeit *f*
❼ *no pl (sl: drug)* Speed *nt sl;* **to be on ~** auf Speed

sein

▸PHRASES: **to bring** [*or* **get**] **sb/sth up to ~** *esp* BRIT *(update)* jdn/etw auf den neuesten Stand bringen; *(repair)* etw wieder zum Laufen bringen; **to be heading** [**at**] **full ~ for sth** mit vollen Schritten auf etw *akk* zusteuern; **to pick up ~** Ergebnisse verbessern; **to travel at the ~ of light** sich *akk* mit Lichtgeschwindigkeit verbreiten; **to be up to ~** [**with sth**] [mit etw *dat*] auf dem Laufenden sein

II. *vi* <sped, sped> ❶ *(rush)* sausen, flitzen; ***we sped down the ski slopes*** wir sausten die Piste herunter; ■**to ~ along** vorbeisausen; ■**to ~ off** davonbrausen

❷ *(drive too fast)* die Geschwindigkeit überschreiten, rasen

III. *vt* <-ed *or* sped, -ed *or* sped> ❶ *(quicken)* ■**to ~ sth** etw beschleunigen

❷ *(transport)* ■**to ~ sb somewhere** jdn schnell irgendwo hinbringen

▸PHRASES: **God ~ you** *(old)* Gott sei mit dir *liter o veraltet;* **to ~ sb on his/her way** jdn verabschieden

◆**speed away I.** *vi* davonrasen

II. *vt* ■**to ~ away** ⊂ **sb/sth** jdn/etw schnellstens abtransportieren

◆**speed by** *vi* ❶ *(travel)* vorbeisausen

❷ *time* schnell vergehen, verfliegen, SCHWEIZ *a.* vorbeigehen; ***this year simply seems to be ~ing by*** dieses Jahr scheint wie im Flug zu vergehen

◆**speed up I.** *vt* ■**to ~ up** ⊂ **sth** etw beschleunigen; ***can the job be ~ed up?*** kann die Arbeit schneller verrichtet werden?; ■**to ~ up** ⊂ **sb** jdn antreiben

II. *vi* ❶ *(accelerate)* beschleunigen, schneller werden; *person* sich *akk* beeilen

❷ *(improve)* sich *akk* verbessern, eine Steigerung erzielen

'speed·boat *n* Rennboot *nt* **'speed bump** *n* Bodenschwelle *f* **'speed cam·era** *n* BRIT Radargerät *nt* zur Geschwindigkeitsmessung, Starenkasten *m fam,* Radarbox *f* ÖSTERR, SCHWEIZ **'speed check, 'speed con·trol** *n* Geschwindigkeitskontrolle *f* **'speed cop** *n (fam)* Verkehrsbulle *m pej sl* **'speed curb** *n* Geschwindigkeitsbegrenzung/-beschränkung *f* **'speed dat·ing** *n no pl, no art* organisierte Partnersuche, bei der man mit jedem Kandidaten nur wenige Minuten spricht **'speed-dial but·ton** ['spi:d,daɪəl,bʌtᵊn, AM -,daɪ(ə)l-] *n* Kurzwahltaste *f* **'speed-eat·ing** *adj attr, inv* **~ contest** Wettkampf *m* im Schnellessen

speed·er ['spi:dəʳ, AM -ɚ] *n* ❶ *(contrivance)* Geschwindigkeitsregler *m*

❷ *(driver)* Schnellfahrer(in) *m(f),* Raser(in) *m(f) fam*

'speed freak *n (sl)* ❶ *(fast driving person)* Speed-Freak *m sl* ❷ *(drug addict)* Speed-Süchtige(r) *f(m) sl*

'speed hump *n* BRIT Bodenschwelle *f*

speedi·ly ['spi:dɪli] *adv (rapidly)* schnell; *(without delay)* prompt, sofort

speedi·ness ['spi:dɪnəs] *n no pl* Schnelligkeit *f;* **~ of delivery** Lieferungsgeschwindigkeit *f*

speed·ing ['spi:dɪŋ] *n no pl* Geschwindigkeitsüberschreitung *f,* Rasen *nt;* **to catch sb ~** jdn beim Zuschnellfahren erwischen

speed·ing 'car *n* Fahrzeug, das die Höchstgeschwindigkeit überschreitet **speed·ing 'driv·er** *n* Fahrer/Fahrerin, der/die die Höchstgeschwindigkeit überschreitet **'speed·ing tick·et** *n* Strafzettel *m* [*o* SCHWEIZ Busse *f*] für zu schnelles Fahren

'speed lim·it *n* Geschwindigkeitsbegrenzung *f,* Tempolimit *nt;* **~ *of eighty kilometres per hour*** Geschwindigkeitsbegrenzung von achtzig Kilometern die Stunde; **to be over** [*or* **break**] **the ~** die [angegebene] Höchstgeschwindigkeit überschreiten **'speed mer·chant** *n esp* BRIT *(sl)* Raser(in) *m(f) fam;* **to be a ~** wie eine gesengte Sau fahren *sl*

speedo ['spi:dəʊ] *n* BRIT *(fam) short for* **speedometer** Tacho *m fam*

speed·om·eter [spi:'dɒmɪtəʳ, AM -'dɑ:məṭɚ] *n* Tachometer *m o nt,* Geschwindigkeitsmesser *m*

'speed range *n* Geschwindigkeitsbereich *m* **'speed rec·ord** *n* Geschwindigkeitsrekord *m* [**for** für *+akk*] **'speed re·stric·tion** *n* Geschwindigkeitsbegrenzung *f,* Tempolimit *nt* **'speed rum·ble** *n* BRIT Bodenschwelle *f* **'speed sail·ing** *n no pl* SPORT Strandsegeln *nt* **'speed skat·er** *n* Eisschnellläufer(in) *m(f)* **'speed skat·ing** *n no pl* Eisschnelllauf *m*

speed·ster ['spi:dstəʳ, AM -stɚ] *n (fam)* ❶ *(vehicle)* schnelles Fahrzeug, Flitzer *m fam*

❷ *(driver)* Schnellfahrer(in) *m(f)*

'speed trap *n* Radarfalle *f*

'speed-up *n no pl* ❶ *(rate)* schnelleres Tempo, Beschleunigung *f*

❷ *(increase)* Anstieg *m,* Zuwachs *m*

❸ *esp* AM ECON Produktivitätszuwachs *m,* Produktivitätssteigerung *f*

'speed·way *n* ❶ *no pl (sport)* Speedwayrennen *nt*

❷ *(racetrack)* Speedwaybahn *f,* Aschen[renn]bahn *f*

❸ AM *(highway)* Schnellstraße *f*

speed·well <*pl* - *or* -s> ['spi:dwel] *n* BOT Ehrenpreis *m o nt*

speedy ['spi:di] *adj* schnell; *decision, action, solution also* rasch; *delivery, service, recovery* prompt; **~ trial** AM LAW zügige Verhandlung

spe·leo·logi·cal [,spi:liə'lɒdʒɪkᵊl, AM -'lɑ:dʒɪ-] *adj inv* speläologisch *fachspr*

spe·leolo·gist [,spi:li'ɒlədʒɪst, AM -'ɑ:lə-] *n* Höhlenforscher(in) *m(f),* Speläologe, Speläologin *m, f fachspr*

spe·leol·ogy [,spi:li'ɒlədʒi, AM -'ɑ:lə-] *n no pl* Höhlenkunde *f,* Speläologie *f fachspr*

spell[1] [spel] *n (state)* Zauber *m,* Bann *m geh; (words)* Zauberspruch *m;* **to be** [*or* **lie**] **under a ~** unter einem Bann stehen; **to break the ~** den Bann brechen; **to cast** [*or* **put**] **a ~ on sb** jdn verzaubern; **to be under sb's ~** *(fig)* von jdm verzaubert sein, in jds Bann stehen

spell[2] [spel] **I.** *n* ❶ *(period of time)* Weile *f;* ***she had a brief ~ as captain of the team*** sie war eine Zeit lang Mannschaftskapitän; **to go through a bad ~** eine schwierige Zeit durchmachen; **for a ~** für ein Weilchen, eine Zeit lang

❷ *(period of sickness)* Anfall *m;* **to suffer from dizzy ~s** unter Schwindelanfällen leiden

❸ *(period of weather)* **~ of sunny weather** Schönwetterperiode *f;* **cold/hot ~** Kälte-/Hitzewelle *f*

❹ *(turn)* Schicht *f;* **to take ~s** [**with**] **doing sth** sich *akk* bei etw *dat* abwechseln; **to take a ~ at the wheel** eine Zeit lang das Steuer übernehmen

II. *vt* <-ed, -ed> *esp* AM, AUS ■**to ~ sb** jdn ablösen

spell[3] <spelled *or* BRIT *also* spelt, spelled *or* BRIT *also* spelt> [spel] **I.** *vt* ■**to ~ sth** ❶ *(using letters)* etw buchstabieren; ***could you ~ that please?*** könnten Sie das bitte buchstabieren?

❷ *(signify)* etw bedeuten; **to ~ disaster/trouble** Unglück/Ärger bedeuten; **to ~ the end of sth** das Ende einer S. *gen* bedeuten; **NO ~s no** *(fam)* wenn ich Nein sage, meine ich auch Nein! *fam*

II. *vi (in writing)* richtig schreiben; *(aloud)* buchstabieren; ***he ~s poorly*** seine Rechtschreibung ist sehr schwach; **to ~ incorrectly** Rechtschreibfehler machen

◆**spell out** *vt* ■**to ~ out** ⊂ **sth** ❶ *(using letters)* etw buchstabieren

❷ *(explain)* etw klarmachen; ***do I have to ~ it out for you?*** *(fam)* muss ich noch deutlicher werden?; **to ~ out one's ideas/plans/thoughts** seine Ideen/Pläne/Gedanken darlegen; **to ~ out a problem** ein Problem verdeutlichen

spell·bind <-bound, -bound> ['spelbaɪnd] *vt* ■**to ~ sb** jdn hypnotisieren

spell·bind·er ['spelbaɪndəʳ, AM -ɚ] *n (fam: speaker)* fesselnder Redner/fesselnde Rednerin; *(actor)* faszinierender Schauspieler/faszinierende Schauspielerin; *(film)* spannender Film; **to be a real ~** *game, event* der reinste Krimi sein *fam*

spell·bind·ing ['spelbaɪndɪŋ] *adj film, performance, speech* fesselnd

spell·bound ['spelbaʊnd] *adj inv* gebannt, fasziniert; **to be ~ by sth** von etw *dat* wie verzaubert sein; **to hold sb ~** jdn fesseln [*o* in seinen Bann ziehen]

'spell check *n* COMPUT Rechtschreibprüfung *f*

'spell-check *vt* ■**to ~ sth** etw auf Schreibfehler prüfen; **to ~ a document/a file/a letter** die Rechtschreibung eines Dokuments/einer Datei/ eines Briefes überprüfen **'spell-check·er** *n* COMPUT Rechtschreibhilfe *f,* Rechtschreibprüfprogramm *nt;* **to run the ~** die Rechtschreibüberprüfung machen

spell·er ['speləʳ, AM -ɚ] *n* ❶ *(person)* **to be a good/weak ~** gut/schlecht in Orthografie sein

❷ AM *(spelling book)* Rechtschreib[e]buch *nt*

spell·ing ['spelɪŋ] **I.** *n* ❶ *no pl (orthography)* Rechtschreibung *f,* Orthografie *f;* **to correct sb's ~** jds Rechtschreibung [*o* Orthografie] korrigieren

❷ *(lesson)* Rechtschreibunterricht *m*

❸ *(activity)* Buchstabieren *nt kein pl;* ***this is the correct ~*** dies ist die richtige Schreibweise

II. *adj attr, inv* Rechtschreib-

'spell·ing bee *n* AM, AUS Buchstabierwettbewerb *m* **'spell·ing book** *n* AM Rechtschreib[e]buch *nt* **'spell·ing check** *n* COMPUT Rechtschreibüberprüfung *f* **'spell·ing er·ror, 'spell·ing mis·take** *n* Rechtschreibfehler *m* **spell·ing pro·nun·ci'a·tion** *n* buchstabengetreue Aussprache

spelt [spelt] *pp, pt of* **spell**

spe·lunk·er [spəlʌŋkɚ] *n* AM *(potholer)* Hobbyhöhlenforscher(in) *m(f)*

spe·lunk·ing [spəlʌŋkɪŋ] *n no pl* AM *(potholing)* Hobbyhöhlenforschung *f;* **to do** [*or* **go**] **~** Höhlen erforschen

spend [spend] **I.** *vt* <spent, spent> ❶ *(pay out)* ausgeben; **to ~ a fortune/money** [**on sb/sth**] [für jdn/etw] ein Vermögen/Geld ausgeben

❷ *(pass time)* **to ~ the night with sb** bei jdm übernachten; *(have sex)* die Nacht mit jdm verbringen; **to ~ time** Zeit verbringen; **to ~ a lot of time doing sth** viel Zeit aufwenden, etw zu tun; ***my sister always ~s ages in the bathroom*** meine Schwester braucht immer eine Ewigkeit im Bad *fam;* **to ~ time doing sth** Zeit damit verbringen, etw zu tun

❸ *(dedicate to)* **to ~ one's energy/one's money/one's time on sth** seine Energie/sein Geld/seine Zeit in etw *akk* investieren; **to ~ all one's force** [*or* **strength**] **doing sth** seine ganze Kraft darauf verwenden, etw zu tun

❹ *(use up)* ■**to ~ sth** etw aufbrauchen; ***the storm spent its fury*** der Sturm ließ nach; ■**sth ~s itself** *storm, anger, fury* etw legt sich *akk;* ***her anger soon spent itself*** ihr Zorn verrauchte rasch; ***the stock's potential for growth has finally spent itself*** das Wachstumspotenzial der Aktien ist endgültig erschöpft

▸PHRASES: **to ~ a penny** *esp* BRIT *(dated fam)* pinkeln gehen *sl*

II. *vi* <spent, spent> Geld ausgeben

III. *n* BRIT Ausgabe *f;* **the total ~ on sth** die Gesamtkosten *pl* für etw *akk*

spend·er ['spendəʳ, AM -ɚ] *n* ■**to be a ~ on sth** Geld für etw *akk* springen lassen *fam;* **to be a** [**big/low**] **~** [viel/wenig] Geld ausgeben; ***the local council has been criticized for being a low ~ on education*** dem Gemeinderat wurde vorgeworfen, an der Bildung zu sparen

spend·ing ['spendɪŋ] *n no pl* Ausgaben *pl* [**on** für *+akk*]; **to control/limit/rein in one's ~** seine Ausgaben kontrollieren/einschränken/reduzieren; **to reduce** [*or* **slash**] **~ on sth** die Ausgaben für etw *akk* kürzen

'spend·ing cuts *npl* FIN Kürzungen *pl* **'spend·ing mon·ey** *n no pl (as allowance)* Taschengeld [*o* SCHWEIZ *a.* Sackgeld] *nt; (for special circumstances)* frei verfügbares Geld **'spend·ing pow·er** *n no pl* ECON Kaufkraft *f* **'spend·ing spree** *n* Großeinkauf *m;* **to go on a ~** groß einkaufen gehen *fam*

spend·thrift ['spen(d)θrɪft] *(pej)* **I.** *adj (fam)* verschwenderisch

II. *n (fam)* Verschwender(in) *m(f)*

spent [spent] **I.** *pp, pt of* **spend**

II. *adj* ❶ *(used up) match, cartridge* verbraucht; *bullets* verschossen; *creativity* verbraucht, versiegt; **to be a ~ force** *(fig)* keine Zukunft mehr haben, sich totgelaufen haben; ***after several defeats, people are saying the team is a ~ force*** nach mehreren

Niederlagen heißt es nun, dass das Team am Ende ist; ***is communism a ~ force?*** ist der Kommunismus passé? *fam*
2 *(tired) person* ausgelaugt, SCHWEIZ *a.* ausgebrannt; *(prematurely old)* müde und verbraucht; **to feel ~** sich *akk* erschöpft fühlen
3 *(without inspiration)* ■**to be ~** *poet, artist, musician* keine Ideen mehr haben

sperm <*pl* - *or* -s> [spɜːm, AM spɜːrm] *n* 1 *(male reproductive cell)* Samenzelle *f*
2 *(fam: semen)* Sperma *nt*

sper·ma·ceti [ˌspɜːməˈseti, AM ˌspɜːrməˈsiːti] *n no pl* Walrat *m o nt,* Spermazeti *nt geh*

sper·ma·to·zo·on <*pl* -zoa> [ˌspɜːmətə(ʊ)ˈzəʊɒn, AM ˌspɜːrmət̬əˈzoʊɑːn, *pl* -ˈzoʊə] *n* BIOL Spermatozoon *nt fachspr,* Spermium *nt*

ˈsperm bank *n* Samenbank *f* **ˈsperm count** *n* Spermienzählung *f* **ˈsperm do·nor** *n* Samenspender *m*

sper·mi·ci·dal [ˌspɜːmɪˈsaɪdəl, AM ˌspɜːrmə'-] *adj inv* spermatötend, spermatozid *fachspr*

sper·mi·cide [ˌspɜːmɪˈsaɪd, AM ˌspɜːrmə'-] *n* Spermizid *nt fachspr,* spermientötendes Mittel

ˈsperm oil *n no pl* Walratöl *nt* **ˈsperm whale** *n* Pottwal *m*

spew [spjuː] **I.** *vt* 1 *(emit)* ■**to ~ sth** etw ausspeien; *lava* etw auswerfen [*o fam* spucken]; *exhaust* etw ausstoßen; **to ~ sewage into a river** Abwässer in einen Fluss ableiten
2 *(vomit)* ■**to ~ sth** etw erbrechen [*o* ausspucken]; **to ~ blood** Blut spucken
3 *(fam: say angrily)* ■**to ~ sth at sb** jdm etw ins Gesicht schleudern *fig*
II. *vi* 1 *(flow out) exhaust, lava, gas* austreten; *ash, dust* herausgeschleudert werden; *flames* hervorschlagen; *fire* hervorzüngeln; *water* hervorsprudeln; *(fig) paper, information* sich *akk* ergießen *geh*
2 *(vomit)* erbrechen
3 *(be said)* heraussprudeln
◆**spew out I.** *vt* 1 *(emit)* **to ~ out** ○ **exhaust** Abgase ausstoßen; **to ~ out flames** Flammen spucken [*o* speien]; **to ~ out information** Informationen ausgeben; **to ~ out lava** Lava auswerfen [*o fam* spucken]; **to ~ out paper** Papier auswerfen; **to ~ out waste water** Abwasser ablassen
2 *(fam: say angrily)* ■**to ~ sth** ○ **out at sb** jdm etw ins Gesicht schleudern *fig*
II. *vi lava, gas, exhaust* austreten; *ash, dust* herausgeschleudert werden; *waste water, water* hervorsprudeln; *flames* hervorschlagen; *fire* hervorzüngeln; *paper, information* sich *akk* ergießen *geh*
◆**spew up I.** *vt* ■**to ~ up** ○ **sth** etw erbrechen
II. *vi* sich *akk* übergeben, kotzen *sl*

SPF [ˌespiːˈef] *n abbrev of* **sun protection factor** LSF *m*

sphag·num [ˈsfægnəm] *n no pl* BOT Torf *m;* **~ moss** Torfmoos *nt,* Bleichmoos *nt*

sphere [sfɪəʳ, AM sfɪr] *n* 1 *(round object)* Kugel *f; (representing earth)* Erdkugel *f; (celestial body)* Himmelskörper *m;* **heavenly ~** Gestirn *nt geh*
2 *(area)* Bereich *m,* Gebiet *nt;* **~ of influence/interest/responsibility** Einfluss-/Interessen-/Verantwortungsbereich *m;* **~ of knowledge** Wissensgebiet *nt;* ***this is outside my ~ of knowledge*** das entzieht sich meiner Kenntnis; **~ of life** Lebensbereich *m;* **social ~** soziales Umfeld

spheri·cal [ˈsferɪkəl, AM ˈsfɪr-] *adj* kugelförmig, sphäroidisch *fachspr;* **~-symmetrical** MATH kugelsymmetrisch

sphe·roid [ˈsfɪərɔɪd, AM ˈsfɪr-] *n* MATH Sphäroid *nt*

sphinc·ter [ˈsfɪŋ(k)təʳ, AM -tɚ] *n* ANAT Schließmuskel *m,* Sphinkter *m fachspr*

sphinx <*pl* - *or* -es> [sfɪŋks] *n* Sphinx *f*

ˈsphinx-like *adj* sphinxartig

spic [spɪk] *n (pej! sl)* 1 AM *(Hispanic person)* Latino *m*
2 AUS *(not English language)* Fremdsprache *f*

spice [spaɪs] **I.** *n* 1 *(aromatic)* Gewürz *nt;* **to add ~ to sth** etw würzen
2 *no pl (fig: excitement)* Pep *m fam,* Schwung *m;* **to add ~ to sth** etw *dat* Schwung geben; **to give ~ to sth** etw *dat* Würze verleihen *fig*
▶PHRASES: **variety is the ~ of life** *(saying)* Abwechslung ist die Würze des Lebens
II. *n modifier (cupboard, rack, mixture, shelf)* Gewürz-; **~ trade** Gewürzhandel *m*
III. *vt* ■**to ~ sth** 1 *(flavour)* etw würzen (**with** mit +*dat*)
2 *(fig: add excitement to)* etw aufpeppen *fam;* ***the best man ~d his speech with some jokes*** der Trauzeuge würzte seine Rede mit einigen Witzen
◆**spice up** *vt* ■**to ~ up** ○ **sth** 1 *(make tastier)* etw nachwürzen
2 *(fig: make more exciting)* etw *dat* mehr Würze verleihen *fig,* etw aufpeppen

spiced [spaɪst] *adj* 1 *(with pepper, curry etc.)* gewürzt; *(hot)* scharf
2 *(fig: made exciting)* gepfeffert *fig;* **~ account** ausgeschmückter Bericht

spici·ness [ˈspaɪsɪnəs] *n no pl* 1 *(spicy quality)* Würzigkeit *f; (hotness)* Schärfe *f*
2 *(fig: sensationalism)* Pikanterie *f*

spick [spɪk] *n see* **spic**

spick and ˈspan *adj (fam)* 1 *house, kitchen* blitzsauber *fam;* **to keep sth ~** etw tipptopp in Ordnung halten *fam;* **to look ~** vor Sauberkeit blitzen
2 *person* wie aus dem Ei gepellt *fam*

spicy [ˈspaɪsi] *adj* 1 *food* würzig; *(hot)* scharf
2 *(fig: sensational) tale, story* pikant

spi·der [ˈspaɪdəʳ, AM -ɚ] *n* Spinne *f*

ˈspi·der mon·key *n* Klammeraffe *m* **ˈspi·der plant** *n* Grünlilie *f*

ˈspi·der's web, ˈspi·der·web *n* Spinnennetz *nt; (fig)* Wirrwarr *m*

ˈspi·der vein *n* Kapillare *f*

spi·dery [ˈspaɪdəri] *adj* 1 *(like a spider) writing* krakelig; *drawing, design* fein, spinnwebartig; *arms, legs* spinnenhaft
2 *(with many spiders) room* voller Spinnen

spiel [ʃpiːl] **I.** *n (pej fam)* Leier *f pej fam;* **marketing/sales ~** Marketing-/Verkaufsmasche *f fam;* **to give sb a long ~ about sth** jdm etw lang und breit darlegen; **to launch into a ~ about sth** in eine Geschichte über etw *akk* verfallen
II. *vi (pej)* ■**to ~ sth** etw herunterrasseln *fam*

spi·er [ˈspaɪɚ] *n* AM *(fam)* Spanner *m sl*

spiff [spɪf] *vt* AM *(fam)* ■**to ~ up** ○ **sth** etw aufpeppen *fam;* ■**to ~ sb/oneself** ○ **up** jdn/sich herausputzen; **to be/get all ~ed up** komplett ausstaffiert sein/werden *fam*

spiff·ing [ˈspɪfɪŋ] *adj* BRIT *(dated fam)* klasse *veraltend fam,* spitze *veraltend fam*

spif·fy [ˈspɪfi] *adj* AM *(fam)* 1 *(stylish)* schick
2 *(fabulous)* toll *fam,* super *fam*

spig·ot [ˈspɪgət] *n* 1 *(stopper)* Zapfen *m*
2 AM *(faucet)* Wasserhahn *m*

spik [spɪk] *n (pej!) see* **spic**

spike [spaɪk] **I.** *n* 1 *(nail)* Nagel *m; of a rail* Spitze *f; of a plant, animal* Stachel *m;* MED *(fam: needle)* Nadel *f*
2 *(on shoes)* Spike *m*
3 *(running shoes)* ■**~s** *pl* Spikes *pl*
4 AM *(stiletto heels)* ■**~s** *pl* Pfennigabsätze *pl,* Bleistiftabsätze *pl* ÖSTERR, SCHWEIZ
5 *(increase)* Steigerung *f;* **~ in productivity** Produktivitätssteigerung *f*
6 ELEC Spannungsspitze *f,* Überschwingspitze *f*
7 *(in volleyball)* Schmetterball *m*
II. *vt* 1 *(with pointy object)* ■**to ~ sth** etw aufspießen; ■**to ~ sb** SPORT jdn mit Spikes verletzen
2 JOURN *(fam: reject)* ■**to ~ sth** etw durchkreuzen *fam;* **to ~ an article/a story** einen Artikel/eine Geschichte ablehnen; *(stop)* **to ~ a plan/a project** einen Plan/ein Projekt einstellen
3 *(fam: secretly add alcohol)* **to ~ sb's drink/the punch** einen Schuss Alkohol in jds Getränk/die Bowle geben
4 *(fig: make more interesting)* ■**to ~ sth with sth** etw mit etw *dat* würzen *fig*
5 *(in volleyball)* **to ~ a ball** einen Ball schmettern
6 *(increase)* ■**to ~ sth** etw hochjagen
▶PHRASES: **to ~ sb's guns** *(fam)* jdm einen Strich durch die Rechnung machen *fam*

spiked [spaɪkt] *adj* 1 *(with spikes)* mit Spitzen versehen; *shoes* mit Spikes *nach n;* **~ helmet** Pickelhaube *f*
2 *(with alcohol)* mit Schuss *nach n*

spike ˈheels *npl* Pfennigabsätze *pl,* Bleistiftabsätze *pl* ÖSTERR, SCHWEIZ

spiky [ˈspaɪki] *adj* 1 *(with spikes) railing, wall, fence* mit Metallspitzen *nach n; branch, plant* dornig; *animal, bush* stachelig
2 *(pointy) grass* spitz; *flower* mit spitzen Blütenblättern *nach n; plant* spitzblättrig; *leaf* spitz; *handwriting* steil; **~ hair** Igelfrisur *f*
3 *(fig: irritable) person* kratzbürstig *fam*

spill[1] [spɪl] *n* Holzspan *m*

spill[2] [spɪl] **I.** *n* 1 *(spilled liquid)* Verschüttete(s) *nt; (pool)* Lache *f,* Lacke *f* ÖSTERR; *(stain)* Fleck *m;* **oil ~** Ölteppich *m;* **to wipe up the ~** das Verschüttete aufwischen
2 *(fam: fall)* Sturz *m;* **to have** [*or* **take**] **a ~** stürzen
II. *vt* <spilt *or* AM, AUS *usu* spilled, spilt *or* AM, AUS *usu* spilled> 1 *(tip over)* ■**to ~ sth** etw verschütten; ***I spilt coffee on my shirt*** ich schüttete Kaffee auf mein Hemd; ***you've spilt sth down your tie*** du hast etw auf deiner Krawatte vergossen
2 *(scatter)* ■**to ~ sth** etw verstreuen
3 *(fam: reveal)* ■**to ~ sth** etw verraten [*o* ausplaudern]; **to ~ a secret** ein Geheimnis ausplaudern
4 *(by horse)* ■**to ~ sb** jdn abwerfen
5 NAUT **to ~ the sails** die Segel killen lassen
▶PHRASES: **to ~ the beans** *(esp hum fam)* auspacken *fam;* **to ~ blood** *(esp liter)* Blut vergießen; **to ~ one's guts** *(fam)* seine Geheimnisse preisgeben
III. *vi* 1 *(flow out) liquid* überlaufen; *flour, sugar* verschüttet werden; *newspapers, blocks, papers* verstreut werden; ***tears spilt onto her cheeks at the news*** als sie die Nachricht vernahm, strömten Tränen über ihre Wangen
2 *(fig: spread) crowd* strömen; *conflict, violence* sich *akk* ausbreiten; ***the fighting threatens to ~ into neighbouring regions*** die Kämpfe drohen auf die Nachbarregionen überzugreifen
3 *(fam: reveal secret)* auspacken *fam*
4 SPORT den Ball fallen lassen
◆**spill out I.** *vi* 1 *(flow out) wine, milk, juice* herausschwappen; *flour, sugar* herausrieseln; *papers, groceries* herausfallen; *people* herausströmen
2 *(fig: become communicated) anger, worries* heraussprudeln; ***all his resentment ~ed out*** sein ganzer Ärger sprudelte aus ihm heraus
II. *vt* 1 *(empty out)* ■**to ~ out** ○ **sth** etw ausschütten; *(tip over)* etw verschütten
2 *(fig: communicate)* **to ~ out** ○ **one's anger/despair/worries** seinem Ärger/seiner Verzweiflung/seinen Sorgen Luft machen; **to ~ out a secret** ein Geheimnis ausplaudern
◆**spill over** *vi* 1 *(overflow)* überlaufen
2 *(spread to)* ■**to ~ over into sth** *conflict, violence* sich *akk* auf etw *akk* ausdehnen; ***I try not to let my work ~ over into my private life*** ich versuche zu vermeiden, dass meine Arbeit auch noch auf mein Privatleben übergreift

spill·age [ˈspɪlɪdʒ] *n* 1 *no pl (action)* Verschütten *nt; of a liquid* Vergießen *nt;* **oil ~** Auslaufen *nt* von Öl; **chemical ~** Austreten *nt* von Chemikalien
2 *(amount spilled)* verschüttete Menge
3 COMPUT Überlauf *m*

spill·over [ˈspɪləʊvəʳ, AM -oʊvɚ] **I.** *n* 1 *no pl (spreading) of ideas, values* Verbreitung *f; of a war, conflict* Übergreifen *nt*
2 *(surplus)* Überschuss *m*
3 *esp* AM *(excess water)* Hochwasser *nt*
II. *adj attr, inv* **~ effect** Nachwirkung *f;* COMM *of advertising campaigns* Spill-over-Effekt *m;* **~ population** überquellende Bevölkerung

ˈspill·way [ˈspɪlweɪ] *n* Überlaufrinne *f*

spilt [spɪlt] **I.** *pp, pt of* **spill**
II. *adj* ▶PHRASES: **don't cry** [*or* **there's no use crying**] **over ~ milk** *(saying)* was passiert ist, ist passiert

S

spim [spɪm] *n no pl* INET Spim *m*

spin [spɪn] **I.** *n* ❶ *(rotation)* Drehung *f;* ***we made the decision on the basis of a ~ of the coin*** wir ließen die Münze entscheiden; **to put ~ on a ball** einem Ball Drall geben; **to send a car into a ~** ein Auto zum Schleudern bringen; **to go into a** [BRIT, AUS **flat**] **~** *car* ins Schleudern geraten; *aeroplane* ins Trudeln geraten; **to throw sb into a** [**flat**] **~** *(fig fam)* jdn in Panik versetzen
❷ *(in washing machine)* Schleudern *nt kein pl;* **to give the clothes/wash a ~** die Kleidung/Wäsche schleudern
❸ *(sharp decrease)* Absturz *m;* **to send a price into a ~** einen Preis abstürzen lassen; **to go into a ~** abstürzen
❹ *no pl (fam: positive slant)* **to put a ~ on sth** etw ins rechte Licht rücken [*o* setzen]
❺ *(drive)* Spritztour *f fam;* **to go for a ~** eine Spritztour machen *fam*
❻ *no pl (fam: nonsense)* Erfindung *f;* ***that's pure ~*** das ist völliger Blödsinn
II. *vi* <-nn-, spun *or* BRIT *also* span, spun> ❶ *(rotate) earth, wheel* rotieren; *washing machine* schleudern; *aeroplane* trudeln; ***the wheels just spun in the snow*** die Reifen drehten im Schnee einfach durch; ***his car spun off the road*** sein Auto kam von der Straße ab; **to ~ out of control** außer Kontrolle geraten
❷ *(fig: be dizzy)* ***my head is ~ning*** mir dreht sich alles *fam;* ***these new computers will make your head ~*** von diesen neuen Computern schwirrt einem der Kopf *fam*
❸ *(fam: drive)* ■**to ~ along** dahinsausen
❹ *(make thread)* spinnen
III. *vt* <-nn-, spun *or* BRIT *also* span, spun> ❶ *(rotate)* ■**to ~ sth** etw drehen; **to ~ a ball** einem Ball einen Drall geben; **to ~ clothes** Wäsche schleudern; **to ~ a coin** eine Münze werfen; **to ~ records** Platten spielen
❷ *(give positive slant)* ■**to ~ sth** etw ins rechte Licht rücken
❸ *(make thread of)* **to ~ a cocoon/web** einen Kokon/ein Netz spinnen; **to ~ cotton/silk/wool** Baumwolle/Seide/Wolle spinnen
▸PHRASES: **to ~ a story** [*or* **tale**] [*or* **yarn**] eine Geschichte spinnen; **to ~ one's wheels** AM *(fam: waste time)* seine Zeit verplempern *fam; (waste efforts and energy)* seine Energie verplempern *fam*
◆**spin around** *vi* sich *akk* drehen; *person* sich *akk* umdrehen; *(suddenly)* herumfahren; ***my head is ~ning around*** *(fig)* in meinem Kopf dreht sich alles
◆**spin off** *vt* ■**to ~ off** ↔ **sth** ❶ *(produce spontaneously)* etw hervorbringen [*o fam* aus dem Ärmel schütteln]; **to ~ off an excuse/a story** sich *dat* schnell eine Entschuldigung/eine Geschichte ausdenken
❷ *esp* AM, AUS ECON etw ausgliedern
❸ ECON **to ~ off a subsidiary** eine Tochtergesellschaft ausgliedern
◆**spin out I.** *vi* AM **to ~ out of control** *car* außer Kontrolle geraten
II. *vt (prolong)* ■**to ~ out** ↔ **sth** etw ausdehnen; **to ~ out the morning/afternoon/night** den Morgen/Nachmittag/die Nacht aussitzen
◆**spin round** *vi esp* BRIT *see* **spin around**

spi·na bi·fi·da [ˌspaɪnəˈbɪfɪdə] *n no pl* MED offene Wirbelsäule, Spina bifida *f fachspr*

spin·ach [ˈspɪnɪtʃ] **I.** *n no pl* Spinat *m*
II. *n modifier (quiche, leaf, plant)* Spinat-

spi·nal [ˈspaɪnəl] **I.** *adj inv muscle, vertabrae* Rücken-; *injury* Rückgrat-, spinale(r, s) *fachspr; nerve, anaesthesia* Rückenmark[s]-; **~ fluid** Rückenmarksflüssigkeit *f*
II. *n* AM Spinalnarkose *f*

ˈspi·nal col·umn *n* Wirbelsäule *f* **ˈspi·nal cord** *n* Rückenmark *nt* **ˈspi·nal tap** *n* AM *(lumbar puncture)* Lumbalpunktion *f*

spin ˈbowl·er *n (in cricket) Werfer, der dem Ball einen Drall gibt* **spin ˈbowl·ing** *n no pl (in cricket) Werfen des Balls mit Drall*

ˈspin con·trol *n no pl* ❶ *(team)* Schadensbegrenzungsteam *nt*
❷ *(action)* **to exercise ~ on sth** etw ins rechte Licht rücken

spin·dle [ˈspɪndl] *n* Spindel *f;* COMPUT [Antriebs]spindel *f*

spin·dly [ˈspɪndli] *adj legs, stem* spindeldürr

ˈspin doc·tor I. *n* ≈ Pressesprecher(in) *m(f);* POL *also* Spin-Doctor *m*
II. *vt (fam)* ■**to ~ sth** das Image einer S. *gen* verbessern [*o fig fam* aufpolieren]

spin-ˈdri·er *n* Wäscheschleuder *f*

ˈspin·drift *n* Gischt *m o f*

spin-ˈdry *vt* **to ~ clothes/the wash** Kleider/die Wäsche schleudern **spin-ˈdry·er** *n* Wäscheschleuder *f*

spine [spaɪn] *n* ❶ *(spinal column)* Wirbelsäule *f;* **~ of a country** *(fig)* Rückgrat *nt* eines Landes; **to send shivers up** [*or* **down**] **sb's ~** jdm einen Schauer den Rücken runterlaufen lassen [*o* Gänsehaut [*o* SCHWEIZ Hühnerhaut] verursachen] *fam;* **to send tingles up** [*or* **down**] **sb's ~** jdm wohlige Schauer über den Rücken jagen
❷ *(spike) of a plant, fish, hedgehog* Stachel *m*
❸ *(back) of a book* Buchrücken *m*
❹ *no pl (fig: strength of character)* Rückgrat *nt fig*

spine-chill·er [ˈspaɪnˌtʃɪləʳ, AM -ɚ] *n (story)* Gruselgeschichte *f; (film)* Gruselfilm *m* **spine-chil·ling** [-ˌtʃɪlɪŋ] *adj film, tale* gruselig, Schauer-

spine·less [ˈspaɪnləs] *adj* ❶ *inv (without backbone)* wirbellos; *(without spines) plant, fish* ohne Stacheln *nach n*
❷ *(fig pej: weak) person* rückgratlos *pej;* ***they are a ~ lot*** die haben alle kein Rückgrat; **to be a ~ jellyfish** AM *(esp hum)* ein Mensch ohne Rückgrat sein

spine·less·ly [ˈspaɪnləsli] *adv (pej)* rückgratlos *pej*

spine·less·ness [ˈspaɪnləsnəs] *n no pl* Rückgratlosigkeit *f pej*

spin·et [spɪˈnet, AM ˈspɪnɪt] *n* MUS *(hist)* Spinett *nt*

spine-tin·gling [-ˌtɪŋlɪŋ] *adj* gruselig

spini·fex [ˈspɪnɪfeks] *n no pl* AUS Stachelkopfgras *nt,* Spinifex *m fachspr*

spin·meis·ter [ˈspɪnmaɪstɚ] *n (fam)* [erfolgreicher] Imagepfleger [*o* Publicity-Agent]/[erfolgreiche] Imagepflegerin [*o* Publicity-Agentin]

spin·na·ker [ˈspɪnəkəʳ, AM -ɚ] *n* NAUT Spinnaker *m*

spin·ner [ˈspɪnəʳ, AM -ɚ] *n* ❶ *(threadmaker)* Spinner(in) *m(f)*
❷ *(spin-dryer)* Wäscheschleuder *f*
❸ *(in cricket) Werfer, der den Bällen einen Drall gibt*
❹ *(fish bait)* Spinnköder *m*

spin·ney [ˈspɪni] *n* BRIT Dickicht *nt*

spin·ning[1] [ˈspɪnɪŋ] *n no pl* Spinnen *nt*

spin·ning[2] [ˈspɪnɪŋ] *n no pl* SPORT Spinning *nt*

spin·ning ˈjen·ny *n (dated)* Feinspinnmaschine *f* **ˈspin·ning top** *n* Kreisel *m* **ˈspin·ning wheel** *n* Spinnrad *nt*

ˈspin-off I. *n* ❶ *(by-product)* Nebenprodukt *nt*
❷ MEDIA, PUBL *(derived show)* Ableger *m,* Nebenprodukt *nt*
❸ ECON Firmenableger *m*
II. *adj attr, inv* **~ business** *esp* AM, AUS ausgegliedertes Unternehmen; **~ effect** Folgewirkung *f*

spin·ster [ˈspɪn(t)stəʳ, AM -stɚ] *n (usu pej)* alte Jungfer *veraltet o pej;* ***Martha Smith, S~*** LAW die ledige [*o* unverheiratete] Martha Smith

spin·ster·hood [ˈspɪn(t)stəhʊd, AM -stɚ-] *n no pl* Ehelosigkeit *f,* Jungfernstand *m veraltet*

spin·ster·ish [ˈspɪn(t)stərɪʃ] *adj* altjüngferlich *pej*

spin the ˈbot·tle *n no pl* Flaschendrehen *nt*

spiny [ˈspaɪni] *adj* ❶ BIOL stach[e]lig, Stachel-; *plant also* dornig
❷ *(fig: difficult)* heikel

spiny ˈant·eat·er *n* Ameisenigel *m* **spiny ˈlob·ster** *n* Gemeine Languste

spi·ral [ˈspaɪərəl, AM ˈspaɪrəl] **I.** *n* Spirale *f;* **downward ~** *of prices, profits* Abwärtsspirale *f;* ***the economy is in an inflationary*** [*or* ***wage-price***] ***~*** die Wirtschaft befindet sich in einer Inflationsspirale [*o* Lohn-Preis-Spirale]
II. *adj attr, inv* spiralförmig; **~ effect** COMM Spiraleffekt *m*
III. *vi* <BRIT -ll- *or* AM *usu* -l-> ❶ *(move up)* sich *akk* hochwinden; *smoke, hawk* spiralförmig aufsteigen; *airplane* sich *akk* in die Höhe schrauben; **~ downwards** spiralförmig absteigen; *plane* zu Boden trudeln
❷ *(fig: increase)* ansteigen, klettern, hochschnellen; **~ling inflation** eine sich spiralartig entwickelnde Inflation; **to ~ downwards** sich *akk* spiralförmig nach unten bewegen

ˈspi·ral-bound *adj* PUBL spiralgebunden

spi·ral·ly [ˈspaɪərəli, AM ˈspaɪrəli] *adv inv* spiralenförmig, spiralig

spi·ral ˈnote·book *n* Ringbuch *nt,* Ordner *m* SCHWEIZ **ˈspi·ral-shaped** *adj* spiralförmig **spi·ral ˈstair·case** *n* Wendeltreppe *f*

spire [spaɪəʳ, AM spaɪr] *n* Turmspitze *f*

spir·it [ˈspɪrɪt] **I.** *n* ❶ *(sb's soul)* Geist *m;* ***his ~ will be with us always*** sein Geist wird uns immer begleiten; **to be with sb in ~** im Geiste bei jdm sein
❷ *(ghost)* Geist *m,* Gespenst *nt;* **evil ~** böser Geist
❸ *(the Holy Spirit)* ■**the S~** der Heilige Geist
❹ *no pl (mood)* Stimmung *f;* ***that's the ~*** das ist die richtige Einstellung; ***we acted in a ~ of co-operation*** wir handelten im Geiste der Zusammenarbeit; **the ~ of the age** der Zeitgeist; **the ~ of brotherhood/confidence/forgiveness** der Geist der Brüderlichkeit/des Vertrauens/der Vergebung; **the ~ of Christmas** die weihnachtliche Stimmung; **fighting ~** Kampfgeist *m;* **party ~** Partystimmung *f;* **team ~** Teamgeist *m;* **to enter** [*or* **get into**] **the ~ of sth** Gefallen an etw *dat* finden; ***try to get into the ~ of things!*** versuch dich in die Sachen hineinzuversetzen!
❺ *(mood)* ■**~s** *pl* Gemütsverfassung *f kein pl;* ***her ~s rose as she read the letter*** sie bekam neuen Mut, als sie den Brief las; ***keep your ~s up*** lass den Mut nicht sinken; **to be in high/low ~s** in gehobener/gedrückter Stimmung sein; **to be out of ~s** schlecht gelaunt sein; **to dash sb's ~s** auf jds Stimmung drücken; **to lift sb's ~s** jds Stimmung heben
❻ *(person)* Seele *f;* **brave/generous ~** mutige/gute Seele; **the moving ~ of sth** die treibende Kraft einer S. *gen*
❼ *no pl (character)* Seele *f;* **to have a broken ~** seelisch gebrochen sein; **to be troubled in ~** etw auf der Seele lasten haben; **to be young in ~** geistig jung geblieben sein
❽ *no pl (vitality)* Temperament *nt; of a horse* Feuer *nt;* **to perform/sing with ~** mit Inbrunst spielen/singen; **with ~** voller Enthusiasmus; *horse* feurig
❾ *no pl (intent)* Sinn *m;* ***you did not take my comment in the ~ in which it was meant*** du hast meine Bemerkung nicht so aufgenommen, wie sie gemeint war; **the ~ of the law** der Geist [*o* Sinn] des Gesetzes
❿ *(whisky, rum, etc.)* ■**~s** *pl* Spirituosen *pl*
⓫ *(alcoholic solution)* Spiritus *m;* **~s of turpentine** Terpentinöl *nt*
⓬ CHEM Spiritus *m;* **~ of ammonia** Ammoniumhydroxid *nt,* Salmiakgeist *m;* **~ of melissa** Melissengeist *m*
▸PHRASES: **the ~ is willing but the flesh is weak** *(saying)* der Geist ist willig, aber das Fleisch ist schwach *prov*
II. *n modifier (world)* Geister-
III. *vt* ■**to ~ sb/sth away** [*or* **off**] jdn/etw verschwinden lassen [*o* wegzaubern]

spir·it·ed [ˈspɪrɪtɪd, AM -t̬-] *adj (approv)* temperamentvoll; *discussion* lebhaft; *horse* feurig; *person* beherzt; **~ performance** lebendige Aufführung; **~ reply** mutige Antwort

spir·it·ed·ly [ˈspɪrɪtɪdli, AM t̬ɪdli] *adv* lebhaft; *(when angry)* vehement

spir·it·ism [ˈspɪrɪtɪzəm, AM -tɪ-] *n no pl* Spiritismus *m*

ˈspir·it lamp *n* Petroleumlampe *f*

spir·it·less [ˈspɪrɪtləs] *adj (pej)* schwunglos; *person, performance, book* saft- und kraftlos; *answer, defence, reply* lustlos; *horse* brav, lahm *pej*

ˈspir·it lev·el *n* Wasserwaage *f*

spir·itu·al [ˈspɪrɪtʃuəl] **I.** *adj* ❶ *(relating to the spirit)* geistig, spirituell; ~ **expression** vergeistigter Ausdruck

② REL ~ **leader** religiöser Führer

II. *n* MUS Spiritual *nt*

spir·itu·al 'heal·er *n* Geistheiler(in) *m(f)* **spir·itu·al 'heal·ing** *n no pl* Geistheilung *f* **spir·itu·al 'home** *n* geistige Heimat

spir·itu·al·ism ['spɪrɪtʃuᵊlɪzᵊm] *n no pl* ① *(communication with dead)* Spiritismus *m*

② PHILOS Spiritualismus *m*

spir·itu·al·ist ['spɪrɪtʃuᵊlɪst] *n* ① *(medium)* Spiritist(in) *m(f)*

② PHILOS Spiritualist(in) *m(f)*

spir·itu·al·is·tic ['spɪrɪtʃuᵊlɪstɪk] *adj inv* ① *(supernatural)* spiritistisch

② PHILOS spiritualistisch

spir·itu·al·ity [ˌspɪrɪtʃu'æləti, AM -əṭi] *n no pl* Geistigkeit *f*, Spiritualität *f geh*

spir·itu·al·ize ['spɪrɪtʃuᵊlaɪz] *vt* ■**to ~ sth** etw vergeistigen

spir·itu·al·ly ['spɪrɪtʃuəli] *adv* geistig

spit¹ [spɪt] *n* ① *(rod for roasting)* Bratspieß *m*; **chicken roasted on the ~** am Spieß gebratenes Hähnchen

② *(beach)* Sandbank *f*

spit² [spɪt] *n no pl* INET Spit *m (unerwünschter Anruf per Internettelephonie)*

spit³ [spɪt] **I.** *n (fam)* Spucke *f fam*; **to give sth a bit of ~ and polish** etw polieren [*o fam* wienern]

▸PHRASES: **to be the** [**dead**] **~** [**and image**] **of sb** jdm wie aus dem Gesicht geschnitten sein

II. *vi* <-tt-, spat *or* spit, spat *or* spit> ① *(expel saliva)* spucken; ■**to ~ at sb** jdn anspucken; **to ~ in sb's face** jdm ins Gesicht spucken

② *(fig: be angry)* ■**to ~ with anger/frustration/fury** vor Ärger/Enttäuschung/Wut schäumen; **to be ~ting mad** stinksauer sein *fam*

③ *impers (fam: raining)* **it is ~ting** [**with rain**] es tröpfelt

④ *(crackle) bacon, fat* brutzeln; *fire* zischen; *(hiss) cat* fauchen

III. *vt* <-tt-, spat *or* spit, spat *or* spit> ■**to ~ sth**

① *(out of mouth)* etw ausspucken

② *(fig: say angrily)* etw ausstoßen; **to ~ abuse/curses/insults at sb** gegen jdn Beschimpfungen/Flüche/Beleidigungen ausstoßen

▸PHRASES: **to ~ blood** [*or* **venom**] [*or* AM *also* **nails**] [*or* AUS *also* **tacks**] vor Wut platzen *fam*

◆**spit out** *vt* ■**to ~ out** ↻ **sth** ① *(from mouth)* etw ausspucken

② *(fig: say angrily)* etw fauchen [*o* ÖSTERR, SÜDD pfauchen]; ***come on, ~ it out!*** *(fam)* jetzt spuck's schon aus! *fam*

◆**spit up** AM **I.** *vi baby* aufstoßen

II. *vt* ■**to ~ up** ↻ **sth** *baby* etw aufstoßen

'spit·ball *n* ① *(chewed piece of paper)* gekautes Papierkügelchen

② AM *(in baseball) mit Speichel oder Schweiß angefeuchteter Ball;* **to throw** [*or* **pitch**] **a ~** einen angefeuchteten Ball werfen

spite [spaɪt] **I.** *n no pl* ① *(desire to hurt)* Bosheit *f*; **to do sth from** [*or* **out of**] **~** etw aus Bosheit tun

② *(despite)* ■**in ~ of sth** trotz einer S. *gen;* ***it's raining but in ~ of that, I think we should go on our picnic*** es regnet zwar, aber ich finde, wir sollten trotzdem picknicken gehen; ■**in ~ of oneself** unwillkürlich

II. *vt* ■**to ~ sb** jdn ärgern

▸PHRASES: **to cut off one's nose to ~ one's face** sich *dat* ins eigene Fleisch schneiden

spite·ful ['spaɪtfᵊl] *adj* gehässig

spite·ful·ly ['spaɪtfᵊli] *adv* gehässig

spite·ful·ness ['spaɪtfᵊlnəs] *n no pl* Gehässigkeit *f*

'spit·fire *n (fig)* Hitzkopf *m; (woman also)* Giftnudel *f fam*

'spit-roast *vt* **to ~ a piece of beef/a chicken/lamb** ein Stück Rindfleisch/ein Huhn/Lammfleisch braten

'spit·ting dis·tance *n* **to be in** [*or* **within**] **~ of sth** *(fam)* nur einen Steinwurf [*o* Katzensprung] von etw *dat* entfernt sein **spit·ting 'im·age** *n* Ebenbild *nt*; ■**to be the ~ of sb** jds Ebenbild [*o* jdm wie aus dem Gesicht geschnitten] sein

spit·tle ['spɪtl̩, AM 'spɪṭl̩] *n no pl* Spucke *f fam*

spit·toon [spɪ'tu:n] *n* Spucknapf *m*

spiv [spɪv] *n* BRIT *(pej fam)* Lackaffe *m pej fam*

spiv·vy ['spɪvi] *adj* BRIT *(fam)* gaunerhaft, gaunerisch; *(of clothing)* vulgär

splash [splæʃ] **I.** *n* <*pl* -es> ① *(sound)* Platschen *nt kein pl*, Platscher *m;* ***he dived into the pool with a big ~*** es platschte, als er in den Pool sprang

② *(water)* Spritzer *m*

③ *(fam: swim)* **a ~ in the pool** eine Runde im Becken

④ *(small amount) of sauce, dressing, gravy* Klecks *m fam; of water, lemonade, juice* Spritzer *m;* **a ~ of brandy/rum/vodka** ein Schuss *m* Weinbrand/Rum/Wodka; **~ of colour** Farbklecks *m*, Farbtupfer *m*

⑤ *(sensational news)* Sensation *f; (attracting attention)* Aufsehen *nt;* **to make a ~** Furore machen

II. *adv inv* platschend; **to fall ~ into sth** in etw *akk* hineinplatschen *fam*

III. *vt* ① *(scatter liquid)* ■**to ~ sth** etw verspritzen; ***~ a little paint on that wall*** klatsch etwas Farbe auf die Wand *fam;* **to ~ soda into a drink** Sodawasser in ein Getränk spritzen

② *(stain with liquid)* ■**to ~ sth** etw bespritzen; ***a stream of coffee ~ed the counter*** ein Kaffeestrahl ergoss sich über die Theke

③ *(spray)* ■**to ~ sb/sth** jdn/etw bespritzen; **to ~ one's face with water** sich *dat* Wasser ins Gesicht spritzen; **to ~ water all over sb** jdn mit Wasser vollspritzen

④ *(fig: print prominently)* ***the press has ~ed the story on the front page*** die Presse hat die Geschichte auf der ersten Seite groß rausgebracht *fam;* ***her picture was ~ed all over the newspapers*** ihr Bild erschien groß in allen Zeitungen

IV. *vi* ① *(hit ground) rain, waves* klatschen; *tears* tropfen

② *(play in water)* ■**to ~** [**about**] [herum]planschen

③ *(spill)* spritzen; ***a stream of juice ~ed over the counter*** ein Saftstrahl ergoss sich über die Theke

◆**splash down** *vi* AEROSP wassern

◆**splash out** BRIT, AUS **I.** *vi* ■**to ~ out on sth** *(fam)* Geld für etw *akk* hinauswerfen *fam*

II. *vt* ■**to ~ out money on sth** Geld für etw *akk* hinauswerfen *fam*

'splash·back *n* BRIT Spritzwand *f*, Spritzschutz *m*

'splash·board *n* ① *(on vehicle, in kitchen)* Spritzschutz *m* ② *(on boat)* Wellenbrecher *m*

'splash·down *n* AEROSP Wasserung *f* **'splash·guard** *n* AM Schmutzfänger *m*

splashy ['splæʃi] *adj* ① *(with water)* spritzend

② *(with patches of colour)* klecksig *fam*

③ *(attention-attracting)* sensationell

splat [splæt] *(fam)* **I.** *n no pl* Klatschen *nt*, Platschen *nt*

II. *adv inv* klatsch, platsch

III. *vt* <-tt-> **to ~ a bug/a fly** einen Käfer/eine Fliege totklatschen *fam*

splat·ter ['splætəʳ, AM -ṭɚ] **I.** *vt* ■**to ~ sth** etw bespritzen; ***her photograph was ~ed across the front pages of newspapers*** *(fig)* ihr Bild prangte groß auf allen Titelseiten; **to ~ sth with mud** etw mit Schlamm bespritzen

II. *vi* spritzen

splay [spleɪ] **I.** *vt* **to ~ one's fingers/legs** die Finger/Beine spreizen

II. *vi* ■**to ~ out** *legs, fingers* weggestreckt sein; *river, pipe* sich *akk* weiten; ***there he lay ~ed out on the floor*** er lag auf dem Boden und hatte alle Viere von sich gestreckt

III. *n (in road)* Abschrägung *f*, Neigung *f; (in window opening)* Ausschrägung *f*

splayed [spleɪd] *adj* ARCHIT ausgeschrägt

'splay-foot *n* Spreizfuß *m*

spleen [spli:n] *n* ① ANAT Milz *f;* **to rupture one's ~** sich *dat* einen Milzriss zuziehen

② *no pl esp* BRIT, AUS *(fig: anger)* Wut *f;* **a burst** [*or* **fit**] **of ~** ein Wutanfall *m;* **to vent one's ~ on sb** seine Wut an jdm auslassen

splen·did ['splendɪd] *adj* großartig *a. iron;* ***it's a ~ day for a picnic*** es ist ein herrlicher Tag für ein Picknick; **a ~ idea** eine ausgezeichnete Idee

splen·did·ly ['splendɪdli] *adv* großartig; *(magnificently)* herrlich; ***the dinner went off ~*** das Abendessen ging großartig über die Bühne

splen·dif·er·ous [splen'dɪfᵊrəs] *adj (hum fam)* prächtig

splen·dour, AM **splen·dor** ['splendəʳ, AM -dɚ] *n*

① *no pl (beauty)* Pracht *f*

② *(beautiful things)* ■**~s** *pl* Herrlichkeiten *pl*

sple·net·ic [splə'netɪk, AM splɪ'neṭ-] *adj* ① *(bad-tempered)* mürrisch, unwirsch

② MED Milz-

splice [splaɪs] **I.** *vt* ① *(unite)* ■**to ~ sth** etw zusammenkleben, etw verspleißen *fachspr;* **to ~ DNA/wires** die DNA/Drähte verbinden; **to ~ a film** einen Film kleben; **to ~ a rope** ein Seil spleißen; **to ~ pieces of wood** Holzstücke verfugen; ■**to ~ sth** ↻ **together** etw zusammenfügen

② *(fig: combine)* ■**to ~ sth with sth** etw mit etw *dat* verbinden

③ *(fig fam)* **to get ~d** heiraten

II. *n* Verbindung *f; of ropes* Spleiß *m; of wood* Fuge *f; of tapes* Klebestelle *f;* **to join sth with a ~** etw kleben

splic·er ['splaɪsəʳ, AM -ɚ] *n* ① FILM *(person)* Löter(in) *m(f); (machine)* Klebepresse *f*

② *(telecom)* Spleißer(in) *m(f)*

spliff [splɪf] *n (sl)* Joint *m sl*

splint [splɪnt] **I.** *n* ① MED Schiene *f;* **to put a ~ on sb/sth** jdn/etw schienen

② *(for lighting fire)* Splintkohle *f*

③ *(for basket weaving)* Span *m*

II. *vt* **to ~ an arm/a finger/a leg** einen Arm/einen Finger/ein Bein schienen

splin·ter ['splɪntəʳ, AM -ɚ] **I.** *n* Splitter *m;* ~ [**of wood**] Holzsplitter *m*, Schiefer *m* ÖSTERR

II. *vi* splittern; ***the conservatives have ~ed into several smaller political parties*** *(fig)* die Konservativen sind in mehrere kleinere Parteien zersplittert

'splin·ter group, **'splin·ter par·ty** *n* POL Splittergruppe *f* **'splin·ter-proof** *adj* splittersicher

split [splɪt] **I.** *n* ① *(crack)* Riss *m* (**in** in +*dat*); *(in wall, cement, wood)* Spalt *m*

② *(division in opinion)* Kluft *f;* POL Spaltung *f;* ***there was a three-way ~ in the voting*** die Wählerschaft zerfiel in drei Lager

③ *(marital separation)* Trennung *f*

④ ECON, STOCKEX Aktiensplit *m*, Entzweiung *f*, Spaltung *f*

⑤ *(share)* Anteil *m;* **a two/three/four-way ~** eine Aufteilung in zwei/drei/vier Teile

⑥ *(with legs)* ■**the ~s** *pl* [*or* AM **a ~**] Spagat *m;* **to do the ~s** [einen] Spagat machen

⑦ FOOD [**banana**] ~ Bananensplit *m*

⑧ *(small bottle)* kleine Flasche; *of champagne* Pikkolo *m* BRD *fam*

II. *vt* <-tt-, split, split> ① *(divide)* ■**to ~ sth** etw teilen; ***the teacher ~ the children into three groups*** der Lehrer teilte die Kinder in drei Gruppen [ein]; **to ~ an atom** ein Atom spalten; **to ~ the difference** *(fig)* sich *akk* auf halbem Weg einigen; **to ~ sth in half** etw halbieren; **to ~ sth down the middle** etw in der Mitte [durch]teilen; **to ~ a muffin/a roll in two** einen Muffin/ein Brötchen in der Mitte durchschneiden; **to ~ shares** Aktien splitten; **to ~ the vote** AM POL die Stimme auf mehrere Kandidaten/Kandidatinnen verteilen; **to ~ wood** Holz spalten

② *(fig: create division)* **to ~ a group/a party** eine Gruppe/eine Partei spalten; ***the issue has ~ the employers' group*** die Arbeitgeber haben sich über die Frage entzweit; ■**to be ~ over sth** in etw *dat* gespalten sein

③ *(rip, crack)* **to ~ a seam** eine Naht aufplatzen lassen; **to ~ one's head open** sich *dat* den Kopf aufschlagen; **to ~ a log open** ein Holzscheit spalten

▸PHRASES: **to ~ a gut** AM *(fam)* Bauchweh vor Lachen haben; **to ~ hairs** *(pej)* Haarspalterei betreiben *pej;*

to ~ one's sides vor Lachen fast platzen *fam*
III. *vi* <-tt-, split, split> ① *(divide) wood, board, wall, stone* [entzwei]brechen; *seam, cloth* aufplatzen; *fabric* zerreißen; *hair* splissen; **to ~ into groups** sich *akk* aufteilen; **to ~ in half** entzweibrechen; **to ~ open** aufplatzen, aufbrechen; *(fig)* sich *akk* entzweien
② *(become splinter group)* ■**to ~ from sth** sich *akk* von etw *dat* abspalten
③ *(end relationship)* sich *akk* trennen
④ *(dated fam: leave)* abhauen *fam*; ***hey man, let's ~ before the cops come*** Mann, lass uns abhauen, bevor die Bullen kommen
⑤ Brit, Aus *(dated fam: inform)* ■**to ~ on sb [to sb]** jdn [bei jdm] verpfeifen [*o* verpetzen] *pej fam*
◆**split off** I. *vt* ■**to ~ off** ↔ **sth** *(break off)* etw abbrechen; *(with axe)* etw abschlagen; *(with knife)* etw abtrennen; *(separate)* etw abtrennen; ***the river ~s the suburbs off from the city*** der Fluss trennt die Vororte von der Stadt ab
II. *vi* ① *(become detached) rock, brick* sich *akk* lösen
② *(leave)* ■**to ~ off from sth** *party, group, faction* sich *akk* von etw *dat* abspalten
◆**split up** I. *vt* ① *(share)* **to ~ up** ↔ **money/work** Geld/Arbeit aufteilen
② *(separate)* **to ~ up a group/a team** eine Gruppe/eine Mannschaft teilen; ***the teacher ~ the children up into three groups*** der Lehrer teilte die Kinder in drei Gruppen ein
II. *vi* ① *(divide up)* sich *akk* teilen; **to ~ up into groups** sich *akk* in Gruppen aufteilen
② *(end relationship)* sich *akk* trennen; ■**to ~ up with sb** sich *akk* von jdm trennen

split de·'ci·sion *n* BOXING *nicht einstimmiges Urteil beim Boxen*

split 'ends *npl* gespaltene Haarspitzen **split 'im·age** *n* PHOT Schnittbild *nt* **split in·'fini·tive** *n* LING gespaltener Infinitiv **'split-lev·el** I. *adj* mit Zwischengeschossen *nach n* II. *n* Haus *nt* mit Zwischengeschossen **split 'pea** *n* Schälerbse *f* **split per·son·'al·ity** *n* PSYCH gespaltene Persönlichkeit **split 'pin** *n* Splint *m* **split 'screen** *n* COMPUT geteilter Bildschirm, geteilte Anzeige **split 'sec·ond** *n no pl* Bruchteil *m* einer Sekunde; ***I'll be back in a ~*** ich bin sofort wieder da **'split-sec·ond** *adj inv decision, answer* auf die Sekunde; *break, moment* von Sekundenbruchteilen *nach n* **split 'shift** *n* geteilte Schicht

splits·ville ['splɪtzvɪl] *n no pl* Am *(fam)* Trennung *f*; *of a couple* Scheidung *f*

split 'tick·et *n* Am POL *(candidacy)* Wahlzettel *m* mit Kandidaten verschiedener Parteien; *(voter's ballot)* Wahlzettel *m* mit Stimmen für die Kandidaten verschiedener Parteien

split·ting ['splɪtɪŋ, Am 'splɪt̬-] *n no pl* FIN Splitting *nt*

split·ting 'head·ache *n (fam)* rasende Kopfschmerzen

'split-up *n* Trennung *f*

splodge [splɒdʒ] I. *n esp* Brit *(fam) of paint, colour* Klecks *m*; *of ketchup, blood, grease, mud* Fleck *m*; **a ~ of whipped cream** ein Klecks *m* Sahne [*o* ÖSTERR Obers] [*o* SCHWEIZ Schlagrahm]
II. *vt esp* Brit *(fam)* ■**to ~ sth** etw bespritzen; **to be ~d with blood/grease/paint** mit Blut/Fett/Farbe bekleckst sein

splosh [splɒʃ] I. *vi esp* Brit *(fam)* ■**to ~ about** herumspritzen
II. *n* <*pl* -es> *esp* Brit *(fam)* Spritzer *m*

splotch [splɒtʃ, Am splɑːtʃ] *esp* Am, Aus I. *n (fam)* ① *(mark) of paint, colour* Klecks *m*; *of ketchup, blood, grease, mud* Fleck *m*; *(daub) of whipped cream* Klacks *m*, Klecks *m*
② *(rash)* Fleck *m*
II. *vt (fam)* ■**to ~ sth** etw bespritzen; **to be ~ed with blood/grease/paint** mit Blut/Fett/Farbe bekleckst sein

splotchy [splɒtʃi, Am splɑːtʃi] *adj* fleckig

splurge [splɜːdʒ, Am splɜːrdʒ] *(fam)* I. *vt* **to ~ money/one's savings/$100 on sth** Geld/sein Gespartes/100 Dollar für etw *akk* verprassen *fam*
II. *vi* prassen *fam*; ■**to ~ on sth** viel Geld für etw *akk* ausgeben
III. *n* Prasserei *f fam*; **to go on a ~** groß einkaufen gehen *fam*; **to have a ~ on sth** Geld für etw *akk* verprassen *fam*

splut·ter ['splʌtəʳ, Am -t̬ɚ] I. *vi* ① *(make noises)* stottern; **to ~ sth with indignation** etw entrüstet hervorstoßen
② *(spit)* spucken; **to cough and ~** husten und spucken
③ *(backfire) car, lorry* stottern; *(make crackling noise) fire* zischen; *bacon, sausages* brutzeln, zischen
II. *vt* ① *(say)* **to ~ an excuse** eine Entschuldigung hervorstoßen; ***"but ... er ... when ... um ... how?" he ~ed*** „aber ... em ... wann ... äh ... wie?" stotterte er; *(in indignation)* ***"well I never!" she ~ed*** „na so was!" platzte sie los
② *(spit out)* ■**to ~ sth** *water* etw ausspucken
III. *n of a person* Prusten *nt kein pl*; *of a car* Stottern *nt kein pl*; *of fire, bacon* Zischen *nt kein pl*; **to give a ~** zischen

spoil [spɔɪl] I. *n* ① *no pl (debris)* Schutt *m*
② *(profits)* ■**~s** *pl* Beute *f kein pl*; **to divide the ~s** die Beute aufteilen
③ Am POL *(advantages)* ■**~s** *pl* Vorteile *pl*
II. *vt* <spoiled *or* Brit *usu* spoilt, spoiled *or* Brit *usu* spoilt> ① *(ruin)* ■**to ~ sth** etw verderben; **to ~ sb's afternoon/day/morning** jdm den Nachmittag/Tag/Morgen verderben; **to ~ one's appetite** sich *dat* den Appetit verderben; **to ~ one's ballot paper** Brit seinen Stimmzettel ungültig machen; **to ~ sb's chances for sth** jds Chancen für etw *akk* zerstören; **to ~ the coastline** die Küste verschandeln *fam*; **to ~ sb's fun** jdm den Spaß verderben; **to ~ sb's life** jds Leben ruinieren; **to ~ the news/a secret** die Neuigkeit/ein Geheimnis ausplaudern; **to ~ sb's party** [*or* **to ~ the party for sb**] jdm den Spaß verderben
② *(treat well)* ■**to ~ sb/oneself** jdn/sich verwöhnen; **to ~ a child** *(pej)* ein Kind verziehen; **to be spoilt for choice** eine große Auswahl haben
III. *vi* <spoiled *or* Brit *usu* spoilt, spoiled *or* Brit *usu* spoilt> ① *food* schlecht werden, verderben; *milk* sauer werden
② *(want)* **to be ~ing for a fight/trouble** Streit/Ärger suchen

spoil·age ['spɔɪlɪdʒ] *n no pl* ① *(act of rotting)* Verderben *nt*
② *(food)* Verdorbene(s) *nt*, Verfaulte(s) *nt*; *(milk)* Sauergewordene(s) *nt*
③ PUBL Makulatur *f*

spoiled 'brat *n* verzogenes Gör *pej fam*

spoil·er ['spɔɪləʳ, Am -ɚ] *n* ① *(on aeroplane)* Unterbrecherklappe *f*; *(on car)* Spoiler *m*
② COMPUT, INET *Internet-Information, in der verraten wird, was in einem Film oder in einer Fernsehserie geschieht und somit die Spannung nimmt*

'spoil heap *n* Schutthaufen *m*

'spoil·sport ['spɔɪlspɔːt, Am -spɔːrt] *n (pej fam)* Spielverderber(in) *m(f)*

spoils sys·tem ['spɔɪlz-] *n no pl* Am Ämterpatronage *f*, Freundlerwirtschaft *f* ÖSTERR, Vetternwirtschaft *f* SCHWEIZ

spoilt [spɔɪlt] I. *vt, vi esp* Brit *pp, pt of* **spoil**
II. *adj appetite* verdorben; *view, coastline* verschandelt *fam*; *meat, milk* verdorben; *child* verwöhnt; *(pej)* verzogen; **to be ~ for the choice** Brit die Qual der Wahl haben *fam*

spoke[1] [spəʊk, Am spoʊk] *n* Speiche *f*
▸PHRASES: **to put a ~ in sb's wheel** [*or* **plan**] Brit jdm einen Knüppel zwischen die Beine werfen

spoke[2] [spəʊk, Am spoʊk] *pt of* **speak**

spok·en [spəʊkᵊn, Am spoʊk-] I. *pp of* **speak**
II. *adj* ① *attr, inv (not written)* gesprochen; **~ English/German** gesprochenes Englisch/Deutsch; **the ~ word** das gesprochene Wort
② *pred, inv (sold)* ■**to be ~ for** verkauft sein
③ *pred, inv (involved in relationship)* ■**to be ~ for** *person* vergeben sein *hum*

spokes·di·et·er ['spəʊksˌdaɪətəʳ, Am 'spoʊksˌdaɪət̬ɚ] *n* Am Diät-Befürworter(in) *m(f) (der dafür bezahlt wird, dass er über den Erfolg einer von ihm benutzten Diät spricht)*

spoke·shave ['spəʊkʃeɪv, Am 'spoʊk] *n* Schabhobel *m*

spokes·man ['spəʊks-, Am 'spoʊks-] *n* Sprecher *m*; **company ~** Unternehmenssprecher *m* **'spokes·per·son** <*pl* -people> *n* Sprecher(in) *m(f)* **'spokes·wom·an** *n* Sprecherin *f*; **company ~** Unternehmenssprecherin *f*

spo·lia·tion [ˌspəʊli'eɪʃᵊn, Am ˌspoʊ-] *n no pl (form)* Plünderung *f*

spon·du·licks, spon·du·lix [spɒn'djuːlɪks, Am spɑːn'duː-] *npl (hum fam)* Zaster *m kein pl sl*, Moneten *pl fam*, Stutz *m kein pl* SCHWEIZ *fam*

sponge [spʌndʒ] I. *n* ① *(foam cloth)* Schwamm *m*; **to give sth a ~** *car* etw waschen; *floor* etw wischen [*o* SCHWEIZ fegen]; *table, wall* etw abwischen [*o* SCHWEIZ abputzen]; **to give sth a ~ with a cloth** etw mit einem Tuch abreiben
② *(soft cake)* Rührkuchen *m*; *(without fat)* Biskuit[kuchen] *m*
③ *(fam: parasitic person)* Schnorrer(in) *m(f) fam*, Schmarotzer(in) *m(f) pej*
④ *(fam: heavy drinker)* Schluckspecht *m hum fam*
II. *vt* ① *(clean)* ■**to ~ sth** etw [mit einem Schwamm] abwaschen [*o* abwischen]; ■**to ~ oneself** sich *akk* [mit einem Schwamm] waschen; **to ~ the ceiling/a wall** die Decke/eine Wand [mit einem Schwamm] abwischen
② *(get for free)* **to ~ cigarettes/lunch/money off of sb** von jdm Zigaretten/ein Mittagessen/Geld schnorren
III. *vi (pej fam)* ■**to ~ on sb** jdn ausnutzen
◆**sponge down, sponge off** *vt* ■**to ~ down** [*or* **off**] ↔ **sth** etw schnell [mit einem Schwamm] abwaschen [*o* abwischen]; ■**to ~ down** [*or* **off**] ↔ **sb** jdn schnell [mit einem Schwamm] waschen

'sponge bag *n* Brit, Aus Waschbeutel *m*, Kulturbeutel *m*, Necessaire *nt* SCHWEIZ **'sponge bath** *n* Am **to give oneself/sb a ~** sich/jdn mit einem Schwamm waschen

'sponge cake *n* Biskuitkuchen *m*

spong·er ['spʌndʒəʳ, Am -ɚ] *n (pej)* Schmarotzer(in) *m(f) pej*

sponge 'rub·ber *n* Am Schaumgummi *m*

spon·gi·ness ['spʌndʒɪnəs] *n no pl* Schwammigkeit *f*

spon·gy ['spʌndʒi] *adj* schwammig; *grass, moss* weich, nachgiebig; *pudding* locker; *skin* schwammig; **~ pastry** lockerer Teig

spon·sor ['spɒn(t)səʳ, Am 'spɑːn(t)sɚ] I. *vt* ① *(support)* ■**to ~ sb/sth** *person* jdn/etw sponsern [*o* als Sponsor finanzieren]; *government* jdn/etw unterstützen; ***to join the club, you first need to be ~ed by two people*** damit du in den Klub eintreten kannst, müssen erst zwei Leute für dich bürgen; **to ~ a bill** POL ein Gesetz befürworten [*o* unterstützen]
② POL *(host)* **to ~ negotiations/talks** die Schirmherrschaft über Verhandlungen/Gespräche haben
③ *(to pay for advertising rights)* ■**to ~ sth** etw sponsern
II. *n* ① *(supporter)* Sponsor(in) *m(f)*; *(of a charity)* Förderer, Förderin *m, f*; *(for an immigrant, for membership)* Bürge, Bürgin *m, f*; *(of a match, event)* Sponsor(in) *m(f)*; POL *(of a bill)* Befürworter(in) *m(f)*, Abgeordnete(r), der/die eine Gesetzesvorlage einbringt [*o* unterstützt]
② *(host)* Schirmherr(in) *m(f)*
③ REL Pate, Patin *m, f*
④ ECON *(advertiser on TV)* Fernsehwerbungtreibender *m*, Sponsor *m*

spon·sored ['spɒnsəd, Am 'spɑːnsɚd] *adj inv* gesponsert

spon·sor·ship ['spɒn(t)səʃɪp, Am 'spɑːn(t)sɚ-] *n no pl* ECON finanzielle Förderung, Sponsoring *nt*; *(by corporation, people)* Unterstützung *f*; *(at fundraiser)* Förderung *f*; *(for immigrants)* Bürgschaft *f*; *(for potential member)* Empfehlung *f*; POL *(of a match, event)* Sponsern *nt*; *(of a bill)* Befürwortung *f*; *(of negotiations)* Schirmherrschaft *f*; **corporate ~**

Firmenunterstützung *f;* **government/private ~** staatliche/private Unterstützung; **to get ~** gefördert werden

spon·ta·neity [ˌspɒntəˈneɪəti, AM ˌspɑːntᵊnˈeɪət̬i] *n no pl (approv)* Spontaneität *f,* Ungezwungenheit *f*

spon·ta·neous [spɒnˈteɪniəs, AM spɑːn-] *adj* ❶ *(unplanned)* spontan
❷ *(approv: unrestrained)* impulsiv
❸ MED Spontan-; **~ miscarriage** Spontanabort *m fachspr*

spon·ta·neous com·ˈbus·tion *n no pl* TECH spontane Verbrennung

spon·ta·neous·ly [spɒnˈteɪniəsli, AM spɑːn-] *adv* spontan; *(voluntarily)* von sich *dat* aus; ***he just offered to help*** **~** er bot seine Hilfe von sich aus an

spoof [spuːf] **I.** *n* ❶ *(satire)* Parodie *f;* **to do a ~ on** [*or* **of**] **sth** etw parodieren
❷ *(trick)* Scherz *m*
II. *vt* ❶ *(do satire of)* ■**to ~ sth** etw parodieren
❷ *(fam: imitate mockingly)* ■**to ~ sth** etw nachäffen *fam*
❸ AM *(fam: trick)* ■**to ~ sb** jdn auf die Schippe [*o* ÖSTERR Schaufel] nehmen *fam*
III. *vi* AM *(fam)* schwindeln *fam*

spoof·tacu·lar [ˌspuːfˈtækjələʳ, AM -lɚ] *n (hum)* spektakuläre Parodie

spook [spuːk] **I.** *n* ❶ *(fam: ghost)* Gespenst *nt*
❷ AM *(spy)* Spion(in) *m(f)*
II. *vt esp* AM ■**to ~ sb/an animal** *(scare)* jdn/ein Tier erschrecken; *(make uneasy)* jdn beunruhigen
III. *vi horse, deer* sich *akk* erschrecken

spooki·ness [ˈspuːkinəs] *n (fam)* gespenstische [*o* unheimliche] Stimmung

ˈspook sto·ry *n* Spukgeschichte *f*

spooky [ˈspuːki] *adj (fam)* ❶ *(scary)* schaurig; *house, woods, person* unheimlich; *story, film, novel* gespenstisch; *feeling* eigenartig; *(weird)* sonderbar, eigenartig
❷ *(easily frightened) person, horse* schreckhaft

spool [spuːl] **I.** *n* Rolle *f,* Spule *f;* **a ~ of film** eine Filmrolle
II. *vt* ❶ *(wind)* **to ~ a cassette/a thread** eine Kassette/einen Faden aufspulen
❷ COMPUT **to ~ a file** eine Datei spulen

spoon [spuːn] **I.** *n* ❶ *(for eating)* Löffel *m;* **kitchen ~** Kochlöffel *m,* Kelle *f* SCHWEIZ; **perforated/slotted ~** durchlöcherter/geschlitzter Löffel; **wooden ~** Holzlöffel *m*
❷ *(spoonful)* Löffel *m*
❸ MUS ■**~s** *pl* Löffel *pl*
II. *vt* ❶ *(with a spoon)* **to ~ sth** etw löffeln
❷ SPORT **to ~ the ball** den Ball schlenzen
III. *vi (dated fam)* schmusen *fam*
◆**spoon out** *vt* ■**to ~ out** ⟲ **sth** *food* etw verteilen
◆**spoon up** *vt* ■**to ~ up** ⟲ **sth** etw löffeln

ˈspoon·bill [ˈspuːnbɪl] *n* ORN Löffelreiher *m* **ˈspoon bread** *n no pl* AM Maisfladen *m*

spoon·er·ism [ˈspuːnᵊrɪzᵊm] *n* lustiger Versprecher; **to produce a ~** sich *akk* versprechen

ˈspoon-feed <-fed, -fed> [ˈspuːnfiːd] *vt* ■**to ~ sb** ❶ *(feed with spoon)* jdn mit einem Löffel füttern
❷ *(supply)* jdm alles vorgeben [*o fam* vorkauen]; **to ~ sb with answers/information** jdn mit Antworten/Informationen füttern

spoon·ful <*pl* -s *or* spoonsful> [ˈspuːnfʊl] *n* Löffel *m;* **a ~ *of sugar*** ein Löffel Zucker; **a ~ of hope/patience** *(fig)* ein Funken Hoffnung/Geduld *fam*

spoor [spɔːʳ, AM spɔːr] *n* Fährte *f;* **to follow a ~** einer Fährte folgen

spo·rad·ic [spəˈrædɪk] *adj* sporadisch; **~ gunfire** vereinzelte Schüsse; **~ showers** gelegentliche Regenschauer

spo·radi·cal·ly [spəˈrædɪkᵊli] *adv* sporadisch; *(occasionally)* immer wieder; *rain, snow* vereinzelt

spore [spɔːʳ, AM spɔːr] *n* BIOL Spore *f*

spor·ran [spɒrən] *n* SCOT Felltasche *f (die über dem Schottenrock getragen wird)*

sport [spɔːt, AM spɔːrt] **I.** *n* ❶ *(game)* Sport *m; (type of)* Sportart *f;* **contact/team ~** Kontakt-/Mannschaftssport *m;* **summer/winter ~** Sommer-/Wintersport *m;* **indoor ~** Hallensport *m;* **outdoor ~** Sport *m* im Freien
❷ *no pl* BRIT, AUS ■AM **~s** *pl (athletic activity)* Sport *m;* **to be good/bad at ~** sportlich/unsportlich sein; **to do** [*or* **play**] **~** Sport treiben
❸ *no pl (fun)* Vergnügen *nt;* ***wrestling with Dad was always great*** **~** mit dem Vater zu ringen hat immer sehr großen Spaß gemacht; **to do sth for ~** [*or* **just for the ~ of it**] etw nur zum Vergnügen tun
❹ *(fam: co-operative person)* **to be a** [**good**] **~** kein Spielverderber/keine Spielverderberin sein; **to be a bad ~** ein Spielverderber/eine Spielverderberin sein; ***he's a good*** **~** er ist ein feiner Kerl *fam*
❺ *no pl (joke)* Spaß *m;* **to be just in ~** nur zum Spaß sein; **to do sth in ~** etw aus Spaß machen; **to make ~ of sb/sth** sich *akk* über jdn/etw lustig machen
❻ AUS *(form of address)* ***hello*** **~** na, Sportsfreund *fam*
II. *vt (esp hum)* ■**to ~ sth** *(wear)* etw tragen; *(be decorated with)* mit etw *dat* geschmückt sein; **to ~ a black eye/a huge moustache** mit einem blauen Auge/einem riesigen Schnurrbart herumlaufen *fam*

sport·ing [ˈspɔːtɪŋ, AM ˈspɔːrt̬ɪŋ] *adj* SPORT ❶ *attr, inv (involving sports)* Sport-; **~ event** Sportveranstaltung *f*
❷ *(approv dated: fair)* fair; *(nice)* anständig *fam*

sport·ing ˈchance *n* faire Chance

ˈsport·ing es·tate *n* Landgut *nt* mit Jagdrevier

sport·ing·ly [ˈspɔːtɪŋli, AM ˈspɔːrt-] *adv* großzügig[er Weise]; *(sportively)* in sportlichem Geist

spor·tive [ˈspɔːtɪv, AM ˈspɔːrt̬ɪv] *adj* verspielt

sport psy·ˈcholo·gist *n* Sportpsychologe, -psychologin *m, f*

sport psy·ˈcholo·gy *n* Sportpsychologie *f*

sports an·nounc·er [ˈspɔːts-, AM ˈspɔːrts-] *n* Sportreporter(in) *m(f)* **ˈsports arena** *n* Sportstadion *nt* **ˈsports bar** *n Bar mit Fernseher für Sportübertragungen* **ˈsports bra** *n* Sport-BH *m* **ˈsports car** *n* Sportwagen *m*

ˈsports·cast [-kæst] *n esp* AM Sportübertragung *f*

sports·cast·er [-kæstɚ] *n esp* AM Sportreporter(in) *m(f)*

ˈsports cen·tre, AM **ˈsports cen·ter** *n* Sportcenter *nt*

sport ˈsci·ence *n no pl* Sportwissenschaft *f*

sport ˈsci·en·tist *n* Sportwissenschaftler(in) *m(f)* **ˈsports coat** *n* Sportsakko *nt,* Sportblazer *m* SCHWEIZ **ˈsports com·men·ta·tor** *n* Sportkommentator(in) *m(f)* **ˈsports day** *n* BRIT SCH Sportfest *nt* **ˈsports drink** *n* AM *(mineral replacement drink)* elektrolytisches Getränk, Sportlergetränk *nt fam* **ˈsports equip·ment** *n no pl* Sportausrüstung *f* **ˈsports field, ˈsports ground** *n* Sportplatz *m* **ˈsports jack·et** *n* Sportsakko *nt,* Sportblazer *m* SCHWEIZ **ˈsports·man** *n* Sportler *m*

ˈsports·man·like *adj* fair

ˈsports·man·ship *n no pl* Fairness *f*

sports ˈmedi·cine *n no pl* Sportmedizin *f* **ˈsports page** *n* Sportseite *f* **ˈsports·per·son** *n* Sportler(in) *m(f)* **ˈsports sec·tion** *n* Sportteil *m*

sport·ster [ˈspɔːtstəʳ, AM ˈspɔːrtstɚ] *n* Sportwagen *m*

ˈsports truck *n* Sports Truck *m (sportwagenähnlicher Laster)*

ˈsports·wear *n no pl* Sportkleidung *f* **ˈsports·wear depart·ment** *n* Sportabteilung *f* **ˈsports·wom·an** *n* Sportlerin *f* **ˈsports writ·er** *n* Sportjournalist(in) *m(f)*

ˈsport-tuned *adj inv* mit Sportwagenqualität *nach n*

sport uˈtil·ity ve·hi·cle *n,* **SUV** *n* Geländewagen *m*

sporty [ˈspɔːti, AM ˈspɔːrt̬i] *adj* ❶ *(athletic)* sportlich; **~ clothing** sportliche Kleidung
❷ *(fast)* **~ car** schneller Wagen

sporu·la·tion [ˌspɒrjʊˈleɪʃᵊn, AM ˌspɑːjə'-] *n* BOT Sporenbildung *f*

spot [spɒt, AM spɑːt] **I.** *n* ❶ *(mark)* Fleck *m;* **~ of blood/grease** Blut-/Fettfleck *m*
❷ *(dot)* Punkt *m; (pattern)* Tupfen *m*
❸ BRIT *(pimple)* Pickel *m; (pustule)* Pustel *f;* **to pick a ~** einen Pickel ausdrücken
❹ *esp* BRIT *(little bit)* ein wenig [*o* bisschen]; ***shall we stop for a ~ of lunch?*** sollen wir schnell eine Kleinigkeit zu Mittag essen?; ***I'm having a ~ of bother with one of my back teeth*** einer meiner Backenzähne macht mir etwas Ärger; **a ~ of rain** ein bisschen Regen
❺ *(place)* Stelle *f;* **on the ~** an Ort und Stelle
❻ *(small town, village)* Flecken *m*
❼ TV, RADIO Beitrag *m;* **guest ~** Gastauftritt *m;* **to have sb on the guest ~** jdn als Gast haben; **to do/have a ~** einen Beitrag gestalten/haben
❽ ECON *(price)* Sofortpreis *m*
❾ *(fam: spotlight)* Scheinwerfer *m*
❿ COMPUT Punkt *m,* Spurelement *nt*
▶PHRASES: **to put sb on the ~** jdn in Verlegenheit bringen; **on the ~** auf der Stelle
II. *vi* <-tt-> *impers* BRIT **it's ~ting** [**with rain**] es tröpfelt *fam*
III. *vt* <-tt-> ■**to ~ sb/sth** jdn/etw entdecken; ■**to ~ sb doing sth** jdn bei etw *dat* erwischen; ■**to ~ why/what ...** dahinterkommen, warum/was ... *fam; (notice)* ■**to ~ that ...** bemerken, dass ...

ˈspot ana·ly·sis *n* CHEM Tüpfelanalyse *f*

spot ˈcash *n no pl* FIN, ECON sofortige Bezahlung, Sofortliquidität *f fachspr*

spot ˈcheck *n* Stichprobe *f;* **to do** [*or* **perform**] **~s** [**on sb/sth**] [bei jdm/etw] Stichproben machen [*o geh* vornehmen] **ˈspot-check** *vt* ■**to ~ sb/sth** jdn/etw stichprobenweise überprüfen

ˈspot con·tract *n* FIN Kassavertrag *m* **spot ˈdeal** *n* FIN, ECON Kassageschäft *nt fachspr*

spot ˈfine *n* sofort fällige Strafe

spot ˈheight *n* ❶ *(elevation)* Höhe *f*
❷ *(on a map)* Höhenangabe *f*

spot·less [ˈspɒtləs, AM ˈspɑːt-] *adj* ❶ *(clean)* makellos
❷ *(unblemished)* untadelig, makellos, tadellos; **to have a ~ record/reputation** einen makellosen [*o* tadellosen] Ruf haben

spot·less·ly [ˈspɒtləsli, AM ˈspɑːt-] *adv* makellos

ˈspot·light I. *n* Scheinwerfer *m;* **to be in/out of the ~** *(fig)* im/nicht im Rampenlicht stehen; **to turn the ~ to sb/sth** die Aufmerksamkeit auf jdn/etw richten
II. *vt* <-lighted *or* -lit, -lighted *or* -lit> ■**to ~ sth** etw beleuchten; *(fig)* auf etw *akk* aufmerksam machen, etw ins Bewusstsein der Öffentlichkeit rücken

ˈspot mar·ket *n* FIN, STOCKEX Lokomarkt *m fachspr,* Kassamarkt *m*

spot-ˈon *adj pred* BRIT, AUS *(fam)* ❶ *(exact)* haargenau *fam,* exakt; *(correct)* richtig, goldrichtig *fam;* ***what you said was*** **~** was du gesagt hast stimmt haargenau; ***her estimate was*** **~** sie lag mit ihrer Schätzung genau richtig [*o fam* goldrichtig]
❷ *(on target)* punktgenau

ˈspot price *n* FIN, STOCKEX Lokopreis *m fachspr,* Kassapreis *m fachspr* **ˈspot rate** *n* FIN Kassakurs *m* **ˈspot sale** *n* FIN Kassaverkauf *m*

spot·ted [ˈspɒtɪd, AM ˈspɑːt̬ɪd] *adj inv* ❶ *(pattern)* getupft, gepunktet; **~ dog** Dalmatiner *m*
❷ *pred (covered)* ■**to be ~ with sth** mit etw *dat* gesprenkelt sein

spot·ted ˈdick *n* BRIT *eine im Wasserbad gedämpfte, kuchenähnliche Nachspeise mit Rosinen* **spot·ted hy·ˈena** *n* Tüpfelhyäne *f*

spot·ter [ˈspɒtəʳ, AM ˈspɑːt̬ɚ] *n* SPORT Stütze *f*

ˈspot trad·ing *n no pl* FIN Kassahandel *m* **ˈspot trans·ac·tion** *n* FIN Kassageschäft *nt,* Komptantgeschäft *nt,* Spot-Geschäft *nt*

spot·ty [ˈspɒti, AM ˈspɑːt̬i] *adj* ❶ BRIT, AUS *(pimply)* pickelig
❷ AM, AUS *(patchy)* bescheiden *iron;* **~ progress/sales** schleppender Fortschritt/Verkauf

ˈspot-weld·ing *n no pl* Punktschweißen *nt*

spouse [spaʊs] *n (form)* [Ehe]gatte, -gattin *m, f*

spout [spaʊt] **I.** *n* ❶ *(opening)* Ausguss *m; (of a teapot, coffeepot, jug)* Schnabel *m*
❷ *(discharge)* Strahl *m*
▶PHRASES: **to be up the ~** BRIT, AUS *(sl: spoiled)* im Eimer sein *sl;* BRIT *(sl: pregnant)* ein Kind kriegen *fam*

II. *vt* ■**to ~ sth** ❶ *(pej: hold forth)* etw faseln *fam;* **to ~ facts and figures** mit Belegen und Zahlen um sich *akk* werfen *fam*
❷ *(discharge)* etw speien; ***the geysers were ~ing jets of hot water into the air*** aus den Geysiren schossen Strahlen von heißem Wasser in die Luft
III. *vi* ❶ *(pej: hold forth)* Reden schwingen *fam*
❷ *(gush)* hervorschießen; ***the tears were ~ing from her eyes*** sie zerfloss in Tränen [*o* war in Tränen aufgelöst]
◆**spout out** I. *vi* hervorschießen
II. *vt* ■**to ~ out** ⊂ **sth** etw gedankenlos daherplappern *pej fam*
SPR [ˌespiːɑːr] *n* AM *abbrev of* **strategic petroleum reserve** Strategische Ölreserven *pl*
sprain [spreɪn] I. *vt* ■**to ~ sth** sich *dat* etw verstauchen; **to ~ one's ankle** sich *dat* den Knöchel verstauchen
II. *n* Verstauchung *f*
sprang [spræŋ] *vt, vi pt of* **spring**
sprat [spræt] *n* Sprotte *f*
sprawl [sprɔːl, AM sprɑːl] I. *n* ❶ *no pl (slouch)* **to lie in a ~** ausgestreckt daliegen
❷ *usu sing (expanse)* Ausdehnung *f;* **urban ~** *(phenomenon)* unkontrollierte Ausbreitung einer Stadt; *(town)* riesiges Stadtgebiet; *(area)* Ballungsraum *m*
II. *vi* ❶ *(slouch)* ■**to ~ on sth** auf etw *dat* herumlümmeln *pej fam,* sich *akk* auf etw *dat* rekeln *fam;* **to send sb ~ing** jdn zu Boden strecken
❷ *(expand)* sich *akk* ausbreiten
◆**sprawl out** *vi* ■**to ~ out [on sth]** [auf etw *dat*] herumlümmeln *pej fam*
sprawled [sprɔːld, AM sprɑːld] *adj pred* ■**to be ~ across/on sth** auf etw *dat* ausgestreckt sein
sprawl·ing [ˈsprɔːlɪŋ, AM ˈsprɑːl-] *adj (pej)* ❶ *(expansive)* ausgedehnt
❷ *(irregular)* unregelmäßig
spray[1] [spreɪ] I. *n* ❶ *no pl (mist, droplets)* Sprühnebel *m; of fuel, perfume* Wolke *f; of water* Gischt *m o f*
❷ *(spurt) of perfume* Spritzer *m;* **~ of bullets** *(fig)* Kugelhagel *m*
❸ *(aerosol)* Spray *m o nt;* **chemical ~** Spritzmittel *nt*
❹ *(sprinkler)* Sprühvorrichtung *f; (for irrigation)* Bewässerungsanlage *f*
II. *vt* ❶ *(cover)* ■**to ~ sth** etw besprühen; *plants* etw spritzen; ■**to ~ sb/oneself/sth with sth** jdn/sich/etw mit etw *dat* besprühen [*o* bespritzen]; ***a car went past and ~ed me with water!*** ein Auto fuhr vorbei und bespritzte mich mit Wasser!; ***the car was ~ed with bullets*** *(fig)* das Auto wurde von Kugeln durchsiebt; **to ~ crops** Getreide spritzen
❷ *(disperse in a mist)* ■**to ~ sth** etw sprühen; *(in a spurt)* etw spritzen; **to ~ insecticide** Insektizide sprühen [*o* ÖSTERR, SCHWEIZ *bes* spritzen]
❸ *(draw, write)* ■**to ~ sth on sth** etw mit etw *dat* besprühen; ***vandals had ~ed graffiti on the wall*** Vandalen hatten ein Graffiti auf die Wand gesprüht
❹ *(shoot all around)* **to ~ sb with bullets** jdn mit Kugeln durchsieben
III. *vi* spritzen
spray[2] [spreɪ] *n* ❶ *(branch)* Zweig *m*
❷ *(bouquet)* Strauß *m;* **a ~ of red roses** ein Strauß *m* rote [*o geh* roter] Rosen
spray·er [spreɪəʳ, AM -ɚ] *n* Zerstäuber *m*
ˈspray gun *n* Spritzpistole *f* **ˈspray paint** *n* Spritzlack *m* **ˈspray-paint** *vt* ■**to ~ sth** etw mit Farbe besprühen [*o* spritzlackieren]
spread [spred] I. *n* ❶ *(act of spreading)* Verbreitung *f*
❷ *(range)* Vielfalt *f;* **~ of opinion** Meinungsvielfalt *f*
❸ JOURN Doppelseite *f*
❹ *(soft food to spread)* Aufstrich *m*
❺ AM *(ranch)* Ranch *f; (farm)* Farm *f*
❻ BRIT, AUS *(dated fam: meal)* Mahl *nt;* **to lay** [*or* **put**] **on a ~** ein Festessen auftischen
❼ FIN Differenz *f;* STOCKEX Kursunterschiede *pl,* Marge *f,* Spanne *f*
II. *vi* <spread, spread> ❶ *(extend over larger area) fire* sich *akk* ausbreiten; *news, panic* sich *akk* verbreiten; **to ~ like wildfire** sich *akk* wie ein Lauffeuer verbreiten
❷ *(stretch)* sich *akk* erstrecken
❸ FOOD streichbar sein, sich *akk* streichen lassen
III. *vt* <spread, spread> ■**to ~ sth** ❶ *(open, extend) arms, legs, blanket, papers, wings* etw ausbreiten; **to ~ a net** ein Netz auslegen
❷ *(cover with spread)* **to ~ toast with jam** Toast mit Marmelade bestreichen; **to ~ a layer of jam on the toast** Marmelade auf den Toast streichen
❸ *(distribute) sand* etw verteilen; *fertilizer* etw streuen; *disease* etw übertragen; **to ~ a civilization/culture** eine Zivilisation/Kultur verbreiten; **to ~ panic** Panik verbreiten
❹ *(make known)* **to ~ a rumour** ein Gerücht verbreiten; **to ~ the word** es allen mitteilen
▸PHRASES: **to ~ one's wings** sich *akk* auf neues Terrain vorwagen
◆**spread out** I. *vt* ■**to ~ out** ⊂ **sth** ❶ *(open out)* etw ausbreiten; **to ~ out one's arms/legs** die Arme/Beine ausstrecken; **to ~ out a newspaper** eine Zeitung öffnen
❷ *(share)* etw aufteilen
❸ *(distribute)* etw verteilen; ■**to ~ out sth [over a period of time]** etw [über einen Zeitraum] verteilen
II. *vi* ❶ *(expand)* sich *akk* erstrecken
❷ *(disperse)* sich *akk* aufteilen
◆**spread over** *vt* ■**to ~ over** ⊂ **sth** etw verteilen; ***the course is ~ over two years*** der Kurs dauert zwei Jahre; **to ~ the cost over a period of time** die Kosten auf eine bestimmte Zeitspanne verteilen
spread-eagled [-ˈiːgl̩d] *adj* ausgestreckt
spread·er [ˈspredəʳ, AM -ɚ] *n* ❶ *(fam: person)* ***whoever the ~ of the rumours is ought to be punished somehow*** wer auch immer die Gerüchte verbreitet hat, sollte irgendwie bestraft werden
❷ *(machine)* Spritzgerät *nt*
ˈspread po·si·tion *n* FIN Spread-Position *f*
ˈspread·sheet *n* ❶ ECON Gliederungsbogen *m*
❷ COMPUT *(program)* Tabellenkalkulation *f,* Kalkulations-Tabellendruck *m*
❸ COMPUT *(printout of calculations)* Kalkulationstabellendruck *m*
ˈspread trad·ing *n no pl* FIN Spread-Handel *m,* Spread-Trading *m*
spree [spriː] *n* Gelage *nt;* **to go [out] on a drinking ~** auf Sauftour gehen *fam;* **killing ~** Gemetzel *nt;* **shopping ~** Einkaufstour *f*
sprig [sprɪg] *n* Zweig *nt*
spright·li·ness [ˈspraɪtlɪnəs] *n no pl* Elan *m geh*
spright·ly [ˈspraɪtli] *adj* munter; *old person* rüstig
spring [sprɪŋ] I. *n* ❶ *(season)* Frühling *m;* **in the ~** im Frühling
❷ TECH *(part in machine)* Feder *f*
❸ *(elasticity)* Sprungkraft *f,* Elastizität *f;* **to have** [*or* **walk with**] **a ~ in one's step** beschwingt gehen
❹ *(source of water)* Quelle *f*
II. *n modifier* ❶ *(of season) (fashion, flowers, weather)* Frühlings-; **~ thaw** Frühlingstauwetter *nt*
❷ *(of water source) (water)* Quell-
❸ *(with springs) (seat)* gefedert; **~ mattress** Federkernmatratze *f veraltend*
III. *vi* <sprang *or* AM *also* sprung, sprung>
❶ *(move quickly)* springen; **to ~ into action** den Betrieb aufnehmen; **to ~ to sb's defence** zu jds Verteidigung eilen; **to ~ to one's feet** aufspringen; **to ~ open** aufspringen; **to ~ shut** zufallen
❷ *(suddenly appear)* auftauchen; ***where did you ~ from?*** wo kommst du denn plötzlich her?; **to ~ to mind** in den Kopf schießen
❸ *(old: attack)* ■**to ~ on** [*or* **upon**] **sb** jdn angreifen
❹ *(have as source)* ■**to ~ from sth** von etw *dat* herrühren
IV. *vt* ■**to ~ sth** ❶ *(operate)* etw auslösen; **to ~ a trap** eine Falle zuschnappen lassen
❷ *(suddenly do)* ■**to ~ sth on** [*or* **upon**] **sb** jdn mit etw *dat* überfallen *fig;* **to ~ the news on sb** jdn mit Neuigkeiten überfallen
❸ *(provide with springs)* ■**to ~ sth** etw federn
❹ *(fam: help to escape)* ■**to ~ sb** jdn rausholen *fam*
❺ *(leaking)* **to ~ a leak** *ship* [plötzlich] ein Leck bekommen; *pipe* [plötzlich] undicht werden
◆**spring back** *vi* zurückschnellen
◆**spring out** *vi* ■**to ~ out of sth:** ***I sprang out of bed to answer the door*** ich sprang aus dem Bett, um die Tür zu öffnen
◆**spring up** *vi* plötzlich auftauchen; *business* aus dem Boden schießen; ***suddenly, a strong gust sprung up*** plötzlich kam starker Wind auf
spring ˈbal·ance *n* Federwaage *f*
ˈspring·board *n (also fig)* Sprungbrett *nt a. fig;* **to be** [*or* **act as**] **a ~ for sth** *(fig)* ein Sprungbrett für etw *akk* sein **spring·bok** <*pl* -s *or* -> [ˈsprɪŋbɒk, AM -bɑːk] *n* Springbock *m*
spring ˈchick·en *n* ❶ *(fowl)* junges Hähnchen
❷ *(fam)* **to be no ~** *(not young)* [auch] nicht mehr der/die Jüngste sein, kein junger Hüpfer sein *fam*
spring-ˈclean I. *vi* Frühjahrsputz machen II. *vt* **to ~ a house/room** in einem Haus/einem Zimmer Frühjahrsputz machen **spring-ˈclean·ing** *n no pl* Frühjahrsputz *m*
spring·er [sprɪŋəʳ] *n* AM junges Hähnchen
Spring·field·er [ˈsprɪŋfiːldəʳ, AM -ɚ] *n* ❶ *(Mass.)* Bewohner(in) *m(f)* Springfields, Massachusetts
❷ *(Missouri)* Bewohner(in) *m(f)* Springfields, Missouri
spring ˈgreens *npl* BRIT Frühkohl *m kein pl*
springi·ness [ˈsprɪŋɪnəs] *n no pl* Elastizität *f*
spring-ˈload·ed *adj inv* mit Sprungfeder[n] *nach n* **spring ˈmat·tress** *n* Federkernmatratze *f veraltend* **ˈspring-mount·ed** *adj inv* federnd gelagert **spring ˈon·ion** *n* BRIT, AUS Frühlingszwiebel *f* **spring ˈroll** *n* Frühlingsrolle *f*
spring ˈtide *n* Springflut *f*
ˈspring·time *n no pl* Frühling *m;* **in [the] ~** im Frühling
ˈspring wa·ter *n no pl* Quellwasser *nt*
springy [ˈsprɪŋi] *adj* federnd *attr,* elastisch
sprin·kle [ˈsprɪŋkl̩] I. *vt* ❶ *(scatter)* ■**to ~ sth on sth** *(on cake, pizza)* etw auf etw *akk* streuen; *a liquid* etw mit etw *dat* besprengen
❷ *(cover)* ■**to ~ sth with sth** *cake* etw mit etw *dat* bestreuen; *(with a liquid)* etw mit etw *dat* besprengen; **to ~ a speech with jokes** *(fig)* eine Rede mit Scherzen auflockern
❸ *(water)* **to ~ the lawn** den Rasen sprengen
II. *n usu sing* **a ~ of rain/snow** leichter Regen/Schneefall
sprin·kler [ˈsprɪŋkləʳ, AM -kl̩ɚ] *n* ❶ AGR Beregnungsanlage *f; (for a lawn)* Sprinkler *m*
❷ *(for fires)* Sprinkler *m;* ■**~s** *pl (system)* Sprinkleranlage *f*
ˈsprin·kler sys·tem *n* Sprinkleranlage *f*
sprin·kling [ˈsprɪŋklɪŋ] *n* ❶ *see* **sprinkle**
❷ *usu sing (light covering)* ***top each ice cream with a generous ~ of fresh mint*** bestreuen Sie jedes Eis mit reichlich frischer Minze; **a ~ of salt** eine Prise Salz
❸ *usu sing (smattering)* ■**a ~ of ...** ein paar ...; **a ~ of grey hairs/men** ein paar graue Haare/Männer; **a ~ of knowledge** eine leise Ahnung
sprint [sprɪnt] I. *vi* sprinten
II. *n* ❶ SPORT Sprint *m;* **100-metre ~** Hundertmeterlauf *m,* 100-m-Lauf *m*
❷ BRIT, AUS *(dash)* Sprint *m;* **to break into a ~** zu sprinten beginnen; **to put on a ~** einen Sprint einlegen
III. *n modifier (race, track, training)* Sprint-; **~ relay** Sprintstaffel *f;* **~ runner** Sprinter(in) *m(f)*
sprint·er [ˈsprɪntəʳ, AM ˈsprɪnt̬ɚ] *n* Sprinter(in) *m(f)*
sprite [spraɪt] *n* ❶ *(liter: creature)* Naturgeist *m;* **sea/water ~** Wassergeist *m*
❷ COMPUT Kobold *m*
spritz [sprɪts] I. *vi* AM besprühen
II. *n* AM *of perfume* Spritzer *m*
spritz·er [ˈsprɪtsəʳ, AM -sɚ] *n* Schorle *f,* Gespritzte(r) *m* ÖSTERR, SCHWEIZ *dial,* Spritzer *m* ÖSTERR
spritz·ig [ˈsprɪtsɪg] *adj* AUS spritzig
sprock·et, sprock·et wheel [ˈsprɒkɪt-, AM ˈsprɑː-] *n* Zahnrad *nt,* Stachelradwalze *f*
sprog [sprɒg] I. *n* BRIT, AUS *(sl)* Balg *m o nt meist pej*

fam

II. *vi* <-gg-> BRIT, AUS *(sl)* gebären

sprout [spraʊt] I. *n* 1 *(shoot)* Spross *m*

2 *esp* BRIT *(vegetable)* Rosenkohl *m kein pl*

II. *vi* 1 *(grow)* sprießen *geh*, wachsen

2 *(germinate)* keimen

III. *vt* ■**sb/an animal ~s sth** jdm/einem Tier wächst etw, jd/ein Tier bekommt etw; ***he's beginning to ~ a beard*** er bekommt einen Bart; ***your hair is sticking up as if you're ~ing horns!*** deine Haare stehen so ab, als würden dir Hörner wachsen; **to ~ buds/flowers/leaves** BOT Knospen/Blüten/Blätter treiben

◆**sprout up** *vi* aus dem Boden schießen

spruce[1] [spru:s] *n* Fichte *f*

spruce[2] [spru:s] *adj* adrett, schmuck *veraltend*

Spruce 'Moun·tains *npl* Fichtelgebirge *nt sing*

spruce up *vt* ■**to ~ up** ⊂ **sth** 1 *(tidy)* etw auf Vordermann bringen *fam*; ■**to ~ up** ⊂ **oneself** sich *akk* zurechtmachen *fam*

2 *(improve)* etw aufpolieren *fig fam*

sprung [sprʌŋ] I. *adj* BRIT gefedert

II. *pp, pt of* **spring**

spry [spraɪ] *adj* agil *geh*; *old person* rüstig; **~ footwork** gute Beinarbeit

spud [spʌd] *n* BRIT *(fam)* Kartoffel *f*, Erdapfel *m* DIAL, ÖSTERR

SPUI ['spju:i, 'spu:-] *n acr for* **single point urban interchange** *komplexe Autobahnkreuzung mit Auf- und Abfahrt, die von einer einzigen Ampel gesteuert wird*

spume [spju:m] *n no pl* Schaum *m*

spun [spʌn] *pp, pt of* **spin**

spunk [spʌŋk] *n* 1 *no pl (dated fam: bravery)* Mumm *m fam*

2 *no pl (vulg sl: semen)* Sperma *nt*

3 AUS *(fam: hunk)* attraktiver Mann

spunki·ness ['spʌŋkinəs] *n no pl* Lebhaftigkeit *f*, Spritzigkeit *f*

spunky ['spʌŋki] *adj (fam)* 1 *(brave)* mutig

2 AUS *(hunky)* attraktiv

spur [spɜ:ʳ, AM spɜ:r] I. *n* 1 *(on a heel)* Sporn *m*

2 *(fig: encouragement)* Ansporn *m kein pl* (**to** zu +*dat*)

3 FIN *(incentive)* Anreiz *m*

4 *(projection)* Vorsprung *m*; **~ of rock** Felsvorsprung *m*

5 RAIL Nebengleis *nt*

6 COMPUT Netzanschlusspunkt *m*

▶PHRASES: **to gain** [*or* **win**] **one's ~s** sich *dat* die Sporen verdienen; **on the ~ of the moment** spontan

II. *vt* <-rr-> 1 *(encourage)* ■**to ~ sb** [**to do sth**] jdn anspornen[, etw zu tun]; *(persuade)* ■**to ~ sb** [**to do sth**] jdn bewegen[, etw zu tun]; *(incite)* ■**to ~ sb** [**to do sth**] jdn anstacheln[, etw zu tun]; *(stimulate)* ■**to ~ sth** etw beschleunigen; ***~red by her early success, she went on to enjoy further glory*** von ihrem frühen Erfolg angespornt, erntete sie schließlich noch mehr Ruhm; **to ~ the economy** die Wirtschaft ankurbeln

2 *(urge to go faster)* **to ~ a horse** einem Pferd die Sporen geben, ein Pferd anspornen

◆**spur on** *vt* 1 *(urge to go faster)* **to ~ a horse on** einem Pferd die Sporen geben, ein Pferd anspornen

2 *(encourage)* ■**to ~ sb on** [**to do sth**] jdn anspornen[, etw zu tun]

spurge <*pl* - *or* -s> [spɜ:dʒ, AM spɜ:rdʒ] *n* Wolfsmilch *f*

spu·ri·ous ['spjʊəriəs, AM 'spjʊri-] *adj* falsch

spurn [spɜ:n, AM spɜ:rn] *vt (form)* ■**to ~ sb/sth** jdn/etw zurückweisen; *(contemptuously)* jdn/etw verschmähen *geh*

spur-of-the-'mo·ment *adj* spontan

spurred [spɜ:d, AM spɜ:rd] *adj inv* gespornt

spurt [spɜ:t, AM spɜ:rt] I. *n* 1 *(jet)* Strahl *m*; **~ of water** Wasserstrahl *m*

2 *(surge)* Schub *m*; ***there was a sudden ~ of activity in the housing market*** plötzlich kam der Immobilienmarkt in Schwung; ***in a ~ of effort*** [*or* ***energy***], ***I finally finished the essay*** ich bot all meine Energie auf und schrieb endlich den Aufsatz zu Ende; **growth ~** Wachstumsschub *m*; **~ of speed** Spurt *m*; **to do sth in ~s** etw schubweise machen

3 *(run)* **to put on a ~** einen Spurt hinlegen

II. *vt* ■**to ~ sth** etw [ver]spritzen; ***his arm was ~ing blood*** aus seinem Arm schoss [*o* spritzte] Blut

III. *vi* 1 *(fig: increase)* plötzlich steigen

2 *(gush)* spritzen; ***the water was ~ing everywhere*** das Wasser spritzte überall hin

◆**spurt out** *vi* herausspritzen; ***blood was ~ing out all over the place*** alles war mit Blut vollgespritzt

sput·nik ['spʊtnɪk] *n* Sputnik *m*

sput·ter ['spʌtəʳ, AM 'spʌt̬ɚ] I. *n* Knattern *nt kein pl*, Stottern *nt kein pl*; **to give a ~** stottern

II. *vi* zischen; *(car, engine)* stottern

III. *vt* ■**to ~ sth** etw heraussprudeln; *(stutter)* etw stottern [*o* stammeln]

◆**sputter out** *vi (car, engine)* den Geist aufgeben *hum fam*; *(candle)* ausbrennen

sput·ter·ing ['spʌtᵊrɪŋ] *adj attr* schwankend

spu·tum ['spju:təm, AM -t̬-] *n no pl* MED Schleim *m*, Auswurf *m geh*, Sputum *nt fachspr*; **to cough up ~** Schleim husten

spy [spaɪ] I. *n* Spion(in) *m(f)*

II. *n modifier (adventure, story, film, organization, camera, scandal)* Spionage-; **~ swap** Austausch *m* von Spionen/Spioninnen

III. *vi* 1 *(gather information)* spionieren; ■**to ~ into sth** in etw *dat* herumspionieren *fam*; ■**to ~ on** [*or* **upon**] **sb** jdm nachspionieren

2 *(peep)* ■**to ~ into sth** in etw *akk* spähen

IV. *vt* ■**to ~ sb/sth** *(see)* jdn/etw sehen; *(spot)* jdn/etw entdecken

◆**spy out** *vt* ■**to ~ out** ⊂ **sth** 1 *(find out about)* etw auskundschaften; **to ~ out the land** das Land erkunden

2 *(find out, discover)* etw ausspionieren

'spy·glass *n* Fernglas *nt* **'spy·hole** *n* BRIT, AUS Guckloch *nt*, Spion *m*

'spy net·work, 'spy ring *n* Spionagenetz *nt* **'spy sat·el·lite** *n* Spionagesatellit *m*

'spy·ware *n no pl* Spyware *f*, Spionageprogramm *nt*

sq *n abbrev of* **square** Pl.

squab [skwɒb, AM skwa:b] *n* Täubchen *nt*

squab·ble [skwɒbl, AM skwa:bl] I. *n* Zankerei *f*, Streiterei *f*; **to have a ~** [**about/over sth**] eine Auseinandersetzung [über/um etw *akk*] haben

II. *vi* sich *akk* zanken; ■**to ~** [**about/over sth**] sich *akk* [über/um etw *akk*] zanken

squad [skwɒd, AM skwa:d] *n + sing/pl vb* 1 *(group)* Einheit *f*; **anti-terrorist ~** Antiterroreinheit *f*

2 SPORT Mannschaft *f*

3 MIL Gruppe *f*, Trupp *m*, Abteilung *f*

4 *(police)* Kommando *nt*, Dezernat *nt*

▶PHRASES: **the awkward ~** *(fam or pej)* Querulantenriege *f*

'squad car *n* BRIT Streifenwagen *m*

squad·die ['skwɒdi] *n* BRIT *(sl)* Soldat *m*, Bundesheerler *m* ÖSTERR *pej fam*

squad·ron ['skwɒdrᵊn, AM 'skwa:d-] *n + sing/pl vb* *(cavalry)* Schwadron *f*; *(air force)* Staffel *f*; *(navy)* Geschwader *nt*

'squad·ron lead·er *n* Luftwaffenmajor *m*

squal·id ['skwɒlɪd, AM 'skwa:-] *adj* 1 *(pej: dirty)* schmutzig; *(neglected)* verwahrlost

2 *(immoral)* verkommen

squall [skwɔ:l] I. *n* 1 *(gust)* Bö *f*; **~ of rain** Regenschauer *m*

2 *(shriek)* Kreischen *nt kein pl*

II. *vi* schreien

squally ['skwɔ:li] *adj* böig

squal·or ['skwɒləʳ, AM 'skwa:lɚ] *n no pl* 1 *(foulness)* Schmutz *m*

2 *(immorality)* Verkommenheit *f*

squan·der ['skwɒndəʳ, AM 'skwa:ndɚ] *vt* ■**to ~ sth** etw verschwenden [*o* vergeuden]; **to ~ a chance/an opportunity** eine Chance vertun

square [skweəʳ, AM skwer] I. *n* 1 *(shape)* Quadrat *nt*; **to cut sth into ~s** etw in Quadrate zerschneiden; **to fold sth into a ~** etw zu einem Quadrat falten

2 *(street)* Platz *m*; **town ~** zentraler Platz

3 *(marked space)* Spielfeld *nt*; **to go back to ~ one, to start again from ~ one** *(fam)* wieder von vorne beginnen

4 AM, AUS *(tool)* Winkelmaß *nt*

5 *(dated fam: boring person)* Langweiler(in) *m(f)*

6 *(number times itself)* Quadratzahl *f*

▶PHRASES: **to be there or be ~** *(sl)* einfach dabei sein müssen

II. *adj* 1 *(square-shaped) piece of paper, etc.* quadratisch; *face* kantig; **~ shoulders** *(of person)* breite Schultern; *(of coat)* gepolsterte Schultern

2 *inv (on each side)* im Quadrat; *(when squared)* zum Quadrat; *metre, mile* Quadrat-

3 *(fam: level)* plan; **to be** [**all**] **~** auf gleich sein *fam*; ***they're all ~ at thirty points each*** sie liegen mit je dreißig Punkten gleichauf

4 *(fam or dated: stupid)* bescheuert *sl*; **to look ~** bescheuert aussehen *sl*

5 *(straight)* gerade; **to keep sth ~** etw gerade halten

III. *adv inv* direkt, geradewegs

IV. *vt* 1 *(make square)* ■**to ~ sth** etw quadratisch machen; *(make right-angled)* etw rechtwinklig machen; **to ~ one's shoulders** die Schultern straffen; ■**to ~ sth with sth** etw mit etw *dat* in Übereinstimmung bringen

2 *(settle)* ■**to ~ sth** *matter* etw in Ordnung bringen; ***let's ~ our accounts*** rechnen wir ab

3 ECON ■**to ~ sth** etw glattstellen; **book-squaring** Glattstellen *nt* von Positionen

4 MATH ■**to ~ sth** etw quadrieren, die Quadratzahl einer S. *gen* berechnen

5 SPORT *(tie)* ■**to ~ sth** etw ausgleichen; **to ~ a match** ein Match auf Gleichstand bringen

▶PHRASES: **to attempt to ~ the circle** die Quadratur des Kreises versuchen *geh*

V. *vi* ■**to ~ with sth** mit etw *dat* übereinstimmen

◆**square off** *vi esp* AM in die Offensive gehen

◆**square up** *vi* 1 *(fam: settle debt)* abrechnen

2 *esp* BRIT, AUS *(compete)* in die Offensive gehen

3 BRIT *(deal with)* ■**to ~ up to sth** mit etw *dat* zurande kommen *fam*

square 'brack·et *n* eckige Klammer **'square-built** *adj* stämmig; **~ shoulders** breite Schultern **'square-cut** <-tt-, -cut, -cut> *vt (in cricket)* **to ~ the ball** den Ball glatt ins Abseits schießen

squared [skweəd, AM skwerd] *adj inv* kariert

'square dance *n* Squaredance *m*

square 'deal *n* fairer Handel; **to get a ~** *(fair exchange)* ein gutes Geschäft machen; *(fair treatment)* fair behandelt werden

'square-eyed *adj pred, inv* BRIT, AUS *(hum fam)* **to go ~** rechteckige Augen bekommen *fam* **'square-jawed** *adj inv* ■**to be ~** ein prägnantes Kinn haben; **~ masculinity** kantige [*o* markante] Männlichkeit

'square knot *n* AM *(reef knot)* Kreuzknoten *m*; **to tie a ~** einen Kreuzknoten machen

square·ly ['skweəli, AM 'skwer-] *adv* 1 *(straight)* aufrecht

2 *inv (directly)* direkt; **to look sb ~ in the eyes** jdm gerade in die Augen blicken

square 'meal *n* anständige Mahlzeit

square 'meas·ure *n* Flächenmaß *nt*, Fläche *f*

Square 'Mile *n* BRIT ■**the ~** die Londoner City; FIN das Londoner Finanzzentrum

square 'num·ber *n* MATH Quadratzahl *f*

square 'peg *n* Außenseiter(in) *m(f)*; **to be a ~** [**in a round hole**] ein Außenseiter/eine Außenseiterin sein

square-'rig·ger *n* NAUT Rahsegler *m fachspr*

square 'root *n* MATH Quadratwurzel *f*

'square-shaped *adj* quadratisch **square-'shoul·dered** *adj inv* breitschultrig

squash[1] [skwɒʃ, AM skwa:ʃ] *n esp* AM *(pumpkin)* Kürbis *m*

squash[2] [skwɒʃ, AM skwa:ʃ] I. *n* 1 *no pl (dense pack)* Gedränge *nt*

2 *no pl (racket game)* Squash *nt*

3 BRIT, AUS *(concentrate)* Fruchtsaftkonzentrat *nt*;

lemon/orange ~ Zitronen-/Orangensaftkonzentrat *nt; (diluted drink)* Fruchtsaftgetränk *nt*
II. *vt* ❶ *(crush)* ■ **to ~ sth** etw zerdrücken; **to ~ sth flat** etw platt drücken
❷ *(fig: end)* **to ~ a rumour** ein Gerücht aus der Welt schaffen
❸ *(push)* ■ **to ~ sth/oneself into sth** etw/sich *akk* in etw *akk* [hinein]zwängen [*o* quetschen]; ***can you ~ this into your bag for me?*** kannst du das für mich in deine Tasche stecken?; ***I should be able to ~ myself into this space*** ich glaube, ich kann mich da hineinzwängen
❹ *(humiliate)* ■ **to ~ sb** jdn bloßstellen; *(silence)* jdm über den Mund fahren *fam*
III. *vi* sich *akk* in etw *akk* [hinein]zwängen [*o* quetschen]
◆**squash in** I. *vi* sich *akk* hineinquetschen [*o* hineinzwängen]
II. *vt* ■ **to ~ in** ◌ **sb/sth** jdn/etw hineinquetschen [*o* hineinzwängen]
◆**squash up** I. *vi* zusammenrücken
II. *vt* ■ **to ~ oneself up** zusammenrücken; ***we ~ed ourselves up on the sofa*** wir rückten auf dem Sofa zusammen
'squash club *n* Squashklub *m* **'squash court** *n* Squashplatz *m,* Squashcourt *m* **'squash rack·et, 'squash rac·quet** *n* ❶ *(equipment)* Squashschläger *m*
❷ SPORT *(form: squash)* ■ **~s** *pl* Squash *nt kein pl*
squashy ['skwɒʃi, AM 'skwɑːʃi] *adj* weich
squat [skwɒt, AM skwɑːt] I. *vi* <-tt-> ❶ *(crouch)* hocken; ■ **to ~ [down]** sich *akk* hinhocken
❷ *(occupy land)* **to ~ [on land]** sich *akk* illegal ansiedeln; **to ~ [in a house/on a site]** [ein Haus/ein Grundstück] besetzen
II. *n* ❶ *no pl (position)* Hocke *f;* **to get into a ~** in Hockstellung gehen
❷ SPORT *(exercise)* Kniebeuge *f,* Squat *m fachspr*
❸ *(abode)* besetztes Haus
❹ *(house occupation)* Hausbesetzung *f*
❺ *(fam: not know anything)* **to [not] know ~ about sth** keinen blassen [Schimmer] von etw *dat* haben *fam*
III. *adj* <-tt-> niedrig; *person* gedrungen, untersetzt
squat·ter ['skwɒtəʳ, AM 'skwɑːt̬ɚ] *n* ❶ *(house-occupier)* Hausbesetzer(in) *m(f)*
❷ AM, AUS *(land-user)* illegaler Siedler/illegale Siedlerin, Squatter(in) *m(f) fachspr*
'squat·ter camp *n* Squattersiedlung *f fachspr*
squat·toc·ra·cy [skwɒ'tɒkrəsi] *n* AUS reiche Großgrundbesitzer
squaw [skwɔː, AM skwɑː] *n (pej!)* Squaw *f,* Indianerfrau *f*
squawk [skwɔːk, AM skwɑːk] I. *vi* ❶ *(cry)* kreischen
❷ *(fam: complain)* ■ **to ~ about sth** lautstark gegen etw *akk* protestieren
II. *n* ❶ *(cry)* Kreischen *nt kein pl*
❷ *(complaint)* Geschrei *nt kein pl fam;* **~ of outrage** Gezeter *nt pej;* **~ of protest** Protestgeschrei *nt fam*
'squawk box *n (fam)* Sprechanlage *f*
squeak [skwiːk] I. *n* Quietschen *nt kein pl; of an animal* Quieken *nt kein pl; of a mouse* Piepsʼ[er] *m fam; of a person* Quiekser *m fam;* **to let out a ~ [of fright]** einen [Angst]schrei ausstoßen; *(fig)* ***if I hear one more ~ out of you, there'll be trouble!*** wenn ich noch einen Mucks[er] von dir höre, gibt's Ärger! *fam*
II. *vi* ❶ *(make sound)* quietschen; *animal, person* quieken; *mouse* piepsen
❷ *(just pass)* **to ~ through an exam/a test** ein Examen/eine Prüfung mit knapper Not bestehen
◆**squeak by** *vi esp* AM *(just pass)* mit Müh und Not [*o fam* mit Ach und Krach] durchkommen
squeak·er ['skwiːkəʳ] *n* AM *(success)* knapper Erfolg; **to lose/win a ~** knapp verlieren/gewinnen
squeaky ['skwiːki] *adj* ❶ *(high-pitched)* quietschend; *voice* piepsig *fam;* ■ **to be ~** quietschen
❷ AM *(narrow)* äußerst knapp, hauchdünn *fig*
▶ PHRASES: **the ~ wheel gets the grease** AM *(prov)* nur wer am lautesten schreit, wird gehört
'squeaky-clean *adj (also fig)* blitzsauber *fam*
squeal [skwiːl] I. *n* [schriller] Schrei; *of tyres* Quietschen *nt kein pl; of brakes* Kreischen *nt kein pl,* Quietschen *nt kein pl; of a pig* Quieken *nt kein pl;* **with a ~ of brakes/tyres** mit quietschenden Bremsen/Reifen; **to let out a ~** einen schrillen Schrei ausstoßen
II. *vi* ❶ *(scream)* kreischen; *pig* quieken; *tyres* quietschen; *brakes* kreischen, quietschen; **to ~ to a halt** mit quietschenden Reifen anhalten; **to ~ with joy** vor Freude jauchzen; **to ~ with pain** vor Schmerz schreien; **to ~ with pleasure** vor Vergnügen kreischen
❷ *(complain, protest)* ■ **to ~ [about sth]** [über etw *akk*] jammern; **to ~ [in protest]** lautstark protestieren, entrüstet aufschreien
❸ *(pej sl: rat)* ■ **to ~ to sb** bei jdm singen *fam;* ■ **to ~ on sb** jdn verpfeifen *pej fam*
squeal·er ['skwiːləʳ, AM -ɚ] *n (pej sl)* Petze *f pej*
squeam·ish ['skwiːmɪʃ] I. *adj* zimperlich *pej,* zart besaitet; ■ **to be ~ about doing sth** sich *akk* vor etw *dat* ekeln; ***he is ~ about seeing blood*** er ekelt sich vor Blut; **sb feels ~** jdm ist schlecht [*o* übel]
II. *n* **the morally ~** *pl* die Moralisten *pl meist pej;* **to not be for the ~** nichts für schwache Nerven sein
squeam·ish·ly ['skwiːmɪʃli] *adv* zimperlich *pej*
squeam·ish·ness ['skwiːmɪʃnəs] *n no pl* Empfindlichkeit *f;* **to overcome one's ~** seine Empfindlichkeit ablegen
squee·gee ['skwiːdʒiː] I. *n* Gummiwischer *m;* **to wipe sth with a ~** etw mit einem Gummiwischer putzen
II. *vt* ■ **to ~ sth** etw mit einem Gummiwischer putzen
'squee·gee mop *n* Bodenschrubber *m*
squeez·able ['skwiːzəbl̩] *adj bottle, container* ausquetschbar, zum Drücken *nach n*
squeeze [skwiːz] I. *n* ❶ *(press)* Drücken *nt kein pl;* **to give sth a ~** etw drücken
❷ *(amount)* Spritzer *m;* **a ~ of lemon** ein Spritzer *m* Zitronensaft
❸ ECON *(limit)* Beschränkung *f,* Restriktion *f,* Verknappung *f;* **credit ~** Kreditrestriktionen *pl;* **~ on jobs** Personalfreisetzung *f euph;* **profit ~** Verminderung *f* der Gewinnspanne; **a ~ on spending** eine Beschränkung der Ausgaben; **to impose** [*or* **put**] **a ~ [on sb/sth]** [jdm/etw] eine Beschränkung auferlegen
❹ *no pl (fit)* Gedränge *nt;* ***it'll be a tight ~*** es wird eng werden; ***it's quite a ~ to get into these old jeans!*** in diese alten Jeans muss ich mich ganz schön reinzwängen! *fam*
❺ *(fam: person)* Eroberung *f hum*
II. *vt* ❶ *(press)* ■ **to ~ sth** etw drücken; **to ~ sb's hand** jds [*o* jdm die] Hand drücken; **to ~ a lemon/an orange** eine Zitrone/eine Orange auspressen; **to ~ a sponge** einen Schwamm ausdrücken; **to ~ a toothpaste tube** eine Zahnpastatube ausdrücken; **to ~ the trigger** auf den Abzug drücken
❷ *(extract)* **freshly ~d orange juice** frisch gepresster Orangensaft; **to ~ water out of a cloth/sponge** einen Lappen auswringen/einen Schwamm ausdrücken; **to ~ profit [from sth]** *(fig)* Profit [aus etw *dat*] schlagen; ■ **to ~ sth from** [*or* **out of**] **sb** *(fam)* etw aus jdm herausquetschen [*o* herauspressen]; **to ~ information from sb** aus jdm Informationen herauspressen
❸ *(push)* ■ **to ~ sth/sb into sth** etw/jdn in etw *akk* [hinein]zwängen; ■ **to ~ sth/sb through sth** etw/jdn durch etw *akk* [durch]zwängen; **to ~ a rival out of the market** *(fig)* einen Rivalen/eine Rivalin aus dem Markt drängen
❹ *(burden financially)* ■ **to ~ sth** etw belasten; ***small businesses are being ~d by heavy taxation*** hohe Steuern bringen kleine Unternehmen in Bedrängnis
❺ *(constrict)* ■ **to ~ sth** etw einschränken [*o* drücken] [*o* verkleinern]; ***high interest rates are squeezing consumer spending*** die hohen Zinsen wirken sich negativ auf das Kaufverhalten aus; ***our margins have been ~d by the competition*** unsere Gewinnspannen sind von der Konkurrenz heruntergedrückt worden
❻ *(fam: threaten)* ■ **to ~ sb** jdn unter Druck setzen
▶ PHRASES: **to ~ sb dry** [*or* **until the pips squeak**] jdn ausnehmen wie eine Weihnachtsgans *fam*
III. *vi (fit into)* ■ **to ~ into sth** sich *akk* in etw *akk* [hinein]zwängen; ***we ~d into the back seat of his car*** wir quetschten uns auf den Rücksitz seines Wagens; ■ **to ~ past sth** sich an etw *dat* vorbeizwängen; ■ **to ~ through sth** sich *akk* durch etw *akk* [durch]zwängen; **to ~ under sth** sich *akk* unter etw *dat* durchzwängen
◆**squeeze in** I. *vt* ■ **to ~ in** ◌ **sb/sth** ❶ *(force in)* jdn/etw hineinzwängen; ***we'll be able to ~ you in*** wir bringen Sie schon noch irgendwie unter
❷ *(fit in)* jdn/etw einschieben; ***I should be able to ~ you in this afternoon*** ich glaube, ich kann Sie heute Nachmittag noch einschieben
II. *vi* sich *akk* hineinzwängen
◆**squeeze out** *vt* ■ **to ~ out** ◌ **sth** ❶ *(wring)* etw auswringen; *(press)* etw ausdrücken
❷ *(extract)* **to ~ out** ◌ **juice** Saft auspressen
'squeeze bot·tle *n* AM Spritzflasche *f* **'squeeze box** *n (dated fam)* Quetschkommode *f hum sl*
squeez·er ['skwiːzəʳ, AM -ɚ] *n* Fruchtpresse *f;* **lemon ~** Zitronenpresse *f*
squeezy ['skwɪːzi] *adj* elastisch; **~ bottle** elastische Plastikflasche
squelch [skweltʃ] I. *vi mud, water* patschen *fam,* quatschen ÖSTERR *fam; person, animal* patschen, platschen SCHWEIZ; ■ **to ~ through sth** durch etw *akk* waten [*o fam* patschen]
II. *vt* AM ■ **to ~ sth** etw abwürgen; ■ **to ~ sb** jdm den Mund stopfen *fam,* jdn zum Schweigen bringen
III. *n usu sing* Gepatsche *nt kein pl fam,* Gequatsche *nt kein pl* ÖSTERR *fam;* ***she could hear the ~ of their boots in the mud*** sie hörte den Schlamm unter ihren Füßen patschen
squelchy ['skweltʃi] *adj attr* **to make a ~ sound** ein platschendes [*o* ÖSTERR quatschendes] Geräusch machen
squib [skwɪb] *n* ❶ *(satire)* Satire *f*
❷ AM *(filler)* Füllartikel *m*
❸ *(firework)* Knallkörper *m*
▶ PHRASES: **to be a damp ~** ein Reinfall sein *fam*
squid <*pl* - *or* -s> [skwɪd] *n* Tintenfisch *m*
squidge [skwɪdʒ] *vt* ■ **to ~ sth** *mud, soft substance, pastry mix* etw kneten
squidgy ['skwɪdʒi] *adj* BRIT *(fam)* matschig *fam; (slippery)* glitschig *fam,* rutschig SCHWEIZ
squiffy ['skwɪfi], *esp* AM **squiffed** [skwɪft] *adj (fam)* angesäuselt *fam;* **to feel ~** angesäuselt sein *fam*
squig·gle ['skwɪgl̩] *n* Schnörkel *m*
squig·gly ['skwɪgl̩i] *adj* schnörkelig
squinch ['skwɪntʃ] *vt* AM *(squeeze together)* **to ~ up one's face** das Gesicht verziehen
squint [skwɪnt] I. *vi* ❶ *(close one's eyes)* blinzeln
❷ *(look)* ■ **to ~ at sb/sth** einen Blick auf jdn/etw werfen
II. *n* ❶ *(glance)* kurzer Blick; **to have** [*or* **take**] **a ~ at sth** einen kurzen Blick auf etw *akk* werfen
❷ *(eye condition)* Schielen *nt kein pl;* **to have a [bad] ~** [stark] schielen
squint-'eyed [ˌskwɪnt'aɪd] *adj* schielend *attr;* ■ **to be ~** schielen
squire [skwaɪəʳ, AM skwaɪɚ] *n (old)* ❶ *(landowner)* Gutsherr *m*
❷ BRIT *(dated fam: greeting)* gnädiger Herr *veraltet; (iron)* Chef *m sl*
❸ AM LAW *(legal official)* Friedensrichter(in) *m(f)*
squire·ar·chy ['skwaiərɑːki, AM 'skwaiɚɑːrki] *n + sing/pl vb* Junkertum *nt*
squirm [skwɜːm, AM skwɜːrm] I. *vi* sich *akk* winden; ***seeing all that blood made Irene ~*** beim Anblick des vielen Blutes wurde Irene übel; ***rats make him ~*** er ekelt sich vor Ratten; **to ~ with embarrassment** sich *akk* vor Verlegenheit winden; **to ~ in pain** sich *akk* vor Schmerzen krümmen
II. *n* Krümmen *nt kein pl;* **to give a ~** zusammenzucken; **to give a ~ of embarrassment** sich *akk* vor

Verlegenheit winden

squir·rel ['skwɪrəl, AM 'skwɜr-] I. *n* Eichhörnchen *nt*
II. *vt* ▪**to ~ away** ↻ **sth** *(fam)* etw wegpacken *fig fam*

squirt [skwɜ:t, AM skwɜ:rt] I. *vt* ① *(spray)* ▪**to ~ sth** etw spritzen; **to ~ perfume** Parfüm auftragen
② *(cover)* ▪**to ~ sb with sth** jdn mit etw *dat* bespritzen; **to ~ oneself with perfume** ein paar Spritzer Parfüm auftragen
II. *vi* ▪**to ~ out** herausspritzen, herausschießen
III. *n* ① *(quantity)* Spritzer *m;* **to give sb a ~ with a water pistol** jdn mit einer Wasserpistole anspritzen
② *(pej dated: jerk)* Nichts *nt pej; (boy)* Pimpf *m fam*

'squirt gun *n* AM *(water pistol)* Wasserpistole *f*

squish [skwɪʃ] *(fam)* I. *vt* ▪**to ~ sth** etw zermatschen [*o* SCHWEIZ zermantschen] *fam*
II. *vi* patschen *fam,* quatschen ÖSTERR *fam,* platschen SCHWEIZ
III. *n* Gepatsche *nt kein pl fam,* Gequatsche *nt kein pl* ÖSTERR *fam,* Geplatsche *nt kein pl* SCHWEIZ *fam*

squishy ['skwɪʃi] *adj (fam)* matschig *fam*

Sr *n attr, inv esp* AM *abbrev of* **senior** Sr.

Sri Lan·ka [ˌsri:'læŋkə, AM -'lɑ:n-] *n* Sri Lanka *nt*

Sri Lan·kan [ˌsri:'læŋkən, AM -'lɑ:n-] I. *adj* sri-lankisch; **to be ~** aus Sri Lanka sein
II. *n* Sri Lanker(in) *m(f)*

SRN [ˌesɑ:r'en] *n* BRIT *abbrev of* **state registered nurse** staatl. geprüft. Krankenschwester/-pfleger

SRO [ˌesɑ:r'əʊ, AM -'oʊ] *n abbrev of* **self-regulatory organization** Selbstüberwachungsorgan *nt*

SRP [ˌesɑ:'pi:, AM -ɑ:r'-] *n abbrev of* **suggested retail price** vom Hersteller empfohlener Preis

SRV [ˌesɑ:'vi:, AM -ɑ:r'-] *n abbrev of* **Sport Recreation Vehicle** ≈ Wohnmobil *nt*

SS [ˌes'es] *n* NAUT *abbrev of* **steam ship** SS *f*

ssh [ʃ] *interj* sch

SSW *abbrev of* **south-southwest** SSW

St[1] *n abbrev of* **saint** St.

St[2] *n abbrev of* **street** Str.

st <*pl* -> *n* BRIT *abbrev of* **stone** *britische Gewichtseinheit, die 6,35 kg entspricht*

stab [stæb] I. *vt* <-bb-> ① *(pierce)* ▪**to ~ sb** auf jdn einstechen; ***the victim was ~bed*** das Opfer erlitt eine Stichverletzung; **to ~ sb in the back** *(fig)* jdm in den Rücken fallen; **to ~ sb to death** jdn erstechen; **to ~ sth with a fork** mit einer Gabel in etw *dat* herumstochern
② *(make thrusting movement)* **to ~ the air** [**with sth**] [mit etw *dat*] in der Luft herumfuchteln
II. *vi* <-bb-> ▪**to ~ at sb/sth** [**with sth**] auf jdn/etw [mit etw *dat*] einstechen; *with finger* auf jdn/etw [mit etw *dat*] einhämmern
III. *n* ① *(with weapon)* Stich *m; (fig: attack)* Angriff *m* (**at** auf +*akk*)
② *(wound)* Stichwunde *f*
③ *(with object)* Stich *m*
④ *(pain)* Stich *m;* **~ of envy** Anflug *m* von Neid; ***she felt a ~ of envy when ...*** sie fühlte Neid in ihr aufkommen, als ...; **~ of pain** stechender Schmerz
▸PHRASES: **to have** [*or* **make**] **a ~ at** [**doing**] **sth** etw probieren [*o* versuchen]

stab·bing ['stæbɪŋ] I. *n (assault)* Messerstecherei *f*
II. *adj pain* stechend; *fear, memory* durchdringend

sta·bil·ity [stə'bɪləti, AM -əṭi] *n no pl* Stabilität *f;* **emotional/psychological ~** emotionales/psychologisches Gleichgewicht; **mental ~** [seelische] Ausgeglichenheit; **political ~** politische Stabilität; **~ of shape** TECH Formbeständigkeit *f*

sta·'bil·ity pact *n* POL Stabilitätspakt *m*

sta·bi·li·za·tion [ˌsteɪbəlaɪ'zeɪʃən, AM -lɪ'-] *n no pl* Stabilisierung *f,* Festigung *f;* **currency ~** Währungsstabilisierung *f;* **~ fund** Stabilisierungsfonds *m;* **~ of the economy** Stabilisierung der Wirtschaft; **~ policy** Stabilisierungspolitik *f*

sta·bi·lize ['steɪbəlaɪz] I. *vt* ▪**to ~ sth** ① *(make firm)* etw stabilisieren
② *(maintain level)* etw festigen [*o* stabilisieren]; **to ~ the population** das Bevölkerungswachstum konstant halten
II. *vi* sich *akk* stabilisieren; ECON [sich *akk*] stabilisieren, sich *akk* festigen; ***prizes have ~d*** die Preise haben sich stabilisiert; ***his condition has now ~d*** MED sein Zustand ist jetzt stabil; **to have a stabilizing effect on the economy** eine stabilisierende Wirkung auf die Wirtschaft haben; **to ~ at 50%** sich auf 50 % einpendeln

sta·bi·liz·er ['steɪbəlaɪzəʳ, AM -ɚ] *n* ① AM AVIAT Stabilisator *m*
② NAUT Stabilisierungsflosse *f*
③ BRIT ▪**~s** *pl* Stützräder *pl*
④ *(substance)* Stabilisator *m*
⑤ BRIT ECON Stabilitätspolitik *f*

sta·bi·liz·ing ['steɪbəlaɪzɪŋ] *adj* stabilisierend; **to have a ~ effect** [**on sth/sb**] eine stabilisierende Wirkung [auf etw/jdn] haben

'sta·bi·liz·ing fin *n* NAUT Stabilisierungsflosse *f*

sta·ble[1] <-r, -st *or* more ~, most ~> ['steɪbl] *adj*
① *(firmly fixed)* stabil
② MED *condition* stabil
③ PSYCH ausgeglichen
④ *(steadfast)* stabil; **~ job/relationship** feste Anstellung/Beziehung; **~ birth rate** gleich bleibende Geburtenrate; ECON *inflation* konstant; **~ currency** stabile Währung
⑤ CHEM stabil; **~ equilibrium** stabiles Gleichgewicht; **~ tracer** NUCL stabiles Indikatorisotop

sta·ble[2] ['steɪbl] I. *n* ① *(building)* Stall *m,* Box *f*
② *(business)* Rennstall *m*
③ *(horses)* Stall *m*
④ + *sing/pl vb (group)* Equipe *f geh;* ADMIN Stab *m;* **~ of singers** Sängertruppe *f fam*
II. *vt* **to ~ a horse** ein Pferd unterstellen

'sta·ble boy *n* Stalljunge *m* **sta·ble 'door** *n* Stalltür *f* **'sta·ble girl** *n* Stallmädchen *nt* **'sta·ble lad** *n* BRIT Stallbursche *m veraltend* **'sta·ble·man** *n* AM Stallknecht *m* **'sta·ble·mate** *n* ① *(horse)* Pferd *nt* aus dem gleichen Stall ② *(companion)* Gefährte, Gefährtin *m, f,* Kumpel *m fam*

sta·bling ['steɪblɪŋ] *n no pl* Stallung[en] *f[pl]*

'stab wound *n* Stichwunde *f*

stac·ca·to [stə'kɑ:təʊ, AM -ṭoʊ] MUS I. *adv* stakkato
II. *adj* stakkato; *(fig)* einsilbig; ***she gave brief ~ replies to every question*** sie antwortete kurz und stockend auf alle Fragen; **~ rhythm** Stakkatorhythmus *m;* **~ style** abgehackter Stil
III. *n* <*pl* -os> ① *no pl (performance)* Stakkato *nt*
② *(passage)* Stakkato *nt*

stac·'ca·to mark *n* MUS Stakkatozeichen *nt*

stack [stæk] I. *n* ① *of videos* Stapel *m; of papers* Stoß *m*
② *(fam: large amount)* Haufen *m sl;* ***we've got ~s of time*** wir haben massenhaft Zeit *fam*
③ *of hay, straw* Schober *m*
④ MUS *of hi-fi equipment* Stereoturm *m*
⑤ MIL [Gewehr]pyramide *f*
⑥ *(in library)* ▪**the ~s** *pl* Magazin *nt;* **University Library ~s** Magazin *nt* der Universitätsbibliothek
⑦ COMPUT Stapelspeicher *m,* Kellerspeicher *m*
⑧ *(chimney)* Schornstein *m,* Kamin *m* SCHWEIZ
⑨ BRIT *(measure) britische Maßeinheit: 3,06 cm*
⑩ AUS *(fam: road accident)* Crash *m sl*
II. *vt* ① *(arrange in pile)* ▪**to ~ sth** etw [auf]stapeln; **to ~ hay** *(dated)* Heu aufschobern
② *(fill)* ***the fridge is ~ed with food*** der Kühlschrank ist randvoll mit Lebensmitteln gefüllt; **to ~ a dishwasher** eine Spülmaschine [*o* SCHWEIZ Abwaschmaschine] einräumen; **to ~ shelves** Regale auffüllen
③ *usu passive* AVIAT ***planes are often ~ed over Gatwick airport*** Flugzeuge müssen über dem Flughafen Gatwick oft Warteschleifen ziehen
▸PHRASES: **to ~ the cards** [*or* AM **deck**] jdm übel mitspielen; **the cards** [*or* **odds**] **are ~ed against sb** es spricht alles gegen jdn
◆**stack up** I. *vt* ▪**to ~ up** ↻ **sth** etw aufstapeln
II. *vi* ① *(build up)* sich *akk* zusammen[ballen]; ***traffic always ~s up around this time of day*** um diese Tageszeit herrscht immer dichter Verkehr
② *esp* AM *(fam: compare)* ▪**to ~ up against sth** im Vergleich zu etw *dat* gut abschneiden
③ *(make sense)* Sinn ergeben

stacked [stækt] *adj* ① *inv (in piles)* gestapelt; **~ cans** aufgestapelte Dosen
② *inv (filled with goods)* **~ shelves** gefüllte Regale
③ *(biased)* voreingenommen
④ AM, AUS *(fam!)* vollbusig; ***she is really ~!*** die hat aber Holz vor der Hütte! *sl*
⑤ *inv* COMPUT im Stapelspeicher abgelegt

stack·er ['stækəʳ, AM ɚ] *n* Stapler *m*

'stack sys·tem *n* MUS Hi-Fi-Anlage *f,* Stereoturm *m*

'stack-up *n* AUS *(fam)* Auffahrunfall *m*

sta·dium <*pl* -s *or* -dia> ['steɪdiəm, *pl* -iə] *n* Stadion *nt*

staff[1] [stɑ:f, AM stæf] I. *n* ① + *sing/pl vb (employees)* Belegschaft *f,* Personal *nt,* Mitarbeiterstab *m;* ECON Stab *m;* **members of ~** Mitarbeiter *pl;* **office ~** Bürobelegschaft *f;* **the editorial ~** die Herausgeber *pl;* **nursing ~** Pflegepersonal *nt*
② + *sing/pl vb* SCH, UNIV Lehrkörper *m,* Lehrerkollegium *nt;* **teaching ~** Lehrpersonal *nt*
③ + *sing/pl vb* MIL Stab *m;* **chief of ~** Stabschef *m;* **general's ~** Generalstab *m*
④ *(stick)* [Spazier]stock *m*
⑤ *(symbol)* **~ of office** Amtsstab *m*
⑥ *(flagpole)* Fahnenmast *m;* **to be at half ~** AM auf Halbmast gesetzt sein
⑦ *(for surveying)* Messstab *m*
⑧ BRIT *(spindle in a watch)* Unruhewelle *f*
⑨ AM MUS Notensystem *nt*
▸PHRASES: **the ~ of life** *(liter)* das tägliche Brot *liter,* Grundnahrungsmittel *nt*
II. *n modifier* ECON *(canteen)* Betriebs-; **~ employee** Stabsstellenmitarbeiter(in) *m(f);* **~ pension scheme** betriebliche Rente
III. *vt usu passive* ▪**to be ~ed by** [*or* **with**] **sb** jdn beschäftigen; ***many charity shops are ~ed with volunteers*** viele Wohltätigkeitseinrichtungen beschäftigen ehrenamtliche Mitarbeiter
◆**staff up** *vi* mehr Personal einstellen

staff[2] [stɑ:f, AM stæf] *n no pl* ART Stange *f*

'staff as·so·cia·tion *n* + *sing/pl vb* Betriebsrat *m* **'staff costs** *npl* Personalkosten *pl,* Personalaufwand *m* **staff 'coun·cil** *n* ① + *sing/pl vb (members)* Betriebsrat *m;* **~ member** Betriebsrat, -rätin *m, f* ② *(member)* Betriebsrat, -rätin *m, f* **'staff-day** <*pl* -s> *n* FIN Erwerbstätigentag *m,* Manntag *m* **'staff de·part·ment** *n* + *sing/pl vb* Stabsabteilung *f,* Stabsbereich *m*

staffed [stɑ:ft, AM stæft] *adj* personell ausgestattet

staff·er ['stɑ:fəʳ, AM 'stæfɚ] *n* AM Mitglied *nt* des Personals; *sub-editor* Redaktionsmitglied *nt*

'staff-hour <*pl* -s> *n* FIN Erwerbstätigenstunde *f,* Mannstunde *f*

staff·ing ['stɑ:fɪŋ, AM 'stæf-] *n no pl* Personalpolitik *f,* Personalbeschaffung *f*

'staff·ing levels *npl* Belegschaftsstärke *f kein pl*

'staff meet·ing *n (for employees)* Mitarbeiterrunde *f; (for teachers)* Lehrerkonferenz *f* **'staff mem·ber** *n* Stabsmitglied *nt* **'staff nurse** *n* BRIT MED examinierte [*o* ÖSTERR geprüfte] [*o* SCHWEIZ ausgebildete] Krankenschwester **'staff of·fic·er** *n* MIL Stabsoffizier(in) *m(f)* **'staff·room** *n* SCH ① *(room)* Lehrerzimmer *nt* ② + *sing/pl vb (teachers)* ▪**the ~** das Lehrerkollegium *nt*

Staffs [stɑ:fs, AM stæfs] BRIT *abbrev of* **Staffordshire**

'staff ser·geant *n* MIL [Ober]feldwebel *m*

'staff-year <*pl* -s> *n* FIN Erwerbstätigenjahr *nt,* Mannjahr *nt*

stag [stæg] I. *n* ① *(deer)* Hirsch *m*
② *esp* AM *(unaccompanied person) ein Mann, der solo ist*
③ BRIT, AUS STOCKEX [Neuemissions]spekulant(in) *m(f),* Broker(in) *m(f)*
II. *adv inv esp* AM **to go somewhere ~** ohne [weibliche] Begleitung irgendwohin gehen
III. *vt* <-gg-> STOCKEX **to ~ shares** [*or* **stock**] mit Aktien handeln
IV. *vi* <-gg-> STOCKEX mit Aktien handeln, spekulieren

'stag bee·tle *n* Hirschkäfer *m*

stage [steɪdʒ] I. *n* ① *(period)* Etappe *f,* Station *f;* **~ in the process** Prozessschritt *m;* **crucial ~** entschei-

dende Phase; **early ~** Frühphase *f;* **editing ~** Drucklegung *f;* **final** [*or* **last**] **~** Endphase *f,* Endstadium *nt;* **first** [*or* **initial**] **~** Anfangsphase *f;* **late ~** Spätphase *f;* **to be at** [*or* **reach**] **the ~ where ...** an dem Punkt sein [*o* den Punkt erreichen], an dem ...; **to go through a ~** eine [bestimmte] Phase durchmachen; **at some ~** irgendwann; **to do sth in ~s** etw in Etappen [*o* etappenweise] [*o* in einzelnen Schritten] tun
② *of a journey, race* Etappe *f,* Abschnitt *m*
③ *of a rocket* [Raketen]triebwerk *nt;* **three-~ rocket** Dreistufenrakete *f*
④ ELEC Schaltstufe *f,* Verstärkerstufe *f*
⑤ *(hist) see* **stagecoach**
⑥ THEAT *(platform)* Bühne *f;* **to go on ~** die Bühne betreten; **to take the ~** auftreten; **to take centre ~** *(fig)* im Mittelpunkt [des Interesses] stehen
⑦ *(profession)* ■**the ~** die Bühne; **the London ~** das Londoner Theater; **to be on the ~** auf der Bühne stehen; **to go to the ~** zum Theater gehen
⑧ *(scene)* Geschehen *nt kein pl;* **the world ~** die [ganze] Welt; **the political ~** die politische Bühne
⑨ *(on microscope)* Objektträger *m*
⑩ GEOL Stufe *f*
II. *vt* ① THEAT ■**to ~ sth** etw aufführen; **to ~ a concert** ein Konzert geben [*o geh* veranstalten]; **to ~ a play/an opera** ein Theaterstück/eine Oper aufführen [*o* inszenieren]
② *(organize)* **to ~ a comeback** ein Comeback starten; **to ~ a congress/meeting** einen Kongress/eine Tagung veranstalten; **to ~ a coup d'état** einen Staatsstreich durchführen; **to ~ a match** ein Spiel austragen; **to ~ the Olympic Games** die Olympischen Spiele ausrichten; **to ~ a party** eine Party geben; **to ~ a recovery** eine Erholung[sphase] einleiten; **to ~ a strike/a demonstration** einen Streik/eine Demonstration organisieren [*o* inszenieren]; **to ~ war games** ein Manöver abhalten
③ MED **to ~ a patient/disease** einen Patienten/eine Krankheit diagnostisch einordnen
III. *n modifier (career, curtain, version)* Bühnen-; **~ adaptation** Bühnenfassung *f;* **~ crew** Bühnenteam *nt;* **~ scenery** Kulisse[n] *f*[*pl*]; **~ setting** Bühnenbild *nt*

'stage·coach *n (hist)* Postkutsche *f hist* **'stage·coach line** *n (hist) Unternehmen, das Postkutschenreisen organisiert*

'stage·craft *n no pl* LIT, ART Bühnenerfahrung *f* **'stage di·rec·tion** *n* Bühnenanweisung *f;* **in the ~s it says that ...** in der Bühnenanweisung steht, dass ... **stage 'door** *n* Bühneneingang *m* **stage-door 'John·ny** *n (hist)* Fan *m,* Verehrer *m* **'stage ef·fect** *n (on stage)* Bühneneffekt *m; (fig pej: in real life)* Taktik *f* **'stage fright** *n no pl* Lampenfieber *nt* **'stage·hand** *n* Bühnenarbeiter(in) *m(f)* **stage 'left** *adv inv der vom Schauspieler aus gesehene linke Teil der Bühne;* **to exit ~** links [von der Bühne] abgehen; **to stand ~** links auf der Bühne stehen **stage-'man·age I.** *vt* ① THEAT **to ~ a musical/play** ein Musical/Theaterstück inszenieren ② *(control)* ■**to ~ sth** etw inszenieren **II.** *vi (act as stage manager)* Regie führen **stage 'man·ag·er** *n* Bühnenmeister(in) *m(f),* Inspizient(in) *m(f) fachspr* **'stage name** *n* Künstlername *m* **'stage play** *n* THEAT Bühnenstück *nt* **stage 'pres·ence** *n no pl* THEAT Bühnenpräsenz *f*

stag·er ['steɪdʒəʳ, AM -ɚ] *n (dated)* Mime *m veraltet;* **an old ~** ein alter Theaterhase *fam*

stage 'right *adv inv der vom Schauspieler aus gesehene rechte Teil der Bühne;* **to enter ~** die Bühne von rechts betreten **'stage-struck** *adj* theaterbesessen *fam;* ■**to be ~** vom Theater begeistert sein **stage 'whis·per** *n* ① THEAT Beiseitesprechen *nt,* Bühnenflüstern *nt* ② *(whisper)* unüberhörbares Flüstern; **to say sth in a ~** etw deutlich hörbar flüstern

stagey ['steɪdʒi] *adj see* **stagy**

stag·fla·tion [stæg'fleɪʃᵊn] *n no pl* ECON Stagflation *f,* realer Stillstand bei steigenden Preisen

stag·ger ['stægəʳ, AM -ɚ] **I.** *vi* ① *(totter)* ■**to ~ somewhere** irgendwohin wanken [*o* torkeln]; ***the company is ~ing under a $15 million debt*** *(fig)* auf der Firma lasten 15 Millionen Dollar Schulden; **to ~ to one's feet** sich *akk* aufrappeln
② *(waver)* schwanken, wanken
II. *vt* ① *(cause to totter)* ■**to ~ sb** jdn zum Wanken bringen; ***he was ~ed by the blow*** er wurde von dem Schlag zum Wanken gebracht
② *(shock)* ■**to ~ sb** jdn erstaunen; ***it ~s the imagination to consider what their home life must be like*** man darf gar nicht darüber nachdenken, wie sich ihr Leben zu Hause gestaltet *geh*
③ *(arrange)* ■**to ~ sth** etw staffeln
III. *n* ① *(lurch)* Wanken *nt kein pl,* Taumeln *nt kein pl*
② *(arrangement)* Staffelung *f*

stag·gered ['stægəd, AM -ɚd] *adj inv* gestaffelt; **~ holidays** gestaffelte Ferien; **~ working hours** gestaffelte Arbeitszeiten, [Wechsel]schicht *f;* **~ start** gestaffelter Start

stag·gered 'junc·tion *n* BRIT *Kreuzung mit versetzt angeordneten Straßen*

stag·ger·ing ['stægᵊrɪŋ] *adj* ① *(amazing)* erstaunlich, umwerfend *fam; news* unglaublich; ***she won the race by a ~ seven seconds*** sie gewann das Rennen mit einem Vorsprung von sage und schreibe sieben Sekunden *fam*
② *(shocking)* erschütternd; **~ blow** erschütternder Schlag

stag·ger·ing·ly ['stægᵊrɪŋli] *adv* erstaunlich, unglaublich *fam;* **~ high** unglaublich hoch

stagi·ness ['steɪdʒɪnəs] *n* Bühnenwirksamkeit *f*

stag·ing ['steɪdʒɪŋ] *n* ① THEAT Inszenierung *f*
② *(scaffolding)* [Bau]gerüst *nt*
③ BRIT *(shelf)* Regal *nt*
④ *no pl* MED Diagnose *f*
⑤ *no pl* AEROSP Abkoppelung *f*

'stag·ing area, 'stag·ing point *n* MIL Stützpunkt *m* **'stag·ing post** *n* Zwischenstopp *m; (fig)* Zwischenschritt *m*

stag·nant ['stægnənt] *adj* ① *inv (not flowing)* stagnierend; **~ air** stehende Luft; **~ pool** stiller Teich; **~ water** stehendes Wasser
② *(sluggish)* träge, langweilig; **~ property market** ECON stagnierender Immobilienmarkt

stag·nate [stæg'neɪt, AM 'stæg-] *vi* ① *(stop flowing)* stauen
② *(stop developing)* stagnieren; ***he didn't want to spend his life stagnating in the isolated village*** er wollte nicht sein ganzes Leben damit verbringen, in diesem abgelegenen Dorf zu versauern *fam*

stag·na·tion [stæg'neɪʃᵊn] *n no pl* Stagnation *f,* Stillstand *m;* **economic ~** Wirtschaftsstagnation *f*

'stag night, 'stag par·ty *n* Junggesellenabschiedsparty *f*

stagy ['steɪdʒi] *adj (pej)* theatralisch *pej;* **~ farewell** sentimentaler Abschied

staid [steɪd] *adj* seriös, gesetzt; *(pej)* spießig; **~ image** konservatives Image; **to lead a ~ life** ein spießbürgerliches Leben führen

stain [steɪn] **I.** *vt* ① *(discolour)* ■**to ~ sth** etw verfärben; *(cover with spots)* Flecken auf etw *dat* machen; ***his teeth are ~ed yellow*** seine Zähne sind gelb verfärbt; ***her coat had become ~ed with oil*** ihr Mantel hatte Ölflecken
② *(blemish)* **to ~ an image/a reputation** einem Image/Ruf schaden; ***several important politicians have had their reputations ~ed by this scandal*** das Ansehen einiger wichtiger Politiker hat durch diesen Skandal gelitten
③ *(colour)* ■**to ~ sth** etw [ein]färben
II. *vi* ① *(cause discolouration)* abfärben, Flecken machen; ***tomato sauce ~s terribly*** Tomatensauce hinterlässt scheußliche Flecken
② *(discolour)* sich *akk* verfärben
③ *(take dye)* Farbe annehmen, sich *akk* färben
III. *n* ① *(discoloration)* Verfärbung *f,* Fleck *m;* **blood/grease/red wine ~** Blut-/Fett-/Rotweinfleck *m*
② *(blemish)* Makel *m;* ***this affair has left a ~ on her reputation*** ihr Ansehen hat durch diese Affäre gelitten *form;* **without a ~ on sb's character** ohne einen Makel
③ *(dye)* Beize *f,* Färbemittel *nt*

stained [steɪnd] *adj* ① *(discoloured)* verfärbt; *(with spots)* fleckig
② *inv (dyed)* gefärbt, gebeizt; **~ oak** gebeizte Eiche
③ *(blemished)* befleckt; **~ reputation** ramponiertes Ansehen *fam*

stained 'glass *n no pl* Buntglas *nt* **'stained-glass** *adj attr, inv* Buntglas-; **~ window** Buntglasfenster *nt*

stain·less ['steɪnləs] *adj* makellos; **~ character** tadelloser Charakter

stain·less 'steel *n no pl* rostfreier [*o* verchromter] Stahl

'stain re·mov·er *n* Fleckenentferner *m* **stain-re·'sist·ant** *adj* farbecht

stair [steəʳ, AM ster] *n* ① *(set of steps)* ■**~s** *pl* Treppe *f;* **a flight of ~s** eine Treppe; **the top/foot of the ~s** der Kopf/Fuß der Treppe, oben/unten an der Treppe
② *(step)* Treppenstufe *f*
▶PHRASES: **above ~s** BRIT *(dated)* bei den Herrschaften; **below ~s** BRIT *(dated)* bei den Bediensteten

'stair car·pet *n* Treppenläufer *m* **'stair·case** *n* ① *(stairs)* Treppenhaus *nt,* Treppenaufgang *m;* **spiral ~** Wendeltreppe *f;* **secret ~** Geheimtreppe *f* ② BRIT SCH, UNIV *Studentenzimmer, die über eine Treppe zu erreichen sind* **'stair·lift** *n* Treppenlift *m* **'stair-rail** *n* Treppengeländer *nt* **'stair·step·per** *n* SPORT Stepper *m* **'stair·way** *n* Treppe *f* **'stair·well** *n* Treppenhausschacht *m*

stake¹ [steɪk] **I.** *n* ① *(stick)* Pfahl *m,* Pflock *m;* **wooden ~** Holzpfahl *m*
② *(in basket-making)* Gerte *f*
③ TECH [kleiner] Amboss *m*
④ *(hist: for punishment)* ■**the ~** der Scheiterhaufen *hist;* **to be burnt at the ~** auf dem Scheiterhaufen verbrannt werden; **to go to the ~** auf den Scheiterhaufen kommen; **to go to the ~ for sb/sth** *(fig)* für etw/jdn die Hand ins Feuer legen *fam*
II. *vt* ■**to ~ sth** *animal* etw anbinden; *plant* etw hochbinden
▶PHRASES: **to ~ one's claim** [**to sth**] sein Recht [auf etw *akk*] einfordern; **to pull up ~s** AM seine Zelte abbrechen

◆**stake out** *vt* ① *(mark territory)* **to ~ out** ⊂ **frontiers** Grenzen abstecken; **to ~ out a position** eine Position behaupten
② *(establish)* **to ~ out an opinion** eine Meinung vertreten; **to ~ out a position** eine Position einnehmen [*o* beziehen]; **to ~ out a role** eine Rolle übernehmen
③ *(fam: watch)* ■**to ~ sb/sth** ⊂ **out** jdn/etw überwachen [*o* beobachten]

stake² [steɪk] **I.** *n* ① *usu pl (wager)* Einsatz *m;* ***he knows how high the ~s are*** er weiß, was auf dem Spiel steht; *(in games)* [Wett]einsatz *m;* **high/low ~s** hoher/geringer Einsatz; **to play for high ~s** um einen hohen Einsatz spielen; **to double one's ~s** seinen Einsatz verdoppeln; **to raise the ~s** *(fam)* den Einsatz erhöhen; *(fig)* etw auf die Spitze treiben
② *(interest)* Anteil *m;* FIN, ECON Anteil *m,* Beteiligungsquote *f;* ***he holds a 40% ~ in the company*** ihm gehören anteilsmäßig 40 % der Firma; **majority/minority ~** Mehrheits-/Minderheitsanteil *m;* **to have a ~ in sth** einen Anteil an etw *dat* haben [*o* nehmen]
③ *(prize money)* ■**~s** *pl* Preis *m*
④ *(horse race)* ■**~s** *pl* Pferderennen *nt*
⑤ *(fam: competitive situation)* **to be high in the popularity ~s** weit oben auf der Beliebtheitsskala stehen; ***this will give her a definite advantage in the management ~s*** dies wird ihr im Management einen definitiven Vorteil verschaffen
▶PHRASES: **to be at ~** *(in question)* zur Debatte stehen; *(at risk)* auf dem Spiel stehen; ***everything was at ~*** es ging um alles oder nichts; ***the real issue at ~ is not ...*** die eigentliche Frage lautet nicht, ...
II. *vt* ① *(wager)* **to ~ money** Geld setzen; ***she has ~d everything on her friend's good faith*** sie

verlässt sich voll und ganz auf die Treue ihres Freundes; **to ~ one's future on sth** seine Zukunft auf etw *akk* aufbauen; **to ~ one's honour on sth** sein Ehrenwort für etw *akk* geben; **to ~ one's life on sth** sein Leben für etw *akk* einsetzen; **to ~ one's good name on sth** sich *akk* mit seinem guten Namen für etw *akk* verbürgen; **to ~ one's name on sth** sein Wort auf etw *akk* geben
② AM *(fig fam: support)* ■**to ~ sb to sth** jdm zu etw *dat* verhelfen, jdm etw ermöglichen

'stake·hold·er *n* Teilhaber(in) *m(f)*; LAW [treuhänderischer] Verwahrer/[treuhänderische] Verwahrerin

'stakeout *n (fam)* Belagerung *f fam;* **media ~** Medienbeschuss *m;* ■**to be on a ~** überwachen; *of house, suspect* observieren

'stakes-win·ning *adj attr, inv* **the ~ horse** *Pferd, das das Rennen gewonnen hat*

stal·ac·tite ['stæləktaɪt, AM *esp* stə'læktaɪt] *n* GEOL Tropfstein *m,* Stalaktit *m fachspr*

Sta·lag ['stælæg, AM *Brit also* 'stɑ:-] *n* MIL *(hist)* Gefangenenlager *nt*

stal·ag·mite ['stæləgmaɪt, AM *esp* stə'læg-] *n* GEOL Tropfstein *m,* Stalagmit *m fachspr*

stale[1] [steɪl] I. *adj* ① *(not fresh)* fade, schal; *beer, lemonade* abgestanden; ***their relationship had become ~ and predictable*** ihre Beziehung ist fade und langweilig geworden; **~ air** muffige [*o* verbrauchte] Luft; **~ bread** altbackenes Brot; **~ cigarette smoke** kalter Zigarettenrauch
② *(unoriginal)* fantasielos; **~ idea** abgegriffene Idee *fam;* **~ joke** abgedroschener Witz; **to be ~ news** [bereits] allseits bekannt sein
③ *(without zest)* abgestumpft; ***I'm feeling ~ and played-out*** ich fühle mich schlapp und ausgebrannt; **to get ~** abstumpfen; **to go ~** stumpfsinnig werden
④ *inv* LAW verjährt
⑤ STOCKEX lustlos
II. *vt* ■**to ~ sth** etw schal werden lassen
III. *vi* schal werden

stale[2] [steɪl] I. *vi* harnen
II. *n no pl* Harn *m*

stale·mate ['steɪlmeɪt] I. *n* ① CHESS Patt *nt*
② *(deadlock)* Stillstand *m;* ***the situation remains a ~*** die Lage bleibt unentschieden; **diplomatic ~** diplomatische Sackgasse; **to end in ~** in einer Sackgasse enden; **to be locked in ~** sich *akk* in einer Sackgasse befinden
II. *vt* ① CHESS ■**to ~ sb** jdn patt setzen
② *(bring to deadlock)* ■**to ~ sth** etw zum Stillstand bringen

stale·ness ['steɪlnəs] *n no pl* ① *(lack of freshness)* Abgestandenheit *f; of bread* Altbackenheit *f*
② *(lack of originality)* Abgegriffenheit *f fam; of ideas* Fantasielosigkeit *f*
③ *(dullness)* Abgestumpftheit *f*

stalk[1] [stɔ:k, AM *also* stɑ:k] *n* ① *of a plant* Stängel *m,* Stiel *m;* **~ of celery** Selleriestange *f*
② *of a leaf, fruit* Stiel *m*
③ *(shaft)* Stiel *m*
▶PHRASES: **sb's eyes are out on ~s** BRIT, AUS jd bekommt Stielaugen

stalk[2] [stɔ:k, AM *also* stɑ:k] I. *vt* ① *(hunt)* ■**to ~ sth** etw jagen [*o* anpirschen]; **to go ~ing** auf die Pirsch gehen
② *(harass)* ■**to ~ sb** jdm nachstellen
③ *(fig liter: move about)* **to ~ a place** einen Ort heimsuchen *liter;* ***danger ~s the streets of the city*** eine Gefahr geht in den Straßen der Stadt um
II. *vi* ■**to ~ by** vorbeistolzieren; ***she ~ed furiously out of the room*** sie marschierte zornentbrannt aus dem Zimmer
III. *n* ① *(pursuit)* Pirsch *f*
② *(gait)* Stolzieren *nt*

stalk·er [stɔ:kə^r, AM stɑ:kɚ] *n* ① *(hunter)* Jäger(in) *m(f)*
② *(obsessive person)* Stalker *m (jd, der prominente Personen verfolgt und belästigt)*

stal·ker·azzi ['stɔ:kərætsi, AM -rɑ:tsi] *npl* Paparazzi *pl*

'stalk·ing horse *n* ① HUNT Jagdschirm *m*
② *(pretext)* Täuschungsmanöver *nt,* Vorwand *m*
③ POL Strohmann *m*

stall [stɔ:l, AM *also* stɑ:l] I. *n* ① *(for selling)* [Verkaufs]stand *m;* **book/market/newspaper ~** Bücher-/Markt-/Zeitungsstand *m*
② *(for an animal)* Stall *m,* Verschlag *m;* **pig ~** Schweinestall *m*
③ AM *(for parking)* [markierter] Parkplatz
④ *(for racehorse)* Box *f*
⑤ *(in a room)* Nische *f;* **shower ~** Nasszelle *f,* Duschkabine *f*
⑥ *(in a church)* Chorstuhl *m;* **the canon's ~** der Sitz des Domherrn; **choir ~s** Chorgestühl *nt*
⑦ BRIT, AUS *(in a theatre)* ■**the ~s** *pl* das Parkett *kein pl*
⑧ *(engine)* ***the car's in a ~*** das Auto springt nicht an
II. *vi* ① *(stop running) motor* stehen bleiben; *aircraft* abrutschen
② *(come to standstill)* zum Stillstand kommen
③ *(fam: delay)* zaudern, zögern; **to ~ for time** Zeit gewinnen
III. *vt* ① *(cause to stop running)* **to ~ a car/a motor** ein Auto/einen Motor abwürgen
② *(delay)* ■**to ~ sth** etw aufhalten [*o* verzögern]; ***a tax increase may ~ economic recovery*** eine Steuererhöhung könnte die Erholung der Wirtschaft bremsen
③ *(fam: keep waiting)* ■**to ~ sb** jdn hinhalten *fam*
④ *(put in enclosure)* **to ~ an animal** ein Tier einsperren

◆**stall off** *vt (fam)* ■**to ~ off** ○ **sb** jdn hinhalten *fam*

'stall hold·er *n* BRIT Markthändler(in) *m(f); (woman)* Marktfrau *f*

stal·lion ['stæljən] *n* Hengst *m*

stall·keep·er [-ki:pə^r, AM -ki:pɚ] *n* ① *(stable owner)* Stallbesitzer(in) *m(f)*
② ECON Markthändler(in) *m(f); (woman)* Marktfrau *f*

stal·wart ['stɔ:lwət, AM 'stɑ:lwɚt] *(form)* I. *adj* ① *(loyal)* unentwegt; **~ supporter** treuer Anhänger/treue Anhängerin
② *(sturdy)* robust, unerschütterlich
II. *n* Anhänger(in) *m(f)*

stal·wart·ly ['stɔ:lwətli, AM 'stɑ:lwɚt-] *adv* eisern, felsenfest; *(loyal)* treu, loyal; **to cling ~ to sth** an etw *dat* festhalten; **to stand by sb ~** jdm treu zur Seite stehen

sta·men <*pl* -s *or* -mina> ['steɪmən, *pl* -mənə] *n* Staubgefäß *nt*

stami·na[1] ['stæmɪnə, AM -mənə] *n no pl* Durchhaltevermögen *nt,* Ausdauer *f;* **test of ~** Belastungsprobe *f,* Härtetest *m*

stami·na[2] *n pl of* **stamen**

stam·mer ['stæmə^r, AM -ɚ] I. *n* Stottern *nt;* **to have a ~** stottern
II. *vi* stottern, stammeln, SCHWEIZ *a.* stackeln *fam*
III. *vt* **to ~ words** Worte stammeln [*o* hervorstoßen]

◆**stammer out** *vt* ■**to ~ out** ○ **sth** etw hervorstoßen

stam·mer·er ['stæmərə^r, AM -ɚɚ] *n* Stotterer, Stotterin *m, f*

stam·mer·ing·ly ['stæm^ərɪŋli] *adv* stotternd, SCHWEIZ *a.* stackelnd *dial*

stamp [stæmp] I. *n* ① *(implement)* Stempel *m;* **rubber ~** Stempel *m*
② *(mark)* Stempel *m;* **~ of approval** Genehmigungsstempel *m;* **date ~** Datumsstempel *m*
③ *(quality)* Zug *m,* Stempel *m;* ***this painting bears the ~ of genius*** dieses Gemälde trägt die Handschrift eines Genies; **to leave one's ~ on sth/sb** seine Spur bei etw/jdm hinterlassen
④ *(adhesive)* **food ~** Lebensmittelstempel *m;* **postage ~** Briefmarke *f*
⑤ *(step)* Stampfer *m fam; (sound)* Stampfen *nt*
⑥ MIN Pochstempel *m fachspr*
II. *vt* ① *(crush)* ■**to ~ sth** etw zertreten; *(stomp)* **to ~ one's foot** mit dem Fuß aufstampfen
② *(mark)* ■**to ~ sth** etw [ab]stempeln; ***it is necessary to ~ your passport*** Sie müssen Ihren Pass abstempeln lassen; ***all washing machines are ~ed with the inspector's name*** alle Waschmaschinen erhalten einen Stempel mit dem Namen des Kontrolleurs; ***it would be too early to ~ the changes with approval*** *(fig)* es wäre zu früh, die Veränderungen mit Zustimmung zu begrüßen
③ *(impress on)* ■**to ~ sth on sth** etw auf etw *akk* stempeln; ***our new administrator tries to ~ her authority on every aspect of the department*** unsere neue Verwalterin versucht jedem Bereich der Abteilung ihren Stempel aufzudrücken; ***that will be ~ed on her memory for ever*** das wird sich ihr für immer einprägen
④ *(identify)* ■**to ~ sb/sth as [being] sb/sth** jdn/etw als jdn/etw ausweisen; ***glaze of this colour would ~ the pot as being from the Song dynasty*** eine Lasierung dieser Farbe würde darauf hindeuten, dass dieser Topf aus der Zeit der Song-Dynastie stammt
⑤ *(affix postage to)* **to ~ a letter** einen Brief frankieren; **to ~ an envelope** einen Umschlag freimachen [*o* frankieren]
⑥ MIN **to ~ ore** Erz schürfen [*o fachspr* pochen]
III. *vi* ① *(step)* stampfen; ■**to ~ [up]on sth** auf etw *akk* treten; *(fig: suppress)* etw abwehren [*o* abschmettern]; **to ~ [up]on opposition** die Opposition niederknüppeln
② *(walk)* stampfen, stapfen; ***she ~ed out of the room*** sie stapfte aus dem Zimmer; ■**to ~ about** [*or* **around**] herumstapfen

◆**stamp down** *vt* ■**to ~ down** ○ **sth** etw niedertrampeln; *earth* etw festtreten

◆**stamp out** *vt* ■**to ~ out** ○ **sth** ① *(eradicate)* etw ausmerzen; **to ~ out crime/corruption** Verbrechen/Korruption bekämpfen; **to ~ out a disease** eine Krankheit ausrotten; **to ~ out a fire** ein Feuer austreten
② *(produce)* etw [aus]stanzen

'Stamp Act *n no pl (hist)* ■**the ~** *US-Gesetz aus der Kolonialzeit, das Steuern vorsieht* **'stamp al·bum** *n* Briefmarkenalbum *nt* **'stamp col·lect·ing** *n no pl* Briefmarkensammeln *nt* **'stamp col·lec·tion** *n* Briefmarkensammlung *f* **'stamp col·lec·tor** *n* Briefmarkensammler(in) *m(f)* **'stamp deal·er** *n* Briefmarkenhändler(in) *m(f)* **'stamp duty** *n* LAW Stempelgebühr *f*

stamped ad·dressed 'en·velope *n,* **sae** *n* frankierter Rückumschlag

stam·pede [stæm'pi:d] I. *n* ① *of animals* wilde Flucht
② *of people* [Menschen]auflauf *m*
II. *vi animals* durchgehen; *people* irgendwohin stürzen; ***at quitting time, everybody ~s into the parking lot*** nach Feierabend gibt es einen Ansturm auf die Parkplätze
III. *vt* ① *(cause to rush)* ■**to ~ sb/an animal** jdn/ein Tier aufschrecken
② *(force into action)* ■**to ~ sb into [doing] sth** jdn zu etw *dat* drängen

stamp·ing [stæmpɪŋ] *n no pl* Stempeln *nt* [von Motiven auf Wände etc.]

'stamp·ing ground *n usu pl* Schauplatz *m* der Vergangenheit, alte Umgebung

'stamp mill *n* MIN Stampfwerk *nt,* Pochwerk *nt fachspr*

'stamp pad *n* Stempelkissen *nt*

'stamp tax *n* Stempelsteuer *f,* Stempelabgabe *f*

stance [stɑ:n(t)s, AM stæn(t)s] *n* ① *(posture)* Haltung *f kein pl;* AM SPORT *Schlagpositur beim Baseball, Golf usw.;* **batting ~** Schlag[bereitschafts]stellung *f,* Schlagauslage *f;* **to take [up] one's ~** in Positur gehen
② *(attitude)* Standpunkt *m,* Einstellung *f* (**on** zu +*dat*); **negotiating ~** Verhandlungsposition *f*
③ SCOT *(site)* Sitz *m*
④ *(in climbing)* Position *f,* Haltung *f*

stanch[1] [stɑ:n(t)ʃ] *vt* AM *see* **staunch[2]**

stanch[2] [stɑ:n(t)ʃ] *adj see* **staunch[1]**

stan·chion [stæn(t)ʃ^ən] *n* Pfosten *m*

S

stand [stænd]

I. NOUN II. INTRANSITIVE VERB
III. TRANSITIVE VERB

I. NOUN

① *(physical position)* Stellung *f;* **to take up a ~ somewhere** sich *akk* irgendwo hinstellen
② *(position on an issue)* Einstellung *f* (**on** zu +*dat*), Ansicht *f* (**on** zu +*dat*); ***what's her ~ on sexual equality?*** wie steht sie zur Gleichberechtigung?; **to make a ~ against sth** sich *akk* gegen etw *akk* auflehnen; **to take a ~ on sth** sich *akk* für etw *akk* einsetzen; ***it's her civic duty to take a ~ on civil rights*** es ist ihre Bürgerpflicht, die Bürgerrechte zu verteidigen; **to take a ~ with sb** jdm gegenübertreten; ***I had to take a firm ~ with my son and forbid him to attend that party*** ich musste meinem Sohn gegenüber hart bleiben und ihm verbieten, diese Party zu besuchen
③ *(form: standstill)* Stillstand *m;* **to bring sb/sth to a ~** jdm/etw Einhalt gebieten *geh*
④ *usu pl (raised seating for spectators)* [Zuschauer]tribüne *f*
⑤ *(support)* Ständer *m;* **music/revolving ~** Noten-/Drehständer *m*
⑥ CHEM Stativ *nt*
⑦ *(stall)* [Verkaufs]stand *m;* **candy/news ~** Süßwaren-/Zeitungsstand *m*
⑧ *(for vehicles)* Stand *m;* **taxi ~** Taxistand *m*
⑨ AM *(series of performances)* Gastspiel *nt;* **one-night ~** One-Night-Stand *m fam*
⑩ AM LAW ■**the ~** der Zeugenstand; **to take the ~** vor Gericht aussagen
⑪ MIL *(resistance)* Widerstand *m;* **to make** [*or* **take**] **a ~** *(fig)* klar Stellung beziehen
⑫ *(group of plants)* **~ of clover** Büschel *nt* Klee; **~ of trees** Baumgruppe *f*

II. INTRANSITIVE VERB

<stood, stood> ① *(be upright)* stehen; **~ *against the wall*** stell dich an die Wand; **~ *in front of the house*** stell dich vor das Haus; **~ *in a straight line!*** stellen Sie sich in einer Reihe auf!; ***the team will ~ or fall by the success of their new model*** das Team steht und fällt mit dem Erfolg seines neuen Modells; **~ *and deliver!*** *(dated)* Hände hoch und Geld her!; **to ~ to** [*or* **at**] **attention** MIL stillstehen; **to ~ guard** [*or* **watch**] [**over sb/sth**] [bei jdm/etw] Wache halten; ***he felt it necessary to ~ watch over the cash box*** er hielt es für nötig, die Kasse im Auge zu behalten; **to ~ on one's hands/head** einen Hand-/Kopfstand machen; **to ~ clear** [*or* **aside**] aus dem Weg gehen, beiseitetreten; **to ~ erect** [*or* **tall**] aufrecht [*o* gerade] stehen; **to ~ motionless** regungslos dastehen; **to ~ still** stillstehen
② + *n (be a stated height)* messen *geh;* ***he ~s over seven feet*** er misst über sieben Fuß
③ FOOD *(remain untouched)* stehen
④ *(be located)* liegen; ***an old hut stood by the river*** am Fluss stand eine alte Hütte; ***the train is ~ing at platform 8*** der Zug steht auf Gleis 8; **to ~ in sb's way** jdm im Weg stehen; **to ~ in the way of sth** etw *dat* im Weg[e] stehen [*o* hinderlich sein]; **to ~ open** offen stehen
⑤ *(have a viewpoint)* ***how*** [*or* ***where***] ***do you ~ on the issue of foreign policy?*** was ist Ihre Meinung zur Außenpolitik?; ***from where she ~s it seemed reasonable to ask*** von ihrer Warte aus schien es vernünftig zu fragen
⑥ + *adj (be in a specified state)* stehen; ***I never know where I ~ with my boss*** ich weiß nie, wie ich mit meinem Chef dran bin *fam;* ***how do you think your chances ~ of being offered the job?*** wie, glaubst du, stehen deine Chancen, dass man dir die Stelle anbietet?; **with the situation as it ~s right now ...** so wie die Sache im Moment aussieht, ...; **to ~ high/low in sb's opinion** bei jdm sehr [*o* hoch]/wenig [*o* schlecht] angesehen sein; **to ~ alone** beispiellos [*o* einzigartig] sein; **to ~ aloof from sb/sth** *(form)* sich *akk* von jdm/etw distanzieren; **to ~ empty** [*or* **idle**] leer stehen; **to ~ fast** [*or* **firm**] standhaft sein; **~ *firm on your decision*** steh fest zu deinem Entschluss; **to ~ pat** *esp* AM hart [*o* standfest] bleiben; **to ~ second/third** an zweiter/dritter Stelle stehen; **to ~ accused of sth** wegen einer S. *gen* unter Anklage stehen; **to ~ accused of murder** des Mordes angeklagt sein; **to ~ corrected** *(form)* sich *akk* geschlagen geben *fam;* ***I ~ corrected*** ich muss mich korrigieren [*o* gebe meinen Fehler zu]; **to ~ to gain** [*or* **win**]/**lose sth** wahrscheinlich etw gewinnen/verlieren
⑦ *(separate from)* ■**to ~ between sb/sth** zwischen jdm/etw stehen; ***the handouts he got from his parents were all that stood between Dan and destitution*** es waren allein die Zuwendungen, die Dan von seinen Eltern erhielt, was ihn vor völliger Mittellosigkeit bewahrte
⑧ *(remain valid)* gelten, Bestand haben; ***does that still ~?*** ist das noch gültig?, gilt das noch?; ***his work still ~s as one of the greatest advances in medical theory*** seine Arbeit gilt immer noch als eine der größten Leistungen in der Medizin; ***Newtonian mechanics stood for over two hundred years*** die Newton'sche Mechanik galt zweihundert Jahre lang unangefochten
⑨ BRIT, AUS *(be a candidate for office)* sich *akk* zur Wahl stellen, kandidieren; ■**to ~ for sth** für etw *akk* kandidieren; **to ~ for election** sich *akk* zur Wahl stellen

▸ PHRASES: **to ~ on one's own two feet** auf eigenen Füßen stehen; **to be able to do sth ~ing on one's head** *(fam)* etw mit links machen können *fam;* **to not leave one stone ~ing on another** keinen Stein auf dem anderen lassen; **it ~s to reason** [**that**] ... es ist logisch [*o* leuchtet ein], dass ...

III. TRANSITIVE VERB

<stood, stood> ① *(place upright)* ■**to ~ sth somewhere** etw irgendwohin hinstellen; ***she stood the yardstick upright against the wall*** sie stellte den Messstab gegen die Wand; **to ~ sth on its head** etw auf den Kopf stellen
② *(refuse to be moved)* **to ~ one's ground** wie angewurzelt stehen bleiben; *(refuse to yield)* standhaft bleiben
③ *(bear)* ■**to ~ sth** etw ertragen [*o fam* aushalten]; ■**to not** [**be able to**] **~ sth** etw nicht ertragen können; ***our tent won't ~ another storm*** unser Zelt wird keinen weiteren Sturm überstehen; ***she can't ~ anyone touching her*** sie kann es nicht leiden, wenn man sie anfasst; **to not be able to ~ the sight of sth** den Anblick von etw *dat* nicht ertragen können; **to ~ the test of time** die Zeit überdauern
④ *(pay for)* ■**to ~ sb sth** jdm etw ausgeben [*o* spendieren]; ***Catherine stood us all a drink*** Catherine lud uns alle zu einem Drink ein; **to ~ bail for sb** für jdn Kaution stellen [*o* Sicherheit leisten]
⑤ *(fam)* **to ~ a chance of doing sth** gute Aussichten haben, etw zu tun
⑥ LAW **to ~ trial** [**for sth**] sich *akk* vor Gericht [für etw *akk*] verantworten müssen

▸ PHRASES: **to ~ sb in good stead** jdm von Nutzen [*o* Vorteil] sein

◆**stand about, stand around** *vi* herumstehen; ***we were just ~ing around talking*** wir haben nur dagestanden und uns unterhalten

◆**stand aside** *vi* ① *(move aside)* zur Seite treten; ***please ~ aside*** bitte treten Sie [einen Schritt] zur Seite
② *(not get involved)* ■**to ~ aside** [**from sth**] sich *akk* [aus etw *dat*] heraushalten
③ *(resign)* zurücktreten

◆**stand at** *vi* ■**to ~ at sth** *sum* sich *akk* auf etw *akk* belaufen

◆**stand back** *vi* ① *(move backwards)* zurücktreten
② *(fig: take detached view)* ■**to ~ back** Abstand nehmen; ■**to ~ back from sth** etw aus der Distanz betrachten
③ *(not get involved)* tatenlos zusehen [*o* danebenstehen]
④ *(be located away from)* ■**to ~ back from sth** abseits von etw *dat* liegen; ***the hotel ~s well back from the road*** das Hotel liegt ziemlich abseits der Straße

◆**stand behind** *vi (also fig)* ■**to ~ behind sb/sth** hinter jdm/etw stehen *a. fig*

◆**stand by** *vi* ① *(observe)* dabeistehen, zugucken *fam,* zuschauen ÖSTERR, SCHWEIZ
② *(be ready)* bereitstehen; ***cabin crew, please ~ by for take-off*** Besatzung, bitte fertig machen zum Start
③ *(support)* ■**to ~ by sb** zu jdm stehen; **to ~ by each other** zueinander stehen
④ *(abide by)* **to ~ by one's promise** sein Versprechen halten; **to ~ by one's word** zu seinem Wort stehen

◆**stand down I.** *vi* ① BRIT, AUS *(resign)* zurücktreten
② *(relax)* entspannen
③ LAW den Zeugenstand verlassen
④ POL *(in election campaign)* seine Kandidatur zurückziehen
II. *vt* ■**to ~ down** ⊂ **sb** jdn entspannen

◆**stand for** *vi* ① *(tolerate)* ■**to not ~ for sth** sich *dat* etw nicht gefallen lassen
② *(represent)* ■**to ~ for sth** für etw *akk* stehen; ***you know what this party ~s for*** du weißt, wofür diese Partei [ein]steht

◆**stand in** *vi* ■**to ~ in for sb** für jdn einspringen, jdn vertreten

◆**stand off I.** *vi* sich *akk* entfernen
II. *vt* ■**to ~ off** ⊂ **sb** ① *(repel)* jdn abweisen [*o fam* abwimmeln]
② *(lay off)* jdn [vorübergehend] entlassen

◆**stand on** *vi* **to ~ on ceremony** die Form wahren; **to not ~ on ceremony** sich *dat* keinen Zwang antun *fam;* ***please sit down and make yourself comfortable, we don't ~ on ceremony here*** bitte setzen Sie sich und machen Sie es sich bequem, bei uns geht es nicht so förmlich zu *fam;* **to ~ on one's dignity** *(usu pej)* auf seine Autorität pochen *pej*

◆**stand out** *vi* ① *(be noticeable)* hervorragen; ***one stood out from the rest*** unter den Übrigen ragte einer heraus; **to ~ out in a crowd** sich *akk* von der Menge abheben
② *(oppose)* ■**to ~ out against sb/sth** sich *akk* gegen jdn/etw wehren
③ *(insist on)* ■**to ~ out for sth** auf etw *dat* bestehen [*o* beharren]

◆**stand over** *vi* ① *(supervise)* ■**to ~ over sb** jdm auf die Finger schauen *fam*
② LAW *(adjourn)* aufgeschoben [*o* zurückgestellt] werden

◆**stand round** *vi see* **stand around**

◆**stand up I.** *vi* ① *(rise)* aufstehen; *(be standing)* stehen
② *(endure)* ■**to ~ up** [**to sth**] [etw *dat*] standhalten; **to ~ up in court** gerichtlich anerkannt werden; ***her claim didn't ~ up in court*** ihr Anspruch ließ sich gerichtlich nicht durchsetzen
▸ PHRASES: **to ~ up and be counted** sich *akk* zu seiner Meinung bekennen
II. *vt* ■**to ~ up** ⊂ **sb** jdm einen Korb geben *fam*

◆**stand up for** *vt* ■**to ~ up for sb/sth** sich *akk* für jdn/etw einsetzen; **to ~ up for oneself** sich *akk* durchsetzen

◆**stand up to** *vt* ① *(confront)* ■**to ~ up to sb** sich *akk* jdm widersetzen
② *(resist damage)* ■**to ~ up to sth** etw überstehen; **to ~ up to rough treatment** einer rauen Behandlung standhalten

'stand-alone *adj attr, inv* COMPUT **~ computer** Computer *m* im Stand-alone-Betrieb

stand-alone 'ter·mi·nal *n* COMPUT eigenständiges Terminal, Terminal *nt* im Stand-alone-Betrieb

stand·ard ['stændəd, AM -dɚd] **I.** *n* ① *(level of quality)* Standard *m,* Qualitätsstufe *f;* ***this essay is of an acceptable ~*** dieser Essay ist von durchschnittlicher Qualität; **to be up to** [**sb's**] **~** an jds Standard heranreichen; **to raise ~s** das Niveau

heben
② *(criterion)* Gradmesser *m,* Richtlinie *f,* Maßstab *m;* **~s of behaviour** Verhaltensmaßstäbe *pl;* **safety ~** Maß *nt* an Sicherheit; **by today's ~s** nach heutigen Maßstäben [*o* Begriffen]; **to set high/low ~s** hohe/geringe Ansprüche stellen; **to be above/below ~** über/unter der Norm liegen; **to be up to ~** der Norm entsprechen
③ *(principles)* ■ **~s** *pl* Wertvorstellungen *pl;* **~s of behaviour** Verhaltensnormen *pl;* **moral ~s** moralische Prinzipien [*o* Normen]
④ *(currency basis)* Währungsstandard *m;* **gold/silver ~** Gold-/Silberwährung *f*
⑤ *(in forestry)* Eichmaß *nt,* Richtmaß *nt*
⑥ *(flag)* Standarte *f*
⑦ HORT [Hoch]stamm *m*
⑧ BOT Blumenblatt *nt*
⑨ MUS Klassiker *m;* **old ~** Oldie *m fam*
⑩ AM *(car)* Schaltwagen *m*
II. *adj inv* ① *(customary)* Standard-; ***your new TV comes with a two-year guarantee as ~*** *esp* BRIT Ihr neuer Fernseher wird mit der üblichen Zweijahresgarantie geliefert; **~ colour/size/unit** Standardfarbe/-größe/-einheit *f;* **~ cost** Standardkosten *pl;* **~ draft** LAW Standardentwurf *m;* **~ fee** Normalgebühr *f;* **~ interest** FIN Normalzins *m;* **~ interest rate** FIN Einheitszinssatz *m;* **~ procedures** Standardvorschriften *pl;* **~ quotation** STOCKEX Einheitskurs *m;* **~ working time** ADMIN Normalarbeitszeit *f*
② *(average)* durchschnittlich
③ *(authoritative)* **~ book/work** Standardwerk *m;* **~ text** Standardtext *m*
④ LING Standard-; **~ English** die englische Hochsprache; **~ American** die US-amerikanische Hochsprache
⑤ AM *(manual)* **~ shift** Standardschaltung *f;* **~ transmission** Standardgetriebe *nt*
⑥ CHEM **~ titrimetric substance** CHEM Urtiter *m*
stand·ard a'gree·ment *n* LAW, ECON Standardvertrag *m,* Mustervertrag *m*
'stand·ard-bear·er *n* ① MIL *(dated)* Standartenträger *m veraltet*
② *(leader)* Vorkämpfer(in) *m(f)*
stand·ard 'con·tract *n* LAW, ECON Standardvertrag *m*
stand·ard de·vi'a·tion *n* Standardabweichung *f* **stand·ard 'er·ror** *n* statistischer Fehler
stand·ard 'gauge *n* Standardgleis *nt*
stand·ardi·za·tion [ˌstændədaɪˈzeɪʃᵊn, AM -dɚdɪˈ-] *n no pl* Standardisierung *f,* Normierung *f,* Vereinheitlichung *f*
stand·ard·ize [ˈstændədaɪz, AM -dɚ-] **I.** *vt* ■ **to ~ sth** ① *(make conform)* etw standardisieren [*o* norm[ier]en]
② *(compare)* etw vereinheitlichen
II. *vi* ■ **to ~ on sth** etw zum Vorbild nehmen
stand·ard·ized [ˈstændədaɪzd, AM -dɚ-] *adj inv* standardisiert; **~ components** genormte Komponenten; **~ language** Standardsprache *f*
stand·ard·ized 'test *n* Standardtest *m*
'stand·ard lamp *n* BRIT, AUS Stehlampe *f*
stand·ard 'letter *n* Standardbrief *m,* Formbrief *m,* vorformulierter Brief
stand·ard of 'liv·ing <*pl* standards of living> *n* Lebensstandard *m*
stand·ard 'op·er·at·ing pro·cedure *n,* **SOP** *n no pl* übliches Prozedere **stand·ard 'qual·ity** *n no pl* Standardqualität *f* **stand·ard 'size** *n* Standardgröße *f,* Einheitsgröße *f*
'stand·ard time *n* Standardzeit *f* **stand·ard 'wire gauge** *n* BRIT *standardisierte Drahtdichte in Großbritannien*
stand·by <*pl* -s> [ˈstæn(d)baɪ] **I.** *n* ① *no pl (readiness)* **on ~** in Bereitschaft; **to be [put [*or* placed]] on ~** Bereitschaftsdienst haben
② *(backup)* Reserve *f*
③ *(plane ticket)* Stand-by-Ticket *nt*
④ *(traveller) Fluggast mit Stand-by-Ticket*
II. *adj attr, inv* Ersatz-; **~ generator** Ersatzgenerator *m*
III. *adv inv* AVIAT, TOURIST **to fly ~** mit einem Stand-by-Ticket fliegen
'stand·by cred·it *n no pl* FIN Bereitschaftskredit *m*
'stand·by tick·et *n* Stand-by-Ticket *nt*
standee [stænˈdiː] *n esp* AM *(fam) jemand, der einen Stehplatz hat*
'stand-in *n* Vertretung *f;* FILM, THEAT Ersatz *m*
stand·ing [ˈstændɪŋ] **I.** *n no pl* ① *(status)* Status *m,* Ansehen *nt,* Ruf *m;* **to be in good ~ with sb** gute Beziehungen zu jdm haben; **to be of high social ~** hohes soziales Ansehen genießen; **to shake sb's ~** jds Ansehen erschüttern; **financial ~** Kreditwürdigkeit *f,* Bonität *f*
② *(duration)* Dauer *f;* ***one member, of twelve years' ~ on the committee, resigned*** ein Mitglied, das zwölf Jahre zum Komitee gehörte, ist zurückgetreten; **to be of long/short ~** von langer/kurzer Dauer sein
II. *adj attr, inv* ① *(upright)* [aufrecht] stehend; **to do sth from a ~ position** etw im Stehen machen
② *(permanent)* ständig
③ *(stationary)* stehend; **~ water** stehendes Wasser
④ AGR **~ corn** Getreide *nt* auf dem Halm
stand·ing 'army *n + sing/pl vb* stehendes Heer
stand·ing com·'mit·tee *n + sing/pl vb* ständiger Ausschuss **stand·ing 'joke** *n* Insiderwitz *m fam;* ***the fact that Debbie is always late has become a ~ among her friends*** die Tatsache, dass Debbie immer zu spät kommt, ist unter ihren Freunden sprichwörtlich geworden
stand·ing 'O *n* AM MUS, THEAT *short for* **standing ovation** stehende Ovationen *pl*
stand·ing 'or·der *n* ① *esp* BRIT *(for money)* Dauerauftrag *m;* **to pay sth by ~** etw per Dauerauftrag bezahlen
② *(for goods)* Vorbestellung *f,* Abonnement *nt*
③ *(rules)* ■ **~s** *pl* Geschäftsordnung *f*
stand·ing o'va·tion *n* stehende Ovationen *pl*
'stand·ing room *n no pl* Stehplatz *m;* **~ only** nur Stehplätze **stand·ing 'start** *n* Start *m* aus dem Stand heraus; ■ **to do sth from a ~** etw aus dem Stand heraus tun **stand·ing 'stone** *n* ARCHEOL Hinkelstein *m*
'stand-off *n* Patt *nt*
stand-off·ish [-ˈɒfɪʃ, AM -ˈɑːfɪʃ] *adj (pej fam)* kühl, reserviert
stand-off·ish·ly [-ˈɒfɪʃli, AM -ˈɑːfɪʃ-] *adv (pej fam)* kühl, distanziert; **to sniff ~ at sth** über etw *akk* verächtlich die Nase rümpfen
stand-off·ish·ness [-ˈɒfɪʃnəs, AM -ˈɑːfɪʃ-] *n no pl (pej fam)* kühle Distanziertheit
'stand·out AM **I.** *n* Favorit(in) *m(f)*
II. *adj attr, inv* Vorzeige-; **~ goalie** Vorzeigetorwart *m*
'stand·pipe *n* Steigrohr *nt*
'stand·point *n* ① *(attitude)* Standpunkt *m;* **depending on your ~, ...** je nachdem, wie man es betrachtet, ...
② *(physical position)* [Stand]punkt *m*
'stand·still *n no pl* Stillstand *m;* **to be at a ~** zum Erliegen kommen; ***work has been at a ~*** die Arbeit ist niedergelegt worden; **to bring sth to a ~** etw zum Erliegen bringen [*o fam* lahmlegen]; **to come to a ~** zum Stillstand kommen
'stand-up *adj attr, inv* ① *(eaten standing)* Fastfood-; **~ meal** Fastfoodsnack *m (im Stehen eingenommene Mahlzeit)*
② *(performed standing)* **~ comedy** Stegreifkomödie *f,* Improvisationskomödie *f;* **~ comedy show** One-Man-Show *f;* **~ routine** Stegreifroutine *f*
③ *(performing while standing)* **~ comedian** Alleinunterhalter(in) *m(f)*
④ *(designed for standing)* **~ bar** Stehbar *f;* **~ lunch counter** Stehimbiss *m*
⑤ *(violent)* **~ fight/argument** handfester Kampf/Streit
⑥ FASHION Steh-; **~ collar** Stehkragen *m*
stank [stæŋk] *pt of* **stink**
Stanley Cup [ˌstænli-] *n* AM Stanley Cup *m (Eishockeytrophäe)*
'Stanley knife® *n* BRIT, AUS Schillermesser *nt,* Stanleymesser *nt*
stan·za [ˈstænzə] *n* Strophe *f;* **~ of a song** Liedstrophe *f*
sta·ple¹ [ˈsteɪpl] **I.** *n* ① *(for paper)* Heftklammer *f,* Bostich *m* SCHWEIZ; **a box of ~s** eine Schachtel Heftklammern
② *(not for paper)* Krampe *f,* Agraffe *f* SCHWEIZ
II. *vt* ■ **to ~ sth** etw heften [*o* SCHWEIZ bostichen]; ■ **to ~ sth together** etw zusammenheften; **to ~ sth by hand** etw von Hand [*o* ÖSTERR *bes* händisch] zusammenheften
sta·ple² [ˈsteɪpl] **I.** *n* ① *(main component)* Grundstock *m;* FOOD Grundnahrungsmittel *nt*
② ECON Hauptartikel *m,* Hauptprodukt *nt;* **commercial ~s** Handelsgüter *pl*
③ *no pl (of cotton)* Rohbaumwolle *f;* *(of wool)* Rohwolle *f*
II. *adj attr, inv* ① *(principal)* Haupt-; **~ diet** [*or* **food**] Hauptnahrung *f;* **~ foods** Grundnahrungsmittel *pl;* **~ source of income** Haupteinnahmequelle *f*
② ECON **~ crop/commodity** Hauptgetreide/-erzeugnis *nt*
sta·ple 'goods *npl* Massenware *f sing*
'sta·ple gun *n* Heftmaschine *f*
sta·pler [ˈsteɪpləʳ, AM -plɚ] *n* Hefter *m,* Tacker *m fam,* Bostich *m* SCHWEIZ
star [stɑːʳ, AM stɑːr] **I.** *n* ① ASTRON Stern *m;* **shooting ~** Sternschnuppe *f*
② *(symbol)* Stern *m;* **four-~ hotel** Viersternehotel *nt*
③ *(asterisk)* Sternchen *nt;* **to mark sth with a ~** etw mit einem Sternchen versehen
④ *(mark on animal) Stirnfleck eines Tieres*
⑤ *(performer)* Star *m;* **film/rock ~** Film-/Rockstar *m;* **a ~ of stage and screen** ein berühmter Bühnen- und Filmschauspieler; **a rising ~** *jemand, der auf dem besten Wege ist, ein Star zu werden*
⑥ *(horoscope)* ■ **the ~s** *pl* die Sterne, Horoskop *nt*
▸ PHRASES: **to be born under a lucky/an unlucky ~** *(fam)* unter einem/keinem glücklichen Stern geboren sein; **sb's ~ has waned** jd hat an Popularität verloren
II. *vt* <-rr-> ① THEAT, FILM ***the new production of 'King Lear' will ~ John Smith as*** [*or* ***in the role of***] ***Lear*** die neue Produktion von ‚King Lear' zeigt John Smith in der Rolle des Lear
② *(mark with asterisk)* ■ **to ~ sth** etw mit einem Sternchen versehen
III. *vi* <-rr-> ① THEAT, FILM **to ~ in a film/play** in einem Film/Theaterstück die Hauptrolle spielen
② *(be brilliant)* brillieren
IV. *adj attr, inv* Star-; ***Natalie is the ~ student in this year's ballet class*** Natalie ist die hervorragendste Schülerin der diesjährigen Ballettklasse; **~ witness** Hauptzeuge, -zeugin *m, f*
star an·'ise *n* FOOD Sternanis *m*
star 'bill·ing *n no pl* **to get ~** auf Plakaten groß herausgestellt werden
star·board [ˈstɑːbəd, AM ˈstɑːrbɚd] **I.** *n* Steuerbord *nt kein pl;* **to list to ~** Schlagseite nach Steuerbord haben
II. *n modifier (not port)* Steuerbord-; **~ engine** Steuerbordmotor *m;* **~ side** Steuerbord *nt*
star·board 'tack *n* Steuerbordkurs *m*
'star·burst *n (liter)* Sternregen *m*
starch [stɑːtʃ, AM stɑːrtʃ] **I.** *n no pl* ① FOOD Stärke *f;* **corn ~** Stärkemehl *nt,* Maisstärke *f,* Maizena® *nt* SCHWEIZ
② FASHION Stärke *f;* **spray ~** Sprühstärke *f*
③ CHEM Stärke *f;* **~ iodide paper** Iodstärkepapier *nt*
④ *(fig: formality)* Steifheit *f*
II. *vt* FASHION **to ~ a collar** einen Kragen stärken
Star 'Cham·ber *n no pl, + sing/pl vb* BRIT LAW
① *(hist: in England)* ■ **the ~** der Geheime Rat *hist,* die Sternkammer
② *(pej: anywhere)* Femegericht *nt*
③ *(cabinet committee)* Kabinettausschuss, der die geplanten Ausgaben von Ministerien überprüft, Haushaltsausschuss *m* des Bundestages
starched [stɑːtʃt, AM stɑːrtʃt] *adj collar, shirt* gestärkt
starchi·ly [ˈstɑːtʃɪli, AM ˈstɑːrtʃ-] *adv (fig pej fam) behaviour* steif *fam*
starchy [ˈstɑːtʃi, AM ˈstɑːrtʃi] *adj* ① FOOD stärkehaltig

❷ FASHION gestärkt
❸ *(pej fam: formal) people* reserviert; ~ **image** angestaubtes Image *fam*
'star-crossed *adj inv (liter)* unheilvoll *liter;* ■**to be** ~: ***this plan was ~ right from the beginning*** dieser Plan war von Anfang an zum Scheitern verurteilt; ~ **lovers** unglücklich Liebende
star·dom ['stɑːdəm, AM 'stɑːr-] *n no pl* Starruhm *m,* Leben *nt* als Star
'star·dust *n no pl* ❶ *(cloud)* Sternennebel *m,* Goldstaub *m*
❷ *(dreamy feeling)* Fantasiewelt *f,* Traumwelt *f;* **to have ~ in one's eyes** bis über beide Ohren verliebt sein
stare [steəʳ, AM ster] **I.** *n* Starren *nt;* ***she gave him a long*** ~ sie starrte ihn unverwandt an; **accusing** ~ vorwurfsvoller Blick
II. *vi* ❶ *(look at)* starren; ■**to ~ at sb/sth** jdn/etw anstarren; *(fig: confront)* sich *akk* jdm/etw gegenüber sehen; ***United were staring at a seven-goal deficit*** United sahen sich einem Rückstand von sieben Toren gegenüber
❷ *(eyes wide open)* große Augen machen
❸ *(be conspicuous)* ■**to ~ out at sb** jdm ins Auge stechen [*o* springen]
III. *vt* ❶ *(look at)* **to ~ sb in the eye** [*or* **face**] jdn anstarren; **to ~ sb up and down** jdn anstieren *fam*
❷ *(reduce to)* **to ~ sb into silence** jdn durch einen vernichtenden Blick zum Schweigen bringen
▸ PHRASES: **to be staring sb in the face** *(be evident)* auf der Hand liegen; *(be imminent)* jdn bedrohen; ***without water, death would be staring them in the face*** ohne Wasser blickten sie dem Tod ins Auge
◆**stare down, stare out** *vt* BRIT, AUS ❶ *(outstare)* ■**to ~ down** [*or* **out**] ⊂ **sb** jdn zum Wegsehen zwingen
❷ *(hum: make go away)* ■**to ~ down** ⊂ **sth** [*or* **out**] etw wegdiskutieren
'star·fish *n* Seestern *m*
'star·gaze *vi* sich *dat* die Sterne angucken *fam* **star·gaz·er** [-geɪzəʳ, AM -geɪzɚ] *n* ❶ *(hum fam)* Sterngucker(in) *m(f) hum fam* ❷ AUS *(sl: horse)* Gaul *m*
❸ *(fish)* Seestern *m*
star·ing ['steərɪŋ, AM 'sterɪŋ] *adj eyes* starrend
stark [stɑːk, AM stɑːrk] **I.** *adj* ❶ *(bare) landscape* karg; *(austere)* schlicht; ~ **room** spartanisch eingerichtetes Zimmer
❷ *(obvious)* krass; **in ~ contrast to sb/sth** in krassem Gegensatz zu jdm/etw; ~ **reality** die harte Realität; **the ~ reality is that ...** Tatsache ist, dass ...; ~ **reminder** ernst zu nehmende Erinnerung
❸ *attr, inv (sheer)* total; ~ **madness** absoluter Wahnsinn *fam*
II. *adv inv* ~ **naked** splitterfasernackt *fam;* ~ **raving** [*or* **staring**] **mad** *(hum iron)* völlig übergeschnappt *fam*
stark·ers ['stɑːkəz] *adj pred, inv* BRIT, AUS *(fam)* im Adams-/Evaskostüm *hum fam,* ÖSTERR, DIAL *a.* nackert *fam*
stark·ly ['stɑːkli, AM 'stɑːrk-] *adv* krass; **to make it ~ obvious that ...** klipp und klar sagen, dass ... *fam;* **to contrast ~ with sth** in krassem Gegensatz zu etw *dat* stehen
stark·ness ['stɑːknəs, AM 'stɑːrk-] *n no pl* ❶ *(bare desolation)* Kargheit *f,* Herbheit *f; (austerity)* Schlichtheit *f*
❷ *(obviousness)* Krassheit *f*
star·less ['stɑːləs, AM 'stɑːr-] *adj inv* ASTRON ***the night sky was ~*** es waren keine Sterne am Nachthimmel zu sehen; ~ **heavens** sternenloser Himmel
star·let ['stɑːlət, AM 'stɑːr-] *n* ❶ *(actress)* Starlet *nt,* Filmsternchen *nt*
❷ ASTRON Sternchen *nt*
'star·light *n no pl* ASTRON Sternenlicht *nt*
star·ling[1] ['stɑːlɪŋ, AM 'stɑːr-] *n (bird)* Star *m*
star·ling[2] ['stɑːlɪŋ, AM 'stɑːr-] *n (pile)* Pfeilerkopf *m*
star·lit ['stɑːlɪt, AM 'stɑːr-] *adj inv* ASTRON sternenklar
Star of 'David <*pl* Stars of David> *n* REL ■**the ~** der David[s]stern
starred [stɑːd, AM stɑːrd] *adj inv* mit einem Sternchen versehen
star·ring ['stɑːrɪŋ] *adj attr, inv* Haupt-; **the ~ role in a movie/play** die Hauptrolle in einem Film/Stück
star·ry ['stɑːri] *adj* ❶ ASTRON sternenklar; ~ **night** sternenklare Nacht; **the ~ sky** der mit Sternen übersäte Himmel
❷ *(starlike)* sternförmig
❸ FILM, THEAT mit Stars besetzt; ~ **cast** Starbesetzung *f*
'star·ry-eyed *adj idealist* blauäugig, verzückt; *lover* hingerissen
Stars and Stripes [ˌstɑːzənd'straɪps, AM ˌstɑːrz-] *npl + sing vb* ■**the ~** die Stars and Stripes *pl (Nationalflagge der USA)*
'star sign *n* ASTROL Sternzeichen *nt*
'star-span·gled [-spæŋgḷd] *adj (liter poet)* ❶ *inv (covered with stars)* mit Sternen übersät ❷ *(fig: successful)* höchst erfolgreich **Star-Span·gled 'Ban·ner** *n no pl* ■**the ~** ❶ *(US flag)* das Sternenbanner *(die Nationalflagge der USA)* ❷ *(US national anthem)* der Star Spangled Banner *(die Nationalhymne der USA)*
'star-struck *adj* euphorisch *geh,* begeistert
'star-stud·ded *adj inv* ❶ ASTRON mit Sternen übersät; ~ **sky** sternenübersäter Himmel
❷ FILM, THEAT *(fam)* mit Stars besetzt; ~ **cast** Starbesetzung *f;* ~ **concert** Konzert *nt* mit großem Staraufgebot
start [stɑːt, AM stɑːrt] **I.** *n usu sing* ❶ *(beginning)* Anfang *m,* Beginn *m;* ***the race got off to an exciting*** ~ das Rennen fing spannend an; **promising** ~ viel versprechender Anfang; **to give sb a ~** jdm Starthilfe geben *fig;* ***Uncle Bill has agreed to give Jenny a ~ in his business*** Onkel Bill ist einverstanden, Jenny bei ihrem Start ins Berufsleben zu helfen, indem er sie in seinem Unternehmen anfangen lässt; **to make a ~ on sth** mit etw *dat* anfangen [*o* beginnen]; **to make an early/late ~** früh/spät beginnen; **to make a fresh ~** einen neuen Anfang machen, noch einmal beginnen; **at the [very] ~ of sth** [ganz] am Anfang einer S. *gen;* **at the ~ of the opera** zu Beginn der Oper; **at the ~ of the week** [am] Anfang der Woche; **from the ~** von Anfang an; **from ~ to finish** von Anfang bis Ende; **for a ~** zunächst [einmal]; ***we'll take names and phone numbers for a ~*** wir notieren zunächst einmal Namen und Telefonnummern
❷ *(foundation) of a company* Gründung *f*
❸ SPORT *(beginning place)* Start *m*
❹ *(beginning time)* Start *m;* **early/late ~** früher/später Start; **false ~** Fehlstart *m*
❺ *(beginning advantage)* Vorsprung *m;* **to have a good ~ in life** einen guten Start ins Leben haben; **to have a ~ [on sb]** [jdm gegenüber] einen Vorsprung haben; **to get the ~ of sb** BRIT jdn überrunden; **to give sb a ~** jdm einen Vorsprung geben
❻ *(sudden movement)* Zucken *nt;* ***he woke with a ~*** er schreckte aus dem Schlaf hoch; **to give a ~** zusammenzucken; **to give sb a ~** jdn erschrecken; ***you gave me such a ~!*** du hast mich so erschreckt!
▸ PHRASES: **to do sth by fits and ~s** etw stoßweise tun; **a rum** [*or* **queer**] ~ BRIT, AUS *(fam)* eine komische Sache; ***it's a rum ~, John's wife turning up alone in Manchester like that*** es ist schon komisch, dass Johns Frau so allein in Manchester auftaucht; ***it's a queer ~ when the boss suddenly comes all over friendly*** irgendetwas stimmt nicht, wenn der Chef auf einmal so freundlich ist
II. *vi* ❶ *(begin)* anfangen; ***there are performances all day on the hour ~ ing at 10 o'clock*** ab 10 Uhr gibt es stündlich den ganzen Tag Aufführungen; ***we only knew two people in London to ~ with*** anfangs kannten wir nur zwei Leute in London; ***don't ~!*** hör auf [damit]! *fam;* ***don't ~ — I've already told you why it's not possible*** fang nicht schon wieder [damit] an – ich habe dir schon gesagt, warum es nicht geht; ***don't you ~!*** jetzt fang du nicht auch noch an! *fam;* **to ~ at the beginning** *(said to begin a narration)* vorn anfangen; ***well, to ~ at the beginning, ...*** nun, zunächst einmal muss man sagen, dass ...; **to ~ afresh** [*or* **[all over] again**] von Neuem beginnen; ■**to ~ to do sth** anfangen[,] etw zu tun; ■**to ~ by doing sth** mit etw *dat* beginnen; ***you could ~ by weeding the flowerbeds*** du könntest mit dem Unkrautjäten in den Blumenbeeten beginnen; **to get ~ed [on sth]** [mit etw *dat*] beginnen; ***let's get ~ed on this load of work*** lasst uns mit der vielen Arbeit anfangen; ***let's ~*** lass uns anfangen, packen wir's an *fam;* ■**to ~ on sth** mit etw *dat* beginnen; **to ~ with, ...** *(fam)* zunächst einmal ...
❷ *(fam: begin harassing, attacking)* ■**to ~ on sb** sich *dat* jdn vornehmen *fam* [*o fam* vorknöpfen]
❸ *(begin a journey)* losfahren; ***we'll need to ~ early*** wir müssen früh los[fahren]; ■**to ~ after sb/sth** jdm/etw folgen
❹ *(begin to operate) vehicle, motor* anspringen
❺ *(begin happening)* beginnen; ***the relaxation class is ~ ing [up] next month*** die Entspannungsgymnastik findet nächsten Monat zum ersten Mal statt
❻ *(jump in surprise)* zusammenfahren, hochfahren; ***he ~ed at the sound of the phone*** er fuhr beim Klingeln des Telefons hoch; **to ~ out of sleep** aus dem Schlaf hochfahren [*o* hochschrecken]
III. *vt* ❶ *(begin)* ■**to ~ [doing] sth** anfangen[,] etw zu tun; ***when do you ~ your new job?*** wann fängst du mit deiner neuen Stelle an?; ***he ~ed his career as an accountant*** er begann seine Karriere als Buchhalter; ***he ~ed work at 16*** mit 16 begann er zu arbeiten; ***we ~ work at 6.30 every morning*** wir fangen jeden Morgen um 6.30 Uhr mit der Arbeit an; **to ~ a family** eine Familie gründen
❷ *(set in motion)* ■**to ~ sth** etw ins Leben rufen; ***the new magazine will ~ publication in November*** das neue Magazin wird im November zum ersten Mal erscheinen; **to ~ a fashion/a tradition/a trend** eine Moderichtung/eine Tradition/einen Trend begründen; **to ~ a fight** [*or* **quarrel**] Streit anfangen [*o fam* anzetteln]; **to ~ a fire** Feuer machen; **to ~ litigation** einen Prozess anstrengen, vor Gericht gehen; **to ~ legal proceedings** gerichtliche Schritte unternehmen [*o* einleiten]; **to ~ a meeting** eine Sitzung eröffnen; **to ~ trouble** Ärger machen; **to ~ something** *(fam)* etwas ins Rollen bringen *fam*
❸ MECH ■**to ~ sth** etw einschalten; **to ~ a car** ein Auto starten; **to ~ a machine** eine Maschine anstellen; **to ~ a motor** einen Motor anlassen
❹ ECON **to ~ a business** ein Unternehmen gründen; ■**to ~ sb in sth** jdm bei etw *dat* Starthilfe geben; ***Paul ~ed him in the dairy business*** Paul verschaffte ihm einen Start in der Molkerei
❺ *(fam: cause sb to do sth)* ■**to ~ sb doing sth** jdn dazu veranlassen, etw zu tun
◆**start back** *vi* ❶ *(jump back)* zurückschrecken; ***she ~ed back in shock*** sie wich erschrocken zurück
❷ *(return)* sich *akk* auf den Rückweg machen; ***no one was there so we ~ed back home*** niemand war da, also fuhren wir wieder nach Hause
◆**start in** *vi (fam)* ■**to ~ in about sth** anfangen, über etw *akk* zu sprechen
◆**start in on** *vi* AM ❶ *(begin)* ■**to ~ in on sth** mit etw *dat* beginnen; ***I can ~ in on the garden work*** ich kann mit der Gartenarbeit anfangen
❷ *(attack)* ■**to ~ in on sb** anfangen, über jdn herzuziehen *fam;* ***I've put up with your bad-mouthing all your co-workers, but don't you dare ~ in on my wife*** ich habe es hingenommen, dass Sie über all ihre Kollegen lästern, aber wagen Sie es bloß nicht, jetzt auch noch über meine Frau herzuziehen
◆**start off I.** *vi* ❶ *(begin activity)* ■**to ~ off with sb/sth** bei [*o* mit] jdm/etw anfangen; ***give me your answers one by one, ~ing off with Lucy*** gebt mir eure Antworten eine nach der anderen, angefangen bei Lucy; ■**to ~ off by doing sth** als Erstes etw tun; ***they ~ed off by reading the script through*** zuerst lasen sie das Skript durch
❷ *(begin career)* ■**to ~ off as sth** seine Laufbahn als etw beginnen
❸ *(embark)* losfahren; ***they ~ed off in New Orleans*** sie starteten in New Orleans

④ *(begin meal)* **to ~ off with sth** etw als Erstes essen, mit etw *dat* beginnen

II. *vt* ① *(begin)* ■**to ~ off** ⊂ **sth [with sth]** etw [mit etw *dat*] beginnen; **to ~ a meeting off with sth** eine Versammlung mit etw *dat* eröffnen

② *(cause to begin)* ■**to ~ sb off on sth** jdn zu etw *dat* veranlassen

③ *(upset)* ■**to ~ sb off [on sth]** jdn wegen einer S. *gen* auf die Palme bringen *fam;* ***don't ~ her off on the injustice of the class system*** gib ihr bloß nicht das Stichwort von der Ungerechtigkeit des Klassensystems

④ *(help to begin)* ■**to ~ sb off** jdm den Start erleichtern [*o fig* Starthilfe geben]

◆**start out** *vi* ① *(embark)* sich *akk* auf die Reise machen, aufbrechen

② *(begin)* anfangen; ■**to ~ out as sth** als etw beginnen; *on a job* als etw anfangen; ***he ~ed out driving a truck*** er fing als Lastwagenfahrer an; ***her illness ~ed out as a simple case of flu*** ihre Krankheit sah zunächst nach einer einfachen Grippe aus

③ *(intend)* ■**to ~ out to do sth** sich *dat* etw vornehmen; ***our committee has achieved what we ~ed out to do*** unser Komitee hat erreicht, was wir uns zum Ziel gesetzt hatten

◆**start over** *vi* AM ■**to ~ [all] over** *(begin again)* von Neuem anfangen; *(fig: start a new career)* umschulen, umsatteln *fam*

◆**start up I.** *vt* ① *(organize)* **to ~ up a business/a club** ein Unternehmen/einen Klub gründen

② MECH **to ~ up a motor** einen Motor anlassen

II. *vi* ① *(jump)* aufspringen; ***she ~ed up from the sofa*** sie sprang vom Sofa auf; **to ~ up out of sleep** aus dem Schlaf hochschrecken

② *(occur)* beginnen; ***drug smuggling has ~ed up along this stretch of the border*** an diesem Grenzabschnitt wird neuerdings Drogenschmuggel getrieben

③ *(begin running) motorized vehicle* anspringen

START [stɑːt, AM stɑːrt] *acr for* **Strategic Arms Reduction Talks/Treaty** START[-Vertrag *m*]

'start date *n* Anfangsdatum *nt*

start·er ['stɑːtəʳ, AM 'stɑːrt̬ɚ] *n* ① *esp* BRIT FOOD *(fam)* Vorspeise *f;* ***we had soup as a ~*** wir hatten Suppe als Vorspeise

② MECH Anlasser *m*

③ *(starting race)* Starter *m*

④ *(participant)* Wettkämpfer(in) *m(f),* Wettkampfteilnehmer(in) *m(f);* AM *(in baseball)* Starter *m;* **possible ~s** mögliche Wettkampfteilnehmer

⑤ *(sb who starts)* ***she is a slow ~ in the morning*** sie kommt morgens nur langsam in Schwung; **to be a late ~** ein Spätzünder sein *fam*

▶PHRASES: **for ~s** *(fam)* erstmal *fam;* ***... and that's just for ~s*** ... und das ist noch nicht alles; **to be under ~'s orders** in den Startlöchern sitzen *fam,* auf den Startschuss warten

'start·er mo·tor *n* Anlasser *m,* Starter *m*

start·er P'C *n* Computer *m* für Anfänger

start·ing ['stɑːtɪŋ, AM 'stɑːrt̬ɪŋ] *adj attr, inv* SPORT Start-; **~ block** Startblock *m;* **~ pistol** Startpistole *f*

'start·ing date *n* Anfangsdatum *nt;* ECON Einstellungsdatum *nt* **'start·ing gate** *n* SPORT Startmaschine *f* **'start·ing line** *n* SPORT Startlinie *f* **'start·ing point** *n* Ausgangspunkt *m,* Ansatzpunkt *m;* **a ~ for discussion** ein Diskussionsansatz *m* **'start·ing sala·ry** *n* Anfangsgehalt *nt* **'start·ing time** *n* Anfangszeit *f*

star·tle ['stɑːtl̩, AM 'stɑːrt̬l̩] *vt* ■**to ~ sb** jdn erschrecken; ***the noise ~d the birds*** der Lärm schreckte die Vögel auf; ***I was ~d to see the fire*** mit Entsetzen erblickte ich das Feuer

star·tling ['stɑːtl̩ɪŋ, AM 'stɑːrt̬l̩-] *adj (surprising)* überraschend, verblüffend; *(alarming)* erschreckend; **~ disclosure/discovery** Aufsehen erregende [*o* spektakuläre] Enthüllung/Entdeckung; **~ resemblance** frappierende Ähnlichkeit

star·tling·ly ['stɑːtl̩ɪŋli, AM 'stɑːrt̬l̩-] *adv (surprisingly)* überraschend, verblüffend; *(alarmingly)* bestürzend, erschreckend; **~ dressed** aufregend angezogen

'start point *n* Ausgangspunkt *m;* **a ~ for discussion** ein Diskussionsansatz *m*

'star-track·ing *adj inv* Star-Tracking-; **a ~ telescope** *ein Teleskop zur Anvisierung und Bewegungsverfolgung eines Sterns*

'start re·ac·tion *n* CHEM Startreaktion *f* **'start time** *n* Anfangszeit *f*

'start-up I. *n* ① COMM [Neu]gründung *f,* Existenzgründung *f; (company)* Start-up[-Unternehmen] *nt*

② FIN Ingangsetzung *f*

③ MECH Start *m,* Inbetriebnahme *f*

④ COMPUT Hochfahren *nt kein pl,* Start *m;* **~ disk** Startdiskette *f,* Systemdiskette *f*

II. *n modifier (in beginning stages) firm* aufstrebend

'start-up capi·tal *n no pl* Startkapital *nt,* Gründungskapital *nt* **'start-up costs** *npl* Anlaufkosten *pl,* Startkosten *pl* **'start-up fi·nanc·ing** *n* Neugründungsfinanzierung *f* **'start-up in·vest·ment** *n* FIN Erstinvestition *f* **'start-up loan** *n* FIN Startkredit *m*

star·va·tion [stɑː'veɪʃᵊn, AM stɑːr-] *n no pl* ① *(death from hunger)* Hungertod *m,* Verhungern *nt;* **to die of ~** verhungern, den Hungertod sterben *liter*

② *(serious malnutrition)* Unterernährung *f,* Mangelernährung *f*

star·'va·tion diet *n* Hungerkur *f,* Fastenkur *f;* **to go on a ~** eine Abmagerungskur machen; **to be kept on a ~** mangelhaft ernährt werden **star·'va·tion wages** *npl* Hungerlohn *m,* Hungerlöhne *pl*

starve [stɑːv, AM stɑːrv] **I.** *vi* ① *(die of hunger)* verhungern; **to ~ to death** verhungern

② *(suffer from hunger)* hungern, Hunger leiden; *(be malnourished)* unterernährt sein

③ *(fam: be very hungry)* ■**to be starving** [*or* **~d**] ausgehungert [*o* am Verhungern] sein; ***I'm starving! what's for dinner?*** ich sterbe vor Hunger! was gibt's zu essen? *fam*

④ *(crave)* ■**to ~ for sth** nach etw *dat* hungern; **to be starving for affection/love/sympathy** nach Zuneigung/Liebe/Sympathie hungern

II. *vt* ① *(deprive of food)* ■**to ~ sb** jdn aushungern; ***the besieging army ~d the city into surrender*** die belagernde Armee hungerte die Stadt aus, bis sie sich ergab; ■**to ~ oneself** sich *akk* abhungern; ■**to ~ oneself to death** sich *akk* zu Tode hungern

② *usu passive (fig: deprive)* ■**to be ~d of** [*or* AM **for**] **sth** um etw *akk* gebracht werden; ***people ~d of sleep start to lose their concentration*** Menschen, die unter Schlafmangel leiden, können sich nicht mehr konzentrieren

③ *usu passive* AM *(fig: crave)* ■**to be ~d for sth** nach etw *dat* hungern, sich *akk* nach etw *dat* sehnen; ***after all those exams, she's ~d for sleep*** nach all diesen Prüfungen will sie nur noch schlafen

◆**starve out** *vt* ■**to ~ out** ⊂ **sb** jdn aushungern

starve·ling ['stɑːvlɪŋ, AM 'stɑːrv] *(old)* **I.** *n* Hungerleider(in) *m(f) veraltend*

II. *adj inv* kümmerlich, dürftig, [dahin]vegetierend

starv·ing ['stɑːvɪŋ, AM 'stɑːr-] *adj* ① *inv (malnourished)* ausgehungert, unterernährt; **~ children** hungernde Kinder

② *(fam: very hungry)* [ganz] ausgehungert *fam;* ***I'm ~!*** ich bin am Verhungern!

③ BRIT DIAL *(very cold)* eiskalt; ***I'm ~!*** ich sterbe vor Kälte!

star 'wit·ness *n* Kronzeuge, -zeugin *m, f*

stash [stæʃ] **I.** *n* <*pl* -es> ① *(dated: hiding place)* Versteck *nt*

② *(cache)* [geheimes] Lager, Vorrat *m*

II. *vt (fam)* ■**to ~ sth** etw verstecken [*o* verbergen]; *money* etw horten *pej* [*o fam* bunkern]

◆**stash away** *vt* ■**to ~ away** ⊂ **sb/sth** jdn/etw verschwinden lassen *fam;* **to ~ away money** Geld beiseiteschaffen

sta·sis <*pl* -ses> ['steɪsɪs] *n* ① *no pl (unchanging equilibrium)* Stagnation *f geh,* Stillstand *m;* ■**to be in ~** stagnieren; ***her life was in ~*** in ihrem Leben bewegte sich nichts

② MED Stauung *f,* Stase *f fachspr*

stat [stæt] *adv (fam)* prompt

state [steɪt] **I.** *n* ① *(existing condition)* Zustand *m;* ***they complained about the untidy ~ that the house had been left in*** sie beschwerten sich über die Unordnung, in der das Haus zurückgelassen worden war; ***the car was in a good ~ of repair*** das Auto war in gutem Zustand; **a sorry ~ of affairs** traurige Zustände; **~ of liquidity** FIN Liquiditätslage *f;* **~ of the market** COMM Marktverfassung; **~ of siege/war** Belagerungs-/Kriegszustand *m;* **economic ~** wirtschaftliche Lage; **original ~** ursprünglicher Zustand

② *(physical condition)* körperliche [*o* physische] Verfassung; **in a ~ of dormancy** im Schlafzustand; **~ of exhaustion/fatigue** Erschöpfungs-/Ermüdungszustand *m;* **to be in a poor/good ~ of health** in einem schlechten/guten Gesundheitszustand sein; ***her mother is in a poor ~ of health*** ihrer Mutter geht es nicht gut; **~ of intoxication** Vergiftung *f;* **~ of rest** Ruhezustand *m*

③ PSYCH *(frame of mind)* Gemütszustand *m;* ***we were worried by his depressed ~ of mind*** seine niedergeschlagene Stimmung machte uns Sorgen; ***she has been in a ~ of euphoria ever since hearing the news*** sie ist ganz euphorisch, seit sie die Neuigkeit erfahren hat; **conscious ~** [volles] Bewusstsein; **semi-conscious ~** Dämmerzustand *m;* **unconscious ~** Bewusstlosigkeit *f;* **to [not] be in a fit ~ to do sth** [nicht] in der Lage sein, etw zu tun

④ *(fam: upset state)* **to be in a ~** mit den Nerven fertig sein *fam;* **to get in[to] a ~ [about sth]** [wegen einer S. *gen*] durchdrehen

⑤ SCI **~ equation** PHYS Zustandsgleichung *f;* **solid/liquid/gaseous ~** CHEM fester/flüssiger/gasförmiger Zustand

⑥ SOCIOL **~ of matrimony** Stand *m* der Ehe; **married ~** Ehestand *m;* ***how do you enjoy the married ~?*** wie bekommt dir die Ehe?; **single ~** Leben *nt* als Single

⑦ REL **~ of grace** Stand *m* der Gnade

⑧ *(nation)* Staat *m;* **one-party/member ~** Einparteien-/Mitgliedsstaat *m*

⑨ *(in USA)* [Bundes]staat *m; (in Germany)* Land *nt;* ■**the S~s** *pl (fam: the United States of America)* die Staaten *pl fam*

⑩ *(civil government)* Staat *m,* Regierung *f;* **affairs** [*or* **matters**] **of ~** Staatsangelegenheiten *pl,* Staatsgeschäfte *pl;* **office of ~** Staatsamt *nt;* **the separation of Church and S~** die Trennung von Kirche und Staat

⑪ *(dignified rank)* Würde *f,* Rang *m;* ***the Queen rode in ~ to open Parliament*** die Königin ritt in vollem Staat zur Parlamentseröffnung; ***the pomp befitting a queen's ~*** die einer Königin angemessene Pracht; **to lie in ~** aufgebahrt sein

II. *adj attr, inv* ① *(pertaining to a nation)* staatlich, Staats-; **~ monopoly** Staatsmonopol *nt,* staatliches Monopol; **~ ownership** Staatseigentum *nt,* staatliches Eigentum; **~ religion** Staatsreligion *f*

② *(pertaining to unit)* ***the ~ capital of Texas*** die Hauptstadt von Texas; **~ fishing license** *für einen US-Bundesstaat gültige Angelerlaubnis;* **~ forest/park** *von einem US-Bundesstaat finanzierter Wald/Park;* **~ police** *Polizei eines US-Bundesstaates;* **~ sales tax** *von einem US-Bundesstaat erhobene Umsatzsteuer*

③ *(pertaining to civil government)* Regierungs-; **~ document** Regierungsdokument *nt,* amtliches Schriftstück; **~ enrolled/registered nurse** BRIT staatlich zugelassene/geprüfte [*o* examinierte] Krankenschwester; **~ records** Regierungsunterlagen *pl;* **~ secret** *(also fig)* Staatsgeheimnis *nt;* **~ subsidy** [staatliche] Subvention; **~ support** staatliche Unterstützung

④ *(showing ceremony)* Staats-; **~ banquet** Staatsbankett *nt;* **~ funeral** Staatsbegräbnis *nt;* **the S~ Opening of Parliament** die offizielle Eröffnung des Parlaments; **~ visit** Staatsbesuch *m*

III. *vt* ① *(express)* ■**to ~ sth** etw aussprechen [*o* äußern]; ***the problem can be ~d in one sentence*** man kann das Problem in einen Satz fassen; **to ~ one's case** seine Sache vortragen; **to ~ one's objections** seine Einwände vorbringen; **to ~ one's**

opinion seine Meinung sagen; **to ~ the source** die Quelle angeben; **to ~ sth clearly/emphatically** etw deutlich/mit Nachdruck sagen; **to ~ the obvious** [*or* **a commonplace**] eine Binsenweisheit von sich *dat* geben; ■**to ~ that ...** erklären, dass ...; **to ~ formally that ...** offiziell bekanntgeben, dass ...; ■**to ~ why/what/how ...** darlegen, warum/was/wie ...

② *(specify, fix)* ■**to ~ sth** etw nennen [*o* angeben]; **to ~ conditions** [*or* **terms**] Bedingungen nennen; **to ~ demands** Forderungen stellen

state 'bank *n + sing/pl vb* Staatsbank *f,* State Bank *f* **state com·'mis·sion·er** *n* Staatskommissar(in) *m(f)* **state-con·'trol·led** *adj inv (controlled by the government)* staatlich gelenkt [*o* kontrolliert], unter staatlicher Aufsicht *nach n, präd; (owned by the state)* staatseigen *attr* **'state·craft** *n no pl* POL Staatskunst *f,* Kunst *f* der Staatsführung

stat·ed ['steɪtɪd] *adj inv* ① *(declared)* genannt, angegeben; **~ date** angegebenes Datum; **as ~ above** wie oben angegeben

② *(fixed)* festgelegt, festgesetzt; ***tours will depart from the cathedral square at ~ intervals*** die Führungen beginnen in regelmäßigen Abständen auf dem Vorplatz der Kathedrale; **at the ~ time** zur festgesetzten Zeit

'State De·part·ment *n no pl, + sing/pl vb* AM ■**the ~** das US-Außenministerium **state edu·'ca·tion** *n no pl* staatliches Bildungswesen **state 'en·ter·prise** *n* Staatsunternehmen *nt*

state·hood ['steɪthʊd] *n no pl* Eigenstaatlichkeit *f,* Souveränität *f;* **Texas ~** texanische Eigenstaatlichkeit; **to achieve ~** ein selbstständiger Staat werden

state·less ['steɪtləs] *adj inv* staatenlos; **~ person** Staatenlose(r) *f(m)*

state·less·ness ['steɪtləsnəs] *n no pl* Staatenlosigkeit *f*

state·let ['steɪtlət, AM -lɪt] *n* Kleinstaat *m,* Ministaat *m pej*

state·li·ness ['steɪtlɪnəs] *n no pl* ① *(dignity)* Würde *f;* **~ of manner** würdevolle Haltung

② *(splendour)* Pracht *f,* Glanz *m*

state·ly ['steɪtli] *adj* ① *(formal and imposing)* würdevoll, majestätisch; **~ bearing/manner** würdevolle Haltung; **at a ~ pace** gemessenen Schrittes

② *(splendid)* prächtig, imposant; **~ home** Herrensitz *m,* herrschaftliches Anwesen

state·ment ['steɪtmənt] **I.** *n* ① *(act of expressing sth)* Äußerung *f,* Erklärung *f;* **to make a ~** [**about sth**] *(fig) lifestyle,values* viel [über etw *akk*] aussagen; ***a coloured telephone can make a ~ too*** auch ein farbiges Telefon kann ein Signal setzen

② *(formal declaration)* Stellungnahme *f,* Verlautbarung *f;* **to make a ~** [**about sth**] [**to sb**] sich *akk* [über etw *akk*] [gegenüber jdm] äußern; ***I have no further ~ to make at this time*** ich habe dazu im Moment nichts mehr zu sagen; **to make a ~ to the press** eine Presseerklärung abgeben

③ *(formal description)* Beschreibung *f,* Schilderung *f;* LAW Aussage *f;* ***I think your story is a fair ~ of what happened*** ich denke, Sie haben das Geschehen getreu wiedergegeben; **~ in lieu of an oath** LAW eidesstattliche Versicherung; **~ of facts** Tatbestand *m,* Sachverhalt *m;* **to make a ~** [**in court**] [vor Gericht] aussagen [*o* eine Aussage machen]; **to make a ~ about sth** eine Erklärung zu etw *dat* abgeben

④ *(bank statement)* [Konto]auszug *m;* **bank ~** Konto-/Bankauszug *m*

⑤ ECON Abrechnung *f;* **~ of account** Rechenschaftsbericht *m,* Rechnungsabschluss *m;* **~ of assets and liabilities** Vermögensstatus *m;* **~ of loss and gain** Gewinn- und Verlustrechnung *f*

⑥ COMPUT Anweisung *f*

II. *adj dress, accessories, hairstyle* auffallend; ***it's got to be ~*** es muss ins Auge springen

state mo·'nopo·ly *n* Staatsmonopol *nt* **state oc·'ca·sion** *n* Staatsakt *m,* Staatsfeierlichkeit *f*

state of e'mer·gen·cy <*pl* states of emergency>, AM **state of a'lert** <*pl* states of alert> *n* Ausnahmezustand *m;* **to declare a ~** den Ausnahmezustand erklären

state of the 'art *adj pred, inv,* **state-of-the-'art** *adj attr, inv* auf dem neuesten Stand der Technik *nach n,* hoch entwickelt, hochmodern; **~ technology** Spitzentechnologie *f*

state-owned [-,əʊnd, AM -,oʊnd] *adj inv* staatseigen *attr,* staatlich, in Staatsbesitz *präd;* **~ enterprise** staatliches Unternehmen; **~ industry/utilities** staatliche Industrie/Einrichtungen **state 'pen·sion** *n* BRIT gesetzliche Rente

state 'prem·ier *n* AUS *höchste(r) Regierungsbeamte(r) einer australischen Provinz* **state 'pris·on** *n* ① AM *(prison on the state level)* Staatsgefängnis *nt (eines US-Bundesstaates)* ② *(prison for political offenders)* Gefängnis *nt* für politische Gefangene, Staatsgefängnis *nt*

'state·room *n* ① *(in a hotel)* Empfangszimmer *nt; (in a palace)* Prunkraum *m,* Empfangssaal *m*

② NAUT Privatkabine *f,* Luxuskabine *f*

③ RAIL Privatabteil *nt,* Luxusabteil *nt*

'state school *n* öffentliche [*o* staatliche] Schule

State's 'evi·dence *n no pl* AM Aussage *f* eines Kronzeugen/einer Kronzeugin; **to turn ~** als Kronzeuge/Kronzeugin aussagen [*o* auftreten]

'state·side I. *adj inv* AM *(fam)* in den Staaten *präd fam,* zu Hause *präd fam;* ***I can't wait till we're ~ again*** ich kann es nicht erwarten, bis wir wieder zu Hause in den Staaten sind; **a ~ newspaper** eine Zeitung aus den Staaten

II. *adv* AM *(fam)* in die Staaten *fam,* nach Hause *fam*

'state·sider *n* Einwohner(in) *m(f)* der USA

'states·man *n* Staatsmann *m;* **an elder ~** ein erfahrener Staatsmann

'states·man·like *adj* staatsmännisch

'states·man·ship ['steɪtsmənʃɪp] *n no pl* Staatskunst *f*

states' 'rights *npl* AM *den US-Bundesstaaten vorbehaltene Rechte*

state super·'vi·sion *n no pl* Staatsaufsicht *f*

'states·wom·an *n* Staatsfrau *f*

state uni·'ver·sity *n* AM *von einem US-Bundesstaat finanzierte Universität*

state 'vis·it *n* Staatsbesuch *m*

'state·wide *adj inv* landesweit; AM im ganzen Bundesstaat *nach n, präd;* **~ elections** landesweite Wahlen

stat·ic ['stætɪk, AM -ṭ-] **I.** *adj* ① *(fixed)* statisch; *(not changing)* konstant; ***oil prices were fairly ~ worldwide at that time*** die Ölpreise waren zu der Zeit auf der ganzen Welt ziemlich stabil; **to remain ~** unverändert bleiben, stagnieren

② PHYS statisch; **~ electricity** Reibungselektrizität *f,* statische Elektrizität; **~ energy** potenzielle Energie

II. *n* ① PHYS ■**~s** *+ sing vb* Statik *f kein pl*

② *no pl (electrical charge)* statische Elektrizität, Reibungselektrizität *f; (atmospherics)* atmosphärische Störungen

③ *no pl* COMPUT *(due to atmospheric conditions)* atmosphärische Störungen; *(in a recorded signal)* Rauschen *nt*

stat·in ['stætɪn] *n* MED Statin *nt fachspr*

sta·tion ['steɪʃən] **I.** *n* ① RAIL Bahnhof *m;* **mainline** [*or* **central**] **~** Hauptbahnhof *m;* **railway** BRIT, AUS [*or* AM **train**] **~** Bahnhof *m;* **subway** [*or* **metro**] **station** AM U-Bahn-Haltestelle *f,* U-Bahn-Station *f;* **tube** [*or* **underground**] **~** BRIT U-Bahn-Haltestelle *f,* U-Bahn-Station *f*

② *(for designated purpose)* -station *f;* **atomic energy ~** Atomkraftwerk *nt,* Kernkraftwerk *nt;* **petrol** BRIT [*or* AM **gas**] **~** Tankstelle *f;* **police ~** Polizeiwache *f,* Polizeirevier *nt,* Polizeiposten *m* SCHWEIZ; **power ~** Kraftwerk *nt;* **research ~** Forschungsstation *f*

③ *(broadcasting station)* Sender *m,* Sendestation *f;* **earth ~** Erdfunkstelle *f;* **~ manager** Intendant(in) *m(f);* **radio ~** Radiosender *m,* Rundfunksender *m;* **TV ~** Fernsehsender *m*

④ *(position)* Position *f,* Platz *m;* **action** [*or* **battle**] **~s** MIL Kampfstätte *f;* **to take up one's ~** seine Position [*o* seinen Platz] einnehmen; ■**to be on ~** MIL stationiert sein; ***several destroyers are on ~ off the coast of Norway*** mehrere Zerstörer liegen vor der Küste Norwegens

⑤ *(dated: social position)* Stellung *f,* Rang *m;* ***she married below her ~*** sie heiratete unter ihrem Stand

⑥ AUS, NZ AGR *(large farm)* [große] Farm; **sheep ~** Schaffarm *f*

⑦ COMPUT *(used as sink/source)* Station *f*

II. *vt* ■**to ~ sb** jdn postieren [*o* aufstellen]; **to ~ soldiers/troops** MIL Soldaten/Truppen stationieren

sta·tion·ary ['steɪʃənəri, AM -ʃəneri] *adj (not moving)* ruhend; ***we were ~ at a set of traffic lights*** wir standen an einer Ampel; *(not changing)* unverändert; **~ bicycle** Heimfahrrad *nt,* Heimtrainer *m*

'sta·tion break *n* AM, AUS Sendepause *f,* Funkstille *f kein pl*

sta·tion 'buf·fet *n* BRIT Bahnhofsrestaurant *nt,* SCHWEIZ *bes* Bahnhofbuffet *nt*

sta·tion 'chief *n* ① *(the person in charge of a base of an organisation)* Verantwortliche(r) [*o* Niederlassung] einer Station *f(m)*

② MIL Oberste(r) *f(m)* eines Stützpunkts

sta·tion·er ['steɪʃənəʳ, AM -ʃənɚ] *n* BRIT ① *(person)* Schreibwarenhändler(in) *m(f)*

② *(shop)* Schreibwarenladen *m,* Papeterie *f* SCHWEIZ

sta·tion·ery ['steɪʃənəri, AM -ʃəneri] **I.** *n no pl* Schreibwaren *pl; (writing paper)* Schreibpapier *nt*

II. *n modifier (department, shop)* Schreibwaren-; **~ pad** Schreibblock *m;* **~ products** Schreibwaren *pl;* **~ set** Briefmappe *f*

'sta·tion house *n* AM Polizeiwache *f,* Polizeirevier *nt,* Polizeiposten *m* SCHWEIZ

'sta·tion·mas·ter *n* Stationsvorsteher(in) *m(f),* Bahnhofsvorsteher(in) *m(f)* **'sta·tion po·lice** *n + sing/pl vb* Bahnpolizei *f*

'sta·tion se·lec·tor *n* [Sender]suchlauf *m*

Sta·tions of the 'Cross *npl* REL ■**the ~** der Kreuzweg, die Kreuzwegstationen *pl*

'sta·tion wag·on *n* AM, AUS Kombi[wagen] *m*

stat·ism ['steɪtɪzəm] *n no pl* Verstaatlichung *f*

stat·ist ['steɪtɪst] POL **I.** *n* Staatsgläubige(r) *f(m)*

II. *adj inv* auf staatliche Institutionen fixiert, Staats-

sta·tis·tic [stə'tɪstɪk] *n* Statistik *f;* **to be** [**just**] **another ~** [**in sth**] nur eine Nummer [bei [*o* in] etw *dat*] sein

sta·tis·ti·cal [stə'tɪstɪkəl] *adj inv* statistisch; **~ analysis/weight** statistische Analyse/statistisches Gewicht; **~ analysis report** Statistikanalysebericht *m*

sta·tis·ti·cal·ly [stə'tɪstɪkəli] *adv inv* statistisch; **to analyse sth ~** etw statistisch auswerten; **to present sth ~** etw als Statistik darstellen

stat·is·ti·cian [,stætɪ'stɪʃən] *n* Statistiker(in) *m(f)*

sta·tis·tics [stə'tɪstɪks] *n* ① *+ sing vb (science)* Statistik *f kein pl*

② *(data)* Statistik *f;* ***the ~ show/suggest that, ...*** aus der Statistik geht hervor, dass ...; ***according to official ~, ...*** offiziellen Statistiken zufolge ...; **~ of assets and liabilities** Vermögensstatistik *f;* **employment ~** Beschäftigungsstatistik *f;* **to collect/analyse/publish ~** Statistiken führen/auswerten/veröffentlichen

stats [stæts] *npl (fam) short for* **statistics** Statistiken *pl*

statu·ary ['stætʃuəri, AM -eri] *(form)* **I.** *n no pl* ① *(statues collectively)* Statuen *pl,* Plastiken *pl,* Skulpturen *pl;* **contemporary ~** zeitgenössische Plastik

② *(art of making statues)* Plastik *f,* Bildhauerei *f*

II. *adj inv* statuarisch *geh,* plastisch; **~ art** Bildhauerkunst *f,* Plastik *f;* **~ technique** Bildhauertechnik *f*

statue ['stætʃu:] *n* Statue *f,* Standbild *nt;* **to erect** [*or* **put up**] **a ~ of** [*or* **to**] **sb** jdm ein Denkmal setzen; **to stand like a ~** wie angewurzelt dastehen

Statue of 'Lib·er·ty *n* ■**the ~** die Freiheitsstatue

statu·esque [,stætʃu:'esk] *adj (approv form)* stattlich; **a ~ blond** eine majestätische Blondine *hum*

statu·ette [,stætʃu:'et] *n* Statuette *f*

stat·ure ['stætʃəʳ, AM -ʃɚ] *n* ① *(height)* Statur *f,* Gestalt *f;* **large/short ~** großer/kleiner Wuchs; **to reach one's full ~** seine volle Größe erreichen

② *(reputation)* Format *nt,* Geltung *nt,* Prestige *nt;* ***his ~ as an art critic was tremendous*** er genoss

großes Ansehen als Kunstkritiker; **to gain in ~** an Ansehen gewinnen
sta·tus ['steɪtəs, AM 'stæt̬əs] *n no pl* Status *m; (prestige also)* Prestige *nt;* ***what's the ~ of these green parking permits — are they still valid?*** was ist mit diesen grünen Parkausweisen – sind die noch gültig?; **to have a high ~ in a company** in einem Unternehmen eine hohe Stellung haben; **legal ~** Rechtsposition *f,* rechtliche Stellung; **refugee ~** Flüchtlingsstatus *m;* **social ~** gesellschaftliche Stellung, sozialer Status
'sta·tus bar *n* COMPUT Statusleiste *f* **'sta·tus in·quiry** *n* COMPUT Statusabfrage *f;* FIN Bitte *f* um Kreditauskunft **'sta·tus line** *n* COMPUT Statuszeile *f*
sta·tus quo [ˌsteɪtəs'kwəʊ, AM ˌstæt̬əs'kwoʊ, ˌsteɪ-] *n no pl* Status quo *m,* gegenwärtiger Zustand; **to maintain/change the ~** den Status quo erhalten/verändern
'sta·tus re·port *n* COMPUT Statusbericht *m* **'sta·tus seek·er** *n (pej)* Emporkömmling *m pej,* Karrierist(in) *m(f) pej* **'sta·tus sym·bol** *n* Statussymbol *nt*
stat·ute ['stætju:t, AM 'stætʃu:t] *n* ❶ *(written rules)* Statut *nt meist pl,* Satzung *f;* ▪**by ~** satzungsgemäß ❷ *(law)* Gesetz *nt,* Gesetzesvorschrift *f;* **~ of limitations** prozessuales Verjährungsgesetz; **to come** [*or* **fall**] **under a ~** unter ein Gesetz fallen; ▪**by ~** gesetzlich; **set by ~** gesetzlich festgelegt ❸ LAW, ECON *(permanent corporate rule)* Betriebsverfassung *f*
'stat·ute book *n* Gesetzbuch *nt;* **to put a law on the ~** ein Gesetz durchbringen; **to reach** [*or* **be on**] **the ~** geltendes Recht sein **stat·ute 'law** *n* LAW ❶ *no pl (not common law)* geschriebenes [*o* kodifiziertes] Gesetz ❷ *(statute)* Statut *nt,* Satzung *f*
stat·ute 'mile *n* britische Meile
stat·ute of limi·'ta·tions *n* Verjährungsausschlussfrist *f,* Verjährungsgesetz *nt,* Verjährungsvorschrift *f; (period)* Verjährungsfrist *f*
statu·tori·ly ['stætjərəli, AM ˌstætʃə'tɔ:rəli] *adv* LAW vorschriftsgemäß, vorschriftsmäßig, satzungsgemäß
statu·tory ['stætjətəri, AM 'stætʃu:tɔ:ri] *adj inv* gesetzlich; **~ declaration** LAW eidesstattliche Erklärung [*o* Versicherung]; LAW, ECON *Anmeldung zum Handelsregister über bestimmte, die Firma betreffende Änderungen;* **~ duty** [*or* **obligation**] gesetzliche Verpflichtung; **~ holiday** gesetzlicher Feiertag; **~ law** kodifiziertes Recht; **~ regulations** gesetzliche Vorschriften; **~ reserve** statutarische Rücklage; **~ right** positives Recht; **~ sick pay** gesetzlich vorgeschriebenes Krankengeld
statu·tory limi·'ta·tion *n* LAW Verjährung *f*
statu·tory 'rape *n* AM LAW Geschlechtsverkehr *m* mit Minderjährigen
staunch[1] [stɔ:ntʃ, AM *also* stɑ:ntʃ] *adj* ❶ *(steadfastly loyal)* standhaft, zuverlässig; **~ ally** loyaler Verbündeter/loyale Verbündete; **~ Catholic** überzeugter Katholik/überzeugte Katholikin; **~ defender of individual rights** zäher Verfechter/zähe Verfechterin von Persönlichkeitsrechten; **~ friend** treuer Freund/treue Freundin; **~ opponent** erbitterter Gegner/erbitterte Gegnerin; **~ refusal** strikte Weigerung ❷ NAUT *(dated) ship* seetüchtig
staunch[2] [stɔ:ntʃ, AM *also* stɑ:ntʃ], AM *also* **stanch** [stɑ:n(t)ʃ] *vt* ▪**to ~ sth** etw stauen; **to ~ blood** das Blut stillen; **to ~ the flood of immigrants** die Einwanderungsflut stoppen; **to ~ the flow of blood** die Blutung stoppen; **to ~ a wound** eine Wunde abbinden
staunch·ly [stɔ:ntʃli, AM *also* stɑ:ntʃ-] *adv* standhaft; ***my staff is ~ loyal*** auf meine Belegschaft ist hundertprozentig Verlass; **~ independent** völlig unabhängig; **to defend sth ~** etw unerschrocken verteidigen
staunch·ness [stɔ:ntʃnəs, AM *also* stɑ:ntʃ-] *n no pl* ❶ *(persistence)* Standhaftigkeit *f,* Hartnäckigkeit *f* ❷ *(loyalty)* Treue *f,* Loyalität *f*
stave [steɪv] **I.** *n* ❶ *(musical staff)* Notenlinien *pl* ❷ *(in construction)* Sprosse *f,* Querholz *nt; (curved piece of wood)* [Fass]daube *f; (used as a weapon)* Knüppel *m*
II. *vt* ▪**to ~ in** ↻ **sth** etw eindrücken; ***the ship was ~d in*** das Schiff schlug leck; **to ~ in sb's head** jdm den Kopf einschlagen; **to ~ a hole in sth** ein Loch in etw *akk* schlagen
◆**stave off** *vt* ▪**to ~ off** ↻ **sth** *(postpone)* etw hinauszögern [*o* aufschieben]; *(prevent)* etw abwenden [*o* abwehren]; **to ~ off a decision** eine Entscheidung aufschieben; **to ~ off hunger** den Hunger stillen; **to ~ off a panic attack** eine Panikattacke abwenden; ▪**to ~ off** ↻ **sb** jdn hinhalten [*o* vertrösten] *fam*
staves [steɪvz] *n* ❶ *pl of* **staff** ❷ *pl of* **stave**
stay[1] [steɪ] *n* ❶ NAUT, TRANSP Stütztau *nt,* Stag *nt fachspr* ❷ ARCHIT Strebe *f,* Verspannung *f*
stay[2] [steɪ] **I.** *n* ❶ *(act of remaining)* Aufenthalt *m;* **a ~ with one's family** ein Familienbesuch *m;* **overnight ~** Übernachtung *f* ❷ LAW *(postponement)* Aussetzung *f,* Vollstreckungsaufschub *m;* **~ of death penalty** Hinrichtungsaufschub *m;* **~ of execution** Aussetzung *f* der Zwangsvollstreckung, Gewährung *f* von Vollstreckungsschutz; **~ of proceedings** Ruhen *nt* des Verfahrens ❸ *(hist: corset)* ▪**~s** *pl* Korsett *nt,* Mieder *nt;* **to lace/unlace one's ~s** sein Mieder schnüren/aufschnüren
II. *vi* ❶ *(remain present)* bleiben; **~ *until the rain has stopped*** bleib doch, bis der Regen aufgehört hat; ***why don't you ~ for dinner?*** warum bleibst du nicht zum Abendessen?; ***fax machines are here to ~*** Faxgeräte haben Einzug gehalten; ***he is convinced that computer-aided design has come to ~*** er ist überzeugt, dass CAD auf Dauer unverzichtbar ist; **to ~ at home/in bed** zu Hause/im Bett bleiben; **to ~ home** *esp* AM zu Hause bleiben; **to ~ on message** *(fig)* aufmerksam bleiben; **to ~ put** *(fam: keep standing)* stehen bleiben; *(not stand up)* sitzen bleiben; *(not move)* sich *akk* nicht vom Fleck rühren ❷ *(persevere)* ▪**to ~ with sth** an etw *dat* dranbleiben, bei der Sache bleiben; ***you have to ~ with a language and practise it regularly*** Sprachkenntnisse muss man pflegen und regelmäßig anwenden ❸ *(reside temporarily)* untergebracht sein, wohnen; ***where are you ~ing while you're in town?*** wo wohnen Sie während Ihres Aufenthaltes in der Stadt?; ***the children usually ~ with their grandparents for a week in the summer*** die Kinder verbringen gewöhnlich im Sommer eine Woche bei ihren Großeltern; **to ~ overnight** [*or* **the night**] übernachten, über Nacht bleiben; ***can we ~ with you overnight ?*** können wir bei Ihnen übernachten?; **to come to ~** zu Besuch kommen ❹ + *n, adj (remain)* bleiben; ***the shops ~ open until 9 p.m.*** die Läden haben bis 21 Uhr geöffnet; ***how can we get this post to ~ upright?*** was müssen wir tun, damit dieser Pfosten stehen bleibt?; ***this far north it ~s light until 10 p.m. in high summer*** so hoch im Norden ist es im Hochsommer bis um 10 Uhr abends hell; ***he's decided not to ~ in teaching*** er hat sich entschieden, nicht mehr zu unterrichten; **to ~ within budget** im Rahmen des Budgets bleiben; **to ~ friends** Freunde bleiben; **to ~ in touch** [*or* **contact**] in Verbindung [*o* Kontakt] bleiben; **to ~ awake/cool/healthy** wach/ruhig/gesund bleiben; **to ~ tuned** RADIO, TV, MEDIA am Apparat bleiben; **~ *tuned — we'll be right back*** bleiben Sie dran – wir sind gleich wieder da
III. *vt* ❶ *(assuage)* **to ~ one's hunger/thirst** seinen Hunger/Durst stillen ❷ *(dated liter: curb)* ▪**to ~ sth** etw in Schranken halten; **to ~ one's hand** sich *akk* zurückhalten ❸ LAW *(postpone)* **to ~ proceedings** das Verfahren aussetzen
▸PHRASES: **to ~ the** <u>**course**</u> [*or* <u>**distance**</u>] durchhalten
◆**stay ahead** *vi* ▪**to ~ ahead of sb/sth** den Vorsprung vor jdm/etw halten
◆**stay away** *vi* ❶ *(keep away)* wegbleiben, fernbleiben; ***the customers are ~ing away*** die Kunden bleiben aus; **to ~ away in droves** scharenweise wegbleiben ❷ *(avoid)* ▪**to ~ away from sb/sth** jdn/etw meiden, sich *akk* von jdm/etw fernhalten; ***my boss told me to ~ away from company policy*** mein Chef sagte mir, ich solle mich aus der Unternehmenspolitik heraushalten; **~ *away from my girlfriend!*** lass die Finger von meiner Freundin!
◆**stay back** *vi* zurückbleiben; ***I'd rather ~ back here out of the way*** ich gehe hier lieber aus dem Weg
◆**stay behind** *vi* [noch] [da]bleiben; SCH nachsitzen; ***will somebody ~ behind to help with the washing-up?*** bleibt noch jemand da und hilft beim Abwasch?
◆**stay down** *vi* ❶ *(not be vomited) food* im Magen bleiben; ***if this ~s down, you can have a little more in half an hour*** wenn du das bei dir behältst, bekommst du in einer halben Stunde noch etwas mehr ❷ *(remain lowered)* unten bleiben; *(underwater also)* unter Wasser bleiben ❸ SCH sitzenbleiben, wiederholen
◆**stay in** *vi* zu Hause bleiben
◆**stay off** *vi* ❶ *(not attend)* wegbleiben; ***I felt bad enough to ~ off yesterday*** ich habe mich so schlecht gefühlt, dass ich gestern zu Hause geblieben bin; **to ~ off school** nicht in die Schule gehen, die Schule schwänzen; **to ~ off work** nicht zur Arbeit gehen, blaumachen *fam* ❷ *(hold off) rain, storm* ausbleiben ❸ *(not consume)* sich *akk* fernhalten; ***he can't ~ off the booze*** er kann das Trinken nicht seinlassen; **to ~ off drugs** die Finger von Drogen lassen
◆**stay on** *vi* ❶ *(remain longer)* [noch] bleiben ❷ *(remain in place) lid, top* halten, darauf bleiben; *sticker* haften ❸ *(remain in operation) light* an bleiben; *device* eingeschaltet bleiben
◆**stay out** *vi* ❶ *(not come home)* ausbleiben, wegbleiben; ***our cat usually ~s out at night*** unsere Katze bleibt nachts gewöhnlich draußen; **to ~ out late/past midnight/all night** lange/bis nach Mitternacht/die ganze Nacht wegbleiben ❷ *(continue a strike)* weiter streiken; ***the workers have vowed to ~ out another week*** die Arbeiter haben geschworen, eine weitere Woche im Ausstand zu bleiben ❸ *(not go somewhere)* **~ *out of the kitchen!*** bleib aus der Küche!; **~ *out of the water if nobody's around*** geh nicht ins Wasser, wenn sonst keiner da ist ❹ *(not become involved)* ▪**to ~ out of sth** sich *akk* aus etw *dat* heraushalten; ***you'd better ~ out of this*** halte dich da besser heraus; **to ~ out of trouble** [*or* **mischief**] sich *dat* Ärger vom Hals halten *fam;* **to ~ out of sb's way** jdm aus dem Wege gehen
◆**stay over** *vi esp* AM übernachten, über Nacht bleiben
◆**stay up** *vi* aufbleiben, wach bleiben; ***they ~ed up all night*** sie machten die Nacht durch
'stay-at-home I. *n (pej)* Stubenhocker(in) *m(f) pej fam*
II. *adj inv* ❶ *(not working) mum, dad* nicht berufstätig [*o* arbeitend] *(um auf die Kinder aufzupassen)* ❷ *(recluse)* ungesellig, menschenscheu
stay·er ['steɪəʳ, AM -ɚ] *n* ❶ *(approv: persevering person)* ausdauernder Mensch; *(horse)* Steher *m* ❷ *(visitor)* Besucher(in) *m(f)*
stay·ing power ['steɪɪŋ-] *n no pl* ❶ *(physical stamina)* Durchhaltevermögen *nt,* Ausdauer *f* ❷ *(mental stamina)* Mut *m,* Durchsetzungsvermögen *nt*
stay of ex·e'cu·tion *n* LAW Aussetzung *f* der Zwangsvollstreckung, Gewährung *f* von Vollstreckungsschutz
St Bernard [sən(t)'bɜ:nəd, AM ˌseɪntbə'nɑ:rd] *n* Bernhardiner *m*
std *adj, n abbrev of* **standard**

S

STD[1] [ˌestiːˈdiː] *n* MED *abbrev of* **sexually transmitted disease** Geschlechtskrankheit *f*

STD[2] [ˌestiːˈdiː] *n no pl* BRIT, AUS TECH *abbrev of* **subscriber trunk dialling** Selbstwählferndienst *m*

stead [sted] *n no pl* Stelle *f;* ***the deputy ran the meeting in her ~*** der Vertreter leitete die Konferenz an ihrer Stelle
▸PHRASES: **to stand sb in good ~** [**for sth**] jdm [bei etw *dat*] zugutekommen

stead·fast [ˈstedfɑːst, AM -fæst] *adj* fest, standhaft, unerschütterlich; **~ ally** loyaler Verbündeter/loyale Verbündete; **~ courage** unbezwingbarer Mut; **~ critic** unerbittlicher Kritiker/unerbittliche Kritikerin; **~ friend** treuer Freund/treue Freundin; **~ look** unverwandter Blick; **~ love** immer währende Liebe; **~ opponent** unversöhnlicher Gegner/unversöhnliche Gegnerin; **~ opposition** erbitterte Opposition; **to be/remain ~** standhaft sein/bleiben; **to prove oneself ~** sich *akk* als zuverlässig erweisen

stead·fast·ly [ˈstedfɑːstli, AM -fæst-] *adv* fest, standhaft, unerschütterlich; **to refuse ~ to do sth** kategorisch ablehnen, etw zu tun; **to remain ~ at sb's side** jdm treu zur Seite stehen

stead·fast·ness [ˈstedfɑːstnəs, AM -fæst-] *n no pl* Standhaftigkeit *f,* Loyalität *f;* **sb's ~ in the face of sth** jds Standhaftigkeit angesichts einer S. *gen*

Steadi·cam® [ˈstedikæm] *n* Steadicam *f*

steadi·ly [ˈstedɪli] *adv* ❶ *(gradually)* stetig, unaufhaltsam; ***his condition is growing ~ worse*** sein Zustand verschlechtert sich zusehends
❷ *(unwaveringly)* fest, unerschütterlich; ***he walked ~ out of the room*** er ging festen Schrittes aus dem Zimmer

steadi·ness [ˈstedɪnəs] *n no pl* ❶ *(stability) of prices* Stabilität *f; (firmness)* Festigkeit *f; (unwaveringness)* Standhaftigkeit *f;* ***the ~ of my family's support during this difficult time has been a blessing*** die ständige Unterstützung meiner Familie in diesen schwierigen Zeiten war ein Segen; ***~ of hand is an absolute requirement for a jeweller and watchmaker*** für Goldschmiede und Uhrmacher ist es unbedingt erforderlich, eine ruhige Hand zu haben
❷ *(regularity)* Regelmäßigkeit *f,* Stetigkeit *f;* ***the ~ of his pulse gives us grounds for hope*** sein Puls ist stabil, und das gibt uns Grund zur Hoffnung

steady [ˈstedi] **I.** *adj* ❶ *(stable)* fest, stabil; ***the doctors are now letting her get out of bed, but she's not yet ~ on her legs*** die Ärzte lassen sie jetzt aufstehen, aber sie ist noch etwas wack[e]lig auf den Beinen; **~ employment/job** feste Anstellung [*o* Arbeit]/Stelle; **~ relationship** feste Beziehung; **~ temperature** gleich bleibende Temperatur
❷ *(regular)* kontinuierlich, gleich bleibend; ***progress has been slow but ~*** es ging langsam, aber stetig voran; **~ breathing/pulse** regelmäßiges Atmen/regelmäßiger Puls; **~ flow** regelmäßiger Fluss; **~ increase/decrease** stetige Zunahme/Abnahme; **~ rain** anhaltender Regen; **~ speed** konstante Geschwindigkeit; **to remain ~** *price* sich *akk* behaupten
❸ *(not wavering)* fest; ***he gave her a ~ look*** er sah sie unverwandt an; **~ ache** [*or* **pain**] andauernder [*o* permanenter] Schmerz; **~ hand** ruhige Hand; **~ voice** feste Stimme
❹ *(calm and dependable)* verlässlich, solide; **~ nerves** starke Nerven
❺ *(regular)* regelmäßig; **~ client** [*or* **customer**] Stammkunde, -kundin *m, f;* **~ patron** Mäzen(in) *m(f),* Gönner(in) *m(f);* **~ beau** AM ständiger Begleiter; **~ boyfriend/girlfriend** fester Freund/feste Freundin
❻ STOCKEX *(unchanged)* gehalten
II. *vt* <-ie-> ❶ *(stabilize)* ■**to ~ sth/sb** etw/jdn stabilisieren; ***Mike used to be really wild, but marriage and fatherhood have steadied him*** Mike war immer ziemlich verrückt, aber Ehe und Vaterschaft haben ihn ausgeglichener gemacht; **to ~ oneself** ins Gleichgewicht kommen, Halt finden; **to ~ the ladder** die Leiter festhalten
❷ *(make calm)* **to ~ one's aim** sein Ziel fixieren; **to ~ one's nerves** seine Nerven beruhigen
III. *adv* ❶ *(still)* **to hold ~** *prices* stabil bleiben; **to hold sth ~** etw festhalten
❷ BRIT *(be sparing)* **to go ~ on sth** mit etw *dat* sparsam umgehen [*o* vorsichtig sein]; ***I'd like a gin and tonic, please, and go ~ on the ice*** ich hätte gerne einen Gin Tonic, aber bitte mit wenig Eis
❸ NAUT, TRANSP *(on course)* auf Kurs; ***keep her ~ as she goes!*** halte sie auf Kurs!
❹ *(dated: have regular boyfriend, girlfriend)* **to go ~ with sb** fest mit jdm gehen *fam*
IV. *interj (warning)* sachte!; **~ on!** BRIT halt!
V. *n (dated fam)* fester Freund/feste Freundin, Liebste(r) *f(m) veraltet*

steady 'state *n* FIN, PHYS Gleichgewicht *nt;* **~ growth** FIN Gleichgewichtswachstum *nt* **steady state 'theo·ry** *n no pl* ■**the ~** die Theorie des stationären Kosmos

steak [steɪk] *n* ❶ *no pl (superior cut of beef) zum Kurzbraten geeignetes Stück vom Rind;* **rump ~** Rumpsteak *nt*
❷ *no pl (poorer-quality beef)* Rindfleisch *nt;* **braising ~** Schmorfleisch *nt,* Rinderschmorbraten *m*
❸ *(thick slice)* [Beef]steak *nt; of fish* Filet *nt;* **fillet ~** Filetsteak *nt;* **salmon ~** Lachsfilet *nt,* Lachssteak *nt;* **turkey ~** Putensteak *nt,* Trutensteak *nt* SCHWEIZ

steak and kid·ney 'pie, steak and kid·ney 'pud·ding *n* BRIT Rindfleisch-Nieren-Pastete *f* **'steak house** *n* Steakhaus *nt* **'steak knife** *n* Steakmesser *nt* **steak 'sauce** *n* Steaksoße *f* **steak 'tar·tare** [-ˈtɑːtəʳ, AM -ˈtɑːrt̬ɚ] *n no pl* Steak *nt* Tatar

steal [stiːl] **I.** *n esp* AM *(fam)* Schnäppchen *nt;* ***it's a ~!*** das ist ja geschenkt! *fam*
II. *vt* <stole, stolen> ❶ *(take illegally)* ■**to ~ sth** etw stehlen [*o form* entwenden]; **to ~ [sb's] ideas** [jds] Ideen klauen *fam*
❷ *(gain artfully)* **to ~ a base** SPORT *zu einem ungewöhnlichen Zeitpunkt unbemerkt zur nächsten Base rennen;* **to ~ sb's heart** [**away**] jds Herz erobern; **to ~ a kiss from sb** *(dated)* jdm einen Kuss rauben *veraltend*
❸ *(do surreptitiously)* **to ~ a glance** [*or* **look**] [**at sb/sth**] verstohlen [zu jdm/etw] hinschauen; ***she stole a glance at her watch*** sie lugte heimlich auf ihre Armbanduhr
▸PHRASES: **to ~ the limelight** alles andere in den Schatten stellen; **to ~ a march on sb** jdm den Rang ablaufen; **to ~ the scene** [*or* **show**] **from sb** jdm die Schau stehlen; **to ~ sb's thunder** jdm den Wind aus den Segeln nehmen
III. *vi* <stole, stolen> ❶ *(take things illegally)* stehlen; ***he has been convicted of ~ing*** er ist des Diebstahls überführt worden
❷ *(move surreptitiously)* sich *akk* wegstehlen; ***he stole out of the room*** er stahl sich aus dem Zimmer; ***she stole onto the balcony*** sie schlich auf den Balkon; ■**to ~ over sth** über etw *akk* gleiten; ***as the moon rose, moonlight stole over the scene*** als der Mond aufging, ergoss sich das Mondlicht über die Landschaft; ***a crafty expression stole over his face*** ein raffinierter Ausdruck huschte über sein Gesicht; ***anxiety was ~ing over her*** sie überkam Angst

◆**steal away** *vi* ■**to ~ away** sich *akk* wegstehlen; *quietly* sich *akk* wegschleichen; **to ~ away from home** sich *akk* von zu Hause davonstehlen [*o* fortstehlen]

◆**steal up** *vi* ■**to ~ up** [**on sb**] sich *akk* [an jdn] heranschleichen

steal·ing [ˈstiːlɪŋ] *n no pl* Stehlen *nt*

stealth [stelθ] *n no pl* ❶ *(trick)* List *f;* ***these thieves operate with terrifying ~*** diese Diebe gehen ausgesprochen gerissen vor
❷ *(furtiveness)* Heimlichkeit *f;* ■**to do sth by ~** etw heimlich tun

'stealth bomb·er *n* Tarnkappenbomber *m* **'stealth fight·er** *n* Tarnkappenjäger *m*

stealthi·ly [ˈstelθɪli] *adv* heimlich, verstohlen

'stealth tax *n (pej)* versteckte Steuer

stealthy [ˈstelθi] *adj* heimlich, verstohlen; **~ footsteps** schleichende Schritte; **~ look** verstohlener Blick

steam [stiːm] **I.** *n no pl* Dampf *m;* ***he ran out of ~*** ihm ging die Puste aus; ***full ~ ahead!*** mit Volldampf voraus!; NAUT volle Kraft voraus!; **the age of ~** das Zeitalter der Dampfmaschine; **to let off ~** Dampf ablassen *a. fig;* **to pick** [*or* **get**] **up ~** *(generate steam)* feuern; *(gain impetus)* in Schwung kommen
▸PHRASES: **to do sth under one's own ~** etw in eigener Regie [*o* ÖSTERR, SCHWEIZ *a.* Eigenregie] tun
II. *n modifier* Dampf-; **~ locomotive** Dampflok[omotive] *f*
III. *vi* ❶ *(produce steam)* dampfen
❷ *(move using steam power)* dampfen; ***the ship ~ed into the port*** das Schiff lief [dampfend] in den Hafen ein
IV. *vt* **to ~ fish/vegetables** Fisch/Gemüse dämpfen; **to ~ open a letter** einen Brief über Wasserdampf öffnen

◆**steam away** *vi* ❶ *(produce steam)* vor sich *dat* hin dampfen; ***can't you hear the tea kettle ~ing away?*** hörst du nicht, dass der Teekessel immer weiterkocht?
❷ NAUT, TRANSP davondampfen

◆**steam off I.** *vt* ■**to ~ off** ⊂ **sth** etw mit Dampf ablösen; **to ~ off stamps** Briefmarken über Wasserdampf ablösen
II. *vi* NAUT, TRANSP davondampfen

◆**steam up I.** *vi mirror, window* beschlagen
II. *vt* ❶ *(cause to become steamy)* ***the windows are ~ed up*** die Fenster sind beschlagen
❷ *(fam: cause to become excited)* ■**to ~ up** ⊂ **sb** jdn auf die Palme bringen *fam;* **to get all ~ed up** [**about sth**] sich *akk* [über etw *akk*] unheimlich aufregen, [wegen einer S. *gen*] in die Luft gehen *fam*

'steam bath *n* Dampfbad *nt* **'steam·boat** *n* Dampfschiff *nt,* Dampfer *m*

steamed [stiːmd] *adj* ❶ *inv (cooked in steam)* gedämpft; **~ fruit** Dünstobst *nt,* Dunstfrüchte *pl* ÖSTERR, SCHWEIZ; **~ vegetables** gedämpftes [*o* in Dampf gegartes] Gemüse
❷ *pred* AM *(fam: very angry)* wütend

'steam en·gine *n* ❶ *(engine)* Dampfmaschine *f*
❷ *(locomotive)* Dampflok[omotive] *f*

steam·er [ˈstiːməʳ, AM -ɚ] *n* ❶ *(boat)* Dampfer *m,* Dampfschiff *nt*
❷ *(for cooking)* Dampfkochtopf *m*

'steam·er rug *n* AM NAUT [grobe] [Woll]decke

steam·ing [ˈstiːmɪŋ] **I.** *adj* ❶ *inv (producing steam)* dampfend *attr*
❷ *(fam: very angry)* wütend; ***he was really ~*** er kochte vor Wut
II. *adv* **~ hot** kochend [*o* dampfend] heiß

'steam iron *n* Dampfbügeleisen *nt* **'steam·roll·er I.** *n* ❶ *(road machinery)* Dampfwalze *f* ❷ *(fig: extremely forceful person)* Agitator(in) *m(f) geh*
II. *vt* ■**to ~ sb into doing sth** jdn unter Druck setzen, etw zu tun; ***I hate being ~ed into doing something I don't want to*** ich hasse es, so überfahren zu werden und etwas tun zu müssen, was ich nicht will; **to ~ a bill through parliament** ein Gesetz im Parlament durchpeitschen [*o* durchdrücken]; **to ~ a country into reforms** ein Land zu Reformen zwingen; **to ~ the opposition** die Opposition niederwalzen **'steam room** *n (in sauna)* Saunaraum *m; (in Turkish bath)* Dampfbad *nt* **'steam·ship I.** *n* Dampfschiff *nt,* Dampfer *m* **II.** *n modifier* Dampfschiff-, Dampfer-; **~ captain** Dampferkapitän(in) *m(f);* **~ cruise** Dampferkreuzfahrt *f;* **~ line** Dampferlinie *f;* **~ ride** Dampferfahrt *f;* **~ trip** Dampferreise *f* **'steam shov·el** *n* Löffelbagger *m* **'steam train** *n* RAIL von einer Dampflok gezogener Zug **steam 'tur·bine** *n* Dampfturbine *f*

steamy [ˈstiːmi] *adj* ❶ *(full of steam)* dampfig, dunstig
❷ *(hot and humid)* feuchtheiß; **~ climate/weather** schwüles [*o* drückendes] [*o* SCHWEIZ *fam* düppiges] Klima/Wetter
❸ *(fam: torrid, sexy)* heiß *fam,* scharf *fam; affair, love scene, novel also* prickelnd

steed [stiːd] *n (dated liter)* Ross *nt liter*

steel [stiːl] **I.** *n* ① *no pl (iron alloy)* Stahl *m*
② *no pl (firmness of character)* Härte *f,* Stärke *f;* **nerves of ~** Nerven *pl* wie Drahtseile
③ *(knife sharpener)* Wetzstahl *m*
▶PHRASES: **to be worthy of sb's ~** *(liter)* jdm gewachsen sein
II. *n modifier (factory, grille, industry, products, rod)* Stahl-; **~ beam** [*or* **girder**] Stahlträger *m;* **~ pipe** Stahlrohr *nt;* **~ strut** Stahlstrebe *f*
III. *vt* ■**to ~ oneself against/for sth** sich *akk* gegen/für etw *akk* wappnen; ■**to ~ oneself** [**to do sth**] all seinen Mut zusammennehmen[, um etw zu tun]

steel 'band *n* MUS Steelband *f* **'steel-clad** *adj inv (dated)* stahlgepanzert **steel 'drum** *n* MUS Steeldrum *f* **steel 'grey I.** *adj* stahlgrau **II.** *n* Stahlgrau *nt* **steel gui·'tar** *n* Hawaiigitarre *f* **'steel mill** *n* Stahl[walz]werk *nt* **steel-'plat·ed** *adj inv* stahlgepanzert **steel 'wool** *n no pl* Stahlwolle *f* **'steel·work·er** *n* Stahlarbeiter(in) *m(f)* **'steel·works** *npl + sing/pl vb* Stahlwerk *nt,* Stahlfabrik *f*

steely ['stiːli] *adj* ① *(of steel)* stählern
② *(hard, severe)* stahlhart; **~ determination** eiserne Entschlossenheit; **~ expression** harter Ausdruck; **~ glance** stählerner Blick; **~ nerves** stählerne Nerven

steep[1] [stiːp] *adj* ① *(sharply sloping)* steil; **~ ramp** steile Rampe; **~ slope** abschüssiger Hang; **~ steps** hohe Stufen
② *(dramatic)* drastisch, dramatisch; **~ climb** Steilflug *m;* **~ decline** deutliche Abnahme, starke Senkung; **~ dive** Sturzflug *m;* **~ increase** steiler Anstieg, enormer Zuwachs; **~ increase in prices** drastische Preissteigerung
③ *(unreasonably expensive)* überteuert; **~ bill** gepfefferte [*o* gesalzene] Rechnung *fam;* **~ demand** unverschämte Forderung; **~ membership fees** überzogene Mitgliedsbeiträge; **~ taxes** überhöhte Steuern

steep[2] [stiːp] **I.** *vt* ① *(soak in liquid)* ■**to ~ sth** etw tränken; *washing* etw einweichen; ***his hands are ~ed in blood*** *(fig liter)* an seinen Händen klebt Blut *fig*
② *usu passive (imbue)* ■**to be ~ed in sth** von etw *dat* durchdrungen sein; ***the college is ~ed in tradition*** die Tradition spielt am College eine große Rolle; **~ed in history** geschichtsträchtig; **to be ~ed in work** in der Arbeit versunken sein
II. *vi* einweichen; ***she never lets the tea ~ long enough*** sie lässt den Tee nie lang genug ziehen; ***leave the cloth to ~ in the dye overnight*** legen Sie den Stoff in die Farblösung und lassen Sie sie über Nacht einwirken

steep·en ['stiːpᵊn] **I.** *vi* ① *(become steeper)* steiler werden; *road, slope* ansteigen
② *(fam: increase in cost)* steigen, sich *akk* erhöhen
II. *vt* ■**to ~ sth** *steps* etw steiler machen

stee·ple ['stiːpl] *n* ARCHIT *(spire)* Turmspitze *f; of a church* Kirchturm *m;* **church ~** Kirchturm *m*

'stee·ple·chase I. *n* ① *(for horses)* Hindernisrennen *nt,* Jagdrennen *nt,* Steeplechase *f fachspr* ② *(for runners)* Hindernislauf *m* **II.** *n modifier* **~ rider** Jockey *m* in einem Hindernisrennen; **~ runner** Hindernisläufer(in) *m(f)* **'stee·ple·chas·er** *n* ① *(jockey)* Jockey *m* in einem Hindernisrennen ② *(horse)* Steepler *m fachspr* ③ *(runner)* Hindernisläufer(in) *m(f)*

'stee·ple·jack *n* Turmarbeiter(in) *m(f),* Hochbauarbeiter(in) *m(f)*

steep·ly ['stiːpli] *adv* steil; *(dramatically)* drastisch; **to decline/rise ~** drastisch zurückgehen/steigen

steep·ness ['stiːpnəs] *n no pl* Steilheit *f,* Steile *f;* ***the value of shares plunged with dizzying ~*** *(fig)* der Aktienkurs ist drastisch gefallen

steer [stɪəʳ, AM stɪr] **I.** *n* ZOOL junger Ochse
II. *vt* ① *(direct)* ■**to ~ sth** etw steuern [*o* lenken]; ***it's hard to ~ the car through these narrow streets*** es ist gar nicht so einfach, das Auto durch diese engen Straßen zu manövrieren; ***I'd like to ~ our discussion back to our original topic*** ich möchte wieder auf unser ursprüngliches Thema zurückkommen; ***she ~ed her guests into the dining room*** sie führte ihre Gäste ins Esszimmer; **to ~ a bill through Parliament** eine Gesetzesvorlage im Parlament durchbringen
② *(follow)* **to ~ a course** einen Kurs einschlagen; **to ~ a course for sth** NAUT Kurs auf etw *akk* nehmen
III. *vi* steuern, lenken; *vehicle* sich *akk* lenken lassen; ***my car isn't ~ing very well on bends*** mein Auto fährt sich in Kurven nicht gut; **to ~ clear of sb/sth** sich *akk* von jdm/etw fernhalten, jdn/etw meiden; **to ~ clear of trouble/danger** Ärger/Gefahr aus dem Weg gehen; ***I promise we'll ~ clear of trouble*** ich verspreche, dass wir keinen Ärger machen werden; ■**to ~ toward[s]** [*or* **in the direction of**] **sth** Kurs auf etw *akk* nehmen

◆**steer away** *vt* ■**to ~ away** ◯ **sb from sth** jdn von etw *dat* abbringen; **to ~ a conversation away from sth** das Gespräch von etw *dat* ablenken

steer·age ['stɪəˈrɪʤ, AM 'stɪr-] **I.** *n no pl* NAUT *(hist)* Zwischendeck *nt*
II. *adj* NAUT *(hist)* Zwischendeck-; **~ passenger** *Passagier, der auf dem Zwischendeck untergebracht ist*

steer·ing ['stɪəˈrɪŋ, AM 'stɪr-] **I.** *n no pl* AUTO Lenkung *f;* NAUT Steuerung *f*
II. *adj attr, inv* AUTO Lenk-; NAUT Ruder-, Steuerungs-; **~ compass** Steuerkompass *m;* **~ knuckle** Achsschenkel *m fachspr*

'steer·ing col·umn *n* AUTO Lenksäule *f* **'steer·ing com·mit·tee** *n* Lenkungsausschuss *m* **'steer·ing gear** *n* AUTO Lenkgetriebe *nt;* AVIAT Leitwerk *nt;* NAUT Ruderanlage *f* **'steer·ing lock** *n* AUTO Lenkradschloss *nt* **'steer·ing wheel** *n* Steuer[rad] *nt; of a car also* Lenkrad *nt* **'steer·ing-wheel-mount·ed** *adj inv* am Lenkrad befestigt

'steers·man *n* NAUT Steuermann *m*

stein [staɪn] *n* Bierkrug *m,* Maßkrug *m*

ste·le ['stiːli] *n* ARCHEOL *see* **stela** Stele *f*

stel·lar ['steləʳ, AM -ɚ] *adj* ① *inv* ASTRON *(form)* stellar *fachspr;* **~ spectroscopy** Stellarspektroskopie *f fachspr*
② *(fam: exceptionally good)* grandios, phänomenal; **~ career** Traumkarriere *f;* **~ performance** bravouröse Aufführung; **~ performer** brillanter Schauspieler/brillante Schauspielerin

stem [stem] **I.** *n* ① *of a tree, bush, shrub* Stamm *m; of a leaf, flower, fruit* Stiel *m,* Stängel *m; of grain, corn* Halm *m; of a glass* [Glas]stiel
② LING [Wort]stamm *m*
③ NAUT Vordersteven *m fachspr;* **from ~ to stern** von vorne bis achtern, vom Bug bis zum Heck
④ AM *(watch part)* [Aufzieh]welle *f*
II. *vt* <-mm-> ■**to ~ sth** etw eindämmen [*o* aufhalten]; **to ~ the flow of blood** die Blutung stillen; **to ~ the tide/flow** [**of sth**] den Fluss [von etw *dat*] stoppen, etw zum Stillstand bringen; ***they are looking for ways of ~ming the flow of drugs into the country*** sie suchen nach Wegen, der Drogeneinfuhr ins Land Einhalt zu gebieten
III. *vi* <-mm-> ① *(be traced back)* ■**to ~ back to sth** sich *akk* zurückverfolgen lassen, auf etw *akk* zurückgehen; ■**to ~ from sb/sth** auf jdn/etw zurückzuführen sein, auf jdn/etw zurückgehen; ***their disagreement ~med from her difficult childhood*** der Ursprung ihrer Unstimmigkeiten lag in ihrer schwierigen Kindheit
② *(slide a ski outwards)* stemmen

'stem cell *n* Stammzelle *f* **stem cell re·'search** *n* Stammzellenforschung *f*

stemmed [stemd] *adj attr, inv* -stielig

'stem ra·dia·tion *n* PHYS extrafokale Strahlung

'stem ther·mo·me·ter *n* SCI Stabthermometer *nt*

stem 'turn *n* SKI Stemmbogen *m*

'stem·ware *n no pl* AM Stielglaswaren *pl,* Stielgläser *pl*

stench [stentʃ] *n no pl* Gestank *m a. fig*

sten·cil ['sten(t)sᵊl] **I.** *n* Schablone *f; (picture)* Schablonenzeichnung *f;* **a floral ~** ein Blumenmuster *nt*
II. *vt* <-ll- *or* AM *usu* -l-> ■**to ~ sth** [**on sth**] etw mit einer Schablone [auf etw *akk*] zeichnen
III. *n modifier (pattern, picture)* Schablonen-

Sten gun ['sten,gʌn] *n* leichte Maschinenpistole

steno <*pl* -os> ['stenəʊ, AM -oʊ] AM **I.** *n (dated) short for* **stenographer** Stenograf(in) *m(f)*
II. *n modifier short for* **stenography** Stenografie- *f*

ste·nog·ra·pher [stə'nɒgrəfəʳ, AM -'nɑːgrəfɚ] *n* AM *(dated)* Stenograf(in) *m(f)*

steno·graph·ic 'pool *n + sing/pl vb* AM *(dated)* Stenoabteilung *f*

ste·nog·ra·phy [stə'nɒgrəfi, AM -'nɑː-] *n no pl* AM *(dated)* Stenografie *f,* Kurzschrift *f*

sten·to·rian [sten'tɔːriən] *adj (form)* überlaut, schallend; **~ voice** gewaltige Stimme, Stentorstimme *f geh*

step[1] [step] *n no pl* SPORT *short for* **step aerobics** Step-Aerobic *nt o f*

step[2] [step] **I.** *n* ① *(foot movement)* Schritt *m;* ***they walked with hurried ~s*** sie gingen eiligen Schrittes; ***Sophie took her first ~s when she was eleven months old*** Sophie fing mit elf Monaten an zu laufen; **to retrace one's ~s** seine Schritte zurückverfolgen; **to take a ~ toward sb** einen Schritt auf jdn zu machen; **to take a ~** [*or* **~s**] **towards sth** *(fig)* auf etw *akk* zusteuern; ***the country is taking its first tentative ~s towards democracy*** das Land unternimmt erste vorsichtige Schritte in Richtung Demokratie; **to turn one's ~s somewhere** *(liter)* sich *akk* irgendwohin aufmachen; **to be/walk in ~** im Gleichschritt sein/laufen
② *(distance)* Schritt *m;* ***our house is just a ~ from the station*** unser Haus liegt nur ein paar Schritte vom Bahnhof weg; **to go a few ~s** ein paar Schritte gehen
③ *no pl (manner of walking)* Gang *m;* ***his ~ was slow and heavy*** er ging langsam und schleppend; **to watch** [*or* **mind**] **one's ~** *(fig)* aufpassen, sich *akk* vorsehen
④ *(dance movement)* [Tanz]schritt *m;* **basic dance ~** Grundschritt *m;* ■**in/out of ~** im/aus dem Takt; *(fig)* im/nicht im Einklang; **to keep in ~ with sth** *(fig)* mit etw *dat* Schritt halten
⑤ *(stair)* Stufe *f,* SCHWEIZ *a.* [Stegen]tritt *m; of a ladder* Sprosse *f;* ***"mind the ~"*** „Vorsicht, Stufe!"; **a flight of ~s** eine Treppe; **the front ~** die Stufe vor der Eingangstür; **stone ~s** Steinstufen *pl*
⑥ *(stage in a process)* Schritt *m;* **a ~ in the right/wrong direction** ein Schritt *m* in die richtige/falsche Richtung; **one** [*or* **a**] **~ at a time** eins nach dem anderen; ***let's take things a ~ at a time*** lass uns eins nach dem anderen erledigen; **every ~ of the way** voll und ganz; ***we're behind you every ~ of the way!*** wir stehen voll und ganz hinter dir!; **to be a** [*or* **one**] **~ ahead** [**of sb**] [jdm] einen Schritt voraus sein; **to be a ~ forward/backwards** ein Fort-/Rückschritt sein; **to go a ~ further** einen Schritt weiter gehen; **~ by ~** Schritt für Schritt
⑦ *(measure, action)* Schritt *m,* Vorgehen *nt;* ***do you think that was a wise ~?*** denkst du, dass das ein kluger Schritt war?; ■**to take ~s** [**to do sth**] Schritte unternehmen[, um etw zu tun]; **to take decisive ~s** entschieden vorgehen; **to take drastic ~s** zu drastischen Mitteln greifen
⑧ BRIT *(stepladder)* ■**~s** *pl* Trittleiter *f*
⑨ *esp* AM MUS *(tone, semitone)* Ton *m;* **whole/half ~** Ganz-/Halbton *m*
II. *vi* <-pp-> ① *(tread)* ■**to ~ somewhere** irgendwohin treten; ■**to ~ over sth** über etw *akk* steigen; **to ~ on sb's foot** jdm auf den Fuß treten
② *(walk)* ■**to ~ somewhere** irgendwohin gehen; ***would you care to ~ this way please, sir?*** würden Sie bitte hier entlanggehen, Sir?; ***she ~ped backwards*** sie machte einen Schritt zurück; ***they ~ped out onto the balcony*** sie traten auf den Balkon hinaus; **to ~ aside** zur Seite gehen; ■**to ~ into sth** *(fig)* sich *akk* in etw *akk* stürzen; **to ~ into the breach** in die Bresche springen; **to ~ out of line** sich *akk* danebenbenehmen *fam*
III. *vi* ① AUTO, TRANSP *(tread on)* ■**to ~ on sth** auf etw *akk* treten; **to ~ on the accelerator/brake** aufs Gaspedal/auf die Bremse treten; **~ on it** gib Gas! *fam*
② *(take advantage of)* ■**to ~ on sb** jdn skrupellos

S

ausnutzen [*o* ÖSTERR, SCHWEIZ ausnützen]

◆**step aside** *vi* zur Seite treten, Platz machen; **to ~ aside in favour of sb** jdm Platz machen; *(fig)* zu Gunsten von jdm zurücktreten, seinen Posten für jdn räumen

◆**step back** *vi* ① *(move back)* zurücktreten
② *(gain a new perspective)* Abstand nehmen; ***she wants to ~ back from the committee's activities*** sie möchte sich von den Aktivitäten des Komitees zurückziehen
③ *(emotionally re-visit)* ■ **to ~ back into sth** sich *akk* in etw *akk* zurückversetzen; **to ~ back in time** sich *akk* in die Vergangenheit zurückversetzen

◆**step down** I. *vi* ① *(resign)* zurücktreten, sein Amt niederlegen; ***he ~ped down as captain/from the captaincy*** er trat als Kapitän/vom Amt des Kapitäns zurück
② LAW *witness* den Zeugenstand verlassen
II. *vt* ■ **to ~ down** ⟲ **sth** etw verringern [*o* reduzieren]; **to ~ down production** die Produktion drosseln [*o fam* zurückfahren]; **to ~ down voltage** die Spannung heruntertransformieren

◆**step forward** *vi* vortreten; *(fig)* sich *akk* [freiwillig] melden; ***the assistant ~ped forward to take over the project*** der Assistent erbot sich, das Projekt zu übernehmen

◆**step in** *vi* ① *(enter building)* eintreten; *(enter vehicle)* einsteigen
② *(intervene)* eingreifen, einschreiten, intervenieren *geh*

◆**step out** *vi* ① *(leave temporarily)* [kurz] weggehen
② AM *(fam: date)* ■ **to ~ out with sb** mit jdm ausgehen
③ *(walk vigorously)* ausschreiten

◆**step up** I. *vt* ■ **to ~ up** ⟲ **sth** etw verstärken; ***the pace of the reforms is being ~ped up*** die Reformen werden jetzt beschleunigt; **to ~ up the fighting** die Kämpfe verschärfen; **to ~ up sales** die Verkaufszahlen steigern; **to ~ up the tempo** das Tempo erhöhen; **to ~ up the voltage** die Spannung erhöhen
II. *vi* ▸PHRASES: **to ~ up to the plate** AM etw versuchen

step ae'ro·bics I. *n + sing vb* Step-Aerobic *nt o f*
II. *n modifier (class, teacher)* Step-Aerobic-

'step·broth·er *n* Stiefbruder *m*

step-by-'step *adv inv* stufenweise

'step change *n* schneller Wechsel, Durchbruch *m*

'step·child *n* Stiefkind *nt* **'step·daugh·ter** *n* Stieftochter *f*

step-down trans·'form·er *n* ELEC Abwärtstransformator *m fachspr,* Abspanntrafo *m fachspr*

'step·fa·ther *n* Stiefvater *m*

'step-free *adj attr, inv* ohne Stufen *nach n*

step func·tion *n* MATH Stufenfunktion *f*

'step·lad·der *n* Stehleiter *f,* Trittleiter *f*

'step·moth·er *n* Stiefmutter *f* **'step·par·ent** *n* Stiefelternteil *m*

steppe [step] *n* Steppe *f;* **the Russian ~s** die russische Steppe

step·per [stepəʳ, AM -ɚ] *n* SPORT Stepper *m*

'step·ping stone *n* ① *(stone)* [Tritt]stein *m*
② *(fig: intermediate stage)* Sprungbrett *nt;* ■ **to be a ~ to sth** ein Sprungbrett *nt* für etw *akk* sein

'step·sis·ter *n* Stiefschwester *f* **'step·son** *n* Stiefsohn *m*

step-up trans·'form·er *n* ELEC Aufwärtstrafo *m fachspr,* Aufspanntransformator *m fachspr*

ste·reo[1] <*pl* -os> ['steriəʊ, AM -oʊ] *n* ① *no pl (transmission)* Stereo *nt;* ■ **in ~** in Stereo
② *(fam: unit)* Stereoanlage *f;* **car ~** Autoradio *nt*

ste·reo[2] ['steriəʊ, AM -oʊ] *adj inv short for* **stereophonic** Stereo-; **~ broadcast** Stereoübertragung *f;* **~ headphones** Stereokopfhörer *pl*

ste·reo·phon·ic [ˌsteriə(ʊ)'fɒnɪk, AM ˌsteriə'fɑːnɪk] *adj inv* MUS, MEDIA *(form)* stereophon *fachspr,* Stereo-, stereo-; **~ broadcast** Stereoübertragung *f;* **~ sound** Stereoklang *m,* Raumklang *m*

ste·reoph·ony [ˌsteri'ɒfəni, AM -'ɑːf-] *n no pl* Stereophonie *f fachspr,* Raumklang *m*

ste·reo·scope ['steriə(ʊ)skəʊp, AM 'steriəskoʊp] *n* Stereoskop *nt*

ste·reo·scop·ic [ˌsteriə(ʊ)'skɒpɪk, AM ˌsteriə'skɑː-] *adj inv* stereoskopisch; **~ photographs** stereoskopische Fotografien

ste·reo·type ['steriə(ʊ)taɪp, AM 'steriə-] I. *n* Stereotyp *nt,* Klischee *nt; (character)* stereotype Figur; **racist ~s** rassistische Vorurteile; **to conform to** [*or* **fit**] **a ~ of sb** jds Klischeevorstellung entsprechen; **the ~ of a Frenchman** das Klischee des typischen Franzosen
II. *vt* **to ~ sb/sth** jdn/etw in ein Klischee zwängen [*o* klischeehaft darstellen]; ***the police have been accused of stereotyping black people as criminals*** der Polizei wird vorgeworfen, sie stempele Schwarze als Kriminelle ab

ste·reo·typed ['steriə(ʊ)taɪpt, AM 'steriə-] *adj attr, inv (pej)* stereotyp, klischeehaft; **to have ~ images of sb** eine vorgefasste Meinung von jdm haben; **sexually ~ toys** geschlechtsspezifisches Spielzeug

ste·reo·typi·cal [ˌsteriə(ʊ)'tɪpɪkəl, AM ˌsteriə'-] *adj* stereotyp; **~ family** Durchschnittsfamilie *f;* **~ male response** typisch männliche Antwort

ste·reo·typi·cal·ly [ˌsteriə(ʊ)'tɪpɪkəli, AM ˌsteriə'-] *adv* stereotyp

ste·ric ['sterɪk, 'stɪə-, AM 'sterɪk] *adj inv* CHEM sterisch, räumlich; **~ hindrance** sterische [*o* räumliche] Hinderung

ster·ile ['steraɪl, AM -rəl] *adj inv* ① MED *(unable to reproduce)* unfruchtbar, steril *fachspr*
② AGR **~ soil** unfruchtbarer Boden
③ MED *(free from bacteria)* steril, keimfrei; **~ environment** sterile Umgebung; **~ until opened** vakuumverpackt
④ *(fig pej: unproductive)* steril *pej geh,* unproduktiv; **~ argument** fruchtloser Streit; **~ campaign** erfolglose Kampagne; **~ capital** totes Kapital

ste·ril·ity [stə'rɪləti, AM -əṭi] *n no pl* ① MED Unfruchtbarkeit *f,* Sterilität *f fachspr*
② AGR Unfruchtbarkeit *f*
③ *(fig pej: lack of creativity)* Fantasielosigkeit *f,* Einfallslosigkeit *f,* Sterilität *f geh*

steri·li·za·tion [ˌsterəlaɪ'zeɪʃən, AM -əlɪ'-] *n no pl* ① *(operation)* Sterilisation *f,* Sterilisierung *f*
② *(making sth chemically clean)* Desinfizierung *f,* Sterilisierung *f*

steri·lize ['sterəlaɪz] *vt* MED ① *usu passive (make infertile)* ■ **to be ~d** sterilisiert sein/werden
② *(disinfect)* ■ **to ~ sth** etw desinfizieren; **~d milk** sterilisierte Milch; **to ~ water** Wasser abkochen

steri·liz·er ['sterəlaɪzəʳ, AM -ɚ] *n* MED Sterilisator *m,* Sterilisierungsapparat *m*

steri·liz·ing ['sterəlaɪzɪŋ] *adj inv* keimtötend, sterilisierend; **~ solution** Desinfektionslösung *f*

'steri·liz·ing unit *n* MED Sterilisator *m,* Sterilisierungsapparat *m*

ster·ling ['stɜːlɪŋ, AM 'stɜːr-] I. *n no pl* ① FIN Sterling *m,* [britisches] Pfund; **in pound ~** in Pfund Sterling
② *(metal)* Sterlingsilber *nt*
II. *n modifier* Sterling-; **~ silver** Sterlingsilber *nt;* **~ silver cutlery** Silberbesteck *nt*
III. *adj (approv)* gediegen, meisterhaft; ***this old television has done ~ service*** dieser alte Fernseher ist [noch immer] Gold wert; **to make a ~ effort** beachtliche Anstrengungen unternehmen; **to do a ~ job** eine Meisterleistung vollbringen; **~ work** erstklassige Arbeit

stern[1] [stɜːn, AM stɜːrn] *adj (severe)* ernst; *(strict)* streng, unnachgiebig; *(difficult) test* hart, schwierig; ***his manner is ~ and forbidding*** sein Umgangston ist rau und abweisend; ***Paul is known as a ~ taskmaster*** Paul verlangt alles von seinen Mitarbeitern; **~ discipline** eiserne Disziplin; **~ measures** scharfe Maßnahmen; **to say sth in a ~ voice** etw nachdrücklich sagen; **a ~ warning** eine eindringliche Warnung
▸PHRASES: **to be made of ~er stuff** aus härterem Holz geschnitzt sein

stern[2] [stɜːn, AM stɜːrn] *n* NAUT Heck *nt*

ster·na ['stɜːnə, AM 'stɜːrnə] *n* ANAT, MED *pl of* **sternum**

stern·ly ['stɜːnli, AM 'stɜːrn-] *adv (severely)* ernst[haft]; *(strictly)* streng, ernst[haft]; **to be ~ rebuked** einen scharfen Verweis bekommen

stern·ness ['stɜːnnəs, AM 'stɜːrn-] *n no pl* ① *(severity)* Strenge *f,* Härte *f*
② *(earnestness)* Ernst *m,* Ernsthaftigkeit *f*

ster·num <*pl* -s *or* -na> ['stɜːnəm, AM 'stɜːr-, *pl* -nə] *n* ANAT Brustbein *nt,* Sternum *nt fachspr*

ster·oid ['sterɔɪd] I. *n* CHEM, MED, PHARM Steroide *pl fachspr;* **anabolic ~s** Anabolika *pl fachspr;* ■ **to be on ~s** [**for sth**] regelmäßig Steroide [gegen etw *akk*] nehmen
II. *n modifier* Steroid-; **~ creams** steroidhaltige Cremes; **~ use** Steroideinnahme *f*

ste·roi·dal *adj inv* AM *(sl)* superstark *fam*

stetho·scope ['steθəskəʊp, AM -skoʊp] *n* MED Stethoskop *nt fachspr*

Stet·son® ['stetsən] *n* FASHION Stetson *m fachspr,* Cowboyhut *m*

ste·vedore ['stiːvədɔːʳ, AM -dɔr] *n* Stauer(in) *m(f)*

stew [stjuː, AM *esp* stuː] I. *n* Eintopf *m;* **Irish S~** Irish Stew *nt (irischer Eintopf aus Kartoffeln, Fleisch und Gemüse);* **Spanish fish ~** spanische Fischpfanne
▸PHRASES: **to get sb into a ~** jdn in Schwierigkeiten bringen; **to be in a ~** [**about** [*or* **over**] **sth**] sich *akk* [über etw *akk*] unheimlich aufregen
II. *vt* **to ~ fruit** Obst dünsten; **to ~ meat** Fleisch schmoren; **to ~ plums** Pflaumenkompott kochen
III. *vi* ① *(simmer) meat* [vor sich *dat* hin] schmoren; *fruit* simmern; BRIT *tea* zu lange ziehen [und bitter werden]
② *(fam: be upset)* schmollen
③ *(fam: do nothing productive)* herumhängen
▸PHRASES: **to ~ in one's own juice** im eigenen Saft schmoren

stew·ard ['stjuːəd, AM 'stuːɚd, 'stjuː-] *n* ① *(on flight, cruise)* Flug-/Schiffsbegleiter *m,* Steward *m*
② *(at an event)* Ordner(in) *m(f)*
③ *(at a race)* ■ **~s** *pl* die Rennleitung *kein pl*
④ *(for property)* Verwalter(in) *m(f)*
⑤ BRIT *(for food service)* Oberkellner(in) *m(f),* Chef de Service *m* SCHWEIZ

stew·ard·ess <*pl* -es> ['stjuːədes, AM 'stuːɚdɪs, 'stjuː-] *n* Flug-/Schiffsbegleiterin *f,* Stewardess *f*

stew·ard·ship ['stjuːədʃɪp, AM 'stuːɚd-, 'stjuː-] *n no pl* Verwaltung *f;* ■ **to be under sb's ~** unter der Leitung von jdm stehen

stewed [stjuːd, AM stuːd, 'stjuː-] *adj* ① *inv (cooked by stewing)* **~ apples** Apfelkompott *nt,* Apfelmus *nt* SCHWEIZ; **~ fruit** gedünstetes Obst; **~ meat** geschmortes Fleisch
② *inv* BRIT, AUS *(overdone)* **~ tea** *Tee, der zu lange gezogen hat*
③ *esp* AM *(fam: drunk)* besoffen *fam,* blau *fam*

stewed 'fruit *n no pl* gedünstetes Obst

'stew·ing steak *n no pl* BRIT, AUS Schmorfleisch *nt,* [Rinder]schmorbraten *m*

stib·ial·ism ['stɪbiəlɪzəm] *n no pl* MED Antimonvergiftung *f*

stib·ium ['stɪbiəm] *n no pl* CHEM Antimon *nt*

stick[1] [stɪk] *n* ① *(small thin tree branch)* Zweig *m; (thin piece of wood)* Stock *m;* **to gather ~s** Brennholz [*o* Reisig] sammeln; **to throw ~s and stones at sb** mit Stöcken und Steinen nach jdm werfen
② *no pl* BRIT *(fam: punishment)* **to get the ~** den Stock bekommen; **to give sb the ~, to take a ~ to sb** jdm eine Tracht Prügel verpassen
③ *(fig: means of coercion)* Zwangsmaßnahme *f (geeignetes Mittel, um etw zu erreichen)*
④ *(severe criticism)* **to give sb ~** jdn heruntermachen [*o* herunterputzen] *fam;* **to get** [*or* **take**] [*or* **come in for some**] **~** herbe Kritik einstecken müssen, den Marsch geblasen bekommen *fam; (come under fire)* unter Beschuss geraten
⑤ *(a piece of sth)* **a ~ of cinnamon** eine Stange Zimt; **carrot ~s** lange Mohrrübenstücke, Karottenstifte *pl* ÖSTERR, Rüblistengel *pl* SCHWEIZ; **a ~ of celery/rhubarb** eine Stange Sellerie/Rhabarber; **celery ~s** Selleriestangen *pl;* **a ~ of chewing gum** ein Stück Kaugummi; **a ~ of chalk** ein Stück Kreide; **a ~ of dynamite** eine Stange Dynamit; **cocktail ~**

Cocktailspieß *m;* **lollipop** ~ Stiel *m* eines Lutschers
6 *(used in a certain function)* Stock *m;* **walking** ~ Spazierstock *m;* **white** ~ Blindenstock *m;* **hockey/polo** ~ SPORT Hockey-/Poloschläger *m;* ■ **~s** *pl* SPORT die Hürden *pl*
7 MUS Taktstock *m*
8 AUTO, MECH Hebel *m;* **gear** ~ Hebel *m* der Gang[schaltung]
9 *(furniture)* [Möbel]stück *nt;* **a few ~s [of furniture]** ein paar [Möbel]stücke; **to not have a ~ of furniture** kein einziges Möbelstück besitzen
10 *(esp pej fam: guy)* Kerl *m fam;* **an old ~** ein alter Knacker *pej sl;* ***he's a good old ~*** *(dated)* er ist ein netter alter Kerl
11 *(pej fam: remote area)* **in the [middle of the] ~s** [dort,] wo sich Fuchs und Hase gute Nacht sagen; **out in the ~s** [ganz] weit draußen
▸PHRASES: **to get the shit-end of the ~** AM *(fam!)* immer [nur] den schlechten Rest abbekommen; **to have been hit with the ugly ~** AM *(sl)* grundhässlich sein, ein hässliches Entlein sein; **more people/things than you/one can shake a ~ at** jede Menge Leute/Sachen *fam;* **not enough ... to shake a ~ at** nur ganz wenig ...; ***there are just a few flakes, not enough snow to shake a ~ at*** bei den paar Flocken kann man wohl kaum von Schnee sprechen; **~s and stones may break my bones, but words can never hurt me** *(prov)* also, damit kannst du mich wirklich nicht treffen; **to up ~s** BRIT *(fam)* mit Sack und Pack umziehen

stick² <stuck, stuck> [stɪk] **I.** *vi* 1 *(fix by adhesion)* kleben; *(be fixed)* zugeklebt bleiben; ***this glue won't ~*** dieser Klebstoff hält nicht; ***the flap of this envelope won't ~*** dieser Umschlag geht immer wieder auf; ***careful that the sauce doesn't ~ to the pan*** pass auf, dass die Soße nicht anbrennt
2 *(fig: attach oneself)* ■ **to ~ to sb [like a leech]** an jdm kleben *fam;* **to ~ with the group** bei der Gruppe bleiben; ■ **to ~ with sb** *thought, idea, memory* jdm nicht mehr aus dem Kopf [*o* Sinn] gehen
3 *(be unable to move)* feststecken, festhängen; *car* stecken bleiben, feststecken, festsitzen; *(be unmovable)* festsitzen; *door, window* klemmen; *gear* klemmen; ***help me up — I'm stuck*** hilf mir mal – ich stecke fest!; ***there's a bone stuck in my throat*** mir ist eine Gräte im Hals stecken geblieben; ***he tried to speak but his voice stuck in his throat*** er versuchte zu sprechen, aber die Worte blieben ihm im Halse stecken
4 *(fig: be unable to continue)* nicht weiter wissen [*o* können]; *(unable to leave)* nicht weg können; ***can you help me with my maths — I'm stuck*** kannst du mir mal bei Mathe helfen – ich komme alleine nicht mehr weiter; ***I am stuck here all day with three screaming kids*** ich bin hier den ganzen Tag mit drei kreischenden Kindern eingesperrt; ***I was stuck there for nearly an hour*** ich saß hier fast eine ganze Stunde fest; CARDS ***do you want to play or are you ~ing?*** willst du spielen oder kannst du nicht mehr herausgeben?
5 *(endure)* hängenbleiben; ***her little sister called her Lali, and somehow the name stuck*** ihre kleine Schwester nannte sie Lali, und irgendwie blieb es dann bei diesem Namen; ***they'll never make these accusations ~*** das werden sie nie beweisen können; **to ~ in sb's memory [*or* mind]** jdm in Erinnerung bleiben
6 *(persevere)* ■ **to ~ at sth** an etw *dat* dranbleiben; **to ~ to an idea** an einer Idee festhalten
7 *(keep within limits)* **to ~ to one's budget** sich *akk* an sein Budget halten; **to ~ to a diet** eine Diät einhalten
8 *(not give up)* ***I think I'll ~ with my usual brand*** ich denke, ich werde bei meiner [üblichen] Marke bleiben; ***he has managed to ~ with the task*** es ist ihm gelungen, die Sache durchzuziehen; **to ~ with traditions** an Traditionen festhalten
9 *(continue to support, comply with)* ■ **to ~ by sb/sth** zu jdm/etw halten; ***I ~ by what I said*** ich stehe zu meinem Wort; ***we must ~ by our policy*** wir dürfen unsere Taktik jetzt nicht ändern; **to ~ by the rules** sich *akk* an die Regeln halten; **to ~ by sb through thick and thin** mit jdm durch dick und dünn gehen; ***he should ~ to what he's good at*** er sollte bei dem bleiben, was er kann; **to ~ to the point** beim Thema bleiben; **to ~ to sb** jdm treu bleiben
10 *(stop)* ■ **to ~ at sth** *price* gleich bleiben
11 *(fam: need, be at a loss for)* ■ **to be stuck for sth** etw brauchen; ***I'm stuck for an idea*** mir fällt gerade nichts ein; ***I'm stuck for money at the moment*** im Moment bin ich ein bisschen knapp bei Kasse *fam;* ***he was stuck for words*** er suchte [vergeblich] nach Worten
▸PHRASES: **let the cobbler ~ to his last** *esp* BRIT *(prov)* Schuster bleib bei deinen Leisten *prov;* **to ~ to one's guns** *(refuse to give up)* nicht lockerlassen; ***I'm ~ing to my guns*** ich stehe zu dem, was ich gesagt habe; **everybody knows that money ~s to his fingers** jeder weiß, dass er gerne Geld mitgehen lässt; **to ~ to one's last** bei dem bleiben, was man wirklich kann; **mud ~s** irgendwie bleibt doch immer etwas hängen; **to ~ in sb's throat** [*or* BRIT *also* **gizzard**] [*or* BRIT *also* **craw**] jdn wurmen *fam,* jdm gegen den Strich gehen *fam*
II. *vt* 1 *(affix)* ■ **to ~ sth** etw kleben; ***I forgot to ~ on a stamp*** ich habe vergessen, eine Briefmarke darauf zu kleben; ■ **to ~ sth into sth** etw in etw *akk* einkleben; **to ~ sth into place/position** etw an die richtige Stelle kleben; ■ **to ~ sth to sth** etw an etw *dat* [an]kleben
2 BRIT *(fam: tolerate)* ■ **to ~ sth/sb** etw/jdn ertragen [*o* aushalten]; ***I can't ~ much more of this*** ich halt's nicht mehr aus! *fam;* ***I can't ~ her*** ich kann sie nicht ausstehen
3 *(fam: put)* ■ **to ~ sth somewhere:** ***~ your things wherever you like*** stellen Sie Ihre Sachen irgendwo ab; ***she stuck her fingers in her ears*** sie steckte sich die Finger in die Ohren; ***very young children often ~ things up their noses*** Kleinkinder stecken sich oft irgendetwas in die Nase; **to ~ sth into a bag** etw in eine Tasche packen; **to ~ one's head around the door** seinen Kopf durch die Tür stecken; ■ **to ~ sth down sth** etw in etw *akk* stecken; ■ **to ~ sth on sth** etw auf etw *akk* legen; *(add)* ***the sellers stuck another £5,000 on the price*** die Verkäufer verlangten noch einmal 5.000 Pfund mehr; ***I'll pay for lunch — I can ~ it on my expenses*** ich zahle das Mittagessen – ich kann es absetzen
4 *(pierce)* ■ **to ~ sth through sth** etw durch etw *akk* [hindurch]stoßen
5 *(like very much)* ■ **to be stuck on sth** sich *dat* etw in den Kopf gesetzt haben; ***the boss is stuck on his plan to reorganize the office*** der Chef will um jeden Preis das Büro umstrukturieren; ■ **to be stuck on sb** in jdn total verknallt sein *sl*
6 *passive* ■ **to be stuck with sth** *(unable to get rid of)* etw [ungern] tun müssen *fam;* *(given an unpleasant task)* etw aufgehalst bekommen *fam;* ■ **to be stuck with doing sth** zu etw *dat* verdonnert werden
7 LAW **to ~ an accusation/a charge on sb** jdm etw zur Last legen
▸PHRASES: **to ~ one's nose into sb's business** seine Nase in jds Angelegenheiten stecken; **I'll tell him where he can ~ his job** *(fam!)* den Job kann er sich sonst wohin stecken *sl*

◆**stick around** *vi* *(fam)* da bleiben *fam*

◆**stick back** *vt* 1 *(fix)* ■ **to ~ back ↔ sth** etw zurückstecken; ***he used to ~ his hair back with hair cream*** er hat sich seine Haare immer mit Pomade zurückgeschmiert; ***she stuck her hair back behind her ear*** sie steckte sich die Haare hinter das Ohr
2 *(fam: return to it's place)* ■ **to ~ sth back** etw zurückstellen

◆**stick down** *vt* 1 *(glue)* ■ **to ~ down ↔ sth** etw festkleben; ***don't ~ down the flap*** kleben Sie den Umschlag nicht zu
2 *(fix hair)* **to ~ one's hair down** sein Haar feststecken
3 *(fam: write hastily)* **to ~ sth down [on paper]** etw sofort aufschreiben

◆**stick in I.** *vi dart* stecken bleiben
▸PHRASES: **to get stuck in** BRIT *(fam: start)* anfangen; *(start eating)* [mit dem Essen] anfangen; ***get stuck in — don't let it get cold!*** fangt schon mal an – lasst es nicht kalt werden!
II. *vt (fam)* 1 *(affix)* ■ **to ~ sth in sth** etw in etw *akk* einkleben; **to ~ photographs in an album** Fotos in ein Album kleben
2 *(put into)* ■ **to ~ sth in[to] sth** etw in etw *akk* hineinstecken; ***the killer stuck a knife into his victim's back*** der Mörder stieß dem Opfer ein Messer in den Rücken; ***the nurse stuck the needle into my arm*** die Krankenschwester stach mir mit einer Nadel in den Arm

◆**stick out I.** *vt* 1 *(make protrude)* **to ~ out one's hand** die Hand ausstrecken; ***at a request bus stop you must ~ out your hand*** wenn Sie an einer Bedarfshaltestelle aussteigen möchten, müssen Sie ein Handzeichen geben; **to ~ one's tongue out** die Zunge herausstrecken
2 *(endure)* ■ **to ~ it out** es [bis zum Ende] durchhalten
II. *vi* 1 *(protrude)* [her]vorstehen; *hair, ears* abstehen; *nail* herausstehen; ***there was a handkerchief ~ing out of his jacket pocket*** aus der Tasche seines Jacketts hing ein Taschentuch heraus; ***I wish my stomach didn't ~ out so much*** ich wünschte, mein Bauch würde nicht so hervorstehen; ***I could see Bill's legs ~ing out from underneath his car*** ich konnte Bills Beine unter dem Auto hervorragen sehen
2 *(fig: be obvious)* offensichtlich sein; ***the thing that really ~s out is the clashing colours*** es fällt einem sofort auf, dass die Farben nicht zueinander passen; **to ~ out a mile [*or* like a sore thumb]** wie ein bunter Pudel auffallen *fam;* ***she's in love with him — it ~s out a mile*** sie ist in ihn verliebt – das sieht doch ein Blinder *fam*
3 *(endure)* ■ **to ~ out for sth** hartnäckig auf etw *dat* bestehen
▸PHRASES: **to ~ one's neck out** eine Menge riskieren *fam*

◆**stick through** *vi* ■ **to ~ through sth** durch etw *akk* ragen

◆**stick together I.** *vt* ■ **to ~ together ↔ sth** etw zusammenkleben
II. *vi* 1 *(adhere)* zusammenkleben
2 *(fig: not separate)* immer zusammen sein; *(inseparable)* unzertrennlich sein; ***everybody must ~ together in the town*** wenn wir in der Stadt sind, müsst ihr alle zusammenbleiben
3 *(fig: remain loyal to each other)* zusammenhalten, zueinander stehen; *(help each other)* einander helfen

◆**stick up I.** *vt (fam)* 1 *(attach)* ■ **to ~ up ↔ sth** etw aufhängen; **to ~ up a notice** einen Aushang machen, eine Mitteilung aushängen
2 *(raise)* ■ **to ~ up ↔ sth** etw in die Höhe strecken; **to ~ up an umbrella in the air** einen Schirm in die Luft halten; **to ~ up ↔ one's hand** die Hand heben; ***if you have a question, ~ your hand up*** meldet euch, wenn ihr eine Frage habt; ***~ your hands up*** Hände hoch!; ***~ 'em up!*** *(fam)* Hände hoch!
3 *(commit armed robbery against)* ■ **to ~ up ↔ sb/sth** jdn/etw überfallen
▸PHRASES: **to ~ one's nose up [in the air]** die Nase rümpfen; **to have one's nose stuck up in the air** hochnäsig sein
II. *vi* 1 *(protrude)* hochragen, emporragen; **to ~ up into the sky** in den Himmel ragen; **to ~ up out of the ground/water** aus dem Boden/Wasser ragen
2 *(stand on end)* abstehen; ***your hair's ~ing up all over the place*** deine Haare stehen in alle Richtungen ab
3 *(defend)* ■ **to ~ up for sb/sth** sich *akk* für jdn/etw einsetzen, für etw *akk* eintreten; ***I can ~ up for myself*** ich komme schon allein zurecht
4 *(support)* ■ **to ~ up for sb** jdn unterstützen
5 *(show defiance)* ■ **to ~ up to sb** jdm trotzen [*o*

die Stirn bieten]

sticka·bil·ity [ˌstɪkəˈbɪləti, AM -əṱi] *n no pl* Durchhaltevermögen *nt*

stick·er [ˈstɪkəʳ, AM -ɚ] *n* ❶ *(adhesive label)* Aufkleber *m; (for collecting)* Sticker *m,* Klebebildchen *nt,* SCHWEIZ *a.* Abziehbildchen *nt;* ~ **album** Stickeralbum *nt;* **disabled** ~ Behindertenaufkleber *m (am Auto);* **price** ~ Preisschild[chen] *nt*
❷ *(perseverer)* **to be a** ~ Durchhaltevermögen haben, zäh sein
❸ *(fam: thorn)* Dorn *m*

ˈstick·er price *n* AM *(manufacturer's price)* Fabrikpreis *m*

ˈstick fig·ure *n* Strichmännchen *nt*

sticki·ness [ˈstɪkɪnəs] *n no pl* ❶ *(ability to adhere)* Klebefähigkeit *f; (texture)* Klebrigkeit *f; (fig) of a problem* Brenzligkeit *f*
❷ *(sticky substance)* Klebrige(s) *nt kein pl*
❸ *(humidity) of the weather* Schwüle *f; of the air* Stickigkeit *f*
❹ STOCKEX *of wages, prices* Rigidität *f*

ˈstick·ing-out *adj attr ears* abstehend

ˈstick·ing plaster *n* BRIT [Heft]pflaster *nt*

ˈstick·ing point *n* Streitfrage *f*

ˈstick in·sect *n* Gespenstheuschrecke *f* ▸PHRASES: **to be as thin as a** ~ BRIT spindeldürr sein **ˈstick-in-the-mud** I. *n (fam)* Muffel *m,* Spaßverderber(in) *m(f) pej fam* II. *adj attr, inv* altmodisch, rückständig

stick·le·back [ˈstɪklbæk] *n* ZOOL Stichling *m*

stick·ler [ˈstɪkləʳ, AM -ɚ] *n* Pedant(in) *m(f) pej;* **to be a** ~ **about being on time/keeping records** es mit der Pünktlichkeit/dem Buchführen peinlich genau nehmen; **to be a** ~ **for accuracy/punctuality** pingelig auf Genauigkeit/Pünktlichkeit achten

ˈstick-on *adj attr, inv* Klebe-; ~ **label** Klebeetikett *nt;* ~ **price label** Preisaufkleber *m;* ~ **name tag** Namensschild *nt* zum Ankleben; ~ **sole** Schuhsohle *f* mit Haftschicht

ˈstick·pin *n* AM *(tiepin)* Krawattennadel *f*

ˈstick shift *n* AM *(gear lever)* Schalthebel *m*

stick-to-it-ive·ness [stɪkˈtuːɪtɪvnəs] *n no pl* AM *(fam: perseverance)* Durchhaltevermögen *nt*

ˈstick-up *n esp* AM *(fam)* Überfall *m*

sticky [ˈstɪki] *adj* ❶ *(texture)* klebrig; ■**to be** ~ **with sth** mit etw *dat* verklebt [*o* verschmiert] sein; ~ **mass** klebrige Masse; ~ **paint** [noch] feuchte Farbe
❷ *(sugary)* klebrig
❸ *(sweaty) person* verschwitzt; *(humid) weather* schwül; *air* stickig; **hot and** ~ *(of weather)* heiß und stickig
❹ *(fig: difficult) person* schwierig; *question, situation* heikel; ■**to be** ~ **about doing sth** bei etw *dat* sehr zögern; ***my dad was rather ~ about letting me go to the party*** mein Vater ließ mich nur sehr ungern zu der Party gehen; ~ **moment** kritischer Moment; ~ **patch** schwierige Phase; ~ **problem** kompliziertes Problem
▸PHRASES: **to come to** [*or* **meet**] **a** ~ **end** ein böses Ende nehmen; ***you'll come to a ~ end*** mit dir wird es noch einmal ein schlimmes Ende nehmen; **to have** ~ **fingers** lange Finger haben *fam*

sticky ˈbun *n* FOOD süßes Teilchen **ˈsticky tape** *n* BRIT, AUS Klebeband *nt*

sticky ˈwick·et *n* ❶ *(in cricket)* schwer bespielbare Spielbahn
❷ *(fig: difficult situation)* Klemme *f fam;* ***this is something of a ~ you've got us into*** du hast uns da ganz schön was eingebrockt *fam;* **to be batting on a** ~ sich *dat* Schwierigkeiten einhandeln

stiff [stɪf] I. *n* ❶ *(fam: corpse)* Leiche *f*
❷ AM *(fig: conventional person)* Langweiler(in) *m(f);* **working** ~ Prolet *m pej*
❸ AM *(fam: person)* ***you lucky ~!*** du Glückspilz! *fam*
II. *adj* ❶ *(rigid)* steif (**with** vor +*dat*); *paper, lid* fest; ***his clothes were ~ with dried mud*** seine Kleidung starrte vor angetrocknetem Schmutz; ***the handle on this door is rather ~*** der Türgriff lässt sich schlecht bewegen; **to be** [**as**] ~ **as a board** [*or* **poker**] steif wie ein Brett sein; ~ **brush** harte Bürste; ~ **cardboard** fester Karton; ~ **collar** steifer Kragen
❷ *(sore) neck, joints* steif; *muscles* hart
❸ *(dense) paste* dick; *batter, mixture, dough* fest
❹ *(formal, reserved) manner* steif; *letter* unpersönlich, förmlich; *(forced) smile* gezwungen; **to keep a** ~ **upper lip** Haltung bewahren; ***come on Richard, keep a ~ upper lip*** komm, Richard, lass dir nichts anmerken
❺ *(strong) opposition* stark; *penalty, punishment* hart, schwer; *wind* stark, heftig; ~ **brandy** starker Weinbrand; ~ **breeze** steife Brise; ~ **challenge** große Herausforderung; ~ **criticism** herbe Kritik; ~ **competition** harter Wettbewerb; ~ **drink** harter Drink; ~ **resistance** erbitterter Widerstand; **a** ~ **right/left** BOXING eine harte Rechte/Linke
❻ *(high)* [extrem] hoch; ~ **cuts** einschneidende Kürzungen; ~ **fee/tax** überzogene Gebühr/Steuer; ~ **price** Wucherpreis *m pej,* gesalzener Preis *fam*
❼ *(difficult) question* schwer, schwierig; ~ **climb/work-out** anstrengende Klettertour/anstrengendes Fitnesstraining; ~ **test** SCH schwere Prüfung; TECH harter Test
III. *adv inv* zu Tode *fam;* ***I got frozen ~ waiting at the bus stop*** ich wäre fast erfroren, als ich an der Bushaltestelle wartete; ***I've been worried ~*** ich habe mir wahnsinnige Sorgen gemacht; **to be scared** ~ zu Tode erschrocken sein
IV. *vt* AM *(fam)* ❶ *(cheat)* ■**to be** ~**ed** betrogen werden
❷ *(not tip)* **to** ~ **a porter/taxi driver/waiter** einem Gepäckträger/Taxifahrer/Kellner kein Trinkgeld geben
❸ *(snub)* ■**to** ~ **sb** jdn schneiden *fam*
❹ *(kill)* ■**to** ~ **sb** jdn kaltmachen *sl*
V. *vi film, TV programme* ein Misserfolg *m* sein, floppen

stiff·en [ˈstɪfᵊn] I. *vi* ❶ *(tense up)* sich *akk* versteifen; *muscles* sich *akk* verspannen; *(with nervousness) person* sich *akk* verkrampfen; *(with fear, fright)* erstarren; ***his body ~ed in fear*** er erstarrte vor Angst
❷ *(become denser) cream, egg whites* fest [*o* steif] werden
❸ *(become stronger)* stärker werden, sich *akk* verstärken; *resistance* wachsen
II. *vt* ❶ *(make rigid)* **to** ~ **one's arms/legs** die Arme/Beine versteifen; **to** ~ **a collar** einen Kragen stärken [*o* steifen]; **to** ~ **one's muscles** die Muskeln anspannen
❷ *(make more difficult)* **to** ~ **criteria/requirements/standards** Kriterien/Anforderungen/Normen höherschrauben; **to** ~ **an exam** den Schwierigkeitsgrad einer Prüfung erhöhen
❸ *(make more severe)* **to** ~ **a fine** eine Geldstrafe erhöhen; **to** ~ **a penalty** [*or* **punishment**]/**the rules** eine Strafe/die Regeln verschärfen
❹ *(strengthen)* ■**to** ~ **sth** etw stärken [*o* verstärken]; *character* etw festigen; ***these events have ~ed our resolve to succeed*** diese Ereignisse haben uns in unserer Entschlossenheit zu siegen bestärkt; **to** ~ **competition** den Wettbewerb verschärfen; **to** ~ **the spine of sb** [*or* **sb's spine**] *(fig)* jdm den Rücken stärken

stiff·en·er [ˈstɪfᵊnəʳ, AM ɚ] *n* ❶ *(supporting material)* steife Einlage, Versteifung *f*
❷ *(fam: drink)* Stärkungstrunk *m iron,* Muntermacher *m hum*

stiff·en·ing [ˈstɪfᵊnɪŋ] I. *n no pl* ❶ *(becoming rigid) of muscles, joints* Versteifung *f*
❷ FASHION *(rigid material)* Einlage *f,* Vliesstoff *m*
II. *adj attr, inv (fig)* ~ **competition/resistance** sich *akk* verschärfender Wettbewerb/Widerstand; ~ **defence** SPORT stärker werdende Abwehr; ~ **resolve** zunehmende Entschlossenheit

stiff-ˈjoint·ed [-ˈdʒɔɪntɪd] *adj* steif, ungelenkig

stiff·ly [ˈstɪfli] *adv* ❶ *(rigidly)* **to sit/stand** ~ steif dasitzen/dastehen; *(with difficulty)* **to move** ~ sich *akk* steif bewegen
❷ *(fig: unfriendly)* steif; ***I wrote a ~ worded letter of complaint*** ich schrieb einen scharf formulierten Beschwerdebrief; **to smile** ~ steif [*o* gezwungen] lächeln

stiff-necked [-ˈnekt] *adj (pej)* ❶ *(stubborn)* halsstarrig *pej,* stur *pej*
❷ *(arrogant)* hochnäsig *pej fam,* arrogant *pej*

stiff·ness [ˈstɪfnəs] *n no pl* ❶ *(rigidity)* Steifheit *f; of brakes* Steifigkeit *f; of dough, batter* Festigkeit *f; of muscles* Verspanntheit *f;* **to have** ~ **in one's muscles** *(from illness)* Muskelschmerzen haben; *(after exercise)* einen Muskelkater haben
❷ *(formal behaviour)* Steifheit *f,* Förmlichkeit *f*
❸ *(severity)* Härte *f; of a punishment, penalty, sentence* Schwere *f; of taxes, fees* Höhe *f*

stiff-up·per-lipped [ˈstɪfʌpəˌlɪpt, AM -ʌpɚ-] *adj* steif *fig*

stif·fy [ˈstɪfi] *n (vulg)* **to get/have a** ~ einen Steifen kriegen/haben *vulg*

sti·fle [ˈstaɪfl] I. *vi* ersticken; ***we ~d in the heat of the city*** *(fig)* wir sind in der Hitze der Stadt fast umgekommen *fam*
II. *vt* ❶ *(smother)* ■**to** ~ **sb** jdn ersticken; **to** ~ **a fire/flames** ein Feuer/Flammen ersticken; **to be** ~**d by fumes/smoke** an Dämpfen/am Rauch ersticken
❷ *(fig: suppress)* ■**to** ~ **sth** etw unterdrücken; ***I don't know how I managed to ~ my anger*** ich weiß nicht, wie ich es geschafft habe, meinen Zorn hinunterzuschlucken; **to** ~ **competition** die Konkurrenz ausschalten; **to** ~ **a desire** sich *dat* einen Wunsch versagen; **to** ~ **a scream/yawn** einen Aufschrei/ein Gähnen unterdrücken; **to** ~ **the urge to laugh** sich *dat* das Lachen verbeißen

sti·fling [ˈstaɪflɪŋ] *adj* ❶ *(smothering) fumes, smoke* erstickend; *air* zum Ersticken *nach n, präd; (fig) heat, humidity* drückend; *room* stickig; ***it was hot and ~ in the train*** im Zug war es heiß und stickig
❷ *(fig: repressive)* erdrückend; ***we had to deal with a lot of ~ bureaucracy*** wir mussten uns oft mit einer Bürokratie herumschlagen, die jede Initiative im Keim erstickte

sti·fling·ly [ˈstaɪflɪŋli] *adv* ~ **hot/humid** drückend heiß/schwül; *(fig)* erdrückend

stig·ma [ˈstɪgmə] *n* ❶ MED *(of a disease)* Symptom *nt,* Stigma *nt fachspr; (mark on skin)* Mal *nt*
❷ *(shame)* Stigma *nt geh;* **the** ~ **of unemployment** das Stigma der Arbeitslosigkeit; **social** ~ gesellschaftlicher Makel
❸ BOT Narbe *f*

stig·ma·ta [stɪgˈmɑːtə, AM -ṱə] *npl* REL Wundmale *pl,* Stigmata *pl*

stig·ma·tize [ˈstɪgmətaɪz] *vt* ■**to** ~ **sb** ❶ *(mark)* jdn brandmarken; **to** ~ **sb as dishonest/a delinquent/an alcoholic** jdn als unehrlich/Kriminellen/Alkoholiker abstempeln [*o geh* brandmarken]
❷ REL jdn stigmatisieren

stile [staɪl] *n* Pfosten *m; of a door* Höhenfries *m*

sti·let·to <*pl* -os> [stɪˈletəʊ, AM -ˈleṱoʊ] *n* ❶ *(knife)* Stilett *nt*
❷ *(shoe)* Pfennigabsatz *m,* Bleistiftabsatz *m* ÖSTERR, SCHWEIZ; ■~**s** *pl* Schuhe mit Pfennigabsätzen *pl* [*o* ÖSTERR, SCHWEIZ Bleistiftabsätzen]

sti·let·to ˈheel *n* Pfennigabsatz *m,* Bleistiftabsatz *m* ÖSTERR, SCHWEIZ

still[1] [stɪl] I. *n* ❶ *no pl (peace and quiet)* Stille *f;* **in the** ~ **of the night** in der Stille der Nacht
❷ *usu pl (photo of film scene)* Standfoto *nt; (single frame)* Einzelaufnahme *f*
II. *adj* ❶ *(quiet and peaceful)* ruhig, friedlich; *lake, sea* ruhig; *air* windstill
❷ *(motionless)* reglos, bewegungslos; ~ **photo** Standfoto *nt;* **to be** ~ **as a statue** regungslos wie eine Statue sein; **to keep** ~ stillhalten, sich *akk* nicht bewegen; **to keep** ~ **about sth** *(fig)* über etw *akk* schweigen; **to sit/stand** ~ stillsitzen/stillstehen
❸ *inv (not fizzy) drink* ohne Kohlensäure *nach n; mineral water* still, ohne Kohlensäure *nach n; wine* nicht moussierend
▸PHRASES: **a** ~ **small voice** ein leises Stimmchen; ~ **waters run deep** *(prov)* stille Wasser sind tief *prov*
III. *vt* ❶ *(stop movement)* ■**to** ~ **sb** jdn zur Ruhe bringen; ■**to** ~ **sth** etw zum Stillstand bringen

❷ *(calm)* **to ~ sb's doubts/fears/worries** jdm seine Ängste/Zweifel/Bedenken nehmen; **to ~ public anxiety about sth** die allgemeine Besorgnis über etw *akk* zerstreuen; **to ~ sb's complaining/protests** jds Beschwerden/Proteste zum Verstummen bringen; ***she cuddled her baby to ~ its cries*** sie knuddelte ihr Baby, damit es aufhörte zu schreien

still² [stɪl] *adv inv* ❶ *(continuing situation)* [immer] noch, noch immer; *(in future as in past)* nach wie vor; ***I'm ~ hungry*** ich habe immer noch Hunger; ***we've ~ got some wine left over from the party*** wir haben von dem Fest noch ein paar Flaschen Wein übrig; ***there's ~ time for us to get to the cinema before the film starts*** wir können es noch schaffen, ins Kino zu kommen, bevor der Film anfängt; **to be ~ alive** noch leben [*o* am Leben sein]; **to be ~ possible** immer noch möglich sein
❷ *(nevertheless)* trotzdem; ***I know you don't like her but you ~ don't have to be so rude to her*** ich weiß, du kannst sie nicht leiden, aber deswegen brauchst du nicht gleich so unhöflich zu ihr zu sein; ***..., but he's ~ your brother*** ... er ist immer noch dein Bruder; ***even though she hasn't really got the time, she ~ offered to help*** obwohl sie eigentlich gar keine Zeit hat, hat sie dennoch angeboten zu helfen; **~ and all** *esp* AM [und] dennoch [*o* doch]
❸ *(greater degree)* noch; **~ further/higher/more** noch weiter/höher/mehr; **to want ~ more** immer noch mehr wollen; **better/worse ~** noch besser/schlimmer, besser/schlimmer noch; ***I'll meet you at the theatre — no, better ~, let's meet in a pub*** ich treffe dich im Theater – oder nein, treffen wir uns besser in einem Pub

still³ [stɪl] *n* ❶ *(distillery)* Brennerei *f;* **moonshine/whisky ~** Schwarz-/Whiskybrennerei *f;* **illicit ~** Schwarzbrennerei *f,* illegale Brennerei
❷ *(appliance)* Destillierapparat *m*

'still·birth *n* Totgeburt *f* **'still·born** *adj inv baby, animal young* tot geboren; *(fig) ideas, plans, proposals* nicht umsetzbar [*o* realisierbar]; ***she gave birth to a ~ baby*** sie hatte eine Totgeburt

still 'life <*pl* -s> *n* ❶ *(painting)* Stillleben *nt* ❷ *no pl (style)* Stilllebenmalerei *f* **'still-life** *adj attr, inv* **~ drawing** Stillleben *nt,* Zeichnung *f* eines Stilllebens; **~ painting** Stillleben *nt;* **~ painter** Maler(in) *m(f)* von Stillleben

still·ness ['stɪlnəs] *n no pl* ❶ *(tranquillity)* Stille *f,* Ruhe *f*
❷ *(lack of movement) of the air, trees* Unbewegtheit *f,* Bewegungslosigkeit *f; of a person* Reglosigkeit *f*

'still room *n* BRIT *(hist)* Vorratskammer *f*

Stillson, Stillson wrench ['stɪlsᵊn-] *n* Stillson-Schlüssel *m*

stilt [stɪlt] *n usu pl* ❶ *(post)* Pfahl *m;* **to be built on ~s** auf Pfählen gebaut sein; **house built on ~s** Pfahlbau *m*
❷ *(for walking)* Stelze *f;* **a pair of ~s** Stelzen *pl;* **to walk on ~s** auf Stelzen laufen

stilt·ed ['stɪltɪd] *adj (pej: stiff and formal) way of talking* gestelzt *pej; (not natural) behaviour* unnatürlich, gespreizt *pej;* **to have a ~ conversation** eine hochtrabende Unterhaltung führen

stilt·ed·ly ['stɪltɪdli] *adv* gestelzt *pej,* geschraubt *pej fam*

Stil·ton ['stɪltᵊn] *n no pl* Stilton *m (Käsesorte)*

stimu·lant ['stɪmjələnt] **I.** *n* ❶ *(boost)* Stimulanz *f,* Impuls *f,* Anreiz *f;* **to act as** [*or* **be**] **a ~ to development/the economy/growth** die Entwicklung/die Wirtschaft/das Wachstum ankurbeln
❷ MED *(drug)* Stimulans *nt;* SPORT Aufputschmittel *nt;* **to act as a ~ to sth** auf etw *akk* anregend wirken
II. *adj attr* anregend, belebend

'stimu·lant-spiked *adj inv* voller Anregungsmittel *nach n*

stimu·late ['stɪmjəleɪt] **I.** *vt* ❶ *(encourage)* ■**to ~ sth** etw beleben [*o* ankurbeln]; ■**to ~ sb to do sth** jdn anspornen [*o* anregen], etw zu tun; ■**to ~ sb into doing sth** jdn dazu bringen, etw zu tun; ***we want to ~ the authorities into taking action*** wir wollen die Behörden zum Handeln bringen; **to ~ discussion of a problem** eine Diskussion über ein Problem in Gang bringen; **to ~ the economy** die Wirtschaft ankurbeln; **to ~ enthusiasm/interest** Begeisterung/Interesse erregen
❷ *(excite)* ■**to ~ sb/sth** jdn/etw stimulieren; ■**to be ~d by sth** *(mentally)* durch etw *akk* stimuliert werden; *(sexually)* durch etw *akk* erregt werden; **to ~ the conversation** die Unterhaltung beleben; **to ~ sb's mind** jds Geist anregen
❸ MED *(activate)* ***the drugs ~ the damaged tissue into repairing itself*** die Medikamente regen das beschädigte Gewebe dazu an, sich zu regenerieren; **to ~ a gland/the immune system** eine Lymphdrüse/das Immunsystem aktivieren [*o* stimulieren]; **to ~ a nerve** einen Nerv reizen
II. *vi* begeistern, mitreißen

stimu·lat·ing ['stɪmjəleɪtɪŋ, AM -t̬-] *adj* ❶ *(mentally)* stimulierend; *conversation, discussion* anregend; *atmosphere, environment* animierend; ***she is a really ~ teacher*** sie ist eine begeisternde Lehrerin; ■**to be ~** *experience, time* neue Impulse geben; *ideas* zum Nachdenken anregen
❷ *(sexually)* erregend, stimulierend
❸ *(physically) shower, exercise* belebend; *drug* stimulierend

stimu·la·tion [ˌstɪmjəˈleɪʃᵊn] *n no pl* ❶ *(mental)* Anregung *f; (physical)* belebende Wirkung; *(sexual)* Stimulieren *nt,* Erregen *nt;* **intellectual ~** geistige Anregung
❷ *(motivation) of the economy* Ankurbelung *m; (of interest, enthusiasm)* Erregung *f*
❸ MED *of a gland, the immune system* Stimulation *f; of a nerve* Reizen *nt;* **electric ~** Elektrostimulation *f*

stimu·la·tive ['stɪmjələtɪv, AM -leɪt̬ɪv] **I.** *n* ❶ *(mental)* Anreiz *m kein pl*
❷ *(drug)* Stimulans *nt*
II. *adj* anregend, belebend

stimu·lus <*pl* -li> ['stɪmjələs, *pl* -laɪ] *n* ❶ *(economic boost)* Anreiz *m,* Stimulus *m geh;* ***foreign investment has been a ~ to the industry*** ausländische Investitionen haben der Industrie Aufschwung gegeben
❷ *(motivation)* Ansporn *m kein pl,* Antrieb *m kein pl*
❸ BIOL, MED Reiz *m,* Stimulus *m fachspr*

sting [stɪŋ] **I.** *n* ❶ BIOL *of a bee, hornet* Stachel *m; of a jellyfish* Brennfaden *m; of a plant* Brennhaar *nt*
❷ *(wound)* Stich *m; of jellyfish* Brennen *nt;* **bee/hornet/wasp ~** Bienen-/Hornissen-/Wespenstich *m*
❸ *no pl (from antiseptic, ointment)* Brennen *nt; (from needle)* Stechen *nt; (from whip)* brennender Schmerz; **~ of defeat** *(fig)* schmerzliche Niederlage; **~ of remorse** Gewissensbisse *pl*
❹ *no pl (harshness) of a remark, irony, satire* Stachel *m; of a voice, criticism* Schärfe *f;* ***I will never forget the ~ of his words*** ich werde die Kränkung durch seine Worte niemals vergessen
❺ AM *(fam: theft)* großer Coup
❻ AM *(fam: police operation)* Undercovereinsatz *m*
▸PHRASES: **to have a ~ in the tail** *(have surprising end)* eine Pointe haben; *(have negative aspect)* eine Kehrseite haben; **to take the ~ out of sth** etw *dat* den Stachel nehmen
II. *vi* <stung, stung> *bee, hornet* stechen; *disinfectant, sunburn* brennen; *wound, cut* schmerzen, weh tun; *(fig) words, criticism* schmerzen
III. *vt* <stung, stung> ❶ *(wound)* ■**to ~ sb** *insect* jdn stechen; *jellyfisch* jdn brennen; ***I was stung by the nettles*** ich habe mich an den Nesseln verbrannt
❷ *(cause pain)* ***the vodka stung her throat*** der Wodka brannte ihr im Hals; ***his conscience stung him for weeks after the incident*** *(fig)* sein Gewissen plagte ihn nach dem Unfall noch wochenlang; **to ~ sb's eyes** *sand, wind, hail* jdm in den Augen brennen
❸ *(upset)* ■**to ~ sb** jdn verletzen [*o* kränken]; ***he was stung by her criticisms*** ihre Kritik hat ihn tief getroffen
❹ BRIT, AUS *(goad)* ■**to ~ sb into sth** jdn zu etw *dat* aufstacheln; ***the negative comments stung me into action*** die abfälligen Bemerkungen ließen mich aktiv werden
❺ *(swindle)* ■**to ~ sb** jdn übers Ohr hauen *fam* [*o sl* abzocken]; *(overcharge)* jdn schröpfen *fam;* ■**to ~ sb** [**for**] **sth** jdm etw abknöpfen *fam;* ***the bank stung me £50 in charges when I went overdrawn*** als ich das Konto überzogen hatte, hat mir die Bank eine Überziehungsgebühr von 50 Pfund aufgebrummt; **to ~ sb with higher fees/surcharges/new taxes** jdm höhere Gebühren/Zuschläge/neue Steuern aufbrummen *fam*

sting·er ['stɪŋəʳ, AM -ɚ] *n* ❶ *(fam: animal)* stechendes Insekt; *(plant)* brennende Pflanze
❷ AM, AUS *(insect part)* Stachel *m*
❸ *(slap)* Ohrfeige *f*
❹ *(fam: bruise)* brennende Prellung
▸PHRASES: **to have a ~ in it** AM *(have surprise ending)* überraschend enden; *(have negative aspect)* einen Haken haben *fam*

stin·gi·ly ['stɪndʒɪli] *adv (pej fam)* knaus[e]rig *pej fam,* knick[e]rig BRD *pej fam*

stin·gi·ness ['stɪndʒɪnəs] *n no pl* Geiz *m,* Knaus[e]rigkeit *f pej fam,* Knick[e]rigkeit *f* BRD *pej fam*

sting·ing ['stɪŋɪŋ] *adj attr* ❶ *inv* ZOOL *insect* stechend
❷ *(painful) pain* brennend; *cut, wound* schmerzend
❸ *(fig: hurtful) remark, words, criticism* verletzend, kränkend; *reply, rebuke* scharf; *(harsh) voice, tone* scharf

'sting·ing net·tle *n* Brennnessel *f*

sting·ray ['stɪŋreɪ] *n* Stachelrochen *m*

stin·gy ['stɪndʒi] *adj (fam)* geizig, knaus[e]rig *pej fam,* knick[e]rig BRD *pej fam;* **to be ~ with money** mit Geld knausern; **to be ~ with praise/compliments** mit Lob/Komplimenten geizen

stink [stɪŋk] **I.** *n* ❶ *usu sing (smell)* Gestank *m;* ***what's that ~?*** was ist das für ein Gestank?
❷ *usu sing (fam: trouble)* Stunk *m pej fam,* Knatsch *m* DIAL; **to cause a ~** Stunk geben *fam,* Staub aufwirbeln *fam;* **to create** [*or* **kick up**] [*or* **raise**] **a ~** [**about sth**] [wegen einer S. *gen*] Stunk machen *fam;* ***please don't raise a ~*** bitte mach jetzt keinen Aufstand *fam;* **to work like ~** BRIT hart [*o* wie ein Verrückter] schuften *fam*
❸ BRIT *(fam: chemistry)* ■**~s** + *sing vb* Chemie *f*
II. *vi* <stank *or* stunk, stunk> ❶ *(smell bad)* stinken; ***your feet ~!*** du hast Käs[e]füße *pej sl;* ■**to ~ of sth** nach etw *dat* stinken; **to ~ to high heaven** furchtbar [*o sl* zum Himmel] stinken
❷ *(fig fam: be bad)* sauschlecht [*o* miserabel] sein *fam;* ***his acting ~s*** er ist ein miserabler Schauspieler; **to ~ at cooking** ein miserabler Koch sein *fam;* **to ~ at maths/sports** in Mathe/Sport eine Niete sein *fam*
❸ *(fig fam: be disreputable)* stinken *fam; (be wrong)* zum Himmel stinken *sl,* faul sein *fam;* ***I think her whole attitude ~s*** ich finde ihre ganze Einstellung einfach zum Kotzen *sl;* ***I think the whole business ~s*** ich finde, die ganze Angelegenheit stinkt *sl*
❹ *(fig fam: have a lot)* **to ~ of money** vor Geld stinken *sl,* Geld wie Heu haben *fam;* **to ~ of wealth** stinkreich sein *sl*
◆**stink out** *vt* BRIT, AUS, **stink up** *vt* AM ■**to ~ out** [*or* **up**] ↻ **sth** *a room* etw verstänkern [*o* verstinken] *fam*

'stink bomb *n* Stinkbombe *f*

stink·er ['stɪŋkəʳ, AM -ɚ] *n* ❶ *(pej fam: person)* Fiesling *m pej sl;* ***what a ~ that man is!*** was ist er nur für ein Ekel! *pej fam;* ***you little ~*** du kleines Ekel *pej fam* [*o pej derb* mieses kleines Stück]
❷ *(fam: sth difficult)* harter Brocken; ***the first question was a real ~*** die erste Frage war echt happig *fam*
❸ *(fam!: flatulation)* Furz *m derb,* ÖSTERR *a.* Schas *m derb*

stink·ing ['stɪŋkɪŋ] **I.** *adj attr, inv* ❶ *(bad smelling)* stinkend
❷ *(fam: bad)* beschissen *pej sl;* ***I hate this ~ job!*** ich hasse diese Scheißarbeit! *pej derb;* ***she had a ~ cold*** sie hatte eine saumäßige Erkältung *sl*

S

II. *adv (fam)* stink- *sl;* ~ **drunk** stockbetrunken *fam,* sturzbesoffen *derb;* ~ **rich** stinkreich *sl*

stinko ['stɪŋkoʊ] *adj (fam)* sturzbesoffen *derb,* sternhagelvoll *sl*

'stink·pot *n esp* AM *(fam)* ① *(car)* Dreckschleuder *f pej derb*
② *(pej: person)* Stinker *m pej sl,* widerlicher Kerl *pej*

stinky ['stɪŋki] *adj (fam)* ① *(smelly)* übel riechend, stinkend, stinkig *pej sl*
② *(unpleasant)* beschissen *pej sl*
③ *(repulsive)* widerlich; *(fig)* miserabel

stint [stɪnt] I. *n* ① *(restricted amount of work)* [Arbeits]pensum *nt,* Aufgabe *f; (share)* [Arbeits]beitrag *m;* **to do one's ~** seinen Teil beitragen
② *(restricted time of work)* Zeit *f;* ***he has just finished his ~ of compulsory military service*** er hat soeben die vorgeschriebene Wehrdienstzeit abgeleistet; ***her most productive period was her five-year ~ as a foreign correspondent*** ihre produktivste Zeit waren die fünf Jahre, die sie als Auslandskorrespondentin verbrachte
③ *no pl (limitation)* ■**without ~** ohne Einschränkung
II. *vt* ■**to ~ sth** mit etw *dat* sparen [*o fam* knausern]; ***the company ~s money on safety measures in the factory*** die Firma spart bei den Sicherheitsmaßnahmen in der Fabrik; ■**to ~ oneself** sich *akk* zurückhalten; ***don't ~ yourself — help yourself!*** nur zu – bedienen Sie sich!
III. *vi* ■**to ~ on sth** mit etw *dat* sparen [*o* geizen]

sti·pend ['staɪpend] *n* ① *(income)* Gehalt *nt;* BRIT *(for a priest)* Gehalt *nt* eines Priesters, Priestergehalt *nt*
② *(scholarship)* Stipendium *nt*

sti·pen·di·ary [staɪ'pendiᵊri, AM -dieri] I. *adj inv* nicht ehrenamtlich; ~ **magistrate** BRIT besoldeter Friedensrichter/besoldete Friedensrichterin, Berufsrichter(in) *m(f)* am Magistrates' Court
II. *n* Stipendiat(in) *m(f)*

stip·ple ['stɪpḷ] ART I. *vt* ■**to ~ sth** etw in Tupfentechnik malen [*o* tupfen]; ***fish ~d in gold and black*** *(fig)* gold und schwarz gepunktete Fische
II. *n no pl* Tupfentechnik *f*

stip·pled ['stɪpḷd] *adj* ART getupft, mit Tupfen *nach n*

stip·pling ['stɪplɪŋ] *n no pl* ART Tupfentechnik *f,* Technik *f* des Pointillismus *fachspr*

stipu·late ['stɪpjəleɪt] *vt* ■**to ~ sth** *person* etw verlangen [*o* fordern] [*o* zur Bedingung machen]; *contract* etw festlegen [*o fachspr* stipulieren]; *law, legislation* etw zur Auflage machen [*o* vorschreiben]; *(in a contract)* etw [vertraglich] vereinbaren [*o* festsetzen]; **to ~ conditions** Bedingungen festlegen [*o* festsetzen]

stipu·la·tion [ˌstɪpjə'leɪʃᵊn] *n* Auflage *f,* Bedingung *f;* LAW Vereinbarung *f,* Bestimmung *f; in contract* Klausel *f;* **with the ~ that ...** unter der Bedingung, dass ...

stir [stɜːʳ, AM stɜːr] I. *n usu sing* ① *(with spoon)* [Um]rühren *nt;* **to give sth a ~** etw umrühren
② *(physical movement)* Bewegung *f; (of emotion)* Erregung *f;* **a ~ of anger** ein Anflug *m* von Wut; **to cause a ~ of interest** Interesse wecken
③ *(excitement)* Aufruhr *f;* **to cause** [*or* **create**] **a ~** Aufsehen erregen
④ *(fam)* Knast *m fam;* **to be in ~** sitzen *fam*
II. *vt* <-rr-> ① *(mix)* ■**to ~ sth** etw rühren; ■**to ~ sth into sth** etw in etw *akk* [hin]einrühren; ***~ the eggs into the batter one at a time*** rühren Sie die Eier einzeln unter den Teig; **to ~ the batter/the dough** den [Ausback]teig/den Teig rühren; **to ~ the coffee/the soup/the tea** den Kaffee/die Suppe/den Tee umrühren; **to ~ a fire** ein Feuer [an]schüren; ***he ~red the coals with a poker*** er stocherte mit einem Schürhaken in den Kohlen
② *(physically move)* ■**to ~ sth** etw rühren [*o* bewegen]; ***she wouldn't ~ a finger to help anyone*** sie würde keinen Finger rühren, um jemandem zu helfen; ■**to ~ oneself** sich *akk* bewegen; ***come on, ~ yourselves, or you'll be late*** kommt, macht voran, sonst kommt ihr noch zu spät *fam;* **to ~ the curtains/the leaves** *wind, breeze* die Vorhänge/die Blätter bewegen; **to ~ one's stumps** BRIT *(fam)* sich *akk* in Bewegung setzen *fam;* **to ~ water** Wasser kräuseln
③ *(awaken)* **to ~ sb from a dream/reverie** jdn aus einem Traum/Träumereien reißen
④ *(arouse)* ■**to ~ sb** jdn bewegen [*o* rühren]; ***I was deeply ~red by her moving performance*** ich war von ihrem ergreifenden Auftritt tief bewegt; **to ~ anger/curiosity** Ärger/Neugier erregen; **to ~ the blood** das Blut in Wallung versetzen; **to ~ emotions** Emotionen aufwühlen; **to ~ sb's heart** jds Herz rühren [*o* bewegen]; **to ~ the imagination** die Fantasie anregen; **to ~ memories** [alte] Erinnerungen wachrufen [*o* wecken]; **to ~ pity** Mitleid erregen
⑤ *(inspire)* **to ~ sb into action** jdn zum Handeln bewegen; **to ~ trouble** AM Unruhe stiften; ■**to ~ sb to do sth** jdn dazu bewegen, etw zu tun
III. *vi* <-rr-> ① *(mix)* rühren
② *(move)* sich *akk* regen; *person also* sich *akk* rühren [*o* bewegen]; *grass, water, curtains* sich *akk* bewegen; ***after three years of recession, the property market is beginning to ~ again*** *(fig)* nach drei Jahren Rezession kommt der Immobilienmarkt wieder in Bewegung; **to ~ from** [*or* **out of**] **one's bed/house/room** das Bett/Haus/Zimmer verlassen
③ *(awaken)* wach werden, aufwachen; ***it was so early, not a soul was ~ring*** es war so früh, dass noch keine Menschenseele wach war; ■**to ~ within sb** *(fig) emotions* sich *akk* in jdm regen
④ *(circulate) rumour, news* die Runde machen *fam*
⑤ BRIT, AUS *(cause trouble)* Unruhe stiften; *(spread gossip)* Gerüchte in Umlauf bringen

◆**stir in** *vt* ■**to ~ in** ◌ **sth** etw einrühren; *ingredients* etw unterrühren

◆**stir up** *vt* ① *(mix)* ■**to ~ up** ◌ **sth** etw umrühren
② *(raise)* **to ~ up dust/leaves** Staub/Blätter aufwirbeln
③ *(cause intentionally)* **to ~ up discontent** Unzufriedenheit entfachen; **to ~ up dissention** Zwietracht säen; **to ~ up a mutiny/revolution/riot** eine Meuterei/eine Revolution/einen Aufstand anzetteln; **to ~ up sedition** Volksverhetzung betreiben; **to ~ up trouble/unrest** Ärger/Unruhe stiften
④ *(start)* **to ~ up a crisis** eine Krise auslösen; **to ~ up a dispute/feud** einen Streit/eine Fehde entfachen; **to ~ up rivalry between sb and sb** zu einer Rivalität zwischen jdm und jdm führen
⑤ *(agitate)* **to ~ up the crowd/mob** die Menge/den Pöbel aufhetzen [*o* aufwiegeln]
⑥ *(arouse)* **to ~ up anger/interest/resentment** Ärger/Interesse/Groll erregen; **to ~ up enthusiasm/hope/sympathy** Begeisterung/Hoffnung/Sympathie wecken; **to ~ up excitement/ill-feeling** Aufregung/Unbehagen verursachen; **to ~ up hatred** Hass hervorrufen; **to ~ up support** Unterstützung gewinnen
⑦ *(cause a commotion)* ■**to ~ sb** ◌ **up** jdn in Aufregung versetzen [*o fam* aufmischen]; **to ~ things up** einen Wirbel verursachen
► PHRASES: **to ~ up a hornet's nest** in ein Wespennest stechen

'stir-cra·zy *adj* AM *(fam)* ■**to be ~** einen Gefängniskoller [*o* ÖSTERR Lagerkoller] haben *fam;* **to go ~** meschugge werden *fam,* einen Koller kriegen *fam*

'stir-fried *adj inv* FOOD [unter Rühren] kurz angebraten **'stir-fry** I. *n* Chinapfanne *f;* **vegetable ~** chinesische Gemüsepfanne II. *vi* <-ie-> kurz anbraten III. *vt* <-ie-> **to ~ chicken/pork/vegetables** Huhn/Schweinefleisch/Gemüse kurz anbraten

'stir-in *adj attr pasta sauce* zum Unterrühren *nach n (in die fertig gekochten Nudeln)*

stir·rer ['stɜːrəʳ, AM 'stɜːrɚ] *n* ① *(kitchen tool)* Rührlöffel *m,* Kochlöffel *m* ÖSTERR, Kelle *f* SCHWEIZ
② *(troublemaker)* Störenfried *m,* Unruhestifter(in) *m(f) pej; (agitator)* Scharfmacher(in) *m(f) pej fam*

stir·ring ['stɜːrɪŋ] I. *n* Regung *f;* ***he felt the ~ of national pride within him*** er fühlte Nationalstolz in sich aufkommen; **to feel a faint ~ of envy** einen Anflug von Neid verspüren; **a ~ of interest** ein erstes Interesse
II. *adj appeal, song, sermon, speech* bewegend, aufwühlend

stir·ring·ly ['stɜːrɪŋli] *adv* bewegend; **to preach/speak ~** eine bewegende Predigt/Rede halten

stir·rup ['stɪrəp, AM 'stɜːr-] *n* ① *(on saddle)* Steigbügel *m*
② ANAT Steigbügel *m*
③ *(leggings)* ■**~s** *pl* Steghose *f*

'stir·rup cup *n esp* BRIT Abschiedstrunk *m* **'stir·rup pants** *npl* Steghose *f* **'stir·rup pump** *n* TECH Handspritze *f*

stitch [stɪtʃ] I. *n* <*pl* -es> ① *(in sewing)* Stich *m; (in knitting, crocheting)* Masche *f;* **to cast on/off a ~** eine Masche anschlagen/abketten; **to drop a ~** eine Masche fallen lassen
② *(method)* Stichart *f; (style)* Stich *m;* **blanket/cross ~** Langetten-/Kreuzstich *m;* **lazy daisy ~** Millefleursstickerei *f;* **satin ~** *(sewing)* Raupenstich *m; (embroidery)* Plattstich *m*
③ *(knitting pattern)* Strickmuster *nt;* **cable ~** Zopfmuster *nt*
④ *(for a wound)* Stich *m;* ***her head wounds needed 5 ~es*** ihre Kopfwunde musste mit 5 Stichen genäht werden; **to have one's ~es taken out** die Fäden gezogen bekommen
⑤ *(fam: the smallest amount)* Geringste(s) *nt;* ***I haven't got a ~ to wear*** ich habe gar nichts anzuziehen; **to not have a ~ on** splitterfasernackt sein; **without a ~ on** splitter[faser]nackt
⑥ *(pain)* Seitenstechen *nt kein pl;* **to get a ~** Seitenstechen bekommen; **to be in ~es** *(fig)* sich *akk* schieflachen [*o* [halb] totlachen] *fam;* **to have** [*or* **keep**] **sb in ~es** *(fig)* jdn furchtbar zum Lachen bringen *fam*
► PHRASES: **a ~ in time saves nine** *(prov)* was du heute kannst besorgen, das verschiebe nicht auf morgen *prov*
II. *vi* sticken; *(sew)* nähen
III. *vt* ① *(in sewing)* ■**to ~ sth** etw nähen; **to ~ a button onto sth** einen Knopf an etw *akk* [an]nähen; **to ~ a hem** einen Saum nähen; **to ~ a hole** ein Loch stopfen; **to ~ a rip** [*or* **tear**] einen Riss nähen [*o* DIAL flicken]
② *(by doctor)* **to ~ a cut/wound** eine Schnittwunde/Wunde nähen
③ *(in books)* ■**to ~ sth** etw [zusammen]heften [*o* broschieren]

◆**stitch together** *vt* ■**to ~ together** ◌ **sth** ① *(in sewing)* etw zusammennähen
② *(fig: make hastily)* etw zusammenschustern *pej fam;* **to ~ together** ◌ **a deal** einen Handel zusammenschustern

◆**stitch up** I. *vt* ① *(sew)* **to ~ up** ◌ **a hem** einen Saum hochnähen; **to ~ up a hole** ein Loch stopfen; **to ~ up a rip** einen Riss nähen; ***they are attempting to ~ up the political fabric in the Middle East*** *(fig)* sie versuchen das politische Gefüge im Nahen Osten wieder zu kitten
② MED **to ~ up** ◌ **sth** *wound, cut* etw nähen; ***she was ~ed up*** sie wurde genäht *fam*
③ *(fam: finalize)* ■**to ~ up** ◌ **sth** etw durchziehen *fam;* **to ~ up an agreement** einen Vertrag unter Dach und Fach bringen; **to ~ up a deal** einen Handel durchziehen *fam*
④ BRIT *(fam: frame)* ■**to ~ up** ◌ **sb** jdn linken [*o* reinlegen] *fam;* ***he claims he was ~ed up by the police*** er behauptet, dass die Polizei ihm etwas angehängt hat
II. *vi* vernähen

stitch·ing ['stɪtʃɪŋ] *n (sewing)* Naht *f; (decorative sewing)* Ziernaht *f; (embroidery)* Stickerei *f*

'stitch-up *n* BRIT *(fam)* abgekartete Sache *fam;* ***he claimed that it was a ~*** er behauptete, dass er hereingelegt worden sei

St John's wort [sᵊnt'dʒɒnz,wɜːt, AM seɪnt'dʒɑːnzˌwɜːrt] *n* Johanniskraut *nt*

St Kitts and Nevis [sᵊn(t),kɪtsənd'niːvɪs, AM seɪnt-] *n* St. Kitts und Nevis *nt*

St. Law·rence 'Sea·way *n System von Schleusen,*

Kanälen, Flussvertiefungen und -begradigungen durch das der Atlantik mit den Großen Seen für die Schifffahrt verbunden ist

St Lucia [sᵊn(t)ˈluːʃə, AM seɪntˈluːʃiə] *n* St. Lucia *nt*

stoat [stəʊt, AM stoʊt] *n* Hermelin *nt*

sto·chas·tic [stɒkˈæstɪk, AM stoʊˈkæs-] *adj inv* FIN, SCI stochastisch; ~ **forecast** stochastische Prognose

sto·chas·tics [stɒkˈæstɪks, AM stoʊˈkæs-] *n + sing/pl vb* FIN, SCI Stochastik *f*

stock[1] [stɒk, AM stɑːk] *n* ① *no pl* FOOD Brühe *f,* Suppe *f* ÖSTERR, Bouillon *f* SCHWEIZ; **beef/chicken/vegetable** ~ Fleisch-/Hühner-/Gemüsebrühe *m,* Fleisch-/Hühner-/Gemüsesuppe *f* ÖSTERR, Fleisch-/Hühner-/Gemüsebouillon *f* SCHWEIZ; **fish** ~ Fischfond *m*
② *(garden flower)* Levkoje *f;* **Brompton** ~ Brompton Levkoje *f*
③ *(stem of tree)* Stamm *m; (for grafting)* Wildling *m,* Unterlage *f;* **dwarfing** ~ Pfropfunterlage *f* für einen Zwergbaum
④ *(handle) of a tool* [Werkzeug]griff *m; of a gun* Gewehrkolben *m,* [Gewehr]schaft *m*
⑤ *(neckwear)* steifer Kragen; *(for clergy)* Halsbinde *f*
⑥ *(hist: for punishment)* ■**the ~s** *pl* der Stock *kein pl*
⑦ NAUT *(on dry dock)* ■**~s** *pl* Baudock *nt*

stock[2] [stɒk, AM stɑːk] **I.** *n* ① *(reserves)* Vorrat *m* (**of** an +*dat*); **a ~ of canned food/oil/wine/wood** ein Konserven-/Öl-/Wein-/Holzvorrat *m;* **housing** ~ Bestand *m* an Wohnhäusern; **a ~ of data/information** *(fig)* Daten-/Informationsmaterial *nt;* **a ~ of knowledge** *(fig)* ein Wissensschatz *m*
② *no pl (inventory)* Bestand *m;* ***there has been such a demand for this item that we've run out of*** ~ die Nachfrage nach diesem Artikel war so groß, dass er uns ausgegangen ist; **to be in/out of** ~ vorrätig/nicht vorrätig sein; **to have sth in** ~ etw führen; **to take** ~ Inventur machen; **to take ~ of one's life** *(fig)* Bilanz aus seinem Leben ziehen
③ ■**~s** *pl* AM *(shares in a company)* Aktien *pl;* BRIT *(government shares)* Staatspapiere *pl,* Staatsanleihen *pl;* **~s and bonds** Aktien und Obligationen; **~ and shares** Wertpapiere *pl,* Börsenpapiere *pl,* Effekten *pl;* **long-dated/short-dated ~s** langfristige/kurzfristige Staatsanleihen
④ *no pl (money invested in government)* Anleiheschuld *f* des Staates
⑤ *no pl (capital from shares)* Grundkapital *nt (einer AG)*
⑥ *no pl (livestock)* Viehbestand *m*
⑦ *no pl (line of descent)* Abstammung *f,* Herkunft *f; (breeding line) of animals* Stammbaum; ***she's of noble/peasant*** ~ sie stammt aus einer Adels-/Bauernfamilie
⑧ *no pl (fig: popularity)* Popularität *f;* ***the Chancellor's ~ was pretty low*** der Kanzler schnitt bei den Meinungsumfragen ziemlich schlecht ab
⑨ *no pl (undealt cards)* Stoß *m*
▶PHRASES: **to put ~ in sth** viel auf etw *akk* geben; **to not take ~ in sth** etw *dat* keinen Glauben schenken; **to be on the ~s** *(in construction)* in Bau sein; *(in preparation)* in Arbeit sein
II. *adj attr, inv* ① *(in inventory)* Lager-, Vorrats-
② *(standard)* Standard-; ~ **phrase** Standardsatz *m;* ~ **response** Standardantwort *f,* stereotype Antwort
III. *vt* ① *(keep in supply)* ■**to ~ sth** etw führen [*o* vorrätig haben]
② *(fill up)* ■**to ~ sth** etw füllen; ***his wine cellar is well-~ed*** sein Weinkeller ist gut gefüllt; ■**to ~ sth with sth** *(fill with)* etw mit etw *dat* bestücken; *(equip with) library, school* etw mit etw *dat* ausstatten; ***he ~ed his pond with trout*** er setzte Forellen in seinen Teich; **to ~ a farm** eine Farm mit einem Viehbestand versehen; **to ~ a pond/river** einen Teich/Fluss [mit Fischen] besetzen; **to ~ the shelves** die Regale auffüllen
③ *(supply goods to)* ■**to ~ sb/sth** jdn/etw beliefern

◆**stock up I.** *vi* [neue] Vorräte anlegen, sich *akk* eindecken *fam;* ■**to ~ up on** [*or* **with**] **sth** *a.* FIN sich *akk* mit etw *dat* eindecken
II. *vt* ■**to ~ up** ⊂ **sth** ① *(fill)* etw wieder füllen [*o* auffüllen]; ***we're ~ing up the store for the Christmas season*** wir füllen den Laden für die Weihnachtszeit auf
② *(increase inventory)* das Inventar einer S. *gen* erweitern [*o* anreichern]; **to ~ up a farm/river** den Viehbestand einer Farm/Fischbestand in einem Fluss vergrößern

stock·ade [stɒkˈeɪd, AM stɑːˈkeɪd] *n* ① *(wooden fence)* Palisade *f,* Palisadenzaun *m; (enclosed area)* umzäuntes Gebiet
② AM *(prison)* Militärgefängnis *nt*

ˈstock ana·lyst *n* FIN Aktienanalyst(in) *m(f)*

ˈstock boy *n* ① AUS *(shepherd)* [Vieh]hirt *m*
② AM *(in warehouse, supermarket)* Regalfüller *m*

ˈstock·breed·er *n* Viehzüchter(in) *m(f)* **ˈstock·breed·ing** *n no pl* Viehzucht *f*

ˈstock bro·ker, ˈstock·bro·ker *n* Wertpapiermakler(in) *m(f),* Börsenmakler(in) *m(f),* Effektenmakler(in) *m(f)* **ˈstock bro·ker·age** *n* Courtage *f* **ˈstock·bro·ker belt** *n* BRIT *(fam)* ■**the ~** die reichen Villenvororte *pl* **ˈstock·brok·ing** *n no pl* Wertpapierhandel *m,* Effektenhandel *m,* Aktiengeschäft *nt*

ˈstock car *n* AUTO Stockcar *m* **ˈstock·car race** *n* Stockcarrennen *nt* **ˈstock·car rac·ing** *n no pl* Stockcarrennen *nt*

ˈstock cer·tifi·cate *n* FIN ① BRIT *(treasury certificate)* Schatzanweisung *f*
② AM *(share certificate)* Aktienzertifikat *nt*

ˈstock com·pa·ny *n* AM ① FIN Aktiengesellschaft *f*
② THEAT Repertoiretheater *nt*

ˈstock con·soli·da·tion *n* FIN Aktienzusammenlegung *f*

ˈstock con·trol *n no pl* Bestandskontrolle *f,* [regelmäßige] Bestandsaufnahme, Lagersteuerung *f* **ˈstock con·trol·ler** *n* Stock Controller(in) *m(f),* Lagersteuerer, Lagersteuerin *m, f*

ˈstock cor·po·ra·tion *n + sing/pl vb* Aktiengesellschaft *f*

ˈstock cube *n esp* BRIT Brühwürfel *m,* Suppenwürfel *m* ÖSTERR, SCHWEIZ; **beef/chicken/vegetable** ~ Fleisch-/Hühner-/Gemüsebrühwürfel *m*

ˈstock divi·dend *n* FIN [Stock]dividende *f*

stock·er [ˈstɒkəʳ, AM ˈstɑːkɚ] *n* ① AM AGR Schlachttier *nt*
② *(stock boy)* Regalfüller *m*
③ AM *(fam: auto)* Stockcar *m*

ˈstock ex·change *n* [Wertpapier]börse *f;* ~ **boom** Börsenaufschwung *m;* ~ **crash** Börsenkrach *m;* ~ **floor** Börsenparkett *nt;* ~ **index** Börsenindex *m;* ~ **launch** *of company* Börsengang *m;* ~ **listing** Börsennotierung *f;* **on the ~** an der Börse; **to play the ~** an der Börse spekulieren **ˈStock Ex·change** *n* **American ~** *zweitgrößte amerikanische Börse;* **Financial Times ~ 100 Share Index** BRIT Aktienindex *m* der Financial Times *(auf den Aktien von ca. 700 der größten Kapitalgesellschaften Englands basierend);* **International ~** BRIT *(hist) ehemaliger Name der Londoner Börse;* **London ~** Londoner Wertpapierbörse; **~ Daily Official List** BRIT amtliches Kursblatt

ˈstock-farm·er *n* Viehhalter(in) *m(f)*

ˈstock·fish *n* Stockfisch *m*

ˈstock flo·ta·tion *n* Aktienemission *f* **ˈstock fraud** *n* Aktienbetrug *m* **ˈstock fund** *n* Aktienfonds *m* **ˈstock·hold·er** *n* AM *(shareholder)* Aktionär(in) *m(f);* **~s' meeting** Aktionärsversammlung *f,* Hauptversammlung *f*

Stock·holm syn·drome [ˈstɒkhəʊm-, AM ˈstɑːkhoʊm-] *n no pl* MED Stockholmer Syndrom *nt*

stocki·ly [ˈstɒkɪli, AM ˈstɑːk-] *adv* stämmig; **a ~ built man** ein stämmiger Mann

ˈstock in·dex *n* Aktienindex *m,* Börsenindex *m*

stocki·ness [ˈstɒkɪnəs, AM ˈstɑːk-] *n no pl* Stämmigkeit *f*

stocki·net(te) [ˌstɒkɪˈnet, AM ˌstɑːk-] *n esp* BRIT [Baumwoll]trikot *nt*

stock·ing [ˈstɒkɪŋ, AM ˈstɑːk-] *n* ① *(leg garment)* ■**~s** *pl* Strümpfe *pl;* **nylon/silk ~s** Nylon-/Seidenstrümpfe *pl*
② *(dated: sock)* Strumpf *m; (knee-length)* Kniestrumpf *m;* **Christmas ~** Weihnachtsstrumpf *m*
③ *(on horse)* Färbung *f* am Fuß; **a horse with a white ~** ein Pferd *nt* mit einer weißen Fessel

ˈstock·ing cap *n* AM *(bobble hat)* Wollmütze *f,* SCHWEIZ *a.* Wollkappe *f*

stock·inged feet [ˌstɒkɪŋdˈ-, AM ˌstɑːk-] *npl,* **stock·ing feet** *npl* **in one's ~** in Strümpfen

ˈstock·ing fill·er *n* BRIT kleines Geschenk *(für den Weihnachtsstrumpf)* **ˈstock·ing mask** *n* Strumpfmaske *f* **ˈstock·ing stitch** *n no pl* glatt rechts gestricktes Muster; **in ~** glatt rechts **ˈstock·ing stuff·er** *n* AM *(stocking filler)* kleines Geschenk *(für den Weihnachtsstrumpf)*

stock-in-ˈtrade *n no pl* ① *(tools of trade)* Handwerkszeug *nt; (fig)* Rüstzeug *nt;* **a butcher's/cobbler's/plumber's ~** das Handwerkszeug eines Metzgers/Schusters/Installateurs
② *(goods)* Warenbestand *m,* Bestände *pl,* Sortiment *nt;* ***sorry, that's not my ~*** es tut mir leid, aber diesen Artikel führe ich nicht
③ *(fig: typical characteristic)* Eigenart *f*

ˈstock is·sue *n* STOCKEX Aktienemission *f*

stock·ist [ˈstɒkɪst] *n* BRIT, AUS [Fach]händler(in) *m(f)*

stock·job·ber [ˈstɒkˌdʒɒbəʳ] *n* BRIT STOCKEX eigenständiger Wertpapierhändler, Jobber *m*

ˈstock keep·er *n* ① *(in warehouse)* Lagerverwalter(in) *m(f)*
② AUS, NZ *(shepherd)* Hirt(in) *m(f)*
③ *no pl* STOCKEX Jobbing *nt,* Handel *m* an der Börse

ˈstock-keeping *n no pl* Vorratshaltung *f* **ˈstock·list** *n* Warenliste *f*

ˈstock·man *n* ① AUS, NZ *(shepherd)* Hirt *m*
② AM *(livestock owner)* Viehhalter *m*
③ AM *(in warehouse)* Lagerverwalter(in) *m(f),* Lagerist(in) *m(f)*

stock ˈman·age·ment *n no pl* FIN Aktienmanagement *nt* **ˈstock mar·ket** *n* [Wertpapier]börse *f,* Effektenbörse *f,* Aktienmarkt *m;* ~ **analysis** Aktienbewertung *f;* ~ **crash** Börsenkrach *m;* ~ **development** Börsenentwicklung *f;* ~ **flotation** *of company* Börsengang *m,* Börseneinführung *f;* ~ **fluctuation** Börsenschwankung *f;* ~ **launch** *of company* Börsengang *m,* Börseneinführung *f;* ~ **report** Kurszettel *m,* Kursblatt *nt;* ~ **valuation** Börsenwert *m* **ˈstock op·tion** *n usu pl* Aktienoption *f;* ~ **plan** Aktienbezugsrecht *nt;* ~ **programme** [*or* AM **program**] BRIT Stock-Option-Programm *nt* **ˈstock pick·ing** *n no pl* FIN Stockpicking *nt fachspr*

ˈstock·pile I. *n* Vorrat *m;* ~ **of ammunition** Munitionsdepot *nt;* ~ **of weapons** Waffenarsenal *nt,* Waffenlager *nt;* ~ **of wheat** Weizenvorrat *m*
II. *vt* ■**to ~ sth** Vorräte an etw *dat* anlegen, etw horten *pej;* **to ~ weapons** ein Waffenarsenal anlegen

ˈstock·pot *n* Suppentopf *m*

ˈstock price *n* AM *(share price)* Aktienpreis *m,* Aktienkurs *m;* ~ **averages** AM Aktienindex *m;* ~ **gain** Kursgewinn *m;* ~ **index** Aktienkursindex *m* **ˈstock quo·ta·tion** *n* STOCKEX Aktiennotierung *f,* Kursnotierung *f,* Kursnotiz *f,* Kursquotierung *f* **ˈstock rat·ings** *npl* Aktienbewertungen *pl* **ˈstock right** *n* Aktienbezugsrecht *nt*

ˈstock·room *n* Lager *nt,* Lagerraum *m*

ˈstock route *n* AUS Viehroute *f (Straße, auf der querende Rinder- oder Schafherden Vorrang haben)*

ˈstock split *n* AM Aktiensplit *m,* Aktienteilung *f*

stock-ˈstill *adj pred, inv* stocksteif

ˈstock sub·scrip·tion *n* Aktienzeichnung *f;* ~ **price** Bezugsrechtskurs *m*

ˈstock·take *n* BRIT Inventur *f,* Bestandsaufnahme *f* **ˈstock·tak·ing** *n no pl* Inventur *f,* Bestandsaufnahme *f; (fig)* [Selbst]besinnung *f;* ***closed for*** ~ wegen Inventur geschlossen; ~ **sale** Ausverkauf *m* wegen Inventur

ˈstock trad·ing *n no pl* FIN Aktienhandel *m*

◆**stock up** *vi* FIN sich *akk* eindecken

stocky [ˈstɒki, AM ˈstɑːki] *adj* stämmig, kräftig

ˈstock·yard *n* AM Viehhof *m; (at slaughterhouse)* Schlachthof *m*

stodge [stɒdʒ, AM stɑːdʒ] *n no pl esp* BRIT *(pej fam)* Pampe *f pej fam*

S

stodgi·ness ['stɒdʒɪnəs, AM 'stɑːdʒ-] *n no pl (pej fam)* Schwerverdaulichkeit *f; (fig)* Schwerfälligkeit *f*

stodgy ['stɒdʒi, AM 'stɑːdʒi] *adj* ① *food* schwer [verdaulich], pampig *pej fam*
② *(dull)* langweilig, fad; ***the company is ~ and inflexible*** die Firma ist schwerfällig und unflexibel

sto·gie, sto·gy ['stoʊgi] *n* AM Zigarillo *m o nt*

stoic ['stəʊɪk, AM 'stoʊ-] **I.** *n (reserved person)* stoischer Mensch; ■**S~** PHILOS Stoiker *m*
II. *adj (in general)* stoisch *geh; (about sth specific)* gelassen; **to be ~ about sth** etw gelassen [*o* mit Gelassenheit] aufnehmen

stoi·cal ['stəʊɪkəl, AM 'stoʊ-] *adj* stoisch *geh*

stoi·cal·ly ['stəʊɪkəli, AM 'stoʊ-] *adv* stoisch *geh,* mit stoischer Ruhe *geh*

stoi·chio·met·ric [,stɔɪkɪə'metrɪk, AM ,stɔɪkiːə'-] *adj inv* CHEM stöchiometrisch; **~ factor** stöchiometrischer Faktor

stoi·chi·om·etry [,stɔɪkɪ'ɒmɪtri, AM ,stɔɪkiː'ɑː-] *n no pl* CHEM Stöchiometrie *f*

stoi·cism ['stəʊɪsɪzəm, AM 'stoʊ-] *n no pl* ① *(in general)* stoische Ruhe *geh; (about sth specific)* Gleichmut *m,* Gelassenheit *f*
② PHILOS ■**S~** Stoizismus *m*

stoke [stəʊk, AM stoʊk] *vt* ① *(add fuel to)* **to ~ a boiler** einen Boiler anheizen; **to ~ a fire** ein Feuer schüren; **to ~ a furnace** einen Hochofen beschicken
② *(fig: encourage)* **to ~ sb's anger/hatred** jds Zorn/Hass schüren; **to ~ the fire of sth** etw schüren [*o* anheizen]; **to ~ sb's prejudice** jds Vorurteil Nahrung geben
③ *(sl: excite)* ■**to be ~d** aufgeregt sein
◆**stoke up I.** *vt* ① *(add to fire)* **to ~ up a boiler** einen Boiler anheizen; **to ~ up a fire** ein Feuer schüren; **to ~ up a furnace** einen Hochofen beschicken
② *(fig: encourage)* **to ~ up sb's anger/hatred** jds Zorn/Hass schüren; **to ~ up sb's prejudice** jds Vorurteil Nahrung geben
③ *(fig sl: excite)* ■**to be/get ~d up** aufgeregt sein/werden
II. *vi* **to ~ up on** [*or* **with**] **a big breakfast/sweets** sich *akk* an einem üppigen Frühstück/an Süßigkeiten satt essen; **to ~ up on** [*or* **with**] **coffee** sich *akk* an Kaffee satt trinken

stok·er ['stəʊkəʳ, AM 'stoʊkɚ] *n* RAIL Heizer(in) *m(f)*

stole¹ [stəʊl, AM stoʊl] *pt of* **steal**

stole² [stəʊl, AM stoʊl] *n* ① *(scarf)* Stola *f;* **ermine/mohair ~** Nerz-/Mohärstola *f*
② *(priest's vestments)* [Priester]stola *f*

stol·en ['stəʊlən, AM 'stoʊ-] **I.** *vt pp of* **steal**
II. *adj* ① *(by thief)* gestohlen; **~ goods** [*or* **property**] Diebesgut *nt*
② *(fig: quick and secret) glance, kiss* verstohlen

stol·id ['stɒlɪd, AM 'stɑːl-] *adj (not emotional) person* stumpf *pej; (calm)* gelassen, phlegmatisch *pej; silence, determination* beharrlich

stol·id·ly ['stɒlɪdli, AM 'stɑː] *adv* gleichmütig, unerschütterlich, mit Phlegma

sto·ma <*pl* -s *or* -mata> ['stəʊmə, AM 'stoʊ] *n* ① BOT Spaltöffnung *f,* Stoma *nt fachspr*
② MED künstliche Öffnung [*o* Mündung], Stoma *nt fachspr*

stom·ach ['stʌmək] **I.** *n* ① *(digestive organ)* Magen *m;* ***my ~ hurts*** ich habe Bauchschmerzen; ***he felt a knot of nervousness in the pit of his ~*** er fühlte eine nervöse Spannung in der Magengrube; ***I feel sick to my ~*** mir ist schlecht [*o* übel] *fam;* **to have a pain in one's ~** Magenschmerzen [*o* Bauchschmerzen] haben; **to have a delicate ~** einen empfindlichen Magen haben; **to drink alcohol on an empty ~** auf leeren [*o* nüchternen] Magen Alkohol trinken; **on a full ~** mit vollem Magen; **to have an upset ~** eine Magenverstimmung haben; ***last night's meal has given me an upset ~*** ich habe mir gestern beim Abendessen den Magen verdorben; **to churn** [*or* **turn**] **sb's ~** jdm Übelkeit verursachen [*o* den Magen umdrehen] *fam;* **to pump sb's ~** jdm den Magen auspumpen; **to settle the ~** den Magen beruhigen
② *(abdomen)* Bauch *m; of a baby* Bäuchlein *nt;* **to have a big/flat ~** einen dicken/flachen Bauch haben; **to hold** [*or* **suck**] **one's ~ in** den Bauch einziehen; **to lie on one's ~** auf dem Bauch liegen
③ *(appetite)* **to have no** [*or* **not have the**] **~ for sth** keinen Appetit auf etw *akk* haben; *(fig: desire)* nicht willens sein, etw zu tun; ***I've got no ~ for this heavy food*** dieses Essen ist mir zu schwer; ***she had no ~ to visit her family*** ihr war nicht danach zumute, ihre Familie zu besuchen
▶PHRASES: **an army marches on its ~** *(prov)* mit leerem Magen kann man nichts Ordentliches zustande bringen; **sb's eyes are bigger than their ~** die Augen sind größer als der Mund; **to have a strong/weak ~** etw/nichts aushalten, starke/schwache Nerven haben
II. *n modifier (cramp, operation)* Magen-; **~ doctor** Internist(in) *m(f);* **~ flu/virus** Magen-Darm-Grippe *f*/-Virus *nt;* **~ muscles** Bauchmuskeln *pl;* **~ problems** Magenbeschwerden *pl*
III. *vt (fam)* **to not be able to ~ sb's arrogance/manner** jds Arroganz/Art nicht ertragen können; **to not be able to ~ bloody films/violence** brutale Filme/Gewalt nicht vertragen; **to not be able to ~ sb** jdn nicht ausstehen können; **to be hard to ~** schwer zu verkraften sein

'stom·ach ache *n usu sing* Magenschmerzen *pl,* Bauchschmerzen *pl,* Bauchweh *nt kein pl* SCHWEIZ **'stom·ach bug** *n* Magen-Darm-Infektion *f* **'stom·ach can·cer** *n no pl* Magenkrebs *m* **'stom·ach pain** *n* Magenschmerzen *pl,* Bauchschmerzen *pl,* Bauchweh *nt kein pl* SCHWEIZ **'stom·ach pump** *n* Magenpumpe *f* **'stom·ach ul·cer** *n* Magengeschwür *nt* **'stom·ach up·set** *n* Magenverstimmung *f*

sto·ma·ta ['stəʊmətə, AM 'stoʊ] *n pl of* **stoma**

stomp [stɒmp, AM stɑːmp] **I.** *n* ① *(with foot)* Stampfen *nt*
② *no pl (jazz dance)* Stomp *m; (type of music)* Stomp *m*
II. *vi* ① *(walk heavily)* stapfen; *(intentionally)* trampeln, stampfen; ■**to ~ off** davonstapfen
② *esp* AM *(kick)* ■**to ~ on sb/sth** auf jdn/etw treten; *(fig: suppress)* jdn/etw niedertrampeln [*o* kaputtmachen] *fam*
III. *vt* AM **to ~ one's feet** mit den Füßen [auf]stampfen

'stomp·ing ground *n* AM *see* **stamping ground**

stone [stəʊn, AM stoʊn] **I.** *n* ① *no pl* GEOL Stein *m;* **to have a heart of ~** *(fig)* ein Herz aus Stein haben; **as if turned to ~** wie versteinert
② ARCHIT [Bau]stein *m*
③ *(piece of rock)* Stein *m;* **to be a ~'s throw away** [nur] einen Steinwurf [*o* Katzensprung] [weit] entfernt sein; **to drop** [*or* **fall**] [*or* **sink**] **like a ~** wie ein Stein zu Boden fallen; **to throw ~s at sb** mit Steinen nach jdm werfen
④ MED Stein *m;* **bladder/kidney ~** Blasen-/Nierenstein *m*
⑤ *(jewel)* [Edel]stein *m*
⑥ *(in fruit)* Stein *m,* Kern *m;* **cherry/peach/plum ~** Kirsch-/Pfirsich-/Pflaumenkern *m*
⑦ <*pl* -> BRIT *(14 lbs) britische Gewichtseinheit, die 6,35 kg entspricht*
⑧ *no pl (colour)* Steingrau *nt*
▶PHRASES: **to be carved** [*or* **set**] **in tablets of ~** ein ehernes Gesetz sein *geh;* **to cast** [*or* **throw**] **the first ~** den ersten Stein werfen; **to leave no ~ unturned** nichts unversucht lassen; **people who live in glass houses shouldn't throw ~s** *(prov)* wer selbst im Glashaus sitzt, sollte nicht mit Steinen werfen *prov;* **a rolling ~ gathers no moss** *(prov)* ein Vagabund wird es nie zu etwas bringen
II. *n modifier (floor, staircase, tablet, wall)* Stein-; **~ statue** Statue *f* aus Stein, steinerne Statue
III. *adj attr, inv* steingrau
IV. *adv inv* ① *(like a stone)* stein-; **~ hard** steinhart; **~ still** wie versteinert
② *(completely)* **~ crazy** total verrückt *fam,* übergeschnappt *fam;* **~ drunk** sturzbetrunken *fam,* stockbesoffen *sl*
V. *vt* ① *(throw stones at)* ■**to ~ sb/sth** mit Steinen nach jdm/etw werfen, jdn/etw mit Steinen bewerfen; *(in execution)* **to ~ sb** [**to death**] jdn steinigen
② *(remove pit)* **to ~ cherries/plums/olives** Kirschen/Pflaumen/Oliven entsteinen
▶PHRASES: **~ the crows** [*or* **me**]! BRIT *(dated fam)* ich glaub, mich laust der Affe! *sl*

'Stone Age I. *n* ■**the ~** die Steinzeit **II.** *n modifier* ① *(of era) (rite, ritual, settlement)* Steinzeit- ② *(fig pej: not very advanced) (computer, TV, washing machine)* steinzeitlich *fam,* vorsintflutlich *fam* **stone-'blind** *adj inv* stockblind *fam* **stone-'broke** *adj* AM *(stony-broke)* völlig pleite *fam,* total blank [*o* abgebrannt] *sl*

'stone·chat *n* ORN Schwarzkehlchen *nt*

stone 'cir·cle *n* Steinkreis *m* **stone-'cold** *inv* **I.** *adj* eiskalt **II.** *adv* **to be ~ sober** stocknüchtern sein *fam* **'stone·crop** *n* Steinkraut *nt*

stoned [stəʊnd, AM stoʊnd] *adj* ① *inv (without pits) olives, cherries* entsteint
② *(sl: drugged)* high *sl;* ***he was ~ out of his mind*** er war völlig high *sl;* **to get ~** kiffen *sl*
③ *(sl: drunk)* betrunken, besoffen *sl*

stone 'dead *adj pred, inv* mausetot *fam;* **to kill sb/sth ~** jdm/etw den Garaus machen; **to kill sth ~** *(fig)* etw völlig zum Erliegen bringen [*o* scheitern lassen] **stone 'deaf** *adj inv* stocktaub *fam* **'stone face** *n* versteinertes Gesicht **'stone·fish** *n* Steinfisch *m* **'stone fruit** *n* Steinobst *nt kein pl* **'stone-ground** *adj inv flour* steingemahlen **'stone·ma·son** *n* Steinmetz(in) *m(f)* **'stone·ma·son·ry** *n no pl* Steinmetzarbeit *f* **'stone pit, 'stone quar·ry** *n* Steinbruch *m*

ston·er ['stəʊnəʳ, AM 'stoʊnɚ] *n (fam)* Kiffer(in) *m(f) sl*

'stone thera·py *n* Heilsteintherapie *f* **stone·'wall I.** *vi* ① *(in answering questions)* ausweichen ② BRIT POL obstruieren ③ SPORT mauern *fam* **II.** *vt* ■**to ~ sth** etw abblocken **'stone·ware** ['stəʊnweəʳ, AM 'stoʊnwer] **I.** *n no pl* Steingut *nt* **II.** *n modifier (pot)* Steingut-; **~ jar** Steinkrug *m;* **~ jug** Stein[gut]kanne *f* **'stone·washed** *adj inv denim, jeans* stonewashed **'stone·work** *n no pl* ① *(masonry)* Steinmetzarbeiten *pl*
② *(parts of a building)* Mauerwerk *nt*

stoni·ly ['stəʊnɪli, AM 'stoʊ] *adv* ① *inv (with stones)* steinig, steinern *a. fig*
② *(unsympathizingly)* abweisend, gefühllos
③ *(unemotionally)* ohne Regung, wie versteinert

ston·kered ['stɒŋkəd] *adj pred* BRIT, AUS *(fam)* ① *(decisively defeated)* haushoch [*o* vernichtend] geschlagen
② *(very tired)* ausgepowert *fam*

stonk·ing ['stɒŋkɪŋ] *inv* **I.** *adj* BRIT *(fam)* wahnsinnig *fam*
II. *adv* BRIT *(fam)* wahnsinnig *fam,* verdammt *fam;* **to have a ~ good time** sich *akk* verdammt gut amüsieren

stony ['stəʊni, AM 'stoʊni] *adj* ① *(with many stones) beach, ground* steinig
② *(fig: unfeeling) look, eyes, face* steinern; *person, welcome* kalt, eisig; **~ expression** steinerne Miene; **~ silence** eisiges Schweigen; **to give sb a ~ stare** jdn kalt anstarren
▶PHRASES: **to fall on ~ ground** auf unfruchtbaren Boden fallen; ***her speech fell on ~ ground*** ihre Rede stieß auf taube Ohren

stony-'broke *adj pred, inv* BRIT, AUS *(fam)* völlig pleite *fam,* total blank [*o* abgebrannt] *sl* **stony-'faced** *adj inv* mit steinerner [*o* unbeweglicher] Miene **stony-'heart·ed** *adj* eiskalt, ohne jede Gefühlsregung *nach n*

stood [stʊd] *pt, pp of* **stand**

stooge [stuːdʒ] **I.** *n* ① *(comedian partner)* Stichwortgeber(in) *m(f)*
② *(fig pej: puppet)* Handlanger(in) *m(f) pej,* Marionette *f pej*
③ AM *(fam: informer)* Spitzel *m pej*
II. *vi* ① *(act for someone else)* ■**to ~ for sb** [nur] der Handlanger für jdn sein *pej*
② THEAT als Stichwortgeber(in) *m(f)* fungieren

stook [stuːk] **I.** *n* BRIT AGR Garbenhaufen *m*

II. *vt* BRIT AGR ■ **to ~ sth** etw zu Garbenhaufen anordnen

stool [stu:l] I. *n* ① *(seat)* Hocker *m;* **bar ~** Barhocker *m;* **kitchen ~** Küchenschemel *m;* **piano ~** Klavierstuhl *m;* **three-legged ~** dreibeiniger Schemel [*o* Hocker]
② *(faeces)* Stuhl *m,* Kot *m;* **~ sample** Stuhlprobe *f;* **to pass ~s** Stuhlgang haben
③ BOT, HORT Wurzelstock *m*
④ AM HUNT Lockvogel *m*
▸PHRASES: **to fall between two ~s** BRIT sich *akk* zwischen zwei Stühle setzen
II. *vi tree, plant* treiben

stoolie ['stu:li], **stool pi·geon** *n* AM *(pej fam)* Spitzel *m pej*

stoop¹ [stu:p] I. *n usu sing* krummer Rücken, Buckel *m;* ***she walks with a pronounced ~*** sie geht sehr stark gebeugt
II. *vi* sich *akk* beugen; ***we had to ~ to go through the doorway*** wir mussten den Kopf einziehen, um durch die Tür zu gehen; ***my mother told me not to ~*** meine Mutter sagte mir, ich solle keinen Buckel machen; ■ **to ~ down** sich *akk* bücken; **to ~ to blackmail/bribery** *(fig)* sich *akk* zu Bestechungen/Erpressungen hergeben; **to ~ to sb's level** sich *akk* auf jds Niveau herablassen; ■ **to ~ to do sth** sich *akk* dazu hergeben, etw zu tun; **to ~ so low as to do sth** so weit sinken, dass man etw tut

stoop² [stu:p] *n* AM *(porch)* offene Veranda

stop [stɒp, AM stɑ:p]

I. TRANSITIVE VERB II. INTRANSITIVE VERB
III. NOUN

I. TRANSITIVE VERB

<-pp-> ① *(stop from moving)* **to ~ a ball** einen Ball stoppen; *goalkeeper* einen Ball halten; **to ~ a blow** einen Schlag abblocken; **to ~ sb/a car** jdn/ein Auto anhalten; **to ~ one's car** anhalten; **to ~ the enemy** den Feind aufhalten; **to ~ a thief/the traffic** einen Dieb/den Verkehr aufhalten; ***~ thief!*** haltet den Dieb!; ***~ that man!*** haltet den Mann!
② *(make cease)* ■ **to ~ sth** etw stoppen [*o* beenden]; *(temporarily)* etw unterbrechen; ***this will ~ the pain*** das wird dir gegen die Schmerzen helfen; ***~ that nonsense!*** hör auf mit dem Unsinn!; ***~ it!*** hör auf [damit]!; ***what can I do to ~ this nosebleed?*** was kann ich gegen dieses Nasenbluten tun?; ***something must be done to ~ the fighting*** den Kämpfen muss ein Ende gesetzt werden; ***this fighting has to be ~ped!*** die Kämpfe müssen aufhören!; ***~ being silly!*** hör auf mit dem Unsinn!; ***I just couldn't ~ myself*** ich konnte einfach nicht anders; **to ~ the bleeding** die Blutung stillen; **to ~ the clock** die Uhr anhalten; ***the clock is ~ped when a team scores a goal*** die Spielzeit wird unterbrochen, wenn ein Team ein Tor schießt; **to ~ the engine** den Motor abstellen; **to ~ the fighting** die Kämpfe einstellen; **to ~ inflation/progress** die Inflation/den Fortschritt aufhalten; **to ~ a machine** eine Maschine abstellen; **to ~ a match** ein Spiel beenden; *referee* ein Spiel abbrechen; **to ~ the production of sth** die Produktion einer S. *gen* einstellen; **to ~ a rumour** einem Gerücht ein Ende machen; **to ~ a speech** eine Rede unterbrechen; **to ~ a subscription** ein Abonnement kündigen; **to ~ a war** einen Krieg beenden
③ *(cease an activity)* ■ **to ~ sth** etw beenden, mit etw *dat* aufhören; ***what time do you usually ~ work?*** wann hören Sie normalerweise auf zu arbeiten?; ***you just can't ~ it, can you*** du kannst es einfach nicht lassen, oder?
④ *(prevent)* ■ **to ~ sb [from] doing sth** jdn davon abhalten, etw zu tun; ***if she really wants to leave, I don't understand what's ~ping her*** wenn sie wirklich weggehen will, verstehe ich nicht, was sie davon abhält; ***some people smoke because they think it ~s them putting on weight*** manche rauchen, weil sie meinen, dass sie dann nicht zunehmen; ***I couldn't ~ myself from having another piece of cake*** ich *musste* einfach noch ein Stück Kuchen essen; ***he handed in his resignation — I just couldn't ~ him*** er hat gekündigt – ich konnte ihn einfach nicht davon abhalten; ***you can't ~ me from doing that*** du kannst mich nicht davon abhalten
⑤ *(refuse payment)* **to ~ sb's allowance/pocket money** jdm den Unterhalt/das Taschengeld streichen; **to ~ [AM payment on] a cheque** einen Scheck sperren; **to ~ wages** keine Löhne mehr zahlen; ***the money will be ~ped out of his salary*** das Geld wird von seinem Gehalt abgezogen
⑥ *(block)* ■ **to ~ sth** etw verstopfen; *gap, hole, leak* etw [zu]stopfen; **to ~ one's ears** sich *dat* die Ohren zuhalten; ***when he starts shouting I just ~ my ears*** wenn er anfängt zu schreien, mache ich einfach die Ohren zu! *fam;* **to have a tooth ~ped** BRIT *(dated)* eine Füllung bekommen
⑦ BOXING ■ **to ~ sb** jdn schlagen; ***he was ~ped by a knockout in the fourth round*** er schied durch K.o. in der vierten Runde aus; **to ~ a left/right** eine Linke/Rechte parieren; **to ~ a punch** einen Hieb einstecken [müssen]
⑧ MUS **~ped pipe** gedackte Pfeife *fachspr;* **to ~ a string** eine Saite greifen
▸PHRASES: **to ~ a bullet** eine Kugel abbekommen; **to ~ sb's mouth** jdm den Mund stopfen *fam;* **to ~ the rot** die Talfahrt stoppen *fig;* **to ~ the show** der absolute Höhepunkt einer Show sein

II. INTRANSITIVE VERB

<-pp-> ① *(cease moving)* *person* stehen bleiben; *car* [an]halten; ***~!*** halt!; **to ~ dead** abrupt innehalten; ■ **to ~ to do sth** stehen bleiben, um etw zu tun; *car* anhalten, um etw zu tun; ***I ~ped to pick up the letter that I had dropped*** ich blieb stehen und hob den Brief auf, den ich hatte fallenlassen; *(fig)* ***~ to [or and] think before you speak*** erst denken, dann reden!
② *(cease, discontinue)* *machine* nicht mehr laufen; *clock, heart, watch* stehen bleiben; *rain* aufhören; *pain* abklingen, nachlassen; *production, payments* eingestellt werden; *film, programme* zu Ende sein; *speaker* abbrechen; ***I will not ~ until they set them free*** ich werde keine Ruhe geben, bis sie sie freigelassen haben; ***she doesn't know where to ~*** sie weiß nicht, wann sie aufhören muss; ***his heart ~ped during the operation*** während der Operation hatte er einen Herzstillstand; ***rain has ~ped play*** das Spiel wurde wegen Regens unterbrochen; ***she ~ped right in the middle of the sentence*** sie hielt mitten im Satz inne
③ *(cease an activity)* ■ **to ~ [doing sth]** aufhören[, etw zu tun], [mit etw *dat*] aufhören; ***once I start eating chocolate I can't ~*** wenn ich einmal anfange, Schokolade zu essen, kann ich einfach nicht mehr aufhören; ***I just couldn't ~ laughing*** ich habe mich echt totgelacht *sl;* ***if you have to keep ~ping to answer the telephone, you'll never finish*** wenn du ständig unterbrechen musst, um ans Telefon zu gehen, wirst du nie fertig werden; ***I wish you'd ~ telling me what to do*** ich wünschte, du würdest endlich damit aufhören, mir zu sagen, was ich tun soll; ***~ being silly!*** hör auf mit dem Unsinn!; ***~ shouting!*** hör auf zu schreien; ***I ~ped seeing him last year*** wir haben uns letztes Jahr getrennt; ***I've ~ped drinking alcohol*** ich trinke keinen Alkohol mehr; ***she ~ped drinking*** sie trinkt nicht mehr; ***please, ~ crying*** hör doch bitte auf zu weinen!; **to ~ smoking** mit dem Rauchen aufhören; *(on plane etc.)* das Rauchen einstellen; **to ~ working** aufhören zu arbeiten
④ BRIT *(stay)* bleiben; ***I'm not ~ping*** ich bleibe nicht lange; ***I can't ~ — Malcolm's waiting for me outside*** ich kann nicht bleiben, Malcolm wartet draußen auf mich; ***we ~ped for a quick bite at a motorway services*** wir machten kurz bei einer Autobahnraststätte Station, um etwas zu essen; ***I ~ped at a pub for some lunch*** ich habe an einem Pub haltgemacht und was zu Mittag gegessen; ***can you ~ at the fish shop on your way home?*** kannst du auf dem Nachhauseweg kurz beim Fischladen vorbeigehen?; ***he usually ~s at a bar for a quick drink on the way home*** normalerweise schaut er auf dem Nachhauseweg noch kurz auf ein Gläschen in einer Kneipe vorbei; ***are you ~ping here*** bleibst du hier?; **to ~ for dinner/tea** zum Abendessen/Tee bleiben; **to ~ at a hotel** in einem Hotel übernachten; **to ~ the night** BRIT *(fam)* über Nacht bleiben
⑤ TRANSP *bus, train* halten; ***does this train ~ at Finsbury Park?*** hält dieser Zug in Finsbury Park?; ***the train to Glasgow ~s at platform 14*** der Zug nach Glasgow hält am Gleis 14
⑥ *(almost)* **to ~ short of doing sth** sich *akk* [gerade noch] bremsen [*o* ÖSTERR, SCHWEIZ *a.* zurückhalten], etw zu tun; ***I ~ped short of telling him my secrets*** beinahe hätte ich ihm meine Geheimnisse verraten
▸PHRASES: **to ~ at nothing** vor nichts zurückschrecken

III. NOUN

① *(cessation of movement, activity)* Halt *m;* ***please wait until the airplane has come to a complete ~*** bitte warten Sie, bis das Flugzeug seine endgültige Parkposition erreicht hat; **emergency ~** Notbremsung *f;* **to bring sth to a ~** etw stoppen; *project* etw *dat* ein Ende bereiten; **to bring a car to a ~** ein Auto anhalten; **to bring a conversation to a ~** ein Gespräch beenden; **to bring the traffic to a ~** den Verkehr zum Erliegen bringen; **to bring sth to a sudden ~** etw *dat* ein jähes Ende bereiten; **to come to a ~** stehen bleiben; *car also* anhalten; *rain* aufhören; *traffic, business* zum Erliegen kommen; *project, production* eingestellt werden; ***the conversation came to a ~*** das Gespräch verstummte; **to come to a sudden [or dead] ~** *car* abrupt anhalten [*o* stehen bleiben]; *project, undertaking* ein jähes Ende finden; **to make a ~** anhalten; **to put a ~ to sth** etw *dat* ein Ende setzen [*o* einen Riegel vorschieben]
② *(break)* Pause *f;* AVIAT Zwischenlandung *f;* *(halt)* Halt *m;* ***we made two ~s*** wir haben zweimal haltgemacht; ***... including a thirty minute ~ for lunch*** ... inklusive einer halben Stunde Pause für das Mittagessen; ***there were a lot of ~s and starts throughout the project*** die Entwicklung des Projekts verlief sehr stockend; **to be at [or on] ~** *signal* auf Halt stehen; **to drive without a ~** durchfahren; **to have a ~** haltmachen; **to have a ~ for coffee** ein Kaffeepause machen; **to make a ~ at a service station** an einer Raststätte haltmachen; **without a ~** ohne Pause [*o* Unterbrechung]
③ TRANSP Haltestelle *f;* *(for ship)* Anlegestelle *f;* ***the ship's first ~ is Sydney*** das Schiff läuft als Erstes Sydney an; *(for plane)* Zwischenlandung *f;* ***the plane's first ~ is Birmingham*** das Flugzeug wird zunächst in Birmingham zwischenlanden; ***I'm getting off at the next ~*** bei der nächsten Haltestelle steige ich aus; ***is this your ~?*** steigen Sie hier aus?; ***is this our ~?*** müssen wir hier aussteigen?; **bus/tram ~** Bus-/Straßenbahnhaltestelle *f;* **request ~** Bedarfshaltestelle *f (Haltestelle, bei der man den Bus herwinken muss, da er nicht automatisch hält)*
④ TYPO *(punctuation mark)* Satzzeichen *nt;* TELEC *(in telegram)* stop
⑤ TYPO *(prevent from moving)* Feststelltaste *f;* *(for furniture)* Sperre *f*
⑥ MUS *(knob on an organ)* Register *nt;* **~ [knob]** Registerzug *m;* *(of wind instrument)* Griffloch *nt*
⑦ *(phonetics)* Verschlusslaut *m*
⑧ PHOT Blende *f*
⑨ FIN Sperrung *f;* **account on ~** gesperrtes Konto; **to put a ~ on a cheque** einen Scheck sperren lassen
▸PHRASES: **to pull out all the ~s** alle Register ziehen

◆**stop away** *vi* ■ **to ~ away [from sth]** [etw *dat*] fernbleiben, [von etw *dat*] wegbleiben; **to ~ away from school** nicht zur Schule gehen

◆**stop behind** *vi* [noch] da bleiben, noch bleiben

◆**stop by** *vi* vorbeischauen; ***if you're ever in our***

area, do ~ by wenn Sie mal in unserer Gegend sind, kommen Sie doch einfach vorbei; **to ~ by for coffee** auf einen Kaffee vorbeikommen
◆**stop down** *vi* PHOT **to ~ down** [to f/11] [auf Blende 11] abblenden
◆**stop in** *vi* zu Hause bleiben, daheimbleiben *bes* ÖSTERR, SCHWEIZ, SÜDD
◆**stop off** *vi* kurz bleiben, haltmachen; *(while travelling)* Zwischenstation machen; ***we're going to ~ off in Paris for a couple of days before heading south*** wir werden ein paar Tage in Paris bleiben, bevor wir weiter gen Süden fahren
◆**stop on** *vi* [noch] dableiben; **to ~ on at school** mit der Schule weitermachen
◆**stop out** *vi* BRIT *(fam)* wegbleiben; ***he ~ped out all weekend*** er ist das ganze Wochenende nicht nach Hause gekommen; **to ~ out all night** die ganze Nacht wegbleiben
◆**stop over** *vi* ① *(stay overnight)* Zwischenstation machen
② BRIT *(stay the night)* über Nacht bleiben
③ *(stay for a short time)* kurz vorbeikommen; **to ~ over for coffee** auf einen Kaffee vorbeikommen
◆**stop up** **I.** *vi* ① BRIT *(not go to bed)* aufbleiben
② PHOT eine größere Blende einstellen
II. *vt* ■**to ~ up** ⊂ **sth** etw verstopfen; **to ~ up a hole** ein Loch [zu]stopfen

stop-and-'go **I.** *adj inv* AM Stop-and-go-; **~ driving** Fahren *nt* im Stop-and-go-Verkehr, ständiges Anfahren und Anhalten; **~ traffic** Stop-and-go-Verkehr *m*, stockender Verkehr **II.** *n no pl, no art* Stop-and-go-Verkehr *m* **stop-and-'go poli·cy** *n* POL Stop-and-go-Politik *f*, konjunkturpolitischer Zickzackkurs **'stop·cock** *n* Absperrhahn *m* **'stop·gap** **I.** *n* Notlösung *f*, Notbehelf *m* **II.** *adj attr, inv* Überbrückungs-; **~ measure** Überbrückungsmaßnahme *f*; **~ solution** Zwischenlösung *f*
'stop-go *adj attr, inv* ① *esp* BRIT AUTO **~ traffic** Stop-and-go-Verkehr *m*, stockender Verkehr
② BRIT ECON *(fig)* Ankurbeln und Bremsen *nt*, ständiger Wechsel von Inflation und Deflation; **~ policy** Ankurbelung *f* und Bremsen *nt* der Wirtschaftspolitik
'stop·light *n* ① AM *(traffic lights)* [Verkehrs]ampel *f*
② *(brake light)* Bremslicht *nt* **'stop-lim·it or·der** *n* STOCKEX Stop-Limit-Order *f* **'stop-loss or·der** *n* STOCKEX Stop-Loss-Order *f*
'stop-off *n* Unterbrechung *f*, Halt *m*; **to make a ~** Rast machen, haltmachen
'stop or·der *n* STOCKEX Kauf- oder Verkaufsauftrag *m* mit Kurslimit, limitierte Order *f*, Limitauftrag *m*
'stop·over *n plane* Zwischenlandung *f*; *person* Zwischenstation *f*; *(length of break)* Zwischenaufenthalt *m*
stop·page ['stɒpɪdʒ, AM 'stɑ:p-] *n* ① *(act of stopping) of pay, a cheque* Sperrung *f*; *of a delivery, supplies, an order* Stopp *m*; **power ~** Stromsperre *f*
② *(cessation of work)* Arbeitseinstellung *f*; *(strike)* Streik *m*
③ *(unintentional)* Unterbrechung *f*; **power/water ~** Unterbrechung *f* der Strom-/Wasserversorgung; **~ in production** Produktionsstillstand *m*
④ BRIT *(deductions from pay)* ■**~s** *pl* Lohn-/Gehaltsabzüge *pl*
⑤ *(blockage)* Verstopfung *f*; *(in traffic)* Stau *m*, Stockung *f*; MED Stauung *f*, Blutstau *m*
'stop·page time *n* BRIT SPORT Auszeit *f*
'stop pay·ment *n* Zahlungssperre *f*; *of a cheque* Schecksperrung *f*
stop·per ['stɒpəʳ, AM 'stɑ:pɚ] **I.** *n* ① *(bottletop)* Stöpsel *m*, Korken *m*; *(fig)* **to put a ~ on sth** *(fam)* etw *dat* ein Ende setzen; **to put a ~ on sb** dafür sorgen, dass jd den Mund hält *fam*
② AM, AUS *(to seal)* Pfropfen *m*
③ *(fam: one who stops)* Stopper(in) *m(f)*; *(fig)* Blickfang *m*
II. *vt* ■**to ~ sth** etw zustöpseln
stop·ping ['stɒpɪŋ, AM 'stɑ:p-] **I.** *n no pl* Anhalten *nt*; **~ and going** Verkehrsstockung *f*
II. *adj attr, inv* Nahverkehrs-; **~ service** Nahverkehr *m*; **~ train** Nahverkehrszug *m*
'stop·ping dis·tance *n* Sicherheitsabstand *m*
stop 'press *n no pl* ① *(last minute news)* letzte Meldungen ② *(space in newspaper) für letzte Meldungen reservierte Spalte* **'stop sign** *n* Stoppschild *nt* **'stop·watch** *n* Stoppuhr *f*
stor·age ['stɔ:rɪdʒ] *n no pl* ① *(for future use) of food, goods* Lagerung *f*; *of books* Aufbewahrung *f*; *of water, electricity* Speicherung *f*, Speichern *nt*; **to be in ~** auf Lager sein; **to put sth into ~** etw [ein]lagern; *furniture* etw unterstellen ② *(cost of storing)* Lagergeld *nt* ③ COMPUT *of data* Speicherung *f*, Speichern *nt*; *(device)* Speicher *m* **'stor·age bat·tery**, **'stor·age cell** *n* Akku[mulator] *m* **'stor·age bin** *n* Lagerbehälter *m*, SCHWEIZ *a.* Lagercontainer *m* **'stor·age ca·pac·ity** *n (in computer)* Speicherkapazität *f*; *(for furniture, books)* Lagerraum *m*, Lagerkapazität *f*; *(in tank)* Fassungsvermögen *nt*; ***what is the ~ of this tank?*** wie viel fasst dieser Tank? **'stor·age charge** *n* Lagergebühr *f*
'stor·age de·vice *n* COMPUT Speicher *m*, Speichergerät *nt*
'stor·age draw·er *n* Schublade *f* **'stor·age heat·er** *n* BRIT [Nacht]speicherofen *m* **'stor·age life** *n* ECON Lagerfähigkeit *f*; **to have a long/short ~** eine lange/kurze Haltbarkeit haben
'stor·age me·dium *n* COMPUT Datenträger *m*
'stor·age room, **'stor·age space** *n* ① *no pl (capacity)* Stauraum *m*
② *(room in house)* Abstellraum *m*; *(in warehouse)* Lagerraum *m* **'stor·age tank** *n* Vorratstank *m*
'stor·age unit *n* ① *(cupboard)* Schrank *m*, SCHWEIZ *a.* Kasten *m*
② COMPUT Speichereinheit *f*
③ *(room in warehouse)* Lagerraum *m*
store [stɔ:ʳ, AM stɔ:r] **I.** *n* ① *(supply)* Vorrat *m* (**of** an +*dat*); *(fig)* Schatz *m*; ***he has a great ~ of wit*** er hat ständig geistreiche Sprüche parat; ■**~s** *pl* Vorräte *pl*, Bestände *pl*; ■**to be in ~** [**for sb**] *(fig)* [jdm] bevorstehen; **food ~s** Lebensmittelvorräte *pl*; **to lay in a ~ of coal/wine** einen Kohlen-/Weinvorrat anlegen; **~ of knowledge** *(fig)* Wissensreichtum *m*; **to keep** [*or* **have**] **sth in ~** etw lagern; *(in shop)* etw auf Lager halten [*o* haben]; *(fig)* ***we have a surprise in ~ for your father*** wir haben für deinen Vater eine Überraschung auf Lager
② *esp* AM, AUS *(any shop)* Laden *m*; *(grocery store)* [Lebensmittel]geschäft *nt*, Laden *m*, Greißler *m* ÖSTERR; **clothing ~** Bekleidungshaus *nt*, Kleiderladen *m* SCHWEIZ; **health-food ~** Reformhaus *nt*, Bioladen *m*; **liquor ~** Spirituosenhandlung *f*
③ *esp* BRIT *(large shop)* Geschäft *nt*; *(department store)* Kaufhaus *nt*, Warenhaus *nt*
④ *(warehouse)* Lager *nt*; ■**in ~** BRIT, AUS *(in a safe place)* untergestellt, eingelagert; **grain ~** Getreidespeicher *m*; **supply ~** Vorratslager *nt*; **weapons ~** Waffenarsenal *nt*; **to put sth in ~** etw einlagern
⑤ *no pl (importance)* **to set** [*or* **put**] [*or* **lay**] **~ by sth** etw *dat* [eine] große Bedeutung beimessen; ***Jim lays little ~ by appearance*** Jim legt wenig Wert auf das äußere Erscheinungsbild
⑥ COMPUT Speicher *m*
II. *vt* ■**to ~ sth** ① *(keep for future use) heat, information, electricity* etw [auf]speichern; *furniture* etw unterstellen; *supplies* etw lagern; *(lay in the cellar)* etw einkellern; *(remember)* sich *dat* etw merken
② COMPUT *(file)* etw speichern; **to ~ data** Daten [ab]speichern
◆**store away** *vt* ■**to ~ away** ⊂ **sth** etw verwahren; *food* einen Vorrat von [*o* an] etw *dat* anlegen; ***my grandmother always keeps a few bags of sugar ~d away*** meine Großmutter hat immer ein paar Tüten Zucker auf Vorrat; ***we haven't got room to ~ away much stuff*** wir haben leider nicht viel Stauraum
◆**store up** *vt* ■**to ~ up** ⊂ **sth** etw [ein]lagern, einen Vorrat von [*o* an] etw *dat* anlegen; **to ~ up trouble for sb/oneself** *(fig)* jdn/sich in Schwierigkeiten bringen
'store-bought *adj inv* AM *(fam)* gebrauchsfertig, Fertig-; **~ pastry** Fertigteig *m* **'store brand** *n* Markenzeichen *nt (eines bestimmten Kaufhauses oder Vertriebs)* **'store card** *n* Kunden[kredit]karte *f*, Membercard *f* **'store de·sign·er** *n* Kaufhausdesigner(in) *m(f)* **'store de·tec·tive** *n* Kaufhausdetektiv(in) *m(f)* **'store·front** AM **I.** *n* ① *(shop front)* Schaufenster *nt*; *(larger)* Schaufensterfront *f*
② *(front room)* Verkaufsraum *m* [eines Ladens], Ladenlokal *nt* **II.** *n modifier (clinic, church, eatery)* in Geschäftslage *nach n*
'store·house *n* AM *(warehouse)* Kaufhaus *nt*, Warenhaus *nt*; *(fig form)* Fundgrube *f*, Schatzkammer *f fig*
'store·keep·er [-,ki:pəʳ, AM -,ki:pɚ] *n* ① *(in warehouse)* Lagerist(in) *m(f)*, Lagerverwalter(in) *m(f)*
② AM *(shopkeeper)* Ladenbesitzer(in) *m(f)*, Geschäftsinhaber(in) *m(f)*
'store la·bel *n* AM *(store brand)* Marke *f (eines bestimmten Kaufhauses oder Vertriebs)*
'store·man *n* Lagerist *m*, Lagerverwalter *m* **'store·room** *n* Lagerraum *m*; *(for food)* Vorratskammer *f*, Speisekammer *f*; *(for personal items)* Abstellkammer *f*
'store·wide ['stɔ:waɪd, AM 'stɔ:r-] *adj inv* in allen [Kaufhaus]filialen *präd*; ***our ~ sale starts on Thursday*** am Donnerstag beginnt in allen unseren Filialen der Schlussverkauf
sto·rey, AM **sto·ry** ['stɔ:ri] *n* Stockwerk *nt*, Stock *m*, Etage *f*; **a three-~ house** ein dreistöckiges Haus; **the upper ~** das Obergeschoss; BRIT *(fig fam)* das Oberstübchen *fam*; *(pej fam)* ***he's a bit weak in the upper ~*** er hat sie nicht ganz alle *pej fam*
sto·reyed ['stɔ:rid] *adj inv see* **storied**
-sto·reyed, *esp* AM **-sto·ried** ['stɔ:rid] *in compounds with numbers (two, three, four)* -stöckig
sto·ried ['stɔ:rid] *adj attr esp* AM *(liter: illustrious)* sagenumwoben *geh*
-sto·ried *in compounds esp* AM *see* **-storeyed**
stork [stɔ:k, AM stɔ:rk] *n* Storch *m*
storm [stɔ:m, AM stɔ:rm] **I.** *n* ① *(strong wind)* Sturm *m*; *(with thunder)* Gewitter *nt*; *(with rain)* Unwetter *nt*; ***the ~ raged for twelve hours*** der Sturm tobte zwölf Stunden lang; **to brave the ~** *(also fig)* dem Sturm trotzen *a. fig*
② *(fig: bombardment) of missiles* Hagel *m* (**of** von +*dat*); *of arguments* [Protest]sturm *m*; *of shouting* Ausbruch *m kein pl*; **a ~ of applause** ein wahrer Beifallssturm; **to die in a ~ of bullets** im Kugelhagel umkommen; **~ of protest** Proteststurm *m*; **~ and stress** LIT Sturm und Drang
③ MIL *(attack)* Sturm *m* (**on** auf +*akk*); **to take sth by ~** etw im Sturm nehmen [*o* erobern]
▶ PHRASES: **to cook up a ~** AM *(fam)* sich *akk* beim Kochen richtig ins Zeug legen; ***my wife's cooking up a ~ for the party tonight*** meine Frau kocht wie eine Weltmeisterin für die Party heute Abend; **to go down a ~** [**with sb**] [bei jdm] sehr gut ankommen; **the lull** [*or* **calm**] **before the ~** *(saying)* die Ruhe vor dem Sturm; **any port in a ~** *(saying)* in der Not frisst der Teufel Fliegen *prov*; **to take sb by ~** jdn im Sturm erobern; **a ~ in a teacup** BRIT ein Sturm im Wasserglas
II. *n modifier (damage, signal)* Sturm-; **~ force** Sturmstärke *f*; **~ force** [**wind**] Sturm *m* mit Windstärke zehn; **~ warning** Sturmwarnung *f*
III. *vi* ① *(speak angrily)* toben; ■**to ~ against sb/sth** gegen jdn/etw wettern
② *(move fast)* stürmen, jagen; ***they ~ed to an early lead*** sie waren nicht aufzuhalten; ■**to ~ in** hereinstürmen; ■**to ~ off** davonstürmen; ■**to ~ out** hinausstürmen
③ *impers esp* AM *strong winds* stürmen; ***it was ~ing again last night*** letzte Nacht war wieder ein heftiger Sturm
IV. *vt* ■**to ~ sth** etw stürmen
'storm-beat·en *adj attr, inv* vom Sturm beschädigt
'storm-bound *adj inv* vom Sturm aufgehalten
'storm cen·tre, AM **'storm cen·ter** *n* METEO Zentrum *nt* des Wirbelsturms; *(fig)* Unruheherd *m* **'storm chas·er** *n* Sturmjäger(in) *m(f)* **'storm cloud** *n* Gewitterwolke *f*; *(fig liter)* dunkle Wolken *pl*; *(fig)* ***the ~s of war seem to be gathering***

scheinbar braut sich ein Krieg zusammen **'storm door** *n* AM *zusätzliche Tür zur Sturmsicherung*

stormi·ly ['stɔːmɪli, AM 'stɔːr-] *adv* stürmisch, heftig, hitzig

storm·ing ['stɔːmɪŋ, AM 'stɔːr-] **I.** *adj attr* BRIT *(fam)* sagenhaft *fam,* spitzenmäßig *fam*
II. *n no pl* MIL Erstürmung *f*

'storm lan·tern *n* BRIT *(hurricane lamp)* Sturmlaterne *f*

Stor·mont ['stɔːmɒnt, AM 'stɔːrmaːnt] *n Stormont Castle in Belfast, Sitz des nordirischen Parlaments, auch benutzt zur Bezeichnung der nordirischen Regierung*

'storm sail *n* Sturmsegel *nt* **'storm sig·nal** *n* Sturmsignal *nt* **storm-tossed** [-ˌtɒst, AM -ˌtaːst] *adj attr, inv (liter)* sturmgepeitscht *liter,* vom Sturm hin und hergeworfen

'Storm Troop·er *n (hist)* SA-Mann *m hist*

'storm·water I. *n no pl* Sturmwasser *nt* **II.** *n modifier* Sturmwasser- **'storm win·dow** *n* AM *äußeres Doppelfenster zur Sturmsicherung*

stormy ['stɔːmi, AM 'stɔːr-] *adj* 1 *weather, night, sea* stürmisch; ***the sky was dark and ~*** der Himmel war düster und zeigte Sturm an
2 *(fig: fierce)* stürmisch; *life* bewegt; **~ argument** heftige Auseinandersetzung; **~ debate** hitzige Debatte

sto·ry[1] ['stɔːri] *n* 1 *(tale)* Geschichte *f; (narrative)* Erzählung *f; (plot)* Handlung *f,* Fabel *f fachspr;* ***the film is based on a true ~*** der Film beruht auf einer wahren Begebenheit; ***that's another ~*** das ist eine andere Geschichte; **bedtime ~** Gutenachtgeschichte *f;* **children's ~** Kindermärchen *nt,* ÖSTERR, SCHWEIZ *a.* Kindergeschichte *f;* **fairy ~** Märchen *nt;* **short ~** Kurzgeschichte *f;* **a tall ~** eine unglaubliche Geschichte; **to read/tell [sb] a ~** [jdm] eine Geschichte vorlesen/erzählen
2 *(rumour)* Gerücht *nt;* **the ~ goes that ...** man erzählt sich, dass ...
3 *(version)* Version *f,* Fassung *f;* ***he keeps changing his ~*** er tischt immer wieder neue Geschichten auf; ***according to her ~ she left the party at midnight*** sie will die Party um Mitternacht verlassen haben; ***that's my ~ and I'm sticking to it!*** so sehe ich die Sache, und dazu stehe ich!; **sb's half** [*or* **side**] **of the ~** jds Version der Geschichte; ***let me tell you my side of the ~*** lass mich dir die Dinge mal aus meiner Sicht schildern
4 *(news report)* Beitrag *m,* Story *f sl; (in newspaper)* Artikel *m*
5 *(lie)* Geschichte *f,* [Lügen]märchen *nt fam*
▶PHRASES: **to <u>cut</u> a long ~ short** um es kurz zu machen; **<u>end</u> of ~!** und damit Schluss!; **that's the ~ of my <u>life</u>!** so geht's mir jedes Mal!; **it's a <u>long</u> ~** *(fam)* das ist eine lange Geschichte!; **it's the same <u>old</u> ~** es ist immer das gleiche [alte] Lied; **to <u>tell</u> one's own ~** für sich *akk* sprechen

sto·ry[2] *n* AM *see* **storey**

'sto·ry·board *n* FILM, TV Storyboard *nt fachspr* **'sto·ry·book I.** *n* Geschichtenbuch *nt,* Buch *nt* mit Kindergeschichten **II.** *n modifier ending, romance* märchenhaft, wie im Märchen *nach n* **'sto·ry line** *n* Handlung *f* **'sto·ry·tell·er** *n* 1 *(narrator)* Geschichtenerzähler(in) *m(f)* 2 *(fam: liar)* Lügner(in) *m(f),* Lügenbold *m pej fam* **'sto·ry·tell·ing I.** *n no pl* Geschichtenerzählen *nt; of lies* Lügen[geschichten]erzählen *nt,* Flunkerei *f* **II.** *adj inv* erzählend, Erzähl-

stoup [stuːp] *n* 1 REL Weihwasserbecken *nt*
2 *(old: flagon, beaker for drink)* [Trink]becher *m*

stout[1] [staʊt] *n* Stout *m (dunkles, stark hopfiges Bier mit hohem Alkoholgehalt)*

stout[2] [staʊt] *adj* 1 *(corpulent)* beleibt, korpulent *geh; woman* füllig *euph*
2 *(stocky)* untersetzt, stämmig
3 *(thick and strong)* kräftig, stabil; *door, stick* massiv; *shoes, boots* fest
4 *(determined, brave) person* tapfer, mutig; *heart, defence, opposition* tapfer, unerschrocken; *denial, belief, refusal* beharrlich; *support* nachdrücklich; **~ fellow** *(dated fam)* tapfrer [*o veraltet* braver] Kerl; **with a ~ heart** festen Herzens, mutig; **~ resistance** unbeugsamer [*o* entschiedener] Widerstand

stout·heart·ed [ˌstaʊt'hɑːtɪd, AM -'hɑːrt̬ɪd] *adj (dated form liter)* tapfer, beherzt, wacker *veraltet*

stout·ly ['staʊtli] *adv* 1 *(of person)* **~ built** stämmig gebaut
2 *(strong)* stabil; **~ made boots** feste Stiefel; **~ built house** solide gebautes Haus
3 *(firmly)* entschieden, steif und fest *fam;* **to believe ~ in sth** fest an etw *akk* glauben

stove [stəʊv, AM stoʊv] *n* 1 *(heater)* Ofen *m;* **oil ~** Ölofen *m*
2 *esp* AM, AUS *(for cooking)* Herd *m;* **electric/gas ~** Elektro-/Gasherd *m*

'stove·pipe *n* Ofenrohr *nt* **stove·pipe 'hat** *n* FASHION *(fam)* Zylinder *m,* Angströhre *f hum veraltet fam* **stove·pipe 'trou·sers** *npl* AM Röhrenhose[n] *f[pl]*

'stove·top AM, AUS **I.** *n (hob)* Herdplatte *f*
II. *n modifier* für den Herd *nach n;* ***this packet has a ~ method as well as an oven method of preparation*** der Inhalt dieser Packung kann entweder auf dem Herd oder in der Backröhre zubereitet werden; **~ recipe** Kochrezept *nt*

stow [stəʊ, AM stoʊ] *vt* 1 *(put away)* ■**to ~ sth** etw verstauen; *(hide)* etw verstecken
2 *(fill)* ■**to ~ sth** etw vollmachen; NAUT etw befrachten; *goods* etw verladen
3 *(sl: desist)* **~ it!** hör auf damit!
◆**stow away I.** *vt* ■**to ~ away ○ sth** etw verstauen [*o* wegpacken]; *(hide)* etw verstecken
II. *vi* 1 *(store)* verstaubar sein
2 *(travel without paying)* als blinder Passagier reisen

stow·age ['stəʊɪdʒ, AM 'stoʊ-] *n no pl* 1 *(stowing)* Verstauen *nt;* NAUT [Be]laden *nt*
2 *(place)* Stauraum *m*

stow·away ['stəʊəˌweɪ, AM 'stoʊ-] *n* blinder Passagier/blinde Passagierin

strad·dle ['strædl] **I.** *vt* 1 ■**to ~ sth** *(standing)* mit geöffneten [*o* gespreizten] Beinen über etw *dat* stehen; *(sitting)* rittlings auf etw *dat* sitzen; *(jumping)* [mit gestreckten Beinen] springen; ***his horse ~d the fence with ease*** sein Pferd setzte mit Leichtigkeit über den Zaun
2 *(bridge)* ■**to ~ sth** *a border* etw überbrücken [*o geh* überspannen]; *(fig) difficulties* etw überkommen; ***the National Park ~s the Tennessee-North Carolina border*** der Nationalpark verläuft zu beiden Seiten der Grenze zwischen Tennessee und North Carolina
3 *(part one's legs)* ■**to ~ sth** etw spreizen [*o* grätschen]
4 MIL **to ~ a target** um ein Ziel herum einschlagen
5 *esp* AM *(fig: equivocal position)* ■**to ~ sth** bei etw *dat* keine klare Position beziehen; **to ~ an issue** bei einer Frage nicht klar Stellung beziehen, zwischen zwei Alternativen schwanken
II. *vi (stand)* breitbeinig [da]stehen; *(sit)* mit gegrätschten [*o* gespreizten] Beinen [da]sitzen
III. *n* 1 *(legs wide apart)* Grätsche *f; (jump)* Schersprung *m; (in athletics)* Straddle[sprung] *m fachspr*
2 ECON *(difference between bid and offer price)* Stellagegeschäft *nt*
3 ECON *(combined option at the same time)* kombiniertes Optionsgeschäft

strafe [strɑːf, streɪf, AM streɪf] *vt* 1 MIL ■**to ~ sth** etw [im Tiefflug] unter Beschuss nehmen
2 *(fig: abuse)* ■**to ~ sb [with sth]** jdn [mit etw *dat*] bombardieren

strag·gle ['strægl] **I.** *vi* 1 *(move as a disorganized group)* umherstreifen; *(fall back)* hinterhertrotten, [nach]zockeln *fam; (neglect time)* [herum]bummeln; ***the ducklings ~d behind their mother*** die Küken watschelten hinter ihrer Mutter her; **to ~ in/out** nach und nach kommen/gehen
2 *(be dispersed) houses* verstreut stehen; *settlements* verstreut liegen
3 *(come in small numbers)* sich *akk* sporadisch einstellen
4 *(hang untidily) hair, beard* zottelig herunterhängen; *(grow) plant* wuchern
II. *n (of things)* Sammelsurium *nt; (of people)* Ansammlung *f;* ***a ~ of crumbling buildings is all that remains of the village*** hier und da ein paar verfallende Häuser sind alles, was von dem Dorf übrig geblieben ist

strag·gler ['stræglə^r, AM -ɚ] *n* Nachzügler(in) *m(f)*

strag·gling ['stræglɪŋ] *adj* 1 *(falling behind)* langsam nachkommend, zurückgeblieben; *troops* auseinandergezogen
2 *(scattered)* verstreut [liegend]; *place* weitläufig

strag·gly ['strægli] *adj hair* zottelig, zerzaust; *beard* [wild] wuchernd, struppig; *eyebrows* zersaust

straight [streɪt] **I.** *n* 1 *(race track)* Gerade *f;* **in the finishing** [*or* **home**] **~** in der Zielgeraden
2 CARDS Sequenz *f; (in poker)* Straight *m*
▶PHRASES: **<u>stay</u> on** [*or* **<u>keep</u> to**] **the ~ and narrow** *(saying)* bleibe im Lande und nähre dich redlich *prov*
II. *adj* 1 *(without curve)* gerade; *back, nose* gerade; *hair* glatt; *skirt* gerade geschnitten; *line* gerade; *road, row, furrow* [schnur]gerade; ***is my tie ~?*** sitzt mein Schlips richtig?; ***the picture isn't ~*** das Bild hängt schief; ***he landed a ~ punch to the face*** sein Hieb landete geradewegs im Gesicht; **as ~ as a die** [*or* AM **pin**] *(of posture)* kerzengerade; *(honest)* grundehrlich, absolut ehrlich
2 *(frank) advice, denial, refusal* offen, freimütig; *(honest)* ehrlich; ***I think we better do a bit of ~ talking*** ich finde, wir sollten einmal ganz offen miteinander reden; ■**to be ~ with sb** aufrichtig [*o* ehrlich] mit jdm sein; **a ~ answer** eine offene [und ehrliche] Antwort; **to do ~ dealings with sb** mit jdm offen und ehrlich verhandeln; **to go ~** *(fam)* keine krummen Sachen machen *fam,* sich *dat* nichts zuschulden kommen lassen
3 *inv (fam: conventional)* brav *pej;* ***he looks pretty ~ wearing a tie*** mit Krawatte sieht er ziemlich spießig aus
4 *(heterosexual)* heterosexuell, hetero *fam*
5 *(plain)* einfach; *(undiluted)* pur; **~ gin/Scotch** Gin *m*/Scotch *m* pur; **vodka ~** Wodka *m* pur
6 *(simply factual)* tatsachengetreu, nur auf Fakten basierend *attr;* **~ reporting** objektive Berichterstattung
7 *(clear, uncomplicated)* klar; ***well done, Tim, that was ~ thinking*** gut gemacht, Tim, da hast du wirklich scharf überlegt; ***just give me a ~ yes or no*** sag doch ganz einfach ja oder nein!; ***we both liked each other's jumpers, so we did a ~ swap*** uns gefiel jeweils der Pullover des anderen und da haben wir einfach getauscht; **~ answer** eindeutige Antwort; *(in exams)* **~ A's** glatte Einser; ***he's a ~ A candidate*** er ist ein Einserkandidat
8 *attr, inv (consecutive)* aufeinanderfolgend, in Folge *nach n;* ***the team has won ten ~ games this season*** das Team hat in dieser Saison zehn Spiele hintereinander gewonnen; **~ flush** CARDS Straight[flush] *m;* **the ~ line of succession to the throne** die Thronfolge in direkter Linie; **to win/lose in ~ sets** TENNIS mehrere Sätze hintereinander gewinnen/verlieren
9 *(fam: serious)* ernst[haft]; *(not laughing)* ernst; *(traditional)* traditionell, konventionell; ***there's a lot of ~ theatre at the festival*** beim Festival wird viel Althergebrachtes geboten; **to keep a ~ face** [*or* **one's face ~**] ernst bleiben; **to make** [*or* **put on**] **a ~ face** ein ernstes Gesicht machen, eine ernste Miene aufsetzen; **~ actor/actress** THEAT Schauspieler/Schauspielerin des ernsten Fachs; **~ production** [*or* **play**] ernstes Stück
10 *pred (fam: quits)* ■**to be ~** quitt sein *fam*
11 *(fam: no drugs or alcohol)* sauber, clean *sl;* **'Getting S~' programme** [*or* AM **program**] Entziehungskur *f*
12 *pred (in order)* in Ordnung; *(clarified)* geklärt; **to put things ~** *(tidy)* Ordnung schaffen; *(organize)* etwas auf die Reihe kriegen *fam,* ÖSTERR, SCHWEIZ *a.* etwas schaffen; ***let's get this ~, you need £500 tomorrow or else ...*** stellen wir einmal klar: entweder du hast bis morgen 500 Pfund, oder ...; ***and get this ~, I'm not lending you any more***

money damit das klar ist: ich leihe dir keine müde Mark mehr; **to put** [*or* **set**] **sb ~ about sth** jdm Klarheit über etw *akk* verschaffen
III. *adv* ① *(in a line)* gerade[aus]; ***go ~ along this road*** folgen Sie immer dieser Straße; ***he drove ~ into the tree*** er fuhr frontal gegen den Baum; ***the village lay ~ ahead of us*** das Dorf lag genau vor uns; ***after a couple of gins, I was having difficulty walking ~*** nach ein paar Gins konnte ich kaum noch gerade gehen; ***the dog seemed to be coming ~ at me*** der Hund schien direkt auf mich zuzukommen; ***the arrow went ~ through the canvas*** der Pfeil ging glatt durch die Leinwand; ***she told me to go ~ ahead with designing the dress*** sie befahl mir, auf der Stelle mit dem Entwerfen des Kleides anzufangen; **to look ~ ahead** geradeaus schauen
② *inv (directly)* direkt *fam;* ***shall we go ~ to the party or stop off at a pub first?*** sollen wir gleich zur Party fahren oder schauen wir zuerst in einer Kneipe vorbei?; **to look sb ~ in the eye** jdm direkt in die Augen sehen [*o* ÖSTERR, SCHWEIZ schauen]
③ *inv (immediately)* sofort; ***I got home and went ~ to bed*** ich kam nach Hause und ging sofort schlafen; ***we've got to leave ~ away*** wir müssen unverzüglich aufbrechen; ***she said ~ off*** [*or* ***away***] ***that she had no time on Friday*** sie sagte von vornherein, dass sie am Freitag keine Zeit habe; **to get ~ to the point** sofort [*o* ohne Umschweife] zur Sache kommen
④ *(fam: honestly)* offen [und ehrlich]; ***tell me ~, would you rather we didn't go out tonight?*** nun sag mal ganz ehrlich, wäre es dir lieber, wenn wir heute Abend nicht weggingen?; ***I told him ~ that I didn't like his tie*** ich sagte ihm geradeheraus, dass mir seine Krawatte nicht gefiele; ***~ up, I only paid £20 for the fridge*** für den Kühlschrank habe ich echt nur 20 Pfund bezahlt
⑤ *(clearly)* klar; ***after five glasses of wine I couldn't see ~*** nach fünf Gläsern Wein konnte ich nicht mehr richtig sehen; ***I'm so tired I can't think ~ any more*** ich bin so müde, dass ich nicht mehr klar denken kann
straight 'an·gle *n* gestreckter Winkel
straight·away [ˌstreɪtəˈweɪ, AM -t̬ə'-] **I.** *adv esp* BRIT sofort, auf der Stelle; ***we don't have to go ~, do we?*** wir müssen doch nicht jetzt gleich gehen, oder?
II. *n* AM *(straight)* Gerade *f*
straight·en [ˈstreɪtᵊn] **I.** *vt* ■**to ~ sth** ① *(make straight, level)* etw gerade machen; **to ~ one's arm/leg** den Arm/das Bein ausstrecken; **to ~ one's body** den Körper aufrichten; **to ~ one's hair** sein Haar glätten; **to ~ a hem** einen Saum gerade nähen; **to ~ a picture** ein Bild gerade hängen; **to ~ a river/road** einen Fluss/eine Straße begradigen; **to ~ a seam** eine Naht glatt ziehen
② *(arrange in place)* etw richten [*o* ordnen]; **to ~ one's clothes** seine Kleider [*o* ÖSTERR *a.* sein Gewand] richten; **to ~ one's hair** sein Haar in Ordnung bringen; **to ~ a room/flat** [*or* AM **apartment**] *(tidy up)* ein Zimmer/eine Wohnung aufräumen [*o* in Ordnung bringen]; **to ~ one's tie** seine Krawatte zurechtrücken
II. *vi person* sich *akk* aufrichten; *road, river* gerade werden; *hair* sich *akk* glätten
◆**straighten out I.** *vt* ■**to ~ out** ↔ **sth** ① *(make straight)* etw gerade machen; **to ~ out one's arms/legs** die Arme/Beine ausstrecken; **to ~ out one's clothes** seine Kleider glatt streichen; **to ~ out a dent in the bumper** die Stoßstange ausbeulen; **to ~ out a road** eine Straße begradigen; **to ~ out a wire** einen Draht ausziehen
② *(put right)* etw in Ordnung bringen; *(clarify)* etw klarstellen; ***I think we should get matters ~ed out between us*** ich finde, wir sollten die Dinge zwischen uns klären; ■**to ~ sb out** *(explain a situation)* jdm die Sachlage erklären; *(explain the truth)* jdn aufklären; *(make behave)* jdn [wieder] auf den rechten Weg bringen; **to ~ out one's affairs** Klarheit in seine Finanzen bringen; **to ~ out a misunderstanding** ein Missverständnis aus der Welt schaffen; **to ~ out a problem/situation** ein Problem/eine Situation bereinigen
II. *vi* gerade werden
◆**straighten up I.** *vi* ① *(stand upright)* sich *akk* aufrichten
② *(move straight) vehicle, ship* [wieder] geradeaus fahren; *aircraft* [wieder] geradeaus fliegen
II. *vt* ■**to ~ up** ↔ **sth** ① *(make level)* etw gerade machen; **to ~ up a picture** ein Bild gerade hängen
② *(tidy up)* etw aufräumen; *(fig: put in order)* etw regeln [*o* in Ordnung bringen]; **to ~ up leftover matters** aufarbeiten, was liegengeblieben ist
straight 'face *n* unbewegte Miene, Pokerface *nt;* **with a ~** ohne eine Miene zu verziehen
straight-faced [-ˈfeɪst] **I.** *adj* gleichmütig, cool *sl;* **to be ~** keine Miene verziehen
II. *adv* mit unbeweglicher Miene
straight·for·ward [streɪtˈfɔːwəd, AM -ˈfɔːrwɚd] *adj* ① *(direct)* direkt; *explanation* unmittelbar; *look* gerade
② *(honest) answer, person* aufrichtig, ehrlich
③ *(easy)* einfach, leicht; ***it's quite ~*** es ist ganz einfach; **a ~ choice** eine leichte Wahl; **~ process** unkomplizierter Vorgang; **~ question** verständliche Frage
straight·for·ward·ly [-ˈfɔːwədli, AM -ˈfɔːrwɚdli] *adv* ① *(candidly)* freimütig, offen; **to explain quite ~ that ...** ohne Umschweife erklären, dass ...
② *(simply)* einfach; **to explain the situation ~** die Lage klipp und klar umreißen
③ *(honestly)* aufrichtig, ehrlich
straight·forward·ness [-ˈfɔːwədnəs, AM -ˈfɔːrwɚd-] *n* ① *(candidness)* Freimütigkeit *f,* Offenheit *f*
② *(simplicity)* Einfachheit *f*
③ *(honesty)* Aufrichtigkeit *f,* Ehrlichkeit *f*
straight·jack·et *n see* **straitjacket**
straight-laced *adj see* **strait-laced** sittenstreng, prüde, keusch *iron*
straight-line de·pre·ci'a·tion *n* FIN lineare Abschreibung *fachspr*
'straight man *n* THEAT *ernster Gegenpart eines Komikers, der diesem die Stichwörter gibt*
straight 'off *adv inv (fam)* sofort, auf der Stelle; ***we don't need to go ~*** wir müssen nicht jetzt gleich gehen
straight 'out *adv* offen, [ganz] direkt
'straight-out *adj esp* AM *(fam)* offen, unverblümt; **~ answer** ehrliche Antwort
straight 'ra·zor *n* AM *(cut-throat razor)* Rasiermesser *nt* **'straight stitch** *n* gerader Stich
straight 'tick·et *n* AM *Liste mit den Kandidaten einer Partei;* ***he voted the straight Republican ticket*** er stimmte für die Liste der Republikaner
straight 'up *adv* AM *(fam: honestly)* echt *fam,* ehrlich *fam;* ***you're an attractive woman, ~!*** Sie sind eine attraktive Frau, ganz ehrlich!; ***you're not telling me he's sixty! — ~!*** du willst mir doch nicht erzählen, dass er schon sechzig ist! – doch, wirklich!
'straight·way *adv inv (old) see* **straight away** geradewegs, schnurstracks
strain¹ [streɪn] *n* ① BIOL *(breed) of animals* Rasse *f; of plants* Sorte *f; of virus* Art *f*
② *(inherited characteristic)* Anlage *f,* [Charakter]zug *m;* **a ~ of eccentricity/puritanism** ein Hang *m* zum Exzentrischen/Puritanismus
strain² [streɪn] **I.** *n usu sing* ① *no pl (physical pressure)* Druck *m,* Belastung *f;* **to put a ~ on sth** einen Druck auf etw *akk* ausüben
② *(fig: emotional pressure)* Druck *m,* Belastung *f;* ***I found it quite a ~ having her to stay with us*** ich habe es als ziemliche Belastung empfunden, sie bei uns zu haben; **stresses and ~s** Strapazen *pl;* **to be under a lot of ~** stark unter Druck stehen; *(emotional)* unter großem Druck stehen
③ *(overexertion)* [Über]beanspruchung *f,* [Über]belastung *f;* ***excess weight puts a lot of ~ on the heart*** Übergewicht stellt eine große Belastung für das Herz dar
④ *no pl* PHYS *(degree of distortion)* Zug *m,* Spannung *f,* [Über]dehnung *f;* **stress and ~** Zug und Druck
⑤ *(pulled tendon, muscle)* Zerrung *f;* **back/groin ~** Rücken-/Leistenzerrung *f;* **hamstring ~** Zerrung *f* der Achillessehne
⑥ *(liter: stretch of music)* Weise *f liter;* ■**~s** *pl* Melodie[n] *f*[*pl*]
II. *vi* ① *(pull)* ziehen, zerren; *dress* spannen; ***the dog is ~ing at the leash*** der Hund zerrt an der Leine
② *(try hard)* sich *akk* anstrengen; **to ~ for** [*or* BRIT **after**] **effect** Effekthascherei betreiben *pej*
III. *vt* ■**to ~ sth** ① *(pull)* an etw *dat* ziehen; MED, SPORT etw überdehnen [*o* zerren]; ***I ~ed a muscle in my back*** ich habe mir eine Rückenmuskelzerrung zugezogen; ***he ~ed the rope until he was sure that it would hold fast*** er belastete das Seil, bis er sicher war, dass es halten würde; **to ~ a ligament** sich *dat* eine Bänderzerrung zuziehen
② *(overexert)* etw [stark] beanspruchen [*o* überanstrengen]; *(fig: exaggerate)* etw übertreiben; ***she's ~ing every nerve to get the work finished on time*** sie strengt sich ungeheuer an, um die Arbeit rechtzeitig fertig zu bekommen; **to ~ one's ears** die Ohren spitzen [*o fam* aufsperren]; **to ~ one's eyes** die Augen überanstrengen; **to ~ the truth** übertreiben; ***I agree she's lost weight, but I think it's ~ing the truth a little to describe her as slim*** ich finde auch, dass sie abgenommen hat, aber sie als schlank zu bezeichnen, das wäre denn doch etwas zu viel
③ *(fig: tear at)* etw strapazieren [*o* belasten]; ***his conduct couldn't but ~ their relationship*** sein Benehmen musste eine Belastungsprobe für ihre Beziehung sein; **to ~ sb's credulity** für jdn sehr unglaubhaft klingen
④ *(remove solids from liquids) coffee* etw [aus]sieben [*o* ausziehen]; *(remove liquid from solids) vegetables* etw abgießen
◆**strain off** *vt* ■**to ~ off** ↔ **sth** etw abgießen
strained [streɪnd] *adj* ① *(forced)* bemüht, angestrengt; *(artificial)* gekünstelt *pej;* **~ efforts** forcierte Bemühungen; **a ~ smile** ein gequältes Lächeln
② *(tense) relations* belastet, angespannt; ***they are having a ~ friendship*** ihre Freundschaft leidet unter Spannungen
③ *(stressed)* abgespannt, mitgenommen, gestresst
④ *(far-fetched) interpretation* weit hergeholt
strain·er [ˈstreɪnəʳ, AM -ɚ] *n* Sieb *nt;* **fine mesh ~** feines Drahtsieb; **tea ~** Teesieb *nt*
strait [streɪt] *n* ① GEOG *(narrow sea)* Meerenge *f,* Straße *f;* **the Bering S~** die Beringstraße; **the S~s of Gibraltar** die Straße von Gibraltar
② *usu pl (bad situation)* Notlage *f,* Zwangslage *f;* **to be in a ~** in der Klemme stecken *fam;* **to be in desperate/dire ~s** sich *akk* in einer verzweifelten/schlimmen Notlage befinden; **to be in a difficult ~** in Bedrängnis sein
strait·ened [ˈstreɪtᵊnd] *adj (form: poor)* knapp; *(restricted)* beschränkt, dürftig; **to find oneself in ~ circumstances** sich *akk* einschränken müssen
'strait·jack·et *n (also fig)* Zwangsjacke *f a. fig pej;* ***the police are concerned that the new regulation will act as a ~ in combating crime*** die Polizei befürchtet, dass sich die neue Regelung als Hemmschuh für die Kriminalitätsbekämpfung erweisen wird
strait-laced [-ˈleɪst] *adj (pej)* prüde *pej,* puritanisch *pej*
Strait of Gi·bral·tar [dʒɪˈbrɔːltəʳ, AM -ˈbrɑːltɚ] *n* Straße *f* [*o* Meerenge *f*] von Gibraltar
strand¹ [strænd] **I.** *vt* **to ~ a boat** ein Boot auf Grund setzen; **to ~ a whale** einen Wal stranden lassen
II. *vi* stranden
III. *n (liter: shore)* Gestade *nt meist pl liter poet*
strand² [strænd] *n* TV [Programm]format *nt*
strand³ [strænd] *n* ① *(single thread)* Faden *m; of rope* Strang *m; of tissue* Faser *f; of hair* Strähne *f; of grass* Halm *m; of wire* Litze *f fachspr;* AM, AUS *(string)* Schnur *f;* ***she idly plucked ~s of grass*** gedankenverloren zupfte sie Grashalme aus; **~ of hair** Haarsträhne *f;* **~ of pearls** Perlenkette *f;* **~ of wool** Wollfaden *m*

② *(element of whole)* Strang *m;* ~ **of life** Lebensschiene *f;* ***you have your work and your home and rarely do those two ~s of your life come together*** Sie haben Ihre Arbeit und Ihr Zuhause, und beides läuft fast immer auf getrennten Schienen; ~ **of melody** Melodienstrang *m;* ~ **of the plot** Handlungsstrang *m*

strand·ed ['strændɪd] *adj inv (beached)* gestrandet *a. fig; ship also* aufgelaufen; ■**to be** ~ *(fig)* festsitzen; *(without money)* auf dem Trockenen sitzen *hum;* **to leave sb** ~ jdn sich *dat* selbst überlassen, jdn seinem Schicksal überlassen; ***the strike kept*** [*or* ***had left***] ***the tourists*** ~ wegen des Streiks saßen die Touristen fest

strange [streɪndʒ] *adj* ① *(peculiar, odd)* sonderbar, merkwürdig; *(unusual)* ungewöhnlich, außergewöhnlich; *(weird)* unheimlich, seltsam; ***I had a ~ feeling that we'd met before*** ich hatte irgendwie das Gefühl, dass wir uns schon einmal begegnet waren; ***~r things have happened*** da sind schon ganz andere Dinge passiert; ***it's ~ that ...*** es ist schon merkwürdig, dass ...; ~ **accent** sonderbarer [*o* komischer] Akzent

② *(exceptional)* erstaunlich, bemerkenswert; ***you say the ~st things sometimes*** manchmal sagen Sie die erstaunlichsten Dinge; **a ~ coincidence** ein seltsamer Zufall; **a ~ twist of fate** eine besondere Laune des Schicksals; ~ **to say** seltsamerweise; ***~ to say, I don't really like strawberries*** es ist kaum zu glauben, aber ich mag Erdbeeren nicht besonders

③ *(uneasy)* komisch; *(unwell)* seltsam, unwohl; **to feel** ~ sich *akk* unwohl [*o* schlecht] fühlen; ***I hope that fish was all right — my stomach feels a bit ~*** ich hoffe, der Fisch war in Ordnung – mir ist so komisch

④ *inv (not known)* fremd, unbekannt; *(unfamiliar)* nicht vertraut, ungewohnt; ***I never sleep well in a ~ bed*** ich schlafe in fremden Betten grundsätzlich schlecht; ~ **face** unbekanntes Gesicht

▸PHRASES: **to make ~ bedfellows** ein seltsames Paar [*o* Gespann] abgeben

strange·ly ['streɪndʒli] *adv* ① *(oddly)* merkwürdig, sonderbar

② *(unexpectedly)* ***she was ~ calm*** sie war auffällig still; ~ **enough** seltsamerweise, sonderbarerweise

strange·ness ['streɪndʒnəs] *n no pl* ① *(unfamiliarity)* Fremdheit *f,* Fremdartigkeit *f*

② *(peculiarity)* Seltsamkeit *f,* Merkwürdigkeit *f*

strang·er ['streɪndʒəʳ, AM -ɚ] *n* ① *(unknown person)* Fremde(r) *f(m); (person new to a place)* Neuling *m a. pej;* ***she is a ~ to me*** ich kenne sie nicht; ***they were complete ~s to me*** sie waren mir alle gänzlich unbekannt; ***are you a ~ here, too?*** sind Sie auch fremd hier?; ***hello, ~!*** *(fam)* hallo, lange nicht gesehen!; ***hello ~, I haven't seen you for weeks!*** hallo, dich habe ich ja schon wochenlang nicht mehr gesehen

② *(form)* **to be a ~ in sth** in etw *dat* unerfahren sein; **to be no ~ to sth** etw [schon] kennen; ***she is no ~ to hard work*** sie ist [an] harte Arbeit gewöhnt

③ BRIT POL Besucher(in) *m(f);* **S~'s Gallery** Besuchertribüne *f (im britischen Parlament)*

stran·gle ['stræŋgl] **I.** *vt* ① *(murder)* ■**to ~ sb** jdn erdrosseln [*o* erwürgen] [*o geh* strangulieren]; ***this tie is strangling me*** diese Krawatte schnürt mir die Luft ab

② *(fig: suppress)* ■**to ~ sth** etw unterdrücken [*o* ersticken]; ***their protests should have been ~d at birth*** man hätte ihre Proteste schon im Keim ersticken sollen; **to ~ a scream** einen Schrei unterdrücken

II. *n* STOCKEX *kombinierte Optionsstrategie*

stran·gled ['stræŋgld] *adj* ① *(constricted)* erstickt; **with a ~ voice** mit erstickter Stimme

② *inv* AM, AUS *(strangulated)* erdrosselt, erwürgt, stranguliert *geh*

'strangle·hold *n* ① *(grip)* Würgegriff *m;* **to have sb in a ~** *(fig)* jdn [völlig] in der Hand [*o* an der Kandare] haben

② *(fig: complete control)* Vormacht[stellung] *f kein pl;* **to tighten one's ~** seine Vormachtstellung ausbauen

stran·gler ['stræŋgləʳ, AM -ɚ] *n* Würger(in) *m(f) pej veraltet*

stran·gu·late ['stræŋgjəleɪt] *vt* MED ■**to ~ sth** etw abschnüren [*o* abbinden]

stran·gu·lat·ed ['stræŋgjəleɪtɪd, AM -t̬-] *adj* ① *inv* MED abgeschnürt; ~ **hernia** eingeklemmter Bruch

② *(fig: constricted)* erstickt; **with a ~ voice** mit erstickter Stimme

stran·gu·la·tion [ˌstræŋgjə'leɪʃᵊn] *n no pl* ① *(strangling)* Erdrosselung *f,* Strangulierung *f; (death from throttling)* Tod *m* durch Erwürgen

② MED *(strangulating)* Abschnüren *nt,* Abbinden *nt*

strap [stræp] **I.** *n* ① *(for fastening)* Riemen *m; (for safety)* Gurt *m; (for clothes)* Träger *m; (for hanging up)* Schlaufe *f; (hold in a vehicle)* Halteschlaufe *f;* **ankle ~** Schuhriemen *m,* Schuhriemchen *nt;* **bra ~** BH-Träger *m;* **shoulder ~** Träger *m;* **watch ~** Uhrarmband *nt*

② *(punishment)* **to get the ~** mit dem Gürtel [*o* Lederriemen] verprügelt werden; **to give sb the ~** jdn [mit einem Gürtel] verprügeln

③ STOCKEX *kombinierte Optionsstrategie*

II. *vt* <-pp-> ① *(fasten)* ■**to ~ sth** [**to sth**] etw [an etw *dat*] befestigen

② *(hit)* ■**to ~ sb** jdn schlagen; *(punish)* jdn verprügeln

③ *(bandage)* ■**to ~ sb/sth** jdn/etw bandagieren; *(with plaster)* jdn/etw verpflastern

◆**strap in** *vt* ■**to ~ in** ○ **sb** *(in a certain position)* jdn festschnallen; *(in a car)* jdn anschnallen; ■**to ~ oneself in** sich *akk* anschnallen

◆**strap on** *vt* ■**to ~ on** ○ **sth** etw festschnallen; *watch* etw anlegen; *rucksack* etw schultern [*o* aufschnallen]; *belt* etw anlegen; *girdle* etw umlegen

◆**strap up** *vt* BRIT ■**to ~ up** ○ **sth** ① *(fasten)* etw festschnallen [*o* festbinden]

② MED *(bandage)* etw bandagieren; *(with plaster)* etw verpflastern

strap·hang ['stræphæŋ] *vi* TRANSP *(fam)* im Stehen fahren *(in öffentlichen Verkehrsmitteln)*

strap·hang·er ['stræpˌhæŋəʳ, AM -ɚ] *n* TRANSP *(fam)* ① *(passenger)* stehender Fahrgast

② *usu* AM *(commuter)* Pendler(in) *m(f) (als Benutzer des öffentlichen Nahverkehrs)*

strap·less ['stræpləs] *adj inv* trägerlos; ~ **bra** trägerloser BH; ~ **dress** schulterfreies Kleid

strap·line ['stræplaɪn] *n* Slogan *m*

strapped [stræpt] *adj (fam)* knapp bei Kasse *präd fam,* pleite *präd fam;* ***a financially ~ company*** eine Firma mit finanziellen Engpässen; **to be ~ for cash** [so gut wie] blank sein *fam*

strap·ping ['stræpɪŋ] **I.** *n no pl* ① *(punishment)* Züchtigung *f* mit einem Lederriemen [*o* Gürtel]

② *(bandage)* Bandage *f*

II. *adj (hum fam)* kräftig, stämmig; ~ **girl** dralles Mädchen; ~ **lad** strammer Bursche

strap·py ['stræpi] *adj attr* Riemchen-; ~ **sandals** Riemchensandalen *pl*

Stras·bourg ['stræzbɜːg, AM 'strɑːsbʊrg] *n* Straßburg *nt*

stra·ta ['strɑːtə, AM 'streɪt̬ə] *n pl of* **stratum**

strata·gem ['strætədʒəm, AM -t̬-] *n* ① *(scheme)* Strategem *nt geh,* [Einzel]strategie *f*

② *no pl (scheming)* List *f;* MIL Kriegslist *f*

stra·tegic [strə'tiːdʒɪk] *adj* strategisch, taktisch; ***both countries want control of this ~ city*** beide Länder möchten diese strategisch wichtige Stadt unter ihrer Kontrolle haben; ~ **advice** FIN Strategieberatung *f;* **the ~ balance** MIL das strategische Gleichgewicht; ~ **bombing** MIL Bombardierung *f* des feindlichen Gebiets; ~ **expertise** taktisches Geschick; ~ **forces** Streitkräfte *pl;* ~ **positioning** strategische Positionierung; ~ **weapons** strategische Waffen; **a ~ withdrawal** ein strategischer Rückzug

stra·tegi·cal·ly [strə'tiːdʒɪkᵊli] *adv* taktisch, strategisch; *(fig)* ***her scarf was ~ placed to hide a tear in her shirt*** sie hatte ihren Schal so geschickt umgelegt, dass er den Riss in ihrer Bluse verbarg

strat·egist ['strætədʒɪst, AM -t̬-] *n* Stratege, Strategin *m, f,* Taktiker(in) *m(f);* **political ~** politischer Stratege/politische Strategin; **military ~** Militärstratege, -strategin *m, f*

strat·egy ['strætədʒi, AM -t̬ə-] *n* ① *(plan of action)* Strategie *f; (less comprising scheme)* Taktik *f;* **marketing/sales ~** Marketing-/Verkaufsstrategie *f*

② *no pl (art of planning)* Taktieren *nt; (of war)* Kriegsstrategie *f;* ***she accused the government of lacking any coherent industrial ~*** sie warf der Regierung vor, sie habe keine klare Linie im Umgang mit der Industrie; **military ~** Militärstrategie *f*

strati·fi·ca·tion [ˌstrætɪfɪ'keɪʃᵊn, AM -t̬əfɪ'-] *n no pl* ① *(arrangement in layers)* Schichtung *f*

② GEOL Schichtung *f,* Stratifikation *f fachspr*

③ SOCIOL **social ~** gesellschaftliche Schichtenbildung

strati·fied ['strætɪfaɪd, AM -t̬ə-] *adj inv* geschichtet, in Schichten aufgeteilt; ~ **sample** SOCIOL gesamtgesellschaftliche Stichprobe

strati·fy <-ie-> ['strætɪfaɪ, AM -t̬ə-] *vt* ① *(arrange in layers)* ■**to ~ sth** etw schichten

② *usu passive* GEOL ■**to be stratified** geschichtet [*o fachspr* stratifiziert] sein

③ *(place in groups)* ■**to ~ sb/sth** [**by sth**] jdn/etw [nach etw *dat*] klassifizieren; **stratified society** mehrschichtige Gesellschaft

strato·sphere ['strætə(ʊ)ˌsfɪəʳ, AM 'strætˌəsfɪr] *n* METEO Stratosphäre *f fachspr;* **to go** [*or* **be sent**] **into the ~** *(fig)* astronomische Höhen erreichen

strato·spher·ic [ˌstrætə(ʊ)'sferɪk, AM ˌstræt̬ə'sfɪr-] *adj inv* METEO stratosphärisch; *(fig)* astronomisch [hoch]

stra·tum <*pl* -ta> ['strɑːtəm, *pl* -tə, AM 'streɪt̬-, *pl* -t̬ə] *n* ① *(layer)* Schicht *f*

② GEOL *(layer of rock)* [Gesteins]schicht *f*

③ SOCIOL *(class)* Schicht *f;* [**higher/lower**] ~ **of society** [höhere/niedrigere] Gesellschaftsschicht

straw [strɔː, AM *esp* strɑː] **I.** *n* ① *no pl (crop, fodder)* Stroh *nt;* **bale of ~** Strohballen *m*

② *(single dried stem)* Strohhalm *m;* **to chew a ~** auf einem Strohhalm kauen; **to draw ~s** losen, Streichhölzchen ziehen

③ *(drinking tube)* Strohhalm *m,* Trinkhalm *m,* Röhrli *nt* SCHWEIZ

④ *(fam: worthless thing)* Belanglosigkeit *f;* **sb doesn't care a ~** [*or* **two ~s**], **what ...** jdm ist völlig schnuppe, was ... *fam*

⑤ *(fam: straw hat)* Strohhut *m*

▸PHRASES: **to be the ~ that breaks the camel's back** *(prov)* der Tropfen sein, der das Fass zum Überlaufen bringt *prov;* **to catch** [*or* **clutch**] [*or* **grab**] **at ~s** nach jedem Strohhalm greifen; **to draw the short ~** den Kürzeren ziehen; **to be the final** [*or* **last**] ~ das Fass zum Überlaufen bringen; **to have ~s in one's hair** *esp* BRIT übergeschnappt sein *fam;* **to make bricks without ~** auf Sand bauen; **a ~ in the wind** ein Vorzeichen *nt*

II. *n modifier (bale, hat, mat, roof)* Stroh-; ~ **basket** geflochtener Korb; ~ **boater** steifer Strohhut

'straw bal·lot *n* Probeabstimmung *f*

straw·berry ['strɔːbᵊri, AM 'strɑːˌberi] **I.** *n* Erdbeere *f;* **strawberries and cream** Erdbeeren mit Schlagsahne [*o* ÖSTERR Schlagobers] [*o* SCHWEIZ Schlagrahm]; **alpine ~** einblättrige Walderdbeere; **climbing ~** Klettererdbeere *f;* **perpetual fruiting ~** ganzjährige Erdbeere; **wild ~** Walderdbeere *f*

II. *n modifier (farm, ice cream, jam, tart)* Erdbeer-; ~ **patch** Erdbeerbeet *nt;* ~ **preserves** eingemachte Erdbeeren; ~ **sundae** Eisbecher [*o* SCHWEIZ Glacebecher] mit Erdbeeren *m*

straw·berry 'blonde *n* Rotblonde *f;* ***she's a ~*** sie hat rotblondes Haar **'straw·berry-blonde** *adj* rotblond, rötlich blond **'straw·berry mark** *n* [rotes] Muttermal

'straw boss *n* AM *(fam: foreman)* Vorarbeiter(in) *m(f)* **'straw-col·oured**, AM **'straw-col·ored** [-ˈkʌləd, AM -ˈkʌlɚd] *adj* strohfarben; *hair* strohblond **straw 'hat** *n* Strohhut *m* **'straw man** *n* ① *(cover person)* Strohmann *m* ② *(discussion tactic)* Scheinargument *nt (als rhetorischer Kniff)* **'straw poll**, **'straw vote** *n* Probeabstimmung *f; (test of opinion)* [Meinungs]umfrage *f*

stray [streɪ] **I.** *vi* ① *(wander)* streunen; *(escape from control)* frei herumlaufen; *(go astray)* sich *akk* verir-

S

ren; ***most visitors to the park do not ~ more than a few yards away from their cars*** die meisten Parkbesucher entfernen sich gerade mal ein paar Meter von ihren Autos; ***a herd of cattle ~ ed into the road*** eine Viehherde hat sich auf die Straße verirrt; **to ~ off course** vom Kurs abkommen

② *(move casually)* umherstreifen; ***her eyes kept ~ ing to the clock*** ihre Blicke wanderten immer wieder zur Uhr

③ *(fig: digress)* abweichen; *orator, thoughts* abschweifen; **to ~ from the original plan** vom ursprünglichen Plan abweichen

④ *(to be immoral) person* fremdgehen; *(touch) hands* herumfummeln; ***men who ~ cannot be trusted*** auf untreue Männer ist kein Verlass; ***watch out for his ~ ing hands!*** pass bloß auf, dass er dir nicht an die Wäsche geht! *fam*

II. *n* ① *(animal)* streunendes [Haus]tier

② *(person)* Umherirrende(r) *f(m); (homeless)* Heimatlose(r) *f(m)*

③ RADIO ■**~s** *pl* Störeffekte *pl,* Störungen *pl (beim Rundfunkempfang)*

III. *adj attr, inv* ① *(homeless) animal* streunend, herrenlos; *(lost) person* verirrt

② *(isolated)* vereinzelt; *socks* einzeln; *(occasional)* gelegentlich; **to be hit by a ~ bullet** von einem Blindgänger [*o* einer verirrten Kugel] getroffen werden; **a ~ lock of hair** eine widerspenstige Locke; **~ remarks/sentences** einzelne Bemerkungen/Sätze

streak [stri:k] **I.** *n* ① *(line)* Streifen *m; (mark of colour)* Spur *f; (on window)* Schliere *f;* **~ of blood** Blutspur *f*

② *(strip)* Strahl *m,* Streif *m liter;* **~ of light** Lichtstrahl *m;* **~ of lightning** Blitz *m,* Blitzstrahl *m geh;* **like a ~ [of lightning]** *(fig)* wie der [*o* ein geölter] Blitz *fam*

③ *(coloured hair)* ■**~s** *pl* Strähnen *pl,* Strähnchen *pl,* Mèches *pl* SCHWEIZ

④ *(character tendency)* [Charakter]zug *m,* Ader *f fig;* ***there's an aggressive ~ in him*** er hat etwas Aggressives an sich; ■**a ~ of sth** eine Spur von etw *dat;* ***there's a ~ of German blood in him*** in seinen Adern fließt auch etwas deutsches Blut; **a ~ of madness** ein Hang *m* zum Wahnsinn

⑤ *(run of fortune)* Strähne *f;* **losing ~** Pechsträhne *f;* **lucky/winning ~** Glückssträhne *f;* **to extend one's unbeaten ~** seinen Erfolgskurs fortsetzen; **to be on a winning ~** eine Glückssträhne haben

II. *vt usu passive* ■**to be ~ed** gestreift sein; ***his cheeks were ~ ed with tears*** seine Wangen waren tränenüberströmt; ***white marble is frequently ~ ed with grey, black or green*** weißer Marmor ist oft von grauen, schwarzen oder grünen Adern durchzogen; **to have one's hair ~ed** sich *dat* Strähnchen [*o* SCHWEIZ Mèches] in die Haare machen [lassen]; **~ed with grey** *hair* von grauen Strähnen durchzogen; **~ed with mud** *clothes* von Dreck verschmiert

III. *vi* ① *(move very fast)* flitzen *fam;* ■**to ~ ahead** *(fig)* eine Blitzkarriere machen; **to ~ across the street** über die Straße fegen; **to ~ past the window** am Fenster vorbeischießen

② *(fam: run naked in public)* flitzen

streak·er ['stri:kəʳ, AM -ɚ] *n (fam)* Flitzer(in) *m(f)*

streak·ing ['stri:kɪŋ] *n no pl* ① *(fam: movement)* Flitzen *nt*

② COMPUT Nachzieheffekt *m,* Fahnen *nt*

streaky ['stri:ki] *adj* ① *(with irregular stripes)* streifig; *pattern* gestreift; *face* verschmiert; *hair* strähnig; *window, mirror* schlierig, ÖSTERR *bes* verschmiert

② BRIT FOOD **~ bacon** durchwachsener Speck

stream [stri:m] **I.** *n* ① *(small river)* Bach *m,* Flüsschen *nt;* **mountain ~** Bergbach *m*

② *(flow) of liquid* Strahl *m; of people* Strom *m;* ***a ~ of oil gushed out of the ruptured tank*** eine Ölfontäne schoss aus dem geplatzten Tank; **the blood ~** der Blutkreislauf; **~ of consciousness** LIT Bewusstseinsstrom *m fachspr;* **~ of investment** FIN Investitionskette *f;* **~ of light** breiter Lichtstrahl; **~ of visitors** Besucherstrom *m;* **~ of water** Wasserstrahl *m*

③ *(continuous series)* Flut *f,* Schwall *m;* ***there has been a steady ~ of phone calls asking about the car I'm selling*** seit ich den Wagen verkaufen will, steht das Telefon nicht mehr still; **a ~ of abuse** eine Schimpfkanonade; **a ~ of insults** [*or* **invective**] ein Schwall *m* von Beleidigungen

④ *(also fig: current)* Strömung *f a. fig;* **The Gulf S~** der Golfstrom; **against the ~** gegen die Strömung; **with the ~** mit der Strömung; ***it's easier go with the ~ than against it*** *(fig)* es ist leichter mit dem Strom als gegen ihn zu schwimmen

⑤ + *sing/pl vb* BRIT, AUS SCH *(group)* Leistungsgruppe *f*

⑥ POL, ADMIN *(civil service career)* Vorrücken *nt (in der Beamtenlaufbahn);* **the fast ~** die steile Beamtenkarriere

⑦ COMPUT Strom *m;* **to be on ~** in Betrieb sein; **to come on ~** den Betrieb aufnehmen, hochladen, rauffahren ÖSTERR, SCHWEIZ *fam*

II. *vi* ① *(flow) blood, tears* strömen; *water* fließen, rinnen; **with tears ~ing down one's face** mit tränenüberströmtem Gesicht; **~ing rain** strömender Regen

② *(run) nose* laufen; *eyes* tränen

③ *(move in numbers)* strömen

④ *(shine) light, sun* strömen; ***the curtains were not drawn and light ~ ed into the room*** die Vorhänge waren nicht zugezogen, und Licht durchflutete das Zimmer

⑤ *(flutter) clothing* flattern; *hair* wehen; ***his hair ~ ed behind him*** sein Haar wehte im Wind

III. *vt* BRIT, AUS SCH ■**to ~ sb** jdn in Leistungsgruppen einteilen

◆**stream down** *vi* in Strömen fließen, herunterströmen; ***the rain is ~ ing down*** es regnet in Strömen

◆**stream in** *vi* hineinströmen

◆**stream out** *vi* ■**to ~ out of sth** aus etw *dat* herausströmen; *liquid* aus etw *dat* herausfließen

◆**stream past** *vi* vorbeiströmen

stream·er ['stri:məʳ, AM -ɚ] *n* ① *(pennant)* Wimpel *m,* Fähnchen *nt*

② *(decoration) of ribbon* Band *nt; of paper* Luftschlange *f,* SCHWEIZ *a.* Papierschlange *f*

③ *(heading)* **~ [headline]** Schlagzeile *f*

④ BRIT SCH *Schulkind einer bestimmten Leistungsgruppe;* **the A/B ~s** *die Kinder der Gruppe A/B*

⑤ COMPUT **tape ~** Magnetbandstreamer *m*

stream·ing ['stri:mɪŋ] **I.** *n* BRIT SCH Einteilung *f* in Leistungsgruppen

II. *adj* laufend; ***my eyes are ~*** meine Augen tränen; **a ~ cold** eine schwere Erkältung

stream·let ['stri:mlət, AM -lɪt] *n (liter)* Rinnsal *nt liter,* Bächlein *nt*

stream·line ['stri:mlaɪn] **I.** *vt* ■**to ~ sth** ① *(shape aerodynamically)* etw stromlinienförmig [aus]formen

② *(fig: improve efficiency)* etw rationalisieren; *(simplify)* etw vereinfachen

II. *n* ① PHYS *(flow)* Stromlinie *f fachspr*

② *(shape)* Stromlinienform *f*

stream·lined ['stri:mlaɪnd] *adj* ① *(aerodynamic)* stromlinienförmig; *car also* windschnittig

② *(efficient)* rationalisiert; *(simplified)* vereinfacht

stream·lin·ing ['stri:mlaɪnɪŋ] *n* ① *(aerodynamic)* stromlinienförmige [Aus]gestaltung

② *(efficiency)* Rationalisierung[smaßnahme] *f;* **~ operations** Betriebsrationalisierungen *pl*

street [stri:t] *n* ① *(road)* Straße *f;* ■**in the ~** auf der Straße; STOCKEX nach Börsenschluss; ■**on the ~s** auf den Straßen; ***I live in*** [*or* AM ***on***] ***King S~*** ich wohne in der King Street; ***our daughter lives just across the ~ from us*** unsere Tochter wohnt direkt gegenüber [auf der anderen Straßenseite]; ***the ~s were deserted*** die Straßen waren wie leer gefegt; ***the ~s are quiet at the moment*** im Moment ist es ruhig auf den Straßen; **cobbled** [*or* AM **cobblestone**] **~** Straße *f* mit Kopfsteinpflaster; **main ~** Hauptstraße *f;* **narrow ~** enge Straße; **shopping ~** Einkaufsstraße *f;* **side ~** Seitenstraße *f;* **to cross the ~** die Straße überqueren; **to line the ~** die Straße säumen; **to roam the ~s** durch die Straßen ziehen; **to take to the ~s** auf die Straße gehen *a. fig;* **to walk down the ~** die Straße hinuntergehen

② + *sing/pl vb (residents)* Straße *f;* **the whole ~** die ganze Straße

▶PHRASES: **to be ~s ahead [of sb/sth]** BRIT [jdm/etw] meilenweit voraus sein; **to not be in the same ~ as sb** BRIT *(fam)* an jdn nicht herankönnen; **to dance in the ~[s]** einen Freudentanz aufführen, [ganz] aus dem Häuschen sein; **the man/woman in the ~** der Mann/die Frau von der Straße; **to be [right] up sb's ~** genau das Richtige für jdn sein; ***carpentry isn't really up my ~*** das Schreinern ist eigentlich nicht so ganz mein Fall; **to walk on** [*or* **be**] **the ~s** *(be homeless)* obdachlos sein, auf der Straße sitzen *fam; (be a prostitute)* auf den Strich gehen *fam*

'street bat·tle *n* Straßenschlacht *f;* **to turn into a ~** in eine Straßenschlacht ausarten **'street·car** *n* AM *(tram)* Straßenbahn *f,* SCHWEIZ *bes* Tram *nt;* **to take a ~** die Straßenbahn nehmen **'street clean·er** *n* Straßenkehrer(in) *m(f),* Straßenfeger(in) *m(f),* SCHWEIZ *a.* Strassenputzer(in) *m(f)* **street 'cor·ner** *n* Straßenecke *f;* **to hang about on ~s** auf der Straße [herum]hängen *fam* **'street cred** *n no pl (sl) short for* **street credibility** In-Sein *nt sl* **street cred·i'bil·ity** *n no pl* In-Sein *nt sl;* ***that jacket won't do much for your ~*** mit diesem Jackett bist du einfach nicht in **street 'cred·ible** *adj* imagefördernd, in *präd sl* **'street cries** *npl* BRIT Schreie *pl* der Straßenverkäufer **'street crime** *n no pl* Straßenkriminalität *f* **'street deal·ing** *n* STOCKEX Nachbörse *f* **street dem·on·'stra·tion** *n* [Protest]demonstration *f* **street di·'rec·tory** *n* Straßenverzeichnis *nt* **street 'door** *n* Haustür *f,* Vordereingang *m* **street en·ter·'tain·er** *n* Straßenkünstler(in) *m(f)* **'street fight** *n (occurring regularly)* Straßenkampf *m; (individual occurrence)* Straßenschlacht *f* **'street fight·er** *n* Straßenkämpfer(in) *m(f)* **'street fight·ing** *n no pl* Straßenkämpfe *pl;* ***~ broke out*** es kam zu Straßenkämpfen **street 'floor** *n* AM *(ground floor)* Erdgeschoss *nt,* SCHWEIZ *a.* Parterre *nt* **street 'fur·ni·ture** *n no pl* BRIT Straßenmöblierung *f* ÖSTERR, *allgemein nutzbare Installationen im Straßenbereich (wie Briefkästen, Bänke, Telefonzellen)* **'street lamp** *n* Straßenlaterne *f* **street-'le·gal** *adj attr, inv* verkehrssicher **'street lev·el** *n* ■**at ~** ① *(ground-floor level)* in Straßenhöhe, ebenerdig ② *(amongst the public)* nach Auffassung der Öffentlichkeit; ***we must find out what opinions are at ~*** wir müssen herausfinden, was die breite Masse darüber denkt ③ *(area of operation)* auf der Straße; **to get drugs to ~** Drogen auf den Markt bringen **'street light** *n* Straßenlaterne *f* **'street light·ing** *n no pl* Straßenbeleuchtung *f;* **inadequate ~** unzureichende Straßenbeleuchtung **'street map** *n* Stadtplan *m* **'street mar·ket** *n* Straßenmarkt *m* **'street par·ty** *n* Straßenfest *nt* **'street peo·ple** *npl* AM *(homeless)* Obdachlose *pl* **'street plan** *n* Stadtplan *m* **'street price** *n* ① *(for illegal goods) Verkaufspreis für illegale Waren, z.B. Drogen;* ***the ~ of heroin has doubled in the last year*** im Straßenverkauf hat sich der Heroinpreis im letzten Jahr verdoppelt ② FIN, STOCKEX nachbörslicher Kurs **'street pro·test** *n* Demonstration *f* **'street-smart** *adj* AM *(streetwise)* gewieft, raffiniert; ***he's ~*** er weiß, wo es langgeht *fam;* **a ~ youngster** ein ganz ausgekochtes Bürschchen; **to be ~** Köpfchen haben **'street smarts** *npl* AM **to not have the ~ to do sth** nicht clever genug sein, etw zu tun **'street sweep·er** *n* ① *(cleaner)* Straßenkehrer(in) *m(f),* Straßenfeger(in) *m(f),* SCHWEIZ *a.* Strassenputzer(in) *m(f)* ② *(machine)* Straßenkehrmaschine *f,* SCHWEIZ *a.* Strassenputzmaschine *f* **street 'thea·tre,** AM **street 'thea·ter** *n no pl* Straßentheater *nt* **'street ur·chin** *n* Straßenkind *nt; (boy also)* Gassenjunge *m* **'street value** *n no pl Verkaufspreis für illegale Waren, z.B. Drogen;* ***heroin with a ~ of £6 million*** Heroin mit einem Schwarzmarktwert von 6 Millionen Pfund **'street ven·dor** *n* Straßenhändler(in) *m(f)*

'street·walk·er *n (dated)* Straßendirne *f meist pej veraltend,* Prostituierte *f (auf dem Straßenstrich)* **'street·wear** ['stri:tweəʳ] *n* Streetwear *f* **'street·wise** *adj* gewieft, raffiniert, ausgekocht **'street work·er** *n* Streetworker(in) *m(f)*

strength [streŋ(k)θ] *n* ① *no pl (muscle power)* Kraft *f,* Stärke *f; **you don't know your own ~!*** du weißt nicht, wie stark du bist!; ***his ~ failed him in the final straight*** auf der Zielgeraden verließen ihn seine Kräfte; ***save your ~!*** schone deine Kräfte!; **brute ~** schiere Muskelkraft; **physical ~** körperliche Kraft, Muskelkraft *f*
② *no pl (health and vitality)* Robustheit *f,* Lebenskraft *f;* **to be back to full ~** wieder ganz zu Kräften gekommen sein; **to gain ~** wieder zu Kräften [*o* auf die Beine] kommen; **to get one's ~ back** [wieder] genesen; ***when he's got his ~ back we'll have a holiday in America*** sobald er wieder ganz der Alte ist, machen wir Urlaub in Amerika; **to lose ~** geschwächt werden
③ *no pl (effectiveness, influence)* Wirkungsgrad *m,* Stärke *f;* **to summarize the ~ of a proposal** die Vorteile eines Vorschlags auflisten; **military ~** militärische Stärke; **to gather ~** an Stabilität gewinnen; **to go from ~ to ~** sich *akk* immer stärker [*o* kräftiger] entwickeln; **from ~** aus einer starken Position heraus
④ *no pl (mental firmness)* Stärke *f; **she has recently found ~ in religion*** sie hat neuerdings in der Religion eine Stütze gefunden; **to show great ~ of character** große Charakterstärke zeigen [*o* beweisen]; **~ of will** [*or* **mind**] Willensstärke *f;* **to draw ~ from sth** aus etw *dat* Kraft ziehen [*o geh* schöpfen]; **to draw on one's inner ~** seine ganze Kraft zusammennehmen
⑤ *(number of members)* [Mitglieder]zahl *f; (number of people)* [Personen]zahl *f;* MIL [Personal]stärke *f; **we're below ~ for today's match*** wir treten beim heutigen Spiel nicht in voller Mannschaftsstärke an; **at full ~** mit voller Kraft; MIL in voller Stärke; **to turn out in ~** in Massen [*o* in Scharen] [*o* massenweise] anrücken
⑥ *(potency) of tea* Stärke *f; of alcoholic drink also* Alkoholgehalt *m; of a drug* Konzentration *f; of medicine* Wirksamkeit *f*
⑦ *(attribute) of a person* Stärke *f;* **one's ~s and weaknesses** jds Stärken und Schwächen
⑧ *(withstand force)* Widerstandskraft *f,* Belastbarkeit *f*
⑨ *(intensity)* Intensität *f; of a colour* Leuchtkraft *f; of a feeling* Intensität *f,* Stärke *f; of belief* Stärke *f,* Tiefe *f*
⑩ *(cogency)* **~ of an argument** Überzeugungskraft *f* eines Arguments; **~ of a case** Durchsetzbarkeit *f* eines Anliegens; ***the ~ of our case will be the fact that our client has a perfect alibi*** unser Verfahren ist aussichtsreich, weil unser Klient ein perfektes Alibi hat
⑪ ECON **~ of a currency/an economy** Stärke *f* einer Währung/einer Volkswirtschaft; **~ of prices** Preisstabilität *f*
▸ PHRASES: **give me ~!** BRIT *(annoyance)* jetzt mach aber mal 'nen Punkt! *fam; (exasperation)* das halte ich nicht aus! *fam; **give me ~! look who's here!*** ist denn das die Möglichkeit! sieh doch mal, wer da ist! *fam;* **on the ~ of sth** aufgrund einer S. *gen; **I got into Oxford on the ~ of my excellent exam results*** ich wurde wegen meiner ausgezeichneten Prüfungsergebnisse in Oxford aufgenommen; **to be a tower** [*or* **pillar**] **of ~** wie ein Fels in der Brandung stehen

'strength analy·sis *n* Stärkeanalyse *f*

strength·en ['streŋ(k)θən] **I.** *vt* ① *(make stronger)* ■**to ~ sth** etw kräftigen [*o* stärken]; *(fortify)* etw befestigen [*o* verstärken]; **to ~ the defences** [*or* AM **defenses**] die Abwehr verstärken; **to ~ one's muscles** seine Muskeln kräftigen
② *(increase)* ■**to ~ sth** etw [ver]stärken; *(intensify)* etw intensivieren; *(improve)* etw verbessern; ***security has been ~ed*** die Sicherheitsvorkehrungen wurden verstärkt; ***the economy has been ~ed*** die Wirtschaftslage hat sich verbessert; **to ~ sb's belief/power** jds Glauben/Macht stärken; **to ~ a currency** eine Währung stabilisieren; **to ~ a democracy** eine Demokratie stärken; **to ~ relations/ties** Beziehungen/Bindungen festigen [*o* intensivieren]
③ *(support)* ■**to ~ sb** jdn bestärken; ■**to ~ sth** etw untermauern; **to ~ the case for sth** gute Gründe für etw *akk* beibringen [*o* ÖSTERR angeben]
④ CHEM ■**to ~ sth** etw anreichern
▸ PHRASES: **to ~ one's grip on sth** etw besser in den Griff bekommen; **to ~ sb's hand** jdm mehr Macht geben; ***the police want tougher laws to ~ their hand against drug traffickers*** die Polizei will härtere Gesetze, damit sie effizienter gegen Drogenhändler vorgehen kann
II. *vi* ① *(become stronger)* stärker werden, erstarken *geh; muscles* kräftiger werden; *wind* auffrischen; ***the wind ~ed in the night*** der Wind hat über Nacht aufgefrischt
② FIN, STOCKEX *(increase in value) stock market* an Wert gewinnen; *currency* zulegen

streng·then·ing ['streŋ(k)θənɪŋ] *n no pl* Festigung *f,* Stärkung *f*

'strength-sap·ping *adj* kräftezehrend

strenu·ous ['strenjuəs] *adj* ① *(exhausting)* anstrengend; **~ *exercise*** Belastungstraining *nt*
② *(energetic)* energisch, heftig; **~ *opposition*** energischer Widerstand; ***he made ~ efforts to disguise his fear of heights*** er bemühte sich redlich, seine Höhenangst zu verbergen; **to be a ~ campaigner for sth** unermüdlich für etw *akk* eintreten; **despite ~ efforts** trotz aller Bemühungen

strenu·ous·ly ['strenjuəsli] *adv* ① *(exhaustingly)* mit voller Kraft; **to exercise ~** bis an die Belastungsgrenze trainieren
② *(vigorously)* energisch, heftig; **to be ~ defended** energisch verteidigt werden; **to be ~ opposed** auf massiven Widerstand stoßen

strep [strep] *n esp* AM MED *(fam) short for* **streptococcus** Streptokokkus *m fachspr*

strep 'throat *n esp* AM MED *(fam)* Halsentzündung *f*

strep·to·coc·cal [ˌstreptə(ʊ)'kɒkəl, AM -tə'kɑ:k-] *adj inv* MED Streptokokken-

strep·to·coc·cus <*pl* -cci> [ˌstreptə(ʊ)'kɒkəs, AM -tə'kɑ:k-, *pl* -'kɒksaɪ] *n usu pl* MED Streptokokkus *m fachspr*

stress [stres] **I.** *n* <*pl* -es> ① *(mental strain)* Stress *m,* Druck *m,* Belastung *f;* **~[es] and strain[s]** Stress *m; **my job involves a lot of ~ and strain*** mein Job bringt viel Stress mit sich; **to be under ~** starken Belastungen [*o* großem Druck] ausgesetzt sein; *(at work)* unter Stress stehen
② *no pl (emphasis)* Bedeutung *f,* Gewicht *nt;* **to lay ~ on sth** etw besonders betonen [*o* hervorheben]
③ LING *(pronunciation)* Betonung *f,* Akzent *m fachspr;* **primary/secondary ~** Haupt-/Nebenbetonung *f*
④ PHYS *(force causing distortion)* Belastung *f; (tension)* Spannung *f; (pressure)* Druck *m kein pl; **metal fatigue develops in a metal structure that has been subjected to many repeated ~es*** Materialermüdung tritt in Metallstrukturen auf, die immer wieder auf die gleiche Art belastet werden; **~ and strain** Druck und Überdehnung; ***Hooke's law expresses the relationship between ~ and strain*** das Hooksche Gesetz stellt eine Beziehung zwischen Druck und Zug bzw. Verlängerung oder Verkürzung eines Materials her
II. *vt* ① *(emphasize)* ■**to ~ sth** etw betonen [*o* hervorheben]; ***I'd just like to ~ that ...*** ich möchte lediglich darauf hinweisen, dass ...
② *(strain)* ■**to ~ sth** etw belasten [*o* beanspruchen]; ■**to ~ sb** jdn stressen
III. *vi (fam) person* sich *akk* aufregen
◆**stress out** *vt (fam)* ■**to ~ sb out** jdn stressen; ■**to be ~ed out [by sb/sth]** [von jdm/etw] völlig [*o fam* total] gestresst sein

'stress dis·ease *n* Stresskrankheit *f,* Managerkrankheit *f kein pl fam*

stressed [strest] *adj* ① *(under mental pressure)* gestresst
② *(forcibly pronounced)* betont, akzentuiert *fachspr*

'stress frac·ture *n* MED Ermüdungsbruch *m;* PHYS Spannungsriss *m*

stress-'free *adj* stressfrei, ohne Stress *nach n*

stress·ful ['stresfʊl] *adj* stressig *fam,* anstrengend, aufreibend; ***this work is physically demanding and ~*** diese Arbeit ist körperlich anstrengend und nervenaufreibend; **~ situation** Stresssituation *f*

stress in·'con·ti·nence *n no pl* MED Stressinkontinenz *f* **stress 'man·age·ment** *n no pl* Stressmanagement *nt*

'stress mark *n* LING Betonungszeichen *nt,* Akzent *m fachspr*

'stress pup·py *n (sl)* Stresssüchtige(r) *f(m)* **stress-re·'lat·ed** *adj* stressbedingt; **~ illness** durch Stress verursachte Krankheit

'stress test *n* Stresstest *m*

stretch [stretʃ] **I.** *n* <*pl* -es> ① *no pl (elasticity)* Dehnbarkeit *f; of fabric* Elastizität *f*
② *(muscle extension)* Dehnungsübungen *pl,* Strecken *nt kein pl; (gymnastic exercise)* Stretching *nt kein pl; (extension of muscles)* Dehnung *f;* **to have a ~** sich *akk* [recken und] strecken
③ *(an extended area)* Stück *nt; (section of road)* Streckenabschnitt *m,* Wegstrecke *f; **traffic is at a standstill along a five-mile ~ of the M11*** auf der M11 gibt es einen fünf Meilen langen Stau; **~ of coast** Küstenabschnitt *m;* **~ of land** Stück *nt* Land; **~ of railway** Bahnstrecke *f;* **~ of road** Strecke *f;* **vast ~es of wasteland** ausgedehnte Flächen Ödland; **~ of water** Wasserfläche *f*
④ SPORT *(stage of a race)* Abschnitt *m;* **to enter the final ~** in die Zielgerade einlaufen; **the home ~** die Zielgerade; **the last ~ of an election campaign** *(fig)* die [letzte] heiße Phase eines Wahlkampfs
⑤ AM *(straight part of a race track)* Gerade *f*
⑥ *(period of time)* Zeitraum *m,* Zeitspanne *f; (time in jail)* Knastzeit *f fam;* **short ~es** kurze Zeitabschnitte; **at a ~** am Stück, ohne Unterbrechung; ***there's no way I could work for ten hours at a ~*** ich könnte nie zehn Stunden am Stück arbeiten; **to do a ~** eine Haftstrafe absitzen *fam*
⑦ *(exertion)* Bemühung *f,* Einsatz *m;* **by every ~ of the imagination** unter Aufbietung aller Fantasie; **not by any** [*or* **by no**] **~** beim besten Willen nicht, nie im Leben *fam; **by no ~ of the imagination could he be seriously described as an artist*** man konnte ihn beim besten Willen nicht als Künstler bezeichnen; **at full ~** mit Volldampf [*o* voller Kraft] *fam;* **to work at full ~** auf Hochtouren arbeiten
▸ PHRASES: **down the ~** AM kurz vor Ablauf der Zeit
II. *adj attr, inv* Stretch-; **~ nylon stockings** elastische Nylonstrümpfe
III. *vi* ① *(become longer, wider) rubber, elastic* sich *akk* dehnen; *clothes* weiter werden; ***my T-shirt's ~ed in the wash*** mein T-Shirt ist beim Waschen völlig ausgeleiert
② *(extend the muscles)* Dehnungsübungen machen, sich *akk* recken [und strecken]
③ *(take time)* sich *akk* hinziehen; ***the restoration work could ~ from months into years*** die Renovierungsarbeiten könnten sich statt über Monate sogar noch über Jahre hinziehen; ***the dispute ~es back over many years*** diese Streitereien dauern nun schon viele Jahre; ***this ancient tradition ~es back hundreds of years*** diese alte Tradition reicht Hunderte von Jahren zurück
④ *(cover an area)* sich *akk* erstrecken; ***the refugee camps ~ as far as the eye can see*** soweit das Auge reicht sieht man Flüchtlingslager; ***the mountains ~ the entire length of the country*** die Berge ziehen sich über die gesamte Länge des Landes hin
IV. *vt* ① *(extend)* ■**to ~ sth** etw [aus]dehnen [*o* strecken]; *(extend by pulling)* etw dehnen; *(tighten)* etw straff ziehen [*o* straffen]; ***that elastic band will snap if you ~ it too far*** dieses Gummi[band] wird reißen, wenn du es überdehnst; ***they ~ed a rope across the river*** sie spannten ein Seil über den

S

Fluss; **to ~ one's legs** sich *dat* die Beine vertreten
② *(increase number of portions)* ▪**to ~ sth** etw strecken; *sauce, soup* etw verlängern
③ *(demand a lot of)* ▪**to ~ sb/sth** jdn/etw bis zum Äußersten fordern; ***we're already fully ~ed*** wir sind schon voll ausgelastet; ***my job doesn't ~ me as much as I'd like*** mein Beruf fordert mich nicht so, wie ich es mir wünschen würde; **to ~ sb's budget** jds Budget strapazieren; **to ~ sb's patience** jds Geduld auf eine harte Probe stellen [*o geh* strapazieren]; **to ~ sth to breaking point** etw bis zum Äußersten belasten; ***many families' budgets are already ~ed to breaking point*** viele Familien kommen mit dem Haushaltsgeld kaum noch über die Runden
④ SPORT *(to improve)* **to ~ one's lead** seinen Vorsprung ausbauen; *football, rugby* mit noch mehr Toren in Führung gehen
⑤ *(go beyond)* ▪**to ~ sth** über etw *akk* hinausgehen; ***that is ~ing the definition of negotiation*** das hat mit dem, was man unter einer Verhandlung versteht, nichts mehr zu tun; **to ~ a point** [*or* **the rules**] ausnahmsweise ein Auge zudrücken *fam;* **to ~ a point** *(exaggerate)* übertreiben; **to ~ it a bit** [*or* **the truth**] ein wenig zu weit gehen, übertreiben

◆**stretch out** I. *vi* ① *(relax)* sich *akk* ausstrecken; **to ~ out on the sofa** es sich *dat* auf dem Sofa bequem machen
② *(be sufficient)* [aus]reichen; ***will the money ~ out?*** reicht das Geld?
II. *vt* ▪**to ~ out** ↻ **sth** ① *(extend)* etw ausstrecken; **to ~ out one's arms/hand/legs** die Arme/Hand/Beine ausstrecken; ***he ~ed out his arms to embrace her*** er breitete die Arme aus, um sie zu umarmen; ***she ~ed out her hand and helped him from his chair*** sie reichte ihm die Hand und half ihm aus dem Sessel; **to ~ out a blanket** eine Decke ausbreiten
② *(prolong)* etw verlängern [*o* ausdehnen]; **to ~ out money** Geld strecken; **to ~ out payments** die Zahlungen über einen längeren Zeitraum fortsetzen

stretch·er [ˈstretʃəʳ, AM -ɚ] I. *n* ① MED *(for carrying)* Tragbahre *f*
② *(in rowing boat)* Stemmbrett *nt*
③ *(for chair legs)* Steg *m*
④ ART *(for canvas)* Rahmen *m*
II. *vt* ▪**to ~ sb [off]** jdn auf einer Tragbahre [weg]tragen [*o* [ab]transportieren]

ˈstretch·er-bear·er *n* Krankenträger(in) *m(f)*

stretch ˈfab·ric *n* Stretch *m,* elastischer Stoff **stretch ˈlimo** *n (fam) short for* **stretch limousine** Großraumlimousine *f,* Strechlimousine *f* SCHWEIZ **stretch lim·ou·ˈsine** *n* Großraumlimousine *f (mit verlängerter Karosserie)* **ˈstretch·marks** *npl* Dehnungsstreifen *pl; (during pregnancy)* Schwangerschaftsstreifen *pl*

stretchy [ˈstretʃi] *adj* elastisch, dehnbar, Stretch-; **~ material** Elastik *nt o f*

streu·sel [ˈstruːzᵊl] *n* ① *(crumbly topping)* Streusel *m o nt*
② *(cake)* Streuselkuchen *m;* **apple ~** Apfelstreusel *m*

strew <strewed, strewn *or* strewed> [struː] *vt* ① *(scatter)* ▪**to ~ sth** etw [ver]streuen; **to ~ flowers** Blumen streuen
② *(cover)* ▪**to ~ sth with sth** etw mit etw *dat* bestreuen; ***the park was ~n with litter after the concert*** nach dem Konzert war der Park mit Abfall übersät; ***the path to a lasting peace settlement is ~n with difficulties*** *(fig)* der Weg zu einem dauerhaften Friedensabkommen ist mit Schwierigkeiten gepflastert

strewth [struːθ] *interj (fam)* wow! *sl;* **~, *you could have told me sooner that you didn't want to go to the party!*** also, das hättest du mir echt früher sagen können, dass du nicht auf die Party gehen willst! *sl*

stri·at·ed [ˈstrieɪtɪd, AM -t̬-] *adj inv* ① *(in striped formation)* gestreift; *(furrowed)* gefurcht, geriefelt; *(fig)* durchzogen; ***the novel is ~ with all kinds of emotion*** der Roman verleiht vielerlei Gefühlen Ausdruck; **~ cliffs** mit Furchen durchzogene Klippen
② *attr* MED **~ muscle** längsgestreifter Muskel

stria·tion [ˌstraɪˈeɪʃᵊn] *n* ① GEOL Furche *f,* Riefung *f*
② MED *(lesion)* Schramme *f,* Läsion *f fachspr*

strick·en [ˈstrɪkᵊn] I. *vt, vi (old) pp of* **strike**
II. *adj* ① *(be overcome)* geplagt; ▪**to be ~ by sth** von etw *dat* heimgesucht werden; ▪**to be ~ with sth** von etw *dat* erfüllt sein; **~ with fear/grief/guilt** angsterfüllt/gramgebeugt/von Schuld gequält; **to be ~ with fever** vom Fieber geschüttelt werden; **to be ~ with an illness** mit einer Krankheit geschlagen sein *geh;* **~ with remorse** von Reue erfüllt; **~ tanker** leckgeschlagener Tanker; **to be ~ in years** vom Alter gezeichnet sein
② *(liter: wounded)* versehrt *geh*
③ *(distressed)* leidgeprüft; ***her ~ face*** ihr leidender Gesichtsausdruck
④ AM LAW *(deleted)* abgelehnt, nicht zugelassen *(Vermerk bei der Zusammenstellung einer Geschworenenliste)*

-strick·en [ˈstrɪkᵊn] *in compounds (emotions)* -erfüllt; **catastrophe~** von einer Katastrophe heimgesucht; **drought~ region** Dürregebiet *nt;* **famine~ countries** Länder *pl,* in denen Hungersnot herrscht; **grief~** gramerfüllt, gramgebeugt; **panic~** von Panik erfüllt; **poverty~ area** sehr arme Gegend

strict [strɪkt] *adj* ① *(severe)* streng; *boss* strikt, herrisch; ▪**to be ~ with sb** streng zu jdm sein, mit jdm streng sein; **~ penalty** harte Strafe; **~ upbringing** strenge Erziehung
② *(demanding compliance)* streng, genau; ***there is ~ enforcement of the regulations here*** hier wird streng auf die Einhaltung der Vorschriften geachtet; **~ censorship** strenge Zensur; **~ controls** strikte Kontrollen; **~ conventions** strenge Konventionen; **~ criteria** rigorose Kriterien; **~ curfew** strenge Ausgangssperre; **~ deadline** unbedingt einzuhaltender Termin; **~ guidelines** strenge Richtlinien; **~ laws** strenge Gesetze; **~ time limit** festgesetzte Frist; **~ neutrality** strikte Neutralität; **to give ~ orders** strenge Anweisungen geben
③ *(absolute)* streng, absolut; ***in its ~ sense 'frost' refers to ...*** strenggenommen bezeichnet das Wort ‚Frost' ...; **in the ~est confidence** [*or* **confidentiality**] streng vertraulich; **to take place in ~ secrecy** unter absoluter Geheimhaltung stattfinden
④ *(unswerving)* streng; **~ Catholics** strenggläubige Katholiken; **~ vegetarian** überzeugter Vegetarier/überzeugte Vegetarierin

strict·ly [ˈstrɪktli] *adv* ① *(demanding compliance)* streng; ***we will ~ enforce all the rules in this establishment*** wir werden streng darauf achten, dass die Hausordnung genauestens eingehalten wird; **to act ~ in accordance with sth** sich *akk* genauestens an etw *akk* halten; **for a ~ limited period** für sehr kurze Zeit; **to adhere ~ to the terms** sich *akk* genau an die Bedingungen halten; **~ forbidden** streng verboten
② *(precisely)* **not ~ comparable** nicht ohne Weiteres vergleichbar; **~ defined** genau definiert; **~ speaking** genaugenommen, strenggenommen
③ *(absolutely)* streng; **~ confidential** streng vertraulich
④ *(severely)* streng; ***his parents brought him up very ~*** seine Eltern haben ihn sehr autoritär erzogen

strict·ness [ˈstrɪktnəs] *n no pl* Strenge *f; precision* Genauigkeit *f; severity* Härte *f*

stric·ture [ˈstrɪktʃəʳ, AM -ɚ] *n usu pl (form)* ① *(criticism)* Kritik *f* (**on** an +*dat*); **to pass ~s on sb** jdn kritisieren
② *(constraints)* Einschränkung *f;* **~s on freedom of expression** Einschränkungen *pl* der freien Meinungsäußerung

stride [straɪd] I. *vi* <strode, stridden> **to ~ purposefully up to sth** zielstrebig auf etw *akk* zugehen; ▪**to ~ ahead** davonschreiten; ▪**to ~ across sth** über etw *akk* hinwegschreiten; ▪**to ~ forward** *(fig)* vorankommen, Fortschritte machen
II. *n* ① *(step)* Schritt *m;* **to break one's ~** stehen bleiben, anhalten; **to lengthen one's ~** größere Schritte machen; **to get into** [*or* AM *usu* **hit**] **one's ~** *(fig)* in Schwung kommen, seinen Rhythmus finden; **to put sb off their ~** *esp* BRIT *(fig)* jdn aus dem Konzept bringen; **to take sth in** [BRIT **one's**] **~** *(fig)* mit etw *dat* gut fertigwerden, etw spielend [leicht] schaffen
② *(approv: progress)* Fortschritt *m;* **to make ~s forward** Fortschritte machen

stri·den·cy [ˈstraɪdᵊn(t)si] *n no pl* ① *(harsh tone)* Schrillheit *f*
② *(forcefulness)* Schärfe *f,* Eindringlichkeit *f;* ***the ~ of the demands is increasing*** die Forderungen werden mit vergrößerter Schärfe gestellt

stri·dent [ˈstraɪdᵊnt] *adj* ① *(harsh)* grell, schrill, durchdringend
② *(forceful)* scharf, schneidend; ***they are becoming increasingly ~ in their criticism*** ihre Kritik wird immer schärfer; **a ~ newspaper article** ein polemischer Zeitungsartikel; **to adopt a ~ tone** harte Töne anschlagen

stri·dent·ly [ˈstraɪdᵊntli] *adv* ① *(harshly)* grell, schrill, durchdringend
② *(forcefully)* heftig, scharf; **to be ~ against sth** etw eindeutig ablehnen; **to deny sth ~** etw entschieden bestreiten

ˈstride pi·ano *n no pl* MUS *eine Art Ragtime-Klavierstil*

strides [straɪdz] *npl* BRIT, AUS *(fam)* Hose *f;* **a pair of ~** ein Paar *nt* Hosen

strife [straɪf] *n no pl* Streit *m,* Zwist *m geh,* Konflikt *m;* ***the recent elections took place without ~*** die derzeitigen Wahlen verliefen ohne Störungen; **civil ~** Auseinandersetzungen *pl* in der Bevölkerung; **domestic ~** häusliche Streitigkeiten *pl;* **ethnic ~** ethnische Unruhen *pl;* **industrial ~** Auseinandersetzungen *pl* in der Industrie

strike¹ [straɪk] I. *n* ① *(of labour)* Streik *m,* Ausstand *m;* **sit-down ~** Sitzstreik *m;* **solidarity ~** Solidaritätsstreik *m;* **steel ~** Stahlarbeiterstreik *m;* **sympathy ~** Sympathiestreik *m;* **a wave of ~s** eine Streikwelle; **wildcat ~** *esp* AM wilder Streik; **to be [out] on ~** streiken; **to be on ~ against sth/sb** AM etw/jdn bestreiken; **to call a ~** einen Streik ausrufen; **to call for a ~** zu einem Streik aufrufen; **to go** [*or* **come out**] **on ~** in [den] Streik treten, streiken
② *(occurrence)* **one-~-and-you're-out policy** Politik *f* des harten Durchgreifens
II. *vi* streiken, in den Ausstand treten *form;* ▪**to ~ for sth** für etw *akk* streiken; **the right to ~** das Recht zu streiken, das Streikrecht; **striking workers** streikende Arbeiter

strike² [straɪk] I. *n* ① MIL Angriff *m,* Schlag *m* (**against** gegen +*akk*); **air ~** Luftangriff *m;* **military ~** Militärschlag *m;* **missile ~** Raketenangriff *m;* **nuclear ~** Atomschlag *m,* Atomangriff *m;* **pre-emptive ~** Präventivschlag *m; (fig)* vorbeugende Maßnahme; **retaliatory ~** Vergeltungsschlag *m,* Vergeltungsangriff *m;* **surgical ~** gezielter Angriff; **to launch a ~** einen Angriff starten, einen Schlag durchführen
② *(discovery)* Fund *m;* **gold/oil ~** Gold-/Ölfund *m;* **to make a gold ~** auf Gold stoßen
③ AM *(also fig: conviction)* Verurteilung *f a. fig;* ***if you're poor and you've been to prison you've already got two ~s against you*** *(fig fam)* wenn man arm ist und im Gefängnis war, ist man von vornherein doppelt benachteiligt
④ AM *(in baseball)* Fehlschlag *m*
⑤ STOCKEX Basispreis *f* einer Option
II. *vt* <struck, struck *or old,* AM *also* stricken> ① *(beat)* ▪**to ~ sb/an animal [with sth]** jdn/ein Tier [mit etw *dat*] schlagen; *(bang against)* ▪**to ~ sth [with sth]** [mit etw *dat*] gegen etw *akk* schlagen; *(bang on)* ▪**to ~ sth [with sth]** [mit etw *dat*] auf etw *akk* schlagen; **to ~ the door/table with one's fist** mit der Faust gegen die Tür/auf den Tisch schlagen; **to ~ sb in the face** jdn ins Gesicht schlagen
② *(send by hitting)* **to ~ a ball** einen Ball schlagen/schießen; ***you struck the ball perfectly!*** das war ein perfekter Schlag/Schuss!
③ *usu passive (reach, damage)* **to be struck by a bullet/missile/by lightning** von einer Kugel/Ra-

kete/vom Blitz getroffen werden
④ *(meet, bump against)* ■**to ~ sth** gegen etw *akk* stoßen; *(drive against)* ■**to ~ sth** gegen etw *akk* fahren; ■**to ~ sb** jdn anfahren; *(sail into)* ■**to ~ sth** auf etw *akk* auflaufen; *(collide with)* ■**to ~ sth** mit etw *dat* zusammenstoßen; ***her head struck the kerb*** sie schlug mit dem Kopf auf die Bordsteinkante; ***he was struck by a car*** er wurde von einem Auto angefahren
⑤ *(knock, hurt)* ■**to ~ sth against/on sth** mit etw *dat* gegen/auf etw *akk* schlagen; **to ~ one's fist against the door/on the table** mit der Faust gegen die Tür/auf den Tisch schlagen; **to ~ one's elbow/head against** [*or* **on**] **sth** mit dem Ellbogen/Kopf gegen etw *akk* schlagen
⑥ *(inflict)* **to ~ a blow** zuschlagen; **to ~ two blows** zweimal zuschlagen; **to ~ sb a blow** jdm einen Schlag versetzen; **to ~ a blow against** [*or* **at**] **sb/sth** *(fig)* jdm/etw einen Schlag versetzen *fig;* **to ~ a blow for sth** *(fig)* eine Lanze für etw *akk* brechen *geh;* ***the judge's ruling ~s a blow for racial equality*** das Urteil des Richters ist ein wichtiger Sieg im Kampf für die Rassengleichheit
⑦ *(devastate)* ■**to ~ sb/sth** jdn/etw heimsuchen; ***the flood struck Worcester*** die Flut brach über Worcester herein
⑧ *(give an impression)* ■**to ~ sb as ...** jdm ... scheinen; ***almost everything he said struck me as absurd*** fast alles, was er sagte, schien mir ziemlich verworren [*o* kam mir ziemlich verworren vor]; ***how does Jimmy ~ you?*** wie findest du Jimmy?; ***she doesn't ~ me as*** [***being***] ***very motivated*** sie scheint mir nicht besonders motiviert [zu sein]; ■**it ~s sb that ...** es scheint jdm, dass ...; ***it ~s me that she's not very motivated*** es scheint mir, dass sie nicht besonders motiviert ist
⑨ *(impress)* **to ~ sb forcibly** jdn sehr beeindrucken; ■**to be struck by sth** von etw *dat* beeindruckt sein; **to be struck on sb/sth** *(fam: be infatuated)* sich *akk* in jdn/etw verguckt haben *fam*
⑩ *(arouse, induce)* **to ~ sb's fancy** jds Interesse erregen; **to ~ fear** [*or* **terror**] **into sb** jdn in Angst versetzen
⑪ *(achieve)* ■**to ~ sth** etw erreichen; ***how can we ~ a balance between economic growth and environmental protection?*** wie können wir einen Mittelweg zwischen Wirtschaftswachstum und Umweltschutz finden?; ***one of the tasks of a chairperson is to ~ a balance between the two sides*** es gehört zu den Aufgaben eines Vorsitzenden, beiden Seiten gerecht zu werden; **to ~ a deal** [*or* AM *also* **bargain**] **with sb** mit jdm eine Vereinbarung treffen
⑫ *(manufacture)* **to ~ coins/a medal** Münzen/eine Medaille prägen
⑬ *(discover)* ■**to ~ sth** auf etw *akk* stoßen; **to ~ gold/oil** auf Gold/Öl stoßen; *(fig fam)* einen Glückstreffer landen *fig;* **to ~ gold** *(fig fam: at the Olympics)* die Goldmedaille gewinnen
⑭ *(play)* **to ~ a chord/note** einen Akkord/Ton anschlagen; **to ~ the right note** den richtigen Ton treffen
⑮ *(adopt)* **to ~ an attitude** *(pej)* sich *akk* in Szene setzen *pej;* **to ~ a note of warning about sth** vor etw *dat* warnen; **to ~ a false** [*or* **wrong**] **note** sich *akk* im Ton vergreifen; **to ~ more serious note** eine ernstere Tonart [*o* einen ernsteren Ton] anschlagen; **to ~ the right note** den richtigen Ton treffen; **to ~ a pose** eine Pose einnehmen; ***they have chosen to ~ a pose of resistance*** *(fig)* sie haben sich zu einer ablehnenden Haltung entschieden
⑯ *clock* **to ~ midnight/the hour** Mitternacht/die [volle] Stunde schlagen; **to ~ twelve** zwölf schlagen; ***the clock struck twelve*** die Uhr schlug zwölf, es schlug zwölf Uhr
⑰ *(occur to)* ■**to ~ sb** jdm einfallen; ***she was suddenly struck by the thought that ...*** plötzlich kam ihr der Gedanke, dass ...; ***has it ever struck you that ...?*** ist dir je der Gedanke gekommen dass ...?; ***it's just struck me that ...*** mir ist gerade eingefallen, dass ...
⑱ *(remove)* **to ~ camp** das Lager abbrechen; **to ~ one's flag** die Flaggen streichen; **to ~ sb/a name off a list** jdn/einen Namen von einer Liste streichen; **to ~ sth from the record** AM LAW etw aus den Aufzeichnungen streichen; **to ~ sb off the register** jdm die Zulassung entziehen
⑲ *(ignite)* **to ~ a match** ein Streichholz anzünden; **to ~ sparks** Funken schlagen
⑳ *(render)* **to be struck dumb** sprachlos sein
▶PHRASES: **to ~ a chord with sb** *(memories)* bei jdm Erinnerungen wecken; *(agreement)* bei jdm Anklang finden; **to ~ a responsive chord with sb** bei jdm auf großes Verständnis stoßen; **to ~ a familiar note** [**with sb**] [jdm] bekannt vorkommen; **to ~ it lucky** *(fam)* einen Glückstreffer landen *fig;* **to ~ it rich** das große Geld machen *fam*
III. *vi* <struck, struck *or old,* AM *also* stricken>
① *(reach aim, have impact)* treffen; *lightning* einschlagen; ***lightning never ~s in the same place*** ein Blitz schlägt nie zweimal an derselben Stelle ein; ■**to ~ at sb/sth** jdn/etw treffen; ***the missiles struck at troops based around the city*** die Raketen trafen Stellungen rund um die Stadt; **to ~ at the heart of sth** etw vernichtend treffen; ***we need to ~ at the heart of this problem*** wir müssen dieses Problem an der Wurzel packen; **to ~ at the heart of sb** *(fig)* jdn ins Herz treffen *fig;* **to ~ home** ins Schwarze treffen *fig;* ***the message seems to have struck home*** die Botschaft ist offensichtlich angekommen
② *(act)* zuschlagen; *(attack)* angreifen; ***the snake ~s quickly*** die Schlange beißt schnell zu; ***the police have warned the public that the killer could ~ again*** die Polizei hat die Bevölkerung gewarnt, dass der Mörder erneut zuschlagen könnte; ■**to ~ at sb/sth** jdn/etw angreifen; *hit out* nach jdm/etw schlagen; ***sometimes terrorists ~ at civilians*** manchmal greifen Terroristen Zivilisten an
③ *(cause suffering) illness, disaster* ausbrechen; *fate* zuschlagen
④ *clock* schlagen; ***midnight has just struck*** es hat gerade Mitternacht geschlagen
⑤ *(find)* ■**to ~ on/upon sth** etw finden; ***she has just struck upon an idea*** ihr ist gerade eine Idee gekommen, sie hatte gerade eine Idee
▶PHRASES: **to ~ while the iron is hot** *(prov)* das Eisen schmieden, solange es heiß ist *prov;* **to ~ lucky** BRIT, AUS *(fam)* einen Glückstreffer landen *fig*
◆**strike back** *vi (also fig)* zurückschlagen *a. fig;* ■**to ~ back at sb** *(defend oneself)* sich *akk* gegen jdn zur Wehr setzen; *(return blow)* jdn zurückschlagen; *(return attack)* jds Angriff erwidern
◆**strike down** *vt usu passive* ① *(knock down)* ■**to ~ down** ○ **sb** jdn niederschlagen
② *(kill)* ■**to ~ sb down** jdn dahinraffen *geh;* ■**to be struck down** aus dem Leben gerissen werden; **to be struck down by a bullet** von einer Kugel getötet werden; **to be struck down by aids/cancer/pneumonia** von Aids/vom Krebs/von einer Lungenentzündung dahingerafft werden *geh*
③ *usu passive (become ill)* ■**to be struck down by/with sth** [schwer] an etw *dat* erkranken; ***he's been struck down with the flu*** er hat eine schwere Grippe [*o* ist an einer schweren Grippe erkrankt]; **to be struck down by an illness/a virus** von einer Krankheit/einem Virus getroffen werden
④ AM LAW **to ~ down** ○ **a law** ein Gesetz aufheben
◆**strike off** *vt usu passive* BRIT, AUS ■**to ~ sb off for sth** jdm wegen einer S. *gen* die Zulassung [*o* Lizenz] entziehen
◆**strike out I.** *vt* ① *(delete)* ■**to ~ out** ○ **sth** etw [aus]streichen
② AM *(in baseball)* ■**to ~ out** ○ **sb** jdn ausmachen
II. *vi* ① *(hit out)* zuschlagen; **to ~ out in all directions** wild um sich *akk* schlagen; ■**to ~ out at sb** nach jdm schlagen; *(fig)* jdn scharf angreifen
② AM *(in baseball)* aus sein
③ *(start afresh)* neu beginnen; **to ~ out in a new direction** eine neue Richtung einschlagen; **to ~ out on one's own** eigene Wege gehen
④ *(set off)* aufbrechen; ***we struck out down the mountain*** wir machten uns auf den Weg den Berg hinunter; **to ~ out for the beach** sich *akk* auf den Weg zum Strand machen
⑤ AM *(fig: fail)* ■**to ~ out with sb** es sich *dat* mit jdm verderben
⑥ LAW *(cancel an action)* eine Klage streichen
◆**strike through** *vt* ■**to ~ sth through** etw [durch]streichen
◆**strike up I.** *vt* ① *(initiate)* ■**to ~ up sth** etw anfangen; **to ~ up a conversation** ein Gespräch anfangen [*o* beginnen]; **to ~ up a friendship with sb** sich *akk* mit jdm anfreunden, mit jdm Freundschaft schließen; **to ~ up a good rapport with sb** ein gutes Verhältnis zu jdm aufbauen; **to ~ up a relationship with sb** eine Beziehung mit jdm eingehen [*o* anfangen]
② *start playing* **to ~ up a song** ein Lied anstimmen
II. *vi* beginnen, anfangen
'strike ac·tion *n no pl* Streikaktionen *pl,* Streikmaßnahmen *pl;* **call for ~** Streikaufruf *m;* **to threaten ~** mit Streikmaßnahmen drohen, Streikaktionen androhen **'strike bal·lot** *n* Streikabstimmung *f,* Urabstimmung *f* **'strike·bound** *adj inv* bestreikt **'strike·break·er** *n* Streikbrecher(in) *m(f)* **'strike·break·ing** *n no pl* Streikbruch *m* **'strike call** *n* Streikaufruf *m,* Aufruf *m* zum Streik **'strike com·mit·tee** *n + sing/pl vb* Streikausschuss *m* **'strike force** *n + sing/pl vb esp* AM, AUS Einsatzkommando *nt* **'strike fund** *n* Streikkasse *f* **'strike-lead·er** *n* Streikführer(in) *m(f)*
'strike·out *n* ① AM *(in baseball) bezeichnet die Tatsache, dass der Schlagmann drei vergebliche Versuche hinter sich hat*
② AM SPORT Fehlschlag *m*
'strike pay *n no pl* Streikgeld *nt*
strik·er ['straɪkəʳ, AM -ɚ] *n* ① *(in football)* Stürmer(in) *m(f);* **to sign a ~** einen Stürmer/eine Stürmerin unter Vertrag nehmen
② *(of a worker)* Streikende(r) *f(m)*
strik·ing ['straɪkɪŋ] *adj* ① *(unusual)* bemerkenswert, auffallend; ***there's a ~ contrast between what he does and what he says he does*** es besteht ein himmelweiter Unterschied zwischen dem, was er macht, und dem, was er sagt, das er macht; ***there were ~ discrepancies between the suspect's story and evidence*** es gab nicht zu übersehende Diskrepanzen zwischen der Aussage des Verdächtigten und den Beweisen; **the most ~ aspect of sth** das Bemerkenswerteste an etw *dat;* **~ differences** erhebliche [*o* gewaltige] Unterschiede; **~ example** treffendes Beispiel; **~ feature** herausragendes Merkmal; **~ resemblance** verblüffende Ähnlichkeit; **to bear a ~ resemblance to sb** jdm verblüffend ähnlich sein; **~ parallels** erstaunliche Parallelen; **~ personality** beeindruckende Persönlichkeit; **~ result** erstaunliches [*o* überraschendes] Ergebnis; **~ similarity** verblüffende Ähnlichkeit
② *(good-looking)* umwerfend; **~ beauty** bemerkenswerte Schönheit
③ *(close)* **within ~ distance** [**of sth**] in unmittelbarer Nähe [von etw *dat*]; *(short distance)* einen Katzensprung [von etw *dat*] entfernt; ***both sides believe they are within ~ distance of a lasting peace agreement*** beide Seiten glauben, eine dauerhafte Friedenslösung stehe unmittelbar bevor; **to put sb within ~ distance of sth** jdm etw zum Greifen nahe bringen
strik·ing·ly ['straɪkɪŋli] *adv* auffallend, erstaunlich; **~ beautiful/handsome** außergewöhnlich schön/gut aussehend; **~ different/similar** deutlich anders/erstaunlich ähnlich
strim·mer® ['strɪməʳ] *n* BRIT Rasentrimmer *m*
Strine [straɪn] *n (fam)* ① *no pl (Australian English)* australisches Englisch; *(accent)* australischer Akzent
② *(an Australian)* Australier(in) *m(f)*
string [strɪŋ] **I.** *n* ① *no pl (twine)* Schnur *f,* Kordel *f;* **ball/piece of ~** Knäuel *m o nt*/Stück *nt* Schnur
② *(fig: controls)* **to pull ~s** seine Beziehungen spielenlassen; **to pull the ~s** die Fäden in der Hand haben; **to pull all the ~s** alle Hebel in Bewegung set-

zen; **with ~s attached** mit Bedingungen verknüpft; ***most of these so-called special offers come with ~s attached*** die meisten so genannten Sonderangebote sind mit versteckten Bedingungen verknüpft; **with no ~s attached** ohne Bedingungen

3 *usu pl (of a puppet)* Fäden *pl;* **puppet on ~s** Marionette *f*

4 *(in music)* Saite *f;* **guitar ~** Gitarrensaite *f;* **four-~ violin** viersaitige Violine; **to pluck a ~** eine Saite zupfen

5 *(in an orchestra)* ■**the ~s** *pl (instruments)* die Streichinstrumente *pl; (players)* die Streicher *pl*

6 SPORT *(on a racket)* Saite *f*

7 *(chain)* Kette *f;* **~ of pearls** Perlenkette *f*

8 *(fig: series)* Kette *f,* Reihe *f;* ***he experienced a ~ of setbacks*** er erlebte einen Rückschlag nach dem anderen; **a ~ of disappointments** eine Reihe von Enttäuschungen; **a ~ of hits** eine Reihe von Hits; **~ of scandals** Reihe *f* von Skandalen; **~ of successes** Erfolgsserie *f;* **~ of oaths** Schwall *m* von Flüchen

9 COMPUT Zeichenfolge *f,* Zeichenkette *f;* **search ~** Suchbegriff *m*

▸PHRASES: **to have another** [*or* **a second**] **~ to one's bow** BRIT noch ein Eisen im Feuer haben; **to have two ~s to one's bow** BRIT zwei Eisen im Feuer haben; **to have sb on a ~** jdn an der Leine haben

II. *vt* <strung, strung> ■**to ~ sth** 1 *(fit)* etw besaiten, auf etw *akk* Saiten aufziehen; **to ~ a racket** SPORT einen Schläger bespannen

2 *(attach)* etw auffädeln [*o* aufziehen]; **to ~ beads** Perlen auffädeln

3 *usu passive (arrange in a line)* etw aufreihen

◆**string along** *(fam)* **I.** *vi* ■**to ~ along with sb** sich *akk* jdm anschließen, mit jdm mitgehen *fam*

II. *vt* ■**to ~ along** ⟳ **sb** 1 *(deceive)* jdn täuschen [*o fam* einwickeln], jdn übers Ohr hauen *fam; (in relationships)* jdn an der Nase herumführen *fam*

2 *(delay)* jdn hinhalten

◆**string out I.** *vi* sich *akk* verteilen

II. *vt* ■**to ~ out** ⟳ **sth** etw verstreuen; *(prolong)* etw ausdehnen

◆**string together** *vt* ■**to ~ together** ⟳ **sth** etw auffädeln [*o* aufziehen]; *(tie together)* etw zusammenbinden; ***she can ~ together a couple of sentences in German*** sie kann ein paar zusammenhängende Sätze auf Deutsch sagen

◆**string up** *vt* 1 *(hang)* ■**to ~ up** ⟳ **sth** etw aufhängen

2 ■**to ~ up** ⟳ **sb** *(fam: execute)* jdn [auf]hängen [*o* aufknüpfen]; *(fig fam: punish)* jdn bestrafen; ***he ought to be strung up for what he said*** man sollte ihn für das, was er gesagt hat, zur Rechenschaft ziehen

string 'bag *n* Einkaufsnetz *nt*

'string band *n* kleines Streichorchester

string 'bean *n* AM, AUS grüne Bohne, Gartenbohne *f,* Fisole *f* ÖSTERR

stringed in·stru·ment [ˌstrɪŋd'-] *n* Saiteninstrument *nt*

strin·gen·cy ['strɪndʒən(t)si] *n no pl* 1 *(strictness)* Strenge *f; of test* Gewissenhaftigkeit *f*

2 *(thriftiness)* Knappheit *f,* Verknappung *f;* **financial ~** Geldknappheit *f*

strin·gent ['strɪndʒənt] *adj* 1 *(strict)* streng, hart; **~ conditions** harte Bedingungen; **~ laws** strenge Gesetze; **~ measures** drastische Maßnahmen; **~ regulations** rigide [*o* strenge] Vorschriften; **to be subject to ~ rules** strengen Regeln unterliegen; **~ standards** strenge Normen

2 *inv (thrifty)* hart, streng; *(financial situation)* angespannt; **~ monetary policy** Politik *f* des knappen Geldes; **~ economic reforms** harte Wirtschaftsreformen

strin·gent·ly ['strɪndʒəntli] *adv* streng, energisch; **to deal ~ with sb** mit jdm hart umgehen; **to enforce sth ~** etw energisch durchsetzen

string·er ['strɪŋəʳ, AM -ɚ] *n* JOURN *(sl)* freiberuflicher [*o* SCHWEIZ freischaffender] Korrespondent/freiberufliche [*o* SCHWEIZ freischaffende] Korrespondentin

stringer, string·er bar *n* 1 *(strengthening bar between the legs of a chair)* Querverstrebung *f*

2 *(structural piece in a framework) of an aircraft* Längsversteifung *f; of a ship* Stringer *m*

string 'in·stru·ment *n* Saiteninstrument *nt* **string 'or·ches·tra** *n* Streichorchester *nt;* **nine-piece ~** neunköpfiges Streichorchester **'string play·er** *n* Streicher(in) *m(f)*

'string-pull·er *n* Drahtzieher(in) *m(f)* **'string-pull·ing** *n* Strippenziehen *nt;* ***she did some ~ to get the job*** sie hat ihre Beziehungen spielenlassen, um die Stelle zu bekommen

'string quar·tet *n* Streichquartett *nt* **'string sec·tion** *n + sing/pl vb* Streicher *pl*

'string theo·ry *n no pl* PHYS Stringtheorie *f*

'string trim·mer *n* Rasentrimmer *m*

string 'vest *n* Netzhemd *nt*

stringy ['strɪŋi] *adj (tough) food* faserig, voller Fäden; *consistence* zäh; *(wiry) person* sehnig, drahtig; *hair* strähnig

'stringy-bark *n* AUS BOT *australische Eukalyptusbaumart mit faseriger Rinde*

strip [strɪp] **I.** *n* 1 *(narrow piece)* Streifen *m;* **~ of cloth** Stoffstreifen *m;* **Gaza S~** Gaza-Streifen *m;* **narrow ~ of land** schmales Stück Land; **~ of metal** Metallstreifen *m;* **coastal ~** Küstenstreifen *m;* **magnetic ~** Magnetstreifen *m;* **thin ~** schmaler Streifen

2 BRIT, AUS *(soccer kit)* Trikot *nt*

3 *(undressing)* Strip[tease] *m*

4 *esp* AM *(long road) sehr lange, belebte Einkaufsstraße*

5 AM ECON Abtrennen *nt* des Ertragsscheins von einem Wertpapier

II. *vt* <-pp-> 1 *(lay bare)* ■**to ~ sth** *house, cupboard* etw leer räumen [*o* ausräumen]; **to ~ a bed** die Bettlaken [*o* ein Bett] abziehen; **to ~ a tree** einen Baum entrinden; **to ~ a tree of fruit** einen Baum abernten; **~ped pine** abgebeizte Kiefer; **~ped pine furniture** Möbel *pl* aus abgebeizter Kiefer; **to ~ sth bare** etw kahl fressen

2 *(undress)* ■**to ~ sb** jdn ausziehen; **to ~ sb naked/to the skin** jdn nackt/splitternackt ausziehen

3 *(dismantle)* ■**to ~ sth** etw auseinandernehmen; ***we ~ped the engine down to see what was wrong with it*** wir nahmen den Motor auseinander, um herauszufinden, was ihm fehlte

4 *usu passive (remove)* ■**to ~ sb of sth** jdn einer S. *gen* berauben; ***the court ruled that she should be ~ped of all her property*** das Gericht bestimmte, dass ihr ihr gesamtes Eigentum abgenommen werden sollte; **to ~ sb of their office** jdn seines Amtes entheben; **to ~ sb of their power** jdn seiner Macht berauben, jdm die Macht nehmen; **to ~ sb of their title** jdm seinen Titel aberkennen

5 COMPUT ■**to ~ sth** etw strippen

III. *vi* <-pp-> AM, AUS sich *akk* ausziehen; **~ped to the waist** mit nacktem Oberkörper; **to ~** [**down**] **to one's underwear** sich *akk* bis auf die Unterwäsche ausziehen

◆**strip away** *vt* ■**to ~ away** ⟳ **sth** etw entfernen; *(fig) rights* etw aufheben; **to ~ away the paint** die Farbe abbeizen; **to ~ away the wallpaper** die Tapete abziehen

◆**strip down I.** *vt* ■**to ~ down** ⟳ **sth** etw auseinandernehmen

II. *vi* AM sich *akk* ausziehen

◆**strip off I.** *vt* ■**to ~ off** ⟳ **sth** 1 *(remove)* etw abziehen [*o* abreißen]; **to ~ off the bark** die Rinde abschälen [*o* abziehen]; **to ~ off the paint** die Farbe abbeizen; **to ~ the sheets off the bed** die Bettlaken [*o* das Bett] abziehen

2 *(undress)* etw ausziehen

II. *vi* BRIT, AUS sich *akk* ausziehen

◆**strip out** *vt* 1 *(disregard)* ■**to ~ out** ⟳ **sth** etw beiseitelassen

2 *(remove)* **to ~ out** ⟳ **a room** ein Zimmer ausräumen [*o* leer räumen]

'strip car·toon *n* BRIT Comic[strip] *m*

'strip club *n* Strip[tease]klub *m,* Strip[tease]lokal *nt*

stripe [straɪp] *n* 1 *(band)* Streifen *m*

2 MIL *(chevron)* [Ärmel]streifen *m*

3 AM *(type)* Schlag *m;* ***what else can you expect from a man of that ~?*** was soll man sonst schon von einem Mann seines Schlages erwarten?; **of every ~** [*or* **all ~s**] aller Art; *politican, government* aller Couleurs, jeder Richtung

striped [straɪpt] *adj inv* gestreift, Streifen-; *clothes* streifig; **~ hyena** Streifenhyäne *f;* **~ shirt** gestreiftes Hemd

stripey *adj see* **stripy**

'strip joint *n (fam)* Stripteasebar *f,* Strip[tease]klub *m,* Striplokal *nt*

'strip light *n* BRIT Neonröhre *f* **'strip light·ing** *n no pl* Neonlicht *nt,* Neonbeleuchtung *f*

strip·ling ['strɪplɪŋ] *n (dated or hum)* Bürschchen *nt hum fam,* Jüngelchen *nt hum fam*

'strip mall *n* Einkaufsstraße *f,* Geschäftsstraße *f*

'strip mill *n* Walzwerk *nt* **'strip min·ing** *n no pl* AM *(opencast mining)* Tagebau *m*

stripped bond [strɪpt'-] *n* FIN Stripped-Bond *m*

'stripped-down ['strɪptˌdaʊn] *adj* vereinfacht

strip·per ['strɪpəʳ, AM -ɚ] *n* 1 *(person)* Stripperin *f,* Stripteasetänzerin *f;* **male ~** Stripper *m,* Stripteasetänzer *m*

2 *no pl (solvent)* Farbentferner *m; (for wallpaper)* Tapetenlöser *m; machine* Tapetenablösegerät *nt;* **paint ~** Farbentferner

3 *(tool)* Kratzer *m;* **wallpaper ~** Tapetenkratzer *m*

strip·per·gram, strip·pa·gram ['strɪpəgræm, AM -pɚ-] *n durch eine Stripperin/einen Stripper mit Striptease überbrachter Gruß*

strip·ping ['strɪpɪŋ] *n no pl* FIN Stripping *nt*

strip 'pok·er *n no pl* Strippoker *nt* **'strip-search I.** *n Leibesvisitation, bei der sich der/die Durchsuchte ausziehen muss;* **to undergo a ~** sich *akk* zu einer Durchsuchung ausziehen müssen **II.** *vt* ■**to ~ sb** *jdn einer Durchsuchung unterziehen, bei der sich der Betreffende ausziehen muss;* ***we were ~ed at the airport*** wir mussten uns am Flughafen zu einer Durchsuchung ausziehen **'strip show** *n* Strip[tease]show *f*

'strip·tease *n* Striptease *m;* **to do a ~** strippen *fam* **'strip·tease art·ist** *n* Stripteasekünstler(in) *m(f)* **'strip·tease club** *n* Strip[tease]klub *m,* Stripteasebar *f*

stripy ['straɪpi] *adj* gestreift, Streifen-; *clothes* streifig

strive <strove *or* -d, striven *or* -d> [straɪv] *vi* sich *akk* bemühen; ■**to ~ to do sth** sich *akk* bemühen, etw zu tun, bestrebt sein, etw zu tun; ***we will continue striving to meet the very highest standards*** wir werden uns weiterhin darum bemühen, die höchsten Ansprüche zu erfüllen; ■**to ~ after** [*or* **for**] **sth** nach etw streben, etw anstreben; ■**to ~ for sth** um etw *akk* ringen; **to ~ for statehood** eine eigene staatliche Souveränität anstreben; **~ as we might** [*or* **may**] trotz all unserer Bemühungen; ■**to ~ against sth** gegen etw *akk* ankämpfen

striv·en ['strɪvᵊn] *pp of* **strive**

strobe[1] [strəʊb, AM stroʊb] *n (fam) short for* **stroboscope** 1 PHYS Stroboskop *nt*

2 *(flashing lamp)* Stroboskoplicht *nt*

strobe[2] [strəʊb, AM stroʊb] COMPUT **I.** *vt* ■**to ~ sth** etw *dat* einen Impuls geben

II. *n (pulse)* Impuls *m*

'strobe light *n* Stroboskoplicht *nt*

stro·bo·scope ['strəʊbəskəʊp, AM 'stroʊbəskoʊp] *n* 1 PHYS Stroboskop *nt*

2 *(flashing lamp)* Stroboskoplicht *nt*

stro·bo·scop·ic [ˌstrəʊbə'skɒpɪk, AM ˌstroʊbə'skɑ:-] *adj inv* PHYS stroboskopisch *fachspr;* **~ lamp** Stroboskoplicht *nt*

strode [strəʊd, AM stroʊd] *pt of* **stride**

stroke [strəʊk, AM stroʊk] **I.** *vt* 1 *(rub)* ■**to ~ sth/sb** etw/jdn streicheln; **to ~ one's beard** sich *akk* über den Bart streichen; **to ~ one's hair down** [*or* **into place**] sich *akk* das Haar glatt streichen

2 *(hit)* **to ~ the ball** den Ball [leicht] streifen

II. *n* 1 *(rub)* Streicheln *nt kein pl;* **to give sb a ~** jdn streicheln; *(fig)* jdm Honig ums Maul schmieren *fam;* **to give sth a ~** über etw *akk* streichen

2 MED *(attack)* Schlaganfall *m,* SCHWEIZ *a.* Streifung *f;* **to have/suffer a ~** einen Schlaganfall bekommen/

erleiden
3 *(mark)* Strich *m;* **brush** ~ Pinselstrich *m*
4 *(hitting a ball)* Schlag *m;* ***you've won by three ~s (in golf)*** du hast über drei Schläge gewonnen
5 *(form: blow)* Schlag *m,* Hieb *m*
6 *no pl (swimming style)* [Schwimm]stil *m;* **breast** ~ Brustschwimmen *nt*
7 *(swimming movement)* Zug *m;* ***with powerful ~s she set out across the lake*** mit kräftigen Zügen schwamm sie durch den See
8 *(piece)* **by a ~ of fate** [*or* **good fortune**] durch eine Fügung des Schicksals, durch einen glücklichen Zufall; **a ~ of luck** ein Glücksfall [*o* Glückstreffer] *m;* **a ~ of bad luck** Pech *nt;* **by a ~ of** [**bad**] **luck** [un]glücklicherweise
9 *(action)* [geschickter] Schachzug *m;* **policy** ~ politischer Schachzug; **a ~ of genius** ein genialer Einfall; **bold** ~ mutiger Vorstoß
10 *no pl, usu in neg (fam: of work)* Handschlag *m,* Handgriff *m* ÖSTERR, SCHWEIZ; ***she hasn't done a ~ of work*** sie hat noch keinen Handschlag getan
11 *(of a clock)* Schlag *m;* ***at the ~ of ten*** um Punkt zehn Uhr
12 BRIT *(oblique)* [Schräg]strich *m*
13 AM *(fam: praise)* [**positive**] **~s** Lob *nt*
▸PHRASES: **at a** [**single**] [*or* **in one**] ~ mit einem Schlag, auf einen Streich; **to be off one's** ~ nicht in Form sein; **at** [*or* **with**] **the ~ of a pen** mit einem Federstrich; **to put sb off their** ~ jdn aus dem Konzept bringen

'stroke play *n no pl (in golf)* Zählspiel *nt*

stroll [strəʊl, AM stroʊl] **I.** *n* Spaziergang *m;* **to go for** [*or* **to take**] **a** ~ einen Spaziergang machen, spazieren gehen
II. *vi (amble)* schlendern, bummeln; *(fig: win easily)* ***the favourite ~ed to an easy victory in the final at Wimbledon*** der Sieg im Finale von Wimbledon war für die Favoritin ein regelrechter Spaziergang; **to ~ along the promenade** die Promenade entlangschlendern [*o* entlangspazieren]; **to ~ into town** in die Stadt gehen, einen Stadtbummel machen

stroll·er ['strəʊləʳ, AM 'stroʊlɚ] *n* 1 *(person)* Spaziergänger(in) *m(f)*
2 *esp* AM, AUS *(pushchair)* Sportwagen *m*

stroll·ing ['strəʊlɪŋ, AM 'stroʊl-] *adj attr, inv* fahrend; **~ musicians** fahrende Musikanten

strong [strɒŋ, AM strɑːŋ] **I.** *adj* 1 *(powerful)* stark; ***this put him under a ~ temptation to steal it*** er geriet stark in Versuchung, es zu stehlen; ***danger! ~ currents — do not swim here!*** Achtung! starke Strömung – Schwimmen verboten!; **~ bonds** starke Bande; **~ character** [*or* **personality**] starke Persönlichkeit; **~ coffee** starker Kaffee; **~ competition** starker Wettbewerb; **~ desire** brennendes Verlangen; **~ doubts** erhebliche Zweifel; **~ economy** leistungsfähige [*o* gesunde] Wirtschaft; **~ evidence** schlagender Beweis; **~ impression** prägender Eindruck; *(impressive)* sehr guter Eindruck; **~ incentive** großer Anreiz; **~ influence** großer Einfluss; **~ language** *(vulgar)* derbe Ausdrucksweise; **~ lenses** starke [Brillen]gläser; **~ likeness** frappierende [*o* verblüffende] Ähnlichkeit; **to take ~ measures against sb/sth** energisch gegen jdn/etw vorgehen; **~ medicine** starkes Medikament; **to produce ~ memories** lebhafte Erinnerungen hervorrufen; **~ policies** überzeugende Politik; **~ praise** großes Lob; **~ protest** scharfer [*o* energischer] Protest; **~ reaction** heftige Reaktion; **to have ~ reason to do sth** gute Gründe haben, etw zu tun; ***there is ~ reason to ...*** es gibt einige Anzeichen dafür, dass ...; **~ resistance** erbitterter Widerstand; **~ rivalry** ausgeprägte Rivalität; **~ smell** strenger Geruch; **in the ~est of terms** sehr energisch; **~ trading links** umfangreiche Handelsbeziehungen; **a ~ will** ein starker Wille; **~ winds** heftige [*o* starke] Winde; **~ wish** großer Wunsch; **~ yearning** starke Sehnsucht
2 *(effective)* gut, stark; ***she's the ~est candidate*** sie ist die beste Kandidatin; ▪**to be ~ on sth** gut in etw *dat* sein; **~ favourite** [*or* AM **favorite**] aussichtsreicher Favorit/aussichtsreiche Favoritin; **sb's ~ point** [*or* BRIT, AUS *also* **suit**] jds Stärke; ***tact is not her ~ point*** Takt ist nicht gerade ihre Stärke
3 *(physically powerful)* kräftig, stark; *(healthy)* gesund, kräftig; **~ constitution** robuste Konstitution; **~ eyes** gute Augen; **to be as ~ as a horse** [*or* **an ox**] bärenstark sein; **to have ~ nerves** [*or* **a ~ stomach**] *(fig)* allerhand verkraften können, sehr belastbar sein, ÖSTERR *a.* einen guten Magen haben
4 *(robust)* stabil; *(tough) person* stark; *share prices* fest
5 *(deep-seated)* überzeugt; ***I felt ~ sympathy for him after all his misfortune*** er tat mir sehr leid nach all seinem Pech; **~ antipathy** [*or* **dislike**] unüberwindliche Abneigung; **~ bias** [*or* **prejudice**] unüberwindliches Vorurteil; **~ conviction** feste Überzeugung; **~ emotions** [*or* **feelings**] starke Gefühle; **~ fear** große Angst; **~ objections** starke Einwände; **~ opinion** vorgefasste Meinung; **~ tendency** deutliche [*o* klare] Tendenz; **to have ~ views on sth** eine Meinung über etw *akk* energisch vertreten
6 *(staunch)* **to be a ~ believer in sth** fest an etw *akk* glauben; **~ friends** loyale [*o* treue] Freunde; **~ friendship** unerschütterliche Freundschaft; **~ opponent** überzeugter Gegner/überzeugte Gegnerin; **~ supporter** überzeugter Anhänger/überzeugte Anhängerin
7 *(very likely)* groß, hoch, stark; **~ chances of success** hohe [*o* gute] Erfolgsaussichten; **~ likelihood** [*or* **probability**] hohe Wahrscheinlichkeit
8 *after n, inv (in number)* stark; ***our club is currently about eighty ~*** unser Klub hat derzeit 80 Mitglieder [*o* ist derzeit 80 Mann stark]
9 *(marked)* stark; **~ accent** starker Akzent
10 *(bright)* hell, kräftig; **~ colour** [*or* AM **color**] kräftige [*o* leuchtende] Farbe; **~ light** grelles Licht
11 *(pungent)* streng; **~ flavour** [*or* AM **flavor**] intensiver [*o* kräftiger] Geschmack; **~ odour** penetranter [*o* strenger] Geruch; **~ smell** beißender [*o* stechender] Geruch
12 FIN hart, stabil, stark; **~ currency** harte [*o* starke] Währung
II. *adv (fam)* **to come on ~** *(sexually)* rangehen *fam;* *(aggressively)* in Fahrt kommen *fam;* ***he's always coming on ~ to me*** er macht mich permanent an; **to come on too ~** sich *akk* zu sehr aufregen, übertrieben reagieren; **still going ~** noch gut in Form [*o fam* Schuss]

'strong-arm I. *adj attr (pej)* brutal, gewaltsam, Gewalt-; **~ man** Schläger *m;* **~ method**[**s**] [*or* **tactic**[**s**]] brutale Methode[n]; **~ style of government** autoritärer Regierungsstil **II.** *vt* ▪**to ~ sb** jdn unter Druck setzen, jdn einschüchtern **'strong·box** *n* [Geld]kassette *f* **'strong·hold** *n* 1 *(bastion)* Stützpunkt *m,* Bollwerk *nt,* Festung *f; (fig)* Hochburg *f,* Zentrum *nt* 2 *(sanctuary)* Zufluchtsort *m,* Refugium *nt*

strong·ly ['strɒŋli, AM 'strɑː-] *adv* 1 *(powerfully)* stark; ***it is ~ believed that ...*** es wird allgemein angenommen, dass ...; ***it is ~ doubted that ...*** es bestehen erhebliche Zweifel, dass; **to ~ advise sb to do sth** jdm nachdrücklich [*o* dringend] dazu raten, etw zu tun; **to ~ condemn sb/sth** jdn/etw scharf verurteilen; **to ~ criticize sb** jdn heftig kritisieren; **to ~ deny sth** etw energisch bestreiten [*o* leugnen]; **to ~ disapprove of sth** etw entschieden missbilligen; **to ~ establish sth/oneself within sth** etw/sich fest in etw *dat* etablieren; **to be ~ opposed to sth** entschieden gegen etw *akk* sein; **to ~ recommend sth** etw dringend empfehlen
2 *(durably)* robust, stabil
3 *(muscularly)* kräftig, stark; **~ built** kräftig gebaut
4 *(pungently)* stark; **to smell ~ of sth** stark [*o* SCHWEIZ *a.* streng] nach etw *dat* riechen
5 *(deep-seatedly)* nachdrücklich; **to be ~ biased against sb** erhebliche Vorurteile gegen jdn haben; **to ~ believe sth** von etw *dat* fest überzeugt sein; **to ~ desire** [*or* **yearn for**] **sth** sich *akk* sehr nach etw *dat* sehnen; **to ~ feel that ...** den starken Verdacht haben, dass ...; **to be ~ influenced to do sth** stark beeinflusst werden, etw zu tun

'strong·man *n* 1 *(leader)* starker Mann, führender Kopf 2 *(for protection)* Muskelmann *m fam; (entertainer)* starker Mann **strong-'mind·ed** *adj* willensstark, entschlossen, energisch **'strong·point** *n* Stützpunkt *m* **'strong·room** *n* Stahlkammer *f,* Tresor[raum] *m* **strong-'willed** *adj* willensstark, entschlossen

stron·tium ['strɒntiəm, AM 'strɑːn(t)ʃi-] *n no pl* Strontium *nt*

strop [strɒp] *n* BRIT, AUS *(fam)* Schmollen *nt kein pl;* ***are you having another of your ~s?*** bist du wieder mal eingeschnappt? *fam;* **to be in a ~** eingeschnappt sein *fam,* schmollen; **to get** [**such**] **a ~ on** saumäßig gelaunt sein *pej fam*

stro·phe [strəʊfi, AM stroʊfi] *n* LIT Strophe *f*

strop·pi·ly ['strɒpɪli] *adv* BRIT, AUS *(fam)* muffig *fam,* gereizt

strop·pi·ness ['strɒpɪnəs] *n no pl* BRIT, AUS *(fam)* Gereiztheit *f,* Übellaunigkeit

strop·py ['strɒpi] *adj* BRIT, AUS *(fam)* muffig *fam,* gereizt; **to get ~** pampig werden *fam*

strove [strəʊv, AM stroʊv] *pt of* **strive**

struck [strʌk] *pt, pp of* **strike**

struc·tur·al ['strʌktʃərəl, AM -ɚəl] *adj inv* 1 *(organizational)* strukturell, Struktur-; **~ change** Strukturwandel *m,* strukturelle Veränderung; **~ data** Strukturdaten *pl;* **~ laws** LING Strukturregeln *pl;* **~ organization** Aufbauorganisation *f;* **~ reforms** Strukturreformen *pl;* **~ shift** Strukturverschiebung *f*
2 *(of a construction)* baulich, Bau-, Konstruktions-; ***the houses suffered ~ damage*** die Struktur der Häuser wurde beschädigt; **~ condition** baulicher Zustand; **~ defects** bauliche Schäden

struc·tur·al en·gi·'neer *n* Statiker(in) *m(f)*

struc·tur·al·ism ['strʌktʃərəlɪzəm, AM -ɚəl-] *n no pl* Strukturalismus *m*

struc·tur·al·ist ['strʌktʃərəlɪst, AM -ɚəl-] **I.** *n* Strukturalist(in) *m(f)*
II. *adj inv* strukturalistisch

struc·tur·al·ly ['strʌktʃərəli, AM -ɚəli] *adv inv* 1 *(organizationally)* strukturell
2 *(of a construction)* baulich; ***few buildings were left ~ safe after the earthquake*** nach dem Erdbeben waren nur noch wenige Gebäude in einem sicheren baulichen Zustand

struc·tur·al un·em·'ploy·ment *n no pl* ECON, SOCIOL strukturelle Arbeitslosigkeit

struc·ture ['strʌktʃəʳ, AM -ɚ] **I.** *n* 1 *(arrangement)* Struktur *f,* Aufbau *m;* **~ of a cell** Zellaufbau *m;* **course ~** Kursaufbau *m,* Kursstruktur *f;* **~ of society** Gesellschaftsstruktur *f;* **social ~** Sozialstruktur *f,* soziales Gefüge
2 *(system)* Struktur *f;* **management ~** Leitungsstruktur *f*
3 *(construction)* Bau[werk] *nt; (make-up of a construction)* Konstruktion *f*
II. *vt* ▪**to ~ sth** etw strukturieren; *(construct)* etw konstruieren [*o* bauen]; *life* etw regeln; ***we must carefully ~ and rehearse each scene*** wir müssen jede Szene sorgfältig aufbauen und proben; **well-~d argument** gut aufgebaute [*o* gegliederte] Argumentation

struc·tured ['strʌktʃəd, AM -ɚd] *adj* strukturiert, gegliedert; **~ finance** FIN Structured Finance *nt (strukturierte Finanzierungsgeschäfte gegen Wertpapiere);* **~ life** geregeltes Leben; **~ questionnaire** gegliederter Fragebogen

stru·del ['struːdəl] *n* Strudel *m*

strug·gle ['strʌgl] **I.** *n* 1 *(great effort)* Kampf *m* (**for** um +*akk*); ***trying to accept her death was a terrible ~ for him*** ihren Tod zu akzeptieren fiel ihm unendlich schwer; ***these days it's a desperate ~ just to keep my head above water*** im Moment kämpfe ich ums nackte Überleben; ▪**it is a ~ to do sth** es ist mühsam [*o* keine leichte Aufgabe], etw zu tun; **to be a real ~** wirklich Mühe kosten, sehr anstrengend sein; **uphill ~** mühselige Aufgabe, harter Kampf; **to give up the ~ to do sth** den Kampf um etw *akk* aufgeben; **without a ~** kampflos
2 *(fight)* Kampf *m* (**against** gegen +*akk,* **with** mit

+*dat)*; ***he put up a desperate ~ before his murder*** er hatte sich verzweifelt zur Wehr gesetzt, bevor er ermordet wurde; ~ **between good and evil** Kampf *m* zwischen Gut und Böse; **power ~** Machtkampf *m*

II. *vi* ❶ *(toil)* sich *akk* abmühen [*o* quälen]; ***he ~d along the rough road*** er kämpfte sich auf der schlechten Straße vorwärts; ***he ~d to find the right words*** es fiel ihm schwer, die richtigen Worte zu finden; ■**to ~ with sth** sich *akk* mit etw *dat* herumschlagen [*o* herumquälen] *fam;* **to ~ to make ends meet** Mühe haben, durchzukommen; **to ~ to one's feet** mühsam auf die Beine kommen, sich *akk* mühsam aufrappeln [*o* hochrappeln]

❷ *(fight)* kämpfen, ringen; ■**to ~ against sth/sb** gegen etw/jdn kämpfen; ■**to ~ with sth/sb** mit etw/jdm kämpfen; ***he ~d for some time with his conscience*** er kämpfte eine Zeit lang mit seinem Gewissen; **to ~ for survival** ums Überleben kämpfen

◆**struggle on** *vi* weiterkämpfen; ***the company ~d on with the help of subsidies*** das Unternehmen schlug sich weiter mit Subventionen durch

strug·gling ['strʌglɪŋ] *adj inv for survival* ums Überleben kämpfend; *for recognition* um Anerkennung kämpfend

strum [strʌm] MUS **I.** *vt* <-mm-> **to ~ a stringed instrument** auf einem Saiteninstrument herumzupfen *fam;* **to ~ a guitar** auf einer Gitarre herumklimpern *fam*

II. *vi* <-mm-> [herum]klimpern *fam*

III. *n usu sing* ❶ *(sound of strumming)* Klimpern *nt,* Geklimper *nt pej fam*

❷ *(act of strumming)* ***she gave a few ~s of her guitar*** sie schlug ein paar Akkorde auf ihrer Gitarre an

strum·ming ['strʌmɪŋ] *n no pl* Geklimper *nt pej fam,* Klimpern *nt*

strum·pet ['strʌmpɪt] *n (old: prostitute)* Dirne *f veraltend,* Hure *f pej; (hum or pej: provocative dresser)* Flittchen *nt pej fam*

strung [strʌŋ] *pt, pp of* **string**

strung out *adj pred* ❶ *(sl)* süchtig, abhängig; **to be ~ on heroin** heroinsüchtig sein

❷ *inv (in line)* **to be ~ in a line** aufgereiht dastehen

strung up *adj pred* BRIT *(fam: nervous)* nervös; *(tense)* angespannt

strut [strʌt] **I.** *vi* <-tt-> ■**to ~ about** [*or* **around**] herumstolzieren; ■**to ~ past** vorbeistolzieren

II. *vt* <-tt-> **to ~ one's stuff** *(esp hum fam: dance)* zeigen, was man hat; *(showcase)* zeigen, was man kann

III. *n (in a car, vehicle)* Strebe *f,* Stütze *f; (in a building, structure)* Verstrebung *f,* Pfeiler *m*

struth [struːθ] *interj* BRIT *(dated) see* **strewth**

strych·nine ['strɪkniːn, AM *esp* -naɪn] *n no pl* Strychnin *nt*

stub [stʌb] **I.** *n* ❶ *(of a ticket, cheque)* [Kontroll]abschnitt *m,* Abriss *m; (of a cigarette)* [Zigaretten]stummel *m,* Kippe *f fam; (of a pencil)* Stummel *m,* Stumpf *m*

❷ COMPUT *(program)* Stubroutine *f*

II. *vt* <-bb-> **to ~ one's toes** sich die Zehen anstoßen; **to ~ one's toe against** [*or* **on**] **sth** sich *dat* die Zehe an etw *dat* anstoßen, mit der Zehe gegen etw *akk* stoßen

◆**stub out** *vt* **to ~ out** ↔ **a cigar/cigarette** eine Zigarre/Zigarette ausdrücken; *with one's foot* eine Zigarre/Zigarette austreten

stub·ble ['stʌbl̩] **I.** *n no pl* ❶ *(hair)* Stoppeln *pl*

❷ *(of crops)* Stoppeln *pl*

II. *n modifier* Stoppel-; ~ **burning** Abbrennen *nt* der Stoppelfelder; ~ **field** Stoppelfeld *nt*

stub·bly ['stʌbl̩i] *adj* ❶ *(bristly)* stoppelig, Stoppel-; ~ **beard** Stoppelbart *m*

❷ *inv (of crops)* Stoppel-; ~ **field** Stoppelfeld *nt*

stub·born ['stʌbən, AM -ən] *adj (esp pej)* ❶ *(obstinate) of a person* stur *fam,* dickköpfig *fam,* starrköpfig, störrisch; ***his ~ insistence that he was right ended our friendship*** unsere Freundschaft ging zu Bruch, weil er stur darauf bestand, im Recht zu sein; ~ **child** störrisches Kind; **to be ~ as a mule** so stur wie ein Esel sein

❷ *(persistent)* hartnäckig; ~ **hair** widerspenstiges Haar; ~ **pain** hartnäckiger Schmerz; ~ **problem** vertracktes Problem; ~ **refusal** hartnäckige Weigerung; ~ **resistance** hartnäckiger Widerstand; ~ **stains** hartnäckige Flecken

stub·born·ly ['stʌbənli, AM -ən-] *adv (esp pej)* ❶ *(obstinately)* stur, starrköpfig, störrisch; ***she ~ clings on to her outdated views*** sie klammert sich verbissen an ihre veralteten Ansichten

❷ *(persistently) refuse* hartnäckig

stub·born·ness ['stʌbənnəs, AM -ən-] *n no pl (esp pej)* Sturheit *f,* Starrköpfigkeit *f,* Widerspenstigkeit *f,* Halsstarrigkeit *f pej,* Starrsinn *f pej*

stub·by ['stʌbi] **I.** *adj* ~ **fingers** Wurstfinger *pl fam;* ~ **legs** stämmige Beine; ~ **person** gedrungene [*o geh* untersetzte] [*o* stämmige] Person; ~ **tail** Stummelschwanz *m*

II. *n* AUS *375 ml fassende Bierflasche*

stuc·co ['stʌkəʊ, AM -koʊ] *n no pl (fine plaster)* Stuck *m; (coarse plaster)* Putz *m; (work)* Stuckarbeit *f,* Stukkatur *f*

stuc·coed ['stʌkəʊd, AM -koʊd] *adj inv* mit Stuck verziert, Stuck-; ~ **relief** Stuckrelief *nt*

'stuc·co work *n no pl* Stuckarbeit *f,* Stuckverzierung *f,* Stukkatur *f*

stuck [stʌk] **I.** *pt, pp of* **stick**

II. *adj* ❶ *inv (unmovable)* fest; ***the door is ~*** die Tür klemmt

❷ *inv, pred (trapped)* ***we got ~ on*** [*or* ***at***] ***a station for a few hours*** wir saßen für ein paar Stunden auf einem Bahnhof fest; ***I hate being ~ behind a desk*** ich hasse Schreibtischarbeit; ■**to be ~ in sth** in etw *dat* feststecken; **to be ~ in the mire** *(fig)* in der Klemme stecken [*o* sitzen] *fam;* ■**to be ~ with sb** jdn am [*o* auf dem] Hals haben *fam*

❸ *pred (at a loss)* ■**to be ~** nicht klarkommen *fam;* ***I'm really ~*** ich komme einfach nicht weiter

❹ *pred (dated fam: crazy about)* ■**to be ~ on sb** in jdn verknallt sein *fam*

❺ *inv, pred* BRIT, AUS *(fam: show enthusiasm for)* **to get ~ in[to] sth** sich *akk* in etw *akk* richtig reinknien *fam;* ***they got ~ into the job straight away*** sie stürzten sich gleich in die Arbeit; ***you really got ~ into your food*** du hast das Essen ja richtig verschlungen

stuck-'up *adj (pej fam)* hochnäsig *pej fam,* eingebildet *pej,* arrogant *pej*

stud[1] [stʌd] *n* ❶ *(horse)* Deckhengst *m,* Zuchthengst *m;* **to be put to ~** zu Zuchtzwecken verwendet werden

❷ *(breeding farm)* Gestüt *nt,* Stall *m*

❸ *(sl: man)* geiler Typ *sl,* Sexprotz *m pej fam,* Weiberheld *m pej fam*

stud[2] [stʌd] *n* ❶ *(decoration)* Niete *f; (jewellery)* Stecker *m*

❷ *esp* BRIT, AUS *(on shoes)* Stollen *m*

❸ *(fastener) for a collar* Kragenknopf *m; for a shirt* Hemdknopf *m; for a cuff* Manschettenknopf *m*

❹ TECH Stift *m*

❺ AM *(in a tyre)* Spike *m*

stud·ded ['stʌdɪd] *adj inv* [mit Nieten] verziert, besetzt; ■**to be ~ with sth** mit etw *dat* verziert [*o* besetzt] sein; ■**to be ~ with sth** *(fig)* von etw *dat* übersät sein; ~ **dog collar** Hundehalsband *nt* mit Nieten

stud 'ear·ring *n usu pl* Ohrstecker *m*

stu·dent ['stjuːdənt, AM *esp* 'stuː] **I.** *n* ❶ *(at university)* Student(in) *m(f),* Studierende(r) *f(m); (pupil)* Schüler(in) *m(f);* ***she is a ~ at Oxford University*** sie studiert an der Oxford University; **the ~ body** die Studentenschaft, die Studierenden *pl;* **graduate ~** AM *Doktorand oder Student eines Magisterstudiengangs;* **postgraduate ~** Habilitand(in) *m(f),* Doktorand(in) *m(f)* SCHWEIZ; **undergraduate ~** Student(in) *m(f)*

❷ *(unofficial learner)* **to be a ~ of sth** sich *akk* mit etw *dat* befassen; **to be a ~ of human nature** die menschliche Natur studieren [*o* beobachten]

II. *n modifier (activities, counselling, demonstration, housing, protest)* Studenten-; ~ **politics** Hochschulpolitik *f;* ~ **rate** [*or* **discount**] Studentenermäßigung *f;* ~ **season ticket** Semesterticket *nt*

stu·dent-'ath·lete *n* AM Studentensportler(in) *m(f)*
stu·dent 'loan *n* Studiendarlehen *nt,* Ausbildungsdarlehen *nt*

stu·dent·ship ['stjuːdəntʃɪp, AM 'stuː-] *n* BRIT Stipendium *nt*

stu·dent 'teach·er *n* Referendar(in) *m(f)* **stu·dent 'un·ion, stu·dents' 'un·ion** *n* Studentenvereinigung *f*

'stud farm *n* Gestüt *nt* **'stud horse** *n* Zuchthengst *m*

stud·ied ['stʌdid] *adj* wohl überlegt, [gut] durchdacht; ***she listened to his remarks with ~ indifference*** sie hörte ihm mit gestellter Gleichgültigkeit zu; ~ **answer** wohl überlegte [*o* durchdachte] Antwort; ~ **elegance** kunstvolle Eleganz; ~ **insult** gezielte Beleidigung; ~ **politeness** gewollte Höflichkeit

studies ['stʌdiz] *npl* ❶ *(studying)* Studium *nt kein pl;* ***he enjoys his ~*** ihm macht sein Studium Spaß

❷ *(academic area)* **business ~** Betriebswirtschaft *f;* **peace ~** Friedensforschung *f;* **transport ~** Studium *nt* des Transportwesens; **social ~** Sozialwissenschaft *f*

stu·dio ['stjuːdiəʊ, AM 'stuːdioʊ] *n* ❶ *(artist's room)* Atelier *nt*

❷ *(photography firm)* Studio *nt;* **graphics ~** Grafikstudio *nt*

❸ *(film-making location)* Studio *nt*

❹ *(film company)* Studio *nt,* Filmgesellschaft *f*

❺ *(recording area)* Studio *nt*

❻ *esp* AM *(studio flat)* Appartement *nt*

stu·dio a'part·ment *n esp* AM Appartement *nt*
stu·dio 'audi·ence *n + sing/pl vb* Studiopublikum *nt*
'stu·dio couch *n* Schlafcouch *f,* Bettcouch *f,* Bettsofa *nt* SCHWEIZ **'stu·dio flat** *n* BRIT Appartement *nt*

stu·di·ous ['stjuːdiəs, AM *esp* 'stuː-] *adj* ❶ *(bookish) of a person* lernbegierig, lerneifrig; *of an environment* gelehrt; ~ **atmosphere** dem Lernen zuträgliche Atmosphäre; ~ **child** wissbegieriges Kind

❷ *(earnest)* ernsthaft; *(intentional)* bewusst; ***the report was prepared with ~ care and attention*** der Bericht wurde mit größter Sorgfalt vorbereitet; ~ **avoidance of sth** gezielte Vermeidung einer S. *gen;* **to make a ~ effort to not do sth** etw ganz bewusst vermeiden

stu·di·ous·ly ['stjuːdiəsli, AM *esp* 'stuː-] *adv* ❶ *(bookishly)* gebildet, intellektuell

❷ *(carefully)* sorgsam, sorgfältig; *(deliberately)* bewusst, gezielt; **to avoid sth ~** etw bewusst [*o* geflissentlich] vermeiden; **to ignore sb ~** jdn absichtlich [*o* geflissentlich] übersehen [*o* übergehen]; **to listen ~** aufmerksam zuhören

stu·di·ous·ness ['stjuːdiəsnəs, AM *esp* 'stuː-] *n no pl*
❶ *(bookishness)* Lerneifer *m,* Lernbegierde *f*

❷ *(carefulness)* Beflissenheit *f; (deliberateness)* Gewissenhaftigkeit *f,* Sorgfalt *f*

'stud·muf·fin *n* AM *(hum sl)* geiler Typ *sl*

study ['stʌdi] **I.** *vt* <-ie-> ❶ *(scrutinize)* ■**to ~ sth/sb** etw/jdn studieren, sich *akk* mit etw/jdm befassen; *(look at)* etw eingehend betrachten; ■**to ~ whether/what/how/when ...** erforschen [*o* untersuchen], ob/was/wie/wann ...; **to ~ a contract/an instruction** sich *dat* einen Vertrag/eine Anleitung genau durchlesen

❷ *(learn)* ■**to ~ sth** etw studieren; *(at school)* etw lernen; **to ~ one's part** seine Rolle lernen

II. *vi* <-ie-> lernen; *(at university)* studieren; ***I studied at Bristol University*** ich habe an der Universität von Bristol studiert; ■**to ~ for sth** sich *akk* auf etw *akk* vorbereiten, für etw *akk* lernen; ■**to ~ under sb** bei jdm studieren

III. *n* ❶ *(investigation)* Untersuchung *f; (academic investigation)* Studie *f,* wissenschaftliche Untersuchung

❷ *no pl (studying)* Lernen *nt; (at university)* Studieren *nt;* ***find somewhere quiet for ~*** such dir ein ruhiges Plätzchen zum Lernen

③ *(room)* Arbeitszimmer *nt*
④ *(pilot drawing)* Studie *f,* Entwurf *m;* **preparatory ~** Vorentwurf *m,* Vorstudie *f*
⑤ *(literary portrayal)* Untersuchung *f,* Studie *f*
⑥ *(example)* **to be a ~ in sth** ein Musterbeispiel für etw *akk* sein; ***when she works, she's a ~ in concentration*** wenn sie arbeitet, ist sie ein Muster an Konzentration
⑦ Brit *(hum)* ***his face was a ~ when he saw her new punk hairstyle*** du hättest sein Gesicht sehen sollen, als er ihre neue Punkfrisur sah!

'study group *n + sing/pl vb* Arbeitsgruppe *f,* Arbeitskreis *m,* Arbeitsgemeinschaft *f* **'study hall** *n* Am Lesesaal *m* **'study vis·it** *n* Studienreise *f*

stuff [stʌf] **I.** *n no pl* ① *(fam: indeterminate matter)* Zeug *nt oft pej fam;* ***we've heard all this ~ before*** das haben wir doch alles schon mal gehört!; ***there is a lot of ~ about it on TV*** im Fernsehen wird dauernd darüber berichtet; ***his latest book is good ~*** sein neues Buch ist echt gut; ***that's the ~!*** Brit *(fam)* so ist's richtig!; **to do one's ~** *(fam)* seine Sache gut machen; **to know one's ~** sich *akk* auskennen; ***he certainly knows his ~*** er weiß, wovon er spricht
② *(possessions)* Sachen *pl,* Zeug *nt oft pej fam;* **camping ~** Campingsachen *pl*
③ *(material)* Material *nt,* Stoff *m;* **sticky ~** klebriges Zeug
④ *(characteristics)* ***he's made of the same ~ as his father*** er ist aus demselben Holz geschnitzt wie sein Vater; ***she's a nice bit of ~*** Brit *(sl)* sie ist nicht ohne *fam;* **the [very] ~ of sth** das Wesentliche [*o* der Kern] einer S. *gen;* **the ~ of which heroes are made** der Stoff, aus dem Helden sind
▶ Phrases: **sb doesn't <u>give</u> a ~ about sth** Brit *(fam)* jdm ist etw scheißegal *fam;* **~ and <u>nonsense</u>** Brit *(dated)* dummes Zeug *pej fam,* Blödsinn *pej fam*
II. *vt* ① *(fam: gorge)* ■**to ~ sb/oneself** jdn/sich vollstopfen; ■**to ~ down** ↔ **sth** etw in sich *akk* hineinstopfen *pej,* etw verschlingen *pej* [*o hum fam* verdrücken]; **to ~ one's face** sich *dat* den Bauch vollschlagen *fam;* **to ~ sb with food** jdn mästen *pej*
② *esp* Brit, Aus *(vulg: have sex)* ■**to ~ sb** jdn vögeln *vulg* [*o sl* bumsen]
③ *(vulg: strong disapproval)* **~ it** [*or* Brit *also* **that**]**!** Scheiß drauf! *derb; esp* Brit, Aus **~ *him!*** der kann mich mal! *derb,* zum Teufel mit ihm! *sl;* Brit, Aus ***get ~ed!*** du kannst mich mal! *derb,* leck mich am Arsch! *derb*
④ *(push inside)* ■**to ~ sth** etw stopfen; *(fill)* etw ausstopfen; *(in cookery)* etw füllen; ***they ~ed the money into a bag and ran from the bank*** sie stopften das Geld in eine Tasche und rannten aus der Bank; **~ed chicken** gefülltes Hähnchen [*o* Schweiz Poulet]; **to ~ sb's head with sth** *(fig)* jdm etw eintrichtern *fam*
⑤ *(in taxidermy)* **to ~ animals** Tiere ausstopfen

stuffed [stʌft] *adj inv* ① *(filled)* ausgestopft; **~ furry toy** Stofftier *nt,* Plüschtier *nt*
② *(of food)* gefüllt; **~ turkey** gefüllter Truthahn

stuffed 'shirt *n (pej fam)* Wichtigtuer(in) *m(f) pej fam*

'stuffed-up *adj (fam)* verschnupft

stuff·er ['stʌfəʳ] *n* Am Werbebeilage *f,* Reklamebeilage *f*

stuffi·ly ['stʌfɪli] *adv (pej)* spießig *pej fam,* kleinkariert *pej fam*

stuffi·ness ['stʌfɪnəs] *n no pl* ① *(primness)* Spießigkeit *f*
② *(airlessness)* Stickigkeit *f;* ***the ~ of the rooms*** die schlechte Luft in den Räumen

stuff·ing ['stʌfɪŋ] *n no pl (filling)* Füllung *f,* Füllmaterial *nt; of food* Füllung *f*
▶ Phrases: **to <u>beat</u>** [*or* **<u>kick</u>**] [*or* **<u>knock</u>**] **the ~ out of sb** *(fam)* jdn fertigmachen *fam,* jdn brutal zusammenschlagen; **to <u>knock</u>** [*or* **<u>take</u>**] **the ~ out of sb** *(fam)* jdn umhauen [*o* mitnehmen] *fam*

stuffy ['stʌfi] *adj (pej)* ① *(prim)* spießig
② *(airless)* stickig, miefig, muffig; **~ room** stickiges Zimmer

stul·ti·fy <-ie-> ['stʌltɪfaɪ] *vt (form)* ■**to ~ sth/sb** ① *(ridicule)* etw/jdn der Lächerlichkeit preisgeben [*o* ins Lächerliche ziehen]
② *(paralyse)* etw/jdn lähmen; *technique, mind, ability* etw/jdn verkümmern lassen; **to ~ the mind** den Geist lähmen

stul·ti·fy·ing ['stʌltɪfaɪɪŋ] *adj (pej form)* lähmend; **~ atmosphere** lähmende Atmosphäre; **to have a ~ effect on sth** sich *akk* auf etw *akk* lähmend auswirken

stum·ble ['stʌmbḷ] *vi* ① *(trip)* stolpern, straucheln; ■**to ~ on sth** über etw *akk* stolpern
② *(fig)* ***the judges noticed the violinist ~*** die Schiedsrichter bemerkten, dass die Violinistin einen Fehler machte; **to ~ from one mistake to another** *(fig)* vom einen Fehler zum nächsten stolpern; **to ~ over the rhythm** aus dem Rhythmus kommen
③ *(stagger)* ■**to ~ about** [*or* **around**] herumtappen
④ *(falter when talking)* stocken, holpern; ■**to ~ over sth** über etw *akk* stolpern; ***the poet ~d over a line in the poem*** der Dichter stolperte über eine Zeile in dem Gedicht
⑤ *(find)* ■**to ~ across** [*or* [**up**]**on**] **sb/sth** über jdn/etw stolpern *fam,* [zufällig] auf jdn/etw stoßen

'stum·bling block *n* Stolperstein *m,* Hemmschuh *m,* Hindernis *nt;* ■**to be a ~ to sth** ein Hindernis für etw *akk* [*o* bei etw *dat*] sein

stump [stʌmp] **I.** *n* ① *(part left) of a tree* Stumpf *m,* Strunk *m; of an arm* Armstumpf *m; of a leg* Beinstumpf *m; of a tooth* Zahnstummel *m*
② Am Pol **out on the ~** im Wahlkampf
▶ Phrases: **to <u>draw</u> ~s** *(fam)* aufhören
II. *vt* ① *(usu fam: baffle)* ■**to ~ sb** jdn verwirren [*o* durcheinanderbringen]; ***you've ~ed me*** da bin ich überfragt; ***we're all completely ~ed*** wir sind mit unserem Latein am Ende
② *esp* Am Pol **to ~ the country/a state** Wahlkampfreisen durch das Land/einen Staat machen
III. *vi* ① *(stamp)* ***she ~ed out of the room*** sie stapfte aus dem Raum hinaus
② Pol Wahlreden halten
◆ **stump up** Brit **I.** *vi (fam)* blechen *fam,* löhnen *sl*
II. *vt (fam)* ■**to ~ up** ↔ **sth** etw blechen *fam* [*o sl* berappen] [*o sl* lockermachen]

stump 'foot *n* Klumpfuß *m*

stumps [stʌmps] *npl (in cricket)* Stäbe *pl*

'stump speech *n* Wahl[kampf]rede *f,* parteipolitische Rede

stumpy ['stʌmpi] *adj (usu pej fam)* [klein und] gedrungen, untersetzt, stämmig; **~ fingers** dicke Finger, Wurstfinger *pl* Schweiz; **~ person** untersetzte [*o* stämmige] Person; **~ tail** Stummelschwanz *m*

stun <-nn-> [stʌn] *vt* ① *(shock)* ■**to ~ sb** betäuben [*o* lähmen]; *(amaze)* jdn verblüffen [*o* überwältigen]; ***news of the disaster ~ned the nation*** die Nachricht von der Katastrophe schockte das Land; ***she was ~ned by the amount of support she received*** sie war überwältigt davon, wie viel Unterstützung sie erhielt; **~ned silence** fassungsloses Schweigen
② *(make unconscious)* ■**to ~ sb/an animal** jdn/ein Tier betäuben

stung [stʌŋ] *pp, pt of* **sting**

'stun gre·nade *n* Mil Blendgranate *f fachspr* **'stun gun** *n* Betäubungsgewehr *nt,* Betäubungspistole *f*

stunk [stʌŋk] *pt, pp of* **stink**

stunned [stʌnd] *adj* fassungslos, sprachlos, geschockt

stun·ner ['stʌnəʳ, Am -ɚ] *n* ① *(fam: good-looker) of a person* toller Mann/tolle Frau *fam; of a thing, an event* tolle Sache *fam;* **to be a ~** Spitze [*o* eine Wucht] sein *fam*
② *(surprise)* [Riesen]überraschung *f;* **to come as a ~** eine [große] Überraschung sein

stun·ning ['stʌnɪŋ] *adj* ① *(approv: gorgeous)* toll *fam,* fantastisch *fam,* umwerfend *fam,* überwältigend, sensationell; **~ dress** hinreißendes [*o* umwerfendes] Kleid; **~ view** toller Ausblick *fam;* **to look ~** umwerfend aussehen
② *(amazing)* unfassbar
③ *(hard)* **a ~ blow/punch/left hook** ein betäubender Schlag/Faustschlag/linker Haken

stun·ning·ly ['stʌnɪŋli] *adv* ① *(gorgeous)* atemberaubend, umwerfend *fam;* ***she's ~ dressed*** sie ist umwerfend angezogen
② *(horrible)* unfassbar

stunt¹ [stʌnt] *n* ① Film Stunt *m;* **to perform a ~** einen Stunt vollführen
② *(for publicity)* Gag *m,* Trick *m pej;* **advertising ~** Werbegag *m,* Trick *m pej;* **publicity ~** Werbegag *m; (pej)* Trick *m;* **to pull a ~** *(fig fam)* etwas Verrücktes tun

stunt² [stʌnt] *vt* ■**to ~ sth** etw hemmen [*o* beeinträchtigen] [*o* behindern]; **to ~ economic growth** das Wirtschaftswachstum hemmen; **to ~ one's growth** das Wachstum hemmen

stunt·ed ['stʌntɪd, Am -t̬ɪd] *adj (deteriorated)* verkümmert; *(limited in development)* unterentwickelt; **~ child** unterentwickeltes Kind; **~ tree** verkümmerter Baum; **emotionally ~** seelisch verkümmert; **to become ~** verkümmern

'stunt fly·ing *n no pl* Kunstflug *m* **'stunt·man** *n* Stuntman *m* **'stunt·wom·an** *n* Stuntfrau *f*

stu·pefac·tion [ˌstjuːpɪ'fækʃᵊn, Am ˌstuːpə'-, ˌstjuː-] *n no pl* ① *(befuddled state)* Benommenheit *f;* **state of ~** benommener Zustand
② *(astonishment)* Verblüffung *f; (involving intense shock)* Bestürzung *f;* **to sb's ~** zur jds Bestürzung [*o* Erstaunen]

stu·pefy <-ie-> ['stjuːpɪfaɪ, Am 'stuːpə-, ˌstjuː-] *vt usu passive* ■**to be stupefied by sth** ① *(render numb)* von etw *dat* benommen sein
② *(astonish)* über etw *akk* verblüfft sein; *(shocked)* über etw *akk* bestürzt sein, von etw *dat* wie vor den Kopf geschlagen [*o* Österr gestoßen] sein; ***we were stupefied by the news*** die Nachricht hatte uns die Sprache verschlagen

stu·pefy·ing·ly ['stjuːpɪfaɪɪŋli, Am 'stuːpə-, ˌstjuː-] *adv* einschläfernd *fig;* **~ boring** [*or* **dull**] todlangweilig, stumpfsinnig

stu·pen·dous [stjuː'pendəs, Am stuː'-, ˌstjuː-] *adj (immense)* gewaltig, enorm; *(amazing)* erstaunlich; **~ beauty** außergewöhnliche Schönheit; **~ debts** enorme Schulden; **~ news** tolle Nachricht *fam*

stu·pen·dous·ly [stjuː'pendəsli, Am *esp* stuː'-] *adv (immensely) high, productive* enorm; *(amazingly) successful* erstaunlich

stu·pid ['stjuːpɪd, Am *esp* 'stuː-] **I.** *adj* <-er, -est *or* more ~, most ~> ① *(slow-witted)* dumm, blöd *fam,* einfältig; ***whose ~ idea was it to travel at night?*** wer hatte die bescheuerte Idee, nachts zu reisen? *sl;* ***it would be ~ not to take the threats seriously*** es wäre töricht, die Drohungen nicht ernst zu nehmen; ***don't be ~!*** sei doch nicht blöd! *fam;* **a ~ mistake** ein dummer Fehler; **to do a ~ thing** etwas Dummes [*o fam* Blödes] machen
② *(silly)* blöd *fam;* ***have your ~ book!*** behalte doch dein blödes Buch! *fam;* **~ exercise** blöde Übung; **to drink oneself ~** sich *akk* bis zur Bewusstlosigkeit betrinken
II. *n (fam)* Blödmann *m pej fam,* Dummkopf *m pej*

stu·pid·ity [stjuː'pɪdəti, Am stuː'pɪdət̬i, ˌstjuː-] *n no pl* Dummheit *f,* Blödheit *f fam,* Einfältigkeit *f;* ***his ~ is beyond belief sometimes*** er ist manchmal unglaublich doof *pej fam*

stu·pid·ly ['stjuːpɪdli, Am *esp* 'stuː-] *adv* dummerweise, blöderweise *fam;* ***I ~ forgot to bring a copy of my report*** ich habe dummerweise vergessen, meinen Bericht mitzubringen; ***he ~ refused*** er war so dumm abzulehnen

stu·por ['stjuːpəʳ, Am 'stuːpɚ, ˌstjuː-] *n usu sing* Benommenheit *f,* benommener Zustand, Benommenheit *f;* **state of ~** benommener Zustand, Benommenheit *f;* **in a drunken ~** im Vollrausch

stur·di·ly ['stɜːdɪli, Am 'stɜːr-] *adv* ① *(durably)* stabil; **~-built** *building, furniture* solide gebaut, stabil; *person* stämmig, kräftig
② *(resolutely) say* bestimmt; *fight* entschlossen; **to ~ refuse to do sth** sich *akk* standhaft weigern, etw zu tun

stur·di·ness ['stɜːdɪnəs, Am 'stɜːr-] *n no pl* ① *(durability)* Stabilität *f*
② *(physical strength)* Kräftigkeit *f; of constitution* Robustheit *f*

stur·dy ['stɜːdi, Am 'stɜːr-] *adj* ① *(robust) box, chair,*

S

wall stabil; *material* robust; ~ **shoes** festes Schuhwerk
② *(physically) arms, legs* kräftig; *body, person, legs also* stämmig
③ *(resolute) opposition* standhaft, unerschütterlich; ***they put up a ~ defence of their proposal*** sie haben ihren Vorschlag entschlossen verteidigt; ~ **gait** entschlossener Gang

stur·geon ['stɜ:dʒᵊn, AM 'stɜ:r-] *n* Stör *m*

stut·ter ['stʌtəʳ, AM -t̬ɚ] **I.** *vi person, engine* stottern
II. *vt* ■**to ~ sth** etw stottern
III. *n* Stottern *nt kein pl;* **to have a bad ~** stark stottern

stut·ter·er ['stʌtᵊrəʳ, AM -t̬ɚɚ] *n* Stotterer *m,* -in *f*

stut·ter·ing ['stʌtᵊrɪŋ, AM -t̬ɚ-] *adj* stotternd; ~ **productivity figures** stark schwankende Produktivitätszahlen; **to reply in a ~ voice** mit stockender Stimme antworten

stut·ter·ing·ly ['stʌtᵊrɪŋli, AM -t̬ɚ-] *adv* ① *(with a stutter)* stotternd
② *(unevenly, hesitantly)* zögernd, stockend

St Vincent and the Grenadines [sᵊn(t)'vɪn(t)sᵊntəndðə,grenə'di:nz, AM seɪnt-] *n* St. Vincent und die Grenadinen *nt*

sty [staɪ] *n* ① *(pig pen)* Schweinestall *m*
② MED *(in eye)* Gerstenkorn *nt*

stye <*pl* sties *or* -s> [staɪ] *n* MED Gerstenkorn *nt*

Styg·ian ['stɪdʒiən] *adj (liter)* stygisch *geh poet,* finster; ~ **depression** schlimme Depression

style [staɪl] **I.** *n* ① *(distinctive manner)* Stil *m,* Art *f;* ***his office is very utilitarian in ~*** sein Büro ist sehr praktisch eingerichtet; **company** [*or* **house**] **~** hauseigener [*o* firmeneigener] Stil, Stil *m* des Hauses; **~ of life** Lebensstil *m,* Lebensweise *f;* **~ of teaching** Unterrichtsstil *m;* **in the ~ of sb/sth** im Stil von jdm/etw; ***that's not my ~*** *(fig fam)* das ist nicht mein Stil *fig;* **in the Gothic ~** ARCHIT, ART im gotischen Stil
② *(approv: stylishness)* Stil *m;* **to have real ~** Klasse [*o* Format] haben; **to have no ~** keinen Stil haben; ***it takes ~ to make a mistake like that and still go on to win*** es braucht schon Format, so einen Fehler zu machen und trotzdem noch zu gewinnen; ■**in** [*or* **with**] **~** stilvoll; **to do things in ~** alles im großen Stil tun; **to live in** [**grand** [*or* **great**]] **~** auf großem Fuß leben; **to travel in ~** mit allem Komfort [ver]reisen
③ *(fashion)* Stil *m;* **the latest ~** die neueste Mode, der letzte Schrei *fam*
④ *no pl (be fashionable)* **to be in ~** Mode [*o* modisch] sein; **to be out of ~** aus der Mode kommen
⑤ *(specific type)* Art *f,* Ausführung *f*
II. *vt* ① *(arrange)* ■**to ~ sth** *plan, design* etw entwerfen; *(shape)* etw gestalten; **to ~ a car** ein Auto entwerfen; **to ~ hair** die Haare frisieren; **elegantly ~d jackets** elegant geschnittene Jacken
② *(designate)* ■**to ~ sb/sth/oneself sth** jdn/etw/sich etw *akk* nennen, jdn/etw/sich als etw bezeichnen

-style [staɪl] *in compounds (Victorian, Impressionist)* nach ... Art, im ... Stil; ***he was dressed cowboy~ for the party*** er hatte sich für die Party wie ein Cowboy angezogen; **French~ cooking** französische Küche; **Japanese~ management** japanisches Management; **modern~** modern

'style con·sult·ant *n* Modeberater(in) *m(f)* **'style icon** *n* Stilikone *f*

style·less ['staɪlləs] *adj (pej)* stillos, geschmacklos

'style sheet *n* COMPUT Stylesheet *nt*

styl·in' ['staɪlɪn] *adj inv* AM *(sl)* Mode-

styl·ing ['staɪlɪŋ] **I.** *n* Styling *nt,* Design *nt; of hair* Frisur *f*
II. *adj attr, inv* Styling-; ~ **aids** Stylingprodukte *pl;* ~ **mousse** Schaumfestiger *m*

'styl·ing spray *n* Haarspray *nt*

styl·ish ['staɪlɪʃ] *adj (approv)* ① *(chic)* elegant; *(smart)* flott *fam; (fashionable)* modisch; ***she is a ~ dresser*** sie zieht sich immer sehr elegant/flott/modisch an
② *(polished)* stilvoll, mit Stil *nach n;* ***the writer is ~*** der Autor hat Stil

styl·ish·ly ['staɪlɪʃli] *adv (approv)* ① *(chic)* elegant; *(smartly)* flott *fam; (fashionably)* modisch; **~-designed dress** elegant geschnittenes Kleid
② *(in a polished manner)* stilvoll

styl·ish·ness ['staɪlɪʃnəs] *n no pl (approv)* ① *(elegance) of appearance, dress* Eleganz *f*
② *(polished quality) of person, appearance, place* Stil *m;* **~ of a film** stilvolle Art eines Films

styl·ist ['staɪlɪst] *n* ① *(arranger of hair)* Friseur, Friseuse *m, f;* **hair ~** Friseur, Friseuse *m, f,* Coiffeur, Coiffeuse *m, f; (designer)* Designer(in) *m(f)*
② *(writer)* Stilist(in) *m(f)*

styl·is·tic ['staɪlɪstɪk] *adj* stilistisch, Stil-; ~ **range** stilistische Vielfalt

styl·is·ti·cal·ly ['staɪlɪstɪkli] *adv* stilistisch

styl·is·tics [staɪ'lɪstɪks] *n + sing vb* Stilistik *f kein pl*

styl·ize ['staɪlaɪz] *vt* ■**to ~ sth** etw stilisieren

styl·ized ['staɪlaɪzd] *adj (non-realistic)* stilisiert; *(fig: according to convention)* konventionell, herkömmlich

sty·lus <*pl* -es> ['staɪləs] *n* ① *(needle)* Stylus *m,* Stift *m,* Abspielnadel *f*
② *(pen-like device)* [Licht]stift *m*
③ *(for detecting data)* Anzeigenadel *f*

sty·mie <-y-> ['staɪmi] *vt* ■**to ~ sb** jdn mattsetzen [*o* ÖSTERR, SCHWEIZ kaltstellen] *fig;* ■**to be ~d by sth** durch etw *akk* behindert werden [*o* nicht vorankommen]; ■**to ~ sth** etw vereiteln; **to ~ sb's efforts** jds Bemühungen behindern

styp·tic ['stɪptɪk] MED **I.** *n* Blut stillendes Mittel
II. *adj* Blut stillend, Blutstill-

sty·rene ['staɪri:n] *n no pl* CHEM Styrol *nt*

Sty·ro·foam® ['staɪərəfoʊm] AM **I.** *n no pl (polystyrene)* Styropor® *nt*
II. *n modifier (cup, packaging)* Styropor-

suave [swɑ:v] *adj (urbane)* weltmännisch; *(polite)* verbindlich; ~ **appearance** weltmännische Erscheinung; ~ **manner** weltmännische/zuvorkommende Art

suave·ly ['swɑ:vli] *adv (urbane)* weltmännisch; *(polite)* verbindlich, zuvorkommend

suav·ity ['swɑ:vəti, AM -ət̬i] *n no pl (urbanity)* weltmännisches Auftreten; *(politeness)* Verbindlichkeit *f,* Zuvorkommenheit *f*

sub¹ *n* ECON Vorschuss *m,* Lohnvorauszahlung *f*

sub² [sʌb] **I.** *n (fam) short for* **substitute** Vertretung *f*
II. *vi* <-bb-> *short for* **substitute:** ■**to ~ for sb** für jdn einspringen, jdn vertreten
III. *vt* <-bb-> *(fam) short for* **to substitute:** ■**to ~ sth for sth** etw durch etw *akk* ersetzen

sub³ [sʌb] *n (fam) short for* **submarine** U-Boot *nt;* **nuclear ~** Atom-U-Boot *nt*

sub⁴ [sʌb] *n* AM *(fam) short for* **submarine sandwich** Jumbo-Sandwich *nt*

sub⁵ [sʌb] *n usu pl* BRIT, AUS *(fam) short for* **subscription** Abo *nt fam; (membership fee)* [Mitglieds]beitrag *m*

sub- *in compounds* unter-; *(with foreign words usu)* sub-

sub·ac·count ['sʌbəkaʊnt] *n* FIN Nebenkonto *nt*

sub·agen·cy [,sʌb'eɪdʒᵊn(t)si] *n esp* AM Untervertretung *f,* Unteragentur *f* **sub·agent** [,sʌb'eɪdʒᵊnt] *n* Untervertreter(in) *m(f),* Unteragent(in) *m(f)* **sub·al·tern** ['sʌbᵊltən, AM səb'ɔ:ltɚn] *n* BRIT MIL Subalternoffizier *m fachspr* **sub·aqua** [sʌb'ækwə] *adj attr, inv* BRIT Tauch-; ~ **diving** Tauchen *nt;* ~ **sports** Tauchsport *m* **sub·arc·tic** [sʌb'ɑ:ktɪk, AM 'ɑ:rk] *adj inv* subarktisch

sub·ar·id [sʌb'ærɪd, AM -'erɪd] *adj* GEOG halbtrocken, semiarid *fachspr*

sub·atom·ic [,sʌbə'tɒmɪk, AM -'tɑ:m-] *adj inv* PHYS subatomar; ~ **particle** subatomares Teilchen **sub·class** ['sʌbklɑ:s, AM -klæs] *n* BIOL Unterklasse *f,* Unterabteilung *f* **sub·com·mit·tee** ['sʌbkə,mɪti, AM -ɪt̬i] *n* Unterausschuss *m*

sub·com·pact, sub·com·pact 'car [,sʌb-'kɑ:mpækt] *n* AM *(small car)* Kleinwagen *m*

sub·com·po·nent ['sʌbkəmpəʊnᵊnt, AM -poʊ-] *n* Unterkomponente *f*

sub·con·scious [sʌb'kɒn(t)ʃəs, AM -'kɑ:n-] **I.** *n no pl* Unterbewusstsein *nt,* [das] Unterbewusste
II. *adj attr, inv* unterbewusst; **to exist only at the ~ level** nur im Unterbewusstsein existieren; ~ **mind** Unterbewusstsein *nt*

sub·con·scious·ly [sʌb'kɒn(t)ʃəsli, AM -'kɑ:n-] *adv inv (not wholly consciously)* unterbewusst; *(intuitively)* unterbewusst, intuitiv

sub·con·ti·nent [sʌb'kɒntɪnənt, AM -'kɑ:ntᵊn-] *n* GEOG Subkontinent *m;* **the Indian ~** der Indische Subkontinent

sub·con·tract I. *vt* [,sʌbkən'trækt, AM sʌb'kɑ:n-] ■**to ~ sth to sb/sth** etw an jdn/etw untervergeben [*o* ÖSTERR, SCHWEIZ *a.* übertragen] [*o* [vertraglich] weitervergeben]; ■**to ~ sth out to sb/sth** etw an jdn/etw als Untervertrag hinausgeben
II. *n* ['sʌb,kɒntækt, AM -,kɑ:n-] Subkontrakt *m,* Untervertrag *m,* Nebenvertrag *m*

sub·con·trac·tor [,sʌbkən'træktəʳ, AM sʌb'kɑ:ntræktɚ] *n* Subunternehmer(in) *m(f),* Subauftragnehmer(in) *m(f)*

sub·cul·ture ['sʌb,kʌltʃəʳ, AM -ɚ] *n* Subkultur *f*

sub·cu·ta·neous [,sʌbkju:'teɪniəs] *adj inv* MED subkutan *fachspr;* ~ **injection** Injektion *f* unter die Haut, subkutane Injektion *fachspr*

sub·di·vide [,sʌbdɪ'vaɪd] *vt* ■**to ~ sth** etw unterteilen; ■**to ~ sth among persons** etw nochmals unter [mehreren] Personen aufteilen; ■**to ~ sth into sth** etw in etw *akk* unterteilen

sub·di·vi·sion [,sʌbdɪ'vɪʒᵊn] *n* ① *(secondary division)* erneute Teilung; *(in aspects of a whole)* Aufgliederung *f,* Unterteilung *f*
② AM, AUS *(housing estate)* Wohngebiet *nt,* Wohnsiedlung *f*

sub·domi·nant [,sʌb'dɒmɪnᵊnt, AM 'dɑmə] *adj inv* MUS subdominant, unterdominant

sub·due [sʌb'dju:, AM *esp* -'du:] *vt* ■**to ~ sth/sb** *(get under control)* etw/jdn unter Kontrolle bringen; *(bring into subjection)* etw/jdn unterwerfen; *(suppress)* etw/jdn unterdrücken; **to ~ an animal/emotion** ein Tier/Gefühl bändigen; **to ~ a fire** ein Feuer unter Kontrolle bringen; **to ~ a mob** eine Menge bändigen

sub·dued [sʌb'dju:d, AM *esp* -'du:d] *adj (controlled)* beherrscht; *(reticent)* zurückhaltend; *(toned down)* gedämpft; *(quiet)* leise, ruhig; *noise* gedämpft; ~ **colours** [*or* AM **colors**] düstere Farben; ~ **conversation** gedämpfte Unterhaltung; ~ **light/sound** gedämpftes Licht/gedämpfte Töne; ~ **mood** gedrückte Stimmung; **to speak in a ~ voice** mit gedämpfter Stimme sprechen

sub·edit [sʌb'edɪt] *vt* JOURN, PUBL ■**to ~ sth** etw redigieren

sub·edi·tor [sʌb'edɪtəʳ, AM -t̬ɚ] *n* ① *(assistant editor)* Redaktionsassistent(in) *m(f)*
② *(sb who edits copy for printing)* Redakteur(in) *m(f),* Redaktor(in) *m(f)* SCHWEIZ

su·ber·ic acid [sju:,berɪk '-] *n no pl* CHEM Suberinsäure *f,* Korksäure *f*

sub·frame ['sʌbfreɪm] *n* ARCHIT Untergestell *nt* **sub·fund** ['sʌbfʌnd] *n* FIN Sub-Fonds *m* **sub·group** ['sʌbgru:p] *n* Untergruppe *f,* Unterabteilung *f,* Teilkonzern *m* **sub·head** [sʌb'hed], **sub·head·ing** ['sʌb,hedɪŋ] *n* Untertitel *m*

sub·hu·man [sʌb'hju:mən] *adj inv* unmenschlich, menschenunwürdig; **to treat sb as ~** jdn wie einen Untermenschen behandeln

sub·item ['sʌbaɪtəm, AM -t̬əm] *n* FIN Unterposten *m*

sub·ject I. *n* ['sʌbdʒɪkt, -dʒekt] ① *(theme, topic)* Thema *nt;* ■**on the ~ of sb/sth** über jdn/etw; ***while we're on the ~*** wo wir gerade beim Thema sind; ***the planes have been the ~ of their concern*** die Flugzeuge waren Gegenstand ihrer Befürchtungen; ***the guest lecturer took as her ~ 'imprisonment in modern society'*** die Gastsprecherin hatte ‚die Freiheitsstrafe in der modernen Gesellschaft' zu ihrem Thema gewählt; **~ of debate** [*or* **discussion**] Diskussionsthema *nt;* ***the plan has been the ~ of debate recently*** über den Plan wurde vor Kurzem diskutiert; **to change the ~** das Thema wechseln; **to wander off the ~** vom Thema abschweifen
② *(person)* Versuchsperson *f,* Testperson *f*
③ *(field)* Fach *nt; (at school)* [Schul]fach *nt; (specific*

research area) Spezialgebiet *nt,* Fachgebiet *nt;* ***he's better at arts ~s than science*** in den künstlerischen Fächern ist er besser als in den naturwissenschaftlichen; ***her ~ is low-temperature physics*** sie hat sich auf Kältephysik spezialisiert; **favourite** [*or* AM **favorite**] ~ Lieblingsfach *nt*
④ *(under monarchy)* Untertan(in) *m(f); (rare: not under monarchy)* Staatsbürger(in) *m(f)*
⑤ LING Subjekt *nt,* Satzgegenstand *m*
II. *adj* ['sʌbdʒɪkt] ① *attr, inv* POL *(dominated) people* unterworfen
② *pred, inv (exposed to)* ▪**to be ~ to sth** etw *dat* ausgesetzt sein; ***these flights are ~ to delay*** bei diesen Flügen muss mit Verspätung gerechnet werden; ***the goods are ~ to a 20% discount*** die Waren sind um 20 % herabgesetzt; **to be ~ to colds** sich *akk* leicht erkälten; **to be ~ to many dangers** vielen Gefahren ausgesetzt sein; **to be ~ to depression** zu Depressionen neigen; **to be ~ to a high rate of tax** einer hohen Steuer unterliegen; **to be ~ to prosecution** LAW *offence* strafbar sein; *person* strafrechtlich verfolgt werden
③ *(contingent on)* ▪**to be ~ to sth** von etw *dat* abhängig sein; **to be ~ to approval** genehmigungspflichtig sein; **~ to payment** vorbehaltlich einer Zahlung, unter dem Vorbehalt einer Zahlung
III. *adv* ['sʌbdʒɪkt] ▪**~ to** wenn; ***we plan to go on Wednesday ~ to your approval*** wir haben vor, am Mittwoch zu gehen, wenn du nichts dagegen hast; **~ to your consent** vorbehaltlich Ihrer Zustimmung
IV. *vt* [səb'dʒekt] ① *(subjugate)* ▪**to ~ sb/sth** jdn/etw unterwerfen [*o geh* unterjochen]
② *usu passive (cause to undergo)* ▪**to ~ sb/sth to sth** jdn/etw etw *dat* aussetzen; ▪**to be ~ed to sb/sth** jdm/etw ausgesetzt [*o* unterworfen] sein; ***everyone interviewed had been ~ed to unfair treatment*** alle Interviewten waren unfair behandelt worden; **to ~ sb/sth to criticism** jdn/etw kritisieren; **to ~ sb to a lie-detector test** jdn einem Lügendetektortest unterziehen; **to ~ sb to torture** jdn foltern

'sub·ject cata·logue, AM **'sub·ject cata·log** *n* Schlagwortkatalog *m* **'sub·ject in·dex** *n* Sachregister *nt*

sub·jec·tion [səb'dʒekʃən] *n no pl* POL Unterwerfung *f;* **to be in ~ to sth/sb** von etw/jdm abhängig sein

sub·jec·tive [səb'dʒektɪv] *adj* subjektiv

sub·jec·tive·ly [səb'dʒektɪvli, AM -t̬ɪv-] *adv* subjektiv; **~ *speaking, I don't like him*** ich persönlich mag ihn nicht

sub·jec·tiv·ism [səb'dʒəktɪvɪzəm] *n no pl* PHILOS Subjektivismus *m*

sub·jec·tiv·ity [ˌsʌbdʒek'tɪvəti, AM -əti] *n no pl* Subjektivität *f*

'sub·ject mat·ter *n* Thema *nt; of a meeting* Gegenstand *m; of a book* Inhalt *m; of a film* Stoff *m* eines Films

sub ju·di·ce [ˌsʌb'dʒu:dɪsi, AM -əsi] *adj pred, inv* LAW [noch] anhängig, [noch] nicht entschieden, rechtshängig, hängig SCHWEIZ

sub·ju·gate ['sʌbdʒəgeɪt] *vt* ① *(make subservient)* ▪**to ~ sb/sth** jdn/etw unterwerfen [*o* unterjochen]
② *(make subordinate to)* ▪**to ~ sth to sth/sb** etw zu Gunsten einer S. *gen/*zu jds Gunsten einschränken; ▪**to ~ oneself to sb/sth** sich *akk* jdm/etw unterwerfen

sub·ju·ga·tion [ˌsʌbdʒə'geɪʃən] *n* Unterwerfung *f,* Unterjochung *f*

sub·junc·tive [səb'dʒʌŋ(k)tɪv] **I.** *n no pl* LING Konjunktiv *m;* **to be in the ~** im Konjunktiv stehen
II. *adj inv* LING konjunktivisch, Konjunktiv-; **~ construction** Konjunktivkonstruktion *f;* **~ mood** Konjunktiv *m*

sub·lease I. *vt* ['sʌbli:s] ▪**to ~ sth** [**to sb**] *(sublet)* [jdm] etw untervermieten; *(give leasehold)* [jdm] etw unterverpachten
II. *n* [sʌb'li:s] ① *(sublet)* Untermiete *f,* Untervermietung *f; (give leasehold)* Unterverpachtung *f*
② *(contract)* Untermietvertrag *m,* Unterpachtvertrag *m*

sub·let [sʌb'let] **I.** *vt* <-tt-, sublet, sublet> ▪**to ~ sth** [**to sb**] [jdm] etw untervermieten; *land, property* [jdm] etw unterverpachten
II. *n* untervermietetes Objekt *f*

sub·let·ting [sʌb'letɪŋ, AM -t̬ɪŋ] *n* Untervermietung *f*

sub·lieu·ten·ant [ˌsʌblef'tenənt] *n* BRIT MIL Oberleutnant *m* zur See; **acting ~** Leutnant *m* zur See

sub·li·mate ['sʌblɪmeɪt] *vt* PSYCH ▪**to ~ sth** etw sublimieren *geh o fachspr*

sub·li·ma·tion [ˌsʌblɪ'meɪʃən] *n no pl* PSYCH Sublimierung *f fachspr*

sub·lime [sə'blaɪm] **I.** *adj* ① *(imposing, majestic)* erhaben
② *(usu iron: very great)* komplett *fam,* vollendet *iron;* **a ~ idiot** ein kompletter Idiot *fam*
II. *n* ▪**the ~** das Erhabene; **to go from the ~ to the ridiculous** tief sinken

sub·lime·ly [sə'blaɪmli] *adv (majestic)* erhaben; *(moving)* ergreifend; ***the play is ~ funny*** das Stück ist unglaublich lustig *fam; (altogether)* ganz und gar; **to be ~ unaware of sth** von etw *dat* überhaupt keine Ahnung haben

sub·limi·nal [sʌb'lɪmɪnəl, AM -mən-] *adj* PSYCH *(covert)* unterschwellig; **~ message** unterschwellige Botschaft; *(subconscious)* unterbewusst; **the ~ self** das Unterbewusste

sub·limi·nal 'ad·ver·tis·ing *n* unterschwellige Werbung

sub·lim·ity [sə'blɪməti, AM -əti] *n no pl (liter)* Erhabenheit *f geh*

sub·ma·chine gun [ˌsʌbmə'ʃi:nˌ-] *n* Maschinenpistole *f*

sub·ma·'rin·al *adj inv* Unterwasser-, submarin

sub·ma·rine [ˌsʌbmər'i:n, AM 'sʌbməri:n] **I.** *n* ① *(boat)* U-Boot *nt,* Unterseeboot *nt;* **nuclear ~** Atom-U-Boot *nt*
② AM *(doorstep sandwich)* Jumbo-Sandwich *nt*
II. *n modifier (crew, navigation, radar)* U-Boot-; **~ chaser** U-Boot-Jäger *m;* **~ fleet** U-Boot-Flotte *f;* **~ navigation** Unterwassernavigation *f;* **~ radar** Sonar *nt*
III. *adj inv* Unterwasser-, unterseeisch, submarin *fachspr;* **~ blasting** Unterwassersprengung *f;* **~ mine** Unterwassermine *f;* **~ telephone cable** Tiefseetelefonkabel *nt,* Unterwassertelefonkabel *nt*

sub·ma·rin·er [sʌb'mærɪnəʳ, AM ˌsʌbmə'ri:nɚ] *n* Matrose *m* auf einem U-Boot

sub·ma·rine 'sand·wich *n* AM *(doorstep sandwich)* Jumbo-Sandwich *nt*

sub·mar·ket ['sʌbmɑ:kɪt, AM -mɑ:r-] *n* COMM, FIN Teilmarkt *m,* Submarkt *m*

sub·menu [ˌsʌb'menju:] *n* COMPUT Untermenü *nt*

sub·merge [səb'mɜ:dʒ, AM -'mɜ:rdʒ] **I.** *vt* ① *(place under water)* ▪**to ~ sth/sb** etw/jdn tauchen (**in** in +*akk*)
② *(override)* ▪**to ~ sth** etw vereinnahmen; ***work on the dictionary began to ~ his other interests*** die Arbeit an dem Wörterbuch ließ ihn seine anderen Interessen allmählich vernachlässigen
③ *(immerse)* ▪**to ~ oneself in sth** sich *akk* in etw *akk* vertiefen, in etw *akk* eintauchen
④ *(inundate)* ▪**to ~ sth** etw überschwemmen [*o* überfluten] [*o* unter Wasser setzen]
II. *vi* abtauchen, untertauchen

sub·merged [səb'mɜ:dʒd, AM -'mɜ:r-] *adj inv* ① *(under water)* unter Wasser *nach n; (sunken)* versunken; **~ fields** überschwemmte Felder; **~ wreck** Wrack *nt* unter Wasser
② *(hidden)* versteckt, verborgen; **the ~ parts of the personality** die verborgenen Teile der Persönlichkeit

sub·mers·ible [səb'mɜ:səbl̩, AM -'mɜ:r-] *n* Tauchboot *nt,* Unterseeboot *nt*

sub·mer·sion [səb'mɜ:ʃən, AM -'mɜ:rʒ-] *n no pl* Eintauchen *nt,* [Unter]tauchen *nt*

sub·mis·sion [səb'mɪʃən] *n no pl* ① *(compliance)* Unterwerfung *f,* Unterordnung *f; to orders, wishes etc.* Gehorsam *m;* **to force sb into ~** jdn zwingen, sich *akk* zu unterwerfen; **to frighten sb into ~** jdn durch Einschüchterung fügsam machen; **to starve sb into ~** jdn aushungern
② *no pl (handing in)* Einreichung *f,* Abgabe *f;* **~ of an application** Einreichung *f* eines Antrags; **~ of an offer** Angebotsabgabe *f*
③ *(sth submitted)* Vorlage *f,* Eingabe *f*
④ LAW *(form: hypothesis)* Behauptung *f; (petition)* Antrag *m;* **in my ~** LAW *(form)* meiner Meinung nach

sub·mis·sive [səb'mɪsɪv] *adj (subservient)* unterwürfig *pej; (humble)* demütig; *(obedient)* gehorsam

sub·mis·sive·ly [səb'mɪsɪvli] *adv (in a subservient manner)* unterwürfig *pej; (humbly)* demütig; *(obediently)* gehorsam

sub·mis·sive·ness [səb'mɪsɪvnəs] *n no pl (obedience)* Gehorsam *m; (subservience)* Unterwürfigkeit *f pej; (humbleness)* Demut *f*

sub·mit <-tt-> [səb'mɪt] **I.** *vt* ① *(yield)* ▪**to ~ oneself to sth/sb** sich *akk* etw/jdm unterwerfen; **to ~ oneself to the new rules** sich *akk* den neuen Regeln anpassen
② *(agree to undergo)* **to ~ oneself to a treatment** sich *akk* einer Behandlung unterziehen
③ *(hand in)* ▪**to ~ sth** etw einreichen; ▪**to ~ sth to sb** jdm etw vorlegen; **to ~ a bid** ein Angebot vorlegen; **to ~ an entry form** ein Anmeldeformular abgeben [*o* einreichen]; **to ~ a report** einen Bericht vorlegen; **to ~ a request in triplicate** ein Gesuch in dreifacher Ausfertigung einreichen
④ *(form: state)* ▪**to ~ that ...** behaupten, dass ...; *(for consideration)* zu bedenken geben, dass ...
⑤ LAW *(plead in court)* ▪**to ~ sth** etw einreichen [*o* vorlegen]
II. *vi (resign)* aufgeben; *(yield)* nachgeben, sich *akk* beugen; *(yield unconditionally)* sich *akk* unterwerfen; ▪**to ~ to sth** sich *akk* etw *dat* beugen/unterwerfen/etw *dat* nachgeben; **to ~ to sb's will** jds Willen nachgeben/sich *akk* jds Willen unterwerfen/beugen

sub·nor·mal [sʌb'nɔ:məl, AM -'nɔ:rm-] *adj* ① *(mentally)* minderbegabt; **educationally ~** lernbehindert
② *(below average)* unterdurchschnittlich

sub·or·di·nate I. *n* [sə'bɔ:dənət, AM -'bɔ:rdənɪt] Untergebene(r) *f(m)*
II. *vt* [sə'bɔ:dɪneɪt, AM -'bɔ:rdən-] ▪**to ~ sth to sth** etw etw *dat* unterordnen; ▪**to be ~d to sb/sth** jdm/etw untergeordnet sein; **to ~ one's private life to one's career** sein Privatleben seiner Karriere unterordnen
III. *adj* [sə'bɔ:dənət, AM -'bɔ:rdənɪt] ① *(secondary)* zweitrangig, nachrangig, nebensächlich; **to be ~ to sth** etw *dat* untergeordnet sein
② *(lower in rank)* untergeordnet, rangniedriger; **~ role** untergeordnete Rolle

sub·or·di·nate 'clause *n* Nebensatz *m*

sub·or·di·na·tion [səˌbɔ:dɪ'neɪʃən, AM -ˌbɔ:rdən'eɪ-] *n no pl* ① *(inferior status)* Unterordnung *f* (**to** unter +*akk*)
② *(submission)* Zurückstellung *f*
③ STOCKEX Nachrangigkeit *f*

sub·orn [sə'bɔ:n, AM -'bɔ:rn] *vt* LAW *(spec)* ▪**to ~ sb to do sth** jdn dazu anstiften, etw zu tun; **to ~ witnesses** Zeugen bestechen

sub·par [sʌb'pɑ:ʳ, AM -'pɑ:r] *adj inv* suboptimal *geh*

sub·plot ['sʌbplɒt, AM -plɑ:t] *n* Nebenhandlung *f*

sub·poe·na [səb'pi:nə, AM sə'p-] LAW **I.** *vt* <-ed, -ed *or* -'d, -'d> ① *(order to attend)* ▪**to ~ sb** jdn [unter Strafandrohung] [vor]laden; **to ~ sb to testify** jdn als Zeugen vorladen
② *(order to submit)* **to ~ documents from sb** von jdm die Vorlage von Dokumenten verlangen
II. *n* Vorladung *f,* Ladung *f fachspr;* **to issue a ~** eine Ladung erlassen *fachspr;* **to serve a ~ on sb** jdn vorladen

sub-post of·fice [ˌsʌb'pəʊstˌɒfɪs] *n* BRIT Poststelle *f*

sub-Sa·har·an [ˌsʌbsə'hɑ:rən, AM -'herən] *adj* südlich der Sahara *nach n;* **~ region** Region *f* südlich der Sahara

sub·scribe [səb'skraɪb] **I.** *vt* ▪**to ~ sth** ① PUBL *(arrange to offer)* etw subskribieren *fachspr;* **to ~ a book** ein Buch subskribieren
② *(form: sign)* etw unterzeichnen [*o* unterschreiben]; **to ~ for shares** STOCKEX neue Aktien zeichnen
③ *(appeal)* etw spenden; ▪**to be ~d** als Spende zugesichert sein; **to ~ one's signature to a docu-**

S

ment eine Unterschrift leisten
II. *vi* ❶ *(pay regularly for)* ■**to ~ to sth** *newspaper, magazine* etw abonnieren; *TV channels* Gebühren bezahlen
❷ *(pay regularly to organisations)* Beiträge zahlen; **to ~ to the RSPCA** zahlendes Mitglied bei der RSPCA sein
❸ ■**to ~ for sth** PUBL etw vorbestellen; ECON etw zeichnen
❹ *(agree)* ■**to ~ to sth** etw *dat* beipflichten [*o* zustimmen]; ***I cannot ~ to what you have just stated*** ich kann dir in diesem Punkt nicht zustimmen; **to ~ to an opinion** eine Meinung unterstützen
❺ STOCKEX *(offer to purchase)* **to ~ to shares** Aktien zeichnen
◆**subscribe for** *vt* **to ~ for shares** Aktien zeichnen
subscribed [səb'skraɪbd] *adj inv* FIN gezeichnet; **~ capital** gezeichnetes Kapital
sub·scrib·er [səb'skraɪbəʳ, AM -ɚ] *n* ❶ *(regular payer) newspaper, magazine* Abonnent(in) *m(f)*; *TV channels* Gebührenentrichter(in) *m(f) form;* **~ to a magazine** Zeitschriftenabonnent(in) *m(f)*
❷ *(form: signatory)* Unterzeichnete(r) *f(m)*, Unterzeichner(in) *m(f)*
❸ *(to a fund)* Spender(in) *m(f)*
❹ *(to an opinion)* Befürworter(in) *m(f)*
❺ *(paying for service)* Kunde, Kundin *m, f*
❻ STOCKEX *(of shares)* Zeichner(in) *m(f)*
❼ COMPUT Teilnehmer(in) *m(f)*
sub·scrib·er trunk 'dial·ling *n*, **STD** *n* BRIT Selbstwählferndienst *m*
sub·script ['sʌbskrɪpt] I. *adj* TYPO tiefgestellt
II. *n* COMPUT [tief stehender] Index
sub·scrip·tion [səb'skrɪpʃən] *n* ❶ *(amount paid) newspaper, magazine* Abonnementgebühr *f*, Abonnementbeitrag *m; TV channels* Fernsehgebühr *f*
❷ *(agreement to receive)* Abonnement *nt;* **~ to a magazine** Zeitschriftenabonnement *nt;* **to buy sth by ~** BRIT etw im Abonnement beziehen; **to cancel/renew a ~** ein Abonnement kündigen/verlängern; **to take out a ~ to sth** etw abonnieren
❸ *(membership fee)* [Mitglieds]beitrag *m;* **~ *to the tennis club*** Mitgliedsbeitrag für den Tennisklub; **annual ~ to sth** Jahresbeitrag *m* für etw *akk*
❹ *(money raised)* Spende *f*, Spendenbetrag *m;* **by public ~** mit Hilfe von Spenden
❺ PUBL *(advance agreement to buy book)* Subskription *f fachspr*, Vorbestellung *f*
❻ STOCKEX *(agreement to purchase)* **~ to shares** Zeichnung *f* von Aktien
sub·'scrip·tion con·cert *n* Abonnementkonzert *nt*
sub·'scrip·tion list *n* FIN Zeichnungsbogen *m* **sub·'scrip·tion price** *n* FIN Bezugspreis *m*, Zeichnungspreis *m*
sub·'scrip·tion rate *n* Bezugspreis *m; newspaper, magazine, theatre, football, cinema* Abonnementpreis *m*
sub·'scrip·tion right *n* FIN Bezugsrecht *nt*
sub·sec·tion ['sʌb,sekʃən] *n* Unterabschnitt *m*, Unterabteilung *f;* LAW *legal text* Paragraf *m*, Absatz *m*
sub·sec·tor ['sʌbsektəʳ, AM -tɚ] *n* Teilbereich *m*
sub·se·quent ['sʌbsɪkwənt] *adj inv (resulting)* [nach]folgend, anschließend; *(later)* später; **~ *events confirm original doubts*** spätere Ereignisse bestätigen die anfänglichen Zweifel; ■**~ to sth** im Anschluss an etw *akk*, nach etw *dat;* **~ treatment** Nachbehandlung *f*
sub·se·quent·ly ['sʌbsɪkwəntli] *adv inv (later)* später, anschließend, danach
sub·serve [səb'sɜːv, AM 'sɜːrv] *vt* ■**to ~ sth** etw dienen
sub·ser·vi·ence [səb'sɜːviən(t)s, AM -'sɜːrv-] *n no pl* Unterwürfigkeit *f pej;* ■**~ to sth/sb** Unterwürfigkeit etw/jdm gegenüber
sub·ser·vi·ent [səb'sɜːviənt, AM -'sɜːrv-] *adj* ❶ *(pej: servile)* unterwürfig *pej*, servil *pej geh;* ■**to be ~ to sth/sb** etw/jdm dienen
❷ *(serving as means)* ■**to be ~ to sth** etw *dat* dienen; ***the cable is ~ to the transmission of electrical energy*** das Kabel dient der Leitung von Elektrizität
sub·ser·vi·ent·ly [səb'sɜːviəntli, AM -'sɜːrv-] *adv (pej)* unterwürfig *pej*, servil *pej geh*
sub·set ['sʌbset] *n (sub-classification)* Untermenge *f;* MATH *(special type of set)* Teilmenge *f*
sub·side [səb'saɪd] *vi* ❶ *(abate)* nachlassen, sich *akk* legen, abklingen; ***the pain in my foot ~d*** der Schmerz in meinem Fuß ließ nach; ***the fever has ~d*** das Fieber ist gesunken; ***the commotion will soon ~*** der Aufruhr wird sich bald legen; ***the flooding has begun to ~*** die Flut geht allmählich zurück; ***the storm is subsiding*** der Sturm flaut ab
❷ *(into sth soft or liquid)* absinken, einsinken, absacken, sich *akk* senken [*o* setzen]; ***the ground was in danger of subsiding*** der Boden war in Gefahr, abzusacken
sub·sid·ence [səb'saɪdən(t)s, AM 'sʌbsɪd-] *n no pl* Senkung *f*, Absenken *nt*, Absacken *nt*
sub·sidi·ar·ity [səb,sɪdi'ærəti, AM -'erət̬i] *n no pl* POL Subsidiarität *f fachspr;* **principle of ~** Subsidiaritätsprinzip *nt*
sub·sidi·ary [səb'sɪdiəri, AM -eri] I. *adj* untergeordnet, Neben-, subsidiär *fachspr;* **~ company** ECON Tochtergesellschaft *f*, Tochterunternehmen *nt;* **~ reasons** zweitrangige Gründe
II. *n* ECON Tochtergesellschaft *f*, Tochterunternehmen *nt*
sub·si·di·za·tion [,sʌbsɪdaɪ'zeɪʃən, AM -dɪ'zeɪ-] *n* FIN *(financial support)* Subvention *f; (to reduce prices)* Subventionierung *f*, Bezuschussung *f*, Förderung *f*
sub·si·dize ['sʌbsɪdaɪz, AM -sə-] *vt* ■**to ~ sth** etw subventionieren [*o* finanziell unterstützen]; **~d housing** Sozialwohnungen *pl*
sub·si·diz·er ['sʌbsɪdaɪzəʳ, AM -sədaɪzɚ] *n* FIN Subventionsträger *m*, Subventionszahler *m*
sub·si·dy ['sʌbsɪdi, AM -sə-] *n* Zuschuss *m*, Subvention *f* (**to** für +*akk*); **to grant** [*or* **pay**] **a ~ to sb/sth** jdn/etw subventionieren; **to receive a ~** subventioniert werden
'sub·si·dy ac·count *n* FIN Subventionskonto *nt*
sub·sist [səb'sɪst] *vi* ❶ *(exist)* existieren
❷ *(make a living)* leben; ■**to ~ on sth** von etw *dat* leben; ***he ~s by writing novels*** er lebt vom Romaneschreiben
❸ *(nourish)* sich *akk* ernähren
sub·sist·ence [səb'sɪstən(t)s] I. *n* ❶ *(minimum for existence)* [Lebens]unterhalt *m;* ***they produced food for their own ~*** sie erzeugten Nahrungsmittel für den eigenen Bedarf; **enough for a bare ~** gerade genug zum [Über]leben
❷ *(livelihood)* **means of ~** Lebensgrundlage *f*
II. *adj attr, inv* Existenz-; **~ farming** Subsistenzwirtschaft *f fachspr*
sub·'sist·ence al·low·ance *n esp* BRIT Unterhaltszuschuss *m* **sub·'sist·ence in·come** *n no pl* POL Existenzminimum *nt* **sub·'sist·ence lev·el** *n* Existenzminimum *nt* **sub·'sist·ence wage** *n* Mindestlohn *m*
sub·soil ['sʌbsɔɪl] *n no pl* Untergrund *m*
sub·son·ic [sʌb'sɒnɪk, AM -'sɑːn-] *adj inv* Unterschall-; **at ~ speed** mit Unterschallgeschwindigkeit
sub·sov·er·eign [sʌb'sɒvərɪn, AM -'sɑːvrən] *adj* POL unterstaatlich
sub·spe·cies ['sʌb,spiːʃiːz] *n* Unterart *f*, Subspezies *f*
sub·stance ['sʌbstən(t)s] *n* ❶ *(material element)* Substanz *f*, Stoff *m; (material)* Materie *f kein pl;* **chemical ~** Chemikalie *f;* **organic ~** organische Substanz; **polluting ~s** Umweltgifte *pl*
❷ *(narcotic)* **illegal ~** *(form)* Droge *f*
❸ *no pl (essence)* Substanz *f*, Gehalt *m*, wesentlicher Inhalt; **~ of a novel** Gehalt *m* eines Romans
❹ *no pl (significance)* Substanz *f; (decisive significance)* Gewicht *nt;* ***the book lacks ~*** das Buch hat keine Substanz; ***there is no ~ in this allegation*** diese Behauptung entbehrt jeder Grundlage; **to give ~ to sth** etw *dat* Gewicht verleihen
❺ *no pl (main point)* Wesentliche *nt*, Kern *m*, Essenz *f;* **the ~ of the conversation** das Wesentliche der Unterhaltung; **in ~** im Wesentlichen
❻ *no pl (wealth)* Vermögen *nt;* **a man of ~** ein vermögender Mann
'sub·stance abuse *n* Drogenkonsum *m*, Drogenmissbrauch *m* **'sub·stance abus·er** *n* Drogenkonsument(in) *m(f)*
sub·stand·ard [sʌb'stændəd, AM -ɚd] *adj* unterdurchschnittlich, minderwertig; **~ English** *(colloquial)* umgangssprachliches Englisch; *(not received)* nicht dem hochsprachlichen Englisch entsprechend; **~ goods** Ausschussware *f;* **~ language** Umgangssprache *f;* **~ quality** unzulängliche Qualität
sub·stan·tial [səb'stæn(t)ʃəl] *adj attr* ❶ *(significant)* bedeutend; **~ contribution** wesentlicher Beitrag; **~ difference** erheblicher Unterschied; **~ evidence** hinreichender Beweis; **~ improvement** deutliche Verbesserung
❷ *(weighty)* überzeugend, stichhaltig; **~ argument** stichhaltiges Argument
❸ *(large amount)* beträchtlich, erheblich; ***his novel needed a ~ amount of rewriting*** ein beträchtlicher Teil seines Romans musste umgeschrieben werden; **~ breakfast** gehaltvolles Frühstück; **~ decrease** deutlicher Rückgang; **~ fortune** bedeutendes Vermögen; **~ increase** erhebliche Zunahme; **~ number** bedeutende Anzahl; **~ sum** stattliche Summe
❹ *(of solid material or structure)* solide; *(physically also)* kräftig, stark
❺ *(largely true)* **the ~ truth** die reine Wahrheit
❻ *(concerning most significant points)* wesentlich; **to be in ~ agreement** sich *akk* weitgehend einig sein, im Wesentlichen übereinstimmen
sub·stan·tial·ly [səb'stæn(t)ʃəli] *adv* ❶ *(significantly)* beträchtlich, erheblich; ***the new rules will ~ change how we do things*** die neuen Regeln werden unsere Vorgehensweise von Grund auf ändern
❷ *(in the main)* im Wesentlichen
sub·stan·ti·ate [səb'stæn(t)ʃieɪt] *vt* ■**to ~ sth** etw bekräftigen [*o* erhärten] [*o* untermauern]; *report* etw bestätigen; **to ~ a claim** einen Anspruch begründen
sub·stan·tia·tion [səb,stæn(t)ʃi'eɪʃən] *n no pl* ❶ *(evidence)* Erhärtung *f*, Untermauerung *f*
❷ *(support)* **in ~ of sth** zur Erhärtung einer S. *gen*
sub·stan·tive ['sʌbstəntɪv, AM -t̬ɪv] *adj* beträchtlich, wesentlich, bedeutend; *(real)* materiell, wirklich; **~ argument** stichhaltiges Argument; **~ information** wichtige Informationen; **~ law** materielles Recht
sub·sta·tion ['sʌb,steɪʃən] *n* ❶ *(organisation branch)* Nebenstelle *f*, Außenstelle *f;* **police ~** AM Polizeidienststelle *f*
❷ ELEC *(relay station)* Hochspannungsverteilungsanlage *f*
sub·sti·tute ['sʌbstɪtjuːt, AM -stətuːt, -tjuːt] I. *vt* ■**to ~ sth/sb for sth/sb** etw/jdn durch etw/jdn ersetzen, etw/jdn gegen etw/jdn austauschen; ■**to ~ sth/sb with sth/sb** *(fam)* etw/jdn durch etw/jdn ersetzen; **to ~ margarine for butter** anstelle von Butter Margarine benutzen/essen/etc.; ■**to ~ sb for sb** FBALL, SPORT jdn gegen jdn auswechseln [*o* austauschen]
II. *vi (take over from)* als Ersatz dienen, einspringen (**for** für +*akk*); *(deputize)* als Stellvertreter fungieren (**for** für +*akk*); ■**to ~ for sb** jdn vertreten, für jdn einspringen
III. *n* ❶ *(replacement)* Ersatz *m;* **meat ~** Fleischersatz *m;* **there's no ~ for sth/sb** es geht nichts über etw/jdn; **to be a poor ~ for sth** kein guter Ersatz für etw *akk* sein
❷ LAW [Stell]vertreter(in) *m(f)*, Vertretung *f*, Ersatz *m*
❸ *(replacement player)* Ersatzspieler(in) *m(f)*, Auswechselspieler(in) *m(f);* **to bring on** [*or* AM **send in**] **a ~** einen Ersatzspieler einwechseln; **to come on as a ~** als Auswechselspieler ins Spiel kommen
sub·sti·tute 'good *n* COMM Substitutionsgut *nt*
sub·sti·tute in·'vest·ment *n* Ersatzanlage *f*
sub·sti·tute 'teach·er *n* AM *(supply teacher)* Vertretung *f*, Aushilfslehrer(in) *m(f)*
sub·sti·tu·tion [,sʌbstɪ'tjuːʃən, AM -stə'tuːʃən, -tjuː-] *n* ❶ *(replacement)* Ersetzung *f*
❷ SPORT *(action of replacing)* Austausch *m*, [Spie-

ler]wechsel *m,* Auswechs[e]lung *f;* ***the ~ of Smith by Brown was a last desperate attempt to save the match*** Smith gegen Brown auszuwechseln war ein letzter, verzweifelter Versuch, das Spiel zu retten ❸ LAW *(illegal switching)* Ersetzung *f,* Vertauschen *nt*

sub·sti·tu·tion·al·ity [ˌsʌbstɪtjuːʃᵊnˈæləti, AM -stətuːʃᵊnˈæləṭi] *n no pl* COMM Substitutionalität *f*

sub·strate [ˈsʌbstreɪt] *n* Substrat *nt*

sub·stra·tum [sʌbˈstrɑːtəm, AM -ˈstreɪṭ-] *n* ❶ GEOL *(deep layer)* Unterschicht *f*
❷ *(fig: common basis)* Grundlage *f,* Basis *f*

sub·struc·ture [ˈsʌbˌstrʌktʃəʳ, AM -ɚ] *n* ❶ *(supporting construction)* Unterbau *m,* Fundament *nt*
❷ *(fig: basis, foundation)* Grundlage *f,* Fundament *nt,* Basis *f*

sub·sume [səbˈsjuːm, AM -ˈsuːm] *vt usu passive (form)* ■**to ~ sth/sb into sth** etw/jdn in etw *akk* einordnen; *(several)* etw/jdn zu etw *dat* zusammenfassen; **to ~ sth under a category** etw einer Kategorie zuordnen, etw unter einer Kategorie zusammenfassen

ˈsub·sur·face *adj attr, inv* Unterwasser-

sub·syn·di·cate [sʌbˈsɪndɪkət, AM -dəkɪt] *n* FIN Unterkonsortium *nt*

sub·sys·tem [ˈsʌbˌsɪstəm] *n* Subsystem *nt geh,* Teilsystem *nt*

sub·ten·an·cy <*pl* -ies> [sʌbˈtenən(t)si] *n* Untermiete *f*

sub·ten·ant [sʌbˈtenᵊnt, AM ˈsʌbˌ-] *n* Untermieter(in) *m(f)*

sub·tend [səbˈtend] *vt* ■**to ~ sth** etw [ab]schneiden [*o* begrenzen]

sub·ter·fuge [ˈsʌbtəfjuː(dʒ), AM -tɚ-] *n* List *f,* Trick *m;* **to resort to ~** zu einer List greifen; **by ~** arglistig

sub·ter·ra·nean [ˌsʌbtᵊrˈeɪniən, AM -təˈreɪ-] *adj inv* ❶ GEOL *(below ground)* unterirdisch
❷ *(fig: sub-cultural, alternative)* Untergrund-; **~ economy** Untergrundwirtschaft *f*

sub·text [ˈsʌbtekst] *n* Botschaft *f;* ■**to have a ~ with sb** eine Verbindung zu jdm haben

sub·ti·tle [ˈsʌbˌtaɪtl, AM -ṭl] **I.** *vt* ❶ *(add captions)* **to ~ a film** einen Film untertiteln [*o* mit Untertiteln versehen]
❷ *(add secondary book title)* **to ~ a work** einem Werk einen Untertitel geben
II. *n* ❶ *(secondary title on book)* Untertitel *m*
❷ *(caption)* ■**~s** *pl* Untertitel *pl;* **with English ~s** mit englischen Untertiteln

sub·ti·tled [ˈsʌbˌtaɪtld, AM -ṭld] *adj inv* ❶ *(bearing secondary title)* mit Untertitel *nach n*
❷ *(captioned)* untertitelt

sub·tle <-er, -est *or* more ~, most ~> [ˈsʌtl, AM -ṭl] *adj* ❶ *(approv: understated)* fein[sinnig], subtil; **~ humour** [*or* AM **humor**] subtiler Humor; **~ irony** hintersinnige Ironie
❷ *(approv: delicate)* **~ flavour** [*or* AM **flavor**] feines Aroma; **~ nuance** feine Nuance; **~ tact** ausgeprägtes Taktgefühl; *(elusive)* subtil; **~ charm** unaufdringlicher Charme
❸ *(slight but significant)* fein, subtil; **~ difference** [*or* **distinction**] feiner Unterschied; **~ hint** kleiner Hinweis
❹ *(approv: astute)* scharfsinnig, raffiniert; **~ plan** raffinierter Plan; **~ question** scharfsinnige Frage; **~ strategy** geschickte Strategie; **~ suggestion** raffinierter Vorschlag

sub·tle·ty [ˈsʌtlti, AM -ṭlṭi] *n (approv)* ❶ *(discernment)* Scharfsinnigkeit *f,* Raffiniertheit *f*
❷ *(delicate but significant)* Feinheit *f,* Subtilität *f;* **the subtleties of language** die Feinheiten der Sprache

sub·tly [ˈsʌtli, AM -ṭli] *adv (approv)* auf subtile Weise, geschickt, subtil; **~ perfumed** zart duftend

sub·to·tal [ˈsʌbˌtəʊtᵊl, AM -ˌtoʊṭ-] *n* Zwischensumme *f*

sub·tract [səbˈtrækt] *vt* ■**to ~ sth** [**from sth**] etw [von etw *dat*] abziehen [*o geh* subtrahieren]; ***four ~ed from ten equals six*** zehn minus vier ergibt sechs

sub·trac·tion [səbˈtrækʃᵊn] *n no pl* Subtraktion *f*

sub·tropi·cal [sʌbˈtrɒpɪkᵊl, AM -ˈtrɑːp-] *adj inv* subtropisch; **~ regions** Subtropen *pl*

sub·under·writ·er [sʌbˈʌndəˌraɪtəʳ, AM -ˈʌndɚˌraɪṭɚ] *n* LAW Unterkonsorte *m*

sub·urb [ˈsʌbɜːb, AM -bɜːrb] *n (outlying area)* Vorstadt *f,* Vorort *m;* **outer ~** Stadtrandsiedlung *f;* ■**the ~s** *pl* der Stadtrand, die Randbezirke *pl;* **to live in the ~s** am Stadtrand wohnen

sub·ur·ban [səˈbɜːbᵊn, AM -ˈbɜːrb-] *adj* ❶ *(of the suburbs)* Vorstadt-, Vorort-, vorstädtisch; ***they live in ~ Washington*** sie wohnen in einem Vorort von Washington; **~ commuters** Pendler *pl (aus den Vororten);* **~ housing estate** BRIT Stadtrandsiedlung *f;* **~ life** Leben *nt* in den Vororten [*o* Vorstädten]; **~ line** Vorort[s]bahn *f,* ÖSTERR, SCHWEIZ *a.* Vorortelinie *f;* **~ sprawl** Zersiedelung *f*
❷ *(pej: provincial)* spießig *pej fam,* kleinbürgerlich *pej,* provinziell *meist pej*

sub·ur·ban·ite [səˈbɜːbᵊnaɪt, AM -ˈbɜːrb-] *n* AM, AUS Vorstädter(in) *m(f)*

sub·ur·bia [səˈbɜːbiə, AM -ˈbɜːrb-] *n no pl (esp pej)* ❶ *(areas)* Vororte *pl,* Randbezirke *pl;* **to live in the heart of ~** mitten in einem Vorort wohnen
❷ *(people)* Vorstadtbewohner *pl;* **London ~** die Vorstadtbewohner von London

sub·ven·tion [səbˈven(t)ʃᵊn] *n* [staatliche] Subvention, öffentliche Finanzbeihilfe

sub·ver·sion [səbˈvɜːʃᵊn, AM -ˈvɜːrʒ-] *n no pl* ❶ *(undermining)* Subversion *f geh,* Unterwanderung *f;* ***he was found guilty of ~*** er wurde des Landesverrats für schuldig befunden; **~ of democracy** Gefährdung *f* der Demokratie; **~ of the state** Staatsgefährdung *f;* **~ of the system** Unterwanderung *f* des Systems
❷ *(successful putsch)* [Um]sturz *m;* **~ of a government** Sturz *m* einer Regierung

sub·ver·sive [səbˈvɜːsɪv, AM -ˈvɜːr-] **I.** *adj* subversiv *geh,* umstürzlerisch, staatsgefährdend; **~ activities** subversive [*o* staatsgefährdende] Tätigkeiten *geh;* **~ elements** subversive Elemente; **~ ideas** umstürzlerische Ideen
II. *n* Umstürzler(in) *m(f),* subversives Element *pej*

sub·ver·sive·ly [səbˈvɜːsɪvli, AM -ˈvɜːr-] *adv* subversiv *geh*

sub·ver·sive·ness [səbˈvɜːsɪvnəs, AM -ˈvɜːr-] *n no pl* subversives Wesen *geh,* staatsgefährdende Natur; **~ of a book** staatsgefährdende Natur eines Buches

sub·vert [sʌbˈvɜːt, AM -ˈvɜːrt] *vt* ■**to ~ sth** ❶ *(overthrow)* etw stürzen; **to ~ a government** eine Regierung stürzen
❷ *(undermine principle)* etw unterminieren [*o* untergraben]; **to ~ the Christianity of the established church** das Christentum der etablierten Kirche unterminieren
❸ *(destroyed)* etw zunichtemachen

sub·way [ˈsʌbweɪ] *n* ❶ BRIT, AUS *(subterranean walkway)* Unterführung *f*
❷ *esp* AM *(underground railway)* U-Bahn *f;* **~ system** U-Bahnnetz *nt*

sub-zero [sʌbˈzɪərəʊ, AM -ˈzɪroʊ] *adj* unter null [Grad] *nach n,* unter dem Gefrierpunkt *nach n;* **~ temperatures** Minusgrade *pl,* Minustemperaturen *pl*

suc·ceed [səkˈsiːd] **I.** *vi* ❶ *(achieve purpose)* Erfolg haben, erfolgreich sein; ■**to ~ in sth** mit etw *dat* Erfolg haben; ***they ~ed in their attempt*** ihr Versuch war ein Erfolg; ■**to ~ in doing sth** etw mit Erfolg tun; ***they will only ~ in making things worse*** damit erreichen sie nur, dass alles noch schlimmer wird; ***with a single remark you've ~ed in offending everyone*** *(iron)* mit einer einzigen Bemerkung hast du es geschafft, alle vor den Kopf zu stoßen; **to ~ in business** geschäftlich erfolgreich sein; **to ~ whatever the circumstances** unter allen Umständen Erfolg haben; **the plan ~ed** der Plan ist gelungen
❷ *(follow)* nachfolgen, die Nachfolge antreten, Nachfolger/in werden; ■**to ~ to sth** die Nachfolge in etw *dat* antreten; **to ~ to an office** die Nachfolge in einem Amt antreten; **to ~ to the throne** die Thronfolge antreten; **to ~ to** [**great**] **wealth** [große] Reichtümer erben
▸PHRASES: **if at first you don't ~, try, try again** *(prov)* wirf die Flinte nicht gleich ins Korn *fam*
II. *vt* ■**to ~ sb** [**as sth**] jds Nachfolge [als etw] antreten; **to ~ sb in office** jds Amt übernehmen, jdm im Amt nachfolgen; **to ~ sb in a post** jds Stelle antreten

suc·ceed·ing [səkˈsiːdɪŋ] *adj attr* ❶ *(next in line)* [nach]folgend; **~ monarchs** nachfolgende Monarchen
❷ *(subsequent)* aufeinanderfolgend; **~ generations** spätere Generationen; **in the ~ weeks** in den darauf folgenden Wochen

suc·cess <*pl* -es> [səkˈses] *n* ❶ *no pl (attaining goal)* Erfolg *m;* ***the second round of peace talks met with no better ~ than the first*** die zweite Runde der Friedensverhandlungen war ebenso wenig erfolgreich wie die erste; **to be a big ~ with sb** bei jdm einschlagen [*o* gut ankommen] *fam;* **to be a great** [*or* **huge**] **~** ein großer Erfolg sein; **to not have much ~ in doing sth** wenig erfolgreich bei etw *dat* sein; **a soaraway ~** ein durchschlagender Erfolg; **to achieve** [*or* **meet with**] **~** erfolgreich sein; **to enjoy ~** [**with sth**] Erfolge [mit etw *dat*] feiern, [mit etw *dat*] erfolgreich sein; **to make a ~ of sth** mit etw *dat* Erfolg haben; **to wish sb ~ with sth** jdm Erfolg bei etw *dat* wünschen
❷ *(successful person or thing)* Erfolg *m;* **box-office ~** Kassenerfolg *m,* Kassenschlager *m fam;* **to be a ~** *food* eine Glanzleistung [*o fam* ein Riesenerfolg] sein

sucˈcess fac·tor *n* Erfolgsfaktor *m*

suc·cess·ful [səkˈsesfᵊl] *adj* ❶ *(having success)* erfolgreich; ■**to be ~** erfolgreich sein, Erfolg haben; ***he is ~ in everything he does*** er hat mit allem Erfolg
❷ *(lucrative, profitable)* erfolgreich, einträglich, lukrativ; ***he is an author of several hugely ~ children's books*** er ist Autor einiger enorm erfolgreicher Kinderbücher; **~ harvest** einträgliche Ernte; **commercially ~** kommerziell erfolgreich
❸ *(effective)* erfolgreich, gelungen, geglückt; **to bring sth to a ~ conclusion** etw zu einem glücklichen Abschluss bringen; **~ experiment** gelungenes Experiment
❹ *(selected due to success)* erfolgreich, siegreich; **~ candidate** ausgewählter Bewerber/ausgewählte Bewerberin; **~ participant** Gewinner(in) *m(f)*

suc·cess·ful·ly [səkˈsesfᵊli] *adv* erfolgreich, mit Erfolg; **to complete sth ~** *course, interview, project* etw erfolgreich abschließen

suc·ces·sion [səkˈseʃᵊn] *n no pl* ❶ *(sequence)* Folge *f,* Reihe *f; of events, things also* Serie *f;* ***she is the latest in a ~ of girl-friends*** sie ist die Neuste in einer langen Reihe von Freundinnen; **an endless ~ of visitors** eine endlose Folge [*o* Reihe] von Besuchern; **a ~ of rulers** aufeinanderfolgende Herrscher; **~ of scandals** Skandalserie *f,* Reihe *f* von Skandalen; ■**in ~** hintereinander, nacheinander; **in close** [*or* **quick**] [*or* **rapid**] **~** dicht [*o* kurz] hintereinander
❷ *(line of inheritance)* Nachfolge *f,* Erbfolge *f;* **~ to the throne** Thronfolge *f*

sucˈces·sion rights *npl* Erbrechte *pl*

suc·ces·sive [səkˈsesɪv] *adj attr, inv* aufeinanderfolgend; **the third ~ defeat** die dritte Niederlage in Folge; **six ~ weeks** sechs Wochen hintereinander

suc·ces·sive·ly [səkˈsesɪvli] *adv inv* hintereinander, nacheinander

suc·ces·sor [səkˈsesəʳ, AM -ɚ] *n* Nachfolger(in) *m(f);* ■**~ to sb** jds Nachfolger/Nachfolgerin; **~ arrangement** Nachfolgeregelung *f;* **~ in office** Amtsnachfolger(in) *m(f);* **~ state** Nachfolgestaat *m;* **~ system** Nachfolgesystem *nt;* **~ to the throne** Thronfolger(in) *m(f)*

sucˈcess rate *n* Erfolgsquote *f* **sucˈcess sto·ry** *n* Erfolgsgeschichte *f,* Erfolgsstory *f*

suc·cinct [səkˈsɪŋ(k)t] *adj (approv)* knapp, prägnant, kurz [und bündig]; **~ reply** knappe Antwort

suc·cinct·ly [səkˈsɪŋ(k)tli] *adv (approv)* in knappen Worten, kurz und bündig, prägnant

suc·cinct·ness [səkˈsɪŋ(k)tnəs] *n no pl (approv)* Knappheit *f,* Kürze *f,* Prägnanz *f*

S

suc·cin·ic acid [sʌkˌsɪnɪk '-] *n no pl* CHEM Bernsteinsäure *f*

suc·cour, AM **suc·cor** ['sʌkəʳ, AM -ɚ] **I.** *n* Beistand *m,* Unterstützung *f,* Hilfe *f*
II. *vt* ■**to ~ sb** jdm beistehen; ■**to be ~ed** Hilfe erhalten

suc·cu·lence ['sʌkjələn(t)s] *n no pl (approv)* Saftigkeit *f*

suc·cu·lent ['sʌkjələnt] **I.** *adj (approv)* saftig; **~ peach/steak** saftiger Pfirsich/saftiges Steak
II. *n* BOT Sukkulente *f fachspr,* Fettpflanze *f*

suc·cumb [sə'kʌm] *vi* ① *(surrender)* sich *akk* beugen; MIL kapitulieren; *(be defeated)* unterliegen; *(yield to pressure)* ■**to ~ to sb/sth** jdm/etw nachgeben, sich *akk* jdm/etw beugen; **to ~ to sb's charms** jds Charme erliegen; **to ~ to parental pressure** dem Druck der Eltern nachgeben; **to ~ to temptation** der Versuchung erliegen
② *(die from)* erliegen, versterben; ***he finally ~ed after weeks of suffering*** er verstarb schließlich nach wochenlangem Leiden; ■**to ~ to sth** einer S. *dat* erliegen *geh,* an etw *dat* sterben; **to ~ to one's injuries** seinen Verletzungen erliegen

such [sʌtʃ, sətʃ] **I.** *adj* ① *attr, inv (of that kind)* solcher(r, s); ***I had never met ~ a person before*** so [*o geh* solch] ein Mensch [*o* ein solcher Mensch] war mir noch nie begegnet; ***I don't spend money on ~ things*** für solche [*o fam* so] Dinge gebe ich kein Geld aus; ***present on this grand occasion were Andrew Davies, Melissa Peters and other ~ stars*** bei diesem besonderen Anlass waren Andrew Davies, Melissa Peters und andere Stars dieser Größenordnung zugegen; ***I have been involved in many ~ courses*** ich habe [schon] viele Kurse dieser Art gemacht; ***he said she had a cold, superior manner or some ~ remark*** er sagte, sie sei kalt und überheblich, oder so etwas [*o fam* was] in der Richtung; ***I tried to tell her in ~ a way that she wouldn't be offended*** ich versuchte es ihr so zu sagen, dass sie nicht beleidigt war; ***I'll show you ~ books as I have*** ich zeige Ihnen, was ich an Büchern habe; **in ~ cases** in solchen [*o fam* so] Fällen; **~ a thing** so etwas [*o fam* was]; ***I'm looking for a cloth for cleaning silver — do you have ~ a thing?*** ich suche ein Tuch, mit dem man Silber putzen kann – führen Sie das?; ***I said no ~ thing*** so etwas habe ich nie gesagt, ich habe nie etwas Derartiges gesagt; ***there's no ~ thing as ghosts*** so etwas wie Geister gibt es nicht
② *(so great)* solche(r, s), derartig; ***he' ~ an idiot!*** er ist so [*o geh* solch] ein Idiot!, er ist ein solcher [*o* derartiger] Idiot!; ***why are you in ~ a hurry?*** warum bist du so [*o* derart] in Eile?; **~ *beauty is rare*** solche [*o* so viel] Schönheit ist selten; **~ *beauty!*** *(liter)* welch [eine] Schönheit! *geh*
▸PHRASES: **there's no ~ thing as a free lunch** *(prov fam)* nichts ist umsonst
II. *pron* ① *(of that type)* solche(r, s); ***we were second-class citizens and they treated us as ~*** wir waren Bürger zweiter Klasse und wurden auch so [*o* als solche] behandelt; **~ *was not my intention*** *(form)* das war nicht meine Absicht; **~ *being the case …*** wenn das so ist, …; ***what is the reward for ~ a one as Fox?*** was ist der Lohn für jemanden [*o fam* so einen] wie Fox?; **~ *is life*** so ist das Leben; **~ as it is** so wie die Dinge liegen; **~ *as it was, we had no alternative but to call our parents*** so wie die Dinge lagen, blieb uns nichts anderes übrig, als unsere Eltern anzurufen; ***our lunch was ~ that we don't really need an evening meal*** unser Mittagessen war so üppig, dass wir kein Abendessen brauchen; ***the wound was ~ that …*** die Wunde war so groß, dass …; **~ *is the elegance of his typeface that …*** seine Schrift ist so elegant, dass …
② *(introducing examples)* **~ as** wie; ***small companies ~ as ours are very vulnerable in a recession*** Kleinunternehmen wie unseres sind äußerst rezessionsanfällig; ***that sum of money is to cover costs ~ as travel and accommodation*** dieser Betrag soll Auslagen wie Reise- und Unterbringungskosten abdecken
③ *(suchlike)* dergleichen; ***we talked about our kids, the weather and ~*** wir sprachen über unsere Kinder, das Wetter und Ähnliches [*o* dergleichen]
④ *(strictly speaking)* ■**as ~** an [und für] sich, eigentlich; ***we don't have a secretary as ~*** wir haben eigentlich [*o* an [und für] sich] keine richtige Sekretärin; ***there was no vegetarian food as ~*** es gab kein eigentlich vegetarisches Essen
▸PHRASES: **~ as it is** ***you're welcome to borrow my tennis racket, ~ as it is*** du kannst dir gerne meinen Tennisschläger ausborgen – soweit er überhaupt noch viel taugt; ***breakfast, ~ as it was, consisted of a couple of croissants and a cup of coffee*** das Frühstück, soweit vorhanden, bestand aus ein paar Croissants und einer Tasse Kaffee; ***the car, ~ as it is, will get you to work*** auch wenn das Auto nicht mehr viel taugt, kannst du damit immer noch zur Arbeit fahren
III. *adv inv* so; ***she's ~ an arrogant person*** sie ist so [*o* dermaßen] arrogant; ***that's ~ a good film*** das ist so ein [*o* ein wirklich] guter Film; **~ *a big city!*** was für eine große Stadt!; ***I've never had ~ good coffee*** ich habe noch nie [einen] so guten Kaffee getrunken; ***it's ~ a long time ago*** es ist [schon] so lange her; **to be ~ a long way [away]** so weit weg sein; ***I'd put on ~ a lot of weight that …*** ich hatte so [*o* dermaßen] viel zugenommen, dass …; **~ nice weather** so schönes Wetter; ***it was ~ nice weather that …*** das Wetter war so schön, dass …; **~ that …** so [*o* auf die Art] … dass …; ***we still have to link the sentences ~ that they constitute a narrative*** wir müssen die Sätze noch so verbinden, dass sie eine Erzählung ergeben

'such and such *adj attr, inv (fam)* der und der/die und die/das und das; ***so many enterprises to be sold by ~ a date*** so viele Firmen sollen an dem und dem Tag verkauft werden; **to arrive at ~ a time** um die und die Zeit ankommen; **to meet in ~ a place** sich *akk* an dem und dem Ort treffen

such·like ['sʌtʃlaɪk] **I.** *pron* derlei, dergleichen
II. *adj attr, inv* derlei; ***food, drink, clothing and ~ provisions*** Essen, Trinken, Kleidung und Ähnliches

suck [sʌk] **I.** *n* ① *(draw in)* Saugen *nt; (keep in the mouth)* Lutschen *nt;* **to have [*or* take] a ~ at sth** an etw *dat* saugen/lutschen
② CAN *(fam!)* Heulsuse *f fam*
II. *vt* ① *(draw into mouth)* ■**to ~ sth** an etw *dat* saugen; ***she was sitting on the grass ~ing lemonade through a straw*** sie saß im Gras und trank mit einem Strohhalm Limonade
② *(roll tongue around)* ■**to ~ sth** etw lutschen; **to ~ sweets** Bonbons lutschen; **to ~ one's teeth** an den Zähnen saugen; **to ~ one's thumb** [am] Daumen lutschen
③ *(fig: denude)* **to ~ sth dry of sth** *(fig)* etw *dat* etw abziehen; ***the city has been ~ed dry of local talent*** der talentierte Nachwuchs der Stadt wurde abgeworben
④ *(strongly attract)* ■**to ~ sb/sth somewhere** jdn/etw irgendwohin ziehen; ■**to ~ sb/sth under** jdn/etw in die Tiefe ziehen; ■**to ~ sb into sth** *(fig)* jdn in etw *akk* hineinziehen; ***he was ~ed into a conspiracy*** er wurde in eine Verschwörung hineingezogen
⑤ AM *(sl: smooch)* **to ~ face with sb** mit jdm knutschen *fam*
▸PHRASES: **~ it and see!** BRIT, AUS erst mal ausprobieren!
III. *vi* ① *(draw into mouth)* saugen, nuckeln *fam;* ■**to ~ on [*or* BRIT at] sth** an etw *dat* saugen [*o* nuckeln]
② *(roll tongue around)* etw lutschen; **to ~ on a pacifier** AM am Schnuller [*o* SCHWEIZ Nuggi] saugen; **to ~ at sweets** Bonbons lutschen; **to ~ at one's teeth** an den Zähnen saugen
③ *(be compelled to participate)* ■**to be ~ed into sth** in etw *akk* hineingezogen werden
④ *esp* AM *(sl: be disagreeable)* ätzend sein *sl;* ***man this job ~s!*** Mann, dieser Job ist echt Scheiße!
▸PHRASES: **to ~ sb's brains** jdn ausnutzen

◆**suck in** *vt* ■**to ~ in ⇌ sth** ① *(draw in)* ***jet engines ~ vast quantities of air*** Strahltriebwerke ziehen große Mengen Luft ein
② *usu* ECON *(import)* etw anziehen

◆**suck off** *vt (vulg)* ■**to ~ off ⇌ sb** jdm einen ablutschen [*o* blasen] *vulg*

◆**suck up I.** *vt* ■**to ~ up ⇌ sth** ① *(consume)* etw aufsaugen
② *(absorb)* **to ~ up gases** Gase ansaugen; **to ~ up a liquid/moisture** eine Flüssigkeit/Feuchtigkeit aufsaugen
II. *vi (pej fam)* ■**to ~ up to sb** sich *akk* bei jdm einschmeicheln, jdm in den Arsch kriechen *derb*

sucka ['sʌkə] *n* AM *(sl) see* **sucker**

suck·er ['sʌkəʳ, AM -ɚ] **I.** *n* ① *(pej fam: gullible person)* Einfaltspinsel *m fam,* Simpel *m* DIAL *fam,* Naivling *m pej fam*
② *(fam: sb finding sth irresistible)* Fan *m* (**for** von +*dat*); **to be a ~ for sth** nach etw *dat* verrückt sein *fam,* für etw *akk* eine Schwäche haben; ***he is a ~ for women*** er kann keiner Frau widerstehen
③ AM *(pej fam: nasty person)* Widerling *m pej,* Kotzbrocken *m pej derb*
④ AM *(fam: sth requiring hard work)* Riesenaufgabe *f*
⑤ ZOOL *(organ)* Saugnapf *m*
⑥ BRIT, AUS *(fam: sticking device)* Saugfuß *m,* Saugglocke *f*
⑦ AM, AUS *(fam: lollipop)* Lutscher *m,* Schleckstängel *m* SCHWEIZ; **all-day ~** Dauerlutscher *m*
⑧ BOT *(part of plant)* [Wurzel]schössling *m,* unterirdischer Ausläufer, Wurzelspross *m*
▸PHRASES: **there's a ~ born every minute** *(prov)* die Dummen sterben nie aus; **never give a ~ an even break** *(prov fam)* schlafende Hunde soll man nicht wecken *prov*
II. *vt* AM ① *(trick)* ■**to ~ sb into sth** jdn zu etw *dat* verleiten; ■**to ~ sb into doing sth** jdn dazu bringen, etw zu tun
② *(swindle)* ■**to ~ sb out of sth** jdm etw entlocken [*o fam* abluchsen]

'suck·ing-pig *n* Spanferkel *nt*

suck·le ['sʌkl] **I.** *vt* ■**to ~ sth/sb** etw/jdn säugen; **to ~ a baby/young animal** ein Baby stillen/ein Jungtier säugen
II. *vi* trinken, saugen

suck·ling ['sʌklɪŋ] *n* Baby *nt; (child)* Säugling *m; (animal)* Jungtier *nt*

'suck·ling pig *n* AM Frischling *m; (for roasting)* Spanferkel *nt*

suck·up ['sʌkʌp] *n (fam!)* Schleimer(in) *m(f) pej,* Arschkriecher(in) *m(f) derb*

su·cra·lose ['su:krələʊs, 'sju:-, AM -loʊs] *n no pl* Sucralose *f (kalorienfreier Süßstoff)*

su·crose ['su:krəʊs, AM -roʊs] *n no pl* Rohr- und Rübenzucker *m*

suc·tion ['sʌkʃən] *n no pl* ① *(act of removal by sucking)* [Ab]saugen *nt; (initiating act of sucking)* Ansaugen *nt*
② *(force)* Saugwirkung *f,* Sog *m*

'suc·tion cup *n* Saugnapf *m* **'suc·tion ma·chine**, **'suc·tion pump** *n* Saugpumpe *f* **'suc·tion strain·er** *n* CHEM Nutsche *f*

Su·dan [su:'dɑ:n, AM -'dæn] *n* Sudan *m*

Su·da·nese [ˌsu:dən'i:z] **I.** *n* Sudanese, Sudanesin *m, f*
II. *adj* sudanesisch, sudanisch

Su·dan·ic [su:'dænɪk] **I.** *n* Sudanesisch *nt*
II. *adj* sudanesisch

sud·den ['sʌdən] *adj* plötzlich, jäh; ***so why the ~ change?*** wieso plötzlich diese Änderung?; ***it was so ~*** es kam so überraschend; ***it's all a bit ~*** *(fam)* das geht alles ein bisschen schnell; **~ death** plötzlicher Tod, unerwartetes Ableben *form;* **~ departure** überhastete Abreise; **~ drop in temperature** unerwarteter Temperatureinbruch; **to get a ~ fright** plötzlich Angst bekommen; **~ mood swing** plötzlicher Stimmungswechsel; **~ movement** abrupte Bewegung; **to put a ~ stop to sth** etw abrupt beenden; **all of a ~** *(fam)* [ganz] plötzlich, urplötzlich

sud·den 'death *n* SPORT ① FBALL Penaltyschießen *nt,* Elfmeterschießen *nt* ② *(determination of winner)*

Festlegung des Siegers bei Gleichstand durch Münzwurf oder Los **sud·den in·fant 'death syn·drome** *n,* **SIDS** *n* MED *(spec)* plötzlicher Kindstod
sud·den·ly ['sʌdᵊnli] *adv* plötzlich, auf einmal
sud·den·ness ['sʌdᵊnnəs] *n no pl* Plötzlichkeit *f; of movement* Abruptheit *f*
Su·deten·land [su'deɪtᵊnlænd, AM su:'-] *n* Sudetenland *nt*
sudoku [su:'dəʊku:] *n* Sudoku *nt*
suds [sʌdz] *npl* ① *(soapy mixture)* Seifenwasser *nt kein pl,* [Seifen]lauge *f; (mostly foam)* Schaum *m kein pl*
② AM *(dated fam: beer)* Bier *nt,* Gerstensaft *m hum*
sudsy ['sʌdzi] *adj esp* AM seifig, schaumig
sue [su:] **I.** *vt* ■**to ~ sb for sth** jdn wegen einer S. *gen* verklagen; **to ~ sb for damages** jdn auf Schadenersatz verklagen; **to ~ sb for divorce** gegen jdn die Scheidung einreichen; **to ~ sb for libel** jdn wegen Beleidigung verklagen
II. *vi* ① *(legal action)* klagen, prozessieren, Klage erheben, einen Prozess anstrengen; ***she was forced to ~ to get her property back*** sie war gezwungen vor Gericht zu gehen, um ihr Eigentum zurückzubekommen; ■**to ~ for sth** *damages etc.* auf etw *akk* klagen; *a particular criminal act* wegen einer S. *gen* klagen; ***he ~d for libel*** er klagte wegen Beleidigung
② *(entreat)* **to ~ for peace** um Frieden bitten
suede [sweɪd] **I.** *n* Wildleder *nt,* Veloursleder *nt*
II. *n modifier (gloves, jacket)* Wildleder-, Veloursleder-; **~ shoes** Wildlederschuhe *pl*
suet ['su:ɪt] *n no pl* Talg *m,* Nierenfett *nt*
suet 'pud·ding *n aus Rindertalg, Mehl und Brotkrumen zubereitete Süßspeise*
Suez Ca·nal [ˌsu:ɪzkə'næl] *n* Suez-Kanal *m*
Suff BRIT *abbrev of* **Suffolk**
suf·fer ['sʌfəʳ, AM -ɚ] **I.** *vi* ① *(experience trauma)* leiden; ***I think he ~ed quite a lot when his wife left him*** ich glaube, er litt ziemlich, als seine Frau ihn verließ; **to ~ in silence** still vor sich *akk* hinleiden
② *(be ill with)* ■**to ~ from sth** an etw *dat* leiden; *(get attacks of)* unter etw *dat* leiden; ***Johnny ~s from asthma*** Johnny leidet unter Asthma
③ *(deteriorate)* leiden, Schaden erleiden; ***his work ~s from it*** seine Arbeit leidet darunter; ***his reputation has ~ed*** sein Ruf hat gelitten
④ *(be the worse for)* ■**to ~ from sth** an etw *dat* kranken; *(be disabled)* von etw *dat* in Mitleidenschaft gezogen werden; ***the people who will ~ if the road is built are those who live locally*** die Leute, die am meisten betroffen sind, falls die Straße gebaut wird, sind die Anwohner
⑤ *(experience sth negative)* ■**to ~ from sth** unter etw *dat* zu leiden haben; ***the economy ~ed from the strikes*** die Streiks machten der Wirtschaft zu schaffen
⑥ *(be punished)* ■**to ~ for sth** für etw *akk* büßen; ***you'll ~ for this!*** dafür wirst du bezahlen!
II. *vt* ■**to ~ sth** ① *(experience sth negative)* etw erleiden [*o* durchmachen]; ***the president ~ed an affront*** es kam zu einem Affront gegen den Präsidenten; ***both sides ~ed considerable casualties*** auf beiden Seiten kam es zu erheblichen Opfern; **to ~ defeat** eine Niederlage einstecken [müssen]; **to ~ hunger** Hunger leiden; **to ~ misfortune** Pech haben; **to ~ neglect** vernachlässigt werden; **to ~ a setback** einen Rückschlag erleiden; *(physical condition)* **to ~ a breakdown** MED einen Zusammenbruch haben; **to ~ a fracture** einen Bruch erleiden, sich *dat* etwas brechen; **to ~ a heart attack** einen Herzschlag erleiden; **to ~ injury** verletzt werden
② *(put up with)* etw ertragen; ***I had to ~ him moaning for half an hour*** ich musste eine halbe Stunde lang sein Gejammer ertragen; **not to ~ fools gladly** mit dummen Leuten keine Geduld haben
suf·fer·ance ['sʌfᵊrᵊn(t)s, AM -ɚ-] *n* ① **on ~** *(with unspoken reluctance)* stillschweigend geduldet; *(with unwilling tolerance)* nur geduldet; ***I was there on ~*** ich wurde dort nur geduldet
② *(with little enthusiasm)* **under ~** *(dated)* widerwillig, widerstrebend
suf·fer·er ['sʌfᵊrəʳ, AM -ɚɚ] *n (with a chronic condition)* Leidende(r) *f(m); (with an acute condition)* Erkrankte(r) *f(m);* **AIDS ~** AIDS-Kranke(r) *f(m);* **asthma ~** Asthmatiker(in) *m(f);* **hay-fever ~s** an Heuschnupfen Leidende *pl*
suf·fer·ing ['sʌfᵊrɪŋ, AM -ɚ-] *n* ① *(pain)* Leiden *nt*
② *no pl (distress)* Leid *nt;* **years of ~** Jahre *pl* des Leidens, leidvolle Jahre; **human ~** menschliches Leid; **to cause ~** Leid verursachen
suf·fice [sə'faɪs] *vi* genügen, [aus]reichen; **~ [it] to say that ...** es genügt [*o* reicht] wohl, wenn ich sage, dass ...
suf·fi·cien·cy [sə'fɪʃᵊn(t)si] *n no pl* ① *(adequacy)* Hinlänglichkeit *f,* Zulänglichkeit *f*
② *(sufficient quantity)* ausreichende Menge; **to have a ~** genug haben
suf·fi·cient [sə'fɪʃᵊnt] **I.** *adj inv* genug, ausreichend, genügend, hinreichend; ***there wasn't ~ evidence to convict him*** die Beweise reichten nicht zu einer Verurteilung; **to wear ~ clothes** warm genug angezogen sein; **to have ~ heating** ausreichend beheizbar sein; ■**to be ~ for sth/sb** für etw/jdn ausreichen [*o* genügen] [*o* genug sein]; ***this recipe should be ~ for five people*** dieses Rezept sollte für fünf Leute ausreichen
II. *n* genügende Menge; ***they didn't have ~ to live on*** sie hatten nicht genug zum Leben
suf·fi·cient·ly [sə'fɪʃᵊntli] *adv inv* genug *nach adj,* ausreichend, genügend; **~ large** groß genug; **to be ~ cooked** gar sein
suf·fix ['sʌfɪks] **I.** *n* ① LING Suffix *nt fachspr,* Nachsilbe *f*
② BRIT MATH Zusatz *m,* tiefgestellte Zahl
II. *vt* ■**to ~ sth** etw anfügen [*o* anhängen]
suf·fo·cate ['sʌfəkeɪt] **I.** *vi* ersticken *a. fig*
II. *vt* ① *(asphyxiate)* ■**to ~ sb** jdn ersticken; **to feel ~d** *(fig)* das Gefühl haben zu ersticken
② *(fig: suppress)* ■**to ~ sb/sth** jdn/etw ersticken [*o* erdrücken] *fig;* ***her overpowering devotion ~d him*** ihre überschwängliche Liebe erdrückte ihn
suf·fo·cat·ing ['sʌfəkeɪtɪŋ, AM -t̬-] *adj* ① *usu attr (life-threatening)* erstickend
② *(fig: uncomfortable)* erstickend *fig,* zum Ersticken *präd; air* stickig; *atmosphere* erdrückend
③ *(stultifying)* erdrückend *fig; regulations, traditions* lähmend *attr*
suf·fo·ca·tion [ˌsʌfə'keɪʃᵊn] *n no pl* Ersticken *nt,* Erstickung *f;* **to die of ~** ersticken
suf·frage ['sʌfrɪdʒ] *n no pl* ① *(right to vote)* Wahlrecht *nt,* Stimmrecht *nt;* **female ~** Frauenwahlrecht *nt;* **male ~** Wahlrecht *nt* für Männer; **universal ~** allgemeines Wahlrecht
② *(dated: vote)* Wahl *f,* Abstimmung *f*
③ REL Gebet *nt*
suf·fra·gette [ˌsʌfrə'dʒet] *n (hist)* Suffragette *f hist,* Frauenrechtlerin *f*
suf·fra·gist ['sʌfrədʒɪst] *n (hist: suffrage supporter)* Befürworter(in) *m(f)* des allgemeinen Stimmrechts; *(suffragette supporter)* Befürworter(in) *m(f)* der Frauenrechtsbewegung *(zu Beginn des 20. Jh)*
suf·fuse [sə'fju:z] *vt usu passive (liter)* ■**to be ~d with sth** von etw *dat* erfüllt sein; ***her face was ~d with colour*** ihr Gesicht war gerötet; ***each dish was ~d with a different herb*** jedes Gericht war anders gewürzt; **~d with happiness** voll des Glücks *liter,* glückselig *geh;* **~d with joy/passion** von Freude/Leidenschaft erfüllt *liter;* **~d with light** lichtdurchflutet, in Licht getaucht *poet*
Sufi ['su:fi] *n* REL Sufi *m*
Su·fic ['su:fɪk] *adj* REL Sufi-; **~ order** Sufiorden *m*
Su·fism ['su:fɪzᵊm] *n no pl* REL Sufismus *m*
sug·ar ['ʃʊgəʳ, AM -ɚ] **I.** *n* ① *no pl (sweetener)* Zucker *m;* **caster ~** BRIT Streuzucker *f;* **demerara** [*or* AM **brown**] **~** brauner Zucker, Rohrzucker *m;* **granulated ~** Kristallzucker *m,* Zuckerraffinade *f;* **icing** [*or* AM **powdered**] **~** Puderzucker *m,* Staubzucker *m* ÖSTERR; **reduced-~ products** weniger Zucker enthaltende Produkte; **a lump/spoonful of ~** ein Stück *nt*/Löffel *m* Zucker
② *(lump)* Stück *nt* [Würfel]zucker; *(spoonful)* Löffel *m* Zucker
③ *esp* AM *(sl: term of affection)* Schätzchen *nt fam*
④ *(sl: narcotic)* Rauschgift *nt*
⑤ CHEM Kohle[n]hydrat *nt*
▸ PHRASES: **to be all ~ and spice** zuckersüß sein *fig*
II. *vt* ■**to ~ sth** ① *(sweeten)* etw zuckern; **to ~ coffee/tea** Kaffee/Tee süßen
② *(fig: make agreeable)* etw versüßen
III. *interj (fam)* Mist *m fam;* ***oh ~!*** so ein Mist!
'sug·ar ba·sin *n* BRIT Zuckerdose *f* **'sug·ar beet** *n no pl* Zuckerrübe *f* **'sug·ar bowl** *n* Zuckerdose *f* **'sug·ar cane** *n* Zuckerrohr *nt* **'sug·ar-coat** *vt* ■**to ~ sth** ① FOOD etw mit einem Zuckerguss versehen ② *(make acceptable)* etw versüßen ③ *(make sentimental)* sentimental werden lassen [*o* machen] **'sug·ar-coat·ed** *adj* ① FOOD mit Zucker überzogen, verzuckert ② *(fig pej: acceptable)* viel versprechend, verheißungsvoll; *offer, promises* verführerisch ③ *(sentimental)* sentimental **'sug·ar cube** *n* Stück *nt* Zucker, Zuckerwürfel *m* **'sug·ar dad·dy** *n wohlhabender älterer Mann, der ein junges Mädchen aushält*
sug·ared ['ʃʊgəd, AM -ɚd] *adj* gezuckert; *coffee, tea* gesüßt; **~ almonds** Zuckermandeln *pl*
'sug·ar-free *adj* ohne Zucker *nach n,* zuckerfrei
sug·ar·ing-off [ʃʊgᵊrɪŋ'ɑ:f] *n* CAN *das Auffangen des Safts von Zuckerahornbäumen und anschließendes Einkochen zu Ahornsirup*
'sug·ar·loaf *adj (liter)* Zuckerhut *m;* **~ hat** kegelförmiger Hut **Sug·ar·loaf 'Moun·tain** *n* ■**the ~** der Zuckerhut **'sug·ar lump** *n esp* BRIT Stück *nt* Zucker, Zuckerwürfel *m* **'sug·ar pea** *n* Zuckererbse *f* **sug·ar 'pie** *n* CAN *gedeckter Mürbeteigkuchen mit einer cremigen Karamellfüllung* **'sug·ar·plum** *n (dated)* ① *(plum)* kandierte Pflaume ② *(sweet)* Bonbon *nt,* Süßigkeit *f* ③ *esp* BRIT *(fig: enticing thing)* Lockspeise *f,* Köder *m fig; (enticing words)* schöne [*o* leere] Worte *pej,* Augenwischerei *f pej* **'sug·ar snap, sug·ar snap 'pea** *n* Zuckererbse *f* **'sug·ar tongs** *npl* Zuckerzange *f*
sug·ary ['ʃʊgᵊri, AM -ɚi] *adj* ① *(sweet)* zuckerhaltig, ÖSTERR *bes* zuckerhältig; ***the cake was far too ~*** der Kuchen war viel zu süß; **~ snack** süße Zwischenmahlzeit
② *(sugar-like)* zuckerig
③ *(fig pej: insincere)* honigsüß *fig pej,* zuckersüß *fig pej; smile* süßlich *fig pej*
sug·gest [sə'dʒest, AM *also* seg'-] *vt* ① *(propose)* ■**to ~ sth** [to sb] [jdm] etw vorschlagen; ***might I ~ a white wine with your salmon, sir?*** darf ich Ihnen zum Lachs einen Weißwein empfehlen, mein Herr?; ***what time do you ~ we arrive?*** was meinst du, wann wir dort ankommen?; ***can you ~ where I might find a chemist's?*** können Sie mir vielleicht sagen, wo ich eine Drogerie finden kann?; ■**to ~ [to sb] that ...** [jdm] vorschlagen, dass ...; ***what do you ~ we do with them?*** was, meinst du, sollen wir mit ihnen machen?; ■**to ~ doing sth** vorschlagen, etw zu tun; **to ~ an idea to sb** jdm eine Idee vortragen
② *(indicate)* ■**to ~ sth** auf etw *akk* hinweisen; ***the footprints ~ that ...*** den Fußspuren nach zu urteilen, ..., die Fußspuren lassen darauf schließen, dass ...
③ *(indirectly state)* ■**to ~ sth** etw andeuten [*o pej* unterstellen], auf etw *akk* hindeuten; ■**to ~ that ...** darauf hindeuten, dass ...; ***I'm not ~ing that you were flirting with Adrian, but ...*** ich will ja nicht behaupten, dass du mit Adrian geflirtet hast, aber ...; ***are you ~ing that ...?*** willst du damit sagen, dass ...?
④ *(form: evoke)* ■**to ~ sth** etw nahelegen; ***his story ~ed the plot for a new novel*** seine Geschichte lieferte die Handlung für einen neuen Roman; **to ~ an idea/a thought** eine Idee/einen Gedanken aufkommen lassen
⑤ *(come to mind)* ■**to ~ itself** *idea, thought* sich *akk* aufdrängen; *solution* sich *akk* anbieten; ***does anything ~ itself?*** fällt euch dazu etwas ein?
sug·gest·ible [sə'dʒestəbl, AM *also* seg'-] *adj (pej form)* beeinflussbar, zu beeinflussen, suggestibel *geh;* **highly ~** sehr leicht zu beeinflussen

S

sug·ges·tion [səˈdʒestʃən, AM *also* segˈ-] *n* ① *(idea)* Vorschlag *m;* **to have/make/reject a ~** einen Vorschlag haben/machen/ablehnen; **to be always open to ~** immer ein offenes Ohr haben; **to be [always] open to new ~s** [immer] für neue Vorschläge offen [*o* zu haben] sein; **at sb's ~** auf jds Vorschlag hin
② *no pl (hint)* Andeutung *f,* Anspielung *f*
③ *(indication)* Wink *m,* Hinweis *m*
④ *(trace)* Spur *f fig;* ***she speaks German with a ~ of a foreign accent*** sie spricht Deutsch mit einem kaum hörbaren ausländischen Akzent; **a ~ of garlic** *(smell)* ein Hauch von Knoblauch; *(taste)* eine Spur Knoblauch
⑤ *no pl (association)* **the power of ~** die Macht der Suggestion
⑥ *no pl* PSYCH Suggestion *f*

sug·ˈges·tion box *n* Kasten *m* für Verbesserungsvorschläge

sug·ges·tive [səˈdʒestɪv, AM *also* segˈ-] *adj* ① *(that suggests)* andeutend
② *usu pred (form: evocative)* hinweisend; ■**to be ~ of sth** auf etw *akk* hindeuten, an etw *akk* denken lassen
③ *(risqué)* anzüglich, zweideutig

sug·ges·tive·ly [səˈdʒestɪvli, AM *also* segˈ-] *adv* ① *(evocatively)* eine suggestive Wirkung ausübend *attr*
② *(in a risqué manner)* anzüglich

sug·ges·tive·ness [səˈdʒestɪvnəs, AM səgˈ] *n no pl* ① *(informativeness)* Aufschlussreiche(s) *nt*
② *(ambiguousness)* Mehrdeutige(s) *nt,* Vieldeutige(s) *nt*

sui·cid·al [ˌsuːɪˈsaɪdəl, AM -əˈ-] *adj* ① *(depressed)* Selbstmord-, suizidal *geh,* selbstmörderisch *a. fig; person* selbstmordgefährdet; **to feel ~** sich *akk* am liebsten umbringen wollen
② *(of suicide)* Selbstmord-; **to have ~ tendencies** selbstmordgefährdet sein
③ *(disastrous)* [selbst]zerstörerisch; ***that would be ~*** das wäre glatter Selbstmord

sui·cide [ˈsuːɪsaɪd, AM -əs-] **I.** *n* ① *(killing)* Selbstmord *m a. fig,* Suizid *m geh;* **executive ~** *Selbstmord von Managern;* **mass ~** Massenselbstmord *m;* **physician-assisted ~** [aktive] Sterbehilfe, Euthanasie *f fachspr;* **to attempt ~** einen Selbstmordversuch machen [*o* unternehmen]; **to commit ~** Selbstmord begehen
② *(form: person)* Selbstmörder(in) *m(f),* Suizidant(in) *m(f) fachspr,* Suizident(in) *m(f) fachspr*
③ *(disastrous action)* selbstmörderische Aktion *fam;* ***it would be ~ to ...*** es wäre [glatter] Selbstmord, wenn ... *fam;* **to commit financial/political ~** finanziellen/politischen Selbstmord begehen
II. *vi* sich *akk* umbringen

ˈsui·cide bomb·er *n* Selbstmordattentäter(in) *m(f)* **ˈsui·cide bomb·ing** *n* Selbstmordanschlag *m* **sui·cide by ˈcop** *n no pl* AM *eine Art Selbstmordversuch, bei dem sich jd einem Polizisten gegenüber so verhält, dass dieser ihn erschießen muss* **ˈsui·cide mis·sion** *n* Kamikazeaktion *f* **ˈsui·cide note** *n* Abschiedsbrief *m* **ˈsui·cide pact** *n* Selbstmordabkommen *nt;* **to have a ~** gemeinsamen Selbstmord verabredet haben **ˈsui·cide rate** *n* Selbstmordrate *f*

ˈsui·cide sprint *n* AM *(sl)* SPORT *Basketball: Sprint, der an der Verbindungslinie von einer Base zur nächsten beginnt und zwischen dieser und anderen Linien hin- und hergeht*

ˈsui·cide squad *n* Selbstmordkommando *nt*

sui·ci·dol·ogy [ˌsuːɪsaɪˈdɑːlədʒi] *n no pl* Suizidologie *f*

sui gen·eris [ˌsjuːiːˈdʒenərɪs] *adj inv* einzigartig

suit [suːt] **I.** *n* ① *(jacket and trousers)* Anzug *m;* **dress ~** Abendanzug *m;* **pin-stripe ~** Nadelstreifenanzug *m;* **three-piece ~** Dreiteiler *m;* **trouser** [*or* AM **pant**] **~** Hosenanzug *m; (jacket and skirt)* Kostüm *nt*
② *(for sports)* Anzug *m;* **bathing/diving/ski ~** Bade-/Taucher-/Skianzug *m*
③ *(covering)* **~ of armour** [*or* AM **armor**] [Ritter]rüstung *f,* Harnisch *m*
④ NAUT Satz *m* Segel
⑤ *usu pl (fam: executive)* leitender Angestellter, Führungskraft *f*
⑥ CARDS Farbe *f;* **to follow ~** eine Farbe bedienen, eine Karte derselben Farbe ausspielen
⑦ LAW [Zivil]prozess *m,* Verfahren *nt,* Rechtsstreit *m;* **to bring** [*or* AM *usu* **file**] **a ~** einen Prozess anstrengen, Klage erheben; **~ for libel** Verleumdungsklage *f;* **~ for negligence** Schadensersatzklage *f* wegen Fahrlässigkeit; **paternity ~** Vaterschaftsklage *f*
⑧ *(act of courting)* **to pay ~ to sb** jdn umwerben
⑨ *(liter poet: entreaty)* Flehen *nt,* dringende Bitte
▶ PHRASES: **to follow ~** *(form)* dasselbe tun, nachziehen *fam*
II. *vt* ① *(be convenient for)* ■**to ~ sb** jdm passen [*o* recht sein]; ***what time ~s you best?*** wann passt es Ihnen am besten?; ***that ~s me fine*** das passt mir gut; ***she remembers her manners when it ~s her*** sie benimmt sich nur dann gut, wenn es ihr gerade passt
② *(choose)* ■**to ~ oneself** tun, was man will; ***you can ~ yourself about when you work*** man kann selbst bestimmen, wann man arbeitet; **~ *yourself*** *(hum or pej)* [ganz,] wie du willst *hum o pej,* mach, was du willst *pej*
③ *(enhance)* ■**to ~ sb** *clothes* jdm stehen; ***black ~s you with your blonde hair*** Schwarz passt gut zu deinen blonden Haaren; ■**to ~ sth** zu etw *dat* passen
④ *(be right)* ■**to ~ sb** jdm [gut] bekommen; ■**to ~ sth** sich *akk* für etw *akk* eignen; ***married life seems to ~ him very well*** das Eheleben scheint ihm gut zu bekommen
▶ PHRASES: **to ~ the action to the word** Wort halten; **to ~ sb [right] down to the ground** BRIT für jdn ideal sein, jdm ausgezeichnet in den Kram passen *fam*
III. *vi* angemessen sein, passen
◆ **suit up** *vi* AM sich *akk* anziehen

suit·abil·ity [ˌsuːtəˈbɪləti, AM -t̬əˈbɪlət̬i] *n no pl of an object* Geeignetheit *f,* Tauglichkeit *f; of a person* Eignung *f,* Tauglichkeit *f; of clothes* Angemessenheit *f*

suit·able [ˈsuːtəbl̩, AM -t̬-] *adj* geeignet, passend; *clothes* angemessen; ***what's a ~ present for a couple celebrating their twenty-fifth wedding anniversary?*** was eignet sich als Geschenk für ein Paar, das seinen fünfundzwanzigsten Hochzeitstag feiert?; ***my mother doesn't like me wearing short skirts to church - she doesn't think they're ~*** meine Mutter will nicht, dass ich in die Kirche kurze Röcke anziehe - sie findet sie unschicklich; ■**to be ~ for sb** für jdn geeignet sein, sich *akk* für jdn eignen; **not ~ for children under 14** nicht geeignet für Kinder unter 14

suit·ably [ˈsuːtəbli, AM -t̬-] *adv* entsprechend *attr*

ˈsuit bag *n* Handkoffer *m* **ˈsuit·case** *n* Koffer *m;* **leather ~** Lederkoffer *m;* **to pack/unpack one's ~** seinen Koffer packen/auspacken; **to live out of a ~** aus dem Koffer leben

suite [swiːt] *n* ① *(rooms)* Suite *f;* **bridal ~** Hochzeitssuite *f;* **hotel ~** Hotelsuite *f;* **~ of offices** Reihe *f* von Büroräumen
② *(furniture)* Garnitur *f;* **bathroom ~** Badezimmergarnitur *f;* **bedroom ~** Schlafzimmereinrichtung *f*
③ MUS Suite *f*
④ *(retinue)* Gefolge *nt*

suit·ed [ˈsuːtɪd, AM -t̬-] *adj* ① *pred (fitting)* ■**to be ~ to sth** für etw *akk* geeignet sein, sich *akk* für etw *akk* eignen; **to be ~ [to each other]** zueinander passen
② FASHION gekleidet; **grey-~** in Grau gekleidet; **pin-stripe-~ businessmen** Geschäftsleute *pl* in Nadelstreifenanzügen; **trouser-~** in Hosen *nach n*

suit·ing [ˈsjuːtɪŋ, AM ˈsuːt] *n no pl* ① *(fabric for suits)* Tuch *nt,* Anzug[s]stoff *m*
② *(suits collectively)* [Be]kleidung *f*

suit·or [ˈsuːtəʳ, AM -t̬ɚ] *n* ① *(liter or hum: wooer)* Freier *m veraltend o hum,* Bewerber *m*
② LAW Kläger *m,* [Prozess]partei *f*
③ ECON *(buyer)* Interessent *m (für einen Firmenkauf)*

su·ki·ya·ki [ˌsuːkiˈjæki, AM -ˈjɑːki] *n no pl* FOOD Sukiyaki *nt*

sul·fate *n* AM CHEM *see* **sulphate**

sul·fide *n* AM CHEM *see* **sulphide**

sul·fite [ˈsʌlfaɪt] *n* AM CHEM *see* **sulphite**

sul·fona·mide *n* AM MED *see* **sulphonamide**

sul·fur *n* AM CHEM *see* **sulphur**

sul·fu·reous *n* AM CHEM *see* **sulphurous**

sul·fu·ric *adj* AM CHEM *see* **sulphuric**

sul·fur·ous *adj* AM CHEM *see* **sulphurous**

sulk [sʌlk] **I.** *vi* schmollen *fam,* beleidigt [*o fam* eingeschnappt] sein
II. *n* **to be in a ~** beleidigt [*o fam* eingeschnappt] sein, schmollen *fam;* **to go into a ~** einschnappen *fam;* **to have [a fit of] the ~s** die Eingeschnappte/den Eingeschnappten spielen *fam*

sulki·ness [ˈsʌlkɪnəs] *n no pl* Schmollen *nt pej fam*

sulky [ˈsʌlki] **I.** *adj person* beleidigt, eingeschnappt *fam,* schmollend *attr fam; face* mürrisch, verdrießlich; *weather* trübe, düster
II. *n* SPORT Sulky *nt*

sul·len [ˈsʌlən] **I.** *adj* ① *(pej: bad-tempered)* missmutig, verdrießlich, mürrisch; **~-faced** missmutig [*o* mürrisch] [drein]blickend *attr*
② *(liter: dismal) sky* düster, finster; *(slow-moving) stream, water* trübe
II. *n* BRIT *(dated)* ■**the ~s** *pl* Depression *f,* depressive Verstimmung

sul·len·ly [ˈsʌlənli] *adv* missmutig, verdrießlich, mürrisch

sul·len·ness [ˈsʌlənnəs] *n no pl* Missmutigkeit *f,* Verdrießlichkeit *f*

sul·ly <-ie-> [ˈsʌli] *vt (liter poet or iron)* ■**to ~ sth** etw beschmutzen [*o geh* besudeln]; **to ~ sb's name/reputation** *(fig form)* jds Namen/Ansehen beschmutzen

sul·pha·nil·ic acid [sʌlfəˌnɪlɪk ˈ-] *n no pl* CHEM Sulfanilsäure *f*

sul·phate, AM **sul·fate** [ˈsʌlfeɪt] *n* Sulfat *nt,* schwefelsaures Salz

sul·phide, AM **sul·fide** [ˈsʌlfaɪd] *n* Sulfid *nt;* **hydrogen ~** Hydrogensulfid *nt,* Schwefelwasserstoff *m*

sul·phite, AM **sul·fite** [ˈsʌlfaɪt] *n* Sulfit *nt,* schwef[e]ligsaures Salz

sul·phona·mide, AM **sul·fona·mide** [sʌlˈfɒnəmaɪd, AM -ˈfɑːn-] *n* MED Sulfonamid *nt*

sul·phur, AM **sul·fur** [ˈsʌlfəʳ, AM -ɚ] *n* ① *no pl* CHEM Schwefel *m*
② *(colour)* Schwefelgelb *nt*

sul·phur-crest·ed cocka·ˈtoo *n* Gelbhaubenkakadu *m* **sul·phur di·ox·ide** *n no pl* Schwefeldioxid *nt;* **~ emission** Schwefeldioxidemission *f*

sul·phu·reous, AM **sul·fu·reous** [sʌlˈfjʊəriəs, AM -ˈfjʊr-] *adj* schwefelhaltig, ÖSTERR *bes* schwefelhältig, schwefelig, Schwefel-; **~ smell** Schwefelgeruch *m*

sul·phu·ric, AM **sul·fu·ric** [sʌlˈfjʊərɪk, AM -ˈfjʊr-] *adj* Schwefel-

sul·phu·ric ˈacid *n no pl* Schwefelsäure *f*

sul·phur·ous, AM **sul·fur·ous** [ˈsʌlfərəs, AM -ɚəs] *adj* ① CHEM schwefelhaltig, ÖSTERR *bes* schwefelhältig, schwefelig, Schwefel-; **~ acid** schweflige Säure
② *(colour)* schwefelfarben, schwefelgelb
③ *(angry)* wütend, zornig

sul·tan [ˈsʌltən] *n* Sultan *m*

sul·tana[1] [səlˈtɑːnə, AM sʌlˈtænə] *n (grape)* Sultanine *f*

sul·tana[2] [sʌlˈtɑːnə, AM sʌlˈtænə] *n (sultan's wife)* Sultanin *f*

sultanate [ˈsʌltənət, AM -tənɪt] *n* Sultanat *nt*

sul·tri·ness [ˈsʌltrɪnəs] *n* ① METEO Schwüle *f*
② *of a woman, a woman's voice* Erotik *f*

sul·try [ˈsʌltri] *adj* ① METEO schwül
② *(sexy) woman, woman's voice* erotisch, sinnlich; **a ~-voiced woman** eine Frau mit einer erotischen Stimme

sum [sʌm] **I.** *n* ① *(money)* Summe *f,* Betrag *m;* **five-figure ~** fünfstelliger Betrag; **huge ~s of money** riesige Summen; **substantial ~** namhafte [*o* beträchtliche] Summe; **tidy ~** hübsches Sümmchen *fam;* **undisclosed ~** nicht genannte Summe; **the**

princely ~ of $100 *(iron)* die fürstliche Summe von 100 Dollar *iron*
② *no pl (total)* Summe *f*, Ergebnis *nt;* **the entire ~ of sth** *(fig iron)* alles, was bei etw *dat* herausgekommen ist *iron;* ***so is that the entire ~ of three day's work?*** das ist also das Ergebnis von drei Tagen Arbeit? *iron;* **grand ~** Endsumme *f*
③ *usu pl (calculation)* Rechenaufgabe *f;* **to do ~s** rechnen; **to get one's ~s right** BRIT richtig rechnen; **to get one's ~s wrong** BRIT sich *akk* verrechnen
▶PHRASES: **in ~** mit einem Wort
II. *vt* <-mm-> **to ~ an equation** MATH eine Gleichung berechnen
III. *vi* <-mm-> ■**to ~ to sth** MATH etw ergeben
◆**sum up I.** *vi* ① *(summarize)* resümieren *geh,* zusammenfassen
② LAW *judge* resümieren; *lawyer* das Schlussplädoyer halten
II. *vt* ■**to ~ up** ○ **sth** etw zusammenfassen; ■**to ~ up** ○ **sb** *(evaluate)* jdn einschätzen; *(characterize)* jdn charakterisieren; **to ~ up a situation at a glance** eine Situation auf einen Blick erfassen, sofort wissen, was los ist *fam*

su·mac(h) ['ʃu:mæk, 'su:-, 'sju:-, AM 'su:mæk, 'ʃʊmæk] *n no pl* BOT Sumach *m*

Su·ma·tra [sʊ'mɑ:trə, AM su:'] *n no pl* GEOG Sumatra *nt*

Su·ma·tran [sʊ'mɑ:trən, AM su:'] *adj inv* von/aus Sumatra *nach n,* Sumatra-

Su·me·rian [sʊ'mɪəriən, AM su:'mɪri] HIST **I.** *adj inv* sumerisch
II. *n* Sumerer(in) *m(f)*

sum·ma cum lau·de [ˌsʊmɑ:kʊm'laʊdeɪ, AM -məˌkʊm'-] *esp* AM **I.** *adv* summa cum laude, mit Bestnote
II. *adj* Summa cum laude-

sum·mari·ly ['sʌmᵊrɪli, AM ˌsʌm'er-] *adv* ohne viel Federlesen; LAW summarisch, beschleunigt; **to ~ dismiss sb** jdn fristlos entlassen; **to ~ execute/sentence sb** LAW jdn im Schnellverfahren hinrichten/aburteilen

sum·ma·rize ['sʌmᵊraɪz, AM -mər-] **I.** *vt* ■**to ~ sth** etw [kurz] zusammenfassen; ■**to ~ sb** jdn [mit wenigen Worten] charakterisieren
II. *vi* zusammenfassen, resümieren; ***to ~, ...*** kurz gesagt, ...

sum·mary ['sʌmᵊri, AM -ɚi] **I.** *n* Zusammenfassung *f; of a plot, contents* [kurze] Inhaltsangabe
II. *adj* ① *(brief)* knapp, gedrängt, summarisch; *dismissal* fristlos
② LAW *conviction, execution* beschleunigt, im Schnellverfahren *nach n;* **~ powers to do sth** *Vollmacht, etw im Schnellverfahren zu entscheiden;* **~ proceedings** Schnellverfahren *nt*

sum·mary pro·'ceed·ings *npl* LAW gerichtliches Mahnverfahren

sum·mat ['sʌmət] *pron* NENG, DIAL *see* **something**

sum·ma·tion [sʌm'eɪʃᵊn, AM sə'meɪ-] *n (form)* ① *no pl (addition)* Summierung *f*
② *(sum)* Summe *f*
③ *(summary)* Zusammenfassung *f*

sum·mer ['sʌməʳ, AM -ɚ] **I.** *n* ① *(season)* Sommer *m;* **a ~'s day** ein Sommertag *m;* **in [the] ~** im Sommer; **last ~** letzten Sommer; **in late ~** im Spätsommer; **in the ~ of '68** im Sommer '68; **two ~s ago** im vorletzten Sommer
② ASTRON Sommer *m,* Sommerzeit *f*
③ *(poet liter)* ■**~s** *pl* Jahre *pl,* Lenze *pl poet liter;* **a girl of sixteen ~s** ein Mädchen, das 16 Lenze zählt
II. *n modifier (dress, evening, months, night)* Sommer-; **~ clothing** Sommerkleidung *f,* Sommersachen *pl fam*
III. *vi* den Sommer verbringen; **to ~ in the hills** den Sommer in den Bergen verbringen; **to ~ outdoors** *animals, plants* im Sommer im Freien bleiben
IV. *vt* **to ~ cattle/sheep** Vieh/Schafe übersommern

sum·mer 'fete *n* BRIT Sommerfest *nt (für wohltätige Zwecke)* **sum·mer 'holi·day** *n,* **sum·mer 'holi·days** *npl* Sommerurlaub *m;* SCH, UNIV Sommerferien *pl* **'sum·mer house** *n* Gartenhaus *nt,* Gartenlaube *f;* AM Ferienhaus *nt,* Sommerhaus *nt* **sum·mer 'pud·ding** *n no pl* BRIT *Süßspeise aus Weißbrot, Beeren und [Eis]creme*

sum·mer·sault *n, vi (dated) see* **somersault**

'sum·mer school *n* Ferienkurs *m,* Sommerkurs *m;* **to do a ~ course** einen Ferienkurs besuchen **sum·mer 'sea·son** *n* Sommersaison *f* **sum·mer 'slide** *n Abnehmen der Leistungen nach den Sommerferien* **sum·mer 'sol·stice** *n* ASTRON Sommersonnenwende *f,* Sommersonnwende *f* SCHWEIZ **'sum·mer time** *n no pl* BRIT *(daylight savings time)* Sommerzeit *f* **'sum·mer·time** *n* Sommerzeit *f;* **in the ~** im Sommer **sum·mer va·'ca·tion** *n* AM Sommerurlaub *m;* SCH, UNIV Sommerferien *pl*

sum·mery ['sʌmᵊri, AM -ɚi] *adj weather* sommerlich

sum·ming-up <*pl* summings-up> [ˌsʌmɪŋ'ʌp] *n* LAW *(by a judge)* Resümee *nt; (by a lawyer)* [Schluss]plädoyer *nt*

sum·mit ['sʌmɪt] *n* ① *of a mountain* Gipfel *m; (fig: highest point)* Gipfel *m fig,* Höhepunkt *m*
② POL Gipfel *m;* **economic ~** Wirtschaftsgipfel *m*

'sum·mit meet·ing *n* POL Gipfeltreffen *nt*

sum·mon ['sʌmən] *vt* ① *(call)* ■**to ~ sb** jdn rufen [*o* zu sich *dat* bestellen]; LAW jdn [vor]laden; **to ~ a council/meeting** einen Rat/eine Versammlung einberufen; **to be ~ed to appear in court** vor Gericht geladen werden; **to ~ sb to appear as witness** jdn als Zeugen laden
② *(demand)* **to ~ help** Hilfe holen
③ *(gather)* **to ~ up the courage/the strength to do sth** den Mut/die Kraft aufbringen, etw zu tun

sum·mons ['sʌmənz] **I.** *n* <*pl* -es> ① LAW [Vor]ladung *f;* **to issue a ~** [vor]laden, eine Ladung ergehen lassen; **to receive a ~** eine Vorladung erhalten; **to serve sb with a ~** [*or* **a ~ on sb**] jdm eine Ladung zustellen
② *(call)* Aufforderung *f; (iron hum)* Befehl *m iron hum;* ***I was awaiting my ~*** ich wartete darauf, aufgerufen zu werden
II. *vt* LAW ■**to ~ sb** jdn vorladen lassen; ■**to ~ sb for sth** jdn in einer Sache vorladen

sumo wres·tler ['su:məʊ,-, AM -moʊ,-] *n* Sumoringer *m* **sumo wrestl·ing** *n no pl* Sumo[ringen] *nt*

sump [sʌmp] *n* ① *(container)* [**collection**] **~** Sammelbehälter *m; (hole)* Senkgrube *f*
② AUTO Ölwanne *f;* **to drain the ~** das [Motor]öl ablassen

sump·tua·ry ['sʌmtjʊəri, AM tʃueri] *adj attr, inv* LAW *(hist)* den Aufwand betreffend, Aufwands-, Luxus-

sump·tu·ous ['sʌm(p)tʃuəs] *adj* luxuriös, kostspielig; *dinner* üppig, opulent *geh; gown* festlich, prächtig

sump·tu·ous·ly ['sʌm(p)tʃuəsli] *adv* luxuriös, kostspielig; **to dine ~** opulent speisen *geh;* **~ furnished** luxuriös eingerichtet

sump·tu·ous·ness ['sʌm(p)tʃuəsnəs] *n no pl* Luxus *m,* Kostspieligkeit *f; of a meal, dinner* Üppigkeit *f,* Opulenz *f geh;* **to be furnished with ~** luxuriös eingerichtet sein

sum 'to·tal *n* Summe *f fig,* Gesamtheit *f,* Gesamtsumme *f*

sun [sʌn] **I.** *n* ① *(star)* Sonne *f;* **the rising/setting ~** die aufgehende/untergehende Sonne
② *no pl* ■**the ~** *(sunshine)* die Sonne, der Sonnenschein; **to sit in the ~** in der Sonne sitzen; **to have the ~ in one's eyes** von der Sonne geblendet werden; **to get/have a touch of the ~** einen Sonnenbrand bekommen/haben
③ *(liter poet: source of splendor)* Sonnenlicht *nt,* Strahlen *nt* der Sonne
④ *(liter poet: day)* Tag *m; (year)* Jahr *nt*
▶PHRASES: **against/with the ~** mit der/gegen die Sonne; **to call sb every name under the ~** jdn mit allen erdenklichen Schimpfnamen belegen; **never let the ~ go down on your anger** *(saying)* Missstimmungen sollte man möglichst bald bereinigen, man sollte nicht im Streit auseinandergehen; **to think that the ~ shines out of sb's arse** BRIT *(fig fam!)* jdn für den Größten halten *fam;* **under the ~** unter der Sonne *liter,* auf Erden *liter;* **to do/try everything under the ~** alles Mögliche [*o* Erdenkliche] tun/versuchen; **nothing new under the ~** nichts Neues unter der Sonne, alles schon da gewesen
II. *vt* <-nn-> ① *(sit in sun)* ■**to ~ oneself** sich *akk* sonnen
② *(expose to sun)* ■**to ~ sth** etw der Sonne aussetzen
III. *vi* sich *akk* sonnen

Sun *n abbrev of* **Sunday** So

'sun-baked *adj* [von der Sonne] ausgedörrt **'sun·bath** *n* Sonnenbad *nt* **'sun·bathe** *vi* sonnenbaden **'sun·bath·er** *n* Sonnenanbeter(in) *m(f) hum* **'sun·bath·ing** *n no pl* Sonnenbaden *nt* **'sun·beam** *n* Sonnenstrahl *m* **'sun-beat·en** *adj inv* sonnenverbrannt; **have ~ skin** einen Sonnenbrand haben **'sun·bed** *n esp* BRIT ① *(chair)* Liegestuhl *m* ② *(bed)* Sonnenbank *f* **'sun·belt** *n no pl* GEOG ■**the S~** der Sonnengürtel *(Südstaaten der USA)* **'sun·blind** *n* BRIT Markise *f* **'sun·block** *n no pl* Sunblocker *m* **'sun bon·net** *n* Sonnenhut *m* **'sun·burn I.** *n no pl* Sonnenbrand *m;* **to get/prevent ~** einen Sonnenbrand bekommen/vermeiden **II.** *vi* <-ed *or* -burnt, -ed *or* -burnt> sich *dat* verbrennen [*o fam* einen Sonnenbrand holen] **'sun·burned, 'sun·burnt** *adj (tanned)* sonnengebräunt; *(red)* sonnenverbrannt, von der Sonne verbrannt; **to be/get ~** einen Sonnenbrand haben/bekommen **'sun·burst** *n* ① METEO Durchbruch *m* der Sonne, plötzlicher Sonnenschein ② *(shape)* Sonnenrad *nt* ③ *(Japanese flag)* Sonnenbanner *nt* **'sun·cream** *n no pl* Sonnen[schutz]creme *f*

sun·dae ['sʌndeɪ, AM *esp* -di] *n* Eisbecher *m,* Glacebecher *m* SCHWEIZ; **hot-fudge ~** AM Schokobecher *m*

Sun·day ['sʌndeɪ] *n* ① *(day)* Sonntag *m; see also* **Tuesday**
② BRIT *(fam: newspaper)* ■**the ~s** die Sonntagszeitungen *pl*

Sun·day 'best *n no pl,* **Sun·day 'clothes** *npl (dated)* Sonntagsstaat *m kein pl veraltend o hum,* Sonntagskleider *pl veraltend* **Sun·day 'driv·er** *n (pej)* Sonntagsfahrer(in) *m(f) pej* **Sun·day 'joint** *n* BRIT Sonntagsbraten *m* **Sun·day 'pa·per** *n* Sonntagszeitung *f* **Sun·day 'roast** *n* Sonntagsbraten *m* **'Sun·day school** *n* REL, SCH Sonntagsschule *f* **Sun·day 'trad·ing** *n* BRIT Öffnung *f* der Geschäfte am Sonntag

'sun deck *n* ① NAUT Sonnendeck *nt*
② AM *(balcony)* Sonnenterrasse *f*

sun·der ['sʌndəʳ, AM ɚ] *vt (poet)* ■**to ~ sb/sth** jdn/etw trennen [*o liter* entzweien]

'sun·dew *n* BOT Sonnentau *m* **'sun·dial** *n* Sonnenuhr *f*

'sun·down *n esp* AM, AUS Sonnenuntergang *m;* **at/before ~** bei/vor Sonnenuntergang

'sun·down·er *n* ① BRIT *(fam: drink)* ≈ Dämmerschoppen *m,* Sundowner *m* ÖSTERR, SCHWEIZ
② AUS, NZ *(fam: tramp: in city/town)* Penner *m,* Sandler, f *m, f* ÖSTERR; *(in the country)* Landstreicher *m*

'sun-drenched *adj* ① *(bright)* sonnenüberflutet
② *(exposed to sun)* sonnig, sonnenverwöhnt **'sun·dress** *n* Strandkleid *nt,* [ärmelloses] Sommerkleid **'sun-dried** *adj* an der Sonne getrocknet; **~ tomatoes** getrocknete Tomaten

sun·dry ['sʌndri] **I.** *adj attr, inv* verschiedene(r, s); **~ assets** FIN sonstige Vermögensgegenstände
▶PHRASES: **all and ~** *(fam)* Hinz und Kunz *pej fam,* jedermann
II. *n* <sundries> Verschiedenes *nt kein pl,* Diverses *nt kein pl*

'sun·fast *adj colours, textiles* lichtecht

'sun·flow·er *n* Sonnenblume *f* **'sun·flow·er oil** *n* Sonnenblumenöl *nt* **'sun·flow·er seeds** *npl* Sonnenblumenkerne *pl*

sung [sʌŋ] *pp of* **sing**

sun·glasses *npl* Sonnenbrille *f;* **a pair of ~** eine Sonnenbrille; **to wear ~** eine Sonnenbrille tragen

'sun-god *n* Sonnengott *m* **'sun hat** *n* Sonnenhut *m* **'sun hel·met** *n (dated)* Tropenhelm *m*

sunk [sʌŋk] *pp of* **sink**

sunk·en ['sʌŋkən] *adj* ① *attr (submerged) ship*

S

gesunken; *ship, treasure* versunken
② *attr (below surrounding level)* tief[er] liegend *attr;* ~ **bath** eingelassene Badewanne
③ *(hollow)* ~ **cheeks** eingefallene [*o* hohle] Wangen; ~ **eyes** tief liegende Augen

'sun-kissed *adj (esp hum) person* sonnengebräunt; *place* sonnig, sonnenverwöhnt; **the ~ shores of Spain** die sonnigen Küsten Spaniens **'sun·lamp** *n* ① *(for therapy)* Höhensonne *f;* **to lie under the ~** unter der Höhensonne liegen ② FILM Jupiterlampe® *f*

sun·less ['sʌnləs] *adj (liter)* ohne Sonne *nach n; day* trüb, grau

'sun·light *n no pl* Sonnenlicht *nt;* **early morning ~** Morgensonne *f;* **in the bright ~** im hellen Sonnenlicht, in der hellen Sonne; **dappled ~** vereinzelte Sonnenstrahlen; **direct** [*or* **strong**] **~** pralle Sonne **'sun·lit** *adj inv* sonnenbeschienen; **~ room** sonniges Zimmer **'sun lounge** *n* BRIT Glasveranda *f,* Wintergarten *m; (solarium)* Solarium *nt* **'sun loung·er** *n* BRIT Sonnenliege *f*

Sun·ni ['sʊni] I. *n <pl - or -s>* Sunnit(in) *m(f)*
II. *adj inv* sunnitisch; **~ Muslim** sunnitischer Moslem

sun·ni·ness ['sʌnɪnəs] *n no pl* ① METEO Sonnigkeit *f;* **the ~ of the weather** das sonnige Wetter
② *(cheeriness)* Heiterkeit *f,* Unbeschwertheit *f;* ***the ~ of his disposition cheered her up*** sein sonniges Gemüt munterte sie auf; **the ~ of sb's character** jds Frohnatur

sun·ny ['sʌni] *adj* ① *(bright)* sonnig; **~ intervals** Aufheiterungen *pl;* **a few ~ spells** einige sonnige Abschnitte
② *(exposed to sun) plateau, room* sonnig
③ *(cheery) person* heiter, unbeschwert; *character, disposition* heiter, sonnig; **to have a ~ disposition** eine Frohnatur sein, ein sonniges Gemüt haben

'sun·ny side *n* ① *(part exposed to sun)* die Sonnenseite; **the ~ of life** *(fig)* die Sonnenseite des Lebens
② AM FOOD **eggs ~ up** Spiegeleier *pl*

sun pro·'tec·tion fac·tor *n,* **SPF** *n* Sonnenschutzfaktor *m*

'sun·ray *n* Sonnenstrahl *m* **'sun·ray lamp** *n* Höhensonne *f* **'sun·ray treat·ment** *n no pl* Bestrahlung *f* mit Infrarotlicht

'sun·rise *n* Sonnenaufgang *m;* **at/before ~** bei/vor Sonnenaufgang **sun·rise 'in·dus·try** *n* Zukunftsindustrie *f,* aufstrebender Industriezweig **'sun·roof** *n* Schiebedach *nt* **'sun room, 'sun par·lor, 'sun porch** *n* AM Glasveranda *f,* Wintergarten *m* **'sun·screen** *n* ① *no pl (cream)* Sonnenschutzmittel *nt* ② *(ingredient)* Zusatzstoff *m* gegen Sonnenbrand **'sun·seek·er** *n* Sonnenhungrige(r) *f(m)*

'sun·set *n* ① *(time)* Sonnenuntergang *m;* **at/before ~** bei/vor Sonnenuntergang
② *(fig: final stage)* Endphase *f*
▸PHRASES: **to <u>ride</u>/<u>walk</u> [off] into the ~** dem Sonnenuntergang entgegenreiten/-gehen; **to <u>ride</u>** [*or* **<u>walk</u>**] **[off] into the ~ together** miteinander glücklich werden

sun·set 'in·dus·try *n* veraltetes Unternehmen oder Fertigungsmethode

'sun·shade *n* ① *(umbrella)* Sonnenschirm *m*
② AM *(awning)* Markise *f,* Sonnenblende *f*

'sun·shine ['sʌnʃaɪn] *n no pl* ① *(sunlight)* Sonnenschein *m;* **in the ~** in der Sonne; **blazing** [*or* **brilliant**] **~** strahlender Sonnenschein; **to bask in the ~** sich *akk* in der Sonne aalen *fam*
② METEO *(sunny weather)* sonniges Wetter; **three days of unbroken ~** drei volle Sonnentage
③ *(fig: cheerfulness)* Freude *f,* Glück *nt;* **to bring ~ into sb's life** Freude in jds Leben bringen
④ *(fam: to express friendliness)* Schatz *m,* mein Sonnenschein *hum;* BRIT *(to express irritation)* mein Lieber/meine Liebe

'sun·shine roof *n* BRIT Schiebedach *nt*

'sun·spot *n* ASTRON Sonnenfleck *m*

'sun·stroke *n no pl* Sonnenstich *m;* **to have** [*or* **suffer from**] **~** einen Sonnenstich haben

'sun·tan I. *n* Sonnenbräune *f;* **deep ~** tiefe Bräune; **to get a ~** braun werden
II. *vi <-nn->* sich *akk* von der Sonne bräunen lassen

'sun·tan cream, 'sun·tan lo·tion *n* Sonnencreme *f*

'sun·tanned *adj* sonnengebräunt, braun gebrannt

'sun·tan oil *n* Sonnenöl *nt*

'sun·trap *n* BRIT, AUS sonniges Plätzchen

'sun·up *n* AM Sonnenaufgang *m*

'sun vi·sor *n* AUTO Sonnenblende *f* **'sun wor·ship·per** *n (hum)* Sonnenanbeter(in) *m(f) hum*

sup[1] [sʌp] I. *vt <-pp-> esp* NENG *(hum)* ■**to ~ sth** etw trinken; **to ~ one's beer** sein Bierchen schlürfen *hum fam;* **to ~ one's soup** seine Suppe löffeln; **to ~ one's tea** seinen Tee trinken
II. *vi <-pp-> esp* NENG trinken; ■**to ~ up** austrinken
III. *n* Schluck *m*

sup[2] [sʌp] *vi (dated) (eat)* zu Abend essen; ■**to ~ on** [*or* **off**] **sth** etw zu Abend essen
▸PHRASES: **if you ~ with the <u>devil</u>, you need a long spoon** *(saying)* ≈ wer sich in Gefahr begibt, kommt darin um *prov*

su·per ['su:pəʳ, AM -ɚ] I. *adj* ① *(fam: excellent)* super *sl,* klasse *sl,* spitzenmäßig *sl,* fantastisch *fam*
② COMM von hervorragender Qualität, Qualitäts-
II. *interj* super!, spitze!
III. *adv (fam)* besonders
IV. *n (fam)* ① BRIT *(superintendent)* Aufseher(in) *m(f),* Kommissar(in) *m(f);* AM Hausmeister(in) *m(f)*
② AUS *(superannuation)* Pension *f,* Ruhestand *m*
③ *no pl* AGR Superphosphat *nt*
④ *no pl* COMM Gewebe *nt*
⑤ *(petrol)* Super[benzin] *nt*

super- ['su:pəʳ, AM -ɚ] *in compounds* ① *(above)* über-, Über-
② *(very)* super-, Super-; **~absorbent** supersaugfähig *fam;* **~concentrated** hoch konzentriert; **~fast** superschnell *fam;* **~rich** schwerreich; **~soft** superweich *fam*
③ COMPUT besonders gut [*o* groß]

super·abun·dance [ˌsu:pᵊrəˈbʌndən(t)s, AM -ɚəˈ-] *n no pl* Überfluss *m;* ■**a ~ of sth** eine Unmenge von [*o* an] etw *dat;* **in ~** im Überfluss **super·abun·dant** [ˌsu:pᵊrəˈbʌndənt, AM -ɚəˈ-] *adj inv* überreichlich

super·an·nu·ate [ˌsu:pᵊrˈænjueɪt, AM -ɚˈ-] *vt usu passive* ■**to be ~d** pensioniert werden

super·an·nu·at·ed [ˌsu:pᵊrˈænjueɪtɪd, AM -ɚˈænjueɪt̬-] *adj* ① *(part of superannuation scheme)* pensioniert
② *(hum: obsolete)* überholt, veraltet

super·an·nua·tion [ˌsu:pᵊrˌænjuˈeɪʃᵊn, AM -ɚˌ-] *n no pl* ① *(payment)* Rentenbeitrag *m,* Pensionsbeitrag *m* ÖSTERR, SCHWEIZ *a.* AHV-Beitrag *m;* **to pay ~** Rentenbeiträge [*o* ÖSTERR Pensionsbeiträge] bezahlen
② *(pension)* [Alters]rente *f,* [Alters]pension *f* ÖSTERR; *of civil servants* Pension *f,* Ruhegeld *nt,* Ruhegehalt *nt*
③ *(process)* Ruhestand *m*

super·an·nu'a·tion fund *n* Rentenkasse *f,* Pensionskasse *f* **super·an·nu'a·tion scheme,** AM **super·an·nu'a·tion plan** *n* betriebliche Altersvorsorge; **to pay into a ~** in die Rentenkasse/Pensionskasse einzahlen

su·perb [su:ˈpɜ:b, AM səˈpɜ:rb] *adj* ① *(excellent)* ausgezeichnet, hervorragend
② *(impressive)* erstklassig; *building, view* großartig

su·perb·ly [su:ˈpɜ:bli, AM səˈpɜ:r-] *adv* ausgezeichnet, hervorragend

'Su·per Bowl SPORT I. *n (NFL's championship football game)* Super Bowl *m*
II. *n modifier* Super-Bowl-

'super·bug *n* Superbakterium *nt,* Superbazillus *m*

super·cede *vt see* **supersede**

super·cen·ter ['su:pɚsentɚ] *n* AM ECON Hypermarkt *m*

super·charge ['su:pətʃɑ:dʒ, AM -ɚtʃɑ:rdʒ] *vt* AUTO **to ~ sth** *engine* etw aufladen

super·charged ['su:pətʃɑ:dʒd, AM -ɚtʃɑ:r-] *adj* ① *(more powerful) car* mit Lader *nach n; engine* aufgeladen
② *(emotional) atmosphere* gereizt; **at a ~ pace** mit atemberaubender Geschwindigkeit

super·charg·er ['su:pəˌtʃɑ:dʒəʳ, AM -ɚˌtʃɑ:rdʒɚ] *n* AUTO Lader *m,* Aufladegebläse *nt*

super·cili·ous [ˌsu:pəˈsɪliəs, AM -ɚˈ-] *adj (pej)* eingebildet *pej,* hochnäsig *pej*

super·cili·ous·ly [ˌsu:pəˈsɪliəsli, AM -ɚˈ-] *adv (pej)* hochnäsig *pej*

super·cili·ous·ness [ˌsu:pəˈsɪliəsnəs, AM -ɚˈ-] *n no pl (pej)* Hochnäsigkeit *f pej*

super·com·'pact *adj inv* superkompakt

super·com·pen·sa·tion [ˌsu:pəˌkɒmpənˈseɪʃᵊn, AM ˌsu:pɚˌkɑ:m-] *n* SPORT Superkompensation *f*

super·com·put·er ['su:pəkəmˈpju:təʳ, AM -ɚkəm-ˈpju:t̬ɚ] *n* COMPUT Supercomputer *m fam*

super·con·duc·tiv·ity [ˌsu:pəˌkɒndʌkˈtɪvəti, AM -ɚˌkɑ:ndʌkˈtɪvət̬i] *n no pl* PHYS Supraleitfähigkeit *f*

super·con·duc·tor [ˌsu:pəkənˈdʌktəʳ, AM -ɚkən-ˈdʌktɚ] *n* PHYS Supraleiter *m*

super·cool ['su:pəku:l, AM 'su:pɚ-] *adj (fam)* supercool *sl,* voll angesagt *sl*

super·divi·dend [ˌsu:pəˈdɪvɪdend, AM -pɚˈ-] *n* STOCKEX Überdividende *f*

super-duper [ˌsu:pəˈdu:pəʳ, AM -ɚˈdu:pɚ] *adj (hum fam)* ganz toll *fam,* absolut super *fam*

super·ego [ˌsu:pᵊrˈi:gəʊ, AM -ɚˈi:goʊ] *n* PSYCH Über-ich *nt*

super·fi·cial [ˌsu:pəˈfɪʃᵊl, AM -ɚˈ-] *adj* ① *(on the surface)* oberflächlich, an der Oberfläche; MED *cuts, injury, wound* oberflächlich; **~ damage** geringfügiger Schaden
② *(apparent)* äußerlich; **~ similarity** äußerliche Ähnlichkeit
③ *(cursory) knowledge* oberflächlich; *treatment* flüchtig
④ *(pej: shallow) person* oberflächlich *pej*
⑤ BRIT COMM quadratisch, rechtwinklig

super·fi·ci·al·ity [ˌsu:pəˌfɪʃiˈæləti, AM -ɚˌfɪʃiˈælət̬i] *n no pl* ① *(being on surface) of damage* Geringfügigkeit *f;* MED Oberflächlichkeit *f*
② *(pej: shallowness)* Oberflächlichkeit *f pej*

super·fi·cial·ly [ˌsu:pəˈfɪʃᵊli, AM -ɚˈ-] *adv* ① *(cursorily)* oberflächlich betrachtet, auf den ersten Blick
② *(pej: in a shallow manner)* oberflächlich *pej*

super·fine ['su:pəfaɪn, AM 'su:pɚ-] *adj inv* ① *(high-quality)* extra fein, edelst, ausgesucht
② *(very thin)* hochfein

super·flu·ity [ˌsu:pəˈflu:əti, AM -ɚˈflu:ət̬i] *n no pl (form)* ① *(excess)* Überfluss *m;* **a ~ of alcohol** übermäßiger Alkoholgenuss; **a ~ of staff** ein Überhang *m* an Arbeitskräften
② *(sth unnecessary)* Überflüssigkeit *f;* ■**to be a ~** überflüssig sein
③ *(state)* Zuviel *nt*

super·flu·ous [su:ˈpɜ:fluəs, AM -ˈpɜ:r-] *adj* überflüssig

super·flu·ous·ly [su:ˈpɜ:fluəsli, AM -ˈpɜ:r-] *adv* überflüssigerweise

super·fluous·ness [su:ˈpɜ:fluəsnəs, AM -ˈpɜ:r-] *n no pl* Überflüssigkeit *f*

'super·glue® I. *n* Sekundenkleber *m; (fig)* Klette *f fig pej;* **to stick like ~ to sb** an jdm wie eine Klette hängen
II. *vt* ■**to ~ sth** etw festkleben

'super·grass *n* BRIT *(fam)* Informant(in) *m(f),* Polizeispitzel *m fam*

'super·group ['su:pəgru:p, AM 'su:pɚ-] *n + sing/pl vb* MUS Supergroup *f*

super·heavy ['su:pəˌhevi, AM 'su:pɚ-] *adj inv* CHEM überschwer; **~ elements** überschwere Elemente; **~ water** überschweres Wasser

'super·he·ro *n* Superheld *m fam*

'super·high·way *n* ① AM AUTO Autobahn *f*
② COMPUT [**information**] **~** Datenautobahn *f*

super·'hu·man *adj* übermenschlich

super·hy·drat·ed [ˌsu:pəhaɪˈdreɪtɪd, AM ˌsu:pɚˈhaɪ-] *adj inv (fam) hair, skin* gut mit Feuchtigkeitsspendern versorgt *attr*

super·im·pose [ˌsu:pᵊrɪmˈpəʊz, AM -ɚɪmˈpoʊz] *vt* **to ~ images** Bilder überlagern; ***national boundaries are ~d over the map of Europe*** die Grenzen der einzelnen Staaten wurden auf die Europakarte kopiert

super·in·tend [ˌsu:pᵊrɪnˈtend, AM -ɚɪnˈ-] *vt* ■**to ~ sth**

etw beaufsichtigen [*o* überwachen], für etw *akk* verantwortlich sein; **to ~ a department** eine Abteilung leiten

super·in·ten·dence [ˌsuːpərɪnˈtendən(t)s, AM -ərɪnˈ-] *n no pl* [Ober]aufsicht *f; of a department* Leitung *f*

super·in·ten·dent [ˌsuːpərɪnˈtendənt, AM -ərɪnˈ-] *n* ① *(person in charge)* Aufsicht *f; of schools* Oberschulrat, -rätin *m, f,* Schulpfleger(in) *m(f)* SCHWEIZ; *of an office, department* Leiter(in) *m(f);* **park ~** Parkwächter(in) *m(f)*
② BRIT *(police officer)* Hauptkommissar(in) *m(f);* ***S~ Lewis*** Hauptkommissar Lewis; AM Polizeipräsident(in) *m(f),* Polizeichef(in) *m(f),* Polizeikommandant(in) *m(f)* SCHWEIZ
③ AM *(caretaker)* Hausverwalter(in) *m(f)*

su·peri·or [suːˈpɪəriəʳ, AM səˈpɪriɚ] **I.** *adj inv* ① *(higher in rank)* höhergestellt, vorgesetzt; **~ officer** Vorgesetzte(r) *f(m);* MIL vorgesetzter Offizier/vorgesetzte Offizierin; ■**to be ~ [to sb]** [jdm] vorgesetzt sein; *(higher in status)* höher; **to be socially ~ to sb** gesellschaftlich über jdm stehen, einer höheren [Gesellschafts]schicht angehören als jd; *(higher in quality)* besser sein [als jd/etw]
② *(excellent) artist* überragend; *taste* erlesen, gehoben
③ *(better) weapons* überlegen; **to be ~ in numbers** zahlenmäßig überlegen [*o* in der Überzahl] sein; **to be ~ in strength** kräftemäßig überlegen sein
④ *pred (not susceptible)* ■**to be ~ to sth** über etw *akk* erhaben sein
⑤ *(pej: arrogant)* überheblich *pej,* arrogant *pej*
⑥ ANAT höher
⑦ TYPO hochgestellt
II. *n* ① *(higher person)* Vorgesetzte(r) *f(m);* **social ~** gesellschaftlich höher stehende Person
② REL **Mother/Father S~** *Vorsteherin/Vorsteher eines Klosters oder Ordens*

su·peri·or ˈcourt *n* LAW höhere Instanz; AM *(in the U.S.)* Berufungsgericht *nt,* Revisionsgericht *nt (in einigen Bundesstaaten der USA)*

su·peri·or·ity [suːˌpɪəriˈɒrəti, AM səˌpɪriˈɔːrət̬i] *n no pl* ① *(position)* Überlegenheit *f* (**over** über *+akk*), Superiorität *f geh;* **to demonstrate one's ~** seine Überlegenheit zeigen; **~ in numbers** zahlenmäßige Überlegenheit; *(rank)* höhere Stellung [*o* Position]
② *(pej: arrogance)* Überheblichkeit *f pej,* Arroganz *f pej*

su·peri·ˈor·ity com·plex *n* PSYCH *(fam)* Superioritätskomplex *m fachspr;* **to have a ~** einen Superioritätskomplex haben *fachspr,* sich *akk* für etwas Besseres halten

super·juicy <-ier, -iest> [ˌsuːpəˈdʒuːsi, AM ˌsuːpɚˈ-] *adj (fam)* supersaftig *fam*

super·jum·bo *n* Großraumflugzeug *nt*

super·la·tive [suːˈpɜːlətɪv, AM səˈpɜːrlət̬-] **I.** *adj inv* ① *(best)* unübertrefflich, sagenhaft, fantastisch
② LING superlativisch *fachspr;* **~ form** Superlativ *m fachspr*
II. *n* LING ① *(form)* Superlativ *m fachspr; (word)* Superlativ *m*
② *usu pl (hyperbole)* Übertreibung *f*

super·la·tive·ly [suːˈpɜːlətɪvli, AM səˈpɜːrlət̬-] *adv inv* sagenhaft, fantastisch; **~ successful** höchst erfolgreich; **to cook ~** sagenhaft gut kochen

super·law·yer [ˈsuːpəlɔɪəʳ, AM ˌsuːpɚlɑːjɚ] *n* LAW Staranwalt, -anwältin *m, f*

ˈsuper·man *n* ① PHILOS Übermensch *m*
② *(cartoon character)* **S~** Superman *m*
③ *(fam)* ■**a ~** *(exceptional man)* ein Superman

super·mar·ket [ˈsuːpəˌmɑːkɪt, AM -ɚˌmɑːr-] *n* Supermarkt *m;* **at the ~** im Supermarkt

ˈsuper·mar·ket cart *n* AM Einkaufswagen *m*

ˈsuper·mar·ket chain *n* Supermarktkette *f*

ˈsuper·mar·ket tab·loid *n* AM Wochenblatt *nt*

ˈsuper·mar·ket trol·ley *n* BRIT Einkaufswagen *m*

su·per maxi·mum se·ˈcur·ity pris·on, *fam* **ˈsu·per max** *n* Hochsicherheitsgefängnis *nt*

super·mini [ˈsuːpəˌmɪni, AM -pɚ-] *n* Kleinstwagen *m*

ˈsuper·mod·el *n* FASHION Supermodel *nt*

ˈsuper·mom *n* AM *Frau, die Familie, Haushalt und Karriere gleichermaßen meistert*

super·natu·ral [ˈsuːpəˌnætʃərəl, AM -ɚˌnætʃɚəl] **I.** *adj* ① *(mystical)* übernatürlich
② *(extraordinary)* außergewöhnlich
II. *n* ■**the ~** das Übernatürliche

super·natu·ral·ly [ˈsuːpəˌnætʃərəli, AM -ɚˌnætʃɚ-] *adv* ① *(mystically)* übernatürlich
② *(extraordinarily)* **~ large/strong** außergewöhnlich groß/stark

super·no·va <*pl* -s *or* -vae> [ˌsuːpəˈnəʊvə, AM -ɚˈnoʊ-, *pl* -viː] *n* ASTRON Supernova *f*

super·nu·mer·ary [ˌsuːpəˈnjuːmərəri, AM -ɚˈnuːməreri] **I.** *adj (form)* ① *(extra)* zusätzlich
② *(not wanted)* überzählig
③ BOT, ZOOL zu viel *nach n;* ***her right foot had a ~ toe*** an ihrem rechten Fuß war eine Zehe zu viel
④ FILM, THEAT Statisten-
II. *n (form)* ① *(employee)* [Aus]hilfskraft *f*
② *(person)* überzählige Person; *(thing)* überzählige Sache
③ FILM, THEAT Statist(in) *m(f)*

super·or·di·nate [ˌsuːpərˈɔːdənət, AM -ɚˈɔːr-] **I.** *n* ① *(thing)* übergeordnete Sache
② *(person)* übergeordnete Person
③ LING übergeordnetes Wort
II. *adj* übergeordnet

su·per ˈpet·rol *n* BRIT Superbenzin *nt*

super·phos·phate [ˌsuːpəˈfɒsfeɪt, AM -ɚˈfɑːs-] *n no pl* AGR Superphosphat *nt*

ˈsuper·pow·er *n* Supermacht *f*

super·quan·go *n* BRIT *(esp pej) regierungsunabhängige Verwaltungseinrichtung, die besonders groß ist, oder mit mehr Rechten ausgestattet ist als normal*

ˈsuper·sav·er *n* ① *(ticket)* Sparticket *nt*
② BRIT *(offer)* Supersparangebot *nt*

super·sav·er ˈfare *n* TOURIST Sonderspartarif *m,* ermäßigter Fahrpreis **super·sav·er ˈtick·et** *n* TOURIST ermäßigtes Ticket [*o* SCHWEIZ Billet], Sparticket *nt*

super·script [ˈsuːpəskrɪpt, AM -pɚ-] **I.** *adj inv* hochgestellt
II. *n* hochgestelltes Zeichen; COMPUT Index *m;* **in ~** hochgestellt

super·sede [ˌsuːpəˈsiːd, AM -ɚˈ-] *vt* ■**to ~ sb/sth** jdn/etw ersetzen [*o* ablösen], an die Stelle von jdm/etw treten

super·silky <-ier, -iest> [ˌsuːpəˈsɪlki, AM ˌsuːpɚ-] *adj (fam) hair* superseidig *fam*

ˈsuper·size, ˈsuper·sized *adj inv* AM *(fam) portion, clothes* extragroß, gigantisch; *portion* Riesen-; **a ~ meal** eine XXL-Portion

super·son·ic [ˌsuːpəˈsɒnɪk, AM -ɚˈsɑːn-] *adj inv* Überschall-; **~ aircraft** Überschallflugzeug *nt;* **the ~ travel age** das Zeitalter des Reisens mit Überschallgeschwindigkeit

super·star [ˈsuːpəstɑːʳ, AM -ɚstɑːr] *n* Superstar *m*

super·star·dom [ˌsuːpəˌstɑːdəm, AM -ɚˌstɑːr-] *n no pl* Leben *nt* als Superstar; **to shoot to ~** zum Superstar werden

super·sti·tion [ˌsuːpəˈstɪʃən, AM -ɚˈ-] *n* ① *no pl (belief)* Aberglaube[n] *m;* **according to ~** dem Aberglauben nach; **out of ~** aus Aberglauben
② *(practice)* Aberglaube *m kein pl*

super·sti·tious [ˌsuːpəˈstɪʃəs, AM -ɚˈ-] *adj* abergläubisch; ■**to be ~ about doing sth** glauben, dass es Unglück bringt, etw zu tun

super·sti·tious·ly [ˌsuːpəˈstɪʃəsli, AM -ɚˈ-] *adv* abergläubisch

super·store [ˈsuːpəstɔːʳ, AM -ɚstɔːr] *n* Großmarkt *m,* Verbrauchermarkt *m*

super·struc·ture [ˈsuːpəˌstrʌktʃəʳ, AM -ɚˌstrʌktʃɚ] *n* ① *(upper structure)* Oberbau *m*
② NAUT [Deck]aufbauten *pl*
③ ARCHIT Oberbau *m*
④ *(concept)* Überbau *m*

super·tank·er [ˈsuːpəˌtæŋkəʳ, AM -ɚˌtæŋkɚ] *n* NAUT Riesentanker *m,* Supertanker *m*

super·ˈtast·er *n* Superschmecker(in) *m(f) (jd mit ausgeprägtem Geschmackssinn)*

super·tiny [ˌsuːpəˈtaɪni, AM ˌsuːpɚ-] *adj inv* winzig

super·ti·tle [ˈsuːpɚˌtaɪt̬l] *n* AM Oberüberschrift *f*

Su·per ˈTues·day *n* AM POL *(fam) im Wahljahr der zweite Dienstag im März, an dem in vielen Staaten eine Vorwahl für den Präsidentschaftskandidaten abgehalten wird*

ˈsuper·tweet·er *n* Super-Hochtonlautsprecher *m*

super·un·lead·ed [ˈsuːpərʌnˌledɪd, AM -ɚʌnˌ-] AUTO **I.** *adj* superbleifrei
II. *n* Super *nt* bleifrei

super·vene [ˌsuːpəˈviːn, AM -ɚˈ-] *vi (form)* dazwischenkommen; ***events have ~d*** es sind unvermutete Ereignisse eingetreten

super·vise [ˈsuːpəvaɪz, AM -pɚ-] *vt* ■**to ~ sb/sth** jdn/etw beaufsichtigen [*o* überwachen]; **to ~ the distribution of aid** die Verteilung von Hilfsgütern überwachen; **to ~ an exam** bei einer Prüfung die Aufsicht haben

super·vis·ing [ˈsuːpəvaɪzɪŋ, AM -pɚ-] *n no pl* Überwachung *f*

super·vi·sion [ˌsuːpəˈvɪʒən, AM -ɚˈ-] *n no pl of children* Beaufsichtigung *f; of prisoners, work* Überwachung *f,* Supervision *f* SCHWEIZ; ■**under the ~ of sb** unter [der] Aufsicht einer Person *gen;* ■**without ~** unbeaufsichtigt

super·vi·sor [ˈsuːpəvaɪzəʳ, AM -ɚvaɪzɚ] *n* ① *(person in charge)* Aufsichtsbeamte(r), -beamtin *m, f; (in shop)* Abteilungsleiter(in) *m(f); (in factory)* Vorarbeiter(in) *m(f);* SCH Betreuungslehrer(in) *m(f);* UNIV Betreuer(in) *m(f); (for doctoral candidates)* Doktorvater *m;* BRIT Tutor(in) *m(f)*
② AM POL leitender Verwaltungsbeamter/leitende Verwaltungsbeamtin
③ COMPUT *(part of computer)* Supervisor *m*

super·vi·sory [ˌsuːpəˈvaɪzəri, AM -ɚˈvaɪzɚi] *adj inv* ① *(controlling)* Aufsichts-, Aufsicht führend *attr;* **~ body** Aufsichtsorgan *nt,* Kontrollinstanz *f;* **~ staff** Aufsichtspersonal *nt*
② COMPUT Überwachungs-, überwachungs-

super·vi·sory auˈthor·ity *n + sing/pl vb* Aufsichtsbehörde *f* **super·vi·sory board** *n + sing/pl vb* Aufsichtsrat *m;* **chair of the ~** Aufsichtsratsvorsitzende(r) *f(m);* **committee of the ~** Aufsichtsratsgremium *nt,* Aufsichtsratsausschuss *m;* **~ meeting** Aufsichtsratssitzung *f* **super·vi·sory ˈbody** *n* POL Aufsichtsorgan *nt*

ˈsuper·wom·an *n (fam)* ① *(woman of extraordinary powers)* Superwoman *f*
② *(successful woman) Frau, die Familie und Karriere gleichermaßen meistert*

su·pine [ˈsuːpaɪn, AM suːˈpaɪn] *adj* ① *inv (lying on back)* **to be/lie ~** auf dem Rücken liegen; ***he was ~ on the floor*** er lag ausgestreckt auf dem Boden
② *(fig pej: indolent)* träge *pej,* gleichgültig *pej*

su·pine·ly [ˈsuːpaɪnli, AM suːˈpaɪnli] *adv inv (fig pej form)* träge *pej,* gleichgültig *pej*

sup·per [ˈsʌpəʳ, AM -ɚ] *n* ① FOOD *(meal)* Abendessen *nt,* Abendbrot *nt,* Nachtmahl *nt* ÖSTERR, SCHWEIZ *a.* Nachtessen *nt;* **to have ~** zu Abend essen, das Nachtmahl einnehmen ÖSTERR; ***we're having pasta for ~*** bei uns gibt es heute Nudeln zum Abendessen
② FOOD *(dated: snack)* später Imbiss
▶ PHRASES: **to sing for one's ~** *(in return for payment)* etw tun für sein Geld; *(in return for a favour)* sich *akk* revanchieren

ˈsup·per·time [ˈsʌpətaɪm, AM -ɚ-] *n no pl* Abendbrotzeit *f,* Abendessenszeit *f*

sup·plant [səˈplɑːnt, AM -ˈplænt] *vt* ■**to ~ sb/sth** jdn/etw ersetzen [*o* ablösen]; **to feel ~ed** sich *akk* zurückgesetzt fühlen

sup·ple [ˈsʌpl̩] *adj* ① *(flexible) human body* gelenkig, geschmeidig; *(fig) mind* flexibel, beweglich; **to have a ~ mind** geistig beweglich [*o* flexibel] sein
② *(not stiff) leather* geschmeidig; *skin* weich

sup·ple·ly [ˈsʌpl̩i] *adv* weich, geschmeidig

sup·ple·ment I. *n* [ˈsʌplɪmənt, AM -lə-] ① *(something extra)* Ergänzung *f* (**to** zu *+dat*); *(book)* Supplement *nt,* Supplementband *m,* Ergänzungsband *m; (information)* Nachtrag *m,* Anhang *m;* **a ~ to one's income** ein zusätzliches Einkommen
② *(section)* Beilage *f;* **advertising/sports ~** Werbe-/Sportbeilage *f;* **the Sunday ~** die Sonntags-

beilage
3 MED **vitamin** ~ Nahrungsmittelergänzung *f*
4 BRIT *(surcharge)* Zuschlag *m;* **to pay a** ~ einen Zuschlag zahlen
II. *vt* ['sʌplɪment, AM -lə-] ■**to** ~ **sth** etw ergänzen; **to** ~ **one's diet with sth** seine Nahrung durch etw *akk* ergänzen; **to** ~ **one's income by doing sth** sein Einkommen aufbessern, indem man etw tut
sup·ple·men·ta·ry ['sʌpləmentᵊri, AM -t̬ɚi], AM **sup·ple·men·tal** ['sʌpləmentəl, AM 'sʌpləmen̬t̬ᵊl] *adj inv* 1 *(additional)* ergänzend *attr,* zusätzlich, Zusatz-; ~ **charge** Zuschlag *m;* ~ **income** Zusatzeinkommen *nt;* ~ **reading** ergänzende Lektüre; ■**to be** ~ [**to sth**] eine Ergänzung [zu etw *dat*] sein
2 MATH supplementär
sup·ple·men·ta·ry 'an·gle *n* MATH Supplementwinkel *m,* Ergänzungswinkel *m*
sup·ple·men·ta·ry 'ben·efit *n* ECON Zusatzversorgung *f,* Sozialhilfe *f*
sup·ple·ness ['sʌpl̩nəs] *n no pl* 1 *(flexibility) of the human body* Gelenkigkeit *f,* Geschmeidigkeit *f; (fig) of mind* Flexibilität *f fig,* Beweglichkeit *f fig*
2 *(softness) of leather* Geschmeidigkeit *f; of skin* Weichheit *f*
sup·pli·ant ['sʌpliənt] *(form)* **I.** *n* Bittsteller(in) *m(f)*
II. *adj* ■**to be** ~ demütig bitten, flehen *geh*
sup·pli·cant ['sʌplɪkənt, AM -lə-] *n (form liter)* Bittsteller(in) *m(f);* **a** ~ **for mercy** ein um Gnade Flehender/eine um Gnade Flehende *geh*
sup·pli·cate ['sʌplɪkeɪt, AM -lə-] *(form liter)* **I.** *vi* flehen *geh,* inständig bitten
II. *vt* ■**to** ~ **sb/sth** jdn/etw anflehen *geh;* **to** ~ **sb for forgiveness** jdn [demütig] um Verzeihung bitten; **to** ~ **assistance from sb** jdn inständig um Hilfe bitten *geh*
sup·pli·ca·tion [ˌsʌplɪ'keɪʃᵊn, AM -lə'-] *n (form liter)* Flehen *nt kein pl geh* (**for** um +*akk*); ***they have made a*** ~ ***for help*** sie haben eindringlich um Hilfe gebeten; **in** ~ flehentlich *geh*
sup·pli·er [sə'plaɪəʳ, AM -ɚ] *n* 1 *(provider)* Lieferant(in) *m(f);* ~ **of services** Erbringer *m* von Dienstleistungen; **main** ~ Hauptlieferant *m;* **steel** ~ Stahllieferant *m*
2 *(company)* Lieferfirma *f,* Zulieferbetrieb *m;* ■~**s** *pl* Lieferanten *pl,* Zulieferer *pl*
3 *(drug peddler)* [Drogen]lieferant(in) *m(f)*
sup·ply¹ [sə'plaɪ] **I.** *vt* <-ie-> 1 *(provide sth)* ■**to** ~ **sth** für etw *akk* sorgen, etw bereitstellen; **to** ~ **an answer to a question** eine Antwort auf eine Frage geben; **to** ~ **information about sth** Informationen über etw *akk* geben; **to come supplied with sth** *car, radio* mit etw *dat* ausgestattet [*o* ausgerüstet] sein; ■**to** ~ **sth to sb** *arms, drugs* jdm etw beschaffen; **to be accused of** ~**ing drugs** des Drogenhandels beschuldigt werden, wegen Drogenhandel[s] angeklagt sein
2 *(provide sb with sth)* ■**to** ~ **sb** jdn versorgen, jdm etw geben; ECON jdn mit etw *dat* beliefern; ■**to be supplied with sth** etw erhalten; **to** ~ **sb with food** jdn mit Nahrung versorgen
3 *(act as source)* liefern; ***this cereal supplies plenty of vitamins*** dieses Getreide ist ein großer Vitaminspender
4 *(satisfy)* **to** ~ **a demand** eine Nachfrage befriedigen; **to** ~ **a requirement** einer Forderung nachkommen
II. *n* 1 *(stock)* Vorrat *m* (**of** an +*dat*); **a month's** ~ **of tablets** eine Monatspackung Tabletten; **water** ~ Wasservorrat *m*
2 *no pl (action)* Versorgung *f,* Bereitstellung *f;* **electricity** [*or* **power**]/**water** ~ Strom-/Wasserversorgung *f;* **oil/petrol** ~ Öl-/Benzinzufuhr *f; (action of providing)* Belieferung *f;* **source of** ~ Bezugsquelle *f*
3 ECON Angebot *nt;* ~ **and demand** Angebot und Nachfrage; **to be in plentiful** ~ im Überfluss [*o* reichlich] vorhanden sein; **to be in short** ~ Mangelware sein
4 ■**supplies** *pl (provision)* Versorgung *f kein pl,* [Zu]lieferung *f;* MIL Nachschub *m; (amount needed)* Bedarf *m;* **food supplies** Versorgung *f* mit Lebensmitteln, Lebensmittellieferungen *pl;* **to be urgently in need of medical supplies** dringend medizinischer Versorgung bedürfen; **to cut off supplies** die Lieferungen einstellen; **to cut off gas/water supplies** das Gas/Wasser abstellen; **office supplies** Bürobedarf *m*
5 *(amount available)* ■**supplies** *pl* Vorräte *pl,* Bestände *pl;* **food supplies** Lebensmittelvorräte *pl; (for camping, journey)* Proviant *m*
6 BRIT POL ■**supplies** *pl* Budget *nt,* bewilligter Etat
7 BRIT, AUS *(teacher)* Vertretungslehrer(in) *m(f),* Aushilfslehrer(in) *m(f);* **to be on** ~ vertretungsweise unterrichten
sup·ply² ['sʌpli] *adv see* **supplely**
sup·'ply base *n* MIL Versorgungsbasis *f,* Nachschubbasis *f*
sup·'ply bot·tle·neck *n* COMM Angebotsengpass *m*
sup·'ply chain *n* ECON Versorgungskette *f* **sup·'ply de·pot** *n* MIL Versorgungsbasis *f,* Nachschubbasis *f*
sup·'ply in·dus·try *n* Zuliefer[er]industrie *f* **sup·'ply line** *n usu pl* Transportweg *m (für die Versorgung mit Gütern);* MIL Nachschubweg *m* **sup·'ply ship** *n* NAUT Versorgungsschiff *nt*
sup·'ply-side *adj inv* ECON angebotsorientiert **sup·ply-side eco·'nom·ics** *n* ECON angebotsorientierte Wirtschaftspolitik, Angebotswirtschaft *f,* Angebotsökonomie *f* **sup·ply-sid·er** [sə'plaɪˌsaɪdəʳ, AM -ɚ] *n* AM *Befürworter von Steuersenkungen zur Ankurbelung der Wirtschaft*
sup·'ply teach·er *n* BRIT, AUS Aushilfslehrer(in) *m(f),* Vertretungslehrer(in) *m(f)*
sup·port [sə'pɔːt, AM -'pɔːrt] **I.** *vt* 1 *(hold up)* ■**to** ~ **sb/sth** jdn/etw stützen; ■**to be** ~**ed on** [*or* **by**] **sth** von etw *dat* gestützt werden; ■**to** ~ **oneself on sth** sich *akk* auf etw *akk* stützen; **to** ~ **a currency** eine Währung stützen; **to** ~ **a roof** ein Dach abstützen; **to** ~ **sb's weight** jds Gewicht tragen; ***the ice is thick enough to*** ~ ***our weight*** das Eis ist so dick, dass es uns trägt
2 *(sustain)* **to** ~ **life** für den Lebensunterhalt sorgen
3 *(fulfil)* **to** ~ **a role** eine Rolle spielen
4 *usu neg (form: tolerate)* **to not/no longer** ~ **sth** etw nicht/nicht länger ertragen [*o geh* erdulden] [*o fam* aushalten]
5 *(provide with money)* **to** ~ **sb/sth** jdn/etw [finanziell] unterstützen [*o* absichern]; **to** ~ **one's lifestyle** seinen Lebensstil finanzieren
6 *(provide with necessities)* ■**to** ~ **sb** für jds Lebensunterhalt aufkommen; ■**to** ~ **oneself** seinen Lebensunterhalt [selbst] bestreiten; **to** ~ **a family** eine Familie unterhalten
7 *(comfort)* ■**to** ~ **sb/sth** jdn/etw unterstützen; ■**to** ~ **sb in sth** jdn bei etw *dat* unterstützen; ***the union is*** ~***ing Linda in her claim that she was unfairly dismissed*** die Gewerkschaft unterstützt Lindas Behauptung, sie sei zu Unrecht entlassen worden
8 *(encourage)* ■**to** ~ **sb/sth** jdn/etw unterstützen; **to** ~ **a cause** für eine Sache eintreten; **to** ~ **a plan** einen Plan befürworten
9 *(corroborate)* ■**to** ~ **sth** etw belegen; **to** ~ **a theory** eine Theorie beweisen
10 SPORT **to** ~ **a sportsman/team** für einen Sportler/ein Team sein
11 COMM **customer** ~ Kundenbetreuung *f*
12 COMPUT **to** ~ **a device/language/program** ein Gerät/eine Sprache/ein Programm unterstützen
II. *n* 1 *(prop)* Stütze *f;* ARCHIT Träger *m;* FASHION Stütze *f;* **knee** ~ Kniestrumpf *m;* ~ **stockings** Stützstrümpfe *pl*
2 *no pl (act of holding)* Halt *m;* **to give sth** ~ etw *dat* Halt geben
3 *no pl (material assistance)* Unterstützung *f;* **financial** ~ finanzielle Unterstützung; **a** [**visible**] **means of** ~ eine [bekannte] Einnahmequelle; **to withdraw** ~ **from sb/sth** jdm/etw die weitere Unterstützung entziehen; LAW Unterhalt *m;* **action for** ~ Unterhaltsklage *f;* **to receive** ~ Unterhalt bekommen
4 *no pl (comfort)* Halt *m fig,* Stütze *f fig;* ■**to be a** ~ **to sb** jdm eine Stütze sein; **letters of** ~ Sympathieschreiben *pl;* **moral** ~ moralische Unterstützung; **to give sb a lot of** ~ jdm großen Rückhalt geben; **to give sb moral** ~ jdn moralisch unterstützen
5 *no pl (encouragement)* Unterstützung *f; (proof of truth)* Beweis *m;* **to drum up** ~ **for sth** Unterstützung für etw *akk* auftreiben; **to enlist the** ~ **of sb** jds Unterstützung gewinnen; **to lend** ~ **to a theory** eine Theorie erhärten; **to pledge** ~ **for sth** etw *dat* seine Unterstützung zusichern
6 COMPUT Support *m*
▶PHRASES: **in** ~ **of** *(to assist)* als Unterstützung; *(to express approval)* zur Unterstützung; **to vote in** ~ **of the President** für den Präsidenten stimmen; *(to obtain)* um etw zu erreichen; ***the miners have come out on strike in*** ~ ***of their pay claim*** die Bergarbeiter sind in den Streik getreten, um ihrer Lohnforderung Nachdruck zu verleihen
sup·port·able [sə'pɔːtəbl̩, AM -'pɔːrt̬-] *adj (form)* vertretbar
sup·port·er [sə'pɔːtəʳ, AM -'pɔːrt̬ɚ] *n* 1 *(encouraging person)* Anhänger(in) *m(f); of a campaign, policy* Befürworter(in) *m(f); of a theory* Verfechter(in) *m(f);* **strong** ~ energischer Verfechter/energische Verfechterin
2 SPORT Fan *m*
3 *(jockstrap)* Suspensorium *nt*
sup·'port group *n* 1 *(group of sympathisers)* Hilfsvereinigung *f*
2 *(music group)* Vorgruppe *f*
sup·port·ing [sə'pɔːtɪŋ, AM -'pɔːrt̬-] *adj attr, inv* BRIT FILM Vor-, Bei-; ~ **programme** Vorprogramm *nt,* Beiprogramm *nt*
sup·'port·ing act *n* MUS Vorgruppe *f* **sup·'port·ing ac·tor** *n* FILM Nebendarsteller(in) *m(f)* **sup·'port·ing cast** *n* Nebendarsteller *pl,* Ensemble *nt*
sup·port·ing docu·men·'ta·tion *n* Belege *pl*
sup·'port·ing film *n* BRIT FILM Vorfilm *m,* Beifilm *m*
sup·'port·ing part, sup·'port·ing role *n* Nebenrolle *f*
sup·port·ing 'tis·sue *n* ANAT Stützgewebe *nt*
sup·por·tive [sə'pɔːtɪv, AM -'pɔːrt̬-] *adj (approv)* ■**to be** ~ **of sb** jdm eine Stütze sein, jdn unterstützen; ***children with*** ~ ***parents often do better at school*** Kinder, die von ihren Eltern unterstützt werden, kommen oft besser in der Schule zurecht; ■**to be** ~ **of sth** etw unterstützen [*o* befürworten]; ~ **member** Anhänger(in) *m(f)*
sup·por·tive·ly [sə'pɔːtɪvli, AM -'pɔːrt̬-] *adv* **to behave** ~ **towards sb** jdm Rückhalt geben
sup·por·tive·ness [sə'pɔːtɪvnəs, AM -'pɔːrt̬-] *n no pl* Unterstützung *f*
sup·'port net·work *n* Hilfsnetz *nt*
sup·'port price *n* Stützungspreis *m;* BRIT AGR garantierter Mindestpreis
sup·'port sys·tem *n* Hilfsnetz *nt*
sup·pose [sə'pəʊz, AM -'poʊz] *vt* 1 *(think likely)* ■**to** ~ [**that**] ... annehmen [*o* vermuten], dass ...; ***what time do you*** ~ ***he'll be arriving?*** wann, glaubst du, wird er ankommen?; ***I had always*** ~***d that he was innocent*** ich war immer der Meinung, dass er unschuldig ist; ***I*** ~ ***you think that's funny*** du hältst das wohl auch noch für komisch; ***that's not a very good idea — no, I*** ~ ***not*** das ist keine sehr gute Idee – ja, das glaube ich auch; ***will they have arrived by now? — I don't*** ~ ***so*** ob sie jetzt wohl angekommen sind? – das glaube ich eigentlich nicht; **I** ~/**don't** ~ wohl/wohl kaum; ***I*** ~ ***all the tickets will be sold by now*** die Tickets werden wohl inzwischen ausverkauft sein; **I** ~ **you couldn't ...** [*or* **I don't** ~ **you could ...**] Sie könnten mir nicht zufällig ...
2 *(as admission)* denken, annehmen; ***I'm very popular, I*** ~ ich bin sehr beliebt, nehm' ich mal an
3 *(to introduce hypothesis)* annehmen; ~ ***he was there ...*** angenommen er war hier ...
4 *(as a suggestion)* ~ ***we leave right away?*** wie wär's, wenn wir jetzt gleich fahren würden?
5 *(form: require)* ■**to** ~ **sth** etw voraussetzen
6 *(believe)* ■**to** ~ **sth** etw glauben [*o* vermuten]; ***I*** ~ ***she would have been about 70 when she died*** ich vermute, sie war so um die 70, als sie starb; ■**to** ~ **sb/sth to be sth** jdn/etw für etw *akk* halten; ***we***

all ~ d him to be German wir haben alle gedacht, dass er Deutscher sei; ***her new book is ~ d to be very good*** ihr neues Buch soll sehr gut sein; ***it is commonly ~ d that ...*** es wird allgemein angenommen, dass ...
⑦ *pred (expected)* ■**to be ~d to do sth** etw tun sollen; ***you're ~ d to be asleep*** du solltest eigentlich schon schlafen; ***how am I ~ d to find that much money?*** woher soll ich nur das ganze Geld nehmen?
⑧ *pred, usu neg (allowed)* ■**to be not ~d to do sth** etw nicht tun dürfen; ***you're not ~ d to park here*** sie dürfen hier nicht parken
▸PHRASES: **I ~ so** wahrscheinlich, wenn du meinst

sup·posed [səˈpəʊzd, AM -ˈpoʊ-] *adj attr, inv* vermutet, angenommen; **~ killer** mutmaßlicher Mörder/mutmaßliche Mörderin

sup·pos·ed·ly [səˈpəʊzɪdli, AM -ˈpoʊ-] *adv inv* ① *(allegedly)* angeblich
② *(apparently)* anscheinend, scheinbar

sup·pos·ing [səˈpəʊzɪŋ, AM -ˈpoʊ-] *conj* angenommen; **~ *he doesn't show up?*** was, wenn er nicht erscheint?; **always ~ ...** immer unter der Annahme, dass ...; **but ~ ...** aber wenn ...

sup·po·si·tion [ˌsʌpəˈzɪʃᵊn] *n* ① *no pl (act)* Spekulation *f,* Mutmaßung *f;* **to be based on pure ~** auf reiner Spekulation beruhen
② *(belief)* Vermutung *f,* Annahme *f;* **unfounded ~** unbegründete Annahme; **on the ~ that ...** vorausgesetzt, dass ...

sup·posi·tory [səˈpɒzɪtᵊri, AM -ˈpɑːzɪtɔːri] *n* MED Zäpfchen *nt,* Suppositorium *nt fachspr;* **to insert a ~** ein Zäpfchen einführen

sup·press [səˈpres] *vt* ■**to ~ sth** ① *(end)* etw unterdrücken; **to ~ a revolution** eine Revolution niederschlagen; **to ~ terrorism** den Terrorismus bekämpfen; **to ~ human rights** die Menschenrechte missachten
② *(restrain)* **to ~ feelings/impulses/urges** Gefühle/Impulse/Verlangen unterdrücken
③ *(prevent from spreading)* **to ~ evidence/information** Beweismaterial/Informationen zurückhalten
④ *(inhibit)* etw hemmen; **to ~ the immune system** das Immunsystem schwächen; **to ~ a process/reaction** einen Prozess/eine Reaktion abschwächen
⑤ ELEC **to ~ electrical interference** etw entstören, eine elektrische Störung beheben
⑥ PSYCH **to ~ ideas/memories** Vorstellungen/Erinnerungen verdrängen

sup·pres·sant [səˈpresᵊnt] *n* hemmendes Medikament; **appetite ~** Appetitzügler *m,* Appetithemmer *m;* **cough ~** Hustenblocker *m*

sup·pres·sion [səˈpreʃᵊn] *n no pl* ① *(act of ending)* Unterdrückung *f; of an uprising, a revolution* Niederschlagung *f; of terrorism* Bekämpfung *f*
② *of anger, individuality* Unterdrückung *f*
③ *of evidence, information* Zurückhaltung *f,* Verheimlichung *f,* Vertuschung *f*
④ MED Hemmung *f*
⑤ ELEC Entstörung *f*
⑥ PSYCH Verdrängung *f*

sup·pres·sor [səˈpresəʳ, AM -ɚ] *n* ① *(restrainer)* **noise ~** Rauschunterdrücker *m*
② *(inhibitor)* **weed ~** Unkrautbekämpfungsmittel *nt*
③ ELEC Entstörvorrichtung *f,* Entstörer *m*
④ COMPUT Unterdrücker *m*

sup·pu·rate [ˈsʌpjəreɪt] *vi* eitern

supra·na·tion·al [ˌsuːprəˈnæʃᵊnᵊl] *adj inv* supranational *geh,* übernational, überstaatlich

supra·or·bit·al [ˌsuːprəˈɔːbɪtᵊl, AM -t̬ᵊl] *adj* ANAT supraorbital

su·prema·cist [suːˈpreməsɪst, AM sə'-] *(esp pej)* **I.** *n jd, der an die Überlegenheit einer bestimmten Gruppe glaubt*
II. *adj* sich *akk* überlegen fühlend; **to have a ~ attitude towards sb** sich *akk* jdm gegenüber überlegen fühlen

su·prema·cy [suːˈpreməsi, AM sə'-] *n no pl* Vormachtstellung *f,* Supremat *m o nt geh;* SPORT Überlegenheit *f;* **to establish air ~** MIL sich *dat* die Lufthoheit sichern

su·preme [suːˈpriːm, AM sə'-] **I.** *adj inv* ① *(superior)* höchste(r, s), oberste(r, s); **~ authority** höchste [Regierungs]gewalt; **~ commander** Oberbefehlshaber(in) *m(f);* **~ ruler** oberster Herrscher/oberste Herrscherin
② *(strongest)* **to reign ~** absolut herrschen; *(fig)* [unangefochten] an erster Stelle stehen
③ *(extreme)* äußerste(r, s), größte(r, s); ***the ~ irony was that ...*** die größte Ironie bestand darin, dass ...; *(causing great pleasure)* überragend, unübertroffen, unvergleichlich; **to show ~ courage** größten Mut beweisen; **to require a ~ effort of will** höchste Willenskraft erfordern; **~ moment** einzigartiger Moment, Höhepunkt *m*
④ *(fatal)* **to make the ~ sacrifice** *(liter)* [sein Leben] opfern
II. *n no pl* FOOD **turkey ~** ≈ Putengeschnetzeltes *nt,* ≈ Trutengeschnetzeltes *nt* SCHWEIZ *(in Sahnesauce)*

Su·preme ˈBe·ing *n* REL *(liter)* ■**the ~** das Höchste Wesen *liter*

Su·preme ˈCourt *n* LAW ① BRIT **~ [of Judicature]** oberster Gerichtshof für England und Wales ② AM *(highest federal court)* Oberstes Bundesgericht

su·preme·ly [suːˈpriːmli, AM sə'-] *adv* äußerst; ***James plays the violin ~ well*** James spielt außerordentlich gut Geige

Su·preme ˈSo·vi·et *n (hist)* ■**the ~** der Oberste Sowjet *hist*

su·pre·mo [suːˈpriːməʊ, AM səˈpriːmoʊ] *n esp* BRIT, AUS *(fam)* ① *(boss)* Oberboss *m fam*
② *(expert)* **tennis ~** Tenniscrack *m*

Supt *n abbrev of* **superintendent 2**

sur·charge [ˈsɜːtʃɑːdʒ, AM ˈsɜːrtʃɑːrdʒ] **I.** *n* ① *(extra charge)* Zuschlag *m* (**for** für +*akk*), Aufschlag *m* (**on** auf +*akk*); **~ for a single room** Einzelzimmerzuschlag *m;* ECON, FIN Aufgeld *nt*
② *(penalty)* Strafgebühr *f,* Schadenersatzleistung *f* [bei unrechtmäßiger Ausgabe von Geldern], Regress *m; (taxes)* [Steuer]zuschlag *m*
③ BRIT *(refund)* Rückerstattung *f*
④ *(omission)* Zuschlag *m,* Aufschlag *m*
⑤ *(mark on stamp)* Nachporto *nt,* Strafporto *nt*
II. *vt* ① *usu passive* ■**to ~ sb** einen Zuschlag von jdm verlangen; ■**to ~ sth** einen Zuschlag auf etw *akk* erheben, etw mit einem Zuschlag belegen; ■**to be ~d on** [*or* **for**] **sth** für etw *akk* einen Zuschlag bezahlen müssen; **to be ~d for a single room** einen Einzelzimmerzuschlag bezahlen müssen
② *(mark)* **to ~ a stamp** eine Marke mit einem Zuschlagsstempel versehen
III. *vi* einen Zuschlag erheben [*o* fordern]

sure [ʃɔːʳ, ʃʊəʳ, AM ʃʊr] **I.** *adj* ① *pred (confident)* sicher; ■**to be ~ [that] ...** [sich *dat*] sicher sein, dass ...; ***are you ~ ?*** bist du sicher?; ***I'm not really ~*** ich weiß nicht so genau; **to feel ~ [that] ...** überzeugt [davon] sein, dass ...; **to seem ~ [that] ...** als sicher erscheinen, dass ...; ■**to be ~/not ~ how/what/when/where/whether/who/why ...** genau/nicht genau wissen, wie/was/wann/wo/ob/wer/warum ...; ■**to be ~/not ~ if ...** genau/nicht genau wissen, ob...; ■**to be ~/not ~ about** [*or* **of**] **sth** sich *dat* einer S. *gen* sicher/nicht sicher sein; ***are you ~ about this?*** sind Sie sich dessen sicher?; ***I'm not ~ about what to do for the best*** ich weiß nicht genau, was am besten zu tun ist; ■**to be ~/not ~ about** [*or* **of**] **sb** sich *dat* über jdn im Klaren/nicht im Klaren sein; ***you can always be ~ of Kay*** du kannst dich immer auf Kay verlassen
② *(expect to get)* ■**to be ~ of sth** etw sicher bekommen; ■**sb is ~ of sth** etw ist jdm sicher; ***we arrived early to be ~ of getting a good seat*** wir waren frühzeitig da, um auch ja gute Plätze zu bekommen
③ *(certain)* sicher, gewiss; ■**to be ~ to do sth** überzeugt [davon] sein, etw zu tun; ***where are we ~ to have good weather?*** wo werden wir aller Voraussicht nach gutes Wetter haben?; ***we're ~ to see you again before we leave*** bestimmt sehen wir Sie noch einmal, bevor wir abreisen
④ *(true)* sicher; **one ~ way [of doing sth]** ein sicherer Weg [etw zu tun]
⑤ *attr (reliable)* **a ~ sign of sth** ein sicheres Zeichen für etw *akk;* **to have a ~ understanding of sth** sich *dat* über etw *akk* im Klaren sein
▸PHRASES: **to be ~** *(form: to concede truth)* sicherlich, gewiss; *(as emphasis)* klar; ***that was a great movie, to be ~ !*** eines ist klar: das war ein großartiger Film!; **to be ~ of oneself** selbstbewusst sein, sehr von sich *dat* überzeugt sein; **[as] ~ as eggs is eggs, as ~ as the day is long** [*or* BRIT *dated* **~ God made little apples**] so sicher wie das Amen in der Kirche [*o* ÖSTERR im Gebet] *fam;* **~ enough** *(fam)* tatsächlich; **for ~** *(fam)* bestimmt, ganz sicher; **to know for ~ that ...** ganz sicher [*o* genau] wissen, dass ...; ***and that's for ~ !*** das ist mal sicher! *fam;* **one thing's for ~** eines ist [schon] mal sicher [*o* steht schon mal fest] *fam;* **[as] ~ as hell** *(sl)* todsicher *fam;* **to make ~** sich *akk* versichern; **to make ~ [that] ...** darauf achten, dass ...; ***make ~ you lock the door when you go out*** denk daran, die Tür abzuschließen, wenn du weggehst; **as ~ as I'm standing/sitting here** so wahr ich hier stehe/sitze; **~ thing** *(fam: certainty)* sicher!; *esp* AM *(of course)* [aber] natürlich!, [na] klar! *fam*
II. *adv esp* AM *(fam: certainly)* echt *fam;* ***I ~ am hungry!*** hab ich vielleicht einen Hunger!
III. *interj (fam: certainly!)* **oh** [*or* **yeah**] **~!** [aber] natürlich! *iron,* na klar [doch]! *iron;* **~ I will!** natürlich!, aber klar doch! *fam*

ˈsure-fire *adj attr, inv (fam)* todsicher *fam*

sure-ˈfoot·ed *adj* ① *(able to walk)* trittsicher
② *(confident)* sicher, souverän *geh*

sure-ˈfoot·ed·ly *adv* ① *(walking confidently)* [tritt]sicher; *person* sicheren Fußes *geh*
② *(confidently)* sicher, souverän *geh;* **to deal with sth very ~** sehr souverän mit etw *dat* umgehen

sure-ˈfoot·ed·ness *n no pl* ① *(ability to walk)* [Tritt]sicherheit *f*
② *(confidence)* Sicherheit *f,* Souveränität *f geh*

sure·ly [ˈʃɔːli, ˈʃʊə-, AM ˈʃʊr-] *adv* ① *inv (certainly)* sicher[lich], bestimmt; ***that ~ can't be a good idea*** das ist bestimmt keine gute Idee; ***you must agree, ~ ?*** Sie stimmen doch wohl zu?; ***it must ~ be possible for you to get this finished today*** es ist doch bestimmt möglich, dass du das heute noch fertig bekommst; **slowly but ~** langsam, aber sicher
② *inv (showing astonishment)* doch; **~ *you don't expect me to believe that*** du erwartest doch wohl nicht, dass ich dir das abnehme! *fam;* ***there must be some mistake,*** **~** da stimmt doch etwas nicht!; ***he's seventy-five next birthday — sixty-five ~ !*** er wird fünfundsiebzig – fünfundsechzig wolltest du sagen!; **~ *not!*** das darf doch wohl nicht wahr sein!
③ *(confidently)* sicher; ***he seemed to speak very ~*** er schien sich seiner Sache sehr sicher
④ *inv esp* AM *(yes, certainly)* [aber] natürlich [*o* sicher]; ***may I sit here? — yes,*** **~** darf ich mich hierhin setzen? – aber sicher doch!
▸PHRASES: **~ to God** [*or* **goodness**] *(dated fam)* na, hören Sie mal!; ***why, ~ to goodness, child, this is no way to carry on!*** also Kind, das ist doch kein Benehmen!; **~ *to God you could have called to say you'd be late*** du hättest doch wenigstens anrufen können, dass du später kommst

sure·ness [ˈʃʊənəs, AM ˈʃʊr-] *n no pl* ① *(steadiness)* Sicherheit *f,* Verlässlichkeit *f;* ***she has an enviable ~ of touch*** sie hat die Dinge beneidenswert fest im Griff
② *(confidence)* Sicherheit *f,* Souveränität *f*

sure·ty [ˈʃɔːrəti, ˈʃʊə-, AM ˈʃʊrət̬i] *n* LAW ① *(person)* Bürge, Bürgin *m, f,* Garant(in) *m(f);* **to stand ~ [for sb]** [für jdn] bürgen
② *(money)* Bürgschaft *f,* Kaution *f,* Sicherheit[sleistung] *f;* **to provide ~** eine Kaution stellen, Sicherheit leisten; ***they had to provide $5000 as ~*** sie mussten 5000 Dollar als Sicherheit hinterlegen
③ *no pl (certainty)* Gewissheit *f*

sure·ty·ship [ˈʃɔːrətiʃɪp, AM ˈʃʊrət̬i-] *n* FIN, LAW Bürgschaft *f;* **absolute ~** selbstschuldnerische Bürg-

S

schaft; **unlimited** ~ unbefristete Bürgschaft; ~ **limited in time** LAW Zeitbürgschaft *f*

surf [sɜːf, AM sɜːrf] **I.** *n* Brandung *f;* **the crash** [*or* **roar**] **of the** ~ das Tosen der Brandung

II. *vi* ❶ *(on surfboard)* surfen; **to go ~ing** surfen gehen

❷ *(windsurf)* windsurfen

III. *vt* COMPUT **to ~ the internet** [*or* **the World Wide Web**] im Internet surfen

sur·face [ˈsɜːfɪs, AM ˈsɜːrf-] **I.** *n* ❶ *(top layer)* Oberfläche *f; of a lake, the sea* Spiegel *m;* **the earth's** ~ die Erdoberfläche; **the ~ of the moon** die Mondoberfläche; **road** ~ Straßenbelag *m,* Straßendecke *f;* **non-stick** ~ Antihaftbeschichtung *f;* **polished** ~ polierte [Ober]fläche; **to bring sth to the** ~ etw [von unten] heraufholen; *(fig)* etw zutage fördern *geh* [*o* ans Licht bringen]; **to come** [*or* **rise**] **to the** ~ an die Oberfläche kommen, zutage treten; **below** [*or* **beneath**] [*or* **under**]/**on the** ~ *(also fig)* unter/auf der Oberfläche *a. fig;* MIN unter/über Tage

❷ SPORT *(of playing area)* Untergrund *m;* **all-weather/artificial** ~ Allwetter-/Kunststoffboden *m*

❸ *(superficial qualities)* Oberfläche *f;* **on the** ~ äußerlich [*o* oberflächlich] betrachtet

▸ PHRASES: **to scratch** [*or* **scrape**] **the** ~ [**of sth**] *topic, problem* [etw] streifen [*o* oberflächlich behandeln]

II. *vi* ❶ *(come to top)* auftauchen

❷ *(fig: become apparent)* auftauchen, aufkommen; ***a rumour has ~d that ...*** es ist das Gerücht aufgetreten, dass ...

❸ *(fig fam: get out of bed)* aufstehen

III. *vt* ■**to ~ sth** ❶ *(cover)* etw mit einem Belag versehen; **to ~ a road** eine Straße asphaltieren; **to ~ a room** einen Raum auslegen

❷ *(make even)* etw ebnen [*o* glätten]

IV. *adj attr, inv* ❶ *(of outer part)* oberflächlich; *(outward)* äußerlich

❷ *(not underwater)* Überwasser-; ~ **fleet** Überwasserflotte *f;* ~ **ships** Überwasserfahrzeuge *pl*

❸ MIN *(at ground level)* über Tage *nach n*

❹ *(superficial)* oberflächlich; **a ~ impression of sb/sth** ein erster Eindruck von jdm/etw

sur·face ac·tive ˈagent *n* CHEM Tensid *nt,* grenzflächenaktiver Stoff **ˈsur·face ac·tiv·ity** *n* CHEM Grenzflächenaktivität *f* **ˈsur·face area** *n* Fläche *f;* MATH Flächeninhalt *m* **ˈsur·face bal·ance** *n* PHYS Langmuirsche Waage

ˈsur·face mail *n Postsendung, die auf dem Land- bzw. Seeweg befördert wird;* **by** ~ auf dem Landweg [*o* Seeweg]

sur·face-mount·ed [-ˈmaʊntɪd] *adj inv* auf der Oberfläche angebracht, aufmontiert **ˈsur·face noise** *n of a record, CD* Rauschen *nt kein pl,* Abspielgeräusch *nt* **sur·face ˈtem·pera·ture** *n* Oberflächentemperatur *f* **sur·face ˈten·sion** *n* PHYS Oberflächenspannung *f*

sur·face-to-air ˈmis·sile *n,* **SAM** *n* MIL Boden-Luft-Rakete *f* **sur·face-to-ˈsur·face mis·sile** *n* MIL Boden-Boden-Rakete *f*

ˈsur·face wa·ter *n* ❶ *no pl (on ground)* stehende Nässe

❷ *(of lake, sea)* [Wasser]oberfläche *f,* Spiegel *m*

sur·fac·tant [sɜːˈfæktənt, AM sɜːr-] *n* CHEM grenzflächenaktiver Stoff, Tensid *nt*

ˈsurf and turf *n no pl* AM *Gericht, das sowohl Fisch/Meeresfrüchte als auch Fleisch enthält, typischerweise gegrillten Hummer und Rindersteak*

surf·board [ˈsɜːfbɔːd, AM ˈsɜːrfbɔːrd] *n* Surfbrett *nt*

surf·board·er [ˈsɜːfbɔːdəʳ, AM ˈsɜːrfbɔːrdɚ] *n* Surfer(in) *m(f)*

sur·feit [ˈsɜːfɪt, AM ˈsɜːr-] *(form)* **I.** *n no pl* Übermaß *nt* (**of** an +*dat*); **to have a ~ of sth** etw im Übermaß haben, von etw *dat* mehr als genug haben

II. *vt* ■**to be ~ed with sth** etw satthaben *fam,* von etw *dat* übersättigt sein; ■**to ~ oneself with sth** sich *akk* mit etw *dat* überfüttern

surf·er [ˈsɜːfəʳ, AM ˈsɜːrfɚ] *n,* AUS *fam* **surfie** [ˈsɜːfi] *n* Surfer(in) *m(f); (windsurfer)* Windsurfer(in) *m(f)*

surf·ing [ˈsɜːfɪŋ, AM ˈsɜːr-] *n no pl* Surfen *nt,* Wellenreiten *nt; (windsurfing)* Windsurfen *nt*

ˈsurf-rid·ing *n no pl* Wellenreiten *nt,* Surfen *nt*

surge [sɜːdʒ, AM sɜːrdʒ] **I.** *vi* ❶ *(move powerfully) sea* branden; *waves* wogen, sich *akk* auftürmen; *(fig) people* wogen; ***an angry crowd ~d through the gates of the president's palace*** eine aufgebrachte Menschenmenge drängte durch die Tore des Präsidentenpalastes; **to ~ into the lead** sich *akk* im Sturm an die Spitze setzen

❷ *(increase strongly) profits* [stark] ansteigen

❸ *(fig)* ■**to ~** [**up**] *(well up) emotion* aufwallen; *(grow louder) cheer, roar* aufbrausen; ***a wave of resentment surged up inside her*** eine Woge des Zorns stieg in ihr hoch

II. *n* ❶ *(sudden increase)* [plötzlicher] Anstieg

❷ *(large wave)* Woge *f; (breakers)* Brandung *f; (tidal breaker)* Flutwelle *f*

❸ *no pl (activity of water)* Wogen *nt,* [An]branden *nt*

❹ *no pl (fig: pressing movement)* Drängen *nt,* Ansturm *m*

❺ *(fig: wave of emotion)* Welle *f,* Woge *f;* ***she was overwhelmed by a ~ of remorse*** plötzlich überkam sie starke Reue; **to feel a ~ of anger** Zorn in sich *dat* hochsteigen fühlen; **to feel a ~ of sympathy for sb** plötzlich eine starke Zuneigung zu jdm empfinden

❻ ELEC Spannungsanstieg *m*/-stoß *m*

sur·geon [ˈsɜːdʒᵊn, AM ˈsɜːr-] *n* Chirurg(in) *m(f);* **brain/heart** ~ Gehirn-/Herzchirurg(in) *m(f)*

Sur·geon ˈGen·er·al *n* AM Gesundheitsminister(in) *m(f)*

sur·gery [ˈsɜːdʒᵊri, AM ˈsɜːrdʒɚi] *n* ❶ BRIT, AUS *(doctor's premises)* [Arzt]praxis *f*

❷ BRIT, AUS *(treatment session)* Sprechstunde *f;* **to hold** [*or* **take**] [**a**] ~ Sprechstunde haben

❸ *no pl (surgical treatment)* chirurgischer Eingriff; **brain/eye/heart** ~ Gehirn-/Augen-/Herzoperation *f;* **major/minor** ~ größerer/kleinerer Eingriff; **to carry out** [*or* **perform**] ~ operieren; **to need** [*or* **require**] ~ *disease* einen chirurgischen Eingriff nötig machen; *person* operiert werden müssen; **to undergo** ~ sich *akk* einer Operation unterziehen, operiert werden

❹ BRIT POL *(discussion time)* Sprechzeit *f;* **to hold a** ~ einen Gesprächstermin haben [*o* abhalten]

ˈsur·gery hours *npl* BRIT Sprech[stunden]zeiten *pl*

sur·gi·cal [ˈsɜːdʒɪkᵊl, AM ˈsɜːr-] *adj inv* ❶ *(used by surgeons) gloves, instruments* chirurgisch

❷ *(orthopaedic)* medizinisch; ~ **collar** Halskrause *f;* ~ **shoes** orthopädische Schuhe

❸ MIL *(very precise)* ~ **strike** [*or* **attack**] gezielter Angriff [*o* Schlag]

sur·gi·cal·ly [ˈsɜːdʒɪkli, AM ˈsɜːr-] *adv inv* operativ, chirurgisch

sur·gi·cal ˈspir·it *n* BRIT medizinischer Alkohol **sur·gi·cal ˈstock·ing** *n* Stützstrumpf *m*

Su·ri·nam(e) [ˈsʊərɪˌnæm, AM ˌsʊrɪˈnɑːm] *n* Suriname *nt*

Su·ri·nam·ese [ˌsʊərɪnæmˈiːz, AM ˌsʊrɪnɑːmˈ-] **I.** *n* Surinamese, Surinamesin *m, f*

II. *adj* surinamesisch

sur·li·ness [ˈsɜːlɪnəs, AM ˈsɜːr-] *n no pl* unwirsche Art, Ruppigkeit *f pej*

sur·ly [ˈsɜːli, AM ˈsɜːr-] *adj* unwirsch, ruppig *pej*

sur·mise *(form)* **I.** *vt* [səˈmaɪz, AM sɚˈ-] ■**to ~ sth** etw vermuten [*o* annehmen]; ■**to ~ that ...** vermuten [*o* annehmen], dass ...; ■**to ~ what/when/where ...** vermuten, was/wann/wo ...

II. *n* [ˈsɜːmaɪz, AM sɚˈ-] ❶ *(guess)* Vermutung *f*

❷ *no pl (guessing)* Vermutung *f,* Mutmaßung *f;* ***that article is all just wild ~*** dieser Artikel ist nur wilde Spekulation

sur·mount [səˈmaʊnt, AM sɚˈ-] *vt* ❶ *(overcome)* **to ~ a challenge/difficulty/problem** eine Herausforderung/eine Schwierigkeit/ein Problem meistern; **to ~ an obstacle/opposition** ein Hindernis/einen Widerstand überwinden

❷ *(form: stand on top of)* ■**to ~ sth** etw überragen; ARCHIT etw krönen

sur·mount·able [səˈmaʊntəbl̩, AM sɚˈmaʊnt̬-] *adj (form)* überwindbar, zu überwinden *präd*

sur·name [ˈsɜːneɪm, AM ˈsɜːr-] *n* Familienname *m,* Nachname *m*

sur·pass [səˈpɑːs, AM sɚˈpæs] *vt* ❶ *(form: be better than)* ■**to ~ sb/sth** jdn/etw übertreffen; **to ~ all expectations** alle Erwartungen übertreffen

❷ *(be better than ever)* ■**to ~ oneself** sich *akk* selbst übertreffen

sur·pass·ing [səˈpɑːsɪŋ, AM sɚˈpæs-] *adj attr (liter)* unerreicht, vortrefflich

sur·pass·ing·ly [səˈpɑːsɪŋli, AM sɚˈpæs-] *adv (liter)* hervorragend, exzellent

sur·plice [ˈsɜːplɪs, AM ˈsɜːr-] *n* REL Chorhemd *nt,* Überwurf *m*

sur·plus [ˈsɜːpləs, AM ˈsɜːr-] **I.** *n* <*pl* -es> ❶ *(excess)* Überschuss *m* (**of** an +*dat)*

❷ *(financial)* Überschuss *m;* **budget/trade** ~ Haushalts-/Handelsüberschuss *m*

II. *adj inv* ❶ *(extra)* zusätzlich

❷ *(dispensable)* überschüssig; ~ **stock** Lagerbestände *pl,* Überbestand *m;* **to be ~ to requirements** BRIT den eigenen Bedarf übersteigen, nicht mehr benötigt werden

sur·plus ˈvalue *n* ECON Mehrwert *m*

sur·prise [səˈpraɪz, AM sɚˈ-] **I.** *n* Überraschung *f;* ~**! ~!** *(fam)* Überraschung! *a. iron;* **element of** ~ Überraschungsmoment *nt;* **to be full of ~s** *(approv)* voller Überraschungen stecken; **to come as a** ~ [**to sb**] völlig überraschend [für jdn] kommen; **to express ~ at sth** seine Überraschung über etw *akk* zum Ausdruck bringen; **to spring a ~ on sb** jdn vollkommen überraschen; **to take sb by** ~ jdn überraschen; **in** [*or* **with**] ~ überrascht, erstaunt; **to sb's** [**great**] ~ zu jds [großem] Erstaunen

II. *vt* ■**to ~ sb** ❶ *(amaze)* jdn überraschen; ***it will not ~ anyone to learn that the offer has been rejected*** es wird wohl niemanden verwundern, dass das Angebot abgelehnt wurde; ***well, you do ~ me*** nun, das erstaunt mich!

❷ *(take unawares)* jdn überraschen; ■**to ~ sb doing sth** jdn bei etw *dat* überraschen [*o* ertappen]

III. *adj attr, inv* überraschend, unerwartet; ~ **visit** Überraschungsbesuch *m;* ~ **winner** Überraschungssieger(in) *m(f)*

sur·prised [səˈpraɪzd, AM sɚˈ-] *adj* ❶ *(taken unawares)* überrascht; *(amazed)* erstaunt; ***I'm not ~ that he didn't keep his promise*** es überrascht mich nicht, dass er nicht Wort gehalten hat; ***I'm ~ to see you here*** ich bin überrascht, dich hier zu sehen; ***I wouldn't be ~ if it snowed tomorrow*** es würde mich nicht wundern, wenn es morgen schneite; ***you'd be ~ how many people were there*** du würdest kaum glauben, wie viele Leute da waren; **pleasantly** ~ angenehm überrascht; ■**to be ~ at sth** über etw *akk* erstaunt sein; ***we were very ~ at the result*** das Ergebnis hat uns sehr überrascht

❷ *pred (disappointed)* enttäuscht; ■**to be ~ at sb/sth** von jdm/etw enttäuscht sein; ***it's not like you to behave like this — I'm ~ at you*** es sieht dir gar nicht ähnlich, dich so aufzuführen – du enttäuschst mich

sur·pris·ing [səˈpraɪzɪŋ, AM sɚˈ-] *adj* überraschend; ***it's hardly ~ that he broke up*** es ist kaum verwunderlich, dass er Schluss gemacht hat; ***I must say that it's ~ to find you agreeing with me for once*** ich muss sagen, es ist erstaunlich, dass du mir mal zustimmst

sur·pris·ing·ly [səˈpraɪzɪŋli, AM sɚˈ-] *adv* ❶ *(remarkably)* erstaunlich

❷ *(unexpectedly)* überraschenderweise; ***not ~, the jury found them guilty*** wie zu erwarten [war], befand das Gericht sie für schuldig

sur·re·al [səˈrɪəl, AM -ˈriːəl] *adj* surreal *geh,* [traumhaft-]unwirklich

sur·re·al·ism [səˈrɪəlɪzᵊm, AM -ˈriːəl-] *n no pl* Surrealismus *m*

sur·re·al·ist [səˈrɪəlɪst, AM -ˈriːəl-] **I.** *n* Surrealist(in) *m(f)*

II. *adj* surrealistisch

sur·re·al·is·tic [səˌrɪəˈlɪstɪk, AM -ˌriːəˈ-] *adj* surrealistisch

sur·ren·der [sᵊrˈendəʳ, AM səˈrendɚ] **I.** *vi* ❶ MIL aufgeben, kapitulieren; ■**to ~ to sb** sich *akk* jdm ergeben

② *(fig: give in)* nachgeben, kapitulieren; **to ~ to temptation** der Versuchung erliegen
II. *vt (form)* ① *(give)* ■**to ~ sth [to sb]** [jdm] etw übergeben [*o* aushändigen]; **to ~ a claim** auf einen Anspruch verzichten; **to ~ a policy** FIN eine Versicherungspolice [*o* ÖSTERR Versicherungspolizze] zum Rückkauf bringen; **to ~ a territory** ein Gebiet abtreten; **to ~ weapons** Waffen abgeben
② *(abandon)* ■**to ~ oneself to sth** sich *akk* etw *dat* überlassen [*o* hingeben]; ***he ~ed himself to fate*** er ergab sich seinem Schicksal
III. *n no pl* ① *(capitulation)* Kapitulation *f* (**to** vor +*dat*); ***no ~!*** Kapitulieren kommt nicht infrage!; **unconditional ~** bedingungslose Kapitulation
② *(form: giving up)* Preisgabe *f geh* (**to** an +*akk*)
③ FIN *of insurance* Rückkauf *m*
sur·'ren·der clause *n* LAW Rückkaufklausel *f*
sur·rep·ti·tious [ˌsʌrəpˈtɪʃəs, AM ˌsɜːr-] *adj* heimlich; **~ glance** verstohlener Blick
sur·rep·ti·tious·ly [ˌsʌrəpˈtɪʃəsli, AM ˌsɜːr-] *adv* heimlich; *glance* verstohlen
sur·rep·ti·tious·ness [ˌsʌrəpˈtɪʃəsnəs, AM ˌsɜːr-] *n no pl* Heimlichkeit *f; of a glance* Verstohlenheit *f*
sur·ro·ga·cy [ˈsʌrəgəsi, AM ˈsɜːr-] *n no pl* Leihmutterschaft *f*
sur·ro·gate [ˈsʌrəgɪt, AM ˈsɜːr-] **I.** *adj attr, inv* Ersatz-; **~ children** Ersatzkinder *pl;* **~ family** Ersatzfamilie *f*
II. *n* ① *(substitute)* Ersatz *m,* Surrogat *nt geh* (**for** für +*akk*)
② *(deputy)* Vertreter(in) *m(f),* Stellvertreter(in) *m(f)*
sur·ro·gate 'birth *n Geburt eines Kindes, das von einer Leihmutter ausgetragen wurde* **sur·ro·gate 'moth·er** *n* Leihmutter *f* **sur·ro·gate 'moth·er·hood** *n no pl* Leihmutterschaft *f*
sur·round [səˈraʊnd] **I.** *vt* ① *(enclose)* ■**to ~ sb/sth** jdn/etw umgeben
② *(encircle)* ■**to ~ sb/sth** jdn/etw einkreisen; MIL jdn/etw umstellen [*o* umzingeln]
③ *(fig: be associated with)* ■**to ~ sb/sth** jdn/etw umgeben; ***mystery still ~s the circumstances of his death*** die Umstände seines Todes liegen noch immer im Dunkeln; **to be ~ed by** [*or* **with**] **controversy/speculation** Kontroversen/Spekulationen hervorrufen
④ *(have as companions)* ■**to ~ oneself with sb** sich *akk* mit jdm umgeben; ■**to be ~ed by sb** von jdm umgeben sein; ***she wanted to celebrate ~ed by the people she loved*** sie wollte im Kreis ihrer Lieben feiern
II. *n esp* BRIT ① *(border)* Rahmen *m;* **brass ~** Messingrahmen *m*
② *(area around sth)* Umrahmung *f,* Umrandung *f,* Einfassung *f*
sur·round·ing [səˈraʊndɪŋ] **I.** *adj attr, inv* umgebend; **~ area** [*or* **district**] Umgebung *f;* **the ~ buildings/gardens** die umliegenden Gebäude/Gärten
II. *n* ■**~s** *pl* ① *(area)* Umgebung *f;* **to be back in familiar ~s** wieder in vertrauter Umgebung sein
② *(living conditions)* Umgebung *f,* [Lebens]verhältnisse *pl*
sur·rounds [səˈraʊndz] *npl* AM ■**the ~** die Umgebung
sur·'round sound **I.** *n no pl* Raumklang *m,* Surroundsound *m fachspr*
II. *n modifier headphones* Surround-Sound- *fachspr*
sur·tax <*pl* -es> [ˈsɜːtæks, AM ˈsɜːr-] *n* ① *no pl* FIN *(extra income tax)* Zusatzsteuer *f (zur Einkommensteuer)*
② FIN *(additional tax)* Sondersteuer *f*
sur·ti·tle [ˈsɜːˌtaɪtl̩, AM ˈsɜːrˌtaɪtl̩] *n* Übertitel *m* ÖSTERR, *Übersetzungstext, der bei fremdsprachigen Opern- oder Theateraufführungen für die Zuschauer sichtbar eingeblendet wird*
sur·veil·lance [sɜːˈveɪlən(t)s, AM sɚˈ-] *n no pl* Überwachung *f,* Kontrolle *f;* **electronic ~** elektronische Überwachung; **to be under ~** unter Beobachtung stehen, beobachtet [*o* überwacht] werden; **to keep sb/sth under ~** jdn/etw beobachten [*o* überwachen]
sur·'veil·lance air·craft *n* MIL Aufklärungsflugzeug *nt* **sur·'veil·lance cam·era** *n* Überwachungskamera *f* **sur·'veil·lance sat·el·lite** *n* Aufklärungssatellit *m*
sur·vey **I.** *vt* [səˈveɪ, AM sɚˈ-] ① *usu passive (carry out research)* ■**to ~ sb** jdn befragen
② *(look at)* ■**to ~ sb/sth** jdn/etw betrachten; *(carefully)* jdn/etw begutachten
③ *(give overview)* ■**to ~ sth** etw umreißen; ***the book ~s the history of feminism*** das Buch gibt einen Überblick über die Geschichte des Feminismus
④ *(map out)* ■**to ~ sth** etw vermessen
⑤ BRIT **to ~ a building/house** ein Gebäude/Haus begutachten, ein Gutachten von einem Gebäude/Haus erstellen
▸PHRASES: **to be lord** [*or* **master/mistress**] [*or* **king/queen**] **of all one ~s** BRIT alles rundum sein Eigen nennen
II. *n* [ˈsɜːveɪ, AM ˈsɜːr-] ① *(opinion poll)* Untersuchung *f; (research)* Studie *f;* **market ~** Marktumfrage, Erhebung *f;* **local/nationwide ~** örtliche/landesweite Umfrage; **public opinion ~** öffentliche Meinungsumfrage; **to carry out a ~** eine Studie durchführen
② *(overview)* Übersicht *f; of a topic* Überblick *m* (**of** über +*akk*)
③ *(of land)* Vermessung *f;* **to carry out a ~** eine Vermessung durchführen
④ BRIT *(of building)* [Grundstücks]gutachten *nt;* **to have a ~ carried out** [*or fam* **done**] **on a house** ein Gutachten von einem Haus erstellen lassen
sur·vey·or [səˈveɪəʳ, AM sɚˈveɪɚ] *n* ① *(of land)* [Land]vermesser(in) *m(f)*
② BRIT *(of buildings)* Gutachter(in) *m(f)*
sur·viv·abil·ity [səvaɪvəˈbɪləti] *n no pl* ① *(ability to survive)* Überlebensfähigkeit *f*
② *(durability)* Lebensdauer *f,* Strapazierfähigkeit *f*
sur·viv·able [səˈvaɪvəbl̩, AM sɚˈ-] *adj pred (form)* ■**to not be ~** tödlich sein; ***the accident was not ~*** der Unfall bedeutete den sicheren Tod
sur·viv·al [səˈvaɪvəl, AM sɚˈ-] *n* ① *no pl (not dying)* Überleben *nt;* **chance of ~** Überlebenschance *f;* **to fight for ~** ums Überleben kämpfen
② *no pl (fig: not being defeated)* Überleben *nt;* ***her chances of ~ as prime minister now look slim*** ihre Chancen, Ministerpräsidentin zu bleiben, stehen schlecht
③ *(relic)* Überrest *m,* Überbleibsel *nt fam* (**from** aus +*dat*)
▸PHRASES: **the ~ of the fittest** das Überleben des Stärkeren; *(fig)* der Sieg der Tüchtigsten
sur·'viv·al in·stinct *n* Überlebensinstinkt *m* **sur·'viv·al kit** *n* Überlebensausrüstung *f* **sur·'viv·al rate** *n (also fig)* Überlebenschance *f*
sur·vive [səˈvaɪv, AM sɚˈ-] **I.** *vi* ① *(stay alive)* überleben, am Leben bleiben; ■**to ~ on sth** sich *akk* mit etw *dat* am Leben halten
② *(fig: not be destroyed)* überleben, erhalten bleiben; *monument* überdauern; *tradition* fortbestehen
③ *(fig: keep going)* sich *akk* behaupten; ***how are you? — oh, I'm surviving*** *(fam)* wie geht's dir? – ach, ich schlag mich so durch *fam;* ■**to ~ on sth** mit etw *dat* auskommen
II. *vt* ① *(stay alive after)* ■**to ~ sth** *accident, crash* etw überleben; *(fig)* über etw *akk* hinwegkommen
② *(still exist after)* ■**to ~ sth** *fire, flood* etw überstehen
③ *(outlive)* ■**to ~ sb** jdn überleben
sur·viv·ing [səˈvaɪvɪŋ, AM sɚˈ-] *adj inv* ① *(still living)* noch lebend; ***the rhinoceros is one of the oldest ~ species*** das Nashorn ist eine der ältesten überlebenden Spezies; ■**to be ~** noch am Leben sein
② *inv (outliving relative)* hinterblieben; **~ dependant** [unterhaltspflichtige(r)] Hinterbliebene(r)
③ *inv (fig: still existing)* [noch] vorhanden [*o* existent]; ***this is one of the few ~ photographs of my grandfather*** dies ist eines der wenigen Fotos, die es von meinem Großvater noch gibt
④ *inv (fig: still continuing)* noch amtierend
sur·viv·or [səˈvaɪvəʳ, AM sɚˈvaɪvɚ] *n* ① *(person still alive)* Überlebende(r) *f(m);* ***she's a ~ of cancer*** sie hat den Krebs besiegt
② *(fig: tough person)* Stehaufmännchen *hum fam,* Überlebenskünstler(in) *m(f);* ***he's one of life's ~s*** er lässt sich vom Leben nicht kleinkriegen *fam*
③ *(person outliving relative)* Hinterbliebene(r) *f(m)*
sus·cep·tibil·ity [səˌseptəˈbɪləti, AM -əţi] *n* ① *no pl (ability to be influenced)* Empfänglichkeit *f* (**to** für +*akk*)
② *no pl* MED Anfälligkeit *f* (**to** für +*akk*)
③ *(feelings)* ■**susceptibilities** *pl* Gefühle *pl;* **to hurt/offend sb's ~** jds Gefühle verletzen/beleidigen
sus·cep·tible [səˈseptəbl̩] *adj* ① *usu pred (easily influenced)* ■**to be ~ to sth** für etw *akk* empfänglich sein; ***children are very ~ to TV*** Kinder sind durch das Fernsehen leicht beeinflussbar
② MED anfällig; **to be ~ to pain** schmerzempfindlich sein
③ *pred (form: open)* ■**to be ~ of sth** BRIT etw zulassen; ***the facts are ~ of other explanations*** die Fakten lassen auch andere Erklärungen zu; ■**to be ~ to sth** offen für etw *akk* sein
su·shi [ˈsuːʃi] *n no pl* FOOD Sushi *nt*
'su·shi bar *n* Sushibar *f*
sus·pect **I.** *vt* [səˈspekt] ① *(think likely)* ■**to ~ sth** etw vermuten; ***I ~ed as much*** das habe ich mir gedacht; ***I ~ not/so*** ich nehme an [*o* denke] nein/ja; ***so far, the police do not ~ foul play*** bislang geht die Polizei noch nicht von einem Verbrechen aus; ■**to ~ that ...** vermuten [*o* mutmaßen], dass ...; ***I half ~ed that he was lying*** ich hatte irgendwie den Eindruck, dass er log; **to strongly ~ sth** etw stark annehmen
② *(consider guilty)* ■**to ~ sb** jdn verdächtigen; ■**to ~ sb of doing sth** jdn verdächtigen, etw getan zu haben; ■**to be ~ed of sth** einer S. *gen* verdächtigt werden; ■**to be ~ed of having done sth** im Verdacht stehen, etw getan zu haben
③ *(doubt)* ■**to ~ sth** etw anzweifeln; *motives* einer S. *dat* misstrauen
II. *n* [ˈsʌspekt] Verdächtige(r) *f(m); (fig)* Verursacher(in) *m(f);* **prime** [*or* **main**] **~** Hauptverdächtige(r) *f(m)*
III. *adj* [ˈsʌspekt] ① *usu attr (possibly dangerous)* verdächtig, suspekt
② *(possibly defective)* zweifelhaft
sus·pect·ed [səˈspektɪd] *adj attr, inv* ① *(under suspicion)* verdächtigt; **~ terrorists** mutmaßliche Terroristen
② MED ***he has a ~ broken leg*** es besteht bei ihm der Verdacht auf einen Beinbruch
sus·pend [səˈspend] *vt* ① *(stop temporarily)* ■**to ~ sth** etw [vorübergehend] aussetzen [*o* einstellen]; **to ~ judgement** mit seiner Meinung zurückhalten; **to ~ proceedings** LAW die Verhandlung unterbrechen
② LAW *(make temporarily inoperative)* **to ~ a constitution/right** eine Verfassung/ein Recht zeitweise außer Kraft setzen; **to ~ a sentence** eine Strafe [zur Bewährung] aussetzen; **to ~ disbelief** *(fig)* die Vernunft [zeitweilig] ausschalten
③ *usu passive* ■**to ~ sb** *(from work)* jdn suspendieren; *(from school)* jdn [zeitweilig] [vom Unterricht] ausschließen; SPORT jdn sperren; **to ~ sb from duty** jdn vom Dienst suspendieren
④ *usu passive (hang)* ■**to ~ sth** etw aufhängen; ■**to be ~ed** [**from sth**] [von etw *dat*] herabhängen; ***a bare light bulb was ~ed from the ceiling*** eine nackte Glühbirne hing von der Decke; **to be** [*or* **hang**] **~ed in midair** frei schwebend aufgehängt sein
⑤ *usu passive* CHEM ■**to be ~ed in sth** in etw *dat* gelöst [*o fachspr* suspendiert] sein
sus·pend·ed ani·'ma·tion *n no pl* BIOL [Winter]starre *f;* MED Scheintod *m; (fig)* Erstarrung *f*
sus·pend·ed 'sen·tence *n* LAW aufgeschobene Urteilsverkündung
sus·pend·er [səˈspendəʳ, AM -ɚ] *n* ① *(for stockings)* Strumpfbandhalter *m*
② AM *(braces)* ■**~s** *pl* Hosenträger *pl*
③ BRIT *(dated: for men's socks)* Kniestrumpfhalter *m,* Sockenhalter *m* SCHWEIZ
sus·'pend·er belt *n* BRIT, AUS Strumpfbandhalter *m*

S

sus·pense [sə'spen(t)s] *n no pl* Spannung *f*; ***the ~ is killing me*** ich sterbe vor Neugier; **to be/wait in ~** voller Spannung sein/warten; **to keep sb in ~** jdn im Ungewissen [*o fam* zappeln] lassen; **to put sb out of their ~** jdn nicht länger auf die Folter spannen

sus·pense·ful [sə'spensfᵊl] *adj* spannend, aufregend

sus·pen·sion [sə'spen(t)ʃᵊn] *n* ① *no pl (temporary stoppage)* [zeitweilige] Einstellung [*o* Aussetzung]; ***there have been calls for the drug's immediate ~*** es wurde gefordert, das Medikament sofort aus dem Verkehr zu ziehen; **~ of fighting** Waffenruhe *f*; **~ of trading** Handelsaussetzung *f*; **~ of payment** Stundungsfrist *f*; **~ of payments** Zahlungseinstellung *f*
② *(from work, school)* Suspendierung *f*, Beurlaubung *f*; SPORT Sperrung *f*; **to be under ~** *worker, student* [zeitweilig] suspendiert [*o* beurlaubt] sein; *player* [zeitweilig] gesperrt sein
③ CHEM Suspension *f fachspr*; **to be in ~ [in sth]** [in etw *dat*] [auf]gelöst [*o fachspr* suspendiert] sein
④ AUTO Radaufhängung *f*; **[spring]** ~ Federung *f*
⑤ LAW zeitweilige Einstellung, Aussetzung *f*, Suspension *f fachspr*

sus·'pen·sion bridge *n* Hängebrücke *f*

sus·'pen·sion points *npl* Auslassungspunkte *pl*

sus·pen·sion 'rail·way *n* Schwebebahn *f*

sus·pen·sory [sə'spensᵊri] *adj inv* ① *(holding and supporting)* hängend; *ligament, muscle* Aufhänge-; **~ bandage** Bruchband *nt*
② *(deferring) condition, veto* aufschiebend, suspensiv *geh*

sus·pi·cion [sə'spɪʃᵊn] *n* ① *(unbelief)* Verdacht *m*; ***this has confirmed my worst ~s about him*** das hat meine schlimmsten Erwartungen über ihn bestätigt; **there is a growing ~ that ...** es verstärkt sich der Verdacht, dass ...; **a lurking/nagging/sneaking ~** ein heimlicher/nagender/schleichender Verdacht; **to arouse sb's ~s** jds Verdacht erregen; **to have one's ~s about sb/sth** bezüglich einer Person/einer S. *gen* seine Zweifel haben; **to have a ~ that ...** den Verdacht haben, dass ...
② *no pl (being suspected)* Verdacht *m*; **to arouse ~** Verdacht erregen; **to arrest sb on ~ of sth** jdn wegen des Verdachts auf etw *akk* verhaften; **to be above [*or* beyond] ~** über jeglichen Verdacht erhaben sein; **to be under ~** unter Verdacht stehen; ***she is under ~ of murder*** sie steht unter Mordverdacht
③ *no pl (mistrust)* Misstrauen *nt*; **to have a ~ of sb/sth** jdm/etw gegenüber misstrauisch sein; **to regard/view sth with ~** etw mit Misstrauen betrachten; **to regard sb with ~** jdm mit Misstrauen begegnen
④ *(small amount)* ■**a ~ of sth** ein Anflug *m* [*o* ein Hauch *m*] von etw *dat*
▸PHRASES: **the <u>finger</u> of ~ is pointing at sb** ***all the cake has gone and I'm afraid the finger of ~ rests on you*** der ganze Kuchen ist weg und ich fürchte, alles deutet auf dich

sus·pi·cious [sə'spɪʃəs] *adj* ① *(causing suspicion)* verdächtig; ***have you seen anything ~?*** haben Sie irgendetwas Verdächtiges beobachtet?; **to look ~** verdächtig aussehen
② *(feeling suspicion)* misstrauisch, argwöhnisch; ***my mother has a very ~ nature*** meine Mutter ist von Natur aus sehr misstrauisch; **to become [*or* get] ~ [about sth]** [wegen einer S. *gen*] misstrauisch werden; ■**to be ~ of sth** etw mit Skepsis betrachten, einer S. *dat* gegenüber skeptisch sein

sus·pi·cious·ly [sə'spɪʃəsli] *adv* ① *(so as to cause suspicion)* verdächtig; **to act [*or* behave] ~** sich *akk* verdächtig benehmen; **to look ~ like sth** verdächtig nach etw *dat* aussehen
② *(mistrustfully) look, ask* misstrauisch, argwöhnisch

sus·pi·cious·ness [sə'spɪʃəsnəs] *n no pl* ① *(suspectness)* Verdächtigkeit *f*
② *(mistrustfulness)* Misstrauen *nt*, Argwohn *m geh*

suss [sʌs] **I.** *adj* AUS *(fam) see* **suspicious 1**
II. *vt esp* BRIT, AUS ■**to ~ [out]** ○ **sb/sth** ① *(understand)* jdn/etw durchschauen; ***she thinks she's got me ~ed*** sie glaubt, sie hätte mich durchschaut
② *(discover)* jdm/etw auf die Spur kommen; ■**to ~ [out] how/what/where/why ...** herauskriegen, wie/was/wo/warum ... *fam*; ■**to ~ [out] that ...** herausfinden, dass ...

sussed [sʌst] *adj* BRIT *(fam)* gut informiert

sus·tain [sə'steɪn] *vt* ① *(form: suffer)* **to ~ damages** Schäden erleiden [*o* davontragen]; *object* beschädigt werden; **to ~ injuries/losses** Verletzungen/Verluste erleiden
② *(maintain)* ■**to ~ sth** etw aufrechterhalten; ***the economy looks set to ~ its growth next year*** es sieht so aus, als würde das Wirtschaftswachstum im nächsten Jahr anhalten
③ *(keep alive)* ■**to ~ sb/sth** jdn/etw [am Leben] erhalten; **to ~ a family** eine Familie unterhalten [*o* versorgen]
④ *(support emotionally)* ■**to ~ sb** jdn unterstützen, jdm [unterstützend] helfen
⑤ AM LAW *(uphold)* ■**to ~ sth** etw zulassen; ***objection ~ed!*** Einspruch stattgegeben!; **to ~ a case against sb** jdn anklagen
⑥ MUS **to ~ a note** eine Note halten
⑦ COMPUT ■**to ~ sth** bei etw *dat* [Spannung *f*] aufrechterhalten

sus·tain·abil·ity [sə,steɪnə'bɪləti, AM -ət̬i] *n no pl* ① *(ability to be maintained)* Tragbarkeit *f*, Nachhaltigkeit *f*, Tragfähigkeit *f*
② ECOL Möglichkeit *f* der Erhaltung

sus·tain·a'bil·ity fund *n* FIN Nachhaltigkeitsfonds *m*

sus·tain·able [sə'steɪnəbl̩] *adj* ① *(maintainable)* haltbar; *argument* stichhaltig; ■**sth is ~** etw kann aufrechterhalten werden
② ECOL erhaltbar; *resources* erneuerbar; **~ energy** erneuerbare Energie

sus·tain·able de·'vel·op·ment, sus·tain·able 'growth *n no pl* ECON, ECOL nachhaltige Entwicklung

sus·tained [sə'steɪnd] *adj* ① *(long-lasting)* anhaltend; **~ applause** anhaltender Applaus; **~ fire** Dauerbeschuss *m*
② *(determined)* nachdrücklich; **~ efforts** nachhaltige Bemühungen; **a ~ attempt** ein entschlossener Versuch; **to make a ~ effort to do sth** entschieden an etw *akk* herangehen

sus·tain·ing [sə'steɪnɪŋ] *adj* nahrhaft; **a ~ meal** eine kräftige Mahlzeit

sus·'tain·ing pedal *n* MUS Fortepedal *nt*

sus·te·nance ['sʌstɪnən(t)s, AM -tᵊn-] *n no pl* ① *(form: food)* Nahrung *f*
② *(form: nutritious value)* Nährwert *m*
③ *(emotional support)* Unterstützung *f*; **to draw ~ from sth** Unterstützung aus etw *dat* ziehen; **to find ~ in sth** eine Stütze an etw *dat* finden

sut·tee ['sʌti:, AM sə'ti:] *n (hist)* Sati *nt (Witwenverbrennung im alten Indien)*

su·ture ['su:tʃəʳ, AM -ɚ] MED **I.** *n* Naht *f*
II. *vt* ■**to ~ sth** etw [ver]nähen

SUV [,esju:'vi:] *n abbrev of* **sport utility vehicle** Geländewagen *m*

su·ze·rain ['su:zᵊreɪn, AM -zɚɪn] *n* POL *(form)* Oberherr *m*, Protektor *m*; *(hist)* [Ober]lehnsherr *m hist*

su·ze·rain·ty ['su:zᵊreɪnti, AM -zɚɪnti] *n no pl* POL *(form)* Oberhoheit *f*, Oberherrschaft *f*

Sval·bard ['svɑ:lbɑ:d, AM -bɑ:rd] *n* Svalbard *nt*

svelte ['svelt] *adj (approv) woman* schlank, grazil

Svengali [sven'gɑ:li] *n jemand, der die Fäden in der Hand hat*

SW¹ [,es'dʌblju:] **I.** *n* GEOG *abbrev of* **southwest** SW *m*
II. *adj abbrev of* **south-western** südwestlich

SW² [,es'dʌblju:] TELEC *abbrev of* **short wave**

swab [swɒb, AM swɑ:b] **I.** *n* MED ① *(pad)* Tupfer *m*
② *(test sample)* Abstrich *m*; **to take a ~ of sb's ear/throat** bei jdm einen Ohr-/Rachenabstrich vornehmen
II. *vt* <-bb-> ① MED *(clean)* ■**to ~ sth** etw abtupfen
② *esp* NAUT *(wash down)* ■**to ~ [down]** ○ **sth** etw scheuern; **to ~ the deck** das Deck schrubben
◆**swab out** *vt* ■**to ~ out** ○ **sth** ① MED *wound* etw säubern
② *(wash out) container, room* etw [feucht] auswischen

Swa·bia ['sweɪbiə] *n no pl* GEOG Schwaben *nt*

Swa·bian ['sweɪbiən] **I.** *adj inv* schwäbisch; **~ dialect** schwäbischer Dialekt
II. *n* ① *(person)* Schwabe, Schwäbin *m, f*
② *no pl (dialect)* Schwäbisch *nt*, das Schwäbische

swad·dle ['swɒdl̩, AM 'swɑ:-] *vt (dated)* ■**to ~ sb/sth [in sth]** jdn/etw [in etw *akk*] einwickeln; **to ~ a baby** ein Baby wickeln

swad·dling clothes ['swɒdlɪŋ-, AM 'swɑ:-] *npl (dated)* Windeln *pl*; **to wrap a baby in ~** einen Säugling in Windeln wickeln

swag [swæg] *n no pl* ① *no pl (dated: stolen goods)* Beute *f*, Diebesgut *nt*
② AUS *(dated: bundle)* Bündel *nt (mit Habseligkeiten, Siebensachen)*
③ ARCHIT *(ornament)* girlandenähnliche Verzierung

swag·ger ['swægəʳ, AM -ɚ] **I.** *vi* ① *(walk boastfully)* stolzieren
② *(behave boastfully)* angeben *fam*, prahlen
II. *n no pl* Angeberei *f pej fam*, Prahlerei *f pej*

swag·ger·ing ['swægᵊrɪŋ, AM -ɚ-] *adj* ① *gait, walk* stolzierend *attr*
② *(boastful)* angeberisch, schwadronierend; **~ self-confidence** prahlerische Zuversicht

swag·ger·ing·ly ['swægᵊrɪŋli, AM -ɚ-] *adv* in prahlerischer Weise

'swag·ger stick *n* MIL Offiziersstöckchen *nt*

swag·man ['swægmæn] *n* AUS *(dated)* Landstreicher *m*

Swa·hi·li [swɑ:'hi:li] *n* Swahili *nt*, Suaheli *nt*

swain [sweɪn] *n* ① *(old: youth)* [junger] Schäfer, Bauernbursche *m*
② *(poet or iron: suitor, lover)* Liebhaber *m*, Verehrer *m*, Galan *m iron*

swal·low¹ ['swɒləʊ, AM 'swɑ:loʊ] *n* Schwalbe *f*
▸PHRASES: **one ~ doesn't <u>make</u> a summer** *(prov)* eine Schwalbe macht noch keinen Sommer *prov*

swal·low² ['swɒləʊ, AM 'swɑ:loʊ] **I.** *n* ① *(action)* Schlucken *nt kein pl*; ***he gave a ~, then began speaking*** er schluckte und fing dann an zu sprechen
② *(quantity)* Schluck *m*; **to take [*or* have] a ~ of sth** einen Schluck von etw *dat* nehmen
II. *vt* ① *(eat)* ■**to ~ sth** etw [hinunter]schlucken; *(greedily)* etw verschlingen; **to ~ sth whole** etw als Ganzes [*o* unzerkaut] [hinunter]schlucken
② *usu passive* ECON *(fig: take over)* ■**to be ~ed [up] by sth** von etw *dat* geschluckt werden *fam*
③ *(fig: engulf)* ■**to ~ [up]** ○ **sb/sth** jdn/etw verschlingen; ***she was soon ~ed up in the crowds*** sie war schnell in der Menschenmenge verschwunden
④ *(fig: use up)* ■**to ~ [up]** ○ **sth** etw aufbrauchen [*o geh* aufzehren] [*o pej* verschlingen]
⑤ *(fig fam: believe unquestioningly)* ■**to ~ sth** etw schlucken *fam*; ***he ~ed her story whole*** er hat ihr die ganze Geschichte abgekauft *fam*
⑥ *(fig fam: suffer)* ■**to ~ sth** etw einstecken *fam*; ***I found it hard to ~ his insults*** es fiel mir schwer, seine Beleidigungen wegzustecken *fam*
⑦ *(fig: suppress)* **to ~ one's anger/disappointment** seinen Ärger/seine Enttäuschung hinunterschlucken *fam*; **to ~ one's pride** seinen Stolz überwinden; **to ~ one's words** sich *dat* eine Bemerkung verkneifen *fam*
▸PHRASES: **to ~ the <u>bait</u>** anbeißen *fam*; **to ~ sth <u>hook</u>, line and sinker** etw bedenkenlos glauben; ***she ~ed his story hook, line and sinker*** sie hat ihm die ganze Geschichte ohne Wenn und Aber abgekauft *fam*
III. *vi* schlucken
◆**swallow down** *vt* ■**to ~ down** ○ **sth** etw hinunterschlucken; *(gulp down)* etw hinunterschlingen

'swal·low dive *n* BRIT, AUS SPORT Schwalbensprung *m*, Flügelsprung *m*

'swal·low·tail I. *n* ① ORN Schwalbenschwanzkolibri *m*
② ZOOL *(butterfly)* Schwalbenschwanz *m*
③ *pl* FASHION Frack *m*
II. *n modifier* Schwalbenschwanz-
swam [swæm] *vt, vi pt of* **swim**
swa·mi ['swɑːmi] *n* REL Swami *m; (as form of address)* ■**S~** Swami
swamp [swɒmp, AM swɑːmp] I. *vt* ① *(fill with water)* **to ~ a boat/canoe** ein Boot/Kanu volllaufen lassen
② *(flood)* ■**to ~ sth** etw überschwemmen [*o* unter Wasser setzen]
③ *(fig: overwhelm)* ■**to ~ sb/sth [with sth]** jdn/etw [mit etw *dat*] überschwemmen; ***I'm ~ed with work at the moment*** im Moment ersticke ich in Arbeit; **to be ~ed with presents** mit Geschenken überhäuft werden
④ *(fig: cause to break down)* ■**to ~ sth** etw überlasten
⑤ BRIT *(fig fam: be too big for)* ■**to ~ sb** jdn untergehen lassen; ***the new dress absolutely ~s her*** in dem neuen Kleid geht sie völlig unter
II. *n* ① *(bog)* Sumpf *m,* Morast *m;* **mangrove ~** Mangrovensumpf *m*
② *no pl (boggy land)* Sumpf *m,* Sumpfland *nt*
'swamp fe·ver *n no pl* Sumpffieber *nt* **'swamp·land** *n,* **'swamp·lands** *npl* Sumpfland *nt,* Sumpfgebiet *nt*
swampy ['swɒmpi, AM 'swɑː-] *adj* sumpfig, morastig
swan [swɒn, AM swɑːn] I. *n* Schwan *m*
II. *vi* <-nn-> BRIT, AUS *(usu pej fam)* **to ~ down the street** die Straße hinunterschlendern; **to ~ into the room** ins Zimmer spaziert kommen; ■**to ~ about** [*or* **around**] *(pej fam)* herumtrödeln *fam;* ■**to ~ along** umherschlendern, lustwandeln *hum geh;* ■**to ~ off** *(pej fam)* sich *akk* davonmachen *fam,* sich *akk* trollen *fam,* abdampfen *fam*
'swan dive *n* AM SPORT *(swallow dive)* Schwalbensprung *m,* Flügelsprung *m* **'Swan Is·lands** *npl* Schwaneninseln *pl*
swank [swæŋk] *(pej)* I. *vi (fam)* angeben *fam,* herumprotzen *pej fam;* ■**to ~ about sth** mit etw *dat* angeben
II. *n no pl (fam)* Prahlerei *f pej,* Protzerei *f pej fam;* ***I think these threats are just ~*** ich glaube, diese Drohungen sind nur heiße Luft *fam*
swanky ['swæŋki] *adj (fam)* ① *(stylish)* schick *fam;* **a ~ car** ein flotter Schlitten *fam*
② *(pej: boastful)* protzig *pej fam; talk, manner* großspurig *pej*
swan·nery ['swɒnᵊri, AM 'swɑːnɚi] *n* Schwanenteich *m*
'swans·down *n no pl (feathers)* Schwanendaune[n] *f[pl]*
'swan·song *n (fig)* Schwanengesang *m geh*
swap [swɒp, AM swɑːp] I. *n* ① *(exchange)* Tausch *m; (interchange)* Austausch *m;* **to do a ~ [with sb]** [mit jdm] tauschen [*o* einen Tausch machen]
② *(deal)* Tauschhandel *m,* Tauschgeschäft *nt*
③ *(thing)* Tauschobjekt *nt*
II. *vt* <-pp-> ① *(exchange)* ■**to ~ sth** etw tauschen; ■**to ~ sth for sth** etw gegen etw *akk* eintauschen; ■**to ~ sth with sb** etw mit jdm tauschen; **to ~ places with sb** mit jdm Platz tauschen
② *(tell one another)* ■**to ~ sth** etw austauschen; ***we ~ped addresses*** wir haben unsere Adressen ausgetauscht; **to ~ reminiscences** Erinnerungen austauschen; **to ~ stories** sich *dat* gegenseitig Geschichten erzählen
III. *vi* <-pp-> tauschen; ■**to ~ with sb** *(exchange objects)* mit jdm tauschen; *(change places)* mit jdm [Platz] tauschen
◆**swap around** I. *vt* ■**to ~ around** ◌ **sth** etw umstellen
II. *vi* BRIT *see* **swap round**
◆**swap over** BRIT I. *vt* ■**to ~ over** ◌ **sth** etw austauschen
II. *vi* tauschen
◆**swap round** BRIT I. *vt see* **swap around**
II. *vi* [die Plätze] tauschen; ***after the meal, we all ~ped round*** nach dem Essen tauschten wir alle die Plätze
'swap meet *n* AM *(car boot sale)* privater Flohmarkt
SWAPO ['swɑːpəʊ, AM -poʊ] *n no pl, + sing/pl vb acr for* **South West Africa People's Organization** SWAPO *f*
'swap op·tion *n* FIN Swap-Option *f fachspr* **'swap rate** *n* FIN Swapsatz *m*
swap·tion ['swɒpʃᵊn, AM 'swɑːp-] *n* FIN *(swap option)* Swaption *f*
'swap trans·ac·tion *n* FIN Swapgeschäft *nt*
sward [swɔːd, AM swɔːrd] *n* Rasen *m,* Grasnarbe *f*
swarf [swɔːf, AM swɔːrf] *n no pl* Späne *pl*
swarm [swɔːm, AM swɔːrm] I. *n* ① *(insects)* Schwarm *m;* **~ of bees/insects/wasps** Bienen-/Insekten-/Wespenschwarm *m*
② *+ sing/pl vb (fig: people)* Schar *f;* ***a ~ of journalists followed the car*** Journalisten folgten dem Auto in Scharen
II. *vi* ① ZOOL *insects* schwärmen
② *(fig) people* schwärmen; ***children ~ed round the ice-cream stand*** Kinder schwärmten um den Eisstand herum
③ *(be full of)* ■**to be ~ing with sth** von etw *dat* [nur so] wimmeln; ***the garden is ~ing with wasps*** im Garten wimmelt es von Wespen
④ *(climb)* ■**to ~ up sth** etw hinaufklettern [*o* hochklettern], auf etw *akk* klettern
swarthy ['swɔːði, AM 'swɔːr-] *adj* dunkel[häutig]
swash <*pl* -es> [swɒʃ, AM swɑːʃ] *n* [Wellen]plätschern *nt,* [Brandungs]rauschen *nt*
swash·buck·ler ['swɒʃbʌkləʳ, AM 'swɑːʃbʌklɚ] *n* ① *(person)* Renommist *m,* Säbelrassler *m,* Schwadroneur *m*
② *(film)* **a ~ film** ein Mantel-und-Degen-Film *m*
swash·buck·ling ['swɒʃ,bʌklɪŋ, AM 'swɑːʃ,-] *adj attr, inv hero, pirate* verwegen, säbelrasselnd; *pseudo-hero* großschnäuzig *pej*
swas·ti·ka ['swɒstɪkə, AM 'swɑː-] *n* Hakenkreuz *nt*
swat [swɒt, AM swɑːt] I. *vt* <-tt-> ① *(kill)* **to ~ an insect** ein Insekt totschlagen [*o* zerquetschen]
② *(hit)* ■**to ~ sb/sth** jdn/etw hart schlagen; **to ~ a ball** einen Ball schmettern
③ *(fig: destroy)* ■**to ~ sth** etw [zerstörerisch] treffen
II. *n* ① *(blow)* [heftiger] Schlag; **to give sb/sth a ~** jdm/etw einen heftigen Schlag versetzen
② *(swatter)* Fliegenklatsche *f*
swatch <*pl* -es> [swɒtʃ, AM swɑːtʃ] *n* [Textil]muster *nt,* [Textil]probe *f*
swath [swɒθ, AM swɑːθ] *n see* **swathe**
swathe [sweɪð] I. *vt* ■**to ~ sth in sth** etw in etw *akk* einwickeln; ■**to ~ oneself in sth** sich *akk* in etw *akk* einhüllen
II. *n* ① *(long strip)* Bahn *f,* Streifen *m*
② *(wide area)* Gebiet *nt,* Gegend *f;* ***these people represent a wide ~ of opinion*** *(fig)* diese Leute repräsentieren einen großen Teil der öffentlichen Meinung
▸PHRASES: **to cut a ~ through sth** durch etw *akk* eine Schneise der Zerstörung legen
swat·ter ['swɒtəʳ, AM 'swɑːt̬ɚ] *n* Fliegenklatsche *f*
sway [sweɪ] I. *vi person* schwanken; *trees* sich *akk* wiegen; **to ~ from side to side** hin und her schwanken; **to ~ backwards and forwards** hin und her schaukeln
II. *vt* ① *(swing)* ■**to ~ sth** etw schwenken; *wind* etw wiegen; **to ~ one's hips** sich *akk* in den Hüften wiegen
② *usu passive (influence)* ■**to be ~ed by sb/sth** sich *akk* von jdm/etw beeinflussen lassen; *(change mind)* von jdm/etw umgestimmt werden; ***were you ~ed by her arguments?*** haben ihre Argumente dich rumgekriegt? *fam*
③ *(fig: alter)* ■**to ~ sth** etw ändern
III. *n no pl (liter: control)* beherrschender Einfluss, Einflussbereich *m;* **to come under the ~ of sb/sth** unter den Einfluss einer Person/einer S. *gen* geraten; **to hold ~ [over sb/sth]** [über jdn/etw] herrschen; ***Newtonian physics held ~ until the advent of Einstein and relativity*** die newtonsche Physik war vorherrschend, bis Einstein mit der Relativitätstheorie auftrat
Swa·zi ['swɑːzi] I. *n* ① *(person)* Swasi *m o f*
② *(language)* Swasi-Sprache *f*
II. *adj* swasiländisch
Swa·zi·land ['swɑːzilænd] *n* Swasiland *nt*
swear <swore, sworn> [sweəʳ, AM swer] I. *vi* ① *(curse)* fluchen; ■**to ~ at sb** auf jdn fluchen
② *(take an oath)* schwören, einen Eid ablegen; ■**to ~ to sth** etw beschwören; ***I wouldn't ~ to it*** *(fam)* ich könnte es nicht beschwören; **to ~ by God/on the Bible** bei Gott/auf die Bibel schwören
II. *vt* ■**to ~ sth** etw schwören; **to ~ allegiance** [*or* **loyalty**] Treue schwören; **to ~ an oath** einen Eid leisten [*o* ablegen]; **to ~ sb to secrecy** jdn zur Verschwiegenheit verpflichten; **to ~ blind that ...** BRIT *(fam)* Stein und Bein schwören, dass ...; ***she swore blind she didn't know what had happened to the money*** sie schwor hoch und heilig, dass sie nicht wüsste, was mit dem Geld geschehen sei
◆**swear in** *vt usu passive* ■**to ~ in** ◌ **sb** jdn vereidigen
◆**swear off** *vi* **to ~ off alcohol/cigarettes/drugs** dem Alkohol/den Zigaretten/den Drogen abschwören
'swear·ing ['sweərɪŋ, AM 'swer-] *n* Fluchen *nt*
'swear word *n* derbes Schimpfwort, Fluch *m*
sweat[1] [swet] *n (fam) short for* **sweatshirt**
sweat[2] [swet] I. *n no pl* ① *(perspiration)* Schweiß *m;* **beads of ~** Schweißperlen *pl;* **to be covered in ~** in Schweiß gebadet sein; **to be dripping** [*or* **pouring**] **with ~** vor Schweiß triefen
② *(fig fam: worried state)* ■**to be in a ~** [vor Aufregung] schwitzen; **to bring sb out** [*or* AM **to make sb break out**] **in a ~** jdn zum Schwitzen bringen; ***just thinking about the exams brings me out in a cold ~*** wenn ich nur ans Examen denke, bricht mir der kalte Schweiß aus; **to get in a ~ [about sth]** [wegen einer S. *gen*] ins Schwitzen geraten *fam;* **to work oneself into a ~ [about sth]** sich *akk* [wegen einer S. *gen*] verrückt machen *fam*
③ *(fig: hard effort)* schweißtreibende Angelegenheit, Plackerei *f fam;* **no ~** *(fam)* kein Problem!
II. *vi* ① *(perspire)* schwitzen; **to ~ with fear** vor Angst schwitzen; **to make sb ~** *(fig fam)* jdn ins Schwitzen bringen *fam*
② *(work hard)* ■**to ~ over sth** *(fig)* über etw *dat* schwitzen [*o* brüten] *fam*
③ *(form condensation) wall* schwitzen
▸PHRASES: **to ~ like a pig** *(fam)* schwitzen wie ein Schwein *sl*
III. *vt* ① FOOD ■**to ~ sth** *vegetables* etw anschwitzen
▸PHRASES: **to ~ blood** Blut [und Wasser] schwitzen *fam;* **to ~ buckets** [*or* AM **bullets**] *(fam)* schwitzen, was das Zeug hält *fam;* ***the high temperatures soon had us ~ing bullets*** bei der Hitze waren wir bald klatschnass geschwitzt *fam;* **don't ~ it** mach dir nichts draus *fam*
◆**sweat off** *vt* ■**to ~ off** ◌ **sth** ① *(lose weight)* **to ~ off pounds** Pfunde [*o* ÖSTERR, SCHWEIZ *bes* Kilos] abschwitzen *fam*
② *(get rid of)* **to ~ off a cold/flu** eine Erkältung/Grippe ausschwitzen
◆**sweat out** *vt* ① *(exercise hard)* **to ~ it out** sich *akk* verausgaben
② *(suffer while waiting)* **to ~ it out** zittern *fam;* ***my exams finish next week then I'll be ~ing it out for a month waiting for the results*** nächste Woche sind meine Prüfungen vorbei, dann heißt es einen Monat lang zittern, bis die Ergebnisse da sind
▸PHRASES: **to ~ one's guts out** *(sl)* sich *dat* große Mühe geben, sich *dat* den Arsch aufreißen *derb*
'sweat band *n* Schweißband *nt*
sweat·ed ['swetɪd, AM -t̬-] *adj attr, inv* **~ labour** [*or* AM **labor**] [schlecht bezahlte] Schwerarbeit, Maloche *f sl,* Ausbeutung *f*
sweat·er ['swetəʳ, AM -t̬ɚ] *n* Pullover *m,* Sweater *m*
'sweat gland *n* Schweißdrüse *f*
'sweat·shirt *n* Sweatshirt *nt* **'sweat·shop** *n* Ausbeuterbetrieb *m pej* **'sweat suit** *n* Trainingsanzug *m,* Trainer *m* SCHWEIZ
sweaty ['sweti, AM -t̬-] *adj* ① *(covered in sweat)*

S

person verschwitzt
② *(causing sweat) work* schweißtreibend
swede [swiːd] *n* BRIT, AUS Kohlrübe *f,* Kohlrabi *m* SCHWEIZ
Swede [swiːd] *n* Schwede, Schwedin *m, f*
Swe·den ['swiːdᵊn] *n no pl* Schweden *nt*
Swe·dish ['swiːdɪʃ] **I.** *n no pl* Schwedisch *nt,* das Schwedische
II. *adj inv* schwedisch; ***I think he's ~*** ich glaube, er ist Schwede
sweep [swiːp] **I.** *n* ① *no pl (a clean with a brush)* Kehren *nt,* Fegen *nt* NORDD, SCHWEIZ; **to give the floor a ~** den Boden kehren
② *(dated: chimney sweep)* Schornsteinfeger(in) *m(f),* Rauchfangkehrer(in) *m(f)* ÖSTERR
③ *(movement)* schwungvolle Bewegung, Schwingen *nt kein pl; (with sabre, scythe)* ausholender Hieb; *(all-covering strike)* Rundumschlag *m a. fig*
④ *(area)* Gebiet *nt,* Gelände *nt*
⑤ *(range)* Reichweite *f a. fig,* Spielraum *m;* ***the film showed the breadth of Arab culture and the ~ of its history*** der Film zeigte die Vielfältigkeit der arabischen Kultur und die weitreichende Bedeutung ihrer Geschichte
⑥ *(search)* Suchaktion *f;* **a ~ of a house** eine Hausdurchsuchung
⑦ *(fam) see* **sweepstake**
⑧ COMPUT Hin- und Rücklauf *m,* Zeitablenkung *f*
▶ PHRASES: **to make a clean ~ of sth** *(start afresh)* gründlich mit etw *dat* aufräumen; *(win everything)* etw völlig für sich *akk* entscheiden; ***the new prime minister is expected to make a clean ~ of the government*** man erwartet, dass der neue Premierminister die Regierung komplett auswechselt; ***Romania made a clean ~ of the medals*** Rumänien räumte alle Medaillen ab *fam*
II. *vt* <swept, swept> ① *(with a broom)* ■**to ~ sth** etw kehren [*o* NORDD, SCHWEIZ fegen]; **to ~ the chimney** den Kamin [*o* ÖSTERR Rauchfang] kehren; **to ~ the floor** den Boden fegen, ÖSTERR kehren
② *(take in powerful manner)* ***smiling, he swept me into his arms*** lächelnd schloss er mich in seine Arme; ***she swept the pile of papers into her bag*** sie schaufelte den Stapel Papiere in ihre Tasche; ***the party was swept to power*** *(fig)* die Partei kam erdrutschartig an die Macht
③ *(remove)* ■**to ~ back** ⊂ **sth** etw zurückwerfen; ***she swept back her long hair from her face*** energisch strich sie sich ihre langen Haare aus dem Gesicht
④ *(spread)* ■**to ~ sth** über etw *akk* kommen; ***a 1970s fashion revival is ~ing Europe*** ein Modetrend wie in den 70ern rollt derzeit über Europa hinweg
⑤ *(travel and search)* ■**to ~ sth** etw absuchen [*o fam* durchkämmen]; ***police have swept the woodland area*** die Polizei hat das Waldgebiet abgesucht
⑥ AM *(fam: win)* ■**to ~ sth** etw abräumen *fam* [*o pej fam* einsacken]
▶ PHRASES: **to ~ the board** allen Gewinn einstreichen; **to ~ sth under the carpet** [*or* AM *also* **rug**] [*or* AUS *also* **mat**] etw unter den Teppich kehren *fam;* **to ~ sb off his/her feet** jdm den Kopf verdrehen *fam*
III. *vi* <swept, swept> ① *(move smoothly)* gleiten; *person* rauschen *fam; eyes* gleiten; ***her gaze swept across the assembled room*** ihr Blick glitt über den vollbesetzten Raum; ***the beam of the lighthouse swept across the sea*** der Lichtstrahl des Leuchtturms strich über das Wasser; **to ~ into power** an die Spitze der Macht getragen werden
② *(follow path)* sich *akk* [da]hinziehen; ***the road ~s down to the coast*** die Straße führt zur Küste hinunter; ***the path swept along the river*** der Weg verlief entlang des Flusses; ***the fire swept through the house*** das Feuer breitete sich schnell im Haus aus
▶ PHRASES: **a new broom ~s clean** *(prov)* neue Besen kehren gut *prov*
◆ **sweep along I.** *vt* ■**to ~ sb along** jdn mitreißen
II. *vi wind, rain* dahinfegen, dahinjagen; *water* dahinrollen; *troops* vorwärtsmarschieren; *epidemics* grassieren
◆ **sweep aside** *vt* ① *(cause to move)* ■**to ~ aside** ⊂ **sb/sth** jdn/etw [hin]wegfegen
② *(fig: dismiss)* **to ~ aside** ⊂ **doubts/objections** Zweifel/Einwände beiseiteschieben [*o* abtun]
◆ **sweep away** *vt* ① *(remove)* ■**to ~ away** ⊂ **sth** etw [hin]wegfegen; *water* etw fortspülen; **to ~ away** ⊂ **doubts/objections** *(fig)* Zweifel/Einwände beiseiteschieben [*o* abtun]
② *(fig: carry away)* ■**to ~ away** ⊂ **sb** jdn mitreißen
◆ **sweep by** *vi* vorbeiziehen; *(majestically)* vorbeigleiten; *(haughtily)* vorbeirauschen
◆ **sweep down I.** *vt* ■**to ~ down** ⊂ **sth** etw mitreißen
II. *vi* ① *(move)* ■**to ~ down [on sb/sth]** [über jdn/etw] niedergehen; *(suddenly)* [über jdn/etw] hereinbrechen
② *(roll towards)* abfallen; ***the mountains ~ down to the sea*** die Berge fallen zum Meer hin ab
◆ **sweep in** *vi* ① *(approach)* [heran]kommen; ***in spring the wind ~s in from the east*** im Frühling strömt der Wind aus Richtung Osten ein
② *(enter) person* hereinrauschen *fam*
◆ **sweep off** *vt* ■**to ~ sb/sth off** sich *dat* jdn schnappen *fam,* jdn abschleppen *sl;* **to ~ sb off his/her feet** jdn mitreißen; *(fig)* jdn begeistern
◆ **sweep out I.** *vt* ■**to ~ out** ⊂ **sth** etw auskehren [*o* NORDD, SCHWEIZ ausfegen]
II. *vi* hinausstürmen; **to ~ out of the room** aus dem Zimmer stürzen
◆ **sweep past** *vi* vorbeiziehen; *(majestically)* vorbeigleiten; *(haughtily)* vorbeirauschen
◆ **sweep through** *vi* sich *akk* ausbreiten; *(fig)* seinen Weg nehmen
◆ **sweep up I.** *vt* ■**to ~ up** ⊂ **sth** ① *(brush and gather)* etw zusammenkehren [*o* NORDD, SCHWEIZ zusammenfegen]
② *(gather)* etw zusammensammeln; ***he swept up his family*** *(fig)* er ließ seine Familie antreten
II. *vi* heranrauschen; ***the car swept up and she got in*** der Wagen kam vorgefahren und sie stieg ein
sweep·er ['swiːpəʳ, AM -ɚ] *n* ① *(device)* Kehrmaschine *f;* **carpet ~** Teppichkehrmaschine *f,* Teppichreinigungsmaschine *f* SCHWEIZ
② *(person)* [Straßen]feger(in) *m(f),* [Straßen]kehrer(in) *m(f)*
③ FBALL Libero *m*
'sweep hand *n* Sekundenzeiger *m*
sweep·ing ['swiːpɪŋ] *adj* ① *(large-scale)* weitreichend; **~ changes** einschneidende Veränderungen; **~ cuts** drastische Einsparungen; **a ~ victory** ein Sieg *m* auf der ganzen Linie
② *(very general)* pauschal; **~ accusations** pauschale Anschuldigungen; **~ generalization** grobe Vereinfachung
③ *attr (broad)* **~ curve** weiter Bogen
sweep·ings ['swiːpɪŋz] *npl* ① *(dirt)* Kehricht *m*
② *(refuse)* Reste *pl*
③ *(fig: people at bottom of society)* ■**the ~** der Abschaum *kein pl pej*
sweeps [swiːps] *npl* AM Hauptsendezeiten *pl*
sweep·stake ['swiːpsteɪk] *n Art Lotterie, wobei mit kleinen Einsätzen z. B. auf Pferde gesetzt wird und diese Einsätze an den Gewinner gehen*
sweet [swiːt] **I.** *adj* ① *(like sugar)* süß
② *(not dry) sherry, wine* süß, lieblich
③ *(fig: pleasant)* süß, angenehm; **~ dreams!** träume süß!; **~ sound** lieblicher Klang; **~ temper** sanftes Wesen; **~ voice** süße [*o iron* holde] Stimme
④ *(fig: endearing)* süß, niedlich, goldig *fam;* **a ~ little house** ein schnuck[e]liges kleines Häuschen *fam*
⑤ *(fig: kind)* freundlich, lieb; ***it was ~ of you to help me*** es war sehr lieb von dir, mir zu helfen; ***they were very ~ to us when we stayed with them*** sie waren reizend zu uns, als wir bei ihnen zu Besuch waren
⑥ *(dated: in love)* ■**to be ~ on sb** in jdn verliebt sein
⑦ *(individual)* **in one's own ~ time** wenn es einem zeitlich passt; **in one's own ~ way** auf seine eigene Art; **to go one's own ~ way** seinen eigenen Weg gehen; ***no matter how often you warn her, she'll still go her own ~ way*** du kannst sie noch so oft warnen, sie macht doch immer, was sie will
▶ PHRASES: **to keep sb ~** jdn bei Laune halten
II. *n* ① *esp* BRIT, AUS *(candy)* Süßigkeit[en] *f[pl]*; **boiled ~** Bonbon *nt*
② *(sweet things)* ■**~s** *pl* Süßigkeiten *pl*
③ BRIT, AUS *(dessert)* Nachspeise *f,* Süßspeise *f,* SCHWEIZ, ÖSTERR *a.* Dessert *nt*
④ *(fam: term of endearment)* Liebling *m,* Schatz *m fam*
'sweet-and-sour *adj inv* süßsauer **'sweet·bread** *n usu pl* Bries *nt* **sweet·briar, sweet·brier** ['swiːtbraɪəʳ, AM -ɚ] *n* Heckenrose *f* **sweet 'but·ter** *n no pl* AM Süßrahmbutter *m* **sweet 'chest·nut** *n* Esskastanie *f* **'sweet·corn** *n no pl esp* AM [Zucker]mais *m*
sweet·en ['swiːtᵊn] *vt* ① *(make sweet)* ■**to ~ sth** etw süßen
② *(make more amenable)* ■**to ~ [up]** ⊂ **sb** jdn günstig stimmen; **to ~ sb's temper** jds Laune heben [*o* bessern]
③ *(make more attractive)* ■**to ~ sth** etw versüßen [*o* schmackhaft machen]
sweet·en·er ['swiːtᵊnəʳ, AM -ɚ] *n* ① *no pl (sugar substitute)* Süßstoff *m*
② *(sweet pill)* Süßstofftablette *f*
③ *(inducement)* zusätzlicher Anreiz
Sweet Fanny Adams [ˌswiːtfæni'ædəmz], **sweet F'A** *n no pl* BRIT *(fam)* nix *sl,* ganz und gar nichts, nicht das Geringste; ***I know ~ about it*** ich habe nicht die leiseste Ahnung
'sweet·heart *n* ① *(dated: girlfriend, boyfriend)* Freund(in) *m(f);* **childhood ~** Jugendfreund(in) *m(f)*
② *(kind person)* Schatz *m fam;* ***would you be an absolute ~ and fetch me my hot-water bottle?*** bist du mal ein echter Schatz und holst mir meine Wärmflasche?
③ *(term of endearment)* Liebling *m,* Schatz *m fam*
'sweet·heart agree·ment, 'sweet·heart deal *n (fam)* beiderseitiges Entgegenkommen
sweetie ['swiːti, AM -t̬-] *n* ① *(childspeak: candy)* etwas Süßes, Bonbon *m o nt*
② *(nice person)* Schatz *m fam;* ***he's a real ~!*** er ist ein echter Schatz!
③ *(fam: term of endearment)* Liebling *m,* Schatz *m fam*
'sweetie-pie *n* ① *(nice person)* Goldstück *nt fam,* Schatz *m fam*
② *(fam: term of endearment)* Liebling *m,* Schatz *m fam*
sweet·ish ['swiːtɪʃ] *adj* süßlich
sweet·ly ['swiːtli] *adv* ① *(pleasantly)* süß; **to sing ~** schön singen; **to smile ~** nett lächeln
② *esp* BRIT *(smoothly)* ***the engine's been running very ~ since it was tuned*** seit der Motor eingestellt wurde, läuft er ganz ruhig; ***she's striking the ball very ~ today*** ihre Ballarbeit heute ist eins A *fam*
'sweet·meat *n (dated)* Zuckerwerk *nt kein pl,* Konfekt *nt*
sweet·ness ['swiːtnəs] *n no pl* ① *(sweet taste)* Süße *f*
② *(fig: pleasantness) of sb's nature* Freundlichkeit *f; of freedom, victory* süßes [*o* wohliges] Gefühl
▶ PHRASES: **to be all ~ and light** eitel Sonnenschein [*o fam* Friede, Freude, Eierkuchen] sein
sweet 'noth·ing *n* ① *usu pl (romantic talk)* ■**~s** süße Worte; ***stop whispering ~s in her ear and help me!*** hör auf, Süßholz zu raspeln und hilf mir lieber!
② *(pej: absolutely nothing)* rein gar nichts
sweet 'pea *n* Wicke *f,* Zuckerschote *f* ÖSTERR **sweet 'pep·per** *n* Pfefferschote *f* **sweet po·'ta·to** *n* Süßkartoffel *f* **'sweet shop** *n* Süßwarenladen *m*
'sweet spot *n* SPORT Sweetspot *m (einer Schlägerfläche)*
'sweet talk *n no pl* Schmeichelei *f,* schöne Worte *pl;*

don't let the ~ fool you! lass dich nicht einwickeln! *fam* **'sweet-talk** *vt* ■**to ~ sb** jdn einwickeln *fam;* ■**to ~ sb into doing sth** jdn beschwatzen [*o* ÖSTERR, SCHWEIZ *a.* überreden] etw zu tun; **to ~ sb into buying sth** jdm etw andrehen [*o* aufschwatzen] *fam*

sweet 'tooth *n* **to have a ~** gerne Süßigkeiten essen, eine Naschkatze sein **'sweet trol·ley** *n* BRIT *kleines fahrbares Tischchen in Restaurants, auf welchem verschiedene Süßigkeiten und Süßspeisen zum Nachtisch angeboten werden* **sweet 'wil·liam** *n* HORT [Bart]nelke *f*

swell <swelled, swollen *or* swelled> [swel] **I.** *vt* ■**to ~ sth** ① *(enlarge)* etw anwachsen lassen; *water, rain* etw anschwellen lassen; *fruit* etw wachsen [und gedeihen] lassen
② *(fig: increase)* etw [an]steigen lassen; *sales* etw steigern
II. *vi* ① *(become swollen)* ■**to ~ [up]** anschwellen; *(fig)* ***his breast ~ ed with pride*** vor Stolz schwoll ihm die Brust
② *(increase)* zunehmen; *population* ansteigen
③ *(get louder)* lauter werden, anschwellen; ***the music ~ ed along the corridor as she walked towards the stage*** die Musik im Flur wurde immer lauter, während sie auf die Bühne zuging
III. *n no pl* ① *(increase in sound)* zunehmende Lautstärke; *of music* Anschwellen *nt kein pl,* Crescendo *nt fachspr*
② *(of sea)* Dünung *f,* Seegang *m*
IV. *adj* AM *(dated fam)* spitze *fam,* klasse *fam;* ***that's a ~ idea!*** das ist eine bombige Idee! *fam*
V. *adv* AM *(dated fam)* prima *fam;* ***everything's going real ~*** alles läuft bestens *fam*

'swell box *n* MUS Schwellwerk *nt*

'swell·head *n esp* AM *(pej)* Angeber(in) *m(f)*

swell·ing ['swelɪŋ] *n* ① MED *(lump)* Schwellung *f,* Geschwulst *f; (sudden growth)* Beule *f*
② *no pl (activity)* Anschwellen *nt*
③ *(lasting form)* Wölbung *f,* Ausbauchung *f*

swel·ter ['sweltəʳ, AM -ɚ] *vi* verschmachten, [vor Hitze] umkommen; ***I'm ~ ing in this pullover*** in diesem Pullover gehe ich ein! *fam*

swel·ter·ing ['sweltərɪŋ, AM -ɚ-] *adj* drückend heiß; *heat, weather* schwül; ***it's ~ in here!*** hier [drin] ist es wie in einer Sauna!; **~ hot** kochend heiß

swept [swept] *vt, vi pt of* **sweep**

'swept-back *adj inv* ① *aircraft wing* zurückgeklappt, angelegt
② *(hair)* **~ hair** zurückgekämmte Haare; **~ hairstyle** Tangofrisur *f*

'swept-wing *adj attr, inv* AVIAT mit Pfeilflügeln *nach n*

swerve [swɜːv, AM swɜːrv] **I.** *vi* ① *(change direction)* [plötzlich] ausweichen; *horse* seitlich ausbrechen; *car* ausscheren; ***the ball ~ d into the net*** der Ball beschrieb einen Bogen und landete im Netz; ***the car ~ d into the crash barrier*** das Auto schlitterte in die Leitplanke; ***she swerved to avoid a dog who ran into the road*** sie riss den Wagen herum, um einem Hund, der in die Straße lief, auszuweichen
② *(fig liter: deviate)* eine Schwenkung vollziehen *geh;* **to ~ from one's policies/principles** von seiner Politik/seinen Grundsätzen abweichen
II. *n* ① *(sudden move)* plötzliche Seitenbewegung, Schlenker *m; (evading move)* Ausweichbewegung *f;* **a ~ to the left/right** ein Ausscheren *nt* nach links/rechts; **the ~ around an obstacle** die Umgehung eines Hindernisses
② *(fig)* Abweichung *f;* POL Richtungswechsel *m*
③ *(in billiards)* Effet *m*

swift[1] [swɪft] *adj* ① *(fast-moving)* schnell
② *(occurring quickly)* schnell, rasch; **a ~ reply** eine prompte Antwort

swift[2] [swɪft] *n* Mauersegler *m*

SWIFT [swɪft] *n no pl* FIN *acr for* **Society for Worldwide Interbank Financial Telecommunication** SWIFT *f*

swift·ly ['swɪftli] *adv* schnell, rasch

swift·ness ['swɪftnəs] *n no pl* Schnelligkeit *f*

swig [swɪg] *(fam)* **I.** *vt* <-gg-> ■**to ~ sth** etw schlucken
II. *n* Schluck *m;* **to take a ~** einen Schluck nehmen

swill [swɪl] **I.** *n no pl* ① *(pig feed)* Schweinefutter *nt; (fig pej: inferior drink)* Gesöff *nt pej fam; (inferior food)* Fraß *m pej fam*
② *(long draught)* Schluck *m*
③ *(rinsing)* Spülung *f; (act of rinsing)* Spülen *nt*
II. *vt* ① *(usu pej fam: drink fast)* ■**to ~ sth [down]** etw hinunterstürzen; **to ~ [down] alcohol/beer** Alkohol/Bier hinunterkippen *fam*
② *(swirl a liquid)* ■**to ~ sth around** [*or* **round and round**] etw [hin und her] schwenken
③ *(rinse)* ■**to ~ sth out** etw ausspülen

swim [swɪm] **I.** *vi* <swam *or* AUS *also* swum, swum, -mm-> ① SPORT schwimmen; **to go ~ming** schwimmen gehen; ■**to ~ under sth** unter etw *dat* hindurchschwimmen
② *(pej: be immersed)* ■**to ~ in sth** *food* in etw *dat* schwimmen; **to ~ with tears** *eyes* in Tränen schwimmen
③ *(whirl)* verschwimmen; *(be dizzy)* schwindeln; ***my head begins to ~*** mir dreht sich alles, mir wird schwindelig
II. *vt* <swam *or* AUS *also* swum, swum, -mm-> ① *(cross)* ■**to ~ sth** etw durchschwimmen; ***he swam 700 metres to shore*** er schwamm 700 Meter zum Ufer; **to ~ a river/channel** einen Fluss/Kanal durchschwimmen
② *(do)* **to ~ a few strokes** ein paar Züge schwimmen; **to ~ the butterfly stroke** delfinschwimmen
III. *n* ① *(in water)* Schwimmen *nt kein pl;* **to have** [*or* **go for**] **a ~** schwimmen gehen
② COMPUT Schwimmen *nt*
▶PHRASES: **to be in/out of the ~** auf dem/nicht mehr auf dem Laufenden sein

'swim blad·der *n* ZOOL Schwimmblase *f*

swim·mer ['swɪməʳ, AM -ɚ] *n* ① *(person)* Schwimmer(in) *m(f);* **to be a strong ~** ein guter Schwimmer/eine gute Schwimmerin sein
② AUS *(fam: clothes)* ■**~s** *pl* Schwimmsachen *pl*

swim·ming ['swɪmɪŋ] *n no pl* Schwimmen *nt*

'swim·ming bath(s) *n* BRIT *(dated form)* Schwimmbecken *nt* **'swim·ming cap** *n* Bademütze *f,* Badekappe *f,* Badehaube *f* ÖSTERR **'swim·ming cos·tume** *n* BRIT, AUS Badeanzug *m,* SCHWEIZ *a.* Badkleid *nt*

swim·ming·ly ['swɪmɪŋli] *adv (fam or dated)* glatt *fam;* **to go ~** glattgehen *fam*

'swim·ming match *n* Schwimmwettbewerb *m,* Schwimmwettkampf *m* **'swim·ming pool** *n* Schwimmbecken *nt; (private)* Swimmingpool *m; (public)* Schwimmbad *nt;* **indoor/outdoor ~** Hallen-/Freibad *nt* **'swim·ming trunks** *npl* Badehose *f*

'swim·suit *n esp* AM *(swimming costume)* Badeanzug *m,* SCHWEIZ *a.* Badkleid *nt; (swimming trunks)* Badehose *f* **'swim team** *n* AM Schwimmmannschaft *f* **'swim trunks** *npl* AM Badehose *f*

swim-up *adj inv* **a ~ bar** eine vom Pool aus erreichbare Bar

'swim·wear *n no pl* Badebekleidung *f;* **a [new] line of ~** eine [neue] Badekollektion

swin·dle ['swɪndl] **I.** *vt* ■**to ~ sb** jdn betrügen [*o* beschwindeln]; ■**to ~ sb out of sth** [*or* **sth from sb**] jdn um etw *akk* betrügen
II. *n* Betrug *m kein pl außer* SCHWEIZ, Schwindel *m kein pl*

swin·dler ['swɪndləʳ, AM -lɚ] *n (pej)* Betrüger(in) *m(f)*

swine [swaɪn] *n* ① <*pl* - *or* -s> *(pej fam: person)* Schwein *nt pej fam;* **filthy ~** dreckiges Schwein *pej derb*
② <*pl* -> *(liter or old: pig)* Schwein *nt*

'swine·herd *n (hist)* Schweinehirt *m*

swing [swɪŋ] **I.** *n* ① *(movement)* Schwingen *nt kein pl;* ***with a ~ of his axe ...*** mit einem Schwung seiner Axt ...
② *(punch)* Schlag *m;* **to take a ~ at sb** zum Schlag gegen jdn ausholen
③ *(hanging seat)* Schaukel *f;* **porch ~** Hollywoodschaukel *f;* **to go on a ~** schaukeln
④ *(change)* Schwankung *f;* **mood ~** Stimmungsschwankung *f;* POL Umschwung *m*
⑤ *esp* AM *(quick trip)* Stippvisite *f fam;* **to take a ~ through the southern states** eine kurze Tour durch die Südstaaten machen
⑥ *no pl* MUS Swing *m*
⑦ AM *(in baseball)* Swing *m*
▶PHRASES: **to be in full ~** voll im Gang sein; **to get [back] into the ~ of things** [*or* **it**] *(fam)* sich *akk* [wieder] an etwas gewöhnen, [wieder] in etwas reinkommen *fam;* **to go with a ~** BRIT *(fam: be exciting)* Schwung haben; *(be well done)* ein voller Erfolg sein; **what you lose on the ~s, you gain on the roundabouts** [*or* **it's ~s and roundabouts**] BRIT *(prov)* das hält sich die Waagschale, das ist Jacke wie Hose [*o* ÖSTERR, DIAL g'hupft wie g'hatscht] [*o* SCHWEIZ Hans was Heinrich] *fam*
II. *vi* <swung, swung> ① *(move)* [hin- und her]schwingen; *(move circularly)* sich *akk* drehen; ***the monkey was ~ ing from tree to tree*** der Affe schwang sich von Baum zu Baum; ***the door swung open in the wind*** die Tür ging durch den Wind auf
② *(attempt to hit)* zum Schlag ausholen; ■**to ~ at sb [with sth]** [mit etw *dat*] nach jdm schlagen
③ *(in playground)* schaukeln
④ *(alternate) mood* schwanken
⑤ MUS swingen
⑥ *(fam: be exciting)* swingen *sl;* ***you need music to make a party ~*** man braucht Musik, um eine Party in Schwung zu bringen
⑦ *esp* AM *(stop shortly)* ■**to ~ by somewhere** irgendwo kurz anhalten
⑧ *(hang)* hängen, baumeln *fam;* ■**to ~ for sth** für etw *akk* gehängt werden; AM *(fig: be reprimanded)* für etw *akk* gerügt [*o* getadelt] werden
⑨ AM *(fam: in baseball)* **to ~ for the fences** einen Homerun versuchen
⑩ AM *(fam: to take a chance and go for it all)* das Äußerste wagen
▶PHRASES: **to ~ into action** loslegen *fam*
III. *vt* <swung, swung> ① *(move)* ■**to ~ sth** etw [hin und her] schwingen; **to ~ one's arms** die Arme schwingen
② MUS etw als Swing spielen
③ *(fam: arrange)* ■**to ~ sth:** ***do you think you could ~ the job for me?*** glaubst du, du könntest die Sache für mich schaukeln? *fam;* **to ~ it** es arrangieren [*o fam* deichseln]; **to ~ an election** *(pej)* eine Wahl herumreißen *fam*
▶PHRASES: **to ~ the balance** den Ausschlag geben; **to ~ the lead** BRIT sich *akk* vor etw *dat* drücken
IV. *adj voter, state* entscheidend

◆**swing around, swing round** **I.** *vi* ① *(turn around)* sich *akk* schnell umdrehen; *(in surprise, fright)* herumfahren
② *(go fast)* ***she swung around the corner at full speed*** sie kam mit vollem Tempo um die Ecke geschossen
II. *vt* ① *(turn round)* ■**to ~ sth around** etw [her]umdrehen; *(move in a circle)* etw herumschwingen [*o* herumwirbeln]
② *(change)* **to ~ a conversation around** [*or* **round**] **to sth** ein Gespräch auf etw *akk* bringen

◆**swing up** *vt* ■**to ~ oneself up into/onto sth** *seat* sich *akk* auf etw *akk* hochschwingen

'swing bridge *n* Drehbrücke *f* **swing 'door** *n* BRIT, AUS Schwingtür *f,* Pendeltür *f*

swinge·ing ['swɪndʒɪŋ] *adj* BRIT *(form)* extrem; **~ cuts/economic sanctions** drastische Kürzungen/Wirtschaftssanktionen; **~ penalties** exorbitante Strafen *geh*

swing·er ['swɪŋəʳ, AM -ɚ] *n (dated fam: fashionably social person)* lebenslustiger Typ *fam; (sexually)* lockerer Vogel *fam*

swing·ing ['swɪŋɪŋ] *adj (dated fam: fun, exciting)* schwungvoll; *(promiscuous)* freizügig; **the ~ sixties** die Swinging Sixties

swing·ing 'door *n* BRIT, AUS Schwingtür *f,* Pendeltür *f*

'swing·set *n* Schaukel *f; (structure)* Schaukelgestell *nt*

'swing shift *n* AM Spätschicht *f* **'swing vote** *n esp* AM entscheidende Stimme **swing-'wing** *n* AVIAT Schwenkflügler *m*

swin·ish ['swaɪnɪʃ] *adj (pej dated fam)* schweinisch *pej fam*

swipe [swaɪp] **I.** *vi* schlagen; ■**to ~ at sth** nach etw *dat* schlagen
II. *vt* ❶ *(swat)* ■**to ~ sb** BRIT jdn [hart] schlagen; ***she ~d him round the head*** sie gab ihm ein paar hinter die Ohren
❷ *esp* AM *(graze)* ■**to ~ sth** *car* etw streifen
❸ *(fam: steal)* ■**to ~ sth** etw klauen [*o* ÖSTERR, SCHWEIZ *a.* mitgehen lassen] *fam*
❹ *(pass through)* ■**to ~ sth** *magnetic card* etw durchziehen [*o* einlesen]
III. *n* Schlag *m;* **to take a ~ at sb/sth** auf jdn/etw losschlagen; *(fig)* zum Schlag gegen jdn/etw ausholen; *(criticize)* jdn/etw kritisieren

swirl [swɜːl, AM swɜːrl] **I.** *vi* wirbeln
II. *vt* ❶ *(move circularly)* ■**to ~ sth around** etw herumwirbeln
❷ *(twist together)* ■**to ~ sth together** etw miteinander vermischen
III. *n of water* Strudel *m; of snow, wind* Wirbel *m; of dust* Wolke *f*

swirl·ing ['swɜːlɪŋ, AM 'swɜːrl-] *adj inv* wirbelnd *attr;* **~ mist** wogender Nebel

swish [swɪʃ] **I.** *vi* ❶ *(make hissing noise)* zischen
❷ *(make brushing noise)* rascheln
II. *vt* ■**to ~ sth** *liquid* etw hin und her schwenken; ***the horses ~ed their tails to get rid of the flies*** die Pferde schlugen mit ihrem Schweif, um die Fliegen loszuwerden
III. *adj* <-er, -est> *(fam)* ❶ *(posh)* todschick *fam*
❷ *(pej: too extravagant)* nobel *oft iron*
IV. *n* ❶ *(sound)* Rascheln *nt kein pl*
❷ AM *(pej sl: effeminate man)* Schwuchtel *f pej sl*

swishy ['swɪʃi] *adj* AM *(pej sl)* schwul *fam,* tuntig *pej sl*

Swiss [swɪs] **I.** *adj* Schweizer-, schweizerisch
II. *n* ❶ <*pl* -> Schweizer(in) *m(f);* ■**the ~** die Schweizer *pl*
❷ *no pl* FOOD Schweizer Käse *m*

Swiss 'army knife *n* Schweizer Offiziersmesser *nt* **Swiss 'ball** *n* Gymnastikball *m,* Pezziball *m; (with handles)* Hüpfball *m* **Swiss 'chard** *n no pl* Mangold *m* **Swiss 'cheese** *n* Schweizer Käse *m* **Swiss Con·fed·e'ra·tion** *n* Schweizerische Eidgenossenschaft **Swiss 'franc** *n* [Schweizer] Franken **Swiss 'roll** *n esp* BRIT Biskuitrolle *f,* Biskuitroulade *f* ÖSTERR, SCHWEIZ

switch [swɪtʃ] **I.** *n* <*pl* -es> ❶ *(control)* Schalter *m;* **to flick** [*or* **flip**] **a ~** *(turn on)* einen Schalter anknipsen; *(turn off)* einen Schalter ausknipsen; **to throw a ~** einen Schalter betätigen
❷ *(substitution)* Wechsel *m meist sing,* Austausch *m kein pl*
❸ *(alteration)* Änderung *f; (change)* Wechsel *m,* Wandel *m kein pl*
❹ *(thin whip)* Rute *f,* Gerte *f*
❺ AM RAIL *(points)* Weiche *f*
❻ COMPUT *(additional character)* Befehlszeilenschalter *m*
❼ COMPUT *(point in program)* Verzweigung *f; (device)* Verteiler *m*
II. *vi* wechseln; ***the country seemed to ~ from dictatorship to democracy*** das Land schien von einer Diktatur zu einer Demokratie zu werden; ■**to ~ with sb** mit jdm tauschen
III. *vt* ❶ *(adjust settings)* ■**to ~ sth** etw umschalten; **to ~ the heater to maximum** die Heizung auf die höchste Stufe stellen
❷ *(change abruptly)* ■**to ~ sth** etw wechseln; ***in the 1980s, several companies ~ed their attention to the US market*** in den 80er-Jahren richteten zahlreiche Unternehmen ihre Aufmerksamkeit auf den amerikanischen Markt
❸ *(substitute)* ■**to ~ sth** etw auswechseln [*o* eintauschen]
◆**switch around** *vt* ■**to ~ around** ⇄ **sth** etw umstellen [*o* umräumen]; **to ~ around a room** ein Zimmer umräumen
◆**switch off I.** *vt* ■**to ~ off** ⇄ **sth** ❶ *(turn off power)* etw ausschalten
❷ *(cease)* etw abschalten [*o* abstellen]; ***some people can just ~ off their emotions*** manche Leute können ihre Gefühle einfach ausschalten
II. *vi* ❶ *(turn off)* ausschalten
❷ *(stop paying attention)* abschalten *fam;* ***if he gets bored, he just ~es off*** wenn ihm langweilig wird, schaltet er einfach ab
◆**switch on I.** *vt* ■**to ~ on** ⇄ **sth** ❶ *(turn on power)* etw einschalten; **to ~ on the light** das Licht anschalten; **to ~ on the TV** den Fernseher anmachen
❷ *(use)* etw einschalten; **to ~ on the charm** seinen ganzen Charme aufbieten
II. *vi* einschalten, anschalten
◆**switch over I.** *vi* wechseln; TV umschalten; ■**to ~ over to sth** zu etw *dat* wechseln, auf etw *akk* umstellen; **to ~ over to another channel** auf ein anderes Programm umschalten
II. *vt* ■**to ~ over** ⇄ **sth** etw umstellen
◆**switch round** *vt see* **switch around**

'switch·back *n (road)* Serpentinenstraße *f; (path)* Serpentinenweg *m*

'switch·blade *n* AM *(flick knife)* Klappmesser *nt,* Schnappmesser *nt*

'switch·board *n* ELEC Schaltbrett *nt;* TELEC [Telefon]zentrale *f,* Vermittlung *f;* **to jam the ~** die Telefonleitungen blockieren

'switch·board op·era·tor *n* Telefonist(in) *m(f)*

'switch clause *n* FIN Währungsklausel *f*

switched on *pred,* **switched-on** ['swɪtʃtɒn, AM -ɑːn] *adj attr (dated fam)* trendbewusst

'switch·gear [gɪr] *n no pl* ❶ ELEC Schaltelement[e] *nt[pl],* Schaltwerk *nt*
❷ AUTO Bedienungsteile *pl,* Bedienung *f*

'switch·man <-men> *n* AM Weichensteller(in) *m(f)*

'switch-over *n* Umstellung *f*

'switch·yard *n* AM Rangierbahnhof *m*

Swit·zer·land ['swɪtsəlænd, AM -ələnd] *n* Schweiz *f*

swiv·el ['swɪvəl] **I.** *n* Drehring *m,* Drehgelenk *nt*
II. *n modifier* Gelenk-
III. *vt* <BRIT, AUS -ll- *or* AM *usu* -l-> ■**to ~ sth** etw drehen
IV. *vi* <BRIT, AUS -ll- *or* AM *usu* -l-> sich *akk* drehen
◆**swivel around, swivel round I.** *vt* ■**to ~ sth around** [*or* **round**] etw herumdrehen
II. *vi* sich *akk* herumdrehen

swiv·el 'chair *n* Drehstuhl *m* **'swiv·el joint** *n* Drehgelenk *nt*

swiz(z) [swɪz], **swiz·zle** ['swɪzl] *n no pl* BRIT *(esp childspeak sl)* ■**a ~** eine Gemeinheit

'swiz·zle stick *n* Sektquirl *m*

swol·len ['swəʊlən, AM 'swoʊ-] **I.** *pp of* **swell**
II. *adj* ❶ *(puffy)* geschwollen; **a ~ face** ein aufgequollenes Gesicht
❷ *(larger than usual)* angeschwollen; **a ~ river/stream** ein angeschwollener Fluss/Strom

swol·len 'head *n (pej fam)* Hochnäsigkeit *f kein pl fam;* **to have a ~** sehr eingebildet sein; **to get a ~** völlig eingebildet werden; ***don't compliment him any more or he'll get a ~*** mach ihm keine Komplimente mehr, sonst bildet er sich noch was [drauf] ein

swol·len-head·ed [-'hedɪd] *adj (pej fam)* eingebildet, hochnäsig *fam*

swoon [swuːn] **I.** *vi* ❶ *(dated: faint)* ohnmächtig werden, in Ohnmacht fallen
❷ *(fig)* ■**to ~ over sb/sth** für jdn/etw schwärmen; ***British audiences ~ with delight over films like this*** das britische Publikum ist von Filmen wie diesem völlig begeistert
II. *n (dated liter)* Ohnmacht *f;* **to fall down in a ~** in Ohnmacht fallen

swoop [swuːp] **I.** *n* ❶ *(dive)* Sturzflug *m;* **to make a ~** [**down**] herabstoßen
❷ *(fam: attack)* Überraschungsangriff *m; (by police)* Razzia *f*
II. *vi* ❶ *(dive)* niederstoßen, herabstoßen
❷ *(fam: attack)* ■**to ~ on sb/sth** jdn/etw angreifen; *police* bei jdm/etw eine Razzia machen
◆**swoop down** *vi* herabstoßen

swoosh [swuːʃ] **I.** *vi* rauschen
II. *n* <*pl* -es> Rauschen *nt kein pl*

swoosh·ing ['swuːʃɪŋ] *adj* rauschend *attr*

swop <-pp-> [swɒp, AM swɑːp] *vt, vi esp* BRIT, CAN *see* **swap**

sword [sɔːd, AM sɔːrd] *n* Schwert *nt;* **to draw a ~** ein Schwert ziehen; **to put sb to the ~** jdn mit dem Schwert töten
▶PHRASES: **to** __**beat**__ [*or* __**turn**__] **~s into ploughshares** Schwerter zu Pflugscharen umschmieden; **to have a ~ of** __**Damocles**__ **hanging over one's head** ein Damoklesschwert über seinem Kopf schweben haben; **to** __**fall**__ **on one's ~** *of ministers* [nach einem Skandal] zurücktreten

'sword dance *n* Schwert[er]tanz *m* **'sword·fish** *n* Schwertfisch *m* **'sword·play** *n no pl* ❶ *(fencing)* Fechten *nt* ❷ *(sparring)* Gefecht *nt;* **verbal ~** Wortgefecht *nt* **'sword-point** *n no pl* Schwertspitze *f; (fig)* ***the only way you'll get him to leave that job is at ~*** nur wenn du ihm das Messer auf die Brust setzt, kannst du ihn dazu bewegen, die Arbeit aufzugeben; ■**to do sth at ~** etw gezwungenermaßen tun

swords·man ['sɔːdzmən, AM 'sɔːrdz-] *n* ❶ *(hist: sword fighter)* Schwertkämpfer *m*
❷ *(fencer)* Fechter *m;* **a skilled ~** ein guter Fechter

swords·man·ship ['sɔːdzmənʃɪp, AM 'sɔːrdz-] *n no pl* ❶ *(hist: in swordfighting)* Schwertkunst *f*
❷ *(in fencing)* Fechtkunst *f*

'sword·stick *n* Stockdegen *m*

swords·wom·an ['sɔːdzwʊmən, AM 'sɔːrdz-] *n* Fechterin *f;* **a skilled ~** eine gute Fechterin

swore [swɔːʳ, AM swɔːr] *pt of* **swear**

sworn [swɔːn, AM swɔːrn] **I.** *pp of* **swear**
II. *adj attr, inv* beschworen, beeidet; **a ~ affidavit** eine eidesstattliche Versicherung; **a ~ statement** eine eidliche [*o* beschworene] Aussage; **~ testimony** beeidete Zeugenaussage

sworn 'en·emy *n* Todfeind(in) *m(f)*

swot <-tt-> [swɒt] *vi* BRIT, AUS *(fam)* büffeln *fam,* pauken *fam;* **to ~ for an exam** für eine Prüfung pauken *fam*
◆**swot up** BRIT, AUS **I.** *vt (fam)* ■**to ~ up** ⇄ **sth** etw büffeln [*o* pauken] *fam*
II. *vi (fam)* ■**to ~ up on sth** etw büffeln [*o* pauken] *fam*

swoz·zled [swɑːzl̩d] *adj inv, pred* AM *(sl)* besoffen *derb*

swum [swʌm] *pp, also* AUS *pt of* **swim**

swung [swʌŋ] *pt, pp of* **swing**

syba·rite ['sɪbəraɪt, AM -əraɪt] *n (form)* Genussmensch *m,* Sybarit *m geh*

syba·rit·ic [ˌsɪbəʳ'ɪtɪk, AM -ərɪt̬-] *adj (form) person* genusssüchtig; **~ taste** erlesener Geschmack

syca·more ['sɪkəmɔːʳ, AM -mɔːr] *n* Sykomore *f fachspr,* Maulbeerfeigenbaum *m;* AM Platane *f*

syco·phan·cy ['sɪkəfənsi] *n no pl* Kriecherei *f,* Speichelleckertum *nt*

syco·phant ['sɪkəfænt, 'saɪkə-, AM -fənt] *n (pej form)* Schmeichler(in) *m(f); (pej)* Schleimer(in) *m(f) pej,* Kriecher(in) *m(f) pej*

syco·phan·tic [ˌsɪkə(ʊ)'fæntɪk, 'saɪkə-, AM -ə'fænt̬ɪk] *adj (pej form)* kriecherisch *pej*

syl·lab·ic [sɪ'læbɪk] *adj inv* LING Silben-, silbisch; **~ verse** Silbenstrophe *f*

syl·labi·fi·ca·tion [sɪˌlæbɪfɪ'keɪʃən, AM -ˌlæbə-] *n* LING Silbentrennung *f*

syl·la·ble ['sɪləbl̩] *n* Silbe *f;* ***they haven't spoken one ~ to each other all day*** *(fig)* sie haben den ganzen Tag über noch keinen Ton miteinander gesprochen; **stressed/unstressed ~** betonte/unbetonte Silbe

syl·la·bub ['sɪləbʌb] *n no pl* ❶ *(dessert)* Weinschaumcreme *f*
❷ *(topping)* Weincreme *f*
❸ *(drink)* ≈ Eierflip *m*

syl·la·bus <*pl* -es *or form* syllabi> ['sɪləbəs, *pl* -aɪ] *n* ❶ *(course outline)* Lehrplan *m*
❷ *(course reading list)* Leseliste *f;* **to be on the ~** auf der Leseliste stehen

❸ AM LAW Zusammenfassung *f* eines Falles

syl·lo·gism [ˈsɪlədʒɪzᵊm] *n* PHILOS Syllogismus *m fachspr*

syl·lo·gis·tic [ˌsɪləˈdʒɪstɪk] *adj* PHILOS syllogistisch *fachspr*

sylph [sɪlf] *n* Sylphide *f geh*

sylph·like [ˈsɪlflaɪk] *adj (usu hum)* grazil, sylphidenhaft *geh*

sym·bio·sis [ˌsɪmbaɪˈəʊsɪs, AM -biˈoʊ-] *n no pl* Symbiose *f*

sym·bi·ot·ic [ˌsɪmbaɪˈɒtɪk, AM -biˈɑːt̬ɪk] *adj inv* symbiotisch

sym·bi·oti·cal·ly [ˌsɪmbaɪˈɒtɪkᵊli, AM -biˈɑːt̬ɪk-] *adv inv* symbiotisch

sym·bol [ˈsɪmbᵊl] *n* Symbol *nt*, Zeichen *nt;* **~ of freedom/life/love** Symbol *nt* der Freiheit/des Lebens/der Liebe; **~ of peace** Friedenssymbol *nt;* **~ of wealth/wisdom** Symbol *nt* für Reichtum/Weisheit; MATH, SCI, MUS Symbol *nt*, [grafisches] Zeichen

sym·bol·ic [sɪmˈbɒlɪk, AM -ˈbɑː-] *adj* symbolisch, symbolhaft; **a ~ gesture** eine symbolische Geste

sym·boli·cal·ly [sɪmˈbɒlɪkli, AM -ˈbɑː-] *adv* symbolisch

sym·bol·ism [ˈsɪmbᵊlɪzᵊm] *n no pl* Symbolik *f;* ■**S~** ART, LIT Symbolismus *m*

Sym·bol·ist [ˈsɪmbᵊlɪst] ART, LIT **I.** *n* Symbolist(in) *m(f)*
II. *adj inv* symbolistisch

sym·boli·za·tion [ˌsɪmbᵊlaɪˈzeɪʃᵊn, AM lɪˈ] *n* sinnbildliche Darstellung, Symbolisierung *f*

sym·bol·ize [ˈsɪmbᵊlaɪz, AM -bə-] *vt* ■**to ~ sth** etw symbolisieren

sym·met·ri·cal [sɪˈmetrɪkᵊl] *adj* symmetrisch; **~ face** ebenmäßiges Gesicht

sym·met·ri·cal·ly [sɪˈmetrɪkᵊli] *adv* symmetrisch

sym·me·try [ˈsɪmətri] *n no pl (balance)* Symmetrie *f; (evenness)* Ebenmäßigkeit *f; (correspondence)* Übereinstimmung *f;* MATH Symmetrie *f*

sym·pa·thet·ic [ˌsɪmpəˈθetɪk, AM -t̬-] *adj* ❶ *(understanding)* verständnisvoll; ■**to be ~ about sth** für etw *akk* Verständnis haben; *(sympathizing)* mitfühlend, teilnahmsvoll; **to lend a ~ ear to sb** ein offenes Ohr für jdn haben
❷ *(likeable) fictional characters* sympathisch
❸ *(approving)* wohlgesonnen *geh;* ■**to be ~ towards** [*or* **to**] **sb/sth** mit jdm/etw sympathisieren; **to give sth a ~ hearing** ein offenes Ohr für etw *akk* haben

sym·pa·theti·cal·ly [ˌsɪmpəˈθetɪkᵊli, AM -t̬-] *adv (understanding)* verständnisvoll; *(sympathizing)* teilnahmsvoll

sym·pa·thize [ˈsɪmpəθaɪz] *vi* ❶ *(show understanding)* Verständnis haben; *(show compassion)* Mitleid haben, mitfühlen; ■**to ~ with sb** [**over** [*or* **about**] **sth**] mit jdm [wegen einer S. *gen*] mitfühlen
❷ *(agree with)* ■**to ~ with sb/sth** mit jdm/etw sympathisieren

sym·pa·thiz·er [ˈsɪmpəθaɪzəʳ, AM -ɚ] *n* Sympathisant(in) *m(f)*

sym·pa·thy [ˈsɪmpəθi] *n* ❶ *no pl (compassion)* Mitleid *nt;* ■**~ for sb** Mitleid mit jdm; *(commiseration)* Mitgefühl *nt;* **to look for ~** Mitgefühl suchen; *(understanding)* Verständnis *nt;* ■**~ for sb** Verständnis für jdn; **to look for ~** Verständnis suchen
❷ *no pl (agreement)* Übereinstimmung *f;* **to be in ~ with sb/sth** in Übereinstimmung mit jdm/etw sein; *(affection)* Sympathie *f;* **to have ~ with sb/sth** für jdn/etw Sympathie hegen *geh*
❸ *(condolences)* ■**sympathies** *pl* Beileid *nt kein pl;* **to offer** [*or* **send**] **sb one's sympathies** jdm sein Beileid aussprechen, jdm kondolieren
❹ *(support)* ■**sympathies** *pl* Sympathien *pl;* ***93% said their sympathies were with the teachers*** 93% sagten, dass sie auf der Seite der Lehrer stünden

ˈsym·pa·thy card *n* Beileidskarte *f*

ˈsym·pa·thy strike *n* Solidaritätsstreik *m* **ˈsym·pa·thy vote** *n* BRIT, AUS *(fam)* Sympathiebekundung *f*

sym·pa·ti·co [sɪmˈpætɪkəʊ, AM -koʊ] *adj attr (sl)* sympathisch

sym·phon·ic [sɪmˈfɒnɪk, AM -ˈfɑːn-] *adj inv* symphonisch, sinfonisch

sym·phon·ic ˈpoem *n* MUS symphonische [*o* sinfonische] Dichtung

sym·pho·ny [ˈsɪm(p)fəni] *n* Symphonie *f*, Sinfonie *f; (orchestra)* Symphonieorchester *nt*, Sinfonieorchester *nt*

ˈsym·pho·ny con·cert *n* Symphoniekonzert *nt*, Sinfoniekonzert *nt* **ˈsym·pho·ny or·ches·tra** *n* Symphonieorchester *nt*, Sinfonieorchester *nt*

sym·po·sium <*pl* -s *or* -sia> [sɪmˈpəʊziəm, AM -ˈpoʊ-, *pl* -ziə] *n (form)* Symposium *nt*, Symposion *nt*

symp·tom [ˈsɪm(p)təm] *n* ❶ MED Symptom *nt*, Krankheitszeichen *nt;* **the ~s of a cold** die Symptome einer Erkältung; **to develop ~s** Symptome ausbilden [*o* zeigen]
❷ *(fig: indicator)* [An]zeichen *nt*, Symptom *nt geh*

symp·to·mat·ic [ˌsɪm(p)təˈmætɪk, AM -ˈmæt̬-] *adj* symptomatisch; ■**to be ~ of sth** bezeichnend [*o geh* symptomatisch] für etw *akk* sein

syn·aes·the·sia [ˌsɪnɪsˈθiːziə], AM **syn·es·the·sia** [-ɪsˈθiːʒə] *n* PSYCH Synästhesie *f*

syna·gogue [ˈsɪnəgɒg, AM -gɑːg] *n* Synagoge *f*

syn·apse [ˈsaɪnæps, ˈsɪn-, AM ˈsɪn-] *n* ANAT, MED Synapse *f*

syn·ap·tic [sɪˈnæptɪk] *adj inv* MED synaptisch

sync(h) [sɪŋk] *n no pl (fam) short for* **synchronization** Synchronisation *f*, Übereinstimmung *f;* ■**to be in/out of ~ with sth/sb** mit etw/jdm übereinstimmen/nicht übereinstimmen

sync·able [ˈsɪŋkəbl̩] *adj inv* kompatibel

syn·chro¹ <*pl* -os> [ˈsɪŋkrəʊ, AM ˈsɪŋkroʊ] *n no pl* AUTO *short for* **synchromesh** Synchrongetriebe *nt*

synchro² [ˈsɪŋkrəʊ, AM ˈsɪŋkroʊ] *n short for* **synchronized swimmer** Synchronschwimmer(in) *m(f)*

synchro³ [ˈsɪŋkrəʊ, AM ˈsɪŋkroʊ] *adj inv short for* **synchronized** *see* **synchronize**

syn·chron·ic [sɪŋˈkrɒnɪk, AM sɪnˈkrɑːnɪk] *adj inv* LING eine Sprachperiode betreffend, synchronisch *fachspr*

syn·chro·nic·ity [ˌsɪŋkrəˈnɪsəti, AM -əti] *n no pl* Gleichzeitigkeit *f*, Synchronizität *f geh*

syn·chro·ni·za·tion [ˌsɪŋkrənaɪzeɪʃᵊn, AM -nɪ-] *n no pl* ❶ *(state)* Synchronisation *f*, Übereinstimmung *f;* **to be in ~** völlig synchron sein, in völliger Übereinstimmung sein
❷ *(process)* Synchronisation *f*, zeitliches Zusammentreffen

syn·chro·nize [ˈsɪŋkrənaɪz] **I.** *vt* ■**to ~ sth** etw aufeinander abstimmen
II. *vi* zeitlich zusammenfallen; ***the show was designed so that the lights ~d with the music*** die Show war so ausgerichtet, dass die Lichter mit der Musik synchron geschaltet waren

syn·chro·nized swim·ming [ˌsɪŋkrənaɪzdˈ-] *n no pl* Synchronschwimmen *nt*

syn·chro·nous [ˈsɪŋkrənəs] *adj inv* gleichzeitig, synchron

syn·chrony [ˈsɪŋkrəni] *n no pl* SCI Synchronie *f*

syn·co·pate [ˈsɪŋkəpeɪt] *vt* MUS ■**to ~ sth** etw synkopieren *fachspr*

syn·co·pat·ed [ˈsɪŋkəpeɪtɪd, AM -t̬-] *adj inv* MUS synkopisch *fachspr*

syn·co·pa·tion [ˌsɪŋkəˈpeɪʃᵊn] *n no pl* MUS ❶ *(form)* Synkope *f fachspr*
❷ *(act)* Synkopierung *f fachspr*

syn·cope [ˈsɪŋkəpi] *n* ❶ *no pl* LING *(omission of sounds, letters)* Synkope *f fachspr*
❷ MED Ohnmacht *f*, Synkope *f fachspr*

syn·cre·tism [ˈsɪŋkrɪtɪzᵊm, AM -krə-] *n no pl* REL Synkretismus *m geh*

syn·di·cal·ism [ˈsɪndɪkᵊlɪzᵊm] *n no pl* HIST Syndikalismus *m*

syn·di·cate I. *n* [ˈsɪndɪkət, AM -dəkɪt] ❶ + *sing/pl vb* COMM, FIN Syndikat *nt*, Verband *m*, Konsortium *nt;* **~ member** Konsorte *m*
❷ JOURN Pressesyndikat *nt*
II. *vt* [ˈsɪndɪkeɪt, AM -də-] ■**to ~ sth** ❶ JOURN etw an mehrere Zeitungen verkaufen; ***her weekly column is ~d in 200 newspapers throughout North America*** ihre wöchentliche Kolumne erscheint in 200 Zeitungen in ganz Nordamerika
❷ *(finance)* etw über ein Syndikat finanzieren

syn·di·cat·ed [ˈsɪndɪkeɪtɪd, AM -dəkeɪt̬ɪd] *adj attr, inv* ❶ JOURN an viele Zeitungen verkauft; **a ~ article** *ein Artikel, der in mehreren Zeitungen erscheint;* **a ~ columnist** *ein Kolumnist, der eine Kolumne in mehreren Zeitungen veröffentlicht*
❷ *esp* AM TV an mehrere Programmanbieter verkauft
❸ COMM, FIN Konsortial-; **~ deal** syndiziertes Geschäft; **~ financing** Konsortialfinanzierung *f;* **~ loan** Konsortialdarlehen *nt*, Konsortialkredit *m*, syndizierte Anleihe

ˈsyn·di·cate lead·er *n* FIN Konsortialführer(in) *m(f)*

syn·di·ca·tion [ˌsɪndɪˈkeɪʃᵊn, AM -dəˈ-] *n no pl* ❶ JOURN Verkauf *m* an mehrere Zeitungen
❷ *(financing)* Finanzierung *f* durch ein Syndikat
❸ FIN *(formation of a syndicate)* Konsortialbildung *f*, Syndizierung *f*

syn·drome [ˈsɪndrəʊm, AM -droʊm] *n* ❶ MED Syndrom *nt;* **acquired immune deficiency ~** erworbenes Immunschwächesyndrom; **post-traumatic stress ~** posttraumatisches Stresssyndrom; **premenstrual ~** prämenstruelles Syndrom; **toxic shock ~** toxisches Schocksyndrom
❷ *(fig: condition)* Syndrom *nt*

syn·ec·do·che [sɪˈnekdəki] *n* LING Synekdoche *f fachspr*

syn·er·gism [ˈsɪnədʒɪzᵊm, AM -ɚdʒɪ-], **syn·er·gy** [ˈsɪnədʒi, AM -ɚdʒi] *n no pl* Synergie *f*, Synergismus *m fachspr*

syn·er·gis·tic [ˌsɪnəˈdʒɪstɪk, AM ˌsɪnɚˈ-] *adj* synergistisch

syn·er·gis·ti·cal·ly [ˌsɪnəˈdʒɪstɪkᵊli, AM ˌsɪnɚˈ-] *adv* synergistisch

syn·er·gy [ˈsɪnədʒi, AM -ɚdʒi] *n no pl* Synergie *f*

ˈsyn·er·gy ef·fect *n* Synergieeffekt *m*, Verbundeffekt *m*

syn·od [ˈsɪnəd] *n* Synode *f*

syno·nym [ˈsɪnənɪm] *n* Synonym *nt*

syn·ony·mous [sɪˈnɒnɪməs, AM -ˈnɑːnə-] *adj inv* ❶ *(meaning the same)* synonym
❷ *(closely associated with)* gleichbedeutend, synonym

syn·ony·my [sɪˈnɒnɪmi, AM ˈnɑːnə] *n no pl* LING Synonymie *f fachspr*

syn·op·sis <*pl* -ses> [sɪˈnɒpsɪs, AM -ˈnɑːp-, *pl* -siːz] *n* Synopse *f geh*, Zusammenfassung *f*, Übersicht *f*

syn·op·tic [sɪˈnɒːptɪk, AM ˈnɑːp] *adj* ❶ *(providing an orientation)* übersichtlich, zusammenfassend
❷ *(comprehensive)* zusammenschauend, [all]umfassend
❸ REL, LIT synoptisch *fachspr*

Syn·op·tic ˈGos·pels *npl* REL ■**the ~** die synoptischen Evangelien

syn·tac·tic [sɪnˈtæktɪk] *adj inv* syntaktisch, Syntax-

syn·tac·ti·cal·ly [sɪnˈtæktɪkᵊli] *adv inv* syntaktisch

syn·tax [ˈsɪntæks] *n no pl* Syntax *f*

synth [sɪnθ] *n modifier (fam)* MUS *short for* **synthesizer** Synthesizer-

syn·the·sis <*pl* -theses> [ˈsɪn(t)θəsɪs, *pl* -siːz] *n* ❶ *(combination)* Synthese *f*, Verbindung *f*
❷ *no pl* SCI *(creation)* Synthese *f*

syn·the·size [ˈsɪn(t)θəsaɪz] *vt* ■**to ~ sth** etw künstlich herstellen [*o fachspr* synthetisieren]

syn·the·siz·er [ˈsɪn(t)θəsaɪzəʳ, AM -ɚ] *n* MUS Synthesizer *m*

syn·thet·ic [sɪnˈθetɪk, AM -t̬-] **I.** *adj* ❶ *(man-made)* synthetisch, künstlich; **~ fibre** Kunstfaser *f;* **~ flavourings** künstliche Aromastoffe
❷ *(fig pej: fake)* künstlich, gekünstelt
II. *n* synthetischer Stoff

syn·theti·cal·ly [sɪnˈθetɪkᵊli, AM -t̬-] *adv* synthetisch, künstlich

S. Yorks BRIT *abbrev of* **South Yorkshire**

syphi·lis [ˈsɪfɪlɪs, AM -ᵊlɪs] *n no pl* Syphilis *f*

syphi·lit·ic [ˌsɪfɪˈlɪtɪk, AM -əˈlɪt̬-] *adj inv* syphilitisch

sy·phon [ˈsaɪfᵊn] *n see* **siphon**

Syria [ˈsɪriə] *n* Syrien *nt*

Syr·ian [ˈsɪriən] **I.** *adj* syrisch

S

II. *n* Syr[i]er(in) *m(f)*

sy·ringe [sɪ'rɪnʤ, AM sə'-] **I.** *n* MED Spritze *f*

II. *vt* MED ■**to ~ sth** etw [aus]spülen

syr·up ['sɪrəp] *n no pl* ❶ *(sauce)* Sirup *m*

❷ *(medicine)* Saft *m,* Sirup *m;* **cough ~** Hustensaft *m*

syr·upy ['sɪrəpi] *adj* ❶ *(usu pej) food* süßlich

❷ *(pej: overly sweet)* zuckersüß *fig; (sentimental)* sentimental, rührselig

sys·tem ['sɪstəm] *n* ❶ *(network)* System *nt;* **a music/sound ~** eine [Musik]anlage; **~ of presentation** Darstellungssystematik *f;* **rail/road ~** TRANSP Schienen-/Straßennetz *nt;* COMPUT System *nt*

❷ *(method of organization)* System *nt;* POL System *nt,* Regime *nt;* **the caste ~** das Kastensystem; **the legal ~** das Rechtssystem

❸ ASTRON System *nt;* **solar ~** Sonnensystem *nt*

❹ *(way of measuring)* System *nt;* **binary/decimal ~** Binär-/Dezimalsystem *nt*

❺ *(approv: order)* System *nt,* Ordnung *f*

❻ MED [Organ]system *nt;* ■**the ~** der Organismus; **digestive/immune/nervous ~** Verdauungs-/Immun-/Nervensystem *nt*

❼ *(pej)* ■**the ~** *(the establishment)* das System; **to beat the ~** sich *akk* gegen das System durchsetzen

▸PHRASES: **to get something out of one's ~** *(fam)* etw loswerden *fam*

'sys·tem ac·count *n* FIN Systemkonto *nt*

sys·tem·at·ic [,sɪstə'mætɪk, AM -'mæt̬-] *adj* systematisch

sys·tem·ati·cal·ly [,sɪstə'mætɪkəli, AM -'mæt̬-] *adv* systematisch

sys·tem·ati·za·tion [,sɪstəmətaɪ'zeɪʃən, AM -tɪ'-] *n no pl* Systematisierung *f*

sys·tema·tize ['sɪstəmətaɪz] *vt* ■**to ~ sth** etw systematisieren

sys·tem authori·'za·tion *n* COMPUT Systemberechtigung *f* **sys·tem avail·a'bil·ity** *n* COMPUT Systemverfügbarkeit *f* **'sys·tem check** *n* Systemüberprüfung *f* **'sys·tem crash** *n* COMPUT Systemabsturz *m* **'sys·tem disk** *n* COMPUT Systemdiskette *f,* Systemplatte *f* **sys·tem en·'vi·ron·ment** *n* COMPUT Systemwelt *f* **'sys·tem er·ror** *n* Systemfehler *m*

sys·tem·ic [sɪ'stemɪk] *adj inv* MED systemisch; **~ diseases** Systemerkrankungen *pl*

'sys·tem plat·form *n* COMPUT Systemplattform *f* **'sys·tem reg·is·try** *n* Systemregistrierung *f* **sys·tems a'naly·sis** *n* Systemanalyse *f* **sys·tems 'ana·lyst** *n* Systemanalytiker(in) *m(f)* **sys·tem 'soft·ware** *n* Systemsoftware *f* **'sys·tem tray** *n* COMPUT Taskleiste *f fachspr*

T

T <*pl* 's>, **t** <*pl* -'s *or* -s> [ti:] *n* T *nt,* t *nt;* **~ for Tommy** [*or* AM **as in Tare**] T für Theodor; *see also* **A 1**

▸PHRASES: **to a ~** *(fam)* ***that fits him to a ~*** das passt ihm wie angegossen; ***that's Philipp to a ~*** das ist Philipp, wie er leibt und lebt; ***that's it to a ~*** genau so ist es

t *n abbrev of* **metric ton** t

T¹ <*pl* -> [ti:] *n* PHYS *abbrev of* **tesla** T

T² [ti:] *n (fam) short for* **T-shirt** T-Shirt *nt*

T³ *in compounds* COMPUT *abbrev of* **tera-** T

ta [tɑ:] *interj* ❶ BRIT *(fam: thanks)* danke, SCHWEIZ *meist* merci

❷ AM *(pej fam: expression of disbelief)* wirklich, echt *fam*

tab¹ [tæb] *n* AM *(fam) short for* **tabloid newspaper** Schmierblatt *nt* BRD *pej,* Boulevardzeitung *f fam*

tab² [tæb] *n* COMPUT *short for* **tabulator** Tab *m*

tab³ [tæb] **I.** *n* ❶ *(flap)* Lasche *f; (on file)* [Kartei]reiter *m; (for the purpose of hanging)* Aufhänger *m; (label)* Etikett *nt,* Etikette *f* SCHWEIZ, Schildchen *nt*

❷ *(recording device)* Überspielschutz *m;* COMPUT Schreibschutz *m*

❸ AM, AUS *(fam: bill)* Rechnung *f;* **to pick up the ~** die Rechnung übernehmen; **to put sth on the ~** etw auf die Rechnung setzen

❹ AM *(ringpull)* Dosenring *m*

❺ BRIT DIAL *(cigarette)* Zigarette *f*

▸PHRASES: **to keep ~s on sth/sb** ein wachsames Auge auf etw/jdn haben, etw/jdn [genau] im Auge behalten

II. *vt* <-bb-> *esp* AM *(fam)* ■**to ~ sb/sth [as sth]** jdn/etw [zu etw *dat*] bestimmen; ***he was ~bed by the president as the next chairman*** er wurde vom Präsidenten zum neuen Vorsitzenden bestellt

III. *vi* <-bb-> COMPUT tabellieren, mit dem Tabulator springen

tab·ard ['tæbɑ:d, AM ɚd] *n* FASHION ❶ *(sleeveless jerkin)* ärmelloses Oberteil, Wams *nt veraltet*

❷ *(hist: outer dress of clerics)* Schaube *f*

❸ *(herald's official coat)* Wappenrock *m*

Ta·bas·co®, **Ta·bas·co 'sauce®** [tə'bæskəʊ-, AM -koʊ-] *n no pl* Tabasco® *m,* Tabascosauce® *f*

tab·bou·leh, **ta·bou·leh** [tə'bu:lə] *n* Tab[o]uleh-Salat *m (libanesische Vorspeise aus glatter Petersilie, Bulgur, Tomaten, Minze, Zwiebeln und Zitronensaft)*

tab·by ['tæbi] **I.** *adj inv (with stripes)* gestreift; **~ cat** getigerte Katze; *(with spots)* gefleckt; **~ cat** gescheckte Katze

II. *n (striped)* Tigerkatze *f,* getigerte Katze; *(spotted)* gescheckte Katze

tab·er·nac·le ['tæbə,nækl̩, AM -bɚ,] *n* ❶ *(old form: Jewish place of worship)* Stiftshütte *f*

❷ *(container)* Tabernakel *m*

❸ *(Christian church)* Kirche *f;* **the Mormon ~** der Mormonentempel

'tab key *n* COMPUT Tabulatortaste *f*

ta·ble ['teɪbl̩] **I.** *n* ❶ *(furniture)* Tisch *m;* **to clear the ~** den Tisch abräumen, SCHWEIZ *a.* abtischen *fam;* **to set** [*or* **lay**] **the ~** den Tisch decken, SCHWEIZ *a.* tischen *fam*

❷ *(fig: people)* Tischrunde *f;* ***the whole ~ was looking at the speaker*** die ganze Runde sah auf den Sprecher

❸ *(information)* Tabelle *f; (list)* Liste *f,* Verzeichnis *nt;* **~ B** Modellsatzung *f* im Gesetz über Aktiengesellschaften; **~ D** LAW, ECON Mustersatzung *f* einer AG

▸PHRASES: **to bring sth to the ~** etw beisteuern; **to do sth under the ~** etw unter der Hand tun; **to drink someone under the ~** *(fam)* jdn unter den Tisch trinken *fam;* **to keep** [*or* AM **set**] **a good ~** eine gute Küche führen; **to lay** [*or* **put**] **sth on the ~** etw vorlegen; **to turn the ~s on sb** jdm gegenüber den Spieß umdrehen *fam*

II. *vt* ■**to ~ sth** ❶ BRIT, AUS *(propose for discussion)* etw vorlegen

❷ AM *(postpone discussion)* etw zurückstellen; **to ~ a plan/proposal** einen Plan/Vorschlag zurückstellen

tab·leau <*pl* -x *or* -s> ['tæbləʊ, AM -lɔʊ] *n* Tableau *nt*

'ta·ble·cloth *n* Tischdecke *f,* Tischtuch *nt*

ta·ble d'hôte [,tɑ:bl'dəʊt, AM -'doʊt] *n* [Tages]menü *nt*

'ta·ble fork *n* Gabel *f (für den Hauptgang)* **'ta·ble knife** *n* Messer *nt (für den Hauptgang)* **'ta·ble lamp** *n* Tischlampe *f,* Tischleuchte *f* **'ta·ble·land** *n* Hochebene *f,* Plateau *nt* **'ta·ble lin·en** *n no pl* Tischwäsche *f* **'ta·ble man·ners** *npl* Tischmanieren *pl* **'ta·ble mat** *n* Set *nt,* Platzdeckchen *nt*

ta·ble of 'con·tents *n* Inhaltsverzeichnis *nt*

'ta·ble·spoon *n* ❶ *(for measuring)* Esslöffel *m; (for serving)* Servierlöffel *m* ❷ *(amount)* Esslöffel *m* **'ta·ble·spoon·ful** <*pl* -spoonsful *or* -s> *n* Esslöffel[voll] *m*

tab·let ['tæblət, AM -lɪt] *n* ❶ *(pill)* Tablette *f;* **sleeping ~** Schlaftablette *f*

❷ *(flat slab)* Block *m; of metal* Platte *f; (commemorative)* [Gedenk]tafel *f; (prehistoric)* Schrifttafel *f;* **~ of soap** BRIT Stück *nt* Seife

❸ *(writing pad)* Notizblock *m*

❹ *esp* SCOT FOOD Karamellbonbon *nt*

❺ COMPUT Tablet-PC *m*

'ta·ble talk *n* Tischgespräch *nt* **'ta·ble ten·nis** *n no pl* Tischtennis *nt* **'ta·ble top** *n* Tischplatte *f*

Tab·let P'C *n* COMPUT, INET Tablet-PC *m*

'ta·ble·ware *n no pl (form) Tafelgeschirr, Besteck und Gläser* **'ta·ble wine** *n* Tafelwein *m,* Tischwein *m*

tab·loid ['tæblɔɪd] **I.** *n* Boulevardzeitung *f,* Klatschzeitung *f fam*

II. *n modifier (article, quality)* Boulevard-; **~ reporter** Klatschreporter(in) *m(f) fam*

tab·loid 'news·pa·per *n* Boulevardzeitung *f,* Klatschzeitung *f fam* **tab·loid 'press** *n no pl* Regenbogenpresse *f fam,* Boulevardpresse *f*

ta·boo, tabu [tə'bu:] **I.** *n* Tabu *nt;* **to break a ~** ein Tabu brechen, gegen ein Tabu verstoßen

II. *adj* tabu, Tabu-; **a ~ subject** ein Tabuthema *nt*

tabu·lar ['tæbjələʳ, AM -lɚ] *adj inv* tabellarisch; **in ~ form** tabellarisch, in Tabellenform

tabu·late ['tæbjəleɪt] *vt* ❶ *(form: arrange)* ■**to ~ sth** etw tabellarisch [an]ordnen [*o* tabellarisieren]

❷ COMPUT etw tabellieren *fachspr*

tabu·la·tion [,tæbjə'leɪʃən] *n no pl* ❶ *(form: arrangement)* tabellarische Anordnung, Tabellarisierung *f*

❷ COMPUT *(of a printing head/cursor)* Tabulieren *nt*

tabu·la·tor ['tæbjəleɪtəʳ] *n (form)* ❶ *(tab key)* Tabulator *m*

❷ *(processor)* Tabellenprozessor *m*

tacho¹ ['tækəʊ] *n* BRIT *(fam) short for* **tachograph** Fahrtenschreiber *m,* Tachograf *m*

tacho² ['tækəʊ] *n* BRIT *(fam) short for* **tachometer** Tacho *m fam*

tacho·graph ['tækə(ʊ)grɑ:f, AM -əgræf] *n* Fahrtenschreiber *m,* Tachograf *m*

ta·chom·eter [tæk'ɒmɪtəʳ, AM -'ɑ:mət̬ɚ] *n* Tachometer *m,* Tacho *m fam*

tachy·car·dia [,tækɪ'kɑ:diə, AM 'kɑ:r] *n no pl* MED Tachykardie *f fachspr*

tac·it ['tæsɪt] *adj* stillschweigend; **~ agreement/approval/consent** stillschweigende Vereinbarung/Billigung/Zustimmung

tac·it·ly ['tæsɪtli] *adv* stillschweigend

taci·turn ['tæsɪtɜ:n, AM -ətɜ:rn] *adj* schweigsam, wortkarg

taci·turn·ity [,tæsɪ'tɜ:nɪti, AM -ə'tɜ:rnət̬i] *n no pl (form)* Schweigsamkeit *f,* Wortkargheit *f*

tack [tæk] **I.** *n* ❶ *(nail)* kurzer Nagel; *(pin)* Reißzwecke *f* BRD, Reißnagel *m;* **a box of ~s** eine Schachtel Reißzwecken [*o* Reißnägel]

❷ *no pl (riding gear)* Sattel- und Zaumzeug *nt*

❸ NAUT Schlag *m fachspr*

❹ *(approach, policy)* Weg *m,* Richtung *f;* **to try a different ~** eine andere Richtung einschlagen *fig*

❺ *(loose stitch)* Heftstich *m,* Fadenschlag *m* SCHWEIZ

❻ SCOT LAW Pachtvertrag *m*

II. *vt* ❶ *(nail down)* ■**to ~ sth** etw festnageln

❷ *(sew loosely)* ■**to ~ sth** etw anheften; **to ~ the hem** den Saum heften

❸ LAW **to ~ a mortgage** eine nachrangige mit einer vorrangigen Hypothek vereinen

III. *vi* NAUT wenden, kreuzen *fachspr*

◆**tack down** *vt* ■**to ~ down** ↻ **sth** etw festnageln

◆**tack on** *vt* ■**to ~ on** ↻ **sth [to sth]** ❶ *(fam: add afterwards)* etw [an etw *akk*] anfügen [*o* anhängen], etw [zu etw *dat*] hinzufügen

❷ *(sew loosely)* etw [an etw *akk*] anheften

◆**tack up** *vt* ■**to ~ up** ↻ **sth** *poster* etw aufhängen; ■**to ~ up** ↻ **sth [on sth]** etw [an etw *akk*] heften

tacki·ness ['tækɪnəs] *n no pl* ❶ *(lack of taste)* Geschmacklosigkeit *f; (shabbiness)* Schäbigkeit *f*

❷ *(stickiness)* Klebrigkeit *f*

tack·ing ['tækɪŋ] *n no pl* Heften *nt; (stitch)* Heftstich *m,* Fadenschlag *m* SCHWEIZ

tack·le ['tækl̩] **I.** *n no pl* ❶ *(gear, equipment)* Gerät *nt,* Ausrüstung *f,* Zeug *nt a. pej fam;* NAUT Tauwerk *nt;* **fishing ~** Angelausrüstung *f;* **shaving ~** Rasierzeug *nt*

❷ *(lifting device)* Winde *f;* **block and ~**

Flaschenzug *m*
③ SPORT *(act of tackling)* Angriff *m*, Tackling *nt fachspr*
④ AM *(line position)* Halbstürmer(in) *m(f)*
⑤ BRIT *(vulg sl: genitals)* Gehänge *nt derb*
II. *vt* ① *(deal with)* ■**to ~ sth** etw in Angriff nehmen; *(manage)* mit etw *dat* fertigwerden, etw bewältigen [*o* schaffen]; ■**to ~ sb [about sth]** jdn [wegen einer S. *gen*] zur Rede stellen; **to ~ a job** eine Arbeit in Angriff nehmen; **to ~ a problem** ein Problem angehen [*o fam* anpacken], SCHWEIZ *a.* anhand nehmen *fam*
② *(challenge physically)* **to ~ a thief** sich *akk* auf einen Dieb stürzen
③ SPORT *(challenge for ball)* ■**to ~ sb** jdn angreifen
'tack·le box *n* Angelkasten *m*, Angelbehälter *m*
tack·ling ['tæklɪŋ] *n* SPORT Tackling *nt fachspr*
'tack rec·ord *n* ECON Erfolgs- und Leistungsnachweis *m*
'tack room *n* Sattelkammer *f*
tacky[1] ['tæki] *adj (sticky)* klebrig
tacky[2] ['tæki] *adj esp* AM *(pej fam)* ① *(in bad taste)* billig, geschmacklos
② *(shoddy)* schäbig
taco ['tækəʊ, AM 'tɑːkoʊ] *n* FOOD Taco *nt o* SCHWEIZ *m*
tact [tækt] *n no pl (diplomacy)* Takt *m*, Taktgefühl *nt; (sensitiveness)* Feingefühl *nt*
tact·ful ['tæktfᵊl] *adj* taktvoll
tact·ful·ly ['tæktfᵊli] *adv* taktvoll
tact·ful·ness ['tæktfᵊlnəs] *n (diplomacy)* Takt *m*, Taktgefühl *nt; (sensitiveness)* Feingefühl *nt*
tac·tic ['tæktɪk] *n* ① *(strategy)* Taktik *f;* ■**~s** Taktiken *pl;* **delaying ~s** Verzögerungstaktik *f;* **dubious ~s** zweifelhafte Methoden
② MIL ■**~s** + *sing/pl vb* Taktik *f sing*
tac·ti·cal ['tæktɪkᵊl] *adj* taktisch; *(skilful)* geschickt; **a ~ retreat** MIL ein taktischer Rückzug; **~ voting** POL taktische Abstimmung
tac·ti·cal al·'li·ance *n* strategisches Bündnis
tac·ti·cal·ly ['tæktɪkᵊli] *adv* taktisch; **to vote ~** POL taktisch wählen, eine Wahltaktik verfolgen
tac·ti·cal 'weap·ons *n no pl* taktische Waffen
tac·ti·cian [tæk'tɪʃᵊn] *n* Taktiker(in) *m(f)*
tac·tile ['tæktaɪl] *adj (form)* ① BIOL Tast-, taktil *fachspr;* **~ organs** Tastorgane *pl;* **~ sense** Tastsinn *m*
② *(tangible)* tastbar, fühlbar
③ *(liking to touch)* ***she's a very ~ person*** sie mag Körperkontakt sehr gerne
④ *(pleasing to touch)* berührungsfreundlich; **~ materials** sich *akk* angenehm anfühlende Materialien
⑤ ART *(three-dimensional)* [wie] zum Anfassen *präd*
tact·less ['tæktləs] *adj* taktlos
tact·less·ly ['tæktləsli] *adv* taktlos
tact·less·ness ['tæktləsnəs] *n no pl* Taktlosigkeit *f*
tac·tual ['tæktjuəl, AM -tʃu-] *adj* ① BIOL taktil *fachspr;* **~ sense** Tastsinn *m*
② *(touchable)* tastbar, fühlbar
tad [tæd] *n no pl (fam)* ■**a ~** etwas, ein bisschen; ***just a ~ more sugar*** nur noch ein kleines bisschen Zucker
tad·pole ['tædpəʊl, AM -poʊl] *n* Kaulquappe *f*
Tad·zhiki·stan [tɑːˌdʒiːkɪ'stɑːn, AM stæn] *n no pl* GEOG *see* **Tajikistan**
Tae-Bo [taɪ'bəʊ, AM -'boʊ] *n* Tae Bo *nt*
taf·fe·ta ['tæfɪtə, AM -ɪt̬ə] *n no pl* Taft *m*
taff·rail ['tæfreɪl] *n* NAUT Heckreling *f fachspr*
taf·fy ['tæfi] *n* AM Toffee *nt*
Taf·fy ['tæfi], **Taff** ['tæf] *n* BRIT *(pej fam)* Waliser(in) *m(f)*
tag [tæg] I. *n* ① *(label)* Schild[chen] *nt; (of metal)* Marke *f; (on food, clothes)* Etikett *nt*, Etikette *f* SCHWEIZ; *(on suitcase)* [Koffer]anhänger *m; (fam: epithet)* Beiname *m;* **price ~** Preisschild *nt*
② *(loop)* Schlaufe *f; (hanger)* Aufhänger *m*
③ AM *(number-plate)* Nummernschild *nt*
④ *(electronic device) for person* elektronische Fessel; *for thing* Sicherungsetikett *nt*, elektronische Sicherung
⑤ *(phrase)* Redensart *f*, geflügeltes Wort; LING Bestätigungszusatz *m;* **question ~** Bestätigungsfrage *f*, Refrainfrage *f fachspr*
⑥ *no pl (children's game)* Fangen *nt*, Fangis *nt* SCHWEIZ *fam;* **to play ~** Fangen [*o* SCHWEIZ Fangis] spielen *fam*
⑦ COMPUT *(part of computer instruction)* Tag *nt*
⑧ COMPUT *(identifying characters)* Identifizierungskennzeichen *nt*
II. *vt* <-gg-> ① *(label)* ■**to ~ sth** etw markieren [*o* kennzeichnen]; ■**to ~ sth on to sth** etw an etw *akk* anhängen [*o* anfügen]; **to ~ cattle** Vieh zeichnen; **to ~ goods** Waren auszeichnen [*o* etikettieren]; **to ~ a suitcase** einen Kofferanhänger [an einem Koffer] anbringen
② *(electronically)* ■**to ~ sb** jdm eine elektronische Fessel anlegen; ■**to ~ sth** etw mit einer elektronischen Sicherung versehen, ein Sicherungsetikett an etw *akk* anbringen
③ *(fam: follow)* ■**to ~ sb/sth** jdm/etw [dicht] hinterherlaufen [*o fam* hinterhertrotten] [*o fam* hinterherlatschen]
④ COMPUT ■**to ~ sth** etw markieren [*o fachspr* taggen]
⑤ *(touch)* ■**to ~ sb** jdn berühren; *(in children's game)* jdn [fangen und] abschlagen
◆**tag along** *vi (fam)* hinterherlaufen, hinterhertrotten *fam*, hinterherlatschen *fam;* ■**to ~ along with** [*or* **after**] [*or* **behind**] **sb** hinter jdm herzockeln [*o* hertrotten] *fam*
◆**tag on** I. *vt* ■**to ~ on ⊂ sth** etw anhängen [*o* anfügen]; ■**to ~ oneself on to sb** sich *akk* an jdn anhängen
II. *vi* **to ~ on to a group** sich *akk* an eine Gruppe [an]hängen [*o* einer Gruppe anschließen]
◆**tag together** *vt* AM ■**to ~ together ⊂ sth** etw zusammenheften
Ta·ga·log [tə'gɑːlɒg, AM -lɑːg] I. *n* ① *no pl (language)* Tagalog *nt*
② *(people)* Tagalog *m, f*
II. *adj inv* Tagalog-
'tag day *n* AM *(flag day) Tag, an dem eine öffentliche Spendensammlung für wohltätige Zwecke durchgeführt wird*
tag 'end *n* AM *(fag end)* [letztes] bisschen, [kümmerlicher] Rest
tag·ging ['tægɪŋ] *n no pl* ① *(attach label)* Etikettierung *f*
② ELEC, COMPUT Tagging *nt; a person* elektronische Überwachung
ta·glia·tel·le [ˌtæljə'teli, AM ˌtɑːljə'-] *n no pl* Tagliatelle *pl*
tag 'ques·tion *n* LING Bestätigungsfrage *f*, Refrainfrage *f fachspr*
Ta·hi·ti [tɑː'hiːtiː, AM tə'hiːt̬iː] *n* Tahiti *nt*
Ta·hi·tian [tɑː'hiːʃᵊn, AM tə'hiː-] I. *adj* tahitisch
II. *n* ① *(person)* Tahitianer(in) *m(f)*
② *(language)* Tahitisch *nt*
t'ai chi [ˌtaɪ'tʃiː, AM *also* -dʒiː] *n no pl* Tai-Chi *nt*
tai·ga [taɪgə] *n no pl* Taiga *f*
tail [teɪl] I. *n* ① *(of animal)* Schwanz *m; of a horse also* Schweif *m geh; of a bear, badger, wild boars* Bürzel *m; of a dog, predatory game, and a squirrel also* Rute *f fachspr; of an insect* Hinterleib *m;* **to wag/swish one's ~** mit dem Schwanz wedeln/schlagen
② *(fig: rear)* Schwanz *m fig; of an aeroplane also* Rumpfende *nt; of a car* Heck *nt; of a comet* Schweif *m; of a kite* Schwanz *m; of a hurricane* Ausläufer *m; of a letter* Unterlänge *f fachspr; of a note* Notenhals *m;* **to have sb on one's ~** jdn auf den Fersen haben; **to keep/be on sb's ~** jdm auf den Fersen bleiben/sein; ***get off my ~!*** musst du so dicht auffahren! *m fam*
③ FASHION *(lower part of a dress)* Schleppe *f; of a shirt* [Hemd]zipfel *m fam; of a coat* Schoß *m*
④ FASHION *(fam: tail coat)* ■**~s** *pl* Frack *m*, Schwalbenschwanz *m hum veraltend*
⑤ *(fam: buttocks)* Hintern *m fam*
⑥ *(reverse of coin)* ■**~s** *pl* Zahlseite *f;* **heads or ~s?** Kopf oder Zahl?; ***heads I win, ~s you lose!*** ich gewinne auf jeden Fall
⑦ *(fam: person following sb)* Schatten *m a. hum*, Beschatter(in) *m(f);* **to put a ~ on sb** jdn beschatten lassen
⑧ *no pl (pej sl: women)* Weiber *pl pej fam;* ***they're chasing ~*** *(sl)* sie sind auf Weiberjagd *sl*
⑨ AM ECON Ziffern *pl* hinter dem Komma
⑩ COMPUT *(data)* Schluss *m; (code)* Endcode *m*
▶PHRASES: **it's a case of the ~ wagging the dog** da wedelt ja der Schwanz mit dem Hund; **to go off** [*or* **away**] **with one's ~ between one's legs** sich *akk* mit eingezogenem Schwanz [*o* wie ein geprügelter Hund] davonschleichen [*o* davonmachen] *fam;* **to not be able to make head or ~** [*or* **heads or ~s**] **of sth** aus etw *dat* nicht schlau werden *fam*, sich *dat* keinen Reim auf etw *akk* machen können *fam;* **to turn ~ [and run]** die Flucht ergreifen, Fersengeld geben *fam*
II. *vt* ① *(remove the stalks of fruit)* ■**to ~ sth** etw putzen
② *(fam)* ■**to ~ sb** jdn beschatten, jdm folgen
◆**tail after** *vi (fam)* ■**to ~ after sb** *(shadow)* jdn beschatten; *(follow)* jdm hinterherlaufen [*o fam* hinterhertrotten]
◆**tail away** *vi see* **tail off**
◆**tail back** *vi* BRIT sich *akk* stauen
◆**tail off** *vi* abnehmen, nachlassen; *sound, voice* schwächer werden; *interest* abflauen, schwinden, zurückgehen; *race participant* zurückfallen
'tail·back *n* BRIT [Rück]stau *m*
'tail·board *n* BRIT Ladeklappe *f; of a van* Laderampe *f*
'tail coat *n* Frack *m*, Schwalbenschwanz *m hum veraltend*
tail 'end *n* Schwanz *m fig*, Ende *nt*, Schluss *m;* **to come in at the ~ of sth** erst am Ende einer S. *gen* [dazu]kommen **'tail feath·er** *n* Schwanzfeder *f*
'tail fin *n* Heckflosse *f*, Schwanzflosse *f*
'tail·gate I. *n* AM, AUS *(tailboard) of a car* Heckklappe *f*, Hecktür *f; of a lorry* Ladeklappe *f; of a van* Laderampe *f;* **to lower/raise the ~** die Heck-/Ladeklappe herunter-/hochklappen
II. *vt esp* AM *(fam)* ■**to ~ sb** auf jdn [zu] dicht auffahren
III. *vi* ① *esp* AM *(fam: follow too close to)* [zu] dicht auffahren
② AM *(picnic) während einer Sportveranstaltung ein Picknick von der Ladefläche eines Wagens aus veranstalten*
'tail·gate par·ty *n* AM *Picknick während einer Sportveranstaltung von der Ladefläche eines Wagens aus* **tail·gate 'ta·ble** *n umklappbare Abdeckplatte [als Tisch]*
tail 'heavy *adj of a plane* schwanzlastig, hinten zu schwer beladen *präd*
tail·ing ['teɪlɪŋ] *n no pl* ① *(secretly following)* Beschatten *nt*, Beschattung *f*
② *(waste material)* ■**~s** *pl* Abfallprodukte *pl*, Rückstände *pl*
③ *(of a beam or brick)* eingemauertes Ende
'tail lamp *n esp* AM *(tail light)* Rücklicht *nt*, Schlusslicht *nt*
tail·less ['teɪlləs] *adj* schwanzlos, ohne Schwanz *nach n*
'tail light *n* Rücklicht *nt*, Schlusslicht *nt*
tai·lor ['teɪləʳ, AM -ɚ] I. *n* Schneider(in) *m(f);* **~'s chalk** Schneiderkreide *f;* **~'s dummy** Schneiderpuppe *f*
II. *vt* ■**to ~ sth for sb** ① *(make clothes)* etw für jdn [nach Maß] schneidern
② *(fig: modify)* etw auf jdn abstimmen [*o* zuschneiden] *fig;* **to ~ sth to sb's needs** [*or* **requirements**] etw auf jds Bedürfnisse [*o* Anforderungen] abstimmen
tai·lored ['teɪləd, AM -ɚd] *adj inv* maßgeschneidert *a. fig*, zugeschnitten *a. fig;* **~ suit** Maßanzug *m; (close-fitting)* gut sitzender Anzug
tai·lor·ing ['teɪlᵊrɪŋ] *n no pl* ① *(work)* Schneiderarbeit *f*
② *(trade)* Schneidern *nt*, Schneiderhandwerk *nt*
③ *(style or cut)* Schnitt *m*
tai·lor-'made *adj inv* ① *(made-to-measure)* maßgeschneidert, nach Maß angefertigt; ***all his suits are***

~ er hat nur Maßanzüge; **to have sth ~** [sich *dat*] etw [maß]schneidern lassen
❷ *(fig: suited)* ▪**to be ~ for sb/sth** für jdn/etw maßgeschneidert sein *fig;* ***it sounds as though you're ~ for the job*** es klingt so, als ob du genau der/die Richtige für den Job wärst

tai·lor-'make *vt* ▪**to ~ sth** etw [maß]schneidern *fig* [*o* [individuell] zusammenstellen]

'tail·piece *n* ❶ *(addition)* Anhang *m*
❷ AVIAT Heck *nt*
❸ TYPO Schlussvignette *f*
❹ MUS Saitenhalter *m*

'tail·pipe *n* AM AUTO Auspuffrohr *nt* **'tail·plane** *n* Höhenleitwerk *nt;* AVIAT Höhenflosse *f* **'tail skid** *n* AVIAT Schwanzsporn *m* **'tail·spin I.** *n* AVIAT *(also fig)* Trudeln *nt kein pl;* **to go into a ~** *(also fig)* ins Trudeln kommen **II.** *vi irreg* trudeln, abtrudeln *fachspr* **'tail wheel** *n* Spornrad *nt;* AVIAT Heckrad *nt* **'tail wind** *n* Rückenwind *m*

taint [teɪnt] **I.** *n no pl (flaw)* Makel *m; (trace)* Spur *f,* Anflug *m;* ***there is a ~ of insanity in their family*** in der Familie gibt es eine Veranlagung zu Geisteskrankheiten; **the ~ of suspicion** die Spur eines Verdachts
II. *vt (also fig)* ▪**to ~ sth/sb** jdn/etw verderben *a. fig;* **to ~ sb's reputation** jds Ruf beflecken [*o* beschmutzen]

taint·ed ['teɪntɪd, AM -t̬-] *adj inv* ❶ *(decayed)* verdorben; ▪**to become ~** *food* schlecht werden; **~ air** verpestete Luft
❷ *(fig: flawed)* belastet; ▪**to be ~ with sth** mit etw *dat* belastet sein; **~ reputation** beschädigter Ruf

taint·less ['teɪntləs] *adj inv (poet)* rein, unbefleckt *geh*

Tai·wan [ˌtaɪ'wɑːn] *n* Taiwan *nt*

Tai·wan·ese [ˌtaɪwə'niːz] **I.** *adj* taiwanisch
II. *n* Taiwaner(in) *m(f)*

Ta·jik ['tɑːdʒɪk] **I.** *n* ❶ *(person)* Tadschike, Tadschikin *m, f*
❷ *(language)* Tadschikisch *nt*
II. *adj* tadschikisch

Ta·jiki·stan [tɑː'dʒiːkiˈstɑːn] *n* Tadschikistan *nt*

taka <*pl* -> ['tɑːkɑː] *n (currency of Bangladesh)* Taka *m*

take [teɪk]

I. NOUN **II.** TRANSITIVE VERB
III. INTRANSITIVE VERB

I. NOUN

❶ *no pl (money received)* Einnahmen *pl*
❷ *(filming of a scene)* Aufnahme *f,* Take *m o nt fachspr*
▸PHRASES: **to be on the ~** AM *(fam)* korrupt sein *pej,* Bestechungsgelder nehmen

II. TRANSITIVE VERB

<took, taken> ❶ *(accept)* ▪**to ~ sth** etw annehmen; ***this restaurant ~s credit cards*** dieses Restaurant akzeptiert Kreditkarten; ***would you ~ an offer?*** darf ich Ihnen ein Angebot machen?; **to ~ sb's advice** jds Rat annehmen; **not to ~ no for an answer** ein Nein nicht akzeptieren; **to ~ a bet** eine Wette annehmen; **to ~ criticism** Kritik akzeptieren; **to ~ responsibility** [**for sth**] die Verantwortung [für etw *akk*] übernehmen; **~ my word for it** [*or* **~ it from me**] das kannst du mir glauben; **to ~ sth badly/well** etw schlecht/gut aufnehmen; **to ~ sth seriously** etw ernst nehmen
❷ *(transport)* ▪**to ~ sb/sth somewhere** jdn/etw irgendwohin bringen; ***could you ~ this drink over to Marsha?*** könntest du Marsha diesen Drink rüberbringen? *fam;* ***will you ~ me swimming tomorrow?*** nimmst du mich morgen zum Schwimmen mit?; **to ~ sb to hospital/the station/home** jdn ins Krankenhaus/zum Bahnhof/nach Hause fahren; **to ~ sb to the cinema** jdn ins Kino einladen; **to ~ sb for a meal** jdn zum Essen einladen *(im Restaurant)*
❸ *(seize)* ▪**to ~ sth** etw nehmen; ***he took my arm and led me to the door*** er nahm meinen Arm und führte mich zur Tür; ***may I ~ your coat?*** darf ich Ihnen den Mantel abnehmen?; **to ~ sb by the hand/throat** jdn bei der Hand nehmen/am Kragen packen; **to ~ hold of sb** *(fig)* jdn ergreifen
❹ *(tolerate)* ▪**to ~ sth** etw ertragen [*o* verkraften]; *abuse, insults* etw hinnehmen; ***you don't have to take his insults, you know*** du brauchst dir seine Beleidigungen nicht gefallen lassen; ***I just can't take it anymore*** ich bin am Ende, ich kann einfach nicht mehr; ***he couldn't ~ it anymore*** er konnte es nicht länger ertragen; **to be able to ~ a joke** einen Spaß verstehen [*o fam* vertragen]
❺ *(hold)* ▪**to ~ sth** etw aufnehmen; ***my car ~s five people*** mein Auto hat Platz für fünf Leute
❻ *(require)* ▪**to ~ sth** etw erfordern [*o* benötigen]; ***his story took some believing*** seine Geschichte ist kaum zu glauben; ***I ~*** [***a***] ***size five*** *(in shoes)* ich habe Schuhgröße fünf; **to ~ one's time** sich *dat* Zeit lassen; **to ~ the time to do sth** sich *dat* die Zeit nehmen, etw zu tun
❼ ▪**it ~s ...** man braucht ...; ***it ~s more than that to convince me*** das überzeugt mich noch lange nicht; ***it ~s me an hour*** ich brauche eine Stunde; ***it took me a long time*** [***to ...***] es hat lange gedauert [bis ...]; ***hold on, it won't ~ long*** warten Sie, es dauert nicht lange; ***it will ~ some persuasion*** er/sie wird schwer zu überreden sein; ***it took a lot of courage*** dazu gehörte viel Mut
❽ LING ▪**to ~ sth**: ***here, 'sich' ~s the dative*** hier wird ‚sich' mit dem Dativ gebraucht; ***this verb ~s 'haben'*** dieses Verb wird mit ‚haben' konjugiert
❾ *(receive)* ▪**to ~ sth** etw erhalten [*o* bekommen]; ***we've stopped taking the newspaper*** wir beziehen die Zeitung nicht mehr
❿ *(remove)* ▪**to ~ sth** etw [weg]nehmen; *(steal a.)* etw stehlen; ***~ your books off the table please*** nimm bitte deine Bücher vom Tisch; MATH ***~ three from five*** ziehe drei von fünf ab; **to ~ a chesspiece** eine Schachfigur schlagen
⓫ *(travel by)* ▪**to ~ sth** *taxi, train* etw nehmen; ***she took the 10.30 flight to Edinburgh*** sie nahm den Flug um 10:30 Uhr nach Edinburg; ***~ the M1 motorway up to Newcastle*** nehmen Sie die Autobahn M1 bis Newcastle; ***he took that last bend too fast*** er nahm die letzte Kurve zu schnell; **to ~ the bus/car** mit dem Bus/Auto fahren
⓬ *(eat, consume)* ▪**to ~ sth** *food, drink* etw zu sich *dat* nehmen; *medicine* etw einnehmen; ***~ a sip*** trink [*o* nimm] einen Schluck; ***we'll ~ the tea in the sitting room*** wir trinken den Tee im Wohnzimmer; **not to be ~n internally** MED nur zur äußerlichen Anwendung
⓭ BRIT *(rent)* **to ~ a flat/house** eine Wohnung/ein Haus mieten
⓮ *(let stay)* ▪**to ~ sb** jdn [auf]nehmen; ***my mother takes lodgers*** meine Mutter vermietet [ein] Zimmer
⓯ *(capture)* ▪**to ~ sb** jdn gefangen nehmen; **to ~ prisoners** Gefangene machen; ***the terrorists took him prisoner*** die Terroristen nahmen ihn gefangen; **to ~ a city** eine Stadt einnehmen; **to ~ power** die Macht ergreifen
⓰ *(assume)* **to ~ office** ein Amt antreten
⓱ BRIT, AUS *(teach)* ▪**to ~ sth** etw unterrichten; ***Mr Marshall ~s us for physics*** in Physik haben wir Herrn Marshall *fam;* ***she ~s private pupils*** sie gibt Privatstunden
⓲ *(officiate at)* **to ~ a church service** einen Gottesdienst halten
⓳ *(have)* **to ~ a rest** eine Pause machen; **to ~ a walk** einen Spaziergang machen; **to ~ a cold** sich erkälten
⓴ *(tackle)* **to ~ a hurdle/fence** eine Hürde/einen Zaun überspringen; **to ~ an obstacle** ein Hindernis nehmen
㉑ BRIT *(sit exam)* **to ~ a test** einen Test machen; **to ~ an exam** eine Prüfung ablegen; ***she took her degree in May*** sie hat im Mai [ihr] Examen gemacht
㉒ *(achieve)* **to ~ first prize** den ersten Preis erhalten
㉓ *(feel)* **to ~ an interest in sb/sth** sich *akk* für jdn/etw interessieren, Interesse an jdm/etw haben; **to ~ notice of sb/sth** jdn/etw beachten; **to ~ offence** beleidigt sein; **to ~ pity on sb/sth** mit jdm/etw Mitleid haben; **to ~ the view that ...** der Ansicht sein, dass ..., auf dem Standpunkt stehen, dass ...
㉔ *(earn)* ▪**to ~ sth** etw einnehmen; ***she ~s £300 a week*** sie nimmt 300 Pfund die Woche ein
㉕ *(write)* **to ~ notes** sich *dat* Notizen machen
㉖ *(photograph)* **to ~ pictures** [*or* **photos**] Bilder machen, fotografieren; ***this photo was taken last summer*** dieses Foto ist vom letzten Sommer; **to have one's photo ~n** sich *akk* fotografieren lassen
㉗ THEAT, MUS, FILM ***let's ~ that scene again*** lass uns die Szene nochmal machen; ***can you ~ me through my lines?*** kannst du mit mir meine Rolle durchgehen?; ***let's ~ it from the third act*** fangen wir mit dem dritten Akt an
㉘ *(for example)* ***~ last week/me, ...*** letzte Woche/ich zum Beispiel ...
㉙ *(assume to be)* ▪**to ~ sb/sth for sb/sth** [*or* **to be sb/sth**] jdn/etw für jdn/etw halten; ***I took him to be more intelligent than he turned out to be*** ich hielt ihn für intelligenter, als er tatsächlich war; **I ~ it** [**that**] ... ich nehme an, [dass] ...; ***I ~ it that you're coming with us*** ich nehme an, du kommst mit
㉚ *(understand)* **to ~ sb's/the point** jds/den Standpunkt verstehen; ***I ~ your point, but ...*** ich verstehe, was du meinst, aber ...; **point ~n** [habe] verstanden; ***if you ~ my meaning*** BRIT wenn du verstehst, was ich meine
▸PHRASES: **to ~ it as it comes** es nehmen, wie es kommt; **what do you ~ me for?** wofür [*o* SCHWEIZ für was] hältst du mich?; **he's got what it ~s** er bringt's *fam,* er kann was; **~ it from me** das kannst du mir glauben; **~ it or leave it** entweder du akzeptierst es, oder du lässt es bleiben *fam;* **to ~ sth lying down** etw stillschweigend hinnehmen; **to ~ sb by surprise** [*or* **unawares**] jdn überraschen; **to ~ one thing at a time** eins nach dem anderen erledigen

III. INTRANSITIVE VERB

<took, taken> ❶ *(have effect)* wirken; *plant* angehen; *dye* angenommen werden; *medicine* anschlagen; ***the ink won't take on this paper*** dieses Papier nimmt die Tinte nicht an
❷ *(become)* **to ~ ill** krank werden
❸ *(detract)* ▪**to ~ from sth** etw schmälern; ***will that not ~ from it's usefulness?*** würde das nicht den Gebrauchswert vermindern?

◆**take aback** *vt* ▪**to ~ sb aback** *(surprise)* jdn verblüffen; *(shock)* jdn schockieren; ▪**to be ~n aback** verblüfft [*o fam* baff] sein

◆**take after** *vi* ▪**to ~ after sb** jdm nachschlagen, nach jdm kommen; ***she ~s after her father's side of the family*** sie schlägt in die väterliche Seite

◆**take against** *vi* BRIT ▪**to ~ against sb** eine Abneigung gegen jdn entwickeln

◆**take along** *vt* ▪**to ~ sb/sth along** [**with oneself**] jdn/etw mitnehmen

◆**take apart I.** *vt* ❶ *(disassemble)* ▪**to ~ apart** ↻ **sth** etw auseinandernehmen [*o* zerlegen]
❷ *(fam: analyse critically)* ▪**to ~ apart** ↻ **sb/sth** jdn/etw auseinandernehmen *fig;* **to ~ apart an argument/article** ein Argument/einen Artikel zerpflücken
II. *vi* ▪**to ~ apart** zerlegbar sein; ***stop, that doesn't ~ apart*** halt, das kann man nicht auseinandernehmen

◆**take around** *vt* ▪**to ~ sb around** *(take along)* jdn [überallhin] mitnehmen; *(show around)* jdn herumführen

◆**take aside** *vt* ▪**to ~ sb aside** jdn beiseitenehmen

◆**take away I.** *vt* ❶ *(remove)* ▪**to ~ away** ↻ **sth** etw wegnehmen
❷ *(deprive of)* ▪**to ~ away** ↻ **sth** [**from sb**] [jdm] etw [weg]nehmen; ▪**to ~ away** ↻ **sb from sb** jdn

jdm wegnehmen
❸ *(lead away)* ▪**to ~ away** ○ **sb** jdn mitnehmen; *(force to come)* jdn wegbringen [*o fam* fortschaffen] [*o* SCHWEIZ *bes* wegschaffen]; *police* jdn abführen; *(criminal act)* jdn verschleppen
❹ *(fig: have as a result)* ▪**to ~ away** ○ **sth** etw mitnehmen
❺ *(cause to be away)* ▪**to ~ sb away** [**from sth**] jdn [von etw *dat*] abhalten; ***her work ~s her away from her family a lot on weekends*** durch ihre Arbeit kann sie nur selten an den Wochenenden bei ihrer Familie sein
❻ *(remove)* ▪**to ~ away** ○ **sth** etw verringern; **to ~ away sb's fear/pain** jdm die Angst/den Schmerz nehmen
❼ BRIT, AUS *(buy to eat elsewhere)* ▪**to ~ away** ○ **sth** *food* etw mitnehmen; **to ~ away** zum Mitnehmen
❽ *(subtract from)* ▪**to ~ away** ○ **sth from sth** etw von etw *dat* abziehen; ***10 ~ away 7*** 10 weniger 7
▸PHRASES: **to ~ sb's breath away** jdm den Atem verschlagen
II. *vi (detract from)* ▪**to ~ away from sth** etw schmälern; **to ~ away from the beauty of sth** der Schönheit einer S. *gen* Abbruch tun; **to ~ away from sb's personality** jds Persönlichkeit beeinträchtigen; **to ~ away from the importance/worth of sth** die Bedeutung/den Wert einer S. *gen* mindern

◆**take back** *vt* ❶ *(retract)* ▪**to ~ back** ○ **sth** *remark* etw zurücknehmen; ***ok, I ~ that back*** o.k., ich nehme das zurück
❷ *(return)* ▪**to ~ back** ○ **sb/sth** jdn/etw [wieder] zurückbringen; **to ~ sb back** [**home**] jdn nach Hause bringen; **sb ~s sb back with him/her** jd nimmt jdn mit nach Hause
❸ *(transmit in thought)* ▪**to ~ sb back** jdn zurückversetzen
❹ *(not accept)* ▪**to ~ back** ○ **sth** *merchandise* etw zurücknehmen; *(let return)* **to ~ an employee back** eine(n) Angestellte[n] wieder einstellen; **to ~ one's husband/wife back** seinen Mann/seine Frau wieder aufnehmen
❺ *(repossess)* ▪**to ~ back** ○ **sth** [sich *dat*] etw zurückholen; *territory* etw zurückerobern

◆**take down** *vt* ❶ *(write down)* ▪**to ~ down** ○ **sth** [sich *dat*] etw notieren [*o* aufschreiben]; *particulars* etw aufnehmen; **to ~ down notes** sich *dat* Notizen machen
❷ *(remove)* ▪**to ~ down** ○ **sth** etw abnehmen [*o fam* abmachen]; ***he took down a book from the shelf*** er nahm ein Buch vom Regal [herunter]; **to ~ down the Christmas tree** den Weihnachtsbaum abschmücken [*o* ÖSTERR abräumen]; **to ~ down the curtains/a picture** die Gardinen [*o* SCHWEIZ, ÖSTERR Vorhänge] /ein Bild abhängen
❸ *(disassemble)* **to ~ down** ○ **a tent** ein Zelt abschlagen; **to ~ down** ○ **the scaffolding** das Gerüst abbauen
❹ *(bring downstairs)* ▪**to ~ sb/sth down** jdn/etw hinunterbringen [*o* herunterbringen]
❺ *(fam: demoralize)* ▪**to ~ sb down** jdm einen Dämpfer versetzen [*o* SCHWEIZ, ÖSTERR *meist* verpassen]
❻ *(lower)* **to ~ down** ○ **a flag** eine Fahne einholen; **to ~ one's trousers** ○ **down** seine Hosen [her]runterlassen
❼ AM STOCKEX ▪**to ~ down** ○ **sth** etw empfangen [*o* beziehen]

◆**take in** *vt* ❶ *(bring inside)* ▪**to ~ sb in** jdn hineinführen [*o* hereinführen]; ▪**to ~ in** ○ **sth** etw hineinbringen [*o* hereinholen]
❷ *(accommodate)* ▪**to ~ in** ○ **sb** jdn [bei sich *dat*] aufnehmen; **to ~ in a child** ein Kind zu sich *dat* nehmen; **to ~ in lodgers** Zimmer vermieten
❸ *(admit)* ▪**to ~ in** ○ **sb** *hospital* jdn aufnehmen; *university* jdn zulassen
❹ *(bring to police station)* ▪**to ~ sb in** jdn festnehmen; ***they took the suspect in for questioning*** sie nahmen den Verdächtigen zum Verhör mit auf die Wache
❺ *(deceive)* ▪**to ~ in** ○ **sb** jdn hereinlegen; ▪**to be ~n in** [**by sb/sth**] [auf jdn/etw] hereinfallen, sich *akk* [von jdm/etw] täuschen lassen
❻ *(go to see)* ▪**to ~ in** ○ **sth** sich *akk* etw noch ansehen; *(visit)* etw noch besuchen; **to ~ in a cabaret/film** [*or* **movie**] noch schnell ein Kabarett/einen Film mitnehmen *fig*; **to ~ in a play/show** sich *dat* noch schnell ein Stück/eine Show ansehen
❼ *(understand)* ▪**to ~ in** ○ **sth** etw aufnehmen; **to ~ sth in at a glance** etw auf einen Blick erfassen; **to ~ in impressions** Eindrücke aufnehmen; **to ~ in a lecture** einen Vortrag begreifen; **to ~ in a situation** eine Situation erfassen
❽ *(evaluate)* ▪**to ~ in** ○ **sb** jdn in Augenschein nehmen *geh*
❾ *(include)* ▪**to ~ in** ○ **sth** etw einschließen [*o* umfassen]
❿ *(earn)* ▪**to ~ in** ○ **sth** etw einnehmen; **to ~ in washing/ironing/typing** Wäsche/Wäsche zum Bügeln/Tipparbeiten übernehmen [*o* [als Nebenbeschäftigung] annehmen]
⓫ *(have examined or repaired)* ▪**to ~ in** ○ **sth** etw zur Reparatur [*o* SCHWEIZ zum Reparieren] bringen; ***something's wrong with the engine — I'll ~ the car in tomorrow*** etwas stimmt nicht mit dem Motor — ich werde das Auto morgen zur Reparatur bringen
⓬ *(absorb)* ▪**to ~ in** ○ **sth** etw aufnehmen; *nutrients, vitamins* etw zu sich *dat* nehmen; **to ~ in some fresh air** etwas frische Luft schnappen
⓭ FASHION ▪**to ~ in** ○ **sth** etw enger machen

◆**take into** *vt* ❶ *(transport)* **to ~ sb/sth into town** jdn/etw in die Stadt mitnehmen
❷ *(accept)* **to be ~n into hospital** ins Krankenhaus eingeliefert werden
❸ *(introduce to)* ▪**to ~ sb into sth** jdn in etw *akk* einführen
❹ *(last until)* ▪**to ~ sb into ...** jdm bis ... reichen; ***these supplies should ~ you into spring*** mit diesen Vorrat solltest du bis zum Frühling über die Runden kommen; ***she hoped that the new shoes would ~ the kids at least into June*** sie hoffte, dass die neuen Schuhe der Kinder zumindest bis zum Juni halten würden

◆**take off I.** *vt* ❶ *(remove)* ▪**to ~ off** ○ **sth** etw abnehmen; *clothes* etw ausziehen [*o* SCHWEIZ abziehen]; *coat a.* etw ablegen; **to ~ off a hat** einen Hut absetzen [*o* ÖSTERR abnehmen]; ▪**to ~ sth off** [**of**] **sth** etw von etw *dat* [herunter]nehmen [*o* entfernen]; ***the hairdresser took off about an inch*** der Frisör hat etwa 2,5 cm abgeschnitten; ***the 9:45 service to Woking has been ~n off the schedule*** der Zug um 9:45 nach Woking wurde vom Fahrplan gestrichen; **to ~ sb off a list** jdn von einer Liste streichen; **to ~ sth off the market** etw vom Markt nehmen; **to ~ sth off the menu** etw von der Speisekarte streichen; ▪**to ~ sth off sb** *(fam: take away)* jdm etw wegnehmen
❷ *(bring away)* ▪**to ~ sb off** jdn wegbringen [*o* fortschaffen]; *police* jdn abführen; ▪**to ~ sb off somewhere** jdn irgendwohin bringen; ***he was ~n off to hospital*** er wurde ins Krankenhaus gebracht; ▪**to ~ oneself off** *(fam)* sich *akk* davonmachen
❸ *(stop)* ▪**to ~ sb off sth** *position, job* jdn von etw *dat* abziehen; *medication* etw bei jdm absetzen; **to ~ sb off a diet** jdn von einer Diät absetzen; **to ~ a play off** ein Stück absetzen; ***he's been ~n off call at the hospital this weekend*** dieses Wochenende hat er keinen Bereitschaftsdienst im Krankenhaus
❹ *(not work)* **to ~ a day/a week off** [**work**] [sich *dat*] einen Tag/eine Woche freinehmen; ***I'm taking Monday off*** ich werde mir Montag freinehmen
❺ *(subtract)* ▪**to ~ off** ○ **sth** etw abziehen; ***they ~ the taxes off his salary*** die Steuern werden von seinem Gehalt abgezogen
❻ BRIT *(imitate)* ▪**to ~ off** ○ **sb** jdn nachmachen *fam*
II. *vi* ❶ *(leave the ground) airplane* abheben, starten
❷ *(fam: leave)* verschwinden *fam*, weggehen; *(fam: flee)* abhauen *fam*, sich *akk* davonmachen; ***she just took off without saying goodbye*** sie ist einfach abgehauen, ohne sich zu verabschieden
❸ *(fig: have sudden success) idea, plan, project* ankommen; *product a.* einschlagen; ECON *sales* schnell steigen

◆**take on I.** *vt* ❶ *(agree to do)* ▪**to ~ on** ○ **sth** *responsibility* etw auf sich *akk* nehmen; *work, job* etw annehmen [*o* übernehmen]; **to ~ on too much** zu viel auf sich *akk* nehmen, sich *dat* zu viel zumuten
❷ *(assume)* ▪**to ~ on** ○ **sth** *colour, expression* etw annehmen
❸ *(employ)* ▪**to ~ on** ○ **sb** jdn einstellen
❹ *(compete against)* ▪**to ~ on** ○ **sb** es mit jdm aufnehmen, gegen jdn antreten
❺ *(load)* **to ~ on** ○ **fuel** auftanken; **to ~ on** ○ **goods** Waren aufnehmen [*o* laden]; **to ~ on** ○ **passengers** Passagiere aufnehmen; *bus* Fahrgäste zusteigen lassen
II. *vi (dated)* sich *akk* aufregen

◆**take out** *vt* ❶ *(remove)* ▪**to ~ out** ○ **sth** etw herausnehmen; ***he took his hands out of his pockets*** er nahm die Hände aus den Taschen; **to take out sb's teeth** jdm die Zähne ziehen
❷ *(bring outside)* ▪**to ~ out** ○ **sth** etw hinausbringen [*o* herausbringen]; ***Peter's ~n the Porsche out for a spin*** Peter ist eine Runde mit dem Porsche gefahren; **to ~ out the rubbish** [*or* AM **garbage**] [*or* AM **trash**] den Müll [*o* SCHWEIZ *bes* Kehricht] hinausbringen [*o* ÖSTERR *bes* Mist]; ***dad's taking the dog out*** [***for a walk***] Papa geht gerade mit dem Hund spazieren
❸ *(invite)* ▪**to ~ out** ○ **sb** jdn ausführen; **to ~ sb out for** [*or* **to**] **dinner/for a drink** jdn zum Abendessen/auf einen Drink einladen; **to ~ sb out to the cinema/theatre** jdn ins Kino/Theater einladen [*o* ausführen]
❹ AM FOOD *(take away)* ▪**to ~ out** ○ **sth** etw mitnehmen; ***we could ~ out a pizza*** wir könnten uns eine Pizza holen; ***would you like to eat here or to ~ out?*** möchten Sie's hier essen oder mitnehmen?
❺ *(deduct)* ▪**to ~ out** ○ **sth** etw herausnehmen [*o* entfernen]; ***why don't you ~ it out of the housekeeping money?*** warum nimmst du es nicht aus der Haushaltskasse?; **to ~ time out** [**to do sth**] sich *dat* eine Auszeit nehmen[, um etw zu tun]
❻ *(obtain)* ▪**to ~ out** ○ **sth** etw erwerben; **to ~ out a licence** eine Lizenz erwerben; **to ~ out a life insurance policy** eine Lebensversicherung abschließen; **to ~ out a loan** ein Darlehen aufnehmen; **to ~ out cash/money** Geld abheben
❼ *(vent anger)* ▪**to ~ sth out on sb** etw an jdm auslassen *fam*; ***don't ~ it out on the children*** lass es nicht an den Kindern aus
❽ *(fam: exhaust)* ▪**to ~ it** [*or* **a lot**] **out of sb** jdn sehr anstrengen, jdm viel abverlangen
❾ MIL ▪**to ~ out** ○ **sb/sth** jdn/etw außer Gefecht setzen
❿ *(kill sb)* ▪**to take out** ○ **sb** jdn töten
⓫ *(distract)* ▪**to ~ sb out of himself/herself** jdn von sich *dat* selbst ablenken [*o* auf andere Gedanken bringen]

◆**take over I.** *vt* ❶ *(seize control)* ▪**to ~ over** ○ **sth** etw übernehmen; ***the military took over the country*** das Militär hat die Macht im Lande ergriffen; **to ~ over a company** eine Firma übernehmen; **to be ~n over by an idea/the devil** *(fig)* von einer Idee/vom Teufel besessen sein; **to ~ over a room/seat** *(fig)* ein Zimmer/ein Sitzplatz in Beschlag nehmen; **to ~ over the show** *(fig)* das Regiment an sich reißen; **to be ~n over by one's work** *(fig)* sich *akk* von seiner Arbeit vereinnahmen lassen
❷ *(assume)* ▪**to ~ over** ○ **sth** [**for sb**] etw [für jdn] übernehmen; **to ~ over sb's debts** jds Schulden begleichen
II. *vi* ❶ *(assume responsibility)* ▪**to ~ over** [**from sb**] jdn ablösen; ***can you ~ over for an hour?*** kannst du mich eine Stunde ablösen?; ***the night shift ~s over at six o'clock*** die Nachtschicht übernimmt um sechs Uhr
❷ *(assume control)* das Regiment an sich *dat* reißen; ***she's now completely taken over*** sie führt

T

mittlerweile das Regiment

◆**take round** *vt see* **take around**

◆**take through** *vi* ■**to ~ sb through sth** etw mit jdm durchgehen

◆**take to** *vi* ① *(start to like)* ■**to ~ to sb/sth** sich *akk* für jdn/etw erwärmen können, an jdm/etw Gefallen finden; ***he took to the new teacher instantly*** der neue Lehrer war ihm auf Anhieb sympathisch
② *(begin as a habit)* ■**to ~ to sth** etw anfangen; ■**to ~ to doing sth** anfangen etw zu tun; **to ~ to drink/drugs** anfangen zu trinken/Drogen zu nehmen; **to ~ to a life of crime** kriminell werden
③ *(go to)* ■**to ~ to sth** irgendwohin fliehen [*o* flüchten]; **to ~ to one's bed** sich *akk* ins Bett legen; **to ~ to the countryside/forest/hills** aufs Land/in den Wald/in die Berge flüchten; **to ~ to the streets** [**in protest**] *(fig)* auf die Straße gehen *fig*
▸PHRASES: **to ~ to sth like a duck to water** bei etw *dat* gleich in seinem Element sein

◆**take up I.** *vt* ① *(bring up)* ■**to ~ up ↔ sb/sth** jdn/etw hinaufbringen [*o* heraufbringen]; **to ~ up the floorboards/carpet** den Holzboden/Teppich herausreißen; **to ~ up a skirt** einen Rock kürzen
② *(pick up)* ■**to ~ up ↔ sth** etw aufheben; **to ~ up arms against sb** die Waffen gegen jdn erheben [*o* ergreifen]
③ *(start doing)* ■**to ~ up ↔ sth** etw anfangen [*o* beginnen]; **to ~ up a job** eine Stelle antreten; **to ~ up the piano/fishing** anfangen Klavier zu spielen/zu angeln; **to ~ up a collection** für etw *akk* sammeln [*o* SCHWEIZ *a.* äufnen]; *church* eine Kollekte abhalten
④ *(start to discuss)* ■**to ~ up ↔ sth** sich *akk* mit etw *dat* befassen; ■**to ~ sth up with sb** etw mit jdm erörtern; **to ~ up a point/question** einen Punkt/eine Frage aufgreifen; ***I'd like to ~ up the point you made earlier*** ich würde gerne noch einmal auf das eingehen, was Sie vorhin sagten; ■**to ~ sb up on sth** BRIT, AUS mit jdm über etw *akk* reden wollen
⑤ *(accept)* ■**to ~ up ↔ sth** etw annehmen; **to ~ up a challenge/an offer** eine Herausforderung/ein Angebot annehmen; **to ~ up an opportunity** eine Gelegenheit wahrnehmen; **to ~ sb up on an invitation/an offer/a suggestion** auf jds Einladung/Angebot/Vorschlag zurückkommen
⑥ *(adopt)* ■**to ~ up ↔ sth** etw annehmen; **to ~ up an attitude** eine Haltung einnehmen; **to ~ up a belief/habit** einen Glauben/eine Gewohnheit annehmen; **to ~ up a position** eine Stellung einnehmen; **to ~ up the rear** den Schluss bilden
⑦ *(continue)* ■**to ~ up ↔ sth** etw fortführen; ***the clarinet took up the tune*** die Klarinette nahm die Melodie wieder auf; ***he took up reading where he had left off last night*** er las da weiter, wo er am Abend vorher aufgehört hatte; **to ~ up a refrain/song** in einen Refrain/ein Lied einstimmen
⑧ *(occupy)* ■**to be ~n up with sb/sth** mit jdm/etw beschäftigt sein; **to ~ up room/space** Raum [*o* Platz] einnehmen; **to ~ up time** Zeit beanspruchen; ***my job ~s up all my time*** mein Beruf frisst meine ganze Zeit auf
⑨ *(patronize)* ■**to ~ sb up** jdn protegieren *geh*
⑩ *(absorb)* ■**to ~ up ↔ sth** *nutrients, alcohol* etw aufnehmen
II. *vi (start to associate with)* ■**to ~ up with sb** sich *akk* mit jdm einlassen *meist pej;* ■**to ~ up with sth** sich *akk* auf etw *akk* einlassen

◆**take upon** *vt (usu pej)* ■**to ~ it upon oneself to do sth** meinen, etw tun zu müssen, ungebeten etw tun; ***he took it upon himself to correct everyone at length*** er meinte, jeden immer ausführlich verbessern zu müssen; ***she took the planning of the office party upon herself*** sie hat die Planung der Party [selbst] in die Hand genommen

'take·away I. *n* BRIT, AUS ① *(shop)* Imbissbude *f;* *(restaurant)* Restaurant *nt* mit Straßenverkauf
② *(food)* Essen *nt* zum Mitnehmen; ***let's have a ~ for dinner tonight*** lass uns für heute Abend etwas zum Essen holen; **Chinese ~** chinesisches Essen zum Mitnehmen
II. *n modifier (food)* zum Mitnehmen *nach n*

take-back *n no pl* Rücknahme *f (zum Recycling)*

take-home 'pay *n no pl* Nettoeinkommen *nt; of an employee* Nettogehalt *nt; of a worker* Nettolohn *m*

'take-in *n* AM Betrug *m,* Schwindel *m*

tak·en ['teɪkᵊn] **I.** *vt, vi pp of* **take**
II. *adj pred* begeistert; ■**to be ~ with** [*or* **by**] **sb/sth** von jdm/etw angetan [*o* begeistert] sein

'take-off *n* ① AVIAT Start *m,* Abflug *m,* Take-off *m o nt fachspr;* **to be cleared for ~** zum Start freigegeben sein, Starterlaubnis haben; **to be ready for ~** startklar [*o* startbereit] sein
② BRIT, AUS *(imitation)* Parodie *f* (**of** auf +*akk*)
③ SPORT *(place for jumping)* Absprung *m,* Absprungstelle *f*

'take-out *n* AM ① *(shop)* Imbissbude *f;* *(restaurant)* Restaurant *nt* mit Straßenverkauf
② *(food)* Essen *nt* zum Mitnehmen
③ ECON Bestandsverringerung *f*

'take·over *n* Übernahme *f,* Take-over *nt;* **~ offer** Kaufangebot *nt;* **friendly/hostile** [*or* **unfriendly**]**/ ~** freundliche/feindliche Übernahme

'take·over bid *n* Übernahmeangebot *nt* **'take·over tar·get** *n* [anvisiertes] Übernahmeobjekt

tak·er ['teɪkəʳ, AM -ɚ] *n* ① *(at betting)* Wettende(r) *f(m);* ***any ~s?*** wer nimmt die Wette an?
② *(at an auction)* Interessent(in) *m(f);* *(when buying)* Käufer(in) *m(f);* ***any ~s?*** wer bietet?
③ *(fig: person interested in an offer)* Interessent(in) *m(f);* ***I'm fixing ice-cream — any ~s?*** ich mache Eis – möchte jemand?; ***any ~s for a movie?*** hat jemand Lust auf einen Film?

'take-up *n* ① *(claiming)* Inanspruchnahme *f form*
② *(process of winding up)* Aufwickeln *nt,* Aufspulen *nt* ③ TECH Spanner *m* ④ FILM Aufwickelspule *f*
⑤ *(product acceptance)* Aufnahme *f* **'take-up rate** *n* ① *of claims* Rate *f* der Inanspruchnahmen
② *of winding up* Aufspulgeschwindigkeit *f,* Aufwickelgeschwindigkeit *f* **'take-up spool** *n* Aufwickelspule *f*

tak·ing ['teɪkɪŋ] **I.** *n* ① *(receipts)* ■**~s** *pl* Einnahmen *pl,* Einkünfte *pl*
② MED *(consumption)* Einnehmen *nt,* Einnahme *f*
▸PHRASES: **to be there for the ~** *(for free)* zum Mitnehmen [*o* umsonst] [*o* SCHWEIZ, ÖSTERR gratis] sein; *(not settled)* offen sein; ***we made lots of fudge — it's there for the ~*** wir haben jede Menge Karamellbonbons gemacht – nimm so viel, wie du willst; ***with the favourite injured, the race is there for the ~*** nach der Verletzung des Favoriten ist bei dem Rennen wieder alles drin
II. *adj* einnehmend, gewinnend; ***she has a ~ way about her*** sie hat eine bezaubernde Art

tak·ings ['teɪkɪŋz] *npl* Einnahmen *pl*

tala <*pl* - *or* -s> ['tɑːlɑː] *n (currency of Samoa)* Tala *f*

talc [tælk], **tal·cum** ['tælkəm] **I.** *n no pl* ① MED Talkum *nt,* Talkpuder *m;* *(perfumed)* Körperpuder *m*
② *(mineral)* Talk *m*
II. *vt* ■**to ~ sb/sth** jdn/etw [ein]pudern

'tal·cum pow·der I. *n no pl* Talkpuder *m;* *(perfumed)* [Körper]puder *m*
II. *vt* ■**to ~ sb/sth** jdn/etw [ein]pudern

tale [teɪl] *n* ① *(story)* Geschichte *f;* LIT Erzählung *f;* *(true story)* Bericht *m;* **fairy ~** Märchen *nt;* **~ of woe** Leidensgeschichte *f;* **to tell a ~** [**about** [*or* **of**] **sth**] etw [über etw *akk* [*o* von etw *dat*]] erzählen
② *(lie)* Märchen *nt,* Lügengeschichte *f;* *(gossip)* Geschichte[n] *f[pl];* **tall ~s** Lügenmärchen *pl,* Lügengeschichten *pl;* **to tell ~s** *(tell on sb)* petzen, SCHWEIZ *a.* rätschen *pej fam;* *(dated: tell lies)* Märchen erzählen
▸PHRASES: **dead men tell no ~s** Tote reden nicht; **to live to tell the ~** *(also hum fam)* überleben *a. hum;* **to tell its own ~** für sich *akk* sprechen; **to tell ~s out of school** *(saying fam)* aus der Schule plaudern *fam,* Interna ausplaudern

tale·bear·er ['teɪlˌbeərəʳ, AM -ˌberɚ] *n* Klatsche *f* BRD *fam,* Klatschweib *nt pej fam;* *(at school)* Petze(r) *f(m)*

tale·bear·ing ['teɪlˌbeərɪŋ, AM -ˌber-] *n* Klatschen *nt pej;* *(at school)* Petzen *nt pej,* SCHWEIZ *a.* Rätschen *nt pej fam*

tal·ent ['tælənt] *n* ① *(natural ability)* Talent *nt,* Begabung *f;* ***she is a young dancer of great ~*** sie ist eine junge, sehr talentierte Tänzerin; **artistic ~s** künstlerische Fähigkeiten; **~ for music** musikalisches Talent
② *no pl (talented person)* Talente *pl,* Begabungen *pl;* ***we are looking for fresh ~*** wir sind auf der Suche nach neuen Talenten; **new/promising/young ~** neue/viel versprechende/junge Talente
③ BRIT, AUS *(hum sl: sexually attractive girls)* Mädels *pl fam,* Miezen *pl sl;* *(boys)* Jungs *pl fam,* Typen *pl sl*
④ *(hist: weight and currency)* Talent *nt*

'tal·ent con·test *n* Talentwettbewerb *m,* Talentschau *f*

tal·ent·ed ['tæləntɪd, AM -t̬-] *adj* talentiert, begabt

'tal·ent scout *n* Talentsucher(in) *m(f)* **'tal·ent show** *n* Talentwettbewerb *m,* Talentschau *f* **'tal·ent spot·ter** *n* Talentsucher(in) *m(f)*

'tale·tell·er *n* ① *(storyteller)* Geschichtenerzähler(in) *m(f)*
② *(gossip)* Klatsche *f* BRD *fam,* Klatschweib *nt pej fam,* Tratschweib *nt* ÖSTERR *pej fam*

Tali·ban ['tælibæn] *n pl* Taliban *pl*

tal·is·man <*pl* -s> ['tælɪzmən] *n* Talisman *m*

talismanic ['tælɪzmænɪk] *adj* mit Talismancharakter *nach n*

talk [tɔːk, AM *usu* tɑːk] **I.** *n* ① *(discussion)* Gespräch *nt;* *(conversation)* Unterhaltung *f;* *(private)* Unterredung *f;* **to have a ~** [**with sb**] [**about sth**] [mit jdm] [über etw *akk*] reden [*o* sprechen], ein Gespräch [mit jdm] [über etw *akk*] führen *form;* *(conversation)* sich *akk* [mit jdm] [über etw *akk*] unterhalten; *(private)* eine Unterredung [mit jdm] [über etw *akk*] haben; **heart-to-heart ~** offene Aussprache
② *(lecture)* Vortrag *m;* **to give a ~** [**on** [*or* **about**] **sth**] einen Vortrag [über etw *akk*] halten
③ *no pl (discussion)* Reden *nt,* Gerede *nt fam;* *(things said)* Worte *pl;* **big ~** große Töne *pej fam;* **idle ~** leeres Gerede *fam;* **to make small ~** Konversation betreiben
④ *(subject of conversation)* ■**the ~** Gespräch[sthema] *nt;* ***her behaviour is the ~ of the neighbourhood*** ihr Verhalten ist das Gespräch des ganzen Viertels
⑤ *(formal discussions)* ■**~s** *pl* Gespräche *pl;* **peace ~s** Friedensverhandlungen *pl;* **to hold ~s** [**on** [*or* **about**] **sth**] Gespräche [über etw *akk*] führen
▸PHRASES: **to be all ~** [**and no action**], **to be just ~** immer nur reden [und nie handeln]; **to be the ~ of the town** Stadtgespräch sein
II. *vi* ① *(speak)* sprechen, reden; *(converse)* sich *akk* unterhalten; ■**to ~ about sb/sth** über jdn/etw reden [*o* sprechen]; ***what the hell are you ~ing about?*** wovon zum Teufel sprichst du eigentlich? *fam;* **to ~ about sb behind his/her back** über jdn hinter seinem/ihrem Rücken reden [*o fam* herziehen]; ■**to ~ to** [*or* **with**] **sb** mit jdm reden [*o* sprechen]; ***she ~s to her mother on the phone every week*** sie telefoniert jede Woche mit ihrer Mutter; ■**to ~ to oneself** mit sich *dat* selbst reden, Selbstgespräche führen
② *(imitate speech) parrot* plappern *fam*
③ *(speak privately or seriously)* reden; ***can we ~?*** können wir reden?; ***I think we need to ~*** ich denke, wir sollten einmal miteinander reden
▸PHRASES: **you can't** [*or* AM **should**] **~** *(fam)* du hast es gerade nötig, etwas zu sagen *fam;* **to ~ dirty** [**to sb**] obszön [mit jdm] reden; **to be ~ing through one's hat** [*or* BRIT *also* **neck**] *(pej! fam)* nur so daherreden *fam;* **look who's ~ing, you're a fine one to ~, to set sb ~ing** BRIT jdm Grund zum Tratschen geben *fam;* **~ing of sb/sth ...** *esp* BRIT wo [*o* da] wir gerade von jdm/etw reden [*o* sprechen] ...
III. *vt* ① *(speak)* **to ~ a language** eine Sprache sprechen [*o* SCHWEIZ *meist* reden]; ***she ~s English at work and French at home*** in der Arbeit spricht sie Englisch und zu Hause Französisch
② *(fam: discuss)* **to ~ business/money/politics**

über Geschäfte/Geld/Politik sprechen
▶PHRASES: ~ **about** ... so was von ... *fam;* ***what a film — ~ about boring!*** was für ein Film – so was von langweilig! *fam;* **to ~ a blue streak** AM ohne Punkt und Komma reden *fam;* **to ~ sb's ear off** *(fam)* jdm ein Loch in den Bauch reden *fam;* **to give sb something to ~ about** jdm Gesprächsstoff liefern; **to ~ one's head off** *(fam)* ununterbrochen reden; **to be able to ~ the hind leg[s] off a donkey** BRIT *(fam)* jdm ein Loch in den Bauch reden können *fam;* **to ~ nonsense** [*or esp* BRIT **rubbish**] *(pej)* Unsinn reden; **to ~ sense [into sb's head]** vernünftig [mit jdm] reden; **to ~ some sense into sb's head** jdm Vernunft einimpfen *fam;* **to ~ shop** übers Geschäft reden *fam,* fachsimpeln *fam;* **to ~ turkey** *esp* AM *(fam)* offen [*o fam* Tacheles] reden

◆**talk around** *vi* ■**to ~ around sth** um etw *akk* herumreden *fam*

◆**talk at** *vi* ■**to ~ at sb** auf jdn einreden

◆**talk away** *vi* ununterbrochen reden

◆**talk back** *vi* eine freche Antwort geben

◆**talk down I.** *vt* ■**to ~ down ○ sb** ❶ *(speak louder)* jdn übertönen
❷ *(talk to and help to safety)* jdn durch Reden herunterlotsen; ***the policeman ~ed the girl down after she had been on the roof for two hours*** der Polizeibeamte konnte das Mädchen überreden, vom Dach herunterzukommen, nachdem sie zwei Stunden dort gestanden hatte; **to ~ a pilot down** AVIAT einen Piloten zur Landung einweisen
❸ *(dissuade)* ■**to ~ sb down from sth** jdn von etw *dat* abbringen, jdm etw ausreden
II. *vi (pej)* ■**to ~ down to sb** mit jdm herablassend [*o* von oben herab] reden

◆**talk into** *vt* ■**to ~ sb into sth** jdn zu etw *dat* überreden; ■**to ~ sb into doing sth** jdn überreden, etw zu tun

◆**talk out I.** *vt* ❶ *(discuss thoroughly)* ■**to ~ out ○ sth** etw ausdiskutieren; **to ~ one's way out of sth** sich *akk* aus etw *dat* herausreden
❷ *(convince not to)* ■**to ~ sb out of sth** jdm etw ausreden; ■**to ~ sb out of doing sth** jdm ausreden, etw zu tun
II. *vi* LAW die rechtzeitige Verabschiedung eines Gesetzes verfahrensmäßig blockieren

◆**talk over** *vt* ■**to ~ over ○ sth [with sb]** etw [mit jdm] durchsprechen [*o* besprechen]

◆**talk round I.** *vt (convince)* ■**to ~ sb round [to sth]** jdn [zu etw *dat*] überreden; ■**to ~ sb round to doing sth** jdn überreden, etw zu tun
II. *vi* ■**to ~ around sth** um etw *akk* herumreden *fam*

◆**talk through** *vt* ❶ *(discuss thoroughly)* ■**to ~ through ○ sth** etw durchsprechen
❷ *(reassure with talk)* ■**to ~ sb through sth** jdm bei etw *dat* gut zureden; ***he ~ed her through the birth of their first child*** er half ihr bei der Geburt ihres ersten Kindes, indem er ihr beruhigend zuredete

◆**talk up** *vt* ■**to ~ up ○ sth** für etw *akk* werben; ***they ~ ed up the concert a lot, but it was kind of a disappointment*** sie hatten viel Werbung für das Konzert gemacht, aber es war eine ziemliche Enttäuschung

talka·tive ['tɔːkətɪv, AM -t̬-] *adj* gesprächig, redselig, geschwätzig *pej*

talka·tive·ness ['tɔːkətɪvnəs, AM tɑːkət̬ɪv-] *n* Gesprächigkeit *f,* Redseligkeit *f,* Geschwätzigkeit *f pej*

'talk·back ['tɔːkbæk, AM *usu* 'tɑːk-] *n* ❶ *(device with loudspeakers)* Gegensprechanlage *f*
❷ AUS *(phone-in programme) Rundfunk- bzw. Fernsehprogramm, bei dem die Hörer direkt anrufen können*

'talked-about, 'talked-of ['tɔːkt-, AM 'tɑːkt-] *adj attr, inv* **much ~** *(approv)* viel gerühmt; *(famous)* berühmt

talk·er ['tɔːkəʳ, AM 'tɑːkɚ] *n (person who speaks)* Sprechende(r) *f(m),* Sprecher(in) *m(f),* Redner(in) *m(f); (talkative person)* Schwätzer(in) *m(f) pej;* **to be a good/fluent ~** gut/flüssig reden können

talkie ['tɔːki, AM *usu* 'tɑːki] *n (dated fam)* Tonfilm *m*

talk·ing ['tɔːkɪŋ, AM *usu* 'tɑːk-] **I.** *adj* sprechend
II. *n no pl* Sprechen *nt,* Reden *nt,* Geschwätz *nt pej;* ***"no ~, please!"*** „Ruhe bitte!"; **to let sb [else] do the ~** das Reden jd anderem überlassen

talk·ing 'head *n* TV-Sprecher(in) *m(f) (von dem nur Kopf und Schultern zu sehen sind)* **'talk·ing point** *n* ❶ *(topic)* Gesprächsthema *nt,* Diskussionsthema *nt* ❷ *(fig: feature) of a product* wesentlicher Vorzug, Hauptvorteil *m; (support)* [zusätzliches] gutes Argument; ***the study provided the management with a ~ in urging mass dismissals*** die Studie lieferte der Geschäftsleitung einen weiteren guten Grund, Massenentlassungen zu forcieren **'talk·ing shop** *n* BRIT *(fig fam) Gruppe von Personen, die nur redet und nicht handelt*

'talk·ing-to *n (pej)* Strafpredigt *f fam,* Standpauke *f fam;* **to give sb a [good] ~** jdm eine [ordentliche] Standpauke halten

talks [tɔːks, AM *esp* 'tɑːks] *npl* Gespräche *pl,* Verhandlungen *pl;* **to adjourn/break off/call off ~** Gespräche [*o* Verhandlungen] vertagen/abbrechen/absagen; **to be involved in ~** Gespräche führen, in Verhandlungen stehen *form;* **to enter into/resume ~** Gespräche [*o* Verhandlungen] aufnehmen/wieder aufnehmen; **to hold ~** Besprechungen abhalten, Verhandlungen führen; **to hold ~ with sb** sich *akk* mit jdm besprechen; **to take part in ~** an Gesprächen teilnehmen; **~ about ~** AM POL Sondierungsgespräche *pl*

'talk show *n* TV Talkshow *f*

tall [tɔːl] *adj* ❶ *(high) building, fence, grass, ladder, tree* hoch; *person* groß, hoch gewachsen; **to be** [*or* **stand**] **six feet ~** 1,83 m groß sein; **to be ~ in** [*or* **of**] **stature** *(form)* von hoher Statur [*o* hohem Wuchs] sein *geh;* **to grow ~[er]** [noch] wachsen, groß/größer werden
❷ *(fig: considerable) amount, price* ziemlich [*o fam* ganz schön] hoch
❸ *(long) rod, stick* lang; **~ blade/stalk** langer Grashalm/Stängel
❹ *(fig: confident)* **to stand** [*or* **walk**] **~** selbstbewusst [*o* [selbst]sicher] auftreten
❺ *(fig: unlikely)* unglaublich, haarsträubend; **to spin ~ yarns, to tell ~ tales** abenteuerliche Geschichten erzählen, Seemannsgarn spinnen
❻ *(fig: pretentious) talk, way of speaking* großtuerisch, prahlerisch
❼ *(fig: difficult) problem* schwer [*o* schwierig] [zu lösen]

'tall·boy *n* ❶ BRIT *(chest)* hohe Kommode; *(chest on chest)* Doppelkommode *f,* Aufbaukommode *f; (closet)* Kleiderschrank *m,* Kleiderkasten *m* SCHWEIZ,ÖSTERR, Wäscheschrank *m* ❷ ARCHIT *(piece of chimney)* Zugaufsatz *m fachspr* ❸ *(glass)* langstieliges Trinkglas **'tall drink** *n* AM Cocktail *m*

tall·ish ['tɔːlɪʃ] *adj inv building, fence, plant* ziemlich hoch; *person* ziemlich groß [*o* hoch gewachsen]

tall·ness ['tɔːlnəs] *n no pl of a person* Größe *f; of a building, plant* Höhe *f; of a blade of grass, stick* Länge *f*

tall 'or·der *n (fig)* schwierige [*o* schwer lösbare] Aufgabe; ***to get the work done on time will be a ~*** die pünktliche Fertigstellung der Arbeit wird schwierig werden

tal·low ['tæləʊ, AM -loʊ] *n no pl* Talg *m veraltend;* MECH, TECH Schmiere *f,* Schmierstoff *m*

tall 'sto·ry, tall 'tale *n* haarsträubende [*o* unglaubliche] [*o* abenteuerliche] Geschichte, Märchen *nt*

tal·ly[1] <-ie-> ['tæli] **I.** *vi* [überein]stimmen; ■**to ~ [with sth]** *figures, statements, signatures* [mit etw *dat*] übereinstimmen
II. *vt (also fig also dated)* ❶ COMM *(count)* ■**to ~ [up] sth** [*or* **sth [up]**] *amounts, sums* etw zusammenzählen; *figures* etw zusammenrechnen; *items* etw auflisten [*o* tabellieren]; **to ~ up the for and against** *(fig)* das Für und Wider abwägen
❷ COMM *(check off)* ■**to ~ sth** *goods, items* etw nachzählen; NAUT *(register) cargo, load, shipment* etw kontrollieren [*o fachspr* tallieren]; SPORT *point, score* etw notieren [*o* festhalten]
❸ COMM *(mark)* ■**to ~ sth** *goods* etw auszeichnen [*o* kennzeichnen] [*o* etikettieren]

tal·ly[2] ['tæli] *n usu sing* ❶ COMM *(list for goods, items)* [Strich]liste *f,* Stückliste *f; (for single item)* [Zähl]strich *m; (hist: record for transactions)* Kerbholz *nt hist; (for single transaction)* Kerbe *f hist; (account)* Abrechnung *f*
❷ COMM *(mark on goods)* Etikett *nt,* Etikette *f* SCHWEIZ, Auszeichnung *f,* Kennzeichnung *f*
❸ BRIT ECON *(dated)* Abzahlungsgeschäft *nt fachspr*
❹ *(count)* [zahlenmäßige] Aufstellung; ***his ~ today is three fish*** sein heutiger Fang besteht aus drei Fischen; **to keep a ~ [of sth]** eine [Strich]liste [über etw *akk*] führen; ***I should have kept a ~ of what I spent*** ich hätte Buch über meine Ausgaben führen sollen

tal·ly-ho [ˌtæli'həʊ, AM -'hoʊ] *interj* ■**~!** *(when sighting game)* Halali!; *(when facing a challenge)* auf geht's! *a. hum fam*

'tal·ly·man *n* ❶ *(keeper of record)* Kontrolleur *m;* NAUT *of a cargo* Ladungskontrolleur *m; of goods* Warenkontrolleur *m* ❷ BRIT ECON *Vertreter, der Waren auf Kredit verkauft* **'tal·ly-room** *n* AUS POL Auszählungsraum *m* **'tal·ly sheet** *n* ECON Kontrollliste *f,* Stückliste *f*

Tal·mud ['tælmʊd, AM *esp* 'tɑːl-] *n no pl* REL Talmud *m fachspr*

tal·on ['tælən] *n* ❶ ORN *(claw)* Klaue *f,* Kralle *f;* ANAT *(finger)* Finger *m;* **long ~s** *(fig pej)* lange Krallen *fig pej fam*
❷ BRIT STOCKEX Erneuerungsschein *m,* Talon *m fachspr*
❸ CARDS Talon *m fachspr; (in dealing also)* Kartenrest *m; (in gambling also)* Kartenstock *m*
❹ ARCHIT *(groove)* Hohlkehle *f,* Karnies *nt fachspr,* S-Profil *nt fachspr*

tam·able *adj see* **tameable**

tama·rind ['tæmᵊrɪnd, AM -mɚ-] *n* ❶ *(tropical tree)* Tamarinde *f*
❷ *(fruit)* Frucht *f* der Tamarinde

tama·risk ['tæmᵊrɪsk, AM -mɚ-] *n* Tamariske *f*

tam·bour ['tæmbʊəʳ, AM -bʊr] *n* ❶ MUS *(instrument)* Trommel *f; (musician)* Trommler(in) *m(f)*
❷ ARCHIT Säulentrommel *f fachspr*

tam·bou·rine [ˌtæmbᵊr'iːn, AM -bə'riːn] *n* flache Handtrommel, Tamburin *nt fachspr*

tame [teɪm] **I.** *adj* ❶ *(domesticated) animal* gezähmt, zahm; *(harmless) animal, person* friedlich, zahm; ***the lion was as ~ as a house cat*** der Löwe war zahm wie eine Hauskatze; **~ superior** zahmer Vorgesetzter/zahme Vorgesetzte
❷ *(tractable) child* folgsam; *person* fügsam, gefügig; *(under control) elements, river* gezähmt, gebändigt
❸ *(unexciting) book, joke, person* lahm, fad[e], geistlos; *(mild) film* harmlos, brav; *criticism, report* zahm, ohne Biss *nach n; (amenable)* [sehr] umgänglich [*o* zuvorkommend] [*o* entgegenkommend]
II. *vt (also fig)* ■**to ~ sb/sth** jdn/etw zähmen [*o* bändigen] *a. fig;* ***he'll need to ~ his temper*** er wird sein Temperament zügeln müssen; **to ~ one's anger** seine Wut [be]zähmen [*o* bändigen]; **to ~ one's curiosity/hunger** seine Neugier/seinen Hunger bezähmen; **to ~ one's impatience/passions** seine Ungeduld/Leidenschaft zügeln; **to ~ a river** einen Fluss zähmen [*o* bändigen] *fig;* **to ~ a tiger** einen Tiger zähmen [*o* bändigen]

tame·able ['teɪməbl] *adj* zähmbar; ***gambling is a ~ passion*** Spielleidenschaft ist kontrollierbar; *curiosity, hunger* bezähmbar; ■**to be ~** *animal* sich *akk* zähmen lassen; *emotions* sich *akk* [be]zähmen [*o* bändigen] [*o* zügeln] lassen

tame·ly ['teɪmli] *adv* ❶ *(also fig: without opposition)* zahm; **to capitulate ~** kampflos kapitulieren *fig*
❷ *(also fig: mildly)* harmlos, brav, ohne Biss *nach n;* ***he reacted ~ to the criticism levelled at him*** er reagierte sehr verhalten auf die gegen ihn gerichtete Kritik; **a ~ written article** ein harmloser Artikel

tame·ness ['teɪmnəs] *n no pl* ❶ ZOOL Zahmheit *f a. fig*
❷ *(dullness)* Langweiligkeit *f,* Laschheit *f*

tam·er ['teɪməʳ, AM -ɚ] *n* Tierbändiger(in) *m(f),* Dompteur, Dompteuse *m, f;* **lion-~**

T

Löwenbändiger(in) *m(f)*

Tam·il ['tæmɪl, AM 'tɑːməl] *n (language)* Tamil *nt*

tam-o'-shanter [ˌtæmə'ʃæntəʳ, AM 'tæməʃæntɚ] *n* [runde wollene] Schottenmütze

tamp [tæmp] *vt* ❶ *(fill)* ■**to ~ sth** etw [zu]stopfen [*o* [ver]stopfen]; **to ~ a pipe** eine Pfeife stopfen; **to ~ a drill hole** MIN ein Bohrloch [zu]stopfen [*o fachspr* besetzen]; **to ~ a well** MIN eine Bohrung verdämmen *fachspr*
❷ *(compact)* ■**to ~ sth [down]** [*or* **to ~ [down] sth**] etw [fest]stampfen; **to ~ down tobacco** Tabak festklopfen; **to ~ concrete/loam** Beton/Lehm stampfen *fachspr*

Tampan ['tæmpən] *n* Bewohner(in) *m(f)* Tampas

Tam·pax® <*pl* -> ['tæmpæks] *n* Tampon *nt*

tamped [tæmpt] *adj inv* [fest]gestampft; *earth also* festgetreten

tam·per ['tæmpəʳ, AM -ɚ] *vi* ■**to ~ with sth**
❶ *(handle improperly)* sich *akk* an etw *dat* zu schaffen machen, an etw *dat* herummachen *fam*
❷ *(engage improperly)* sich *akk* [insgeheim] in etw *akk* einmischen, in etw *akk* hineinpfuschen *fam*
❸ *(manipulate)* etw [in betrügerischer Absicht] verändern [*o* [ver]fälschen]; **to ~ with witnesses** LAW Zeugen/Zeuginnen beeinflussen [*o* bestechen] [wollen]

'tam·per-proof, tam·per re·'sist·ant *adj* Sicherheits-; **~ cap** Sicherheitsverschluss *m;* **~ lock** Sicherheitsschloss *nt*

tam·pon ['tæmpɒn, AM -pɑːn] *n* Tampon *m*

tan¹ [tæn] **I.** *vi* <-nn-> braun werden
II. *vt* <-nn-> ❶ *(make brown)* ■**to ~ sb/sth** jdn/etw bräunen; **to be ~ned** braun gebrannt sein
❷ CHEM *(convert)* ■**to ~ sth** *hides, leather* etw gerben
❸ *(fig fam: beat)* **to ~ sb's hide** jdm das Fell gerben *fig;* **to ~ the hide off sb** jdn verdreschen [*o* versohlen] [*o* vertrimmen] [*o* SCHWEIZ, ÖSTERR *meist* verhauen] *fam*
III. *n* ❶ *(brown skin colour)* [Sonnen]bräune *f;* **to get a ~** braun werden, Farbe bekommen
❷ *(light brown)* Gelbbraun *nt*, Hellbraun *nt*
❸ CHEM *(agent)* Gerbstoff *m*, Gerbmittel *nt; (bark)* [Gerber]lohe *f fachspr*, [Eichen]lohe *f fachspr*
IV. *adj clothing, shoes* gelbbraun, hellbraun

tan² [tæn] MATH *short for* **tangent** tan

TAN [tæn] *n* INET *acr for* **transaction number** TAN *f*

tan·dem ['tændəm] **I.** *n* ❶ *(vehicle) as a bicycle* Tandem *nt; as a carriage* [Wagen]gespann *nt; as a team of horses* [Pferde]gespann *nt*
❷ *(arrangement) of cylinders, drives* Reihe[nanordnung] *f;* **to swim in ~** hintereinanderschwimmen; **to make an ideal ~** ein ideales Gespann bilden; **to operate** [*or* **work**] **in ~** MECH, TECH *of mechanisms* im Tandembetrieb arbeiten; *of people* im Team [*o fig* Hand in Hand] arbeiten
II. *n modifier* COMPUT **~ processor** Tandemprozessor *m;* **~ switching** Durchgangsvermittlung *f*
III. *adv* **to ride ~** Tandem fahren

tan·doori [tæn'dʊəri, AM tɑːn'dʊri] *n* Tandoori[gericht] *nt*

tang [tæŋ] *n* ❶ *(also pej: smell)* [scharfer [*o* penetranter] [*o* durchdringender]] Geruch; *(taste)* [scharfer [*o* intensiver]] Geschmack; ***there was this ~ of the sea in the air*** es roch so unverwechselbar nach Seeluft; **salty/spicy ~** salziger/würziger Geschmack
❷ *(fig form: distinctive quality)* Eigenart *f*, Wesen *nt;* ***the American way of life has its own ~*** die amerikanische Lebensart hat etwas Eigenes
❸ *(fig form: suggestion)* Andeutung *f*, Hauch *m;* ***she was beginning to get a ~ of enjoyment out of her job*** allmählich fand sie ein ganz klein wenig Freude an ihrer Arbeit; **a ~ of autumn/jasmine/irony** ein Hauch von Herbst/Jasmin/Ironie; **a ~ of mockery** ein Anflug *m* von Spott; **the ~ of a smile** der Anflug eines Lächelns

tan·gent ['tændʒənt] *n* ❶ MATH Tangente *f fachspr*
❷ ELEC **~ of loss angle** Verlustfaktor *m*
▶PHRASES: **to fly** [*or* AM, AUS *also* **go**] **off on** [*or* BRIT *also* **at**] **a ~** [plötzlich] das Thema wechseln

tan·gen·tial [tæn'dʒen(t)ʃəl] *adj* ❶ *(peripheral)* nebensächlich, nicht zur Sache gehörend *attr*, tangential *geh*
❷ MATH, PHYS **~ acceleration** PHYS Tangentialbeschleunigung *f*

tan·gen·tial·ly ['tændʒenʃəli] *adv* am Rande

tan·ge·rine [ˌtændʒər'iːn, AM -dʒə'riːn] **I.** *n* Mandarine *f*
II. *adj inv* orangerot

tan·gibil·ity [ˌtændʒə'bɪləti, AM əṭi] *n no pl* Greifbarkeit *f*

tan·gible ['tændʒəbl] *adj* ❶ *(also fig: perceptible)* fassbar; *advantages, benefits, results* greifbar; *lack, loss, swelling* fühlbar; *disappointment, effects, improvement* spürbar; **a ~ difference** ein spürbarer [*o* merklicher] Unterschied; **a ~ relief** eine fühlbare Erleichterung; **a ~ success** ein greifbarer Erfolg
❷ *(real)* real, materiell; **~ advantage** realer [*o* echter] Vorteil; **~ gain** realer [*o* materieller] Gewinn; **~ property** LAW Sachvermögen *nt*
❸ *(definite)* klar, eindeutig, deutlich; **to have ~ evidence** [*or* **proof**] LAW klare [*o* eindeutige] [*o* handfeste] Beweise haben

tan·gible 'as·set *n* FIN Sachwert *m*, materieller Vermögenswert **tan·gible 'as·sets** *npl* ECON materielle [Vermögens]werte, bilanzierbare Sachwerte, Sachanlagen *pl*, Sachanlagevermögen *nt fachspr*

tan·gibly ['tændʒəbli] *adv* ❶ *(also fig: perceptibly)* spürbar, merklich; **to be ~ colder** spürbar [*o* merklich] kälter sein
❷ *(clearly)* klar, eindeutig, deutlich; **to be ~ better/worse** eindeutig [*o* deutlich] besser/schlechter sein

Tan·gier [tæn'dʒɪəʳ, AM -'dʒɪr] *n* Tanger *nt*

tan·gle ['tæŋgl] **I.** *n* ❶ *(also fig pej: mass) of hair, wool* [wirres] Knäuel; *of branches, roads, wires* Gewirr *nt;* ■**to be in a ~** *hair, wool* verfilzt sein; **to brush out ~s of hair** verfilztes Haar ausbürsten
❷ *(also fig pej: confusion)* Durcheinander *nt*, Wirrwarr *nt*, Unordnung *f;* ***their financial affairs are in a complete ~*** ihre finanziellen Angelegenheiten sind ein einziges Chaos; **a ~ of lies** ein Lügengewebe *nt*, ein Gespinst *nt* von Lügen; **to be in a ~ of lies** in ein Netz von Lügen verstrickt sein; **a diplomatic/political ~** diplomatische/politische Verwicklungen; **to get into a ~** sich *akk* verfangen [*o* verstricken] [*o fam* verheddern]; ***we got into a complete ~ driving through Paris*** bei der Fahrt durch Paris haben wir uns total verfranst *fam*
❸ *(fig pej: disagreement)* Streit *m*, Auseinandersetzung *f;* **to get into a ~ with sb** mit jdm in einen Streit geraten, mit jdm aneinandergeraten
II. *vt (also fig pej)* ■**to ~ sth** etw durcheinanderbringen [*o* in Unordnung bringen]; **to ~ threads/yarn** Fäden/Garn verwickeln
III. *vi* ❶ *(also fig pej: knot up) hair, wool* verfilzen; *threads, wires* sich *akk* verwickeln; *animal, person* sich *akk* verfangen [*o fam* verheddern]; *groups, people* sich *akk* verstricken; **to ~ in a net/rope** sich *akk* in einem Netz/Strick verfangen
❷ *(fig pej: quarrel)* ■**to ~ with sb** sich *akk* mit jdm anlegen

◆**tangle up I.** *vt (also fig pej)* ■**to ~ up ↔ sth** etw durcheinanderbringen, etw in Unordnung bringen
II. *vi (also fig pej) hair, wool* verfilzen; *threads, wires* sich *akk* verwickeln; *animal, person* sich *akk* verfangen [*o fam* verheddern]; *groups, people* sich *akk* verstricken; **to be/become ~d up in sth** *affair, scandal* in etw *akk* verwickelt [*o* verstrickt] sein/werden; **to become ~d up in an investigation** in eine Untersuchung hineingezogen werden

tan·gled ['tæŋgld] *adj (also fig pej) hair, wool* verfilzt; *cord, threads, wires* verwickelt; *affair* verworren; **~ bedclothes** zerwühltes Bett; **~ hair** zerzaustes Haar; **~ path** verschlungener Pfad; **~ undergrowth** dichtes Unterholz
▶PHRASES: **oh what a ~ web we weave, when first we practise to deceive** *(saying)* welche Netze wir doch spinnen, wenn erstmal wir auf Täuschung sinnen *prov;* **to become ~ in the web of one's own lies** sich *akk* im Netz der eigenen Lügen verstricken

tan·go ['tæŋgəʊ, AM -goʊ] **I.** *n* Tango *m;* **to do** [*or* **dance**] **the ~** Tango tanzen
II. *vi* Tango tanzen

tangy ['tæŋi] *adj (approv) taste* scharf, kräftig; *smell* durchdringend, streng

tank [tæŋk] **I.** *n* ❶ *(container) for liquid* [Flüssigkeits]behälter *m; for gas, oil* Tank *m; (pool)* [Wasser]becken *nt*, Teich *m*, Reservoir *nt; (sl: prison)* [Gemeinschafts]zelle *f; (for drunks)* Ausnüchterungszelle *f;* **fish ~** Fischbecken *nt*, Aquarium *nt;* **hot-water ~** Heißwasserspeicher *m;* **storage ~** Sammelbehälter *m*
❷ MIL Panzer *m*, Tank *m hist*
❸ *(tank top)* Pullunder *m*
▶PHRASES: **to go in the ~** *(fam)* kläglich versagen
II. *n modifier* MIL *(corps, gun)* Panzer-; **~ buster** *(sl)* Panzerknacker *m fam;* **~ mock-up** Panzerattrappe *f;* **~ recovery vehicle** Bergepanzer *m fachspr;* **~ squadron** BRIT Panzerkompanie *f*
III. *vi (sl)* ❶ *(fill)* volltanken
❷ *(get drunk)* sich *akk* volllaufen lassen [*o* besaufen] *fam*
❸ AM *(fam)* Schiffbruch erleiden *fig*, baden gehen *fig fam; market* abrutschen
IV. *vt* ■**to ~ sth** *cellar, room* etw wasserundurchlässig auskleiden

tank·ard ['tæŋkəd, AM -ɚd] *n* [Deckel]krug *m*, [Bier]krug *m*, Humpen *m*

tanked up [tæŋkt'ʌp] *adj pred*, **'tanked-up** *adj attr* AM *(sl)* voll[getankt] *fam*, besoffen *fam;* ■**to be ~** ganz schön einen sitzen haben *fam*

tank·er ['tæŋkəʳ, AM -ɚ] **I.** *n* ❶ AVIAT *(aircraft)* Tanker *m*, Tankflugzeug *nt*
❷ NAUT *(ship)* Tanker *m*, Tankschiff *nt;* **oil ~** Öltanker *m*
❸ TRANSP *(truck)* Tankwagen *m*, Tanklastzug *m*
II. *n modifier* NAUT *(accident, cargo, route)* Tanker-; **~ berth** Tankerliegeplatz *m*

tank·ful ['tæŋkfʊl] *n* Tankfüllung *f;* ***how much petrol, sir? — a ~, please*** wie viel Benzin möchten Sie? – einmal volltanken, bitte

tank·ing ['tæŋkɪŋ] *n no pl* ARCHIT Abdichtung *f* gegen Grundwasser und Feuchtigkeit

tan·ki·ni [tæŋ'kiːni] *n* Tankini *m (zweiteiliger Badeanzug aus Trägertop und Bikinihose)*

'tank suit *n* Einteiler *m*, einteiliger Badeanzug, Badkleid *nt* SCHWEIZ **'tank top** *n* Pullunder *m*

tanned [tænd] *adj* ❶ *(brown) skin* braun [gebrannt], [sonnen]gebräunt
❷ CHEM *(converted) hides, leather* gegerbt
❸ *(sl: drunk)* voll *fam*, besoffen *fam*

tan·ner ['tænəʳ, AM -ɚ] *n* Gerber(in) *m(f)*

tan·nery ['tænəri, AM -ɚi] *n* Gerberei *f*

tan·nic ['tænɪk] *adj* Tannin-; ***wine with a ~ aftertaste*** Wein mit herbem Nachgeschmack

tan·nic 'acid *n* CHEM [Gallus]gerbsäure *f fachspr*

tan·nin ['tænɪn] *n* CHEM Tannin *nt fachspr*

tan·ning ['tænɪŋ] *n no pl* ❶ *(making brown) of skin* Bräunung *f*, Bräunen *nt*
❷ CHEM *(converting) of hides, leather* Gerben *nt fachspr*
❸ *(fig fam: beating)* Verdreschen *nt;* **to give sb a [good] ~** jdm eine [ordentliche] Tracht Prügel verpassen

'tan·ning bed *n* Sonnenbank *f* **'tan·ning lo·tion** *n* Sonnencreme *f*

tan·noy® ['tænɔɪ] *n* BRIT [öffentliche] Lautsprecheranlage [*o* Rufanlage]; **an announcement on** [*or* **made over**] **the ~** eine Ansage über Lautsprecher

Ta·no·an [tə'nəʊən, AM -'noʊ-] **I.** *n* Tanoa-Sprachen *pl*
II. *adj* der Tanoa-Sprachen *nach n*

tan·sy ['tænzi] *n* BOT Rainfarn *m*

tan·ta·lize ['tæntəlaɪz, AM -ṭəl-] **I.** *vt* ■**to ~ sb** ❶ *(torment)* jdn quälen [*o* peinigen]; ***stop asking me — don't ~ me*** hör auf, mich zu fragen – quäl mich nicht
❷ *(excite)* jdn reizen; *(fascinate)* jdn in den Bann ziehen; ***the novel ~d him*** der Roman ließ ihn nicht mehr los
❸ *(keep in suspense)* jdn auf die Folter spannen *fig* [*o fam* zappeln lassen]; ***tell me what you know —***

don't ~ me sag mir, was du weißt – spann mich nicht länger auf die Folter
II. *vi* ❶ *(torment)* quälen, peinigen
❷ *(excite)* reizen, einen Reiz ausüben
tan·ta·liz·ing ['tæntᵊlaɪzɪŋ, AM -t̬əl-] *adj* ❶ *(painful)* quälend, peinigend; ~ **thought** quälender Gedanke
❷ *(enticing)* verlockend; ***her charm was*** ~ man konnte sich ihrem Charme nicht entziehen; ~ **fragrance** verlockender [*o* unwiderstehlicher] Duft; ~ **offer/prospect** verlockendes Angebot/verlockende Aussicht; ~ **smile** verführerisches Lächeln
tan·ta·liz·ing·ly ['tæntᵊlaɪzɪŋli, AM -t̬əl-] *adv* ❶ *(tormentingly)* quälend
❷ *(enticingly)* verlockend
tan·ta·lum ['tæntᵊləm, AM -t̬ᵊl-] *n no pl* CHEM Tantal *nt;* ~ **rectifier** Tantalgleichrichter *m*
tan·ta·mount ['tæntəmaʊnt, AM -t̬ə-] *adj inv* ■**to be** ~ **to sth** mit etw *dat* gleichbedeutend sein, etw *dat* gleichkommen
tan·tra ['tæntrə, AM *esp* 'tʌn-] *n* REL Tantra *nt,* Tantrismus *m*
tan·tric ['tæntrɪk, AM 'tʌn-] *adj inv* tantrisch
tan·trism ['tæntrɪzᵊm, AM *esp* 'tʌn-] *n no pl* REL Tantrismus *m*
tan·trist ['tæntrɪst, AM *esp* 'tʌn-] *n* REL Tantrist(in) *m(f)*
tan·trum ['tæntrəm] *n* Wutanfall *m,* Tobsuchtsanfall *m,* Koller *m fam;* **to have/throw a** ~ einen Wutanfall haben/bekommen
Tan·zania [,tænzə'niːə] *n* Tansania *nt*
Tan·za·nian [,tænzə'niːən] *adj inv* tansanisch
Taoi·seach ['tiːʃək, *Irish* -ʃəx] *n* IRISH POL Premierminister(in) *m(f)* [der Republik Irland]
Tao·ism ['taʊɪzᵊm] *n no pl* Taoismus *m*
tap¹ [tæp] I. *n* ❶ *(outlet)* Hahn *m;* **beer on** ~ Bier *nt* vom Fass; **a dripping** ~ ein tropfender Wasserhahn; **to turn the** ~ **on/off** den Hahn auf-/zudrehen; **to be on** ~ *(fig)* [sofort [*o* jederzeit]] verfügbar sein; ***there are a lot of interesting projects on*** ~ es laufen zurzeit viele interessante Projekte
❷ TELEC *(intercepting device)* Abhörgerät *nt; (interception of phone calls)* Telefonüberwachung *f*
II. *vt* <-pp-> ❶ TELEC *(intercept)* ■**to** ~ **sth** *conversation* etw abhören [*o* mithören]; **to** ~ **a line/phone** [*or* **telephone**] eine Leitung/ein Telefon anzapfen
❷ *(fig fam: try to obtain)* ■**to** ~ **sb** *(for information, money)* jdn anzapfen *fam;* **to** ~ **sb for advice/support** jdn um Rat/Unterstützung angehen
❸ ECON *(fig: make available)* ■**to** ~ **sth** *energy, sources* etw erschließen; **to** ~ **the market/new resources** den Markt/neue Quellen erschließen
❹ *(let out)* ■**to** ~ **sth** etw [ab]zapfen; **to** ~ **a barrel** ein Fass anstechen [*o* anzapfen]; **to** ~ **beer** Bier zapfen
❺ MED ■**to** ~ **sth** *spinal canal* etw punktieren [*o fachspr* drainieren]
❻ ECON ■**to** ~ **sth** von etw *dat* Anleihen machen, etw leihen
III. *vi (fig fam: gain access)* vorstoßen; ■**to** ~ **into sb** mit jdm vertraut werden [*o fam* warmwerden]; **to** ~ **into new markets** in neue Märkte vorstoßen, neue Märkte erschließen
tap² [tæp] I. *n* ❶ *(light hit)* [leichter] Schlag, [leichtes] Klopfen
❷ *(tap-dancing)* Stepp[tanz] *m*
II. *adj attr* Stepp-
III. *vt* <-pp-> ❶ *(strike lightly)* ■**to** ~ **sth** *door, wall, window* [leicht] an [*o* gegen] etw *akk* klopfen [*o* pochen]; *floor, table* [leicht] auf etw *akk* klopfen; **to** ~ **one's fingers** [**on sth**] mit den Fingern [auf etw *akk*] klopfen; **to** ~ **sb on the shoulder** jdm auf die Schulter tippen
❷ MED *chest* etw beklopfen [*o* abklopfen] [*o fachspr* perkutieren]
IV. *vi* <-pp-> [leicht] klopfen [*o* schlagen]; **to** ~ **against a door** [leicht] anklopfen [*o* an eine Tür klopfen]; **to** ~ **one's foot on the floor** mit dem Fuß [rhythmisch] auf den Boden klopfen
◆**tap away** *vi* [drauflos] tippen, vor sich *akk* hin tippen
◆**tap in** *vt* ❶ *(knock in)* **to** ~ **a nail in** einen Nagel einschlagen
❷ *(enter: on a keyboard)* ■**to** ~ **sth** ⊂ **in** etw eintippen; **to** ~ **in a code/password** einen Code/ein Passwort eingeben
◆**tap into** *vi* ■**to** ~ **into sth** *market* etw erschließen
◆**tap out** I. *vt* ■**to** ~ **sth** ⊂ **out** ❶ *(produce repeated sound) rhythm, tune* etw klopfen; **to** ~ **out the beat** den Takt klopfen [*o* schlagen]; **to** ~ **out morse** [**code**] Morsezeichen geben, morsen
❷ *(write on a typewriter)* etw tippen; **to** ~ **out a letter** einen Brief tippen
❸ *(clean) clothes, pipe* etw ausklopfen
II. *vi* AM *(fig sl)* [eine Menge] Geld verlieren; ***boy, did I ~ out on those oil shares!*** Junge, bin ich mit diesen Ölaktien baden gegangen! *fam*
tapa ['tæpæ] *n* FOOD Tapa *f;* ■~**s** *pl* Tapas *pl*
tapas bar ['tæpæs-] *n* Tapas-Bar *f*
'**tap dance** *n* Stepptanz *m* '**tap danc·er** *n* Stepptänzer(in) *m(f)* '**tap danc·ing** *n no pl* Stepptanzen *nt*
tape [teɪp] I. *n* ❶ *(strip)* Band *nt;* SPORT *(for marking)* Zielband *nt; (for measuring)* Maßband *nt,* Bandmaß *nt; (adhesive)* Klebeband *nt,* Klebstreifen *m bes* SCHWEIZ; TYPO Lochstreifen *m;* **to break** [*or* **breast**] **the** ~ als Erste(r) durchs Ziel gehen; **insulating** ~ Isolierband *nt;* **masking** ~ [selbsthaftendes] Abdeckband *nt,* Kreppband *nt;* **Scotch** ~ AM Tesa[film]® *m* BRD, Tixo® *nt* ÖSTERR; **sticky** ~ BRIT, AUS Klebeband *nt*
❷ *(spool) for recording* [Ton-/Magnet]band *nt;* ***I've got that film on*** ~ ich habe diesen Film auf Video; **audio** ~ Audiokassette *f;* ~ **of music** Musikkassette *f;* **blank** ~ leeres [*o* unbespieltes] [Ton]band; **to get** [*or* **put**] **sth on** ~ etw aufnehmen; **to make** [*or* **tape-record**] **a** ~ eine Aufnahme machen; **to record sth on** ~ etw auf Band aufnehmen
II. *vt* ■**to** ~ **sth** ❶ *(support)* etw mit einem [Klebe]band versehen; ***she ~d a note to the door*** sie heftete eine Nachricht an die Tür
❷ *(record)* etw aufnehmen; **to have** [**got**] **sb/sth ~d** BRIT, AUS *(fig fam)* jdn/etw durchschauen, über jdn/etw Bescheid wissen; **to have sth ~d** AM *(fig fam) appointment* einen Termin festmachen; *deal* ein Geschäft [*o* eine Sache] unter Dach und Fach bringen
◆**tape up** *vt* ■**to** ~ **up** ⊂ **sth** *box, parcel* etw mit einem Band umwickeln [*o* [mit einem Klebeband] zukleben]; *leak* etw abdichten; *border, skirting board* etw abdecken
'**tape-cas·sette** *n* Tonbandkassette *f* '**tape-deck** *n* Kassettendeck *nt,* Tapedeck *nt* '**tape de·lay** *n* Bandverzögerung *f*
'**tape meas·ure** *n* Maßband *nt,* Bandmaß *nt*
tap·er ['teɪpəʳ, AM -ɚ] I. *n* ❶ *(candle)* [spitz zulaufende] Wachskerze; *(stick)* wachsüberzogener Span; *(wick)* wachsüberzogener Docht
❷ *(diminution) of a spire, steeple* Verjüngung *f*
❸ *(fig: decrease) of activities, interest* Verringerung *f,* Abnahme *f*
II. *vt* ■**to** ~ **sth** *column, spire* etw verjüngen [*o* spitz zulaufen lassen]
III. *vi* ❶ *(become pointed) column, spire* sich *akk* verjüngen (**into** zu +*dat*)
❷ *(also fig: decrease) activities, interest* [allmählich] abnehmen [*o* geringer werden]
◆**taper off** I. *vt (fig)* ■**to** ~ **sth** ⊂ **off** *production, series* etw auslaufen lassen; *enthusiasm, interest* etw abklingen lassen
II. *vi* ❶ *(become pointed) column, road, spire* sich *akk* verjüngen (**into** zu +*dat*)
❷ *(also fig: decrease)* [allmählich] abnehmen [*o* geringer werden]; *interest* abflauen, nachlassen
'**tape-read·er** *n* Bandleser *m,* Lochstreifenleser *m*
'**tape-re·cord** *vt* ■**to** ~ **sb/sth** jdn/etw [auf Band] aufnehmen '**tape re·cord·er** *n* Band[aufzeichnungs]gerät *nt,* Tonbandgerät *nt;* **cassette** ~ Kassettenrekorder *m;* **video** ~ Videorekorder *m* '**tape re·cord·ing** *n* [Magnet]bandaufzeichnung *f,* Tonbandaufnahme *f;* **video** ~ Videoaufzeichnung *f*
ta·pered 'wing *n* AVIAT *spitz zulaufender Flügel*
tap·es·tried ['tæpɪstrid, AM -pə-] *adj* ❶ *(decorated)* mit Gobelins geschmückt; *furniture* mit Dekorationsstoff bespannt [*o* bezogen] *attr;* ~ **walls** Wände *pl* mit Wand[bild]teppichen
❷ *(illustrated) scene* bildlich dargestellt *attr*
tap·es·try ['tæpɪstri, AM -pə-] *n* ❶ *(fabric)* Gobelingewebe *nt; (for furniture)* Dekorationsstoff *m*
❷ *(carpet)* Gobelin *m,* Wand[bild]teppich *m,* Tapisserie *f fachspr*
❸ *(fig: illustration)* bildliche Darstellung
'**tape·worm** *n* Bandwurm *m*
tapio·ca [,tæpi'əʊkə, AM -'oʊ-] *n no pl* Tapioka *f (Stärkemehl aus den Wurzeln des Maniokstrauches)*
tapio·ca 'pud·ding *n* Tapioka-Pudding *m*
ta·pir ['teɪpəʳ, AM -ɚ] *n* Tapir *m*
'**tap is·sue** *n* FIN Daueremission *f*
tap·pet ['tæpɪt] *n* MECH Daumen *m,* Zapfen *m,* Mitnehmer *m fachspr; (on car engine)* [Ventil]stößel *m fachspr; (on loom)* Nadelschloss *nt fachspr; (on sewing machine)* Exzenter *m fachspr,* Nocken *m fachspr*
'**tap·room** *n* Schankstube *f,* Schankraum *m* '**tap root** *n* Pfahlwurzel *f* '**tap wa·ter** *n* Leitungswasser *nt*
tar [tɑːʳ, AM tɑːr] I. *n no pl* ❶ *(for paving)* Teer *m,* Asphalt *m*
❷ *(in cigarettes)* Teer *m*
❸ NAUT *(fig hum sl or dated: sailor)* Teerjacke *f hum fam o veraltet;* **a jolly Jack T~** BRIT ein lustiger Seemann
▸PHRASES: **to beat** [*or* **knock**] [*or* **whale**] **the** ~ **out of sb** AM *(fam)* jdn grün und blau schlagen [*o* windelweich prügeln]; **to spoil the ship for a ha'p'orth of** ~ BRIT am falschen Ende sparen
II. *vt* <-rr-> *(pave)* ■**to** ~ **sth** *parking area, road* etw teeren [*o* asphaltieren]
▸PHRASES: **to be ~red with the same brush** [*or* **stick**] *(pej)* um kein Haar besser sein; **to** ~ **and feather sb** *(hist)* jdn teeren und federn *hist*
ta·ra·ma·sa·la·ta [,tærəməsə'lɑːtə, AM ,tɑːrɑːmɑːsɑː-'lɑːtɑː] *n no pl* Fischeierpaste *f*
tar·an·tel·la [,tærᵊn'telə, AM ,ter], **tar·an·telle** [,tærᵊn'tel, AM ,ter] *n* Tarantella *f*
ta·ran·tu·la [tə'ræntjələ, AM -tʃələ] *n* Tarantel *f*
'**tar cam·phor** *n* CHEM Naphthalin *nt*
tar·di·ly ['tɑːdɪli, AM 'tɑːr] *adv* ❶ *(slowly)* langsam
❷ *(late)* spät
tar·di·ness ['tɑːdɪnəs, AM 'tɑːr-] *n no pl* ❶ *(slowness)* Langsamkeit *f,* Trägheit *f*
❷ *(lateness)* Unpünktlichkeit *f; (overdueness)* Verspätung *f*
❸ *(sluggishness)* Säumigkeit *f*
tar·dy ['tɑːdi, AM 'tɑːrdi] *adj* ❶ *(slow)* langsam, träge; ~ **progress** schleppender Fortschritt
❷ *(late)* unpünktlich; *(overdue)* verspätet; ~ **arrival/response** verspätete Ankunft/Reaktion
❸ *(sluggish)* säumig; ~ **payer** säumiger Zahler/säumige Zahlerin
'**tar dye** *n* CHEM Teerfarbstoff *m*
tare [teəʳ, AM ter] *n* ECON Leergewicht *nt,* Tara *f fachspr*
tar·get ['tɑːgɪt, AM 'tɑːr-] I. *n* ❶ MIL *(mark aimed at)* Ziel *nt;* ■**to be on/off** ~ *bullet, shot* das Ziel treffen/verfehlen; *radar* ein Ziel erfasst/nicht erfasst haben; **to acquire a** ~ *radar* ein Ziel erfassen; **to aim at a** ~ ein Ziel anstreben; *soldier* ein Ziel anvisieren
❷ *(fig)* Ziel *nt;* ■**to be on** ~ auf [Ziel]kurs liegen; *analysis, description* zutreffen; *decision* [genau] richtig sein; ***the amount of spare parts we ordered was on*** ~ die Zahl der von uns bestellten Ersatzteile war genau richtig; **to be/become a** ~ **for criticism/mockery** eine Zielscheibe der Kritik/des Spotts sein/werden; **to hit the** ~ ins Schwarze treffen *fig*
❸ ECON *(also fig: goal)* Zielvorgabe *f,* Zielsetzung *f,* [Plan]ziel *nt,* Soll *nt;* ■**to be on** ~ im Zeitplan liegen; **sales** ~ Verkaufsziel *nt;* **long-term/short-term** ~ langfristiges/kurzfristiges Ziel; **to fix a** ~ ein Planziel festlegen; **to meet** [*or* **reach**] **a** ~ ein [Plan]ziel errei-

T

chen [o Soll erfüllen]; **to miss a ~** ein Ziel verfehlen [o Planziel nicht einhalten]; **to overshoot a ~** über ein Ziel hinausschießen *fig;* **to set oneself a ~** sich *dat* ein Ziel setzen

II. *vt* <BRIT -tt- *or* AM *usu* -t-> *(address, direct)* ■**to ~ sb/sth** *consumers, group of buyers* auf jdn/etw [ab]zielen, sich *akk* an jdn richten; **to ~ a weapon at** [*or* **on**] **sb/sth** *(also fig)* eine Waffe auf jdn/etw richten

III. *n modifier (group, velocity)* Ziel-; **~ location** MIL Zielortung *f;* **~ range** Zielentfernung *f;* **~ tracking** Zielverfolgung *f;* **~ figures** COMM Sollzahlen *pl*

tar·get 'audi·ence *n* COMM Zielgruppe *nt* **'tar·get date** *n* COMM *(for completion)* Stichtag *m,* Termin *m; (for delivery)* Liefertermin *m; (for payment)* Fälligkeitsdatum *nt*

'tar·get·ed *adj* BRIT *customer, market, group* Ziel-; *profit* angestrebt; **to be ~** als Zielgruppe ausgewählt werden; **places ~ by terrorists** von Terroristen ins Visier genommene Orte

'tar·get elec·trode *n* PHYS Fangelektrode *f* **'tar·get group** *n + sing/pl vb* COMM Zielgruppe *f;* **~ of investors** Anlegerzielgruppe *f* **tar·get 'lan·guage** *n* LING Zielsprache *f* **'tar·get nu·cle·us** *n* NUCL Zielkern *m*

'tar·get prac·tice *n* MIL Übungsschießen *nt,* Zielschießen *nt*

'tar·get price *n* COMM Richtpreis *m,* Orientierungspreis *m; (in process costing)* Kostenpreis *m*

tar·get pro·'jec·tile *n* MIL Übungsgeschoss *nt*

tar·iff ['tærɪf, AM *esp* 'ter-] *n* ① *(form: table of charges) of a business, hotel* Preisliste *f,* Preisverzeichnis *nt; of an insurance* [Versicherungs]tarif *m; (for services)* [Gebühren]satz *m; esp* BRIT *(charges) of a bus line, railroad* Tarif *m,* Fahrpreis *m; of a hotel* Preis *m;* **~ for rooms** Zimmerpreis *m*

② ECON, LAW *(table of customs)* Zolltarif *m; (customs)* Zoll *m kein pl,* Zollgebühr *f;* **import ~s** Einfuhrzoll *m;* **preferential ~** Vorzugszoll *m,* Präferenzzoll *m fachspr;* **retaliatory ~** Kampfzoll *m,* Retorsionszoll *m fachspr*

'tar·iff agree·ment *n* POL Zollabkommen *nt* **'tar·iff bar·ri·ers** *npl* ECON Zollschranken *pl* **'tar·iff zone** *n* Tarifzone *f*

tar·mac® ['tɑːmæk, AM 'tɑːr-], **tar·mac·ad·am®** [ˌtɑːmə'kædəm, AM ˌtɑːr-] I. *n no pl* ① BRIT *(paving material)* Asphalt *m*

② *(paved surface)* ■**the ~** *(road)* die Fahrbahn; AVIAT das Rollfeld *nt,* die Start- und Landebahn

II. *vt* <-ck-> BRIT ■**to ~ sth** etw asphaltieren [*o fachspr* makadamisieren]

tarn, Tarn [tɑːn, AM tɑːrn] *n* GEOL Bergsee *m,* Karsee *m fachspr*

tar·nish ['tɑːnɪʃ, AM 'tɑːr-] I. *vi* ① *(dull) metal* matt [*o* stumpf] werden; *(discolour)* anlaufen

② *(fig pej: lose shine) success* an Glanz verlieren; *(lose purity) honour, name, reputation* beschmutzt [*o* befleckt] werden *fig*

II. *vt* ■**to ~ sth** ① *(dull) metals* etw trüben [*o* stumpf werden lassen]; *(discolour)* etw anlaufen lassen

② *(fig pej: diminish shine) success* etw *dat* den Glanz nehmen; **to ~ sb's reputation** jds Ruf beflecken [*o* Ansehen beschmutzen]

III. *n* ① *(dull condition)* Stumpfheit *f,* Beschlag *m*

② *(coating)* Überzug *m,* Belag *m*

③ *(fig pej: loss of shine)* Glanzlosigkeit *m; (loss of purity)* Fleck *m,* Makel *m*

tar·nished ['tɑːnɪʃt, AM 'tɑːr-] *adj* ① *(dull) metal* matt, stumpf; *(discoloured)* angelaufen

② *(fig pej: lacking shine) life* glanzlos geworden *attr; success* getrübt; *(impure) honour, name, reputation* beschmutzt, befleckt; **~ image** getrübtes Bild

taro ['tærəʊ, AM -oʊ] *n* FOOD Taro *m fachspr,* Wasserbrotwurzel *f*

ta·rot ['tærəʊ, AM -oʊ] *n* CARDS Tarot *nt o m;* **to read ~ cards** Tarotkarten lesen

tarp [tɑːp, AM tɑːrp] *n esp* AM [Abdeck]plane *f,* [Abdeck]blache *f* SCHWEIZ, [Schutz]decke *f,* Abdeckung *f*

tar·pau·lin [tɑː'pɔːlɪn, AM tɑːr'pɑːl-] *n* ① *no pl (fabric)* [wasserdichtes] geteertes Leinwandgewebe

② *(covering)* [Abdeck]plane *f,* [Abdeck]blache *f* SCHWEIZ, [Schutz]decke *f,* Abdeckung *f;* NAUT *(for hatches, as railings)* Persenning *f fachspr;* **a sheet of ~** eine Plane [*o* SCHWEIZ Blache]

③ BRIT NAUT *(clothing)* ■**~s** Ölzeug *nt*

tar·ra·gon ['tærəgən, AM 'terəgɑːn] *n no pl* Estragon *m*

tar·ry ['tæri, AM 'teri] *vi (liter)* ① *(remain)* sich *akk* aufhalten, verweilen *liter,* weilen *poet*

② *(delay)* zögern, zaudern *geh*

③ *(wait)* [ab]warten

tar·sus <*pl* -si> ['tɑːsəs, AM 'tɑːr-, *pl* -saɪ] *n* ANAT Fußwurzel *f,* Tarsus *m fachspr*

tart[1] [tɑːt, AM tɑːrt] I. *n* ① *(small pastry)* [Obst]törtchen *nt;* **jam ~** Marmeladentörtchen *nt*

② BRIT *(cake)* [Obst]torte *f,* Obstkuchen *m;* **custard ~** Vanillecremetorte *f;* **honey ~** gefüllter Honigkuchen; **jam ~** Marmeladenkuchen *m;* **strawberry ~** Erdbeertorte *f,* Erdbeerkuchen *m*

II. *adj* ① *(sharp) sauce, soup* scharf; *apples, grapes, wine* sauer, säuerlich; *perfume, smell, wine* herb

② *(cutting)* scharf, beißend, bissig; **~ irony** beißende Ironie; **~ remark** bissige Bemerkung; **~ reply** scharfe Erwiderung, schroffe Antwort; **~ wit** scharfer Verstand

tart[2] [tɑːt, AM tɑːrt] I. *n (fig, usu pej)* ① *(fam: loose female)* leichtes Mädchen, Schlampe *f pej fam*

② *(fam: attractive female)* süßes Ding *veraltend,* flotte Biene *veraltend fam,* flotter Käfer *veraltend fam*

③ *(sl: sex object)* Biene *f veraltend fam,* Puppe *f veraltend fam*

④ *(fam: prostitute)* Dirne *f veraltend fam,* Nutte *f fam*

II. *vt esp* BRIT *(fam or fig, also pej)* ■**to ~ oneself up** *woman* sich *akk* zurechtmachen [*o fam* aufdonnern]; ■**to ~ up ↻ sth** etw aufmotzen *fam;* **to ~ up a pizza** [**with some olives**] eine Pizza [mit ein paar Oliven] aufpeppen *fam*

tar·tan ['tɑːtᵊn, AM 'tɑːr-] I. *n* ① *no pl (cloth)* [bunt karierter] Schottenstoff, Tartan *m fachspr*

② *(design)* Schottenkaro *nt*

③ *(blanket)* bunt karierte Wolldecke [*o* Reisedecke], Tartan *m fachspr,* Plaid *m fachspr*

④ *(cape)* bunt karierter Umhang, Tartan *m fachspr,* Plaid *m fachspr*

II. *adj* Schotten-; ***the Macdonald and Stewart ~s are famous*** die Schottenmuster der Macdonalds und Stewarts sind berühmt

tar·tar[1] ['tɑːtəʳ, AM 'tɑːrt̬ɚ] *n no pl* ① MED *(on teeth)* Zahnstein *m*

② CHEM Weinstein *m;* **~ emetic** Brechweinstein *m*

tar·tar[2], **Tar·tar** ['tɑːtəʳ, AM 'tɑːrt̬ɚ] *n* ① *(person)* Tatar(in) *m(f); (language)* Tatarisch *nt*

② *(fig pej dated: ill-tempered person)* Choleriker(in) *m(f),* Hitzkopf *m*

► PHRASES: **to catch a ~** an den Falschen/die Falsche geraten

tar·tar(e) 'sauce *n no pl* Remouladensoße *f,* Tartarsauce *f bes* SCHWEIZ, ÖSTERR

tar·tar·ic [tɑː'tærɪk, AM tɑːr'-] *adj attr, inv* CHEM Weinstein-; **~ acid** Wein[stein]säure *f*

Tar·tary ['tɑːtᵊri, AM 'tɑːrt̬ɚi] *n no pl* Tatarei *f*

tart·let ['tɑːtlət, AM 'tɑːrt] *n* Törtchen *nt*

tart·ly ['tɑːtli, AM 'tɑːr-] *adv* scharf, bissig; **to remark ~ that ...** bissig bemerken, dass ...; **to say sth ~** etw in scharfem Ton sagen

tart·ness ['tɑːtnəs, AM 'tɑːr-] *n no pl* ① *(sharpness) of apples, wine* Säure *f,* Säuerlichkeit *f; of smell* Herbheit *f*

② *(fig: hurtfulness)* Schärfe *f,* Schroffheit *f; of a remark* Bissigkeit *f;* **the ~ of tone** die Schärfe des Tons

tarty ['tɑːti, AM 'tɑːrt̬i] *adj (pej)* nuttig *pej sl*

Tas. AUS *abbrev of* **Tasmania**

tash [tæʃ] *n (fam)* Schnauzer *m fam*

task [tɑːsk, AM tæsk] I. *n* ① *(work)* [Arbeits]aufgabe *f,* [auferlegte] Arbeit; SCH [Prüfungs]aufgabe *f;* **~ in hand** zu erledigende Arbeit [*o* Aufgabe]; **arduous ~** mühsame [*o* anstrengende] Arbeit; **daunting ~** entmutigende Aufgabe; **menial ~s** niedrige Arbeiten; **to perform a ~** eine Aufgabe erfüllen [*o* Arbeit erledigen]; **to set oneself the ~ of doing sth** es sich *dat* zur Aufgabe machen, etw zu tun; **to set sb the ~ of doing sth** jdn [damit] beauftragen, etw zu tun

② *no pl (reprimand)* **to bring** [*or* **call**] [*or* **take**] **sb to ~** [**for sth**] jdn [wegen einer S. *gen*] zur Rede stellen

II. *vt* ① *(order)* ■**to ~ sb with** [*or* **to do**] **sth** jdn mit etw *dat* beauftragen

② *(strain)* ***stop ~ing your mind with details!*** hör auf, deinen Kopf mit Details zu belasten!; **to ~ one's memory** sein Gedächtnis anstrengen; **to ~ one's powers** seine Kräfte beanspruchen; **to ~ sb's powers of endurance** jds Durchhaltevermögen auf eine harte Probe stellen

'task force *n* ① MIL *(unit)* Einsatzverband *m,* Eingreiftruppe *f; in police* Einsatzgruppe *f,* Spezialeinheit *f,* Sonderdezernat *nt fachspr* ② COMM *(group)* Arbeitsgruppe *f,* Projektgruppe *f* **'task mas·ter** *n* ① ECON, COMM *(superior)* [strenger] Aufseher [*o* Vorgesetzter]; **to be a hard ~** *(fig, usu pej)* ein strenger Meister sein ② *(fig: strain)* [große] Belastung, harte Arbeit; ***the profession of medicine is a stern ~*** der Arztberuf ist ein hartes Geschäft

Tas·ma·nia [tæz'meɪniə] *n* Tasmanien *nt*

Tas·ma·nian [tæz'meɪniən] I. *n (person)* Tasmanier(in) *m(f)*

II. *adj (of Tasmania)* tasmanisch

Tas·ma·nian 'dev·il *n* ZOOL Beutelteufel *m fachspr*

Tas·ma·nian 'wolf *n* ZOOL Beutelwolf *m fachspr*

tas·sel ['tæsᵊl] *n (on caps, curtains, cushions)* Quaste *f,* Troddel *f; (on carpets, cloths, skirts)* Franse *f*

tas·selled, AM **tas·seled** ['tæsᵊld] *adj inv* mit Quasten [*o* Troddeln] versehen [*o* geschmückt] *attr,* Fransen-; **~ carpet/skirt** Fransenteppich/-rock *m;* **~ curtain** Vorhang *m* mit Quasten [*o* Troddeln]

taste [teɪst] I. *n* ① *no pl (flavour)* Geschmack *m;* ***she still had the ~ of onions in her mouth*** sie hatte immer noch den Zwiebelgeschmack im Mund; **sense of ~** Geschmackssinn *m;* **to leave a bad ~ in the mouth** *(fig)* einen üblen Nachgeschmack hinterlassen

② *(small portion/mouthful of food)* [kleiner] Bissen; ***just a ~ of cake for me, please*** für mich bitte nur ein kleines Stückchen Kuchen

③ *(liking, fondness)* Vorliebe *f;* ***I've never understood Liz's ~ in men*** ich habe Liz' Geschmack, was Männer anbelangt, nie verstanden; ***these olives are an acquired ~*** diese Oliven sind gewöhnungsbedürftig; **to be a question of ~** Geschmackssache sein; **to have different ~s** verschiedene Geschmäcker haben; **to have an expensive ~** einen teuren Geschmack haben; **to acquire a ~ for sth** an etw *dat* Geschmack finden; **to get a ~ for sth** Gefallen an etw *dat* finden; **to lose the ~ for sth** den Gefallen an etw *dat* verlieren

④ *no pl (aesthetic quality/discernment)* Geschmack *m;* ***jokes about death are rather in poor ~*** Witze über den Tod sind ziemlich geschmacklos; **to be a matter of** [**personal**] **~** Geschmackssache sein; **bad ~** schlechter Geschmack; **to be in excellent ~** von exzellentem Geschmack zeugen; **to be in terrible ~** äußerst geschmacklos sein; **to have** [**good**] **~** [einen guten] Geschmack haben

⑤ *no pl (fig: short encounter)* Kostprobe *f fig;* **to give sb a ~ of the whip** jdn die Peitsche spüren lassen; **to have a ~ of sth** einen Vorgeschmack von etw *dat* bekommen

II. *vt* ① *(perceive flavour)* ■**to ~ sth** etw schmecken; *(test)* etw probieren [*o geh* kosten]; ***I can't ~ anything*** ich schmecke gar nichts

② *(experience briefly)* ■**to ~ sth** *luxury, success* [einmal] etw erleben

III. *vi* schmecken; ■**to ~ of sth** nach etw *dat* schmecken; **to ~ bitter/salty/sweet** bitter/salzig/süß schmecken; **to ~ like sth** wie etw schmecken

'taste bud *n* ANAT Geschmacksknospe *f*

taste·ful ['teɪstfᵊl] *adj (approv)* ① *(appetizing)* schmackhaft, lecker, SCHWEIZ *a.* fein, SCHWEIZ *a.*

gluschtig *fam*
❷ *(decorous)* geschmackvoll, stilvoll; ~ **clothing** geschmackvolle Kleidung [*o* SCHWEIZ Kleider]; ~ **furnishing** geschmackvolle [*o* stilvolle] Einrichtung; ~ **room** geschmackvoll [*o* stilvoll] eingerichteter Raum

taste·ful·ly [ˈteɪstfəli] *adv (approv)* ❶ *(appetizingly)* schmackhaft, lecker, SCHWEIZ *a.* fein, SCHWEIZ *a.* gluschtig *fam;* ~ **cooked** [*or* **prepared**] schmackhaft zubereitet
❷ *(decorously)* geschmackvoll, stilvoll; ~ **dressed** geschmackvoll gekleidet; ~ **furnished** geschmackvoll [*o* stilvoll] eingerichtet

taste·less [ˈteɪstləs] *adj* ❶ *(without physical taste)* geschmacksneutral, ohne Geschmack *nach n; (pej: unappetizing) food, meal* wenig schmackhaft, fad[e]; *beer, wine* schal
❷ *(pej: unstylish) clothing, furnishing* geschmacklos, stillos; *(offensive) behaviour, remark* geschmacklos, taktlos; ~ **joke** geschmackloser Witz

taste·less·ly [ˈteɪstləsli] *adv* ❶ *(pej: unappetizingly)* wenig schmackhaft, fad[e]
❷ *(pej: unstylishly)* geschmacklos, stillos; ~ **dressed** geschmacklos gekleidet; ~ **furnished** geschmacklos [*o* stillos] eingerichtet

taste·maker [ˈteɪstmeɪkəʳ, AM -ɚ] *n* Trendsetter(in) *m(f); in fashion* Modeguru *m*

tast·er [ˈteɪstəʳ, AM -ɚ] *n* ❶ *(quality expert)* Vorkoster *m hist;* **wine-~** Weinkoster(in) *m(f)*
❷ *(device for sampling butter, cheese)* Stecher *m; (for sampling wine)* Probierschälchen *nt,* Probiergläschen *nt*
❸ *(also fig: sample) of drink, food, album, film etc.* Kostprobe *f;* BRIT kleine Portion Eis *(in flacher Glasschale)*

-tast·ing [ˈteɪstɪŋ] *in compounds (bitter, sour, sweet)* -schmeckend *attr;* **pleasant-~** wohl schmeckend, schmackhaft; **smoky-~** rauchig schmeckend

tasty [ˈteɪsti] *adj* ❶ *(approv: appetizing)* schmackhaft, lecker, SCHWEIZ *a.* fein, SCHWEIZ *a.* gluschtig *fam;* ***this soup is so ~*** diese Suppe schmeckt wirklich lecker [*o* SCHWEIZ *a.* fein]
❷ BRIT *(fam: attractive)* gut aussehend *attr*

tat [tæt] *n no pl* BRIT *(pej fam)* Ramsch *m fam*

ta-ta [təˈtɑː, AM tɑːˈtɑː] *interj esp* BRIT *(fam)* tschüss *fam; (childspeak)* winke, winke *Kindersprache*

Ta·tar [ˈtɑːtəʳ, AM -t̬ɚ] **I.** *n* ❶ *(person)* Tatar(in) *m(f)*
❷ *(language)* Tatarisch *nt*
II. *adj* tatarisch

tat·ter [ˈtætəʳ, AM -t̬ɚ] *n usu pl* ❶ *(pej: piece) of cloth, a flag* Fetzen *m;* ■**to be in ~s** in Fetzen [*o* zerfetzt] sein; *(fig)* ***his reputation was in ~s*** sein Ruf war ruiniert; **to hang in ~s** in Fetzen herunterhängen; **to tear sth to ~s** *(also fig) argument, report* etw verreißen
❷ *(pej: clothing)* ■**~s** abgerissene Kleidung [*o* SCHWEIZ Kleider]; **to be dressed in ~s** in Lumpen gehüllt sein

tat·tered [ˈtætəd, AM -t̬ɚd] *adj (also fig pej) clothing* zerlumpt, abgerissen; *cloth, flag* zerfetzt, zerrissen; ~ **clouds** Wolkenfetzen *pl;* ~ **reputation** ramponierter Ruf

tat·ter·sall [ˈtætəsɔːl, AM ˈtæt̬ɚ-] *n* Tattersall *kein art (taftähnlicher Karostoff)*

tat·tie [ˈtæti] *n* SCOT *(fam)* Kartoffel *f,* ÖSTERR *a.* Erdapfel *m*

tat·tle [ˈtætl̩, AM -t̬l̩] **I.** *n (pej)* Gerede *nt,* Klatsch *m,* Tratsch *m fam*
II. *vi* AM *(esp childspeak fam)* ■**to ~ on sb** jdn verpetzen *fam*

tat·tler [ˈtætl̩əʳ, AM -t̬l̩ɚ] *n* ❶ *(gossip)* Klatschmaul *nt fam,* Tratsche *f fam*
❷ AM *(esp childspeak fam: informer)* Petze(r) *f(m) fam*

tat·tle-tale [ˈtæt̬l̩teɪl] *n* AM *(pej)* ❶ *(tell-tale)* Klatschmaul *nt fam;* ***you are such a ~*** du bist vielleicht eine Tratsche
❷ *(informer)* Zuträger(in) *m(f),* Denunziant(in) *m(f); (among children)* Petze *f fam*

tat·too¹ [tæt'uː] *n* ❶ MIL *(signal)* Zapfenstreich *m;* BRIT *(display)* [Musik]parade *f;* **to beat** [*or* **sound**] **the ~** den Zapfenstreich schlagen [*o* blasen]
❷ *(noise)* Trommeln *nt kein pl,* Getrommel *nt kein pl;* ***someone was beating a ~ on the door*** es trommelte jemand gegen die Tür
❸ *(pulsation)* [starkes] Klopfen [*o* Pochen] *kein pl;* ***her heart beat a ~ on her ribs*** ihr Herz pochte gegen ihre Brust

tat·too² [tæt'uː] **I.** *n* Tattoo *m o nt,* Tätowierung *f*
II. *vt* ■**to ~ sb** jdn tätowieren

tat·'too art·ist *n* Tätowierer(in) *m(f)*

tat·tooed [tæt'uːd] *adj inv* tätowiert

tat·too·ist [tæt'uːɪst] *n* Tätowierer(in) *m(f)*

tat·ty [ˈtæti, AM -t̬-] *adj (also fig pej)* ❶ *(tawdry)* geschmacklos [*o* billig] [aufgemacht]; ~ **production of a play** billige Inszenierung eines Stücks
❷ *(showing wear) newspaper* zerfleddert; *book also* abgegriffen; *furnishing, room* schäbig; *clothing* zerschlissen, abgetragen *attr*

taught [tɔːt, AM *esp* tɑːt] *pt, pp of* **teach**

taunt [tɔːnt, AM *esp* tɑːnt] **I.** *vt* ❶ *(mock)* ■**to ~ sb** jdn verhöhnen [*o* verspotten]
❷ *(tease)* **to ~ sb about** [*or* **over**] [*or* **with**] **sth** jdn mit etw *dat* aufziehen [*o* wegen einer S. *gen* hänseln]
❸ *(provoke)* ■**to ~ sb** gegen jdn sticheln
II. *n* höhnische [*o* spöttische] Bemerkung; *(tease)* Hänselei *f; (provocation)* Stichelei *f*

taunt·ing·ly [ˈtɔːntɪŋli, AM ˈtɑːnt] *adv* spöttisch

Tau·rean [ˈtɔːriən] ASTROL, ASTRON **I.** *n* Stier *m;* ***his mother is a ~*** seine Mutter ist ein Stier
II. *adj* ■**to be ~** Stier sein

tau·roma·chy [tɔːˈrɒməki, AM -ˈrɑː-] *n (rare)* ❶ *no pl (art of fighting)* Kunst *f* des Stierkampfs
❷ *(fight)* Stierkampf *m*

Taurus¹ [ˈtɔːrəs] *n* STOCKEX *abbrev of* **transfer and automated registration of uncertified stock** Taurus *m*

Tau·rus² [ˈtɔːrəs] *n* ASTROL, ASTRON Stier *m;* **under** [**the sign of**] ~ im Zeichen des Stier[e]s

taut [tɔːt, AM *esp* tɑːt] *adj* ❶ *(tight) cable, rope, string* straff [gespannt]; *elastic, rope* stramm; ~ **muscle** gespannter Muskel; ~ **skin** gespannte Haut
❷ *(fig pej: tense) expression, face, nerves* angespannt
❸ *(approv fig: tidy) house, ship, village* schmuck, [sehr] gepflegt
❹ *(fig: strict)* streng [*o* straff] [geführt]; ~ **discipline** strenge [*o* stramme] Disziplin; ~ **order/organization** straffe Ordnung/Organisation
❺ *(fig: economical) style* knapp

taut·en [ˈtɔːtən, AM ˈtɑːtən] **I.** *vi (also fig) cable, rope, string* sich *akk* straffen; *muscle, skin* sich *akk* spannen; *expression, face, nerves* sich *akk* anspannen
II. *vt (also fig)* ■**to ~ sth** *cable, rope, string* etw straffen [*o* straff spannen]; *muscle, skin* etw spannen; *expression, face, nerves* etw anspannen

taut·ly [ˈtɔːtli, AM *esp* ˈtɑː-] *adv* ❶ *(tightly)* straff; ~ **drawn rope** straff gespanntes Seil
❷ *(fig)* knapp, prägnant; ~ **written article** prägnant geschriebener Artikel

taut·ness [ˈtɔːtnəs, AM *esp* ˈtɑː-] *n of cables, ropes, strings* Straffheit *f,* Spannung *f; (fig)* Straffheit *f,* Strenge *f;* ~ **of discipline** disziplinarische Strenge; ~ **of organization** organisatorische Straffheit

tau·to·logi·cal [ˌtɔːtəˈlɒdʒɪkəl, AM ˈtɑːt̬əˈlɑː-] *adj* doppelt gesagt [*o* ausgedrückt] *attr,* tautologisch *fachspr;* ***it is ~ to talk about 'little droplets'*** es ist doppelt gemoppelt, wenn man von ‚kleinen Tröpfchen' spricht *fam*

tau·to·logi·cal·ly [ˌtɔːtəˈlɒdʒɪkəli, AM ˈtɑːt̬əˈlɑː-] *adv* tautologisch *fachspr*

tau·tolo·gous [tɔːˈtɒləgəs, AM tɑːˈtɑː-] *adj* tautologisch *fachspr*

tau·tol·ogy [tɔːˈtɒlədʒi, AM tɑːˈtɑː-] *n* Doppelaussage *f,* Wiederholung *f* [von bereits Gesagtem], Tautologie *f fachspr*

tav·ern [ˈtævən, AM -ɚn] *n* ❶ BRIT *(old: pub)* Schänke *f,* Schankwirtschaft *f veraltend;* AM Bar *f*
❷ AM *(inn)* Gasthaus *nt,* Gasthof *m*

taw·dri·ness [ˈtɔːdrɪnəs, AM *esp* ˈtɑː-] *n no pl (pej)* ❶ *(gaudiness) of clothing, finery, trappings* Protzigkeit *f*
❷ *(cheapness) of a show, stage performance* Geschmacklosigkeit *f,* Schäbigkeit *f*
❸ *(baseness)* Niederträchtigkeit *f,* Gemeinheit *f*

taw·dry [ˈtɔːdri, AM *esp* ˈtɑː-] *adj (pej)* ❶ *(gaudy)* protzig
❷ *(cheap)* geschmacklos, schäbig
❸ *(base)* niederträchtig, gemein; ~ **motives** niedere Beweggründe

taw·ny [ˈtɔːni, AM *esp* ˈtɑː-] *adj* lohfarben, gelbbraun, dunkelgelb

'taw·ny owl *n* ORN Waldkauz *m*

tax [tæks] **I.** *n* <*pl* -es> ❶ FIN *(levy)* Steuer *f,* Abgabe *f;* ~ **on business capital** Gewerbekapitalsteuer *f;* **council** BRIT [*or* AM **local**] **~es** Kommunalabgaben *pl,* Gemeindesteuer *f* SCHWEIZ; ~ **deducted at source** Quellensteuer *f;* ~ **on earnings** Gewinnbesteuerung *f;* **income ~** Einkommenssteuer *f;* ~ **on income** Ertragsteuer *m;* **motor vehicle ~** Kraftfahrzeugsteuer *f,* Motorfahrzeugsteuer *f* SCHWEIZ; ~ **on property** Vermögenssteuer *f;* **indirect** [*or* AM *also* **hidden**] **~es** indirekte Steuern; **to collect/levy ~es** Steuern einziehen/erheben; **to cut/increase ~es** Steuern senken/erhöhen; **to impose** [*or* **put**] **a ~ on sth** etw besteuern [*o* mit einer Steuer belegen]; **to pay** [**one's**] **~es** [seine] Steuern zahlen; **to pay ~ on sth** etw versteuern
❷ *no pl (levying)* Besteuerung *f;* **double ~** Doppelbesteuerung *f;* **after/before ~**[**es**] nach/vor Abzug von Steuern, netto/brutto
❸ *(fig: burden: on a person)* Belastung *f* (**on** für +*akk*); *(on patience, resources, time)* Beanspruchung *f* (**on** +*gen*); ***the preparations for the meeting were a heavy ~ on him*** die Vorbereitungen für die Konferenz nahmen in stark in Anspruch; **to be a ~ on one's nerves** eine nervliche Belastung sein
II. *n modifier (advantages, declaration, progression)* Steuer-; **pre-~ profit** Gewinn *m* vor Abzug von Steuern
III. *vt* ■**to ~ sb/sth** ❶ *(levy)* jdn/etw besteuern; **to be ~ed** [**heavily/lightly**] [hoch/niedrig] besteuert werden
❷ *(fig: burden)* jdn/etw belasten; *(make demands)* jdn/etw beanspruchen [*o* in Anspruch nehmen]; *(confront)* ■**to ~ sb with sth** jdn einer S. *gen* beschuldigen [*o* bezichtigen]

tax·able [ˈtæksəbl̩] *adj inv* steuerpflichtig, abgabenpflichtig, Steuer-; ~ **article/entity** Steuerobjekt/-subjekt *nt fachspr;* ~ **capacity** Steuerkraft *f,* steuerliche Belastungsgrenze; ~ **dividend** zu versteuernde Dividende; ~ **income** steuerpflichtiges [*o* zu versteuerndes] Einkommen; ~ **period** Steuerperiode *f,* Veranlagungszeitraum *m fachspr;* ~ **profit** zu versteuernder Gewinn

'tax ac·count *n* FIN Steuerkonto *nt* **'tax ad·vis·er** *n* Steuerberater(in) *m(f)* **'tax al·low·ance** *n* FIN Steuerfreibetrag *m* **'tax ar·rears** *n* FIN Steuerrückstände *pl* **'tax as·sess·ment** *n* FIN ❶ *(valuation)* Steuerveranlagung *f,* Steuerfestsetzung *f* ❷ *(bill)* Steuerbescheid *m*

taxa·tion [tækˈseɪʃən] *n no pl* ❶ *(levying)* Besteuerung *f;* **direct ~** Direktbesteuerung *f;* **double ~ agreement** Abkommen *nt* zur Doppelbesteuerung; **graduated** [*or* **progressive**] **~** gestaffelte Besteuerung; **indirect ~** indirekte Besteuerung; **regressive ~** rückläufige Besteuerung
❷ *(money obtained)* Steuereinnahmen *pl,* Steuern *pl;* **direct/indirect ~** direkte/indirekte Steuern

'tax audit *n* Steuerprüfung *f* **'tax author·ities** *npl* Steuerbehörde *f,* Fiskus *m bes* SCHWEIZ, ÖSTERR **'tax author·ity** *n* Finanzamt *nt,* Finanzbehörde *f,* Steuerbehörde *f* **'tax avoid·ance** *n* FIN [legale] Steuerumgehung [*o* Steuervermeidung] **'tax base** *n* Steuerbasis *f,* [Steuer-]Bemessungsgrundlage *f,* Besteuerungsgrundlage *f* **'tax ben·efit** *n* Steuervorteil *m* **'tax bill** *n* FIN Steuerbescheid *m* **'tax brack·et** *n* FIN Steuerklasse *f,* Steuerstufe *f* **'tax break** *n (fam)* vorübergehende Steuerbefreiung [*o* Steuererleichterung] **'tax bur·den** *n* Steuerlast *f* **'tax cat·ego·ry** *n* Steuerkategorie *f* **'tax claim** *n* Steuerfor-

T

derung *f* **'tax code** *n* Steuercode *m* **'tax col·lec·tion** *n* Steuereintreibung *f*, Steuereinziehung *f*, Steuererhebung *f* **'tax col·lec·tor** *n* FIN Steuerbeamte(r), -beamtin *m, f*, Finanzbeamte(r), -beamtin *m, f* **'tax con·ces·sion** *n* Steuerbegünstigung *f*, Steuerprivileg *nt*, Steuervorteil *m* **'tax con·sult·ant** *n* Steuerberater(in) *m(f)* **'tax cut** *n* Steuersenkung *f* **'tax-de·duct** *vt* ■**to ~ sth** etw von der Steuer absetzen **tax-de·'duct·ed** *adj* FIN quellenbesteuert *attr*, nach Abzug der Quellensteuer *nach n fachspr;* ~ **income** Einkommen *nt* nach Abzug der Quellensteuer **tax-de·'duc·tible** *adj* AM, AUS FIN steuerlich absetzbar; ***these expenses are not ~*** diese Ausgaben kann man nicht von der Steuer absetzen **'tax de·duc·tion** *n* Steuerabschlag *m*, Steuerabzug *m* **'tax de·fer·ral** *n* Steueraufschub *m*, Steuerstundung *f* **'tax de·mand** *n* Steuerforderung *f* **'tax de·pre·cia·tion** *n* Absetzung *f* für Abnutzung **'tax disc** *n* BRIT FIN *(on motor vehicle)* Steuerplakette *f*, Vignette *f* ÖSTERR, SCHWEIZ *fachspr* **'tax dis·trict** *n* Steuerbezirk *m* **'tax dodge** *n* Steuertrick *m; (abroad)* Steuerflucht *f* **'tax dodg·er** *n* FIN *(fam)* Steuerhinterzieher(in) *m(f)* **'tax dodg·ing** *n (fam)* Steuerhinterziehung *f* **'tax en·force·ment** *n* Steuervollzug *m* **'tax evad·er** *n* FIN Steuerhinterzieher(in) *m(f)* **'tax eva·sion** *n* FIN Steuerhinterziehung *f* **tax-ex'empt** *adj inv* steuerfrei; ■**~ed** steuerbefreit **'tax ex·emp·tion** *n* FIN Steuerbefreiung *f*, Steuerfreiheit *f*, Steuerfreistellung *f;* AM [Steuer]freibetrag *m* **'tax ex·ile** *n* FIN Steuerflüchtige(r) *f(m)* **'tax form** *n* FIN Steuererklärungsformular *nt* **tax-'free** *adj* steuerfrei **'tax ha·ven** *n* Steueroase *f*, Steuerparadies *nt* **tax 'holi·day** *n* FIN [vorübergehende] Steuerbefreiung *f*

taxi ['tæksi] **I.** *n* Taxi *nt;* **to call a ~** ein Taxi rufen; **to hail a ~** ein Taxi herbeiwinken; **to take a ~** ein Taxi nehmen; **to go by ~** mit dem Taxi fahren
II. *vi* ① *(ride)* mit dem Taxi fahren
② AVIAT *(move)* rollen

'taxi·cab *n* Taxi *nt*

taxi·der·mist ['tæksidɜːmɪst, AM -dɜːr-] *n* [Tier]präparator(in) *m(f)*

taxi·der·my ['tæksidɜːmi, AM -dɜːrmi] *n* Präparation *f* [von Tierkörpern], Taxidermie *f fachspr*

'taxi-driv·er *n* Taxifahrer(in) *m(f)*, ÖSTERR *a.* Taxler(in) *m(f) fam* **taxi·me·ter** ['tæksi,miːtəʳ, AM -t̬ɚ] *n* Fahrpreisanzeiger *m*, Zähler *m*, Taxameter *m fachspr*

'tax in·cen·tive *n* FIN Steueranreiz *m*, steuerlicher Anreiz *m*, steuerpolitischer Anreiz *m*

tax·ing ['tæksɪŋ] *adj* ① *(burdensome)* anstrengend, beschwerlich, SCHWEIZ *a.* streng *fam*
② *(hard)* schwierig, anspruchsvoll; ***her latest novel was a very ~ read*** ihr neuester Roman war eine sehr anspruchsvolle Lektüre

'taxi·plane *n* Lufttaxi *nt* **'taxi rank** *n* BRIT Taxistand *m* **'taxi ride** *n* Taxifahrt *f* **'taxi stand** *n* AM *see* **taxi rank** **'taxi·strip** *n* AVIAT Rollbahn *f* **'taxi·way** *n* AVIAT Rollbahn *f*

'tax·man *n* Finanzbeamte(r), -beamtin *m, f;* ■**the ~** *(fig)* das Finanzamt, der Fiskus *bes* SCHWEIZ **'tax of·fence** *n* Steuerstraftat *f* **'tax of·fice** *n + sing/pl vb* Steuerbehörde *f*, Finanzamt *nt*

tax·ono·my [tæk'sɒnəmi, AM -'sɑːn-] *n* BIOL Taxonomie *f fachspr;* COMPUT Systematik *f fachspr*

'tax·pay·er *n* Steuerzahler(in) *m(f)*, Steuerpflichtiger(in) *m(f)* **'tax pay·ment** *n* Steuerzahlung *f* **'tax pe·ri·od** *n* FIN Steuerperiode *f*, Veranlagungszeitraum *m fachspr* **'tax rate** *n* FIN Steuersatz *m*, Steuerquote *f* **'tax re·bate** *n* FIN Steuernachlass *m* **'tax re·ceipts** *npl* Steueraufkommen *nt sing*, Steuereinnahmen *pl* **'tax re·form** *n* Steuerreform *f* **'tax re·fund** *n* FIN Steuerrückerstattung *f*, Steuerrückzahlung *f*, Steuerrückvergütung *f;* ~ **claim** Steuererstattungsanspruch *m* **'tax regu·la·tion** *n* Steuerregelung *f*, Steuervorschrift *f* **'tax re·lief** *n* FIN Steuererleichterung *f*, Steuerentlastung *f*, Steuervergünstigung *f* **'tax re·turn** *n* FIN Steuererklärung *f;* **to do one's ~** seine Steuererklärung machen **'tax rev·enue** *n* Steueraufkommen *nt*, Steuereinnahmen *pl* **'tax rev·enues** *npl* Steueraufkommen *nt sing* **tax-'sen·si·tive** *adj inv* steuerbegünstigt **'tax shel·ter** *n* FIN *(concession)* Steuerbegünstigung *f; (place)* Niedrigsteuerland *nt* **'tax-shel·tered** *adj* FIN steuerbegünstigt **'tax sys·tem** *n* Steuerwesen *nt* **'tax year** *n* FIN Steuerjahr *nt*, Veranlagungsjahr *nt fachspr*

TB [,tiː'biː] *n no pl* MED *abbrev of* **tuberculosis** TB

tba, t.b.a. [,tiːbiː'eɪ] *abbrev of* **to be announced/arranged** Einzelheiten werden noch bekanntgegeben

'T-bar, T-bar 'lift *n* ① ARCHIT *(support)* T-Träger *m fachspr*, T-Stück *nt fachspr*
② *(on ski lift)* [Sicherheits]bügel *m*
③ *(lift)* Schlepplift *m*

TBI [,tiːbiː'aɪ] *n abbrev of* **traumatic brain injury** SHT, Schädel-Hirn-Trauma *nt*

Tbi·li·si [təbɪ'liːsi, AM tə,bɪli'siː] *n* Tiflis *nt*, Tbilisi *nt*

T-bone, T-bone 'steak ['tiːbəʊn-, AM -boʊn-] *n* T-Bone-Steak *nt*

tbsp *<pl -> n abbrev of* **tablespoonful** Essl., EL

tchotch·ke ['tʃɑːtʃkə] *n* AM *(sl: trinket)* Nippes *pl*

tea [tiː] **I.** *n* ① *no pl (plant)* Tee *m*, Teepflanze *f*
② *(drink)* Tee *m;* **a cup of ~** eine Tasse Tee; **fennel/peppermint ~** Fenchel-/Pfefferminztee *m;* **strong/weak ~** starker/schwacher Tee; **to have/make [the] ~** Tee trinken/machen; **to sip ~** Tee trinken
③ *(cup of tea)* Tasse *f* Tee; ***two ~s, please*** zwei Tee, bitte
④ BRIT *(afternoon meal)* Tee *m*, Zwischenmahlzeit *f* am Nachmittag *(mit Tee, Sandwiches, Kuchen);* ■**for ~** zum Tee; **afternoon** [*or* **five o'clock**] **~** Fünfuhrtee *m*
⑤ BRIT, AUS *(early evening meal)* [frühes] Abendessen; **high** [*or* **meat**] **~** [warmes] Abendessen *(mit warmer Mahlzeit, Brot, Butter und Tee)*
▸PHRASES: **not for all the ~ in China** nicht um alles in der Welt; **to [not] be sb's cup of ~** [nicht] jds Fall sein; **~ and sympathy alone will not do** *(dated)* Verständnis und Mitgefühl allein reichen nicht aus
II. *n modifier (biscuit, company, production, set)* Tee-

'tea bag *n* Teebeutel *m* **'tea ball** *n esp* AM Teeei *nt* **'tea break** *n* Teepause *f* **'tea cad·dy** *n* Teedose *f* **'tea·cake** *n* ① BRIT *(bun)* [getoastetes] Rosinenbrötchen ② *(biscuit)* Keks *m; (tart)* Teekuchen *m;* ■**~s** *pl* Teegebäck *nt kein pl*, Teestückchen *nt* SCHWEIZ **'tea cart** *n* AM Teewagen *m*, Servierwagen *m*

teach <taught, taught> [tiːtʃ] **I.** *vt* ① *(impart knowledge)* ■**to ~ sb** jdn unterrichten; ■**to ~ sb sth** jdm etw beibringen, jdn in etw *dat* unterrichten; ■**to ~ oneself sth** sich *dat* selbst etw beibringen; **to ~ French/history** Französisch/Geschichte unterrichten; **to ~ school** AM Lehrer(in) *m(f)* sein, [Schul]unterricht geben; **to ~ sb to read/write** jdm das Lesen/Schreiben beibringen
② *(fig: show)* ■**to ~ sb that ...** jdn lehren [*o* jdm zeigen], dass ...; ***I'll ~ you to lie!*** dich werde ich das Lügen lehren!; ***that will ~ him*** [***not*** ***to wait*** das wird ihn lehren, [nicht] zu warten; ***this has taught him a lot*** daraus hat er viel gelernt; **to ~ sb a lesson** jdm eine Lehre erteilen
▸PHRASES: **you can't ~ an old dog new tricks** *(saying)* einen alten Menschen kann man nicht mehr ändern; **~ your grandmother to suck eggs** *(saying)* das Ei will klüger [*o* SCHWEIZ *meist* schlauer] sein als die Henne; **to ~ one's grandmother to suck eggs** [immer] klüger [*o* SCHWEIZ *meist* schlauer] sein [*o* alles besser wissen] wollen als die anderen
II. *vi* Unterricht geben, unterrichten

teach·able ['tiːtʃəbl] *adj* ① *person* lernfähig
② *subject* leicht [*o* gut] lernbar

teach·er ['tiːtʃəʳ, AM -ɚ] *n* Lehrer(in) *m(f);* ***my father is a physics ~*** mein Vater ist Physiklehrer; **supply** [*or* AM **substitute**] **~** Aushilfslehrer(in) *m(f)*, Ersatzlehrer(in) *m(f)*

teach·er's 'manu·al *n* SCH Lehrerhandbuch *nt* **teach·er's 'pet** *n (pej)* Streber(in) *m(f) pej* **teach·er 'train·ing** *n* Lehrerausbildung *f* **teach·er 'train·ing col·lege, 'teach·er's col·lege** *n* SCH, UNIV pädagogische Hochschule

'tea chest *n* Teekiste *f*

'teach-in *n* POL, UNIV Podiumsdiskussion *f*, Teach-in *nt sl*

teach·ing ['tiːtʃɪŋ] **I.** *n* ① *no pl (imparting knowledge)* Lehren *nt*, Unterrichten *nt*, Ausbilden *nt;* **student ~** AM SCH, UNIV Schulpraktikum *nt*, Unterrichtspraktikum *nt*
② *no pl (profession)* Lehrberuf *m*
③ *usu pl (precept)* Lehre *f;* **Buddha's ~s** die Lehren des Buddha
II. *adj aids, methods* Lehr-, Unterrichts-

'teach·ing cer·tifi·cate *n* UNIV Lehrbefähigungszeugnis *nt*, Lehrbefähigungsnachweis *m*, Lehrerdiplom *nt* SCHWEIZ **'teach·ing fel·low** *n* AM UNIV Tutor(in) *m(f)* **'teach·ing hos·pi·tal** *n* MED, UNIV Lehrkrankenhaus *nt* **'teach·ing ma·chine** *n* COMPUT, TECH Lernmaschine *f* **'teach·ing prac·tice** *n usu* BRIT SCH, UNIV Schulpraktikum *nt*, Unterrichtspraktikum *nt* **'teach·ing pro·fes·sion** *n* Lehrberuf *m* **'teach·ing staff** *n + sing/pl vb* Lehrkörper *m*, Lehrerkollegium *nt*

'tea cloth *n* ① BRIT *(for dishes)* Geschirrtuch *nt* ② *(for table)* [kleine] Tischdecke **'tea cosy** *n* Teewärmer *m*, Teemütze *f* **'tea·cup** *n* Teetasse *f* **'tea drink·er** *n* Teetrinker(in) *m(f);* ***I'm not much of a ~*** ich trinke nicht sonderlich gerne Tee **'tea gar·den** *n* ① *(cafe)* Gartenrestaurant *nt* ② *(cultivated area)* Teeplantage *f* **'tea-house** *n* Teehaus *nt*

teak [tiːk] **I.** *n no pl* ① *(wood)* Teak[holz] *nt*
② *(tree)* Teakbaum *m*
II. *n modifier (chair, dresser, furniture, table)* Teakholz-; **~ veneer** Teakholzfurnier *nt;* **~-panelled** mit Teakholz getäfelt [*o* SCHWEIZ getäfert]

'tea·ket·tle *n* Teekessel *m*

teal [tiːl] *n* ORN Krickente *f*, Kriekente *f*

'tea lady *n* BRIT *Frau, die in einer Firma o. Ä. Tee zubereitet und ihn den Angestellten serviert* **'tea-leaves** *npl* [zurückgebliebene] Teeblätter *pl*

team [tiːm] **I.** *n + sing/pl vb* ① *(number of persons)* Team *nt; (in an action also)* [Arbeits]gruppe *f;* SPORT *also* Mannschaft *f;* **~ of analysts** Analystenteam *nt;* **football/reserve ~** SPORT Fußball-/Ersatzmannschaft *f;* **research ~** Forschungsgruppe *f*, Forschungsteam *nt;* **road ~** AM SPORT auswärtige Mannschaft; **a ~ of scientists** eine Gruppe [*o* ein Team *nt*] von Wissenschaftlern/Wissenschaftlerinnen; **~ of specialists** Spezialistenteam *nt;* **away/home ~** SPORT auswärtige/einheimische Mannschaft
② *(harnessed animals)* Gespann *nt;* **~ of horses** Pferdegespann *nt*
II. *n modifier* Team-, Gruppen-, Gemeinschafts-; *(in sports)* Mannschafts-
III. *vi* ① *usu* AM *(fam: gather)* sich *akk* zusammentun, ein Team bilden
② *(drive)* einen Lkw fahren
③ *(match)* sich *akk* [in eine Gruppe] einfügen
◆**team up** *vi* ■**to ~ up with sb** sich *akk* [mit jdm] zusammentun, [mit jdm] ein Team bilden

team 'cap·tain *n* Mannschaftskapitän *m*, Mannschaftsführer(in) *m(f)* **team 'ef·fort** *n* Teamarbeit *f* **'team game** *n* Mannschaftsspiel *nt* **'team-mate** *n* Mannschaftskamerad(in) *m(f)*, Mannschaftskollege(in) *m(f)* SCHWEIZ, Mitspieler(in) *m(f)* **'team play** *n* Mannschaftsspiel *nt*, Zusammenspiel *nt* **'team spir·it** *n* Teamgeist *m*, Mannschaftsgeist *m* **'team sports** *n* Mannschaftssport *m*

team·ster ['tiːmstɚ] *n* AM Lastwagenfahrer(in) *m(f)*

team 'teach·ing *n* AM SCH Unterricht *m* im Team, gemeinsamer Unterricht **'team work** *n* Teamarbeit *f*

'tea par·ty *n* ① *(gathering)* Teegesellschaft *f* ② AM *(sl: something easy)* Kinderspiel *nt fam* **'tea plan·ta·tion** *n* Teeplantage *f* **'tea·pot** *n* Teekanne *f*

tear[1] [tɪəʳ, AM tɪr] **I.** *n* ① *(watery fluid)* Träne *f;* ***her eyes filled with ~s*** ihre Augen füllten sich mit Tränen; ***~s ran down his face*** [*or* ***rolled down his cheek***] ihm liefen [die] Tränen über das Gesicht [*o* rannen [die] Tränen über die Wangen]; ■**to be in ~s** weinen; **to have ~s in one's eyes** Tränen in den Augen haben; **~s of frustration/remorse** Tränen *pl* der Enttäuschung/Reue; **~s of happiness/joy**

Glücks-/Freudentränen *pl;* **to be all ~s** in Tränen aufgelöst sein; **to shed** [*or* **weep**] **bitter/crocodile ~s** bittere Tränen/Krokodilstränen vergießen [*o* weinen]; **to burst into ~s** in Tränen ausbrechen; **to dissolve into ~s** sich *akk* in Tränen auflösen; **to move** [*or* **reduce**] **sb to ~s** jdn zum Weinen bringen; **to not shed** [**any**] **~s over sb/sth** jdm/etw keine Träne nachweinen; **to squeeze a ~** eine Träne [im Auge] zerdrücken

② TECH *(hardened matter) of glass* [Glas]träne *f,* [Glas]tropfen *m; of resin* [Harz]tropfen *m;* TECH *(in glass)* Luftblase *f*

II. *vi* ① *(from the cold, smoke)* tränen; ***the wind made her eyes ~*** durch den Wind begannen ihre Augen zu tränen

② *(in grief, joy)* sich *akk* mit Tränen füllen

tear² [teəʳ, AM ter] **I.** *n (in cloth, wall)* Riss *m; (in wall)* Spalte *f,* Sprung *m,* Ritze *f;* **~ in a muscle/tissue** MED Riss *m* in einem Muskel/Gewebe; **~ propagation resistance** TECH Weiterreißfestigkeit *f*

II. *vt* <tore, torn> ■**to ~ sth** ① *(rip) piece of fabric, letter, paper* etw zerreißen; *(fig: disrupt) country, party, team* etw auseinanderreißen; **to ~ sth to bits** [*or* **pieces**] [*or* **shreds**] *brochure, catalogue* etw zerreißen [*o* in Stücke reißen]; **to ~ a hole in one's trousers** sich *dat* ein Loch in die Hose reißen

② *(injure)* **to ~ one's fingernail** sich *dat* den Fingernagel einreißen; **to ~ a gash on one's leg** sich *dat* eine [tiefe] Wunde am Bein beibringen; **to ~ a muscle** sich *dat* einen Muskelriss zuziehen

③ *(fig: shatter)* **to ~ sth to pieces** *alibi, argument* etw auseinandernehmen [*o* zerpflücken] *fig*

④ *(fig: attack)* **to ~ sth to pieces** [*or* **shreds**] *article, book, play* etw verreißen; **to ~ sb to pieces** [*or* **shreds**] *(fam)* jdn in der Luft zerreißen [*o* auseinandernehmen] *fig*

III. *vi* <tore, torn> ① *(rip) piece of fabric, paper, rope* [zer]reißen; *buttonhole, lining, tab* ausreißen; *biscuit, slab* [zer]brechen

② *(fig fam: rush)* rasen; ■**to ~ away** losrasen, lossausen *fam;* **to ~ down the stairs** die Treppe hinunterstürmen; **to ~ in** hineinstürmen, hineinstürzen; **to ~ off** [vorzeitig] Leine ziehen *fam,* abhauen *sl;* ***I hate to ~ off, but I'm late*** ich haue ungern schon ab, aber ich bin spät dran

③ *(pull)* ■**to ~ at sth** *(also fig) bandage, clasp, fastener* an etw *dat* herumreißen [*o* herumzerren]; **to ~ at sb's heartstrings** [*or* **heart**] jdm das Herz zerreißen; **to ~ at sb's soul** jdm auf der Seele liegen; **to ~ at each other's throats** aufeinander losgehen; *(physically also)* sich *dat* an die Gurgel springen; *(verbally also)* übereinander herziehen

④ *(fig fam: eat)* ■**to ~ at** [*or* **into**] **sth** sich *akk* über etw *akk* hermachen *fam*

⑤ *(criticise)* ■**to ~ into sb** jdn heftig kritisieren [*o fam* zur Schnecke machen]; ***I was late, and my boss tore into me like a mad dog*** ich kam zu spät, und mein Chef ging wie ein Wilder auf mich los

◆**tear apart** *vt* ■**to ~ apart** ○ **sth** ① *(rip) piece of fabric, paper* etw zerreißen [*o* zerfetzen]

② *(fig: disrupt) country, party, team* etw auseinanderreißen

③ *(fig: attack) article, book, play* etw verreißen; ■**to ~ apart** ○ **sb** *(fam)* jdn in der Luft zerreißen [*o* auseinandernehmen] *fig*

◆**tear away** *vt* ① *(fig: make leave)* ■**to ~ away** ○ **sb** jdn wegreißen; ■**to ~ oneself away** [**from sth**] sich *akk* [von etw *dat*] losreißen

② *(rip from)* ■**to ~ away** ○ **sth** *page of calendar, poster* etw abreißen; ■**to ~ away** ○ **sth from sb** jdm etw entreißen

◆**tear down** *vt* ① *(destroy)* ■**to ~ down** ○ **sth** *building, wall* etw abreißen [*o* einreißen]; ***my fence was torn down in the storm*** mein Zaun wurde vom Sturm umgerissen; **to ~ down the forest** den Wald abholzen

② *(fig: discredit)* ■**to ~ down** ○ **sb** jdn schlechtmachen

◆**tear off** *vt* ① *(rip from)* ■**to ~ off** ○ **sth** *strip, tape* etw abreißen

② *(undress)* **to ~ off one's clothes** sich *dat* die Kleider vom Leib reißen

③ *(fig pej sl: perform)* **to ~ off a poem** ein Gedicht herunterrasseln; **to ~ off a workout** ein Training herunterreißen *fam*

◆**tear open** *vt* ■**to ~ open** ○ **sth** *envelope, parcel* etw aufreißen

◆**tear out** *vt* ■**to ~ out** ○ **sth** *hair, nail* etw ausreißen; *page* etw herausreißen; **to ~ one's hair out over sth** *(fig)* sich *dat* die Haare über etw *akk* [aus]raufen; **to ~ sb's heart out** jdm das Herz zerreißen *fig*

◆**tear up** *vt* ■**to ~ up** ○ **sth** ① *(rip) bill, letter, ticket* etw zerreißen [*o* in Stücke reißen]

② *(destroy)* etw kaputt machen *fam; bar, furniture* etw kurz und klein hauen *fam; flowerbed* etw zertreten [*o* zerwühlen]; *pavement, road* etw aufreißen

③ *(fig: annul) agreement, contract* etw zerreißen

tear·away ['teərəweɪ] *n* BRIT, AUS *(fam)* Randalierer(in) *m(f),* Rabauke *m fam*

'tear·drop *n* ① *(tear)* Träne *f* ② *(on earring)* Tropfenanhänger *m* **'tear·drop-shaped** *adj* tropfenförmig **'tear duct** *n* ANAT Tränenkanal *m,* Tränennasengang *m fachspr*

tear·ful ['tɪəfᵊl, AM 'tɪr-] *adj* ① *(inclined to cry)* den Tränen nah *präd; (crying)* weinend; *(pej)* weinerlich *pej;* ***she was looking ~*** sie schien den Tränen nah zu sein; ***he felt guilty when he saw her ~ face*** er hatte Schuldgefühle, als er sah, dass ihr die Tränen in den Augen standen; **to become ~** Tränen in die Augen bekommen

② *(accompanied by crying)* unter Tränen *präd; farewell, reunion* tränenvoll, tränenreich; **a ~ confession** ein Geständnis *nt* unter Tränen

③ *(fig: moving) story* ergreifend, [zu Tränen] rührend

tear·ful·ly ['tɪəfᵊli, AM 'tɪr-] *adv* ① *(crying)* **to smile ~** unter Tränen lächeln; **to tell sth ~** etw mit Tränen in den Augen erzählen

② *(sadly)* den Tränen nah, zu Tränen gerührt

tear·ful·ness ['tɪəfᵊlnəs, AM 'tɪr-] *n no pl* ① *(sadness)* weinerliche Verfassung, Rührung *f,* Ergriffenheit *f*

② *(pej: tendency to cry)* Weinerlichkeit *f*

'tear gas *n no pl* Tränengas *nt*

tear·ing ['teərɪŋ, AM 'ter-] *adj attr* rasend

tear·ing 'hur·ry *n usu sing (fam)* ■**to be in a ~** schrecklich in Eile sein, es schrecklich pressant haben SCHWEIZ

'tear jerk·er *n (fam)* Schnulze *f fig*

'tear-jerk·ing *adj (fam)* schnulzig

tear·less ['tɪələs, AM 'tɪr-] *adj inv* tränenlos; **~ parting** Abschied *m* ohne Tränen

tear-off ['teəʳɒf, AM 'terɑ:f] *adj attr, inv* Abreiß-, abreißbar; **~ slip** Abriss *m*

'tea room, 'tea shop *n* Teestube *f*

'tear-re·sist·ant *adj inv* reißfest

'tear-stained *adj* tränenüberströmt; **~ letter** Brief *m* mit Tränenspuren

tease [ti:z] **I.** *n* Quälgeist *m fam; (playfully)* neckische Person; *(pej: erotic arouser)* Aufreißer(in) *m(f)*

II. *vt* ① *(make fun of)* ■**to ~ sb** [**about sth**] jdn [wegen einer S.] *gen* aufziehen [*o* hänseln]; *(playfully)* jdn necken [*o* ärgern]

② *(provoke)* ■**to ~ sb/an animal** jdn/ein Tier provozieren

③ *esp* AM *(backcomb)* **to ~ hair** Haare toupieren

III. *vi* sticheln, foppen

◆**tease out** *vt* ■**to ~ out** ○ **sth** *(pull)* etw herausziehen; *(fig: find out)* etw herauskitzeln; **to ~ the truth out of sb** die Wahrheit aus jdm herauskitzeln

tea·sel ['ti:zᵊl] *n* ① *(plant)* Kardendistel *f*

② *(seed container)* Kardensamenkapsel *f*

teas·er ['ti:zəʳ, AM -ɚ] *n* ① *(riddle)* harte Nuss *fam,* schwierige Denkaufgabe

② *(provoker)* ***she's a ~*** sie zieht gern andere Leute auf; *(playfully)* sie ist eine neckische Person

'tea ser·vice, 'tea set *n* Teeservice *nt* **'tea shop** *n* BRIT Teehaus *nt*

teas·ing·ly ['ti:zɪŋli] *adv* neckend

'tea·spoon *n* Teelöffel *m* **'tea·spoon·ful** *n* Teelöffelvoll *m;* ***add a ~ of sugar to the sauce*** geben Sie einen Teelöffel Zucker in die Soße **'tea-strain·er** *n* Teesieb *nt*

teat [ti:t] *n* ① *(nipple of breast)* Zitze *f*

② *(artificial nipple)* Sauger *m*

'tea tent *n* BRIT *Zelt, in dem man Erfrischungen zu sich nehmen kann* **'tea·time** *n* Teestunde *f* **'tea tow·el** *n* Geschirrtuch *nt* **'tea tray** *n* Tablett *nt* zum Teeservieren **'tea trol·ley** *n esp* BRIT Teewagen *m* **'tea urn** *n esp* BRIT Teespender *m* **'tea wag·on** *n* AM *(tea trolley)* Teewagen *m*

tea·zel, tea·zle *n see* **teasel**

tech [tek] *(fam)* **I.** *adj short for* **technical**

II. *n* ① *short for* **technical college**

② *short for* **technology**

③ *short for* **technician**

tech-heavy ['tek͵hevi] *adj* technologielastig

techie ['teki] **I.** *n (fam)* Technikfreak *m fam*

II. *adj (fam or pej)* technisch

tech·ne·tium [tek'ni:ʃiəm, -si-, '-ʃəm, AM -ʃiəm, '-ʃəm] *n no pl* CHEM Technetium *nt*

tech·ni·cal ['teknɪkᵊl] *adj* ① *(concerning applied science)* technisch

② *(detailed)* Fach-; ***some parts of the book were too ~ to follow*** einige Teile des Buches waren fachlich zu anspruchsvoll, als dass man hätte folgen können; **~ aspects** fachliche Aspekte; **~ term** Fachausdruck *m*

③ *(in technique)* technisch; **~ *skill*** technisches Können

④ STOCKEX technisch; **~ analysis** Fachanalyse *f,* technische Analyse; **~ correction** technische Kurskorrektur; **~ decline** technischer Rückgang

'tech·ni·cal college *n* technische Hochschule

tech·ni·cal 'dic·tion·ary *n* Fachwörterbuch *nt*

tech·ni·cal 'ex·pert *n* Fachmann, -frau *m, f*

tech·ni·cal·ity [͵teknɪ'kæləti, AM -nə'kæləṱi] *n* LAW ① *(unimportant detail)* Formsache *f*

② *(confusing triviality)* unnötiges Detail; ***don't confuse me with technicalities*** bringe mich nicht durcheinander mit technischen Einzelheiten

tech·ni·cal·ly ['teknɪkᵊli] *adv* ① *(of technology)* technologisch; **~ backward countries** Länder *pl* auf technologisch niedrigem Stand

② *(relating to technique)* technisch; **~ *she's very good*** in der Technik ist sie sehr gut; **~ brilliant** SPORT technisch brillant

③ *(strictly speaking)* eigentlich; **~ speaking** genaugenommen, strenggenommen

'tech·ni·cal school *n* Technikum *nt,* technische Fachschule

tech·ni·cal sup·'port *n no pl* technischer Service

tech·ni·cian [tek'nɪʃᵊn] *n* ① *(sb trained in technology)* Techniker(in) *m(f)*

② *(sb skilled in technique)* Experte, Expertin *m, f*

Tech·ni·col·or® ['teknɪ͵kʌləʳ, AM -ɚ] **I.** *n no pl* Technicolor[verfahren] *nt*

II. *n modifier (film, production)* Technicolor-

tech·ni·col·our ['teknɪ͵kʌləʳ], AM **tech·ni·col·or** ['teknɪ͵kʌləʳ, AM -lɚ] *adj attr, inv* farbenprächtig

tech·ni·col·our 'yawn *n* BRIT, AUS *(sl)* Kotzerei *f derb*

tech·nique [tek'ni:k] *n* Technik *f,* Verfahren *nt; (method)* Methode *f;* **air-brush ~** Airbrushtechnik *f;* **old-fashioned ~** altmodisches Verfahren; **to acquire ~** sich *dat* Geschick aneignen; **to work on one's ~** an seiner Technik arbeiten

tech·no ['teknəʊ, AM -noʊ] *n no pl* MUS Techno *m o nt*

tech·noc·ra·cy [tek'nɒkrəsi, AM -'nɑ:k-] *n* Technokratie *f kein pl*

tech·no·crat ['teknəʊ, AM -noʊ] *n* Technokrat(in) *m(f)*

tech·no·crat·ic [͵teknəʊ'krætɪk, AM nə] *adj* technokratisch

tech·no·logi·cal [͵teknə'lɒdʒɪkᵊl, AM -'lɑ:dʒ-] *adj* technologisch

tech·no·logi·cal·ly [͵teknə'lɒdʒɪkᵊli, AM -'lɑ:dʒ-] *adv* technologisch

tech·nolo·gist [tek'nɒlədʒɪst, AM -'nɑ:l-] *n no pl* Technologe, Technologin *m, f;* **computer ~** Computerfachmann, -frau *m, f*

T

tech·nol·ogy [tek'nɒlədʒi, AM -'nɑ:l-] **I.** *n* Technologie *f,* Technik *f;* ~ **assessment** Technikfolgenabschätzung *f;* **computer** ~ Computertechnik *f;* **science and** ~ Wissenschaft und Technik; **state-of-the-art** ~ Spitzentechnologie *f;* **advanced** ~ Zukunftstechnologie *f;* **modern** ~ moderne Technologie; **nuclear** ~ Atomtechnik *f*
II. *n modifier (research, transfer)* Technologie-; ~ **college** technische Hochschule

tech'nol·ogy-driv·en *adj* High-Tech- **tech·nol·ogy shar·ing** [tek'nɒlədʒiʃeərɪŋ, AM -'nɑ:lədʒiʃer-] *n* gemeinsame Technologienutzung **tech·nol·ogy-shar·ing** *n modifier (programme)* zur gemeinsamen Technologienutzung *nach n* **tech·'nol·ogy trans·fer** *n* Technologietransfer *m*

tech·no·phile ['teknə(ʊ)faɪl, AM -nəfaɪl] *n* Technologieliebhaber(in) *m(f)*

tech·no·philia [,teknə(ʊ)'fɪliə, AM -nə'-] *n no pl* Technikbesessenheit *f*

tech·no·phobe ['teknə(ʊ)fəʊb, AM -nəfoʊb] *n* Technologiehasser(in) *m(f)*

tech·no·pho·bia [,teknə(ʊ)'fəʊbiə, AM -nə'foʊ-] *n no pl* Technophobie *f*

techy ['teki] *n* TECH Technikbesessene(r) *f(m)*

tec·ton·ics [tek'tɒnɪks, AM 'tɑ:] *n + sing/pl vb* Tektonik *f kein pl*

ted, Ted [ted] *n* BRIT *(hist) short for* **teddy boy** Teddyboy *m*

ted·dy ['tedi] *n* ❶ *(female undergarment)* Body *m*
❷ *(teddy bear)* Teddybär *m*

'ted·dy bear *n* Teddybär *m*

ted·dy-bear·ish ['tedi,beərɪʃ, AM -,ber-] *adj (person)* wie ein Teddybär *nach n* **Ted·dy Bears' 'pic·nic** *n Picknick für Kinder mit ihren Stoffteddybären* **'ted·dy boy, 'Ted·dy boy** *n* BRIT *(hist)* Teddyboy *m (Rock-'n'-Roll-Anhänger in den 1950ern)*

te·di·ous ['ti:diəs] *adj* langweilig, fad ÖSTERR *oft fam; job also* öde; *journey* lang und langweilig; ~ **conversation** zähes Gespräch

te·di·ous·ly ['ti:diəsli] *adv* langweilig

te·di·ous·ness ['ti:diəsnəs] *n no pl* Langweiligkeit *f*

te·dium ['ti:diəm] *n no pl* Langeweile *f*

tee [ti:] **I.** *n (in golf)* Tee *nt fachspr,* Abschlagstelle *f*
II. *vi* ■**to** ~ **off** ❶ *(in golf)* den Ball vom Tee schlagen *fachspr,* abschlagen; ***we'll ~ off at ten o'clock*** wir eröffnen das Golfspiel um zehn Uhr
❷ *(fig fam: begin)* anfangen, beginnen
❸ AM *(fam: become irritated)* **to get ~d off** sauer werden *fam*
III. *vt* AM *(fam)* ■**to** ~ **sb off** jdn verärgern
◆**tee up I.** *vi* den Golfball [auf das Tee] auflegen
II. *vt* **to** ~ **the ball up** den Ball abschlagen

teel oil ['ti:l] *n no pl* BOT Sesamöl *nt*

teem [ti:m] *vi* ❶ *impers* **it's ~ing [with rain]** es gießt [in Strömen] *fam*
❷ *(be full)* ■**to** ~ **with sth** von etw *dat* wimmeln
◆**teem down** *vi* schütten *fam;* ***the rain ~ed down all through lunch*** es schüttete die ganze Mittagszeit hindurch

teem·ing ['ti:mɪŋ] *adj inv place, streets* überfüllt, von Menschen wimmelnd *attr*

teen [ti:n] *n* Teenager *m*

teen·age(d) ['ti:neɪdʒ(d)] *adj attr, inv (characteristic of a teenager)* jugendlich; *(sb who is a teenager)* im Teenageralter *nach n;* ~ **interests** Interessen *pl* von Jugendlichen; ~ **star** Teenagerstar *m*

teen·ager ['ti:n,eɪdʒəʳ, AM -ɚ] *n* Teenager *m*

teens [ti:nz] *npl* Jugendjahre *pl;* ■**to be in/out of one's** ~ im Teenageralter/aus dem Teenageralter heraus sein; ***both my daughters are in their ~*** meine beiden Töchter sind Teenager; ***he's in his early ~*** er ist gerade ins Teenageralter gekommen

teen·sy, teen·sy ween·sy [,ti:nzi'wi:nsi], **tee·ny, tee·ny wee·ny** [,ti:ni'wi:ni] *adj (fam)* klitzeklein, winzig; **a** ~ **bit** *(hum)* ein klein wenig *fam,* ein bisschen

tee·ny·bop·per ['ti:ni,bɒpəʳ, AM -,bɑ:pɚ] *n (dated fam) Teenager, der gerne tanzt*

teeny-tiny <-ier, -iest> ['ti:nitaɪni] *adj (fam)* winzig

tee·pee *n see* **tepee**

tee shirt *n* T-Shirt *nt*

tee·ter ['ti:təʳ, AM -t̬ɚ] *vi + adv, prep* taumeln, schwanken; ***the old couple ~ed down the road*** das ältere Paar torkelte die Straße hinunter; ■**to** ~ **around** herumschwanken; ■**to** ~ **between sth** *(fig)* zwischen etw *dat* schwanken; **to** ~ **on the brink** [*or* **edge**] **of a disaster** *(fig)* sich *akk* am Rande einer Katastrophe bewegen

tee·ter-tot·ter ['ti:t̬ɚ,tɑ:t̬ɚ] *n* AM *(see-saw)* Wippe *f,* Schaukel *f* ÖSTERR, Gigampfi *f* SCHWEIZ *fam*

teeth [ti:θ] *npl* ❶ *pl of* **tooth**
❷ *(effective power)* Macht *f kein pl*
▸ PHRASES: **in the** ~ **of sth** *(against)* angesichts einer S. *gen; (despite)* trotz einer S. *gen*

teethe [ti:ð] *vi* zahnen

teeth·er ['ti:ðəʳ, AM -ɚ] *n* Beißring *m*

teeth·ing ['ti:ðɪŋ] *n no pl* Zahnen *nt*

'teeth·ing prob·lems *npl,* **'teeth·ing trou·bles** *npl* BRIT, AUS *(fig)* Anfangsschwierigkeiten *pl,* Kinderkrankheiten *pl fig*

tee·to·tal [,ti:'təʊtəl, AM -'toʊt̬əl] *adj inv* ■**to be** ~ abstinent sein

tee·to·tal·ism [,ti:'təʊtəlɪzm] *n no pl* Abstinenz *f*

tee·to·tal·ler, AM **tee·to·tal·er** [,ti:'təʊtələʳ, AM -'toʊt̬əlɚ] *n* Antialkoholiker(in) *m(f),* Abstinenzler(in) *m(f)*

TEFL ['tefl] **I.** *n no pl acr for* **Teaching English as a Foreign Language** Fremdsprachenunterricht *m* in Englisch
II. *n modifier acr for* **Teaching English as a Foreign Language** *certificate, course* TEFL-; ~ **programme** [*or* AM **program**] TEFL-Kursinhalt *m;* ~ **teacher** Lehrer(in) *m(f)* für Englisch als Fremdsprache

tef·lon® **I.** *n* ['teflɒn, AM -lɑ:n] *see* **polytetrafluoroethylene** Teflon® *nt*
II. *n modifier* **a** ~ **person** jd, an dem alles abgleitet

tel *n abbrev of* **telephone** [**number**] Tel.

tele- *in compounds* COMPUT Fern-; *(television)* Tele-

tele·bank·ing ['telɪbæŋkɪŋ] *n no pl* INET Telebanking *nt*

tele·cast ['telɪkæst] AM **I.** *n* TV-Sendung *f*
II. *vt (form)* ■**to** ~ **sth** etw [im Fernsehen] übertragen

tele·cen·tre, AM **tele·cen·ter** ['telɪsentəʳ, AM -ɚ] *n* Computerzentrum *nt*

tele·com·muni·ca·tions [,telɪkə,mju:nɪ'keɪʃənz] **I.** *npl + sing vb* Fernmeldewesen *nt kein pl*
II. *n modifier (industry, market, sector)* Fernmelde-; ~ **company** Telekommunikationsunternehmen *nt*

tele·com·mu·ni·'ca·tions in·dus·try *n + sing/pl vb* Telekommunikationsbranche *f*

tele·com·mute [,telɪkə'mju:t, AM 'telɪ-] *vi* Telearbeit machen

tele·com·mut·ing [,telɪkə'mju:tɪŋ, AM 'telɪkə,mju:t̬ɪŋ] *n* COMPUT Telearbeit *f*

tele·con·fer·ence [,telɪ'kɒnfərən(t)s, AM 'telɪ,kɑ:n-] *n* Konferenzschaltung *f*

tele·copi·er® ['telɪ,kɑ:piɚ] *n* AM Telekopierer *m*

tele·copy ['telɪkɒpi, AM -kɑ:pi] *n* AM Fax *nt,* Telekopie *f form*

tele·cot·tage ['telɪkɒtɪdʒ, AM -kɑ:t̬ɪdʒ] *n* Computerzentrum *nt*

tele·fax® ['telɪfæks] *n* ❶ *(device)* [Tele]faxgerät *nt,* [Tele]fax *nt*
❷ *(message)* Tele[fax] *nt;* **to send a** ~ ein Fax schicken, etw faxen

tele·file ['telɪfaɪl] *vi* eine elektronische Steuererklärung abgeben

tele·gen·ic [,telɪ'dʒenɪk, AM -ə'-] *adj (approv)* telegen

tele·gram ['telɪgræm] *n* Telegramm *nt;* **by** ~ telegrafisch; ***we sent them a message by ~*** wir schickten ihnen ein Telegramm

tele·gram·ese [,telɪgræm'i:z] *n no pl* Telegrammstil *m*

'tele·gram form *n* Telegrammformular *nt*

tele·gram·mat·ic [,telɪgrə'mætɪk, AM -əgrə'mæt̬ɪk] *adj (typical of telegrams) formulation, manner* im Telegrammstil *nach n;* **abrupt** ~ **style** abgehackter, telegrammartiger Stil

tele·graph ['telɪgrɑ:f, AM -græf] **I.** *n no pl* Telegraf *m;* **by** ~ telegrafisch
II. *vt* ❶ *(send by telegraph)* ■**to** ~ **sth** [**to sb**] [jdm] etw telegrafieren; *(fig: make intentions clear)* etw signalisieren [*o* zu verstehen geben]; *(fig: give advance indication of)* etw ankündigen
❷ *(inform by telegraph)* ■**to** ~ **sb** jdm telegrafieren, jdn telegrafisch benachrichtigen
III. *n modifier (key)* Telegrafen-; ~ **cable** Telegrafenleitung *f;* ~ **message** Telegramm *nt;* ~ **operator** Telegrafist(in) *m(f);* ~ **system** Telegrafennetz *nt*

tele·graph·ese [,telɪgrɑ:'fi:z, AM -græf-] *n no pl* Telegrammstil *m*

tele·graph·ic [,telɪ'græfɪk, AM -ə'-] *adj* telegrafisch; ~ **address** Telegrammadresse *f*

te·leg·ra·phist [tɪ'legrəfɪst, AM tə-] *n* Telegrafist(in) *m(f)*

'tele·graph pole, 'tele·graph post *n* BRIT, AUS Telegrafenmast *m*

te·leg·ra·phy [tɪ'legrəfi, AM tə'-] *n no pl* Telegrafie *f*

tele·mar·ket·er [,telɪ'mɑ:kɪtəʳ, AM ,telə'mɑ:rkət̬ɚ] *n* Telefonverkäufer(in) *m(f)*

'tele·mar·ket·ing *n no pl esp* AM Telemarketing *nt (Verkauf über das Telefon)*

tele·mat·ics [,telə'mætɪks, AM -t̬-] *n + sing vb* Telematik *f kein pl*

tele·medi·cine ['telɪmedsən, AM -medɪsən] *n no pl* Telemedizin *f fachspr (medizinische Behandlung, auch chirurgisch, mittels Telekommunikation)*

tele·mes·sage ['telɪ,mesɪdʒ] *n* Telex *nt,* Fernnachricht *f* BRD

te·lem·etry [tɪ'lemɪtri, AM tə'lemə-] *n no pl (Messtechnik)* Telemetrie *f*

teleo·logi·cal [,teliə'lɒdʒɪkəl, AM ,ti:liə'lɑ:-] *adj* teleologisch *geh*

tele·ol·ogy [,teli'ɒlədʒi, AM ,ti:li'ɑ:-] *n no pl* Teleologie *f geh*

tele·or·der·ing [,telɪ'ɔ:dərɪŋ, AM 'telə,ɔ:rdɚ-] *n* ❶ *(order)* telefonische Bestellung
❷ TELEC *(system)* Bestellelektronik *f*

tele·path·ic [,telɪ'pæθɪk, AM -ə'-] *adj* telepathisch; ■**to be** ~ telepathische Fähigkeiten besitzen

tele·pathi·cal·ly [,telɪ'pæθɪkəli, AM ə'] *adv inv* telepathisch

te·lepa·thy [tɪ'lepəθi, AM tə'-] *n no pl* Telepathie *f*

tele·phone ['telɪfəʊn, AM -əfoʊn] **I.** *n* ❶ *(device)* Telefon *nt;* **mobile** [*or* AM *also* **cell**[**ular**]] ~ Handy *nt fam,* Mobiltelefon *nt,* Natel *nt* SCHWEIZ; **to pick up the** ~ das Telefon abnehmen [*o* abheben]
❷ *no pl (system)* ■**by** ~ per Telefon, telefonisch; ■**on the** ~ am Telefon; ***we were on the ~ together for an hour*** wir telefonierten eine Stunde lang miteinander; **to be wanted on the** ~ am Telefon verlangt werden
II. *vt* ■**to** ~ **sb** jdn anrufen, jdm anläuten SCHWEIZ *fam*
III. *vi* telefonieren; **to** ~ **long-distance** ein Ferngespräch führen
IV. *n modifier (bill, connection, conversation)* Telefon-; ~ **booking** telefonische Buchung

tele·phone 'bank·ing *n no pl* Telefonbanking *nt* **'tele·phone book** *n* Telefonbuch *nt* **'tele·phone box,** AM **'tele·phone booth** *n* Telefonzelle *f,* Telefonkabine *f* SCHWEIZ **'tele·phone call** *n* Telefonanruf *m,* SCHWEIZ *a.* Telefon *nt fam,* ÖSTERR *a.* Telefonat *nt;* **to make a** ~ telefonieren, SCHWEIZ *a.* ein Telefon machen, ÖSTERR *a.* ein Telefonat machen **'tele·phone con·fer·ence** *n* Telefonkonferenz *f* **'tele·phone con·nec·tion** *n* Telefonverbindung *f* **'tele·phone con·ver·sa·tion** *n* Telefongespräch *nt* **'tele·phone di·rec·tory** *n* Telefonverzeichnis *nt* **'tele·phone ex·change** *n* Fernsprechvermittlung *f,* Telefonvermittlung *f* SCHWEIZ, ÖSTERR **tele·phone in·for·'ma·tion ser·vice** *n (form)* Telefonauskunft *f* **'tele·phone ki·osk** *n* BRIT Telefonhäuschen *nt fam,* Telefonzelle *f,* Telefonkabine *f* SCHWEIZ **'tele·phone line** *n* Telefonleitung *f* **tele·phone 'mar·ket·ing** *n no pl* Telefonmarketing *nt* **'tele·phone mes·sage** *n (form)* telefonische Nachricht **'tele·phone num·ber** *n* Telefonnummer *f* **'tele·phone op·era·tor** *n* AM Vermittlung *f* **'tele·phone rates** *npl* Telefontarife *pl* **'tele·phone re·ceiv·er** *n* Telefonhörer *m*

tele·phone 'sex *n no pl* Telefonsex *m* **'tele·phone tag** *n no pl (fam) vergeblicher Versuch zweier Personen, einander telefonisch zu erreichen*

tele·phon·ic [ˌtelɪ'fɒnɪk, AM ə'fɑ:nɪk] *adj inv* telefonisch

tele·phon·ing ['telɪfəʊnɪŋ, AM -əfoʊn-] *n* **Net** ~ INET Internettelefonie *f*

te·lepho·nist [tɪ'lefənɪst] *n* BRIT Telefonist(in) *m(f)*

te·lepho·ny [tɪ'lefəni, AM tə'-] *n no pl* Telefonie *f,* Fernmeldewesen *nt*

tele·pho·to [ˌtelɪ'fəʊtəʊ, AM -ə'foʊt̬oʊ] *n see* **telephoto lens** Teleobjektiv *nt*

tele·pho·to 'lens *n* Teleobjektiv *nt*

tel·epic [tel'epɪk] *n short for* **television epic** TV-Epos *nt*

tele·port ['telɪpɔ:t, AM -pɔ:rt] **I.** *vt (in sci-fi)* ■**to ~ sb/sth** [**to somewhere**] jdn/etw [irgendwohin] teleportieren
II. *n* Teleport *m (Informationszentrum, bei dem unterschiedliche Telekommunikationsmittel zusammengefasst sind)*

tele·por·ta·tion [ˌtelɪpɔ:'teɪʃən, AM -pɔ:r'-] *n no pl* Teleportation *f*

tele·print·er ['telɪˌprɪntəʳ, AM -əˌprɪnt̬ɚ] *n* Fernschreiber *m*

tele·pro·cess·ing [ˌtelɪ'prəʊsesɪŋ, AM 'telɪproʊ-] *n* COMPUT Datenfernverarbeitung *f*

tele·prompt·er ['teləˌprɑ:m(p)tɚ] *n* AM, AUS *(autocue)* Teleprompter *m fachspr*

tele·re·cord·ing ['telɪrɪˌkɔ:dɪŋ, AM -ˌkɔ:rd-] *n* [Fernseh]aufzeichnung *f*

tele·sales ['telɪseɪlz] *npl* Telefonmarketing *nt kein pl*

tele·scope ['telɪskəʊp, AM -skoʊp] **I.** *n* Teleskop *nt*
II. *vt* ■**to ~ sth** etw ineinanderschieben [*o* komprimieren]; *(fig)* ***we had to ~ five visits into two days*** wir mussten fünf Besuche in zwei Tage zwängen
III. *vi* sich *akk* ineinanderschieben

tele·scop·ic [ˌtelɪ'skɒpɪk, AM -ə'skɑ:-] *adj inv* ① *(done by telescope)* ~ **observation** Teleskopbeobachtung *f*
② *(concerning telescopes)* ~ **lens** Teleobjektiv *nt*
③ *(folding into each other)* Teleskop-, zusammenschiebbar; *(automatic)* ausfahrbar; ~ **ladder** Teleskopleiter *f,* ausziehbare Leiter

tele·shop·ping ['telɪˌʃɒpɪŋ, AM 'teləˌʃɑ:pɪŋ] *n* ① *(shop)* Internetshop *m*
② *(act)* Einkaufen *nt* in einem Internetshop

Tele·stra·tor ['telistreɪtəʳ, AM -ɚ] *n* Telestrator *m*

tele·text ['telɪtekst] *n no pl* Videotext *m*

tele·thon ['telɪθɒn, AM -θɑ:n] *n ausgedehnte Wohltätigkeitsveranstaltung im Fernsehen*

tele·type® ['telɪtaɪp, AM -lə-] *n (machine)* Fernschreibegerät *nt; (message)* Telex *nt,* Fernschreiben *nt*

tele·type·writ·er [ˌtelɪ'taɪpˌraɪtəʳ, AM -lə'taɪpˌraɪt̬ɚ] *n esp* AM Fernschreibegerät *nt*

tele·van·gel·ism [ˌtelɪ'vændʒəlɪzəm] *n no pl esp* AM Fernsehpredigt *f*

tele·van·gel·ist [ˌtelɪ'vændʒəlɪst] *n esp* AM Fernsehprediger(in) *m(f)*

tele·view·er ['telɪˌvju:əʳ, AM -əˌvju:ɚ] *n* Fernsehzuschauer(in) *m(f)*

tele·vise ['telɪvaɪz, AM -lə-] *vt* ■**to ~ sth** etw [im Fernsehen] übertragen

tele·vised ['telɪvaɪzd, AM -lə-] *adj inv* im Fernsehen übertragen

tele·vi·sion ['telɪvɪʒən, AM -lə-] **I.** *n* ① *(device)* Fernsehgerät *nt,* Fernsehapparat *m,* Fernseher *m fam;* **colour** [*or* AM **color**] ~ Farbfernseher *m;* **to turn down/up the ~** den Fernseher leiser/lauter stellen; **to turn on/off the ~** den Fernseher an-/ausschalten
② *no pl (TV broadcasting)* Fernsehen *nt;* ■**on ~** im Fernsehen; **to watch ~** fernsehen; **to work in ~** für das Fernsehen arbeiten
II. *n modifier (advertisement, journalism, reporter)* Fernseh-; ~ **broadcasting** Fernsehübertragung *f*

tele·vi·sion 'ad·ver·tis·ing *n no pl* Fernsehwerbung *f* **tele·vi·sion an·'nounc·er** *n* Fernsehansager(in) *m(f),* Fernsehsprecher(in) *m(f)* **tele·vi·sion 'cam·era** *n* Fernsehkamera *f* **tele·vi·sion 'cam·era·man** *n* Fernsehkameramann *m* **tele·vi·sion 'cam·era·wom·an** *n* Fernsehkamerafrau *f* **tele·vi·sion 'chan·nel** *n (TV station)* Fernsehsender *m; (frequency range)* [Fernseh]kanal *m* **tele·vi·sion de·'bate** *n* Fernsehdiskussion *f* **'tele·vi·sion film** *n* Fernsehfilm *m* **tele·vi·sion 'inter·view** *n* Fernsehinterview *nt* **tele·vi·sion 'li·cence** *n* BRIT Fernsehgenehmigung *f* **tele·vi·sion 'pro·duc·er** *n* Fernsehproduzent(in) *m(f)* **tele·vi·sion 'pro·gramme,** AM **tele·vi·sion 'pro·gram** *n* Fernsehprogramm *nt* **tele·vi·sion re·'ceiv·er** *n* Fernsehapparat *m,* Fernsehgerät *nt,* Fernseher *m* **'tele·vi·sion screen** *n* Fernsehbildschirm *m* **tele·vi·sion 'se·rial** *n* Fernsehserie *f* **tele·vi·sion 'se·ries** *n* Fernsehreihe *f,* Fernsehserie *f* **'tele·vi·sion set** *n* Fernsehapparat *m,* Fernsehgerät *nt,* Fernseher *m* **'tele·vi·sion show** *n* Fernsehsendung *f* **tele·vi·sion 'sta·tion** *n* Fernsehsender *m* **tele·vi·sion 'stu·dio** *n* Fernsehstudio *nt* **tele·vi·sion trans·'mit·ter** *n* Fernsehsender *m* **tele·vi·sion 'view·er** *n* Fernsehzuschauer(in) *m(f)*

tele·vis·ual [ˌtelɪ'vɪzjuəl, AM -ə'vɪʒu-] *adj* TV-, Fernseh-

tele·work·er ['telɪˌwɜ:kəʳ, AM -ˌwɜ:rkɚ] *n* Telearbeiter(in) *m(f),* Teleworker *m*

tele·work·ing ['telɪˌwɜ:kɪŋ, AM -əˌwɜ:rk-] *n no pl* Telearbeit *f*

tel·ex ['teleks] **I.** *n* <*pl* -es> Telex *nt; (device also)* Fernschreiber *m; (message also)* Fernschreiben *nt,* Telex *nt;* **by ~** per Fernschreiber [*o* Telex]
II. *n modifier (machine)* Telex-
III. *vt* ■**to ~ sb** jdm ein Fernschreiben [*o* Telex] schicken; ■**to ~ sth** etw per Fernschreiben [*o* Telex] schicken; ■**to ~ sb sth** jdm etw per Fernschreiben [*o* Telex] mitteilen
IV. *vi* ein Telex verschicken

tell [tel] **I.** *vt* <told, told> ① *(say, communicate)* ■**to ~ sth** etw sagen; **to ~ a lie** lügen; **to ~ the truth** die Wahrheit sagen; **to ~ it like it is** *(fam)* es [ganz] offen sagen; ■**to ~ sb sth** jdm etw sagen; *(relate, explain)* jdm etw erzählen; ***to ~*** [***you***] ***the truth ...*** ehrlich gesagt ...; ***can you ~ me the way to the station?*** können Sie mir sagen, wie ich zum Bahnhof komme?; ***"I'm leaving you", she told him*** „ich verlasse dich", sagte sie [zu ihm]; ***don't ~ me! I want it to be a surprise*** sag es mir nicht! es soll eine Überraschung sein; **to ~ sb a secret** *(confide)* jdm ein Geheimnis anvertrauen; *(give away)* jdm ein Geheimnis verraten; ■**to ~ sb that ...** jdm sagen, dass ...; *(relate also)* jdm erzählen, dass; ***did you ~ anyone*** [***that***] ***you were coming to see me?*** hast du irgendjemandem erzählt [*o* gesagt], dass du mich besuchen wolltest?
② *(assure)* ■**to ~ sb sth** jdm etw sagen; ***what did I ~ you?*** *(fam)* das hab' ich doch gleich gesagt! *fam;* ***didn't I ~ you?*** habe ich es dir nicht gleich gesagt?; ***I told you so*** *(fam)* ich habe es [dir] ja gleich gesagt; ***you're ~ing me!*** *(fam)* wem sagst du das!; ***I won't go, I ~ you!*** ich sage [*o* versichere] dir, ich werde nicht gehen!; ***the suitcase was heavy, I can ~ you*** *(fam)* ich kann dir sagen, der Koffer war vielleicht schwer!; ***let me ~ you*** [***that***] ***it wasn't easy*** lass dir von mir gesagt sein [*o* ich kann dir sagen], es war nicht leicht!; ***I cannot ~ you how much I love you!*** ich kann dir gar nicht sagen, wie sehr ich dich liebe!
③ *(narrate, relate)* ■**to ~ sth** etw erzählen; **to ~ an anecdote** eine Anekdote wiedergeben; **to ~ a joke** einen Witz erzählen; ■**to ~ sth to sb** jdm etw erzählen
④ *(give account)* ■**to ~ sb about** [*or form* **of**] **sth/about sb** jdm von etw/jdm erzählen; ***don't you want to ~ me about what happened?*** möchtest du mir nicht erzählen, was passiert ist?; ***she's told me a lot/ everything about her time in Berlin*** sie hat mir viel/alles über ihre Zeit in Berlin erzählt; ***I am sure she's told you a lot about me*** ich bin sicher, sie hat dir schon viel über mich erzählt
⑤ *(command, instruct)* ■**to ~ sb to do sth** jdm sagen, dass er/sie etw tun soll; ***~ him to leave me alone*** sag ihm, er soll mich in Ruhe lassen *fam;* ***I was told not to talk to strangers*** ich soll nicht mit Fremden reden; ***do as you're told!*** *(fam)* mach, was man dir sagt! *fam;* ***I won't ~ you again - go to bed!*** ich sag's nicht noch mal - ab ins Bett!; ***he wouldn't be told*** er wollte sich nichts sagen lassen
⑥ *(discern)* ■**to ~ sth/sb** etw/jdn erkennen; *(notice)* ■**to ~ sth** etw [be]merken; ■**to ~ sth** *(know)* etw wissen; *(determine)* etw feststellen; ***I could ~*** [***that***] ***you were unhappy*** ich habe gemerkt, dass du unglücklich warst; ***I couldn't ~ much from her words*** ihren Worten war nicht viel zu entnehmen; ***it was too dark for me to ~ what it said on the sign*** in der Dunkelheit konnte ich nicht erkennen, was auf dem Schild stand; ***it's easy to ~ a non-native speaker*** einen Nichtmuttersprachler kann man leicht erkennen; ***it's easy to ~ a blackbird by*** [*or* ***from***] ***its song*** es ist leicht, eine Amsel an ihrem Gesang zu erkennen; **to ~ the difference** einen Unterschied feststellen; **to ~ sth by ear** etw mit dem Gehör feststellen; **to ~ the time** die Uhr lesen; ***can your son ~ the time yet?*** kann dein Sohn schon die Uhr lesen?, kennt dein Sohn schon die Uhr?; ■**to ~ sth/sb from sth/sb** etw/jdn von etw/jdm unterscheiden; **to ~ right from wrong** Recht und Unrecht unterscheiden; ***I cannot ~ what it is*** ich kann nicht mit Bestimmtheit sagen, was es ist; ***so*** [*or* ***as***] ***far as I can ~ she's still in London*** soweit ich weiß, ist sie noch in London; ***how could I ~*** [***that***]? woher [*o* wie] sollte ich das [denn] wissen?; ***he's Dutch — how can you ~?*** er ist Holländer – woher willst du das wissen?; ***there is no ~ing what the future will bring*** man weiß nie [*o* wer weiß schon], was die Zukunft bringt; ***who can ~?*** wer weiß das schon?; ***you can never*** [*or* ***never can***] ***~*** man kann nie wissen; **to ~ fortunes** wahrsagen; **to ~ sb's fortune** jds Zukunft vorhersagen
⑦ *(count)* **to ~ one's beads** den Rosenkranz beten; **to ~ the votes** die Stimmen auszählen
▸PHRASES: **~ me another** [**one**] *(fam)* wer's glaubt, wird selig *fam;* **to ~ tales** [**out of school**] aus dem Nähkästchen plaudern *hum fam*
II. *vi* <told, told> ① *(liter: give account, narrate)* ■**to ~ of sb/sth** von jdm/etw erzählen
② *(fig: indicate)* ***her face told of her anger*** aus ihrem Gesicht sprach Zorn
③ *(inform)* ■**to ~ on sb** jdn verraten [*o sl* verpetzen]
④ *(have an effect or impact)* sich bemerkbar machen; *blow, punch, word* sitzen; ***the boxer made every punch ~*** bei dem Boxer saß jeder Schlag; ■**to ~ on sb/sth** erkennbare Auswirkungen auf jdn/etw haben; ***age has really told on him*** er ist ganz schön gealtert; ***you look tired, these exercises really told on you*** du siehst müde aus, diese Übungen haben dich sichtlich geschafft *fam;* ***all the stress began to ~ on my health*** der ganze Stress wirkte sich allmählich auf meine Gesundheit aus
⑤ BRIT *(form: reflect unfavourably on)* ■**to ~ against sb** sich nachteilig für jdn auswirken; ***his reputation as a troublemaker told against him when they decided on who should be promoted*** sein Ruf als Unruhestifter sprach gegen ihn als es um die Entscheidung ging, wer befördert werden sollte
◆**tell apart** *vt* ■**to ~ sb/sth apart** jdn/etw auseinanderhalten
◆**tell off** *vt* ① *(reprimand)* ■**to ~ sb ↔ off** [**about** [*or* **for**] **sth**] jdn [wegen einer S. *gen*] ausschimpfen, jdm [wegen einer S. *gen*] die Leviten lesen [*o* SCHWEIZ *a.* die Kappe waschen] *fam*
② MIL **to ~ off soldiers** Soldaten abkommandieren

tell-all ['telɔ:l] *adj attr, inv* enthüllend

tell·er ['teləʳ, AM -ɚ] *n* ① *(vote counter)* Stimmenzähler(in) *m(f)*
② AM, AUS *(bank employee)* Kassierer(in) *m(f),* Kassier(in) *m(f)* ÖSTERR

tell·ing ['telɪŋ] **I.** *adj* *(revealing)* aufschlussreich; *(effective)* wirkungsvoll; ~ **argument** schlagendes Argument
II. *n* Erzählung *f*

tell·ing-off <*pl* tellings-off> [ˌtelɪŋ'ɒf, AM -'ɑ:f] *n* Tadel *m;* **to give sb a ~ for** [**doing**] **sth** jdm einen Ta-

T

del für etw *akk* erteilen, jdn für etw *akk* tadeln
tell·tale [ˈtelteɪl] **I.** *n (pej)* Verräter(in) *m(f)*, Petze *f pej*
II. *adj* verräterisch
tell·tale ˈsign *n* Anzeichen *nt*
tel·lu·rium [telˈʊəriəm, təˈlʊə-, tɪ-, -ˈljʊə-, AM telˈʊri-, təˈlʊr-] *n no pl* CHEM Tellur *nt*
tel·ly [ˈteli] *n* BRIT, AUS *(fam)* ① *(television set)* Fernseher *m*, Glotze *f pej fam*
② *no pl (TV broadcasting)* ■ **on** ~ im Fernsehen; ***what's on ~ tonight?*** was gibt's heute Abend im Fernsehen?
tel no *n abbrev of* **telephone number** Tel.
te·ma·ze·pam [təˈmæzɪpæm, AM -ˈmæzə-] *n no pl* MED, PHARM Temazepam *nt*
tem·blor [ˈtemblɚ] *n* AM *(earthquake)* Erdbeben *nt*
te·mer·ity [tɪˈmerəti, AM təˈmerət̬i] *n no pl (pej form: recklessness)* Tollkühnheit *f*; *(cheek)* Frechheit *f*; **to have the ~ to do sth** die Tollkühnheit/Frechheit besitzen, etw zu tun
temp [temp] *(fam)* **I.** *n (temporary employee)* Zeitarbeiter(in) *m(f)*, SCHWEIZ *a.* Temporärkraft *f*; *(temporary secretary)* Aushilfssekretär(in) *m(f)*
II. *vi* aushilfsweise arbeiten, jobben *fam*
tem·per [ˈtempəʳ, AM -ɚ] **I.** *n* ① *usu sing (state of mind)* Laune *f*; *(angry state)* Wut *f kein pl*; *(predisposition to anger)* Reizbarkeit *f kein pl*; ***what a foul ~ you're in!*** hast du eine üble Laune!; ***~s were getting [rather] frayed [or short]*** die Stimmung wurde [ziemlich] gereizt; **display [or fit] of ~** Temperamentsausbruch *m*; *(angry)* Wutanfall *m*; **to be in a bad/good ~** schlecht [*o* übel]/gut gelaunt sein; **to get into a ~ [about sth]** sich *akk* [über etw *akk*] aufregen; **to control one's ~** sein Temperament zügeln; **to have a ~** leicht reizbar sein; **to keep one's ~** sich *akk* beherrschen, ruhig bleiben; **to lose one's ~** die Geduld verlieren; **in a ~** wütend
② *usu sing (characteristic mood)* Naturell *nt*; ***she has a very sweet ~*** sie hat ein sehr sanftes Wesen; ***he is a man of violent ~*** er hat ein ungezügeltes Temperament
③ *no pl of metal* Härte *f*
II. *vt* ① *(form: mitigate)* ■ **to ~ sth with sth** etw durch etw *akk* ausgleichen; **to ~ one's criticism** seine Kritik abschwächen; **to ~ one's enthusiasm** seine Begeisterung zügeln [*o* im Zaum halten]
② *(make hard)* ■ **to ~ sth** etw härten [*o fachspr* tempern]; **to ~ iron** Eisen glühfrischen *fachspr*
③ *(add water)* ■ **to ~ sth** etw anrühren; **to ~ colours** [*or* AM **colors**] Farben anrühren
④ MUS ■ **to ~ sth** etw temperieren
tem·pera [ˈtempᵊrə] *n no pl* Temperamalerei *f*
tem·pera·ment [ˈtempᵊrəmənt, -prə-] *n* ① *(person's nature)* Temperament *nt*, Naturell *nt*, Charakter *nt*; ***she's quiet by ~*** sie hat ein stilles Wesen; **to be of an artistic ~** eine Künstlerseele sein
② *no pl (pej: predisposition to anger)* [aufbrausendes] Temperament, Reizbarkeit *f*; **fit of ~** Temperamentsausbruch *m*; *(angry)* Wutanfall *m*
tem·pera·men·tal [ˌtempᵊrəˈmentᵊl, -prəˈ-, AM -t̬ᵊl] *adj* ① *(moody) person* launenhaft, launisch; *(hum) thing* launisch *hum*; **to be rather ~** so seine Launen haben
② *(engendered by character)* anlagebedingt; ***I have a ~ dislike of crowds*** ich habe von Natur aus eine Abneigung gegen Menschenmengen; **~ differences** Temperamentsunterschiede *pl*
tem·pera·men·tal·ly [ˌtempᵊrəˈmentᵊli, -prəˈ-, AM -t̬ᵊli] *adv* ① *(concerning character)* charakterbedingt, von Natur aus
② *(pej: done moodily)* launisch *a. hum*; ***she behaved ~ as a diva*** sie benahm sich launisch wie eine Diva
tem·per·ance [ˈtempᵊrᵊn(t)s, -prən(t)s] **I.** *n no pl (form)* Mäßigung *f*; *(in eating, drinking)* Maßhalten *nt* (**in** bei +*dat*); *(abstinence from alcohol)* Abstinenz *f*
II. *n modifier (movement)* Abstinenz-; **~ advocate** Abstinenzverfechter(in) *m(f)*
tem·per·ate [ˈtempᵊrət, -prət] *adj* ① *(usu approv form: self-restrained)* maßvoll
② *(mild) climate, zone* gemäßigt; **~ species** Art, die in einer gemäßigten Klimazone beheimatet ist
ˈtem·per·ate zone *n* gemäßigte Zone
tem·pera·ture [ˈtemprətʃəʳ, AM -pɚətʃɚ] **I.** *n* Temperatur *f*; ***~s have been very mild for this time of year*** für diese Jahreszeit sind die Temperaturen sehr mild; *(fig)* ***the ~ of the discussion started to rise*** die Diskussion erhitzte sich; **apparent ~** gefühlte Temperatur; **body ~** Körpertemperatur *f*; **~ of dew point** PHYS Taupunkttemperatur *f*; **sudden fall/rise in ~** plötzlicher Temperaturabfall/-anstieg; **~ of quench** TECH Abschrecktemperatur *f*; **to have [or run] a ~** Fieber haben; **to take sb's ~** jds Temperatur messen
II. *n modifier (change, control, decline, rise)* Temperatur-; **~ gauge** Temperaturanzeiger *m*; **~ variation** Temperaturschwankung *f*
ˈtem·pera·ture probe *n* SCI Temperaturfühler *m*
-tem·pered [ˈtempəd, AM -ɚd] *in compounds* **bad~** griesgrämig; **short~** aufbrausend; **sweet~** sanftmütig
tem·pest [ˈtempɪst] *n* Sturm *m a. fig*
tem·pes·tu·ous [temˈpestjuəs, -tʃu-, AM -tʃu-] *adj* ① *(liter: very stormy)* stürmisch, tosend *attr*; ***we set sail in ~ conditions*** wir setzten Segel unter Sturm
② *(fig: turbulent)* turbulent, stürmisch; **a ~ career** eine bewegte Laufbahn; **a ~ discussion** eine hitzige Diskussion
tem·pes·tu·ous·ly [temˈpestjuəsli, -tʃu-, AM -tʃu-] *adv* ungestüm; **to behave ~** sich ungestüm gebärden *geh*
tem·pi [ˈtempi:] *n pl of* **tempo**
Tem·plar [ˈtempləʳ, AM -ɚ] *n* Templer *m*, Tempelritter *m*; **the ~s** der Templerorden
tem·plate [ˈtempleɪt, AM -plɪt] *n* Schablone *f*; **to serve as a ~ for sth** *(fig)* als Muster für etw *akk* dienen
tem·ple[1] [ˈtempl] *n (place of worship)* Tempel *m*
tem·ple[2] [ˈtempl] *n (part of head)* Schläfe *f*
tem·plet [ˈtemplɪt] *n see* **template**
tem·plin oil [ˈtemplɪn-] *n no pl* BOT Latschenkieferöl *nt*
tem·po <*pl* -s *or* -pi> [ˈtempəʊ, AM -poʊ, *pl* -pi:] *n* ① *(rate of motion)* Tempo *nt*; **rapid ~** schnelles Tempo; **to up the ~** das Tempo erhöhen
② MUS Tempo *nt*; **change in ~** Tempowechsel *m*; **to increase the ~** das Tempo erhöhen
tem·po·ral [ˈtempᵊrᵊl] *adj (form)* zeitlich
tem·po·rari·ly [ˈtempᵊrᵊli] *adv* vorübergehend
tem·po·rari·ness [ˈtempᵊrᵊrinəs, AM -pəreri] *n no pl* Vorläufigkeit *f*, zeitliche Begrenztheit
tem·po·rary [ˈtempᵊrᵊri, AM -pəreri] *adj (not permanent)* zeitweilig, vorübergehend; LAW vorläufig, einstweilig; *(with specific limit)* befristet; **~ employee** Aushilfe *f*; **~ ceasefire** vorübergehender Waffenstillstand; **a ~ lapse in concentration** ein zeitweiliger Konzentrationsverlust; **~ staff** Aushilfspersonal *nt*
tem·po·rize [ˈtempᵊraɪz, AM -pər-] *vi (form)* Verzögerungstaktiken einsetzen; ■ **to ~ with sb** jdn hinhalten
tempt [tempt] *vt* ① *(entice)* ■ **to ~ sb** jdn in Versuchung führen; ■ **to be ~ed** schwachwerden; ■ **to be ~ed to do sth** versucht sein, etw zu tun; ■ **to ~ sb to do [or into doing] sth** jdn dazu verleiten [*o* verführen] [*o* bringen], etw zu tun; **to ~ the appetite** den Appetit anregen
② *(attract)* ■ **to ~ sb** jdn reizen [*o* locken]; ***the sunny day ~ed me into shorts and T-shirt*** der sonnige Tag verlockte mich dazu, Shorts und T-Shirt zu tragen
▸PHRASES: **to ~ fate** [*or* **providence**] das Schicksal herausfordern
temp·ta·tion [tempˈteɪʃᵊn] *n* ① *(enticement)* Versuchung *f*; ***advertising relies heavily on ~*** die Werbung versucht hauptsächlich durch Verführungsstrategien zu wirken; **to be an irresistible ~** eine zu große Versuchung sein; **to give in to ~** der Versuchung erliegen; **to resist the ~ [to do sth]** der Versuchung widerstehen[, etw zu tun]
② *(sth tempting)* Verlockung *f*; **to succumb to the ~s of life in the country** den Verlockungen des Landlebens erliegen
▸PHRASES: **and lead us not into ~** REL und führe uns nicht in Versuchung; **I can resist everything except ~** ich kann allem widerstehen, außer der Versuchung
tempt·er [ˈtemptəʳ, AM -ɚ] *n* Verführer(in) *m(f)*; ■ **the T~** REL der Versucher
tempt·ing [ˈtemptɪŋ] *adj* verführerisch, verlockend; **~ offer** verlockendes Angebot
tempt·ing·ly [ˈtemptɪŋli] *adv* verführerisch, verlockend; **to move ~** sich *akk* aufreizend bewegen
temp·tress <*pl* -es> [ˈtemptrəs, AM -trɪs] *n (liter or hum)* Verführerin *f*
ˈtemp work *n no pl* Zeitarbeit *f*, Temporärarbeit *f* SCHWEIZ
ten [ten] **I.** *adj inv* ① *(number)* zehn; **the T~ Commandments** die Zehn Gebote; *see also* **eight I 1**
② *(age)* zehn; *see also* **eight I 2**
③ *(time)* zehn; **~ am/pm** zehn Uhr morgens/abends [*o* zweiundzwanzig Uhr]; **half past** [*or* BRIT *fam* **half**] **~** halb elf; **at ~ thirty** um halb elf, um zehn [*o* zweiundzwanzig] Uhr dreißig; **at ~ forty-five** um Viertel vor elf [*o* drei viertel elf]; *see also* **eight I 3**
▸PHRASES: **to be ~ a penny** BRIT wertlos sein; ***people who say they know the President are ~ a penny*** Leute, die behaupten, den Präsidenten zu kennen, gibt es wie Sand am Meer
II. *n* ① *(number, symbol, quantity)* Zehn *f*, Zehner *m* SCHWEIZ; **~s of thousands** zehntausende; **to count [up] to ~** bis zehn zählen; **to count in ~s** in Zehnern zählen; **to get ~ out of ~** eine Eins bekommen
② BRIT *(clothing size)* [Kleidergröße] 38; AM *(clothing size)* [Kleidergröße] 40; BRIT *(shoe size)* [Schuhgröße] 43; AM *(shoe size)* [Schuhgröße] 41
③ CARDS Zehn *f*, Zehner *m bes* ÖSTERR, SCHWEIZ
④ *(public transport)* ■ **the ~** die Zehn, der Zehner
ten·able [ˈtenəbl] *adj* ① *(defendable) approach* vertretbar; *argument* haltbar
② *pred (to be held) office, position* zu besetzen *präd*; *(to be maintained)* ***the university scholarship is ~ for three years*** das Stipendium für die Universität wird für drei Jahre verliehen
te·na·cious [tɪˈneɪʃəs, AM tə'-] *adj* ① *(gripping tightly) grip* fest; ***the baby took my finger in its ~ little fist*** der Säugling nahm meinen Finger fest in seine kleine Faust
② *(persistent) person, legend, theory* hartnäckig; *person also* beharrlich
te·na·cious·ly [tɪˈneɪʃəsli, AM tə'-] *adv* ① *(gripping tightly)* fest
② *(persistently)* unermüdlich, beharrlich
te·nac·ity [tɪˈnæsəti, AM təˈnæsət̬i] *n no pl* Beharrlichkeit *f*, Hartnäckigkeit *f*
ten·an·cy [ˈtenən(t)si] *n* ① *(status concerning lease)* Pachtverhältnis *nt*; *(rented lodgings)* Mietverhältnis *nt*
② *(right of possession)* Eigentum *nt*
③ *(duration of lease)* Pachtdauer *f*; *(of rented lodgings)* Mietdauer *f*; ***I have a two year ~ on the house*** ich habe einen Mietvertrag auf zwei Jahre für dieses Haus
ten·an·cy in com·mon <*pl* tenancies in common> *n* Eigentümergemeinschaft *f*
ten·ant [ˈtenənt] *n of rented accommodation* Mieter(in) *m(f)*; *of leasehold* Pächter(in) *m(f)*; **council ~** BRIT Mieter(in) *m(f)* einer Sozialwohnung; **sitting ~** durch Mietschutz [*o* SCHWEIZ Mieterschutz] geschützter Mieter/geschützte Mieterin
ten·ant ˈfarm·er *n* Pächter(in) *m(f)*
ten·ant·ry [ˈtenəntri] *n + sing/pl vb* Pächter(in) *m(f)*
tench <*pl* -> [ten(t)ʃ] *n* Schleie *f*
Ten Com·ˈmand·ments *npl* ■ **the ~** die Zehn Gebote *pl*
tend[1] [tend] *vi* ① *(be directed towards)* tendieren; **to ~ downwards** eine Tendenz nach unten aufweisen
② *(incline)* ■ **to ~ to** [*or* **towards**] **sth** zu etw *dat* neigen [*o* tendieren]; ***I ~ to think he's right*** ich bin dazu geneigt, ihm Recht zu geben

tend² [tend] **I.** *vi* ■**to ~ to sb/sth** sich *akk* um jdn/etw kümmern
II. *vt* ■**to ~ sb/sth** sich *akk* um jdn/etw kümmern, jdn/etw pflegen; **to ~ sheep** Schafe hüten; **to ~ a road accident victim** dem Opfer eines Verkehrsunfalls Hilfe leisten

ten·den·cy ['tendən(t)si] *n* Tendenz *f;* *(inclination)* Neigung *f,* Hang *m;* *(trend)* Trend *m* (**to[wards]** zu +*akk*); ***she showed musical tendencies from an early age*** schon von früh an ließ sie eine Neigung zur Musik erkennen; ***there is a growing ~ to invest in shares*** der Trend wächst, in Aktien zu investieren; ■**to have a ~ to[wards] sth** zu etw *dat* neigen; ***he has always had a ~ towards fast cars*** er hatte schon immer einen Hang zu schnellen Autos; **alarming ~** alarmierende Tendenz; **hereditary ~** erbliche Veranlagung

ten·den·tious [ten'den(t)ʃəs] *adj (pej form)* tendenziös *pej geh*

ten·den·tious·ly [ten'den(t)ʃəsli] *adv (pej form)* tendenziös *pej geh*

ten·den·tious·ness [ten'den(t)ʃəsnəs] *n no pl (form)* einseitige Orientierung

ten·der¹ ['tendəʳ, AM -ɚ] *adj* <-er, -est *or* most ->
① *(not tough) meat, vegetable* zart
② *(easily hurt) skin, plants* zart; *(sensitive to pain) part of body* [schmerz]empfindlich
③ *(liter: youthful)* zart; **at a ~ age of 5** im zarten Alter von 5 Jahren; **of ~ years** *(form)* in sehr jungen Jahren
④ *(requiring tact)* heikel; **~ subject** heikles Thema
⑤ *(affectionate)* zärtlich; ***she gave him a ~ look*** sie warf ihm einen liebevollen Blick zu; **~ love story** gefühlvolle Liebesgeschichte; **to have a ~ heart** ein weiches Herz besitzen; **~ kiss** zärtlicher Kuss

ten·der² ['tendəʳ, AM -ɚ] **I.** *n* COMM *(price quote)* Angebot *nt;* **to invite ~s** Angebote einholen; **to put in [*or* submit] a ~** ein Angebot machen; **to put sth out for ~** etw ausschreiben; **to win the ~** den Zuschlag bekommen; FIN Andienung *f*
II. *vt (form)* **to ~ an apology** eine Entschuldigung aussprechen; **to ~ the exact fare** das Fahrgeld genau abgezählt bereithalten; **to ~ one's resignation** die Kündigung einreichen; ***the minister ~ed his resignation*** der Minister bot seinen Rücktritt an
III. *vi* COMM ein Angebot machen; *goods* andienen; ■**to ~ for sth** sich *akk* an einer Ausschreibung für etw *akk* beteiligen

ten·der³ ['tendəʳ, AM -ɚ] *n* ① *(railway waggon)* Kohlenwagen *m*
② *(boat)* Begleitschiff *nt*
③ *(behind fire engine)* Wassertankanhänger *m*

ten·der·er [tendərəʳ, AM -ərɚ] *n* Bieter(in) *m(f)*

'ten·der·foot <*pl* -s *or* -feet> *n* Neuling *m*

ten·der-'heart·ed *adj* weichherzig

ten·der·ize ['tendᵊraɪz, AM -dər-] *vt* ■**to ~ sth** etw zart [*o* weich] machen; ***leave the beef overnight in a marinade to ~ it*** lassen Sie das Rindfleisch über Nacht in einer Marinade, damit es zart wird

ten·der·iz·er ['tendᵊraɪzəʳ, AM -dəraɪzɚ] *n* Weichmacher *m*

ten·der·loin ['tendᵊlɔɪn, AM -dɚ-] *n no pl* Filet *nt,* Lendenstück *nt*

ten·der·ly ['tendᵊli, AM -ɚli] *adv* sanft, zärtlich; *(lovingly)* liebevoll

ten·der·ness ['tendənəs, AM -dɚ-] *n no pl* ① *(fondness)* Zärtlichkeit *f,* Güte *f*
② *(physical sensitivity)* [Schmerz]empfindlichkeit *f;* ***there was an area of ~ and swelling on her left leg*** an ihrem linken Bein war eine Stelle, die schmerzempfindlich und geschwollenen war
③ *(succulence)* Zartheit *f;* ***the ~ of the steak was mouth-watering*** das Steak war so zart, dass einem das Wasser im Munde zusammenlief

'ten·der price *n* COMM Angebotspreis *m*

ten·don ['tendən] *n* Sehne *f*

ten·do·ni·tis ['tendənˌaɪtɪs, AM -ţ-] *n no pl* Sehnenentzündung *f,* Tendinitis *f fachspr*

ten·dril ['tendrᵊl] *n* Ranke *f*

ten·ement ['tenəmənt] *n* Mietwohnung *f;* AM *also (run-down)* heruntergekommene Mietwohnung

'ten·ement block *n* Wohnblock *m;* AM *also* Mietskaserne *f pej* **'ten·ement house** *n* AM, SCOT Mietshaus *nt,* Zinshaus *nt* ÖSTERR; AM *also* heruntergekommenes Mietshaus *nt*

Ten·erife [ˌtenᵊri:f, AM -ə'ri:f] *n no pl* Teneriffa *nt*

ten·et ['tenɪt] *n (form)* Lehre *f*

'ten·fold *inv* **I.** *adj* zehnfach **II.** *adv (by ten times)* um das Zehnfache; *(ten times)* zehnfach; **to multiply sth ~** etw verzehnfachen; **to multiply ~** sich *akk* verzehnfachen **ten-'four** *interj esp* AM *(fam)* okay; *(on CB radio)* Roger *sl* **ten-gal·lon 'hat** *n* Cowboyhut *m*

ten·ge <*pl* - *or* -s> ['teŋgeɪ] *n (currency of Kazakhstan)* Tenge *f*

Tenn. AM *abbrev of* **Tennessee**

ten·ner ['tenəʳ, AM -ɚ] *n (fam)* Zehner *m*

Ten·nes·sean [ˌtenə'si:ən, AM ˌtenɪ'-] **I.** *n* Bewohner(in) *m(f)* Tennessees
II. *adj* aus Tennessee *nach n*

ten·nis ['tenɪs] **I.** *n no pl* Tennis *nt*
II. *n modifier (ball, facilities, instructor)* Tennis-; **~ class** Tennisstunde *f*

'ten·nis court *n* Tennisplatz *m* **ten·nis 'el·bow** *n no pl* MED Tennisarm *m* **'ten·nis match** *n* Tennisspiel *nt,* Tennismatch *nt* **'ten·nis rack·et** *n* Tennisschläger *m* **'ten·nis shoe** *n* Tennisschuh *m*

ten·on ['tenən] *n* Zapfen *m*

'ten·on saw *n* Furniersäge *f*

ten·or¹ ['tenəʳ, AM -ɚ] **I.** *n* ① MUS Tenor *m;* *(voice also)* Tenorstimme *f*
② FIN Laufzeit *f*
II. *n modifier (saxophone, tuba, trombone, violin)* Tenor-

ten·or² ['tenəʳ, AM -ɚ] *n no pl* ① *(form: general meaning)* Tenor *m geh;* *(content also)* Inhalt *m;* **the general ~ of the discussion** der allgemeine Tenor der Diskussion
② *(settled nature) of life* Stil *m,* Verlauf *m;* **to raise the ~ of the proceedings** die Vorgehensweise verbessern
③ ECON Laufzeit *f*

ten·pin ['tenpɪn] *n* Kegel *m*

ten·pin 'bowl·ing *n no pl* Bowling *nt* **ten·pins** ['tenpɪnz] *npl + sing vb* AM Bowling *nt kein pl*

tense¹ [ten(t)s] *n* LING Zeitform *f,* Tempus *nt fachspr*

tense² [ten(t)s] **I.** *adj finger, muscle, person, voice* angespannt; **~ moment** spannungsgeladener Moment; **to defuse a ~ situation** eine gespannte Lage entschärfen
II. *vt* **to ~ a muscle** einen Muskel anspannen
III. *vi muscle, person* sich *akk* [an]spannen
◆**tense up** *vi muscle, person* sich *akk* [an]spannen

tensed up [ˌten(t)st'ʌp] *adj (mentally)* angespannt; *(physically)* verspannt; **to appear ~** angespannt wirken

tense·ly ['ten(t)sli] *adv* angespannt; *(nervously)* nervös

tense·ness ['ten(t)snəs] *n no pl* ① *(stiffness)* Steifheit *f;* ***you should always warm up before a race to lose any ~ you may have*** vor einem Wettlauf sollte man sich immer aufwärmen, um alle Muskeln zu lockern
② *(anxiousness)* Angespanntheit *f*

ten·sile ['ten(t)saɪl, AM -sɪl] *adj (form)* dehnbar; *(lengthwise)* streckbar

ten·sile 'strength *n* Zugfestigkeit *f*

ten·sion ['ten(t)ʃᵊn] *n no pl* ① *(tightness)* Spannung *f;* ***~ in the neck muscles can lead to a headache*** eine Verspannung der Nackenmuskulatur kann zu Kopfschmerzen führen; **~ of a rope** Seilspannung *f*
② *(uneasiness)* [An]spannung *f*
③ *(strain)* Spannung[en] *f[pl]* (**between** zwischen +*dat*); **to ease ~** Spannungen reduzieren
④ *(emotional excitement)* Spannung *f;* **to maintain the ~ in a film** die Spannung in einem Film aufrechterhalten

tent [tent] *n* Zelt *nt;* **beer ~** Bierzelt *nt,* Festzelt *nt bes* SCHWEIZ; **two-man ~** Zweipersonenzelt *nt;* **to pitch a ~** ein Zelt aufschlagen

ten·ta·cle ['tentəkl] *n* Fangarm *m,* Tentakel *m fachspr;* *(as a sensor)* Fühler *m;* **to have one's ~s in sth** *(fig)* die Finger in etw *dat* haben *fig*

ten·ta·tive ['tentətɪv, AM -ţətɪv] *adj* ① *(provisional)* vorläufig; **a ~ agreement** eine vorläufige Vereinbarung
② *(hesitant)* vorsichtig; **~ attempt [*or* effort]** zaghafter Versuch

ten·ta·tive·ly ['tentətɪvli, AM -ţəţɪv-] *adv* ① *(provisionally)* provisorisch
② *(hesitatingly)* zögernd

ten·ta·tive·ness ['tentətɪvnəs, AM -ţəţɪv-] *n no pl* Unentschlossenheit *f*

tent·ed ['tentɪd] *adj inv* mit Zelten belegt

ten·ter·hooks ['tentəhʊks, AM -ţɚ-] *npl* Spannhaken *m;* ■**to be [kept] on ~** wie auf glühenden Kohlen sitzen; ■**to be on ~ to do sth** es kaum abwarten können, etw zu tun; **to keep sb on ~** jdn auf die Folter spannen

tenth [ten(t)θ] **I.** *adj* ① *(in sequence)* zehnte(r, s); ***you're the ~ person to put your name down*** du bist der Zehnte, der sich einträgt; **~ grade** AM zehnte Klasse, die Zehnte; *see also* **eighth I 1**
② *(in a race)* **to be/come [*or* finish] ~ [in a race]** [bei einem Rennen] Zehnter sein/werden; *see also* **eighth I 2**
II. *n* ① *(order)* ■**the ~** der/die/das Zehnte; *see also* **eighth II 1**
② *(date)* ■**the ~** *spoken* der Zehnte; ■**the 10th** *written* der 10.; *see also* **eighth II 2**
③ *(fraction)* Zehntel *nt*
④ MUS *(interval)* Dezime *f;* *(chord)* Dezimakkord *m*
III. *adv inv* zehntens

tenth·ly ['ten(t)θli] *adv inv* zehntens

'tent peg *n* Hering *m* **'tent pole** *n* Zeltstange *f*

tenu·ous ['tenjuəs] *adj* spärlich; *argument, excuse* schwach, dürftig; *cloud* dünn

tenu·ous·ly ['tenjuəsli] *adv* ① *(weak)* schwach
② *(hardly)* kaum; **~ related** entfernt verwandt

ten·ure ['tenjəʳ, AM -ɚ] *n (form)* ① *no pl (right of title)* Besitz *m;* **security of ~** Kündigungsschutz *m*
② *no pl (term of possession)* Pachtdauer *f;* ***they have another two years ~*** sie haben noch zwei weitere Jahre Pachtrecht
③ *(holding of office)* Amtszeit *f;* **~ as a commander** Dienstzeit *f* als Kommandeur; ***her tenure of the premiership was threatened*** ihr Amt als Premierministerin war in Gefahr
④ UNIV *(permanent position)* feste Anstellung; ***the only position in the department having ~ is the chair*** die einzige feste Stelle in der Abteilung ist der Vorsitz

ten·ured ['tenjəd, AM -ɚd] *adj inv (form) civil servant, teacher* unkündbar, ÖSTERR *oft* pragmatisiert; **~ position** feste Anstellung, ÖSTERR *oft* Pragmatisierung

te·pee ['ti:pi:] *n* Indianerzelt *nt*

tep·id ['tepɪd] *adj* lau[warm] *a. fig;* **~ applause** schwacher Applaus; **~ reaction** laue Reaktion

te·pid·ity [tep'ɪdəti, AM tə'pɪdəţi] *n no pl* lauwarme Temperatur

te·qui·la [tə'ki:lə] *n* Tequila *m*

tera·byte ['terəbaɪt] *n* COMPUT, INFORM Terabyte *m*

ter·bium ['tɜ:biəm, AM 'tɜ:r-] *n no pl* CHEM Terbium *nt*

ter·cen·te·nary [ˌtɜ:sen'ti:nᵊri, AM tɚ'sentᵊneri], AM *esp* **ter·cen·ten·nial** [ˌtɜ:sen'teniəl, AM ˌtɜ:r-]
I. *n* Dreihundertjahrfeier *f*
II. *adj attr, inv* Dreihundertjahr-; **~ anniversary** dreihundertjähriges Jubiläum

term [tɜ:m, AM tɜ:rm] **I.** *n* ① *(of two)* Semester *nt;* *(of three)* Trimester *nt;* **half-~** *kurze Ferien, die zwischen den langen Ferien liegen, z.B. Pfingst-/Herbstferien*
② *(set duration of job)* Amtszeit *f;* **~ of office** Amtsperiode *f,* Amtszeit *f*
③ *(period of sentence)* **~ of imprisonment** Haftdauer *f;* **prison ~** Gefängnisstrafe *f*
④ ECON *(form: duration of contract)* Laufzeit *f,* Dauer *f;* **~ of a policy** Vertragslaufzeit *f*
⑤ *no pl (anticipated date of birth)* Geburtstermin *m;* ***her last pregnancy went to ~*** bei ihrer letzten Schwangerschaft hat sie das Kind bis zum Schluss ausgetragen; *(period)* **~ of pregnancy**

Schwangerschaft *f*
⑥ *(range)* Dauer *f;* **in the long/medium/short ~** lang-/mittel-/kurzfristig
⑦ *(phrase)* Ausdruck *m;* **~ of abuse** Schimpfwort *nt;* **~ of endearment** Kosewort *nt;* **in layman's ~s** einfach ausgedrückt; **to be on friendly ~s with sb** mit jdm auf freundschaftlichem Fuß stehen; **generic ~** Gattungsbegriff *m;* **in glowing ~s** mit Begeisterung; **legal ~** Rechtsbegriff *m;* **technical ~** Fachausdruck *m;* **in no uncertain ~s** unmissverständlich; ***she told him what she thought in no uncertain ~s*** sie gab ihm unmissverständlich zu verstehen, was sie dachte
II. *vt* ■**to ~ sth:** ***I would ~ his behaviour unacceptable*** ich würde sein Verhalten als inakzeptabel bezeichnen; ■**to ~ sb [as] sth** jdn als etw bezeichnen, jdn etw nennen

ter·ma·gant ['tɜːməgənt, AM 'tɜːr-] *n (pej)* Drachen *m pej,* Xanthippe *f pej*

term de·'pos·it *n* FIN Termineinlage *f*

ter·mi·nable ['tɜːmɪnəbl, AM 'tɜːr-] *adj (form)* kündbar, auflösbar

ter·mi·nal ['tɜːmɪnəl, AM 'tɜːr-] I. *adj inv* ① *(fatal)* End-; ***she has ~ cancer*** sie ist unheilbar an Krebs erkrankt; **~ disease** [*or* **illness**] tödlich verlaufende Krankheit; **~ patient** Sterbepatient(in) *m(f)*
② *(fig fam: extreme)* ***the shipbuilding industry is in ~ decline*** die Schiffsbaubranche befindet sich unaufhaltsam im Niedergang; **~ boredom** tödliche Langeweile
③ *(concerning travel terminals)* Terminal-; **~ building** Flughafengebäude *nt*
II. *n* ① AVIAT, TRANSP Terminal *m o nt;* **air ~** Flughafengebäude *nt;* **ferry ~** Bestimmungshafen *m;* *(building)* Hafenterminal *nt;* **rail ~** Endstation *f*
② COMPUT *(part of computer)* Terminal *nt;* *(point in network)* Netzstation *f*
③ *(point in circuit)* [Anschluss]pol *m*

ter·mi·nal·ly ['tɜːmɪnəli, AM 'tɜːr-] *adv* tod-; **~ ill** todkrank; **~ stupid** *(fig)* rettungslos bescheuert *fam*

ter·mi·nate ['tɜːmɪneɪt, AM 'tɜːr-] I. *vt* ■**to ~ sth** etw beenden; **to ~ a contract** einen Vertrag aufheben; **to ~ a pregnancy** eine Schwangerschaft abbrechen
II. *vi* enden; ***this train will ~ at the next stop*** der nächste Bahnhof ist Endstation

ter·mi·na·ting ['tɜːmɪneɪtɪŋ, -mə-, AM 'tɜːr-] *adj attr, inv* SCI begrenzend *attr;* **~ decimal** MATH endlicher Dezimalbruch

ter·mi·na·tion [ˌtɜːmɪ'neɪʃən, AM ˌtɜːr-] *n no pl* Beendigung *f; of a contract* Aufhebung *f,* Kündigung *f;* COMPUT *of a program* Abbruch *m;* **~ of a chain** CHEM Kettenabbruch *m;* **~ of a pregnancy** Schwangerschaftsabbruch *m;* **~ reaction** CHEM Abbruchreaktion *f*

ter·mi·ni ['tɜːmɪnaɪ, AM 'tɜːr-] *n pl of* **terminus**

ter·mi·no·logi·cal [ˌtɜːmɪnə'lɒdʒɪkəl, AM ˌtɜːrmɪnə'lɑː-] *adj* terminologisch *fachspr*

ter·mi·no·logi·cal·ly [ˌtɜːmɪnə'lɒdʒɪkəli, AM ˌtɜːrmɪnə'lɑː-] *adv* terminologisch *fachspr*

ter·mi·nol·ogy [ˌtɜːmɪ'nɒlədʒi, AM ˌtɜːrmɪ'nɑː-] *n* Terminologie *f geh,* Fachsprache *f*

term in·'sur·ance *n no pl* AM Zeitversicherung *f,* Terminversicherung *f*

ter·mi·nus <*pl* -es *or* -ni> ['tɜːmɪnəs, AM 'tɜːr-, *pl* -naɪ] *n* Endstation *f; of a train also* Endbahnhof *m*

ter·mite ['tɜːmaɪt, AM 'tɜːr-] *n* Termite *f*

'term pa·per *n* AM Seminararbeit *f*

terms [tɜːmz, AM tɜːrmz] *npl* Bedingungen *pl;* **~ of an agreement** Vertragsbedingungen *pl;* **~ and conditions** Bedingungen und Konditionen, [Geschäfts-]Bedingungen *pl;* **~ of a credit** Kreditbedingungen *pl;* **on equal** [*or* **the same**] **~** unter den gleichen Bedingungen; **on favourable** [*or* AM **favorable**] **~** zu günstigen Bedingungen; **to be back on level ~** SPORT den Ausgleich erzielt haben; **on one's [own] ~** zu seinen/ihren [eigenen] Bedingungen; **to bring sb to ~** jdn zur Annahme der Bedingungen zwingen; **to comply with the ~** die Bedingungen erfüllen; **to state ~** Bedingungen nennen
▶PHRASES: **to be on <u>bad</u>/<u>good</u> ~ with sb** sich *akk* schlecht/gut mit jdm verstehen; **to <u>come</u> to ~ with sth** sich *akk* mit etw *dat* abfinden; **to <u>come</u> to ~ with sb** sich *akk* mit jdm einigen; **<u>in</u> ~ of sth, <u>in</u> ... ~** *(as)* als etw; ***consider it in ~ of an instrument*** betrachten Sie es als Instrument; *(with regard to)* was etw angeht *dat;* ***in ~ of costs*** was die Kosten angeht; ***a 200-year old building is very old in American ~*** für amerikanische Verhältnisse ist ein 200 Jahre altes Gebäude sehr alt; **to <u>talk</u>** [*or* **<u>think</u>**] **in ~ of doing sth** sich *akk* mit dem Gedanken tragen, etw zu tun

terms of 'ref·er·ence *npl* ① *(form: topic area)* Aufgabenbereich *m;* **~ of the report** Berichtsgrundlagen *pl*
② *(basis for decision)* Kriterien *pl;* ***he is always concerned about money — finance is his only ~*** er macht sich immer Sorgen ums Geld – die Finanzen sind sein einziges Kriterium

'term time *n (at university)* Semesterzeit *f;* *(at school)* Schulhalbjahr *nt*

tern [tɜːn, AM tɜːrn] *n* Seeschwalbe *f*

ter·race ['terɪs] I. *n* ① *(patio)* Terrasse *f*
② *(on a slope)* Terrasse *f*
③ *(geol)* Terrasse *f*
④ BRIT ■**~s** *pl (in a stadium)* Tribüne *f;* **spectators'** [*or* **viewing**] **~** Besucherränge *pl*
⑤ *esp* BRIT *(row of houses)* Reihenhäuser *pl;* **end-of-~** letztes Reihenhaus
II. *vt* ■**to ~ sth** etw terrassenförmig anlegen

ter·raced ['terɪst] *adj inv* Terrassen-; **~ property** Reihenhaus *nt;* **~ road** BRIT Straße *f* mit Reihenhäusern

ter·raced 'house *n* Reihenhaus *nt*

ter·ra·cot·ta [ˌterə'kɒtə, AM -'kɑːt̬ə] I. *n no pl* ① *(clay product)* Terrakotta *f*
② *(colour)* Terrakotta *f*
II. *n modifier* ① *(clay) (pot, sculpture, tile)* Terrakotta-, aus Terrakotta *nach n, präd*
② *(reddish)* Terrakotta-; **~ shade** Terrakottaton *m*

ter·ra fir·ma [ˌterə'fɜːmə, AM -'fɜːr-] *n no pl* festes Land; **to get back on ~ again** wieder festen Boden unter den Füßen haben

ter·ra·form·ing ['terəˌfɔːmɪŋ, AM -ˌfɔːr-] *n no pl Anpassung eines Planeten an menschliche Lebensbedingungen*

ter·rain [tə'reɪn, AM ter'eɪn] *n* Gelände *nt,* Terrain *nt a. fig;* **ski ~** Skigebiet *nt;* **marshy ~** Sumpfgebiet *nt*

ter·ra·pin <*pl* - *or* -s> ['terəpɪn] *n* Dosenschildkröte *f*

ter·rar·ium <*pl* -s *or* -ria> [tə'reəriəm, AM -'reri-] *n* Terrarium *nt*

ter·raz·zo [tə'rætsəʊ, AM rɑːtsoʊ] *n no pl* Terrazzo *m*

ter·res·trial [tə'restriəl] *(form)* I. *adj inv* ① *(of, on, or relating to the earth)* terrestrisch *geh,* Erd-; **~ conditions** Bedingungen *pl* auf der Erde
② *(living on the ground) animal, plant* Land-, an Land lebend *attr;* **to live in ~ habitats** Landbewohner sein
③ TV, MEDIA terrestrisch *geh*
II. *n* Erdling *m,* Erdbewohner(in) *m(f)*

ter·ri·ble ['terəbl] *adj* ① *(shockingly bad)* schrecklich, furchtbar; **~ news** schreckliche Nachricht; **to give a ~ smile** Furcht erregend grinsen; **to look/feel ~** schlimm aussehen/sich *akk* schrecklich fühlen
② *(fam: very great)* schrecklich, fürchterlich; ***what a ~ mess your room is in!*** in deinen Zimmer herrscht eine fürchterliche Unordnung!; ***she is ~ at managing her money*** sie kann mit Geld überhaupt nicht umgehen; **to be a ~ nuisance** schrecklich lästig sein

ter·ri·ble 'twins *npl* BRIT *(fam)* Skandalpaar *nt (Zweiergespann, das sich einen notorischen Ruf erworben hat)* **ter·ri·ble 'twos** *npl* ■**the ~** das Trotzalter

ter·ri·bly ['terəbli] *adv* ① *(awfully)* schrecklich; ***I slept ~ last night*** ich habe letzte Nacht sehr schlecht geschlafen; ***he did ~ in the race*** er hat im Rennen sehr schlecht abgeschnitten
② *(fam: extremely)* außerordentlich; ***she was ~ sorry*** es tat ihr fürchterlich leid; **to be ~ pleased** sich *akk* außerordentlich freuen
③ *(fam: really, truly)* wirklich; ***were you ~ in love with him?*** warst du richtig in ihn verliebt?; **not ~** nicht wirklich

ter·ri·er ['teriəʳ, AM -ɚ] *n* Terrier *m*

ter·rif·ic [tə'rɪfɪk] *adj (fam)* ① *(excellent)* großartig, fantastisch, toll *fam,* super *sl;* ***we had a ~ time at the zoo*** es war einfach toll im Zoo
② *(very great)* gewaltig, ungeheuer, unglaublich; **at a ~ speed** mit einer ungeheuren Geschwindigkeit

ter·ri·fi·cal·ly [tə'rɪfɪkəli] *adv* ① *(fam: extremely well)* fantastisch, großartig, super *sl;* ***we get on ~*** wir verstehen uns großartig
② *(extremely)* ungeheuer, unglaublich; ***my tooth is ~ painful*** mein Zahn schmerzt gewaltig; ***she's been ~ busy lately*** sie hat in letzter Zeit ungeheuer viel zu tun

ter·ri·fied ['terəfaɪd] *adj (through sudden fright)* erschrocken; *(scared)* verängstigt; ■**to be ~ of sth** [große] Angst vor etw *dat* haben; ■**to be ~ of doing sth** [große] Angst haben, etw zu tun; ■**to be ~ that ...** [große] Angst haben, dass ...; **a ~ child** ein verängstigtes Kind; **to be too ~ to do sth** zu verängstigt sein, etw zu tun

ter·ri·fy <-ie-> ['terəfaɪ] *vt* ■**to ~ sb** jdn fürchterlich erschrecken, jdm Angst [*o* einen Schrecken] einjagen; ***it terrifies me to think about what could've happened*** wenn ich mir vorstelle, was alles hätte passieren können, läuft es mir kalt den Rücken runter

ter·ri·fy·ing ['terəfaɪɪŋ] *adj thought, sight* entsetzlich; *speed* Angst erregend, Furcht einflößend; **a ~ experience** ein schreckliches [*o* furchtbares] Erlebnis

ter·ri·fy·ing·ly ['terəfaɪɪŋli] *adv* erschreckend, beängstigend

ter·rine [tər'iːn] *n* ① *(pâté dish)* Terrine *f*
② *(cooking vessel)* Steinguttopf *m,* Terrine *f*

ter·ri·to·rial [ˌterɪ'tɔːriəl, AM -ə'-] I. *n* BRIT Territorialsoldat *m,* Landwehrsoldat *m,* Soldat *m* der Heimatschutztruppe BRD
II. *adj inv* ① GEOG, POL territorial, Gebiets-; **~ aggrandizement** territoriale Vergrößerung, Gebietserweiterung *f*
② ZOOL regional begrenzt; **~ bird** Vogel *m* mit Territorialverhalten
③ *esp* AM *(relating to a Territory)* ■**T~** Territorial-, Landes-; **~ law** Territorialrecht *nt,* Landesrecht *nt*

Ter·ri·to·rial 'Army *n* BRIT Territorialarmee *f,* Territorialheer *nt,* Landwehr *f;* ■**the ~** die Heimatschutztruppe BRD **ter·ri·to·rial 'wa·ters** *npl* Hoheitsgewässer *pl,* Territorialgewässer *pl*

ter·ri·tory ['terɪtəri, AM -ətɔːri] *n* ① *(area of land)* Gebiet *nt,* Territorium *nt;* **uncharted/unknown ~** unerforschtes/unbekanntes Gebiet
② *no pl* POL Hoheitsgebiet *nt,* Staatsgebiet *nt,* Territorium *nt;* **in enemy ~** auf feindlichem Gebiet; **forbidden ~** *(fig)* verbotenes Terrain *fig;* **maritime ~** Hoheitsgewässer *pl;* **private ~** Privatsphäre *f*
③ BIOL Revier *nt,* Territorium *nt*
④ *(of activity or knowledge)* Bereich *m,* Gebiet *nt;* **familiar ~** *(fig)* vertrautes Gebiet [*o* Terrain] *fig;* **new/uncharted ~** Neuland *nt fig*
⑤ AUS **Northern ~** Nordterritorium *nt*
▶PHRASES: **to <u>go</u>** [*or* **<u>come</u>**] **with the ~** dazugehören, einhergehen; ***the public attention that famous people get just goes with the ~*** Prominente stehen zwangsläufig im Mittelpunkt der Öffentlichkeit

ter·ror ['terəʳ, AM -ɚ] *n* ① *no pl (great fear)* schreckliche Angst; **to be** [*or* **go**] [*or* **live**] **in ~ of one's life** Todesängste ausstehen; **to have a ~ of sth** vor etw *dat* große Angst haben; **to have a ~ of spiders** panische Angst vor Spinnen haben; **abject/sheer ~** furchtbare Angst; ***there was sheer ~ in her eyes when he came back into the room*** in ihren Augen stand das blanke Entsetzen, als er in den Raum zurückkam; **to flee in ~** in panischer Angst fliehen; **to strike ~** [schreckliche] Angst auslösen; **to strike sb with ~** jdn in Angst und Schrecken versetzen; **to strike ~ in** [*or* **into**] **sb's heart** jdn mit großer Angst erfüllen
② *(political violence)* Terror *m;* **campaign of ~** Terrorkampagne *f;* **reign of ~** Terrorherrschaft *f,* Schre-

ckensherrschaft, f; **war on ~** Bekämpfung *f* des Terrorismus; **weapon of ~** Terrorinstrument *nt*
③ *(cause of fear)* Schrecken *m;* **the ~s of captivity** die Schrecken *pl* der Gefangenschaft; **to have** [*or* **hold**] **no ~s** [**for sb**] [jdn] nicht [ab]schrecken; ***the tiger was the ~ of the villagers for several months*** der Tiger versetzte die Dorfbewohner monatelang in Angst und Schrecken
④ *(fam: child)* Satansbraten *m pej;* ***he is the ~ of the neighbourhood*** er ist der Schrecken der Nachbarschaft; **holy ~** Plage *f fig,* Albtraum *m fig*
⑤ HIST ■**the T~** [*or* **the Reign of T~**] Schreckensherrschaft *f*

'ter·ror at·tack *n* Terroranschlag *m* **'ter·ror cell** *n* Terrorzelle *f*

ter·ror·ism ['terərɪzəm] *n no pl* Terrorismus *m;* **act of ~** Terrorakt *m,* Terroranschlag *m*

ter·ror·ist ['terərɪst] **I.** *n* Terrorist(in) *m(f)*
II. *adj attr, inv* terroristisch

ter·ror·is·tic ['terərɪstɪk] *adj* terroristisch

ter·rori·za·tion [ˌterəraɪ'zeɪʃən, AM -rɪ'-] *n no pl* Terrorisierung *f*

ter·ror·ize ['terəraɪz, AM -əraɪz] *vt* ■**to ~ sb** *(frighten)* jdn in Angst und Schrecken versetzen; *(coerce by terrorism)* jdn terrorisieren

'ter·ror-strick·en, 'ter·ror-struck *adj* starr vor Schreck, zu Tode erschrocken

ter·ry, ter·ry cloth ['teri-] **I.** *n no pl (type)* Frottierstoff *m,* Frottee *m o nt; (cloth)* Frottiertuch *nt*
II. *n modifier (towel, bathrobe)* Frottee-, Frottier-; **~ velvet** Kräuselsamt *m,* Velours bouclé *m* SCHWEIZ, Bouclé *m* ÖSTERR

ter·ry 'nap·py *n* BRIT Frotteewindel *f* **ter·ry 'tow·el·ling** BRIT **I.** *n no pl* Frottierstoff *m,* Frottee *m o nt*
II. *n modifier* Frottee-, Frottier-

terse [tɜːs, AM tɜːrs] *adj* kurz und bündig; **~ and to the point** kurz und prägnant; **~ reply** kurze [*o* knappe] Antwort

terse·ly ['tɜːsli, AM 'tɜːrs-] *adv* knapp, kurz und bündig; **to be ~** kurz angebunden sein

terse·ness ['tɜːsnəs, AM 'tɜːrs-] *n no pl (curtness)* Knappheit *f,* Kürze *f; (conciseness)* Prägnanz *f*

ter·tiary ['tɜːʃəri, AM 'tɜːrʃieri] **I.** *adj inv* ① *(third in place/degree)* drittrangig, tertiär *geh*
② MED tertiär, dritten Grades *nach n;* **~ burns** Verbrennungen *pl* dritten Grades; **~ syphilis** Syphilis *f* im Tertiärstadium
③ ORN **~ feathers** Flaumfedern *pl*
④ GEOL ■**T~** Tertiär-; **T~ deposit** Tertiärablagerung *f;* **the T~ period** das Tertiär; **~ recovery** TECH *of crude* Tertiärförderung *f*
II. *n* ① *(tertiary feather)* Flaumfeder *f*
② GEOL Tertiär *nt;* ■**Tertiaries** *pl* tertiäre Überreste

ter·tiary e'cono·my *n* tertiärer Sektor, Dienstleistungswirtschaft *f* **ter·tiary edu·'ca·tion** *n* BRIT Hochschulbildung *f,* Studium *nt* **ter·tiary 'in·dus·try** *n* BRIT Dienstleistungsbranche *f* **'ter·tiary sec·tor** *n* BRIT Dienstleistungssektor *m,* tertiärer Wirtschaftssektor *fachspr*

Tery·lene® ['terəliːn] *n no pl* BRIT Terylen® *nt*

TESL ['tesḷ] *n no pl acr for* **teaching English as a second language** TESL *nt (das Unterrichten von Englisch als zweite Sprache);* **~ certificate** TESL-Zeugnis *nt;* **~ course** TESL-Kurs *m*

TESOL ['tiːsɒl, AM -sɑːl] *n no pl acr for* **teaching English to speakers of other languages** TESOL *nt (das Unterrichten von Englisch als Fremdsprache)*

TESSA ['tesə] *n* BRIT *acr for* **Tax Exempt Special Savings Account** TESSA *nt (Sparkonto für steuerfreie Zinserträge bei einer Mindestlaufzeit von fünf Jahren)*

tes·sel·late ['tesəleɪt, AM -əleɪt] **I.** *vt* ■**to ~ sth** etw mit Mosaiksteinen auslegen [*o fachspr* tessellieren]
II. *vi* sich *akk* ohne Zwischenraum aneinanderfügen lassen

tes·sel·lat·ed ['tesəleɪtɪd, AM -əleɪt̬ɪd] *adj inv* mosaikartig, Mosaik-

tes·sel·la·tion [ˌtesə'leɪʃən, AM -ə'leɪ-] *n* ① *no pl (covering surface)* Mosaik *nt,* Mosaikarbeit *f; (act of covering)* Mosaikarbeit *f*
② *(arrangement)* Mosaikmuster *nt,* Mosaikstruktur *f*

test [test] **I.** *n* ① *(of knowledge, skill)* Prüfung *f,* Test *m;* SCH Klassenarbeit *f;* UNIV Klausur *f;* **aptitude ~** Eignungstest *m;* **driving ~** Fahrprüfung *f;* **IQ ~** Intelligenztest *m;* **oral/practical/written ~** mündliche/praktische/schriftliche Prüfung; **to fail a ~** eine Prüfung nicht bestehen; **to give sb a ~** jdn prüfen; ***I'll give the kids a vocabulary ~ today*** ich lasse die Kinder heute einen Vokabeltest schreiben; **to pass a ~** eine Prüfung bestehen; **to take a ~** einen Test [*o* eine Prüfung] machen
② MED, SCI *(examination)* Untersuchung *f,* Test *m;* ***I'm going to have an eye ~ tomorrow*** ich lasse mir morgen die Augen untersuchen; **blood ~** Blutuntersuchung *f;* **pregnancy ~** Schwangerschaftstest *m;* **urine ~** Urinprobe *f;* **to do** [*or* **perform**] [*or* **carry out**] **a ~** eine Untersuchung durchführen; **to have a ~** sich *akk* untersuchen lassen, sich *akk* einer Untersuchung unterziehen *geh*
③ *(of metallurgy)* Versuchstiegel *m,* Kapelle *f*
④ *(of efficiency)* Test *m;* **safety ~** Sicherheitsprüfung *f,* Sicherheitstest *m;* **to undergo a ~** sich *akk* einem Test unterziehen
⑤ *(challenge)* Herausforderung *f,* Prüfung *f fig;* **to be a real ~ of sth** eine echte Herausforderung für etw *akk* sein, etw auf eine harte Probe stellen; ***that was a real ~ of his endurance*** das war für ihn eine wirkliche Belastungsprobe; **to put sth to the ~** etw auf die Probe stellen
⑥ SPORT *(cricket)* ■**T~** [**match**] Testmatch *nt*
▶PHRASES: **the acid ~** die Feuerprobe; **to stand the ~ of time** die Zeit überdauern
II. *vt* ① *(for knowledge, skill)* ■**to ~ sb** jdn prüfen [*o* testen]; ***I expect they will want to ~ my shorthand and typing*** ich denke, man wird mich in Steno und Schreibmaschine prüfen
② *(try to discover)* ■**to ~ sth** etw untersuchen [*o geh* erkunden]; ***we should ~ the parents' reaction before we go ahead with the changes*** wir sollten erst einmal die Reaktion der Eltern abwarten, bevor wir weitere Änderungen vornehmen
③ *(check performance)* ■**to ~ sth** etw testen [*o* überprüfen]
④ *(for medical purposes)* ■**to ~ sth** etw untersuchen; ***I was ~ed for HIV before I gave blood*** vor dem Blutspenden wurde ich auf Aids untersucht; **to ~ sb's blood** eine Blutuntersuchung durchführen; **to ~ sb's eyes** jds Augen untersuchen; **to ~ sb's hearing** jds Hörvermögen testen
⑤ SCH ■**to ~ sth** etw abfragen [*o* prüfen]; ■**to ~ sb** jdn prüfen; **to ~ sb's IQ** [*or* **intelligence**] jds IQ testen; ■**to ~ sth** SCI etw testen [*o* untersuchen]; ***how can we ~ the presence of oxygen in this sample?*** wie können wir den Sauerstoffgehalt in dieser Probe ermitteln?; ***they ~ed the strength of the acid samples*** sie analysierten die Konzentration der Säureproben
⑥ *(try to prove)* ■**to ~ sth** etw überprüfen; **to ~ a theory** eine Theorie zu beweisen versuchen
⑦ ■**to ~ sth** *(by touching)* etw prüfen; *(by tasting)* etw probieren [*o geh* kosten]; ***she ~ed the water by dipping her toes into the pool*** sie testete mit ihren Zehen die Wassertemperatur im Becken
⑧ *(try to the limit)* ■**to ~ sb/sth** jdn/etw auf die Probe stellen
▶PHRASES: **to ~ the patience of a saint** [*or* **of Job**] eine harte Geduldsprobe sein; ***those kids' behaviour would ~ the patience of Job*** bei diesen Kindern muss man wirklich eine Engelsgeduld haben; **to ~ the water(s)** die Stimmung testen
III. *vi* MED einen Test machen; ***she ~ed positive for HIV*** ihr Aidstest ist positiv ausgefallen

tes·ta·ment ['testəmənt] *n* ① *(will)* Testament *nt,* letzter Wille; **last will and ~** LAW letztwillige Verfügung, Testament *nt;* **the reading of the last will and ~** die Verlesung des Testaments
② *(evidence)* Beweis *m;* ■**to be** [**a**] **~ to sth** etw beweisen; ***the detail of her wildlife paintings is a ~ to her powers of observation*** ihre detaillierten Naturbilder zeugen von einer hervorragenden Beobachtungsgabe
③ REL **the New/Old T~** das Neue/Alte Testament

tes·ta·men·tary [ˌtestə'mentəri, AM -t̬ɚi] *adj* testamentarisch, letztwillig

tes·tate ['testeɪt] **I.** *adj pred, inv* mit Hinterlassung eines Testaments; ■**to die ~** ein Testament hinterlassen
II. *n* LAW *Erblasser/Erblasserin, der/die ein gültiges Testament hinterlässt*

tes·ta·tion [tes'teɪʃən] *n no pl* LAW testamentarische Übertragung

tes·ta·tor [tes'teɪtəʳ, AM 'testeɪt̬ɚ] *n* LAW *(form)* Erblasser *m form,* Testator *m fachspr*

tes·ta·trix <*pl* -trices> [tes'teɪtrɪks, *pl* -trɪsiːz] *n* LAW *(form)* Erblasserin *f form*

'test ban *n* Teststopp *m,* Versuchsverbot *nt* **'Test-Ban Trea·ty** *n* Teststoppabkommen *nt* **'test bay, 'test bench** *n* TECH Versuchsstand *m,* Prüfstand *m* **'test bed** *n* Testvehikel *nt a. fig* **'test bench** *n* Prüfstand *m;* COMPUT Testbench *f* **'test card** *n* TV Testbild *nt* **'test case** *n* LAW *(case establishing a precedent)* Musterprozess *m,* Musterklage *f; (precedent)* Präzedenzfall *m* **'test cru·ci·ble** *n* CHEM Probiertiegel *m* **'test drive** *n* Testfahrt *f,* Probefahrt *f;* **to take sth for a ~** *(fig) product* etw testen **'test-drive** *vt* **to ~ a vehicle** ein Fahrzeug Probe fahren **'test elec·trode** *n* PHYS Prüfelektrode *f* **'test en·vi·ron·ment** *n* COMPUT Testumgebung *f*

test·er[1] ['testəʳ, AM -ɚ] *n* ① *(person)* Prüfer(in) *m(f)*
② *(machine)* Prüfgerät *nt,* Testvorrichtung *f*
③ *(sample)* Muster *nt,* Probe *f*

tes·ter[2] ['testəʳ, AM -ɚ] *n (canopy)* Baldachin *m*

tes·tes ['testiːz] *n pl of* **testis**

'test evalu·ation *n* SCI Versuchsauswertung *f* **'test-fire** *vt* ■**to ~ sth** etw probeweise abfeuern **'test flight** *n* Testflug *m,* Probeflug *m*

tes·ti·cle ['testɪkl] *n* Hoden *m,* Testikel *m fachspr*

tes·ti·fy <-ie-> ['testɪfaɪ] *vi* ① LAW *(give evidence)* [als Zeuge, Zeugin *m, f*] aussagen, eine Aussage machen; ■**to ~ against/for sb** gegen/für jdn aussagen; ■**to ~ on behalf of sb** an jds Stelle [*o* für jdn] aussagen; **to be called upon to ~** als Zeuge/Zeugin aufgerufen werden; ***he testified to having seen the man*** er sagte aus, den Mann gesehen zu haben; ■**to ~ that ...** aussagen, dass ...
② *(prove)* ■**to ~ to sth** von etw *dat* zeugen *geh,* auf etw *akk* hindeuten; LAW etw bezeugen; ■**to ~ that ...** *person* bezeugen, dass ...; *object* darauf hindeuten, dass ...

tes·ti·ly ['testɪli] *adv* gereizt, ärgerlich

tes·ti·mo·nial [ˌtestɪ'məʊniəl, AM -'moʊ-] *n* ① *(dated: character reference)* Zeugnis *nt,* Referenz *f,* Empfehlungsschreiben *nt*
② *(assurance of quality)* Bestätigung *f,* Anerkennung *f;* ***after hearing his ~ to the treatment's effectiveness, I decided to try it myself*** nachdem er mir die Wirksamkeit der Behandlung bestätigt hatte, entschloss ich mich, sie selbst auszuprobieren
③ *(tribute for achievements)* Ehrengabe *f,* Geschenk *nt* als Zeichen der Anerkennung

tes·ti·'mo·nial game, tes·ti·'mo·nial match *n* SPORT *Spiel, das zu Ehren einer Person ausgetragen wird, die auch einen Teil des eingespielten Geldes erhält*

tes·ti·mo·ny ['testɪməni, AM -moʊni] *n* ① *(statement in court)* [Zeugen]aussage *f;* **to bear ~ to sth** etw bezeugen; **to give ~** aussagen
② *(fig: proof)* Beweis *m;* ■**to be a ~ of sth** von etw *dat* zeugen, ein Beweis für etw *akk* sein; ■**to be ~ to sth** etw beweisen

tes·ti·ness ['testɪnəs] *n no pl* Gereiztheit *f*

test·ing ['testɪŋ] **I.** *n no pl* Testen *nt,* Prüfen *nt*
II. *adj attr* hart; **~ situation** schwierige Situation; **~ times** harte Zeiten

'test·ing ground *n* Testgebiet *nt,* Versuchsgelände *nt; (fig)* Versuchsfeld *nt*

tes·tis <*pl* -tes> ['testɪs, *pl* -tiːz] *n (spec)* Hoden *m*

'test mar·ket *n* Testmarkt *m*

'test match *n* Testspiel *nt,* Testmatch *nt* **'test meal** *n* MED Testmahlzeit *f* **'test meth·od** *n* Testmethode *f*

tes·tos·ter·one [tes'tɒstərəʊn, AM -'tɑːstəroʊn] *n no*

T

pl Testosteron *nt*

'test pa·per *n* ❶ *(written questions)* Prüfungsbogen *m;* SCH Klassenarbeit *f,* Übungsarbeit *f;* UNIV Übungsklausur *f* ❷ CHEM Reagenzpapier *nt,* Indikatorpapier *nt* **'test pat·tern** *n* AM, AUS TV Testbild *nt;* COMPUT Testmuster *nt;* PUBL Testvorlage *f* **'test piece** *n* ❶ MUS Stück *nt* zum Vorspielen ❷ *(sample)* Probestück *nt,* Muster *nt* **'test pi·lot** *n* Testpilot(in) *m(f)* **'test run** *n* Testlauf *m* **'test stage** *n* Teststadium *nt,* Versuchsstadium *nt;* ■**to be at the ~** sich *akk* im Versuchsstadium befinden **'test tube** *n* BIOL, CHEM Reagenzglas *nt* **test tube 'baby** *n* Retortenbaby *nt*

tes·ty ['testi] *adj person* leicht reizbar; *answer* gereizt; **to make a ~ comment** eine unwirsche Bemerkung machen; **to give a ~ reply** gereizt reagieren

teta·nus ['tetᵊnəs] *n no pl* Wundstarrkrampf *m,* Tetanus *m fachspr;* **~ injection** Tetanusspritze *f*

tetchi·ly ['tetʃɪli] *adv* gereizt

tetchi·ness ['tetʃɪnəs] *n no pl* Gereiztheit *f,* Reizbarkeit *f*

tetchy ['tetʃi] *adj* gereizt, reizbar

tête-à-tête [ˌteɪtɑː'teɪt, AM -ə'-] **I.** *n* ❶ *(conversation)* Tête-à-tête *nt veraltet;* ***we had an interesting ~ about the situation*** wir hatten ein interessantes Gespräch unter vier Augen über die Situation
❷ *(sofa)* s-förmiges Sofa
II. *adj modifier (drink, meal)* privat; **~ conversation** vertrauliches Gespräch
III. *adv* unter vier Augen

teth·er ['teðəʳ, AM -ɚ] **I.** *n* [Halte]seil *nt,* [Halte]strick *m*
▶PHRASES: **to be at** [*or* **come to**] **the end of one's ~** am Ende seiner Kräfte sein
II. *vt* **to ~ an animal** [**to sth**] ein Tier [an etw *dat*] anbinden; **to be ~ed to sth** *(fig)* an etw *akk* gebunden sein *fig*

teth·ered ['teðəd, AM -ɚd] *adj inv* angebunden

tetra- ['tetrə] *in compounds* CHEM, MATH Tetra-, Vier-

tetra·cy·cline [ˌtetrə'saɪkliːn] *n no pl* MED Tetrazyklin *nt (Breitbandantibiotikum)*

tetra·gon ['tetrəgən, AM -gɑːn] *n* MATH Viereck *nt*

tetra·he·dron <*pl* -dra *or* -s> [ˌtetrə'hiːdrᵊn] *n* MATH Tetraeder *nt fachspr*

'Tet·ra Pak® *n* Tetra-Pak® *m*

Teu·ton ['tjuːtᵊn, AM 'tuː] *n* ❶ *(ancient native of Jutland)* Teutone, Teutonin *m, f*
❷ *(esp pej: German)* Germane, Germanin *m, f pej fam,* Piefke *m kein* FÖSTERR *pej fam,* Deutsche(r) *f(m)*

Teu·ton·ic [tjuː'tɒnɪk, AM tuː'tɑː-, tjuː-] *adj inv*
❶ *(Germanic)* germanisch
❷ *(showing German characteristics)* deutsch; *(hist or hum)* teutonisch; *(pej)* typisch deutsch; **~ efficiency** deutsche Tüchtigkeit

Tex. AM *abbrev of* **Texas**

Tex·an ['teksᵊn] **I.** *n* Texaner(in) *m(f)*
II. *adj inv* texanisch

Tex·as ['teksəs] *n* Texas *nt*

Tex·as 'Hold 'Em *n no pl* AM CARDS *Pokerspiel*

Tex-Mex [ˌteks'meks] **I.** *n (fam)* Tex-Mex *fam*
II. *adj inv* Tex-Mex-

text¹ [tekst] **I.** *n* ❶ *no pl (written material)* Text *m; of document* Wortlaut *m,* Inhalt *m;* **main ~** Hauptteil *m*
❷ *(book)* Schrift *f;* **set ~** Pflichtlektüre *f*
❸ *(version of book)* Fassung *f*
❹ *(Bible extract)* Bibelstelle *f*
❺ *no pl* COMPUT Text[teil] *m*
❻ *(subject)* Thema *nt*
II. *vt* TELEC ■**to ~** [**sb**] **sth** [jdm] eine SMS[-Nachricht] senden *fachspr*

text² *n short for* **text message** SMS *f*

'text·book I. *n* Lehrbuch *nt* (**on** für/über +*akk*); LAW Gesetzeskommentar *m* **II.** *adj attr, inv* ❶ *(very good)* Parade-; **~ landing** Bilderbuchlandung *f* ❷ *(usual)* Lehrbuch-; **~ methods** Schulbuchmethoden *pl* **text·book ex·'am·ple** *n* Paradebeispiel *nt* **'text edi·tor** *n* COMPUT Texteditor *m*

text·er ['tekstəʳ, AM -tɚ] *n jd, der eine SMS schickt;* ***she is an avid ~*** sie schreibt viele SMS

'text-friend·ly *adj inv* mit SMS-Funktion *nach n*

tex·tile ['tekstaɪl] **I.** *n* ❶ *(fabric)* Stoff *m,* Gewebe *nt;* ■**~s** *pl* Textilien *pl,* Textilwaren *pl;* ***the production of ~s used to be a cottage industry in this area*** die Textilherstellung erfolgte in dieser Gegend in Heimarbeit; **woollen** [*or* AM **woolen**] **~s** Wollkleidung *f,* Wollkleider *pl* SCHWEIZ
❷ *(fam: person) bekleidete Person am FKK-Strand*
❸ ECON ■**~s** *pl* Textilwerte *pl*
II. *n modifier (manufacturing, producer, product)* Textil-, Gewebe-; **~ mill** [*or* **plant**] Textilfabrik *f;* **~ tape** Gewebeband *nt;* **~ waste products** Textilabfallprodukte *pl*

'tex·tile in·dus·try *n* Textilindustrie *f,* Bekleidungsindustrie *f*

'text-mes·sage ['tekstˌmesɪdʒ] **I.** *n* SMS *f*
II. *vt* ■**to ~ sb** jdm eine SMS[-Nachricht] senden; ■**to ~ sth** etw per SMS schicken

text-mes·sage-en·'abling *adj inv* SMS-fähig

'text-mes·sag·ing ['tekstˌmesɪdʒɪŋ] *n no pl* Versenden *nt* von SMS-Nachrichten **'text pro·cess·ing** *n* COMPUT Textverarbeitung *f*

tex·tu·al ['tekstjuəl, AM -tʃu-] *adj inv* textlich, Text-; ***we checked the two books and found several ~ differences*** beim Überprüfen der beiden Bücher fanden wir einige abweichende Textstellen; **~ analysis** Textanalyse *f*

tex·tu·al·ist ['tekstjuəlɪst, AM -tʃu-] *n streng am Wortlaut festhaltende Person*

tex·ture ['tekstʃəʳ, AM -ɚ] *n* ❶ *(feel)* Struktur *f,* Textur *f geh;* **coarse/soft ~** grobe/feine Struktur
❷ *(consistency)* Konsistenz *f*
❸ *no pl (surface appearance)* [Oberflächen]beschaffenheit *f;* **skin ~** Teint *m*
❹ *no pl* LIT, MUS Gestalt *f,* Textur *f geh;* ***the play has a rich and complex dramatic ~*** das Schauspiel verfügt über eine ausgeprägte und komplexe dramatische Struktur

tex·tured ['tekstʃəd, AM -ɚd] *adj* strukturiert, Struktur-; ***her note paper had a ~ finish*** ihr Briefpapier hatte eine strukturierte Oberfläche; **~ wallpaper** Strukturtapete *f*

tex·tured veg·eta·ble 'pro·tein *n,* **TVP** *n no pl* Sojafleisch *nt*

tex·tur·ize ['tekstʃᵊraɪz, AM -ɚaɪz] *vt* ■**to ~ sth**
❶ *(give texture to)* etw texturieren *fachspr;* **to ~ fabric/foodstuff** ein Gewebe/Nahrungsmittel texturieren
❷ *(cut)* etw ausschneiden; **to ~ hair** dem Haar durch Schneiden Fülle geben

'text wrap *n no pl* COMPUT Textumbruch *m*

TGWU [ˌtiːdʒiːdʌbljuː'juː] *n* BRIT *abbrev of* **Transport and General Workers' Union** TGWU *f*

Thai [taɪ] **I.** *n* ❶ *(person)* Thai *m o f,* Thailänder(in) *m(f)*
❷ *(language)* Thai *nt*
II. *adj inv* thailändisch

Thai·land ['taɪlænd] *n* Thailand *nt*

thal·as·so·thera·py [θəˌlæsə(ʊ)'θerəpi, AM -ə'-] *n no pl* Thalassotherapie *f fachspr*

tha·lido·mide [θə'lɪdə(ʊ)maɪd, AM -əmaɪd] *n no pl* MED Thalidomid *nt,* Contergan® *nt*

tha·lido·mide 'baby *n* Contergankind *nt fam*

thal·lium ['θæliəm] *n no pl* CHEM Thallium *nt*

Thames [temz] *n no pl* Themse *f;* **the River ~** die Themse

Thames 'Bar·ri·er *n no pl* Themsesperre *f*

than [ðæn, ðᵊn] **I.** *conj* ❶ *after superl (in comparison to)* als; ***you always walk faster ~ I do*** du gehst immer schneller als ich; ***she said more ~ was advisable*** sie sagte mehr, als ratsam war
❷ *(instead of)* **rather ~ sth** anstatt etw *dat;* ***I'd die, rather ~ have such an experience*** lieber würde ich sterben, als so etwas zu erleben
II. *prep* ❶ *after superl (in comparison to)* als; ***he's bigger ~ me*** er ist größer als ich; ***their car is bigger ~ mine*** ihr Auto ist größer als meines; ***you're earlier ~ usual*** du bist früher dran als sonst; ***she invited more ~ 30 people*** sie lud mehr als 30 Leute ein
❷ *(besides)* **other ~ sb/sth** außer jdm/etw; ***tell no one other ~ your mother*** erzähle es niemandem außer deiner Mutter; **other ~ that ...** abgesehen davon ..., ansonsten ...

thank [θæŋk] *vt* ■**to ~ sb** [**for sth**] jdm [für etw *akk*] danken, sich *akk* bei jdm [für etw *akk*] bedanken; ■**to ~ sb for doing sth** jdm [dafür] danken, dass er/sie etw getan hat; ***~ you*** [***very much***]! danke [sehr]!; ***~ you very much indeed for your help!*** vielen herzlichen Dank für Ihre Hilfe!; ***~ you for having me!*** danke für deine Gastfreundschaft!; ***how are you — I'm fine, ~ you*** wie geht es dir – danke, [mir geht es] gut; ***no, ~ you*** nein, danke; ***yes, ~ you*** ja, bitte; ***I don't want to hear that kind of language, ~ you!*** auf diesen Ton kann ich verzichten, vielen Dank! *iron;* ***he's only got himself to ~ for losing his job*** seine Entlassung hat er sich selbst zuzuschreiben; ***you have John to ~ for this job*** diese Arbeit hast du John zu verdanken; ***I'll ~ you not to mention the subject*** ich wäre dir dankbar, wenn du das Thema nicht erwähnen würdest; ***Mum won't ~ you if you break that cup*** Mama wird nicht gerade erfreut sein, wenn du diese Tasse kaputt machst
▶PHRASES: **~ goodness** [*or* **God**] [*or* **heaven**(**s**)] **!** Gott sei Dank!; **to ~ one's lucky stars** von Glück sagen [*o* reden] können

thank·ful ['θæŋkfᵊl] *adj* ❶ *(pleased)* froh; ■**to be ~ that ...** [heil]froh sein, dass ...; ***she was ~ to be at home again*** sie war froh, wieder daheim zu sein
❷ *(grateful)* dankbar; ■**to be ~ for sth** für etw *akk* dankbar sein

thank·ful·ly ['θæŋkfᵊli] *adv* ❶ *(fortunately)* glücklicherweise, zum Glück
❷ *(gratefully)* dankbar

thank·ful·ness ['θæŋkfᵊlnəs] *n no pl* ❶ *(relief)* Erleichterung *f*
❷ *(gratitude)* Dankbarkeit *f*

thank·less ['θæŋkləs] *adj* ❶ *(not rewarding)* wenig lohnend; **a ~ job** [*or* **task**] eine undankbare Aufgabe
❷ *(ungrateful) person, behaviour* undankbar

thank·less·ness ['θæŋkləsnəs] *n no pl* Undankbarkeit *f*

'thank-of·fer·ing *n* ❶ REL Sühneopfer *nt*
❷ *(act of gratitude)* Dank[es]leistung *f,* Dankesgabe *f*

thanks [θæŋks] *npl* ❶ *(gratitude)* Dank *m kein pl;* ***her campaign for road safety earned her the ~ of her community*** ihr Einsatz für die Verkehrssicherheit brachte ihr den Dank der örtlichen Bevölkerung ein; **letter of ~** Dankesbrief *m;* **to express one's ~** seinen Dank zum Ausdruck bringen *geh;* **to give ~** [**to God**] [Gott] danken
❷ *(thank you)* danke; ***~ for your card!*** danke für deine Karte!; ***~ a lot!*** vielen Dank!; ***many ~!*** vielen Dank!; ***~ very much*** [***indeed***]! [vielen] herzlichen Dank!; ***no, ~!*** nein, danke!; ***~ a bunch!*** vielen Dank!; ***~ for nothing!*** *(iron fam)* vielen Dank! *iron;* ***~ a million!*** *(also iron fam)* tausend Dank!

thanks·giv·ing [ˌθæŋks'gɪvɪŋ] *n no pl* ❶ *(gratitude)* Dankbarkeit *f;* **a prayer of ~** ein Dankgebet *nt;* **General T~** BRIT Dankgottesdienst *m* ❷ AM *(public holiday)* ■**T~** Thanksgiving *nt; (celebration of harvest)* amerikanisches Erntedankfest **Thanks·'giv·ing Day** *n* AM Thanksgiving *nt*

'thanks to *prep* dank *gen,* wegen *gen;* ***~ her efforts ...*** aufgrund ihrer Bemühungen ..., weil sie sich so bemüht hat ...; ***it's ~ you that I got the job*** dir verdanke ich, dass ich die Stelle bekommen habe; ***the baby's awake, ~ your shouting!*** wegen deinem Geschrei ist das Baby jetzt wach! *fam;* ***it's not ~ you that I arrived on time*** deinetwegen bin ich bestimmt nicht pünktlich angekommen

'thank you *n* Danke[schön] *nt;* **to say a ~ to sb** jdm Danke sagen, sich *akk* bei jdm bedanken; ***I'd like to say a big ~ to everyone*** ich möchte mich bei allen recht herzlich bedanken; ***now say "~" to your aunt for the nice present!*** sag deiner Tante „Dankeschön" für das schöne Geschenk!

'thank-you ['θæŋkju] *n modifier* Dank-, Dankes-; **~ card** Dankkarte *f;* **~ speech** Dankesrede *f* **'thank-you note, 'thank-you let·ter** *n* Dankschreiben *nt geh,* Dankesbrief *m*

that [ðæt,ðət]

I. DEMONSTRATIVE ADJECTIVE
II. PRONOUN
III. CONJUNCTION
IV. ADVERB

I. DEMONSTRATIVE ADJECTIVE

① *(person, thing specified)* der/die/das; ***put ~ box down before you drop it*** stell die Kiste ab, bevor du sie [womöglich] noch fallen lässt; ***who is ~ girl?*** wer ist das Mädchen?; ***what was ~ noise?*** was war das für ein Geräusch?; ***~ old liar!*** dieser alte Lügner!; **~ ... of hers/theirs** ihr(e) ...; ***I've never liked ~ uncle of hers*** ich habe ihren Onkel noch nie gemocht; **~ ... of mine/his** mein(e)/dein(e) ...
② *(person, thing farther away)* der/die/das [... dort [*o* da]], jene(r, s) *geh;* ***do you know ~ girl*** [***over there***] kennst du das Mädchen [dort]; ***give me ~ book, not this one*** gib mir das Buch [da], nicht dieses

II. PRONOUN

① *dem (person, thing, action specified)* das; ***~'s not right — three times five is fifteen*** das stimmt nicht – drei mal fünf ist fünfzehn; ***they all think ~*** das denken alle; ***~'s more like it!*** das ist doch schon gleich viel besser!; ***~'s a good idea*** das ist eine gute Idee; ***~'s a pity*** das ist aber schade; ***~'s terrible*** das ist ja furchtbar; ***~ will do, ~'s enough*** das reicht; ***what's ~ you said?*** was hast du gesagt?; ***who's ~? is ~ the girl you're looking for?*** wer ist das? ist das das Mädchen, das du suchst?; ***who's ~ on the phone?*** wer spricht da?; ***hello, is ~ Ben?*** hallo, bist du das, Ben?; ***is ~ you making all the noise, John?*** bist du das, der so einen Lärm macht, John?; ***it's just a gimmick – ~ said, I'd love to do it*** das ist nur ein Trick – dennoch würde ich es gerne machen; ***take ~!*** *(when hitting sb)* [das ist] für dich!; **~'s why** deshalb
② *dem (person, thing farther away)* das [da [*o* dort]]; ***I don't want this, give me ~*** dies hier will ich nicht, gib mir das [da]; ***~'s his wife over there*** das da [*o* dort] drüben ist seine Frau
③ *dem (indicating time)* das; ***ah, 1985, ~ was a good year*** ah, 1985, das war ein gutes Jahr; ***~ was yesterday ~ we talked on the phone, not last week*** wir haben gestern, nicht letzte Woche telefoniert
④ *dem, after prep* **after/before ~** danach/davor; **by ~** damit; ***what do you mean by ~?*** was soll das heißen?; **like ~** *(in such a way)* so; *(of such a kind)* derartig; *(fam: effortlessly)* einfach so; ***if you hold it like ~, it will break*** wenn du das so hältst, geht es kaputt; ***we need more people like ~*** wir brauchen mehr solche Leute; ***don't talk like ~*** sprich nicht so; ***he can't just leave like ~*** er kann nicht einfach so verschwinden; **over/under ~** darüber/darunter; **with ~** damit; [***and***] ***with ~ he hung up*** [und] damit legte er auf; ***"I still think you're wrong" he said and with ~ he drove off*** „ich denke immer noch, dass du Unrecht hast" sagte er und fuhr davon
⑤ *dem (form: the one)* der/die/das; ***his appearance was ~ of an undergrown man*** er sah aus, als ob er zu klein gewachsen wäre; ***his handwriting is ~ of a child*** seine Handschrift ist die eines Kindes; ***we are often afraid of ~ which we cannot understand*** wir fürchten uns oft vor dem, was wir nicht verstehen
⑥ *dem esp* BRIT *(fam: strong confirmation)* ***are you relieved? — [oh yes,] I am ~*** bist du erleichtert? – das kannst du [aber] laut sagen *fam*
⑦ *dem (when finished)* ***well, ~'s it, we've finished*** o.k., das war's [*o* wär's], wir sind fertig; ***~'s it! I'm not putting up with any more of her rudeness*** jetzt reicht's! ich lasse mir ihre Unverschämtheiten nicht mehr gefallen; ***she left the room and ~ was ~, I never saw her again*** sie verließ den Raum und das war's, ich habe sie nie wiedergesehen; ***I won't agree to it and ~'s ~*** ich stimme dem nicht zu, und damit Schluss; ***~'ll*** [*or* ***~ should***] ***do, ~ should be enough*** das wird reichen; ***no thanks, ~'ll do*** [*or* ***~'s everything***] nein danke, das ist alles
⑧ *rel (which, who)* der/die/das; ***~'s the car*** [~] ***John wants to buy*** das ist das Auto, das John kaufen möchte; ***I can't find the books*** [~] ***I got from the library*** ich finde die Bücher nicht, die ich mir aus der Bibliothek ausgeliehen habe; ***the baby smiles at anyone ~ smiles at her*** das Baby lächelt alle an, die es anlächeln; ***simpleton ~ he is ...*** als Einfaltspinsel, der er ist, ...
⑨ *rel (when)* als; ***the year ~ Anna was born*** das Jahr, in dem Anna geboren wurde
▸PHRASES: **and** [**all**] **~** *(fam)* und so weiter; **at ~** noch dazu; ***she was a thief and a clever one at ~*** sie war eine Diebin, und eine kluge noch dazu; **~ is** [**to say**] das heißt; ***the hotel is closed during low seasons, ~ is from October to March*** das Hotel ist in der Nebensaison, sprich von Oktober bis März, geschlossen; **this and ~** dies und das; **~ was** *(form)* ***General Dunstaple married Miss Hughes ~ was*** General Dunstaple heiratete die frühere Miss Hughes

III. CONJUNCTION

① *(as subject/object)* dass; ***~ such a thing could happen gave me new hope*** dass so etwas passieren konnte gab mir neue Hoffnung; ***I knew*** [~] ***he'd never get here on time*** ich wusste, dass er niemals rechtzeitig hier sein würde; ***the fact is*** [~] ***we ...*** Fakt ist, dass wir ...
② *after adj, vb (as a result)* ***it was so dark*** [~] ***I couldn't see anything*** es war so dunkel, dass ich nichts sehen konnte
③ *(with a purpose)* **so** [*or* **in order**] **~** damit; ***let's go over the rules again in order ~ ...*** gehen wir die Regeln nochmal[s] durch, damit ...
④ *after adj (in apposition to 'it')* ***it's possible*** [~] ***there'll be a vacancy*** es ist möglich, dass eine Stelle frei wird; ***is it true*** [~] ***she's gone back to teaching?*** stimmt es, dass sie wieder als Lehrerin arbeitet?
⑤ *after -ing words* **considering** [~] ... wenn man bedenkt, dass ...; **given ~ ...** vorausgesetzt, dass ...; **supposing** [~] ... angenommen, dass ...
⑥ *(as a reason)* weil, da [ja]; ***it's rather ~ I'm not well today*** es ist eher deshalb, weil ich mich heute nicht wohl fühle; ***I'd like to go, it's just ~ I don't have any time*** ich würde ja gern hingehen, ich hab bloß [einfach] keine Zeit *fam;* ***now ~ we've bought a house ...*** jetzt, wo wir ein Haus gekauft haben ..; ***we can't increase our production quantities in ~ the machines are presently working to full capacity*** wir können die Produktion nicht hochfahren, da [nämlich] die Maschinen derzeit voll ausgelastet sind; ***not ~ it's actually my business, but ...*** nicht, dass es mich etwas anginge, aber ...; **except** [~] außer, dass; ***his plan sounds perfect except*** [~] ***I don't want to be involved in such a scheme*** sein Plan hört sich großartig an, nur will ich mit so einem Vorhaben nichts zu tun haben; **to the extent ~** *(so much that)* dermaßen ... dass; *(insofar as)* insofern als; ***the situation has worsened to the extend ~ we are calling in an independent expert*** die Situation hat sich dermaßen verschlimmert, dass wir einen unabhängigen Fachmann hinzuziehen; ***apes are like people to the extent ~ they have some human characteristics*** Affen sind wie Menschen, insofern als sie gewisse menschliche Eigenschaften haben
⑦ *(form liter or dated: expressing a wish)* ***oh ~ I were young again!*** wäre ich doch nochmal jung!; ***oh ~ they would listen!*** wenn sie [doch] nur zuhören würden!

IV. ADVERB

inv so; ***she's too young to walk ~ far*** sie ist zu jung, um so weit laufen zu können; ***it wasn't*** [***all***] ***~ good*** so gut war es [nun] auch wieder nicht; ***his words hurt me ~ much I cried*** seine Worte haben mich so verletzt, dass ich weinte

thatch [θætʃ] **I.** *n no pl* ① *(roof)* Strohdach *nt,* Reetdach *nt*
② *(fig fam: thick hair)* Matte *f fig fam,* Mähne *f fig fam;* **~ of hair** Haarschopf *m,* Mähne *f fig fam*
II. *vt* **to ~ a roof** ein Dach mit Stroh [*o* Reet] decken

thatched [θætʃt] *adj inv* strohgedeckt, reetgedeckt

thatch·er [ˈθætʃəʳ, AM -ɚ] *n* Dachdecker(in) *m(f)*

Thatch·er·ism [ˈθætʃərɪzəm] *n no pl* POL Thatcherismus *m*

Thatch·er·ite [ˈθætʃəraɪt] POL **I.** *n* Anhänger(in) *m(f)* [*o* Parteigänger(in) *m(f)*] Margaret Thatchers
II. *adj* thatcheristisch, Thatcher-

thatch·ing [ˈθætʃɪŋ] *n* ① *(process)* Strohdachdecken *nt,* Reetdachdecken *nt*
② *(roof)* Strohdach *nt,* Reetdach *nt*

thaw [θɔː, AM θɑː] **I.** *n* ① *(weather)* Tauwetter *nt*
② *no pl (fig: improvement in relations)* Tauwetter *nt fig;* ***there are signs of a ~ in relations between the two countries*** zwischen den beiden Ländern gibt es Anzeichen für eine Entspannung
II. *vi* ① *(unfreeze)* auftauen; *ice* schmelzen
② *(fig: become friendlier)* auftauen *fig*
III. *vt* FOOD ■**to ~ sth** etw auftauen

◆**thaw out I.** *vt* ■**to ~ out** ↻ **sth** *food* etw auftauen; *(fig)* ***it took me ages to ~ out my fingers after that cold walk*** es hat ewig gedauert, bis meine Finger nach dem kalten Spaziergang wieder aufgetaut waren
II. *vi* ① *(get warm)* auftauen *fig;* ***I came in from the cold half an hour ago, but I'm only just beginning to ~ out*** ich kam vor einer halben Stunde aus der Kälte herein, aber jetzt erst wird mir langsam schön warm
② *(become more friendly)* auftauen *fig,* sich *akk* entspannen

the [ðiː, ði, ðə] **I.** *art def* ① *(denoting thing mentioned)* der/die/das; **at ~ cinema** im Kino; **at ~ corner** an der Ecke; **in ~ fridge** im Kühlschrank; **on ~ shelf** im Regal; **on ~ table** auf dem Tisch
② *(particular thing/person)* ■**~ ...** der/die/das ...; ***Harry's Bar is ~ place to go*** Harrys Bar ist in der Szene total in *fam*
③ *(with family name)* ***~ Smiths are away on vacation*** die Schmidts sind im Urlaub
④ *(before relative clause)* der/die/das; ***I really enjoyed ~ book I've just finished reading*** das Buch, das ich gerade gelesen habe, war wirklich interessant
⑤ *(before name with adjective)* der/die; ***~ unfortunate Mr Jones was caught up in the crime*** der bedauernswerte Mr. Jones wurde in das Verbrechen verwickelt
⑥ *(in title)* der/die; **Edward ~ Seventh** Eduard der Siebte; **Elizabeth ~ second** Elisabeth die Zweite
⑦ *(before adjective)* der/die/das; ***I suppose we'll just have to wait for ~ inevitable*** ich vermute, wir müssen einfach auf das Unvermeidliche warten
⑧ *(to represent group)* der/die/das; *(with mass group)* die; ***~ panda is becoming an increasingly rare animal*** der Pandabär wird immer seltener; **~ democrats/poor/townspeople** die Demokraten/Armen/Städter; **a home for ~ elderly** ein Altersheim *nt*
⑨ *(with superlative)* der/die/das; ***~ highest mountain in Europe*** der höchste Berg Europas; **~ happiest** der/die Glücklichste
⑩ *(instead of possessive)* ***how's ~ leg today, Mrs. Steel?*** wie geht es Ihrem Bein denn heute, Frau Steel?; ***he held his daughter tightly by ~ arm*** er hielt seine Tochter am Arm fest
⑪ *(with dates)* der; **~ 24th of May** der 24. Mai; **May ~ 24th** der 24. Mai; *(with time period)* die; **in ~ eighties** in den Achtzigern [*o* Achtzigerjahren]
⑫ *(with ordinal numbers)* der/die/das; ***you're ~ fifth person to ask me that*** du bist die Fünfte, die mich das fragt
⑬ *(with measurements)* pro; ***these potatoes are sold by ~ kilo*** diese Kartoffeln werden kiloweise verkauft; **by ~ hour** pro Stunde; **twenty miles to ~ gallon** zwanzig Meilen auf eine Gallone
⑭ *(enough)* der/die/das; ***I haven't got ~ energy***

T

to go out this evening ich habe heute Abend nicht mehr die Energie auszugehen

II. *adv + comp* **all ~ better/worse** umso besser/schlechter; ***I feel all ~ better for getting that off my chest*** nachdem ich das losgeworden bin, fühle ich mich gleich viel besser; **any the better/worse** in irgendeiner Weise besser/schlechter; ***she doesn't seem to be any ~ worse for her bad experience*** ihre schlimme Erfahrung scheint ihr in keiner Weise geschadet zu haben; ■ **~ ..., ~ ...** je ..., desto ...; ***~ lower ~ price, ~ poorer ~ quality*** je niedriger der Preis, umso schlechter die Qualität; ***~ colder it got, ~ more she shivered*** je kälter es wurde, desto mehr zitterte sie; ***bring the family with you! ~ more ~ merrier!*** bring die Familie mit! je mehr Leute, desto besser; ■ **~ more ... , ~ more ...** je mehr ..., desto mehr ...; ***~ more I see of his work, ~ more I like it*** je mehr ich von seiner Arbeit sehe, desto besser gefällt sie mir

thea·tre, AM **thea·ter** ['θɪətəʳ, AM 'θi:əṱɚ] I. *n* 1 *(for performances)* Theater *nt;* **open-air ~** Freilichtbühne *f,* Freilichttheater *nt;* **to go to the ~** ins Theater gehen

2 AM, AUS, NZ *(cinema)* Kino *nt;* **at the ~** im Kino

3 UNIV **lecture ~** Hörsaal *m,* Auditorium *nt geh*

4 BRIT MED Operationssaal *m*

5 *no pl (dramatic art)* Theater *nt;* **the Greek ~** das griechische Theater; **to be in the ~** beim Theater arbeiten; **to do ~** Theater spielen, auf der Bühne stehen; **to make good ~** bühnenwirksam sein, sich *akk* für die Bühne eignen

6 *(theatrical company)* Ensemble *nt,* Theatertruppe *f*

7 *(fig: for dramatic effect)* Theater *nt,* Schau *f pej;* ***her tears were pure ~*** ihre Tränen waren reines Theater

8 *(fig: where events happen)* Schauplatz *m;* **~ of operations** Schauplatz *m* der Handlungen; MIL Operationsgebiet *nt;* **~ of war** Kriegsschauplatz *m*

II. *n modifier* 1 *(of/for the theatre) (location, production, visit)* Theater-; **long ~ night** lange Theaternacht; **~ seat** Sitzplatz *m* im Theater, Theatersitzplatz *m*

2 BRIT MED *(aiding surgery)* **~ sister** [*or* **nurse**] Operationsschwester *f*

3 MIL *(of weapons)* **~ nuclear weapon** taktische Atomwaffe; **~ weapon** Kurzstreckenrakete *f*

'thea·tre audi·ence *n* [Theater]publikum *nt kein pl,* Theaterbesucher *pl* **'thea·tre com·pa·ny** *n* [Theater]ensemble *nt,* Schauspieltruppe *f* **'thea·tre crit·ic** *n* Theaterkritiker(in) *m(f)* **'thea·tre·goer** *n* Theaterbesucher(in) *m(f)* **thea·tre-in-the-'round** *n no pl esp* BRIT *(seating arrangement)* Arenatheater *nt,* Amphitheater *nt; (type of performance)* Aktionstheater *nt*

the·at·ri·cal [θi'ætrɪkəl] I. *adj* 1 *(of theatre)* Theater-; **~ agent** Theateragent(in) *m(f);* **~ digs** Unterkunft *f* für reisende Schauspieler; **~ make-up** *(technique)* Theater-Make-up *nt; (substance)* Theaterschminke *f*

2 *(exaggerated)* theatralisch

II. *n usu pl* Berufsschauspieler(in) *m(f)*

the·at·ri·cal·ity [θi,ætrɪ'kæləti, AM -əṱi] *n (form)* Theatralik *f*

the·at·ri·cal·ly [θi'ætrɪkəli] *adv* theatralisch

the·at·ri·cals [θi'ætrɪkəlz] *npl,* **the·at·rics** [θi'ætrɪks] *npl* 1 *(theatre performance)* Theateraufführungen *pl;* **amateur ~** Laientheater *nt,* Amateurtheater *nt*

2 *(pej: behaviour)* Theatralik *f,* Theater *nt pej*

thee [ði:, ði] *pron object* DIAL *(old: you)* dir *dat,* dich *akk;* ***with this ring, I ~ wed*** mit diesem Ring vermähle ich dich; ***we beseech ~, O Lord!*** wir bitten dich, oh Herr!

theft [θeft] *n* Diebstahl *m*

their [ðeəʳ, ðər, AM ðer, ðɚ] *adj poss* 1 *(of them)* ihr(e); ***the children brushed ~ teeth*** die Kinder putzten sich die Zähne; ***she took ~ picture*** sie fotografierte sie

2 *(his or her)* ***has everybody got ~ passport?*** hat jeder seinen Paß dabei?

theirs [ðeəz, AM ðerz] *pron poss* ihre(r, s); ***here's my car — where's ~?*** das ist mein Auto – wo ist ihres?; ***they think everything is ~*** sie glauben, alles gehöre ihnen; ***I think she's a relation of ~*** ich glaube, sie ist mit ihnen verwandt; ***a favourite game of ~*** eines ihrer Lieblingsspiele

the·ism ['θi:ɪzəm] *n no pl* Theismus *m geh*

the·ist ['θi:ɪst] *n* REL, PHILOS Theist(in) *m(f) fachspr*

the·is·tic [θi:'ɪstɪk] *adj inv* REL, PHILOS theistisch *fachspr*

them [ðem, ðəm] I. *pron pers* 1 *(persons, animals)* sie *akk,* ihnen *dat;* ***I told ~ I was leaving next week*** ich habe ihnen gesagt, dass ich nächste Woche wegfahre; ***who? oh ~!*** wer? ach die!; ***you reckon that's ~?*** glaubst du, dass sie das sind?; ***we're better than ~*** wir sind besser als sie; ***we went fishing with ~ last year*** wir fuhren letztes Jahr mit ihnen fischen; **both of ~** beide; **a few/none/some of ~** ein paar/keine(r)/einige von ihnen; **neither of ~** keine(r) von beiden

2 *(objects: akk)* sie; ***I've lost my keys — I can't find ~ anywhere*** ich habe meine Schlüssel verloren – ich kann sie nirgends finden

3 *(single person)* ihm/ihr *dat,* ihn/sie *akk;* ***how well do you have to know someone before you call ~ a friend?*** wie gut musst du jemanden kennen, bevor du ihn als Freund bezeichnest?

4 *(fam: the other side)* ***the senior staff have their own restaurant — it's definitely a case of ~ and us*** die höheren Angestellten haben ihr eigenes Restaurant – das ist ein klarer Fall von Diskriminierung; **us against ~** wir gegen sie; ***I don't want it to be us against ~ but ...*** ich möchte keinen Streit mit ihnen, aber ...

5 *(old: themselves: dat o akk)* sich

II. *adj attr, inv, dem* DIAL *(fam)* diese *pl;* ***look at ~ eyes*** schau dir diese Augen an; **~ as** diejenigen, die

them-and-'us situa·tion [,ðemənd,ʌssɪtju'eɪʃən, AM -sɪtʃu'-] *n* Konfliktsituation *f*

the·mat·ic [θɪ'mætɪk, AM θi:'mæṱ-] I. *adj inv* thematisch

II. *n* ■ **~s** + *sing/pl vb* Themengebiet *nt*

the·mati·cal·ly [θɪ'mætɪkəli, AM 'mæṱ] *adv inv* thematisch, themenweise

theme [θi:m] *n* 1 *(subject)* Thema *nt,* Motto *nt;* ***he has written several stories on the ~ of lost happiness*** er hat mehrere Geschichten über das verlorene Glück geschrieben

2 MUS Thema *nt;* FILM, TV Melodie *f*

3 AM SCH *(essay)* Aufsatz *m*

themed [θi:md] *adj inv* thematisch bestimmt, themenorientiert; *hotel, restaurant* Themen-

'theme mu·sic *n no pl* FILM, TV Titelmusik *f* **'theme park** *n* Themenpark *m* **'theme song** *n* FILM, TV Titelmelodie *f* **'theme tune** *n* Erkennungsmelodie *f*

them·selves [ðəm'selvz] *pron reflexive* 1 *(direct object)* sich; ***did they enjoy ~ at the theatre?*** hat ihnen das Theater gefallen?; ***the children behaved ~ very well*** die Kinder benahmen sich sehr gut

2 *(form: them)* sie selbst; ***besides their parents and ~, no one else will attend their wedding*** außer ihren Eltern und ihnen selbst wird niemand zu ihrer Hochzeit kommen

3 *(emph: personally)* selbst; ***they collected the evidence ~*** sie sammelten selbst die Beweise; **they ~ ...** sie selbst ...; ***they ~ had no knowledge of what was happening*** sie wussten selbst nicht, was passierte; ***they tried for ~*** sie versuchten es selbst

4 *(himself or herself)* sich selbst; ***anyone fancies ~ as a racing driver*** jeder hält sich selbst für einen Rennfahrer

5 *(alone)* ***they kept the money for ~*** sie behielten das Geld für sich; ***they kept [~] to ~*** sie lebten zurückgezogen; ■ **[all] by ~** [ganz] allein; ■ **in ~** für sich *akk* genommen; ***these facts are unimportant in ~, but if you put them together, they may mean more*** die Fakten an sich sind unwichtig, zusammengenommen bedeuten sie vielleicht mehr; ■ **to ~** für sich *akk;* ***they had the whole campsite to ~*** sie hatten den ganzen Campingplatz für sich [allein]

6 *(normal)* sie selbst; ***after a good meal they were ~ again*** nach einer guten Mahlzeit waren sie wieder sie selbst; ***they didn't seem ~*** sie schienen, nicht sie selbst zu sein

then [ðen] I. *adj inv (form)* damalige(r, s); **her ~ husband** ihr damaliger Ehemann

II. *adv inv* 1 *(at an aforementioned time)* damals; **before ~** davor, vorher; **by ~** bis dahin; ***I'll phone you tomorrow — I should have the details by ~*** ich rufe dich morgen an – bis dahin weiß ich sicher Genaueres; **from ~ on** seit damals; **until ~** bis dahin

2 *(after that)* dann, danach, darauf

3 *(additionally)* außerdem, ferner *geh;* ***this is the standard model, ~ there's the deluxe version*** das hier ist das Standardmodell, außerdem haben wir dort noch die Luxusausführung; **and ~ some** *esp* AM und noch viel mehr; ***he gave it his best effort and ~ some*** er übertraf sich selbst dabei

4 **but ~** aber schließlich; **but ~ again** aber andererseits; ***she types accurately, but ~ again she's very slow*** sie tippt zwar genau, aber doch ziemlich langsam

5 *(as a result)* dann; ***you'll be selling your house, ~?*** ihr werdet also euer Haus verkaufen?; ***have you heard the news, ~?*** habt Ihr denn die Nachrichten gehört?; ***you spoke to John ~*** du hast also mit John gesprochen

6 *(unwilling agreement)* **all right** [*or* **ok**] **~** na gut, [also] meinetwegen

7 *(used to end conversation)* ***see you next Monday ~*** dann bis nächsten Montag *fam*

then and 'there *adv inv* sofort, auf der Stelle; ***she sewed the button on ~*** sie nähte den Knopf an Ort und Stelle an

thence [ðen(t)s] *adv inv (dated form)* 1 *(from there)* von dort [*o* da]

2 *(from then on)* von da an, seit jener Zeit

3 *(therefore)* daher, deshalb

thence·forth [,ðen(t)s'fɔ:θ, AM -'fɔ:rθ], **thence·for·ward** [,ðen(t)s'fɔ:wəd, AM -'fɔ:rwɚd] *adv inv (form)* seit jener [*o* dieser] Zeit, seitdem

the·oc·ra·cy [θi'ɒkrəsi, AM -'ɑ:k-] *n no pl* Theokratie *f*

theo·crat·ic [,θi:əʊ'krætɪk, AM ,θi:ə'kræṱ] *adj inv* REL, POL theokratisch *fachspr*

the·odo·lite [θi'ɒdəlaɪt, AM -'ɑ:də-] *n* Winkelmessgerät *nt,* Theodolit *m fachspr*

theo·lo·gian [,θi:ə'ləʊdʒən, AM -'loʊ-] *n* Theologe, Theologin *m, f*

theo·logi·cal [,θi:ə'lɒdʒɪkəl, AM -'lɑ:-] *adj* theologisch, Theologie-; **~ college** Priesterseminar *nt;* **~ studies** Theologiestudium *nt kein pl*

theo·logi·cal·ly [,θi:ə'lɒdʒɪkəli, AM -'lɑ:-] *adv* theologisch

the·ol·ogy [θi'ɒlədʒi, AM -'ɑ:l-] *n* 1 *(principle)* Glaubenslehre *f*

2 *no pl (study)* Theologie *f*

theo·rem ['θɪərəm, AM 'θi:ɚ-] *n* MATH Lehrsatz *m,* Theorem *nt fachspr;* **~ of the equipartition of energy** PHYS Gleichverteilungsgesetz *nt* der Energie; **~ of the mean** MATH Mittelwerttheorem *nt;* **Pythagoras' ~** der Satz des Pythagoras

theo·ret·ic [θɪə'retɪk, AM ,θi:ə'reṱ-] *adj see* **theoretical** theoretisch

theo·reti·cal [θɪə'retɪkəl, AM ,θi:ə'reṱ-] *adj* theoretisch; **to be a ~ possibility** theoretisch möglich sein

theo·reti·cal·ly [θɪə'retɪkəli, AM ,θi:ə'reṱ-] *adv* theoretisch

theo·reti·cian [,θɪərə'tɪʃən, AM ,θi:ərə'-] *n* Theoretiker(in) *m(f)*

theo·rist ['θɪərɪst, AM 'θi:ɚ-] *n* Theoretiker(in) *m(f);* **economic ~** Wirtschaftstheoretiker(in) *m(f)*

theo·rize ['θɪəraɪz, AM 'θi:ə-] *vi* theoretisieren; ■ **to ~ about sth** Theorien über etw *akk* aufstellen

theo·ry ['θɪəri, AM 'θi:ə-] *n* 1 *no pl (rules)* Theorie *f,* Lehre *f;* **economic ~** Wirtschaftstheorie *f*

2 *(possible explanation)* Theorie *f,* Annahme *f;* ■ **the ~ is that ...** die Theorie besagt, dass ...; **in ~** in der Theorie, theoretisch

theo·ry of evo·'lu·tion *n* Evolutionslehre *f,* Evolutionstheorie *f* **theo·ry of rela·'tiv·ity** *n* PHYS Relativitätstheorie *f*

theo·sophi·cal [,θi:ə'sɒfɪkəl, AM -'sɑ:f-] *adj inv* REL theosophisch *fachspr*

the·osoph·ist [θiːˈɒsəfɪst, AM -ˈɑːsə-] *n* REL Theosoph(in) *m(f) fachspr*

the·oso·phy [θiːˈɒsəfi, AM -ˈɑːsə-] *n no pl* REL Theosophie *f*

thera·peut·ic [ˌθerəˈpjuːtɪk, AM -t̬ɪk] *adj* ① *(healing)* therapeutisch
② *(beneficial to health)* gesundheitsfördernd
③ *(beneficial to mood)* entspannend
④ *(for health reasons)* aus gesundheitlichen Gründen; ~ **abortion** Schwangerschaftsabbruch *m* aus medizinischer Indikation

thera·peut·ics [ˌθerəˈpjuːtɪks, AM -t̬ɪks] *n + sing vb* Therapielehre *f*, Therapeutik *f*

thera·pist [ˈθerəpɪst] *n* Therapeut(in) *m(f)*; **behaviour** [*or* AM **behavior**] ~ Verhaltenstherapeut(in) *m(f)*

thera·py [ˈθerəpi] *n* Therapie *f*, Behandlung *f*; ***the course of ~ usually lasts three months*** die Behandlung dauert normalerweise drei Monate; ***joining a club can be a ~ for loneliness*** einem Verein beizutreten, ist oft die beste Therapie gegen Einsamkeit; **occupational** ~ Beschäftigungstherapie *f*

there [ðeəʳ, ðəʳ, AM ðer, ðɚ] **I.** *adv inv* ① *(in, at that place)* dort, da; ***where are my glasses? — right ~ beside you!*** wo ist meine Brille? – gleich dort neben dir!; ***~ 's that book you were looking for*** hier ist das Buch, das du gesucht hast; **here and ~** hier und da; **~ and then** [*or* **then and ~**] auf der Stelle, sofort; **to be ~ to do sth** dazu da sein, etw zu tun; **to be ~ for sb** für jdn da sein; **~ or thereabouts** *(at or near place)* in der Gegend dort, dort irgendwo *fam*; *(approximately)* so ungefähr; ***forty years, ~ or thereabouts, had elapsed*** so ungefähr vierzig Jahre waren vergangen
② *(at the place indicated)* dort, da; ***I've left the boxes under ~*** ich habe die Schachteln dort unten hingestellt; ***if anyone wants out, ~'s the door!*** wenn jemand gehen möchte, dort ist die Tür!; ***that girl ~ has it*** das Mädchen dort hat es; **in ~** da drin[nen]; **out ~** da draußen; **over ~** da [*o* dort] drüben; **up ~** dort oben
③ *(to a place)* dahin, dorthin; ***put the chair ~*** stell den Stuhl dahin; ***the museum was closed today — we'll go ~ tomorrow*** das Museum ist heute zu – wir gehen morgen hin; **to get ~** *(arrive)* hinkommen; *(fig: succeed)* es schaffen; *(understand)* es verstehen; ***we'll never get ~ in time*** wir kommen niemals rechtzeitig hin; ***try again, you'll get ~ in the end*** versuch es nochmal, du schaffst es schon; ***you'll get ~ if you think about it hard enough*** du verstehst es schon, wenn du lange genug darüber nachdenkst; **~ and back** hin und zurück; **in ~** dort hinein
④ *(in speech or text)* an dieser Stelle; *(on that subject)* in diesem Punkt; ***read out the rest of the letter, don't stop ~!*** lies den Brief fertig, hör nicht hier auf; ***I'd have to disagree with you ~*** in diesem Punkt [*o* da] muss ich Ihnen leider widersprechen
⑤ *(to introduce sentences)* ***~ 's Linda coming*** da kommt Linda; **~ 's a good boy/girl/dog** braver Junge/braves Mädchen/braver Hund; ***tie your shoelaces, ~ 's a good girl*** binde dir die Schnürsenkel zu, sei ein liebes Mädchen; **~ once was** [*or* **lived**] **...** *(liter)* einst lebte ..., es war einmal ...; **~ appears** [*or* **seems**] **to be ...** anscheinend gibt es ...; ***~ appeared to be some difficulty in fixing a date for the meeting*** es scheint Schwierigkeiten zu geben, einen Termin für die Sitzung zu finden; **~ comes a point where ...** *(form)* es kommt der Punkt, an dem ...
⑥ *(to express existence)* ■**~ is** es gibt; ***~ 's someone on the phone for you*** [da ist jemand am] Telefon für dich; ***~ 's no doubt as to who is the best candidate*** es besteht kein Zweifel, wer der beste Kandidat/die beste Kandidatin ist; ***~ are lives at stake*** es stehen Leben auf dem Spiel; ***is ~ any food left?*** ist noch etwas zu essen da?; ***~ isn't any milk, is ~? — yes. ~ is*** es gibt keine Milch, oder? – doch; ***~ being no other possibility, ...*** da es keine andere Möglichkeit gab, ...; ***I don't want ~ to be any problems*** ich will nicht, dass es irgendwelche Probleme gibt
⑦ *(said to attract attention)* ***hello ~!*** hallo!; ***~ goes the phone*** das ist das Telefon
▶PHRASES: **to be all ~** [**up top**] *(fam)* geistig voll da sein *fam*; **to not be all ~** *(fam: mentally lacking)* nicht ganz da sein *fam*; *(no longer mentally fit)* nicht mehr ganz auf der Höhe sein *fam*; **~ you are** [*or* **go**] *(fam: what you wanted)* hier bitte; *(expressing confirmation, triumph or resignation)* aber bitte; ***~ you are — that'll be £3.80 please*** hier bitte – das macht 3,80 Pfund; ***you press the button and ~ you are*** du drückst auf den Knopf, das ist alles; ***we didn't win the competition, but ~ you go — we can always try again next year*** wir haben den Wettkampf zwar nicht gewonnen, aber bitte – wir können es nächstes Jahr noch einmal versuchen; ***~ you are! I knew you'd forget if you didn't write it down*** da haben wir's! ich wusste, dass du es vergessen würdest, wenn du es dir nicht aufschreibst; ***sometimes it is embarrassing, but ~ you go*** manchmal ist es peinlich, aber so ist es nun mal; **to have been ~ before** *(fam)* alles schon wissen *fam*; ***at the end of the day we are ~ to make money*** schließlich sind wir dazu da, Geld zu verdienen; **been ~, done that** *(fam)* kalter Kaffee *sl*; ***best friends are*** [***always***] ***~ for each other in times of trouble*** gute Freunde sind in schweren Zeiten [immer] füreinander an; **~ you go again** das übliche Spiel; ***~ she goes again — she never knows when to stop*** es ist immer dasselbe – sie weiß nie, wann es genug ist; **~ goes sth** etw geht gerade den Bach runter *fam*; ***~ goes my career*** das war's wohl mit meiner Karriere! *fam*; **~ you have it** na siehst du; ***simply turn the handle three times and ~ you have it*** drehe einfach dreimal den Griff und schon geht's; **to be neither here nor ~** keine Rolle spielen; **~ it is** was soll's; ***pretty ridiculous, I know, but ~ it is*** ziemlich lächerlich, ich weiß, aber was soll's; **to not be ~ yet** noch nicht bereit sein
II. *interj* ① *(expressing sympathy)* da!, schau!; **~, ~!** [*or* **~ now!**] ganz ruhig!, schon gut!; ***~, ~, don't cry, it won't hurt for long*** schon gut, weine nicht, es wird nicht lang weh tun
② *(expressing satisfaction)* na bitte!, siehst du!; ***~, I've made it work at last*** na also, ich hab's wieder repariert; ***~, I told you she wouldn't mind!*** siehst du, ich habe dir gesagt, dass es ihr nichts ausmacht
③ *(annoyance)* also bitte; ***~, now you've broken it!*** da, jetzt hast du es kaputt gemacht! *fam*
④ *(fam)* ***so ~!*** und damit basta!; ***you can't share, so ~!*** du kannst nicht teilen, und damit basta!

there·abouts [ˈðeərəbaʊts, AM ˈðerə-] *adv* ① *(in that area)* dort in der Nähe, dort irgendwo; ***the soil is very fertile ~*** der Boden ist in dieser Gegend sehr fruchtbar; **or ~** in der Umgebung von; ***we'll stop for a picnic in Saltford or ~*** wir machen irgendwo bei Saltford ein Picknick
② *(approximate time)* **or ~** oder so; ***he's lived in Norwich for 40 years, or ~*** er lebt seit ungefähr vierzig Jahren in Norwich

there·ˈafter *adv* *(form)* danach, darauf *geh*; **shortly ~** kurz danach, kurze Zeit später

there and ˈback *adv* hin und zurück

there and ˈthen *adv* auf der Stelle, sofort

ˈthere·by *adv* dadurch, damit; ***the actors' unions had failed to agree pay levels and had ~ deprived over 250 people of work*** die Schauspielergewerkschaft hatte keine festen Lohnvereinbarungen getroffen und dadurch mehr als 250 Menschen ihrer Jobs beraubt
▶PHRASES: **~ hangs a tale** *esp* BRIT *(hum)* das ist eine lange Geschichte

there·fore [ˈðeəfɔːʳ, AM ˈðerfɔːr] *adv inv* deshalb, deswegen, daher; **to decide ~ to do sth** deshalb beschließen, etw zu tun

there·ˈfrom [ˌðeəˈfrɒm, AM ˌðer-] *adv* LAW daraus

there·in [ˌðeəˈrɪn, AM ˌðer-] *adv* *(form or dated)* darin; *(fig)* ***Susan is a socialist but her boyfriend votes Conservative — ~ lies the reason why they argue*** Susan ist Sozialistin, aber ihr Freund wählt die Konservativen – deswegen streiten sich die beiden auch

there·in·ˈafter *adv* *(form or dated)* weiter unten, später; LAW nachstehend; **~ referred to as the deceased** im Folgenden als der/die Verstorbene bezeichnet

there·of [ˌðeəˈrɒv, AM ˌðerˈɑːv] *adv* *(form)* davon; ***I was quite unaware ~ until I received your letter*** bevor ich deinen Brief erhielt, war ich mir darüber nicht im Klaren

there·on [ˌðeəˈrɒn, AM ˌðerˈɑːn] *adv inv* *(form)* ① *(on that object)* darauf
② *(about that subject)* darüber

there·ˈto [ˌðeəˈtuː, AM ˌðer] *adv inv* *(form or old)* ① *(to sth)* dazu
② *(for sth)* dafür
③ *(at sth)* daran

there·under [ˌðeəˈrʌndəʳ, AM ˌðerˈʌndɚ] *adv* *(form or dated)* ① *(in accordance with aforementioned)* demzufolge, demgemäß
② *(under the aforementioned)* darunter

there·upon [ˌðeərəˈpɒn, AM ˌðerəˈpɑːn] *adv* *(form)* daraufhin

there·ˈwith [ˌðeəˈwɪθ, AM ˌðer] *adv inv* *(form or old)* damit

therm [θɜːm, AM θɜːrm] *n* *(unit of heat)* *veraltete britische Einheit für Arbeit und Energie*; BRIT *(dated: 100,000 thermal units)* 100.000 Wärmeeinheiten *(ca. 100 Megajoule)*

ther·mal [ˈθɜːməl, AM ˈθɜːrm-] **I.** *n* ① *(air current)* Thermik *f*
② *(underwear)* ■**~s** *pl* Thermounterwäsche *f kein pl*; MED Rheumaunterwäsche *f kein pl*
II. *adj attr* ① MED thermal, Thermal-; **~ bath** Thermalbad *nt*
② PHYS, CHEM thermisch, Thermo-, Wärme-; **~ conductivity** PHYS Wärmeleitfähigkeit *f*; **~ degradation** CHEM thermischer Abbau; **~ efficiency** PHYS thermischer Wirkungsgrad; **~ pollution** PHYS thermische Verunreinigung

ther·mal ca·ˈpac·ity *n* Wärmekapazität *f* **ther·mal ˈimag·ing** *n* Thermografie *f* **ther·mal in·su·ˈla·tion** *n no pl* Wärmedämmung *f*, Wärmeisolierung *f*

ther·mal·ly [ˈθɜːməli, AM ˈθɜːrm-] *adv* ① MED thermal
② PHYS thermisch; **to be ~ insulated** wärmeisoliert sein

ther·mal ˈpa·per *n no pl* Thermopapier *nt*

ther·mal ˈspring *n* Thermalquelle *f*

ther·mal ˈunder·wear *n no pl* Thermounterwäsche *f*; MED Rheumaunterwäsche *f* **ˈther·mal unit** *n* PHYS Wärmeeinheit *f*

ther·mo- [ˈθɜːməʊ, AM ˈθɜːrmoʊ] *in compounds* Wärme-, Hitze-, Thermo-

ther·mo·dy·nam·ic [ˌθɜːmə(ʊ)daɪˈnæmɪk, AM ˌθɜːrmoʊ-] *adj attr, inv* thermodynamisch

ther·mo·dy·nam·ics [ˌθɜːmə(ʊ)daɪˈnæmɪks, AM ˌθɜːrmoʊ-] *n + sing vb* Thermodynamik *f*

ther·mo·elec·tric [ˌθɜːməʊɪˈlektrɪk, AM ˌθɜːrmoʊ-] *adj* thermoelektrisch

ther·mom·eter [ˈθɜːmɒmɪtəʳ, AM ˈθɜːrmɑːmət̬ɚ] *n* ① *(device)* Thermometer *nt o* SCHWEIZ *a. m*; **clinical ~** Fieberthermometer *nt*; **minimum and maximum ~** Minimum-Maximum-Thermometer *nt*, MiniMax-Thermometer *nt*; **the ~ falls/rises** das Thermometer fällt/steigt ② *(fig: record)* Barometer *nt fig*; **~ of inflation** Inflationsbarometer *nt* **ther·ˈmom·eter scale** *n* Thermometerskala *f*

ther·mo·nu·clear [ˌθɜːmə(ʊ)ˈnjuːkliəʳ, AM ˌθɜːrmoʊˈnuːkliɚ] *adj* thermonuklear; **~ bomb** Wasserstoffbombe *f*

ther·mo·plas·tic [ˌθɜːməʊˈplæstɪk, AM ˌθɜːrmoʊˈ-] CHEM **I.** *adj inv* thermoplastisch *fachspr*
II. *n* Thermoplast *m fachspr*

Thermos®, Thermos® bot·tle, Thermos® flask [ˈθɜːmɒs-, AM ˈθɜːrməs-] *n* Thermosflasche *f*

ther·mo·stat [ˈθɜːməstæt, AM ˈθɜːr-] *n* Thermostat *m*

ther·mo·stat·ic [ˈθɜːməstætɪk, AM ˈθɜːrməstæt̬-] *adj* thermostatisch, Thermostat-

ther·mo·stati·cal·ly [ˈθɜːməstætɪkəli, AM ˈθɜːrməstæṭ-] *adv* thermostatisch; ~ **controlled** thermostatgesteuert

the·ro·pod ['θɪərəpɒd, AM 'θɪrəpɑ:d] *n* ZOOL Theropode *m*

the·sau·rus <*pl* -es *or pl* -ri> [θɪ'sɔ:rəs, *pl* -raɪ] *n* Synonymwörterbuch *nt,* Thesaurus *m fachspr*

these [ði:z] **I.** *adj pl of* **this**

II. *pron dem pl of* **this** ① *(the things here)* diese; ***take*** ~ nimm die[se] hier; ***are*** ~ ***your bags?*** sind das hier deine Taschen?; ~ **here** die da

② *(the people here)* das; ~ ***are my kids, Bob, Charles and Mary*** das sind meine Kinder Bob, Charles und Mary

③ *(current times)* diese; ***in times like*** ~ ***...*** in Zeiten wie diesen ...; ~ ***are hard times for us*** wir machen harte Zeiten durch

④ *(familiar referent)* diese; ~ ***are some of the reasons I'm against the idea*** das sind einige der Gründe, warum ich gegen die Idee bin; ***don't try to walk on*** ~ ***— they're prickly and sticky plants*** versuche nicht, darauf zu laufen – das sind stachlige, klebrige Pflanzen

the·sis <*pl* -ses> ['θi:sɪs, *pl* -si:z] *n* ① *(written study)* wissenschaftliche Arbeit; *(for diploma)* Diplomarbeit *f; (for PhD)* Doktorarbeit *f,* Dissertation *f;* **doctoral** ~ Doktorarbeit *f,* Dissertation *f*

② *(proposition)* These *f,* Behauptung *f*

thesp [θesp] *n (pej fam) short for* **thespian** Schmierenkomödiant(in) *m(f) pej fam*

thes·pian ['θespiən] **I.** *n (form)* Schauspieler(in) *m(f); (mime)* Mime, Mimin *m, f liter; (hum)* Vollblutschauspieler(in) *m(f)*

II. *adj inv* dramatisch, Schauspiel-, Theater-; ~ **talent** schauspielerisches Talent

they [ðeɪ] *pron pers* ① *(3rd person plural)* sie; ***where are my glasses?*** ~ ***were on the table just now*** wo ist meine Brille? sie lag doch gerade noch auf dem Tisch; ***see those people sitting over there? are*** ~ ***the ones you were talking about?*** siehst du die Leute da drüben? sind das die, von denen du gesprochen hast?; **it's** ~ *(form)* das sind sie; ~ **who ...** *(form)* wer ...; ~ ***who look closely, will see the difference*** wer genau schaut, kann den Unterschied erkennen

② *(he or she)* er, sie; ***ask a friend if*** ~ ***could help*** frag einen Freund, ob er helfen kann; ***anyone can join if*** ~ ***are a resident*** jeder, der hier lebt, kann beitreten

③ *(people in general)* sie; ***the rest, as*** ~ ***say, is history*** der Rest ist Geschichte, wie es so schön heißt; ~ **say ...** es heißt, ..., man sagt, ...

④ *(fam: those with authority)* ~ ***'ve decided to change the bus route into town*** es wurde beschlossen, die Busroute in die Stadt zu ändern; ***do*** ~ ***really notice if you leave some of your income off your tax forms?*** merkt das wirklich jemand, wenn du nicht dein gesamtes Einkommen auf dem Steuerbescheid angibst?; ~ ***cut my water off*** man hat mir das Wasser abgestellt

they'd [ðeɪd] = **they had/they would** *see* **have I, II, would**

they'll [ðeɪl] = **they will** *see* **will[1], shall**

they're [ðeəʳ, AM ðer] = **they are** *see* **be**

they've [ðeɪv] = **they have** *see* **have I, II**

thick [θɪk] **I.** *adj* ① *(not thin) coat, layer, volume* dick; **with a** ~ **helping of butter** dick mit Butter bestrichen

② *(bushy) eyebrows* dicht; ~ **hair** volles [*o* dichtes] [*o* SCHWEIZ *meist* dickes] Haar

③ *after n (measurement)* dick, stark; ***the walls are two metres*** ~ die Wände sind zwei Meter dick

④ *(not very fluid)* dick, zähflüssig

⑤ *(dense)* dicht; ***the air in the banqueting hall was*** ~ ***with smoke*** die Luft im Festsaal war völlig verraucht; ***the atmosphere was*** ~ ***with unspoken criticism*** *(fig)* unausgesprochene Kritik belastete die Atmosphäre; ~ **clouds** dichte Wolkendecke; ~ **fog** dichter Nebel

⑥ *(extreme)* deutlich, ausgeprägt; ~ **accent** starker Akzent; ~ **darkness** tiefe Dunkelheit

⑦ *voice* belegt, heiser; ***he spoke and his voice was*** ~ ***with fear*** er sprach mit angstvoller Stimme

⑧ *(headache)* **to have a** ~ **head** einen Brummschädel [*o* dicken Kopf] haben *fam;* ***I've got a*** ~ ***head*** mir brummt der Schädel *fam*

⑨ *(pej sl: mentally slow)* dumm; **to be [a bit]** ~ [ein bisschen] begriffsstutzig sein

⑩ BRIT *(fam: plentiful)* reichlich, massenhaft; ***female engineers are not too*** ~ ***on the ground*** weibliche Ingenieure sind dünn gesät

⑪ BRIT *(exaggerated)* **to be a bit** ~ etwas übertrieben sein; ***hiring four Rolls Royces for a village wedding was a bit*** ~ vier Rolls Royce für eine Dorfhochzeit zu mieten, war schon etwas dick aufgetragen

▸PHRASES: **to <u>be</u> as** ~ **as two short planks** dumm wie Bohnenstroh sein; **<u>blood</u> is** ~**er than water** *(saying)* Blut ist dicker als Wasser *prov;* **to <u>get</u> a** ~ **ear** BRIT ein paar auf [*o* hinter] die Ohren bekommen *fam;* **to <u>give</u> sb a** ~ **ear** BRIT jdm ein paar [*o* eins] hinter die Ohren geben *fam;* **to <u>have</u> a** ~ **skin** ein dickes Fell haben; **to be as** ~ **as <u>thieves</u>** wie Pech und Schwefel zusammenhalten; **to be** ~ **<u>with</u> sb** mit jdm eng befreundet sein; ***Peter is*** ~ ***with Tom*** Peter und Tom sind dicke Freunde

II. *n no pl (fam)* ■ **in the** ~ **of sth** mitten[drin] in etw *dat;* ***an argument had ensued at the bar and in the*** ~ ***of it stood my husband*** an der Bar war ein Streit ausgebrochen und mein Mann steckte mittendrin; **in the** ~ **of the battle** im dichtesten Kampfgetümmel

III. *adv (heavily)* dick; ***the snow lay*** ~ ***on the path*** auf dem Weg lag eine dicke Schneedecke; **to spread bread** ~ **with butter** Brot dick mit Butter bestreichen

▸PHRASES: **to <u>come</u>** ~ **and fast** hart auf hart kommen; ***the complaints were coming*** ~ ***and fast*** es hagelte Beschwerden; **to <u>lay</u> it <u>on</u>** ~ dick auftragen *fam*

thick·en ['θɪkᵊn] **I.** *vt* FOOD ■ **to** ~ **sth** *sauce* etw eindicken

II. *vi* ① *(become less fluid)* dick[er] [*o* dickflüssig[er]] werden

② *(become denser)* dicht[er] werden, sich *akk* verdichten; ***traffic in town has*** ~***ed*** die Verkehrsdichte in der Stadt hat zugenommen

③ *(become less slim)* [an Umfang] zunehmen; ***her waist has*** ~***ed*** ihre Taille ist dicker geworden

▸PHRASES: **the <u>plot</u>** ~**s** *(saying)* die Sache wird langsam interessant

thick·en·er ['θɪkᵊnəʳ, AM -ɚ], **thick·en·ing agent** ['θɪkᵊnɪŋ-] *n* Verdickungsmittel *nt,* Bindemittel *nt;* **gravy** ~ Soßenbinder *m,* Saucenbinder *m* SCHWEIZ

thick·et ['θɪkɪt] *n* Dickicht *nt*

thick-'head·ed *adj* ① *(mentally slow)* begriffsstutzig

② *(stupid)* dumm, doof *fam*

thick·ly ['θɪkli] *adv* ① *(in a deep layer)* dick; ***don't put the butter on too*** ~***, please*** schmier bitte nicht zu viel Butter drauf; ***the woods were*** ~ ***carpeted with bluebells*** der Wald war mit Glockenblumen übersät

② *(indistinctly)* mit belegter Stimme; *(with fear)* angstvoll; *(with emotion)* bewegt; **to speak** ~ undeutlich [*o* mit schwerer Zunge] sprechen

thick·ness ['θɪknəs] *n* ① *no pl (size)* Dicke *f,* Stärke *f*

② *no pl (depth)* Dicke *f,* Höhe *f; (denseness)* Dichte *f*

③ *(layer)* Lage *f,* Schicht *f*

thicko ['θɪkəʊ, AM -koʊ] *n esp* BRIT *(pej sl)* Dummkopf *m pej fam,* Schwachkopf *m pej fam*

thick·'set *adj person* gedrungen, stämmig; *plant* dicht [*o* SCHWEIZ *a.* satt] [gepflanzt] **thick-'skinned** *adj* dickhäutig *fig,* dickfellig *fig;* **to be** ~ ein dickes Fell haben

thief <*pl* thieves> [θi:f] *n* Dieb(in) *m(f);* **den of thieves** Mördergrube *f,* Räuberhöhle *f; (disreputable place)* Spelunke *f*

▸PHRASES: **[there is] <u>honour</u>** [*or* AM **<u>honor</u>**] **among thieves** *(saying)* jeder hat seine eigene Moral; **like a** ~ **in the <u>night</u>** wie ein Dieb in der Nacht; **<u>procrastination</u> is the** ~ **of time** *esp* BRIT *(saying)* was du heute kannst besorgen, das verschiebe nicht auf morgen *prov;* **to <u>set</u> a** ~ **to catch a** ~ *(saying)* einen vom Fach benutzen

thieve [θi:v] **I.** *vi (liter)* stehlen

II. *vt (liter)* ■ **to** ~ **sth** etw stehlen

thiev·ing ['θi:vɪŋ] **I.** *n (liter form)* Stehlen *nt*

II. *adj attr, inv* diebisch; ***take your*** ~ ***hands off my cake!*** *(hum)* lass deine Finger von meinem Kuchen!

thigh [θaɪ] *n* [Ober]schenkel *m;* ***this exercise will help to combat those thunder*** ~***s*** mit dieser Übung bekämpfen Sie die Fettpolster an Hüfte und Oberschenkel

'thigh bone *n* Oberschenkelknochen *m* **'thigh-high** *adj* hüfthoch **'thigh in·ju·ry** *n* Oberschenkelverletzung *f*

thim·ble ['θɪmbl̩] *n* Fingerhut *m*

thim·ble·ful ['θɪmbl̩fʊl] *n (hum)* Fingerhut [voll] *m;* ***he poured a*** ~ ***of whisky into the glass*** er goss einen Schluck Whisky in das Glas

thin <-nn-> [θɪn] **I.** *adj* ① *(not thick)* dünn; *(fig)* schmaler Grat; ~ **line** feine [*o* schmale] Linie; ***there's a*** ~ ***line between love and hate*** die Grenze zwischen Liebe und Hass ist fließend

② *(slim) person* dünn; **a** ~ **man** ein hagerer Mann

③ *(not dense) fog* leicht; *crowd* klein; ~ **rain** feiner Regen; *(lacking oxygen) air* dünn

④ *(sparse)* spärlich; ~ **hair** *(on head)* schütteres Haar; *(on body)* spärlicher Haarwuchs; ***he is already*** ~ ***on top*** sein Haar lichtet sich schon langsam

⑤ *(very fluid)* dünn[flüssig]

⑥ *(feeble)* schwach *fig;* ~ **disguise** dürftige Verkleidung; ~ **excuse** fadenscheinige Ausrede; ~ **smile** leichtes Lächeln; ~ **sound** leiser Ton; ~ **voice** zarte Stimme

⑦ *(come to an end)* **to wear** ~ *(also fig)* [langsam] zu Ende gehen, erschöpft sein; ***the soles of my shoes are wearing*** ~ mein Schuhsohlen werden immer dünner

▸PHRASES: **out of** ~ **<u>air</u>** aus dem Nichts; **the** ~ **<u>blue</u> line** BRIT *(fam)* die Polizei; **to <u>disappear</u>** [*or* **<u>vanish</u>**] **into** ~ **air** sich *akk* in Luft auflösen; **the** ~ **<u>end</u> of the wedge** BRIT ein erster Anfang; **to be** ~ **on the <u>ground</u>** BRIT, AUS dünn gesät sein *fig;* **to <u>have</u> a** ~ **time [of it]** eine schlimme Zeit durchmachen; **to be on** ~ **<u>ice</u>** sich *akk* auf dünnem Eis bewegen; **to be** ~**-<u>skinned</u>** dünnhäutig sein

II. *vt* ① *(make more liquid)* ■ **to** ~ **sth [down]** etw verdünnen

② *(remove some)* ■ **to** ~ **sth [out]** etw ausdünnen [*o* lichten] [*o* SCHWEIZ *a.* erdünnen]; ***they've*** ~***ned the forest*** der Wald wurde gelichtet; **to** ~ **sb's hair** jds Haare ausdünnen [*o* SCHWEIZ *a.* erdünnen]

③ *(in golf)* **to** ~ **the ball** den Ball oberhalb der Mitte treffen

III. *vi* ① *(become weaker) soup, blood* dünner werden; *crowd* sich *akk* zerstreuen; *fog* sich *akk* lichten; *hair* dünner werden, sich *akk* lichten

② *(become worn) material* sich *akk* verringern, abnehmen

◆**thin down I.** *vi* abnehmen, dünner werden

II. *vt* ■ **to** ~ **down** ↔ **sth** etw verdünnen

◆**thin out I.** *vt* ■ **to** ~ **out** ↔ **sth** etw ausdünnen [*o* SCHWEIZ *a.* erdünnen]; **to** ~ **out plants** Pflanzen pikieren

II. *vi* weniger werden, sich *akk* verringern; *crowd* kleiner werden, sich *akk* verlaufen

thine [ðaɪn] DIAL **I.** *adj det (old)* dein; ***inquire into*** ~ ***own heart*** befrage dein Herz

II. *pron poss (old)* der/die/das Deinige [*o* Deine]; ***for*** ~ ***is the kingdom, the power and the glory*** denn Dein ist das Reich, die Macht und die Herrlichkeit

thin-film e'vapo·ra·tor *n* CHEM Dünnschichtverdampfer *m*

thing [θɪŋ] *n* ① *(unspecified object)* Ding *nt,* Gegenstand *m; (fam)* Dings[bums] *nt fam;* ***I haven't got a*** ~ ***to wear*** ich habe nichts zum Anziehen [*o* SCHWEIZ *a.* Anlegen]; ***she behaved like a mad*** ~ sie benahm sich wie eine Verrückte; ***you cannot be all*** ~***s to all men*** man kann es nicht allen recht machen

❷ *(possessions)* ■**~s** *pl* Besitz *m kein pl,* Habe *f kein pl; (objects for special purpose)* Sachen *pl,* Zeug *nt kein pl;* ***she put all his ~s in suitcases and put them outside the door*** sie packte alle seine Sachen in Koffer und stellte diese vor die Tür; **swimming ~s** Schwimmzeug *nt kein pl,* Schwimmsachen *pl fam*
❸ *(unspecified idea, event)* Sache *f;* ***this ~ called love*** das, was man so Liebe nennt; ***if there's one ~ I want to know it's this*** wenn es etwas gibt, das ich wissen will, dann ist es das; ***it was just one ~ after another*** da kam eben eins zum anderen; ***one ~ leads to another*** das Eine führt zum Andern; ***don't worry about a ~!*** mach dir keine Sorgen!; ***learning to ride a bike was a difficult ~ for me to do*** ich habe lange gebraucht, bis ich Rad fahren konnte; ***I value my freedom above all ~s*** meine Freiheit steht für mich an erster Stelle; ***if it's not one ~, it's another*** ständig ist [et]was los; **to not be sb's ~** nicht jds Ding sein *fam;* **to be a ~ of the past** der Vergangenheit angehören; **in all ~s** in jeder Hinsicht, in [*o* bei] allem; **the whole ~** das Ganze
❹ *(unspecified activity)* Sache *f;* ***the last ~ I want to do is hurt his feelings*** ich möchte auf keinen Fall seine Gefühle verletzen; ***that was a close ~!*** das war knapp!; ***walking in stormy weather along a beach just does ~s to me*** bei stürmischem Wetter am Strand spazieren zu gehen macht mir unheimlich Spaß; **plenty of ~s** vieles; **to do sth first/last ~** etw als Erstes/Letztes tun; ***I'll phone him first ~ tomorrow*** ich rufe ihn morgen gleich als Erstes an; **to call sb last ~ at night** jdn spät nachts noch anrufen; **to do one's own ~** *(fam)* seinen [eigenen] Weg gehen, sein Ding machen *fam*
❺ *(fam: what is needed)* das [einzig] Wahre; **the real ~** das einzig Wahre; **the very** [*or* **just the**] **~** genau das Richtige
❻ *(matter)* Thema *nt,* Sache *f;* ***sure ~!*** *esp* AM na klar!; ***what a lovely ~ to say!*** wie nett, so etwas zu sagen!; ***I have a ~ or two on my mind*** mir geht so einiges durch den Kopf; ***and another ~, ...*** und noch [et]was, ...; ***why don't you come with me? — for one ~, I don't like flying, and for another, I can't afford it*** warum kommst du nicht mit? – einerseits fliege ich nicht gerne und außerdem kann ich es mir nicht leisten; **to be able to tell sb a ~ or two** jdm noch so einiges [*o* manches] erzählen können; **to know a ~ or two** eine ganze Menge wissen, sich *akk* gut auskennen
❼ *(social behaviour)* ■**the ~** das Richtige; ***it's the done ~*** *(also iron)* das gehört sich so [*o* gehört zum guten Ton]; ***smoking during meals is not the done ~*** es gehört sich nicht, während des Essens zu rauchen; **the in** [*or* **latest**] **~** [**to do**] der letzte Schrei
❽ *(the important point)* ■**the ~ about doing sth is ...** das Wichtigste bei etw *dat* ist ...
❾ *(something non-existent)* ■**~s** *pl* **to be hearing** [*or* **imagining**] **~s** Gespenster sehen *fig*
❿ *(the situation)* ■**~s** *pl* die Dinge, die Lage; ***~s ain't what they used to be*** *(fam)* nichts ist mehr so wie es war; ***how are ~s*** [***with you***]? *(fam)* wie geht's [dir]? *fam;* ***what are ~s like?*** wie sieht's aus? [*o* läuft's?] *fam;* **all ~s considered** alles in allem; **as ~s stand, the way ~s are** so wie die Dinge stehen
⓫ *(confectionery)* **sweet ~s** Süßigkeiten *pl*
⓬ *(person)* ***you lucky ~!*** du Glückliche(r) [*o* Glückspilz]!; ***she's a dear little ~*** sie ist ein Schatz; **lazy ~** Faulpelz *m;* **old ~** BRIT altes Haus *fam,* alter Knabe *fam;* **the poor ~** *(fam)* der/die Ärmste; *(man)* der arme Kerl; *(young woman, child)* das arme Ding; **the poor ~s** die Ärmsten; **stupid ~** Dummkopf *m,* Idiot *m*
▸PHRASES: **a ~ of beauty is a joy forever** *(saying)* etwas Schönes macht immer wieder Freude; **the best ~s in life are free** *(saying)* die besten Dinge im Leben sind umsonst; **chance would be a fine ~!** BRIT *(saying)* schön wär's! *fam;* **to do one's own ~** sich *akk* selbst verwirklichen; **all** [*or* **other**] **~s being equal** wenn nichts dazwischen kommt; **to be onto a good ~** *(fam)* etwas Gutes auftun; **you can have too much of a good ~** man kann es auch übertreiben; **to be the greatest ~ since sliced bread** *(fam)* einfach Klasse sein *fam;* **to have a** [*or* **this**] **~ about sb** *(fam: dislike)* jdn nicht ausstehen können *fam; (like very much)* verrückt nach jdm sein *fam;* **to have a** [*or* **this**] **~ about sth** etw nicht ausstehen können *fam;* **there are more ~s in heaven and earth** [**than are dreamt of in your philosophy**] BRIT *(saying)* es gibt mehr Dinge zwischen Himmel und Erde [als deine Schulweisheit sich träumen lässt]; **a little learning** [*or* **knowledge**] **is a dangerous ~** *(saying)* zu wenig Wissen kann gefährlich werden; **to make a** [**big**] **~ out of sth** aus etw *dat* eine große Sache machen, um etw *akk* viel Wirbel machen; **the next big ~** der neueste Trend; **to be just one of those ~s** *(be unavoidable)* einfach unvermeidlich sein; *(typical happening)* typisch sein; ***this is just one of those ~s*** da kann man halt nichts machen *fam;* **to the pure all ~s are pure** *(saying)* dem Reinen ist alles rein; **these ~s are sent to try us** BRIT *(saying)* das sind die Prüfungen, die uns das Schicksal auferlegt; **to take ~s easy** sich *akk* ausruhen; **worse ~s happen at sea** *(saying)* davon [*o* SCHWEIZ wegen dem] geht die Welt nicht unter *fam*

thinga·ma·bob [ˈθɪŋəməˌbɒb, AM -ˌbɑːb], **thinga·ma·jig** [ˈθɪŋəməˌdʒɪg], BRIT **thingum·my** [ˈθɪŋəmi], *esp* BRIT **thingy** [ˈθɪŋi] *n (fam)* [der/die/das] Dings[da] [*o* Dingsbums] *fam*

think [θɪŋk] **I.** *n no pl (fam)* **to have a ~ about sth** sich *dat* etw überlegen, über etw *akk* nachdenken
▸PHRASES: **to have another ~ coming** auf dem Holzweg sein *fam*
II. *vi* <thought, thought> ❶ *(believe)* denken, glauben, meinen; ***yes, I ~ so*** ich glaube [*o* denke] schon; ***no, I don't ~ so*** ich glaube [*o* denke] nicht
❷ *(reason, have views/ideas)* denken; ***not everybody ~s like you*** nicht jeder denkt wie du; **to ~ logically** logisch denken; **to ~ positive** optimistisch [*o* zuversichtlich] sein
❸ *(consider to be, have an opinion)* ***I want you to ~ of me as a friend*** ich möchte, dass du mich als Freund siehst; ***~ nothing of it!*** keine Ursache [*o* gern geschehen]!; **to ~ fit** [**to do sth**] es für richtig [*o* angebracht] halten[, etw zu tun]; **to ~ oneself fortunate** [*or* **lucky**] sich *akk* glücklich schätzen; **to ~ highly** [*or* **well**] **of sb/sth** viel von jdm/etw halten; **to ~ little/nothing of sb/sth** wenig/nichts von jdm/etw halten; **to not ~ much of sb/sth** auf jdn/etw nicht viel geben; **to not ~ much of doing sth** nicht [gerade] begeistert davon sein, etw zu tun; **to ~ nothing of doing sth** nichts dabei finden, etw zu tun
❹ *(expect)* ■**to ~ of sth** an etw *akk* denken; ***I thought as much!*** das habe ich mir schon gedacht!, nicht den Mut verlieren
❺ *(intend)* ■**to ~ of sth** an etw *akk* denken; ***what will they ~ of next?*** was lassen sie sich wohl noch alles einfallen?; ***how clever! I never thought of that!*** wie schlau! daran habe ich noch gar nicht gedacht!; ■**to ~ of doing sth** erwägen [*o* daran denken], etw zu tun; ***we were ~ing of starting a family*** wir spielten mit dem Gedanken, eine Familie zu gründen
❻ *(come up with)* ■**to ~ of sth** sich *dat* etw ausdenken [*o* einfallen lassen]; ***just a minute — I've thought of something*** warte mal – ich glaube, ich habe da eine Idee; ***why didn't I ~ of it earlier!*** warum bloß bin ich nicht schon früher darauf gekommen!; ***she couldn't ~ what to do*** sie wusste nicht, was sie machen sollte; **to ~ of an idea/a solution** auf eine Idee/Lösung kommen
❼ *(remember)* ***I can't ~ when/where/who ...*** ich weiß nicht mehr, wann/wo/wer ...; ***I'm trying to ~ when/where/who ...*** ich überlege krampfhaft, wann/wo/wer ...; ***I can never ~ of your surname*** ich vergesse immer deinen Nachnamen
❽ *(reflect)* [nach]denken, überlegen; ***I'd ~ again if I were you*** ich würde mir das an deiner Stelle noch einmal überlegen; ***that'll give him something to ~ about*** das sollte ihm zu denken geben; ***~ fast!*** überleg [es dir] schnell!; ***I haven't seen him for weeks, in fact, come to ~ of it, since March*** ich habe ihn seit Wochen nicht mehr gesehen, wenn ich es mir recht überlege, seit März nicht; ***sorry, I wasn't ~ing*** tut mir leid, da habe ich nicht [richtig] mitgedacht; **to ~ better of sth** sich *dat* etw anders überlegen; **to ~ long and hard** es sich *dat* reiflich überlegen; **to be unable to ~ straight** keinen klaren Gedanken fassen können; **to ~ for oneself** selbstständig denken, seine eigenen Entscheidungen treffen; **without ~ing** gedankenlos, ohne nachzudenken
❾ *(imagine)* ■**to ~ of sth** sich *dat* etw vorstellen
❿ *(have in one's mind)* ■**to ~ of sb/sth** an jdn/etw denken; ***what are ~ing of*** [***now***]? woran denkst du [gerade]?
⓫ *(take into account)* ■**to ~ of sth** etw bedenken; ***when you ~ of how ...*** wenn man bedenkt, wie...
▸PHRASES: **to ~ big** im großen Stil planen; **to be unable to hear oneself ~** sein eigenes Wort nicht mehr verstehen
III. *vt* <thought, thought> ❶ *(hold an opinion)* ■**to ~ sth** etw denken [*o* glauben] [*o* meinen]; ***what do you ~ of*** [*or* ***about***] ***Jane?*** wie findest du Jane?; **to ~ the world of sb/sth** große Stücke auf jdn/etw halten; ■**to ~ that ...** denken [*o* glauben], dass ...; ***I ~ she's stupid*** ich finde sie dumm; ***it's thought that ...*** man nimmt an, dass ...; **to ~ to oneself that ...** [bei] sich *dat* denken, dass ...; ***and I thought to myself, what a wonderful day!*** und ich dachte [leise] bei mir: was für ein wunderbarer Tag!
❷ *(consider to be)* ■**to ~ sb/sth** [**to be**] **sth** jdn/etw für etw *akk* halten; ***who do you ~ you are?*** für wen hältst du dich eigentlich?; ***he's thought to be a very rich man*** er gilt als sehr reicher Mann; **to ~ it** [**un**]**likely that ...** es für [un]wahrscheinlich halten, dass ...
❸ *(expect)* ■**to ~ sth** etw denken; ***who would have thought*** [***that***] ...? wer hätte gedacht[, dass] ...?; ***who would have thought it?*** wer hätte das gedacht?; ***I'm going out to play — that's what you ~!*** *(iron)* ich gehe raus spielen – das denkst du aber auch nur!
❹ *(intend)* ■**to ~ that ...:** ***I ~ I'll go for a walk*** ich denke, ich mache einen Spaziergang
❺ *(remember)* ■**to ~ to do sth** daran denken, etw zu tun
❻ *(find surprising, strange, foolish)* ■**to ~ that ...** kaum zu glauben, dass ...; ***to ~*** [***that***] ***I loved him!*** kaum zu glauben, dass ich ihn einmal geliebt habe!; ***to ~ that I lent him all that money!*** kaum zu glauben, dass ich so dumm war, ihm so viel Geld zu leihen!
▸PHRASES: **to ~ beautiful** [*or* **great**] [*or* **interesting**] **thoughts** in Gedanken versunken sein; **to ~ the world well lost** BRIT den lieben Gott einen guten Mann sein lassen; **~ sb** ***she'll manage*** [***~ Mrs Kern***] sie wird es schaffen (denken wir doch nur mal an Frau Kern)

◆**think about** *vi* ❶ *(have in one's mind)* ■**to ~ about sb/sth** an jdn/etw denken; ***I always ~ about Roz in that long pink coat*** wenn ich an Roz denke, sehe ich ihn immer in seinem langen rosa Mantel vor mir
❷ *(reflect)* ■**to ~ about sth/sb** über etw/jdn nachdenken
❸ *(consider)* ■**to ~ about sth** sich *dat* etw überlegen, sich *dat* durch den Kopf gehen lassen; ***don't even ~ about it!*** schlag dir das aus dem Kopf! *fam,* vergiss es! *fam;* **to** [**not**] **~ twice about sth** sich *dat* etw [nicht] zweimal überlegen

◆**think ahead** *vi* vorausdenken; *(be foresighted)* sehr vorausschauend sein

◆**think back** *vi* ■**to ~ back** [**to sth**] [an etw *akk*] zurückdenken; ■**to ~ back over sth** sich *dat* etw noch einmal vergegenwärtigen, etw Revue passieren lassen *geh*

◆**think on** *vt* NENG, AM *(fam)* ■**to ~ on sth** über etw *akk* nachdenken

◆**think out** *vt* ■**to ~ out** ↻ **sth** ❶ *(prepare carefully)* etw durchdenken; **a well thought out**

answer eine wohl überlegte Antwort; **a well thought out plan** ein gut durchdachter Plan
② *(plan)* etw vorausplanen
③ *(come up with)* sich *dat* etw ausdenken; *(develop)* etw entwickeln
◆**think over** *vt* ■**to ~ over** ○ **sth** etw überdenken; ***I'll ~ it over*** ich überleg's mir noch mal *fam*
◆**think through** *vt* ■**to ~ through** ○ **sth** etw [gründlich] durchdenken
◆**think up** *vt (fam)* ■**to ~ up** ○ **sth** sich *dat* etw ausdenken [*o* einfallen lassen]; **to ~ up an idea** auf eine Idee kommen

think·able ['θɪŋkəbl̩] *adj* denkbar, vorstellbar

think·er ['θɪŋkəʳ, AM -ɚ] *n* Denker(in) *m(f)*

think·ing ['θɪŋkɪŋ] **I.** *n no pl* ① *(using thought)* Denken *nt;* **to do some ~ about sth** sich *dat* über etw *akk* Gedanken machen
② *(reasoning)* Überlegung *f;* ***what's the ~ behind the decision to combine the two departments?*** aus welchem Grund sollen die beiden Abteilungen zusammengelegt werden?; ***good ~! that's a brilliant idea!*** nicht schlecht! eine geniale Idee!
③ *(opinion)* Meinung *f;* ***I don't agree with his ~ on that point*** ich stimme mit ihm in diesem Punkt nicht überein; **to my way of ~** meiner Ansicht [*o* Meinung] nach
II. *adj attr, inv* denkend, vernünftig; ***as a ~ woman, you must realize that our situation is becoming worse*** als Frau mit Verstand müssen Sie doch erkennen, dass sich unsere Situation verschlechtert; **the ~ man's/woman's crumpet** BRIT *attraktiver, intelligenter Mann/attraktive, intelligente Frau*

'think·ing cap *n* ▶PHRASES: **to put one's ~ on** *(fam)* scharf nachdenken *fam*

'think piece *n* JOURN [ausführlicher] Kommentar

'think tank *n (fig)* Expertenkommission *f*

thin-lay·er chro·ma·'tog·ra·phy *n no pl* CHEM Dünnschichtchromatografie *f*

thin·ly ['θɪnli] *adv* dünn **thin·ly-'sliced** *adj* dünn geschnitten

thin·ner ['θɪnəʳ, AM -ɚ] **I.** *n* Verdünner *m,* Verdünnungsmittel *nt;* **paint ~** Farbverdünner *m*
II. *adj comp of* **thin**

thin·ness ['θɪnnəs] *n no pl* ① *(not fat)* Magerkeit *f*
② *(fig: lack of depth)* Dünnheit *f*

thin·ning ['θɪnɪŋ] *n* Ausdünnen *nt,* Vereinzeln *nt; of forest* Lichten *nt,* Durchforsten *nt;* **~ of tree tops** Auslichten *nt* der Baumkronen; ■**~s** *pl* HORT Ausschnitte *pl,* Abschnitte *pl*

thin 'sec·tion *n* Dünnschliff *m* **thin-'sec·tion** *vt* ■**to ~ sth** etw dünner machen [*o* dünn schleifen]

thin-'skinned *adj* empfindlich, dünnhäutig; ***be careful what you say to her — she's a bit ~*** pass auf, was du zu ihr sagst – sie ist ein bisschen sensibel

third [θɜːd, AM θɜːrd] **I.** *adj inv* ① *(in sequence)* dritte(r, s); ***you're the ~ person to put your name down*** du bist der Dritte, der sich einträgt; ***~ time lucky!*** beim dritten Anlauf klappt's!, aller guten Dinge sind drei!; **~ finger** Ringfinger *m;* **~ form** BRIT achte Klasse, die Achte; **~ grade** AM dritte Klasse, die Dritte; *see also* **eighth I 1**
② *(in a race)* **to be/come** [*or* **finish**] **~** [**in a race**] [bei einem Rennen] Dritter sein/werden; *see also* **eighth I 2**
③ MATH **~ power** dritte Potenz, Kubikzahl *f;* **~ root** dritte Wurzel, Kubikwurzel *f*
II. *n* ① *(order)* ■**the ~** der/die/das Dritte; *see also* **eighth II 1**
② *(date)* ■**the ~** *spoken* der Dritte; ■**the 3rd** *written* der 3.; *see also* **eighth II 2**
③ *(in titles)* **George the T~** *spoken* Georg der Dritte; **George III** *written* Georg III.
④ *(fraction)* Drittel *nt*
⑤ *(gear position)* dritter Gang; ***now put it into ~*** schalten Sie jetzt in den dritten Gang [*o fam* Dritten]
⑥ *(in ballet)* dritte [Tanz]position
⑦ *(in baseball)* dritte Base
⑧ MUS *(interval)* Terz *f; (chord)* Terzakkord *m*
⑨ BRIT UNIV *(class of degree) unterste Note bei den Abschlussprüfungen, mit der man seinen Magister bzw. sein Diplom noch bestehen kann*

third 'age *n* ■**the ~** das dritte Leben [*o* Alter]

third 'class I. *n* ① *(group)* dritte Klasse ② BRIT UNIV *(university degree)* akademischer Grad dritter Klasse ③ AM *(mail)* Drucksachen *pl* ④ TRANSP *(dated)* dritte Klasse **II.** *adj inv* ① *quality, status* drittklassig ② BRIT *university degree* dritten Grades *nach n* ③ AM *mail* Drucksachen- ④ TRANSP dritter Klasse *nach n* **third de·'gree** *n* Polizeimaßnahme *f (zur Erzwingung eines Geständnisses);* **to get the ~** *(hum fam)* verhört [*o* SCHWEIZ, ÖSTERR *a.* einvernommen] werden; ***I got the ~ when I got home last night*** als ich heute Nacht nach Hause kam, wurde ich erst mal gründlich verhört *hum;* **to give sb the ~** *(fam)* jdn in die Mangel nehmen *fam* **third-de·gree 'burn** *n* Verbrennung *f* dritten Grades **third 'eye** *n* drittes Auge **third-'hand I.** *adj goods* gebraucht; *information* unsicher, unzuverlässig **II.** *adv goods* aus dritter Hand; *information* gerüchteweise

third·ly ['θɜːdli, AM 'θɜːrdli] *adv* drittens

third 'mar·ket *n* AM STOCKEX ungeregelter Freiverkehr

third 'par·ty I. *n* dritte Person; LAW Dritte(r) *f(m);* POL Drittperson *f* SCHWEIZ, dritte Partei [*o* Kraft]; COMM Fremdhersteller *m;* **~ acting in good faith** gutgläubiger Dritter *f* **II.** *adj attr* Haftpflicht-; **~ accident insurance** Unfall-Fremdversicherung **third-par·ty in·'sur·ance** *n no pl* Haftpflichtversicherung *f* **third-par·ty lia·'bil·ity** *n no pl* Haftpflicht *f;* **to be covered for ~** haftpflichtversichert sein

third 'per·son *n* ① *(person)* dritte Person; LAW Dritte(r) *f(m)* ② LING dritte Person **'third-per·son** *adj attr, inv* LING, LIT in der dritten Person *nach n* **third-'rate** *adj inv* drittklassig, minderwertig **Third 'World I.** *n* ■**the ~** die Dritte Welt **II.** *n modifier* **~ countries/industry/pollution** Länder *pl*/Industrie *f*/Umweltverschmutzung *f* in der Dritten Welt; **~ problem** Dritte-Welt-Problem *nt;* **~ product** Produkt *nt* aus der Dritten Welt; **~ store** Dritte-Welt-Laden *m*

thirst [θɜːst, AM θɜːrst] **I.** *n no pl* ① *(need for a drink)* Durst *m;* ***they collapsed from ~ and hunger*** sie brachen vor Hunger und Durst zusammen; **raging ~** schrecklicher Durst; **to die of ~** verdursten; **to quench** [*or* **slake**] **one's ~** seinen Durst löschen [*o liter* stillen]
② *(fig: strong desire)* Verlangen *nt,* Gier *f;* **to have a ~ for adventure** abenteuerlustig sein; **~ after fame** Ruhmsucht *f;* **~ for knowledge** Wissensdurst *m;* **~ for power** Machthunger *m,* Machtgier *f*
II. *vi (fig liter)* ■**to ~ after** [*or* **for**] **sth** nach etw *dat* verlangen [*o liter* dürsten]; ***I was ~ing after new experiences*** ich wollte unbedingt neue Erfahrungen machen

thirsti·ly ['θɜːstɪli, AM 'θɜːrst-] *adv* durstig; *(fig)* gierig

thirsty ['θɜːsti, AM 'θɜːrsti] *adj* durstig; ***gardening is ~ work*** Gartenarbeit macht durstig; ■**to be ~ for sth** *(fig)* nach etw *dat* hungern [*o liter* dürsten]; ***he was ~ for power*** er war machtgierig

thir·teen [θɜːˈtiːn, AM θɜːrˈ-] **I.** *adj inv* ① *(number)* dreizehn; ***there were ~ of us*** wir waren zu dreizehnt; **one in ~** jeder Dreizehnte; *see also* **eight I 1**
② *(age)* dreizehn; *see also* **eight I 2**
③ *(time)* **~ hundred hours** *spoken* dreizehn Uhr; **1300 hours** *written* 13:00
II. *n* Dreizehn *f; see also* **eight II**

thir·teenth [θɜːˈtiːn(t)θ, AM θɜːrˈ-] **I.** *n* ① *(after twelfth)* ■**the ~** der/die/das Dreizehnte; **Edward the ~** Edward der Dreizehnte
② *(fraction)* Dreizehntel *nt*
II. *adj inv* dreizehnte(r, s)
III. *adv* als Dreizehnte(r, s)

thir·ti·eth ['θɜːtiəθ, AM 'θɜːrt̬i-] **I.** *n* ① *(after twenty-ninth)* Dreißigste(r, s); ***he came ~*** er wurde Dreißigster
② *(date)* **the ~ of May** der dreißigste Mai; **on the ~** am dreißigsten
③ *(fraction)* Dreißigstel *nt*
II. *adj* dreißigste(r, s); **a ~ part** ein Dreißigstel *nt*
III. *adv* als Dreißigste(r, s); ***she did it ~*** sie hat es als Dreißigste gemacht

thir·ty ['θɜːti, AM 'θɜːrt̬i] **I.** *adj* dreißig; *see also* **eighty I**
II. *n* ① *(number)* Dreißig *f,* Dreißiger *m* SCHWEIZ, ÖSTERR; *see also* **eighty II 1**
② *(age)* **to be in one's thirties** in den Dreißigern sein; *see also* **eighty II 2**
③ *(decade)* ■**the thirties** *pl* die Dreißigerjahre *pl,* die Dreißiger *pl; see also* **eighty II 3**
④ *(fam: speed: 30 mph)* ca. fünfzig km/h; *see also* **eighty II 5**
⑤ *(public transport)* ■**the ~** die Dreißig, der Dreißiger
⑥ TENNIS **~ all** dreißig beide

'thir·ty·some·thing I. *adj attr* über dreißigjährig, über dreißig *nach n*
II. *n* **to be a ~** über dreißig sein; ***she's a ~ professional mum*** sie ist eine berufstätige Mutter über dreißig

this [ðɪs, ðəs] **I.** *adj attr, inv, dem* ① *(close in space)* diese(r, s); ***let's go to ~ cafe here on the right*** lass uns doch in das Café hier rechts gehen; ***I've slept in ~ here bed for forty years*** *(fam)* ich schlafe seit vierzig Jahren in diesem Bett
② *(close in time)* diese(r, s); ***I'm busy all ~ week*** ich habe die ganze Woche keine Zeit; ***I haven't made my bed ~ last week*** ich habe die ganze letzte Woche mein Bett nicht gemacht; ***I'll do it ~ Monday*** ich erledige es diesen Montag; **~ day week** heute in einer Woche; **~ minute** sofort; ***stop fighting ~ minute*** hört sofort auf zu raufen; **~ morning/evening** heute Morgen/Abend; ***how are you ~ morning?*** wie geht es dir heute?
③ *(referring to specific)* diese(r, s); ***don't listen to ~ guy*** hör nicht auf diesen Typen; ***the cat has always liked ~ old chair of mine*** die Katze hat schon immer meinen alten Stuhl gemocht; **by ~ time** dann; ***I'd been waiting for over an hour and by ~ time, I was very cold and wet*** ich hatte über eine Stunde gewartet und war dann total unterkühlt und durchnässt
④ *(fam: a)* diese(r, s); ***~ friend of hers*** dieser Freund von ihr *fam;* ***I've got ~ problem and I need help*** ich habe da so ein Problem und brauche Hilfe
II. *pron dem* ① *(the thing here)* das; ***~ is my purse not yours*** das ist meine Geldbörse, nicht Ihre
② *(the person here)* das; ***~ is my husband, Stefan*** das ist mein Ehemann Stefan; ***~ is the captain speaking*** hier spricht der Kapitän
③ *(this matter here)* das; ***what's ~?*** was soll das?; ***what's all ~ about?*** worum geht es hier eigentlich?; ***~ is what I was talking about*** davon habe ich ja gesprochen; ***my parents are always telling me to do ~, do that — I can't stand it anymore*** meine Eltern sagen mir ständig, tu dies, tu das – ich halte das nicht mehr aus
④ *(present time)* ***how can you laugh at a time like ~?*** wie kannst du in einem solchen Moment lachen?; ***~ is Monday, not Tuesday*** heute ist Montag, nicht Dienstag; ***~ has been a very pleasant evening*** das war ein sehr angenehmer Abend; **from that day to ~** seit damals; **before ~** früher
⑤ *(with an action)* das; ***every time I do ~, it hurts — what do you think is wrong?*** jedes Mal, wenn ich das mache, tut es weh – was, denken Sie, fehlt mir?; **like ~** so
⑥ *(the following)* das; ***~ is my address ...*** meine Adresse lautet ...
▶PHRASES: **~ and that** [*or* **~, that and the other**] *(fam)* dies und das; ***they stayed up chatting about ~ and that*** sie blieben auf und plauderten über alles Mögliche
III. *adv inv* so; ***it was only about ~ high off the ground*** es war nur ungefähr so hoch über dem Boden; ***will ~ much be enough for you?*** ist das genug für dich?; ***he's not used to ~ much attention*** er ist so viel Aufmerksamkeit nicht gewöhnt; **~ far and no further** *(also fig)* bis hierher und nicht weiter

this·tle ['θɪsl̩] *n* Distel *f*

this·tle·down *n* Distelwolle *f;* **as light as ~** federleicht

'this·tle fun·nel *n* CHEM Glockentrichter *m*

thith·er ['θɪðəʳ, AM -ɚ] *adv (old)* dorthin; **hither and ~** hierhin und dorthin

tho' [ðəʊ, AM ðoʊ] *conj short for* **though** obwohl, obgleich, obschon

Thom·ist ['təʊmɪst, AM 'toʊm] REL **I.** *n* Anhänger(in) *m(f)* des Thomas von Aquin, Thomist(in) *m(f) fachspr*
II. *adj inv* thomistisch *fachspr*

thong [θɒŋ, AM θɑːŋ] *n* ① *(strip of leather)* Lederband *nt,* [Leder]riemen *m*
② *(part of whip)* Peitschenschnur *f,* Peitschenriemen *m*
③ *(G-string panty)* Tanga *m*
④ AM, AUS *(flip-flop)* ■ **~s** *pl* [Zehen]sandalen *pl,* Badeschuhe *pl,* Badeschlarpen *pl* SCHWEIZ, ÖSTERR *oft* Badeschlapfen *pl (mit Leder- oder Plastikriemen zwischen den ersten beiden Zehen)*

tho·rac·ic [θɔː'ræsɪk] *adj attr, inv* Brust-, thorakal *fachspr;* **~ cavity** Brusthöhle *f*

thor·ax <*pl* -es *or* -races> ['θɔːræks, *pl* -rəsiːz] *n* ANAT Brustraum *m,* Brustkorb *m,* Thorax *m fachspr*

tho·rium ['θɔːriəm] *n no pl* CHEM Thorium *nt;* **~ series** Thoriumzerfallsreihe *f*

thorn [θɔːn, AM θɔːrn] *n* ① *(prickle)* Dorn *m*
② *(bush with prickles)* Dornenstrauch *m,* Dornbusch *m*
③ *(fig: nuisance)* Ärgernis *nt*
▸PHRASES: **to be a ~ in sb's flesh** [*or* **side**] jdm ein Dorn im Auge sein; **there is no rose without a ~** *(prov)* keine Rose ohne Dornen *prov*

thorny ['θɔːni, AM 'θɔːrni] *adj* ① *(with thorns)* dornig
② *(fig: difficult)* schwierig; **~ issue** heikles Thema

thor·ough ['θʌrə, AM 'θɜːroʊ] *adj inv* ① *(detailed)* genau, exakt; ***you need a ~ training to be able to do the job*** Sie benötigen für diese Arbeit eine umfassende Ausbildung; **~ description** eingehende Beschreibung
② *(careful)* sorgfältig, gründlich; **~ reform** durchgreifende Reform
③ *attr (complete)* komplett; ***it was a ~ waste of time*** das war reine Zeitverschwendung; ***he behaved like a ~ fool*** er benahm sich wie ein Vollidiot *fam*

'thor·ough·bred I. *n* Vollblut[pferd] *nt*
II. *adj inv* ① *horse* reinrassig, Vollblut-; **~ horse** Vollblutpferd *nt*
② *(fam: excellent)* rassig, elegant

'thor·ough·fare *n (form)* Durchgangsstraße *f;* **"no ~"** „keine Durchfahrt"

'thor·ough·go·ing *adj (form)* ① *(complete)* gründlich, sorgfältig; **~ reform** durchgreifende Reform; **~ revision** grundlegende Überarbeitung
② *attr (absolute)* radikal, kompromisslos; **a ~ idiot** ein Vollidiot *m pej;* **a ~ housewife** die perfekte Hausfrau; **a ~ rascal** ein ausgemachter Halunke

thor·ough·ly ['θʌrəli, AM 'θɜːroʊli] *adv inv* ① *(in detail)* genau, sorgfältig
② *(completely)* völlig, vollständig; **to ~ enjoy sth** etw ausgiebig [*o* richtig] genießen

thor·ough·ness ['θʌrənəs, AM 'θɜːroʊ-] *n no pl* Gründlichkeit *f,* Sorgfältigkeit *f*

those [ðəʊz, AM ðoʊz] **I.** *adj dem pl of* **that** ① *(to identify specific persons/things)* diese; ***look at ~ chaps over there*** schau' dir die Typen da drüben an; ***how much are ~ brushes?*** wie viel kosten diese Pinsel; *(more distant)* ***I'd like ~ please, not these*** ich hätte lieber die dort drüben, nicht diese hier
② *(familiar referent)* jene; ***several people died in ~ riots*** mehrere Menschen starben bei jenen Unruhen; ***where are ~ children of yours?*** wo sind deine Kinder?
③ *(singling out)* ***I've always liked ~ biscuits with the almonds in them*** ich mag die Kekse mit den Mandeln darin; ■ **~ ... who/which** [*or* **that**] **...** diejenigen ... die ...; ***~ people who would like to go on the trip should put their names on the list*** die Personen, die die Reise machen wollen, müssen sich in die Liste eintragen
II. *pron dem pl of* **that** ① *(the things over there)* diejenigen; ***what are ~? are they edible?*** was sind das für Dinger? kann man die essen? *fam;* ***these peaches aren't ripe enough to eat, try ~ on the table*** diese Pfirsiche sind noch nicht reif genug, versuch die auf dem Tisch
② *(the people over there)* das; ***~ are my kids over there*** das sind meine Kinder da drüben
③ *(past times)* damals; ***~ were the days*** das waren noch Zeiten; ***~ were the olden days*** das war die gute alte Zeit; ***~ were some good times we had*** wir hatten eine gute Zeit damals
④ *(familiar referent)* das; ***~ are the hard things in life*** das sind die schwierigen Dinge des Lebens
⑤ *(the people)* ■ **~ who ...** diejenigen, die ...; ***~ who want to can come back by a later train*** wer will, kann mit einem späteren Zug zurückfahren; ■ **one of ~** eine(r) davon; ***there are many Mormons here, in fact, he's one of ~*** hier gibt es viele Mormonen, er ist übrigens auch einer; ***he's one of ~ who make you feel good by just smiling and saying hello*** er gehört zu denen, bei denen man sich schon gut fühlt, wenn sie nur lächeln und hallo sagen
⑥ *(the ones)* diejenigen; ***the coldest hours are ~ just before dawn*** die kältesten Stunden sind die vor Tagesanbruch; ■ **~ which ...** diejenigen, die ...; ***my favourite chocolates are ~ which have cherries and brandy inside them*** meine Lieblingspralinen sind die mit Kirschen und Brandy

thou[1] [ðaʊ] *pron pers* DIAL *(old)* du; ***~ art sad, fair Rosalind*** bist du traurig, edle Rosalind

thou[2] <*pl* -> [θaʊ] *n (fam)* ① *short for* **thousand**
② *short for* **thousandth**

though [ðəʊ, AM ðoʊ] **I.** *conj* ① *(despite the fact that)* obwohl; ***strange ~ it may seem but ...*** so seltsam es auch erscheinen mag, ...; ***sad ~ I was ...*** so traurig ich [auch] war ...
② *(however)* [je]doch; ***I'm rather shy, ~ I'm not as bad as I used to be*** ich bin ziemlich schüchtern, wenn auch nicht mehr so wie früher
③ *(fam: nevertheless)* dennoch, immerhin; ***the report was fair, ~*** der Bericht war trotz allem fair; ***I wish you had told me, ~*** es wäre mir allerdings lieber gewesen, Sie hätten es mir gesagt
④ *(if)* ■ **as ~** als ob [*o* wenn]
II. *adv inv* trotzdem, dennoch; ***this wine's very sweet — it's nice, ~, isn't it?*** dieser Wein ist ziemlich süß – er schmeckt aber trotzdem gut, nicht wahr?

thought [θɔːt, AM *esp* θɑːt] **I.** *n* ① *no pl (thinking)* Nachdenken *nt,* Überlegen *nt;* ***I'm worried at the ~ of the interview*** der Gedanke an das Vorstellungsgespräch beunruhigt mich; ***with no ~ for his own safety, he rushed towards the burning car*** ohne Rücksicht auf seine eigene Sicherheit eilte er zum brennenden Auto; **food for ~** Denkanstöße *pl;* **freedom of ~** Gedankenfreiheit *f;* **line** [*or* **train**] **of ~** Gedankengang *m;* **school of ~** Lehrmeinung *f;* **to be deep** [*or* **lost**] **in ~** tief in Gedanken versunken sein; **to give sth some ~** sich *dat* Gedanken über etw *akk* machen, über etw *akk* nachdenken
② *(opinion, idea)* Gedanke *m;* ***I've just had a ~*** mir ist eben was eingefallen; ***that's a ~!*** das ist eine gute Idee!; ***has the ~ ever crossed your mind that you would need some help*** ist dir jemals in den Sinn gekommen, dass du Hilfe brauchen könntest; ***thanks very much! — don't give it another ~!*** vielen Dank! – keine Ursache!; ***it's a sobering ~*** der Gedanke ist ganz schön ernüchternd *fam;* **on second ~s** nach reiflicher Überlegung; ***I wanted to go but on second ~s decided to stay at home*** ich wollte eigentlich gehen, habe es mir dann aber anders überlegt und bin daheimgeblieben; **to spare a ~ for sb/sth** an jdn/etw denken
▸PHRASES: **two minds but a single ~!** zwei Seelen, ein Gedanke!; **a penny for your ~s!** *(saying)* ich wüsste zu gern, was du gerade denkst!; **the wish is father to the ~** *(saying)* der Wunsch ist der Vater des Gedankens *prov;* **it's the ~ that counts** *(fam)* der gute Wille zählt; **perish the ~** [**that ...**]! *(esp iron)* Gott bewahre[, dass...]!
II. *vt, vi pt, pp of* **think**

'thought con·trol *n no pl* Meinungszensur *f*

'thought·crime *n Verbrechen, das man nur im Kopf begangen hat*

thought·ful ['θɔːtfᵊl, AM *esp* 'θɑːt-] *adj* ① *(mentally occupied)* nachdenklich, gedankenvoll
② *(careful)* sorgfältig, wohl überlegt
③ *(considerate)* aufmerksam; ***bringing me a bunch of flowers was a very ~ thing for him to do*** es war sehr aufmerksam von ihm, mir einen Strauß Blumen zu bringen

thought·ful·ly ['θɔːtfᵊli, AM *esp* 'θɑːt-] *adv* ① *(in thought)* nachdenklich
② *(kindly)* aufmerksam[erweise]; ***I had one or two sandwiches, ~ provided by my colleagues*** ich hatte ein oder zwei belegte Brote, die mir meine Kollegen zuvorkommenderweise besorgt hatten

thought·ful·ness ['θɔːtfᵊlnəs, AM *esp* 'θɑːt-] *n no pl* ① *(mental occupation)* Nachdenklichkeit *f*
② *(attentiveness)* Aufmerksamkeit *f;* *(consideration)* Rücksichtnahme *f*

thought·less ['θɔːtləs, AM *esp* 'θɑːt-] *adj* ① *(inconsiderate)* rücksichtslos
② *(without thinking)* gedankenlos, unüberlegt

thought·less·ly ['θɔːtləsli, AM *esp* 'θɑːt-] *adv* ① *(without thinking of others)* rücksichtslos
② *(without thinking)* gedankenlos, unüberlegt

thought·less·ness ['θɔːtləsnəs, AM *esp* 'θɑːt-] *n no pl* ① *(without considering others)* Rücksichtslosigkeit *f*
② *(without thinking)* Gedankenlosigkeit *f,* Unüberlegtheit *f*

thought-'out *adj* durchdacht, wohl überlegt

'thought po·lice *n + pl vb* Gesinnungshüter *pl*

'thought pro·cess *n* Denkprozess *m,* Denkvorgang *m* **'thought-pro·vok·ing** *adj* nachdenklich stimmend; ***she made some very ~ remarks*** ihre Bemerkungen gaben mir zu denken **'thought-read·er** *n* Gedankenleser(in) *m(f)* **'thought-read·ing** *n no pl* Gedankenlesen *nt*

thou·sand ['θaʊzᵊnd] **I.** *n* ① *no pl (number)* Tausend *f,* Tausender *m* SCHWEIZ; **page/number one ~** Seite/Nummer [ein]tausend; **one ~/two ~** [ein]tausend/zweitausend; ***as a father, he's one in a ~*** er ist ein fantastischer Vater
② *no pl (year)* **two ~ and one** [das Jahr] zweitausend und eins
③ *no pl (quantity)* **a ~ pounds** [ein]tausend Pfund
④ *pl (lots)* ■ **~s** Tausende *pl;* ***a crowd of ~s watched the procession*** mehrere tausend Menschen kamen zu der Prozession
II. *adj det, attr, inv (numbering 1000)* tausend; ***I've said it a ~ times*** ich habe es jetzt unzählige Male gesagt; **not** [*or* **never**] **in a ~ years** nie im Leben
▸PHRASES: **the sixty-four ~ dollar question** die [alles] entscheidende Frage

thou·sand·fold *adj inv* tausendfach, tausendfältig *veraltend*

Thou·sand Is·land 'dress·ing *n no pl* Thousand Island Dressing *nt*

thou·sandth ['θaʊzᵊn(d)θ] **I.** *n (in series)* Tausendste(r, s); *(fraction)* Tausendstel *nt*
II. *adj (in series)* tausendste(r, s); ■ **the ~ ...** der/die/das tausendste ...; **a ~ part** ein Tausendstel *nt;* **the ~ time** das tausendste Mal

thrall [θrɔːl] *n no pl (liter)* ① *(person)* Leibeigene(r) *f(m),* Hörige(r) *f(m); (fig)* Sklave, Sklavin *m, f*
② *(state)* Knechtschaft *f,* Sklaverei *f; (fig)* Gewalt *f*
▸PHRASES: **to hold** [*or* **have**] **sb in one's ~** *(to have somebody's attention)* jdn fesseln *fig,* jds ungeteilte Aufmerksamkeit haben

thrash [θræʃ] **I.** *vt* ■ **to ~ sb** ① *(beat)* jdn verprügeln [*o fam* verdreschen] [*o* SCHWEIZ *a.* abschlagen] *fam;* **to ~ the life out of sb** jdm die Seele aus dem Leib prügeln; **to ~ sb to within an inch of his/her life** jdn windelweich prügeln *fam;* **to get ~ed** Prügel beziehen
② *(fig fam: defeat)* jdn haushoch [*o* vernichtend] schlagen
II. *vi (liter)* sausen, rasen

◆**thrash about, thrash around I.** *vi* ■ **to**

~ **about** [*or* **around**] um sich *akk* schlagen; *fish* zappeln; *(in bed)* sich *akk* hin und her werfen [*o* wälzen]; ***he slept badly, ~ing about all night*** er schlief schlecht und drehte sich im Bett die ganze Nacht von einer Seite auf die andere

II. *vt* ■**to ~ sth about:** ***the injured animal ~ed its legs about in agony*** das verletzte Tier schlug voller Qual um sich

◆**thrash out** *vt* ■**to ~ out** ↻ **sth** ❶ *(fam: discuss)* etw ausdiskutieren

❷ *(produce by discussion)* etw aushandeln [*o* vereinbaren]

thrash·ing ['θræʃɪŋ] *n* ❶ *(beating)* Prügel *pl,* Dresche *f;* **to give sb a [good] ~** jdm eine [anständige] Tracht Prügel verpassen

❷ COMPUT Festplattenüberlastung *f; (configuration/program fault)* Flattern *nt*

thread [θred] **I.** *n* ❶ *no pl (for sewing)* Garn *nt,* Zwirn *m*

❷ *(fibre)* Faden *m,* Faser *f;* **a ~ of light** *(fig)* ein feiner Lichtstrahl

❸ *(fig: theme)* roter Faden, Handlungsfaden *m;* **to lose the ~ [of what one is saying]** den Faden verlieren; ***we lost the ~ of his argument*** uns war nicht klar, worauf er hinaus wollte

❹ *(groove)* Gewinde *nt; (part of groove)* Gewindegang *m*

❺ INET Thread *m,* Prozessstrang *m; (program)* gekettetes Programm

II. *vt* ❶ *(put through)* ■**to ~ sth** etw einfädeln; ***the sari had gold strands ~ed through the hem*** der Saum des Sari war mit Goldfäden durchwirkt; ***she ~ed her way through the crowd*** sie schlängelte sich durch die Menge hindurch; **to ~ a needle** einen Faden in eine Nadel einfädeln; **to ~ a rope through a pulley** ein Seil durch einen Flaschenzug ziehen

❷ *(put onto a string)* ■**to ~ sth** etw auffädeln; **to ~ beads onto a chain** Perlen auf einer Kette aufreihen

'**thread·bare** *adj* ❶ *material* abgenutzt; *clothes* abgetragen; *carpet* abgelaufen; **~ argument** *(fig)* fadenscheiniges Argument

❷ *person, building* schäbig

❸ *(fig: too often used)* abgedroschen

'**thread count** *n of a fabric* Fadendichte *f*

thread·ed ['θredɪd] *adj inv* TECH mit Gewinde versehen, Gewinde-

thread·ing ['θredɪŋ] *n no pl* Threading *nt (Haarentfernung mit Fäden)*

'**thread vein** *n* Kapillare *f* '**thread·worm** *n* Madenwurm *m*

threat [θret] *n* ❶ *(warning)* Drohung *f;* ***she left the country under ~ of arrest if she returned*** als sie das Land verließ, drohte man ihr, sie bei ihrer Rückkehr zu verhaften; ***there was a ~ of thunder in the heavy afternoon air*** an dem Nachmittag lag ein Gewitter in der Luft; **death ~** Morddrohung *f,* Todesdrohung *f;* **the ~ of jail** die Androhung einer Haftstrafe; **an empty ~** eine leere Drohung; **to carry out a ~** eine Drohung wahrmachen

❷ LAW *(menace)* Bedrohung *f;* **~ of [legal] proceedings** Klagedrohung *f*

❸ *no pl (potential danger)* Gefahr *f,* Bedrohung *f;* **~ of war** Kriegsgefahr *f;* **to pose a ~ to sb/sth** eine Gefahr [*o* Bedrohung] für jdn/etw darstellen; ■**to be under ~ of sth** von etw *dat* bedroht sein; ***they're under ~ of eviction because they can't pay the rent*** ihnen wurde die Zwangsräumung angedroht, weil sie ihre Miete nicht bezahlen können

threat·en ['θretᵊn] **I.** *vt* ❶ *(warn)* ■**to ~ sb** jdn bedrohen, jdm drohen; ■**to ~ sb with sth** jdm mit etw *dat* drohen; ***the bank robber ~ed the staff with a gun*** der Bankräuber bedrohte das Personal mit einer Schusswaffe; **to ~ sb with violence** jdm Gewalt androhen

❷ *(be a danger)* ■**to ~ sb/sth** jdn/etw gefährden, für jdn/etw eine Bedrohung sein

❸ *(present risk)* ***the sky ~s rain*** am Himmel hängen dunkle Regenwolken

II. *vi* drohen; ***a storm is ~ing*** ein Sturm ist im Anzug; ■**to ~ to do sth** damit drohen, etw zu tun; ***it's ~ing to rain*** es sieht bedrohlich nach Regen aus

threat·ened ['θretᵊnd] *adj* bedroht, gefährdet; **~ species** [vom Aussterben] bedrohte Art

threat·en·ing ['θretᵊnɪŋ] *adj* ❶ *(hostile)* drohend, Droh-; **~ behaviour** [*or* AM **behavior**] Drohungen *pl;* **~ letter** Drohbrief *m*

❷ *(menacing)* bedrohlich; **~ clouds** dunkle Wolken; **~ behaviour** [*or* AM **behavior**] LAW Bedrohung *f*

threat·en·ing·ly ['θretᵊnɪŋli] *adv* bedrohlich, drohend

three [θri:] **I.** *adj inv* ❶ *(number)* drei; ***there were ~ of us*** wir waren zu dritt; ***I'll give you ~ guesses*** dreimal darfst du raten; *see also* **eight I 1**

❷ *(age)* drei; *see also* **eight I 2**

❸ *(time)* drei; **~ am/pm** drei Uhr morgens [*o* früh]/nachmittags [*o* fünfzehn Uhr]; **half past** [*or* BRIT *fam* **half**] **~** halb vier; **at ~ thirty** um halb vier, um drei Uhr dreißig; **at ~ forty-five** um Viertel vor vier [*o* drei viertel vier]; *see also* **eight I 3**

▸PHRASES: **~ cheers!** *(also iron)* das ist ja großartig! *a. iron;* ***~ cheers for the champion!*** ein dreifaches Hoch auf den Sieger!; **to be ~ sheets to the wind** voll wie eine Haubitze sein *fam*

II. *n* ❶ *(number, symbol, quantity)* Drei *f,* Dreier *m* SCHWEIZ; ***come on John — we need one more to make up a ~*** komm schon John, einen brauchen wir noch, damit wir zu dritt sind; ***all ~ are buried here*** alle drei sind hier begraben; **in ~s** in Dreiergruppen; *see also* **eight II 1**

❷ CARDS Drei *f,* Dreier *m* SCHWEIZ; *see also* **eight II 4**

❸ *(public transport)* ■**the ~** die Drei, der Dreier

three-'bed·roomed *adj house* mit drei Schlafzimmern

three-'cor·nered *adj inv* ❶ *(triangular)* dreieckig; **~ hat** Dreispitz *m;* **~ arrangement** Dreiecksvereinbarung *f*

❷ SPORT Drei-; **~ battle** Dreikampf *m;* **~ contest** Wettkampf *m* mit drei Teilnehmern

three-'D *adj inv (fam) short for* **three-dimensional** 3-D-

three-di·'men·sion·al *adj inv* dreidimensional, 3D

'**three·fold I.** *adj inv* dreifach

II. *adv* ■**the ~** das Dreifache

three-hand·er [ˌθri:'hændəʳ, AM -dɚ] *n* THEAT Drei-Personen-Stück *nt*

three-leg·ged race [ˌθri:'legɪd,-] *n* Dreibeinrennen *nt* **three-line 'whip** *n* BRIT Fraktionszwang *m* '**three-part** *adj attr* dreistimmig, für drei Stimmen *nach n* **three·pence** ['θrepᵊn(t)s] *n* BRIT ❶ *(hist: three old pence)* drei [alte] Pence ❷ *(three new pence)* drei [neue] Pence **three·pen·ny** ['θrepᵊni] *adj attr* BRIT *(hist)* Dreipence-; ***get me a piece of cod and a ~ bag of chips, will you?*** könnte ich bitte ein Stück Kabeljau und eine kleine Tüte Pommes haben? **three·pen·ny 'bit** *n* BRIT *(hist)* Dreipencestück *nt* '**three-phase** *adj inv* ELEC Drei-Phasen-

'**three-piece I.** *adj inv* ❶ *(of three items)* dreiteilig ❷ *(of three people)* Dreimann-; **~ band** Dreimannband *f* **II.** *n* Dreiteiler *m,* dreiteiliger Anzug **three-piece 'suit** *n (man's)* Dreiteiler *m,* Anzug *m* mit Weste; *(lady's)* dreiteiliges Ensemble **three-piece 'suite** *n* dreiteilige Polstergarnitur [*o* Sitzgruppe]

'**three-ply I.** *adj inv* ❶ *(of three layers)* **~ wood** dreischichtiges Holz; **~ tissue** dreilagiges Gewebe ❷ *(of three strands)* **~ wool** Dreifachwolle *f,* dreifädige Wolle **II.** *n no pl (wool)* Dreifachwolle *f,* dreifädige Wolle; *(wood)* dreischichtiges Sperrholz [*o* Spanholz] **three-point 'land·ing** *n* AVIAT Dreipunktlandung *f* **three-point 'turn** *n* AUTO Wenden *nt* in drei Zügen, volle Kehrtwende

three-'quar·ter I. *adj attr* dreiviertel; **~ portrait** Halbbild *nt* **II.** *n* SPORT *(in rugby)* Dreiviertelspieler *m* **three-'quar·ter-face** *adj inv* Halbprofil-; **~ portrait** Halbporträt *nt* **three-'quar·ter length** *adj inv* dreiviertellang; **~ coat** Dreiviertelmantel *m,* Maxi-Mantel *m*

three-'quar·ters I. *n* Dreiviertel *nt;* ***~ of the book is about the sea voyage*** drei Viertel des Buches handeln von der Seereise

II. *adv* dreiviertel, zu drei Vierteln; ***the bottle is still ~ full*** die Flasche ist noch dreiviertel voll

three 'Rs *npl* ■**the ~** Lesen, Schreiben und Rechnen; ***the Prime Minister seems very keen to put the ~ back at the top of the list of primary education priorities*** der Premierminister scheint sehr darauf bedacht zu sein, den Grundlagen in der Bildung wieder größeres Gewicht zu verleihen

'**three·score** *adj inv (poet: sixty)* sechzig

three·some ['θri:səm] *n* ❶ *(three people)* Dreiergruppe *f,* Trio *nt;* **in** [*or* **as**] **a ~** zu dritt

❷ *(fam: sexual act)* Dreier *m fam*

❸ SPORT *(in golf)* Dreier *m,* Dreierspiel *nt*

'**three-star I.** *adj* ❶ *(good quality)* Dreisterne- ❷ *(military rank)* Dreisterne- **II.** *n no pl* BRIT *(hist)* [früheres] Superbenzin *(Treibstoff mit der Oktanzahl 94)* '**three-way** *adj inv* dreifach, Dreier-; ELEC Dreiwege-; **~ adapter** Dreifachstecker *m;* **~ switch** Dreiwegeschalter *m* **three-'wheel·er** *n (car)* dreirädriges Auto; *(tricycle)* Dreirad *nt*

threno·dy ['θrenədi] *n* LIT Klagelied *nt,* Klagegesang *m*

thresh [θreʃ] **I.** *vt* ■**to ~ sth** *cereal, crop* etw dreschen; **to ~ a donkey** auf einen Esel einschlagen; ■**to ~ sb** jdn verprügeln [*o* SCHWEIZ *bes* verhauen]

II. *vi* ❶ *(beat)* ■**to ~ at sth** auf etw *akk* einschlagen

❷ *see* **thrash II**

◆**thresh over** *vt* ■**to ~ sth over** etw analysieren

thresh·er ['θreʃəʳ, AM -ɚ] *n* AGR ❶ *(person)* Drescher(in) *m(f)*

❷ *(machine)* Dreschmaschine *f*

thresh·ing ['θreʃɪŋ] *n no pl* AGR Dreschen *nt*

'**thresh·ing floor** *n* AGR Dreschboden *nt* BRD, Tenne *f* '**thresh·ing ma·chine** *n* AGR Dreschmaschine *f*

thresh·old ['θreʃ(h)əʊld, AM -(h)oʊld] *n* ❶ *(of doorway)* [Tür]schwelle *f*

❷ *(fig: beginning)* Anfang *m,* Beginn *m; (limit)* Grenze *f,* Schwelle *f;* ***she is on the ~ of a new career*** sie steht am Anfang einer neuen Karriere; ***I have a low boredom ~*** ich langweile mich sehr schnell; **~ country** Schwellenland *nt;* **pain ~** Schmerzschwelle *f,* Schmerzgrenze *f;* **tax ~** *esp* BRIT Steuereingangsstufe *f,* Steuereingangssatz *m* SCHWEIZ

❸ PHYS, COMPUT Schwellenwert *m*

'**thresh·old agree·ment** *n* ECON Stufenabkommen *nt,* Lohnindexierung *f* '**thresh·old amount** *n* FIN Höchstbetrag *m* '**thresh·old coun·try** *n* Schwellenland *nt* '**thresh·old price** *n* ECON Schwellenpreis *m*

threw [θru:] *pt of* **throw**

thrice [θraɪs] *adv inv (old)* dreimal

thrift [θrɪft] *n no pl* ❶ *(use of resources)* Sparsamkeit *f*

❷ *(plant)* Grasnelke *f*

❸ AM ECON ≈ Sparkasse *f,* ≈ Sparkonto *nt* SCHWEIZ, ≈ Bausparkasse *f* BRD

thrifti·ly ['θrɪftɪli] *adv* sparsam

thrifti·ness ['θrɪftɪnəs] *n no pl* Sparsamkeit *f*

thrift·ing ['θrɪftɪŋ] *n no pl* Trödeln *nt*

thrift·less ['θrɪftləs] *adj* verschwenderisch

thrift·less·ness ['θrɪftləsnəs] *n* Verschwendung *f*

'**thrift shop** *n* AM [unkommerzieller] Secondhandladen

thrifty ['θrɪfti] *adj* sparsam

thrill [θrɪl] **I.** *n (wave of emotion)* Erregung *f; (titillation)* Nervenkitzel *m,* Kick *m fam;* ***it gave me a real ~ to see her again after so many years*** ich war ganz aufgeregt, als ich sie nach so langer Zeit wiedersah; ***I felt a ~ of excitement as the overture began*** [freudige] Erregung durchfuhr mich, als die Ouvertüre begann *geh;* **the ~ of the chase** der besondere Reiz der Jagd; **~ of emotion** Gefühlswallung *f;* **~ of fear** Angstschauder *m;* ***a ~ of fear ran through her*** sie erschauderte vor Angst

▸PHRASES: **all the ~s and spills** all der Nervenkitzel und all die Aufregung

II. *vt* ■**to ~ sb** *(excite)* jdn erregen [*o* aufregen]; *(fascinate)* jdn faszinieren [*o* fesseln]; *(frighten)* jdm Angst machen [*o* einen Schrecken einjagen];

(delight) jdn entzücken [*o* begeistern]; ***the idea ~s me*** die Idee ist genial
III. *vi* ■**to ~ to sth** *(be excited)* bei etw *dat* wie elektrisiert sein, von etw *dat* erregt werden; *(be frightened)* vor etw *dat* erschauern; ***she ~ed to his voice*** seine Stimme erregte sie; ***a shiver ~ed through the crowd as the prisoner was led to the gallows*** ein Schauer ging durch die Menge, als der Gefangene zum Galgen geführt wurde

thrilled [θrɪld] *adj* ■**to be ~** außer sich *dat* vor Freude sein, sich *akk* wahnsinnig darüber freuen; ***she was ~ to find that the bouquet was for her*** sie freute sich wahnsinnig, als sie sah, dass das Bukett für sie war; **to be ~ to bits** [vor Freude] ganz aus dem Häuschen sein *fam;* ■**to be ~ that ...** sich *akk* riesig freuen, dass ...

thrill·er ['θrɪləʳ, AM -ɚ] *n* Thriller *m*

thrill·ing ['θrɪlɪŋ] *adj* aufregend; **~ sight** überwältigender Anblick; **~ story** spannende [*o* fesselnde] Geschichte; **~ touch** erregende Berührung

thrill·ing·ly ['θrɪlɪŋli] *adv* erregend, packend, elektrisierend *fig*

'thrill-seek·er *n* sensationslüsterner Mensch; **to be a ~** sensationslüstern sein

thrive <-d *or* throve, -d *or* thriven> [θraɪv] *vi* gedeihen; *(fig) business* florieren, blühen; ***she seems to ~ on stress and hard work*** Stress und harte Arbeit scheinen ihr gutzutun

thriv·ing ['θraɪvɪŋ] *adj* blühend, florierend; ***it's a ~ community*** das ist eine gut funktionierende Gemeinschaft; ■**to be ~** gedeihen, blühen; ***business is ~*** das Geschäft floriert

thro' [θru:] *(poet liter) see* **through**

throat [θrəʊt, AM θroʊt] *n* ① *(inside the neck)* Rachen *m,* Hals *m;* ***the words stuck in my ~*** die Worte blieben mir im Halse stecken; **to have a sore ~** Halsschmerzen haben; **to clear one's ~** sich *akk* räuspern
② *(front of the neck)* Kehle *f,* Hals *m;* ***around her pale creamy ~ she wore a black choker*** um ihren blass schimmernden Hals trug sie einen schwarzen Halsreif *liter;* **with one's ~ cut** [*or* **slit**] mit durchgeschnittener [*o* aufgeschlitzter] Kehle; **to grab sb by the ~** jdn an der Kehle [*o fam* Gurgel] packen; *(hold attention)* jdn packen [*o* fesseln]; ***his speech really grabbed me by the ~*** seine Rede hat mich wirklich mitgerissen; **to grab sth by the ~** *(fig: succeed)* etw in Angriff nehmen
③ *(liter: voice)* Kehle *f;* ***the cry came, as if from one ~: "blood! blood!"*** wie aus einer Kehle riefen alle: „Blut! Blut!"
④ *(narrow passage)* verengte Öffnung, Durchlass *m*
▶PHRASES: **to be at each other's ~s** sich *dat* in den Haaren liegen; **to cut one's own ~** *(fam)* sich *dat* ins eigene Fleisch schneiden *fam;* **to force** [*or* **ram**] [*or* **thrust**] **sth down sb's ~** jdm etw aufzwingen wollen; **to have a frog in one's ~** einen Frosch im Hals haben *fam;* **to have a lump in one's ~** einen Kloß [*o* SCHWEIZ, ÖSTERR *bes* Klumpen] im Hals haben; **to jump down sb's ~** jdn anblaffen [*o* anfahren] [*o* anschnauzen] *fam*

'throat gas *n* TECH Gichtgas *nt*

throati·ly ['θrəʊtɪli, AM 'θroʊt̬-] *adv (produced in throat)* kehlig, rau, guttural *fachspr; (hoarse)* heiser, rau

throati·ness ['θrəʊtɪnəs, AM 'θroʊt̬-] *n no pl (hoarseness)* Heiserkeit *f; (sound)* kehliger Klang, Gutturalität *f fachspr*

throaty ['θrəʊti, AM 'θroʊt̬i] *adj* ① *(harsh-sounding)* kehlig, rau, guttural *fachspr;* ***outside she heard the ~ roar of a motorbike engine*** von außen hörte sie das dröhnende Röhren eines Motorrads; **a ~ chuckle** [*or* **laugh**] kehliges Lachen
② *(hoarse)* heiser, rau

throb [θrɒb, AM θrɑ:b] **I.** *n* Klopfen *nt,* Hämmern *nt; of heart, pulse* Schlagen *nt,* Pochen *nt; of bass* Dröhnen *nt; of engine* Hämmern *nt,* Dröhnen *nt*
II. *vi* <-bb-> klopfen, pochen; *pulse, heart* pochen, schlagen; *bass* dröhnen; *engine* hämmern, dröhnen; ***his head ~bed*** er hatte rasende Kopfschmerzen; **a ~bing pain** ein pochender [*o* pulsierender] Schmerz; ***the town ~s with life in the summer months*** *(fig)* in den Sommermonaten pulsiert in der Stadt das Leben

throb·bing ['θrɒbɪŋ, AM 'θrɑ:b] *adj heart, pain* pochend; *engine* hämmernd; *life* pulsierend

throes [θrəʊz, AM θroʊz] *npl* **death ~** Todeskampf *m,* Agonie *f kein pl;* **the ~ of passion** *(hum)* die Qualen der Leidenschaft *hum;* **to be in the ~ of sth** *(fig)* mitten in etw *dat* stecken; **to be in its final ~** *(fig)* in den letzten Zügen liegen; ***we're in the final ~ of selling our house*** wir sind gerade kurz davor, unser Haus zu verkaufen

throm·bo·sis <*pl* -ses> [θrɒm'bəʊsɪs, AM θrɑ:m'boʊ-, *pl* -si:z] *n* MED Thrombose *f*

throm·bus <*pl* -bi> ['θrɒmbəs, AM 'θrɑ:m] *n* MED Blutpfropf *m,* Thrombus *m fachspr*

throne [θrəʊn, AM θroʊn] **I.** *n* Thron *m;* REL Stuhl *m;* **bishop's ~** bischöflicher Stuhl; **heir to the ~** Thronerbe, -erbin *m, f;* **to ascend** [*or* **come**] **to the ~** den Thron besteigen; **to succeed to the ~** die Thronfolge antreten
II. *vt usu passive (liter)* ■**to be ~d** inthronisiert werden

throng [θrɒŋ, AM θrɑ:ŋ] **I.** *n* + *sing/pl vb* [Menschen]menge *f;* **~s of people** Scharen *pl* von Menschen
II. *vt* ■**to ~ sth** sich *akk* in etw *akk* drängen, etw dicht bevölkern [*o* belagern]; ***summer visitors ~ed the narrow streets*** die engen Straßen wimmelten nur so von Menschen; ***the market square was ~ed with stallholders*** der Marktplatz war voll von Ständen
III. *vi* sich *akk* drängen; ***the public is ~ing to see the new musical*** die Besucher strömen in Massen in das neue Musical; ■**to ~ into sth** in etw *akk* hineinströmen

throt·tle ['θrɒtl̩, AM 'θrɑ:t̬l̩] **I.** *n* ① AUTO *(control of petrol)* Drosselklappe *f,* Drosselventil *nt; (dated: speed pedal)* Gaspedal *nt*
② *(speed)* **at full ~** mit voller Geschwindigkeit; *(fig)* mit Volldampf *fam;* **at half ~** mit halber Geschwindigkeit; *(fig)* mit halbem Einsatz
II. *vt* ① *(in engine)* **to ~ the engine** Gas wegnehmen
② ■**to ~ sb** *(try to strangle)* jdn würgen; *(strangle)* jdn erdrosseln [*o* erwürgen]
③ *(fig: stop, hinder)* ■**to ~ sth** etw drosseln; **to ~ free speech** die Redefreiheit behindern

◆**throttle back I.** *vi* Gas wegnehmen, den Motor drosseln
II. *vt* ■**to ~ back sth** etw drosseln; **to ~ back an engine** eine Maschine herunterfahren, einen Motor drosseln

through [θru:] **I.** *prep* ① *(from one side to other)* durch +*akk;* ***we drove ~ the tunnel*** wir fuhren durch den Tunnel; ***she looked ~ the camera*** sie sah durch die Kamera
② *(in)* ■**~ sth** durch etw *akk;* ***they took a trip ~ Brazil*** sie machten eine Reise durch Brasilien; ***they walked ~ the store*** sie gingen durch den Laden; ***her words kept running ~ my head*** ihre Worte gingen mir ständig durch den Kopf; ***he went ~ the streets*** er ging durch die Straßen; ***they took a walk ~ the woods*** sie machten einen Spaziergang im Wald
③ *esp* AM *(up until)* bis; ***she works Monday ~ Thursday*** sie arbeitet von Montag bis Donnerstag; ***the sale is going on ~ next week*** der Ausverkauf geht bis Ende nächster Woche
④ *(during)* während; ***it rained right ~ June*** es regnete den ganzen Juni über; ***they drove ~ the night*** sie fuhren durch die Nacht
⑤ *(because of)* wegen +*gen,* durch +*akk;* **~ fear** aus Angst; ***she couldn't see anything ~ the smoke*** sie konnte durch den Rauch nichts erkennen; ***I can't hear you ~ all this noise*** ich kann dich bei diesem ganzen Lärm nicht verstehen
⑥ *(into pieces)* ***he cut ~ the string*** er durchschnitt die Schnur; ***he shot a hole ~ the tin can*** er schoss ein Loch in die Dose
⑦ *(by means of)* über +*dat;* ***I got my car ~ my brother*** ich habe mein Auto über meinen Bruder bekommen; ***we sold the bike ~ advertising*** wir haben das Fahrrad über eine Anzeige verkauft; **~ chance** durch Zufall
⑧ *(at)* durch +*akk;* ***she looked ~ her mail*** sie sah ihre Post durch; ***he skimmed ~ the essay*** er überflog den Aufsatz; **to go ~ sth** etw durchgehen
⑨ *(suffer)* durch +*akk;* **to go ~ hell** durch die Hölle gehen; **to go ~ a tough time/a transition** eine harte Zeit/eine Übergangsphase durchmachen
⑩ *(to the finish)* **to be ~ sth** durch etw *akk* durch sein; **to get ~ sth** [*or* **to make it ~ sth**] etw durchstehen
⑪ *(to be viewed by)* ***we'll put your proposition ~ the council*** wir werden Ihren Vorschlag dem Rat vorlegen; ***the bill went ~ parliament*** der Gesetzentwurf kam durchs Parlament
⑫ *(into)* ***we were cut off halfway ~ the conversation*** unser Gespräch wurde mittendrin unterbrochen; ***she was halfway ~ the article*** sie war halb durch den Artikel durch; ***I'm not ~ the book yet*** ich bin noch nicht durch das Buch durch
⑬ MATH *(divided into)* durch +*akk;* ***five ~ ten is two*** Zehn durch Fünf gibt Zwei
II. *adj inv* ① *pred (finished)* fertig; ***we're ~*** *(fam: finished relationship)* mit uns ist es aus *fam; (finished job)* es ist alles erledigt; ***as soon as the scandal was made public he was ~ as a politician*** als der Skandal publik wurde, war er als Politiker erledigt; ■**to be ~ with sb/sth** *esp* AM mit jdm/etw fertig sein; ***are you ~ with that atlas?*** bist du fertig mit diesem Atlas?
② *pred (successful)* durch; ■**to be ~** bestanden haben; ■**to be ~ to sth** zu etw *dat* vorrücken, eine Prüfung bestehen; ***Henry is ~ to the final*** Henry hat sich für das Finale qualifiziert
③ *attr* TRANSP *(without stopping)* durchgehend; **~ coach** [*or* **carriage**] Kurswagen *m;* **~ flight** Direktflug *m;* **~ station** Durchgangsbahnhof *m;* **~ traveller** [*or* AM **traveler**] Transitreisende(r) *f(m)*
④ *attr (of room)* Durchgangs-
III. *adv inv* ① *(to a destination)* durch; ***I battled ~ the lesson with the class*** ich habe die Lektion mit der Klasse durchgepaukt; **to go ~ to sth** bis zu etw *dat* durchgehen; ***the train goes ~ to Hamburg*** der Zug fährt bis nach Hamburg durch; ***go right ~, I'll be with you in a minute*** gehen Sie schon mal durch, ich bin gleich bei Ihnen
② *(from beginning to end)* [ganz] durch; ***Paul saw the project ~ to its completion*** Paul hat sich bis zum Abschluss um das Projekt gekümmert; **to be halfway ~ sth** mit etw *dat* bis zur Häfte durch sein; **to flick ~ sth** etw [schnell] durchblättern; **to get ~ to sb** TELEC eine Verbindung zu jdm bekommen; **to put sb ~ to sb** TELEC jdn mit jdm verbinden; **to read sth ~** etw [ganz] durchlesen; **to think sth ~** etw durchdenken
③ *(from one side to another)* ganz durch; ***the tree, only half cut ~, would fall as soon as the next storm arrived*** der Baum war nur halb abgeschnitten und würde beim nächsten Sturm umbrechen
④ *(from outside to inside)* durch und durch, ganz, völlig; ***the pipes have frozen ~*** die Rohre sind zugefroren; **cooked ~** durchgegart; ***when she cut the cake she found that it was not cooked right ~*** als sie den Kuchen aufschnitt, merkte sie, dass er noch nicht ganz durch war; **soaked ~** völlig durchnässt; **thawed ~** ganz aufgetaut; **to be wet ~** durch und durch nass sein

through and 'through *adv inv* durch und durch, ganz und gar, völlig

'through·flow *n no pl* Durchfluss *m*

through·'out [θru:'aʊt] **I.** *prep* ① *(all over in)* ***he's famous ~ the world*** er ist in der ganzen Welt berühmt; **~ the country** im ganzen Land
② *(during the whole time)* während +*gen;* ***we meet several times ~ the year*** wir treffen uns mehrmals während des Jahres; ***she worked ~ her life*** sie hat ihr ganzes Leben lang gearbeitet; ***he slept ~ the performance*** er hat die ganze Vorstellung über geschlafen

T

II. *adv inv* ① *(in all parts)* ganz [und gar], vollständig; ***the school has been repainted ~*** die Schule ist vollkommen neu gestrichen worden
② *(the whole time)* die ganze Zeit [über]; ***the concert was wonderful but my husband yawned ~*** das Konzert war fantastisch, aber mein Mann hat permanent gegähnt
'through·put *n no pl* Verarbeitungsmenge *f,* Durchsatz *m;* COMPUT Datendurchlauf *m,* Datendurchsatz *m*
'through road *n* Durchgangsstraße *f;* **"no ~!"** „keine Durchfahrt!" **'through route** *n* Durchgangsstrecke *f* **'through street** *n* AM *(crossing a town)* Durchgangsstraße *f,* Durchzugsstraße *f* ÖSTERR; *(major road)* Vorfahrtsstraße *f,* Vorrangstraße *f* ÖSTERR *oft,* Hauptstrasse *f* SCHWEIZ **'through ticket** *n* Fahrkarte *f* für die gesamte Strecke **through 'traf·fic** *n no pl* Durchgangsverkehr *m;* **"no ~!"** „keine Durchfahrt!" **'through train** *n* durchgehender Zug, Durchgangszug *m,* D-Zug *m* **'through way** *n* BRIT, AUS Durchgangsstraße *f;* **"no ~!"** „keine Durchfahrt!" **'through·way** *n* AM Autobahn *f*
throve *pt of* **thrive**
throw [θrəʊ, AM θroʊ] **I.** *n* ① *(act of throwing)* Wurf *m;* **discus ~** Diskuswurf *m;* **a stone's ~** [**away**] *(fig)* nur einen Steinwurf von hier
② SPORT *(in wrestling, cricket)* Wurf *m*
③ *(fam: each)* ■**a ~** pro Stück; ***they're charging nearly £100 a ~ for concert tickets!*** eine Konzertkarte kostet fast 100 Pfund!
④ *(furniture cover)* Überwurf *m*
II. *vi* <threw, thrown> werfen
III. *vt* <threw, thrown> ① *(propel with arm)* ■**to ~ sth** etw werfen; *(hurl)* etw schleudern; ***my friend threw the ball back over the fence*** mein Freund warf den Ball über den Zaun zurück; ■**to ~ sb sth** [*or* **sth to sb**] jdm etw zuwerfen; **to ~ oneself into sb's arms** sich *akk* jdm in die Arme werfen; **to ~ a haymaker** einen Schwinger schlagen; **to ~ a jab/left/right** *(boxing)* eine Gerade/Linke/Rechte schlagen; **to ~ money at sth** etw mit Geld ausgleichen; ***we can't solve this problem by ~ing money at it*** wir können dieses Problem nicht mit Geld lösen; **to ~ a punch at sb** jdm einen Schlag versetzen; **to ~ punches** Schläge austeilen; **to ~ sb a kiss** jdm eine Kusshand zuwerfen; **to ~ one's voice** seine Stimme zum Tragen bringen
② *(pounce upon)* ■**to ~ oneself onto sb** sich *akk* auf jdn stürzen; ■**to ~ oneself onto sth** sich *akk* auf etw *akk* werfen; ***exhausted after the long day she threw herself onto the sofa*** nach dem langen Tag ließ sie sich erschöpft auf das Sofa fallen
③ SPORT ■**to ~ sb** *(in wrestling)* jdn zu Fall bringen [*o* werfen]; **to ~ a rider** einen Reiter abwerfen
④ *(of dice)* **to ~ a** [*or* **the**] **dice** würfeln; **to ~ an eight** eine Acht [*o* SCHWEIZ, ÖSTERR einen Achter] würfeln
⑤ *(fam: lose on purpose)* **to ~ a game** ein Spiel absichtlich verlieren
⑥ *(direct)* ■**to ~ sb sth** [*or* **sth to sb**] jdm etw zuwerfen; **to ~ sb a cue** jdm ein Stichwort geben; **to ~ sb a glance** [*or* **look**] jdm einen Blick zuwerfen; **to ~ a glance** [*or* **look**] **at sb/sth** einen Blick auf jdn/etw werfen; **to ~ an angry look at sb** jdm einen wütenden Blick zuwerfen; **to ~ sb a line** jdm ein Seil zuwerfen; THEAT jdm soufflieren; ■**to ~ oneself at sb** *(embrace)* sich *akk* jdm an den Hals werfen; *(attack)* sich *akk* auf jdn werfen [*o* stürzen]; *(seek comfort, protection)* bei jdm Halt suchen; **to ~ a remark at sb** jdm gegenüber eine Bemerkung fallenlassen
⑦ *(dedicate)* ■**to ~ oneself into sth** sich *akk* in etw *akk* stürzen; ***she was ~n into the funeral preparations and so had no time to grieve*** die Vorbereitungen für die Beerdigung ließen ihr keine Zeit zum Trauern; **to ~ one's energy/one's resources into sth** seine Energie/sein Vermögen in etw *akk* stecken *fam*
⑧ *(move violently)* ■**to ~ sth against sth** etw gegen etw *akk* schleudern; ***the ship was ~n against the cliffs*** das Schiff wurde gegen die Klippen geschleudert
⑨ ART *(pottery)* ■**to ~ sth** etw töpfern [*o* auf der Drehscheibe formen]; **hand-~n pottery** handgetöpferte Keramik
⑩ *(bewitch)* **to ~ a spell on sb** jdn verzaubern [*o* in seinen Bann ziehen]
⑪ SA *(foretell future)* **to ~ the bones** die Zukunft vorhersagen
⑫ *(also fig: cause)* **to ~ a shadow over sth** einen Schatten auf etw *akk* werfen
⑬ *(turn on, off)* **to ~ a switch** einen Schalter betätigen
⑭ *(show emotion)* **to ~ a fit** *(fam)* einen Anfall bekommen; **to ~ a tantrum** einen Wutanfall bekommen [*o fam* Koller kriegen]; **to ~ a wobbly** BRIT *(fam: become angry)* einen Wutanfall bekommen; *(become nervous)* nur noch ein Nervenbündel sein
⑮ *(give)* **to ~ a party** eine Party geben [*o fam* schmeißen]
⑯ *(fig fam: confuse)* ■**to ~ sb** jdn durcheinanderbringen *fam;* **to ~ sb into confusion** jdn verwirren; **to ~ sb into a state of panic** jdn in Panik versetzen; **to ~ sb off balance** jdn aus der Fassung [*o* dem Gleichgewicht] bringen
⑰ *(cast off)* **to ~ its skin** *snake* sich *akk* häuten
⑱ *(give birth)* **to ~ a calf/cub/lamb/piglet** ein Kalb/Junges/Lamm/Ferkel werfen
▸PHRASES: **to ~ the book at sb** jdn nach allen Regeln der Kunst fertigmachen; **to ~ the book at sth** etw heftig kritisieren; **to ~ caution to the winds** eine Warnung in den Wind schlagen; **to ~ cold water on sth** etw *dat* einen Dämpfer versetzen [*o bes* SCHWEIZ, ÖSTERR verpassen]; **to ~ dust in sb's eyes** jdm Sand in die Augen streuen; **to ~ good money after bad** noch mehr Geld rausschmeißen *fam;* **to ~ one's hat into the ring** seine Kandidatur anmelden; **to ~ mud at sb** jdn mit Schmutz bewerfen; **people who live in glass houses shouldn't ~ stones** *(saying)* wer im Glashaus sitzt, sollte nicht mit Steinen werfen *prov;* **to not trust sb further than one could ~ them** jdm nicht über den Weg trauen
◆**throw about, throw around** *vt* ■**to ~ sth about** [*or* **around**] ① *(in various directions)* mit etw *dat* um sich *akk* werfen; **to ~ a ball about** [*or* **around**] einen Ball hin und her werfen; **to ~ money around** *(fig)* mit Geld um sich *akk* werfen
② *(move violently)* etw herumwerfen; ***stop ~ing the crockery about*** hör auf, mit dem Geschirr rumzuschmeißen *fam;* ■**to ~ oneself about** [*or* **around**] sich *akk* hin und her werfen; **to ~ one's arms around** mit den Armen herumfuchteln *fam;* **to ~ one's head about** den Kopf hin und her werfen
▸PHRASES: **to ~ one's weight around** [*or* **about**] sich *akk* wichtigmachen
◆**throw aside** *vt* ■**to ~ aside** ○ **sth** etw in die Ecke werfen [*o fam* schmeißen]
◆**throw away I.** *vt* ① *(discard)* ■**to ~ away** ○ **sth** etw wegwerfen [*o* fortwerfen]; *(discard temporarily)* etw beiseitelegen, SCHWEIZ, ÖSTERR *meist* etw auf die Seite legen; ■**to ~ sb/sth away from oneself** *(liter)* jdn/etw von sich *dat* [weg]stoßen
② *(fig: waste)* ■**to ~ away** ○ **sth** etw verschwenden [*o* vergeuden]; **to ~ money away on sth** Geld für etw *akk* zum Fenster hinauswerfen; **to ~ oneself away** *(have an unsuitable partner)* sich *akk* wegwerfen; *(have an unsuitable occupation)* sich *akk* unter Wert verkaufen
③ *(speak casually)* ***the actor threw away the line for dramatic effect*** der Schauspieler verstärkte mit seiner Bemerkung die Dramatik der Szene; **to ~ away** ○ **a comment** [*or* **remark**] BRIT eine beiläufige Bemerkung machen
④ *(in card games)* **to ~ away** ○ **a card** eine Karte abwerfen
II. *vi (in card games)* abwerfen
◆**throw back** *vt* ① *(move with force)* **to ~ back** ○ **one's hair/head** seine Haare/den Kopf nach hinten werfen [*o* zurückwerfen]
② *(open)* **to ~ back** ○ **the blanket** die Bettdecke zurückschlagen; **to ~ back** ○ **the curtains** die Vorhänge aufreißen
③ *(drink)* **to ~ back** ○ **a whisky** einen Whisky hinunterstürzen
④ *(reflect)* **to ~ back** ○ **light/sound** Licht/Schall reflektieren [*o* zurückwerfen]
⑤ *esp passive (delay)* ■**to ~ back** ○ **sb** jdn zurückwerfen *fig*
⑥ *(remind unkindly)* ■**to ~ sth back at sb** jdm etw vorhalten [*o* vorwerfen]; *(retort angrily)* jdm etw wütend entgegnen
▸PHRASES: **to be ~n back on sb** auf jdn angewiesen sein; **to ~ sth back in sb's face** jdm etw wieder auftischen; **to be ~n back on one's own resources** sich *dat* selbst überlassen sein, auf sich *akk* selbst zurückgeworfen sein
◆**throw down** *vt* ■**to ~ down** ○ **sth** ① *(throw from above)* etw herunterwerfen; **to ~ oneself down** sich *akk* niederwerfen; **to ~ oneself down on the floor** sich *akk* zu [*o* SCHWEIZ, ÖSTERR auf den] Boden werfen
② *(deposit forcefully)* etw hinwerfen; ***they threw a stone down the shaft*** sie warfen einen Stein in den Schacht; **to ~ down one's arms** sich *akk* ergeben; **to ~ down one's weapons** die Waffen strecken [*o* wegwerfen]
③ *(drink quickly)* etw hinunterstürzen; *(eat quickly)* etw hinunterschlingen
▸PHRASES: **to ~ down the gauntlet to sb** jdm den Fehdehandschuh hinwerfen
◆**throw in I.** *vt* ① *(put into)* ■**to ~ sth in[to] sth** etw in etw *akk* [hinein]werfen; ***hurriedly she threw her clothes into the case*** hastig warf sie ihre Kleider in den Koffer
② *(include in price)* ■**to ~ in** ○ **sth** etw gratis dazugeben; ***when I bought this car the stereo was ~n in*** als ich das Auto kaufte, war das Radio im Preis enthalten
③ SPORT *(throw onto pitch)* **to ~ in** ○ **the ball** den Ball einwerfen
④ *(put into)* **to ~ in a quotation** ein Zitat einfließen lassen; **to ~ in a comment** eine Bemerkung einwerfen
⑤ *(also fig: give up)* **to ~ in one's hand** aufgeben, sich *akk* geschlagen geben; CARDS aussteigen *fam*
▸PHRASES: **to ~ in one's lot with sb** sich *akk* mit jdm zusammentun; **to ~ in the towel** [*or esp* BRIT **sponge**] das Handtuch werfen
II. *vi* [den Ball] einwerfen
◆**throw off** *vt* ① *(remove forcefully)* ■**to ~ sb/sth off sth** jdn/etw aus etw *dat* hinauswerfen; ■**to ~ off** ○ **sth** *clothing* etw schnell ausziehen
② *(jump)* ■**to ~ oneself off sth** sich *akk* von etw *dat* hinunterstürzen
③ *(cause to lose balance)* **to ~ sb off balance** jdn aus dem Gleichgewicht bringen; *(fig)* jdn aus dem Konzept bringen
④ *(escape)* ■**to ~ off** ○ **sb** jdn abschütteln
⑤ *(rid oneself of)* ■**to ~ off** ○ **sth** etw loswerden; **to ~ off an idea** sich *akk* von einer Idee lösen [*o* befreien]
⑥ *(speak, write)* ■**to ~ off** ○ **sth** etw schnell hinwerfen [*o fam* aus dem Ärmel schütteln]; **to ~ off a comment** eine Bemerkung fallenlassen
⑦ *(radiate)* **to ~ off** ○ **energy/heat/warmth** Energie/Hitze/Wärme abgeben
▸PHRASES: **to ~ off one's shackles** seine Fesseln abwerfen; **to ~ off the shackles** [*or* **the yoke**] [**of sth**] sich *akk* von den Fesseln [einer S. *gen*] befreien
◆**throw on** *vt* ① *(place)* ■**to ~ sth on[to] sth** etw auf etw *akk* werfen; ***~ a log on the fire, will you?*** legst du bitte noch einen Scheit aufs Feuer?
② *(pounce upon)* ■**to ~ oneself on sb** sich *akk* auf jdn stürzen; ■**to ~ oneself on[to] sth** sich *akk* auf etw *akk* niederwerfen; ***we threw ourselves onto the cool grass*** wir ließen uns ins kühle Gras fallen; **to ~ oneself on[to] sb's mercy** sich *akk* jdm auf Gnade und Ungnade ausliefern; **to ~ oneself on sb's hospitality** jds Gastfreundschaft in Anspruch nehmen

③ *(get dressed)* ■to ~ on ↔ sth etw eilig anziehen [*o* überwerfen] [*o* SCHWEIZ *a.* anlegen]
④ *(cast)* to ~ light on[to] sth Licht in etw *akk* bringen; to ~ light on a crime *(fig)* ein Verbrechen aufklären; to ~ suspicion on[to] sb den Verdacht auf jdn lenken

◆**throw open** *vt* ■to ~ open ↔ sth etw aufreißen; *(fig)* etw zugänglich machen; to ~ open a door eine Tür aufstoßen; to ~ one's house open to the public sein Haus für die Öffentlichkeit zugänglich machen

◆**throw out** *vt* ① *(fling outside)* ■to ~ out ↔ sth etw hinauswerfen
② *(eject)* ■to ~ out ↔ sb jdn hinauswerfen [*o fam* rauswerfen]; *(dismiss)* jdn entlassen [*o fam* rauswerfen]; to ~ sb out of the house jdn aus dem Haus werfen
③ *(discard)* ■to ~ out ↔ sth etw wegwerfen; to ~ out a bill LAW einen Gesetzesentwurf ablehnen; to ~ out a case einen Fall abweisen [*o* ablehnen]
④ *(offer)* ■to ~ out ↔ sth etw äußern; to ~ out an idea/a suggestion eine Idee/einen Vorschlag in den Raum stellen; ***the meeting didn't ~ out any suggestions worth speaking about*** bei dem Gespräch wurden keine nennenswerten Vorschläge gemacht
⑤ *esp* BRIT *(confuse)* ■to ~ sb out jdn aus dem Konzept bringen [*o* durcheinanderbringen]
⑥ *(emit)* to ~ out ↔ sth etw abgeben [*o* ausstrahlen]; ***your car's ~ing out filthy exhaust fumes*** aus deinem Auto kommen schmutzige Abgase; to ~ out heat/warmth Hitze/Wärme abgeben [*o* ausstrahlen]; to ~ out light Licht ausstrahlen [*o* aussenden]
⑦ *(of plant)* to ~ out a leaf/root/shoot ein Blatt/eine Wurzel/einen Keim treiben
⑧ SPORT *(in cricket, baseball)* ■to ~ out ↔ sb jdn abwerfen
▸PHRASES: to ~ the baby out with the bath water das Kind mit dem Bade ausschütten; to ~ out a feeler seine Fühler ausstrecken

◆**throw over** *vt* ① *(propel across top)* ■to ~ sth over sth etw über etw *akk* werfen; ***he tried to ~ the ball over the fence*** er wollte den Ball über den Zaun werfen
② *(fam: pass)* ■to ~ over ↔ sth etw herwerfen; ***~ that book over here, will you?*** wirf mir mal das Buch rüber! *fam*
③ *(leap)* ■to ~ oneself over sth über etw *akk* [hinüber]springen
④ *(cover)* ■to ~ sth over sth etw über etw *akk* legen; to ~ sth over one's shoulder *(carry)* etw schultern; *(discard)* etw hinter sich *akk* werfen
⑤ *(fig fam: leave)* to ~ sb over [for sth] jdn [wegen etw *gen*] sitzenlassen *fam;* to ~ a party over einer Partei den Rücken kehren; to ~ a project over ein Projekt aufgeben

◆**throw overboard** *vt* ■to ~ overboard sb/sth overboard jdn/etw über Bord werfen; ■to ~ overboard sth overboard *(fig)* etw aufgeben

◆**throw round** *vt esp* BRIT ① *(cover)* ■to ~ sth round sth etw um etw *akk* werfen; ***she threw a shawl round her shoulders*** sie warf sich einen Schal um die Schultern
② *(embrace)* to ~ one's arms round sb jdn umarmen; to ~ one's arms round sth die Arme um etw *akk* schlingen *poet*

◆**throw together** *vt* ① *(fam: make quickly)* to ~ together ↔ an article einen Artikel runterschreiben *fam;* to ~ together ↔ clothes Kleider zusammenpacken; to ~ together ↔ ingredients Zutaten zusammenwerfen *fam;* to ~ together ↔ a meal eine Mahlzeit zaubern
② *(cause to meet)* ■to ~ together ↔ sb jdn zusammenbringen [*o* zusammenführen]

◆**throw up** I. *vt* ① *(project upwards)* ■to ~ up ↔ sth etw hochwerfen; to ~ up one's hands die Hände hochreißen
② *(cause to rise)* ■to ~ up ↔ sth etw hochschleudern; *dust* etw aufwirbeln
③ *(deposit on beach)* ■to ~ up ↔ sth etw anschwemmen [*o* anspülen] [*o* SCHWEIZ *a.* länden] *fam*
④ *(build quickly)* to ~ up ↔ a building ein Gebäude schnell errichten [*o fam* hochziehen]
⑤ *(fam: give up)* ■to ~ up ↔ sth etw hinwerfen [*o fam* hinschmeißen]
⑥ *(fam: vomit)* ■to ~ up ↔ sth etw erbrechen [*o* ausspucken]
II. *vi (fam)* erbrechen, sich *akk* übergeben

◆**throw upon** *vt (form) see* throw on

'throw·away ['θrəʊəweɪ, AM 'θroʊ-] I. *adj attr, inv* ① *(disposable)* Wegwerf-, wegwerfbar; ~ nappy [*or* AM diaper] Wegwerfwindel *f;* ~ razor Einwegrasierer *m;* ~ culture *(fig)* Wegwerfkultur *f*
② *(unimportant)* achtlos dahingeworfen *attr;* ~ line [*or* remark] achtlos dahingeworfene Bemerkung
II. *n usu pl* Wegwerfgut *nt,* Wegwerfware *f* SCHWEIZ

'throwback *n (return)* Rückkehr *f* (to zu +*dat)*

throw·er ['θrəʊəʳ, AM 'θroʊɚ] *n* Töpferscheibe *f*

'throw-in *n* SPORT Einwurf *m*

throw·ing ['θrəʊɪŋ, AM 'θroʊ-] *n no pl* ① *(hurling action)* Werfen *nt*
② *of clay* Töpfern an der Drehscheibe

thrown [θrəʊn, AM θroʊn] *pp of* throw

throw·outs ['θrəʊaʊts, AM 'θroʊ-] *npl* Waren *pl* zweiter Wahl [*o* SCHWEIZ minderer Qualität]

thru [θruː] *prep, adv, adj usu* AM *(fam) see* through

thrum [θrʌm] I. *vt* <-mm-> ■to ~ sth auf etw *dat* herumklimpern *pej fam;* to ~ a stringed instrument auf einem Saiteninstrument herumklimpern *pej fam*
II. *vi* <-mm-> *engine, machine* dröhnen
III. *n no pl* ① *(thrumming sound)* Geklimper *nt pej fam*
② *(machines)* Dröhnen *nt*

thrup·pence ['θrʌpᵊns] *see* threepence

thrup·pen·ny ['θrʌpᵊni] *see* threepenny

thrush[1] <*pl* -es> [θrʌʃ] *n* ORN Drossel *f*

thrush[2] <*pl* -es> [θrʌʃ] *n* MED Soor *m; (in vagina)* Pilzinfektion *f*

thrust [θrʌst] I. *n* ① *(forceful push)* Stoß *m,* SCHWEIZ *a.* Schupf *m fam,* ÖSTERR *a.* Schubs *m fam;* sword ~ Schwerthieb *m*
② *no pl (fig: impetus, purpose)* Stoßrichtung *f fig;* main ~ Gewicht *nt fig;* the main ~ of an argument die Hauptaussage eines Arguments
③ *no pl* TECH *(propulsive power)* Schubkraft *f*
II. *vi* <thrust, thrust> ■to ~ at sb/sth with sth mit etw *dat* nach jdm/etw stoßen; to ~ at sb with a knife nach jdm mit einem Messer stoßen
III. *vt* <thrust, thrust> ① *(push with force)* ■to ~ sth/sb forward [*or* to ~ forward sb/sth] jdn/etw nach vorne schieben; ***he ~ back the chair and ran out of the room*** er schob den Stuhl heftig zurück und rannte aus dem Zimmer; ■to ~ sth/sb into sth etw/jdn in etw *akk* stopfen *fam;* to ~ one's hands into one's pockets die Hände in die Taschen stecken; to ~ the money into sb's hand jdm das Geld in die Hand stecken; ■to ~ sb through sth jdn durch etw *akk* drängen; ***he ~ his injured friend through the crowd desperately trying to reach the first-aid post*** in einem verzweifelten Versuch, die Erste-Hilfe-Station zu erreichen, schob er seinen verletzten Freund rasch durch die Menge; ■to ~ oneself through sth sich *akk* durch etw *akk* drängen; ***I ~ myself through the dense crowd trying to reach my friend*** ich bahnte mir einen Weg durch die Menge, um meinen Freund zu erreichen; ■to ~ oneself forward sich *akk* vordrängen [*o* SCHWEIZ, ÖSTERR vordrängeln] *fam*
② *(fig: compel to do)* ■to ~ sth [up]on sb jdm etw *akk* auferlegen; ■to ~ oneself [up]on sb sich *akk* jdm aufdrängen
③ *(stab, pierce)* ■to ~ sth into sb/sth mit etw *dat* zustoßen; to ~ a knife into sb jdn mit einem Messer stechen
④ *(fig: impel)* hineinstoßen; ***she was suddenly ~ into a position of responsibility*** sie wurde plötzlich in eine sehr verantwortungsvolle Position hineingedrängt

◆**thrust aside, thrust away** *vt* ■to ~ aside ↔ sb/sth [*or* away] jdn/etw beiseitestoßen, SCHWEIZ, ÖSTERR *meist* jdn/etw auf die Seite stoßen; to ~ temptation aside [*or* away] *(liter)* der Versuchung widerstehen *geh*

◆**thrust out, thrust up** *vi (liter)* emporragen *geh*

thrust·er ['θrʌstəʳ, AM -ɚ] *n* ① AEROSP [Raketen]triebwerk *nt*
② *(in surfboarding)* Kielverstärkung *f*

thrust·ful ['θrʌstfᵊl], **thrust·ing** ['θrʌstɪŋ] *adj* zielstrebig

thru·way *n esp* AM *see* throughway

thud [θʌd] I. *vi* <-dd-> dumpf aufschlagen; ***I could hear his feet ~ ding along the corridor*** ich konnte den dumpfen Aufschlag seiner Schritte hören, wie er den Flur entlangging; to ~ on the table with one's fist mit der Faust auf den Tisch hauen *fam*
II. *n* dumpfer Schlag, Bums *m fam;* ~ of hooves/shoes Geklapper *nt* von Hufen/Schuhen

thug [θʌg] *n* Schlägertyp *m pej,* Rüpel *m pej fam,* Rowdy *m*

thug·gish ['θʌgɪʃ] *adj (fam)* rüpelhaft *pej;* a ~ looking guy ein Schlägertyp *m pej*

thu·lium ['θuːliəm, AM 'θuː-, 'θjuː-] *n no pl* CHEM Thulium *nt*

thumb [θʌm] I. *n (body part)* Daumen *m;* ~ of a glove Daumen *m* eines Handschuhs
▸PHRASES: to be all [BRIT fingers and] ~s zwei linke Hände haben *fig fam;* to stand [*or* stick] out like a sore ~ unangenehm auffallen; to twiddle one's ~ Däumchen drehen *fam;* to be under sb's ~ unter jds Fuchtel stehen *fig fam*
II. *vt* ① *(hitchhike)* to ~ a lift/ride per Anhalter [*o* ÖSTERR Autostopp] fahren, trampen
② *(mark by handling)* ■to ~ sth etw abgreifen; to ~ a book ein Buch abgreifen; well-~ed abgegriffen
▸PHRASES: to ~ one's nose at sb/sth jdm/etw die kalte Schulter zeigen *fam*
III. *vi* ① *(glance through)* to ~ through a newspaper durch die Zeitung blättern
② *(hitchhike)* ■to ~ it to somewhere irgendwohin trampen

thumb-'in·dex *n* Daumenregister *nt* **thumb-'in·dexed** *adj* mit Daumenregister *nach n* **'thumb·nail** *n* Daumennagel *m* **thumb·'nail-sized** *adj attr, inv (fig)* Miniatur-, in Daumennagelgröße *nach n* **thumb·nail 'sketch** *n* Abriss *m* **'thumb-print** *n* ① *(impression)* Daumenabdruck *m* ② *(fig: identifying feature)* Erkennungsmerkmal *nt* **'thumb·screw** *n usu pl* Daumenschraube *f*

thumbs 'down *n* Ablehnung *f;* to give sb/sth the ~ jdn/etw ablehnen; ***plans to build a house on the site have been given the ~*** die Baupläne für dieses Grundstück sind abgelehnt worden

thumbs 'up *n* Zustimmung *f;* to give sb the ~ to do sth jdm für etw *akk* die Zustimmung erteilen; ***we have been given the ~ to go ahead with the project*** man hat uns das Startlicht für das Projekt erteilt

'thumb·tack *n* AM, AUS *(drawing-pin)* Reißnagel *m*

'thumb typ·ing *n no pl Tippen auf einer winzigen Tastatur, z.B. eines Handys, nur mit den Daumen*

thump [θʌmp] I. *n* dumpfer Knall; to give sb a ~ jdm eine knallen [*o* schmieren] *sl*
II. *vt* ■to ~ sth/sb etw/jdn schlagen
III. *vi* ■to ~ on sth auf etw *akk* schlagen; the heart ~s das Herz klopft [*o* pocht]

◆**thump out** *vt* ① *(play loudly)* to ~ out a tune on a piano eine Melodie auf dem Klavier hämmern
② *(communicate forcefully)* ■to ~ out ↔ sth etw hinaustrompeten *fam*

thump·ing ['θʌmpɪŋ] *(fam)* I. *adj* kolossal; to have a ~ headache grässliches Kopfweh haben; to tell ~ lies faustdicke Lügen verbreiten *fam*
II. *adv* unglaublich *fam,* mega- *sl*

thun·der ['θʌndəʳ, AM -ɚ] I. *n no pl* ① METEO Donner *m;* clap [*or* crash] [*or* peal] of ~ Donnerschlag *m;* ~ and lightning Blitz und Donner; rumble of ~ Donnergrollen *nt*
② *(fig: loud sound)* Getöse *nt;* ***I couldn't hear what he said over the ~ of the waterfall*** das Getöse des Wasserfalls war so laut, dass ich ihn nicht verstehen konnte
③ *(fig: aggressive voice)* Donnerstimme *f;* ***he***

shouted at the burglar with a voice like ~ er brüllte den Einbrecher mit Donnerstimme an
④ *(fig: heavy criticism)* Wettern *nt fam*
⑤ *(fig: angry expression)* ***his face was like*** ~ sein Gesicht war bitterböse
▶PHRASES: **to steal sb's** ~ jdm die Schau stehlen
II. *vi* ① *(make rumbling noise)* donnern; ■**to** ~ **along** [*or* **by**] [*or* **past**] vorbeidonnern
② *(declaim)* schreien; ■**to** ~ **about sth** sich *akk* lautstark über etw *akk* äußern; ***the newspaper was ~ing about the rise in violent crime*** die Zeitung wetterte gegen die steigende Anzahl von Gewaltverbrechen; ■**to** ~ **against sth** gegen etw *akk* wettern *fam*
III. *vt* ■**to** ~ **sth** etw brüllen; ***"I never want to see you again" he ~ed*** „ ich will dich niemals wiedersehen", donnerte er; ■**to** ~ **sth at sb** jdm etw *akk* entgegenschleudern *fig*
'thun·der·bolt *n* ① *(lightning)* Blitzschlag *m;* ***the news came like a*** ~ die Nachricht schlug wie eine Bombe ein ② SPORT *(fig: powerful shot)* Bombe *f sl;* ***the new striker settled the match with a ~ from twenty yards*** der neue Stürmer entschied das Spiel mit einer Bombe aus einer Entfernung von 18 Metern ▶PHRASES: **to drop a** ~ **on sb** jdm einen Schock versetzen **'thun·der·clap** *n* Donnerschlag *m* **'thun·der·cloud** *n usu pl* Gewitterwolke *f* **'thun·der·head** *n* Wolkenballung *f*
thun·der·ing ['θʌndərɪŋ, AM -dɚ-] I. *n no pl* Donnern *nt*
II. *adj* ① *(extremely loud)* tosend; ~ **applause** tosender Applaus; ~ **voice** dröhnende Stimme
② *(fig: enormous)* enorm; **to be in a** ~ **great rage** BRIT vor Zorn schäumen *geh;* ~ **success** riesiger Erfolg
thun·der·ous ['θʌndərəs, AM -dɚ-] *adj attr* donnernd; ~ **applause** [*or* **ovation**] Beifallsstürme *pl*
'thun·der-show·er *n esp* AM Gewitterregen *m kein pl* **'thun·der·storm** *n* Gewitter *nt* **'thun·der·struck** *adj pred* wie vom Donner gerührt
thun·dery ['θʌndəri, AM -ɚi] *adj* gewittrig; ~ **shower/weather** gewittriger Schauer/gewittriges Wetter
Thu·rin·gia [θjʊə'rɪndʒiə, AM θʊ'rɪndʒiə] *n* Thüringen *nt*
Thu·rin·gian [θjʊə'rɪndʒiən, AM θʊ'rɪndʒiən] I. *n* Thüringer(in) *m(f)*
II. *adj* thüringisch
Thurs·day ['θɜːzdeɪ, AM 'θɜːr-] *n* Donnerstag *m; see also* **Tuesday**
thus [ðʌs] *adv inv* ① *(therefore)* folglich ② *(in this way)* so, auf diese Weise **thus 'far** *adv* ① *(up till now)* bisher, SCHWEIZ *a.* bis anhin ② *(up to this point)* so weit
thwack [θwæk] I. *vt* ■**to** ~ **sth** etw *dat* einen Hieb versetzen; ***she ~ed the hedge with her stick in a bad-tempered sort of way*** schlecht gelaunt versetzte sie der Hecke mit ihrem Stock einen Hieb
II. *n* Schlag *m; of belt, whip* Knall *m*
thwart [θwɔːt, AM θwɔːrt] *vt* ■**to** ~ **sth** etw vereiteln; **to** ~ **sb's efforts** jds Bemühungen vereiteln; **to** ~ **an escape/a kidnapping** eine Flucht/eine Entführung verhindern; **to** ~ **a plan** einen Plan durchkreuzen [*o* vereiteln]; ***he was ~ed in his plans to build a porch*** seine Pläne, ein Portal zu bauen, wurden vereitelt
thy [ðaɪ] *adj poss* DIAL *(old)* dein; ***honour ~ father and ~ mother*** du sollst Vater und Mutter ehren
thyme [taɪm] *n no pl* Thymian *m*
thy·roid ['θaɪrɔɪd] I. *n* Schilddrüse *f*
II. *adj attr, inv* Schilddrüsen-
'thy·roid gland *n* Schilddrüse *f*
thy·rox·ine [θaɪ'rɒksiːn, AM -'rɑːk-] *n no pl* MED Thyroxin *nt fachspr*
thy·self [ðaɪ'self] *pron reflexive (old)* du selbst; ***thou shalt love thy neighbour as*** ~ du sollst deinen Nächsten lieben wie dich selbst
ti·ara [ti'ɑːrə, AM -'erə] *n* Tiara *f*
Ti·ber ['taɪbər, AM bɚ] *n no pl* ■**the** ~ GEOG der Tiber
Ti·bet [tɪ'bet] *n no pl* GEOG Tibet *nt*
Ti·bet·an [tɪ'betən] I. *adj inv* tibet[an]isch
II. *n* ① *(language)* Tibet[an]isch *nt*
② *(people)* Tibet[an]er(in) *m(f)*
Tibeto-Burman [tɪˌbetəʊ'bɜːmən, AM -toʊ'bɜːr-] I. *n* Tibetsprachen *pl*
II. *adj* der Tibetsprachen *nach n*
tibia <*pl* -biae> ['tɪbiə, *pl* -biiː] *n* Schienbein *nt*
tic [tɪk] *n* [nervöses] Zucken
tick¹ [tɪk] *n* ZOOL Zecke *f*
tick² [tɪk] *n* ① BRIT *(dated fam: credit)* **on** ~ auf Pump *sl*
② ECON Mindestkursschwankung *f,* Mindestkursveränderung *f*
tick³ [tɪk] I. *n* ① *(sound of watch)* Ticken *nt kein pl;* ***'~ tock'*** *(fam)* ‚ticktack'; ***hang*** [*or* ***hold***] ***on*** [***just***] ***a*** ~ [*or* ***two ~s***] BRIT *(fam)* warte einen Moment; ***I'll be with you in a couple of*** [*or* ***in two***] ***~s*** ich bin gleich bei dir
② *(mark)* Haken *m;* **to put a** ~ **against** [*or* **by**] **sth** neben etw *dat* einen Haken setzen
II. *vi* ticken; AM ***the hand of the timer ~ed round to twelve*** der Uhrzeiger rückte auf zwölf
▶PHRASES: **what makes sb** ~ was jdn bewegt
III. *vt* ■**to** ~ **sth** etw abhaken
◆**tick away** *vi* ticken; ***a time bomb ~s away*** eine Zeitbombe tickt; ***time ~s away*** die Zeit verrinnt
◆**tick by** *vi* verstreichen
◆**tick off** *vt* ① *(mark with tick)* ■**to** ~ **off** ○ **sth** etw abhaken; **to** ~ **off sth on one's fingers** etw an den Fingern abzählen
② BRIT, AUS *(fam: reproach)* ■**to** ~ **off** ○ **sb** jdn schelten
③ AM *(fam: irritate)* ■**to** ~ **off** ○ **sb** jdn auf die Palme bringen *fig fam*
◆**tick on** *vi* sich *akk* dahinziehen
◆**tick over** I. *vi esp* BRIT ① TECH *(operate steadily)* auf Leerlauf geschaltet sein; ***I've left the car with the engine ~ing over*** ich habe das Auto mit laufendem Motor abgestellt
② *(fig: function at minimum level)* am Laufen halten
II. *vt (fig)* **to keep things** ~**ing over** die Dinge am Laufen halten
tick·er ['tɪkər, AM -ɚ] *n* ① *(fam: heart)* Pumpe *f sl*
② AM STOCKEX Börsenticker *m*
'tick·er tape *n no pl* ① *(paperstrip)* Lochstreifen *m*
② *(confetti)* Konfetti *nt* **tick·er-tape pa·'rade** *n* AM Konfettiparade *f*
tick·et ['tɪkɪt] I. *n* ① *(card)* Karte *f;* **cinema/concert** ~ Kino-/Konzertkarte *f,* SCHWEIZ *a.* Kino-/Konzertbillett *nt;* **cloakroom** ~ Garderobenmarke *f;* **lottery** ~ Lottoschein *m;* **plane** ~ Flugticket *nt;* **season** ~ Saisonkarte *f,* Dauerkarte *f;* **half-price/return** ~ Halbpreiskarte/Rückfahrkarte *f,* Halbpreisbillett/Retourbillett *nt* SCHWEIZ; **by** ~ **only** nur mit Eintrittskarte [*o* SCHWEIZ Billett]
② *(fig: means of progress)* Chance *f;* ***her incredible memory was her ~ to success*** ihr unglaublich gutes Gedächtnis ebnete ihr den Weg zum Erfolg
③ *(price tag)* Etikett *nt,* Etikette *f* SCHWEIZ; **price** ~ Preisschild *nt,* Preisetikette *f* SCHWEIZ
④ *(notification of offence)* Strafzettel *m;* **parking** ~ Strafzettel *m* für Falschparken [*o* Falschparkieren] SCHWEIZ
⑤ *(agenda for elections)* Liste *f*
▶PHRASES: **just the** ~ *(dated)* passt perfekt
II. *n modifier* Karten-; ~ **barrier** Sperre *f;* ~ **stub** abgerissene Karte [*o* SCHWEIZ Billett]
'tick·et agen·cy *n* Kartenbüro *nt,* Billettverkaufsstelle *f* SCHWEIZ **'tick·et agent** *n* Kartenhändler(in) *m(f),* Billettverkäufer(in) *m(f)* SCHWEIZ, Kartenbüro *nt* ÖSTERR **'tick·et-col·lec·tor** *n (on the train)* Schaffner(in) *m(f),* Kondukteur, Billeteuse *m, f* SCHWEIZ; *(on the platform)* Bahnsteigschaffner(in) *m(f)* **'tick·et count·er** *n* Fahrkartenschalter *m,* Billettschalter *m* SCHWEIZ **'tick·et hold·er** *n* Kartenbesitzer(in) *m(f),* Billettbesitzer(in) *m(f)* SCHWEIZ **'tick·et ma·chine** *n* Fahrkartenautomat *m,* Billettautomat *m* SCHWEIZ **'tick·et-num·ber** *n* Kartennummer *f,* Billettnummer *f* SCHWEIZ **'tick·et-of·fice** *n* RAIL Fahrkartenschalter *m,* Billettschalter *m* SCHWEIZ; THEAT Vorverkaufsschalter *m* **'tick·et tout** *n* BRIT Schwarzhändler(in) *m(f) (für Eintrittskarten)*
tick·ing ['tɪkɪŋ] I. *n no pl* ① *of clock* Ticken *nt*
② *(for mattress)* Matratzenüberzug *m*
II. *adj* tickend; ~ **bomb** Zeitbombe *f*
tick·ing-'off <*pl* tickings-off> *n* BRIT *(fam)* Tadel *m,* Anschiss *m sl;* **to get a** ~ **from sb** von jdm getadelt werden [*o sl* einen Anschiss bekommen]; **to give sb a** ~ jdn zusammenstauchen [*o* SCHWEIZ den Kopf waschen] *fam*
tick·le ['tɪkl] I. *vi* kitzeln
II. *vt* ① *(touch lightly)* ■**to** ~ **sb** jdn kitzeln; ■**to** ~ **an animal** ein Tier kraulen
② *(fig fam: appeal to sb)* **to** ~ **sb's fancy** jdn reizen
③ *(amuse)* ■**to be** ~**d that ...** sich *akk* darüber amüsieren, dass ...
▶PHRASES: **to be** ~**d pink** [*or* **to death**] *(fam)* vor Freude völlig aus dem Häuschen sein *fam*
III. *n no pl* ① *(itching sensation)* Jucken *nt,* SCHWEIZ *a.* Beissen *nt*
② *(action causing laughter)* **to give sb a** ~ jdn amüsieren
③ *(irritating cough)* **a** ~ **in one's throat** ein Kratzen *nt* im Hals
tick·ler ['tɪklər, AM ɚ] *n* schwierige [*o* kitzlige] *fam* Frage
tick·lish ['tɪklɪʃ] *adj* ① *(sensitive to tickling)* kitzlig
② *(awkward)* heikel
tick·over ['tɪkəʊvər, AM -oʊvɚ] *n* TECH Leerlauf *m*
tick-tack-toe [ˌtɪkˌtæk'toʊ] *n* AM *(noughts and crosses)* Drei gewinnt, Tic Tac Toe *nt (Strategiezeichenspiel für zwei Personen)*
tid·al ['taɪdəl] *adj* von Gezeiten abhängig; ~ **basin** Tidebecken *nt;* ~ **flow** zyklisches Verkehrsaufkommen; ~ **harbour** [*or* AM **harbor**] den Gezeiten unterworfener Hafen
tid·al 'en·er·gy *n no pl* Elektrizität *f* aus den Gezeiten **'tid·al wave** *n* Flutwelle *f; (fig)* Flut *f;* **a** ~ **of complaints** eine Flut von Beschwerden
tid·bit ['tɪdbɪt] *n* AM *see* **titbit**
tid·dler ['tɪdlər] *n* BRIT ① *(small fish)* winziger Fisch
② *(sth tiny)* winziges Ding
③ *(fam: infant)* Knirps *m fam*
tid·dly ['tɪdli] *adj* ① *(fam: tiny)* winzig
② BRIT, AUS *(dated fam: slightly drunk)* beschwipst
tid·dly·wink ['tɪdlɪwɪŋk] *n* ① *(flat disc)* Spielstein *m*
② *(game)* ■~**s** *pl* Flohhüpfen *nt kein pl*
tide [taɪd] I. *n* ① *(of sea)* Gezeiten *pl;* ***the ~ is turning*** es ist Gezeitenwechsel; ***the ~ is in/out*** es ist Flut/Ebbe; ***the ~ comes in/goes out*** die Flut/Ebbe kommt; **flood** ~ Springflut *f;* **high/low** ~ Flut *f*/Ebbe *f;* **strong** ~ starke Strömung; **with** [*or* **on**] **the** ~ bei Flut
② *(fig: main trend of opinion)* öffentliche Meinung; ***the ~ has turned*** die Meinung ist umgeschlagen; **to stem the** ~ **of events** den Lauf der Dinge aufhalten; ~ **of history** Lauf *m* der Geschichte; **to go** [*or* **swim**] **against/with the** ~ gegen den/mit dem Strom schwimmen *fig fam*
③ *(powerful trend)* Welle *f fig;* **to fight the** ~ **of crime** die Welle von Verbrechen bekämpfen
▶PHRASES: **time and** ~ **wait for no man** [*or* **one**] *(prov)* man muss die Gelegenheiten beim Schopf[e] packen
II. *vt* ■**to** ~ **sb over** jdm über die Runden helfen *fam*
'tide·land *n* AM *(mud-flats)* Watt *nt* **'tide·mark** *n* ① *(mark left by tide)* Gezeitenmarke *f* ② *esp* BRIT *(fig: scum on bath)* schwarzer Rand **'tide·ta·ble** *n* Tidenkalender *m,* Gezeitentafel *f* **'tide-wa·ter** *n* Flutwasser *nt kein pl* **'tide-way** *n* Priel *m*
tidi·ly ['taɪdɪli] *adv* ordentlich
tidi·ness ['taɪdɪnəs] *n no pl* Ordnung *f*
tid·ings ['taɪdɪŋz] *npl (old)* Neuigkeiten *pl;* ~ **of joy** frohe Kunde *veraltet geh;* **glad/sad** ~ gute/schlechte Nachrichten
tidy ['taɪdi] I. *adj* ① *(in order)* ordentlich; **clean** [*or* **neat**] **and** ~ sauber und ordentlich; ~ **mind** *(fig)* methodisches Denken
② *(fam: considerable)* beträchtlich; ~ **sum** hübsche [*o* SCHWEIZ *bes* nette] Summe *fam*
II. *n* ① BRIT *(little receptacle)* Abfallbehälter *m*

2 *(period of cleaning)* Aufräumen *nt kein pl;* ***he gave his room a good*** ~ er räumte sein Zimmer gründlich auf
III. *vt* ■**to** ~ **sth** etw aufräumen
◆**tidy away** *vt* ■**to** ~ **away** ↔ **sth** etw wegräumen [*o* SCHWEIZ versorgen] *fam*
◆**tidy out** *vt* BRIT ■**to** ~ **out** ↔ **sth** etw ausräumen
◆**tidy up** I. *vt* 1 *(put in order)* ■**to** ~ **up** ↔ **sth/sb** etw aufräumen/jdn zurechtmachen; **to** ~ **one's make-up** sich *dat* das Make-up auffrischen; ■**to** ~ **oneself up** sich *akk* zurechtmachen
2 *(add finishing touches)* ■**to** ~ **up** ↔ **sth** etw überprüfen [*o* durchsehen] [*o form* endkorrigieren]
II. *vi* aufräumen

tidy-up *n no pl* Aufräumen *nt*

tie [taɪ] I. *n* 1 *(necktie)* Krawatte *f;* **bow** ~ Fliege *f,* Mascherl *nt* ÖSTERR; **the old school** ~ BRIT *(fig) Cliquenwirtschaft unter Personen, die Schüler an hochkarätigen Privatschulen waren*
2 *(cord)* Schnur *f*
3 *pl (links)* ■~**s** *pl* Bande *pl;* **closer** ~**s with sth** engere Anbindung an etw *akk;* **diplomatic** ~**s** diplomatische Beziehungen; **family** ~**s** Familienbande *pl* (**to** an +*akk*)
4 *(equal score)* Punktegleichstand *m kein pl*
5 BRIT *(match in a competition)* Ausscheidungsspiel *nt*
6 *(structural support)* Schwelle *f*
II. *vi* <-y-> 1 *(fasten)* schließen; ***this sleeping bag ~s at the top*** diesen Schlafsack kann man oben verschließen
2 *(equal in points)* ■**to** ~ **with sb/sth** denselben Platz wie jd/etw belegen; ***Jane and I ~d in the spelling test*** Jane und ich schnitten im Orthografietest gleich gut ab
III. *vt* <-y-> 1 *(fasten together)* **to** ~ **an umbilical cord** die Nabelschnur abschnüren; **to** ~ **the flowers into a bunch** die Blumen zu einem Strauß binden; **to be ~d hand and foot** an Händen und Füßen gefesselt sein; **to** ~ **sb's hands** jds Hände [*o* jdn an den Händen] fesseln; **to** ~ **a knot** einen Knoten [*o* SCHWEIZ, ÖSTERR Knopf] machen [*o geh* schlingen]; **to** ~ **a string in a loop** eine Schnur zu einer Schleife verknoten; **to** ~ **one's [shoe]laces** sich *dat* die Schuhe [*o* Schnürsenkel] [*o* DIAL Schuhbänder] [*o* ÖSTERR Schnürriemen] [*o* SCHWEIZ Schuhbändel] zubinden; **to** ~ **a notice to a post** eine Nachricht an einer Anschlagsäule anbringen
2 *(connect to)* ■**to** ~ **sth to sth** eine Verbindung zwischen etw *dat* und etw *dat* herstellen; ■**sth is ~d to sth** zwischen etw *dat* und etw *dat* besteht eine Verbindung
3 *(fig: restrict)* ■**to** ~ **sb by/to sth** jdn durch/an etw *akk* binden
4 *(restrict in movement)* ■**to be ~d to sth/somewhere** an etw *akk*/einen Ort gebunden sein
▶PHRASES: **to be ~d to sb's apron strings** *(pej)* an jds Rockzipfel hängen; **sb's hands are ~d** jds Hände sind gebunden; **to** ~ **the knot** sich das Ja-Wort geben; **to** ~ **sb in knots** jdn in Verlegenheit bringen
◆**tie back** *vt* ■**to** ~ **back** ↔ **sth** etw zurückbinden
◆**tie down** *vt* 1 *(secure to ground)* ■**to** ~ **down** ↔ **sth** etw festbinden; ***make sure you ~ down anything that might blow away in the storm*** binde bloß alles fest, was im Sturm weggeweht werden könnte
2 *(fig)* ■**to be ~d down** gebunden sein; ■**to** ~ **sb down to sth** *(fam)* jdn auf etw *akk* festlegen; ***I'll try to ~ her down on her plans*** ich versuche, sie dazu zu bringen, ihre Pläne auch in die Tat umzusetzen
3 MIL *(restrict mobility of)* ■**to** ~ **down** ↔ **sb** jdn binden
◆**tie in** I. *vt* **to** ~ **a comment in with a previous statement** mit einem Kommentar in einer früheren Aussage übereinstimmen; ***I can't ~ in what he said today with what he told me last week*** was er heute gesagt hat, stimmt nicht mit dem überein, was er mir letzte Woche sagte
II. *vi* ■**to** ~ **in with sth** mit etw *dat* übereinstimmen; ***it all ~s in with what we've told you*** das stimmt alles mit dem überein, was wir dir gesagt haben
◆**tie up** *vt* 1 *(bind)* ■**to** ~ **up** ↔ **sth** etw festbinden; **to** ~ **up hair** die Haare hochbinden
2 *(delay)* ■**to** ~ **sb up** jdn aufhalten; ***I don't want to ~ you up but before I go, let me just tell you this one story ...*** ich will dich nicht aufhalten, aber bevor ich gehe, möchte ich dir noch Folgendes erzählen ...; ■**to be ~d up by sth** durch etw *akk* aufgehalten werden
3 *(busy)* ■**to be ~d up** beschäftigt sein
4 TRANSP *(limit mobility)* **to** ~ **up traffic** den Verkehr behindern
5 FIN, ECON *(restrict)* **to** ~ **up** ↔ **capital/money** Kapital/Geld binden [*o* fest anlegen]; ■**to be ~d up in sth:** ***the father wisely ~d the children's money up in a trust fund*** der Vater legte das Geld der Kinder klugerweise in einem Treuhandfonds an
6 *esp* BRIT *(fig: find link between)* ■**to** ~ **up** ↔ **sth with sth** eine Verbindung zwischen etw *dat* und etw *dat* herstellen; ***can you ~ the allergy up with anything you've eaten?*** kannst du die Allergie mit irgendetwas in Verbindung bringen, das du gegessen hast; ■**to be ~d up with sth** mit etw *dat* zusammenhängen; ***why did the stock market rise sharply today? — it's ~d up with the decrease in interest rates*** warum ist der Aktienmarkt heute stark angestiegen? – das hängt mit dem Sinken der Zinssätze zusammen
▶PHRASES: **to** ~ **up some loose ends** etw erledigen

'tie-back *n* Raffhalter *m (für Gardinen)*

'tie-break·er, BRIT **'tie-break** *n* Verlängerung *f;* TENNIS Tiebreak *m o nt* **'tie clip** *n* Krawattennadel *f*

tied cot·tage [taɪd'-] *n* BRIT Dienstwohnung *f,* Werkswohnung *f (Haus zur Unterbringung von Angestellten, z.B. eines Hausmeisters)* **tied 'house** *n* 1 BRIT *see* **tied cottage** 2 BRIT, AUS *(brew pub)* Brauereigaststätte *f*

'tie-dye *vt* ■**to** ~ **sth** etw [mit Abschnürtechnik] batiken **'tie-dye·ing** *n* Schnürbatik *f*

'tie-in *n* Verbindung *f,* Zusammenhang *m*

tie-on 'la·bel *n* Etikett *nt,* Etikette *f* SCHWEIZ **'tie·pin** *n* Krawattennadel *f*

tier [tɪəʳ, AM tɪr] I. *n (row)* Reihe *f; (level)* Lage *f;* ~ **of management** Managementebene *f;* **to rise in** ~ in Reihen aufsteigen
II. *vt* ■**to** ~ **sth** *(next to each other)* etw aufreihen; *(on top of each other)* etw aufschichten [*o* SCHWEIZ *a.* aufbeigen] *fam*

'tie-up *n* 1 *(connection)* Verbindung *f*
2 *(fam: traffic jam)* Stau *m*
3 *(delay)* Verspätung *f*

tiff [tɪf] *n (fam)* Plänkelei *f,* Geplänkel *nt;* **lovers'** ~ Ehekrach *m fam;* **to have a** ~ eine Meinungsverschiedenheit haben

ti·ger ['taɪgəʳ, AM -ɚ] *n* Tiger *m*
▶PHRASES: **to have a** ~ **by the tail** vor einer unerwartet schwierigen Situation stehen

'ti·ger kid·nap·ping *n Geiselnahme, um jdn zu zwingen, bei einem Verbrechen zu kooperieren*

tight [taɪt] I. *adj* 1 *(firm)* fest; ~ **knot** fester Knoten, satter Knopf SCHWEIZ *fam; (closely fitting)* eng, SCHWEIZ *a.* satt sitzend; ~ **shoes/trousers** enge [*o* SCHWEIZ *a.* satt sitzende] Schuhe/Hose; **to be a** ~ **squeeze** sehr eng sein
2 *(close together)* dicht, SCHWEIZ *a.* satt; **in** ~ **formation** in geschlossener Formation; **in** ~ **groups** in dicht gedrängten Gruppen
3 *(stretched tautly)* gespannt, satt; ~ **muscles** verspannte Muskeln
4 *(closely integrated)* eng verbunden; ~ **circle** enger Kreis
5 *(severe)* streng; *money* knapp; ~ **bend** [*or* **turn**] enge Kurve; ~ **budget** knappes Budget; *(fig: difficult situation)* ~ **corner** [*or* **situation**] [*or* **spot**] Zwickmühle *f fam;* ~ **market** umsatzschwacher Markt; ~ **money** knappes Geld; **to keep a** ~ **hold on sth** etw streng kontrollieren; ***the government are trying to keep a ~ hold on spending*** die Regierung versucht, die Ausgaben streng unter Kontrolle zu halten; **to be** ~ **for money/time** wenig Geld/Zeit haben; **to be** ~ **with one's money** knausrig sein; ~ **schedule** gedrängter Terminkalender
6 *(tense)* ~ **face** angespanntes Gesicht; ~ **voice** angespannte Stimme
7 *(hard-fought, keenly competitive)* knapp; ~ **finish** knapper Zieleinlauf
8 *(fam or dated: drunk)* betrunken
▶PHRASES: **to keep a** ~ **rein over sb** jdn fest an die Kandare nehmen; **to run a** ~ **ship** ein strenges Regime führen
II. *adv pred* straff; **to screw a nut** ~ eine Mutter fest [*o* SCHWEIZ *a.* satt] anziehen; **to cling/hang on** ~ **to sb/sth** sich *akk* an jdm/etw festklammern; **to close/seal sth** ~ etw fest verschließen/versiegeln
▶PHRASES: **sleep** ~ schlaf gut

tight·en ['taɪtᵊn] I. *vt* 1 *(make tight)* ■**to** ~ **sth** etw festziehen; **to** ~ **a rope** ein Seil festbinden; **to** ~ **a screw** eine Schraube anziehen
2 *(increase pressure)* ■**to** ~ **sth** etw verstärken; **to** ~ **one's grip on sth** den Druck auf etw *akk* verstärken; **to** ~ **one's lips** die Lippen zusammenkneifen, die Zügel anziehen *fig*
▶PHRASES: **to** ~ **one's belt** den Gürtel enger schnallen *fig;* **to** ~ **the net** das Netz zusammenziehen *fig;* **to** ~ **the reins** die Zügel anziehen *fig*
II. *vi* straff werden; **sb's lips** ~ jd kneift die Lippen zusammen
▶PHRASES: **a noose ~s around sb's neck** die Schlinge um jds Hals wird enger *fig*
◆**tighten up** I. *vt* ■**to** ~ **up** ↔ **sth** 1 *(make firmer)* etw fester [*o* SCHWEIZ *a.* satter] ziehen; **to** ~ **up one's muscles** die Muskeln straffen
2 *(make stricter)* etw verschärfen; **to** ~ **up the law on advertising** strengere Verordnungen in der Werbung einführen
II. *vi* 1 *(introduce stricter regime)* schärfere Maßnahmen ergreifen; ***it's time we ~ed up around here*** es ist an der Zeit, hier ein strengeres Regime einzuführen; ■**to** ~ **up on sth** etw einschränken
2 *(become tense)* sich *akk* anspannen

tight-'fist·ed *adj (pej fam)* geizig **tight 'fit** *n* enge Passform; ***this skirt is a*** ~ dieser Rock liegt eng [*o* SCHWEIZ *a.* satt] an **tight-'fit·ting** *adj* eng [*o* SCHWEIZ *a.* satt] anliegend

tightie-whities [ˌtaɪţi'waɪţiːz] *npl* AM *(sl)* Unterhose *f*

tight-'knit *adj* engmaschig; ~ **community** verschworene Gemeinschaft **tight-'lipped** *adj* 1 *(compressing lips)* schmallippig 2 *(saying little)* ~ **silence** eisiges Schweigen; ■**to be** ~ **about sth** wortkarg auf etw *akk* reagieren

tight·ly ['taɪtli] *adv* 1 *(holding sth firmly)* fest
2 *(close together)* eng; **to be** ~ **packed** vollgepackt [*o* SCHWEIZ *a.* satt gepackt] sein
3 *(firm control)* mit festem Griff

tight·ness ['taɪtnəs] *n no pl* 1 *(firmness, strength)* Festigkeit *f*
2 *(close fitting)* enge [*o* SCHWEIZ *a.* satte] Passform
3 *(tight sensation)* Spannen *nt;* ~ ***in the chest area is a sign of heart disease*** Atembeklemmung ist ein Anzeichen einer Herzerkrankung
4 ECON ~ **of a market** Marktenge *f*

'tight·rope *n* Drahtseil *nt;* ■**on a** ~ auf einem Seil; **to walk the** ~ auf dem Drahtseil tanzen; **diplomatic/legal** ~ *(fig)* diplomatischer/rechtlicher Drahtseilakt ▶PHRASES: **to tread** [*or* **walk**] **a** ~ einen Drahtseilakt vollziehen, eine Gratwanderung machen **'tight·rope walk·er** *n* Seiltänzer(in) *m(f)*

tights [taɪts] *npl* 1 *(leggings)* Strumpfhose *f;* **pair of** ~ Strumpfhose *f;* **to have a hole** [*or* **run**] [*or* BRIT **ladder**] **in one's** ~ eine Laufmasche in der Strumpfhose haben
2 AM, AUS *(for dancing/aerobics etc.)* Leggings *pl,* Gymnastikhose *f*

tight·wad ['taɪtwɑːd] *n* AM, AUS *(pej sl)* Geizkragen *m pej fam*

ti·gress <*pl* -es> ['taɪgres, AM -grɪs] *n* 1 *(female tiger)* Tigerin *f*
2 *(fig: woman)* Megäre *f geh,* Drachen *m fig pej sl*

tike *n see* **tyke**

T

til·de ['tɪldə] *n* Tilde *f*

tile [taɪl] **I.** *n* Fliese *f,* Plättli *nt* SCHWEIZ *fam,* Plättchen *nt* SCHWEIZ *fam;* **roof** ~ Dachziegel *m*
▸PHRASES: **to have a night [out] on the ~s, to be [out] on the ~s** BRIT auf den Putz hauen *fam*
II. *vt* ■**to ~ sth** etw fliesen [*o* SCHWEIZ *fam* plätteln]; COMPUT *windows on screen* etw nebeneinander anordnen

tiled [taɪld] *adj inv* gefliest, geplättelt SCHWEIZ *fam*

til·er ['taɪləʳ, AM -ɚ] *n* Fliesenleger(in) *m(f),* Plattenleger(in) *m(f)* SCHWEIZ

til·ing ['taɪlɪŋ] *n no pl* ① *(action of laying tiles)* Kacheln *nt; roof* Dachdecken *nt*
② *(tiled surface)* Kachelung *f,* Plättliwand *f* SCHWEIZ *fam; roof* Ziegelung *f*

till¹ [tɪl] **I.** *prep see* **until**
II. *conj see* **until**

till² [tɪl] *n* [Laden]kasse *f;* ~ **float** Bargeldvorrat *m;* ~ **money** Bargeld *nt,* Kassenhaltung *f*
▸PHRASES: **to be caught with one's hand in the ~** auf frischer Tat ertappt werden *fam*

till³ [tɪl] *vt* **to ~ the soil** den Boden bestellen [*o* bearbeiten] [*o* bebauen]

till·age ['tɪlɪdʒ] *n no pl* AGR Ackerbau *m,* Bodenbestellung *f*

till·er ['tɪləʳ, AM -ɚ] *n* Ruderpinne *f fachspr;* **at the ~** am Ruder

'till roll *n* Kassenrolle *f*

tilt [tɪlt] **I.** *n* ① *(slope)* Neigung *f*
② *(fig: movement of opinion)* Schwenk *m*
③ *(aim, focus)* ■**to have a ~ at sth** etw anvisieren
▸PHRASES: **[at] full ~** mit voller Kraft
II. *vt* ■**to ~ sth** etw neigen; **to ~ a pinball machine** einen Flipper [*o* SCHWEIZ Flipperkasten] kippen; **to ~ the balance in favour of sth/sb** *(fig)* einen Meinungsumschwung zu Gunsten einer S./Person *gen* herbeiführen
III. *vi* ① *(slope)* sich *akk* neigen
② *(movement of opinion)* ■**to ~ away from sth/sb** sich *akk* von etw/jdm abwenden; ■**to ~ towards sth/sb** sich *akk* etw/jdm zuwenden
▸PHRASES: **to ~ at windmills** *(fam)* gegen Windmühlen kämpfen *fig*

tilth [tɪlθ] *n* Bodenbestellung *f*

tim·ber ['tɪmbəʳ, AM -ɚ] **I.** *n* ① *no pl esp* BRIT *(wood for building)* Bauholz *nt,* Nutzholz *nt;* **to fell ~** Holz fällen; **for ~** für kommerzielle Nutzung
② *(elongated piece of wood)* Holzplanke *f*
II. *interj* **"~!"** „Achtung, Baum!"

tim·bered ['tɪmbəd, AM -ɚd] *adj* Fachwerk-

'tim·ber forest *n* Hochwald *m* **tim·ber-'framed** *adj* Fachwerk-; ***the buildings were all ~*** die Gebäude waren alle mit Fachwerk gebaut

tim·ber·ing ['tɪmbᵊrɪŋ] *n no pl* ① *(action)* Zimmerarbeit *f,* Zimmerung *f*
② *(material)* Bauholz *nt,* Zimmerholz *nt*

'tim·ber·land *n no pl* AM Nutzholzgebiet *nt* **'tim·ber·line** *n* AM *(treeline)* Baumgrenze *f* **'tim·ber mer·chant** *n* Holzhändler(in) *m(f)*

'tim·ber-work *n no pl* Gebälk *nt*

tim·bre ['tæbrə, AM 'tæmbɚ] *n* MUS Klangfarbe *f,* Timbre *nt geh*

time [taɪm]

I. NOUN

① *no pl (considered as a whole)* Zeit *f;* ***~ stood still*** die Zeit stand still; ***~ marches [or moves] on*** die Zeit bleibt nicht stehen; ***the best player of all ~*** der bester Spieler aller Zeiten; **in the course of ~** mit der Zeit; **over the course of ~** im Lauf[e] der Zeit; **to be a matter [*or* question] of ~** eine Frage der Zeit sein; **~ is on sb's side** die Zeit arbeitet für jdn; **as ~ goes by [*or* on]** im Lauf[e] der Zeit; **to kill ~** die Zeit totschlagen; **to make ~ for sth** sich *dat* die Zeit für etw *akk* nehmen; **~-tested** [alt]bewährt; **for all ~** für immer [*o* alle Zeit]; **in ~** mit der Zeit; **over [*or* with] ~** im Lauf[e] der Zeit

② *no pl (period, duration)* Zeit *f;* **~'s up** *(fam)* die Zeit ist um; ***we spent part of the ~ in Florence, and part of the ~ in Rome*** wir verbrachten unsere Zeit teils in Florenz und teils in Rom; ***you'll forget her, given ~*** mit der Zeit wirst du sie vergessen; ***it will take some ~*** es wird eine Weile dauern; ***sorry, folks, we're [all] out of ~ now*** AM, AUS *(fam)* tut mir leid Leute, aber wir sind schon über der Zeit; ***I haven't seen one of those in a long ~*** so etwas habe ich schon lange nicht mehr gesehen; ***half the ~, he misses class*** er fehlt die halbe Zeit; ***the ~ is ripe*** die Zeit ist reif; ***we talked about old ~s*** wir sprachen über alte Zeiten; **breakfast/holiday ~** Frühstücks-/Urlaubszeit *f;* **extra ~** SPORT Verlängerung *f;* ***they played extra ~*** sie mussten in die Verlängerung; ***three minutes into extra ~, Ricardo scored the decisive goal*** nach drei Minuten Verlängerung erzielte Ricardo das entscheidende Tor; **free [*or* spare] ~** Freizeit *f;* **future ~** Zukunft *f;* **injury ~** BRIT SPORT Nachspielzeit *f;* **to have ~ on one's hands** viel Zeit zur Verfügung haben; **at this moment in ~** zum gegenwärtigen Zeitpunkt; **period of ~** Zeitraum *m;* **for a prolonged period of ~** über einen längeren Zeitraum; **running ~** FILM Spielzeit *f;* **past ~** Vergangenheit *f;* **present ~** Gegenwart *f;* **in one week's ~** in einer Woche; **in one's own ~** in seiner Freizeit; **a short ~ later** kurz darauf; **some/a long ~ ago** vor einiger/langer Zeit; **most of the ~** meistens; **to do sth for a ~** etw eine Zeit lang tun; **to find [the] ~ to do sth** Zeit finden, etw zu tun; **to gain/lose ~** Zeit gewinnen/verlieren; ***there's no ~ to lose [or to be lost]*** wir dürfen [jetzt] keine Zeit verlieren, es ist höchste Zeit; **to give sb a hard ~** *(fam)* jdm zusetzen; **to have the ~ of one's life** sich *akk* großartig amüsieren; **to have all the ~ in the world** alle Zeit der Welt haben; **to have an easy/hard ~ with sth** keine Probleme/Probleme mit etw *dat* haben; **to make ~ for sb/sth** sich *dat* Zeit für jdn/etw nehmen; **to pass the ~** sich *dat* die Zeit vertreiben; **to be pressed for ~** in Zeitnot sein; **to run out of ~** nicht genügend Zeit haben; **to save ~** Zeit sparen; **to spend [a lot of] ~ [in] doing sth** [viel] Zeit damit verbringen, etw zu tun; **to take [a long/short] ~** [lange/nicht lange] dauern; **to take one's ~** sich *dat* Zeit lassen; **to take the ~ and trouble to do sth** sich *dat* die Mühe machen, etw zu tun; **to waste ~** Zeit vergeuden [*o* verschwenden]; **to waste sb's ~** jds Zeit vergeuden; **after a ~** nach einer gewissen Zeit; **all the [*or* this] ~** die ganze Zeit; *(always)* immer; **for a ~** eine Zeit lang; **for a long/short ~** [für] lange/kurze Zeit; **for the ~ being** vorläufig; ***leave the ironing for the ~ being - I'll do it later*** lass das Bügeln einst mal - ich mach's später; **in no [*or* next to no] [*or* less than no] ~ [at all]** im Nu

③ *(pertaining to clocks)* ***have you got the ~?*** können Sie mir sagen, wie spät es ist?; ***what's the ~? [or what ~ is it?]*** wie spät ist es?; ***excuse me, have you got the ~ [on you]?*** Entschuldigung, haben Sie eine Uhr?; ***can you already tell the ~?*** na, kannst du denn schon die Uhr lesen?; ***oh dear, is that the right ~?*** oh je, ist es denn wirklich schon so spät/noch so früh?; ***the ~ is 8.30*** es ist 8.30 Uhr; **to keep bad/good ~** *watch, clock* falsch/richtig gehen; **to gain/lose ~** *watch, clock* vor-/nachgehen

④ *(specific time or hour)* Zeit *f;* ***the ~ is drawing near when we'll have to make a decision*** der Zeitpunkt, zu dem wir uns entscheiden müssen, rückt immer näher; ***he recalled the ~ when they had met*** er erinnerte sich daran, wie sie sich kennengelernt hatten; ***do you remember the ~ Alistair fell into the river?*** erinnerst du dich noch daran, wie Alistair in den Fluss fiel?; ***we always have dinner at the same ~*** wir essen immer um dieselbe Zeit zu Abend; ***I was exhausted by the ~ I got home*** ich war erschöpft, als ich zu Hause ankam; ***I'll call you ahead of ~*** *esp* AM ich rufe dich noch davor an; **at this ~ of day/year** zu dieser Tages-/Jahreszeit; **for this ~ of day/year** für diese Tages-/Jahreszeit; ***what are you doing here at this ~ of the day [or night]?*** was machst du um diese Uhrzeit hier?; **this ~ tomorrow/next month** morgen/nächsten Monat um diese Zeit

⑤ *(occasion)* Mal *nt;* ***the last ~ we went to Paris, ...*** das letzte Mal, als wir nach Paris fuhren, ...; ***I'll know better next ~*** das nächste Mal bin ich schlauer; ***there are ~s when I ...*** es gibt Augenblicke, in denen ich ...; ***sometimes I enjoy doing it, but at other ~s I hate it*** manchmal mache ich es gerne, dann wiederum gibt es Momente, in denen ich es hasse; **every [*or* each] ~** jedes Mal; **for the first ~** zum ersten Mal; **some other ~** ein andermal; **one/two at a ~** jeweils eine(r, s)/zwei; *persons* jeweils einzeln/zu zweit; **at ~s** manchmal; **at all ~s** immer, jederzeit; **at any [given] [*or* [any] one] ~** immer, jederzeit; **at the ~** damals; **at the best of ~s** im besten [*o* günstigen] Fall[e]; ***he can't read a map at the best of ~s*** er kann nicht mal unter normalen Umständen eine Karte lesen; **at the present [*or* AM this] ~** im Moment; **from ~ to ~** gelegentlich, ab und zu

⑥ *(frequency)* Mal *nt;* ***the ~s I've told you ... [or how many ~s have I told you ...]*** wie oft habe ich dir schon gesagt ...; ***these shares are selling at 10 ~ earnings*** diese Aktien werden mit einem Kurs-Gewinn-Verhältnis von 10 verkauft; **~ and [~] again** immer [und immer] wieder; **three/four ~s a week/in a row** drei/vier Mal in der Woche/hintereinander; **three ~s champion** BRIT, AUS [*or* AM **three ~ champion**] dreimaliger Meister/dreimalige Meisterin; **three ~s as much** dreimal so viel; **for the hundredth/thousandth/umpteenth ~** zum hundertsten/tausendsten/x-ten Mal; **lots of [*or* many] ~s** oft, viele Male

⑦ *no pl (correct moment)* ***it's ~ for bed*** es ist Zeit, ins Bett zu gehen; ***the ~ has come to ...*** es ist an der Zeit, ...; ***it's ~ [that] I was leaving*** es wird Zeit, dass ich gehe; ***[and] about ~ [too]*** BRIT, AUS *(yet to be accomplished)* wird aber auch [langsam] Zeit!; *(already accomplished)* wurde aber auch [langsam] Zeit!; ***it's high ~ that she was leaving*** höchste Zeit, dass sie geht!; *(already gone)* das war aber auch höchste Zeit, dass sie endlich geht!; ***we finished two weeks ahead of ~*** wir sind zwei Wochen früher fertig geworden; ***we arrived in good ~ for the start of the match*** wir sind rechtzeitig zum Spielbeginn angekommen; **to do sth dead [*or* exactly] [*or* right] on ~** *(fam)* etw pünktlich machen *fam;* ***the bus arrived dead on ~*** der Bus kam auf die Minute genau; **in ~** rechtzeitig; **on ~** pünktlich; *(as scheduled)* termingerecht

⑧ *often pl (era, lifetime)* Zeit *f;* ***~s are difficult [or hard]*** die Zeiten sind hart; ***at the ~ of the Russian Revolution*** zur Zeit der Russischen Revolution; ***in Victorian ~s*** im Viktorianischen Zeitalter; ***she is one of the best writers of modern ~s*** sie ist eine der besten Schriftstellerinnen dieser Tage [*o* unserer Zeit]; ***at one ~, George Eliot lived here*** George Eliot lebte einmal hier; ***this was before my ~*** das war vor meiner Zeit; ***she has grown old before her ~*** sie ist vorzeitig gealtert; ***my grandmother has seen a few things in her ~*** meine Großmutter hat in ihrem Leben einiges gesehen; ***~ was when you could ...*** es gab Zeiten, da konnte man ...; ***if one had one's ~ over again*** wenn man noch einmal von vorne anfangen könnte; **at his ~ of life** in seinem Alter; **the best .... of all ~** der/die beste ... aller Zeiten; **to keep up [*or* AM change] with the ~s** mit der Zeit gehen; **to be ahead of [*or esp* BRIT before] one's ~** seiner Zeit voraus sein; **to be behind the ~s** seiner Zeit hinterherhinken; **from [*or* since] ~ immemorial [*or esp* BRIT out of mind]** seit undenklichen Zeiten; **in [*or* during] former/medieval ~s** früher/im Mittelalter; **in ~s gone by** früher; **in my ~** zu meiner Zeit; **in our grandparents' ~** zu Zeiten unserer Großeltern; **in ~s past** in der Vergangenheit, früher

⑨ TRANSP *(schedule)* **arrival/departure ~** Ankunfts-/Abfahrtszeit *f*

⑩ *(hour registration method)* **daylight saving ~** Sommerzeit *f;* **Greenwich Mean T~** Greenwicher Zeit *f*

⑪ SPORT Zeit *f;* **record ~** Rekordzeit *f;* ***he won the 100 metres in record ~*** er gewann den 100-Meter-Rennen in einer neuen Rekordzeit

⑫ *(multiplied)* ***two ~s five is ten*** zwei mal fünf ist zehn; ***ten ~s bigger than ...*** zehnmal so groß wie ...
⑬ *no pl* MUS Takt *m;* **to be/play out of ~** aus dem Takt sein; **to beat ~** den Rhythmus schlagen; **to get out of ~** aus dem Takt kommen; **to keep ~** den Takt halten; **in three-four ~** im Dreivierteltakt
⑭ *(remunerated work)* **part ~** Teilzeit *f;* **short ~** BRIT Kurzarbeit *f;* **to have ~ off** frei haben; **to take ~ off** sich *dat* freinehmen; **~ off** arbeitsfreie Zeit; **to be paid double ~** den doppelten Stundensatz [*o* 100% Zuschlag] bezahlt bekommen; **to work** [*or* **be on**] **short ~** BRIT kurzarbeiten
⑮ BRIT *(end of pub hours)* **"~** [***please***]**!"** „Feierabend!" *(wenn ein Pub abends schließt)*
⑯ [*[not]* *like)* **to not give sb the ~ of day** jdn ignorieren; **to not have much ~ for sb** jdn nicht mögen; **to have a lot of ~ for sb** großen Respekt vor jdm haben
▸PHRASES: **~s are changing** die Zeiten ändern sich; **to do** [*or* **serve**] **~** *(fam)* sitzen *fig fam;* **~ is of the essence** die Zeit drängt; **~ flies** [**when you're having fun**] *(saying)* wie die Zeit vergeht!; **all good things in all good ~** alles zu seiner Zeit; **~ is a great healer, ~ heals all wounds** *(prov)* die Zeit heilt alle Wunden *prov;* **~ hangs heavy** die Zeit steht still; **~ is money** *(prov)* Zeit ist Geld *prov;* **to know the ~ of the day** sich *akk* auskennen; **~ moves on** [*or* **passes**] die Zeit rast; **there's a ~ and a place** [**for everything**] *(prov)* alles zu seiner Zeit; **there's no ~ like the present** *(saying)* was du heute kannst besorgen, das verschiebe nicht auf morgen *prov;* [**only**] **~ can** [*or* **will**] **tell** *(saying)* erst die Zukunft wird es zeigen; **~ and tide wait for no man** [*or* **no one**] *(prov)* man muss die Gelegenheit beim Schopf[e] packen; **a week is a long ~ in politics** *(saying)* eine Woche ist lang in der Politik

II. TRANSITIVE VERB

① *(measure duration)* ■**to ~ sb over 100 metres** jds Zeit beim 100-Meter-Lauf nehmen; ***the winning team was ~d at 5 minutes 26 seconds*** die Siegermannschaft wurde mit 5 Minuten und 26 Sekunden gestoppt; **to ~ an egg** *darauf achten, dass man fürs Eierkochen die richtige Zeit einhält*
② *(choose best moment for)* ■**to ~ sth** für etw *akk* den richtigen Zeitpunkt wählen; **to be ill/well ~d** zum genau falschen/richtigen Zeitpunkt kommen
③ *(arrange when sth should happen)* ■**to ~ sth to ...** etw so planen, dass ...; ***we ~d our trip to coincide with her wedding*** wir legten unsere Reise so, dass sie mit ihrer Hochzeit zusammenfiel; **to ~ a bomb to explode at ...** eine Bombe so einstellen, dass sie um ... explodiert

-time [taɪm] *in compounds (lunch, story)* -zeit; **bed~** Schlafenszeit *f;* **lunch~** Mittagspause *f;* ***it's nap~*** es ist Zeit für ein Nickerchen
time af·ter 'time *adv inv* immer wieder
time and a'gain *adv inv* immer wieder
time and a 'half *n no pl* 50 % Zuschlag *m;* **to pay sb ~** jdm 150 % bezahlen
time and 'mo·tion study *n* Zeitstudie *f*
'time bar·gain *n* STOCKEX [Börsen]termingeschäft *nt*
'time bomb *n (also fig)* Zeitbombe *f a. fig;* **to create** [*or* **set**] **a ~** eine Zeitbombe legen *fig;* **to be sitting on a ~** auf einem Schleudersitz [*o* einer Zeitbombe] sitzen *fig*
'time cap·sule *n* Kassette *f* mit Zeitdokumenten
'time card *n* AM Stechkarte *f* **'time clock** *n* Stechuhr *f*
'time-con·sum·ing *adj* zeitintensiv
'time-criti·cal *adj* zeitkritisch
'time de·pos·it *n* FIN Festgeld *nt,* Termingeld *nt,* Termineinlage *f*
'time dif·fer·ence *n* Zeitunterschied *m*
timed-re·lease cap·sule ['taɪmdrɪli:s,-] *n* Retardkapsel *f,* Depotkapsel *f*
timed 'tick·et *n* zeitlich begrenzte Karte
'time ex·po·sure *n* Langzeitbelichtung *f; photograph* Langzeitaufnahme *f* **'time fa·mine** *n no pl* Zeitnot *f,* Zeitknappheit *f* **'time frame** *n* Zeitrahmen *m;* ***all changes will be introduced in*** [*or* ***within***] ***a fairly short ~*** alle Änderungen werden innerhalb eines kurzen Zeitrahmens eingeführt werden; **to set a ~ for sth** einen Zeitrahmen für etw *akk* festlegen **'time fuse,** AM **'time fuze** *n* Zeitzünder *m*
'time-hon·oured *adj attr, inv* altehrwürdig *geh;* **~ custom** alter Brauch
'time·keep·er *n* ① *(in sports)* Zeitnehmer *m* ② *(clock, watch)* Zeitmesser *m;* ***this watch is not an accurate ~*** diese Uhr geht nicht genau; **to be a bad/good ~** *person* sein Zeitsoll nie/immer erfüllen **'time·keep·ing** *n no pl* ① *(measuring of time)* Zeitmessung *f* ② *(punctuality)* Erfüllung *f* des Zeitsolls; **bad ~** ständiges Zuspätkommen
'time lag *n* Zeitdifferenz *f,* Wirkungsverzögerung *f*
'time-lapse *adj attr, inv film, photography* Zeitraffer-
time·less ['taɪmləs] *adj* ① *(not dated) book, dress, values* zeitlos
② *(unchanging) landscape, beauty* immer während *attr*
time·less·ly ['taɪmləsli] *adv* zeitlos
time·less·ness ['taɪmləsnəs] *n no pl* Zeitlosigkeit *f*
'time lim·it *n* Zeitbeschränkung *f;* ECON Frist *f;* **~ for payment** Zahlungsfrist *f* **'time line** *n* zeitlicher Ablauf
time·li·ness ['taɪmlɪnəs] *n no pl* Aktualität *f,* Rechtzeitigkeit *f*
'time lock I. *n (on a safe)* Zeitschloss *nt; (on a computer)* Abschaltzeit *f*
II. *vt* **to ~ a safe** einen Safe mit einem Zeitschloss versehen
time·ly ['taɪmli] *adj* rechtzeitig; **~ arrival** Ankunft *f* zur rechten Zeit; **in a ~ fashion** [*or* **manner**] rasch; **~ remark** passende Bemerkung
'time ma·chine *n* Zeitmaschine *f* **time 'man·age·ment I.** *n* Zeitmanagement *nt* **II.** *n modifier skills, training, course* Zeitmanagement-
time 'out *n no pl* ① *(break)* Auszeit *f fam;* **to take some ~** eine kleine Pause machen
② COMPUT Zeitsperre *f; (period of time)* Zeitauslösung *f*
'time-out I. *n* <*pl* times-out *or* -s> *(in sports)* Auszeit *f,* Timeout *nt* SCHWEIZ; **to call a ~** eine Auszeit [*o* SCHWEIZ ein Timeout] fordern
II. *interj* AM Stopp
'time·piece *n* Chronometer *nt o geh m,* Uhr *f*
tim·er ['taɪməʳ, AM -ɚ] *n* ① *(for lights, VCR)* Timer *m; (for cooking eggs)* Eieruhr *f;* **the ~ goes off** die Uhr klingelt
② *(time recorder)* Zeitmesser *m; (person)* Zeitnehmer(in) *m(f)*
③ AM *(time switch)* Zeitschalter *m*
'time-re·lease cap·sule *n* PHARM Retardkapsel *f,* Depotkapsel *f*
times [taɪmz] *vt (fam)* ■**to ~ sth** etw multiplizieren
'time sav·ing *n* Zeitersparnis *f* **'time-sav·ing** *adj device, gadget* Zeit sparend **'time scale** *n* zeitlicher Rahmen; **~ of events** zeitliche Abfolge von Ereignissen **'time-serv·er** *n* ① *(employee)* jd, der *bei der Arbeit seine Zeit nur absitzt* ② *(opportunist)* Opportunist(in) *m(f) geh* **'time-serv·ing** *adj attr, inv* ① *(employee)* ***my ~ boss can't seem to make any decisions anymore*** mein Chef, der seine Zeit nur noch absitzt, scheint keine Entscheidungen mehr fällen zu können ② *(opportunistic)* opportunistisch **'time share** *n* ECON Timesharing *nt* **'time-shar·ing** *n* ① COMPUT Gemeinschaftsbetrieb *m,* Timesharing *nt* ② ECON *see* **time share 'time sheet** *n* Arbeitsblatt *nt* **'time sig·nal** *n* RADIO Zeitzeichen *nt*
'time sig·na·ture *n* MUS Taktvorzeichnung *f*
'time span *n* Zeitspanne *f,* Zeitrahmen *m* **'time stamp** *n* INET Zeitstempel *m* **'time switch** *n* BRIT, AUS Zeitschalter *m*
'time·ta·ble I. *n* ① *(for bus, train)* Fahrplan *m; (for planes)* Flugplan *m; (for events, project)* Programm *nt; (for appointments)* Zeitplan *m;* ***I've got a very busy ~ for next week*** ich habe ein volles Programm für nächste Woche
② BRIT, AUS *(at school/university)* Stundenplan *m*
③ *(list of appointments/events)* Terminkalender *m,* Programm *nt*
II. *vt usu passive* ■**to ~ sth** etw planen; *(with respect to time)* einen Zeitplan für etw *akk* aufstellen; ***the lecture is ~d for 5.00 p.m.*** die Vorlesung ist für 17:00 Uhr angesetzt; ***we are ~d to go to the museum on Thursday*** wir sind eingeteilt, am Donnerstag ins Museum zu gehen
'time trav·el *n no pl* Zeitreise *f* **'time trav·el·ler** *n (in science fiction)* Zeitreisende(r) *f(m)* **'time warp** *n* ① *(for time travel)* Zeitverschiebung *f* ② *(fig: lifestyle)* Zeitsprung *m;* ***he's living in a ~*** er lebt in einer anderen Zeit **'time-wast·ing** *n no pl* ① *(wasting time)* Zeitverschwendung *f* ② *(also fig: slowing down play)* Verzögerungstaktik *f*
'time·worn *adj* abgenutzt; **~ excuse** abgedroschene Entschuldigung
'time zone *n* Zeitzone *f*
tim·id <-er, -est *or* more ~, most ~> ['tɪmɪd] *adj* ängstlich; *(shy)* schüchtern, scheu *bes* SCHWEIZ; *(lacking courage)* zaghaft; **to be a ~ soul** eine scheue Seele sein
ti·mid·ity [tɪ'mɪdəti, AM -əṱi] *n no pl* Ängstlichkeit *f; (shyness)* Schüchternheit *f,* Scheuheit *f bes* SCHWEIZ; *(lack of courage)* Zaghaftigkeit *f*
tim·id·ly ['tɪmɪdli] *adv* ängstlich; *(shyly)* schüchtern, scheu *bes* SCHWEIZ; *(lacking courage)* zaghaft
tim·ing ['taɪmɪŋ] *n* ① *no pl (of words, actions)* Timing *nt,* Wahl *nt* des richtigen Zeitpunkts; ***perfect ~! I was just hoping someone would call*** dein Anruf kommt gerade richtig! ich hatte gehofft, dass jemand anrufen würde; **good ~** gutes Timing
② *no pl (musical rhythm)* Einsatz *m;* ***your ~ is off*** dein Einsatz ist vorbei
③ *no pl* AUTO Steuerung *f* der Kraftstoffverbrennung
④ *(measuring of time)* Zeitmessung *f,* Zeitabnahme *f; of a race, runners also* Stoppen *nt kein pl; (in factories)* Zeitkontrolle *f*
'tim·ing de·vice *n* Zeitzünder *m*
tim·or·ous ['tɪmᵊrəs, AM -ɚəs] *adj (form liter: shy)* schüchtern; *(fearful)* ängstlich
tim·or·ous·ly ['tɪmᵊrəsli, AM -ɚəs-] *adv (form liter: shyly)* schüchtern; *(fearfully)* ängstlich
tim·or·ous·ness ['tɪmᵊrəsnəs, AM -ɚəs-] *n no pl (form liter: shyness)* Schüchternheit *f; (fearfulness)* Ängstlichkeit *f*
tim·pa·ni ['tɪmpəni] *npl* MUS Timpani *pl,* Pauken *pl*
tim·pa·nist ['tɪmpənɪst] *n* MUS Paukist(in) *m(f)*
tin [tɪn] **I.** *n* ① *no pl (metal)* Zinn *nt*
② *esp* BRIT *(can)* Büchse *f,* Dose *f;* **a ~ of beans/sardines** eine Dose Bohnen/eine Büchse Sardinen
③ *(for baking)* Backform *f;* **cake ~** Kuchenform *f*
II. *n modifier (mine, pot, toy)* Zinn-
▸PHRASES: **to have a ~ ear** ein taubes Ohr haben; **to put the ~ lid on** die Luft anhalten
III. *vt* <-nn-> *esp* BRIT **to ~ meat/vegetables** Fleisch/Gemüse eindosen [*o* in Dosen konservieren]
tin 'can *n* Blechdose *f*
tinc·ture ['tɪŋktʃəʳ, AM -ɚ] *n* ① *(mixture)* Tinktur *f;* **a ~ of iodine** eine Jodtinktur
② *(fig: trace) of an emotion* Spur *f*
③ BRIT *(fam: an alcoholic drink)* Gläschen *nt*
tin·der ['tɪndəʳ, AM -ɚ] *n no pl* Zunder *m;* **~-dry** staubtrocken
'tin·der·box *n* Pulverfass *nt fig*
tine [taɪn] *n* Zacke *f; of fork* Zinke *f; of antlers* Sprosse *f*
'tin·foil ['tɪnfɔɪl] *n no pl* Alufolie *f*
ting [tɪŋ] **I.** *adv inv* **to go ~** ‚bing' machen
II. *n* Klingen *nt kein pl*
III. *vi* klingen
ting-a-ling ['tɪŋəlɪŋ] *interj* klingeling
tinge [tɪndʒ] **I.** *n* ① *(of colour)* Hauch *m,* Spur *f;* **~ of red** [leichter] Rotstich
② *(of emotion)* Anflug *m kein pl;* **a ~ of sadness** ein Anflug *m* von Traurigkeit
II. *vt usu passive* ① *(with an emotion)* **~d with admiration/regret** mit einer Spur von Bewunderung/Bedauern; ***his last letter to his former fian-***

T

cée was ~d with sadness sein letzter Brief an seine ehemalige Verlobte hatte einen traurigen Unterton
❷ *(with colours)* **to be ~d with orange/pink/red** mit Orange/Pink/Rot [leicht] getönt sein

tin·gle [ˈtɪŋgl̩] I. *vi* kribbeln; ***mint makes my mouth ~ with freshness*** Minze gibt meinem Mund prickelnde Frische; **to ~ with desire** vor Verlangen brennen; **to ~ with excitement** vor Aufregung zittern; **to ~ with fear** vor Angst beben; **sb's spine ~s** jdm läuft ein Schauer über den Rücken
II. *n no pl* Kribbeln *nt,* Prickeln *nt*

tin·gling [ˈtɪŋglɪŋ] *n* Kribbeln *nt kein pl*

tin·gly [ˈtɪŋgli] *adj* kribbelnd *attr;* **to go all ~, to go ~ all over** ganz kribbelig werden; **to feel ~** ein Prickeln spüren

tin 'god *n (fam)* Abgott *m pej;* **little ~** kleiner Gott *iron* **tin 'hat** *n* Stahlhelm *m* **'tin·horn** *esp* AM I. *adj attr, inv (fam)* angeberisch *fam* II. *n (fam)* Angeber(in) *m(f) fam*

tink·er [ˈtɪŋkəʳ, AM -ɚ] I. *n* ❶ *(attempt to repair)* Tüftelei *f;* ■**to have a ~ with sth** an etw *dat* herumbasteln
❷ *(repairman)* wandernder Kesselflicker *hist;* BRIT *(pej: gypsy)* Zigeuner(in) *m(f)*
❸ BRIT *(fam: mischievous person)* kleiner Stromer/kleine Stromerin, Bosnigl *m* ÖSTERR *pej*
▸PHRASES: **to not give a ~'s damn** [*or* BRIT *also* **cuss**] **about sb/sth** sich *akk* einen Kehricht [*o* SCHWEIZ, ÖSTERR *bes* Dreck] um jdn/etw scheren *fam*
II. *vi* ■**to ~** [**about** [*or* **around**]] [**with** [*or* **on**] **sth**] [an etw *dat*] herumbasteln, herumpfuschen *pej fam*

tin·kle [ˈtɪŋkl̩] I. *vi* ❶ *(make sound) piano* klimpern; *bell* klingen, bimmeln *fam; fountain* plätschern; *breaking glass* klirren
❷ *(childspeak fam: urinate)* Pipi [*o* SCHWEIZ Bisi] machen *Kindersprache*
II. *vt* **to ~ a bell** mit einer Glocke klingeln
III. *n* ❶ *(of bell)* Klingen *nt kein pl; (of water)* Plätschern *nt kein pl; (of breaking glass)* Klirren *nt kein pl;* **to give sb a ~** *(dated fam)* jdn anklingeln *fam*
❷ *(childspeak fam: urine)* Pipi *nt Kindersprache,* Bisi *nt* SCHWEIZ *Kindersprache;* **to have** [*or* **go for**] **a ~** Pipi [*o* SCHWEIZ Bisi] machen gehen *Kindersprache*

tin·kling [ˈtɪŋklɪŋ] I. *n no pl of a piano* Klimpern *nt; of a bell* Klingen *nt; of a fountain* Plätschern *nt; of breaking glass* Klirren *nt*
II. *adj attr, inv* **~ sound** Klirren *nt*

tin liz·zie [ˌtɪnˈlɪzi] *n* AM *(dated fam)* Klapperkiste *f fam*

tinned [tɪnd] *adj inv* BRIT, AUS konserviert, eingedost; **~ fruit** Dosenfrüchte *pl;* **~ milk** Büchsenmilch *f*

tin·ni·tus [tɪˈnaɪtəs, AM -t̬-] *n no pl* MED *(spec)* Ohrensausen *nt,* Tinnitus *m fachspr*

tin·ny [ˈtɪni] *adj* ❶ *recording* blechern
❷ *taste, food* nach Blech schmeckend *attr;* **to taste ~** nach Blech schmecken
❸ *(cheap)* **~ car** Blechkiste *f pej fam;* **~ toys** minderwertige Spielsachen

'tin-open·er *n* BRIT, AUS Dosenöffner *m,* Büchsenöffner *m* SCHWEIZ **tin pan 'al·ley** *n (fam)* Schlagerindustrie *f; (district)* ■**T~** Zentrum *nt* der Schlagerindustrie **tin·'plate** *n no pl* Zinnblech *nt* **tin·'plat·ed** *adj inv* verzinnt **'tin·pot** *adj inv (pej fam)* schäbig *pej,* billig *pej;* ***he's a ~ dictator*** er ist ein Westentaschendiktator *pej*

tin·sel [ˈtɪn(t)səl] *n no pl* ❶ *(for magic wand)* Flitter *m; (for Christmas tree)* Lametta *nt*
❷ *(fig: sth showy)* Prunk *m;* **to be all ~ and glitter** prunk- und glanzvoll sein

'Tin·sel·town *n (sl)* Hollywood *nt*

tin·sely [ˈtɪn(t)səli] *adj* kitschig

'tin smith *n* Blechschmied(in) *m(f),* Klempner(in) *m(f)* **tin 'sol·dier** *n* Zinnsoldat *m*

tint [tɪnt] I. *n* ❶ *(hue)* Farbton *m;* **warm ~** warme Farbe
❷ *(dye)* Tönung *f*
II. *vt* **to ~ one's hair** seine Haare tönen

tint·ed [ˈtɪntɪd] *adj inv* getönt; **~ glass** Rauchglas *nt;* **~ glasses/lenses/windows** getönte Brillengläser/Linsen/Scheiben

tin 'whis·tle *n* (irische) Blechflöte

tiny [ˈtaɪni] *adj* winzig; **a ~ bit** ein klein wenig; **~ little** winzig klein; **teeny ~** klitzeklein *fam*

tip¹ [tɪp] I. *vt* <-pp-> ❶ *(attach to extremity of)* ■**to ~ sth with sth** etw an der Spitze mit etw *dat* versehen; **to ~ an arrow/a spear with poison** einen Pfeil/Speer in Gift [ein]tauchen; **to ~ sth with black/red/white** etw in schwarze/rote/weiße Farbe eintauchen; **to ~ sth with silver/steel** etw mit einer Silber-/Stahlspitze versehen; **mountains ~ped with snow** Berge *pl* mit schneebedeckten Gipfeln
❷ *(dye one's hair)* **to ~ one's hair** sich *dat* die Spitzen färben
II. *n* ❶ *(pointed end)* Spitze *f;* **asparagus ~** Spargelspitze *f;* **filter ~** Filtermundstück *nt;* **the southern ~ of Florida** die Südspitze von Florida
❷ *(of hair)* ■**~s** *pl* gefärbte Spitzen
▸PHRASES: **to the ~s of sb's fingers** durch und durch; ***he's a conservative to the ~s of his fingers*** er ist erzkonservativ; **the ~ of the iceberg** die Spitze des Eisbergs; **it's on the ~ of my tongue** es liegt mir auf der Zunge

tip² [tɪp] I. *n* BRIT ❶ *(garbage dump)* Deponie *f;* **rubbish** [*or* **waste**] **~** Mülldeponie *f*
❷ *(fam: mess)* Saustall *m fig pej sl*
II. *vt* <-pp-> ❶ *(empty out)* ■**to ~ sth into sth** etw in etw *akk* ausschütten [*o* SCHWEIZ ausleeren]; ***the child ~ped the toys all over the floor*** das Kind kippte die Spielsachen über den ganzen Boden aus; *impers;* ***it's ~ping it down*** BRIT, AUS *(fam)* es schüttet [*o* gießt] *fam*
❷ *(tilt)* ■**to ~ sth** etw neigen; **to ~ the balance** [*or* **scales**] *(fig)* den Ausschlag geben; ***two quick goals ~ped the balance in favour of England*** zwei schnelle Tore brachten die Entscheidung zu Gunsten Englands; **to ~ the scales at 80 kilos** 80 Kilo auf die Waage bringen *fam;* **to ~ one's chair back** seinen Stuhl nach hinten kippen; **to ~ one's hat over one's eyes** sich *dat* den Hut über die Augen ziehen; **to ~ the window** das Fenster kippen
❸ *(touch)* ■**to ~ sth** etw antippen; *(tap)* etw abklopfen; **to ~ one's cap** [*or* **hat**] an den Hut tippen; **to ~ one's cigarette** die Asche von seiner Zigarette abklopfen
III. *vi* <-pp-> ❶ BRIT *(dump)* **"No ~ping"** „Müll abladen verboten"
❷ *(tilt)* umkippen
◆**tip out** I. *vi* herauskippen
II. *vt* ■**to ~ out ↔ sth** etw ausleeren
◆**tip over** I. *vt* ■**to ~ sth ↔ over** etw umschütten [*o* SCHWEIZ umleeren]
II. *vi* umkippen
◆**tip up** I. *vt* ■**to ~ up ↔ sth** etw kippen; **to ~ up ↔ a leaf/a seat** eine Ausziehplatte/einen Sitz hochklappen
II. *vi* kippen

tip³ [tɪp] I. *n* ❶ *(money)* Trinkgeld *nt;* **to give** [*or* **leave**] **a 10% ~** 10 % Trinkgeld geben
❷ *(suggestion)* Rat[schlag] *m,* Tipp *m fam;* **a ~ about buying a house/growing vegetables** ein Tipp für den Hauskauf/Gemüseanbau; **helpful/useful ~** hilfreicher/nützlicher Tipp [*o* Hinweis]; **hot ~** heißer Tipp *fam;* **to give sb a ~** jdm einen Tipp geben *fam;* **to take a ~ from sb** jds Rat befolgen; ***if you take my ~, you'll avoid that part of the city*** wenn du mich fragst, solltest du diesen Teil der Stadt meiden
II. *vt* <-pp-> ❶ *(give money to)* ■**to ~ sb** jdm Trinkgeld geben; ***they ~ped the waiter £5*** sie gaben dem Ober 5 Pfund Trinkgeld
❷ *esp* BRIT *(predict)* ■**to ~ sth** auf etw *akk* tippen; ***Davis is being ~ped to win the championship*** Davis ist Favorit auf den Meistertitel; ***he's ~ped as the next Prime Minister*** er gilt als der nächste Premierminister; **to be ~ped for success** auf Erfolgskurs sein
▸PHRASES: **to ~ one's hand** AM sich *akk* festlegen; **to ~ sb the wink** BRIT jdm einen Wink geben
III. *vi* <-pp-> Trinkgeld geben
◆**tip off** *vt* ■**to ~ off ↔ sb** jdm einen Wink [*o fam* Tipp] geben

'tip-off *n (fam)* Wink *m,* Tipp *m*

tip·per [ˈtɪpəʳ, AM -ɚ] *n* ❶ *(person)* Trinkgeldgeber(in) *m(f);* ***Mr Smith is a good ~*** Herr Smith gibt großzügige Trinkgelder
❷ BRIT *(truck)* Kipper *m*

'tip·per lor·ry, 'tip·per truck *n* BRIT Kipper *m,* Kipplastwagen *m*

tip·pet [ˈtɪpɪt] *n* FASHION ❶ *(woman's long scarf or cape)* Pelerine *f*
❷ *clergy* [Seiden]schärpe *f*

Tipp-Ex® [ˈtɪpeks] *n* BRIT Tipp-Ex® *nt*

tip·ple [ˈtɪpl̩] I. *vi* ❶ *(drink alcohol)* trinken, saufen *fam*
❷ BRIT *(fam)* **it is tippling down** es gießt [*o* schüttet] *fam*
II. *vt* **to ~ beer/champagne** Bier/Champagner süffeln *fam*
III. *n (fam)* **favourite** [*or* AM **favorite**] **~** Lieblingsdrink *m;* ***white wine is her ~*** sie trinkt am liebsten Weißwein

tip·pler [ˈtɪpləʳ, AM -ɚ] *n (fam)* Säufer(in) *m(f) pej fam*

'tip sheet *n* Wettliste *f;* STOCKEX Börsenratgeber *m*

tip·si·ly [ˈtɪpsɪli] *adv (fam)* beschwipst

tip·si·ness [ˈtɪpsɪnəs] *n no pl (fam)* Schwips *m*

tip·ster [ˈtɪpstəʳ, AM -ɚ] *n (in sports)* Tippgeber(in) *m(f); (to authorities)* Informant(in) *m(f)*

tip·sy [ˈtɪpsi] *adj* beschwipst

tip·toe [ˈtɪptəʊ, AM -toʊ] I. *n* **on ~**[**s**] auf Zehenspitzen
II. *vi* auf Zehenspitzen gehen; ■**to ~ in/out** hinein-/hinausschleichen

tip-'top *adj (fam)* erstklassig, Spitzen-, Spitze *präd fam,* tipptopp *fam;* **~ condition/shape** erstklassiger Zustand/erstklassige Form

'tip truck *n* AUS Kipper *m* **'tip-up seat** *n* Klappsitz *m*

ti·rade [taɪˈreɪd, AM ˈtaɪreɪd] *n* Tirade *f geh;* **angry ~** Schimpfkanonade *f;* **to deliver a ~** sich *akk* in einer Tirade ergehen

tire¹ [ˈtaɪəʳ, AM -ɚ] I. *n* AM Reifen *m,* Pneu *m* SCHWEIZ
II. *n modifier (pressure, store)* Reifen-; **~ chain** Schneekette *f;* **~ pressure gauge** Reifendruckmesser *m,* Pneudruckmesser *m* SCHWEIZ; **~ tracks** Reifenspuren *pl,* Pneuspuren *pl* SCHWEIZ; **~ tread** Reifenprofil *nt,* Pneuprofil *nt* SCHWEIZ

tire² [ˈtaɪəʳ, AM -ɚ] I. *vt* ■**to ~ sb** jdn ermüden; ■**to ~ oneself doing sth** von etw *dat* müde werden
II. *vi* ermüden, müde werden; ■**to ~ of sth/sb** etw/jdn satthaben *fam;* **to never ~ of doing sth** nie müde werden, etw zu tun
◆**tire out** I. *vt* ■**to ~ out ↔ sb** jdn müde machen; **to ~ oneself out working** sich *akk* durch das Arbeiten erschöpfen
II. *vi* erschöpft sein

tired <-er, -est *or* more ~, most ~> [ˈtaɪəd, AM -ɚd] *adj* ❶ *(exhausted)* müde; **~ and emotional** BRIT *(hum: drunk)* betrunken; *(impatient)* ***you make me ~!*** du regst mich auf!
❷ *(bored with)* ■**to be ~ of sth/sb** einer S./einer Person *gen* überdrüssig sein; **to be ~ to death of sth** etw gründlich leid sein; **to be sick and ~ of sth/sb** von etw/jdm die Nase gestrichen voll haben *fam;* **to get** [*or* **grow**] **~ of sb/sth** jdn/etw sattbekommen *fam*
❸ *(over-used)* **~ excuse** lahme Ausrede; **the same ~ old faces** dieselben langweiligen Gesichter; **~ phrase** abgedroschene Phrase

tired·ly [ˈtaɪədli, AM -ɚd-] *adv* müde

tired·ness [ˈtaɪədnəs, AM -ɚd-] *n no pl* Müdigkeit *f*

tired 'out *adj inv person* völlig erschöpft; *idea, cliche* abgegriffen

tire·less [ˈtaɪələs, AM -ɚ-] *adj* unermüdlich (**in** bei +*dat*)

tire·less·ly [ˈtaɪələsli, AM -ɚ-] *adv* unermüdlich

tire·some [ˈtaɪəsəm, AM -ɚ-] *adj* mühsam; ***how ~!*** das ist aber dumm!; **~ habit** unangenehme Angewohnheit

tire·some·ly [ˈtaɪəsəmli, AM -ɚ-] *adv* langweilig

tir·ing [ˈtaɪərɪŋ, AM -ɚ-] *adj* ermüdend

tiro ['taɪərəʊ, AM 'taɪroʊ] *n see* **tyro**
Ti·rol·er [tɪ'rəʊlə^r, AM -'roʊlɚ] *n* Tiroler(in) *m(f)*
'tis [tɪz] *(old)* = **it is** *see* **be**
ti·sane [tɪ'zæn] *n* Kräutertee *m*
tis·sue ['tɪʃu:, -sju:, AM 'tɪʃu:] *n* ❶ *(for wrapping)* Seidenpapier *nt*
❷ *(for wiping noses)* Papiertaschentuch *nt,* Papiernastuch *nt* SCHWEIZ; **a piece of ~** ein Papiertuch *nt*
❸ *no pl (of animals or plants)* Gewebe *nt;* **scar ~** vernarbtes Gewebe
❹ *(fig: complex mass)* Netz *nt;* **a ~ of lies** ein Lügengewebe *nt*
'tis·sue bank·ing *n no pl* MED Transplantatkonservierung *f,* Lagerung *f* konservierter Gewebe **'tis·sue cul·ture** *n* Gewebekultur *f*
'tis·sue pa·per *n (for cleaning)* Papiertuch *nt; (for wrapping)* Seidenpapier *nt*
'tis·sue type *n* Gewebeart *f*
tit [tɪt] *n* ❶ *(bird)* Meise *f;* **blue ~** Blaumeise *f;* **coal ~** Tannenmeise *f*
❷ *(vulg: breast)* Titte *f vulg*
❸ BRIT *(fam!: fool)* dumme Sau *derb,* Idiot(in) *m(f) fam;* **to feel a right ~** sich *dat* total bescheuert [*o* SCHWEIZ, ÖSTERR *meist* idiotisch] vorkommen *fam*
▶ PHRASES: **to get on sb's ~s** BRIT *(sl)* jdm auf den Sack *derb* gehen [*o* ÖSTERR *meist* Geist]; **~ for tat** wie du mir, so ich dir
ti·tan ['taɪtᵊn] *n* Titan *m,* Gigant *m;* **clash of [the] ~s** Kampf *m* der Giganten; **financial ~** Finanzriese *m;* **media ~** Mediengigant *m*
ti·tan·ic [taɪ'tænɪk] *adj* gigantisch
ti·ta·nium [tɪ'teɪniəm, AM taɪ'-] *n no pl* CHEM Titan *nt*
tit·bit ['tɪtbɪt] *n esp* BRIT ❶ *(snack)* Leckerbissen *m*
❷ *usu pl (of information)* Leckerbissen *m fig;* **juicy ~s** pikante Einzelheiten
titch [tɪtʃ] *n* BRIT Knirps *m fam; **come on ~!*** BRIT komm Kleiner! *fam*
titchy ['tɪtʃi] *adj* BRIT *(fam)* winzig
tit-for-tat [ˌtɪtfə'tæt, AM -fɚ'-] *adj inv insults, killings* Rache-; ***he always has this ~ attitude*** er hat immer diese ‚wie du mir, so ich dir' Einstellung
tithe [taɪð] **I.** *vi* den Zehnten bezahlen [*o* abgeben]
II. *vt* ■ **to ~ sth** den Zehnten von etw *dat* bezahlen
III. *n* ❶ *usu pl (church tax)* Zehnte[r] *m*
❷ *usu sing (old: tenth)* zehnter Teil, Zehntel *nt*
ti·tian, Ti·tian ['tɪʃᵊn] *adj inv* tizianrot
ti·tian-'haired, Ti·tian-'haired *adj* mit tizianrotem Haar *nach n*
tit·il·late ['tɪtɪleɪt, AM -tᵊl-] **I.** *vt* ■ **to ~ sb/sth** jdn/etw anregen; **to ~ the palate** den Gaumen kitzeln
II. *vi* erregen
tit·il·lat·ing ['tɪtɪleɪtɪŋ, AM -tᵊleɪt̬-] *adj pictures* stimulierend, erregend; *information* pikant
tit·il·la·tion [ˌtɪtɪ'leɪʃᵊn, AM -tᵊl'eɪ-] *n no pl (sexual)* Erregung *f,* Stimulation *f; (intellectual)* Anregung *f*
tit·ivate ['tɪtɪveɪt, AM 'tɪt̬ə-] **I.** *vi* sich *akk* zurechtmachen
II. *vt* ■ **to ~ oneself** sich *akk* fein machen; **to ~ a display/a dress/one's hair** eine Anzeige/ein Kleid/sein Haar verschönern [*o* herausputzen]
ti·tle ['taɪtl, AM -t̬l] **I.** *n* ❶ *of a book, film* Titel *m*
❷ *(film credits)* ■ **~s** *pl* Vor-/Nachspann *m*
❸ *(status, rank)* Titel *m;* **job ~** Berufsbezeichnung *f*
❹ *(in sports event)* Titel *m;* **to hold the ~** den Titel verteidigen
❺ *no pl* Rechtsanspruch *m* (**to** auf +*akk*); *(to a car)* Fahrzeugbrief *m; (to a house, property)* Eigentumsrecht *nt;* **to research a ~** ein Eigentum prüfen
❻ LAW *(name of bill/Act)* Titel *m,* Gesetzesbezeichnung *f*
II. *vt* **to ~ a book/film/novel** ein Buch/einen Film/Roman betiteln; ***the report is ~d 'Street children'*** der Bericht hat den Titel ‚Straßenkinder'; **to be aptly ~d** *(usu iron)* den treffenden Titel haben
ti·tled ['taɪtl̩d, AM -t̬l̩d] *adj inv person* adelig
ti·tle 'deed *n* LAW [Grundstücks]eigentumsurkunde *f,* Grundbucheintrag *m*
'ti·tle fight *n* Titelkampf *m* **'ti·tle·hold·er** *n* Titelverteidiger(in) *m(f)*
ti·tle in·'sur·ance *n no pl* Versicherung *f* der Eigentumsrechte
'ti·tle mu·sic *n no pl* Titelmusik *f* **'ti·tle page** *n* Titelblatt *nt* **'ti·tle role** *n* Titelrolle *f* **'ti·tle track** *n* Titelsong *m*
ti·trate ['taɪtreɪt] *vt* CHEM ■ **to ~ sth** etw titrieren *fachspr*
ti·tra·tion [taɪ'treɪʃᵊn, tɪ-, AM taɪ-] *n* CHEM Titration *f fachspr;* **~ vessel** Titriergefäß *nt*
'tit tape *n (sl) Klebeband, das den Busen fixiert*
tit·ter ['tɪtə^r, AM -t̬ɚ] **I.** *vi* kichern
II. *n* Gekicher *nt kein pl*
tit·tle ['tɪtl, AM 'tɪt̬l] *n usu sing* [I-]Pünktchen *nt,* Tüttelchen *nt veraltend fam*
'tit·tle-tat·tle *n no pl (fam)* Geschwätz *nt pej*
tit·ty ['tɪti, AM -t̬-] *n (vulg)* Titte *f vulg; **that's tough titties!*** *(fam!)* das ist ein Scheißpech [aber auch]! *derb*
titu·lar ['tɪtjələ^r, AM -tʃəlɚ] *adj attr, inv* nominell, Titular-
TiVo® [taɪ'vəʊ, AM -'voʊ] *acr for* **Television In-/Output I.** *n* TiVo® *m (ein in den USA und Großbritannien weit verbreiteter Festplattenrecorder)*
II. *vt (fam)* ■ **to ~ sth** etw [mit einem Festplattenrecorder] aufnehmen
tiz·zy ['tɪzi], BRIT *also* **tizz** [tɪz] *n no pl (fam)* Aufregung *f;* ■ **to be in a ~** in heller Aufregung sein; **to get oneself in a real ~** sich *akk* schrecklich aufregen
T-junc·tion ['ti:ʤʌŋkʃᵊn] *n* [rechtwinklige] Straßenabzweigung
tlc [ˌti:el'si:] *n no pl* CHEM *abbrev of* **thin-layer chromatography** DC *f*
TLC [ˌti:el'si:] *n (fam) abbrev of* **tender loving care** Liebe und Zuneigung
TM [ˌti:'em] *n abbrev of* **Transcendental Meditation** transzendentale Meditation
TNT [ˌti:en'ti:] *n no pl* CHEM *abbrev of* **trinitrotoluene** TNT *nt*

to [tu:, tu, tə]

I. PREPOSITION	**II.** TO FORM INFINITIVES
III. ADVERB	

I. PREPOSITION

❶ *(moving towards)* in +*akk,* nach +*dat,* zu +*dat; **she walked over ~ the window*** sie ging [hinüber] zum Fenster [*o* ans Fenster]; ***we're going ~ town*** wir gehen/fahren in die Stadt; ***they go ~ work on the bus*** sie fahren mit dem Bus zur Arbeit; ***I'm going ~ a party/ concert*** ich gehe auf eine Party/ein Konzert; ***she has to go ~ a meeting now*** sie muss jetzt zu einem Meeting [gehen]; ***we moved ~ Germany last year*** wir sind letztes Jahr nach Deutschland gezogen; ***he flew ~ the US*** er flog in die USA; ***she's never been ~ Mexico before*** sie ist noch nie [zuvor] in Mexiko gewesen; ***my first visit ~ Africa*** mein erster Aufenthalt in Afrika; ***this is a road ~ nowhere!*** diese Straße führt nirgendwohin!; ***parallel ~ the x axis*** parallel zur x-Achse; ***from here ~ the station*** von hier [bis] zum Bahnhof; ***on the way ~ the mountains/ the sea/ the town centre*** auf dem Weg in die Berge/zum Meer/ins [*o* zum] Stadtzentrum; **~ the north/south** nördlich/südlich; ***twenty miles ~ the north of the city*** zwanzig Meilen nördlich der Stadt; ***the suburbs are ~ the west of the city*** die Vororte liegen im Westen der Stadt; **from place ~ place** von Ort zu Ort; **~ the right/left** nach rechts/links; ***there ~ the right*** dort rechts; ***he's standing ~ the left of Adrian*** er steht links neben Adrian
❷ *(attending regularly)* zu +*dat,* in +*dat; **she goes ~ kindergarten*** sie geht in den Kindergarten; ***he goes ~ university*** er geht auf die Universität; ***do you go ~ church?*** gehst du in die Kirche?; ***I go ~ the gym twice a week*** ich gehe zweimal wöchentlich zum Fitness
❸ *(inviting to)* zu +*dat; **an invitation ~ a wedding*** eine Einladung zu einer Hochzeit; ***I've asked them ~ dinner*** ich habe sie zum Essen eingeladen; ***she took me out ~ lunch yesterday*** sie hat mich gestern zum Mittagessen ausgeführt [*o* eingeladen]
❹ *(in direction of)* auf +*akk; **she pointed ~ a distant spot on the horizon*** sie zeigte auf einen fernen Punkt am Horizont; **to have one's back ~ sth/sb** etw/jdm den Rücken zudrehen; **back ~ front** verkehrt herum
❺ *(in contact with)* an +*dat; **they were dancing cheek ~ cheek*** sie tanzten Wange an Wange; ***she put her hand ~ his breast*** sie legte die Hand auf seine Brust; ***she clasped the letter ~ her bosom*** sie drückte den Brief an ihre Brust
❻ *(attached to)* an +*akk; **tie the lead ~ the fence*** mach die Leine am Zaun fest; ***they fixed the bookshelves ~ the wall*** sie brachten die Bücherregale an der Wand an; ***stick the ads ~ some paper*** klebe die Anzeigen auf ein Blatt Papier
❼ *(with indirect object)* ■ **~ sb/sth** jdm/etw *dat; **I lent my bike ~ my brother*** ich habe meinem Bruder mein Fahrrad geliehen; ***give that gun ~ me*** gib mir das Gewehr; ***children are often cruel ~ each other*** Kinder sind oft grausam zueinander; ***who's the letter addressed ~ ?*** an wen ist der Brief adressiert?; ***what have they done ~ you?*** was haben sie dir [an]getan?; ***her knowledge proved useful ~ him*** ihr Wissen erwies sich als hilfreich für ihn; ***they made a complaint ~ the manager*** sie reichten beim Geschäftsleiter eine Beschwerde ein; ***a threat ~ world peace*** eine Bedrohung des Weltfriedens [*o* für den Weltfrieden]; **to be grateful ~ sb** jdm dankbar sein; **to be married ~ sb** mit jdm verheiratet sein; **to tell/show sth ~ sb** jdm etw erzählen/zeigen
❽ *(with respect to)* zu +*dat; **and what did you say ~ that?*** und was hast du dazu gesagt?; ***he finally confessed ~ the crime*** er gestand schließlich das Verbrechen; ***this is essential ~ our strategy*** dies ist ein wesentlicher Bestandteil unserer Strategie
❾ *(in response)* auf +*akk; **a reference ~ Psalm 22:18*** ein Verweis auf Psalm 22:18; ***her reply ~ the question*** ihre Antwort auf die Frage; ***and what was her response ~ that?*** und wie lautete ihr Antwort darauf?
❿ *(belonging to)* zu +*dat; **the keys ~ his car*** seine Autoschlüssel; ***the top ~ this pen*** die Kappe, die auf diesen Stift gehört; ***she has a mean side ~ her*** sie kann auch sehr gemein sein; ***there is a very moral tone ~ this book*** dieses Buch hat einen sehr moralischen Unterton; ***there's a funny side ~ everything*** alles hat auch seine komische Seite
⓫ *(compared to)* mit +*dat; **I prefer beef ~ seafood*** ich ziehe Rindfleisch Meeresfrüchten vor; ***she looked about thirty ~ his sixty*** neben ihm mit seinen sechzig Jahren wirkte sie wie dreißig; **to be comparable ~ sth** mit etw *dat* vergleichbar sein; [**to be**] **nothing ~ sth** nichts im Vergleich zu etw *dat* [sein]; ***her wage is nothing ~ what she could earn*** ihr Einkommen steht in keinem Vergleich zu dem, was sie verdienen könnte; **to be superior ~ sb** jdm übergeordnet sein, höher stehen als jd
⓬ *(in scores)* zu +*dat; **Paul beat me by three games ~ two*** Paul hat im Spiel drei zu zwei gegen mich gewonnen; ***Manchester won three ~ one*** Manchester hat drei zu eins gewonnen
⓭ *(until)* bis +*dat,* zu +*dat; **I read up ~ page 100*** ich habe bis Seite 100 gelesen; ***unemployment has risen ~ almost 8 million*** die Arbeitslosigkeit ist auf fast 8 Millionen angestiegen; ***count ~ 20*** zähle bis 20; ***it's about fifty miles ~ New York*** es sind [noch] etwa fünfzig Meilen bis New York
⓮ *(expressing change of state)* zu +*dat; **he converted ~ Islam*** er ist zum Islam übergetreten; ***his expression changed from amazement ~ joy*** sein Ausdruck wechselte von Erstaunen zu Freude; ***the change ~ the metric system*** der Wechsel zum metrischen System; ***her promotion ~ department manager*** ihre Beförderung zur Abteilungsleiterin; ***the meat was cooked ~ perfection*** das Fleisch war bestens zubereitet; ***he drank himself ~ death*** er trank sich zu Tode; ***she nursed me back ~ health*** sie hat mich [wieder] gesund gepflegt;

T

smashed ~ pieces in tausend Stücke geschlagen; ***she was close ~ tears*** sie war den Tränen nahe; ***he was thrilled ~ bits*** er freute sich wahnsinnig

⑮ *(to point in time)* bis +*dat;* ***the shop is open ~ 8.00 p.m.*** der Laden hat bis 20 Uhr geöffnet; ***we're in this ~ the end*** wir führen dies bis zum Ende; ***and ~ this day ...*** und bis auf den heutigen Tag ...; ***it's only two weeks ~ your birthday!*** es sind nur noch zwei Wochen bis zu deinem Geburtstag!

⑯ *(including)* ■ **from ... ~ ...** von ... bis ...; ***from beginning ~ end*** von Anfang bis Ende; ***from morning ~ night*** von morgens bis abends; ***front ~ back*** von vorne bis hinten, von allen Seiten; ***I read the document front ~ back*** ich habe das Dokument von vorne bis hinten gelesen; ***he's done everything from snowboarding ~ windsurfing*** er hat von Snowboarden bis Windsurfen alles [mal] gemacht; ***from simple theft ~ cold-blooded murder*** vom einfachen Diebstahl bis zum kaltblütigen Mord

⑰ BRIT *(in clock times)* vor, bis SÜDD; ***it's twenty ~ six*** es ist zwanzig vor sechs

⑱ *(causing)* zu +*dat;* ***~ my relief/ horror/ astonishment*** zu meiner Erleichterung/meinem Entsetzen/meinem Erstaunen; ***much ~ her surprise*** zu ihrer großen Überraschung

⑲ *(according to)* für +*akk;* ***~ me, it sounds like she's ending the relationship*** für mich hört sich das an, als ob sie die Beziehung beenden wollte; ***that outfit looks good ~ me*** das Outfit gefällt mir gut; ***if it's acceptable ~ you*** wenn Sie einverstanden sind; ***this would be ~ your advantage*** das wäre zu deinem Vorteil, das wäre für dich von Vorteil; ***does this make any sense ~ you?*** findest du das auf irgendeine Weise einleuchtend?; ***fifty pounds is nothing ~ him*** fünfzig Pfund sind nichts für ihn; **what's it ~ you?** *(fam)* was geht dich das an?

⑳ *(serving)* für +*akk;* ***he works as a personal trainer ~ the rich and famous*** er arbeitet als Personal Trainer für die Reichen und Berühmten; ***they are hat makers ~ Her Majesty the Queen*** sie sind Hutmacher Ihrer Majestät, der Königin; ***economic adviser ~ the president*** Wirtschaftsberater des Präsidenten

㉑ FILM *(next to)* ***she was Ophelia ~ Olivier's Hamlet*** in der Verfilmung von Olivier spielte sie neben Hamlet die Ophelia

㉒ *(in honour of)* auf +*akk;* ***here's ~ you!*** auf dein/Ihr Wohl!; ***~ the cook!*** auf den Koch/die Köchin!; ***the record is dedicated ~ her mother*** die Schallplatte ist ihrer Mutter gewidmet; ***I propose a toast ~ the bride and groom*** ich bringe einen Toast auf die Braut und den Bräutigam aus; ***a memorial ~ all the soldiers who died in Vietnam*** ein Denkmal für alle im Vietnamkrieg gefallenen Soldaten

㉓ *(per)* ***the car gets 25 miles ~ the gallon*** das Auto verbraucht eine Gallone auf 25 Meilen; ***three parts oil ~ one part vinegar*** drei Teile Öl auf einen Teil Essig; ***the odds are 2 ~ 1 that you'll lose*** die Chancen stehen 2 zu 1, dass du verlierst

㉔ *(as a result of)* von +*dat;* ***she awoke ~ the sound of screaming*** sie wurden durch laute Schreie wach; ***I like exercising ~ music*** ich trainiere gerne mit Musik; ***I can't dance ~ this sort of music*** ich kann zu dieser Art Musik nicht tanzen; ***the band walked on stage ~ rapturous applause*** die Band zog unter tosendem Applaus auf die Bühne

㉕ *(roughly)* bis +*dat;* ***thirty ~ thirty-five people*** dreißig bis fünfunddreißig Leute

㉖ MATH *(defining exponent)* hoch; ***ten ~ the power of three*** zehn hoch drei

▸PHRASES: **that's <u>all</u> there is ~ it** das ist schon alles; **there's not <u>much</u>** [*or* **<u>nothing</u>**] **~ it** das ist nichts Besonderes, da ist nichts Besonderes dabei

II. TO FORM INFINITIVES

① *(expressing future intention)* zu; ***she agreed ~ help*** sie erklärte sich bereit zu helfen; ***I'll have ~ tell him*** ich werde es ihm sagen müssen; ***I don't expect ~ be finished any later than seven*** ich denke, dass ich spätestens um sieben fertig sein werde; ***he lived ~ see his first grandchild*** er durfte erleben, dass sein erstes Enkelkind geboren wurde; ***I have ~ go on a business trip*** ich muss auf eine Geschäftsreise; ***the company is ~ pay over £500,000*** die Firma muss über 500.000 Pfund bezahlen; ***he's going ~ write his memoirs*** er wird seine Memoiren schreiben; ***I have some things ~ be fixed*** ich habe einige Dinge zu reparieren; ***Blair ~ meet with Bush*** Blair trifft Bush; **to be about ~ do sth** gerade etw tun wollen, im Begriff sein, etw zu tun

② *(forming requests)* zu; ***she was told ~ have the report finished by Friday*** sie wurde gebeten, den Bericht bis Freitag fertigzustellen; ***he told me ~ wait*** er sagte mir, ich solle warten; ***I asked her ~ give me a call*** ich bat sie, mich anzurufen; ***we asked her ~ explain*** wir baten sie, es uns zu erklären; ***you've not ~ do that*** du sollst das nicht tun; ***that man is not ~ come here again*** der Mann darf dieses Haus nicht mehr betreten; ***young man, you're ~ go to your room right now*** junger Mann, du gehst jetzt auf dein Zimmer

③ *(expressing wish)* zu; ***I need ~ eat something first*** ich muss zuerst etwas essen; ***I'd love ~ live in New York*** ich würde nur zu gern in New York leben; ***would you like ~ dance?*** möchten Sie tanzen?; ***that child ought ~ be in bed*** das Kind sollte [schon] im Bett sein; ***I want ~ go now*** ich möchte jetzt gehen; ***I need ~ go to the bathroom*** ich muss mal auf die Toilette; ***do you want ~ come with us?*** willst du [mit uns] mitkommen?; ***I'd love ~ go to France this summer*** ich würde diesen Sommer gern nach Frankreich fahren

④ *(omitting verb)* ***are you going tonight? — I'm certainly hoping ~*** gehst du heute Abend? – das hoffe ich sehr; ***would you like to go and see the Russian clowns? — yes, I'd love ~*** möchtest du gern die russischen Clowns sehen? – ja, sehr gern; ***can you drive? — yes I'm able ~ but I prefer not ~*** kannst du Auto fahren? – ja, das kann ich, aber ich fahre nicht gern

⑤ *after adj (to complete meaning)* ***it's not likely ~ happen*** es ist unwahrscheinlich, dass das geschieht, das wird wohl kaum geschehen; ***I was afraid ~ tell her*** ich hatte Angst, es ihr zu sagen; ***he's able ~ speak four languages*** er spricht vier Sprachen; ***she's due ~ have her baby*** sie bekommt bald ihr Baby; ***I'm afraid ~ fly*** ich habe Angst vorm Fliegen; ***she's happy ~ see you back*** sie ist froh, dass du wieder zurück bist; ***I'm sorry ~ hear that*** es tut mir leid, das zu hören; ***easy ~ use*** leicht zu bedienen; ***languages are fun ~ learn*** Sprachenlernen macht Spaß; ***it is interesting ~ know that*** es ist interessant, das zu wissen; ***three months is too long ~ wait*** drei Monate zu warten ist zu lang; ***I'm too nervous ~ talk right now*** ich bin zu nervös, um jetzt zu sprechen

⑥ *(expressing purpose)* ***I'm going there ~ see my sister*** ich gehe dort hin, um meine Schwester zu treffen; ***she's gone ~ pick Jean up*** sie ist Jean abholen gegangen; ***my second attempt ~ make flaky pastry*** mein zweiter Versuch, einen Blätterteig zu machen; ***they have no reason ~ lie*** sie haben keinerlei Grund zu lügen; ***I have the chance ~ buy a house cheaply*** ich habe die Gelegenheit, billig ein Haus zu kaufen; ***something ~ eat*** etwas zu essen; ***the first person ~ arrive*** die erste Person, die ankam [*o* eintraf]; ***Armstrong was the first man ~ walk on the moon*** Armstrong war der erste Mann, der den Mond betrat

⑦ *(expressing intent)* ***we tried ~ help*** wir versuchten zu helfen; ***~ make this cake, you'll need ...*** für diesen Kuchen braucht man ...; ***he managed ~ escape*** es gelang ihm zu entkommen

⑧ *(after wh- words)* ***I don't know what ~ do*** ich weiß nicht, was ich tun soll; ***I don't know where ~ begin*** ich weiß nicht, wo ich anfangen soll; ***she was wondering whether ~ ask David about it*** sie fragte sich, ob sie David deswegen fragen sollte; ***can you tell me how ~ get there?*** könne Sie mir sagen, wie ich dort hinkomme?

⑨ *(introducing clause)* **~ tell the truth** [*or* **~ be truthful**] um die Wahrheit zu sagen; ***~ be quite truthful with you, Dave, I never really liked the man*** ich muss dir ehrlich sagen, Dave, ich konnte diesen Mann noch nie leiden; **~ be honest** um ehrlich zu sein

⑩ *(in consecutive acts)* um zu; ***he looked up ~ greet his guests*** er blickte auf, um seine Gäste zu begrüßen; ***she reached out ~ take his hand*** sie griff nach seiner Hand; ***they turned around ~ find their car gone*** sie drehten sich um und bemerkten, dass ihr Auto verschwunden war

III. ADVERB

inv zu; **to push** [*or* **pull**] **the door ~** die Tür zuschlagen; **to come ~** zu sich *dat* kommen; **to set ~** sich *akk* daranmachen *fam;* ***they set ~ with a will, determined to finish the job*** sie machten sich mit Nachdruck daran, entschlossen, die Arbeit zu Ende zu bringen

toad [təʊd, AM toʊd] *n* ① *(animal)* Kröte *f*
② *(fig pej: person)* Ekel *nt pej fam;* **lying ~** verlogenes Miststück *derb*

toad-in-the-'hole *n* BRIT *in Teig gebackene Würstchen* **'toad·stool** *n* Giftpilz *m*

toady ['təʊdi, AM 'toʊdi] *(pej)* **I.** *n* Speichellecker *m pej fam,* Arschkriecher *m pej derb*
II. *vi* <-ie-> ■ **to ~ to sb** vor jdm kriechen *pej*

to and 'fro I. *adv inv* hin und her; *(back and forth)* vor und zurück
II. *vi (move)* ■ **to be toing and froing** vor- und zurückgehen; *(be indecisive)* hin und her schwanken
III. *n* ■ **toing and froing** Hin und Her *nt*

toast [təʊst, AM toʊst] **I.** *n* ① *no pl (bread)* Toast *m;* **slice of ~** Scheibe *f* Toast; **to be warm as ~** mollig [*o* SCHWEIZ *meist* wohlig] warm sein
② *(when drinking)* Toast *m,* Trinkspruch *m;* ***the ~ was the success of the future*** es wurde auf den zukünftigen Erfolg getrunken; **to drink a ~ to sb/sth** auf jdn/etw trinken; **to propose a ~ to sb/sth** einen Trinkspruch auf jdn/etw ausbringen; **the ~ of the town** *(dated)* der Star der Stadt
▸PHRASES: **to <u>be</u> ~** AM *(fam!)* erledigt sein *fam;* **to <u>have</u> sb on ~** BRIT *(fam)* jdn in der Hand haben
II. *vt* ① *(cook over heat)* **to ~ almonds/walnuts** Mandeln/Walnüsse rösten; **to ~ bread/a muffin** Brot/ein Muffin toasten
② *(fig: warm up)* **to ~ oneself/one's feet by the fire** sich *akk*/seine Füße am Feuer wärmen
③ *(drink to)* ■ **to ~ sb/sth** auf jdn/etw trinken [*o* anstoßen]; **to be ~ed as a beauty/success** *(fig)* als eine Schönheit/Erfolg gefeiert werden

toast·ed cheese 'sand·wich *n* BRIT Käsetoast *m*

toast·er ['təʊstəʳ, AM 'toʊstɚ] *n* Toaster *m*

'toast·er oven *n* AM Toastergrill *m*

toastie ['təʊsti, AM 'toʊ-] *n esp* BRIT *(fam)* Snack *m*

'toast·ing fork *n* Fleischgabel *f*

'toast·mas·ter *n ein Mann, der Tischredner ankündigt und Toasts ausspricht* **'toast·mis·tress** *n eine Frau, die Tischredner ankündigt und Toasts ausspricht*

'toast rack *n* Toastständer *m*

toasty ['təʊsti, AM 'toʊ-] **I.** *adj* ① *(in taste)* geröstet
② *esp* AM *(fig: warm)* wohlig warm
II. *n (fam)* Snack *m*

to·bac·co [tə'bækəʊ, AM -koʊ] **I.** *n no pl* ① *(for smoking, chewing)* Tabak *m*
② *(plant)* Tabak *m*
II. *n modifier (company, industry, plant)* Tabak-; **~ smoke** Tabakrauch *m*

to·bac·co·nist [tə'bækᵊnɪst] *n* Tabakwarenhändler(in) *m(f),* Trafikant(in) *m(f)* ÖSTERR

-to-be [tə'bi:] *in compounds (boss, husband)* zukünftige(r, s) *attr;* **bride~** zukünftige Braut; **mother~** werdende Mutter

to·bog·gan [tə'bɒgᵊn, AM -'bɑ:-] **I.** *n* Schlitten *m,* Rodel *f* ÖSTERR
II. *vi* Schlitten fahren, rodeln, schlitteln SCHWEIZ; **to**

~ **down a hill/run** einen Hügel/eine Bahn hinunterrodeln [*o* SCHWEIZ hinunterschlitteln]

to·bog·gan·ing [tə'bɒgᵊnɪŋ, AM -'bɑ:-] *n* Schlittenfahren *nt kein pl*, Rodeln *nt kein pl*, Schlitteln *nt kein pl* SCHWEIZ; **to go** ~ Rodeln [*o* SCHWEIZ Schlitteln] gehen

to·'bog·gan race *n* Rodelrennen *nt*, Schlittelrennen *nt* SCHWEIZ **to·'bog·gan run, to·'bog·gan slide** *n* Rodelbahn *f*, Schlittelbahn *f* SCHWEIZ

toby, toby jug ['təʊbi-, AM 'toʊbi-] *n* Figurkrug *m*

toc·ca·ta [tə'kɑ:tə, AM t̬ə] *n* MUS Toccata *f fachspr*

toc·sin ['tɒksɪn, AM 'tɑ:k] *n* *(old)* Sturmglocke *f hist*; *(fig)* Warnsignal *nt*; **to sound the** ~ Alarm schlagen

tod [tɒd] *n no pl* BRIT *(fam)* **on one's** ~ allein; **to be on one's** ~ allein sein

to·day [tə'deɪ] **I.** *adv inv* ① *(on this day)* heute; **a month from** ~ heute in einem Monat; **five years ago** ~ heute vor fünf Jahren; **to be here ~ and gone tomorrow** heute da und morgen dort sein
② *(nowadays)* heutzutage
II. *n no pl* ① *(this day)* heutiger Tag; ***~'s the day*** heute ist der große Tag; **~'s date** heutiges Datum; ***what's ~'s date?*** welches Datum haben wir heute?; **~'s paper** Zeitung *f* von heute; **~'s special** Angebot *nt* des Tages, Tagesangebot *nt* SCHWEIZ
② *(present period of time)* Heute *nt*; **cars/computers/youth of** ~ Autos *pl*/Computer *pl*/Jugend *f* von heute; **~'s cars/computers/youth** heutige Autos/Computer/Jugend

to·day 'week *adv* BRIT heute in einer Woche

tod·dle ['tɒdl, AM 'tɑ:dl] *vi* *child* wackeln, tapsen; *(fam) adult* schlappen *fam*, tappen *fam*

tod·dler ['tɒdlə', AM 'tɑ:dlɚ] *n* Kleinkind *nt*

'tod·dler's pool *n* Planschbecken *nt*

tod·dy ['tɒdi, AM 'tɑ:di] *n* Toddy *m* *(Palmwein)*

todg·er ['tɒdʒə'] *n* BRIT *(sl)* Schwanz *m sl*

to-do [tə'du:] *n usu sing (fam)* ① *(fuss)* Getue *nt pej fam*; ***what's the big ~ about?*** was soll denn das ganze Theater?; **to make a great ~ about sth** ein großes Theater um etw *akk* machen
② *(confrontation)* Wirbel *m*

to-'do list *n* Besorgungsliste *f*

toe [təʊ, AM toʊ] **I.** *n* ① *(on foot)* Zehe *f*; **to stub one's ~s** sich *dat* die Zehen anstoßen; **to tap one's ~s** mit den Zehen wippen
② *(of sock, shoe)* Spitze *f*
▸PHRASES: **to make one's ~s curl** jdm peinlich sein; **to keep sb on their ~s** jdn auf Zack halten *fam*; **to stay on one's ~s** auf Zack bleiben *fam*; **to step on** [*or* **tread**] **sb's ~s** jdm nahetreten, jdm zu nahe treten; **to turn up one's ~s** *(fam)* den Löffel abgeben *fam*
II. *vt* **to ~ the party line** der Parteilinie folgen
III. *vi* ■**to ~ in/out** X-/O-Beine haben

'toe cap *n* Schuhkappe *f* **'toe clip** *n* Rennbügel *m* **'toe-curl·ing** *adj* BRIT *(fam)* peinlich

-toed [təʊd, AM toʊd] *in compounds* **a two/three/four~ animal** ein zwei-/drei-/vierzehiges Tier

'toe·hold *n* ① *(in climbing)* Halt *m* für die Zehen
② *(fig: starting point)* Ausgangspunkt *m*; **to get a ~ in** Fuß fassen

'toe-lick·er *n* Zehenlutscher(in) *m(f)* **'toe-lick·ing** *n no pl* Zehenlutschen *nt* **'toe·nail** *n* Zehennagel *m* **'toe·rag** *n* BRIT *(pej vulg sl)* Widerling *m pej*, Miesling *m pej fam*, ÖSTERR *oft* Ungust[e]l *m kein f pej fam* **toe-tap·ping** ['təʊtæpɪŋ, AM 'toʊ-] *adj music* mitreißend, hüftschwingend *attr*

toff [tɒf] *n* BRIT, AUS feiner Pinkel *pej fam*, Schnösel *m pej fam*

tof·fee, tof·fy ['tɒfi, AM 'tɑ:-] *n* Toffee *nt*
▸PHRASES: **sb cannot do sth for** ~ BRIT *(fam)* jd kann etw absolut [*o* überhaupt] nicht tun

'tof·fee ap·ple *n* kandierter Apfel **'tof·fee-nosed** *adj* BRIT *(pej fam)* hochnäsig

tofu ['təʊfu:, AM 'toʊ-] *n no pl* Tofu *m*

tog [tɒg, AM tɑ:g] **I.** *n* ■**~s** *pl (fam)* Klamotten *pl fam*; *esp* AUS *(fam: swimming costume)* Schwimmsachen *pl*
II. *vt* <-gg-> ■**to ~ sb out** [*or* **up**] jdn herausputzen; ■**to ~ oneself up** sich *akk* in Schale werfen

toga ['təʊgə] *n* HIST, FASHION Toga *f*

to·geth·er [tə'geðə', AM -ɚ] **I.** *adv inv* ① *(with each other)* zusammen; ■**~ with sth** zusammen mit etw *dat*; ***the telephone bill ~ with the rent equals £300*** die Telefonrechnung und die Miete macht zusammen 300 Pfund; **close** ~ nah beisammen
② *(collectively)* zusammen, gemeinsam; ***she's got more sense than the rest of you put*** ~ sie hat mehr Verstand als ihr alle zusammen; **all ~ now** jetzt alle miteinander
③ *(as to combine)* **to add sth** ~ etw zusammenzählen; **to go** ~ zusammenpassen; **to mix sth** ~ etw zusammenmischen; **to stick sth** ~ etw zusammenkleben
④ *(in relationship)* zusammen; **to be** ~ zusammen sein; **to be back** ~ wieder zusammen sein; **to get** ~ zusammenkommen; **to live** ~ zusammenleben; **to sleep** ~ *(fam)* miteinander schlafen *fam*
⑤ *(simultaneously)* gleichzeitig; **to speak** ~ gleichzeitig reden
⑥ *(continuously)* **for hours** ~ stundenlang
II. *adj (approv fam)* ausgeglichen; ***he's a fairly ~ sort of guy*** er ist ein eher ausgeglichener Typ

to·geth·er·ness [tə'geðənəs, AM -ðɚ-] *n no pl* Zusammengehörigkeit *f*; **feeling** [*or* **sense**] **of** ~ Zusammengehörigkeitsgefühl *nt*

tog·gle ['tɒgl, AM 'tɑ:gl] **I.** *n* ① *(switch)* Kippschalter *m*; COMPUT *(key)* Umschalttaste *f*
② *(fastener)* Knebel *m*
II. *vi* COMPUT hin- und herschalten
III. *vt* COMPUT ■**to ~ sth** etw kippen

'tog·gle joint *n* hebelübersetztes Gelenk **'tog·gle key** *n* Umschalttaste *f* **'tog·gle switch** *n* Kippschalter *m*

Togo ['təʊgəʊ, AM 'toʊgoʊ] *n* Togo *nt*

To·go·lese [ˌtəʊgə(ʊ)'li:z, AM ˌtoʊgoʊ'-] **I.** *n* Togoer(in) *m(f)*
II. *adj* togoisch

To·go·lese Re·'pub·lic [ˌtəʊgə(ʊ)li:zrɪ'pʌblɪk, AM ˌtoʊgoʊ-] *n* Republik *f* Togo

toil [tɔɪl] **I.** *n no pl* Mühe *f*, Plackerei *f fam*, Schufterei *f fam*, SCHWEIZ *a.* Krampf *m fam*; **hard/honest** ~ harte/ehrliche Arbeit; **~ and tribulation** Mühsal *f*
II. *vi* ① *(work hard)* hart arbeiten, schuften *fam*
② *(go with difficulty)* **to ~ along the cliff/up a hill** sich [*o* SCHWEIZ, ÖSTERR hinaufschleppen] eine Klippe entlang-/einen Hügel hochschleppen *akk*
III. *vt* **to ~ one's way through sth** sich *akk* durch etw *akk* durcharbeiten
◆**toil away** *vi* sich *akk* abrackern *fam*

toi·let ['tɔɪlɪt] **I.** *n* ① *(lavatory, bowl)* Toilette *f*, SCHWEIZ *meist* WC *nt*, Klo *nt fam*; [**public**] **~s** *esp* BRIT, AUS öffentliche Toiletten; **to go to the** ~ *esp* BRIT auf die Toilette gehen; **to flush the** ~ spülen; **to flush sth down the** ~ etw die Toilette hinunterspülen
② *no pl (form or dated: preparation)* Toilette *f geh*
II. *n modifier* ① *(of a lavatory) (brush, stall, window)* Toiletten-, SCHWEIZ *meist* WC-, Klo- *fam*
② *(concerned with cleanliness) (articles)* Toiletten-; **~-case** Reisenecessaire *nt*

'toi·let bag *n* Kulturbeutel *m*, Toilettentasche *f*, Necessaire *nt* SCHWEIZ, ÖSTERR

'toi·let pa·per **I.** *n* Toilettenpapier *nt*, SCHWEIZ *meist* WC-Papier *nt*, Klopapier *nt fam*
II. *vt* AM ■**to ~ sth** etw vollständig in Toilettenpapier einwickeln

toi·let·ries ['tɔɪlɪtriz] *npl* Toilettenartikel *pl*

'toi·let·ries bag *n* Kulturbeutel *m*, Toilettentasche *f*

'toi·let roll *n* BRIT, AUS Rolle *f* Toilettenpapier [*o fam* Klopapier] [*o* SCHWEIZ *meist* WC-Papier] *nt* **'toi·let-roll hold·er** *n* BRIT, AUS Klopapierhalter *nt fam*, WC-Papierhalter *nt* SCHWEIZ **'toi·let seat** *n* Toilettensitz *m*, Klobrille *f* BRD, ÖSTERR *fam*

'toi·let soap *n* Toilettenseife *f*

'toi·let tis·sue *n no pl esp* BRIT, AUS Toilettenpapier *nt*, SCHWEIZ *meist* WC-Papier *nt*, Klopapier *nt fam* **'toi·let-train** *vt* **to ~ a child** ein Kind zur Sauberkeit erziehen **'toi·let-trained** *adj inv* sauber; ***is Sammy ~ yet?*** geht Sammy schon auf den Topf?

'toi·let wa·ter *n no pl* Eau *nt* de Toilette

toil·ing 'masses *npl (liter)* arbeitendes Volk

toing and froing [ˌtu:ɪŋən(d)'frəʊɪŋ, AM -'froʊ-] *n no pl (also fig)* Hin und Her *nt a. fig*; *(back and forth)* Vor und Zurück *nt*

toke [təʊk, AM toʊk] *n (sl)* Joint *m sl*, Tüte *f* BRD *sl*

to·ken ['təʊkᵊn, AM 'toʊ-] **I.** *n* ① *(symbol)* Zeichen *nt fig*; **a ~ of sb's affection** ein Zeichen *nt* für jds Zuneigung; **a ~ of sb's regret** ein Zeichen *nt* des Bedauerns
② BRIT, AUS *(voucher)* Gutschein *m*
③ *(money substitute)* Chip *m*; **coffee/subway** ~ Kaffeemarke *f*/U-Bahn-Marke *f*
④ COMPUT *(internal code)* Kennzeichen *nt*, Token *nt*; *(in local area network)* Token *nt*
▸PHRASES: **by the same** ~ aus demselben Grund
II. *adj attr, inv* ① *(symbolic)* nominell; *fine, gesture, resistance* symbolisch; ~ **charge** symbolische Gebühr; ~ **rent** Friedenszins *m*; ~ **stoppage** [*or* **strike**] Warnstreik *m*; ~ **troop presence** symbolische Truppenpräsenz
② *(pej: an appearance of)* Schein-; **a ~ offer** ein Pro-Forma-Angebot *nt*; **the ~ black/woman** der/die Alibischwarze/die Alibifrau *pej fam*; ~ **effort** Anstrengung *f* zum Schein; ~ **gesture** leere Geste

to·ken·ism ['təʊkᵊnɪzᵊm, AM 'toʊ-] *n no pl* Alibihandlung *f*

to·lar ['tɒlɑ:', AM 'toʊlɑ:r] *n* *(currency of Slovenia)* Tolar *m*

told [təʊld, AM toʊld] *pt, pp of* **tell**
▸PHRASES: **all** [**said and**] ~ alles in allem

tol·er·able ['tɒlᵊrəbl, AM 'tɑ:lɚ-] *adj* erträglich; *(fairly good)* annehmbar, [ganz] passabel

tol·er·ably ['tɒlᵊrəbli, AM 'tɑ:lɚ-] *adv* recht, ganz

tol·er·ance ['tɒlᵊrᵊn(t)s, AM 'tɑ:lɚ-] **I.** *n* ① *no pl (open-mindedness)* Toleranz *f* (**of/towards** gegenüber +*dat*); **~ of children** Nachsicht *f* mit Kindern; **~ of dissent** Toleranz *f* gegenüber Andersdenkenden; **racial** ~ Toleranz *f* gegenüber Menschen aller Rassen
② *(capacity to endure)* Toleranz *f*, Widerstandsfähigkeit *f* (**to** gegen +*dat*); **~ to alcohol/a drug** Alkohol-/Medizinverträglichkeit *f*; **pain-~ threshold** Schmerzschwelle *f*
③ *(in quantity, measurement)* Toleranz *f*, zulässige Abweichung
II. *n modifier* ~ **level** [*or* **threshold**] Toleranzschwelle *f*

tol·er·ant ['tɒlᵊrᵊnt, AM 'tɑ:lɚ-] *adj* ① *(open-minded)* tolerant (**of/towards** gegenüber +*dat*); **to have a ~ attitude** eine tolerante Haltung haben
② *(resistant) person* widerstandsfähig; *plant* resistent (**of** gegen +*akk*)

tol·er·ant·ly ['tɒlᵊrᵊntli, AM 'tɑ:lɚ-] *adv* tolerant; **to be ~ disposed towards sb/sth** gegen jdn/etw tolerant eingestellt sein

tol·er·ate ['tɒlᵊreɪt, AM 'tɑ:lə-] *vt* ① *(accept)* ■**to ~ sth** etw tolerieren [*o* dulden]; ***I won't ~ lying*** Lügen werde ich nicht dulden; ***he couldn't ~ his wife speaking to strange men*** er konnte es nicht hinnehmen, dass seine Frau mit fremden Männern sprach; ■**to ~ sb** jdn ertragen; **to ~ sb's behaviour** [*or* AM **behavior**] jds Verhalten tolerieren; **to ~ no dissent** keine Widerrede dulden
② *(resist)* **to ~ a drug** eine Medizin vertragen; **to ~ heat/noise/pain/stress** Hitze/Geräusch/Schmerz/Stress aushalten; **to ~ cold/drought/insects** *plant* Kälte/Dürre/Insekten widerstehen

tol·era·tion [ˌtɒlᵊr'eɪʃᵊn, AM ˌtɑ:lə'reɪ-] *n no pl* Toleranz *f*

toll[1] [təʊl, AM toʊl] *n* ① *(for bridges, motorways)* Zoll *m*, Maut *f bes* ÖSTERR
② AM *(for phone call)* [Fernsprech]gebühr *f*
③ *no pl (deaths, loss)* Tribut *m fig*; ***malaria exacts a heavy ~ of illness and death in this region*** Malaria fordert viele Krankheits- und Todesfälle in dieser Region; **casualty** ~ Opferzahl *f*; **to take its** [*or* **a**] ~ [**on sb/sth**] seinen/ihren Tribut [von jdm/etw] fordern

toll[2] [təʊl, AM toʊl] **I.** *vt* **to ~ a bell** eine Glocke läuten; **to ~ midnight/the hour** *bell* Mitternacht einläuten/die Stunde läuten
▸PHRASES: **to ~ the knell** das Ende bedeuten

II. *vi bell* läuten
'**toll-bar** *n* Zahlschranke *f*, Mautstelle *f bes* ÖSTERR '**toll·booth** *n* Zahlschranke *f*, Mauthäuschen *nt bes* ÖSTERR '**toll bridge** *n* gebührenpflichtige Brücke, Mautbrücke *f bes* ÖSTERR
'**toll call** *n* AM Ferngespräch *nt*
'**toll col·lec·tor** *n* Zöllner(in) *m(f)*
tolled [təʊld, AM toʊld] *adj inv* gebührenpflichtig, Maut- *bes* ÖSTERR
'**toll-free** *adj inv* gebührenfrei **toll-free** '**call** *n* AM gebührenfreier Anruf **toll-free** '**num·ber** *n* AM gebührenfreie Nummer
'**toll·gate** *n* Schlagbaum *m*, Mautschranke *f bes* ÖSTERR '**toll·house** *n* Zollstelle *f*, Mautstelle *f bes* ÖSTERR '**toll road** *n* gebührenpflichtige Straße, Mautstraße *f bes* ÖSTERR
tolu·ene ['tɒljuiːn, AM 'tɑːl-] *n no pl* CHEM Toluol *nt*
tom [tɒm, AM tɑːm] *n (male animal)* Männchen *nt; (cat)* Kater *m*
toma·hawk ['tɒməhɔːk, AM 'tɑːməhɑːk] *n* Tomahawk *m*, Kriegsbeil *nt*
to·ma·to <*pl* -es> [tə'mɑːtəʊ, AM -'meɪt̬oʊ] *n* Tomate *f*, ÖSTERR *oft* Paradeiser *m;* ~ **and cheese sandwich** Tomaten-Käse-Sandwich *nt*
to·'ma·to juice *n no pl* Tomatensaft *m* **to·ma·to** '**ketch·up** *n no pl* Tomatenketchup *nt* **to·ma·to** '**sauce** *n no pl* Tomatensoße *f* **to·ma·to** '**soup** *n no pl* Tomatensuppe *f*
tomb [tuːm] *n* Grab *nt; (mausoleum)* Gruft *f; (below ground)* Grabkammer *f;* ■**the** ~ *(fig)* der Tod; ~ **of the unknown soldier** Grab *nt* des unbekannten Soldaten
tom·bo·la [tɒm'bəʊlə] *n* BRIT, AUS Tombola *f*
tom·boy ['tɒmbɔɪ, AM 'tɑːm-] *n* Wildfang *m*
tom·boy·ish ['tɒmbɔɪɪʃ, AM 'tɑːm] *adj girl* jungenhaft, knabenhaft
tomb·stone ['tuːmstəʊn, AM -stoʊn] *n* ❶ *(for grave)* Grabstein *m*
❷ ECON *(fam)* Emissionsanzeige *f* [der Emissionshäuser]
tom·cat ['tɒmkæt, AM 'tɑːm-] *n* Kater *m*
Tom, Dick and 'Harry, Tom, Dick or 'Harry *n no pl* Hinz und Kunz; **any** [*or* **every**] ~ jeder x-Beliebige
tome [təʊm, AM toʊm] *n (usu hum)* Schmöker *m fam;* **weighty** ~ dicker Wälzer *fam*
tom·fool·ery [ˌtɒm'fuːlᵊri, AM ˌtɑːm'fuːlɚi] *n no pl* Albernheit *f*
tom·my gun ['tɒmi-, AM 'tɑːm-] *n* Maschinenpistole *f*
'**tom·my·rot** *n no pl (fam or dated)* Unsinn *m*, dummes Zeug *fam*
tomo·graph ['təʊməgræf, AM 'toʊ-] *n* MED ❶ *(device)* Tomograf *m fachspr*
❷ *(image)* Tomografie *f fachspr*
to·mog·ra·phy [tə'mɒgrəfi, AM -'mɑːg-] *n no pl* MED Tomografie *f fachspr*
to·mor·row [tə'mɒrəʊ, AM -'mɑːroʊ] I. *adv inv* morgen; **a month from** ~ morgen in einem Monat; **a week ago** ~ morgen vor einer Woche
II. *n* morgiger Tag; ~**'s problems/technology/youth** Probleme *pl*/Technologie *f*/Jugend *f* von morgen; **a better** ~ eine bessere Zukunft; **to do sth like there was** [*or* **were**] **no** ~ etw machen, als ob es das letzte Mal wäre
▶PHRASES: ~ **is another day** *(saying)* morgen ist auch noch ein Tag; **never put off until** ~ **what you can do today** *(saying)* was du heute kannst besorgen, das verschiebe nicht auf morgen *prov;* **who knows what** ~ **will bring?** wer weiß, was die Zukunft bringt?
III. *n modifier (afternoon, evening)* morgen; ~ **morning** morgen früh; ~ **week** BRIT morgen in einer Woche
tom-tom ['tɒmtɒm, AM 'tɑːmtɑːm] *n* Tamtam *nt*
ton <*pl* - *or* -s> [tʌn] *n* ❶ *(unit of measurement)* Tonne *f;* **long** ~ *1016,05 kg;* **short** ~ *907,185 kg*
❷ *(fig fam)* ■**a** ~ [*or* ~**s**] **of sth:** ***how many cars does he have? — ~s*** wie viele Autos besitzt er? – jede Menge; **to weigh a** ~ Unmengen wiegen
▶PHRASES: **to come down on sb like a** ~ **of bricks** jdn völlig fertigmachen; **to do a** ~ *esp* BRIT *(fam)* mit 160 Sachen fahren *veraltend fam*
to·nal ['təʊnᵊl, AM 'toʊ-] *adj* MUS tonal *fachspr;* ~ **music** tonale Musik
to·nal·ity [təʊ'næləti, AM -ət̬i] *n* ❶ MUS Tonart *f*, Klangcharakter *m*, Tonalität *f fachspr*
❷ ART Farbton *m*
tone [təʊn, AM toʊn] I. *n* ❶ *(of instrument)* Klang *m*
❷ *(manner of speaking)* Ton *m;* ***I don't like your ~ of voice*** dein Ton gefällt mir nicht; **an apologetic/a disrespectful/friendly** ~ ein entschuldigender/respektloser/freundlicher Ton
❸ *(voice)* ■~**s** *pl* Stimme *f;* **to speak in hushed ~s** mit gedämpfter Stimme sprechen
❹ *(character)* Ton *m;* ***there is a very moral ~ to this book*** dieses Buch hat einen sehr moralischen Unterton; **to lower/raise the** ~ **of sth** der Qualität einer S. *gen* schaden/die Qualität einer S. *gen* heben; ~ **of a celebration/party** Stimmung *f* bei einer Feier/Party; ~ **of an event** Niveau *nt* einer Veranstaltung; ~ **of the market** STOCKEX Börsenstimmung *f*
❺ *(of colour)* Farbton *m*
❻ *no pl (of muscles)* Tonus *m fachspr;* **muscle** ~ Muskeltonus *m fachspr*
❼ MUS *(difference in pitch)* Ton *m;* **half/whole** ~ Halb-/Ganzton *m*
❽ *(of a telephone)* Ton *m;* **dialling** [*or* AM **dial**] ~ Wählton *m;* **engaged** [*or* AM **busy**] ~ Besetztzeichen *nt;* **ringing** ~ Klingelzeichen *nt*
II. *vt* **to** ~ **the body/muscles/nerves** den Körper/die Muskeln/Nerven fit halten
III. *vi* ■**to** ~ **with sth** mit etw *dat* harmonieren
◆**tone down** *vt* ■**to** ~ **down** ↔ **sth** etw abmildern; *colour, sound* etw abschwächen; *criticism, language, protests* etw mäßigen
◆**tone in** *vi* sich *akk* anpassen; ■**to** ~ **in with sth** mit etw *dat* harmonieren
◆**tone up** I. *vt* **to** ~ **up one's body/muscles** seinen Körper/seine Muskeln kräftigen
II. *vi* sich *akk* in Form bringen
'**tone arm** *n* Tonarm *m*
'**tone con·trol** *n* Klangregler *m*
toned [təʊnd, AM toʊnd] *adj* gestärkt; ~ **body** muskulöser Körper
tone-'deaf *adj* ■**to be** ~ unmusikalisch sein
'**tone lan·guage** *n* Tonsprache *f*
tone·less ['təʊnləs, AM 'toʊn-] *adj (liter)* tonlos
tone·less·ly ['təʊnləsli, AM 'toʊn] *adv* tonlos
tone of 'voice *n* Ton *m;* ***don't speak to me in that ~!*** sprich nicht in diesem Ton mit mir!
'**tone poem** *n* Tondichtung *f*
ton·er ['təʊnəʳ, AM 'toʊnɚ] *n* ❶ *(for skin)* Gesichtswasser *nt*
❷ *(for photographs)* Toner *m*
❸ COMPUT Toner *m*
'**ton·er car·tridge,** '**ton·er cas·sette** *n* TYPO Tonerpatrone *f*
'**tone-row** *n* MUS Tonreihe *f*
Tonga ['tɒŋə, AM 'tɑːŋ-] *n* Tonga *nt*
Tong·an ['tɒŋgən, AM 'tɑːŋ-] I. *n* ❶ *(person)* Tongaer(in) *m(f)*
❷ *(language)* Tongasprache *f*, Bantusprache *f*, Malawi *nt*
II. *adj* tongaisch
tongs [tɒŋz, AM tɑːŋz] *npl* Zange *f;* **fire** ~ Feuerzange *f;* **a pair of** ~ eine Zange
tongue [tʌŋ] I. *n* ❶ *(mouth part)* Zunge *f;* ***have you lost your ~?*** hat es dir die Sprache verschlagen?; ***his name is on the tip of my ~*** sein Name liegt mir auf der Zunge; ***a few whiskies should loosen his ~*** ein paar Whiskys werden ihm schon die Zunge lösen; **to bite one's** ~ sich *dat* in die Zunge beißen; **to burn one's** ~ sich *dat* die Zunge verbrennen; **to find one's** ~ die Sprache wiederfinden; **to hold one's** ~ den Mund halten; **to stick one's** ~ **out** [**at sb**] [jdm] die Zunge herausstrecken
❷ *(tongue-shaped object)* ~ **of land** Landzunge *f;* ~ **of a shoe** Zunge *f* eines Schuhs
❸ *(language)* Sprache *f;* **the gift of** ~**s** REL die Gabe, mit fremden Zungen zu sprechen
❹ *no pl (expressive style)* Ausdrucksweise *f;* **to have a sharp** ~ eine spitze Zunge haben
▶PHRASES: **to get one's** ~ **around** [*or* **round**] **a word** ein Wort kaum aussprechen können; **to say sth** ~ **in cheek** [*or* **with one's** ~ **in one's cheek**] etw als Scherz meinen; **to set** [*or* **start**] ~**s wagging** Gerede verursachen
II. *vt* MUS ■**to** ~ **sth** etw mit Zungenschlag spielen
'**tongue-de·pres·sor** *n* MED Zungenspatel *m*, Zungendepressorium *nt fachspr* **tongue-in-'cheek** *adj* humoristisch '**tongue-lash·ing** *n* Standpauke *f fam;* **to give sb a** ~ jdm eine Standpauke halten *fam* '**tongue-tied** *adj* sprachlos; **to be/get** ~ **with surprise** vor Überraschung kein Wort herausbekommen '**tongue twist·er** *n* Zungenbrecher *m*
tongu·ing ['tʌŋɪŋ] *n no pl* MUS Zungenschlag *m*
ton·ic[1] ['tɒnɪk, AM 'tɑː-] *n* ❶ *(medicine)* Tonikum *nt geh;* **to prescribe a** ~ ein Tonikum verschreiben
❷ *(sth that rejuvenates)* Erfrischung *f*, Energiespritze *f fig*
ton·ic[2] ['tɒnɪk, AM 'tɑː-] MUS I. *n* ■**the** ~ der Grundton, die Tonika *fachspr*
II. *adj inv* Grundton-, Tonika- *fachspr;* ~ **chord** Grundakkord *m*
ton·ic[3], **ton·ic wa·ter** ['tɒnɪk-, AM 'tɑː-] *n* Tonic[water] *nt*
to·night [tə'naɪt] I. *adv inv (during today's night)* heute Abend; *(till after midnight)* heute Nacht
II. *n (today's night)* der heutige Abend; ~**'s meeting** das Treffen des heutigen Abends
ton·nage ['tʌnɪdʒ] *n no pl* Tonnage *f*
tonne <*pl* -s *or* -> [tʌn] *n (1000 kg)* Tonne *f*
ton·sil·lec·to·my [ˌtɒn(t)sᵊl'ektəmi, AM ˌtɑːn(t)sə-] *n* Mandeloperation *f*, Tonsillektomie *f fachspr*
ton·sil·li·tis [ˌtɒn(t)sᵊl'aɪtɪs, AM ˌtɑːn(t)sə'laɪt̬ɪs] *n no pl* Mandelentzündung *f*, Tonsillitis *f fachspr*
ton·sils ['tɒn(t)sᵊlz, AM 'tɑːn(t)-] *npl* MED Mandeln *pl*, Tonsillen *pl fachspr;* **to have one's** ~ **out** die Mandeln entfernt bekommen
ton·sure ['tɒn(t)ʃəʳ, AM 'tɑːn(t)ʃɚ] I. *n* REL *(bare patch on head)* Tonsur *f*
II. *vt* ■**to** ~ **sb** jdm eine Tonsur scheren, jdn tonsurieren *geh*
ton-up ['tʌnʌp] *adj* BRIT *(fam)* Schnelligkeits-
tony ['toʊni] *adj attr* AM *(fam: classy) clothing* todschick; *restaurant, boutique, resort* nobel, exklusiv
too [tuː] *adv inv* ❶ *(overly) big, heavy, small* zu; *(form)* ***it was ~ expensive a desk for a child's room*** der Tisch war für ein Kinderzimmer viel zu teuer; **to be** ~ **good an opportunity to miss** eine Chance sein, die man nicht auslassen darf; **to be** ~ **bad** wirklich schade sein; **to be in** ~ **deep** zu tief [in einer Sache] drinstecken *fam;* **far** ~ **difficult** viel zu schwierig; **to be only** [*or* **all**] ~ **easy** nur zu einfach sein; **to be** ~ **good to be true** zu gut um wahr zu sein; ~ **late** zu spät; **to be** ~ **much** zu viel sein
❷ *(very)* sehr; ***my mother hasn't been ~ well recently*** meiner Mutter geht es in letzter Zeit nicht allzu gut; *(form)* ***thank you, you're ~ kind!*** danke, das ist wirklich zu nett von Ihnen!; **to not be** ~ **sure if ...** sich *dat* nicht ganz sicher sein, ob ...
❸ *(also)* auch; ***I'd like to come*** ~ ich möchte ebenfalls kommen; **me** ~**!** *(fam)* ich auch!
❹ *(moreover)* überdies; ***it's a wonderful picture — and by a child ~!*** es ist ein wunderschönes Bild – und dabei von einem Kind gemalt!
❺ AM *(fam: said for emphasis, to contradict)* und ob; ***I'm not going to school today — you are ~!*** ich gehe heute nicht in die Schule – und ob du gehst!; ***she is ~ a professional basketball player!*** und ob sie eine Profibasketballspielerin ist!
▶PHRASES: **to have** ~ **much of a good thing** zu viel des Guten sein; **to be** ~ **much like hard work** *(fam)* zu anstrengend sein; **to be** ~ **little** [**and**] ~ **late** völlig unzureichend sein; ~ **right!** AUS stimmt genau!
took [tʊk] *vt, vi pt of* **take**
tool [tuːl] I. *n* ❶ *(implement)* Werkzeug *nt;* **power** ~ Elektrowerkzeug *nt*
❷ *(aid)* Mittel *nt*
❸ *(fig pej: instrument)* Spielball *m fig*, Marionette *f fig*

❹ *(occupational necessity)* Instrument *nt;* **to be a ~ of the trade** zum Handwerkszeug gehören
❺ *(vulg sl: penis)* Schwanz *m vulg*
❻ STOCKEX Instrument *nt*
II. *vt* ■**to ~ sth** etw bearbeiten
◆**tool up** *vi* ❶ *(equip)* aufrüsten
❷ *(sl: arm oneself)* sich *akk* bewaffnen
'tool bag *n* Werkzeugtasche *f* **'tool bar** *n* COMPUT Symbolleiste *f* **'tool box** *n* ❶ *(container)* Werkzeugkiste *f* ❷ COMPUT *(for program)* Toolbox *f,* Werkzeugsammlung *f* **'tool chest** *n* Werkzeugkasten *m*
tooled [tu:ld] *adj inv* verziert
tooled 'up *adj pred (sl)* bewaffnet
tool·ing ['tu:lɪŋ] *n no pl* ❶ *(tools)* Werkzeug *nt,* Werkzeugausrüstung *f*
❷ *(making of tools)* Werkzeugherstellung *f*
❸ *(working with tools)* Bearbeitung *f*
❹ *(leather ornamentation)* Punzarbeit *f*
'tool kit *n* ❶ *(container)* Werkzeugkasten *m* ❷ COMPUT *(for program)* Werkzeug *nt,* Werkzeugausrüstung *f* **'tool·mak·er** *n* Werkzeugmacher(in) *m(f)* **'tool·meis·ter** [-maɪstəʳ] *n* AM *(fam)* Werkzeugfanatiker(in) *m(f)* **'tool shed** *n* Geräteschuppen *m,* Werkzeugschopf *m* SCHWEIZ
toonie ['tu:ni] *n* CAN *(fam)* Zweidollarmünze *f*
toot [tu:t] **I.** *n* Hupen *nt kein pl;* **to give a ~** hupen
II. *vt* ❶ *(sound)* ■**to ~ sb** jdn anhupen; **to ~ a horn** auf die Hupe drücken
❷ *(fam: blow wind instrument)* ■**to ~ sth** [in] etw [*akk*] blasen
III. *vi* ❶ *(honk)* hupen, tuten
❷ MUS *(fam: blow)* blasen
tooth <*pl* teeth> [tu:θ, *pl* ti:θ] *n* ❶ *(in mouth)* Zahn *m;* **to bare one's teeth** die Zähne fletschen; **to brush one's teeth** die Zähne putzen; **to fill a ~** einen Zahn plombieren; **to give sth teeth** *(fig)* etw *dat* Biss geben; **to grind one's teeth** mit den Zähnen knirschen *a. fig;* **to grit one's teeth** die Zähne zusammenbeißen; **to have a ~ out** [*or* AM **pulled**] einen Zahn gezogen bekommen
❷ *usu pl of a comb* Zinke *f; of a saw* [Säge]zahn *m;* **~ of a cog** Zahn *m* eines Zahnrads
▸PHRASES: **to cut one's teeth on sth** Erfahrungen bei etw *dat* sammeln; **to cut one's teeth doing sth** in etw *dat* Erfahrung sammeln; **to fight ~ and nail** [**to do sth**] mit aller Macht [um etw *akk*] kämpfen; **to get one's teeth into sth** sich *akk* in etw *akk* hineinstürzen; **in the teeth of sth** trotz einer S. *gen;* **to be** [**a bit**] **long in the ~** in die Jahre gekommen sein; **to set sb's teeth on edge** jdm den letzten Nerv rauben *fam*
'tooth·ache *n no pl* Zahnschmerzen *pl,* SCHWEIZ, ÖSTERR *a.* Zahnweh *nt fam* **'tooth·brush** *n* Zahnbürste *f*
'tooth·comb *n* NENG Staubkamm *m;* **to go through sth with a fine ~** *(fig)* etw genau unter die Lupe nehmen *fig*
'tooth de·cay *n no pl* MED Zahnverfall *m*
toothed [tu:θt] *adj inv* mit Zähnen versehen, Zahn-; *leaf* gezähnt, gezackt
toothed 'whale *n* Zahnwal *m*
'tooth fairy *n* Zahnfee *f*
tooth·less ['tu:θləs] *adj inv* zahnlos; *(fig: having no power)* wirkungslos, ohne Saft und Kraft *nach n, präd fig*
'tooth·paste *n no pl* Zahnpasta *f* **'tooth·pick** *n* Zahnstocher *m* **'tooth pow·der** *n* Zahnpulver *nt kein pl*
tooth·some ['tu:θsəm] *adj* köstlich, schmackhaft, SCHWEIZ *a.* fein
toothy ['tu:θi] *adj* zähnefletschend; **a ~ grin** ein breites Grinsen; **a ~ face** ein Gesicht mit vorstehenden Zähnen
too·tle ['tu:tḷ, AM 'tu:ṭḷ] *vi (fam)* ■**to ~ along** [*or* **around**] dahinzockeln *fam*
toots [tʊts] *n esp* AM *(fam)* Schnuckelchen *nt fam,* Süße *f fam*
toot·sie ['tʊtsi] *n* ❶ *(childspeak fam: foot or toe)* Füßchen *nt*
❷ *esp* AM *(dated fam: woman)* Schnuckelchen *nt fam,* Süße *f fam*
toot·sy ['tʊtsi] *n (childspeak fam)* Füßchen *nt*
top¹ [tɒp, AM tɑ:p] *n* ❶ *(toy)* Kreisel *m*
❷ *(dated fam)* **to sleep like a ~** schlafen wie ein Murmeltier
top² [tɒp, AM tɑ:p] **I.** *n* ❶ *(highest part)* oberes Ende, Spitze *f; of a mountain* [Berg]gipfel *m; of a tree* [Baum]krone *f,* Wipfel *m;* ***she waited for me at the ~ of the stairs*** sie wartete oben am Ende der Treppe auf mich; **from ~ to bottom** von oben bis unten; **to get on ~ of sth** etw in den Griff bekommen
❷ *(upper surface)* Oberfläche *f;* **~ of a desk** [*or* **table**] Tischplatte *f;* ***there was a pile of books on ~ of the table*** auf dem Tisch lag ein Stoß Bücher; ***put the letter on ~ of that pile of books*** leg den Brief auf diesen Stoß Bücher
❸ *no pl (highest rank)* Spitze *f;* **to be at the ~ of the class** Klassenbeste(r) *f(m)* sein; **to be at the ~** an der Spitze sein; **to go to the ~** an die Spitze kommen; ■**the ~s** *pl (dated)* die Besten
❹ FASHION Top *nt*
❺ *(head end) of a bed, table* Kopfende *nt;* **to live at the ~ of a street** am Ende der Straße wohnen
❻ BOT oberer Teil einer Pflanze; ■**~s** *pl* [Rüben]kraut *nt kein pl*
❼ *(lid)* Deckel *m;* **bottle ~** Flaschenverschluss *m;* **screw-on ~** Schraubverschluss *m*
❽ *(in addition to)* **on ~ of that ...** obendrein ...; ***we missed the train, and on ~ of that we had to ...*** wir verpassten den Zug, und als wäre das noch nicht genug gewesen, mussten wir auch noch ...
▸PHRASES: **the Big T~** das Großzelt; **to feel on ~ of the world** Bäume ausreißen können *fam;* **to go over the ~** überreagieren; **off the ~ of one's head** *(fam)* aus dem Stegreif; **to be off one's ~** BRIT *(pej fam)* kindisch sein *meist pej;* **over the ~** *(fam)* zu viel des Guten; **from ~ to toe** von Kopf bis Fuß; **at the ~ of one's voice** aus vollem Halse; ***she shouted his name at the ~ of her voice*** sie rief, so laut sie konnte, seinen Namen
II. *adj* ❶ *attr, inv (highest)* oberste(r, s); **~ floor** oberstes Stockwerk, SCHWEIZ, ÖSTERR *meist* oberster Stock; **~ layer** oberste Schicht; **the ~ rung of the ladder** *(fig)* die Spitze der Karriereleiter
❷ *(best)* beste(r, s); **sb's ~ choice** jds erste Wahl; **~ university** Eliteuniversität *f*
❸ *(most successful)* Spitzen-; **~ athlete** Spitzensportler(in) *m(f)*
❹ *(maximum)* höchste(r, s); **~ speed** Höchstgeschwindigkeit *f*
III. *adv* BRIT **to come ~** [**of the class**] Klassenbeste(r) *f(m)* sein
IV. *vt* <-pp-> ❶ *(be at top of)* ■**to ~ sth** etw anführen; **to ~ the bill** der Star des Abends sein; **to ~ a list** obenan auf einer Liste stehen
❷ *(cover)* ■**to ~ sth with sth** etw mit etw *dat* überziehen; **to ~ a cake with cream** einen Kuchen mit Sahne garnieren
❸ *(surpass)* ■**to ~ sth** etw übertreffen; ***they've offered me £1,000 — I'm afraid we can't ~ that*** sie haben mir 1.000 Pfund geboten – das können wir leider nicht überbieten
❹ *esp* BRIT *(sl: kill)* ■**to ~ sb/oneself** jdn/sich umbringen
❺ *esp* BRIT *(remove top and bottom of)* **to ~ and tail food** Nahrungsmittel putzen [*o* SCHWEIZ rüsten]
◆**top off** *vt* ■**to ~ off** ○ **sth with sth** ❶ FOOD *(give topping to)* etw mit etw *dat* garnieren
❷ *esp* AM, AUS *(fig: conclude satisfactorily)* etw mit etw *dat* abrunden; *(more than satisfactorily)* etw mit etw *dat* krönen; ***would you care to ~ off your meal with one of our fine desserts?*** würden Sie ihr Essen noch gerne mit einem unserer köstlichen Desserts beschließen?
◆**top out** *vt* ❶ BRIT *(mark building's completion)* **to ~ out** ○ **a house** bei einem Haus Richtfest [*o* SCHWEIZ *a.* Aufrichte] feiern [*o* ÖSTERR Gleichenfeier haben]
❷ *(to extreme)* ■**to ~ out at sth** den Höchstwert einer S. *gen* erreichen
◆**top up** *vt* ❶ *(fill up again)* **to ~ up** ○ **a glass** ein Glas nachfüllen; ■**to ~ sb up** *(fam)* jdm nachschenken
❷ *(bring to a certain level)* ■**to ~ up** ○ **sth** etw aufbessern; ***students are able to take out loans to ~ up their grants*** Studierende können Kredite aufnehmen, um ihre Studienbeihilfe aufzubessern
to·paz ['təʊpæz, AM 'toʊ-] **I.** *n* Topas *m*
II. *n modifier (ring, necklace)* Topas-
top 'brass *n + sing/pl vb (people with highest authority)* ■**the ~** die Oberen; *(highest-ranking people)* die hohen Tiere *fam;* **to get approval from the top** die Genehmigung von oben bekommen **top-'class** *adj* spitze; **~ athlete** Spitzensportler(in) *m(f)* **'top·coat** *n* ❶ *(outer layer)* Deckanstrich *m* ❷ *(paint)* Deckfarbe *f*
top 'copy *n* Original[manuskript] *nt* **top 'dog** *n (fam)* Boss *m fam;* ■**to be a ~** etw zu sagen haben
'top-down *adj attr, inv* hierarchisch
top 'draw·er *n* ❶ *(uppermost drawer)* oberste [Schub]lade ❷ *esp* BRIT *(fam: social position)* Oberschicht *f* **'top-draw·er** *adj attr esp* BRIT ❶ *(dated: upper class)* Nobel- ❷ *(excellent)* beste(r, s)
to·pee ['təʊpi:, AM 'toʊ-] *n* Tropenhelm *m*
top ex·'ecu·tive *n* Topmanager(in) *m(f)* **'top-flight** *adj attr* beste(r, s); ***he's one of our ~ engineers*** er ist einer unserer fähigsten Ingenieure **top 'form** *n no pl* Höchstform *f;* ■**to be on** [*or* AM **in**] **~** in Höchstform sein
top 'gear *n* BRIT MECH höchster Gang
top 'hat *n* Zylinder *m* **'top-hat·ted** *adj inv* einen Zylinder[hut] tragend, mit Zylinder *nach n* **top-'heavy** *adj* ❶ *(usu pej: unbalanced)* kopflastig *a. fig*
❷ *(fam: big-breasted)* **a ~ woman** eine Frau mit großem Vorbau *fam*
topi *n see* **topee**
to·pi·ar·ist ['təʊpjərɪst, AM 'toʊpier-] *n jd, der Formschnitt betreibt*
to·pi·ar·ize ['təʊpjəraɪz, AM 'toʊpier-] *vt* ■**to ~ sth** *tree, bush* etw mit einem Formschnitt versehen
to·pi·ary ['təʊpjəri, AM 'toʊpieri] *n* Formschnitt *m*
top·ic ['tɒpɪk, AM 'tɑ:p-] *n* Thema *nt*
topi·cal ['tɒpɪkəl, AM 'tɑ:p-] *adj* ❶ *(currently of interest)* aktuell; **to be of ~ interest** von aktuellem Interesse sein
❷ *(by topics)* thematisch; ***the organization of the book is ~*** das Buch ist nach Themenbereichen aufgebaut
❸ MED *(applied locally)* lokal, topisch *fachspr*
topi·cal·ity [ˌtɒpɪ'kæləti, AM ˌtɑ:pɪ'kæləṭi] *n no pl* Aktualität *f*
topi·cal·ly ['tɒpɪkəli, AM 'tɑ:p-] *adv* aus aktuellem Anlass
'top·knot ['tɒpnɒt, AM 'tɑ:pnɑ:t] *n* Haarknoten *m*
top·less ['tɒpləs, AM 'tɑ:p-] **I.** *adj* topless, schulterfrei; *(with exposed breasts)* oben ohne *präd,* barbusig, Oben-ohne-
II. *adv inv* **to go ~** oben ohne gehen
'top-lev·el *adj negotiations, talks* Spitzen-, auf höchster Ebene *nach n;* **~ management** Führungsebene *f* **top 'load·er** *n* Toplader *m* **top 'man·age·ment** *n usu no pl* Topmanagement *nt,* Spitze *f* der Unternehmensleitung
'top·most *adj attr, inv* oberste(r, s)
'top-notch *adj (fam)* erstklassig **'top note** *n (fig)* Kopfnote *f (eines Parfüms)* **top of the 'range** *adj pred* ■**to be ~** Spitzenqualität sein **'top-of-the-range** *adj attr* Höchst-, Spitzen-, der höchsten Qualität *nach n*
to·pog·raph·er [tə'pɒgrəfəʳ, AM -'pɑ:grəfɚ] *n* Topograf(in) *m(f) fachspr,* Vermessungsingenieur(in) *m(f),* Geometer *m* ÖSTERR
topo·graph·ic [ˌtɒpəʊ'græfɪk, AM ˌtɑ:pə'] *adj inv* GEOG, MATH *see* **topographical** topografisch *fachspr*
topo·graphi·cal [ˌtɒpə(ʊ)'græfɪkəl, AM ˌtɑ:pə'-] *adj inv* topografisch *fachspr*
topo·graphi·cal·ly [ˌtɒpə(ʊ)'græfɪkəli, AM ˌtɑ:pə'-] *adv inv* topografisch *fachspr*
to·pog·ra·phy [tə'pɒgrəfi, AM -'pɑ:g-] *n no pl* Topografie *f fachspr*
to·pol·ogy [tɒp'ɒlədʒi, AM tə'pɑ:lə] *n* ❶ *no pl* MATH Topologie *f fachspr*
❷ *(interrelation, arrangement)* Auslegung *f,*

[Raum]struktur *f*

top·per ['tɒpəʳ, AM 'tɑ:pɚ] *n (fam)* Zylinder *m*

top·ping ['tɒpɪŋ, AM 'tɑ:p-] **I.** *n* Garnierung *f*
II. *adj* BRIT *(dated fam)* famos *veraltend fam*, großartig

top·ple ['tɒpl̩, AM 'tɑ:pl̩] **I.** *vt* ■**to ~ sth/sb** ❶ *(knock over)* etw/jdn umwerfen
❷ POL *(overthrow)* etw/jdn stürzen; **to ~ a government** eine Regierung zu Fall bringen
II. *vi* stürzen; *prices* fallen
◆**topple over I.** *vt* ■**to ~ sth over** etw umwerfen
II. *vi* umfallen; ■**to ~ over sth** über etw *akk* stürzen

top 'price *n* Höchstpreis *m* **top pri·'or·ity** *n* höchste Priorität; ***give this report ~*** räumen Sie diesem Bericht höchste Priorität ein **top 'qual·ity** *n* Spitzenqualität *f* **top-'rank·ing** *adj* Spitzen-; **~ university** Eliteuniversität *f* **'top·sail** *n* Toppsegel *nt fachspr* **top 'sala·ry** *n* Spitzengehalt *nt* **top 'se·cret** *adj* streng geheim **top-se·'cur·ity** *adj* Hochsicherheits-; **~ prison** Hochsicherheitsgefängnis *nt*

'top-sell·ing *adj attr* meistverkauft

'top·side I. *n* ❶ *no pl* BRIT FOOD *(of beef)* äußere Schicht ❷ *usu pl* NAUT oberer Teil der Schiffseite
II. *adv inv* NAUT auf Deck **III.** *adj inv* NAUT über der Wasserlinie *nach n* **'top·soil** *n no pl* Mutterboden *m*

top 'speed *n* Höchstgeschwindigkeit *f*

'top·spin *n no pl* SPORT Topspin *m*

topsy-turvy [,tɒpsi'tɜ:vi, AM ,tɑ:psi'tɜ:r-] *(fam)* **I.** *adj* chaotisch; **~ priorities** unklare Prioritäten
II. *adv* **to turn sth ~** etw auf den Kopf stellen *a. fig*

top 'ten I. *n* Top Ten *pl sl;* **to be in the ~** in den Top Ten sein
II. *n modifier (singers, records)* Top-Ten-; ***'Casablanca' is one of my ~ films*** ,Casablanca' ist einer meiner Lieblingsfilme; **~ books** Bücher *pl* der Bestsellerliste

'top-up *n esp* BRIT, AUS ***can I give you a ~ ?*** darf ich dir noch nachschenken?; FIN *of reserves, finances* Aufstockung *f*

'top-up fees *npl* BRIT *zusätzliche Studiengebühren [für Elite-Universitäten]* **'top-up loan** *n* Zusatzkredit *m*

top 'whack *n* BRIT *(fam)* Spitzengehalt *nt;* ***we're paying £65,000, ~*** wir bezahlen maximal 65.000 Pfund

toque [toʊk] *n* CAN *see* **tuque**

tor [tɔ:ʳ] *n* schroffer Fels, Felsturm *m*

To·rah ['tɔ:rə] *n no pl (Jewish holy book)* ■**the ~** die Thora *fachspr*

torch [tɔ:tʃ, AM tɔ:rtʃ] **I.** *n* <*pl* -es> ❶ AUS, BRIT *(hand-held light)* Taschenlampe *f;* **to shine a ~** mit einer Taschenlampe leuchten
❷ *(burning stick)* Fackel *f;* **Olympic ~** olympisches Feuer; **to carry a ~** eine Fackel tragen; **to pass the ~ [to sb]** [jdm] den Stab übergeben; *(fig)* etw [an jdn] weitergeben; **to put sth to the ~** *(form)* etw niederbrennen
❸ AM *(blowlamp)* Lötlampe *f*
❹ *(fig: source of well-being)* heller Glanz; ***the ~ illuminating this country at the moment is that of liberty and democracy*** momentan erstrahlt dieses Land im hellen Licht der Freiheit und Demokratie
▸PHRASES: **to carry a ~ for sb** nach jdm schmachten
II. *n modifier* Taschenlampen-
III. *vt (fam)* ■**to ~ sth** etw in Brand setzen

'torch-bear·er *n* Fackelträger(in) *m(f)* **'torch·light I.** *n no pl* Fackelschein *m;* ■**to do sth by ~** etw im Fackelschein tun **II.** *adj attr, inv* Fackel- **'torch·lit** *adj inv* von Fackeln beleuchtet; **~ procession** Fackelzug *m* **'torch song** *n* sentimentales Liebeslied

tore [tɔ:ʳ, AM tɔ:r] *vt, vi pt of* **tear**

torea·dor ['tɒriədɔ:ʳ, AM 'tɔ:riədɔ:r] *n (bullfighter)* Toreador(in) *m(f)*, Stierkämpfer(in) *m(f)*

tor·ment ['tɔ:ment, AM 'tɔ:r-] **I.** *n* ❶ *(mental suffering)* Qual *f;* **to suffer the ~s of the damned** *(fig)* Höllenqualen ausstehen; **the ~s of jealousy** die Qualen *pl* der Eifersucht; **to endure ~** Qualen erleiden; **to go through ~s** durch die Hölle gehen
❷ *(physical pain)* starke Schmerzen *pl;* ■**to be in ~** unter starken Schmerzen leiden
❸ *(torture)* Tortur *f*
II. *vt (cause to suffer)* ■**to ~ sb/an animal** jdn/ein Tier quälen; **to be ~ed by grief** großen Kummer haben

tor·men·tor [tɔ:'mentəʳ, AM tɔ:r'menṱɚ] *n* Peiniger(in) *m(f)*

torn [tɔ:n, AM tɔ:rn] **I.** *vt, vi pp of* **tear**
II. *adj pred (unable to choose)* [innerlich] zerrissen *fig;* ***I'm ~ between staying in and going to Erika's party*** ich bin hin- und hergerissen, ob ich zu Hause bleiben oder zu Erikas Party gehen soll

tor·na·do [tɔ:'neɪdəʊ, AM tɔ:r'neɪdoʊ] **I.** *n* <*pl* -s *or* -es> Tornado *m*
II. *n modifier (programme, aircraft)* Tornado-; **~ alert** Tornadowarnung *f;* **~ damage** durch einen Tornado verursachter Schaden

tor·'na·do cel·lar, tor·'nado shel·ter *n* Tornadoschutzraum *m* **tor·'na·do chas·er** *n* Tornado-Beobachter(in) *m(f)*

To·ron·to [tə'rɒntəʊ, AM -'rɑ:nṱoʊ] *n* Toronto *nt*

To·ron·to·nian [tərɒn'təʊniən, AM -rɑ:n'ṱoʊ-] *n* Bewohner(in) *m(f)* Torontos

tor·pe·do [tɔ:'pi:dəʊ, AM tɔ:r'pi:doʊ] MIL, NAUT **I.** *n* <*pl* -es> Torpedo *m;* **to fire a ~** einen Torpedo abschießen
II. *n modifier (warning, launch, strike)* Torpedo-; **~ launch** Torpedoabschuss *m*, Torpedierung *f;* **~ strike** *(hit)* Treffer *m* mit einem Torpedo; *(attack)* Torpedoangriff *m*
III. *vt* ■**to ~ sth** etw torpedieren *a. fig*

tor·'pe·do boat *n* Torpedoboot *nt*

tor·pid ['tɔ:pɪd, AM 'tɔ:r-] *adj (form)* träge

tor·pid·ity [tɔ:'pɪdəti, AM tɔ:r'pɪdəṱi] *n no pl (form) see* **torpor**

tor·pid·ly ['tɔ:pɪdli, AM 'tɔ:r-] *adv (form)* träge

tor·por ['tɔ:pəʳ, AM 'tɔ:rpɚ] *n no pl (form)* Trägheit *f; (hibernation)* Winterschlaf *m;* **to rouse oneself from a general state of ~** sich *akk* aus seiner Apathie lösen

torque [tɔ:k, AM tɔ:rk] *n no pl* PHYS Drehmoment *nt*

tor·rent ['tɒrᵊnt, AM 'tɔ:r-] *n* ❶ *(large amount of water)* Sturzbach *m;* **~s [of rain]** sintflutartige Regenfälle; **to come down [*or* fall] in ~s** in Strömen gießen, wie aus Kübeln schütten *fam*
❷ *(large amount)* Strom *m fig;* **to let out a ~ of tears** einen Schwall Tränen vergießen; **to come in ~s** in Massen kommen

tor·ren·tial [tə'ren(t)ʃᵊl, AM tɔ:'-] *adj* sintflutartig; **~ rain** sintflutartige Regenfälle

tor·rid ['tɒrɪd, AM 'tɔ:r-] *adj* ❶ *(form: hot and dry)* ausgedörrt; **~ heat** sengende Hitze
❷ *(fig: strongly emotional)* glühend; **a ~ love scene** eine heiße Liebesszene *fig;* **~ topics** heiße [*o* gefühlsgeladene] Themen

tor·rid 'time *n* BRIT, AUS **to give sb a ~** jdm Schwierigkeiten bereiten; **to have a ~** eine schwere Zeit haben

'tor·rid zone *n* GEOG heiße Zone

tor·sion ['tɔ:ʃᵊn, AM 'tɔ:r-] *n no pl* MECH, MED Torsion *f fachspr*, Verdrehung *f*

'tor·sion bar *n* Drehstabfeder *f*, Torsionsfeder *f fachspr*

tor·so ['tɔ:səʊ, AM 'tɔ:rsoʊ] *n* ❶ *(body)* Rumpf *m*
❷ *(statue)* Torso *m*

tort [tɔ:t, AM tɔ:rt] *n* LAW unerlaubte [*o* rechtswidrige] Handlung

tor·til·la [tɔ:'ti:ə, AM tɔ:r'ti:jə] *n* Tortilla *f*

tor·'til·la chip *n usu pl* Tortilla Chip *m*

tor·toise ['tɔ:təs, AM 'tɔ:rṱəs] *n* [Land]schildkröte *f*

'tor·toise·shell I. *n no pl* Schildpatt *nt* **II.** *adj attr, inv* Schildpatt- **tor·toise·shell 'but·ter·fly** *n* amerikanischer Fuchs **tor·toise·shell 'cat** *n* Schildpattkatze *f*

tor·tuous ['tɔ:tʃuəs, AM 'tɔ:r-] *adj* gewunden; *(complicated)* umständlich; **to have a ~ mind** verschlagen sein; **a ~ process** ein langwieriger Prozess

tor·tuous·ly ['tɔ:tʃuəsli, AM 'tɔ:r-] *adv* gewunden; *(in a complicated manner)* umständlich

tor·tuous·ness ['tɔ:tʃuəsnəs, AM 'tɔ:r-] *n no pl* Gewundenheit *f*

tor·ture ['tɔ:tʃəʳ, AM 'tɔ:rtʃɚ] **I.** *n* ❶ *no pl (act of cruelty)* Folter *f;* **to divulge secrets under ~** unter Folter Geheimnisse preisgeben; **mental ~** seelische Folter
❷ *(painful suffering)* Qual *f*, Tortur *f*
II. *n modifier (method)* Folter-; **~ device** Folterinstrument *nt;* **~ technique** Foltermethode *f*
III. *vt* ■**to ~ sb** ❶ *(cause suffering to)* jdn foltern; **to ~ sb to death** jdn zu Tode foltern
❷ *(greatly disturb)* jdn quälen; ■**to be ~d by sth** von etw *dat* gequält werden; **to ~ oneself with a thought** sich *akk* mit einem Gedanken quälen

'tor·ture cham·ber *n* Folterkammer *f*

tor·tured ['tɔ:tʃəd, AM 'tɔ:rtʃɚd] *adj* gequält

tor·tur·er ['tɔ:tʃᵊrəʳ, AM 'tɔ:rtʃɚɚ] *n* Folterer *m*

tor·tur·ous ['tɔ:tʃərəs, AM 'tɔ:r-] *adj* folternd, marternd, Folter-; *(fig)* mühselig, beschwerlich, SCHWEIZ *a.* streng *fam*

Tory ['tɔ:ri] POL **I.** *n* ❶ BRIT *(British Conservative)* Tory *m;* ***he's a lifelong ~*** er ist ein eingefleischter Konservativer; ■**the Tories** *pl* die Tories *pl*
❷ CAN *Mitglied der ,Progressive Conservative Party'*
II. *adj inv* Tory-

Tory·ism ['tɔ:riɪzᵊm] *n no pl* Torysmus *m fachspr*

tosh [tɒʃ] *n no pl* BRIT *(dated fam)* Unsinn *m*, dummes Zeug

toss <*pl* -es> [tɒs, AM tɑ:s] **I.** *n* Wurf *m;* ***"I don't care," she said with a ~ of her head*** „das ist mir gleich", sagte sie und warf den Kopf zurück; **to win/lose the ~** den Münzwurf gewinnen/verlieren
▸PHRASES: **I don't care [*or* give] a ~** BRIT *(fam)* das ist mir piepegal [*o* SCHWEIZ *bes* schnurz] *fam*
II. *vt* ❶ *(throw)* ■**to ~ sb/sth** jdn/etw werfen; *(fling)* jdn/etw schleudern; *horse* jdn/etw abwerfen; ■**to ~ sth to sb [*or* to ~ sb sth]** jdm etw zuwerfen; **to ~ one's head** den Kopf zurückwerfen
❷ *(to make a decision)* ■**to ~ sb [for sth]** mit jdm [um etw *akk*] knobeln; **to ~ a coin** eine Münze werfen
❸ *(move up and back)* ■**to ~ sth** etw hin und her schleudern; ***carrots ~ ed in butter*** Karotten in Butter geschwenkt; **to ~ a pancake** einen Pfannkuchen [*o* ÖSTERR eine Palatschinke] [*o* SCHWEIZ *meist* Crêpe] wenden *(durch Hochwerfen)*
▸PHRASES: **to ~ one's hat in the ring** *esp* AM *(fig)* in den Wahlkampf einsteigen
III. *vi* ■**to ~ for sth** um etw *akk* knobeln
▸PHRASES: **to ~ and turn** sich *akk* hin und her wälzen
◆**toss about, toss around** *vt* ■**to ~ around [*or* about]** ○ **sth** etw hin und her werfen [*o* schleudern]; **to ~ a proposal around** *(fig)* einen Vorschlag zur Debatte stellen
◆**toss aside** *vt* ■**to ~ aside** ○ **sth** etw beiseitelegen [*o* SCHWEIZ, ÖSTERR auf die Seite tun]; **to ~ aside one's scruples** seine Skrupel ablegen
◆**toss away** *vt* ■**to ~ away** ○ **sth** etw wegwerfen
◆**toss back** *vt* ❶ *(throw back sharply)* **to ~ back one's hair/head** das Haar/den Kopf zurückwerfen
❷ *(drink quickly)* **to ~ back a drink** ein Getränk hinunterschütten [*o* SCHWEIZ hinunterleeren]
◆**toss down** *vt* **to ~ down a drink** ein Getränk hinunterschütten [*o* SCHWEIZ hinunterleeren]
◆**toss in** *vt* **to ~ in a comment** eine Bemerkung einwerfen
▸PHRASES: **to ~ in the towel** das Handtuch werfen *fig*
◆**toss off I.** *vt* ❶ *(fam: do quickly)* ■**to ~ off** ○ **sth** *text* etw hinwerfen *fig*
❷ BRIT, AUS *(vulg sl: excite sexually)* ■**to ~ sb off** jdn [durch Anfassen] scharfmachen *sl*
❸ *(drink quickly)* **to ~ off a drink** ein Getränk hinunterschütten [*o* SCHWEIZ hinunterleeren]
II. *vi* BRIT, AUS *(vulg sl)* sich *dat* einen runterholen *vulg*
◆**toss out** *vt* ❶ *(throw out)* ■**to ~ out** ○ **sb/sth** jdn/etw hinauswerfen
❷ *(offer unsolicited)* ■**to ~ out** ○ **sth** *remark* etw rauslassen *fig fam;* **to ~ out a suggestion** einen Vorschlag einwerfen

◆**toss up** *vi* eine Münze werfen
tossed sal·ad [tɒst'-, AM tɑ:st'-] *n* angemachter Salat
toss·er ['tɒsəʳ] *n* BRIT *(sl)* Vollidiot *m pej fam*
'toss·pot *n (fam)* Säufer(in) *m(f) sl* **'toss-up** *n* ❶ *(uncertain situation)* ungewisse Situation; ■ **to be a ~** [noch] unentschieden [*o* offen] sein ❷ *(tossing a coin)* Werfen *nt* einer Münze
tot [tɒt, AM tɑ:t] **I.** *n* ❶ *(fam: small child)* Knirps *m fam*
❷ *esp* BRIT *(small amount of alcohol)* Schlückchen *nt*
II. *vt (fam)* ■ **to ~ up** ○ **sth** etw zusammenrechnen [*o* addieren]
III. *vi* ausmachen; ***that ~ s up to £20*** das macht zusammen 20 Pfund
to·tal ['təʊtəl, AM 'toʊṭəl] **I.** *n* Gesamtsumme *f;* ***a ~ of 21 horses was*** [*or* ***were***] ***entered for the race*** im Ganzen wurden 21 Pferde zum Rennen zugelassen; **~ of an amount** Gesamtsumme *f;* **in ~** insgesamt
II. *adj* ❶ *attr, inv (complete)* gesamt; **~ cost** Gesamtkosten *pl;* **~ income** Gesamteinnahmen *pl*
❷ *(absolute)* völlig; ***the cargo was written off as a ~ loss*** die Fracht wurde als Totalverlust abgeschrieben; **to be a ~ disaster** die reinste Katastrophe sein; **to be a ~ stranger** vollkommen fremd sein
III. *vt* <BRIT -ll- *or* AM *usu* -l-> ❶ *(add up)* ■ **to ~ sth** etw zusammenrechnen [*o* addieren]; ***their debts ~ £8,000*** ihre Schulden belaufen sich auf 8.000 Pfund
❷ AM *(fam)* **to ~ a car** einen Wagen zu Schrott [*o* SCHWEIZ *meist* schrottreif] fahren
◆**total up** *vt* ■ **to ~ up** ○ **sth** etw zusammenrechnen [*o* addieren]
to·tal e'clipse *n of the sun* totale Sonnenfinsternis; *of the moon* totale Mondfinsternis
to·tali·tar·ian [tə(ʊ),tælɪ'teəriən, AM toʊ,tælə'teri-] *adj* POL totalitär
to·tali·tar·ian·ism [tə(ʊ),tælɪ'teəriənɪzəm, AM toʊ,tælə'teri-] *n no pl* POL Totalitarismus *m*
to·tal·ity [tə(ʊ)'tælɪti, AM toʊ'tæləṭi] *n no pl* ❶ *(whole amount)* Gesamtheit *f;* **to consider sth in its ~** etw im Ganzen [*o* als Ganzes] betrachten
❷ *(form: be all-important)* ***it's the ~ of his life*** es ist sein Lebensinhalt
❸ *(total eclipse)* totale Verfinsterung
to·tali·za·to·r ['təʊtəlaɪzeɪtəʳ, AM 'toʊṭəlɪzeɪṭɚ], **to·tal·iz·er** ['təʊtəlaɪzəʳ, AM 'toʊṭəlaɪzɚ] *n* SPORT ❶ *(machine)* Zählwerk *nt*
❷ *(betting system)* Totalisator *m*
to·tal·ly ['təʊtəli, AM 'toʊṭəli] *adv inv* völlig, total
tote[1] [təʊt, AM toʊt] *n no pl* SPORT ■ **the ~** das Toto
tote[2] [təʊt, AM toʊt] *vt esp* AM *(fam)* ■ **to ~ sth** etw schleppen
tote[3] [təʊt, AM toʊt] *n short for* **tote bag** Einkaufstasche *f*
◆**tote along** *vt* ■ **to ~ along** ○ **sth/sb** etw/jdn mitschleppen *fam*
◆**tote around** *vt* ■ **to ~ around** ○ **sb/sth** jdn/etw herumschleppen *fam*
'tote bag *n* Einkaufstasche *f*
to·tem ['təʊtəm, AM 'toʊṭəm] *n* Totem *nt*
to·tem·ic [tə(ʊ)'temɪk, AM toʊ'-] *adj* Totem-
'to·tem pole *n* Totempfahl *m*
toto ['təʊtəʊ, AM 'toʊtoʊ] *n no pl* ■ **in ~** insgesamt
tot·ter ['tɒtəʳ, AM 'tɑ:ṭɚ] *vi* wanken, stolpern *a. fig;* **to ~ from crisis to crisis** *(fig)* von einer Krise in die andere schlittern; **to ~ towards extinction** *(fig)* kurz vor dem Aussterben sein
tot·ter·ing ['tɒtərɪŋ, AM 'tɑ:ṭ-] *adj inv* schwankend, wack[e]lig *a. fig*
tot·tery ['tɒtəri, AM 'tɑ:ṭ-] *adj* wack[e]lig, tatterig; *person* zittrig
tot·ty ['tɒti] *n no pl* BRIT *(fam)* Schnecke *f oft pej sl,* Schnalle *f oft pej sl*
tou·can ['tu:kæn] *n (bird)* Tukan *m*
touch [tʌtʃ] **I.** *n* <*pl* -es> ❶ *no pl (ability to feel)* Tasten *nt;* **the sense of ~** der Tastsinn; ***the material was soft to the ~*** das Material fühlte sich weich an
❷ *(instance of touching)* Berührung *f;* **at** [*or* **with**] **a** [*or* **the**] **~ of a button** auf Knopfdruck
❸ *no pl (communication)* Kontakt *m;* **to be in ~ with sb/sth** mit jdm/etw in Kontakt sein; **to get/keep in ~** [**with sb/sth**] [mit jdm/etw] in Kontakt treten/bleiben; ***he's not really in ~ with what young people are interested in*** er ist nicht mehr richtig auf dem Laufenden über die Interessen der jungen Leute
❹ *no pl (skill)* Gespür *nt;* ***I admire her lightness/sureness of ~ as a cook*** ich bewundere ihre leichte/sichere Hand beim Kochen; **to have the magic ~** magische Fähigkeiten haben; **to lose one's ~** sein Gespür verlieren
❺ *no pl (small amount)* ■ **a ~ of ...** ein wenig ...; **a ~ of bitterness/irony** eine Spur Bitterkeit/Ironie; **a ~ of flu** *(fam)* eine leichte Grippe; **a ~ of the sun** ein Sonnenbrand *m*
❻ *no pl (rather)* ■ **a ~** ziemlich; ***the weather has turned a ~ nasty*** das Wetter ist ziemlich schlecht geworden
❼ *(valuable addition)* Ansatz *m;* **a ~ of genius** ein genialer Einfall; **the final** [*or* **finishing**] **~** der letzte Schliff
❽ *no pl* FBALL Aus *nt;* ***he kicked the ball into ~*** er schlug den Ball ins Aus
▸ PHRASES: **to kick sth into ~** *idea, project* etw auf Eis legen *fig;* **to be a soft ~** *(fam)* leichtgläubig sein
II. *vt* ❶ *(feel with fingers)* ■ **to ~ sb/sth** jdn/etw berühren; **to ~ the brake** auf die Bremse steigen *fam;* ■ **to ~ sb somewhere** jdn irgendwo berühren; ■ **to ~ sb/sth with sth** jdn/etw mit etw *dat* berühren; ***the setting sun ~ ed the trees with red*** *(fig)* die untergehende Sonne tauchte die Bäume in Rot
❷ *(come in contact with)* ■ **to ~ sth** mit etw *dat* in Berührung kommen; ***the edge of the town ~ es the forest*** die Stadt grenzt an den Wald; ***tragedy ~ ed their lives when their son was 16*** *(fig)* ihre Tragödie begann, als ihr Sohn 16 war
❸ *(consume)* ■ **to ~ sth** etw anrühren [*o* SCHWEIZ *a. fam* anlangen]; ***no thanks, I never ~ chocolate*** nein danke, ich esse keine Schokolade
❹ *(move emotionally)* ■ **to ~ sb** jdn bewegen *fig*
❺ *(rival in quality)* ■ **to ~ sth** an etw *akk* heranreichen; ■ **to ~ sb** jdm das Wasser reichen; ***there's no one to ~ him as an illustrator of children's books*** als Illustrator von Kinderbüchern ist er einfach unschlagbar
❻ *(deal with)* ■ **to ~ sth** etw anpacken; **to ~ problems** Probleme in Angriff nehmen; ■ **to ~ sb for sth** *(pej fam)* jdn um etw *akk* bitten
▸ PHRASES: **not to ~ sb/sth with a barge** [*or* AM **ten-foot**] **pole** jdm/etw meiden wie die Pest; **to ~ base with sb** mit jdm in Kontakt treten; **to ~ bottom** auf Grund stoßen; *(fig)* auf seinem absoluten Tiefpunkt angelangt sein; **to ~ a** [**raw**] **nerve** einen wunden Punkt berühren; **~ wood** BRIT wenn alles gutgeht; ***everybody has got the flu right now except me*** alle haben im Moment die Grippe außer mir — toi, toi, toi!
III. *vi* ❶ *(feel with fingers)* berühren; ***don't ~*** nicht berühren
❷ *(come in contact)* sich *akk* berühren
◆**touch at** *vi* NAUT **to ~ at a port** in einem Hafen anlegen
◆**touch down** *vi* AVIAT landen
◆**touch in** *vt* ART ■ **to ~ in** ○ **sth** etw skizzieren
◆**touch off** *vt* ■ **to ~ off** ○ **sth** etw auslösen; **to ~ off a storm of protest** einen Proteststurm entfachen
◆**touch on, touch upon** *vi* ■ **to ~ on sth** etw ansprechen
◆**touch up** *vt* ❶ *(improve)* ■ **to ~ up** ○ **sth** etw auffrischen; **to ~ up a photograph** ein Foto retuschieren
❷ BRIT *(fam: assault sexually)* ■ **to ~ sb up** jdn abtasten [*o* DIAL *pej* begrapschen]
◆**touch upon** *vi see* **touch on**
touch-and-'go *adj* unentschieden; ■ **to be ~ whether ...** auf Messers Scheide stehen, ob ...
'touch·down *n* ❶ *(landing)* Landung *f*
❷ *esp* AM SPORT *(scoring play)* Versuch *m;* **to score a ~** einen Versuch erzielen
tou·ché [tu'ʃeɪ] *interj* eins zu null für dich
touched [tʌtʃt] *adj pred* ❶ *(emotionally moved)* bewegt, gerührt
❷ *(dated fam: crazy)* ■ **to be ~** nicht ganz richtig [im Kopf] sein *fam*
touch 'foot·ball *n* AM, AUS *Form des American Football, bei dem der Gegner nicht zu Fall gebracht wird*
touchi·ly ['tʌtʃɪli] *adv (fam)* überempfindlich, leicht gereizt
touchi·ness ['tʌtʃɪnəs] *n no pl (fam)* ❶ *(sensitive nature)* Überempfindlichkeit *f*
❷ *(delicacy)* Empfindlichkeit *f;* ***everyone is aware of the ~ of the situation*** jeder ist sich darüber im Klaren, wie heikel die Situation ist
touch·ing ['tʌtʃɪŋ] **I.** *adj* berührend
II. *n* Berühren *nt kein pl;* ***'No T~!'*** ‚Nicht anfassen!'
touch·ing·ly ['tʌtʃɪŋli] *adv* auf rührende Weise; **to care ~ for sb** sich *akk* rührend um jdn kümmern
'touch·line *n* BRIT SPORT Seitenlinie *f*
'touch·pa·per *n* Zündpapier *nt*
touch·screen ['tʌtʃ,skri:n] **I.** *n* Touchscreen *m fachspr,* Berührungsbildschirm *m* **II.** *n modifier* **~ display** Touchscreen Display *nt* **touch-'sen·si·tive** *adj* COMPUT Touch-; **~ screen** Touchscreen *m fachspr* **'touch·stone** *n* Kriterium *nt geh* (**for** für +*akk*) **Touch-Tone 'phone**® *n* Tastentelefon *nt*
'touch-type *vi* blind schreiben
touchy ['tʌtʃi] *adj (fam)* ❶ *(oversensitive) person* empfindlich; **to be ~ about sth** empfindlich auf etw *akk* reagieren; ***she's very ~ about the fact that her husband has been married before*** es ist ihr wunder Punkt, dass ihr Mann schon einmal verheiratet war
❷ *(delicate) situation, topic* heikel
touchy-feely [,tʌtʃi'fi:li] *adj (pej fam)* gefühlsduselig *oft pej fam; topic* distanzlos; ■ **to be ~** auf Tuchfühlung gehen *pej fam*
tough [tʌf] **I.** *adj* ❶ *(strong)* robust; **~ plastic** Hartplastik *nt*
❷ *(hardy) person, animal* robust, zäh; **to be as ~ as old boots** nicht unterzukriegen sein
❸ *(stringent) law* streng, strikt; **to get ~er with sb/sth** bei jdm/etw härter durchgreifen
❹ *(hard to cut) meat* zäh; ***these apples have ~ skins*** diese Äpfel haben eine harte Schale; **to be as ~ as old boots** [*or* AM *also* **shoe leather**] zäh wie Schuhsohlen sein
❺ *(difficult)* schwierig, hart; **~ bargaining** harte Verhandlungen *pl;* **~ competition** harte Konkurrenz; **~ climate/winter** raues Klima/strenger Winter
❻ *(violent)* rau, brutal; **a ~ neighbourhood** eine üble Gegend
❼ *(fam: unlucky)* ***that's a bit ~ !*** da hast du wirklich Pech!; ***it's ~ on Geoff that ...*** es ist wirklich schade für Geoff, dass ...; ***if you get a cold, that'll be your ~*** wenn du dich erkältest, dann bist du selbst schuld; **~ luck!** so ein Pech! *a. iron;* **~ shit!** *esp* AM *(vulg sl)* scheiße für dich! *derb*
II. *n esp* AM *(fam)* Rowdy *m pej*
III. *vt (fam)* ■ **to ~ out** ○ **sth** etw aussitzen [*o* durchstehen]; **~ *it out*** da musst du durch *fam*
tough 'cookie *n esp* AM *(fam)* zähe Person; ■ **to be a ~** ein zäher Typ sein **tough 'cus·tom·er** *n (fam)* harter Brocken *fam*
tough·en ['tʌfən] **I.** *vt* ■ **to ~ sth** ❶ *(strengthen)* etw verstärken; **~ed glass** gehärtetes Glas
❷ *(make difficult to cut)* etw hart werden lassen
II. *vi* stärker werden
◆**toughen up** *vt* ❶ *(strengthen)* ■ **to ~ up** ○ **sth/sb** etw/jdn härter machen
❷ *(make more stringent)* ■ **to ~ up** ○ **sth** *controls, rules* etw verschärfen
'tough guy *n* ❶ *(strong-willed person)* zäher Bursche
❷ *(violent person)* Rowdy *m pej*
toughie ['tʌfi] *n (fam)* ❶ *(issue)* schwierige Sache
❷ *esp* AM *(fam: person)* Rowdy *m pej*
tough·ly ['tʌfli] *adv* stabil, robust, hart *a. fig;* **~ made** *boots* robust verarbeitet; **~ run** *company* von

T

starker Hand geführt; ~ **worded** *article* scharf formuliert

tough-'mind·ed *adj* [durch und durch] realistisch

tough·ness ['tʌfnəs] *n no pl* ① *(strength)* Härte *f,* Robustheit *f*
② *(determination)* Härte *f,* Entschlossenheit *f;* **the ~ of the competition** die Härte der Konkurrenz
③ *(of meat)* Zähheit *f*

tough 'nut *n* harter Brocken *fam* **tough-'talk·ing** *adj* ■**to be ~** kein Blatt vor den Mund nehmen; ***she's a ~ businesswoman*** sie ist eine harte Geschäftsfrau

toughy *n (fam) see* **toughie**

tou·pee, tou·pet ['tu:peɪ, AM tu:'peɪ] *n* Toupet *nt*

tour [tɔ:ʳ, tʊəʳ, AM tʊr] **I.** *n* ① *(journey)* Reise *f,* Tour *f;* **a ~ of the factory** eine Fabrikführung; **guided ~** Führung *f;* **sightseeing ~** Rundfahrt *f;* **walking ~** Rundwanderung *f;* **to go** [*or* **be taken**] **on a ~** eine Reise machen
② *(spell of duty)* Tournee *f;* **a ~ of inspection** ein Inspektionsrundgang *m;* **lecture ~** Vortragsreise *f;* **to be/go on ~** auf Tournee sein/gehen; **to serve a ~** [**somewhere**] [irgendwo] dienen
II. *n modifier (group, destination)* Reise-
III. *vt* ■**to ~ sth** ① *(travel around)* etw bereisen, durch etw *akk* reisen
② *(visit professionally)* etw besuchen, etw *dat* einen Besuch abstatten
③ *(perform)* **to ~ Germany** in Deutschland auf Tournee gehen, eine Deutschlandtournee machen
IV. *vi* ■**to ~** [**with sb**] [mit jdm] auf Tournee gehen; ■**to ~ in** [*or* **around**] **somewhere** irgendwo eine Tournee machen
◆**tour around,** BRIT *also* **tour round** *vi* herumreisen

tour de force <*pl* tours de force> [ˌtɔ:də'fɔ:s, ˌtʊə-, *pl* ˌtɔ:z-, AM ˌtʊrdə'fɔ:rs, *pl* ˌtʊrz-] *n* Glanzleistung *f*

tour·er ['tɔ:rəʳ, AM 'tʊrɚ] *n* Tourer *m*

Tourette's syn·drome [tɔ:'rets,-, tʊə-, AM tʊ'-] *n no pl* MED Tourette-Syndrom *nt fachspr*

'tour guide *n* Reiseleiter(in) *m(f)*

tour·ing ['tɔ:rɪŋ, 'tʊə-, AM 'tʊr-] **I.** *adj attr, inv* THEAT, MUS Tournee-; **~ company** Wandertheater *nt*
II. *n* Reisen *nt kein pl;* **to do some ~** herumreisen

tour·ism ['tɔ:rɪzᵊm, 'tʊə-, AM 'tʊr-] *n no pl* Tourismus *m;* **mass ~** Massentourismus *m*

tour·ist ['tɔ:rɪst, 'tʊə-, AM 'tʊr-] **I.** *n* ① *(traveller)* Tourist(in) *m(f)*
② AUS, BRIT *(member of sports team)* Mitglied *nt* einer Tourneemannschaft
II. *n modifier* Touristen-; **~ destination** Reiseziel *nt;* **~ group** Reisegruppe *f;* **to travel ~** in der Touristenklasse reisen

'tour·ist agen·cy *n* Reisebüro *nt* **'tour·ist at·trac·tion** *n* Touristenattraktion *f* **'tour·ist bu·reau** *n* Fremdenverkehrsamt *nt* **'tour·ist class** *n* Touristenklasse *f* **'tour·ist des·ti·na·tion** *n* Reiseziel *nt* **'tour·ist guide** *n* ① *(book)* Reiseführer *m* ② *(person)* Fremdenführer(in) *m(f)* **'tour·ist in·dus·try** *n* Tourismusindustrie *f* **tour·ist in·for·'ma·tion of·fice, 'tour·ist of·fice** *n* Touristeninformation *f* **'tour·ist sea·son** *n* Hauptsaison *f* **'tour·ist tick·et** *n* Touristenkarte *f* **'tour·ist track** *n (esp pej)* Touristenpfad *m* **'tour·ist trap** *n (pej)* Touristenfalle *f pej* **'tour·ist visa** *n* Reisevisum *nt*

tour·isty ['tɔ:rɪsti, 'tʊə-, AM 'tʊr-] *adj (pej)* touristisch; **~ souvenirs** Reiseandenken *pl,* SCHWEIZ *meist* Souvenirs *pl*

tour·ma·line ['tʊəməli:n, AM 'tʊrməlɪn] *n* Turmalin *m*

tour·na·ment ['tɔ:nəmənt, 'tʊə-, AM 'tɜ:r-] *n* SPORT Turnier *nt*

tour·ney ['tɜ:rni] *n* AM Turnier *nt*

tour·ni·quet ['tɔ:nɪkeɪ, 'tɜ:-, AM 'tɜ:r-] *n* MED Stauschlauch *m,* Tourniquet *m fachspr;* **to apply a ~ to sth/sb** etw/jdm einen Tourniquet anlegen

tour of 'duty <*pl* tours of duty> *n* MIL, POL Verpflichtung *f;* **to serve a ~** Militärdienst leisten, dienen **tour of in·'spec·tion** <*pl* tours-> *n* MIL Inspektionsrundgang *m*

'tour op·era·tor *n* Reiseveranstalter *m*

tour·tière [tu:r'tjer] *n* CAN *Pastete mit Hackfleischfüllung, die in Québec traditionell zu Weihnachten gegessen wird*

tou·sle ['taʊzl] *vt* **to ~ one's hair** sich *dat* das Haar zerzausen

tou·sled ['taʊzld] *adj* zerzaust; **~ hair** zerzaustes Haar

tout [taʊt] **I.** *n (pej)* Schwarzhändler(in) *m(f)*
II. *vt* ① *(advertise)* ■**to ~ sth/sb** für etw/jdn Reklame machen; ■**to ~ sb as sth** jdn als etw preisen; ■**to ~ sb for sth** jdn für etw *akk* preisen; ***she is being ~ed for an Oscar*** sie wird als Kandidatin für den Oskar gehandelt; **to ~ ideas** Ideen propagieren
② BRIT *(pej: sell unofficially)* ■**to ~ sth** etw unter der Hand verkaufen
III. *vi* ■**to ~ for sth/sb** um etw/jdn werben; **to ~ for business** [*or* **custom**] [*or* **customers**] um Kunden kämpfen
◆**tout around, tout round** *vi* ■**to ~ around for sth** nach etw *dat* suchen

tow¹ [təʊ, AM toʊ] *n (fibre)* Werg *nt*

tow² [təʊ, AM toʊ] **I.** *n* Schleppen *nt kein pl;* ■**to be on** [*or* AM **in**] [*or* AUS *also* **under**] ~ abgeschleppt werden; **to give sb a ~** jdn abschleppen; **to take sth in ~** etw ins Schlepptau nehmen; **to have sb in ~** *(fig)* jdn im Schlepptau haben *fig*
II. *vt* ■**to ~ sb/sth** jdn/etw ziehen; **to ~ a vehicle** ein Auto abschleppen
◆**tow away, tow off** *vt* ■**to ~ away** ⊂ **sth** [*or* **off**] etw abschleppen

tow·age ['təʊɪdʒ, AM 'toʊ] *n no pl* ① *(process of towing)* [Ab]schleppen *nt*
② *(charge)* [Ab-]Schleppgebühr[en] *f*[*pl*]

to·ward(s) [tə'wɔ:d(z), AM tɔ:rd(z), tə'wɔ:rd(z)] *prep* ① *(in direction of)* in Richtung; ***she kept glancing ~ the telephone*** sie sah immerzu in Richtung Telefon; ***she walked ~ him*** sie ging auf ihn zu; ***he leaned ~ her*** er lehnte sich zu ihr hinüber
② *(near)* nahe +*dat;* ***our seats were ~ the back*** unsere Plätze waren recht weit hinten; ***we're well ~ the front of the queue*** wir sind ziemlich weit vorne in der Schlange
③ *(just before)* gegen +*akk;* **~ midnight/the end of the year** gegen Mitternacht/Ende des Jahres; **~ Easter/the first of June** um Ostern/den ersten Juni herum
④ *(to goal of)* ***they are working ~ a degree*** sie arbeiten auf einen Abschluss hin; ***there has been little progress ~ finding a solution*** es gab wenig Fortschritt in Richtung einer Lösung; ***the work that students do during the term counts ~ their final grade*** die Arbeit, die die Studenten während des Semesters schreiben, wird auf ihre Endnote angerechnet; **to work ~ a solution** auf eine Lösung hinarbeiten
⑤ *(to trend of)* zu +*dat;* ***a trend ~ healthier eating*** ein Trend [hin] zu gesünderer Ernährung
⑥ *(in relation to)* gegenüber +*dat;* ***they've always been friendly ~ me*** mir gegenüber waren sie immer freundlich; ***that's part of her attitude ~ life*** das ist Teil ihrer Lebenseinstellung; **to feel sth ~ sb** jdm gegenüber etw empfinden [*o* fühlen]
⑦ *(to be used for)* für +*akk;* ***he has given me some money ~ it*** er hat mir etwas Geld dazugegeben; ***would you like to make a contribution ~ a present for Linda?*** möchtest du etwas zu einem Geschenk für Linda beisteuern?

'tow-away I. *n* Abschleppen *nt kein pl*
II. *n modifier* Abschlepp-; **~ zone** [*or* **area**] Abschleppzone *f*

'tow bar *n* Abschleppstange *f* **'tow boat** *n* AM NAUT Schlepper *m*

tow·el ['taʊəl] **I.** *n* Handtuch *nt,* SCHWEIZ *a.* Frotteetuch *nt;* **paper ~** Papiertuch *nt;* **tea ~** Geschirrtuch *nt,* ÖSTERR *a.* Hangerl *nt*
▸PHRASES: **to throw** [*or* **chuck**] **in the ~** das Handtuch werfen *fig*
II. *vt* <-ll-> **to ~ sth dry** etw trocken reiben
◆**towel down** *vt* ■**to ~ sb down** jdn abtrocknen

'towel-dry *vi* mit dem Handtuch trocknen

tow·el·ette [ˌtaʊə'let, AM ˌtaʊ(ə)-] *n* Erfrischungstuch *nt*

tow·el·ling, AM **tow·el·ing** ['taʊəlɪŋ] **I.** *n no pl* Frottee *nt o m*
II. *n modifier* Frottee-

'tow·el rail *n,* AM **'tow·el rack** *n* Handtuchhalter *m*

tow·er [taʊəʳ, AM taʊɚ] **I.** *n* Turm *m;* **office ~** Bürohochhaus *nt*
▸PHRASES: **a ~ of strength** ein Fels in der Brandung *fig*
II. *vi* aufragen; ■**to ~ above** [*or* **over**] **sb/sth** jdn/etw überragen *a. fig*

'tow·er block *n* BRIT Hochhaus *nt*

tow·er·ing ['taʊərɪŋ, AM 'taʊɚ-] *adj* ① *(very high)* hoch aufragend
② *(very great)* überragend; **~ rage** maßloser Zorn; **a ~ temper** ein zügelloses Temperament

'tow·er pack·ing *n* CHEM Füllkörper *m*

tow·head ['təʊhed, AM 'toʊ-] *n* Flachskopf *m*

tow·line ['təʊlaɪn, AM 'toʊ] *n see* **tow rope** Schlepptau *nt*

town [taʊn] *n* ① *(small city)* Stadt *f;* **home ~** Heimatstadt *f;* **resort ~** Fremdenverkehrsort *m*
② *no art (residential or working location)* Stadt *f;* ■**in/out of ~** in/außerhalb der Stadt; ■**to be in/out of ~** in der/nicht in der Stadt sein
③ *(downtown)* ■[**the**] ~ das Zentrum; **to go to** [*or* **into**] ~ ins Zentrum fahren; **to be** [*or* **have a night**] **out on the ~** einen draufmachen *fam*
④ *(major city in area)* Stadt *f;* **to go up to** [*or* **into**] ~ in die Stadt fahren
⑤ + *sing/pl vb (residents of a town)* Stadt *f*
▸PHRASES: **to go to ~** [**on sth**] sich *akk* [bei etw *dat*] ins Zeug legen

town 'cen·tre *n* BRIT ■**the ~** das Stadtzentrum **town 'clerk** *n* BRIT Magistratsbeamte(r), -beamtin *m, f;* **Town Clerk** Stadtdirektor *m* **town 'coun·cil** *n* BRIT Stadtrat *m* **town 'coun·cil·lor** *n* Stadtrat, -rätin *m, f* **town 'cri·er** *n (hist)* Ausrufer *m hist*

townee *n* BRIT *(pej fam) see* **townie**

town 'hall *n* Rathaus *nt* **'town house** *n* ① *(residence)* Stadthaus *nt* ② *esp* AM *(row house)* Reihenhaus *nt*

townie ['taʊni] *n (pej fam)* ① *(not academic) jd, der in einer Universitätsstadt wohnt, jedoch nicht mit der Universität in Verbindung steht*
② BRIT *(person)* Städter(in) *m(f)*

town 'meet·ing *n* AM Gemeindeversammlung *f* **town 'plan·ner** *n* Stadtplaner(in) *m(f)* **town 'plan·ning** *n no pl* Stadtplanung *f*

town·scape ['taʊnskeɪp] *n* Stadtbild *nt; (picture of town)* Stadtansicht *f*

'towns·folk *npl* Stadtbevölkerung *f kein pl,* Städter *pl*

town·ship ['taʊnʃɪp] *n* ① AM, CAN *(local government)* Gemeinde *f*
② SA *(settlement for blacks)* Township *f (von Schwarzen bewohnte, abseits der Stadt gelegene Siedlung)*

'towns·man *n* Städter *m,* Stadtbewohner *m* **'towns·peo·ple** *npl* Stadtbevölkerung *f kein pl,* Städter *pl* **'towns·wom·an** *n* Städterin *f,* Stadtbewohnerin *f* **Towns·wom·en's 'Guild** *n* BRIT *Frauenorganisation, die sich der städtischen Frauenschaft annimmt*

town 'twin·ning *n no pl* Städtepartnerschaft *f*

towny ['taʊni] *n (pej fam) see* **townie**

'tow·path *n* Treidelpfad *m,* Treppelweg *m* ÖSTERR **'tow·plane** *n* AVIAT Schleppflugzeug *nt* **'tow·rope** *n* Abschleppseil *nt* **'tow truck** *n* AM, AUS Abschleppwagen *m*

tox·aemia, AM **tox·emia** [tɒk'si:miə, AM tɑ:k-] *n no pl* Blutvergiftung *f,* Toxämie *f fachspr*

tox·ic ['tɒksɪk, AM 'tɑ:k-] *adj* giftig, toxisch *fachspr;* **~ waste** Giftmüll *m*

tox·ic·ity [tɒk'sɪsəti, AM tɑ:k'sɪsəṭi] *n no pl* Giftigkeit *f,* Toxizität *f fachspr*

toxi·co·ge·nom·ics [ˌtɒksɪkə(ʊ)dʒɪ'nɒmɪks, AM ˌtɑ:ksɪkoʊdʒɪ'nɑ:m-] *n + sing vb* Toxicogenomics *pl (Wissenschaft, die sich mit dem Einfluss von Giften auf das menschliche Erbgut beschäftigt)*

toxi·colo·gist [ˌtɒksɪ'kɒlədʒɪst, AM ˌtɑ:ksɪ'kɑ:lə-] *n* Toxikologe, Toxikologin *m, f*

toxi·col·ogy [ˌtɒksɪˈkɒlədʒi, AM ˌtɑːksɪˈkɑːlə-] *n no pl* Toxikologie *f*

tox·ic 'shock syn·drome *n* MED toxisches Schocksyndrom *fachspr*

tox·in [ˈtɒksɪn, AM ˈtɑːk-] *n* Toxin *nt fachspr*

toxo·plas·mo·sis [ˌtɒksə(ʊ)plæzˈməʊsɪs, AM ˌtɑːksoʊplæzmoʊ-] *n* MED Toxoplasmose *f fachspr*

toy [tɔɪ] **I.** *n* Spielzeug *nt a. fig;* **cuddly ~** Schmusetier *nt,* Kuscheltier *nt*
II. *n modifier* ① *(used as a toy) (car, farm, gun, plane)* Spielzeug-; **~ book** Kinderbuch *nt*
② ZOOL *(tiny) (poodle, spaniel)* Zwerg-; **~ dog** Schoßhund *m; (stuffed)* Stoffhund *m*
III. *vt* ① *(consider)* ▪**to ~ with sth** mit etw *dat* herumspielen *a. fig;* **to ~ with an idea** mit einem Gedanken spielen; **to ~ with one's food** in seinem Essen herumstochern
② *(not treat seriously)* ▪**to ~ with sb** mit jdm spielen; ***he's just ~ing with my affections*** er spielt nur mit meinen Gefühlen

toy 'blocks *npl* AM, AUS *(toy bricks)* Bauklötze *pl* **'toy boy** *n (fam)* jugendlicher Liebhaber **toy 'bricks** *npl* BRIT Bauklötze *pl* **'toy·mak·er** *n* Spielzeughersteller *m* **'toy·shop** *n* Spielwarengeschäft *nt* **toy 'sol·dier** *n* Spielzeugsoldat *m* **'toy·town** *n attr, inv* Spielzeugstadt *f,* Miniaturstadt *f*

TPU [ˌtiːpiːˈjuː] *n modifier abbrev of* **thermoplastic polyurethane** TPU-

trace[1] [treɪs] *n* Zugriemen *m,* Strang *m;* **to kick over the ~s** *(fig)* über die Stränge schlagen

trace[2] [treɪs] **I.** *n* ① *(sign)* Zeichen *nt,* Spur *f;* **to disappear without a ~** spurlos verschwinden
② *(slight amount)* Spur *f,* Anflug *m kein pl;* **~s of cocaine/poison** Kokain-/Giftspuren *pl;* **~ of emotion** Gefühlsregung *f;* **~ of a smile** Anflug *m* eines Lächelns; **without any ~ of sarcasm/humour** ohne jeglichen Sarkasmus/Humor
③ *(electronic search)* Aufzeichnung *f;* **to put a ~ on a phone call** ein Telefongespräch zurückverfolgen
④ *(measurement line)* Aufzeichnung *f*
⑤ *esp* AM *(path)* [Trampel]pfad *m*
⑥ *(in math)* Kurve *f*
⑦ COMPUT *of program* Programmablaufverfolgung *f*
II. *vt* ① *(follow trail)* ▪**to ~ sb** jds Spur verfolgen; *(find)* jdn aufspüren [*o* ausfindig machen] [*o* SCHWEIZ, ÖSTERR *a.* eruieren]; ***she was ~d to Manchester*** ihre Spur führte nach Manchester; **to ~ a letter/package** einen Brief/ein Paket auffinden
② *(track back)* ▪**to ~ sth** etw zurückverfolgen; ***the outbreak of food poisoning was ~d to some contaminated shellfish*** man fand heraus, dass verseuchte Meeresfrüchte die Ursache der Lebensmittelvergiftung waren; **to ~ a call/computer virus** einen Anruf/Computervirus zurückverfolgen
③ *(describe)* ▪**to ~ sth** etw beschreiben
④ *(draw outline)* ▪**to ~ sth** etw skizzieren [*o* zeichnen]; *(through paper)* etw durchpausen; *(with a finger)* etw nachmalen; *(with one's eye/mind)* etw *dat* folgen
⑤ *(take route)* **to ~ a path** einem Weg folgen
◆**trace back** *vt* ▪**to ~ back** ⊂ **sth** [**to sth**] etw zurückverfolgen [bis zu etw *dat*]
◆**trace out** *vt* ▪**to ~ out** ⊂ **sth** *(draw)* etw [nach]zeichnen; *(describe)* etw beschreiben

trace·able [ˈtreɪsəbl̩] *adj* zurückverfolgbar; ▪**to be ~ to sth** sich *akk* auf etw *dat* zurückführen lassen

'trace ana·ly·sis *n* CHEM Spurenanalyse *f* **'trace el·ement** *n* Spurenelement *nt*

trac·er [ˈtreɪsəʳ, AM -ɚ] **I.** *n* ① MIL Leuchtspurgeschoss *nt*
② MED Isotopenindikator *m fachspr*
③ *(transmission device)* Sender *m*
④ *(enquiry form)* Laufzettel *m*
⑤ COMPUT *(monitoring programme)* Überwacher *m,* Überwachungsprogramm *nt*
II. *n modifier* MIL *(ammunition, fire, shell)* Leuchtspur-

'trac·er bul·let *n* MIL Leuchtspurgeschoss *nt*

trac·ery [ˈtreɪsəri] *n* ① *no pl (ornamental work)* Maßwerk *nt*
② *(pattern)* Filigranmuster *nt*

tra·chea <*pl* -s *or* -chae> [trəˈkiə, *pl* -i, AM ˈtreɪkiə, *pl* -i] *n* Luftröhre *f,* Trachea *f fachspr*

tra·che·oto·my [ˌtrækiˈɒtəmi, AM ˌtreɪkiˈɑːt̬ə-] *n* MED Luftröhrenschnitt *m,* Tracheotomie *f fachspr*

trac·ing [ˈtreɪsɪŋ] *n* Skizze *f*

'trac·ing pa·per *n no pl* Pauspapier *nt*

track [træk] **I.** *n* ① *(path)* Weg *m,* Pfad *m;* **forest ~** Waldweg *m;* **muddy ~** Matschweg *m*
② *(rails)* ▪**~s** *pl* Schienen *pl;* **"keep off the ~s"** „Betreten der Gleise verboten"; **to leave the ~s** entgleisen
③ *(for curtains)* Schiene *f*
④ AM RAIL *(platform)* Bahnsteig *m,* Perron *m* SCHWEIZ
⑤ *usu pl (also fig: mark)* Spur *f a. fig; of a deer* Fährte *f;* **tyre ~s** Reifenspuren *pl,* Pneuspuren *pl* SCHWEIZ; **to be on the ~ of sb** [*or* **on sb's ~**] jdm auf der Spur [*o* auf den Fersen] sein; **to cover up one's ~s** seine Spuren verwischen; **to leave ~s** Spuren hinterlassen
⑥ *(path) of a hurricane* Bahn *f; of a comet* [Lauf]bahn *f; of an airplane* Route *f*
⑦ *no pl (fig: course)* Weg *m;* ***I tried to follow the ~ of his argument*** ich versuchte, seinem Gedankengang zu folgen; ***the company is on ~ to make record profits*** die Firma ist auf dem besten Weg, Rekordgewinne zu erzielen; ***we were rather behind our schedule, but we've managed to get back on ~ now*** wir waren ziemlich in Verzug geraten, aber inzwischen läuft wieder alles nach Zeitplan; **to keep the economy on/to get** [*or* **put**] **the economy back on ~** die Wirtschaft in Schwung halten/wieder in Schwung bringen; **to get one's life back on ~** sein Leben wieder ins Lot bringen; **to be on the right/wrong ~** auf dem richtigen/falschen Weg sein
⑧ *no pl (educational path)* Laufbahn *f; (career path)* Berufsweg *m;* **to change ~** [**completely**] eine [völlig] neue Richtung einschlagen
⑨ SPORT *for running* Laufbahn *f; for race cars* Piste *f; for bikes* Radrennbahn *f,* Velorennbahn *f* SCHWEIZ
⑩ *no pl (athletics)* Leichtathletik *f*
⑪ *(piece of music)* Nummer *f,* Stück *nt,* Track *m sl; (in a film)* Soundtrack *m;* **backing ~** Backgroundmusik *f kein pl*
⑫ *(on a tape)* Tonspur *f; (on a record)* Rille *f;* COMPUT [Magnet]spur *f;* **four-~ tape recorder** Vierspur[tonband]gerät *nt*
⑬ *(between wheels)* Spurweite *f*
⑭ NAUT Hohlkehle *f fachspr,* Nut *f fachspr*
⑮ *(on a bulldozer, tank)* Kette *f*
⑯ LAW Rechtsweg *m;* **fast ~** beschleunigtes Verfahren; **multi-~** reguläres Verfahren, ≈ Untersuchungsverfahren *nt;* **small claims ~** Verfahren *nt* für Bagatellsachen
⑰ ELEC Leiter *m*
▸PHRASES: **to be off the beaten ~** abgelegen sein; **to get off** [**the**] **~** vom Thema abweichen; **to keep ~ of sb/sth** *(follow)* jdn/etw im Auge behalten; *(count)* jdn/etw zählen; **to live** [*or* **be**] **on the wrong side of the ~s** *(fam)* aus ärmlichen Verhältnissen stammen; **to lose ~ of sb/sth** *(lose contact)* jdn/etw aus den Augen verlieren; **to lose ~** [**of sth**] *(be confused about)* [über etw *akk*] den Überblick verlieren; *(not keep up to date)* [über etw *akk*] nicht mehr auf dem Laufenden sein; ***I use to know everything about him, but I've lost ~ recently*** ich wusste früher alles über ihn, aber neuerdings bin ich nicht mehr auf dem Laufenden; ***he had lost all ~ of time*** er hatte jegliches Zeitgefühl verloren; **to make ~s** *(fam)* sich *akk* aufmachen; ***I'd better make ~s now*** ich mach mich jetzt besser auf die Socken *fam;* **to make ~s for London/the pub** sich *akk* auf den Weg nach London/zur Kneipe machen; **to stop** [*or* **halt**] **sb** [**dead**] **in their ~s** jdn vor Schreck [vollkommen] erstarren lassen; **to stop** [*or* **halt**] [*or* **freeze**] **in one's ~s** vor Schreck erstarren; **to throw sb off the ~** jdn auf die falsche Fährte führen *fig;* **in one's ~s** an Ort und Stelle
II. *n modifier* SPORT *(competition, team, star)* Lauf-; **~ medal** *(in racing)* Rennsportmedaille *f*
III. *vt* ① *(pursue)* ▪**to ~ sth** etw verfolgen; **to ~ an animal** die Fährte eines Tieres verfolgen; ▪**to ~ sb** jds Spur verfolgen; ***the terrorists were ~ed to Amsterdam*** die Spur der Terroristen konnte bis nach Amsterdam verfolgt werden
② *(follow the trail of)* **to ~ sb's career/record** jds Karriere/Vorgeschichte verfolgen; **to ~ a storm/hurricane** einen Sturm/Orkan verfolgen
③ *(find)* **to ~ sth/sb/an animal** etw/jdn/ein Tier aufspüren; ***the kidnapper was ~ed to the airport*** der Entführer wurde am Flughafen aufgespürt; **to ~ a criminal/target** einen Kriminellen/ein Ziel aufspüren
④ *esp* AM *(make a trail of)* **to ~ sand/dirt in the house** Sand-/Schmutzspuren im Haus hinterlassen
⑤ AM SCH *(divide into groups)* **to ~ students** Schüler in Gruppen einteilen
IV. *vi* ① *camera* heranfahren
② *storm, hurricane* ziehen; *stylus* sich *akk* bewegen
③ *(wheels)* spurgenau laufen
◆**track away** *vi* FILM *camera* abschwenken
◆**track down** *vt* ▪**to ~ down** ⊂ **sb** jdn aufspüren; ▪**to ~ down** ⊂ **sth** etw aufstöbern [*o* finden]; *reference, piece of information* etw ausfindig machen
◆**track in I.** *vt* AM *(bring in)* **to ~ in** ⊂ **mud/dirt/sand** Matsch/Schmutz/Sand hereintragen
II. *vi* FILM *camera* heranfahren
◆**track up** *vt* AM *(soil)* **to ~ up** ⊂ **the house/kitchen** Schmutzspuren im Haus/in der Küche hinterlassen

track and 'field I. *n no pl* SPORT Leichtathletik *f*
II. *n modifier* SPORT *(club, competition, team)* Leichtathletik-; **~ athletics** Leichtathletikdisziplinen *pl*

'track ball *n* COMPUT Rollkugel *f*

track·er [ˈtrækəʳ, AM -ɚ] *n* Fährtenleser(in) *m(f)*

'track·er dog *n* Spürhund *m*

'track event *n* SPORT Laufwettbewerb *m*

track·ing [ˈtrækɪŋ] *n no pl* ① *(pursuit)* Verfolgen *nt,* Nachspüren *nt*
② AUTO *(alignment of wheels)* [Rad]stellung *f*

'track·ing shot *n* FILM Schwenk *m* **'track·ing sta·tion** *n* AEROSP Bodenstation *f*

track·less [ˈtrækləs] *adj inv* ① *(having no paths) desert, forest* spurenlos
② *esp* AM *(not running on tracks) vehicle* schienenlos; **~ trolley** Oberleitungsbus *m,* Trolleybus *m* SCHWEIZ

'track·man *n* Streckenarbeiter *m*

'track meet *n* AM Leichtathletikwettkampf *m*

'track·pad *n* Trackpad *nt*

'track race *n* Rennen *nt; (for cars, athletes)* Lauf *m*

track 'rec·ord *n* ① SPORT Streckenrekord *m*
② *of company, person* Erfolgsbilanz *f;* ***what's his ~ like?*** was hat er vorzuweisen?; *(hum)* ***it's hardly surprising your wife doesn't trust you, given your ~!*** es ist kaum verwunderlich, dass deine Frau dir nicht vertraut – bei deiner Karriere! *hum*

'track rod *n* Spurstange *f*

'track shoe *n* Laufschuh *m*

'track·suit *n* Trainingsanzug *m*

'track walk·er *n* RAIL Streckenläufer(in) *m(f)*

tract[1] [trækt] *n* Traktat *nt o m geh* (**on** über +*akk*); ***he wrote a ~ against feminism*** er verfasste eine Schrift gegen den Feminismus

tract[2] [trækt] *n* ① *(area of land)* Gebiet *nt;* AM *(property)* Grundstück *nt; (small lot)* Parzelle *f;* **a large ~ of time** *(fig)* eine Menge Zeit
② ANAT *(bodily system)* Trakt *m;* **respiratory ~** Atemwege *pl,* Atemtrakt *m*

trac·tabil·ity [ˌtræktəˈbɪləti, AM -ət̬i] *n no pl (form) of child* Lenkbarkeit *f; of metal* Formbarkeit *f*

trac·table [ˈtræktəbl̩] *adj (form) person, child* lenkbar; *metal* formbar; *problem* lösbar; *situation* in den Griff zu kriegen *präd*

'tract house *n* AM Reihenhaus *nt*

trac·tion [ˈtrækʃᵊn] *n no pl* ① *of car, wheels* Bodenhaftung *f;* **to lose ~** Bodenhaftung *f* verlieren
② MECH *(pulling)* Antrieb *m;* **electric ~** Elektroantrieb *m*
③ *(medical treatment)* Strecken *nt;* **to be in** [*or* **on**] **~** im Streckverband liegen

'trac·tion con·trol *n no pl* Antriebsschlupfregelung *f fachspr* **'trac·tion en·gine** *n* Zugmaschine *f* **'trac·tion pow·er** *n no pl* Zugkraft *f*

trac·tor ['træktəʳ, AM -ɚ] *n* Traktor *m*

trac·tor-'trail·er *n* AM Sattelschlepper *m*

trad [træd] *adj* BRIT, AUS *(fam) short for* **traditional** traditionell

trad·abil·ity [ˌtreɪdəˈbɪləti, AM -əṭi] *n no pl* Handelbarkeit *f*

trad·able [treɪdəbl] *adj* FIN handelbar, handelsfähig; ~ **goods** *pl* handelbare Güter *pl*

trade [treɪd] **I.** *n* ① *no pl (buying and selling)* Handel *m* (**in/with** mit +*dat*); **the balance of** ~ die Handelsbilanz; **managed** ~ kontrollierter Handel ② *no pl (business activity)* Umsatz *m* ③ *(type of business)* Branche *f*, Gewerbe *nt*; **building** ~ Baugewerbe *nt*; **fur** ~ Pelzgeschäft *nt* ④ *no pl (particular business)* ▪**the** ~ die Branche; **the rules of the** ~ die Regeln der Branche ⑤ *(handicraft)* Handwerk *nt*; ***he's a carpenter by*** ~ er ist Schreiner von Beruf; ▪**to be in** ~ BRIT *(esp pej dated)* Handwerker/Handwerkerin sein; **to learn a** ~ ein Handwerk erlernen ⑥ *esp* AM *(swap)* Tauschgeschäft *nt*; ***it's a*** ~ abgemacht!; **to take/give sth in** ~ etw zum Tausch nehmen/geben ⑦ AM SPORT *(transfer)* Transfer *m* ⑧ *(trade wind)* ▪**the** ~**s** *pl* der Passat
II. *n modifier (enquiry, mission)* Handels-
III. *vi* ① *(exchange goods)* tauschen; ▪**to** ~ **with sb** mit jdm tauschen ② *(do business)* Geschäfte machen; **to** ~ **in oil/luxury goods/tobacco** mit Öl/Luxusgütern/Tabak Handel betreiben ③ STOCKEX *(be bought and sold)* handeln; ***shares in the company*** ~***d actively*** Firmenaktien wurden lebhaft gehandelt ④ *(use)* ▪**to** ~ **on** [*or* **upon**] **sth** etw ausnutzen
IV. *vt* ① *(exchange)* ▪**to** ~ **sth** [**for sth**] etw [durch etw *akk*] austauschen; ***I wouldn't*** ~ ***you for the world*** ich würde dich für nichts auf der Welt eintauschen; ***I'll*** ~ ***you some of my chocolate for some of your ice cream*** ich gebe dir etwas von meiner Schokolade für etwas von deinem Eis; **to** ~ **bets** Wetten abschließen; **to** ~ **places** [**with sb**] [mit jdm] den Platz tauschen; **to** ~ **stories/insults/punches** Geschichten/Beleidigungen/Schläge austauschen ② *(buy and sell)* **to** ~ **commodity futures/options/shares** mit Warentermingeschäften/Optionen/Aktien handeln ③ AM SPORT *(transfer)* **to** ~ **a football player** einen Fußballspieler verkaufen
◆**trade down** *vi* sich *akk* verkleinern *fig*; ***my car is costing me too much, so I'm going to*** ~ ***down for a cheaper model*** mein Auto ist zu teuer, ich hole mir ein billigeres Modell
◆**trade in** *vt* ▪**to** ~ **in** ◌ **sth** etw in Zahlung geben
◆**trade off** *vt* ▪**to** ~ **off** ◌ **sth against sth** etw gegen etw *akk* tauschen
◆**trade up** *vi* sich *akk* vergrößern *fig*

'trade agree·ment *n* Handelsabkommen *nt* **'trade as·so·cia·tion** *n* Wirtschaftsverband *m*, Handelsverband *m* **'trade bal·ance** *n* Handelsbilanz *f* **'trade bar·ri·er** *n* Handelsschranke[n] *f*[*pl*], Handelsbeschränkung *f*, Handelshemmnis *nt*; **to lift** ~**s from imports** Handelsschranken für Importe aufheben **trade 'credi·tors** *npl* Kreditoren *pl*, Verbindlichkeiten *pl* aus Lieferungen und Leistungen **'trade cy·cle** *n* Konjunkturzyklus *m*

trad·ed ['treɪdɪd] *adj inv* gehandelt; ~ **good** gehandeltes Gut; ~ **product** Handelsprodukt *nt*

trade 'defi·cit, 'trade gap *n* ECON Außenhandelsdefizit *nt* **Trade De·'scrip·tions Act** *n* LAW, ECON Warenkennzeichnungsgesetz *nt*

trade di·'rec·tory *n* Branchenverzeichnis *nt*

trade 'dis·count *n* Händlerrabatt *m* **'trade dis·pute** *n* Handelsstreitigkeit *f*; *(between union and employer)* Tarifkonflikt *m*

trad·ed op·tion [ˌtreɪdɪd'-] *n* STOCKEX handelbare Option

trad·ed 'price *n* STOCKEX **highest/lowest** ~ Börsenhöchstkurs *m*/Börsentiefstkurs *m*

'trade em·bar·go *n* Handelsembargo *nt* **'trade fair** *n* ECON [Handels]messe *f* **'trade fig·ures** *npl* Außenhandelszahlen *pl* **'trade gap** *n* Außenhandelsdefizit *nt*

'trade-in ECON **I.** *n* Tauschware *f* **II.** *adj attr, inv* Eintausch- **'trade-in value** *n* Gebrauchtwert *m*

trade 'jour·nal *n* Handelsblatt *nt* **trade 'lan·guage** *n* Verhandlungssprache *f*

'trade·mark I. *n* ① *(of a company)* Warenzeichen *nt*, Handelsmarke *f*, Markenzeichen *nt*; **registered** ~ eingetragenes Warenzeichen ② *(of a person, music)* charakteristisches Merkmal, Handschrift *f fig*
II. *n modifier (guarantee, service)* handelsüblich

'trade mis·sion *n* Handelsmission *f* **'trade name** *n* Handelsname *m*, Markenname *m*

'trade-off *n* ① ECON Austausch *m*, Kompensation *f*, gegenseitige Abstimmung *f* ② *(concession)* Zugeständnis *nt* ③ *(compromise)* Kompromiss *m*

trade 'pa·per *n* Handelsblatt *nt* **'trade poli·cy** *n* Handelspolitik *f* **trade 'press** *n no pl* Wirtschaftspresse *f* **'trade price** *n* BRIT Großhandelspreis *m*; **to buy sth at** ~ etw zum Großhandelspreis kaufen **trade pub·li·'ca·tion** *n* Handelsblatt *nt*

trad·er ['treɪdəʳ, AM -ɚ] *n* ① *(person)* Händler(in) *m(f)*; STOCKEX Wertpapierhändler(in) *m(f)* ② *(ship)* Handelsschiff *nt*

'trade reg·is·ter *n* Handelsregister *nt* **trade re·'la·tion** *n usu pl* Handelsbeziehung *f* **trade re·'stric·tion** *n* Handelsbeschränkung *f*, Handelshemmnis *nt* **'trade route** *n* Handelsweg *m* **trade 'sanc·tions** *npl* Handelssanktionen *pl*, Wirtschaftssanktionen *pl*

'trade school *n* AM Gewerbeschule *f*

trade 'se·cret *n* Geschäftsgeheimnis *nt*, Betriebsgeheimnis *nt* **'trade show** *n* AM [Handels]messe *f*

trades·man ['treɪdzmən] *n (shopkeeper)* Händler *m*; *(craftsman)* Handwerker *m*; *(supplier)* Lieferant *m*

trades·men's 'en·trance *n* BRIT *(esp dated)* Lieferanteneingang *m*

'trades·peo·ple *npl* Händler *pl* **trades 'un·ion** *n* Gewerkschaft *f*

trade 'sur·plus *n* ECON Außenhandelsüberschuss *m* **'trade tax** *n* Gewerbesteuer *f*; ~ **on capital** Gewerbekapitalsteuer *f* **trade 'un·ion I.** *n* Gewerkschaft *f* **II.** *n modifier (member, meeting, official, ralley)* Gewerkschafts-; ~ **activity** gewerkschaftliche Betätigung **trade 'un·ion·ism** *n no pl* Gewerkschaftswesen *nt* **trade 'un·ion·ist** *n* Gewerkschaftler(in) *m(f)* **trade un·ion 'move·ment** *n* Gewerkschaftsbewegung *f* **'trade war** *n* Handelskrieg *m* **'trade wind** *n* Passat *m*

trad·ing ['treɪdɪŋ] *n no pl* Handel *m*; STOCKEX Börsengeschäfte *pl*; ~ ***was heavy/light today on Wall Street*** an der Wall Street war der Handel heute stark/schwach; **Sunday** ~ BRIT Offenhalten *nt* der Geschäfte am Sonntag; **insider** ~ Insidergeschäft *nt*

'trad·ing bank *n + sing/pl vb* Handelsbank *f* **'trad·ing cen·tre** *n + sing/pl vb* Handelsplatz *m* **'trad·ing com·pa·ny** *n + sing/pl vb* Handelsgesellschaft *f*, Handelsadresse *f*

'trad·ing day *n* STOCKEX Börsentag *m*, Handelstag *m*; **last** ~ **of the month** Ultimo *m*

'trad·ing es·tate *n* BRIT Industriegelände *nt*

'trad·ing fee *n* Handelsgebühr *f* **'trad·ing firm** *n + sing/pl vb* Handelsunternehmen *nt*

'trad·ing floor *n* STOCKEX Börsenparkett *nt*, Börsensaal *m*

'trad·ing hours *npl* STOCKEX Börsenstunden *pl*, Handelszeit *f*; *(opening hours)* Öffnungszeiten *pl*

'trad·ing house *n + sing/pl vb* Handelshaus *nt* **'trad·ing li·cence** *n* Gewerbekonzession *f* **'trad·ing part·ner** *n* Handelspartner(in) *m(f)* **'trad·ing post** *n (usu hist)* Laden *m*, Handelsniederlassung *f*

'trad·ing ses·sion *n* Börsensitzung *f*

'trad·ing stamp *n* Rabattmarke *f*

'trad·ing stan·dards of·fic·er *n* Gewerbeaufsichtsbeamte(r), -beamtin *m, f* **'trad·ing vol·ume** *n* Geschäftsvolumen *nt*; *(sales volume)* Umsatzvolumen *nt*

tra·di·tion [trəˈdɪʃᵊn] *n* ① *no pl (customary behaviour)* Tradition *f*; ▪**by** ~ aus Tradition; **according to** ~ **...** der Überlieferung nach ...; **to be rooted in** ~ in der Tradition verwurzelt sein ② *(custom)* Tradition *f*, Brauch *m*; **to break** [**with**] **a** ~ mit einer Tradition brechen ③ *(style)* Tradition *f*, Stil *m* ④ *(in religion)* Überlieferung *f*

tra·di·tion·al [trəˈdɪʃᵊnᵊl] *adj belief, costume, food* traditionell; *person* konservativ; *story* alt; ~ **jazz** Dixieland[jazz] *m*

tra·di·tion·al·ism [trəˈdɪʃᵊnᵊlɪzᵊm] *n no pl* Traditionalismus *m geh*

tra·di·tion·al·ist [trəˈdɪʃᵊnᵊlɪst] **I.** *n* Traditionalist(in) *m(f) geh*
II. *adj inv* traditionalistisch *geh*

tra·di·tion·al·ly [trəˈdɪʃᵊnᵊli] *adv* traditionell; *(usually)* üblicherweise, normalerweise; ***this area is*** ~ ***liberal*** diese Region war schon immer liberal

trad 'jazz *n no pl* BRIT Dixieland[jazz] *m*

tra·duce [trəˈdjuːs, AM *esp* -duːs] *vt (form)* ▪**to** ~ **sb/sth** jdn/etw verleumden

traf·fic ['træfɪk] **I.** *n no pl* ① *(vehicles)* Verkehr *m*; **air/rail** ~ Luft-/Bahnverkehr *m*; **commercial** ~ Handelsverkehr *m*; **heavy** ~ starker Verkehr; **passenger** ~ Personenverkehr *m*; **to get stuck in** ~ im Verkehr stecken bleiben; **to direct** ~ den Verkehr regeln ② *(on telephone)* Fernsprechverkehr *m*; **data** ~ COMPUT Datenverkehr *m* ③ *(in illegal items)* illegaler Handel (**in** mit +*dat*); **drug** ~ Drogenhandel *m* ④ *(form: dealings)* ▪**to have** ~ **with sth/sb** mit etw/jdm zu tun haben [*o* in Verbindung stehen]
II. *n modifier (casualties, flow, hazard, offence, problems, tie-ups)* Verkehrs-; ~ **lane** Fahrstreifen *m*
III. *vi* <-ck-> handeln; **to** ~ **in weapons** [*or* **arms**] Waffenhandel betreiben; **to** ~ **in drugs** mit Drogen handeln; **to** ~ **in pornography** Pornografie vertreiben

'traf·fic ac·ci·dent *n* Verkehrsunfall *m*

traf·fi·ca·tor ['træfɪkeɪtəʳ] *n* BRIT *(dated)* Blinker *m*

traf·fic-calmed ['træfɪkˌkɑːmd] *adj attr, inv* BRIT verkehrsberuhigt

'traf·fic-calm·ing BRIT **I.** *n no pl* Verkehrsberuhigung *f*
II. *adj attr, inv* zur Verkehrsberuhigung *nach n*; ~ **measures** verkehrsberuhigende Maßnahmen

'traf·fic cir·cle *n* AM Kreisverkehr *m* **'traf·fic cone** *n* AUTO Leitkegel *m*, Pylon *m*, Pylone *f* **'traf·fic con·ges·tion** *n no pl* Stau *m* **'traf·fic cop** *n* AM *(fam)* Verkehrspolizist(in) *m(f)* **'traf·fic court** *n* AM Gericht *nt* für Straßenverkehrssachen **'traf·fic di·ver·sion** *n* Umleitung *f* **'traf·fic en·gi·neer** *n* Verkehrsingenieur(in) *m(f)* **traf·fic en·gi·'neer·ing** *n no pl* Verkehrsplanung *f* **'traf·fic in·di·ca·tor** *n* Blinker *m* **'traf·fic is·land** *n* ① *(pedestrian island)* Verkehrsinsel *f* ② AM *(central reservation)* Mittelstreifen *m* **'traf·fic jam** *n* Stau *m*; **to be/get stuck in a** ~ in einem Stau stecken

traf·ficked ['træfɪkt] *vi pp, pt of* **traffic**

traf·fick·er ['træfɪkəʳ, AM -ɚ] *n (pej)* Händler(in) *m(f)*; **arms** ~ Waffenschieber(in) *m(f)*; **drug** ~ Drogenhändler(in) *m(f)*, Dealer(in) *m(f) fam*

traf·fick·ing ['træfɪkɪŋ] *n no pl (pej)* Handel *m*; **arms** ~ Waffenschieberei *f*; **drug** ~ Drogenhandel *m*

'traf·fic light *n* Ampel *f* **'traf·fic pa·trol** *n* Verkehrspolizei *f* **'traf·fic pat·tern** *n* ① *(for airplanes)* Flugroute *f* ② *(for road traffic)* Verkehrslage *f* **'traf·fic po·lice** *npl* Verkehrspolizei *f kein pl* **'traf·fic po·lice·man** *n* Verkehrspolizist *m* **'traf·fic regu·la·tion** *n* Straßenverkehrsordnung *f* **'traf·fic re·port** *n* Verkehrsbericht *m* **'traf·fic sign** *n* Verkehrszeichen *nt* **'traf·fic sig·nal** *n* Ampel *f* **'traf·fic war·den** *n* BRIT Verkehrspolizist(in) *m(f)*; *(woman)* Politesse *f*

tra·gedian [trəˈdʒiːdiən] *n* ① *(actor)* tragischer Schauspieler, Tragöde *m* ② *(writer)* Tragiker *m*, Trauerspieldichter *m*

trag·edy ['trædʒədi] *n* Tragödie *f a. fig,* Trauerspiel *nt a. fig;* ***it's a ~ that ...*** es ist tragisch, dass ...; **Greek ~** griechische Tragödie; **a human ~** eine menschliche Tragödie

trag·ic ['trædʒɪk] *adj* tragisch; *(suffering sorrow)* leidgeprüft; ***he's a ~ actor*** er spielt tragische Rollen

tragi·cal·ly ['trædʒɪkəli] *adv* ① *(sadly)* tragischerweise
② *(in theatre)* tragisch

tragi·com·edy [ˌtrædʒɪ'kɒmədi, AM -'kɑːmə-] *n* Tragikomödie *f*

tragi·com·ic [ˌtrædʒɪ'kɒmɪk, AM -'kɑː-] *adj* tragikomisch

trail [treɪl] **I.** *n* ① *(path)* Weg *m,* Pfad *m*
② *(track)* Spur *f;* ■**to be on the ~ of sth/sb** etw/jdm auf der Spur sein; **~ of dust/smoke** Staubwolke *f*/Rauchfahne *f;* **a paper ~** ein schriftlicher Beweis; **to be hot on the ~ of sb** jdm dicht auf den Fersen sein; **to follow a ~** HUNT einer Fährte folgen; **to leave a ~** eine Spur hinterlassen
II. *vt* ① *(follow)* ■**to ~ sb/an animal** jdm/einem Tier auf der Spur sein
② *(drag)* ■**to ~ sth** etw nachziehen; *(leave behind)* etw hinterlassen
③ *(in a competition)* ■**to ~ sb/sth** hinter jdm/etw liegen
III. *vi* ① *(drag)* schleifen; *(plant)* sich *akk* ranken
② *(be losing)* zurückliegen
③ *(move sluggishly)* ■**to ~ [after sb]** [hinter jdm her] trotten; **to ~ along the street/into a room** die Straße entlangschlendern/in ein Zimmer schlurfen
◆**trail away** *vi* verstummen; ***her voice ~ed away into silence*** ihre Stimme wurde immer leiser, bis sie verstummte
◆**trail behind I.** *vi* zurückbleiben
II. *vt* ■**to ~ behind sb/sth** jdm/etw hinterherlaufen
◆**trail off** *vi* verstummen

'**trail bike** *n* Motocross Motorrad *nt* **trail·blaz·er** [-ˌbleɪzəʳ, AM -ɚ] *n* Wegbereiter(in) *m(f)* **trail·blaz·ing** ['treɪlbleɪzɪŋ] *adj attr* bahnbrechend

trail·er ['treɪləʳ, AM -ɚ] *n* ① *(wheeled container)* Anhänger *m*
② AM *(caravan)* Wohnwagen *m*
③ *(advertisement)* Trailer *m fachspr*
④ *(leader)* Vorspannband *nt*
⑤ COMPUT *(byte)* Nachsatz *m*

'**trail·er camp,** '**trail·er park** *n* AM Wohnwagenabstellplatz *m*

'**trail·er-truck** *n* AM Sattelschlepper *m*

trail·ing ['treɪlɪŋ] *adj attr, inv* HORT Kletter-; **~ plant** Kletterpflanze *f;* **~ rose** Schlingrose *f*

'**trail mix** *n no pl* Studentenfutter *nt* '**trail·wear** *n no pl* Outdoorbekleidung *f*

train [treɪn] **I.** *n* ① RAIL Zug *m;* ■**to be on a ~** in einem Zug sitzen; **to board a ~** in einen Zug einsteigen; **to change ~s** umsteigen; **to miss/take** [*or* **catch**] **a ~** einen Zug verpassen/nehmen
② *(series)* Serie *f;* ■**to be in ~** im Gange sein; **a ~ of events** eine Kette von Ereignissen; **~ of thought** Gedankengang *m;* **to put** [*or* **set**] **sth in ~** etw in Gang setzen
③ *(retinue)* Gefolge *nt kein pl; (procession)* Zug *m;* **an elephant/camel ~** ein Elefanten-/Kamelzug; **a ~ of barges** ein Schleppzug *m;* **wagon ~** Wagenkolonne *f;* **to bring sth in its/one's ~** *(fig)* etw nach sich *dat* ziehen
④ *(part of dress)* Schleppe *f*
II. *n modifier (connection, journey, ride)* Zug-; **~ schedule** Fahrplan *m;* **~ driver** Lokführer(in) *m(f)*
III. *vi* ① *(learn)* ■**to ~ for sth** für etw *akk* trainieren; ***she ~ed as a pilot*** sie machte eine Pilotenausbildung
② *(travel by train)* **to ~ to London/New York** mit dem Zug nach London/New York fahren
IV. *vt* ① *(teach)* ■**to ~ sb [in sth]** jdn [in etw *dat*] ausbilden; ■**to ~ oneself to do sth** sich *dat* [selbst] beibringen, etw zu tun; ■**to ~ sb for** [*or* **to do**] **sth** jdn für etw *akk* ausbilden; *(hum)* ***you must ~ your husband to do housework!*** du musst deinen Mann zur Hausarbeit erziehen!; **to ~ children to be polite** Kinder zur Höflichkeit erziehen; **to ~ dogs** Hunde abrichten; **to ~ lions/tigers/elephants** Löwen/Tiger/Elefanten dressieren; **to ~ one's mind** seinen Verstand schulen
② HORT **to ~ roses/grape vines** Rosen/Weintrauben ziehen
③ *(point at)* **to ~ a gun/light/telescope on** [*or* **upon**] **sb/sth** eine Waffe/ein Licht/Teleskop auf jdn/etw richten
◆**train up** *vt* ■**to ~ up ○ sb** jdn einschulen

'**train ac·ci·dent** *n* Zugunglück *nt*

'**train-bear·er** *n* Schleppenträger(in) *m(f)*

trained [treɪnd] *adj* ① *(educated)* ausgebildet; *animal* abgerichtet; *(hum)* ***I've got my husband well-~*** ich habe meinen Ehemann gut erzogen; **to be ~ in nursing/teaching** als Krankenschwester/Lehrer ausgebildet sein
② *(expert) ear, eye, mind* geschult; *voice* ausgebildet

trainee [ˌtreɪ'niː] **I.** *n* Auszubildende(r) *f(m),* Trainee *m,* Praktikant(in) *m(f);* **management ~** Führungsnachwuchs *m;* **nurse ~** Krankenpflegeschüler(in) *m(f)*
II. *n modifier* **~ manager** Management-Trainee *m;* **~ teacher** Referendar(in) *m(f),* Probelehrer(in) *m(f)* ÖSTERR, SCHWEIZ

trainee·ship [ˌtreɪ'niːʃɪp] *n* Praktikum *nt*

train·er ['treɪnəʳ, AM -ɚ] *n* ① *(teacher)* Trainer(in) *m(f); (of animals)* Dresseur(in) *m(f); (in circus)* Dompteur, Dompteuse *m, f;* **personal ~** Privattrainer(in) *m(f)*
② *(fam: flight simulator)* Schulflugzeug *nt*
③ BRIT *(shoe)* Turnschuh *m*
④ *(training pants)* ■**~s** *pl* Turnhose *f*

'**train fer·ry** *n* Zugfähre *f*

train·ing ['treɪnɪŋ] **I.** *n no pl* ① *(education)* Ausbildung *f; of new employee* Schulung *f; of dogs* Abrichten *nt; of elephants, lions* Dressur *f;* **on-the-job ~** Ausbildung *f* am Arbeitsplatz; **basic ~** MIL Grundwehrdienst *m,* Rekrutenschule *f* SCHWEIZ
② SPORT *(practice)* Training *nt;* ■**to be in ~ for sth** für etw *akk* trainieren; **to be out of/in ~** nicht/gut in Form sein
II. *adj attr, inv* Schulungs-

'**train·ing camp** *n* SPORT Trainingscamp *nt*

'**train·ing cen·tre** *n + sing/pl vb* Bildungszentrum *nt* '**train·ing col·lege** *n* BRIT Lehrerbildungsanstalt *f,* Lehrerseminar *nt* SCHWEIZ '**train·ing course** *n* Vorbereitungskurs *m* '**train·ing manu·al** *n* Lehrbuch *nt* '**train·ing mis·sion** *n* MIL Übungsmission *f*

'**train·ing pants** *npl* Sporthose *f*

'**train·ing plane** *n* Schulflugzeug *nt* '**train·ing pro·gramme,** AM '**train·ing pro·gram** *n* Ausbildungsprogramm *nt* '**train·ing ship** *n* Schulschiff *nt*

'**train·ing shoe** *n* BRIT Turnschuh *m* '**train·ing ta·ble** *n* AM Tisch *m* mit Sportlernahrung

'**train·ing wheels** *npl* AM, AUS Stützräder *pl;* **to get off one's ~** *(fig)* den Kinderschuhen entwachsen

'**train·load** *n* Zugladung *f* '**train·man** *n* AM Eisenbahnbedienstete(r) *f(m),* SCHWEIZ *meist* Eisenbahnangestellte(r) *f(m)*

'**train-oil** *n no pl* Tran *m*

'**train ser·vice** *n no pl* Zugverkehr *m; (between two towns)* [Eisen]bahnverbindung *f* '**train set** *n* Spielzeugeisenbahn *f* '**train shed** *n* Lokschuppen *m* '**train·sick** *adj* reisekrank *(beim Zugfahren)* '**train·sick·ness** *n no pl* Reisekrankheit *f (beim Zugfahren)* '**train·spot·ter** [-ˌspɒtəʳ] *n* BRIT *jd, der als Hobby die Nummern von Lokomotiven und Eisenbahnen sammelt* '**train·spot·ting** [-ˌspɒtɪŋ] *n das Sammeln von Lokomotiven- und Eisenbahnnummern als Hobby* '**train sta·tion** *n* Bahnhof *m* '**train tick·et** *n* Zugfahrkarte *f,* Zugbillett *nt* SCHWEIZ

traipse [treɪps] **I.** *vi* latschen *fam,* hatschen ÖSTERR *fam*
II. *n no pl* Latschen *nt fam*

trait [treɪ, treɪt, AM treɪt] *n* Eigenschaft *f;* **character ~** Charakterzug *m;* **genetic ~** genetisches Merkmal

trai·tor ['treɪtəʳ, AM -t̬ɚ] *n* Verräter(in) *m(f);* ■**to be a ~ to sth/sb** etw/jdn verraten; **to brand sb [as] a ~** jdn als Verräter anprangern; **to turn ~** zu einem Verräter/einer Verräterin werden

trai·tor·ous ['treɪtərəs, AM -t̬ɚ-] *adj* verräterisch *a. fig*

trai·tress <*pl* -es> ['treɪtrɪs] *n (dated)* Verräterin *f*

tra·jec·tory [trə'dʒektəri, AM -ɚi] *n* PHYS Flugbahn *f;* MATH Kurve *f*

tram [træm] BRIT, AUS **I.** *n* Straßenbahn *f,* Tram *nt* SCHWEIZ; **to go by ~** mit der Straßenbahn [*o* SCHWEIZ mit dem Tram] fahren
II. *n modifier (accident, fare, ride, route, service, system)* Straßenbahn-, Tram- SCHWEIZ; **~ stop** Straßenbahnhaltestelle *f,* Tramhaltestelle *f* SCHWEIZ

'**tram car** *n* BRIT, AUS Straßenbahnwagen *m,* Tramwagen *m* SCHWEIZ '**tram driv·er** *n* BRIT, AUS Straßenbahnfahrer(in) *m(f),* Tramchauffeur, Tramchauffeuse *m, f* SCHWEIZ '**tram·line** *n* BRIT, AUS ① *(route)* Straßenbahnlinie *f,* Tramlinie *f* SCHWEIZ ② *(tracks)* ■**~s** *pl* Straßenbahnschienen *pl,* Tramschienen *pl* SCHWEIZ ③ SPORT *(boundary lines)* ■**~s** *pl* Seitenlinien *pl*

tram·mel ['træməl] **I.** *n* ① *(liter)* ■**~s** *pl (restrictions) of etiquette, religion* Fesseln *pl fig*
② *(trammel net)* Schleppnetz *nt*
II. *vt* <-ll-> *(liter)* ■**to ~ sb/sth** jdn/etw einschränken

'**tram·mel net** *n* Schleppnetz *nt*

tramp [træmp] **I.** *vi* ① *(walk)* marschieren; *(walk heavily)* trampeln; **to ~ on sb's toes** auf jds Zehen trampeln
② *(live as vagabond)* umherziehen
II. *vt* ■**to ~ sth:** ***you're ~ing dirt and mud all over the house!*** du schleppst den Schmutz und Matsch durch das ganzen Haus!; **to ~ the country/streets** das Land/die Straßen durchwandern
III. *n* ① *no pl (stomping sound)* schwere Schritte *pl*
② *no pl (long walk)* Wanderung *f; (tiring walk)* Fußmarsch *m;* **to go for a ~ [somewhere]** [irgendwo] eine Wanderung machen
③ *(poor person)* Vagabund(in) *m(f),* Sandler(in) *m(f)* ÖSTERR
④ *esp* AM *(pej: woman)* Flittchen *nt pej fam*
⑤ *(ship)* Trampdampfer *m*

tram·ple ['træmpl] **I.** *vt* **to ~ sb/sth** jdn/etw niedertrampeln; **to ~ grass/flowers/crops** Gras/Blumen/Getreide zertrampeln; **to be ~d to death** zu Tode getrampelt werden; **to ~ sb/sth underfoot** jdn/etw niedertrampeln
II. *vi* ① *(step on)* ■**to ~ on** [*or* **all over**] **sth** auf etw *dat* herumtrampeln
② *(fig: treat contemptuously)* ■**to ~ on sb/sth** auf jdm/etw herumtrampeln *fig*
◆**trample down** *vt* ■**to ~ down ○ sth** etw zertrampeln

tram·po·line ['træmpəliːn, AM -pə-] *n* Trampolin *nt*

tram·po·lin·ist [ˌtræmpə'liːnɪst, AM -pə-] *n* Trampolinspringer(in) *m(f)*

'**tramp steam·er** *n* Trampdampfer *m*

'**tram·way** *n (rails)* Straßenbahnschienen *pl,* Tramschienen *pl* SCHWEIZ; *(route)* Straßenbahnstrecke *f,* Tramstrecke *f* SCHWEIZ; *(system)* Straßenbahnnetz *nt,* Tramliniennetz *nt* SCHWEIZ

trance [trɑːn(t)s, AM træn(t)s] *n* ① *(mental state)* Trance *f;* **to be in a ~** in Trance sein; **to go** [*or* **fall**] **into a ~** in Trance fallen; **to put** [*or* **send**] **sb into a ~** jdn in Trance versetzen
② *no pl (music)* Trance-Musik *f*

tranche [trɑːn(t)ʃ] *n* ① *of money* Rate *f,* Teilbetrag *m*
② STOCKEX Tranche *f fachspr*
③ *of fish* Scheibe *f*

tran·ny ['træni] *n esp* BRIT *(sl) short for* **transistor radio** Transistorradio *nt*

tran·quil ['træŋkwɪl] *adj setting, lake, neighbourhood* ruhig; *voice, expression* gelassen

tran·quil·ity *n* AM *see* **tranquillity**

tran·quil·ize *vt* AM *see* **tranquillize**

tran·quil·iz·er *n* AM *see* **tranquillizer**

tran·quil·lity, AM *also* **tran·quil·ity** [træŋ'kwɪləti, AM -əti] *n no pl* Ruhe *f,* Gelassenheit *f*

tran·quil·lize, AM *usu* **tran·quil·ize** ['træŋkwɪlaɪz] *vt* MED ■**to ~ sb/an animal** jdn/ein Tier ruhigstellen

tran·quil·liz·er, AM *usu* **tran·quil·iz·er** ['træŋkwɪlaɪzəʳ, AM -ɚ] *n* Tranquilizer *m*, Beruhigungsmittel *nt;* ■**to be on ~s** unter Beruhigungsmitteln stehen

'tran·quil·liz·ing dart *n* Betäubungspfeil *m*

tran·quil·ly ['træŋkwɪli] *adv* ruhig; **to live ~** friedlich leben

trans·act [træn'zækt] **I.** *vt* **to ~ business** Geschäfte abwickeln [*o* abschließen]; **to ~ a deal** ein Geschäft abschließen; **to ~ negotiations/money exchange** Verhandlungen/einen Geldwechsel durchführen
II. *vi* **to ~ with sb** mit jdm verhandeln

trans·ac·tion [træn'zækʃᵊn] *n* ❶ ECON Transaktion *f;* ***a ~ on the Stock Exchange*** Börsentransaktion *f;* **business ~** Geschäft *nt;* **~ of business** Geschäftsbetrieb *m;* **fraudulent ~** Schwindelgeschäft *nt*
❷ *(published report)* ■**~s** *pl* Sitzungsbericht *m*
❸ COMPUT Datenbewegung *f,* Transaktion *f*

tran's·ac·tion ac·count *n* FIN Transaktionskonto *nt* **trans·ac·tion·al analy·sis** [træn,zækʃᵊnᵊl-] *n no pl* PSYCH Transaktionsanalyse *f fachspr* **tran's·ac·tion bank** *n + sing/pl vb* Transaktionsbank *f* **tran's·ac·tion bank·ing** *n no pl* FIN Transactionbanking *nt* **trans·'ac·tion costs** *npl* STOCKEX Transaktionskosten *pl;* **~ and costs of exchange cover** Transaktions- und Kurssicherungskosten *pl* **tran's·ac·tion num·ber** *n* FIN Transaktionsnummer *f,* TAN *f*

trans·al·pine [træn'zælpaɪn] *adj* transalpin

trans·at·lan·tic, trans-At·lan·tic [,trænzət'læntɪk, AM ,træn(t)sæt'-] *adj inv* transatlantisch; **~ flight** Transatlantikflug *m;* **our ~ allies/partners** *(said by British)* unsere amerikanischen Alliierten/Partner; *(said by Americans)* unsere britischen Alliierten/Partner

trans·ceiv·er [træn'si:vəʳ, AM -ɚ] *n* Sende-und Empfangsgerät *nt*, Fernkopierersender/-empfänger *m*

trans·cend [træn'send] *vt* ❶ *(go beyond)* ■**to ~ sth** über etw *akk* hinausgehen; ***love ~s all*** [*or* ***everything else***] die Liebe überwindet alle Grenzen; **to ~ barriers/limitations** Grenzen/Einschränkungen überschreiten
❷ *(surpass)* ■**to ~ sb/sth** jdn/etw überragen

trans·cen·dence [træn'sendən(t)s] *n no pl (form)* Transzendenz *f geh*

trans·cen·dent [træn'sendənt] *adj* ❶ *(supreme) authority, being* übernatürlich
❷ *(exceptional) love, genius* überragend
❸ *(in philosophy)* transzendent *geh*

trans·cen·den·tal [,træn(t)sen'dentᵊl, AM -t̬ᵊl] *adj* transzendent[al] *geh*, übersinnlich

trans·cen·den·tal medi·'ta·tion *n no pl* transzendentale Meditation **trans·cen·den·tal 'num·ber** *n* transzendente Zahl, Transzendente *f fachspr*

trans·con·ti·nen·tal [,trænsˌkɒntɪ'nentᵊl, AM ,træn(t)sˌkɑ:ntᵊn'entᵊl] *adj inv* transkontinental

tran·scribe [træn'skraɪb] *vt* ❶ *(put in written form)* **to ~ a conversation/a recording** ein Gespräch/eine Aufnahme niederschreiben [*o* protokollieren]
❷ MUS **to ~ a quartet for clarinet/piano** ein Quartett für Klarinette/Klavier umschreiben [*o fachspr* transkribieren]
❸ LING **to ~ characters** Zeichen transkribieren *fachspr;* **to ~ shorthand** Kurzschrift [in Langschrift] übertragen; **to ~ a text phonetically** einen Text in phonetische Schrift übertragen
❹ BIOL **to ~ genetic information** genetische Informationen transkribieren *fachspr* [*o* übertragen]
❺ COMPUT ■**to ~ sth** etw umschreiben

tran·script ['træn(t)skrɪpt] *n* ❶ *(copy)* Abschrift *f,* Protokoll *nt*
❷ *(in genetics)* Transkription *f fachspr*
❸ AM *(school records)* ■**~s** *pl* Zeugnisse *pl;* **high school/college ~s** High School-/Collegezeugnisse *pl*
❹ LAW Abschrift *f*

tran·scrip·tion [træn'skrɪpʃᵊn] *n* ❶ *(copy)* Abschrift *f,* Protokoll *nt*
❷ *no pl (putting into written form)* Abschrift *f;* BIOL, LING, MUS Transkription *f fachspr; of genetic information also* Übertragung *f;* **phonetic ~** Umsetzung *f* in Lautschrift
❸ COMPUT Umschreibung *f*

trans·duc·er [trænz'dju:səʳ, AM træn(t)s'du:sɚ, -dju:s-] *n* ELEC Wandler *m*

tran·sept [træn(t)'sept] *n* ARCHIT Querschiff *nt*

trans-'fat-free *adj inv food* transfettfrei

trans·fer I. *vt* <-rr-> [træn(t)s'fɜ:ʳ, AM -'fɜ:r] ❶ *(move)* ■**to ~ sb/sth** jdn/etw transferieren *geh;* ***she ~red her gun from its shoulder holster to her handbag*** sie nahm ihre Waffe aus dem Schulterhalfter heraus und steckte sie in ihre Handtasche; ***all passengers were ~red out of one bus and into another*** alle Passagiere mussten von einem Bus in einen anderen umsteigen; ***the goods were ~red to Cologne*** die Waren wurden nach Köln übergeführt; **to ~ a drawing/design/pattern** eine Zeichnung/ein Design/Muster übertragen; **to ~ sb to a hospital** jdn in ein Krankenhaus einweisen; **to ~ money** Geld überweisen
❷ *(re-assign)* ■**to ~ sb** jdn versetzen; ■**to be/get ~red** versetzt werden; ■**to ~ sth** etw übertragen; **to ~ power** die Macht abgeben; **to ~ responsibility** die Verantwortung übertragen
❸ *(redirect)* **to ~ anger/hate/mistrust** Ärger/Hass/Misstrauen übertragen; **to ~ a call** ein Gespräch weiterleiten; **to ~ one's emotions/affections to sb new** jd anderem seine Gefühle/Zuneigung schenken
❹ *(change ownership)* **to ~ a house/property to sb** ein Haus/Eigentum auf jdn überschreiben; **to ~ a title** einen Titel übertragen; **to ~ rights/claims** Rechte/Ansprüche abtreten
❺ SPORT *(sell)* ■**to ~ sb** jdn verkaufen
❻ LING *(adapt)* **~red meaning/use of a word or phrase** übertragene Bedeutung/übertragener Gebrauch eines Wortes oder Satzes
II. *vi* <-rr-> [træn(t)s'fɜ:ʳ, AM -fɜ:r] ❶ *(change jobs) employee* überwechseln; *(change club, university)* wechseln (**to** in/nach *+akk)*
❷ *(change buses, trains)* umsteigen
❸ *(change systems)* umstellen
III. *n* ['træn(t)sfɜ:ʳ, AM -fɜ:r] ❶ *no pl (process of moving) of hospital patients, prisoners* Verlegung *f* (to in/nach *+akk)*
❷ *(reassignment) of money* Überweisung *f; of personnel* Abordnung *f;* **~ of capital** Kapitaltransfer *m;* **~ of ownership/a title** Übertragung *f* eines Besitzes/Titels; **~ of rights/claims** Abtretung *f* der Rechte/Ansprüche; **~ of power** Machtübertragung *f;* **~ of profits** Gewinnverlagerung *f;* **~ of technology** Technologietransfer *m*
❸ *(at work)* Versetzung *f; of teams, clubs* Transfer *m;* **to request a ~** um Transfer bitten
❹ *no pl (distribution)* Transfer *m;* **~ of information** Informationstransfer *m*
❺ SPORT *(player)* Transferspieler(in) *m(f)*
❻ AM *(ticket)* Umsteige[fahr]karte *f,* Umsteigebillett *nt* SCHWEIZ
❼ *(pattern)* Abziehbild *nt*

trans·fer·abil·ity [,trɑ:n(t)sfᵊrə'bɪləti, AM ,træn(t)sfɜ:rə'bɪlət̬i] *n no pl* Übertragbarkeit *f*

trans·fer·able [træn(t)s'fɜ:rəbl̩] *adj inv* übertragbar; *rights, stocks, property also* transferierbar *geh*

'trans·fer agent *n* FIN Umschreibestelle *f* **'trans·fer book** *n* FIN Aktienbuch *nt*

trans·fer·ence [trɑ:n(t)s'fᵊrᵊn(t)s, 'træn(t)sfɜ:rᵊnts, AM 'træn(t)sfɚ-, træn(t)s'fɜ:r-] *n no pl* ❶ *(act of changing)* Übergabe *f;* **~ of power** Machtübergabe *f*
❷ PSYCH *of emotions* Übertragung *f*
❸ *of property, stocks, money* Überschreibung *f*

trans·'fer·ence num·ber *n* PHYS Überführungszahl *f* **trans·'fer·ence speed** *n* PHYS Wanderungsgeschwindigkeit *f*

'trans·fer fee *n* BRIT SPORT Ablösesumme *f;* FIN Transfergebühr *f*

'trans·fer form *n* STOCKEX Aktienübertragungsformular *nt*

'trans·fer list *n* BRIT SPORT Transferliste *f* **'trans·fer·list** *vt* BRIT ■**to ~ sb** jdn auf die Transferliste setzen

trans·fer·or ['trɑ:n(t)sfɜrəʳ, AM 'træn(t)sfɜ:rɚ] *n* COMM Veräußerer, Veräußerin *m, f*

'trans·fer rate *n* COMPUT Übertragungsgeschwindigkeit *f*

trans·ferred charge call [,træn(t)sfɜ:dtʃɑ:dʒ'-, AM -fɜ:rdtʃɑ:rdʒ'-] *n* BRIT R-Gespräch *nt*

'trans·fer reg·is·ter *n see* **transfer book**

trans·fer RN'A *n no pl* BIOL Übertragungs-RNS *f*

'trans·fer speed *n* COMPUT Übertragungsgeschwindigkeit *f*

'trans·fer sta·tion *n* Umsteigestation *f* **'trans·fer stu·dent** *n* AM Schüler/Schülerin, der/die die Schule gewechselt hat **'trans·fer tax** *n* FIN Handänderungssteuer *f*

trans·figu·ra·tion [,træn(t)sfɪgᵊr'eɪʃᵊn, AM -figjɚ'-] *n no pl* ❶ *(of Christ)* ■**the T~** die Verklärung; *(church festival)* die Transformation
❷ *(change)* Verwandlung *f*

trans·fig·ure [træn(t)s'fɪgəʳ, AM -'fɪgjɚ] *vt* ■**to ~ sb/sth** [**into sth**] jdn/etw [in etw *akk*] verwandeln

trans·fix [træn(t)s'fɪks] *vt usu passive* ❶ *(spellbind)* ■**to be ~ed with sth/sb** von etw/jdm fasziniert sein; **to be ~ed with horror** starr [*o* gelähmt] vor Entsetzen sein
❷ *(form: impale)* ■**to be ~ed by sth** von etw *dat* durchbohrt sein

trans·form [træn(t)s'fɔ:m, AM -'fɔ:rm] *vt* ❶ *(change)* ■**to ~ sth/sb** etw/jdn verwandeln
❷ ELEC **to ~ voltage** Spannung transformieren *fachspr*
❸ MATH **to ~ an equation/a fraction** eine Gleichung/einen Bruch umwandeln

trans·for·ma·tion [,træn(t)sfə'meɪʃᵊn, AM -fɚ'-] *n* ❶ *(great change)* Verwandlung *f*
❷ *(in theatre)* Verwandlungsszene *f*
❸ ELEC *of voltage* Transformation *f*
❹ *(in math)* Umwandlung *f*
❺ *(in linguistics)* Umformung *f,* Transformation *f fachspr*

trans·for·ma·tion·al [,træn(t)sfə'meɪʃᵊnᵊl, AM -fɚ'-] *adj inv* ❶ *(of transformation)* Umwandlungs-, Änderungs-
❷ LING Transformations-; **~ grammar** Transformationsgrammatik *f fachspr*

trans·for·'ma·tion chain *n* NUCL radioaktive Zerfallsreihe **trans·for·'ma·tion con·stant** *n* NUCL Zerfallskonstante *f*

trans·for·'ma·tion point *n* CHEM Umwandlungspunkt *m*

trans·for·'ma·tion scene *n* Verwandlungsszene *f*

trans·form·er [træn(t)s'fɔ:məʳ, AM -'fɔ:rmɚ] *n* ELEC Transformator *m fachspr*

trans·fuse [træn(t)sfju:z] *vt* ❶ MED *(transfer)* **to ~ blood** Blut übertragen [*o fachspr* transfundieren]
❷ *(impart)* **to ~ respect/values/honesty to sb** jdm Respekt/Werte/Ehrlichkeit vermitteln
❸ *usu passive (liter: permeate)* **to be ~d with happiness/joy** von Zufriedenheit/Freude erfüllt sein; ***his voice was ~d with emotion*** seine Stimme war emotionsgeladen

trans·fu·sion [træn(t)s'fju:ʒᵊn] *n* ❶ *no pl* MED *(transferring)* Transfusion *f fachspr*
❷ *(blood)* Blutübertragung *f,* Bluttransfusion *f*
❸ *(fig)* Investition *f*

trans·gen·dered [trænz'dʒendəʳd, AM -dɚd] *adj inv* transsexuell

trans·gen·der·ing [trænz'dʒendəʳɪŋ, AM -dɚ-] *n no pl* Geschlechtsumwandlung *f*

trans·ge·net·ic [,trænzdʒə'netɪk, AM -t̬ɪk] *adj inv* transgen *(genmanipuliert)*

trans·ge·net·ics **I.** *n* [,trænzdʒə'netɪks, AM -t̬ɪks] *+ sing vb* Transgenetik *f*
II. *n modifier* Transgenetik-

trans·gen·ic [trænz'dʒenɪk, AM træn(t)s'-] *adj inv* BIOL, AGR transgen

trans·gress [trænz'gres, AM *also* træn(t)s-] **I.** *vt (form)* **to ~ industry standards** gegen Industrienormen verstoßen; **to ~ a law** ein Gesetz übertreten
II. *vi* ❶ *(form: break rule)* die Regeln verletzen
❷ REL sündigen; **to ~ against God** [*or* **the Lord**] gegen Gottes Gebote sündigen [*o* verstoßen]

trans·gres·sion [trænz'greʃᵊn, AM *also* træn(t)s-] *n* ❶ *no pl (form: violation)* Übertretung *f;* ~ **of the law** Gesetzesverstoß *m;* ~ **of the rules** Übertretung *f* der Regeln
❷ REL *(sin)* Sünde *f,* Verstoß *m*

trans·gres·sor [trænz'gresəʳ, AM *usu* træn(t)s'gresɚ] *n* ❶ *(form: violator)* Schuldige(r) *f(m)*
❷ REL *(sinner)* Sünder(in) *m(f)*

tran·ship [træn(t)s'ʃɪp, AM træn'-] **I.** *vi* umladen
II. *vt* ■**to** ~ **sth** etw umladen

tran·ship·ment [ˌtræns'ʃɪpmənt, AM træn'-] *n* Umladung *f*

tran·si·ence ['trænziən(t)s, AM 'træn(t)ʃᵊn(t)s, -ʒᵊn(t)s, -ziən(t)s] *n no pl* Vergänglichkeit *f*

tran·si·ent ['trænziənt, AM 'træn(t)ʃᵊnt, -ʒᵊnt, -ziənt] **I.** *adj* ❶ *(temporary)* vergänglich; ***a glass of whisky has only a ~ warming effect*** ein Glas Whisky wärmt nur vorübergehend; **the** ~ **nature of beauty/youth/life** die Vergänglichkeit von Schönheit/der Jugend/des Lebens
❷ *(mobile)* ~ **population/work force** nicht ansässiger Teil der Bevölkerung/nicht ansässige Arbeitskräfte eines Ortes
❸ COMPUT kurzzeitig, Übergangs-; ~ **suppressor** Spannungssprungunterdrücker *m*
II. *n* ❶ *(traveller)* Durchreisende(r) *f(m)*
❷ ELEC **power** ~ Übergangsstrom *m;* **voltage** ~ Spannungsspitze *f,* Spannungssprung *m*

tran·sis·tor [træn'zɪstəʳ, AM -ɚ] *n* ELEC Transistor *m fachspr*

tran·sis·tor·ize [træn'zɪstᵊraɪz, AM -təraɪz] *vt* ELEC **to** ~ **a radio/television/tape recorder** einen Radio/Fernseher/Kassettenrekorder transistorisieren *fachspr*

tran·sis·tor·ized [træn'zɪstᵊraɪzd, AM -təraɪzd] *adj inv amplifier, radio, TV* Transistor-

tran·sis·tor 'ra·dio *n* Transistorradio *nt*

tran·sit ['træn(t)sɪt] **I.** *n* ❶ *no pl of people, goods* Transit *m*
❷ *(crossing)* Transit *m*
❸ AM *(public transport)* öffentliches Verkehrswesen; **mass** ~ öffentlicher Nahverkehr
❹ ASTRON *of planet, moon etc.* Durchgang *m*
II. *vt* **to** ~ **a canal/ocean/territory** einen Kanal/Ozean/ein Gebiet durchqueren

'trans·it busi·ness *n* Transitgeschäft *nt* **'tran·sit camp** *n* Auffanglager *nt* **'trans·it desk** *n* AVIAT Transitschalter *m* **'tran·sit duty** *n* Transitzoll *m*

tran·si·tion [træn'zɪʃᵊn] *n* Übergang *m,* Wechsel *m; (in music)* Übergang *m;* ■**to be in** ~ in einer Übergangsphase sein; **a period** [*or* **time**] **of** ~ eine Übergangsphase

tran·si·tion·al [træn'zɪʃᵊnᵊl] *adj inv* Übergangs-; ~ **arrangement** Übergangsregelung *f;* ~ **government** Übergangsregierung *f;* ~ **phase** Übergangsphase *f;* ~ **provision** Übergangsbestimmung *f*

tran·'si·tion coun·try *n* Transformationsland *nt,* Transformationsstaat *m* **tran·'si·tion ele·ment** *n* CHEM Übergangselement *nt* **tran·'si·tion pe·ri·od** *n* Übergangszeit[raum] *f* **tran·'si·tion piece** *n* TECH Übergangsstück *nt* **tran·'si·tion point** *n* CHEM Ablösungspunkt *m; (fig)* Wechselpunkt *m* **tran·'si·tion stage** *n* Übergangsstadium *nt*

tran·si·tive ['træn(t)sətɪv, AM -t̬-] LING **I.** *adj inv* transitiv; ~ **verb** transitives Verb
II. *n* Transitiv *nt*

tran·si·tive·ly ['træn(t)sətɪvli, AM -t̬-] *adv inv* LING transitiv

tran·si·tiv·ity [ˌtræn(t)sə'tɪvɪti, AM -t̬ɪvət̬i] *n no pl* LING Transitivität *f*

'tran·sit lounge *n* Transitraum *m*

tran·si·tory ['træn(t)sɪtᵊri, AM -sətɔːri] *adj* vergänglich

'tran·sit pas·sen·ger *n* Transitreisende(r) *f(m)*

'tran·sit sys·tem *n* AM öffentliches Verkehrssystem

'trans·it trade *n no pl* COMM Durchgangshandel *m,* Transithandel *m* **'tran·sit visa** *n* Transitvisum *nt*

trans·lat·able [trænz'leɪtəbḷ, AM træn(t)sleɪt̬əbl] *adj* übersetzbar

trans·late [trænz'leɪt, AM træn's-] **I.** *vt* ❶ *(change language)* **to** ~ **a book/document/word** ein Buch/Dokument/Wort übersetzen; **to** ~ **sth from Greek into Spanish** etw aus dem Griechischen ins Spanische übersetzen
❷ *(interpret)* ■**to** ~ **sth** etw interpretieren; **to** ~ **sth as agreement** etw als Zustimmung interpretieren
❸ *(adapt)* ■**to** ~ **sth** etw adaptieren; **to** ~ **a stage play into film** ein Bühnenstück für den Film adaptieren
❹ *(make a reality)* ■**to** ~ **sth** etw umsetzen; **to** ~ **a plan into action** einen Plan in die Tat umsetzen
❺ *(move)* **to be** ~**d from one state to another** aus einem Zustand in einen anderen versetzt werden
❻ REL **to** ~ **a bishop** einen Bischof in eine andere Diözese berufen
❼ ECON ■**to** ~ **sth into sth** etw in etw *akk* umrechnen
❽ COMPUT *(convert data)* ■**to** ~ **sth** etw übersetzen
II. *vi* ❶ *(change words)* übersetzen; **to** ~ **from Hungarian into Russian** aus dem Ungarischen ins Russische übersetzen; **to** ~ **easily/only with difficulty** sich *akk* einfach/schwierig übersetzen lassen; **to** ~ **simultaneously** simultan dolmetschen
❷ *(transfer)* sich *akk* umsetzen lassen; ***hopefully these advertisements will ~ into increased sales*** hoffentlich werden diese Anzeigen zu erhöhtem Verkauf führen

trans·la·tion [trænz'leɪʃᵊn, AM træn's-] **I.** *n* ❶ *(of a text, word)* Übersetzung *f*
❷ *no pl (process)* Übersetzen *nt;* ■**in** ~ bei der Übersetzung; **simultaneous** ~ Simultandolmetschen *nt*
❸ *(conversion)* Umsetzung *f;* **currency** ~ **effect** Währungseffekt aus der Umrechnung
▸ PHRASES: **to get lost in the** ~ das ursprüngliche Ziel aus den Augen verlieren
II. *n modifier (agency, company, problem, work)* Übersetzungs-

trans·'la·tion ta·ble *n* COMPUT Umsetzungstabelle *f*

trans·la·tor [trænz'leɪtəʳ, AM træn'sleɪt̬ɚ] *n* Übersetzer(in) *m(f);* **simultaneous** ~ Simultandolmetscher(in) *m(f)*

trans·lit·er·ate [trænz'lɪtᵊreɪt, AM træn'slɪt̬ə-] *vt* LING ■**to** ~ **sth** etw transliterieren *fachspr*

trans·lit·era·tion [ˌtrænzlɪtᵊr'eɪʃᵊn, AM trænˌslɪt̬ə're-ɪʃᵊn] *n* LING Transliteration *f fachspr* (**into** in +*akk*)

trans·lu·cence [trænz'luːsᵊn(t)s, AM træn'sluː-] *n no pl* Lichtdurchlässigkeit *f*

trans·lu·cent [trænz'luːsᵊnt, AM træn'sluː-] *adj* lichtdurchlässig; *(fig) writing, logic, prose* klar; ~ **glass** Milchglas *nt;* ~ **skin** durchsichtige Haut

trans·mi·grate [ˌtrænzmaɪ'greɪt, AM ˌtræn(t)s-'maɪgreɪt] *vi* ❶ *soul* [in einen anderen Körper] wandern
❷ *(migrate)* übersiedeln

trans·mi·gra·tion [ˌtrænzmaɪ'greɪʃᵊn, AM ˌtræn(t)s-] *n* ❶ *of soul* Seelenwanderung *f*
❷ *(emigration)* Auswanderung *f*

trans·mis·sibil·ity [trænzˌmɪsə'bɪləti, AM ˌtræn(t)smɪsə'bɪlət̬i,] *n* PHYS Durchlässigkeit *f*

trans·mis·sible [trænz'mɪsəbḷ, AM træn'smɪs-] *adj* übertragbar; ~ **disease** übertragbare Krankheit

trans·mis·sion [trænz'mɪʃᵊn, AM træn'smɪʃ-] *n* ❶ *no pl (act of broadcasting)* Übertragen *nt*
❷ *(broadcast)* Sendung *f,* Übertragung *f*
❸ *no pl* MED *of a disease* Übertragung *f; of a hereditary disease* Vererbung *f,* Weitergabe *f*
❹ *(in a car engine)* Getriebe *nt;* **automatic/manual** ~ AUTO Automatik-/Schaltgetriebe *nt*

trans·'mis·sion flu·id *n no pl* Getriebeöl *nt* **trans·'mis·sion shaft** *n* AUTO Kardanwelle *f fachspr*

trans·'mis·sion speed *n* COMPUT Übertragungsgeschwindigkeit *f*

trans·mit <-tt-> [trænz'mɪt, AM træn'smɪt] **I.** *vt* ❶ *(pass on)* **to** ~ **cholera/an infection** Cholera/eine Infektion übertragen
❷ *(impart)* **to** ~ **information** Informationen übermitteln; **to** ~ **knowledge** Wissen vermitteln
❸ COMPUT *(send)* ■**to** ~ **sth** etw senden
II. *vi* senden; ***Radio Seven ~s on 210 medium wave*** Radio Sieben sendet auf Mittelwelle 210

trans·mit·ted [trænz'mɪtɪd, AM træn'smɪtɪd] *adj inv* SCI indirekt, mittelbar; ~ **light microscopy** *no pl* Durchlichtmikroskopie *f*

trans·mit·ter [trænz'mɪtəʳ, AM træn'smɪt̬ɚ] *n* Sender *m*

trans·'mit·ting sta·tion [trænz'mɪtɪŋ-, AM træn'smɪt̬ɪŋ-] *n* Sendestation *f*

trans·mog·ri·fi·ca·tion [ˌtrænzmɒgrɪfɪ'keɪʃᵊn, AM trænˌsmɑːgrə-] *n no pl (hum)* wundersame Wandlung *hum*

trans·mo·gri·fy <-ie-> [trænz'mɒgrɪfaɪ, AM træn'smɑːgrə-] *vt* ■**to** ~ **sb/sth** [**into sth**] jdn/etw [in etw *akk*] verwandeln

trans·mu·ta·tion [ˌtrænzmjuː'teɪʃᵊn, AM ˌtræn(t)s-] *n (form: change)* Umwandlung *f; (spec) of elements, metals, species* Transmutation *f fachspr*

trans·mute [trænz'mjuːt, AM træn(t)s-] *(form)* **I.** *vt* ■**to** ~ **sth** [**into sth**] etw [in etw *akk*] verwandeln; **to** ~ **lead into gold** *(hist)* Blei in Gold umwandeln
II. *vi* ❶ *(change completely)* ■**to** ~ **into sth** sich *akk* in etw *akk* verwandeln
❷ *(spec)* transmutieren *geh;* ■**to** ~ **into** [*or* **to**] **sth** zu etw *dat* transmutieren *fachspr*

trans·ocean·ic [ˌtrænzəʊsi'ænɪk, AM ˌtræn(t)soʊʃi-] *adj attr, inv people, cultures* aus Übersee *nach n; communications, flight, travel* Übersee-

tran·som ['træn(t)səm] *n* ❶ *(on boat)* Querbalken *m*
❷ AM *(fanlight)* Oberlicht *nt*
▸ PHRASES: **over the** ~ AM *(fam)* unaufgefordert

tran·som 'win·dow *n* AM Oberlicht *nt*

trans-Pa·cif·ic [ˌtrænspə'sɪfɪk] *adj inv* transpazifisch

trans·par·en·cy [træns'pærᵊn(t)si, AM træn'sper-] *n* ❶ *no pl (quality)* Lichtdurchlässigkeit *f,* Transparenz *f geh*
❷ *(slide)* Dia *nt,* Diapositiv *nt*
❸ *(for overhead)* Overheadfolie *f,* Hellraumprojektorfolie *f* SCHWEIZ
❹ *no pl (obviousness)* Durchschaubarkeit *f*

trans·par·ent [træns'pærᵊnt, AM træn'sper-] **I.** *adj* ❶ *inv (see-through)* durchsichtig, transparent *geh*
❷ *(fig)* transparent *geh,* durchschaubar; ~ **lie** leicht zu durchschauende Lüge
II. *n* durchsichtiges System

trans·par·ent·ly [træns'pærᵊntli, AM træn'sper-] *adv* offensichtlich

tran·spi·ra·tion [ˌtræn(t)spɪ'reɪʃᵊn] *n no pl* BIOL Transpiration *f geh; (sweat)* Schwitzen *nt*

tran·spire [træn'spaɪəʳ, AM -ɚ] *vi* ❶ *(occur)* passieren, sich *akk* ereignen
❷ *(become known)* sich *akk* herausstellen, bekannt werden, durchsickern *fam,* auskommen SCHWEIZ
❸ BIOL transpirieren *geh; person also* schwitzen

trans·plant **I.** *vt* [træn'splɑːnt, AM -'splænt] ❶ *(replant)* ■**to** ~ **sth** etw umpflanzen [*o* umsetzen]
❷ MED *(from donor)* ■**to** ~ **sth** [**into sb/sth**] etw [in jdn/etw] verpflanzen [*o fachspr* transplantieren]
❸ *(relocate)* ■**to** ~ **sb/sth** jdn/etw umsiedeln
II. *vi* [træn'splɑːnt, AM -'splænt] ***beetroot doesn't ~ well*** Rote Bete lässt sich nicht gut umpflanzen
III. *n* ['træn(t)splɑːnt, AM -splænt] ❶ *(surgery)* Verpflanzung *f,* Transplantation *f fachspr;* **to have a** ~ sich *akk* einer Transplantation unterziehen
❷ *(organ)* Transplantat *nt*
❸ *(plant)* umgesetzte Pflanze

trans·plan·ta·tion [ˌtræn(t)splɑːn'teɪʃᵊn, AM -splæn'-] *n no pl* Verpflanzung *f,* Transplantation *f fachspr* (**from** von +*dat*)

'trans·plant op·era·tion *n* Transplantation[soperation] *f* **'trans·plant pa·tient** *n* Transplantatempfänger(in) *m(f)* **'trans·plant sur·gery** *n no pl* Transplantationschirurgie *f*

tran·spond·er [træn'spɒndəʳ, AM -'spɑːndɚ] *n* AVIAT, TECH Transponder *m*

trans·port **I.** *vt* [træn'spɔːt, AM -'spɔːrt] ❶ *(carry)* ■**to** ~ **sth** [**somewhere**] etw [irgendwohin] transportieren [*o* befördern]; ■**to** ~ **sb** [**somewhere**] jdn [irgendwohin] transportieren; *prisoner* jdn [irgendwohin] überführen
❷ *(remind)* **to** ~ **sb to a place/time** jdn an einen Ort/in eine Zeit versetzen; ***the film ~ed us back to the New York of the 1950s*** der Film versetzte

uns in das New York der 50er Jahre zurück
3 *usu passive (liter: infuse)* **to be ~ed with grief** gramerfüllt sein; **to be ~ed with joy** entzückt sein
4 *usu* BRIT *(hist: deport)* **to ~ sb** [**to a country**] jdn [in ein Land] deportieren

II. *n* ['træn(t)spɔ:t, AM -spɔ:rt] 1 *no pl (conveying)* Transport *m*, Beförderung *f*
2 *no pl (traffic)* Verkehrsmittel *nt;* **means of ~** Transportmittel *nt;* **public ~** öffentliche Verkehrsmittel
3 *(vehicle)* [Transport]fahrzeug *nt; **do you have your own ~?*** hast du ein eigenes Fahrzeug?; **a troop ~** ein Truppentransporter *m; (plane)* Transportflugzeug *nt; (ship)* Transportschiff *nt*
4 *usu pl (form: emotion)* Gefühlsausbruch *m;* **to be in ~s of delight** [*or* **joy**] vor Freude außer sich *dat* sein

III. *n* ['træn(t)spɔ:t, AM -spɔ:rt] *modifier (company, costs, facilities, link, network, service, route)* Transport-

trans·port·able [træn'spɔ:təbḷ, AM -'spɔ:rt̬-] *adj* 1 *(movable)* transportabel; *phones* mobil
2 *esp* BRIT *(hist: punishable)* mit Deportation bestrafbar; **a ~ crime/offence** *ein Verbrechen/Vergehen, auf das Deportation steht*

trans·por·ta·tion [ˌtræn(t)spɔ:'teɪʃᵊn, AM -spɚ'-] *n no pl* 1 *(conveying)* Transport *m*, Beförderung *f*
2 *esp* AM, AUS *(traffic)* Transportmittel *nt*, Verkehrsmittel *nt;* **means of ~** Transportmittel *nt*, Verkehrsmittel *nt;* **to provide ~** ein Beförderungsmittel zur Verfügung stellen
3 *usu* BRIT *(hist: deportation)* Deportation *f* (**to** nach *+dat)*

'trans·port café *n* BRIT Fernfahrerraststätte *f*, Fernfahrerlokal *nt*

trans·port·er [træn'spɔ:təʳ, AM -'spɔ:rt̬ɚ] *n* Transporter *m*

'trans·port plane *n* Transportflugzeug *nt* **'trans·port ship** *n* Transportschiff *nt* **'trans·port sys·tem** *n* Verkehrswesen *nt*

trans·pose [træn'spəʊz, AM -'spoʊz] *vt* 1 *(form: swap)* ▪**to ~ sth** *numbers* etw vertauschen [*o* umstellen]
2 *(form: relocate)* ▪**to ~ sth** [**somewhere**] etw [irgendwohin] versetzen
3 MUS ▪**to ~ sth** etw transponieren *fachspr;* **to ~ a piece of music into C** ein Musikstück in C-Dur transponieren; **to ~ a song up/down** ein Lied höher/tiefer transponieren
4 MATH ▪**to ~ sth** etw umstellen; **to ~ a term/number** einen Term/eine Zahl umstellen

trans·po·si·tion [ˌtræn(t)spə'zɪʃᵊn] *n* 1 *(swap)* Vertauschung *f*, Umstellung *f*
2 MUS Transposition *f fachspr*
3 *(math)* Umstellung *f*

tran·sput·er [træn'spju:təʳ, AM -t̬ɚ] *n* COMPUT Transputer *m fachspr*

trans·ra·cial [trænz'reɪʃᵊl] *adj inv* gemischtrassig; **~ adoption** Adoption *f* eines Kindes einer anderen Rasse

trans·sexu·al [træn'sekʃʊəl] I. *n* Transsexuelle(r) *f(m)*
II. *adj inv* transsexuell

trans-ship [ˌtræns'ʃɪp] *vt* <-pp-> ▪**to ~ sth** *cargo* etw umladen, etw ableichtern

trans-ship·ment [ˌtræns'ʃɪpmənt] *n* Umladen *nt*, Umlad *m* SCHWEIZ, Umverfrachten *nt*

tran·sub·stan·tia·tion [ˌtræn(t)səbˌstæn(t)ʃi'eɪʃᵊn] *n no pl* REL Wandlung *f*, Transsubstantiation *f fachspr*

trans·verse [trænz'vɜ:s, AM -n(t)s'vɜ:rs] *adj inv* TECH Quer-, querlaufend; **~ beam** Querbalken *m*

trans·verse 'co·lon *n* ANAT Querdarm *m* **trans·verse 'wave** *n* PHYS Schubwelle *f fachspr*

trans·ves·tism [trænz'vestɪzᵊm, AM træn(t)s'-] *n no pl (form)* Transvestismus *m*

trans·ves·tite [trænz'vestaɪt, AM træn(t)s'-] *n* Transvestit *m*

Tran·syl·va·nian Alps [ˌtræn(t)sɪl'veɪniən'-] *npl* Südkarpaten *pl*

trap¹ [træp] I. *n* 1 *(snare)* Falle *f;* **to set a ~** eine Falle aufstellen
2 *(trick)* Falle *f; (ambush)* Hinterhalt *m;* **to fall** [*or* **walk**] **into a ~** in die Falle gehen
3 BRIT *(fam!: mouth)* Klappe *f fam*, Maul *nt derb*, Schnauze *f derb; **oh, shut your ~!*** ach, halt's Maul! *derb;* **to keep one's ~ shut** die Schnauze halten *derb*
4 *(part of drain)* Siphon *m*
5 SPORT *(caster)* Wurfmaschine *f; (for clay pigeons)* Wurftaubenanlage *f*
6 *(hist: carriage)* [zweirädriger] Einspänner
7 COMPUT *(software/hardware)* Fangstelle *f*

II. *vt* <-pp-> 1 *(snare)* ▪**to ~ an animal** ein Tier [in einer Falle] fangen
2 *usu passive (confine)* ▪**to be ~ped** eingeschlossen sein; **to feel ~ped** sich *akk* gefangen fühlen; ***Jack left the job because he was beginning to feel ~ ped*** Jack kündigte, weil er begann sich eingeengt zu fühlen
3 *(trick)* ▪**to ~ sb** jdn in die Falle locken; ▪**to ~ sb into sth/doing sth** jdn dazu bringen, etw zu tun
4 *(catch and hold)* **to ~ the ball** SPORT den Ball stoppen; **to ~ one's finger/foot in the door** sich *dat* den Finger/Fuß in der Tür einklemmen; **to ~ a nerve** sich *dat* einen Nerv einklemmen

trap² [træp] *n usu pl* ANAT *short for* **trapezius** (**muscle**) Trapezmuskel *m*, Trapezius *m fachspr*

'trap·door *n* 1 *(door)* Falltür *f;* THEAT Versenkung *f* (**into** in *+dat)*
2 COMPUT Fangstelle *f*

tra·peze [trə'pi:z, AM træp'i:z] *n* Trapez *nt;* **on the** [**flying**] **~** auf dem [fliegenden] Trapez

tra·'peze art·ist *n* Trapezkünstler(in) *m(f)*

tra·pezium <*pl* -s *or* -zia> [trə'pi:ziəm, *pl* -ziə] *n* BRIT, AUS, AM **trap·ezoid** ['træpɪzɔɪd] *n* MATH Trapez *nt*

tra·pezo·he·dron <*pl* -dra *or* -s> [trəˌpi:zəʊ'hi:drən, AM -zoʊ-] *n* MATH Ikositetraeder *nt*, Vierundzwanzigflächner *m*

trap·per ['træpəʳ, AM -ɚ] *n* Trapper(in) *m(f)*, Fallensteller(in) *m(f);* **fur ~** Pelztierjäger(in) *m(f)*

trap·pings ['træpɪŋz] *npl* Drumherum *nt kein pl fam* (**of** *+gen);* **the ~ of power** die Insignien *pl* der Macht

Trap·pist, Trap·pist 'monk ['træpɪst-] *n* Trappist *m*

'trap·shoot·ing *n no pl* Wurftaubenschießen *nt*, Tontaubenschießen *nt*

trash [træʃ] I. *n no pl* 1 AM *(waste)* Müll *m*, Abfall *m*, Mist *m* ÖSTERR *fam;* **to take out the ~** den Müll [*o* SCHWEIZ *meist* Kehricht] rausbringen [*o* ÖSTERR *meist* Mist] *fam*
2 AM *(pej fam: people)* Gesindel *nt;* **poor white ~** armes weißes Gesindel
3 *(pej fam: junk)* Ramsch *m*
4 *(pej fam: art)* Kitsch *m*, Plunder *m; (literature)* Schund *m pej*
5 *(pej fam: nonsense)* Unsinn *m*, Mist *m fam;* **to talk ~** Mist reden *fam*

II. *vt (fam)* 1 *(wreck)* ▪**to ~ sth** etw kaputt machen [*o fam* auseinandernehmen]; *place* etw verwüsten
2 *(criticize)* ▪**to ~ sb/sth** jdn/etw auseinandernehmen *fam*
3 AM *(sl: to speak badly about)* ▪**to ~ sb** über jdn herziehen, schlecht über jdn sprechen

'trash bag *n* AM *(dustbin bag)* Müllsack *m*, Abfallsack *m* SCHWEIZ, Mistsack *m fam* **'trash can** *n* 1 AM *(dustbin)* Mülltonne *f*, Abfallcontainer *m* SCHWEIZ, Mistkübel *m* ÖSTERR 2 COMPUT Papierkorb *m* **'trash can lin·er** *n* AM *(dustbin liner)* Müllsack *m*, Abfallsack *m* SCHWEIZ, Mistsack *m* ÖSTERR **'trash dump** *n* AM *(dated fam)* Schuttabladeplatz *m*, Müllkippe *f*, Müllhalde *f* SCHWEIZ *meist*, ÖSTERR *oft* Mülldeponie *f*

'trash-talk *vt* AM ▪**to ~ sb** jdn zurechtweisen [*o* schlechtmachen] **trash-talk·ing** ['træʃtɔ:kɪŋ] I. *n no pl* blödes Geschwätz II. *adj attr, inv (silly talk)* Schwachsinn sprechend *fam; (insulting talk)* schimpfend

trashy ['træʃi] *adj (pej fam)* wertlos; **~ literature** Schundliteratur *f fam;* **~ music** kitschige Musik; **~ novels** Kitschromane *pl;* **~ soap operas** Seifenopern *pl*

trat·to·ria [ˌtrætə'ri:ə, AM ˌtrɑ:t̬ə'] *n (restaurant)* Trattoria *f*

trau·ma ['trɔ:mə, AM 'trɑ:-] I. *n* <*pl* -s *or* -ta> 1 *no pl (shock)* Trauma *nt*, seelischer Schock
2 MED *(injury)* Trauma *nt*
II. *n modifier (experience, therapy)* Trauma-

'trau·ma cen·ter *n* AM Unfallklinik *f*, Notfallklinik *f*

trau·mat·ic [trɔ:'mætɪk, AM 'trɑ:'mæt̬-] *adj* 1 *(disturbing)* traumatisierend; **~ experience** traumatische Erfahrung
2 *(upsetting)* furchtbar

trau·ma·tize ['trɔ:mətaɪz, AM 'trɑ:-] *vt usu passive* ▪**to be ~d by sth** durch etw *akk* traumatisiert sein

trav·ail ['træveɪl, AM trə'-] *n (liter)* 1 *pl (problems)* ▪**~s** *pl* Mühen *pl*
2 *(labour pains)* [Geburts]wehen *pl;* **to be in ~** in den Wehen liegen

trav·el ['trævᵊl] I. *vi* <BRIT -ll- *or* AM *usu* -l-> 1 *(journey) person* reisen; **to ~ by air** fliegen; **to ~ on business** geschäftlich reisen [*o* unterwegs sein]; **to ~ by car/train** mit dem Auto/Zug fahren [*o* reisen]; **to ~ first-class** erster Klasse [*o* SCHWEIZ, ÖSTERR *bes* in der ersten Klasse] reisen; **to ~ light** mit leichtem Gepäck reisen; ▪**to be ~ling with sb** mit jdm auf Reisen sein
2 *(move)* sich *akk* [fort]bewegen
3 *(fam: speed)* rasen *fam; **this car is really ~ ling!*** dieses Auto hat einen ganz schönen Zahn drauf! *sl*
4 *(react to travelling)* **to ~ well/badly** *person* lange Reisen vertragen/nicht vertragen; *freight* lange Transporte vertragen/nicht vertragen
5 *(dated: deal in)* Vertreter/Vertreterin sein; ***he ~s in wines and spirits*** er arbeitet als Vertreter für Wein und Spirituosen

II. *vt* <BRIT -ll- *or* AM *usu* -l-> **to ~ a country/the world** ein Land/die Welt bereisen; **to ~ the length and breadth of a country** kreuz und quer durch ein Land reisen; **to ~ 20 km** 20 km fahren [*o* zurücklegen]

III. *n* 1 *no pl (travelling)* Reisen *nt*
2 *pl (journey)* ▪**~s** *pl* Reise *f*

IV. *n modifier (firm, industry, statistics)* Reise-

'trav·el agen·cy *n* Reisebüro *nt* **'trav·el agent** *n* Reisebürokaufmann, -frau *m, f*, Reisebüroangestellte(r) *f(m)* SCHWEIZ, ÖSTERR **'trav·el al·low·ance** *n* Reisekostenzuschuss *m* **'trav·el book** *n* Reisebeschreibung *f* **'trav·el bu·reau** *n* Reisebüro *nt* **'trav·el card** *n* Tages-/Wochen-/Monatskarte *f; (for train also)* Netzkarte *f;* **one-day ~** Tageskarte *f* **'trav·el cot** *n* BRIT Kinderreisebett[chen] *nt* **'trav·el docu·ments** *npl* Reisedokumente *pl*, Reiseunterlagen *pl*

trav·eled *adj* AM *see* **travelled**

trav·el·er *n* AM *see* **traveller**

'trav·el·er's check *n* AM *see* **traveller's cheque**

'trav·el ex·penses *npl* Reisekosten *pl* **'trav·el guide** *n* Reiseführer *m*

trav·el·ing *n* AM *see* **travelling**

'trav·el in·sur·ance *n no pl* Reiseversicherung *f; (for cancellations)* Reiserücktrittsversicherung *f*

'trav·el jour·nal *n* Reisebericht *m;* **to keep a ~** ein Reisetagebuch führen

trav·elled, AM **trav·eled** ['trævᵊld] *adj* **widely ~** weit gereist; **a widely ~** [*or* **well-travelled**] **couple** ein weit gereistes Pärchen; **a little-/much-/well-~ route** eine wenig/viel/gut befahrene Strecke

trav·el·ler, AM **trav·el·er** ['trævᵊləʳ, AM -ɚ] *n* 1 *(organized)* Reisende(r) *f(m);* **commercial ~** BRIT Vertreter(in) *m(f)*, Handlungsreisende(r) *f(m)*
2 BRIT *(gypsy)* Landfahrer(in) *m(f)*, Zigeuner(in) *m(f) pej*

trav·el·ler's 'cheque, AM **trav·el·er's 'check** *n* Reisescheck *m*, Reisecheck *m* SCHWEIZ, Travellerscheck *m*

trav·el·ling, AM **trav·el·ing** ['trævᵊlɪŋ] I. *n no pl* Reisen *nt*
II. *n modifier* Wander-

'trav·el·ling bag *n* Reisetasche *f* **trav·el·ling 'cir·cus** *n* Wanderzirkus *m* **'trav·el·ling clock** *n* Reisewecker *m* **trav·el·ling 'crane** *n* Rollkran *m*

trav·el·ling ex·hi·'bi·tion *n* Wanderausstellung *f* **'trav·el·ling kit** *n* Reiseausstattung *f*, Reiseausrüstung *f*; *(baggage)* Reisegepäck *nt* **trav·el·ling 'sales·man** *n (dated)* Vertreter(in) *m(f)*, Handlungsreisende(r) *f(m)*

trav·elogue, *esp* AM **trav·elog** ['trævəlɒg, AM -vəlɑ:g] *n (book)* Reisebericht *m*; *(film)* Reisebeschreibung *f*

'trav·el plug *n* Reisestecker *m*, [Steckdosen]adapter *m* **'trav·el-sick** *adj* reisekrank **'trav·el sick·ness** *n no pl* Reisekrankheit *f*

tra·verse [trə'vɜ:s, AM -'vɜ:rs] I. *vt (form)* ■**to ~ sth** ① *(travel)* etw bereisen
② *(consider) a subject* etw beleuchten *fig*
③ *(cross) a foundation* etw überspannen
④ *(in mountaineering) ice, slope* etw queren [*o* SCHWEIZ traversieren]
II. *n* ① *(in mountaineering)* Queren *nt*, Traversieren *nt*
② ARCHIT Querbalken *m*, Traverse *f*
③ LAW Bestreiten *nt* [des Vorbringens der klagenden Partei]

trav·es·ty ['trævəsti, AM -vɪ-] *n* Karikatur *f*, Zerrbild *nt*; *(burlesque)* Travestie *f*; **a ~ of justice** ein Hohn *m* auf die Gerechtigkeit

trawl [trɔ:l, AM trɑ:l] I. *vt* ① *(fish)* ■**to ~ sth** etw mit dem Schleppnetz fangen; **to ~ the sea for cod** das Meer nach Kabeljau abfischen
② *(search)* ■**to ~ sth [for sth]** etw [nach etw *dat*] durchkämmen [*o* durchforsten]
II. *vi* ① *(fish)* ■**to ~ [for sth]** mit dem Schleppnetz [nach etw *dat*] fischen
② *(search)* ■**to ~ through sth** *data* etw durchsuchen
III. *n* ① *(net)* Schleppnetz *nt*
② *(fishing)* Trawl *nt*
③ *(search)* Suche *f*; *(process)* [Ab]suchen *nt kein pl* (**for** nach +*dat*)

trawl·er ['trɔ:ləʳ, AM 'trɑ:lɚ] *n* Trawler *m*

'trawl net *n* Schleppnetz *nt*

tray [treɪ] *n* ① *(for serving)* Tablett *nt*, Servierbrett *nt*
② *esp* BRIT *(for papers)* Ablage *f*; **in-~/out-~** Ablage für Posteingänge/-ausgänge; *(drawer)* Schubfach *nt*

tray·bake ['treɪbeɪk] *n dünner Blechkuchen mit Schokoladen- oder Zuckerguss* **tray 'ta·ble** *n* Serviertisch *m*

treach·er·ous ['tretʃərəs, AM -ɚəs] *adj* ① *(esp old: deceitful)* verräterisch; *(disloyal)* treulos; ■**to be ~ to sb** jdm gegenüber treulos sein
② *(dangerous)* tückisch; *sea, weather* trügerisch *geh*; ***snow and ice has left many roads ~*** Schnee und Eis haben viele Straßen gefährlich gemacht

treach·er·ous·ly ['tretʃərəsli, AM -ɚ-] *adv* ① *(esp old: deceitfully)* verräterisch
② *(dangerously)* tückisch

treach·ery ['tretʃəri, AM -ɚi] *n no pl (esp old)* Verrat *m*

trea·cle ['tri:kl] *n no pl* BRIT ① *(black)* Melasse *f*
② *(golden)* Sirup *m*

trea·cly ['tri:kli] *adj* ① *(sticky)* sirupartig
② *(pej: sentimental)* zuckersüß

tread [tred] I. *vi* <trod *or* AM *also* treaded, trodden *or* AM, AUS trod> ① *(step)* ■**to ~ somewhere** irgendwohin treten; ***he trod all over my nice clean floor in his filthy boots!*** er trampelte mit seinen dreckigen Stiefeln über meinen schönen sauberen Fußboden!; **to ~ carefully** vorsichtig auftreten; ■**to ~ in/on sth** in/auf etw *akk* treten
② *(maltreat)* ■**to ~ on sb** jdn treten
▶PHRASES: **to ~ <u>carefully</u>** vorsichtig vorgehen; *see also* **toe**
II. *vt* <trod *or* AM *also* treaded, trodden *or* AM, AUS trod> ■**to ~ sth down** *grass* etw niedertreten; ■**to ~ sth into sth** etw in etw *akk* [hinein]treten; ***a load of food had been trodden into the carpet*** eine Ladung voll Essen war im Teppich festgetreten worden; **to ~ the boards** *(hum)* auf den Brettern stehen; **to ~ grapes** Trauben stampfen; **to ~ water** Wasser treten; **to ~ one's weary way** *(liter)* mühselig seinen Weg gehen
▶PHRASES: **to ~ <u>water</u>** in einer Sackgasse stecken
III. *n* ① *no pl (walking)* Tritt *m*, Schritt *m*; **a heavy ~** ein schwerer Schritt
② *(step)* Stufe *f*
③ *(profile) of tyre* [Reifen]profil *nt*; *of shoe* [Schuh]profil *nt*

trea·dle ['tredl] *n* Pedal *nt*

trea·dle 'sew·ing ma·chine *n* pedalbetriebene Nähmaschine

tread·mill ['tredmɪl] *n* ① *(hist: wheel)* Tretmühle *f*, Tretwerk *nt*
② *(exerciser)* Heimtrainer *m*, Hometrainer *m* SCHWEIZ, ÖSTERR
③ *(boring routine)* Tretmühle *f fam*; **the same old ~** derselbe alte Trott [*o* SCHWEIZ *a.* Tramp]

trea·son ['tri:zən] *n no pl* [Landes]verrat *m*; **an act of ~** Verrat *m*; **high ~** LAW *(form)* Hochverrat *m*

trea·son·able ['tri:zənəbl], **trea·son·ous** ['tri:zənəs] *adj inv (form)* verräterisch, hochverräterisch, landesverräterisch

treas·ure ['treʒəʳ, AM -ɚ] I. *n* ① *no pl (hoard)* Schatz *m*; **buried ~** vergrabener Schatz
② *(valuables)* ■**~s** *pl* Schätze *pl*, Kostbarkeiten *pl*, Reichtümer *pl*; **art ~s** Kunstschätze *pl*
③ *(fam: person)* Schatz *m*; *esp* BRIT ***she is an absolute ~!*** sie ist ein richtiger Schatz!
II. *vt* ■**to ~ sth** etw [hoch]schätzen; **to ~ the memory/memories of sb/sth** die Erinnerung[en] an jdn/etw bewahren
◆**treasure up** *vt* ■**to ~ up** ⊂ **sth** etw [an]sammeln

'treas·ure house *n* ① *(building)* Schatzhaus *nt*
② *(room)* Schatzkammer *f* ③ *(fig: collection)* Fundgrube *f* **'treas·ure hunt** *n* Schatzsuche *f*

treas·ur·er ['treʒərəʳ, AM -ɚɚ] *n* ECON ① *(bookkeeper of a society etc.)* Schatzmeister(in) *m(f)*; *of club* Kassenwart(in) *m(f)*, Kassier(in) *m(f)* SCHWEIZ, ÖSTERR
② AM *(main financial officer of a company)* Finanzmanager(in) *m(f)*, Finanzleiter(in) *m(f)*
③ AUS *(finance minister)* Finanzminister(in) *m(f)*

'treas·ure trove *n* ① *(find)* Schatzfund *m*
② *(fig: collection)* Fundgrube *f*

treas·ury ['treʒəri, AM -ɚi] *n* ① *(office)* ■**the ~** die Schatzkammer
② *(funds)* ■**the ~** die Kasse
③ *no pl* POL Finanzamt *nt*, Schatzamt *nt*; ■**the T~** das Finanzministerium

treas·ury 'bill *n* AM [kurzfristiger] Schatzwechsel **treas·ury 'bond** *n* AM FIN Staatsanleihe *f*, [langfristige] Schatzanleihe [*o* Schatzanweisung], Schatzobligation *f* **treas·ury 'note** *n* AM [mittelfristiger] Schatzschein, Schatzanweisung *f* **Treas·ury 'Sec·re·tary** *n* AM [US-]Finanzminister(in) *m(f)* **treas·ury 'spokes·per·son** *n* Sprecher(in) *m(f)* des Finanzministeriums

treat [tri:t] I. *vt* ① *(handle)* ■**to ~ sb/sth somehow** jdn/etw irgendwie behandeln; ***my parents ~ ed us all the same*** meine Eltern behandelten uns alle gleich; **to ~ sb like dirt** *(fam)* jdn wie Dreck behandeln *fam*; **to ~ sb like royalty** für jdn den roten Teppich ausrollen; **to ~ sb/sth badly** jdn/etw schlecht behandeln, schlecht mit jdm/etw umgehen; ■**to ~ sb/sth as if ...** jdn/etw [so] behandeln, als ob ...; ***they ~ her as if she was still a child*** sie behandeln sie immer noch wie ein Kind
② *(regard)* ■**to ~ sth [as sth]** etw [als etw] betrachten [*o* auffassen]; **to ~ sth with contempt** etw *dat* mit Verachtung begegnen
③ MED *(heal)* ■**to ~ sb/an animal [for sth]** jdn/ein Tier [wegen etw *dat o gen*] behandeln; ***he was being ~ ed for a skin disease*** er war wegen einer Hautkrankheit in Behandlung
④ *often passive (process)* ■**to ~ sth [with sth]** *material* etw [mit etw *dat*] behandeln; **to ~ sewage** Abwässer klären
⑤ *(present)* **to ~ a topic** ein Thema behandeln
⑥ *(discuss)* ■**to ~ sth** *a question* etw erörtern
⑦ *(pay for)* ■**to ~ sb [to sth]** jdn [zu etw *dat*] einladen, jdm etw spendieren *fam*; ■**to ~ oneself [to sth]** sich *dat* etw gönnen [*o fam* genehmigen]
II. *vi* ① *(deal with)* ■**to ~ of sth** von etw *dat* handeln
② *(fam: pay)* einen ausgeben *fam*; ***drink up, everyone! Jack's ~ ing!*** alle austrinken! Jack gibt einen aus!
III. *n (approv)* ① *(event)* ≈ [Extra]vergnügen *nt*; ***I've got a real ~ in store for you*** ich habe euch was ganz Besonderes vorbereitet; **to give oneself a ~** sich *dat* etw gönnen; **[it's] my ~** das geht auf meine Rechnung, ich lade Sie ein; ■**it is a ~ to do sth** es ist ein Vergnügen [*o* SCHWEIZ *a.* Plausch], etw zu tun; ■**to be a ~ for sb** für jdn ein Vergnügen [*o* SCHWEIZ *a.* Plausch] sein
② *(delicacy, sweet)* Leckerei *f*, Gaumenfreude *f*; *(gift)* kleines Geschenk, kleine Aufmerksamkeit; ***he always brought them a special ~ back*** er brachte ihnen immer eine besondere Kleinigkeit mit
③ *no pl* BRIT *(fam: very well)* ■**a ~** prima; **to go down a ~** prima schmecken *fam*; **to work a ~** gut funktionieren

trea·tise ['tri:tɪz, AM -t̬ɪz] *n* Abhandlung *f* (**on** über +*akk*)

treat·ment ['tri:tmənt] *n* ① *no pl (handling)* Behandlung *f*, Umgang *m*; **to get rough ~ from sb** von jdm grob behandelt werden; **special ~** Sonderbehandlung *f*
② *usu sing (cure)* Behandlung *f* (**for** gegen +*akk*); **a course of ~** eine Behandlungsmethode; **to respond to ~** auf eine Behandlung ansprechen; ■**to be under ~** in Behandlung sein
③ *no pl (processing)* Behandlung *f*; *of waste* Verarbeitung *f*
④ *(examination)* Behandlung *f*, Bearbeitung *f*
▶PHRASES: **to <u>give</u> sb the full ~** *(fam)* für jdn keine Kosten [und Mühen] scheuen

'treat·ment cen·tre *n* PSYCH, MED Behandlungszentrum *nt*

trea·ty ['tri:ti, AM -t̬i] *n (between countries)* Vertrag *m*, Abkommen *nt*; *(between persons)* Vertrag *m* (**between** zwischen +*dat*, **on** über +*akk*, **with** mit +*dat*); **T~ of Maastricht** Vertrag *m* von Maastricht, Maastrichter Vertrag *m*; **peace ~** Friedensvertrag *m*; **T~ of Rome** Römische Verträge; **to ratify/sign a ~** einen Vertrag ratifizieren/schließen

tre·ble ['trebl] I. *adj inv* ① *(three)* dreifach
② *attr (high-pitched) notes* Diskant-; **~ voice** Sopranstimme *f*
II. *adv inv* ① *(three)* das Dreifache; ***he earns almost ~ the amount that I do*** er verdient fast dreimal so viel wie ich
② *(high-pitched)* **to sing ~** hoch singen
III. *vt* ■**to ~ sth** etw verdreifachen
IV. *vi price* sich *akk* verdreifachen
V. *n* Sopran *m*

tre·ble 'clef *n* MUS Violinschlüssel *m* **tre·ble re·'cord·er** *n* MUS Altflöte *f*

tre·bly ['trebli] I. *adj* MUS blechern, verzerrt
II. *adv inv* dreifach

tree [tri:] I. *n* Baum *m*; **to climb [up] a ~** auf einen Baum klettern; **money doesn't grow on ~s** Geld wächst nicht an Bäumen
▶PHRASES: **to be <u>out</u> of one's ~** nicht [mehr] ganz dicht sein *fam*, spinnen *fam*; *see also* **bark**
II. *n modifier* ① *(of animals)* Baum-, Laub-; **~ toad** Laubfrosch *m*
② *(of trees) (planting, surgery, damage, growth)* Baum-
③ COMPUT **~ [structure]** Baum *m*, Baumstruktur *f*; **~ and branch network system** Baumnetzsystem *nt*; **~ selection sort** Auswahlsortierverfahren *nt*
III. *vt* HUNT ■**to ~ an animal** ein Tier auf einen Baum jagen

'tree fern *n* Baumfarn *m* **'tree frog** *n* Laubfrosch *m* **'tree house** *n* Baumhaus *nt* **'tree hug·ger** *n (fig)* extremer Umweltschützer, extreme Umweltschützerin *(Umweltschützer, der sich an einem Baum festklammert oder -kettet, um das Fällen zu vermeiden)*

tree·less ['tri:ləs] *adj inv* baumlos

'tree·line *n no pl* ■**the ~** die Baumgrenze **'tree-lined** *adj inv* von Bäumen gesäumt; **a ~ street** eine von Bäumen gesäumte Straße *geh* **Tree of 'Knowl·edge** *n no pl* REL ■**the ~** der Baum der Erkenntnis **'tree prun·er** *n* Baumschere *f* **'tree ring** *n* Jahres-

ring *m* **'tree stump** *n* Baumstumpf *m* **'tree sur·geon** *n* Baumchirurg(in) *m(f)* **'tree·tops** *npl* ■ **the** ~ die [Baum]wipfel *pl* **'tree trunk** *n* Baumstamm *m*
tre·foil ['trefɔɪl, AM 'tri:-] *n* ❶ BOT Dreiblatt *nt*
❷ ARCHIT Dreipass *m*
trek [trek] I. *vi* <-kk-> ■ **to ~ somewhere** irgendwohin wandern; **to go ~king** wandern gehen
II. *vt (fam)* ***I ~ked all the way into town*** ich latschte den ganzen Weg in die Stadt *fam*
III. *n* Wanderung *f; (fam: long way)* Marsch *m*
Trek·kie ['treki] *n (fam)* Trekkie *m fam (Star-Trek-Fan)*
trel·lis ['trelɪs] I. *n* <*pl* -es> Gitter *nt; (for plants)* Spalier *nt*
II. *vt* HORT ■ **to ~ vines** Reben am Spalier ziehen
trem·ble ['trembḷ] I. *vi* ❶ *(shake)* zittern; *lip, voice* beben; **to ~ with anger/cold** vor Wut/Kälte zittern; **to ~ like a leaf** zittern wie Espenlaub
❷ *(fear)* ***I ~ to think what will happen when he finds out*** mir wird Angst [und Bange], wenn ich daran denke, was passieren wird, wenn er es herausfindet
II. *n* Zittern *nt*, Beben *nt;* **to be all of a ~** *(fam)* am ganzen Körper zittern
trem·bling ['tremblɪŋ] *adj attr* zitternd; *lip, voice* bebend
tre·men·dous [trɪ'mendəs] *adj* ❶ *(big)* enorm; *crowd, scope* riesig; *help* riesengroß *fam; success* enorm; **a ~ amount of money** wahnsinnig viel Geld
❷ *(good)* klasse *fam*, super SCHWEIZ, ÖSTERR *meist;* ***that's ~ !*** das ist klasse [*o* SCHWEIZ, ÖSTERR *bes* super]!
tre·men·dous·ly [trɪ'mendəsli] *adv* äußerst, enorm, riesig *fam*, SCHWEIZ *bes* extrem *fam*
tremo·lo <*pl* -s> ['tremələʊ, AM -əloʊ] *n* Tremolo *nt*
trem·or ['tremər, AM -ɚ] *n* ❶ *(shiver)* Zittern *nt;* MED Tremor *m*
❷ *(earthquake)* Beben *nt*, Erschütterung *f*
❸ *(thrill)* Schauer *m;* **a ~ of excitement** ein aufgeregtes Beben
❹ *(fluctuation)* Schwanken *nt*
tremu·lous ['tremjələs] *adj hand* zitternd, bebend; **~ voice** zittrige Stimme
tremu·lous·ly ['tremjələsli] *adv* zaghaft, ängstlich; **to speak ~** mit zitternder Stimme sprechen
trench <*pl* -es> [tren(t)ʃ] *n* ❶ *(hole)* Graben *m*
❷ MIL Schützengraben *m;* **in the ~es** im Schützengraben
trench·an·cy ['tren(t)ʃən(t)si] *n no pl (form)* Schärfe *f*
trench·ant ['tren(t)ʃənt] *adj (form)* energisch; *criticism, wit* scharf
trench·ant·ly ['tren(t)ʃəntli] *adv (form)* energisch
'trench coat *n* Trenchcoat *m*
trench·er ['tren(t)ʃər, AM -ɚ] *n* ❶ *(hist: platter)* Schneidebrett *nt*, Tranchierbrett *nt*
❷ AUS *(mortarboard)* Doktorhut *m*
trench·er·man ['tren(t)ʃəmən, AM -ɚ-, *pl* -mən] *n (hum)* **good/poor ~** guter/schlechter Esser
trench 'fe·ver *n no pl* MIL, MED Schützengrabenfieber *nt* **trench 'war·fare** *n no pl* Grabenkrieg *m*
trend [trend] I. *n* ❶ *(tendency)* Trend *m*, Richtung *f*, Tendenz *f;* **downward** [*or* **falling**] **~** Abwärtstrend *m;* **general ~** allgemeiner Trend; **upward ~** Aufwärtstrend *m;* ■ **a ~ away from/towards sth** ein Trend weg von/hin zu etw *dat;* ***surveys show a ~ away from home-ownership and towards rented accommodation*** Untersuchungen zeigen einen Trend weg vom Hausbesitz hin zu gemieteten Wohnungen
❷ *(style)* Mode *f*, Trend *m;* **the latest ~** der letzte Schrei *fam;* **to set a new ~** einen neuen Trend auslösen
II. *vi* ■ **to ~ to[wards] sth** nach etw *akk* verlaufen; SOCIOL zu etw *dat* tendieren *geh;* ***birth rates are ~ing toward negative population growth*** die Geburtsraten tendieren zu einem negativen Bevölkerungswachstum
'trend analy·sis *n* FIN Trendanalyse *f* **'trend-con·scious** ['trendkɒn(t)ʃəs, AM -kɑ:n(t)-] *adj* trendbewusst, modebewusst **'trend re·ver·sal** *n* FIN Trendumkehr *f*, Tendenzwende *f* **'trend·set·ter** ['trend,setər, AM -t̬ɚ] *n* Trendsetter(in) *m(f)* **'trend·set·ting** ['trend,setɪŋ, AM ,set̬ɪŋ] *adj* zukunftsweisend
trendy ['trendi] I. *adj* modisch; ***it's one of those ultra ~ bars*** es ist eines dieser Lokale, die wahnsinnig in sind
II. *n (esp pej)* Schickimicki *m oft pej fam*
trepi·da·tion [,trepɪ'deɪʃən] *n no pl (form)* Ängstlichkeit *f*, Beklommenheit *f;* **a feeling of ~** ein beklommenes Gefühl; ■ **to do sth with ~** etw mit Angst tun
tres·pass I. *n* <*pl* -es> ['trespəs] ❶ LAW *(intrusion)* unbefugtes Betreten (**on** +*akk)*
❷ *(old: sin)* Sünde *f* (**against** gegen +*akk*); ***forgive us our ~es*** vergib uns unsere Schuld
II. *vi* ['trespəs, AM -pæs] ❶ *(intrude)* unbefugt eindringen; ■ **to ~ on sth** unbefugt in etw *akk* eindringen; **to ~ on sb's land** jds Land unerlaubt betreten
❷ *(form: exploit)* ■ **to ~ [up]on sth** etw übermäßig in Anspruch nehmen; **to ~ upon sb's good nature** jds Gutmütigkeit überstrapazieren
❸ *(old: sin)* ■ **to ~ against sb** gegen jdn sündigen; ***as we forgive them that ~ against us*** wie wir vergeben unseren Schuldigern
❹ *(old: violate)* ■ **to ~ against sth** gegen etw verstoßen
tres·pass·er ['trespəsər, AM -pæsɚ] *n* Eindringling *m*, Unbefugte(r) *f(m);* ***"~s will be prosecuted!"*** „unbefugtes Betreten wird strafrechtlich verfolgt!"
tress <*pl* -es> [tres] *n usu pl (liter)* Locke *f;* ■ **~es** *pl* Lockenkopf *m*
tres·tle ['tresl] *n* [Auflage]bock *m*
tres·tle 'ta·ble *n auf Böcke gestellter Tisch*
trews [tru:z] *npl* ❶ BRIT *(trousers)* Hose[n] *f[pl]*
❷ *(tartan trousers) eng anliegende Hose im Schottenkaro*
tri·ad ['traɪæd] *n* MUS Dreiklang *m*
Tri·ad ['traɪæd] *n* ❶ *(gang)* Triade *f (chinesisches Verbrechersyndikat)*
❷ COMPUT Triade *f; (triangular grouping)* Dreier *m*
tri·age ['tri:ɑ:ʒ] *n no pl* MED Triage *f*
tri·al [traɪəl] I. *n* ❶ *(in court)* Prozess *m*, [Gerichts]verhandlung *f*, [Gerichts]verfahren *nt;* **~ by jury** Schwurgerichtsverhandlung *f;* **to await ~ for sth** einem Prozess wegen etw *akk* entgegensehen; **to bring sb to ~** jdn vor Gericht bringen; **to go to ~** vor Gericht gehen; **to put sb on ~** jdn unter Anklage stellen; **to stand** [*or* **be on**] **~** vor Gericht stehen; **to stand** [*or* **be on**] **~ for sth** wegen etw *dat* unter Anklage stehen; ***she's standing ~ for fraud*** sie steht wegen Betrug[e]s unter Anklage; **to be on ~ for one's life** wegen eines Verbrechens, auf das die Todesstrafe steht, angeklagt sein
❷ *(test)* Probe *f*, Test *m;* **clinical ~s** klinische Tests; **~ of strength** Kraftprobe *f;* **to be on ~** *product* getestet werden; *(employee)* auf Probe eingestellt sein
❸ *(problem)* Problem *nt; (nuisance)* Plage *f;* ■ **to be a ~ to sb** eine Plage für jdn sein; ***it's been a real ~ having my mother staying with us*** der Besuch meiner Mutter war die reinste Strapaze; **~s and tribulations** Schwierigkeiten *pl*
❹ *(competition)* Qualifikationsspiel *nt*
II. *n modifier* ❶ *(legal)* Verhandlungs-, Prozess-
❷ *(test)* Probe-, Test-
III. *vt* <-ll- *or* -l-> ■ **to ~ sth** *drugs* etw testen
tri·al and 'er·ror *n no pl* Ausprobieren *nt;* ■ **to do sth by ~** etw durch Versuch und Irrtum ausprobieren **'tri·al bal·ance** *n* FIN vorläufige Bilanz **'tri·al bal·loon** *n (experiment)* Versuchsballon *m fig* **'tri·al basis** *n* AM, AUS ■ **to do sth on a ~** etw auf Versuchsbasis machen **tri·al by 'com·bat** *n* HIST Probekampf *m* **'tri·al flight** *n* Testflug *m* **tri·al 'mar·riage** *n (dated)* Ehe *f* auf Probe **'tri·al pe·ri·od** *n* Probezeit *f* **tri·al 'run** *n* ❶ *(preparation)* Generalprobe *f* (**for** für +*akk)* ❷ *(test drive)* Probefahrt *f*, Testfahrt *f; (test flight)* Testflug *m* **tri·al sepa·'ra·tion** *n* Trennung *f* auf Probe
tri·an·gle ['traɪæŋgl] *n* ❶ *(shape)* Dreieck *nt*
❷ *(object)* dreieckiges Objekt
❸ *(percussion)* Triangel *f*
❹ AM *(setsquare)* Zeichendreieck *nt*
❺ *(relationship)* Dreiecksbeziehung *f*, Dreiecksverhältnis *nt*
tri·an·gu·lar [traɪ'æŋgjələr, AM -ɚ] *adj* dreieckig
tri·an·gu·la·tion [traɪ,æŋgjə'leɪʃən] *n no pl* MATH
❶ *(subdivision)* Triangulation *f*
❷ *(measurement)* Triangulierung *f*
tri·ath·lon [traɪ'æθlɒn, AM -lɑ:n] *n* Triathlon *nt*
trib·al ['traɪbəl] *adj inv* ❶ *(ethnic)* Stammes-; **~ customs** Stammesbräuche *pl*
❷ *(fam: group) attitudes* Gruppen-
trib·al·ism ['traɪbəlɪzəm] *n no pl* ❶ *(organization)* Stammesorganisation *f*, Stammessystem *nt*
❷ *(loyalty)* Stammesverbundenheit *f*
tri·band ['traɪbænd] *adj mobile phone* Triband-, mit Triband-Funktion *nach n*
tribe [traɪb] *n + sing/pl vb* ❶ *(community)* Stamm *m*
❷ *(fam: group)* Sippe *f*, Sippschaft *f a. hum fam*
tribes·man *n* Stammesangehöriger *m* **tribes·wom·an** *n* Stammesangehörige *f*
tribu·la·tion [,trɪbjə'leɪʃən] *n* ❶ *no pl (state)* Leiden *nt*
❷ *usu pl (cause)* Kummer *m; see also* **trial**
tri·bu·nal [traɪ'bju:nəl] *n* ❶ *(court)* Gericht *nt*
❷ *(investigative body)* Untersuchungsausschuss *m*
trib·une¹ ['trɪbju:n] *n (hist)* **~** [**of the people**] [Volks]tribun *m*
trib·une² ['trɪbju:n] *n* ❶ *(dais)* Tribüne *f*
❷ REL *(throne)* Bischofsthron *m*
tribu·tary ['trɪbjətəri, AM -teri] I. *n* ❶ *(river)* Nebenfluss *m*
❷ *(hist: person)* Tributpflichtige(r) *f(m); (state)* tributpflichtiger Staat
II. *adj (form)* ❶ *(secondary)* Neben-; **~ river** [*or* **stream**] Nebenfluss *m*
❷ *(hist: paying tribute)* tributpflichtig, zinspflichtig
trib·ute ['trɪbju:t] *n* ❶ *(respect)* Tribut *m;* **floral ~s** Blumen als Zeichen der Anerkennung/des Dankes; **to pay ~ to sb/sth** jdm/etw Tribut zollen *geh*
❷ *no pl (beneficial result)* ■ **to be a ~ to sb/sth** jdm/etw Ehre machen; ***he is a ~ to his father*** er macht seinem Vater alle Ehre
❸ *no pl (hist: payment)* Tribut *m*, Abgabe *f*
tri·car·box·yl·ic acid 'cy·cle [traɪkɑ:,bɒksɪlɪk,, AM -kɑ:r,bɑ:ksəl-] *n* CHEM Zitronensäurezyklus *m*, Krebs-Zyklus *m*
trice [traɪs] *n no pl (dated fam)* **in a ~** im Handumdrehen *fam*
tri·ceps <*pl* - *or* -es> ['traɪseps] *n* Trizeps *m*
tri·chi·na <*pl* -nae> [trɪ'kaɪnə, *pl* -ni:] *n* ZOOL Trichine *f*, Fadenwurm *m*
trichi·no·sis [,trɪkɪ'nəʊsɪs, AM -'noʊ-] *n no pl* MED Trichinenkrankheit *f*, Trichinose *f fachspr*
tri·chlo·ro·ethane [traɪ,klɔ:rəʊ'i:θeɪn, -'eθeɪn, AM -,klɔ:roʊ'eθeɪn] *n no pl* CHEM Trichlorethan *nt*
tri·cholo·gist [trɪ'kɒlədʒɪst, AM -'kɑ:le-] *n* Trichologe, -login *m, f (auf Haarprobleme spezialisierter Arzt)*
trick [trɪk] I. *n* ❶ *(ruse)* Trick *m*, List *f;* **to play a ~ on sb** jdm einen Streich spielen
❷ *(feat)* Kunststück *nt;* **to do a ~** [**for sb**] [jdm] ein Kunststück vorführen
❸ *(knack)* Kunstgriff *m*, Kniff *m fam*, Dreh *m fam;* **he knows all the ~s of the trade** ihm kann man nichts mehr vormachen
❹ *(illusion)* **a ~ of the light** eine optische Täuschung
❺ *(quirk)* ■ **to have a ~ of doing sth** eine Art [*o* Eigenheit] haben etw zu tun
❻ *(cards)* Stich *m;* **to take a ~** einen Stich machen
❼ *(sl: sex)* **to turn a ~** einen Freier bedienen [*o euph* abfertigen] *fam;* **to turn ~s** anschaffen [*o* auf den Strich] gehen *fam*
▸ PHRASES: **every ~ in the book** alle [nur erdenklichen] Tricks; **a dirty** [*or* **mean**] **~** ein gemeiner Trick; **to do the ~** *(fam)* hinhauen *fam*, klappen *fam;* ***that should do the ~!*** damit müsste es [eigentlich] hinhauen!; **how's ~s?** *(dated sl)* wie geht's?; **not to miss a ~** keine Gelegenheit auslassen; **the oldest ~ in the book** der älteste Trick, den es gibt; **to be up to one's** [**old**] **~s again** wieder in

seine [alten] Fehler verfallen
II. *adj attr, inv* ① *(deceptive)* question Fang-
② *(acrobatic)* Kunst-; ~ **riding** Kunstreiten *nt*
③ AM *(fam: weak)* schwach; ~ **ankle/knee** schwacher Knöchel/schwaches Knie
III. *vt* ■**to ~ sb** ① *(deceive)* jdn täuschen; ■**to ~ sb into doing sth** jdn dazu bringen, etw zu tun
② *(fool)* jdn reinlegen *fam*
◆**trick out** *vt* ① *(fam: dress)* ■**to ~ out** ⊃ **sb/sth** jdn/etw herausputzen
② *(deceive)* ■**to ~ sb out of sth** jdn um etw *akk* betrügen; ***the con man ~ed the old couple out of their nest egg*** der Hochstapler hat das alte Ehepaar um seine Ersparnisse gebracht
trick 'cy·clist *n* BRIT *(hum fam)* Seelenklempner(in) *m(f) pej fam*
tricked-out ['trɪktaʊt] *adj (stylishly dressed)* herausgeputzt *fam*, aufgebrezelt BRD *pej sl*, gestylt ÖSTERR *oft fam*
trick·ery ['trɪkᵊri, AM -ɚi] *n no pl (pej)* Betrug *m; (repeated)* Betrügerei *f*; **to resort to ~** sich *akk* auf Betrügereien verlegen
trick·le ['trɪkl̩] I. *vi* ① *(flow)* sickern; *(in drops)* tröpfeln; *sand* rieseln; ***she felt a tear escape and ~ down her cheek*** sie merkte, dass ihr eine Träne über die Wange kullerte
② *(come)* in kleinen Gruppen kommen; ***people ~d back into the theatre*** die Leute kamen in kleinen Gruppen in den Theatersaal zurück
③ *(become known)* durchsickern
II. *vt* ■**to ~ sth somewhere** *liquid* etw irgendwohin tröpfeln [*o* träufeln]
III. *n* ① *(flow)* Rinnsal *nt geh; (in drops) of blood* Tropfen *pl*
② *(few, little)* ■**a ~ of sth** eine kleine Menge einer S. *gen*; ■**a ~ of people/things** wenige Leute/Sachen; **to be down** [*or* **dwindle**] **to a ~** auf ein Minimum gesunken sein [*o* absinken]
◆**trickle away** *vi* langsam abfließen; *(due to leak)* heraustropfen; *(fig: stop gradually)* versiegen
'trick·le-down *adj attr, inv* ECON Durchsickerungs-
'trick·le-down ef·fect *n* Durchsickerungseffekt *m*
trick or 'treat I. *n no pl Spiel zu Halloween, bei dem Kinder von Tür zu Tür gehen und von den Bewohnern entweder Geld oder Süßigkeiten erhalten oder ihnen einen Streich spielen*
II. *vi* **to go ~ing** von Tür zu Tür gehen *(an Halloween)*
trick pho·'tog·ra·phy *n no pl* Trickfotografie *f*
trick 'ques·tion *n* Fangfrage *f*
trick·ster ['trɪkstəʳ, AM -ɚ] *n (pej)* Betrüger(in) *m(f)*, Schwindler(in) *m(f)*; **confidence ~** LAW Schwindler(in) *m(f)*
trick·sy ['trɪksi] *adj* ① *(devious) plan* durchtrieben
② *(delicate) question* knifflig
③ *(smartly dressed)* schick angezogen
tricky ['trɪki] *adj* ① *(deceitful)* betrügerisch
② *(sly)* verschlagen, raffiniert; **a ~ customer** ein schwieriger Zeitgenosse
③ *(awkward) situation* schwierig, kompliziert
④ *(fiddly)* knifflig, verzwickt *fam*
⑤ *(skilful)* geschickt
tri·col·our, AM **tri·col·or** ['trɪkᵊləʳ, AM 'traɪ,kʌlɚ] *n* Trikolore *f*
tri·cy·cle ['traɪsɪkl̩] *n* Dreirad *nt*
tri·dent ['traɪdᵊnt] *n* ① *(fork)* Dreizack *m*
② *(missile)* ■**T~** Trident *f (ballistische Rakete, die von U-Booten abgefeuert wird)*
Tri·den·tine [traɪ'dentaɪn] *adj inv* REL tridentinisch
tried [traɪd] *vt, vi pt, pp of* **try**
tried and 'test·ed *adj inv recipe* erprobt, bewährt, bewiesen **tried and 'true** I. *adj inv friend* treu II. *n no pl* ■**the ~** das Altbewährte; **to stick to the ~** sich *akk* an das Altbewährte halten **tried and 'trust·ed** *adj inv see* **tried and tested**
tri·en·nial [traɪ'eniəl] *adj inv* alle drei Jahre stattfindend, dreijährlich
tri·er ['traɪəʳ, AM -ɚ] *n (approv)* Kämpfernatur *f*; ■**to be a ~** sich *dat* sehr viel Mühe geben
tri·fec·ta [traɪ'fektə] *n* AM Hattrick *m*
tri·fle ['traɪfl̩] I. *n* ① BRIT *(dessert)* Trifle *nt (geschichtetes Dessert aus in Alkohol eingeweichten Löffelbiskuits, Erdbeeren, Vanillepudding und Schlagsahne mit Schokoraspeln)*
② *(form: petty thing)* Kleinigkeit *f*
③ *(money)* ■**a ~** ein paar Cent
④ + *adj (form: slightly)* ■**a ~** ein bisschen, etwas; ***I'm a ~ surprised about your proposal*** ich bin über deinen Vorschlag etwas erstaunt
II. *vt* ■**to ~ away** ⊃ **sth** etw verschwenden [*o geh* vergeuden]; **to ~ one's time away** seine Zeit vertrödeln *fam*
III. *vi (form)* ■**to ~ with sb/sth** mit jdm/etw spielen; ***Caroline is not a woman to be ~d with*** mit Caroline ist nicht zu spaßen; **to ~ with sb's affections** [*or* **heart**] mit jds Gefühlen spielen
tri·fling ['traɪflɪŋ] *adj (form)* unbedeutend; **~ matter** belanglose Angelegenheit; **a ~ sum of money** eine geringfügige Menge Geld
trig [trɪg] *n no pl (fam) short for* **trigonometry** Trigonometrie *f*
trig·ger ['trɪgəʳ, AM -ɚ] I. *n* ① *(gun part)* Abzug *m*; **to pull the ~** abdrücken
② *(start)* Auslöser *m* (**for** für +*akk*)
▶PHRASES: **to be <u>quick</u> on the ~** *(fam)* fix sein *fam*
II. *n modifier* Abzugs-
III. *vt* ■**to ~ sth** etw auslösen; **to ~ an alarm** einen Alarm auslösen
◆**trigger off** *vt* ■**to ~ off** ⊃ **sth** *protest* etw auslösen
'trig·ger fin·ger *n* Zeigefinger *m* **'trig·ger-hap·py** <more ~, most ~> *adj (fam)* ① *(shooting)* schießfreudig *fam* ② *(using force)* schießwütig *fam* **'trig·ger mecha·nism** *n* TECH Abzugsmechanismus *m*
trigo·no·met·ric [,trɪgənə(ʊ)'metrɪk, AM -nə'-] *adj inv* trigonometrisch
trigo·no·met·ri·cal [,trɪgᵊnəʊ'metrɪkᵊl, AM -nə'-] *adj inv* MATH trigonometrisch *fachspr*
trigo·nom·etry [,trɪgə'nɒmɪtri, AM -'nɑːmə-] *n no pl* Trigonometrie *f*
tri·he·dron <*pl* -dra *or* -s> [traɪ'hiːdrən] *n* MATH Dreiflächner *m*, Trihedron *nt fachspr*
trike [traɪk] *n short for* **tricycle** Dreirad *nt*
tri·lat·er·al [traɪ'lætᵊrᵊl, AM -'læt̬ɚ-] *adj inv* ① POL trilateral
② MATH dreiseitig
tril·by ['trɪlbi] *n esp* BRIT [weicher] Filzhut
tri·lin·gual [traɪ'lɪŋgwᵊl] *adj inv* dreisprachig
trill [trɪl] I. *n* ① *(chirp)* Trillern *nt*
② MUS *(note)* Triller *m*
II. *vi* ① *(sing)* trillern; *lark* tirilieren *geh*
② *(liter: speak)* trillern
III. *vt* ① MUS ■**to ~ sth** etw trillern
② LING **to ~ one's r's** das R rollen
tril·lion ['trɪljən] *n* ① <*pl* - *or* -s> (10^{12}) Billion *f*
② <*pl* - *or* -s> BRIT *(dated: 10^{18})* Trillion *f*
③ *pl (fam: many)* ■**~s** *pl* Tausende *pl* (**of** von +*dat*); ***there were ~s of birds*** es gab dort Tausende von Vögeln
tril·lionth ['trɪljən(t)θ] I. *n* ① (10^{12}) Billionstel *nt*
② BRIT *(dated: 10^{18})* Trillionstel *nt*
II. *adj inv* ① (10^{12}) billionste(r, s)
② BRIT *(dated)* trillionste(r,s)
tri·lo·bite ['traɪə(ʊ)baɪt, AM -loʊ-] *n* ZOOL Trilobit *m fachspr*
tril·ogy ['trɪlədʒi] *n* Trilogie *f*
trim [trɪm] I. *n no pl* ① *(cutting)* Nachschneiden *nt*; **to give sb a ~** jdm die Spitzen schneiden; **to give sth a ~** etw nachschneiden; ***just give the ends a ~, please!*** bitte nur die Spitzen nachschneiden!
② *(edging)* Applikation *f*
③ *(ready)* ■**to be in ~** [**for sth**] [für etw *akk*] bereit sein; **to be in fighting ~** kampfbereit sein
④ AVIAT, NAUT Trimmung *f*; ■**to be out of ~** nicht richtig [aus]getrimmt sein
II. *adj* <-mer, -mest> ① *(neat)* ordentlich; *lawn* gepflegt
② *(approv: slim)* schlank
III. *vt* <-mm-> ① *(cut)* ■**to ~ sth** etw [nach]schneiden; ***my hair needs to be ~med*** mein Haar muss nachgeschnitten werden; **to ~ one's beard** sich *dat* den Bart stutzen; **to ~ a hedge** eine Hecke stutzen
② *(reduce)* ■**to ~ sth** etw kürzen [*o* verringern]; **to ~ costs** Kosten verringern
③ *(decorate)* ■**to ~ sth** [**with sth**] etw [mit etw *dat*] schmücken; **to ~ the Christmas tree** den Weihnachtsbaum schmücken
④ AVIAT **to ~ an aircraft** ein Flugzeug [aus]trimmen
⑤ NAUT **to ~ a boat** ein Boot trimmen; **to ~ the sails** die Segel richtig stellen
▶PHRASES: **to ~ the <u>fat</u> from one's budget** den Gürtel enger schnallen; **to ~ one's <u>sails</u>** [**to the wind**] sich *akk* neuen Umständen anpassen
◆**trim away** *vt* ■**to ~ away** ⊃ **sth** ① *(cut)* etw wegschneiden
② *(edit)* etw zusammenstreichen
◆**trim down** *vi* abnehmen
◆**trim off** *vt* ① *(cut)* ■**to ~ off** ⊃ **sth** etw abschneiden; **to ~ the fat off the meat** das Fett wegschneiden
② *(reduce)* **to ~ off the budget** das Budget kürzen; **to ~ off taxes** die Steuern senken
tri·ma·ran ['traɪməræn] *n (Boot)* Trimaran *m*
tri·mer·ic [traɪ'merɪk] *adj inv* CHEM trimer; **~ molecule** trimeres Molekül
tri·mes·ter [trɪ'mestəʳ, AM traɪ'mestɚ] *n* ① *(period of time)* Zeitraum *m* von drei Monaten, Vierteljahr *nt*
② AM SCH, UNIV Trimester *nt*
trimmed [trɪmd] *adj inv, pred of cloth* mit Bordüre versehen
trim·mer ['trɪməʳ, AM -ɚ] *n* ① *(tool)* Schneidegerät *nt*; **hedge ~** Heckenschere *f*
② NAUT Trimmer *m*
trim·ming ['trɪmɪŋ] *n* ① *no pl (cutting)* Nachschneiden *nt*
② *(pieces)* ■**~s** *pl* Abfälle *pl*; **lawn ~s** Rasenabfälle *pl*
③ *usu pl (edging)* Besatz *m*; **a jumper with ~s** ein Pullover *m* mit Verzierungen
④ *(appearance)* ■**~s** *pl*, ■**the ~s** der Anstrich
⑤ *(accompaniment)* ■**the ~s** *pl* das Zubehör; **turkey with all the ~s** Truthahn *m* mit allem Drum und Dran *fam*
Trini·dad and Tobago ['trɪnɪdædəntə'beɪgəʊ] *n* Trinidad und Tobago *nt*
Trini·dad·ian [,trɪnɪ'dædiən] I. *adj* trinidadisch
II. *n* Trinidader(in) *m(f)*
trini·ty ['trɪnɪti] *n* ① *usu sing (liter: trio)* Dreiheit *f*
② *no pl* ■**the** [**Holy**] **T~** die [Heilige] Dreifaltigkeit [*o* Dreieinigkeit]
③ LAW ■**T~** Dreieinigkeit *f*
▶PHRASES: **the <u>unholy</u> ~ of sth** die ungeweihte Dreieinigkeit von etw *dat*
trin·ket ['trɪŋkɪt] *n* ① *(bauble)* wertloser Schmuckgegenstand
② *(rubbish)* ■**~s** *pl* Plunder *m kein pl*
trio <*pl* -s> ['triəʊ, AM -oʊ] *n* ① *(three)* Trio *nt* (**of** von +*dat*)
② *(performers)* Trio *nt*; **string/piano ~** Streich-/Klaviertrio *nt*
③ *(music)* Trio *nt*
trip [trɪp] I. *n* ① *(stumble)* Stolpern *nt*
② *(journey)* Reise *f*, Fahrt *f*; **business ~** Geschäftsreise *f*; **round ~** Rundreise *f*
③ *esp* BRIT *(outing)* Ausflug *m*, Trip *m*; **to go on** [*or* **take**] **a ~** einen Ausflug machen
④ *(experience)* Erfahrung *f*
⑤ *(self-indulgence)* Trip *m*; **an ego ~** ein Egotrip *m*; **to be on a power ~** auf einem starken Egotrip sein
⑥ *(hallucination)* Trip *m sl*; **to have a bad ~** auf einen schlimmen Trip kommen *sl*
II. *vi* <-pp-> ① *(unbalance)* stolpern; ■**to ~ on** [*or* **over**] **sth** über etw *akk* stolpern; **to ~ over one's own feet** über seine eigenen Füße stolpern
② *(be hindered)* ■**to ~ over sb/sth** über jdn/etw stolpern; **to ~ over each other** übereinander stolpern
③ *(mispronounce)* **to ~ over one's tongue** sich *akk* versprechen; **to ~ over one's words** über seine Worte stolpern
④ *(be uttered)* **to ~ off the tongue** leicht von der Zunge gehen
⑤ *(walk)* ■**to ~ somewhere** irgendwohin tänzeln

T

⑥ *(fam: be on drugs)* auf einem Trip sein *sl;* **to ~** [**out**] **on LSD** auf einem LSD-Trip sein *sl*
⑦ *(journey)* ■**to ~ somewhere** irgendwohin reisen
III. *vt* <-pp-> ① *(unbalance)* ■**to ~ sb** jdm ein Bein stellen
② *(activate)* ■**to ~ sth** etw anschalten
▶PHRASES: **to ~ the** <u>**light**</u> **fantastic** *(dated or hum)* das Tanzbein schwingen *hum fam*
◆**trip up I.** *vt* ① *(unbalance)* ■**to ~ up** ⊂ **sb** jdm ein Bein stellen
② *(foil)* ■**to ~ up** ⊂ **sb/sth** jdn/etw zu Fall bringen
II. *vi* ① *(stumble)* stolpern
② *(blunder)* ■**to ~ up** [**on sth**] [bei etw *dat*] einen Fehler machen

tri·par·tite [ˌtraɪˈpɑːtaɪt, AM -ˈpɑːr-] *adj inv* ① *(form: three-part) structure* dreiteilig
② POL *meetings, coalition* Dreiparteien-, Dreier-; **~ agreement** dreiseitiges Abkommen

tripe [traɪp] *n no pl* ① *(food)* Kutteln *pl,* Kaldaunen *pl* SÜDD, ÖSTERR, SCHWEIZ
② *(fam: nonsense)* Mist *m fam,* Quatsch *m fam;* **to talk ~** Mist [*o fam* Quatsch] reden

tri·plane [ˈtraɪpleɪn] *n* AVIAT Dreidecker *m*

tri·ple [ˈtrɪpl] **I.** *adj inv* ① *attr (threefold)* dreifach
② *attr (of three parts)* Dreier-
II. *adv (three times greater)* dreimal so viel; ***in 1991 the number of one-parent U.S. households reached nearly ~ that of 1971*** die Anzahl der allein erziehenden Amerikaner erreichte 1991 fast das Dreifache von 1971
III. *vt* ■**to ~ sth** etw verdreifachen
IV. *vi* sich *akk* verdreifachen

tri·ple-ˈdigit *adj attr, inv* dreistellig **tri·ple ˈglaz·ing** *n no pl* Dreifachverglasung *f* **ˈtri·ple jump** *n no pl* ■**the ~** der Dreisprung **ˈtri·ple jump·er** *n* Dreispringer(in) *m(f)* **tri·ple ˈplay** *n Baseballspiel, in dem drei Spieler hintereinander ‚aus' gemacht werden*

tri·plet [ˈtrɪplət] *n* ① *usu pl (baby)* Drilling *m;* **a set of ~s** Drillinge *pl;* **to have ~s** Drillinge bekommen
② MUS Triole *f*

tri·ple-ˈtap *vt* ■**to ~ sth** *keypad key* etw dreimal drücken [*o* tippen]

tri·plex <*pl* -es> [ˈtrɪpleks] *n* ① *no pl* BRIT *(safety glass)* ■**T~** Sicherheitsglas *nt*
② AM *(building)* Wohneinheit *f* mit drei Wohnungen

trip·li·cate [ˈtrɪplɪkət] *adj attr, inv (form) samples* dreifach; **in ~** in dreifacher Ausfertigung

tri·ply [ˈtrɪpli] *adv inv* dreifach

tri·pod [ˈtraɪpɒd, AM -pɑːd] *n* Stativ *nt;* **to mount sth on a ~** etw auf ein Stativ montieren

Tripo·li [ˈtrɪpəli] *n* Tripolis *nt*

tri·pos <*pl* -es> [ˈtraɪpɒs] *n usu sing* BRIT UNIV Abschlussexamen *nt*

tri·po·tas·sium hexa·cya·no·fer·rate [traɪpəˌtæsiəmheksəˌsaɪənəʊˈfereɪt, AM -pə-, -poʊ-, ˌsaɪənoʊ-] *n inv* CHEM Rotes Blutlaugensalz

trip·per [ˈtrɪpəʳ, AM -ɚ] *n esp* BRIT Ausflügler(in) *m(f),* [Massen]tourist(in) *m(f);* **coach ~s** Bustouristen *pl*

ˈtrip·ping [ˈtrɪpɪŋ] *adj* trippelnd

trip·py [ˈtrɪpi] *adj (fam)* tripmäßig *sl*

ˈtrip switch *n* Sicherung *f,* Sicherungsschalter *m*

trip·tych [ˈtrɪptɪk] *n* ARCHIT Triptychon *nt*

ˈtrip·wire *n* Stolperdraht *m*

tripy [ˈtraɪpi] *adj (fam)* schwachsinnig *fam*

tri·quar·ter·ly [traɪˈkwɔːtəli, AM -ˈkwɔːrt̬əli] *adv inv* alle neun Monate, neunmonatlich

tri·reme [ˈtraɪriːm] *n* MIL, NAUT *(hist)* Trireme *f*

tri·sect [traɪˈsekt] *vt* ■**to ~ sth** etw dreiteilen [*o* in drei [gleiche] Teile teilen]

tri·set [ˈtraɪset] *n* SPORT 3-Satz *m*

triskelion [trɪsˈkelɪən] *n* Triskele *f (keltisches Symbol in Form von drei symmetrisch angeordneten angewinkelten Beinen oder Spiralen)*

tris·tesse [trɪˈstes] *n no pl (liter)* Melancholie *f*

trite [traɪt] *adj (pej)* platt; *cliché, phrase* abgedroschen *fam;* **to sound ~** abgedroschen klingen

trite·ly [ˈtraɪtli] *adv (pej)* platt; *(clichéd)* abgedroschen *fam*

trite·ness [ˈtraɪtnəs] *n no pl (pej)* Plattheit *f,* Trivialität *f geh,* Banalität *f; of cliché* Abgedroschenheit *f*

tri·umph [ˈtraɪəm(p)f] **I.** *n* ① *(victory)* Triumph *m,* Sieg *m* (**for** für +*akk,* **over** über +*akk*); **to hail sth as a ~** [**for sb**] etw als Triumph [für jdn] feiern; ■**to do sth in ~** etw triumphierend tun
② *(feat)* **a ~ of engineering/medicine** ein Triumph *m* der Ingenieurskunst/Medizin
③ *no pl (joy)* Triumph *m,* Siegesfreude *f;* ■**to do sth in ~** etw in Siegesfreude tun
II. *vi* ① *(win)* triumphieren, den Sieg davontragen; ■**to ~ over sb/sth** über jdn/etw triumphieren
② *(exult)* ■**to ~ over sb** über jdn triumphieren

tri·um·phal [traɪˈʌm(p)fəl] *adj* triumphal; **~ entry/return** triumphaler Einzug/triumphale Rückkehr

tri·um·phal ˈarch *n* Triumphbogen *m*

tri·um·phal·ist [ˈtraɪˈʌm(p)fəlɪst] *(pej)* **I.** *adj inv* triumphierend
II. *n jd, der seinen Sieg extrem auskostet*

tri·um·phant [traɪˈʌm(p)fənt] *adj* ① *(victorious)* siegreich; **~ return** triumphale Rückkehr; **to emerge ~ from sth** *a fight* aus etw *dat* siegreich hervorgehen
② *(successful)* erfolgreich
③ *(exulting) smile* triumphierend

tri·um·phant·ly [traɪˈʌm(p)fəntli] *adv* triumphierend

tri·um·vi·rate [traɪˈʌmvɪrət, AM -rɪt] *n* ① HIST Triumvirat *nt*
② *(group)* Dreimännerbund *m*

triv·et [ˈtrɪvɪt] *n* FOOD Untersetzer *m*

trivia [ˈtrɪviə] *npl* Lappalien *pl;* **the ~ of everyday life** die Trivialitäten des täglichen Lebens *geh*

triv·ial [ˈtrɪviəl] *adj* ① *(unimportant)* trivial *geh,* banal; *dispute, issue* belanglos; *details* bedeutungslos
② *(petty)* kleinlich; *remark* oberflächlich
③ *(easy) problem* leicht, einfach

trivi·al·ity [ˌtrɪviˈæləti, AM -əṱi] *n* ① *no pl (unimportance)* Belanglosigkeit *f,* Bedeutungslosigkeit *f;* **the ~ of the offence** die Geringfügigkeit des Vergehens
② *(unimportant thing)* Trivialität *f geh*

trivi·ali·za·tion [ˌtrɪviəlaɪˈzeɪʃən, AM lɪˈ] *n* Trivialisierung *f*

trivi·al·ize [ˈtrɪviəlaɪz] *vt (pej)* ■**to ~ sth** etw trivialisieren; **to ~ a problem** ein Problem bagatellisieren

tro·cha·ic [trə(ʊ)ˈkeɪɪk, AM troʊ-] *adj inv* LIT *meter* trochäisch

tro·chee [ˈtrəʊkiː, AM ˈtroʊ-] *n* LIT Trochäus *m*

trod [trɒd, AM trɑːd] *pt, pp of* **tread I, II**

trod·den [ˈtrɒdən, AM ˈtrɑːd-] *pp of* **tread I, II**

trog <-gg-> [trɒg] *vi* BRIT *(fam)* ■**to ~ somewhere** irgendwohin schlendern

trog·lo·dyte [ˈtrɒglə(ʊ)daɪt, AM ˈtrɑːglə-] *n* ① *(cave dweller)* Höhlenbewohner(in) *m(f)*
② *(loner)* Einsiedler(in) *m(f)*

tro·gon [ˈtrəʊgɒn, AM ˈtroʊ-] *n* ZOOL Trogon *m*

troi·ka [ˈtrɔɪkə] *n* ① *(group)* Troika *f*
② *(carriage)* Dreigespann *nt,* Troika *f*

Tro·jan [ˈtrəʊdʒən, AM ˈtroʊ-] **I.** *n* Trojaner(in) *m(f);* **to work like a ~** arbeiten wie ein Pferd *fam*
II. *adj inv legends* trojanisch

Tro·jan ˈhorse *n* ① *no pl* HIST ■**the ~** das Trojanische Pferd ② *(trick)* Trojanisches Pferd *geh,* Danaergeschenk *nt geh* ③ *(spy)* Spion *m* ④ COMPUT Trojanisches Pferd **Tro·jan ˈWar** *n no pl* ■**the ~** der Trojanische Krieg

troll [trəʊl, AM troʊl] *n* Troll *m*

trol·ley [ˈtrɒli, AM ˈtrɑːli] *n* ① *esp* BRIT, AUS *(cart)* Karren *m;* **luggage ~** Gepäckwagen *m; (on platform)* Kofferkuli *m* BRD; **shopping/supermarket ~** Einkaufswagen *m*
② *esp* BRIT, AUS *(table)* Servierwagen *m;* **drinks ~** Getränkewagen *m*
③ *esp* BRIT, AUS *(bed)* fahrbares [Kranken]bett
④ AM *(tram)* Straßenbahn *f,* Tram *nt* SCHWEIZ
▶PHRASES: **to be** <u>**off**</u> **one's ~** *esp* BRIT, AUS nicht mehr ganz dicht sein *fam*

ˈtrol·ley·bus *n* Oberleitungsbus *m,* Trolleybus *m* SCHWEIZ **ˈtrol·ley·car** *n* AM *(tram)* Straßenbahn *f,* Tram *nt* SCHWEIZ

trol·lop [ˈtrɒləp, AM ˈtrɑː-] *n (pej)* Flittchen *nt pej fam; (slut)* Schlampe *f pej fam*

trom·bone [trɒmˈbəʊn, AM trɑːmˈboʊn] **I.** *n* ① *(instrument)* Posaune *f*
② *(player)* Posaunist(in) *m(f)*
II. *n modifier (lessons, player, solo)* Posaunen-

trom·bon·ist [trɒmˈbəʊnɪst, AM trɑːmˈboʊn-] *n* Posaunist(in) *m(f)*

trompe l'oeil <-s> [ˌtrɒmpˈlɔɪ, AM ˌtrɔːmpˈ-] *n* Trompe-l'œil *m*

troop [truːp] **I.** *n* ① *(group)* Truppe *f; of animals* Schar *f; of soldiers* Trupp *m;* **cavalry ~** Schwadron *f;* **a ~ of scouts** eine Pfadfindergruppe
② *(soldiers)* ■**~s** *pl* Truppen *pl;* **to withdraw ~s** Truppen abziehen
II. *n modifier (movements, reduction, supplies, withdrawal)* Truppen-
III. *vi* ■**to ~ somewhere** [in Scharen] irgendwohin strömen; *soldiers* irgendwohin marschieren; ■**to ~ off** abziehen *fam;* ***the fans gave their team a loud cheer as they ~ed off the field*** die Fans spendeten ihrer Mannschaft lauten Beifall, als sie vom Feld abzog
IV. *vt* BRIT **to ~ the colour** die Fahnenparade abhalten

ˈtroop car·ri·er *n* Truppentransporter *m*

troop·er [ˈtruːpəʳ, AM -ɚ] *n* ① *(soldier)* [einfacher] Soldat
② AM *(police officer)* **state ~** Polizist(in) *m(f)*
▶PHRASES: **to** <u>**swear**</u> **like a ~** wie ein Landsknecht fluchen

ˈtroop·ship *n* Truppentransportschiff *nt*

trope [trəʊp, AM troʊp] **I.** *n* LIT bildlicher Ausdruck, Tropus *m fachspr*
II. *vt* **to ~ towards sth** sich *akk* etw *dat* zuwenden

tro·phy [ˈtrəʊfi, AM ˈtroʊ-] *n* ① *(prize)* Trophäe *f,* Preis *m*
② *(memento)* Trophäe *f;* **war ~** Kriegsbeute *f kein pl*

tro·phy ˈgirl·friend *n* Vorzeigefreundin *f fam* **tro·phy ˈwife** *n* Vorzeigefrau *f fam*

trop·ic [ˈtrɒpɪk, AM ˈtrɑː-] *n* ① *(latitude)* Wendekreis *m*
② *(hot region)* ■**~s** *pl,* ■**the ~s** *pl* die Tropen *pl*

tropi·cal [ˈtrɒpɪkəl, AM ˈtrɑː-] *adj inv* ① *(of tropics)* Tropen-; **~ climate** Tropenklima *nt;* **~ disease/medicine** Tropenkrankheit/-medizin *f;* **~ hardwoods** tropische Harthölzer
② *(hot) weather* heiß
③ *(passionate) style* leidenschaftlich

tropi·cal ˈfruit *n* Tropenfrucht *f* **tropi·cal ˈrain·for·est** *n* tropischer Regenwald

Trop·ic of ˈCan·cer *n no pl* ■**the ~** der Wendekreis des Krebses, der nördliche Wendekreis **Trop·ic of ˈCap·ri·corn** *n no pl* ■**the ~** der Wendekreis des Steinbocks, der südliche Wendekreis

tro·pism [ˈtrəʊpɪzəm, AM ˈtroʊp] *n no pl* BIOL Tropismus *m fachspr*

tropo·sphere [ˈtrɒpə(ʊ)sfɪəʳ, AM ˈtrɑːpəsfɪr] *n no pl* SCI Troposphäre *f*

trop·po [ˈtrɒpəʊ, AM ˈtrɑːpoʊ] *adj* AUS *(fam)* verrückt *fam,* übergeschnappt *fam;* **to go ~** verrückt werden

trot [trɒt, AM trɑːt] **I.** *n* ① *no pl (pace)* Trab *m;* **to go at a ~** *horse* traben
② *(walk)* kleiner Spaziergang; *of horse* Trott *m*
③ *(run)* Trab *m fam;* ***the team warmed up for the match with a ~ around the pitch*** die Mannschaft wärmte sich mit einem Lauf um das Spielfeld auf
④ *(fam: diarrhoea)* ■**the ~s** *pl* Durchfall *m,* Dünnpfiff *m fam,* die Renneritis BRD *hum fam*
▶PHRASES: <u>**on**</u> **the ~** *(in succession)* in einer Tour *fam; (busy)* auf Trab *fam;* ***she worked 30 hours on the ~*** sie arbeitete 30 Stunden in einer Tour durch; **to be on the ~ all day** den ganzen Tag auf Trab sein
II. *vi* <-tt-> ① *(walk)* trotten; *horse* traben
② *(ride)* im Trab reiten
③ *(run)* laufen; ***the athlete ~ted slowly around the track*** der Athlet lief langsam um die Bahn
④ *(fam: go)* traben *fam;* **to ~ down to the end of the street** die Straße bis zum Ende runterlaufen
III. *vt* <-tt-> **to ~ a horse** ein Pferd traben lassen
◆**trot along** *vi* traben; ■**to ~ along behind sb**

hinter jdm hertraben

◆**trot off** *vi (fam)* losziehen *fam,* abtraben *fam;* ***he's just ~ ted off to the supermarket*** er hat sich gerade auf den Weg zum Supermarkt gemacht

◆**trot out** *vt (pej)* ■**to ~ out** ↻ **sb/sth** jdn/etw vorführen; **to ~ out arguments/excuses** Argumente/Ausreden herauskramen *fam*

troth [trəʊθ, trɒθ, AM troʊθ, trɑ:θ] *n no pl (form or old)* Treue *f;* ***by my ~!*** bei meiner Ehre!; **to plight one's ~** [**to sb**] *(old or hum)* [jdm] ewige Treue schwören *veraltet o hum,* [jdn] heiraten

trot·ter ['trɒtəʳ, AM 'trɑ:t̬ɚ] *n* 1 *usu pl (food)* ■**~s** *pl* Schweinshaxen *pl*
2 *(horse)* Traber *m*

trou [traʊ] *n short for* **trousers**: **to drop ~** die Hosen fallen lassen

trou·ba·dour ['tru:bədɔ:ʳ, AM -dɔ:r] *n (hist)* Troubadour *m*

trou·ble ['trʌbl̩] **I.** *n* 1 *no pl (difficulties)* Schwierigkeiten *pl; (annoyance)* Ärger *m;* **to be in serious ~** in ernsten Schwierigkeiten sein; **to head** [*or* **be heading**] **for ~** auf dem besten Weg sein, Schwierigkeiten zu bekommen; **to ask** [*or* **be asking**] **for ~** Ärger herausfordern; **to be in/get into ~** in Schwierigkeiten sein/geraten; ■**to be in ~ with sb** mit jdm Schwierigkeiten [*o* Ärger] haben; **to have a lot of ~** [**to do sth**] große Schwierigkeiten haben[, etw zu tun]; **to get into ~ with sb** mit jdm in Schwierigkeiten geraten; **to land sb in ~** [**with sb**] jdn [bei jdm] in Schwierigkeiten bringen; **to keep sb out of ~** jdn vor Schwierigkeiten bewahren; **to spell ~** *(fam)* Ärger verheißen *geh,* nichts Gutes bedeuten; **to stay out of ~** sauber bleiben *hum fam;* **to store up ~** [**for the future**] sich *dat* Schwierigkeiten einhandeln
2 *(problem)* Problem *nt; (cause of worry)* Sorge *f;* ***that's the least of my ~s*** das ist meine geringste Sorge; ***the only ~ is that we ...*** der einzige Haken [dabei] ist, dass wir ...; ***I don't want to be a ~ to anybody*** ich möchte niemandem zur Last fallen; **to tell sb one's ~s** jdm seine Sorgen erzählen
3 *no pl (inconvenience)* Umstände *pl,* Mühe *f;* ***it's no ~ at all*** das macht gar keine Umstände; ***he's been no ~ at all*** er war ganz lieb; ***it's more ~ than it's worth to take it back to the shop*** es lohnt sich nicht, es ins Geschäft zurückzubringen; **to go to the ~** [**of doing sth**], **to take the ~** [**to do sth**] sich *dat* die Mühe machen, [etw zu tun]; **to go to some/a lot of ~ for sth/sb** sich *dat* für etw/jdn große Mühe geben; **to put sb to the ~ of doing sth** jdn bemühen, etw zu tun *geh;* ***I don't want to put you to any ~*** ich möchte dir keine Umstände machen; **to take ~ with sth/sb** sich *dat* mit etw/jdm Mühe geben; **to be** [**not**] **worth the ~** [**of doing sth**] [nicht] der Mühe wert sein, [etw zu tun]
4 *no pl (physical ailment)* Leiden *nt;* ***my eyes have been giving me some ~ recently*** meine Augen haben mir in letzter Zeit zu schaffen gemacht; **stomach ~** Magenbeschwerden *pl*
5 *no pl (malfunction)* Störung *f;* **engine ~** Motorschaden *m*
6 *(strife)* Unruhe *f;* **at the first sign of ~** beim ersten [*o* geringsten] Anzeichen von Unruhe; **to look** [*or* **go looking**] **for ~** Ärger [*o* Streit] suchen; **to stir up ~** Unruhe stiften
7 *no pl (dated: pregnancy before marriage)* **to be in ~** in Schwierigkeiten sein; **to get a girl into ~** ein Mädchen ins Unglück stürzen *geh*
II. *vt* 1 *(form: cause inconvenience)* ■**to ~ sb for sth** jdn um etw *akk* bemühen *geh;* ■**to ~ sb to do sth** jdn bemühen etw zu tun *geh*
2 *(make an effort)* ■**to ~ oneself about sth** sich *akk* um etw *akk* kümmern
3 *(cause worry)* ■**to ~ sb** jdn beunruhigen; *(grieve)* jdn bekümmern; **to be** [**deeply**] **~d by sth** wegen einer S. *gen* tief besorgt [*o* beunruhigt] sein
4 *usu passive (cause problems)* ■**to be ~d by sth** durch etw *akk* in Bedrängnis geraten
5 *(cause pain)* ■**to ~ sb** jdn plagen
III. *vi* sich *akk* bemühen; ■**to ~ to do sth** sich *dat* die Mühe machen, etw zu tun

trou·bled ['trʌbl̩d] *adj* 1 *(beset) marriage* bewegt; *situation* bedrängt; *times* unruhig, SCHWEIZ *a.* strub *fam*
2 *(worried)* besorgt; *look* beunruhigt
3 PSYCH *child, person* gestört

'trou·ble-free *adj inv car* problemlos; *holiday* reibungslos; *machine* störungsfrei

'trou·ble·mak·er *n* Unruhestifter(in) *m(f)*

Trou·bles ['trʌbl̩z] *npl* ■**the ~** *die Unruhen in Nordirland ab den 60ern*

'trou·ble·shoot <-shot, -shot> **I.** *vt* ■**to ~ sth** bei etw *dat* die Störung suchen und beheben **II.** *vi* eine Störung suchen und beheben; COMPUT Softwarefehler bereinigen; *(in hardware)* Hardwarefehler suchen und beseitigen **'trou·ble·shoot·er** *n* 1 *(examiner)* Troubleshooter *m (jd, der Störungen aufspürt und beseitigt)* 2 *(mediator)* Vermittler(in) *m(f); (in crisis)* Krisenmanager *m* **'trou·ble·shoot·ing** *n no pl* 1 *(fixing)* Fehler-/Störungsbeseitigung *f* 2 *(mediation)* Vermittlung *f*

trou·ble·some ['trʌbl̩səm] *adj* schwierig; *scandal* peinlich

'trou·ble spot *n* 1 *(in a region)* Unruheherd *m*
2 *(in traffic)* Störung *f*

trou·bling ['trʌblɪŋ] *adj* beunruhigend; ■**to be ~ to sb** für jdn beunruhigend sein

trou·bling·ly ['trʌblɪŋli] *adv* beunruhigenderweise

trou·blous ['trʌbləs] *adj (liter or old)* unruhig, turbulent, SCHWEIZ *a.* strub *fam*

trough [trɒf, AM trɑ:f] **I.** *n* 1 *(bin)* Trog *m;* **a feeding/water ~** ein Futter-/Wassertrog *m*
2 *(usu pej: benefits)* **to feed at the public ~** sich *akk* aus öffentlichen Mitteln bereichern
3 *(low)* Tiefpunkt *m; (in economy)* Tiefstand *m,* Talsohle *f,* Konjunkturtief *nt*
4 METEO Trog *m*
5 TELEC [Wellen]tal *nt*
II. *vi (fam)* tief fallen, einen Tiefpunkt erreichen

trounce [traʊn(t)s] *vt (fam)* 1 *(beat)* ■**to ~ sb/sth** jdn/etw vernichtend schlagen
2 *(rebuke)* ■**to ~ sth** etw heftig tadeln

trounc·ing ['traʊn(t)sɪŋ] *n usu sing (fam)* vernichtende Niederlage; **to be given a ~** vernichtend geschlagen werden

troupe [tru:p] *n + sing/pl vb* THEAT Truppe *f*

troup·er ['tru:pəʳ, AM -ɚ] *n* 1 *(actor)* **an old ~** ein alter Hase *fam*
2 *(approv: reliable)* treue Seele

trou·ser ['traʊzəʳ] *vt (fam)* ■**to ~ sth** etw in die eigene Tasche stecken, etw kassieren

trou·ser clip ['traʊzə-, AM -zɚ-] *n (bicycle clip)* Hosenklammer *f* **'trou·ser leg** *n* Hosenbein *nt* **'trou·ser press** *n* Hosenbügler *m*

trou·sers ['traʊzəz, AM -zɚz] *npl* Hose *f;* **a pair of ~** eine Hose
▶PHRASES: **to wear the ~** die Hosen anhaben *fam; see also* **catch**

'trou·ser snake *n (fam!: penis)* Schwanz *m fam!*

'trou·ser suit *n* BRIT Hosenanzug *m*

trous·seau <*pl* -s *or* -x> ['tru:səʊ, *pl* -səʊz, AM '-soʊ, *pl* -soʊz] *n (dated)* Aussteuer *f kein pl veraltend*

trout [traʊt] *n* 1 <*pl* -s *or* -> *(fish)* Forelle *f*
2 BRIT *(fam: woman)* **old ~** alte Schachtel *fam*

'trout farm *n* Forellenzucht[anlage] *f* **'trout farm·ing** *n no pl* Forellenzucht *f* **'trout fish·ing** *n no pl* Forellenfang *m;* ■**to go ~** auf Forellenfang gehen **'trout pout** *n (fam or pej)* Schmollmund *m (durch aufgespritzte Lippen)*

trove [trəʊv] *n* Fund *m*

trow·el ['traʊəl] *n* 1 *(building)* Maurerkelle *f*
2 *(gardening)* kleiner Spaten

Troy [trɔɪ] *n no pl (hist)* Troja *nt*

troy 'ounce *n* ECON Troyunze *f;* **~ of fine gold** Troyunze *f* Feingold **troy 'weight** *n* Troygewicht *nt*

tru·an·cy ['tru:ən(t)si] *n no pl* unentschuldigtes Fehlen [von der Schule], [Schule]schwänzen *nt fam*

tru·ant ['tru:ənt] **I.** *n* Schulschwänzer(in) *m(f) fam;* **to play ~** [**from school**] *esp* BRIT, AUS [die Schule] schwänzen *fam*
II. *adj inv children* schwänzend
III. *vi esp* BRIT, AUS [die Schule] schwänzen *fam*

tru·ant·ing ['tru:əntɪŋ] *n no pl* [Schule]schwänzen *nt fam*

'tru·ant of·fic·er *n (dated) Beamter/Beamtin einer Schulbehörde, der/die Schulschwänzer wieder in die Schule zurückbringt*

truce [tru:s] *n* Waffenstillstand *m* (**between** zwischen *+dat*); **a flag of ~** eine Parlamentärflagge; **to agree a ~** BRIT, **to agree to a ~** AM, AUS einen Waffenstillstand vereinbaren; **to call** [*or* **declare**]/**sign a ~** einen Waffenstillstand ausrufen/unterzeichnen

truck[1] [trʌk] **I.** *n* 1 *(lorry)* Last[kraft]wagen *m,* Laster *m* BRD, ÖSTERR *fam;* **pickup ~** Lieferwagen *m*
2 BRIT *(train)* Güterwagen *m,* Güterwaggon *m*
II. *n modifier (accident, motor)* Lastwagen-
III. *vt esp* AM ■**to ~ sth somewhere** etw per Lastwagen irgendwohin transportieren
IV. *vi* AM *(fam)* gehen; ***she was ~ing on down the avenue*** sie ging immer weiter die Allee entlang
▶PHRASES: **to keep on ~ing** ≈ vor sich *dat* hin arbeiten

truck[2] [trʌk] *n no pl* ▶PHRASES: **to have** [*or* **want**] **no ~ with sb/sth** *(fam)* mit jdm/etw nichts zu tun haben

'truck driv·er *n* Lastwagenfahrer(in) *m(f),* SCHWEIZ *a.* Lastwagenchauffeur, Lastwagenchauffeuse *m, f; (long-distance)* Fernfahrer(in) *m(f)*

truck·er ['trʌkəʳ, AM -ɚ] *n* Lastwagenfahrer(in) *m(f),* Trucker(in) *m(f) fam; (long-distance)* Fernfahrer(in) *m(f)*

'truck farm *n* AM, CAN Gemüsefarm *f,* Gemüseanbaubetrieb *m* **'truck farm·er** *n* AM, CAN Gemüsegärtner(in) *m(f)* **'truck farm·ing** *n no pl* AM, CAN Gemüseanbau *m* **'truck gar·den** *n* AM Gemüsegarten *m*

truckie ['trʌki] *n* AUS Lastwagenfahrer(in) *m(f),* SCHWEIZ *a.* Lastwagenchauffeur, Lastwagenchauffeuse *m, f,* Trucker(in) *m(f) fam; (long-distance)* Fernfahrer(in) *m(f)*

truck·ing ['trʌkɪŋ] AM, AUS **I.** *n no pl* Lkw-Transport *m*
II. *n modifier* Speditions-

'truck·ing com·pa·ny *n* AM, AUS Spedition[sfirma] *f* **'truck·ing in·dus·try** *n no pl* AM, AUS ■**the ~** die Lastwagenindustrie

truck·le ['trʌkl̩] **I.** *n* FOOD *eine Art Cheddarkäse*
II. *vi* ■**to ~ to sb** jdm gegenüber klein beigeben

truck·le 'bed *n esp* BRIT [niedriges] Rollbett

'truck·load *n* Wagenladung *f* (**of** mit *+dat*); ***~s of rice*** Wagenladungen voller Reis; **by the ~** in ganzen Wagenladungen **'truck shop** *n (hist) Geschäft, in dem Angestellte mit Firmengutscheinen einkaufen können* **'truck stop** *n* AM, AUS [Fernfahrer]raststätte *f* **truck 'trail·er** *n* AM Lkw-Anhänger *m* **'truck way·bill** *n* AM COMM Lastwagenfrachtbrief *m*

trucu·lence ['trʌkjələn(t)s] *n no pl* 1 *(aggression)* Wildheit *f*
2 *(defiance)* Aufsässigkeit *f*

trucu·lent ['trʌkjələnt] *adj* 1 *(aggressive)* wild
2 *(defiant)* aufsässig

trucu·lent·ly ['trʌkjələntli] *adv* 1 *(aggressively)* wild
2 *(defiantly)* aufsässig

trudge [trʌdʒ] **I.** *vi* 1 *(walk)* wandern; **to ~ along/down sth** etw entlang-/hinuntertrotten [*o fam* -latschen] [*o* ÖSTERR -hatschen] *sl;* **to ~ through sth** durch etw *akk* [hindurch]laufen; *mud, water* durch etw *akk* [hindurch]waten
2 *(work)* ■**to ~ through sth** etw durchackern *fam*
II. *n* 1 *(walk)* [anstrengender] Fußmarsch, Hatscher ÖSTERR *sl*
2 *(work)* mühseliger [*o* SCHWEIZ *a. fam* strenger] Weg
III. *vt* ■**to ~ sth** *streets* etw entlangtrotten

true [tru:] **I.** *adj* <-r, -st> 1 *inv (not false)* wahr; ■**to be ~ for sb/sth** für jdn/etw wahr sein; ■**to be ~ of sb/sth** auf jdn/etw zutreffen, für jdn/etw gelten; ***it is ~*** [***to say***] ***that ...*** es stimmt [*o* ist richtig], dass ...; **partly ~** teilweise wahr; **to hold ~** [**for sb/sth**] [auf jdn/etw] zutreffen; **to ring ~** glaubhaft klingen [*o* SCHWEIZ tönen]
2 *(exact)* richtig; *aim* genau; **to be a ~ likeness of sb** *(dated)* ein genaues Ebenbild von jdm sein

③ *attr (actual)* echt, wahr, wirklich; **the ~ faith** der wahre Glaube; **~ grit** echter Mumm *fam;* **~ heir** rechtmäßiger Erbe; **~ identity** wahre Identität; **~ love** wahre Liebe; **one's ~ self** sein wahres Selbst; *see also* **faith 2, grit I 2**
④ *(loyal)* treu; **good men and ~** *(old)* redliche [*o* rechtschaffene] [*o* SCHWEIZ *a.* rechte] Leute; ■**to be/remain ~ to sb/sth** jdm/etw treu sein/bleiben; **to be ~ to one's word** zu seinem Wort stehen; ■**to be ~ to oneself** sich *dat* selbst treu bleiben
⑤ *attr (conforming)* echt; **in ~ Hollywood style** in echter Hollywoodmanier; **in the ~ sense of a word** im wahrsten Sinne des Wortes
⑥ *pred (straight)* genau; ***none of the drawers were ~*** keine der Schubladen war genau eingepasst
▸PHRASES: **sb's ~ colours** jds wahres Gesicht; **to come ~** wahr werden; **~ to form** [*or* **type**] wie zu erwarten; **it's not ~!** *esp* BRIT ***he's so fat/rich it's not ~!*** er ist unglaublich fett/reich!; *see also* **jest**
II. *adv* ① *inv (admittedly)* stimmt
② *(straight)* gerade
③ *(exactly)* genau; **to aim ~** genau zielen
④ *(old: truly)* ehrlich; ***tell me ~ — do you really love me?*** sag mir die Wahrheit – liebst du mich wirklich?
III. *n no pl* **to be out of ~** schief sein; ***the frame must be out of ~*** der Rahmen muss verzogen sein
◆**true up** *vt* ■**to ~ sth** ⊂ **up** *machinery* etw *akk* genau einstellen; *wheel* etw *akk* einrichten
TRUE [tru:] *n* COMPUT WAHR
'true-blue *adj attr* ① *(loyal)* treu ② *(typical)* waschecht *fam* **'true-born** *adj attr, inv criminal* echt
true-'false *adj inv* Wahr-Falsch- **true-'false test** *n* Ja-Nein-Test *m*
true-'heart·ed *adj (liter) servant* treu
'true-life *adj inv* lebenswahr **true-life ad·'ven·ture** *n* aus dem Leben gegriffenes Abenteuer **true-life 'sto·ry** *n* wahre Geschichte
'true·love *n (liter)* ■**sb's ~** jds Geliebte(r) *f(m)*
true 'north *n no pl* geografischer Norden
true-to-'life *adj novel* lebensnah, lebensecht
truf·fle ['trʌfl] *n* Trüffel *f o m*
trug, trug bas·ket [trʌg-] *n* BRIT [flacher] Korb
tru·ism ['tru:ɪzᵊm] *n* Binsenweisheit *f; (platitude)* Plattitüde *f geh,* Gemeinplatz *m;* ■**it's a ~ that ...** es ist eine Binsenweisheit, dass ...
tru·ly ['tru:li] *adv* ① *inv (not falsely)* wirklich, wahrhaftig; ***I can't ~ say I love him*** ich müsste lügen, um zu sagen, dass ich ihn liebe
② *(genuinely)* wirklich, echt; ***mushrooms aren't ~ vegetables*** Pilze sind kein Gemüse
③ *(emph: very)* wirklich; ***the river is ~ a beautiful sight*** der Fluss ist wirklich ein wunderschöner Anblick
④ *(form: sincerely)* ehrlich, aufrichtig; ***I'm ~ sorry about the accident*** das mit dem Unfall tut mir wirklich leid; ***Yours ~,*** *(in private letter)* dein(e)/Ihr(e) Jane May; *(in business letter)* mit freundlichen Grüßen
▸PHRASES: **yours ~** *(fam)* meine Wenigkeit *hum*
trump¹ [trʌmp] **I.** *n* ① *(card)* Trumpf *m;* **to draw/play a ~** einen Trumpf ziehen/ausspielen
② *(suit)* ■**~s** *pl* Trumpf *m,* Trumpffarbe *f*
▸PHRASES: **to come** [*or* **turn**] **up ~s** BRIT Glück haben; *(help out)* die Situation retten
II. *vt* ■**to ~ sb/sth** ① *(cards)* jdn/etw übertrumpfen
② *(better)* jdn/etw ausstechen
◆**trump up** *vt* ■**to ~ up** ⊂ **sth** etw erfinden; **to ~ up an accusation** sich *dat* eine Beschuldigung aus den Fingern saugen *fam*
trump² [trʌmp] *n no pl (liter or old)* ① *(trumpet)* Posaune *f*
② *(fanfare)* Posaunenstoß *m,* Trompetenstoß *m;* **at the Last T~** REL wenn die Posaunen des Jüngsten Gerichts erklingen
'trump card *n* ① *(card)* Trumpfkarte *f,* Trumpf *m*
② *(advantage)* Trumpf *m*
trump·ery ['trʌmpᵊri] **I.** *n (old)* ① *(baubles)* Plunder *m kein pl,* Flitterkram *m kein pl fam*
② *(customs)* Unsinn *m*
II. *adj (form: worthless)* billig; *(flashy)* kitschig *pej*
trum·pet ['trʌmpɪt, AM -pət] **I.** *n* ① *(instrument)* Trompete *f; see also* **blow**
② *(player)* Trompeter(in) *m(f)*
③ *(bellow) of an elephant* Trompeten *nt*
II. *n modifier (lessons, player, solo)* Trompeten-
III. *vi* ① *(play)* trompeten
② *elephant* trompeten
IV. *vt (esp pej)* ■**to ~ sth** etw ausposaunen *fam*
trum·pet·er ['trʌmpɪtəʳ, AM -pət̬ɚ] *n* Trompeter(in) *m(f)*
trum·pet·ing ['trʌmpɪtɪŋ, AM pət̬] *adj inv* trompetebasend *attr;* **~ angel** Posaunenengel *m*
'trump suit *n* Trumpf *m,* Trumpffarbe *f*
trun·cate [trʌŋ'keɪt, AM 'trʌŋkeɪt] **I.** *vt* ■**to ~ sth** ① *match, book, discussion* etw kürzen
② COMPUT *(cut short)* etw abschneiden
③ COMPUT *(give value to number)* etw abstreichen
II. *vi* ECON nach dem beleglosen Scheckeinzugsverfahren arbeiten
trun·cat·ed [trʌŋ'keɪtɪd, AM 'trʌŋkeɪt̬ɪd] *adj version* gekürzt
trun·ca·tion [trʌŋ'keɪʃᵊn] *n no pl* ① *(shortening)* Kürzung *f*
② ECON belegloses Scheckeinzugsverfahren
③ COMPUT Abschneiden *nt*
trun·cheon ['trʌn(t)ʃᵊn] *n* BRIT, AUS Schlagstock *m*
trun·dle ['trʌndl] **I.** *vi* ■**to ~ somewhere** irgendwohin zuckeln *fam;* **to ~ along** [*or* **on**] *(proceed leisurely)* sich *akk* hinziehen; *(drag on)* sich *akk* dahinschleppen
II. *vt* ■**to ~ sth somewhere** etw irgendwohin rollen
◆**trundle out I.** *vt (pej)* ■**to ~ out** ⊂ **sth** etw hervorkramen *fam*
II. *vi* herausrollen
'trun·dle bed *n* AM, AUS *(truckle bed)* [niedriges] Rollbett
trunk [trʌŋk] *n* ① *(stem)* Stamm *m;* **tree ~** Baumstamm *m*
② *(body)* Rumpf *m*
③ *(nose)* Rüssel *m*
④ *(box)* Schrankkoffer *m*
⑤ AM *(boot of car)* Kofferraum *m*
⑥ *(pants)* ■**~s** *pl* Shorts *pl;* **a pair of swimming ~s** eine Badehose [*o* SCHWEIZ Badhose]
⑦ TELEC Fernverbindungskabel *nt*
'trunk call *n* BRIT *(dated)* Ferngespräch *nt* **'trunk line** *n esp* BRIT ① RAIL Hauptstrecke *f* ② TELEC Fernleitung *f* **'trunk road** *n* BRIT Fern[verkehrs]straße *f*
truss [trʌs] **I.** *n* ① *(belt)* Bruchband *nt*
② ARCHIT *(frame)* Gerüst *nt*
II. *vt* ■**to ~ sb** jdn fesseln; **to ~ poultry** Geflügel dressieren
◆**truss up** *vt* ■**to ~ up** ⊂ **sb** jdn fesseln
trust [trʌst] **I.** *n* ① *no pl (belief)* Vertrauen *nt;* **to be built** [*or* **based**] **on ~** auf Vertrauen basieren; **to abuse** [*or* **betray**] **sb's ~** jds Vertrauen missbrauchen; **to gain** [*or* **win**] **sb's ~** jds Vertrauen gewinnen; **to place** [*or* **put**] **one's ~ in sb/sth** sein Vertrauen in jdn/etw setzen; **to take sth on ~** etw einfach glauben, etw für bare Münze nehmen *fam;* ■**to do sth in the ~ that ...** etw in dem Vertrauen tun, dass ...
② *no pl (responsibility)* **a position of ~** ein Vertrauensposten *m;* ■**in sb's ~** in jds Obhut; **to have sth in ~** etw zur Verwahrung haben
③ *(arrangement)* Treuhand *f kein pl,* Treuhandschaft *f; (management of money or property for sb)* Vermögensverwaltung *f;* **investment ~** Investmentfonds *m;* **to hold** [*or* **keep**] **sth in ~** etw treuhänderisch verwalten; **to set up a ~** eine Treuhandschaft übernehmen
④ *(trustees)* Treuhandgesellschaft *f;* ***he was guilty of a breach of ~*** er verletzte die Treuhandpflicht; ***he has a position of ~*** er hat eine Vertrauensstellung; **charitable ~** Stiftung *f*
⑤ AM *(union)* Ring *m;* BRIT *(trust company)* Trust *m*
⑥ AM *(bank name) Zusatz bei Banknamen*
⑦ AM *(monopoly)* Trust *m,* Syndikat *nt*
▸PHRASES: **a brains ~** *(hum)* geballte Intelligenz *fam*
II. *vt* ① *(believe)* ■**to ~ sb/sth** jdm/etw vertrauen
② *(rely on)* ■**to ~ sth** einer S. *dat* trauen, auf etw *akk* vertrauen; ***you must ~ your own feelings*** du musst auf deine Gefühle vertrauen; ■**to ~ sb to do sth** jdm zutrauen, dass er/sie etw tut; ■**to ~ oneself to do sth** sich *dat* zutrauen, etw zu tun; ■**to ~ sb with sth** jdm etw anvertrauen
③ *(commit)* ■**to ~ sb/sth to sb** jdm jdn/etw anvertrauen
▸PHRASES: **to not ~ sb an inch** *esp* BRIT, AUS jdm nicht über den Weg trauen *fam;* **~ her/him/you etc. to do that!** *(fam)* das musste sie/er/musstest du natürlich machen! *iron;* ***~ you to upset her by talking about the accident!*** du musst sie natürlich auch noch mit deinem Gerede über den Unfall aus der Fassung bringen; **I wouldn't ~ him as far as I can** [*or* **could**] **throw him** ich würde ihm nicht über den Weg trauen
III. *vi* ① *(form: believe)* ■**to ~ in sb/sth** auf jdn/etw vertrauen
② *(rely)* ■**to ~ to sb/sth** auf jdn/etw vertrauen, sich *akk* auf jdn/etw verlassen; **to ~ to luck** sich *akk* auf sein Glück verlassen, auf sein Glück vertrauen
③ *(form: hope)* ***the meeting went well, I ~*** das Treffen verlief gut, hoffe ich [doch]; ■**to ~ [that] ...** hoffen, [dass] ...; ***I ~ [that] you slept well?*** du hast doch hoffentlich gut geschlafen?
'trust ac·count *n* FIN Treuhandkonto *nt* **trust ad·min·is·'tra·tion** *n no pl* FIN Treuhandverwaltung *f*
trusta·far·ian [ˌtrʌstə'feəriən, AM -fer-] *n (hum) jd, der es nicht nötig hat zu arbeiten, weil er genügend Geld bekommt aus einem von der Familie eingerichteten Trust*
trust 'as·sets *npl* FIN Treuhandvermögen *nt*
'trust·bust·er *n* AM FIN *(fam) Beamter/Beamtin, der/die gegen Trusts vorgeht* **'trust·bust·ing** ['trʌstbʌstɪŋ] *n no pl* Monopolzerschlagung *f,* Trustzerschlagung *f*
'trust cen·ter *n + sing/pl vb* INET Trustcenter *nt*
trust·ed ['trʌstɪd] *adj attr* ① *(loyal)* getreu *geh o veraltet*
② *(proved)* bewährt; *see also* **tried and trusted**
trus·tee [trʌs'ti:] *n* Treuhänder(in) *m(f),* Treunehmer(in) *m(f),* Sachwalter(in) *m(f),* Vermögensverwalter(in) *m(f);* **board of ~s** Kuratorium *nt*
trus·tee·ship [trʌs'ti:ʃɪp] *n* Treuhänderschaft *f,* Treuhändertätigkeit *f*
trust·ful ['trʌstfᵊl] *adj see* **trusting**
trust·ful·ly ['trʌstfᵊli] *adv* ① *(artlessly)* zutraulich
② *(gullibly)* leichtgläubig
trust·ful·ness ['trʌstfᵊlnəs] *n no pl* ① *(artlessness)* Zutraulichkeit *f*
② *(gullibility)* Vertrauensseligkeit *f*
③ *(trust)* Vertrauen *nt*
'trust fund *n* Treuhandfonds *m*
trust·ing ['trʌstɪŋ] *adj* ① *(artless)* vertrauensvoll, zutraulich; **to give a ~ smile** vertrauensselig lächeln
② *(gullible)* leichtgläubig, vertrauensselig
trust·ing·ly ['trʌstɪŋli] *adv* vertrauensvoll, zutraulich
trus·tor ['trʌstɔ:ʳ, AM -tɔ:r] *n* FIN Treugeber(in) *m(f)*
trust·wor·thi·ness ['trʌstˌwɜ:ðɪnəs, AM -ˌwɜ:r-] *n no pl* ① *(honesty)* Vertrauenswürdigkeit *f*
② *(accuracy)* Zuverlässigkeit *f*
trust·wor·thy ['trʌstˌwɜ:ði, AM -ˌwɜ:r-] *adj* ① *(honest)* vertrauenswürdig
② *(accurate)* zuverlässig
trusty ['trʌsti] **I.** *adj attr (dated or hum)* ① *(reliable) machine* zuverlässig
② *(loyal) servant* getreu *liter*
II. *n (sl)* privilegierter Häftling
truth <*pl* -s> [tru:θ] *n* ① *no pl (not falsity)* Wahrheit *f* (**of** über +*akk*); ***there is some/no ~ in what she says*** es ist etwas/nichts Wahres an dem, was sie sagt; **a grain of ~** ein Körnchen *nt* Wahrheit *geh*
② *no pl (facts)* ■**the ~** die Wahrheit (**about/of** über +*akk*); ■**the ~ is that ...** die Wahrheit ist, dass ...; **the Gospel ~** die reine Wahrheit; **to tell [sb] the ~** [jdm] die Wahrheit sagen; **to tell the ~, the whole ~, and nothing but the ~** LAW die Wahrheit und nichts als die Wahrheit sagen; **to tell [you] the ~** [*or form* **if the ~ be told**], *form dated* **~ to tell** um die

Wahrheit zu sagen
③ *(belief)* Wahrheit *f* (**about** über +*akk*)
④ *(principle)* Grundprinzip *nt*
▸PHRASES: **in** ~ *(form)* in Wahrheit [*o* Wirklichkeit]; ~ **will out** *(prov)* die Sonne bringt es an den Tag *prov,* Lügen haben kurze Beine *prov;* ~ **is stranger than fiction** *(prov)* im Leben passieren oft seltsame Dinge

truth·ful ['tru:θfᵊl] *adj* ① *(true) answer* wahr
② *(sincere)* ehrlich; ■**to be ~ with sb** zu jdm ehrlich sein
③ *(not lying)* ehrlich
④ *(accurate)* wahrheitsgetreu; **a ~ portrait of sth** ein wahrheitsgetreues Abbild einer S. *gen*

truth·ful·ly ['tru:θfᵊli] *adv* wahrheitsgemäß; *~, I don't know what happened* ehrlich, ich weiß nicht, was passiert ist

truth·ful·ness ['tru:θfᵊlnəs] *n no pl* ① *(veracity)* Wahrhaftigkeit *f*
② *(sincerity)* Ehrlichkeit *f*
③ *(accuracy)* Wahrheit *f*

truth-in-'pack·ag·ing *adj attr, inv* unverfälscht

'truth-tell·er *n* **the liars and the ~s** die Lügner und die, die die Wahrheit sagen **'truth-tell·ing** *n no pl* **in ~** beim Sagen der Wahrheit

try [traɪ] **I.** *n* ① *(attempt)* Versuch *m; it's worth a ~* es ist einen Versuch wert; **to give sth a ~** etw ausprobieren; **to have a ~ at sth** etw versuchen
② *(in rugby)* Versuch *m*
II. *vi* <-ie-> ① *(attempt)* versuchen; *please ~ and keep clean* bitte versuch, sauber zu bleiben *hum fam;* ■**to ~ for sth** sich *akk* um etw *akk* bemühen; **to ~ for a job** sich *akk* um eine Stelle bewerben
② *(make an effort)* sich *akk* bemühen; *she wasn't even ~ ing* sie hat sich überhaupt keine Mühe gegeben
III. *vt* <-ie-> ① *(attempt to do sth)* ■**to ~ sth** etw versuchen; ■**to ~ to do sth** versuchen, etw zu tun; **to ~ one's best** [*or* **hardest**] [*or* **damnedest**] sein Bestes versuchen; **to ~ one's hand at sth** sich *akk* in etw *dat* versuchen; *she tried her hand at cooking* sie versuchte sich im Kochen; **to ~ one's luck** [*or* **fortune**] sein Glück versuchen
② *(test sth by experiment)* ■**to ~ sth** etw probieren [*o* versuchen]
③ *(sample)* ■**to ~ sth** etw [aus]probieren; *we don't sell newspapers, but have you tried the shop on the corner?* wir verkaufen keine Zeitungen, aber haben Sie es schon einmal bei dem Laden an der Ecke versucht?
④ *(put to test)* ■**to ~ sb** jdn auf die Probe stellen; **to ~ sb's patience** jds Geduld auf die Probe stellen
⑤ *(put on trial)* ■**to ~ sb** jdn vor Gericht stellen; ■**to ~ sth** etw verhandeln
◆**try on** *vt* ■**to ~ on** ◌ **sth** *clothes* etw anprobieren
▸PHRASES: **to ~ it on** BRIT, AUS *(fam)* [aus]probieren, wie weit man gehen kann; **to ~ on** ◌ **sth for size** AM, AUS etw versuchsweise ausprobieren
◆**try out I.** *vt* ■**to ~ out** ◌ **sth** etw ausprobieren; ■**to ~ out** ◌ **sb** jdn testen; ■**to ~ out** ◌ **sth on sb** etw an jdm ausprobieren
II. *vi* AM, AUS **to ~ out for a post/a role/a team** sich *akk* auf einem Posten/in einer Rolle/ bei einer Mannschaft versuchen

try·ing ['traɪɪŋ] *adj* ① *(annoying)* anstrengend, SCHWEIZ *a.* streng *fam*
② *(difficult) time* schwierig

'try-on *n* BRIT, AUS *(fam)* [Täuschungs]versuch *m; it was a ~ to see how far he could go* er probierte nur aus, wie weit er gehen konnte **'try-out** *n (fam)* ① SPORT Testspiel *nt,* Probespiel *nt* ② *(test run)* Erprobung *f; of play* Probevorstellung *f*

tryp·to·phan ['trɪptəfæn] *n (Aminosäure)* Tryptophan *nt*

tryst [trɪst] *n (old or hum)* Rendezvous *nt veraltend* (**with** mit +*dat*), Stelldichein *nt veraltet* (**with** mit +*dat*); **to keep a ~** ein Rendezvous haben

tsar [zɑ:ʳ] *n* Zar *m;* **antidrug ~** Drogenbekämpfungsbeauftragte(r) *f(m);* **drug ~** Drogenzar *m;* **economic ~** Wirtschaftszar *m*

tsa·ri·na [zɑ:'ri:nə] *n* Zarin *f*

tsar·ist, Tsar·ist ['zɑ:rɪst] HIST **I.** *adj inv* Zaren-, zaristisch
II. *n* Zarist(in) *m(f)*

tset·se fly ['tetsi-, AM 'tsetsi-] *n* Tsetsefliege *f*

T-shirt ['ti:ʃɜ:t, AM -ʃɝt] *n* T-Shirt *nt*

tsk [tɪsk] *interj (dated)* ■**~[, ~]** tsts

tsp <*pl* - *or* -s> *n abbrev of* **teaspoon** Teel.

T-square ['ti:skweəʳ, AM -skwer] *n* Reißschiene *f*

tsu·na·mi [tsu:'nɑ:mi] *n* Tsunami *m*

TT [ˌti:'ti:] *n abbrev of* **Tourist Trophy** *jährliches Motorradrennen auf der Isle of Man*

TTFN [ˌti:ti:ef'en] AM *(fam)* INET *abbrev of* **ta-ta for now** bis später

TU [ˌti:'ju:] *n + sing/pl vb abbrev of* **Trade Union** Gew.

Tua·reg ['twɑ:reg] **I.** *n* ① *(African language)* Tuareg *nt*
② *(north African people)* Tuareg *pl*
II. *adj* der Tuareg *nach n*

tub [tʌb] *n* ① *(vat)* Kübel *m*
② *(fam: bath)* [Bade]wanne *f*
③ *(carton)* Becher *m;* **a ~ of ice cream/yoghurt** ein Eis-/Joghurtbecher *m*
④ *(pej fam: boat)* Kahn *m*

tuba ['tju:bə, AM *esp* 'tu:-] *n* Tuba *f*

tub·by ['tʌbi] *adj (fam)* pummelig *fam*

tube [tju:b, AM *esp* tu:b] *n* ① *(pipe)* Röhre *f; (bigger)* Rohr *nt;* **inner ~** Schlauch *m;* **test ~** Reagenzglas *nt,* Eprouvette *f* ÖSTERR
② *(container)* Tube *f*
③ BIOL Röhre *f; (fam: fallopian tube)* Eileiter *m;* **bronchial ~s** Bronchien *pl;* **to have one's ~s tied** sich *akk* unfruchtbar machen lassen
④ *no pl* BRIT *(fam: railway)* ■**the ~** die [Londoner] U-Bahn
⑤ *no pl* AM *(fam: TV)* ■**the ~** die Glotze *sl,* die Kiste SCHWEIZ *sl*
⑥ AUS *(fam: can)* Dose *f* [Bier]; *(bottle)* Flasche *f* [Bier]
▸PHRASES: **to go down the ~[s]** den Bach runter gehen *fam*

tube·less ['tju:bləs, AM *esp* 'tu:b-] *adj inv* **~ tyre** schlauchloser Reifen [*o* SCHWEIZ Pneu]

tu·ber ['tju:bəʳ, AM 'tu:bɚ, 'tju:-] *n* BOT Knolle *f*

tu·ber·cle ['tju:bəkl, AM 'tu:bɚ] *n* ① ANAT, ZOOL Knötchen *nt*
② MED Tuberkel *m fachspr*

tu·ber·cu·lar [tju:'bɜ:kjələʳ, AM tu:'bɜ:rkjəlɚ, tju:-] *adj inv* tuberkulös

tu·ber·cu·lo·sis [tju:ˌbɜ:kjə'ləʊsɪs, AM tu:ˌbɜ:rkjə'loʊsɪs, tju:-] *n,* **TB** *n no pl* Tuberkulose *f,* Schwindsucht *f veraltend*

tu·ber·cu·lous [tju:'bɜ:kjələs, AM tu:'bɜ:r-, tju:-] *adj inv* tuberkulös

tu·ber·ose ['tju:bᵊrəʊz, AM 'tu:broʊz] *n* Tuberose *f*

tu·ber·ous ['tju:bᵊrəs, AM 'tu:-, tju:-] *adj* knollig

'tube sta·tion *n* U-Bahnstation *f,* U-Bahnhof *m*

tub·ing ['tju:bɪŋ, AM *esp* 'tu:-] *n no pl* ① *(material)* Schlauch *m*
② *(tubes)* Rohre *pl*

'tub-thump·er *n (pej fam)* Demagoge, Demagogin *m, f* **'tub-thump·ing I.** *n no pl (pej fam)* Demagogie *f* **II.** *adj attr (pej fam)* demagogisch

tubu·lar ['tju:bjələʳ, AM 'tu:bjəlɚ, tju:-] *adj flower* Rohr-, Röhren-; **~ chair** Stahlrohrstuhl *m*

tubu·lar 'bells *npl* Glockenspiel *nt*

TUC [ˌti:ju:'si:] *n no pl* BRIT *abbrev of* **Trades Union Congress**: ■**the ~** ≈ der DGB, ≈ der ÖGB ÖSTERR, ≈ der SGB SCHWEIZ

tuck [tʌk] **I.** *n* ① *(pleat)* Abnäher *m; (ornament)* Biese *f*
② MED **a tummy ~** *Operation, bei der am Bauch Fett abgesaugt wird*
③ *no pl* BRIT *(dated: sweets)* Süßigkeiten *pl,* SCHWEIZ, ÖSTERR *a.* Schleckereien *pl*
II. *vt* ① *(fold)* ■**to ~ sth somewhere** etw irgendwohin stecken; *she had a napkin ~ed in the neck of her blouse* sie hatte eine Serviette in den Ausschnitt ihrer Bluse gesteckt; *she ~ed her doll under her arm* sie klemmte sich ihre Puppe unter den Arm; **to ~ sb into bed** jdn ins Bett [ein]packen *fam*
② *(stow)* ■**to ~ sth somewhere** etw irgendwohin verstauen [*o* SCHWEIZ versorgen]; **to ~ one's legs under one** seine Beine unterschlagen
③ *usu passive (be situated)* ■**to be ~ed somewhere** irgendwo versteckt liegen; *~ed along this alley are some beautiful houses* entlang dieser Allee liegen versteckt einige wunderschöne Häuser
◆**tuck away** *vt* ① *(stow)* ■**to ~ away** ◌ **sth** [**somewhere**] etw [irgendwo] verstauen; *(hide)* etw [irgendwo] verstecken; *he always keeps a bit of money ~ed away in case there's an emergency* er hält immer etwas Geld für eventuelle Notfälle versteckt
② *usu passive (lie)* ■**to be ~ed away somewhere** irgendwo versteckt liegen; *a group of tiny brick houses is ~ed away behind the factory* eine Gruppe winziger Ziegelhäuser liegt versteckt hinter der Fabrik
◆**tuck in I.** *vt* ① *(fold)* ■**to ~ in** ◌ **sth** etw hineinstecken; **to ~ in one's shirt** sein Hemd in die Hose stecken
② *(put to bed)* ■**to ~ in** ◌ **sb** jdn zudecken
③ *(fam: hold in)* **to ~ in** ◌ **one's tummy** seinen Bauch einziehen
II. *vi (fam)* reinhauen *fam,* zulangen *fam; there's plenty of food so please ~ in!* es ist genug Essen da, also bitte langt zu!
◆**tuck into** *vt (fam)* ■**to ~ into sth** etw verschlingen
◆**tuck up** *vt* ① *(fold)* **to ~ up one's feet/legs** seine Füße/Beine anziehen
② BRIT *(put to bed)* ■**to ~ up** ◌ **sb** jdn ins Bett stecken *fam*

tuck·er ['tʌkəʳ, AM -ɚ] *(fam)* **I.** *n no pl* AUS Essen *nt,* Futter *nt sl*
II. *vt* AM ■**to ~ out** ◌ **sb** jdn fix und fertigmachen *fam;* ■**to be ~ed out** erledigt [*o* fix und fertig] sein *fam*

'tuck-in *n* BRIT *(fam)* großes Essen

'tuck shop *n* BRIT *(dated)* Schulkiosk *nt (für Süßwaren)*

Tu·dor ['tju:dəʳ, AM 'tu:dɚ] *adj inv* Tudor-

Tue(s) *n abbrev of* **Tuesday** Di.

Tues·day ['tju:zdeɪ] *n* Dienstag *m;* **[on] ~ afternoon/evening/morning/night** [am] Dienstagnachmittag/-abend/-morgen [*o* -vormittag]/-nacht; **on ~ afternoons/evenings/mornings/nights** dienstagnachmittags/-abends/-morgens [*o* -vormittags]/-nachts, dienstags nachmittags/abends/morgens [*o* vormittags]/nachts; **[around] noon on ~** Dienstagmittag; **[around] noon on ~s** dienstagmittags; **in the early hours of ~ morning** in der Nacht [von Montag] auf [*o* zu] Dienstag; **a week/fortnight on ~** [*or* BRIT *also* **~ week/fortnight**] Dienstag in einer Woche [*o* acht Tagen]/zwei Wochen [*o* vierzehn Tagen]; **a week/fortnight last** [*or* BRIT *also* **ago on**] **~** Dienstag vor einer Woche [*o* acht Tagen]/zwei Wochen [*o* vierzehn Tagen]; **early ~ [morning]** [am] Dienstag früh [*o* SCHWEIZ Dienstagmorgen]; **every ~** jeden Dienstag; **last/next/this ~** [am] letzten [*o* vorigen]/[am] nächsten/diesen [*o* an diesem] [*o* kommenden] Dienstag; **~ before last/after next** vorletzten/übernächsten Dienstag; **since last ~** seit letzten [*o* letztem] Dienstag; **from next ~ [on]** ab nächsten [*o* nächstem] Dienstag; **to fall** [*or* **be**] **on a ~** auf einen Dienstag fallen; **one** [*or* **on a**] **~** an einem Dienstag, eines Dienstags; **[on] ~** [am] Dienstag; *we're meeting [on] ~* wir treffen uns [am] Dienstag; **on ~ 4th March** [*or esp* AM **March 4**] am Dienstag, den 4. März; **[on] ~s** dienstags

tuf·fet ['tʌfɪt] *n* ① *(tuft, clump)* Büschel *m*
② *(footstool, low seat)* niedriger Polstersitz, Schemel *m,* SCHWEIZ *a.* Taburett *nt,* Stockerl *nt* ÖSTERR *fam*

tuft [tʌft] *n* Büschel *nt;* **~ of feathers** Federbüschel *nt*

tuft·ed ['tʌftɪd] *adj* mit Federbüschel; **~ duck** Haubenente *f*

tug [tʌg] **I.** *n* ① *(pull)* Ruck *m* (**at** an +*dat*); **to give**

T

sth a ~ an etw *dat* zerren [*o* SCHWEIZ *meist* reissen]
② *(boat)* Schlepper *m*
II. *vt* <-gg-> ▪**to ~ sb/sth** jdn/etw ziehen
III. *vi* <-gg-> ▪**to ~ at sth** an etw *dat* zerren [*o* ziehen] [*o* SCHWEIZ, ÖSTERR *meist* reissen]; ***her children were ~ging at her hair*** ihre Kinder zerrten an ihren Haaren
▸PHRASES: **to tug at sb's heartstrings** bei jdm auf die Tränendrüse drücken *fam*
◆**tug off** *vt* ▪**to ~ off** ↔ **sth** etw abziehen
'**tug·boat** *n* Schlepper *m* **tug of 'love** *n* BRIT *(fam)* *Streit um das Sorgerecht für das Kind* '**tug-of-love** *adj attr, inv* BRIT *(fam) sich auf einen Sorgerechtsstreit beziehend;* **~ parents** *Eltern, die um das Sorgerecht streiten* **tug-of-'war** *n* ① *(sport)* Tauziehen *nt,* Seilziehen *nt* SCHWEIZ ② *(face-off)* Konfrontation *f* ③ *(fluctuation)* Tauziehen *nt,* Seilziehen *nt* SCHWEIZ, Hin und Her *nt fam*
tu·grik <*pl* - *or* -s> ['tu:gri:k] *n (currency of Mongolia)* Tugrik *m*
tui·tion [tju'ɪʃᵊn, AM tu'-] *n no pl* ① *esp* BRIT *(teaching)* Unterricht *m* (**in** in +*dat*)
② *esp* AM *(tuition fee)* Studiengebühr *f; of school* Schulgeld *nt kein pl*
tu'i·tion fee *n esp* BRIT Studiengebühr *f; of school* Schulgeld *nt kein pl*
tu·lip ['tju:lɪp, AM *esp* 'tu:-] *n* Tulpe *f*
tulle [tju:l, AM tu:l] *n no pl* Tüll *m*
tum [tʌm] *n (fam) see* **tummy**
tum·ble ['tʌmbl] **I.** *vi* ① *(fall)* fallen; *(faster)* stürzen
② *(rush)* ▪**to ~ somewhere** irgendwohin stürzen; ***the children ~d out of school*** die Kinder stürzten aus der Schule
③ *(decline) prices* [stark] fallen, purzeln *fam*
④ *(dated fam: understand)* kapieren; ▪**to ~ that ...** kapieren, dass ... *fam*
II. *n* ① *(fall)* Sturz *m;* **to take a ~** stürzen
② *(decline) prices* Sturz *m* (**in** +*gen*); **to take a ~** stürzen
◆**tumble down I.** *vi building* einstürzen
II. *vt* ▪**to ~ down sth** etw hinabstürzen
◆**tumble over I.** *vi (unbalance)* hinfallen; *(collapse)* umfallen
II. *vt* ▪**to ~ over sb/sth** über jdn/etw stürzen
◆**tumble to** *vi (dated fam)* ▪**to ~ to sth** ① *(notice)* etw merken
② *(understand)* etw kapieren *fam*
③ *(find out)* etw spitzkriegen *fam*
'**tum·ble·down** *adj attr building* baufällig
tum·ble 'dri·er, tum·ble 'dry·er *n* Wäschetrockner *m,* Tumbler *m* SCHWEIZ
tum·bler ['tʌmblə^r, AM -ɚ] *n* ① *(glass)* [Trink]glas *nt*
② *(acrobat)* Bodenakrobat(in) *m(f)*
③ *(dryer)* Wäschetrockner *m,* Tumbler *m* SCHWEIZ
④ TECH *(in lock)* Zuhaltung *f fachspr*
tum·ble·weed ['tʌmblwi:d] *n no pl* Steppenhexe *f,* Steppenläufer *m*
tum·bling ['tʌmblɪŋ] *n no pl* Bodenturnen *nt*
tum·brel ['tʌmbrᵊl], **tum·bril** ['tʌmbrɪl] *n* HIST
① *(open cart)* Schuttkarren *m*
② MIL [zweirädriger gedeckter] Munitionswagen *m*
tu·mes·cence [tju:'mesᵊn(t)s, AM *esp* tu:-] *n no pl* ANAT Schwellung *f*
tu·mes·cent [tju:'mesᵊnt, AM *esp* tu:-] *adj* ANAT anschwellend
tu·mid ['tju:mɪd, AM *esp* 'tu:-] *adj* ANAT *see* **tumescent**
tum·my [tʌmi] *n (esp childspeak fam)* Bauch *m*
'**tum·my ache** *n (esp childspeak fam)* Bauchweh *nt kein pl,* Bauchschmerzen *pl* '**tum·my but·ton** *n* BRIT *(esp childspeak fam)* Bauchnabel *m*
tu·mour, AM **tu·mor** ['tju:mə^r, AM 'tu:mɚ, 'tju:-] *n* Geschwulst *f,* Tumor *m;* **brain ~** Hirntumor *m;* **benign/malignant ~** gutartiger/bösartiger Tumor
tu·mult ['tju:mʌlt, AM *esp* 'tu:-] *n usu sing* ① *(noise)* Krach *m*
② *(disorder)* Tumult *m;* ▪**to be in ~** sich *akk* in Aufruhr befinden
③ *(uncertainty)* Verwirrung *f*
④ *(agitation)* Aufruhr *m kein pl* (**over** wegen +*dat*); ***her feelings were in a ~*** ihre Gefühle waren in Aufruhr
tu·mul·tu·ous [tju:'mʌltjuəs, AM tu:'mʌltʃu:əs, tju:-] *adj* ① *(loud)* lärmend; **~ applause** stürmischer Applaus
② *(confused) crowd* turbulent
③ *(excited) life* aufgeregt
tu·mul·tu·ous·ly [tju:'mʌltjuəsli, AM tu:'mʌltʃu:əsli, tju:-] *adv* stürmisch
tu·mu·lus <*pl* -li> ['tju:mjələs, AM *esp* 'tu:-] *n* ARCHEOL Grabhügel *m,* Tumulus *m fachspr*
tun [tʌn] *n* ① *(vat)* Fass *nt; (of metal)* Tonne *f; (for brewing)* Gärfass *nt*
② *(measure)* Tonne *f*
tuna ['tju:nə, AM *esp* 'tu:-] *n* ① <*pl* -s *or* -> *(fish)* Thunfisch *m*
② *no pl (meat)* Thunfisch *m,* Thon *m* SCHWEIZ
tuna 'melt *n* mit Käse überbackener Thunfischtoast [*o* SCHWEIZ Thontoast]
tun·dra ['tʌndrə] **I.** *n no pl* Tundra *f*
II. *n modifier region* Tundra-
tune [tju:n, AM *esp* tu:n] **I.** *n* ① *(melody)* Melodie *f;* **signature ~** Kennmelodie *f,* SCHWEIZ *bes* Erkennungsmelodie *f;* **theme ~** Titelmelodie *f,* Titelmusik *f;* **a catchy ~** eine Melodie, die ins Ohr geht, ein Ohrwurm *m;* **not to be able to carry a ~ [in a bucket]** [total] unmusikalisch sein; **to hum a ~** eine Melodie [vor sich *akk* hin] summen
② *no pl* MUS *(pitch)* ▪**to be in/out of ~** richtig/falsch spielen; ▪**to be in/out of ~ with sth** *(fig)* mit etw *dat* in Einklang/nicht in Einklang sein; ***he's in ~ with what his customers want*** er hat eine Antenne dafür, was seine Kunden wünschen; ▪**to be in ~ with sb** mit jdm auf einer Wellenlänge liegen *fam*
③ BRIT TECH *(adjustment of car engine)* Einstellung *f;* **to give a car a ~** einen Wagen neu einstellen
④ *(amount)* ▪**to the ~ of £2 million** in Höhe von 2 Millionen Pfund
▸PHRASES: **to change one's** [*or* **sing a different**] **~** einen anderen Ton anschlagen *fig*
II. *vt* ① MUS **to ~ an instrument/a piano** ein Instrument/Klavier stimmen
② RADIO **to ~ a radio** ein Radio einstellen [*o fachspr* tunen]; ***she ~d the radio to her favourite station*** sie stellte ihren Lieblingssender im Radio ein
③ AUTO **to ~ an engine** einen Motor einstellen
III. *vi* [sein Instrument/die Instrumente] stimmen
◆**tune in I.** *vi* ① RADIO, TV einschalten; **to ~ in to a channel/station** einen Kanal/Sender einstellen; ***the video automatically ~s itself in to the next channel*** der Videorekorder stellt sich automatisch auf den nächsten Kanal ein; **to ~ in to a programme** eine Sendung einschalten
② *(fig fam: be sensitive to sth)* ▪**to be ~d in to sth** eine Antenne für etw *akk* haben *fig*
II. *vt* AUS RADIO, TV ▪**to ~ in** ↔ **a programme** eine Sendung einschalten
◆**tune out** *vt* ▪**to ~ out** ↔ **sb/sth** jdn/etw ignorieren
◆**tune up I.** *vi* [sein Instrument/die Instrumente] stimmen; *(fig)* ***he didn't bother to ~ up before his lesson*** er hielt es nicht für nötig, sich auf die nächste Stunde vorzubereiten; **to get ~d up** sich *akk* aufeinander einstimmen
II. *vt* ① AUTO **to ~ up the engine** den Motor einstellen
② MUS **to ~ up an instrument** ein Instrument stimmen
tune·ful ['tju:nfᵊl, AM *esp* 'tu:n-] *adj* melodisch
tune·ful·ness ['tju:nfᵊlnəs, AM 'tu:n] *n no pl* Melodienreichtum *m,* Klangfülle *f*
tune·less ['tju:nləs, AM *esp* 'tu:n-] *adj* unmelodisch
tune·less·ly ['tju:nləsli, AM 'tu:n] *adv* unmelodisch, ohne Klang *nach n*
tun·er ['tju:nə^r, AM *esp* 'tu:nɚ] *n* ① TECH *(for selecting stations)* Empfänger *m,* Tuner *m fachspr*
② MUS *(person)* Stimmer(in) *m(f);* **harpsichord/organ/piano ~** Cembalo-/Orgel-/Klavierstimmer(in) *m(f)*
'**tune-up** *n* TECH Einstellung *f;* **to give a car a ~** einen Wagen [neu] einstellen
tung·sten ['tʌŋ(k)stᵊn] *n no pl* CHEM Wolfram *nt;* **~ steel** Wolframstahl *m*
tu·nic ['tju:nɪk, AM *esp* 'tu:-] *n* Kittel *m,* Kasack *m;* HIST Tunika *f*
tun·ing ['tju:nɪŋ, AM *esp* 'tu:n-] *n no pl* ① MUS Stimmen *nt; (correctness of pitch)* Klangreinheit *f*
② TECH Einstellen *nt*
'**tun·ing fork** *n* MUS Stimmgabel *f;* **to strike the ~** die Stimmgabel anschlagen '**tun·ing peg,** '**tun·ing pin** *n* MUS Stimmstock *m fachspr,* Seele *f fachspr*
Tu·ni·sia [tju:'nɪziə, AM tu:'ni:ʒə] *n* Tunesien *nt*
Tu·ni·sian [tju:'nɪziən, AM tu:'ni:ʒən] **I.** *n* Tunesier(in) *m(f)*
II. *adj* tunesisch
tun·nel ['tʌnᵊl] **I.** *n* Tunnel *m;* ZOOL, BIOL Gang *m;* **to dig** [*or* **make**] **~s** *ants, gophers* Gänge graben
▸PHRASES: **to see** [**the**] **light at the end of the ~** das Licht am Ende des Tunnels sehen *fig*
II. *vi* <BRIT -ll- *or* AM *usu* -l-> einen Tunnel graben; **to ~ under a river** einen Fluss untertunneln
III. *vt* <BRIT -ll- *or* AM *usu* -l-> ▪**to ~ sth:** ***they ~ led a passage through the debris*** sie gruben einen Tunnel durch die Trümmer; **to ~ one's way out** [**of sth**] sich *akk* [aus etw *akk*] herausgraben
tun·nel·(l)er ['tʌnᵊlə^r, AM -ɚ] *n* ① *(person)* Tunnelbauer(in) *m(f)*
② *(burrowing animal)* Grab[e]tier *nt*
tun·nel 'vi·sion *n no pl* ① *(pej: way of thinking)* Scheuklappendenken *nt*
② MED Tunnelblick *m*
tun·ny <*pl* - *or* -nies> ['tʌni] *n (fam)* Thunfisch *m*
Tupi [tu:'pi:] *n (language)* Tupi *nt*
tup·pence ['tʌpᵊn(t)s] *n no pl* BRIT *(fam)* zwei Pence; *(fig)* ***I don't care ~ about his problems*** seine Probleme interessieren mich nicht für fünf Pfennig *fam;* **to not give ~ for sth** keinen Pfifferling auf etw *akk* geben *fam;* **to not matter ~** überhaupt keine Rolle spielen
▸PHRASES: **to add** [*or* **put in**] **one's ~-worth** *(fam)* seinen Senf dazugeben *fam*
tup·pen·ny ['tʌpᵊni] *adj attr, inv* BRIT *(fam or dated) coin* Zweipence-; *stamp* zu zwei Pence *nach n*
Tup·per·ware® ['tʌpəweə^r, AM -ɚwer] **I.** *n no pl* Tupperware® *f;* **~ party** Tupperware-Party *f*
II. *n modifier (container, party)* Tupperware-; **~ cup** verschließbarer Plastikbecher
tuque [tu:k] *n* CAN *(bobble hat) (meist spitz zulaufende) Strickmütze*
tur·ban ['tɜ:bən, AM 'tɜ:r-] *n* Turban *m*
tur·baned ['tɜ:bənd, AM 'tɜ:r-] *adj inv* mit Turban *nach n*
tur·bid ['tɜ:bɪd, AM 'tɜ:r-] *adj* ① *(cloudy) liquid* trüb
② *(liter: dense and dark)* **~ *clouds gathered off the coast*** vor der Küste brauten sich dicke Wolken zusammen; **~ smoke** Rauchschwaden *pl*
③ *(liter: confused) emotions, thoughts* verworren, wirr; ***his writings were ~*** er schrieb [lauter] wirres Zeug
tur·bid·ity [tɜ:'bɪdəti, AM tɜ:r'bɪdəṭi] *n no pl (liter)* ① *(cloudy state)* Trübheit *f,* Trübe *f;* ***the ~ of the river mirrored the troubled state of his soul*** seine Stimmung war so trüb wie das Wasser des Flusses
② *(thickness and darkness) of clouds, smoke* Dichte *f;* ***the ~ of the clouds indicated a bad storm was arriving*** die dunkle Wolkenwand deutete darauf hin, dass sich ein heftiges Gewitter zusammenbraute
③ *(troubled state) of emotions, thoughts* Verworrenheit *f,* Wirrheit *f*
tur·bine ['tɜ:baɪn, AM 'tɜ:rbɪn] *n* TECH Turbine *f;* **gas/steam ~** Gas-/Dampfturbine *f*
'**tur·bine en·gine** *n* TECH Maschine *f* mit Turbinenantrieb *fachspr*
tur·bo-car ['tɜ:bəʊ-, AM 'tɜ:roʊ-] *n* AUTO Wagen *m* mit Turboantrieb *fachspr* **tur·bo·charge** ['tɜ:bəʊtʃɑ:dʒ, AM 'tɜ:rboʊtʃɑ:rdʒ] *vt* ▪**to ~ sth** etw ankurbeln '**tur·bo·charged** *adj inv* ① TECH mit Turboaufladung *nach n fachspr* ② *(approv sl: energetic)* Turbo-, [super]dynamisch *fam* '**tur·bo·charg·er** *n* TECH Turbolader *m fachspr* **tur·bo 'die·sel** *n* TECH ① *(engine)* Dieselmotor *m* mit Tur-

boaufladung *fachspr,* Turbodiesel *m fachspr* ② *(vehicle)* Diesel[wagen] *m* mit Turbomotor *fachspr,* Turbodiesel *m fachspr* **'tur·bo en·gine** *n* TECH Turbomotor *m fachspr* **'tur·bo·fan** *n* ① AVIAT Turbofan *m fachspr; (aircraft)* Turbofan-Flugzeug *nt fachspr* ② TECH *(fan)* Turbinen-Kreiselgebläse *nt fachspr* **'tur·bo·jet** *n* ① TECH *(engine)* Turbojet *m fachspr* ② AVIAT *(aircraft)* Turbojet-Flugzeug *nt* **'tur·bo·prop** *n* ① *(propeller)* Turbopropeller *m fachspr,* Turboprop *m fachspr* ② *(aircraft)* Turbinenpropeller-Flugzeug *nt fachspr,* Turboprop-Flugzeug *nt fachspr*

tur·bot <*pl* - *or* -s> ['tɜ:bət, AM 'tɜ:r-] *n* ZOOL Steinbutt *m*

tur·bu·la·tor ['tɜ:bjəleɪtəʳ, -bjʊ-] *n* Turbolator *m*

tur·bu·lence ['tɜ:bjələn(t)s, AM 'tɜ:r-] *n no pl* Turbulenz *f a. fig;* **air ~** Turbulenzen *pl;* **~ in a marriage** Sturm *m* in einer Ehe; **economic/political ~** wirtschaftliche/politische Turbulenzen

tur·bu·lent ['tɜ:bjələnt, AM 'tɜ:r-] *adj* turbulent, stürmisch, SCHWEIZ *a.* strub *fam; sea also* unruhig; **~ times** *(fig)* stürmische [*o* SCHWEIZ *a.* strube *fam*] Zeiten

turd [tɜ:d, AM tɜ:rd] *n (vulg sl)* ① *(excrement)* Scheißhaufen *m derb*
② *(vulg: vile person)* Scheißkerl *m derb,* Scheißtyp *m derb;* **little ~** kleiner Scheißer *m derb,* Wichser *m vulg*

tu·reen [tə'ri:n, AM tʊ-] *n* FOOD Terrine *f;* **soup ~** Suppenterrine *f*

turf <*pl* -s *or* BRIT *usu* turves> [tɜ:f, AM tɜ:rf] **I.** *n*
① *no pl (grassy earth)* Rasen *m*
② *(square of grass)* Sode *f;* **to lay ~s** Rasen[flächen] anlegen
③ *(fam: personal territory)* Revier *nt; (field of expertise)* Spezialgebiet *f,* Domäne *f,* Reich *nt;* **to win a game on home ~** ein Spiel auf dem eigenen Platz gewinnen; **to cover different ~** in unterschiedlichen Bereichen tätig sein; **to defend one's ~ against sb** sein Revier gegen jdn verteidigen
④ *no pl* SPORT ■**the ~** *(horse racing)* der Pferderennsport
II. *vt* ■**to ~ the backyard** im Hinterhof Rasen verlegen
◆**turf out** *vt esp* BRIT *(fam)* ■**to ~ sb/sth out** [**of sth**] jdn/etw [aus etw *dat*] rauswerfen *fam*

'turf ac·count·ant *n* BRIT *(form: bookmaker)* Buchmacher(in) *m(f)*

'turf war *n* Kompetenzstreit *m,* Kompetenzgerangel *nt pej*

tur·gid ['tɜ:dʒɪd, AM 'tɜ:r-] *adj* ① MED *(form: swollen)* [an]geschwollen; **~ river** angeschwollener Fluss
② *(fig pej: tediously pompous) speech, style, writing* überladen *fig pej,* schwülstig *fig pej*

tur·gid·ity [tɜ:'dʒɪdəti, AM tɜ:r'dʒɪdət̬i] *n no pl (form)*
① *(pej: pomposity)* Schwülstigkeit *f,* geschwollene Ausdrucksweise
② *(state of being swollen)* Schwellung *f;* ***the ~ of the growth alarmed the doctor*** der Arzt war wegen der Größe der Geschwulst beunruhigt

tur·gid·ly ['tɜ:dʒɪdli, AM 'tɜ:r-] *adv (form or pej)* geschwollen, schwülstig

Turk [tɜ:k, AM tɜ:rk] *n* Türke, Türkin *m, f*

tur·key ['tɜ:ki, AM 'tɜ:r-] *n* ① ZOOL Truthahn, -henne *m, f,* Pute(r) *f(m)*
② *no pl (meat)* Truthahn *m,* Pute *f,* Putenfleisch *nt*
③ *esp* AM, AUS *(pej fam: total failure)* Flop *m fam,* Pleite *f fam*
④ AM, AUS *(fam: stupid person: woman)* dumme Pute [*o* Gans] *pej fam; (man)* Blödmann *m fam,* Idiot *m*
▸PHRASES: **to jerk the ~** AM *(sl)* sich *dat* einen runterholen *derb*

Tur·key ['tɜ:ki, AM 'tɜ:r-] *n no pl* Türkei *f*

Tur·kic ['tɜ:kɪk, AM 'tɜ:r-] **I.** *n* Turksprachen *pl*
II. *adj* der Turksprachen *nach n*

Turk·ish ['tɜ:kɪʃ, AM 'tɜ:r-] **I.** *adj (pertaining to Turkey)* türkisch
II. *n (language of Turkey)* Türkisch *nt*

Turk·ish 'bath *n* türkisches Bad **Turk·ish de·'light** *n no pl* Lokum *nt (geleeartiges, mit Puderzucker bestäubtes Konfekt)*

Turk·men ['tɜ:kmen, AM 'tɜ:rk-] **I.** *n* ① *(person)* Turkmene, Turkmenin *m, f*
② *(language)* Turkmenisch *nt*
II. *adj* turkmenisch

Turk·meni·stan [ˌtɜ:kmenɪ'stɑ:n, AM ˌtɜ:rkmenɪ'stæn] *n no pl* GEOG Turkmenistan *nt*

tur·mer·ic ['tɜ:mᵊrɪk, AM 'tɜ:r-] *n no pl* Kurkuma *f,* Gelbwurz *f*

tur·moil ['tɜ:mɔɪl, AM 'tɜ:r-] *n* Tumult *m,* Aufruhr *m;* ■**to be in** [**a**] **~** in Aufruhr sein; ***the Stock Exchange was in complete ~*** die Börse stand buchstäblich kopf; ***the development brought turmoil to the foreign exchange markets*** die Entwicklung hat schwere Turbulenzen an den Devisenmärkten ausgelöst; ***her mind was in a ~*** sie war völlig durcheinander; **the ~ of war** die Wirren des Krieges; **to be thrown into ~** völlig durcheinandergeraten; ***his heart was thrown into ~ by her conflicting signals*** ihre widersprüchlichen Signale stürzten ihn in ein Gefühlschaos

turn [tɜ:n, AM tɜ:rn]

I. NOUN **II.** TRANSITIVE VERB
III. INTRANSITIVE VERB

I. NOUN

① *(rotation) of a wheel* Drehung *f;* ***give the screw a couple of ~s*** drehen Sie die Schraube einige Male um; **to give the handle a ~** den Griff [herum]drehen
② *(change in direction: in road)* Kurve *f,* SCHWEIZ *a.* Rank *m fam;* SPORT Wende *f;* ***"no left/right ~"*** „Links/Rechts abbiegen verboten"; ***the path had many twists and ~s*** der Pfad wand und schlängelte sich dahin; *(fig)* ***the novel has many twists and ~s of plot*** die Handlung des Romans ist total verwickelt *fam; (fig)* ***things took an ugly turn*** die Sache nahm eine üble Wendung; *(fig)* ***I find the ~ of events most unsatisfactory*** ich mag nicht, wie sich die Dinge gerade entwickeln; **to make a ~** abbiegen; **to make a wrong ~** falsch abbiegen; **to make a ~ to port/starboard** NAUT nach Backbord/Steuerbord abdrehen; **to take a ~** [**to the left/right**] [nach links/rechts] abbiegen; **to take a ~ for the better/worse** *(fig)* sich zum Besseren/Schlechteren wenden [*o* SCHWEIZ *meist* kehren]; ***she's taken a ~ for the worse since ...*** mit ihr ist es ziemlich bergab gegangen, seit ... *fam;* **to take a new ~** eine [ganz] neue Wendung nehmen
③ *(changing point)* **the ~ of the century** die Jahrhundertwende; **at the ~ of the century** zur Jahrhundertwende; **at the ~ of the 19th century** Anfang des 19. Jahrhunderts; **the ~ of the tide** der Gezeitenwechsel; ***the tide was on the ~*** die Flut/Ebbe setzte gerade ein; *(fig)* ***the ~ of the tide occurred when ...*** das Blatt wandte [*o* SCHWEIZ *meist* kehrte] sich, als ...
④ *(allotted time)* ***it's my ~ now!*** jetzt bin ich an der Reihe [*o fam* dran]!; ***it's Jill's ~ next*** Jill kommt als Nächste dran; ***it's your ~ to take out the rubbish*** du bist dran, den Abfall runter zu bringen; ***your ~ will come!*** du kommst schon auch noch dran! *fam; (in desperate situations)* du wirst auch noch zum Zuge kommen! *fam;* ***whose ~ is it?*** wer ist dran?; ***I want everyone to take their ~ nicely without any fighting*** ich will, dass ihr euch schön abwechselt, ohne Streitereien; ***you can have a ~ at the computer now*** Sie können jetzt den Computer benutzen; **to do sth in ~** [*or* **by ~s**] etw abwechselnd tun; **to miss a ~** eine Runde aussetzen; **to take ~s** [*or esp* BRIT **it in ~s**] **doing sth** etw abwechselnd tun; **to take a ~ at the wheel** für eine Weile das Steuer übernehmen; **to wait one's ~** warten, bis man an der Reihe ist; ■**in ~** wiederum; ***she told Peter and he in ~ told me*** sie hat es Peter erzählt und er wiederum hat es dann mir erzählt; ***he's all sweet and cold in ~s*** [*or* ***by turn***[***s***]] er ist abwechselnd total nett und dann wieder total kalt *fam*
⑤ *([dis]service)* **to do sb a good/bad ~** jdm einen guten/schlechten Dienst erweisen; **to do a good ~** eine gute Tat tun
⑥ *(odd sensation, shock)* Schreck[en] *m;* **to give sb a ~** jdm einen gehörigen Schrecken einjagen
⑦ *(feeling of queasiness)* Anfall *m; (fam)* ***she was having one of her ~s*** sie hatte wieder einmal einen ihrer Anfälle
⑧ *(performance on stage)* Nummer *f;* **to do comic ~s** Sketche aufführen; **to perform a ~** eine Nummer aufführen
⑨ *(not appropriate)* ■**out of ~**: ***what you've just said was completely out of ~*** was du da gerade gesagt hast, war wirklich völlig unpassend; ***sorry, have I been talking out of ~?*** tut mir leid, habe ich was Falsches gesagt?; ***he really was speaking out of ~*** es war völlig unangebracht, dass er sich dazu äußerte
⑩ *(character)* ■**to be of a ... ~ of mind** einen Hang zu etw *dat* haben; **to be of a humorous ~** eine Frohnatur sein; **to have a logical ~ of mind** ein logischer Mensch sein
⑪ *(stroll)* Runde *f;* **to take a ~** [**in the park**] eine [kleine] Runde [durch den Park] drehen
⑫ *(round in coil, rope)* Umwickelung *f*
⑬ *(expression well put together)* **a nice** [*or* **elegant**] [*or* **good**] **~ of phrase** elegante Ausdrucksweise; *(wording)* elegante Formulierung; **to have a nice ~ of phrase** sich *akk* sehr gut ausdrücken können
⑭ *(purpose)* **to serve sb's ~** jdm dienen; ***that'll serve my ~*** das ist gerade genau das Richtige für mich
⑮ MUS Doppelschlag *m*
⑯ STOCKEX Gewinnspanne *f,* Gewinn *m,* Courtage *f;* **jobber's ~** Courtage *f*
⑰ *(cooked perfectly)* **to be done** [*or* **cooked**] **to a ~** *food* gut durch[gebraten] sein
⑱ *no pl (card in poker game)* ■**the ~** AM *bei Texas Hold 'Em (Pokerspiel): die vierte Karte, die alle Spieler zugeteilt bekommen*
▸PHRASES: **at every ~** *(continually)* ständig; *(again and again)* jedes Mal; **to fight at every ~** mit aller Macht kämpfen; **one good ~ deserves another** *(saying)* eine Hand wäscht die andere; **to be on the ~** sich *akk* wandeln; *milk* einen Stich haben, sauer sein SCHWEIZ; *leaves* gelb werden; **a ~ of the screw** eine weitere Verschärfung [einer Maßnahme]; ***the raising of their rent was another ~ of the screw in the landlord's attempt to get them evicted*** die Mieterhöhung war ein weiterer Versuch, ihnen Daumenschrauben anzulegen und sie allmählich aus der Wohnung zu drängen

II. TRANSITIVE VERB

① *(rotate, cause to rotate)* ■**to ~ sth** *knob, screw* etw drehen; ***he ~ed the key quietly in the lock*** er drehte den Schlüssel vorsichtig im Schloss um; ***she ~ed the wheel sharply*** sie riss das Steuer herum
② *(switch direction)* ■**to ~ sth**: ***he ~ed his head in surprise*** überrascht wendete er den Kopf; ***my mother can still ~ heads*** nach meiner Mutter drehen sich die Männer noch immer um; ***he ~ed the car*** er wendete [*o* SCHWEIZ *meist* kehrte] den Wagen; ***the little girl just ~ed her back to her*** das kleine Mädchen wandte ihr einfach den Rücken zu; ***she ~ed the chair to the window so that she could look outside*** sie drehte den Stuhl zum Fenster, sodass sie hinausschauen konnte; **to ~ one's car into a road** [in eine Straße] abbiegen; **to ~ round the corner** um die Ecke biegen; **to ~ the course of history** den Gang der Geschichte [ver]ändern; **to ~ one's eyes towards sb** jdn anblicken; **to ~ somersaults** einen Purzelbaum schlagen; SPORT einen Salto machen; *(fig)* ***he ~ed somersaults in his joy*** er machte vor Freude Luftsprünge
③ *(aim)* ■**to ~ sth on sb** *lamp, hose* etw auf jdn richten; ***she ~ed her full anger onto him*** ihr ganzer Zorn richtete sich gegen ihn; ***the stranger ~ed a hostile stare on him*** der Fremde warf ihm einen feindseligen Blick zu; **to ~ one's attention** [*or* **mind**] **to sth** seine Aufmerksamkeit etw *dat* zuwen-

den; **to ~ a gun on sb** ein Gewehr auf jdn richten; **to ~ one's steps homewards** sich *akk* nach Hause begeben; **to ~ one's thoughts to sth** sich *akk* etw *dat* zuwenden

④ *(sprain)* ■**to ~ sth** sich *dat* etw verrenken; **to ~ one's ankle** sich *dat* den Knöchel verrenken

⑤ *+ adj (cause to become)* ■**to ~ sb/sth sth**: ***the shock ~ed her hair grey overnight*** durch den Schock wurde sie über Nacht grau; ***the cigarette smoke had ~ed the walls grey*** durch den Zigarettenrauch waren die Wände ganz grau geworden; ***the hot weather has ~ed the milk sour*** durch die Hitze ist die Milch sauer geworden; ***the news ~ed her pale*** als sie die Nachricht hörte, wurde sie ganz bleich; ***his comment ~ed her angry*** sein Kommentar verärgerte sie

⑥ *(cause to feel nauseous)* **to ~ sb's stomach** jdn den Magen umdrehen; ***the smell ~ed her stomach*** bei dem Gestank drehte sich ihr der Magen um

⑦ *(change)* ■**to ~ sth/sb into sth** etw/jdn in etw *akk* umwandeln; ***the wizard ~ed the ungrateful prince into a frog*** der Zauberer verwandelte den undankbaren Prinzen in einen Frosch; **to ~ a book into a film** ein Buch verfilmen; **to ~ sth into German/English** etw ins Deutsche/Englische übertragen; **to ~ the light[s] low** das Licht dämpfen

⑧ *(reverse)* ■**to ~ sth** *garment, mattress* etw wenden [*o* umdrehen] [*o* SCHWEIZ *meist* kehren]; **to ~ the page** umblättern; **to ~ sth inside out** *bag* etw umdrehen, von etw *dat* das Innere nach Außen kehren

⑨ *(gain)* **to ~ a profit** einen Gewinn machen

⑩ *(send)* **to ~ a dog on sb** einen Hund auf jdn hetzen; **to ~ sb loose on sth** jdn auf etw *akk* loslassen; **to be ~ed loose** losgelassen werden *akk*

⑪ *(stop sb)* ■**to ~ sb from sth** jdn von etw *dat* abbringen

⑫ TECH *(create by rotating)* ■**to ~ sth** *wood* etw drechseln; *metal* etw drehen

▸PHRASES: **to be able to ~ one's hand to anything** ein Händchen für alles haben; **to ~ one's back on sb/sth** sich *akk* von jdm/etw abwenden *fig;* ***it is time for you to ~ your back on childish pursuits*** es wird langsam Zeit, dass du deine kindischen Spiele hinter dir lässt; **to ~ a blind eye** sich *akk* blind stellen; **to ~ a blind eye to sth** die Augen vor etw *dat* verschließen; **to ~ the other cheek** die andere Wange hinhalten *fig;* **to ~ the corner** [allmählich] über dem Berg sein; **to ~ a deaf ear** [to sth] sich *akk* [gegenüber etw *dat*] taub stellen; **to not ~ a hair** keine Miene verziehen; ***without ~ing a hair ...*** ohne auch nur mit der Wimper zu zucken; **to ~ one's hand to sth** sich *akk* in etw *dat* versuchen; **to ~ sb's head** jdm den Kopf verdrehen; **sth has ~ed sb's head** etw ist jdm zu Kopf[e] gestiegen; **to ~ sth on its head** etw [vollkommen] auf den Kopf stellen; **to know how to ~ a compliment** wissen, wie man Komplimente macht; **to ~ a phrase** sprachgewandt sein; **to ~ the spotlight on sb/sth** die [allgemeine] Aufmerksamkeit auf jdn/etw lenken; **to ~ the tables [on sb]** den Spieß umdrehen [*o* SCHWEIZ *meist* umkehren]; **to ~ tail and run** auf der Stelle kehrtmachen und die Flucht ergreifen; **to ~ a trick** *prostitute* sich *akk* prostituieren; **to ~ sth upside down** [*or* **inside out**] etw gründlich durchsuchen; *room* etw auf den Kopf stellen *fam*

III. INTRANSITIVE VERB

① *(rotate)* sich drehen; *person* sich *akk* umdrehen; ***this tap won't ~*** dieser Hahn lässt sich nicht drehen; ■**to ~ on sth** sich *akk* um etw *akk* drehen; ***the ballerina ~ed on her toes*** die Ballerina drehte auf den Zehenspitzen Pirouetten; ***the chickens were being ~ed on a spit*** die Hähnchen wurden auf einem Spieß gedreht; ***the earth ~s on its axis*** die Erde dreht sich um ihre Achse; ■**to ~ to sb** sich *akk* zu jdm [um]drehen; **to ~ upside down** *boat* umkippen; *car* sich überschlagen

② *(switch the direction faced) person* sich *akk* umdrehen; *car* wenden, SCHWEIZ *meist* kehren; *(in bend)* abbiegen; *wind* drehen; *(fig)* SCHWEIZ *meist* kehren; *(fig)* sich *akk* wenden; ***she ~ed onto the highway*** sie bog auf die Autobahn ab; ***she ~ed into a little street*** sie bog in ein Sträßchen ein; ***heads still ~ when she walks along*** die Männer schauen ihr noch immer nach; ***when the tide ~s*** *(high tide)* wenn die Flut kommt; *(low tide)* wenn es Ebbe wird; *(fig)* wenn sich das Blatt wendet [*o* SCHWEIZ *meist* kehrt]; ***the path down the mountain twisted and ~ed*** der Pfad schlängelte sich den Berghang hinab; **to ~ on one's heel** auf dem Absatz kehrtmachen; **to ~ right/left** [nach] rechts/links abbiegen; *ship* nach rechts/links abdrehen; MIL ***~ right!*** rechts um!; ■**to ~ towards sb/sth** sich *akk* zu jdm/etw umdrehen; *(turn attention to)* sich *akk* jdm/etw zuwenden; ***plants ~ toward the light*** Pflanzen wenden sich dem Licht zu

③ *(fig: for aid or advice)* ■**to ~ to sb [for sth]** sich *akk* [wegen einer S. *gen*] an jdn wenden; ***he has no one to ~ to*** er hat niemanden, an den er sich wenden kann; ***he ~ed to me for help*** er wandte sich an mich und bat um Hilfe; ***I don't know which way to ~*** ich weiß keinen Ausweg mehr; **to ~ to drink** sich *akk* in den Alkohol flüchten; **to ~ to God** sich *akk* Gott zuwenden; **to ~ to sb for money** jdn um Geld bitten

④ *(change)* werden; *milk* sauer werden; *leaves* gelb werden, sich verfärben; ***his mood ~ed quite nasty*** er wurde richtig schlecht gelaunt; ***his face ~ed green*** er wurde ganz grün im Gesicht *fam;* ***my hair is ~ing grey!*** ich kriege graue Haare!; ***the friendship between the two neighbours ~ed sour*** das freundschaftliche Verhältnis zwischen den beiden Nachbarn kühlte sich erheblich ab; ***my luck has ~ed*** das Blatt hat sich gewandt; **to ~ informer/traitor** zum Informanten/zur Informantin/zum Verräter/zur Verräterin werden; **to ~ Muslim** Muslim werden; **to ~ cold/warm/pale** kalt/warm/blass werden; **to ~ red** *person, traffic lights* rot werden; ■**to ~ into sth** zu etw *dat* werden; ***the frog ~ed into a handsome prince*** der Frosch verwandelte sich in einen schönen Prinzen; ***he ~ed from a sweet boy into a sullen brat*** aus dem süßen kleinen Jungen wurde ein mürrischer Flegel; ***all this ~ed into a nightmare*** das alles ist zum Albtraum geworden; ***when there's a full moon, he ~s into a werewolf*** bei Vollmond verwandelt er sich in einen Werwolf

⑤ *(turn attention to)* ■**to ~ to sth** *conversation, subject* sich *akk* etw *dat* zuwenden; ***my thoughts ~ed to him and his family*** meine Gedanken gingen an ihn und seine Familie

⑥ *(attain particular age)* **to ~ 20/40** 20/40 werden

⑦ *(pass particular hour)* ***it had already ~ed eleven*** es war schon kurz nach elf; ***it has just ~ed past five o'clock*** es ist gerade fünf vorbei; ***just as it ~ed midnight ...*** genau um Mitternacht ...

⑧ *(make feel sick)* ***my stomach ~ed at the grisly sight*** bei dem grässlichen Anblick drehte sich mir der Magen um; ***this smell makes my stomach ~*** bei diesem Geruch dreht sich mir der Magen um

▸PHRASES: **to ~ on a dime** AM auf der Stelle kehrt machen; **to ~ [over] in one's grave** sich *akk* im Grabe umdrehen; **to ~ tattle-tail** AM *(usu childspeak fam)* petzen *fam,* SCHWEIZ *a.* rätschen *fam,* ÖSTERR *a.* tratschen *fam*

◆**turn about I.** *vi* sich *akk* umdrehen; *(when walking)* kehrtmachen; *(fig)* eine Kehrtwendung machen
II. *vt* ■**to ~ sth about** etw wenden [*o* SCHWEIZ *meist* kehren]; ■**to ~ oneself about** sich *akk* umdrehen

◆**turn against I.** *vi* ■**to ~ against sb/sth** sich *akk* gegen jdn/etw wenden [*o* SCHWEIZ *a.* kehren]; ***she ~ed against her parents at an early age*** sie lehnte sich schon sehr früh gegen ihre Eltern auf
II. *vt* ■**to ~ sb against sb/sth** jdn gegen jdn/etw aufwiegeln [*o* aufbringen]; ***she succeeded in ~ing him against the idea*** es gelang ihr, ihm die Idee madigzumachen *fam;* **to ~ sb's own argument against him/her** jds eigenes Argument gegen ihn/sie verwenden

◆**turn around I.** *vi* ① *(move)* sich *akk* umdrehen; *(while walking)* umdrehen; **to ~ around and around** [*or* **around in circles**] sich *akk* im Kreis drehen

② *(fam: suddenly do sth)* ***he said he loved her but then he ~ed around and started dating the cheerleader*** er sagte, dass er sie liebt, doch begann dann, sich mit einer Cheerleaderin zu treffen; **to ~ around and go back** umkehren

II. *vt* ① *(move)* ■**to ~ around ↔ sb/sth** jdn/etw umdrehen [*o* SCHWEIZ *meist* kehren]; **to ~ one's car ↔ around** sein Auto wenden [*o* SCHWEIZ *meist* kehren]

② *(reverse situation)* ■**to ~ sth/sb around** etw/jdn umkrempeln; ECON ■**to ~ around ↔ sth** etw sanieren; ***she took over management of the nearly bankrupt business and ~ed it around*** sie übernahm die Leitung des beinahe bankrotten Betriebs und brachte ihn wieder auf Vordermann; **to ~ one's life around** sein Leben umkrempeln

③ *(change sense)* ■**to ~ sth around** *argument* etw verdrehen *fam;* ***he's ~ed my words all around!*** er hat mir das Wort im Munde herumgedreht!

④ *(un-/reload)* **to ~ a car around** ein Auto be- und entladen; **to ~ a ship around** ein Schiff abfertigen

◆**turn aside I.** *vi* ■**to ~ aside [from sth]** sich *akk* [von etw *dat*] abwenden *a. fig*
II. *vt* ■**to ~ sth aside** etw abwenden

◆**turn away I.** *vi* ■**to ~ away [from sb/sth]** sich *akk* [von jdm/etw] abwenden; ***she ~ed away from fatty foods*** sie verzichtet jetzt auf fetthaltige Nahrungsmittel; **to ~ away from a fight** einen Kampf ausschlagen

II. *vt* ① *(move)* ■**to ~ away ↔ sth** etw wegrücken; ***he ~ed his chair away from the fire*** er rückte seinen Stuhl vom Feuer weg; **to ~ one's face away** seinen Blick abwenden

② *(refuse entry)* ■**to ~ away ↔ sb** jdn abweisen; ***he was ~ed away from the posh restaurant*** man verweigerte ihm den Zutritt zu dem piekfeinen Restaurant

③ *(deny help)* ■**to ~ sb away** jdn abweisen

◆**turn back I.** *vi* ① *(return to starting point)* umkehren, [wieder] zurückgehen; *(fig)* ***there's no ~ing back now!*** jetzt gibt es kein Zurück [mehr]!

② *(in book)* zurückblättern

II. *vt* ① *(send back)* ■**to ~ back ↔ sb** jdn zurückschicken; *(at the frontier)* jdn zurückweisen

② *(fold)* ■**to ~ back ↔ sth** *bedcover* etw zurückschlagen; **to ~ the corner of a page back** ein Eselsohr in eine Seite machen

③ *(put back)* **to ~ back ↔ the clocks** die Uhren zurückstellen; **to ~ back time** *(fig)* die Zeit zurückdrehen

◆**turn down** *vt* ① *(reject)* ■**to ~ down ↔ sb/sth** jdn/etw abweisen; ***she ~ed down his proposal of marriage*** sie lehnte seinen Heiratsantrag ab; **to ~ down an invitation** eine Einladung ausschlagen

② *(reduce level)* ■**to ~ down ↔ sth** etw niedriger stellen; **to ~ down the air conditioning** die Klimaanlage herunterdrehen; **to ~ the radio/stereo down** das Radio/die Stereoanlage leiser stellen

③ *(fold)* ■**to ~ down ↔ sth** etw umschlagen; **to ~ down a blanket** eine Decke zurückschlagen; **to ~ down one's collar** seinen Kragen herunterschlagen

④ CARDS **to ~ down a card** eine Karte verdeckt ablegen

◆**turn in I.** *vt* ① *(give to police etc.)* ■**to ~ in ↔ sth** etw abgeben [*o* abliefern]

② *(submit)* ■**to ~ in ↔ sth** *assignment, essay* etw einreichen; **to ~ in one's resignation** seinen Rücktritt einreichen; **to ~ in good results** gute Ergebnisse abliefern

③ *(fam: to the police)* ■**to ~ in ↔ sb** jdn verpfeifen *fam;* **to ~ oneself in to the police** sich *akk* der Polizei stellen

④ *(inwards)* ■**to ~ in ↔ sth** etw nach innen drehen

⑤ *(quit)* **to ~ in one's job** seinen Job hinschmeißen *fam*

▸PHRASES: **~ it in!** *(fam)* jetzt mach aber mal einen

Punkt! *fam*

II. *vi* ① *(fam: go to bed)* sich *akk* in die Falle [*o* SCHWEIZ ins Nest] hauen *fam*
② *(drive in) car* einbiegen
③ *(inwards)* nach innen gebogen sein; ***his toes ~ in when he walks*** er läuft über den großen Onkel BRD *fam*
④ *(become introspective)* ■**to ~ in on oneself** sich *akk* in sich *akk* selbst zurückziehen

◆**turn off I.** *vt* ① *(switch off)* ■**to ~ off** ○ **sth** etw abschalten; **to ~ off the alarm/a computer** den Alarm/einen Computer abschalten; **to ~ off the engine/the power** den Motor/den Strom abstellen; **to ~ off the gas** das Gas abdrehen; **to ~ the light[s] off** das Licht ausmachen; **to ~ the radio/TV off** das Radio/den Fernseher ausschalten
② *(cause to lose interest)* ■**to ~ off** ○ **sb** jdm die Lust nehmen; *(disgust)* jdn anekeln; ***the salesman's high-pressure pitch really ~ ed her off*** die harte Verkaufstaktik des Händlers stieß sie wirklich ab; ***that kind of approach to learning ~ s students off*** bei dieser Art der Wissensvermittlung verlieren die Studenten die Lust am Lernen
③ *(fam: be sexually unappealing)* ■**to ~ off** ○ **sb** jdn abtörnen *sl*
II. *vi* ① *(leave one's path)* abbiegen; ***she ~ ed off the road/ onto a small dirt road*** sie bog von der Straße/in einen kleinen Feldweg ab; ***she ~ ed off the path to gather berries*** sie verließ den Weg, um Beeren zu pflücken
② *(lose interest)* [innerlich] abschalten *fam*

◆**turn on I.** *vt* ① *(switch on)* ■**to ~ on** ○ **sth** *air conditioning, computer* etw einschalten [*o* SCHWEIZ *a.* anstellen]; **to ~ on the gas** das Gas aufdrehen; **to ~ on the heat** die Heizung aufdrehen [*o* anmachen]; **to ~ the light[s] on** das Licht anmachen; **to ~ on the radio/TV** das Radio/den Fernseher anmachen [*o* einschalten] [*o* SCHWEIZ *a.* anstellen]; **to ~ on the water** *(tub)* das [Bade]wasser einlassen
② *(fam: excite)* ■**to ~ on** ○ **sb** jdn anmachen *fam; (sexually also)* jdn antörnen *sl*; ***ok, whatever ~ s you on!*** o.k., wenn's dir Spaß macht!
③ *(start to use)* ■**to ~ on** ○ **sth** etw einschalten *fig;* **to ~ on the charm** seinen Charme spielenlassen
④ *(drugs)* ■**to ~ on** ○ **sb** jdn antörnen *sl*
II. *vi* ① *(switch on)* einschalten, SCHWEIZ *a.* anstellen
② *(attack)* ■**to ~ on sb** auf jdn losgehen
③ *(turn against)* ■**to ~ on sb/sth** sich *akk* gegen jdn/etw wenden
④ *(be dependent on)* ■**to ~ on sth** von etw *dat* abhängen, auf etw *akk* ankommen
⑤ *(be preoccupied with)* ■**to ~ on sth** *problems* sich *akk* [im Geiste] etw *dat* zuwenden; ***his thoughts ~ ed on Mabel*** seine Gedanken wanderten zu Mabel

◆**turn out I.** *vi* ① *(work out)* sich *akk* entwickeln; ***things didn't really ~ out the way we wanted*** die Dinge haben sich nicht so entwickelt, wie wir es uns gewünscht haben; ***nothing ever ~ s out right for me*** bei mir läuft's nie so, wie's laufen soll! *fam;* ***how did it ~ out?*** wie ist es gelaufen? *fam;* ***thank God everything ~ ed out well*** zum Glück war am Ende alles gut; ***it depends how things ~ out*** das kommt drauf an, wie sich die Dinge entwickeln; ***the evening ~ ed out pleasant*** es wurde ein netter Abend
② *(be revealed)* sich *akk* herausstellen; ***he ~ ed out to be quite a nice guy*** am Ende war er doch eigentlich ganz nett; ***it ~ ed out that ...*** es stellte sich heraus, dass ...
③ *(come to)* erscheinen; ***thousands ~ ed out for the demonstration against the government's new policy*** Tausende gingen auf die Straße, um gegen die neue Politik der Regierung zu demonstrieren
④ *(point)* sich *akk* nach außen drehen
II. *vt* ① *(switch off)* ■**to ~ out** ○ **sth** etw ausschalten [*o* SCHWEIZ abstellen]; **to ~ out the gas** das Gas abstellen; **to ~ out a lamp/the radio/the TV** eine Lampe/das Radio/den Fernseher ausschalten [*o* ausmachen] [*o* SCHWEIZ *a.* abstellen]; **to ~ out the light[s]** das Licht ausmachen [*o* ÖSTERR abdrehen]
② *(kick out)* ■**to ~ sb out [of sth]** jdn [aus etw *dat*] [hinaus]werfen *fam;* **to ~ sb out on the street** jdn auf die Straße setzen *fam*
③ *(empty contents)* ■**to ~ out** ○ **sth** etw [aus]leeren; ***he ~ ed out the kitchen cabinet*** er räumte den Küchenschrank aus; **to ~ out one's pockets** die Taschen umdrehen
④ *(manufacture, produce)* ■**to ~ out** ○ **sth** etw produzieren; ■**to ~ out** ○ **sb** *specialists, experts* jdn hervorbringen; ***he ~ s out about ten articles a week for the paper*** er schreibt in der Woche etwa zehn Artikel für die Zeitung; **to ~ out sth by the dozens/hundreds/thousands** etw dutzendweise/in großer Zahl/in Unmengen produzieren
⑤ FOOD ■**to ~ out** ○ **sth** *cake, jelly* etw stürzen
⑥ *(turn outwards)* ***she ~ s her feet out*** sie läuft nach außen
⑦ *(clean)* ■**to ~ out** ○ **sth** *room* etw gründlich putzen
⑧ MIL **to ~ the guard out** die Wache antreten lassen
⑨ *usu passive* FASHION *(be dressed)* ***he is normally ~ ed out very smartly*** meistens zieht er sich sehr schick an

◆**turn over I.** *vi* ① *(move) person* sich *akk* umdrehen; *boat* kentern, umkippen; *plane, car* sich überschlagen; ***the dog ~ ed over on its back*** der Hund drehte sich auf den Rücken
② *(sell)* laufen; ***French cheese ~ s over quite slowly in American supermarkets*** französischer Käse geht in den amerikanischen Supermärkten nicht so gut
③ *(operate) engine* laufen; *(start)* anspringen
④ BRIT TV *(change TV channel)* umschalten
⑤ *(feel nauseous)* ***at the mere thought of it my stomach ~ ed over*** schon bei dem Gedanken daran drehte sich mir der Magen um
⑥ *(in book)* umblättern
II. *vt* ① *(move)* ■**to ~ over** ○ **sth/sb** etw/jdn umdrehen [*o* SCHWEIZ *meist* kehren]; **to ~ a burger over** einen Burger wenden [*o* SCHWEIZ *meist* kehren]; **to ~ a mattress over** eine Matratze wenden [*o* SCHWEIZ *meist* kehren]; **to ~ a page over** eine Seite umblättern; **to have ~ ed over two pages** eine Seite übersprungen haben; **to ~ over the soil** den Boden umgraben
② *(cause to fall over)* ■**to ~ over** ○ **sth** etw umwerfen; ***they ~ ed the car over*** sie überschlugen sich
③ *(take to authorities)* **to ~ over** ○ **sb [to the police]** jdn [der Polizei] übergeben
④ *(delegate responsibility)* ■**to ~ over** ○ **sth to sb** jdm etw übertragen; **to ~ over control of a department to sb** jdm die Kontrolle über eine Abteilung übergeben; **to ~ over pieces of evidence for analysis** Beweisstücke zur Untersuchung übergeben
⑤ *(give)* ■**to ~ over** ○ **sth to sb** jdm etw [über]geben; ***the boy was forced to ~ his water gun over to the teacher*** der Junge musste dem Lehrer seine Wasserpistole aushändigen
⑥ *(ponder)* ■**to ~ over** ○ **sth** etw sorgfältig überdenken; **to ~ sth over in one's head/mind** sich *dat* etw durch den Kopf gehen lassen
⑦ ECON *(alter function)* ■**to ~ over** ○ **sth to sth** *factory* etw auf etw *akk* umstellen
⑧ FIN, ECON ■**to ~ over** ○ **sth**: ***they ~ over £1,500 a month*** sie haben einen Umsatz von 1.500 Pfund im Monat
⑨ *(operate)* **to ~ over the engine** einen Motor laufen lassen
⑩ BRIT *(fam: burglarize destructively)* ■**to ~ over** ○ **sth** etw [völlig verwüsten und] ausräumen; ***the agents ~ ed over the office*** die Agenten stellten das ganze Büro auf den Kopf
▸PHRASES: **to ~ over a <u>new</u> leaf** einen [ganz] neuen Anfang machen

◆**turn round** *vt, vi see* **turn around**

◆**turn up I.** *vi* ① *(show up)* erscheinen, auftauchen *fam;* ***five months later she ~ ed up again*** fünf Monate später tauchte sie wieder auf
② *(become available)* sich *akk* ergeben; *solution* sich finden; ***I'll let you know if something ~ s up*** ich lass dich wissen, wenn sich was ergibt; ***he is getting desperate enough to take any job that ~ s up*** er ist allmählich so verzweifelt, dass er bereit ist, jede Arbeit anzunehmen, die sich ihm bietet
③ *(occur in)* auftreten, auftauchen
④ *(happen)* passieren
II. *vt* ① *(increase volume)* ■**to ~ up** ○ **sth** etw aufdrehen; ***hey, ~ it up — this is my favourite song!*** he, mach mal lauter – das ist mein Lieblingslied! *fam;* ***could you ~ up the heat a little, please?*** könnten Sie die Heizung bitte etwas höher stellen?; **to ~ up the gas** das Gas aufdrehen
② *(hem clothing)* **to ~ up a dress/trousers** ein Kleid/eine Hose umnähen
③ *(point to face upwards)* **to ~ up one's collar** den Kragen hochschlagen; **to ~ up one's palms** die Handflächen nach oben drehen
④ *(find)* ■**to ~ up** ○ **sth** etw finden; ***I'll see if I can ~ something up for you*** ich schau mal, ob ich etwas Geeignetes für Sie finden kann
⑤ *(find out)* ■**to ~ up** ○ **sth** etw herausfinden; ***he wasn't able to ~ up any information on the businessman*** es gelang ihm nicht, an irgendwelche Informationen über den Geschäftsmann heranzukommen
▸PHRASES: **~ <u>it</u> up!** BRIT *(sl)* hör auf damit! *fam*

◆**turn upon** *vi see* **turn on**

'turn·about *n* COMM Umschwung *m,* Wende *f*

'turn·around, AM **'turn·round** *n no pl* ① *(improvement)* Wende *f,* Umschwung *m; of health* Besserung *f; of company* Aufschwung *m; (sudden reversal)* Kehrtwendung *f*
② COMM Bearbeitungszeit *f,* Lieferzeit *f;* **~ time** Wartezeit *f (nach der Bewerbung um einen Studienplatz bis die Zusage seitens der Universität erteilt wird)*
③ ECON *(sold goods)* mittlerer Lagerumschlag
④ ECON *of ship, plane* Entladung *f* und Wiederfahrbereitmachung
⑤ *(making a company profitable again)* Sanierung *f*
⑥ AVIAT **~ time** Wartezeit *f (eines Flugzeugs am Boden zwischen zwei Flügen)*

'turn·coat *n* Überläufer(in) *m(f),* jd, der sein Fähnchen nach dem Wind hängt

turn·er ['tɜːnəʳ, AM 'tɜːrnɚ] *n (fam)* FOOD Wender *m*

turn·ing ['tɜːnɪŋ, AM 'tɜːrn-] *n* ① *(road)* Abzweigung *f,* Abbiegung *f;* ***the ~ she took was too early*** sie bog zu früh ab
② *no pl (changing direction)* Abbiegen *nt*

'turn·ing area *n* AUTO Wendeplatz *m* **'turn·ing circle** *n* AUTO Wendekreis *m*

'turn·ing lathe *n* Drehbank *f*

'turn·ing point *n* Wendepunkt *m* **'turn·ing radius** *n esp* AM AUTO Wendekreis *m,* Wenderadius *m*

tur·nip ['tɜːnɪp, AM 'tɜːr-] *n* [Steck]rübe *f,* Bodenkohlrabi *m* SCHWEIZ; **~ greens** Rübstielgemüse *nt* BRD

turn·key ['tɜːnkiː, AM 'tɜːrn-] *adj attr, inv* schlüsselfertig, Fertig-; **~ housing unit** Fertigbau *m;* **~ system** Fertigteilsystem *nt*

turn·key op·e·ra·tion *n* ECON *Auftrag, bei dem eine Firma für einen bestimmten Teil die gesamte Fertigung und die Bereitstellung des Personals übernimmt*

'turn-off ['tɜːnɒf, AM 'tɜːrnɑːf] *n* ① *(sth unappealing)* Gräuel *nt;* ***they find computers a ~*** ihnen sind Computer ein Gräuel
② *(sth sexually unappealing)* **to be a real ~** unattraktiv sein, abtörnen *sl*

'turn-on ['tɜːnɒn, AM 'tɜːrnɑːn] *n* ■**a ~** ① *(sth appealing)* etwas Interessantes
② *(sth sexually appealing)* etwas, was einen so richtig anmacht [*o* antörnt] *sl;* **to find sth a ~** etw unwiderstehlich finden, auf etw *akk* total abfahren *sl*

'turn·out ['tɜːnaʊt, AM 'tɜːrn-] *n no pl* ① *(attendance)* Teilnahme *f,* Beteiligung *f* (**for** an +*dat*); ***the ~ for the concert was good*** das Konzert war gut besucht
② POL *(in voting)* Wahlbeteiligung *f*

'turn·over ['tɜ:n,əʊvəʳ, AM 'tɜ:rn,oʊvɚ] *n* ❶ *(rate change in staff)* Fluktuation *f geh;* **staff** ~ Personalwechsel *m*
❷ *(volume of business)* Umsatz *m;* **annual** ~ Jahresumsatz *m*
❸ *(rate of stock movement)* Absatz *m,* [Lager]umschlag *m,* Umsatz *m;* ~ **of shares** Aktienumschlag *m;* **stock** ~ Lagerumschlag *m*
❹ FOOD *(pastry)* **apple** ~ Apfeltasche *f*
'turn·over tax *n* Umsatzabgabe *f,* Umsatzsteuer *f* SCHWEIZ
'turn·pike *n* AM TRANSP Mautschranke *f;* **the New Jersey T~** *die Mautschranke bei New Jersey, die berühmt für ihr besonders hohes Verkehrsaufkommen ist*
'turn·pike stair *n* Spindelwendeltreppe *f*
'turn·round *n no pl* BRIT *see* **turnaround**
'turn sig·nal *n* AM AUTO Blinker *m,* Blinklicht *nt;* ***she flipped the ~ to the right*** sie betätigte den rechten Blinker; **to use the** ~ den Blinker betätigen, blinken
'turn·stile *n* SPORT Drehkreuz *nt* **'turn·ta·ble** *n* ❶ TECH, RAIL Drehscheibe *f* ❷ *(on record player)* Plattenteller *m* ❸ FOOD drehbare Tortenplatte **'turn·ta·ble lad·der** *n* Drehleiter *f* **'turn·ta·blist** *n (DJ)* DJ *m; (DJ who manipulates sound)* Turntablist(in) *m(f) (DJ, der Schallplatten so manipuliert, dass die Töne in völlig neuem Kontext zusammengesetzt werden)*
'turn-up ['tɜ:nʌp] *n esp* BRIT Aufschlag *m;* **trouser** ~ Hosenaufschlag *m*
▸ PHRASES: **to be a ~ for the book**[**s**] mal ganz was Neues sein *fam*
tur·pen·tine ['tɜ:pᵊntaɪn, AM 'tɜ:r-] *n no pl* Terpentin *nt;* ~ **camphor** synthetischer Kampfer
tur·pi·tude ['tɜ:pɪtju:d, AM 'tɜ:rpɪtu:d, -tju:d] *n no pl (form)* Verworfenheit *f;* **moral** ~ [moralische] Verderbtheit [*o* Verdorbenheit]
turps [tɜ:ps, AM tɜ:rps] *n no pl (fam) short for* **turpentine** Terpentin *nt*
tur·quoise ['tɜ:kwɔɪz, AM 'tɜ:r-] **I.** *n* ❶ GEOL *(stone)* Türkis *m*
❷ *(colour)* Türkis *nt*
II. *n modifier (mine, ring)* Türkis-; ~ **necklace** Kette *f* aus/mit Türkisen; ~ **stone** Türkis *m*
III. *adj inv* türkis[farben]
tur·ret ['tʌrɪt, AM 'tɜ:rɪt] *n* ❶ *(poet)* [Mauer]turm *m*
❷ MIL **bomber's/ship's** ~ Geschützturm *m* eines Bombers/eines Schiffes; **tank's** ~ Panzerturm *m*
tur·ret·ed ['tʌrɪtɪd, AM 'tɜ:rɪt̬ɪd] *adj (poet)* mit [Eck]türmen *nach n*
tur·tle <*pl* - *or* -s> ['tɜ:tl, AM 'tɜ:rt̬l] *n* ❶ *(animal)* Schildkröte *f;* **snapping** ~ Schnappschildkröte *f*
❷ COMPUT *(device)* Schildkröte *f*
'tur·tle·dove *n* Turteltaube *f* **'tur·tle·neck I.** *n* ❶ BRIT *(tight garment neck)* Stehkragen *m; (pullover)* Stehkragenpullover *m* ❷ AM *(polo neck)* Rollkragen *m; (pullover)* Rollkragenpullover *m* **II.** *n modifier* BRIT Stehkragen-; AM Rollkragen-; ~ **sweater** BRIT Stehkragenpullover *m;* AM Rollkragenpullover *m*
turves [tɜ:vz] *n* BRIT *pl of* **turf**
Tus·can ['tʌskən] *adj inv* toskanisch
tush [tʊʃ] *n* AM *(sl)* Hintern *m fam,* Hinterteil *nt fam;* ***get off your ~ and come help me*** beweg deinen Hintern und hilf mir mal *fam*
tusk [tʌsk] *n* Stoßzahn *m*
tus·sle ['tʌsl] **I.** *vi* ❶ *(scuffle)* sich *akk* balgen; ▪**to ~ with sb** [**for sth**] sich *akk* mit jdm [um etw *akk*] balgen
❷ *(fig: quarrel)* ▪**to ~** [**with sb**] **over sth** [mit jdm] über etw *akk* streiten; **sb ~s with an idea** jdm macht eine Vorstellung zu schaffen; **to ~ with a problem** sich *akk* mit einem Problem herumschlagen
II. *n* ❶ *(struggle)* Rauferei *f,* Gerangel *nt;* ▪**to be in a ~** in eine Rauferei verwickelt sein
❷ *(quarrel)* Streiterei *f,* Gerangel *nt fig* (**for** um +*akk,* **over** wegen +*gen)*
tus·sock ['tʌsək] *n* ❶ *(of grass)* [Gras]büschel *nt*
❷ *(rare: of hair)* [Haar]büschel *nt*
tut [tʌt] **I.** *interj (pej)* ~ ~ na, na!, aber, aber!
II. *vi* <-tt-> ▪**to ~ at sth** sich *akk* über etw *akk* mokieren
tu·telage ['tju:tɪlɪdʒ, AM 'tu:t̬ᵊlɪdʒ, 'tju:-] *n no pl* [An]leitung *f;* ▪**to be under the ~ of sb** bei jdm Unterricht nehmen
tu·telar ['tju:tᵊləʳ, AM 'tu:t̬ᵊlɚ], **tu·telary** ['tju:tᵊlᵊri, AM 'tu:t̬ᵊleri] *adj* ❶ *(protective)* Schutz-
❷ LAW Vormunds-, Vormundschafts-
tu·tor ['tju:təʳ, AM 'tu:t̬ɚ, 'tju:-] **I.** *n (giving extra help)* Nachhilfelehrer(in) *m(f); (private teacher)* Privatlehrer(in) *m(f);* BRIT UNIV *(supervising teacher)* Tutor(in) *m(f);* **home** ~ Privatlehrer(in) *m(f),* Hauslehrer(in) *m(f)*
II. *vt* ▪**to ~ sb** [**in sth**] *(in addition to school lessons)* jdm [in etw *dat*] Nachhilfestunden geben; *(private tuition)* jdm [in etw *dat*] Privatunterricht erteilen
tu·to·rial [tju:'tɔ:riəl, AM *esp* tu:'-] *n* Tutorium *nt geh*
tut-tut [,tʌt'tʌt] **I.** *interj* na, na!, jetzt aber!
II. *vi* <-tt-> ***he ~ted disapprovingly*** „na, na!", sagte er missbilligend
tutu ['tu:tu:] *n* Ballettröckchen *nt*
Tuvalu [tu:'vɑ:lu:, AM tu:və'lu:] *n* Tuvalu *nt*
tu-whit tu-whoo [tʊ,(h)wɪttʊ'(h)wu:] *interj Eulenruf*
tux <*pl* -es> [tʌks] *n* AM *(fam) short for* **tuxedo** Smoking *m*
tux·edo [tʌk'si:doʊ] *n* AM *(dinner jacket)* Smoking *m*
TV [,ti:'vi:] **I.** *n abbrev of* **television** ❶ *(appliance)* Fernseher *m*
❷ *no pl (programming)* Fernsehen *nt;* ***what's on ~ tonight?*** was kommt denn heute Abend im Fernsehen?; **satellite** ~ Satellitenfernsehen *nt*
II. *n modifier abbrev of* **television** *film, interviewer, reporter, series, show* TV-, Fernseh-; ~ **channel** [Fernseh]kanal *m;* ~ **commercial** Fernsehwerbung *f;* ~ **producer** Fernsehproduzent(in) *m(f);* ~ **production** Fernsehproduktion *f;* ~ **screen** Bildschirm *m;* ~ **set** Fernseher *m,* Fernsehapparat *m;* ~ **station** [Fernseh]sender *m*
TV 'din·ner *n* Fertiggericht *nt* **TV 'guide** *n* Fernsehzeitschrift *f*
TVP [,ti:vi:'pi:] FOOD *abbrev of* **textured vegetable protein** Sojafleisch *nt*
TV 'sat·el·lite *n* Satellitenschüssel *f;* **to receive sth via ~** etw über Satellit empfangen **TV 'star** *n* Fernsehstar *m*
twad·dle ['twɒdl, AM 'twɑ:dl] *n no pl (fam)* Unsinn *m,* dummes Zeug; **a bunch** [*or* **load**] **of** [**old**] ~ ein Haufen dummes Gerede; **utter** ~ vollkommener Quatsch
twain [tweɪn] *n (old)* zwei; ***Kipling wrote that "East is East, and West is West, and never the ~ shall meet"*** Kipling schrieb „Osten ist Osten und Westen ist Westen, die zwei werden nie zueinander finden"
twang [twæŋ] **I.** *n no pl* ❶ *(sound)* Doing *nt,* Ploing *nt;* **to give sth a ~** an etw *dat* zupfen
❷ LING *(nasal accent)* Näseln *nt;* **to speak with a ~** mit näselnder Stimme sprechen
II. *vt* ▪**to ~ sth** etw zupfen; **to ~ someone's nerves** *(fig)* an jds Nerven zerren; **~ed nerves** angespannte Nerven
III. *vi* einen sirrenden Ton von sich geben
'twas [twɒz, AM twɑ:z] = **it was** *see* **be**
twat [twæt] *n* ❶ ANAT *(vulg sl: female genitals)* Möse *f vulg*
❷ BRIT, AUS *(pej! vulg sl: idiot)* Idiot(in) *m(f) pej;* ***he's a bloody ~*** er ist ein verdammter Idiot
tweak [twi:k] **I.** *vt* ❶ *(pull sharply)* ▪**to ~ sth:** ***the rider ~ed the horse's reins in exasperation*** der Reiter riss verzweifelt die Zügel zurück; ***he was nervously ~ing his ear again*** er zupfte wieder nervös an seinem Ohr; *(fig)* ***this proposal still needs some ~ing*** an diesem Vorschlag muss noch etwas herumgefeilt werden; ▪**to ~ sth out** etw ausreißen
❷ *(adjust)* ▪**to ~ sth** etw gerade ziehen; ***he ~ed his tie straight*** er zog seine Krawatte zurecht
II. *n* ❶ *(a pulling action)* Zupfen *nt kein pl;* ***she gave her eyebrows a few ~s with the tweezers*** sie zupfte hier und da mit der Pinzette an den Augenbrauen herum; ***Billy gave Jane's ponytail a playful ~*** Billy zog Jane im Spaß an ihrem Pferdeschwanz
❷ *(fam: a fine adjustment)* kleine Änderung [*o* Verbesserung]
twee [twi:] *adj esp* BRIT *(fam or pej)* niedlich, auf putzig gemacht *pej*
tweed [twi:d] **I.** *n* ❶ *no pl (cloth)* Tweed *m*
❷ *(clothes)* ▪**~s** *pl* Tweedkleidung *f kein pl,* Tweedkleider *pl* SCHWEIZ
II. *n modifier* Tweed-; ~ **jacket** Tweedjacke *f*
tweedy ['twi:di] *adj* ❶ *(made of tweed)* Tweed-; **~-nubby** aus grobem Tweed *nach n*
❷ *(casually rich)* elegant im Stil des englischen Landadels
tween [twi:n] *n acht- bis zwölfjähriges Kind*
'tween·ager, 'tween·ie [twi:ni] *n (fam) 8 bis 12 Jahre altes Kind*
tweet [twi:t] **I.** *vi* piepsen, ziepen
II. *n* Piepsen *nt kein pl,* Ziepen *nt kein pl*
tweet·er ['twi:təʳ, AM -ɚ] *n* TECH Hochtonlautsprecher *m fachspr*
tweez·er ['twi:zɚ] *n* AM Pinzette *f*
tweez·ers ['twi:zəz] *npl* Pinzette *f;* **a pair of** ~ eine Pinzette
twelfth [twelfθ] **I.** *adj* ❶ *(in sequence)* zwölfte(r, s); ***you're the ~ person to put your name down*** du bist der Zwölfte, der sich einträgt; ~ **grade** AM zwölfte Klasse, die Zwölfte; *see also* **eighth I 1**
❷ *(in a race)* **to be**/**come** [*or* **finish**] ~ [**in a race**] [bei einem Rennen] Zwölfter sein/werden; *see also* **eighth I 2**
II. *n* ❶ *(order)* ▪**the** ~ der/die/das Zwölfte; *see also* **eighth II 1**
❷ *(date)* ▪**the** ~ *spoken* der Zwölfte; ▪**the 12th** *written* der 12.; *see also* **eighth II 2**
❸ *(fraction)* Zwölftel *nt*
❹ MUS *(interval)* Duodezime *f*
III. *adv* zwölftens
twelfth 'man *n* BRIT, AUS SPORT Ersatzspieler(in) *m(f)*
Twelfth 'Night *n* REL Dreikönigsnacht *f,* Dreikönigsabend *m*
twelve [twelv] **I.** *adj inv* ❶ *(number)* zwölf; *see also* **eight I 1**
❷ *(age)* zwölf; *see also* **eight I 2**
❸ *(time)* zwölf; ~ **am**/**pm** zwölf Uhr nachts [*o* null Uhr] [*o* vierundzwanzig Uhr]/zwölf Uhr mittags; **half past** [*or* BRIT *fam* **half**] ~ halb eins; **at ~ thirty** um halb eins, um zwölf [*o* null] Uhr dreißig; **at ~ forty-five** um Viertel vor eins [*o* drei viertel eins]; **at ~ midnight**/**noon** um Mitternacht/Mittag; *see also* **eight I 3**
II. *n* ❶ *(number, symbol, quantity)* Zwölf *f,* Zwölfer *m* SCHWEIZ, ÖSTERR
❷ SPORT **the England** ~ die England-Zwölf
❸ BRIT *(clothing size)* [Kleidergröße] 40; AM *(clothing size)* [Kleidergröße] 42; BRIT *(shoe size)* [Schuhgröße] 45; AM *(shoe size)* [Schuhgröße] 47
❹ *(public transport)* ▪**the** ~ die Zwölf, der Zwölfer
❺ BRIT FILM **to be given a 12 certificate** ab 12 [Jahren] freigegeben sein
'twelve·month *n (old)* Jahr *nt* **'twelve-note** [-noʊt], **'twelve-tone** *adj inv* MUS Zwölfton-
Twelve Pins of Con·ne·ma·ra [-,kɒnɪ'mɑ:rə, AM -,kɑ:nə-] *n* Zwölf Kegel *pl* von Connemara **twelve-'seat·er** *adj* mit zwölf Sitzen
twen·ties ['twentiz, AM -t̬i:z] *npl* ❶ *(aged 20 to 29)* ▪**to be in one's ~** in den Zwanzigern sein; **early**/**mid**/**late** ~ Anfang/Mitte/Ende zwanzig; ***he's in his late ~*** er ist Ende zwanzig
❷ *(temperature) Temperaturen zwischen 20 und 29 Grad;* **low**/**mid**/**upper** ~ etwas über 20 Grad/[so] um die 25 Grad/beinahe schon 30 Grad
❸ *(period)* ▪**the** ~ die Zwanziger[jahre] *pl;* ▪**in the ~** in den Zwanzigerjahren; **the early**/**late** ~ die frühen/späten Zwanziger; **in the mid** ~ Mitte der Zwanzigerjahre
twen·ti·eth ['twentiɪθ, AM -t̬i-] **I.** *adj inv* zwanzigste(r, s)
II. *adv inv* an zwanzigster Stelle

III. *n* ■**the** ~ der/die/das Zwanzigste; ***they made an appointment for the*** ~ sie verabredeten sich für den Zwanzigsten

twen·ti·eth 'cen·tu·ry *adj pred* **sb is very** ~ jd ist aus dem letzten Jahrhundert [*o fam* lebt hinter dem Mond]

twen·ty ['twenti, AM -ṭi-] **I.** *adj inv* zwanzig; *see also* **eighty I**

II. *n* ① *(number)* Zwanzig *f,* Zwanziger *m* SCHWEIZ, ÖSTERR; *see also* **eighty II 1**

② *(age)* **to be in one's twenties** in den Zwanzigern sein; **on one's** ~**-first** an seinem/ihrem einundzwanzigsten Geburtstag; *see also* **eighty II 2**

③ *(decade)* ■**the twenties** *pl* die Zwanzigerjahre *pl,* die Zwanziger *pl; see also* **eighty II 3**

④ *(fam: speed: 20 mph)* ca. dreißig km/h; *see also* **eighty II 5**

⑤ *(public transport)* ■**the** ~ die Zwanzig, der Zwanziger

twen·ty-four-hour 'clock *n Uhrzeit, die auf der Zählung von 24 Stunden basiert;* ***I'll meet you at one — that's 13 hours on the*** ~**!** wir treffen uns um eins, d.h. um 13 Uhr!; ***the US military uses the*** ~ die Streitkräfte der Vereinigten Staaten geben die Uhrzeit im 24-Stundentakt an

24/7 [ˌtwentifɔː'sevᵊn, AM -fɔːr-] *(24 hours per day, 7 days per week)* rund um die Uhr [und sieben Tage die Woche]

twen·ty·some·thing ['twentisʌm(p)θɪŋ] *n modifier* über zwanzigjährig **twen·ty-twen·ty 'vi·sion** *n no pl* hundertprozentige Sehschärfe

twerp [twɜːp, AM twɜːrp] *n (pej sl)* Blödmann *m pej fam;* ***don't be such a*** ~ sei nicht so blöd *fam;* **little** ~ dummes Ding

twice [twaɪs] **I.** *adv inv* zweimal; ~ **a day** zweimal täglich

II. *adj inv* doppelt; ***she is*** ~ ***his age*** sie ist doppelt so alt wie er

'twice-told *adj story* altbekannt, oft erzählt *attr*

twid·dle ['twɪdl̩] **I.** *vt* ■**to** ~ **sth** an etw *dat* [herum]drehen; ***she*** ~***d her pencil out of nervousness*** sie spielte nervös mit ihrem Bleistift herum; **to** ~ **one's thumbs** Däumchen drehen

II. *vi* ■**to** ~ **with sth** an etw *dat* [herum]drehen; ***she was twiddling with her pen*** sie spielte mit ihrem Füllfederhalter herum

III. *n* [Herum]drehen *nt kein pl;* **to give a knob a** ~ an einem Knopf herumdrehen

twid·dly ['twɪdl̩i] *adj (fam)* schnuckelig, niedlich, herzig SCHWEIZ, ÖSTERR

twig¹ [twɪg] *n* ① *(of a tree)* Zweig *m*

② *(skinny person)* Bohnenstange *f;* ***she's such a*** ~ sie ist dürr wie eine Bohnenstange

twig² <-gg-> [twɪg] *(fam)* **I.** *vt* ■**to** ~ **sth** etw kapieren *fam; (hear)* etw mitbekommen

II. *vi* ① *(understand)* kapieren *fam;* ***Ann's expecting a baby — had you*** ~***ged?*** Ann bekommt ein Baby – hast du das schon mitbekommen?

② AM *(realize)* ■**to** ~ **to sth** etw merken [*o fam* spitzkriegen]

twig·gy ['twɪgi] *adj branch* dürr; *person also* klapperdürr *fam,* spindeldürr *bes* SCHWEIZ, ÖSTERR *fam*

twi·light ['twaɪlaɪt] *n no pl* Dämmerung *f,* Zwielicht *nt;* ■**in the** ~ in der Dämmerung, im Zwielicht; *(fig)* ***he was in the*** ~ ***of his career as a painter*** er befand sich in seiner letzten Schaffensperiode als Maler; **the** ~ **of sb's life** jds Lebensabend

twi·light ex·'ist·ence *n* unsichere Existenz **twi·light 'world** *n* Bohemewelt *f;* **the** ~ **of nightclubs** die zwielichtige Welt der Nachtklubs **twi·light 'years** *npl* Lebensabend *m kein pl* **twi·light 'zone** *n* ① *(urban area)* Stadtgebiet, das immer mehr verfällt ② *no pl (undefined conceptual area)* Grauzone *f;* ■**the** ~ REL die Welt zwischen Diesseits und Jenseits

twi·lit ['twaɪlɪt] *adj inv mountains, streets* von der Abendsonne beschienen, im Licht der untergehenden Sonne leuchtend *attr;* ~ **hours** Dämmerstunden *pl*

twill [twɪl] *n no pl* FASHION Köper *m*

twin [twɪn] **I.** *n* ① *(one of two siblings)* Zwilling *m; (similar or connected thing)* Pendant *nt geh;* **identical/fraternal** ~**s** eineiige/zweieiige Zwillinge

② *(room)* Zweibettzimmer *nt,* Zweierzimmer *nt* SCHWEIZ

II. *adj inv* ① *(born at the same)* Zwillings-; ~ **daughter/son** Zwillingstochter *f*/-sohn *m*

② *(connected)* miteinander verbunden; ***the*** ~ ***problems of poverty and ignorance*** die untrennbaren Probleme der Armut und Bildungsschwäche

III. *vt* <-nn-> ■**to** ~ **sth** [**with sth**] etw [mit etw *dat*] [partnerschaftlich] verbinden; ■**to** ~ **sb with sb:** ***she*** ~***ned her students with visiting foreign students*** sie bildete Paare aus je einem ihrer Studenten und einem der ausländischen Studenten, die auf Besuch waren

IV. *vi* <-nn-> eine Städtepartnerschaft bilden

twin 'bed *n* Einzelbett *nt (eines von zwei gleichen Betten)* **twin-bed·ded 'room** *n* Zweibettzimmer *nt,* Zweierzimmer *nt* SCHWEIZ

twin 'broth·er *n* Zwillingsbruder *m*

twin car·bu·'ret·tors *npl* AUTO Doppelvergaser *m fachspr* **twin-cyl·in·der 'en·gine** *n* AUTO Zweizylindermotor *m fachspr*

twine [twaɪn] **I.** *vi (twist around)* ■**to** ~ **around sth** sich *akk* um etw *akk* schlingen [*o* winden]; ■**to** ~ **up sth** sich *akk* an etw *dat* hochranken

II. *vt* ■**to** ~ **sth together** etw ineinanderschlingen, etw umeinanderschlingen

III. *n no pl* Schnur *f*

'twin-en·gined *adj inv* zweimotorig

twinge [twɪndʒ] *n* Stechen *nt kein pl;* **a** ~ **of anxiety** ein plötzlich einsetzendes Angstgefühl; **a** ~ **of conscience** Gewissensbisse *pl;* **a** ~ **of doubt** ein leiser Zweifel; **a** ~ **of fear** eine leise Furcht; **a** ~ **of guilt** ein Anflug *m* eines schlechten Gewissens; **a** ~ **of pain** ein stechender Schmerz; **a** ~ **of regret** ein leises Bedauern; **a** ~ **of shame** eine leise Scham

twin·kle ['twɪŋkl̩] **I.** *vi star, diamond* funkeln, glitzern; *lights also* glimmern; *eyes* funkeln, blitzen

II. *n no pl* Glitzern *nt,* Glimmern *nt; of diamonds, stars* Funkeln *nt;* **to do sth with a** ~ **in one's eye** *(fig)* etw mit einem [verschmitzten] Augenzwinkern tun

▸PHRASES: **to be just** [*or* **no more than**] **a** ~ **in one's father's eye** noch gar nicht auf der Welt sein

twin·kling ['twɪŋklɪŋ] **I.** *adj inv* ① *(glittering) eyes, light, star* glitzernd, funkelnd

② *(quick) tapdancer* leichtfüßig

II. *n no pl* kurzer Augenblick [*o* Moment]; ***wait here a sec — I'll be back in a*** ~ warte hier einen Moment – ich bin gleich wieder zurück

▸PHRASES: **to do sth in the** ~ **of an eye** etw im Handumdrehen [*o* im Nu] tun

twin·ning ['twɪnɪŋ] *n no pl* gemeinsame [*o* partnerschaftliche] Durchführung

twin 'room *n* Zweibettzimmer *nt,* Zweierzimmer *nt* SCHWEIZ **'twin·set** *n* BRIT, AUS Twinset *nt*

twin 'sis·ter *n* Zwillingsschwester *f*

twin 'town *n* BRIT Partnerstadt *f* **'twin-tub, twin-tub 'wash·ing ma·chine** *n* Waschmaschine *f* mit zwei Trommeln

twirl [twɜːl, AM twɜːrl] **I.** *vi* wirbeln; ***the spinning top*** ~***ed across the table*** der Kreisel tanzte über den Tisch

II. *vt* ■**to** ~ **sth** etw rotieren lassen; **to** ~ **one's moustache** sich *dat* den Schnurrbart [*o* SCHWEIZ Schnauz] zwirbeln; **to** ~ **a pencil** an einem Bleistift drehen; *(in dancing)* ■**to** ~ **sb** jdn [herum]wirbeln

III. *n* Wirbel *m; (in dancing)* Drehung *f; (in writing)* Schnörkel *m;* ***give us a*** ~ dreh dich doch mal

twirl·er ['twɜːrlɚ] *n* AM *(majorette)* Majorette *f*

twirl·ing ['twɜːlɪŋ, AM 'twɜːrl-] *n no pl* AM *Hochwerfen des Taktstocks, um ihn durch die Luft wirbeln zu lassen*

twirly ['twɜːli, AM 'twɜːrl-] *adj handwriting* schnörkelig; *moustache* gezwirbelt

twirp [twɜːp, AM twɜːrp] *n (pej sl) see* **twerp**

twist [twɪst] **I.** *vt* ① *(wind)* ■**to** ~ **sth** etw [ver]drehen; *towel* etw auswringen [*o* SCHWEIZ, ÖSTERR auswinden]; ■**to** ~ **sth on/off** etw auf-/zudrehen; **to** ~ **sb's arm** jdm den Arm verdrehen

② *(coil)* ■**to** ~ **sth around sth** etw um etw *akk* herumwickeln; ■**to be** ~**ed around one another** *strands* sich *akk* umeinanderwinden

③ *(sprain)* ■**to** ~ **sth** sich *dat* etw verrenken [*o* [ver]zerren]; **to** ~ **one's ankle** sich *dat* den Fuß vertreten

④ *(fig: manipulate)* ■**to** ~ **sth** etw verdrehen *fig;* ***don't*** ~ ***my words!*** dreh mir nicht die Worte im Mund herum!; **to** ~ **the facts/the truth** die Tatsachen/die Wahrheit verdrehen; **to** ~ **the rules** die Regeln manipulieren

▸PHRASES: **to** ~ **sb's arm** auf jdn Druck ausüben; **to** ~ **sb** [**a**]**round one's** [**little**] **finger** jdn um den kleinen Finger wickeln; **to** ~ **oneself into knots** sich *akk* in lange[n] Erklärungen verstricken; **to be left** ~**ing in the wind** blamiert sein

II. *vi* ① *(squirm)* sich *akk* winden; ***she*** ~***ed away from his embrace*** sie wand sich aus seiner Umarmung; **to** ~ **in agony/pain** *person* sich *akk* vor Qual/Schmerz krümmen; *face* sich *akk* vor Qual/Schmerz verzerren; **to** ~ **with grief** *face* vor Kummer verzerrt sein; **to** ~ **and turn** *road* sich *akk* schlängeln

② *(dance)* twisten, Twist tanzen

III. *n* ① *(rotation)* Drehung *f;* ~ **of the pelvis** Hüftschwung *m;* **to give sth a** ~ etw [herum]drehen

② *(sharp bend)* Kurve *f,* SCHWEIZ *a.* Rank *m,* Biegung *f;* **with** ~**s and turns** mit vielen Kurven und Biegungen

③ *(fig: complication)* Komplikationen *pl,* ewiges Hin und Her; ~**s and turns** Irrungen und Wirrungen

④ *(fig: unexpected change)* Wendung *f;* **a cruel** ~ **of fate** [*or* **fortune**] eine grausame Wendung des Schicksals; ~ **of the rules** [*or* **regulations**] Abänderung *f* der Vorschriften; **to take a new/surprise** ~ eine neue/überraschende Wendung nehmen

⑤ BRIT *(drink)* Mixgetränk *nt (aus zwei Zutaten);* ***what's this? — it's called a margarita, it's like lemonade, but with a*** ~ was ist das? – das heißt Margarita, es ist wie Limonade, aber mit Schuss

⑥ *(curl) of hair* Locke *f; of ribbon* Schleife *f,* Masche *f* SCHWEIZ, ÖSTERR; ~ **of lemon** Zitronenspirale *f*

⑦ *(dance)* ■**the** ~ der Twist; **to do the** ~ [den] Twist tanzen, twisten

▸PHRASES: **to go/be** BRIT **round the** ~ *(fam or dated)* verrückt werden/sein *fig fam;* **to be in a** ~ verwirrt sein; ***he's all in a*** ~ ***about his in-laws surprise visit*** er ist ganz aufgelöst, weil seine Schwiegereltern überraschend zu Besuch kommen; **to send sb round the** ~ BRIT *(fam or dated)* jdn verrückt machen *fam*

twist·ed ['twɪstɪd] *adj* ① *(bent and turned)* verdreht; ***the car was just a pile of*** ~ ***metal after the accident*** nach dem Unfall war der Wagen nur noch ein Haufen ineinander verkeiltes Metall; ~ **ankle** gezerrter Knöchel

② *(winding)* verschlungen; ~ **course of events** *(fig)* verwickelter Ablauf von Geschehnissen; ~ **path** gewundener Pfad

③ *(perverted)* verwirrt, verdreht; **a** ~ **mind** ein verworrener Geist

twist·er ['twɪstəʳ, AM -ɚ] *n* ① *(tornado)* Tornado *m*

② *(pej fam: swindler)* Schwindler(in) *m(f)*

twist·ing ['twɪstɪŋ] *adj inv* sich *akk* windend *attr*

'twist-tie *n esp* AM, AUS Verschlussstreifen *m*

twisty ['twɪsti] *adj (fam) road* kurvenreich, gewunden

twit [twɪt] *n esp* BRIT *(pej fam)* Trottel *m pej fam,* SCHWEIZ *a.* Tschumpel *m pej fam*

twitch ['twɪtʃ] **I.** *vi* zucken; **to** ~ **violently** heftig zucken

II. *vt* ■**to** ~ **sth** ① *(jerk)* mit etw *dat* zucken; **to** ~ **one's nose** *rabbit* schnuppern

② *(tug quickly)* etw zupfen; ***she*** ~***ed her skirt to straighten it*** sie zupfte ihren Rock glatt; SPORT ***she*** ~***ed the reins to the right*** sie zog die Zügel nach rechts

III. *n* <*pl* -es> ① *(jerky spasm)* **to have a** [**nervous** [*or* **facial**]] ~ nervöse Zuckungen haben

② *(quick tug)* Ruck *m;* **a** ~ **of the crop** SPORT ein

T

leichter Schlag mit der Reitpeitsche; **a ~ of the reins** SPORT ein rasches Ziehen an den Zügeln
twitch·er ['twɪtʃəʳ, AM -ɚ] *n* BRIT Vogelliebhaber(in) *m(f)*
twitchy ['twɪtʃi] *adj* nervös, zappelig
twit·ter ['twɪtəʳ, AM -t̬ɚ] **I.** *vi* ❶ *(chirp)* zwitschern; ■**to ~ away** vor sich *akk* hin zwitschern
❷ *(talk rapidly)* ■**to ~ away** vor sich *akk* hinplappern; ***he just sat there ~ing away*** er saß da und redete wie ein Wasserfall; ■**to ~ on about sth** unentwegt von etw *dat* reden
II. *n* Zwitschern *nt kein pl*, Gezwitscher *nt kein pl*
twixt [twɪkst] *prep (old poet) see* **between**
two [tu:] **I.** *adj* ❶ *(number)* zwei; ***no ~ kids are alike*** kein Kind ist wie das andere; ***are you coming over, you ~?*** kommt ihr 'rüber, ihr zwei?; ***a minute or ~ had passed*** ein paar Minuten waren vergangen; ***there were ~ of us*** wir waren zu zweit; **to break sth in ~** etw entzwei brechen; **to cut sth in ~** etw durchschneiden; **to walk ~ by** [*or* **and**] **~** [*or* **in ~s**] in Zweierreihen [*o* paarweise] [*o* zu zweit] [*o* zu zweien] gehen; **in ones or ~s** allein oder zu zweit [*o* in Zweiergruppen]; *see also* **eight I 1**
❷ *(age)* zwei; **the terrible ~s** das Trotzalter; *see also* **eight I 2**
❸ *(time)* zwei; **~ am/pm** zwei Uhr morgens/nachmittags [*o* vierzehn Uhr]; **half past** [*or* BRIT *fam* **half**] **~** halb drei; **~ thirty** halb drei, zwei Uhr dreißig; **~ forty-five** Viertel vor drei, drei viertel drei, zwei Uhr fünfundvierzig; *see also* **eight I 3**
▸PHRASES: **~'s company, three's a crowd** *(prov)* drei sind einer zu viel; **to give sb ~ fingers** BRIT, AUS jdm den Mittelfinger zeigen *(als beleidigende Geste)*; **~ heads are better than one** *(prov)* vier Augen sehen mehr als zwei *prov;* **to be ~ of a kind** aus dem gleichen Holz geschnitzt sein; **that makes ~ of us** *(fam: be of same opinion)* darin sind wir uns einig, das sehe ich auch so; ***I don't have a clue! – that makes ~ of us!*** Ich versteh' nur Bahnhof! — ich auch!; **~ minds with but a single thought** *(prov)* zwei Seelen, ein Gedanke; **to be in** [*or* **of**] **~ minds** hin- und hergerissen sein; **to be sb's number ~** die Nummer zwei nach jdm sein; **~ can play at that game** wie du mir, so ich dir *prov;* **to put** [*or* **stick**] **~ fingers up** [*or* **in the air**] den Mittelfinger zeigen; **to put ~ and ~ together** *(fam)* zwei und zwei zusammenzählen [*o* SCHWEIZ *bes* zusammenrechnen]; **to put ~ and ~ together and make five** *(hum fam)* einen falschen Schluss ziehen; **to put** [*or* **throw**] **in one's ~ cents worth** AM, AUS *(fam)* seinen Senf dazugeben *fam;* **it takes ~ to tango** *(prov)* dazu gehören immer zwei; **there are no ~ ways about it** es gibt keine andere Möglichkeit [*o* Alternative]
II. *n* ❶ *(number, symbol, quantity)* Zwei *f,* Zweier *m;* **a romantic dinner for ~** ein romantisches Essen für zwei; **the ~ of you** ihr beide; *see also* **eight II 1**
❷ *(cards)* Zwei *f,* Zweier *m* ÖSTERR, SCHWEIZ; *see also* **eight II 4**
❸ *(public transport)* ■**the ~** die Zwei, der Zweier
two-a-'day *n zweimaliges Training am Tag* **'two-bit** *adj attr, inv* AM *(pej fam)* billig *fig pej,* zweitklassig, mies *pej fam* **'two-by-four** *n ein Stück Holz mit einer Dicke von zwei Zoll und einer Breite von vier Zoll* **two-di·'men·sion·al** *adj inv* zweidimensional *a. fig; (pej) character, plot* flach **'two-door I.** *adj attr, inv* AUTO zweitürig **II.** *n* zweitüriges Auto **'two-edged** *adj inv* ❶ *(with two blades) knife, sword* zweischneidig, doppelschneidig ❷ *(fig: with pros and cons) argument* zweischneidig; *(ambiguous) comment, remark* zweideutig, doppeldeutig **'two-faced** *adj (pej)* falsch, heuchlerisch **two-fac·tor au·then·ti·'ca·tion** *n no pl* Zwei-Faktoren-Authentifizierung *f* **'two-fist·ed** *adj* AM handfest, robust
two·fold ['tu:fəʊld, AM -foʊld] **I.** *adj inv (double)* zweifach, doppelt; *(with two parts)* zweiteilig; ***we are looking for ~ results from this new advertising campaign — a more modern image and a younger clientele*** wir erwarten uns zweierlei von dieser neuen Werbekampagne – ein moderneres Image und eine jüngere Klientel
II. *adv (double)* zweifach; **to increase one's income ~** sein Einkommen verdoppeln
'two-four ['tu:fɔ:r] *n* CAN *(fam) ein Karton mit 24 Flaschen Bier*
'two-hand·ed I. *adj attr, inv* ❶ *(needing two hands)* **~ backhand** TENNIS, SPORT beidhändige Rückhand; **~ saw** Zugsäge *f;* **~ sword** Zweihänder *m*
❷ *(ambidextrous)* beidhändig
II. *adv* mit beiden Händen
two-'hand·er *n* BRIT THEAT Zweipersonenstück *nt*
two-in-'one *adj inv products* Two-in-One-
twoo·nie ['tu:ni] *n* CAN *(fam) see* **toonie**
'two-part I. *adj attr, inv* zweiteilig; **~ aria** Arie *f* für zwei Stimmen **II.** *n* COMPUT *(paper)* zweilagiges Papier **two-par·ty 'sys·tem** *n* Zweiparteiensystem *nt* **two·pence** ['tʌpᵊn(t)s] *n* BRIT *(tuppence)* zwei Pence; *(fig)* ***this thing isn't worth ~*** dieses Ding ist keinen Pfifferling wert ▸PHRASES: **to not care** [*or* **give**] **~ about sth** sich *akk* den Teufel um etw *akk* scheren *fam;* **to not give ~ for sth** keinen Pfifferling auf etw *akk* geben; **to not matter ~** überhaupt keine Rolle spielen, vollkommen egal sein **two·pen·ny** ['tʌpᵊni] *adj attr, inv* BRIT ❶ *(dated: worth two pennies)* **~ piece** Zweipencestück *nt;* **~ stamp/sweet** Briefmarke *f*/Süßigkeit *f* zu zwei Pence
❷ *(fam: worthless)* wertlos; ***what, you want to marry some ~ salesman?*** was, du willst so einen dahergelaufenen Verkäufer heiraten? **'two-phase** *adj attr, inv* ELEC Zweiphasen- **'two-piece** *n* ❶ *(suit)* Zweiteiler *m* ❷ *(bikini)* Bikini *m* **'two-pin** *adj* zweipolig; **~ plug** Zweipolstecker *m* **'two-ply** *adj inv* doppelt; *tissues* zweilagig; *wool* zweifädig; *rope* zweisträhnig **two-'seat·er** *n (car, sofa)* Zweisitzer *m,* Zweiplätzer *m* SCHWEIZ
two·some ['tu:səm] *n* ❶ *(duo)* Duo *nt; (couple)* Paar *nt,* Pärchen *nt*
❷ *(dance for two)* Paartanz *m; (game for two)* Spiel *nt* für zwei Personen
'two-star I. *adj* Zwei-Sterne-; **~ petrol** Normalbenzin **II.** *n no pl* AM Normalbenzin *nt* **'two-stroke I.** *n (car, engine)* Zweitakter *m* **II.** *n modifier* Zweitakt-; **~ car** Zweitakter *m;* **~ engine** Zweitaktmotor *m,* Zweitakter *m;* **~ motorbike** Motorrad *nt* mit Zweitaktmotor **two-'thirds I.** *n* zwei Drittel; ***they were ~ of the way home*** sie hatten schon zwei Drittel ihres Nachhausewegs hinter sich **II.** *n modifier* Zweidrittel-; **~ majority** Zweidrittelmehrheit *f* **'two-tiered** *adj inv (two levels)* zweistufig, Zweistufen-; *(pej: two standards)* Zweiklassen-; **~ management structure** zweistufige Managementstruktur; **~ education/health system** Zweiklassenbildungs-/gesundheitssystem *nt* **'two-time I.** *vt (fam)* ■**to ~ sb** [**with sb**] jdn [mit jdm] betrügen **II.** *adj* zweifach; **~ winner** zweifacher Gewinner/zweifache Gewinnerin **two-'tim·er** *n (pej fam)* Betrüger(in) *m(f); (having a lover)* Ehebrecher(in) *m(f);* ■**to be a ~** fremdgehen *fam,* zweigleisig fahren ÖSTERR
'two-tim·ing *adj attr, inv (pej fam)* untreu; ***you ~ son of a bitch*** du mieser Ehebrecher *pej fam*
two-up two-'down *n* BRIT *(fam)* kleines Reihenhäuschen
'two-way *adj attr, inv* ❶ *(traffic)* **~ street/tunnel** Straße *f*/Tunnel *m* mit Gegenverkehr ❷ *communication, conversation, exchange, process* wechselseitig; ***negotiations are a ~ thing*** Verhandlungen beruhen auf Gegenseitigkeit; **~ trade deal** bilaterales Handelsabkommen ❸ ELEC **~ switch** Wechselschalter *m* **two-way 'mir·ror** *n* Spionspiegel *m* **two-way 'ra·dio** *n* Gegenradiobetrieb *m; (device)* Funksprechgerät *nt* **two-way 'street** *n* ❶ *(road) Straße, bei der der Verkehr in beide Richtungen verläuft* ❷ *(fig: joint responsibility)* wechselseitige Angelegenheit; ***friendships are a ~*** Freundschaften beruhen immer auf Gegenseitigkeit; ***this agreement is a ~, you know*** diese Übereinkunft gilt für beide, das weißt du
TXT [tekst] *vt short for* **text:** ■**to ~ sth** etw texten
'TXT mes·sag·ing *n no pl short for* **text messaging** Simsen *nt,* Versenden *nt* von SMS-Nachrichten
ty·coon [taɪ'ku:n] *n* [Industrie]magnat *m,* Tycoon *m*
tyke [taɪk] *n* ❶ BRIT, AUS *(fam: mischievous child)* Gör *nt oft pej,* Gof *m* SCHWEIZ, Range *f; (boy)* Lausejunge *m,* Lausbub *m* SCHWEIZ, ÖSTERR, Lauser *m* ÖSTERR; ***come here, you cheeky little ~*** komm her, du kleiner Frechdachs
❷ AM *(small child)* kleines Kind
❸ *(dog)* Hund *m; (mongrel)* Mischling[shund] *m,* Promenadenmischung *f hum*
tym·pa·num <*pl* -s *or* tympana> ['tɪmpᵊnəm, *pl* -nə] **I.** *n* ❶ ANAT *(spec: middle ear)* Paukenhöhle *f* im Mittelohr, Tympanum *nt fachspr;* **infection in the ~** Mittelohrentzündung *f*
❷ ARCHIT *(ornamental panel)* Tympanon *nt fachspr*
II. *n modifier (examination, infection)* Mittelohr-
type [taɪp] **I.** *n* ❶ *(kind)* Art *f; of hair, skin* Typ *m; of food, vegetable* Sorte *f;* ***what ~ of clothes does she wear?*** welche Art von Kleidern trägt sie?; ***he's the ~ of man you could take home to your mother*** er gehört zu der Sorte Mann, die du mit nach Hause bringen und deiner Mutter vorstellen kannst; **that ~ of behaviour** ein solches Benehmen; **~ of car** Autotyp *m;* **~ of grain** Getreideart *f;* **for all different skin ~s** für jeden Hauttyp
❷ *(character)* Typ *m;* ***he's not the ~ to cause trouble*** er ist nicht der Typ, der Ärger macht; ■**to be one's ~** jds Typ sein *fam;* **quiet/reserved ~** ruhiger/zurückhaltender Typ [*o* Mensch]
❸ PHILOS Typus *m fachspr,* Urbild *nt*
❹ THEAT, LIT Typus *m*
❺ TYPO *(characters)* Buchstaben *pl,* Schrift *f; (lettering)* Schriftart *f; (stamp)* [Druck]type *f fachspr;* **italic ~** Kursivschrift *f;* ***I wouldn't believe everything I read in ~*** ich würde nicht alles glauben, was so geschrieben wird
❻ COMPUT *(bars)* Type *f*
❼ STOCKEX *(category)* Gattung
❽ *(definition)* Typ *m*
II. *vt* ❶ *(write with machine)* ■**to ~ sth** etw tippen [*o* mit der Maschine schreiben]
❷ *(categorize)* ■**to ~ sb/sth** jdn/etw typisieren [*o* in Kategorien einteilen] *geh;* **to ~ blood** MED die Blutgruppe bestimmen
❸ *(be example for)* ■**to ~ sth** für etw *akk* typisch sein
III. *vi* Maschine schreiben, tippen
◆**type away** *vi* [eifrig] vor sich *akk* hin tippen *fam*
◆**type in** *vt* COMPUT ■**to ~ in** ○ **sth** etw eingeben
◆**type out** *vt* ■**to ~ out** ○ **sth** etw tippen [*o* mit der Schreibmaschine schreiben]; *(copy)* etw abtippen
◆**type up** *vt* ■**to ~ up** ○ **sth** etw komplett abtippen
type 'A *adj* PSYCH unruhig und leicht erregbar
type 'B *adj* PSYCH ruhig und ausgeglichen
'type·cast <-cast, -cast> *vt usu passive* FILM, THEAT *(pej)* ■**to be ~** auf eine Rolle festgelegt sein/werden; ***with her blonde good looks she has tended to be ~ as the young bimbo*** als blonde, gut aussehende Frau wurde sie meist als das junge Dummchen besetzt
'type·face *n no pl* Schrift[art] *f; (design)* Schriftbild *nt;* **italic ~** Kursivschrift *f* **'type·script** *n* Typoskript *nt geh,* ein mit der Maschine geschriebenes Manuskript **'type·set** <-tt-, -set, -set> *vt* TYPO ■**to ~ sth** etw setzen **'type·set·ter** *n* TYPO ❶ *(machine)* Setzmaschine *f* ❷ *(printer)* [Schrift]setzer(in) *m(f)* **'type·set·ting** TYPO **I.** *n no pl* Setzen *nt* **II.** *adj attr, inv (machine, technique)* Satz- **'type·write** <-wrote, -written> *vt* ■**to ~ sth** etw tippen [*o* mit der Maschine schreiben] **'type·writ·er** *n* Schreibmaschine *f;* **electric/manual ~** elektrische/manuelle Schreibmaschine **'type·writ·er rib·bon** *n* Farbband *nt* **'type·writ·ing** *n no pl* [Schreib]maschineschreiben *nt* **'type·writ·ing pa·per** *n* Schreibmaschinenpapier *nt;* [**non-**]**erasable ~** [nicht] radierfähiges Schreibmaschinenpapier **'type·writ·ten** *adj inv* Maschine geschrieben, maschinengeschrieben
ty·phoid, ty·phoid 'fe·ver ['taɪfɔɪd-] *n no pl* Typhus *m*
ty·phoon [taɪ'fu:n] **I.** *n* Taifun *m*
II. *n modifier* **~ damage** durch einen Taifun verursachter Schaden; **~ season** [Jahres]zeit *f* der Taifune

ty·phus ['taɪfəs] *n no pl* Typhus *m*, Fleckfieber *nt*

typi·cal ['tɪpɪkᵊl] *adj* typisch; *symptom also* charakteristisch (**of** für *+akk*); *(pej fam)* ~ ***male chauvinist!*** typisch Macho! *fig fam*

typi·cal·ly ['tɪpɪkᵊli] *adv* typisch; ~, ... normalerweise ...; ~ **English** typisch Englisch

typi·fy <-ie-> ['tɪpɪfaɪ] *vt* ■**to** ~ **sth** etw kennzeichnen; *(symbolize)* für etw *akk* ein Symbol sein

typ·ing ['taɪpɪŋ] **I.** *n no pl (typewriting)* Maschineschreiben *nt*, Tippen *nt*
II. *adj attr, inv* Tipp-; ~ **error** [*or* **mistake**] Tippfehler *m*; ~ **speed** Schnelligkeit *f* beim Maschineschreiben

typ·ist ['taɪpɪst] *n* Schreibkraft *f*

typo <*pl* -os> ['taɪpəʊ, AM -oʊ] *n (fam)* Druckfehler *m*

ty·pog·ra·pher [taɪ'pɒgrəfəʳ, AM -'pɑ:grəfɚ] *n* Typograf(in) *m(f)*, [Schrift]setzer(in) *m(f)*

ty·po·graph·ic(al) [ˌtaɪpə(ʊ)'græfɪk(ᵊl), AM -pə'-] *adj inv* typografisch, Druck-; ~ **error** Druckfehler *m*

ty·pog·ra·phy [taɪ'pɒgrəfi, AM -'pɑ:-] *n no pl* Typografie *f*, Buchdruckerkunst *f*

ty·po·logi·cal ['taɪpəʊ'lɒdʒɪkᵊl, AM pə'lɑ:] *adj inv* typologisch, Typen-

ty·pol·ogy [taɪ'pɒlədʒi, AM 'pɑ:lə] *n no pl* Typologie *f*, Typenlehre *f*

ty·ran·ni·cal [tɪ'rænɪkᵊl, AM tə'-] *adj (pej)* tyrannisch, despotisch; ~ **regime** Tyrannei *f*, Gewaltherrschaft *f*

ty·ran·ni·cal·ly [tɪ'rænɪkᵊli, AM tə'-] *adv (pej)* tyrannisch, despotisch; ***stop behaving so*** ~ hör auf, deine Umwelt zu tyrannisieren

tyr·an·nize ['tɪrᵊnaɪz] **I.** *vt* ■**to** ~ **sb** jdn tyrannisieren
II. *vi* sich *akk* tyrannisch gebärden

ty·ran·no·saur(·us) [tɪˌrænə'sɔ:rəs, AM təˌ-] *n* Tyrannosaurus *m*; ~ **rex** Tyrannosaurus Rex *m*

tyr·an·nous ['tɪrᵊnəs] *adj* tyrannisch

tyr·an·ny ['tɪrᵊni] *n* Tyrannei *f a. fig*, Gewaltherrschaft *f*

ty·rant ['taɪrᵊnt] *n* Tyrann(in) *m(f)*, Despot(in) *m(f)*; *(fig: bossy man)* [Haus]tyrann *m pej*; *(bossy woman)* [Haus]drachen *m pej fam*

tyre, AM **tire** [taɪəʳ, AM taɪɚ] **I.** *n* Reifen *m*, Pneu *m* SCHWEIZ; **summer/winter** ~ Sommer-/Winterreifen *m*, Sommer-/Winterpneu *m* SCHWEIZ; **back/front** ~ Hinter-/Vorderreifen *m*, Hinter-/Vorderpneu *m* SCHWEIZ; **spare** ~ Ersatzreifen *m*, Ersatzpneu *m* SCHWEIZ; **worn** ~**s** abgefahrene Reifen [*o* SCHWEIZ Pneu]
II. *n modifier (tracks, shop)* Reifen-; ~ **chain** Schneekette[n] *f[pl]*; ~ **mark** Reifenabdruck *m*, Pneuabdruck *m* SCHWEIZ; ~ **valve** Reifenventil *nt*, Pneuventil *m* SCHWEIZ; ~ **wear** Reifenabnutzung *f*, Pneuabnutzung *f* SCHWEIZ

'tyre gauge *n* BRIT, AUS Reifendruckmesser *m*, Pneudruckmesser *m* SCHWEIZ **'tyre pres·sure** *n no pl* Reifendruck *m*, Pneudruck *m* SCHWEIZ

tyro ['taɪərəʊ, AM 'taɪroʊ] *n* AM Anfänger(in) *m(f)*, Neuling *m*

Ty·rol [tɪ'rəʊl, AM 'roʊl] *n no pl* GEOG ■**the** ~ Tirol *nt*

Ty·ro·lean [ˌtɪrəʊ'li:ən, AM tɪ'roʊliən], **Ty·ro·lese** [ˌtɪrəʊ'li:z, AM -rə'-] *adj inv* tirolerisch, Tiroler-

tzar [zɑ:ʳ, AM zɑ:r] *n see* **tsar**

tza·ri·na [zɑ:'ri:nə] *n see* **tsarina**

tzet·ze fly ['tetsiˌflaɪ, AM tset-] *n see* **tsetse fly**

'T-zone *n* T-Zone *f*

U

U <*pl* -'s> [ju:], **u** [ju:] *n* ① *(letter)* U *nt*; *see also* **A** 1
② *(sl: you)* du

U¹ [ju:] *n* BRIT *(for general audience)* jugendfrei; ***the film is rated*** ~ der Film ist jugendfrei

U² [ju:] *n* CHEM *abbrev of* **uranium** U

U³ [ju:] AM, AUS *(fam) abbrev of* **university** Uni *f fam*

U⁴ [ju:] *adj inv* BRIT, AUS *(dated)* ~ **behaviour** kultiviertes Benehmen; ~ **speech** gepflegter Sprachstil

UAE [ju:eɪ'i:] *n abbrev of* **United Arab Emirates** VAE

U-bend ['ju:bend] *n* ① *(of a pipe)* U-Rohr *nt*, Knie *nt*
② *(of a street)* Haarnadelkurve *f*

UB40 [ˌju:bi:'fɔ:ti] *n* BRIT ① *(card)* Arbeitslosenausweis *m*
② *(unemployed person)* Arbeitslose(r) *f(m)*

ubiqui·tous [ju:'bɪkwɪtəs, AM -wət̬əs] *adj* allgegenwärtig

ubiqui·tous·ly [ju:'bɪkwɪtəsli, AM -wət̬əs-] *adv* überall

ubiquity [ju:'bɪkwɪti, AM -wət̬i] *n no pl (form)* Allgegenwart *f*

U-boat ['ju:bəʊt, AM -boʊt] *n* U-Boot *nt*

UCCA ['ʌkə] *n no pl, + sing/pl vb* BRIT UNIV *(hist) acr for* **Universities Central Council on Admissions** ≈ ZVS *f* BRD

UDA [ˌju:di:'eɪ] *n no pl, + sing/pl vb abbrev of* **Ulster Defence Association** *paramilitärische Organisation in Nordirland*

ud·der ['ʌdəʳ, AM -ɚ] *n* Euter *nt*

UDI [ˌju:di:'aɪ] *n abbrev of* **unilateral declaration of independence** einseitige Unabhängigkeitserklärung

UDR [ˌju:di:'ɑ:] *n no pl, + sing/pl vb* BRIT MIL *(hist) abbrev of* **Ulster Defence Regiment** *paramilitärische Organisation in Nordirland, die das britische Regiment unterstützt*

UEFA [ju:'eɪfə] *n no pl, + sing/pl vb* SPORT *acr for* **Union of European Football Associations** UEFA *f*

UFO <*pl* s *or* -'s> [ˌju:ef'əʊ, AM -'oʊ] *n abbrev of* **unidentified flying object** UFO *nt*

ufolo·gist [ju:'fɒlədʒɪst, AM -'fɑ:-] *n* Ufologe, Ufologin *m, f*

ufol·ogy [ju:'fɒlədʒi, AM -'fɑ:-] *n no pl* Ufologie *f*

Ugan·da [ju:'gændə] *n* Uganda *nt*

Ugan·dan [ju:'gændən] **I.** *n* Ugander(in) *m(f)*
II. *adj inv* ugandisch, aus Uganda *nach n, präd;* ***they're*** ~ sie sind Ugander

ugh [ʊg, ʊh, AM *also* ʊk] *interj (fam)* i! *fam*, igitt! *fam*, wäh! SCHWEIZ, ÖSTERR *fam*

ugli·ness ['ʌglɪnəs] *n no pl* ① *(in appearance)* Hässlichkeit *f*
② *(fig: unpleasantness)* Hässlichkeit *f fig*, Unschönheit *f*, Scheußlichkeit *f*

ugly ['ʌgli] *adj* ① *(not attractive)* hässlich; **to be** ~ **as sin** hässlich wie die Nacht sein *fam;* **to feel/look** ~ sich *akk* hässlich fühlen/hässlich aussehen
② *(fig: unpleasant) incident, scene* hässlich *fig; weather, wound also* scheußlich; *rumours, story* übel; ***he's an*** ~ ***customer*** er ist ein unangenehmer Kunde; ***I just had an*** ~ ***thought*** mir kam gerade ein ganz schrecklicher Gedanke; ~ **mood** unerfreuliche Stimmung; **an** ~ **look** ein böser Blick; **the** ~ **truth** die unangenehme Wahrheit; *(terrible)* die schreckliche Wahrheit; **to turn** ~ eine üble Wendung nehmen

ugly A'meri·can *n (pej) Amerikaner/in, der/die im Ausland durch lautes und unsensibles Auftreten unangenehm auffällt*

ugly 'duck·ling *n (fig)* hässliches Entlein *fam*

Ugric ['u:grɪk] **I.** *n* Ugrisch *nt*
II. *adj* ugrisch

UHF [ˌju:eɪtʃ'ef] *n abbrev of* **ultrahigh frequency** UHF

uh-huh [ʊ'hʊ, ə'hʊ] *interj (fam: non-committal response)* mmh *fam*

UHT [ˌju:eɪtʃ'ti:] **I.** *adj inv abbrev of* **ultra-heat-treated:** ~ **milk** H-Milch *f*, UHT-Milch *f* SCHWEIZ
II. *n* H-Milch *f*, UHT-Milch *f* SCHWEIZ

UK [ju:'keɪ] **I.** *n abbrev of* **United Kingdom:** ■**the** ~ das Vereinigte Königreich
II. *n modifier (policy, product)* des Vereinigten Königreichs *nach n;* ~ **citizen** Bürger(in) *m(f)* des Vereinigten Königreichs

Ukraine [ju:'kreɪn] *n* ■**the** ~ die Ukraine; ■**from/in the** ~ aus/in der Ukraine

Ukrain·ian [ju:'kreɪniən] **I.** *n* ① *(person)* Ukrainer(in) *m(f)*
② *(language)* Ukrainisch *nt*
II. *adj inv* ukrainisch, aus der Ukraine *nach n, präd;* ***she's*** ~ sie ist Ukrainerin

uku·lele, uke·lele [ˌju:kə'leɪli] *n* MUS Ukulele *f*

ULA [ˌju:el'eɪ] *n abbrev of* **user license agreement** Benutzerlizenzvereinbarung *f*

ul·cer ['ʌlsəʳ, AM -sɚ] *n* ① MED *(open sore)* Geschwür *nt;* **mouth** ~ Mundfäule *f*, Stomatitis *f fachspr;* **stomach** [*or* **peptic**] ~ Magengeschwür *nt;* **duodenal** ~ Zwölffingerdarmgeschwür *nt*
② *(fig: blemish)* Schandfleck *m; of a person* Makel *m*

ul·cer·ate ['ʌlsᵊreɪt, AM -sə-] *vi* ulzerieren *fachspr;* ***the stress, coffee and alcohol were causing his stomach to*** ~ durch Stress, Kaffee und Alkohol hat er ein Magengeschwür bekommen

ul·cer·at·ed ['ʌlsᵊreɪtɪd, AM -sə-] *adj inv* geschwürig, ulzerös *fachspr*

ul·cera·tion [ˌʌlsᵊ'reɪʃᵊn, AM -sə-] *n* MED ① *no pl (process)* Geschwürbildung *f*, Ulzeration *f fachspr*
② *(open sore)* Geschwür *nt; of skin* offene Stellen

ul·cer·ous ['ʌlsᵊrəs] *adj inv* geschwürig, ulzerös *fachspr*

ul·lage ['ʌlɪdʒ] *n no pl die Menge, die in einem Flüssigkeitsbehälter bis zum Gefülltsein fehlt;* ***the cask was not completely full, it's*** ~ ***amounting to about three centimetres*** das Fass war nicht bis zum äußersten Rand gefüllt, es fehlten etwa drei Zentimeter; *(liquid loss)* Flüssigkeitsschwund *m*, Leckage *f fachspr; (in brewery)* Restbier *nt;* NAUT Ullage *f fachspr (Abstand von Unterkante Tankdeck bis zur Oberfläche einer Tankladung)*

ulm·ic acid [ˌʌlmɪk'-] *n no pl* CHEM Huminsäure *f*, Humussäure *f*

ulna <*pl* -nae *or* -s> ['ʌlnə, *pl* -ni:] *n* ANAT Elle *f*, Ulna *f fachspr*

Ul·ster ['ʌlstəʳ, AM -stɚ] *n no pl* Nordirland *nt*, Ulster *nt*

Ul·ster·man ['ʌlstəmən, AM -'stɚ] *n* Mann *m* aus Ulster, Bewohner *m* von Ulster **Ul·ster·wom·an** ['ʌlstəwʊmən, AM -stɚ-] *n* Bewohnerin *f* von Ulster

ul·te·ri·or [ʌl'tɪəriəʳ, AM 'tɪriɚ] *adj inv* ① *(secret)* versteckt, heimlich; ~ **measures** geheime Maßnahmen
② *(form: subsequent)* weitere(r, s); *(coming later)* spätere(r, s); ***the political leaders will decide*** ~ ***measures*** die politischen Führer werden über weitere Maßnahmen entscheiden
③ *(form: beyond scope)* ■**to be** ~ **to sth** für etw *akk* nicht von Bedeutung sein

ul·te·ri·or 'mo·tive *n* Hintergedanke *m*, niedrige Beweggründe

ul·ti·mate ['ʌltɪmət, AM -t̬əmɪt] **I.** *adj attr, inv* ① *(unbeatable)* beste(r, s), optimal, vollendet; *experience, feeling* umwerfend, unvergleichlich; ***parachuting is the*** ~ ***experience*** Fallschirmspringen ist das absolute Nonplusultra
② *(highest degree)* höchste(r, s); *deterrent, weapon* wirksamste(r, s), stärkste(r, s); ***infidelity is the*** ~ ***betrayal*** Untreue ist die schlimmste Form des Betrugs
③ *(final)* ultimativ *geh*, letzte(r, s); *decision also* endgültig; *effect* eigentlich; **the** ~ **destination** das Endziel; **the** ~ **say** das letzte Wort; **the** ~ **truth** die letzte Wahrheit
④ *(fundamental)* grundlegend, grundsätzlich, Grund-; *aim, cause* eigentlich; **the** ~ **problem** das Grundproblem
II. *n (the best)* ■**the** ~ das Nonplusultra; *(highest degree)* **the** ~ **in happiness** das größte [*o* höchste] Glück; **the** ~ **of bad taste** der Gipfel der Geschmacklosigkeit

ul·ti·mate a·'na·ly·sis *n* CHEM Elementaranalyse *f*

ul·ti·mate dis'pos·al *n* NUCL Endlagerung *f*

ul·ti·mate·ly ['ʌltɪmətli, AM -t̬əmɪt-] *adv inv (in the end)* letzten Endes; *(eventually)* letztlich, schließlich; ~, ***he'd like to have his own business*** sein Fernziel ist es, eine eigene Firma aufzumachen

ul·ti·ma·tum <*pl* -ta *or* -tums> [ˌʌltɪ'meɪtəm, AM -t̬ə'meɪt̬əm] *n* Ultimatum *nt;* **to give sb an** ~ jdm ein Ultimatum stellen; **to issue an** ~ *(form)* ein Ultimatum stellen

ul·ti·mo ['ʌltɪməʊ, AM -t̬ɪmoʊ] *adj inv, after n* ECON

U

(*dated*) des letzten [*o* vergangenen] Monats *nach n*
ul·tra ['ʌltrə] **I.** *adj inv* extrem; ***he is ~ in his conservative views*** er hat ultrakonservative Ansichten
II. *n* Radikale(r) *f(m)*, Extremist(in) *m(f)*
ultra- ['ʌltrə] *in compounds* ultra-; *modern* hyper-; *rich* super-; **~expensive** irrsinnig [*o* wahnsinnig] teuer *fam;* **~sensitive** hypersensibel
ultra·con·'ser·va·tive [ˌʌltrəkən'sɜːvətɪv, AM -'sɜːrvət̬ɪv] *adj* ultrakonservativ **ultra·femi·nine** [ˌʌltrə'femɪnɪn] *adj inv* ultrafeminin **ultra·'heavy** *adj inv (fam)* tonnenschwer *fam*
ultra·high 'fre·quen·cy I. *n no pl* RADIO Ultrahochfrequenz *f*, Dezimeterwellen *pl*
II. *adj attr, inv* **~ wave** Ultrahochfrequenzwelle *f*
ultra·'hot *adj inv* angesagt, heiß begehrt **'ultra·light I.** *adj inv* [überaus] leichtgewichtig *a. fig* **II.** *n* AM Ultraleichtflugzeug *nt* **'ultra lounge** *n* superschicker Raum *(in Restaurants oder Hotels)* **ultra·'mara·thon** *n* Ultramarathon *m*
ultra·ma·'rine I. *adj* ultramarin[blau]
II. *n no pl* Ultramarin[blau] *nt*
ultra-'minia·ture *adj inv* Miniatur-, extrem kleinformatig **ultra·'mod·ern** *adj inv* hypermodern, ultramodern
ultra·mon·tane [ˌʌltrə'mɒnteɪn, AM -mɑːn-] REL **I.** *adj inv* ultramontan, papsttreu
II. *n* Ultramontane(r) *f(m)*, Papist(in) *m(f)*
ultra-pre·'cise *adj inv* äußerst genau **'ultra·race** *n* Ultralauf *m* **ultra-re·'li·able** *adj inv* extrem zuverlässig **ultra·run·ner** ['ʌltrərʌnəʳ, AM -nɚ] *n* Ultraläufer(in) *m(f)* **ultra·'run·ning** *n no pl* Ultralauf *m* **ultra·se·'lec·tive** *adj inv* äußerst wählerisch
ultra-'short wave *n* Ultrakurzwelle *f*
ultra·'son·ic *adj inv* Ultraschall-; **~ wave** Ultraschallwelle *f*
'ultra·sound *n no pl* Ultraschall *m*
ultra·sound 'pic·ture *n* Ultraschallaufnahme *f*, Ultraschallbild *nt* **ultra·sound 'scan** *n* Ultraschalluntersuchung *f*
ultra·'vio·let *adj inv* ultraviolett; **~ lamp** UV-Lampe *f*, Höhensonne *f;* **~ rays** ultraviolette Strahlen; **~ treatment** Ultraviolettbestrahlung *f*
ultra·vio·let pro·'tec·tion fac·tor *n*, **UPF** *n* Schutzfaktor *m* vor UV-Strahlung
ulu·la·tion [ˌjuːljə'leɪʃᵊn, AM ˌjuːljuː-] *n* Heulen *nt*, Geheul[e] *nt*
Ulysses ['juːlɪsiːz, AM juː'lɪs-] *n* Odysseus *kein art*
um [əm] **I.** *interj (fam)* hm, äh
II. *vi (fam)* **to ~ and err** herumdrucksen *fam*
umami [u:'ma:mi] *adj inv* FOOD pikant
um·bel ['ʌmbəl] *n* Dolde *f*
um·ber ['ʌmbəʳ, AM -ɚ] **I.** *adj* umbra[braun]
II. *n no pl* Umbra *nt;* **shades of ~** Umbratöne *pl;* **raw ~** Umbra natur *nt;* **to dye sth ~** etw umbra[braun] färben
um·bili·cal [ʌm'bɪlɪkl̩] **I.** *adj attr, inv* ❶ MED *(near navel)* Nabel-; **~ hernia** Nabelbruch *m;* **~ region** Nabelgegend *f*
❷ AEROSP *(link)* Versorgungs-; *plug, connection* Verbindungs-; **~ cable** Versorgungs- und Steuerkabel *nt;* **~ pipe** Verbindungsleitung *f*
❸ *(fig: very close)* [extrem] eng; **~ relationship** symbiotische Beziehung
II. *n* AEROSP Versorgungs-/Verbindungskabel *nt; (hose)* Versorgungs-/Verbindungsleitung *f*
um·bili·cal 'cord *n* ❶ MED, ANAT Nabelschnur *f;* **to cut the ~** die Nabelschnur durchschneiden
❷ AEROSP Versorgungskabel *nt; (hose)* Versorgungsleitung *f*
um·bili·cus <*pl* -ci *or* -es> [ʌm'bɪlɪkəs] *n* ANAT Nabel *m*
um·brage ['ʌmbrɪdʒ] *n no pl (form)* Anstoß *m;* **to give ~ to sb** bei jdm Anstoß erregen; **to take ~ at sth** Anstoß an etw *dat* nehmen
um·brel·la [ʌm'brelə] **I.** *n* ❶ *(protection from rain)* Regenschirm *m;* **folding ~** Knirps® *m;* **to put one's ~ up** den Regenschirm aufspannen; **to take one's ~ down** den Regenschirm [wieder] zumachen; *(sun protection)* Sonnenschirm *m*
❷ *(fig: protection)* Abschirmung *f*, Schutz *m;* MIL Jagdschutz *m;* **air ~** Luftschirm *m;* ***West Germany was protected by the nuclear ~ of the US*** Westdeutschland stand unter dem Schutz amerikanischer Atomwaffen
II. *n modifier* ❶ *(belonging to an umbrella) (stand, handle)* Schirm-; **~ cover** Schirmhülle *f*
❷ POL, ADMIN *(including many elements)* Dach-; **~ fund** FIN Investmentfonds *m;* **~ term** Sammelbegriff *m*
um·'brel·la cov·er *n no pl (insurance)* Umbrella-Deckung *m* **um·'brel·la fund** *n* FIN Dachfonds *m*, Umbrella-Fonds *m* **um·brel·la or·gani·'za·tion** *n* Dachorganisation *f*
um·laut ['ʊmlaʊt] *n* LING Umlaut *m*
um·pire ['ʌmpaɪəʳ, AM -paɪɚ] **I.** *n* ❶ SPORT Schiedsrichter(in) *m(f)*
❷ *(arbitrator)* Vermittler(in) *m(f)*, Schlichter(in) *m(f)*, Obmann, Obmännin *m, f*
II. *vi* als Schiedsrichter/Schiedsrichterin fungieren
III. *vt* **to ~ a game/match** ein Spiel/Match leiten
ump·teen [ʌm(p)'tiːn] *adj (fam)* zig *fam*, x *fam;* ***most people have one toothbrush but he's got ~*** die meisten Leute haben eine Zahnbürste, aber er hat Dutzende; **to do sth ~ times** etw x-mal [*o* zigmal] tun *fam*
ump·teenth [ʌm(p)'tiːnθ] *adj* x-te(r, s) *fam;* ***for the ~ time, Anthony, ...*** zum hundertsten Mal, Anthony, ...
UMTS [ˌjuːemtiː'es] *n no pl* TELEC *abbrev of* **universal mobile telecommunication system** UMTS *nt*
UN [ˌjuː'en] **I.** *n abbrev of* **United Nations:** ■**the ~** die UNO [*o* UN]; **ambassador to the ~** UN[O]-Botschafter(in) *m(f)*
II. *n modifier abbrev of* **United Nations** UNO-, UN-; **the ~ General Assembly** die UN-Vollversammlung; **~ peace-keeping mission** UNO-Friedensmission *f;* **~ observer** UNO-Beobachter(in) *m(f);* **~ report** UN-Bericht *m;* **~ sanction** UN-Sanktion *f;* **~ Security Council** UN-Sicherheitsrat *m;* **~ troops** UNO-Truppen *pl*
'un [ən] *pron* DIAL *(fam: one)* ein(e, r); ***she's a only a little ~*** sie ist ja nur so ein kleines Ding; ***this fish really is a big ~*** dieser Fisch ist wirklich ein Riesenbrocken *fam;* **the little ~s** die Kleinen *pl;* **the young ~s** die jungen Leute *pl; (girls)* die jungen Dinger *pl*
un·abashed [ˌʌnə'bæʃt] *adj* ❶ *(not ashamed)* unverfroren, unverschämt, dreist; **to be completely ~ about doing sth** überhaupt keine Hemmungen haben, etw zu tun
❷ *(not influenced)* ■**to be ~ by sth** von etw *dat* unbeeindruckt sein
un·abash·ed·ly [ˌʌnə'bæʃɪdli] *adv* unverfroren
un·abat·ed [ˌʌnə'beɪtɪd, AM -t̬-] *adj (form)* unvermindert, nicht nachlassend *attr;* ***the storm was ~*** der Sturm tobte unvermindert weiter; **to continue** [*or* **go on**] **~** *fighting, recession* unvermindert anhalten
un·able [ʌn'eɪbl̩] *adj* unfähig, außerstande; ■**to be ~ to do sth** unfähig [*o* außerstande] sein, etw zu tun; ***he was ~ to look her in the eye*** er konnte ihr nicht in die Augen schauen
un·abridged [ˌʌnə'brɪdʒd] *adj* LIT, PUBL *edition, speech, version* ungekürzt
un·ac·cep·table [ˌʌnək'septəbl̩] *adj behaviour, excuse* inakzeptabel; *offer* unannehmbar; *conditions* untragbar; ■**sth is ~ to sb** etw ist für jdn inakzeptabel, jd kann etw nicht hinnehmen; **the ~ face of sth** BRIT, AUS die Kehrseite einer S. *gen*
un·ac·cep·tably [ˌʌnək'septəbli] *adv* inakzeptabel, untragbar
un·ac·com·pa·nied [ˌʌnə'kʌmpᵊnɪd] *adj inv* ❶ *(without companion)* ohne Begleitung [einer erwachsenen Person] *nach n, präd; baggage, luggage* herrenlos; *(fig) condition, event* nicht begleitet [*o* gefolgt] *präd*
❷ MUS *(solo)* ohne Begleitung *nach n;* **~ flute** Soloflöte *f*
un·ac·count·able [ˌʌnə'kaʊntəbl̩, AM -t̬ə-] *adj* ❶ *(not responsible)* nicht verantwortlich; ■**to be ~ to sb** jdm gegenüber keine Rechenschaft schuldig sein
❷ *(inexplicable)* unerklärlich; **for some ~ reason** aus unerfindlichen Gründen
un·ac·count·ably [ˌʌnə'kaʊntəbli, AM -t̬ə-] *adv* unerklärlicherweise
un·ac·count·ed for [ˌʌnə'kaʊntɪdˌfɔːʳ, AM -t̬ɪdˌfɔːr] *adj inv* ❶ *(unexplained)* ungeklärt; **~ absence from work** unentschuldigtes Fehlen auf [*o* SCHWEIZ, ÖSTERR bei] der Arbeit
❷ *(not included in count)* nicht erfasst; *(missing)* fehlend *attr; person* vermisst; ■**to be ~** fehlen; *person* vermisst werden
❸ ECON nicht ausgewiesen
un·ac·cus·tomed [ˌʌnə'kʌstəmd] *adj* ❶ *(seldom seen)* **an ~ pleasure** ein seltenes Vergnügen; ***well, that's an ~ face, Susie!*** Susie, wir haben uns ja seit Ewigkeiten nicht gesehen!
❷ *(something new) luxury, silence* ungewohnt; ■**to be ~ to sth** an etw *akk* nicht gewöhnt sein; ■**to be ~ to doing sth** es nicht gewohnt sein, etw zu tun
un·ac·knowl·edged [ˌʌnək'nɒlɪdʒd, AM -'nɑːlɪdʒd] *adj inv* unbeachtet; *(unrecognized)* nicht anerkannt; **to go** [*or* **remain**] **~** unbeachtet bleiben; *(not recognized)* nicht anerkannt werden; ***her greeting remained ~*** ihr Gruß wurde nicht erwidert
un·ac·quaint·ed [ˌʌnə'kweɪntɪd, AM t̬ɪd] *adj inv* ❶ *pred (having no experience with)* ■**to be ~ with sth** mit etw *dat* nicht vertraut sein
❷ *(not having met before)* ■**to be ~ with sb/sth** jdn/etw noch nicht kennen
un·ad·dressed [ˌʌnə'drest] *adj inv* ❶ *envelope* nicht adressiert, ohne Anschrift *nach n*
❷ *(not dealt with) question* unbeantwortet; ***this issue remained ~*** dieses Thema wurde nicht angesprochen
un·adopt·ed [ˌʌnə'dɒptɪd, AM -'dɑːp-] *adj inv* ❶ *child* nicht adoptiert
❷ *(not passed) measure, law* nicht verabschiedet
❸ BRIT TRANSP **~ road** *Straße, für deren Instandhaltung die Anlieger aufkommen müssen*
un·adorned [ˌʌnə'dɔːnd, AM -'dɔːrnd] *adj inv (plain)* einfach, schlicht; *story* nicht ausgeschmückt; *beauty* natürlich; **the ~ truth** die ungeschminkte Wahrheit
un·adul·ter·at·ed [ˌʌnə'dʌltᵊreɪtɪd, AM -təreɪt̬ɪd] *adj inv (absolute)* unverfälscht; *(pure) substance, alcohol* rein, unvermischt; *wine* nicht gepanscht; **~ jealousy** schiere Eifersucht; **~ nonsense** blanker Unsinn; **the ~ truth** die reine Wahrheit
un·ad·ven·tur·ous [ˌʌnəd'ventʃᵊrəs] *adj person* wenig unternehmungslustig; *life* unspektakulär, ereignislos; *style* bieder, hausbacken *pej; prose, performance* fade, einfallslos; ***don't be so ~ and give it a try!*** gib dir mal einen Ruck und versuch's mal!
un·ad·vis·able [ˌʌnəd'vaɪzəbl] *adj* nicht ratsam [*o* empfehlenswert]
un·af·fect·ed [ˌʌnə'fektɪd] *adj inv* ❶ *(unchanged)* unberührt; *(unmoved)* unbeeindruckt, ungerührt; MED nicht angegriffen; *(not influenced)* nicht beeinflusst; ■**to be/remain ~ by sth** von etw *dat* nicht betroffen sein; ***this city was largely ~ by the bombing*** diese Stadt blieb von den Bomben weitgehend verschont
❷ *(down to earth)* natürlich; *manner, speech* ungekünstelt; *(sincere)* echt; **~ joy** echte Freude; **~ modesty** natürliche Bescheidenheit
un·af·fect·ed·ly [ˌʌnə'fektɪdli] *adv (sincerely)* echt; *(naturally)* natürlich, ungekünstelt; ***she ~ welcomed each guest*** sie begrüßte jeden Gast mit aufrichtiger Herzlichkeit
un·afraid [ˌʌnə'freɪd] *adj inv* unerschrocken; ■**to be ~ of sb/sth** vor jdm/etw nicht fürchten; **to be ~ of doing sth** keine Angst haben, sich *akk* vor jdm/etw nicht fürchten; ■**to be ~ of doing sth** keine Angst davor haben, etw zu tun
un·aid·ed [ʌn'eɪdɪd] *adj inv* ohne fremde Hilfe *nach n*
un·alike [ˌʌnə'laɪk] *adj* unähnlich
un·al·lo·cat·ed [ʌn'æləkeɪtɪd, AM -t̬ɪd] *adj inv* nicht zugeteilt
un·al·loyed [ˌʌnə'lɔɪd] *adj inv* ❶ *(liter: complete)* rein; *bliss, pleasure* ungetrübt
❷ *(pure) metal* rein
un·al·ter·able [ʌn'ɔːltᵊrəbl̩, AM 'ɔːlt̬ə-] *adj inv*

unveränderlich, unabänderlich

un·al·tered [ʌn'ɔ:ltəd, AM -tɚd] *adj inv* unverändert; **to leave sth ~** etw lassen, wie es ist; **to remain ~** unverändert bleiben

un·am·bigu·ous [ˌʌnæm'bɪgjuəs] *adj* unzweideutig; *language, statement, terms* eindeutig, klar und unmissverständlich

un·am·bigu·ous·ly [ˌʌnæm'bɪgjuəsli] *adv* eindeutig, unmissverständlich

un·am·bi·tious [ˌʌnæm'bɪʃəs] *adj* ① *(of a person)* nicht ehrgeizig, ohne Ehrgeiz *nach n*
② *(of a thing)* anspruchslos, schlicht

un-Ameri·can [ˌʌnə'merɪkən] *adj (pej)* unamerikanisch; **~ activities** ≈Landesverrat *m (gegen den amerikanischen Staat gerichtete Umtriebe)*

un·amused [ˌʌnə'mju:zd] *adj* grantig, wenig erbaut, gar nicht begeistert SCHWEIZ, ÖSTERR

una·nim·ity [ˌju:nə'nɪməti, AM -əṭi] *n no pl (form)* Einstimmigkeit *f*

unani·mous [ju:'nænɪməs, AM -nəməs] *adj inv* einstimmig, einmütig

unani·mous·ly [ju:'nænɪməsli, AM -nəməs-] *adv inv* einstimmig; ■**to be ~ for/against sth** einstimmig für/gegen etw *akk* sein

un·an·nounced [ˌʌnə'naʊn(t)st] **I.** *adj inv* ① *(without warning)* unangekündigt, ohne Vorankündigung *nach n; (unexpected)* unerwartet; **~ guest** [*or* **visitor**] unerwarteter Gast; *(not wanted)* ungebetener Gast
② *(not made known)* unangekündigt; ***the exact date of the fair will remain ~*** das genaue Datum der Messe wird erst später bekanntgegeben; **as yet ~** derzeit noch nicht bekannt
II. *adv inv* unangemeldet, ohne [Vor]ankündigung; *(unexpected)* unerwartet

un·an·swer·able [ʌn'ɑ:n(t)sərəbl̩, AM 'æn(t)-] *adj* ① *(without an answer)* unbeantwortbar; ■**to be ~** nicht zu beantworten sein; **an ~ question** eine Frage, auf die es keine Antwort gibt
② *(form: irrefutable)* zwingend, unwiderlegbar; *proof* eindeutig; **there is ~ proof that ...** es ist eindeutig nachgewiesen, dass ...

un·an·swered [ʌn'ɑ:n(t)səd, AM -'æn(t)sɚd] *adj inv* unbeantwortet; **to go** [*or* **remain**] **~** unbeantwortet bleiben

un·apolo·get·ic [ˌʌnəpɒlə'dʒetɪk, AM pɑ:lə'dʒeṭɪk] *adj* zu keiner Entschuldigung geneigt, ungerührt

un·ap·peal·ing [ˌʌnə'pi:lɪŋ] *adj* unerfreulich, unattraktiv

un·ap·pe·tiz·ing [ʌn'æpətaɪzɪŋ] *adj* unappetitlich

un·ap·pre·ci·at·ed [ˌʌnə'pri:ʃieɪtɪd, AM ṭɪd] *adj* nicht gewürdigt, nicht geschätzt

un·ap·pre·cia·tive [ˌʌnə'pri:ʃiətɪv, AM -ṭɪv] *adj* undankbar; *(uncomprehending)* verständnislos; ■**to be ~ of sth** für etw *akk* kein Verständnis haben; **to cast an ~ look at sth** einen gleichgültigen Blick auf etw *akk* werfen; **to remain ~ of sth** etw nicht zu schätzen wissen

un·ap·proach·able [ˌʌnə'prəʊtʃəbl̩, AM -'proʊ-] *adj place* unzugänglich; *person also* unnahbar

un·ar·gu·able [ʌn'ɑ:gju:əbl̩, AM -'ɑ:r-] *adj* unbestreitbar; **an ~ case** ein eindeutiger Fall; **an ~ theory** eine unstrittige Theorie

un·ar·gu·ably [ʌn'ɑ:gju:əbli, AM -'ɑ:r-] *adv* unstreitig, eindeutig

un·armed [ʌn'ɑ:md, AM -'ɑ:rmd] *adj inv (without weapons)* unbewaffnet; *(not prepared)* unvorbereitet, nicht gewappnet; **~ combat** Nahkampf *m* ohne Waffe

un·ashamed [ˌʌnə'ʃeɪmd] *adj* schamlos; *attitude, feeling* unverhohlen; ■**to be ~ about** [*or* **of**] **sth** sich *akk* einer S. *gen* überhaupt nicht schämen; **with ~ delight** mit unverhohlener Freude

un·asham·ed·ly [ˌʌnə'ʃeɪmɪdli] *adv* ganz offen, unverhohlen; ■**to be ~ for/against sth** ganz offen für/gegen etw *akk* sein

un·asked [ʌn'ɑ:skt] **I.** *adj inv* ① *(not questioned)* ungefragt; **an ~ question** eine Frage, die keiner zu stellen wagt
② *(not requested)* ■**~-for** ungebeten; **~-for advice** ungebetene Ratschläge *pl;* **~-for help** Hilfe, um die man nicht gebeten hat
II. *adv inv* ① *(spontaneously)* spontan, unaufgefordert
② *(unwanted)* ungebeten; **to come ~ to a party** uneingeladen auf eine Party gehen

un·as·pi·rat·ed [ʌn'æspəreɪtɪd, AM -'æspəreɪṭɪd] *adj inv* LING ohne Hauchlaut *nach n,* unaspiriert *fachspr*

un·as·sail·able [ˌʌnə'seɪləbl] *adj* ① *(irrefutable) argument, conclusion* unwiderlegbar, zwingend; *conviction* unerschütterlich; *reputation* unangreifbar, unantastbar; **~ alibi** stichfestes Alibi
② *(impregnable) fortification, fortress* uneinnehmbar, unbezwingbar

un·as·sign·able [ˌʌnə'saɪnəbl] *adj* LAW nicht übertragbar [*o* abtretbar]

un·as·signed [ˌʌnə'saɪnd] *adj inv* nicht zugewiesen

un·as·sist·ed [ˌʌnə'sɪstɪd] *adj inv* ununterstützt, ohne Beistand *nach n*

un·as·sum·ing [ˌʌnə'sju:mɪŋ, AM *esp* -'su:-] *adj (approv)* bescheiden

un·at·tached [ˌʌnə'tætʃt] *adj inv* ① *(not connected)* einzeln; **to come ~** als Einzelteile [mit]geliefert werden
② *(independent)* unabhängig
③ *(unmarried)* ledig, ungebunden

un·at·tain·able [ˌʌnə'teɪnəbl̩] *adj inv* unerreichbar; **an ~ dream** ein ferner Traum

un·at·tend·ed [ˌʌnə'tendɪd] *adj inv* ① *(without participants) meeting, reading* nicht besucht; *(with few participants)* kaum besucht
② *(without companion)* unbegleitet, ohne Begleitung *nach n, präd;* **to leave sth/sb ~** *(alone)* etw/jdn allein lassen
③ *(not taken care of) child, luggage* unbeaufsichtigt; *homework, work* unerledigt, SCHWEIZ *meist* hängig; *(unmanned) switchboard, counter* nicht besetzt; **to go** [*or* **be**] **~** *patient, wound* unbehandelt bleiben; *work* liegenbleiben; **to leave sb/sth ~** [**to**] sich *akk* nicht um jdn/etw kümmern; *(to child, suitcase also)* jdn/etw unbeaufsichtigt lassen; *(to work also)* etw liegenlassen

un·at·trac·tive [ˌʌnə'træktɪv] *adj person, offer* unattraktiv; *place also* ohne Reiz *nach n, präd; character, personality* wenig anziehend; **to find sth extremely ~** etw richtig hässlich finden

un·at·trac·tive·ly [ˌʌnə'træktɪvli] *adv* unattraktiv; ***the house was ~ painted*** das Haus hatte einen hässlichen Anstrich

un·at·trac·tive·ness [ˌʌnə'træktɪvnəs] *n no pl* Unattraktivität *f,* Reizlosigkeit *f*

un·at·trib·ut·ed [ˌʌnə'trɪbju:tɪd, AM -ṭɪd] *adj inv* ohne Angabe der Urheberschaft; *quotation* nicht nachgewiesen [*o* SCHWEIZ ausgewiesen]

un·audit·ed [ʌn'ɔ:dɪtɪd, AM *also* -'ɑ:-] *adj inv* FIN *account, tax return* ungeprüft; **to go ~** nicht geprüft werden

un·author·ized [ʌn'ɔ:θəraɪzd, AM -'ɑ:θə-] *adj inv* nicht autorisiert, unerlaubt; *person* unbefugt *attr,* nicht befugt; **~ access** COMPUT unberechtigter Zugriff; **to obtain ~ access to sth** sich *dat* unbefugt Zugang zu etw *dat* verschaffen; **~ biography/version** nicht autorisierte Biografie/Fassung; **~ person** Unbefugte(r) *f(m)*

un·author·ized unit 'trust *n* ECON offener Investmentfonds *(der von einer Broker-Firma verwaltet wird)*

un·avail·abil·ity [ˌʌnəˌveɪlə'bɪləti, AM -əṭi] *n* Unerreichbarkeit *f*

un·avail·able [ˌʌnə'veɪləbl] *adj* ① *(not in)* nicht verfügbar; *person* nicht erreichbar; *(busy)* beschäftigt; *library book* nicht zur Ausleihe verfügbar; *(lent out)* ausgeliehen; ***I'm sorry, Mr Smith is ~ at the moment*** es tut mir leid, Herr Smith ist im Moment nicht zu sprechen; ■**to be ~ for sth** für etw *akk* nicht zur Verfügung stehen
② *(not for the public) records, information* [der Öffentlichkeit] nicht zugänglich; ■**to be ~ to sb** für jdn nicht zugänglich sein
③ *(in relationship)* ■**to be ~** vergeben [*o fam* nicht mehr zu haben] sein

un·avail·ing [ˌʌnə'veɪlɪŋ] *adj (liter)* vergeblich

un·avail·ing·ly [ˌʌnə'veɪlɪŋli] *adv* nutzlos, vergeblich

un·avoid·able [ˌʌnə'vɔɪdəbl̩] *adj* unvermeidlich, zwangsläufig, nicht zu vermeiden *präd*

un·avoid·ably [ˌʌnə'vɔɪdəbli] *adv* unausweichlich, unvermeidlich

un·aware [ˌʌnə'weəʳ, AM -'wer] *adj* ■**to be/be not ~ of sth** sich *dat* einer S. *gen* nicht/durchaus bewusst sein; ***she remained quite ~ of the illegal activities of her husband*** sie hatte nie bemerkt, dass ihr Mann in illegale Geschäfte verwickelt war; ■**to be ~ that ...** sich *dat* nicht bewusst sein, dass ...

un·awares [ˌʌnə'weəz, AM -'werz] *adv inv* ① *(unexpectedly)* unerwartet; **to catch** [*or* **take**] **sb ~** jdn überraschen
② *(by accident)* ungeplant, zufällig; *(without purpose)* versehentlich; *(without noticing)* unwissentlich

un·bal·ance [ʌn'bælən(t)s] *vt* ■**to ~ sb/sth** jdn/etw aus dem Gleichgewicht bringen *a. fig;* **to ~ sb's mind** jdn aus dem [inneren] Gleichgewicht bringen, jdm den Boden unter den Füßen wegziehen

un·bal·anced [ʌn'bælən(t)st] *adj* ① *(uneven)* schief; AUTO nicht ausgewuchtet; FIN *account* nicht ausgeglichen; *economy* unausgeglichen; JOURN nicht objektiv, einseitig; *diet* unausgewogen
② PSYCH *(unstable)* labil; **mentally ~** psychisch labil; *(ill)* psychisch krank

un·ban <-nn-> [ʌn'bæn] *vt* ■**to ~ sb/sth** den Bann von jdm/etw nehmen; *movement, party* etw [wieder] zulassen

un·bar <-rr-> [ʌn'bɑ:ʳ, AM -'bɑ:r] *vt* ■**to ~ sth** etw entriegeln

un·bear·able [ʌn'beərəbl̩, AM -'berə-] *adj* unerträglich; ■**to be ~** unerträglich [*o* nicht auszuhalten] sein; ■**to be ~ to** [*or* **for**] **sb** für jdn sehr schwer zu ertragen sein

un·bear·ably [ʌn'beərəbli, AM -'berə-] *adv* unerträglich; **~ sad** unsäglich traurig

un·beat·able [ʌn'bi:təbl̩, AM -ṭə-] *adj inv (approv)* ① *(sure to win)* unschlagbar; *army* unbesiegbar; ■**to be ~** nicht zu schlagen [*o* zu besiegen] sein; **~ record** nicht zu schlagender Rekord
② *(perfect)* unübertrefflich; *value, quality* unübertroffen

un·beat·en [ʌn'bi:tən] *adj inv* ungeschlagen; *army* unbesiegt; ***until today her record remains ~*** ihr Rekord steht bis heute

un·be·com·ing [ˌʌnbɪ'kʌmɪŋ] *adj* ① *(not flattering)* unvorteilhaft; ***that hairstyle is ~ to her*** diese Frisur steht ihr nicht
② *(unpleasant) behaviour, conduct* unschön, hässlich; *(unseemly)* unschicklich, unziemlich *veraltend geh;* ***conduct ~ to an officer*** ein Benehmen, das sich für einen Offizier nicht ziemt *veraltend geh*

un·be·known [ˌʌnbɪ'nəʊn, AM -'noʊn], **un·be·knownst** [ˌʌnbɪ'nəʊnst, AM -'noʊnst] *adv inv (form)* ■**~ to sb** ohne jds Wissen; **~ *to anyone he was leading a double life*** kein Mensch ahnte, dass er ein Doppelleben führte

un·be·lief [ˌʌnbɪ'li:f] *n no pl* ① *(surprise and shock)* Ungläubigkeit *f;* **to stare at sb in ~** jdn ungläubig anstarren
② *(faithlessness)* Unglaube *m*

un·be·liev·able [ˌʌnbɪ'li:vəbl] *adj* ① *(surprising)* unglaublich; ***he's really ~*** er ist wirklich ein Phänomen; ***it's ~!*** es ist einfach nicht zu fassen!
② *(fam: extraordinary)* unglaublich, sagenhaft
③ *(impossible to believe)* unglaubhaft; **~ *or not ...*** ob du's glaubst oder nicht ...

un·be·liev·ably [ˌʌnbɪ'li:vəbli] *adv* unglaublich

un·be·liev·er [ˌʌnbɪ'li:vəʳ, AM -ɚ] *n* Ungläubige(r) *f(m)*

un·be·liev·ing [ˌʌnbɪ'li:vɪŋ] *adj* ungläubig

un·be·liev·ing·ly [ˌʌnbɪ'li:vɪŋli] *adv* ungläubig, zweifelnd

un·bend [ʌn'bend] **I.** *vt* <-bent, -bent> ■**to ~ sth** etw strecken; **to ~ an arm/a leg** einen Arm/ein Bein ausstrecken; **to ~ wire** Draht gerade biegen
II. *vi* <-bent, -bent> ① *(straighten out) pipe, rod* [wieder] gerade werden; *person* sich *akk* aufrichten

❷ *(fig: relax) person* sich *akk* entspannen; *(become less reserved)* auftauen *fig*

un·bend·ing [ʌnˈbendɪŋ] *adj (form)* unnachgiebig; *will* unbeugsam; ~ **determination** eiserne Entschlossenheit

un·bi·as(s)ed [ʌnˈbaɪəst] *adj* unparteiisch, unvoreingenommen; *judge* nicht befangen; *opinion, report* objektiv

un·bid·den [ʌnˈbɪdᵊn] *(liter)* **I.** *adj* ungebeten, unaufgefordert; ~ ***thoughts of failure troubled him*** leidige Versagensängste drängten sich ihm auf
II. *adv* ungebeten, unaufgefordert

un·bind <-bound, -bound> [ʌnˈbaɪnd] *vt* ■**to ~ sb/sth** jdn/etw losbinden; **to ~ sb's feet/hands** jds Füße/Hände losbinden; **to ~ one's hair** das Haar öffnen; **to ~ a prisoner** eine Gefangene/einen Gefangenen befreien

un·bleached [ʌnˈbliːtʃt] *adj inv* ungebleicht

un·blem·ished [ʌnˈblemɪʃt] *adj inv* makellos, einwandfrei; *reputation* tadellos

un·blink·ing [ʌnˈblɪŋkɪŋ] *adj gaze, look* starr; **to give sb an ~ stare** jdn starr ansehen

un·blink·ing·ly [ʌnˈblɪŋkɪŋli] *adv inv* ohne Wimpernzucken; *(also fig)* unbeirrt [dreinblickend]

un·block [ʌnˈblɒk, AM ˈblɑːk] *vt* ■**to ~ sth** ein Funktionshindernis an etw *dat* beseitigen; *pipe* etw wieder durchlässig machen, die Verstopfung von etw *dat* beheben

un·blush·ing [ʌnˈblʌʃɪŋ] *adj inv* schamlos; ***she remained*** ~ sie wurde nicht einmal rot

un·bolt [ʌnˈbəʊlt, AM -ˈboʊlt] *vt* entriegeln; **to ~ sb's heart** *(fig)* jds Herz gewinnen

un·born [ʌnˈbɔːn, AM -bɔːrn] **I.** *adj inv* ❶ *(not yet born)* ungeboren; **protection of the ~ child** Schutz *m* des ungeborenen Lebens
❷ *(future)* künftig; ~ **generations** kommende Generationen
II. *n* ■**the ~** *pl* ungeborene Kinder

un·bos·om [ʌnˈbʊzəm] *vt (old)* ❶ *(reveal)* ■**to ~ sth** etw enthüllen; **to ~ one's feelings/thoughts** seine Gefühle/Gedanken offenbaren
❷ *(confide in)* ■**to ~ oneself to sb** jdm sein Herz ausschütten

un·bound [ʌnˈbaʊnd] **I.** *vt, vi pp, pt of* **unbind**
II. *adj inv* ❶ *(not bound or tied up)* ungebunden, lose; *(fig)* bindungslos, frei
❷ *(of a book)* ungebunden, broschiert

un·bound·ed [ʌnˈbaʊndɪd] *adj* grenzenlos, schrankenlos; ~ **ambition** maßloser Ehrgeiz; ~ **hope** unbegrenzte Hoffnung

un·bowed [ʌnˈbaʊd] *adj pred* ❶ *(fig: not submitting)* ungebrochen, ungebeugt
❷ *(erect)* erhoben; **with one's head ~** mit hoch erhobenem Kopf

un·break·able [ʌnˈbreɪkəbl̩] *adj inv* ❶ *(unable to be broken)* unzerbrechlich; ~ **code** nicht zu knackender Kode
❷ *(unable to stop)* ~ **habit** fest verankerte Gewohnheit; ~ **silence** undurchdringliches Schweigen
❸ *(must be followed) promise* bindend; *rule* unumstößlich
❹ SPORT ~ **record** nicht zu brechender Rekord

un·brib·able [ʌnˈbraɪbəbl̩] *adj inv* unbestechlich

un·bridge·able [ʌnˈbrɪdʒəbl̩] *adj* unüberbrückbar

un·bri·dled [ʌnˈbraɪdl̩d] *adj* ❶ *(unrestrained horse)* ohne Zügel
❷ *(form or liter: not held back)* ungezügelt; *ambition, greed* hemmungslos; *passion* zügellos; **an ~ tongue** eine lose Zunge

un-Brit·ish [ʌnˈbrɪtɪʃ] *adj* unbritisch

un·brok·en [ʌnˈbrəʊkᵊn, AM -ˈbroʊ-] *adj inv* ❶ *(not broken)* unbeschädigt, heil; *spirit* ungebrochen; ***to date, the peace treaty remains*** ~ bis zum heutigen Tag wurde nicht gegen den Friedensvertrag verstoßen; **an ~ promise** ein gehaltenes Versprechen
❷ *(continuous)* stetig; *peace* beständig; ***Liverpool's ~ run of six successive victories came to an end with a defeat at Manchester United*** Liverpools Serie von sechs Siegen in Folge fand mit einer Niederlage bei Manchester United ein Ende; **an ~ night's sleep** ein ungestörter Schlaf
❸ *(unsurpassed) record* ungebrochen
❹ *(not tamed)* **an ~ horse** ein nicht zugerittenes Pferd

un·buck·le [ʌnˈbʌkl̩] *vt* ■**to ~ sth/sb** etw/jdn aufschnallen [*o* losschnallen]; **to ~ a seatbelt** einen Sitzgurt öffnen

un·bun·dle [ʌnˈbʌndl̩] *vt* COMM ■**to ~ sth** *company* etw entflechten

un·bun·dling [ʌnˈbʌndlɪŋ] *n no pl* COMPUT Entbündelung *f,* Unbundling *nt*

un·bur·den [ʌnˈbɜːdᵊn, AM -ˈbɜːr-] *vt* ❶ *(unload)* ■**to ~ an animal/sb** einem Tier/jdm die Lasten abnehmen
❷ *(fig)* ■**to ~ oneself [of sth]** sich *akk* [von etw *dat*] befreien; ■**to ~ oneself [to sb]** [jdm] sein Herz ausschütten; **to ~ one's sorrows** seine Sorgen abladen

un·busi·ness·like [ʌnˈbɪznɪslaɪk] *adj* ungeschäftsmäßig; ***his unpunctuality is very*** ~ seine Unpünktlichkeit ist sehr unprofessionell

un·but·ton [ʌnˈbʌtᵊn] **I.** *vt* ■**to ~ sth** etw aufknöpfen
II. *vi* ***the dress has ~ed at the back*** die Knöpfe hinten am Kleid sind aufgegangen

un·but·toned [ʌnˈbʌtᵊnd] *adj* aufgeknöpft, offen; *(also fig fam)* zugänglich, aufgeknöpft *fam*

un·called [ʌnˈkɔːld] *adj* ECON nicht eingefordert, nachschusspflichtig

un·ˈcalled for *adj pred,* **un·ˈcalled-for** [ʌnˈkɔːldfɔːʳ, AM -fɔːr] *adj attr* unnötig; ***it was really ~ to show her up like that*** es war völlig überflüssig, sie derartig bloßzustellen; **an ~ remark** eine unpassende Bemerkung

un·can·ni·ly [ʌnˈkænɪli] *adv* unheimlich; ***the woman ~ resembled my former lover*** die Frau hatte eine beängstigende Ähnlichkeit mit meiner Ex-Freundin

un·can·ny [ʌnˈkæni] *adj* unheimlich; ***it's ~ how alike you two look*** es ist schon frappierend, wie ähnlich ihr euch seht; **an ~ knack** eine außergewöhnliche Fähigkeit; **an ~ likeness** eine unglaubliche Ähnlichkeit

un·cap <-pp-> [ʌnˈkæp] *vt* ■**to ~ sth** ❶ *(remove the lid)* den Deckel von etw *dat* abnehmen
❷ *(remove the cover)* die Hülle von etw *dat* entfernen
❸ *(remove a limit or restriction)* die Beschränkung von etw *dat* aufheben

un·capped [ʌnˈkæpt] *adj inv* BRIT SPORT noch nicht zum Einsatz gekommen

un·cared for *adj pred,* **un·cared-for** [ʌnˈkeədfɔːʳ, AM -ˈkerdfɔːr] *adj attr* vernachlässigt, ungepflegt; **to leave sth ~** etw nicht pflegen

un·car·ing [ʌnˈkeərɪŋ, AM -ˈkerɪŋ] *adj* gleichgültig; **an ~ mother** eine Rabenmutter *fig pej*

un·car·pet·ed [ʌnˈkɑːpɪtɪd, AM -ˈkɑːrpət̬-] *adj inv* nicht mit Teppich ausgelegt; ***he wants to leave the house*** ~ er möchte keinen Teppichboden im Haus

un·cashed [ʌnˈkæʃt] *adj inv cheque* [noch] nicht eingelöst

un·ceas·ing [ʌnˈsiːsɪŋ] *adj (form)* unaufhörlich; ~ **efforts/support** unablässige Anstrengungen/Unterstützung

un·ceas·ing·ly [ʌnˈsiːsɪŋli] *adv* unablässig

un·cen·sored [ʌnˈsen(t)səd, AM -ɚd] *adj* unzensiert

un·cer·emo·ni·ous [ʌnˌserɪˈməʊniəs, AM -ˈmoʊ-] *adj* ❶ *(abrupt)* rüde *pej;* **an ~ dismissal** ein Quasi-Rauswurf *m fam;* **an ~ refusal** eine unsanfte Abfuhr
❷ *(informal)* ungezwungen, locker

un·cer·emo·ni·ous·ly [ʌnˌserɪˈməʊniəsli, AM -ˈmoʊ-] *adv* ❶ *(abruptly)* rüde, grob *pej*
❷ *(in an informal manner)* ungezwungen

un·cer·tain [ʌnˈsɜːtᵊn, AM -ˈsɜːr-] *adj* ❶ *(unsure)* unsicher; **in no ~ terms** klar und deutlich; ■**to be ~ of sth** sich *dat* einer S. *gen* nicht sicher sein; ■**to be ~ whether/when/why/what ...** nicht sicher sein, ob/wann/warum/was ...
❷ *(unpredictable)* ungewiss; ***the weather is rather ~ at the moment*** das Wetter ist im Moment ziemlich unbeständig; **an ~ future** eine ungewisse Zukunft
❸ *(volatile)* unzuverlässig, unstet; **an ~ mood** eine angespannte Stimmung; **an ~ temper** ein launenhaftes Gemüt

un·cer·tain·ly [ʌnˈsɜːtᵊnli, AM -ˈsɜːr-] *adv* zögerlich

un·cer·tain·ty [ʌnˈsɜːtᵊnti, AM -ˈsɜːrtᵊnt̬i] *n* ❶ *(unpredictability)* Unbeständigkeit *f;* ***life is full of uncertainties*** das Leben ist voller Überraschungen
❷ *no pl (doubtfulness)* Ungewissheit *f,* Zweifel *m* (**about** über +*akk*); **~ of measurement** SCI Messunsicherheit *f;* ***there is increasing ~ about whether the band will ever play live again*** es wird immer zweifelhafter, ob die Band jemals wieder öffentlich auftritt
❸ *no pl (hesitancy)* Unsicherheit *f*

un·ˈcer·tain·ty prin·ci·ple *n* PHYS Heisenberg'sche Unschärferelation

un·chain [ʌnˈtʃeɪn] *vt* ■**to ~ sb/sth** jdn/etw losketten, jdn/etw von seinen Fesseln befreien; *(fig)* jdn/etw entfesseln

un·chal·lenge·able [ʌnˈtʃælɪndʒəbl̩] *adj* unbestreitbar, unanfechtbar

un·chal·lenged [ʌnˈtʃælɪndʒd, AM -əndʒd] *adj* unangefochten; *(not opposed)* unwidersprochen; **to go [*or* stand] ~** unangefochten bleiben; ***his long-jump record stood ~ for many years*** sein Weitsprungrekord blieb viele Jahre unangetastet; **to pass ~** MIL passieren, ohne angehalten zu werden

un·changed [ʌnˈtʃeɪndʒd] *adj inv* ❶ *(unaltered)* unverändert; ***his views are*** ~ seine Meinung hat sich nicht geändert
❷ *(not replaced)* nicht [aus]gewechselt

un·chang·ing [ʌnˈtʃeɪndʒɪŋ] *adj inv* unveränderlich, gleich bleibend

un·chap·er·oned [ʌnˈʃæpərəʊnd, AM -roʊnd] *adj inv* unbeaufsichtigt, ohne [schützende] Begleitung *nach n*

un·char·ac·ter·is·tic [ʌnkærəktᵊrˈɪstɪk, AM -ˌkerɪktəˈrɪs-] *adj* ungewöhnlich; ■**to be ~ of sb/sth** für jdn/etw untypisch sein

un·char·ac·ter·is·ti·cal·ly [ʌnkærəktᵊrˈɪstɪkli, AM -ˌkerɪktəˈrɪs-] *adv* untypischerweise

un·chari·table [ʌnˈtʃærɪtəbl̩, AM -ˈtʃerət̬ə-] *adj* ❶ *(severe)* unbarmherzig; ***she is very ~ in her treatment of him*** sie behandelt ihn ohne die geringste Nachsicht; ■**to be ~ [of sb] to do sth** gemein [von jdm] sein, etw zu tun; ***that was really ~ of you!*** das war wirklich gemein von dir!
❷ *(ungenerous)* hartherzig, lieblos

un·chari·tably [ʌnˈtʃærɪtəbli, AM -ˈtʃerət̬ə-] *adv* ❶ *(harshly)* unbarmherzig; **to judge sb ~** jdn ungerecht beurteilen
❷ *(not generously)* hartherzig, lieblos

un·chart·ed [ʌnˈtʃɑːtɪd, AM -ˈtʃɑːrt̬-] *adj* ❶ *inv (not mapped)* auf keiner Landkarte verzeichnet
❷ *(fig: unexplored)* unerforscht; ~ **seas** [*or* **territory**] [*or* **waters**] Neuland *nt*

un·chaste [ʌnˈtʃeɪst] *adj* unkeusch

un·checked [ʌnˈtʃekt] *adj* ❶ *(unrestrained)* unkontrolliert; ~ **passion/violence** hemmungslose Leidenschaft/Gewalt; **to continue** [*or* **go**] ~ ungehindert weitergehen; ■**to be ~ by sth** von etw *dat* unbeeindruckt sein
❷ *(not examined)* ungeprüft
❸ TRANSP *ticket* nicht kontrolliert

un·chris·tian [ʌnˈkrɪstʃən] *adj* unchristlich

un·cial [ˈʌnsiəl, AM ʃiəl] TYPO **I.** *adj inv* Unzial- *fachspr*
II. *n* ❶ *(letter)* Unziale *f fachspr*
❷ *(writing)* Unzialschrift *f fachspr*

un·cir·cum·cised [ʌnˈsɜːkəmsaɪzd, AM ˈsɜːr] *adj inv* ❶ *(not circumcised)* unbeschnitten
❷ *(irreligious, heathen)* Heiden-

un·civ·il [ʌnˈsɪvᵊl] *adj* unhöflich

un·civ·il·ized [ʌnˈsɪvᵊlaɪzd] *adj (also fig)* unzivilisiert, ungesittet; ***it was rather ~ of them not even to offer us a drink*** es war ziemlich stillos von ihnen, uns nicht mal einen Drink anzubieten; **~ conditions** harte Bedingungen; **an ~ hour** eine unchristliche Zeit

un·civ·il·ly [ʌnˈsɪvᵊli] *adv* rüde *pej*

un·clad [ʌnˈklæd] *adj inv (form)* unbekleidet, nackt,

SCHWEIZ *a.* blutt *fam*

un·claimed [ʌnˈkleɪmd] *adj benefits, winnings* nicht beansprucht; *letter, baggage* nicht abgeholt

un·clasp [ʌnˈklɑːsp, AM -ˈklæsp] *vt* ■**to ~ sth** etw öffnen; **to ~ sb's hand** jds Hand lösen

un·clas·si·fied [ʌnˈklæsɪfaɪd] *adj* ① *(not ordered or arranged)* nicht klassifiziert
② *(not secret)* nicht geheim

un·cle [ˈʌŋkl̩] *n* Onkel *m*
▸PHRASES: **to say** [*or* **cry**] **~** AM *(childspeak)* klein beigeben; [**old**] **U~ Tom Cobleigh** [*or* **Cobley**] **and all** BRIT *(dated fam)* Hinz und Kunz *pej fam*

un·clean [ʌnˈkliːn] *adj* ① *(unhygienic)* verunreinigt
② *inv (form: taboo)* unrein
③ *(fig: impure)* schmutzig; **~ thoughts** *(dated)* schmutzige Gedanken

un·clear [ʌnˈklɪəʳ, AM -ˈklɪr] *adj* ① *(not certain, indefinite)* unklar; ***it is ~ whether/ what/ when/ who ...*** es ist unklar, ob/was/wann/wer ...
② *(uncertain, unsure)* ■**to be ~ about sth** in Bezug auf etw *akk* nicht sicher sein; ■**to be ~** [**as to**] **whether/what/why/when ...** nicht sicher sein, ob/was/warum/wann ...
③ *(vague)* vage; **an ~ statement** eine unklare Aussage

un·clear·ly [ʌnˈklɪəli, AM -ˈklɪr-] *adv* undeutlich; **to think ~** unzusammenhängend denken

un·clench [ʌnˈklen(t)ʃ] *vt* **to ~ one's fist/teeth** seine Faust öffnen/seine [fest] zusammengebissenen Zähne lockern

Un·cle ˈSam *n no pl* Uncle Sam *m (Bezeichnung für die USA)* **Un·cle ˈTom** *n (pej!) abwertende Bezeichnung für einen servilen Schwarzen*

un·climb·able [ʌnˈklaɪməbl̩] *adj* unbesteigbar, nicht zu erklettern[d]

un·climbed [ʌnˈklaɪmd] *adj inv* [noch] nicht erstiegen, unbezwungen

un·clog <-gg-> [ʌnˈklɒg, AM -ˈklɑːg] *vt* **to ~ a pipe** ein Rohr frei machen [*o* reinigen]

un·clothe [ʌnˈkləʊð, AM -ˈkloʊð] *vt (also fig)* ■**to ~ sth** etw entblößen, etw enthüllen *a. fig*

un·cloud·ed [ʌnˈklaʊdɪd] *adj* unbewölkt, wolkenlos, heiter *a. fig; (fig)* ungetrübt, unbeschwert

un·clut·tered [ʌnˈklʌtəd, AM -t̬ɚd] *adj* ① *desk, room* aufgeräumt, nicht überladen
② *(fig)* **an ~ mind** ein freier Kopf

un·coil [ʌnˈkɔɪl] **I.** *vt* ■**to ~ sth** etw entrollen [*o* abspulen] [*o* abwickeln]
II. *vi* sich *akk* abrollen [*o* abspulen]

un·col·lect·ed [ˌʌnkəˈlektɪd] *adj inv* ① *(not claimed) fare, tax* nicht erhoben
② *(not reclaimed) baggage, mail* nicht abgeholt
③ LIT nicht in den gesammelten Werken enthalten

un·col·oured [-əd], AM **un·col·ored** [ʌnˈkʌlɚd] *adj* ① *(colourless)* farblos
② *(fig: unbiased)* objektiv, unbeeinflusst; ■**to be ~ by sth** frei von etw *dat* sein

un·combed [ʌnˈkəʊmd, AM ˈkoʊmd] *adj inv* ungekämmt, ungestrählt SCHWEIZ *fam*

un·com·bined [ˌʌnkəmˈbaɪnd] *adj inv* CHEM ungebunden; **~ heat** *no pl* freie [*o* ungebundene] Wärme

un·com·fort·able [ʌnˈkʌm(p)ftəbl̩, AM -fɚt̬ə-] *adj* ① *(causing discomfort) bed, chair* unbequem
② *(physically discomforted)* **to feel ~** *person, animal* sich *akk* unwohl fühlen
③ *(uneasy, awkward)* unbehaglich; ***she felt slightly ~, meeting him for the first time*** sie fühlte sich nicht ganz wohl in ihrer Haut, als sie ihm zum ersten Mal begegnete; **an ~ silence** eine gespannte Stille; **an ~ situation/predicament** eine missliche Situation/Lage

un·com·fort·ably [ʌnˈkʌm(p)ftəbli, AM -fɚt̬ə-] *adv* ① *(physically)* unangenehm; ***they had come ~ close to death*** sie waren dem Tod bedenklich nahe gekommen
② *(uneasily)* angespannt; **to be ~ aware of sth** sich *dat* einer S. *gen* schmerzlich bewusst sein; **to smile ~** nervös lächeln

un·com·mit·ted [ˌʌnkəˈmɪtɪd, AM -ˈmɪt̬-] *adj* ① *(undecided)* unentschieden; ■**to be ~ on sth** sich *akk* noch nicht auf etw *akk* festgelegt haben; ***twenty-five senators have admitted they are still ~ on the taxation question*** fünfundzwanzig Senatoren räumten ein, sich in der Steuerfrage noch nicht entschieden zu haben
② *(not dedicated)* **to be ~ to a cause/relationship** einer Sache/Beziehung halbherzig gegenüberstehen

un·com·mon [ʌnˈkɒmən, AM -ˈkɑːm-] *adj* ① *(rare)* selten; ***it is not ~ for that to happen*** so etwas passiert immer wieder; ***it is not ~ for him to turn up unexpectedly*** er hat es so an sich, unerwartet aufzutauchen; **an ~ name** ein ungewöhnlicher Name
② *(esp approv dated form: exceptional)* außergewöhnlich; **with ~ interest** mit ungeteiltem Interesse

un·com·mon·ly [ʌnˈkɒmənli, AM -ˈkɑːm-] *adv* ① *(unusually)* ungewöhnlich; ***it happens not ~ that ...*** es passiert recht häufig, dass ...
② *(exceptionally)* äußerst

un·com·mu·ni·ca·tive [ˌʌnkəˈmjuːnɪkətɪv, AM -t̬ɪv] *adj* verschlossen, wenig mitteilsam; ■**to be ~ about sth/sb** wenig über etw/jdn sprechen

un·com·peti·tive [ˌʌnkəmˈpetɪtɪv, AM ˈpet̬ət̬ɪv] *adj* ECON ① *(unable)* wettbewerbsunfähig, nicht konkurrenzfähig
② *(harmful) practices, conditions* wettbewerbsfeindlich

un·com·plain·ing [ˌʌnkəmˈpleɪnɪŋ] *adj* **~ patience** unendliche Geduld; **~ resignation** stille Resignation; ■**to be ~** nicht klagen

un·com·plain·ing·ly [ˌʌnkəmˈpleɪnɪŋli] *adv* ohne zu klagen

un·com·plet·ed [ˌʌnkəmˈpliːtɪd, AM t̬ɪd] *adj inv* unvollendet, [noch] nicht abgeschlossen

un·com·pli·cat·ed [ˌʌnˈkɒmplɪkeɪtɪd, AM -ˈkɑːmplɪkeɪt̬ɪd] *adj* unkompliziert

un·com·pli·men·tary [ʌnˌkɒmplɪˈmentəri, AM -ˌkɑːmpləˈment̬ɚi] *adj* wenig schmeichelhaft; ■**to be ~ about sb/sth** sich *akk* abfällig über jdn/etw äußern

un·com·pre·hend·ing [ˌʌnkɒmprɪˈhendɪŋ, AM ˌʌnkɑːm-] *adj* verständnislos

un·com·pre·hend·ing·ly [ˌʌnkɒmprɪˈhendɪŋli, AM ˌʌnkɑːm] *adv* verständnislos, ratlos; *silence, stare* fassungslos

un·com·pro·mis·ing [ʌnˈkɒmprəmaɪzɪŋ, AM ʌnˈkɑːm-] *adj* kompromisslos, entschieden; **to take an ~ stand** [*or* **stance**] eindeutig Stellung beziehen

un·com·pro·mis·ing·ly [ʌnˈkɒmprəmaɪzɪŋli, AM ʌnˈkɑːm-] *adv* unmissverständlich; **~ direct/honest** schonungslos direkt/ehrlich

un·con·cealed [ˌʌnkənˈsiːld] *adj inv* unverhohlen, offen [gezeigt]

un·con·cern [ˌʌnkənˈsɜːnd, AM sɜːr] *n no pl* ① *(carelessness)* Sorglosigkeit *f,* Unbekümmertheit *f*
② *(indifference)* Gleichgültigkeit *f,* Desinteresse *nt*

un·con·cerned [ˌʌnkənˈsɜːnd, AM -ˈsɜːrnd] *adj* ① *(not worried)* unbekümmert; ■**to be ~ about** [*or* **by**] **sth/sb** sich *dat* keine Sorgen über etw/jdn machen
② *(indifferent)* desinteressiert; ■**to be ~ with sth/sb** nicht an etw/jdm interessiert sein; ***they are ~ that ...*** es ist ihnen gleichgültig, dass ...

un·con·cern·ed·ly [ˌʌnkənˈsɜːnɪdli, AM -ˈsɜːrn-] *adv* unbetroffen

un·con·di·tion·al [ˌʌnkənˈdɪʃənəl] *adj inv* bedingungslos, vorbehaltlos; ***the offer went ~ last Thursday*** das Angebot wurde am letzten Donnerstag vorbehaltlos angenommen; **~ love** rückhaltlose Liebe; **~ release/surrender** bedingungslose Freilassung/Kapitulation

un·con·di·tion·al·ly [ˌʌnkənˈdɪʃənəli] *adv* bedingungslos, vorbehaltlos

un·con·di·tioned [ˌʌnkənˈdɪʃənd] *adj* ① *(without limitation)* bedingungslos, voraussetzungslos
② *(without reserve)* uneingeschränkt, vorbehaltlos
③ *(unprocessed)* unbehandelt, unaufbereitet
④ PSYCH unbedingt, unkonditioniert *fachspr*

un·con·fined [ˌʌnkənˈfaɪnd] *adj* uneingeschränkt, grenzenlos

un·con·firmed [ˌʌnkənˈfɜːmd, AM -ˈfɜːrmd] *adj inv* unbestätigt

un·con·gen·ial [ˌʌnkənˈdʒiːniəl] *adj* ① *person* unsympathisch
② *thing* unangenehm; **~ climate** unwirtliches Klima; **~ conditions** wenig zusagende Bedingungen

un·con·nec·ted [ˌʌnkəˈnektɪd] *adj inv* unzusammenhängend; ***the police claim that the two cases are entirely ~*** die Polizei behauptet, die beiden Fälle hätten nichts miteinander zu tun; ■**to be ~ with sth** nicht mit etw *dat* zusammenhängen; ELEC, TECH ***one of the wires had been left ~*** eines der Kabel war nicht angeschlossen worden

un·con·quer·able [ʌnˈkɒŋkərəbl̩, AM ˈkɑːŋ] *adj* unbesiegbar, unüberwindlich *a. fig; place* uneinnehmbar

un·con·quered [ʌnˈkɒŋkəd, AM ˈkɑːŋkɚd] *adj inv* unbesiegt, nicht erobert

un·con·scion·able [ʌnˈkɒn(t)ʃənəbl̩, AM -ˈkɑːn-] *adj (form)* unzumutbar

un·con·scion·ably [ʌnˈkɒn(t)ʃənəbli, AM -ˈkɑːn-] *adv (form)* unzumutbarerweise

un·con·scious [ʌnˈkɒn(t)ʃəs, AM -ˈkɑːn-] **I.** *adj* ① MED bewusstlos; **~ state** Bewusstlosigkeit *f;* **to knock sb ~** jdn bewusstlos schlagen
② PSYCH unbewusst; **the ~ mind** das Unbewusste [*o* Unterbewusste]
③ *(unaware)* unabsichtlich; ■**to be ~ of sth** *(form)* sich *dat* einer S. *gen* nicht bewusst sein
II. *n no pl* PSYCH ■**the ~** das Unbewusste [*o* Unterbewusste]

un·con·scious·ly [ʌnˈkɒn(t)ʃəsli, AM -ˈkɑːn-] *adv* unbewusst

un·con·scious·ness [ʌnˈkɒn(t)ʃəsnəs, AM -ˈkɑːn-] *n no pl* ① MED Bewusstlosigkeit *f*
② *(unawareness)* Unbewusstheit *f*

un·con·si·dered [ˌʌnkənˈsɪdəd, AM -ɚd] *adj* unüberlegt

un·con·sti·tu·tion·al [ʌnˌkɒn(t)stɪˈtjuːʃənəl, AM -ˌkɑːn(t)stəˈtuː-] *adj inv* verfassungswidrig, nicht verfassungsmäßig

un·con·sti·tu·tion·al·ly [ʌnˌkɒn(t)stɪˈtjuːʃənəli, AM -ˌkɑːn(t)stəˈtuː-] *adv* verfassungswidrig

un·con·sum·mat·ed [ʌnˌkɒn(t)səmeɪtɪd, AM -ˌkɑːn(t)sə-] *adj inv* nicht umgesetzt; **an ~ marriage** eine nicht vollzogene Ehe

un·con·tami·nat·ed [ˌʌnkənˈtæmɪneɪtɪd, AM -t̬ɪd] *adj* nicht verunreinigt [*o fachspr* kontaminiert]; *radiation, germs* unverseucht, nicht verseucht

un·con·test·ed [ˌʌnkənˈtestɪd] *adj* ① *(unchallenged)* unbestritten; ***his election as chairman went*** [*or* ***was***] **~** er wurde ohne Gegenkandidat zum Vorsitzenden gewählt; **an ~ claim** ein unstreitiger Anspruch
② LAW unangefochten; **an ~ divorce** eine einvernehmliche Scheidung

un·con·trol·lable [ˌʌnkənˈtrəʊləbl̩, AM -ˈtroʊ-] *adj* unkontrollierbar; **~ bleeding** unstillbare Blutung; **an ~ child** ein unzähmbares Kind; **an ~ urge** [*or* **desire**] ein unstillbares Verlangen

un·con·trol·lably [ˌʌnkənˈtrəʊləbli, AM -ˈtroʊ-] *adv* unkontrollierbar; ***he was bleeding ~*** seine Blutung war nicht zu stoppen; **to be ~ greedy** hemmungslos gierig sein; **to laugh ~** hemmungslos lachen; **to rampage/riot ~** wild toben/randalieren; **to sob ~** hemmungslos schluchzen

un·con·trolled [ˌʌnkənˈtrəʊld, AM -ˈtroʊld] *adj* unkontrolliert; *children, dogs* unbeaufsichtigt; **~ aggression** unbeherrschte Aggressivität

un·con·tro·ver·sial [ʌnˌkɒntrəˈvɜːʃəl, AM -ˌkɑːntrəˈvɜːr-] *adj* unumstritten

un·con·ven·tion·al [ˌʌnkənˈven(t)ʃənəl] *adj* unkonventionell; **~ weapons** *(euph)* Atomwaffen *pl*

un·con·ven·tion·al·ity [ˌʌnkənˌvenʃənˈæləti, AM -ət̬i] *n no pl* unkonventionelle Haltung

un·con·ven·tion·al·ly [ˌʌnkənˈven(t)ʃənəli] *adv* unkonventionell

un·con·vinced [ˌʌnkənˈvɪn(t)st] *adj* nicht überzeugt; ■**to be ~ of sth** von etw *dat* nicht überzeugt sein

un·con·vinc·ing [ˌʌnkənˈvɪn(t)sɪŋ] *adj* ① *(not persuasive)* nicht überzeugend; **rather ~** wenig

überzeugend
❷ *(not credible)* unglaubwürdig
un·con·vinc·ing·ly [ˌʌnkənˈvɪn(t)sɪŋli] *adv* nicht überzeugend
un·cooked [ʌnˈkʊkt] *adj inv* ungekocht, roh
un·cool [ʌnˈkuːl] *adj (fam)* uncool *pej sl*
un·co·opera·tive [ˌʌnkəʊˈɒpᵊrətɪv, AM -koʊˈɑːpɚət̬ɪv] *adj* unkooperativ
un·co·opera·tive·ly [ˌʌnkəʊˈɒpᵊrətɪvli, AM -koʊˈɑːpɚət̬ɪv-] *adv* unkooperativ; **to behave ~** sich *akk* unkooperativ verhalten
un·co·opera·tive·ness [ˌʌnkəʊˈɒpᵊrətɪvnəs, AM -koʊˈɑːpɚət̬ɪv-] *n no pl* mangelnde Kooperationsbereitschaft
un·co·ordi·nat·ed [ˌʌnkəʊˈɔːdɪneɪtɪd, AM -koʊˈɔːrdᵊneɪt̬ɪd] *adj* ❶ *(not well-organized)* unkoordiniert
❷ *(clumsy)* unkoordiniert, ungelenk *geh*
un·cork [ʌnˈkɔːk, AM -ˈkɔːrk] *vt* ■**to ~ sth** *bottle, wine* etw entkorken; **to ~ one's feelings** *(fig fam)* aus sich *dat* herausgehen; **to ~ a surprise** eine Überraschung zum Besten geben
un·cor·robo·rat·ed [ˌʌnkᵊrˈɒbᵊreɪtɪd, AM ˌʌnkəˈrɑːbəreɪt̬ɪd] *adj* unbestätigt
un·cor·rupt·ed [ˌʌnkᵊrˈʌpt, AM ˌʌnkəˈrʌpt] *adj* nicht korrupt; **~ values** unverfälschte Werte
un·count·able [ʌnˈkaʊntəbl, AM -t̬ə-] *adj inv* ❶ *(not countable)* unzählbar; **an ~ noun** ein unzählbares Hauptwort
❷ *(countless)* zahllos; **an ~ number of people** unzählige Menschen
un·count·ed [ʌnˈkaʊntɪd, AM -t̬ɪd] *adj inv* ❶ *(not counted)* ungezählt
❷ *(very numerous)* unzählig[e]
un·cou·ple [ʌnˈkʌpl] *vt* ■**to ~ sth** [**from sth**] ❶ MECH etw [von etw *dat*] abkuppeln
❷ *(fig)* etw [von etw *dat*] trennen [*o* loslösen]
un·couth [ʌnˈkuːθ] *adj* ungehobelt, grob
un·cov·er [ʌnˈkʌvəʳ, AM -ɚ] *vt* ■**to ~ sth** ❶ *(lay bare)* etw frei legen; **to ~ a wound** den Verband von einer Wunde nehmen
❷ *(disclose)* etw entdecken; **to ~ a scandal/secret** einen Skandal/ein Geheimnis aufdecken
uncovered *adj* **~ cheque** BRIT ungedeckter Scheck
un·criti·cal [ʌnˈkrɪtɪkᵊl, AM -t̬-] *adj* unkritisch; ■**to be ~ of sth/sb** gegenüber etw/jdm eine unkritische Einstellung haben
un·criti·cal·ly [ʌnˈkrɪtɪkᵊli, AM -t̬-] *adv* unkritisch
un·cross [ʌnˈkrɒs, AM -ˈkrɑːs] *vt* ■**to ~ sth** etw aus einer gekreuzten Position nehmen; ***he ~ ed his feet and began to stand up*** er nahm die übereinandergeschlagenen Beine auseinander und stand auf; **to ~ one's legs** seine überkreuzten Beine öffnen
un·crossed [ʌnˈkrɒst, AM -ˈkrɑːst] *adj inv* ❶ *legs* nicht gekreuzt
❷ BRIT **~ cheque** Barscheck *m*, Barcheck *m* SCHWEIZ
❸ *(fig: unhindered)* ungehindert
un·crossed ˈcheque *n* BRIT Barscheck *m*
un·crowd·ed [ʌnˈkraʊdɪd] *adj* nicht überlaufen, nicht [gedrängt] voll
un·crowned [ʌnˈkraʊnd] *adj inv (also fig)* ungekrönt *a. fig*
un·crush·able [ʌnˈkrʌʃəbl] *adj inv* ❶ *material* knitterfrei
❷ *spirit* unbeugsam
unc·tion [ˈʌŋkʃᵊn] *n (form)* ❶ REL Salbung *f*; **extreme ~** letzte Ölung
❷ *(pej: behaviour)* salbungsvolles Gehabe *pej*
unc·tu·ous [ˈʌŋktjuəs, AM -tʃu-] *adj* ❶ *(pej form: obsequious)* salbungsvoll *pej*
❷ *(spec: oily)* fettig, ölig
unc·tu·ous·ly [ˈʌŋtjuəsli, AM tʃu] *adv* ölig; *(fig)* salbungsvoll
unc·tu·ous·ness [ˈʌŋktjuəsnəs, AM -tʃu-] *n no pl (form)* salbungsvolles Gehabe *pej*
un·cul·ti·vat·ed [ʌnˈkʌltɪveɪtɪd, AM -t̬ɪd] *adj* ❶ *land* unbebaut, brachliegend
❷ *person* unkultiviert, ungebildet
un·cul·tured [ʌnˈkʌltʃəd, AM -ɚd] *adj* unkultiviert, ungebildet
un·curl [ʌnˈkɜːl, AM -ˈkɜːrl] **I.** *vt* ■**to ~ sth** etw gerade streichen, etw glätten; **to ~ oneself** sich *akk* strecken; **to ~ one's fingers** die Faust aufmachen
II. *vi* sich *akk* entfalten; *material* sich *akk* glätten; *person* sich *akk* ausstrecken; *hair, cloth* aufgehen
un·cur·tained [ʌnˈkɜːtᵊnd, AM -ˈkɜːr-] *adj inv window, alcove* ohne Vorhänge *nach n*
un·cut [ʌnˈkʌt] *adj inv* ❶ *(not cut)* ungeschnitten; *book* unaufgeschnitten; *drugs* unverschnitten; **an ~ diamond** ein ungeschliffener Diamant
❷ *(not shortened)* ungekürzt
un·dam·aged [ʌnˈdæmɪdʒd] *adj* unbeschädigt, unversehrt
un·dat·ed [ʌnˈdeɪtɪd, AM -t̬ɪd] *adj inv* undatiert, unbefristet; **~ bond** Schuldverschreibung *f* ohne Fälligkeitstermin
un·daunt·ed [ʌnˈdɔːntɪd, AM -ˈdɑːnt̬ɪd] *adj usu pred* unerschrocken; **to remain ~** unverzagt bleiben; ■**to be ~ by sth** von etw *dat* unbeirrt sein
un·dead [ʌnˈded] **I.** *adj inv* untot, zombiemäßig; ***he looks like an ~ monster*** er sieht aus wie eine aufgewärmte Leiche
II. *n* ■**the ~** *pl* die Lebenden Leichen
un·de·ceive [ˌʌndɪˈsiːv] *vt (liter)* ■**to ~ sb** [**of sth**] jdn [über etw *akk*] aufklären
un·de·cid·ed [ˌʌndɪˈsaɪdɪd] *adj* ❶ *(hesitant)* unentschlossen; ***she is still ~ as to which job to apply for*** sie schwankt noch, um welche Stelle sie sich bewerben soll; ■**to be ~ about sth** sich *dat* über etw *akk* [noch] unklar sein; ■**to be ~ whether/when/how/where ...** unschlüssig sein, ob/wann/wie/wo ...
❷ *(not settled)* offen, nicht entschieden; **an ~ vote** eine unentschiedene Abstimmung
un·de·clared [ˌʌndɪˈkleəd, AM -ˈklerd] *adj* ❶ FIN nicht deklariert
❷ *(not official)* nicht erklärt; **an ~ war** ein Krieg *m* ohne Kriegserklärung
un·de·feat·ed [ˌʌndɪˈfiːtɪd, AM -t̬ɪd] *adj* unbesiegt, ungeschlagen
un·de·fend·ed [ˌʌndɪˈfendɪd] *adj* unverteidigt, ungeschützt
un·de·filed [ˌʌndɪˈfaɪld] *adj inv (esp fig)* unbefleckt, rein
un·de·fin·able [ˌʌndɪˈfaɪnəbl] *adj* AM, AUS undefinierbar
un·de·fined [ˌʌndɪˈfaɪnd] *adj* ❶ *(not defined)* nicht definiert, unbestimmt
❷ *(lacking clarity)* vage
un·de·liv·er·able [ˌʌndɪˈlɪvᵊrəbl] *adj* unzustellbar
un·de·liv·ered [ˌʌndɪˈlɪvəd, AM -ɚd] *adj* nicht zugestellt
un·de·mand·ing [ˌʌndɪˈmɑːndɪŋ, AM -ˈmæn-] *adj* anspruchslos
un·demo·crat·ic [ʌndeməˈkrætɪk, AM -t̬-] *adj* undemokratisch
un·de·mon·stra·tive [ˌʌndɪˈmɒn(t)strətɪv, AM -ˈmɑːn(t)strət̬ɪv] *adj* zurückhaltend
un·de·ni·able [ˌʌndɪˈnaɪəbl] *adj* unbestritten; **~ evidence** [*or* **proof**] eindeutiger Beweis; **to be of ~ importance** von fragloser Wichtigkeit sein
un·de·ni·ably [ˌʌndɪˈnaɪəbli] *adv* unbestreitbar
un·der [ˈʌndəʳ, AM -ɚ] **I.** *prep* ❶ *(below)* unter +*dat*; *with verbs of motion* unter +*akk*; ***he hid ~ the bed*** er versteckte sich unterm Bett; ***she put the thermometer ~ my tongue*** sie steckte mir das Thermometer unter die Zunge; **~ water** unter Wasser
❷ *(supporting)* unter +*dat*; ***it felt good to have the earth ~ my feet again*** es war schön, wieder festen Boden unter meinen Füßen zu haben
❸ *(covered by)* unter +*dat*; ***he wore a white shirt ~ his jacket*** unter seiner Jacke trug er ein weißes Hemd
❹ *(one side to other)* unter +*dat*; ***a cold draught blew ~ the door*** ein kalter Zug blies unter der Tür durch
❺ *(less than)* unter +*dat*; ***all items cost ~ a pound*** alle Artikel kosten weniger als ein Pfund; **~ a minute** weniger als eine Minute
❻ *(inferior to)* **to be ~ sb** unter jdm sein [*o* stehen]
❼ *(governed by)* unter +*dat*; ***the Colonel has hundreds of soldiers ~ him*** dem Oberst unterstehen Hunderte von Soldaten; ***they are ~ strict orders*** sie haben strenge Anweisungen; **to be ~ sb's influence** unter jds Einfluss stehen; **~ the Romans** unter römischer Herrschaft; **~ the supervision of sb** unter jds Aufsicht
❽ *(in condition/state of)* unter +*dat*; **~ anaesthetic** unter Betäubung [*o* Narkose]; **~ arrest/control/quarantine** unter Arrest/Kontrolle/Quarantäne; **~ [no] circumstances** unter [keinen] Umständen; **~ oath** unter Eid; **~ pressure/stress** unter Druck/Stress; **~ repair** in Reparatur; **~ suspicion** unter Verdacht
❾ *(in accordance to)* gemäß +*dat*; ***~ our agreement*** gemäß unserer Vereinbarung
❿ *(referred to as)* unter +*dat*; ***he writes ~ a pseudonym*** er schreibt unter einem Pseudonym
⓫ *(in the category of)* unter +*dat*; ***you'll find that ~ Goethe*** das finden Sie unter Goethe
⓬ *(during time of)* **~ Pisces/Virgo/Aries** im Sternzeichen Fische/Jungfrau/Widder
▸PHRASES: **[already] ~ way** [bereits [*o* schon]] im Gange; **to get ~ way** anfangen, beginnen
II. *adv inv* ❶ *(also fig: sink)* **to go ~** untergehen *a. fig*; ***thousands of companies went ~ during the recession*** tausende Firmen machten während der Rezession Pleite
❷ *(below specified age, amount)* ***suitable for kids of five and ~*** geeignet für Kinder von fünf Jahren und darunter; **£30 and ~** 30 Pfund und weniger
▸PHRASES: **to get out from ~** sich *akk* aufrappeln *fam*
III. *adj pred, inv* ■**to be ~** unter Narkose stehen
under- [ˈʌndəʳ, AM -ɚ] *in compounds* ❶ *(done insufficiently)* *(feed, appreciate)* zu wenig; **to ~bill sb** jdm zu wenig verrechnen; **~investment** zu geringe Investitionen
❷ *(of lower rank)* *(classman, sheriff)* Unter-, Vize-
under·aˈchieve *vi* weniger leisten als erwartet
under·aˈchieve·ment *n esp* SCH Leistungsrückstand *m*
under·aˈchiev·er *n* ■**to be an ~** weniger leisten als erwartet
under·ˈact I. *vi* [in einer Rolle] zu verhalten spielen
II. *vt* ■**to ~ sth** etw zu schwach wiedergeben
under·ˈage *adj inv* minderjährig; ***there are laws against ~ drinking*** es gibt Gesetze, die Minderjährigen den Genuss von Alkohol verbieten
ˈunder·arm I. *adj* ❶ *attr, inv* ANAT Achsel-
❷ SPORT *serve, throw* mit der Hand von unten *nach n*
II. *n* Achselhöhle *f*
III. *adv inv* SPORT **to bowl/serve/throw ~** mit der Hand von unten kegeln/aufschlagen/werfen
ˈunder·bel·ly *n* ❶ ZOOL Bauch *m*
❷ *no pl (liter: most vulnerable point)* Schwachstelle *f*; **the sordid ~ of modern society** *(pej)* die Schattenseite der modernen Gesellschaft
under·ˈbid <-bid, -bid> **I.** *vi* ein zu niedriges Angebot machen
II. *vt* ■**to ~ sb/sth** jdn/etw unterbieten
ˈunder·body *n* Unterteil *nt*, untere Partie
ˈunder·brush *n no pl* AM Unterholz *nt*, Strauchwerk *nt*
under·capi·tali·ˈza·tion *n no pl* FIN Unterkapitalisierung *f* **under·ˈcapi·tal·ized** *adj* ECON unterkapitalisiert, mit zu geringer Kapitalausstattung *nach n*; ■**to be ~** zu wenig Kapital haben
ˈunder·car·riage *n usu sing* AVIAT Fahrwerk *nt*
under·ˈcharge I. *vt* ■**to ~ sb** jdm zu wenig berechnen; ***the sales assistant ~ d me by £2*** die Verkäuferin hat mir 2 Pfund zu wenig berechnet
II. *vi* zu wenig berechnen; ■**to ~ for sth** für etw *akk* zu wenig berechnen
ˈunder·class *n* unterprivilegierte Klasse
ˈunder·clothes *npl*, **ˈunder·cloth·ing** *n no pl (form)* Unterwäsche *f*
ˈunder·coat *n* ❶ *no pl (paint)* Grundierung *f*
❷ ZOOL *(fur)* Wollhaarkleid *nt*
under·ˈcooked *adj* nicht gar [*o* ÖSTERR durch]; *meat* blutig
ˈunder·cov·er I. *adj attr, inv* geheim; **an ~ detective** ein verdeckter Ermittler/eine verdeckte Ermittlerin;

~ **police officer** Geheimpolizist(in) *m(f)*
II. *adv inv* geheim

'under·cur·rent *n* ① *(of sea, river)* Unterströmung *f*
② *(fig)* Unterton *m*

under·'cut <-cut, -cut> *vt* ■**to ~ sb/sth** ① *(charge less)* jdn/etw unterbieten
② *(undermine)* jdn/etw untergraben

under·de·'vel·oped *adj* unterentwickelt; ~ **country** Entwicklungsland *nt;* **an ~ resource** ein unzureichend ausgebeuteter Rohstoff

'under·dog *n* Außenseiter(in) *m(f)*, Underdog *m;* **societal ~** Außenseiter(in) *m(f)* der Gesellschaft; **to side with the ~** den Außenseiter/die Außenseiterin unterstützen

under·'done *adj* FOOD ① *(rare) meat* blutig
② *(undercooked)* nicht gar [*o* ÖSTERR durch] **under·'dressed** *adj* zu einfach gekleidet **under·em·'ployed** *adj* ① *person* unterbeschäftigt ② *thing* ■**to be ~** nicht voll genutzt werden **under·em·'ploy·ment** *n no pl* Unterbeschäftigung *f* **under·e'quipped** *adj* unzureichend ausgerüstet; **an ~ expedition** eine unzureichend ausgerüstete Expedition **under·'es·ti·mate** I. *vt* ■**to ~ sth/sb** etw/jdn unterschätzen II. *vi* eine zu geringe Schätzung abgeben III. *n* Unterbewertung *f;* **to give sb an ~** jdm einen zu niedrigen Kostenvoranschlag erstellen **under·es·ti·'ma·tion** *n* Unterschätzen *nt,* zu geringe Einschätzung **under·ex·'pose** *vt* PHOT **to ~ a film/photo** einen Film/ein Foto unterbelichten **under·ex·'po·sure** *n no pl* PHOT Unterbelichtung *f*

under·eye cir·cles [ˌʌndᵊraɪ'sɜːk|z, AM -'sɜːrk|z] *n pl* dunkle Augenringe

under·'fed *adj* unterernährt

'under·felt *n no pl* BRIT Filzunterlage *f*

'under·floor *adj inv esp* BRIT Unterboden-; ~ **heating** Fußbodenheizung *f*

under·'foot *adv inv* ① *(below one's feet)* unter den Füßen; ***the fields were very muddy ~*** die Felder waren sehr schlammig zu begehen; **to trample sb/sth ~** jdn/etw mit Füßen treten *a. fig*
② *pred (pej: in the way)* zwischen den Füßen, im Weg

under·'fund *vt* ■**to ~ sth** etw unterfinanzieren **under·'fund·ed** *adj* unterfinanziert **under·'fund·ing** *n no pl* Unterfinanzierung *f*

'under·gar·ment *n (form)* Unterbekleidung *f,* Unterwäsche *f kein pl*

under·'go <-went, -gone> *vt* **to ~ a change** eine Veränderung durchmachen; ***conditions in the inner city are ~ing a radical change for the better*** die Bedingungen in der Innenstadt verbessern sich zusehends; **to ~ repairs** in Reparatur [befindlich] sein; **to ~ surgery** [*or* **an operation**] sich *akk* einer Operation unterziehen

under·grad ['ʌndəgræd, AM -dɚ-] *n (fam) short for* **undergraduate** Student(in) *m(f)*

under·'gradu·ate I. *n* Student(in) *m(f)*
II. *n modifier (class, degree, requirements, work)* Studien-

'under·ground I. *adj* ① *inv* GEOG unterirdisch; ~ **cable** Erdkabel *nt*
② POL, ECON Untergrund-; ~ **economy** Schattenwirtschaft *f;* ~ **movement** Untergrundbewegung *f*
③ *attr* ART, FASHION Underground-
④ *attr* RAIL U-Bahn-; ~ **station** U-Bahn-Station *f*
II. *adv* ① *inv* GEOG unter der Erde; ***you can park ~ below the cinema*** du kannst in der Tiefgarage unter dem Kino parken
② POL **to drive sb ~** jdn in den Untergrund zwingen; **to go ~** in den Untergrund gehen
III. *n* ① *no pl esp* BRIT RAIL U-Bahn *f;* ■**by ~** mit der U-Bahn
② POL ■**the ~** der Untergrund; **a member of the ~** ein Mitglied *nt* der Untergrundbewegung
③ ART, FASHION ■**the ~** die Undergroundbewegung

under·ground 'rail·way *n* Untergrundbahn *f*

'under·growth *n no pl* Dickicht *nt;* **dense ~** dichtes Gestrüpp

'under·hand I. *adj* ① BRIT *(pej: devious)* hinterhältig; ~ **dealings** betrügerische Machenschaften
② AM SPORT *service, throw* mit der Hand von unten *nach n*
II. *adv* AM SPORT *(not overarm)* mit der Hand von unten

under·'hand·ed *adj* AM ① *(pej: devious)* hinterhältig; ~ **dealings** betrügerische Machenschaften
② *(understaffed)* unterbesetzt

under·in·'sur·ance *n no pl* FIN Unterversicherung *f* **under·in·'sure** *vt* FIN ■**to ~ sth** etw unterversichern **under·in·'vest** *vi* FIN zu geringe finanzielle Mittel bereitstellen; ***successive governments continue to ~ in education/the health service*** nach wie vor stellen die Regierungen dem Erziehungs-/Gesundheitswesen zu wenig Mittel bereit **under·in·'vest·ment** *n* FIN Unterinvestition *f,* Underinvestment *nt*

'under·lay[1] *n no pl* ① BRIT, AUS Unterlage *f;* **foam ~** Schaumstoffunterlage *f*
② TYPO Zurichtebogen *m*

under·'lay[2] I. *vt irreg* ① *(support)* ■**to ~ sth with sth** etw mit etw *dat* unterlegen [*o* stützen]
② TYPO ■**to ~ sth** etw zurichten
II. *vt pt of* **underlie**

under·'lie <-y-, -lay, -lain> *vt* ■**to ~ sth** etw *dat* zugrunde liegen

under·'line I. *vt* ■**to ~ sth** ① *(draw a line beneath)* etw unterstreichen; **to ~ sth in red** etw rot unterstreichen
② *(emphasize)* etw betonen [*o* unterstreichen]; ■**to ~ that ...** betonen, dass ...
II. *n* Unterstreichung *f*

under·ling ['ʌndᵊlɪŋ, AM -dɚ-] *n* Handlanger *m pej*

under·'lin·ing *n* Unterstreichung *f*

under·'ly·ing *adj attr, inv* ① GEOG tiefer liegend
② *(real, basic)* zugrunde liegend; ***and what might be the ~ significance of these supposedly random acts of violence?*** und was könnte letztlich hinter diesen angeblich zufälligen Gewaltakten stecken?; ***the ~ reason for her poor results*** der Grund für ihr dürftiges Abschneiden

under·'manned *adj* unterbesetzt **under·'man·ning** *n no pl* Unterbesetzung *f* **under·'medi·cate** *vt* ■**to ~ sb** jdm zu wenig Medikamente geben; ■**to ~ sth** *pain* eine zu geringe Dosis Schmerzmittel verabreichen

'under·men·tioned *adj attr, inv esp* BRIT *(form)* unten genannt

under·'mine *vt* ■**to ~ sth** ① *(tunnel under)* etw untertunneln; **to ~ a dam/river bank** einen Damm/ein Flussufer unterhöhlen
② *(fig: weaken)* etw unterminieren, etw untergraben; **to ~ sb's [self-]confidence** jds Selbstvertrauen schwächen; **to ~ a currency** eine Währung schwächen; **to ~ sb's health** jds Gesundheit schädigen; **to ~ hopes** Hoffnungen zunichtemachen

under·most ['ʌndəməʊst, AM -ɚmoʊst] *adj inv* ■**the ~ ...** der/die/das unterste ...

under·neath [ˌʌndə'niːθ, AM -ɚ'-] I. *prep* ① *(below)* unter +*dat;* ***the tunnel goes right ~ the city*** der Tunnel verläuft direkt unter der Stadt
② *(covered by)* unter +*dat;* ***he was wearing a T-shirt ~ his shirt*** unter seinem Hemd trug er ein T-Shirt
③ *(hidden by)* unter +*dat*
II. *adv inv* darunter; ***when the painting was restored, a much older picture was discovered ~*** als das Gemälde restauriert wurde, entdeckte man darunter ein viel älteres Gemälde
III. *n no pl* ■**the ~** die Unterseite
IV. *adj inv* untere(r, s)

under·'nour·ished *adj* unterernährt **under·'nour·ish·ment** *n no pl* Unterernährung *f* **under·'paid** *adj* unterbezahlt

'under·pants *npl* Unterhose *f;* **down to one's ~** bis auf die Unterhose

'under·part *n* ① *(of a thing)* Unterseite *f*
② *(of an animal)* ~**s** Bauchseite *f*

'under·pass <*pl* -es> *n* Unterführung *f*

under·'pay <-paid, -paid> *vt usu passive* ■**to ~ sb** jdn unterbezahlen **under·'pay·ment** *n* Unterbezahlung *f* **under·per·'form** I. *vi* eine [unerwartet] schlechte Leistung erbringen; ***his boss says he's ~ing at work*** sein Chef sagt, er bleibe bei der Arbeit hinter den Erwartungen zurück II. *vt* ■**to ~ sth** hinter den Erwartungen zurückbleiben; **to ~ the market** unter dem Marktdurchschnitt den Kurs steigern **under·per·'form·ing** *adj* leistungsschwach; ~ **employees** Angestellte, die das Leistungssoll nicht erreichen

under·'pin <-nn-> *vt* ■**to ~ sth** ① ARCHIT *building, wall* etw [ab]stützen, etw untermauern
② *(fig)* etw unterstützen; *reforms, policies* flankieren; ***better trade figures are ~ning the dollar*** bessere Handelsbilanzen stützen den Dollar; ***he presented very few facts to ~ his argument*** er brachte sehr wenige Fakten zur Erhärtung seines Arguments bei

under·'pin·ning *n* ① ARCHIT *building, wall* Unterbau *m,* Untermauerung *f*
② *(fig)* Basis *f*

under·'play I. *vt* ■**to ~ sth** ① *(play down)* etw herunterspielen; **to ~ the importance/seriousness of sth** die Bedeutung/den Ernst einer S. *gen* herunterspielen
② THEAT etw zurückhaltend spielen
II. *vi* THEAT zurückhaltend spielen

under·'popu·lat·ed *adj* unterbevölkert **under·'pow·ered** *adj* untermotorisiert **under·pre·'pared** *adj* schlecht vorbereitet **under·'price** *vt* ■**to ~ sth** etw preislich zu niedrig ansetzen **under·'priced** *adj* unter Wert angeboten **under·pric·ing** [ˌʌndə'praɪsɪŋ, AM ˌʌndɚ'-] *n no pl* FIN Unterbewertung *f; (by competitor also)* Underpricing *nt* **under·'privi·leged** I. *adj* unterprivilegiert II. *n* ■**the ~** *pl* die Unterprivilegierten *pl* **under·'rate** *vt* ■**to ~ sth/sb** etw/jdn unterschätzen; **to ~ the difficulty/importance of sth** die Schwierigkeit/Bedeutung einer S. *gen* unterschätzen; ■**to ~ sth** ECON etw unterbewerten **under·'rat·ed** *adj* unterbewertet **under·rep·re·'sent·ed** *adj* unterrepräsentiert

under·'score I. *vt* ■**to ~ sth** ① *(put a line under)* etw unterstreichen
② *(emphasize)* etw betonen; **to ~ a point** einen Punkt unterstreichen
II. *n* ① *(line)* Unterstreichung *f*
② TYPO Unterstrich *m fachspr*

'under·sea *adj attr, inv* unterseeisch, Unterwasser-; ~ **exploration** Unterwasserforschung *f*

'under·seal *esp* BRIT I. *n* AUTO Unterbodenschutz *m kein pl*
II. *vt* AUTO ■**to ~ sth** etw mit Unterbodenschutz versehen

under·'seat *adj inv* unter dem Sitz *nach n*

under·'sec·re·tary *n* POL ① *esp* BRIT Staatssekretär(in) *m(f)*
② AM Unterstaatssekretär(in) *m(f)*

under·'sell <-sold, -sold> *vt* ① *(offer cheaper)* ■**to ~ sth/sb** etw/jdn unterbieten; **to ~ the competition** die Konkurrenz unterbieten; **to ~ goods** Waren unter Preis verkaufen
② *(undervalue)* ■**to ~ sth/sb** etw/jdn unterbewerten; ■**to ~ oneself** sich *akk* unter Wert verkaufen *fam*

'under·shirt *n* AM Unterhemd *nt*

under·'shoot I. *vt* <-shot, -shot> ■**to ~ sth** etw verfehlen; ***the plane undershot the runway by 150 metres*** das Flugzeug setzte 150 Meter vor der Piste auf; ***tax revenues undershot government targets by 10%*** die Steuereinnahmen fielen um 10 % geringer aus als von der Regierung erwartet
II. *vi* <-shot, -shot> das Ziel verfehlen; *aircraft* zu früh aufsetzen
III. *n esp* AVIAT verfehlte Landung

under·'shoot·ing *n no pl* STOCKEX *of share price* Unterschießen *nt*

'under·shorts *npl* AM Unterhose *f* **'under·side** *n usu sing* Unterseite *f* **under·'signed** <*pl* -> *n (form)* ■**the ~** der/die Unterzeichnete; ***we, the ~*** wir, die Unterzeichnenden

under·'size(d) *adj* zu klein

'under·skirt *n* Unterrock *m*

under·soil 'heat·ing *n* SPORT Rasenheizung *f*

under·'sold *vt, vi pp, pt of* **undersell**

under·'spend I. *vt* <-spent, -spent> ■ **to ~ sth** zu wenig Geld für etw *akk* ausgeben; **to ~ a budget** ein Budget nicht voll ausschöpfen
II. *vi* <-spent, -spent> zu wenig ausgeben; ***the council underspent by £2 million last year*** der Rat hat das Budget letztes Jahr um 2 Millionen Pfund unterschritten
III. *n usu sing* Ausgabendefizit *nt*

under·'staffed *adj* unterbesetzt

under·stand <-stood, -stood> [ˌʌndəˈstænd, AM -ɚˈ-] I. *vt* ① *(perceive meaning)* ■ **to ~ sth/sb** etw/jdn verstehen; ***the pub was so noisy I couldn't ~ a word he said*** in der Kneipe ging es so laut zu, dass ich kein Wort von dem, was er sagte, verstehen konnte; **to ~ one another** [*or* **each other**] sich *akk* verstehen; **to make oneself understood** sich *akk* verständlich machen
② *(comprehend significance)* ■ **to ~ sb/sth** jdn/etw begreifen [*o* verstehen]; ■ **to ~ what/why/when/how ...** begreifen, was/warum/wann/wie ...; ■ **to ~ that ...** verstehen, dass ...
③ *(sympathize with)* ■ **to ~ sb/sth** für jdn/etw Verständnis haben; ***I can ~ your feeling upset about what has happened*** ich kann verstehen, dass du wegen des Vorfalls betroffen bist
④ *(approv: empathize)* ■ **to ~ sb** sich *akk* in jdn einfühlen können; ***Jack really ~s horses*** Jack kann wirklich mit Pferden umgehen
⑤ *(be informed)* ■ **to ~ [that] ...** hören, dass ...; ***I ~ [that] you are interested in borrowing some money from us*** Sie sollen an einem Darlehen von uns interessiert sein; **to give sb to ~ that ...** jdm zu verstehen geben, dass ...
⑥ *(believe, infer)* ***when he said 3 o'clock, I understood him to mean in the afternoon*** als er von 3 Uhr sprach, ging ich davon aus, dass der Nachmittag gemeint war; ***a secret buyer is understood to have paid £3 million for the three pictures*** ein ungenannter Käufer soll 3 Millionen Pfund für die drei Bilder bezahlt haben; ***as I ~ it, we either agree to a pay cut or get the sack*** so, wie ich es sehe, erklären wir uns entweder mit einer Gehaltskürzung einverstanden oder man setzt uns vor die Tür; ■ **to ~ that ...** annehmen, dass ...
⑦ *(be generally accepted)* ■ **to be understood that ...** klar sein, dass ...; ***in the library it is understood that loud talking is not permissible*** es dürfte allgemein bekannt sein, dass lautes Sprechen in der Bibliothek nicht gestattet ist; ***when Alan invites you to dinner, it's understood that it'll be more of an alcohol than a food experience*** wenn Alan zum Dinner einlädt, dann ist schon klar, dass der Alkohol im Mittelpunkt steht; ***in this context, 'America' is understood to refer to the United States*** in diesem Kontext sind mit ‚Amerika' selbstverständlich die Vereinigten Staaten gemeint
II. *vi* ① *(comprehend)* verstehen; ***she explained again what the computer was doing but I still didn't ~*** sie erklärte nochmals, was der Computer machte, aber ich kapierte immer noch nicht; ■ **to ~ about sth/sb** etw/jdn verstehen; ***Jane's dad never understood about how important her singing was to her*** Janes Vater hat nie verstanden, wie wichtig das Singen für sie war
② *(infer)* ■ **to ~ from sth that ...** aus etw *dat* schließen, dass ...
③ *(be informed)* ■ **to ~ from sb that ...** von jdm hören, dass ...; ***I've been promoted — so I ~*** ich bin befördert worden – ich habe davon gehört

under·stand·able [ˌʌndəˈstændəbl̩, AM -ɚˈ-] *adj* verständlich; ■ **to be ~ to sb** für jdn verständlich sein; ■ **to be ~ that ...** verständlich sein, dass ...

under·stand·ably [ˌʌndəˈstændəbli, AM -ɚˈ-] *adv* verständlicherweise

under·stand·ing [ˌʌndəˈstændɪŋ, AM -ɚˈ-] I. *n* ① *no pl (comprehension)* Verständnis *nt;* ***my ~ of the agreement is that ...*** ich fasse die Abmachung so auf, dass ...; **to arrive at an ~** schließlich zu einer Einsicht kommen; **to be beyond sb's ~** über jds Verständnis hinausgehen; ■ **to not have any ~ of sth** keinerlei Ahnung von etw *dat* haben; ***she doesn't have any ~ of politics*** sie versteht nichts von Politik
② *(agreement)* Übereinkunft *f;* **to come to** [*or* **reach**] **an ~** zu einer Übereinkunft kommen; **a tacit ~** ein stillschweigendes Abkommen
③ *no pl (harmony)* Verständigung *f;* **a spirit of ~** eine verständnisvolle Atmosphäre
④ *no pl (condition)* Bedingung *f;* ■ **to do sth on the ~ that ...** etw unter der Bedingung machen, dass ...
⑤ *no pl (form: intellect)* Verstand *m*
II. *adj (approv)* verständnisvoll

under·stand·ing·ly [ˌʌndᵊrˈstændɪŋli, AM dɚˈ] *adv* verständnisvoll

under·state [ˌʌndəˈsteɪt, AM -ɚˈ-] *vt* ■ **to ~ sth** etw abschwächen [*o* mildern]; ECON etw zu niedrig angeben; **to ~ the case** untertreiben; **to ~ sb's viewpoint** jds Ansicht beiläufig behandeln

under·stat·ed [ˌʌndəˈsteɪtɪd, AM -ɚˈsteɪt̬ɪd] *adj* ① *(downplayed)* untertrieben; *(underestimated) figures* zu niedrig angegeben
② *(approv: restrained)* zurückhaltend; **~ elegance** schlichte Eleganz; **~ humour** subtiler Humor *geh*

under·state·ment [ˌʌndəˈsteɪtmənt, AM -ɚˈ-] *n* Untertreibung *f,* Understatement *nt;* **to be the ~ of the year** die Untertreibung des Jahres sein

under·'stat·ing *n no pl* FIN Unterbewertung *f*

under·steer [ˌʌndᵊrˈstɪəʳ, AM dɚˈstɪr] AUTO I. *vi* untersteuern II. *n no pl* Untersteuern *nt*

under·'stocked *adj* ungenügend bestückt; **~ shelves** halb leere Regale

under·stood [ˌʌndəˈstʊd, AM -ɚˈ-] *pt, pp of* **understand**

under·sto·rey <*pl* -s> [ˌʌndəˈstɔːri, AM -ɚˈ-] *n* BOT Unterholz *nt kein pl*

under·study [ˈʌndəˌstʌdi, AM -ɚˌ-] THEAT I. *n* Zweitbesetzung *f*
II. *vt* <-ie-> ■ **to ~ sb** jdn als Zweitbesetzung vertreten; **to ~ a part** [*or* **role**] eine Rolle in der Zweitbesetzung spielen

under·sub·'scribed *adj esp* BRIT *course* unterbelegt; *places* nicht voll ausgebucht; *shares* nicht in voller Höhe gezeichnet **under·sub·'scrip·tion** *n* FIN Unterzeichnung *f*

under·take <-took, -taken> [ˌʌndəˈteɪk, AM -ɚˈ-] *vt* ① *(set about, take on)* ■ **to ~ sth** etw durchführen; **to ~ a journey** eine Reise unternehmen; **to ~ an offensive** in die Offensive gehen; **to ~ a role** eine Rolle übernehmen
② *(form: guarantee)* ■ **to ~ to do sth** sich *akk* verpflichten, etw zu tun; ■ **to ~ [that] ...** garantieren, [dass] ...

under·tak·er [ˈʌndəteɪkəʳ, AM -ɚteɪkɚ] *n* ① *(person)* Leichenbestatter(in) *m(f)*
② *(firm)* Bestattungsinstitut *nt*

under·tak·ing [ˌʌndəˈteɪkɪŋ, AM -ɚˈ-] *n* ① *(project)* Unternehmung *f,* Übernahme [einer Aufgabe] *f;* **noble ~** edles Unterfangen *iron geh*
② *(form: pledge)* Verpflichtung *f; (legally binding promise)* Zusicherung *f;* ***the manager gave an ~ that no employees would lose their jobs*** der Manager gab ein Garantieversprechen ab, dass keiner der Angestellten seine Stelle verlieren würde; **to honour** [*or* AM **honor**] **one's ~** seiner Verpflichtung nachkommen
③ *no pl (profession)* Leichenbestattung *f*

under-the-'count·er I. *adj attr* illegal
II. *adv* unter der Hand

'under·tone *n* ① *no pl (voice)* gedämpfte Stimme; **to say sth in an ~** etw mit gedämpfter Stimme sagen
② *(colour)* Farbstich *m kein pl*
③ *(fig: undercurrent)* Unterton *m*

'under·tow *n no pl* Sog *m*

under·'used, under·'uti·lized *adj* nicht [voll] ausgelastet **under·valua·tion** [ˌʌndəˌvæljuːˈeɪʃᵊn, AM ˌʌndɚˌ-] *n* FIN Unterbewertung *f* **under·'value** *vt* ■ **to ~ sth** etw unterbewerten; ■ **to ~ sb** jdn unterschätzen **under·'valued** *adj* unterbewertet; *person* unterschätzt

'under·wa·ter *inv* I. *adj* Unterwasser-
II. *adv* unter Wasser

under 'way I. *adj pred, inv* ■ **to be ~** in Gang sein; NAUT Fahrt machen, unterwegs sein
II. *adv* **to get ~** anfangen; NAUT den Kurs aufnehmen

'under·wear *n no pl* Unterwäsche *f*

under·'weight *adj* ① *(not heavy enough)* untergewichtig; ***according to the chart he's four kilos ~*** nach der Tabelle wiegt er vier Kilo zu wenig; ***the pack is twenty grams ~*** das Gewicht der Packung liegt zwanzig Gramm unter dem angegebenen Gewicht
② *portfolio* unausgeglichen

under·went [ˌʌndəˈwent, AM -ɚˈ-] *pt of* **undergo**

under·whelmed [ˌʌndəˈ(h)welmd, AM -ɚˈ-] *adj esp* BRIT *(hum fam)* ■ **to be ~ by sth** von etw *dat* alles andere als begeistert sein *fam*

under·'wired *adj inv* ■ **to be ~** *bra* mit Drahtbügel versehen *(an einem Büstenhalter)*

under·'work *vt* ■ **to ~ sb** jdn unterbeschäftigen; **to ~ a machine** eine Maschine nicht [voll] auslasten

under·'worked *adj* ① *(insufficiently used)* nicht [voll] ausgelastet
② *(insufficiently challenged)* zu wenig gefordert, unausgelastet

'under·world I. *n* ① *no pl (criminal milieu)* Unterwelt *f*
② *(afterworld)* ■ **the U~** die Unterwelt, der Hades *liter*
II. *n modifier (figure, dealings)* Unterwelts-, aus der Unterwelt *nach n;* **~ connections** Verbindungen *pl* zur Unterwelt

under·'write <-wrote, -written> *vt* **to ~ an insurance policy** die Haftung für eine Versicherung übernehmen; **to ~ a loan** für einen Kredit bürgen; **to ~ a share issue** die Unterbringung einer Aktienemission garantieren

'under·writ·er *n* ① *(of insurance)* Versicherer *m;* **Lloyd's ~** Versicherungsträger *m* bei Lloyd's; **marine ~** Seetransportversicherer *m*
② FIN *(of a share issue)* Emissionsgarant(in) *m(f),* Anleihegarant(in) *m(f)*
③ FIN ■ **~s** *pl* Emissionskonsortium *nt sing*

under·writ·ing [ˈʌndəraɪtɪŋ, AM ˈʌndɚ-] *n no pl* FIN *of issued stocks* Underwriting *nt;* **~ business** Emissionsgeschäft *nt,* Konsortialgeschäft *nt;* **~ commission** Konsortialprovision *f,* Konsortialvergütung *f,* Übernahmeprovision *f;* **~ consortium** + *sing/pl vb* Emissionskonsortium *nt,* Übernahmekonsortium *nt;* **~ group** + *sing/pl vb* Übernahmekonsortium *nt,* Versicherungskonsortium *nt*

un·de·served [ˌʌndɪˈzɜːvd, AM -ˈzɜːrvd] *adj* unverdient

un·de·serv·ed·ly [ˌʌndɪˈzɜːvɪdli, AM -ˈzɜːrv-] *adv* unverdientermaßen

un·de·serv·ing [ˌʌndɪˈzɜːvɪŋ, AM -ˈzɜːrv-] *adj* unwert, unwürdig; **to be ~ of pity** kein Mitleid verdienen

un·de·sira·bil·ity [ˌʌndɪˌzaɪərəˈbɪləti, AM ˌzaɪrəˈbɪlət̬i] *n no pl* Unerwünschtheit *f*

un·de·sir·able [ˌʌndɪˈzaɪ(ə)rəbl̩, AM -ˈzaɪr-] I. *adj* unerwünscht; **~ alien** *(form)* unerwünschte Person; **an ~ character** ein windiger Typ *pej fam;* **~ element** *(pej)* unerwünschtes Element *pej*
II. *n usu pl* unerwünschte Person

un·de·tect·able [ˌʌndɪˈtektəbl̩] *adj inv* nicht zu entdecken *präd,* nicht nachweisbar

un·de·tect·ed [ˌʌndɪˈtektɪd] *adj inv* unentdeckt; **~ error rate** SCI Restfehlerquote *f;* **to go ~** unentdeckt bleiben

un·de·ter·mined [ˌʌndɪˈtɜːmɪnd, AM -ˈtɜːr-] *adj inv* ① *(undecided)* unentschieden, [noch] ausstehend
② *(not known)* unbestimmt, vage

un·de·terred [ˌʌndɪˈtɜːd, AM -ˈtɜːrd] *adj pred* nicht abgeschreckt; ■ **to be ~ by sth** sich *akk* von etw *dat* nicht abschrecken lassen

un·de·vel·oped [ˌʌndɪˈveləpt] *adj* ① *(not built on or used)* unerschlossen; **~ land** unbebautes Land
② BIOL, BOT unausgereift
③ ECON unterentwickelt
④ PHOT nicht entwickelt
⑤ PSYCH gering ausgeprägt

un·de·vi·at·ing [ʌnˈdiːvieɪtɪŋ, AM t̬ɪŋ] *adj* den Kurs haltend, unentwegt; *(fig)* unbeirrbar
un·di·ag·nosed [ˌʌndaɪəgˈnəʊzd, AM ˈnoʊsd] *adj inv* nicht diagnostiziert
un·did [ʌnˈdɪd] *pt of* **undo**
un·dies [ˈʌndiz] *npl (fam)* Unterwäsche *f kein pl*
un·dif·fer·en·ti·at·ed [ˌʌndɪfəˈrenʃieɪtɪd, AM -eɪt̬ɪd] *adj inv* undifferenziert, homogen
un·di·gest·ed [ˌʌndaɪˈdʒestɪd] *adj food* unverdaut *a. fig; information* unverarbeitet
un·dig·ni·fied [ʌnˈdɪgnɪfaɪd] *adj* unwürdig, würdelos
un·di·lut·ed [ˌʌndaɪˈluːtɪd, AM -t̬ɪd] *adj* ① *liquid* unverdünnt
② *(not moderated or weakened)* unverwässert, unverfälscht; *joy, pleasure* ungetrübt
un·di·min·ished [ˌʌndɪˈmɪnɪʃt] *adj* unvermindert; ■**to be** [*or* **remain**] **~ by sth** durch etw *akk* nicht gemindert werden
un·dip·lo·mat·ic [ˌʌndɪpləˈmætɪk, AM -t̬-] *n* undiplomatisch; **~ behaviour** [*or* AM **behavior**] taktloses Verhalten
un·dipped head·lights [ˌʌndɪpt'-] *npl* AUTO Fernlicht *nt kein pl*
un·dis·charged [ˌʌndɪsˈtʃɑːdʒd, AM -ˈtʃɑːrdʒd] *adj inv* ① FIN unbeglichen, unerledigt, SCHWEIZ *a.* pendent; *bankruptcy* [noch] nicht entlastet
② *(unemptied)* [noch] nicht entladen
③ HUNT, MIL [noch] nicht abgeschossen
un·dis·charged ˈbank·rupt *n* COMM nicht entlasteter Gemeinschuldner/nicht entlastete Gemeinschuldnerin
un·dis·ci·plined [ʌnˈdɪsɪplɪnd] *adj* undiszipliniert
un·dis·closed [ˌʌndɪsˈkləʊzd, AM -ˈkloʊ-] *adj inv* nicht veröffentlicht; LAW ungenannt; **an ~ address** eine Geheimadresse; **an ~ amount/location** ein geheimer Betrag/Aufenthaltsort; **an ~ source** JOURN eine geheime Quelle
un·dis·cov·ered [ˌʌndɪsˈkʌvəd, AM -ɚd] *adj* unentdeckt; **to go ~** unentdeckt bleiben
un·dis·crimi·nat·ing [ˌʌndɪˈskrɪmɪneɪtɪŋ, AM -t̬ɪŋ] *adj* ■**to be ~** keinen Unterschied machen; ■**to be ~ in sth** bei etw *dat* unkritisch sein
un·dis·guised [ˌʌndɪsˈgaɪzd] *adj* unverhohlen
un·dis·mayed [ˌʌndɪsˈmeɪd] *adj* unerschrocken, unverzagt *geh*
un·dis·put·ed [ˌʌndɪˈspjuːtɪd, AM -t̬ɪd] *adj* unumstritten; **an ~ claim** eine [allgemein] anerkannte Forderung
un·dis·solved [ˌʌndɪˈzɒlvd, -ˈsɒlvd, AM -ˈzɑːlvd] *adj inv* CHEM ungelöst; **~ residue** ungelöster Rückstand
un·dis·tin·guished [ˌʌndɪˈstɪŋgwɪʃt] *adj* mittelmäßig *meist pej*
un·dis·turbed [ˌʌndɪˈstɜːbd, AM -ɜːrbd] *adj* ① *(untouched)* unberührt, unangetastet
② *(uninterrupted)* ungestört
③ *(unconcerned)* nicht beunruhigt; ***she is quite ~ by all the media attention*** der ganze Medienwirbel lässt sie ziemlich kalt
un·di·vid·ed [ˌʌndɪˈvaɪdɪd] *adj* ① *(not split)* vereint, ungeteilt
② *(concentrated)* uneingeschränkt; **~ attention** ungeteilte Aufmerksamkeit
un·do <-did, -done> [ʌnˈduː] **I.** *vt* ① *(unfasten)* ■**to ~ sth** etw öffnen; **to ~ a belt by a couple of holes** einen Gürtel einige Löcher weiter schnallen; **to ~ buttons/a zip** Knöpfe/einen Reißverschluss aufmachen
② *(cancel)* **to ~ the damage** [*or* **harm**] den Schaden beheben; **to ~ the good work** die gute Arbeit zunichtemachen
③ *(ruin)* ■**to ~ sb/sth** jdn/etw zugrunde richten
④ COMPUT ■**to ~ sth** etw rückgängig machen
▸PHRASES: **what's done cannot be ~ne** *(saying)* Geschehenes kann man nicht mehr ungeschehen machen [*o* was passiert ist, ist passiert]
II. *vi dress, shirt* aufgehen
un·docu·ment·ed [ˌʌnˈdɒkjəmentɪd, AM -t̬ɪd] *adj inv* ① *(unproven)* nicht bewiesen
② AM **~ worker** Schwarzarbeiter(in) *m(f)*
un·do·ing [ʌnˈduːɪŋ] *n no pl* Ruin *m;* ■**to be sb's ~** [*or* **the ~ of sb**] jds Ruin sein
un·do·mes·ti·cat·ed [ˌʌndəˈmestɪkeɪtɪd, AM -t̬ɪd] *adj* ① *person* nicht häuslich
② *animal* ungezähmt
un·done [ʌnˈdʌn] **I.** *vt pp of* **undo**
II. *adj* ① *inv (not fastened)* offen; **to come ~** aufgehen
② *(unfinished)* unvollendet
③ *pred (dated: ruined)* ruiniert
un·doubt·ed [ʌnˈdaʊtɪd, AM -t̬ɪd] *adj inv* unbestritten
un·doubt·ed·ly [ʌnˈdaʊtɪdli, AM -t̬ɪd-] *adv inv* zweifellos
un·dra·mat·ic [ˌʌndrəˈmætɪk, AM ˈmæt̬-] *adj* ① *(lacking dramatic qualities)* undramatisch
② *(unexciting)* nicht aufregend, harmlos
un·dreamed of *adj pred,* **un·dreamed-of** [ʌnˈdriːmdˌɒv, AM -ˌɑːv] *adj attr,* **un·dreamt of** *adj pred,* **un·dreamt-of** [ˌʌnˈdrem(p)tˌɒv, AM -ˌɑːv] *adj attr* unvorstellbar; **to increase to ~ levels** ungeahnte Ausmaße erreichen; **to achieve ~ success** ungeahnten Erfolg haben
un·dress [ʌnˈdres] **I.** *vt* ■**to ~ sb/sth** jdn/etw ausziehen [*o* SCHWEIZ abziehen]; **to ~ sb with one's eyes** *(fig)* jdn mit den Augen ausziehen [*o* SCHWEIZ abziehen]
II. *vi* sich *akk* ausziehen [*o* SCHWEIZ abziehen]
III. *n no pl (hum)* **in a state of ~** spärlich bekleidet
un·dressed [ʌnˈdrest] *adj pred, inv* ausgezogen, unbekleidet; **to get ~** sich *akk* ausziehen [*o* SCHWEIZ abziehen]
un·drink·able [ʌnˈdrɪŋkəbl̩] *adj inv* nicht trinkbar
un·due [ʌnˈdjuː, AM *esp* -ˈduː] *adj (form)* unangemessen, ungebührlich *geh;* ***there's no ~ hurry — we've got*** [*or* ***we're in***] ***plenty of time*** nur keine übertriebene Eile – wir haben genügend Zeit; **to cause** [*or* **give rise to**] **~ alarm** [*or* **concern**] die Pferde scheumachen *fig;* **to impose ~ burdens on sb** jdn über Gebühr belasten; **~ influence** LAW unzulässige Beeinflussung; **~ pressure** übermäßiger Druck
un·du·late [ˈʌndjəleɪt, AM -dʒə-] *vi (form)* auf und ab verlaufen; ***the road ~s*** die Straße verläuft achterbahnmäßig
un·du·lat·ing [ˈʌndjəleɪtɪŋ, AM -dʒəleɪt̬-] *adj (form)* ① *(moving like a wave)* wallend
② *(shaped like waves)* wellenförmig; **~ hills/landscape** sanft geschwungene Hügel/Landschaft
un·du·la·tion [ˌʌndjəˈleɪʃən, AM dʒə] *n* ① *(wave)* wellenförmige Bewegung, Wallen *nt,* Wogen *nt*
② PHYS Schwingung *f*
un·du·ly [ʌnˈdjuːli, AM *esp* -ˈduːli] *adv* unangemessen, ungebührlich *geh;* **~ concerned/pessimistic** übermäßig besorgt/pessimistisch
un·dy·ing [ʌnˈdaɪɪŋ] *adj attr (liter)* unvergänglich; **~ devotion/loyalty** unerschütterliche Hingabe/Loyalität; **~ love/gratitude** ewige Liebe/Dankbarkeit
un·earned [ʌnˈɜːnd, AM -ˈɜːrnd] *adj* ① *(undeserved)* unverdient
② *(not worked for)* nicht erarbeitet; **~ income** *(from real estate)* Besitzeinkommen *nt; (from investments)* Kapitaleinkommen *nt*
un·earth [ʌnˈɜːθ, AM -ˈɜːrθ] *vt* ■**to ~ sth** ① *(dig up)* etw ausgraben; **to ~ a treasure** einen Schatz zutage fördern
② *(fig: discover)* etw entdecken; **to ~ the truth** die Wahrheit ans Licht bringen; ■**to ~ sb** jdn ausfindig machen; ***we finally ~ed him in the hay loft*** schließlich stöberten wir ihn auf dem Heuboden auf
un·earth·ly [ʌnˈɜːθli, AM -ˈɜːrθ-] *adj* ① *(eerie)* gespenstisch; **~ beauty** übernatürliche Schönheit; **~ noise/scream** grässliches Geräusch/grässlicher Schrei
② *(pej fam: inconvenient)* unmöglich *meist pej fam;* **at some** [*or* **an**] **~ hour** zu einer unchristlichen Zeit
③ *(not from the earth)* nicht irdisch
un·ease [ʌnˈiːz] *n no pl* Unbehagen *nt*
un·easi·ly [ʌnˈiːzɪli] *adv* ① *(anxiously)* unbehaglich
② *(causing anxiety)* beunruhigend; ***responsibility of any sort sits very ~ on his shoulders*** jegliche Verantwortung lastet schwer auf seinen Schultern
un·easi·ness [ʌnˈiːzɪnəs] *n no pl* Unbehagen *nt* (**over/at** über +*akk*); ■**~ in sb/sth** Unruhe *f* bei jdm/etw
un·easy [ʌnˈiːzi] *adj* ① *(anxious)* besorgt; **an ~ smile** ein gequältes Lächeln; ■**to be/feel ~ about sth/sb** sich *akk* in Bezug auf etw/jdn unbehaglich fühlen; ***I feel a bit ~ about asking her to do such a favour*** mir ist nicht ganz wohl dabei, sie um einen solchen Gefallen zu bitten
② *(causing anxiety)* unangenehm; **an ~ feeling** ein ungutes Gefühl; **an ~ relationship** ein gespanntes Verhältnis; **an ~ suspicion** ein beunruhigender Verdacht
③ *(insecure)* unsicher; **an ~ peace** ein unsicherer Frieden
▸PHRASES: **~ lies the head that wears a crown** BRIT *(saying)* Verantwortung ist eine schwere Last
un·eat·able [ʌnˈiːtəbl̩, AM t̬ə] *adj* ungenießbar
un·eat·en [ʌnˈiːtən] *adj inv* ungegessen
un·eco·nom·ic [ʌnˌiːkəˈnɒmɪk, AM -ˌekəˈnɑːm-] *adj* unwirtschaftlich, unökonomisch; ***it is an ~ proposition*** das ist ein unrentables Geschäft; **~ rent** nicht kostendeckende Miete
un·eco·nomi·cal [ʌnˌiːkəˈnɒmɪkəl, AM -ˌekəˈnɑːm-] *adj* unwirtschaftlich; ***it is ~ to pour even more money into subsidizing the coal industry*** es ist unwirtschaftlich, noch mehr Geld in die Subventionierung der Kohlenindustrie zu stecken
un·edi·fy·ing [ʌnˈedɪfaɪɪŋ] *adj* unerquicklich *geh*
un·edit·ed [ʌnˈedɪtɪd, AM -t̬ɪd] *adj* unbearbeitet
un·edu·cat·ed [ʌnˈedʒʊkeɪtɪd, AM -t̬ɪd] **I.** *adj* ungebildet
II. *n* ■**the ~** *pl* die ungebildete Bevölkerungsschicht
un·elect·able [ˌʌnɪˈlektəbl̩] *adj* unwählbar
un·elect·ed [ˌʌnɪˈlektɪd] *adj* nicht gewählt
un·emo·tion·al [ˌʌnɪˈməʊʃənəl, AM -ˈmoʊ-] *adj* ① *(not feeling emotions)* kühl
② *(not revealing emotions)* emotionslos
un·emo·tion·al·ly [ˌʌnɪˈməʊʃənəli, AM ˈmoʊ] *adv* ohne Gefühlsregung, kühl *fig,* unemotional
un·em·ploy·able [ˌʌnɪmˈplɔɪəbl̩] *adj* unvermittelbar
un·em·ployed [ˌʌnɪmˈplɔɪd] **I.** *n* ■**the ~** *pl* die Arbeitslosen
II. *adj* arbeitslos
un·em·ploy·ment [ˌʌnɪmˈplɔɪmənt] *n no pl*
① *(state)* Arbeitslosigkeit *f*
② *(rate)* Arbeitslosenrate *f,* Arbeitslosenquote *f* SCHWEIZ; **large-/small-scale ~** hohe/niedrige Arbeitslosenrate [*o* SCHWEIZ Arbeitslosenquote]; **long-/short-term ~** Langzeit-/Kurzzeitarbeitslosigkeit *f;* **mass ~** Massenarbeitslosigkeit *f;* **seasonal ~** saisonale Arbeitslosigkeit
③ AM *(unemployment insurance)* Arbeitslosengeld *nt*
un·em·ˈploy·ment ben·efit *n,* AM **un·em·ploy·ment com·pen·ˈsa·tion** *n no pl,* AM **un·em·ploy·ment in·ˈsur·ance** *n no pl* Arbeitslosenunterstützung *f,* Arbeitslosengeld *nt,* Arbeitslosenhilfe *f;* **to claim ~** Arbeitslosengeld [*o* Arbeitslosenunterstützung] beziehen; ■**to be on ~** arbeitslos [*o* ÖSTERR *sl* hackenstad] sein **un·em·ˈploy·ment in·sur·ance** *n no pl* Arbeitslosenversicherung *f* **un·em·ˈploy·ment rate** *n* Arbeitslosenrate *f,* Arbeitslosenquote *f* SCHWEIZ
un·en·cum·bered [ˌʌnɪŋˈkʌmbəd, AM -ɪnˈkʌmbɚd] *adj usu pred* ① *(unburdened)* unbelastet; ■**to be ~** [**by sth**] [von etw *dat*] befreit sein; **~ *by baggage, he was able to move much faster*** unbehindert von Gepäck konnte er sich viel schneller fortbewegen
② *(fig: free from debt)* unbelastet
un·end·ing [ʌnˈendɪŋ] *adj* endlos; **an ~ delight** eine anhaltende Wonne; **~ pleasure** ein Vergnügen *nt* ohne Ende
un·en·dur·able [ˌʌnɪnˈdjʊərəbl̩, AM -ˈdʊr-, -ˈdjʊr-] *adj* unerträglich
un·en·force·able [ˌʌnɪnˈfɔːsəbl̩, AM -ˈfɔːrs-] *adj inv* nicht durchsetzbar; **an ~ law** ein nicht durchsetzbares [*o* anwendbares] Gesetz
un-Eng·lish [ʌnˈɪŋglɪʃ] *adj* unenglisch
un·en·light·ened [ˌʌnɪnˈlaɪtənd] *adj* ① *(not wise or insightful)* unklug; **an ~ person** ein Ignorant *m/*

eine Ignorantin
❷ *(subject to superstition)* unaufgeklärt; **an ~ age** ein unaufgeklärtes Zeitalter
❸ *(missing the higher level)* einfallslos, uninspiriert
❹ *(also hum: not informed)* ahnungslos; **to remain ~** im Dunkeln tappen *fam*

un·en·light·en·ing [ˌʌnɪnˈlaɪtᵊnɪŋ] *adj* ohne Erkenntniswert *nach n geh;* **an ~ answer** eine wenig aussagekräftige Antwort

un·en·ter·pris·ing [ʌnˈentəpraɪzɪŋ, AM -ˈent̬ɚ-] *adj* ohne Unternehmungsgeist *nach n*

un·en·thu·si·as·tic [ˌʌnɪnˌθjuːziˈæstɪk, AM -ˌθuː-] *adj* wenig begeistert

un·en·thu·si·as·ti·cal·ly [ˌʌnɪnθjuːziˈæstɪkᵊli, AM enθuː] *adv* begeisterungslos, ohne [jede] Anteilnahme

un·en·vi·able [ʌnˈenviəbl̩] *adj* wenig beneidenswert

un·equal [ʌnˈiːkwᵊl] *adj* ❶ *(different)* ungleich, unterschiedlich; **~ triangle** ungleichseitiges Dreieck
❷ *(unjust)* ungerecht; **~ contest** ungleicher Wettkampf; **~ relationship** einseitige Beziehung; **to do sth on ~ terms** etw unter ungleichen Bedingungen machen; **~ treatment** Ungleichbehandlung *f*
❸ *(inadequate)* ■**to be ~ to sth** etw *dat* nicht gewachsen sein

un·equalled, AM **un·equaled** [ʌnˈiːkwᵊld] *adj* unübertroffen; ***this fish restaurant is ~ anywhere else in London*** dieses Fischrestaurant ist in London ohnegleichen; **~ prosperity** beispielloser Wohlstand

un·equal·ly [ʌnˈiːkwᵊli] *adv* unterschiedlich, ungleichmäßig; **to treat people ~** Menschen ungleich behandeln

un·equivo·cal [ˌʌnɪˈkwɪvəkᵊl] *adj* eindeutig, unmissverständlich; ***the church has been ~ in its condemnation of the violence*** die Kirche hat an ihrer Missbilligung der Gewalt keinen Zweifel gelassen; **an ~ success** ein eindeutiger Erfolg

un·equivo·cal·ly [ˌʌnɪˈkwɪvəkᵊli] *adv* unmissverständlich; ***the critics panned the film ~*** die Kritiker verrissen den Film einhellig; **to state sth ~** etw hundertprozentig unterschrieben

un·err·ing [ʌnˈɜːrɪŋ] *adj* unfehlbar

un·err·ing·ly [ʌnˈɜːrɪŋli] *adv* unfehlbar; ***my staff are ~ professional*** meine Mitarbeiter arbeiten stets professionell

UNESCO, Unesco [juːˈneskəʊ, AM -koʊ] **I.** *n no pl acr for* **United Nations Educational, Scientific and Cultural Organization** UNESCO *f*
II. *n modifier acr for* **United Nations Educational, Scientific and Cultural Organization** *commission, fund, programme* UNESCO-

un·ethi·cal [ʌnˈeθɪkᵊl] *adj* unmoralisch; ***it's usually considered ~ for university teachers to have affairs with their students*** Liebesverhältnisse zwischen Professoren und Studenten werden allgemein als ethisch bedenklich angesehen

un·even [ʌnˈiːvᵊn] *adj* ❶ *(not flat or level)* uneben; **an ~ road** eine holprige Straße
❷ *(unequal, asymmetrical)* ungleich; **~ bars** AM *(in gymnastics)* Stufenbarren *m*
❸ *(unequal, unfair)* unterschiedlich; **~ contest** ungleicher Wettkampf; **~ treatment** Ungleichbehandlung *f*
❹ *(usu euph: inadequate) quality* uneinheitlich, durchwachsen *fam*
❺ *(erratic)* unausgeglichen, schwankend *attr;* **~ performances** schwankende Leistungen
❻ MED *(irregular)* unregelmäßig
❼ MATH *(odd)* **~ numbers** ungerade Zahlen

un·even·ly [ʌnˈiːvᵊnli] *adv* ❶ *(irregularly)* ungleichmäßig
❷ *(unfairly)* unfair; **to be ~ distributed** ungerecht verteilt sein
❸ *(usu euph: inadequately)* nicht zufriedenstellend
❹ MED *(irregularly)* unregelmäßig

un·even·ness [ʌnˈiːvᵊnnəs] *n no pl* ❶ *(bumpiness)* Unebenheit *f*, Holprigkeit *f;* **~ of a flight** unruhiger Flug
❷ *(inequity)* Ungleichmäßigkeit *f;* **~ of the lines/sides** Ungleichheit *f* der Linien/Seiten
❸ *(usu euph: poor quality)* unbefriedigende Leistung
❹ MED *(irregularity)* Unregelmäßigkeit *f*

un·event·ful [ˌʌnɪˈventfᵊl] *adj* ereignislos; **an ~ career/life** eine Laufbahn/ein Leben *nt* ohne Höhen und Tiefen; **an ~ journey** eine Reise ohne Zwischenfälle

un·event·ful·ly [ˌʌnɪˈventfᵊli] *adv* ruhig; **to pass ~** ohne Zwischenfälle verlaufen

un·ex·am·pled [ˌʌnɪgˈzɑːmpl̩d, AM -ˈzæm-] *adj inv (form)* beispiellos, unvergleichlich

un·ex·cep·tion·able [ˌʌnɪkˈsepʃᵊnəbl̩] *adj* untadelig; **~ behaviour** [*or* AM **behavior**] tadelloses Benehmen

un·ex·cep·tion·al [ˌʌnɪkˈsepʃᵊnᵊl] *adj* nicht außergewöhnlich; **~ life** ereignisloses Leben

un·ex·cit·ing [ˌʌnɪkˈsaɪtɪŋ, AM -t̬ɪŋ] *adj* ❶ *(not exciting)* langweilig; **an ~ work of art** ein durchschnittliches Kunstwerk
❷ *(uneventful)* ereignislos

un·ex·pect·ed [ˌʌnɪkˈspektɪd, AM -tɪd] **I.** *adj* unerwartet; **an ~ break** eine unvorhergesehene Chance; [**to take**] **an ~ turn** eine unvorhergesehene Wendung [nehmen]; **an ~ windfall** ein unverhoffter Gewinn
II. *n no pl* ■**the ~** das Unerwartete; ***life is full of the ~*** das Leben ist voller Überraschungen

un·ex·pect·ed·ly [ˌʌnɪkˈspektɪdli, AM -tɪd-] *adv* unerwartet

un·ex·pe·ri·enced [ˌʌnɪkˈspɪəriən(t)st, AM -ˈspɪr-] *adj sensation, situation* [noch] nicht erlebt; *person* unerfahren

un·ex·plain·able [ˌʌnɪksˈpleɪnəbl̩] *adj* unerklärbar, unerklärlich

un·ex·plained [ˌʌnɪkˈspleɪnd] *adj inv* unerklärt, unklar

un·ex·plod·ed [ˌʌnɪkˈspləʊdɪd, AM -ˈsploʊd-] *adj inv bomb* nicht detoniert

un·ex·ploit·ed [ˌʌnɪkˈsplɔɪtɪd, AM -t̬ɪd] *adj* nicht ausgeschöpft; **~ resources** nicht ausgebeutete Ressourcen

un·ex·plored [ˌʌnɪkˈsplɔːd, AM -ɔːrd] *adj* unerforscht

un·ex·posed [ˌʌnɪkˈspəʊzd, AM -ˈspoʊzd] *adj* ❶ PHOT unbelichtet
❷ *(not revealed)* verborgen; ***the tabloids left no detail of his private life ~*** die Regenbogenpresse ließ kein Detail seines Privatlebens im Verborgenen
❸ *(not in contact with)* ■**to be ~ to sth** etw *dat* nicht ausgesetzt sein

un·ex·pressed [ˌʌnɪkˈsprest] *adj* unausgesprochen

un·ex·pres·sive [ˌʌnɪkˈspresɪv] *adj* ausdruckslos

un·ex·pur·gat·ed [ʌnˈekspəgeɪtɪd, AM -spɚgeɪt̬ɪd] *adj texts* unzensiert; **an ~ edition** eine ungekürzte Ausgabe

un·fail·ing [ʌnˈfeɪlɪŋ] *adj* ❶ *(dependable)* beständig; ***she was ~ in her support for the downtrodden*** sie war immer für die Unterdrückten da; **~ loyalty** unerschütterliche Loyalität
❷ *(continuous)* unerschöpflich

un·fail·ing·ly [ʌnˈfeɪlɪŋli] *adv (approv)* immer, stets; **to be ~ cheerful/optimistic/polite** stets fröhlich/optimistisch/höflich sein

un·fair [ʌnˈfeəʳ, AM -ˈfer] *adj* unfair; **an ~ advantage** ein unfairer Vorteil; **~ competition** unlauterer Wettbewerb; **an ~ decision** eine ungerechte Entscheidung; ■**to be ~ to sb** jdm gegenüber unfair sein; ***it is ~ to the people living here*** es ist unfair den Menschen gegenüber, die hier leben

un·fair·ly [ʌnˈfeəli, AM -ˈfer-] *adv* unfair; **to be ~ blamed** zu Unrecht beschuldigt werden; **to treat sb ~** jdn unfair behandeln

un·fair·ness [ʌnˈfeənəs, AM -ˈfer-] *n no pl* Ungerechtigkeit *f; (in sports)* Unfairness *f*

un·faith·ful [ʌnˈfeɪθfᵊl] *adj* ❶ *(adulterous)* untreu; ■**to be ~ [to sb]** [jdm] untreu sein
❷ *(disloyal)* illoyal *geh*
❸ *(form: inaccurate) rendition, translation* ungenau

un·faith·ful·ness [ʌnˈfeɪθfᵊlnəs] *n no pl* ❶ *(sexual infidelity)* Untreue *f*
❷ *(disloyalty)* Illoyalität *f geh*
❸ *(form: inaccuracy)* Ungenauigkeit *f*

un·fal·ter·ing [ʌnˈfɔːltᵊrɪŋ, AM -ˈfɑːltɚ-] *adj* unbeirrbar; **with ~ steps** mit festem Schritt; **in an ~ voice** mit fester Stimme

un·fa·mil·iar [ˌʌnfəˈmɪljəʳ, AM -ɚ] *adj* ❶ *(new)* unvertraut; **an ~ experience** ein ungewohntes Erlebnis; **an ~ place** ein unbekannter Ort; ■**to be ~ to sb** jdm fremd sein
❷ *(unacquainted)* ■**to be ~ with sth** mit etw *dat* nicht vertraut sein

un·fa·mil·iar·ity [ˌʌnfəˌmɪliˈærəti, AM -ˈerət̬i] *n no pl* ❶ *(strangeness)* Unvertrautheit *f*, Fremdheit *f*
❷ *(ignorance of)* ■**~ with sth** Unkenntnis *f* einer S. *gen*

un·fash·ion·able [ʌnˈfæʃᵊnəbl̩] *adj* unmodisch, unmodern

un·fash·ion·ably [ʌnˈfæʃᵊnəbli] *adv* entgegen der Mode

un·fas·ten [ʌnˈfɑːsᵊn, AM -ˈfæs-] **I.** *vt* ■**to ~ sth** *blouse, button, belt* etw öffnen; *bracelet* etw abnehmen; *fetters* etw losbinden [*o* lösen]; ***do not ~ your seatbelts until the aircraft has come to a complete stop*** bleiben Sie angeschnallt, bis das Flugzeug zum Stillstand gekommen ist
II. *vi* aufgehen

un·fath·om·able [ʌnˈfæðəməbl̩] *adj* ❶ *(too deep to measure)* unergründlich
❷ *(inexplicable)* unverständlich, unergründlich; **an ~ mystery** *(also hum)* ein unergründliches Geheimnis

un·fath·om·ably [ʌnˈfæðəməbli] *adv (form)* ❶ *(immeasurably)* **~ deep** unergründlich tief
❷ *(incomprehensibly)* unbegreiflich

un·fath·omed [ʌnˈfæðəmd] *adj* ❶ *(of unmeasured depth)* unergründet
❷ *(not understood)* unerforscht

un·fa·vor·able *adj* AM *see* **unfavourable**

un·fa·vor·ably *adv* AM *see* **unfavourably**

un·fa·vour·able, AM **un·fa·vor·able** [ʌnˈfeɪvᵊrəbl̩] *adj* ❶ *(adverse)* ungünstig; **an ~ comparison** ein unvorteilhafter Vergleich; **an ~ decision** eine negative Entscheidung; **an ~ reaction to sth** eine ablehnende Reaktion auf etw *akk*
❷ *(disadvantageous)* nachteilig; **~ balance of trade** passive Handelsbilanz; **to appear in an ~ light** in einem ungünstigen Licht erscheinen

un·fa·vour·ably, AM **un·fa·vor·ably** [ʌnˈfeɪvᵊrəbli] *adv* ungünstig; **to be ~ disposed [towards sb/sth]** [jdm/etw gegenüber] ablehnend [*o* negativ] eingestellt sein; **to compare ~ with sth/sb** im Vergleich mit etw/jdm schlecht abschneiden

un·fazed [ʌnˈfeɪzd] *adj usu pred (fam)* unbeeindruckt; ***she seems ~ by all the recent media attention*** der Medienrummel der letzten Zeit lässt sie anscheinend ziemlich kalt

un·fea·sible [ʌnˈfiːzəbl̩] *adj* undurchführbar, nicht machbar

un·fea·sibly [ʌnˈfiːzəbli] *adv* sinnlos; **an ~ extravagant suggestion** ein haarsträubend wirklichkeitsfremder Vorschlag

un·feel·ing [ʌnˈfiːlɪŋ] *adj* gefühllos, herzlos

un·feigned [ʌnˈfeɪnd] *adj* aufrichtig; **~ surprise** echte Überraschung

un·femi·nine [ʌnˈfemɪnɪn] *adj* unweiblich, nicht feminin

un·fenced [ʌnˈfen(t)st] *adj* nicht eingezäunt [*o* SCHWEIZ eingehagt]

un·fer·ti·lized [ʌnˈfɜːtᵊlaɪzd, AM -ˈfɜːrt̬-] *adj* ❶ *egg* unbefruchtet
❷ *land* ungedüngt

un·fet·tered [ʌnˈfetəd, AM -ˈfet̬ɚd] *adj* ❶ *(form: not restricted)* uneingeschränkt; **~ competition** freier Wettbewerb; **~ by fluctuations in exchange rates** von Wechselkursschwankungen unbeeinträchtigt; **~ movement of money** freier Geldverkehr
❷ *(unchained) prisoner* nicht gefesselt

un·filled [ʌnˈfɪld] *adj* leer; *job* offen; ***the number of ~ teaching posts is increasing*** die Zahl der offenen Stellen in Lehrberufen steigt an; **an ~ hole** ein nicht aufgefülltes Loch

un·fin·ished [ʌnˈfɪnɪʃt] *adj* ❶ *(incomplete)* unvollendet; **~ business** *(also fig)* offene Fragen; **the**

U~ Symphony die Unvollendete; **to leave sth ~** etw unvollendet lassen
2 *esp* AM *(rough, without finish)* unlackiert

un·fin·ished 'good *n* COMM Halbfabrikat *nt*

un·fit [ʌn'fɪt] **I.** *adj* 1 *(unhealthy)* nicht fit, in schlechter Form *präd;* **to be ~ for work/military service** arbeits-/dienstuntauglich sein
2 *(pej: unsuitable) person* ungeeignet; ***he's an ~ parent*** er ist als Erziehungsberechtigter ungeeignet; ■ **to be ~ for sth** für etw *akk* ungeeignet sein; ***she is ~ for teaching*** sie eignet sich nicht als Lehrerin; ■ **to be ~ to do sth** unfähig sein, etw zu tun; ***the inquiry stated that he was ~ to run a public company*** die Untersuchung bescheinigte ihm Untauglichkeit zur Führung eines öffentlichen Unternehmens
3 *(unsuitable)* ■ **to be ~ for** [*or* **to do**] **sth** für etw *akk* ungeeignet sein; **to be ~ for human consumption** nicht zum Verzehr geeignet sein; **to be ~ for** [**human**] **habitation** unbewohnbar sein; **to be ~ for publication** sich *akk* nicht zur Veröffentlichung eignen
II. *vt* <-tt-> *(form)* ■ **to ~ sb/sth** [**for sth**] *(dated)* jdn/etw für etw *akk* untauglich machen

un·fit·ness [ʌn'fɪtnəs] *n no pl* Untauglichkeit *f,* Unbrauchbarkeit *f;* **~ for work** Arbeitsunfähigkeit *f*

un·fit·ting [ʌn'fɪtɪŋ, AM -t̬ɪŋ] *adj* unpassend; ***it's ~ for you to be going out with him — he's a married man*** es gehört sich nicht, dass du mit ihm ausgehst – er ist verheiratet; ***his behaviour at the wedding was ~ to the occasion*** sein Verhalten bei der Hochzeit war dem Anlass nicht angemessen

un·fit·ting·ly [ʌn'fɪtɪŋli, AM -t̬ɪŋ-] *adv* unpassend

un·fix [ʌn'fɪks] *vt* ■ **to ~ sth** etw losmachen [*o* lösen]; **to become ~ed** sich *akk* lösen

un·flag·ging [ʌn'flægɪŋ] *adj (approv)* unermüdlich; ***he was ~ in his efforts on behalf of the homeless*** er setzte sich unentwegt für Obdachlose ein; **~ optimism** ungebrochener Optimismus

un·flap·pable [ʌn'flæpəbl̩] *adj (approv fam)* unerschütterlich; ■ **to be ~** nicht aus der Ruhe zu bringen sein

un·flat·ter·ing [ʌn'flætərɪŋ, AM -t̬-] *adj description, remark* wenig schmeichelhaft; *dress, hairstyle, photo, portrait* unvorteilhaft; ***that colour is ~ to you*** diese Farbe steht dir nicht; **to show sb/sth in an ~ light** jdn/etw in einem wenig schmeichelhaften Licht präsentieren

un·fledged [ʌn'fledʒd] *adj* 1 ORN ungefiedert
2 *(fig: inexperienced)* unerfahren

un·flinch·ing [ʌn'flɪn(t)ʃɪŋ] *adj (approv)* unerschrocken; **~ determination** unbeirrbare Entschlossenheit; **an ~ report** ein wahrheitsgetreuer Bericht; **~ support/honesty** beständige Unterstützung/Ehrlichkeit

un·flinch·ing·ly [ʌn'flɪn(t)ʃɪŋli] *adv (approv)* unerschrocken

un·fo·cus(s)ed [ʌn'fəʊkəsd, AM 'foʊ] *adj* 1 *(of eyes)* blicklos
2 *(of vision)* undeutlich
3 *(of light rays)* ungerichtet, nicht fokussiert *fachspr*
4 *(of optical device)* nicht eingestellt
5 *(without aim or direction)* unkonzentriert, richtungslos

un·fold [ʌn'fəʊld, AM -'foʊld] **I.** *vt* 1 *(open out)* ■ **to ~ sth** etw entfalten [*o* auseinanderfalten]; **to ~ one's arms** seine Arme ausbreiten; **to ~ a table** einen Tisch aufklappen
2 *(fig: make known)* **to ~ one's ideas/plans** seine Ideen/Pläne darlegen; **to ~ a story** eine Geschichte entwickeln
II. *vi* 1 *(develop)* sich *akk* entwickeln
2 *(become revealed)* enthüllt werden
3 *(become unfolded)* aufgehen, sich *akk* entfalten

un·forced [ʌn'fɔːst, AM 'fɔːrst] *adj* ungezwungen *a. fig*

un·fore·see·able [,ʌnfɔː'siːəbl̩, AM -fɔːr'-] *adj* unvorhersehbar

un·fore·seen [,ʌnfɔː'siːn, AM -fɔːr'-] *adj inv* unvorhergesehen

un·for·get·table [,ʌnfə'getəbl̩, AM -fə'get̬-] *adj* unvergesslich

un·for·get·tably [,ʌnfə'getəbli, AM -fə'get̬-] *adv* beeindruckend, auf unvergessliche Weise

un·for·giv·able [,ʌnfə'gɪvəbl̩, AM -fə'-] *adj* unverzeihlich; ***that was ~ of you*** das war unverzeihlich von dir; **an ~ sin** eine Todsünde *a. iron*

un·for·giv·ably [,ʌnfə'gɪvəbli, AM -fə'-] *adv* unverzeihlich

un·for·giv·ing [,ʌnfə'gɪvɪŋ, AM -fə'-] *adj* 1 *(not willing to forgive) person* nachtragend, unversöhnlich
2 *(harsh, hostile)* gnadenlos *a. fig; place, climate* menschenfeindlich

un·formed [ʌn'fɔːmd, AM -'fɔːrmd] *adj* 1 *(lacking shape)* formlos, ungeformt
2 *(undeveloped)* unentwickelt, unfertig

un·forth·com·ing [,ʌnfɔːθ'kʌmɪŋ, AM -fɔːrθ'-] *adj person* wenig mitteilsam, ungesprächig; *thing* nicht erhältlich [*o* verfügbar]; ***he was very ~ about his plans for the future*** er hielt mit seinen Zukunftsplänen hinter dem Berge; ***with money ~ from his parents, he was forced to increase his loan*** da ihm seine Eltern kein Geld gaben, musste er seinen Kredit aufstocken

un·for·tu·nate [ʌn'fɔːtʃənət, AM -'fɔːr-] **I.** *adj* 1 *(unlucky)* unglücklich; ***she's inherited her father's nose, which is very ~*** sie hat die Nase ihres Vaters geerbt, was wirklich unvorteilhaft ist; ***it was just ~ that he phoned exactly as our guests were arriving*** dass er auch ausgerechnet dann anrufen musste, als unsere Gäste eintrafen
2 *(regrettable)* bedauerlich; **an ~ manner** eine ungeschickte Art
3 *(adverse)* unglückselig; **~ circumstances** unglückliche Umstände
II. *n (form or hum)* Unglückselige(r) *f(m)*

un·for·tu·nate·ly [ʌn'fɔːtʃənətli, AM -'fɔːr-] *adv* unglücklicherweise; ***~ for me I didn't have my credit card with me*** zu meinem Pech hatte ich meine Kreditkarte nicht dabei

un·found·ed [ʌn'faʊndɪd] *adj* unbegründet; ***these accusations are ~ in fact*** diese Anschuldigungen entbehren einer tatsächlichen Grundlage; ***our fears about the weather proved ~*** unsere Befürchtungen wegen des Wetters stellten sich als unbegründet heraus

un·framed [ʌn'freɪmd] *adj inv* ungerahmt

un·freeze <-froze, -frozen> [ʌn'friːz, AM ,ʌn'-] **I.** *vt* ■ **to ~ sth** etw auftauen; **to ~ assets** ECON Vermögen[swerte] freigeben
II. *vi* auftauen

un·fre·quent·ed [,ʌnfrɪ'kwentɪd, AM ʌn'friːkwent̬ɪd] *adj* wenig besucht

un·friend·li·ness [ʌn'frendlɪnəs] *n no pl* Unfreundlichkeit *f;* ***his ~ towards his colleagues led people to avoid him*** wegen seiner unfreundlichen Art Kollegen gegenüber gingen ihm die Leute aus dem Weg

un·friend·ly [ʌn'frendli] *adj* unfreundlich; *(hostile)* feindlich; **user ~** nicht benutzerfreundlich; **environmentally ~** umweltschädlich; ■ **to be ~ to sb** jdm gegenüber unfreundlich sein

un·frock [ʌn'frɒk, AM -'frɑːk] *vt* ■ **to ~ sb** jdn des Amtes entheben

un·fro·zen [ʌn'frəʊzən, AM -'froʊ-] *adj* ungefroren

un·fruit·ful [ʌn'fruːtfəl] *adj* 1 *(barren)* unfruchtbar
2 *(unprofitable)* fruchtlos, unergiebig; *(unproductive)* ergebnislos; ***in his opinion yoga is ~*** seiner Meinung nach bringt Yoga nichts *fam*

un·ful·filled [,ʌnfʊl'fɪld] *adj* 1 *thing* unvollendet; **an ~ promise** ein unerfülltes Versprechen
2 *person* unausgefüllt; *life, wishes* unerfüllt; ***the rumour remained ~*** das Gerücht hat sich nicht bewahrheitet

un·ful·filled 'or·der *n* nicht ausgeführter Auftrag

un·'fun *adj inv (fam)* unangenehm

un·fund·ed [ʌn'fʌndɪd] *adj inv* FIN 1 *(without assets)* ohne finanzielle Ausstattung, nicht subventioniert
2 *(of a debt)* schwebend, unfundiert *fachspr*

un·fun·ny [ʌn'fʌni] *adj* [gar] nicht komisch; ***I find that joke decidedly ~ and in extremely poor taste*** diesen Witz finde ich alles andere als komisch und völlig geschmacklos

un·furl [ʌn'fɜːl, AM -'fɜːrl] **I.** *vt* ■ **to ~ sth** etw ausrollen; *banner, flag* etw entrollen [*o* entfalten]; **to ~ a sail** ein Segel setzen; **to ~ an umbrella** einen Schirm aufspannen
II. *vi* sich *akk* öffnen

un·fur·nished [ʌn'fɜːnɪʃt, AM -'fɜːr-] **I.** *adj* unmöbliert; **to rent sth ~** etw unmöbliert mieten
II. *n* BRIT *(fam)* unmöbliertes Zimmer

un·fussy [ʌn'fʌsi] *adj* schlicht

un·gain·ly [ʌn'geɪnli] *adj* unbeholfen, plump; ***though graceful while swimming, ducks are somehow ~ on land*** obwohl Enten beim Schwimmen recht anmutig wirken, bewegen sie sich auf dem Trockenen eher unbeholfen fort

un·geared [ʌn'gɪəd, AM -'gɪrd] *adj* 1 TECH ohne Gangschaltung *nach n*
2 BRIT FIN *account* ohne Fremdkapitalaufnahme *nach n; company* schuldenfrei; **~ balance sheet** unangepasste Bilanz

un·gen·er·ous [ʌn'dʒenərəs] *adj* kleinlich *pej,* knausrig *pej fam*

un·gen·tle·man·ly [ʌn'dʒentl̩mənli] *adj* ungalant *geh*

un·get-at-able [,ʌnget'ætəbl̩, AM -get̬'æt̬-] *adj (sl)* unerreichbar

un·glazed [ʌn'gleɪzd] *adj inv* 1 *(lacking glass)* unverglast
2 *(lacking glazing)* unglasiert

un·glued [ʌn'gluːd] *adj* 1 *inv (not glued)* nicht geklebt
2 AM *(fig)* **to come ~** *(go wrong)* sich *akk* auflösen, zerfallen; *person* instabil werden

un·god·ly [ʌn'gɒdli, AM -'gɑːd-] *adj (pej)* 1 *attr (fam: unreasonable)* unerhört; **at an** [*or* **some**] **~ hour** zu einer unchristlichen Zeit
2 *(form liter: impious)* gottlos

un·gov·ern·able [ʌn'gʌvənəbl̩, AM -vən-] *adj country, people* unregierbar; *temper* unkontrollierbar

un·grace·ful [ʌn'greɪsfəl] *adj* plump

un·gra·cious [ʌn'greɪʃəs] *adj (form)* unhöflich; **~ behaviour** [*or* AM **behavior**] unfreundliches Verhalten

un·gra·cious·ly [ʌn'greɪʃəsli] *adv* unfreundlich, ungnädig *fig*

un·gram·mati·cal [,ʌngrə'mætɪkəl, AM -'mæt̬-] *adj* grammatisch inkorrekt

un·grate·ful [ʌn'greɪtfəl] *adj* undankbar; ■ **to be ~ for sth** für etw *akk* undankbar sein

un·grate·ful·ly [ʌn'greɪtfəli] *adv* undankbarerweise

un·green [ʌn'griːn] *adj (fig)* unökologisch

un·ground·ed [ʌn'graʊndɪd] *adj* unbegründet, grundlos, ohne Basis *nach n*

un·grudg·ing [ʌn'grʌdʒɪŋ] *adj* 1 *(without reservation)* bereitwillig; **~ admiration** rückhaltlose Bewunderung; **~ encouragement** großzügige Förderung
2 *(not resentful)* neidlos

un·grudg·ing·ly [ʌn'grʌdʒɪŋli] *adv* großzügig; **to ~ admire sb** jdn rückhaltlos bewundern; **to ~ congratulate sb** jdn aufrichtig beglückwünschen

un·guard·ed [ʌn'gɑːdɪd, AM -'gɑːrd-] *adj* 1 *(not defended or watched)* unbewacht; **an ~ border** eine offene Grenze
2 *(careless, unwary)* unvorsichtig, unüberlegt; **an ~ face** ein verräterischer Gesichtsausdruck; **in an ~ moment** in einem unbedachten Augenblick

un·guent ['ʌŋgwənt] *n (liter or spec)* Salbe *f*

un·gu·late ['ʌŋgjəleɪt, AM lɪt] *n* ZOOL Huftier *nt*

un·hal·lowed [ʌn'hæləʊd, AM -loʊd] *adj* 1 *(not consecrated)* ungeweiht; **~ ground** ungeweihte Erde
2 *(unholy)* unheilig *veraltend o hum*

un·ham·pered [ʌn'hæmpəd, AM -əd] *adj* uneingeschränkt; **to be ~ by regulations** nicht von Bestimmungen eingeschränkt sein; **an ~ view** eine ungehinderte Sicht

un·hand [ʌn'hænd] *vt (dated or hum)* ■ **to ~ sb** jdn loslassen

un·hang <-hung, -hung> [ʌn'hæŋ] *vt* ■ **to ~ sth**

etw abhängen, etw abnehmen

un·hap·pi·ly [ʌn'hæpɪli] *adv* ❶ *(unfortunately)* unglücklicherweise; ~ ***for the spectators, it began to rain*** zum Leidwesen der Zuschauer fing es an zu regnen
❷ *(miserably)* unglücklich; **to be ~ married** unglücklich verheiratet sein

un·hap·pi·ness [ʌn'hæpɪnəs] *n no pl* Traurigkeit *f*

un·hap·py [ʌn'hæpi] *adj* ❶ *(sad)* unglücklich; **an ~ marriage** eine unglückliche Ehe; ■**to be ~ about sth** über etw *akk* unglücklich sein; ■**to be ~ with sth** mit etw *dat* unzufrieden sein
❷ *(unfortunate)* unglücksselig; **an ~ coincidence** ein unglückliches Zusammentreffen

un·harmed [ʌn'hɑːmd, AM -'hɑːrmd] *adj inv* unversehrt; ***fortunately, they were ~ by the flying glass*** zum Glück wurden sie von den umherfliegenden Glassplittern nicht getroffen; **to escape ~** unversehrt davonkommen

un·har·ness [ʌn'hɑːnəs, AM -'hɑːrn-] *vt* **to ~ a horse/a husky/an ox** ein Pferd/einen Husky/einen Ochsen ausspannen [*o* abschirren]

UNHCR [ˌjuːeneɪtʃsiː'ɑː] *n no pl abbrev of* **United Nations High Commission for Refugees** Der Hohe Flüchtlingskommissar der Vereinten Nationen

un·healthi·ly [ʌn'helθɪli] *adv* ❶ MED ungesund
❷ PSYCH krankhaft

un·healthi·ness [ʌn'helθɪnəs] *n no pl* ❶ *(poor health)* Kränklichkeit *f*
❷ *(unwholesomeness)* Gesundheitsschädlichkeit *f*

un·healthy [ʌn'helθi] *adj* ❶ *(unwell)* kränklich
❷ *(harmful to health)* ungesund
❸ *(fam: dangerous)* gefährlich
❹ *(morbid)* krankhaft; **an ~ interest in sth** ein krankhaftes Interesse an etw *dat*

un·heard [ʌn'hɜːd, AM -'hɜːrd] *adj* ❶ *(not heard)* ungehört
❷ *usu pred (ignored)* **to go ~** ungehört bleiben

un·'heard-of *adj* ❶ *(unknown)* unbekannt; ***in those days space travel was ~*** zu jener Zeit hatte man von der Raumfahrt noch nichts gehört
❷ *(pej: unthinkable)* undenkbar

un·heat·ed [ʌn'hiːtɪd, AM -t̬ɪd] *adj* ungeheizt

un·heed·ed [ʌn'hiːdɪd] *adj* unbeachtet; **to go ~** kein Gehör finden

un·help·ful [ʌn'helpfᵊl] *adj* ❶ *(not ready to help) person* nicht hilfsbereit
❷ *(useless)* nicht förderlich, nicht hilfsbereit; *behaviour, comment* nicht hilfreich

un·help·ful·ly [ʌn'helpfᵊli] *adv* ❶ *(uncooperatively)* ohne Hilfsbereitschaft
❷ *(uselessly)* wenig hilfreich, nutzloserweise

un·her·ald·ed [ʌn'herəldɪd] *adj inv* unangekündigt

un·hesi·tat·ing [ʌn'hezɪteɪtɪŋ, AM -t̬ɪŋ] *adj* unverzüglich; ***they were ~ in their approval of the marriage*** die Heirat fand ihre bereitwillige Zustimmung; **an ~ reaction/response** eine unverzügliche Reaktion/Antwort

un·hesi·tat·ing·ly [ʌn'hezɪteɪtɪŋli, AM -t̬ɪŋ-] *adv* ohne zu zögern

un·hin·dered [ʌn'hɪndəd, AM -ɚd] *adj inv* ungehindert

un·hinge [ʌn'hɪndʒ] *vt* ❶ *(take off hinges)* **to ~ a door/gate** eine Tür/ein Tor aus den Angeln heben
❷ *(esp hum: make crazy)* ■**to ~ sb** jdn aus der Fassung bringen

un·hinged [ʌn'hɪndʒd] *adj (esp hum)* verrückt

un·hip [ʌn'hɪp] *adj (sl)* uncool *sl*

un·his·tori·cal [ˌʌnhɪ'stɒrɪkᵊl, AM 'stɔːr-] *adj* unhistorisch

un·hitch [ʌn'hɪtʃ] *vt* ■**to ~ sth** etw losmachen, etw loshaken

un·holy [ʌn'həʊli, AM -'hoʊli] *adj* ❶ *(wicked)* ruchlos
❷ REL gottlos; **~ ground** ungeweihte Erde
❸ *(outrageous)* heillos; **to get up at some ~ hour** zu einer unchristlichen Zeit aufstehen; **~ glee** [*or* **relish**] Schadenfreude *f*
❹ *(pej: dangerous)* gefährlich; **an ~ alliance** eine unheilige Allianz *a. hum*

un·hook [ʌn'hʊk] *vt* ■**to ~ sth** ❶ *(remove from hook)* etw abhängen; **to ~ a fish** einen Fisch vom Haken nehmen; **to ~ a trailer** einen Anhänger abhängen
❷ *(unfasten) clothing* etw aufmachen

un·hoped-for [ʌn'həʊptˌfɔːʳ, AM -'hoʊptˌfɔːr] *adj* unverhofft

un·horse [ʌn'hɔːs, AM -'hɔːrs] *vt* ■**to ~ sb** jdn abwerfen

un·hur·ried [ʌn'hʌrɪd, AM -'hɜːr-] *adj* gemächlich, ohne Eile, ohne zu pressieren *nach n* SCHWEIZ, ÖSTERR; *person* gelassen

un·hur·ried·ly [ʌn'hʌrɪdli, AM -'hɜːr-] *adv* gemächlich, gemütlich, in [aller] Ruhe, ohne Eile, ohne zu pressieren SCHWEIZ, ÖSTERR; ***he ate ~ without a care in the world*** er ließ sich beim Essen nicht aus der Ruhe bringen

un·hurt [ʌn'hɜːt, AM -'hɜːrt] *adj* unverletzt

un·hy·gien·ic [ˌʌnhaɪ'dʒiːnɪk, AM -'dʒen-] *adj* unhygienisch

uni ['juːni] *n* BRIT, AUS *(fam) short for* **university** Uni *f fam*

uni- ['juːni] *in compounds* COMPUT Ein-, ein-

uni·brow ['juːnɪbraʊ], **mono·brow** ['mɒnəʊbraʊ, AM 'mɑːnoʊ-] *n* zusammengewachsene Augenbrauen *pl*

uni·cam·er·al [ˌjuːnɪ'kæmᵊrᵊl] *adj* LAW Einkammer-

UNICEF *n,* **Unicef** ['juːnɪsef] *n no pl acr for* **United Nations** (**International**) **Children's** (**Emergency**) **Fund** UNICEF *f*

uni·cel·lu·lar [ˌjuːnɪ'seljələʳ, AM -ɚ] *adj* BIOL einzellig

uni·corn ['juːnɪkɔːn, AM -kɔːrn] *n* Einhorn *nt*

uni·cul·ture ['juːnɪkʌltʃəʳ, AM -nəkʌltʃɚ] *n* Einheitskultur *f*

uni·cy·cle ['juːnɪˌsaɪkl̩, AM -nə,-] *n* Einrad *nt*

un·iden·ti·fi·able [ˌʌnaɪ'dentɪfaɪəbl̩, AM -aɪˌdent̬ə'faɪ-] *adj* nicht identifizierbar

un·iden·ti·fied [ˌʌnaɪ'dentɪfaɪd, AM -t̬ə-] *n inv* ❶ *(unknown)* nicht identifiziert
❷ *(not yet made public)* unbekannt

un·iden·ti·fied fly·ing 'ob·ject *n,* **UFO** *n* unbekanntes Flugobjekt

un·idio·mat·ic [ʌnˌɪdiə(ʊ)'mætɪk, AM -ə'mæt̬-] *adj* LING unidiomatisch *fachspr*

uni·fi·ca·tion [ˌjuːnɪfɪ'keɪʃᵊn, AM -nə-] *n no pl* Vereinigung *f*

uni·fied ['juːnɪfaɪd, AM -nə-] *adj* einheitlich, vereint; **~ atomic mass unit** CHEM atomare Masseneinheit; **~ European currency** EU, FIN europäische Einheitswährung; **~ model** NUCL Kombinationsmodell *nt*

uni·form ['juːnɪfɔːm, AM -nəfɔːrm] **I.** *n* ❶ *(clothing)* Uniform *f*; **nurse's ~** Schwesterntracht *f*; ■**to be in/out of ~** eine/keine Uniform tragen
❷ AM *(fam: uniformed policeman)* Polizist(in) *m(f)*
II. *adj* ❶ *(same)* einheitlich
❷ *(not changing) condition, quality, treatment* gleich bleibend; *temperature, rate, speed* konstant; *colour, sound, design* einförmig, eintönig *pej; scenery* gleichförmig
❸ PHYS, ELEC **~ field** PHYS homogenes Feld; **~ random noise** ELEC weißes Rauschen

uni·formed ['juːnɪfɔːmd, AM -nəfɔːrmd] *adj inv* uniformiert; **the ~ branch** die uniformierte Polizei

uni·form·ity [ˌjuːnɪ'fɔːməti, AM -nə'fɔːrmət̬i] *n no pl* ❶ *(sameness)* Einheitlichkeit *f*; *(pej)* Eintönigkeit *f*
❷ *(unchangingness)* Gleichmäßigkeit *f*

uni·form·ity co·ef·'fi·cient *n* CHEM Gleichgewichtskoeffizient *m*

uni·form·ly ['juːnɪfɔːmli, AM -nəfɔːrm-] *adv* ohne Ausnahme

Uni·form Re·'source Lo·ca·tor *n,* **URL** *n* INET Internetadresse *f*, URL *f*

uni·fy ['juːnɪfaɪ, AM -nə-] **I.** *vt* ■**to ~ sb/sth** jdn/etw vereinigen
II. *vi* sich *akk* vereinigen, sich *akk* zusammentun, SCHWEIZ *a.* zusammenspannen

uni·lat·er·al [ˌjuːnɪ'lætᵊrᵊl, AM -nə'læt̬-] *adj inv* einseitig; POL *also* unilateral

uni·lat·er·al dis·'ar·ma·ment, uni·lat·er·al·ism [ˌjuːnɪ'lætᵊrᵊlɪzᵊm] *n no pl* BRIT einseitige Abrüstung

uni·lat·er·al·ist [ˌjuːnɪ'lætᵊrᵊlɪst] *n* BRIT Anhänger(in) *m(f)* der einseitigen Abrüstung

uni·lat·er·al·ly [ˌjuːnɪ'lætᵊrᵊli, AM -nə'læt̬-] *adv inv* im Alleingang; POL *also* unilateral; ***the Justice Department says the president does not have the power to act ~*** das Justizministerium betont, dass der Präsident nicht im Alleingang handeln kann

uni·lat·er·al nu·clear dis·'ar·ma·ment *n* BRIT einseitige nukleare Abrüstung

un·im·agi·nable [ˌʌnɪ'mædʒɪnəbl̩] *adj* unvorstellbar

un·im·agi·na·tive [ˌʌnɪ'mædʒɪnətɪv, AM -t̬ɪv] *adj* einfallslos, fantasielos

un·im·paired [ˌʌnɪm'peəd, AM -'perd] *adj* unbeeinträchtigt; **~ hearing/sight** ausgezeichnetes Gehör/Sehvermögen; ■**to be ~ by sth** von etw *dat* unbeeinträchtigt sein; FIN nicht mit Risiken behaftet

un·im·peach·able [ˌʌnɪm'piːtʃəbl̩] *adj inv (approv form)* untadelig; **an ~ authority/source** eine unanfechtbare Autorität/Quelle

un·im·ped·ed [ˌʌnɪm'piːdɪd] *adj* ungehindert, ungehemmt

un·im·por·tance [ˌʌnɪm'pɔːtᵊn(t)s, AM -'pɔːr-] *n* Unwichtigkeit *f*, Bedeutungslosigkeit *f*

un·im·por·tant [ˌʌnɪm'pɔːtᵊnt, AM -'pɔːr-] *adj* unwichtig, unbedeutend

un·im·pressed [ˌʌnɪm'prest] *adj pred* unbeeindruckt; ■**to be ~ by** [*or* **with**] **sth/sb** von etw/jdm nicht beeindruckt sein

un·im·pres·sive [ˌʌnɪm'presɪv] *adj* wenig beeindruckend

un·im·proved [ˌʌnɪm'pruːvd] *adj inv* ❶ *(not made better)* nicht gebessert, nicht besser geworden
❷ AGR nicht bebaut, nicht kultiviert

un·in·cor·po·rat·ed [ˌʌnɪn'kɔːpᵊreɪtɪd, AM -'kɔːrpəreɪt̬ɪd] *adj* **~ enterprise** Einzelunternehmen *nt*, Einzelunternehmung *f*; **~ firm** Personalgesellschaft *f*, Personengesellschaft *f*; **~ society** nicht rechtsfähiger Verein

un·in·flu·enced [ʌn'ɪnfluən(t)st] *adj* unbeeinflusst

un·in·flu·en·tial [ʌnˌɪnflu'en(t)ʃᵊl] *adj* nicht einflussreich

un·in·forma·tive [ˌʌnɪn'fɔːmətɪv, AM -'fɔːrmət̬-] *adj* nicht aufschlussreich, nicht informativ, inhaltslos; ***he sent us an ~ letter*** er schickte uns einen wenig aufschlussreichen Brief

un·in·formed [ˌʌnɪn'fɔːmd, AM -'fɔːrmd] *adj* uninformiert; ■**to be ~ about** [*or* **as to**] **sth** über etw *akk* nicht unterrichtet sein

un·in·hab·it·able [ˌʌnɪn'hæbɪtəbl̩, AM -t̬ə-] *adj* ❶ *(unlivable in)* unbewohnbar
❷ *(unlivable on)* unbesiedelbar

un·in·hab·it·ed [ˌʌnɪn'hæbɪtɪd, AM -t̬ɪd] *adj* ❶ *(not lived in)* unbewohnt
❷ *(not lived on)* unbesiedelt

un·in·hib·it·ed [ˌʌnɪn'hɪbɪtɪd, AM -t̬ɪd] *adj* ❶ *(usu approv: unselfconscious)* ungehemmt
❷ *(unconstrained)* ungezwungen

un·ini·ti·at·ed [ˌʌnɪ'nɪʃieɪtɪd, AM -t̬ɪd] **I.** *adj* ❶ *(uninstructed)* uneingeweiht; **an ~ eye** ein ungeübtes Auge; ■**to be ~ in sth** von etw *dat* keine Ahnung haben
❷ *(not inducted)* nicht eingeführt
II. *n (esp hum)* ■**the ~** *pl* die Nichteingeweihten *hum*

un·in·jured [ʌn'ɪndʒəd, AM -ɚd] **I.** *adj* unverletzt; **to escape ~** unverletzt bleiben
II. *n* ■**the ~** *pl* die Unverletzten

un·in·spired [ˌʌnɪn'spaɪəd, AM -ɚd] *adj* einfallslos

un·in·spir·ing [ˌʌnɪn'spaɪərɪŋ, AM -spaɪrɪŋ] *adj* langweilig

un·in·stall [ˌʌnɪn'stɔːl] *vt* ■**to ~ sth** etw deinstallieren

un·in·sur·able [ˌʌnɪn'ʃʊəʳəbl̩, AM -'ʃʊr-] *adj inv* nicht versicherbar

un·in·sured [ˌʌnɪn'ʃʊəd, AM -'ʃʊrd] *adj inv* ■**to be ~** [**for** [*or* **against**] **sth**] [gegen etw *akk*] nicht versichert sein

un·in·tel·li·gent [ˌʌnɪn'telɪdʒᵊnt] *adj* unintelligent

un·in·tel·li·gi·bil·ity [ˌʌnɪnˌtelɪdʒə'bɪləti, AM -ət̬i] *n no pl* Unverständlichkeit *f*

un·in·tel·li·gible [ˌʌnɪn'telɪdʒəbl̩] *adj* unverständlich; ■**to be ~ to sb** für jdn unbegreiflich sein

un·in·tel·li·gibly [ˌʌnɪn'telɪdʒəbli] *adv* unverständlich

un·in·tend·ed [ˌʌnɪnˈtendɪd] *adj inv* unbeabsichtigt, nicht geplant
un·in·ten·tion·al [ˌʌnɪnˈten(t)ʃᵊnᵊl] *adj* unabsichtlich; ~ **humour** [*or* AM **humor**] unfreiwillige Komik
un·in·ten·tion·al·ly [ˌʌnɪnˈten(t)ʃᵊnᵊli] *adv* unabsichtlich; ~ **comic/funny** unfreiwillig komisch/lustig
un·in·ter·est·ed [ʌnˈɪntrəstɪd, AM -trɪstɪd] *adj* uninteressiert; ■**to be ~ in sth/sb** kein Interesse an etw/jdm haben; ■**to be ~ in doing sth** an etw *dat* nicht interessiert sein
un·in·ter·est·ing [ʌnˈɪntrəstɪŋ, AM -trɪstɪŋ] *adj* uninteressant
un·in·ter·rupt·ed [ʌnˌɪntᵊrˈʌptɪd, AM -təˈrʌp-] *adj inv* ununterbrochen; *rest, view* ungestört, unbeeinträchtigt; ~ **activity** kontinuierliche Tätigkeit; ~ **growth** beständiges Wachstum
un·in·ter·rupt·ed·ly [ˌʌnɪntəˈrʌptɪdli] *adv* ununterbrochen
un·in·vit·ed [ˌʌnɪnˈvaɪtɪd, AM -t̬ɪd] *adj guest* ungeladen, ungebeten; *question* unerwünscht, unwillkommen
un·in·vit·ing [ˌʌnɪnˈvaɪtɪŋ, AM -t̬ɪŋ] *adj* wenig einladend; *(fig)* nicht [*o* wenig] verlockend
un·ion [ˈjuːnjən] **I.** *n* ❶ *no pl (state)* Union *f*, Staatenbund *m*, Zusammenschluss *m*; **monetary** ~ Währungsunion *f*
❷ *(act)* Vereinigung *f*
❸ + *sing/pl vb (organization)* Verband *m*; *(trade union)* Gewerkschaft *f*; **student[s']** ~ *(organization)* Studentenunion *f (engl. bzw. US-amerikan. universitäre Einrichtung zur studentischen Betreuung)*; *(building)* Treffpunkt *m* der Studentenunion
❹ *(form: marriage)* Verbindung *f*
❺ *(harmony)* **to live in perfect** ~ in völliger Harmonie leben
❻ COMPUT *(function)* Union *f*
II. *n modifier (activity, dues, leader, member, official, representative)* Gewerkschafts-; **the ~ demands** die Forderungen *pl* der Gewerkschaft; ~ **shop** *Betrieb, in dem nur Gewerkschaftsmitglieder tätig sind*
Un·ion [ˈjuːnjən] *n* ❶ POL ■**the** ~ die Nation *(vor allem die USA oder Großbritannien)*; **the state of the ~ address** AM Rede *f* zur Lage der Nation
❷ AM *(hist)* ■**the** ~ die Nordstaaten *pl*
❸ *(fam: students' social centre)* **Student** ~ Gemeinschaftszentrum *nt (an Universitäten)*
ˈun·ion con·tract *n* LAW Flächentarifvertrag *m*, Flächentarifvereinbarung *f*
Un·ion ˈFlag *n see* **Union Jack** britische Flagge
un·ion·ism [ˈjuːnjənɪzᵊm] *n no pl* ❶ *(trade unions)* Gewerkschaftswesen *nt*
❷ HIST, POL Unionismus *m*, unionistische Bestrebungen
un·ion·ist [ˈjuːnjənɪst] *n* ❶ *(trade unionist)* Gewerkschaftler(in) *m(f)*
❷ BRIT POL **U~** Unionist(in) *m(f)*
un·ioni·za·tion [ˌjuːnjənaɪˈzeɪʃᵊn, AM -nɪˈ-] *n no pl* gewerkschaftliche Organisierung
un·ion·ize [ˈjuːnjənaɪz] **I.** *vt* ■**to ~ sb/sth** jdn/etw gewerkschaftlich organisieren
II. *vi* sich *akk* gewerkschaftlich organisieren
un·ion·ized [ˈjuːnjənaɪzd] *adj* gewerkschaftlich organisiert
Un·ion ˈJack *n* ❶ *(flag of the UK)* Union Jack *m*
❷ NAUT Gösch *f (Flagge des Heimathafens)* **Un·ion of Ser·bia and Mon·te·ne·gro** *n* Serbien und Montenegro *nt* **Un·ion of So·viet So·cial·ist Re·ˈpub·lics** *n* Union *f* der Sozialistischen Sowjetrepubliken
ˈun·ion suit *n esp* AM *(dated)* Hemdhose *f veraltend*
uni·pod [ˈjuːnɪpɒd, AM -pɑːd] *n* Einbeinstativ *nt*
uni·po·lar [ˈjuːnɪpəʊləʳ, AM -poʊlɚ] *adj* SCI einpolig, unipolar *fachspr*
unique [juːˈniːk] *adj* ❶ *inv (only one)* einzigartig; ***the coral is ~ to this reef*** die Koralle ist nur an diesem Riff heimisch; ***these customs are ~ to this tribe*** diese Bräuche gibt es nur bei diesem Stamm; **a ~ characteristic** ein besonderes Merkmal; ~ **selling point** [*or* **proposition**] COMM einmaliges Verkaufsargument, Alleinstellungsmerkmal *nt*; ■**to be ~ in doing sth** als Einzige(r) *f(m)* etw tun
❷ *(fam: exceptional)* einzigartig; **a ~ opportunity** eine einmalige Gelegenheit
unique·ly [juːˈniːkli] *adv* ❶ *inv (exclusively)* als Einzige(r, s)
❷ *(fam: very specially)* besonders
unique·ness [juːˈniːknəs] *n no pl* Einzigartigkeit *f*
uˈnique·ness theo·rem *n* MATH Eindeutigkeitssatz *m*
unique po·ˈsi·tion fea·ture *n* COMM Alleinstellungsmerkmal *nt*
uni·sex [ˈjuːnɪseks, AM -nə-] *adj inv* unisex
uni·son [ˈjuːnɪsᵊn, AM -nə-] **I.** *n no pl* ❶ MUS Gleichklang *m*; **to sing/play in** ~ einstimmig singen/spielen
❷ *(simultaneously)* ■**to do sth in** ~ gleichzeitig dasselbe tun
❸ *(in agreement)* **to act in** ~ in Übereinstimmung handeln; ■**to be in** ~ [miteinander] im Einklang sein
II. *adj attr, inv* MUS einstimmig
unit [ˈjuːnɪt] *n* ❶ *(standard of quantity)* Einheit *f*; ~ **of alcohol** Alkoholeinheit *f*; ~ **of currency** Währungseinheit *f*; ~ **of length** Längenmaß *nt*; ~ **operation** CHEM Grundoperation *f*; ~ **weight** PHYS spezifisches Gewicht
❷ + *sing/pl vb (group of people)* Abteilung *f*; **anti-terrorist** ~ Antiterroreinheit *f*; **the family** ~ der Familienverband; **policy** ~ politische Abteilung
❸ *(part)* Teil *m*, Einheit *f*; ~ **of a course** Abschnitt *m* eines Kurses; ~ **of a course book** Kapitel *nt* eines Kursbuches
❹ *(element of furniture)* Element *nt*; **kitchen** ~ Küchenelement *nt*
❺ MECH Einheit *f*; **central processing** ~ zentrale Datenverarbeitungsanlage; **video display** ~ Sichtgerät *nt*
❻ COMM Einheit *f*; STOCKEX Anlageeinheit *f*
❼ MIL Einheit *f*, Verband *m*
❽ MED Abteilung *f*
❾ AM, AUS *(apartment)* Wohnung *f*; **multiple-~ dwelling** Wohnanlage *f*
❿ MATH Einer *m*
⓫ COMPUT *(machine)* einzelne Maschine
⓬ AM *(sl: penis)* Schwanz *m fam*
Uni·tar·ian [ˌjuːnɪˈteəriən, AM -ˈteri-] REL **I.** *n* Unitarier(in) *m(f)*
II. *adj inv* unitarisch
Uni·tar·ian·ism [ˌjuːnɪˈteəriənɪzᵊm, AM -ˈteri-] *n no pl* REL Unitarismus *m*
uni·tary [ˈjuːnɪtᵊri, AM -teri] *adj* POL einheitlich
ˈunit cost *n* COMM Kosten *pl* pro Einheit; FIN Stückkosten *pl*, Einheitskosten *p l*
unite [juːˈnaɪt] **I.** *vt* ❶ *(join together)* ■**to ~ sb/sth [with sb/sth]** jdn/etw [mit jdm/etw] vereinigen
❷ *(bring together)* ■**to ~ sth with sth** etw mit etw *dat* verbinden; ***the restrictive policies of the government have served only to ~ many citizens' groups in opposition to the regime*** die restriktive Regierungspolitik hat einzig und allein bewirkt, viele Bürgerinitiativen zu einer einzigen Opposition zusammenzuschweißen
II. *vi* ❶ POL, SOCIOL *(join in common cause)* sich *akk* vereinigen; ■**to ~ to do sth** sich *akk* zusammenschließen, um etw zu tun; ■**to ~ with/against sb** sich *akk* mit jdm/gegen jdn zusammentun
❷ *(join together)* sich *akk* verbinden
unit·ed [juːˈnaɪtɪd, AM -t̬-] *adj* ❶ *(joined together)* vereinigt; ~ **Germany** wiedervereinigtes Deutschland
❷ *(joined in common cause)* **to present a ~ front** Einigkeit demonstrieren; ~ **in grief** in Trauer vereint; ■**to be ~ against sth** geschlossen gegen etw *akk* auftreten
❸ *(in agreement)* vereint; ***on that issue we're ~*** in diesem Punkt stimmen wir überein
▶ PHRASES: ~ **we stand, divided we fall** *(saying)* nur gemeinsam sind wir stark
Unit·ed Arab ˈEmir·ates *npl* ■**the** ~ die Vereinigten Arabischen Emirate **Unit·ed Arab Re·ˈpub·lic** *n* Vereinigte Arabische Republik **Unit·ed ˈKing·dom** *n*, **UK** *n* ■**the** ~ das Vereinigte Königreich *(Großbritannien und Nordirland)* **Unit·ed ˈNa·tions, UN I.** *n* ■**the** ~ die Vereinten Nationen *pl*
II. *n modifier (charter, commission, member, policy, spokesman)* UN-, der Vereinten Nationen *nach n*; **a ~ peacekeeping force** eine Friedenstruppe der Vereinten Nationen **Unit·ed Na·tions Edu·ca·tion·al, Scien·ti·fic and ˈCul·tur·al Or·gani·za·tion** *n* + *sing/pl vb*, **UNESCO** *n* POL Organisation *f* der Vereinten Nationen für Erziehung, Wissenschaft und Kultur, UNESCO *f* **Unit·ed ˈStates** *n*, **US** *n* + *sing vb* ■**the** ~ die Vereinigten Staaten *pl* **Unit·ed States of Aˈmeri·ca** *n*, **USA** *n* die Vereinigten Staaten *pl* von Amerika
ˈunit·hold·er *n esp* BRIT FIN Anteilinhaber(in) *m(f)*, Inhaber(in) *m(f)* von Investmentpapieren
ˈunit price *n* COMM Preis *m* pro Einheit; FIN Stückpreis *m*
unit ˈtrust *n* BRIT FIN [offener] Investmentfonds *m*
unity [ˈjuːnəti, AM -t̬i] *n usu no pl* ❶ *(oneness)* Einheit *f*; ~ **of a film/novel** Einheitlichkeit *f* eines Films/Romans; **the unities [of time, place and action]** THEAT die Einheiten *pl* [von Zeit, Ort und Handlung]
❷ *(harmony)* Einigkeit *f*; **an appeal for ~** ein Ruf *m* nach Eintracht; **national** ~ nationale Einheit
Univ. *abbrev of* **University** Univ.
uni·ver·sal [ˌjuːnɪˈvɜːsᵊl, AM -nəˈvɜːr-] **I.** *adj* allgemein, universell; ~ **agreement** [*or* **approval**] allgemeine Zustimmung; ~ **health care** allgemeine Gesundheitsfürsorge; ~ **joint** TECH Kugelgelenk *nt*, Universalgelenk *nt*; ~ **language** Weltsprache *f*; ~ **panacea** Allheilmittel *nt*, Patentrezept *nt*; ~ **military service** allgemeine Wehrpflicht; ~ **suffrage** allgemeines Wahlrecht; **a ~ truth** eine allgemein gültige Wahrheit
II. *n* ■**a** ~ eine allgemein verbindliche Aussage
uni·ver·sal ˈbank *n* + *sing/pl vb* Universalbank *f* **uni·ver·sal ˈbank·ing** *n no pl* Universalbankgeschäft *nt*; ~ **service** Universalbankdienstleistung *f*
uni·ver·sal·ity [ˌjuːnɪvɜːˈsæləti, AM -nəvɜːrˈsælət̬i] *n no pl (form)* Universalität *f geh*
uni·ver·sal·ly [ˌjuːnɪˈvɜːsᵊli, AM -nəˈvɜːr-] *adv* allgemein; **to be ~ true** allgemein gültig sein
uni·ver·sal mo·bile tele·com·mu·ni·ˈca·tion sys·tem *n* TELEC UMTS *nt*
uni·verse [ˈjuːnɪvɜːs, AM -nəvɜːrs] *n* ❶ ASTRON ■**the** ~ das Universum; **centre** [*or* AM **center**] **of the** ~ Mittelpunkt *m* des Universums
❷ LIT Schauplatz *m*; ***the characters in his novels inhabit a bleak and hopeless ~*** seine Romanfiguren sind in einer Welt der Öde und Hoffnungslosigkeit angesiedelt
❸ *no pl (fig)* Welt *f*; ***his family is his whole ~*** für ihn besteht die ganze Welt nur aus seiner Familie
uni·ver·sity [ˌjuːnɪˈvɜːsəti, AM -nəvɜːrsət̬i] **I.** *n* Universität *f*; **to attend** [*or* **go to**] [*or* **be at**] [AM **a**] ~ [an einer Universität] studieren
II. *n modifier (campus, lecturer, library, professor, student, town)* Universitäts-; ~ **chair** Lehrstuhl *m* an einer Universität; ~ **education** Hochschulbildung *f*; ~ **graduate** Akademiker(in) *m(f)*; ~ **lecture** Vorlesung *f*; ~ **student** Student(in) *m(f)*
uni·ver·sity ˈgradu·ate *n* Hochschulabsolvent(in) *m(f)* **uni·ver·sity ˈlec·tur·er** *n* Hochschuldozent(in) *m(f)* **uni·ˈver·sity town** *n* Universitätsstadt *f*
un·just [ʌnˈdʒʌst] *adj* ungerecht; LAW unrechtmäßig
un·jus·ti·fi·able [ʌnˌdʒʌstɪˈfaɪəbl] *adj* nicht zu rechtfertigen *präd*
un·jus·ti·fi·ably [ʌnˌdʒʌstɪˈfaɪəbli] *adv* in nicht zu rechtfertigender Weise; ***the costs of this project have become ~ high*** die Projektkosten sind so hoch, dass sie nicht mehr zu rechtfertigen sind
un·jus·ti·fied [ʌnˈdʒʌstɪfaɪd] *adj* ❶ *(not justified)* ungerechtfertigt; ~ **complaint** [*or* **grievance**] unberechtigte Beschwerde
❷ TYPO im Flattersatz, nicht ausgerichtet
un·just·ly [ʌnˈdʒʌstli] *adv (pej)* ❶ *(in an unjust manner)* ungerecht; ***her complaint was ~ dealt***

U

with ihre Beschwerde erfuhr eine ungerechte Behandlung
② *(wrongfully)* zu Unrecht; **to be ~ condemned** zu Unrecht verurteilt werden

un·kempt [ʌnˈkem(p)t] *adj* ungepflegt; **~ appearance** ungepflegtes Äußeres; **~ hair** ungekämmte [*o* SCHWEIZ ungestrählte] Haare *fam;* **~ lawn** ungepflegter Rasen; **to look ~** einen ungepflegten Eindruck machen

un·kind [ʌnˈkaɪnd] *adj* ① *(not kind)* unfreundlich; ■**to be ~ of sb [to do sth]** gemein [*o* nicht nett] von jdm sein[, etw zu tun]; ***that was ~ of you*** das war nicht nett von dir; ■**to be ~ to sb** unfreundlich zu jdm sein; **to be ~ to animals** Tiere schlecht behandeln; **~ critics** ungnädige Kritiker
② *pred (not gentle)* **to be ~ to hair/skin/surfaces** die Haare/die Haut/Oberflächen angreifen

un·kind·ly [ʌnˈkaɪndli] **I.** *adv* unfreundlich; ***she speaks ~ of him*** sie hat für ihn kein gutes Wort übrig; **to take ~ to sth** *(form)* sich *akk* über etw *akk* pikiert zeigen; *news* etw unfreundlich aufnehmen
II. *adj (dated form)* unfreundlich

un·kind·ness [ʌnˈkaɪndnəs] *n* ① *no pl (quality)* Unfreundlichkeit *f*
② *(instance)* Gemeinheit *f*

un·knot <-tt-> [ʌnˈnɒt, AM ˈnɑːt] **I.** *vi* aufknoten, entknoten; *(fig)* die Lösung finden
II. *vt* ■**to ~ sth** etw aufknoten, etw losknüpfen; *(also fig)* etw aufdröseln, etw entwirren

un·know·able [ʌnˈnəʊəbl̩, AM ˈnoʊ] *adj inv* unkenntlich, nicht auszumachen[d]

un·know·ing [ʌnˈnəʊɪŋ, AM -ˈnoʊ-] *adj* ahnungslos; ***Jennie was the ~ cause of the quarrel*** Jennie war, ohne es zu wissen, der Grund für den Streit

un·know·ing·ly [ʌnˈnəʊɪŋli, AM -ˈnoʊ-] *adv* unwissentlich; ***a great number of people ~ carry the AIDS virus*** viele Menschen tragen das Aidsvirus in sich, ohne es zu wissen

un·known [ʌnˈnəʊn, AM -ˈnoʊn] **I.** *adj* ① *(not known)* unbekannt, nicht bekannt; ■**to be ~ to sb** jdm unbekannt sein; ***~ to me, she had organized a party for my birthday*** ohne mein Wissen hatte sie eine Geburtstagsparty für mich organisiert; **by a person** [*or* **persons**] **~** LAW von unbekannt; **an ~ quantity** eine unbekannte Größe; **the U~ Soldier** der Unbekannte Soldat
② *(not widely familiar)* unbekannt; ***as recently as six months ago her name was almost ~ in Britain*** noch vor sechs Monaten kannte sie kaum jemand in England
II. *n* ① *(sth not known)* Ungewissheit *f;* MATH Unbekannte *f;* ■**the ~** das Unbekannte; **a fear of the ~** Angst *f* vor dem Unbekannten
② *(sb not widely familiar)* Unbekannte(r) *f(m)*

un·lace [ʌnˈleɪs] *vt* ■**to ~ sth** etw aufschnüren

un·lady·like [ʌnˈleɪdilaɪk] *adj (pej dated)* nicht damenhaft [*o* ladylike]

un·la·ment·ed [ˌʌnləˈmentɪd, AM t̬ɪd] *adj* unbeklagt, nicht bedauert

un·latch [ʌnˈlætʃ] *vt* ■**to ~ sth** etw aufklinken, etw öffnen

un·law·ful [ʌnˈlɔːfᵊl, AM -ˈlɑː-] *adj inv* ungesetzlich, rechtswidrig; ■**~ possession of sth** illegaler Besitz einer S. *gen*

un·law·ful·ly [ʌnˈlɔːfᵊli, AM -ˈlɑː-] *adv* auf ungesetzliche Weise, ungesetzlich, gesetzwidrig

un·lead·ed [ʌnˈledɪd] *adj inv* unverbleit; **~ petrol** bleifreies Benzin

un·learn [ʌnˈlɜːn, AM -ˈlɜːrn] *vt* ■**to ~ sth** etw verlernen; *habit* sich *dat* etw abgewöhnen

un·leash [ʌnˈliːʃ] *vt* **to ~ a dog** einen Hund von der Leine lassen; *(fig)* ***she ~ed the full force of her anger on him*** sie ließ ihre ganze Wut an ihm aus; **to ~ passions in sb** Leidenschaften in jdm entfesseln; **to ~ a storm of protest** einen Proteststurm auslösen; **to ~ a war** einen Krieg auslösen

un·leav·ened [ʌnˈlevᵊnd] *adj inv* **~ bread** ungesäuertes Brot

un·less [ʌnˈles] **I.** *conj (except for when)* außer wenn; ***don't promise anything ~ you're 100 per cent sure*** mach' keine Versprechungen, es sei denn, du bist hundertprozentig sicher!; ***we'll do it ~ we're told otherwise*** wir machen es, sofern man uns nichts anderes sagt; **~ otherwise agreed** soweit nichts Gegenteiliges vereinbart
II. *prep* außer +*dat*

un·let·tered [ʌnˈletəd, AM ˈlet̬ɚd] *adj inv* ① *(uneducated)* ungebildet, ungelehrt
② *(illiterate)* analphabetisch

un·li·censed [ʌnˈlaɪsᵊn(t)st] *adj inv* ohne Lizenz *nach n; car* nicht zugelassen *präd;* **~ restaurant** Restaurant *nt* ohne Konzession [*o* SCHWEIZ Betriebsbewilligung]; *(in the UK)* Restaurant *nt* ohne Schankkonzession [*o* SCHWEIZ Alkoholbewilligung]

un·like [ʌnˈlaɪk] **I.** *adj* ① *pred (not similar)* unähnlich, nicht ähnlich; ***the twins are completely ~ each other*** die Zwillinge ähneln sich überhaupt nicht
② *(unequal) amounts* ungleich
II. *prep* ① *(different from)* **to be ~ sb/sth** jdm/etw nicht ähnlich sein; ***Julia's very ~ her sister in that respect*** Julia ist in dieser Hinsicht ganz anders als ihre Schwester
② *(in contrast to)* anders als; ***Dan's actually quite nice, ~ his father*** Dan ist eigentlich ganz nett, im Gegensatz zu seinem Vater
③ *(not normal for)* **to be ~ sb/sth** für jdn/etw nicht typisch sein; ***it's ~ you to be quiet*** du bist doch sonst nicht so still

un·lik(e)·able [ʌnˈlaɪkəbl̩] *adj* nicht liebenswert, unsympathisch

un·like·li·hood [ʌnˈlaɪklɪhʊd] *n no pl* Unwahrscheinlichkeit *f,* Unwahrscheinliche(s) *nt*

un·like·li·ness [ʌnˈlaɪklɪnəs] *n no pl* Unwahrscheinlichkeit *f*

un·like·ly [ʌnˈlaɪkli] *adj* ① *(improbable)* unwahrscheinlich; ■**it's ~ that ...** es ist unwahrscheinlich, dass ...; **in the ~ event that ...** in dem unwahrscheinlichen Fall, dass ...; **[sth] seems ~** [etw] sieht nicht so aus
② *(unconvincing)* nicht überzeugend; ***he seems an ~-looking policeman*** er sieht nicht wie ein Polizist aus; ***they surely make an ~ pair*** sie sind schon ein seltsames Paar

un·lim·it·ed [ʌnˈlɪmɪtɪd, AM -t̬-] *adj* ① *inv (not limited)* unbegrenzt; **~ access** unbeschränkter Zugang; **~ visibility** uneingeschränkte Sicht
② *(very great)* grenzenlos; **~ amounts of food and drink** [schier] unerschöpfliche Mengen von Essen und Trinken

un·lined [ˈʌnlaɪnd] *adj inv* ① *(without lines)* unliniert, ohne Linien *nach n; face* faltenlos
② *esp* FASHION *(without a lining)* ungefüttert

un·list·ed [ʌnˈlɪstɪd] *adj inv* ① STOCKEX *(not on stock market)* nicht notiert; **~ investment** nichtnotierte Beteiligung; **~ market** geregelter Freiverkehr; **~ securities** unnotierte Wertpapiere; **~ trading** Freiverkehr *m*
② AM, AUS *(not in phone book)* nicht verzeichnet; **to have an ~ number** nicht im Telefonbuch stehen

un·lit [ʌnˈlɪt] *adj inv (not lit)* unbeleuchtet; *(not aflame) candle, match* unangezündet, nicht brennend

un·load [ʌnˈləʊd, AM -ˈloʊd] **I.** *vt* ① *(remove the contents)* ■**to ~ sth** *vehicle* etw entladen; *container, boot of car* etw ausladen; *dishwasher* etw ausräumen; ■**to ~ sth from sth** etw von etw *dat* abladen; **to ~ a camera** einen Film aus einer Kamera nehmen; **to ~ a rifle** ein Gewehr entladen
② *(fam: get rid of)* ■**to ~ sth** etw abstoßen *fam* [*o sl* verschachern]; *rubbish* etw abladen; STOCKEX etw abstoßen
③ *(unburden)* **to ~ one's heart** sein Herz ausschütten; **to ~ one's worries on sb** jdm etwas vorjammern *pej*
II. *vi* ① TRANSP *(remove the contents)* abladen
② *(discharge goods)* entladen; *ship* löschen
③ *(fam: relieve stress)* Dampf ablassen *fam;* ■**to ~ on sb** jdm sein Herz ausschütten
④ *(sl: shoot a gun at)* ■**to ~ on sb** jdn abknallen *pej sl*

un·lock [ʌnˈlɒk, AM -ˈlɑːk] *vt* ■**to ~ sth** ① *(release a lock)* etw aufschließen
② *(release)* etw freisetzen; **to ~ the imagination** der Fantasie freien Lauf lassen
③ *(solve)* etw lösen; **to ~ a mystery/riddle** ein Geheimnis/Rätsel lösen
④ COMPUT etw freigeben [*o* entsperren]

un·locked [ʌnˈlɒkt, AM -ˈlɑːkt] *adj inv door, window* unverschlossen; **to leave sth ~** etw nicht abschließen

un·looked-for *adj attr,* **un·looked for** [ʌnˈlʊktfɔːʳ, AM -fɔːr] *adj pred* unerwartet, unvorhergesehen; **~ problem** unvorhergesehenes Problem

un·lov(e)·able [ʌnˈlʌvəbl̩] *adj* nicht liebenswert

un·loved [ʌnˈlʌvd] *adj* ungeliebt

un·love·ly <-ier, -iest *or* more ~, most ~> [ʌnˈlʌvli] *adj* unschön, hässlich, widerwärtig

un·lov·ing [ʌnˈlʌvɪŋ] *adj* lieblos

un·lucki·ly [ʌnˈlʌkɪli] *adv* unglücklicherweise, leider; ***he landed ~ and injured his back*** er fiel unglücklich und verletzte sich am Rücken; ■**~ for sb** zu jds Pech [*o* Unglück]

un·lucky [ʌnˈlʌki] *adj* ① *(unfortunate)* glücklos; ***he's always been ~*** er hat immer Pech; ***they were ~ enough to be there when it happened*** sie hatten das [große] Pech, gerade dort zu sein, als es passierte; ■**to be ~ for sb [that ...]** jd hat das Pech[, dass ...]; ***it was ~ for her that ...*** zu ihrem Pech ...; **to be ~ at cards/in love** Pech im Spiel/in der Liebe haben; **an ~ person** ein Pechvogel *m*
② *(dated form: bringing bad luck)* ■**to be ~** Unglück bringen; **~ day** Unglückstag *m;* **to draw the ~ lot** den Kürzeren ziehen

un·made [ʌnˈmeɪd] **I.** *vi pt, pp of* **unmake**
II. *adj inv* ungemacht; **an ~ bed** ein ungemachtes Bett

un·make <-made, -made> [ʌnˈmeɪk] *vt usu passive* ■**to ~ sth** etw zunichtemachen; **to ~ a name/reputation** einen [guten] Namen zerstören/Ruf ruinieren

un·man <-nn-> [ʌnˈmæn] *vt (dated)* ■**to ~ sb** jdn entmutigen [*o* schwachwerden lassen]; *(shock)* jdn erschüttern

un·man·age·able [ʌnˈmænɪdʒəbl̩] *adj* unkontrollierbar; ***the children are ~*** die Kinder sind außer Rand und Band; **to become ~** *situation* außer Kontrolle geraten; *hair* nicht zu bändigen sein

un·man·ly [ʌnˈmænli] *adj* unmännlich, weibisch

un·manned [ˈʌnmænd] *adj inv* AEROSP unbemannt

un·man·ner·ly [ʌnˈmænᵊli, AM -ɚli] *adj (form) behaviour* ungehörig *geh; language* salopp; ■**to be ~** keine Manieren haben

un·marked [ʌnˈmɑːkt, AM -ˈmɑːrkt] *adj inv* ① *(undamaged) people* unverletzt; *things* unbeschädigt
② *(without distinguishing signs)* nicht gekennzeichnet; **~ grave** namenloses Grab; **~ [police] car** Zivilfahrzeug *nt* der Polizei

un·mar·ried [ʌnˈmærɪd, AM *esp* -ˈmer-] *adj inv* unverheiratet, ledig; **~ mother** ledige Mutter

un·mask [ʌnˈmɑːsk, AM -ˈmæsk] **I.** *vt* ■**to ~ sb/sth [as sb/sth]** jdn/etw [als jdn/etw] entlarven; **to ~ a fraud** einen Betrug aufdecken
II. *vi* die Maske abnehmen

un·matched [ʌnˈmætʃt] *adj* ① *inv (unequalled)* unerreicht, unübertroffen; ***she has an intellectual capacity ~ in the rest of the group*** was ihre intellektuelle Kapazität angeht, kommt der Rest der Gruppe ihr nicht nach; ***they have enjoyed a standard of living ~ by anyone else in Europe*** sie haben einen Lebensstandard genossen, der in Europa seinesgleichen sucht
② *(extremely great)* gewaltig, enorm, SCHWEIZ *a.* massiv

un·men·tion·able [ʌnˈmen(t)ʃᵊnəbl̩] **I.** *adj* unaussprechlich; ■**to be ~** tabu sein; ***in the past pregnancy was considered to be something ~*** früher war Schwangerschaft ein Tabuthema; **~ disease** *Krankheit, über die man nicht spricht*
II. *n (hum dated)* ■**~s** *pl (undergarments)* Unaussprechliche *pl hum; (genitals)* Scham *f kein pl*

un·men·tioned [ʌnˈmen(t)ʃᵊnd] *adj inv* unerwähnt; *(in a book)* nicht aufgeführt

un·mer·ci·ful·ly [ʌn'mɜːsɪfəli, AM -mɜːr-] *adv* unbarmherzig, gnadenlos

un·mer·it·ed [ʌn'merɪtɪd, AM -t̬ɪd] *adj* unverdient

un·met [ʌn'met] *adj inv need, demand* offen[geblieben], nicht zufriedengestellt

un·met·alled [ʌn'metəld, AM 'met̬] *adj inv* BRIT *road* unbefestigt

un·mind·ful [ʌn'maɪndfəl] *adj (form)* ■**to be ~ of sth** auf etw *akk* keine Rücksicht nehmen; ***he was ~ of his own best interests*** er dachte nicht an seinen eigenen Vorteil

un·miss·able [ʌn'mɪsəbl̩] *adj (fam)* ■**to be ~** ein Muss sein *fam;* ***the one ~ show in town*** die Show in der Stadt, die man einfach gesehen haben muss

un·mis·tak(e)·able [ʌnmɪ'steɪkəbl̩] *adj* unverkennbar; ~ **symptom** eindeutiges Anzeichen

un·mis·tak(e)·ably [ˌʌnmɪ'steɪkəbli] *adv* unverkennbar, unverwechselbar

un·miti·gat·ed [ʌn'mɪtɪgeɪtɪd, AM -'mɪt̬əgeɪt̬ɪd] *adj* total *fam,* völlig *fam,* komplett *fam;* ***she described the film as 'ninety minutes of gloom, ~ by the slightest hint of humour'*** sie beschrieb den Film als ‚neunzig Minuten langen Trübsinn, der nicht vom kleinsten Anzeichen von Humor unterbrochen wurde'; ~ **contempt** volle Verachtung; **an ~ disaster** eine totale Katastrophe; ~ **evil** das absolute Böse

un·mixed [ʌn'mɪkst] *adj inv* ❶ *(not mixed)* unvermischt
❷ *(unambiguous)* unverfälscht, rein

un·mo·lest·ed [ˌʌnməʊ'lestɪd, AM -mə'-] *adj inv* unbelästigt, ungestört

un·mo·ti·vat·ed [ʌn'məʊtɪveɪtɪd, AM 'moʊt̬əveɪt̬ɪd] *adj* unmotiviert

un·mount·ed [ʌn'maʊntɪd, AM t̬ɪd] *adj inv* ❶ *(not on horseback)* nicht beritten
❷ *not assembled* nicht montiert
❸ *print* nicht aufgezogen
❹ *gem* nicht [ein]gefasst

un·moved [ʌn'muːvd] *adj usu pred* unbewegt; *(emotionless)* ungerührt; ***he was quite ~ by her pleas for mercy*** ihre Bitten um Gnade rührten ihn überhaupt nicht

un·mu·si·cal [ʌn'mjuːzɪkəl] *adj* unmusikalisch

un·named [ʌn'neɪmd] *adj inv* ungenannt; ~ **source** JOURN ungenannte Quelle

un·natu·ral [ʌn'nætʃərəl, AM -ɚəl] *adj* ❶ *(contrary to nature)* unnatürlich; PSYCH abnorm, abnormal SCHWEIZ, ÖSTERR, pervers *pej;* ~ **sexual practices** perverse Sexualpraktiken
❷ *(not normal)* ungewöhnlich, unnormal; ***it's ~ for you to react so calmly*** normalerweise reagierst du nicht so gelassen
❸ *(dated: cruel)* unmenschlich; ~ **mother** Rabenmutter *f*

un·natu·ral·ly [ʌn'nætʃərəli, AM -ɚəli] *adv* ❶ *(abnormally)* unnatürlich, unnormal
❷ *(unexpectedly)* **not ~** nicht verwunderlich; ***not ~, they have refused to lend him any more money*** es ist kein Wunder, dass sie es abgelehnt haben, ihm nochmals Geld zu leihen
❸ *(affectedly)* affektiert, geziert; **to walk ~** einen affektierten Gang haben

un·nec·es·sari·ly [ʌnˌnesə'serɪli] *adv* unnötigerweise; ~ **complex** unnötig kompliziert

un·nec·es·sary [ʌn'nesəsəri, AM -ser-] *adj* ❶ *(not necessary)* unnötig
❷ *(pej: uncalled for)* überflüssig, verzichtbar; ***a lot of the violence in the film was totally ~*** auf einen Großteil der Gewaltszenen im Film hätte man gut verzichten können

un·nerve [ʌn'nɜːv, AM -'nɜːrv] *vt* ■**to ~ sb** jdm an die Nerven gehen, jdn nervös machen

un·nerv·ing [ʌn'nɜːvɪŋ, AM -'nɜːrv-] *adj* entnervend, enervierend *geh;* ***I find it too ~*** das kostet mich zu viel Nerven *fam*

un·nerv·ing·ly [ʌn'nɜːvɪŋli, AM -'nɜːrv-] *adv* enervierend *geh;* ***it was ~ still*** es herrschte eine schier unerträgliche Stille

un·no·ticed [ʌn'nəʊtɪst, AM -'noʊt̬ɪst] *adj pred* unbemerkt; ■**to do sth ~** etw unbemerkt tun; **to go ~ that ...** nicht bemerkt werden, dass ...; ***so far it has gone ~ that several thousand dollars are missing from the treasury*** bisher ist es noch nicht aufgefallen, dass mehrere tausend Dollar aus der Staatskasse fehlen

un·num·bered [ʌn'nʌmbəd, AM -bɚd] *adj* ❶ *inv (not marked)* nicht nummeriert; **an ~ house** ein Haus ohne Hausnummer; **an ~ page** eine Seite ohne Zahl
❷ *(form: countless)* unzählig *geh,* zahllos

UNO ['juːnəʊ, AM -noʊ] *n no pl, + sing/pl vb acr for* **United Nations Organization:** ■**the ~** die UNO

un·ob·jec·tion·able [ˌʌnəb'dʒekʃənəbl̩] *adj* einwandfrei, nicht zu beanstanden[d]

un·ob·ser·vant [ˌʌnəb'zɜːvənt, AM -'zɜːr-] *adj* unaufmerksam

un·ob·served [ˌʌnəb'zɜːvd, AM -'zɜːrvd] *adj inv* unbeobachtet, unbemerkt

un·ob·struct·ed [ˌʌnəb'strʌktɪd] *adj inv* ungehindert; *passage* unversperrt

un·ob·tain·able [ˌʌnəb'teɪnəbl̩] *adj* unerreichbar, utopisch *fam*

un·ob·tru·sive [ˌʌnəb'truːsɪv] *adj* unaufdringlich; **~ make-up** dezentes Make-up; **an ~ person** ein unaufdringlicher Mensch; **an ~ piece of furniture** ein dezentes Möbelstück

un·ob·tru·sive·ly [ˌʌnəb'truːsɪvli] *adv* ❶ *(unnoticed)* unaufdringlich
❷ *(discreetly)* unauffällig

un·ob·tru·sive·ness [ˌʌnəb'truːsɪvnəs] *n no pl (approv)* Unaufdringlichkeit *f*

un·oc·cu·pied [ʌn'ɒkjəpaɪd, AM -'ɑːkjə-] *adj inv* ❶ *(uninhabited)* unbewohnt
❷ *(not under military control)* nicht besetzt; **an ~ country** ein unbesetztes Land
❸ *(not taken) seat* frei

un·of·fi·cial [ˌʌnə'fɪʃəl] *adj* inoffiziell, nicht amtlich; ***~ estimates claim that ...*** inoffiziellen Schätzungen zufolge ...; ***according to ~ figures, ...*** inoffiziellen [*o* nicht amtlichen] Zahlen zufolge ...; **~ broker** STOCKEX Freimakler(in) *m(f);* **in an ~ capacity** inoffiziell; **~ dealing** STOCKEX Freiverkehr *m;* **~ market** FIN Kulisse *f;* **~ strike** BRIT wilder Streik

un·of·fi·cial·ly [ˌʌnə'fɪʃəli] *adv* inoffiziell; ***speaking ~, the politician intimated that ...*** hinter vorgehaltener Hand gab der Politiker zu verstehen, dass ...

un·opened [ʌn'əʊpənd, AM 'oʊ] *adj inv* ungeöffnet, [noch] verschlossen

un·op·posed [ˌʌnə'pəʊzd, AM 'poʊzd] *adj inv* keinem Widerstand ausgesetzt, unbehindert; *opinion* unwidersprochen

un·or·gan·ized [ʌn'ɔːgənaɪzd, AM -'ɔːr-] *adj* unorganisiert

un·origi·nal [ˌʌnə'rɪdʒənəl, AM 'rɪdʒɪ] *adj* unoriginell, ohne Originalität *nach n*

un·or·tho·dox [ʌn'ɔːθədɒks, AM -'ɔːrθədɑːks] *adj* unorthodox *geh,* unkonventionell; **~ approach** ungewöhnliche Methode

un·pack [ʌn'pæk] **I.** *vt* ■**to ~ sth** etw auspacken; COMPUT *(remove data)* etw auspacken; **to ~ a car** ein Auto ausladen [*o* entladen]
II. *vi* auspacken

un·paid [ʌn'peɪd] *adj inv* ❶ *(not remunerated)* unbezahlt; **to take ~ leave** unbezahlten Urlaub nehmen
❷ *(not paid)* unbezahlt; **an ~ invoice** eine ausstehende [*o* unbezahlte] Rechnung

un·pal·at·able [ʌn'pælətəbl̩, AM -ət̬ə-] *adj* ❶ *(not tasty)* ■**to be ~** schlecht schmecken
❷ *(fig: distasteful)* unangenehm

un·par·al·leled [ʌn'pærəleld, AM -'per-] *adj (form)* beispiellos, einmalig; *success* noch nie da gewesen; ***they enjoyed success on a scale ~ by any previous pop group*** sie hatten so viel Erfolg wie keine andere Popgruppe zuvor

un·par·don·able [ʌn'pɑːdənəbl̩, AM -'pɑːr-] *adj* unentschuldbar, unverzeihlich

un·par·don·ably [ʌn'pɑːdənəbli, AM -'pɑːr-] *adv* unentschuldbar

un·par·lia·men·tary [ʌnˌpɑːlə'mentəri, AM -ˌpɑːrlə'ment̬ɚi] *adj inv* unparlamentarisch, nicht parlamentsfähig; **~ language** der Würde des Parlaments nicht entsprechende Sprache

un·pat·ri·ot·ic [ʌnˌpætri'ɒtɪk, AM ˌpeɪtri'ɑːt̬ɪk] *adj* unpatriotisch

un·paved [ʌn'peɪvd] *adj inv* ungepflastert

un·peg <-gg-> [ʌn'peg] *vt* STOCKEX ■**to ~ sth** *(prices)* etw freigeben

un·per·fumed [ˌʌnpə'fjuːmd, AM pɚ'] *adj inv* nicht parfümiert

un·per·turbed [ˌʌnpə'tɜːbd, AM -pɚ'tɜrbd] *adj* nicht beunruhigt; ■**to be ~ by sth** sich *akk* durch etw *akk* nicht aus der Ruhe bringen lassen

un·pick [ʌn'pɪk] *vt* ■**to ~ sth** ❶ *(undo sewing)* etw auftrennen
❷ *(fig: reverse)* etw zunichtemachen
❸ *(carefully analyse)* etw auseinandernehmen *fig*

un·pin <-nn-> [ʌn'pɪn] *vt* ■**to ~ sth** die Nadeln aus etw *akk* entfernen, etw losmachen

un·placed [ʌn'pleɪst] *adj inv* SPORT unplatziert

un·planned [ʌn'plænd] *adj inv* ❶ *(not intended)* ungeplant, nicht vorgesehen
❷ *(orderless)* planlos

un·play·able [ʌn'pleɪəbl̩] *adj* ❶ SPORT, MUS *(too difficult to play)* unspielbar
❷ *(not able to support play) field, pitch* unbespielbar

un·pleas·ant [ʌn'plezənt] *adj* ❶ *(not pleasing)* unerfreulich *geh,* unangenehm; **~ incident** unliebsamer Vorfall *geh;* **~ sensation** unangenehmes Gefühl; **~ surprise** unangenehme Überraschung
❷ *(unfriendly) person* unfreundlich; *relations* frostig

un·pleas·ant·ly [ʌn'plezəntli] *adv* ❶ *(not pleasingly)* unangenehm, in unangenehmer Weise
❷ *(in an unfriendly manner)* unfreundlich

un·pleas·ant·ness [ʌn'plezəntnəs] *n* ❶ *no pl (quality)* Unerfreulichkeit *f*
❷ *no pl (unfriendly feelings)* Unstimmigkeit[en] *f[pl],* Spannungen *pl*
❸ *(instance)* Gemeinheit *f,* Nettigkeit[en] *f[pl] iron*

un·plug <-gg-> [ʌn'plʌg] *vt* ❶ *(disconnect)* **to ~ an electric appliance** ein elektrisches Gerät aus der Steckdose ziehen
❷ *(unstop)* **to ~ a drain/pipe** einen Abfluss/ein Rohr reinigen

un·plugged [ʌn'plʌgd] *adj* MUS unplugged *(ohne elektronische Verstärkung)*

un·plumbed [ʌn'plʌmd] *adj* ❶ *(not known)* unergründet; *mystery* ungelöst; **~ depths [of the ocean]** unerforschte Tiefen [des Meeres]
❷ *inv (not plumbed)* ohne Wasserleitungen *nach n*

un·pol·ished [ʌn'pɒlɪʃt, AM -'pɑː-] *adj* ❶ *inv (not polished)* unpoliert
❷ *(fig: not refined)* ungehobelt, ungeschliffen

un·pol·lut·ed [ˌʌnpə'luːtɪd, AM -t̬-] *adj* unverschmutzt; **~ water** sauberes Wasser

un·popu·lar [ʌn'pɒpjələr, AM -'pɑːpjəlɚ] *adj* ❶ *(not liked)* unbeliebt; ■**to be ~ with sb** bei jdm unbeliebt sein
❷ *(not widely accepted)* unpopulär; **to be ~** wenig Anklang finden

un·popu·lar·ity [ʌnˌpɒpjə'lærəti, AM -ˌpɑːpjə'lerət̬i] *n no pl person* Unbeliebtheit *f; government policies* Unpopularität *f*

un·post·ed [ʌn'pəʊstɪd, AM -'poʊst-] *adj inv* FIN ungebucht

un·prac·ti·cal [ʌn'præktɪkəl] *adj* ❶ *(impractical)* unpraktisch
❷ *(not feasible)* unpraktikabel, nicht durchführbar
❸ *(lacking skill)* unpraktisch, nicht praktisch veranlagt

un·prac·tised, AM **un·prac·ticed** [ʌn'præktɪst] *adj (form)* unerfahren; ■**to be ~ in sth** in etw *dat* unerfahren sein [*o* keine Übung haben]

un·prec·edent·ed [ʌn'presɪdəntɪd, AM -'presədent̬ɪd] *adj inv* noch nie da gewesen; LAW ohne Präzedenz[fall], beispiellos; **~ action** beispiellose Aktion; **~ in the history of sth** beispiellos in der Geschichte einer S. *gen;* **on an ~ scale** in bislang ungekanntem Ausmaß

U

un·prec·edent·ed·ly [ʌnˈpresɪdᵊntɪdli, AM -ˈpresədentɪd-] *adv* nie da gewesen
un·pre·dict·abil·ity [ˌʌnprɪˌdɪktəˈbɪləti, AM -əţi] *n no pl* Unvorhersehbarkeit *f*
un·pre·dict·able [ˌʌnprɪˈdɪktəbl̩] *adj* ❶ *(impossible to anticipate)* unvorhersehbar; ***the hours in this job are very*** ~ in diesem Job weiß man nie, wie lange man arbeiten muss; ~ **policies/weather** unberechenbare Politik/unberechenbares Wetter
❷ *(moody)* unberechenbar
un·pre·dict·ably [ˌʌnprɪˈdɪktəbli] *adv* unvorhersehbar; *(suddenly)* unvermittelt, plötzlich
un·pre·dict·ed [ˌʌnprɪˈdɪktɪd] *adj inv* unvorhergesehen, unerwartet
un·preju·diced [ʌnˈpredʒədɪst] *adj* ❶ *(not prejudiced)* unvoreingenommen; ~ **opinion** objektive Meinung
❷ *(not prejudiced against race)* ohne [Rassen]vorurteile *nach n;* ■ **to be** ~ keine [Rassen]vorurteile haben
un·pre·medi·tat·ed [ˌʌnpriːˈmedɪteɪtɪd, AM -ţ-] *adj* unbedacht, unüberlegt; **to give an** ~ **answer** eine unbedachte Antwort geben; ~ **crime** LAW nicht vorsätzliches Verbrechen; ~ **murder** Mord *m* im Affekt
un·pre·pared [ˌʌnprɪˈpeəd, AM -ˈperd] *adj* ❶ *(not prepared)* unvorbereitet; **to catch sb** ~ jdn unvorbereitet treffen [*o fam* kalt erwischen]; ■ **to be** ~ **for sth** *an event* auf etw *akk* nicht vorbereitet sein; *a reaction, emotion* auf etw *akk* nicht gefasst sein
❷ *(not ready)* nicht vorbereitet
un·pre·pos·sess·ing [ʌnˌpriːpəˈzesɪŋ] *adj* wenig anziehend, nicht gerade sympathisch
un·pre·ten·tious [ˌʌnprɪˈten(t)ʃəs] *adj* bescheiden, unprätentiös *geh; tastes* einfach
un·prin·ci·pled [ʌnˈprɪn(t)səpl̩d] *adj* skrupellos; **an** ~ **person** ein Mensch *m* ohne Skrupel
un·print·able [ʌnˈprɪntəbl̩, AM -ţ-] *adj* JOURN nicht druckfähig; **an** ~ **remark** eine für die Veröffentlichung ungeeignete Bemerkung
un·pro·duc·tive [ˌʌnprəˈdʌktɪv] *adj* unproduktiv; ~ **business** unrentabler Betrieb; ~ **land** unfruchtbares Land; ~ **negotiations** unergiebige Verhandlungen
un·pro·fes·sion·al [ˌʌnprəˈfeʃᵊnᵊl] *adj* *(pej)* ❶ *(amateurish)* unprofessionell, unfachmännisch, amateurhaft
❷ *(beneath serious consideration)* unseriös
❸ *(contrary to professional ethics)* gegen die Berufsehre *präd;* ~ **conduct** berufswidriges Verhalten; *(against colleagues)* unkollegiales Verhalten
un·pro·fes·sion·al·ly [ˌʌnprəˈfeʃᵊnᵊli] *adv* *(pej)* unprofessionell; **to handle sth** ~ etw unfachmännisch handhaben
un·prof·it·able [ʌnˈprɒfɪtəbl̩, AM -ˈprɑːfɪţəbl̩] *adj* ❶ *(not making a profit)* unrentabel; *company, investment* unprofitabel, defizitär; ***their business was*** ~ ihr Betrieb warf keinen Gewinn ab; ~ **investment** Fehlinvestition *f*
❷ *(unproductive)* unproduktiv, unergiebig
un·prom·is·ing [ʌnˈprɒmɪsɪŋ, AM -ˈprɑːmə-] *adj* *(bad)* nicht sehr viel versprechend; *(promising success)* nicht gerade aussichtsreich
un·prompt·ed [ʌnˈprɒm(p)tɪd, AM -ˈprɑːm(p)-] *adj inv* unaufgefordert; ■ **to do sth** ~ etw unaufgefordert [*o* spontan] tun
un·pro·nounce·able [ˌʌnprəˈnaʊn(t)səbl̩] *adj (fam)* unaussprechlich
un·pro·pi·tious [ˌʌnprəˈpɪʃəs] *adj* ungünstig, nicht förderlich
un·pro·tect·ed [ˌʌnprəˈtektɪd] *adj* ❶ *(exposed to harm)* schutzlos
❷ *(without safety guards)* unbewacht
❸ *(without a condom) sex* ungeschützt
❹ COMPUT *(allowing full access)* frei zugänglich
un·prov·able [ʌnˈpruːvəbl̩] *adj inv* unbeweisbar
un·proved [ʌnˈpruːvd], **un·prov·en** [ʌnˈpruːvən] *adj* unbewiesen, nicht bewiesen; ~ **allegations** unerwiesene Behauptungen
un·pro·vid·ed [ˌʌnprəˈvaɪdɪd] *adj inv* ❶ *(not provided)* unversorgt
❷ *(not equipped)* ■ **to be** ~ **with sth** mit etw *dat* nicht versehen [*o* ausgestattet] sein
un·pro·ˈvid·ed for *adj pred* unversorgt *präd;* **to leave sb** ~ jdn unversorgt lassen; **to leave sb** ~ **in one's will** jdn in seinem Testament nicht bedenken
un·pro·voked [ˌʌnprəˈvəʊkt, AM -ˈvoʊkt] *adj* grundlos; ***his reproaches were entirely*** ~ seine Vorwürfe waren völlig aus der Luft gegriffen; **to come under** ~ **attack** grundlos angegriffen werden
un·pub·lished [ʌnˈpʌblɪʃt] *adj inv* unveröffentlicht
un·punc·tual [ʌnˈpʌŋktʃuːəl] *adj* unpünktlich; ~ **start** verzögerter Beginn
un·pun·ished [ʌnˈpʌnɪʃt] *adj inv* unbestraft; **to go** ~ *flaw, foul* durchgehen *fam; crime* unbestraft bleiben; *person* ungestraft davonkommen
un·put·down·able [ˌʌnpʊtˈdaʊnəbl̩] *adj* *(approv fam)* **an** ~ **book** ein Buch, das man nicht aus der Hand legen kann
un·quali·fied [ʌnˈkwɒlɪfaɪd, AM -ˈkwɑːlə-] *adj* ❶ *(without appropriate qualifications)* unqualifiziert; ***I'm*** ~ ***to give an opinion on that subject*** mir fehlt die Kompetenz, Stellung zu diesem Thema zu nehmen; ■ **to be** ~ **for sth** für etw *akk* nicht qualifiziert sein
❷ *(unreserved)* uneingeschränkt; ~ **denial** strikte Ablehnung; **an** ~ **disaster** eine Katastrophe grenzenlosen Ausmaßes; ~ **endorsement** uneingeschränktes Indossament; ~ **love** grenzenlose Liebe; ~ **success** voller Erfolg; ~ **support** rückhaltlose Unterstützung
un·quench·able [ʌnˈkwen(t)ʃəbl̩] *adj* ~ **thirst** nicht zu löschender Durst; ~ **thirst for knowledge** *(fig)* unstillbarer Wissensdurst
un·ques·tion·able [ʌnˈkwestʃənəbl̩] *adj* fraglos, unbestreitbar; ***her intelligence is*** ~ ihre Intelligenz steht außer Frage; ~ **evidence** [*or* **proof**] unumstößlicher Beweis; ~ **fact** unumstößliche Tatsache; ~ **honesty** unzweifelhafte Ehrlichkeit
un·ques·tion·ably [ʌnˈkwestʃənəbli] *adv* zweifellos, mit Sicherheit
un·ques·tioned [ʌnˈkwestʃənd] *adj* ❶ *(not doubted)* unbestritten, unangefochten; ***her authority is*** ~ ihre Autorität steht außer Frage; **to let sth go** ~ etw fraglos hinnehmen
❷ *(not questioned)* nicht befragt; *(not interrogated)* nicht verhört
un·ques·tion·ing [ʌnˈkwestʃənɪŋ] *adj* bedingungslos; ~ **obedience** absoluter [*o* blinder] Gehorsam
un·ques·tion·ing·ly [ʌnˈkwestʃənɪŋli] *adv* ohne zu fragen; **to** ~ **believe in sth** blind an etw *akk* glauben
un·qui·et [ʌnˈkwaɪət] *adj (liter)* unruhig, SCHWEIZ *a.* strub *fam;* ~ **times** unruhige [*o* SCHWEIZ *a. fam* strube] Zeiten; **sb's** ~ **spirit** jds rastloser Geist
un·quote [ˈʌnkwəʊt, AM -kwoʊt] *vi* Ende des Zitats; **quote ...** ~ Zitatanfang ... Zitatende; *(iron)* ***they are quote 'just good friends'*** ~ sie sind, in Anführungszeichen, ‚nur gute Freunde'
un·quot·ed [ʌnˈkwəʊtɪd, AM -ˈkwoʊţ-] *adj* STOCKEX nicht notiert; ~ **security** Freiverkehrswert *m*
un·rav·el <BRIT -ll- *or* AM *usu* -l-> [ʌnˈrævᵊl] **I.** *vt* ■ **to** ~ **sth** ❶ *(unknit, undo)* etw auftrennen
❷ *(untangle)* etw entwirren; **to** ~ **a knot** einen Knoten [*o* SCHWEIZ, ÖSTERR Knopf] aufmachen
❸ *(solve)* etw enträtseln; **to** ~ **a mystery** ein Rätsel lösen; **to** ~ **a secret** hinter ein Geheimnis kommen *fam*
❹ *(fig: destroy)* etw zunichtemachen
II. *vi* sich auftrennen
un·read [ʌnˈred] *adj* ❶ *inv (not studied)* ungelesen; **to leave sth** ~ etw ungelesen [liegen] lassen
❷ *(form liter: not well-educated)* unbelesen, ungebildet
un·read·able [ʌnˈriːdəbl̩] *adj* *(pej)* ❶ *(illegible)* unleserlich
❷ *book* schwer zu lesen *präd,* schwierig
❸ *(not worth reading)* nicht lesenswert
un·ready [ʌnˈredi] *adj* ❶ *pred (not prepared)* nicht bereit, nicht gerüstet *a. fig*
❷ *(old: slow to act, hesitant)* zögerlich, unlustig
un·real [ʌnˈrɪəl, AM ʌnˈriːl] *adj* ❶ *(not real)* unwirklich
❷ *(sl: astonishingly good)* unmöglich *fam;* ***man, that's*** ~***!*** Mann, das gibt's doch nicht! *fam*
un·re·al·is·tic [ˌʌnrɪəˈlɪstɪk, AM -riːə-] *adj* ❶ *(not realistic)* unrealistisch, wirklichkeitsfremd; ~ **objectives** unrealistische Zielsetzungen
❷ LIT, THEAT, FILM *(not convincing)* nicht realistisch; ~ **stage techniques** Verfremdungseffekte *pl*
un·re·al·is·ti·cal·ly [ˌʌnrɪəˈlɪstɪkᵊli, AM -riə'-] *adv* unrealistisch[erweise]
un·re·al·ity [ˌʌnriˈæləti, AM -əţi] *n no pl* Unwirklichkeit *f;* ***there was an air of*** ~ ***about the visit*** der Besuch hatte etwas Unwirkliches
un·re·al·ized [ʌnˈrɪəlaɪzd, AM -ˈriːə-] *adj* ❶ *(not realized)* nicht verwirklicht
❷ FIN *(not turned into money)* unrealisiert; ~ **gains** nicht realisierte Gewinne; ~ **loss** Buchverlust *m*
un·rea·son·able [ʌnˈriːzᵊnəbl̩] *adj* ❶ *(not showing reason)* unvernünftig; ***it's not an*** ~ ***assumption that ...*** es ist nicht abwegig anzunehmen, dass ...
❷ *(unfair)* übertrieben, unzumutbar; ***don't be so*** ~***! he's doing the best he can*** verlang nicht so viel! er tut sein Bestes; ~ **demands** überzogene [*o* SCHWEIZ überrissene] Forderungen
un·rea·son·able·ness [ʌnˈriːzᵊnəbl̩nəs] *n no pl* ❶ *(lack of reason)* Unvernunft *f,* Unvernünftigkeit *f*
❷ *(inadequateness)* Unbilligkeit *f,* Unmäßigkeit *f*
un·rea·son·ably [ʌnˈriːzᵊnəbli] *adv* ❶ *(illogically)* unvernünftig; ***she claims, not*** ~***, that ...*** sie behauptet nicht zu Unrecht, dass ...
❷ *(unfairly)* übertrieben, unangemessen; ***you're being*** ~ ***strict with Daphne*** du bist unnötig streng mit Daphne
un·rea·son·ing [ʌnˈriːzᵊnɪŋ] *adj* unbegründet; **an** ~ **fear** unbegründete Angst; ~ **hatred** grundloser Hass
un·re·cep·tive [ˌʌnrɪˈseptɪv] *adj* unempfänglich, nicht aufnahmefähig
un·rec·og·niz·able [ˌʌnrekəgˈnaɪzəbl̩] *adj inv* nicht [wieder]erkennbar, unkenntlich
un·rec·og·nized [ʌnˈrekəgnaɪzd] *adj inv* ❶ *(not identified)* nicht [wieder]erkannt, unerkannt
❷ *(not acknowledged)* nicht anerkannt
un·re·con·struct·ed [ˌʌnriːkənˈstrʌktɪd] *adj* *(also hum)* unbeirrbar, unbelehrbar; ***he's an*** ~ ***socialist*** er ist ein eingefleischter Sozialist
un·re·cord·ed [ˌʌnrɪˈkɔːdɪd, AM ˈkɔːr] *adj inv* ❶ *(unaccounted for in history)* nicht überliefert, nicht aufgezeichnet
❷ *(not in the files)* nicht eingetragen, unverzeichnet
❸ *(not on tape)* nicht aufgenommen
un·re·deemed [ˌʌnrɪˈdiːmd] *adj* nicht ausgeglichen; ■ **to be** ~ **by sth** durch etw *akk* nicht ausgeglichen [*o* wettgemacht] werden; ~ **sinner** REL unerlöster Sünder/unerlöste Sünderin
un·re·fined [ˌʌnrɪˈfaɪnd] *adj* ❶ *(not chemically refined)* nicht raffiniert, naturbelassen; ~ **sugar/oil** Rohzucker *m*/Rohöl *nt*
❷ *(not socially polished)* unkultiviert; ~ **manners** rüde Umgangsformen
un·re·flect·ing [ˌʌnrɪˈflektɪŋ] *adj* *(form)* unbedacht, unüberlegt
un·re·gard·ed [ˌʌnrɪˈgɑːdɪd, AM ˈgɑːr-] *adj* ❶ *(lacking attention)* unbeachtet, unberücksichtigt
❷ *(neglected)* vernachlässigt
un·re·gen·er·ate [ˌʌnrɪˈdʒenᵊrət, AM -ɚɪt] *adj* *(pej form)* hartnäckig; ~ **refusal** hartnäckige Weigerung
un·reg·is·tered [ʌnˈredʒɪstəd, AM -ɚd] *adj inv* nicht registriert [*o* eingetragen]; **an** ~ **birth** eine uneingetragene Geburt; **an** ~ **person** eine Person ohne Registrierung; ~ **mail** nicht eingeschriebene Post[sendungen]
un·re·gu·lat·ed [ʌnˈregjəleɪtɪd, AM -ţɪd] *adj inv* ungeregelt, ungeordnet; *market* nicht reguliert
un·re·hearsed [ˌʌnrɪˈhɜːst, AM -ˈhɜːrst] *adj* ❶ *(spontaneous)* spontan
❷ THEAT *(not previously rehearsed)* nicht geprobt
un·re·lat·ed [ˌʌnrɪˈleɪtɪd, AM -ţ-] *adj* ❶ *inv (not relatives)* nicht [miteinander] verwandt
❷ *(not logically connected)* ■ **to be** ~ **to sth** nicht mit etw *dat* zusammenhängen
un·re·leased [ˌʌnrɪˈliːst] *adj inv (unapproved)* nicht

freigegeben

un·re·lent·ing [ˌʌnrɪˈlentɪŋ, AM -t̬-] *adj* ❶ *(not yielding)* unerbittlich; **to be an ~ opponent of sth** unbeugsamer Gegner/unbeugsame Gegnerin einer S. *gen* sein; ■**to be ~ in sth** in etw *dat* nicht nachlassen
❷ *(incessant)* unaufhörlich; ***the pain was ~*** der Schmerz ließ nicht nach; **~ pressure** konstanter Druck; **~ rain** anhaltende Regenfälle
❸ *(form: unmerciful)* gnadenlos, unerbittlich, SCHWEIZ *a. fam* pickelhart; ***the headmaster was ~ and the prescribed punishment followed in due course*** der Direktor blieb hart und die vorgesehene Strafe folgte bald

un·re·lent·ing·ly [ˌʌnrɪˈlentɪŋli, AM -t̬ɪŋli] *adv* unaufhörlich, unablässig; **to ~ pursue sth** etw unermüdlich verfolgen

un·re·li·abil·ity [ˌʌnrɪlaɪəˈbɪləti, AM -əti] *n no pl* Unzuverlässigkeit *f*

un·re·li·able [ˌʌnrɪˈlaɪəbl̩] *adj* unzuverlässig

un·re·lieved [ˌʌnrɪˈliːvd] *adj* ❶ *(depressingly unvarying)* ununterbrochen, anhaltend *attr;* ■**to be ~ by sth** trotz einer S. *gen* anhalten; ***the pressure at work was ~ by any improvement in the sales figures*** da sich die Verkaufszahlen nicht verbessert hatten, hielt auch der Druck in der Arbeit an; **~ poverty** unverminderte Armut; **~ pressure/stress** anhaltender Druck/Stress; **~ tedium** dauernde Langeweile
❷ *(not helped)* unvermindert

un·re·liev·ed·ly [ˌʌnrɪˈliːvɪdli] *adv* anhaltend, gleich bleibend

un·re·mark·able [ˌʌnrɪˈmɑːkəbl̩, AM -ˈmɑːr-] *adj* nicht bemerkenswert; **an ~ dress** ein unauffälliges Kleid

un·re·marked [ˌʌnrɪˈmɑːkt, AM -ˈmɑːrkt] *adj inv* kommentarlos, unerwidert

un·re·mit·ting [ˌʌnrɪˈmɪtɪŋ, AM -ˈmɪt̬ɪŋ] *adj (form)* unablässig; ■**to be ~ in sth** in etw *dat* beharrlich sein; ***he was ~ in his determination to graduate with honours*** er war unbeirrbar in seinem Entschluss, mit Auszeichnung zu graduieren

un·re·mit·ting·ly [ˌʌnrɪˈmɪtɪŋli, AM -ˈmɪt̬-] *adv* unaufhörlich

un·re·peat·able [ˌʌnrɪˈpiːtəbl̩, AM -t̬-] *adj* ❶ *inv (unable to be repeated)* nicht wiederholbar; **~ sale price** einmaliger Verkaufspreis
❷ *(too offensive)* nicht wiederholbar *pej*

un·re·pen·tant [ˌʌnrɪˈpentənt, AM -t̬ənt] *adj* reu[e]los; ■**to be ~** keine Reue zeigen; ■**to be ~ about sth** etw nicht bereuen; **~ sinner** reuloser Sünder/reulose Sünderin; **to die ~** sterben, ohne bereut zu haben

un·re·port·ed [ˌʌnrɪˈpɔːtɪd, AM -ˈpɔːrt̬ɪd] *adj inv* nicht berichtet, nicht gemeldet

un·rep·re·senta·tive [ˌʌnreprɪˈzentətɪv, AM -t̬ət̬ɪv] *adj* nicht repräsentativ; ■**to be ~ of sth** für etw *akk* nicht repräsentativ sein

un·rep·re·sent·ed [ˌʌnreprɪˈzentɪd, AM -t̬ɪd] *adj inv* nicht vertreten

un·re·quit·ed [ˌʌnrɪˈkwaɪtɪd, AM -t̬ɪd] *adj (form or hum)* unerwidert; ■**to be ~** unerwidert bleiben, nicht erwidert werden; **~ love** unerwiderte Liebe

un·re·served [ˌʌnrɪˈzɜːvd, AM -ˈzɜːrvd] *adj* ❶ *(without reservations)* uneingeschränkt, vorbehaltlos; **to be ~ in one's praise for sb/sth** jdn/etw über alle Maßen loben; **~ support** volle [*o* rückhaltlose] Unterstützung
❷ *(not having been reserved)* nicht reserviert [*o* vorbestellt]; **~ seats** freie Plätze
❸ *(not standoffish)* offen; **~ friendliness** Herzlichkeit *f*

un·re·serv·ed·ly [ˌʌnrɪˈzɜːvɪdli, AM -ˈzɜːrv-] *adv* uneingeschränkt, vorbehaltlos; ***I trust her ~*** ich vertraue ihr rückhaltlos; **to apologize ~ to sb** sich *akk* ohne Einschränkungen bei jdm entschuldigen

un·re·sist·ing [ˌʌnrɪˈzɪstɪn] *adj* widerstandslos

un·re·solved [ˌʌnrɪˈzɒlvd, AM -ˈzɑːlvd] *adj* ❶ *(not settled)* ungelöst; **~ tension** anhaltende Spannung
❷ *pred (undecided)* unentschlossen, unschlüssig

un·re·spon·sive [ˌʌnrɪˈspɒn(t)sɪv, AM -ˈspɑːn(t)-] *adj* ■**to be ~** nicht reagieren, keine Reaktion zeigen; ***the audience was ~*** das Publikum ging nicht mit *fam;* ■**to be ~ to sth** auf etw *akk* nicht reagieren [*o* eingehen]; **to be ~ to medicine/treatment** auf Medikamente/eine Behandlung nicht ansprechen

un·rest [ʌnˈrest] *n no pl* Unruhen *pl;* **ethnic/social ~** ethnische/soziale Spannungen

un·re·strained [ˌʌnrɪˈstreɪnd] *adj* uneingeschränkt; **~ consumerism** hemmungsloses Konsumverhalten; **~ criticism** harte Kritik; **~ laughter** ungehemmtes Gelächter; **~ praise** umschränktes Lob

un·re·strict·ed [ˌʌnrɪˈstrɪktɪd] *adj* uneingeschränkt; **~ access** ungehinderter Zugang

un·re·ward·ed [ˌʌnrɪˈwɔːdɪd, AM -ˈwɔːrd-] *adj inv* unbelohnt

un·re·ward·ing [ˌʌnrɪˈwɔːdɪŋ, AM -ˈwɔːrd-] *adj* nicht lohnend, undankbar *fig*

un·right·eous [ʌnˈraɪtʃəs] *adj esp* REL *(form)* ungerecht *veraltet*

un·ripe [ʌnˈraɪp] *adj* ❶ *(not ripe)* unreif; **to pick sth ~** etw unreif pflücken
❷ *(form: immature)* unerfahren, unreif

un·ri·valled [ʌnˈraɪvəld] *adj* unerreicht, unübertroffen; **an ~ collection of French porcelain** eine einzigartige Sammlung französischen Porzellans

un·roll [ʌnˈrəʊl, AM -ˈroʊl] **I.** *vt* ■**to ~ sth** *map, poster* etw aufrollen
II. *vi* sich *akk* abrollen [lassen]

un·ro·man·tic [ˌʌnrəʊˈmæntɪk, AM -roʊˈmænt̬ɪk] *adj* unromantisch

un·rope [ʌnˈrəʊp, AM -ˈroʊp] *vi (in climbing)* sich *akk* vom Seil losmachen

un·round·ed [ʌnˈraʊndɪd] *adj inv* LING *vowel* entrundet

un·ruf·fled [ʌnˈrʌfl̩d] *adj* ❶ *(not agitated)* unbeeindruckt, gelassen; ■**to be ~ by sb/sth** von jdm/etw unbeeindruckt sein
❷ *(not ruffled up)* unzerzaust; **~ feathers/fur/hair** glattes Gefieder/glatter Pelz/ordentliches Haar

un·ru·li·ness [ʌnˈruːlɪnəs] *n no pl* ungebärdiges Verhalten, Ungebärdigkeit *f*

un·ru·ly <-ier, -iest *or* more ~, most ~> [ʌnˈruːli] *adj* ❶ *(disorderly)* ungebärdig; *child* schwierig; **~ crowd** aufrührerische Menge
❷ *(difficult to control)* **~ children** Kinder außer Rand und Band; **~ hair** nicht zu bändigendes Haar

un·sad·dle [ʌnˈsædl̩] *vt* ❶ *(remove saddle)* **to ~ a horse** ein Pferd absatteln
❷ *(unseat)* **to ~ a rider** einen Reiter abwerfen

un·safe [ʌnˈseɪf] *adj* ❶ *(dangerous)* unsicher; *animal* gefährlich; ■**to be ~ to do sth** gefährlich sein, etw zu tun; **~ sex** ungeschützter Sex; **~ at any speed** ganz und gar unsicher; **to declare sth ~** etw für nicht sicher erklären; *building, bridge* etw für einsturzgefährdet erklären
❷ *pred (in danger)* nicht sicher, gefährdet; ***I don't know why, but I feel ~ here*** ich weiß nicht warum, aber ich fühle mich hier nicht sicher
❸ BRIT LAW *(unlikely to stand)* unhaltbar; **~ conviction** unhaltbares Urteil *nt;* **~ verdict** unhaltbarer Schuldspruch

un·said [ʌnˈsed] **I.** *adj inv (form)* ungesagt; **to leave sth ~** etw ungesagt lassen; *(vaguely)* etw offenlassen, etw in der Schwebe lassen; **to be better left ~** besser ungesagt bleiben
II. *vt pt, pp of* **unsay**

un·sala·ried [ʌnˈsæləri̇d] *adj inv* unbezahlt; **~ position** Tätigkeit ohne Monatsgehalt

un·sal(e)·able [ʌnˈseɪləbl̩] *adj* unverkäuflich; ***last year's fashions are ~*** Modeartikel vom letzten Jahr verkaufen sich nicht

un·salt·ed [ʌnˈsɔːltɪd] *adj* ungesalzen

un·sani·tary [ʌnˈsænɪtəri, AM -əteri] *adj* ❶ *(unhealthy)* ungesund
❷ *(lacking cleanliness)* unhygienisch

un·sat·is·fac·tory [ʌnˌsætɪsˈfæktəri, AM -t̬-] *adj* ❶ *(not satisfactory)* nicht zufriedenstellend, unzureichend; ***your performance is most ~*** Ihre Leistungen lassen sehr zu wünschen übrig *geh;* **~ answer** unbefriedigende Antwort; **~ service** unzureichender Service
❷ *(grade)* ungenügend

un·sat·is·fied [ʌnˈsætɪsfaɪd, AM -t̬-] *adj* ❶ *(not content)* unzufrieden; **to leave sb/sth ~** jdn/etw nicht befriedigen; ■**to be ~ with sb/sth** mit jdm/etw unzufrieden sein
❷ *(not convinced)* nicht überzeugt; **to be ~ with an explanation** sich *akk* mit einer Erklärung nicht zufriedengeben; **sth leaves sb ~** jd gibt sich mit etw *dat* nicht zufrieden
❸ *(not sated)* nicht gesättigt; ***the sandwiches left them ~*** die Brote machten sie nicht satt

un·sat·is·fy·ing [ʌnˈsætɪsfaɪɪŋ, AM -ˈsæt̬-] *adj* unbefriedigend

un·satu·rat·ed [ʌnˈsætʃəreɪtɪd, AM -t̬-] *adj* CHEM, FOOD ungesättigt *attr;* **~ fat[s]** ungesättigte Fettsäuren

un·sa·voury, AM **un·sa·vory** [ʌnˈseɪvəri] *adj* ❶ *(unpleasant to the senses)* unappetitlich
❷ *(disgusting)* ekelhaft, widerlich
❸ *(socially offensive)* zweifelhaft, fragwürdig; **~ district** übles Viertel; **~ reputation** zweifelhafter Ruf; **~ type** zwielichtige Gestalt, schmierige Type *sl*

un·say <-said, -said> [ʌnˈseɪ] *vt* ■**to ~ sth** etw zurücknehmen [*o* ungesagt machen]
▶ PHRASES: **what's said cannot be unsaid** *(prov)* gesagt ist gesagt

un·scarred [ʌnˈskɑːd, AM ˈskɑːrd] *adj inv* ohne Narben *nach n,* unverwundet; *(fig)* unbeeinträchtigt, nicht gezeichnet

un·scathed [ʌnˈskeɪðd] *adj* unverletzt; ■**to be ~ by sth** *(fig)* durch etw *akk* keinen Schaden genommen haben; **to escape ~** unverletzt davonkommen; **to emerge ~ from sth** *(fig)* etw unbeschadet überstehen

un·sche·duled [ʌnˈʃedjuːld, AM -ˈskedʒʊld] *adj inv* außerplanmäßig; ***the meeting was ~*** das Treffen war nicht geplant; **an ~ stop** *of train* außerfahrplanmäßiger Halt

un·schooled [ʌnˈskuːld] *adj (form)* ❶ *(uninstructed)* nicht ausgebildet [*o* geschult]; ■**to be ~ in sth** in etw *dat* nicht geschult sein; *(not know)* mit etw *dat* nicht vertraut sein
❷ *(untrained)* **~ horse** undressiertes Pferd

un·sci·en·ti·fic [ˌʌnsaɪənˈtɪfɪk] *adj* ❶ *(not meeting scientific standards)* unwissenschaftlich
❷ *(fam: not understanding scientific matters)* unwissenschaftlich

un·scram·ble [ʌnˈskræmbl̩] *vt* ■**to ~ sth** ❶ *(decode)* etw dekodieren [*o* entschlüsseln]; *(fig)* Licht in etw *akk* bringen
❷ *(restore order)* etw wieder ordnen

un·screened [ʌnˈskriːnd] *adj inv* ❶ *(not checked)* unkontrolliert, nicht überprüft
❷ *(not broadcast)* nicht ausgestrahlt

un·screw [ʌnˈskruː] **I.** *vt* MECH ■**to ~ sth** ❶ *(remove screws)* etw abschrauben; *(to open)* etw aufschrauben
❷ *(remove sth by twisting)* etw abschrauben; **to ~ a jar** ein Glas aufschrauben; **to ~ a lid** [*or* **a top**] einen Deckel abschrauben
II. *vi (take off by unscrewing)* sich abschrauben lassen; *(open)* aufschrauben

un·script·ed [ʌnˈskrɪptɪd] *adj inv* improvisiert; **~ remark** spontane Äußerung; **~ speech** Stegreifrede *f*

un·scru·pu·lous [ʌnˈskruːpjələs] *adj (pej)* skrupellos; **~ dealings/methods** skrupellose Machenschaften/Methoden

un·seal [ʌnˈsiːl] *vt (dated)* ❶ *(open)* **to ~ a letter** einen Brief entsiegeln
❷ *(tell)* **to ~ a secret** ein Geheimnis enthüllen
❸ *(publicize)* ■**to ~ sth** etw bekanntgeben

un·sealed [ʌnˈsiːld] *adj inv* ❶ *(not sealed)* unversiegelt
❷ *(open) letter* nicht zugeklebt

un·sea·son·able [ʌnˈsiːzənəbl̩] *adj* ❶ *(not appropriate for season)* für die Jahreszeit ungewöhnlich, nicht der Jahreszeit entsprechend
❷ *(form: untimely)* unangebracht

un·sea·son·ably [ʌnˈsiːzənəbli] *adv* für die Jahreszeit ungewöhnlich; **~ cold/warm** für die Jahreszeit

U

zu kalt/warm

un·sea·soned [ʌn'si:zᵊnd] *adj inv* ❶ *(not spiced or salted)* ungewürzt
❷ HORT *(not aged)* ~ **timber** nicht abgelagertes Holz

un·seat [ʌn'si:t] *vt* ❶ *(remove from power)* ■ **to ~ sb** jdn seines Amtes entheben
❷ SPORT *(throw)* **to ~ a rider** einen Reiter abwerfen

un·se·cured [ˌʌnsɪ'kjuːəd, AM -'kju:rd] *adj inv* ❶ FIN *(not covered by collateral)* ungesichert; ~ **credit** ungedeckter Kredit; ~ **creditor** Gläubiger(in) *m(f)* ohne Sicherheiten; ~ **bond** ungesicherte Schuldverschreibung; ~ **debt** ungesicherte Verbindlichkeit; **an ~ loan** [*or* **credit**] Blankokredit *m,* ungesichertes Darlehen
❷ *(unfastened) load* ungesichert, unbefestigt

un·seed·ed [ʌn'si:dɪd] *adj inv* ❶ TENNIS, SPORT *(not seeded)* **an ~ player** ein ungesetzter Spieler/eine ungesetzte Spielerin
❷ HORT *(not planted with seed)* unbesät

un·see·ing [ʌn'si:ɪŋ] *adj (form)* blind; **to look at sb with ~ eyes** jdn mit leerem Blick anstarren

un·seem·li·ness [ʌn'si:mlɪnəs] *n no pl (form or dated)* Unschicklichkeit *f veraltend geh,* Ungehörigkeit *f*

un·seem·ly [ʌn'si:mli] *adj (form or dated)* ungehörig, unschicklich *veraltend geh;* ***don't sit like that, Suzie — it's ~*** sitz nicht so da, Suzie – das schickt sich nicht *veraltend;* ~ **behaviour** ungehöriges Benehmen

un·seen [ʌn'si:n] *adj inv* ungesehen; ■ **to do sth ~** etw unbemerkt tun; **sight ~** unbesehen; **to buy property sight ~** ein Grundstück unbesehen kaufen

un·self·con·scious [ˌʌnself'kɒn(t)ʃəs, AM -'kɑ:n-] *adj* unbefangen; ■ **to be ~ about sth** unbefangen mit etw *dat* umgehen

un·self·con·scious·ly [ˌʌnself'kɒn(t)ʃəsli, AM -'kɑ:n-] *adv* unbefangen; **to laugh/talk ~** unbefangen [*o* ungezwungen] lachen/reden

un·self·ish [ʌn'selfɪʃ] *adj* selbstlos, uneigennützig

un·self·ish·ly [ʌn'selfɪʃli] *adv* selbstlos

un·self·ish·ness [ʌn'selfɪʃnəs] *n no pl* Selbstlosigkeit *f,* Uneigennützigkeit *f*

un·sen·ti·men·tal [ˌʌnsentɪ'mentᵊl, AM ţᵊl] *adj* unsentimental

un·ser·vice·able [ʌn'sɜ:vɪsəbl̩, AM -'sɜ:r-] *adj* unnütz, nicht zu gebrauchen; ~ **appliances** unbrauchbare Geräte

un·set·tle [ʌn'setl̩, AM -'seţl̩] *vt* ❶ *(make nervous)* ■ **to ~ sb** jdn verunsichern [*o fam* durcheinanderbringen]
❷ COMM *(make unstable)* **to ~ the market** das Marktgleichgewicht stören

un·set·tled [ʌn'setl̩d, AM -'seţl̩d] *adj* ❶ *(unstable)* instabil, unruhig, SCHWEIZ *a.* strub *fam;* ***his feelings were in an ~ state*** seine Gefühle waren aus dem Gleichgewicht; **an ~ political climate** ein unruhiges [*o* SCHWEIZ *a.* strubes *fam*] politisches Klima; **an ~ period** eine bewegte [*o* SCHWEIZ *fam* strube] Zeit; ~ **weather** unbeständiges Wetter
❷ *(troubled)* unruhig, besorgt
❸ *(unresolved)* **an ~ issue** ein noch anstehendes Thema
❹ *(queasy)* **to have an ~ stomach** einen gereizten Magen haben
❺ *(without settlers)* unbesiedelt

un·set·tling [ʌn'setlɪŋ, AM -ţ-] *adj* ❶ *(causing nervousness)* beunruhigend, verunsichernd; ***she had the ~ feeling that ...*** sie hatte das ungute Gefühl, dass ...; ~ **image** FILM aufrüttelnde Szene
❷ *(causing disruption)* ■ **to be ~** jdn/einen aus der Bahn werfen; ***it's very ~ to have to keep moving every couple of years*** man kann sich nirgendwo richtig zu Hause fühlen, wenn man alle zwei Jahre umziehen muss
❸ COMM destabilisierend

un·sexy [ʌn'seksi] *adj* unsexy *sl,* ohne Sexappeal *nach n*

un·shack·le [ʌn'ʃækl̩] *vt* ❶ *(release from shackles)* ■ **to ~ sb/sth** jdm/etw die Ketten abnehmen, jdn/etw von den Fesseln befreien
❷ *(fig: liberate, set free)* ■ **to ~ sb/sth** [**from sth**] jdn/etw befreien

un·shad·ed [ʌn'ʃeɪdɪd] *adj inv* unbeschattet, ohne Schatten *nach n; painting, drawing* nicht schattiert

un·shak·able, un·shake·able [ʌn'ʃeɪkəbl̩] *adj belief, feeling, opinion* unerschütterlich; *alibi* felsenfest; **to have ~ faith in sth** fest an etw *akk* glauben

un·shak·en [ʌn'ʃeɪkᵊn] *adj* unerschüttert; ***despite her husband's repeated flings, she has remained ~ in her loyalty*** trotz der wiederholten Eskapaden ihres Ehemannes geriet ihre Treue nicht ins Wanken

un·shaved [ʌn'ʃeɪvd], **un·shav·en** [ʌn'ʃeɪvᵊn] *adj inv* unrasiert

un·sheathe [ʌn'ʃi:ð] *vt* **to ~ a dagger/sword** einen Dolch/ein Schwert aus der Scheide ziehen

un·shed [ʌn'ʃed] *adj inv* unvergossen

un·shock·able [ʌn'ʃɒkəbl̩, AM 'ʃɑ:k] *adj* unerschütterlich, nicht zu schockieren[d]

un·shod [ʌn'ʃɒd, AM -'ʃɑ:d] *adj inv (form)* unbeschuht, barfuß

un·shrink·able [ʌn'ʃrɪŋkəbl̩] *adj* ■ **to be ~** *clothes* nicht einlaufen

un·shrink·ing [ʌn'ʃrɪŋkɪŋ] *adj* unverzagt, furchtlos; **to be ~ in the face of sth** vor etw *dat* nicht zurückschrecken

un·shrink·ing·ly [ʌn'ʃrɪŋkɪŋli] *adv* unverzagt, furchtlos; **to be ~ determined** fest entschlossen sein; **to face sb ~** jdm furchtlos entgegentreten

un·sight·ed [ʌn'saɪtid, AM -ţɪd] *adj* ❶ *(lacking the power of sight)* blind
❷ SPORT ohne Sicht *nach n*
❸ *(unseen)* ungesehen, ungesichtet

un·sight·ly <-ier, -iest *or* more ~, most ~> [ʌn'saɪtli] *adj* unansehnlich

un·signed [ʌn'saɪnd] *adj inv* ❶ *(lacking signature)* nicht unterschrieben [*o geh* unterzeichnet]; *painting* unsigniert
❷ *(not under contract) musician, player* nicht unter Vertrag stehend *attr*
❸ MATH, COMPUT *(without plus, minus sign)* unbezeichnet, ohne Plus- oder Minuszeichen *nach n,* ohne Vorzeichen *nach n*

un·sink·able [ʌn'sɪŋkəbl̩] *adj* ■ **to be ~** *boat, ship* unsinkbar sein

un·skil·ful, AM **un·skill·ful** [ʌn'skɪlfᵊl] *adj* ungeschickt, unerfahren

un·skilled [ʌn'skɪld] *adj* ❶ *(not having skill)* ungeschickt; ■ **to be ~ in** [*or* **at**] [**doing**] **sth** sich *akk* bei etw *dat* ungeschickt anstellen
❷ *(not requiring skill)* ungelernt; ~ **job** Tätigkeit *f* für ungelernte Arbeitskräfte; ~ **work** Hilfsarbeiten *pl*

un·skilled 'la·bour, AM **un·skilled 'la·bor** *n no pl* ungelernte Arbeitskräfte *pl* **un·skilled 'la·bour·er** *n,* AM **un·skilled 'la·bor·er, un·skilled 'work·er** *n* Hilfsarbeiter(in) *m(f)*

un·sliced [ʌn'slaɪst] *adj inv* nicht in Scheiben geschnitten, am Stück *nach n*

un·smil·ing [ʌn'smaɪlɪŋ] *adj inv (liter)* ernst; ~ **expression** ernste Miene

un·smil·ing·ly [ʌn'smaɪlɪŋli] *adv inv (liter)* ohne zu lächeln, ernst

un·snap <-pp-> [ʌn'snæp] *vt* ■ **to ~ sth** etw aufschnappen lassen

un·snarl [ʌn'snɑ:l, AM -'snɑ:rl] **I.** *vt* **to ~ yarn** Garn entwirren
II. *vi traffic* sich *akk* auflösen

un·so·ciable [ʌn'səʊʃəbl̩, AM -'soʊ-] *adj person* ungesellig; *activity* nicht [gerade] Kontakt fördernd *attr; place* nicht einladend *(für Kontakte und Begegnungen)*

un·so·cial [ʌn'səʊʃᵊl, AM -'soʊ-] *adj* ❶ BRIT *(socially inconvenient)* nicht sozialverträglich; **to work ~ hours** außerhalb der normalen Arbeitszeiten arbeiten
❷ *(antisocial)* asozial *pej*
❸ *(not seeking company)* unsozial

un·sold [ʌn'səʊld, AM -'soʊld] *adj inv* unverkauft

un·so·lic·it·ed [ˌʌnsə'lɪsɪtɪd, AM -ţ-] *adj inv* unerbeten; ~ **advice** ungebetene Ratschläge *pl;* ~ **manuscript** unaufgefordert eingesandtes Manuskript

un·solved [ʌn'sɒlvd, AM -'sɑ:lvd] *adj inv mystery, problem* ungelöst; *murder* unaufgeklärt

un·so·phis·ti·cat·ed [ˌʌnsə'fɪstɪkeɪtɪd, AM -təkeɪţɪd] *adj* ❶ *(pej: lacking knowledge) person* naiv, einfältig *pej; taste* einfach, anspruchslos
❷ *(uncomplicated) machine* einfach, unkompliziert
❸ *(approv: genuine)* unverfälscht; ~ **pleasure** bescheidenes Vergnügen

un·sound [ʌn'saʊnd] *adj* ❶ *(unstable)* instabil; *financial situation* heikel
❷ *(not valid) argument* nicht stichhaltig; *judgement* anfechtbar; ***your theory is logically ~*** deine Theorie ist logisch nicht folgerichtig; ~ **police evidence** nicht stichhaltiges polizeiliches Beweismaterial
❸ *(unreliable) person* unsolide, unzuverlässig; ***the construction firm was accused of ~ building practices*** man hat das Bauunternehmen beschuldigt, unsolide zu bauen
❹ *(unhealthy)* ungesund; ***his kidney function is ~*** seine Nieren arbeiten nicht richtig; **to be of ~ mind** unzurechnungsfähig sein

un·sound·ness [ʌn'saʊndnəs] *n no pl* ❶ *(sth harming health)* Ungesunde[s] *nt*
❷ *(unhealthiness)* Krankhaftigkeit *f*
❸ *(lack of reason)* Anfechtbarkeit *f,* Verfehltheit *f*
❹ FIN mangelnde Solidität

un·spar·ing [ʌn'speərɪŋ, AM -'sper-] *adj* ❶ *(merciless)* schonungslos
❷ *(approv form: lavish)* großzügig; *(pej)* verschwenderisch; **to be ~ in one's efforts** keine Mühen scheuen

un·spar·ing·ly [ʌn'speərɪŋli, AM 'sper] *adv* ❶ *(generously)* reichlich, überaus
❷ *(regardlessly)* schonungslos

un·speak·able [ʌn'spi:kəbl̩] *adj* ❶ *(not to be expressed in words)* **an ~ tenderness** nicht in Worte zu fassende Gefühle der Zärtlichkeit
❷ *(horrific)* ~ **atrocities** unbeschreibliche Gräueltaten

un·speak·ably [ʌn'spi:kəbli] *adv* unsagbar, unbeschreiblich; ***he behaved ~*** wie er sich aufgeführt hat, spottet jeder Beschreibung; ~ **bad/vile** unsagbar schlecht/gemein

un·speci·fied [ʌn'spesɪfaɪd] *adj inv* unspezifiziert, nicht näher erläutert; *people* namentlich nicht genannt

un·spec·tacu·lar [ʌnspek'tækjələʳ, AM lɚ] *adj* unauffällig, unspektakulär *geh*

un·spent [ʌn'spent] *adj inv* ❶ *(not spent) money, energy* nicht verbraucht
❷ *(not exhausted)* unverbraucht, übrig geblieben

un·spoiled [ʌn'spɔɪld], **un·spoilt** [ʌn'spɔɪlt] *adj (approv) person* unverdorben, natürlich; *child* nicht verwöhnt; *landscape* unberührt; ~ **view** unverbaute Aussicht

un·spok·en [ʌn'spəʊkᵊn, AM 'spoʊ-] *adj inv* unausgesprochen; ***there's an ~ assumption that ...*** man geht stillschweigend davon aus, dass ...; ~ **agreement** stillschweigende Übereinkunft; ~ **suspicions of sb** unausgesprochener Verdacht gegen jdn

un·sport·ing [ʌn'spɔ:tɪŋ, AM -'spɔ:rţɪŋ], **un·sports·man·like** [ʌn'spɔ:tsmənlaɪk, AM -'spɔ:rts-] *adj* unfair, unsportlich; ~ **conduct** [*or* **behaviour**] unfaires Verhalten

un·sprung [ʌn'sprʌŋ] *adj inv* ungefedert

un·sta·ble [ʌn'steɪbl] *adj* ❶ *(not firm)* nicht stabil; ~ **chair** wackeliger Stuhl
❷ *(fig)* instabil; ***his future looks ~*** seine Zukunft ist ungewiss; ~ **society** instabile Gesellschaft; **emotionally** [*or* **mentally**] ~ PSYCH [psychisch] labil

un·stat·ed [ʌn'steɪtɪd, AM -ţɪd] *adj inv* unausgesprochen

un·steadi·ly [ʌn'stedɪli] *adv* ❶ *(unstably)* unsicher, unruhig; **to walk ~** wanken
❷ *(irregularly)* unregelmäßig

un·steadi·ness [ʌn'stedɪnəs] *n no pl* Unsicherheit *f,* Schwanken *nt*

un·steady [ʌn'stedi] *adj* ❶ *(unstable)* nicht stabil; ***the table is ~*** der Tisch wackelt; **to be ~ on one's feet** [*or* **legs**] wack[e]lig auf den Beinen sein

❷ *(fluctuating)* instabil; ***the stock market has been ~ in recent weeks*** der Aktienmarkt ist in den letzten Wochen von Schwankungen gekennzeichnet
❸ *(wavering) hands, voice* zittrig; ***her voice was ~*** ihr zitterte die Stimme
❹ *(not regular) footsteps, heartbeat* unregelmäßig
un·stint·ed [ʌn'stɪntɪd, AM -t̬ɪd] *adj* uneingeschränkt, unverkürzt *veraltend*
un·stint·ing [ʌn'stɪntɪŋ] *adj (form) person* großzügig; *support also* vorbehaltlos, uneingeschränkt; ***she is ~ in her generosity*** ihre Großzügigkeit kennt keine Grenzen; **to be ~ in one's efforts/praise** keine Mühen scheuen/mit Lob nicht sparen
un·stint·ing·ly [ʌn'stɪntɪŋli, AM -t̬ɪŋ] *adv* freigebig, ohne zu knausern
un·stop·pable [ʌn'stɒpəbl̩, AM -'stɑːpə-] *adj* nicht aufzuhalten
un·strap <-pp-> [ʌn'stræp] *vt* ■**to ~ sb/sth** jdn/etw abschnallen [*o* losschnallen]
un·stressed [ʌn'strest] *adj inv* ❶ LING unbetont
❷ *(not worried)* unbelastet
un·struc·tured [ʌn'strʌktʃəd, AM -ɚd] *adj* ❶ *(without structure)* unstrukturiert
❷ *inv (of clothes)* unversteift, nicht appretiert
un·stuck [ʌn'stʌk] *adj* ❶ *pred, inv (not fastened)* **to [be]come ~** sich *akk* [ab]lösen
❷ *(undone)* **to come ~** scheitern; *speaker* steckenbleiben; *(in exam)* ins Schwimmen geraten *fam*
un·stud·ied [ʌn'stʌdid] *adj (form)* ❶ *(natural)* ungezwungen; **~ naturalness** Ungekünsteltheit *f geh*, ungezwungene Natürlichkeit; **~ response** spontane Antwort
❷ *(dated: not learned)* ■**to be ~ in sth** sich *akk* mit etw *dat* nicht auskennen
un·sub·stan·tial [ˌʌnsəb'stæn(t)ʃəl] *adj* unwesentlich, dürftig; *(immaterial)* körperlos
un·sub·stan·ti·at·ed [ˌʌnsəb'stæn(t)ʃieɪtid, AM -t̬ɪd] *adj inv* unbegründet; ***these claims/rumours are entirely ~*** diese Behauptungen/Gerüchte entbehren jeder Grundlage
un·sub·tle <-r, -st> [ʌn'sʌtl̩, AM -'sʌt̬l] *adj* grob, unfein, unsubtil *geh*
un·suc·cess·ful [ˌʌnsək'sesfəl] *adj* erfolglos; *attempt* vergeblich; *candidate* unterlegen; *negotiations* ergebnislos; ■**to be ~ in sth** bei etw *dat* keinen Erfolg haben; **to prove ~** sich *akk* als Fehlschlag erweisen
un·suc·cess·ful·ly [ˌʌnsək'sesfəli] *adv* erfolglos, vergeblich
un·suit·able [ʌn'sjuːtəbl̩, AM -'suːt̬ə-] *adj* unpassend; ■**to be ~ for sth** für etw *akk* nicht geeignet sein, sich *akk* für etw *akk* nicht eignen; **~ clothes** ungeeignete Kleidung [*o* SCHWEIZ Kleider]; **~ moment** unpassender Moment; **to be ~ to** [*or* **for**] **the occasion** dem Anlass nicht entsprechen
un·suit·ably [ʌn'sjuːtəbli, AM -'suːt̬ə-] *adv* unpassend; **~ dressed** unpassend gekleidet; **to behave ~** sich *akk* danebenbenehmen
un·suit·ed [ʌn'suːtɪd, AM -t̬ɪd] *adj pred* ■**to be ~ [for/to sth]** für etw *akk* ungeeignet sein
un·sul·lied [ʌn'sʌliːd] *adj (approv)* ❶ *(form: not tarnished)* makellos, unbefleckt; **an ~ reputation** ein makelloser Ruf
❷ *(dated: pure)* unberührt
un·sung [ʌn'sʌŋ] *adj inv* unbesungen; **~ achievements** unbeachtete Erfolge; **an ~ hero** ein Held *m*, von dem niemand spricht; **to go ~** sang- und klanglos untergehen
un·sup·port·ed [ˌʌnsə'pɔːtɪd, AM -'pɔːrt̬ɪd] *adj inv* ❶ *(physically)* ungestützt, ohne Stütze *präd;* **to walk ~** ohne Stützen gehen
❷ *(without evidence) assumption, theory* nicht gestützt
❸ *(without financial aid)* ohne Unterstützung
❹ COMPUT *(not offering assistance)* ohne Support
un·sure [ʌn'ʃʊəʳ, AM -'ʃʊr] *adj person* unsicher; *fact, date* ungewiss; ■**to be ~ how/what/when/whether/why ...** nicht genau wissen [*o* sich *dat* nicht sicher sein], wie/was/wann/ob/warum ...; ■**to be ~ about sth** sich *dat* einer S. *gen* nicht sicher sein; ■**to be ~ of oneself** unsicher sein, kein Selbstvertrauen haben
un·sur·pass·able [ˌʌnsə'pɑːsəbl̩, AM -sɚ'pæs-] *adj inv* unübertrefflich, unüberbietbar
un·sur·passed [ˌʌnsə'pɑːst, AM -sɚ'pæst] *adj inv* unübertroffen, einzigartig; ■**to be ~ at** [*or* **in**] **[doing] sth** in etw *dat* unübertroffen sein
un·sur·pris·ing [ˌʌnsə'praɪzɪŋ, AM -sɚ'-] *adj* nicht überraschend
un·sur·pris·ing·ly [ˌʌnsə'praɪzɪŋli, AM -sɚ'-] *adv* wie nicht anders erwartet [*o* zu erwarten]
un·sus·pect·ed [ˌʌnsə'spektɪd] *adj inv cause* unvermutet; *talent also* unerwartet; *person* unverdächtig; ***the real killer remained ~ for years*** der wahre Mörder geriet jahrelang nicht in Verdacht
un·sus·pect·ing [ˌʌnsə'spektɪŋ] *adj* nichts ahnend, ahnungslos; **an ~ world** *(hum)* eine erstaunte Weltöffentlichkeit; **all ~** völlig ahnungslos
un·sus·tain·able [ˌʌnsə'steɪnəbl̩] *adj* ❶ *inv (not maintainable) levels* nicht aufrechtzuerhalten
❷ *inv* ECOL *(damaging to ecology)* umweltschädigend
❸ *(not to be supported) argument, remark* unhaltbar
un·sus·tained [ˌʌnsə'steɪnd] *adj inv* nicht fortgeführt [*o* weitergeführt]
un·sweet·ened [ʌn'swiːtənd] *adj inv esp* FOOD ungesüßt
un·swerv·ing [ʌn'swɜːvɪŋ, AM -'swɜːr-] *adj inv* ❶ *(unshakeable) commitment, loyalty* unerschütterlich, unbeirrbar; ■**to be ~ in sth** sich *akk* in etw *dat* nicht beirren lassen
❷ *(not turning)* ■**to be ~** nicht abweichen; ***he marched straight through the crowd, ~ from the direct line to the door*** er marschierte geradewegs durch die Menge, schnurstracks auf die Tür zu
un·sym·pa·thet·ic [ˌʌnsɪmpə'θetɪk, AM -t̬ɪk] *adj* ❶ *(not showing sympathy)* ohne Mitgefühl *nach n, präd;* ■**to be ~ about sth** wegen einer S. *gen* kein Mitgefühl zeigen
❷ *(not showing approval)* verständnislos; ■**to be ~ toward sth** für etw *akk* kein Verständnis haben; **to show an ~ reaction to sth** auf etw *akk* mit Unverständnis reagieren
❸ *(not likeable) character* unsympathisch
un·sym·pa·theti·cal·ly [ˌʌnsɪmpə'θetɪkli, AM -'θet̬-] *adv* merklich abgeneigt, mit spürbarer Ablehnung
un·sys·tem·at·ic [ˌʌnsɪstə'mætɪk, AM -'mæt̬ɪk] *adj* unsystematisch, ohne Plan *nach n*
un·sys·tem·ati·cal·ly [ˌʌnsɪstə'mætɪkli, AM -'mæt̬-] *adv* planlos, unsystematisch
un·taint·ed [ʌn'teɪntɪd, AM -t̬ɪd] *adj* ❶ *inv* FOOD unverdorben
❷ *(not corrupted)* makellos, unbefleckt; ■**to be ~ by sth** von etw *dat* nicht beeinträchtigt sein; **~ name** guter Name; **~ reputation** untadeliger Ruf
un·tal·ent·ed [ʌn'tæləntɪd, AM -t̬ɪd] *adj* untalentiert, unbegabt
un·tamed [ʌn'teɪmd] *adj inv* wild, ungebändigt; *animal also* ungezähmt; **~ spirit** ungezügeltes Temperament
un·tan·gle [ʌn'tæŋgl̩] *vt* ■**to ~ sth** etw entwirren *a. fig;* **to ~ a mystery** ein Rätsel lösen
un·tapped [ʌn'tæpt] *adj inv line, keg* nicht angezapft; *market* nicht erschlossen, unerschlossen; *resources* ungenutzt, brachliegend *attr*
un·tar·nished [ʌn'tɑːnɪʃt, AM -tɑːr-] *adj* makellos; *(also fig)* im alten Glanz erstrahlend, ungetrübt
un·tast·ed [ʌn'teɪstɪd] *adj inv* ungekostet; *(fig)* nicht angerührt
un·taught [ʌn'tɔːt, AM -'tɑːt] *adj inv* ❶ *(not taught)* unwissend, ungebildet
❷ *(not trained by teaching)* nicht unterrichtet, ungelehrt
❸ *(natural, spontaneous)* ungelernt, autodidaktisch *geh*
un·taxed [ʌn'tækst] *adj inv income* steuerfrei; *(tax not paid for)* unversteuert
un·teach·able [ʌn'tiːtʃəbl̩] *adj inv* ❶ *(of a person)* unbelehrbar
❷ *(of a subject)* unlehrbar, nicht beizubringen[d]
un·ten·able [ʌn'tenəbl̩] *adj (form)* unhaltbar, nicht vertretbar
un·ten·ant·ed [ʌn'tenəntɪd] *adj inv house, property* unbewohnt, leer
un·tend·ed [ʌn'tendɪd] *adj inv* ❶ *(not looked after)* unbeaufsichtigt
❷ *(neglected)* unbehütet, vernachlässigt
un·test·ed [ʌn'testɪd] *adj inv* ungeprüft, [noch] nicht getestet
un·teth·er [ʌn'teðəʳ, AM -ɚ] *vt* **to ~ an animal** ein Tier losbinden
un·think·able [ʌn'θɪŋkəbl̩] **I.** *adj* ❶ *(unimaginable)* undenkbar, nicht vorstellbar
❷ *(shocking)* unfassbar
II. *n no pl* ■**the ~** das Unvorstellbare
un·think·ing [ʌn'θɪŋkɪŋ] *adj inv* gedankenlos, unbedacht; *(unintentional)* unabsichtlich; **~ *hostility to anything foreign*** blinde Feindseligkeit gegen alles Fremde
un·think·ing·ly [ʌn'θɪŋkɪŋli] *adv inv* gedankenlos, unbedacht; ***I just said it ~*** ich habe das nur so dahergesagt
un·thought of [ʌn'θɔːtɒv, AM -ɑːv] *adj pred, inv,* **un·thought-of** *adj attr, inv* unvorstellbar; **~ details** nicht bedachte Einzelheiten; **to leave sth ~** etw nicht bedenken
un·tidi·ly [ʌn'taɪdɪli] *adv* unordentlich
un·tidi·ness [ʌn'taɪdɪnəs] *n no pl* Unordnung *f; of a person, dress* Unordentlichkeit *f*
un·tidy [ʌn'taɪdi] *adj* ❶ *(disordered)* unordentlich; *room* unaufgeräumt; *appearance* ungepflegt
❷ *(not well organized)* unsystematisch, schlampig *fam; thesis also* konzeptlos; **to have an ~ mind** einen wirren Geist haben
un·tie <-y-> [ʌn'taɪ] *vt* ❶ *(undo)* **to ~ a knot** einen Knoten lösen [*o* SCHWEIZ, ÖSTERR Knopf aufmachen]; **to ~ shoelaces** Schnürsenkel [*o* SCHWEIZ Schuhbändel] aufbinden [*o* ÖSTERR *oft* Schnürriemen]
❷ *(undo fastening)* **to ~ a boat** ein Boot losbinden; **to ~ a parcel** ein Paket aufschnüren
un·til [ʌn'tɪl] **I.** *prep* ❶ *(up to)* bis; ***we waited ~ half past six*** wir warteten bis halb sieben; ***two more days ~ Easter*** noch zwei Tage bis Ostern
❷ *(beginning at)* ■**not ~** nicht bevor; ***we didn't eat ~ past midnight*** wir aßen erst nach Mitternacht; **not ~ seven** erst um sieben; **not ~ tomorrow** erst morgen
II. *conj (esp form)* ❶ *(up to time when)* bis; ***I laughed ~ tears rolled down my face*** ich lachte, bis mir die Tränen kamen
❷ *(not before)* ■**to not do sth ~ ...** etw erst [dann] tun, wenn ...; ***he won't stop ~ everything is finished*** er hört nicht auf, bevor nicht alles fertig ist; ***he didn't have a girlfriend ~ he was thirty-five*** er hatte erst mit 35 eine Freundin; ***not ~ all the people are here, can we get started*** solange nicht alle Leute da sind, können wir nicht anfangen
un·time·ly [ʌn'taɪmli] *adj (form)* ❶ *(inopportune)* ungelegen
❷ *(premature)* verfrüht, vorzeitig
un·tir·ing [ʌn'taɪərɪŋ, AM -'taɪrɪŋ] *adj* unermüdlich
un·tir·ing·ly [ʌn'taɪərɪŋli, AM -'taɪrɪŋ-] *adv* unermüdlich
un·ti·tled [ʌn'taɪtl̩d, AM -t̬l̩d] *adj inv* ❶ *(without heading)* unbetitelt, ohne Titel *nach n*
❷ SPORT ohne Titelgewinn *nach n*
❸ LAW ohne Rechtstitel, unberechtigt
unto ['ʌntuː] *prep (liter or old)* ❶ *(to)* zu; ***for ~ us a child is born*** denn uns ist ein Kind geboren; ***do ~ others as you would be done by*** was du nicht willst, dass man dir tu, das füg auch keinem andern zu
❷ *(until)* bis; **~ *this day*** bis zum heutigen Tage
un·told [ʌn'təʊld, AM -'toʊld] *adj* ❶ *attr (immense)* unsagbar; *damage* immens; **~ misery** unsägliches Elend; **~ numbers of trees** unzählige Bäume; **~ wealth** unermesslicher Reichtum
❷ *inv (not told)* ungesagt; ***her real secrets remain ~*** ihre wirklichen Geheimnisse werden nicht preisgegeben; ***this is better left ~*** darüber schweigt man besser

un·touch·able [ʌn'tʌtʃəbl̩] **I.** *adj* ① *(sacrosanct)* unantastbar, tabu
② *inv (fam: unbeatable)* unschlagbar
③ *inv* REL unberührbar
II. *n* ① REL Unberührbare(r) *f(m);* ■**the ~s** *pl* die Unberührbaren
② *(pariah)* Aussätzige(r) *f(m)*

un·touched [ʌn'tʌtʃt] *adj inv* ① *(not touched)* unberührt; **to be ~ by human hands** von Menschenhand unberührt sein
② *drink, food* nicht angerührt
③ *(not affected)* ■**to be ~ by sth** von etw *dat* nicht betroffen sein; ■**to remain ~ by sth** von etw *dat* verschont bleiben; **to leave sth ~** etw verschont lassen
④ *(indifferent)* unbewegt, ungerührt
⑤ *(not mentioned)* unerwähnt; **to leave no detail ~** nicht die kleinste Kleinigkeit auslassen
⑥ *(dated: sexually pure)* unberührt

un·to·ward [ˌʌntə'wɔːd, AM -'tɔːrd] *adj (form)* ① *(unfortunate)* ungünstig; ***unless anything ~ happens*** wenn nichts dazwischenkommt; **~ side effects** unerwünschte Nebenwirkungen
② *(inappropriate) joke, remark* unpassend

un·trace·able [ʌn'treɪsəbl̩] *adj inv* unauffindbar, nicht aufzuspüren[d]

un·trained [ʌn'treɪnd] *adj inv* ungeübt, ungeschult; *person* unausgebildet; *animal* undressiert; SPORT untrainiert; ***she is ~ in psychology*** sie hat keine Ausbildung in Psychologie; **to the ~ eye** dem ungeschulten Auge

un·tram·melled, AM **un·tram·meled** [ʌn'træməld] *adj (form)* ungehindert, frei; ■**to be ~ by sb/sth** nicht an jdn/etw gebunden sein

un·trans·fer·able [ˌʌntræn(t)s'fɜːrəbl̩] *adj inv* LAW nicht übertragbar

un·trans·lat·able [ˌʌntræn(t)s'leɪtəbl̩, AM -ṱəbl̩] *adj* unübersetzbar

un·treat·able [ʌn'triːtəbl̩, AM -ṱəbl̩] *adj inv* MED unheilbar

un·treat·ed [ʌn'triːtɪd, AM -ṱɪd] *adj inv* BIOL, CHEM, MED unbehandelt; **~ sewage** ungeklärte Abwässer

un·tried [ʌn'traɪd] *adj* ① *inv (not tested)* ungetestet, noch nicht erprobt; **~ troops** nicht kampferprobte Truppen
② *(form: inexperienced)* unerfahren
③ *inv* LAW noch nicht verhandelt; ***the accused remains ~*** der Beschuldigte wird nicht vor Gericht gestellt; **~ case** unverhandelter Fall

un·trou·bled [ʌn'trʌbl̩d] *adj* nicht beunruhigt, sorglos; ■**to be ~ by sth** sich *akk* von etw *dat* nicht beunruhigen lassen; **~ serenity** ruhige Gelassenheit

un·true [ʌn'truː] *adj* ① *(false) statement, story* unwahr, falsch
② *pred (not faithful)* untreu; ■**to be ~ to sb/sth** jdm/etw untreu sein; ***he's been ~ to his principles*** er ist seinen Prinzipien untreu geworden
③ *(not level)* vorstehend

un·trust·wor·thy [ʌn'trʌstˌwɜːði, AM -ˌwɜːr-] *adj* unzuverlässig

un·truth [ʌn'truːθ] *n* ① *(lie)* Unwahrheit *f;* **to tell an ~** *(euph)* flunkern *fam,* schwindeln *bes* SCHWEIZ, ÖSTERR *fam*
② *no pl (quality)* Unrichtigkeit *f,* Falschheit *f*

un·truth·ful [ʌn'truːθfəl] *adj* unwahr; *(tending to tell lies)* unaufrichtig

un·truth·ful·ly [ʌn'truːθfəli] *adv* unaufrichtig[erweise]

un·tuck [ʌn'tʌk] *vt* **to ~ bedclothes** die Bettdecke zurückschlagen

un·turned [ʌn'tɜːnd, AM -'tɜːrnd] *adj inv* nicht umgedreht; *soil* nicht umgegraben

un·tu·tored [ʌn'tjuːtəd, AM -'tuːṱɚd] *adj (form)* ungeschult; ■**to be ~ in sth** von etw *dat* keine Ahnung haben; **~ remark** unqualifizierte Bemerkung

un·twist [ʌn'twɪst] **I.** *vt* **to ~ wire** Draht aufdrehen; **to ~ threads** Fäden entwirren
II. *vi* aufgehen; *wire* sich *akk* aufdrehen

un·typi·cal [ʌn'tɪpɪkəl] *adj* abweichend, untypisch

un·us·able [ʌn'juːzəbl̩] *adj inv* unbrauchbar

un·used¹ [ʌn'juːzd] *adj inv* unbenutzt, ÖSTERR *a.* unbenützt; *clothes* ungetragen; **~ property** ungenutzte [*o* leer stehende] Immobilien; **to go ~** nicht genutzt werden, ungenutzt bleiben; *talent, energy* brach liegen

un·used² [ʌn'juːst] *adj pred (not accustomed)* ■**to be ~ to sth** an etw *akk* nicht gewöhnt sein

un·usual [ʌn'juːʒəl, AM -ʒuəl] *adj* ① *(not habitual)* ungewöhnlich; *(for a person)* untypisch
② *(remarkable)* ungewöhnlich, außergewöhnlich; **~ taste** ausgefallener Geschmack

un·usual·ly [ʌn'juːʒəli, AM -ʒuəli] *adv* ungewöhnlich; ***he was ~ polite*** er war ungewohnt höflich; ***~ for me, ...*** ganz gegen meine Gewohnheit ...

un·ut·ter·able [ʌn'ʌtərəbl̩, AM -ṱ-] *adj (form)* unsäglich *geh,* unbeschreiblich; **~ suffering** unbeschreibliches Leid

un·ut·ter·ably [ʌn'ʌtərəbli, AM -ṱ-] *adv (form)* unsäglich *geh,* unbeschreiblich

un·var·nished [ʌn'vɑːnɪʃt, AM -'vɑːr-] *adj inv* ① *(not coated) wood* unlackiert, ungefirnisst; **~ furniture** naturbelassene Möbel
② *(straightforward)* einfach; **the ~ truth** *(fig)* die ungeschminkte Wahrheit

un·vary·ing [ʌn'veərɪɪŋ, AM -'veri-] *adj* unveränderlich, gleich bleibend; *landscape* eintönig

un·veil [ʌn'veɪl] **I.** *vt* ① *(remove covering)* ■**to ~ sth** etw enthüllen; ***she ~ed her face*** sie entschleierte das Gesicht
② *(present to public)* **to ~ a product** ein Produkt der Öffentlichkeit vorstellen
II. *vi* sich *akk* entschleiern, den Schleier abnehmen [*o fig* fallen lassen]

un·veil·ing [ʌn'veɪlɪŋ] *n no pl* Enthüllung *f a. fig;* *(fig)* Entschleierung *f,* Aufdeckung *f*

un·ven·ti·lat·ed [ʌn'ventɪleɪtɪd, AM -ṱəleɪṱɪd] *adj inv* nicht belüftet, nicht ventiliert *a. fig geh*

un·versed [ʌn'vɜːst, AM -'vɜːrst] *adj pred (form)* ■**to be ~ in sth** in etw *dat* nicht versiert sein; ***I'm not entirely ~ in these matters*** ich bin nicht so ganz unbewandert in diesen Dingen

un·vis·it·ed [ʌn'vɪzɪtɪd, AM -ṱɪd] *adj* ① *(not visited)* nicht besucht, nicht aufgesucht
② *(unravaged)* nicht heimgesucht

un·voiced [ʌn'vɔɪst] *adj inv* ① *(form: unuttered)* unausgesprochen
② LING *(not voiced)* stimmlos

un·waged [ʌn'weɪdʒd] BRIT **I.** *adj inv* ① *(out of work)* **~ adults** arbeitslose Erwachsene
② *(unpaid)* **~ work** unbezahlte [*o* unentgeltliche] Arbeit
II. *n* ■**the ~** *pl* die Arbeitslosen *pl*

un·want·ed [ʌn'wɒntɪd, AM -'wɑːnṱɪd] *adj* unerwünscht, störend; *clothes* abgelegt; **~ advice** ungebetene Ratschläge; **~ child** ungewolltes Kind; **to feel ~** sich *akk* unerwünscht fühlen; **to make sb feel ~** jdm das Gefühl geben, nicht erwünscht zu sein

un·wari·ly [ʌn'weərɪli, AM -'werɪli] *adv* unvorsichtig, unbedachtsam

un·war·rant·able [ʌn'wɒrəntəbl̩, AM ʌn'wɔːrənṱəbl̩] *adj* ungerechtfertigt, nicht vertretbar, nicht haltbar

un·war·rant·ed [ʌn'wɒrəntɪd, AM -'wɔːrənṱɪd] *adj (form)* ① *(not justified)* ungerechtfertigt; *fears* unbegründet; *criticism* unberechtigt
② *(not authorized)* unrechtmäßig

un·wary [ʌn'weəri, AM -'weri] **I.** *adj* unvorsichtig, unachtsam
II. *n* <*pl* -> ■**the ~** der Unvorsichtige [*o* Unbesonnene]

un·washed [ʌn'wɒʃt, AM -'wɑːʃt] **I.** *adj inv* ungewaschen; **~ dishes** ungespültes Geschirr; **~ urchin** schmutziger Bengel *fam*
II. *n (pej)* **the [great] ~** *pl* der Pöbel *pej*

un·wa·ver·ing [ʌn'weɪvərɪŋ] *adj* unerschütterlich, standhaft; **~ determination** eiserne Entschlossenheit; **to be ~ in one's support for sb** fest zu jdm halten

un·wa·ver·ing·ly [ʌn'weɪvərɪŋli] *adv* unerschütterlich, standhaft

un·wed [ʌn'wed], **un·wed·ded** [ʌn'wedɪd] *adj inv (dated)* unverheiratet, ledig; **an ~ mother** eine ledige Mutter

un·welcome [ʌn'welkəm] *adj* unwillkommen; **~ guest** unwillkommener Gast; **~ news** unerfreuliche Nachricht; **to feel ~** das Gefühl haben, nicht willkommen zu sein; **to make sb feel ~** jdm das Gefühl geben, nicht willkommen zu sein

un·wel·com·ing [ʌn'welkʌmɪŋ] *adj* abweisend, wenig verheißungsvoll *iron*

un·well [ʌn'wel] *adj pred* unwohl; ■**sb is ~** jdm geht es nicht gut; **to feel ~** sich *akk* unwohl fühlen

un·whole·some [ʌn'həʊlsəm, AM -'hoʊl-] *adj* ungesund; **~-looking fruit** ungesund aussehendes Obst; **to be an ~ influence on sb** einen unguten Einfluss auf jdn ausüben; **~ neighbourhood** zwielichtige Umgebung

un·wieldy [ʌn'wiːldi] *adj* ① *(cumbersome)* unhandlich; *piece of furniture* sperrig
② *(ineffective)* unüberschaubar; **~ system** schwerfälliges System

un·will·ing [ʌn'wɪlɪŋ] *adj* widerwillig, widerstrebend; ■**to be ~ to do sth** nicht gewillt sein, etw zu tun; ***Natalie was ~ for her husband to accompany her to her school reunion*** Nathalie wollte nicht, dass ihr Mann sie zum Klassentreffen begleitet

un·will·ing·ly [ʌn'wɪlɪŋli] *adv* widerwillig, ungern

un·will·ing·ness [ʌn'wɪlɪŋnəs] *n no pl* mangelnde Bereitschaft, Widerwilligkeit *f*

un·wind <unwound, unwound> [ʌn'waɪnd] **I.** *vi* ① *(unroll)* sich *akk* abwickeln
② *(relax)* sich *akk* entspannen
II. *vt* ■**to ~ sth** etw abwickeln; **to ~ a rope from a spool** ein Seil von einer Spule abwickeln

un·'wired *adj inv* drahtlos

un·wise [ʌn'waɪz] *adj* unklug

un·wise·ly [ʌn'waɪzli] *adv* unklugerweise; ***you acted ~ in cancelling the test*** es war unklug von dir, den Test abzusagen

un·wit·ting [ʌn'wɪtɪŋ, AM -ṱ-] *adj* ① *(unaware)* ahnungslos; **~ accomplice** ahnungsloser Komplize/ahnungslose Komplizin; **~ victim** ahnungsloses Opfer
② *(unintentional)* unbeabsichtigt, unabsichtlich

un·wit·ting·ly [ʌn'wɪtɪŋli, AM -ṱ-] *adv* ① *(without realizing)* unwissentlich
② *(unintentionally)* unabsichtlich, unbeabsichtigterweise

un·wom·an·ly [ʌn'wʊmənli] *adj (dated)* unweiblich

un·wonted [ʌn'wəʊntɪd, AM -'wɔːnṱɪd] *adj attr (form)* ungewohnt

un·wont·ed·ly [ʌn'wəʊntɪdli, AM 'wɔːnṱɪd] *adv* ungewohnt, ungewöhnlich

un·work·able [ʌn'wɜːkəbl̩, AM -'wɜːr-] *adj* undurchführbar

un·world·li·ness [ʌn'wɜːldlɪnəs, AM -'wɜːrld-] *n no pl* ① *(spiritual detachment)* Weltabgewandtheit *f*
② *(naivety)* Weltfremdheit *f*

un·world·ly [ʌn'wɜːldli, AM -'wɜːrld-] *adj* ① *(spiritually-minded)* weltabgewandt; ***he grew ever more ~*** er zog sich immer mehr von der Welt zurück
② *(naive)* weltfremd, realitätsfern
③ *(not of this world)* nicht von dieser Welt *präd*

un·wor·ried [ʌn'wʌrɪd] *adj pred* nicht beunruhigt, sorglos

un·wor·thi·ness [ʌn'wɜːθɪnəs, AM -'wɜːr-] *n no pl* Unwürdigkeit *f*

un·wor·thy [ʌn'wɜːði, AM -'wɜːr-] *adj (pej)* ① *(not deserving)* unwürdig; ■**to be ~ of sth** einer S. *gen* nicht würdig sein; **to be ~ of interest** nicht von Interesse sein
② *(unacceptable)* nicht würdig; ***that was ~ of you*** das war deiner nicht würdig
③ *(discreditable)* verachtenswert

un·wound [ʌn'waʊnd] *vt, vi pp, pt of* **unwind**

un·wound·ed [ʌn'wuːndɪd] *adj inv* unverletzt, unverwundet

un·wrap <-pp-> [ʌn'ræp] *vt* ■**to ~ sth** ① *(remove wrapping)* etw auspacken
② *(fig: reveal)* etw enthüllen

un·written [ʌn'rɪtən] *adj inv* nicht schriftlich fixiert; **~ agreement** stillschweigendes Abkommen, ungeschriebene [mündliche] Vereinbarung; ~ **law** ungeschriebenes Gesetz; ~ **traditions** mündliche Überlieferungen

un·yield·ing [ʌn'ji:ldɪŋ] *adj* 1 *(physically firm)* ■ **to be ~** nicht nachgeben; ~ **ground** harter Boden
2 *(resolute)* unnachgiebig, SCHWEIZ *a. fam* pickelhart; ■ **to be ~ in sth** in etw *dat* unnachgiebig sein, nicht nachgeben; ~ **opposition** hartnäckiger Widerstand; ~ **refusal** standhafte Weigerung

un·zip <-pp-> [ʌn'zɪp] *vt* 1 *(open zip)* **to ~ a dress** an einem Kleid den Reißverschluss aufmachen
2 COMPUT **to ~ a file** eine Datei auspacken [*o* entpacken]

up [ʌp] **I.** *adv inv* 1 *(to higher position)* nach oben, hinauf; *lift* aufwärts; ***hands ~!*** Hände hoch!; ***the water had come ~ to the level of the windows*** das Wasser war bis auf Fensterhöhe gestiegen; ***four flights ~ from here*** vier Etagen höher; ***come on ~!*** komm [hier] herauf!; ~ ***it/she etc. comes!*** herauf kommt es/sie!; ~ ***you go!*** rauf mit dir! *fam;* **bottom ~** mit der Unterseite nach oben; **halfway ~** auf halber Höhe; **high ~** hoch hinauf; **farther ~** weiter hinauf; **~ and ~** immer höher; **~ and away** auf und davon
2 *(erect)* aufrecht; ***just lean it ~ against the wall*** lehnen Sie es einfach gegen die Wand
3 *(out of bed)* auf; ***is he ~ yet?*** ist er schon auf?; **to be ~ late** lange aufbleiben; **~ and about** auf den Beinen
4 *(northwards)* hinauf, herauf, rauf *fam;* ***on Tuesday she'll be travelling ~ to Newcastle from Birmingham*** am Dienstag fährt sie von Birmingham nach Newcastle hinauf; ***she comes ~ from Washington about once a month*** sie kommt ungefähr einmal im Monat aus Washington herauf; **~ north** oben im Norden
5 *(at higher place)* oben; **farther ~** weiter oben; **~ here/there** hier/da oben; **a long/little way ~** ein gutes/kurzes Stück weiter oben; **~ in the hills** [dr]oben in den Bergen; **2 metres ~** 2 Meter hoch; ***I live on the next floor ~*** ich wohne ein Stockwerk höher
6 BRIT *(towards city)* ***I'll be ~ in London this weekend*** ich fahre an diesem Wochenende nach London; **~ from the country** vom Land
7 BRIT *(at university)* ***is he ~ at Cambridge yet?*** hat er schon [mit seinem Studium] in Cambridge angefangen?
8 *(toward)* ■ **~ to sb/sth** auf jdn/etw zu; ***a limousine drew ~ to where we were standing*** eine Limousine kam auf uns zu; ***she went ~ to the counter*** sie ging zum Schalter; **to run ~ to sb** jdm entgegenlaufen; **to walk ~ to sb** auf jdn zugehen
9 *(in high position)* an der Spitze, oben *fam;* ***as a composer he was ~ there with the best*** als Komponist gehörte er zur Spitze; ***she's something high ~ in the company*** sie ist ein hohes Tier in der Firma
10 *(higher in price or number)* höher; ***last year the company's turnover was £240 billion, ~ 3% on the previous year*** letztes Jahr lag der Umsatz der Firma bei 240 Milliarden Pfund, das sind 3 % mehr als im Jahr davor; ***items on this rack are priced [from] £50 ~*** die Waren in diesem Regal kosten ab 50 Pfund aufwärts; ***this film is suitable for children aged 13 and ~*** dieser Film ist für Kinder ab 13 Jahren geeignet
11 *(to point of)* **~ until** [*or* **till**] [*or* **to**] bis +*akk;* **~ to yesterday** bis gestern; ***he can overdraw ~ to £300*** er kann bis zu 300 Pfund überziehen
12 *(in opposition to)* **to be ~ against sb/sth** es mit jdm/etw zu tun haben, sich *akk* mit jdm/etw konfrontiert sehen; ***the company was ~ against some problems*** die Firma stand vor einigen Problemen; **to be ~ against it** in Schwierigkeiten sein; **to be ~ against the law** gegen das Gesetz stehen, mit dem Gesetz in Konflikt kommen
13 *(depend on)* **to be ~ to sb** von jdm abhängen; ***I'll leave it ~ to you*** ich überlasse dir die Entscheidung; **to be ~ to sb to do sth** jds Aufgabe sein, etw zu tun
14 *(contrive)* **to be ~ to sth** etw vorhaben [*o* im Schilde führen]; ***he's ~ to no good*** er führt nichts Gutes im Schilde
15 *(be adequate)* **to be ~ to sth** einer Sache *dat* gewachsen sein, bei einer Sache *dat* mithalten können; ***do you feel ~ to the challenge?*** fühlst du dich dieser Herausforderung gewachsen?; **to be ~ to doing sth** in der Lage sein, etw zu tun; ***are you sure you're ~ to it?*** bist du sicher, dass du das schaffst?; **to not be ~ to much** nicht viel taugen; ***his German isn't ~ to much*** sein Deutsch ist nicht besonders gut
16 *(comparable with)* **to be ~ to expectations** den Erwartungen entsprechen; ***her latest book is just not ~ to her previous successes*** ihr neuestes Buch reicht an ihren früheren Erfolgen einfach nicht heran
17 AM *(apiece)* pro Person; ***the score was 3 ~ at half-time*** bei Halbzeit stand es 3 [für] beide
18 *(dated fam: yes for)* **~ with sb/sth** hoch lebe jd/etw; ***~ with freedom!*** es lebe die Freiheit!
▶PHRASES: **it's all ~ with sb** es ist aus mit jdm; **to be ~ with the clock** gut in der Zeit liegen; **to be ~ to the ears** [*or* **eyeballs**] [*or* **neck**] **in problems** bis zum Hals in Schwierigkeiten stecken

II. *prep* 1 *(to higher position)* hinauf, herauf, rauf *fam;* **~ the ladder/mountain/stairs** die Leiter/den Berg/die Treppe hinauf
2 *(along)* [**just**] **~ the road** ein Stück die Straße hinauf, weiter oben in der Straße; **to walk ~ the road** die Straße hinaufgehen [*o* entlanggehen]; **~ and down** auf und ab; ***he was running ~ and down the path*** er rannte den Pfad auf und ab; ***he was strolling ~ and down the corridor*** er schlenderte auf dem Gang auf und ab; **~ and down the country** überall im Land
3 *(against flow)* **~ the river/stream** fluss-/bachauf[wärts]; **a cruise ~ the Rhine** eine Fahrt den Rhein aufwärts [*o* rheinauf[wärts]]
4 *(at top of)* ■ **~ sth** oben auf etw *dat;* ***he's ~ that ladder*** er steht dort oben auf der Leiter; **~ the stairs** am Ende der Treppe
5 AUS, BRIT *(fam: to)* ***are you going ~ the club tonight?*** gehst du heute Abend in den Klub?; *(at)* ***I'll see you ~ the pub later*** ich treffe dich [*o* wir sehen uns] später in der Kneipe
▶PHRASES: **be ~ the creek** [*or vulg sl* **~ shit creek**] [**without a paddle**] [schön] in der Klemme [*o derb* Scheiße] sitzen; **~ hill and down dale** bergauf und bergab; ***he led me ~ hill and down dale till my feet were dropping off*** er führte mich quer durch die Gegend, bis mir fast die Füße abfielen *fam;* **~ top** BRIT *(fam)* im Kopf; **a man with nothing much ~ top** ein Mann mit nicht viel im Kopf [*o fam* Hirnkasten]; **~ yours!** *(vulg)* ihr könnt/du kannst mich mal! *derb*

III. *adj inv* 1 *attr (moving upward)* nach oben; **the ~ escalator** der Aufzug nach oben
2 *attr* BRIT *(dated: travelling toward the city)* ***what time does the next ~ train leave?*** wann fährt der nächste Zug in die Stadt ab?; **~ platform** *Bahnsteig, von dem die Züge in die nächstgelegene Stadt abfahren*
3 *attr* PHYS **~ quark** Up-Quark *nt*
4 *pred (out of bed)* auf[gestanden]
5 *pred (erect) collar* hochgeschlagen
6 *pred (leading)* in Führung; ***Manchester is two goals ~*** Manchester liegt mit zwei Toren in Führung
7 *pred* BRIT, AUS *(being repaired) road* aufgegraben, aufgerissen SCHWEIZ, ÖSTERR; ***the council has got the road ~*** der Stadtrat hat die Straße aufgraben lassen
8 *pred (more intense)* ***the wind is ~*** der Wind hat aufgedreht; ***the river is ~*** der Fluss ist angeschwollen
9 *pred (in horseracing)* zu Pferd
10 *pred (happy)* high *sl,* obenauf; ■ **to be ~ about** [*or* **on**] [*or* **for**] **sth** von etw *dat* begeistert sein; ***I'm really ~ for spending a posh weekend in Paris*** ich freue mich total darauf, ein tolles Wochenende in Paris zu verbringen *fam*
11 *pred* BRIT *(dated: frothy)* schäumend
12 *pred (functioning properly)* funktionstüchtig; ***do you know when the server will be ~ again?*** weißt du, wann der Server wieder in Betrieb ist?; ***this computer is down more than it's ~*** dieser Computer ist öfter gestört, als dass er läuft; **to be ~ and running** funktionstüchtig [*o* in Ordnung] sein; **to get sth ~ and running** etw wieder zum Laufen bringen
13 *pred (in baseball)* am Schlag
14 *pred (finished) time, hours* vorbei, um; ***your time is ~!*** Ihre Zeit ist um!; ***the soldier's leave will be ~ at midnight*** der Ausgang des Soldaten endet um Mitternacht
15 *pred (fam: happening)* ***something is ~*** irgendetwas ist im Gange; ***what's ~?*** was ist los?
16 *pred (informed)* ■ **to be ~ in sth** sich *akk* mit etw *dat* auskennen; ***how well ~ are you in Spanish?*** wie fit bist du in Spanisch? *fam*
17 *pred (scheduled)* ■ **to be ~ for sth** für etw *akk* vorgesehen sein; *terms* zur Debatte stehen; ***the house is ~ for sale*** das Haus steht zum Verkauf
18 *pred* LAW *(on trial)* unter Anklage; ***he'll be ~ before the magistrate*** er wird sich vor Gericht verantworten müssen; ■ **to be ~ for sth** sich *akk* wegen einer S. *gen* vor Gericht verantworten müssen; **to be ~ for trial** *person* vor Gericht stehen; *case* verhandelt werden
19 *pred (interested in)* ■ **to be ~ for sth:** ***I think I'm ~ for a walk*** ich glaube, ich habe Lust, spazieren zu gehen [*o* auf einen Spaziergang]; ***I'm ~ for going out to eat*** ich hätte Lust, essen zu gehen

IV. *n (fam: good period)* Hoch *nt;* ***unfortunately, we won't always have ~s*** leider gibt es für uns nicht immer nur Höhen; **~s and downs** gute und schlechte Zeiten
▶PHRASES: **to be on the ~ and ~** BRIT, AUS *(fam: be improving)* im Aufwärtstrend begriffen sein; *esp* AM *(be honest)* sauber sein *fam;* ***her career has been on the ~ and ~ since she moved into sales*** seit sie im Vertrieb ist, geht es mit ihrer Karriere stetig aufwärts; ***is this deal on the ~ and ~?*** ist das ein sauberes Geschäft?

V. *vi* <-pp-> *(fam)* ■ **to ~ and do sth** etw plötzlich tun; ***after dinner they just ~ped and went without saying goodbye*** nach dem Abendessen gingen sie einfach weg, ohne auf Wiedersehen zu sagen

VI. *vt* <-pp-> ■ **to ~ sth** 1 *(increase) capacity* etw erhöhen; **to ~ the ante** [*or* **stakes**] den Einsatz erhöhen; **to ~ a price/tax rate** einen Preis/Steuersatz anheben
2 *(raise)* etw erheben; ***they ~ped their glasses and toasted the host*** sie erhoben das Glas und brachten einen Toast auf den Gastgeber aus

VII. *interj* auf!, los, aufstehen!

up and a'bout, up and a'round *adj pred, inv (fam)* ■ **to be ~** auf [den Beinen] sein; *(no longer ill)* wieder auf den Beinen sein; ***gosh, you're ~ early this morning!*** Mann, du bist heute Morgen aber früh auf den Beinen!

up-and-'com·er *n jd, der nach oben strebt*

up-and-'com·ing *adj attr* aufstrebend

'up-and-down *adj attr* wechselvoll

up and 'down *adj pred (fam)* ■ **to be ~** Stimmungsschwankungen haben

up-and-'over *adj inv* BRIT **~ door** Schiebetür *f*

up·beat ['ʌpbi:t] **I.** *n* MUS Auftakt *m*
II. *adj (fam) message* optimistisch; *mood* fröhlich, beschwingt; ■ **to be ~ about sth** von etw *dat* begeistert sein

up·braid [ʌp'breɪd] *vt (form)* ■ **to ~ sb** [**for sth**] jdn [wegen einer S. *gen*] tadeln [*o* rügen] [*o* SCHWEIZ *fam* die Kappe waschen] [*o* ÖSTERR *meist* schimpfen]

up·bring·ing ['ʌp,brɪŋɪŋ] *n usu sing* Erziehung *f;* ***he was a cowboy by ~*** er wurde von Kindesbeinen an zum Cowboy erzogen

up·chuck ['ʌptʃʌk] AM **I.** *vi (fam)* [sich *akk*] erbrechen
II. *vt (fam)* **to ~ food** Essen erbrechen
III. *n (fam)* [Er]brechen *nt kein pl*

up·com·ing ['ʌp,kʌmɪŋ] *adj inv esp* AM

U

bevorstehend, kommend

'up·con·vert *vt* ■**to ~ sth** etw nach oben konvertieren

up·coun·try I. *adv* [ˌʌpˈkʌntri] *inv* landeinwärts
II. *adj* [ˌʌpˈkʌntri, AM ˈʌpkʌntri] *inv* im Landesinnern; **~ tribesmen** Angehörige *pl* von Stämmen im Landesinneren
III. *n* [ˌʌpˈkʌntri, AM ˈʌpkʌntri] *no pl* das Landesinnere

up·date I. *vt* [ʌpˈdeɪt] ① *(modernize)* ■**to ~ sth** etw aktualisieren [*o* auf den neuesten Stand [*o* SCHWEIZ, ÖSTERR *a.* à jour] bringen]; COMPUT ein Update machen; **to ~ the hardware** die Hardware nachrüsten; **to ~ the software** die Software aktualisieren
② *(inform)* ■**to ~ sb** jdn auf den neuesten Stand [*o* SCHWEIZ, ÖSTERR *a.* à jour] bringen; *(permanently)* jdn auf dem Laufenden [*o* SCHWEIZ *a.* à jour] halten
II. *n* [ˈʌpdeɪt] ① *(updating)* Aktualisierung *f*, Update *nt sl;* **the latest ~ on the traffic conditions** der aktuelle Bericht zur Verkehrslage
② COMPUT aktuelle Datei; *(information)* aktuelle Information; *(newest version)* neueste Version

up·dat·ed [ʌpˈdeɪtɪd, AM -t̬-] *adj inv* aktualisiert, überarbeitet

up·dat·ing [ʌpˈdeɪtɪŋ, AM -deɪt̬ɪŋ] *n no pl* Aktualisierung *f*

'up·do *n* hochgesteckte Haare

up·draught, AM **up·draft** [ˈʌpdrɑːft, AM ˈʌpdræft] *n* Aufwärtsströmung *f*

'up·draught *n* Zug *m;* AVIAT Aufwind *m*

up·end [ʌpˈend] **I.** *vt (fam)* ■**to ~ sth** etw hochkant stellen
II. *vi* ① *(rise on end)* sich *akk* aufstellen
② *(submerge head) duck* tauchen

UPF [ˌjuːpiːˈef] *n abbrev of* **ultraviolet protection factor** Schutzfaktor *m* vor Ultraviolettstrahlen

up·front [ʌpˈfrʌnt] *adj (fam)* ① *(bold, honest and frank)* offen, unverblümt *geh*
② *(in advance)* Voraus-
③ AM *(most prominent)* vorneweg kommend, an vorderster Stelle stehend [*o* kommend], Erst-

up 'front *adv inv* ① *(in front)* ganz vorne
② *(in advance)* im Voraus

up·front [ʌpˈfrʌnt] *adj (fam)* ① *pred (frank)* offen; ■**to be ~ about sth** etw offen [*o* frei heraus] sagen; **to be ~ and honest** offen und ehrlich sein
② *attr (advance)* Voraus-; **~ money** Vorschuss *m;* **~ payment** Anzahlung *f*
③ *esp* AM *(prominent)* herausragend, exponiert *geh*

up·grade I. *vt* [ʌpˈgreɪd] ① *(improve quality)* ■**to ~ sth** etw verbessern; COMPUT etw erweitern; **to ~ hardware** Hardware nachrüsten [*o* aufrüsten]; **to ~ a program** eine verbesserte Version eines Programms erstellen
② *(raise in rank)* ■**to ~ sb** jdn befördern; ■**to ~ sth** etw aufwerten
II. *n* [ˈʌpgreɪd] ① COMPUT Aufrüsten *nt*
② *(version)* verbesserte Version; **a software ~** eine verbesserte Version einer Software
③ AM *(slope)* Steigung *f*
▸PHRASES: **to be on the ~** AM *(improving in health)* auf dem Wege der Besserung sein; *(advancing)* in einer Aufwärtsentwicklung begriffen sein; ***our company has been on the ~ for the last six months*** mit unserer Firma ging es in den letzten sechs Monaten stetig aufwärts

up·grade·able [ʌpˈgreɪdəbl] *adj* COMPUT aufrüstbar

up·grad·ing [ʌpˈgreɪdɪŋ] *n no pl* Hochstufung *f*, höhere Einstufung

up·heav·al [ʌpˈhiːvəl] *n* ① *no pl (change)* Aufruhr *m;* **emotional ~** Aufruhr *m* der Gefühle; **political ~** politische Umwälzung[en]
② GEOL Erhebung *f*, Aufwölbung *f;* **~ of the earth's crust** Erhebung *f* der Erdkruste

up·held [ʌpˈheld] *vt pp, pt of* **uphold**

up·hill [ʌpˈhɪl] **I.** *adv inv* bergauf; **to run/walk ~** bergauf laufen/gehen
II. *adj* ① *inv (ascending)* bergauf
② *(fig: difficult)* mühselig, SCHWEIZ *a.* streng *fam;* **~ battle** harter Kampf
III. *n* Steigung *f*

up·hold <-held, -held> [ʌpˈhəʊld, AM -ˈhoʊld] *vt* ■**to ~ sth** etw aufrechterhalten; **to ~ the law** das Gesetz [achten und] wahren; **to ~ the principle that ...** an dem Grundsatz festhalten, dass ...; **to ~ traditions** Bräuche pflegen; **to ~ a verdict** ein Urteil bestätigen

up·hold·er [ʌpˈhəʊldəʳ, AM -ˈhoʊldɚ] *n* Verteidiger(in) *m(f); of public order* Hüter(in) *m(f);* ■**to be an ~ of sth** etw verteidigen; ***Nancy is the great ~ of tradition within our family*** in unserer Familie ist Nancy diejenige, die die Tradition hochhält; ***James is a passionately committed ~ of the cause*** James ist ein leidenschaftlicher Verfechter der Sache

up·hol·ster [ʌpˈhəʊlstəʳ, AM -ˈhoʊlstɚ] *vt* ① **to ~ furniture** *(pad)* ein Möbelstück [auf]polstern; *(cover)* ein Möbelstück beziehen
② *(furnish)* **to ~ a room** ein Zimmer ausstatten

up·hol·stered [ʌpˈhəʊlstəd, AM -ˈhoʊlstɚd] *adj inv*
① *(covered)* gepolstert; **~ chair** Polsterstuhl *m*
② *(hum fam: plump)* **well ~** gut gepolstert *hum*

up·hol·ster·er [ʌpˈhəʊlstərəʳ, AM -ˈhoʊlstɚɚ] *n* Polsterer, Polsterin *m, f*

up·hol·stery [ʌpˈhəʊlstəri, AM -ˈhoʊl-] *n no pl*
① *(padding)* Polsterung *f; (covering)* Bezug *m;* **leather ~** Lederbezug *m;* **faded ~** zerschlissener Bezug
② *(activity)* Polstern *nt*

UPI [ˌjuːpiːˈaɪ] *n* AM *abbrev of* **United Press International** UPI

up·keep [ˈʌpkiːp] *n no pl* ① *(maintenance)* Instandhaltung *f*
② *(cost)* Instandhaltungskosten *pl*
③ *(support) of people* Unterhalt *m; of animals* Haltungskosten *f*

up·land [ˈʌplənd] **I.** *adj attr, inv* Hochland-; **~ plain** Hochebene *f;* **~ village** Bergdorf *nt*
II. *n* ■**the ~s** *pl* das Hochland *kein pl*

'up·lev·el *adj inv* exklusiv; **~ models** Modelle der gehobeneren Preisklasse

up·lift [ˈʌplɪft] **I.** *vt* ① *(raise)* ■**to ~ sth** etw anheben; *soil* aufwerfen
② *(stimulate)* ■**to ~ sb** jdn [moralisch] aufrichten, jdm [wieder] Auftrieb geben *fam*
II. *n* ① *(elevation)* Aufschwung *m*
② GEOL Hebung *f*
③ *(influence)* Erbauung *f;* **to give moral ~ to sb** jdn [moralisch] aufbauen
④ ECON Anhebung *f*

up·lift 'bra *n* Stütz-BH *m*

up·lift·ed [ʌpˈlɪftɪd] *adj* ① *(form: raised)* erhoben; **with ~ arms/hands** mit erhobenen Armen/Händen
② *(stimulated)* ■**to be ~ by sth** von etw *dat* erbaut sein

up·lift·ing [ʌpˈlɪftɪŋ] *adj (form)* erbaulich

'up·light <-lit, -lit> *vt* ■**to ~ sb/sth** jdn/etw von unten beleuchten

'up·light·er *n* Lampe *f* mit Lichtaustritt nach unten

'up·load *vt* COMPUT ■**to ~ sth** etw *akk* laden

'up·load·er *n* Anbieter(in) *m(f)* von Musik zum Runterladen

up·'mar·ket, up·mar·ket [ʌpˈmɑːkɪt, AM ˈʌpˌmɑːr-]
I. *adj goods* hochwertig, exklusiv; **~ consumers** anspruchsvolle Kunden/Kundinnen; **~ hotel** Luxushotel *nt;* **~ products** Produkte *pl* der gehobenen Preisklasse
II. *adv (better)* besser; *(higher in category or status)* in der gehobenen Preisklasse, im oberen Marktsegment; ***the company has decided to move ~*** die Firma entschied sich, anspruchsvollere [*o* mehr] Produkte des gehobenen Bedarfs anzubieten; **to go ~** in die gehobene Preisklasse wechseln, exklusiver werden; **to place** [*or* **position**] **sth ~** etw in einer höheren Preisklasse anbieten; **to take sth ~** etw in eine teurere Gegend verlegen

upon [əˈpɒn, AM əˈpɑːn] *prep (usu form)* ① *(on top of)* auf +*dat; with verbs of motion* auf +*akk;* ***there are two books lying ~ my desk*** auf meinem Schreibtisch liegen zwei Bücher; ***he put his hand ~ her shoulder*** er legte seine Hand auf ihre Schulter
② *(around)* an +*dat;* ***the watch ~ his wrist*** die Uhr an seinem Handgelenk
③ *(hanging on)* an +*dat;* **~ the ceiling/wall** an der Decke/Wand
④ *(at time of)* bei +*dat;* **~ arrival** bei Ankunft; ***~ the count of three, start running*** bei drei lauft ihr los; **once ~ a time** vor langer Zeit; ***once ~ a time there was a poor girl*** es war einmal ein armes Mädchen
⑤ *(form: about)* über +*akk;* ***after meditating ~ the idea a few minutes ...*** nachdem sie einige Minuten über die Sache nachgedacht hatte, ...; ***I'll have more to say ~ that subject later*** ich werde zu diesem Punkt später noch mehr sagen
⑥ *(form: through medium of)* auf +*akk;* **~ paper** auf Papier
⑦ *(with base in)* auf +*akk;* ***he swore ~ his word*** er schwor bei seinem Wort
⑧ *(concerning)* ***don't try to force your will ~ me*** versuch' nicht, mir deinen Willen aufzuzwingen; ***we settled ~ a price*** wir einigten uns auf einen Preis; ***he was intent ~ following in his father's footsteps*** er war entschlossen, in die Fußstapfen seines Vaters zu treten
⑨ *(responsibility of)* ***it is ~ your shoulders*** du bist dafür verantwortlich; ***we're relying ~ you*** wir verlassen uns auf dich
⑩ *after vb (against)* gegen +*akk*
⑪ *after vb (across)* über +*akk*
⑫ *(following)* nach +*dat;* ***they suffered defeat ~ defeat*** sie erlitten eine Niederlage nach der anderen
⑬ *(imminent)* **to be ~ sb** jdm bevorstehen

up·per [ˈʌpəʳ, AM -ɚ] **I.** *adj attr, inv* ① *(higher, further up)* obere(r, s); ANAT *abdomen, arm, jaw, lip* Ober-; **~ part of the body** Oberkörper *m;* **~ tooth** oberer Zahn, Zahn *m* des Oberkiefers
② *importance, rank* obere(r, s), höhere(r, s); **to reach the ~ ranks of the Civil Service** in die höhere Beamtenlaufbahn vorstoßen; **the ~ echelons of society** die oberen Schichten der Gesellschaft; **the ~ middle class** die gehobene Mittelschicht
③ *location* höher gelegen; **U~ Egypt** Oberägypten *nt;* **the U~ Rhine** der Oberrhein; **the ~ reaches of a river** der Oberlauf eines Flusses
II. *n* ① *(part of shoe)* Obermaterial *nt;* ***leather ~s*** Obermaterial Leder
② *(sl: drug)* Aufputschmittel *nt*
▸PHRASES: **to be on one's ~s** *(fam or dated)* [völlig] abgebrannt sein *fam,* auf dem Trockenen sitzen *fam*

'up·per-body [ˈʌpəbɒdi, AM ˈʌpɚbɑːdi] *n modifier (exercise, workout, strength)* Oberkörper-

up·per 'case *n* TYPO Großbuchstaben *pl*, Versalien *pl;* ■**in ~** in Großbuchstaben

up·per-case 'let·ter *n* TYPO Großbuchstabe *m*

up·per 'cham·ber *n* POL Oberhaus *nt* **up·per 'class** *n + sing/pl vb* Oberschicht *f* **'up·per-class** *adj* der Oberschicht *nach n;* **in ~ circles** in den gehobenen Kreisen **up·per 'crust** *n (fam)* ■**the ~** die oberen Zehntausend

'up·per-cut *n* BOXING Uppercut *m fachspr,* Aufwärtshaken *m*

up·per 'deck *n of bus, ship* Oberdeck *nt; of bridge* oben liegende Fahrbahn

up·per 'hand *n* **to have/gain** [*or* **get**] **the ~** die Oberhand haben/gewinnen; SPORT ***who has the ~ in the first set at the moment?*** wer führt denn gerade im ersten Satz?; **to let sb get the ~** jdm die Führung überlassen **Up·per 'House** *n* POL Oberhaus *nt;* ■**the ~** *(House of Lords)* das Oberhaus; *(in Germany, Austria)* der Bundesrat; *(in Switzerland)* der Ständerat; *(in the USA)* der Senat **up·per-mid·dle-'in·come** *adj inv* mit einem oberen Mittelklasseeinkommen *nach n*

up·per·most [ˈʌpəməʊst, AM ˈʌpɚmoʊst] *inv* **I.** *adj*
① *(highest, furthest up)* oberste(r, s), höchste(r, s); **the ~ floors** [*or* **storeys**] [*or* AM **stories**] die obersten Etagen [*o* Stockwerke]
② *(most important)* wichtigste(r, s); ■**to be ~** an erster Stelle stehen; **to be ~ in one's mind** jdn am meisten beschäftigen
II. *adv* obenauf, ganz oben

Up·per Vol·ta [-ˈvɒltə, AM -ˈvɑːlt̬ə] *n* Obervolta *f*

up·pish [ˈʌpɪʃ], **up·pi·ty** [ˈʌpɪti, AM -t̬-] *adj (pej fam)* hochnäsig, hochmütig; *reaction* schnippisch; **to get** [*or* **become**] ~ ein arrogantes Benehmen an den Tag legen

up·raised [ʌpˈreɪzd] *adj arms, weapon* erhoben

up·right [ˈʌpraɪt] **I.** *adj* ① *(vertical)* senkrecht; *(erect)* stehend, aufrecht; **the umpire's ~ finger** der erhobene Finger des Schiedsrichters; **~ freezer** Gefrierschrank *m;* **~ unit** Standgerät *nt;* **~ vacuum cleaner** Handstaubsauger *m*
② *(approv: honest)* aufrecht, redlich, anständig; ***he's an ~ citizen*** er ist ein rechtschaffener Bürger
II. *adv (vertical)* senkrecht; *(erect)* aufrecht; **bolt ~** kerzengerade; **to sit/stand ~** aufrecht [*o* gerade] sitzen/stehen
III. *n* ① *(upright piano)* Klavier *nt*
② TECH *(perpendicular)* [Stütz]pfeiler *m,* Pfosten *m; (column)* Säule *f*
③ FBALL Pfosten *m*
④ *(vacuum)* Stabstaubsauger *m*

up·right·ly [ˈʌpraɪtli] *adv (approv)* aufrecht, redlich, anständig; **to live ~** ein rechtschaffenes Leben führen

up·right·ness [ˈʌpraɪtnəs] *n no pl (approv)* Aufrichtigkeit *f,* Rechtschaffenheit *f,* Redlichkeit *f*

up·right pi·ˈano *n* Klavier *nt*

up·ris·ing [ˈʌpˌraɪzɪŋ] *n* Aufstand *m;* **peasant ~** Bauernaufstand *m;* **popular ~** Volkserhebung *f;* **to crush** [*or* **quell**] **an ~** einen Aufstand niederschlagen

up·river [ˌʌpˈrɪvəʳ, AM -ɚ] **I.** *adj* flussaufwärts gelegen
II. *adv* flussaufwärts

up·roar [ˈʌprɔːʳ, AM -rɔːr] *n no pl* ① *(noise)* Lärm *m,* Toben *nt*
② *(protest)* Aufruhr *m,* Tumult *m*

up·roari·ous [ʌpˈrɔːriəs] *adj* ① *(loud and disorderly)* stürmisch, turbulent; **~ crowd** lärmende Menge; **~ laughter** schallendes Gelächter
② *(extremely amusing)* urkomisch, zum Schreien *präd fam*

up·roari·ous·ly [ʌpˈrɔːriəsli] *adv* urkomisch; **~ funny** wahnsinnig komisch, zum Totlachen [*o* Schreien] *präd fam;* **to laugh ~** schallend lachen, sich *akk* vor Lachen kaum halten können

up·root [ʌpˈruːt] *vt* ① *(extract from ground)* **to ~ a plant** eine Pflanze herausreißen; **to ~ a tree** einen Baum entwurzeln
② *(remove from one's home)* ■**to ~ sb** jdn aus der gewohnten Umgebung herausreißen; ■**to ~ oneself** seine Heimat verlassen; ***his family was ~ed by the war*** seine Familie wurde durch den Krieg entwurzelt
③ *(fig: eradicate)* ■**to ~ sth** etw ausmerzen [*o* ausrotten] *fig*

ups-a-dai·sy [ˌʌpsəˈdeɪzi, ˌʊps-] *interj (esp childspeak fam)* hoppla *fam*

up·scale [ˌʌpˈskeɪl] *esp* AM **I.** *adj* ECON hochwertig, exklusiv, der oberen Preisklasse *nach n,* des oberen Marktsegments *nach n;* **for an ~ target group** für einen anspruchsvollen Kundenkreis
II. *adv* ECON in der gehobenen Preisklasse, im oberen Marktsegment; **to go** [*or* **move**] **~** in die gehobene Preisklasse wechseln; **to place** [*or* **position**] **sth ~** etw in einer höheren Preisklasse anbieten
III. *vt* ■**to ~ sth** *film, performance* etw in großem Stil machen; *military operation* etw ausweiten

up·set **I.** *vt* [ʌpˈset] ① *(push over)* ■**to ~ sth** etw umwerfen; **to ~ a boat** ein Boot zum Kentern bringen; **to ~ a glass** ein Glas umstoßen [*o* umkippen]
② *(psychologically unsettle)* ■**to ~ sb** jdn aus der Fassung bringen; *(distress)* jdn mitnehmen, jdm an die Nieren gehen *fam;* ■**to ~ oneself** sich *akk* aufregen
③ *(throw into disorder)* ■**to ~ sth** etw durcheinanderbringen
④ MED **to ~ sb's metabolism** jds Stoffwechsel durcheinanderbringen; **to ~ sb's stomach** jdm auf den Magen schlagen
▸ PHRASES: **to ~ the apple cart** *(fam)* alle Pläne über den Haufen werfen [*o* zunichtemachen]
II. *adj* [ʌpˈset] ① *(up-ended)* umgestoßen, umgeworfen, umgekippt
② *pred (disquieted)* ■**to be ~** *(nervous)* aufgeregt sein; *(angry)* aufgebracht sein; *(distressed)* bestürzt [*o* betroffen] sein; *(sad)* traurig sein; **to get ~ about sth** sich *akk* über etw *akk* aufregen; ■**to be ~** [**that**] ... traurig sein, dass ...; ***he was very ~*** [***that***] ***you didn't reply to his letters*** es hat ihn sehr getroffen, dass du auf seine Briefe nicht geantwortet hast; ***don't be*** [*or* ***get***] ***~*** reg dich nicht auf; **to be ~ to hear/read/see that ...** bestürzt sein zu [*o* mit Bestürzung] hören/lesen/sehen, dass ...
③ *inv (fam: bilious)* **to have an ~ stomach** [*or fam* **tummy**] sich *dat* den Magen verdorben haben
III. *n* [ˈʌpset] ① *no pl (trouble)* Ärger *m; (argument)* Verstimmung *f; (psychological)* Ärgernis *nt;* ***it was a great ~ to his self-image*** sein Selbstverständnis hat darunter sehr gelitten; ■**to be an ~ to sb** jdm nahegehen, jdn mitnehmen; **to be an ~ to sth's equilibrium** das Gleichgewicht einer S. *gen* [empfindlich] stören; **to have an ~** eine Meinungsverschiedenheit haben
② *esp* SPORT *(great surprise)* unliebsame Überraschung; ***one of the major ~s of this year's Wimbledon was the elimination of the favourite*** eine der großen Enttäuschungen des diesjährigen Wimbledon-Turniers war das Ausscheiden des Favoriten
③ *(fam: stomach)* **stomach** [*or fam* **tummy**] **~** verdorbener Magen, Magenverstimmung *f*

ˈup·set price *n* AM Mindestpreis *m,* Vorbehaltspreis *m*

up·set·ting [ʌpˈsetɪŋ, AM -t̬-] *adj* schlimm, erschütternd; *(saddening)* traurig; *(annoying)* ärgerlich

up·shot [ˈʌpʃɒt, AM -ʃɑːt] *n no pl* [End]ergebnis *nt;* ***the ~*** [***of it all***] ***is that ...*** letzten Endes lief es darauf hinaus, dass ..

up·side [ˈʌpsaɪd] *n no pl* ① *(advantage)* Vorteil *m*
② ECON Kursgewinn *m*

up·side ˈdown **I.** *adj inv* ① *(inverted position)* auf dem Kopf stehend *attr;* ***that picture is ~*** dieses Bild hängt verkehrt herum; ***an ~ gymnast was hanging from the wall bars*** ein Turner hing mit dem Kopf nach unten an der Sprossenwand
② *(fig: very confused)* verkehrt; **~ world** verkehrte Welt
II. *adv inv (inverted position)* verkehrt herum; ***the plane was flying ~*** das Flugzeug flog auf dem Kopf; *(fig)* ***my whole world turned ~ when I met Alan*** mein Leben ist völlig durcheinandergeraten, als ich Alan getroffen habe; **to turn sth ~** etw auf den Kopf stellen *a. fig*

up·side po·ˈten·tial *n* STOCKEX Kursspielraum *m* nach oben

up·stage **I.** *adj* [ʌpˈsteɪdʒ, AM ˈʌpsteɪdʒ] THEAT im hinteren Bühnenbereich *nach n*
II. *adv* [ʌpˈsteɪdʒ, AM ˈʌpsteɪdʒ] THEAT **to look ~** in Richtung Bühnenhintergrund schauen
III. *vt* [ˈʌpsteɪdʒ] ■**to ~ sb** ① THEAT ***he made a typical young actor's mistake: he ~d the star of the show*** er machte einen Fehler, der für unerfahrene Schauspieler typisch ist: er trat auf der Bühne zurück und zwang so den Hauptdarsteller, dem Publikum den Rücken zuzuwenden
② *(outshine)* jdm die Schau stehlen, jdn in den Schatten stellen

up·stairs [ʌpˈsteəz, AM -ˈsterz] *inv* **I.** *adj* oben *präd,* obere(r, s) *attr;* **the ~ windows** die Fenster *pl* im Obergeschoss
II. *adv (upward movement)* nach oben; *(higher position)* oben; **the people who live ~** die Leute über uns; **to run ~** nach oben rennen; **to stay ~** oben bleiben
III. *n no pl* Obergeschoss *nt,* oberes Stockwerk

up·stand·ing [ʌpˈstændɪŋ] *adj* ① *(honest)* aufrecht *fig,* rechtschaffen, aufrichtig
② *(erect)* groß gewachsen; *(strong)* kräftig
③ BRIT *(form: stand up)* ■**to be ~** sich *akk* erheben; LAW ***the court will be ~*** bitte erheben Sie sich

up·start [ˈʌpstɑːt, AM -stɑːrt] *n (usu pej)* Emporkömmling *m pej,* Parvenü [*o* ÖSTERR Parvenu] *m pej*

up·state [ˈʌpsteɪt] AM **I.** *adj* im ländlichen Norden [des Bundesstaates] *präd;* **in ~ New York** im ländlichen Teil New Yorks
II. *adv* in den/im ländlichen Norden [des Bundesstaates]; **to go/move ~** ins Hinterland ziehen; **to travel ~** in den nördlichen Teil reisen

up·stream [ʌpˈstriːm] **I.** *adj* ① *(of river)* **the ~ part of the river** der obere Teil des Flusses; **~ pollution** Verschmutzung *f* im oberen Flusslauf
② *(fig) process* vorgeschaltet; *stage* früher, vorausgehend
II. *adv move, paddle, swim* flussaufwärts, stromaufwärts; ***they live eight kilometres ~ from Amsterdam*** sie wohnen acht Kilometer flussaufwärts von Amsterdam; ***factories situated ~*** am oberen Flusslauf gelegene Fabriken; **to swim ~** gegen den Strom schwimmen

up·surge [ˈʌpsɜːdʒ, AM -sɜːrdʒ] *n* rasche Zunahme, starkes Anwachsen; **~ of attention** steigende Aufmerksamkeit; **~ in inflation** Inflationsstoß *m;* **~ in prices** Preisanstieg *m;* **an ~ in students** ein steiler Anstieg der Studentenzahlen; **the ~ of violence** die stark zunehmende Gewalt; **cyclical ~** Konjunkturaufschwung *m*

up·swept [ʌpˈswept] *adj inv* ① *(curved upwards)* aufwärtsgebogen, [hoch]geschweift; *moustache* gezwirbelt
② *(brushed upwards)* hochgekämmt

up·swing [ˈʌpswɪŋ] *n* ECON Aufschwung *m,* Belebung *f;* ■**to be on the ~** ansteigen, zunehmen; **~ in economic activity** [*or* **the economy**] Konjunkturaufschwung *m;* **~ in exports** Exportsteigerung *f*

up·take [ˈʌpteɪk] *n no pl* ① *(absorption) of nutrients, water* Aufnahme *f*
② BRIT, AUS *(level of usage)* Nutzungsgrad *m*
▸ PHRASES: **to be quick on the ~** *(fam)* schnell schalten *fam;* **to be slow on the ~** *(fam)* schwer von Begriff sein *fam,* eine lange Leitung haben *fam*

up·tem·po [ˌʌpˈtempəʊ, AM -poʊ] *adj* MUS schneller, flotter

up·thrust [ˈʌpθrʌst] **I.** *n* ① PHYS Auftrieb *m*
② GEOL Erhebung *f*
II. *adj inv* [steil] aufgerichtet

up·tight [ʌpˈtaɪt] *adj (fam)* ① *(nervous)* nervös; *(anxious)* ängstlich; **to be/get ~** [**about sth**] [wegen einer S. *gen*] nervös sein/werden; ***don't get ~ about the exam*** mach dich wegen der Prüfung nicht verrückt *fam*
② *(stiff in outlook)* verklemmt, verkrampft; ***there's no need to be so ~ all the time!*** sieh doch nicht immer alles so furchtbar eng!

up to *prep* ① *(to point of)* bis; ***we read ~ page 24*** wir haben bis Seite 24 gelesen; ***we drove ~ the North Sea*** wir sind an die Nordsee gefahren
② *(over to)* zu +*dat;* ***go ~ the counter*** geh zum Schalter
③ *(submerged to)* bis zu +*dat;* **~ the knees/waist** bis zu den Knien/zur Hüfte; **to have it ~ here** [*or* **one's ears**] [**with sth**] *(fig)* die Nase voll [von etw *dat*] haben
④ *(to time of)* bis; **~ midnight/noon/yesterday** bis Mitternacht/zum Nachmittag/gestern
⑤ *(decision of)* **to be ~ sb/sth** an jdm/etw liegen; ***shall I accept? — that's ~ you*** soll ich annehmen? – das musst du wissen; **to leave sth ~ sb** jdm etw überlassen
⑥ *(responsibility of)* **to be ~ sb** jdm obliegen *geh;* ***that's ~ the director*** das ist Sache des Direktors
⑦ *(secretly doing)* **to be ~ sth** etw vorhaben; **to be ~ no good** nichts Gutes im Sinn haben [*o* im Schilde führen]
⑧ *(well enough to)* ■**to be ~ sb/sth** jdm/etw gewachsen sein; **to be/feel ~ doing sth** imstande sein/sich *akk* imstande fühlen, etw zu tun

up to ˈdate *adj pred* ■**to be ~** auf dem neuesten Stand [*o* SCHWEIZ, ÖSTERR *a.* à jour] sein; *(well-informed)* auf dem Laufenden [*o* SCHWEIZ, ÖSTERR *a.* à jour] sein; **to bring sb ~** jdn über den neuesten Stand informieren; **to bring sth ~** etw aktualisieren [*o* auf den neuesten Stand bringen] [*o* SCHWEIZ, ÖSTERR *a.* à jour bringen]; **to keep sb/sth ~** jdn/etw auf dem neuesten Stand [*o* SCHWEIZ, ÖSTERR *a.* à jour] halten; ***please keep me ~ on the latest share prices*** informieren Sie mich bitte laufend über die aktuellen Aktienpreise

'up-to-date *adj attr* modern, zeitgemäß, zeitnah; *(well-informed) information, report* aktuell; ~ **nature** *of data, prices* Aktualität *f*

up-to-the-'min·ute *adj* allerneueste(r, s) *attr,* allerletzte(r, s) *attr,* hochaktuell; ~ **information** brandneue Informationen *pl*

up·town [ʌp'taʊn] AM **I.** *adj inv (in north of city)* im Norden *nach n; (in residential area)* in den [nördlichen] Wohngebieten *nach n; (with affluent connotations)* im Villenviertel *nach n,* im Nobelviertel *nach n;* ~ **boy/girl** Junge *m*/Mädchen *nt* aus den besseren Kreisen; **in ~ Manhattan** im nördlichen, vornehmen Teil Manhattans

II. *adv inv (in residential area)* in den [nördlichen] Wohngebieten; *(with affluent connotations)* im Villenviertel [*o* Nobelviertel]; *(to residential area)* in die [nördlichen] Wohngebiete; *(to wealthy area)* ins Villenviertel; ***we could walk ~ or we could take the train*** wir können in die Nordstadt laufen oder mit dem Zug fahren; ***I can get lunch in Chinatown for half of what it costs ~*** in Chinatown kostet ein Mittagessen nur halb so viel wie in den teuren Vierteln

III. *n (residential area)* Wohngebiet *nt,* Wohnviertel *nt; (wealthy area)* Villenviertel *nt*

up·trend ['ʌptrend] *n esp* AM Aufwärtstrend *m,* Aufwärtsbewegung *f,* Aufschwung *m,* Auftrieb *m*

up·turn ['ʌptɜːn, AM -tɜːrn] *n* Aufwärtstrend *m,* Aufschwung *m,* Belebung *f;* ~ **in the economy** Konjunkturaufschwung *m*

up·turned ['ʌptɜːnd, AM -tɜːrnd] *adj* nach oben gewendet; *table* umgedreht; *bucket* umgekippt; *boat* gekentert; ~ **nose** Stupsnase *f;* **with ~ palms** mit den Handflächen nach oben

up·ward ['ʌpwəd, AM -wɚd] **I.** *adj inv usu* AM Aufwärts-, nach oben *nach n;* **to move in an ~ direction** sich *akk* aufwärtsbewegen, sich *akk* nach oben bewegen; ~ **movement** Aufwärtsbewegung *f*

II. *adv* nach oben; ***he looked ~ to the sky*** er sah hinauf [*o* BRD, ÖSTERR hoch] zum Himmel; **from childhood ~** von Kindheit an

up·ward·ly ['ʌpwədli, AM -wɚd-] *adv inv* nach oben, aufwärts

up·ward·ly 'mo·bile *adj* ▪**to be ~** *ehrgeizig daran arbeiten, in der Gesellschaft aufzusteigen;* ***he belongs to the new upwardly mobile generation*** er gehört zu der neuen aufstrebenden Generation

up·ward mo·'bil·ity *n* sozialer Aufstieg

'up·ward of *prep, adv esp* AM *see* **upwards**

up·wards ['ʌpwədz, AM -wɚdz] *adv inv* ❶ *(move upwards)* nach oben, aufwärts; **from the waist ~** von der Taille aufwärts

❷ *(with numbers)* nach oben; ***it's likely to cost ~ of 500,000 dollars*** es wird wahrscheinlich mehr als 500.000 Dollar kosten; **to revise costs ~** die Kosten nach oben korrigieren

up·ward 'trend *n* Aufwärtstrend *m,* Aufwärtsentwicklung *f,* Aufwärtsbewegung *f,* Auftrieb *m;* ~ **in inflation** Inflationsstoß *m*

up·wind [ʌp'wɪnd] **I.** *adj* auf der Windseite *nach n;* ~ **side** Windseite *f*

II. *adv* gegen den Wind

urae·mia, AM **ure·mia** [jʊə'riːmiə, AM juː'-] *n* MED Urämie *f fachspr,* Harnvergiftung *f*

Ural·ic [jʊə'rælɪk, AM jʊ'-] **I.** *n* Uralisch *nt*

II. *adj* uralisch

Ural Moun·tains [ˌjʊərəl'maʊntɪnz, AM ˌjʊrəl'maʊntənz] *npl,* **Urals** ['jʊərəlz, AM 'jʊr] *npl* GEOG ▪**the ~** der Ural

ura·nium [jʊə'reɪniəm, AM jʊ'-] *n no pl* CHEM, PHYS Uran *nt;* ~ **fission** NUCL Uranspaltung *f;* ~ **mica** GEOL Uranglimmer *m*

Ura·nus ['jʊərənəs, AM 'jʊr-] *n no art* ASTRON Uranus *m*

ur·ban ['ɜːbən, AM 'ɜːr-] *adj attr* städtisch, urban *geh;* ~ **area** Stadtgebiet *nt;* ~ **blight** *(run-down part of town)* heruntergekommener Stadtteil; *(piece of mis-planning)* Verschandelung *f* des Stadtbildes; ~ **centre** [*or* AM **center**] Stadtzentrum *nt;* ~ **decay** *(in centre)* Verfall *m* der Innenstadt; *(in residential area)* Verslumung *f;* ~ **jungle** *(pej)* Großstadtdschungel *m meist pej;* ~ **planning** Stadtplanung *f;* ~ **population** Stadtbevölkerung *f,* Stadtbewohner *pl;* ~ **redevelopment** Stadtsanierung *f;* ~ **renewal** Stadterneuerung *f;* ~ **sprawl** Zersiedelung *f*

ur·bane [ɜː'beɪn, AM ɜːr'-] *adj (approv)* weltmännisch, weltgewandt, urban *geh;* ~ **manner** kultivierte [*o* weltmännische] Art; ~ **words** höfliche Worte

ur·bane·ly [ɜː'beɪnli, AM ɜːr'-] *adv (approv)* weltmännisch, weltgewandt, urban *geh*

ur·ban guer·'ril·la *n (group)* Stadtguerilla *f; (person)* Stadtguerilla *m*

ur·ban·ity [ɜː'bænəti, AM ɜːr'bænət̬i] *n no pl (approv)* weltmännische Art, Weltgewandtheit *f,* Urbanität *f geh*

ur·bani·za·tion [ˌɜːbənaɪ'zeɪʃən, AM ˌɜːrbənɪ'-] *n no pl* Verstädterung *f,* Urbanisierung *f geh*

ur·ban·ize ['ɜːbənaɪz, AM 'ɜːr-] *vt* ▪**to ~ sth** etw verstädtern [*o geh* urbanisieren]

ur·chin ['ɜːtʃɪn, AM 'ɜːr-] *n* ❶ *(homeless child)* **street ~** Straßenkind *nt; (boy)* Gassenjunge *m* BRD, ÖSTERR

❷ *(hum dated: impudent child)* Range *f o selten a. m* DIAL; *(boy)* Bengel *m*

Urdu ['ʊəduː, AM 'ʊr-] *n no pl* Urdu *nt*

urea [jʊə'riə, AM jʊ'ri] *n no pl* BIOL, CHEM Harnstoff *m*

ure·mia *n* AM *see* **uraemia**

urethra <*pl* -s *or* -rae> [jʊə'riːθrə, AM jʊ'-, *pl* -riː] *n* ANAT Urethra *f fachspr,* Harnröhre *f*

urge [ɜːdʒ, AM ɜːrdʒ] **I.** *n (strong desire)* Verlangen *nt,* [starkes] Bedürfnis (**for** nach +*dat*); *(compulsion)* Drang *m* (**for** nach +*dat*); PSYCH Trieb *m;* ***a violent ~ came over him*** ihn überkam ein heftiges Verlangen; ***if you get the ~ to go out tonight, give me a ring*** ruf mich an, wenn du heute Abend Lust bekommst, auszugehen; **irresistible ~** unwiderstehliches Verlangen; **sexual ~** Sexual-/Geschlechtstrieb *m;* **to control/repress an ~** einen Trieb kontrollieren/unterdrücken; **to give in** [*or* **way**] **to the ~ to do sth** dem Verlangen, etw zu tun, nicht widerstehen können

II. *vt* ❶ *(press)* ▪**to ~ sb somewhere:** ***on arriving at the house he ~d her inside*** nach der Ankunft drängte er sie in das Haus hinein; ▪**to ~ sb away from sth** jdn von etw *dat* wegdrängen; ▪**to ~ sb** [**into doing sth**] jdn antreiben [*o* drängen][, etw zu tun]; **to ~ dogs/horses** Hunde/Pferde antreiben

❷ *(try to persuade)* ▪**to ~ sb** [**to do sth**] jdn drängen [*o* eindringlich bitten][, etw zu tun]

❸ *(seriously advocate)* ▪**to ~ sth** auf etw *akk* dringen, zu etw *dat* drängen; ***"don't have anything more to do with him!" her mother ~ d*** „gib dich nicht mehr mit ihm ab!" mahnte sie ihre Mutter eindringlich; ***we ~d that the plans be submitted immediately*** wir drängten darauf, die Pläne sofort weiterzuleiten; ***I ~ you to take the time to reconsider your decision*** ich rate Ihnen dringend, sich die Zeit zu nehmen, Ihren Beschluss zu überdenken; **to ~ caution/vigilance** zur Vorsicht/Wachsamkeit mahnen; **to ~ peace** sich *akk* für den Frieden einsetzen

❹ *(form: persuade to accept)* ▪**to ~ sth on** [*or* **upon**] **sb** jdn zu etw *dat* drängen, jdm etw eindringlich nahelegen; ***she ~ d on him the importance of remaining polite at all times*** sie versuchte, ihm klarzumachen, wie wichtig es ist, immer höflich zu bleiben; **to ~ self-discipline on sb** jdn zur Selbstdisziplin [er]mahnen

III. *vi* ▪**to ~ for sth** auf etw *akk* drängen

◆**urge on** *vt* ▪**to ~ sb on** [**to do sth**] jdn [dazu] antreiben[, etw zu tun]; **~d on by ambition** vom Ehrgeiz getrieben

ur·gen·cy ['ɜːdʒən(t)si, AM 'ɜːr-] *n no pl* ❶ *(top priority) of a matter, demand* Dringlichkeit *f; of a problem, situation also* Vordringlichkeit *f;* **to be a matter of ~** äußerst dringend sein; **to realize/stress the ~ of sth** die Dringlichkeit einer S. *gen* erkennen/betonen

❷ *(insistence)* Eindringlichkeit *f;* ***there was a note of ~ in her speech*** sie sprach mit großer Eindringlichkeit

ur·gent ['ɜːdʒənt, AM 'ɜːr-] *adj* ❶ *(imperative) action, request* dringend, dringlich; *situation* brisant; ***the letter is marked '~ '*** auf dem Brief steht ‚eilt'; **to be in ~ need of medical attention** dringend ärztliche Hilfe benötigen

❷ *(insistent) person, voice* eindringlich; *steps* eilig; ~ **plea** deutlicher Appell

ur·gent·ly ['ɜːdʒəntli, AM 'ɜːr-] *adv* ❶ *(imperatively)* dringend, dringlich; ***help is ~ needed*** es wird dringend Hilfe benötigt

❷ *(insistently)* eindringlich; **to speak ~** mit eindringlicher Stimme sprechen

urg·ing ['ɜːdʒɪŋ, AM 'ɜːr-] *n* Drängen *nt kein pl*

uric ['jʊərɪk, AM 'jʊr-] *adj attr, inv* Harn-, Urin-

uric 'acid *n* BIOL Harnsäure *f*

uri·nal [jʊə'raɪnəl, -rɪ-, AM 'jʊrənəl] *n* ❶ *(device)* Urinal *nt form,* Pinkelbecken *nt fam; (room)* Pissoir *nt,* Herrentoilette *f*

❷ *(for patient)* Uringlas *nt,* Urinal *nt fachspr*

uri·nary ['jʊərɪnəri, AM 'jʊrəneri] *adj inv* Harn-, Urin-; ~ **diseases** Erkrankungen *pl* der Harnwege; ~ **incontinence** Harninkontinenz *f;* **the first morning ~ secretion** der erste Morgenurin; ~ **tract** Harnsystem *nt,* Harnorgane *pl;* ~ **tract infection** Harnwegsinfektion *f*

uri·nate ['jʊərɪneɪt, AM 'jʊrə-] *vi* urinieren, Wasser lassen

uri·na·tion [ˌjʊərɪ'neɪʃən, AM ˌjʊrə'-] *n no pl* Urinieren *nt,* Wasserlassen *nt*

urine ['jʊərɪn, AM 'jʊr-] *n no pl* Urin *m,* Harn *m*

'urine speci·men *n* Urinprobe *f*

URL [juːɑː'el, AM -ɑːr'-] **I.** *n abbrev of* **uniform resource locator** URL *m*

II. *n modifier abbrev of* **uniform resource locator** URL-

urn [ɜːn, AM ɜːrn] *n* ❶ *(garden ornament)* Krug *m,* Urne *f*

❷ *(for remains)* [Grab]urne *f*

urolo·gist [jʊə'rɒlədʒɪst, AM jʊ'rɑː-] *n* MED Urologe, Urologin *m, f*

urol·ogy [jʊə'rɒlədʒi, AM jʊ'rɑːlə] *n no pl* SCI, MED Urologie *f fachspr*

Uru·guay ['jʊərəgwaɪ, AM 'jʊrəgweɪ] *n* Uruguay *nt*

Uru·guay·an [ˌjʊərə'gwaɪən, AM ˌjʊrə'gweɪ] *adj inv* uruguayisch

us [ʌs, əs] *pron pers* ❶ *(object of we: dat o akk)* uns; ***thank you for driving ~ to the station*** danke, dass du uns zum Bahnhof gefahren hast; ***it would be rude for ~*** es wäre unhöflich von uns; ***let ~ know*** geben Sie uns Bescheid; ***don't worry, it's just ~*** keine Sorge, wir sind's nur; ***they are richer than ~*** sie sind reicher als wir; **both of ~** wir beide; **many of ~** viele von uns; **to be one of ~** zu uns gehören; **~ and them** [*or* **them and ~**] *(fam)* wir und die; ***it's definitely a case of them and ~*** das ist ein klarer Fall von Diskriminierung; **~ against them** *(fam)* wir gegen sie

❷ AUS, BRIT *(fam: me:)* mir *dat,* mich *akk;* ***give ~ a kiss*** gib' mir einen Kuss

❸ AM *(fam: to, for ourselves)* uns

❹ *(people in general)* ***this map shows ~ the position of the stars*** auf dieser Karte sieht man die Position der Sterne

US [juː'es] **I.** *n abbrev of* **United States:** ▪**the ~** die USA *pl*

II. *adj attr abbrev of* **United States** US-

USA[1] [juːes'eɪ] *n no pl (country) abbrev of* **United States of America:** ▪**the ~** die USA *pl*

USA[2] [juːes'eɪ] *n no pl (army) abbrev of* **United States Army** Armee *f* der USA

us·able ['juːzəbl] *adj inv* brauchbar, nutzbar; ▪**to** [**not**] **be ~** [nicht] zu gebrauchen sein; ~ **software** verwendbare Software

USAF [juːeseɪ'ef] *n no pl* MIL *abbrev of* **United States Air Force** Luftwaffe *f* der Vereinigten Staaten

us-against-'them men·tal·ity *n* Wir-gegen-sie-Mentalität *f*

us·age ['ju:sɪdʒ] *n* ❶ *no pl (handling)* Gebrauch *m*, Benutzung *f; (consumption)* Verbrauch *m;* ***this bag has had some rough ~*** diese Tasche ist schon ziemlich abgenutzt; **water ~** Wasserverbrauch *m*
❷ *no pl (customary practice)* Usus *m geh,* Brauch *m,* Sitte *m,* Usance *f;* ***it's common ~ ...*** es ist allgemein üblich ...
❸ LING *(instance of using language) of a term, word* Verwendung *f,* Gebrauch *m*
❹ *no pl* LING *(manner of using language)* Sprachgebrauch *m;* ***in English/French ~*** im englischen/französischen Sprachgebrauch; **in general** [*or* **everyday**] **~** im alltäglichen Sprachgebrauch

USB [,ju:es'bi:] *n* COMPUT *abbrev of* **Universal Serial Bus** USB, universeller serieller Bus

US'B stick *n* COMPUT USB-Stick *m*

US 'dol·lar *n* US-Dollar *m*

use I. *vt* [ju:z] ❶ *(make use of, utilize)* ■**to ~ sth** etw benutzen; *building, one's skills, training, talent* etw nutzen; *method* etw anwenden; ***this glass has been ~d*** dieses Glas ist schon benutzt; ***I could ~ some help*** ich könnte etwas Hilfe gebrauchen; ***I could ~ a drink now*** ich könnte jetzt einen Drink vertragen *fam;* ***this table could ~ a wipe*** diesen Tisch könnte man auch mal wieder abwischen; ***these lights are ~d for illuminating the playing area*** mit diesen Lichtern wird die Spielfläche beleuchtet; ***what perfume do you ~?*** welches Parfüm nimmst du?; ***what shampoo do you ~?*** welches Shampoo benutzt du?; ***I've got to ~ the toilet*** ich muss auf die Toilette; **to ~ alcohol** Alkohol trinken; **to ~ one's brains** seinen Verstand benutzen; **to ~ a chance** eine Gelegenheit nutzen; **to ~ a dictionary** ein Wörterbuch verwenden; **to ~ drugs** Drogen nehmen; **to ~ military force against sb** Militärgewalt gegen jdn einsetzen; **to ~ an idea** eine Idee verwenden; **to ~ logic** logisch denken; **to ~ one's money to do sth** sein Geld dazu verwenden, etw zu tun; **to ~ sb's name** jds Name verwenden; *(as reference)* sich *akk* auf jdn berufen; ***she ~s the name Mary Punk*** sie nennt sich Mary Punk; **to ~ poison gas/truncheons/chemical warfare** Giftgas/Schlagstöcke/chemische Waffen einsetzen; **to ~ a pseudonym** ein Pseudonym benutzen; **to ~ service** eine Dienstleistung in Anspruch nehmen; **to ~ swear words** fluchen; **to ~ one's time to do sth** seine Zeit dazu nutzen, etw zu tun; ***you should ~ your free time more constructively*** du solltest deine freie Zeit sinnvoller nutzen!; **to ~ violence** Gewalt anwenden; ■**to ~ sth to do sth** etw benutzen [*o* verwenden], um etw zu tun; ***~ scissors to cut the shapes out*** schneiden Sie die Formen mit einer Schere aus; ***you can ~ this brush to apply the paint*** du kannst die Farbe mit diesem Pinsel auftragen
❷ *(employ)* ■**to ~ sth:** ***~ your head*** [*or* BRIT *also* ***loaf***] jetzt schalt doch mal dein Hirn ein! *sl;* ***~ your imagination!*** lass doch mal deine Fantasie spielen!; **to ~ common sense** seinen gesunden Menschenverstand benutzen; **to ~ discretion/tact** diskret/taktvoll sein
❸ *(get through, consume)* ■**to ~ sth** etw verbrauchen; ***we've ~d nearly all the bread*** wir haben fast kein Brot mehr; ***what do you ~ for heating?*** womit heizen Sie?; ***there's no more paper after this is ~d*** wenn wir dieses Papier aufgebraucht haben, ist keines mehr da; ***this radio ~s 1.5 volt batteries*** für dieses Radio braucht man 1,5 Volt Batterien; **to ~ energy** Energie verbrauchen
❹ *(usu pej: manipulate, impose upon)* ■**to ~ sb** jdn benutzen; *(exploit)* ■**to ~ sb/sth** jdn/etw ausnutzen
❺ *(form: treat in stated way)* **to ~ sb badly/well** jdn schlecht/gut behandeln; ***he's ~d her despicably*** er hat ihr übel mitgespielt
II. *n* [ju:s] ❶ *(application, employment)* Verwendung *f* (**for** für *+akk*); *of dictionary also* Benutzung *f; of labour* Einsatz *m; of leftovers* Verwertung *f; of talent, experience* Nutzung *m;* ***don't throw that away, you'll find a ~ for it one day*** wirf das nicht weg – eines Tages wirst du es schon noch irgendwie verwenden können; ***a food processor has a variety of ~s in the kitchen*** eine Küchenmaschine kann man auf ganz unterschiedliche Weise in der Küche einsetzen; ***they've called for further restrictions on the ~ of leaded petrol*** sie forderten weitere Einschränkungen für die Verwendung von verbleitem Benzin; ***she lost the ~ of her fingers in the accident*** seit dem Unfall kann sie ihre Finger nicht mehr benutzen; **the ~ of alcohol/drugs** der Alkohol-/Drogenkonsum; **by the ~ of deception** durch Täuschung; **directions for ~** Gebrauchsanweisung *f;* **for ~ in an emergency** für den Notfall; **for ~ in case of fire** bei Feuer; **the ~ of force/a particular method** die Anwendung von Gewalt/einer bestimmten Methode; **the correct ~ of language** der korrekte Sprachgebrauch; **the ~ of poison gas/truncheons/chemical warfare** der Einsatz von Tränengas/Schlagstöcken/chemischen Waffen; **to be in daily ~** täglich verwendet werden; **for external ~ only** nur zur äußerlichen Anwendung; **to be no longer in ~** nicht mehr benutzt werden; **ready for ~** gebrauchsfertig; *machine* einsatzbereit; **for private ~ only** nur für den Privatgebrauch; **to come into ~** in Gebrauch kommen; **to find a ~ for sth** für etw *akk* Verwendung finden; **to go** [*or* **fall**] **out of ~** nicht mehr benutzt werden; **to have no** [**further**] **~ for sth** keine Verwendung [mehr] für etw *akk* haben; ***do you have any ~ for these old notes?*** kannst du diese alten Unterlagen irgendwie verwenden?; **to make ~ of sth** etw benutzen [*o* ÖSTERR *a.* benützen]; *experience, talent* etw nutzen; *leftovers* etw verwenden; *connections* von etw *dat* Gebrauch machen; ***can you make ~ of that?*** kannst du das gebrauchen?; **to put sth to ~** etw verwenden; **to be able to put sth to good ~** etw gut verwenden können; **to be able to put one's experience to good ~** seine Erfahrung gut einbringen können; **in/out of ~** in/außer Gebrauch
❷ *(consumption)* Verwendung *f;* ***building a dam would be a ~ of financial resources which this country cannot afford*** für einen Dammbau würde dieses Land Gelder verwenden müssen, die es nicht aufbringen kann
❸ *(usefulness)* Nutzen *m;* ***is this of any ~ at all?*** nützt das vielleicht was? *fam;* ***can I be of any ~?*** kann ich vielleicht irgendwie behilflich sein?; ***what's the ~ of shouting?*** was bringt es denn herumzuschreien?; ***there's no ~ complaining*** Herumjammern bringt auch nichts *fam;* ***what ~ is praying?*** wozu soll das Beten nutzen?; ***it has its ~s*** das kann auch nützlich sein; ***he's no ~ as an editor*** als Redakteur ist er nicht zu gebrauchen; ***what's the ~*** was soll's! *fam; (pej fam)* ***that's a fat lot of ~*** da haben wir ja auch was von! *iron fam;* **to be no ~** keine Hilfe sein; **to be no/not much ~ to sb** jdm nichts/nicht viel nützen; ■**to be of ~ to sb** für jdn von Nutzen [*o* nützlich] sein; ***is this of any ~ to you?*** kannst du das vielleicht gebrauchen?; ■**it's no ~** [**doing sth**] es hat keinen Zweck[, etw zu tun]; ***it's no ~ — I just can't stand the man*** es hilft alles nichts – ich kann den Mann einfach nicht ausstehen!; ***it's no ~ trying to escape — no one has ever got away before*** wir brauchen erst gar nicht versuchen auszubrechen – das hat bisher noch keiner geschafft!
❹ *(right)* **to have the ~ of sth** *bathroom, car* etw benutzen [*o* ÖSTERR *a.* benützen] dürfen; **to give sb** [*or* **let sb have**] **the ~ of sth** jdn etw benutzen [*o* ÖSTERR *a.* benützen] lassen
❺ *(custom)* Brauch *m*
❻ *(out of order)* ■**to be out of** [*or* AM, AUS *usu* **not in**] **~** nicht funktionieren; ***the escalator is out of ~*** der Aufzug ist außer Betrieb
❼ REL Ritual *nt*
❽ LAW *(old)* Nießbrauch *m fachspr*
◆**use up** *vt* ■**to ~ up** ○ **sth** *strength, energy* etw verbrauchen; *(completely)* etw [völlig] aufbrauchen; ***the money was soon ~d up*** das Geld war bald verbraucht [*o fam* alle]; ***I was tired and ~d up*** ich war müde und ausgebrannt; ***I might ~ up all my old scraps of wool to make a scarf*** ich werde wohl meine ganzen alten Wollreste für einen Schal verwerten; ***damn, the milk is ~d up!*** Mist, die Milch ist alle! *fam;* **to ~ up food/paper** Lebensmittel/Papier aufbrauchen

us·(e)abil·ity [ju:zə'bɪləti, AM -əţi] *n no pl* Brauchbarkeit *f,* Verwendbarkeit *f*

used[1] [ju:st] *vt semi-modal, only in past* ***Aunt Betty ~ to live in Australia*** Tante Betty hat früher in Australien gelebt; ***my father ~ to work there*** mein Vater hat [früher] dort gearbeitet; ***they ~ not to enjoy horror films*** früher haben ihnen Horrorfilme nicht gefallen; ***has she always done this? — no, she didn't use to*** macht sie das schon immer? – nein, früher nicht; ***did you use*** [*or old* **~**] ***to work in banking?*** haben Sie früher im Bankgewerbe gearbeitet?; ***things aren't what they ~ to be*** es ist alles nicht mehr so, wie es mal war *fam;* ***my father ~ to say ...*** mein Vater sagte immer [*o* pflegte immer zu sagen], ...; ***you didn't use to like wine*** früher mochtest du keinen Wein; ***I read much more than I ~ to*** heute lese ich viel mehr als früher; ***she ~ to be quite ambitious*** sie war mal sehr ehrgeizig

used[2] [ju:zd] *adj inv* ❶ *(not new)* gebraucht; **~ clothes** getragene Kleidung [*o* SCHWEIZ Kleider], Secondhandkleidung *f,* Secondhandkleider *pl* SCHWEIZ; **~ matches** abgebrannte Streichhölzer; **~ notes** gebrauchte [Geld]scheine; **~ towels** benutzte Handtücher
❷ *(familiar with)* gewohnt, gewöhnt; ■**to be ~ to sth** an etw *akk* gewöhnt sein, etw gewohnt sein; ***there are some things you never get ~ to*** an einige Dinge kann man sich einfach nicht gewöhnen; ■**to be ~ to doing sth** gewohnt sein, etw zu tun; **to be ~ to being criticized** Kritik gewohnt sein; **to become** [*or* **get**] **~ to sth** sich *akk* an etw *akk* gewöhnen

used 'car I. *n* Gebrauchtwagen *m; (fig hum)* ***would you buy a ~ from this man?*** würden Sie diesem Mann vertrauen?
II. *n modifier (dealer, guarantee, purchase, sales, salesman)* Gebrauchtwagen-

use·ful ['ju:sfᵊl] *adj* ❶ *(practical, functional)* nützlich, praktisch, brauchbar (**for** für *+akk*); ***let him mow the lawn, he likes to feel ~*** lass ihn den Rasen mähen, er hat gerne das Gefühl, gebraucht zu werden; ***do the exercises serve any ~ purpose?*** sind diese Übungen für irgendetwas gut?; **~ bits of information** nützliche [*o* wertvolle] Informationen; **to make oneself ~** sich *akk* nützlich machen
❷ *(approv: advantageous)* wertvoll; ***Spanish is a very ~ language to know*** es ist sehr vorteilhaft, Spanisch zu können; ***that voucher could come in ~ when we go shopping*** wir können den Gutschein vielleicht gut gebrauchen, wenn wir einkaufen gehen; **to prove ~** sich *akk* als nützlich erweisen
❸ *(approv: effective)* nutzbringend *attr,* hilfreich; *discussion* ergiebig; ***aspirins are ~ for headaches*** Aspirin hilft gegen Kopfschmerzen; ***the TV has a ~ life of ten years*** die Lebensdauer des Fernsehers beträgt zehn Jahre
❹ *(fam: competent)* gut; ***he's a ~ teacher/tennis player*** er ist ein fähiger Lehrer/versierter Tennisspieler; ***he's a ~ person to have if you get into trouble*** es ist ganz gut, ihn zu kennen, wenn man in Schwierigkeiten gerät; ***he plays a ~ hand of bridge*** er spielt ziemlich gut Bridge; **to be ~ with a gun/knife** gut mit der Schusswaffe/dem Messer umgehen können; **to be ~ with one's hands** handwerklich geschickt sein

use·ful 'life *n* COMM Nutzungsdauer *f*

use·ful·ly ['ju:sfᵊli] *adv* sinnvoll, nutzbringend; ***you might ~ study the etymology of English words*** es könnte dir sehr nützlich sein, dich mit der Etymologie englischer Begriffe zu beschäftigen; **to be ~ employed** eine sinnvolle Beschäftigung haben

use·ful·ness ['ju:sfᵊlnəs] *n no pl* Nützlichkeit *f; of contribution, information also* Brauchbarkeit *f,* Nutzen *m,* Wert *m; (applicability)* Verwendbarkeit *f;* **to outlive one's ~** ausgedient haben

use·less ['ju:sləs] *adj* ❶ *(pointless)* sinnlos, zwecklos; ■ **to be ~ doing** [*or* **to do**] **sth** sinnlos [*o* zwecklos] sein, etw zu tun; ***it's ~ trying to discuss politics with him*** es hat keinen Sinn, mit ihm über Politik diskutieren zu wollen; ~ **verbiage** unnützes Geschwätz

② *(fam: incompetent)* zu nichts nütze [*o präd* zu gebrauchen]; ***you're absolutely ~!*** du bist doch zu nichts zu gebrauchen!; ***you're such a ~ idiot!*** du bist ein hoffnungsloser Schwachkopf! *fam;* ***he's a ~ goalkeeper*** er taugt nichts als Torwart; ***I'm ~ at maths*** ich habe keine Ahnung von Mathematik; **to be worse than ~** einfach zu [*o* SCHWEIZ, ÖSTERR *meist* für] gar nichts zu gebrauchen sein

③ *(unusable)* unbrauchbar; ***this knife is ~*** dieses Messer taugt nichts; ~ **details** überflüssige Details; ~ **information** wertlose Informationen; **to render sth ~** etw unbrauchbar machen

use·less·ly ['ju:sləsli] *adv* ① *(without point)* sinnlos; **to protest ~** vergeblich protestieren

② *(unusable)* nutzlos

use·less·ness ['ju:sləsnəs] *n no pl* ① *(unproductiveness)* Nutzlosigkeit *f,* Unbrauchbarkeit *f*

② *(futility)* Sinnlosigkeit *f,* Zwecklosigkeit *f*

Use·net ['ju:znet] *n* COMPUT, INET Usenet *nt*

user ['ju:zəʳ, AM -ɚ] *n* Benutzer(in) *m(f); of software, a system also* Anwender(in) *m(f); of electricity, gas, water* Verbraucher(in) *m(f);* ***unemployed people are the main ~s of this advice centre*** dieses Beratungszentrum wird hauptsächlich von Arbeitslosen in Anspruch genommen; **drug ~** Drogenkonsument(in) *m(f);* **telephone ~** Telefonkunde, -kundin *m, f,* Telefonabonnent(in) *m(f)* SCHWEIZ

user-'friend·li·ness *n* COMPUT Anwenderfreundlichkeit *f,* Benutzerfreundlichkeit *f* **user-'friend·ly** *adj* COMPUT anwenderfreundlich, benutzerfreundlich **user I'D** *n* COMPUT Benutzerkennzeichen *nt* **user in·for·'ma·tion** *n no pl* COMPUT Benutzerdaten *pl* **user 'inter·face** *n* COMPUT Benutzeroberfläche *f,* Benutzerschnittstelle *f* **us·er 'li·cence agree·ment** *n* Benutzerlizenzvereinbarung *f* **user 'name** *n* COMPUT Benutzername *m,* Username *m* **user 'pro·file** *n* COMPUT Benutzerprofil *nt,* Userprofil *nt* **user 'pro·gram** *n* COMPUT Anwenderprogramm *nt,* Benutzerprogramm *nt*

user's 'guide, user's 'hand·book *n* Benutzerhandbuch *nt,* Userhandbuch *nt*

user 'soft·ware *n* COMPUT Anwendersoftware *f,* Benutzersoftware *f,* Usersoftware *f*

US-'friendly <-ier, -iest> *adj* ~ **governments** den USA wohlgesonnene Regierungen

ush·er ['ʌʃəʳ, AM -ɚ] **I.** *n* ① *(in theatre, church)* Platzanweiser(in) *m(f)*

② LAW Gerichtsdiener(in) *m(f)*

③ BRIT *(escort)* Zeremonienmeister(in) *m(f)*

II. *vt* **to ~ sb into a room** jdn in einen Raum hineinführen; **to ~ sb to his seat** jdn zu seinem Platz führen

◆ **usher away** *vt see* **usher out**

◆ **usher in** *vt* ① *(show the way)* ■ **to ~ in** ⊂ **sb** jdn hineinführen [*o* hineinbringen]

② *(fig: begin)* ■ **to ~ in** ⊂ **sth** etw einleiten; **to ~ in a new epoch/era** eine neue Epoche/Ära einleiten

◆ **usher out** *vt* ① *(bring to an end)* ■ **to ~ out** ⊂ **sth** das Ende einer S. *gen* ankündigen

② *(remove)* ■ **to ~ out** ⊂ **sb** [*or* **away**] jdn hinausführen

ush·er·ette [ˌʌʃəˈret, AM -ɚ'-] *n* Platzanweiserin *f*

USN [ˌju:es'en] *n* MIL *abbrev of* **United States Navy** Marine *f* der Vereinigten Staaten

USP [ˌju:es'pi:] *n* BRIT ECON *abbrev of* **unique selling proposition** USP *m*

USS [ˌju:es'es] *n before n* MIL *abbrev of* **United States Ship** *Schiff aus den Vereinigten Staaten*

USSR [ˌju:eses'ɑ:, AM -'ɑ:r] *n (hist) abbrev of* **Union of Soviet Socialist Republics** UdSSR *f hist*

usu·al ['ju:ʒəl, AM -ʒuəl] **I.** *adj* gewöhnlich, üblich, normal; ***is it ~ for a child to be so interested in money?*** ist es normal, dass sich ein Kind so sehr für Geld interessiert?; ***it's ~ to ask before you borrow something!*** normalerweise fragt man erst, bevor man sich etwas leiht!; ***business as ~*** normaler Betrieb; *(in a shop)* Verkauf geht weiter; [**the**] ~ **formalities** die üblichen Formalitäten; **to find sth in its ~ place** etw an seinem gewohnten Platz vorfinden; **later/less/more than ~** später/weniger/mehr als sonst; **as** [**per**] ~ wie üblich [*o* gewöhnlich]

II. *n* ① *(fam: regular drink)* ■ **the** [*or* **one's**] ~ das Übliche; ***a pint of the ~, please!*** ein Halbes bitte, wie immer!; ***the ~, please, John!*** bitte dasselbe wie immer, John!; ***what's his ~?*** was trinkt er gewöhnlich?

② *(regular thing)* das Übliche; ***the band played all the ~s at the party last night*** die Band spielte auf der Party gestern Abend das übliche Programm

usu·al·ly ['ju:ʒəli, AM -ʒuəli] *adv* gewöhnlich, normalerweise; ***is your friend ~ so rude?*** ist dein Freund immer so unhöflich?; ***does this shop open on Sundays? — ~*** hat dieser Laden sonntags geöffnet? – für gewöhnlich ja; ***he felt more than ~ hungover*** er fühlte sich noch verkaterter als sonst

usu·fruct ['ju:sjʊfrʌkt, AM -zʊ-] *n no pl* LAW Ususfruktus *m fachspr,* Nießbrauch *m fachspr*

usu·fruc·tu·ary [ˌju:sjʊ'frʌktʃuəri, AM -zʊ'-] LAW **I.** *n* Nießbraucher(in) *m(f)*

II. *adj inv* ~ **right** Nießbrauchrecht *nt,* Nutzungsrecht *nt*

usu·rer ['ju:ʒərəʳ, AM -ɚ] *n esp* LAW Wucherer, Wucherin *m, f*

usu·ri·ous [ju:'zjʊəriəs, AM -'ʒʊr-] *adj esp* LAW wucherisch, Wucher-; ~ **rates** Wucherzinsen *pl*

usurp [ju:'zɜ:p, AM -'sɜ:rp] *vt* ① *(take position)* ■ **to ~ sth** sich *dat* etw widerrechtlich aneignen, sich *akk* etw *dat* bemächtigen, etw usurpieren; **to ~ the power** die Macht an sich *akk* reißen; **to ~ the throne** sich *akk* des Thrones bemächtigen *geh*

② *(supplant)* ■ **to ~ sb** jdn verdrängen; **to ~ sb's place** jds Platz einnehmen

usur·pa·tion [ˌju:zɜ:'peɪʃən, AM sɚ'-] *n* Usurpation *f,* Übermächtigung *f*

usurp·er [ju:'zɜ:pəʳ, AM -'sɜ:rpɚ] *n* Usurpator(in) *m(f) geh; of the throne also* Thronräuber(in) *m(f); of power also* unrechtmäßiger Machthaber/unrechtmäßige Machthaberin

usu·ry ['ju:ʒəri, AM -ɚi] *n no pl esp* LAW Wucher *m;* **to practise** [*or* AM **practice**] ~ Wucher treiben

USW [ˌju:es'dʌblju:] *n abbrev of* **ultrashort waves** UKW

Ut. AM *abbrev of* **Utah**

Utah·an ['ju:tɑ:ən, AM -tɔ:-] **I.** *n* Bewohner(in) *m(f)* Utahs

II. *adj* aus Utah *nach n*

uten·sil [ju:'ten(t)səl] *n* Utensil *nt;* **kitchen ~s** Küchengeräte *pl*

uteri ['ju:tərаɪ, AM -t̬ə-] *n pl of* **uterus**

uter·ine ['ju:tərаɪn, AM -t̬ɚɪn] *adj inv* ANAT uterin *fachspr,* Uterus- *fachspr,* Gebärmutter-

uter·ine 'wall *n* ANAT Gebärmutterwand *f*

uter·us <*pl* -ri *or* -es> ['ju:tərəs, AM -t̬ɚ-] *n* ANAT Uterus *m fachspr,* Gebärmutter *f*

UTI [ˌju:ti:'aɪ] *n abbrev of* **urinary tract infection** Infektion *f* der Harnorgane

utili·tar·ian [ˌju:tɪlɪ'teəriən, AM ju:ˌtɪlə'ter-] *adj* ① PHILOS *(philosophy)* utilitaristisch *fachspr*

② *(functional)* praktisch, funktionell

utili·tar·ian·ism [ˌju:tɪlɪ'teəriənɪzəm, AM ju:ˌtɪlə'ter-] *n no pl* PHILOS Utilitarismus *m fachspr*

u'til·ities sec·tor *n* ECON Versorgungswirtschaft *f*

util·ity [ju:'tɪləti, AM -ət̬i] **I.** *n* ① *(usefulness)* Nützlichkeit *f,* Nutzen *m;* **economic ~** wirtschaftlicher Nutzen

② *usu pl (public service)* Leistungen *pl* der öffentlichen Versorgungsbetriebe; **public utilities** öffentliche Versorgungsbetriebe

③ COMPUT Dienstprogramm *nt*

II. *adj* ① *(useful)* Mehrzweck-, Vielzweck-; ~ **player** SPORT mehrfach einsetzbarer Spieler/einsetzbare Spielerin; ~ **vehicle** Mehrzweckfahrzeug *nt*

② *(functional)* funktionell, Gebrauchs-; ~ **model** Gebrauchsmuster *nt;* ~ **program** [*or* **routine**] COMPUT Dienstprogramm *nt*

III. *n modifier (company, costs, service)* Versorgungs-; ~ **bill** [Ab]rechnung *f* der öffentlichen Versorgungsbetriebe; ~ **expenses/spending** Kosten *pl* für Wasser- und Energieversorgung

u'til·ity com·pa·ny *n* Versorgungsunternehmen *nt*

u'til·ity pro·gram *n* COMPUT Dienstprogramm *nt*

u'til·ity room *n* ≈ Waschküche *f*

uti·liz·able ['ju:tɪlaɪzəbl̩, AM -t̬əl-] *adj (form)* verwendbar, nutzbar

uti·li·za·tion [ˌju:təlaɪ'zeɪʃən, AM -t̬əlɪ'-] *n no pl (form)* Verwendung *f,* Nutzung *f,* Inanspruchnahme *f;* ECON Auslastung *f;* ~ **of a loan** FIN Kreditinanspruchnahme *f;* ~ **of scrap** Abfallverwertung *f,* Kehrrichtverwertung *f bes* SCHWEIZ

uti·lize ['ju:tɪlaɪz, AM -t̬əl-] *vt* ■ **to ~ sth** etw verwenden, etw [be]nutzen [*o* ÖSTERR *a.* [be]nützen], etw nutzen

ut·most ['ʌtməʊst, AM -moʊst] **I.** *adj attr, inv* größte(r, s); **a person of the ~ brilliance** eine Person von höchster Genialität; **with the ~ care/precision** so sorgfältig/genau wie möglich; **with the ~ caution/reluctance** mit äußerster Vorsicht/Zurückhaltung; **to put sb in a position of the ~ difficulty** jdn in größte Schwierigkeiten bringen; **to the ~ ends of the earth** *(liter)* bis in die entlegensten Winkel der Erde; **with the ~ ferocity** mit aller Schärfe; **a matter of the ~ importance** eine Angelegenheit von äußerster Wichtigkeit

II. *n no pl* ■ **the ~** das Äußerste; ***the car offers the ~ in power and performance*** der Wagen bietet ein Maximum an Kraft und Leistung; ■ **at the ~** höchstens; ■ **to the ~** bis zum Äußersten; **to live life to the utmost** das Leben voll auskosten [*o* in vollen Zügen genießen]; **to try sb's patience to the ~** jds Geduld bis aufs Äußerste strapazieren; **to try** [*or* **do**] **one's ~** sein Bestes geben [*o* Möglichstes tun]

Uto-Aztecan [ˌju:təʊ'æztekən, AM -toʊ'-] **I.** *n* Utoaztekisch *nt*

II. *adj* utoaztekisch

Uto·pia [ju:'təʊpiə, AM -'toʊ-] *n no pl* Utopia *nt*

uto·pian [ju:'təʊpiən, AM -'toʊ-] *adj* utopisch

Uto·pian·ism [ju:'təʊpiənɪzəm, AM 'toʊ] *n no pl* Utopismus *m*

ut·ter[1] ['ʌtəʳ, AM 'ʌt̬ɚ] *adj attr, inv* vollkommen, total, völlig; **to be ~ bliss** eine ungeheure Wohltat sein; **in ~ despair** in völliger Verzweiflung, völlig verzweifelt; **in ~ disbelief** völlig ungläubig; ~ **drivel** dummes Geschwätz; ~ **fool** Vollidiot(in) *m(f) fam;* ~ **nonsense** absoluter Blödsinn; **in ~ rapture** total hingerissen; **an ~ stranger** ein völlig Fremder/eine völlig Fremde; **a complete and ~ waste of time** eine totale Zeitverschwendung

ut·ter[2] ['ʌtəʳ, AM 'ʌt̬ɚ] *vt* ■ **to ~ sth** ① *(liter: make a noise)* etw von sich *dat* geben; ***no one was able to ~ a sound*** keiner konnte einen Ton hervorbringen; **to ~ a cry** einen Schrei ausstoßen; **to ~ a groan/grunt/laugh** stöhnen/grunzen/auflachen

② *(liter: put into words)* etw sagen [*o* äußern]; **to ~ certitude about sth** seine Gewissheit über etw *akk* zum Ausdruck bringen; **to ~ a curse/threat** einen Fluch/eine Drohung ausstoßen; **to ~ a diatribe** eine Schmährede halten; **to ~ a falsehood** eine Unwahrheit sagen; **to ~ an incantation** einen Zauberspruch aufsagen; **to ~ an oath** einen Eid schwören; **to ~ a prayer** ein Gebet sprechen; **to ~ a warning** eine Warnung aussprechen; **without ~ing a word** ohne ein Wort zu sagen

③ LAW *(liter form)* etw verbreiten, etw in Umlauf [*o* Verkehr] setzen; **to ~ calumnies** Verleumdungen in Umlauf setzen; **to ~ forged money** Falschgeld in Umlauf bringen

ut·ter·ance ['ʌtərən(t)s, AM 'ʌt̬ɚ-] *n* ① *(form: statement)* Äußerung *f;* **a child's first ~s** die ersten Worte eines Kindes

② *no pl (form: act of speaking)* Sprechen *nt;* **to give ~ to sth** *(liter)* etw zum Ausdruck bringen; **to give ~ to a feeling** einem Gefühl Ausdruck verleihen

③ LING *(chain of language)* Sprache *f*

ut·ter·ly ['ʌtəli, AM 'ʌt̬ɚ-] *adv inv* vollkommen, total, völlig; ~ **beautiful** ausgesprochen [*o* hinreißend] schön; **to be ~ convinced that ...** vollkommen [davon] überzeugt sein, dass ...; **to find sb/sth ~ irre-**

sistible jdn/etw absolut unwiderstehlich finden; **to ~ despise/hate sb** jdn zutiefst [*o* aus tiefster Seele] verachten/hassen

ut·ter·most [ˈʌtəməʊst, AM ˈʌt̬ɚmoʊst] *n, adj see* **utmost**

U-turn [ˈjuːtɜːn, AM -tɜːrn] *n* ① *(of a car)* Wende *f*, SCHWEIZ *a.* Kehre *f;* **to do** [*or* **make**] **a ~** wenden, SCHWEIZ *a.* kehren
② *(fig: change plan)* Kehrtwendung *f;* **to make a ~** eine Kehrtwendung machen, sich *akk* um 180 Grad drehen *fig*

UV [ˌjuːˈviː] *abbrev of* **ultraviolet** UV

UVA rays [ˌjuːviːˈeɪreɪz] *npl abbrev of* **long wavelength ultraviolet radiation** UVA-Strahlen *pl*

UVB rays [ˌjuːviːˈbiːreɪz] *npl abbrev of* **short wavelength ultraviolet radiation** UVB-Strahlen *pl*

UVF [ˌjuːviːˈef] *n abbrev of* **Ulster Volunteer Force** UVF

uvu·la <*pl* -lae> [ˈjuːvjələ, *pl* -liː] *n* ANAT Uvula *f fachspr*, [Gaumen]zäpfchen *nt*

uvu·lar [ˈjuːvjələʳ, AM -ɚ] *adj* ANAT uvular *fachspr;* **~ 'r'** Zäpfchen-R *nt*

uxo·ri·ous [ʌkˈsɔːriəs] *adj (form) husband* blind ergeben; *(very fond)* treu liebend

Uz·bek [ˈʊzbek] *adj inv* usbekisch

Uz·beki·stan [ʊzˌbekɪˈstɑːn, AM stæn] *n no pl* GEOG Usbekistan *nt*

V

V <*pl* -'s *or* -s> *n*, **v** <*pl* -'s *or* -s> [viː] *n* ① *(letter)* V *nt*, v *nt; see also* **A 1**
② *(Roman numeral five)* V *(römisches Zahlzeichen für 5)*
③ *(shape)* V *nt;* **V-shaped neck** V-Ausschnitt *m*
④ *see* **voltage**

v [viː] **I.** *adv abbrev of* **very**
II. *n* LING *abbrev of* **verb** v
III. *prep abbrev of* **verse, verso, versus** vs.

Va. AM *abbrev of* **Virginia**

vac¹ [væk] *n* BRIT *(fam) short for* **vacation** Semesterferien *pl;* **the long ~** die Sommerferien *pl*

vac² [væk] **I.** *n (fam) short for* **vacuum cleaner** Staubsauger *m;* **to give sth a ~** etw [staub]saugen
II. *vt* <-cc-> *(fam) short for* **vacuum clean:** ■**to ~ sth** etw [staub]saugen
III. *vi short for* **vacuum clean** [staub]saugen

va·can·cy [ˈveɪkᵊn(t)si] *n* ① *(unoccupied room)* freies Zimmer; **'vacancies'** ‚Zimmer frei'; **'no vacancies'** ‚belegt'
② *(appointment)* freier Termin; ***the dentist has a ~ tomorrow morning*** die Zahnärztin hat morgen früh noch einen Termin frei
③ *(employment)* freie [*o* offene] Stelle; **to fill a ~** eine [freie] Stelle besetzen; **to have a ~** eine Stelle frei haben
④ *no pl (emptiness) of expression* Leere *f; of look* Ausdruckslosigkeit *f*
⑤ *(lack of thought)* Gedankenlosigkeit *f*, Unbedachtheit *f*
⑥ PHYS Leerstelle *f*

va·cant [ˈveɪkᵊnt] *adj inv* ① *(empty) bed, chair, seat* frei; *(on toilet door)* **'~'** ‚frei'; **~ house** unbewohntes [*o* leer stehendes] Haus; **~ plot** [**of land**] unbebautes Grundstück; **to leave sth ~** etw frei lassen
② *(employment)* frei, offen, unbesetzt; **to fall** [*or* **become**] **~** frei werden
③ *(unfilled time)* frei, unausgefüllt; **~ hours** Mußestunden *pl*
④ *(expressionless)* leer; **~ expression** nichtssagender Ausdruck; **~ stare** ausdrucksloser Blick

va·cant·ly [ˈveɪkᵊntli] *adv (without thought)* leer; *(without expression)* ausdruckslos; **to gaze ~ into space** geistesabwesend ins Leere starren

va·cant pos·'ses·sion *n* BRIT, AUS LAW bezugsfertiges Objekt, bezugsfertige Immobilie; **house with ~** bezugsfertiges [*o* sofort beziehbares] Haus

va·cate [vəˈkeɪt, AM ˈveɪkeɪt] *vt* ■**to ~ sth** etw räumen; **to ~ a building/house/room** ein Gebäude/Haus/Zimmer räumen; **to ~ a job/position/post** eine Stelle aufgeben; **to ~ an office** ein Amt niederlegen; **to ~ a place/seat** einen Platz/Sitzplatz frei machen

va·ca·tion [vəˈkeɪʃᵊn, AM *esp* veɪˈ-] **I.** *n* ① AM *(proper holiday)* Ferien *pl*, Urlaub *m;* ***where are you going for your ~?*** wohin fahrt ihr in Urlaub?; **to take a ~** Urlaub machen
② AM *(holiday)* Urlaub *m*, Ferien *pl* SCHWEIZ, ÖSTERR; ***I've still got some ~ left*** ich habe noch etwas Resturlaub; ■**on ~** im Urlaub; ■**to be on ~** Urlaub machen, im [*o* ÖSTERR auf] Urlaub sein; **paid ~** bezahlter Urlaub
③ UNIV Semesterferien *pl;* LAW Gerichtsferien *pl;* AM, AUS SCH *(school holidays)* [Schul]ferien *pl*
④ *no pl (relinquish)* **~ of a house** Räumung *f* eines Hauses; **~ of a post** Aufgabe *f* eines Postens
II. *vi* AM Urlaub [*o* Ferien] machen

va·ca·tion·er [veɪˈkeɪʃᵊnɚ] *n* AM Urlauber(in) *m(f)*

vac·ci·nate [ˈvæksɪneɪt, AM -ksə-] *vt* MED ■**to ~ sb** jdn impfen; **to be ~d against measles/polio** gegen Masern/Kinderlähmung geimpft sein/werden

vac·ci·na·tion [ˌvæksɪˈneɪʃᵊn, AM -səˈ-] *n* MED [Schutz]impfung *f* (**against** gegen *+akk*); **oral ~** Schluckimpfung *f;* **to have a ~** geimpft werden

vac·cine [ˈvæksiːn, AM vækˈsiːn] *n* ① MED Impfstoff *m*, Vakzine *f fachspr*
② COMPUT *(software)* Impfprogramm *nt*

vac·il·late [ˈvæsᵊleɪt, AM -sə-] *vi* schwanken; **to ~ between hope and despair** zwischen Hoffnung und Verzweiflung schwanken

vac·il·la·tion [ˌvæsᵊlˈeɪʃᵊn, AM -səˈleɪ-] *n* Schwanken *nt kein pl*, Unentschlossenheit *f kein pl*, Unschlüssigkeit *f kein pl*

va·cu·ity [vækˈjuːəti, AM -ət̬i] *n* ① *no pl (pej: vacancy of mind)* Leere *f; (brainlessness)* Geistlosigkeit *f; (lack of expression)* Ausdruckslosigkeit *f*
② *(inane remarks)* ■**vacuities** *pl* Plattheiten *pl*, Platitüden *pl geh*, ÖSTERR *oft* Floskeln *pl*

vacu·ous [ˈvækjuəs] *adj* ① *(inane) person, question* geistlos; *remark also* nichtssagend
② *(expressionless) look, expression* ausdruckslos, leer

vacu·ous·ly [ˈvækjuəsli] *adv* ① *(mindless)* geistlos; **to speak ~** leer daherreden
② *(showing little expression)* ausdruckslos, leer

vacu·ous·ness [ˈvækjuəsnəs] *n no pl (vacancy of mind)* Leere *f; (brainlessness)* Geistlosigkeit *f; (lack of expression)* Ausdruckslosigkeit *f*

vacuum [ˈvækjuːm, *pl* -kjuə] **I.** *n* ① <*pl* -s *or form* -cua> PHYS *(area without gas/air)* Vakuum *nt*, luftleerer Raum; **perfect ~** vollständiges Vakuum
② <*pl* -s *or form* -cua> *(fig: gap)* Vakuum *nt fig*, Lücke *f;* **power ~** Machtvakuum *nt;* **security ~** Sicherheitslücke *f;* **to fill/leave a ~** eine Lücke füllen/hinterlassen; **in a ~** *(fig)* im luftleeren Raum *fig*
③ <*pl* -s> *(hoover)* Staubsauger *m*
▶PHRASES: **nature abhors a ~** *(prov)* die Natur verabscheut das Leere
II. *vt* ■**to ~ sth** etw [staub]saugen; ■**to ~ up** ⊂ **sth** etw aufsaugen

'vacuum bot·tle, 'vacuum flask *n esp* BRIT Thermosflasche *f* **'vacuum clean·er** *n* Staubsauger *m;* **cylinder** [*or* AM **canister**] **~** Bodenstaubsauger *m;* **upright ~** Handstaubsauger *m*

vacuum·ing [ˈvækjuːmɪŋ] *n no pl* [Staub]saugen *nt*

'vacuum-pack·aged, 'vacuum-packed *adj* vakuumverpackt **'vacuum pump** *n* Vakuumpumpe *f*, Absaugpumpe *f* **'vacuum suc·tion** *n* Vakuumabsaugung *f*

vaga·bond [ˈvægəbɒnd, AM -bɑːnd] **I.** *n (liter or dated)* Vagant *m veraltet*, Vagabund(in) *m(f) veraltend*, Landstreicher(in) *m(f)*
II. *adj* umherziehend *attr*, vagabundierend *attr;* **~ life** Vagabundenleben *nt*

va·gary [ˈveɪgᵊri, AM -ɚi] *n* ① *(caprice, whimsy)* Laune *f*, Kaprice *f geh*, Kaprize *f* ÖSTERR, SCHWEIZ
② *(fig)* ■**vagaries** *pl (unpredictable change)* Launen *pl;* **the vagaries of fashion** die Launen *pl* der Mode; **the vagaries of life** die Wechselfälle *pl* des Lebens; **the vagaries of the weather** die Kapriolen *pl* des Wetters

va·gi·na [vəˈdʒaɪnə] *n* ANAT Vagina *f fachspr*, Scheide *f*

va·gi·na den·ta·ta [vəˌdʒaɪnədenˈtɑːtə, AM -t̬ə] *n* PSYCH zahnbewehrte Vagina

vagi·nal [vəˈdʒaɪnᵊl, AM ˈvædʒᵊnᵊl] *adj inv* ANAT, MED vaginal *fachspr*, Vaginal- *fachspr*, Scheiden-; **~ cramp** Scheidenkrampf *m*, Vaginismus *m fachspr;* **~ discharge** Ausfluss *m;* **~ orifice** Scheidenöffnung *f*, Scheideneingang *m;* **~ speculum** Vaginalspekulum *nt fachspr;* **~ spray** Intimspray *nt;* **~ suppository** Vaginalzäpfchen *nt*

vagi·nal·ly [vəˈdʒaɪnᵊli, AM ˈvædʒᵊn-] *adv* vaginal *fachspr*

vagi·nis·mus [ˌvædʒɪˈnɪzməs, AM -əˈnɪz-] *n no pl (form)* Vaginismus *m fachspr*

va·gran·cy [ˈveɪgrᵊn(t)si] *n no pl* ① *(dated)* Landstreicherei *f veraltend*
② *(homelessness)* Obdachlosigkeit *f*

va·grant [ˈveɪgrᵊnt] **I.** *n* ① *(dated)* Landstreicher(in) *m(f)*
② *(homeless person)* Obdachlose(r) *f(m)*, Penner *m pej*, Sandler(in) *m(f)* ÖSTERR *pej*
II. *adj inv* vagabundierend; **~ lifestyle** Vagabundenleben *nt*

vague [veɪg] *adj* ① *(not distinct)* ungenau, vage; *figure, shape* verschwommen, undeutlich; **a ~ conception** ein verschwommenes Konzept; **a ~ memory** eine vage Erinnerung; **~ pains** diffuse Schmerzen; **~ promises** vage Versprechungen; **a ~ suspicion** eine vage Vermutung; **to reply in ~ terms** eine ausweichende Antwort geben
② *(imprecise) person* zerstreut; ■**to be ~ about sth** sich *akk* [nur] vage zu etw *dat* äußern

vague·ly [ˈveɪgli] *adv* ① *(somehow)* vage; ***he does look ~ familiar*** er kommt mir irgendwie bekannt vor; ***he looked ~ in her direction*** er blickte ungefähr in ihre Richtung; **to be ~ aware that ...** sich *dat* vage bewusst sein, dass ...; **to ~ remember** sich *akk* dunkel erinnern
② *(absent-mindedly)* zerstreut; **to smile ~** abwesend lächeln

vague·ness [ˈveɪgnəs] *n no pl* ① *(imprecision)* Unbestimmtheit *f*, Vagheit *f* SCHWEIZ
② *(absent-mindedness)* Zerstreutheit *f*

vain [veɪn] *adj* ① *(pej: conceited)* eingebildet; *(about one's looks)* eitel; ***he was very ~ about his clothes*** er war sehr eitel, wenn es um Kleidung ging
② *(futile)* sinnlos; *hope* töricht
③ *(unsuccessful) attempt, effort* vergeblich; **in ~** vergeblich, umsonst

vain·glo·ri·ous [ˌveɪnˈglɔːriəs] *adj (pej liter)* dünkelhaft *pej liter;* **~ behaviour** [*or* AM **behavior**] überhebliches Benehmen; **~ manner** hochnäsige Art

vain·ly [ˈveɪnli] *adv* vergebens

va·lance [ˈvælən(t)s] *n* ① *(on bed)* Volant *m*
② AM *(on curtain rail)* Querbehang *m*

vale [veɪl] *n* ① *(liter: valley)* Tal *nt*
② *(place name)* **the V~ of Evesham/York** das Tal von Evesham/York
▶PHRASES: **~ of tears** *(liter)* Jammertal *nt liter*

val·edic·tion [ˌvælɪˈdɪkʃᵊn, AM -əˈ-] *n (form)* Abschiedsrede *f*

val·edic·to·rian [ˌvælədɪkˈtɔːriən] *n* AM Abschiedsredner(in) *m(f) (bei Schul- oder Universitätsentlassungsfeiern)*

val·edic·tory [ˌvælɪˈdɪktᵊri, AM -əˈdɪktɚi] *adj inv* Abschieds-; AM *(upon finishing school)* **~ address** [*or* **speech**] Abschiedsrede *f;* **~ dinner** Abschiedsessen *nt*

va·lence [ˈveɪlᵊn(t)s], **va·len·cy** [ˈveɪlən(t)si] **I.** *n* Valenz *f*
II. *n modifier* Valenz-; **~ band/bond** PHYS, MATH Verbindungs-/Bindungswertigkeit *f;* **~ electrons** PHYS Valenzelektronen *pl fachspr*

Va·len·cia [vəˈlen(t)siə, -ʃiə] *n* Valencia *nt*

Valencian [vəˈlentsiən, -ʃən] **I.** *adj* valencianisch
II. *n* Valencianer(in) *m(f)*

valency <*pl* -ies> [ˈveɪlən(t)si] *n* CHEM, MATH Valenz *f,* Wertigkeit *f;* ~ **stage** Wertigkeitsstufe *f*

val·en·tine [ˈvæləntaɪn] *n* ❶ *(person) Person, die am Valentinstag von ihrem Verehrer/ihrer Verehrerin beschenkt wird;* ***the message on the card said "be my ~!"*** auf der Karte stand: „sei mein Schatz am Valentinstag!"
❷ *(card, gift)* Valentinsgeschenk *nt*/-karte *f*

ˈval·en·tine card *n* Valentinskarte *f*

Val·en·tine's [ˈvæləntaɪnz] *n no pl, no art (fam) short for* **Valentine's day** Valentinstag *m*

ˈVal·en·tine's Day *n* Valentinstag *m*

va·lerian [vəˈlɪəriən, AM -ˈlɪr-] *n* Baldrian *m*

va·ler·ic acid [vəˈlerɪk'-, AM vəˈlɪrɪk'-] *n no pl* CHEM Valeriansäure *f*

val·et [ˈvæleɪ, AM væˈleɪ] **I.** *n* ❶ *(esp hist: private servant)* Kammerdiener *m*
❷ *(car parker) Person, die Autos (meist im Hotel) einparkt*
II. *vt* BRIT **to ~ a car** ein Auto waschen; *(on the inside)* den Innenraum eines Autos reinigen

val·et ˈpark·ing *n no pl* AM, AUS Parkservice *m*

ˈval·et ser·vice *n* BRIT Hotelwäscherei *f*

val·etu·di·nar·ian [ˌvælɪtjuːdɪˈneəriən, AM -əˌtuːdəˈneri-] *n (esp pej form)* ❶ *(hypochondriac)* Hypochonder(in) *m(f); (health fanatic)* Gesundheitsapostel *m hum pej fam*
❷ *(in poor health)* kränkelnde Person

Val·hal·la [vælˈhælə] *n* Walhall *nt,* Walhalla *nt o f*

val·iant [ˈvæliənt, AM -jənt] *adj (approv)* mutig; *effort* kühn; *resistance* tapfer; *warrior* wacker

val·iant·ly [ˈvæliəntli, AM -jənt-] *adv (approv)* mutig, tapfer

val·id [ˈvælɪd] *adj* ❶ *(well-founded)* begründet; *(worthwhile)* berechtigt; *argument* stichhaltig; *criticism* gerechtfertigt; *deduction* schlüssig; ***my way of thinking might be different from yours but it's equally ~*** meine Denkweise ist vielleicht anders als deine, aber sie hat genauso ihre Berechtigung; ~ **claim** berechtigter Anspruch; ~ **precaution** sinnvolle Vorsichtsmaßnahme; ~ **reason** triftiger Grund
❷ *(still in force) passport, qualification* gültig; LAW *(contractually binding)* rechtskräftig

vali·date [ˈvælɪdeɪt, AM -lə-] *vt* ❶ *(officially approve)* ■**to ~ sb/sth** jdn/etw anerkennen
❷ *(verify, authenticate)* ■**to ~ sth** etw bestätigen [*o* für gültig erklären]; ***the data is entered on a computer which ~s it*** die Daten werden in einen Computer eingegeben, der die Richtigkeit überprüft
❸ *(show to be worthwhile)* ■**to ~ sth** etw bestätigen

vali·da·tion [ˌvælɪˈdeɪʃᵊn, AM -əˈ-] **I.** *n no pl* ❶ *(official approval)* Bestätigung *f; of document* Gültigkeitserklärung *f*
❷ *(verification)* Nachweis *m,* Bestätigung *f*
❸ COMPUT Gültigkeitsprüfung *f*
II. *n modifier* Prüfungs-; ~ **procedures** Kontrollmechanismen *pl;* ~ **process** Prüfungsvorgang *m*

va·lid·ity [vəˈlɪdəti, AM -ət̬i] *n no pl* ❶ *(authentication)* Gültigkeit *f; (value)* Wert *m;* **to give** [*or* **lend**] ~ **to a claim** einen Anspruch rechtfertigen; **to give ~ to a theory** eine Theorie bestätigen
❷ *(significance)* Bedeutung *f*

val·id·ly [ˈvælɪdli] *adv* gültig; ***the test must be checked before it can be ~ applied*** der Test muss überprüft werden, bevor er gültig zum Einsatz kommen kann; ~ **married** rechtsgültig verheiratet

va·lise [vəˈliːz, AM ˈliːs] *n* kleiner Handkoffer

Val·ium® [ˈvæliəm] *n no pl* Valium® *nt;* **to be on ~** Valium nehmen

Val·kyrie [vælˈkɪəri, AM -ˈkɪri] *n* Walküre *f*

val·ley [ˈvæli] *n* Tal *nt;* **the Nile/Rhine/Thames ~** das Nil-/Rhein-/Themsetal

ˈval·ley girl *n aufreizendes Mädchen, meist aus Kalifornien*

val·or·ous [ˈvælᵊrəs] *adj* tapfer, heldenhaft

val·our, AM **val·or** [ˈvæləʳ, AM -lɚ] *n no pl (approv form)* Wagemut *m geh*

valu·able [ˈvæljʊəbl̩] *adj* wertvoll; ~ **experience/information** wertvolle Erfahrung/Informationen *pl;* ~ **gems** kostbare Edelsteine

valu·ables [ˈvæljʊəbl̩z] *npl* Wertsachen *pl,* Wertgegenstände *pl*

valua·tion [ˌvæljuˈeɪʃᵊn] *n* ❶ *(instance)* Schätzwert *m,* geschätzter Wert
❷ *(act)* Schätzung *f*
❸ FIN Bewertung *f,* Wertansatz *m;* **land ~** Grundstücksbewertung *f;* ~ **of property** Grundstücksbewertung *f*

valuˈa·tion fee *n* FIN Schätzungskosten *pl,* Schätzgebühr *f*

valua·tor [ˈvæljueɪtəʳ, AM -t̬ɚ] *n* FIN Schätzer(in) *m(f)*

value [ˈvæljuː] **I.** *n* ❶ *no pl (significance)* Wert *m,* Bedeutung *f;* **entertainment ~** Unterhaltungswert *m;* **incalculable** [*or* **inestimable**] ~ unschätzbarer Wert; **to be of little ~** wenig Wert haben; **to place** [*or* **put**] [*or* **set**] **a high ~ on sth** auf etw *akk* großen Wert legen
❷ *no pl (financial worth)* Wert *m;* **market ~** Marktwert *m;* **to be** [AM **a**] **good/**[AM **a**] **poor ~** [**for sb's money**] sein Geld wert/nicht wert sein; ***that restaurant is ~ for money*** in diesem Restaurant bekommt man etwas für sein Geld; **to assess the ~ of sth** den Wert einer S. *gen* schätzen; **the ~ of sth falls/rises** der Wert einer S. *gen* fällt/steigt; **to hold** [*or* **keep**] [*or* **maintain**] **its ~** den Wert beibehalten
❸ *(monetary value)* Wert *m;* ***goods to the ~ of £70,000*** Gegenstände im Wert von 70.000 Pfund; **property ~s** Grundstückspreise *pl*
❹ *(moral ethics)* ■**~s** *pl* Werte *pl,* Wertvorstellungen *pl;* **set of ~s** Wertesystem *nt;* **basic ~s** Grundwerte *pl;* **moral ~s** Moralvorstellungen *pl*
II. *vt* ❶ *(deem significant)* ■**to ~ sth/sb** etw/jdn schätzen [*o veraltend* wertschätzen]; ***he ~d the watch for sentimental reasons*** die Armbanduhr hatte einen persönlichen Wert für ihn; **to ~ sb as a friend** jdn als Freund schätzen
❷ *(estimate financial worth)* ■**to ~ sth** etw schätzen [*o* bewerten]; ***he ~d the painting at $2,000*** er schätzte den Wert des Bildes auf 2.000 Dollar; ■**to have sth ~d** etw schätzen lassen

value ˈadd·ed tax *n,* **VAT** *n* Mehrwertsteuer *f*

ˈvalue chain *n* COMM Wertschöpfungskette *f*

ˈvalue-con·scious *adj inv* preisbewusst

ˈvalue crea·tion *n no pl* COMM Wertschaffung *f,* Wertschöpfung *f,* Wertbildung *f*

valued [ˈvæljuːd] *adj (approv form)* geschätzt; ***he is a ~ friend of ours*** er ist uns ein lieber Freund; ~ **customer** geschätzter Kunde/geschätzte Kundin

ˈvalue judge·ment *n* Werturteil *nt*

value·less [ˈvæljuːləs] *adj* wertlos

value of col·ˈlat·er·al *n* FIN Beleihungswert *m*

valu·er [ˈvæljuːəʳ, AM -ɚ] *n esp* BRIT FIN Schätzer(in) *m(f),* Taxator(in) *m(f) fachspr*

valve [vælv] *n* ❶ *(control device)* Ventil *nt;* **shutdown/shut-off ~** Schließ-/Sperrventil *nt*
❷ *(body part)* Klappe *f;* **heart ~** Herzklappe *f*
❸ *(wind instrument part)* Ventil *nt*
❹ COMPUT Ventil *nt*

va·moose [væmˈuːs] *vi* AM *(fam)* abhauen *fam;* **~!** *(fam)* raus hier! *fam,* nichts wie weg!; ***we ~d out the back*** wir haben uns durch den Hinterausgang aus dem Staub gemacht *fam*

vamp¹ [væmp] *vi* MUS improvisieren
◆**vamp up** *vt* ■**to ~ up** ◯ **sth** etw reparieren [*o* herrichten]; *(improve)* etw aufpeppen [*o* aufmotzen] *fam*

vamp² [væmp] **I.** *n (pej)* Vamp *m*
II. *vt* ■**to ~ sb** jdn bezirzen [*o sl* anmachen]

vam·pire [ˈvæmpaɪəʳ, AM -ɚ] *n* Vampir *m*

vam·pire ˈbat *n* Vampirfledermaus *f*

vam·pir·ic [væmˈpɪrɪk] *adj* vampirartig *a. fig*

vamp·ish [ˈvæmpɪʃ] *adj* aufreizend

van¹ [væn] *n* ❶ *(vehicle)* Transporter *m;* **delivery ~** Lieferwagen *m;* **plumber's ~** Klempnerauto *nt*
❷ AM *(car type)* Kleinbus *m; (smaller)* Minibus *m*
❸ BRIT *(railway)* Gepäckwagen *m*

van² [væn] *n no pl short for* **vanguard: to be in the ~ of sth** an der Spitze von etw *dat* stehen, bei etw *dat* führend sein

van³ [væn] *n* BRIT SPORT *(fam) short for* **advantage** Vorteil *m*

va·na·dium [vəˈneɪdiəm] *n no pl* CHEM Vanadin *nt,* Vanadium *nt*

Van·cou·ver [vænˈkuːvəʳ, AM -vɚ] *n* Vancouver *nt*

Van·cou·ver·ite [vænˈkuːvəaɪt, AM -vɚ-] *n* Bewohner(in) *m(f)* Vancouvers

van·dal [ˈvændᵊl] *n* Vandale *m pej,* Rowdy *m*

van·dal·ism [ˈvændᵊlɪzᵊm] *n no pl* Vandalismus *m pej,* blinde Zerstörungswut; LAW vorsätzliche [*o* mutwillige] Sachbeschädigung

van·dal·ize [ˈvændᵊlaɪz] *vt* ■**to ~ sth** etw mutwillig [*o* vorsätzlich] zerstören; *building* etw verwüsten; *vehicle* etw demolieren

ˈvan driv·er *n* Lieferwagenfahrer(in) *m(f),* SCHWEIZ *a.* Lastwagenfahrer(in) *m(f)*

vane [veɪn] *n* Propellerflügel *m*

van·guard [ˈvængɑːd, AM -gɑːrd] *n no pl* ❶ *(esp form: advance guard)* Vorhut *f; (advance elements)* Spitze *f*
❷ *(fig: leader)* ■**the ~** die Avantgarde *geh;* ***he sees himself as being in the ~ of economic reform*** er glaubt, dass er zu den Vorreitern der Wirtschaftsreform gehört

va·nil·la [vəˈnɪlə] **I.** *n no pl* Vanille *f*
II. *n modifier (sauce, flavouring)* Vanille-; ~ **custard** Vanillepudding *m;* ~ **ice cream** Vanilleeis *nt,* Vanilleglacé *f* SCHWEIZ
III. *adj attr, inv (fig: not unusual)* durchschnittlich; ~ **people** ganz normale Leute; **plain ~** nullachtfuffzehn [*o* SCHWEIZ nullachtfünfzehn] *fam*

va·ˈnil·la pod, AM, AUS **va·ˈnil·la bean** *n* Vanilleschote *f*

va·ˈnil·la sex *n (fam)* Blümchensex *m*

va·nil·lic al·de·hyde [vəˌnɪlɪkˈældɪhaɪd, -də-] *n no pl* CHEM Vanillin *nt*

van·ish [ˈvænɪʃ] *vi* ❶ *(disappear)* verschwinden; **to ~ into thin air** sich *akk* in Luft auflösen; **to ~ from sight** außer Sicht geraten; **to ~ without trace** spurlos verschwinden
❷ *(cease to exist)* verlorengehen; **a ~ed era/past** ein verflossenes Zeitalter/eine vergangene Zeit; **to see one's hopes ~ing** seine Hoffnungen schwinden sehen

ˈvan·ish·ing cream *n (dated)* Pflegecreme *f*

ˈvan·ish·ing point *n* ❶ *(horizon)* Fluchtpunkt *m* ❷ *(fig)* Nullpunkt *m;* **to reach ~** den Nullpunkt erreichen

Vani·tory unit® [ˈvænɪtᵊri,-] *n* BRIT Waschtisch *m*

van·ity [ˈvænəti, AM -ət̬i] *n* ❶ *no pl* Eitelkeit *f*
❷ AM, AUS *(Vanitory unit)* Toilettentisch *m,* Schminktisch *m*

ˈvan·ity bag, ˈvan·ity case *n (bag)* Schminktasche *f; (case)* Beautycase *nt*

van·ity ho·ˈtel *n Hotel, das von einem reichen Eigentümer als Hobby geleitet wird*

van·ity ho·ˈtel·ier *n reicher Hotelbesitzer, der ein Hotel als Hobby betreibt*

ˈvan·ity plate *n* AM *selbst gewähltes Kfz-Kennzeichen*

ˈvan·ity press *n* Autorenverlag *m*

ˈvan·ity unit *n* BRIT Toilettentisch *m,* Schminktisch *m*

ˈvan·load *n* **~s of tourists** ganze Busladungen von Touristen

van·quish [ˈvæŋkwɪʃ] *vt (esp liter)* ■**to ~ sb/sth** jdn/etw besiegen [*o liter* bezwingen]

van·tage [ˈvɑːntɪdʒ, AM ˈvænt̬-] *n* Aussichtspunkt *m*

ˈvan·tage point *n* ❶ *(outlook)* Aussichtspunkt *m;* ***the castle affords a good ~*** von der Burg hat man einen schönen Blick
❷ *(fig: ideological perspective)* Blickpunkt *m;* **from the ~ of sb** aus jds Sicht

Va·nu·atu [ˌvænuˈɑːtuː, AM vænˈwɑːtuː] *n no pl* Vanuatu *nt*

vap·id [ˈvæpɪd] *adj (pej)* banal *pej*

va·pid·ity [væpˈɪdəti, AM -ət̬i] *n no pl (pej)* Geistlosigkeit *f pej;* **spiritual ~** spirituelle Leere

va·por *n* AM *see* **vapour**

va·pori·za·tion [ˌveɪpᵊraɪˈzeɪʃᵊn, AM -rɪˈ-] *n (slow)* Verdunstung *f; (quick)* Verdampfung *f*

va·por·ize [ˈveɪpᵊraɪz, AM -pər-] **I.** *vt* ■**to ~ sth** etw verdampfen [*o* in Gas umwandeln]
II. *vi (slowly)* verdunsten; *(quickly)* verdampfen

va·por·iz·er [ˈveɪpᵊraɪzəʳ, AM -pəraɪzɚ] *n* Inhalator *m*

va·por·ous ['veɪpᵊrəs] *adj* Dampf-, dunstig, nebelhaft *a. fig*
va·pour, AM **va·por** ['veɪpəʳ, AM -ɚ] *n* ① *(steam)* Dampf *m; (breath)* Atem[hauch] *m;* **poisonous ~s** giftige Dämpfe; **water ~** Wasserdampf *m*
② *(dated or hum: sick feeling)* ■ **~s** *pl* Übelkeit *f;* **to get an attack** [*or* **a fit**] **of the ~s** einen hysterischen Anfall kriegen; **to give sb the ~s** jdm Übelkeit verursachen
'va·pour pres·sure *n no pl* Gasdruck *m* **'va·pour trail** *n* Kondensstreifen *m*
varia·bil·ity [ˌveəriə'bɪləti, AM ˌveriə'bɪləṭi] *n no pl* Veränderlichkeit *f,* Variabilität *f geh;* **the ~ of the climate** Klimaschwankungen *pl;* **the ~ of exchange rates** Wechselkursschwankungen *pl*
vari·able ['veəriəbl, AM 'ver-] I. *n* Variable *f*
II. *adj* variabel, veränderlich; *quality* wechselhaft; *weather* unbeständig; **~ costs** variable Kosten; **~** [*or* **floating**] **rate** variabler Zinssatz; **~ redemption bond** variable Amortisationsanleihe
vari·able·ness ['veəriəblnəs, -nɪs, AM 'veri-, 'vær-] *n* Veränderlichkeit *f,* Unbeständigkeit *f;* **~ of mercury** PHYS Beweglichkeit *f* des Quecksilbers
vari·able-price se·'cur·ities *npl* Schwankungswerte *pl*
vari·ance ['veəriən(t)s, AM 'ver-] *n* ① *no pl (form: at odds)* ■ **to be at ~ with sth** mit etw *dat* nicht übereinstimmen, sich *akk* von etw *dat* unterscheiden; **to be at ~ with the facts** an den Tatsachen vorbeigehen
② *no pl (variation)* Abweichung *f;* ***a ~ in temperature*** Temperaturschwankungen *pl*
③ AM LAW *(special permission)* Sondergenehmigung *f;* **zoning ~** *Ausnahmegenehmigung vom Bauamt*
④ MATH Varianz *f*
vari·ant ['veəriənt, AM 'ver-] I. *n* Variante *f*
II. *n modifier* variierend, unterschiedlich; **~ spelling** Rechtschreibvariante *f*
varia·tion [ˌveəri'eɪʃᵊn, AM ˌver-] *n* ① *no pl (variability)* Abweichung *f;* ***the medical tests showed some ~ in the baby's heart rate*** die medizinischen Tests ergaben, dass sich der Herzrhythmus des Babys verändert hatte
② *(difference)* Unterschied *m,* Schwankung[en] *f*[*pl*]; **temperature ~s** Temperaturschwankungen *pl;* **seasonal ~s** jahreszeitlich bedingte Schwankungen
③ LIT, MUS Variation *f;* **~s on a theme** Variationen *pl* über ein Thema
vari·co·cele ['værɪkə(ʊ)si:l, AM -kə'-] *n no pl* MED Varikozele *f fachspr,* Krampfaderbruch *m*
vari·cose ['værikə(ʊ)s, AM 'verəkoʊs] *adj inv* MED varikös *fachspr;* **~ swelling** Krampfaderschwellung *f*
vari·cose 'veins *npl* Krampfadern *pl*
var·ied ['veərid, AM 'ver-] *adj* unterschiedlich; ***with its ~ climate, the country can grow anything*** aufgrund der verschiedenen Klimazonen kann in dem Land einfach alles angebaut werden; **a ~ career** eine bewegte Karriere; **a ~ group** eine bunt gemischte Gruppe
varie·gat·ed ['veərɪgeɪtɪd, AM 'veriəgeɪṭɪd] *adj* ① *(with variety)* vielfältig
② *(multicoloured)* mischfarbig; BOT panaschiert *fachspr;* **~ leaves** bunte [*o* SCHWEIZ farbige] Blätter
varie·ga·tion [ˌveərɪ'geɪʃᵊn, AM ˌveriə'-] *n no pl* BOT Panaschierung *f fachspr*
va·ri·ety [və'raɪəti, AM -əṭi] *n* ① *no pl (absence of monotony)* Vielfalt *f; (in a job also)* Abwechslungsreichtum *m;* ECON Auswahl *f;* **to lend ~** Abwechslung bieten [*o* bringen]
② *no pl (differing from one another)* Verschiedenartigkeit *f*
③ *no pl* ■ **a ~ of** *(range of things)* verschiedene; ***a ~ of courses*** verschiedene Kurse; ***a ~ of different possibilities*** eine Vielzahl unterschiedlicher Möglichkeiten; ***this device can be used for a ~ of purposes*** dieses Gerät kann für die unterschiedlichsten Verwendungszwecke eingesetzt werden; **~ of products** COMM Angebotsvielfalt *f;* **in a ~ of ways** auf vielfältige Weise
④ *(category)* Art *f,* Variation *f;* BIOL Spezies *f;* **a new ~ of tulip/sweetcorn** eine neue Tulpen-/Maissorte
⑤ *no pl (entertainment)* Variété *nt*
▸ PHRASES: **~ is the <u>spice</u> of life** *(prov)* Abwechslung macht das Leben interessanter
va·'ri·ety act *n* Varieténummer *f*
va·'ri·ety meats *npl* AM Innereien *pl*
va·'ri·ety show *n* Varietéshow *f*
va·'ri·ety store *n* AM Kramladen *m fam,* Krämerladen *m* SCHWEIZ, ÖSTERR *oft* Greißler *m*
va·'ri·ety thea·tre *n* BRIT Varietétheater *nt*
vari·fo·cal ['veərɪfəʊkᵊl, AM 'verɪfoʊ-] *adj lenses, glasses* Gleitsicht-
vario·rum [ˌveərɪ'ɔ:rəm, AM ˌveri'-] I. *n von verschiedenen Autoren kommentierte Ausgabe*
II. *adj attr, inv* **~ edition** *von verschiedenen Autoren kommentierte Ausgabe*
vari·ous ['veəriəs, AM 'ver-] *adj inv* verschieden; **~ problems/reasons** verschiedene Probleme/Gründe
vari·ous·ly ['veəriəsli, AM 'ver-] *adv inv* unterschiedlich; ***the number of cases of salmonella poisoning has been ~ put at 26, 49 or 51*** die Angaben über die Zahl der Salmonellenvergiftungen schwanken zwischen 26, 49 und 51; **to be ~ called ... or ...** mal als ... und mal als ... bezeichnet werden
var·mint ['vɑ:rmɪnt] *n* AM Schädling *m; (fig fam: mischievous person)* Tunichtgut *m*
var·nish ['vɑ:nɪʃ, AM 'vɑ:r-] I. *n* <*pl* -es> Lack *m; (on painting)* Firnis *m;* **coat of** [**clear**] **~** [Klar]lackschicht *f;* **to give sth a ~** etw lackieren; **to seal with a clear ~** mit Klarlack versiegeln
II. *vt* ■ **to ~ sth** etw lackieren
var·nished ['vɑ:nɪʃt, AM 'vɑ:r-] *adj inv* lackiert
var·sity ['vɑ:səti, AM 'vɑ:rsəṭi] I. *n* BRIT *(fam)* Uni *f fam*
II. *n modifier* AM *(sports, football, basketball)* Uni-
vary <-ie-> ['veəri, AM 'veri] I. *vi* ① *(differ)* variieren, verschieden sein; **to ~ within wide limits** MATH innerhalb weiter Grenzen schwanken; **opinions ~ as to ...** was ... angeht, gehen die Meinungen auseinander; **to ~ in quality** von unterschiedlicher Qualität sein; **to ~ greatly** [*or* **widely**] stark voneinander abweichen; **to ~ about the same value** MATH um den gleichen Wert schwanken
② *(change)* sich *akk* verändern; *(fluctuate)* schwanken
II. *vt* ■ **to ~ sth** etw variieren [*o* abwandeln]; **to ~ one's diet** abwechslungsreich essen
vary·ing ['veəriɪŋ, AM 'ver-] *adj (different)* unterschiedlich; *(fluctuating)* variierend; **~ costs** schwankende Kosten; **~ quality** unterschiedliche Qualität
vas·cu·lar ['væskjələʳ, AM -ɚ] *adj inv* BOT, MED vaskulär *fachspr;* **~ blockage** Blutgefäßverstopfung
'vas·cu·lar dis·ease *n* MED Blutgefäßentzündung *f,* Vaskulitis *f fachspr* **'vas·cu·lar sys·tem** *n* ① MED vaskuläres System *fachspr;* MED Blutgefäßsystem *nt*
② BOT Wasserleitungssystem *nt*
vas de·fe·rens <*pl* vasa deferentia> [ˌvæs'defərenz] *n* ANAT Samenleiter *m,* Ductus deferens *m*
vase [vɑ:z, AM veɪs, veɪz] *n* Vase *f*
vas·ec·to·my [və'sektəmi] *n* MED Vasektomie *f fachspr,* Sterilisation *f*
Vas·eline® ['væsᵊli:n, AM -səl-] *n no pl* Vaseline *f*
vas·sal ['væsᵊl] *n (hist)* ① *(feudal subject)* Vasall *m hist*
② *(fig pej: puppet)* Marionette *f pej*
vas·sal·age ['væsᵊlɪdʒ] *n no pl (hist)* Vasallentum *nt hist*
vas·sal 'state *n (pej)* Vasallenstaat *m pej*
vast [vɑ:st, AM væst] *adj* gewaltig, riesig; **a ~ amount of money** eine Riesensumme *fam;* **~ country** weites Land; **~ fortune** riesiges Vermögen; **~ majority** überwältigende Mehrheit
vast·ly ['vɑ:stli, AM 'væst-] *adv* wesentlich, erheblich; **~ improved** deutlich verbessert; **~ superior** haushoch überlegen
vast·ness ['vɑ:stnəs, AM 'væst-] *n no pl* riesige Ausmaße *pl;* **the ~ of Russia/space** die endlose Weite Russlands/des Weltraums
vat [væt] *n* ① *(for beer, wine)* Fass *nt; (with open top)* Bottich *m*
② CHEM **~ acid** Küpensäure *f;* **~ dyeing** Küpenfärbung *f*
VAT [ˌvi:eɪ'ti:] *n* BRIT ECON *abbrev of* **value added tax** MwSt *f*
VAT·able ['vætəbl] *adj inv* BRIT der Umsatzsteuer unterliegend *attr*
VA'T dec·la·ra·tion *n* BRIT MwSt-Erklärung *f*
Vati·can ['vætɪkən, AM -ṭ-] I. *n no pl* ■ **the ~** der Vatikan
II. *adj attr, inv* Vatikan-, des Vatikans *nach n*
Vati·can 'City *n no pl* Vatikanstadt *f*
VA'T in·spec·tor *n* BRIT Finanzbeamte(r), -beamtin *m, f (zuständig für Mehrwertsteuer)* **VA'T in·voice** *n* BRIT MwSt-Rechnung *f* **VA'T in·voic·ing** *n* BRIT MwSt-Abrechnung *f*
'VAT-like *adj inv* mehrwertsteuerartig
VAT·man, vat·man *n* ['vætmæn] BRIT ECON *(fam)* Finanzbeamte(r), -beamtin *m, f (zuständig für Mehrwertsteuer)* **VA'T of·fice** *n* BRIT Umsatzsteuerstelle *f*
vatu <*pl* -> ['vɑ:tu:] *n (currency of Vanuatu)* Vatu *m*
Vaud Alps [ˌvəʊ'ælps, AM ˌvoʊ'-] *npl* Waadtländer Alpen *pl*
vau·de·ville ['vɑ:dvɪl] *n no pl* AM *(old: variety theatre)* Varieté *nt*
'vau·de·ville thea·ter *n* AM *(old)* ① *(venue)* Varieté *nt*
② *(genre)* Vaudeville *nt geh*
vau·de·vil·lian [ˌvɑ:d'vɪliən] *n* AM *(old)* Varietékünstler(in) *m(f);* ***he was an old ~*** er war ein alter Hase des Vaudeville
vault [vɔ:lt, AM vɑ:lt] I. *n* ① *(arch)* Gewölbebogen *m*
② *(ceiling)* Gewölbe *nt*
③ *(strongroom)* Tresorraum *m; (safe repository)* Magazin *nt*
④ *(in church)* Krypta *f; (at cemeteries)* Gruft *f;* **family ~** Familiengruft *f*
⑤ *(jump)* Sprung *m*
II. *vt* ① *(jump)* ■ **to ~ sth** über etw *akk* springen; *athletics* etw überspringen
② *(fig: promote very fast)* ■ **to ~ sb** jdn schlagartig befördern; **to ~ sb to the top** jdn an die Spitze katapultieren
III. *vi* springen (**over** über +*akk*)
'vault cash *n no pl* FIN Barbestand *m,* Geldbestand *m,* Barreserve *f*
vault·ed ['vɔ:ltɪd, AM 'vɑ:l-] *adj inv* ARCHIT gewölbt; **~ ceiling** Gewölbedecke *f*
vault·ing ['vɔ:ltɪŋ, AM 'vɑ:l-] I. *n no pl* ARCHIT Wölbung *f*
II. *adj attr (fig)* rasch ansteigend; **~ ambition** skrupelloser Ehrgeiz; **~ costs** explodierende Kosten
'vault·ing horse *n* SPORT Sprungpferd *nt* **'vault·ing pole** *n* Stab *m (für Stabhochsprung)*
vaunt [vɔ:nt, AM vɑ:nt] *vt* ■ **to ~ sth** etw preisen [*o* rühmen] *geh*
vaunt·ed ['vɔ:ntɪd, AM 'vɑ:n-] *adj (form)* gepriesen; **much ~** viel gepriesen *geh,* hoch gelobt
VC¹ [ˌvi:'si:] *n* BRIT *abbrev of* **Victoria Cross** Viktoriakreuz *nt (Tapferkeitsmedaille)*
VC² [ˌvi:'si:] *n* POL *abbrev of* **Vice Chancellor** Präsident(in) *m(f)* der Chancery Division des High Court
VC³ [vi'si:] *n abbrev of* **venture capitalist** Risikokapitalgeber(in) *m(f)* [der New Economy]; *(company)* VC-Geber *m*
vCard ['vi:kɑ:d, AM -kɑ:rd] *n* COMPUT, INET *short for* **virtual business card** virtuelle Geschäftskarte
'V chip *n* V-Chip *m (≈ Kindersicherung bei TV-Programmen)*
VCR [ˌvi:si:'ɑ:, AM ˌvi:si:'ɑ:r] *n abbrev of* **video cassette recorder** Videorekorder *m*
VD [ˌvi:'di:] *n no pl* MED *(dated) abbrev of* **venereal disease** Geschlechtskrankheit *f*
V'D clin·ic *n Klinik für Geschlechtskrankheiten*
VDT [ˌvi:di:'ti:] *n* AM COMPUT *abbrev of* **visual display terminal** Bildschirmgerät *nt*
VDU [ˌvi:di:'ju:] *n abbrev of* **visual display unit** Sichtgerät *nt,* Bildschirmgerät *nt*
've [v, əv] = **have**
VE [ˌvi:'i:] *abbrev of* **Victory in Europe** Sieg *m* in Europa; **~ Day** *Tag, an dem der Sieg der Alliierten im*

Zweiten Weltkrieg in Europa gefeiert wird

veal [vi:l] I. *n no pl* Kalbfleisch *nt*
II. *n modifier (chop, cutlet, escalope, roast, stew)* Kalbs-; ~ **dish** Kalbfleischgericht *nt*

vec·tor ['vektəʳ, AM -ɚ] *n* ❶ *(changing quantity)* Vektor *m*
❷ *(disease transmitter)* Überträger *m*
❸ MATH Vektor *m*

Veda ['veɪdə] *n no pl, + sing/pl vb* REL Weda *m fachspr*

Ve·dan·ta [ved'ɑ:ntə, AM vɪ'dɑ:-] *n no pl* REL Wedanta *m fachspr*

Ve·dic ['veɪdɪk] *adj inv* REL wedisch *fachspr*

vee-jay ['vi:dʒeɪ] *n (fam)* VJ *m; (woman also)* VJane *f*, Moderator(in) *m(f) (auf einem Musikkanal)*

veep [vi:p] *n* AM *(fam: vice president)* Vizepräsident(in) *m(f)*

veer [vɪəʳ, AM vɪr] *vi* ❶ *(alter course)* abdrehen; ***there was a sudden flash of light making the driver ~ sharply*** ein plötzlicher Lichtstrahl zwang den Fahrer, scharf auszuscheren; ***the wind ~ed round to the north*** der Wind drehte plötzlich auf Nord
❷ *(alter goal)* umschwenken; ***our talk soon ~ed onto the subject of football*** wir kamen bald auf das Thema Fußball zu sprechen; ■**to ~ back and forth between sth** zwischen etw *dat* hin und her pendeln; ■**to ~ towards sth** auf etw *akk* hinsteuern; **to ~ from one's usual opinions** von seiner üblichen Meinung abgehen
◆**veer off** *vi **the car ~ed off the road*** der Wagen kam von der Straße ab; ***the kite ~ed off in the wind*** der Drachen wurde vom Wind abgetrieben; **to ~ off course** vom Kurs abkommen

veg[1] [vedʒ] I. *n no pl (fam) short for* **vegetable(s)**: **meat and two ~** *esp* BRIT *(also hum)* Fleisch und zwei Gemüsesorten
II. *n modifier short for* **vegetable**: **fruit and ~ stall/shop** Obst- und Gemüsestand *m*/-laden *m*

veg[2] [vedʒ] *vi (fam)* ■**to ~ out** herumhängen *fam*

ve·gan ['vi:gən] I. *n* Veganer(in) *m(f)*
II. *adj* vegan; **to turn ~** Veganer(in) *m(f)* werden

ve·gan·ism ['vi:gənɪzᵊm] *n no pl* Veganismus *m*

Veg·ebur·ger® *n* BRIT *see* **veggie burger**

veg·eta·ble ['vedʒtəbl̩] I. *n* ❶ *(plant)* Gemüse *nt;* **fresh fruit and ~s** frisches Obst und Gemüse; **root ~** Wurzelgemüse *nt;* **green ~** Grüngemüse *nt;* **organic ~** Biogemüse *nt;* **raw ~** rohes Gemüse; **seasonal ~** Gemüse *nt* der Saison
❷ *(fig pej fam: handicapped person)* Scheintote(r) *f(m) fig pej;* **to be a ~** vor sich *dat* hin vegetieren *pej*
❸ *(fig pej: inactive person)* Faulpelz *m fam*
❹ *(as opposed to animal and mineral)* Pflanze *f*
II. *n modifier (dish, soup)* Gemüse-; ~ **diet** *of a person* pflanzliche Ernährung; *of an animal* Grünfutter *nt;* ~ **fibre** [*or* AM **fiber**] Pflanzenfaser *f*

veg·eta·ble 'but·ter *n no pl* BRIT pflanzliche Butter **'veg·eta·ble crop** *n* Gemüseernte *f;* ***California produces almost half of the US fruit and ~*** Kalifornien produziert fast die Hälfte des amerikanischen Obstes und Gemüses **'veg·eta·ble fat** *n* pflanzliches Fett **'veg·eta·ble gar·den** *n* Gemüsegarten *m* **veg·eta·ble 'king·dom** *n no pl* Pflanzenreich *nt* **'veg·eta·ble knife** *n* Gemüsemesser *nt* **veg·eta·ble 'mar·row** *n esp* BRIT Gartenkürbis *m* **'veg·eta·ble oil** *n* pflanzliches Öl

veg·etar·ian [ˌvedʒɪ'teəriən, AM -ə'ter-] I. *n* Vegetarier(in) *m(f);* **strict ~** strenger Vegetarier/strenge Vegetarierin
II. *adj inv* vegetarisch; ~ **diet** vegetarische Kost; **to go ~** Vegetarier(in) *m(f)* werden

veg·etari·an·ism [ˌvedʒɪ'teəriənɪzᵊm, AM -ə'ter-] *n no pl* Vegetarismus *m*

veg·etate ['vedʒɪteɪt, AM -dʒə-] *vi* vegetieren; ***don't just ~ — get up and do something!*** häng nicht einfach nur herum, steh auf und tu was! *fam*

veg·eta·tion [ˌvedʒɪ'teɪʃᵊn, AM -dʒə'-] *n no pl (in general)* Pflanzen *pl; (in specific area)* Vegetation *f*

veg·eta·tive ['vedʒɪtətɪv, AM ətəɪt̬ɪv] *adj inv* ❶ BIOL pflanzlich, das [Pflanzen]wachstum betreffend, vegetativ *fachspr*
❷ MED vegetativ *fachspr*

veg·gie[1] ['vedʒi] *n (fam) short for* **vegetarian** Vegetarier(in) *m(f)*

veggie[2] ['vedʒi] *n esp* AM, AUS *(fam) short for* **vegetable** Gemüse *nt*

veg·gie bur·ger ['vedʒiˌbɜ:gəʳ, AM -ˌbɜ:rgɚ] *n* Gemüseburger *m,* SCHWEIZ *a.* Vegiburger *m*

veggie·holic [ˌvedʒi'hɒlɪk, AM -'hɑ:lɪk] *n* **become a ~** gemüsesüchtig werden

veg·gy *n short for* **vegetable** *see* **veggie**

ve·he·mence ['vi:əmən(t)s] *n no pl* Vehemenz *f*, Heftigkeit *f;* ■**with ~** mit Vehemenz

ve·he·ment ['vi:əmənt] *adj* vehement, heftig; ~ **attack/objection** heftiger Angriff/Widerspruch; ~ **critic** scharfer Kritiker/scharfe Kritikerin

ve·he·ment·ly ['vi:əməntli] *adv* vehement; **to defend sth ~** etw erbittert verteidigen; **to ~ deny sth** etw heftig abstreiten

ve·hi·cle ['vɪəkl̩, AM 'vi:ə-] *n* ❶ *(transport)* Fahrzeug *nt;* **farm ~** landwirtschaftliches Nutzfahrzeug; **motor ~** Kraftfahrzeug *nt;* **road ~s** Straßenfahrzeuge *pl*
❷ *(fig: means of expression)* ■**a ~ for sth** ein Vehikel *nt geh* [*o* [Hilfs]mittel *nt*] für etw *akk;* ***the free newspapers are ~s for advertising*** die kostenlosen Zeitungen sind ein Medium für die Werbung; ***the film seems to be little more than a ~ for the director and its star*** der Film scheint wenig mehr als Staffage für den Regisseur und seinen Star zu sein

ve·hi·cle e'mis·sions *npl* Fahrzeugemissionen *pl;* **the risks from ~** die Gefahren *pl* des Schadstoffausstoßes **'ve·hi·cle fleet** *n* Fuhrpark *m* **'ve·hi·cle in·sur·ance** *n no pl* Fahrzeugversicherung *f* **'ve·hi·cle leas·ing** *n no pl* Fahrzeugleasing *nt* **ve·hi·cle reg·is·'tra·tion cen·tre** *n* BRIT Kfz-Zulassungsstelle *f*, Motorfahrzeugkontrolle *f* SCHWEIZ **ve·hi·cle reg·is·'tra·tion num·ber** *n* Kfz-Kennzeichen *nt*, Kontrollschild *nt* SCHWEIZ **'ve·hi·cle tax** *n* Kraftfahrzeugsteuer *f*, Kfz-Steuer *f*

ve·hicu·lar [vi'ɪkjələʳ, AM vi:'hɪkjəlɚ] *adj attr, inv (form)* Fahrzeug-; ~ **access** Zufahrt *f*

veil [veɪl] I. *n* ❶ *(facial covering)* Schleier *m;* **bridal ~** Brautschleier *m;* **to take the ~** REL *(euph)* den Schleier nehmen *euph geh*, ins Kloster gehen
❷ *(fig: cover)* Schleier *m;* **to draw a ~ over sth** einen Schleier über etw *akk* breiten *fig;* **the ~ of secrecy** der Schleier des Geheimnisses; **~ of silence** der Mantel des Schweigens
❸ *(covering)* **~ of mist/smoke** Nebel-/Rauchschleier *m*
II. *vt* ❶ *usu passive (cover by veil)* ■**to be ~ed** verschleiert sein; ■**to ~ oneself** sich *akk* verschleiern
❷ *(fig: cover)* ■**to ~ sth** etw verschleiern; ***he tried to ~ his contempt by changing the subject*** er versuchte seine Verachtung zu verbergen, indem er das Thema wechselte
❸ *(envelop)* ■**to ~ sth** etw einhüllen; ***thick fog ~ed the city*** dicker Nebel lag wie ein Schleier über der Stadt

veiled [veɪld] *adj* ❶ *inv (wearing a veil)* verschleiert
❷ *(fig: concealed)* verschleiert; ~ ***in shadow, he managed to slip unnoticed through the gateway*** im Schatten verborgen gelang es ihm, unbemerkt durch das Tor zu schlüpfen; ~ **criticism/hint** [*or* **reference**]/**threat** versteckte Kritik/Anspielung/Drohung

veil·ing ['veɪlɪŋ] *n no pl* ❶ *(action)* Verschleierung *f*
❷ *(fabric used for veils)* Schleier[stoff] *m*

vein [veɪn] *n* ❶ *(blood vessel)* Vene *f*
❷ *(for sap)* Ader *f*
❸ *(of insect's wing)* Ader *f*
❹ *(mineral seam)* Ader *f;* ~ **of iron ore** Eisenerzader *f;* **quartz ~** Quarzader *f*
❺ *(fig: element)* Spur *f;* **a ~ *of satirical anger runs through all his work*** sein ganzes Werk ist von satirischem Zorn durchzogen; **a ~ of wisdom** eine Spur von Weisheit
❻ *usu sing (style)* Stil *m*, Manier *f;* **to talk in a serious ~** in ernstem Ton reden; **in [a] similar ~** im gleichen Stil

veined [veɪnd] *adj* geädert; **deeply ~ leaves** mit tiefen Adern durchzogene Blätter; ~ **with scars** von Narben überzogen

ve·lar ['vi:ləʳ, AM -ɚ] LING I. *adj inv* velar *fachspr*
II. *n* Velar *m fachspr*

Vel·cro® ['velkrəʊ, AM -roʊ] *n no pl* Klettverschluss *m*

veld, veldt [velt] *n (in southern Africa)* Steppe *f*, Grasland *nt*

vel·lum ['veləm] I. *n no pl* ❶ *(paper)* Pergament *nt*
❷ *(testimonial)* Urkunde *f* auf Pergament
II. *n modifier* Pergament[papier]-, aus Pergament[papier] *nach n*

ve·loci·pede [vɪ'lɒsɪpi:d, AM və'lɑ:s-] *n (old)* Veloziped *nt veraltend*

ve·loc·ity [vɪ'lɒsəti, AM və'lɑ:sət̬i] I. *n (form)* Geschwindigkeit *f;* ECON Umlaufgeschwindigkeit *f;* ~ **of circulation** ECON Geldumlaufgeschwindigkeit *f*
II. *adj attr, inv* Geschwindigkeits-; **high ~ bullet** Hochgeschwindigkeitskugel *f*

ve·lour [və'lʊəʳ, AM -'lʊr], **ve·lours** [və'lʊəz, AM -'lʊrz]
I. *n no pl* Velours *m*
II. *n modifier (couch, hat)* Velours- *f;* ~ **jumper** Nickipullover *m*

ve·lou·té [və'lu:teɪ] *n* Velouté *f*

Ve·lux® <*pl* -es> ['vi:lʌks] *n* BRIT Veluxfenster® *nt*

vel·vet ['velvɪt] I. *n no pl* Samt *m;* **as soft as ~** samtweich
II. *n modifier (skirt)* Samt-; ~ **gloves** Samthandschuhe *f;* ~ **sky** *(fig)* samtener Himmel; ~ **voice** samtige Stimme

vel·vet·een [ˌvelvɪ'ti:n] I. *n no pl* Veloursamt *m*
II. *n modifier* Veloursamt-; ~ **blouse** Bluse *f* aus Veloursamt; ~ **coat** Mantel *m* aus Veloursamt

vel·vety ['velvɪti, AM -ət̬i] *adj (fig)* samtig; ~ **brown** samtbraun

ve·nal ['vi:nᵊl] *adj (pej form)* bestechlich; ~ **character** verdorbener Charakter; ~ **regime** korruptes Regime; ~ **ruler** korrupter Herrscher/korrupte Herrscherin

ve·nal·ity [vi:'næləti, AM vɪ'nælət̬i] *n no pl (pej form)* Korruption *f*, Bestechlichkeit *f*

vend [vend] *vt* ■**to ~ sth** etw verkaufen

ven·det·ta [ven'detə, AM -t̬-] *n* Vendetta *f*, [Blut]rache *f;* **to wage a personal ~** einen persönlichen Rachefeldzug führen

vend·ing ['vendɪŋ] *(form)* I. *n no pl* [Straßen]verkauf *m*
II. *adj attr, inv* Straßenverkaufs-

'vend·ing ma·chine, auto·mat·ic 'vend·ing ma·chine *n* Automat *m*

ven·dor ['vendɔ:ʳ, AM -ɚ] *n* ❶ *(street seller)* Straßenverkäufer(in) *m(f)*
❷ *(form: seller of real estate)* Verkäufer(in) *m(f)*
❸ ECON Emittent *m;* ~ **placing** *Unterbringung neu ausgegebener Wertpapiere zur Finanzierung des Ankaufs einer anderen Firma*

ven·dori·za·tion [ˌvendɔ:raɪ'zeɪʃᵊn, AM -dɚɪ'-] *n* COMM Fremdbeschaffung *f*

ven·due ['vendu:] *n* AM *(public auction)* Auktion *f*

ve·neer [və'nɪəʳ, AM -'nɪr] *n* ❶ *(covering layer)* Furnier *nt*
❷ *no pl (fig: false front)* [schöner] Schein, Fassade *f fig;* **a ~ *of self-confidence thinly concealed his nervousness*** die Maske der Selbstsicherheit verbarg seine Nervosität nur schlecht

ve·neered [və'nɪəd, AM -'nɪrd] *adj inv* furniert

ven·er·able ['venᵊrəbl̩] *adj* ❶ *(approv: deserving respect)* ehrwürdig; ~ **family** angesehene Familie; ~ **tradition** alte Tradition
❷ *(esteemed through age)* ~ **ruins** altehrwürdige Ruinen
❸ *(very old)* age ehrwürdig; *(hum)* ***I see you still have your ~ old car*** wie ich sehe, hast du immer noch deine alte Nobelkarosse *hum;* **a ~ rock star** *(esp hum fam)* ein Rockveteran/eine Rockveteranin
❹ *no pl* ■**the V~** *(Anglican archdeacon's title)* Hochwürden; *(Catholic rank below saint)* ehrwürdiger Vater/ehrwürdige Mutter

ven·er·ate ['venᵊreɪt, AM -nər-] *vt (form)* ■**to ~ sb** jdn verehren; ■**to ~ sb for sth** jdn für etw *akk* bewundern; **to ~ the memory of sb** das Andenken an jdn hochhalten

ven·era·tion [ˌvenᵊr'eɪʃᵊn, AM -nə'reɪ-] *n no pl* Vereh-

rung *f;* ~ **of saints** Heiligenverehrung *f*
ve·nereal [vəˈnɪəriəl, AM -ˈnɪr-] *adj inv* MED venerisch *fachspr;* ~ **illness** Geschlechtskrankheit *f*
ve·nereal dis·ˈease *n,* **VD** *n* Geschlechtskrankheit *f*
Ve·netian [vəˈni:ʃᵊn] *adj inv* venezianisch; **the** ~ **School** die venezianische Schule
ve·netian ˈblind *n* Jalousie *f* **ve·netian ˈtur·pen·tine** *n* CHEM Lärchenterpentin *m*
Ven·ezue·la [ˌvenɪˈzweɪlə, AM -əˈ-] *n no pl* Venezuela *nt*
Ven·ezue·lan [ˌvenɪˈzweɪlən, AM -əˈ-] **I.** *adj inv* venezolanisch
II. *n* Venezolaner(in) *m(f)*
venge·ance [ˈvendʒᵊn(t)s] *n no pl* ❶ *(revenge)* Rache *f; (liter)* ***she swore that ~ would be hers*** sie schwor, dass die Stunde ihrer Rache kommen würde *liter;* **cruel/swift/terrible** ~ grausame/prompte/schreckliche Rache; **to exact** [*or* **wreak**] ~ Rache üben; **to seek** ~ Vergeltung suchen; **to take/vow** ~ Rache nehmen/schwören
❷ *(fig: great energy)* ▪ **with a** ~ mit voller Kraft; **to work with a** ~ wie besessen arbeiten
venge·ful [ˈvendʒfᵊl] *adj (form)* rachsüchtig; ~ **act** Racheakt *m*
venge·ful·ly [ˈvendʒfᵊli] *adv (form)* rachsüchtig, aus Rachsucht
venge·ful·ness [ˈvendʒfᵊlnəs] *n no pl (form)* Rachsucht *f*
ve·nial [ˈvi:niəl] *adj (form)* verzeihlich, entschuldbar; ~ **sin** harmloses Vergehen
veni·son [ˈvenɪsᵊn] *n no pl* Rehfleisch *nt;* **haunch of** ~ Rehkeule *f*
Venn dia·gram [ˈven,-] *n* MATH Venn-Diagramm *nt fachspr*
ven·om [ˈvenəm] *n no pl (toxin)* Gift *nt; (fig: viciousness)* Bosheit *f,* Gehässigkeit *f;* **sheer** ~ reine Boshaftigkeit
ven·om·ous [ˈvenəməs] *adj* giftig *a. fig;* **a** ~ **look** *(fig)* ein giftiger Blick *fig;* ~ **snake** Giftschlange *f;* **to have a** ~ **tongue** *(fig)* eine böse Zunge haben
ven·om·ous·ly [ˈvenəməsli] *adv* boshaft; **to reply** ~ giftig antworten; **to speak** ~ Gift versprühen *fig*
ve·nous [ˈvi:nəs] *adj inv* ANAT, MED venös *fachspr*
vent [vent] **I.** *n* ❶ *(gas outlet)* Abzug *m;* **air** ~ Luftschacht *m*
❷ FASHION *(opening)* Schlitz *m;* **side** ~ Seitenschlitz *m*
❸ *(fig: release of feelings)* Ventil *nt;* **to give** ~ **to one's anger/rage** seinem Ärger/seiner Wut Luft machen; **to give** ~ **to one's grief** seinem Schmerz freien Lauf lassen; **to give** ~ **to a whoop of joy** einen Freudenschrei ausstoßen; **to give** ~ **to one's feelings** seinen Gefühlen Ausdruck geben
II. *vt* ▪ **to** ~ **sth** etw *dat* Ausdruck geben; ***strong emotions were ~ed*** die Gemüter erhitzten sich; **to** ~ **one's anger on sb** seine Wut an jdm auslassen; **to** ~ **one's fury** seinem Ärger Luft machen
III. *vi* Dampf ablassen *fam*
ven·ti·late [ˈventɪleɪt, AM -tə-] *vt* ❶ *(with air)* ▪ **to** ~ **sth** etw lüften
❷ *(form: verbalize)* ▪ **to** ~ **sth** etw *dat* Ausdruck verleihen *geh;* **to** ~ **one's doubts** seine Zweifel zum Ausdruck bringen
ven·ti·lat·ed [ˈventɪleɪtɪd, AM -təleɪt̬-] *adj* belüftet; *installation* mit Lüftung *f* [*o* Ventilation *f*] versehen; ***a badly/well ~ building*** ein schlecht/gut belüftetes Gebäude
ven·ti·la·tion [ˌventɪˈleɪʃᵊn, AM -təˈ-] *n no pl* Belüftung *f;* ***she opened the window to improve the ~*** sie öffnete das Fenster, um frische Luft hereinzulassen
ven·ti·ˈla·tion duct *n* Belüftungsschacht *m* **ven·ti·ˈla·tion sys·tem** *n* Belüftungsanlage *f*
ven·ti·la·tor [ˈventɪleɪtəʳ, AM -əleɪt̬ɚ] *n* ❶ *(air outlet)* Abzug *m; (device for freshening air)* Ventilator *m*
❷ *(breathing apparatus)* Beatmungsgerät *nt*
ˈven·ti·la·tor shaft *n* Luftschacht *m*
ˈven·ti-size [ˈventisaɪz] *adj inv* supergroß
ven·touse [vænˈtu:s] *n* Saugglocke *f*
ven·tral [ˈventrᵊl] *adj inv* ANAT, BOT, ZOOL Bauch-
ven·tri·cle [ˈventrɪkl̩] *n* Herzkammer *f*
ven·trilo·quism [venˈtrɪləkwɪzᵊm] *n no pl* Bauchreden *nt*
ven·trilo·quist [venˈtrɪləkwɪst] *n* Bauchredner(in) *m(f)*
ven·trilo·quist's ˈdum·my *n* Bauchrednerpuppe *f*
ven·trilo·quy [venˈtrɪləkwi] *n no pl* Bauchreden *nt*
ven·ture [ˈventʃəʳ, AM -ɚ] **I.** *n* Unternehmung *f,* Projekt *nt; (risky)* gewagtes Unternehmen; ECON Unternehmen *nt;* **joint** ~ Jointventure *nt fachspr,* Gemeinschaftsunternehmen *nt*
II. *vt* ❶ *(dare to express)* ▪ **to** ~ **sth** etw vorsichtig äußern; **to** ~ **an opinion** sich *dat* erlauben, seine Meinung zu sagen
❷ *(put at risk)* ▪ **to** ~ **sth on sth** etw auf etw *akk* setzen; ***he ~d the company's reputation on his new invention*** er setzte den Ruf der Firma für seine neue Erfindung aufs Spiel; **to** ~ **one's winnings on sth** seine Gewinne auf etw *akk* setzen
▸ PHRASES: **nothing ~d, nothing gained** *(prov)* wer wagt, gewinnt *prov,* frisch gewagt ist halb gewonnen *prov*
III. *vi* sich *akk* vorwagen; **to** ~ **forth into the unknown** *(liter)* sich *akk* in eine unbekannte Welt vorwagen
◆ **venture out** *vi* sich *akk* hinauswagen
ˈven·ture capi·tal *n no pl* Risikokapital *nt,* Wagniskapital *nt;* ~ **company** Beteiligungsgesellschaft *f*
ven·ture capi·tal ˈfund *n* Risikokapitalfonds *m*
ˈven·ture capi·tal·ist *n* Risikokapitalgeber(in) *m(f)*
Ven·tur·er [ˈventʃᵊrəʳ] *n,* **Ven·ture Scout** *n Pfadfinder zwischen 16 und 20 Jahren*
ven·ture·some [ˈventʃəsəm, AM -tʃɚ-] *adj* ❶ *(adventurous) person* wagemutig; ~ **entrepreneur** risikofreudiger Unternehmer/risikofreudige Unternehmerin
❷ *(risky)* riskant; ~ **journey** gefährliche Reise
venue [ˈvenju:] *n* ❶ *(location for event)* Veranstaltungsort *m; (for competition)* Austragungsort *m*
❷ AM LAW *(location for trial)* Verhandlungsort *m*
Ve·nus [ˈvi:nəs] *n no pl* Venus *f*
Ve·nus ˈfly·trap *n* Venusfliegenfalle *f*
Ve·nu·sian [vɪˈnju:ziən, AM ˈnu:ʃᵊn] *adj inv* venusisch, Venus-
ve·ra·cious [vəˈreɪʃəs] *adj (rare form)* ❶ *(marked by honesty) person* ehrlich; *witness* glaubwürdig
❷ *(accurate) statement, testimony* wahrheitsgemäß; ▪ **to be** ~ der Wahrheit entsprechen
ve·rac·ity [vəˈræsəti, AM -ət̬i] *n no pl (form)* Aufrichtigkeit *f; of an alibi* Glaubwürdigkeit *f*
ve·ran·da(h) [vəˈrændə] *n* Veranda *f*
verb [vɜ:b, AM vɜ:rb] *n* Verb *nt;* **intransitive/transitive** ~ intransitives/transitives Verb; **to conjugate a** ~ ein Verb konjugieren
ver·bal [ˈvɜ:bᵊl, AM ˈvɜ:r-] **I.** *adj inv* ❶ *(oral)* mündlich, verbal *geh;* ~ **ability** Artikulationsfähigkeit *f;* **to give a** ~ **description of sth** etw in Worten beschreiben
❷ *(pertaining to verb)* ~ **noun** Verbalsubstantiv *nt*
II. *n* BRIT *(sl)* ▪ ~**s** *pl* mündliche Aussage
ver·bal aˈbuse *n no pl* Schimpftirade *f* **ver·bal dex·ˈter·ity** *n no pl* Wortgewandtheit *f* **ver·bal di·ar·ˈrhoea** *n no pl (hum or pej fam)* Redseligkeit *f oft pej,* Geschwätzigkeit *f pej*
ver·bal·ize [ˈvɜ:bᵊlaɪz, AM ˈvɜ:rbə-] **I.** *vt* ▪ **to** ~ **sth** etw ausdrücken [*o* in Worte fassen] [*o* SCHWEIZ verbalisieren]
II. *vi* sich *akk* verbal ausdrücken; **to start to** ~ *children* anfangen zu sprechen
ver·bal·ly [ˈvɜ:bᵊli, AM ˈvɜ:r-] *adv inv* verbal, mündlich; **to be** ~ **abusive to sb** jdn beschimpfen
ver·ba·tim [vɜ:ˈbeɪtɪm, AM vɚˈbeɪt̬-] *inv* **I.** *adj* wörtlich, wortgetreu, Wort *nt* für Wort
II. *adv* wortwörtlich, wortgetreu, Wort *nt* für Wort
ver·be·na [vɜ:ˈbi:nə, AM vɚ] *n* BOT Eisenkraut *nt*
ver·bi·age [ˈvɜ:biɪdʒ, AM ˈvɜ:r-] *n no pl (pej form)* Worthülsen *pl; (in a speech)* Floskeln *pl;* **much technical** ~ ein Wust *m* von Fachausdrücken
ver·bose [vɜ:ˈbəʊs, AM vɚˈboʊs] *adj (pej form)* wortreich; ~ **speech** weitschweifige Rede
ver·bose·ly [vɜ:ˈbəʊsli, AM vɚˈboʊs-] *adv (pej form)* weitschweifig; **to speak** ~ weit ausholen; **to write** ~ umständlich schreiben
ver·bos·ity [vɜ:ˈbɒsəti, AM vɚˈbɑ:sət̬i] *n no pl (pej form)* Wortfülle *f;* ▪ **with** ~ langatmig
ver·bo·ten [vɜ:ˈbəʊtᵊn, AM vɚˈboʊ-] *adj* verboten
ver·dant [ˈvɜ:dᵊnt, AM ˈvɜ:r-] *adj (liter)* fruchtbar; ~ **garden** üppiger Garten; ~ **lawn** sattgrüner Rasen
ver·dict [ˈvɜ:dɪkt, AM ˈvɜ:r-] *n* ❶ *(judgement)* Urteil *nt,* SCHWEIZ *a.* Verdikt *nt;* ***what was the ~?*** wie lautete das Urteil?; ***the guilty ~ was upheld*** der Schuldspruch wurde bestätigt; ~ **of guilty** [**with extenuating circumstances**] Schuldspruch *m* [mit mildernden Umständen]; ~ **of not guilty** Freispruch *m;* **to return a unanimous** ~ **of guilty/not guilty** einen einstimmigen Schuldspruch/Freispruch fällen; **fair/questionable/surprise** ~ faires/fragwürdiges/überraschendes Urteil; **open** ~ richterliche Feststellung auf unbekannte Todesursache; **unanimous** ~ einstimmiges Urteil; **to bring in** [*or* **hand down**] **a** ~ ein Urteil fällen; **to deliver a** ~ ein Urteil verkünden
❷ *(opinion)* Urteil *nt;* **to give a** ~ **on sth** ein Urteil über etw *akk* fällen; ***the studio is anxiously awaiting the box-office ~ on the movie*** das Studio wartet gespannt darauf, ob der Film ein Kassenschlager wird
ver·di·gris [ˈvɜ:dɪgrɪs, AM ˈvɜ:rdɪgri:s] *n no pl* Grünspan *m*
ver·dure [ˈvɜ:djəʳ, AM ˈvɜ:rdʒɚ] *n no pl (liter)* Grün *nt;* ***the ~ of the plants*** das saftige Grün der Pflanzen
verge [vɜ:dʒ, AM vɜ:rdʒ] **I.** *n* ❶ *(physical edge)* Rand *m;* **on the** ~ **of the desert** am Rand der Wüste
❷ *esp* BRIT *(ribbon next to road)* [seitlicher] Grünstreifen; **grass** ~ [seitlicher] Grünstreifen
❸ *(fig: brink)* ▪ **to be on the** ~ **of sth** am Rande von etw *dat* stehen; **to be on the** ~ **of collapse** kurz vor dem Zusammenbruch stehen; **to drive sb to the** ~ **of despair** jdn an den Rand des Wahnsinns treiben; **to be on the** ~ **of tears** den Tränen nahe sein
II. *vi* ▪ **to** ~ **on sth** etw *dat* nahe sein; **to** ~ **on the ridiculous** ans Lächerliche grenzen
ver·ger [ˈvɜ:dʒəʳ, AM ˈvɜ:rdʒɚ] *n esp* BRIT Küster(in) *m(f),* Sigrist(in) *m(f)* SCHWEIZ, Mesner(in) *m(f)* ÖSTERR
Vergil [ˈvɜ:dʒɪl, AM ˈvɜ:rdʒᵊl] *n no pl* LIT Vergil *m,* Virgil *m*
veri·fi·able [ˌverɪˈfaɪəbl̩, AM ˌverə-] *adj* verifizierbar *geh;* ~ **fact** überprüfbare Tatsache; ~ **theory** nachweisbare Theorie
veri·fi·ca·tion [ˌverɪfɪˈkeɪʃᵊn, AM ˌverə-] **I.** *n no pl* ❶ *(verifying)* Verifizierung *f geh*
❷ *(checking)* Überprüfung *f;* ~ **of a testimony** Bestätigung *f* einer Zeugenaussage
❸ COMPUT Verifikation *f*
II. *n modifier* Überprüfungs-; ~ **principle** Prinzip *nt* der Verifizierbarkeit *geh;* ~ **procedure** Prüfungsverfahren *nt;* ~ **test** Prüfung *f*
veri·fy <-ie-> [ˈverɪfaɪ, AM ˈverə-] *vt* ▪ **to** ~ **sth** etw verifizieren *geh; (check)* nachprüfen, überprüfen; *(confirm)* belegen; ***these figures are surprisingly high and they'll have to be verified*** diese Zahlen sind erstaunlich hoch und müssen überprüft werden; **to** ~ **a report/theory** den Inhalt eines Berichts/eine Theorie belegen; ***the government refused to ~ the reports*** die Regierung weigerte sich, die Berichte zu bestätigen
veri·ly [ˈverᵊli] *adv inv (old)* wahrlich *veraltend*
veri·si·mili·tude [ˌverɪsɪˈmɪlɪtju:d, AM -əsəˈmɪlɪtu:d, -tju:d] *n no pl (form)* Wahrhaftigkeit *f; of a painting* Wirklichkeitsnähe *f; of a story also* Authentizität *f*
ve·ris·mo [vəˈrɪzməʊ, AM -moʊ] *n no pl* Verismo *m (Stilrichtung in der italienischen Kunst, vor allem der Oper)*
veri·table [ˈverɪtəbl̩, AM -ət̬ə-] *adj attr, inv* wahr; ***my garden has become a ~ jungle*** mein Garten ist der reinste Dschungel geworden; **a** ~ **war of words** das reinste Wortgefecht
veri·tably [ˈverɪtəbli, AM -ət̬ə-] *adv inv* in der Tat, wahrhaftig; ***they were ~ making fools of themselves*** sie machten sich buchstäblich zum Narren

V

ver·ity ['verəti, AM -əṭi] *n (form)* ① *no pl (truth)* Wahrheit *f; (authenticity) of a document* Authentizität *f,* Echtheit *f*
② *(principle)* Wahrheit *f,* Glaubenssatz *m;* **universal verities** universelle Erkenntnisse

ver·mi·cel·li [,vɜːmɪ'tʃeli, AM ,vɜːrmə'-] *npl* ① *(pasta)* Vermicelli *pl,* Fadennudeln *pl*
② BRIT *(in baking)* Schokosplitter *pl*

ver·mi·cide ['vɜːmɪsaɪd, AM 'vɜːrmə-] *n* Vermizid *nt fachspr,* Wurmmittel *nt*

ver·mi·form ['vɜːmɪfɔːm, AM 'vɜːrməfɔːrm] *adj inv* wurmförmig

ver·mil·(l)ion [və'mɪljən, AM vəʳ'-] **I.** *n* Zinnoberrot *nt*
II. *adj inv* zinnoberrot

ver·min ['vɜːmɪn, AM 'vɜːr-] *npl (pej: animals)* Schädlinge *pl; (persons)* Schmarotzer *pl pej,* nutzloses Pack *pej;* **to control ~** Ungeziefer bekämpfen

ver·min·ous ['vɜːmɪnəs, AM 'vɜːr-] *adj attr (pej)* voller Ungeziefer *nach n*

ver·mouth ['vɜːməθ, AM vəʳ'muːθ] *n no pl* Wermut *m;* **dry/sweet ~** trockener/süßer Wermut

ver·nacu·lar [və'nækjələʳ, AM vəʳ'nækjələʳ] **I.** *n* Umgangssprache *f; (dialect)* Dialekt *m; (jargon)* Jargon *m,* Ausdrucksweise *f*
II. *adj* ① *(of language)* umgangssprachlich; *(as one's mother tongue)* muttersprachlich
② ARCHIT *building* funktional; MUS volksnah

ver·nal ['vɜːnᵊl, AM 'vɜːr-] *adj* Frühlings-; **the ~ season** die Frühjahrszeit; **a ~ touch** ein Hauch *m* von Frühling

ver·nal 'equi·nox *n* Frühlingsäquinoktium *nt fachspr*

ve·roni·ca [və'rɒnɪkə, AM -'rɑːn-] *n* BOT Veronika *f geh,* Ehrenpreis *m*

ver·ru·ca <*pl* -s *or* -ae> [və'ruːkə, *pl* -kiː] *n* Warze *f*

ver·sa·tile ['vɜːsətaɪl, AM 'vɜːrsəṭᵊl] *adj actor, athlete* vielseitig; *material* vielseitig verwendbar

ver·sa·til·ity [,vɜːsə'tɪləti, AM ,vɜːrsə'tɪləṭi] *n no pl (flexibility)* Vielseitigkeit *f; (adjustability)* Anpassungsfähigkeit *f; of a device* vielseitige Verwendbarkeit

verse [vɜːs, AM vɜːrs] *n* ① *no pl (poetical writing)* Dichtung *f,* Poesie *f;* **volume of ~** Gedichtband *m;* **in ~** in Versen *m*
② *(stanza of poetry)* Strophe *f*
③ MUS Strophe *f*
④ *(of scripture)* Vers *m;* **to recite a ~ [from the Bible/Koran]** einen [Bibel-/Koran]vers vortragen

versed [vɜːst, AM vɜːr-] *adj (form)* **to be [well] ~ in sth** *(knowledgeable about)* in etw *dat* [sehr] versiert [*o* bewandert] sein *geh; (familiar with)* sich *akk* mit [*o* in] etw *dat* [gut] auskennen

ver·si·fi·ca·tion [,vɜːsɪfɪ'keɪʃᵊn, AM ,vɜːrsə] *n no pl* LIT Versbau *m,* Versifikation *f fachspr*

ver·si·fy ['vɜːsɪfaɪ, AM 'vɜːrsə-] **I.** *vi* Gedichte schreiben, dichten
II. *vt* ■**to ~ sth** etw in Versform bringen

ver·sion ['vɜːʃᵊn, -ʒᵊn, AM 'vɜːrʒ-, ʃᵊn] *n* ① *(account)* Version *f,* Fassung *f; (description)* Darstellung *f;* ***the two witnesses gave contradictory ~s of what had happened that night*** die beiden Zeuginnen machten widersprüchliche Angaben über das, was in jener Nacht geschehen war
② *(variant)* Version *f; of book, text, film* Fassung *f;* **film ~ of a book** Verfilmung *f* eines Buches; **abridged ~** Kurzfassung *f,* gekürzte Fassung; **revised ~** revidierte Ausgabe
③ *(translation)* **English-language ~** englischsprachige Ausgabe
④ *no pl* MED *(turning of foetus)* Wendung *f*

ver·sion·ing ['vɜːʃᵊnɪŋ, 'vɜːʒ-, AM 'vɜːrʒᵊn-] *n no pl* FILM, COMPUT Versioning *nt (per Computer seine eigene Version eines Films erstellen)*

ver·so ['vɜːsəʊ, AM 'vɜːrsoʊ] *n* ① PUBL *(left-hand page)* linke Seite; *(back of page)* Verso *nt fachspr*
② *(reverse side)* Rückseite *f; of coin also* Revers *m fachspr*

ver·sus ['vɜːsəs, AM 'vɜːr-] *prep,* **vs** gegen +*akk*

vert [vɜːt] *adj attr, inv short for* **vertical** Vert-

ver·te·bra <*pl* -brae> ['vɜːtɪbrə, AM 'vɜːrṭə-, *pl* -briː] *n* ANAT Wirbel *m*

ver·te·bral ['vɜːtɪbrᵊl, AM 'vɜːrṭə-] *adj inv* ANAT, MED Wirbel-; **~ injection** vertebrale Injektion *fachspr;* **~ wound** Wirbelverletzung *f*

ver·te·bral 'col·umn *n* ANAT Wirbelsäule *f*

ver·te·brate ['vɜːtɪbreɪt, AM 'vɜːrṭəbrɪt] BIOL **I.** *n* Wirbeltier *nt*
II. *adj attr, inv* Wirbel-; **~ animal** Wirbeltier *nt*

ver·tex <*pl* -es *or* -tices> ['vɜːteks, AM 'vɜːr-, *pl* -tɪsiːz] *n* ① MATH Scheitel[punkt] *m*
② *(highest point)* Spitze *f*

ver·ti·cal ['vɜːtɪkᵊl, AM 'vɜːrṭə-] **I.** *adj* senkrecht, vertikal; *cliffs* senkrecht abfallend; ***a basketball player's ~ leap*** der Korbleger eines Basketballspielers; **~ axis** y-Achse *f,* Vertikalachse *f;* **~ communication** vertikale Kommunikation; **~ integration** vertikale Integration; **~ lines** Längsstreifen *pl*
II. *n* ① *(vertical line)* Senkrechte *f,* Vertikale *f geh;* ***the wall is a few degrees off the ~*** die Wand steht nicht ganz im Lot
② *(of ski slopes)* Abfahrt *f*

ver·ti·cal an·'gles *npl* Scheitelwinkel *m* **ver·ti·cal in·te·'gra·tion** *n no pl* ECON, FIN Vertikalkonzentration *f*

ver·ti·cal·ly ['vɜːtɪkᵊli, AM 'vɜːrṭə-] *adv* senkrecht, vertikal; **to jump** [*or* **leap**] **~** senkrecht hochspringen; *(in basketball)* einen Korbleger machen

ver·ti·cal·ly 'chal·lenged *adj (hum)* ■**to be ~** etwas kurz geraten sein *hum*

ver·ti·cal 'mar·ket *n potenzieller Käufermarkt innerhalb eines bestimmten Industriezweigs oder Tätigkeitsbereichs* **ver·ti·cal take-off 'air·craft, ver·ti·cal take-off 'jet** *n* Senkrechtstarter *m* **ver·ti·cal 'think·ing** *n esp* BRIT [konventionell] rationales Denken

ver·tigi·nous [vɜː'tɪdʒɪnəs, AM vəʳ'tɪdʒə-] *adj (form)*
① *(causing vertigo)* Schwindel erregend
② *(dizzy)* schwindlig; **to make sb feel ~** jdn schwindlig machen

ver·ti·go ['vɜːtɪgəʊ, AM 'vɜːrṭəgoʊ] *n no pl (feeling)* Schwindel *m;* MED Gleichgewichtsstörung *f;* **sb has** [*or* **suffers from**] **~** jdm wird leicht schwindlig

verve [vɜːv, AM vɜːrv] *n no pl* Begeisterung *f,* Verve *f geh;* ***she delivered her speech with tremendous wit and ~*** sie hielt ihre Rede mit unglaublichem Witz und Schwung; ***although in pain, he greeted his friends with his old ~*** trotz Schmerzen begrüßte er seine Freunde mit gewohntem Elan; **to give sth added ~** *(fig)* etw *dat* [den letzten] Pfiff geben *fam*

very ['veri] **I.** *adv inv* ① *(extremely)* sehr, außerordentlich; ***his behaviour makes me feel ~, ~ cross*** sein Benehmen macht mich wirklich sehr böse; ***there's nothing ~ interesting on TV tonight*** es kommt nichts besonders Interessantes heute Abend im Fernsehen; ***how ~ childish of her to refuse to speak to me!*** wie absolut kindisch von ihr, sich zu weigern, mit mir zu sprechen!; ***how are you? — ~ well, thanks*** wie geht es dir? – sehr gut, danke
② *(to a great degree)* sehr; **to not be ~ happy/pleased about sth** *(iron)* über etw *akk* nicht gerade sehr glücklich/erfreut sein; **to not be ~ impressed about sth** *(iron)* von etw *dat* nicht gerade sehr beeindruckt sein; **~ much** sehr; ***did you enjoy the play? — ~ much so*** hat dir das Stück gefallen? – [ja] sehr [sogar]; ***thank you ~ much*** danke sehr; **to feel ~ much at home** sich *akk* ganz wie zu Hause fühlen; **not ~** nicht sehr; **not ~ much ...** nicht besonders ...
③ + *superl (to add force)* aller-; **the ~ best** der/die/das Allerbeste; **the ~ best of friends** die allerbesten Freunde; **to do the ~ best one can** sein Allerbestes geben; **the ~ first/last** der/die/das Allererste/Allerletzte; **at the ~ most/least** allerhöchstens/zumindest; **the ~ next day** schon am nächsten Tag; **to have one's ~ own sth** etw ganz für sich *akk* [alleine] haben; **the ~ same** genau der/die/das Gleiche
④ *(I agree)* **~ well** [also] gut [*o* schön]; ***can't I stay for five minutes longer? — oh ~ well*** kann ich nicht noch fünf Minuten länger bleiben? – na schön *fam;* ***she couldn't ~ well say sorry when she didn't think she had done anything wrong*** sie konnte sich doch nicht entschuldigen, wenn sie ihrer Meinung nach nichts falsch gemacht hatte; **to be all ~ fine** [*or* **good**] [*or* **well**], **but ...** schon recht [*o* schön und gut] sein, aber ...
II. *adj attr, inv* genau; ***this is the ~ book I've been looking for*** das ist genau das Buch, nach dem ich gesucht habe; ***the ~ idea!*** was für eine Idee!; ***it's the ~ thing!*** das ist genau das Richtige!; **at the ~ bottom** zuunterst; **at the ~ end of sth** ganz am Ende einer S. *gen;* **the ~ fact that ...** allein schon die Tatsache, dass ...; **the ~ opposite** das genaue [*o* genau das] Gegenteil; ***they're the ~ opposite of one another*** sie sind völlig unterschiedlich; **the ~ thought ...** allein der Gedanke ...

Very light ['veri, 'vɪəri, AM 'vɪri-] *n* Leuchtkugel *f*

Very pis·tol ['veri, 'vɪəri, AM 'vɪri-] *n* Leuchtpistole *f*

Very 'Rev·er·end *n* ■**the ~** Hochwürden; **the ~ David Smith** Hochwürden David Smith

vesi·cle ['vesɪkl] *n* ① MED *(blister)* Blase *f,* Blater *f* SCHWEIZ; *(pustule)* Pustel *f; (fluid-filled sac)* Bläschen *nt; (cyst)* Zyste *f,* Vesikel *f fachspr*
② GEOL Blase *f*
③ BOT Bläschen *nt*

ves·pers ['vespəʳs, AM -əʳs] *npl* REL Vesper *f,* Abendandacht *f*

ves·sel ['vesᵊl] *n* ① NAUT *(form)* Schiff *nt;* **cargo ~** Frachtschiff *nt*
② *(form: for liquid)* Gefäß *nt*
③ *(liter: person)* **~ for the nation's hopes** Hoffnungsträger(in) *m(f)* für die Nation; ***he saw his son as a ~ for his own ambitions*** in seinem Sohn sollten sich seine eigenen Ambitionen verwirklichen
④ ANAT, BOT Gefäß *nt;* **blood ~** Blutgefäß *nt*

vest [vest] **I.** *n* ① BRIT *(underwear)* Unterhemd *nt;* **long-sleeved ~** langärm[e]liges Unterhemd; **thermal ~** Thermounterhemd *nt*
② *esp* AM *(outer garment)* Weste *f;* **bullet-proof ~** kugelsichere Weste
③ *(jersey)* Trikot *nt*
④ AM, AUS *(waistcoat)* [Anzug]weste *f,* Gilet *nt* SCHWEIZ, ÖSTERR
⑤ BRIT *(T-shirt)* **~ [top]** ärmelloses T-Shirt
II. *vt (form)* ① *usu passive (give)* **to be ~ed with the authority/right to do sth** bevollmächtigt sein, etw zu tun; **to be ~ed with the power to do sth** berechtigt sein, etw zu tun; **to ~ in sb the right to do sth** jdm das Recht erteilen, etw zu tun
② *(place)* ***control has been ~ed in local authorities*** die Aufsicht liegt bei den örtlichen Behörden; **to ~ one's hopes in sb/sth** seine Hoffnungen auf jdn/etw setzen
III. *vi* LAW **a property ~s in sb** Besitz *m* auf jdn übertragen; **to ~ a right in** [*or* **on**] **sb** jdm ein Recht verleihen

ves·tal ['vestᵊl] **I.** *n* ① *(liter or old: chaste woman)* Jungfrau *f*
② *see* **vestal virgin**
II. *adj* ① *(old: chaste)* keusch
② HIST *(of Roman goddess)* **~ temple** Tempel *m* der Vesta

ves·tal 'vir·gin, Ves·tal 'Vir·gin *n* Vestalin *f,* vestalische Jungfrau

vest·ed 'in·ter·est *n* ① *(personal involvement)* **to have a ~ in sth** an etw *dat* ein [starkes] persönliches Interesse haben
② *usu pl (people, organizations)* maßgebliche Kreise; ***a compromise has to be reached between all the powerful ~s*** es muss ein Kompromiss zwischen all den mächtigen Interessengruppen gefunden werden
③ LAW **to have a ~ in sth** auf etw *akk* ein gesetzliches Anrecht haben

ves·ti·bule ['vestɪbjuːl, AM -tə-] *n (form)* ① *(foyer)* Vorraum *m; (in a hotel, big building)* Eingangshalle *f,* Vestibül *nt geh; (in a theatre)* Foyer *nt*
② AM *(porch)* Veranda *f*

ves·tige ['vestɪdʒ] *n* ① *(trace)* Spur *f; (remainder)* Überrest *m;* **~s of the past** Spuren *pl* der Vergangenheit
② *(fig)* ***there is no ~ of hope*** es gibt keinerlei Hoff-

nung mehr; ***there's not a ~ of truth in what she says*** es ist kein Körnchen [*o* Fünkchen] Wahrheit an dem, was sie sagt; ***there was not a ~ of remorse in his voice*** es lag nicht die geringste Spur von Reue in seiner Stimme *fam;* **to remove the last ~ of doubt** den letzten Rest Zweifel ausräumen

ves·tig·ial [ves'tɪdʒiəl] *adj inv* ❶ *(tiny)* spärlich
❷ ANAT, BIOL *limb, wing* nicht voll ausgebildet
❸ LING ~ **language** rudimentäre Sprache

vest·ments ['ves(t)mənts] *npl* ❶ *(for clergy)* Messgewand *nt; (for special occasion)* Ornat *m geh*
❷ *(hist: official clothes)* Amtstracht *f*

'vest-pock·et *adj attr, inv* AM ❶ *(pocket-size)* Westentaschen-, im Westentaschenformat *nach n;* ~ **camera** Kamera *f* im Westentaschenformat
❷ *(very small)* Miniatur-, Mini-

ves·try ['vestri] *n* Sakristei *f*

Ve·su·vi·us [vɪ'su:viəs, AM və'] *n no pl* HIST, GEOG Vesuv *m*

vet[1] [vet] **I.** *n (animal doctor)* Tierarzt, -ärztin *m, f,* Veterinär(in) *m(f) fachspr;* ***we had to take the cat to the ~'s*** wir mussten die Katze zur Tierärztin bringen
II. *vt* <-tt-> ❶ *(examine)* ■**to ~ sb/sth** jdn/etw überprüfen
❷ *usu passive* BRIT *(screen)* ■**to be ~ted** [auf Herz und Nieren] [über]prüft werden *fam*

vet[2] [vet] *n* AM MIL *(fam) short for* **veteran** Veteran(in) *m(f)*

vetch [vetʃ] *n* Wicke *f*

vet·er·an ['vet^ər^ən, AM 'vet̬ɚ-] **I.** *n* ❶ *(experienced person)* Veteran(in) *m(f) hum,* alter Hase *hum;* ***he's a 20-year ~ of the New York Police Department*** er ist seit 20 Jahren Mitarbeiter bei der New Yorker Polizeibehörde; ***she is a ~ of a number of matches*** sie hat an zahlreichen Turnieren teilgenommen
❷ *(ex-military)* Veteran(in) *m(f)*
II. *adj attr, inv* ❶ *(experienced)* erfahren; *(of many years' standing)* langjährig; *(of an actor, actress)* altgedient
❷ BRIT *(hum: old)* uralt *hum*

vet·er·an 'car *n* BRIT Oldtimer *m*

'Vet·er·ans Day *n* AM *11. November, an dem als staatlicher Feiertag die Kriegsveteranen geehrt werden und der Kriegsopfer gedacht wird*

vet·eri·nar·ian [,vet^ər^ɪ'neriən] *n* AM *(vet)* Tierarzt, -ärztin *m, f,* Veterinär(in) *m(f) fachspr*

vet·eri·nary ['vet^ər^ɪn^ər^i, AM -neri] *adj attr, inv* tierärztlich; ~ **medicine** [*or* **science**] Tiermedizin *f*

vet·eri·nary 'sur·geon *n* BRIT, AUS Tierarzt, -ärztin *m, f,* Veterinär(in) *m(f) fachspr*

veto ['vi:təʊ, AM -t̬oʊ] **I.** *n* <*pl* -es> ❶ *(nullification)* Veto *nt;* ~ **of a measure** Veto *nt* gegen eine Maßnahme; **presidential** ~ Veto *nt* des Präsidenten
❷ *(right of refusal)* Vetorecht *nt;* **to have the power** [*or* **right**] **of** ~ das Vetorecht haben; ***the author has insisted on having a ~ over the film version of her book*** die Autorin hat darauf bestanden, ein Vetorecht bei der Verfilmung ihres Buches zu haben; **to put a ~ on sth** *esp* BRIT *(fig)* etw verbieten [*o* untersagen]
II. *vt* ■**to ~ sth** ❶ *(officially refuse)* ein Veto gegen etw *akk* einlegen, Einspruch gegen etw *akk* erheben
❷ *(forbid)* etw untersagen

vet·ting ['vetɪŋ] *n no pl* BRIT [genaue] Untersuchung

vex [veks] *vt* ■**to ~ sb** ❶ *(upset)* jdn verärgern; ■**to be ~ed by** [*or* **with**] [*or* **at**] [*or* **about**] **sb/sth** über jdn/etw verärgert sein
❷ *(dated: cause trouble)* jdm Ärger bereiten

vexa·tion [vek'seɪʃ^ə^n] *n no pl (dated)* Ärger *m;* **to be a ~ to sb** ein Ärgernis für jdn sein

vexa·tious [vek'seɪʃəs] *adj (dated)* ärgerlich; LAW schikanös; ~ **action** [*or* **litigation**] schikanöse [*o* mutwillige] Klage; ~ **child** unausstehliches Kind; ~ **headaches** lästige Kopfschmerzen; ~ **problem** leidiges Problem

vexed ['vekst] *adj* ❶ *attr (difficult)* leidig; ~ **question/relationship** schwierige Frage/schwieriges Verhältnis
❷ *(annoyed)* verärgert
❸ *(concerned)* beunruhigt

vex·ing ['veksɪŋ] *adj* ärgerlich, verdrießlich *liter*

v. g. *abbrev of* **very good** sehr gut

VGA [,vi:dʒi:'ei] *n* COMPUT *abbrev of* **video graphics adaptor** VGA

vgc BRIT *abbrev of* **very good condition** in sehr gutem Zustand

VHF [,vi:eitʃ'ef] **I.** *n no pl abbrev of* **very high frequency** UKW *f,* Ultrakurzwellenbereich *m;* ■**on** ~ auf UKW
II. *adj attr abbrev of* **very high frequency** UKW-

VHS® [,vi:eitʃ'es] *n no pl abbrev of* **Video Home System** VHS

via ['vaɪə, AM *esp* 'vi:ə] *prep* ❶ *(through)* über +*akk;* ***the flight goes ~ Frankfurt*** der Flug geht über Frankfurt; ~ ***satellite*** über [*o* via] Satellit
❷ *(using)* per, via; ***sent ~ email*** per Email geschickt

vi·abil·ity [,vaɪə'bɪləti, AM -ət̬i] *n no pl* ❶ BIOL Lebensfähigkeit *f*
❷ *of businesses* Rentabilität *f;* **economic** ~ [wirtschaftliche] Rentabilität, Eigenwirtschaftlichkeit *f*
❸ *(feasibility)* Realisierbarkeit *f,* Durchführbarkeit *f*

vi·able ['vaɪəbl] *adj* ❶ *(successful)* existenzfähig; *of a company* rentabel; **not commercially** ~ nicht rentabel
❷ *(feasible)* machbar, durchführbar, realisierbar; ~ **alternative** durchführbare Alternative
❸ BIOL *(able to sustain life)* lebensfähig; *(able to reproduce)* zeugungsfähig

via·duct ['vaɪədʌkt] *n* Viadukt *m o nt; (bridge)* Brücke *f*

vial [vaɪ(ə)l, AM 'vaɪəl] *n* Phiole *f,* [Glas]fläschchen *nt,* Eprouvette *f* ÖSTERR

vibe [vaɪb] *n* Stimmung *f,* Atmosphäre *f*

vibes [vaɪbz] *npl (fam)* ❶ *(atmosphere)* Schwingungen *pl,* Vibrations *pl sl; (general feeling)* Klima *nt;* ***some people come to this area because of the good ~*** einige Leute kommen in diese Gegend, weil es hier einfach toll ist *fam;* ***that job just gave me bad ~*** diese Arbeit hat mich einfach fertiggemacht *fam*
❷ *(vibraphone)* Vibraphon *nt*

vi·bran·cy ['vaɪbrən(t)si] *n no pl (liveliness)* Lebhaftigkeit *f; (power to change things)* Dynamik *f;* ***these colours have a rich ~*** diese Farben sind sehr lebhaft

vi·brant ['vaɪbrənt] *adj* ❶ *person* lebhaft; *(dynamic)* dynamisch; **to be ~ with life** vor Leben nur so sprühen
❷ *atmosphere, place* lebendig; ***the hope is that this area will develop into a ~ commercial centre*** man hofft, dass sich dieses Gebiet zu einem pulsierenden Gewerbezentrum entwickeln wird; ***the atmosphere in the stadium was ~ with anticipation*** die Atmosphäre im Stadion war erwartungsvoll aufgeladen
❸ ECON ~ **economy** boomende Wirtschaft
❹ *colour* kräftig, leuchtend
❺ *sound* sonor; ~ **performance** temperamentvolle Aufführung

vi·bra·phone ['vaɪbrəfəʊn, AM -foʊn] *n* Vibraphon *nt*

vi·brate [vaɪ'breɪt, AM 'vaɪbreɪt] **I.** *vi* ❶ *(pulsate)* vibrieren; *person* zittern; **to ~ with emotion** vor Erregung zittern; **to ~ with enthusiasm** *(fig)* vor Begeisterung sprühen
❷ *sound* nachklingen; ***the thunder ~d down the valley*** der Donner hallte durch das Tal
II. *vt* ■**to ~ sth** etw vibrieren lassen; MUS etw zum Schwingen bringen

vi·brate a'lert *n* Vibrationsalarm *m,* Vibrafunktion *f*

vi·bra·tion [vaɪ'breɪʃ^ə^n] *n* Vibration *f; of earthquake* Erschütterung *f;* PHYS Schwingung *f;* ~ **of vocal chords** Schwingen *nt* der Stimmbänder

vi·bra·tion·al [vaɪ'breɪʃ^ə^n^ə^l, -'breɪʃn^ə^l] *adj inv* PHYS schwingend *attr,* Schwingungs-; ~ **quantum number** Schwingungsquantenzahl *f;* ~ **spectrum** Schwingungsspektrum *nt*

vi·bra·to [vɪ'brɑ:təʊ, AM t̬oʊ] *n no pl* MUS Vibrato *nt fachspr*

vi·bra·tor [vaɪ'breɪtə^r^, AM 'vaɪbreɪt̬ɚ] *n* Vibrator *m*

Vic. AUS *abbrev of* **Victoria**

vic·ar ['vɪkə^r^, AM -ɚ] *n* Pfarrer *m;* **local** ~ Gemeindepfarrer *m*

vic·ar·age ['vɪk^ə^rɪdʒ] *n* Pfarrhaus *nt*
▶PHRASES: **this makes my problems look like a ~ tea-party** dagegen wirken meine Probleme ja wie ein Kaffeekränzchen *fam*

vi·cari·ous [vɪ'keəriəs, AM -'keri-] *adj* ❶ *(through another person)* nachempfunden; ~ **pleasure** indirekte Freude; ~ **satisfaction** Ersatzbefriedigung *f;* **to get a ~ thrill out of sth** sich *akk* an etw *dat* aufgeilen *sl*
❷ *(form: delegated)* stellvertretend; *(not direct)* indirekt, mittelbar; ~ **power** Stellvertreterbefugnis *f*

vi·cari·ous·ly [vɪ'keəriəsli, AM -'keri-] *adv* indirekt, mittelbar; *(as substitute)* stellvertretend; **to experience sth ~** etw ersatzweise erleben

Vic·ar of 'Christ *n* Statthalter *m* Christi

vice[1] [vaɪs] *n* ❶ *(moral weakness)* Laster *nt,* Untugend *f;* ***my one real ~ is chocolate*** *(hum)* mein einziges echtes Laster ist Schokolade
❷ *no pl (immoral behaviour)* Lasterhaftigkeit *f*
❸ LAW Sittlichkeitsdelikt *nt*

vice[2], AM **vise** [vaɪs] *n (tool)* Schraubstock *m*

vice- [,vaɪs] *in compounds* Vize-

vice-'ad·mi·ral *n* Vizeadmiral(in) *m(f)* **vice-'cap·tain** *n* SPORT stellvertretender Mannschaftskapitän/stellvertretende Mannschaftskapitänin **vice-'chair·man** *n* stellvertretende(r) [*o* zweite(r)] Vorsitzende(r), Vizevorsitzende(r) **vice-'chan·cel·lor** *n (senior official)* Vizekanzler(in) *m(f);* BRIT UNIV Rektor(in) *m(f)* **Vice 'Chan·cel·lor** *n,* **VC** *n* LAW Präsident(in) *m(f)* der Chancery Division des High Court

'vice-like *adj* fest; **to maintain ~ control over sb/sth** jdn/etw fest unter Kontrolle haben; **to hold sb/sth in** [*or* **with**] **a ~ grip** jdn/etw eisern im Griff haben *fam;* ~ **pain** bohrender Schmerz

vice-'presi·den·cy *n* Vize-Präsidentschaft *f* **Vice 'Presi·dent** *n,* **vice-'presi·dent** *n,* **VP** *n* Vizepräsident(in) *m(f)* **vice·'re·gal** *adj (form)* des Vizekönigs *nach n*

'vice ring *n* Verbrecherring *m*

vice·roy ['vaɪsrɔɪ] *n* Vizekönig *m*

'vice squad *n* Sittendezernat *nt*

vice ver·sa [,vaɪsi'vɜ:sə, AM -ə'vɜ:r-] *adv inv* umgekehrt

vi·chy·ssoise [,vi:ʃi:'swɑ:z] *n* FOOD Vichyssoise *f*

vi·cin·ity [vɪ'sɪnəti, AM və'sɪnət̬i] *n (nearness)* Nähe *f; (surrounding area)* Umgebung *f;* **immediate ~** unmittelbare Umgebung; ■**in the ~** [**of sth**] in der Nähe [einer S. *gen*]; *(fig)* ***they paid in the ~ of £3 million for their latest new player*** sie haben um die 3 Millionen Pfund für ihren jüngsten Neuzugang gezahlt

vi·cious ['vɪʃəs] *adj* ❶ *(malicious)* boshaft, gemein; ~ **attack** heimtückischer Überfall; ~ **crime/murder** grauenhaftes Verbrechen/grauenhafter Mord; ~ **dog** bissiger Hund; ~ **fighting** brutaler Kampf; ~ **gossip** gehässiges Gerede *pej*
❷ *(causing pain)* grausam; ***I had a ~ headache all day yesterday*** ich hatte gestern den ganzen Tag über brutale Kopfschmerzen *fam*
❸ *(nasty)* gemein; ~ **look** böser Blick
❹ *(fig: powerful)* schrecklich; ***we had a ~ bout of gastro-enteritis in the family*** meine ganze Familie lag mit einer fiesen Magen-Darm-Grippe danieder; ~ **wind** heftiger Wind

vi·cious 'cir·cle, vi·cious 'cy·cle *n* Teufelskreis *m;* **to be** [*or* **get**] **caught in a ~** in einen Teufelskreis geraten; **to be trapped in a ~** in einem Teufelskreis gefangen sein

vi·cious·ly ['vɪʃəsli] *adv* ❶ *(cruelly)* brutal; *(maliciously)* gemein, bösartig
❷ *(extremely)* furchtbar *fam,* schrecklich *fam;* ***it was ~ cold outside*** draußen war es saukalt *fam*

vi·cious·ness ['vɪʃəsnəs] *n no pl* Brutalität *f; of a dog* Bissigkeit *f; (maliciousness)* Bösartigkeit *f; (nastiness)* Gemeinheit *f;* ***I was surprised at the ~ with which he spoke about his father*** ich war überrascht, wie gehässig er von seinem Vater sprach

vi·cis·si·tude [vɪ'sɪsɪtju:d, AM -ətu:d, -tju:d] *n (form)* ■**~s** *pl of circumstances* Unbeständigkeit *f; (liter) of*

V

weather Launen *pl;* **the ~s of life** die Launen *pl* des Schicksals

vic·tim [ˈvɪktɪm] *n* ① *(sb, sth harmed)* Opfer *nt;* ***he is the ~ of a cruel hoax*** ihm wurde übel mitgespielt; **to be the ~ of a crime** einem Verbrechen zum Opfer fallen; **to be the ~ of sb's envy** unter jds Neid zu leiden haben; **to be the ~ of sb's sarcasm** die Zielscheibe von jds Sarkasmus sein; **to fall ~ to sb/sth** jdm/etw zum Opfer fallen
② *(sufferer of illness)* ***Max fell ~ to the flu*** Max hat die Grippe erwischt *fam;* **cancer ~** Krebskranke(r) *f(m);* **to fall ~ to the plague** der Pest zum Opfer fallen
③ *(fig)* **to fall ~ to sb's charms** jds Charme erliegen; **to be a ~ of fortune** dem Schicksal ausgeliefert sein

vic·timi·za·tion [ˌvɪktɪmaɪˈzeɪʃən, AM -təmɪˈ-] *n no pl* ungerechte Behandlung; *(picking on sb)* Schikanierung *f;* *(discrimination)* Diskriminierung *f*

vic·tim·ize [ˈvɪktɪmaɪz, AM -təm-] *vt* ■**to ~ sb** jdn ungerecht behandeln; *(pick at)* jdn schikanieren; **to be ~d by the law** rechtlich diskriminiert werden

vic·tim·less crime [ˌvɪktɪmləsˈ-, AM -təm-] *adj inv* Verbrechen *nt* ohne Opfer

vic·tor [ˈvɪktəʳ, AM -ɚ] *n* ① *(person)* Sieger(in) *m(f),* Gewinner(in) *m(f);* **to emerge [as] the ~** als Sieger/Siegerin hervorgehen; **to be the ~ in sth** der Gewinner/die Gewinnerin einer S. *gen* sein, in etw *dat* siegen; **to be a ~ over sb** jdn besiegen
② *(code word)* Viktor *(Code für Buchstaben V, z.B. in der Buchstabiertafel beim Telefonieren)*

Victoria Cross [vɪktɔːriəˈ-, AM -ˈkrɑːs] *höchste Tapferkeitsauszeichnung in Großbritannien* **Victoria Day** [vɪkˈtɔːriə-] *n* CAN *ursprünglich der Geburtstag der Königin Victoria, jetzt ein beweglicher Feiertag im Monat Mai*

Vic·to·rian [vɪkˈtɔːriən] **I.** *adj* ① *(era)* viktorianisch; **the ~ stage** das viktorianische Theater
② *(fig pej: prudish)* prüde
③ AUS *(of or from Victoria)* aus Viktoria *nach n*
II. *n* Viktorianer(in) *m(f);* *(fig pej)* prüder Mensch

Vic·to·ri·ana [ˌvɪkˈtɔːriɑːnə, AM vɪkˈtɔːriænə] *n no pl* viktorianische Antiquitäten *pl*

vic·to·ri·ous [vɪkˈtɔːriəs] *adj* siegreich; **~ team** Siegermannschaft *f;* **to emerge ~** als Sieger/Siegerin hervorgehen

vic·to·ri·ous·ly [vɪkˈtɔːriəsli] *adv* triumphierend, siegreich

vic·tory [ˈvɪktəri] *n* Sieg *m;* ***this result is a ~ for democracy*** dieses Ergebnis ist ein Sieg für die Demokratie; **Pyrrhic ~** *(fig)* Pyrrhussieg *m geh;* **to achieve [or gain] a ~ [against sb]** [über jdn] einen Sieg davontragen; **to claim ~** den Sieg für sich *akk* in Anspruch nehmen; **to clinch a ~ [over sb]** [über jdn] einen Sieg erringen; **to lead sb to ~** jdn zum Sieg führen; **to score a ~** einen Sieg verbuchen; **to secure ~** sich *dat* den Sieg sichern; **to win a ~ [in sth]** [bei etw *dat*] einen Sieg erringen

ˈvic·tory pa·rade *n* Triumphzug *m;* *(of army)* Siegerparade *f*

vict·ual [ˈvɪtəl, AM ˈvɪt̬-] **I.** *n* ■**~s** *pl (dated or hum)* Lebensmittel *pl;* *(for a trip)* Proviant *m kein pl*
II. *vt* <BRIT -ll- or AM *usu* -l-> **to ~ an expedition/a ship/troops** eine Expedition/ein Schiff/Truppen mit Lebensmitteln versorgen
III. *vi* <BRIT -ll- or AM *usu* -l-> sich *akk* verpflegen

vict·ual·ler [ˈvɪtələʳ, AM ˈvɪt̬ələ] *n* **licensed ~** *Gastwirt, der eine Lizenz für den Verkauf von Alkohol hat*

vid [vɪd] *n (fam) short for* **video** Video *nt*

vide [ˈvaɪdiː] *vt impers (form)* siehe

vi·deli·cet [vɪˈdiːlɪset, AM -ˈdeləsɪt] *adv,* **viz** *(form)* nämlich

video [ˈvɪdiəʊ, AM -dioʊ] **I.** *n* ① *no pl (recording)* Video *nt;* **to come out on ~** auf Video erscheinen; **to record a ~** ein Video aufnehmen
② *(tape)* Videokassette *f;* **blank ~** leere Videokassette
③ *(recorded material)* Videoaufnahme *f*
④ *(of pop group)* Video *nt,* Videoclip *m*
⑤ BRIT *(recorder)* Video *m fam,* Videorekorder *m*
II. *vt* ■**to ~ sb/sth** jdn/etw auf Video aufnehmen

ˈvideo ar·cade *n* Videospielhalle *f* **ˈvideo cam·era** *n* Videokamera *f* **ˈvideo card** *n* COMPUT Videokarte *f* **ˈvideo cas·sette** *n* Videokassette *f* **video cas·ˈsette re·cord·er** *n,* **VCR** *n* Videorekorder *m,* Video *m fam* **video ˈcon·fer·ence** *n* Videokonferenz *f* **video ˈcon·fer·enc·ing** *n no pl* Videokonferenzschaltung *f;* *(system)* Videokonferenztechnik *f* **ˈvideo dia·ry** *n* Videotagebuch *nt* **ˈvideo disc** *n* Bildplatte *f* **video disc ˈplay·er, video disc ˈsys·tem** *n* Bildplattenspieler *m* **ˈvideo·disk** *n* COMPUT Videospeicherplatte *f* **ˈvideo film** *n* Videofilm *m,* Video *nt fam* **ˈvideo game** *n* Videospiel *nt*

vide·og·ra·pher [ˈvɪdiːˈɒgrəfəʳ, AM ˈɑːgrəfɚ] *n* Videograf(in) *m(f)*

video ˈgraph·ics *npl* COMPUT Videografik *f* **video ˈmoni·tor** *n* AM, AUS Videomonitor *m* **video ˈnas·ty** *n* BRIT *(horror film)* Horrorvideo *nt;* *(porno film)* Pornovideo *nt* **video-on-de·ˈmand** *n no pl* Video-on-Demand *nt (System, bei dem der Zuschauer per PC o.Ä. Videos aus seinem eigenen Fundus auswählt)* **ˈvideo·phone** *n* Bild[schirm]telefon *nt* **video ˈpi·ra·cy** *n no pl* Videokopierdiebstahl *m* **Video·ˈPlus®** *n no pl Videoprogrammsystem* **ˈvideo re·cord·er** *n* Videorekorder *m,* Video *m fam* **ˈvideo re·cord·ing** *n* Videoaufnahme *f* **ˈvideo set** *n* Videogerät *nt* **ˈvideo shop** *n* AUS, BRIT Videothek *f* **ˈvideo sig·nal** *n* Bildsignal *nt,* Videosignal *nt,* BAS-Signal *nt* **ˈvideo store** *n* AM *(video shop)* Videothek *f* **video sur·ˈveil·lance** *n no pl* Videoüberwachung *f* **ˈvideo·tape I.** *n* ① *(cassette)* Videokassette *f,* Video *nt fam* ② *no pl (tape)* Videoband *nt* ③ *(recorded material)* Videoaufnahme *f* **II.** *vt* ■**to ~ sb/sth** jdn/etw auf Video aufnehmen **ˈvideo·tex, ˈvideo·text** *n* Videotext *m,* Bildschirmtext *m* **ˈvideo trans·mis·sion** *n* Videoübertragung *f* **ˈvideo trans·mit·ter** *n* Videosender *m*

vie <-y-> [vaɪ] *vi* wetteifern; *(in commerce, business)* konkurrieren; ■**to ~ [with sb] for sth** [mit jdm] um etw *akk* wetteifern

Vi·en·na [viˈenə] *n* Wien *nt*

Vi·en·nese [ˌvɪəˈniːz, AM ˌviːəˈ-] **I.** *n* <*pl* -> Wiener(in) *m(f)*
II. *adj* Wiener-, wienerisch; ***have you got any ~ friends I could stay with?*** hast du irgendwelche Freunde in Wien, bei denen ich wohnen könnte?

Vi·et·cong <*pl* -> [ˌvjetˈkɒŋ, AM ˌviːetˈkɑːŋ] *n* Vietkong *m*

Vi·et·nam [ˌvjetˈnæm, AM ˌviːetˈnɑːm] *n* Vietnam *nt*

Vi·et·nam·ese [ˌvjetnəˈmiːz, AM viˌet-] **I.** *adj* vietnamesisch
II. *n* ① *(language)* Vietnamesisch *nt*
② *(person)* Vietnamese, Vietnamesin *m, f*

view [vjuː] **I.** *n* ① *no pl (sight)* Sicht *f;* ***in full ~ of all the spectators*** vor den Augen aller Zuschauer; **to block [or obstruct] sb's ~** jds Sicht behindern; **to come into ~** in Sicht kommen, sichtbar werden; **to disappear from [or out of] ~** [in der Ferne] verschwinden; **to hide [or shield] from ~** sich *akk* dem Blick entziehen; ***the house is hidden from ~ behind a high hedge*** das Haus liegt den Blicken entzogen hinter einer hohen Hecke; **to keep sb/sth in ~** jdn/etw im Auge behalten
② *(panorama)* [Aus]blick *m,* Aussicht *f;* ***we have a clear ~ of the sea*** wir haben freien Blick aufs Meer; ***the ~ from our living room over the valley is breathtaking*** der [Aus]blick von unserem Wohnzimmer über das Tal ist atemberaubend; ***he paints rural ~s*** er malt ländliche Motive; ***he lifted his daughter up so that she could get a better ~*** er hob seine Tochter hoch, sodass sie besser sehen konnte; **to have a bird's-eye ~ of sth** etw aus der Vogelperspektive sehen; **panoramic ~** Panoramablick *m;* **to afford a ~** einen Blick [*o* eine Aussicht] bieten
③ *(opportunity to observe)* Besichtigung *f*
④ *no pl (for observation)* **to be on ~** *works of art* ausgestellt werden; **to be on ~ to the public** der Öffentlichkeit zugänglich sein
⑤ *(opinion)* Ansicht *f,* Meinung *f* (**about/on** über +*akk*); **in sb's ~** nach jds Einschätzung; ***what are your ~s on this issue?*** was meinen Sie zu dieser Frage?; ***it's my ~ that the price is much too high*** meiner Meinung nach ist der Preis viel zu hoch; **exchange of ~s** Meinungsaustausch *m;* **~ of the market** Markteinschätzung *f;* **point of ~** Gesichtspunkt *m,* Standpunkt *m;* **from my point of ~ ...** meiner Meinung nach ...; **world ~** Weltanschauung *f;* **conflicting ~s** widersprüchliche Meinungen; **jaundiced/prevailing ~** zynische/vorherrschende Meinung; **there is a prevailing ~ that ...** es herrscht die Ansicht, dass ...; **to air one's ~s** seine Ansichten darlegen; **to echo [or endorse] a ~** sich *akk* einer Meinung anschließen; **to express a ~** eine Meinung ausdrücken [*o* zum Ausdruck bringen]; **to have [or take] a ~** eine Meinung vertreten; **to have an optimistic ~ of life** eine optimistische Lebenseinstellung haben; **to take a dim [or poor] ~ of sth** nicht viel von etw *dat* halten; **to have [or hold] [or take] the ~ that ...** der Meinung sein, dass ...; **to have [or hold] ~s about [or on] sb/sth** Ansichten über jdn/etw haben; **to hold strong ~s about sth** über etw *akk* strenge Ansichten haben; **to make a ~ known** eine Ansicht mitteilen; **to share a ~** gleicher Meinung sein, eine Ansicht teilen; ***this ~ is not widely shared*** diese Ansicht wird nicht von vielen geteilt; ■**in sb's ~** jds Ansicht nach
⑥ *(fig: perspective)* Ansicht *f;* ***from the money point of ~, the plan is very attractive but from the work point of ~, it's a disaster*** vom Finanziellen her gesehen ist der Plan sehr verlockend, aber von der Arbeit her ist er eine Katastrophe; ***we take a very serious ~ of the situation*** wir nehmen die Situation sehr ernst; **to take a long-/short-term ~** eine langfristige/vorläufige Perspektive einnehmen; **to take an overall ~ of sth** etw von allen Seiten betrachten; ■**in ~ of sth** angesichts [*o* in Anbetracht] einer S. *gen;* ■**with a ~ to doing sth** mit der Absicht, etw zu tun
⑦ *(idea)* Vorstellung *f;* ***have you anything in ~ for when you leave college?*** hast du [schon] irgendeine Idee, was du machen willst, wenn du vom College abgehst?
II. *vt* ① *(watch)* ■**to ~ sth [from sth]** etw [von etw *dat* aus] betrachten; *(as a spectator)* etw *dat* [von etw *dat* aus] zusehen [*o bes* SÜDD, ÖSTERR, SCHWEIZ zuschauen]
② *(fig: consider)* ■**to ~ sb/sth [as sb/sth]** jdn/etw [als jdn/etw] betrachten; ***we ~ the situation with concern*** wir betrachten die Lage mit Besorgnis; **to ~ sth from a different angle** etw aus einem anderen Blickwinkel betrachten
③ *(inspect)* ■**to ~ sth** sich *dat* etw ansehen; **to ~ a flat/a house** eine Wohnung/ein Haus besichtigen

ˈview·da·ta *n no pl* Bildschirmtext *m*

view·er [ˈvjuːəʳ, AM -ɚ] *n* ① *(person)* [Fernseh]zuschauer(in) *m(f)*
② *(for film)* Filmbetrachter *m;* *(for slides)* Diabetrachter *m*
③ COMPUT Leuchtkasten *m,* Gucki *m*

ˈview·find·er *n* PHOT [Bild]sucher *m*

ˈview form *n* INET Ansichtsformular *f*

view·ing [ˈvjuːɪŋ] *n no pl* ① *(inspection)* Besichtigung *f*
② FILM Anschauen *nt;* TV Fernsehen *nt;* ***the movie was too violent for general ~*** der Film war zu gewalttätig, als dass man ihn hätte öffentlich zeigen können

ˈview·ing fig·ures *npl* TV Einschaltquoten *pl*

ˈview pa·ram·eter *n* COMPUT Ansichtparameter *m*

ˈview·point *n* ① *(fig: opinion)* Standpunkt *m;* *(aspect)* Gesichtspunkt *m*
② *(place)* Aussichtspunkt *m*

vig·il [ˈvɪdʒɪl, AM -əl] *n* [Nacht]wache *f;* **to hold [or maintain] [or keep] [or stage] a ~** Wache halten; ***they held an all-night candlelit prayer ~ outside the cathedral*** sie hielten die ganze Nacht Mahnwache vor der Kathedrale

vigi·lance [ˈvɪdʒɪlən(t)s, AM -əl-] *n no pl* Wachsamkeit *f;* **to escape sb's ~** jds wachsamen Auge entgehen

vigi·lant ['vɪdʒɪlənt] *adj* wachsam, [sehr] aufmerksam; ***the children managed to escape the ~ eye of their mother*** den Kindern gelang es, dem wachsamen Auge ihrer Mutter zu entkommen; ***teachers have been told to be more ~ in spotting signs of drug abuse among their students*** die Lehrer wurden angehalten, aufmerksamer auf Anzeichen von Drogenmissbrauch bei den Schülern zu achten; **to be ~ about** [*or* **for**] **sth** auf etw *akk* achten

vigi·lan·te [ˌvɪdʒɪ'lænti, AM -t̬i] **I.** *n* ① *(unofficial police) Mitglied einer Bürgerwehr;* ■**the ~s** *pl* die Bürgerwehr
② *(fig: observer) Person, die sicherstellt, dass etwas akzeptabel ist*
II. *n modifier (force, patrol, squad)* Bürgerwehr-; **~ group** Bürgerwehr *f*

vigi·lan·tism [ˌvɪdʒɪ'læntɪzəm] *n no pl* Bürgerwehraktionen *pl*

vigi·lant·ly ['vɪdʒɪləntli] *adv* wachsam, [sehr] aufmerksam; **to guard sb/sth ~** jdn/etw streng bewachen

vi·gnette [vɪ'njet] *n* Vignette *f*

vig·or *n no pl* AM, AUS *see* **vigour**

vig·or·ous ['vɪgərəs, AM -gɚ-] *adj* ① *(energetic)* energisch; ***we went for a ~ walk*** wir machten einen strammen Spaziergang; **~ denial/protest** energisches Leugnen/energischer Protest; **to make a ~ speech** eine feurige Rede halten
② SPORT **~ exercises** intensive Übungen
③ *(flourishing)* kräftig; **~ growth** kräftiges Wachstum; **~ health** robuste Gesundheit
④ CHEM stürmisch, heftig; **~ reaction** stürmische Reaktion

vig·or·ous·ly ['vɪgərəsli, AM -gɚ-] *adv (energetically)* energisch; *(vehemently)* heftig; **to deny/oppose sth ~** etw entschieden leugnen/ablehnen; **to exercise ~** eifrig trainieren

vig·our ['vɪgəʳ, AM -gɚ] *n no pl* ① *(liveliness)* Energie *f*, [Tat]kraft *f*; *(vitality)* Vitalität *f*; ***we were impressed by the ~ of the orchestra's playing*** wir waren vom dynamischen Spiel des Orchesters beeindruckt; **to do sth with ~** etw mit vollem Eifer tun; ***they set about their work with youthful ~ and enthusiasm*** sie machten sich mit jugendlichem Schwung und Begeisterung an die Arbeit; ***they expressed their opinions with great ~*** sie brachten ihre Ansichten mit großer Leidenschaftlichkeit zum Ausdruck
② *(forcefulness)* Ausdruckskraft *f*

Vi·king ['vaɪkɪŋ] **I.** *n* Wikinger(in) *m(f)*
II. *adj* Wikinger-, wikingisch

vile [vaɪl] *adj* ① *(disgusting)* gemein, niederträchtig
② *(fam: unpleasant)* abscheulich; **~ language** unflätige Sprache; **~ mood** üble [*o fam* miese] Stimmung; **~ weather** scheußliches Wetter; **to smell ~** stinken

vile·ly ['vaɪlli] *adv* in verwerflicher Weise *geh;* **to act ~** abscheulich handeln

vile·ness ['vaɪlnəs] *n no pl* Abscheulichkeit *f*; *of thoughts* Gemeinheit *f*, Niederträchtigkeit *f*

vili·fi·ca·tion [ˌvɪlɪfɪ'keɪʃən, AM -lə-] *n no pl (form)* Verunglimpfung *f*, Diffamierung *f geh;* **~ campaign** Verleumdungskampagne *f*

vili·fy <-ie-> ['vɪlɪfaɪ, AM -lə-] *vt* ■**to ~ sb/sth** jdn/etw verleumden [*o geh* diffamieren]; ***he was vilified as a traitor*** er wurde als Verräter diffamiert

vil·la ['vɪlə] *n* ① *(rural residence)* Landhaus *nt; (grand one)* Villa *f*
② BRIT *(holiday home)* Ferienhaus *nt*
③ BRIT *(Victorian, Edwardian house)* Einfamilienhaus *nt; (semi)* Doppelhaushälfte *f*
④ HIST *(Roman house) großes Haus mit Grundstück zu Zeiten der Römer*

vil·lage ['vɪlɪdʒ] **I.** *n* ① *(settlement)* Dorf *nt;* **fishing ~** Fischerdorf *nt*
② + *sing/pl vb (populace)* Dorfbevölkerung *f*
II. *n modifier (hall, life, pub, school, shop)* Dorf-

vil·lage com·'mun·ity *n* Dorfgemeinschaft *f* **vil·lage 'green** *n* Dorfwiese *f* **vil·lage 'id·iot** *n (dated)* Dorftrottel *m pej fam* **vil·lage 'inn** *n* Dorfgasthaus *nt*, Dorfgasthof *m*

vil·lag·er ['vɪlɪdʒəʳ, AM -ədʒɚ] *n* Dorfbewohner(in) *m(f)*, Dörfler(in) *m(f)*

vil·lain ['vɪlən] *n* ① *(lawbreaker)* Verbrecher(in) *m(f);* **small-time ~** kleiner Fisch *fig hum fam*
② *(capable of bad behaviour)* Schurke *m; (in novel, film)* Bösewicht *m;* **to be ~ of the piece** *(fig)* der Übeltäter/die Übeltäterin sein
③ BRIT LAW *(fam: criminal)* Ganove *m*

vil·lain·ous ['vɪlənəs] *adj* schurkisch; *(mean)* gemein; **~ deed** niederträchtige Tat

vil·lainy ['vɪləni] *n no pl* Schurkerei *f; (meanness)* Gemeinheit *f;* LAW *(illegal act)* Niederträchtigkeit *f*, verbrecherische Handlung; **an act of ~** eine Niederträchtigkeit *geh*

vil·la·nelle [ˌvɪlə'nel] *n* LIT Villanelle *f*

vil·lein ['vɪleɪn, lɪn, AM -lən] *n* BRIT *(hist)* Leibeigener *m*, Zinsbauer *m*, Hintersasse *m*

vim [vɪm] *n no pl (dated fam)* Schwung *m*, Elan *m;* **with ~** schwungvoll

vinai·grette, vinai·grette 'dress·ing [ˌvɪnɪ'gret, AM -ə'-] *n no pl* Vinaigrette *f*

vin·da·loo [ˌvɪndə'lu:] *n no pl* FOOD *sehr scharfes indisches Currygericht*

vin·di·cate ['vɪndɪkeɪt, AM -də-] *vt* ① *(justify)* ■**to ~ sth** etw rechtfertigen; ■**to ~ sb** jdn verteidigen
② *(support)* **to ~ a theory** eine Theorie bestätigen
③ *(clear of blame, suspicion)* ■**to ~ sb** jdn rehabilitieren; **to ~ sb's reputation** jds Ruf retten

vin·di·ca·tion [ˌvɪndɪ'keɪʃən, AM -də'-] *n no pl* ① *(justification)* Rechtfertigung *f;* **in ~ of sth** zur Rechtfertigung einer S. *gen*
② *(act of clearing blame)* Rehabilitierung *f*

vin·dic·tive [vɪn'dɪktɪv] *adj* nachtragend; *(longing for revenge)* rachsüchtig; **to make sb ~** Rachegefühle bei jdm wecken

vin·dic·tive·ly [vɪn'dɪktɪvli] *adv* nachtragend; *(spitefully)* rachsüchtig

vin·dic·tive·ness [vɪn'dɪktɪvnəs] *n no pl* Rachsucht *f;* **to feel ~ towards sb** Rachegefühle gegenüber jdm hegen

vine [vaɪn] *n* ① *(grape plant)* Weinrebe *f*
② *(climbing plant)* Rankengewächs *nt*

'vine fruit *n usu pl* getrocknete Weinbeeren *pl*

vin·egar ['vɪnɪgəʳ, AM -əgɚ] *n no pl* ① FOOD Essig *m;* ***the expression on his face was as sour as ~*** er setzte eine saure Miene auf
② *(fig: of behaviour)* Säuerlichkeit *f*

vin·egary ['vɪnɪgəri, AM -əgɚi] *adj* ① *(of taste)* sauer
② *(full of vinegar)* Essig-; ■**to be ~** viel Essig enthalten
③ *(fig: of attitude)* säuerlich; *(critical, unkind)* scharf

vine·yard ['vɪnjəd, AM -jɚd] *n* ① *(where vines grow)* Weinberg *m*
② *(area)* Weinanbaugebiet *nt*
▸PHRASES: **labourers** [*or* **toilers**] **in the ~** *Kämpfer/Kämpferinnen in/auf einem bestimmten Arbeitsgebiet*

vino ['vi:nəʊ, AM -noʊ] *n no pl (fam)* Vino *m fam*

vin·tage ['vɪntɪdʒ, AM -t̬-] **I.** *n* ① *(wine)* Jahrgangswein *m;* ***the 1983 ~ was particularly good*** der Jahrgang 1983 war besonders gut
② *(wine year)* Jahrgang *m; (fig)* ***he is undoubtedly England's best captain of recent ~*** er ist zweifellos der beste Kapitän, den England in der letzten Zeit hervorgebracht hat
II. *adj* ① *inv* FOOD Jahrgangs-; ***is this wine ~ or not?*** ist dies ein Jahrgangswein?
② *inv (of classic quality)* erlesen; ***this film is ~ Disney*** dieser Film ist ein Disneyklassiker; **the ~ years of sth** die Glanzjahre einer S. *gen*
③ BRIT, AUS AUTO Oldtimer-; **~ car** Oldtimer *m*

vint·ner ['vɪntnəʳ, AM -ɚ] *n* Weinhändler(in) *m(f)*

vi·nyl ['vaɪnəl] **I.** *n* ① *no pl (material, record)* Vinyl *nt*
② *(type of plastic)* Vinylkunststoff *m*
II. *n modifier* ① *(flooring, raincoat, record, tablecloth, upholstery)* Vinyl-
② CHEM *(acetate, chloride)* Vinyl-

viol ['vaɪəl] *n* Viole *f;* **bass ~** [*or* **~ da Gamba**] Viola da Gamba *f*, Gambe *f*

vio·la¹ [vi'əʊlə, AM vaɪ'oʊ-] **I.** *n* MUS Viola *f*, Bratsche *f;* **~ da braccio** Viola da Braccio *f;* **~ da Gamba** Viola da Gamba *f*, Gambe *f*
II. *n modifier (concerto, lessons, music)* Viola-

vio·la² ['vaɪələ, AM 'vi:ə-] *n* BOT Viola *f*, Veilchen *nt*

vio·la da gam·ba [viˌəʊlədə'gæmbə, AM ˌoʊlədə'gɑ:mbə], **viol da gam·ba** ['vaɪəldəgæmbə, AM -gɑ:mbə] *n* Viola da Gamba *f*, Gambe *f*

vio·late ['vaɪəleɪt] *vt* ① *(not comply with)* **to ~ a ceasefire agreement** ein Waffenstillstandsabkommen brechen; **to ~ a law/rule** gegen ein Gesetz/eine Regel verstoßen; **to ~ a regulation** eine Vorschrift verletzen
② *(enter, cross illegally)* ■**to ~ sth** in etw *akk* eindringen
③ *(not respect)* **to ~ sb's privacy/rights** jds Privatsphäre/Rechte verletzen; **to ~ a tomb** ein Grab schänden
④ *(form: rape)* ■**to ~ sb** jdn vergewaltigen

vio·la·tion [ˌvaɪə'leɪʃən] *n* ① *of rules, the law* Verletzung *f*, Verstoß *m*, Vergehen *nt;* ***it was clear that they had not acted in ~ of the rules*** es war klar, dass sie nicht gegen die Regeln verstoßen hatten; **~ of the law** Rechtsbruch *m;* **human rights ~** Menschenrechtsverletzung *f;* **traffic ~** Verkehrsdelikt *nt*
② *(rape)* Vergewaltigung *f*
③ *of holy places* Entweihung *f*

vio·la·tor ['vaɪəleɪtəʳ, AM -t̬ɚ] *n of a treaty* Vertragsbrüchige(r) *f(m); of holy places* Schänder(in) *m(f); (rapist)* Schänder *m;* ***~s of the curfew will be shot*** wer sich nicht an die Ausgangssperre hält, wird erschossen; **~ of the law** Gesetzesübertreter(in) *m(f)*

vio·lence ['vaɪələn(t)s] *n no pl* ① *(behaviour)* Gewalt *f*, Gewalttätigkeit *f* (**against** gegen +*akk*); ***~ erupted in the crowd during the second half of the match*** während der zweiten Hälfte des Spieles kam es zu Gewalttätigkeiten; **act of ~** Gewalttat *f;* **robbery with ~** bewaffneter Raubüberfall; **domestic ~** Gewalt *f* in der Familie; **to use ~ against sb** Gewalt gegen jdn anwenden
② *(force)* Heftigkeit *f;* ***we were all surprised at the ~ of his anger*** wir waren alle vom Ungestüm seines Zorns überrascht; **~ of a storm** Heftigkeit *f* eines Sturms
③ *(fig)* **to do ~ to sth** etw *dat* Gewalt antun
④ CHEM Brisanz *f*

vio·lent ['vaɪələnt] *adj* ① *(brutal)* gewalttätig; *person also* brutal; **~ crime** Gewaltverbrechen *nt;* **~ death** gewaltsamer Tod; **to meet a ~ end** eines gewaltsamen Todes sterben; **~ incident** Fall *m* von Gewalt[anwendung]; **~ scene** Gewaltszene *f*
② *(powerful) attack, blow, protest* heftig; *(fig pej) colour* grell, schrill; **~ affair** leidenschaftliche Affäre; **~ argument** heftige Auseinandersetzung; **~ contrast** krasser Gegensatz; **~ pain** heftiger Schmerz; **to have a ~ temper** jähzornig sein

vio·lent·ly ['vaɪələntli] *adv* ① *(physically abusive)* brutal; **to die ~** eines gewaltsamen Todes sterben
② *(very much)* heftig; ***I was ~ sick last night*** ich musste mich letzte Nacht heftig übergeben; **to be ~ angry** vor Wut rasen; **~ jealous** äußerst eifersüchtig; **to dislike sb ~** jdn absolut widerlich finden; **to push ~** kräftig drücken; **to tremble ~** heftig zittern

vio·let ['vaɪələt, AM -lɪt] **I.** *n* ① *(colour)* Violett *nt*
② BIOL Veilchen *nt*
▸PHRASES: **to be a shrinking ~** ein scheues Reh sein *fig*
II. *adj* violett

vio·lin [ˌvaɪə'lɪn] **I.** *n* Violine *f*, Geige *f*
II. *n modifier* Geigen-; *(concerto, sonata)* Violin-

vio·'lin case *n* Geigenkasten *m*

vio·lin·ist [vaɪə'lɪnɪst] *n* Violinist(in) *m(f)*, Geiger(in) *m(f)*

vio·'lin mak·er *n* Geigenbauer(in) *m(f)* **vio·'lin play·er** *n* Geiger(in) *m(f)*

viol·ist [vi'əʊlɪst, AM -oʊ-] *n* Bratschist(in) *m(f)*

vio·lon·cel·list [ˌvaɪələn'tʃelɪst, AM ˌvi:əlɑ:n'-, ˌvaɪə-] *n* Violoncellist(in) *m(f)*

vio·lon·cel·lo [ˌvaɪələn'tʃeləʊ, AM ˌvi:əlɑ:n'tʃeloʊ, ˌvaɪə-] *n (form)* Violoncello *nt*

V.I.P., VIP [ˌvi:aɪ'pi:] **I.** *n abbrev of* **very important person** VIP *m*, Promi *m fam*
II. *adj attr abbrev of* **very important person** *area,*

V

tent VIP-; **to be given ~ treatment** besonders zuvorkommend behandelt werden; ***we were given the full ~ treatment*** für uns wurde extra der rote Teppich ausgerollt *hum*

vi·per ['vaɪpəʳ, AM -ɚ] *n* ❶ ZOOL Viper *f*
❷ *(fig pej liter: person)* Natter *f pej; (esp a woman)* Schlange *f;* **nest of ~s** Natternnest *nt,* Schlangengrube *f geh*

vi·per·ish ['vaɪpərɪʃ, AM -ɚɪʃ] *adj (fig)* giftig; **~ attack** niederträchtiger Angriff

VI'P lounge *n* VIP-Lounge *f*

vi·ra·go <*pl* -s *or* -es> [vɪ'rɑːgəʊ, AM və'rɑːgoʊ] *n* ❶ *(pej: shrew)* Xanthippe *f pej,* zänkische Frau
❷ *(dated: warrior)* Amazone *f*

vi·ral ['vaɪ(ə)rəl] *adj inv* Virus-, viral *fachspr;* **~ disease** Viruserkrankung *f;* **anti~ drug** antivirales Medikament *fachspr;* **~ infection** Virusinfektion *f*

vire·ment ['vɪəmɑ̃] *n* BRIT FIN Umbuchung *f*

Virgil ['vɜːdʒɪl, AM 'vɜːrdʒəl] *n no pl* LIT Virgil *m*

vir·gin ['vɜːdʒɪn, AM 'vɜːr-] **I.** *n* ❶ *(sexually inexperienced person)* Jungfrau *f;* ■**to be a ~** Jungfrau sein, unschuldig sein *fam*
❷ REL ■**the V~ [Mary]** die Jungfrau [Maria]
❸ *(inexperienced person)* unbeschriebenes Blatt *fam*
II. *adj inv, attr* ❶ *(chaste)* jungfräulich, unberührt
❷ *(fig: unexplored)* jungfräulich, unerforscht; **~ territory** Neuland *nt*
❸ *(liter: untouched)* jungfräulich, unberührt, rein; *forest* unberührt; **~ sheet of paper** unbeschriebenes Blatt
❹ *(untreated products)* **~ olive oil** kalt gepresstes Olivenöl
❺ COMPUT *tape, disk* unbespielt

vir·gin·al ['vɜːdʒɪnəl, AM 'vɜːr-] **I.** *adj* jungfräulich
II. *n* MUS ■**the ~s** *pl* das Tafelklavier

vir·gin 'birth *n* ■**the ~** die jungfräuliche Geburt; BIOL Jungfernzeugung *f*

vir·gin 'for·est *n* Urwald *m*

Vir·ginia [və'dʒɪnjə, AM vɚ'-] **I.** *n* ❶ *(state)* Virginia *nt*
❷ *(tobacco)* Virginia *m*
II. *n modifier* **~ creeper** Wilder Wein; **~ tobacco** Virginiatabak *m*

Vir·gin·ian [və'dʒɪnjən, AM vɚ'-] **I.** *n* Einwohner(in) *m(f)* von Virginia
II. *adj* aus Virginia *nach n*

'Vir·gin Is·lands *npl* Jungferninseln *pl*

vir·gin·ity [və'dʒɪnəti, AM vɚ'dʒɪnət̬i] *n no pl* Jungfräulichkeit *f;* **to lose one's ~ [to sb]** seine Unschuld [an jdn] verlieren, [von jdm] entjungfert werden

Vir·go ['vɜːgəʊ, AM 'vɜːrgoʊ] *n* ASTROL *no art* Jungfrau *f; see also* **Aries**

Vir·goan ['vɜːgəʊən, AM 'vɜːrgoʊ-] *inv* ASTROL **I.** *adj* **~ trait** Charakterzug *m* der Jungfrau
II. *n* Jungfrau *f*

viri·des·cent [ˌvɪrɪ'desənt, AM -ə'-] *adj* grünlich

vir·ile ['vɪraɪl, AM -əl] *adj (approv)* ❶ *(full of sexual energy)* potent; *(masculine)* männlich
❷ *(energetic) voice* kraftvoll

vi·ril·ity [vɪ'rɪləti, AM və'rɪlət̬i] *n no pl (approv)* ❶ *(sexual vigour)* Potenz *f; (masculinity)* Männlichkeit *f*
❷ *(vigour)* Kraft *f;* **economic ~** *(fig)* wirtschaftliche Stärke

vi·rol·ogy [vaɪə'rɒlədʒi, AM vaɪ'rɑːlə-] *n no pl* Virologie *f*

Vir·topsy® ['vɜːtɒpsi, AM 'vɜːrtɑːpsi] *n* Virtopsie *f (virtuelle Autopsie, bei der wichtige Daten virtuell und ohne dass die Leiche geöffnet werden muss, erfasst werden können)*

vir·tual ['vɜːtʃuəl, AM 'vɜːr-] *adj inv* ❶ *(almost certain)* so gut wie, quasi; ***years of incompetent government had brought about the ~ collapse of the economy*** Jahre inkompetenter Regierungsführung hatten dazu geführt, dass die Wirtschaft so gut wie zusammenbrach; ***now that the talks have broken down, war in the region looks like a ~ certainty*** jetzt, wo die Gespräche gescheitert sind, scheint der Krieg in der Region praktisch sicher zu sein; ***nowadays, television has a ~ monopoly over cultural life*** heutzutage hat das Fernsehen quasi ein Monopol über das kulturelle Leben; ***snow brought the whole of Guernsey to a ~ standstill yesterday*** der Schnee brachte gestern ganz Guernsey praktisch zum Stillstand; **to be a ~ unknown** praktisch unbekannt sein
❷ COMPUT, PHYS virtuell

vir·tu·al·ity [ˌvɜːtʃu'æləti, AM ˌvɜːrtʃu'ælət̬i] *n no pl* Virtualität *f*

vir·tu·al·ly ['vɜːtʃuəli, AM 'vɜːr-] *adv inv* ❶ *(almost)* praktisch, eigentlich, so gut wie
❷ COMPUT virtuell

vir·tual 'mar·ket·place *n* virtueller Marktplatz **vir·tual 'of·fice** *n* virtuelles Büro **vir·tual re·'al·ity** *n no pl* virtuelle Realität, Virtual Reality *f* **vir·tual 'shop·ping mall** *n* virtuelle Einkaufspassage **vir·tual 'stor·age** *n no pl* virtueller Speicher

vir·tue ['vɜːtjuː, -tʃuː, AM 'vɜːrtʃuː] *n* ❶ *(good quality)* Tugend *f*
❷ *no pl (morality)* Tugendhaftigkeit *f;* **to be a paragon of ~** *(also iron)* ein Muster an Tugendhaftigkeit sein *a. iron;* **woman of easy ~** *(euph)* leichtes Mädchen
❸ *(advantage)* Vorteil *m;* **to extol the ~s of sth** die Vorteile einer S. *gen* preisen *geh*
❹ *no pl (benefit)* Nutzen *m;* ***would there be any ~ in taking an earlier train?*** hätte es irgendeinen Nutzen, wenn ich einen früheren Zug nehmen würde?
❺ *(hist: chastity)* Keuschheit *f*
❻ *(form: because of)* ■**by ~ of sth** wegen [*o* aufgrund] einer S. *gen*
▸PHRASES: **to <u>make</u> a ~ [out] of necessity** aus der Not eine Tugend machen; **<u>patience</u> is a ~** *(saying)* Geduld ist eine Tugend

vir·tu·os·ity [ˌvɜːtju'ɒsəti, -tʃuː-, AM ˌvɜːrtʃu'ɑːsət̬i] *n no pl (form)* Virtuosität *f*

vir·tuo·so [ˌvɜːtju'əʊsəʊ, -tʃu-, AM ˌvɜːrtʃu'oʊsoʊ, *pl* -si] **I.** *n* <*pl* -s *or* -si> Virtuose, Virtuosin *m, f;* **to be a ~ on the piano** ein Virtuose/eine Virtuosin am Klavier sein; **~ of politics** *(fig)* politisches Genie
II. *adj* virtuos; **~ pianist** begnadeter Pianist/begnadete Pianistin

vir·tu·ous ['vɜːtʃuəs, -tju-, AM 'vɜːr-] *adj* ❶ *(morally good)* tugendhaft; *(upright)* rechtschaffen
❷ *(pej: morally better)* moralisch überlegen; *(self-satisfied)* selbstgerecht

vir·tu·ous·ly ['vɜːtʃuəsli, AM 'vɜːr] *adv* tugendhaft, rechtschaffen

viru·lence ['vɪrʊlən(t)s, AM -jəl-] *n no pl* ❶ MED Virulenz *f fachspr,* Bösartigkeit *f*
❷ *(form: bitterness)* Schärfe *f; (maliciousness)* Bösartigkeit *f*

viru·lent ['vɪrʊlənt, AM -jəl-] *adj* ❶ MED bösartig, virulent *fachspr;* **~ poison** starkes Gift
❷ *(form: fierce)* bösartig; ***she is very ~ about her former employer*** sie ist sehr feindselig gegenüber ihrem früheren Arbeitgeber; **~ critic** scharfer Kritiker/scharfe Kritikerin

viru·lent·ly ['vɪrʊləntli, AM 'vɪrjə] *adv* virulent, giftig *a. fig,* bösartig *a. fig*

vi·rus ['vaɪ(ə)rəs, AM 'vaɪr-] **I.** *n* <*pl* -es> ❶ MED Virus *nt o fam m;* **to have caught a ~** sich *dat* einen Virus [*o fam* was] eingefangen haben
❷ COMPUT Virus *m*
❸ *(fig pej)* Geschwür *nt*
II. *n modifier* **~ disease** Viruserkrankung *f;* **~ infection** Virusinfektion *f*

'virus-fight·ing *adj attr, inv* Antivirus-

visa ['viːzə] **I.** *n* Visum *nt,* Sichtvermerk *m;* **entry/exit ~** Einreise-/Ausreisevisum *nt*
II. *n modifier (application)* Visum-

vis·age ['vɪzɪdʒ] *n usu sing (fig poet liter)* ❶ *(sb's face)* Antlitz *nt poet*
❷ *(fig: surface of an object)* Antlitz *nt fig liter,* Angesicht *nt fig*

vis-à-vis [ˌviːzɑː'viː, AM -ə'-] *prep* ❶ *(concerning)* bezüglich +*gen,* wegen +*gen*
❷ *(in comparison with)* gegenüber +*dat*

vis·cera ['vɪsərə] *npl* ANAT Viszera *pl fachspr,* Eingeweide *pl*

vis·cer·al ['vɪsərəl] *adj* ❶ *inv* ANAT viszeral *fachspr*
❷ *(liter: not objective)* emotional; **~ hate** tief sitzender Hass

vis·cid ['vɪsɪd] *adj (form)* zähflüssig, dickflüssig

vis·cose ['vɪskəʊs, AM -koʊs] *n no pl* Viskose *f*

vis·cos·ity ['vɪskɒsəti, AM -skɑːsət̬i] *n no pl* Zähflüssigkeit *f,* Viskosität *f fachspr*

vis·count ['vaɪkaʊnt] *n* Viscount *m (dem Vicomte entsprechender britischer Adelstitel)*

vis·count·cy ['vaɪkaʊntsi] *n* Rang *m* [*o* Stellung *f*] [*o* Würde *f*] eines Viscounts

vis·count·ess <*pl* -es> [ˌvaɪkaʊn'təs, AM 'vaɪkaʊnt̬ɪs] *n* Viscountess *f*

vis·county ['vaɪkaʊnti] *n see* **viscountcy**

vis·cous ['vɪskəs] *adj* zähflüssig, viskos *fachspr*

vise *n* AM *see* **vice**

vis·ibil·ity [ˌvɪsə'bɪləti, AM -əţi] *n no pl* ❶ *(of view)* Sichtweite *f;* **~ *in some areas is down to two metres*** die Sichtweite beträgt stellenweise nur noch zwei Meter; **good/poor ~** gute/schlechte Sicht
❷ *(being seen)* Sichtbarkeit *f*

vis·ible ['vɪsəbl] *adj* ❶ *(able to be seen)* sichtbar; ■**to be ~** sichtbar [*o* zu sehen] sein; **to be ~ to the naked eye** mit bloßem Auge zu erkennen sein; **to be barely ~** kaum zu sehen sein; **to be clearly ~** deutlich sichtbar [*o* zu sehen] sein
❷ *(fig)* sichtbar; *(imminent)* deutlich

vis·ibly ['vɪsəbli] *adv* sichtlich, merklich

Visi·goth ['vɪzɪgɒθ, AM əgɑːθ] *n* HIST Westgote, -gotin *m, f*

vi·sion ['vɪʒən] *n* ❶ *no pl (sight)* Sehvermögen *nt;* **to be beyond the range of ~** außer Sichtweite sein; **to have blurred ~** verschwommen sehen
❷ *(mental image)* Vorstellung *f;* ***for me, the smell of coconut oil conjures up ~s of palm trees and white beaches*** wenn ich Kokosnussöl rieche, sehe ich immer Palmen und weiße Strände vor mir; ***she's got ~s of marrying a billionaire and living in luxury*** sie träumt davon, einen Milliardär zu heiraten und im Luxus zu leben; **~ of the future** Zukunftsvision *f*
❸ *(supernatural experience)* Vision *f*
❹ *no pl (forethought)* Weitblick *m*
❺ *(esp hum: beautiful sight)* ***she emerged from the bedroom, a ~ in cream silk*** sie kam aus dem Schlafzimmer heraus, ein Traum in cremefarbener Seide; **to be a ~ of loveliness** eine traumhafte Schönheit sein; **to be a real ~** traumhaft sein

vi·sion·ary ['vɪʒənəri, AM -eri] **I.** *adj* ❶ *(not realistic)* unrealistisch; *(imagined)* eingebildet
❷ *(future-orientated)* visionär *geh;* **to have ~ powers** hellseherische Kräfte haben
II. *n* ❶ *(religious prophet)* Visionär(in) *m(f) geh,* Seher(in) *m(f)*
❷ *(social prophet)* Visionär(in) *m(f) geh*

vi·sit ['vɪzɪt] **I.** *n* ❶ *(stopping by)* Besuch *m;* ***I went to Edinburgh on a ~ to a friend*** ich habe in Edinburgh eine Freundin besucht; **flying ~** kurzer [*o* flüchtiger] Besuch; **to expect a ~ from sb** Besuch von jdm erwarten; **to have a ~ from sb** von jdm besucht werden; ***they had a ~ from the police yesterday*** sie hatten gestern Besuch von der Polizei *fam;* **to pay a ~ to sb** jdm einen Besuch abstatten, jdn besuchen; *(for professional purposes)* jdn aufsuchen; ***pay us a ~ some time*** besuch uns doch mal!
❷ AM *(fam: chat)* Plauderei *f*
II. *vt* ❶ *(stop by for a while)* ■**to ~ sb/sth** jdn/etw besuchen, jdm/etw einen Besuch abstatten *geh*
❷ *(for professional purposes)* ■**to ~ sb** jdn aufsuchen; ***the school inspector will ~ the school next week*** der Schulinspektor wird nächste Woche die Schule inspizieren; **to ~ the dentist/doctor** den Zahnarzt/den Arzt aufsuchen [*o geh* konsultieren]
❸ *usu passive (form or dated: inflict)* ■**to ~ sth [up]on sb/sth** etw über jdn/etw bringen; ***warfare ~s devastation on a land*** Krieg bringt Zerstörung über ein Land; ■**to be ~ed by sth** von etw *dat* heimgesucht werden
▸PHRASES: **the <u>sins</u> of the fathers [are ~ed upon the children]** *(saying)* die Sünden der Väter [suchen die Kinder heim]

III. *vi* ① *(stopping by)* einen Besuch machen; ***we're just ~ ing*** wir sind nur zu Besuch [da]; ■ **to ~ with sb** AM sich *akk* mit jdm treffen
② AM *(fam: chat)* ein Schwätzchen halten *fam*

vis·ita·tion [ˌvɪzɪˈteɪʃᵊn, AM -əˈ-] *n* ① *no pl (stopping by)* Besuch *m*
② *(supernatural experience)* Erscheinung *f;* ***they reported a ~ from the Virgin Mary*** sie berichteten, dass ihnen die Jungfrau Maria erschienen sei
③ *(official visit)* offizieller Besuch
④ *(hum fam)* Heimsuchung *f hum*
⑤ *no pl* AM *(for child)* ≈ Besuchszeit *f; (right to see child)* Besuchsrecht *nt*
⑥ REL Heimsuchung *f*

vis·i'ta·tion rights *npl* AM Besuchsrecht *nt (bei Scheidungskindern)*

vis·it·ing [ˈvɪzɪtɪŋ] *adj attr, inv* Gast-; ~ **professor** Gastprofessor; ~ **monarch/dignitary** Monarch/Würdenträger, der zu Besuch ist

'vis·it·ing card *n* Visitenkarte *f* **vis·it·ing 'fire·man** *n* AM *(fam)* Ehrengast *m* **'vis·it·ing hours** *npl* Besuchszeiten *pl* **vis·it·ing 'nurse** *n* Gemeindeschwester *f* **vis·it·ing pro·'fes·sor** *n* Gastprofessor(in) *m(f)* **vis·it·ing 'teach·er** *n* Hauslehrer(in) *m(f)* **vis·it·ing 'team** *n* SPORT Gastmannschaft *f*

visi·tor [ˈvɪzɪtəʳ, AM -t̬ɚ] *n* Besucher(in) *m(f); (in a hotel)* Gast *m;* **to have a ~** Besuch haben

'visi·tors' book *n esp* BRIT Gästebuch *nt*

vi·sor [ˈvaɪzəʳ, AM -ɚ] *n* ① *(part of helmet)* Visier *nt*
② AM *(brim of cap)* Schild *nt*
③ AUTO Sonnenblende *f*

vis·ta [ˈvɪstə] *n* ① *(view)* Aussicht *f,* Blick *m*
② *usu pl (fig: mental view)* Perspektiven *pl;* **to open up new ~s** neue Perspektiven eröffnen

vis·ual [ˈvɪʒuəl] I. *adj* visuell, Seh-; ~ **acuity** Sehschärfe *f;* ~ **disorder** Sehstörung *f;* ~ **imagery** Bildersymbolik *f;* ~ **perception** bildliche [*o geh* visuelle] Wahrnehmung; ~ **stimulus** visueller Reiz
II. *n* ■ **~s** *pl* Bildmaterial *nt*

vis·ual 'aid *n* Anschauungsmaterial *nt* **vis·ual 'arts** *npl* bildende Künste

visu·ali·za·tion [ˌvɪʒuəlaɪˈzeɪʃᵊn, AM -ᵊlɪˈ-] *n no pl* ① *(act)* Veranschaulichung *f*
② *(imagination)* Visualisierung *f,* Sichvorstellen *nt;* ***that skier used ~ to prepare herself for the downhill run*** die Skiläuferin stellte sich im Geist die Abfahrt vor, um sich darauf vorzubereiten

visu·al·ize [ˈvɪʒuᵊlaɪz, AM -ʒuə-] *vt* ■ **to ~ sth** ① *(imagine)* sich *dat* etw vorstellen, etw visualisieren; *(sth of the past)* sich *dat* etw *akk* vergegenwärtigen
② *(foresee)* etw erwarten; ***I don't ~ many changes*** ich rechne nicht mit großen Veränderungen

visu·al·ly [ˈvɪʒuəli] *adv* visuell *geh;* ***Mitchell's production is ~ striking*** Mitchells Produktion ist von der Aufmachung her echt bemerkenswert; ~ **handicapped** [*or* **impaired**] sehbehindert

vi·tal [ˈvaɪtᵊl, AM -t̬ᵊl] *adj* ① *(essential)* essenziell, unerlässlich; *(more dramatic)* lebenswichtig, lebensnotwendig; **to play a ~ part** eine entscheidende Rolle spielen; **to be of ~ importance** von entscheidender Bedeutung [*o* von größter Wichtigkeit] sein; ■ **to be ~ to sth** für etw *akk* lebenswichtig [*o* unerlässlich] sein; ■ **it is ~ to do sth** es ist äußerst wichtig, etw zu tun; ■ **it is ~ that ...** es ist von entscheidender Bedeutung, dass ...
② *(approv form: energetic) person* vital, lebendig

vi·tal·ity [vaɪˈtæləti, AM -əti] *n no pl (approv)* ① *(energy)* Vitalität *f,* Lebenskraft *f*
② *(durability)* Dauerhaftigkeit *f,* Beständigkeit *f*

vi·tal·ize [ˈvaɪtᵊlaɪz, AM -t̬əl-] *vt* ■ **to ~ sth** etw beleben [*o* SCHWEIZ *a.* vitalisieren], Leben in etw *akk* bringen

vi·tal·ly [ˈvaɪtᵊli, AM -t̬ᵊli] *adv* äußerst; **to be ~ important** von entscheidender Bedeutung sein; **to be ~ necessary** dringend benötigt werden; **to matter ~** sehr viel ausmachen

vi·tal 'or·gans *npl* lebenswichtige Organe **vi·tal 'signs** *npl* MED Lebenszeichen *pl* **vi·tal sta·'tis·tics** *npl* ① *(of demography)* Bevölkerungsstatistik *f*
② *(hum dated: woman's measurements)* Maße *pl fam*

vita·min [ˈvɪtəmɪn, AM ˈvaɪt̬ə-] *n* Vitamin *nt;* ***with added ~s*** mit Vitaminen angereichert; ~ **B12** Vitamin *nt* B12

'vita·min de·fi·cien·cy *n no pl* Vitaminmangel *m* **'vita·min pill** *n* Vitamintablette *f* **'vita·min sup·ple·ment** *n Vitamintabletten, um den Vitaminhaushalt zu ergänzen* **'vita·min tab·lets** *npl* Vitamintabletten *pl*

vi·ti·ate [ˈvɪʃieɪt] *vt (form)* ■ **to ~ sth** ① *(impair)* etw beeinträchtigen
② *(spoil)* etw verderben; *air, water* etw verunreinigen; *atmosphere* etw vergiften *fig*
③ LAW etw ungültig werden lassen, etw hinfällig machen

viti·cul·ture [ˈvɪtɪkʌltʃəʳ, AM t̬əkʌltʃɚ] *n no pl* AGR Wein[an]bau *m*

vit·reous [ˈvɪtriəs] *adj attr* Glas-; ~ **china** Porzellanemail *nt*

vit·ri·fy [ˈvɪtrɪfaɪ, AM -trə-] *vt esp passive* ■ **to ~ sth** etw zu Glas schmelzen

vit·ri·ol [ˈvɪtriəl, AM *esp* -iɔl] *n no pl* ① CHEM *(liter or dated: sulphuric acid)* Vitriolsäure *f*
② *(fig: criticism)* Schärfe *f*

vit·ri·ol·ic [ˌvɪtriˈɒlɪk, AM -ɑːlɪk] *adj* ① *criticism* scharf; *remark* beißend
② CHEM vitriolhaltig

vi·tu·per·ate [vɪˈtjuːpᵊreɪt, AM vaɪˈtuːpə-] *(form)* I. *vt* ■ **to ~ sb** jdn schelten
II. *vi* schmähen *veraltend*

vi·tu·pera·tion [vɪˌtjuːpᵊrˈeɪʃᵊn, AM vaɪˌtuːpəˈr-] *n no pl (form)* Schmähungen *pl geh*

vi·tu·pera·tive [vɪˈtjuːpᵊrətɪv, AM vaɪˈtuːpɚət̬ɪv] *adj (form)* schmähend *geh,* Schmäh-; ~ **speech** Schmährede *f*

viva [ˈvaɪvə] *n* BRIT *see* **viva voce** mündliche Prüfung

vi·va·cious [vɪˈveɪʃəs] *adj (lively)* lebhaft, temperamentvoll; *(cheerful)* munter; *street* belebt

vi·va·cious·ly [vɪˈveɪʃəsli] *adv* lebhaft; *(cheerfully)* munter; **to act a role ~** eine Rolle temperamentvoll spielen; **to talk ~** sich *akk* lebhaft unterhalten

vi·vac·ity [vɪˈvæsəti, AM -əti] *n no pl* Lebhaftigkeit *f; (cheerfulness)* Munterkeit *f*

vi·var·ium <*pl* -s *or* -ria> [vɪˈveəriəm, AM vaɪˈver-, *pl* -riə] *n* Vivarium *nt fachspr*

viva voce [ˌvaɪvəˈvəʊsi, AM -ˈvoʊsiː] I. *n* mündliche Prüfung; **to have** [*or* **take**] **a ~** eine mündliche Prüfung haben
II. *n modifier (examination, presentation)* mündlich
III. *adv inv* mündlich

viv·id [ˈvɪvɪd] *adj* ① *account, description* anschaulich, lebendig; ~ **language** lebendige Sprache
② *(of mental ability)* lebhaft; ~ **imagination** lebhafte Fantasie; **to have ~ memories of sth** sich *akk* lebhaft an etw *akk* erinnern können
③ *colours* leuchtend, kräftig; ~ **lightning flash** greller Blitz

viv·id·ly [ˈvɪvɪdli] *adv* lebhaft; *describe* anschaulich, lebendig; **to depict sth ~** etw anschaulich [*o* lebendig] schildern; **to remember ~** sich *akk* lebhaft erinnern

viv·id·ness [ˈvɪvɪdnəs] *n no pl of a person* Lebhaftigkeit *f; of a description* Anschaulichkeit *f; (of colours, light)* Intensität *f*

vivi·fy <-ie-> [ˈvɪvɪfaɪ, AM ˈvɪvə] *vt* ■ **to ~ sth** etw beleben, etw anregen, etw intensivieren

vi·vip·ar·ous [vɪˈvɪpᵊrəs, AM vaɪˈ-] *adj inv* BIOL *(spec)* lebend gebärend, vivipar *fachspr*

vivi·sect [ˈvɪvɪsekt, AM ˈvɪvə-] *vt* ■ **to ~ an animal** ein Tier vivisezieren *fachspr*

vivi·sec·tion [ˌvɪvɪˈsekʃᵊn, AM ˌvɪvə-] *n no pl* Vivisektion *f fachspr*

vix·en [ˈvɪksᵊn] *n* ① *(female fox)* Füchsin *f*
② *(pej: woman)* zänkische Frau, Drachen *m fam*

viz[1] *abbrev of* **videlicet** nämlich

viz[2] [vɪz], **viz.** *adv inv (dated)* nämlich

vi·zier [vɪˈzɪəʳ, AM ˈzɪr] *n (hist)* Wesir *m*

V-neck [ˈviːnek] *n* FASHION V-Ausschnitt *m*

V-necked [ˈviːnekt] *adj inv* mit V-Ausschnitt *nach n*

VOC [ˌviːəʊˈsiː, AM -oʊ-] *n abbrev of* **volatile organic compound** flüchtiger organisch gebundener Stoff

vo·cabu·lary [və(ʊ)ˈkæbjəlᵊri, AM voʊˈkæbjəleri] *n* Vokabular *nt,* Wortschatz *m; (words)* Vokabeln *pl; (glossary)* Glossar *nt geh,* Wörterverzeichnis *nt;* **a list of ~** eine Liste mit Vokabeln; **limited ~** begrenzter Wortschatz; **to widen one's ~** seinen Wortschatz erweitern

vo·cal [ˈvəʊkᵊl, AM ˈvoʊ-] I. *adj* ① *inv (of voice)* stimmlich; ~ **communication** mündliche Kommunikation; ~ **piece** Vokalstück *nt;* ~ **range** Stimmumfang *m;* ~ **sound** Ton *m*
② *(outspoken)* laut; ■ **to be ~** sich *akk* freimütig äußern; ~ **minority** lautstarke Minderheit; **to become ~** laut werden
③ *(communicative)* gesprächig
II. *n* ① MUS Vokalpartie *f fachspr;* ***is that Tamsin Palmer on ~s?*** ist das Tamsin Palmer, die da singt?
② *(singer)* Sänger(in) *m(f);* **lead ~** Leadsänger(in) *m(f) sl*

'vo·cal cords *npl* Stimmbänder *pl*

vo·cal·ist [ˈvəʊkᵊlɪst, AM ˈvoʊ-] *n* Sänger(in) *m(f)*

vo·cal·ize [ˈvəʊkᵊlaɪz, AM ˈvoʊ-] LING I. *vi* vokalisieren *fachspr*
II. *vt* ① *(make sound)* ■ **to ~ sth** etw in Töne umsetzen
② *(put into words)* ■ **to ~ sth** etw aussprechen; *(of thoughts, ideas)* etw in Worte fassen
③ *(in phonetics)* **to ~ a consonant** einen Konsonanten vokalisieren *fachspr*

vo·cal·ly [ˈvəʊkᵊli, AM ˈvoʊ-] *adv* ① *(outspokenly)* lautstark, vernehmlich
② *inv (of singing)* gesanglich

vo·ca·tion [və(ʊ)ˈkeɪʃᵊn, AM voʊˈ-] *n* ① *(calling)* Berufung *f;* ***a ~ or a profession?*** Beruf oder Berufung?; **to find/miss one's ~** seine Berufung finden/verfehlen; **to have a ~ for sth** sich *akk* zu etw *dat* berufen fühlen
② *usu sing (trade)* Beruf *m*

vo·ca·tion·al [və(ʊ)ˈkeɪʃᵊnᵊl, AM voʊˈ-] *adj inv* beruflich; ~ **counselling** [*or* **guidance**] Berufsberatung *f;* ~ **school** Berufsschule *f;* ~ **training** Berufsausbildung *f*

vo·ca·tion·al·ly [vəʊˈkeɪʃᵊnᵊli, AM voʊ] *adv inv* beruflich, unter beruflichem Aspekt

vo·ca·tion·al 'train·ing *n no pl* Berufsausbildung *f*

voca·tive [ˈvɒkətɪv, AM ˈvɑːkət̬ɪv] LING I. *adj inv* Anrede-, vokativisch *fachspr*
II. *n* ① *(vocative word)* Anrede *f,* Vokativ *m fachspr*
② *no pl (vocative case)* ■ **the ~** der Anredefall, der Vokativ *fachspr*

voca·tive 'case *n* LING ■ **the ~** der Vokativ *fachspr*

vo·cif·er·ate [və(ʊ)ˈsɪfəreɪt, AM voʊˈ-] I. *vi* **to ~** [**loudly/violently**] [**against sth**] [gegen etw *akk*] lautstark protestieren
II. *vt* ■ **to ~ sth** etw lautstark zum Ausdruck bringen

vo·cif·era·tion [vəʊˌsɪfəˈreɪʃən, AM voʊˌ-] *n (form)* Aufschrei *m,* Krawall *m*

vo·cif·er·ous [və(ʊ)ˈsɪfᵊrəs, AM voʊˈ-] *adj* lautstark; *(impetuous)* vehement

vo·cif·er·ous·ly [və(ʊ)ˈsɪfᵊrəsli, AM voʊˈ-] *adv* lautstark

vo·cod·er [ˈvəʊkəʊdəʳ, AM ˈvoʊkoʊdɚ] *n* Vocoder *m*

vo·co·dered [ˈvəʊkəʊdəd, AM ˈvoʊkoʊdɚd] *adj inv* Vocoder-

VOD [ˌviːəʊˈdiː, AM -oʊˈ-] *n no pl abbrev of* **video-on-demand** Video-on-Demand [*o* auf Abruf] *kein art*

vod·ka [ˈvɒdkə, AM ˈvɑːd-] *n* Wodka *m*

vogue [vəʊg, AM voʊg] *n* Mode *f;* ■ **to be in ~/out of ~** in Mode [*o* en vogue]/aus der Mode sein; **to be back in ~** wieder Mode sein; **to become the ~** Mode werden; **to have [a] considerable ~** sich *akk* beachtlicher Beliebtheit erfreuen

voice [vɔɪs] I. *n* ① *(of person)* Stimme *f;* ***her ~ broke with emotion*** ihre Stimme brach vor Rührung; ***this is the ~ of experience talking*** ich spreche aus Erfahrung; **the ~ of conscience** die Stimme des Gewissens; **to have an edge to one's ~** eine [gewisse] Schärfe in der Stimme haben; **to listen to the ~ of reason** auf die Stimme der Vernunft hören; **to like the sound of one's own ~** sich *akk* selbst gerne reden hören; **tone of ~** Ton *m;* ***don't speak to me in that tone of ~!*** sprich nicht

V

in diesem Ton mit mir!; **at the top of one's ~** in [*o* mit] voller Lautstärke; **husky/throaty ~** heisere/kehlige Stimme; **hushed ~** gedämpfte Stimme; *(whisper)* Flüsterstimme *f;* **inner ~** innere Stimme; **singing ~** Singstimme *f;* **sb's ~ is breaking** jd ist im Stimmbruch; **to give ~ to sth** etw aussprechen; **to keep one's ~ down** leise sprechen; **to lower/raise one's ~** seine Stimme senken/erheben
❷ *(ability to speak, sing)* Artikulationsfähigkeit *f geh;* **to be in good/magnificent ~** gut/hervorragend bei Stimme sein; **to lose one's ~** seine Stimme verlieren
❸ *(opinion)* Stimme *f,* Meinung *f;* **to make one's ~ heard** sich *dat* Gehör verschaffen; **with one ~** einstimmig
❹ *(agency expressing opinion)* Stimme *f,* Stimmrecht *nt;* **to give sb a ~** jdm ein Mitspracherecht einräumen
❺ MUS Stimmlage *f*
❻ *(in grammar)* **active/passive ~** Aktiv/Passiv *nt*
▸PHRASES: **a ~ crying in the wilderness** die Stimme eines Rufenden in der Wüste *fig*
II. *vt* ■**to ~ sth** etw zum Ausdruck bringen; **to ~ a complaint** eine Beschwerde vorbringen; **to ~ a desire** einen Wunsch aussprechen
voice-'ac·ti·vat·ed *adj inv* TECH, COMPUT sprachgesteuert; **~ dialling** Wählen *nt* mittels Spracheingabe **'voice box** *n (fam)* Kehlkopf *m* **voice-'ca·pable** *adj inv* ELEC mit Sprachbefehl *nach n* **'voice car·ri·er** *n* Telefonfirma *f,* Telefonanbieter *m* **'voice coach** *n* Sprechlehrer(in) *m(f)* **'voice com·mand** *n* Sprachbefehl *m*
voiced [vɔɪst] *adj inv* LING stimmhaft
voice-en·abled com·'put·er *n* TELEC, INET Sprachcomputer *m*
voice·less ['vɔɪsləs] *adj inv* ❶ *(also fig)* stumm
❷ *(lacking power) electorate, citizens* ohne Mitspracherecht *nach n*
❸ LING stimmlos
'voice mail *n no pl* Voicemail *f fachspr* **'voice memo** *n no pl* Mailbox *f* **'voice mes·sag·ing** *n no pl* Anrufaufzeichnung *f*
'voice-over *n* TV, FILM Offkommentar *m fachspr,* Hintergrundkommentar *m*
'voice por·tal *n* INET Voice-Portal *nt fachspr (in ein Telefon integriertes elektronisches Kommunikationssystem, das gesprochene Informationsanfragen an das Internet weiterleitet und mit synthetisierter Stimme beantwortet)* **'voice vote** *n* **to take a ~** eine mündliche Abstimmung durchführen
void [vɔɪd] **I.** *n* Leere *f kein pl a. fig; (in building)* Hohlraum *m;* ■**into the ~** ins Leere; ***she sensed the black ~ of despair inside him*** sie spürte den Abgrund der Verzweiflung in ihm; **to fill the ~** die innere Leere ausfüllen
II. *adj inv* ❶ *(invalid)* nichtig; **to declare sth [null and] ~** etw für [null und] nichtig erklären
❷ *(liter: lacking in)* ■**to be ~ of sth** ohne etw *akk* sein, einer S. *gen* entbehren *geh;* ***he's completely ~ of charm*** er hat absolut keinen Charme
❸ *(form) position* frei
❹ *action, speech* nutzlos; **to render sth ~** etw zunichtemachen
III. *vt* ❶ *esp* AM *(declare invalid)* ■**to ~ sth** etw aufheben [*o* auflösen] [*o* ungültig machen]; **to ~ a contract** einen Vertrag für ungültig erklären
❷ MED **to ~ one's/the bowels** seinen/den Darm entleeren
voile [vɔɪl] **I.** *n no pl* FASHION Voile *m fachspr*
II. *n modifier (tank top, skirt)* Voile-
VOIP *n* [ˌviːəʊaɪ'piː, AM -oʊ-] *abbrev of* **voice over internet protocol** VOIP, Telefonieren *nt* über Datennetze
vol, vol. *n abbrev of* **volume** Bd.; *(measure)* vol.
vola·tile ['vɒlətaɪl, AM 'vɑːlət̬əl] **I.** *adj* ❶ *(changeable)* unbeständig; *(unstable)* instabil
❷ *(explosive) situation* explosiv
❸ CHEM flüchtig; **~ liquid** schnell verdampfende Flüssigkeit; **~ matter** flüchtiger Bestandteil; **~ in steam** wasserdampfflüchtig; **~ organic compound** flüchtiger organisch gebundener Stoff
❹ FIN *(fluctuating values)* volatil; **~ capital** unstetes Kapital
II. *n usu pl* sich schnell verflüchtigende Substanz
vola·til·ity [ˌvɒlə'tɪləti, AM ˌvɑːlə'tɪlət̬i] *n no pl* ❶ *(changeableness)* Unbeständigkeit *f; (instability)* Instabilität *f*
❷ *(inconsistency)* Widersprüchlichkeit *f,* Inkonsequenz *f geh;* **the ~ of sb's moods** jds Launenhaftigkeit
❸ COMPUT Flüchtigkeit *f*
❹ FIN *(fluctuation of values)* Volatilität *f*
vol-au-vent ['vɒlə(ʊ)vɑ̃(ŋ), AM ˌvɔːloʊ'vɑ̃(n)] *n* FOOD Vol-au-vent *m,* [Königin]pastete *f*
vol·can·ic [vɒl'kænɪk, AM vɑːl'-] *adj* ❶ *inv* GEOL vulkanisch, Vulkan-; **~ eruption** Vulkanausbruch *m*
❷ *(fig) emotion* aufbrausend
vol·ca·no <*pl* -oes *or* -os> [vɒl'keɪnəʊ, AM vɑːl'keɪnoʊ] *n* Vulkan *m a. fig; (of emotion)* Pulverfass *nt fig*
Vol·'ca·no Is·lands *npl* Vulkaninseln *pl*
vole [vəʊl, AM voʊl] *n* Wühlmaus *f*
Vol·ga ['vɒlgə, AM 'vɑːl] *n no pl* GEOG ■**the ~** die Wolga
vo·li·tion [və(ʊ)'lɪʃən, AM voʊ'-] *n no pl (form)* Wille *m;* **to do sth of one's own ~** etw aus freiem Willen tun
vol·ley ['vɒli, AM 'vɑːli] **I.** *n* ❶ *(salvo)* Salve *f;* **~ of gunfire** Gewehrsalve *f;* **to discharge [***or* **fire] [***or* **let off] a ~** eine Salve abgeben [*o* abfeuern]
❷ *(hail)* Hagel *m;* **~ of bullets** Kugelhagel *m*
❸ *(fig: onslaught)* Flut *f*
❹ TENNIS Volley *m fachspr;* FBALL Volleyschuss *m fachspr*
II. *vi* TENNIS einen Volley schlagen *fachspr;* FBALL einen Volley schießen *fachspr*
III. *vt* ❶ TENNIS, FBALL **to ~ a ball** einen Ball volley nehmen *fachspr*
❷ *(fig: let fly)* **to ~ a series of questions/remarks** eine Reihe von Fragen/Bemerkungen loslassen
vol·ley·ball ['vɒlibɔːl, AM 'vɑːli-] *n no pl* Volleyball *m*
vol·ley·er ['vɒliəʳ, AM 'vɑːliɚ] *n* SPORT Flugballspieler(in) *m(f)*
vols. *n pl of* **vol.** Bde. *pl*
volt [vəʊlt, vɒlt, AM voʊlt] *n* Volt *nt*
volt·age ['vəʊltɪʤ, AM 'voʊlt̬ɪʤ] *n* [elektrische] Spannung; **high/low ~** Hoch-/Niederspannung *f*
'volt·age de·tec·tor *n* ELEC Spannungsdetektor *m* **'volt·age drop** *n* ELEC Spannungsabfall *m* **'volt·age regu·la·tor** *n* ELEC Spannungsregler *m*
volte-face <*pl* volte-faces> [ˌvɒlt'fæs, AM ˌvɑːlt'fɑːs] *n usu sing (also fig liter)* Kehrtwendung *f;* **to do [***or* **make] a ~** eine Kehrtwendung machen
vol·uble ['vɒljəbl, AM 'vɑːl-] *adj* ❶ *(fluent)* redegewandt
❷ *(pej: talkative)* redselig
vol·ubly ['vɒljəbli, AM 'vɑːl-] *adv* ❶ **to speak ~** *(fluently)* eloquent sprechen *geh; (pej: talkatively)* sehr redselig sein, quasseln *fig fam* **(about** von *+dat)*
❷ *(loudly)* laut[stark]; ***the audience expressed their appreciation ~*** die Zuschauer brachten ihre Begeisterung in stürmischem Applaus zum Ausdruck
vol·ume ['vɒljuːm, AM 'vɑːl-] *n* ❶ *no pl (space)* Volumen *nt*
❷ *no pl (amount)* Umfang *m;* **~ of sales** Umsatzvolumen *nt;* **~ of traffic** Verkehrsaufkommen *nt*
❸ *no pl (sound level)* Lautstärke *f*
❹ *(control dial)* Lautstärkeregler *m;* **to turn the ~ down/up** leiser/lauter machen
❺ *(book of set)* Band *m*
▸PHRASES: **to speak ~s about sth** über etw *akk* Bände sprechen *fam*
'vol·ume con·trol, 'vol·ume regu·la·tor *n* Lautstärkeregler *m*
volu·met·ric [ˌvɒljə'metrɪk, AM ˌvɑːl] *adj inv* ❶ ART *painting* mit räumlicher Wirkung *nach n; sculpture* raumgreifend
❷ CHEM volumetrisch *fachspr;* **~ analysis** Titration *f,* Maßanalyse *f;* **~ apparatus** Titrierapparatur *f;* **~ flask** Maßkolben *m;* **~ pipette** Vollpipette *f*
vo·lu·mi·nous [və'luːmɪnəs, AM -mənəs] *adj (form) clothes* weit [geschnitten]; *written account* umfangreich; *writer* produktiv
vol·un·tari·ly ['vɒləntərəli, ˌvɒlən'teərəli, AM 'vɑːləntərəli] *adv inv* freiwillig
vol·un·ta·rism ['vɒləntərɪzəm, AM 'vɑːl] *n no pl* ❶ *(principle)* Grundsatz *m* der Freiwilligkeit, Freiwilligkeitsprinzip *nt*
❷ PHILOS Voluntarismus *m fachspr*
vol·un·tary ['vɒləntəri, AM 'vɑːlənteri] **I.** *adj inv* freiwillig; **~ liquidation [***or* **winding up]** freiwillige Liquidation; **~ redundancy** freiwillige Arbeitsplatzaufgabe; **~ work for the Red Cross** ehrenamtliche Tätigkeit für das Rote Kreuz
II. *n* MUS Orgelsolo *nt*
vol·un·tary eutha·'na·sia *n* freiwillige Euthanasie **vol·un·tary 'man·slaughter** *n no pl* Totschlag *m* im Affekt **vol·un·tary or·gani·'za·tion** *n + sing/pl vb* Wohltätigkeitsverein *m* **vol·un·tary re·'dun·dan·cy** *n* freiwilliges Ausscheiden; **to take ~** freiwillig ausscheiden **'vol·un·tary school** *n* BRIT Privatschule *f (von der Kommunalverwaltung finanziert, jedoch nicht gegründet; steht oft einem bestimmten religiösen Bekenntnis nahe)* **Vol·un·tary Ser·vice Over·'seas** *n,* **VSO** *n no pl* Freiwilliger Entwicklungsdienst
vol·un·teer [ˌvɒlənˈtɪəʳ, AM ˌvɑːlən'tɪr] **I.** *n* ❶ *(unpaid worker)* ehrenamtlicher Mitarbeiter/ehrenamtliche Mitarbeiterin, Volontär(in) *m(f)* SCHWEIZ, ÖSTERR
❷ *(willing person)* Freiwillige(r) *f(m)*
II. *vt* ■**to ~ oneself for sth** sich *akk* freiwillig zu etw *dat* melden; ■**to ~ sb to do sth** jdn [als Freiwilligen/Freiwillige] für etw *akk* vorschlagen; **to ~ information** bereitwillig Informationen geben; **to ~ one's services** seine Dienste anbieten
III. *vi* ❶ *(offer one's services)* ■**to ~ to do sth** sich *akk* [freiwillig] anbieten, etw zu tun
❷ *(join)* **to ~ for the army** sich *akk* freiwillig zur Armee melden
IV. *n modifier (counsellor, librarian, teacher, work, worker)* ehrenamtlich
vol·un·'teer·ism *n no pl* Ehrenamtlichkeit *f*
vo·lup·tu·ous [və'lʌptʃuəs] *adj (approv)* üppig; *woman also* kurvenreich; *lips* sinnlich; *(sumptuous)* verschwenderisch
vo·lup·tu·ous·ly [və'lʌptʃuəsli] *adv (erotically)* sinnlich; *(luxuriously)* genüsslich; *(sumptuously)* schwelgerisch
vo·lup·tu·ous·ness [və'lʌptʃuəsnəs] *n no pl* ❶ *(sensuality)* Wollust *f,* Geilheit *f pej*
❷ *(opulence)* Üppigkeit *f*
vol·ute [və(ʊ)'luːt, AM və'-] **I.** *n* ❶ ARCHIT Volute *f fachspr*
❷ *(marine gastropod)* Meeresschnecke *f*
❸ *(snail's shell)* Schneckenhaus *nt*
II. *adj inv* spiralförmig
vom·it ['vɒmɪt, AM 'vɑːmɪt] **I.** *vi* [sich *akk*] erbrechen [*o* übergeben], kotzen *derb*
II. *vt* ❶ *(of person, animal)* ■**to ~ [up]** ⊂ **sth** etw erbrechen; **to ~ blood** Blut spucken
❷ *(fam: of machine)* ■**to ~ sth** ⊂ **[out]** etw ausspucken *fam*
III. *n no pl* Erbrochene(s) *nt;* **to choke on one's own ~** an seinem Erbrochenen ersticken
voo·doo ['vuːduː] *n no pl* ❶ *(black magic)* Voodoo *m;* **to practise ~** Voodoo praktizieren
❷ *(fam: jinx)* Hexerei *f; (magic spell)* Zauber *m*
vo·ra·cious [və'reɪʃəs, AM vɔː-] *adj (liter)* gefräßig; *(fig)* unersättlich, gierig; ***he's a ~ reader of historical novels*** er verschlingt historische Romane geradezu *fig*
vo·ra·cious·ly [və'reɪʃəsli, AM vɔː-] *adv* **to eat sth ~** etw gierig verschlingen; **to read sth ~** etw [geradezu] verschlingen *fig*
vo·rac·ity [və'ræsəti, AM vɔː'ræsət̬i] *n no pl* Gefräßigkeit *f; (fig)* Unersättlichkeit *f,* Gier *f* **(for** nach *+dat)*
vor·tex <*pl* -es *or* -tices> ['vɔːteks, *pl* -tɪsiːz, AM 'vɔːr-, *pl* -t̬ɪsiːz] *n* ❶ *(whirlwind)* Wirbel *m*
❷ *(whirlpool)* Strudel *m;* **~ of emotions** *(fig)* Strudel *m* von Gefühlen
vo·tary ['vəʊtəri, AM 'voʊt̬ɚ] *n* ❶ *(monk, nun)* Geweihte(r) *f(m)*

② *(follower, adherent)* Anhänger(in) *m(f)*, Vehrer(in) *m(f)*, Jünger(in) *m(f)*
③ *(advocator)* Verfechter(in) *m(f)*

vote [vəʊt, AM voʊt] **I.** *n* ① *(expression of choice)* Stimme *f*; **to cast** [*or* **record**] **one's ~** seine Stimme abgeben
② *(election)* Abstimmung *f*, Wahl *f*; **to hold** [*or* **take**] **a ~** eine Abstimmung durchführen; **to put sth to the** [*or* **a**] **~** über etw *akk* abstimmen lassen
③ *(of group)* Stimmen *pl*; **the working-class ~** die Stimmen *pl* der Arbeiterklasse
④ *no pl (right)* ■**the ~** das Wahlrecht [*o* Stimmrecht]; **to have the ~** das Wahlrecht [*o* Stimmrecht] haben
II. *vi* ① *(elect candidate, measure)* wählen; **to ~ in an election** zu einer Wahl gehen; ■**to ~ against/for sb/sth** gegen/für jdn/etw stimmen
② *(formally choose)* ■**to ~ to do sth** dafür stimmen [*o* sich *akk* dafür aussprechen], etw zu tun
③ *(formally decide)* ■**to ~ on sth** über etw *akk* abstimmen; **to ~ on a proposal** über einen Vorschlag abstimmen
▸PHRASES: **to ~ with one's feet** mit den Füßen abstimmen
III. *vt* ① *(elect)* ■**to ~ sb in** jdn wählen; **to ~ sb into office** jdn ins Amt wählen; **to ~ sb out** [**of office**] jdn [aus dem Amt] abwählen
② *(propose)* ■**to ~ that ...** vorschlagen, dass ...
③ *(declare)* ■**to ~ sb/sth sth** jdn/etw zu etw *dat* erklären; ***she was ~d the winner*** sie wurde zur Siegerin erklärt; ***the evening was ~d a tremendous success*** der Abend wurde als überwältigender Erfolg bezeichnet
④ *(decide to give)* ■**to ~ sb/sth sth** [*or* **sth for** [*or* BRIT **to**] [*or* AM **towards**] **sb/sth**] etw jdm/etw bewilligen; **to ~ £1 million for a project** eine Million Pfund für ein Projekt bewilligen
◆**vote down** *vt* ■**to ~ down** ◌ **sb/sth** jdn/etw niederstimmen; LAW ■**to ~ down** ◌ **sth** etw [durch Abstimmung] ablehnen
◆**vote in** *vt* LAW ■**to ~ in** ◌ **sb** jdn [durch Abstimmung] wählen
◆**vote out** *vt* LAW ■**to ~ out** ◌ **sb** jdn abwählen
◆**vote through** *vt* ■**to ~ through** ◌ **sth** etw durchbringen

vote-get·ter [-,getəʳ, AM -,geṭɚ] *n* AM, AUS Stimmenfänger(in) *m(f)*, Wahllokomotive *f sl*

vote of 'cen·sure *n* Misstrauensvotum *nt* **vote of 'con·fi·dence** *n* Vertrauensvotum *nt*; *(fig)* Vertrauensbeweis *m*; ***he proposed a ~ in the government*** er sprach der Regierung das Vertrauen aus **vote of 'no con·fi·dence** *n* Misstrauensvotum *nt* (**in** gegen +*akk*); **to pass a ~ in sb** ein Misstrauensvotum gegen jdn stellen **vote of 'thanks** *n* öffentliche Danksagung; **to propose a ~ to sb** jdm öffentlich seinen Dank ausdrücken

vot·er ['vəʊtəʳ, AM 'voʊṭɚ] *n* Wähler(in) *m(f)*

vot·er reg·is·'tra·tion *n* Eintragung *f* ins Wählerverzeichnis **vot·er 'turn·out** *n* Wahlbeteiligung *f*

vot·ing ['vəʊtɪŋ, AM 'voʊṭ-] **I.** *adj attr, inv* wahlberechtigt, stimmberechtigt
II. *n no pl* Wählen *nt*, Wahl *f*, Stimmabgabe *f*

'vot·ing booth *n* Wahlkabine *f* **'vot·ing box** <*pl* -es> *n* Wahlurne *f* **'vot·ing ma·chine** *n esp* AM Wahlmaschine *f* **'vot·ing pa·per** *n* Stimmzettel *m* **'vot·ing rights** *npl* Stimmrecht *nt*; **exercise of ~** Stimmrechtsausübung *f* **'vot·ing shares** *npl* ECON stimmberechtigte Aktien[anteile]; **non-~** stimmrechtslose Aktien

vo·tive ['vəʊtɪv, AM 'voʊṭɪv] *adj inv* Weih-, Votiv-

vouch [vaʊtʃ] *vi* ■**to ~ for sb/sth** sich *akk* für jdn/etw verbürgen, für jdn/etw bürgen; ■**to ~ that ...** dafür bürgen, dass ...
◆**vouch for** *vi* LAW ■**to ~ for sth** etw bestätigen, für etw *akk* bürgen [*o* einstehen]

vouch·er ['vaʊtʃəʳ, AM -ɚ] *n* ① AUS, BRIT *(coupon)* Gutschein *m*, Voucher *m*; **cash ~** Bargeldgutschein *m*; **gift ~** Geschenkgutschein *m*; **luncheon ~** Essensmarke *f*; **school ~** AM *öffentliche Mittel, die in Amerika bereitgestellt werden, damit Eltern ihre Kinder in Privatschulen schicken können*
② *(receipt)* Buchungsbeleg *m*, Beleg *m*, Quittung *f*

'vouch·er sys·tem *n* Gutscheinsystem *nt*

vouch·safe ['vaʊtʃseɪf] *vt (form)* ① *esp passive (grant)* ■**sth is ~d** [**sb**] etw wird [jdm] gewährt
② *(give in condescending manner)* ■**to ~ to do sth** geruhen, etw zu tun *geh*; **to ~ information** Informationen herausrücken

vow [vaʊ] **I.** *vt* ■**to ~ sth** etw geloben *geh*; ■**to ~ that ...** geloben, dass ... *geh*; **to ~ obedience** Gehorsam geloben *geh*; **to ~ revenge** [*or* **vengeance**] Rache schwören
II. *n* Versprechen *nt*; ■**~s** *pl (of marriage)* Eheversprechen *nt*; *(of religious order)* Gelübde *nt geh*; **to take a ~** ein Gelübde ablegen *geh*; **to take a ~ to do sth** geloben, etw zu tun *geh*

vow·el [vaʊəl] *n* Vokal *m*, Selbstlaut *m*

voy·age ['vɔɪɪdʒ] **I.** *n* Reise *f*; *(by sea)* Seereise *f*; **~ of discovery** *(also fig)* Entdeckungsreise *f*
II. *vi (liter or dated)* reisen; ***he ~d across the seven seas*** er hat die sieben Meere befahren; **to ~ to distant lands** ferne Länder bereisen

voy·ag·er ['vɔɪɪdʒəʳ, AM -ɚ] *n* Reisende(r) *f(m)*; *(by sea)* Seereisende(r) *f(m)*; *(in space)* Raumfahrer(in) *m(f)*

vo·yeur [vwɑː'jɜːʳ, AM vɔɪ'jɜːr] *n (pej)* Voyeur(in) *m(f) pej*

vo·yeur·ism ['vwɑːjɜːrɪzᵊm, AM 'vɔɪjɚ-] *n no pl (pej)* Voyeurismus *m pej*, Spannertum *nt fam*

vo·yeur·is·tic [,vɔɪə'rɪstɪk, AM ,vɔɪjə'-] *adj (pej)* voyeuristisch *pej*

VP [,viː'piː] *n abbrev of* **Vice President** Vizepräsident(in) *m(f)*

VPL [,viːpiː'el] *n abbrev of* **visible panty line** Abdruck *m* der Unterhose

vroom [vruːm] **I.** *n* lautes Motorengeräusch
II. *interj* wrumm!

vs ['vɜːsəs, AM 'vɜːr-] *prep short for* **versus** vs.

V-sign ['viːsaɪn] *n* ① BRIT *(cursing gesture) beleidigende Geste mit Zeige- und Mittelfinger*
② *(gesture of victory)* V-Zeichen *nt*, Siegeszeichen *nt*

VSO [,viːes'əʊ] *n abbrev of* **Voluntary Service Overseas** Freiwilliger Entwicklungsdienst

VSOP [,viːesəʊ'piː, AM oʊ] *n no pl abbrev of* **Very Special Old Pale** VSOP *m*

Vt. AM *abbrev of* **Vermont**

VTOL ['viːtɒl, AM -tɑːl] *abbrev of* **vertical take-off and landing**: **~ aircraft** Senkrechtstarter *m (Flugzeug, das senkrecht starten und landen kann)*

vul·can·ite ['vʌlkənaɪt] *n no pl* Hartgummi *m o nt*

vul·cani·za·tion [,vʌlkənaɪ'zeɪʃᵊn, AM -nɪ'-] *n no pl* Vulkanisierung *f*, Vulkanisation *f*

vul·can·ize ['vʌlkənaɪz] *vt* ■**to ~ sth** etw vulkanisieren

vul·can·ized ['vʌlkənaɪzd] *adj inv* vulkanisiert

vul·gar ['vʌlgəʳ, AM -ɚ] *adj* ordinär, vulgär, gewöhnlich; *(of bad taste)* abgeschmackt; **~ accent** vulgärer Akzent

vul·gar·ity [vʌl'gærəti, AM -'gerəṭi] *n no pl* Vulgarität *f geh*, vulgäre Art; *(bad taste)* Geschmacklosigkeit *f*

vul·gar·ize ['vʌlgəraɪz] *vt* ■**to ~ sth** etw vulgarisieren *geh*

vul·gar·ly ['vʌlgəli, AM -gɚli] *adv* vulgär, ordinär; *(in bad taste)* abgeschmackt, geschmacklos

Vul·gate ['vʌlgeɪt] *n* ■**the ~** die Vulgata

vul·ner·abil·ity [,vʌlnᵊrə'bɪləti, AM -nɚə'bɪləṭi] *n no pl* Verwundbarkeit *f*, Verletzlichkeit *f*; ***the ~ of the economy to recession*** die Anfälligkeit der Wirtschaft für eine Rezession

vul·ner·able ['vʌlnᵊrəbl, AM -nɚə-] *adj* verwundbar, verletzlich; ■**to be ~ to sth** anfällig für etw *akk* sein; **to be ~ to attack/criticism** Angriffen/Kritik ausgesetzt sein; **to be in a ~ position** in einer prekären Lage sein; **~ spot** schwache Stelle; **to feel ~** sich *akk* verwundbar fühlen

vul·pine ['vʌlpaɪn] *adj* ① *inv* ZOOL fuchsartig
② *(cunning)* schlau, listig, gerissen *fam*

vul·ture ['vʌltʃəʳ, AM -tʃɚ] *n (also fig)* Geier *m a. fig*
▸PHRASES: culture ~ *(fam)* Kulturfanatiker(in) *m(f)*

vul·va <*pl* -s *or* vulvae> ['vʌlvə, *pl* -viː] *n* ANAT Vulva *f fachspr*

vy·ing ['vaɪɪŋ] *pp of* **vie**

W

W, w <*pl* -'s *or* -s> ['dʌbljuː] *n* W *nt*, w *nt*; *see also* **A 1**

W[1] **I.** *adj inv abbrev of* **West** W-
II. *n no pl abbrev of* **West** W

W[2] *adj abbrev of* **western I 2**

W[3] <*pl* -> *n abbrev of* **Watt** W

WA AUS *abbrev of* **Western Australia**

WAAF [wæf] *n* BRIT *acr for* **Women's Auxiliary Air Force** *von 1938 bis 1948: königliche Luftwaffe, in der ausschließlich Frauen dienten*

WAAS [,dʌbljuːeɪeɪ'es] *n no pl, modifier abbrev of* **wide area augmentation system** WAAS-

wack[1] [wæk] *n* NENG, DIAL Kumpel *m fam*, Haberer *m* ÖSTERR *sl*

wack[2] [wæk] *n* AM *(fam)* ① *(person)* Querkopf *m*
② *no pl (nonsense)* Blödsinn *m*, Quatsch *m*

wack[3] *adj* AM *(sl)* beschissen *derb*

wacko ['wækəʊ] *(fam)* **I.** *n* <*pl* -os> Verrückte(r) *f(m)*, Spinner *m fam*
II. *adj* verrückt, spinnert *fam*

wacky ['wæki] *adj (fam) person, object* verrückt; *place* skurril

wad [wɒd, AM wɑːd] **I.** *n* ① *(mass)* Knäuel *nt*; *(for stuffing)* Pfropfen *m*; **~ of cotton wool** Wattebausch *m*; **~ of chewing tobacco** Priem *m*, Stück *nt* Kautabak
② *(bundle)* **~ of banknotes** Bündel *nt* Banknoten; **~ of forms** Stoß *m* Formulare; **~**[**s**] **of money** *(fam)* schöne Stange Geld *fam*
▸PHRASES: **to shoot one's ~** *(vulg)* abspritzen *vulg*
II. *vt* <-dd-> *esp passive* ■**to ~ sth** etw zusammenknüllen; *(line garment)* etw wattieren [*o* ausstopfen]; ***the pipe was ~ded up with rags*** das Rohr war mit Lumpen umwickelt; **to ~** [**up**] **paper** Papier zusammenknüllen

wad·ding ['wɒdɪŋ, AM 'wɑːd-] *n no pl (packaging material)* Watte *f*; *(in clothes)* Wattierung *f*; *(for stuffing)* Polstermaterial *nt*

wad·dle ['wɒdl, AM 'wɑːd-] **I.** *vi* watscheln
II. *n no pl* Watschelgang *m*; *(act)* Watscheln *nt*

wade [weɪd] **I.** *n usu sing* Waten *nt kein pl*; **to go for a ~** waten
II. *vi* ① *(walk in water)* waten; ■**to ~ across** [*or* **through**] **sth** durch etw *akk* waten, etw durchwaten; **to ~ into the river/the sea/water** in den Fluss/das Meer/das Wasser hineinwaten; **to ~ ashore** an Land waten
② *(fig: attack)* ■**to ~ into sb/sth** jdn/etw angreifen
③ *(fig: deal with)* ■**to ~ into sth** etw anpacken; ■**to ~ through sth** sich *akk* durch etw *akk* durchkämpfen
III. *vt* ■**to ~ sth** etw durchwaten
◆**wade in** *vi (fam)* sich *akk* engagieren; ***whenever she sees a problem, she ~s in immediately*** wann immer sie ein Problem sieht, packt sie es sofort an; **to ~ in with one's opinion** seinen Senf dazugeben *fam*

wad·er ['weɪdəʳ, AM 'weɪdɚ] *n* ① *(bird)* Watvogel *m*, Stelzvogel *m*
② *(boots)* ■**~s** *pl* Wattstiefel *pl*

wadi ['wɒdɪ, AM 'wɑː] *n* Wadi *nt*

'wad·ing bird *n* Watvogel *m*, Stelzvogel *m* **'wad·ing pool** *n* AM *(paddling pool)* Planschbecken *nt*

wa·fer ['weɪfəʳ, AM -ɚ] *n* ① *(biscuit)* Waffel *f*; *(extremely thin)* Oblate *f*; **~ biscuit** gefüllte Waffel
② *(for Holy Communion)* Hostie *f*
③ COMPUT Halbleiterscheibe *f*

wa·fer-'thin *adj inv* hauchdünn

waf·fle[1] ['wɒfl, AM 'wɑːfl] *(pej)* **I.** *vi (fam)* ① *esp* BRIT *(talk, write)* ■**to ~ on** schwafeln *pej fam*; ■**to ~ on about sth** sich *akk* über etw *akk* auslassen
② AM *(be indecisive)* ■**to ~ about** [*or* **over**] **sth**: ***she had been waffling over where to go*** sie hatte hin und her überlegt, wohin sie gehen sollte
II. *n no pl* ① *esp* BRIT *(speech, writing)* Geschwafel *nt pej fam*

W

② AM *(indecision)* Unschlüssigkeit *f*

waf·fle² ['wɒfl, AM 'wɑːfl] *n (breakfast food)* Waffel *f* **'waf·fle iron** *n* Waffeleisen *nt*

waf·fler ['wɒflə^r, AM 'wɑːflɚ] *n (fam)* Schwätzer(in) *m(f) fam,* Quasselstrippe *f fam,* Plaudertasche *f* ÖSTERR *fam*

waft [wɒft, AM wɑːft] *(liter)* **I.** *vi* schweben; *(blown by air)* herangetragen werden; ***the sound of a flute ~ed down the stairs*** der Klang einer Flöte tönte die Treppe herunter; ***birdsong ~ed through the trees*** Vogelgesang klang durch die Bäume; **to ~ through the air** *smell* durch die Luft ziehen; *sound* durch die Luft schweben
II. *vt* **to ~ smell/sound somewhere** Geruch/Klang irgendwohin wehen; **to be ~ed by the wind** vom Wind getragen werden

wag¹ [wæg] **I.** *vt* <-gg-> **to ~ one's finger** mit dem Finger drohen; **to ~ one's tail** *dog* mit dem Schwanz wedeln
▸PHRASES: **the tail ~s the dog** der Schwanz wedelt mit dem Hund
II. *vi* <-gg-> wedeln
▸PHRASES: **tongues** [*or* **chins**] [*or* **jaws**] ~ es wird getratscht *pej fam*
III. *n usu sing* Wackeln *nt kein pl; of the head* Schütteln *nt kein pl; of the tail* Wedeln *nt kein pl*

wag² [wæg] *n (fam: person)* Witzbold *m fam*

wage [weɪdʒ] **I.** *vt (form)* **to ~ war** [*or* **a campaign**] **against/for sth/sb** gegen/für etw/jdn zu Felde ziehen; **to ~ war on sth** *(fig)* gegen etw *akk* vorgehen; **to ~ war with sth/sb** mit etw/jdm Krieg führen
II. *n* ① *(payment for work)* Lohn *m; **they get paid good ~s at the factory*** sie werden in der Fabrik gut bezahlt; **~ differential** Lohnunterschied *m;* **to get a decent/good/low ~** anständig/gut/wenig verdienen; **living ~** [für den Lebensunterhalt] ausreichender Lohn; **minimum ~** Mindestlohn *m;* **real ~s** Reallöhne *pl;* **to earn a ~** Lohn erhalten
② *(fig: results)* ■ **~s** *pl* Lohn *m kein pl fig,* Quittung *f kein pl fig* (**of** für +*akk*); **the ~s of sin** der Sünde Lohn

'wage ad·just·ment *n* Lohnangleichung *f* **'wage bill** *n* Lohnrechnung *f* **'wage claim, 'wage de·mand** *n* BRIT, AUS Lohnforderung *f* **'wage costs** *npl* Lohnkosten *pl*

waged ['weɪdʒd] *adj inv* Lohn empfangend, bezahlt

'wage dis·pute *n* Lohnstreitigkeit *f* **'wage earn·er** *n* Lohnempfänger(in) *m(f)* **'wage freeze** *n* Lohnstopp *m;* **to impose a ~** einen Lohnstopp verhängen **'wage in·crease** *n* Lohnerhöhung *f* **'wage lev·el** *n* Lohnniveau *nt* **'wage ne·go·tia·tion** *n* Lohnverhandlung *f* **'wage pack·et** *n* AUS, BRIT ① *(pay)* Lohn *m* ② *(envelope)* Lohntüte *f*

wa·ger ['weɪdʒə^r, AM -ɚ] **I.** *n* ① *(bet)* Wette *f;* **to lay** [*or* **make**] **a ~** wetten, eine Wette eingehen
② *(stake)* [Wett]einsatz *m*
II. *vt* ■ **to ~ that ...** wetten [*o* darauf setzen], dass ...; ***I'll ~ you £5 that they'll get there first*** ich wette um 5 Pfund mit dir, dass sie als Erste dort ankommen werden; **to ~ one's life/reputation** sein Leben/Ansehen aufs Spiel setzen

wage-re'lated *adj* **~ pension** dynamische Rente **'wage scale** *n* Lohnskala *f*

'wages clerk *n* Lohnbuchhalter(in) *m(f)*

'wage set·tle·ment *n* POL Tarifabschluss *m* **'wage slip** *n* Lohnzettel *m* **'wages poli·cy** <*pl* -ies> *n* Lohnpolitik *ohne pl* **'wage work·er** *n* AM Lohnempfänger(in) *m(f)*

wag·gish ['wægɪʃ] *adj (dated fam)* schelmisch, spitzbübisch

wag·gle ['wægl] **I.** *n* Wackeln *nt kein pl*
II. *vt* ■ **to ~ sth** mit etw *dat* wackeln; ***she was waggling a gun*** sie fuchtelte mit einer Pistole herum
III. *vi* wackeln

wag·gly ['wægli] *adj* wack[e]lig

wag·(g)on ['wægən] *n* ① *(cart)* Wagen *m; (wooden cart)* Karren *m;* **to be as cheeky as a ~-load of monkeys** so verrückt wie eine Fuhre Affen sein *fam;* **covered ~** Planwagen *m*
② AUS, BRIT *(for freight)* Wagon *m;* **goods ~** Güterwagon *m*
▸PHRASES: **to fall off the ~** *(fam)* wieder zur Flasche greifen, wieder saufen *fam;* **to be on the ~** *(fam)* trocken sein *fam*

wag·(g)on·er ['wægənə^r, AM -ɚ] *n* Fuhrmann *m veraltend*

Wag·ner·ian [vɑːg'nɪəriən, AM -'nɪri] MUS **I.** *adj inv* ① *(by Wagner)* Wagnersch
② *(referring to Wagner)* wagnerisch, wagnerianisch, Wagner-
II. *n* Wagnerianer(in) *m(f)*

wagon-lit [ˌvægɔ̃ː(n)'liː, AM ˌvɑːgɔ̃ːn'-] *n* BRIT Schlafwagen *m* **'wag·on·load** *n* Wagenladung *f,* Fuhre *f* **'wag·on train** *n* Planwagenzug *m*

wag·tail <*pl* - *or* -s> ['wægteɪl] *n* ORN Bachstelze *f*

waif [weɪf] *n* ① *(abandoned child)* ausgesetztes Kind; *(neglected child)* verwahrlostes Kind
② *(animal)* streunendes Tier
③ **~s and strays** *(people without a dwelling)* Obdachlose *pl; (homeless people)* Heimatlose *pl*
④ *(pej)* Bohnenstange *f (meist weiblich)*

waif-like ['weɪflaɪk] *adj inv* elfenhaft

wail [weɪl] *(esp pej)* **I.** *vi* Klagelaute von sich *dat* geben, jammern; *siren* heulen; *wind* pfeifen
II. *vt* ■ **to ~ sth** etw beklagen; ■ **to ~ that ...** jammern, dass ...
III. *n* Klagelaut *m,* [Weh]klagen *nt kein pl,* Gejammer *nt kein pl; of sirens* Geheul *nt kein pl*

wail·ing ['weɪlɪŋ] *adj inv* jammernd, klagend; **~ cries** Klagegeschrei *nt;* **~ sirens** heulende Sirenen

Wail·ing 'Wall *n no pl* ■ **the ~** die Klagemauer

wain·scot ['weɪnskət] **I.** *n no pl* Wandtäfelung *f,* Holzverkleidung *f*
II. *vt* <-t- *or* -tt-> **to ~ a room/a wall** einen Raum/eine Wand mit Holz verkleiden

waist [weɪst] *n* Taille *f; of skirts, trousers* Bund *m* **'waist·band** *n* Bund *m* **'waist·coat** *n* BRIT Weste *f,* Gilet *nt* ÖSTERR **waist-'deep** *inv* **I.** *adj* bis zur Taille [reichend], hüfthoch **II.** *adv* bis zur Taille, hüfthoch

waist·ed ['weɪs(t)ɪd] *adj inv* tailliert

waist-'high *adj inv see* **waist-deep** **'waist·line** *n* Taille *f,* Taillenumfang *m* **'waist pack** *n* AM *(bumbag)* Gürteltasche *f,* Wimmerl *nt* SÜDD, ÖSTERR *fam* **'waist-watch·ing** *adj attr, inv (fig)* **~ actors** auf ihre Figur achtende Schauspieler

wait [weɪt] **I.** *n no pl* Warten *nt* (**for** auf +*akk*); ***we had a three-hour ~ before we could see the doctor*** wir mussten drei Stunden warten, bevor wir den Arzt sprechen konnten
▸PHRASES: **to lie in ~** [**for sb**] [jdm] auflauern
II. *vi* ① *(bide one's time)* warten (**for** auf +*akk*); ***~ and see!*** warten Sie es ab!, abwarten und Tee trinken!; ***~ for it!*** *(fam)* wart's [doch] ab! *fam;* ***~ a bit*** [*or* ***minute***] [*or* ***moment***] [*or* ***second***]***!*** Moment mal!; **sb cannot ~ to do sth** jd kann es kaum erwarten, etw zu tun
② *(expect)* ■ **to ~ for** [*or* **on**] **sb/sth** jdn/etw erwarten
③ *(be delayed)* warten; **sth will have to ~** etw wird warten müssen; **to keep sb ~ing** jdn warten lassen
④ *(express warning)* [***just***] ***you ~!*** warte [du] nur!
⑤ *(serve)* ■ **to ~ on sb** jdn bedienen; **to ~ on sb hand and foot** *(fig)* jdn von vorn[e] bis hinten bedienen; **to ~** AUS, BRIT **at** [*or* AM **on**] **table[s]** *(form)* bedienen, als Kellner/Kellnerin arbeiten
▸PHRASES: **time and tide ~ for no man** *(saying)* das Rad der Zeit lässt sich nicht anhalten *geh;* **to be ~ing in the wings** schon in den Startlöchern sitzen [und warten] *fig*
III. *vt* AM *(serve)* **to ~ a meal for sb** mit dem Essen auf jdn warten
▸PHRASES: **to ~ one's turn** warten, bis man an der Reihe ist
◆**wait about, wait around** *vi* warten; **to ~ about for sth to happen** darauf warten, dass etw geschieht
◆**wait behind** *vi* zurückbleiben
◆**wait in** *vi* zu Hause warten
◆**wait out** *vt* ■ **to ~ out** ↻ **sth** etw aussitzen
◆**wait up** *vi* ① *(not go to bed)* ■ **to ~ up for sb** wegen jdm aufbleiben
② AM *(wait)* ■ **~ up!** warte mal!

wait-and-'see *adj inv* abwartend *attr;* **~ attitude** abwartende Haltung; COMM Attentismus *m;* **~ policy** Politik *f* des Abwartens; **~ stance** abwartende Haltung

wait·er ['weɪtə^r, AM -t̬ɚ] *n* Bedienung *f,* Kellner *m;* **~!** Herr Ober!

wait·ing ['weɪtɪŋ, AM -t̬-] *n no pl* ① *(time)* ■ **the ~** das Warten, die Warterei (**for** auf +*akk*)
② BRIT *(parking)* Halten *nt;* **"no ~"** „Halten verboten"
③ *(of waiter, waitress)* Bedienen *nt,* Servieren *nt*

'wait·ing game *n* **to play a** [*or* **the**] **~** zunächst einmal abwarten **'wait·ing list** *n* Warteliste *f;* **to put sb on the ~** jdn auf die Warteliste setzen **'wait·ing room** *n* Wartezimmer *nt*

wait·ress <*pl* -es> ['weɪtrɪs] *n* Kellnerin *f,* Bedienung *f*

wait·ress·ing ['weɪtrɪsɪŋ] *n no pl* Bedienen *nt,* Servieren *nt*

waive [weɪv] *vt (form)* ■ **to ~ sth** auf etw *akk* verzichten; **to ~ a fee/[a] payment** eine Gebühr/die Bezahlung erlassen; **to ~ an objection** einen Einwand fallenlassen; **to ~ one's right** auf sein Recht verzichten

waiv·er ['weɪvə^r, AM -ɚ] *n* ① *(document)* Verzichterklärung *f*
② **~ of priority** Rangrücktritt *m*
③ *(agreement)* Erlass *m; (repeal)* Außerkraftsetzung *f*

wake¹ [weɪk] *n* NAUT Kielwasser *nt;* AEROSP Turbulenz *f;* ■ **in the ~ of sth** *(fig)* infolge einer S. *gen;* **to follow in sb's ~** *(also fig)* in jds Kielwasser segeln *a. fig;* **to leave sb/sth in one's ~** *(also fig)* jdn/etw hinter sich *dat* zurücklassen

wake² [weɪk] *n (vigil)* Totenwache *f;* **to have** [*or* **hold**] **a ~** [**for sb**] [für jdn] eine Totenwache halten

wake³ <woke *or* waked, woken *or* waked> [weɪk] **I.** *vi* aufwachen
II. *vt (rouse)* ■ **to ~ sb** jdn aufwecken; *(fig)* ■ **to ~ sth in sb** etw in jdm [er]wecken
▸PHRASES: **to ~ the dead** die Toten auferwecken
◆**wake up** **I.** *vi* ① *(after being asleep)* aufwachen *a. fig;* ***~ up Daniel! it's your turn*** wach auf Daniel! du bist dran; ■ **to ~ up to sth** sich *dat* einer S. *gen* bewusst werden
② COMPUT *(switch on)* einschalten
▸PHRASES: **~ up and smell the coffee!** AM *(saying fam)* wach endlich auf und sieh den Tatsachen ins Auge!
II. *vt* ■ **to ~ up** ↻ **sb** jdn aufwecken; ***he woke himself up with his own snoring*** er wachte von seinem eigenen Schnarchen auf

wake·board·ing ['weɪkbɔːdɪŋ, AM -bɔːrd-] *n* SPORT Wakeboarding *nt*

wake·ful ['weɪkf^əl] *adj (form)* ① *(not able to sleep)* ■ **to be ~** nicht schlafen können
② *(period of time)* **~ night** schlaflose Nacht
③ *(vigilant)* wach, wachsam; **to feel ~** sich *akk* munter fühlen

wake·ful·ness ['weɪkf^əlnəs] *n no pl* ① *(sleeplessness)* Schlaflosigkeit *f*
② *(watchfulness)* Wachsamkeit *f*

wak·en ['weɪk^ən] *vi (form)* aufwachen

'wake-up call *n* ① *(hotel wake-up service)* Weckruf *m;* **to give sb a ~** jdn wecken
② *(fig: call to attention)* Warnruf *m*

wakey ['weɪki] *interj (hum)* **~ ~!** aufwachen!

wak·ing ['weɪkɪŋ] *n no pl* Wachsein *nt,* Wachen *nt*

Wal·den in·ver·sion ['wɔld^ən-, 'wɒl-, AM 'wɔːl-, 'wɑːl-] *n no pl* CHEM Walden'sche Umkehrung

Wales [weɪlz] *n no pl* Wales *nt*

walk [wɔːk, AM wɑːk] **I.** *n* ① *(going on foot)* Gehen *nt; (as recreation)* Spaziergang *m;* ***it's only a five minute ~ away*** es sind nur fünf Minuten [zu Fuß] von hier; **to go for** [*or* **take**] **a ~** einen Spaziergang machen; **to take sb out for a ~** mit jdm einen Spaziergang machen
② *(gait)* Gang *m*
③ *(walking speed) of horse* Schritt *m;* **to drop into**

[*or* **slow** to] **a** ~ in Schritttempo verfallen; ***she slowed the horses to a*** ~ sie ließ die Pferde im Schritt gehen
4 *(promenade)* Spazierweg *m; (path in rural area)* Wanderweg *m*
5 *(spiritual journey)* [spirituelle] Suche
▸PHRASES: ~ **of life** soziale Schicht, Gesellschaftsschicht *f;* ***people from all ~ s of life*** Leute aus allen Gesellschaftsschichten
II. *vt* 1 *(go on foot)* ■**to** ~ **sth** etw zu Fuß gehen; **to** ~ **a distance** eine Strecke zu Fuß zurücklegen; **to** ~ **the plank** *(hist: sailor's punishment) über eine Schiffsplanke ins Wasser getrieben werden;* **to** ~ **the streets** *(wander)* durch die Straßen gehen; *(be a prostitute)* auf den Strich gehen *sl*
2 *(accompany)* ■**to** ~ **sb somewhere** jdn irgendwohin begleiten; **to** ~ **sb off his/her feet** *(fig)* ein so zügiges Tempo vorlegen, dass jd kaum mithalten kann; ***he ~ ed me off my feet*** ich konnte kaum mit ihm mithalten; ■**to** ~ **sb through sth** etw mit jdm durchgehen; **to** ~ **sb home** jdn nach Hause bringen
3 *(take for a walk)* **to** ~ **the dog** den Hund ausführen, mit dem Hund Gassi gehen *fam*
4 BRIT *(fam: succeed easily)* ■**to** ~ **sth** etw spielend meistern *geh*
III. *vi* 1 *(go on foot)* ■**to** ~ [**somewhere**] zu Fuß [irgendwohin] gehen; ***it takes half an hour to ~ to the office*** man braucht zu Fuß eine halbe Stunde ins Büro; ***can your toddler ~ yet?*** kann dein Kleiner schon laufen?; **to** ~ **on one's hands** auf den Händen laufen; **to begin to** ~ laufen lernen
2 *(for exercise)* ■**to** ~ [**somewhere**] [irgendwo] spazieren gehen
3 *(fig: take advantage of)* **to** ~ [**all**] **over sb** jdn ausnutzen [*o bes* SÜDD, ÖSTERR, SCHWEIZ ausnützen]
4 *(fig: get caught in)* **to** ~ [**right** [*or* **straight**]] **into sth** [mitten] in etw *akk* geraten; **to** ~ **into a trap** in eine Falle gehen [*o fam* tappen]
5 *(easily get)* **to** ~ [**right** [*or* **straight**]] **into a job** [leicht] eine Stelle bekommen
6 THEAT ■**to** ~ **through sth** etw [ein]üben
7 *(fig fam: go missing)* Beine bekommen [*o* kriegen] *fam*
▸PHRASES: **to** ~ **on air** selig sein, sich *akk* wie im siebten Himmel fühlen, auf Wolken schweben; **to** ~ **the beat** seine Runde gehen [*o* machen]; **to** ~ **on eggs** [*or* **eggshells**] einen Eiertanz aufführen; **to** ~ **before one can run** laufen lernen, bevor man springt
◆**walk about, walk around** *vi* herumlaufen
◆**walk away** *vi* 1 *(remove sth)* ■**to** ~ **away with sth** etw mitgehen lassen *fam*
2 *(easily win)* ■**to** ~ **away with sth** etw spielend gewinnen; **to** ~ **away from one's competition** die Konkurrenz mit Leichtigkeit besiegen
3 *(pej: stop dealing with)* ■**to** ~ **away from sth** etw *dat* ausweichen [*o* aus dem Weg gehen]
4 *(escape unhurt)* **to** ~ **away from an accident** einen Unfall unverletzt überstehen
◆**walk back** *vi* zurücklaufen
◆**walk in** *vi* hereinkommen, hereinspazieren *fam;* ■**to** ~ **in on sb/sth** bei jdm/etw hereinplatzen *fam*
◆**walk off** I. *vt* **to** ~ **off anger/depression/pain** spazieren gehen, um den Ärger/die Depressionen/die Schmerzen loszuwerden; **to** ~ **off a meal** einen Verdauungsspaziergang machen
II. *vi* 1 *(leave)* weggehen
2 *(take without asking)* ■**to** ~ **off with sth** etw mitgehen lassen *fam*
3 *(easily win)* ■**to** ~ **off with sth** etw spielend gewinnen
◆**walk on** *vi* THEAT eine Nebenrolle spielen
◆**walk out** *vi* 1 *(leave)* gehen; ***she ~ ed out of his life forever*** sie verschwand für immer aus seinem Leben; ■**to** ~ **out on sb** jdn im Stich lassen [*o* verlassen]; **to** ~ **out of a meeting** eine Sitzung [aus Protest] verlassen
2 *(go on strike)* streiken
3 BRIT *(dated: court)* ■**to** ~ **out with sb** mit jdm gehen *fam*
◆**walk through** *vt* COMPUT ■**to** ~ **through** ◌ **sth** etw durchgehen
◆**walk up** *vi* 1 *(go up)* hinaufgehen
2 *(approach)* ■**to** ~ **up to sb** auf jdn zugehen
'**walk·about** *n esp* BRIT *(fam)* Rundgang *m;* **to go on a** ~ ein Bad in der Menge nehmen
▸PHRASES: **to go** ~ *(hum) person* verschwinden; *object* sich *akk* selbstständig machen *hum*
'**walk·away** *n* AM leichter [*o* spielender] Sieg; **to win in a** ~ einen leichten Sieg davontragen
'**walk-be·hind** *adj attr sweeping machine, lawnmower* handgeführt
'**walk-down** *n* Finale *nt (letzte Szene eines Musicals, in der alle Darsteller auf die Bühne kommen)*
walk·er ['wɔːkəʳ, AM 'wɑːkɚ] *n* 1 *(person on foot)* Fußgänger(in) *m(f); (for recreation)* Spaziergänger(in) *m(f);* **to be a fast/slow** ~ schnell/langsam gehen
2 *(as sport)* Geher(in) *m(f)*
3 AM *(walking frame)* Gehhilfe *f*
4 *(for baby)* Laufstuhl *m*
5 *(pej: single) gut gekleideter Single der Oberklasse*
6 *(companion)* Begleiter(in) *m(f) (zu Veranstaltungen)*
walk·er-'on *n* Statist(in) *m(f)*
walkies ['wɔːkiːz, AM 'wɑː-] *npl (fam)* ~**!** komm Gassi! *fam;* ■**to go** ~ Gassi gehen *fam*
walkie-talkie [ˌwɔːki'tɔːki, AM ˌwɑːki'tɑː-] *n* [tragbares] Funksprechgerät, Walkie-Talkie *nt*
'**walk-in** *adj* begehbar; ~ **wardrobe** begehbarer Kleiderschrank **walk-in 'clin·ic** *n esp* AM *Klinik, für die keine Voranmeldung nötig ist*
walk·ing ['wɔːkɪŋ, AM 'wɑː-] I. *n no pl* Gehen *nt; (as recreation)* Spazierengehen *nt*
II. *adj attr, inv* 1 *(of movement on foot)* Geh-; ~ **aid** Gehhilfe *f;* **to be within** ~ **distance** zu Fuß erreichbar sein
2 *(human)* wandelnd; **to be a** ~ **encyclopaedia** ein wandelndes Lexikon sein *hum fam*
'**walk·ing boots** *n* Wanderstiefel *pl* '**walk·ing frame** *n* AUS, BRIT Gehhilfe *f* '**walk·ing or·ders** *npl (fam),* '**walk·ing pa·pers** *npl (fam)* Entlassungspapiere *pl;* **to give sb their** ~ jdn feuern; **to get one's** ~ entlassen werden *fam* '**walk·ing shoes** *npl* Wanderschuhe *pl* '**walk·ing stick** *n* Spazierstock *m; for old people* Stock *m; for invalids* Krücke *f,* Krückstock *m* '**walk·ing tour** *n* 1 *(in town)* [Stadt]rundgang *m* (**of/through** durch +*akk*); *(guided tour)* Führung *f* (**of** durch +*akk*) 2 *(in the countryside)* Wanderung *f* **walk·ing 'wound·ed** *npl* ■**the** ~ die Leichtverwundeten *pl*
Walk·man® <*pl* -men *or* -s> ['wɔːkmən, AM 'wɑːk-, *pl* -mən(z)] *n* Walkman® *m;* **to listen** [*or fam* **be plugged in**] **to one's** ~ Walkman hören
'**walk-on** I. *adj attr, inv* THEAT, FILM Statisten-; ~ **part** [*or* **role**] Statistenrolle *f;* ~ **role** Komparsenrolle *f*
II. *n* Statist(in) *m(f)*
'**walk·out** *n* Arbeitsniederlegung *f,* Ausstand *m;* **to stage a** ~ *(strike)* aus Protest die Arbeit niederlegen; *(at a meeting)* ***senior union workers staged a ~ this afternoon at the annual conference*** leitende Gewerkschaftsmitglieder verließen heute Nachmittag auf der Jahrestagung demonstrativ den Saal
'**walk·over** *n* 1 *(easy victory)* leichter Sieg, Spaziergang *m fam*
2 *(bye)* kampfloser Sieg; **to win a** ~ kampflos gewinnen
'**walk·through** *n* COMPUT Komplettlösung *f*
'**walk-through** *n* Probe *f;* ***before we film this scene, let's have a*** ~ lasst uns die Szene noch einmal durchgehen, bevor wir sie filmen
'**walk-up** *n* AM 1 *(building)* Haus *nt* ohne Aufzug [*o* SCHWEIZ, ÖSTERR Lift] *m*
2 *(apartment)* Wohnung *f* in einem Haus ohne Aufzug
'**walk·way** *n* [Fuß]weg *m; (covered path)* überdachter Weg, Gang *m; (raised path)* [Lauf]steg *m;* **moving** ~ Laufband *nt*
wall [wɔːl] I. *n* 1 *(of a house, town)* Mauer *f; (of a room)* Wand *f; (around a plot)* Mauer *f,* Einfriedung *f;* ***this is like banging your head against a brick*** ~ das ist, als ob man mit dem Kopf gegen eine Wand rennt; **city** ~ Stadtmauer *f;* **the Berlin W**~ *(hist)* die Berliner Mauer *hist;* **the Great W**~ **of China** die Chinesische Mauer; **dry-stone** ~ Bruchsteinmauer *f*
2 MED, ANAT Wand *f;* **artery** ~ Arterienwand *f*
3 *(of a tyre)* Mantel *m*
4 *(barrier)* Mauer *f;* **a** ~ **of men** eine Mauer von Menschen; **a** ~ **of silence** *(fig)* eine Mauer des Schweigens; **a** ~ **of water** eine Wasserwand; **a** ~ **of words** ein Wortschwall *m pej*
▸PHRASES: **to climb the** ~**s** *in anger* die Wände hochgehen *fam; due to worry* vor Sorgen verrückt werden *fam;* **to drive** [*or* **send**] **sb up the** ~ jdn zur Weißglut treiben *fam;* **to be a fly on the** ~ Mäuschen spielen *fam;* **to go to the** ~ Konkurs machen; **to go up the** ~ die Wände hochgehen *fam,* ausrasten *fam;* **this must not go beyond these four** ~**s** das muss innerhalb dieser vier Wände bleiben; ~**s have ears** *(saying)* die Wände haben Ohren; **to have one's back to the** ~ mit dem Rücken an der [*o* zur] Wand stehen; **to hit the wall** *athlete, marathon runner* schlapp machen; **to hit** [*or* **come up against**] **a brick** ~ gegen eine Wand rennen; **to talk to a brick** ~ gegen eine Wand reden; **the weakest go to the** ~ *(prov)* den Letzten beißen die Hunde *prov;* **the writing is on the** ~ das Ende vom Lied ist abzusehen
II. *vt* 1 *usu passive (enclose)* ■**sth is** ~**ed in** etw ist ummauert [*o* mit einer Mauer umgeben]
2 *usu passive (separate)* ■**to be** ~**ed off** durch eine Mauer abgetrennt werden; *(in a building)* durch eine Wand abgetrennt werden; *(fig)* abgeschottet sein
3 *(imprison)* ■**to** ~ **sb** ◌ **up** jdn einmauern
4 *(fill in)* ■**to** ~ **sth** ◌ **up** etw zumauern
wal·la ['wɒlə, AM 'wɑːlɑː] *n (hum fam: female)* Dienstmädchen *nt,* Minna *f* BRD *hum fam; (male)* Butler *m hum;* **company** ~ *(fig hum)* [langjährige(r)] Angestellte(r)
wal·la·by ['wɒləbi, AM 'wɑːl-] *n* Wallaby *nt*
wal·lah *n see* **walla**
'**wall art** *n no pl* Wandobjekt *nt* '**wall bars** *npl* Sprossenwand *f* '**wall·board** *n no pl* [Wand]faserplatte *f* '**wall chart** *n* Schautafel *f,* Wandtafel *f* SCHWEIZ '**wall clock** *n* Wanduhr *f* '**wall·cov·er·ing** *n* Tapete *f*
walled [wɔːld] *adj inv* von einer Mauer umgeben; ■**to be** ~ **off** durch eine Mauer abgetrennt sein; *(in a building)* durch eine Wand abgetrennt sein
wal·let ['wɒlɪt, AM 'wɑːl-] *n* 1 *(for money)* Brieftasche *f,* Portemonnaie *nt* SCHWEIZ, ÖSTERR
2 *esp* BRIT *(for documents)* Dokumentenmappe *f*
wall-eye ['wɔːlaɪ] *n (pikeperch)* Zander *m*
'**wall-eyed** *adj inv* MED *bei den Augen ist mehr Weiß als Iris zu sehen, was durch Schielen bedingt sein kann* '**wall·flow·er** *n* 1 HORT Goldlack *m* 2 *(fam: woman)* Mauerblümchen *nt fam* '**wall hang·ing** *n* Wandteppich *m,* SCHWEIZ *a.* Wandbehang *m*
Wal·lis and Fu·tu·na [ˌwɒlɪsəndfuːˈtjuːnə, AM ˌwɑːlɪs-] *n* ■**the** ~ **Islands** die Wallis- und Futuna-Inseln
'**wall map** *n* Wandkarte *f*
'**wall-mount** *vt* ■**to** ~ **sth** etw an der Wand befestigen
Wal·lo·nia [wə'ləʊniə, AM wɑː'loʊ-] *n* Wallonien *nt*
Wal·loon [wɒl'uːn, AM wɑː'luːn] *n* 1 *(person)* Wallone, Wallonin *m, f*
2 *no pl (language)* Wallonisch *nt*
wal·lop ['wɒləp, AM 'wɑː-] *(fam)* I. *vt* ■**to** ~ **sb** 1 *(hit)* jdn schlagen; **to** ~ **sb across the head** jdm eins überbraten *fam;* **to** ~ **the living daylights out of sb** jdn windelweich schlagen *fam*
2 *(fig: win)* jdn haushoch besiegen [*o* schlagen]
II. *n* Schlag *m*
wal·lop·ing ['wɒləpɪŋ, AM 'wɑː-] I. *adj attr, inv (fam)* 1 *(hum: very big)* ~ [**great**] riesig *fam,* Mords- *fam*
2 AM *(very good)* super *fam;* ***we had a ~ good time at Darryl's birthday party*** wir haben uns auf Daryls Geburtstag super[gut] amüsiert
II. *n usu sing* Tracht *f* Prügel *fam;* **to give sb a** ~

jdm eine Tracht Prügel verpassen *fam,* jdn verhauen *fam*

wal·low ['wɒləʊ, AM 'wɑ:loʊ] **I.** *n usu sing* Bad *nt a. fig;* ***he likes a good ~ in the bath*** er liebt es, so richtig ausgiebig zu baden
II. *vi* ■**to ~ in sth** ❶ *(lie)* sich *akk* in etw *dat* wälzen [*o* suhlen]
❷ *(pej: in negativity)* sich *akk* etw *dat* hingeben, etw *dat* frönen *geh;* **to ~ in self-pity** in [*o* vor] Selbstmitleid zerfließen
❸ *(revel)* in etw *dat* schwelgen *geh;* **to ~ in luxury** im Luxus baden [*o geh* schwelgen]

'wall paint·ing *n* Wandgemälde *nt* **'wall·pa·per I.** *n* ❶ *(for decoration)* Tapete *f;* **a roll of ~** eine Tapetenrolle; **to hang** [*or* **put up**] **~** [**in a room**] [ein Zimmer] tapezieren ❷ STOCKEX Emission *f* bei Aktienumtausch ❸ COMPUT Hintergrundbild *nt* **II.** *n modifier* Tapeten-; **~ paste** Tapetenkleister *m* **III.** *vt* ■**to ~ sth** etw tapezieren **'wall·pa·per mu·sic** *n no pl* BRIT *(pej fam)* Hintergrundmusik *f* **'wall sock·et** *n* [Wand]steckdose *f* **'Wall Street** *n no pl* Wall Street *f,* Wallstreet *f*

wall-to-'wall *adj inv* ❶ *(covering floor)* **~ carpet** Teppichboden *m,* Spannteppich *m* SCHWEIZ, ÖSTERR
❷ *(fig: continuous)* ständig; **~ coverage** Berichterstattung *f* rund um die Uhr; **~ parties** eine Party nach der anderen

wal·ly ['wɒli] *n* BRIT *(fam)* Vollidiot *m pej fam*

wal·nut ['wɔ:lnʌt] **I.** *n* ❶ *(nut)* Walnuss *f,* SCHWEIZ *a.* Baumnuss *f*
❷ *(tree)* Walnussbaum *m*
❸ *no pl (wood)* Nussbaumholz *nt*
II. *n modifier* ❶ FOOD *(bread, shell, tree)* Walnuss-
❷ *(wood) (cabinet, chair, table)* Nussbaum-; **~ finish** Nussbaumimitat *nt*

Wal·pur·gis night [vælˈpʊəgɪs-, AM vɑ:lˈpʊr-] *n* Walpurgisnacht *f*

wal·rus <*pl* - *or* -es> ['wɔ:lrəs] *n* Walross *nt*

wal·rus mous·'tache *n* Schnauzbart *m*

Walter Mitty [ˌwɒltəˈmɪti, AM ˌwɔ:ltə-] *adj attr, inv* Versager-

waltz [wɒls, AM wɔ:lts] **I.** *n* <*pl* -es> Walzer *m*
II. *vi* ❶ *(dance)* Walzer tanzen, walzen *veraltend o hum*
❷ *(fam: walk)* spazieren; ***you can't just ~ into my office unannounced*** du kannst nicht einfach unangemeldet in mein Büro platzen *fam;* ■**to ~ across to sb** zu jdm rübergehen *fam;* ■**to ~ in** hereintanzen *fam,* hereinspazieren *fam;* ■**to ~ up to sb** auf jdn [einfach] zugehen
◆**waltz about, waltz around** *vi* herumtanzen
◆**waltz off** *vi* abtanzen *fam,* abziehen *fam*
◆**waltz out** *vi (fam)* abrauschen *fam;* **to ~ out of the room** aus dem Zimmer *nt* rauschen; *(escape)* verschwinden *fam*
◆**waltz through** *vi (fam)* ■**to ~ through sth** etw mit Leichtigkeit schaffen; **to ~ through an exam** ein Examen mit links bestehen *fam*

Wal·vis 'Bay [ˌwɔ:lvɪsˈbeɪ] *n* Walfischbucht *f*

wan <-nn-> [wɒn, AM wɑ:n] *adj* fahl; **~ face** blasses [*o* bleiches] Gesicht; **~ light** fahles [*o* schwaches] Licht; **~ smile** mattes Lächeln

wand [wɒnd, AM wɑ:nd] *n* ❶ *(of a magician)* Zauberstab *m;* **to wave one's magic ~** *(also fig)* den Zauberstab schwingen *a. fig*
❷ *(for mascara)* Mascarabürste *f,* Mascara *m*
❸ COMPUT Lesestift *m*

wan·der ['wɒndəʳ, AM 'wɑ:ndɚ] **I.** *n usu sing (fam)* Bummel *m fam,* Streifzug *m;* **to go for** [*or* **have**] [*or* **take**] **a ~ around the city** einen Stadtbummel machen *fam;* **to go for** [*or* **have**] [*or* **take**] **a ~ through the park/town** einen Bummel durch den Park/die Stadt machen *fam*
II. *vt* **to ~ the streets** *(leisurely)* durch die Straßen schlendern; *(being lost)* durch die Straßen irren
III. *vi* ❶ *(lose concentration)* abschweifen; ***my attention is ~ing*** ich bin nicht bei der Sache
❷ *(become confused)* wirr werden; ***her mind is beginning to ~*** sie wird allmählich wirr [im Kopf *fam*]
◆**wander around** *vi* umherstreifen; **to ~ around the city** einen Bummel durch die Stadt machen
◆**wander off** *vi* ❶ *(walk away)* weggehen; *children* weglaufen, sich *akk* selbstständig machen *hum*
❷ *(fig: change subject)* abschweifen; **to ~ off the point/topic** vom Thema abkommen [*o* abschweifen]

wan·der·er ['wɒndᵊrəʳ, AM 'wɑ:ndɚɚ] *n* ❶ *(person)* Wandervogel *m hum veraltet*
❷ *(animal)* umherziehendes Tier

wan·der·ing ['wɒndᵊrɪŋ, AM 'wɑ:ndɚ-] *adj attr* ❶ *inv (nomadic)* wandernd *attr,* Wander-; **the W~ Jew** der Ewige Jude; **a ~ Jew** ein Ahasver *m selten (ruheloser Mensch);* **~ minstrel/tinker** fahrender Sänger/Kesselflicker; **~ people/tribe** nomadisierendes Volk/nomadisierender Stamm, Nomadenvolk *nt*/Nomadenstamm *m*
❷ *(not concentrating)* abschweifend; *(rambling)* wirr; **~ eyes** umherschweifende Augen; **~ story** weitschweifende Geschichte

wan·der·ings ['wɒndᵊrɪŋz, AM 'wɑ:ndɚ-] *npl (travels)* Reisen *pl; (walks)* Streifzüge *pl*

wan·der·lust ['wɒndəlʌst, AM 'wɑ:ndɚ-] *n no pl* Reiselust *f,* Fernweh *nt*

wane [weɪn] **I.** *vi* ❶ *(weaken)* abnehmen; *interest, popularity* schwinden *geh*
❷ *the moon* abnehmen; **to wax and ~** zu- und abnehmen
II. *n no pl* Abnehmen *nt,* Schwinden *nt geh;* **to be on the ~** im Abnehmen begriffen sein *geh; interest, popularity* [dahin]schwinden *geh*

wan·gle ['wæŋgl] *vt (fam)* ■**to ~ sth** etw deichseln *fam* [*o* organisieren]; ***she managed to ~ an invitation to his house*** es gelang ihr, sich eine Einladung zu ihm nach Hause zu verschaffen; **to ~ one's way into sth** sich *akk* in etw *akk* [hinein]mogeln; **to ~ one's way out of sth** sich *akk* aus etw *dat* herauswinden

wank [wæŋk] BRIT, AUS **I.** *vi (vulg)* ■**to ~** [**off**] sich *dat* einen runterholen *vulg,* wichsen *vulg*
II. *vt (vulg)* ■**to ~ sb off** jdm einen runterholen *vulg*
III. *n (vulg)* Wichsen *nt kein pl vulg;* **to have a ~** sich *dat* einen runterholen *vulg,* wichsen *vulg*

wank·er ['wæŋkəʳ] *n* BRIT, AUS *(vulg)* Wichser *m pej vulg;* **a bunch of ~s** ein Haufen *m* Wichser *pej vulg*

wanky ['wæŋki] *adj* BRIT, AUS *(vulg)* schwachsinnig *pej fam*

wan·ly ['wɒnli, AM 'wɑ:n] *adv* matt, erschöpft

wan·na ['wɒnə, AM 'wɑ:nə] *(fam)* = **want to** *see* **want II**

wan·na·be(e) ['wɒnəbi, AM 'wɑ:n-] **I.** *adj attr esp* AM *(pej fam)* Möchtegern- *iron fam;* **~ actress** Möchtegernschauspielerin *f iron fam*
II. *n* Möchtegern *m*

want [wɒnt, AM wɑ:nt] **I.** *n* ❶ *(need)* Bedürfnis *nt;* **to be in ~ of sth** etw benötigen [*o* brauchen]
❷ *no pl (lack)* Mangel *m;* ***the time of ~ in the prison camp had broken her health*** die entbehrungsreiche Zeit, die sie im Gefangenenlager durchlitten hatte, hatte ihre Gesundheit zerstört; **to live in ~** Not leiden; **for** [*or* **from**] **~ of sth** aus Mangel an etw *dat,* mangels einer S. *gen;* ***it won't be for ~ of trying*** zumindest haben wir es dann versucht; **for ~ of anything better to do, ...** da ich nichts Besseres zu tun hatte, ...
II. *vt* ❶ *(wish)* ■**to ~ sth** etw wünschen [*o* wollen]; *(politely)* etw mögen; *(impolitely)* etw haben wollen; ***what do you ~ out of life?*** was willst du vom Leben?; ***I don't ~ any more tea, thanks*** ich möchte keinen Tee mehr, danke; ■**to ~ sb** *(to see)* nach jdm verlangen; *(to speak to)* jdn verlangen; *(sexually)* jdn begehren; ■**to ~ sb to do sth** wollen, dass jd etw tut; ***do you ~ me to take you to the station?*** soll ich dich zum Bahnhof bringen?; ■**to ~ sth done** wünschen, dass etw getan wird; **to be ~ed by the police** polizeilich gesucht werden; ■**to ~ to do sth** etw tun wollen; ***what do you ~ to eat?*** was möchtest du essen?; ***I ~ to be picked up at the airport at about nine o'clock*** ich möchte gegen neun Uhr vom Flughafen abgeholt werden
❷ *(need)* ■**to ~ sb/sth** jdn/etw brauchen; ***your hair ~s doing*** du solltest mal wieder zum Friseur gehen; ***you'll ~ a coat on*** du wirst einen Mantel brauchen; ■**to be ~ed** gebraucht werden
❸ *(fam: should)* ■**to ~ to do sth** etw tun sollen; ***you ~ to tell him before it's too late*** du solltest es ihm sagen, bevor es zu spät ist; ***you ~ to turn left here at the next traffic lights*** Sie müssen hier an der nächsten Ampel links abbiegen
▸PHRASES: **to have sb where one ~s him/her** jdn da haben, wo man ihn/sie haben will; **to ~ one's head seen to** [*or* **examined**] *esp* BRIT sich *akk* mal auf seinen Geisteszustand untersuchen lassen müssen *hum fam;* **to not ~ to know** *(prefer ignorance)* nichts [davon] wissen wollen; *(feign ignorance)* so tun, als ob man nichts davon wüsste; **to not ~ any part of sth** nichts mit etw *dat* zu tun haben wollen; **to ~ one's pound of flesh** Genugtuung verlangen *geh;* **to ~ one's share** [*or* **slice**] **of the cake** seinen Anteil fordern, sein Stück vom Kuchen abhaben wollen *fam;* **to ~ it** [*or* **everything**] [*or* **things**] **both ways** alles wollen; **waste not, ~ not** *(prov)* spare in der Zeit, dann hast du in der Not *prov*
III. *vi* ❶ *(form: lack)* **sb ~s for nothing** jdm fehlt es an nichts
❷ *(fam:* [*not*] *be part of)* ■**to ~ in** [**on sth**] [bei etw *dat*] dabei [*o* mit von der Partie] sein wollen; ■**to ~ out** [**of sth**] [aus etw *dat*] aussteigen wollen *fam*

'want ad *n* AM *(fam: classified ad)* Anzeige *f,* Annonce *f*

want·age ['wɑ:nṭɪdʒ] *n usu sing* AM *(need)* Mangel *m kein pl* (**of** an +*dat*); ***there is a serious ~ of initiative in industry at the moment*** zurzeit mangelt es [in] der Industrie an Initiative

want·ed ['wɒntɪd, AM 'wɑ:nṭ-] *adj* ❶ *(desired)* erwünscht; *(in an ad)* gesucht; ***she was a much ~ baby*** sie war ein sehnsüchtig erwartetes Wunschkind
❷ *(by the police)* gesucht; ■**to be ~** gesucht werden

want·ing ['wɒntɪŋ, AM 'wɑ:nṭ-] *adj pred* ❶ *inv (be required)* ■**to be ~** fehlen; ***initiative is ~ in this situation*** in dieser Situation fehlt es an Initiative
❷ *inv (not having)* ■**sb/sth is ~ in sth** jdm/etw fehlt es an etw *dat,* jd/etw lässt etw vermissen; ***I think she's a little ~ in charm*** meiner Meinung nach fehlt es ihr etwas an Charme
❸ *(deficient)* **to be found to be ~** sich *akk* als unzulänglich erweisen; ***he is ~ in certain areas*** er weist in einigen Bereichen Defizite auf; **to be tried and found ~** sich *akk* als unzulänglich erweisen, gewogen und [für] zu leicht befunden werden

wan·ton ['wɒntən, AM 'wɑ:ntᵊn] *adj* ❶ *(wilful)* leichtfertig, rücksichtslos; **~ destruction** mutwillige Zerstörung; **~ disregard** völlige Gleichgültigkeit; **~ waste** sträfliche Verschwendung
❷ *usu attr (dated or hum: dissolute)* wollüstig *geh;* **~ smile** lüsternes Lächeln *geh*
❸ *(liter: capricious)* übermütig, launenhaft; **~ breeze** leichte Brise

wan·ton·ly ['wɒntənli, AM 'wɑ:ntᵊn-] *adv* ❶ *(wilfully)* mutwillig
❷ *(dated or hum: dissolutely)* schamlos
❸ *(liter: capriciously)* übermütig

wan·ton·ness ['wɒntənnəs, AM 'wɑ:ntᵊn] *n no pl* Mutwille *m,* Übermut *m; sexuality* Lüsternheit *f,* Liederlichkeit *f*

WAP [wɒp, AM wɑ:p] *n* INET *acr for* **Wireless Application Protocol** WAP *nt (Verfahren, mit dem über das Handy Informationen aus dem Internet abgerufen werden können)*

Wapa·liz·er ['wɒpəlaɪzəʳ, AM 'wɑ:pəlaɪzɚ] *n* INET, COMPUT WAP-Software *f* für PC

WAP-en·abled mo·bile phone [ˌwɒpɪneɪbl̩dˌməʊbaɪlˈfəʊn, AM ˌwɑ:pɪneɪbl̩dˌmoʊbaɪlˈfoʊn] *n* INET, COMPUT WAP-fähiges Handy

wapi·ti <*pl* - *or* -s> ['wɒpɪti, AM 'wɑ:pəṭi] *n* Wapiti *m*

WAP phone ['wɒpˌfəʊn, AM 'wɑ:pˌfoʊn] *n* COMPUT, TELEC, INET WAP-Handy *nt*

war [wɔ:ʳ, AM wɔ:r] *n* ❶ *no pl (armed combat)* Krieg *m;* **the art of ~** die Kriegskunst; **to carry the ~ into the enemy's camp** den Krieg ins Lager der Feinde tragen; *(fig)* zum Gegenangriff ansetzen; **the hor-**

rors of ~ die Schrecken *pl* des Krieges; **at the outbreak of the ~** bei Kriegsausbruch *m;* **state of ~** Kriegszustand *m;* **in times of ~** in Kriegszeiten; **civil ~** Bürgerkrieg *m;* **to be at ~** *(also fig)* sich *akk* im Kriegszustand befinden *a. fig;* **to declare ~ on sb/sth** jdm/etw den Krieg erklären; *(fig)* jdm/etw den Kampf ansagen; **to go to ~** in den Krieg ziehen; **to wage ~ against** [*or* **on**] **sb/sth** gegen jdn/etw Krieg führen; *(fig)* jdn/etw bekämpfen
❷ *(armed conflict)* Krieg *m;* **a ~ of attrition** ein Zermürbungskrieg *m;* **the American Civil W~** der Amerikanische Bürgerkrieg; **the Cold W~** *(hist)* der Kalte Krieg *hist;* **the Great W~, World W~ I** der Erste Weltkrieg; **holy ~** heiliger Krieg; **the Vietnam W~** der Vietnamkrieg
❸ *(conflict)* Kampf *m;* **class ~** *esp* BRIT Klassenkampf *m;* **a ~ of nerves** *(fig)* ein Nervenkrieg *m;* **price/trade ~** Preis-/Handelskrieg *m*
▸PHRASES: **all's fair in love and ~** *(prov)* in der Liebe und im Krieg ist alles erlaubt; **to have been in the ~s** *esp* BRIT [ziemlich] ramponiert aussehen *fam*

'war atroc·ities *npl* Kriegsgräuel *pl geh,* Kriegsverbrechen *pl;* **to commit ~** Kriegsverbrechen begehen **'war baby** *n* ❶ *(child)* Kriegskind *nt* ❷ AM *(fam: bond) Aktie, die durch einen Krieg an Wert gewinnt*

war·ble ['wɔːbl, AM 'wɔːr-] *vi bird* trillern; *(hum) person* trällern

war·bler ['wɔːbləʳ, AM 'wɔːrblɚ] *n* ❶ *(songbird)* Grasmücke *f; (any singing bird)* Singvogel *m*
❷ *(hum: person)* Sänger(in) *m(f)*

'war bond *n* Kriegsanleihe *f* **'war bride** *n* Kriegsbraut *f* **'war bul·letin** *n* Kriegsbericht *m* **'war chest** *n (for a war)* Kriegskasse *f; (for a campaign)* Mittel *pl* für eine Kampagne; *(for a strike)* Streikkasse *f* **'war cloud** *n usu pl* [drohende] Kriegsgefahr; **~s gather** es droht Kriegsgefahr **'war cor·res·pond·ent** *n* Kriegsberichterstatter(in) *m(f)* **'war crime** *n* Kriegsverbrechen *nt* **'war crimi·nal** *n* Kriegsverbrecher(in) *m(f)* **'war cry** *n* Schlachtruf *m; (fig)* Parole *f*

ward [wɔːd, AM wɔːrd] **I.** *n* ❶ *(in hospital)* Station *f;* **maternity ~** Entbindungsstation *f;* **geriatric/psychiatric ~** geriatrische/psychiatrische Abteilung
❷ BRIT *(political area)* [Stadt]bezirk *m,* Wahlbezirk *m*
❸ AM *(in prison)* [Gefängnis]trakt *m*
❹ LAW *(protected by guardian)* Mündel *nt; (protected by court)* Minderjährige(r) *f(m)*
II. *vt* ❶ *(fend off)* ■**to ~ sth** ↔ **off** etw abwehren; *danger* etw abwenden
❷ LAW ■**to ~ sb** jd unter Vormundschaft stellen

'war dance *n* Kriegstanz *m*

war·den ['wɔːdᵊn, AM 'wɔːr-] *n* ❶ *(building manager)* [Heim]leiter(in) *m(f)*
❷ BRIT, AUS *(head of a college)* Rektor(in) *m(f)*
❸ AM *(person running institution)* Leiter(in) *m(f),* Direktor(in) *m(f); (prison governor)* Gefängnisdirektor(in) *m(f)*
❹ *(public official)* Aufseher(in) *m(f);* **animal ~** Tierwärter(in) *m(f);* **game ~** Wildaufseher(in) *m(f);* **park ~** Parkwächter(in) *m(f);* **traffic ~** BRIT Verkehrspolizist(in) *m(f),* Politesse *f*

war·der ['wɔːdəʳ, AM 'wɔːrdɚ] *n esp* BRIT [Gefängnis]aufseher(in) *m(f),* [Gefängnis]wärter(in) *m(f),* Vollzugsbeamte(r), -beamtin *m, f*

ward of 'court <*pl* wards of court> *n* ❶ *(protected by the court)* Mündel *nt* unter Amtsvormundschaft; ***she was made a ~*** sie wurde unter Amtsvormundschaft gestellt
❷ *(protected by a guardian)* Mündel *nt*

war·dress <*pl* -es> ['wɔːdrɪs, AM 'wɔːr-] *n esp* BRIT [Gefängnis]aufseherin *f,* [Gefängnis]wärterin *f*

ward·robe ['wɔːdrəʊb, AM 'wɔːrdroʊb] *n* ❶ *(cupboard)* [Kleider]schrank *m*
❷ *no pl (clothes)* Garderobe *f*
❸ *(department)* Kostümfundus *m*

'ward·robe mis·tress *n esp* BRIT THEAT Garderobiere *f,* Gewandmeisterin *f*

'ward·robe trunk *n* Schrankkoffer *m*

ward·room ['wɔːdrʊm, AM 'wɔːrdruːm] *n* NAUT Offiziersmesse *f*

ward·ship ['wɔːdʃɪp, AM 'wɔːr-] *n no pl* Vormundschaft *f* (**of** für +*akk*)

ware [weəʳ, AM wer] *n* ❶ *(pottery)* Töpferware *f,* Steingut *nt;* **china ~** Porzellan *nt*
❷ *(products)* Ware[n] *f[pl],* Artikel *m[pl]*

'war ef·fort *n* Kriegsanstrengungen *pl*

ware·house ['weəhaʊs, AM 'wer-] *n* Lagerhaus *nt,* Lagerhalle *f;* **bonded ~** Zolllager *nt;* **~ capacity** Lagerhauskapazität *f;* **price ex ~** Preis ab Lager **'ware·house keep·er** *n* Lagerverwalter(in) *m(f)* **ware·house·man** *n* ❶ *(owner)* Lagerbesitzer *m* ❷ *(seller)* Großhändler *m* ❸ *(worker)* Lagerverwalter *m,* Lagerist *m* **ware·house 'man·age·ment** *n no pl* Lagermanagement *nt*

ware·hous·ing ['weəhaʊzɪŋ, AM 'wer] *n no pl* Lagerung *f,* Lagerhaltung *f*

wares [weəz, AM werz] *npl (articles)* Artikel *pl,* Ware[n] *f[pl]*; *(fam: products)* Erzeugnisse *pl*

war·fare ['wɔːfeəʳ, AM 'wɔːrfer] *n no pl* Krieg[s]führung *f;* **guerilla/naval/nuclear ~** Guerilla-/See-/Atomkrieg *m*

'war film *n* Kriegsfilm *m* **'war game** *n* Kriegsspiel *nt* **'war-game** *vi* MIL Planspiele spielen **'war grave** *n* Kriegsgrab *nt meist pl* **war·head** ['wɔːhed, AM 'wɔːr-] *n* Sprengkopf *m* **'war hero** *n* Kriegsheld(in) *m(f)* **'war·horse** *n (hist)* Schlachtross *nt hist; (fig fam: person)* **an old ~** ein altes Schlachtross *fam;* ***an old civil rights ~, she's back in the political arena*** als kampferprobte Bürgerrechtlerin ist sie in die politische Arena zurückgekehrt

wari·ly ['weərᵊli, AM 'wer-] *adv* vorsichtig; *(suspiciously)* misstrauisch

wari·ness ['weərɪnəs, AM 'wer] *n no pl* Wachsamkeit *f,* Vorsicht *f*

Warks BRIT *abbrev of* **Warwickshire**

war·like ['wɔːlaɪk, AM 'wɔːr-] *adj* ❶ *(military)* kriegerisch
❷ *(hostile)* militant, kämpferisch; **~ speech** militante Rede

war·lock ['wɔːlɒk, AM 'wɔːrlɑːk] *n* Zauberer *m,* Hexenmeister *m*

'war·lord *n* Kriegsherr *m*

warm [wɔːm, AM wɔːrm] **I.** *adj* ❶ *(not cool)* warm; ***are you ~ enough?*** ist [es] dir warm genug?; **sb is as ~ as toast** [*or* AM *usu* **toasty ~**] *(fam)* jdm ist mollig warm; **nice and ~** angenehm warm
❷ *(affectionate)* warm; **~ person** warmherzige Person; **~ welcome** herzliche Begrüßung; **to give a ~ welcome to sb** jdn herzlich willkommen heißen
❸ *clothes* warm, wärmend *attr*
❹ *(energetic)* ***cycling uphill is ~ work*** beim Radfahren bergauf kommt man ins Schwitzen
❺ *usu attr colours* warm
❻ *usu pred (close guess)* warm *fam,* nahe dran *fam;* ■**to be ~** nahe dran sein *fam;* ***you're very ~*** heiß; **to get ~** der Sache näher kommen
❼ *usu pred (fresh) track, trail* frisch
▸PHRASES: **cold hands, ~ heart** kalte Hände, warmes Herz; **to keep sb's seat ~ for them** *(fam)* jds Platz für jdn freihalten
II. *n* ❶ *no pl (place)* **to come** [*or* **get**] **into the ~** ins Warme kommen
❷ *usu sing (fam: heating up)* **to have a ~** sich *akk* [auf]wärmen
III. *vt* ■**to ~ sth** etw wärmen; **to ~ one's feet** sich *dat* die Füße wärmen; **to ~ the soup** die Suppe aufwärmen [*o fam* warm machen]
▸PHRASES: **to ~ the** [*esp* BRIT **cockles of one's**] **heart** *(hum)* das Herz erwärmen, warm ums Herz machen
IV. *vi* ❶ *(grow to like)* ■**to ~ to**[**wards**] **sb/sth** sich *akk* für jdn/etw erwärmen
❷ *(get animated)* **to ~ to a subject** [*or* **theme**] sich *akk* in ein Thema hineinfinden

◆**warm over** *vt* AM *(heat up)* ■**to ~ over** ↔ **sth** etw aufwärmen
▸PHRASES: **to feel like death ~ed over** sich *akk* wie eine wandelnde Leiche fühlen *fam;* **to look like death ~ed over** wie eine wandelnde Leiche aussehen *fam*

◆**warm through I.** *vt* ■**to ~ through** ↔ **sth** etw warm machen
II. *vi* warm werden

◆**warm up I.** *vi* ❶ *(become hot)* warm werden, sich *akk* erwärmen; *person* sich *akk* aufwärmen; *weather* wärmer werden
❷ *(begin to work)* warm werden; *engine, machine* sich warm laufen
❸ *(become animated) party* in Schwung kommen *fam; people* in Stimmung kommen
❹ *(limber up)* sich *akk* aufwärmen
II. *vt* ❶ *(make hot)* ■**to ~ up** ↔ **sth** etw warm machen; *machine, computer* etw anwärmen; **to ~ up an engine** einen Motor warm laufen lassen; **to ~ a room up** einen Raum erwärmen; ■**to ~ up** ↔ **sb** jdn aufwärmen
❷ *(cook)* ■**to ~ up** ↔ **sth** etw aufwärmen [*o* warm machen]
❸ *(bring into the mood)* **to ~ up the audience** das Publikum in Stimmung bringen; **to ~ up a party** Stimmung in eine Party bringen
▸PHRASES: **to feel like death ~ed up** sich *akk* wie eine wandelnde Leiche fühlen *fam;* **to look like death ~ed up** wie eine wandelnde Leiche aussehen *fam*

warm-'blood·ed *adj inv* warmblütig; **~ animal** Warmblüter *m*

warmed-over ['wɔːrmd,oʊvɚ] *adj* AM ❶ *inv (warmed up) food* aufgewärmt
❷ *(pej: unimaginative)* aufgewärmt *pej fam*

'war me·mo·rial *n* Kriegerdenkmal *nt veraltend*

warm·er ['wɔːməʳ, AM 'wɔːrmɚ] *n* Mittel *nt* zum [Auf]wärmen

'warm front *n* METEO Warmfront *f* **warm-'heart·ed** *adj* warmherzig

warm·ing ['wɔːmɪŋ, AM 'wɔːr-] *adj attr* wärmend

warm·ly ['wɔːmli, AM 'wɔːr-] *adv* ❶ *(with warm clothes)* **to dress ~** sich *akk* warm anziehen
❷ *(affectionately)* herzlich

war·mon·ger ['wɔː,mʌŋgəʳ, AM 'wɔːr,mʌŋgɚ] *n* Kriegstreiber(in) *m(f) pej,* Kriegshetzer(in) *m(f) pej*

war·mon·ger·ing ['wɔː,mʌŋgᵊrɪŋ, AM 'wɔːr,mʌŋgɚ-] *n no pl* Kriegshetze *f pej,* Kriegstreiberei *f pej*

warm 'start *n* COMPUT Warmstart *m fachspr*

warmth [wɔːmθ, AM wɔːrmθ] *n no pl* ❶ *(heat)* Wärme *f*
❷ *(affection)* Herzlichkeit *f,* Wärme *f*

'warm-up *n* ❶ *(limber-up)* [Sich]aufwärmen *nt kein pl;* **a ~ *is important before a run*** vor einem Rennen ist es wichtig, sich aufzuwärmen
❷ *(starting activity)* Einstimmung *f,* Warm-up *nt* (**for/to** auf +*akk*)

warn [wɔːn, AM wɔːrn] **I.** *vi* warnen; ■**to ~ of sth** vor etw *dat* warnen; *road sign* auf etw *akk* hinweisen
II. *vt* ❶ *(make aware)* ■**to ~ sb** [**about** [*or* **of**] **sth**] jdn [vor etw *dat*] warnen; ***you have been ~ed!*** sag nicht, du wärst nicht gewarnt worden!; ■**to ~ sb not to do sth** jdn davor warnen, etw zu tun; ■**to ~ sb that ...** jdn darauf hinweisen [*o* aufmerksam machen], dass ...; ■**to ~ that ...** darauf hinweisen, dass ...
❷ *(urge)* ■**to ~ sb to do sth** jdn ermahnen, etw zu tun; *(strongly dissuade)* ■**to ~ sb against** [*or* **off**] **sth** jdn vor etw *dat* warnen, jdm von etw *dat* abraten; ■**to ~ sb against** [*or* **off**] **doing sth** jdn davor warnen [*o* jdm davon abraten], etw zu tun
❸ *(threaten)* ■**to ~ sb** jdn verwarnen

warn·ing ['wɔːnɪŋ, AM 'wɔːr-] *n* ❶ *no pl (notice)* Warnung *f;* **health ~** Warnung *f* vor Risiken; **without ~** unerwartet, ohne Vorwarnung
❷ *(threat)* Drohung *f;* **to give sb a ~ that ...** jdm drohen, dass ...
❸ *(lesson)* Lehre *f;* ***let it be a ~ to you!*** lass dir das eine Lehre sein!
❹ *no pl (advice)* warnender Hinweis; ***take ~ from me, ...*** lassen Sie sich's von mir sagen, ..., lassen Sie sich von mir gesagt sein, ...
❺ *(of dangers, risks)* Warnung *f* (**about/of/on** vor +*dat*); ***there was a ~ from the police about handbag-snatchers*** die Polizei hat vor Handtaschenräubern gewarnt; **to sound a note of ~** sich *akk* warnend äußern; **a word of ~** ein guter Rat; **to issue a ~** [**about sth**] [vor etw *dat*] warnen

W

❻ *(a caution)* Verwarnung *f*, Warnung *f*, Abmahnung *f*; **to receive a written ~** eine schriftliche Verwarnung erhalten; **to give sb a ~** jdm eine Verwarnung erteilen

'warn·ing bells *npl* ▶PHRASES: **to hear ~** die Alarmglocken läuten hören; **~ start to ring** [*or* **sound**] die Alarmglocken beginnen zu läuten **'warn·ing la·bel** *n (on cigarette packages)* Warnhinweis *m* **'warn·ing light** *n* Warnleuchte *f*

warn·ing·ly ['wɔːnɪŋli, AM 'wɔːr] *adv* warnend

'warn·ing shot *n* Warnschuss *m* **'warn·ing sign** *n* ❶ *(signboard)* Warnschild *nt* ❷ *usu pl (symptom)* Anzeichen *nt*, Warnzeichen *nt*

warp [wɔːp, AM wɔːrp] **I.** *vi wood* sich *akk* verziehen
II. *vt* ❶ *(bend)* ■**to ~ sth** *wood* etw verziehen
❷ *(fig: pervert)* ■**to ~ sb** jdn [seelisch] verbiegen; ***the whole affair ~ed him so much, he's now unable to start another relationship*** er ist von der ganzen Sache seelisch so angeknackst, dass er jetzt keine andere Beziehung eingehen kann *fam*; **to ~ sb's mind** jds Charakter verderben
III. *n* ❶ *(in wood)* verzogene Stelle; ***there is a ~ in the shelf*** das Regal ist verzogen
❷ *usu sing (fig: abnormality)* **to have a ~ in one's character** einen verbogenen [*o* kaputten] Charakter haben; **to have a ~ in one's way of looking at things** die Dinge verzerrt sehen, einen Knick in der Optik haben *fam*
❸ *(in space travel)* **time ~** Zeitverwerfung *f*; ***we've flown into a time ~*** wir haben uns in Zeit und Raum verloren
❹ *no pl (threads)* Kette *f*, Kettfäden *pl*; **~ and weft** Kette und Schuss

'war·paint *n no pl (also hum)* Kriegsbemalung *f*

'war·path *n no pl* **to be on the ~** *(hum fam)* auf dem Kriegspfad sein *hum*

warped [wɔːpt, AM wɔːrpt] *adj* ❶ *(bent)* verzogen
❷ *(fig: perverted)* verschroben *pej*

'war·plane *n* Kampfflugzeug *nt* **'war poet** *n* Kriegsdichter(in) *m(f)*, Kriegslyriker(in) *m(f)*

'warp speed *n (fam)* **to do sth at ~** etw in Windeseile [*o* blitzschnell] machen

war·rant ['wɒrᵊnt, AM 'wɔːr-] **I.** *n* ❶ *(document)* [Vollziehungs]befehl *m*; **arrest ~** Haftbefehl *m*; **to have a ~ for sb's arrest** einen Haftbefehl gegen jdn haben; **to issue a ~ for sb's arrest/an arrest ~** einen Haftbefehl gegen jdn/einen Haftbefehl erlassen; **~ of execution** Vollstreckungsbefehl *m*; **search ~** Durchsuchungsbefehl *m*; **to execute a ~** AM *(form)* einen Befehl ausführen
❷ FIN Bezugsrecht *nt*; *(stockmarket security)* Optionsschein *m*
❸ *no pl (justification)* Rechtfertigung *f*; ***there's no ~ for that sort of behaviour!*** ein solches Verhalten ist nicht zu rechtfertigen!
II. *vt* ■**to ~ sth** ❶ *(justify)* etw rechtfertigen
❷ *(form: guarantee)* etw garantieren [*o* zusichern]

'war·rant bond *n* FIN Optionsanleihe *f* **'war·rant card** *n* Polizeiausweis *m*

war·ran·tee [ˌwɒrᵊn'tiː, AM ˌwɔːr-] *n* Garantienehmer(in) *m(f)*

'war·rant of·fic·er *n ranghöchster Unteroffizier*

war·ran·tor ['wɒrᵊntɔːʳ, AM 'wɔːrᵊntɔːr] *n* Garantiegeber(in) *m(f)*, Garant(in) *m(f)*

war·ran·ty ['wɒrᵊnti, AM 'wɔːrᵊnt̬i] *n* ❶ *(guarantee)* Garantie *f*; **extended ~** verlängerte Garantiezeit; **sth is still under ~** auf etw *akk* ist [*o* etw hat] noch Garantie
❷ *(promise in a contract)* Gewähr *f*; **breach of ~** Garantieverletzung *f*, Verletzung *f* der Gewährleistungspflicht
❸ *(statement of an insured person)* wahrheitsgemäße Angabe, Gewähr[leistung] *f*

war·ren ['wɒrᵊn, AM 'wɔːr-] *n* ❶ *(burrows)* Kaninchenbau *m*
❷ *(maze)* Labyrinth *nt*

war·ring ['wɔːʳɪŋ, AM 'wɔːr-] *adj attr, inv* Krieg führend; **the ~ factions** die Krieg führenden Parteien

war·ri·or ['wɒriəʳ, AM 'wɔːrjə] *n (usu hist)* Krieger *m*; **Samurai ~** Samuraikrieger *m*

War·saw ['wɔːsɔː, AM 'wɔːrsɑː] *n* Warschau *nt*

War·saw Pact [ˌwɔːsɔː'pækt, AM ˌwɔːrsɑː'-], **War·saw Trea·ty** *n (hist)* ■**the ~** der Warschauer Pakt *hist*

war·ship ['wɔːʃɪp, AM 'wɔːr-] *n* Kriegsschiff *nt*

wart [wɔːt, AM wɔːrt] *n* Warze *f*; **~s and all** *(fig fam)* mit all seinen/ihren Fehlern und Schwächen

wart·hog ['wɔːthɒg, AM 'wɔːrthɑːg] *n* Warzenschwein *nt*

'war·time I. *n no pl* Kriegszeit[en] *f[pl]*; **in ~** in Kriegszeiten **II.** *n modifier* Kriegs-; ***the film is set in ~ England*** der Film spielt in England während des Krieges **'war·torn** *adj usu attr* vom Krieg erschüttert

warts-and-all ['wɔːtzən(d)ɔːl, AM 'wɔːrtz-] *adj inv, attr* umfassend, mit allen Vor- und Nachteilen *nach n*

warty ['wɔːti, AM 'wɔːrt̬i] *adj* warzig, voller Warzen *nach n*

'war-weary *adj* kriegsmüde **'war wid·ow** *n* Kriegswitwe *f*

wary ['weəri, AM 'weri] *adj* vorsichtig, wachsam; **with a ~ note in one's voice** mit einem argwöhnischen [*o* misstrauischen] Unterton in der Stimme; ■**to be ~ about** [*or* **of**] **doing sth** etw nur ungern tun; ***I'm a bit ~ about giving people my address when I don't know them very well*** ich bin vorsichtig, wenn es darum geht, Leuten, die ich nicht besonders gut kenne, meine Adresse zu geben; ■**to be ~ of sb/sth** vor jdm/etw auf der Hut sein, sich *akk* vor jdm/etw in Acht nehmen

'war zone *n* Kriegsgebiet *nt*

was [wɒz, wəz, AM wɑːz, wəz] *pt of* **be**

wa·sa·bi [wə'sɑːbi] *n no pl* ❶ *(plant) orientalischer Meerrettich*
❷ *no pl (sauce) grüne Paste aus orientalischem Meerrettich, die in Japan zusammen mit Sushi gegessen wird*

Wash. AM *abbrev of* **Washington**

wash [wɒʃ, AM wɑːʃ] **I.** *n* <*pl* -es> ❶ *usu sing (cleaning, laundering)* Waschen *nt kein pl*; **to do a ~** [Wäsche] waschen; **to give sth/sb a** [**good**] **~** etw/jdn [gründlich] waschen; **to have a ~** sich *akk* waschen; **to need a good ~** gründlich gewaschen werden müssen
❷ *no pl (clothes)* ■**the ~** die Wäsche; **to be in the ~** in der Wäsche sein
❸ *no pl* AM *(liter: sound) of a river* Geplätscher *nt*; *of the sea* Brandung *f*
❹ *usu sing (thin layer)* [Farb]überzug *m*, Lasur *f*
❺ *usu sing (even situation)* Pattsituation *f*; ***they both have their pros and cons so it's a ~ really*** beide haben ihre Vor- und Nachteile, es bleibt sich also gleich
▶PHRASES: **it'll all come out in the ~** *(fam)* das wird sich alles klären
II. *vt* ❶ *(clean)* ■**to ~ sb/oneself/sth** jdn/sich/etw waschen; **to ~ sb's clothes** jds Wäsche waschen; **to ~ the dishes** abwaschen, [ab]spülen; **to ~ one's hair/hands** sich *dat* die Haare/Hände waschen; **to ~ one's hands** *(euph: go to the toilet)* sich *dat* die Hände waschen gehen *euph*; **to ~ a wound** eine Wunde spülen [*o* auswaschen]
❷ *usu passive (sweep)* **to be ~ed ashore** an Land gespült werden; **to be ~ed overboard** über Bord gespült werden
▶PHRASES: **to ~ one's dirty linen in public** *(pej)* seine schmutzige Wäsche in aller Öffentlichkeit waschen; **to not be fit to ~ sb's feet** es nicht wert sein, jds Füße zu waschen; **to ~ one's hands of sb/sth** mit jdm/etw nichts zu tun haben wollen; **to ~ sb's mouth** [**out**] **with soap and water** jdm den Mund gründlich mit Seifenwasser ausspülen
III. *vi* ❶ *(clean oneself)* sich *akk* waschen
❷ *(laundry)* **to ~ well** sich *akk* gut waschen lassen
❸ *(lap)* ■**to ~ against sth** gegen etw *akk* schlagen [*o* spülen]
▶PHRASES: **sth won't ~ with sb** etw hat keinerlei Wirkung bei jdm; ***your excuse for being late won't ~ with me*** deine Entschuldigung für dein Zuspätkommen kaufe ich dir nicht ab *fam*

◆**wash away** *vt* ❶ *(sweep off, erode)* ■**to ~ away** ↔ **sth** etw fortschwemmen [*o* wegspülen]; ■**to ~ sb away** jdn fortschwemmen; **to ~ away the soil** die Erde wegschwemmen
❷ *(fig: eliminate)* ■**to ~ away** ↔ **sth** etw vertreiben; **to ~ away sb's sins** jdn von seinen Sünden reinwaschen; ***and the blood of the Lamb has ~ed away the sins of the world*** und das Blut des Lammes nahm hinweg die Sünden der Welt
❸ *(clean)* ■**to ~ away** ↔ **sth** etw auswaschen

◆**wash down** *vt* ■**to ~ down** ↔ **sth** ❶ *(swallow)* etw hinunterspülen [*o* runterspülen] *fam*
❷ *(clean)* etw abwaschen; **to ~ down a car** ein Auto waschen
❸ *usu passive (carry off)* etw herabschwemmen; ***huge rocks had been ~ed down by the recent torrential rain*** riesige Felsbrocken wurden bei dem letzten sintflutartigen Regen heruntergeschwemmt

◆**wash off I.** *vi* sich *akk* abwaschen lassen
II. *vt* ■**to ~ off** ↔ **sth** etw abwaschen

◆**wash out I.** *vi* sich *akk* herauswaschen lassen
II. *vt* ❶ *(clean inside)* ■**to ~ out** ↔ **sth** etw auswaschen; **to ~ a bottle out** eine Flasche ausspülen
❷ *(remove)* ■**to ~ out** ↔ **sth** etw herauswaschen; *(fig)* etw auslöschen; **to ~ out the memory of sth** die Erinnerung an etw *akk* auslöschen
❸ *(launder)* ■**to ~ out** ↔ **sth** etw [aus]waschen
❹ *usu passive (abandon)* ■**to be ~ed out** *event* ins Wasser gefallen sein *fam*
❺ *(exhaust)* ■**to ~ out** ↔ **sb** jdn erschöpfen [*o* auslaugen]

◆**wash over** *vi* ❶ *(flow over)* ■**to ~ over sb/sth** über jdn/etw [hinweg]spülen
❷ *(fig: overcome)* ■**to ~ over sb** jdn überkommen [*o* übermannen]
❸ *(fig: have no effect)* ■**to ~ over sb** keine Wirkung auf jdn haben, an jdm abprallen; ***it makes no difference what I say, it just ~es over them*** es ist ganz egal, was ich sage, es prallt einfach an ihnen ab

◆**wash up I.** *vi* ❶ *(clean dishes)* abspülen, abwaschen
❷ AM *(wash oneself)* sich *akk* waschen
II. *vt* ■**to ~ up** ↔ **sth** *sea* etw anspülen

wash·able ['wɒʃəbl̩, AM 'wɑː-] *adj inv* waschecht; **machine-~** waschmaschinenfest

wash-and-'wear *adj inv* bügelfrei **'wash·bag** *n* Kulturbeutel *m*, Necessaire *nt* SCHWEIZ, ÖSTERR **'wash·ba·sin** *n* Waschbecken *nt* **'wash·board** *n (dated)* Waschbrett *nt* **wash·board 'stom·ach** *n* Waschbrettbauch *m* **'wash-bowl** *n* AM *(washbasin)* Waschbecken *nt*; *(bowl)* Waschschüssel *f* **'wash·cloth** *n* AM *(face cloth)* Waschlappen *m* **'wash col·umn** *n* CHEM Waschturm *m* **'wash·day** *n* Waschtag *m*

'wash·down *n* Wäsche *f*; **to give sb a ~** jdn waschen; **to give sth a ~** etw abwaschen; **to have a ~** sich *akk* waschen

washed-out [ˌwɒʃt'aʊt, AM ˌwɑːʃt-] *adj* ❶ *clothes* verwaschen; **~ jeans** verwaschene Jeans
❷ *(tired)* fertig *fam*, erledigt *fam*

washed-'up *adj (fam)* fertig *fam*, erledigt *fam*; ■**to be ~** weg vom Fenster sein *fam*; **to be all ~** völlig am Ende sein *fam*

wash·er ['wɒʃəʳ, AM 'wɑːʃə] *n* ❶ AM *(washing machine)* Waschmaschine *f*
❷ *(ring)* Unterlegscheibe *f*; *(for sealing)* Dichtung *f*, Dichtungsring *m*

wash·er-'up <*pl* washers-up>, *fam* **wash·er-'up·per** *n* Spüler(in) *m(f)*, Tellerwäscher(in) *m(f)*

'wash·er·wom·an *n* Waschfrau *f*, Wäscherin *f*

wash-'hand ba·sin *n* Waschbecken *nt* **'wash house** *n* Waschhaus *nt*

wash·ing ['wɒʃɪŋ, AM 'wɑː-] *n no pl* ❶ *(cleaning)* Wäsche *f*; **to do the ~** [Wäsche] waschen
❷ *(clothes)* ■**the ~** die Wäsche; **to hang** [*or* **peg**] **out the ~** die Wäsche aufhängen
❸ AM FIN Scheinkauf und -verkauf *m* von Wertpapieren

'wash·ing ma·chine *n* Waschmaschine *f*; **to empty/load the ~** die Waschmaschine ausräumen/voll machen **'wash·ing pow·der** *n* BRIT Waschpulver *nt* **'wash·ing soda** *n no pl*

Bleichsoda *nt*

Wash·ing·ton [ˌwɒʃɪŋtən, AM ˌwɑːʃɪŋ-] *n (US state)* Washington *nt*

Wash·ing·ton D.'C. *n (US city)* Washington *nt*

Wash·ing·to·nian [ˌwɒʃɪŋ'təʊniən, AM ˌwɑːʃɪŋ'toʊ-] **I.** *n* ❶ *(from Washington D.C.)* Bewohner(in) *m(f)* von Washington D.C.
❷ *(from Washington state)* Bewohner(in) *m(f)* des Staates Washington
II. *adj* aus dem Staate Washington *nach n*

wash·ing-'up *n no pl* BRIT, AUS ❶ *(cleaning dishes)* ■ **the ~** das Abwaschen, der Abwasch; **to do the ~** abspülen, abwaschen, den Abwasch machen
❷ *(dishes)* Abwasch *m fam,* schmutziges Geschirr

wash·ing-'up ba·sin, wash·ing-'up bowl *n* BRIT Spülbecken *nt,* Abwaschtrog *m* SCHWEIZ **wash·ing-'up liq·uid** *n* BRIT Spülmittel *nt,* Abwaschmittel *nt* SCHWEIZ

'wash leath·er *n* ❶ *no pl (material)* Waschleder *nt*
❷ *(to clean windows)* Fensterleder *nt*

'wash·out *n usu sing (fam)* Reinfall *m fam*

'wash·rag *n* AM *(face cloth)* Waschlappen *m* **'wash·room** *n* AM *(toilet)* Toilette *f* **'wash sale** *n* AM STOCKEX Scheingeschäfte *pl* **'wash·stand** *n* Waschtisch *m* **'wash·tub** *n* Waschwanne *f,* Waschbütte *f veraltend*

washy ['wɒʃi, AM 'wɑːʃ] *adj* ❶ *(insipid)* verwässert, schal, dünn *fig*
❷ *(faded) colour* blass, verwaschen

wasn't ['wɒzᵊnt, AM 'wɑː-] = **was not** *see* **be**

wasp [wɒsp, AM wɑːsp] *n* Wespe *f*

Wasp [wɑːsp] AM **I.** *n (pej) weißer amerikanischer Protestant angelsächsischer Herkunft*
II. *adj inv aus einer protestantischen weißen amerikanischen Familie angelsächsischen Ursprungs*

wasp·ish ['wɒspɪʃ, AM 'wɑːsp-] *adj* giftig *fam,* gehässig *pej*

Wasp·ish ['wɑːspɪʃ], **Waspy** ['wɑːspi] *adj inv* AM *(pej) kühl-korrekt, wie die weißen protestantischen Amerikaner angelsächsischer Herkunft*

wasp·ish·ly ['wɒspɪʃli, AM 'wɑːsp] *adv* bissig, scharf, gereizt

'wasps' nest *n* Wespennest *nt*

'wasp sting *n* Wespenstich *m* **wasp-'waist·ed** *adj inv* mit einer Wespentaille *nach n,* tailliert

wast·age ['weɪstɪdʒ] *n no pl* ❶ *(misuse)* Verschwendung *f*
❷ BRIT, AUS *(cutting workforce)* natürlicher Arbeitskräfteabgang
❸ BRIT UNIV *(dropouts)* Abgänge *pl*
❹ *(product wasted)* Ausschuss *m,* Abfall *m; (product lost)* Schwund *m,* Verlust *m;* ***there is a lot of ~ of material using this pattern*** man hat ziemlich viel Verschnitt, wenn man dieses Schnittmuster verwendet

waste [weɪst] **I.** *n* ❶ *no pl (misuse)* Verschwendung *f,* Vergeudung *f;* ***he's a total ~ of space, that man*** *(fam)* der Mann ist zu nichts zu gebrauchen; ***what a ~!*** was für eine Verschwendung!; **to be a ~ of effort** vergeudete Mühe sein; **it's a ~ of energy/money** es ist Energie-/Geldverschwendung; **to lay ~ to the land** das Land verwüsten; **~ of resources** Verschwendung [*o* Vergeudung] von Ressourcen; **~ of time** Zeitverschwendung *f,* Zeitvergeudung *f*
❷ *no pl (unwanted matter)* Abfall *m;* **household/industrial ~** Haushalts-/Industriemüll *m;* **nuclear** [*or* **radioactive**] **~** Atommüll *m;* **toxic ~** Giftmüll *m;* **to go to ~** verkommen, verderben; **to let sth go to ~** etw verderben lassen; **to recycle ~** Müll recyceln
❸ *(excrement)* Exkremente *pl*
❹ LAW *(damage done to land)* Einöde *f*
II. *vt* ❶ *(misuse)* ■ **to ~ sth** etw verschwenden [*o* vergeuden]; ***don't ~ your money on me, love*** verschwende dein Geld nicht an mich, Liebling; ***don't ~ my time!*** stiehl mir nicht meine wertvolle Zeit!; ***you are wasting your time here!*** das ist reine Zeitverschwendung!; **to ~ one's breath** sich *dat* seine Worte sparen können; **to ~ no time** keine Zeit verlieren; **to not ~ words** nicht viele Worte machen [*o* verlieren]
❷ AM *(sl: kill)* ■ **to ~ sb** jdn umlegen *fam*
III. *vi* ▸ PHRASES: **~ not, want not** *(prov)* spare in der Zeit, dann hast du in der Not *prov*

◆ **waste away** *vi* dahinsiechen *geh,* [zusehends] verfallen; *(get thinner)* immer dünner [*o fam* weniger] werden

'waste·bas·ket *n* AM *(wastepaper basket)* Papierkorb *m* **'waste bin** *n* Abfalleimer *m,* Müllbehälter *m,* SCHWEIZ *a.* Kehrichteimer *m,* Mistkübel *m* ÖSTERR *fam*

wast·ed ['weɪstɪd] *adj inv* ❶ *(misused)* verschwendet, vergeudet; ***all my efforts are ~!*** meine ganze Mühe war umsonst!; **~ journey** vergebliche Reise; **~ opportunity** verschenkte Gelegenheit; **~ time** vergeudete Zeit
❷ *(fig: unappreciated)* verschwendet; ■ **sth is ~ on sb** jd weiß etw nicht zu schätzen; ***this wine would be ~ on him*** dieser Wein wäre an ihn nur verschwendet
❸ *(thin)* ausgemergelt
❹ AM *(sl: very tired)* fertig *fam; (drunk)* zu *sl*

'waste dis·pos·al *n* ❶ *no pl (disposing)* Abfallbeseitigung *f,* Müllentsorgung *f,* Abfallentsorgung *f* SCHWEIZ ❷ *(disposer)* Müllschlucker *m* **waste-dis·'pos·al unit** *n* Müllschlucker *m*

waste·ful ['weɪs(t)fᵊl] *adj* verschwenderisch; ■ **to be ~ of sth** mit etw *dat* verschwenderisch umgehen; ***it's very ~ of electricity to have so many lights on at once*** es ist eine große Stromverschwendung, so viele Lampen gleichzeitig brennen zu lassen

waste·ful·ly ['weɪs(t)fᵊli] *adv* verschwenderisch

waste·ful·ness ['weɪstfᵊlnəs] *n no pl* Verschwendung *f*

'waste ground *n no pl (not cultivated)* Ödland *nt; (not built on)* unbebautes Land **waste 'heat** *n no pl* TECH Abwärme *f fachspr*

'waste·land *n* ❶ *(neglected land)* ungenutztes Grundstück; *(not built on)* unbebautes Grundstück
❷ *no pl (empty area)* Ödland; *(not built on)* unbebautes Land
❸ *(fig: unproductive area)* Öde *f;* ***their relationship had become an emotional ~*** ihre Beziehung hatte sich emotional totgelaufen; **cultural ~** Kulturwüste *f*

waste 'man·age·ment *n no pl* Abfallwirtschaft *f*

'waste·pa·per *n no pl* Papiermüll *m; (for recycling)* Altpapier *nt* **'waste·pa·per bas·ket**, BRIT, AUS *also* **'waste·pa·per bin** *n* Papierkorb *m* **'waste pipe** *n* Abflussrohr *nt* **waste 'prod·uct** *n* Abfallprodukt *nt*

wast·er ['weɪstəʳ, AM -ɚ] *n* ❶ *(wasteful person)* Verschwender(in) *m(f);* **money/time ~** Geld-/Zeitverschwender(in) *m(f) pej*
❷ BRIT *(fam: good-for-nothing)* Taugenichts *m pej veraltend*

waste re·'cy·cling *n* Abfallrecycling *nt* **waste re·'pro·cess·ing** *n* Müllwiederaufbereitung *f,* Müllverwertung *f,* Abfallverwertung *f* SCHWEIZ

wastes [weɪsts] *npl* Einöde *f;* **the ~ of the Arctic/Sahara** die eintönigen Weiten der Arktis/Sahara

'waste sepa·ra·tion *n no pl* Mülltrennung *f*

waste 'steam *n no pl* Abdampf *m* **waste·wa·ter** ['weɪstˌwɔːtəʳ, AM -ˌwɑːt̬ɚ, -ˌwɔː-] *n no pl* Abwasser *nt;* **~ treatment plant** Wasseraufbereitungsanlage *f*

wast·ing ['weɪstɪŋ] *adj attr, inv* schwächend *attr,* zehrend *attr;* **muscle-~ disease** muskelschwächende Krankheit

wast·rel ['weɪstrᵊl] *n (liter)* Nichtsnutz *m pej veraltend,* Taugenichts *m pej veraltend*

watch [wɒtʃ, AM wɑːtʃ] **I.** *n* ❶ *(timepiece)* **wrist~** Armbanduhr *f;* **pocket ~** Taschenuhr *f*
❷ *no pl (observation)* Wache *f;* **on ~** auf Wache; **to be on ~** Wache haben; **to be on ~ for sth** nach etw *dat* Ausschau halten; **to be under** [**close**] **~** unter [strenger] Bewachung stehen; **to keep ~** Wache halten; **to keep a close ~ on sb/sth** jdn/etw scharf bewachen; **to keep close ~ over sb/sth** über jdn/etw sorgsam wachen; **to put a ~ on sb** jdn beobachten lassen
❸ *(period of duty)* Wache *f;* **in** [*or* **through**] **the** [**long**] **~es of the night** *(liter)* in den langen Stunden der Nacht *liter;* **the officers of the ~** die wachhabenden Offiziere
❹ *(unit)* Wacheinheit *f,* Wachtrupp *m,* Wachmannschaft *f*
❺ *(fam: film, programme)* Film *m,* Sendung *f;* **to be an entertaining ~** unterhaltsam anzusehen sein
II. *vt* ❶ *(look at)* ■ **to ~ sb/sth** jdn/etw beobachten; ***I ~ed him get into a taxi*** ich sah, wie er in ein Taxi stieg; ***I ~ed the man repairing the roof*** ich schaute dem Mann dabei zu, wie er das Dach reparierte; ***it's fascinating ~ing children grow up*** es ist faszinierend, die Kinder heranwachsen zu sehen; ***I got the feeling I was being ~ed*** ich bekam das Gefühl, beobachtet zu werden; ***I'll only show you this once, so ~ carefully*** ich werde dir das nur dieses eine Mal zeigen, also pass gut auf; ***just ~ me!*** schau mal, wie ich das mache!; *(in a race)* ***just ~ him go!*** sieh nur, wie er rennt!; **to ~ a match** SPORT einem Match zusehen; **to ~ the clock** [ständig] auf die Uhr sehen; **to ~ a film/a video** sich *dat* einen Film/ein Video ansehen; **to ~ TV** fernsehen; **to ~ the world go by** die [vorbeigehenden] Passanten beobachten
❷ *(keep vigil)* ■ **to ~ sb/sth** auf jdn/etw aufpassen, jdn/etw im Auge behalten; ***~ your son for symptoms of measles*** achten Sie bei Ihrem Sohn darauf, ob er Symptome von Masern aufweist; **to ~ sb/sth like a hawk** jdn/etw mit Argusaugen bewachen *geh*
❸ *(be careful about)* ■ **to ~ sth** auf etw *akk* achten; ***~ your language!*** du sollst nicht fluchen!; ***~ it!*** pass auf!; ***you want to ~ him*** bei ihm solltest du aufpassen; ***~ yourself!*** sieh dich vor!; ***you have to ~ what you say to Aunt Emma*** bei Tante Emma musst du aufpassen, was du sagst; **to ~ it with sb** sich *akk* vor jdm vorsehen *geh;* **to ~ every penny** [**one spends**] auf den Pfennig sehen [*o* ÖSTERR Groschen klauben] *fam;* **to ~ the time** auf die Zeit achten; ***you'll have to ~ the time, your train leaves soon*** du musst dich ranhalten, dein Zug fährt bald *fam;* **to ~ one's weight** auf sein Gewicht achten
▸ PHRASES: **a ~ed kettle** [*or* **pot**] **never boils** *(prov)* wenn man auf etwas wartet, dauert es besonders lang; **~ paint dry** *(hum fam)* ***what a performance! I'd rather ~ paint dry!*** mein Gott war die Vorstellung langweilig!; **~ this space!** mach dich auf etwas gefasst!; **to ~ one's step** aufpassen, sich *akk* vorsehen *geh*
III. *vi* ❶ *(look)* zusehen, zuschauen; ***they just sit and ~*** die sitzen hier nur dumm rum und schauen zu *fam;* ***she'll pretend that she hasn't seen us - you ~*** pass auf - sie wird so tun, als habe sie uns nicht gesehen; ■ **to ~ as sb/sth does sth** zusehen, wie jd/etw etw tut; ■ **to ~ for sth/sb** nach etw/jdm Ausschau halten
❷ *(be attentive)* aufpassen; **~ *that ...*** pass auf, dass ...; **to ~ like a hawk** wie ein Luchs aufpassen; ■ **to ~ over sb/sth** über jdn/etw wachen; **to ~ over children** auf Kinder aufpassen

◆ **watch out** *vi* ❶ *(keep lookout)* ■ **to ~ out for sb/sth** nach jdm/etw Ausschau halten; ***remember to ~ out for him*** denk daran, auf ihn zu achten
❷ *(beware of)* aufpassen, sich *akk* in Acht nehmen; ***~ out!*** Achtung!, Vorsicht!; ■ **to ~ out for sb/sth** sich *akk* vor jdm/etw in Acht nehmen

watch·able ['wɒtʃəbl, AM 'wɑː-] *adj (fam) film* sehenswert

'watch·band *n* AM, AUS Uhr[arm]band *nt* **'watch chain** *n* Uhrkette *f*

'watch·dog *n* ❶ *(guard dog)* Wachhund *m*
❷ *(fig: person)* Überwachungsbeauftragte(r) *f(m)* (**on** für *+akk*), Aufpasser(in) *m(f) fam; (organization)* Überwachungsgremium *nt,* Kontrollgremium *nt; (state-controlled)* Aufsichtsbehörde *f,* Kontrollbehörde *f*

watch·er ['wɒtʃəʳ, AM 'wɑːtʃɚ] *n (watching person)* Zuschauer(in) *m(f); (observer)* Beobachter(in) *m(f)*

watch·ful ['wɒtʃfᵊl, AM 'wɑː-] *adj* wachsam, aufmerksam; **to keep a ~ eye on sb/sth** ein wachsames Auge auf jdn/etw haben; **under the ~ eye of sb** unter jds Aufsicht

W

watch·ful·ly ['wɒtʃfᵊli, AM 'wɑ:-] *adv* wachsam, aufmerksam

watch·ful·ness ['wɒtʃfᵊlnəs, AM 'wɑ:-] *n no pl* Wachsamkeit *f*

watch·ing brief ['wɒtʃɪŋ-] *n* BRIT ① LAW Auftrag *m* zur Prozessverfolgung *(im Interesse eines nicht Beteiligten)*
② *(indirect interest)* mittelbares Interesse

'watch·list *n* Beobachtungsliste *f*, schwarze Liste *fam*

'watch·mak·er [-,meɪkəʳ, AM -,meɪkɚ] *n* Uhrmacher(in) *m(f)*

'watch·man *n* Wachmann *m;* **night ~** Nachtwächter *m*

'watch·strap *n esp* BRIT Uhr[arm]band *nt* **'watch·tow·er** *n* Wachturm *m*

'watch·word *n usu sing* ① *(slogan)* Parole *f*, Losung *f*
② *(password)* Kennwort *nt;* MIL Parole *f*

wa·ter ['wɔ:təʳ, AM 'wɑ:t̬ɚ] **I.** *n* ① *no pl (colourless liquid)* Wasser *nt;* **a bottle/a drink/a glass of ~** eine Flasche/ein Schluck *m*/ein Glas *nt* Wasser; **bottled ~** in Flaschen abgefülltes Wasser; **~ for domestic use** Haushaltsbrauchwasser *nt;* **~ for firefighting** Löschwasser *nt;* **hot and cold running ~** fließendes kaltes und warmes Wasser; **to make ~** *(urinate)* Wasser lassen; *(leak)* lecken, Wasser machen; **to pass ~** Wasser lassen; **by ~** auf dem Wasserweg; **under ~** unter Wasser
② *(area of water)* ■**~s** *pl* Gewässer *pl;* **the ~s of the Rhine** die Wasser *pl* [*o liter* Fluten *pl*] des Rheins; **British/South African ~** Britische/Südafrikanische Gewässer; **coastal ~s** Küstengewässer *pl;* **murky ~s** *(dated or fig)* trübe Gewässer *fig;* **uncharted ~s** *(fig)* unbekannte Gewässer *fig*
③ *(dated)* ■**~s** *pl (spa water)* Heilquelle *f;* **to take the ~s** *(hist)* eine Brunnenkur machen
④ *(tide level)* Wasserstand *m;* **high ~** Hochwasser *nt;* **low ~** Niedrigwasser *nt;* **high ~ mark** Hochwassermarke *f;* **low ~ mark** Niedrigwassermarke *f*
⑤ MED **~ on the brain** Wasserkopf *m;* **~ on the knee** Kniegelenkerguss *m*
⑥ *(amniotic fluid)* ■**the ~s** *pl* das Fruchtwasser; ***at around three o'clock her ~s broke*** gegen drei Uhr ist bei ihr die Fruchtblase geplatzt
▸PHRASES: **blood is thicker than ~** *(prov)* Blut ist dicker als Wasser; **to be ~ under the bridge** Schnee von gestern sein *fam;* **come hell or high ~** komme was [da] wolle, unter allen Umständen; **to be in deep ~** in großen Schwierigkeiten sein; **to be [like] ~ off a duck's back** an jdm einfach abprallen, jdn völlig kaltlassen *fam;* **of the first ~** *(extremely good)* von höchster Qualität *nach n; (extremely bad)* der schlimmsten Sorte *nach n;* **like a fish out of ~** wie ein Fisch auf dem Trocknen; **to get into hot ~** in Teufels Küche kommen; **to go through fire and ~ for sb/sth** für jdn/etw durchs Feuer gehen; **through hell and high ~** durch dick und dünn; **to hold ~** *argument* stichhaltig [*o* wasserdicht] sein; **to keep one's head above ~** sich *akk* über Wasser halten; **to pour oil on troubled ~s** Öl auf die Wogen gießen, die Gemüter beruhigen; **to pour cold ~ on sth** etw *dat* einen Dämpfer aufsetzen *fam;* ***stop pouring cold ~ on all my ideas!*** hör auf, mir alle meine Ideen madigzumachen!; **to spend money like ~** das Geld mit beiden Händen ausgeben, mit dem Geld nur so um sich *akk* werfen; **still ~s run deep** *(fig)* stille Wasser sind tief *prov;* **to take to sth like a duck to ~** sich *akk* bei etw *dat* gleich in seinem Element fühlen; **you can take a horse to ~ but you can't make it drink** *(prov)* man kann niemanden zu seinem Glück zwingen; **to throw out the baby with the bath ~** das Kind mit dem Bade ausschütten
II. *vt* ■**to ~ sth** etw bewässern; *farm animals* etw tränken; *garden* etw sprengen; *flowers, plants* etw gießen
III. *vi* ① *(produce tears) eyes* tränen
② *(salivate) mouth* wässern *geh;* ***ooh, the smell of that bread is making my mouth ~!*** mmh, das Brot riecht so gut, da läuft einem ja das Wasser im Mund zusammen!
◆**water down** *vt* ■**to ~ down** ↻ **sth** ① *(dilute)* etw [mit Wasser] verdünnen; **to ~ down wine** Wein panschen
② *(fig: make less controversial)* etw verwässern *fig;* **a ~ed-down version of the proposal** eine abgemilderte Version des Vorschlags

'wa·ter bed *n* Wasserbett *nt* **'wa·ter bill** *n* Wasser[ab]rechnung *f* **'wa·ter·bird** *n* Wasservogel *m*, Schwimmvogel *m* **'wa·ter bis·cuit** *n* ≈ Kräcker *m* **wa·ter 'boat·man** *n* ZOOL Rückenschwimmer *m*

'wa·ter-borne *adj inv* ① *(transported)* zu Wasser befördert; **~ trade** Handelsschifffahrt *f;* **~ attack** Angriff *m* zu Wasser
② *(transmitted)* durch Trinkwasser übertragen; **~ disease** durch das Wasser übertragene Krankheit

'wa·ter bot·tle *n* Wasserflasche *f;* MIL Feldflasche *f* **'wa·ter·buck** <*pl* - *or* -s> *n* ZOOL Wasserbock *m* **'wa·ter buf·fa·lo** *n* Wasserbüffel *m* **'wa·ter butt** *n* BRIT Regentonne *f* **'wa·ter can·non** *n* Wasserwerfer *m* **'wa·ter car·ri·er** *n* ① *esp* BRIT ASTROL ■**the ~** der Wassermann ② *(person)* Wasserträger(in) *m(f)* ③ *(water pipe)* Wasserleitung *f* **'wa·ter cart** *n (hist)* Wasserkarren *m*, Wasserwagen *m* **'wa·ter chute** *n* Wasserrutschbahn *f*, Wasserrutsche *f fam* **'wa·ter clos·et** *n* WC *nt* **'wa·ter col·our**, AM **'wa·ter col·or I.** *n* ① *(paint)* Wasserfarbe *f*, Aquarellfarbe *f*
② *(picture)* Aquarell *nt*
③ *no pl (style of painting)* Aquarellmalerei *f*
II. *adj usu attr* Aquarell- **wa·ter·col·our·ist** ['wɔ:təkʌlᵊrɪst, AM 'wɑ:t̬ɚ-] *n* Aquarellmaler(in) *m(f)* **'wa·ter con·tent** *n* Wassergehalt *m* **'wa·ter-cooled** *adj* wassergekühlt **wa·ter-cool·er con·ver·sa·tion, wa·ter-cool·er gos·sip, wa·ter-cool·er de·bate** ['wɔ:tə,ku:lə-, AM 'wɑ:t̬ɚ,ku:lɚ-] *n (gossip)* [Büro]tratsch *m pej fam*, Klatsch *m pej fam*, Bassenatratsch *m* ÖSTERR *pej fam* **'wa·ter·course** *n* Wasserlauf *m* **'wa·ter·craft** *n* ① *(liter: vessel)* Wasserfahrzeug *nt* ② *no pl (dated: skill)* Geschicklichkeit *f* im Wassersport **'wa·ter·cress** *n no pl* BOT Brunnenkresse *f* **'wa·ter cure** *n* MED Wasserkur *f* **'wa·ter di·vin·er** *n* BRIT [Wünschel]rutengänger(in) *m(f)*

'wa·ter-driven *adj* wasserbetrieben

'wa·ter·fall *n* Wasserfall *m* **'wa·ter fil·ter** *n* Wasserfilter *m* **'wa·ter foun·tain** *n (fountain)* Quelle *f; (for drinking)* Trinkbrunnen *m* **'wa·ter·fowl** *n* ZOOL *(one bird)* Wasservogel *m*, Schwimmvogel *m; (collectively)* Wasservögel *pl*, Schwimmvögel *pl* **'wa·ter·front** *n (bank, shore)* Ufer *nt; (area)* Hafengebiet *nt*, Hafenviertel *nt*

Wa·ter·gate ['wɔ:təgeɪt, AM 'wɑ:t̬ɚ] *n* HIST, POL Watergate *nt a. fig*

'wa·ter gauge *n* Wasserstandsmesser *m*, Wasserstandsanzeiger *m* **'wa·ter head** *n* PHYS Wassersäule *f* **'wa·ter heat·er** *n* Heißwassergerät *nt* **'wa·ter hole** *n* Wasserloch *nt* **'wa·ter hose** *n* Wasserschlauch *m* **'wa·ter ice** *n (dated)* Fruchteis *nt*

wa·teri·ness ['wɔ:tᵊrɪnəs, AM 'wɑ:t̬ɚ-] *n* Wässrigkeit *f*

wa·ter·ing ['wɔ:tᵊrɪŋ, AM 'wɑ:t̬ɚ-] *n of land, fields* Bewässerung *f*, Bewässern *nt; of garden* Sprengen *nt; of flowers, plants* Gießen *nt*

'wa·ter·ing can *n* Gießkanne *f* **'wa·ter·ing hole** *n* ① *(for animals)* Wasserstelle *f* ② *(hum fam: bar)* Kneipe *f fam* **'wa·ter·ing place** *n* ① *(fam: watering hole)* Wasserstelle *f*, [Vieh]tränke *f* ② *(dated: spa)* [Kur]bad *nt*, Kurort *m; (seaside resort)* Seebad *nt*

'wa·ter jump *n* SPORT Wassergraben *m*

wa·ter·less ['wɔ:tᵊləs, AM 'wɑ:t̬ɚ-] *adj* wasserlos; **~ desert** trockene Wüste

'wa·ter lev·el *n* ① *(of surface water)* Wasserstand *m; of river* Pegel[stand] *m* ② *(of groundwater)* Grundwasserspiegel *m* **'wa·ter lily** *n* Seerose *f*, Teichrose *f* **'wa·ter line** *n no pl* NAUT Wasserlinie *f;* GEOL Grundwasserspiegel *m* **'wa·ter-logged** *adj boat, ship* vollgelaufen; *wood* vollgesogen; *clothes* durchnässt; *ground* feucht

Wa·ter·loo [,wɔ:tə'lu:, AM 'wɑ:t̬ɚlu:] *n* ▸PHRASES: **to meet one's ~** ein Fiasko erleiden

'wa·ter main *n* Haupt[wasser]leitung *f*, Haupt[wasser]rohr *nt* **'wa·ter·man** *n* ① *(ferryman)* Fährmann *m* ② SPORT Ruderer *m* **'wa·ter·mark I.** *n* ① *(showing tide level)* Wasser[stands]marke *f* ② *(on paper)* Wasserzeichen *nt* **II.** *vt* ■**to ~ sth** etw mit Wasserzeichen versehen **'wa·ter mead·ows** *npl* Feuchtwiesen *pl*, Auen *pl* **'wa·ter·mel·on** *n* Wassermelone *f* **'wa·ter me·ter** *n* Wasserzähler *m*, Wasseruhr *f* **'wa·ter mill** *n* Wassermühle *f* **'wa·ter park** *n* Erlebnisbad *nt* **'wa·ter pipe** *n* ① *(conduit)* Wasserleitung *f*, Wasserrohr *nt* ② *(hookah)* Wasserpfeife *f* **'wa·ter pis·tol** *n* Wasserpistole *f* **'wa·ter plane** *n* Wasserflugzeug *nt* **'wa·ter pol·lu·tion** *n* Wasserverschmutzung *f; of sea, river* Gewässerverschmutzung *f; of drinking water* Trinkwasserbelastung *f* **'wa·ter polo** *n* Wasserball *m kein pl;* **game of ~** Wasserballspiel *nt* **'wa·ter pow·er** *n no pl* Wasserkraft *f* **'wa·ter-pow·er plant, 'wa·ter-pow·er sta·tion** *n* Wasserkraftwerk *nt* **'wa·ter pres·sure** *n* Wasserdruck *m* **'wa·ter·proof I.** *adj* wasserdicht; *clothes* wasserundurchlässig; *colour* wasserfest **II.** *n esp* BRIT *(coat)* Regenmantel *m; (jacket)* Regenjacke *f* **III.** *vt* ■**to ~ sth** etw wasserundurchlässig [*o* wasserdicht] machen; **to ~ one's bag/jacket/shoes** seine Tasche/Jacke/Schuhe imprägnieren **'wa·ter rat** *n* Wasserratte *f* **wa·ter-re·'pel·lent** *adj* Wasser abweisend, Wasser abstoßend **wa·ter-re·'sist·ant** *adj* wasserbeständig; **~ colour** [*or* AM **color**] wasserfeste Farbe **wa·ter re'ten·tion val·ue** *n* CHEM, PHYS Wasserrückhaltevermögen *nt* **'wa·ter·shed** *n* ① *(high ground)* Wasserscheide *f* ② *(fig: great change)* Wendepunkt *m;* **to mark a ~** einen Wendepunkt markieren [*o* darstellen] **'wa·ter short·age** *n* Wassermangel *m kein pl*, Wasserknappheit *f* **'wa·ter·side** *n no pl (beside lake)* Seeufer *nt; (beside river)* Flussufer *nt; (beside sea)* Strand *m;* **~ café** am Wasser gelegenes Café **'wa·ter-ski I.** *vi* Wasserski fahren [*o* laufen]; **to go ~ing** Wasserskilaufen gehen **II.** *n* Wasserski *m* **'wa·ter slide** *n* Wasserrutschbahn *f* **'wa·ter snake** *n* Wasserschlange *f* **'wa·ter sof·ten·er** *n* Wasserenthärter *m* **wa·ter-'sol·uble** *adj* wasserlöslich **'wa·ter sports** *npl* Wassersport *m kein pl* **'wa·ter·spout** *n esp* AM ① METEO Wasserhose *f*, Trombe *f fachspr* ② *(cloudburst)* Wolkenbruch *m*, Platzregen *m* ③ *(pipe)* Rohr *nt*

'wa·ter sup·ply *n* ① *usu sing (for area)* Wasservorrat *m*, Wasserreservoir *nt* ② *usu sing (for households)* Wasserversorgung *f* **wa·ter 'sup·ply pipe** *n* Wasserzuleitung *f*, Wasserversorgungsleitung *f* **wa·ter 'supply point** *n* Wasserentnahmestelle *f; (for fire fighting)* Hydrant *m*

'wa·ter·ta·ble *n* Grundwasserspiegel *m* **'wa·ter tank** *n* Wassertank *m*, Wasserspeicher *m* **'wa·ter taxi** *n* Wassertaxi *nt* **'wa·ter·tight** ['wɔ:tətaɪt, AM 'wɑ:t̬ɚ-] *adj* ① *(impermeable)* wasserdicht ② *(fig: not allowing doubt) agreement* wasserdicht *fig; argument* unanfechtbar, hieb- und stichfest **'wa·ter tow·er** *n* Wasserturm *m*

'wa·ter va·pour, AM **'wa·ter va·por** *n* Wasserdampf *m;* **~ permeability** Wasserdampfdurchlässigkeit *f* **'wa·ter vole** *n* Schermaus *f* **'wa·ter wave** *n* Wasserwelle *f* **'wa·ter·way** *n* Wasserstraße *f*, Schifffahrtsweg *m* **'wa·ter wheel** *n* Wasserrad *nt* **'wa·ter·wings** *npl* Schwimmflügel *pl;* **to wear ~** Schwimmflügel anhaben *fam* **'wa·ter·works** *npl* ① *(facility)* Wasserwerk *nt* ② *(fam: in body)* [Harn]blase *f* ▸PHRASES: **to turn on the ~** *(pej)* losheulen *fam*, losflennen *fam*

wa·tery <more, most *or* -ier, -iest> ['wɔ:tᵊri, AM 'wɑ:t̬ɚi] *adj* ① *(pej: bland) coffee, drink* dünn; *soup* wässrig
② *(pale-coloured)* blass; *(weak) light, sun* fahl; *smile* müde
③ *(liter)* **to meet a ~ grave** sein Grab in den Wellen finden *liter o fig*

watt, Watt *n* [wɒt, AM wɑ:t] ELEC, PHYS Watt *nt*

watt·age ['wɒtɪdʒ, AM 'wɑ:t̬-] *n no pl* ELEC Wattzahl *f*, Wattleistung *f*

wat·tle ['wɒtl, AM 'wɑ:t̬l] *n* ① *no pl (twig structure)* Flechtwerk *nt*

❷ AUS *(acacia)* [australische] Akazie; ~ **tree** Goldakazie *f*

wat·tle and 'daub *n no pl* Lehmflechtwerk *nt*

watt·less ['wɒtləs, AM 'wɑ:t-] *adj inv* ELEC wattlos, Blind-; ~ **component** Blindkomponente *f;* ~ **current** Blindstrom *m*

wave [weɪv] **I.** *n* ❶ *(of water)* Welle *f,* Woge *f geh;* **crest of a** ~ Wellenkamm *m*
❷ *(fig: feeling)* Welle *f fig,* Woge *f fig geh;* ~ **of emotion** Gefühlswallung *f;* **on the crest of a** ~ *(fig)* auf dem Höhepunkt; ***she's riding on the crest of a*** ~ sie ist im Moment ganz oben; ~ **of fear/panic/sympathy** Welle der Angst/Panik/Sympathie
❸ *(series)* Welle *f;* ~ **of redundancies** Entlassungswelle *f;* ~ **of terrorism** Terrorwelle *f;* **to spark off a** ~ **of protest** eine Welle des Protests auslösen
❹ *(hand movement)* Wink *m;* **with a** ~ **of the hand** mit einer Handbewegung; ***and then, with a*** ~ ***of the hand, she was off*** und dann winkte sie noch einmal und war verschwunden; **to give sb a** ~ jdm [zu]winken
❺ *(hairstyle)* Welle *f;* ***your hair has a natural*** ~ dein Haar ist von Natur aus gewellt
❻ PHYS Welle *f;* **long/medium/short** ~ Lang-/Mittel-/Kurzwelle *f*
▶ PHRASES: **to come over sb in ~s** *(fam)* jdn immer wieder heimsuchen; **to make ~s** *(fig: cause shake-up)* Unruhe stiften; *(create impression)* Aufsehen erregen, Staub aufwirbeln *fig*
II. *vi* ❶ *(greet)* winken; ■ **to** ~ **at** [*or* **to**] **sb** jdm [zu]winken; ***I ~d at him across the room*** ich winkte ihm durch den Raum zu
❷ *(sway) field of grass, field of corn* wogen *geh; flag* wehen, flattern
❸ *(be wavy)* sich *akk* wellen
III. *vt* ❶ *(signal with)* ■ **to** ~ **sth at** [*or* **to**] **sb** jdm mit etw *dat* winken; **to** ~ **one's hand** winken; ***she was waving her hand at the departing car*** sie winkte dem davonfahrenden Auto hinterher; **to** ~ **one's hands around** [mit den Händen] herumfuchteln *fam;* **to** ~ **sb goodbye** [*or* **goodbye to sb**] jdm zum Abschied [nach]winken
❷ *(swing)* ■ **to** ~ **sth** etw schwenken; **to** ~ **a magic wand** einen Zauberstab schwingen
❸ *(make wavy)* **to** ~ **one's hair** sich *dat* das Haar wellen; **to have one's hair ~d** sich *dat* das Haar wellen lassen

◆ **wave aside** *vt* ■ **to** ~ **aside** ○ **sth** *(fig)* etw [mit einer Handbewegung] abtun; **to** ~ **aside an idea/an objection/a suggestion** eine Idee/einen Einwand/Vorschlag abtun

◆ **wave away** *vt* ■ **to** ~ **away** ○ **sb** jdn wegschicken [*o* abwimmeln]; ■ **to** ~ **away** ○ **sth** etw zurückweisen [*o* verschmähen]

◆ **wave down** *vt* ■ **to** ~ **down** ○ **sb/sth** jdn/etw anhalten [*o* stoppen]

◆ **wave off** *vt* ■ **to** ~ **off** ○ **sb** jdm [zum Abschied] nachwinken

◆ **wave on** *vt* ■ **to** ~ **on** ○ **sb/sth** jdn/etw weiterwinken; ***the policeman ~d the traffic on*** der Polizist winkte den Verkehr durch

◆ **wave through** *vt* ■ **to** ~ **through** ○ **sb** jdn durchwinken

'wave-band *n* Wellenbereich *m,* Frequenzbereich *m;* **to broadcast in the long/medium/short** ~ auf Lang-/Mittel-/Kurzwelle senden **'wave function** *n* MATH Wellenfunktion *f* **'wave-length** *n* PHYS Wellenlänge *f* ▶ PHRASES: **to be on the same** ~ auf derselben Wellenlänge liegen, dieselbe Wellenlänge haben

wave·let ['weɪvlət] *n* kleine Welle, Kräuselwelle *f*

'wave num·ber *n* PHYS Wellenzahl *f* **'wave pow·er** *n* PHYS Wellenkraft *f,* Wellenenergie *f* **'wave propa·ga·tion** *n* PHYS Wellenausbreitung *f*

wa·ver ['weɪvəʳ, AM -ɚ] *vi* ❶ *(lose determination)* ins Wanken geraten, wanken; *concentration, support* nachlassen
❷ *(become unsteady) eyes* flackern; *voice* beben, zittern
❸ *(be indecisive)* schwanken, unschlüssig sein; ■ **to** ~ **over sth** sich *dat* etw hin- und herüberlegen, sich *dat* über etw den Kopf zerbrechen

'wave·range *n* Wellenbereich *m*

wa·ver·er ['weɪvᵊrəʳ, AM -ɚɚ] *n* Unentschlossene(r) *f(m),* Zauderer, Zauderin *m, f*

wa·ver·ing ['weɪvᵊrɪŋ, AM -ɚ-] *adj usu attr* unentschlossen; *between two options* schwankend *attr; flame, candle* flackernd; *courage* wankend; *voice* zitternd

wavy ['weɪvi] *adj* wellig, gewellt, Wellen-; ~ **field of corn** wogendes Kornfeld; ~ **hair** gewelltes Haar; ~ **line** Schlangenlinie *f;* ~ **pattern** Wellenmuster *nt*

wax[1] [wæks] **I.** *n* ❶ *(substance)* Wachs *nt;* **candle** ~ Kerzenwachs *nt*
❷ *(for polishing)* Wachs *nt; (for shoes)* Schuhcreme *f*
❸ *(inside ear)* Ohrenschmalz *nt*
▶ PHRASES: **to be like** ~ **in sb's hands** *esp* BRIT *(fig)* wie Wachs in jds Händen sein
II. *vt* ❶ *(polish)* ■ **to** ~ **sth** etw wachsen; **to** ~ **the floor** den Fußboden bohnern [*o* ÖSTERR einlassen]; **to** ~ **one's moustache** [sich *dat*] den Schnurrbart wachsen [*o fam* wichsen]; **to** ~ **shoes** Schuhe wichsen *fam;* **to** ~ **wood** Holz [ein]wachsen [*o* mit Wachs behandeln]
❷ *(remove hair)* **to** ~ **one's legs** sich *dat* die Beine [mit Wachs] enthaaren

wax[2] [wæks] *vi* ❶ *(liter: get larger) moon* zunehmen; **to** ~ **and wane** zu- und abnehmen; *(fig) love* kommen und gehen
❷ *(liter: become)* werden; **to** ~ **lyrical** [**about sth**] [über etw *akk*] ins Schwärmen geraten

wax[3] [wæks] *n* BRIT *(dated fam)* **to be in a** ~ [**about sth**] [wegen einer S. *gen*] eine Stinkwut haben *fam*

waxed [wækst] *adj usu attr* gewachst; *floor* gebohnert, eingelassen ÖSTERR; *moustache* gewachst, gewichst *fam;* ~ **jacket** eingewachste [*o* mit Wachs imprägnierte] Jacke; ~ **paper** Butterbrotpapier *nt,* Wachspapier *nt*

wax·en ['wæksᵊn] *adj* wächsern; *complexion* wachsbleich

wax·er ['wæksəʳ, AM -ɚ] *n jd, der eine Wachsbehandlung ausführt*

'wax-head *n* AUS *(fam)* begeisterter Surfer/begeisterte Surferin

wax·ing ['wæksɪŋ] *n no pl* Wachsen *nt*

'wax pa·per *n* Butterbrotpapier *nt,* Wachspapier *nt*

'wax·work *n* Wachsfigur *f*

'wax·works *n + sing vb* Wachsfigurenkabinett *nt*

waxy ['wæksi] *adj* ❶ *(like wax)* Wachs-, aus Wachs *nach n,* wächsern *geh,* wachsartig *pej*
❷ BRIT *(firm when cooked) potatoes* festkochend

way [weɪ]

I. NOUN

❶ *(road)* Weg *m;* **the W~ of the Cross** der Kreuzweg; **cycle** ~ Fahrradweg *m,* Veloweg *m* SCHWEIZ; **one-~ street** Einbahnstraße *f;* **to be across** [*or* BRIT *also* **over**] **the** ~ gegenüber sein
❷ *(route)* Weg *m;* ***excuse me, which ~ is the train station?*** Entschuldigung, wie geht es hier zum Bahnhof?; ***could you tell me the ~ to the post office, please?*** könnten Sie mir bitte sagen, wie ich zur Post komme?; ***there's no ~ through the centre of town in a vehicle*** das Stadtzentrum ist für Autos gesperrt; ***will you get some bread on your ~ home?*** kannst du auf dem Heimweg [etwas] Brot mitbringen?; ***oh, I must be on my ~*** oh, ich muss mich auf den Weg machen!; ***on the ~ in/out ...*** beim Hineingehen/Hinausgehen ...; ***on my ~ to Glasgow, I saw ...*** auf dem Weg nach Glasgow sah ich ...; ***on the ~ back from India, ...*** auf dem Rückweg/Rückflug von Indien ...; ***sorry, I'm on my ~ out*** tut mir leid, ich bin gerade am Gehen; ***we stopped on the ~ to ask for directions*** wir hielten unterwegs, um nach dem Weg zu fragen; ***"~ In/ Out"*** „Eingang/Ausgang"; ***we have to go by ~ of Copenhagen*** wir müssen über Kopenhagen fahren; **to ask the** ~ [**to the airport/station**] nach dem Weg [zum Flughafen/Bahnhof] fragen; **to be on the** ~ *letter, baby* unterwegs sein; **to be on the** [*or* **one's**] ~ [**to sth**] auf dem Weg [*o* unterwegs] [zu etw *dat*] sein; ***no problem, it's on my*** ~ kein Problem, das liegt auf meinem Weg; **to be out of the** ~ abgelegen sein; **to be out of sb's** ~ für jdn ein Umweg sein; **to be under** ~ *person* losgegangen sein; *(fig)* im Gange sein; ***we stopped to have lunch but within half an hour we were under ~ again*** wir machten eine Mittagspause, waren aber nach einer halben Stunde bereits wieder unterwegs; **to find one's** ~ **home** nach Hause finden; **to find one's** ~ **around** *(fig)* sich *akk* zurechtfinden; **to find one's** ~ **into/out of sth** in etw *akk* hineinfinden/aus etw *dat* herausfinden; *(fig)* ***how did my ring find its ~ into your pockets?*** wie kommt denn mein Ring in deine Taschen?; **to find one's** ~ **through sth** *(also fig)* sich *akk* in etw *dat* zurechtfinden *a. fig;* **to get under** ~ in Gang kommen; **to give** ~ einem anderen Fahrzeug die Vorfahrt geben; ***remember to give ~*** vergiss nicht, auf die Vorfahrt zu achten!; ***on roundabouts, you have to give ~ to cars already on the roundabout*** im Kreisverkehr haben die Autos Vorfahrt, die sich bereits im Kreisverkehr befinden; ***"give ~"*** BRIT „Vorfahrt [beachten]"; **to go on one's** ~ sich *akk* auf den Weg machen; **to go out of one's** ~ **to do sth** einen Umweg machen, um etw zu tun; *(fig)* sich *akk* bei etw *dat* besondere Mühe geben; ***please don't go out of your ~!*** bitte machen Sie sich doch keine Umstände!; **to go one's own** ~ *(fig)* seinen eigenen Weg gehen; **to go one's own sweet** ~ *(fig)* rücksichtslos seinen eigenen Weg verfolgen; **to go separate ~s** getrennte Wege gehen; **to go the wrong** ~ sich *akk* verlaufen; *(in car)* sich *akk* verfahren; **to know one's** ~ **around sth** *(also fig)* sich *akk* in etw *dat* auskennen; **to lead the** ~ vorausgehen; *(fig)* ***the research group is leading the ~ in developing new types of computer memory*** die Forschungsgruppe ist führend in der Entwicklung neuartiger Computerspeicher; **to lose one's** ~ sich *akk* verirren; **to make one's own** ~ **to sth** alleine irgendwohin kommen; **to make one's** ~ **to somewhere** irgendwohin gehen, sich *akk* irgendwohin begeben *geh;* ***we should make our ~ home*** wir sollten uns auf den Heimweg machen; **to make one's** ~ **in the world** seinen Weg gehen; **to pay one's** ~ *(fig)* für sich *akk* selbst aufkommen; **to show sb the** ~ jdm den Weg zeigen; ***can you show me the ~ out, please?*** können Sie mir bitte zeigen, wo es hier zum Ausgang geht?; **to talk one's** ~ **out of sth** *(fig)* sich *akk* aus etw *dat* herausreden *fam;* **to work one's** ~ **up** *(fig)* sich *akk* hocharbeiten
❸ *(fig: be just doing)* **to be** [**well**] **on the** ~ **to doing sth** auf dem besten Weg[e] sein, etw zu tun; ***I'm well on the ~ to completing the report!*** der Bericht ist so gut wie fertig! *fam;* ***she's well on her ~ of becoming an alcoholic*** sie ist auf dem besten Weg[e], Alkoholikerin zu werden
❹ *(fig fam: coming in/disappear)* ■ **to be on the** ~ **in** [*or* **up**]/**out** im Kommen/am Verschwinden sein
❺ *(distance)* Weg *m,* Strecke *f;* AM ***keep going straight and after a ~s, you'll see the house*** fahr immer geradeaus und nach ein paar Metern siehst du dann das Haus; **all the** ~ den ganzen Weg; ***she stayed with him in the ambulance all the ~ to the hospital*** sie blieb während der ganzen Fahrt bis zum Krankenhaus bei ihm im Krankenwagen; *(fig)* ***I agree with you all the ~*** ich stimme dir voll und ganz zu; *(fig)* ***I'll take my complaint all the ~ to the managing director if I have to*** wenn ich muss, gehe ich mit meiner Beschwerde noch bis zum Generaldirektor; *(fig)* ***I'll support you all the ~*** du hast meine volle Unterstützung; **a long** ~ weit; **a long** ~ **back** vor langer Zeit; **to be a long/short** ~ **off** *(in space)* weit entfernt/sehr nahe sein; *(in time)* fern/nahe sein; ***Christmas is just a short ~ off*** bis Weihnachten ist es nicht mehr lange hin; **to still have a long** ~ **to go** *(also fig)* noch einen weiten Weg vor sich *dat* haben; **to go a long** ~ *(fig)* lange reichen; **to have a** [**long**] ~ **to go** einen [weiten] Weg vor sich *dat* haben; **to have come a long** ~ *(fig)* es weit gebracht haben; ***he's still a long ~ off per-***

W

fection er ist noch weit davon entfernt, perfekt zu sein; ***a little kindness goes a long ~*** wenn man ein bisschen freundlich ist, hilft das doch gleich viel; [**not**] **by long ~** *(fig)* bei Weitem [nicht]

⑥ *(facing direction)* Richtung *f;* ***which ~ up should this box be?*** wie herum soll die Kiste stehen?; ***"this ~ up"*** „hier oben"; **this ~ round** so herum; **the wrong ~ round** [*or* **around**] *figures* falsch [*o* verkehrt] herum; *(fig)* ***no, it's the other ~ round!*** nein, es ist gerade andersherum!; **to be the wrong ~ up** auf dem Kopf stehen

⑦ *(direction)* Richtung *f;* ***which ~ are you going?*** in welche Richtung gehst du?; ***this ~, please!*** hier entlang bitte!; ***look this ~, please*** bitte hierher schauen; *(fam)* ***they live out Manchester ~*** sie wohnen draußen bei Manchester; ***I really didn't know which ~ to look*** ich wusste wirklich nicht mehr, wo ich hinschauen sollte; ***after applying for a job, many offers came her ~*** nachdem sie sich beworben hatte, bekam sie viele Angebote; ***I'd take any job that comes my ~*** ich würde jeden Job nehmen, der sich mir bietet; ***all of a sudden, money came her ~*** plötzlich kam sie zu Geld; ***when something like this comes your ~ ...*** wenn dir so etwas passiert, ...; ***when a girl like this comes your ~ ...*** wenn dir so ein Mädchen über den Weg läuft, ... *fam;* **to go this/that ~** hier/da entlanggehen; **to go the other ~** in die andere Richtung gehen; **down my ~** bei mir in der Nähe; **down your ~** in deiner Gegend

⑧ *(manner)* Art *f,* Weise *f;* ***I liked the ~ he asked for a date*** mir gefiel [die Art und Weise], wie er um ein Rendezvous bat; ***I don't like the ~ he looks at me*** ich mag es nicht, wie er mich anschaut; ***it's terrifying the ~ prices have gone up in the last few months*** es ist beängstigend, wie die Preise in den letzten Monaten gestiegen sind; ***that's just the ~ it is*** so ist das nun einmal; ***the ~ things are going ...*** so wie sich die Dinge entwickeln ...; ***trust me, it's better that ~*** glaub mir, es ist besser so!; ***that's her ~ of saying she's sorry*** das ist ihre Art zu sagen, dass es ihr leid tut *fam;* ***I did it my ~*** ich habe es gemacht, [so] wie ich es für richtig hielt; ***do it my ~*** mach es wie ich; ***this is definitely not the ~ to do it*** so macht man das auf gar keinen Fall!; ***he looked at me in a sinister ~*** er sah mich finster an; ***she's got a funny ~ of asking for help*** sie hat eine komische Art, einen um Hilfe zu bitten; ***he's got a very strange ~ of behaving*** er benimmt sich schon ziemlich seltsam *fam;* ***you could tell by the ~ he looked*** man konnte es schon an seinem Blick erkennen; ***that's no ~ to speak to your boss!*** so redet man nicht mit seinem Vorgesetzten!; ***the ~ he looked at me ...*** so wie er mich angeschaut hat ...; ***the ~ we were*** wie wir einmal waren; ***it's always the ~!*** [*or* ***isn't it always the ~!***] es ist doch echt immer dasselbe! *fam;* ***I wouldn't have it any other ~*** ich würde es nicht anders haben wollen; ***what a ~ to talk!*** so etwas sagt man nicht!; ***what a ~ to behave!*** so benimmt man sich nicht!; ***just leave it the ~ it is, will you*** lass einfach alles so, wie es ist, ja?; **to see the error of one's ~s** seine Fehler einsehen; **to be in the family ~** in anderen Umständen sein *euph;* **~ of life** Lebensweise *f;* **~ of thinking** Denkweise *f;* **to sb's ~ of thinking** jds Meinung nach; **this ~** so; ***come on, do it this ~!*** komm, mach es so! *fam;* ***that ~, I'll save a lot of money*** auf diese [Art und] Weise spare ich viel Geld; ***looking at it in that ~, I was lucky after all*** so gesehen hatte ich sogar noch Glück; **in a big ~** im großen Stil; **in a small ~** im kleinen Rahmen; ***he started off in a small ~*** er fing klein an; **one ~ or another** so oder so; ***one ~ or another, we've got to ...*** so oder so, irgendwie müssen wir ...; **either ~** so oder so; **no ~** auf keinen Fall; ***there's no ~ to get me on this ship*** keine zehn Pferde kriegen mich auf dieses Schiff! *fam;* ***there's no ~ I'll give in*** ich gebe auf gar keinen Fall nach!; ***no ~!*** ausgeschlossen!, kommt nicht in die Tüte! *fam;* **to show sb the ~ to do sth** jdm zeigen, wie etw geht

⑨ *(respect)* Weise *f,* Hinsicht *f;* **in a ~** in gewisser Weise; **in every** [**possible**]**~** in jeder Hinsicht; **in many/some ~s** in vielerlei/gewisser Hinsicht; **in more ~s than one** in mehr als nur einer Hinsicht; **in no ~** in keinster Weise; ***in which ~s does a zebra resemble a horse?*** worin ähnelt ein Zebra einem Pferd?; **not in any ~** in keiner Weise

⑩ *no pl (free space)* Weg *m,* Platz *m;* **to be in sb's ~** jdm im Weg sein *a. fig;* **to block the way** den Weg versperren; **to get** [*or* **stand**] **in the ~ of sth** etw *dat* im Wege stehen; *(fig)* ***may nothing stand in the ~ of your future happiness together!*** möge nichts eurem zukünftigen gemeinsamen Glück im Wege stehen!; ***she's determined to succeed and she won't let anything stand in her ~*** sie ist entschlossen, ihr Ziel zu erreichen, und wird sich durch nichts aufhalten lassen; **to get out of sb's/sth's ~** jdm/etw aus dem Weg gehen; ***can you put your stuff out of the ~, please?*** kannst du bitte deine Sachen woanders hintun?; **to get sb/sth out of the ~** jdn/etw loswerden; ***could you get this out of the ~, please?*** könntest du das bitte wegtun?; ***please get the children out of the ~ while I ...*** sorge bitte dafür, dass die Kinder nicht stören, während ich...; **to give ~** *(fig)* nachgeben; **to give ~ to** [*or* **make ~ for**] **sth** etw *dat* [*o* für etw *akk*] Platz machen; *(fig)* etw *dat* weichen; ***make ~!*** Platz da!; **to keep** [*or* **stay**] **out of the ~** wegbleiben; **to keep** [*or* **stay**] **out of sb's ~** jdm nicht in die Quere kommen; **to make ~** [**for sb**] [für jdn] Platz machen *a. fig;* **to want sb out of the ~** jdn aus dem Weg haben wollen

⑪ *(method)* Art *f* [und Weise]; ***by ~ of an introduction to the subject, ...*** als Einführung zum Thema ...; ***my mother has a ~ of knowing exactly what I need*** meine Mutter weiß irgendwie immer genau, was ich brauche; ***she just has a ~ with her*** sie hat einfach so eine gewisse Art; ***there are ~s of making you talk, you know*** Sie werden schon noch Reden!; ***don't worry, we'll find a ~!*** keine Sorge, wir werden einen Weg finden!; **~s and means** Mittel und Wege; ***with today's technology everybody has the ~s and means to produce professional-looking documents*** mit der heutigen Technologie hat jeder die Möglichkeit, professionell aussehende Dokumente zu erstellen; **to have a ~ with children** gut mit Kindern umgehen können

⑫ *(habit)* Art *f;* ***over the years we've got used to his funny little ~s*** im Lauf der Jahre haben wir uns an seine kleinen Marotten gewöhnt; ***that's the ~ of the world*** das ist nun mal der Lauf der Dinge; **to fall into bad ~s** in schlechte Angewohnheiten verfallen; **to get into/out of the ~ of doing sth** sich *dat* etw an-/abgewöhnen

⑬ *no pl (condition)* Zustand *m;* **to be in a bad ~** in schlechter Verfassung sein; ***he's been in a bad ~ ever since the operation*** seit der Operation geht's ihm schlecht; ***she's in a terrible ~*** sie ist in einer schrecklichen Verfassung

⑭ *(desire)* **to get** [*or* **have**] **one's** [**own**] **~** seinen Willen bekommen; ***if I had my ~, we'd eat fish every day*** wenn es nach mir ginge, würden wir jeden Tag Fisch essen

⑮ *(fam: something like)* ***he's by ~ of being an artist*** er ist so 'ne Art Künstler *fam*

⑯ NAUT **to gather/lose ~** Fahrt aufnehmen/verlieren

⑰ NAUT ■**~s** *pl* Helling *f*

▸ PHRASES: **by the ~** übrigens; ***and, by the ~, this wasn't the first time I ...*** und das war, nebenbei bemerkt, nicht das erste Mal, dass ich...; **that's the ~ the cookie crumbles** *(saying)* so ist das Leben [eben]; **to fall by the ~** auf der Strecke bleiben; **to go the ~ of all flesh** den Weg allen Fleisches gehen *geh;* **to go all the ~** [**with sb**] *(fam: have sex)* es [mit jdm] richtig machen *sl;* **to have it/sth both ~s** beides haben; ***you can't have it both ~s*** du kannst nicht beides haben; **the ~ to a man's heart is through his stomach** *(prov)* [die] Liebe [des Mannes] geht durch den Magen *prov;* **to see/find out which ~ the wind blows/is blowing** *(fig)* sehen/herausfinden, woher der Wind weht; **there are no two ~s about it** daran gibt es keinen Zweifel; **where there's a will, there's a ~** *(prov)* wo ein Wille ist, ist auch ein Weg *prov*

II. ADVERB

① *(fam: used for emphasis)* weit; ***it would be ~ better for you to ...*** es wäre weit[aus] besser für dich, ...; ***she spends ~ too much money on clothes*** sie gibt viel zu viel Geld für Kleidung aus; ***you're ~ out if you think ...*** wenn du denkst, dass ..., liegst du voll daneben!; **to be ~ down with one's guess** mit seiner Schätzung völlig danebenliegen; **~ back** vor langer Zeit; **~ back in the early twenties** damals in den frühen Zwanzigern; **to be ~ past sb's bedtime** *(fam)* für jdn allerhöchste Zeit zum Schlafengehen sein; **~ up in the sky** weit oben am Himmel

② *(sl: very)* **~ cool/hot** total [*o* voll] cool/heiß *fam*

'way·bill *n (list of passengers)* Passagierliste *f; (list of goods)* Frachtbrief *m*

way·far·er ['weɪˌfeərəʳ, AM -ˌferə˞] *n (liter or old)* Wandersmann *m veraltet,* [Fuß]reisende(r) *f(m),* Wanderer, Wanderin *m, f*

way·far·ing ['weɪˌfeərɪŋ, AM -ˌfer-] *adj attr (liter or old)* wandernd, reisend; **~ man** Wandersmann *m veraltet*

way·lay <-laid, -laid> [ˌweɪ'leɪ, AM 'weɪleɪ] *vt* ■**to ~ sb** ① *(hum: accost)* jdn abfangen [*o fam* abpassen]; ***I was waylaid on the way out of a meeting by the managing director*** der Vorsitzende hat mich direkt nach dem Treffen abgefangen

② *(attack)* jdn überfallen; ***she had been waylaid*** sie geriet in einen Hinterhalt

way 'out *n* Ausgang *m*

way-'out *adj (sl)* ① *(unconventional)* irre *sl,* abgefahren *sl*

② *(dated: wonderful)* super *fam*

'way·side I. *n (beside road)* Straßenrand *m;* ■**by the ~** am Straßenrand; *(beside path)* Wegrand *m;* ■**by the ~** am [*o* neben dem] Weg; **to fall by the ~** *(fig)* auf der Strecke bleiben *fig*

II. *adj attr, inv (beside road)* an der Straße; *(beside path)* am Weg; **~ inn** *(dated)* Gasthof *m* an der Straße [*o* am Weg]

'way sta·tion *n* AM RAIL Zwischenstation *f,* Haltepunkt *m*

way·ward ['weɪwəd, AM -wə˞d] *adj* ① *(wilful)* eigenwillig, eigensinnig; **~ child** widerspenstiges Kind

② *(erratic)* unberechenbar, launisch

way·ward·ness ['weɪwədnəs, AM -wə˞d-] *n* ① *(wilfulness)* Eigensinn *m,* Eigenwilligkeit *f*

② *(capriciousness)* Unberechenbarkeit *f,* Launenhaftigkeit *f*

wa·zoo [wæ'zu:] *n no pl* ▸ PHRASES: **up the ~** AM *(fam)* im Überfluss

WBA [ˌdʌblju:bi:'eɪ] *n no pl, + sing/pl vb abbrev of* **World Boxing Association:** ■**the ~** die WBA

WC [ˌdʌblju:'si:] *n* BRIT *abbrev of* **water closet** WC *nt*

we [wi:, wi] *pron pers* ① *(1st pers. plural)* wir

② *(form: for I, used by speakers/writers)* wir; ***in this section ~ discuss the reasons*** in diesem Abschnitt besprechen wir die Gründe; **the editorial ~** das redaktionelle Wir

③ *(form: royal I)* wir; ***"~ are not amused"*** „wir sind nicht erfreut"; **the royal ~** der Pluralis Majestatis *fachspr*

④ *(all people)* wir; **~ all ...** wir alle ...; ***~'ve all experienced pain of some sort*** wir kennen alle Schmerz in irgendeiner Form

⑤ *(pej fam: to patient)* wir; ***"and how are ~ feeling today?"*** „und wie geht es uns heute?"

⑥ *(dated fam: to child)* wir; ***you know, Josh, ~ don't rub ants in little girls' hair*** du weißt Josh, dass man kleinen Mädchen keine Ameisen ins Haar gibt

weak [wi:k] *adj* ① *(not strong)* schwach; *coffee, tea* schwach, dünn; **to be/feel as ~ as a kitten** ganz matt sein/sich *akk* ganz schlapp fühlen *fam;* **to be/go ~ at the knees** weiche Knie haben/bekommen;

to be ~ with desire/hunger/thirst schwach vor Begierde/Hunger/Durst sein; **to feel ~** sich *akk* schwach fühlen; **~ chin** schwach ausgeprägtes Kinn; **~ link** *(fig)* schwaches Glied *fig;* **~ spot** *(fig)* schwache Stelle *fig;* **the ~er sex** das schwache Geschlecht *fig*
❷ *(ineffective) leader* unfähig, schwach; *argument, attempt* schwach; ■**to be ~ [on sth]** [in etw *dat*] schwach sein; ***the report is strong on criticism but rather ~ on suggestions for improvement*** der Bericht übt scharfe Kritik, bietet aber kaum Verbesserungsvorschläge
❸ *(below standard)* schwach; ***he was always ~ at languages but strong at science*** er war schon immer schwach in Sprachen, dafür aber gut in Naturwissenschaften

weak·en ['wi:kᵊn] **I.** *vi (become less strong)* schwächer werden, nachlassen; *(become less resolute)* schwachwerden, weich werden; FIN *(decline, sink)* nachgeben, sich abschwächen *akk*
II. *vt* ■**to ~ sb/sth** jdn/etw schwächen; ***they were ~ed by hunger*** sie waren vom Hunger geschwächt; **to ~ an argument** ein Argument entkräften

weak-kneed [-'ni:d] *adj (pej fam)* feige, ängstlich; **to be ~** weiche Knie haben, Schiss haben *sl*

weak·ling ['wi:klɪŋ] *n (pej)* Schwächling *m pej*

weak·ly ['wi:kli] *adv* ❶ *(without strength)* schwach, kraftlos, schwächlich
❷ *(unconvincingly)* schwach, matt; **to smile ~** matt lächeln

weak-mind·ed [-'maɪndɪd] *adj (pej)* ❶ *(lacking determination)* unentschlossen, unentschieden; *(weak-willed)* willensschwach
❷ *(mentally deficient)* schwachsinnig

weak·ness <*pl* -es> ['wi:knəs] *n* ❶ *no pl (physical frailty)* Schwäche *f; (ineffectiveness)* Unwirksamkeit *f;* **a sign of ~** ein Zeichen *nt* von Schwäche
❷ *(area of vulnerability)* Schwachstelle *f,* schwacher Punkt
❸ *(flaw)* Schwäche *f; (in character)* [Charakter]schwäche *f*
❹ *(strong liking)* Schwäche *f* (**for** für +*akk*), Vorliebe *f* (**for** für +*akk*)

weak-willed [-'wɪld] *adj* willensschwach

weal [wi:l] *n* Schwiele *f,* Striemen *m*

wealth [welθ] *n no pl* ❶ *(money)* Reichtum *m;* **~ and prosperity** Reichtum und Wohlstand; *(fortune)* Vermögen *nt;* **to inherit ~** ein Vermögen erben; **national ~** Volksvermögen *nt*
❷ *(large amount)* Fülle *f,* Reichtum *m fig;* **to have a ~ of sth** *raw materials* reich an etw *dat* sein; **a ~ of opportunity** vielerlei Möglichkeiten

'wealth check *n* Kassensturz *m;* **to have a ~** seine Finanzen prüfen **'wealth crea·tion, 'wealth gen·era·tion** *n* Vermögensbildung *f* **'wealth tax** *n* Vermögenssteuer *f*

wealthy ['welθi] **I.** *adj* reich, wohlhabend, vermögend
II. *n* ■**the ~** *pl* die Reichen *pl*

wean [wi:n] *vt* ❶ *(from mother's milk)* **to ~ a baby** ein Baby abstillen; **to ~ a baby animal** ein Jungtier entwöhnen
❷ *(make independent of)* ■**to ~ sb off sth** jdm etw abgewöhnen, jdn von etw *dat* abbringen; ***the whole scheme is intended to ~ people off welfare dependency*** der ganze Plan zielt darauf ab, die Leute von Sozialhilfe unabhängig zu machen
❸ *usu passive (fig: rear on)* ■**to be ~ed on sth** mit etw *dat* aufgewachsen [*o* groß geworden] sein

wean·ing ['wi:nɪŋ] *n* Entwöhnung *f*

weap·on ['wepən] *n (also fig)* Waffe *f;* **~s of mass destruction** Massenvernichtungswaffen *pl;* **dangerous** [*or* **offensive**] **~** gefährliche Waffe, Angriffswaffe *f;* **lethal** [*or* **deadly**] **~** tödliche Waffe; **nuclear** [*or* **atomic**] **~s** Atomwaffen *pl,* Kernwaffen *pl;* **to search sb for ~s** jdn nach Waffen durchsuchen

weap·on·ize ['wepənaɪz] *vt* ■**to ~ sth** *disease, bacteria, virus* etw als Waffe einsetzen

wea·pon·ry ['wepənri] *n no pl* Waffen *pl*

'weap·ons-grade *adj inv* waffenfähig

wear [weəʳ, AM wer] **I.** *n* ❶ *(clothing)* Kleidung *f;* **casual/sports ~** Freizeit-/Sport[be]kleidung *f*
❷ *(amount of use)* Gebrauch *m;* ***the chairs have a bit more ~ left in them*** die Stühle lassen sich noch gut eine Weile benutzen; ***I haven't had much ~ out of this sweater*** ich habe diesen Pullover wenig getragen; **to show signs of ~** Abnutzungserscheinungen [*o* Verschleißerscheinungen] aufweisen; **~ and tear** Abnutzung *f,* Verschleiß *m;* **to take a lot of ~ and tear** stark strapaziert werden; **to be the worse for ~** abgenutzt [*o* SCHWEIZ, ÖSTERR *a.* abgenützt] sein; *(clothes)* abgetragen sein; *(fig: person)* fertig sein *fam;* ***I feel a bit the worse for ~*** ich fühle mich etwas angeschlagen
II. *vt* <wore, worn> ❶ *(have on body)* ■**to ~ sth** *clothes* etw tragen [*o fam* anhaben]; *jewellery* etw tragen; ***what are you ~ing to Caroline's wedding?*** was ziehst du zu Carolines Hochzeit an?; ***she had nothing to ~ to the party*** sie hatte für die Party nichts anzuziehen; ***he wore a grim expression*** *(fig)* er trug eine grimmige Miene zur Schau; **to ~ glasses** eine Brille tragen; **to ~ one's hair loose/up** das Haar offen/hochgesteckt tragen
❷ *(make a hole)* **to ~ a hole in sth** etw durchwetzen; *water* etw aushöhlen
❸ BRIT, AUS *(fam: permit)* ■**to ~ sth** etw hinnehmen [*o fam* schlucken]
►PHRASES: **to ~ one's heart on one's sleeve** das Herz auf der Zunge tragen; **to ~ the mantle of power** *(form liter)* die Insignien der Macht innehaben; **to ~ the trousers** [*or* AM **pants**] die Hosen anhaben *fam*
III. *vi* <wore, worn> *(get thinner) clothes* sich *akk* abtragen; *(get hole)* sich *akk* durchscheuern; *machine parts* sich *akk* abnutzen [*o* SCHWEIZ, ÖSTERR abnützen]; ***this shirt is starting to ~ at the collar*** dieses Hemd wird am Kragen schon dünn; ***my jeans have worn at the knees*** meine Jeans sind an den Knien durchgewetzt; **to ~ thin** dünn werden; *(fig)* verflachen *fig*
◆**wear away** *vi* sich *akk* abnutzen [*o* SCHWEIZ abnützen]
◆**wear down** *vt* ❶ *(reduce)* ■**to ~ down ↔ sth** *rock* etw abtragen
❷ *(make weak and useless)* ■**to ~ down ↔ sth** etw abnutzen [*o* verschleißen] [*o* SCHWEIZ, ÖSTERR abnützen]
❸ *(fig: tire)* ■**to ~ down ↔ sb** jdn fertigmachen *fam; (weaken)* jdn zermürben; **to ~ down sb's resistance** jds Widerstand [allmählich] brechen
◆**wear off** *vi effect* nachlassen
◆**wear on** *vi time* sich *akk* hinziehen
◆**wear out I.** *vi* sich *akk* abnutzen [*o* SCHWEIZ, ÖSTERR abnützen]
II. *vt* ■**to ~ out ↔ sb** jdn erschöpfen; *(mentally)* jdn fertigmachen *fam*
◆**wear through** *vi shoes* durchlaufen

wear·able ['weərəbl, AM 'wer-] **I.** *adj* tragbar
II. *n usu pl (clothing)* Kleidungsstück *nt; (jewellery)* Schmuckstück *nt*

wear and 'tear *n no pl* Abnutzung *f*

wear·er ['weərəʳ, AM 'werɚ] *n* Träger(in) *m(f);* **~ of spectacles** Brillenträger(in) *m(f)*

weari·ly ['wɪərɪli, AM 'wɪr-] *adv* ❶ *(tiredly)* müde
❷ *(resignedly)* lustlos, gelangweilt

weari·ness ['wɪərɪnəs, AM 'wɪr-] *n no pl* ❶ *(tiredness)* Müdigkeit *f,* Erschöpfung *f*
❷ *(boredom)* Langeweile *f;* **a general air of ~** eine allgemeine Lustlosigkeit

wear·ing ['weərɪŋ, AM 'wer-] *adj* ermüdend

weari·some ['wɪərɪsᵊm, AM 'wɪr-] *adj (form)* ❶ *(causing tiredness)* ermüdend, anstrengend
❷ *(causing boredom)* langweilig, eintönig

weary ['wɪəri, AM 'wɪri] **I.** *adj* ❶ *(very tired)* müde, erschöpft; **~ to death** sterbensmüde, total erschöpft
❷ *(bored)* gelangweilt; *(unenthusiastic)* lustlos; **to be ~ of sth** etw leid sein [*o* satthaben]; **to grow ~ of sth** einer S. *gen* überdrüssig werden; **~ of life** lebensmüde
❸ *(corny)* **~ joke** abgedroschener Witz
II. *vt* <-ie-> *(liter)* ■**to ~ sb [with sth]** ❶ *(make tired)* jdn [mit etw *dat*] ermüden; ■**to be wearied by sth** von etw *dat* erschöpft sein
❷ *(make bored)* jdn [mit etw *dat*] langweilen; ■**to be wearied by sth** von etw *dat* genug haben, etw satthaben
III. *vi* <-ie-> ■**to ~ of sth** von etw *dat* genug haben, etw satthaben

weary·ing ['wɪəriɪŋ, AM 'wɪr-] *adj* ermüdend, anstrengend

wea·sel ['wi:zᵊl] **I.** *n* Wiesel *nt*
II. *vi* AM ■**to ~ out of sth** sich *akk* aus etw *dat* herauslavieren *fam;* ■**to ~ out of doing sth** sich vor etw *dat* drücken

wea·sel·ling, AM **wea·sel·ing** ['wi:zᵊlɪŋ] *n* ❶ *(evasive action)* Ausweichen *nt*
❷ *(ambiguous words)* [Herum]schwafeln *nt pej*

weath·er ['weðəʳ, AM -ɚ] **I.** *n no pl (air conditions)* Wetter *nt; (climate)* Witterung *f; (state of the weather)* Wetterlage *f;* ***this front will bring warm ~ to most of the British Isles*** diese Front wird dem größten Teil der Britischen Inseln warme Witterung bringen; **~ permitting** vorausgesetzt, das Wetter spielt mit, wenn es das Wetter erlaubt; **in all ~s** bei jedem Wetter
►PHRASES: **to make heavy ~ of sth** *(make sth well known)* viel Wind um etw *akk* machen *fam; (have problems with sth)* sich *dat* mit etw *dat* schwertun; **to be under the ~** angeschlagen sein *fam*
II. *vi object* verwittern; *person* altern; ***he's ~ed well*** er hat sich gut gehalten
III. *vt* ❶ *usu passive (change through)* ■**to ~ sth** *wood* etw auswittern; *skin* etw gerben; *rock* etw verwittern lassen; **~ed face** vom Wetter gegerbtes Gesicht
❷ *(survive)* ■**to ~ sth** etw überstehen; **to ~ the storm** *ship* dem Sturm trotzen [*o* standhalten]; ***as a small new company they did well to ~ the recession*** als kleines neues Unternehmen sind sie gut durch die Rezession gekommen

'weath·er-beat·en *adj* ❶ *(of person)* **~ face/hands/skin** wettergegerbtes Gesicht/wettergegerbte Hände/Haut
❷ *(of object)* verwittert; **~ boards** verwitterte Bretter

'weath·er·board I. *n* ❶ *usu pl (protective board)* [Dach]schindel[n] *f[pl]* ❷ *no pl (covering of boards)* Verschalung *f* ❸ *(over window)* Überdachung *f,* Überdach *nt* ❹ *esp* BRIT *(on door)* Türleiste *f* **II.** *vt* ■**to ~ sth** etw abdichten; *(panel)* etw verschalen

'weath·er·board·ing *n no pl* ❶ *(surface)* Verschalung *f* ❷ *(process)* Verschalen *nt* ❸ *(over window)* Überdachung *f,* Überdach *nt* ❹ *(at door)* Türleiste *f*

'weath·er-bound *adj inv* wetterbedingt behindert; ***the rescue team was ~ for two days*** das Rettungsteam war für zwei Tage wegen schlechten Wetters handlungsunfähig

'weath·er bul·letin *n* Wetterbericht *m* **'weath·er bu·reau** *n* AM Wetteramt *nt,* Wetterdienst *m* **'weath·er chart** *n* Wetterkarte *f* **'weath·er·cock** *n* Wetterhahn *m* **'weath·er con·di·tions** *npl* Witterungsverhältnisse *pl*

weath·ered ['weðəd, AM -ɚd] *adj* von der Witterung gezeichnet, der Witterung ausgesetzt; *face* wettergegerbt

'weath·er fore·cast *n* Wettervorhersage *f* **'weath·er fore·cast·er** *n* ❶ *(meteorologist)* Wetterexperte, -expertin *m, f,* Meteorologe, Meteorologin *m, f* ❷ TV, RADIO Wetteransager(in) *m(f),* Wetterfrosch *m hum fam* **'weath·er·girl** *n (fam)* TV Wetteransagerin *f* **'weath·er glass** *n (dated)* Barometer *nt* **'weath·er house** *n* Wetterhäuschen *nt*

'weath·er·ing ['weðᵊrɪŋ] *n no pl* Verwitterung *f*

'weath·er·man *n* Wettermann *m fam* **'weath·er map** *n* Wetterkarte *f* **'weath·er·proof** *adj* wetterfest **'weath·er re·port** *n* Wetterbericht *m* **'weath·er sat·el·lite** *n* Wettersatellit *m* **'weath·er sta·tion** *n* Wetterstation *f,* Wetterwarte *f* **'weath·er·strip** *n* Dichtungsleiste *f* **'weath·er·tight** *adj* wetterfest **'weath·er tiles** *npl* Schindeln *pl* **'weath·er vane** *n* Wetterfahne *f* **'weath·er-worn** *adj* verwittert

W

weave [wi:v] **I.** *vt* <wove *or* AM *also* weaved, woven *or* AM *also* weaved> ① *(of cloth)* ■**to ~ sth** etw weben; ***this type of wool is woven into fabric*** diese Art Wolle wird zu Stoff verwoben
② *(also fig: intertwine things)* ■**to ~ sth** etw flechten; ***the biography is woven from the many accounts which exist of things she did*** die Biografie setzt sich aus den vielen bereits existierenden Berichten über Dinge, die sie getan hat, zusammen; ■**to ~ sth together** etw zusammenflechten [*o* ineinanderflechten]; **to ~ a basket** [**from rushes**] [aus Binsen] einen Korb flechten
③ *(also fig: move)* **to ~ one's way through sth** sich *dat* einen Weg durch etw *akk* bahnen; *(fig)* sich *dat* durch etw *akk* durchschlängeln [*o* durchmogeln]
II. *vi* <wove *or* AM *also* weaved, woven *or* AM *also* weaved> ① *(produce cloth)* weben
② *(also fig: move)* sich *akk* durchschlängeln
▸PHRASES: **to <u>get</u> weaving** BRIT *(dated fam: hurry)* Gas geben *fam; (begin action)* loslegen *fam*
III. *n* Webart *f;* **basket ~** Leinenbindung *f;* **to have loose/tight ~** locker/fest gewebt sein; **striped ~** Streifenmuster *nt*

weav·er ['wi:vəʳ, AM -ɚ] *n* Weber(in) *m(f);* **basket ~** Korbflechter(in) *m(f);* **textile ~** Textilweber(in) *m(f)*

'weav·er bird *n* Webervogel *m;* **golden ~** Goldammer *f;* **sociable ~** Sperlingsweber *m*

weav·ing ['wi:vɪŋ] *n no pl* ① *(of producing cloth)* Weben *nt*
② *(of intertwining)* Flechten *nt*

web [web] *n* ① *(woven net trap)* Netz *nt;* **spider**['s] **~** Spinnennetz *nt;* **spider ~s** [*or* **cobwebs**] Spinnweben *pl;* **to spin a ~** ein Netz spinnen
② *(fig: network)* Netzwerk *nt;* **a ~ of deceit/intrigue** ein Netz *nt* von Betrug/Intrigen; **an intricate ~** ein kompliziertes Netzwerk
③ *(fig: trap)* Falle *f*
④ ANAT Interdigitalhaut *f fachspr; (of ducks)* Schwimmhaut *f; (of birds)* Flughaut *f*
⑤ *(in machinery)* [endlose] Bahn
⑥ MATH **~ of a curve** Tangentenschar *f*
▸PHRASES: **when <u>first</u> we practise to deceive, oh what a tangled ~ we weave** *(prov)* wer einmal lügt, dem glaubt man nicht, und wenn er auch die Wahrheit spricht *prov*

Web [web] *n* COMPUT *(fam) short for* **World Wide Web**: ■**the ~** das [World Wide] Web *fachspr,* das Netz; ■**on the ~** im [World Wide] Web *fachspr,* im Netz

'web addict *n* COMPUT Internetsüchtige(r) *f(m)*

webbed [webd] *adj inv* mit Schwimmhäuten *nach n;* **~ feet/toes** Schwimmfüße *pl*

web·bing ['webɪŋ] *n no pl* ① *(band)* Gurte *pl*
② *(cloth)* Gurtband *nt*
③ MIL *Gurte, kleine Taschen, Patronengürtel etc., die Soldaten für Munition und dergleichen an der Kleidung haben*

'web brows·er *n* COMPUT [Web-]Browser *m fachspr* **web·cam** ['webkæm] *n* INET, COMPUT Webcam *f fachspr (Kamera, deren Aufnahmen ins Internet eingespeist werden)* **'web·cast** ['webkɑ:st, AM -kæst] *n* Webcast *nt* **'web crawl·er** *n* COMPUT Suchprogramm *nt* **web-en·abled** ['webɪneɪbl̩d] *adj* COMPUT internetfähig

web-fin·gered [-'fɪŋəd, AM -ɚd] *adj inv* mit Schwimmhäuten zwischen den Fingern *nach n*
web-foot·ed [-'fʊtɪd, AM -t̬-] *adj inv* mit Schwimmfüßen *nach n;* ■**to be ~** Schwimmfüße haben

web·head ['webhed] *n (sl)* Computerfreak *m fam*
'web link *n* INET Internetlink *m*

web·lish ['weblɪʃ], **web·speak** ['webspi:k] *n no pl* INET, COMPUT Webjargon *m*

'web·log *n (internet diary)* Weblog *nt* **web·mas·ter** ['webmɑ:stəʳ, AM -mæstɚ] *n* INET, COMPUT Web-Administrator(in) *m(f)* **'web of·fer** *n* INET Webangebot *nt*

web-off·set 'print·ing *n no pl* Rotationsdruck *m* **'web page** *n* COMPUT Webseite *f,* Internetseite *f* **'web-page de·sign** ['webpeɪdʒdɪ'zaɪn] *n no pl* COMPUT Webpage-Design *nt* **'web-page de·sign·er** ['webpeɪdʒdɪ'zaɪnəʳ, AM -ɚ] *n* COMPUT Webpage-Designer(in) *m(f)*
'web press *n* Rotationspresse *f*
web 'search en·gine *n* COMPUT Suchmaschine *f fachspr* **'web serv·er** *n* INET Webserver *m* **'web·site** *n* COMPUT Website *f fachspr;* **to visit a ~** auf eine Website gehen **'web spi·der** *n* COMPUT Suchprogramm *nt* **'web surf·er** *n* COMPUT Internetsurfer(in) *m(f)*

web-toed [-'təʊd, AM -toʊd] *adj* mit Schwimmfüßen *nach n;* ■**to be ~** Schwimmfüße haben

Web·wise *adj attr, inv* **~ consumers** mit dem Internet vertraute Verbraucher

web·zine ['webzi:n] *n* INET Webzine *nt*

wed <wedded *or* wed, wedded *or* wed> [wed] **I.** *vt* ① *(form or dated: marry)* ■**to ~ sb** jdn ehelichen *veraltend o hum,* sich *akk* mit jdm vermählen *geh*
② *(fig: unite)* ■**to ~ sth and sth** etw mit etw *dat* vereinen; ***this desk ~s beauty and utility*** dieser Tisch vereint Schönheit mit Nützlichkeit
II. *vi* sich *akk* vermählen *geh*

we'd [wi:d, wid] = **we had/we would** *see* **have I, II, would**

Wed *n abbrev of* **Wednesday** Mi., Mittw.

wed·ded ['wedɪd] **I.** *adj* ① *attr, inv* verheiratet, Ehe-; ***do you, Mary, take Charles to be your lawful ~ husband?*** nimmst du, Mary, Charles zu deinem rechtmäßig angetrauten Ehemann?; **~ bliss** Eheglück *nt*
② *pred (fig: obstinately cling to)* ■**to be ~ to sth** *activity, idea* sich *akk* etw *dat* verschrieben haben; ***he is ~ to an antiquated idea of what an acceptable career for a woman is*** er hat antiquierte Vorstellungen davon, was eine akzeptable Karriere für eine Frau ist; **to be ~ to an opinion/a view** auf einer Meinung/Ansicht beharren
II. *pt, pp of* **wed**

wed·ding ['wedɪŋ] *n* Hochzeit *f;* **a big/small ~** eine große/kleine Hochzeit, eine Hochzeit im großen/kleinen Kreis

'wed·ding an·ni·ver·sa·ry *n* Hochzeitstag *m* **'wed·ding at·tend·ant** *n jd, der bei einer Hochzeit eine offizielle Aufgabe übernimmt* **'wed·ding band** *n* AM *(wedding ring)* Ehering *m,* Trauring *m* **'wed·ding bells** *npl* Hochzeitsglocken *pl;* **to hear ~** *(fig)* die Hochzeitsglocken läuten hören **'wed·ding break·fast** *n* BRIT Hochzeitsessen *nt* **'wed·ding cake** *n no pl* Hochzeitstorte *f* **'wed·ding cer·emo·ny** *n* Trauung *f,* Trauzeremonie *f* **'wed·ding day** *n* Hochzeitstag *m,* Tag *m* der Hochzeit **'wed·ding dress** *n* Brautkleid *nt,* Hochzeitskleid *nt* **'wed·ding gift** *n* Hochzeitsgeschenk *nt* **'wed·ding gown** *n* Brautkleid *nt,* Hochzeitskleid *nt* **'wed·ding guest** *n* Hochzeitsgast *m* **'wed·ding march** *n* Hochzeitsmarsch *m (beim Ein- und Auszug des Brautpaares in die/aus der Kirche)* **'wed·ding night** *n* Hochzeitsnacht *f* **'wed·ding pres·ent** *n* Hochzeitsgeschenk *nt* **'wed·ding re·cep·tion** *n* Hochzeitsempfang *m* **'wed·ding ring** *n* Ehering *m,* Trauring *m* **'wed·ding tack·le** *n no pl* BRIT *(hum sl)* Eier *pl derb*

wedge [wedʒ] **I.** *n* ① *(tapered block)* Keil *m;* **to force a ~ between sth** einen Keil zwischen etw *akk* treiben
② *(fig: triangular piece)* [keilförmiges] Stück; *of a pie chart* Ausschnitt *m;* **a ~ of bread/cake** ein Stück *nt* Brot/Kuchen; **a ~ of cheese** eine Ecke Käse
③ *(type of golf club)* Wedge *m fachspr*
④ *(type of shoe)* **~** [**shoe**] Schuh *m* mit Keilabsatz
⑤ *no pl (sl: money)* Knete *f sl,* Stutz *kein pl* SCHWEIZ *sl,* Kohle *kein pl* ÖSTERR *fam*
▸PHRASES: **the <u>thin</u> end of the ~** der Anfang vom Ende
II. *n modifier (divisive, wedge-like) issue* entzweiend
III. *vt* ① *(jam into)* ■**to ~ sth/sb** etw/jdn einkeilen [*o* einzwängen]
② *(keep in position)* **to ~ sth closed/open** etw verkeilen *(damit es geschlossen/offen bleibt)*

wedge 'san·dal *n usu pl* Plateausandale *f*
wedgie ['wedʒi] *n* Schuh *m* mit Keilabsatz

Wedg·wood® ['wedʒwʊd] *n no pl* Wedgwood[-Porzellan] *nt*

wed·lock ['wedlɒk, AM -lɑ:k] *n no pl (old)* Ehe *f,* Ehestand *m veraltet;* ■**out of ~** außerehelich; **sex out of ~** Sex *m* außerhalb der Ehe; **to be born in/out of ~** ehelich/unehelich geboren sein

Wednes·day ['wenzdeɪ] *n* Mittwoch *m; see also* **Tuesday**

wee [wi:] **I.** *adj attr, inv* SCOT *(fam)* winzig; **a ~ bit** ein [*fam* klitze]kleines bisschen
II. *n no pl (childspeak fam)* ■**~** [**~**] Pipi *nt Kindersprache;* **to do** [*or* **have**] **a ~** [**~**] Pipi machen *Kindersprache*
III. *vi (childspeak fam)* Pipi machen *Kindersprache*

weed [wi:d] **I.** *n* ① *(plant)* Unkraut *nt kein pl*
② BRIT *(pej fam: person)* Schwächling *m pej fam*
③ *no pl (dated fam: tobacco)* ■**the ~** das Kraut *pej fam*
④ *no pl (dated sl: marijuana)* Gras *nt sl*
▸PHRASES: **to <u>grow</u> like a ~** *person* in die Höhe schießen
II. *vt* **to ~ the garden/patch** den Garten/das Beet jäten
III. *vi* [Unkraut] jäten
◆**weed out** *vt* ■**to ~ out ↔ sth** etw aussortieren; ■**to ~ out ↔ sb** jdn aussondern [*o fam* aussieben]

'weed·grown *adj* unkrautbewachsen, voller Unkraut *nach n;* ***the plot was ~*** die Handlung war überladen

weed·ing ['wi:dɪŋ] *n no pl* [Unkraut]jäten *nt;* **to do** [**the**] **~** Unkraut jäten

'weed·kill·er *n* Unkrautvernichtungsmittel *nt* **'weed whack·er®** *n* AM *(strimmer)* Rasentrimmer *m*

weedy ['wi:di] *adj* ① *(full of weeds)* unkrautbewachsen
② BRIT *(pej fam: of person)* [*fam* spindel]dürr, schmächtig
③ *(fig: uninteresting)* schwach; **~ plot** schwache Handlung

week [wi:k] *n* ① *(seven days)* Woche *f;* ***it'll be ~s before the damage is cleared up*** es wird Wochen dauern, bis die Schäden beseitigt sind; ***I saw him only the other ~*** ich habe ihn gerade vor ein paar Wochen gesehen; ***this time next ~*** nächste Woche um diese Zeit; ***a ~ last Friday*** Freitag vor einer Woche; ***a ~ ago yesterday*** gestern vor einer Woche; ■**a ~** [**on**] **... ...** in einer Woche; ***our holiday starts a ~*** [***on***] ***Saturday*** unsere Ferien beginnen Samstag in einer Woche; **for ~s** [**on end**] wochenlang; **a few ~s ago** vor einigen Wochen; **last ~** letzte Woche; **once/twice a ~** einmal/zweimal die Woche; [**for**] **a ~ or two** ein bis zwei Wochen [lang]; ■**~ by ~** [*or* **from ~ to ~**] von Woche zu Woche; ■**~ in, ~ out** [*or* **~ after ~**] Woche für Woche
② *(work period)* [Arbeits]woche *f;* **a thirty-seven-and-a-half-hour ~** eine 37,5-Stunden-Woche; **to work a five-day/35-hour ~** eine 5-Tage-/35-Stunden-Woche haben
③ *(fam: Monday to Friday)* **during the ~** während [*o* SÜDD, SCHWEIZ, ÖSTERR unter] der Woche

'week·day *n* Wochentag *m;* ■**on ~s** an Wochentagen, wochentags **week·'end I.** *n* Wochenende *nt;* ***how much would a ~ for two in Amsterdam cost?*** wie teuer käme ein Wochenende für zwei [Personen] in Amsterdam?; ■**this ~** *(present)* dieses Wochenende; *(future)* kommendes Wochenende; ■**at** [*or* AM, AUS **on**] **the ~**[**s**]**/at** [*or* AM, AUS **on**] **~s** am Wochenende/an Wochenenden; **~ cottage** Wochenendhaus *nt* **II.** *vi* ■**to ~ somewhere** *(fam)* das Wochenende irgendwo verbringen

week·'end·er *n* Wochenendausflügler(in) *m(f)*
week·end 'war·ri·or *n* Sonntagssportler(in) *m(f)*

week·ly ['wi:kli] **I.** *adj inv* wöchentlich; **~ magazine** Wochenzeitschrift *f;* **bi~, twice-~** zweimal wöchentlich
II. *adv inv* wöchentlich; ***the fire alarm is tested ~*** der Feueralarm wird jede Woche getestet; ***Newsweek is published ~*** Newsweek erscheint wöchentlich; **to exercise/meet ~** wöchentlich trainieren/sich *akk* wöchentlich treffen

III. *n (magazine)* Wochenzeitschrift *f; (newspaper)* Wochenzeitung *f*

Week·ly 'Law Re·ports *npl,* **WLR** *n wöchentlich erscheinende, aktuelle Rechtsprechungsübersicht*

'week·night *n* ■**on ~s** werktags abends

weel-kent ['wi:lkent] *adj attr* SCOT vertraut

weenie *n (fam)* Weichei *nt sl*

weeny ['wi:ni] *adj (fam)* winzig; **a ~ bit** ein klitzekleines bisschen *fam;* **eenie ~** klitzeklein *fam*

weep [wi:p] I. *vi* <wept, wept> ❶ *(also liter: cry)* weinen; *(sob)* schluchzen; **to ~ with joy/sorrow** vor Freude/Kummer weinen; **to ~ inconsolably/uncontrollably** hemmungslos/unkontrolliert weinen [*o* schluchzen]
❷ *(secrete liquid)* nässen
▶PHRASES: **laugh and the world laughs with you, ~ and you ~ alone** *(saying)* Freunde in der Not gehen tausend auf ein Lot *prov*
II. *vt* <wept, wept> **to ~ tears of joy/sorrow** Freudentränen/Tränen des Kummers weinen; ***it's not worth ~ing even a single tear over him*** es lohnt sich nicht, ihm auch nur eine Träne nachzuweinen; **to ~ crocodile tears** *(fig)* Krokodilstränen weinen [*o* vergießen]
III. *n no pl (liter)* Weinen *nt;* **to have a [good] ~** sich *akk* [ordentlich] ausweinen

weep·er ['wi:pəʳ, AM -ɚ] *n* ▶PHRASES: **finders keepers, losers ~s** *(saying)* wer's findet, dem gehört's, wer's verliert, hat Pech gehabt *fam*

weepie ['wi:pi] *n (fam)* Schnulze *f pej fam; (of film)* Schmachtfetzen *m pej sl*

weep·ing ['wi:pɪŋ] I. *adj attr, inv* ❶ *(of person)* weinend
❷ *(of wound)* nässend
II. *n no pl* Weinen *nt*

weep·ing 'wil·low *n* Trauerweide *f*

weepy ['wi:pi] I. *adj* ❶ *(of person)* weinerlich
❷ *(of film)* rührselig, sentimental
II. *n (fam)* Seelenkitsch *m fam,* Schmalz *m fig fam*

wee·vil ['wi:vᵊl] *n* Rüsselkäfer *m*

wee-wee ['wi:wi:] *(childspeak)* I. *n no pl (fam)* ❶ *(urine)* Pipi *nt*
❷ *(act of urinating)* Pipimachen *nt Kindersprache fam;* **to go** [*or* **do a**] **~** Pipi machen *Kindersprache fam*
II. *vi* Pipi machen *Kindersprache fam*

w.e.f. *abbrev of* **with effect from** gültig ab

weft [weft] *n no pl* FASHION ■**the ~** der Schuss

weigh [weɪ] I. *vi* ❶ *(in measurement)* wiegen
❷ *(fig: be important)* **to ~ heavily with sb** für jdn eine große Bedeutung haben
❸ *(distress)* ■**to ~ on sb** auf jdm lasten; ***he's under huge pressure at work, and it's really ~ing on him*** er steht bei der Arbeit unter enormem Druck, was ihn wirklich belastet; **to ~ heavily on sb** schwer auf jdm lasten
II. *vt* ❶ *(measure)* ■**to ~ sth/sb** etw/jdn wiegen [*o* SCHWEIZ *a.* wägen]; ■**to ~ oneself** sich *akk* wiegen
❷ *(consider)* ■**to ~ sth** etw abwägen; ***academic ability doesn't ~ much in my mind*** akademische Befähigung zählt bei mir nicht viel; ■**to ~ sth against sth** etw gegen etw *akk* abwägen; **to ~ one's words** [*or* **each word**] seine Worte [*o* jedes Wort] auf die Goldwaage legen
❸ NAUT **to ~ anchor** den Anker lichten

◆**weigh down** *vt* ❶ *(be burden)* ■**to ~ down** ⊂ **sb/sth** jdn/etw niederdrücken; ■**to be ~ed down with sth** schwer mit etw *dat* beladen sein; ***the boughs of the tree were ~ed down with fruit*** die Äste des Baumes bogen sich unter dem Gewicht der Früchte
❷ *(fig: worry)* ■**to ~ down** ⊂ **sb** jdn niederdrücken *geh;* ***she felt ~ed down by worries*** sie fühlte sich von Sorgen erdrückt

◆**weigh in** I. *vi* ❶ SPORT *(be weighed)* sich *akk* wiegen lassen; ***the jockey ~ed in at 60 kilos*** der Jockey brachte 60 Kilo auf die Waage
❷ *(fam: intervene)* sich *akk* einschalten; ■**to ~ in with sth** *opinion, proposal* etw einbringen
II. *vt* CHEM ■**to ~ in** ⊂ **sth** etw einwägen

◆**weigh into** *vi* ❶ *(join in)* ■**to ~ into sth** *campaign, discussion* sich *akk* an etw *dat* beteiligen
❷ *(also fig: attack)* ■**to ~ into sb** jdn angreifen

◆**weigh out** *vt* ■**to ~ out** ⊂ **sth** etw abwiegen

◆**weigh up** *vt* ❶ *(consider)* ■**to ~ up** ⊂ **sth** etw abwägen
❷ *(evaluate)* ■**to ~ up** ⊂ **sb/sth** jdn/etw einschätzen

'weigh·bridge *n* Brückenwaage *f*

weighed-in *adj attr, inv* CHEM eingewogen; **~ quantity** Einwaage *f* **'weigh-in** *n no pl* SPORT Wiegen *nt*

weigh·ing ['weɪɪŋ] *n pl* Wägen *nt;* **~ basin** [*or* **tray**] CHEM Waagschale *f;* **~ boat** CHEM Wägeschiffchen *nt;* **~ bottle** CHEM Wägeglas *nt*

weight [weɪt] I. *n* ❶ *no pl (heaviness)* Gewicht *nt;* ***the ~ of snow caused the roof to collapse*** die Schneelast brachte das Dach zum Einsturz; **to lose/put on ~** ab-/zunehmen
❷ *(unit of heaviness)* Gewicht *nt;* ***Joe's quite a ~*** Joe ist ein ziemlicher Brocken; **a decrease in ~** *of person* Gewichtsabnahme *f;* **to be a ~ off sb's mind** *(fig)* jdn nicht mehr belasten; **to lift a heavy ~** ein schweres Gewicht heben
❸ *(metal piece)* Gewicht *nt;* **to lift ~s** Gewicht[e] heben
❹ *no pl (importance)* Gewicht *nt,* Bedeutung *f;* ***her experience does give her opinions ~*** ihre Erfahrung verleiht ihren Ansichten Gewicht; **to attach ~ to sth** etw *dat* Bedeutung beimessen; **to carry ~** ins Gewicht fallen
▶PHRASES: **to take the ~ off one's feet** [*or* **legs**] es sich *dat* bequem machen; **to throw one's ~ about** *(fam)* seinen Einfluss geltend machen; **to throw one's ~ behind sb/sth** *(fam)* sich *akk* für jdn/etw starkmachen *fam;* **to be worth one's ~ in gold** sein Gewicht in Gold wert sein
II. *vt* ■**to ~ sth down** etw beschweren; ECON etw gewichten; ■**to ~ sth with sth** etw mit etw *dat* beladen; **to be ~ed in favour of sb/sth** *(fig)* zu Gunsten von jdm/etw angelegt sein

'weight-bear·ing *adj exercise, activity* unter Einsatz des eigenen Körpergewichts [als Belastungsreiz] *nach n*

weight·ed av·er·age [ˌweɪtɪd'-] *n* ❶ MATH gewichteter Durchschnitt
❷ ECON Bewertungsdurchschnitt *m*

weighti·ness ['weɪtɪnəs] *n no pl* Gewicht *nt,* Gewichtigkeit *f*

weight·ing ['weɪtɪŋ, AM -ṭɪŋ] *n no pl* ❶ BRIT *(additional allowance)* Zulage *f*
❷ MATH, COMPUT Gewichtung *f*
❸ *(importance)* Bedeutung *f*

'weight·ing agent *n* CHEM, TECH Füllstoff *m*

'weight·ing fac·tor *n* FIN Anrechnungsfaktor *m*

'weight·ing func·tion *n* MATH Gewichtsfunktion *f*

'weight·ing ra·tio *n* Gewichtungsverhältnis *nt*

weight·less ['weɪtləs] *adj inv* schwerelos

weight·less·ness ['weɪtləsnəs] *n no pl* Schwerelosigkeit *f*

'weight·lift·er *n* Gewichtheber(in) *m(f)* **'weight·lift·ing** *n no pl* Gewichtheben *nt;* **to do ~** Gewichtheben betreiben **'weight loss** *n no pl* Gewichtsverlust *m,* Gewichtsabnahme *f* **'weight train·ing** *n no pl* Krafttraining *nt* **'weight-watch·er** *n* Figurbewusste(r) *f(m),* Weight-Watcher *m fam; (specialist)* Ernährungsspezialist(in) *m(f)*

weighty ['weɪti, AM -ṭi] *adj* ❶ *(heavy)* schwer
❷ *(fig: important)* [ge]wichtig; **~ issues** [*or* **matters**] wichtige Angelegenheiten

weir [wɪəʳ, AM wɪr] *n* Wehr *nt*

weird [wɪəd, AM wɪrd] I. *adj* ❶ *(fam: strange)* merkwürdig, seltsam, komisch; *(crazy)* irre *fam;* ***that's ~*** das ist aber merkwürdig
❷ *(supernatural)* unheimlich; **the ~ sisters** *(the Fates)* die Schicksalsschwestern *pl,* die Nornen *pl; (witches)* die Hexen *pl*
II. *vt* AM *(fam)* ■**to ~ sb out** *(give sb feeling of alienation)* jdn abschrecken; *(make sb freak out)* jdn ausflippen lassen *fam*

weirdie ['wɪədi, AM 'wɪrdi] *n (fam)* ❶ *(person)* seltsame Person
❷ *(thing)* ***that film was a real ~*** der Film war wirklich bizarr

weird·ly ['wɪədli, AM 'wɪrd-] *adv* merkwürdig

weird·ness ['wɪədnəs, AM 'wɪrd-] *n no pl* Merkwürdigkeit *f,* Eigenartigkeit *f*

weirdo ['wɪədəʊ, AM 'wɪrdoʊ] I. *n* <*pl* -os> *(esp pej fam)* seltsame Person
II. *adj (esp pej fam)* irre *fam*

welch [wel(t)ʃ] *vi (pej)* **to ~ on a debt** sich *akk* einer Zahlungsverpflichtung entziehen; **to ~ on a promise** sich *akk* vor einem [gegebenen] Versprechen drücken

wel·come ['welkəm] I. *vt* ❶ *(greet gladly)* ■**to ~ sb** jdn willkommen heißen; **to ~ sb warmly** jdn herzlich willkommen heißen
❷ *(be glad of)* ■**to ~ sth** etw begrüßen; ***the new appointment has been widely ~d*** die neue Ernennung ist weithin begrüßt worden
II. *n* ❶ *(act of friendly reception)* Willkommen *nt;* ***they were given a warm ~*** man bereitete ihnen einen herzlichen Empfang; **to be given a hero's/heroine's ~** wie ein Held/eine Heldin empfangen werden
❷ *no pl (friendly reception)* [freundlicher] Empfang; **speech of ~** Begrüßungsansprache *f*
❸ *(expression of approval)* Zustimmung *f;* **to give sth a cautious** [*or* **guarded**] **~** etw *dat* verhalten zustimmen
▶PHRASES: **to outstay** [*or* **overstay**] **one's ~** länger bleiben, als man erwünscht ist; ***he outstayed his ~ as Mayor*** er war zu lange Bürgermeister
III. *adj* ❶ *(gladly received)* willkommen; ■**to be ~** willkommen sein; ***you're always ~, you'll always be ~*** du bist immer willkommen; **a ~ guest** ein willkommener [*o* gern gesehener] Gast; **to make sb very ~** jdn sehr freundlich aufnehmen; ***the restaurant made the children very ~*** das Restaurant war sehr kinderfreundlich
❷ *(wanted)* willkommen; *(pleasant)* angenehm; ***she was a ~ addition to the team*** sie war eine willkommene Bereicherung für die Mannschaft; **~ chance** [*or* **opportunity**] willkommene Gelegenheit; **~ change** willkommene Veränderung; **most** [*or* **particularly**] [*or* **very**] **~** sehr willkommen; ***that drink was most ~!*** der Drink kam gerade recht!
❸ *(willingly permitted)* ■**to be ~ to do sth:** ***you're ~ to use the garage while we're away*** Sie können gerne unsere Garage benutzen, solange wir nicht da sind; ***if they want to change the rules, they are ~ to try*** *(iron)* wenn sie die Regeln ändern wollen, sollen sie es nur versuchen
❹ *(replying to thanks)* **thank you very much — you're ~** vielen Dank – nichts zu danken [*o* keine Ursache] [*o* gern geschehen]
IV. *n modifier (drink, chocolates, gift)* Begrüßungs-
V. *interj* willkommen!; ***~, come in*** hallo, komm rein; ***~ to Cambridge*** [herzlich] willkommen in Cambridge; ***~ to our humble abode*** *(hum)* willkommen in unserem bescheidenen Heim; **~ aboard** NAUT willkommen an Bord; **~ back/home** willkommen zu Hause

'wel·come mat *n* ❶ *(by door of house)* Fußabtreter *m* ❷ *(fig: readiness to welcome)* **to dust off the ~ for sb** sich *akk* jdm gegenüber gastfreundlich zeigen; **to put the ~ out** den roten Teppich ausrollen

'wel·come speech *n* Begrüßungsansprache *f*

'Wel·come Wag·on® *n* AM ■**the ~** *Einrichtung, die Neuhinzugezogenen Informationen über lokale Einrichtungen und Dienste gibt;* **to roll out the ~** jdm freundlich entgegenkommen

wel·com·ing ['welkəmɪŋ] *adj* freundlich; ***he ran to his mother's ~ arms*** er rannte in die ausgebreiteten Arme seiner Mutter; **~ shout** Willkommensruf *m;* **~ smile** freundliches Lächeln

weld [weld] I. *vt* ❶ *(join material)* ■**to ~ sth** etw schweißen; ■**to ~ sth together** etw zusammenschweißen; ■**to ~ sth [on]to sth** etw auf [*o* an] etw *akk* schweißen
❷ *(fig: unite)* ■**to ~ sb into sth** jdn zu etw *dat* zusammenschweißen
II. *n* Schweißnaht *f*

weld·er ['weldəʳ, AM -ɚ] *n* Schweißer(in) *m(f)*

W

weld·ing ['weldɪŋ] *n no pl* Schweißen *nt*

'weld·ing torch *n* Schweißbrenner *m*

wel·fare ['welfeəʳ, AM -fer] *n no pl* ❶ *(state of health, happiness)* Wohlergehen *nt*
❷ *(state aid)* Sozialhilfe *f;* ~ **net** soziales Netz; ~ **policy** Gesundheits- und Sozialpolitik *f;* **social** ~ soziale Fürsorge; ■**to be on** ~ AM von [der] Sozialhilfe leben, Sozialhilfe bekommen

'wel·fare agen·cy *n (charitable organization)* wohltätige [*o* karitative] Vereinigung; *(run by state or local authority)* Sozialamt *nt* **'wel·fare ben·efits** *npl* Sozialleistungen *pl* **'wel·fare check** *n* AM Sozialhilfeüberweisung *f*

'wel·fare fund *n* Unterstützungskasse *f* **'wel·fare of·fic·er** *n* BRIT Sozialarbeiter(in) *m(f)* **'wel·fare pay·ment** *n* Sozialhilfeleistung *f* **'wel·fare pay·ments** *npl* AM Sozialabgaben *pl* **'wel·fare scheme** *n* Sozialhilfeprogramm *nt* **'wel·fare ser·vices** *npl* ❶ *(state support)* Sozialleistungen *pl* ❷ *+ sing vb (office)* Sozialamt *nt* **wel·fare 'state** *n* Sozialstaat *m,* Wohlfahrtsstaat *m oft pej* **'wel·fare to work** *n no pl Regierungsmaßnahme, die Arbeitslose und Fürsorgeempfänger veranlassen soll, Arbeit zu suchen* **'wel·fare work** *n no pl* Fürsorgearbeit *f* **'wel·fare work·er** *n* Sozialarbeiter(in) *m(f)*

we'll [wi:l, wil] = **we will/we shall** *see* **will**[1], **shall**

well[1] [wel] **I.** *adj* <better, best> *usu pred*
❶ *(healthy)* gesund; ***are you ~?*** geht es dir gut?; ***thank you,*** [***I'm***] ***very*** ~ danke, [es geht mir] sehr gut; ***I'm fairly/perfectly*** ~ mir geht es einigermaßen/bestens; ***he hasn't been too ~ lately*** ihm geht es in letzter Zeit nicht besonders gut; ***you're looking very ~ today!*** Sie sehen heute blendend aus!; **to be alive and** ~ gesund und munter sein; **to feel** ~ sich *akk* gut [*o* wohl] fühlen; **to get** ~ gesund werden; ***I hope you get ~ soon*** ich hoffe, dass es dir bald wieder besser geht; ***get ~ soon!*** gute Besserung!; **get ~ card** Genesungskarte *f*
❷ *inv (okay)* ***all ~ at work?*** ist bei der Arbeit alles in Ordnung?; ***all's ~ here*** hier ist alles in Ordnung; ***all is not ~ at the office*** im Büro gibt es Probleme; ***nobody believes all is ~ in our health service*** keiner glaubt, dass mit unserem Gesundheitswesen alles in Ordnung ist; ***all being ~, we should arrive on time*** wenn alles gutgeht, müssten wir pünktlich ankommen; ***it's all very ~ saying that*** [*or* ***for you to say that***], ***but ...*** du hast gut reden, aber ...; ***it's all very ~ for you to laugh but ...*** du hast gut lachen, aber ...; **all's not ~ with sb/sth** mit jdm/etw steht es nicht zum Besten; **all ~ and good, all very ~** gut und schön; ***that's all very ~ but ...*** das ist [ja] alles schön und gut, aber ...; ***electric heating is all very ~ until there's a power cut*** elektrische Heizungen sind so weit ganz in Ordnung, es sei denn, es kommt zum Stromausfall; **it's just as ~ that ...** es ist [nur] gut, dass ...; ***just as ~ you're not here — you wouldn't like it*** [nur] gut, dass du nicht hier bist – es würde dir nicht gefallen
❸ *inv (sensible)* **it would be as ~ to do sth** es wäre [*o* ist] ratsam, etw zu tun; ***it would be as ~ to check the small print*** es ist ratsam, auch das Kleingedruckte zu überprüfen
▸PHRASES: **all's ~ that** __**ends**__ ~ *(prov)* Ende gut, alles gut *prov*

II. *adv* <better, best> ❶ *(in a good way)* gut; ***you speak English very ~*** du sprichst sehr gut Englisch; ***they discussed the plans for two hours at considered it time ~ spent*** sie diskutierten zwei Stunden lang die Pläne und waren der Meinung, diese Zeit sinnvoll genutzt zu haben; ***~ spotted!*** gut aufgepasst!; ***look at all those wine bottles! you certainly live ~!*** guck dir nur all die Weinflaschen an! du lässt es dir aber gutgehen!; [***that was***] ***~ put*** gut ausgedrückt; ***~ done!*** gut gemacht!, super! *fam;* ***it's a job ~ done!*** das wäre erledigt!; **to be money ~ spent** gut angelegtes Geld sein; **to do ~ to do sth** gut daran tun, etw zu tun; **as ~ as sb/sth** so gut wie jd/etw; ***I can't do it as ~ as Marie*** [***can***] ich kann es nicht so gut wie Marie; ***she can sing as ~ as her sister*** [***does***] sie kann genauso gut singen wie ihre Schwester; ~ **enough** *(sufficiently)* gut genug; *(satisfactorily)* ganz gut, einigermaßen; ***the concert was ~ enough advertised but ticket sales were poor*** obwohl das Konzert ausreichend angekündigt war, wurden kaum Tickets verkauft; ***he plays the piano ~ enough*** er spielt ganz gut Klavier; **pretty** ~ ganz gut; **to do ~ for oneself** erfolgreich sein; **to mean** ~ es gut meinen
❷ *(favourably)* gut; ***his point was ~ taken*** sein Beitrag wurde gut aufgenommen; **to speak ~ of sb/sth** nur Gutes über jdn/etw sagen; **to think ~ of sb/sth** viel von jdm/etw halten
❸ *(thoroughly)* gut; **to know sb** ~ jdn gut kennen
❹ *inv (very much)* **to cost ~ over/under £ 100** weit über/unter 100 Pfund kosten; ***the results are ~ above*** [***our***] ***expectations*** die Ergebnisse liegen weit über unseren Erwartungen; ***stand ~ clear of the doors*** halten Sie deutlich Abstand von den Türen; ***keep ~ away from the edge of the cliff*** halten Sie sich weit vom Rand des Abhangs fern; ***they kept the crowd ~ behind the white line*** sie hielten die Menge weit hinter der weißen Linie zurück
❺ *inv (used for emphasis)* [sehr] wohl; ***I can ~ believe it*** das glaube ich gern; ***I should damn ~ hope so!*** *(fam)* das will ich [aber auch] stark hoffen!; ***he could ~ imagine how ...*** er konnte sich lebhaft vorstellen, wie ...; ***there are no buses after midnight, as you ~ know*** du weißt doch, dass nach Mitternacht keine Busse mehr fahren; ***I ~ remember the last time they visited us*** *(form)* ich kann mich gut an ihren letzten Besuch erinnern; **to be ~ able to do sth** durchaus [*o* sehr wohl] in der Lage sein, etw zu tun; ***to be ~ aware of sth*** sich *dat* einer S. *gen* durchaus [*o* sehr wohl] bewusst sein; **to be ~ over forty** weit über vierzig sein; **to be ~ worth it/an attempt** es/einen Versuch wert sein; **to be ~ away in sth** BRIT *(fig fam)* ganz in etw *akk* versunken sein; ~ **and truly** ganz einfach; ***the party was ~ and truly over when he arrived*** als er kam, war die Party bereits gelaufen *fam*
❻ *inv (justifiably)* wohl; ***you may ~ ask!*** das kann man wohl fragen!; ***where's Pete? — you may ~ ask! he should have been here hours ago!*** wo ist Pete? – das kannst du laut fragen! er hätte schon seit Stunden hier sein sollen!; ***I couldn't very ~ refuse the offer*** ich konnte das Angebot ja wohl schlecht ablehnen; ***he may ~ wonder why no one was there — he forgot to confirm the date*** er braucht sich [gar] nicht zu wundern, warum keiner da war – er hat vergessen, den Termin fest zu vereinbaren; ***you may ~ think it was his fault*** es mag gut sein, dass es seine Schuld war
❼ *inv (probably)* gut; ***it may ~ be that ...*** es ist gut möglich [*o* es kann gut sein], dass ...; ***he might ~ be sick after that drinking spree*** es ist gut möglich, dass er nach dem Trinkgelage krank ist; ***it may ~ be finished by tomorrow*** es kann gut sein, dass es morgen fertig ist; ***she might ~ be the best person to ask*** sie ist wahrscheinlich die Beste, die man fragen kann
❽ *inv (very)* völlig, total *fam;* ***we were ~ bored at the concert*** BRIT *(fam)* wir haben uns in dem Konzert furchtbar gelangweilt; **to be ~ pleased** [*or* **satisfied**] **with sth** *(fam)* mit etw *dat* vollauf zufrieden sein
❾ *inv (also)* **as ~** auch; *(and)* **... as ~ as ...** und [auch] ..., sowie *geh;* ***invite Emlyn — and Simon as ~*** lade Emlyn ein – und Simon auch; ***I'll have the ice cream as ~ as the cake*** ich nehme das Eis und auch den Kuchen
❿ *inv (equally)* [**just**] **as ~** ebenso gut [auch], eigentlich [auch]; ***you might*** [***just***] ***as ~ wash the dishes*** eigentlich könntest du das Geschirr abwaschen; ***if you publish this, you may just as ~ hand in your notice*** wenn du das veröffentlichst, kannst du ebenso gut auch gleich kündigen
▸PHRASES: **to be ~** __**away**__ BRIT *(fam: asleep)* weg sein *fam;* *(drunk)* angeheitert sein *fam;* **to be ~** __**in**__ **with sb,** AM **to be** __**in**__ **~ with sb** *(fam)* gut mit jdm können *fam;* **to** __**leave**__ ~ [AM **enough**] **alone** es lieber seinlassen; **to be ~** __**out**__ **of it** BRIT, AUS davongekommen sein; **if a** __**thing's**__ **worth doing, it's worth doing ~** *(saying)* wenn schon, denn schon *fam;* **to be ~** __**up**__ **on** [*or* **in**] **sth** in etw *dat* gut bewandert sein; **if you** __**want**__ **a thing done ~, do it yourself** *(saying)* wenn du möchtest, dass etwas ordentlich erledigt wird, machst du es am besten selbst

III. *interj (introducing, continuing a statement)* nun [ja], also; *(introducing a question)* und; *(showing hesitation, resignation)* tja *fam,* na ja *fam;* *(showing doubt, disagreement, annoyance)* na *fam;* *(showing surprise)* ~ [, ~]! sieh mal einer an!, na, so was!; ~, ***what shall we do now?*** tja, was machen wir jetzt? *fam;* ~ ***? what did you do next?*** und? was hast du dann gemacht?; ~, ***are you happy now?*** na, bist du jetzt zufrieden? *fam;* ~, ~ **...** ja, ja ...; ~ **now** [*or* **then**] **...** also [dann] ...; ***oh ~, it doesn't matter*** ach [was], das macht doch nichts; ***very ~ ...*** na gut ...

IV. *n no pl* **to wish sb ~** jdm alles Gute [*o* jdm viel Glück] wünschen

well[2] [wel] **I.** *n* ❶ *(for water)* Brunnen *m;* **to drill a ~** einen Brunnen bohren
❷ *(for mineral)* Schacht *m;* **gas ~** Gasbrunnen *m;* **oil ~** Ölquelle *f;* **to drill a ~** einen Schacht bohren; *(for oil)* ein Bohrloch anlegen
❸ ARCHIT *(for stairs)* Treppenhaus *nt;* *(for lift)* Fahrstuhlschacht *m;* *(for light)* Lichtschacht *m*
❹ BRIT LAW *Ort, wo die Anwälte und Protokollanten im Gerichtssaal sitzen*
❺ *(bountiful source)* Quelle *f*
❻ *(small depression)* Kuhle *f,* Mulde *f*

II. *vi* ■**to ~ up in sth** in etw *dat* aufsteigen; ***tears ~ed up in her eyes*** Tränen stiegen ihr in die Augen; *(fig)* ***conflicting emotions ~ed up in his heart*** widerstreitende Gefühle stiegen in seinem Herzen auf *geh;* ***pride ~ed up in his chest*** Stolz schwellte seine Brust *geh;* ■**to ~** [**up**] **out of sth** aus etw *dat* hervorquellen

well-ad·'just·ed *adj inv* ❶ *(approv: mentally stable)* [mental] ausgeglichen ❷ *(successfully changed)* gut eingestellt **well-ad·'vised** *adj pred (form)* ■**to be ~ to do sth** gut beraten sein, etw zu tun; ***you would be ~ to book in advance*** es ist empfehlenswert, vorher zu buchen **well-ap·'point·ed** *adj inv (form)* gut ausgestattet **well-'ar·gued** *adj* gut begründet **well-at·'tend·ed** *adj* gut besucht **well-'bal·anced** *adj inv* ❶ *(not one-sided)* **a ~ article** ein objektiver Artikel; **a ~ team** eine harmonische Mannschaft ❷ *(of food)* ~ **diet/meal** ausgewogene Ernährung/Mahlzeit ❸ *(of person)* ausgeglichen; ~ **children** zufriedene Kinder **well-be·'haved** *adj (of child)* artig, gut erzogen; *(of dog)* brav; COMPUT *program* gut funktionierend

well-'be·ing *n no pl* Wohl[ergehen] *nt,* Wohlbefinden *nt;* **a feeling of ~** ein wohliges Gefühl

well born [ˌwel'bɔ:n, AM -'bɔ:rn] *adj pred,* **well-born** ['welbɔ:n, AM -bɔ:rn] *adj attr* aus guter Familie *nach n,* besserer Herkunft *nach n* **well-'bred** *adj inv* ❶ *(with good manners)* wohl erzogen *geh;* *(refined)* gebildet; **a ~ voice** eine [gut] geschulte Stimme ❷ *(dated: from high society)* aus gutem Hause **well-brought-'up** *adj inv* gut erzogen **well-'built** *adj inv* ❶ *(approv: of muscular body)* gut gebaut, muskulös ❷ *(approv: nice or shapely body)* gut gebaut; ***he's very ~*** er hat eine sehr gute Figur ❸ BRIT, AUS *(euph: overweight)* kräftig, gut beieinander *hum fam* ❹ *(of good construction)* solide gebaut, stabil **well-'chos·en** *adj* gut gewählt; [**to say**] **a few ~ words** ein paar passende Worte [sagen] **well-con·'nect·ed** *adj (knowing powerful people)* mit guten Beziehungen *nach n;* ■**to be ~** gute Beziehungen haben; *(of good family and connections)* einflussreich; **a ~ family** eine angesehene Familie **well-'cov·ered** *adj inv* BRIT gut genährt **well-de·'fined** *adj inv* scharf umrissen; **a ~ answer** eine detaillierte Antwort; **a ~ term** ein klar definierter Begriff **well-de·'served** *adj inv* wohlverdient; **a ~ break** eine wohlverdiente Pause **well-de·'vel·oped** *adj* ❶ *(of human body)* gut entwickelt; *(hum: having large breasts)* vollbusig ❷ *(of object, idea, country)* gut entwickelt, ausgereift; **a ~ sense of humour** ein ausgeprägter Sinn für Humor **well-dis·'posed** *adj inv* wohlgesinnt; ■**to be ~ to[wards] sb/sth** jdm/etw wohlgesinnt sein; **to feel ~ towards other people** anderen Menschen gegenüber freundlich gesonnen sein **well-'docu·ment·ed** *adj inv* gut belegt [*o geh* dokumentiert] **well-'done** *adj inv* ❶ *(of meat)* gut durch[gebraten] ❷ *(of work)* gut gemacht **well-'dressed** *adj* gut gekleidet **well-'earned** *adj inv* wohlverdient; **a ~ break** eine wohlverdiente Pause **well-'edu·cat·ed** *adj* gebildet **well-en·'dowed** *adj inv* ❶ *(with money) person* gut situiert ❷ *(with resources)* gut ausgestattet; ■**to be ~ with sth** mit etw *dat* gut ausgestattet sein; ***South Africa is ~ with gold and diamond resources*** Südafrika hat reiche Gold- und Diamantenvorkommen; ***the centre is ~ with generous funding*** das Zentrum wird mit großzügigen Spendengeldern unterhalten ❸ *(euph)* gut ausgestattet *euph; (with big breasts)* vollbusig; *(of male genitals)* gut bestückt *hum fam* **well-es·'tab·lished** *adj inv (having a firm position)* etabliert; *(being generally known)* bekannt; **a ~ theme** ein allseits bekanntes Thema **well-'fed** *adj inv (having good food)* [ausreichend] mit Nahrung versorgt; *(result of good feeding)* wohl genährt **well-'found·ed** *adj inv* [wohl]begründet; **~ fears/suspicions** [wohl]begründete Ängste/Vermutungen **well-'groomed** *adj inv* gepflegt **well-'ground·ed** *adj inv (based on good reasons)* [wohl]begründet; *(having knowledge)* ■**to be ~ in sth** in etw *dat* gute Kenntnisse haben; **to be ~ in fact** auf Tatsachen beruhen **well-'guard·ed** *adj* wohl behütet; **a ~ secret** ein gut gehütetes Geheimnis

'well head *n* ❶ *(spring)* Quelle *f* ❷ *(structure)* Bohrturm *m*

well-'heeled I. *adj inv (fam)* [gut] betucht *fam;* **~ family homes** stattliche Einfamilienhäuser II. *n* ■**the ~** *pl* die Wohlhabenden *pl* **well-'hung** *adj inv* ❶ *(of meat)* [gut] abgehangen ❷ *(fam: of man)* gut ausgestattet [*o* bestückt] *hum fam*

wel·lie ['weli] *n esp* BRIT *(fam) short for* **wellington** Gummistiefel *m*

well-in·'formed *adj (approv)* gut informiert [*o* unterrichtet]; **to be ~ on a subject** über ein Thema gut Bescheid wissen; ■**to be ~ about sb/sth** über jdn/etw gut informiert [*o* unterrichtet] sein

wel·ling·ton, wel·ling·ton 'boot ['welɪŋtən-] *n esp* BRIT Gummistiefel *m*

well-in·'ten·tioned *adj inv* gut gemeint **well-'kept** *adj* ❶ *(of person, property)* gepflegt ❷ *(not revealed)* gut gehütet; **a ~ secret** ein gut gehütetes Geheimnis **well-'knit** *adj inv* ❶ *(of human body)* stramm ❷ *(of interaction)* **a ~ group** eine fest gefügte Gruppe; **a ~ plot/story** eine gut durchdachte Handlung/Geschichte **well-'known** *adj (widely known)* [allgemein] bekannt; *(famous)* berühmt; ■**to be ~ for sth** für etw *akk* bekannt sein; *(famous)* für etw *akk* berühmt sein; ■**it is ~ that ...** es ist [allgemein] bekannt, dass ... **well-'liked** *adj inv* [sehr] beliebt

well man 'clin·ic *n* Männerklinik *f*

well-'man·nered *adj inv* wohl erzogen; **a ~ child** ein wohl erzogenes Kind **well-'matched** *adj inv* ❶ *(of equal ability)* gleich stark, einander ebenbürtig *geh;* **~ competitors** ebenbürtige Gegner ❷ *(suited to each other)* zueinander passend, gut zusammenpassend; ***they are a ~ couple*** sie passen gut zueinander; ***her skills are ~ to the job*** ihre Fähigkeiten sind dem Job angemessen **well-'mean·ing** *adj inv* wohlmeinend; **~ advice/comments** gut gemeinte Ratschläge/Kommentare **well-'meant** *adj inv* gut gemeint

well·ness ['welnəs] *n no pl* AM Wohlbefinden *nt*

'well·ness cen·ter *n* AM Wellnesscenter *nt* **'well·ness clin·ic** *n* AM Kurklinik *f*

well-nigh [,wel'naɪ] *adv inv* beinah[e], nahezu; **to be ~ impossible** praktisch unmöglich sein

well-'off I. *adj* <better-, best-> ❶ *(wealthy)* wohlhabend, reich ❷ *pred (fortunate)* gut dran *fam;* ***the city is ~ for parks and gardens*** die Stadt hat viele Parks und Gärten; **to not know when one is ~** nicht wissen, wann es einem gutgeht II. *n* ■**the ~** *pl* die Wohlhabenden *pl*

well-'oiled *adj inv* ❶ *attr (functioning)* gut funktionierend ❷ *pred (euph fam: inebriated)* betrunken, voll *fam* **well-'or·dered** *adj inv* wohl geordnet; *(planned to the last detail)* durchgeplant **well-'or·gan·ized** *adj* gut organisiert **well-'paid** *adj* gut bezahlt **well-'placed** *adj* gut platziert; **to be ~** gut im Rennen liegen; **a ~ remark** eine an richtiger Stelle gemachte Bemerkung **well-pre·'served** *adj inv building* gut erhalten; *people* wohl erhalten; ***she's ~ for her sixty years*** sie hat sich für ihre sechzig Jahre gut gehalten **well-pro·'por·tioned** *adj inv* wohl proportioniert **well-'quali·fied** *adj (having formal qualification)* qualifiziert; *(suitable, experienced)* geeignet; ***he seems ~ for the job*** er scheint für den Job geeignet zu sein **well-'read** *adj* ❶ *(knowledgeable)* [sehr] belesen ❷ *(frequently read)* viel gelesen *attr;* ***she is one of the most ~ authors*** sie ist eine der meistgelesenen Autoren; ■**to be ~** viel gelesen werden ❸ *(dog-eared)* mit Eselsohren *nach n;* ■**to be ~** Eselsohren haben **well-'round·ed** *adj inv* ❶ *attr (developed)* Allround-; **a ~ person** ein Allroundtalent *nt* ❷ *(balanced)* vielseitig, facettenreich; **a ~ article** ein abgerundeter Artikel ❸ *(of object)* wohl gerundet ❹ *(of phrase, sentence)* ausgewogen **well-'spok·en** *adj inv (speaking pleasantly)* höflich; *(articulate or refined in speech)* beredt, wortgewandt

well·spring ['welsprɪŋ] *n (liter)* Quell *m geh;* **a ~ of information/joy/love** eine Quelle der Information/Freude/Liebe

well-'thought-of *adj (highly regarded)* angesehen; *(recognized)* anerkannt **well-thought-'out** *adj* gut durchdacht **well-'timed** *adj* zeitlich gut gewählt; ***his remark was ~*** seine Bemerkung kam zur rechten Zeit

well-to-'do *(fam)* I. *adj inv* wohlhabend, [gut] betucht *fam* II. *n* ■**the ~** *pl* die [Gut]betuchten *pl fam*

well-'tried *adj inv* [alt]bewährt **well-'trod·den** *adj inv* ❶ *(often walked)* ausgetreten; *(often visited)* viel besucht; **a ~ path/way** ein ausgetretener Pfad/Weg ❷ *(fig: frequently used)* altbekannt; **a ~ path** eine altbekannte Methode **well-'turned** *adj inv* ❶ *(of speech act)* wohlgesetzt *geh;* **a ~ phrase** ein gut formulierter Ausdruck ❷ *(dated: shapely)* wohl geformt; **a ~ leg** ein wohl geformtes Bein **well-up·'hol·stered** *adj inv* ❶ *(of furniture)* gut gepolstert ❷ *(euph: of person)* korpulent, gut gepolstert *fig fam* **well-'used** *adj inv* ❶ *(worn)* abgenutzt, abgenützt SCHWEIZ, ÖSTERR ❷ *(frequently used)* viel genutzt **well-'versed** *adj inv* ■**to be ~ in sth** in etw *dat* versiert sein; *habits* mit etw *dat* vertraut sein

'well-wish·er *n (supportive person)* Sympathisant(in) *m(f); (person who wishes well)* wohlwollender Freund/wohlwollende Freundin; *(patron)* Gönner(in) *m(f); (sponsor)* Förderer, Förderin *m, f*

well wom·an 'clin·ic *n* BRIT Frauenklinik *f*

well-'worn *adj inv* ❶ *(damaged by wear) clothes* abgetragen; *object* abgenützt ❷ *(fig: overused)* abgedroschen *fam*

wel·ly ['weli] *n esp* BRIT *(fam) short for* **wellington** Gummistiefel *m*

welsh [welʃ] *vi* sich *akk* drücken; **to ~ on a debt/promise** sich *akk* einer Schuldbegleichung entziehen/vor einem Versprechen drücken *fam*

Welsh [welʃ] I. *adj inv* walisisch; ***his mother is ~*** seine Mutter kommt aus Wales
II. *n* ❶ *no pl (Celtic language)* Walisisch *nt* ❷ *(inhabitants, people of Wales)* ■**the ~** *pl* die Waliser *pl*

'Welsh·man *n* Waliser *m* **Welsh pony** *n* Welsh Pony *nt* **Welsh 'rab·bit, Welsh rare·bit** ['reəbɪt] *n no pl* überbackenes Käsebrot **'Welsh·wom·an** *n* Waliserin *f*

welt [welt] I. *n* ❶ *usu pl (scar)* Striemen *m* ❷ *(of shoe)* Rahmen *m*
II. *vt* ■**to ~ sb** jdn verprügeln [*o fam* verdreschen]

wel·ter ['weltəʳ, AM -t̬ɚ] *n no pl* [Un]menge *f;* **a ~ of problems/questions** eine Menge Probleme/Fragen

wel·ter·weight ['weltəweɪt, AM -t̬ɚ-] *n* Weltergewicht *nt*

wench <*pl* -es> [wen(t)ʃ] *(old)* I. *n* ❶ *(hum: young woman)* Maid *f veraltet,* junges Mädchen; ***come here, my pretty ~!*** *(hum)* komm her, mein schönes Kind! *hum* ❷ *(servant girl)* Magd *f veraltend* ❸ *(whore)* Dirne *f veraltend*
II. *vi (hum)* [herum]huren *pej*

wend [wend] *vt (liter)* ■**to ~ one's way somewhere** sich *akk* irgendwohin begeben; **to ~ one's way home** sich *akk* auf den Heimweg machen

Wendy house ['wendi,haʊs] *n* BRIT Spielhaus *nt*

went [went] *pt of* **go**

wept [wept] *pt, pp of* **weep**

were [wɜːʳ, wəʳ, AM wɜːr, wər] *pt of* **be**

we're [wiːəʳ, AM wɪr] = **we are** *see* **be**

weren't [wɜːnt, AM wɜːrnt] = **were not** *see* **be**

were·wolf <*pl* -wolves> ['weəwʊlf, AM 'wer-, *pl* -wʊlvz] *n* Werwolf *m*

wert [wɜːt, AM wɜːrt] *vt, vi (old) 2nd pers. sing pt of* **be**

Wes·ley·an ['wezliən, AM 'wes] REL I. *adj inv* methodistisch
II. *n* Anhänger(in) *m(f)* von John Wesley, Methodist(in) *m(f)*

west [west] I. *n no pl* ❶ *(direction)* ■**W~** Westen *m;* **~-facing** westwärts; ***she chose the ~-facing bedroom*** sie wählte das nach Westen liegende Schlafzimmer; ■**the ~** der Westen; **to be [*or* lie] to the ~ of sth** westlich von etw *dat* liegen; ■**in the ~** im Westen; ■**to be in the ~ of sth** im Westen einer S. *gen* sein; ***Bristol is in the ~ of England*** Bristol liegt im Westen Englands ❷ *(of the US)* ■**the W~** der Westen; **the Wild W~** der Wilde Westen ❸ + *sing/pl vb* POL *(western hemisphere)* ■**the W~** der Westen, die westliche Welt; *(the Occident)* das Abendland, der Okzident *geh;* ■**in [*or* throughout] the W~** im Westen ❹ POL *(hist: non-communist countries)* ■**the W~** der Westen, die westlichen Staaten; **East-W~ relations** Ost-West-Beziehungen *pl* ❺ *(in bridge)* West *m*
II. *adj inv* westlich; ***they live on the ~ side of town*** sie leben im Westen der Stadt; **W~ Africa** Westafrika *nt;* **the ~ coast of Ireland** die Westküste Irlands; **~ wind** Westwind *m;* **to be due ~ of sth** genau westlich von etw *dat* liegen
III. *adv inv* westwärts; ***the balcony faces ~*** der Balkon geht nach Westen; **to go/head/travel ~** nach Westen gehen/ziehen/reisen; **to turn ~** sich *akk* nach Westen wenden; **due ~** direkt nach Westen
►PHRASES: **east, ~, home's best** *(saying)* daheim ist es [doch] am schönsten; **to go ~** den Bach runtergehen *fam*

West 'Bank *n no pl* ■**the ~** das Westjordanland, die West Bank

'west·bound *adj inv* in Richtung Westen; **~ lane** AUTO, TRANSP Spur *f* in Richtung [*o* nach] Westen

West 'Coast I. *n no pl (of USA)* ■**the ~** die Westküste II. *adj attr, inv (of USA)* Westküsten-; ***a ~ computer firm*** eine Computerfirma an der Westküste; **~ cuisine** *die Küche der Westküste* **'West Coun·try** I. *n no pl* ■**the ~** der Südwesten Englands II. *adj attr, inv* südwestenglisch **West 'End** I. *n no pl* ■**the ~** das [Londoner] Westend II. *adj attr, inv (of central London)* Westend-; **the ~ theatres** die Theater *pl* des Londoner Westends

west·er·ly ['westᵊli, AM -tɚli] I. *adj* westlich; ***he pointed in a ~ direction*** er zeigte in westliche Richtung; **~ gales/winds** Weststürme/-winde *pl*
II. *n* ❶ *usu pl (wind from west)* Westwind *m* ❷ *(in southern hemisphere)* ■**westerlies** Westwinde *pl*

west·ern ['westən, AM -tɚn] I. *adj attr, inv* ❶ GEOG West-, westlich; **~ Europe** Westeuropa *nt;* **~ France** Westfrankreich *nt;* **~ states** Weststaaten *pl (der USA)*

W

❷ *(of culture)* ■**W~** westlich; **W~ culture/medicine** westliche Kultur/Medizin
❸ POL *(hist: non-communist)* ■**W~** westlich
❹ *(of wind)* westlich
II. *n (film)* Western *m; (novel)* Wildwestroman *m*

West·ern Aus·'tral·ian *n* Bewohner(in) *m(f)* Western Australias **West·ern 'Cir·cuit** *n* BRIT LAW Gerichtsbezirk West *(des Crown Court)*

west·ern·er ['westənəʳ, AM -tənɚ] *n* ❶ *(person from western hemisphere)* Abendländer(in) *m(f)*
❷ POL Person *f* aus dem Westen; ***on my trip to China, I met up with some other W~s*** auf meiner Chinareise traf ich einige andere Leute aus dem Westen

west·er·ni·za·tion [ˌwestᵊnaɪ'zeɪʃᵊn, AM -tənɪ'-] *n no pl* Verwestlichung *f*

west·ern·ize ['westənaɪz, AM -tɚ-] **I.** *vt* ■**to ~ sb/sth** jdn/etw verwestlichen; ***many young Japanese have been extensively ~d*** viele japanische Jugendliche sind unter einen extrem westlichen Einfluss geraten
II. *vi* sich *akk* dem Westen anpassen

west·ern·ized ['westənɑɪzd, AM -tɚ-] *adj* verwestlicht

west·ern·most ['westənməʊst, AM -tɚnmoʊst] *adj attr, inv* ■**the ~ ...** der/die/das westlichste ...

Wes·tern Sa·moa [-sə'məʊə, AM -'moʊə] *n* Westsamoa *nt*

West 'Ger·ma·ny *n no pl (hist)* Westdeutschland *nt hist* **West 'In·dian I.** *adj inv* westindisch **II.** *n* Westinder(in) *m(f)* **West 'In·dies** *npl* ■**the ~** die Westindischen Inseln

West·min·ster ['wes(t)mɪn(t)stəʳ, AM -stɚ] *n no pl* ❶ *(area of London)* Westminster *nt*
❷ + *sing/pl vb* BRIT *(Parliament)* Westminster *kein art*

West·min·ster 'Ab·bey *n* Westminster Abbey *f*

West 'Nile, West ·Nile vi·rus I. *n no pl* Westnil-Virus *nt*
II. *n modifier* Westnil-Virus- **West Nile 'fe·ver** *n no pl* Westnil-Fieber *nt* **West Nile-in·'fec·ted** *adj inv* mit dem Westnil-Virus infiziert **West Nile 'vi·rus** *n no pl* Westnil-Virus *nt*

West·pha·lia [ˌwes'feɪliə] *n no pl* GEOG Westfalen *nt*

West·pha·lian [ˌwes'feɪliən] *adj inv* westfälisch

West 'Side *n no pl (western part of Manhattan)* ■**the ~** die West Side **West Vir·gin·ian** [-vɜː'dʒɪniən, AM -vɚ'-] **I.** *n* Bewohner(in) *m(f)* West Virginias
II. *adj* aus West Virginia *nach n*

west·ward(s) ['wes(t)wəd(z), AM -wɚd(z)] *inv* **I.** *adj* westlich; *road* nach Westen
II. *adv* westwärts, in Richtung Westen

wet [wet] **I.** *adj* <-tt-> ❶ *(saturated)* nass; ■**~ through** [völlig] durchnässt; **to be ~ behind the ears** *(fig)* noch nicht trocken hinter den Ohren sein *fam;* **all** [*or* **soaking**] **~** triefend nass; **to get sth ~** etw nass machen; **to get ~** nass werden
❷ *(covered with moisture)* feucht
❸ *(not yet dried)* frisch; **"~ paint!"** „frisch gestrichen!"
❹ *(rainy)* regnerisch; **~ season** Regenzeit *f;* **~ weather** nasses [*o* regnerisches] Wetter
❺ *(having urinated)* nass
❻ BRIT *(pej: feeble)* schlapp *pej fam*
❼ *(sl: allowing sale of alcohol) bezeichnet die Verfügbarkeit von Alkohol in einem Staat oder legalisierten Alkoholkonsum in einer Gesetzgebung*
▶PHRASES: **to be all ~** AM sich *akk* auf dem Holzweg befinden; **to be a ~ blanket** ein Spielverderber *m/* eine Spielverderberin sein; **to be as much fun as a ~ weekend** *(fam)* so lustig wie ein verregnetes Wochenende sein
II. *vt* <-tt-, wet *or* wetted, wet *or* wetted> ❶ *(moisten)* ■**to ~ sth** etw anfeuchten
❷ *(saturate)* ■**to ~ sth** etw nass machen
❸ *(urinate)* **~ the bed** das Bett nass machen; **to ~ one's pants** [*or* **trousers**] seine Hose nass machen; ■**to ~ oneself** sich *akk* nass machen
▶PHRASES: **to ~ the baby's head** auf die Geburt eines Kindes anstoßen; **to ~ one's whistle** *(dated fam)* sich *dat* die Kehle anfeuchten *hum fam*
III. *n* ❶ *no pl (rain)* Nässe *f;* ***don't leave those boxes out in the ~*** lass die Kisten nicht draußen in der Nässe stehen
❷ *no pl (liquid)* Flüssigkeit *f; (moisture)* Feuchtigkeit *f*
❸ *no pl (damp area)* Pfütze *f*
❹ *(unassertive person)* Schlappschwanz *m pej*
❺ BRIT *(dated: conservative politician with liberal views)* Gemäßigte(r) *f(m)*

'wet·back *n* AM *(pej! sl)* illegaler Einwanderer/ illegale Einwanderin aus Mexiko

wet·bike ['wetbaɪk] *n* Wassermotorrad *nt* **'wet cell** *n* Nasszelle *f* **wet 'dream** *n* feuchter Traum

'wet-dry *adj inv* Nass-Trocken- *attr*

wet 'fish *n no pl* frischer Fisch

weth·er ['weðəʳ, AM ɚ] *n* ZOOL Hammel *m*

'wet·land *n no pl,* **'wet·lands** *npl* Sumpfgebiet *nt;* **~ habitat** Feuchtbiotop *nt* **'wet-look I.** *n usu sing* Wetlook *m* **II.** *adj attr, inv* Wetlook-; **~ hair gel** Wetgel *nt*

wet·ly ['wetli] *adv* nass; **to gleam ~** nass glänzen

wet·ness ['wetnəs] *n no pl* ❶ *(moisture)* Nässe *f; of climate, paint* Feuchtigkeit *f*
❷ *(state of being wet)* Nässe *f*

'wet nurse I. *n (usu hist)* Amme *f hist*
II. *vt* ❶ *(breast-feed)* **to ~ a baby** ein Baby stillen
❷ *(pej: pamper)* ■**to ~ sb** jdn verhätscheln *oft pej*

'wet room *n* Nasszelle *f* **'wet shave** *n* Nassrasur *f*

'wet·suit *n* Taucheranzug *m*

wett·abil·ity [ˌwetə'bɪləti, -ɪti, AM -əţi] *n no pl* TECH Benetzbarkeit *f*

wet·ting ['wetɪŋ, AM 'weţɪŋ] *n no pl* ❶ *(making wet)* ***the ~ of the soil is very important*** es ist wichtig, dass die Erde richtig durchtränkt ist; ***after that ~ in the rain, I'm not surprised you're cold*** nach deiner Dusche im Regen wundert mich nicht, dass dir kalt ist
❷ *(urination)* **bed ~** Bettnässen *nt*
❸ TECH Benetzung *f;* **~ agent** CHEM, TECH Netzmittel *nt;* **~ angle** PHYS Randwinkel *m;* **~ tension** PHYS Benetzungsspannung *f*

wet-willy ['wetwɪli] *vt* AM *(fam)* **to ~ sb's ear** jdm einen angefeuchteten Finger ins Ohr stecken

WEU [ˌdʌbljuːiː'juː] *n no pl,* + *sing/pl vb abbrev of* **Western European Union:** ■**the ~** die WEU

we've [wiːv, wiv] = **we have** *see* **have I, II**

whack [(h)wæk] **I.** *vt (fam)* ❶ *(hit)* ■**to ~ sth/sb** etw/jdn schlagen
❷ *(defeat)* ■**to ~ sb** jdn [haushoch] besiegen [*o* schlagen]
❸ *(put)* ■**to ~ sth somewhere** etw irgendwohin reinstecken *fam;* ***just ~ your card into the machine and out comes the money!*** du brauchst deine Karte nur in den Automat zu stecken und schon kommt das Geld raus!
❹ AM *(murder)* ■**to ~ sb** jdn umlegen *fam*
II. *n* ❶ *(blow)* Schlag *m;* **to give sb/an animal a ~** jdm/einem Tier einen Schlag versetzen; **to give sth a** [**good**] **~** auf etw *akk* [ordentlich] [ein]schlagen
❷ *no pl (fam: share, part)* Satz *m;* **to pay full** [*or* **top**] **~** den vollen Satz bezahlen
❸ *no pl (fam: deal)* **a fair ~** ein fairer Handel
▶PHRASES: **to have a ~ at sth** *(fam)* etw mal versuchen *fam;* **to be out of ~** AM, AUS *(fam)* nicht in Ordnung sein
◆**whack around** *vt (sl)* ■**to ~ sb around** jdn niedermachen *fam*
◆**whack off** *vi (vulg)* wichsen *derb*

whacked [(h)wækt] *adj pred (dated fam: exhausted)* kaputt *fam,* erledigt *fam*

whacked 'out *adj* ❶ *see* **whacked**
❷ AM *(sl: effect of drugs)* high *sl;* ■**to be ~ on sth** von etw *dat* high sein

whack·ing ['(h)wækɪŋ] **I.** *adj attr, inv* riesig; **a ~ fine** eine saftige Geldstrafe
II. *adv inv* enorm; **a ~ big kiss** ein dicker Kuss
III. *n* BRIT, AUS *(dated)* Prügel *pl;* **to give sb a real ~** jdm eine richtige Tracht Prügel verpassen

whacko ['(h)wækəʊ, AM -oʊ] *adj (sl)* durchgeknallt *fam*

whacky ['(h)wæki] *adj (fam: crazy)* verrückt *fam; (funny)* abgefahren *fam,* schrill *fam;* **~ memorabilia** kitschige Andenken

whad·dya ['(h)wɑːdᵊjə] *(sl)* = **what do you** *see* **what I 1**

whale [(h)weɪl] *n* ❶ ZOOL Wal *m;* **a beached ~** ein gestrandeter Wal
❷ *(a lot of)* ***that's a ~ of a story*** das ist vielleicht eine tolle Geschichte; **a ~ of a difference** ein enormer Unterschied
▶PHRASES: **to have a ~ of a time** eine großartige Zeit haben, sich *akk* großartig amüsieren

'whale·bone I. *n no pl* Fischbein *nt*
II. *n modifier* Fischbein-

whal·er ['(h)weɪləʳ, AM -ɚ] *n* ❶ *(ship)* Walfangschiff *nt*
❷ *(person)* Walfänger(in) *m(f)*

whal·ing ['(h)weɪlɪŋ] *n no pl* Walfang *m*

wham [(h)wæm] **I.** *interj (fam)* ❶ *(as sound effect)* zack; **~, zap!** zack, peng!
❷ *(emphasis for sudden action)* wumm; ***everything was fine until, ~, the wire snapped*** alles war in Ordnung, bis auf einmal, wumm, das Kabel riss
II. *vi* <-mm-> ■**to ~ into sth** in etw *akk* [hinein]krachen; ***the billiard balls ~med into each other*** die Billardkugeln knallten aufeinander

wham-bam [ˌ(h)wæm'bæm] *adj inv esp* AM *(fig fam)* ❶ *(sudden)* plötzlich
❷ *(quick)* **~, thank you ma'am** ruck, zuck *fam; (quick sex)* schnelle Nummer *meist pej fam*

wham·my ['(h)wæmi] *n (fam)* ❶ *esp* AM *(incident)* Patzer *m fam; (more severe)* Hammer *m fam;* **a double ~** ein doppelter [Rück]schlag
❷ AM, AUS *(magic spell)* Zauber[bann] *m; (bad-luck spell)* Fluch *m; (evil eye)* böser Blick; **to put the ~ on sb** jdn mit einem Bann belegen

whang [(h)wæŋ] *(fam)* **I.** *interj* boing!
II. *vt* ❶ *(throw down)* ■**to ~ sth somewhere** etw irgendwohin knallen *fam*
❷ *(hit)* ■**to ~ sth** etw schlagen
III. *n* **to give sth a ~** etw *dat* einen Schlag versetzen

wharf <*pl* wharves *or* -s> [(h)wɔːf, *pl* (h)wɔːvz, AM (h)wɔːrf, *pl* (h)wɔːrvz] *n* Kai *m;* **Canary W~** Canary Pier *m (saniertes Piergelände in London, das als schick gilt)*

wharf·age ['wɔːfɪdʒ, AM 'wɔːr-] *n* NAUT Kaigebühr *f; (for repairs)* Werftgebühr *f*

what [(h)wɒt, AM (h)wʌt] **I.** *pron* ❶ *interrog (asking for specific information)* was; ***~ happened after I left?*** was geschah, nachdem ich gegangen war?; ***they asked me ~ I needed to buy*** sie fragten mich, was ich kaufen müsse; ***~ do you do?*** was machst du [beruflich]?; ***~'s your address?*** wie lautet deine Adresse?; ***~'s that called?*** wie heißt das?; ***~'s your phone number?*** wie ist deine Telefonnummer?; ***~ is your name?*** wie heißt du?; ***~ are you looking for?*** wonach suchst du?; **~ on earth ...?** *(fam)* was in aller Welt ...? *fam;* ***~ on earth are you talking about?*** wovon redest du da bloß?; **~ in God's/heaven's name ...?** was um Gottes/Himmels willen ...?; ***~ in God's name did you think was likely to happen?*** was, um Gottes willen, hast du gedacht, würde passieren?; **~ the hell** [*or* **heck**] **...?** *(fam!),* **~ the fuck ...?** *(vulg)* was zum Teufel ...? *sl;* **~'s the matter** [*or* **~'s** [**up**]]? was ist los?; ***~'s*** [***up***] ***with Terry this week?*** was ist diese Woche mit Terry los?; **~ have we** [*or* **you**] **here?** was haben wir denn da?; ***~ have you here? is that a science project?*** was ist denn das? ist das ein wissenschaftliches Projekt?; **~ about sb/sth?** *(fam)* was ist mit jdm/etw?; ***~ about Lila? — shall we invite her?*** was ist mit Lila? – sollen wir sie einladen?; ***~ about taking a few days off?*** wie wäre es mit ein paar Tagen Urlaub?; ***hey, ~ about going to the movies?*** he, wie wär's mit Kino?; **~ for?** *(why)* wofür?; *(fam: why is sth being done?)* warum; ***you want a hammer and a screwdriver? ~ for?*** du möchtest einen Hammer und einen Schraubenzieher? wofür?; ***~ are these tools for?*** wofür ist dieses Werkzeug?; ***~ is he keeping it secret for?*** warum hält er es geheim?; ***I'll give you ~ for if I catch you doing***

that again es setzt was, wenn ich dich noch einmal dabei erwische *fam;* ~ is sb/sth like? wie ist jd/etw?; ~'s the weather like? was ist das Wetter?; ~ of it? was soll's?; so not many people replied to the questionnaire — what of it, there were enough es haben also nicht viele Leute auf die Umfrage geantwortet – na und, es waren genug; ~'s on? was gibt's?; hi everybody, ~'s on here? hallo, alle miteinander, was gibt's?; ~'s it to you? was geht dich das an?; ~ if ...? was ist, wenn ...?; ~ if the train's late? was ist, wenn der Zug Verspätung hat?; or ~? *(fam)* oder was? *fam;* are you going to help me or ~? hilfst du mir nun oder was?; so ~? *(fam)* na und? *fam*
② *rel (thing or things that)* was; she wouldn't tell me ~ he said sie wollte mir nicht erzählen, was er gesagt hatte; that's ~ he said das hat er gesagt; I can't decide ~ to do next ich kann mich nicht entschließen, was ich als nächstes tun soll; she has no income but ~ she gets from him sie hat kein Einkommen außer dem, was sie von ihm bekommt; that's ~ he asked for das ist es, worum er gebeten hat; ~'s more ... darüber hinaus ..., und außerdem ...; the decorations were beautiful and ~'s more, the children made them themselves die Dekoration war schön, und vor allem hatten die Kinder sie selbst gemacht; and [or or] ~ have you *(fam)* oder etwas Ähnliches; for a binder try soup, gravy, cream or ~ have you zum Binden nehmen Sie Suppe, Soße, Sahne oder etwas Ähnliches
③ *rel (used as an introduction)* you'll never guess ~ — Laurie won first prize! du wirst es nie erraten – Laurie hat den ersten Preis gewonnen!; I'll tell you ~ ich will dir mal was sagen; I'll tell you ~ — we'll collect the parcel on our way to the station *(fam)* weißt du was? wir holen das Paket auf dem Weg zum Bahnhof ab
④ *rel (whatever)* was; do ~ you can but I don't think anything will help tu, was du kannst, aber glaub' nicht, dass etwas hilft; it doesn't matter ~ I say — they always criticize me ich kann sagen, was ich will – sie kritisieren mich immer; come ~ may komme, was wolle; ~ sb says goes was jd sagt, gilt
⑤ *in exclamations (showing disbelief)* was; *(emphasizing sth surprising or remarkable)* was; ~'s this I hear? you're leaving? was höre ich da? du gehst?; while I was there I stayed with the President — you did what? als ich dort war, habe ich beim Präsidenten gewohnt – du hast was gemacht?; ... or ~! ... oder was!; is he smart or ~! ist er intelligent oder was!
▸PHRASES: ~'s it called [or ~ do you call it] wie heißt es gleich; it looks like a ~'s it called — a plunger? es sieht aus wie ein Dings, ein Tauchkolben; ~ gives? *(fam)* was ist los?; you've been in a bad mood all day long — ~ gives? du bist schon den ganzen Tag schlechter Laune – was ist los?; to have ~ it takes *(fam)* ausgesprochen fähig sein; ~ is ~ *(fam)* was Sache ist *fam;* I'll teach her ~'s ~ ich werde ihr beibringen, was Sache ist; you have to ask the manager about that problem — he knows ~'s ~ du musst den Manager wegen dieses Problems fragen – er kennt sich aus; ~'s his/her name [or *fam* ~ do you call him/her] [or *fam!* ~'s his/her face] wie heißt er/sie gleich?; I gave it to ~'s her name — the new girl ich habe es dem neuen Mädchen – wie heißt es gleich [noch] – gegeben; and ~ not *(often pej fam)* und was sonst noch alles; she puts all her figurines and ~ not in the glass case there sie stellt ihre Figuren und ähnliches Zeug in die Vitrine dort *fam;* ~ say ... wie wäre es, wenn ...; ~ say we call a tea break? wie wäre es mit einer Pause?; ~ with ... [and all] *(fam)* bei all dem/der ...; ~ with the drought and the neglect, the garden is in a sad condition bei der Trockenheit und der Vernachlässigung ist der Garten in traurigem Zustand; I'm very tired, ~ with travelling all day yesterday and having a disturbed night ich bin sehr müde, wo ich doch gestern den ganzen Tag gefahren bin und schlecht geschlafen habe
II. *adj inv* ① *(which)* welche(r, s); ~ time is it? wie spät ist es?; ~ books did you buy? was für Bücher hast du gekauft?; ~ size shoes do you take? welche Schuhgröße haben Sie?; ~ sort of car do you drive? was für ein Auto fährst du?; I don't know ~ children she was talking about ich weiß nicht, von welchen Kindern sie sprach; do you know ~ excuse he gave me? weißt du, welche Entschuldigung er mir gegeben hat?
② *(of amount)* use ~ [little] brain you have and work out the answer for yourself! benutze dein [bisschen] Hirn und erarbeite dir die Antwort selbst! *fam;* she took ~ [sums of] money she could find sie nahm alles Geld, das sie finden konnte; he had been robbed of ~ little money he had man hat ihm das bisschen Geld geraubt, das er hatte
③ *(used for emphasis)* was für; ~ a lovely view! was für ein herrlicher Ausblick!; ~ a fool she was wie dumm sie war; ~ fool I am! ich Idiot!; ~ a day! was für ein Tag!; ~ luck! was für ein Glück!; ~ nonsense [or rubbish]! was für ein Unsinn!; ~ a pity [or shame]! wie schade!
III. *adv inv* ① *(to what extent?)* was; ~ do qualifications matter? was zählen schon Qualifikationen?; ~ do you care if I get myself run over? dir ist es doch egal, wenn ich mich überfahren lasse!; ~ does he care about the problems of teenagers? was kümmern ihn die Probleme von Teenagern?; ~ does it matter? was macht's? *fam*
② *(indicating approximation)* sagen wir; see you, ~, about four? bis um, sagen wir vier?
③ *(dated fam: used for emphasis or to invite agreement)* oder?; pretty poor show, ~? ziemlich schlechte Show, nicht?
IV. *interj* ① *(fam: pardon?)* was *fam;* ~? I can't hear you was? ich höre dich nicht
② *(showing surprise or disbelief)* was; ~! you left him there alone! was? du hast ihn da allein gelassen?

what·cha ['(h)wɒtʃə, AM '(h)wʌtʃə] *(fam)* = what are you: ~ doin' tonight? was machst'n heut' Abend? *fam*

what·cha·ma·call·it ['(h)wɒtʃəmə͵kɔːlɪt, AM '(h)wʌt-] *n (fam)* Dingsbums *m o f o nt fam,* Dingsda *m o f o nt fam*

what·ever [(h)wɒt'evəʳ, AM (h)wʌt'evɚ] I. *pron* ① *rel (anything that)* was [auch immer]; ~ you choose is fine mir ist alles recht, was du aussuchst; I eat ~ I want ich esse, was ich will; do ~ you want mach, was du willst; ~ you do, don't tell Patrick ganz gleich, was du machst, sag Patrick nichts davon; ~ that means was auch immer das heißen soll
② *(fam: that or something else)* wie du willst; I'll bring red wine then — sure, ~ ich hole also Rotwein – ja, ist mir recht; use chopped herbs, nuts, garlic, or ~ verwenden Sie gehackte Kräuter, Nüsse, Knoblauch oder Ähnliches
③ *rel (no matter what)* was auch immer, egal was; ~ happens, you know that I'll stand by you was auch passieren mag, du weißt, dass ich zu dir halte; ~ else may be said of Mr Meese, ... ganz gleich, was man über Mr. Meese sonst sagen kann, ...
④ *interrog (what on earth)* was in aller Welt; ~ are you talking about? wovon redest du denn da?; ~ is he doing with that rod! was, zum Kuckuck, macht er mit dieser Stange?; ~ makes you think that? wie kommst du denn nur darauf?
II. *adj inv* ① *(any)* welche(r, s) auch immer; ~ dress you want to wear is fine welches Kleid du auch immer tragen möchtest, mir ist es recht; take ~ action is needed mach, was auch immer nötig ist
② *(regardless of)* gleichgültig welche(r, s); we'll go ~ the weather wir fahren bei jedem Wetter; ~ the outcome of the war, ... wie der Krieg auch ausgehen wird, ...; ~ decision he made I would support it ich würde jede seiner Entscheidungen unterstützen
III. *adv inv* ① *with negative (whatsoever)* überhaupt; there is no evidence ~ to show that ... es gibt keinerlei Beweis dafür, dass ...; he had no respect for authority ~ er hatte nicht den geringsten Respekt vor Autorität
② *(fam: no matter what happens)* auf jeden Fall; we told him we'd back him ~ wir sagten ihm, dass wir ihn auf jeden Fall unterstützen würden

what 'for *n no pl (fam)* I'll give you ~ gleich setzt's was! *fam*

what·not ['(h)wɒtnɒt, AM '(h)wʌtnɑːt] *n no pl* ① *(fam)* ■and ~ und was weiß ich noch alles *fam*
② *(piece of furniture)* Etagere *f*

what·sit ['(h)wɒtsɪt, AM '(h)wʌt-] *n (fam)* Dingsda *m o f o nt fam; (object)* Dings *nt fam*

what·so·ever [͵(h)wɒtsəʊ'evəʳ, AM ͵(h)wʌtsoʊ'evɚ] I. *adv inv* überhaupt; he has no respect for authority ~ er hat überhaupt keinen Respekt vor Autorität; I have no doubt ~ daran zweifele ich überhaupt nicht; I have no idea ~ ich habe nicht die leiseste Idee; to have no interest ~ in sth an etw *dat* überhaupt [o absolut] kein Interesse haben
II. *pron (old)* was auch immer; we can go out to dinner, go to the movies or just take a walk — ~ you like wir können essen, ins Kino oder einfach spazieren gehen – was immer du möchtest
III. *adj det (old: whatever)* welche; ~ career you choose, ... welchen Karriereweg du auch einschlägst, ...

wheat [(h)wiːt] *n no pl* Weizen *m;* ~ field Weizenfeld *nt;* ~ flour Weizenmehl *nt*
▸PHRASES: to separate the ~ from the chaff die Spreu vom Weizen trennen

'wheat belt *n esp* AM Weizengürtel *m (extensives Weizenanbaugebiet)* **'wheat·board** *n* Strohplatte *f*

wheat·en ['wiːtᵊn] *adj inv* ① *(made of wheat)* Weizen-
② *(yellow-beige)* weizengelb

'wheat·germ *n no pl* Weizenkeim *m* **'wheat·meal** BRIT I. *n no pl* Weizenschrot *m o nt* II. *n modifier (bread, flour)* Vollkornweizen-; ~ digestive biscuits Vollkornweizenkekse *pl*

whee·dle ['(h)wiːdl] *(pej)* I. *vt* ① *(cajole)* ■to ~ sb into [doing] sth jdn beschwatzen [o dazu kriegen], etw zu tun *fam;* ■to ~ sth out of sb jdm etw abschwatzen *fam*
② *(also fig: gain entrance)* to ~ one's way in sich *dat* Zutritt verschaffen
II. *vi* schmeicheln

whee·dling ['(h)wiːdlɪŋ] I. *adj attr (pej)* schmeichelnd; a ~ tone ein [ein]schmeichelnder Tonfall
II. *n no pl* Schmeichelei *f*

wheel [wiːl] I. *n* ① *(circular object)* Rad *nt;* alloy ~s AUTO Aluminiumfelgen *pl,* Alufelgen *pl;* front/rear ~ Vorder-/Hinterrad *nt;* ■to be on ~s Rollen haben
② *(for steering)* Steuer *nt;* AUTO Steuerrad *nt;* keep your hands on the ~! lass die Hände am Steuer!; ■to be at [or behind] the ~ am [o hinterm] Steuer sitzen; to get behind the ~ sich *akk* hinters Steuer setzen *fam;* to take the ~ sich *akk* ans Steuer setzen *fam*
③ *(vehicle)* ■~s *pl (fam)* fahrbarer Untersatz *hum fam;* set of ~s Schlitten *m sl*
④ *(fig: cycle, process)* Kreis *m;* the ~ of fortune das Glücksrad; the ~ of life der Kreis des Lebens
⑤ *(fig)* ■~s *pl (workings)* Räder *pl;* the ~s of bureaucracy move very slowly die Mühlen der Bürokratie mahlen sehr langsam; to set the ~s in motion die Sache in Gang bringen
⑥ *(at fairground)* the [big] ~ das Riesenrad
⑦ *(shape)* a ~ of cheese ein Laib *m* Käse
▸PHRASES: to be a big ~ AM *(fam)* ein hohes Tier sein *fam;* to feel like a fifth [or AM third] ~ sich *dat* wie das fünfte Rad am Wagen vorkommen *fam;* to be hell on ~s *(fam)* ein Hansdampf in allen Gassen sein *fam;* to run on ~s wie am Schnürchen laufen *fam;* to set one's shoulder to the ~ sich *akk* mächtig anstrengen [o [mächtig] ins Zeug legen]; to spin one's ~s AM Däumchen drehen; ~s within ~s BRIT [schwer durchschaubare] Beziehungen
II. *vt* ■to ~ sth/sb somewhere *(roll)* etw/jdn irgendwohin rollen; *(push)* etw/jdn irgendwohin schieben; to ~ a pram along einen Kinderwagen schieben; ■to ~ in sth etw hereinrollen; ■to ~ out

W

⊃ **sth** *(pej fig fam)* etw hervorholen [*o fam* ausgraben] *fig*

III. *vi* kreisen

▶PHRASES: **to ~ and deal** *(pej fam)* mauscheln *pej fam*

◆**wheel around, wheel round** *vi* BRIT, AUS sich *akk* schnell umdrehen; *(esp out of shock)* herumfahren

'wheel·bar·row *n* Schubkarre *f*, Schubkarren *m*, ÖSTERR *oft* Scheibtruhe *f* **'wheel base** *n usu sing* Radstand *m* **'wheel brace** *n* Kreuzschlüssel *m*

'wheel·chair *n* Rollstuhl *m;* ■**to be in a ~** im Rollstuhl sitzen

'wheel·chair-ac·ces·sible *adj inv* behindertengerecht **'wheel·chair-bound** *adj* an den Rollstuhl gefesselt **'wheel·chair ramp** *n* Rollstuhlrampe *f*

'wheel clamp I. *n esp* BRIT, AUS Parkkralle *f*

II. *vt* **to ~ a car** ein Auto mit einer Parkkralle festsetzen

wheeled ['wi:ld] *adj inv* rollend, Roll-; **a three-~ car** ein dreirädriger Wagen

wheel·er-deal·er [ˌ(h)wi:lə'di:ləʳ, AM -lɚ'di:lɚ] *n (pej fam: tricky person)* Schlitzohr *nt fam; (squeezing money out of people)* Abzocker(in) *m(f) sl;* ECON [gerissener] Geschäftemacher/[gerissene] Geschäftemacherin

'wheel·house ['(h)wi:lhaʊs] *n* NAUT Ruderhaus *nt*

wheelie ['(h)wi:li] *n (fam)* Wheelie *nt sl (Fahren auf dem Hinterrad);* **to do** [*or* **pop**] [*or* AM *sl* **pull**] **a ~** auf dem Hinterrad fahren, ein Wheelie machen *sl*

'wheelie bin *n* BRIT, AUS Mülltonne *f* [*o* SCHWEIZ Abfalltonne *f*] auf/mit Rollen [*o* ÖSTERR Misttonne *f*]

wheel·ing ['(h)wi:lɪŋ] **I.** *n no pl* Kreisen *nt*

▶PHRASES: **~ and dealing** *(pej fam)* Abzockerei *f sl; (shady deals and actions)* Gemauschel *nt pej,* Machenschaften *pl*

II. *adj inv* kreisend

wheel·wright ['wi:lraɪt] *n (hist)* Stellmacher *m hist*

wheely ['(h)wi:li] *n see* **wheelie**

wheeze [(h)wi:z] **I.** *vi* keuchen

II. *n* ❶ *(of breath)* Keuchen *nt kein pl*

❷ BRIT *(fam: scheme)* Idee *f;* **good ~** kluger Schachzug; **to have a ~** eine Idee haben

wheez·ing ['(h)wi:zɪŋ] **I.** *adj attr, inv* keuchend; **~ cough** Keuchhusten *m*

II. *n no pl* Keuchen *nt*

wheezy ['(h)wi:zi] *adj* keuchend; **to get all ~** zu keuchen anfangen

whelk [welk, AM (h)welk] *n* ZOOL Wellhornschnecke *f*

whelp [(h)welp] **I.** *n (old)* ❶ *(puppy)* Welpe *m*

❷ *(young animal, cub)* Junge(s) *nt*

❸ *(hum: young child)* Balg *m o nt meist pej fam; (esp girl)* Gör *nt fam,* Göre *f* SCHWEIZ *fam*

II. *vt* **to ~ a litter/puppy** einen Wurf bekommen/einen Welpen werfen

when [(h)wen] **I.** *adv inv* ❶ *interrog (at what time)* wann; **~ *do you want to go?*** wann möchtest du gehen?; **~ *'s the baby due?*** wann hat sie Geburtstermin?; ***do you know ~ he'll be back?*** weißt du, wann er zurückkommt?; **to tell sb ~ to do sth** jdm sagen, wann er/sie etw tun soll; **since ~ ...?** seit wann ...?; **until ~ ...?** wie lange ...?

❷ *interrog (in what circumstances)* wann; **~ *is it OK to cross the road? — when the little green man is lit up*** wann darf man die Straße überqueren? – wenn das kleine grüne Männchen aufleuchtet

❸ *rel (in following circumstances)* wenn; *(at which, on which)* wo; ***when is it OK to cross the road? — ~ the little green man is lit up*** wann darf man die Straße überqueren? – wenn das kleine grüne Männchen aufleuchtet; ***the week between Christmas and New Year is ~ we carry out an inventory*** in der Woche zwischen Weihnachten und Neujahr machen wir eine Inventur; ***March is the month ~ the monsoon arrives*** im März kommt der Monsun; ***this is one of those occasions ~ I could wring his neck*** dies ist eine der Gelegenheiten, wo ich ihm den Hals umdrehen könnte; ***she was only twenty ~ she had her first baby*** sie war erst zwanzig, als sie das erste Kind bekam; ***Saturday is the day ~ I get my hair done*** samstags lasse ich mir immer die Haare machen; ***there are times ~ ...*** es gibt Momente [*o* Augenblicke], wo ...

II. *conj* ❶ *(at, during the time)* als; ***I used to love that film ~ I was a child*** als Kind liebte ich diesen Film; ***I loved maths ~ I was at school*** in der Schule liebte ich Mathe

❷ *(after)* wenn; ***he was quite shocked ~ I told him*** er war ziemlich schockiert, als ich es ihm erzählte; ***call me ~ you've finished*** ruf mich an, wenn du fertig bist

❸ *(whenever)* wenn; ***I hate it ~ there's no one in the office*** ich hasse es, wenn niemand im Büro ist

❹ *(and just then)* als; ***I was just getting into the bath ~ the telephone rang*** ich stieg gerade in die Badewanne, als das Telefon läutete

❺ *(considering that)* wenn; ***how can you say you don't like something ~ you've never even tried it?*** wie kannst du sagen, dass du etwas nicht magst, wenn du es nie probiert hast?

❻ *(although)* obwohl; ***I don't understand how he can say that everything's fine ~ it's so obvious that it's not*** ich verstehe nicht, wie er sagen kann, dass alles in Ordnung ist, wenn doch offensichtlich was nicht stimmt

whence [(h)wen(t)s] *adv inv (old)* ❶ *interrog (form: from what place)* woher; **~ *comes this lad?*** woher kommt dieser Junge?; **~ *does Parliament derive this power?*** woher nimmt das Parlament seine Macht?; **from ~ ...?** [von] woher ...?

❷ *rel (form: from where)* wo; ***his last years he spent in Rome, ~ he came*** seine letzten Jahre verbrachte er in Rom, seiner Heimatstadt; ***the Ural mountains, ~ the ore is procured*** der Ural, wo Eisen abgebaut wird; ***he will be sent back ~ he came*** wir werden ihn dahin zurückschicken, wo er herkam; **from ~ ...** woher ...; ***it has been returned to the shop from ~ it came*** es wurde an das Geschäft zurückgeschickt, von dem es kam

❸ *rel (form: as a consequence)* daraus; **~ *it followed that ...*** daraus folgte, dass ...

when·ever [(h)wen'evəʳ, AM -ɚ] **I.** *conj* ❶ *(on whatever occasion)* wann auch immer; ***you can ask for help ~ you need it*** du kannst mich jederzeit um Hilfe bitten, wenn du welche brauchst; **or ~ ...** oder wann auch immer ...

❷ *(every time)* jedes Mal, wenn ...; ***I blush ~ I think about it*** ich werde immer rot, wenn ich daran denke; **~ *I go there ...*** jedes Mal, wenn ich dahin gehe ...

II. *adv inv* ❶ *(at whatever time)* wann auch immer; ***I try to use olive oil ~ possible*** ich versuche wenn möglich Olivenöl zu verwenden; **or ~** *(fam)* oder wann auch immer

❷ *interrog (when)* wann denn [nur]; **~ *am I going to be finished with all this work?*** wann werde ich je mit dieser ganzen Arbeit fertig sein?; **~ *do you get the time to do these things?*** wann hast du je Zeit, das alles zu erledigen?

when's [(h)wenz] = **when is, when has** *see* **when**

where [(h)weəʳ, AM (h)wer] *adv inv* ❶ *interrog (what place, position)* wo; **~ *does he live?*** wo wohnt er?; **~ *are you going?*** wohin gehst du?; **~ *did you put my umbrella?*** wo hast du meinen Schirm hingelegt?; **~ *are we going?*** wohin gehen wir?; **~ *'s the party being held?*** wo ist denn die Party?; ***could you tell me ~ Barker Drive is please?*** können Sie mir bitte sagen, wo Barker Drive ist?; ***I wonder ~ they will take us to*** ich frage mich, wohin sie uns bringen; **~ *does this argument lead?*** zu was führt dieser Streit?; ***he was so obnoxious so I told him ~ to go*** er war so eklig zu mir, dass ich ihm gesagt habe, dass er sich verziehen soll *fam*

❷ *rel (at that place which)* wo; ***Bradford, ~ Bren comes from ...*** Bradford, wo Bren herkommt ...; ***you see ~ Mira is standing?*** siehst du, wo Mira steht?; ***this is ~ I live*** hier wohne ich; ***he was free to go ~ he liked*** er konnte gehen, wohin er wollte; ***that's ~ you're wrong*** genau da liegst du falsch; ***he's as soft as butter ~ children are concerned*** er ist weich wie Butter, was Kinder anbelangt

❸ *rel (at what stage)* ***you reach a point in any project ~ you just want to get the thing finished*** bei jedem Projekt erreicht man irgendwann mal den Punkt, an dem man einfach fertig werden möchte; ***I've reached the stage ~ I just don't care anymore*** ich habe einen Punkt erreicht, an dem es mir einfach egal ist

❹ *interrog (in what situation)* wo; **~ *do you see yourself five years from now?*** wo sehen Sie sich in fünf Jahren?; ***you're not available on the 12th and Andrew can't make the 20th — so ~ does that leave us?*** du kannst am 12. nicht und Andrew am 20. nicht – was machen wir also?

▶PHRASES: **to be ~ it's at** *(dated)* das Maß aller Dinge sein; **to know/see ~ sb's coming from** wissen/verstehen, was jd meint

where·abouts I. *n* ['(h)weərəbaʊts, AM '(h)wer-] + *sing/pl vb, no pl* Aufenthaltsort *m;* **sb's ~** jds Aufenthaltsort; ***I don't suppose you know the ~ of my silver pen, do you?*** ich nehme an, du weißt auch nicht, wo mein Silberfüller hingekommen ist, oder?

II. *adv* [ˌ(h)weərə'baʊts, AM ˌ(h)wer-] *inv (fam)* wo [genau]; **~ *in Madrid do you live?*** wo genau in Madrid wohnst du?

where·as [(h)weə'ræz, AM (h)wer'æz] *conj* ❶ *(in contrast to the fact that)* während, wo[hin]gegen; ***he must be about sixty, ~ his wife looks about thirty*** er muss so um die sechzig sein, während seine Frau wie etwa dreißig aussieht

❷ LAW *(considering the fact that)* in Anbetracht dessen [*o* der Tatsache], dass ...

where·at [weə'ræt, AM wer'] *(old)* **I.** *adv inv* woran, wobei, worauf

II. *conj* woran, wobei, worauf

where·by [(h)weə'baɪ, AM (h)wer-] **I.** *conj (form)* wodurch; ***he posted the letter ~ he thought to have done his duty*** er schickte den Brief ab, womit er glaubte, seine Pflicht getan zu haben

II. *adv* ***they've set up a plan ~ you can spread the cost over a period*** sie haben einen Plan erstellt, durch den man die Kosten über einen Zeitraum verteilen kann

where·fore ['(h)weəfɔ:ʳ, AM '(h)werfɔ:r] **I.** *adv inv (old)* weshalb, weswegen

II. *conj (old)* weshalb, weswegen

III. *n* ▶PHRASES: **the whys and ~s** [**of sth**] das Warum und Weshalb

where·in [(h)weə'rɪn, AM (h)wer'ɪn] *conj (old form liter)* ❶ *(in which)* worin; ***I read almost every day ~ I take great pleasure*** ich lese beinahe jeden Tag, woran ich große Freude habe

❷ *(in which respect)* ***that was ~ the mystery lay*** hierin lag das eigentlich Rätselhafte; ***he was certainly a pleasant man, but ~ lay his charms, she wondered*** er war sicherlich ein angenehmer Zeitgenosse, doch fragte sie sich, was eigentlich seinen Charme ausmachte

where·of [(h)weə'rɒv, AM (h)wer'ɑ:v] *adv (form)* wovon, worüber

where·on [(h)weə'rɒn, AM (h)wer'ɑ:n] *adv (old)* worauf

where's [(h)weəz, AM (h)werz] = **where is, where has** *see* **where**

where·so·ever [ˌ(h)weəsəʊ'evəʳ, AM ˌ(h)wersoʊ'evɚ] *(form)* **I.** *conj (form)* ❶ *(at which place)* wo [auch] immer; ***I have looked ~ I could think of*** ich habe an jeder erdenklichen Stelle gesucht

❷ *(to which place)* wohin [auch] immer; ***he went ~ the spirit led him*** er ging, ganz gleich, wohin der Geist ihn auch führte

II. *adv inv* wo [nur]

where·upon [ˌ(h)weərə'pɒn, AM '(h)werəˌpɑ:n] *conj (form)* worauf[hin]; ***I told him he looked fat, ~ he burst into tears*** ich sagte ihm, dass er dick aussehe und er brach in Tränen aus

wher·ever [(h)weə'revəʳ, AM (h)wer'evɚ] **I.** *conj* ❶ *(in, to whatever place)* wohin auch immer; ***we can go ~ you like*** du kannst gehen, wo auch immer du hinwillst

❷ *(in all places)* wo auch immer; ~ ***you look there are pictures*** wohin du auch schaust, überall sind Bilder; ***it should be available ~ you go to shop*** man sollte es in allen herkömmlichen Läden bekommen

II. *adv inv* ❶ *(in every case)* wann immer; ~ ***possible I use honey instead of sugar*** ich verwende, wenn möglich, immer Honig statt Zucker

❷ *interrog (where)* wo [nur]; ~ ***did you find that hat?*** wo hast du nur diesen Hut gefunden?; ~ ***does he get the money to go on all those exotic journeys?*** wo hat er nur das Geld her, um so viele exotische Reisen machen zu können?; ~ ***did you get that idea!*** wie bist du nur auf diese Idee gekommen!; ~ ***can he have gone to?*** wo kann er nur hingefahren sein?

❸ *(fam: any similar place)* ***it is bound to have originated in Taiwan or ~*** das muss aus Taiwan oder so kommen *fam*

where·with·al ['(h)weəwɪðɔːl, AM '(h)wer-] *n no pl* ■**the ~** das nötige Kleingeld; **sb lacks the ~** jdm fehlt das nötige Kleingeld

wher·ry ['weri] *n* NAUT Jolle *f*

whet <-tt-> [(h)wet] *vt* ❶ *(stimulate)* **to ~ sb's appetite [for sth]** jdm Appetit [auf etw *akk*] machen ❷ *(old: sharpen)* **to ~ a blade/knife [against a stone]** eine Klinge schärfen/ein Messer [an einem Stein] wetzen

wheth·er ['(h)weðəʳ, AM -ɚ] *conj* ❶ *(if)* ob; ***she can't decide ~ to tell him*** sie kann sich nicht entscheiden, ob sie es ihm sagen soll; ***I doubt ~ it'll work*** ich zweifle, ob es funktionieren wird; ***it all depends on ~ or not she's got the time*** alles hängt davon ab, ob sie Zeit hat; ***anyway, it's a good story, ~ or not it's true*** es ist jedenfalls eine gute Story, egal, ob sie wahr ist oder nicht

❷ *(no difference if)* [egal] ob; ~ ***we do it now or later, it's got to be done*** ob wir es jetzt oder später tun, ist egal – getan muss es werden; ~ ***you like it or not*** ob es dir [nun] gefällt oder nicht; ***do everything you do, ~ it be work, learning or play, to 100% of your ability*** *(form)* was du auch tust, ob Arbeit, Studium oder Spiel – mache es hundertprozentig!

▸PHRASES: **~ or no** [*or* **not**] auf jeden Fall

'whet·stone *n* Wetzstein *m*

whew [fjuː] *interj (fam)* puh

whey [(h)weɪ] *n no pl* Molke *f*

'whey-faced *adj* käsig, käseweiß

which [(h)wɪtʃ] **I.** *pron* ❶ *interrog (one of choice)* welche(r, s); ~ ***is mine? the smaller one?*** welches gehört mir? das Kleinere?; ***it was either Spanish or Portuguese, I've forgotten ~*** es war entweder Spanisch oder Portugiesisch, ich habe vergessen, welches von beiden; ~ ***are the best varieties of grapes for long keeping?*** welche Traubensorten halten sich am besten?; ~ ***of your parents do you feel closer to?*** welchem Elternteil fühlst du dich enger verbunden?; ~ ***of you knows where the keys are kept?*** wer von euch weiß, wo die Schlüssel sind?; ***those two paintings look so alike I'm surprised anyone can tell ~ is ~*** diese zwei Bilder sind so ähnlich, dass es mich wundert, dass sie jemand unterscheiden kann; ***I really can't tell them apart — ~ is ~?*** ich kann sie nicht auseinanderhalten – wer ist wer?

❷ *rel (with defining clause)* der/die/das; ***you know that little Italian restaurant — the one ~ I mentioned in my letter?*** kennst du das kleine italienische Restaurant – das, das ich in meinem Brief erwähnt habe?; ***these are the principles ~ we all believe in*** das sind die Prinzipien, an die wir alle glauben; ***a conference in Vienna ~ ended on Friday*** eine Konferenz in Wien, die am Freitag geendet hat

❸ *rel (with non-defining clause)* was; ***she says it's Anna's fault, ~ is rubbish*** sie sagt, das ist Annas Schuld, was aber Blödsinn ist; ***he showed me round the town, ~ was very kind of him*** er zeigte mir die Stadt, was sehr nett von ihm war; ***that building, the interior of ~ is rather better than the outside, ...*** das Gebäude, das innen besser ist als außen, ...; ***it's the third in a sequence of three books, the first of ~ I really enjoyed*** das ist das dritte aus einer Reihe von drei Büchern, von denen mir das erste wirklich gut gefallen hat; **at/upon ~ ...** woraufhin ...

❹ *rel, after prep* der/die/das; ***is that the film in ~ he kills his mother?*** ist das der Film, in dem er seine Mutter umbringt?; ***the death of his son was an experience from ~ he never fully recovered*** der Tod seines Sohnes war eine Erfahrung, von der er sich nie ganz erholte; ***it isn't a subject to ~ I devote a great deal of thought*** über dieses Thema mache ich mir nicht viele Gedanken; ***we are often afraid of that ~ we cannot understand*** wir fürchten uns oft vor dem, was wir nicht verstehen

II. *adj inv* ❶ *interrog (what one)* welche(r, s); ~ ***doctor did you see?*** bei welchem Arzt warst du?; ~ ***button do I press next?*** auf welchen Knopf muss ich als Nächstes drücken?; ***I didn't know ~ brother I was speaking to*** ich wusste nicht, mit welchem Bruder ich sprach; ~ ***way is the wind blowing?*** woher kommt der Wind?; ***Jacinta came last night with her boyfriend — ~ one? she's got several*** Jacinta kam letzten Abend mit ihrem Freund – mit welchem? sie hat mehrere; ***see if you can guess ~ one is me in my old school photo*** mal schauen, ob du errätst, wer auf dem alten Schulfoto ich bin

❷ *rel (used to introduce more info)* der/die/das; ***the picking of the fruit, for ~ work they receive no money, takes about a week*** das Ernten des Obstes, wofür sie kein Geld bekommen, dauert etwa eine Woche; ***the talk lasted two hours, during all of ~ time the child was well behaved*** das Gespräch hat zwei Stunden gedauert, während denen sich das Kind gut benahm; ***it might be made of plastic, in ~ case you could probably carry it*** es könnte aus Plastik sein – dann könntest du es wahrscheinlich tragen

which·ever [(h)wɪtʃ'evəʳ, AM -ɚ] **I.** *pron* ❶ *(any one)* wer/was auch immer; ***we can go to the seven o'clock performance or the eight — ~ suits you best*** wir können zu der Vorstellung um sieben oder um acht gehen – wie es dir besser passt; ***which bar would you prefer to meet in? — ~, it doesn't matter to me*** in welcher Bar sollen wir uns treffen? – wo du willst – mir ist es egal

❷ *rel (regardless of which)* was/wer auch immer; ~ ***they choose, we must accept it*** wir müssen akzeptieren, was auch immer sie entscheiden

❸ *interrog (form)* ***do you remember the hotel we stayed at in Banff? — ~ do you mean?*** kannst du dich noch an das Hotel in Banff erinnern, in dem wir waren? – welches um alles in der Welt meinst du nur?

II. *adj attr, inv* ❶ *(any one)* ■**~ ...** der-/die-/dasjenige, der/die/das ...; ***you may pick ~ puppy you want*** du kannst den Welpen nehmen, der dir gefällt; ***choose ~ brand you prefer*** wähle die Marke, die du lieber hast

❷ *(regardless of which)* egal welche(r, s), welche(r, s) ... auch immer; ~ ***option we choose ...*** egal welche Möglichkeit wir wählen, ...; ~ ***party gets in at the next election, ...*** welche Partei auch immer sich bei der nächsten Wahl durchsetzen wird, ...; ~ **way** wie auch immer; ***it's going to be expensive ~ way you do it*** es wird teuer werden, ganz gleich, wie wir es machen

whiff [(h)wɪf] **I.** *n usu sing* ❶ *(smell)* Hauch *m kein pl;* ***I got a ~ of the alcohol on his breath*** ich konnte seine Fahne riechen

❷ *(fig: trace)* Spur *f fig*

II. *vi* BRIT *(fam)* ■**to ~ [of sth]** nach etw *dat* müffeln [*o* ÖSTERR muffeln] *fam*

whif·fle ['(h)wɪfl] *vi* ≈ sanft wehen; *snow* rieseln

whiffy ['(h)wɪfi] *adj* BRIT *(sl)* muffig *fam,* SCHWEIZ *a.* müffelig *fam*

Whig [(h)wɪg] *n (hist)* ❶ *(British party)* ■**the ~s** *pl* die Whigs *pl hist*

❷ *(member of British party)* Whig *m hist*

❸ *(American party)* ■**the ~s** *pl* die Whigs *pl hist*

❹ *(revolutionary American)* Vorkämpfer der Unabhängigkeit der amerikanischen Kolonien von England

while [(h)waɪl] **I.** *n no pl* Weile *f;* ***I only stayed for a short ~*** ich blieb nur eine kurze Weile; ***he's been gone quite a ~*** er ist schon eine ganze Weile weg; **all the ~** die ganze Zeit [über]; **a ~ ago** vor einer Weile; **in a ~** in Kürze, bald; ***I'll be fine in a ~*** mir geht's bald wieder gut; **to be worth [the] ~** die Mühe wert sein, sich *akk* lohnen

II. *conj* ❶ *(during which time)* während; ***I don't want to be bothered ~ I'm recording*** solange ich aufnehme, möchte ich nicht gestört werden; ~ ***I was in Italy ...*** als ich in Italien war, ...; ***I'm going to the post office — ~ you're there can you get me some stamps?*** ich gehe zum Postamt – kannst du mir dort ein paar Briefmarken besorgen?; ***he fell asleep ~ waiting*** er schlief beim Warten ein; **~ on duty** im Dienst

❷ *(although)* obwohl; ~ ***I fully understand your point of view, ...*** wenn ich Ihren Standpunkt auch vollkommen verstehe, ...; ~ ***he does drive to work, he reduces the environmental impact by taking others with him*** er fährt zwar mit dem Wagen zur Arbeit, reduziert aber die Umweltbelastung, indem er andere mitnimmt

❸ *(however)* wo[hin]gegen; ***he gets thirty thousand pounds a year ~ I get a meagre fifteen!*** er bekommt dreißigtausend Pfund im Jahr, während ich gerade mal schlappe fünfzehntausend kriege *fam*

III. *vt* **to ~ away the time** sich *dat* die Zeit vertreiben

whilst [waɪlst] *conj* BRIT *(form) see* **while**

whim [(h)wɪm] *n* Laune *f;* ***he works as the ~ takes him*** er arbeitet nur nach Lust und Laune; **a ~ of fashion** ein Modetrend *m;* **to indulge sb's every ~** jds Launen ertragen; **purely on a ~** nur aus Spaß; [**to do sth**] **on a ~** [etw] aus einer Laune heraus [tun]

whim·per ['(h)wɪmpəʳ, AM -pɚ] **I.** *vi (of person)* wimmern; *(of dog)* winseln

II. *n (of person)* Wimmern *nt kein pl; (of dog)* Winseln *nt kein pl*

whim·per·ing ['(h)wɪmpᵊrɪŋ] **I.** *n no pl (of person)* Wimmern *nt; (of dog)* Winseln *nt;* ***stop your ~*** hör auf zu jammern

II. *adj attr, inv child* wimmernd, heulend; *dog* winselnd

whim·sey, whim·sy ['(h)wɪmzi] *n (pej)* ❶ *no pl (fancifulness)* Spleenigkeit *f*

❷ *(fanciful thing or work)* Klamauk *m kein pl oft pej fam*

❸ *(whim)* Laune *f*

whim·si·cal ['(h)wɪmzɪkᵊl] *adj* ❶ *(fanciful)* skurril *geh*

❷ *(capricious)* launenhaft, launisch

whim·si·cal·ity [ˌ(h)wɪmzɪ'kæləti, AM -əṭi] *n no pl* ❶ *(fanciful quality)* Skurrilität *f geh*

❷ *(capriciousness)* Launenhaftigkeit *f*

whim·si·cal·ly ['(h)wɪmzɪkᵊli] *adv* ❶ *(in a playful manner)* launig

❷ *(crankily)* wunderlich, schrullenhaft

whin [wɪn] *n no pl* NENG *(furze, gorse)* Stechginster *m*

whine [(h)waɪn] **I.** *vi* ❶ *(make complaining sound)* jammern; *(of animal)* jaulen; *(of engine)* heulen

❷ *(pej: complain peevishly)* maulen *pej fam*

II. *n usu sing child* Jammern *nt kein pl; animal* Jaulen *nt kein pl; engine* Heulen *nt kein pl*

whin·er ['(h)waɪnəʳ, AM -ɚ] *n (pej)* Jammerlappen *m pej; (grumbler)* Nörgler(in) *m(f) pej*

whinge [(h)wɪndʒ] **I.** *n usu sing (petty complaint)* Gemecker[e] *nt pej fam; (griping)* Gejammer *nt pej fam,* SCHWEIZ *a.* Geklöne *nt pej fam,* ÖSTERR *a.* Geraunze *nt pej fam;* **to have a ~ [about sb/sth]** [über jdn/etw] meckern [*o* ÖSTERR *oft* raunzen] *pej fam*

II. *vi* BRIT, AUS *(pej fam: complain pettily)* meckern *pej fam; (whine)* jammern, SCHWEIZ *a.* klönen *fam,* ÖSTERR *a.* raunzen *fam*

◆**whinge on** *vi* BRIT, AUS *(pej fam: complain in*

W

petty way) herummeckern *pej fam; (whine)* herumjammern *pej fam,* ÖSTERR *a.* herumraunzen *pej fam*

whinge·ing ['(h)wɪndʒɪŋ] **I.** *n no pl* BRIT, AUS *(pej fam: petty complaining)* Gemecker[e] *nt pej fam,* ÖSTERR *a.* Geraunz[e] *nt pej fam; (griping)* Gejammer *nt pej fam;* ***stop your ~!*** hör mit dem Gejammer auf! *pej fam*
II. *adj inv* BRIT, AUS *(pej fam: bleating)* meckernd *pej fam; (moaning)* jammernd; *(grumbling)* nörgelnd *pej*

whing·er ['(h)wɪndʒəʳ] *n* BRIT, AUS *(pej fam)* Miesepeter *m pej fam,* Nörgler(in) *m(f) pej,* ÖSTERR *a.* Raunzer(in) *m(f) pej fam*

whing·ing ['(h)wɪndʒɪŋ] *n, adj* BRIT, AUS *see* **whingeing**

whin·ing ['(h)waɪnɪŋ] **I.** *n no pl* ① *(noise) of a person* Heulen *nt; of an animal* Jaulen *nt*
② *(complaining)* Gejammer *nt pej fam*
II. *adj inv* ① *(fretful) person* queng[e]lig *fam; animal* jaulend; **~ voice** weinerliche Stimme
② *(complaining)* klagend; *(grumbling)* nörglerisch *pej,* ÖSTERR *a.* raunzig *pej fam*

whin·ny ['(h)wɪni] **I.** *vi* wiehern
II. *n* Wiehern *nt kein pl*

whiny ['(h)waɪni] *adj (fam: complaining)* jammernd *attr; (whining)* weinerlich; ***that ~ Pete's over there in the corner*** dieser Jammerlappen Pete sitzt dort drüben in der Ecke; ■**to be ~** [immer] [herum]jammern; **~ voice** klägliche Stimme

whip [(h)wɪp] **I.** *n* ① *(for hitting)* Peitsche *f;* **to crack the ~** die Peitsche knallen lassen; *(fig)* Druck machen *fam;* **to have a fair crack of the ~** eine gute Chance haben
② BRIT POL *(person)* Einpeitscher(in) *m(f);* **the chief ~** der Haupteinpeitscher/die Haupteinpeitscherin
③ BRIT POL *(notice) schriftliche und verbindliche Aufforderung des Einpeitschers zur Teilnahme an den Plenarsitzungen;* **three-line ~** ≈ Fraktionszwang *m*
④ *no pl* FOOD Creme *f*
II. *vt* <-pp-> ① *(hit)* ■**to ~ sb/an animal** jdn/ein Tier [mit der Peitsche] schlagen; **to ~ a horse** einem Pferd die Peitsche geben
② *(fig: incite)* ■**to ~ sb into sth** jdn zu etw *dat* anspornen; **to ~ sb into a frenzy** jdn aus der Fassung bringen
③ *(fig: of wind)* ***a freezing wind ~ped torrential rain into their faces*** ein eisiger Wind peitschte ihnen Regenfluten ins Gesicht; ***the storm ~ped the waves into a froth*** der Sturm peitschte die Wellen zu Schaumkronen auf
④ FOOD ■**to ~ sth** etw [schaumig] schlagen; **to ~ [the] cream** [die] Sahne [*o* SCHWEIZ [den] Rahm] schlagen [*o* ÖSTERR [das] Schlagobers]; ***~ the egg whites into peaks*** schlagen Sie das Eiweiß steif
⑤ BRIT *(dated fam: steal)* ■**to ~ sth** etw mitgehen lassen *fam*
⑥ AM *(fam: defeat)* ■**to ~ sb [at/in sth]** jdn [bei/in etw *dat*] [vernichtend] schlagen
III. *vi* <-pp-> ① *(move fast) wind* peitschen; ***the wind ~ped through her hair*** der Wind fuhr durch ihr Haar
② *(fam: go quickly) of person* flitzen *fam*
◆**whip away** *vt* ■**to ~ away** ○ **sth** etw wegziehen [*o* wegreißen]
◆**whip back** *vi* ① *(bounce back)* zurückfedern
② *(fig: return)* zurückeilen
◆**whip off** *vt* ■**to ~ sth** ○ **off** *clothes* sich *dat* etw *akk* vom Leib reißen; *tablecloth* etw *akk* wegziehen
◆**whip on** *vt* ■**to ~ sth** ○ **on** ① *(urge on)* etw *akk* antreiben
② *(put on quickly)* sich *dat* etw *akk* überwerfen
◆**whip out** *vt* ■**to ~ out** ○ **sth** ① *(take out quickly) credit card* etw zücken
② *(make quickly)* etw aus dem Ärmel schütteln *fig fam*
◆**whip up** *vt* ① *(excite)* **to ~ up enthusiasm** Begeisterung entfachen; **to ~ up bad feeling** böses Blut schaffen; **to ~ up prejudice** Vorurteile schüren; **to ~ up sand/snow/water** Sand/Schnee/Wasser aufpeitschen; **to ~ up support** Unterstützung finden
② *(fam: cook or make quickly)* ■**to ~ up** ○ **sth** etw zaubern *fig hum*
③ FOOD *(beat)* **to ~ up eggs** Eier [schaumig] schlagen

'whip·cord *n* ① *no pl (for whips)* Peitschenschnur *f*
② FASHION Whipcord *m fachspr* **whip 'hand** *n* **to get/hold the ~** die Oberhand gewinnen/haben

'whip·lash I. *n* ① *(flexible part of whip)* Peitschenschnur *f* ② *(blow)* Peitschenhieb *m;* **the ~ of sb's tongue** *(fig)* jds scharfe Zunge ③ *no pl* MED *(injury to neck)* **~ [injury]** Schleudertrauma *nt* **II.** *vt* ■**to ~ sb/sth** jdn/etw peitschen **III.** *vi* peitschen

whipped [(h)wɪpt] *adj* ① FOOD *(beaten to firmness)* geschlagen; **~ butter** schaumig geschlagene Butter; **~ cream** Schlagsahne *f,* Schlagobers *nt* ÖSTERR, Schlagrahm *m* SCHWEIZ
② *attr (hit)* verprügelt, geschlagen
③ AM *(sl: defeated)* geschlagen; *(discouraged, tired)* erledigt *fam,* mitgenommen *fam*

whip·per-in <*pl* whippers-in> [,(h)wɪpəʳ'ɪn, AM -ə'-] *n* HUNT Pikör *m fachspr*

'whip·per-snap·per *n (hum dated fam)* Schlaumeier *m fam;* **young ~** Grünschnabel *m oft pej fam*

whip·pet ['(h)wɪpɪt] *n* ZOOL Whippet *m*

whip·ping ['(h)wɪpɪŋ] *n* ① *no pl (hitting with whip)* [Aus]peitschen *nt kein pl;* **to be given a [good] ~** [ordentlich] ausgepeitscht werden
② *(hard physical beating)* [Tracht *f*] Prügel *fam;* **to get/give a ~** Prügel beziehen/austeilen; **to give sb a ~** jdm eine Tracht Prügel verpassen *fam*
③ *no pl* ***the ~ of the wind*** das Peitschen des Windes; ***the ~ of the rope back and forth ...*** das Hin- und Herpeitschen des Taus ...

'whip·ping boy *n* Prügelknabe *m*

'whip·ping cream *n no pl* Schlagsahne *f,* Schlagobers *nt* ÖSTERR, Schlagrahm *m* SCHWEIZ

'whip·ping post *n (hist)* Pranger *m hist,* Schandpfahl *m hist;* **to tie sb to the ~** *(fig)* jdn an den Pranger stellen

'whip·ping top *n* Kreisel *m*

whip·py ['(h)wɪpi] *adj* biegsam, federnd

'whip-round *n* BRIT *(fam)* **to have a ~ [for sb]** [für jdn] sammeln [*o* den Hut herumgehen lassen] *fam*

'whip·saw ['(h)wɪpsɔː, AM -saː] *vt* ■**to be ~ed by sth** [von 2 Seiten her] in Bedrängnis geraten

whir *n, vi* AM *see* **whirr**

whirl [(h)wɜːl, AM (h)wɜːrl] **I.** *vi* wirbeln; ***my head is ~ing*** mir schwirrt der Kopf; ***her head was ~ing with the excitement of it all!*** ihr war vor Aufregung ganz schwindelig!
II. *vt* ■**to ~ sb somewhere:** ***the figure skater ~ed her past the onlookers*** der Eiskunstläufer wirbelte sie an den Zuschauern vorbei; ■**to ~ sb [a]round** jdn herumwirbeln
III. *n* ① *no pl (of movement)* Wirbel *m; (action, of dust)* Wirbeln *nt*
② *(activity)* Trubel *m;* **the social ~** der gesellschaftliche Trubel
③ *(overwhelmed)* **to have one's head in a ~** nicht mehr wissen, wo einem der Kopf steht; ***my head's in a ~*** mir schwirrt der Kopf
▶PHRASES: **to give sth a ~** etw mal [aus]probieren

whirli·gig ['(h)wɜːlɪgɪg, AM '(h)wɜːr-] *n* ① *(spinning top)* Kreisel *m; (toy windmill)* Windrädchen *nt*
② *no pl (fig: sth hectic/changing)* Wechselspiel *nt;* **~ of politics/time** Schnelllebigkeit *f* der Politik/Zeit *fig*

whirl·ing ['(h)wɜːlɪŋ, AM '(h)wɜːrl-] **I.** *adj* wirbelnd
II. *n no pl (spinning)* Wirbeln *nt; (turning)* Drehen *nt*

whirl·ing 'derv·ish *n* tanzender Derwisch

whirl·pool ['(h)wɜːlpuːl, AM '(h)wɜːrl-] *n* ① *(fig: situation)* Trubel *m,* Wirbel *m*
② *(pool)* Whirlpool *m; (in river, sea)* Strudel *m*

whirl·pool 'bath *n* Whirlpool *m*

whirl·wind ['(h)wɜːlwɪnd, AM '(h)wɜːrl-] **I.** *n* ① METEO Wirbelwind *m*
② *(person)* Wirbelwind *m; (situation)* Trubel *m*
▶PHRASES: **[sow the wind and] reap the ~** *(saying)* [wer Wind sät, wird] Sturm ernten *prov*
II. *n modifier (holiday, meeting)* stürmisch; **a ~ romance** eine stürmische Romanze

whirly·bird ['(h)wɜːrlibɜːrd] *n* AM *(dated: helicopter)* Hubschrauber *m,* SCHWEIZ, ÖSTERR *a.* Helikopter *m,* Quirl *m hum sl*

whirr [(h)wɜːʳ], AM **whir** [(h)wɜːr] **I.** *vi (of insects)* summen; *(of birds' wings)* schwirren; *(of machine parts)* surren
II. *n usu sing of insects* Summen *nt kein pl; of wings* Schwirren *nt kein pl; of machines* Surren *nt kein pl*

whir·ring ['(h)wɜːrɪŋ] **I.** *n no pl of insects* Summen *nt; (of wings)* Schwirren *nt; of machine parts* Surren *nt*
II. *adj attr, inv insects* summend; *wings* schwirrend; *machines* surrend

whisk [(h)wɪsk] **I.** *n* ① *(kitchen tool)* Schneebesen *m,* Schwingbesen *m* SCHWEIZ; **electric ~** [elektrisches] Rührgerät
② *no pl (quick visit)* Stippvisite *f fam*
③ *(tied up bunch of twigs)* **fly ~** Fliegenwedel *m*
II. *vt* ① FOOD ■**to ~ sth** etw [schaumig] schlagen; **to ~ cream** Sahne [*o* SCHWEIZ Rahm] [*o* ÖSTERR Schlagobers] schlagen; ***~ the egg whites until stiff*** schlagen Sie das Eiweiß steif
② *(animal)* **to ~ its tail** mit dem Schwanz schlagen
③ *(take, move quickly)* ■**to ~ sb off:** ***I was ~ed off to hospital*** ich wurde ins Krankenhaus überwiesen; ***her husband ~ed her off to Egypt for her birthday*** ihr Mann entführte sie zu ihrem Geburtstag nach Ägypten
◆**whisk away** *vt* ■**to ~ away** ○ **sth** etw schnell wegnehmen; *(more vehemently)* etw wegreißen; *(hide from others)* etw schnell verschwinden lassen
◆**whisk in** *vt* FOOD ■**to ~ in** ○ **sth** etw [mit dem Schneebesen] einrühren

whisk·er ['(h)wɪskəʳ, AM -kə-] *n* ① *usu pl (of animal)* Schnurrhaar[e] *nt[pl]*
② ■**~s** *pl (of man: beard)* Bartstoppeln *pl; (hair on cheek)* Backenbart *m; (single hair of beard)* Barthaar *nt; (moustache)* Schnurrbart *m,* Schnauz *m* SCHWEIZ; *(big moustache)* Schnauzbart *m,* Schnauzer *m fam;* ***you've grown some ~s!*** du hast ja [jetzt] einen Bart!
▶PHRASES: **by a ~** um Haaresbreite, haarscharf; **to have ~s** einen Bart haben *fam;* **within a ~ [of sth]** in unmittelbarer Nähe [einer S. *gen*]; ***I came within a ~ of being run over today*** ich wäre heute beinahe überfahren worden

whisk·ered ['(h)wɪskəd, AM -kərd] *adj inv* [schnurr]bärtig, [schnautz]bärtig SCHWEIZ; **a grey-~ old gentleman** ein graubärtiger alter Herr

whisk·ery ['(h)wɪskəri] *n* backenbärtig

whis·ky BRIT, AUS, **whis·key** ['hwɪski] *n esp* AM, IRISH ① *no pl (drink)* Whisk[e]y *m*
② *(glass of this drink)* Whisk[e]y *m;* **to knock back a ~** sich *dat* einen Whisk[e]y hinter die Binde gießen *fam*

whis·per ['(h)wɪspəʳ, AM -pə-] **I.** *vi* flüstern, SCHWEIZ, ÖSTERR *a.* wispern; ■**to ~ to sb** mit jdm flüstern
II. *vt* ① *(speak softly)* ■**to ~ sth [in sb's ear]** etw [in jds Ohr] flüstern; ■**to ~ sth to sb** jdm etw zuflüstern; **to ~ sweet nothings in sb's ear** jdm Zärtlichkeiten ins Ohr flüstern
② *usu passive (gossip)* ■**it is ~ed that ...** man munkelt, dass ... *fam*
III. *n* ① *(soft speaking)* Flüstern *nt kein pl,* Geflüster *nt kein pl; (mysterious murmur)* Raunen *nt kein pl;* ***I heard ~s outside my room*** ich hörte Geflüster vor meinem Zimmer; **to lower one's voice to a ~** seine Stimme [zu einem Flüstern] dämpfen; **to say sth in a ~** etw im Flüsterton sagen; **to speak in a ~** [*or* **in ~s**] flüstern
② *(fig: rumour)* Gerücht *nt;* ***have you heard ~s of ...*** hast du auch schon läuten hören, dass ... *fam*
③ *usu sing (trace)* Spur *f*
④ *no pl (fig liter: soft rustle)* Rascheln *nt;* **the ~ of the leaves** das Rascheln der Blätter

whis·per·ing ['(h)wɪspərɪŋ] **I.** *n no pl* ① *(talking very softly)* Flüstern *nt,* Geflüster *nt,* SCHWEIZ, ÖSTERR *a.* Gewisper *nt;* ***all this ~ has got to stop!*** Schluss jetzt mit dem Geflüster!
② *(fig: gossiping)* Gerede *nt,* Getuschel *nt*

II. *adj attr, inv* ① *(talking softly)* flüsternd ② *(fig: gossiping)* tratschend *pej fam,* tuschelnd *oft pej* ③ *(rustling)* raschelnd

'whis·per·ing cam·paign *n (pej)* Verleumdungskampagne *f*

'whis·per·ing gal·lery *n* Flüstergalerie *f*

whist [(h)wɪst] *n no pl* Whist *nt;* **a game of ~** eine Partie Whist

whis·tle ['(h)wɪsl] I. *vi* ① *(of person)* pfeifen; **to ~ in admiration/surprise** vor Bewunderung/Überraschung pfeifen; ■**to ~ at sb** hinter jdm herpfeifen; ■**to ~ to sb** [nach] jdm pfeifen ② *(of air movement) wind, kettle* pfeifen ③ *(move past)* vorbeipfeifen; ***a bullet ~d past my head*** eine Kugel pfiff an meinem Kopf vorbei ④ *(make bird noises)* pfeifen; *(in a trilling way)* zwitschern
▶PHRASES: **to ~ in the dark** im Dunkeln pfeifen, sich *dat* Mut zupfeifen; **to ~ in the wind** gegen Windmühlen ankämpfen *fig*
II. *vt* ■**to ~ sth** etw pfeifen; **to ~ a tune** eine Melodie pfeifen
III. *n* ① *no pl (sound) also of wind* Pfeifen *nt; of referee* Pfiff *m;* **as clean as a ~** *(very clean)* blitzsauber; *(fig fam: revealing no proof)* sauber *fam* ② *(device)* Pfeife *f;* **referee's ~** Trillerpfeife *f;* **to blow one's ~** pfeifen
▶PHRASES: **to blow the ~** singen *fam;* **to blow the ~ on sb** jdn verpfeifen *fam;* **to blow the ~ on sth** etw aufdecken; **to wet** [*or* **whet**] **one's ~** sich *dat* die Kehle anfeuchten *fam*

'whis·tle blow·er *n* ≈ Zuträger(in) *m(f) pej;* ***what was the name of that ~ again?*** wie hieß doch gleich wieder der Typ, der ausgepackt hatte? *fam*

'whis·tle-stop *adj attr, inv* kleiner Ort, Nest *nt fam,* Kaff *nt sl* **whis·tle-stop 'tour** *n* Reise *f* mit verschiedenen Kurzaufenthalten

whit [(h)wɪt] *n no pl (old form)* **not a ~** keinen Deut *veraltend o hum;* **... *not a ~ more expensive ...*** und kein bisschen teurer; **not a ~ of sense** keinen Funken Verstand; **to not care a ~** [**about sth**] sich *akk* keinen Deut [um etw *akk*] scheren *veraltend o hum*

Whit [(h)wɪt] *n abbrev of* **Whitsun**[**tide**] Pfingsten *nt*

white [(h)waɪt] I. *n* ① *no pl (colour)* Weiß *nt;* **the colour ~** die Farbe Weiß; **to be whiter than ~** weißer als weiß sein; *(fig)* engelsrein sein *geh;* **to wear ~** Weiß tragen ② *usu pl (part of eye)* Weiße *nt;* **to see the ~s of sb's eyes** das Weiße in jds Augen erkennen können ③ *of egg* Eiweiß *nt,* Eiklar *nt* ÖSTERR ④ *(person)* Weiße(r) *f(m)* ⑤ *(clothes/uniform)* **dress ~s** MIL [weiße] Paradeuniform; [**tennis**] **~s** [weißer] Tennisdress ⑥ *(fam: light-coloured laundry)* ■**~s** *pl* Weißwäsche *f kein pl* ⑦ ■**W~** *(in chess)* Weiß *nt; (in billiards, snooker)* weiße Kugel
▶PHRASES: **to see things in black and ~** die Dinge schwarzweiß sehen
II. *adj* ① *(colour)* weiß; **black and ~** schwarzweiß; **creamy ~** cremefarben, weißhaarig; **pearly ~** perlweiß; **pure ~** ganz weiß; **snowy ~** schneeweiß; **snowy ~ hair** schlohweißes [*o* schneeweißes] Haar ② *(fig: morally good)* **~ as driven snow** rein wie frisch gefallener Schnee ③ *(in coffee)* ***I like my coffee ~*** ich trinke meinen Kaffee mit Milch ④ FOOD **~ bread** Weißbrot *nt;* **~ chocolate** weiße Schokolade; **~ flour** weißes Mehl, Weissmehl *nt* SCHWEIZ; **~ pepper/rum/sugar** weißer Pfeffer/Rum/Zucker; **~ wine** Weißwein *m* ⑤ *(Caucasian)* weiß; *(pale-skinned)* hellhäutig; ***it's a predominantly ~ neighbourhood*** in der Nachbarschaft leben überwiegend Weiße
▶PHRASES: **to be ~ with anger** vor Wut kochen; **to bleed sth ~** etw schröpfen [*o fig* ausbluten] *fam;* **as ~ as a sheet** weiß wie die Wand, kreidebleich
III. *vt* ■**to ~ out** ○ **sth** etw weiß machen; ***please ~ out the mistakes*** bitte korrigiere die [Schreib]fehler mit Tipp-Ex

white 'ant *n* Weiße Ameise, Termite *f fachspr*

'white·bait [-beɪt] *n no pl (the young of sprat)* junge Sprotte; *(the young of herring)* junger Hering, Schotte *f* NORDD **'white·beam** *n* BOT Mehlbeerbaum *m* **white 'blood cell** *n* weißes Blutkörperchen, Leukozyt *m meist pl fachspr* **white 'blood cell count** *n* Messung *f* der Leukozytenzahl **'white board** *n* weiße Kunststofftafel **'White Book** *n* LAW *Sammlung von Verfahrensregeln des Supreme Court und Kommentare*

'white·boy ['(h)waɪtbɔɪ] *n* AM *(pej)* Weißer *m*

white 'Christ·mas *n* weiße Weihnacht[en] **'white-col·lar** *adj* Schreibtisch-; ***there has been an increase in ~ employment recently*** in letzter Zeit wurden [wieder] mehr Angestellte im Verwaltungs- und Servicebereich beschäftigt; **~ job** Schreibtischposten *m;* **~ union** Angestelltengewerkschaft *f;* **~ worker** Angestellte(r) *f(m)* **white col·lar 'crime** *n no pl* COMM, LAW Wirtschaftsverbrechen *nt* **white 'cor·pus·cle** *n* MED weißes Blutkörperchen **white 'el·ephant** *n (useless object)* Fehlinvestition *f; (unwanted property)* lästiger Besitz **white 'el·ephant stall** *n* Trödelstand *m* **white 'en·sign** *n* NAUT *Fahne der Royal Navy* **white 'feath·er** *n* BRIT **to show the ~** BRIT sich *akk* feig[e] benehmen, kneifen *fam* **white 'flag** *n* weiße Fahne; COMPUT Signal, das ein neues Videovollbild anzeigt; **to fly/raise/wave a ~** eine weiße Fahne wehen lassen/hochziehen/schwenken **white 'flight** *n no pl* AM *Flucht der Weißen aus einem Gebiet, in das andere Rassen ziehen* **'white goods** *npl* ① *(household appliances)* Haushaltsgeräte *pl* ② *(old: household linens)* Weißwäsche *f kein pl*

white-'haired *adj* weißhaarig

'White·hall *n* ① *(offices of Britain's government)* Whitehall ② *(fig: government of Britain)* Whitehall *fig*

'white·head *n (fam)* Eiterpickel *m* **white 'heat** *n no pl* ① *(temperature)* Weißglut *f* ② *(fig: intensity)* Weißglut *f fig;* **in the ~ of the moment** im Eifer des Gefechts **white 'horse** *n* ① *(animal)* Schimmel *m* ② BRIT *(liter: of waves)* ■**~s** *pl* Schaumkronen *pl* **white-'hot** *adj inv* weißglühend *a. fig* **'White House** *n no pl* ■**the ~** ① *(US President's residence)* das Weiße Haus ② *(fig: US government)* das Weiße Haus *fig* **white 'knight** *n* ① *(rescuer)* Retter *m* in der Not *fig* ② FIN *(person or company)* weißer Ritter *fachspr* **white knuck·le 'ride** *n (hum)* Abenteuerfahrt *f* **white 'lead** *n no pl* Bleiweiß *nt* **white 'lie** *n* Notlüge *f* **'white·list·ing** *n* COMPUT Whitelisting *nt (eine Form der Spambekämpfung bei E-Mails)* **white 'mag·ic** *n* weiße Magie **'white meat** *n* helles Fleisch

whit·en ['(h)waɪtᵊn] I. *vt* ■**to ~ sth** etw weiß machen; *shoe, wall* etw weißen [*o* ÖSTERR, SÜDD weißeln]; *(cloth, clothing)* etw weiß färben; ***she's had her teeth ~ed*** sie hat ihre Zähne bleichen lassen
II. *vi* weiß werden

whit·en·er ['(h)waɪtᵊnəʳ, AM -ɚ] *n no pl* ① *(for coffee)* Kaffeeweißer *m* BRD ② *(for shoes)* Schuhweiß *nt* ③ CHEM, TECH Aufheller *m,* Weißtöner *m*

white·ness ['waɪtnəs] *n no pl* Weiße *f; (fig)* Blässe *f*

whit·en·ing ['(h)waɪtᵊnɪŋ] *n* Schuhweiß *nt*

white 'noise *n* [Statik]rauschen *nt,* weißes Rauschen **'white-out** *n* ① *(blizzard)* [starker] Schneesturm ② *no pl* AM, AUS *(for erasing)* Tipp-Ex® *nt* **White 'Pages** *npl* AM, AUS Telefonbuch *nt* **white 'pa·per** *n* BRIT, AUS POL Weißbuch *nt fachspr* **white 'pep·per** *n* weißer Pfeffer **'white sale** *n* Weißwäscheausverkauf *m,* weiße Woche *fachspr* **white 'sauce** *n no pl* weiße Soße; *(béchamel)* Béchamelsoße *f* **White 'Sea** *n* Weißes Meer **white 'shark** *n* weißer Hai **white 'slave** *n (pej)* ≈ Prostitutionssklavin *f;* **~ trade** Mädchenhandel *m* **white 'spir·it** *n no pl* BRIT Terpentinersatz *m* **white su·'prema·cist** *n Anhänger der Theorie von der Überlegenheit der Weißen* **white su·'prema·cy** *n no pl* Vorherrschaft *f* der Weißen **'white·thorn** *n* Weißdorn *m* **white 'tie** I. *adj inv* mit Frackzwang *nach n;* **~ dinner** Essen *nt* mit Frackzwang II. *n* ① *(bowtie)* weiße Fliege ② *(full evening dress)* Frack *m* **white 'trash** *n no pl* AM SOCIOL *(pej! sl)* weißer Abschaum *pej*

'white van man *n (fam) Fahrer eines Lieferwagens, der wie ein Verrückter fährt, um seine Termine einzuhalten*

'white·wash I. *n* ① *no pl (solution)* Tünche *f;* ***these walls need another coat of ~*** diese Wände müssen nochmals weiß getüncht werden ② *(pej: cover-up)* Schönfärberei *f* ③ SPORT *(fam: victory)* Zu-null-Sieg *m*
II. *vt* ① *(paint)* ■**to ~ sth** etw weiß anstreichen; *walls* etw tünchen ② *(pej fig: conceal)* ■**to ~ sth** etw schönfärben; ■**to ~ sb** jdn reinwaschen ③ SPORT *(fam)* **to ~ sb** [**6:0**] jdn [mit 6:0] vom Platz fegen *fam*

'white·wa·ter *n no pl* Wildwasser *nt*

white·water ca'·noe·ing *n no pl* Wildwasserpaddeln *nt,* Wildwasserkanufahren *nt* **white·wa·ter 'raft·ing** *n no pl* Wildwasserfahren *nt,* [Wildwasser]rafting *nt*

white 'wed·ding *n* weiße Hochzeit

white 'wine *n* Weißwein *m;* **a glass of ~** ein Glas *nt* Weißwein

whit·ey ['(h)waɪti, AM -t̬-] *n (pej!)* Weiße(r) *f(m)*

whith·er ['(h)wɪðəʳ, AM -ɚ] *adv inv (old)* wohin

whit·ing¹ <*pl* -> ['(h)waɪtɪŋ, AM -t̬-] *n (fish)* Weißfisch *m,* Wittling *m*

whit·ing² ['(h)waɪtɪŋ, AM -t̬-] *n no pl (substance)* Schlämmkreide *f*

whit·ish ['(h)waɪtɪʃ, AM -t̬-] *adj inv* weißlich; **~-grey** weißgrau

Whit 'Mon·day *n* Pfingstmontag *m*

Whit·sun ['(h)wɪtsᵊn] I. *n* Pfingsten *nt;* **at ~** an [*o* zu] Pfingsten
II. *n modifier (holiday)* Pfingst-; ***they're planning a ~ wedding*** sie wollen an Pfingsten heiraten

Whit 'Sun·day *n* Pfingstsonntag *m*

'Whit·sun·tide ['(h)wɪtsᵊntaɪd] *n* Pfingsten *nt,* Pfingstzeit *f*

whit·tle ['(h)wɪtl̩, AM '(h)wɪt̬l̩] *vt* ■**to ~ sth** etw schnitzen
◆**whittle away** I. *vi* ■**to ~ away at sth** ① *(take bits off)* an etw *dat* herumschneiden [*o fam* herumschnippeln] ② *(fig: gradually decrease) jobs* an etw *dat* sägen *fig; rights* etw beschneiden *geh*
II. *vt* ■**to ~ away** ○ **sth** etw verringern
◆**whittle down** *vt* ■**to ~ down** ○ **sth** etw reduzieren; ***Argentina had ~d the gap down to one goal*** Argentinien hatte den Abstand auf ein Tor verkürzt

whizz, AM **whiz** [(h)wɪz] I. *vi* ① *(fam: move fast)* jagen; **to ~ by** [*or* **past**] vorbeijagen; ***the bullet ~ed past her head*** die Kugel schoss an ihrem Kopf vorbei ② *(fig) time* rasen; ***time just ~es past when you're enjoying yourself*** wie die Zeit verfliegt, wenn man sich amüsiert!; ***the holidays just ~ed past*** die Ferien vergingen im Nu ③ AM *(sl: urinate)* pinkeln *fam*
II. *vt* ① FOOD ■**to ~ sth** etw [mit dem Mixer] verrühren ② *(move fast)* ■**to ~ sb somewhere** jdn irgendwohin scheuchen
III. *n* ① *usu sing (approv fam: expert)* Genie *nt,* Ass *nt fam;* **chess ~** Schachgenie *nt;* **computer ~** Computerass *nt fam;* ■**to be a ~ at sth** ein As in etw *dat* sein *fam* ② AM *(sl: pee)* **to take a ~** pinkeln *fam*
◆**whizz through** I. *vi (fam)* ① *(move fast)* ■**to ~ through somewhere** irgendwo durchrasen [*o fam* durchflitzen] ② *(deal with)* ■**to ~ through sth** etw schnell durchgehen; ***we ~ed through the rehearsal*** wir hetzten durch die Probe
II. *vt* ■**to ~ sb/sth through somewhere** jdn/etw irgendwo durchjagen

whiz(z) kid *n* Wunderkind *nt,* Genie *nt oft hum; (in*

W

job) Senkrechtstarter(in) *m(f) fam;* **computer ~** Computergenie *nt hum*

whiz·zy ['wɪzi] *adj (fam)* ausgeklügelt, ausgefeilt

who [huː] *pron* ❶ *interrog (which person)* wer; **~ *did this?*** wer war das?; **~ *'s she?*** wer ist sie?; ***hi, I'm Liz — ~ are you?*** hi, ich bin Liz – wer bist du?; ***she asked if I knew ~ had got the job*** sie fragte, ob ich wüsste, wer den Job bekommen hatte; ***we have about 20 people for the party — ~ else should come?*** wir haben etwa 20 Leute für die Party – wer soll noch kommen?; **~ *are you to laugh? it's happened to you many times*** du musst gerade lachen – das ist dir auch schon oft passiert; **~ *are they to get special treatment?*** wer sind sie [denn], dass sie eine besondere Behandlung bekommen?
❷ *interrog (whom)* wem *dat,* wen *akk;* **~ *do you want to talk to?*** mit wem möchten Sie sprechen?; ***I don't know ~ to ask to the party*** ich weiß nicht, wen ich zur Party einladen soll; **~ *am I talking to, please?*** mit wem spreche ich bitte?
❸ *interrog (unknown person)* wer; **~ *can tell why ...*** wer kann sagen, warum ...; **~ *knows?*** wer weiß?; **~ *cares*** was soll's! *fam*
❹ *rel (with defining clause)* der/die/das; ***I think it was your dad ~ phoned*** ich glaube, das war dein Vater, der angerufen hat; ***the other people ~ live in the house ...*** die anderen Leute, die in dem Haus wohnen, ...; ***he ~ laughs last, laughs loudest*** wer zuletzt lacht, lacht am besten
❺ *rel (with non-defining clause)* der/die/das; ***he rang Geoffrey, ~ was a good friend*** er rief Geoffrey an, der ein guter Freund war; ***this is Frank, ~ I told you about*** das ist Frank, von dem ich dir erzählt habe
▸PHRASES: **~ <u>is</u> ~ *ask George — he knows ~ 's ~*** frag' George – er kennt alle; ***the new book tells ~ 's ~ in modern politics*** in dem neuen Buch steht, wer heute in der Politik das Sagen hat; ***the guest list reads like a ~ 's ~ of top American industrialists*** die Gästeliste liest sich wie das *Who is Who* der führenden amerikanischen Industriellen

WHO [ˌdʌbljuːˌeɪtʃəʊ, AM -'oʊ] *n no pl abbrev of* **World Health Organization** WHO *f*

whoa [(h)wəʊ, AM (h)woʊ] *interj* ❶ *(command to stop horse)* brr, hoo
❷ *(fig fam: used to slow or stop)* langsam; **~ *there!*** hoppla!

who·dun·(n)it [ˌhuː'dʌnɪt] *n (fam)* Krimi *m fam*

who·ever [huː'evəʳ, AM -ɚ] *pron* ❶ *rel (anyone that)* wer auch immer; **~ *wants to come to the party is invited*** jeder der zu der Party kommen möchte, ist herzlich eingeladen; ***I'll bet they're important, ~ they are*** ich wette, sie sind wichtig, wer auch immer sie sind; ***come out, ~ you are*** kommen Sie heraus, wer [auch] immer Sie sind
❷ *rel (whomever)* ***they shoot at ~ leaves the building*** sie schießen auf jeden, der das Gebäude verlässt
❸ *rel (the person who)* wer auch immer; ***could I speak to ~ is in charge of International Sales please?*** könnte ich mit der Person sprechen, die für Internationale Verkäufe zuständig ist?; **~ *wins should be guaranteed an Olympic place*** dem Gewinner, egal wer er ist, sollte ein Platz im Olympiateam sicher sein
❹ *interrog (who on earth)* wer; **~ *can that be in the car with Max?*** wer kann das im Auto mit Max nur sein?; **~ *heard such an unlikely story?*** hat man je so eine unwahrscheinliche Geschichte schon gehört?; **~ *told you that? it's absolutely not true*** wer hat dir das erzählt? das stimmt überhaupt nicht; **~ *does he think he is?*** wer glaubt er denn, dass er ist?; **~ *said being rich is easy?*** wer sagt, dass reich sein einfach ist?

whole [həʊl, AM hoʊl] **I.** *adj inv* ❶ *(entire)* ganz, gesamt; ***I can't believe I ate the ~ thing!*** ich kann nicht glauben, dass ich das komplett aufgegessen habe!; ***this ~ thing is ridiculous!*** das Ganze ist ja lächerlich!; **the ~ time/truth** die ganze Zeit/Wahrheit; **the ~ [wide] world** die ganze [weite] Welt; **[to do] the ~ bit** *esp* BRIT, AUS *(fig)* das ganze Programm [durchmachen]
❷ *(in one piece)* ganz, heil; *(intact)* intakt; **to swallow sth ~** etw ganz [hinunter]schlucken
❸ *pred (liter: healthy)* **to be ~ in body and mind** gesund sein an Körper und Geist
❹ *(fam: emphasize amount)* ***I've got a ~ heap of work to do*** ich habe einen riesigen Berg Arbeit vor mir; ***the new computers are a ~ lot faster*** die neuen Computer sind um ein Vielfaches schneller; ***flying is a ~ lot cheaper these days*** Fliegen ist heutzutage sehr viel billiger
▸PHRASES: **the ~ [kit and] <u>caboodle</u>** *(fam)* der ganze Kram *fam;* **the ~ <u>enchilada</u>** AM *(fam)* der ganze Krempel *pej fam;* **to <u>go</u> [the] ~ hog** [*or* AM **the ~ nine yards**] *(fam)* es [wenn schon, dann] gleich richtig machen *fam;* **the ~ <u>shebang</u>** AM *(fam)* der ganze Kram *fam*
II. *n* ❶ *(entire thing)* ■**a ~** ein Ganzes *nt*
❷ *no pl (entirety)* ■**the ~** das Ganze; **an aspect of the ~** ein Aspekt des Ganzen; **the ~ of Charleston** ganz Charleston; **the ~ of the country** das ganze Land; **the ~ of next week** die ganze nächste Woche
❸ *(in total)* **as a ~** als Ganzes [betrachtet]; **taken as a ~, ...** alles in allem ...; ■**on the ~** *(taking everything into account)* insgesamt; *(in general)* generell
III. *adv* ganz; **a ~ new approach/dimension** ein ganz neuer Ansatz/eine ganz neue Dimension

'whole·food I. *n* BRIT ❶ *no pl (unprocessed food)* Vollwertkost *f* ❷ *(unprocessed food products)* ■**~s** *pl* Vollwertprodukte *pl* **II.** *n modifier (cooking, restaurant)* Vollwertkost-; **~ diet** Vollwerternährung *f*

'whole·food shop *n* BRIT Bioladen *m fam; (health food shop)* Reformhaus *nt*

'whole·grain *adj inv esp* BRIT, AUS Vollkorn-; **~ bread** Vollkornbrot *nt;* **~ breakfast cereal** Vollkornmüsli *nt;* **~ food products** Vollkornprodukte *pl*

whole-heart·ed [-'hɑːtɪd, AM -hɑːrt̬ɪd] *adj inv* ❶ *(sincere)* aufrichtig; *(cordial)* herzlich; ***you have our ~ thanks*** herzlichen Dank! ❷ *(committed)* engagiert, rückhaltlos; ***... her ~ efforts on our behalf ...*** ihr unermüdlichen Einsatz für uns

whole-heart·ed·ly [-'hɑːtɪdli, AM -'hɑːrt̬ɪd-] *adv inv (sincerely)* ernsthaft, aufrichtig; *(completely)* voll und ganz; **to be ~ in favour of sth** sich *akk* für etw *akk* aussprechen; **to believe ~ in sth** fest an etw *akk* glauben

whole-hog ['hoʊlhɑːg] *adv* ▸PHRASES: **to <u>go</u> ~ on sth** AM *(fam)* bei etw *dat* aufs Ganze gehen

whole-life in·'sur·ance, whole-life 'poli·cy *n* LAW Lebensversicherung auf den Todesfall

'whole·meal I. *n* BRIT Vollkornmehl *nt* **II.** *adj inv* BRIT Vollkorn-; **~ bread** Vollkornbrot *nt;* **~ flour** Vollkornmehl *nt;* **~ pastry** Vollkorngebäck *nt*

whole·ness ['həʊlnəs, AM 'hoʊl-] *n no pl* Ganzheit *f*

'whole note *n* AM *(semibreve)* ganze Note

whole 'num·ber *n* ganze Zahl

whole·sale ['həʊlseɪl, AM 'hoʊl-] **I.** *adj inv* ❶ *attr (of bulk sales)* Großhandels-; **~ business** Großhandel *m;* **~ prices** Großhandelspreise *pl;* **~ supplier** Großhändler(in) *m(f)*
❷ *(usu pej: on large scale)* Massen-; **~ reform** umfassende Reform; **~ slaughter** Massenmord *m*
II. *adv inv* ❶ *(at bulk price)* zum Großhandelspreis; ***I can get that camera cheaper for you ~*** ich kann dir diese Kamera im Einkauf billiger besorgen
❷ *(in bulk)* in Großmengen

whole·sal·er ['həʊlseɪləʳ, AM 'hoʊlseɪlɚ] *n* Großhändler(in) *m(f);* **furniture ~** Möbelgroßhändler(in) *m(f)*

whole·some ['həʊlsəm, AM 'hoʊl-] *adj (approv: promoting well-being)* wohltuend; *(healthy)* gesund; ***this film is good ~ family entertainment*** dieser Film ist rundherum gute Familienunterhaltung; ***they want her to marry a nice ~ young man*** sie möchten, dass sie einen netten, anständigen, jungen Mann heiratet; ***a healthy diet includes lots of ~ natural food*** eine gesunde Ernährung beinhaltet viele nahrhafte, naturbelassene Nahrungsmittel; **clean ~ fun** einfacher harmloser Spaß

whole·some·ness ['həʊlsəmnəs, AM 'hoʊl-] *n no pl (approv)* ❶ *(physical health)* Gesundheit *f; (wholesome quality)* Bekömmlichkeit *f*
❷ *(of morality)* ≈ Zuträglichkeit *f*

whole-tone 'scale *n* Ganztonleiter *f*

'whole·wheat I. *n no pl* Voll[korn]weizen *m* **II.** *n modifier (biscuits, bread, cookies, pasta)* Voll[korn]weizen-; **~ flour** Weizenvollkornmehl *nt*

who'll [huːl] = **who will** *see* **who**

whol·ly ['həʊl(l)i, AM 'hoʊl(l)i] *adv* ganz, völlig; ***this motorcycle is ~ British-made*** dieses Motorrad wurde komplett in Großbritannien hergestellt; ***that's a ~ different matter!*** das ist doch etwas völlig anderes!; **to be ~ aware of sth** sich *dat* einer S. *gen* vollkommen bewusst sein; **to be ~ convinced by sth** von etw *dat* völlig [*o* vollkommen] überzeugt sein

whol·ly-owned sub·'sidi·ary *n* ECON hundertprozentige Tochter[gesellschaft]

whom [huːm] *pron (form)* ❶ *interrog, after vb or prep* wem *dat,* wen *akk;* **~ *did you want to see?*** zu wem wollten Sie?; **~ *did he marry?*** wen hat er geheiratet?; ***to ~ do you wish to speak?*** mit wem möchten Sie sprechen?
❷ *rel (with defining clause)* der/die/das; ***the women ~ you mentioned are all former employees*** die Frauen, die Sie erwähnt haben, sind alles ehemalige Angestellte
❸ *rel (with non-defining clause)* der/die/das; ***he took out a photo of his son, ~ he adores*** er nahm ein Foto von seinem Sohn heraus, den er vergöttert; **all/none/several** [*or* **some**] **of ~** von denen alle/keiner/einige; ***he came home with his drinking pals, all of ~ were drunk*** er kam mit seinen Trinkkumpanen nach Hause, die alle betrunken waren; ***three men, none of ~ she had ever seen before, came knocking at her door*** drei Männer klopften an ihre Tür, die sie nie zuvor gesehen hatte

whom·ever [huːm'evəʳ, AM -ɚ] *pron (form)* ❶ *rel (anyone whom)* wer auch immer; ***give it to ~ you please*** gib das, wem du willst; **~ *she saw, she asked for money*** sie bat alle um Geld, die sie traf; ***I'll sing whatever I like to ~ I like*** ich singe was ich will, vor wem ich will
❷ *rel (the person who)* die Person, die; ***he decided to tell his story to ~ he saw first*** er beschloss, seine Geschichte der Person zu erzählen, die er zuerst treffen würde
❸ *interrog (whom on earth)* wer auch immer; **~ *do you mean?*** wen, in aller Welt, meinst du denn?

whom·so·ever [ˌhuːmsəʊ'evəʳ, AM -soʊ'evɚ] *pron rel formal variant of* **whosoever**

whoop [(h)wuːp] **I.** *vi* jubeln
II. *vt* ■**to ~ it up** *(fam: celebrate)* sich *akk* amüsieren, einen drauf machen *fam;* AM *(create excitement)* auf den Putz hauen *fam*
III. *n* ❶ *(shout of excitement)* Jauchzer *m,* Freudenschrei *m;* **to give a ~ of triumph** einen Triumphschrei loslassen; **to give a loud ~** laut aufjauchzen
❷ *(of object)* Aufheulen *nt*
❸ *(of cough)* Keuchen *nt*
▸PHRASES: **to not <u>care</u>** [*or* **<u>give</u>**] **a ~** AM *(dated)* sich *akk* nicht im Mindesten [um etw *akk*] kümmern [*o fam* scheren]

whoo·pee I. *interj* [(h)wʊ'piː] juchhe, hurra; *(iron)* toll *iron fam;* ***oh, ~, another letter to type up!*** super, noch ein Brief zum Abtippen! *iron*
II. *n* ['(h)wʊpi, AM '(h)wuːpi] *no pl* ❶ *(rejoicing)* ausgelassenes Feiern
❷ **to make ~** *(have sex)* es tun *fam; (rejoice noisily)* auf die Pauke hauen *fam*

'whoo·pee cush·ion *n* Furzkissen *nt derb*

'whoop·ing cough *n no pl* Keuchhusten *m*

whoops [(h)wʊps] *interj (fam)* hups, hoppla; **~ a daisy** *(childspeak)* hopsala *Kindersprache*

whoosh [(h)wʊʃ] *(fam)* **I.** *interj* zisch; ***no sooner had she arrived than, ~, she was off again*** kaum war sie gekommen, zack, war sie auch schon wieder weg
II. *vi* zischen *fam*
III. *vt* ■**to ~ sb/sth somewhere** jdn/etw schnell irgendwohin bringen

IV. *n usu sing* ① *(of air)* Zischen *nt kein pl*
② *(fig: sudden large amount)* ***they expect a ~ of money*** sie erwarten eine wahre Geldflut

whop [(h)wɒp, AM (h)wɑːp] I. *vt* <-pp-> *esp* AM *(fam)* ① *(strike)* ■**to ~ sb with sth** jdn mit etw *dat* schlagen [*o fam* hauen]; **to ~ sb one** jdm eine reinhauen [*o* ein Ding verpassen] *fam*
② *(defeat)* ■**to ~ sb** jdn schlagen
II. *n usu sing esp* AM *(fam)* Knall *m*

whop·per ['(h)wɒpəʳ, AM '(h)wɑːpɚ] *n (hum fam)* ① *(huge thing)* Apparat *m sl;* ***that's a ~ of a fish*** das ist ja ein Riesenfisch
② *(lie)* faustdicke Lüge *fam;* **to tell sb a ~** jdm einen Bären aufbinden

whop·ping ['(h)wɒpɪŋ, AM '(h)wɑːp-] *(fam)* I. *adj inv* saftig *fam;* ***she got a ~ 12 000 votes more than her opponent*** sie bekam satte 12.000 Stimmen mehr als ihr Gegner; **~ lie** faustdicke Lüge *fam;* **~ great** riesengroß *fam*
II. *n* AM ① *(beating)* Prügel *pl fam;* **to give sb a ~** jdm Prügel [*o* eine Abreibung] verpassen *fam*
② *(defeat)* Schlappe *f fam;* **to take a [sound] ~ [from sb]** eine [schwere] Schlappe [von jdm] einstecken müssen *fam*

whore [hɔːʳ, AM hɔːr] I. *n (pej)* ① *(female prostitute)* Nutte *f pej sl*
② *(fam: promiscuous woman)* Flittchen *nt pej fam*
③ *(Roman Catholic Church)* **the W~ of Babylon** die große Hure
II. *vi (dated or pej)* ① *(sleep with prostitutes)* herumhuren *pej*
② *(work as prostitute)* sich *akk* prostituieren, auf den Strich gehen *fam*

'whore·house *n esp* AM *(pej fam)* Puff *m pej fam*

whorl [(h)wɜːl, AM (h)wɜːrl] *n (liter)* Windung *f;* **~s of color** Farbkreise *pl*

whor·tle·berry ['(h)wɜːtl̩,beri, AM '(h)wɜːrt̬l̩-] *n* Heidelbeere *f*

who's [huːz] = **who is, who has** *see* **who**

whose [huːz] I. *adj* ① *(in questions)* wessen; ***~ bag is this?*** wessen Tasche ist das?, wem gehört die Tasche?; ***I don't care ~ fault it is*** mir ist egal, wessen Schuld es ist; ***~ round is it?*** wer ist dran?
② *(indicating possession)* dessen; ***Cohen, ~ contract ...*** Cohen, dessen Vertrag ...; ***she's the woman ~ car I crashed into*** sie ist die Frau, in deren Auto ich gefahren bin
II. *pron* ① *poss, interrog* wessen; ***~ is this bag?*** wessen Tasche ist das?; ***~ is the car outside?*** wem gehört das Auto draußen?
② *rel (male)* dessen; *(female, pl)* deren

whose·so·ever [,huːzsəʊ'evəʳ, AM -soʊ'evɚ] *(form),* **whos·ever** [,huːz'evəʳ, AM -evɚ] *(rare)* I. *pron rel (whose on earth)* ***the decision, ~ it was, is a good one*** das ist eine gute Entscheidung, wer auch immer sie getroffen hat
II. *adj attr, inv* deren auch immer; ***she dialled ~ number she could still remember*** sie rief die Leute an, deren Telefonnummer sie noch wusste

who·so·ever [,huːsəʊ'evəʳ, AM -soʊ'evɚ] *pron (old form) see* **whoever**

why [(h)waɪ] I. *n* ▶PHRASES: **the ~s and wherefores [of sth]** das Warum und Weshalb [einer S. *gen*]
II. *adv* ① *interrog (for what reason)* warum; ***~ did he say that?*** warum hat er das gesagt?
② *(used to introduce suggestion)* ***~ don't you join us at the bar? — good idea, ~ not*** warum kommst du nicht mit uns an die Bar? – gute Idee, warum eigentlich nicht
③ *rel (for that reason)* ***the reason ~ I ...*** der Grund, warum ich ...; ***that's the reason ~ he didn't phone*** *deshalb* hat er nicht angerufen!
III. *interj esp* AM *(dated)* ***~, if it isn't old Georgie Frazer!*** na, wenn das nicht Georgie Frazer ist!

WI [,dʌblju:'aɪ] *n abbrev of* **Women's Institute**: ■**the ~** *britische Frauenvereinigung*

wic·can ['wɪkᵊn] *n* Hexe *f*

wick [wɪk] *n* Docht *m*
▶PHRASES: **to dip one's ~** *(fam)* seinen Schwanz reinstecken *derb;* **to get on sb's ~** BRIT *(dated fam)* jdm auf den Keks [*o* Wecker] gehen *fam*

wick·ed ['wɪkɪd] I. *adj* <-er, -est *or* more ~, most ~> ① *(evil)* böse
② *(mischievous)* verführerisch; *(cunning)* raffiniert; **to have a ~ sense of humour** einen beißenden Humor haben; **~-looking** verführerisch aussehend
③ *(likely to cause pain)* gefährlich
④ *(very bad) cough* schlimm
⑤ *(approv sl: excellent)* saugut *sl,* stark *fam*
II. *n pl* ■**the ~** die Bösen *pl*
▶PHRASES: **there's no peace [*or* rest] for the ~** *(saying)* es gibt keine Ruhe für die Schuldigen
III. *interj (approv sl)* fantastisch *fam,* super *fam*

wick·ed·ly ['wɪkɪdli] *adv* ① *(evilly)* gemein, fies, böse
② *(mischievously)* **to say sth/laugh ~** etw frech sagen/frech lachen; **look/smile ~** verschmitzt schauen/lächeln
③ *(extremely)* extrem; **~ expensive** unverschämt [*o* fürchterlich] teuer; **~ rich dessert/cake** Kalorienbombe *f;* **~ attractive/handsome** *woman* umwerfend schön; *man* unverschämt gut aussehend

wick·ed·ness ['wɪkɪdnəs] *n no pl (evil)* Bosheit *f,* Schlechtigkeit *f; (viciousness)* Bösartigkeit *f; (mischievousness)* Boshaftigkeit *f*

wick·er ['wɪkəʳ, AM -ɚ] I. *n no pl* Korbgeflecht *nt; (rattan)* Rattan *nt*
II. *n modifier (furniture)* Korb-; **~ basket** Weidenkorb *m;* **~ chair** Rattansessel *m*

wick·er 'bot·tle *n* Korbflasche *f* **wick·er 'fur·ni·ture** *n no pl* Korbmöbel *pl; (made of rattan)* Rattanmöbel *pl* **'wick·er·work** *n no pl* ① *(material)* Korbmaterial *nt; (rattan)* Rattan *nt* ② *(articles)* Korbwaren *pl*

wick·et ['wɪkɪt] *n* BRIT ① *(target in cricket)* Tor *nt,* Wicket *nt fachspr*
② *(area in cricket)* Spielbahn *f*
③ *(dismissal of batsman)* Ausscheiden *nt (eines Schlagmannes)*
④ CAN [Bank]schalter *m*
▶PHRASES: **to be on a sticky ~** *(fam)* in der Klemme stecken *fam*

'wick·et-keep·er *n* BRIT Torhüter(in) *m(f)*

wid·dle ['wɪdl] *n no pl (fam)* Pisse *f sl*

wide [waɪd] I. *adj* ① *(broad) nose, river, road* breit
② *(considerable)* enorm, beträchtlich; ***there's a ~ gap between ... and ...*** zwischen ... und ... herrscht eine große Kluft; **the [great] ~ world** die [große] weite Welt; **to search [for sb/sth] the ~ world over** *(fig)* in [*o* auf] der ganzen Welt [nach jdm/etw] suchen
③ *(very open)* geweitet; *eyes* groß; ***his eyes were ~ with surprise*** seine Augen waren vor Erstaunen weit aufgerissen
④ *after n (with a width of)* breit; ***the swimming pool is 5 metres ~*** der Swimmingpool ist 5 Meter breit
⑤ *(varied)* breit gefächert; **to have a ~ experience in sth** in etw *dat* reiche Erfahrung haben; **a ~ range of goods** ein großes Sortiment an Waren
⑥ *(extensive)* groß; **to enjoy ~ support** breite Unterstützung genießen
▶PHRASES: **to give sb/sth a ~ berth** um jdn/etw einen großen Bogen machen; **to be ~ of the mark** *(of argument)* weit hergeholt sein *fam; (of fact)* nicht zutreffen
II. *adv* weit; **~ apart** weit auseinander; **to open ~ [sich** *akk*] weit öffnen; ***his eyes opened ~ with surprise*** seine Augen waren vor Erstaunen weit aufgerissen; ***"open ~", said the dentist*** „weit aufmachen", sagte der Zahnarzt; ***she longed for the ~ open spaces of her homeland*** sie sehnte sich nach der großen Weite ihres Heimatlandes; **to be ~ open** weit geöffnet sein; *(fig) competition* völlig offen sein; *(offering opportunities)* offenstehen; *(vulnerable)* verletzbar; **to be ~ open to attack** dem Angriff schutzlos ausgeliefert sein

'wide-an·gle, wide-an·gle 'lens *n* PHOT Weitwinkelobjektiv *nt fachspr*

wide-a'wake *adj* hellwach **'wide·awake** *n* Schlapphut *m*

wide-bod·ied 'jet *n* Großraumflugzeug *nt* **'wide boy** *n* BRIT *(pej fam)* Gauner *m fam*

wide-'eyed *adj* mit großen Augen *nach n; (fig)* blauäugig *fig,* naiv

wide·ly ['waɪdli] *adv* ① *(broadly)* breit; **to smile ~ at sb** jdn breit anlächeln
② *(extensively)* weit; ***they travelled ~ in Asia*** sie sind kreuz und quer durch Asien gereist; ***French used to be ~ spoken in Cambodia*** in Kambodscha war Französisch früher weit verbreitet; ***his plays are still ~ performed in the USA*** seine Stücke werden in den USA immer noch oft aufgeführt; **~ accepted/admired/believed** weithin akzeptiert/bewundert/geglaubt; **to be ~ read** *(of person)* [sehr] belesen sein; *(of literature)* viel gelesen werden
③ *(considerably)* beträchtlich; **~ differing aims** völlig verschiedene Ziele

wid·en ['waɪdᵊn] I. *vt* ■**to ~ sth** *(make broader)* etw verbreitern; *(make wider)* etw erweitern; *(make larger)* etw vergrößern; **to ~ the discussion** *(fig)* die Diskussion ausweiten
II. *vi (become broader) river, smile* breiter werden; *(become wider) eyes* weiter werden
◆**widen out** *vi* breiter werden, sich *akk* verbreitern

wide·ness ['waɪdnəs] *n no pl* Weite *f,* Breite *f,* Ausdehnung *f; (fig)* Größe *f*

wide-'open *adj* ① *(undecided)* völlig offen
② *(vulnerable, exposed)* anfällig; **to be ~ to comments** der Kritik schutzlos ausgeliefert sein

wide-rang·ing [-'reɪndʒɪŋ] *adj* ① *(extensive)* weitreichend, ausführlich
② *(diverse)* breit gefächert; **~ interests** vielseitige Interessen

wide re·'ceiv·er *n* AM Fänger(in) *m(f) (beim Football)*

'wide·screen *adj attr television* Breitbild-; *film* Breitwand-; *monitor* Widescreen-

'wide·spread *adj* weit verbreitet; ***there are reports of ~ flooding in southern France*** es wird von großflächigen Überschwemmungen in Südfrankreich berichtet; ***there is ~ speculation that ...*** es wird weithin spekuliert, dass ...; ***the campaign has received ~ support*** die Kampagne stieß auf breite Unterstützung

widg·et ['wɪdʒɪt] *n* ① *(gadget)* Vorrichtung *f*
② *(hypothetical gadget)* Dingsbums *nt fam,* Ding[s] *nt fam*
③ BRIT *Vorrichtung in Bierdose, damit das Bier beim Ausschenken schäumt*

wid·ow ['wɪdəʊ, AM -doʊ] I. *n* ① *(woman)* Witwe *f;* **to be left a ~** Witwe werden, als Witwe zurückbleiben; **a football/golf ~** *(hum)* eine Fußball-/Golfwitwe *hum*
② TYPO Hurenkind *nt fachspr*
II. *vt usu passive* ■**to ~ sb** jdn zur Witwe/zum Witwer machen; ■**to be ~ed** zur Witwe/zum Witwer werden

wid·owed ['wɪdəʊd, AM -oʊd] *adj inv* verwitwet

wid·ow·er ['wɪdəʊəʳ, AM -oʊɚ] *n* Witwer *m*

wid·ow·hood ['wɪdəʊhʊd, AM -doʊ-] *n no pl* ① *(state) of women* Witwenschaft *f; of men* Witwerschaft *f selten*
② *(period) of women* Witwentum *nt; of men* Witwertum *nt selten*

wid·ow's al·'low·ance *n* Witwenunterstützung *f* **wid·ow's 'ben·efit** *n no pl* BRIT Witwenrente *f; (for wife of a civil servant)* Witwengeld *nt* **wid·ow's 'mite** *n* Scherflein *nt* **wid·ow's 'peak** *n* *spitz zulaufender Haaransatz in der Stirnmitte* **wid·ow's 'pen·sion** *n* Witwenrente *f* **'wid·ow's weeds** *npl* Witwenkleidung *f kein pl,* Trauerkleidung *f kein pl*

width [wɪtθ] *n* ① *no pl (measurement)* Breite *f; of clothes* Weite *f;* ***the corridor runs the ~ of the building*** der Flur ist so breit wie das Gebäude; **to be five metres [*or* AM meters] in ~** fünf Meter breit sein
② *(unit) of fabric* Breite *f; of wallpaper* Bahn *f; of swimming pool* Breite *f;* **to come in different ~s** unterschiedlich breit sein; **to swim two ~s** zweimal quer durch das Becken schwimmen
③ *no pl (fig: scope, range)* Größe *f; of a product line*

[Angebots]umfang *m;* ***there is a surprising ~ of support for the proposal*** der Vorschlag findet eine überraschend große Unterstützung

width·ways ['wɪtθweɪz], **width·wise** ['wɪtθwaɪz] *adv* der Breite nach

wield [wi:ld] *vt* ■**to ~ sth** *tool, weapon* etw schwingen; **to ~ authority/influence/power over sb/sth** Autorität/Einfluss/Macht über jdn/etw ausüben

wie·ner ['wi:nɚ] *n* AM ① *(fam: sausage)* Wiener Würstchen *nt,* Wienerle *nt* DIAL, Wienerli *nt* SCHWEIZ *fam,* Frankfurter *pl* ÖSTERR
② *(fam!: boy's penis)* Pimmel *m fam*
③ *(pej fam: spoilsport)* Spielverderber(in) *m(f); (wimp)* Waschlappen *m fam*

wife <*pl* wives> [waɪf] *n* [Ehe]frau *f,* Gattin *f form o hum;* ***will you be my ~?*** möchtest du meine Frau werden?; ***give my regards to your ~*** grüßen Sie Ihre Frau von mir; **to live together as man and ~** wie Mann und Frau zusammenleben; **to make sb one's ~** jdn zu seiner [Ehe]frau machen; **my** [*or fam* **the**] **~** meine [*o fam* die] Frau
▸PHRASES: **to be like Caesar's ~** BRIT ohne Fehl und Tadel sein; **the world and his ~** BRIT *(saying)* Gott und die Welt *fam*

wife·ly ['waɪfli] *adj* einer Ehefrau *nach n;* **her ~ duties** ihre Pflichten als Ehefrau

'**wife-swap·ping** *n no pl (fam)* Partnertausch *m* '**wife-swap·ping par·ty** *n (fam)* Party *f* mit Partnertausch, Swingerparty *f*

Wi-Fi ['waɪfaɪ] *n see* **wireless fidelity**

wig [wɪg] **I.** *n* Perücke *f;* ■**in a ~** mit [einer] Perücke
II. *vt* <-gg-> ■**to ~ sb** jdm die Leviten lesen *fam*
◆**wig out** *vi esp* AM *(fam)* ausflippen *fam*

wig·eon ['wɪdʒən] *n* Pfeifente *f*

wigged [wɪgd] *adj inv* mit Perücke *nach n;* ■**to be ~** eine Perücke tragen

wig·ger ['wɪgɚ] *n* AM *(sl) Weißer, der sich den Schwarzen zugehörig fühlt, und der sich mit der afroamerikanischen Kultur befasst*

wig·ging ['wɪgɪŋ] *n (dated fam)* Standpauke *f fam,* Gardinenpredigt *f hum fam;* **to get a ~** einen Rüffel erteilt bekommen *fam;* **to give sb a ~** jdm eine Standpauke halten [*o* die Leviten lesen] *fam*

wig·gle ['wɪgl] **I.** *vt* ■**to ~ sth** mit etw *dat* wackeln; **to ~ one's bottom/hips/toes** mit dem Po/den Hüften/den Zehen wackeln
II. *vi* wackeln
III. *n* ① *(movement)* Wackeln *nt kein pl;* ***she walks with a sexy ~*** sie hat einen sexy Gang *fam*
② *(line)* Schlangenlinie *f*
③ *esp* AM *(fam: hurry)* **to get a ~ on** einen Zahn zulegen *fam*

'**wig·gle room** *n no pl (fam or fig)* Spielraum *m*

wig·gly ['wɪgli] *adj (fam)* ① *(having curves)* schlangenlinienförmig, geschlängelt; **~ line** Schlangenlinie *f*
② *(moving)* wackelnd; *picture, film* verwackelt; **a ~ worm** ein sich windender Wurm

wig·gy ['wɪgi] *adv (fam)* durchgedreht *fam,* durchgeknallt *fam;* **to get ~** durchdrehen *fam*

wight [waɪt] *n* ① DIAL *(old: person)* Wicht *m veraltet,* Kerl *m*
② *(poet liter: spirit, ghost)* Wesen *nt,* Geschöpf *nt*

wig·wam ['wɪgwæm, AM -wɑ:m] *n* Wigwam *m*

wild [waɪld] **I.** *adj* ① *inv (not domesticated)* wild; *cat, duck, goose* Wild-; ***lions and tigers are ~ animals*** Tiger und Löwen leben in freier Wildbahn; **~ horse** Wildpferd *nt*
② *(uncultivated) country, landscape* rau, wild; **~ flowers** wild wachsende Blumen
③ *(uncivilized) people* unzivilisiert; *behaviour* undiszipliniert; *situation* chaotisch; **to lead a ~ life** ein zügelloses Leben führen; **~ and woolly** *esp* BRIT ungehobelt
④ *(uncontrolled)* unbändig; *(disorderly)* wirr; ***a wave of ~ fury overcame her*** sie wurde von unbändiger Wut gepackt; ***he had this ~ look in his eye*** er hatte diesen verstörten Blick; **~ hair/hairstyle** wirres Haar/wirre Frisur; **~ party** wilde [*o* ausgelassene] Party; **~ talk** wirres Gerede
⑤ *(stormy) wind, weather* rau, stürmisch
⑥ *(excited)* wild, ungezügelt; *(not sensible)* verrückt *fam;* **~ applause** stürmischer [*o* tosender] Applaus; **in ~ rage** in blinder Wut; **to be/go ~** außer sich *dat* sein/geraten, aus dem Häuschen sein/geraten *fam;* **to go ~ with excitement** in helle Aufregung geraten
⑦ *(fam: angry)* wütend, außer sich *dat;* ■**to be ~ with** [*or* **at**] **sb/sth** auf jdn/etw wütend sein; **to be ~ with fury** vor Wut [ganz] außer sich *dat* sein; **to drive sb ~** jdn rasend machen [*o fam* in Rage bringen]; **to go ~** aus der Haut fahren *fam*
⑧ *(fam: enthusiastic)* ■**to be ~ about sb/sth** auf jdn/etw ganz wild [*o* versessen] sein; ■**to be ~ to do sth** wild [*o* versessen] [*o sl* scharf] darauf sein, etw zu tun
⑨ *(not accurate)* ungezielt; *(imaginative)* wild; ***their estimate of the likely cost was pretty ~*** sie hatten wilde Vorstellungen von den voraussichtlichen Kosten; **beyond one's ~est dreams** mehr als je erträumt; ***they had been successful beyond their ~est dreams*** sie waren erfolgreicher, als sie es sich je erträumt hatten; **never in one's ~est dreams** auch in seinen kühnsten Träumen nicht; **to make a ~ guess** wild drauflosraten *fam;* **a ~ plan** [*or* **scheme**] ein unausgegorener Plan; **~ throw** Fehlwurf *m*
⑩ *(extreme)* stark, heftig; **~ variations** enorme Unterschiede
⑪ *inv* CARDS beliebig einsetzbar
⑫ *(fam: great)* klasse *fam,* geil *sl;* ***this music is really ~, man*** diese Musik ist echt geil, Mann
▸PHRASES: **~ horses couldn't** [*or* **wouldn't**] **make me do sth** keine zehn Pferde könnten mich dazu bringen, etw zu tun *fam;* **to sow one's ~ oats** sich *dat* die Hörner abstoßen *fam*
II. *adv inv* wild; **to grow ~** wild wachsen; **to live ~** *(person, animals)* in Freiheit leben; *(esp exotic animals)* in freier Wildbahn leben; **to run ~** *child, person* sich *dat* selbst überlassen sein; *animals* frei herumlaufen; *garden* verwildern; *plants* ins Kraut schießen
III. *n* ① *(natural environment)* ■**the ~** die Wildnis; **in the ~s of Africa** im tiefsten Afrika; **to survive in the ~** in freier Wildbahn überleben
② *(fig: remote places)* ■**the ~s** *pl* die Pampa *f kein pl oft hum fam;* ■[**out**] **in the ~s** in der Pampa *fig, oft hum fam,* jwd *hum fam;* **in the ~s of Edmonton** im hintersten Edmonton

wild 'beast *n* **~ show** *(in circus etc)* Wildtierschau *f; (hist: in gladiatorial combats) Kampf mit wilden Tieren* **wild 'boar** *n* ZOOL Wildschwein *nt,* Keiler *m,* Wildeber *m*

'**wild card** *n* ① CARDS Joker *m,* beliebig einsetzbare Spielkarte
② COMPUT Wildcard *f,* Jokerzeichen *nt,* Stellvertreterzeichen *nt;* **~ character** COMPUT Wildcard *f*
③ TENNIS Wildcard *f;* **~ entry** Teilnahme *f* über eine Wildcard
④ *(unpredictable element)* Fragezeichen *nt*

'**wild·cat** **I.** *n* ZOOL Wildkatze *f a. fig*
II. *adj attr, inv* ① *esp* AM *(very risky)* riskant, gewagt; **~ security** ECON risikoreiches Wertpapier; **~ stocks** AM STOCKEX hochspekulative Aktien
② ECON *(unofficial)* **~ company** Schwindelfirma *f;* **~ strike** wilder Streik
③ *(exploratory)* Probe-; **~ drilling** [*or* **well**] Probebohrung *f*

wil·de·beest <*pl* - *or* -s> ['wɪldɪbi:st, AM -də-] *n* Gnu *nt*

wil·der·ness <*pl* -es> ['wɪldənəs, AM -ɚ-] *n usu no pl* ① *(wild unpopulated area)* Wildnis *f; (desert)* Wüste *f*
② *(fam: overgrown area)* wild wachsendes Stück Land; *(garden)* wild wachsender Garten
③ *(confusion)* Wirrwarr *nt,* Durcheinander *nt* (**of** von + *dat*)
④ *(position of disgrace)* ■**to be in the ~** BRIT zur Bedeutungslosigkeit verurteilt sein
▸PHRASES: **a voice in the ~** ein Rufender *m*/eine Rufende in der Wüste

'**wil·der·ness area** *n esp* AM, AUS Naturschutzgebiet *nt*

wild-'eyed *adj* wild, mit irrem Blick *nach n*

'**wild·fire** *n no pl* Lauffeuer *nt,* nicht zu kontrollierender [Großflächen]brand; **to spread like ~** *(fig)* sich *akk* wie ein Lauffeuer verbreiten

'**wild·fowl** *n* Federwild *nt kein pl;* FOOD Wildgeflügel *nt kein pl* **wild 'goose** <- geese> *n* Wildgans *f* **wild-'goose chase** *n (hopeless search)* aussichtslose Suche; *(pointless venture)* fruchtloses [*o* hoffnungsloses] Unterfangen; **to send sb** [**off**] **on a ~** jdn für nichts und wieder nichts losschicken *fam;* ***the police had been sent on a ~*** man hatte die Polizei einem Phantom nachjagen lassen '**wild·life** **I.** *n no pl* ■**the ~** die [natürliche] Tier- und Pflanzenwelt, die Flora und Fauna **II.** *n modifier (club, photography)* Natur-; **~ conservation** Erhaltung *f* der Tier- und Pflanzenwelt; **~ programmes** [*or* AM **shows**] Natursendungen *pl; (esp about animals)* Tierfilme *pl;* **~ reserve** Wildreservat *nt;* **~ sanctuary** Wildschutzgebiet *nt*

wild·ly ['waɪldli] *adv* ① *(in uncontrolled way)* wild; *(boisterously)* unbändig; ***my heart was beating ~*** mein Herz schlug wie wild; **to fling one's arms about ~** wild mit den Armen um sich *akk* schlagen; **to behave ~** sich *akk* wie wild aufführen *fam;* **to gesticulate ~** wild gestikulieren; **to talk ~** wirres Zeug reden *fam*
② *(haphazardly)* ungezielt; **to guess ~** [wild] drauflosraten *fam;* **to hit out ~** wahllos drauflosschlagen *fam;* **to shoot ~** wild um sich *akk* schießen
③ *(fam: extremely)* äußerst; *(totally)* völlig; ***I'm not ~ keen on it*** ich bin nicht gerade wild [*o sl* scharf] darauf; **to be ~ enthusiastic about sth** von etw *dat* tierisch begeistert sein *fam;* **~ exaggerated/expensive** maßlos übertrieben/überteuert; **~ improbable/inaccurate** höchst unwahrscheinlich/ungenau; **to fluctuate/vary ~** stark fluktuieren/schwanken

wild·ness ['waɪldnəs] *n no pl* ① *(natural state)* Wildheit *f*
② *(tempestuousness)* Wildheit *f,* Heftigkeit *f;* ***the ~ of the weather was frightening*** das stürmische Wetter war Angst einflößend
③ *(behaviour)* Wildheit *f; (lack of control)* Unkontrolliertheit *f*
④ *(excitement)* Unbändigkeit *f,* Zügellosigkeit *f*
⑤ *(haphazardness)* Ungezieltheit *f; (rashness)* Unüberlegtheit *f,* Unbesonnenheit *f; (lacking principle)* Wahllosigkeit *f*

wild 'oat *n* Wildhafer *m* **wild 'rice** *n no pl* Wildreis *m* **wild 'silk** *n no pl* Wildseide *f*

Wild 'West *n no pl* HIST ■**the ~** der Wilde Westen

wiles [waɪlz] *npl (form)* List *f,* Trick *m,* Schliche *pl;* **to fall victim to sb's ~** auf jds Tricks hereinfallen; **to use all one's ~** mit allen Tricks arbeiten

wil·ful, AM **will·ful** ['wɪlfᵊl] *adj* ① *usu attr (deliberate)* bewusst, absichtlich; *damage* mutwillig; LAW vorsätzlich; ***he eats too many sweet foods in ~ disregard of his health*** er isst zu viele süße Sachen, obwohl er genau weiß, dass das seiner Gesundheit schadet; **~ disobedience of orders** bewusstes Nichtbefolgen von Anordnungen
② *(self-willed)* eigensinnig, eigenwillig; *(obstinate)* starrsinnig

wil·ful·ly, AM **will·ful·ly** ['wɪlfᵊli] *adj* ① *(deliberately)* bewusst, absichtlich; *damage* mutwillig; LAW vorsätzlich; **to be ~ obstructive** sich *akk* bewusst querstellen *fam*
② *(obstinately)* starrsinnig, eigensinnig

wil·ful·ness, AM **will·ful·ness** ['wɪlfᵊlnəs] *n no pl* ① *(deliberateness)* Absichtlichkeit *f,* Mutwille *m;* LAW Vorsätzlichkeit *f*
② *(obstinacy)* Eigensinn *m,* Starrsinn *m*

wili·ness ['waɪlɪnəs] *n no pl* Listigkeit *f,* Schläue *f,* Gewieftheit *f fam*

will[1] <would, would> [wɪl] **I.** *aux vb* ① *(in future tense)* werden; ***we ~ be at the airport*** wir werden am Flughafen sein; ***do you think he ~ come?*** glaubst du, dass er kommt?; ***so we'll be in Glasgow by lunchtime*** wir sind also um die Mittagszeit

[herum] in Glasgow; ***I'll be with you in a minute*** ich bin sofort bei Ihnen; ***it won't be easy*** es wird nicht leicht sein; ***by the time we get there, Jim ~ have left*** bis wir dort ankommen, ist Jim schon weg; ***you'll have forgotten all about it by next week*** nächste Woche wirst du alles vergessen haben; *(in immediate future)* ***we'll be off now*** wir fahren jetzt; ***I'll be going then*** ich gehe dann; ***I'll answer the telephone*** ich gehe ans Telefon
② *(with tag question)* ***you won't forget to tell him, ~ you?*** du vergisst aber nicht, es ihm zu sagen, oder?; ***they'll have got home by now, won't they?*** sie müssten mittlerweile zu Hause sein, nicht?
③ *(expressing intention)* ■**sb ~ do sth** jd wird etw tun; ***I ~ always love you*** ich werde dich immer lieben; ***I'll make up my own mind about that*** ich werde mir meine eigene Meinung darüber bilden; ***I'll not be spoken to like that!*** ich dulde nicht, dass man so mit mir redet!; ***I won't have him ruining the party*** ich werde nicht zulassen, dass er die Party verdirbt
④ *(in requests, instructions)* ***~ you give me her address, please?*** würden Sie mir bitte ihre Adresse geben?; ***~ you stop that!*** hör sofort damit auf!; ***~ you let me speak!*** würdest du mich bitte ausreden lassen!; ***you'll do it because I say so*** du tust es, weil ich es dir sage!; ***hang on a second, ~ you?*** bleiben Sie bitte einen Moment dran!; ***just pass me that knife, ~ you?*** gib mir doch bitte mal das Messer rüber, ja?; ***give me a hand, ~ you?*** sei so nett und hilf mir mal; ***~ you sit down?*** setzen Sie sich doch!; ***won't you come in?*** möchten Sie nicht hereinkommen?; ***won't you have some cake?*** möchten Sie nicht etwas Kuchen?
⑤ *(expressing willingness)* ***who'll post this letter for me? — I ~*** wer kann den Brief für mich einwerfen? – ich [kann es]; ***anyone like to volunteer for this job? — we ~!*** meldet sich jemand freiwillig für diese Arbeit? – ja, wir!; ***I keep asking him to play with me, but he won't*** ich frage ihn ständig, ob er mit mir spielt, aber er will nicht
⑥ *(not functioning)* ***the car won't start*** das Auto springt nicht an; ***the door won't open*** die Tür geht nicht auf
⑦ *(expressing facts)* ***fruit ~ keep longer in the fridge*** Obst hält sich im Kühlschrank länger; ***new products ~ always sell better*** neue Produkte verkaufen sich einfach besser; ***that won't make any difference*** das macht keinen Unterschied; ***the car won't run without petrol*** ohne Benzin fährt der Wagen nicht
⑧ *(expressing persistence)* ***accidents ~ happen*** Unfälle passieren nun einmal; ***he ~ keep doing that*** er hört einfach nicht damit auf; ***they ~ keep sending me those brochures*** sie senden mir immer noch diese Broschüren
⑨ *(expressing likelihood)* ***that'll be Scott*** das wird Scott sein; ***I expect you'll be wanting your supper*** ich nehme an, du möchtest dein Abendbrot [haben]; **as you ~ all probably know already, ...** wie Sie vermutlich schon alle wissen, ...
II. *vi (form)* wollen; ***as you ~*** wie du willst; ***do what you ~ with me*** machen Sie mit mir, was Sie wollen

will² [wɪl] I. *n* ① *no pl (faculty)* Wille *m;* ■**to do sth with a ~** etw mit großem Eifer tun; ***everyone heaved with a ~ to get the car out of the mud*** alle hoben kräftig mit an, um das Auto aus dem Schlamm zu befreien; **to have an iron ~** [*or* **a ~ of iron**] einen eisernen Willen haben; **only with a ~ of iron** nur mit eisernem [*o* einem eisernen] Willen; **strength of ~** Willensstärke *f;* **political ~** politischer Wille; **to have the ~ to do sth** den [festen] Willen haben, etw zu tun; **to lose the ~ to live** den Lebenswillen verlieren
② *no pl (desire)* Wille *m;* **Thy ~ be done** REL Dein Wille geschehe; ■**to be the ~ of sb** [*or* **sb's ~**] jds Wille sein; **it was God's ~ [that ...]** es war Gottes Wille[, dass ...]; **against sb's ~** gegen jds Willen; **at ~** nach Belieben; ***they were able to come and go at ~*** sie konnten kommen und gehen, wann sie wollten; ***an actor has to be able to cry at ~*** ein Schauspieler muss auf Kommando weinen können
③ LAW letzter Wille, Testament *nt;* ***she remembered you in her ~*** sie hat dich in ihrem Testament bedacht; **holograph ~** handgeschriebenes Testament; **nuncupative ~** mündliches Zeugentestament; **the reading of the ~** die Testamentsverlesung; **to change one's ~** sein Testament ändern; **to draw up/make a ~** ein Testament aufsetzen/machen
▶PHRASES: **with the best ~ in the world** beim besten Willen; **to have a ~ of one's own** einen eigenen Willen haben; **where there's a ~, there's a way** *(saying)* wo ein Wille ist, ist auch ein Weg *prov*
II. *vt* ① *(try to cause by will power)* ■**to ~ sb to do sth** jdn [durch Willenskraft] dazu bringen, etw zu tun; ***I was ~ing you to win*** ich habe mir ganz fest gewünscht, dass du gewinnst; ■**to ~ oneself to do sth** sich *akk* dazu zwingen, etw zu tun
② *(form: ordain)* ■**to ~ sth** etw bestimmen [*o* verfügen]; ***God ~ed it and it was so*** Gott hat es so gewollt und so geschah es
③ *(bequeath)* ■**to ~ sb sth** [*or* **sth to sb**] jdm etw vererben [*o* [testamentarisch] vermachen]

will·ful *adj* AM *see* **wilful**

will·ful·ly *adv* AM *see* **wilfully**

will·ful·ness *n no pl* AM *see* **wilfulness**

William [ˈwɪljəm] *n* Wilhelm *m*

wil·lie *n see* **willy**

wil·lies [ˈwɪliz] *npl (fam)* **sb gets/has the ~** jd kriegt Zustände *fam,* jdm wird ganz anders [zumute] *fam;* ***I suddenly got the ~ and ran away*** plötzlich kriegte ich Panik und rannte weg; **sth gives sb the ~** bei etw *dat* wird jdm ganz mulmig *fam;* ***this place gives me the ~*** hier wird mir ganz mulmig zumute

will·ing [ˈwɪlɪŋ] I. *adj* ① *pred (not opposed)* bereit, gewillt *geh;* ***God ~*** so Gott will; **to be ready and ~** [*or* **ready, ~ and able**] bereit sein; ■**to be ~ to do sth** bereit [*o geh* gewillt] sein, etw zu tun; **to be more than ~ to do sth** nur zu gerne etw tun wollen; ■**to [not] be ~ for sb to do sth** [nicht] gewillt sein, jdn etw tun zu lassen; ***John and Gabriel are ~ for us to use their garden*** John und Gabriel haben nichts dagegen, wenn wir ihren Garten benutzen; ***they're not ~ for us to bring our own wine*** sie wollen nicht, dass wir [uns] unseren eigenen Wein mitbringen
② *(enthusiastic)* willig; ***the staff are ~ enough*** die Mitarbeiter sind allemal [dazu] bereit; **~ hands** bereitwillige Hilfe
▶PHRASES: **the spirit is ~ but the flesh is weak** *(saying)* der Geist ist willig, doch das Fleisch ist schwach *prov*
II. *n no pl* BRIT **to show ~** [seinen] guten Willen zeigen

will·ing·ly [ˈwɪlɪŋli] *adv* ① *(gladly)* gern[e]; ***I would ~ help you*** ich würde euch gern[e] helfen
② *(voluntarily)* freiwillig

will·ing·ness [ˈwɪlɪŋnəs] *n no pl (readiness)* Bereitschaft *f; (enthusiasm)* Bereitwilligkeit *f;* **lack of ~** mangelnde Bereitschaft; **to express one's ~ to do sth** sich *akk* bereit erklären, etw zu tun; **to show a ~ to do sth** die Bereitschaft zeigen, etw zu tun; **~ to assume risks** Risikobereitschaft *f;* **~ to pay** Zahlungswilligkeit *f*

will-o'-the-wisp [ˌwɪləðəˈwɪsp] *n* ① *(light)* Irrlicht *nt*
② *(fig: elusive thing)* Trugbild *nt,* Phantom *nt*

wil·low [ˈwɪləʊ, AM -loʊ] *n* BOT ① *(tree)* Weide *f;* **~ tree** Weidenbaum *m*
② *no pl (wood)* Weidenholz *nt*

ˈwil·low·herb *n* Weidenröschen *nt* **ˈwil·low pat·tern** *n no pl* [chinesisches] Weidenmotiv **ˈwil·low-pat·tern** *adj attr, inv cup, plate* Weidenmotiv-, mit [chinesischem] Weidenmotiv *nach n;* **~ dinner service** Tafelservice *nt* mit [chinesischem] Weidenmotiv **ˈwil·low tree** *n* Weidenbaum *m*

wil·lowy [ˈwɪləʊi, AM -oʊi] *adj place* weidenbestanden; *person* gertenschlank

ˈwill pow·er *n no pl* Willenskraft *f;* **by sheer ~** durch reine Willenskraft

wil·ly [ˈwɪli] *n esp* BRIT *(fam!)* Pimmel *m fam*

willy-nilly [ˌwɪliˈnɪli] *adv inv* ① *(like it or not)* wohl oder übel, nolens volens *geh*
② *(haphazardly)* aufs Geratewohl; *(in disorder)* wahllos [durcheinander]

wilt¹ [wɪlt] I. *vi* ① *(droop) plants* [ver]welken, welk werden; ■**~ed** verwelkt
② *(lose energy) person* schlappmachen *fam,* abschlaffen *fam; enthusiasm* abflauen
③ *(lose confidence)* den Mut verlieren [*o fam* Kopf hängen lassen]
II. *vt* ① AGR **to ~ grass/a crop** Gras/eine Feldfrucht ausdörren lassen
② FOOD ■**to ~ sth** *leafy vegetables* etw kurz andünsten
III. *n* Welke[krankheit] *f*

wilt² [wɪlt, ᵊlt] *(old) 2nd pers. sing pres of* **will**

Wilts BRIT *abbrev of* **Wiltshire**

wily [ˈwaɪli] *adj* listig; *deception, plan, tactics* raffiniert; *person also* gewieft; **a ~ old bird** [*or* **fox**] ein schlauer Fuchs

wimp [wɪmp] *(pej)* I. *n (fam)* Waschlappen *m pej fam,* Schlappschwanz *m pej fam*
II. *vi (fam)* ■**to ~ out** *(shirk)* kneifen, sich *akk* drücken; *(give in)* den Schwanz einziehen *fam;* ***he ~ed out of going on the roller coaster*** er hat beim Achterbahnfahren gekniffen

wimp·ish [ˈwɪmpɪʃ] *adj (pej fam: feeble)* weichlich; *(timorous)* feige

wim·ple [ˈwɪmpl̩] *n (hist)* Schleier *m;* REL [Nonnen]schleier *m*

win [wɪn] I. *vt* <won, won> ① *(be victorious)* ■**to ~ sth** etw gewinnen; **to ~ a battle/war** eine Schlacht/einen Krieg gewinnen; **to ~ a case/lawsuit** einen Fall/eine Klage gewinnen; **to ~ the day** *(fig)* einen Sieg davontragen; **to ~ a debate** aus einer Debatte als Sieger(in) *m(f)* hervorgehen; **to ~ an election** eine Wahl gewinnen; **to ~ a seat** ein Mandat gewinnen; **to ~ a victory** einen Sieg erringen
② *(obtain)* ■**to ~ sth** etw gewinnen [*o* bekommen]; **to ~ sb's approval** *(appreciation)* jds Anerkennung finden; *(consent)* jds Zustimmung finden; **to ~ fame** berühmt werden; **to ~ sb's heart/love** jds Herz/Liebe gewinnen; **to ~ people's hearts** die Menschen für sich *akk* gewinnen; **to ~ popularity** sich *akk* beliebt machen; **to ~ promotion** befördert werden; **to ~ recognition** Anerkennung finden; **to ~ a reputation as sb** sich *dat* einen Namen als jd machen; **to ~ a scholarship to Oxford** ein Stipendium für Oxford bekommen; **to ~ sb's support** jds Unterstützung gewinnen; ■**to ~ sb/sth sth** [*or* **sth for sb**] jdm/etw etw einbringen; ■**to ~ sth off sb** *(fam)* jdm etw abnehmen [*o fam* abknöpfen]; ***she won £10 off me at poker*** sie hat mir beim Poker 10 Pfund abgeknöpft *fam*
③ *(extract)* ■**to ~ sth** *ore, coal* etw abbauen; **to ~ oil** Öl gewinnen
▶PHRASES: **you can't ~ them all** *(saying)* man kann nicht immer Glück haben; **[you] ~ some, [you] lose some** *(saying)* mal gewinnt man, mal verliert man; **to ~ one's spurs** sich *dat* die Sporen verdienen
II. *vi* <won, won> gewinnen; ***they were ~ning at half time*** sie lagen zur Halbzeit vorn; ***you [just] can't ~!*** da hat man keine Chance!; ***OK, you ~!*** okay, du hast gewonnen!; **to ~ by three goals to two** drei zu zwei gewinnen; **to ~ by two lengths/a handsome majority** mit zwei Längen [Vorsprung]/einer stattlichen Mehrheit gewinnen; **to ~ easily** [*or fam* **hands down**] spielend gewinnen; **~ or lose, ...** *(also fig)* [ob] gewonnen oder verloren, ..., wie es auch ausgeht, ...
▶PHRASES: **may the best man ~** dem Besten der Sieg, der Beste möge gewinnen
III. *n* Sieg *m;* **away/home ~** Auswärts-/Heimsieg *m;* **to have a ~** *bet* gewinnen; *money* einen Gewinn machen

◆**win around** *vt esp* AM ■**to ~ sb around** jdn für sich *akk* gewinnen; ■**to ~ sb around to sth** jdn zu etw *dat* umstimmen, jdn für etw *akk* gewinnen; ***he***

W

won him around to his point of view er konnte ihn auf seine Seite bringen; ■**to ~ sb around by sth** jdn durch etw *akk* umstimmen

◆**win back** *vt* ■**to ~ back** ◯ **sth** etw zurückgewinnen

◆**win out** *vi* sich *akk* durchsetzen; **to ~ out in the end** sich *akk* letzten Endes durchsetzen; ■**to ~ out over sb/sth** sich *akk* gegen jdn/etw durchsetzen, über jdn/etw siegen

◆**win over** *vt* ■**to ~ over** ◯ **sb** *(persuade)* jdn überzeugen [*o* gewinnen]; *(gain support)* jdn für sich *akk* gewinnen; ***he won him over to his point of view*** er konnte ihn von seiner Meinung überzeugen; ***she was completely won over by his charm*** mit seinem Charme hatte er sie ganz für sich gewonnen

◆**win round** *vt* BRIT ■**to ~ round** ◯ **sb** jdn überzeugen [*o* gewinnen]

◆**win through** *vi* [letztlich [*o* schließlich]] Erfolg haben; **to ~ through to the next round** SPORT die nächste Runde erreichen

wince [wɪn(t)s] **I.** *n* Zusammenzucken *nt,* Zusammenfahren *nt;* **to give a ~** zusammenzucken
II. *vi* zusammenzucken

win·cey·ette [ˌwɪn(t)si'et] NENG **I.** *n no pl* Flanell *m,* Flanellette *nt* SCHWEIZ
II. *n modifier (cloth, sheet, underwear)* Flanell-, aus Flanell *nach n;* **~ pyjamas** Flanellpyjama *m*

winch [wɪn(t)ʃ] **I.** *n* <*pl* -es> ❶ *(for lifting, pulling)* Winde *f,* Winsch *f fachspr*
❷ *(crank)* Kurbel *f*
❸ BRIT *(fishing reel)* Rolle *f*
II. *vt* ■**to ~ sb/sth** jdn/etw mit einer Winde [hoch]ziehen

'**win col·umn** *n* Punktekonto *nt*

wind[1] [wɪnd] **I.** *n* ❶ *(current of air)* Wind *m;* ■**against the ~** NAUT gegen den Wind, luvwärts *fachspr;* ■**into the ~** NAUT in den Wind; ***~s up to 60 miles per hour*** Windstärken bis zu 60 Meilen in der Stunde; ***there isn't enough ~*** es ist nicht windig genug; ***the ~ started to pick up*** der Wind frischte auf; ***the ~ is in the east/north/south/west*** der Wind kommt aus Osten/Norden/Süden/Westen; **to have the ~ at one's back** *(also fig)* Rückenwind haben; **a breath of ~** ein Lüftchen *nt,* ein Windhauch *m;* ***there wasn't a breath of ~*** es regte sich kein Lüftchen; **to throw caution/sb's advice to the ~s** *(fig)* alle Vorsicht/jds Ratschlag in den Wind schlagen; **a ~ of change** *(fig)* ein frischer Wind; **gust of ~** Windstoß *m,* Windböe *f;* **to take the ~ out of sb's sails** *(also fig)* jdm den Wind aus den Segeln nehmen; **to see which way the ~ is blowing** *(also fig)* sehen, woher der Wind weht; **to sail close to the ~** NAUT hart am Wind segeln; *(fig)* sich *akk* hart an der Grenze des Erlaubten bewegen; **to go/run like the ~** laufen/rennen wie der Wind; **to run before the ~** vor dem Wind segeln
❷ *no pl (breath)* Atem *m,* Luft *f;* **to get one's ~** wieder Luft kriegen; **to knock the ~ out of sb** *(fig)* jdm den Atem verschlagen
❸ *no pl (meaningless words)* leere Worte, leeres Geschwätz *pej;* ***he's full of ~*** er ist ein Schaumschläger *pej*
❹ *no pl (flatulence)* Blähungen *pl,* Winde *pl euph;* ***garlic gives me dreadful ~*** von Knoblauch bekomme ich fürchterliche Blähungen; **to break ~** einen fahrenlassen *fam;* **to suffer from ~** Blähungen haben
❺ MUS *(in an organ)* Wind *m; (in other instrument)* Luftstrom *m;* ■**the ~s** die [Blech]bläser(innen) *mpl(fpl)*
❻ *(scent)* Witterung *f;* **to get ~ of sth** *(fig)* von etw *dat* Wind bekommen; **there's something in the ~** *(fig)* es liegt etwas in der Luft
❼ BRIT, AUS *(fig: fear)* **to get the ~ up** Schiss kriegen *oft pej derb;* **to put the ~ up sb** jdm Angst einjagen; ***tell them your father's a policeman, that'll put the ~ up them!*** sag ihnen, dein Vater ist Polizist, dann kriegen sie Muffensausen! *fam*
▸PHRASES: **it's an ill ~ that does nobody any good** *(saying)* an allem lässt sich auch etwas Gutes finden; **to raise the ~** *(dated fam)* Geld auftreiben *fam;* **to be three sheets in the ~** völlig betrunken [*o fam* sternhagelvoll] sein
II. *vt* ❶ *(knock breath out)* ■**to ~ sb** jdm den Atem nehmen; ***the blow to the stomach ~ed me*** durch den Schlag in den Bauch blieb mir die Luft weg; **to be/get ~ed** außer Atem sein/geraten
❷ BRIT *(bring up wind)* **to ~ a baby** ein Baby ein Bäuerchen machen lassen
❸ *(scent)* ■**to ~ sb/sth** jdn/etw wittern
III. *n modifier* ❶ *energy, power, turbine* Wind-; **~mill** Windmühle *f*
❷ MUS *instrument, section* Blas-; **~ player** Bläser(in) *m(f)*

wind[2] [waɪnd] **I.** *n* ❶ *(bend)* Windung *f; of river* Schleife *f; in a road* Kurve *f*
❷ *(turn)* Umdrehung *f;* **to give sth a ~** etw aufziehen
II. *vt* <wound, wound> ❶ *(wrap)* ■**to ~ sth** etw wickeln; **to ~ wool/yarn into a ball** Wolle/Garn zu einem Knäuel aufwickeln; ■**to ~ sth around/onto sth** etw um/auf etw *akk* wickeln; ***she wound her arms around me*** sie schlang ihre Arme um mich; **to ~ a film onto a reel** einen Film auf eine Rolle spulen; ■**to ~ sth off sth** etw von etw *dat* abwickeln
❷ *(cause to function)* **to ~ a clock/watch** eine Uhr/Armbanduhr aufziehen
❸ *(turn)* ■**to ~ sth** etw winden [*o* kurbeln]; **to ~ a handle** eine Kurbel drehen
❹ *(move)* **to ~ one's way** sich *akk* schlängeln
❺ *(cause to move)* ■**to ~ sth** etw spulen; **to ~ a film/tape back[wards]/forwards** einen Film/ein Band zurück-/vorspulen
III. *vi* <wound, wound> ❶ *(meander) stream, road* sich *akk* schlängeln
❷ *(coil)* sich *akk* wickeln [*o* spulen]; **to ~ back[wards]/forwards** *film, tape* zurück-/vorspulen

◆**wind down I.** *vt* ❶ *(lower)* **to ~ down the car window** das Autofenster herunterkurbeln
❷ *(gradually reduce)* ■**to ~ down** ◯ **sth** etw zurückschrauben; **to ~ down activities/operations** Aktivitäten/Operationen reduzieren; **to ~ down a business** ein Geschäft auflösen; **to ~ down production** ECON die Produktion drosseln
II. *vi* ❶ *(become less active)* ruhiger werden; *business* nachlassen; *party* an Schwung verlieren
❷ *(cease)* auslaufen
❸ *(relax after stress)* [sich *akk*] entspannen, abspannen *fam;* **~ing-down exercises** Entspannungsübungen *pl*
❹ *(need rewinding) clock, spring* ablaufen

◆**wind in** *vt* ■**to ~ in** ◯ **sth** *line* etw aufspulen; *fish* etw einholen

◆**wind up I.** *vt* ❶ *(raise)* ■**to ~ up** ◯ **sth** etw hochziehen [*o* heraufholen]; **to ~ up a car window** ein Autofenster hochkurbeln
❷ TECH ■**to ~ up** ◯ **sth** etw aufziehen; **to ~ up a clock/watch** eine Uhr/Armbanduhr aufziehen
❸ BRIT *(fam: tease)* ■**to ~ up** ◯ **sb** jdn aufziehen
❹ *(fam: annoy)* ■**to ~ up** ◯ **sb** jdn auf die Palme bringen *fam;* **to be/get wound up [about** [*or* **over**] **sb/sth]** sich *akk* [über jdn/etw] aufregen
❺ *(bring to an end)* ■**to ~ up** ◯ **sth** etw abschließen [*o* zu Ende bringen]; **to ~ up a debate/meeting/speech** eine Debatte/Versammlung/Rede beenden
❻ BRIT, AUS ECON **to ~ up one's affairs** seine Angelegenheiten in Ordnung bringen; **to ~ up a company** eine Firma auflösen [*o* liquidieren]; **to ~ up the company's affairs** die Firmenangelegenheiten abwickeln
II. *vi* ❶ *(fam: end up)* enden; **to ~ up in prison** im Gefängnis landen *fam;* **to ~ up homeless** als Obdachlose(r) *f(m)* enden; ■**to ~ up [by] doing sth** am Ende etw tun; ***you could ~ up having to sell your house*** es könnte damit enden, dass du dein Haus verkaufen musst
❷ *(bring to an end)* schließen, Schluss machen *fam;* *(conclude)* abschließend bemerken; ***..., she said, ~ing up ...,*** sagte sie abschließend; **to ~ up for the government/opposition** BRIT *(in parliament)* als Letzte(r) für die Regierung/Opposition sprechen

'**wind·bag** *n (pej fam: excessive talker)* Schwätzer(in) *m(f) pej,* Quasselstrippe *f pej fam,* Plaudertasche *f* ÖSTERR *fam; (boaster)* Schaumschläger(in) *m(f) pej*

'**wind band** *n + sing/pl vb (band)* Blaskapelle *f; (in orchestra)* Bläser *pl*

'**wind-blown** *adj hair* [vom Wind] zerzaust '**wind·break** *n* Windschutz *m* '**wind·burn** *n* Hautrötung *f* aufgrund von Wind '**wind·cheat·er,** AM '**wind·break·er** *n* Windjacke *f* '**wind chill** *n no pl* Windkälte *f* '**wind chill fac·tor** *n* Windchillindex *m,* Windkältefaktor *m* '**wind chimes** *npl* Windspiel *nt* '**wind cone** *n* Windsack *m,* Luftsack *m*

wind-down ['waɪn(d)daʊn] *n no pl (fam)* Nachlassen *nt,* Abflauen *nt*

'**wind en·er·gy** *n no pl* Windenergie *f*

wind·er ['waɪndəʳ, AM -ɚ] *n (winding device)* Aufziehschraube *f; (for clock)* Schlüssel *m (zum Aufziehen der Uhr); (on watch)* Krone *f*

'**wind·fall I.** *n* ❶ *(fruit)* Stück *nt* Fallobst; ■**~s** *pl* Fallobst *nt kein pl*
❷ *(money)* warmer [Geld]regen *fam,* unerwartete Einnahme; **~ inflation** Überraschungsinflation *f;* **~ profit** unerwarteter Gewinn
II. *n modifier (profits)* Sonder-; **~ tax** Sondergewinnsteuer *f*

'**wind farm** *n* Windpark *m,* Windfarm *f* '**wind gauge** *n* Wind[stärke]messer *m,* Anemometer *nt fachspr* '**wind gen·era·tor** *n* Windgenerator *m*

Win·dies ['wɪndiz] *npl (fam)* die Westindische Kricketmannschaft

wind·ing ['waɪndɪŋ] **I.** *adj course, path, river* gewunden, sich *akk* schlängelnd [*o* windend] *attr; road* kurvenreich
II. *n* ❶ *no pl (of course)* Windung *f*
❷ ELEC *(coils)* Wicklung *f; (of machinery)* Aufwickeln *nt*

'**wind·ing rope** *n* Wickelseil *nt* '**wind·ing sheet** *n* Leichentuch *nt*

wind·ing 'stair·case *n* Wendeltreppe *f*

wind·ing 'up *n* COMM, LAW Liquidation *f,* Abwicklung *f,* Auflösung *f;* **compulsory ~ order** Zwangsliquidationsbeschluss *m;* **~ sale** Räumungsverkauf *m;* **voluntary ~** freiwillige Liquidation

wind·ing 'up pe·ti·tion *n* COMM, LAW Konkurseröffnungsantrag *m*

'**wind in·stru·ment** *n* Blasinstrument *nt*

wind·jam·mer ['wɪn(d)ˌdʒæməʳ, AM -ɚ] *n* Windjammer *m*

wind·lass ['wɪndləs] **I.** *n* <*pl* -es> Winde *f;* NAUT Winsch *f fachspr*
II. *vt* ■**to ~ sth** etw hochwinden

wind·less ['wɪndləs] *adj inv* windstill, ohne Wind *nach n*

'**wind ma·chine** *n* Windmaschine *f*

'**wind·mill I.** *n* ❶ *(for grinding)* Windmühle *f*
❷ *(wind turbine)* Windrad *nt*
❸ *esp* BRIT *(toy)* Windrädchen *nt*
❹ *(fam)* Gefälligkeitswechsel *m*
▸PHRASES: **to tilt** [*or* **fight**] **at ~s** gegen Windmühlen kämpfen
II. *vt* **to ~ one's arms about** mit den Armen herumfuchteln *fam*
III. *vi* ❶ *(of person's arms)* herumwedeln *fam*
❷ TECH sich *akk* [vom Luftstrom angetrieben] drehen

'**wind noise** *n no pl* Geräusch *nt* des Fahrtwindes

win·dow ['wɪndəʊ, AM -doʊ] **I.** *n* ❶ *(in building)* Fenster *nt; (glass)* Fensterscheibe *f,* Fenster *nt;* ■**at the ~** am Fenster; **bay ~** Erkerfenster *nt;* **bedroom/kitchen ~** Schlafzimmer-/Küchenfenster *nt;* **casement ~** Flügelfenster *nt;* **dormer ~** Mansardenfenster *nt;* **a third-floor ~** ein Fenster *nt* im dritten Stock; **a ~ on the world** *(fig)* ein Fenster *nt* zur Welt; **French ~** Verandatür *f;* **to throw sth out of the ~** *(fig)* etw aus dem Fenster werfen
❷ *(of shop)* Schaufenster *nt; (window display)* [Schaufenster]auslage *f;* ■**in the ~** im Schaufenster
❸ *(of vehicle)* [Fenster]scheibe *f,* Fenster *nt;* **rear ~**

Heckscheibe *f,* Rückfenster *nt*
④ *(in ticket office)* Schalter *m*
⑤ *(fig: opportunity)* Gelegenheit *f;* ***there might be a ~ in his schedule next Thursday when he could see you*** es könnte eventuell nächsten Donnerstag eine Lücke in seinem Terminplan sein, wo er Sie sehen könnte; **a ~ of opportunity** eine Chance [*o* Gelegenheit], günstiger Zeitpunkt
⑥ COMPUT Fenster *nt,* Ausschnitt *m*
⑦ *(in envelope)* Fenster *nt*
▸PHRASES: **to go out** [**of**] **the ~** *(fam)* den Bach runtergehen *fam;* **~s of the soul** Augen *pl*
II. *vt* COMPUT ■**to ~ sth** etw als Fenster einrichten
'win·dow box *n* Blumenkasten *m* **'win·dow clean·er** *n* ① *(person)* Fensterputzer(in) *m(f)* ② *no pl (detergent)* Glasreiniger *m*
'win·dow dis·play *n* Schaufensterauslage *f* **'win·dow dis·play com·pe·ti·tion** *n* Schaufensterwettbewerb *m* **'win·dow dress·er** *n* Schaufensterdekorateur(in) *m(f)*
'win·dow dress·ing *n no pl* ① *(in shop)* Schaufensterdekoration *f,* Auslage *f*
② *(pej: trivia)* Schau *f pej,* Schönfärberei *f pej; (swindle)* Augenwischerei *f pej*
③ FIN Bilanzschönung *f*
'win·dow en·velope *n* Fenster[brief]umschlag *m,* Fensterkuvert *nt* SCHWEIZ, ÖSTERR
'win·dow frame *n* Fensterrahmen *m* **'win·dow ledge** *n (inside)* Fensterbank *f,* Fensterbrett *nt; (outside)* Fenstersims *m o nt* **'win·dow pane** *n* Fensterscheibe *f*
'win·dow seat *n* ① *(beneath window)* Fensterbank *f*
② TRANSP Fensterplatz *m*
'win·dow shade *n* AM *(blind)* Springrollo *nt,* Jalousie *f*
'win·dow-shop <-pp-> *vi* einen Schaufensterbummel machen; ■**to ~ for sth** bei einem Schaufensterbummel nach etw *dat* Ausschau halten **'win·dow-shop·per** *n* Schaufensterbummler(in) *m(f)* **'win·dow-shop·ping** *n no pl* Schaufensterbummel *m;* **to go ~** einen Schaufensterbummel machen
'win·dow sill *n (inside)* Fensterbank *f,* Fensterbrett *nt; (outside)* Fenstersims *m o nt*
'wind·pipe *n* Luftröhre *f* **'wind pow·er** *n no pl* ① *(force of wind)* Windkraft *f* ② ECOL Windenergie *f*
'wind·proof *adj* windundurchlässig; **~ jacket** Windjacke *f* **'wind rose** *n* Windrose *f* **'wind·screen** *n* BRIT, AUS Windschutzscheibe *f* **'wind·screen wip·er** *n* BRIT, AUS Scheibenwischer *m* **'wind·shield** *n* AM *(windscreen)* Windschutzscheibe *f* **'wind·shield wip·er** *n* AM *(windscreen wiper)* Scheibenwischer *m* **'wind·sock** *n* Windsack *m,* Luftsack *m* **wind·surf** ['wɪn(d)sɜːf, AM -sɜːrf] *vi* windsurfen **wind·surf·er** ['wɪn(d),sɜːfəʳ, AM -,sɜːrfɚ] *n* Windsurfer(in) *m(f)* **wind·surf·er®** ['wɪn(d),sɜːrfɚ] *n* AM *(sailboard)* [Wind]surfbrett *nt* **wind·surf·ing** ['wɪn(d),sɜːfɪŋ, AM -,sɜːr-] *n no pl* Windsurfen *nt* **'wind·swept** *adj* ① *(exposed)* dem Wind ausgesetzt; **~ beach/coast** windgepeitschter Strand/windgepeitschte Küste ② *appearance* [vom Wind] zersaust **'wind tun·nel** *n* Windkanal *m* **'wind tur·bine** *n* Windturbine *f*
wind-up ['waɪndʌp] **I.** *n* ① *(finish)* [Ab]schluss *m; (conclusion)* abschließende Bemerkung; **a business/company ~** eine Geschäfts-/Firmenauflösung
② *usu sing* BRIT *(fam)* Jux *m fam;* ***is this a ~?*** willst du mich auf den Arm nehmen?
II. *adj attr radio, phone charger, watch* zum Aufziehen *nach n*
wind·ward ['wɪn(d)wəd, AM -wɚd] NAUT **I.** *adj* windwärts, luvwärts *fachspr,* gegen den Wind *nach n;* **~ side** Windseite *f,* Luvseite *f fachspr*
II. *adv* windwärts, luvwärts *fachspr,* gegen den Wind; **to turn ~** anluven *fachspr*
III. *n* Windseite *f,* Luv *f fachspr*
windy¹ ['wɪndi] *adj* ① METEO windig; **a ~ street** eine zugige Straße
② *(of digestion)* blähend; **to get ~** Blähungen bekommen
③ *(fam: wordy)* phrasenhaft *pej; (long-winded)* langatmig *pej;* ■**to be ~** *person* Phrasen dreschen; *speech* langatmig sein
④ *pred* BRIT *(fam: anxious)* ängstlich; **to be/get ~** Schiss haben/kriegen *derb*
windy² ['waɪndi] *adj (curvy)* gewunden; *(meandering)* sich *akk* schlängelnd [*o* windend] *attr;* **a ~ road** eine kurvenreiche Straße
wine [waɪn] **I.** *n* ① *(drink)* Wein *m;* **a bottle/glass of ~** eine Flasche/ein Glas *nt* Wein; **elderberry ~** Holunderwein *m;* **~, women and song** Wein, Weib und Gesang; **a life of ~, women and song** *(fig)* das süße Leben; **dry/medium/sweet ~** trockener/halbtrockener/lieblicher Wein; **red/white ~** Rot-/Weißwein *m*
② *no pl (colour)* Weinrot *nt*
▸PHRASES: **good ~ needs no bush** *(prov)* Qualität spricht für sich selbst; **to put new ~ in old bottles** *(prov)* neuen Wein in alte Schläuche füllen *prov*
II. *vt* **to ~ and dine sb** jdn fürstlich bewirten
III. *vi* **to ~ and dine** fürstlich essen
'wine bar *n* Weinlokal *nt,* Weinstube *f* **'wine bot·tle** *n* Weinflasche *f* **'wine box** *n* Zapfpack *m* BRD **'wine cel·lar** *n* Weinkeller *m* **'wine cool·er** *n* Weinkühler *m* **'wine glass** *n* Weinglas *nt* **'wine·grow·er** [-,grəʊəʳ, AM -,groʊɚ] *n* Winzer(in) *m(f),* Weinbauer, -bäuerin *m, f* **'wine·grow·ing** [-,grəʊɪŋ, AM -,groʊ-] **I.** *n no pl* Wein[an]bau *m* **II.** *adj attr, inv* Wein[an]bau-; **~ area** Weingegend *f,* Wein[an]baugebiet *nt* **'wine gum** *n* BRIT Weingummi *m* **'wine list** *n* Weinkarte *f* **'wine·mak·er** *n* ① *(producer)* Weinhersteller(in) *m(f)* ② *(grower)* Winzer(in) *m(f),* Weinbauer, -bäuerin *m, f* **'wine·mak·ing** *n no pl* Weinherstellung *f* **'wine mer·chant** *n esp* BRIT ① *(person)* Weinhändler(in) *m(f)*
② *(shop)* ■**the ~['s]** die Weinhandlung **'wine press** *n* [Wein]kelter *f,* Weinpresse *f* **'wine rack** *n* Weinregal *nt*
win·ery ['waɪnᵊri, AM -ɚi] *n esp* AM Weinkellerei *f*
'wine·skin *n* Weinschlauch *m* **'wine stew·ard** *n* AM *(wine waiter)* Weinkellner(in) *m(f),* Sommelier, Sommelière *m, f fachspr* **'wine tast·er** *n* Weinverkoster(in) *m(f),* Weinprüfer(in) *m(f)* **'wine tast·ing** *n* Weinprobe *f* **wine 'vin·egar** *n* Weinessig *m* **'wine wait·er** *n* BRIT Weinkellner(in) *m(f),* Sommelier, Sommelière *m, f fachspr*
wing [wɪŋ] **I.** *n* ① ZOOL *of bird* Flügel *m,* Schwinge *f liter;* **to clip a bird's ~s** einem Vogel die Flügel stutzen; **to clip sb's ~s** *(fig)* jdm die Flügel stutzen; **to give sb ~s** *(fig)* jdm Flügel verleihen *fig;* **to spread** [*or* **stretch**] **one's ~s** die Flügel spreizen; *(fig) children* flügge werden *fam;* **to take ~** *(liter)* davonfliegen, losfliegen; **to take sb/sth under one's ~** *(also fig)* jdn/etw unter seine Fittiche nehmen *a. fig fam;* ■**on the ~** im Flug; ■**to be on ~s** *(fig)* schweben
② AVIAT Flügel *m,* Tragfläche *f*
③ ARCHIT *of building* Flügel *m;* ***go to the out-patients' ~*** gehen Sie zur Ambulanz
④ FBALL Flügel *m;* **to play left/right ~** links/rechts Außen spielen; **to play on the left/right ~** auf der linken/rechten Seite spielen; **down the left ~** über den linken Flügel
⑤ THEAT ■**the ~s** *pl* die Kulissen; **to be waiting in the ~s** in den Kulissen warten; *(fig)* schon in den Startlöchern sitzen [und warten] *fig*
⑥ + *sing/pl vb* POL Flügel *m;* **the left/right ~** der linke/rechte Flügel
⑦ MIL *(of battle formation)* Flügel *m,* Flanke *f*
⑧ BRIT AUTO Kotflügel *m*
⑨ + *sing/pl vb* MIL *(air force unit)* Geschwader *nt; (pilot's badge)* ■**~s** *pl* Pilotenabzeichen *nt;* **to earn one's ~s** sich *dat* die [ersten] Sporen verdienen
▸PHRASES: **on a ~ and a prayer** mit wenig Aussicht auf Erfolg
II. *vt* ① *(fly)* **to ~ one's way** [dahin]fliegen; *(fig: travel fast)* dahineilen
② *(wound)* **to ~ a bird** HUNT einen Vogel flügeln *fachspr,* einem Vogel in den Flügel schießen; ■**to ~ sb** jdn streifen
③ *(send)* ■**to ~ sth** etw schicken; *(fig: spur on)* etw beflügeln *geh liter*
④ *(pej fam: improvise)* **to ~ it** etwas aus dem Ärmel schütteln *fam*
III. *vi* fliegen
'wing back *n* FBALL Außenverteidiger(in) *m(f)*
'wing·beat *n* Flügelschlag *m* **'wing case** *n* Deckflügel *m* **wing 'chair** *n* Ohrensessel *m* **wing 'col·lar** *n* Vatermörder *m,* Eckenkragen *m*
wing com·'mand·er *n* BRIT MIL Oberstleutnant *m (der Luftwaffe);* AM Geschwaderkommodore, -kommodorin *m, f*
wing·ding ['wɪŋdɪŋ] *n esp* AM *(fam)* Sause *f* BRD *fam;* ***that was a ~ of a party!*** das war eine Riesenparty!
winged [wɪŋd] *adj inv* ① ZOOL mit Flügeln *nach n*
② BOT *seeds* geflügelt
③ *(with projections)* Flügel-
④ *(fig: apposite)* **~ words** geflügelte Worte
wing·er ['wɪŋəʳ, AM -ɚ] *n* SPORT Flügelspieler(in) *m(f);* FBALL *(on the left wing)* Linksaußen *m; (on the right wing)* Rechtsaußen *m*
wing 'for·ward *n (in rugby)* Flügelstürmer(in) *m(f)*
'wing game *n no pl* Flügelwild *nt*
wing·less ['wɪŋləs] *adj inv* flügellos, ohne Flügel *nach n; insect* ungeflügelt
'wing mir·ror *n* Außenspiegel *m* **'wing nut** *n* Flügelmutter *f* **'wing·span** *n* Flügelspannweite *f*
wing-three-'quar·ter *n (in rugby) Angriffsspieler, der links oder rechts außen spielt*
'wing tip *n* ① BIOL, AVIAT Flügelspitze *f*
② AM *(shoes)* ■**~s** *pl Männerschuhe mit gebogener Schuhkappe*
wink [wɪŋk] **I.** *vi* ① *(close one eye)* zwinkern; *(blink)* blinzeln; ■**to ~ at sb** jdm zuzwinkern; *(blink)* jdm zublinzeln; ■**to ~ at sth** *(fig)* über etw *akk* [geflissentlich] hinwegsehen
② *(twinkle) light* blinken; *star* funkeln
③ BRIT AUTO blinken; **to ~ left/right** links/rechts blinken
▸PHRASES: **sth is as easy as ~ing** *(fam)* etw ist kinderleicht [*o* ein Kinderspiel]
II. *vt* **to ~ one's eye** [mit den Augen] zwinkern; *(blink)* [mit den Augen] blinzeln; **to ~ one's eye at sb/sth** jdm/etw zuzwinkern; *(blink)* jdm/etw zublinzeln
III. *n* [Augen]zwinkern *nt; (blink)* Blinzeln *nt;* **to give sb a ~** jdm zuzwinkern; *(blink)* jdm zublinzeln; **to tip sb the ~** *(fam)* jdm einen Wink geben
▸PHRASES: **in the ~ of an eye** [*or* **in a ~**] in einem Augenblick; **to not sleep a ~** [*or* **get a ~ of sleep**] kein Auge zutun; **to take forty ~s** ein Nickerchen machen
wink·er ['wɪŋkəʳ] *n* BRIT AUTO Blinker *m*
win·kle ['wɪŋkl] *esp* BRIT **I.** *n* Strandschnecke *f*
II. *vt* ■**to ~ out** ↻ **sth** etw herausholen [*o fam* herauskriegen]; ■**to ~ sth out of sb** etw aus jdm herausbekommen [*o fam* herauskriegen]; ■**to ~ out** ↻ **sb** jdn loseisen
win·kle-pick·er ['wɪŋkl,pɪkəʳ] *n* BRIT *vorne spitz zulaufender Schuh*
win·nable ['wɪnəbl] *adj* gewinnbar, zu gewinnen[d]
win·nage ['wɪnɪdʒ] *n no pl* Erfolg *m*
win·ner ['wɪnəʳ, AM -ɚ] *n* ① *(sb that wins)* Gewinner(in) *m(f); (in competition)* Sieger(in) *m(f);* ***everyone's a ~!*** *(person)* jeder gewinnt!; *(ticket)* jedes Los gewinnt!; **Nobel Prize ~** Nobelpreisträger(in) *m(f);* **to back a ~** *(also fig)* auf das richtige Pferd setzen *a. fig*
② SPORT *(fam: goal)* Siegestor *nt; (shot)* [Sieges]treffer *m*
③ *(fam: successful thing)* Knaller *m fam;* ■**to be a ~** gut ankommen *fam;* ■**to be onto a ~** das große Los gezogen haben *fam*
win·ner takes 'all LAW Mehrheitswahl *f,* Majoritätswahl *f* SCHWEIZ **'win·ner-takes-all** *adj inv* **~ system** Alles-oder-Nichts-System *nt*
win·ning ['wɪnɪŋ] **I.** *adj* ① *attr (that wins)* Gewinn-; *(in competition)* Sieger-; *(victorious)* siegreich; **to play one's ~ card** *(fig)* sein Ass [*o* seinen Trumpf] ausspielen; **the ~ entry** die prämierte Einsendung; **~ number** Gewinnzahl *f;* **on the ~ side** auf der Gewinnerseite; **the ~ song** der Siegertitel; **to be on a ~ streak** eine Glückssträhne haben; **~ team** Sie-

germannschaft *f;* ~ **ticket** Gewinnschein *m*
② *(charming)* gewinnend, einnehmend; ***with her ~ ways ...*** mit ihrer gewinnenden Art ...
II. *n* ■ **~s** *pl* Gewinn *m*
win·ning·ly ['wɪnɪŋli] *adv* gewinnend, einnehmend
'win·ning post *n* Zielpfosten *m,* Ziel *nt*
Win·ni·peg·ger ['wɪnɪpegəʳ, AM -ɚ] *n* Bewohner(in) *m(f)* Winnipegs
win·now ['wɪnəʊ, AM -noʊ] *vt* ① AGR **to ~ grain** das Getreide reinigen [*o fachspr veraltend* worfeln]
② *(fig: sift)* ■ **to ~ sth** etw sichten *geh;* **to ~ out the truth** die Wahrheit herausfiltern
③ *(reduce)* ■ **to ~ [down]** ⊂ **sth** etw aussortieren; ***the class has been ~ed to fifteen from twenty-five*** die Klasse ist von fünfundzwanzig auf fünfzehn reduziert worden
win·now·er ['wɪnəʊəʳ, AM -noʊɚ] *n* AGR Worfschaufel *f fachspr veraltend*
wino <*pl* -os> ['waɪnəʊ, AM -noʊ] *n (fam)* Weinsäufer(in) *m(f) pej derb; (esp male)* Wermutbruder *m pej fam,* Saufbruder *m oft pej derb*
win·some ['wɪnsəm] *adj (liter) person, looks* reizend; ~ **charm/smile** gewinnender Charme/gewinnendes [*o* einnehmendes] Lächeln
win·ter ['wɪntəʳ, AM -t̬ɚ] **I.** *n* Winter *m;* **on a ~'s morning** an einem Wintermorgen; **on a ~'s night** in einer Winternacht; **last/next ~** letzten/nächsten Winter; ■ **in [the] ~** im Winter; **in the dead of ~** mitten im Winter
II. *n modifier* ① *(in, for winter) (evening, holiday, morning, plumage, season, solstice)* Winter-; ~ **break** Winterpause *f;* ~ **clothes** Wintersachen *pl;* ~ **coat** *(for a person)* Wintermantel *m; (on an animal)* Winterfell *nt;* ~ **scene** Winterlandschaft *f;* ~ **sleep** Winterschlaf *m;* ~ **wardrobe** Wintergarderobe *f*
② AGR *(ripening late) (fruit)* Lager-; ~ **apples** Lageräpfel *pl*
③ AGR *(planted in autumn) (crops)* Winter-; ~ **wheat** Winterweizen *m*
III. *vi animals* überwintern; *person* den Winter verbringen
IV. *vt* **to ~ sb/an animal** jdn/ein Tier durch den Winter bringen
'win·ter gar·den *n* Wintergarten *m* **'win·ter·green** *n* Wintergrün *nt*
win·ter·ize ['wɪntəraɪz, AM -t̬ɚ-] *vt esp* AM **to ~ a car** ein Auto winterfest machen; **to ~ a house** ein Haus für den Winter herrichten
Win·ter O'lym·pics *npl* ■ **the ~** die Winterolympiade, die [Olympischen] Winterspiele *pl* **win·ter 'quar·ters** *npl* Winterquartier *nt* **'win·ter·skate** *n* Snowskate *nt (Kreuzung zwischen einem Skateboard und einem Snowboard)* **win·ter 'sleep** *n* Winterschlaf *m* **win·ter 'sports** *npl* Wintersport *m kein pl* **'win·ter-sports** *adj attr, inv* Wintersport-; ~ **holiday** Wintersporturlaub *m;* ~ **tourism** Wintersporttourismus *m* **'win·ter·time** *n no pl* Winterzeit *f;* ■ **in [the] ~** im Winter, in der Winterszeit *geh*
win·t(e)ry ['wɪntri, AM *also* -t̬ə-] *adj* ① *(typical of winter)* winterlich
② *(fig: unfriendly) greeting, smile* frostig; *look* eisig
win·try 'show·ers *npl* Graupelschauer *m; (with snow)* Schneegestöber *nt*
win-'win situa·tion *n (fam)* eine Situation, in der man nur gewinnen kann
WIP [ˌdʌbljuːaɪ'piː] *n abbrev of* **work in progress** laufende Arbeiten *f[pl]*
wipe [waɪp] **I.** *vt* ① *(clean)* ■ **to ~ sth** etw abwischen [*o* abputzen]; **to ~ one's bottom** sich *dat* den Hintern abputzen *fam;* **to ~ one's feet** sich *dat* die Füße [*o* Schuhe] abtreten; **to ~ the floor** den [Fuß]boden [auf]wischen; **to ~ one's nose** sich *dat* die Nase putzen; **to ~ one's nose on one's sleeve** sich *dat* die Nase am Ärmel abwischen; **to ~ the rear window/the windscreen** [über] die Heckscheibe/die Windschutzscheibe wischen; **to ~ sth clean** etw abwischen; ■ **to ~ sth on sth** etw an etw *dat* abwischen [*o* abputzen]; ***don't ~ your sticky fingers on your trousers!*** wisch dir nicht deine klebrigen Finger an der Hose ab!; ■ **to ~ sth with sth** etw mit etw *dat* abwischen [*o* abputzen]
② *(dry)* ■ **to ~ sth** etw abtrocknen; ***you can ~ your hands on this towel*** du kannst dir die Hände an diesem Handtuch abtrocknen; ***she ~d the tears from the child's face*** sie wischte dem Kind die Tränen aus dem Gesicht; **to ~ one's brow** sich *dat* die Stirn abwischen; **to ~ the dishes** das Geschirr abtrocknen; **to ~ one's eyes** sich *dat* die Augen wischen; **to ~ the kitchen top/table dry** die Arbeitsfläche in der Küche/den Tisch trocken reiben
③ *(erase)* **to ~ a cassette/disk/tape** eine Kassette/eine Diskette/ein Band löschen
▶ PHRASES: **to <u>consider</u> the slate ~d clean** etw als erledigt betrachten; **to ~ the <u>floor</u> with sb** *(fam)* jdn fertigmachen *fam;* **to ~ the <u>slate</u> clean** etw bereinigen, reinen Tisch machen
II. *vi* BRIT, AUS abtrocknen
III. *n* ① *(act of cleaning)* Wischen *nt;* **to give the floor a ~** den [Fuß]boden [auf]wischen; **to give the kitchen top/table a ~** die Arbeitsfläche in der Küche/den Tisch abwischen
② *(tissue)* Reinigungstuch *nt*
◆ **wipe away** *vt* ■ **to ~ away** ⊂ **sth** etw wegwischen; **to ~ away a tear** sich *dat* eine Träne abwischen
◆ **wipe down** *vt* ■ **to ~ down** ⊂ **sth** etw abwischen; *(with water)* etw abwaschen; *(rub)* etw abreiben
◆ **wipe off** *vt* ① *(clean)* ■ **to ~ off** ⊂ **sth** etw wegwischen; *(from hand, shoes, surface)* etw abwischen; ~ ***the make-up off your face!*** wisch dir das Make-up aus dem Gesicht!; **to ~ the crumbs off the table** die Krümel vom Tisch wischen
② *(erase)* **to ~ data/a program off [sth]** Daten/ein Programm [von etw *dat*] löschen
③ ECON *(pay off)* ■ **to ~ off** ⊂ **sth** etw zurückzahlen; *debts, mortgage* etw tilgen
④ ECON ■ **to ~ off sth: *£10 million has been ~d off the value of the company's shares*** die Firmenaktien haben 10 Millionen Pfund an Wert verloren
⑤ *(destroy)* **to be ~d off the map** [*or* **the face of the earth**] von der Landkarte [*o* Erdoberfläche] verschwinden
▶ PHRASES: **to ~ the <u>smile</u> off sb's face** dafür sorgen, dass jdm das Lachen vergeht; ***that should ~ the smile off his face!*** da wird ihm das Lachen schon noch vergehen!
◆ **wipe out I.** *vt* ① *(clean inside of)* ■ **to ~ out** ⊂ **sth** etw auswischen
② *(destroy)* ■ **to ~ out** ⊂ **sth** etw auslöschen *geh;* ***water pollution ~d out all the fish in the river*** die Gewässerverschmutzung vergiftete alle Fische im Fluss; ***how can we ~ out world poverty?*** wie können wir die Armut in der Welt beseitigen?; **to ~ out one's debts** seine Schulden tilgen; **to ~ out a disease** eine Krankheit ausrotten; **to ~ out sb's profits** jds Gewinne zunichtemachen; **to ~ out sb's savings** jdn um seine [gesamten] Ersparnisse bringen
③ *(sl: murder)* ■ **to ~ out** ⊂ **sb** jdn beseitigen [*o* verschwinden lassen] *fam*
④ *esp* AM, AUS *(fam: tire out)* ■ **to ~ out** ⊂ **sb** jdn schlauchen [*o fam* fix und fertig machen]
⑤ *(fam: take all sb's money)* ■ **to ~ out** ⊂ **sb** jdn an den Bettelstab bringen
II. *vi esp* AM, AUS *(fam: have accident)* einen Unfall bauen *fam;* SPORT hinfliegen *fam;* **to ~ out on a bend** aus der Kurve getragen werden
◆ **wipe up I.** *vt* ■ **to ~ up** ⊂ **sth** etw aufwischen; *(dry)* etw abtrocknen
II. *vi* abtrocknen
wiped out *adj pred esp* AM, AUS *(fam)* geschafft *fam,* geschlaucht *fam,* fertig, fix und foxi *fam*
wipe-out *n (fam)* ① RADIO Frequenzstörung *f*
② *(destruction)* Knall *m fam*
③ SPORT Sturz *m (vom Surfbrett)*
wip·er ['waɪpəʳ, AM -ɚ] *n* ① AUTO [Scheiben]wischer *m*
② TECH Abstreifer *m*
'wip·er blade *n* Wischerblatt *nt*
wire ['waɪəʳ, AM -ɚ] **I.** *n* ① *no pl (metal thread)* Draht *m;* **a bit/length/piece of ~** ein Stück *nt* Draht
② ELEC *(electric cable)* Leitung *f,* Kabel *nt* SCHWEIZ; **telephone ~** Telefonleitung *f*
③ *esp* AM *(dated: telegram)* Telegramm *nt;* **to send a ~** ein Telegramm aufgeben; **by ~** telegrafisch
④ AM ELEC *(hidden microphone)* Wanze *f;* **to wear a ~** verwanzt sein
⑤ *(prison camp fence)* ■ **the ~** *der Drahtzaun um ein Gefängnis; (fig)* das Gefängnis
▶ PHRASES: **to <u>get</u> one's ~s crossed** aneinander vorbeireden, sich *akk* falsch verstehen; **to <u>get</u> [sth] in under the ~** *esp* AM *(fam)* etw [so gerade noch] unter Dach und Fach bringen *fam;* **to <u>go</u> [<u>down</u>] to the ~** *esp* AM *(fam)* bis zum Schluss offenbleiben; **to be a <u>live</u> ~** *(fam)* ein Energiebündel sein *fam;* **to <u>pull</u> ~s** *esp* AM seine Beziehungen spielenlassen
II. *n modifier (basket, cage)* Draht-; ~ **fence** Drahtzaun *m*
III. *vt* ① *(fasten with wire)* ■ **to ~ sth to sth** etw mit Draht an etw *akk* binden; ■ **to ~ sth together** etw mit Draht zusammenbinden
② ELEC *(fit with cable)* ■ **to ~ sth** etw mit elektrischen Leitungen versehen; *(connect)* etw ans Stromnetz anschließen; TV etw verkabeln
③ *esp* AM *(transmit electronically)* **to ~ sb money** [*or* **money to sb**] jdm telegrafisch Geld überweisen
④ *esp* AM *(dated: send telegram to)* ■ **to ~ sb** jdm telegrafieren [*o veraltend* kabeln]
⑤ *(reinforce)* **to ~ sb's jaw** jds Kiefer [mit einer Spange] richten
IV. *vi* telegrafieren, kabeln *veraltend*
◆ **wire up** *vt* ELEC ① *(connect up)* ■ **to ~ up** ⊂ **sth [to sth]** etw [an etw *akk*] anschließen; **to ~ up a building/house** [*or* **a building/house up**] die elektrischen Leitungen [*o* den Strom] in einem Gebäude/Haus verlegen; **to be ~d up for sound** mit einer Lautsprecheranlage ausgestattet sein
② *usu passive (fit with concealed microphone)* ■ **to ~ up** ⊂ **sb/sth** jdn/etw mit einer Wanze versehen [*o* verwanzen]; ■ **to be ~d up** verwanzt sein
wire 'brush *n* Drahtbürste *f* **'wire-cut·ters** *npl* [**a pair of**] ~ eine Drahtschere
wired ['waɪəd, AM -ɚd] *adj* ① *inv* COMPUT *(fam)* vernetzt
② *pred (fam: tense)* total aufgedreht *fam,* überdreht *fam*
③ *(fam: drunk, drugged)* high *euph fam,* bekifft *sl,* vollgedröhnt *sl*
▶ PHRASES: **to be ~ <u>for</u> sth** für etw *akk* wie gemacht sein; **to <u>have</u> sth ~** AM *(sl)* etw sicher [*o fam* [so gut wie] in der Tasche] haben; **to be ~ <u>like</u> sb** jdm gleichen
wired 'up *adj pred* AM *(fam)* total aufgedreht *fam,* überdreht *fam*
'wire gauge *n* ① *(for measuring)* Drahtlehre *f* ② *(diameter)* Drahtstärke *f* **'wire-haired** *adj inv* drahthaarig, Drahthaar- **wire-haired 'ter·ri·er** *n* Drahthaarterrier *m*
wire·less ['waɪələs, AM -ɚ-] **I.** *n* <*pl* -es> BRIT *(dated)* ① *(set)* Radioapparat *m,* Radio *nt*
② *no pl (radio)* [Rund]funk *m,* Radio *nt; (telegraphy)* Funk *m;* ■ **by ~** über [Rund]funk; ■ **on the ~** im Rundfunk [*o* Radio]
II. *adj inv (lacking wire)* drahtlos; *(radio)* Funk-, Radio-; ~ **telegraphy** drahtlose Telegrafie
wire·less fi·'del·ity *n* kabellose [Daten]übermittlung
wire·less·ly ['waɪələsli, AM 'waɪɚ-] *adv* COMPUT, INET drahtlos **wire·less 'net·work·ing** *n* COMPUT drahtlose Vernetzung
'wire·less op·era·tor *n* AVIAT Funker(in) *m(f)*
'wire·less set *n* BRIT Radioapparat *m,* Radio *nt*
wire 'net·ting *n no pl* Drahtgeflecht *nt; (for fence)* Maschendraht *m*
'wire·photo *n* ① *(process)* Bildtelegrafie *f ohne pl*
② *(picture)* Bildtelegramm *nt*
wire·pull·er [-ˌpʊləʳ, AM -ˌpʊlɚ] *n esp* AM *(fam)* Drahtzieher(in) *m(f)* **'wire·pull·ing** *n no pl esp* AM *(fam)* Drahtziehen *nt,* Drahtzieherei *f pej;* **to do some ~** seine Beziehungen spielenlassen **wire 'rope** *n* Drahtseil *nt*

'wire ser·vice *n esp* AM Nachrichtendienst *m*
'wire·tap I. *n* ❶ *(device)* Abhörgerät *nt;* *(small)* Wanze *f* ❷ *(activity)* Abhören *nt* **II.** *vt* ▪**to ~ sb/sth** jdn/etw abhören; **to ~ a telephone** ein Telefon anzapfen **wire·tap·per** ['waɪəˌtæpəʳ, AM 'waɪɚˌtæpɚ] *n* Abhörer(in) *m(f)* von Telefonleitungen **wire·tap·ping** ['waɪəˌtæpɪŋ, AM 'waɪɚ-] *n no pl* Abhören *nt* [*o* Anzapfen *nt*] von Telefonleitungen
'wire trans·fer *n* AM telegrafische Geldüberweisung
wire 'wool *n no pl* BRIT Stahlwolle *f*
wir·ing ['waɪərɪŋ, AM -ɚ-] *n no pl* ELEC ❶ *(system of wires)* elektrische Leitungen *pl,* Stromkabel *pl* ❷ *(electrical installation)* Stromverlegen *nt,* Verlegen *nt* der elektrischen Leitungen; **to do the ~** die elektrischen Leitungen [*o* den Strom] verlegen
'wir·ing dia·gram *n* Schaltplan *m*
wiry ['waɪəri, AM -ɚi] *adj* ❶ *(rough-textured)* drahtig; *hair* borstig ❷ *(fig: lean and strong) person* drahtig, sehnig
Wis. AM *abbrev of* **Wisconsin**
Wis·con·sin·ite [wɪs'kɒn(t)sɪnaɪt, AM -'kɑːn(t)sən-] **I.** *n* Bewohner(in) *m(f)* Wisconsins **II.** *adj* aus Wisconsin *nach n*
wis·dom ['wɪzdəm] *n no pl* ❶ *(state of having good judgement)* Weisheit *f;* *(iron)* ***in her ~ ...*** in ihrer grenzenlosen Weisheit ... *iron;* **~ comes with age** die Weisheit kommt mit dem Alter; **the ~ of hindsight** im Nachhinein, hinterher; **conventional ~ has it that ...** [*or* **the received ~ is that ...**] im Allgemeinen ist man der Auffassung, dass ... ❷ *(sensibleness)* Klugheit *f,* Vernünftigkeit *f;* ***I am not convinced of the ~ of letting them go ahead unsupervised*** ich bin nicht davon überzeugt, dass es vernünftig ist, sie einfach unbeaufsichtigt weitermachen zu lassen; ***did we ever stop to question the ~ of going to war?*** haben wir jemals den Sinn von Kriegsführung hinterfragt? ❸ *(sayings)* weise Sprüche; *(advice)* weise Ratschläge; **words of ~** *(also iron)* weise Worte *a. iron geh;* **to give sb a few words of ~** jdm kluge Ratschläge erteilen *a. pej*
'wis·dom tooth *n* Weisheitszahn *m*
wise¹ [waɪz] **I.** *adj* ❶ *(having knowledge and sagacity)* weise *geh,* klug; ***it's easy to be ~ after the event*** nachher ist man immer schlauer; ***I'm afraid her explanation left me none the ~r*** ich fürchte, nach ihrer Erklärung bin ich auch nicht klüger als zuvor; **the Three W~ Men** REL die drei Weisen [aus dem Morgenland]; **to be older** [*or* BRIT *also* **sadder**] **and ~r** viel Lehrgeld bezahlt haben, durch Schaden klug geworden sein ❷ *(showing sagacity)* klug, vernünftig; **~ advice** [*or* **counsel**] weiser Rat[schlag] *geh;* **~ saying** weiser Ausspruch *geh;* **~ words** weise Worte *a. pej geh* ❸ *(sensible)* vernünftig; ***it would be ~ to check up on that*** es wäre besser, das nachzuprüfen; ***you would be ~ to wait*** du tätest gut daran, zu warten; **a ~ choice** eine gute Wahl; **a ~ decision** eine weise Entscheidung *geh* ❹ *pred (experienced)* ▪**to be ~ in sth** in etw *dat* erfahren sein; **to be worldly ~** weltklug sein, Lebenserfahrung haben ❺ *pred (fam: aware)* ▪**to be ~ to sb/sth** jdn/etw kennen; **to not be any the ~r** nichts bemerken; ***none of them was any the ~r*** niemand hatte etwas bemerkt; ***without anyone being any the ~r*** ohne dass jemand etwas bemerkt hätte; **to get ~ to sb** jdn durchschauen, jdm auf die Schliche kommen; **to get ~ to sth** etw spitzkriegen *fam;* **to get ~ to what is going on** dahinterkommen, was los ist, wissen, was läuft *fam* ❻ *esp* AM *(fam: cheeky)* **to act ~** dreist sein; **to act ~ with sb** sich *akk* jdm gegenüber dreist verhalten, jdm frech kommen *fam;* **to get ~ with sb** zu jdm frech werden; ***don't get ~ with me, young man*** nun aber mal nicht frech werden, junger Mann
▸PHRASES: **early to bed and early to rise makes a man healthy, wealthy and ~** *(saying)* ≈ Morgenstund' hat Gold im Mund *prov;* **penny ~** [**and**] **pound foolish** sparsam im Kleinen, [und] verschwenderisch im Großen
II. *n* ▪**the ~** *pl* die Weisen *pl;* **a word to the ~** *(also iron)* sapienti sat *prov geh,* für den Weisen genug *prov*
III. *vi esp* AM *(fam)* ▪**to ~ up** aufwachen *fig,* Vernunft annehmen; ***come on, ~ up!, it's time you ~d up!*** wach endlich auf! *fig;* ▪**to ~ up to sb** jdm auf die Schliche kommen, jdn durchschauen; ▪**to ~ up to sth** etw herausbekommen [*o fam* spitzkriegen]; **to ~ up to the fact that ...** sich *dat* darüber klar werden, dass ..., dahinterkommen, dass ... *fam*
IV. *vt* AM *(fam)* ▪**to ~ up** ↻ **sb** jdm die Augen öffnen; ▪**to ~ sb up about** [*or* **to**] **sb/sth** jdn über jdn/etw aufklären
wise² [waɪz] *n no pl (dated)* Weise *f;* **in no ~** keinesfalls, in keinster Weise
-wise [waɪz] *in compounds* ❶ *(fam: with regard to)* in Bezug auf, in puncto, -mäßig *fam;* **clothes~** in puncto Kleidung, kleidungsmäßig *fam;* **food~** vom Essen her, essensmäßig *fam;* **money~** in puncto Geld, was das Geld betrifft; **weather~** was das Wetter betrifft, wettermäßig *fam;* **work~** arbeitsmäßig *fam* ❷ *(in a direction)* -wärts; **clock/counterclock~** im/gegen den Uhrzeigersinn; **length~** der Länge nach; **width~** der Breite nach
wise·acre ['waɪzˌeɪkəʳ, AM -ɚ] *n (fam),* AM **wise·ass** ['waɪzæs] *n (fam!)* Klugschwätzer(in) *m(f) pej fam,* Neunmalkluge(r) *f(m) iron pej* **wise·crack** ['waɪzkræk] **I.** *n* Witzelei[en] *f*[*pl*], witzige Bemerkung, Bonmot *nt geh;* **to make a ~ about sb/sth** über jdn/etw witzeln **II.** *vi* witzeln; ***he's always ~ing*** er hat immer eine witzige Bemerkung auf Lager **'wise·crack·ing** *adj attr, inv* witzig **'wise guy** *n (pej fam)* Klugschwätzer *m pej fam,* Klugscheißer *m pej derb*
wise·ly ['waɪzli] *adv* ❶ *(showing wisdom)* weise *geh;* **to speak ~** weise Worte sprechen *geh* ❷ *(sensibly)* klug, vernünftig; ***they ~ decided to seek legal advice*** klugerweise haben sie beschlossen, juristischen Rat einzuholen; **to invest one's money ~** sein Geld schlau investieren; **to act ~** sich *akk* klug verhalten
'wise man *n* Zauberer *m*
wis·en·heim·er ['waɪzᵊnˌhaɪmɚ] *n* AM *(fam)* Klugschwätzer(in) *m(f) pej fam,* Klugscheißer(in) *m(f) pej derb*
wise 'saw *n* weiser Spruch, Weisheit *f* **'wise wom·an** *n* Kräuterfrau *f,* Heilkräuterkundige *f*
wish [wɪʃ] **I.** *n* <*pl* -es> ❶ *(desire)* Wunsch *m,* Verlangen *nt;* ***against the ~es of the party members*** gegen den Willen der Parteimitglieder; ***it was your mother's dearest/greatest/last ~*** es war der sehnlichste/größte/letzte Wunsch deiner Mutter; ***your ~ is my command!*** dein Wunsch sei mir Befehl! *hum;* **to express a ~** einen Wunsch äußern; **to have a ~** sich *dat* etwas wünschen; **to have no ~ to do sth** keine Lust haben [*o geh* nicht das Verlangen verspüren], etw zu tun; ***he had no ~ to go through the experience again*** er wollte diese Erfahrung nicht noch einmal durchmachen; ***I've no ~ to be offensive, but ...*** ich möchte niemandem zu nahe treten, aber ... ❷ *(thing desired)* Wunsch *m;* ***may all your ~es come true*** mögen alle deine Wünsche in Erfüllung gehen; **to get** [*or* **have**] **one's ~** seinen Willen bekommen; ***well, you've got your ~, here we are in Paris*** nun, jetzt hast du deinen Willen – wir sind in Paris; **to grant sb a ~** jdm einen Wunsch erfüllen; **to make a ~** sich *dat* etwas wünschen ❸ *(regards)* ▪**~es** *pl* Grüße *pl;* ***good ~es for your time at university*** alles Gute für deine Zeit an der Universität; **with best ~es** mit den besten Wünschen; [**with**] **best** [*or* **all good**] **~es** *(at end of letter)* mit herzlichen Grüßen, herzliche Grüße; **to give** [*or* **send**] **sb one's best ~es** jdn herzlich grüßen [lassen], jdm die besten Wünsche ausrichten [lassen]; ***please send her my best ~es for a speedy recovery*** richten Sie ihr bitte meine besten Wünsche für eine baldige Genesung aus *geh*
▸PHRASES: **the ~ is father to the thought** *(prov)* der Wunsch ist der Vater des Gedankens *prov;* **if ~es were horses**[**, then beggars would ride**] *(saying)* wenn das Wörtchen wenn nicht wär[, wär mein Vater Millionär] *prov*
II. *vt* ❶ *(be desirous)* ▪**to ~ sth** etw wünschen; ***whatever you ~*** was immer du möchtest; ***if that is what you ~, you shall have it*** wenn es das ist, was du möchtest, dann sollst du es haben; ▪**to ~** [**that**] ... wünschen, dass ...; *(expressing annoyance)* wollen [*o* erwarten], dass ...; ***I ~ I hadn't said that*** ich wünschte, ich hätte das nicht gesagt; ***I do ~ you wouldn't keep calling me*** ich möchte, dass du endlich aufhörst, mich anzurufen; ***I ~ she'd shut up for a minute!*** wenn sie doch nur für einen Moment den Mund halten würde! ❷ *(form: want)* ▪**to ~ to do sth** etw tun wollen; ***I ~ to make a complaint*** ich möchte mich beschweren; ***we don't ~ to be disturbed*** wir möchten nicht gestört werden; ***what do you ~ me to do?*** was kann ich für Sie tun?; ***passengers ~ing to take the Kings Cross train ...*** Passagiere für den Zug nach Kings Cross ...; ***I don't ~ to worry you, but ...*** ich möchte Sie nicht beunruhigen, aber ...; ***I don't ~ to appear rude, but ...*** ich möchte nicht unhöflich erscheinen, aber ...; ***without ~ing to appear overcritical, ...*** ohne allzu kritisch erscheinen zu wollen, ...; ▪**to** [**not**] **~ sth** [**up**]**on sb** jdm etw [nicht] wünschen; ***I wouldn't ~ it on my worst enemy!*** das würde ich nicht einmal meinem schlimmsten Feind wünschen! ❸ *(make a magic wish)* ▪**to ~** [**that**] ... sich *dat* wünschen, dass ...; ***I ~ you were here*** ich wünschte, du wärst hier; ***I ~ed the day over*** ich wünschte, der Tag wäre schon vorbei; ***she ~ed herself anywhere but there*** sie wünschte sich möglichst weit weg; ***sometimes I ~ed myself dead*** manchmal wollte ich am liebsten tot sein; **to ~ oneself back home** sich *akk* nach Hause sehnen ❹ *(express wishes)* ▪**to ~ sb sth** jdm etw wünschen; **to ~ sb happy birthday** jdm zum Geburtstag gratulieren; **to ~ sb merry Christmas** jdm frohe Weihnachten wünschen; **to ~ sb goodnight** jdm [eine] gute Nacht wünschen; **to ~ sb a safe journey/luck/every success** jdm eine gute Reise/Glück/viel Erfolg wünschen; **to ~ sb well/ill** jdm [viel] Glück [*o* alles Gute]/nur Schlechtes wünschen ❺ *(fam: impose on)* ▪**to ~ sb/sth** [**up**]**on sb** jdm jdn/etw aufhalsen *fam*
III. *vi* ❶ *(want)* wollen, wünschen; [***just***] ***as you ~*** [ganz] wie Sie wünschen; ***if you ~*** wenn Sie es wünschen; ▪**to ~ for sth** etw wünschen [*o* wollen]; ***what more could you ~ for?*** was kann man sich mehr wünschen? ❷ *(make a wish)* ▪**to ~ for sth** sich *dat* etw wünschen; ***we couldn't have ~ed for a better start*** wir hätten uns keinen besseren Start wünschen können; ***they've got everything a normal person could ~ for*** sie haben alles, was sich ein normaler Mensch nur wünschen kann
◆**wish away** *vt* ▪**to ~ away** ↻ **sth** etw wegwünschen
'wish·bone ['wɪʃbəʊn, AM -boʊn] *n* Gabelbein *nt*
wish·ful ['wɪʃfᵊl] *adj* ❶ *(desirous)* sehnsuchtsvoll; *(desiring)* wünschend, begierig ❷ *(fanciful)* traumverloren
'wish·ful·fil·ment *n* Erfüllung *f* eines Wunsches; *(in fantasy)* eingebildete Wunscherfüllung, Fantasievorstellung *f*
wish·ful 'think·ing *n no pl* Wunschdenken *nt;* ***that's just ~*** das ist reines Wunschdenken
'wish·ing well *n* Wunschbrunnen *m*
'wish list *n* Wunschliste *f*
wishy-washy ['wɪʃiˌwɒʃi, AM -ˌwɑːʃi] *adj (pej)* ❶ *(indeterminate)* lasch, wischiwaschi *pej fam; person* [saft- und] kraftlos, farblos ❷ *(weak and watery) drink* wässrig, dünn, labberig *fam; food* fad[e]; *colours* wässrig
wisp [wɪsp] *n* ❶ *(small bundle)* Büschel *nt;* **~s of cloud** *(fig)* Wolkenfetzen *pl,* Wolkenstreifen *pl;* **~ of hair** Haarsträhne *f;* **~s of smoke** *(fig)* [kleine] Rauchfahnen; **~ of straw** Strohbüschel *nt*

② *(person)* Strich *m hum fam;* **a little ~ of a boy** ein schmächtiges Kerlchen, ein Strich *m* in der Landschaft *hum fam*

wispy ['wɪspi] *adj* dünn; *person* schmächtig, schmal; ***she's got very ~ hair*** sie hat sehr strähniges Haar; **~ clouds** Wolkenfetzen *pl*

wis·te·ria [wɪ'stɪəriə, AM -'stɪr-] BOT **I.** *n no pl* Glyzin[i]e *f*
II. *n modifier (trellis)* Glyzinien-

wist·ful ['wɪs(t)fᵊl] *adj note, smile* wehmütig; *glance, look* sehnsüchtig; **to feel ~** Wehmut empfinden *geh*

wist·ful·ly ['wɪs(t)fᵊli] *adv* wehmütig; **to gaze ~ at sth** etw sehnsüchtig anblicken; **to speak ~ about sth** wehmütig [*o geh* voller Wehmut] über etw *akk* sprechen

wist·ful·ness ['wɪs(t)fᵊlnəs] *n no pl* ① *(melancholy)* Wehmut *f geh*
② *(longing)* Sehnsucht *f;* **to feel a ~ for sth** sich *akk* nach etw *dat* sehnen

wit [wɪt] **I.** *n* ① *no pl (humour)* Witz *m,* Geist *m,* Esprit *m geh;* **a flash of ~** ein Geistesblitz *m;* **biting/dry ~** beißender/trockener Humor; **to have a ready ~** schlagfertig sein
② *no pl (intelligence)* Verstand *m;* **to be beyond the ~ of sb** über jds Verstand [*o* Horizont] [hinaus]gehen; **to have the ~ to do sth** Verstand genug haben, etw zu tun
③ *(practical intelligence)* ■**~s** *pl* geistige Fähigkeiten, Intelligenz *f kein pl;* **battle of ~s** geistiger Schlagabtausch, geistiges Kräftemessen; **to be at one's ~s' end** mit seiner Weisheit [*o* seinem Latein] am Ende sein; **to collect** [*or* **gather**] **one's ~s** seine fünf Sinne zusammennehmen *fam,* sich *akk* wieder besinnen; **to frighten** [*or* **scare**] **sb out of his/her ~s** [*or* **the ~s out of sb**] jdn zu Tode erschrecken; **to be frightened** [*or* **scared**] **out of one's ~s** sich *akk* zu Tode ängstigen; **to have/keep one's ~s about one** seine fünf Sinne beisammen haben/zusammenhalten *fam;* **to live** [*or* **survive**] **on one's ~s** sich *akk* [mit Schläue] durchs Leben schlagen; **to lose one's ~s** *(old)* den Verstand verlieren; **to need all one's ~s about one** seine fünf Sinne zusammennehmen müssen *fam;* **to pit one's ~s against sb/sth** seinen Verstand an jdm/etw messen *geh*
④ *(funny person)* geistreiche Person, kluger Kopf *fam; (astute person)* schlagfertige Person
II. *vi (form)* ■**to ~** nämlich, und zwar

witch <*pl* -es> [wɪtʃ] *n* ① *(woman with magic powers)* Hexe *f;* **wicked ~** böse Hexe
② *(pej fam: ugly or unpleasant woman)* [alte] Hexe *pej*
▸PHRASES: **to be as cold as** [*or* **colder than**] **a ~'s tit** *esp* BRIT *(fam)* eiskalt sein

'witch·craft *n no pl* Hexerei *f,* Zauberei *f;* **to practice ~** hexen, zaubern **'witch doc·tor** *n* Medizinmann *m* **'witch elm** *n* BOT Bergulme *f*

witch·ery ['wɪtʃᵊri, AM -əri] *n no pl* Hexerei *f,* Zauberei *f*

witches' 'brew *n (pej)* Gebräu *nt pej,* Teufelszeug *nt pej fam*

'witch hazel *n no pl* ① BOT Zaubernuss *f,* Hamamelis *f* ② MED Hamamelisextrakt *m* **'witch-hunt** *n* ① *(old)* Hexenjagd *f,* Hexenverfolgung *f* ② *(fig pej fam)* Hexenjagd *f pej* (**against** auf +*akk*)

'witch·ing hour *n* ■**the ~** die Geisterstunde

with [wɪθ] *prep* ① *(having, containing)* mit +*dat;* ***~ a little bit of luck*** mit ein wenig Glück; ***he spoke ~ a soft accent*** er sprach mit einem leichten Akzent; ***I'd like a double room ~ a sea view*** ich hätte gerne ein Doppelzimmer mit Blick aufs Meer
② *(accompanied by)* mit +*dat;* ***I'm going to France ~ a couple of friends*** ich fahre mit ein paar Freunden nach Frankreich
③ *(together with)* mit +*dat;* ***I need to talk ~ you about this*** ich muss mit dir darüber reden; ***I've got nothing in common ~ him*** ich habe mit ihm nichts gemeinsam; ***~ you and me, there'll be 10 of us*** mit dir und mir sind wir zu zehnt
④ *(in company of)* bei +*dat;* ***I'll be ~ you in a second*** ich bin gleich bei dir; ***we're going to stay ~ some friends*** wir werden bei Freunden übernachten
⑤ *(concerning)* ***he decided to make a clean break ~ the past*** er beschloss, einen Schlussstrich unter die Vergangenheit zu setzen; ***can you help me ~ my homework?*** kannst du mir bei den Hausaufgaben helfen?; ***what's the matter ~ her?*** was ist los mit ihr?; ***it's the same ~ me*** mir geht es genauso; ***let me be frank ~ you*** lass mich offen zu dir sein; ***away ~ you!*** fort mit dir!; **to have something/nothing to do ~ sb/sth** etwas/nichts mit jdm/etw zu tun haben
⑥ *(expressing feeling towards sb/sth)* mit +*dat;* ***I'm angry ~ you*** ich bin sauer auf dich; ***he was dissatisfied ~ the new car*** er war unzufrieden mit dem neuen Wagen; ***I'm content ~ things the way they are*** ich bin zufrieden mit den Dingen, so wie sie sind
⑦ *(expressing manner)* mit +*dat;* ***she nodded ~ a sigh*** sie nickte seufzend; ***please handle this package ~ care*** bitte behandeln sie dieses Paket mit Vorsicht; **~ a look of surprise** mit einem erstaunten Gesichtsausdruck
⑧ *(in a state of)* vor +*dat;* ***she was shaking ~ rage*** sie zitterte vor Wut; ***he looked ~ utter disbelief*** er starrte völlig ungläubig; ***she was green ~ jealousy*** sie war grün vor Eifersucht
⑨ *(in addition to)* mit +*dat;* **~ that ...** [und] damit ...; ***he gave a slight moan and ~ that he died*** er stöhnte kurz auf, woraufhin er verstarb
⑩ *(in proportion to)* mit +*dat;* ***the value could decrease ~ time*** der Wert könnte mit der Zeit sinken; ***the wine will improve ~ age*** der Wein wird mit zunehmendem Alter besser
⑪ *(in direction of)* mit +*dat;* ***they went ~ popular opinion*** sie gingen mit der öffentlichen Meinung; ***I prefer to go ~ my own feeling*** ich verlasse mich lieber auf mein Gefühl; **~ the current/tide/wind** mit der Strömung/der Flut/dem Wind
⑫ *(using)* mit +*dat;* ***she paints ~ watercolors*** sie malt mit Wasserfarben; ***they covered the floor ~ newspaper*** sie bedeckten den Boden mit Zeitungspapier
⑬ *(in circumstances of, while)* ***~ things the way they are*** so wie die Dinge sind [*o* stehen]; ***~ two minutes to take-off*** mit nur noch zwei Minuten bis zum Start; ***what ~ school and all, I don't have much time*** mit der Schule und allem bleibt mir nicht viel Zeit
⑭ *(despite)* bei +*dat;* ***~ all her faults*** trotz all ihrer Fehler; **even ~ ...** selbst mit ...
⑮ *(working for)* bei +*dat;* ***he's been ~ the department since 1982*** er arbeitet seit 1982 in der Abteilung
⑯ *(in support of)* ***I agree ~ you 100%*** ich stimme dir 100 % zu; **to be ~ sb/sth** hinter jdm/etw stehen; **to go ~ sth** mit etw *dat* mitziehen; **up/down ~ sth** hoch/nieder mit etw *dat*
⑰ *(to match)* **to go ~ sth** zu etw *dat* passen
⑱ *(filled with, covered by)* mit +*dat;* ***the basement is crawling ~ spiders*** der Keller wimmelt von Spinnen; ***his plate was heaped ~ food*** sein Teller war mit Essen vollgeladen
⑲ *(on one's person)* bei +*dat,* an +*dat;* ***do you have a pen ~ you?*** hast du einen Stift bei dir?; ***bring a cake ~ you*** bring einen Kuchen mit
⑳ *(fam: denoting comprehension)* ***are you ~ me?*** verstehst du?; ***I'm sorry, but I'm not ~ you*** Entschuldigung, aber da komm' ich nicht mit *fam*

with·draw <-drew, -drawn> [wɪð'drɔː, AM *esp* -'drɑː] **I.** *vt* ① *(remove)* ■**to ~ sth** etw herausziehen; **to ~ one's hand** seine Hand zurückziehen
② *(from bank account)* **to ~ sth** [**from an account**] etw [von einem Konto] abheben
③ *(take back)* ■**to ~ sth** *coins, notes, stamps* etw einziehen [*o* aus dem Verkehr ziehen]; BRIT ECON *goods* etw zurückrufen; ■**to ~ sb** *a team, sportsmen* jdn abziehen; **to ~ an ambassador** einen Botschafter zurückrufen; **to ~ forces/troops** MIL Streitkräfte/Truppen abziehen; **to ~ sb from school** jdn von der Schule nehmen
④ *(cancel)* **to ~ an accusation** eine Anschuldigung zurücknehmen; **to ~ an action** LAW eine Klage zurückziehen; **to ~ a charge** eine Anklage fallenlassen; **to ~ funding** seine Zahlungen einstellen; **to ~ one's labour** BRIT *(form)* die Arbeit niederlegen; **to ~ one's statement** LAW seine Aussage zurückziehen; **to ~ one's support for sth** etw nicht mehr unterstützen
⑤ ADMIN *(revoke)* **to ~ sth from sb** jdm etw entziehen
II. *vi* ① *(leave)* sich *akk* zurückziehen
② MIL *(retreat)* sich *akk* zurückziehen [*o* absetzen]
③ *(stop taking part in)* sich *akk* zurückziehen; **to ~ from college** vom College abgehen; **to ~ from public life** sich *akk* aus dem öffentlichen Leben zurückziehen; *esp* BRIT SPORT nicht antreten; **to ~ from a match** zu einem Spiel nicht antreten
④ *(fig: become incommunicative)* sich *akk* zurückziehen; **to ~ into a fantasy world/oneself** sich *akk* in eine Fantasiewelt/in sich *akk* selbst zurückziehen; **to ~ into silence** in Schweigen verfallen
⑤ *(practise coitus interruptus)* Geschlechtsverkehr unterbrechen

with·draw·al [wɪð'drɔːᵊl, AM *esp* -'drɑː-] *n* ① FIN Abhebung *f,* Entnahme; ***~ without penalty at seven days' notice*** bei Einhaltung der 7-tägigen Kündigungsfrist entstehen keine Gebühren; **~ amount** Abhebungsbetrag *m;* **~ date** Abhebungsdatum *nt;* **~ plan** *(for loan)* Auszahl[ungs]plan *m;* **early ~** vorzeitige Abhebung; **to make a ~** Geld abheben
② MIL Rückzug *m,* Abzug *m*
③ *no pl (taking back)* Zurücknehmen *nt; (cancel)* Zurückziehen *nt; of consent, support* Entzug *m;* BRIT ECON *of goods for sale* Rückruf *m; of coins, notes* Einziehung *f,* Zurückbeordern *nt; of allegation* Widerruf *m; of action* Zurückziehen *nt; of charge* Fallenlassen *nt;* **~ from a contract** Rücktritt *m* von einem Vertrag; **~ of funds** Entzug *m* von Geldern
④ *no pl* SPORT Abzug *m* (**from** von +*dat*); ***her sudden ~ from the championship ...*** ihr plötzlicher Startverzicht bei den Meisterschaften ...
⑤ *no pl (fig: distancing from others)* Rückzug *m* in sich *akk* selbst
⑥ *no pl from drugs* Entzug *m*
⑦ *no pl (coitus interruptus)* Koitus interruptus *m*

with·'draw·al meth·od *n no pl* ■**the ~** der Koitus interruptus

with·'draw·al slip *n* Auszahlungsbeleg *m,* Auszahlungsschein *m*

with·'draw·al symp·toms *npl* Entzugserscheinungen *pl;* **to suffer** [**from**] **~** *(also fig)* an Entzugserscheinungen leiden *a. fig*

with·drawn [wɪð'drɔːn, AM *esp* -'drɑːn] *adj* introvertiert, verschlossen

with·er ['wɪðəʳ, AM -ɚ] **I.** *vi* ① *(of plants)* verdorren, vertrocknen
② *person* verfallen; *part of body* verkümmern; **to ~ with age** mit dem Alter an Vitalität verlieren
③ *(fig: lose vitality)* dahinschwinden *geh; interest* nachlassen
▸PHRASES: **to ~ on the vine** nach und nach [von selbst] verschwinden; *traditions* allmählich in Vergessenheit geraten
II. *vt* ■**to ~ sth** etw verkommen lassen; **to ~ plants** Pflanzen verdorren lassen; ***age cannot ~ her*** das Alter kann ihr nichts anhaben
◆**wither away** *vi plants* verdorren, vertrocknen, dahinwelken *geh; (fig)* verkommen, verfallen

with·ered ['wɪðəd, AM -ɚd] *adj* ① *(shrivelled)* verdorrt, vertrocknet; *flowers, leaves* welk, verwelkt SCHWEIZ; *(fig) face, skin* verhutzelt
② *(paralysed) limb* verkrüppelt

with·er·ing ['wɪðrɪŋ, AM -ɚɪŋ] **I.** *adj* ① *(destructive)* **~ fire** verzehrendes Feuer *geh;* **to be under ~ fire from sb** *(fig)* von jdm vernichtend kritisiert werden; **~ heat** sengende Hitze
② *(contemptuous)* vernichtend; **to treat sth with ~ contempt** etw mit tiefster Verachtung strafen; **to give sb a ~ look** jdn vernichtend anblicken
II. *n no pl* ① *(becoming shrivelled)* Verdorren *nt,*

Vertrocknen *nt*
② *(becoming less)* Abnahme *f*, Rückgang *m*

with·er·ing·ly ['wɪðərɪŋli] *adv* feindselig, giftig *fig*, voller Abneigung

with·ers ['wɪðəz, AM -ɚz] *npl of horse* Widerrist *m*

with·hold <-held, -held> [wɪθ'həʊld, AM -'hoʊld] *vt* ■**to ~ sth** ① *(not give)* etw zurückhalten; ■**to ~ sth from sb** jdm etw *akk* vorenthalten; **to ~ [crucial] evidence** [entscheidendes] Beweismaterial zurückhalten; **to ~ information/a name** Informationen/einen Namen verschweigen; **to ~ one's permission to do sth** etw nicht genehmigen; ***permission was withheld*** es wurde keine Genehmigung erteilt; **to ~ one's support** seine Unterstützung versagen *geh*
② *(not pay)* etw nicht zahlen; **to ~ benefit payments** Leistungen nicht auszahlen; **to ~ a tax** eine Steuer einbehalten

with·'hold·ing tax *n* FIN ① *(tax for interest or dividends)* Quellensteuer *f*
② AM *(income tax deduction)* Quellensteuer *f*, Verrechnungssteuer *f*

with·in [wɪ'ðɪn] **I.** *prep* ① *(form: inside of)* innerhalb +*gen*; ***cross-border controls ~ the EU*** Grenzkontrollen innerhalb der EU
② *(confined by)* innerhalb +*gen*; ***dogs barked from ~ the gates*** Hunde bellten hinter den Toren
③ *(hidden inside)* ■**~ oneself** in seinem Inneren
④ *(in limit of)* **~ earshot/reach/sight** in Hör-/Reich-/Sichtweite; **~ easy reach** bequem [*o* einfach] zu erreichen
⑤ *(in less than)* **~ hours/minutes/six months** innerhalb von Stunden/Minuten/sechs Monaten; **~ due time** fristgemäß; **~ inches of sth** [nur] Zentimeter von etw *dat* entfernt; ***she came ~ an inch of losing her job*** *(fig)* sie verlor beinahe ihren Job
⑥ *(in accordance to)* **~ the law/the rules** im Rahmen des Gesetzes/der Vorschriften
⑦ *(in group of)* ■**~ sth** innerhalb einer S. *gen*; **~ society** innerhalb der Gesellschaft
II. *adv inv* innen; ***"cleaning personnel wanted, enquire ~ "*** „Raumpflegepersonal gesucht, Näheres im Geschäft"; ■**from ~** von innen [heraus]; **to promote from ~** offene Stellen intern neu besetzen

with·out [wɪ'ðaʊt, AM *also* -θaʊt] **I.** *prep* ① *(not having, not wearing)* ohne +*akk*; ***she looks much better ~ make-up*** sie sieht ohne Make-up viel besser aus; **~ a dime** ohne einen Pfennig [*o* SCHWEIZ Rappen] [*o* ÖSTERR Groschen]; **to be ~ foundation** *(fig)* jeder Grundlage entbehren
② *(no occurrence of)* ■**~ sth** ohne etw *akk*; **~ delay/warning** ohne Verzögerung/[Vor]warnung; **~ question** ohne Frage
③ *(no feeling of)* ■**~ sth** ohne etw *akk*; **~ conviction** ohne Überzeugung
④ *(not with)* ohne +*akk*; ***why don't you start ~ me?*** warum fangt ihr nicht schon ohne mich an?; **~ *sugar*** ohne Zucker
⑤ LAW **~ prejudice** ohne Verbindlichkeit [*o* Anerkennung einer Rechtspflicht]
II. *adv inv* ① *(liter: on the outside)* außen; ■**from ~** von außen
② *(old: outside)* draußen

with-'prof·its *adj inv* BRIT FIN *insurance* Gewinnbeteiligung *f*, Bonusanteile *pl*

with·stand <-stood, -stood> [wɪð'stænd, wɪθ-, AM -θ'-, -ð-] *vt* ■**to ~ sb/sth** jdm/etw standhalten; **to ~ temptation** der Versuchung widerstehen; **to ~ rough treatment** eine unsanfte Behandlung aushalten

wit·less ['wɪtləs] *adj* dumm; *person also* einfältig; **~ remark** geistlose Bemerkung; **to frighten** [*or* **scare**] **sb ~** jdn zu Tode erschrecken; **to be scared ~** Todesängste ausstehen

wit·ness ['wɪtnəs] **I.** *n* <*pl* -es> ① *(observer or attester to sth)* Zeuge, Zeugin *m, f* [**to** +*gen*]; ***as God is my ~, ...*** Gott ist mein Zeuge, ...; **~ [to a marriage]** Trauzeuge, -zeugin *m, f*; **in the presence of two ~es** in Gegenwart zweier Zeugen/Zeuginnen; **according to ~es** Zeugenaussagen zufolge; ■**before ~es** vor Zeugen/Zeuginnen
② LAW *(sb giving testimony)* Zeuge, Zeugin *m, f*; ***your ~!*** Ihr Zeuge/Ihre Zeugin!; **adverse ~** Gegenzeuge, -zeugin *m, f*; **character ~** Leumundszeuge, -zeugin *m, f*; **~ for the defence/prosecution** [*or* **defence/prosecution ~**] Zeuge, Zeugin *m, f* der Verteidigung/Anklage, Entlastungs-/Belastungszeuge, -zeugin *m, f*; **expert** [*or* **professional**] [*or* **skilled**] **~** Gutachter(in) *m(f)*, Sachverständige(r) *f(m)*; **key ~ for the defence** Hauptentlastungszeuge, -zeugin *m, f*; **in ~ whereof** *(form)* zum Zeugnis dessen *geh*; **to appear as a ~** als Zeuge/Zeugin auftreten; **to call a ~** einen Zeugen/eine Zeugin aufrufen; **to hear/swear in a ~** einen Zeugen/eine Zeugin vernehmen/vereidigen
③ *no pl (form: proof)* Zeugnis *nt geh*; **to bear ~ to sth** von etw *dat* zeugen *geh*, etw zeigen; **to bear false ~** *(old)* falsches Zeugnis ablegen *veraltend form*
④ REL *(of belief)* Bekenntnis *nt*; **to bear ~ to sth** von etw *dat* Zeugnis ablegen; ***thou shalt not bear false ~*** du sollst nicht falsch Zeugnis reden
II. *vt* ① *(see)* ■**to ~ sth** etw beobachten, Zeuge/Zeugin einer S. *gen* sein; ■**to ~ sb doing sth** sehen, wie jd etw tut; *(watch attentively)* beobachten, wie jd etw tut
② *(experience)* ■**to ~ sth** etw miterleben; ***the past few years have ~ed momentous changes throughout Eastern Europe*** die vergangenen Jahre sahen tiefgreifende Veränderungen in ganz Osteuropa
③ *(attest)* ■**to ~ sth** etw bestätigen; **to ~ sb's signature** jds Unterschrift beglaubigen; **to ~ a will** ein Testament als Zeuge/Zeugin unterschreiben; **now this deed ~eth** LAW im Folgenden bezeugt dieser Vertrag
④ *usu passive* ■**as ~ed by sth** *(demonstrated)* wie etw zeigt [*o* beweist]; ***as ~ed by the number of tickets sold ...*** wie man anhand der verkauften Karten sehen kann, ...
⑤ *(behold)* ***the situation is still unstable — ~ the recent outbreak of violence in the capital*** die Lage ist noch immer instabil, wie der jüngste Ausbruch von Gewalt in der Hauptstadt gezeigt hat; ***forecasters can get it disastrously wrong — ~ the famous British hurricane of 1987*** Meteorologen können sich fürchterlich irren – man denke nur an den berühmten britischen Hurrikan von 1987
III. *vi* LAW *(form)* ■**to ~ to sth** etw bestätigen [*o* bezeugen]; **to ~ to the authenticity of sth** die Echtheit einer S. *gen* bestätigen

'wit·ness box, *esp* AM **'wit·ness stand** *n* Zeugenstand *m kein pl*; **to go into** [*or* **take**] **the ~** in den Zeugenstand treten

wit·ter ['wɪtər] *vi* BRIT *(pej fam)* ■**to ~ [on]** labern *pej fam*, quatschen *pej fam*; ■**to ~ on about sth** von etw *dat* labern *pej fam*, über etw *akk* quatschen *pej fam*

wit·ti·cism ['wɪtɪsɪzəm, AM 'wɪt̬ə-] *n* Witzelei *f*

wit·ti·ly ['wɪtɪli, AM 'wɪt̬-] *adv (cleverly)* geistreich; *(humorously)* auf witzige Weise; **to comment ~ on sth** über etw *akk* geistreiche Bemerkungen machen

wit·ting·ly ['wɪtɪŋli] *adv* wissentlich

wit·ty ['wɪti, AM -t̬i] *adj (clever)* geistreich; *(funny)* witzig

wives [waɪvz] *n pl of* **wife**

wiz [wɪz] *n (fam) short for* **wizard** Genie *nt oft hum*; **to be a ~ at sth** ein [wahres] Genie in etw *dat* sein

wiz·ard ['wɪzəd, AM -ɚd] **I.** *n* ① *(magician)* Zauberer *m*, Hexenmeister *m*
② *(expert)* Genie *nt oft hum*; ***he's a real ~ on the piano*** er ist ein wahrer Meister am Klavier; ***she's a ~ with figures*** sie ist eine wahre Rechenkünstlerin; **computer/financial ~** Computer-/Finanzgenie *nt*; ■**to be a ~ at sth** ein [wahres] Genie in etw *dat* sein; ***he's a ~ at raising money*** in Sachen Geldbeschaffung vollbringt er wahre Wunder
II. *adj* BRIT *(dated fam)* prima *fam*, klasse *fam*, toll *fam*

wiz·ard·ry ['wɪzədri, AM -ɚd-] *n no pl* ① *(expertise)* Zauberei *f fig*, Hexerei *f fig*; **financial ~** Finanzakrobatik *f*
② *(also hum: equipment)* **high-tech/technical ~** hochtechnologische/technische Wunderdinge *hum*

wiz·ened ['wɪzənd] *adj person* verhutzelt; *face, skin* runz[e]lig; *apple* schrump[e]lig, verhutzelt

wk *n abbrev of* **week** Wo.

WLR *n* LAW *abbrev of* **Weekly Law Reports** *wöchentlich erscheinende, aktuelle Rechtsprechungsübersicht*

WMA [ˌdʌblju:em'eɪ] *abbrev of* **Windows Media Audio I.** *n* WMA
II. *n modifier* WMA-

WMD [ˌdʌblju:em'di:] *n abbrev of* **weapons of mass destruction** Massenvernichtungswaffen *pl*

W. Mid·lands BRIT *abbrev of* **West Midlands**

WML [ˌdublju:em'el] *n* COMPUT *abbrev of* **Wireless Markup Language** WML *f fachspr (Seitenbeschreibungssprache für das WAP-Protokoll)*

w/o *prep abbrev of* **without** o.

woad [wəʊd, AM woʊd] *n no pl* [Färber]waid *m*

wob·ble ['wɒbl̩, AM 'wɑ:-] **I.** *vi* ① *(move)* wackeln; *wheel* eiern *fam*; *double chin, jelly, fat* schwabbeln *fam*; *legs* zittern, schlottern; ■**to ~ off** davonwackeln
② *(tremble) voice* zittern
③ ECON *(fig: fluctuate) prices, shares* schwanken *fig*
④ *(fig: be undecided)* ■**to ~ on sth** bei etw *dat* schwanken [*o* unschlüssig sein]
II. *vt* ■**to ~ sth** an etw *dat* rütteln
III. *n* ① *usu sing (movement)* Wackeln *nt kein pl*; ***there's a slight ~ in the front wheel*** das Vorderrad eiert etwas; **to have a ~** *chair* wackeln
② *usu sing (sound)* Vibrieren *nt kein pl*; *of a voice* Zittern *nt kein pl*
③ ECON *(fig)* Schwankung *f*

wob·bler ['wɒbləʳ, AM 'wɑ:blɚ] *n* BRIT [Wut]anfall *m*

wob·bly ['wɒbl̩i, AM 'wɑ:-] **I.** *adj* ① *(unsteady)* wack[e]lig; ***I've got a ~ tooth*** bei mir wackelt ein Zahn; ***my legs feel a bit ~*** ich bin etwas wacklig auf den Beinen; **to draw a ~ line** einen zittrigen Strich ziehen
② *(wavering)* **~ voice** zittrige Stimme
II. *n* BRIT *(fam)* [Wut]anfall *m*; **to throw a ~** einen Wutanfall kriegen *fam*, ausrasten *fam*

wodge [wɒdʒ] *n* BRIT, AUS *(fam)* Brocken *m*; **a ~ of cake/cheese** ein [großes] Stück Kuchen/Käse; **a ~ of notes** einen Packen Geldscheine; **~ of paper** Stoß *m* Papier; **~ of papers** Stapel *m* Papiere

woe [wəʊ, AM woʊ] *n* ① *no pl (liter: unhappiness)* Kummer *m*, Leid *nt*, Weh *nt geh*; **~ *betide you if ...*** wehe dir, wenn ...; **~ *is me!*** *(old)* wehe mir!; **to have a face full of ~** ein ganz vergrämtes Gesicht haben; **a day of ~** ein Unglückstag *m*; **a tale of ~** eine Geschichte des Jammers
② *(form)* ■**~s** *pl (misfortunes)* Nöte *pl*, Kummer *nt kein pl*; **economic/financial ~s** wirtschaftliche/finanzielle Probleme; **to pour out one's ~s** sein Leid klagen

woe·be·gone ['wəʊbɪgɒn, AM 'woʊbɪgɑ:n] *adj (liter) expression* kummervoll; *face* vergrämt *geh*, sorgenvoll; **to look ~** bekümmert aussehen

woe·ful ['wəʊfəl, AM 'woʊ-] *adj* ① *(deplorable)* beklagenswert; **~ ignorance/incompetence** erschreckende Unwissenheit/Inkompetenz; **~ record/standard** jämmerlicher Rekord/erbärmlicher Standard
② *(liter: sad)* traurig; **~ tidings** schlechte Nachrichten

woe·ful·ly ['wəʊfəli, AM 'woʊ-] *adv* ① *(deplorably)* jämmerlich; *ignorant, inadequate* erschreckend
② *(liter: sadly)* traurig, betrübt *geh*

wog [wɒg] *n (pej! sl)* ① BRIT, AUS *(dark-skinned person)* ≈ Kanake, Kanakin *m, f pej fam*
② AUS *(non-English-speaking immigrant)* Ausländer(in) *m(f)*

wok [wɒk, AM wɑ:k] *n* Wok *m*

'wok burn·er *n* Wok-Untersatz *m (für einen Gasherd)*

woke [wəʊk, AM woʊk] *vt, vi pt of* **wake**

wok·en [wəʊkən, AM woʊ-] *vt, vi pp of* **wake**

wolf [wʊlf] **I.** *n* <*pl* wolves> ① *(animal)* Wolf *m*; ***who's afraid of the big bad ~?*** wer hat Angst vor

W

dem bösen Wolf?
❷ *(dated: seducer)* Schürzenjäger *m pej fam*, Weiberheld *m pej*
▸PHRASES: **to cry ~** blinden Alarm schlagen; **to hold a ~ by the ears** in der Klemme sitzen *fam;* **to keep the ~ from the door** sich *akk* [gerade so] über Wasser halten; **a ~ in sheep's clothing** ein Wolf im Schafspelz; **to throw sb to the wolves** jdn den Wölfen zum Fraß vorwerfen
II. *vt (fam)* ■**to ~ sth** etw verschlingen [*o* hinunterschlingen]
◆**wolf down** *vt (fam)* ■**to ~ down** ↻ **sth** etw verschlingen [*o* hinunterschlingen]

'wolf cub *n* ❶ *(young wolf)* Wolfsjunge(s) *nt* ❷ BRIT *(dated: Cub Scout)* Wölfling *m* **'wolf·hound** *n* Wolfshund *m*

wolf·ish ['wʊlfɪʃ] *adj* ❶ *(sexually predatory)* lüstern ❷ *(voracious)* gefräßig; **~ appetite** unbändiger Appetit; **~ hunger** Wolfshunger *m fam*, Bärenhunger *m fam*

wolf·ish·ly ['wʊlfɪʃli] *adv* wölfisch *fig*, wild

wolf·ram ['wʊlfrəm] *n no pl* CHEM Wolfram *nt*

'wolf whis·tle *n* bewundernder Pfiff; **to give sb a ~** jdm nachpfeifen **'wolf-whis·tle I.** *vt* ■**to ~ sb** jdm nachpfeifen **II.** *vi* [lüstern] pfeifen

Wol·of ['wɒlɒf, AM 'woʊlɔːf] *n* Wolof *nt*

wolves [wʊlvz] *n pl of* **wolf**

wom·an I. *n* <*pl* women> ['wʊmən, *pl* wɪmɪn]
❶ *(female human)* Frau *f;* ***I feel a new ~*** ich fühle mich wie neugeboren; **~ *to* ~** von Frau zu Frau; **a ~ of letters** *(scholar)* eine Gelehrte; *(author)* eine Literatin [*o* Schriftstellerin]; **~ of the streets** *(dated or euph)* Straßenmädchen *nt meist pej;* **~'s talk** Frauengespräche *pl;* **to be a ~ of one's word** eine Frau sein, die Wort hält; **a ~ of the world** eine Frau von Welt; **to be one's own ~** eine selbstständige Frau sein
❷ *(fam: used as term of address)* Weib *pej fam*
❸ *(fam: man's female partner)* Frau *f;* **the little** [*or* **old**] **~** *(dated or pej!)* meine/seine Alte *pej; (hum)* meine Frau; **the other ~** die Geliebte
▸PHRASES: **hell knows no fury like a ~ scorned** *(saying)* die Hölle [selbst] kennt nicht solche Wut wie eine zurückgewiesene Frau; **a ~'s place is in the home** *(saying dated)* eine Frau gehört ins Haus; **it's a ~'s privilege** [**to change her mind**] *(saying)* es ist das Vorrecht einer Frau [ihre Meinung zu ändern]; **a ~'s work is never done** *(prov)* Frauenhände ruhen nie *geh*
II. *n* ['wʊmən] *modifier* weiblich; **~ candidate** Kandidatin *f;* **~ doctor** Ärztin *f;* **a ~ driver** eine Frau am Steuer; **~ police officer** Polizistin *f;* **~ president** Präsidentin *f*

-wom·an ['wʊmən] *in compounds (consisting of women)* **a three~ committee** ein Komitee *nt* aus drei Frauen; **an all~ crew** eine reine Frauenmannschaft

'wom·an-about-town <*pl* women-about-town> *n* moderne Frau; *(experienced)* Frau *f* von Welt

wom·anhood ['wʊmənhʊd] *n no pl* ❶ *(female adulthood)* Frausein *nt;* **a girl's journey towards ~** die Entwicklung eines Mädchens zur Frau; **to reach ~** eine Frau werden
❷ *(group)* Frauen *pl*

wom·an·ish ['wʊmənɪʃ] *adj (pej)* weibisch *pej*

wom·an·ize ['wʊmənaɪz] *vi* Frauengeschichten haben *fam*, den Frauen nachsteigen, hinter den Weibern her sein *sl*

wom·an·iz·er ['wʊmənaɪzəʳ, AM -ɚ] *n* Weiberheld *m pej*, Schürzenjäger *m pej fam*

wom·an·iz·ing ['wʊmənaɪzɪŋ] *n no pl* Schürzenjägerei *f;* ***because of his constant ~*** wegen seiner ständigen Frauengeschichten

wom·an·kind [ˌwʊmən'kaɪnd] *n no pl (dated form)* weibliches Geschlecht, Frauen *pl;* **all ~** alle Frauen

wom·an·li·ness ['wʊmənlɪnəs] *n no pl* Weiblichkeit *f*

wom·an·ly ['wʊmənli] *adj* ❶ *(of character)* weiblich; **~ virtues** weibliche Tugenden; **~ wiles** weibliche List; **to use all one's ~ wiles** *(dated)* mit den Waffen einer Frau kämpfen
❷ *(of body)* fraulich

womb [wuːm] *n* Mutterleib *m*, [Mutter]schoß *m geh liter;* MED Gebärmutter *f*

wom·bat ['wɒmbæt, AM 'wɑːm-] *n* ZOOL Wombat *m*

wom·en ['wɪmɪn] *n pl of* **woman**

wom·en·folk ['wɪmɪnfəʊk, AM -foʊk] *npl* Frauen *pl*

'wom·en's cen·tre *n* Frauenzentrum *nt* **'wom·en's group** *n* Frauengruppe *f* **Wom·en's 'In·sti·tute** *n*, **WI** *n* BRIT ■**the ~** *britische Frauenvereinigung* **wom·en's lib** [-'lɪb] *n (dated fam) short for* **women's liberation** Frauen[rechts]bewegung *f* **wom·en's lib·ber** [-'lɪbəʳ, AM -ɚ] *n (dated fam)* Frauenrechtlerin *f*, Emanze *f oft pej fam* **wom·en's lib·e'ra·tion** *n no pl (dated)* Frauen[rechts]bewegung *f* **'wom·en's move·ment** *n* ■**the ~** die Frauen[rechts]bewegung **wom·en's 'ref·uge**, AM **wom·en's 'shel·ter** *n* Frauenhaus *nt* **wom·en's 'rights** *npl* Rechte *pl* der Frauen, Frauenrechte *pl* **wom·en's 'studies** *npl Studienfach, das die Rolle der Frau in Geschichte, Gesellschaft und Literatur untersucht* **wom·en's 'suf·frage** *n no pl* Frauenwahlrecht *nt*

'wom·ens·wear *n no pl* Damenbekleidung *f*

'wom·en's work *n no pl* Frauenarbeit *f*

wom·yn ['wɪmɪn] *npl von Feministinnen verwendete Schreibweise für 'Frauen' um englisch 'woMEN' zu vermeiden*

won[1] [wʌn] *vt, vi pt, pp of* **win**

won[2] <*pl* -> [wɒn, AM wɑːn] *n (currency of North and South Korea)* Won *m*

won·der ['wʌndəʳ, AM -ɚ] **I.** *vt* ❶ *(ask oneself)* ■**to ~ sth** sich *akk* etw fragen; ***I've been ~ing that myself*** das habe ich mich auch schon gefragt; ***why, one ~s, is she doing that?*** warum tut sie das wohl?; ***I ~ if you'd mind passing the sugar*** wären Sie wohl so freundlich, mir den Zucker herüberzureichen?; ***I ~ if you could give me some information about ...*** könnten Sie mir vielleicht ein paar Informationen über... geben?; ***I was just ~ing if you felt like doing something tomorrow evening*** hätten Sie nicht Lust, morgen Abend etwas zu unternehmen?; ***it makes you wonder why they ...*** man fragt sich [schon], warum sie ...; ■**to ~ what/when/where ...** sich *akk* fragen, was/wann/wo ...
❷ *(feel surprise)* ■**to ~ that ...** überrascht sein, dass ...; ***I don't ~ that ...*** es überrascht mich nicht, dass ...
II. *vi* ❶ *(ask oneself)* sich *akk* fragen; ***will that be enough, I ~?*** ob *das* wohl reichen wird?; ***why do you ask? — I was just ~ing*** warum fragst du? – ach, nur so; ***I ~ — could you help me with these books?*** könntest du mir vielleicht mit den Büchern helfen?; ***when shall we meet? — we were ~ing about next Friday*** wann sollen wir uns treffen? – wir dachten an nächsten Freitag; ■**to ~ about sb/sth** sich *dat* über jdn/etw Gedanken [*o* Sorgen] machen; ■**to ~ about doing sth** darüber nachdenken, ob man etw tun sollte; **to ~ aloud** [*or* **out loud**] **about sth** über etw *akk* laut nachdenken
❷ *(feel surprise)* sich *akk* wundern, staunen; ***you ~ that ...*** man wundert sich schon, dass ...; ***I shouldn't ~*** das würde mich nicht wundern; ***I don't ~*** [*at it*] das wundert mich nicht; ■**to ~ at sb/sth** sich *akk* über jdn/etw wundern; *(astonished)* über jdn/etw erstaunt sein
III. *n* ❶ *no pl (feeling)* Staunen *nt*, Verwunderung *f;* **a sense of ~** ein Gefühl *nt* der Ehrfurcht; **to fill sb with ~** jdn in Staunen versetzen; **to listen in ~** staunend zuhören
❷ *(marvel)* Wunder *nt;* ***it's little*** [*or* ***no***] [*or* ***small***] ***~*** [***that***] ... es ist kein Wunder, dass ...; ***no ~ ...*** kein Wunder, dass ...; ***~s*** [***will***] ***never cease!*** *(iron)* es geschehen noch Zeichen und Wunder! *hum;* **the ~s of modern technology** die Wunder der modernen Technik; **the Seven W~s of the world** die sieben Weltwunder; **to do** [*or* **work**] **~s** [wahre] Wunder wirken [*o geh* vollbringen]
▸PHRASES: **to be a chinless ~** BRIT *(fam)* ein junger, reicher Lackaffe sein *fam;* **God moves in a mysterious way, his ~s to perform** BRIT *(saying)* die Wege Gottes sind unerforschlich; **to be a nine-days'** [*or* **seven-day**] **~** *esp* BRIT eine sehr kurzlebige Sensation sein, nur kurze Zeit für Aufsehen sorgen

'won·der boy *n (iron hum fam)* Wunderknabe *m hum iron fam* **'won·der drug** *n* Wundermittel *nt*

won·der·ful ['wʌndəfᵊl, AM -dɚ-] *adj* wunderbar, wundervoll

won·der·ful·ly ['wʌndəfᵊli, AM -dɚ-] *adv* wunderbar; **to cope ~ with sth** mit etw *dat* ausgezeichnet zurechtkommen; **to go ~ well with sth** zu etw *dat* hervorragend passen; **to get on ~** ausgezeichnet miteinander auskommen
▸PHRASES: [**hanging**] **concentrates the mind ~** BRIT *(saying)* [der Strick vor Augen] konzentriert die Gedanken ganz hervorragend

won·der·ing ['wʌndᵊrɪŋ] *adj* verwundert, staunend

won·der·ing·ly ['wʌndᵊrɪŋli] *adv* mit Verwunderung, mit Erstaunen

'won·der·land *n* Wunderland *nt*, Märchenland *nt;* **winter ~** winterliche Märchenlandschaft

won·der·ment ['wʌndəmənt, AM -dɚ-] *n no pl* Verwunderung *f*, Erstaunen *nt*

won·drous ['wʌndrəs] *adj* wunderbar; *achievement* großartig; **to have ~ effect on sth** bei etw *dat* wahre Wunder bewirken

won·drous·ly ['wʌndrəsli] *adv* außerordentlich

wonk [wɒŋk, AM wɑːŋk] *n* ❶ AM *(fam: diligent person)* Streber(in) *m(f) pej*
❷ AM *(fam: legalistic person)* Politikbesessene(r) *f(m) fam*
❸ NAUT *(incompetent sailor)* unfähiger Matrose/unfähige Matrosin

won·ki·ness ['wɒŋkɪnəs] *n no pl* Schrägheit *f fig fam*

won·ky ['wɒŋki] *adj* BRIT, AUS *(fam)* ❶ *(unsteady)* wack[e]lig *a. fig*
❷ *(be unwell)* **to feel ~** sich *akk* angeschlagen fühlen
❸ *(askew)* ■**to be ~** *picture* schief hängen; *hat* schief sitzen

wont [wəʊnt, AM wɔːnt] *(form)* **I.** *adj pred* gewohnt; ■**to be ~ to do sth** [für] gewöhnlich etw tun
II. *n no pl (hum)* Gewohnheit *f;* **as is her/his ~** wie er/sie zu tun pflegt; ***she arrived an hour late, as is her ~*** wie üblich kam sie eine Stunde zu spät

won't [wəʊnt, AM woʊnt] = **will not** *see* **will**[1]

wont·ed ['wəʊntɪd, AM wɔːnt̬ɪd] *adj attr, inv (liter)* gewohnt; **sb's ~ courtesy** jds gewohnte Höflichkeit

woo [wuː] *vt* ❶ *(attract)* ■**to ~ sb/sth** um jdn/etw werben; **to ~ customers/voters** Kunden/Wähler umwerben; ■**to ~ sb with sth** jdn mit etw *dat* locken; ■**to ~ sb away** [**from sb/sth**] jdn [von jdm/etw] weglocken; **to ~ work force** Arbeitskräfte abwerben
❷ *(dated: court)* ■**to ~ sb** jdn umwerben, jdm den Hof machen *veraltend*

wood [wʊd] **I.** *n* ❶ *no pl (material from trees)* Holz *nt;* **block of ~** Holzklotz *m;* **plank of ~** [Holz]brett *nt;* **dead ~** *(fig)* Ballast *m*
❷ *(type of timber)* Holz *nt*
❸ *(forest)* Wäldchen *nt;* ■**~s** *pl* Wald *m;* **beech/oak ~** [*or* **~s**] Buchen-/Eichenwald *m;* **in the ~** [*or* **~s**] im Wald
❹ *(golf club)* Holz *nt*, Holzschläger *m*
❺ *no pl (container)* [Holz]fass *nt;* **beer from the ~** Bier *nt* vom Fass, Fassbier *nt;* **matured in the ~** im Holzfass gereift
▸PHRASES: **there aren't many ... in our neck of the ~s** in unseren Breiten gibt es nicht viele ...; **sb can't see the ~**[**s**] **for the trees** jd sieht den Wald vor [lauter] Bäumen nicht *prov fam;* **to touch** [*or* AM **knock on**] **~** [dreimal] auf Holz klopfen; ***no problems so far, touch ~!*** bisher lief alles glatt - teu, teu, teu!; **to not be out of the ~**[**s**] *(not out of critical situation)* noch nicht über den Berg sein *fam; (not out of difficulty)* noch nicht aus dem Schneider sein *fam*
II. *n modifier (desk, furniture, picture frame, toy)* Holz-

wood 'al·co·hol *n no pl* CHEM Methanol *nt*

wood·bine ['wʊdbaɪn] *n* BOT ❶ *(wild honeysuckle)* Geißblatt *nt*, Jelängerjelieber *nt*
❷ AM *(Virginia creeper)* Wilder Wein, Jungfernrebe *f*
'wood block I. *n* ❶ ART *(pattern)* Druckstock *m*
❷ BRIT *(parquet)* Parkettbrettchen *nt* II. *adj attr, inv* ART ~ **print** Holzschnitt *m* **wood-burn·ing 'stove** *n* Holzofen *m* **'wood·carv·er** *n* Holzschnitzer(in) *m(f)* **'wood·carv·ing** *n* ART ❶ *no pl (art genre)* Holzschnitzerei *f*; [**art of**] ~ Schnitzkunst *f* ❷ *(object)* [Holz]schnitzerei *f*, Schnitzwerk *nt* **'wood·chip** *n* ❶ *(chip of wood)* Holzspan *m* ❷ *no pl esp* BRIT *(wallpaper)* ~ [**paper**] Raufaser[tapete] *f* **'wood·chuck** *n* Waldmurmeltier *nt* **'wood·cock** <*pl* -s *or* -> *n* ORN Waldschnepfe *f* **'wood·craft** *n no pl esp* AM ❶ *(outdoor skills)* *Fähigkeiten/Kenntnisse zum Überleben in freier Natur* ❷ *(artistic skill)* Geschick *nt* für das Arbeiten mit Holz **'wood·cut** *n* ART Holzschnitt *m* **'wood·cut·ter** *n (dated)* Holzfäller *m*
wood·ed ['wʊdɪd] *adj* bewaldet; ~ **area** Waldgebiet *nt*
wood·en ['wʊdᵊn] *adj* ❶ *(made of wood)* Holz-, hölzern, aus Holz; ~ **box/fence/leg** Holzkiste *f*/-zaun *m*/-bein *nt*; ~ **shoes** Holzschuhe *pl*
❷ *(fig pej) sb's movements* hölzern; *person also* steif; ~ **smile** ausdrucksloses Lächeln
'wood en·grav·ing *n* ❶ *(print)* Holzdruck *m*, Holzschnitt *m*
❷ *no pl (skill)* Holzschnitzerei *f*
'wood·en-head *n (fam)* Holzkopf *m pej sl*
wood·en·ly ['wʊdᵊnli] *adv (fig pej)* steif, hölzern; **to smile** ~ ausdruckslos lächeln
wood·en 'spoon *n* ❶ *(utensil)* Holzlöffel *m*
❷ BRIT, AUS *(fam: booby prize)* Trostpreis *m (für den letzten Platz)*; **to get** [*or* **take**] [*or* **win**] **the** ~ den letzten Platz belegen, als Schlechteste(r) *f(m)* abschneiden
'wood·grain *n no pl* [Holz]maserung *f* **'wood·land** I. *n* ■ ~ [*or* ~**s**] Wald *m*, Waldland *nt kein pl* II. *n modifier (animals, destruction, fauna, flora, preservation)* Wald- **'wood·louse** *n* Bohrassel *f*, Kellerassel *f* **'wood·man** *n (hist)* ❶ *(forester)* Förster *m* ❷ *(woodcutter)* Holzfäller ❸ *(hunter)* Jäger *m* ❹ *(inhabitant)* Waldbewohner *m* **'wood mouse** *n* Waldmaus *f* **wood 'pan·el·ling** *n no pl* Holzverkleidung *f* **'wood·peck·er** *n* Specht *m* **'wood pig·eon** *n* Ringeltaube *f* **'wood·pile** *n* Holzstoß *m*, Holzstapel *m*, Holzbeige *f* SCHWEIZ **'wood pre·ser·va·tive** *n* Holzschutzmittel *nt* **'wood pulp** *n no pl* Zellstoff *m*, Holzschliff *m fachspr*; ~ **paper** Zellstoffpapier *nt*; ~ **works** + *sing/pl vb* Zellstofffabrik *f* **'wood·shed** I. *n* Holzschuppen *m* ▸PHRASES: **there's sth nasty in the** ~ BRIT *(fam)* da ist etwas Übles im Gange *fam*; **to take sb to the** ~ AM *(dated fam)* jdn zur Seite nehmen *(um ihn/sie auszuschimpfen/zu bestrafen)* II. *vi* <-dd-> AM *(fam)* intensiv üben
'woods·man *n* Waldarbeiter *m*
'wood·smoke *n no pl* Rauch *m (vom Holzverbrennen)* **'wood spir·it** *n no pl* CHEM Methanol *nt*
wood·sy ['wʊdzi] *adj* AM *(fam)* waldig
'wood·turn·ing *n no pl* Drechseln *nt*
'wood·wind MUS I. *n* ❶ *(type of instrument)* Holzblasinstrument *nt*
❷ + *sing/pl vb* ■**the** ~ *(orchestra section)* die Holzbläser *pl*
II. *n modifier (instrument)* Holzblas-; ~ **music** Musik *f* von Holzbläsern; **the** ~ **section** die Holzbläser *pl*
'wood·work *n no pl* ❶ *(parts of building)* Holzteile *pl*, Holzwerk *nt*
❷ BRIT *(carpentry)* Tischlern *nt*; *(business)* Tischlerei *f*; SCH Arbeiten *nt* mit Holz; ~ **classes** ≈ Werkunterricht *m (mit Holz als Werkstoff)*; ~ **skills** Geschick *nt* im Umgang mit Holz; **to do** ~ mit Holz arbeiten
❸ BRIT SPORT *(fam)* ■**the** ~ *(goal post)* der Pfosten; *(cross bar)* die Latte; **to hit the** ~ den Pfosten/die Latte treffen
▸PHRASES: **to come** [*or* **crawl**] **out of the** ~ ans Licht kommen

'wood·work·ing *n no pl* AM Tischlern *nt*; SCH Arbeiten *nt* mit Holz
'wood·worm <*pl* -> *n* ❶ *(larva)* Holzwurm *m*
❷ *no pl (damage)* Wurmfraß *m*; ***the table's got*** ~ in dem Tisch ist der Holzwurm drin *fam*
woody ['wʊdi] *adj* ❶ HORT holzig, Holz-
❷ FOOD holzig
❸ *(wooded)* bewaldet, waldig
woof[1] [wʊf] I. *n* [dumpfes] Bellen; **to give a loud** ~ laut bellen
II. *vi dog* bellen; **"~, ~"** „wau, wau"; ■**to** ~ **at sb** jdn anbellen
woof[2] [wu:f] *n* BRIT Schuss *m fachspr*; **the warp and the** ~ *(fig)* das A und O
woof·er ['wʊfəʳ, AM -ɚ] *n* Tieftonlautsprecher *m*
wool [wʊl] I. *n no pl* ❶ *(sheep's fleece)* Wolle *f*
❷ *(fibre from fleece)* Wolle *f*; **ball of** ~ Wollknäuel *nt*; **a cotton and** ~ **mixture** ein Baumwollgemisch *nt*
▸PHRASES: **to pull the** ~ **over sb's eyes** jdm Sand in die Augen streuen *fam*
II. *n modifier* ❶ *(made of wool) (blanket, coat, lining, rug, scarf, sweater)* Woll-
❷ *(like wool) (lead)* -wolle; **steel** ~ Stahlwolle *f*
wool·en *adj* AM *see* **woollen**
wool·ens *npl* AM *see* **woollens**
wool-gath·er·ing ['wʊl,gæðᵊrɪŋ, AM -ɚɪŋ] I. *n no pl* Träumen *nt*; ***if you did a little less*** ~ ***...*** wenn du etwas weniger vor dich hinträumen würdest, ...; ***... because of her*** ~ ... wegen ihrer Träumereien
II. *vi* ■**to be** ~ [vor sich *akk* hin]träumen
wooli·ness *n no pl* AM *see* **woolliness**
wool·len, AM **wool·en** ['wʊlən] *adj inv* wollen, aus Wolle; ~ **dress** Wollkleid *nt*; **a pair of** ~ **socks** ein Paar *nt* wollene Strümpfe
wool·lens, AM **wool·ens** ['wʊlənz] *npl* Wollsachen *pl*
wool·li·ness, AM **wooli·ness** ['wʊlɪnəs] *n no pl*
❶ *(wool-like quality)* Flauschigkeit *f*
❷ *(vagueness)* Verschwommenheit *f*, Unklarheit *f*; *of ideas, thinking* Verworrenheit *f*; ***there's a certain*** ~ ***about the proposals*** die Vorschläge sind irgendwie schwammig
wool·ly, AM **wooly** ['wʊli] I. *adj inv* ❶ *(made of wool)* Woll-, wollen; ***this is definitely*** ~ ***vest weather!*** draußen ist es eklig kalt!; ~ **hat** Wollmütze *f*; ~ **jumper** Wollpullover *m*; ~ **vest** wollenes Unterhemd
❷ *(wool-like)* wollig
❸ *(vague)* verschwommen; *mind, ideas* verworren; *thoughts* kraus
II. *n* BRIT *(dated fam: jumper)* Wollpulli *m fam*; *(cardigan)* Wolljacke *f*; ■**woollies** *pl* Wollsachen *pl*
wool·ly-'head·ed, **wool·ly-'mind·ed** *adj (pej)* wirrköpfig *pej*
Wool·sack ['wʊlsæk] *n* BRIT POL ■**the** ~ ❶ *(Lord Chancellor's seat) mit Wolle gepolsterter Sitz des Lordkanzlers im britischen Oberhaus* ❷ *(fig: office of Lord Chancellor)* das Amt des Lordkanzlers
'wool trade *n* Wollhandel *m*
wooly *adj* AM *see* **woolly**
WOOPIE, **WOOPY** ['wʊpi] *n acr for* **well-off older person** wohlhabende ältere Person
Woop Woop ['wu:pwu:p] *n* AUS *(hum fam)* Kaff *nt fam*
woosh *interj (fam) see* **whoosh**
woozy ['wu:zi] *adj (fam: dizzy)* benommen, duselig *fam*; *(drunk)* beschwipst *fam*
wop [wɒp, AM wɑ:p] *n (pej! sl)* Spaghettifresser(in) *m(f) pej derb*, Itaker(in) *m(f) pej fam*
Worces·ter sauce [,wʊstəʳsɔ:s], AM, AUS **Worces·ter·shire sauce** [,wʊstəʃəʳsɔ:s, AM -ɚʃɚ'sɑ:s] *n* Worcestersoße *f*
Worcs BRIT *abbrev of* **Worcestershire**
word [wɜ:d, AM wɜ:rd] I. *n* ❶ *(unit of language)* Wort *nt*; ***we've had enough of*** ~***s*** genug der Worte; ***do you remember the exact*** ~***s?*** erinnern Sie sich [noch] an den genauen Wortlaut?; ***and those are his exact*** ~***s?*** und das hat er genau so gesagt?; ***what's the*** ~ ***for 'bikini' in French?*** was heißt ‚Bikini' auf Französisch?; ***clumsy isn't the*** ~ ***for it!*** unbeholfen ist noch viel zu milde ausgedrückt!; ***hush, not a*** ~ ***!*** pst, keinen Mucks!; ***nobody's said a*** ~ ***about that to me*** kein Mensch hat mir etwas davon gesagt; **or** ~**s to that effect** oder so ähnlich; **to be a man/woman of few** ~**s** nicht viel reden, kein Mann/keine Frau vieler Worte sein; **empty** ~**s** leere Worte; **in other** ~**s** mit anderen Worten; **to use a rude** ~ ein Schimpfwort benutzen; **the spoken/written** ~ das gesprochene/geschriebene Wort; **to be too stupid for** ~**s** unsagbar dumm sein; **to not breathe a** ~ **of** [*or* **about**] **sth** kein Sterbenswörtchen von etw *dat* verraten; **to not know a** ~ **of French/German/Spanish** kein Wort Französisch/Deutsch/Spanisch können; ■ ~ **for** ~ Wort für Wort; **to translate sth** ~ **for** ~ etw [wort]wörtlich übersetzen; **in a** ~ um es kurz zu sagen; **in the** ~**s of Burns** um mit Burns zu sprechen; **in** ~**s of one syllable** in einfachen Worten; **in sb's own** ~**s** mit jds eigenen Worten; **in so many** ~**s** ausdrücklich, direkt
❷ *no pl (short conversation)* [kurzes] Gespräch; *(formal)* Unterredung *f*; **to have a** ~ **with sb** [**about sth**] mit jdm [über etw *akk*] sprechen; ***ah, John, I've been meaning to have a*** ~ ***with you*** ach, John, kann ich dich kurz mal sprechen?; ***could I have a*** ~ ***about the sales figures?*** kann ich Sie kurz wegen der Verkaufszahlen sprechen?; ***the manager wants a*** ~ der Manager möchte Sie sprechen; **to exchange** [*or* **have**] **a few** ~**s with sb** ein paar Worte mit jdm wechseln; **to have a quiet** ~ **with sb** jdn zur Seite nehmen; **to say a few** ~**s** [**about sth**] [zu etw *dat*] ein paar Worte sagen
❸ *no pl (news)* Nachricht *f*; *(message)* Mitteilung *f*; ***there's no*** ~ ***from head office yet*** die Zentrale hat uns noch nicht Bescheid gegeben; ***hey, Martin, what's the good*** ~ ***?*** AM *(fam)* hallo, Martin, was gibt's Neues?; ~ ***gets around*** [*or* ***about***] [*or* BRIT ***round***] Neuigkeiten verbreiten sich schnell; ~ ***has it*** [*or* [***the***] ~ ***is***] ***that they may separate*** es geht das Gerücht, dass sie sich trennen; [**the**] ~ **is out** [**that**] ... es wurde öffentlich bekanntgegeben, dass ...; **to get** ~ **of sth** [**from sb**] etw [von jdm] erfahren; **to have** ~ **from sb** [etwas] von jdm hören; **to have** [*or* **hear**] ~ **that ...** [davon] hören, dass ...
❹ *no pl (order)* Kommando *nt*, Befehl *m*; ***we're waiting for the*** ~ ***from head office*** wir warten auf die Anweisung von der Zentrale; **to give the** ~ den Befehl geben
❺ *(remark)* Bemerkung *f*; ***if you want to leave, just say the*** ~ wenn du gehen möchtest, brauchst du es nur zu sagen; ~ **of advice** Rat[schlag] *m*; ~ **of warning** Warnung *f*
❻ *no pl (promise)* Wort *nt*, Versprechen *nt*; ***do we have your*** ~ ***on that?*** haben wir dein Wort darauf?; ***my*** ~ ***is my bond*** *(form or hum)* auf mein Wort kannst du bauen; **to be a man/woman of his/her** ~ zu seinem/ihrem Wort stehen, halten, was man verspricht; **to be as good as/better than one's** ~ sein Wort halten/mehr als halten; **to break** [*or* **go back on**]/**keep one's** ~ sein Wort brechen/halten; **to give** [**sb**] **one's** ~ **that ...** jdm versprechen [*o* sein [Ehren]wort geben], dass ...; **to take sb at his/her** ~ jdn beim Wort nehmen
❼ *no pl (statement of facts)* Wort *nt*; ***it's her*** ~ ***against mine*** es steht Aussage gegen Aussage; **to take sb's** ~ **for it** [**that ...**] jdm glauben, dass ...
❽ *(lyrics)* ■ ~**s** *pl* Text *m*
▸PHRASES: **a** ~ **in your ear** BRIT ein kleiner Tipp unter uns; ~**s fail me!** mir fehlen die Worte!; **sb cannot get a** ~ **in edgeways** [*or* AM **edgewise**] *(fam)* jd kommt überhaupt nicht zu Wort; **from the** ~ **go** vom ersten Moment [*o* von Anfang] an; **to have** ~**s with sb** eine Auseinandersetzung mit jdm haben, sich *akk* mit jdm streiten; **to have a quick** ~ **in sb's ear** BRIT kurz mit jdm allein sprechen; **to not have a good** ~ **to say about sb/sth** kein gutes Haar an jdm/etw lassen; **by** ~ **of mouth** mündlich; **my** ~**!** [*or old* **upon my** ~] du meine Güte!; **to put** ~**s in**[**to**] **sb's mouth** jdm Worte in den Mund legen; **to put in a good** ~ **for sb/sth** [**with sb**] [bei jdm] ein gutes Wort für jdn/etw einlegen; **to take the** ~**s**

out of sb's mouth jdm das Wort aus dem Mund[e] nehmen

II. *vt* ■**to ~ sth** etw formulieren [*o* in Worte fassen]; *document* etw abfassen

'word as·so·cia·tion *n no pl* Wortassoziation *f* **'word blind·ness** *n no pl* Wortblindheit *f* **'word break** *n* [Silben]trennung *f* **'word class** *n* Wortklasse *f* **'word deaf·ness** *n no pl* Worttaubheit *f* **'word di·vi·sion** *n no pl* [Silben]trennung *f*

word·ed ['wɜːdɪd, AM 'wɜːrd-] *adj inv* formuliert, abgefasst; **carefully/strongly ~** sorgfältig/scharf formuliert

'word game *n* Spiel *nt* um Wörter, Spiel *nt* mit der Sprache

wordi·ness ['wɜːdɪnəs, AM 'wɜːrd-] *n no pl* Weitschweifigkeit *f*, Langatmigkeit *f*

word·ing ['wɜːdɪŋ, AM 'wɜːrd-] *n no pl* ① *(words used)* Formulierung *f*
② *(manner of expression)* Formulieren *nt*; **the ~ of a contract** der Wortlaut eines Vertrags; **the ~ of a document** das Abfassen eines Dokuments

word·less ['wɜːdləs, AM 'wɜːrd-] *adj inv* wortlos, ohne Worte; ***we sat in ~ contemplation of the view*** stumm betrachteten wir die Aussicht

word·less·ly ['wɜːdləsli, AM 'wɜːrd-] *adv inv* wortlos, ohne Worte; **to communicate ~** ohne Worte [miteinander] kommunizieren

word of 'mouth *n no pl* Mundpropaganda *f* **'word or·der** *n no pl* Wortstellung *f*, Satzstellung *f* **word-'per·fect** *adj pred* textsicher; ■**to be ~** seinen Text [Wort für Wort] beherrschen **'word·play** *n no pl* Wortspiel *nt* **word 'pro·cess·ing** *n*, **WP** *n no pl* Textverarbeitung *f* **word-'pro·cess·ing** *adj attr, inv* Textverarbeitungs-; **~ program/software** Textverarbeitungsprogramm *nt*/-software *f* **word 'pro·ces·sor** *n*, **WP** *n* COMPUT ① *(computer)* Textverarbeitungssystem *nt*
② *(program)* Textverarbeitungsprogramm *nt*

'word·smith *n* wortgewandter Schreiber/wortgewandte Schreiberin

words of 'art *npl* LAW Fachausdrücke *pl*

'word wrap *n no pl* COMPUT [automatischer] Zeilenumbruch

wordy ['wɜːdi, AM 'wɜːrdi] *adj (pej)* langatmig, weitschweifig, wortreich

wore [wɔːʳ, AM wɔːr] *pt of* **wear**

work [wɜːk, AM wɜːrk]

I. NOUN	**II.** NOUN MODIFIER
III. INTRANSITIVE VERB	**IV.** TRANSITIVE VERB

I. NOUN

① *no pl (useful activity)* Arbeit *f*; *(fig)* **to be at ~** am Werk sein; ***forces of destruction are at ~ here*** hier sind zerstörerische Kräfte am Werk; ***various factors are at ~ in this situation*** in dieser Situation spielen verschiedene Faktoren eine Rolle; ***good ~!*** gute Arbeit!; ***there's a lot of ~ to be done yet*** es gibt noch viel zu tun; ***the garden needs a lot of ~*** im Garten muss [so] einiges gemacht werden; ***~ on the tunnel has been suspended*** die Arbeiten am Tunnel wurden vorübergehend eingestellt; ***did you manage to get a bit of ~ done?*** konntest du ein bisschen arbeiten?; **construction/repair ~** Bau-/Reparaturarbeiten *pl*; **research ~** Forschungsarbeit *f*; **it's hard ~ doing sth** *(strenuous)* es ist anstrengend, etw zu tun; *(difficult)* es ist schwierig, etw zu tun; **to be at ~ doing sth** [gerade] damit beschäftigt sein, etw zu tun; **to get** [*or* **go**] [*or* **set**] **to ~** sich *akk* an die Arbeit machen; **to get** [*or* **go**] [*or* **set**] **to ~ on sth** sich *akk* an etw *akk* machen; **to make ~ for sb** jdm Arbeit machen; **to make ~ for oneself** sich *dat* unnötige Arbeit machen; **to put** [*or* **set**] **sb to ~ doing sth** jdn [damit] beauftragen, etw zu tun
② *no pl (employment)* Arbeit *f*; ***what sort of ~ do you have experience in?*** über welche Berufserfahrung verfügen Sie?; ***she's got ~ as a translator*** sie hat Arbeit [*o* eine Stelle] als Übersetzerin gefunden; **to look for ~** auf Arbeitssuche sein; ***he's looking for ~ as a system analyst*** er sucht Arbeit [*o* eine Stelle] als Systemanalytiker; **to be in ~** Arbeit [*o* eine Stelle] haben; **to be out of ~** arbeitslos sein
③ *no pl (place of employment)* Arbeit *f*, Arbeitsplatz *m*; **to be late for ~** zu spät zur Arbeit kommen; **to have to stay late at ~** lange arbeiten müssen; **to be at ~** bei der Arbeit sein; **to be off ~** frei haben; *(without permission)* fehlen; **to be off ~ sick** sich *akk* krankgemeldet haben; **to commute to ~** pendeln; **to get to ~ by car/on the train** mit dem Auto/mit dem Zug zur Arbeit fahren; **to go/travel to ~** zur Arbeit gehen/fahren; **to be injured at ~** einen Arbeitsunfall haben; **to ring sb from ~** jdn von der Arbeit [aus] anrufen
④ *(construction, repairs)* ■**~s** *pl* Arbeiten *pl*; **building/road ~s** Bau-/Straßenarbeiten *pl*
⑤ *no pl (result, product)* Arbeit *f*; *(act)* Werk *nt*; ***this is the ~ of professional thieves*** das ist das Werk professioneller Diebe; **good ~s** REL gute Werke
⑥ ART, LIT, MUS Werk *nt*; ***'The Complete W~s of William Shakespeare'*** ‚Shakespeares gesammelte Werke'; **~s of art** Kunstwerke *pl*; **~ in bronze** Bronzearbeiten *pl*; **~ in leather** aus Leder gefertigte Arbeiten; **sb's early/later ~** jds Früh-/Spätwerk *nt*; **to show one's ~ in a gallery** seine Arbeiten in einer Galerie ausstellen
⑦ *(factory)* ■**~s** *+ sing/pl vb* Werk *nt*, Fabrik *f*; **steel ~s** Stahlwerk *nt*
⑧ *(working parts)* ■**~s** *pl of a clock* Uhrwerk *nt*; *of a machine* Getriebe *nt*
⑨ *(fam: everything)* ■**the ~s** *pl* das ganze Drum und Dran *kein pl fam*; ***two large pizzas with the ~s, please!*** *esp* AM zwei große Pizzen mit allem bitte!
⑩ *no pl* PHYS Arbeit *f*
⑪ MIL ■**~s** *pl* Befestigungen *pl*
▸PHRASES: **to be a** [**real**] **piece of ~** *(fam)* ganz schön nervig sein *fam*; **to have one's ~ cut out** *(fam)* sich *akk* mächtig reinknien müssen *fam*; **to get** [*or* **go**] [*or* **set**] **to ~ on sb** *(fam)* jdn bearbeiten *fam*; **to give sb the ~s** *(dated sl)* jdn [ordentlich] in die Mangel nehmen *fam*

II. NOUN MODIFIER

① *(climate, report, week)* Arbeits-; **~ clothes** Arbeitskleidung *f*; **~ speed** Arbeitstempo *nt*
② ■**~s** *(canteen, inspection)* Werks-; **~s premises** Werksgelände *nt*

III. INTRANSITIVE VERB

① *(do a job)* arbeiten; ***where do you ~?*** wo arbeiten Sie?; **to ~ as an accountant** als Buchhalter arbeiten; **to ~ a twelve-hour day/a forty-hour week** zwölf Stunden am Tag/vierzig Stunden in der Woche arbeiten; **to ~ from home** zu Hause [*o* von zu Hause aus] arbeiten; **to ~ at the hospital/abroad** im Krankenhaus/im Ausland arbeiten; **to ~ like a slave** [*or* AM, AUS **dog**] *(fam)* wie ein Tier schuften *fam*; **to ~ like a Trojan** BRIT wie ein Pferd arbeiten *fam*; **to ~ hard** hart arbeiten; **to ~ together** zusammenarbeiten; ■**to ~ with sb** mit jdm zusammenarbeiten
② *(be busy, active)* arbeiten; ***we're ~ing to prevent it happening again*** wir bemühen uns [*o* arbeiten daran], so etwas in Zukunft zu verhindern; **to ~ towards a degree in biology** einen Hochschulabschluss in Biologie anstreben; ■**to ~ at/on sth** an etw *dat* arbeiten; ***we're ~ing on it*** wir arbeiten daran; **to ~ at a problem** an einem Problem arbeiten; **to ~ hard at doing sth** hart daran arbeiten, etw zu tun; ■**to ~ for/towards sth** auf etw *akk* hinwirken [*o* hinarbeiten]
③ *(have an effect)* sich auswirken; **to ~ both ways** sich sowohl positiv als auch negativ auswirken; ■**to ~ in sb's favour** sich zu jds Gunsten auswirken; ■**to ~ against sb/sth** sich negativ für jdn/auf etw *akk* auswirken
④ *(function)* funktionieren; *generator, motor* laufen; ***my cell phone doesn't ~*** mein Handy geht nicht; ***the boiler seems to be ~ing okay*** der Boiler scheint in Ordnung zu sein; ***I can't get this washing machine to ~*** ich kriege die Waschmaschine irgendwie nicht zum Laufen; **to ~ off batteries** batteriebetrieben sein; **to ~ off the mains** BRIT mit Netzstrom arbeiten; **to ~ off wind power** mit Windenergie arbeiten
⑤ *(be successful)* funktionieren, klappen *fam*; *plan, tactics* aufgehen; **to ~ in practice** [auch] in der Praxis funktionieren
⑥ MED *medicine, pill* wirken
⑦ *(be based)* **to ~ on the assumption/idea that ...** von der Annahme/Vorstellung ausgehen, dass ...
⑧ *(move)* **to ~ free/loose** sich lösen/lockern; ■**to ~ down** *clothes* runterrutschen *fam*; **to ~ windward** NAUT gegen den Wind segeln
⑨ *(liter: change expression)* arbeiten; *(contort)* sich verzerren
⑩ NAUT **to ~ windward** [hart] am Wind segeln
▸PHRASES: **to ~ like a charm** [*or* **like magic**] Wunder bewirken; **to ~ till you drop** *(fam)* bis zum Umfallen arbeiten; **to ~ on sb** jdn bearbeiten *fam*

IV. TRANSITIVE VERB

① *(make work)* **to ~ oneself to death** *(fam)* sich *akk* zu Tode arbeiten [*o fam* schinden]; **to ~ sb/oneself hard** jdm/sich viel abverlangen
② *(operate)* ■**to ~ sth** *machine* etw bedienen; *piece of equipment* etw betätigen; **to be ~ed by electricity/steam** elektrisch/dampfgetrieben sein; **to be ~ed by wind power** durch Windenergie angetrieben werden
③ *(move)* ■**to ~ sth out of sth** etw aus etw *dat* herausbekommen; **to ~ one's way through an article/a book** sich *akk* durch einen Artikel/ein Buch durcharbeiten; **to ~ one's way through a crowd/out of a crowded room** sich *dat* einen Weg durch die Menge/aus einem überfüllten Zimmer bahnen; **to ~ one's way down a list** eine Liste durchgehen; **to ~ one's way up** sich *akk* hocharbeiten; ***he's ~ed his way up through the firm*** er hat sich in der Firma hochgearbeitet; **to ~ sth free/loose** etw losbekommen/lockern; **sth ~s itself free/loose** etw löst/lockert sich *akk*; **to ~ sth** [**backwards and forwards**] etw [hin- und her]bewegen; ■**sth ~s itself out of sth** etw löst sich aus etw *dat*
④ *(bring about)* ■**to ~ sth** etw bewirken; ***I don't know how she ~ed it!*** ich weiß nicht, wie sie das geschafft hat!; **to ~ oneself into a more positive frame of mind** sich *dat* eine positivere Lebenseinstellung erarbeiten; **to ~ a cure** eine Heilung herbeiführen; **to ~ a miracle** ein Wunder vollbringen; **to ~ miracles** [*or* **wonders**] [wahre] Wunder vollbringen
⑤ *(get)* **to ~ oneself into a frenzy** [*or* **rage**] in Rage geraten *fam*; **to ~ sb into a frenzy** [*or* **rage**] jdn in Rage bringen *fam*; **to ~ oneself into a state** sich *akk* aufregen; **to ~ sb into a state of jealousy** jdn eifersüchtig machen
⑥ *(shape)* ■**to ~ sth** etw bearbeiten; **to ~ clay** Ton formen
⑦ *(mix, rub)* ■**to ~ sth into sth** etw in etw *akk* einarbeiten; *food* etw mit etw *dat* vermengen; *(incorporate)* etw in etw *akk* einbauen [*o* einfügen]; **to ~ the ingredients together** die Zutaten [miteinander] vermengen; **to ~ sth into the skin** *(rub)* die Haut mit etw *dat* einreiben; *(massage)* etw in die Haut einmassieren
⑧ *(embroider)* ■**to ~ sth** etw [auf]sticken; **to ~ a monogram on sth** etw mit einem Monogramm besticken, ein Monogramm auf etw *akk* sticken
⑨ *(cultivate)* **to ~ the land** das Land bewirtschaften; *(exploit)* **to ~ a mine/quarry** eine Mine/einen Steinbruch ausbeuten
⑩ *(cover)* **to ~ the inner city** [**area**]**/the East Side** für die Innenstadt/die East Side zuständig sein
⑪ *(pay for by working)* **to ~ one's passage** sich *dat* seine Überfahrt durch Arbeit auf dem Schiff verdienen; **to ~ one's way through university** sich *dat* sein Studium finanzieren
▸PHRASES: **to ~ one's fingers to the bone** [**for sb**] *(fam)* sich *dat* [für jdn] den Rücken krumm arbeiten *fam*; **to ~ a treat** BRIT *(fam)* prima funktionieren *fam*

◆**work around** *vi (fam)* ① *(approach cautiously)* ■**to ~ around to sth** sich *akk* an etw *akk* herantasten
② *(bring oneself)* ■**to ~ around to doing sth** sich *akk* dazu aufraffen, etw zu tun
◆**work away** *vi* vor sich *akk* hinarbeiten; ■**to ~ away at sth** an etw *dat* arbeiten
◆**work for** *vt* ① *(be employed by)* ■**to ~ for sb/sth** für jdn/etw arbeiten
② *(appeal to)* ■**to [not] ~ for sb** jdm [nicht] zusagen
③ *(have an effect on)* ■**to ~ for sb** sich *akk* zu jds Gunsten auswirken; ■**to ~ for sth** sich positiv auf etw *akk* auswirken
◆**work in** *vt* ■**to ~ in ⊂⊃ sth** ① *(mix in, rub in)* etw einarbeiten; *food* etw hineingeben; *(into a dough)* etw [hin]einrühren; *(on one's skin)* etw einreiben; *(massage in)* etw einmassieren; **to ~ fertilizer/manure in [the soil]** Dünger/Mist [in den Boden] einarbeiten
② *(include) meeting, appointment* etw einschieben; *remarks, experiences* etw einfließen lassen; **to ~ in a joke/reference** einen Witz/Hinweis einbauen
◆**work off** *vt* ① *(counter effects of)* ■**to ~ off ⊂⊃ sth** etw abarbeiten; **to ~ off one's anger/frustration** seine Wut/seine Frustrationen abreagieren; **to ~ off some surplus energy** überschüssige Energie loswerden; **to ~ off stress** Stress abbauen
② *(pay by working)* **to ~ off a debt/loan** eine Schuld/einen Kredit abtragen
◆**work out I.** *vt* ① *(calculate)* ■**to ~ out ⊂⊃ sth** etw errechnen [*o* ausrechnen]; **~ *it out to three decimal places*** rechnen Sie es bis drei Stellen hinter dem Komma aus; **to ~ out ⊂⊃ a problem** eine Aufgabe lösen; **to ~ out the best way** den günstigsten Weg berechnen; **to ~ out how much/what ...** ausrechnen, wie viel/was ...
② *(develop)* ■**to ~ out ⊂⊃ sth** etw ausarbeiten; **to ~ out a settlement** einen Vergleich aushandeln; **to ~ out a solution** eine Lösung erarbeiten; **to ~ out how/what/when ...** festlegen, wie/was/wann ...
③ *(understand)* ■**to ~ out ⊂⊃ sb** jdn verstehen, aus jdm schlau werden; *(fam)* ■**to ~ out ⊂⊃ sth** etw verstehen
④ *(figure out)* ■**to ~ out ⊂⊃ sth** hinter etw *akk* kommen; ***you can ~ out for yourself what's going on!*** du kannst dir doch wohl selbst denken, was los ist!; ■**to ~ out that ...** dahinterkommen, dass ...
⑤ *(complete)* **to ~ out a contract** einen Vertrag erfüllen; **to ~ out one's notice** seine Kündigungsfrist einhalten; **to ~ out one's sentence [*or* time]** seine Haftstrafe absitzen
⑥ *(solve itself) problem* sich von allein[e] lösen; ■**to ~ itself out: *things usually ~ themselves out*** die Dinge erledigen sich meist von selbst
⑦ *usu passive* MIN ■**to be ~ed out** *mine, quarry* ausgebeutet sein; *mineral resources* abgebaut sein
II. *vi* ① *(amount to)* ***the contribution ~s out at roughly £20*** der Beitrag beläuft sich auf etwa 20 Pfund; ***that ~s out at 154 litres per day*** das macht 154 Liter am Tag; ***how many pounds does that ~ out at?*** wie viel Pfund macht das?; ***the figures ~ out differently each time*** die Zahlen ergeben jedes Mal etwas anderes; **to ~ out cheaper/more expensive** billiger/teurer kommen
② *(develop)* sich entwickeln; *(progress)* laufen *fam;* ***the way it ~ ed out in the end was that ...*** am Ende lief es darauf hinaus, dass ...; ***how is it ~ ing out with your new girlfriend?*** wie läuft es mit deiner neuen Freundin? *fam;* **to ~ out for the best** sich zum Guten wenden; **to ~ out badly** schiefgehen *fam;* **to ~ out well** gut laufen *fam;* ***don't worry, everything will ~ out [well] in the end*** mach dir keine Sorgen, es wird alles gutgehen; ***their relationship is ~ ing out [well]*** ihre Beziehung funktioniert [gut]
③ *(do exercise)* trainieren
◆**work over** *vt (fam)* ■**to ~ over ⊂⊃ sb** jdn zusammenschlagen *fam*
◆**work round** *vi (fam)* ① *(approach cautiously)* ■**to ~ round to sth** sich *akk* an etw *akk* herantasten; ***eventually he ~ ed round to making me an offer*** schließlich machte er mir ein Angebot; ***what are you ~ ing round to?*** *(fam)* worauf willst du hinaus?
② *(bring oneself)* ■**to ~ round to doing sth** sich *akk* dazu aufraffen, etw zu tun
◆**work through I.** *vt* ■**to ~ through ⊂⊃ sth** etw durcharbeiten; *traumas, difficulties, problems* etw aufarbeiten
II. *vi* ① *(not stop)* durcharbeiten, ohne Pause arbeiten
② *(deal with)* ■**to ~ through sth** sich *akk* durch etw *akk* durcharbeiten
③ *(move)* ■**to ~ through sth** sich *akk* durch etw *akk* durcharbeiten
◆**work to** *vt* **to ~ to a deadline** auf einen Termin hinarbeiten; **to ~ to rule** Dienst nach Vorschrift tun
◆**work up I.** *vt* ① *(generate)* **to ~ up an appetite [for sth]** Appetit [auf etw *akk*] bekommen; **to ~ up courage** sich *dat* Mut machen; **to ~ up the courage/energy to do sth** den Mut/die Energie aufbringen etw zu tun; **to ~ up enthusiasm for sth** sich *akk* für etw *akk* begeistern
② *(upset, make angry)* ■**to ~ oneself/sb up** sich/jdn aufregen; *(excite)* ■**to ~ up ⊂⊃ sb** jdn aufpeitschen; **to ~ sb up into a frenzy [*or* rage]** jdn in Rage bringen *fam;* **to ~ oneself up into a frenzy [*or* rage]** in Rage geraten *fam;* **to ~ oneself/sb up into a [real] state** sich *akk*/jdn [furchtbar] aufregen
③ *(develop)* ■**to ~ up ⊂⊃ sth** etw entwickeln; **to ~ up a business** *(set up)* ein Geschäft aufbauen; *(extend)* ein Geschäft ausbauen; **to ~ up data into a report** Daten zu einem Bericht verarbeiten; **to ~ up a plan** einen Plan ausarbeiten; **to ~ up a sweat** ins Schwitzen kommen
④ *(prepare)* ■**to ~ oneself up to sth** sich *akk* auf etw *akk* vorbereiten; ■**to ~ oneself up to doing sth** sich *akk* darauf vorbereiten, etw zu tun
II. *vi* ① *(progress to) people* ■**to ~ up to sth** sich *akk* zu etw *dat* hocharbeiten; ***I ~ ed up to half an hour exercising a day*** ich habe meine Trainingszeit auf eine halbe Stunde am Tag gesteigert
② *(get ready for)* ■**to ~ up to sth** auf etw *akk* zusteuern *fig*
③ *(move) clothes* hochrutschen *fam; (spread)* sich nach oben ausbreiten

-work [wɜːk, AM wɜːrk] *in compounds* ① *(of special material)* -arbeit; **metal/wrought iron~** Metall-/Kunstschmiedearbeit *f*
② *(of mechanism)* -werk; **bridge~** Zahnbrücke *f;* **sth runs like clock~** etw läuft wie am Schnürchen *fam*
③ *(of ornamentation)* -arbeit; **embroidery/knot~** Spitzen-/Knüpfarbeit *f*
work·able [ˈwɜːkəbl̩, AM ˈwɜːrk-] *adj* ① *(feasible)* durchführbar, ausführbar, praktikabel; **~ compromise** vernünftiger Kompromiss
② *(able to be manipulated)* bearbeitbar; ■**to be ~** sich bearbeiten lassen; **~ ground/land** AGR bebaubarer Grund/bebaubares Land
worka·day [ˈwɜːkədeɪ, AM ˈwɜːrk-] *adj* ① *(of job)* Arbeits-
② *(not special)* alltäglich; **the ~ world of office routine** die alltägliche Routine im Büro
worka·hol·ic [ˌwɜːkəˈhɒlɪk, AM ˌwɜːrkəˈhɑːl-] *n (fam)* Arbeitssüchtige(r) *f(m),* Arbeitswütige(r) *f(m) hum,* Arbeitstier *nt fig, oft pej;* PSYCH Workaholic *m*
worka·hol·ism [ˈwɜːkəhɒlɪzᵊm, AM ˈwɜːrkəhɑːl-] *n no pl* Arbeitssucht *f,* Arbeitswut *f hum*
ˈwork·bag *n* Nähbeutel *m,* Handarbeitsbeutel *m* **ˈwork·bas·ket** *n* Nähkorb *m,* Handarbeitskorb *m* **ˈwork·bench** *n* Werkbank *f* **ˈwork·book** *n* Arbeitsbuch *nt* **ˈwork·box** *n (container for tools)* Werkzeugkasten *m; (for painting)* Malkasten *m; (for sewing)* Nähkasten *m* **ˈwork camp** *n esp* AM *Lager, in dem Freiwillige gemeinnützige Arbeiten verrichten* **work creˈa·tion plan,** *esp* BRIT **work creˈa·tion scheme** *n* Arbeitsbeschaffungsmaßnahme[n] *f[pl]* **ˈwork·day** *n* AM, AUS ① *(time at work)* Arbeitstag *m;* **an eight-hour ~** ein Achtstundentag *m* ② *(not holiday)* Werktag *m*
worked up [ˌwɜːktˈ-, AM ˌwɜːrktˈ-] *adj pred* ■**to be ~ [about [*or* over] sth]** [über etw *akk*] aufgebracht sein; **to get ~ [about [*or* over] sth]** sich *akk* [über etw *akk*] aufregen
work·er [ˈwɜːkəʳ, AM ˈwɜːrkɚ] **I.** *n* ① *(not executive)* Arbeiter(in) *m(f);* **construction ~** Bauarbeiter(in) *m(f);* **factory ~** Fabrikarbeiter(in) *m(f);* **farm ~** Landarbeiter(in) *m(f);* **office ~** Büroangestellte(r) *f(m);* **blue-collar ~** [Fabrik]arbeiter(in) *m(f);* **white-collar ~** [Büro]angestellte(r) *f(m);* ■**the ~s** *pl* POL die Arbeiter *pl*
② *(sb who works hard)* ***he's a real ~*** er ist ein echtes Arbeitstier *fam*
③ *(insect)* Arbeiterin *f*
▸PHRASES: **to be [all] ~s in the vineyard** BRIT *(saying)* alle Arbeiter im Dienst derselben Sache sein
II. *n modifier* ZOOL Arbeits-, Arbeiter-; **~ ant/bee** Arbeitsameise *f*/-biene *f,* Arbeiterameise *f*/-biene *f,* Arbeiterin *f*
work·er ˈpriest *n* Arbeiterpriester *m*
ˈwork eth·ic *n* Arbeitsethos *nt* **ˈwork ex·peri·ence** *n no pl* ① SCH *(on-the-job training for students)* Praktikum *nt;* **to do ~** ein Praktikum machen
② *(professional experience)* Berufserfahrung *f*
work·fare [ˈwɜːrkfer] **I.** *n no pl* AM *(public service work)* Arbeitsdienst *m*
II. *n modifier* vom Arbeitsdienst *nach n*
ˈwork file *n* COMPUT Arbeitsdatei *f* **ˈwork·flow** *n* Arbeitsfluss *m,* Arbeitsschritte *pl,* Arbeitsablauf *m* **work·flow ˈman·age·ment** *n* **~ system** Workflow-Management-System *nt* **ˈwork·force** *n of a factory* Belegschaft *f,* Betriebspersonal *nt,* Personalstärke *f; of a country* Arbeiterschaft *f,* Erwerbsbevölkerung *f* **ˈwork·horse** *n* Arbeitspferd *nt fig,* Arbeitstier *nt fig, oft pej* **ˈwork·house** *n* BRIT *(hist)* Armenhaus *nt hist*
work·ing [ˈwɜːkɪŋ, AM ˈwɜːrk-] **I.** *adj attr, inv* ① *(employed)* berufstätig, erwerbstätig; **the ordinary ~ man [*or* AM Joe]** der einfache Arbeiter; **the ~ population** die arbeitende Bevölkerung
② *(pertaining to work)* Arbeits-; **~ breakfast/lunch** Arbeitsfrühstück *nt*/-essen *nt;* **~ clothes** Arbeitskleidung *f;* **~ conditions** Arbeitsbedingungen *pl;* **~ hour/hours** Arbeitsstunde *f*/-zeit *f;* **~ model** Arbeitsmodell *nt;* **~ practices** Arbeitsweise *f;* **~ relationship** Arbeitsverhältnis *nt;* **37-hour ~ week** 37-Stunden-Woche *f*
③ *(functioning)* funktionierend *attr;* **~ order** Betriebsfähigkeit *f,* Funktionsfähigkeit *f;* **to be in good ~ order** sich *akk* in gutem Zustand befinden, gut in Schuss sein *fam;* **to restore sth to ~ order** etw wieder in Ordnung bringen; **in ~ order** betriebsfähig, funktionstüchtig; **the ~ parts** *of a machine* die beweglichen Teile
④ *(of theory)* **~ definition/hypothesis/theory** Arbeitsdefinition *f*/-hypothese *f*/-theorie *f*
⑤ *(basic)* Arbeits-; **to have a ~ knowledge of sth** in etw *dat* Grundkenntnisse haben
⑥ *(of animal)* **~ dog/horse** Arbeitshund *m*/-pferd *nt*
II. *n* ① *no pl (activity)* Arbeiten *nt,* Arbeit *f*
② *no pl* MIN *(extracting minerals)* Abbau *m,* Gewinnung *f;* **opencast ~** Abbau *m* über Tage
③ MIN ■**~ [*or* ~s]** *(mine)* Grube *f,* Mine *f; (part of mine)* Schacht *m*
▸PHRASES: **the ~s of fate** die Wege des Schicksals
work·ing ˈcapi·tal *n no pl* Betriebskapital *nt;* **~ fund** Fonds *m* des Reinumlaufvermögens; **~ funding** Betriebsmittelfinanzierung *f*
work·ing ˈclass *n + sing/pl vb* ■**the ~** die Arbeiterklasse *kein pl* **ˈwork·ing-class** *adj* der Arbeiterklasse *nach n;* **sb from a ~ background** jd aus der Arbeiterschicht; **a ~ family** eine Arbeiterfamilie
work·ing ˈday *n esp* BRIT ① *(time at work)* Arbeitstag *m;* **an eight-hour ~** ein Achtstundentag *m*
② *(not holiday)* Werktag *m* **ˈwork·ing girl** *n (fam)* ① *(dated: woman with job)* berufstätige [junge] Frau
② *esp* AM *(euph: prostitute)* Freudenmädchen *nt euph geh,* Prostituierte *f* **ˈwork·ing group** *n* Arbeitsgruppe *f* **ˈwork·ing hours** *npl* ADMIN Arbeits-

W

zeit *f* **work·ing 'life** *n of a person* Berufsleben *nt kein pl,* Arbeitsleben *f kein pl; of a machine* Lebensdauer *f kein pl*

work·ing-'out *n no pl* MATH Rechenweg *m*

work·ing-'over *n (fam)* Abreibung *f fam;* **to get a good ~** eine ordentliche Abreibung verpasst bekommen *fam*

'work·ing-spouse *adj attr, inv surcharges, restrictions* für berufstätige Ehepartner *nach n*

'work·load *n* Arbeitspensum *nt kein pl,* Arbeit[sbelastung] *f;* TECH Leistungsumfang *m;* **a heavy/light/an unbearable ~** ein hohes/niedriges/unerträgliches Arbeitspensum **'work·man** *n* ① *(craftsman)* Handwerker *m* ② *(worker)* Arbeiter *m*

'work·man·like *adj* ① *(approv: skilful)* fachmännisch, professionell; **~ job** fachmännische Arbeit; **~ performance** solide Leistung
② *(pej: sufficient)* annehmbar

work·man·ship ['wɜ:kmənʃɪp, AM 'wɜ:rk-] *n no pl* Verarbeitung[sgüte] *f; (workman's skill)* handwerkliches Können *f;* **fine/shoddy/solid ~** feine/schludrige/solide Verarbeitung

'work·mate *n esp* BRIT *(fam)* Arbeitskollege, -kollegin *m, f*

work of 'art *n* Kunstwerk *nt*

'work·out *n* SPORT Training *nt; (fitness training)* Konditionstraining *nt,* Fitnesstraining *nt;* **light/heavy** [*or* **vigorous**] **~** leichtes/hartes Training

'work per·mit *n* Arbeitserlaubnis *f,* Arbeitsgenehmigung *f*

'work·piece *n* TECH Werkstück *nt*

'work·place *n* Arbeitsplatz *m;* ■ **in sb's ~** an jds Arbeitsplatz **'work·room** *n* Arbeitszimmer *nt,* Arbeitsraum *m; (for sewing)* Nähzimmer *nt*

'works agree·ment *n* ADMIN Betriebsvereinbarung *f*

'work schedule *n* Arbeitsplan *m*

works com·'mit·tee, works 'coun·cil *n* Betriebsrat *m*

'work-shar·ing *n* Arbeitsteilung *f* **work·sheet** ['wɜ:kʃi:t, AM 'wɜ:rk-] *n* COMPUT Arbeitsblatt *nt*

'work·shop I. *n* ① *(room)* Werkstatt *f;* **electronics/stone ~** Elektro-/Steinmetzwerkstatt *f*
② *(meeting)* Workshop *m,* Seminar *nt;* **drama/nutrition/stress-reduction ~** Theater-/Ernährungs-/Antistressworkshop *m;* **weekend ~** Wochenendseminar *nt;* **to attend/run a ~** einen Workshop besuchen/leiten
II. *vt* **to ~ a play** ein Stück inszenieren

work·shop pro·'duc·tion *n* Stück *nt* einer Theater-AG

'work-shy *adj* BRIT *(pej)* arbeitsscheu *pej*

works 'man·ag·er *n* Betriebsleiter(in) *m(f)* **works 'out·ing** *n* Betriebsausflug *m*

'work·space *n* ① *no pl (space to work)* Arbeitsraum *m,* Werkraum *m* ② *(commercially used area)* gewerbliche Nutzfläche ③ COMPUT *(temporary memory storage)* Arbeitsspeicher *m* **'work·sta·tion** *n* ① COMPUT Arbeitsplatzrechner *m,* Workstation *f fachspr* ② *(work area)* Arbeitsplatz *m,* Arbeitsbereich *m* **'work study** *n* ① *no pl* SCH, UNIV, COMM Praktikum *nt;* **to do ~** ein Praktikum machen ② COMM *(evaluation method)* Arbeitsstudie *f* **work-study 'pro·gramme** *n* SCH, UNIV, ECON Praktikum *nt;* **to be enrolled in a ~** ein Praktikum machen **'work sur·face** *n* BRIT Arbeitsfläche *f,* Arbeitsplatte *f* **'work·table** *n* Arbeitstisch *m;* MECH Werktisch *m; (for sewing)* Nähtisch *m* **'work·top** *n* BRIT Arbeitsfläche *f,* Arbeitsplatte *f* **work-to-'rule** *n no pl esp* BRIT Dienst *m* nach Vorschrift **'work·week** *n* AM Arbeitswoche *f*

world [wɜ:ld, AM wɜ:rld] *n* ① *no pl (earth)* ■ **the ~** die Welt [*o* Erde]; ***the longest bridge in the ~*** die längste Brücke der Welt
② *(planet)* Welt *f,* Planet *m;* **beings from other ~s** Außerirdische *pl*
③ *(society)* Welt *f;* ***we live in a changing ~*** wir leben in einer Welt, die sich ständig ändert; **~ of finance** Finanzwelt *f;* **the ancient/modern ~** die antike/moderne Welt; **the industrialized ~** die Industriegesellschaft; **the ~ to come** die Nachwelt
④ *usu sing (domain)* Welt *f;* **the animal ~** die Tierwelt; **the ~ of business** die Geschäftswelt; **the rock music ~** die Welt des Rock, die Rockszene; **the Catholic/Christian/Muslim ~** die katholische/christliche/moslemische Welt; **the French-speaking/German-speaking ~** die französisch-/deutschsprachige Welt
⑤ *no pl (life)* Welt *f;* ***her whole ~ had collapsed*** für sie war die Welt zusammengebrochen; **to be inexperienced in the ways of the ~** die Gesetze der Welt nicht kennen; **to be off in one's own little ~** sich *dat* seine eigene kleine Welt geschaffen haben; **to be** [*or* **live**] **in a ~ of one's own** in seiner eigenen Welt sein [*o* leben]; **to withdraw from the ~** sich *akk* von der Welt [*o* den Menschen] zurückziehen
▶ PHRASES: **for all the ~ as if ...** geradeso, als ob ...; **to be ~s apart** Welten auseinanderliegen; ***they are ~s apart in their political views*** zwischen ihren politischen Ansichten liegen Welten; **to be** [*or* **mean**] [**all**] **the ~ to sb** jds Ein und Alles sein; **to have come** [*or* AM, AUS **moved**] **down in the ~** *(fam)* schon bessere Zeiten gesehen haben; **not for** [**all**] **the ~** nie im Leben, um keinen Preis; **to go** [*or* AM, AUS **move**] **up in the ~** *(fam)* [sozial] aufsteigen; **sb has the ~ at their feet** jdm liegt die Welt zu Füßen; **all the ~ and her husband/his wife** BRIT Gott und die Welt, Hinz und Kunz *fam;* **in the ~ at large** im Großen und Ganzen [gesehen]; **love/money makes the ~ go** [**a**]**round** die Liebe/Geld regiert die Welt; **to look for all the ~ like ...** ganz aussehen wie ...; **to be a man/woman of the ~** ein Mann/eine Frau von Welt sein; **to be at one with the ~** mit sich *dat* und der Welt zufrieden sein; **to be out of this ~** *(fam)* himmlisch [*o sl* Spitze] sein; [**all**] **the ~ over** überall auf der Welt, auf der ganzen Welt; **the ~ is your oyster** die Welt steht dir offen; **what/who/how in the ~** was/wer/wie um alles in der Welt

world au'thor·ity *n* internationale Kapazität [*o* Koryphäe] **World 'Bank** *n no pl* ■ **the ~** die Weltbank **'world-beat·er** *n* der/die/das Weltbeste **'world-beat·ing** *adj inv* weltbeste(r, s) **world 'cham·pi·on** *n* Weltmeister(in) *m(f)* **'world-class** *adj inv* Weltklasse-, von Weltklasse *nach n;* **~ product** Produkt *nt* von internationaler Qualität **world 'con·gress** *n* Weltkongress *m* **World 'Cup** I. *n* ① *(competition)* Weltmeisterschaft *f; (in soccer)* Fußballweltmeisterschaft *f,* Fußball-WM *f* ② *(trophy)* Worldcup *m,* Weltpokal *m* II. *n modifier* **the ~ Finals** das WM-Finale; *(in soccer)* das Endspiel der Fußball-WM; **the British/French ~ squad** die britische/französische WM-Auswahl **world 'fair** *n* Weltausstellung *f* **world-'fa·mous** *adj inv* weltberühmt **World 'Health Or·gani·za·tion** *n,* **WHO** *n no pl, + sing/pl vb* ■ **the ~** die Weltgesundheitsorganisation **World 'Her·it·age Site** *n* Weltkulturerbe *nt,* Weltkulturdenkmal *nt* **world 'lan·guage** *n* Weltsprache *f*

world·li·ness ['wɜ:ldlɪnəs, AM 'wɜ:rld-] *n no pl* ① *(concern with the physical)* weltliche Gesinnung, Weltlichkeit *f*
② *(experience)* Weltgewandtheit *f*

world 'lit·era·ture *n no pl* Weltliteratur *f*

world·ly ['wɜ:ldli, AM 'wɜ:rld-] *adj* ① *attr (physical)* weltlich, materiell; **~ goods** materielle Güter; **~ person** weltlich [*o* materiell] eingestellter Mensch; **~ success** materieller Erfolg
② *(experienced)* weltgewandt

world 'mus·ic *n no pl* Ethnopop *m,* Weltmusik *f* **world o'pin·ion** *n* Meinung *f* der Weltöffentlichkeit **world 'or·der** *n no pl* Weltordnung *f* **world popu·'la·tion** *n no pl* ■ **the ~** die Weltbevölkerung **world 'pow·er** *n* Weltmacht *f;* **great ~** Supermacht *f* **world 'rec·ord** *n* Weltrekord *m;* **to break the ~** den Weltrekord brechen; **to hold the ~ for sth** den Weltrekord in etw *dat* halten **World 'Se·ries** *n* ■ **the ~** *jährliches Endspiel zwischen den Gewinnern der beiden großen Baseballligen in den USA*

'World's Fair *n* Weltausstellung *f;* **the 1958 ~** die Weltausstellung von 1958

'world-shak·ing, 'world-shat·ter·ing *adj* weltbewegend, welterschütternd **world 'tour** *n* Welttournee *f* **world 'trade** *n no pl* Welthandel *m* **World 'Trade Or·gani·za·tion** *n + sing/pl vb* Welthandelsorganisation *f* **'world view** *n* PHILOS Weltanschauung *f,* Weltbild *nt,* Weltsicht *f* **world 'war** *n* Weltkrieg *m;* **World war I/II** 1./2. Weltkrieg *m* **'world-weari·ness** *n no pl* Lebensmüdigkeit *f; (tiredness of the world)* Weltverdrossenheit *f* **'world-weary** *adj inv* lebensmüde, lebensüberdrüssig; **to be** [*or* **feel**] **~** lebensmüde sein; *(tired of the world)* weltverdrossen sein

world·'wide [ˌwɜ:ld'waɪd, AM 'wɜ:rldˌwaɪd] *inv* I. *adj* weltweit, weltumfassend; **of ~ reputation** von Weltruf
II. *adv* weltweit, auf der ganzen Welt; **to ship** [**sth**] **~** etw in die ganze Welt verschiffen; **to travel ~** die ganze Welt bereisen, durch die ganze Welt reisen

World Wide 'Web *n no pl* COMPUT ■ **the ~** das World Wide Web, das Internet; **shopping on the ~** Einkaufen *nt* im Web

worm [wɜ:m, AM wɜ:rm] I. *n* ① ZOOL Wurm *m; (larva)* Larve *f; (maggot)* Made *f*
② MED *(parasite)* Wurm *m;* **to have ~s** Würmer haben
③ *(pej fam: person)* Fiesling *m pej fam,* Ungust[e]l *m* ÖSTERR *pej derb*
④ INFORM Wurm *m*
⑤ TECH *(in gear)* Schnecke *f fachspr*
▶ PHRASES: **even a ~ will turn** *(prov)* auch der Wurm krümmt sich, wenn er getreten wird *prov*
II. *vt* ① *(wriggle)* **to ~ one's hand into sth** seine Hand in etw *akk* hineinzwängen; **to ~ oneself** [*or* **one's way**] **through/under sth** sich *akk* durch/unter etw *akk* hindurchzwängen; **to ~ one's way through the crowd/people** sich *dat* seinen Weg durch die Menge/die Menschen bahnen
② *(fig pej: insinuate into)* **to ~ oneself into someone's affection** sich *dat* jds Zuneigung erschleichen; **to ~ oneself into someone's heart/trust** sich *akk* in jds Herz/Vertrauen einschleichen
③ *(treat for worms)* **to ~ an animal** ein Tier entwurmen
III. *vi* sich *akk* winden; **to ~ through the crowd/people** sich *akk* durch die Menge/Menschen zwängen

◆ **worm out** *vt (fig pej)* ■ **to ~ sth out of sb** jdm etw entlocken

'worm cast, 'worm cast·ing *n Erdhäufchen, das ein Regenwurm aufgeworfen hat* **'worm-eat·en** *adj* wurmzerfressen, wurmstichig *a. fig* **'worm·hole** *n* ① *(burrow)* Wurmloch *nt* ② PHYS Wurmloch *nt* **'worm·wood** ['wɜ:mwʊd, AM 'wɜ:rm] *n* ① *(shrub)* Wermut *m* ② *no pl (fig)* Wermutstropfen *m fig,* bittere Pille *fig*

wormy ['wɜ:mi, AM 'wɜ:rmi] *adj* ① *(full of worms) animal* von Würmern befallen, verwurmt; *fruit, vegetable* wurmig, voller Würmer *präd; soil* wurmreich
② *(damaged by worms)* wurmzerfressen; *wood* wurmstichig

worn [wɔ:n, AM wɔ:rn] I. *vt, vi pp of* **wear**
II. *adj* ① *(damaged)* abgenutzt, abgenützt SCHWEIZ, ÖSTERR; *carpet* abgetreten; *clothing, furniture* abgewetzt, verschlissen; **~ shoes** durchgelaufene Schuhe; **~ tyres** abgefahrene Reifen
② *(exhausted) person* erschöpft; ***he seems very ~ from all the stress*** der Stress hat ihm offenbar sehr zugesetzt; **a ~ expression** ein müder Gesichtsausdruck

worn 'down *adj pred,* **'worn-down** *adj attr* ① *(used up)* abgenutzt, abgenützt SCHWEIZ, ÖSTERR; **~ shoes** durchgelaufene Schuhe; **~ tyres** abgefahrene Reifen
② *(exhausted) person* ausgebrannt, ausgelaugt

worn 'out *adj pred,* **'worn-out** *adj attr* ① *(exhausted) person* erschöpft, abgespannt
② *(damaged) clothes* verschlissen; *shoes also* durchgelaufen; **~ wheel bearings** verschlissenes Kugellager
③ *(fig: used too often) idea, method* abgedroschen

wor·ried ['wʌrɪd, AM 'wɜːr-] *adj (concerned)* beunruhigt, besorgt; ■**to be ~ about sth** sich *dat* um etw *akk* Sorgen machen; ■**to be ~ by sth** sich *dat* wegen einer S. *gen* Sorgen machen; ■**to be ~ that ...** sich *dat* Sorgen machen, dass ..., Angst haben, dass ...; **to give sb a ~ expression** [*or* **look**] jdn besorgt ansehen; **to have sb ~** jdm einen Schreck einjagen; **to be ~ to death** [**about sb/sth**] verrückt vor Sorge [um jdn/etw] sein; **to be ~ sick** [**about sb/sth**] krank vor Sorge [um jdn/etw] sein; **to be unduly ~** [**by sth**] sich *dat* unnötige Sorgen [um etw *akk*] machen

wor·ried·ly ['wʌrɪdli, AM 'wɜːr-] *adv* besorgt, beunruhigt

wor·ri·er ['wʌriəʳ, AM 'wɜːriɚ] *n* Pessimist(in) *m(f)*

wor·ri·some ['wʌrisəm, AM 'wɜːri-] *adj* beunruhigend, Besorgnis erregend; ~ **problem** drückendes Problem

wor·ry ['wʌri, AM 'wɜːri] **I.** *vi* <-ie-> ① *(be concerned)* sich *dat* Sorgen machen; ***I'm sorry — don't ~*** tut mir leid – das macht doch nichts; ***don't ~, we'll be right back!*** keine Sorge, wir sind gleich zurück!; ***don't ~, I'll handle this!*** keine Angst, das regle ich schon!; ***why ~?*** mach dir keine Sorgen!; ■**to ~ about sb/sth** sich *dat* um jdn/etw Sorgen machen
② *(fiddle with)* ■**to ~ at sth** sich *akk* mit etw *dat* herumquälen [*o* herumplagen] [*o* SCHWEIZ *a.* abplagen]
▸PHRASES: **not to ~!** *(fam)* keine Sorge [*o* Angst]!
II. *vt* <-ie-> ① *(cause worry)* ■**to ~ sb** jdn beunruhigen, jdm Sorgen bereiten *geh;* **to ~ one's pretty little head** [**about sth**] *(hum fam)* sich *dat* seinen hübschen kleinen Kopf [über etw *akk*] zerbrechen *hum*
② *(bother)* ■**to ~ sb** jdn stören
③ *(fiddle with)* **to ~ sth** mit etw *dat* herumspielen
④ *(tear at with teeth)* **to ~ a bone** an einem Knochen herumnagen
⑤ *(chase)* **to ~ an animal** einem Tier nachstellen; *(bite)* ein Tier reißen
III. *n* ① *no pl (state of anxiety)* Sorge *f,* Besorgnis *f;* **to be a cause of ~** ein Anlass *m* zur Sorge sein
② *(source of anxiety)* Sorge *f;* **existential/financial worries** existenzielle/finanzielle Sorgen; **to be a minor/major ~ for sb** jdm kaum/ernste Sorgen machen; **to have a ~** [**about sth**] sich *dat* [um etw *akk*] Sorgen machen; **to not have a ~ in the world** keine Sorgen haben, völlig sorgenfrei sein

wor·ry·ing ['wʌriɪŋ, AM 'wɜːr-] *adj* Besorgnis erregend, beunruhigend

wor·ry·ing·ly ['wʌriɪŋli, AM 'wɜːr-] *adv* Besorgnis erregend, beunruhigend

'wor·ry lines *npl* Sorgenfalten *pl* **wor·ry·wart** ['wʌriwɔːt, AM 'wɜːriwɔːrt] *n* AM, AUS *(fam)* Grübler(in) *m(f)*

worse [wɜːs, AM wɜːrs] **I.** *adj inv comp of* **bad** ① *(not as good)* schlechter; *(more difficult, unpleasant)* schlimmer, ärger; ***stop, I can't take any ~!*** hör auf, ich kann nicht noch mehr ertragen!; ~ ***luck!*** *(fam)* so ein Pech [*o fam* Mist]!; ***that only makes matters ~*** das macht alles nur noch schlimmer; ***and to make matters ~ ...*** und was alles noch schlimmer macht, ...; ***it could have been*** [*or* ***come***] ~ es hätte schlimmer sein [*o* kommen] können; ■**to be ~ than ...** schlechter/schlimmer sein als ...
② MED *(sicker)* schlechter, schlimmer; ***he's*** [***got***] ~ es geht ihm schlechter; ***my cold seems to be getting ~*** meine Erkältung scheint schlimmer zu werden [*o* sich zu verschlimmern]
▸PHRASES: [**a bit**] **the ~ for drink** *(dated fam)* beschwipst; **to be** [**all**] **the ~ for sb** für jdn schlimme Folgen haben; ~ **things have happened at sea!** es gibt Schlimmeres!; **so much the ~ for sb** um so schlimmer für jdn; **sb is none the ~ for sth** jdm tut es um etw *akk* nicht leid; ***you would be none the ~ for some basic manners, young man!*** etwas Benehmen würde Ihnen nicht schaden, junger Mann!; [**a bit**] **the ~ for wear** *(fam)* [ziemlich] mitgenommen, abgenutzt, abgenützt SCHWEIZ, ÖSTERR
II. *adv inv comp of* **badly** ① *(less well)* schlechter; *(more seriously)* schlimmer; ***he did ~ than he was expecting in the exams*** er schnitt beim Examen schlechter als erwartet ab; ***you could do a lot ~ than marry her*** dir kann doch gar nichts Besseres passieren, als sie zu heiraten; ■**to be ~ off** [**than ...**] schlechter dran sein [als ...]; **to get ~ and ~** immer schlechter werden, sich *akk* immer mehr verschlechtern
② *(to introduce statement)* **even ~, ...** was noch schlimmer ist, ...
III. *n no pl* ① *(condition)* ■**the ~** das Schlechtere; **to change for the ~** schlechter werden, sich *akk* verschlechtern [*o* verschlimmern], sich *akk* zum Schlechten verändern
② *(circumstance)* Schlimmeres *nt*

wors·en ['wɜːsᵊn, AM 'wɜːr-] **I.** *vi* sich *akk* verschlechtern [*o* verschlimmern]
II. *vt* ■**to ~ sth** etw verschlechtern; **to ~ the situation** die Situation verschlimmern

wors·en·ing ['wɜːsᵊnɪŋ, AM 'wɜːr-] **I.** *n no pl* Verschlechterung *f,* Verschlimmerung *f;* ~ **of conditions** Verschlechterung *f* der Lage
II. *adj attr* sich *akk* verschlechternd; ~ **hair loss** zunehmender Haarausfall

wor·ship ['wɜːʃɪp, AM 'wɜːr-] **I.** *n no pl* ① *(homage)* Verehrung *f;* **act of ~** Anbetung *f;* **ancestor ~** Ahnenverehrung *f*
② *(religious service)* Gottesdienst *m;* **place of ~** *(Christian)* Andachtsstätte *f; (non-Christian)* Kultstätte *f;* **public ~** [öffentlicher] Gottesdienst; **to attend ~** *(form)* den Gottesdienst besuchen, in die Kirche gehen
③ *(adoration)* Verehrung *f;* **fitness and health ~** Fitness- und Gesundheitskult *m pej;* **money ~** Geldgier *f pej*
④ *esp* BRIT *(form: title)* **Your W~** *(to judge)* Euer Ehren *form; (to mayor)* sehr geehrter Herr Bürgermeister/sehr geehrte Frau Bürgermeisterin *form*
II. *vt* <BRIT -pp- *or* AM *usu* -p-> ① *(revere)* **to ~ a deity** einer Gottheit huldigen *geh,* eine Gottheit anbeten
② *(adore)* ■**to ~ sb/sth** jdn/etw anbeten [*o* vergöttern] [*o* verehren]; **to hero-~ sb** jdn wie einen Helden verehren
③ *(be obsessed with)* ■**to ~ sth** von etw *dat* besessen sein; **to ~ money** geldgierig sein; **to ~ sex** sexbesessen sein
▸PHRASES: **to ~ the ground sb walks on** jdn abgöttisch verehren, total verrückt nach jdm sein *fam*
III. *vi* <BRIT -pp- *or* AM *usu* -p-> beten; *(pray as Christian)* am Gottesdienst teilnehmen; **to ~ on a weekly basis** jede Woche zur Kirche gehen; **to ~ in** [*or* **at**] **a church/mosque/synagogue/temple** in einer Kirche/einer Moschee/einer Synagoge/einem Tempel zu Gott beten
▸PHRASES: **to ~ at the altar of sth** etw hochloben; **to ~ at the shrine of sth** in etw *dat* die Erfüllung suchen

wor·ship·er *n* AM *see* **worshipper**

wor·ship·ful ['wɜːʃɪpfᵊl, AM 'wɜːr-] *adj esp* BRIT *(form)* ① *(showing reverence)* ehrfürchtig
② *inv (in titles)* **the W~ Company of Silversmiths** die achtbare Zunft der Silberschmiede

wor·ship·per, AM *also* **wor·ship·er** ['wɜːʃɪpəʳ, AM 'wɜːrʃɪpɚ] *n (person going to church)* Kirchgänger(in) *m(f); (believer)* Gläubige(r) *f(m);* **devil ~** Teufelsanbeter(in) *m(f);* **sun ~** *(fig)* Sonnenanbeter(in) *m(f) hum*

'wor·ship ser·vice *n* Gottesdienst *m;* **to attend a ~** *(form)* einen Gottesdienst besuchen

worst [wɜːst, AM wɜːrst] **I.** *adj inv superl of* **bad** ① *(of poorest quality)* ■**the ~ ...** der/die/das schlechteste ...
② *(least pleasant)* schlechteste(r, s)
③ *(most dangerous)* übelste(r, s), schlimmste(r, s); **to be one's own ~ enemy** sich *dat* selbst sein ärgster Feind sein
④ *(least advantageous)* ungünstigste(r, s); ***the ~ time to go would be in the morning*** am ungünstigsten ist es am Morgen
II. *adv inv superl of* **badly** ① *(most severely)* am schlimmsten
② *(least well)* am schlechtesten; ***he's the school's ~-dressed teacher*** er ist der am schlechtesten angezogene Lehrer
③ *(to introduce sth)* ~ **of all ...** und was am schlimmsten war, ...
III. *n no pl* ■**the ~** der/die/das Schlimmste [*o* Ärgste]; ***the ~ is over now*** das Schlimmste ist jetzt überstanden; **to fear** [*or* **think**] **the ~** das Schlimmste befürchten; ■**at ~** schlimmstenfalls
▸PHRASES: **to be at one's** [*or* **its**] **~** sich *akk* von seiner schlechtesten Seite zeigen; **if** [**the**] **~ comes to** [**the**] **~** wenn es ganz schlimm kommt, wenn alle Stricke reißen *fam;* **to do one's ~ *I'm not frightened of him — let him do his ~!*** was er auch tut, ich habe keine Angst vor ihm!; **to get** [*or* **have**] **the ~ of it** das Meiste abbekommen
IV. *vt usu passive (old)* ■**to be ~ed** vernichtend geschlagen werden

'worst-case *adj attr, inv* schlimmstmöglich; ~ **analysis** Worst-Case-Betrachtung *f;* ~ **scenario** schlimmster Fall, Szenario *nt* bei ungünstigster Entwicklung **worst 'case** *n* schlimmster Fall

worst·ed ['wʊstɪd] **I.** *n no pl* Kammgarn *nt*
II. *n modifier* ~ **suit** Kammgarnanzug *m*

worst-'ever *adj inv* ■**the ~ ...** der/die/das bisher schlimmste ...

wort [wɜːt, AM wɜːrt] *n* ① *(used in plant names)* -kraut *nt,* -wurz *f*
② *no pl (malt infusion)* Bierwürze *f*

worth [wɜːθ, AM wɜːrθ] **I.** *adj inv, pred* ① *(of monetary value)* wert; ■**to be ~ sth** etw wert sein; ***jewellery ~ several thousand pounds*** Schmuck im Wert von mehreren tausend Pfund; ***what's it ~ to you?*** wie viel ist dir das wert?; **to not be ~ a bean** keinen Pfifferling wert sein *fam;* **to not be ~ the paper it is written on** nicht das Papier wert sein, auf dem es geschrieben ist; **to be ~ one's weight in gold** [**to sb/sth**] [für jdn/etw] Gold wert sein
② *(deserving)* wert; ■**to be ~ sth** etw wert sein; ***their latest record is ~ a listen*** ihre neueste Platte kann sich hören lassen; **to** [**not**] **be ~ a mention** [nicht] erwähnenswert sein; **to be ~ a try/visit** einen Versuch/Besuch wert sein; **to be ~ reading** *book, article* lesenswert sein
③ *(advisable)* [lohnens]wert; ***it's not really ~ arguing about!*** es lohnt sich nicht, sich darüber zu streiten!; ***it's ~ mentioning that ...*** man sollte nicht vergessen zu erwähnen, dass ...; ***it's ~ remembering that ...*** man sollte daran denken, dass ...
④ *(fam: in possession of)* ***she must be ~ at least half a million*** sie besitzt mindestens eine halbe Million
▸PHRASES: **to be** [**well**] **~ it** die Mühe wert sein, sich *akk* lohnen; **to do sth for all one is ~** etw mit aller Kraft tun; ***I screamed for all I was ~*** ich schrie aus Leibeskräften; **for what it's ~** *(fam)* übrigens *fam;* **to make sth/it ~ sb's while** jdn für etw *akk* entsprechend belohnen; **to be/not be ~ one's salt** etwas/nichts taugen; **if a thing is ~ doing, it's ~ doing well** *(saying)* wenn schon, denn schon *fam;* **to be ~ sb's while doing sth** sich *akk* für jdn auszahlen [*o* lohnen], etw zu tun
II. *n no pl* ① *(monetary value)* Wert *m;* ***$4 million ~ of gift items*** Geschenkartikel im Wert von 4 Millionen Dollar; ***I did a month's ~ of shopping*** ich habe für einen Monat eingekauft; ***a dollar's ~ of candy, please*** für einen Dollar Bonbons, bitte; **to get one's money's ~** etw für sein Geld bekommen
② *(merit)* Bedeutung *f,* Wert *m;* ***this is of little ~ to me*** das bedeutet mir nicht viel; **of comparable/dubious/little ~** von vergleichbarem/zweifelhaftem/geringem Wert

worthi·ly ['wɜːðɪli, AM 'wɜːr-] *adv (form)* ehrenhaft *geh*

worthi·ness ['wɜːðɪnəs, AM 'wɜːr-] *n no pl* ① *(value)* Wert *m*
② *(appropriateness)* Befähigung *f;* **credit ~** Kreditwürdigkeit *f,* Bonität *f geh*

worth·less ['wɜːθləs, AM 'wɜːr-] *adj* wertlos *a. fig*

worth·less·ness ['wɜːθləsnəs, AM 'wɜːr-] *n no pl*

W

would

In the conditional

Would is most frequently used in conditional sentences. In this context, it can be translated in two ways. The subjunctive II, or simple form, is used only in conjunction with the most frequently occurring verbs:

Primarily these are:

1. *haben, sein, werden*:

If I had won the lottery, I *would* have bought a boat.	Wenn ich im Lotto gewonnen *hätte, hätte* ich ein Boot *gekauft*
If you had let me, I *would* have shown you.	Wenn du mich gelassen *hättest, hätte* ich es dir *gezeigt*.
If we had known that then, we *would* have been able to do something about it.	Wenn wir das damals gewusst *hätten, hätten* wir etwas dagegen machen *können*.
She *wouldn't* have said it unless she meant it.	Sie *hätte* es nicht gesagt, wenn sie es nicht *gemeint hätte*.
It *would* have been better for us if we had been able to go by plane.	Es *wäre* besser für uns gewesen, wenn wir *hätten* fliegen *können*.
I *would* be very grateful, if you could help me.	Ich *wäre* Ihnen sehr dankbar, wenn Sie mir helfen *könnten*.

2. The modal auxilary verbs: *können, müssen, wollen, sollen, dürfen, mögen*:

If I knew, I *would* be able to tell you.	Wenn ich es *wüsste, könnte* ich es dir sagen.
If we left now, we *would* just about be able to [or could just about] arrive on time.	Wenn wir jetzt *gingen, könnten* wir gerade noch rechtzeitig ankommen.
Anyone foreseeing the takeover bid, *would* have been able to make a killing.	Jeder, der dieses Übernahmeangebot *hätte* voraussehen *können, hätte* einen Reibach machen können.

3. Common strong verbs, such as *finden, geben, gehen, halten, heißen, kommen, lassen, stehen, tun, wissen*:

If I had enough time, I *would* gladly come with you.	Wenn ich genug Zeit *hätte, käme* ich gern mit.
Even if I posted the letter today, it *wouldn't* get there before Friday.	Selbst wenn ich den Brief heute noch einwerfen *würde, käme* er erst Freitag an.

The use of the subjunctive II with other less frequent verbs is regarded as archaic and is usually avoided in favour of the construction *würde* + infinitive.

If I won the lottery, *I'd* go to Africa.	Wenn ich im Lotto gewinnen würde, *würde* ich nach Afrika *fahren*.
Had I the time, I *would* help you.	Hätte ich Zeit, *würde* ich dir *helfen*.
If I were you, I *would* accept.	Wenn ich du wäre, *würde* ich *zusagen*.
If she wanted to, I *would* let her.	Wenn sie es wollte, *würde* ich es ihr *erlauben*.
It *would* take too long, if we were to discuss the plan in detail.	Es *würde* zu lange *dauern*, wenn wir den Plan ausführlich besprechen würden.

When referring to the past

would is also used in sentences which refer to the past but indicate a sense of future, i.e. looking forward within a narrative in the past tense, or inferring a prediction by the speaker. This can be conveyed in German in a number of ways:

With the present infinitive:

I decided I *would* buy a motorbike as soon as I was old enough.	Ich beschloss mir ein Motorrad zu kaufen, sobald ich alt genug dazu wäre.
She decided she *would* visit him as soon as she could.	Sie beschloss ihn zu besuchen sobald sie könnte.

With the subjunctive II of *sollen*:

He *would* come to hear this complaint a lot.	Diese Klage *sollte* er noch oft zu hören bekommen.
She *would* never return home.	Sie *sollte* niemals nach Hause zurückkehren.
[meaning: 'she was destined never to return']	

With *würden*:

She suspected that *would* never happen, because it never had before.	Sie nahm an, dass das niemals passieren *würde*, da es noch niemals passiert war.

When referring to events which occurred regularly in the past, but which no longer take place (in the sense of *used to*), *would* can be translated as follows:

Every Saturday he *would* go to the bakery and buy fresh bread.	Früher ging er jeden Samstag in die Bäckerei, um frisches Brot zu kaufen.
She *would* often hear her neighbour singing in the shower.	Oft hörte sie ihren Nachbarn unter der Dusche singen.
He *would* always insist on driving.	Stets bestand er darauf zu fahren.
	oder:
	Immer musste er fahren.

would have is used to talk about things that could have happened in the past, but which never took place. In German, this is expressed by the pluperfect form of the subjunctive II:

I *would have* come.	Ich *wäre* gekommen.
I *would have* drowned.	Ich *wäre* ertrunken.
Would you *have* wanted to come?	*Hättest* du mitkommen wollen?

In reported speech

In reported speech, *would* is used to refer to events and actions which according to the speaker, will happen in the future. Here, the subjunctive I form of *würden* is used:

He said they *would* do it.	Er sagte, sie *würden* es tun.

Where subjunctive I is the same as the indicative, subjunctive II is used:

He said that if the trains were running on time, he *would* be home at six.	Er sagte, dass er um sechs Uhr zu Hause sein *würde*, wenn die Züge pünktlich seien.

In polite requests

The construction *would like* is usually expressed in German using the subjunctive II form *möchte*. *Gerne* may also be added.

I *would like* to go now.	Ich *möchte* jetzt (gerne) gehen.
I *would like* a piece of cake.	Ich *möchte* (gerne) ein Stück Kuchen

Other polite requests can be phrased as follows:

Would you like anything else?	*Hätten* Sie sonst noch einen Wunsch?
Would you be so kind as to close the window?	*Würden* Sie bitte das Fenster zumachen?

Wertlosigkeit *f a. fig*

worth·while [ˌwɜːθˈ(h)waɪl, AM ˌwɜːr-] *adj* lohnend; ■**to be ~** sich *akk* lohnen; ***that's hardly*** ~ das ist kaum der Mühe wert; **to be financially ~** sich *akk* finanziell lohnen

worthy [ˈwɜːði, AM ˈwɜːr-] **I.** *adj* ❶ *(form: estimable)* würdig; **to make a donation to a ~ cause** für einen wohltätigen [*o* guten] Zweck spenden; **~ opponent** würdiger Gegner/würdige Gegnerin; **~ principles** achtbare Prinzipien
❷ *(meriting)* **~ of attention** [*or* **notice**]/**praise** beachtens-/lobenswert; **issues ~ of consideration** in Betracht zu ziehende Punkte
❸ *pred (suitable)* würdig
II. *n (hum or pej)* großer Held/große Heldin *hum o pej;* **local worthies** Lokalmatadoren *pl hum*

wot [wɒt, AM wɑːt] *(hum fam) non-standard spelling of* **what** was

wot·cha [ˈwɒtʃə], **wot·cher** [ˈwɒtʃəʳ] *interj* BRIT *(fam)* hallo *fam,* na! *fam*

would [wʊd] *aux vb* ❶ *(in indirect speech)* ***he said he ~ see his brother tomorrow*** er sagte, er würde seinen Bruder morgen sehen; ***they promised that they ~ help*** sie versprachen zu helfen
❷ *(to express condition)* ***what ~ you do if ...?*** was würdest du tun, wenn ...?; ***I ~n't worry about it*** ich würde mir darüber keine Sorgen machen
❸ *(to express inclination)* ***I'd go myself, but I'm too busy*** ich würde [ja] selbst gehen, aber ich bin zu beschäftigt; ***I ~ hate to miss the show*** die Show möchte ich wirklich nicht verpassen; **sb ~ rather/sooner do sth** jd würde lieber etw tun; ***~n't you rather finish it tomorrow?*** willst du es nicht lieber morgen fertig machen?; **sb ~ rather die than do sth** jd würde lieber sterben, als etw tun
❹ *(polite request)* ***if you ~ just wait a moment ...*** wenn Sie einen kleinen Moment warten, ...; ***~ you mind sharing a room?*** würde es Ihnen etwas ausmachen, ein Zimmer mit jemandem zu teilen?; ***~ you like some cake?*** hättest du gern ein Stück Kuchen?
❺ *(expressing opinion)* ***it ~ have been very boring ...*** es wäre sehr langweilig gewesen ...; ***I ~ imagine that ...*** ich könnte mir vorstellen, dass ...; ***I ~n't have thought that ...*** ich hätte nicht gedacht, dass ...
❻ *(express regularity)* immer [wieder]; ***the bus ~ be late when I'm in a hurry*** der Bus kommt immer zu spät, wenn ich es eilig habe; ***he ~ say that, wouldn't he?*** er sagt das immer, nicht wahr?
❼ *(poet liter: expresses a wish)* ***ah, ~ that I were younger!*** ach, wäre ich doch jünger!

ˈwould-be I. *adj attr, inv* Möchtegern-; **~ politician** Möchtegernpolitiker(in) *m(f) pej*
II. *n* Möchtegern *m pej,* Gernegroß *m pej*

wouldn't [ˈwʊdᵊnt] = would not *see* **would**

wound¹ [wuːnd] **I.** *n* ❶ *(injury)* Wunde *f;* **flesh ~** Fleischwunde *f;* **gunshot/stab/war ~** Schuss-/Stich-/Kriegsverletzung *f;* **a gaping/an open ~** eine klaffende/offene Wunde; **a nasty ~** eine schlimme Wunde
❷ *(fig: psychological hurt)* Wunde *f,* Kränkung *f;* **to reopen old ~s** [*or* **an old ~**] alte Wunden wieder aufreißen
II. *vt* ■**to ~ sb** ❶ *(physically)* jdn verletzen [*o* verwunden]; **to be ~ed in the leg** am Bein verletzt [*o* verwundet] werden; **to ~ sb badly/fatally/mortally** jdn schwer/schlimm/tödlich verletzen [*o* verwunden]
❷ *(fig: psychologically)* jdn kränken [*o* verletzen]; **to ~ sb's heart** jdn [*o* jds Gefühle] verletzen; **to ~ sb deeply** jdn tief verletzen

wound² [waʊnd] *vt, vi pt, pp of* **wind**

wound·ed [ˈwuːndɪd] **I.** *adj* ❶ *(physically)* verletzt, verwundet; **the number of people ~** die Zahl der Verletzten; **~ soldier** verwundeter Soldat
❷ *(fig: psychologically)* gekränkt, verletzt; **~ feelings** verletzte Gefühle; **~ pride** verletzter Stolz
II. *n* ■**the ~** *pl* die Verletzten *pl;* MIL die Verwundeten *pl;* **the walking ~** die Leichtverletzten *pl*

wove [wəʊv, AM woʊv] *vt, vi pt of* **weave**

wov·en [ˈwəʊvᵊn, AM ˈwoʊv-] **I.** *vt, vi pp of* **weave**
II. *adj inv* ❶ *(on loom)* gewebt; **~ fabric** Gewebe *nt*
❷ *(intertwined)* geflochten; **~ basketwork** geflochtene Korbwaren; **~ wreath** geflochtener Kranz
❸ *(complex)* verwickelt, kompliziert

wow [waʊ] *(fam)* **I.** *interj* wow *sl,* toll! *fam,* Wahnsinn! *sl,* super! *sl*
II. *n* ❶ **to be a ~ with sb/sth** bei jdm/etw total beliebt sein *sl;* ***he's a real ~ with the girls in his class*** er kommt bei den Mädchen in seiner Klasse super an *sl*
❷ COMPUT Gleichlaufschwankung *f,* Jaulen *nt*
▸PHRASES: **to have a ~ of a time** sich *akk* großartig amüsieren
III. *vt* ■**to ~ sb** jdn hinreißen [*o* umhauen] *fam*
IV. *vi (sl)* Aufsehen erregen, erstaunen, begeistern

WP¹ [ˌdʌbljuːˈpiː] *n* COMPUT *abbrev of* **word processing** Textverarbeitung *f*

WP² [ˌdʌbljuːˈpiː] *n* COMPUT *abbrev of* **word processor**

WPC [ˌdʌbljupiːˈsiː] *n* BRIT *abbrev of* **Woman Police Constable** Wachtmeisterin *f*

wpm *abbrev of* **words per minute** WpM

WRAC [ræk] *n no pl, + sing/pl vb* BRIT MIL *(hist) acr for* **Women's Royal Army Corps** *Korps, dem alle Frauen der britischen Armee außer Ärztinnen, Zahnärztinnen und Pfarrerinnen bis 1992 angehört haben*

wrack [ræk] *n esp* AM, AUS *see* **rack¹, ³ II**

wraith [reɪθ] *n (liter)* ❶ *(spirit)* Geist *m,* Erscheinung *f*
❷ *(insubstantial person)* Gespenst *nt;* ***strokes had reduced him to a ~*** durch die Schlaganfälle war er nur noch ein Schatten seiner selbst
❸ *(faint trace)* Spur *f*

ˈwraith·like *adj* gespenstisch, geisterhaft

wran·gle [ˈræŋgl] **I.** *vi* streiten; ■**to ~ about** [*or* **over**] **sth** um etw *akk* rangeln; ■**to ~ with** [*or* **against**] **sb** mit jdm streiten
II. *vt* AM *(care for)* **to ~ cattle/horses** Vieh/Pferde hüten
III. *n* Gerangel *nt* (**about/over** um +*akk*); **a legal ~** ein Rechtsstreit *m*

wran·gler [ˈræŋgləʳ, AM -ɚ] *n* ❶ AM *(fam: cowboy)* Cowboy *m*
❷ *(arguer)* streitsüchtige Person, Rechthaber(in) *m(f)*
❸ BRIT *(maths student) Mathematikstudent/-in in Cambridge mit einem erstklassigen Examen*

wran·gling [ˈræŋglɪŋ] *n no pl* Gerangel *nt pej*

wrap [ræp] **I.** *n* ❶ FASHION *(covering)* Umhang *m;* **beach ~** Strandtuch *nt*
❷ *esp* AM FASHION *(stole)* Stola *f;* **chiffon/silk ~** Chiffon-/Seidenstola *f*
❸ *no pl (packaging)* Verpackung *f;* **plastic ~** Plastikverpackung *f*
❹ *usu pl (fig: veil of secrecy)* **to keep sth under ~s** etw unter Verschluss halten; **to take the ~s off sth** etw an die Öffentlichkeit bringen
❺ FILM *(fam)* gelungene Szene; ***it's a ~*** die Szene ist im Kasten *fam*
❻ *esp* AM *(meal)* Tortillawrap *m*
❼ *(sl: cocaine)* **a ~ of cocaine** ein Briefchen *nt* Kokain
II. *n modifier* **~ skirt** Wickelrock *m,* Wickeljupe *m* SCHWEIZ
III. *vt* <-pp-> ❶ *(cover)* ■**to ~ sth** etw einpacken; **to ~ sth in paper** etw in Papier einwickeln
❷ *(embrace)* ■**to ~ sb** jdn umarmen
❸ *(draw round)* ■**to ~ sth around sb/sth** etw um jdn/etw wickeln; **to ~ a blanket round sb** jdn in eine Decke wickeln
❹ *(place around)* ■**to ~ sth** [a]**round sb/sth** etw um jdn/etw schlingen; **to ~ one's arms around sb** die Arme um jdn schlingen, jdn in die Arme nehmen
❺ *(fam: crash)* ***he ~ped his car around a tree*** er ist mit seinem Auto an einem Baum hängen geblieben *fam*
❻ COMPUT **to ~ text/words** Texte/Wörter umbrechen
▸PHRASES: **to ~ sb** [**up**] **in cotton wool** BRIT jdn in Watte packen *fam;* **to ~ oneself in the flag** [*or* BRIT **Union Jack**] [*or* AM **Stars and Stripes**] *(pej)* sich *akk* als Patriot aufspielen; **to ~ sb** [a]**round one's little finger** jdn um den kleinen Finger wickeln
IV. *vi* <-pp-> ❶ COMPUT umbrechen
❷ FILM *(fam)* die Dreharbeiten beenden

◆**wrap up I.** *vt* ❶ *(completely cover)* ■**to ~ up ⊂ sth** etw einwickeln [*o* einpacken]; ■**to ~ up ⊂ sth in sth** etw in etw *akk* einwickeln [*o* einpacken]; **to ~ sth up in secrecy** *(fig)* etw geheim halten
❷ *(dress warmly)* ■**to ~ up ⊂ oneself/sb** sich/jdn warm einpacken
❸ BRIT *(fam: stop talking)* ***~ it up!*** halt die Klappe! *fam,* halt's Maul! *derb*
❹ *(conclude)* ■**to ~ up ⊂ sth** etw abschließen [*o* beenden]; ***that just about ~s it up for today*** damit kommen wir für heute zum Ende; **to ~ up a deal** einen Handel unter Dach und Fach bringen
❺ *(win)* ■**to ~ up sth** etw gewinnen; **to ~ up a game for a team** ein Spiel für eine Mannschaft entscheiden
❻ *(fig: preoccupy)* ■**to be ~ped up in sb/sth** mit jdm/etw ganz beschäftigt sein; ***he's completely ~ped up in Ann*** er hat nur noch Ann im Kopf
II. *vi* ❶ *(dress)* sich *akk* warm einpacken [*o* anziehen]; **to ~ up snugly** [*or* **warmly**] [*or* **well**] sich *akk* gut einpacken [*o* warm anziehen]

W

2 *(finish)* zum Ende kommen; ***let's ~ up and grab some lunch*** lasst uns zum Ende kommen und etwas zu Mittag essen
3 *(pej! fam: stop talking)* ~ ***up!*** halt die Klappe! *fam*, halt das Maul! *derb*

wrap·around ['ræpəraʊnd], BRIT *also* **wrap·round** ['ræpraʊnd] **I.** *adj inv* 1 *(curving)* herumgezogen; ~ **sofa** Ecksofa *nt;* ~ **windshield** [*or* **windscreen**] Panorama[windschutz]scheibe *f*
2 FASHION Wickel-; ~ **skirt** Wickelrock *m,* Wickeljupe *m* SCHWEIZ
II. *n* 1 FASHION Wickelrock *m,* Wickeljupe *m* SCHWEIZ
2 TYPO Zeilenumbruch *m*
3 COMPUT Umlaufsystem *nt*

wrapped [ræpt] *adj* 1 *inv (covered)* eingepackt, verpackt
2 *pred* AUS *(thrilled)* aus dem Häuschen *fam;* ***I'm really ~ to see you again*** ich kann dir gar nicht sagen, wie ich mich freue, dich wiederzusehen

wrap·per ['ræpəʳ, AM -ɚ] *n* 1 *(packaging)* Verpackung *f;* **plastic** ~ Plastikverpackung *f;* **sweet** [*or* AM **candy**] ~ Bonbonpapier *nt*
2 *(for newspaper)* Streifband *nt*
3 *(for book)* [Schutz]umschlag *m,* Schutzhülle *f*
4 *esp* AM *(for cigars)* Deckblatt *nt*
5 AM *(robe)* Umhang *m;* **beach** ~ Strandtuch *nt*

wrap·ping ['ræpɪŋ] *n* Verpackung *f; (for presents)* Geschenkverpackung *f;* **cellophane** ~ Cellophanhülle *f,* Zellophanhülle *f;* **protective plastic** ~ Plastikschutzhülle *f*

'wrap·ping pa·per *n no pl (for package)* Packpapier *nt; (for present)* Geschenkpapier *nt*

wrath [rɒθ, AM ræθ] *n no pl (form liter or dated)* Zorn *m;* **to fuel sb's** ~ [*or* **the** ~ **of sb**] jds Zorn schüren *geh;* **to incur sb's** ~ [*or* **the** ~ **of sb**] sich *dat* jds Zorn zuziehen

wrath·ful ['rɒθfᵊl, AM 'ræθ-] *adj (form liter or dated)* zornig, wutentbrannt

wrath·ful·ly ['rɒθfᵊli, AM 'ræθ-] *adv (form liter or dated)* zornig, wutentbrannt

wreak [ri:k] *vt (form)* 1 *(cause)* ■**to** ~ **sth** etw verursachen; **to** ~ **damage/havoc** [**on** [*or* **with**] **sth**] Schaden [an etw *dat*] anrichten
2 *(inflict)* **to** ~ **one's anger on sb** seine Wut an jdm auslassen; **to** ~ **revenge** [*or* **vengeance**] **on sb** sich *akk* an jdm rächen, an jdm Rache nehmen

wreath [ri:θ] *n* Kranz *m* (**of** aus +*dat*); **Christmas** [*or* **holly**] ~ Weihnachtskranz *m;* ~ **of flowers** Blumenkranz *m;* **laurel** ~ Lorbeerkranz *m;* ~ **of leaves** Blätterkranz *m;* **to lay a** ~ einen Kranz niederlegen

wreathe [ri:ð] *(liter)* **I.** *vt usu passive* 1 *(encircle)* ■**to** ~ **sth** etw umwinden; ***the peak of the mountain is perpetually ~d in cloud*** die Spitze des Berges ist ständig in Wolken gehüllt; ***her face was ~d in smiles*** ein Lächeln umrahmte ihr Gesicht; **to be ~d in melancholy/sorrow** zutiefst melancholisch/traurig sein
2 *(place around)* ■**to** ~ **sth around** [*or* **about**] **sb/sth** etw um jdn/etw [herum]winden; **to** ~ **one's arms around** [*or* **about**] **sb/sth** seine Arme um jdn/etw schlingen
3 *(form into wreath)* ■**to** ~ **sth** etw zu einem Kranz flechten; **to** ~ **flowers/leaves** einen Kranz aus Blumen/Blättern flechten
II. *vi* sich *akk* kräuseln [*o* ringeln]; ***the smoke ~d upwards*** der Rauch stieg in Kringeln auf

wreck [rek] **I.** *n* 1 *(destruction of boat)* Schiffbruch *m*
2 *(boat)* [Schiffs]wrack *nt*
3 *no pl* LAW Strandgut *nt*
4 *(ruined vehicle)* Wrack *nt;* ~ **of a car/plane** Auto-/Flugzeugwrack *nt*
5 *(disorganized remains)* Trümmerhaufen *m,* Ruine *f;* ***this place is a complete*** ~ das ist ja hier ein totales Schlachtfeld *hum*
6 *(accident)* Unfall *m;* **car** ~ Autounfall *m;* **to have** [*or* **be in**] **a bad** ~ einen schweren Unfall haben
7 *(person)* Wrack *nt;* **to be a complete/nervous/quivering** ~ ein totales/nervliches/zitterndes Wrack sein
II. *vt* 1 *(sink)* ■**to be ~ed** *ship* Schiffbruch erleiden
2 *(destroy)* ■**to** ~ **sth** etw zerstören; ***our greenhouse was ~ed in last night's storm*** unser Treibhaus ging im Sturm der letzten Nacht zu Bruch
3 *(fig: spoil)* ■**to** ~ **sth** etw ruinieren; **to** ~ **chances/hopes/plans** Aussichten/Hoffnungen/Pläne zunichtemachen; **to** ~ **sb's life** jds Leben zerstören; **to** ~ **a marriage** eine Ehe zerrütten

wreck·age ['rekɪdʒ] *n no pl* Wrackteile *pl,* Trümmer *pl a. fig;* ***there is some hope for those left clinging to the ~ of small businesses*** es besteht noch etwas Hoffnung für die, die das, was von den kleinen Unternehmen übrig ist, retten wollen

wrecked [rekt] *adj* 1 *(destroyed)* zerstört, vernichtet; ~ **car** Autowrack *nt,* Schrottauto *nt;* **half-~ houses** halb zerstörte Häuser
2 *(involved in shipwreck)* schiffbrüchig
3 *(sl: drunk)* **to get** ~ versumpfen *sl*

wreck·er ['rekəʳ, AM -ɚ] *n* 1 *(person who destroys)* Zerstörer(in) *m(f),* Vernichter(in) *m(f)*
2 *esp* AM *(salvager)* Bergungsarbeiter(in) *m(f)*
3 AM *(breakdown truck)* Abschleppwagen *m;* **to call a** ~ einen Abschleppwagen rufen

wreck·ing ['rekɪŋ] *n no pl* Bergung *f* von Strandgut; HIST Strandraub *m*

'wreck·ing ball *n* Abrissbirne *f*

wren [ren] *n* Zaunkönig *m;* **the Carolina** ~ *Zaunkönig im Staatswappen von Carolina*

Wren [ren] *n* BRIT MIL *(fam) weibliches Mitglied der Royal Navy*

wrench [ren(t)ʃ] **I.** *n* <*pl* -es> 1 *usu sing (twisting)* Ruck *m;* PHYS Drehung *f (unter Zug o. Druck)*
2 *usu sing (fig: painful feeling)* Trennungsschmerz *m;* ***what a ~, seeing you board the plane!*** ich werde total traurig, wenn ich sehe, wie du ins Flugzeug steigst!
3 *esp* AM *(spanner)* Schraubenschlüssel *m;* **screw** ~ Franzose *m,* Rollgabelschlüssel *m fachspr*
II. *vt* 1 *(twist)* ■**to** ~ **sb/sth from sb** jdm jdn/etw entreißen *a. fig;* ■**to** ~ **sth from sth** etw aus etw *dat* reißen; **to** ~ **sth free** [**from sb/sth**] etw [von jdm/etw] losreißen; ■**to** ~ **sth off sth** etw von etw *dat* abreißen
2 *(injure)* **to** ~ **a muscle** sich *dat* einen Muskel zerren; **to** ~ **one's shoulder** sich *dat* die Schulter verrenken
3 *(turn)* **to** ~ **a bolt/nut** eine Schraube/Mutter drehen

wrenched [ren(t)ʃt] *adj inv neck* verrenkt

wrench·ing ['ren(t)ʃɪŋ] *adj* schmerzlich; **heart-~** herzzerreißend

wrest [rest] *vt (form)* ■**to** ~ **sth** [**away**] **from sb** jdm etw entreißen; **to** ~ **control/power from sb/sth** *(fig)* jdm/etw die Kontrolle/Macht entreißen; **to** ~ **a living** sein Dasein fristen; **to** ~ **oneself free** sich *akk* losreißen

wres·tle ['resl] **I.** *vi* 1 SPORT ringen
2 *(fig: struggle)* ■**to** ~ **with sth** mit etw *dat* ringen [*o* kämpfen]
II. *vt* 1 SPORT ■**to** ~ **sb** mit jdm ringen; **to** ~ **sb to the ground** jdn zu Boden bringen
2 *(manipulate)* ■**to** ~ **sth** etw manipulieren
III. *n* 1 *(contest)* Ringkampf *m*
2 *(fig: struggle)* Ringen *nt kein pl*

wres·tler ['resləʳ, AM -ɚ] *n* Ringer(in) *m(f);* **professional** ~ Profiringer(in) *m(f);* **Sumo** ~ Sumoringer(in) *m(f)*

wres·tling ['reslɪŋ] *n no pl* Ringen *nt,* Ringkampf *m;* **all-in** ~ Freistilringen *nt;* **arm** ~ Armdrücken *nt;* **mud** ~ Schlammcatchen *nt fachspr*

'wres·tling bout, **'wres·tling match** *n* Ringkampf *m*

wretch <*pl* -es> [retʃ] *n* 1 *(unfortunate person)* **poor** ~ armer Kerl [*o* Teufel] *fam*
2 *(fam: mean person)* **miserable** ~ Schweinehund *m pej fam,* Mistkerl *m fam; (hum: child)* Schlingel *m hum*

wretch·ed ['retʃɪd] *adj* 1 *(unhappy)* unglücklich, deprimiert; **to feel** ~ sich *akk* elend fühlen
2 *(very bad)* schlimm; *state, condition* jämmerlich; ***she had a ~ life as a child*** sie hatte eine schreckliche Kindheit; **to live on a** ~ **diet** sich *akk* kärglich ernähren
3 *(to express anger)* verflixt; ***it's a ~ nuisance!*** so ein Mist!

wretch·ed·ly ['retʃɪdli] *adv* deprimierend, frustrierend; ***unemployment is ~ high*** die Arbeitslosenzahlen sind erschreckend hoch; ***some of the samples were ~ inadequate*** einige der Muster passten überhaupt nicht

wretch·ed·ness ['retʃɪdnəs] *n no pl* Elend *nt*

wrig·gle ['rɪgl] **I.** *vi* 1 *(twist and turn)* sich *akk* winden; **to** ~ **free** [**of sth**] sich *akk* [aus etw *dat*] herauswinden, sich *akk* [von etw *dat*] befreien
2 *(move)* ■**to** ~ **somewhere** sich *akk* irgendwohin schlängeln, irgendwohin kriechen; ■**to** ~ **through sth** sich *akk* durch etw *akk* hindurchwinden
▸ PHRASES: **to** ~ **off the hook** *(fam)* sich *akk* herausreden *fam;* **to** ~ **out of doing sth** *(fam)* sich *akk* davor drücken, etw zu tun *fam*
II. *vt* ***she ~d her shoulders against the cushions*** sie grub die Schultern in die Kissen; **to** ~ **one's toes in the sand** die Zehen in den Sand graben
III. *n usu sing* Schlängeln *nt,* Winden *nt kein pl*

wri·ly ['raɪli] *adv remark, smile* trocken

wring <wrung, wrung> [rɪŋ] **I.** *n usu sing* [Aus]wringen *nt*
II. *vt* 1 *(twist)* ■**to** ~ **sth** etw auswringen
2 *(break)* **to** ~ **an animal's neck** einem Tier den Hals umdrehen; **to** ~ **sb's neck** *(fig)* jdm den Hals umdrehen *fam*
3 *(squeeze)* **to** ~ **sb's hand** jdm fest die Hand drücken
4 *(obtain)* ■**to** ~ **sth from** [*or* **out of**] **sb** etw aus jdm herauspressen; **to** ~ **concessions from sb** jdm Zugeständnisse abpressen
▸ PHRASES: **to** ~ **one's hands** die Hände ringen
◆ **wring out** *vt* ■**to** ~ **out** ↔ **sth** etw auswringen; **to** ~ **information out of sb** *(fig)* Informationen aus jdm herauspressen

wring·er ['rɪŋəʳ, AM -ɚ] *n* Wäschemangel *f,* Wäschemange *f* SCHWEIZ
▸ PHRASES: **to put sb through the** ~ *(fam)* jdn in die Mangel nehmen *fam*

wring·ing ['rɪŋɪŋ] *adj inv* klatschnass *fam,* patschnass *fam;* ~ **wet** patschnass *fam*

wrin·kle ['rɪŋkl] **I.** *n* 1 *(in a material)* Knitterfalte *f; (in the face)* Falte *f,* Runzel *f;* **anti-~ cream** Antifaltencreme *f;* **to get ~s** Falten bekommen
2 *(fam: difficulty)* **to iron the ~s out** einige Unklarheiten beseitigen
3 *(fam: piece of advice)* Kniff *m*
II. *vt* ■**to** ~ **sth** etw zerknittern; **to** ~ **skin** die Haut faltig werden lassen
▸ PHRASES: **to** ~ **one's brow** die Stirn runzeln; **to** ~ [**up**] **one's nose at sth** über etw *akk* die Nase rümpfen
III. *vi material* zerknittern, Knitterfalten bekommen; *face, skin* Falten bekommen, faltig werden; *fruit* schrumpeln

wrin·kled ['rɪŋkld] *adj clothes* zerknittert; *face, skin* faltig, runzlig; *fruit* verschrumpelt, schrumpelig

'wrin·kle-free *adj inv* knitterfrei

wrin·klie ['rɪŋkli] *n* BRIT, AUS *(sl) see* **wrinkly**

wrin·kly ['rɪŋkli] **I.** *adj clothes* zerknittert; *face, skin* faltig, runzlig; *fruit* schrumpelig, verschrumpelt
II. *n* BRIT, AUS *(pej or hum sl)* Grufti *m pej o hum sl*

wrist [rɪst] *n* 1 ANAT Handgelenk *nt;* **to slash** [*or* **slit**] **one's ~s** sich *dat* die Pulsadern aufschneiden; **to sprain one's** ~ sich *dat* das Handgelenk verstauchen
2 FASHION Manschette *f*

'wrist·band *n* 1 *(strap)* Armband *nt* 2 *(absorbent material)* Schweißband *nt* 3 FASHION Manschette *f*

'wrist in·stru·ment *n* Armbanduhr *f*

wrist·let ['rɪs(t)lɪt] *n* 1 *(bracelet)* Armreif *m*
2 *(handcuff)* Handschelle *f*

'wrist·watch *n* Armbanduhr *f*

writ[1] [rɪt] *n* 1 *(legal notice)* [gerichtliche] Verfügung; ~ **of execution** Vollstreckungsbefehl *m;* ~ **of habeas corpus** gerichtliche Anordnung eines Haftprüfungstermins; **a** ~ **of summons** eine [schrift-

liche] Vorladung; **libel** ~ Anzeige *f* wegen übler Nachrede; **to issue a ~ against sb** jdn vorladen; **to serve a ~ [for sth] on sb** jdm [wegen einer S. *gen*] eine Ladung zustellen, jdn vorladen
② *esp* BRIT *(Crown document)* Wahlausschreibung *f* für das Parlament; **to move a ~** eine Nachwahl beantragen
③ *no pl (form: authority)* ~ **of law** Gesetzgebungshoheit *f*

writ² [rɪt] *vt, vi (old) pt, pp of* **write**
▸PHRASES: **to be ~ large** *(form: be blatant)* ***her distress was ~ large in her face*** ihr Ärger stand ihr deutlich ins Gesicht geschrieben; *(exaggerated)* ***Hollywood is often said to be American society ~ large*** man sagt oft, Hollywood sei amerikanische Gesellschaft in Reinkultur

write <wrote, written *or old* writ> [raɪt] **I.** *vt* ① *(make letters)* ■**to ~ sth** etw schreiben; ***he wrote the appointment in his calendar*** er trug die Verabredung in seinen Kalender ein; **to ~ a letter to sb** jdm einen Brief schreiben
② *(complete)* ■**to ~ sth** etw ausstellen; **to ~ sb a cheque** [*or* **a cheque to sb**] jdm einen Scheck ausstellen [*o* ausschreiben]; **to ~ a prescription/receipt** ein Rezept/eine Quittung ausstellen; **to ~ one's will** sein Testament aufsetzen
③ CAN, SA SCH **to ~ a test** einen Test schreiben
④ *(compose)* ■**to ~ sth** etw schreiben; ■**to ~ sb sth** etw für jdn [*o* jdm etw] schreiben; ■**to ~ to sb [that ...]** BRIT, AUS [*or* AM **to ~ sb [that ...]**] jdm schreiben[, dass ...]; **to ~ a book/song/thesis** ein Buch/ein Lied/eine Doktorarbeit schreiben; **to ~ sth in English/German/French** etw auf Englisch/Deutsch/Französisch verfassen
⑤ *(state)* ■**to ~ that ...** schreiben [*o* berichten], dass ...
⑥ *(add)* ■**to ~ sth into sth** etw in etw *akk* einfügen; **to ~ sth into a contract** etw in einen Vertrag aufnehmen
⑦ COMPUT ■**to ~ sth to sth** etw auf etw *dat* speichern
⑧ *(underwrite)* **to ~ an insurance policy** eine Versicherungspolice unterschreiben [*o* unterzeichnen]
▸PHRASES: **to be nothing to ~ home about** nichts Weltbewegendes sein; ***that was nothing to ~ home about*** das hat uns nicht vom Hocker gerissen *fam*
II. *vi* ① *(make letters)* schreiben; **to ~ clearly/legibly** deutlich/leserlich schreiben; **to know how/learn [how] to read and ~** Lesen und Schreiben können/lernen
② *(handwrite)* mit der Hand schreiben
③ *(compose literature)* schreiben; ■**to ~ about** [*or* **on**] **sth** über etw *akk* schreiben; **to ~ for a living** Schriftsteller(in) *m(f)* sein
④ COMPUT schreiben, speichern, sichern
◆**write away** *vi* ■**to ~ away for sth** etw [schriftlich] anfordern; **to ~ away for brochures/information** Broschüren/Informationen anfordern
◆**write back I.** *vt* ■**to ~ sb [sth] back** jdm [etw] zurückschreiben [*o* antworten]
II. *vi* zurückschreiben, antworten
◆**write down** *vt* ■**to ~ down** ○ **sth** ① *(record)* etw aufschreiben [*o form* niederschreiben]
② FIN etw abschreiben
◆**write in I.** *vt* ① AM POL ■**to ~ in** ○ **sb** *seine Stimme für jdn abgeben, der nicht auf der Kandidatenliste steht*
② *(put in)* ■**to ~ in** ○ **sth** *(in text)* etw einfügen; *(in form)* etw eintragen [*o* ausfüllen]
II. *vi* schreiben; ***he wrote in expressing his dissatisfaction with recent programming*** er schickte einen Brief, um seine Unzufriedenheit mit dem momentanen Programm auszudrücken; ■**to ~ in to sb** jdn anschreiben; ■**to ~ in for sth** etw anfordern
◆**write off I.** *vi* ■**to ~ off for sth** etw [schriftlich] anfordern
II. *vt* ① *(dismiss)* ■**to ~ off** ○ **sb/sth** jdn/etw abschreiben *fam*
② FIN **to ~ off** ○ **an asset** einen Vermögenswert abschreiben; **to ~ off** ○ **a debt** Schulden abschreiben
③ BRIT *(destroy)* **to ~ off a car** ein Auto zu Schrott fahren *fam*
④ *(send)* **to ~ off a letter** einen Brief abschicken
◆**write out** *vt* ① *(remove)* ■**to ~ sb/sth out** [**of sth**] jdn/etw [aus etw *dat*] streichen; ■**to ~ sb out** THEAT, FILM *character in play, series* jdm einen Abgang schaffen; **to ~ sb out of one's will** jdn aus seinem Testament streichen
② *(write in full)* ■**to ~ out** ○ **sth** etw ausschreiben
③ *(put in writing)* ■**to ~ out** ○ **sth** etw aufschreiben
④ *(fill out)* ■**to ~ out** ○ **sth** etw ausstellen; **to ~ a cheque out to sb** [*or* **sb out a cheque**] jdm einen Scheck ausschreiben [*o* ausstellen]
◆**write up** *vt* ① *(put in written form)* **to ~ up an article/notes** einen Artikel/Notizen ausarbeiten
② *(critique)* ■**to ~ up sth** eine Kritik zu etw *dat* schreiben; **to ~ up a concert/film/play** eine Kritik zu einem Konzert/Film/Stück schreiben
③ *(make entries)* **to ~ up a diary** ein Tagebuch auf den neuesten Stand bringen
④ AM *(report)* ■**to ~ sb up** jdn aufschreiben *fam*

'write·down *n* FIN Teilabschreibung *f;* **capital ~** Kapitalschnitt *m* **'write-down al·low·ance** *n* Abschreibungsbetrag *m*

'write-in POL **I.** *n* ① AM *(vote) Stimmabgabe für einen Kandidaten, der nicht auf der Liste steht*
② *(candidate) Kandidat, der nicht auf der Liste steht*
③ *(protest)* Einspruch *m,* Protest *m*
II. *n modifier* **a ~ candidate** *ein nachträglich auf der Liste hinzugefügter Kandidat;* **a ~ campaign** *eine Wahlkampagne, bei der man einen Kandidaten wählen kann, den man nachträglich auf den Stimmzettel dazuschreibt*

'write-off *n* ① BRIT *(vehicle)* Totalschaden *m;* **to be a complete ~** ein absoluter Totalschaden sein
② *(worthless person)* Versager(in) *m(f); (worthless event)* Reinfall *m*
③ FIN Abschreibung *f;* **tax ~** [steuerliche] Abschreibung

'write-pro·tect·ed *adj inv* COMPUT schreibgeschützt

writ·er ['raɪtəʳ, AM -ɚ] *n* ① *(person who writes)* Verfasser(in) *m(f),* Schreiber(in) *m(f)*
② *(author)* Autor(in) *m(f);* ~ **of books** Buchautor(in) *m(f);* ~ **of children's books** Kinderbuchautor(in) *m(f);* **crime ~** Krimiautor(in) *m(f);* **fiction ~** Romanautor(in) *m(f);* ~ **of films** Drehbuchautor(in) *m(f);* ~ **of plays** Dramatiker(in) *m(f);* **sports ~** Sportreporter(in) *m(f);* **travel ~** Reiseschriftsteller(in) *m(f)*
③ ECON *of a cheque* Aussteller(in) *m(f);* ~ **of an option** Optionsverkäufer(in) *m(f),* Stillhalter(in) *m(f)*

writ·er-di·rec·tor [ˌraɪtədaɪ'rektəʳ, AM -t̬ɚdaɪ'rektɚ] *n* Drehbuchautor(in) *m(f)* und Regisseur(in) *m(f)*

wri·ter-in-'resi·dence *n* <*pl* -s-in-residence> *Schriftsteller, der Gast ist an einer Universität oder einer anderen Institution und ev. dort Workshops veranstaltet*

writ·er's 'block *n* Schreibblockade *f* **writ·er's 'cramp** *n* Schreibkrampf *m*

'write-up *n of play, film* Kritik *f; of book also* Buchbesprechung *f,* Rezension *f; (appreciation in value)* Zuschreibung *f*

writhe [raɪð] **I.** *vi* ① *(squirm)* sich *akk* winden [*o* krümmen]; **to ~ in agony** sich *akk* vor Schmerzen winden
② *(fig: emotionally)* beben; ***she ~d in suppressed fury*** sie bebte innerlich vor unterdrückter Wut
II. *vt* **to ~ one's body** seinen Körper krümmen [*o* winden]

writh·ing ['raɪðɪŋ] **I.** *adj attr* sich *akk* windend
II. *n no pl* Sichwinden *nt*

writ·ing ['raɪtɪŋ, AM -t̬ɪŋ] *n* ① *no pl (skill)* Schreiben *nt;* ***reading, ~ and arithmetic*** Lesen, Schreiben und Rechnen; ■**in ~** schriftlich; ***we'll need to have your agreement in ~*** wir brauchen Ihr schriftliches Einverständnis
② *no pl (occupation)* Schreiben *nt,* Schriftstellerei *f;* **creative ~** kreatives Schreiben
③ *no pl (literature)* Literatur *f;* **women's ~** Frauenliteratur *f*
④ *(written works)* ■**~s** *pl* Schriften *pl*
⑤ *no pl (handwriting)* [Hand]schrift *f*
⑥ *no pl (inscription)* Inschrift *f*
⑦ REL ■**the W~s** *pl* die Hagiografa *pl fachspr,* die Hagiografen *pl fachspr*
▸PHRASES: **to read** [*or* **see**] **the ~ on the wall** die Zeichen der Zeit erkennen; **the ~ is on the wall/the wall for sb** die/jds Stunde hat geschlagen

'writ·ing desk *n* Schreibtisch *m* **'writ·ing pad** *n* ① *(paper)* Schreibblock *m* ② COMPUT Sensor[schreib]block *m* **'writ·ing pa·per** *n no pl* Schreibpapier *nt;* **a piece of ~** ein Blatt *nt* Schreibpapier

writ of 'sum·mons *n* LAW Prozesseröffnungsbeschluss *m,* Klageschrift *f* mit Ladung, gerichtliche Verfügung

writ·ten ['rɪtᵊn] **I.** *vt, vi pp of* **write**
II. *adj inv* schriftlich; ~ **work** SCH schriftliche Arbeiten; **the ~ word** das geschriebene Wort
▸PHRASES: **to have sth ~ all over one** [*or* **one's face**] jdm steht etw ins Gesicht geschrieben; **to be ~ in the stars** in den Sternen stehen

writ·ten-down 'value *n* ECON Restbuchwert *m,* Nettobuchwert *m*

wrocław ['vrɒtslɑːf, AM 'vrɑː-] *n* Breslau *nt*

wrong [rɒŋ, AM rɑːŋ] **I.** *adj inv* ① *(not correct)* falsch; ***your clock is ~*** deine Uhr geht falsch; ***she's ~ in thinking that ...*** sie liegt falsch, wenn sie denkt, dass ...; ***he's the ~ person for the job*** er ist nicht der richtige Mann für diesen Job; ***I think we're going the ~ way*** ich denke, wir sind falsch *fam;* ***it's all ~*** das ist völlig verkehrt; ***this is the ~ time to ...*** dies ist nicht der richtige Zeitpunkt, ...; ***it is ~ that you always pay*** es ist nicht in Ordnung, dass du immer bezahlst; ***what's ~ with spending Saturday night in the pub?*** was ist so falsch daran, den Samstagabend im Pub zu verbringen?; ***sorry, you've got the ~ number*** tut mir leid, Sie haben sich verwählt; ***who was on the phone? — oh, it was just a ~ number*** wer war am Telefon? – oh, da hatte sich nur einer verwählt; ***she got in with the ~ crowd at university*** sie ist an der Universität mit den falschen Leuten zusammengekommen; **to get sth ~** sich *akk* mit etw *dat* vertun; *(misunderstand)* etw falsch verstehen; ***you can't go ~ with that type of wine!*** mit diesem Wein können Sie gar nichts falsch machen!; ***he got the answer ~*** er hat die falsche Antwort gegeben; MATH er hat sich verrechnet; ***you got three questions ~*** Sie haben drei Fragen falsch beantwortet; **to get sb ~** jdn falsch verstehen; ***don't get me ~*** versteh mich bitte nicht falsch; **to be proved ~** widerlegt werden; ***I thought she couldn't do it, but she proved me ~*** ich dachte, sie könnte es nicht tun, aber sie bewies mir, dass ich Unrecht hatte; ■**to be ~ about sth** sich *akk* bei etw *dat* irren; ***I was ~ about her*** ich habe mich in ihr getäuscht
② *pred (amiss)* ***is there anything ~?*** stimmt etwas nicht?; ***what's ~ with you today?*** was ist denn heute mit dir los?
③ *(morally reprehensible)* verwerflich *geh;* ***it was ~ of her to ...*** es war nicht richtig von ihr, ...
④ *pred (not functioning properly)* ***something's ~ with the television*** irgendetwas stimmt mit dem Fernseher nicht; ***my car's gone ~ again*** mein Auto tut mal wieder nicht *fam;* ***my computer goes ~ every time I ...*** mein Computer stürzt jedes Mal ab, wenn ich ...; **to find out what is ~** herausfinden, wo der Fehler liegt
▸PHRASES: **to catch sb on the ~ foot** jdn auf dem falschen Fuß erwischen *fam;* **to fall** [*or* **get**] **into the ~ hands** in die falschen Hände geraten; **to get out of bed on the ~ side** [*or* **out of the ~ side of the bed**] mit dem linken Fuß zuerst aufstehen; **to get hold of the ~ end of the stick** etw in den falschen Hals bekommen *fam;* **to have/put sth on the ~ way round** [*or* AM **around**] etw falsch herum anhaben/anziehen; ***you've got your skirt on the ~***

W

way around du hast deinen Rock falsch herum an[gezogen]
II. *adv inv* ❶ *(incorrectly)* falsch; **to spell sth ~** etw falsch buchstabieren
❷ *(in a morally reprehensible way)* falsch; ***his mother always said he lived ~*** seine Mutter hat immer gesagt, dass er ein verwerfliches Leben führe
❸ *(amiss)* **to go ~** *things* schiefgehen *fam; people* vom rechten Weg abkommen
III. *n* ❶ *no pl (moral reprehensibility)* **a sense of right and ~** ein Gespür *nt* für Recht und Unrecht; **to know right from ~** richtig und falsch unterscheiden können
❷ *no pl (unjust action)* Unrecht *nt,* Rechtsverletzung *f;* **to do ~** Unrecht tun; **to do sb a ~** jdm Unrecht zufügen; **to do sb no ~** jdm kein Unrecht tun; **to suffer a ~** Unrecht erleiden
▸PHRASES: **to be in the ~** *(mistaken)* sich *akk* irren; *(reprehensible)* im Unrecht sein
IV. *vt usu passive (form: treat unjustly)* ■**to ~ sb** jdm Unrecht tun; *(judge character unjustly)* jdn falsch einschätzen; ***I ~ed him when I said that he was a fair-weather friend*** ich habe ihn falsch eingeschätzt, als ich sagte, er sei ein Freund für schöne Stunden

wrong·do·er ['rɒŋ,du:əʳ, AM 'rɑ:ŋ,du:ɚ] *n* Übeltäter(in) *m(f),* Missetäter(in) *m(f) veraltend;* LAW Rechtsverletzer(in) *m(f)*

wrong·do·ing ['rɒŋ,du:ɪŋ, AM 'rɑ:ŋ-] *n no pl* Übeltat *nt veraltend,* Missetat *f veraltend geh;* LAW Delikt *nt,* Vergehen *nt;* **police ~** Fehlverhalten *nt* der Polizei; **to accuse sb of ~** jdm Fehlverhalten vorwerfen; **to deny ~** ein Fehlverhalten von sich *dat* weisen

wrong-'foot *vt* BRIT, AUS ■**to ~ sb** jdn auf dem falschen Fuß erwischen

wrong·ful ['rɒŋfᵊl, AM 'rɑ:ŋ-] *adj* unrechtmäßig; LAW ungesetzlich; **~ arrest/dismissal/imprisonment** unrechtmäßige Verhaftung/Entlassung/Inhaftierung

wrong·ful·ly ['rɒŋfᵊli, AM 'rɑ:ŋ-] *adv* zu Unrecht, unrechtmäßig; LAW ungesetzlich

wrong-'head·ed *adj (pej) person* querköpfig *pej,* verbohrt *pej; idea, plan* hirnverbrannt *fam;* **~ person** Querkopf *m meist pej*

wrong·ly ['rɒŋli, AM 'rɑ:ŋ-] *adv inv* ❶ *(mistakenly)* fälschlicherweise, irrtümlicherweise
❷ *(unjustly)* zu Unrecht; **to ~ convict sb of a crime** jdn zu Unrecht verurteilen
❸ *(incorrectly)* falsch, verkehrt; **to spell sth ~** etw falsch buchstabieren

wrong·ness ['rɒŋnəs, AM 'rɑ:ŋ] *n no pl* ❶ *(inaccuracy)* Unrichtigkeit *f,* Fehlerhaftigkeit *f*
❷ *(inadequacy)* Unstimmigkeit *f*
❸ *(inequity)* Ungerechtigkeit *f*

wrote [rəʊt, AM roʊt] *vt, vi pt of* **write**

wrought [rɔ:t, AM *esp* rɑ:t] **I.** *vt (old liter) pt, pp of* **work III**
II. *adj inv* ❶ *(form: crafted)* [aus]gearbeitet; *(conceived)* [gut] durchdacht; *piece of writing* [gut] konzipiert
❷ *attr (beaten out) silver, gold* gehämmert, getrieben

wrought 'iron I. *n no pl* Schmiedeeisen *nt* **II.** *adj pred, inv* schmiedeeisern **'wrought-iron** *adj attr, inv* schmiedeeisern; **~ gate** schmiedeeisernes Tor

wrought 'up *adj usu pred* beunruhigt, aufgeregt; **to be/get ~ [about [***or* **over] sth/sb]** sich *akk* [über etw/jdn] aufregen

wrung [rʌŋ] *vt pt, pp of* **wring**

WRVS [,dʌblju:ɑ:vi:'es] *n no pl, + sing/pl vb* BRIT *abbrev of* **Women's Royal Voluntary Service** *britischer Hilfsdienst für Menschen in Not*

wry <-ier, -iest *or* -er, -est> [raɪ] *adj usu attr* ❶ *(dry and ironic)* trocken; **~ comments** trockene [*o* ironische] Bemerkungen; **~ [sense of] humour** [*or* AM **humor**] trockener [Sinn für] Humor; **a ~ smile** ein bitteres Lächeln
❷ *(of dislike, disgusted)* **to make** [*or* **pull**] **a ~ face** das Gesicht verziehen; *(disappointed)* ein langes Gesicht machen

wry·ly *adv see* **wrily**

W. Sus·sex BRIT *abbrev of* **West Sussex**

WSW *abbrev of* **west southwest** WSW

wt *n abbrev of* **weight** Gew.

WTF [,dʌblju:ti:'ef] AM *(fam!)* INET *abbrev of* **what the fuck** was zum Teufel *sl*

WTO [,dʌblju:ti:'əʊ, AM -'oʊ] *n + sing/pl vb abbrev of* **World Trade Organization** WTO *f*

wun·der·kind <*pl* -s *or* -er> ['wʊndəkɪnd, AM -ɚ-] **I.** *n* Wunderkind *nt,* [Natur]talent *nt*
II. *n modifier (flautist, pianist, singer)* ≈ Star-

wuss [wʊs] *n* AM *(pej sl)* Schlappschwanz *m pej sl,* Waschlappen *m pej sl*

W.V. AM *abbrev of* **West Virginia**

WW *n abbrev of* **World War** Weltkrieg *m*

WWF [,dʌblju:,dʌblju:'ef] *n no pl abbrev of* **World-wide Fund for Nature:** ■**the ~** der WWF

WWI *n no pl abbrev of* **World War I** der Erste Weltkrieg

WWII *n no pl abbrev of* **World War II** der Zweite Weltkrieg

WWW [,dʌblju:dʌblju:'dʌblju:] *n no pl abbrev of* **World Wide Web** WWW *nt*

wych elm ['wɪtʃelm] *n see* **witch elm 'wych hazel** *n* BRIT *see* **witch hazel**

Wyo. AM *abbrev of* **Wyoming**

Wyo·ming·ite [waɪ'əʊmɪŋaɪt, AM -'oʊ-] *n* Bewohner(in) *m(f)* Wyomings

W. Yorks BRIT *abbrev of* **West Yorkshire**

WYSIWYG ['wɪziwɪg] COMPUT *acr for* **what you see is what you get** WYSIWYG *(Ausdruck, der besagt, dass exakt der Inhalt eines Bildschirms ausgedruckt wird, so wie angezeigt)*

X <*pl* -s>, **x** <*pl* 's *or* -'s> [eks] *n* ❶ *(letter)* X *nt,* x *nt;* **~ for Xmas** [*or* AM *also* **as in**] X für Xanthippe; *see also* **A 1**
❷ *(Roman numeral)* X *nt,* x *nt*
❸ *(in place of name)* X; **Mr/Mrs ~** Herr/Frau X

x [eks] **I.** *vt* AM *(delete)* ■**to ~ sth** etw streichen; **to ~ out a name/word** einen Namen/ein Wort [aus]streichen [*o* SCHWEIZ [weg]streichen]
II. *n* ❶ MATH x *nt;* ***let's assume the number of people is ~*** nehmen wir einmal an, wir haben x Personen; **x-axis** x-Achse *f*
❷ *(symbol for kiss) Kusssymbol, etwa am Briefende;* ***all my love, Katy ~~~*** alles Liebe, Gruß und Kuss, Katy
❸ *(cross symbol)* x *nt,* Kreuzchen *nt*
◆**x out** [,eks'aʊt] *vt* ■**to ~ out** ⊂ **sb** *(fam)* jdn ausstreichen [*o fam* rausschmeißen] [*o* SCHWEIZ wegstreichen]

X [eks] *n (dated: film rating symbol) Symbol, das einen Film als nicht jugendfrei ausweist*

X cer·'tifi·cate *n* BRIT *(dated) Zertifikat, das einen Film als nicht jugendfrei ausweist* **'X-cer·tifi·cate** *adj inv* BRIT *(dated)* **an ~ film** [*or* **movie**] *ein Film, der für Jugendliche unter 16 Jahren nicht zugelassen ist*

X 'chro·mo·some *n* X-Chromosom *nt*

xen·on ['zi:nɒn, AM -nɑ:n] *n no pl* CHEM Xenon *nt*

xeno·phobe ['zenə(ʊ)fəʊb, AM -əfoʊb] *n* Ausländerfeind(in) *m(f)*

xeno·pho·bia [,zenə(ʊ)'fəʊbiə, AM -ə'foʊ-] *n no pl* Fremdenhass *m,* Xenophobie *f geh*

xeno·phob·ic [,zenə(ʊ)'fəʊbɪk, AM -ə'foʊ-] *adj* fremdenfeindlich, xenophob *geh;* **~ attitude** fremdenfeindliche Haltung; **~ violence** Gewalt *f* gegen Fremde

xeno·trans·plan·ta·tion [,zenə(ʊ)træn(t)splɑ:n'teɪʃᵊn, AM ,zenətrænsplæn'-] *n (in genetics)* Xenotransplantation *f*

xer·ox ['zɪərɒks, AM 'zɪrɑ:ks] *vt* ■**to ~ sth** etw kopieren; **a ~ed copy of a document** eine Kopie eines Dokuments

Xer·ox® *n* Kopie *f*

X-Games ['eksgeɪmz] *npl* Extremsportarten *pl*

xi par·ti·cle ['saɪ-, 'ksaɪ-, AM 'zaɪ-, 'saɪ-] *n* NUCL Xi-Hyperon *nt*

XL [,eks'el] *adj inv* FASHION *abbrev of* **extra large** XL *nt*

Xmas ['krɪs(t)məs, 'eksməs, AM 'krɪs-] *(fam)* **I.** *n* <*pl* -es> *short for* **Christmas** Weihnachten *nt*
II. *n modifier (decorations, presents, season)* Weihnachts-; **~ tree** Weihnachtsbaum *m*

XML [,eks:em'el] *n* COMPUT *abbrev of* **eXtensible Markup Language** XML *nt*

'X-rat·ed *adj inv (hist)* **an ~ film** [*or* **movie**] *ein Film, der für Jugendliche unter 18 (in den USA unter 17) Jahren nicht zugelassen ist*

X-ray ['eksreɪ] **I.** *n* ❶ *(radiation)* Röntgenstrahl[en] *m[pl]*
❷ *(examination)* Röntgenuntersuchung *f,* Röntgen *nt kein pl;* **to give sb an ~** jdn röntgen; **to go for an ~** sich *akk* röntgen lassen
❸ *(picture)* Röntgenbild *nt,* Röntgenaufnahme *f*
❹ *no pl (hospital department)* Röntgenabteilung *f*
II. *n modifier (using X-rays) (analysis, image, machine, room, technician)* Röntgen-; **the ~ department** die Röntgenabteilung; **~ diffraction analysis** PHYS Röntgenstrukturanalyse *f;* **~ eyes** *(fig)* Röntgenaugen *pl;* **~ vision** *(fig)* Röntgenblick *m*
III. *vt* ■**to ~ sth/sb** etw/jdn röntgen [*o fam* durchleuchten]

xy·lene ['zaɪli:n] *n no pl* CHEM Xylol *nt*

xy·li·tol [zaɪlɪ'tɒl, AM -ta:l, -toʊl] *n no pl* CHEM Xylit *nt*

xy·lo·phone ['zaɪləfəʊn, AM -foʊn] *n* Xylophon *nt*

xy·lo·phon·ist ['zaɪləfəʊnɪst, AM -foʊn-] *n* MUS Xylophonist(in) *m(f)*

Y <*pl* -s>, **y** <*pl* 's *or* -'s> [waɪ] *n* ❶ *(letter)* Y *nt,* y *nt;* **~ for Yellow** [*or* AM **as in Yoke**] Y für Ypsilon; *see also* **A 1**
❷ *(in place of name)* Y; **Mr/Mrs ~** Herr/Frau Y

y [waɪ] *n* MATH y *nt;* **y-axis** y-Achse *f*

Y [waɪ] *n* AM *(fam) abbrev of* **YMCA, YWCA** CVJM, CVJF

ya [jə] *pron* AM *(fam)* du

yacht [jɒt, AM jɑ:t] *n* Jacht *f,* SCHWEIZ, ÖSTERR *a.* Yacht *f;* **luxury ~** Luxusjacht *f;* **ocean-going ~** hochseetaugliche Jacht, Hochseejacht *f*

'yacht club *n* Jachtklub *m*

yacht·ing ['jɒtɪŋ, AM 'jɑ:ṱ-] *n no pl* Segeln *nt;* **to go ~** segeln gehen

'yacht race *n* Segelregatta *f;* **a round-the-world ~** eine Segelregatta um die Welt

'yachts·man *n (owner)* Jachtbesitzer *m; (person sailing)* Segler *m;* **round-the-world ~** Weltumsegler *m* **'yachts·wom·an** *n (owner)* Jachtbesitzerin *f; (person sailing)* Seglerin *f;* **round-the-world ~** Weltumseglerin *f*

yack [jæk] *vi (sl)* quasseln *pej fam,* quatschen *fam,* labern *pej fam*

yackety-yack [,jækəti'jæk, AM -ṱ-] *n usu sing (fam)* Blabla *nt fam,* Gequassel *nt fam*

yada-yada-yada [jə'dɑ:jə'dɑ:jə'dɑ:] *adv inv* AM *(fam)* und so weiter

yah [jɑ:] *interj* BRIT *(fam)* ❶ *(yes)* jaja *fam;* ***~, okay, I understand what you're saying*** ja ja, o.k., ich verstehe, was du sagst
❷ *(derision)* pah!, bah!

ya·hoo I. *n* ['jɑ:hu:] *(pej fam)* Krakeeler *m pej,* Lärmbruder *m* SCHWEIZ *fam;* **a ghastly ~** ein unmöglicher Typ *fam*
II. *interj* [jə'hu:] *(expressing joy, excitement)* juhu!

yak [jæk] **I.** *n* Jak *m*
II. *vi* <-kk-> *see* **yack**

yak·ka ['jækə], **yak·ker** ['jækəʳ] *n no pl* AUS *(fam)*

Maloche *f fam,* ÖSTERR *oft* Hacken *f pej sl*

ya·ku·za <*pl* -> ['jækʊzɑː, AM 'jɑː] *n* Yakuza *m*

Yale lock® ['jeɪllɒk] *n* BRIT Sicherheitsschloss *nt*

y'all [jɑːl] AM DIAL = **you-all**

yam [jæm] *n* ❶ FOOD *(African vegetable)* Jamswurzel *f,* SCHWEIZ, ÖSTERR *bes* Yamswurzel *f*

❷ AM *(sweet potato)* Süßkartoffel *f*

yam·mer ['jæməʳ, AM -ɚ] *vi esp* AM aufdringlich drauflosreden, jammern *fam;* ■**to ~ [away [***or* **on]] [about sth]** [über etw *akk*] maulen

yang [jæŋ] *n no pl* Yang *nt*

yank [jæŋk] *(fam)* **I.** *vt* ❶ *(pull hard)* ■**to ~ sth** an etw *dat* [ruckartig] ziehen, an etw *dat* zerren

❷ *(remove forcefully)* ■**to ~ sth/sb out [of sth]** etw/jdn [aus etw *dat*] herausreißen [*o* herauszerren]; **to be ~ed out of bed** *(fig)* aus dem Bett geworfen werden; **to ~ out a tooth** einen Zahn ziehen

II. *vi* ■**to ~ [on sth]** [an etw *dat*] zerren

III. *n* Ruck *m; **she gave two ~s on the cord*** sie zog zweimal an der Schnur

Yank [jæŋk] *n (fam)* Yankee *m,* Ami *m fam*

Yan·kee ['jæŋki] *(fam)* **I.** *n* ❶ *(American)* Yankee *m,* Ami *m fam*

❷ AM *(person from northern USA)* Nordstaatler(in) *m(f),* Yankee *m*

II. *adj attr, inv* ❶ *(from USA)* Yankee-, Ami-; **~ neighbours** BRIT Yankeenachbarschaft *f*

❷ AM *(from northern USA)* Nordstaaten-; **~ businessmen** Geschäftsleute *pl* aus dem Norden [der USA]; *(esp hist)* Nordstaatler-, Yankee-; **~ government** Yankeeregierung *f*

'Yan·kee bonds *npl* FIN Yankee Bonds *pl*

yap [jæp] **I.** *vi* <-pp-> ❶ *(bark) dog* kläffen

❷ *(pej fam: talk continuously)* quasseln *fam,* ratschen *fam*

II. *n no pl* Kläffen *nt;* **to give a ~** kläffen

yap·ping ['jæpɪŋ] **I.** *adj attr, inv dog* kläffend

II. *n no pl* ❶ *(high-pitched barking)* Kläffen *nt,* Kläfferei *f*

❷ *(pej fam: chatter)* Gequassel *nt fam,* Geschwätz *nt*

❸ *(nagging)* Gezeter *nt; **if she starts her ~ again, I'm going down to the pub*** wenn sie wieder zu keifen anfängt, gehe ich in die Kneipe

yap·py ['jæpi] *adj* **a ~ dog** ein Kläffer *m pej fam*

yard¹ [jɑːd, AM jɑːrd] *n* ❶ *(3 feet)* Yard *nt; **we've got a list a ~ long of things to do today*** *(fig)* wir haben heute eine ellenlange Liste zu erledigen; **~s and ~s of material** meterweise Stoff; **to sell fabric by the ~** Stoff in Yards verkaufen; **by the ~** am laufenden Band [*o* Meter], SCHWEIZ *a.* am Laufmeter

❷ NAUT *(spar)* Rah[e] *f*

yard² [jɑːd, AM jɑːrd] *n* ❶ *(paved area)* Hof *m; (backyard)* Hinterhof *m*

❷ *(work site)* Werksgelände *nt; (for storage)* Lagerplatz *m; (dockyard)* [Schiffs]werft *f; (garage)* Werkstatt *f;* **builder's ~** Baustofflager *nt;* **goods ~** Güterbahnhof *m;* **naval repair ~** Schiffswerft *f;* **scrap ~** Schrottplatz *m;* **wood ~** Sägewerk *nt*

❸ AM *(garden, lot)* Garten *m;* **back~** Hinterhof *m;* **front ~** Vorhof *m; (planted strip)* Vorgarten *m*

Yard [jɑːd] *n no pl, + sing/pl vb* BRIT *(fam)* ■**the ~** Scotland Yard *m*

yard·age ['jɑːdɪdʒ, AM 'jɑːr] *n* ❶ *(measurement)* Yardzahl *f*

❷ HIST *Recht zur Nutzung eines Viehhofes bzw. Abgeltung hierfür*

yard·arm ['jɑːdɑːm, AM 'jɑːrdɑːrm] *n* NAUT Nock *f o nt fachspr;* **to hang sb from the ~** jdn am Mast aufknüpfen

▶PHRASES: **the sun is over the ~** *(dated: time for a drink)* jetzt darf man sich einen genehmigen

Yardie ['jɑːdi, AM 'jɑːr] *n (fam) jamaikanischer Bandengangster*

'yard·stick *n* ❶ *(measuring tool)* Zollstock *m*

❷ *(standard)* Maßstab *m*

yar·mul·ka, yar·mul·ke ['jʌmʊlkə, AM 'jɑːrməl-] *n* REL Scheitelkäppchen *nt*

yarn [jɑːn, AM jɑːrn] **I.** *n* ❶ *no pl (for knitting, weaving)* Wolle *f; (for sewing)* Garn *nt;* **ball of ~** Knäuel *m o nt* Wolle

❷ *(story)* Geschichte *f; (sailor's tall story)* Seemannsgarn *nt; (hunter's, angler's exploit)* Jäger-/Anglerlatein *nt;* **to spin [sb] a ~** [jdm] eine Lügengeschichte erzählen

II. *vi (fam)* klönen *fam*

yar·row <*pl* - *or* -s> ['jærəʊ, AM 'jeroʊ] *n* BOT Schafgarbe *f*

yash·mak ['jæʃmæk, AM 'jɑːʃmɑːk] *n* REL *Schleier, der von Musliminnen getragen wird*

yaw [jɔː, AM *esp* jɑː] AVIAT, NAUT, TECH **I.** *vi ship* gieren *fachspr,* vom Kurs abweichen; *plane* ausbrechen, vom Kurs abweichen

II. *n no pl* Gieren *nt fachspr*

yawl [jɔːl, AM *esp* jɑːl] *n* Jolle *f*

yawn [jɔːn, AM *esp* jɑːn] **I.** *vi* ❶ *(show tiredness)* gähnen

❷ *(liter: open wide) chasm* gähnen, klaffen

II. *vt* **to ~ one's head off** *(fam)* hemmungslos gähnen

III. *n* ❶ *(tiredness)* Gähnen *nt kein pl;* **to stifle a ~** ein Gähnen unterdrücken

❷ *(fam: boring thing)* [stink]langweilige Angelegenheit *fam; **I thought the film was a big ~*** ich fand den Film stinklangweilig

yawn·ing ['jɔːnɪŋ, AM *esp* 'jɑːn-] *adj attr, inv* ❶ *(tiredness)* gähnend

❷ *(liter: wide and deep) chasm* gähnend; ***there exists nowadays a ~ gap between fashion and style*** heutzutage klaffen Mode und Stil weit auseinander; **~ budget deficit** gewaltiges Loch im Staatshaushalt; **~ chasm/crater** gähnender Abgrund/Krater

Y 'chro·mo·some *n* Y-Chromosom *nt*

yd *n abbrev of* **yard¹** 1

ye¹ [jiː] *pron* DIAL *(old) pl of* **thou** ihr; ***O ~ of little faith!*** oh, ihr Kleingläubigen!; ***~ cannot serve God and mammon*** ihr könnt nicht Gott und dem Mammon dienen; **~ gods!** bei Gott!; ***~ gods and little fishes!*** ach du meine Güte!

ye² [jiː] *pron* DIAL *(old) pl of* **thee** euch; ***take up arms and fight for I have strengthened ~*** nehmt die Waffen und kämpft, denn ich habe euch Stärke gegeben

ye³ [jiː] *adj (old)* der/die/das; ***"~ Olde Barb"*** „Zum alten Angelhaken"

yea [jeɪ] *adv inv (form or old)* fürwahr *veraltet liter; **I will be with you, ~, even unto the end of the world*** wahrlich, ich bin bei euch bis ans Ende der Welt; **~ or nay** ja oder nein

yeah [jeə] *adv inv (fam: yes)* ja[wohl]; ***~?*** ach wirklich?; ***oh ~!*** [*or* ***~, ~!***] *(iron)* klar!, ganz bestimmt!; ***~, right*** *(iron)* ja, bestimmt! *iron*

year [jɪəʳ, AM jɪr] *n* ❶ *(twelve months)* Jahr *nt; **it's taken them a ~ to get this far*** sie haben ein Jahr gebraucht, um so weit zu kommen; ***she got two ~s*** sie bekam zwei Jahre [Gefängnis]; ***it'll be a ~ next August*** kommenden August ist es ein Jahr her; ***in the ~ of Our Lord 1492*** im Jahre des Herrn 1492; ***how much does he earn a ~?*** wie viel verdient er im Jahr?; **calendar ~** Kalenderjahr *nt;* **two ~s' work** zwei Jahre Arbeit; **a ~ ago** vor einem Jahr; **all [the] ~ round** das ganze Jahr über; **every other ~** alle zwei Jahre; **fiscal ~** Geschäftsjahr *nt,* Rechnungsjahr *nt; revenue* Steuerjahr *nt;* **last/next/this ~** letztes/nächstes/dieses Jahr; ***he retires in March of next ~*** er geht im März nächsten Jahres in Rente; **last ~** FIN Vorjahr *nt;* **~ by ~** Jahr für Jahr; **during the ~** FIN unterjährig; **for two ~s** zwei Jahre lang; **five times a ~** fünfmal im [*o* pro] Jahr

❷ *(age, time of life)* [Lebens]jahr *nt; **he dances very well for a man of his ~s*** für einen Mann in seinem Alter tanzt er sehr gut; **a two-~-old child** ein zweijähriges Kind

❸ *(fam: indefinite time)* ■**~s** *pl* Jahre *pl;* **~ in, ~ out** Jahr ein, Jahr aus; **for ~s** *(since a long time ago)* seit Jahren; *(regularly)* regelmäßig; *(for a long time)* jahrelang; **over the ~s** mit den Jahren, im Laufe der Jahre

❹ *(academic year)* SCH Schuljahr *nt;* UNIV Studienjahr *nt; (group)* Klasse *f; **he was in my ~ at college*** er war am College in meinem Semester; ***she was in the ~ above*** [*or* AM ***ahead of***]/***below*** [*or* AM ***behind***] ***me at school/university*** sie war in der Schule/Uni[versität] ein Jahr/zwei Semester über/unter mir; **a two-/three-~ course** ein zwei-/dreijähriger Kurs; **the ~ 9 pupils** BRIT die Neuntklässler *pl;* **school ~** Schuljahr *nt;* **a first-/second-~ student** ein Student *m*/eine Studentin im ersten/zweiten Studienjahr; **academic ~** akademisches Jahr; **the second-~s** BRIT UNIV die Studenten, Studentinnen *mpl, fpl* im zweiten Studienjahr; SCH die Schüler(innen) *mpl(fpl)* der zweiten Klasse

❺ *(season)* Jahr *nt;* **the time of the ~** die Jahreszeit; **to be a bad [*or* poor]/good ~ for sth** ein schlechtes/gutes Jahr für etw *akk* sein; ***1988 was an extremely good ~ — if you can find a bottle of that, buy it*** 1988 war ein äußerst gutes Jahr – wenn du eine Flasche davon finden kannst, kaufe sie

▶PHRASES: **from [*or* since] the ~ dot** BRIT, AUS seit Urzeiten [*o* ewigen Zeiten] *fam;* **to put ~s on sb** jdn um Jahre älter machen; **to take ~s off sb** jdn jünger wirken lassen

'year·book *n* ❶ PUBL Jahresausgabe *f* ❷ ECON Jahrbuch *nt* ❸ AM SCH, UNIV Jahrbuch *nt;* **school ~** Schuljahrbuch *nt* **'year end** *n* FIN Jahresabschluss *m,* Jahresende *nt,* Jahresultimo *m* **year-end** *adj* FIN Jahresend-; **~ close** FIN Jahresendabschluss *m*

year·ling ['jɪəlɪŋ, AM 'jɪr-] *n* Jährling *m fachspr,* Enter *m o nt* NORDD; *(racehorse)* einjähriges Pferd

'year-long *adj attr, inv (lasting one year)* ein Jahr dauernd, einjährig; *(lasting for years)* jahrelang

year·ly ['jɪəli, AM 'jɪr-] *inv* **I.** *adj* [all]jährlich; **~ pay increase** jährliche Gehaltserhöhung; **~ subscription** Jahresabonnement *nt;* **twice-~** zweimal pro Jahr

II. *adv* jährlich

yearn [jɜːn, AM jɜːrn] *vi* ■**to ~ for [*or* after] sth/sb** sich *akk* nach etw/jdm sehnen [*o* SCHWEIZ *a.* plangen] *fam,* nach etw/jdm verlangen *geh;* ■**to ~ to do sth** sich *akk* danach sehnen, etw zu tun

yearn·ing ['jɜːnɪŋ, AM 'jɜːrn-] *n* ❶ *no pl (feeling of longing)* Verlangen *nt,* Sehnsucht *f*

❷ *(feeling of loss)* Sehnsucht *f;* **full of unfulfilled ~s and desires** voller unerfüllter Sehnsüchte und Wünsche

'year-round *adj attr, inv* ganzjährig

yeast [jiːst] *n no pl* Hefe *f;* **brewer's ~** Bierhefe *f;* **dried ~** Trockenhefe *f;* **fresh ~** frische Hefe

yeasty ['jiːsti] *adj* hefig; ***the bread has a wonderful ~ taste*** das Brot schmeckt wunderbar nach Hefe

yell [jel] **I.** *n* ❶ *(loud shout)* [Auf]schrei *m; (continuous loud and high pitched shouting)* Gellen *nt,* gellendes Geschrei; SPORT Anfeuerungsgeschrei *nt;* **to give [*or* let out] a ~** aufschreien, einen Schrei ausstoßen

❷ AM *(chant)* Schlachtruf *m;* **college ~** Schlachtruf *m* eines Colleges

II. *vi person, baby* [laut [*o* gellend]] schreien; ***she ~ed at me to catch hold of the rope*** sie schrie mir zu, das Seil zu packen; ***the teacher was ~ing at the class*** der Lehrer schrie die Klasse an; ■**to ~ for sth/sb** nach etw/jdm rufen; **to ~ for help** um Hilfe rufen; **to ~ with laughter/pain** vor Lachen/Schmerzen schreien; **to ~ at each other** sich *akk* anschreien

III. *vt* ■**to ~ sth [at sb]** [jdm] etw laut [zu]rufen [*o* [zu]brüllen]; ***the crowd were ~ing insults at the referee*** die Menge rief dem Schiedsrichter Beleidigungen zu

◆**yell out I.** *vi* schreien; *fans, supporters* johlen

II. *vt* ■**to ~ out** ○ **sth** etw schreien [*o* brüllen]; ***someone ~ed out "stop!"*** jemand rief laut „halt!"; **to ~ out an answer** mit der Antwort herausplatzen; **to ~ out orders** MIL Befehle brüllen; **to ~ out a warning** eine Warnung hervorstoßen

yel·low ['jeləʊ, AM -oʊ] **I.** *adj* ❶ *(colour)* gelb; **~ hair** flachsfarbenes Haar; **bright ~** knallgelb *fam;* **to turn ~** *leaves* gelb werden; *paper, paint* vergilben

❷ *(fam: cowardly)* feige; **to have a ~ streak** feige sein, Schiss haben *sl*

❸ *inv (pej!: colour of skin)* gelb; **the ~ peril** *(pej!*

dated) die gelbe Gefahr *pej*
④ *(sensationalist) book, newspaper* sensationsheischend, Sensations-; ~ **journalism** Sensationsjournalismus *m*
II. *n* ① *no pl (colour)* Gelb *nt;* **to paint a room/wall** ~ ein Zimmer/eine Wand gelb streichen; **a lighter shade of** ~ ein helleres Gelb
② *(shade of yellow)* Gelbton *m*
③ *(snooker)* ■**the** ~ [**ball**] die gelbe Billardkugel
III. *vi paint, paper* vergilben
IV. *vt* **to** ~ **sth** etw gelb[lich] einfärben; ***the sun has ~ed the wallpaper*** die Sonne hat die Tapete vergilben lassen

yel·low-bel·lied [ˌ-ˈbelid] *adj (pej fam: cowardly)* feige; ***you ~ rat!*** du Angsthase! **ˈyel·low-bel·ly** *n (pej fam)* Feigling *m,* Schlappschwanz *m sl,* Waschlappen *m sl*

yel·low ˈcake *n* NUCL Urankonzentrat *nt* **yel·low ˈcard** *n* SPORT Gelbe Karte; **to get a** ~ die Gelbe Karte [gezeigt] bekommen; **to show sb the** ~ jdm die Gelbe Karte zeigen **yel·low dog ˈcon·tract** *n* AM LAW *Arbeitsvertrag, der den Beitritt zu einer Gewerkschaft verbietet* **yel·low ˈfe·ver** *n no pl* Gelbfieber *nt* **ˈyel·low·ham·mer** *n* Goldammer *f*

yel·low·ish [ˈjeləʊɪʃ, AM -loʊ-] *adj* gelblich; **a** ~ **tinge** eine gelbliche Tönung, ein Stich *m* ins Gelbliche

ˈyel·low jack *n* ① *no pl* AM *(sl: yellow fever)* Gelbfieber *nt* ② NAUT Quarantäneflagge *f* **yel·low ˈline** *n* ① BRIT *(on roadside)* Halteverbot *nt,* Parkverbot *nt;* **double** ~ absolutes Halteverbot; **single** ~ eingeschränktes Halteverbot ② AM *(in middle of road)* Mittelstreifen *m*

yel·low·ness [ˈjeləʊnəs, AM -loʊ-] *n no pl* gelbe Farbe; *of skin* Gelbfärbung *f;* ***the paper developed traces of ~ as it aged*** das Papier vergilbte mit der Zeit

Yel·low ˈPages® *npl + sing vb* ■**the** ~ die Gelben Seiten® *pl* **yel·low ˈpow·der** *n* CHEM Dinitrokresol *nt*

yel·low ˈpress *n no pl* AM *(pej)* ■**the** ~ die Regenbogenpresse, die Sensationspresse

Yel·low ˈSea *n* Gelbes Meer

yel·lowy [ˈjeləʊi, AM oʊ] *adj* gelblich

yelp [jelp] **I.** *vi (bark: of dog)* kläffen; *(howl)* jaulen; *person* aufschreien, kreischen; **to** ~ **with pain** *person* vor Schmerz aufschreien; *animal* vor Schmerz aufjaulen [*o* aufheulen]
II. *vt* ■**to** ~ **sth** etw rufen [*o* schreien]
III. *n (bark) dog* Gebell *nt; (howl)* Gejaule *nt,* Geheul[e] *nt; person* Schrei *m;* ~ **of pain** Schmerzensschrei *m;* **a strangled** ~ ein erstickter Aufschrei; **to let out a** ~ einen Schrei von sich *dat* geben, aufschreien; ***she let out a ~ of fear*** sie stieß einen Angstschrei aus

Yem·en [ˈjemən] *n no pl* Jemen *m*

Yem·eni [ˈjeməni] **I.** *adj inv* jemenitisch
II. *n* Jemenit(in) *m(f)*

Yem·en·ite [ˈjemənaɪt] *n* Jemenit(in) *m(f)*

yen¹ <*pl* -> [jen] *n (currency unit)* Yen *m*

yen² [jen] *n (fam)* Faible *nt fam;* **to have a** ~ **for sth/sb** ein Faible für etw/jdn haben; **to have a** ~ **to do sth** den Drang [*o* Lust] haben, etw zu tun

yen·ta [ˈjentə] *n* Klatschbase *f*

yeo·man [ˈjəʊmən, AM ˈjoʊ-] *n (hist)* Freisasse *m hist;* ~ **farmer** Kleinbauer *m hist*
▸ PHRASES: **to do** ~['s] **service** [**for sth**] [etw *dat*] treue Dienste leisten

Yeo·man of the ˈGuard <*pl* Yeomen of the Guard> *n* BRIT königlicher Leibgardist *hist*

yeo·man·ry [ˈjəʊmənri, AM ˈjoʊ-] *n no pl (hist)* ■**the** ~ die Freisassen *pl hist*

yep [jep] *adv inv (fam)* ja; ***have you got the money with you? — ~, it's right here*** hast du das Geld dabei? – klar, hier

Ye·re·van [jerəˈvɑːn] *n* Eriwan *nt*

yes [jes] **I.** *adv inv* ① *(affirmative answer)* ja; ***do you like Indian food? — ~, I love it*** mögen Sie indisches Essen? – ja, sehr; ***she's happy enough, isn't she? — ~, I think so*** sie ist richtig glücklich, nicht wahr? – ja, ich denke schon; ~ ***sir/madam*** [*or* AM ***ma'am***] jawohl; ~ ***please*** ja, bitte; ~, ***thank you*** ja, danke; ~ ***and no*** ja und nein; **to say** ~ [**to sth**] Ja [zu etw *dat*] sagen, etw bejahen
② *(contradicting a negative)* aber ja [doch]; ***I'm not a very good cook — ~, you are*** ich bin kein sehr guter Koch – ach was, bist du doch; ***she didn't really mean it — oh ~ she did!*** sie hat es nicht so gemeint – oh doch, das hat sie!
③ *(as a question)* ja; ***Dad — ~, honey?*** Papa – ja, mein Liebes?; ~, ***madam, how can I help you?*** ja, gnädige Frau, was kann ich für Sie tun?; *(indicating doubt)* ***oh ~?*** ach ja?, ach wirklich?
④ *(used for emphasis)* ja; ***and I'm sorry, ~, really sorry*** und es tut mir leid, ja, ehrlich leid
⑤ *(answering own question)* ach ja; ***where were we? ~, ...*** wo waren wir? ach ja, ...
⑥ *(express delight)* [oh] ja!
II. *n* <*pl* -es> Ja *nt;* ***was that a ~ or a no?*** war das ein Ja oder ein Nein?
III. *vt* <-ss-> AM ■**to** ~ **sb** jdm nach dem Mund reden

ˈyes-man *n (pej)* Jasager *m,* Schleimer *m pej fam*

yes·ter·day [ˈjestədeɪ, AM -tɚ-] **I.** *adv inv* ① *(day before today)* gestern; ~ **afternoon/evening/morning** gestern Nachmittag/Abend/Morgen; **a week ago** ~ [*or* BRIT ~ **week**] gestern vor einer Woche; **the day before** ~ vorgestern
② *(a short time ago)* kürzlich, vor Kurzem
▸ PHRASES: **sb wasn't born** ~ jd ist nicht von gestern
II. *n no pl* ① *(day before today)* Gestern *nt;* ***this is ~'s paper*** das ist die Zeitung von gestern
② *(the past)* Gestern *nt;* ***they're ~'s men*** die sind doch von gestern; ***that's ~'s news*** das ist Schnee von gestern

yes·ter·year [ˈjestəjɪəʳ, AM -ɚjɪr] *n no pl (liter)* **of** ~ von vergangenen Zeiten; **the Hollywood stars of** ~ die Hollywoodstars *pl* vergangener Zeiten

yet [jet] **I.** *adv inv* ① *(up to now)* bis jetzt; ***not many people have arrived*** ~ bis jetzt sind noch nicht viele Leute da; **as** ~ bis jetzt; ***the issue is as ~ undecided*** die Sache ist bis jetzt noch nicht entschieden; + *superl;* **the best/fastest/worst** ~ der/die/das Beste/Schnellste/Schlechteste bisher
② *(already)* schon; ***is it time to go ~? — no, not ~*** ist es schon Zeit zu gehen? – nein, noch nicht
③ *(in the future)* noch; ***the best is ~ to come*** das Beste kommt [erst] noch; **not** ~ noch nicht; ***she won't be back for a long time*** ~ sie wird noch lange nicht zurück sein
④ *(still)* noch; ***the date and time have ~ to be decided*** Datum und Uhrzeit müssen noch festgelegt werden; *(in negative questions)* ***isn't supper ready ~?*** ist das Abendessen noch nicht fertig?; ***it's not ~ time to go*** es ist noch nicht Zeit zu gehen; **to have** ~ **to do sth** noch etw tun müssen; ***we have ~ to decide on a name*** wir müssen uns noch für einen Namen entscheiden; **sb may** [*or* **might**] ~ **do sth** jd wird vielleicht noch etw tun; ***you might ~ prove me wrong*** noch könntest du mich widerlegen
⑤ *(even)* [sogar] noch; ~ ***more snow is forecast for the north*** für den Norden ist noch mehr Schnee angesagt; + *comp;* ~ **bigger/more beautiful** noch größer/schöner
⑥ *(despite that)* trotzdem; *(but)* aber [auch]; *(in spite of everything)* schon; ***they're a most unlikely couple and ~ they get on really well together*** sie sind ein ziemlich ungleiches Paar und trotzdem verstehen sie sich gut; ***she manages to be firm ~ kind with the kids*** ihr gelingt es, streng und zugleich freundlich zu den Kindern zu sein; ***you wait, I'll get you ~!*** na warte, ich kriege dich schon!
⑦ *(in addition)* ***he came back from rugby with ~ another black eye*** er kam vom Rugby wieder mal mit einem blauen Auge nach Hause; ~ **again** schon wieder
II. *conj* und doch, und trotzdem; ***they're a most unlikely couple, [and] ~ they get on really well together*** sie sind ein unmögliches Paar, und doch kommen sie bestens miteinander aus; ***though the sun was warm, ~ the wind was chilly*** obwohl die Sonne warm schien, ging doch ein frischer Wind

yeti [ˈjeti, AM -t̬-] *n* Yeti *m*

yet-unˈnamed *adj inv* noch unbekannt

yew [juː] *n* ① *(tree)* Eibe *f*
② *no pl (wood)* Eibenholz *nt*

Y-fronts® [ˈwaɪfrʌnts] *npl* BRIT Herrenunterhose *f* mit Eingriff [*o* ÖSTERR Schlitz]

YHA [ˌwaɪeɪtʃˈeɪ] *n no pl, + sing/pl vb* BRIT *abbrev of* **Youth Hostels Association** ≈ DJH *nt*

yid [jɪd] *n (pej! fam)* Jud *m pej*

Yid·dish [ˈjɪdɪʃ] *n no pl* Jiddisch *nt*

yield [jiːld] **I.** *n* ① AGR *(amount produced)* Ertrag *m; (field produce)* Ernte *f; (in recipes)* ~: ***10 pieces*** ergibt 10 Stück
② MIN, GEOL *(amount gained)* gewonnene Menge, Ausbeute *f*
③ FIN *(financial return)* [Zins]ertrag *m,* Gewinn *m,* Rendite *f;* ~ **of tax[es]** Steueraufkommen *nt;* **initial** ~**s** anfängliche Gewinne
II. *vt* ① *(produce)* ■**to** ~ **sth** etw hervorbringen; *cereals, fruit* etw erzeugen; ***this area of land should ~ several tons of barley*** dieses Stück Land sollte für etliche Tonnen Gerste gut sein
② *(render)* ■**to** ~ **sth** *mine, quarry, oil wells* etw liefern [*o* ergeben]; *energy, water supplies* etw spenden; *(provide)* etw hergeben; **to** ~ **information/results** Informationen/Ergebnisse liefern; ***the talks with management failed to ~ any results*** die Gespräche mit dem Management blieben ergebnislos
③ FIN ■**to** ~ **sth** etw abwerfen; ***the bonds are currently ~ing 6-7%*** die Pfandbriefe bringen derzeit 6-7 %
④ *(concede)* ■**to** ~ **sth** [**to sb**] etw [an jdn] abgeben; *competence, responsibility* etw [an jdn weiter]delegieren; **to** ~ **responsibility** Verantwortung übertragen
⑤ *(give in)* **to** ~ **ground to sb** jdm [gegenüber] nachgeben; **to** ~ **a point to sb** jdm ein Zugeständnis machen; *(in discussion)* jdm in einem Punkt Recht geben; *(in competition)* einen Punkt an jdn abgeben
III. *vi* ① *(be profitable)* Ertrag geben; *land* [gute] Ernte[n] erbringen; *trees* tragen; *mine, oil well* ergiebig sein; *investments* einträglich sein, Gewinn abwerfen
② *(give way)* nachgeben; ■**to** ~ **to sth/sb** etw/jdm gegenüber nachgeben; **to** ~ **to a demand/temptation** einer Forderung/Versuchung nachgeben
③ *(bend) material, structure* nachgeben
④ *(form: be replaced by)* weichen; ***the small houses had been forced to ~ to a modern tower block*** die Häuser mussten einem modernen Wohnblock weichen
⑤ *(give right of way)* ■**to** ~ **to sb** jdm den Vortritt lassen; **to** ~ **to a vehicle** einem Fahrzeug [die] Vorfahrt gewähren
⑥ AM *(form)* ■**to** ~ **to sb** jdm das Wort erteilen
⑦ MIL *(old: surrender)* sich *akk* ergeben
◆**yield up** *vt* ■**to** ~ **up** ⊃ **sth** etw aufgeben; **to** ~ **up privileges** auf Privilegien verzichten; **to** ~ **up rights** Rechte abtreten; **to** ~ **up a secret** ein Geheimnis lüften

ˈyield curve *n* FIN Zinsertragskurve *f,* Zinsstrukturkurve *f* **ˈyield gap** *n* BRIT FIN Renditegefälle *nt*

yield·ing [ˈjiːldɪŋ] *adj* ① *(pliable)* dehnbar, verformbar; *cake, bread* locker
② *(compliant)* nachgiebig; **a** ~ **disposition** eine flexible Einstellung

yikes [jaɪks] *interj (fam)* [du lieber] Himmel

yin [jɪn] *n no pl* Yin *nt*

yip *vi person* aufschreien; *animal* [auf]jaulen

yip·pee [jɪˈpiː, AM ˈjɪpiː] *interj (fam)* hurra! *fam*

yip·py [ˈjɪpi] *n* <*pl* -ies> *(a politically active hippy)* Yippie *m*

yips [jɪps] *npl (fam)* ■**the** ~ das große Zittern

ylang-ylang [ˌiːlæŋiːˈlæŋ, AM -lɑːŋiˈlɑːŋ] *n* Ylang-Ylang *m*

YMCA¹ [ˌwaɪemsiːˈeɪ] *n no pl, + sing/pl vb (organization) abbrev of* **Young Men's Christian Association** CVJM *m*

YMCA² [ˌwaɪemsiːˈeɪ] *n (hostel)* ≈ Jugendherberge *f*

yo *interj* ① *(sl: Black English: greeting)* hi *fam*
② *(sl: Black English: attention getter)* he! *fam*

③ *(sl: yes)* klar *fam;* ***party at my place? — ~, baby*** Party bei mir zu Hause? – klar doch Baby!

yob [jɒb, AM jɑ:b] *n esp* BRIT, AUS *(fam),* **yob·bo** <*pl* -os *or* -oes> ['jɒbəʊ, AM 'jɑ:boʊ] *n esp* BRIT, AUS *(fam)* Rabauke *m,* Rowdy *m*

yob·bish ['jɒbɪʃ] *adj* BRIT *(fam) behaviour* rowdyhaft

yob·bish·ness ['jɒbɪʃnəs] *n* Rowdytum *nt kein pl pej*

yo·del ['jəʊdᵊl, AM 'joʊ-] **I.** *vi* <BRIT -ll- *or* AM *usu* -l-> jodeln
II. *vt* <BRIT -ll- *or* AM *usu* -l-> ▪**to ~ sth** etw jodeln
III. *n* Jodler *m*

yo·del·ler ['jəʊdᵊlə^r, AM 'joʊdᵊlɚ] *n* Jodler(in) *m(f)*

yoga ['jəʊgə, AM 'joʊ-] **I.** *n no pl* Yoga *nt;* **to do ~** Yoga betreiben
II. *n modifier (class, teacher)* Yoga-; **~ exercise** Yogaübung *f*

yo·ghourt *n see* **yogurt**

yogi ['jəʊgi, AM 'joʊ-] *n* Yogi[n] *m*

yo·gic ['jəʊgɪk, AM 'joʊ-] *adj attr, inv* Yoga-; **~ exercise** Yogaübung *f*

yo·gurt ['jɒgət, AM 'joʊgɚt] *n* ① *no pl (curdled milk)* Joghurt *m o* SCHWEIZ, ÖSTERR *nt;* **ultra low-fat ~** Joghurt *m* der niedrigsten Fettstufe; **chilled ~** [eis]gekühlter Joghurt; **natural ~** reiner Joghurt
② *(portion)* Joghurt *m*

yoke [jəʊk, AM joʊk] **I.** *n* ① *(for pulling)* Joch *nt; (for carrying)* Tragjoch *nt,* Schultertrage *f*
② *(fig liter: oppressive burden)* Joch *nt geh;* **the ~ of marriage** das Joch der Ehe *hum;* **to throw off the ~** das Joch abschütteln *geh*
③ <*pl* - *or* -s> **~ of oxen** Ochsengespann *nt*
④ *(dress part)* Passe *f*
II. *vt* ① *(fit with yoke)* ▪**to ~ an animal** ein Tier ins Joch spannen; **to ~ animals to a plough** Tiere vor einen Pflug spannen
② *(fig: combine)* ▪**to ~ sth together** etw [miteinander ver]koppeln
③ *(fig: couple)* ▪**to be ~d** verheiratet sein; **to be ~d together in marriage** ehelich vereint sein

yo·kel ['jəʊkᵊl, AM 'joʊ-] *n (hum or pej)* Tölpel *m,* Tollpatsch *m;* **country ~** Bauerntölpel *m pej,* Landei *nt* SCHWEIZ *pej,* G[e]scherter *m* ÖSTERR *pej sl; (woman also)* Landpomeranze *f hum;* **local ~** Dorftrottel *m pej fam*

yolk [jəʊk, AM joʊk] *n* Eigelb *nt,* [Ei]dotter *m*

Yom Kip·pur [ˌjɒmkɪ'pʊə^r, AM ˌjɑ:m'kɪpɚ] *n* Jom Kippur *m*

yomp [jɒmp] *vi* BRIT MIL *(sl)* marschieren

yon [jɒn, AM jɑ:n] *adj attr, inv* DIAL *(poet)* jener/jene/jenes ... dort [drüben]

yon·der ['jɒndə^r, AM 'jɑ:ndɚ] *inv (old)* **I.** *adv* DIAL dort drüben; ***she lives in that village ~*** sie lebt in diesem Dorf dort drüben; **down/over ~** dort drüben
II. *adj attr* DIAL jener/jene/jenes ... dort [drüben]; ***close by ~ tree is an old well*** nahe bei jenem Baum dort drüben befindet sich ein alter Brunnen

yonks [jɒŋks] *n no pl* BRIT, AUS *(dated fam)* **for** [*or* **in**] **~** seit Ewigkeiten *fam*

yoo-hoo ['ju:hu:] *interj* juhu

yore [jɔ:^r, AM jɔ:r] *n no pl (liter poet)* **of ~** aus vergangenen Zeiten; **in [the] days of ~** einstmals, ehedem *liter poet*

York·shire·man ['jɔ:kʃəmən, AM 'jɔ:rkʃɚ-] *n* Bewohner *m* von Yorkshire **York·shire pud·ding** [ˌjɔ:kʃə'pʊdɪŋ, AM ˌjɔ:rkʃɚ'-] *n esp* BRIT Yorkshire Pudding *m* **York·shire·wom·an** ['jɔ:kʃəwʊmən, AM 'jɔ:rkʃɚ-] *n* Bewohnerin *f* von Yorkshire

'York stone *n* York-Sandstein *m*

Yo·ru·ba ['jɒrʊbə, AM 'jɔ:rəbə] *n* Yoruba *nt*

Yo·semi·te Falls [jəʊˌsemɪti'-, AM joʊˌsemɪt̬i-] *npl* Yosemite Fälle *pl*

you [ju:, ju, jə] *pron pers* ① *singular* du *nom,* dich *akk,* dir *dat; polite form* Sie *nom, akk,* Ihnen *dat;* ***~ look nice*** du siehst gut aus; ***I love ~*** ich liebe dich; ***I'll help ~ if ~ like*** wenn du willst, helfe ich dir; ***~ painted that yourself?*** das hast du selbst gemalt?; ***if I were ~*** wenn ich du/Sie wäre, an deiner/Ihrer Stelle; ***that dress just isn't ~!*** das Kleid passt einfach nicht zu dir!; **~ got it** AM sofort; ***would you get me a coffee? — sure, ~ got it*** würden Sie mir einen Kaffee bringen? – natürlich, sofort
② *plural* ihr *nom,* euch *akk, dat; polite form* Sie *nom, akk,* Ihnen *dat;* ***~ kids are going to eat us into the poorhouse!*** ihr Kinder esst uns noch die Haare vom Kopf *hum;* ***how many of ~ are there?*** wie viele seid ihr?; **~ Americans/engineers/men** ihr Amerikaner/Ingenieure/Männer; ***I can't stand ~ men!*** ich kann euch Männer nicht ausstehen!; **~ two/three/four** ihr zwei/drei/vier; ***are ~ two ready?*** seid ihr beiden fertig?
③ *(one)* man; ***~ learn from experience*** aus Erfahrung wird man klug; ***~ can't get a driving licence till ~'re seventeen in this country*** in diesem Land bekommt man erst mit 17 den Führerschein; ***it's not good for ~*** das ist nicht gesund; ***~ never know*** man weiß nie
④ *(in exclamations)* du/sie/ihr ...!; ***~ darling!*** du bist ein Engel! [*o* Schatz!]; ***~ clever girl!*** du kluges Mädchen!; ***~ fools!*** ihr Dummköpfe!; ***hey ~, what are you doing in there?*** he Sie, was machen Sie da drinnen?; ***now there's a man for ~!*** das ist [doch mal] ein toller Mann!; ***just ~ dare!*** untersteh dich!
▶PHRASES: **~ and yours** die Familie; ***Christmas is a time to spend with ~ and yours*** Weihnachten sollte man mit der Familie verbringen

you-all [ju'ɔ:l] *pron pl* AM DIAL *(fam: all of you)* ihr alle; ***are ~ coming tonight?*** kommt ihr heute Abend alle?; ***~ seem very busy*** ihr scheint alle sehr beschäftigt zu sein; ***how are ~?*** wie geht es euch allen?

you'd¹ [ju:d] = **you had** *see* **have**

you'd² [ju:d] = **you would** *see* **would**

you'd've ['ju:dəv] = **you would have** *see* **have**

you'll [ju:l] = **you will** *see* **will¹**

young [jʌŋ] **I.** *adj* ① *(not old)* jung; ***I'm not as ~ as I was, you know*** ich bin nämlich nicht mehr der/die Jüngste; ***you're only ~ once!*** man ist nur einmal jung!; ***we married ~*** wir haben jung geheiratet; **a ~ couple** ein junges Paar; **~ children** kleine Kinder; **the ~er generation** die jüngere Generation; **to be rather/too ~ to do sth** recht/zu jung sein, um etw zu tun
② *(young-seeming)* jugendlich, jung; *(immature)* kindlich; ***she's a very ~ forty*** für vierzig sieht sie sehr jung aus; ***she's ~ for sixteen*** für sechzehn ist sie noch recht kindlich; **to be/look ~ for one's age** jung für sein Alter sein/aussehen; **to be ~ at heart** im Herzen jung [geblieben] sein; **to be a bit/too ~ for sb** *clothes* ein bisschen/zu jugendlich für jdn sein
③ *(not as old)* ***if I was ten years ~er, ...*** wenn ich zehn Jahre jünger wäre, ...; ***this is John, our ~est*** das ist John, unser Jüngster; **in sb's ~[er] days** in jds jüngeren Jahren
④ *(early)* [noch] nicht weit fortgeschritten; ***the night is still ~, let's go to a night club?*** die Nacht ist noch jung, gehen wir doch in einen Nachtklub?
⑤ *(newly formed)* jung; **a ~ company** ein junges Unternehmen; **a ~ country** ein junges Land
⑥ *(title)* ▪**the Y~er** der/die Jüngere; ***Pieter Bruegel/Pitt the Y~er*** Pieter Bruegel/Pitt der Jüngere; **~ Mr Jones** Herr Jones junior
▶PHRASES: **live fast, die ~** lieber kurz aber dafür intensiv gelebt
II. *n* ① *(young people)* ▪**the ~** *pl* die jungen Leute
② ZOOL *(offspring)* Junge *pl*

young 'blood *n no pl* junges [*o* frisches] Blut

young·ish ['jʌŋɪʃ] *adj* ziemlich jung

young 'lady *n* ① *(form of address)* junge Dame
② *(dated: girlfriend)* Auserwählte *f hum geh,* Zukünftige *f hum* **young 'love** *n no pl* junge Liebe **young 'man** *n* ① *(form of address)* junger Mann; ***excuse me, ~ ...*** Verzeihung, junger Mann, ...
② *(dated: boyfriend)* Auserwählte(r) *m hum geh,* Zukünftige(r) *m hum* **young of·'fend·er** *n* BRIT LAW jugendlicher Straftäter *(zwischen 17 und 20 Jahren)* **young of·fend·ers' in·sti·'tu·tion** *n* BRIT Jugendstrafanstalt *f* **'young ones** *npl* ▪**the ~** *(children)* die Kleinen *pl; (young adults)* junge Leute **young 'per·son** *n* BRIT LAW Jugendlicher, Minderjähriger *(zwischen 14 und 17 Jahren)*

young·ster ['jʌŋ(k)stə^r, AM -ɚ] *n (fam)* Jugendliche(r) *f(m);* ***you ~s*** ihr jungen Leute; **homeless ~s** obdachlose Jugendliche

your [jɔ:^r, jʊə^r, AM jʊr] *adj poss* ① *(of you, singular)* dein(e); *(plural)* euer/eure; *(polite)* Ihr(e); ***garlic is good for ~ blood*** Knoblauch ist gut für das Blut
② *(one's)* sein(e); ***it's enough to break ~ heart*** es bricht einem förmlich das Herz; *(referring to sb else)* ***~ average German*** der durchschnittliche Deutsche; ***she's one of ~ chatty types*** sie redet auch gern viel

you're [jɔ:^r, jə^r, AM jʊr, jɚ] = **you are** *see* **be**

yours [jɔ:z, AM jʊrz] *pron poss* ① *(belonging to you)* deine(r, s); *(plural)* eure(r, s); *(polite)* Ihre(r, s); ***this is my plate and that one's ~*** dies ist mein Teller und der da ist deiner; ***is this pen ~?*** ist das dein Stift?; ***unfortunately, my legs aren't as long as ~*** leider sind meine Beine nicht so lang wie deine; ***the choice is ~*** Sie haben die Wahl; ***what's ~?*** *(to drink)* was möchtest du [trinken]?; ***you and ~*** du und deine Familie, du und die Deinen *geh;* ▪**of ~:** ***that recipe of ~ for cheesecake was wonderful!*** dein Rezept für Käsekuchen war wunderbar!; ***you know, that dog of ~ smells*** weißt du, euer Hund stinkt; ***it's no business of ~*** das geht dich nichts an
② *(belonging to people in general)* ***someone else's dirty handkerchief is revolting but it's okay if it's ~*** fremde schmutzige Taschentücher sind widerwärtig, das eigene ist aber okay
③ *(at end of letter)* **~ [faithfully/sincerely/truly], ..., faithfully/sincerely ~** mit freundlichen Grüßen, ...; ***~, as ever, Jane*** in Liebe, deine Jane
④ COMM *(your letter)* Ihr Brief; ***Mr Smythe has sent me ~ of the 15th inst. regarding the vacancy*** Mr. Smythe hat mir Ihren Brief vom 15. des Monats bezüglich der freien Stelle zugeschickt
▶PHRASES: **~ truly** *(fam)* ich; ***and who had to do the dishes? — ~ truly!*** und wer musste dann abwaschen? – ich natürlich!; **up ~!** *(vulg)* leck mich! *derb*

your·self <*pl* yourselves> [jɔ:'self, AM jʊr'-] *pron reflexive* ① *after vb* dich; ***if you apply ~ and study hard, I'm sure you'll do well in the test*** wenn du dich anstrengst und viel lernst, wirst du die Prüfung sicher gut schaffen; ***did you enjoy ~ at the picnic?*** hat dir das Picknick gefallen?; ***be careful with that knife or you'll cut ~!*** sei vorsichtig mit dem Messer, damit du dich nicht schneidest; ***try to calm ~ and tell us exactly what happened*** beruhige dich und erzähl uns genau, was passiert ist; ***how would you describe ~?*** wie würden Sie sich beschreiben?; ***help yourselves, boys*** bedient euch, Jungs
② *after prep to, for, at* dir *dat,* dich *akk;* ***do you always talk to ~ like that?*** sprichst du immer so mit dir selbst?; ***see for ~*** sieh selbst
③ *(oneself)* sich; ***you tell ~ everything's all right but you know it's not really*** man sagt sich, dass alles in Ordnung ist, aber man weiß, dass das nicht stimmt; ***you should love others like you love ~ — at least that's what it says in the Bible*** man soll andere lieben wie sich selbst – das steht zumindest in der Bibel
④ *(personally)* selbst; ***you can do that ~*** du kannst das selbst machen; ***you could write to him ~, you know*** du könntest ihm selbst schreiben, weißt du; ***you're going to have to do it ~*** das wirst du selbst machen müssen; **to feel/see/taste/try sth for ~** etw selbst fühlen/sehen/kosten/versuchen; ***it's right here in black and white — read it for ~!*** hier steht es schwarz auf weiß – lies selbst!; **you ~ ...** du selbst ...; ***you ~ said that you sometimes find your mother a pain*** du hast selbst gesagt, dass deine Mutter manchmal nervt
⑤ *(alone)* du allein; ***do you want to keep those sweets for ~?*** willst du die Bonbons [alle] für dich behalten?; ***did you carry all that heavy stuff in all by ~?*** hast du die ganzen schweren Sachen alleine getragen?; ***so have you got the whole house to ~ this weekend?*** hast du das Haus übers Wochen-

ende für dich allein?
6 *(normal)* du selbst; ***be ~*** sei du selbst; ***the best thing you can do is to go into the interview and just be ~*** das Beste, was du tun kannst, ist in das Bewerbungsgespräch zu gehen und einfach ganz natürlich zu sein; ***you don't look ~ in those jeans*** du siehst in den Jeans so fremd aus
▸PHRASES: **how's ~?** *(fam)* wie geht's?; ***me and the wife are doing fine, thanks, and how's ~?*** meiner Frau und mir geht's gut, danke, und selbst? *fam;* **in ~** BRIT *(dated)* trotz allem; ***I heard of your latest tragedy, but how are you in ~?*** ich habe von deinem letzten Unglück gehört, wie geht es dir trotz allem?

youth [ju:θ] **I.** *n* 1 *no pl (period when young)* Jugend *f;* **sb's misspent ~** jds vergeudete Jugend; **in my ~** in meiner Jugend
2 *no pl (being young)* Jugend[lichkeit] *f;* **to have got ~ on one's side** den Vorteil der Jugend besitzen; **the secret of eternal ~** das Geheimnis ewiger Jugend
3 *(young man)* junger Mann, Jugendliche(r) *m;* **a callow ~** ein grüner Junge *fam,* ein Grünschnabel *m fam*
4 *(young people)* ■**the ~** *pl* die Jugend; **the ~ of today** die Jugend von heute
II. *n modifier (club, crime, group, movement, orchestra, organization, team, unemployment)* Jugend-; **~ culture** Jugendszene *f;* **~ section** *(of political party)* [organisierte] Parteijugend

'youth cen·tre, AM **'youth cen·ter**, **'youth club** *n* Jugendzentrum *nt* **youth 'cus·to·dy or·der** *n* LAW Verurteilung zum Jugendarrest

youth·ful ['ju:θfᵊl] *adj* 1 *(young-looking)* jugendlich; **~ appearance** jugendliches Aussehen; **~ good looks** jugendlich-hübsche Erscheinung; **~ skin** junge Haut
2 *(young)* jung
3 *(typical of the young)* jugendlich; **~ enthusiasm/vigour** [*or* AM **vigor**] jugendlicher Enthusiasmus/Elan; **~ impetuosity/overconfidence** jugendlicher Übermut/Leichtsinn

youth·ful·ly ['ju:θfᵊli] *adv* jugendlich

youth·ful·ness ['ju:θfᵊlnəs] *n no pl* 1 *(youthful appearance)* Jugendlichkeit *f*
2 *(youthful spirit)* jugendliche Art

youth·ful of·'fend·er *n* AM LAW jugendlicher Straftäter *(zwischen 17 und 20 Jahren)*

'youth hos·tel *n* Jugendherberge *f* **'youth hos·tel·ling** *n no pl* **to go ~** von Jugendherberge zu Jugendherberge ziehen **'youth·quake** *n no pl* AM *(fam)* Überschwemmung *f* mit Jungstars **Youth 'Train·ing Scheme** *n,* **YTS** *n* BRIT *Berufsfindungsprojekt für Jugendliche*

you've [ju:v] = **you have** *see* **have I, II**

yowl [jaʊl] **I.** *vi cat, dog* heulen, jaulen; *person* [auf]heulen, brüllen
II. *n* Gejaule *nt;* **ear-splitting ~s** ohrenbetäubendes Gejaule

yo-yo <*pl* -os> ['jəʊjəʊ, AM 'joʊjoʊ] *n* Jo-Jo *nt;* ***the oil price has been up and down like a ~ in the last few months*** der Ölpreis ist in den letzten paar Monaten rauf- und runtergeschnellt

'yo-yo diet *n (fam)* Jo-Jo-Diät *f* **yo-yo 'diet·ing** *n no pl (fam)* Abnehmen *nt* und gleich wieder Zunehmen **'yo-yo ef·fect** *n* Jo-Jo-Effekt *m*

yr *n abbrev of* **year**

Y.T. CAN *abbrev of* **Yukon Territory**

YTS [ˌwaɪti:'es] *n* BRIT *abbrev of* **Youth Training Scheme** *Berufsfindungsprojekt für Jugendliche*

yt·ter·bium [ɪ'tɜ:ʳbiəm, AM ɪ'tɜ:r-] *n no pl* CHEM Ytterbium *nt*

Y2K [ˌwaɪtu:'keɪ] *n modifier* COMPUT *abbrev of* **year 2000** *problem, crisis, celebration* Y2K-

yuan [ju:'æn] *n (currency of China)* Yuan *m*

Yu·ca·tec ['ju:kətek] *n* Yucatec *nt*

yuc·ca ['jʌkə] *n* Yucca[palme] *f*

yuck [jʌk] *interj (fam)* i, igitt

yucky ['jʌki] *adj (fam)* ek[e]lig, widerlich; **a ~ mess** eine fürchterliche Sauerei

Yu·go·slav ['ju:gə(ʊ)slɑ:v, AM -goʊ-] HIST **I.** *adj inv* 1 *(country)* Jugoslawien- *hist*
2 *(nationality)* jugoslawisch *hist;* **to be ~** Jugoslawe/Jugoslawin sein *hist*
II. *n* Jugoslawe, Jugoslawin *m, f hist*

Yu·go·sla·via [ˌju:gə(ʊ)'slɑ:viə, AM -goʊ'-] *n no pl* HIST Jugoslawien *nt hist;* **the former ~** das ehemalige Jugoslawien

Yu·go·sla·vian [ˌju:gə(ʊ)'slɑ:viən, AM -goʊ'-] HIST **I.** *adj inv* 1 *(country)* Jugoslawien- *hist*
2 *(nationality)* jugoslawisch *hist;* **to be ~** Jugoslawe/Jugoslawin sein *hist*
II. *n* Jugoslawe, Jugoslawin *m, f hist*

yuk *interj see* **yuck**

yuk·ky *adj see* **yucky**

Yu·kon Ter·ri·tory [ˌju:kɒn'terɪtəri, AM ˌju:kɑ:n'terətɔ:ri] *n* Yukon Territory *nt*

yuk up <-kk-> *vt (sl)* ■**to ~ it up with sb** mit jdm ein Schwätzchen halten

Yule [ju:l] *n (liter or old) veraltender literarischer Ausdruck skandinavischen Ursprungs für Weihnachten*

'yule log *n* 1 *(log) großes Holzscheit, das zur Weihnachtszeit im offenen Feuer brennt*
2 *(cake) Schokoladenkuchen in der Form eines Holzscheits, der zur Weihnachtszeit gegessen wird*

Yule·tide ['ju:ltaɪd] **I.** *n (liter or old)* Weihnachtszeit *f*
II. *n modifier (atmosphere, dinner, morning, tree)* Weihnachts-; **~ festivities** Weihnachtsfeierlichkeiten *pl;* **~ greetings** Weihnachtsgrüße *pl;* **~ season** Weihnachtszeit *f*

yum [jʌm], **yum-yum** [ˌjʌm'jʌm] *(fam)* **I.** *interj* lecker!
II. *adj inv* lecker, köstlich

Yu·man ['ju:mən] **I.** *n* Yuman-Sprachen *pl*
II. *adj* der Yuman-Sprachen *nach n*

yum·my ['jʌmi] *adj (fam)* 1 *(delicious)* lecker; **~-looking desserts** appetitlich aussehende Desserts
2 *(attractive)* süß, schnuck[e]lig *fam,* herzig SCHWEIZ, ÖSTERR *fam,* zum Anbeißen *nach n;* **~ mummy** *(fam) wohlhabende, attraktive Mutter mit kleinen Kindern*

yup[1] [jʌp] *n (fam) short for* **yuppie** Yuppie *m*

yup[2] [jʌp] *interj see* **yep**

yup·pie ['jʌpi] *n* Yuppie *m meist pej*

yup·pi·fy <-ie-> ['jʌpɪfaɪ] *vt usu passive (usu pej fam)* ***the pub has been so yuppified that you look out of place there in jeans*** die Kneipe ist dermaßen hochgestylt worden, dass man sich da mit Jeans nicht mehr blicken lassen kann

yup·py *n see* **yuppie**

yurt [jɜ:t, AM jɜ:rt] *n* Jurte *f*

yus·pie ['jʌspi] *n* AM *(fam) acr for* **young urban single professional** *ein Single mit Universitätsabschluss und guter Stellung*

YWCA[1] [ˌwaɪˌdʌblju:si:'eɪ] *n no pl, + sing/pl vb abbrev of* **Young Women's Christian Association** CVJF *m*

YWCA[2] [ˌwaɪˌdʌblju:si:'eɪ] *n (hostel)* ≈ Jugendherberge *f*

Z

Z <*pl* -s>, **z** <*pl* 's *or* -'s> [zed, AM zi:] *n* 1 *(letter)* Z *nt,* z *nt;* **~ for** [*or* AM *also* **as in**] **Zebra** Z für Zacharias; *see also* **A 1**
2 *(third unknown person, thing)* Z
▸PHRASES: **to catch** [*or* **get**] **some ~'s** AM *(fam)* ein Nickerchen machen *fam; see also* **A**[1] **4**

Z *n* PHYS *abbrev of* **impedance** *Symbol für Impedanz*

z [zed, AM zi:] *n* MATH z *nt;* **~-axis** z-Achse *f*

za·ba·glio·ne [ˌzæbᵊl'jəʊni, AM ˌzɑ:bᵊl'joʊni] *n* Zabaglione *f o* SCHWEIZ *m*

zaf·tig ['zæftɪg] *adj attr* AM *(fam)* drall, pummelig

Za·ire [zaɪ'ɪəʳ, AM -'ɪr] *n no pl* Zaire *nt*

Za·irean, Za·irian [zaɪ'ɪəriən, AM -'ɪr-] **I.** *adj inv* zairisch
II. *n* Zairer(in) *m(f)*

Zam·be·zi [zæm'bi:zi] *n no pl* GEOG ■**the ~** der Sambesi

Zam·bia ['zæmbiə] *n no pl* Sambia *nt*

Zam·bian ['zæmbiən] **I.** *adj inv* 1 *(country)* sambisch
2 *(nationality)* sambisch
II. *n* Sambier(in) *m(f)*

zany ['zeɪni] *adj (fam)* ulkig, verrückt; ***Daisy is a pretty ~ character*** Daisy ist eine total schräge Nummer; **~ humour** [*or* AM **humor**] skurriler Humor

Zan·zi·bar [ˈzænzɪbɑ:ʳ, AM -zəbɑ:r] *n* Sansibar *nt*

zap [zæp] *(fam)* **I.** *vt* <-pp-> 1 *(destroy)* ■**to ~ sb** jdn erledigen; ■**to ~ sth** etw kaputt machen; **to ~ the competition** die Konkurrenz ausschalten; **to ~ the enemy** den Feind alle machen *fam*
2 *(send fast)* ■**to ~ sth** etw blitzschnell übermitteln
3 *(move fast)* ■**to ~ sb** jdn katapultieren *a. fig;* ***he ~ped us back to the airport in no time*** er hatte uns in null Komma nichts wieder zum Flughafen gebracht
4 AM FOOD *(in the microwave)* ■**to ~ sth** etw in der Mikrowelle aufwärmen
5 COMPUT *(fam: delete)* ■**to ~ sth** etw löschen
II. *vi* <-pp-> 1 *(go fast)* düsen; ***they're always ~ping off somewhere or other*** sie haben es immer eilig, irgendwohin zu kommen; **to ~ to the airport/beach** zum Flughafen/Strand sausen *fam*
2 *(change channels)* zappen *fam;* **to ~ between** [*or* **through**] **channels** durch die Kanäle zappen *fam*
III. *n no pl esp* AM Pep *m fam,* Schwung *m*
IV. *interj* schwups!, schwuppdiwupp!

Za·po·tec ['zæpətek, AM 'zɑ:-] *n* Zapotekisch *nt*

zap·per ['zæpəʳ, AM -ɚ] *n (fam)* Fernbedienung *f*

zap·ping ['zæpɪŋ] *n (fam)* Zappen *nt fam*

zap·py ['zæpi] *adj esp* AM *(fam)* animierend, peppig *fam;* **a ~ advertising campaign** eine zündende Werbekampagne

zeal [zi:l] *n no pl* Eifer *m;* **missionary/religious ~** missionarischer/religiöser Eifer; **with determined ~** mit Entschlossenheit

zeal·ot ['zelət] *n (usu pej)* Fanatiker(in) *m(f);* **a feminist ~** eine fanatische Feministin

zeal·ot·ry ['zelətri] *n no pl* Fanatismus *m*

zeal·ous ['zeləs] *adj* [über]eifrig; ***he was not thought to have been sufficiently ~ on his client's behalf*** er hat sich anscheinend nicht genug für die Belange seines Klienten eingesetzt; ■**to be ~ to do sth** bestrebt sein, etw zu tun; ***they have been extremely ~ in their attempts to get smoking banned in the office*** sie haben leidenschaftlich dafür gekämpft, dass das Rauchen in den Büros verboten wird; **a ~ convert to** [*or* **supporter of**] **sth** ein leidenschaftlicher Verfechter/eine leidenschaftliche Verfechterin einer S. *gen*

zeal·ous·ly ['zeləsli] *adv* eifrig; ***she ~ promoted her friend's book*** sie hat sich voll und ganz für das Buch ihres Freundes eingesetzt

zeb·ra <*pl* -s *or* -> ['zebrə, AM 'zi:-] *n* 1 ZOOL Zebra *nt;* **a herd of ~s** eine Zebraherde
2 AM *(sl: sports official) Sportfunktionär, der ein schwarzweiß gestreiftes Hemd trägt*

zeb·ra 'cross·ing *n* BRIT, AUS Zebrastreifen *m*

'zebra·fish *n* Zebrafisch *m*

zeit·geist ['tsaɪtgaɪst, AM *also* 'zaɪt-] *n no pl* Zeitgeist *m;* **the ~ of the sixties** der Zeitgeist der Sechziger

Zen [zen] *n no pl* Zen *nt*

zen·ith ['zenɪθ, AM 'zi:n-] *n* 1 ASTRON *(highest point)* Zenit *m*
2 *(most successful point)* Zenit *m geh,* Gipfel *m;* **to be at the ~ of one's fame** auf dem Gipfel seines Ruhms sein

Zen out *vi* AM *(sl)* sich *akk* entspannen

zeph·yr ['zefəʳ, AM -ɚ] *n (poet)* Zephir *m veraltet liter*

zep·pe·lin ['zepᵊlɪn, AM -pə-] *n* Zeppelin *m*

zero ['zɪərəʊ, AM 'zɪroʊ] **I.** *n* <*pl* -os *or* -oes> 1 MATH

Null *f*
② *(point on scale)* Null *f;* ***the needle is at*** [*or* ***on***] ~ die Nadel steht auf null
③ *temperature* Nullpunkt *m,* Gefrierpunkt *m;* **10 degrees above/below** ~ zehn Grad über/unter null
④ *(nothing, lowest possible)* null; **to reduce sth to** ~ etw auf null reduzieren
⑤ *(fig pej: worthless person)* Null *f pej,* Niete *f pej*
II. *adj inv* ① *(lowest possible level)* **at** ~ **altitude** in unmittelbarer Bodennähe; **at** ~ **extra cost** ohne zusätzliche Kosten; **at** ~ **gravity** bei Schwerelosigkeit; ~ **growth** Nullwachstum *nt;* ~ **inflation** Nullinflation *f*
② *(none, nothing at all)* kein bisschen, keinerlei; ***his prospects are*** ~ seine Aussichten sind gleich null
III. *vt* **to** ~ **a counter/an instrument** einen Zähler/ein Gerät auf null einstellen
◆**zero in** *vi* ① *(aim precisely)* **to** ~ **in on a target** ein Ziel anvisieren
② *(shoot)* sich *akk* einschießen
③ *(fig: focus on)* ■**to** ~ **in on sth** sich *akk* auf etw *akk* konzentrieren
◆**zero out** *vt (eliminate)* ■**to** ~ **sb** ○ **out** jdn ausradieren *pej sl*

zero-cou·pon 'bond *n* FIN Nullkuponanleihe *f,* Zerobond *m,* Zero-Bond *m,* Null-Prozent-Anleihe *f* **zero-e'mis·sion** *adj attr, inv* AUTO Zero-Emissions-, mit extrem geringem Schadstoffausstoß *nach n* **'zero hour** *n* MIL die Stunde null **zero in·'fla·tion** *n* ECON Nullinflation *f* **zero-'rat·ed** *adj inv* BRIT FIN von der Mehrwertsteuer befreit, mehrwertsteuerfrei **zero-'rat·ing** *n* BRIT FIN Mehrwertsteuerbefreiung *f* **zero 'tol·er·ance** *n no pl* LAW Nulltoleranz *f*

zest [zest] *n no pl* ① *(enthusiasm, energy)* Eifer *m;* ***he approaches every task with a boundless*** ~ er geht mit Feuereifer an jede Aufgabe heran; ~ **for life** Lebensfreude *f,* Lebenslust *f;* **to do sth with** ~ etw begeistert [*o* mit Begeisterung] tun
② *(stimulation)* [An]reiz *m,* Würze *f;* **to add some** ~ **to sth** Schwung in etw *akk* bringen
③ *(rind)* Schale *f;* **lemon/lime/orange** ~ Zitronen-/Limonen-/Orangenschale *f*

zest·ful ['zestfᵊl] *adj* ① *(lively) person* lebenslustig
② *(energetic)* begeisternd, durchschlagend; **a** ~ **performance** eine mitreißende Vorstellung

zeug·ma ['zju:gmə, AM 'zu:g] *n* LING, LIT Zeugma *nt*

Zeus [zju:s, AM zu:s] *n* Zeus *m*

zig·gu·rat ['zɪgəræt] *n* HIST, ARCHIT Stufenpyramide *f*

zig·zag ['zɪgzæg] I. *n* ① *(line, course)* Zickzack *m;* **in a** ~ im Zickzack
② *(turn on course)* Zickzackkurve *f*
II. *adj inv* Zickzack-; ***we followed the*** ~ ***path up the hill*** wir liefen im Zickzack den Bergpfad hinauf; **to steer a** ~ **course** einen Zickzackkurs steuern; ~ **pattern** Zickzackmuster *nt*
III. *adv inv* im Zickzack; ***to get to the airport she drives*** ~ ***across the city*** um zum Flughafen zu kommen, fährt sie kreuz und quer durch die Stadt
IV. *vi* <-gg-> sich *akk* im Zickzack bewegen; *line, path* im Zickzack verlaufen

zilch [zɪltʃ] *(fam)* I. *pron* null *fam,* nix *fam;* ***how many points did you score? — ~*** wie viele Punkte hast du gemacht? – nicht einen
II. *adj inv* null *fam;* ***the chances are pretty well*** ~ die Aussichten sind gleich null

Zil·ler·tal Alps [ˌzɪlətɑ:l'-, AM -lə-] *npl* Zillertaler Alpen *pl*

zil·lion ['zɪljən] *n* zigtausend *fam;* **a** ~ **times,** ~**s of times** zigmal *fam*

Zim·ba·bwe [zɪm'bɑ:bweɪ] *n no pl* Simbabwe *nt*

Zim·ba·bwean [zɪm'bɑ:bwiən] I. *adj inv* ① *(country)* simbabwisch
② *(nationality)* simbabwisch; ***her mother is*** ~ ihre Mutter kommt aus Zimbabwe
II. *n* Simbabwer(in) *m(f)*

Zim·mer frame® ['zɪmə-] *n* BRIT Laufgestell *nt*

zinc [zɪŋk] *n no pl* CHEM Zink *nt;* ~ **chloride solution** Lötwasser *nt*

zinc 'ox·ide *n no pl* MED Zink[oxid]salbe *f*

zine [zi:n] *n (fam) short for* **magazine** Hochglanzmagazin *nt*

zing [zɪŋ] I. *n* ① *no pl (fam: liveliness)* Pep *m fam,* Pfiff *m*
② *(noise of bullet)* Pfeifen *nt,* Sirren *nt*
II. *vi* schwirren, zischen
III. *vt* ■**to** ~ **sb** jdn bestrafen

zingy ['zɪŋi] *adj (fam)* peppig *fam,* pfiffig; ~ **slogan** fetziger Slogan

Zion ['zaɪən] *n* Zion *nt*

Zion·ism ['zaɪənɪzᵊm] *n no pl* Zionismus *m*

Zion·ist ['zaɪənɪst] I. *adj inv* zionistisch; **the** ~ **movement** die zionistische Bewegung
II. *n* Zionist(in) *m(f)*

zip [zɪp] I. *n* ① *esp* BRIT *(zipper)* Reißverschluss *m;* **to do up a** ~ einen Reißverschluss zumachen
② *no pl (fam: vigour)* Schwung *m;* ***these new measures are intended to put a bit of*** ~ ***back into the economy*** diese neuen Maßnahmen sollen die Wirtschaft ankurbeln
II. *pron* AM *(fam: nothing)* null *fam;* ***I know*** ~ ***about computers*** ich habe null Ahnung von Computern; ***they have done*** ~ ***about it*** sie haben bisher rein gar nichts unternommen
III. *vt* <-pp-> ① *(close)* **to** ~ **clothing** den Reißverschluss eines Kleidungsstücks zumachen; ***would you mind helping me to*** ~ ***my dress*** könntest du mir vielleicht den Reißverschluss [an meinem Kleid] zumachen?
② *(fasten in)* den Reißverschluss zumachen; ***they*** ~***ped themselves into their sleeping bags*** sie zogen die Reißverschlüsse an ihren Schlafsäcken zu
③ *(connect two things)* ■**to** ~ **sth together** etw mit einem Reißverschluss zusammenziehen
▸PHRASES: **to** ~ **one's lip** [*or* **mouth**] *(sl)* den Mund halten
IV. *vi* <-pp-> ① *(close zip)* den Reißverschluss zuziehen
② *(go quickly)* rasen, fegen *fam;* ***he*** ~***ped through the traffic on his bike*** er flitzte auf seinem Fahrrad durch den Verkehr; ■**to** ~ **along** dahinsausen, dahinfegen *fam;* ***I'm just going to*** ~ ***along to the shops*** ich düse nur mal eben durch die Geschäfte; ■**to** ~ **past** vorbeirasen; ■**to** ~ **through sth** *(fam)* etw im Eiltempo [*o* Schnelldurchgang] erledigen
◆**zip up** I. *vt* ① *(fasten with zip)* ■**to** ~ **up** ○ **sth** den Reißverschluss an etw *dat* zuziehen; **to** ~ **up a bag/a dress/trousers** den Reißverschluss einer Tasche/eines Kleides/einer Hose zumachen
② *(fasten sb's zip)* ■**to** ~ **up** ○ **sb** jdm den Reißverschluss zumachen
II. *vi* sich *akk* mit einem Reißverschluss schließen lassen; ***the dress*** ~ ***s up at the back*** das Kleid hat hinten einen Reißverschluss

'zip code *n* AM *(postal code)* ≈ Postleitzahl *f*

zip 'fast·en·er *n see* **zip I 1**

zip·per ['zɪpəʳ, AM -ɚ] *n* AM, AUS Reißverschluss *m*

'zip·per clause *n* AM LAW Schweigepflichtklausel *f (Arbeitsvertragsklausel, die eine Diskussion der Arbeitsbedingungen untersagt)*

zip·py ['zɪpi] *adj (fam) person* lebhaft, quirlig; **a** ~ **car** ein flottes Auto

zir·con ['zɜ:kɒn, AM 'zɜ:rkɑ:n] *n* GEOL Zirkon *m*

zir·co·nium [zɜ:'kəʊniəm, zə-, AM zɚ'koʊ-] *n no pl* CHEM Zirkonium *nt*

zit [zɪt] *n (fam)* kleiner Pickel, Wimmerl *nt* SÜDD, ÖSTERR *fam,* Stippe *f* NORDD *fam,* Bibeli *nt* SCHWEIZ *fam*

zith·er ['zɪðəʳ, AM -θɚ] *n* Zither *f*

zlo·ty <*pl* -s *or* -ties> ['zlɒti, AM 'zlɔ:t̬i] *n* FIN Zloty *m*

zo·di·ac ['zəʊdiæk, AM 'zoʊ-] *n* ① *no pl* ASTROL, ASTRON *(area)* ■**the** ~ der Zodiakus *fachspr,* der Tierkreis; **the signs of the** ~ die Tierkreiszeichen [*o* Sternzeichen] *pl*
② ASTROL *(chart)* Zodiakus *m fachspr*

zo·dia·cal [zəʊ'daɪəkᵊl, AM zoʊ'-] *adj inv* ASTROL zodiakal *fachspr,* Tierkreis-; ~ **sign** Tierkreiszeichen *nt,* Sternzeichen *nt*

zom·bie ['zɒmbi, AM 'zɑ:-] *n* ① *(pej fam: mindless person)* Zombie *m pej fam,* Schwachkopf *m pej fam*
② *(revived corpse)* Zombie *m*

zon·al ['zəʊnᵊl, AM 'zoʊ-] *adj inv* Zonen-, zonal; ~ **boundary** Zonengrenze *f;* ~ **division** Zoneneinteilung *f*

zone [zəʊn, AM zoʊn] I. *n* ① *(defined area)* Zone *f,* Region *f;* **earthquake** ~ Erdbebenregion *f;* **relegation** ~ SPORT abstiegsgefährdete Ränge; **time** ~ Zeitzone *f;* **the central time** ~ *Standardzeit für die Mittelstaaten der USA und von Teilen Zentralkanadas;* **wheat** ~ Weizengürtel *m;* **erogenous** ~ ANAT erogene Zone; **temperate** ~ GEOG, METEO gemäßigte Zone
② *(restricted area)* **combat/war** ~ MIL Kampf-/Kriegsgebiet *nt;* **danger** ~ Gefahrenzone *f;* **no-fly** ~ MIL Flugverbotszone *f;* **no-parking** ~ Parkverbotszone *f*
③ *(in city planning)* Gebiet *nt;* **business** [*or* **commercial**] ~ Geschäftszentrum *nt;* **industrial/residential** ~ Industrie-/Wohngebiet *nt*
④ COMPUT *(part of screen)* Zone *f*
II. *vt* ADMIN, LAW ■**to** ~ **sth** etw abstellen, etw zu etw *dat* erklären; **to** ~ **an area/**~ **land** ein Gebiet/Land in [Nutzungs]zonen aufteilen; ***this area has been*** ~ ***d as agricultural land*** dieses Gebiet ist als Agrarland ausgewiesen worden
◆**zone out** *vi* [mit den Gedanken] abschweifen, abdriften

zon·ing ['zəʊnɪŋ, AM 'zoʊn-] I. *n no pl* ADMIN, LAW *(system)* Bodenordnung *f; (effecting)* Umlegung *f fachspr,* Nutzungszuweisung *f,* Abstellen *nt,* Erklärung *f*
II. *adj attr, inv* ~ **law** Baugesetz *nt;* ~ **restriction** Planungsbeschränkung *f*

'zon·ing or·di·nances *npl* Bauordnungsbestimmungen *pl* **'zon·ing regu·la·tions** *npl* Bauordnungsbestimmungen *pl*

zonk [zɒnk, AM zɑ:nk] I. *vt* ① *(hit)* ■**to** ~ **sb** jdn hauen
② *(exhaust)* ■**to** ~ **sb out** jdn [richtig] schaffen
II. *vi* wegtreten *fam;* ***I always*** ~ ***out when I've been drinking red wine*** ich bin immer ganz hinüber, wenn ich Rotwein getrunken habe

zonked [zɒnkt, AM zɑ:nkt] *adj (sl),* **zonked out** *adj pred (sl)* ① *(exhausted)* kaputt *fam,* geschafft *fam*
② *(drunk, high)* zu *sl,* hinüber *fam*

zoo [zu:] *n* Zoo *m;* **at the** ~ im Zoo; **to go to the** ~ in den Zoo gehen

zoo·keep·er ['zu:ˌki:pəʳ, AM -ɚ] *n* Wärter(in) *m(f),* Tierpfleger(in) *m(f)*

zoo·logi·cal [ˌzəʊə(ʊ)'lɒdʒɪkᵊl, AM ˌzoʊə'lɑ:-] *adj inv* zoologisch; ~ **research** zoologische Forschung; ~ **studies** zoologische Studien

zoo·logi·cal 'gar·dens *npl (dated form)* Zoo *m*

zo·olo·gist [zu'ɒlədʒɪst, AM zoʊ'ɑ:l-] *n* Zoologe, Zoologin *m, f*

zo·ol·ogy [zu'ɒlədʒi, AM zoʊ'ɑ:l-] *n no pl* Zoologie *f*

zoom [zu:m] I. *n* ① *(lens)* Zoom[objektiv] *nt*
② *(adaptation)* [automatische] Entfernungseinstellung; *(picture as regards distance)* Nahaufnahme *f; (picture as regards size)* Großaufnahme *f*
II. *adj attr, inv* Zoom-; ~ **lens** Zoomobjektiv *nt*
III. *vi (fam)* ① *(move very fast)* rasen *fam;* ■**to** ~ **ahead** [*or* **off**] davonsausen; *(in a race)* vorpreschen; ■**to** ~ **past** vorbeirasen; *(fig) year* rasend schnell vergehen
② *(increase dramatically)* steil ansteigen; *prices* in die Höhe schießen
③ PHOT, FILM *(have capacity to zoom)* zoomen; COMPUT *(enlarge text)* vergrößern; ***does this camera*** ~ ***or not?*** hat diese Kamera ein Zoomobjektiv?
◆**zoom in** *vi* [nahe] heranfahren, heranzoomen; ■**to** ~ **in on sth** auf etw *akk* [ein]schwenken
◆**zoom out** *vi* wegzoomen

zoot suit ['zu:tˌsu:t] *n* FASHION *weit geschnittener Herrenanzug im Stil der Vierzigerjahre*

Zo·ro·as·trian [ˌzɒrəʊ'æstriən, AM ˌzɔ:roʊ'-] REL I. *adj inv* zoroastrisch
II. *n* Zoroastrier *m,* Anhänger(in) *m(f)* der Lehre Zoroasters [*o* Zarathustras]

Zo·ro·as·trian·ism [ˌzɒrəʊ'æstriənɪzᵊm, AM ˌzɔ:roʊ'-] *n no pl* Zoroastrismus *m*

zuc·chi·ni <*pl* -s *or* -> [zʊ'ki:ni, AM zu:'-] *n* AM, AUS *(courgette)* Zucchini *f*

Zug·spitze ['zʊgʃpitsə] *n* Zugspitze *f*

Zulu ['zu:lu:] **I.** *n* ❶ *(person)* Zulu *m*
❷ *no pl (language)* Zulu *nt*
II. *adj inv, attr* Zulu-; ~ **chief** Zuluhäuptling *m;* ~ **warrior** Zulukrieger *m*

Zu·lu·land ['zu:lu:lænd] *n no pl* KwaZulu-Natal *nt,* Zululand *nt hist*

Zuni ['zʊnji, AM 'zʊ:ni] **I.** *n* ❶ *(Native American)* Zuni *m o f*
❷ *(Indian language)* Zuni *nt*
II. *adj* der Zuni *nach n*

zur·burt ['zɜ:rbɚt] *vt* AM *(fam)* ■ **to ~ sb** *so tun, als würde man jdn küssen, aber stattdessen bläst man auf die Haut und macht ein Geräusch, als hätte man einen fahrenlassen*

zy·gote ['zaɪgəʊt, AM -goʊt] *n* BIOL Zygote *f fachspr*

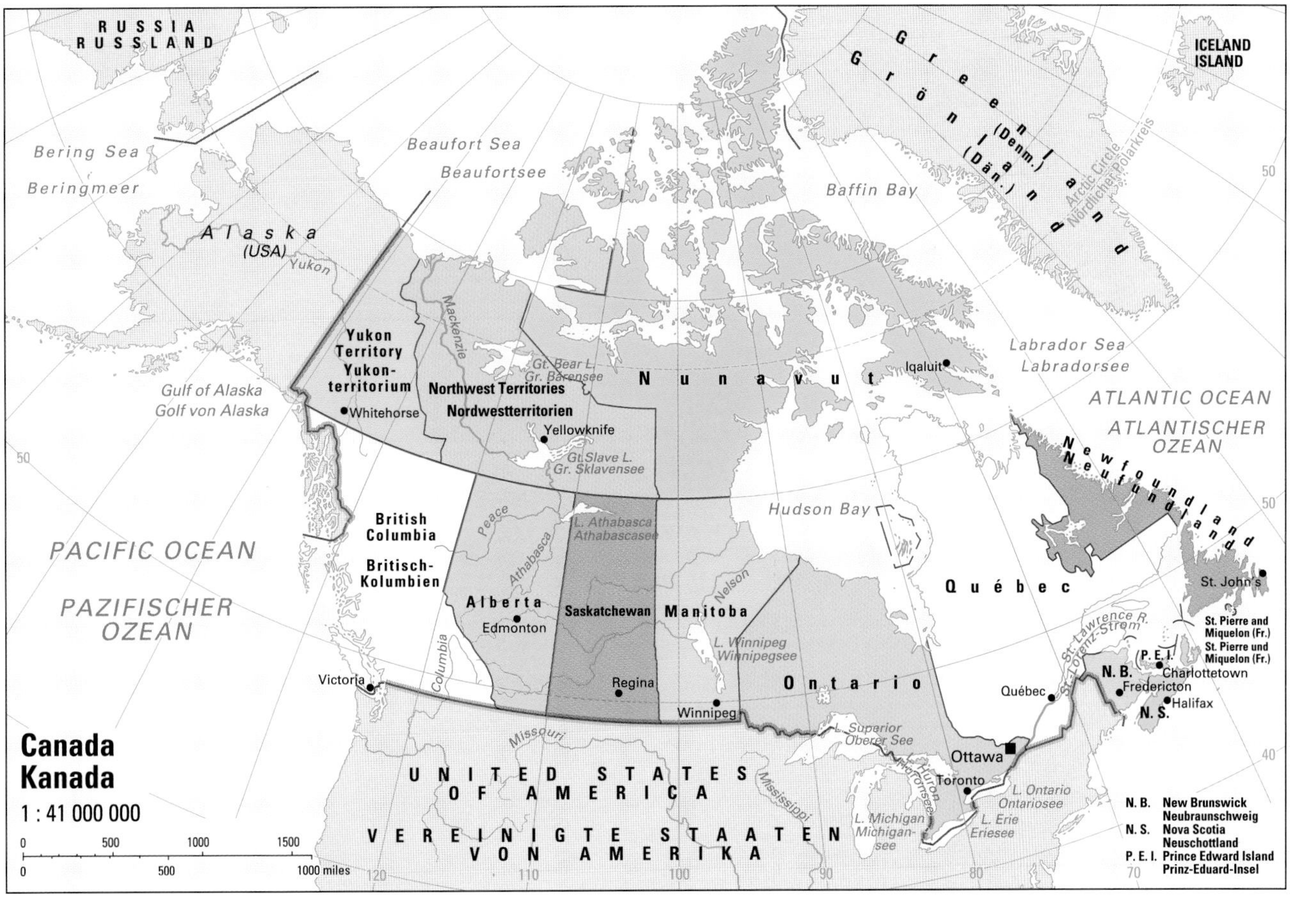

Canada
Kanada

1 : 41 000 000

0 500 1000 1500
0 500 1000 miles

RUSSIA
RUSSLAND
Bering Sea
Beringmeer
Alaska
(USA)
Yukon
Beaufort Sea
Beaufortsee
Greenland (Denm.)
Grönland (Dän.)
ICELAND
ISLAND
Baffin Bay
Arctic Circle
Nördlicher Polarkreis
Yukon Territory
Yukon-territorium
Whitehorse
Mackenzie
Northwest Territories
Nordwestterritorien
Gt. Bear L.
Gr. Bärensee
Yellowknife
Gt. Slave L.
Gr. Sklavensee
Nunavut
Iqaluit
Labrador Sea
Labradorsee
Gulf of Alaska
Golf von Alaska
ATLANTIC OCEAN
ATLANTISCHER OZEAN
Newfoundland
Neufundland
St. John's
British Columbia
Britisch-Kolumbien
PACIFIC OCEAN
PAZIFISCHER OZEAN
Peace
Athabasca
L. Athabasca
Athabascasee
Alberta
Edmonton
Saskatchewan
Regina
Manitoba
Nelson
L. Winnipeg
Winnipegsee
Winnipeg
Hudson Bay
Québec
St. Lawrence R.
St.-Lorenz-Strom
St. Pierre and Miquelon (Fr.)
St. Pierre und Miquelon (Fr.)
P. E. I.
Charlottetown
N. B.
Fredericton
Halifax
N. S.
Victoria
Columbia
Ontario
Québec
Ottawa
L. Superior
Oberer See
Missouri
Mississippi
L. Huron
Huronsee
Toronto
L. Ontario
Ontariosee
L. Michigan
Michigansee
L. Erie
Eriesee
UNITED STATES OF AMERICA
VEREINIGTE STAATEN VON AMERIKA
120 110 100 90 80 70 50 40

N. B. New Brunswick
Neubraunschweig
N. S. Nova Scotia
Neuschottland
P. E. I. Prince Edward Island
Prinz-Eduard-Insel

United States of America
Vereinigte Staaten von Amerika

1 : 28 00 0000

0 200 400 600 km
0 200 400 miles

C. Connecticut
D. C. District of Columbia
M. Maryland
Ma. Massachusetts
N. H. New Hampshire
R. I. Rhode Island
S. C. South Carolina
Südkarolina
V. Vermont
W. V. West Virginia
Westvirginia

A. Annapolis
C. Concord
J. Jackson
M. Montpelier

CANADA
KANADA
120 110 100 90 80 70 40 30
Olympia
Washington
Salem
Oregon
Missouri
Montana
Helena
North Dakota
Bismarck
Norddakota
Minnesota
St. Paul
L. Superior
Oberer See
Michigan
L. Huron
Huronsee
St. Lawrence R.
St.-Lorenz-Strom
Maine
Augusta
M.
V.
C.
N. H.
Boston
Ma.
Providence
R. I.
C.
Hartford
Albany
New York
L. Ontario
Ontariosee
Boise
Idaho
South Dakota
Pierre
Süddakota
Wisconsin
Madison
L. Michigan
Michigansee
Lansing
L. Erie
Eriesee
Pennsylvania
Harrisburg
Trenton
New Jersey
Dover
Delaware
Wyoming
Cheyenne
Iowa
Des Moines
Mississippi
Nebraska
Lincoln
Ohio
Columbus
Indiana
Indianapolis
Illinois
Springfield
A.
D.C.
M.
Washington
Richmond
W. V.
Charleston
Virginia
California
Kalifornien
Sacramento
Carson City
Nevada
Salt Lake City
Utah
Colorado
Denver
Colorado
Kansas
Topeka
Jefferson City
Missouri
Frankfort
Kentucky
Rio Grande
Arkansas
Raleigh
North Carolina
Nordkarolina
Nashville
Tennessee
PACIFIC OCEAN
PAZIFISCHER OZEAN
Arizona
Phoenix
New Mexico
Santa Fe
Oklahoma
Oklahoma City
Arkansas
Little Rock
Mississippi
J.
Alabama
Montgomery
Georgia
Atlanta
S. C.
Columbia
ATLANTIC OCEAN
ATLANTISCHER OZEAN
Louisiana
Baton Rouge
Texas
Austin
Tallahassee
Florida
Rio Grande
BAHAMAS
Straits of Florida
Floridastraße
Gulf of Mexico
Golf von Mexiko
MEXICO
MEXIKO
Tropic of Cancer/Nördlicher Wendekreis
110 100

Midway (USA)
Hawaii (USA)
PACIFIC OCEAN
Tropic of Cancer
Nördlicher Wendekreis
PAZIFISCHER OZEAN
Honolulu
170 160 20
0 500 1000 km

RUSSIA
RUSSLAND
Alaska (USA)
Yukon
KANADA
Bering Sea
Beringmeer
Juneau
50 180 170 160
0 500 1000 km

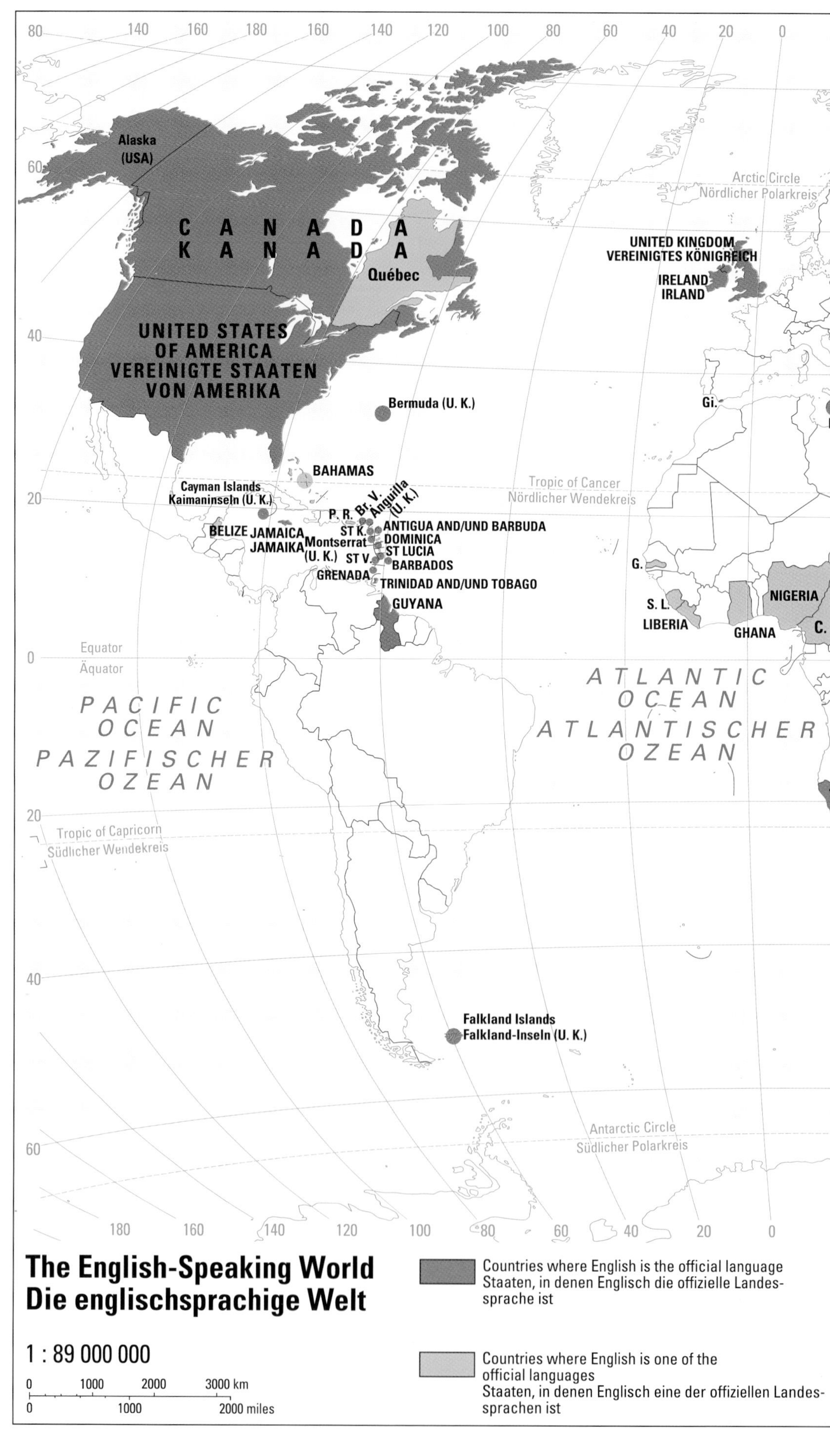

The English-Speaking World
Die englischsprachige Welt

1 : 89 000 000

0 1000 2000 3000 km
0 1000 2000 miles

Countries where English is the official language
Staaten, in denen Englisch die offizielle Landessprache ist

Countries where English is one of the official languages
Staaten, in denen Englisch eine der offiziellen Landessprachen ist

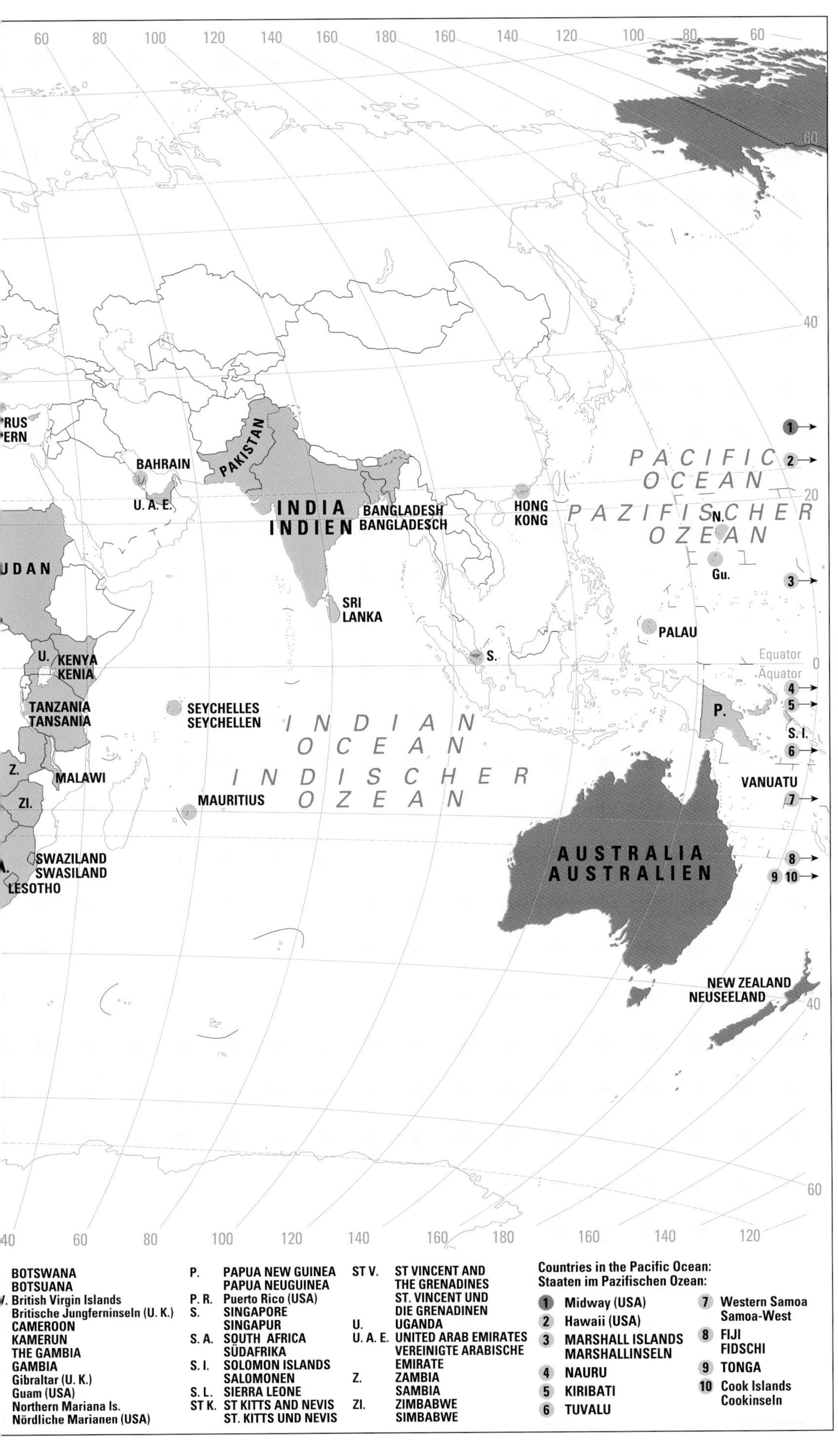

BOTSWANA
BOTSUANA
/. British Virgin Islands
Britische Jungferninseln (U. K.)
CAMEROON
KAMERUN
THE GAMBIA
GAMBIA
Gibraltar (U. K.)
Guam (USA)
Northern Mariana Is.
Nördliche Marianen (USA)

P. PAPUA NEW GUINEA
PAPUA NEUGUINEA
P. R. Puerto Rico (USA)
S. SINGAPORE
SINGAPUR
S. A. SOUTH AFRICA
SÜDAFRIKA
S. I. SOLOMON ISLANDS
SALOMONEN
S. L. SIERRA LEONE
ST K. ST KITTS AND NEVIS
ST. KITTS UND NEVIS

ST V. ST VINCENT AND THE GRENADINES
ST. VINCENT UND DIE GRENADINEN
U. UGANDA
U. A. E. UNITED ARAB EMIRATES
VEREINIGTE ARABISCHE EMIRATE
Z. ZAMBIA
SAMBIA
ZI. ZIMBABWE
SIMBABWE

Countries in the Pacific Ocean:
Staaten im Pazifischen Ozean:

1. Midway (USA)
2. Hawaii (USA)
3. MARSHALL ISLANDS
MARSHALLINSELN
4. NAURU
5. KIRIBATI
6. TUVALU
7. Western Samoa
Samoa-West
8. FIJI
FIDSCHI
9. TONGA
10. Cook Islands
Cookinseln

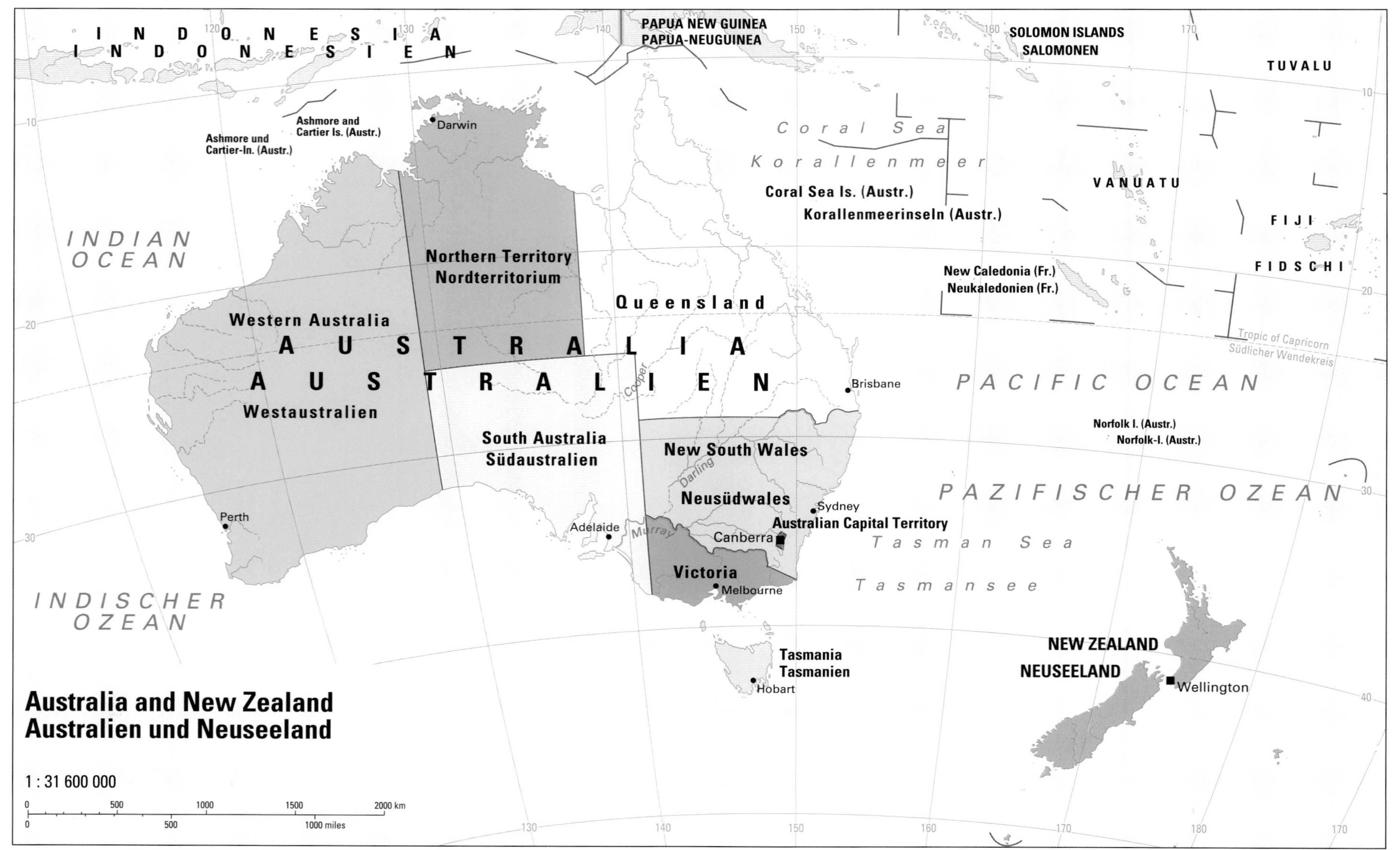

INDONESIA
INDONESIEN
PAPUA NEW GUINEA
PAPUA-NEUGUINEA
SOLOMON ISLANDS
SALOMONEN
TUVALU
Ashmore and
Cartier Is. (Austr.)
Ashmore und
Cartier-In. (Austr.)
Darwin
Coral Sea
Korallenmeer
Coral Sea Is. (Austr.)
Korallenmeerinseln (Austr.)
VANUATU
FIJI
FIDSCHI
INDIAN
OCEAN
Northern Territory
Nordterritorium
New Caledonia (Fr.)
Neukaledonien (Fr.)
Queensland
Western Australia
AUSTRALIA
AUSTRALIEN
Tropic of Capricorn
Südlicher Wendekreis
Cooper
Brisbane
PACIFIC OCEAN
Westaustralien
Norfolk I. (Austr.)
Norfolk-I. (Austr.)
South Australia
Südaustralien
New South Wales
Darling
Neusüdwales
PAZIFISCHER OZEAN
Sydney
Perth
Adelaide
Murray
Australian Capital Territory
Canberra
Tasman Sea
Victoria
Melbourne
Tasmansee
INDISCHER
OZEAN
NEW ZEALAND
NEUSEELAND
Tasmania
Tasmanien
Hobart
Wellington
Australia and New Zealand
Australien und Neuseeland
1 : 31 600 000
0
500
1000
1500
2000 km
0
500
1000 miles

Europe
Europa
1 : 26 600 000
0 250 500 750 1000 km
0 250 500 750 miles
AND. ANDORRA
B.A.H. BOSNIA AND HERZEGOVINA
BOSNIEN UND HERZEGOWINA
L. LIECHTENSTEIN
LUX. LUXEMBOURG
LUXEMBURG
MACED. MACEDONIA
MAZEDONIEN
MON. MONACO
S.M. SAN MARINO
SLOV. SLOVENIA
SLOWENIEN
VAT. VATICAN CITY
VATIKANSTADT
Denmark Strait
Dänemarkstraße
(Norw.)
Jan Mayen
Norwegian Sea
Arctic Circle
Nördlicher Polarkreis
Europäisches Nordmeer
Barents Sea
Barentssee
Kolguyev
Kolgujew
Ob
Reykjavik
ICELAND
ISLAND
Faroe Islands (Den.)
Färöer (Dän.)
Lofoten
NORWAY
NORWEGEN
SWEDEN
SCHWEDEN
FINLAND
FINNLAND
Oslo
Stockholm
Helsinki
Tallinn
ESTONIA
ESTLAND
Riga
LATVIA
LETTLAND
LITHUANIA
LITAUEN
Vilnius
(Russia)
(Russland)
BELARUS
WEISSRUSSLAND
Minsk
RUSSIA
RUSSLAND
Moscow
Moskau
Volga
Wolga
KAZAKHSTAN
KASACHSTAN
UZBEKISTAN
USBEKISTAN
TURKMENISTAN
British Isles
Britische Inseln
North Sea
Nordsee
IRELAND
IRLAND
Dublin
UNITED KINGDOM
VEREINIGTES KÖNIGREICH
London
English Channel
Kanal
ATLANTIC OCEAN
ATLANTISCHER OZEAN
DENMARK
DÄNEMARK
Copenhagen
Kopenhagen
Baltic Sea
Ostsee
NETHERLANDS
NIEDERLANDE
Amsterdam
BELGIUM
BELGIEN
Brussels
Brüssel
LUX.
Luxembourg
Luxemburg
GERMANY
DEUTSCHLAND
Berlin
POLAND
POLEN
Warsaw
Warschau
Kiev
Kiew
UKRAINE
Paris
FRANCE
FRANKREICH
Bay of Biscay
Golf von Biscaya
Prague
Prag
CZECH REP.
TSCHECH. REP.
SLOVAKIA
SLOWAKEI
Bratislava
Pressburg
Danube
Donau
AUSTRIA
ÖSTERREICH
Vienna
Wien
Budapest
HUNGARY
UNGARN
MOLDOVA
MOLDAU
Chişinău
Bern
L.
SWITZERLAND
SCHWEIZ
Ljubljana
Laibach
SLOV.
Zagreb
CROATIA
KROATIEN
ROMANIA
RUMÄNIEN
Bucharest
Bukarest
Belgrade
Belgrad
SERBIA AND MONTENEGRO
SERBIEN UND MONTENEGRO
B.A.H.
Sarajevo
Black Sea
Schwarzes Meer
GEORGIA
GEORGIEN
Tbilisi
Tiflis
AZERBAIJAN
ASERBAIDSCHAN
Baku
ARMENIA
ARMENIEN
Yerevan
Eriwan
Caspian Sea
Kaspisches Meer
AND.
MON.
S.M.
ITALY
ITALIEN
Adriatic Sea
Adria
BULGARIA
BULGARIEN
Sofia
Skopje
MACED.
Tirana
ALBANIA
ALBANIEN
Bosporus
PORTUGAL
Lisbon
Lissabon
SPAIN
SPANIEN
Madrid
Balearic Is.
Balearen
Corsica
Korsika
VAT.
Rome
Rom
Sardinia
Sardinien
Tyrrhenian Sea
Tyrrhenisches Meer
Ionian Sea
Ionisches Meer
GREECE
GRIECHENLAND
Athens
Athen
TURKEY
TÜRKEI
Ankara
Teheran
IRAN
IRAQ
IRAK
Madeira (Port.)
Straits of Gibraltar
Straße von Gibraltar
Mediterranean Sea
Mittelmeer
Sicily
Sizilien
Valletta
MALTA
Tunis
TUNISIA
TUNESIEN
Rabat
Algiers
Algier
Canary Is.
Kanarische In.
(Sp.)
MOROCCO
MAROKKO
ALGERIA
ALGERIEN
Tripoli
Tripolis
LIBYA
LIBYEN
Laâyoune
El-Aaiún
Western Sahara
Westsahara
West from Greenwich
Westl. Länge von Greenwich
East from Greenwich
Östl. Länge von Greenwich
Nicosia
Nikosia
CYPRUS
ZYPERN
LEBANON
LIBANON
Beirut
SYRIA
SYRIEN
Damascus
Damaskus
Euphrates
Euphrat
Baghdad
Bagdad
ISRAEL
Jerusalem
JORDAN
JORDANIEN
Amman
EGYPT
ÄGYPTEN
SAUDI-ARABIA
SAUDI-ARABIEN
KUWAIT
Kuwait

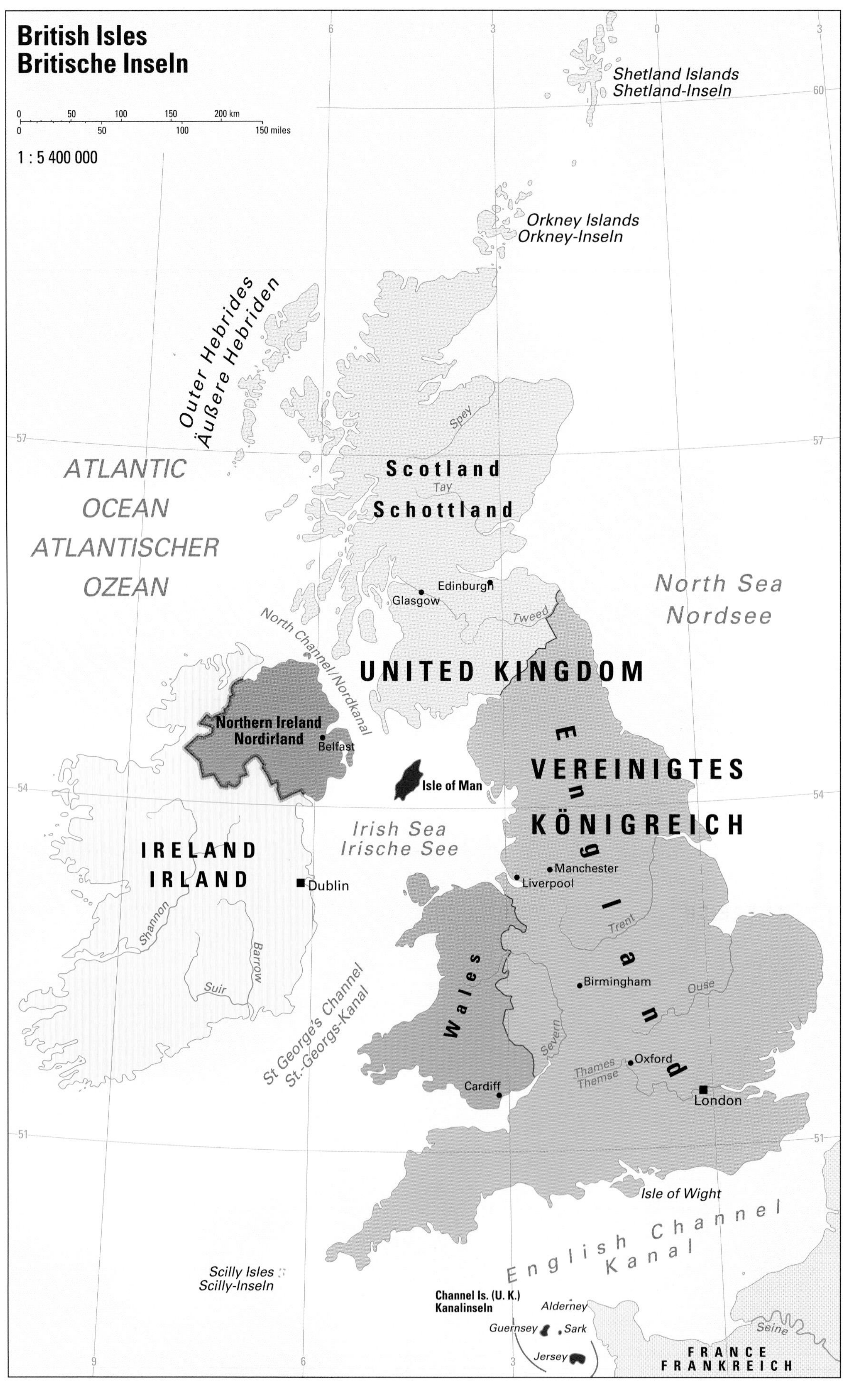

British Isles
Britische Inseln
0 50 100 150 200 km
0 50 100 150 miles
1 : 5 400 000
Shetland Islands
Shetland-Inseln
Orkney Islands
Orkney-Inseln
Outer Hebrides
Äußere Hebriden
Spey
ATLANTIC
OCEAN
ATLANTISCHER
OZEAN
Scotland
Tay
Schottland
Edinburgh
Glasgow
Tweed
North Sea
Nordsee
North Channel/Nordkanal
UNITED KINGDOM
Northern Ireland
Nordirland
Belfast
Isle of Man
VEREINIGTES
KÖNIGREICH
England
Irish Sea
Irische See
IRELAND
IRLAND
Dublin
Manchester
Liverpool
Shannon
Barrow
Trent
Suir
Wales
Birmingham
Ouse
St George's Channel
St.-Georgs-Kanal
Severn
Oxford
Thames
Themse
Cardiff
London
Isle of Wight
English Channel
Kanal
Scilly Isles
Scilly-Inseln
Channel Is. (U. K.)
Kanalinseln
Alderney
Guernsey
Sark
Jersey
Seine
FRANCE
FRANKREICH

DÄNEMARK
DENMARK
Nordsee
North Sea
Ostsee
Baltic Sea
Nordfriesische Inseln
North Frisian Islands
Ostfriesische Inseln
East Frisian Islands
(zu/to Hamburg)
(zu/to Bremen)
Rügen
Kiel
Schleswig-Holstein
Mecklenburg-Vorpommern
Mecklenburg-West Pomerania
Schwerin
Hamburg
Hamburg
Bremen
Bremen
Elbe
POLEN
POLAND
Oder
NIEDERLANDE
NETHERLANDS
Niedersachsen
Lower Saxony
Hannover
Hanover
Weser
Brandenburg
Berlin
Berlin
Potsdam
Sachsen-Anhalt
Saxony-Anhalt
Magdeburg
Nordrhein-Westfalen
North Rhine-Westphalia
Düsseldorf
Köln
Cologne
Sachsen
Saxony
Dresden
Erfurt
Thüringen
Thuringia
Hessen
Hesse
BEL.
Rhein
Rhine
Rheinland-Pfalz
Rhineland-Palatinate
Wiesbaden
Mainz
Frankfurt
LUX.
TSCHECHISCHE REPUBLIK
CZECH REPUBLIC
Saarland
Saarbrücken
Bayern
Bavaria
Nürnberg
Nuremberg
Baden-Württemberg
Stuttgart
FRANKREICH
FRANCE
Donau
Danube
München
Munich
Bodensee
Lake Constance
SCHWEIZ
SWITZERLAND
L.
ÖSTERREICH
AUSTRIA
Deutschland
Germany
1 : 4 500 000
0 50 100 150 200 km
0 50 100 150 miles
BEL. BELGIEN
BELGIUM
L. LIECHTENSTEIN
LUX. LUXEMBURG
LUXEMBOURG

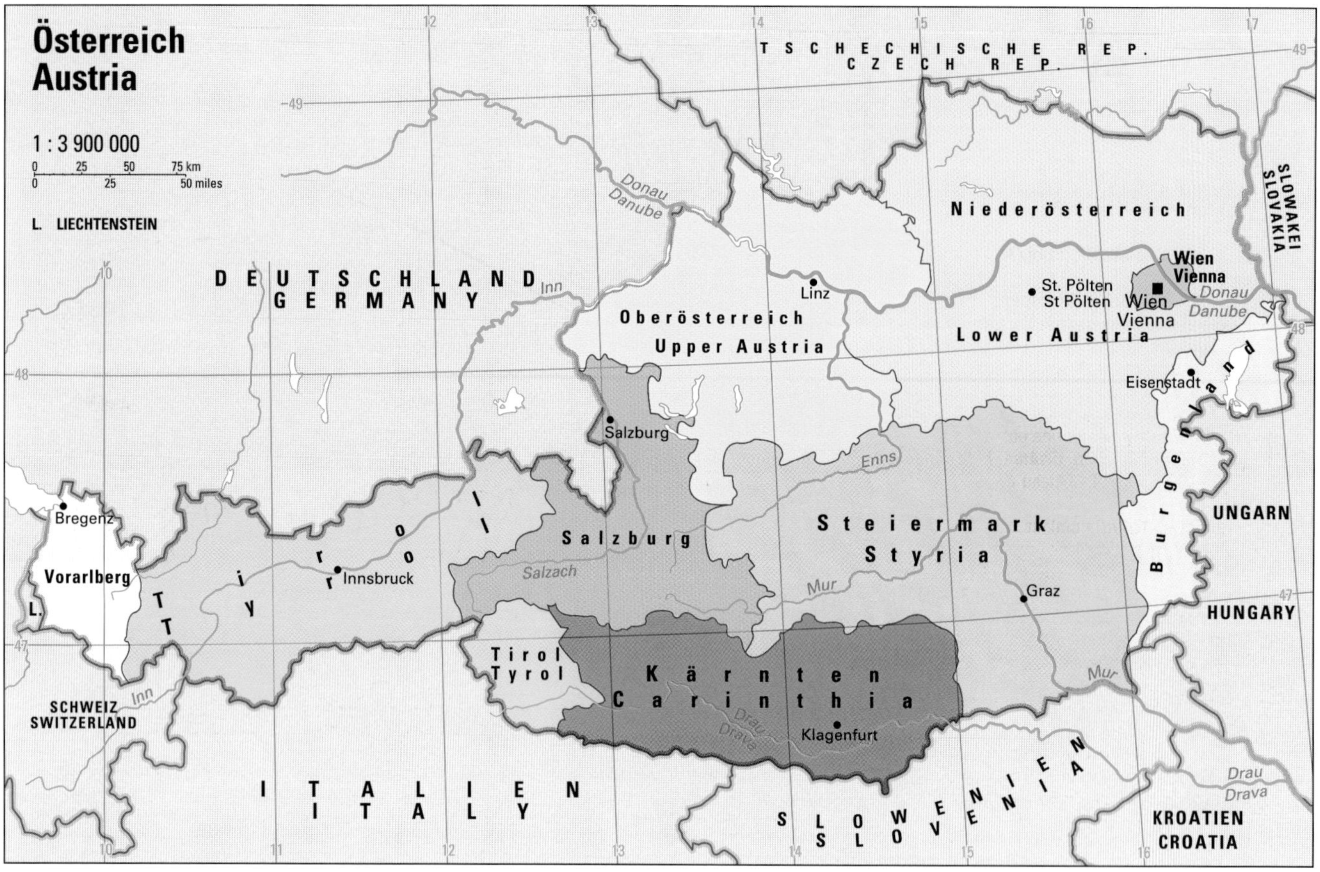

Österreich
Austria

1 : 3 900 000

0 25 50 75 km
0 25 50 miles

L. LIECHTENSTEIN

DEUTSCHLAND
GERMANY

TSCHECHISCHE REP.
CZECH REP.

SLOWAKEI
SLOVAKIA

UNGARN
HUNGARY

KROATIEN
CROATIA

SLOWENIEN
SLOVENIA

ITALIEN
ITALY

SCHWEIZ
SWITZERLAND

Niederösterreich
Lower Austria

Oberösterreich
Upper Austria

Wien
Vienna

Burgenland

Steiermark
Styria

Kärnten
Carinthia

Salzburg

Tirol
Tyrol

Vorarlberg

L.

Linz
St. Pölten
St Pölten
Wien
Vienna
Eisenstadt
Salzburg
Graz
Klagenfurt
Innsbruck
Bregenz

Donau
Danube
Inn
Enns
Salzach
Mur
Drau
Drava

Die Schweiz
Switzerland

1 : 2 700 000

0 25 50 75 km
0 25 50 miles

A. A.-R. Appenzell Ausser-Rhoden
Appenzell Outer Rhodes
A. I.-R. Appenzell Inner-Rhoden
Appenzell Inner Rhodes
B.-L. Basel-Landschaft
Basel District
B.-St. Basel-Stadt
Basel City
N. Neuenburg
Neuchâtel
Nidw. Nidwalden
Obw. Obwalden
S. Solothurn
Sch. Schaffhausen

DEUTSCHLAND
GERMANY

ÖSTERREICH
AUSTRIA

LIECHTENSTEIN

FRANKREICH
FRANCE

ITALIEN
ITALY

Sch.
Schaffhausen
Basel
B.-St.
Liestal
B.-L.
Jura
Delémont
S.
Solothurn
Aarau
Aargau
Zürich
Zurich
Thurgau
Frauenfeld
St. Gallen
St Gallen
Herisau
A. A.-R.
Appenzell
A. I.-R.
Zug
Luzern
Lucerne
Schwyz
Glarus
Neuenburg
Neuchâtel
N.
Bern
Stans
Nidw.
Sarnen
Obw.
Altdorf
Uri
Chur
Coire
Graubünden
Grisons
Freiburg
Fribourg
Waadt
Vaud
Lausanne
Genf
Geneva
Sion
Wallis
Valais
Tessin
Ticino
Bellinzona

Rhein
Rhine
Aare
Doubs
Bodensee
Lake Constance
Vierwaldstätter See
Lake Lucerne
Neuenburger See
Lake Neuchâtel
Genfer See
Lake Geneva
Rhône
Inn
Lago Maggiore
Lake Maggiore
Luganer See
Lake Lugano

A

a, A <-, - *o fam* -s, -s> [aː] *nt* ① *(Buchstabe)* A, a; **ein großes A/ein kleines a** a capital a/a small A; **~ wie Anton** A for Andrew BRIT, AM *usu* A as in Abel
② MUS A, a; **A-Dur/a-Moll** A major/A minor; **das ~ anschlagen** to hit a
▶WENDUNGEN: **von ~ nach B [kommen]** [to get] from A to B; **wer ~ sagt, muss auch B sagen** *(prov)* if you make your bed, you've got to lie in it, BRIT *a.* in for a penny, in for a pound *prov;* **das ~ und [das] O** the be-all and end-all, the most important thing; **von ~ bis Z** *(fam: von Anfang bis Ende)* from beginning to end; *(in- und auswendig)* inside out
à [a] *präp* at; ***200 Flaschen Château Mouton ~ Euro 135,-*** 200 bottles of Château Mouton at 135 euros each
Ä, ä <-, - *o fam* -s> [ɛː] *nt* a umlaut
Aa <-> [aˈʔa] *nt kein pl (kindersprache)* poo[h] BRIT *childspeak,* poop AM *childspeak;* **~ machen** to do a poo[h] [*or* AM poop]
AA[1] <-> *nt kein pl Abk von* **Auswärtiges Amt** ≈ FCO BRIT, ≈ State Department AM
AA[2] <-> *nt kein pl, ohne art Abk von* **Anonyme Alkoholiker** AA
Aa·chen <-s> [ˈaːxn̩] *nt* Aachen
Aal <-[e]s, -e> [aːl] *m* eel
▶WENDUNGEN: **glatt wie ein ~** as slippery as an eel; **sich** *akk* **[drehen und] winden wie ein ~** *(aus Unaufrichtigkeit)* to wriggle like a worm; *(aus Verlegenheit)* to squirm
aa·len [ˈaːlən] *vr (fam)* ■**sich** *akk* **~** to stretch out; **sich** *akk* **in der Sonne ~** to bask in the sun
aal·glatt [ˈaːlˈglat] *(pej)* **I.** *adj* slippery **II.** *adv* artfully
Aal·quap·pe *f* KOCHK burbot, eelpout **Aal·sup·pe** *f* eel soup
AAM <-s, -s> *m Abk von* **angeborener Auslösemechanismus** IRM
a. a. O. *Abk von* **am angegebenen Ort** loc. cit.
Aar·gau <-s> [ˈaːɐ̯gau] *m* ■**der ~** Aargau
Aas <-es> [aːs] *nt* ① *pl Aase (Tierleiche)* carrion
② *pl Äser (fam männliche Person)* bastard *fam!,* AM *a.* jerk *fam!; (weibliche Person)* bitch *fam!*
▶WENDUNGEN: **kein ~** *(fam)* not a soul
aa·sen [ˈaːsn̩] *vi (fam)* ■**mit etw** *dat* **~** to fritter away sth *sep;* **mit Energie/Rohstoffen ~** to squander energy/resources; **mit seiner Gesundheit ~** to neglect one's health
Aas·flie·ge *f* carrion fly **Aas·fres·ser** <-s, -> *m* carrion-eating animal **Aas·gei·er** *m* vulture *a. pej;* ***ihr seid wie die ~!*** you're vultures! **Aas·kä·fer** *m* carrion-beetle
ab [ap] **I.** *adv* ① *(weg, entfernt)* off; ***zur Post geht es an der Kreuzung links ~*** the post office is off to the left at the crossroads; **weit ~ [*fam* vom Schuss] sein [*o* liegen]** to be far away, to be out in the sticks *fam;* ***das Lokal ist mir zu weit ~*** the pub is too far away; ***das liegt zu weit ~ vom Weg*** that's too far off the beaten track
② *(abgetrennt)* off; **~ sein** *(fam)* to be broken [off]; ***der Henkel ist ~*** the handle has come off [*or* is broken]; ***mein Knopf ist ~*** I've lost a button; ***erst muss die alte Farbe ~*** first you have to remove the old paint
③ *(abgehend)* from; ***Frankfurt ~ 19 Uhr, New York an 20 Uhr Ortszeit*** departing Frankfurt [at] 19.00, arriving New York [at] 20.00 local time
④ THEAT exit; ***~ Hamlet*** Hamlet goes [*or* departs]
⑤ *(in Befehlen)* off; ***~, ihr beiden, Hände waschen!*** off you two, go and wash your hands!; ***~ ins Bett!*** off to bed!; ***~ nach Hause!*** off home with you!; ***auf ihr beiden, ~ nach oben/unten!*** come on both of you, up/down you go!; ***~ in [o auf] dein Zimmer!*** go to your room!; ***~ durch die Mitte!*** *(fam)* let's beat it! *sl;* ***Gewehr ~!*** MIL order arms!
▶WENDUNGEN: **~ und zu [*o* NORDD an]** now and then
II. *präp +dat* ① *(räumlich)* from; ***wir fliegen ~ allen deutschen Flughäfen*** we fly from all German airports; ***der Zug fährt ~ Köln*** the train departs from Cologne; **~ *wo?*** from where?
② *(zeitlich)* from; *(von bestimmten Zeitpunkt an)* from ... on[wards]; ***Sie erhalten das Heft ~ der nächsten Ausgabe*** you will receive the magazine from the next issue onwards; **~ *heute/kommenden Mai*** as of [*or* from] today/next May; **~ jetzt** from now [on]; **Kinder ~ 14 Jahren** children from the age of 14 up; **~ sofort** as of now; **~ wann ...** from when ...; **~ *wann können wir uns anmelden?*** from when can we register?; **~ *wann gelten die neuen Preise?*** when do the new prices come into effect?; **~ *wann [o welchem Alter] müssen Kinder bezahlen?*** from what age do children have to pay?; **~ *diesem Zeitpunkt*** from that time on
③ ÖKON ex; **Preis ~ Fabrik/Werk** price ex factory/works
④ *(von ... aufwärts)* from [... up]; *(von ... an)* from ... on; **~ *einem bestimmten Einkommen erhöht sich der Steuersatz*** from a certain income up a higher rate of tax has to be paid; **~ *100 Stück gewähren wir Rabatt*** from 100 pieces [up] we offer a discount; **~ *welchem Dienstgrad steht einem Wohngeld zu?*** from which rank [up] are you entitled to housing allowance?; ***ich suche ein Geschenk ~ €10*** I'm looking for a present from €10 on; **~ Seite 30/Kapitel 3** from page 30/chapter 3/ [on]
⑤ SCHWEIZ *(nach)* past; ***Viertel ~ 8*** quarter past eight
⑥ SCHWEIZ *(von)* on; **~ *Kassette*** on tape
Aba·kus <-, -> [ˈaːbakʊs] *m* abacus
ab|än·dern *vt* ■**etw [in etw** *akk***] ~** to amend sth [to sth]; **ein Gesetz/einen Text/eine Verfassung ~** to amend a law/text/constitution; **ein Programm ~** to change a schedule; **eine Strafe ~** to revise a punishment
Ab·än·de·rung *f* amendment; *einer Strafe* revision; **~en [an etw** *dat***] vornehmen** to make amendments [to sth]; **in ~ des Programms** as a change to the schedule
Ab·än·de·rungs·an·trag *m* JUR motion for amendment; **einen ~ einbringen** to propose an amendment **ab·än·de·rungs·fä·hig** *adj* amendable **Ab·än·de·rungs·kla·ge** *f* JUR petition to modify a judgement **Ab·än·de·rungs·klau·sel** *f* JUR modifying clause **Ab·än·de·rungs·ur·kun·de** *f* JUR amending document **Ab·än·de·rungs·ur·teil** *nt* JUR amending judgement
Aban·don <-s, -s> [abãˈdõː] *m* JUR abandonment
Aban·don·er·klä·rung *f* JUR declaration of abandonment **Aban·don·klau·sel** *f* JUR abandonment clause
aban·don·nie·ren *vt* JUR to abandon
ab|ar·bei·ten **I.** *vt* ■**etw ~** ① *(durch Arbeit tilgen)* to work off sth *sep;* **seine Schulden ~** to work off one's debts
② *(der Reihe nach erledigen) Aufgabenliste* to work through sth
II. *vr* ■**sich** *akk* **~** *(fam)* to work like a madman [*or* dog] *fam,* to work oneself into the ground [*or* to death]
Ab·ar·beits·sys·tem *nt* debt repayment scheme
Ab·art [ˈapʔaːɐ̯t] *f* ① BIOL mutation *spec*
② BOT variety
ab·ar·tig **I.** *adj* ① *(abnorm)* deviant, abnormal; *(pervers a.)* perverted; **eine ~e Neigung haben** to have abnormal [*or* deviant] tendencies
② *(sl: verrückt)* crazy, mad
II. *adv* ① *(abnorm)* abnormally; **auf etw** *akk* **~ reagieren** to react abnormally to sth
② *(sl)* really; ***mein Kopf tut ~ weh*** I've got a splitting headache; ***das hat ~ lang gedauert*** that took absolute ages
③ *(pervers)* pervertedly
Ab·ar·tig·keit <-, -en> *f* deviance, perversity; **von einer besonderen/seltenen ~ sein** to be peculiarly/particularly deviant
ab|ä·schern *vt* KOCHK **einen Fisch ~** *to rub a fish with wooden ashes to remove slime*
Abb. *f Abk von* **Abbildung** illust., illus., Fig.
ab|ba·cken *vt* KOCHK *s.* **ausbacken**
ab|bal·gen *vt* KOCHK, JAGD **Wild ~** to skin game
ab|bal·lern *vt (sl)* ■**jdn ~** to blow away sb *sep,* to crate sb *sl;* ■**ein Tier ~** to pot an animal *fam*
Ab·bau <-s> *m kein pl* ① *(Förderung)* mining; **der ~ von Braunkohle/Schiefer/Steinkohle** brown coal/slate/hard coal mining; **der ~ von Bodenschätzen** mining for mineral resources
② *(Verringerung)* cut; ***ein ~ der Produktion*** a cutback in production
③ *(allmähliche Beseitigung)* revocation, withdrawal; **der ~ von Vorurteilen** the breaking down [*or* elimination] of prejudices
④ MED *(Verfall)* deterioration *spec*
⑤ BIOL, CHEM decomposition; *von Stärke* degradation
ab·bau·bar *adj* ① BERGB *(sich fördern lassend)* workable
② CHEM, MED degradable; **biologisch ~** biodegradable
ab|bau·en **I.** *vt* ■**etw ~** ① BERGB *(fördern)* to mine [for] sth; **Kohle ~** to mine [for] coal
② *(demontieren) Gerüst* to dismantle sth
③ *(verringern) Lohn* to reduce [*or* decrease] sth
④ *(schrittweise beseitigen)* to cut sth; **Privilegien ~** to reduce [*or* cut] privileges
⑤ CHEM ■**etw ~** to decompose [*or* degrade] sth
II. *vi (fam: allmählich weniger leisten) Kräfte, Konzentration* to flag, to wilt; *(geistig/körperlich nachlassen)* to deteriorate
Ab·bau·pro·dukt *nt* CHEM decomposition product
Ab·bau·recht *nt* JUR quarrying right
ab·be·din·gen *vt* JUR **etw [vertraglich] ~** to contract out sth
Ab·be·din·gung <-, -en> *f* JUR contracting out
ab|bee·ren *vt* **einen Strauch ~** to strip the berries off a bush
ab|bei·ßen *irreg* **I.** *vt* ■**etw ~** to bite off sth; ***der Hund hat ihm einen Finger abgebissen*** the dog bit off one of his fingers; ■**etw von etw** *dat* **~** to bite sth off [of] sth; ***er biss ein Stück von der Schokolade ab*** he bit off a piece of the chocolate
II. *vi* to take a bite; ***möchtest du mal ~?*** would you like [to have] a bite?
ab|bei·zen *vt* ■**etw [von etw** *dat***] ~** to strip sth [off [*or* AM *a.* off of] sth]; ***ich habe die Farbe von der Tür abgebeizt*** I stripped the paint from the door
Ab·beiz·mit·tel *nt* stripper
ab|be·kom·men* *vt irreg* ① *(seinen Anteil erhalten)* ■**etw [von etw** *dat***] ~** to get [*or* receive] one's share [of sth]; ***ich habe noch nichts vom Gewinn ~*** I still haven't had my share of the winnings; **die Hälfte von etw** *dat* **~** to receive [*or* get] half of sth
② *(durch etw getroffen werden)* **etwas [*o* Prügel] ~** to get a beating
③ *(fam: beschädigt werden)* **etwas/nichts ~** to get/not get damaged; ***das Auto hat bei dem Unfall eine ganze Menge ~*** the car got quite a bashing in the accident
④ *(fam: verletzt werden)* **etwas/nichts ~** to be/not be injured
⑤ *(entfernen können)* ■**etw [von etw** *dat***] ~** to get sth off [of sth]
ab|be·ru·fen* *vt irreg (zurückbeordern)* ■**jdn ~** to recall sb; **einen Botschafter ~** to recall an ambassador
▶WENDUNGEN: **[von Gott] ~ werden** *(euph)* to pass away, to be called Home to one's Lord *euph*
Ab·be·ru·fung <-, -en> *f* JUR recall
Ab·be·ru·fungs·schrei·ben *nt* HANDEL letter of recall
ab|be·stel·len* *vt* ① *(eine Bestellung widerrufen)* ■**etw ~** to cancel sth; **ein Abonnement ~** to cancel a subscription; INET to unsubscribe
② *(einen Besuch widerrufen)* ■**jdn ~** to cancel sb's visit/appointment; ***du kannst den Klempner wieder ~*** you can tell the plumber he needn't come anymore
Ab·be·stel·lung *f* cancellation
ab|be·zah·len* **I.** *vt* ■**etw ~** to pay off sth *sep*

II. *vi* to pay in instalments [*or* AM *usu* installments]; ***an dem Auto muss ich noch 16 Monate lang ~*** I have another 16 month's instalments to make on the car

ab|bie·gen *irreg* I. *vt haben* ① *(fam: verhindern)* ■**etw ~** to get out of sth *fam;* ***ich sollte eine Rede halten, aber zum Glück konnte ich das ~*** I was supposed to give a speech but luckily I managed to get out of it; **einen Plan ~** to forestall a plan
② *(knicken)* **einen Finger ~** to bend a finger
II. *vi sein* ① *(nach links/rechts fahren)* to turn [off]; [**nach**] **links/rechts ~** to turn [off to the] left/right; **von einer Straße ~** to turn off [*or* AM *a.* off of] a road
② *(eine Biegung machen)* to bend; ***die Straße biegt*** [***scharf***] ***ab*** there's a [sharp] bend in the road

Ab·bie·ge·spur *f* filter [*or* exit] [*or* AM turn] lane

Ab·bie·gung <-, -en> *f* turn-off

Ab·bild *nt* image; *(im Spiegel)* reflection

ab|bil·den *vt* ① *(fotografisch wiedergeben)* ■**jdn ~** to portray [*or* depict] sb; **einen Gegenstand ~** to copy [*or* reproduce] an object; **eine Landschaft ~** to depict a landscape; ***auf dem Foto war der Tatort abgebildet*** the photo showed the scene of the crime
② *(geh: wiedergeben)* ■**etw ~** to portray [*or* depict] sth; ***der Bericht bildet die Verhältnisse in Litauen ab*** the report describes the conditions in Lithuania

Ab·bild·funk·ti·on *f* INFORM mapping function

Ab·bil·dung <-, -en> *f* ① *(Illustration)* illustration
② *(bildliche Wiedergabe)* image, diagram; ***siehe ~ 3.1 auf Seite 5*** see figure 3.1 on page 5
③ *(das Abbilden)* reproduction, depiction; ***diese Statistik eignet sich nicht zur ~*** these figures are not suitable for depicting in a diagram

Ab·bil·dungs·be·reich *m* TYPO enlargement range, reproduction scale **Ab·bil·dungs·maß·stab** *m* TYPO reproduction ratio [*or* scale]

ab|bin·den *irreg* I. *vt* ① MED *(abschnüren)* **die Hauptschlagader/ein Körperglied ~** to put a tourniquet on [*or* to apply a tourniquet to] the main artery/a limb
② KOCHK *(verdicken)* **eine Soße/Suppe** [**mit etw** *dat*] **~** to thicken [*or* bind] a sauce/soup [with sth]
③ *(losbinden)* **sich die Krawatte ~** to undo one's tie; **eine Schürze ~** to untie an apron
II. *vi* ① BAU to bind
② KOCHK to thicken

Ab·bin·de·zeit *f* TYPO drying time

Ab·bit·te *f (geh)* apology; [**bei jdm**] **~ leisten** [*o* **tun**] to offer one's apologies [to sb]

ab|bit·ten *vt irreg (geh)* ■**jdm etw ~** to beg sb's pardon for sth

ab|bla·sen *vt irreg* ① *(fam: absagen)* ■**etw ~** to call off sth *sep*
② *(durch Blasen entfernen)* **den Staub von etw** *dat* **~** to blow the dust off [*or* AM *a.* off of] sth; **den Tisch ~** to blow the dust off the table

ab|blät·tern *vi sein* ■[**von etw** *dat*] **~** to peel [off [*or* AM *a.* off of] sth]; ***die Tapete blättert ab*** the wallpaper is peeling off

ab|blei·ben *vi irreg sein (fam)* ***wo ist sie nur schon wieder abgeblieben?*** where has she got to this time?; ***irgendwo muss es abgeblieben sein*** it has got to be somewhere

ab·blend·bar *adj* **ein ~er Rückspiegel** a dipping rear mirror

ab|blen·den I. *vi* ① AUTO to dip [*or* AM *usu* dim] the [*or* one's] lights
② FILM to fade out
II. *vt* **die Scheinwerfer ~** to dip [*or* AM *usu* dim] the headlights; **das Fenster ~** to black out the window

Ab·blend·licht *nt* AUTO dipped [*or* AM *usu* dimmed] headlights

ab|blit·zen *vi sein (fam)* ■**bei jdm** [**mit etw** *dat*] **~** to not get anywhere with sb [with sth] *fam;* ***mit diesem Vorschlag werden Sie beim Chef ~*** you won't get anywhere with the boss with that proposal; **jdn ~ lassen** to give sb the brush-off *fam,* to turn sb down

ab|blo·cken I. *vt* ■**jdn/etw ~** SPORT *(a. fig)* to block sb/sth
II. *vi* to refuse to talk about sth

Ab·brand *m* ① NUKL burn-up *spec*
② *(metal)* melting loss

ab|brau·sen I. *vi sein (fam)* to race [*or fam* zoom] off
II. *vt haben* ■**etw ~** to rinse sth off *sep* [under the shower]; ■**jdn ~** to put sb under the shower

ab|bre·chen *irreg* I. *vt haben* ■**etw ~** ① *(abtrennen) Zweig* to break off sth *sep*
② *(abbauen)* to dismantle sth; **ein Lager ~** to break [*or* strike] camp; **ein Zelt ~** to take down [*or* strike] a tent; *s. a.* **Zelt**
③ *(niederreißen)* to pull down sth *sep,* to demolish sth
④ *(vorzeitig beenden)* to stop sth; **eine Beziehung ~** to break off a relationship; **eine Behandlung/Therapie ~** to stop [*or fam* quit] a course of treatment/a therapy; **ein Installationsprogramm ~** INFORM to abort [*or* nullify] a setup program; **eine Schwangerschaft ~** to terminate a pregnancy; **einen Streik ~** to call off a strike; **das Studium ~** to drop out of college [*or* BRIT *a.* university]; **den Urlaub ~** to cut short one's holidays; **eine Übertragung ~** to interrupt a broadcast
II. *vi* ① *sein (sich durch Brechen lösen)* to break off
② *(aufhören)* to stop
③ *(beendet werden)* to cease; *Beziehung* to end, to break off; **etw ~ lassen** to break off sth; **den Kontakt ~ lassen** to lose contact [*or* touch]
III. *vr haben* ► WENDUNGEN: **sich** *dat* [**bei etw** *dat*] [**k**]**einen ~** *(sl)* to [not] bust a gut [doing sth] *sl;* [***nun***] ***brich dir*** [***mal***] ***keinen ab!*** don't put yourself out!; ***brich dir bloß keinen ab bei deinen Gratulationen!*** don't go overboard with the congratulations!

ab|brem·sen I. *vt* ① *(langsamer werden lassen)* ■**etw ~** to slow down sth *sep;* **den Motor ~** to brake the engine
② *(fig: langsamer verlaufen lassen)* ■**etw ~** to curb [*or* slow down *sep*] sth; **einen Fall ~** to break a fall; **die Inflation ~** to curb inflation
II. *vi* to brake, to slow down; ***hier solltest du auf 50 km/h abbremsen*** you should slow down to 50 km/h here

ab|bren·nen *irreg* I. *vt haben* ■**etw ~** ① *(durch Verbrennen beseitigen)* to burn off sth *sep*
② *(niederbrennen)* to burn down sth *sep,* to burn sth to the ground
③ *(brennen lassen)* to burn sth; **ein Feuerwerk/eine Rakete ~** to let off fireworks/rockets *sep*
④ KOCHK *(absengen)* to singe [*or* burn] off sth *sep,* to distil [*or* AM distill] sth
⑤ KOCHK ÖSTERR *(mit brauner Butter übergießen)* to pour black butter over sth
II. *vi sein* ① *(niederbrennen)* to burn down [*or* to the ground]
② *(sein Haus durch Brand verlieren)* to be burnt [*or* burned] out
③ *(sich durch Brennen aufbrauchen)* to burn out

ab|brin·gen *vt irreg* ■**jdn von etw** *dat* **~** to get sb to give up sth; *(abraten)* to change sb's mind about sth; ■**jdn davon ~, etw zu tun** to prevent sb [from] doing sth; *(abraten)* to dissuade sb from doing sth; **jdn vom Kurs ~** to throw sb off course; **jdn vom Thema ~** to get sb away from the subject; **sich** *akk* **von etw** *dat* **nicht ~ lassen** to not let oneself be made [*or* persuaded] to give up sth; **sich** *akk* **nicht von seiner Meinung ~ lassen** to not let anyone/anything change one's mind [*or* opinion]; **sich** *akk* **nicht von seinen Gewohnheiten ~ lassen** to not be made to give up one's habits; ***er ließ sich von seinem Vorhaben nicht ~*** he wouldn't be persuaded to drop his plan; **jdn/einen Hund von der Spur ~** to throw [*or* put]sb/a dog off the scent

ab|brö·ckeln *vi sein* ① *(sich bröckelnd lösen)* ■[**von etw** *dat*] **~** to crumble [away from sth]
② FIN *(an Wert verlieren)* to ease off

Ab·bruch *m* ① *kein pl (das Niederreißen)* demolition; ***der ~ eines verwahrlosten Gebäudes*** to pull down [*or* demolish] a neglected building; **etw auf ~ verkaufen** to sell sth at demolition value
② *kein pl (Beendigung)* breaking off; *einer Therapie a.* ceasing; *des Studiums* dropping out; **mit dem ~ der diplomatischen Beziehungen drohen** to threaten to break off diplomatic relations; ***es kam zum ~ der Veranstaltung*** the event had to be called off
③ *(fam: Schwangerschaftsabbruch)* abortion
④ INFORM abortion, nullification
► WENDUNGEN: **etw** *dat* **keinen ~ <u>tun</u>** to not spoil sth; **jds Fröhlichkeit** [*o* **guten Laune**] **keinen ~ tun** to not dampen sb's spirits; ***das tut der Liebe keinen Abbruch*** never mind!

Ab·bruch·ar·bei·ten *pl* demolition work *no pl* **Ab·bruch·fir·ma** *f* demolition firm **ab·bruch·reif** *adj* ① *(baufällig)* dilapidated ② SCHWEIZ *(schrottreif)* ready for the scrap heap *pred* **Ab·bruch·un·ter·neh·mer** *m* demolition firm

ab|brü·hen *vt* KOCHK ■**etw ~** to scald sth; **Gemüse ~** to parboil vegetables

ab|brum·men *vt (fam)* **drei Jahre ~** to do three years *fam;* **eine Strafe ~** to do time *fam;* ***die zehn Monate Knast brumme ich doch im Handumdrehen ab!*** I'll have the 10 months inside behind me in no time at all!

ab|bu·chen *vt* ① FIN ■**etw** [**von etw** *dat*] **~** to debit sth [from sth]; **etw** [**von etw** *dat*] **~ lassen** to have sth debited [from sth]; ***für das A~ erhebt die Bank Gebühren*** the bank charges for debits
② ÖKON *(abschreiben)* ■**etw** [**unter etw** *dat*] **~** to write sth off [as sth]
③ *(verzeichnen)* ■**etw als etw/unter etw** *dat* **~** to write sth off as sth

Ab·bu·chung *f* direct debit; *(abgebuchter Betrag)* debit; **durch ~** by direct debit

Ab·bu·chungs·auf·trag *m* [direct] debit order **Ab·bu·chungs·er·mäch·ti·gung** *f* FIN direct debit mandate **Ab·bu·chungs·ver·fah·ren** *nt* FIN direct debiting service

ab|bü·geln *vt (fig sl)* ■**etw ~** to stonewall sth

ab|bürs·ten *vt* ① *(durch Bürsten reinigen)* ■**etw ~** to brush off sth *sep;* **einen Anzug/einen Mantel ~** to brush down a suit/coat; ■**sich** *akk* **~** to brush oneself down
② *(durch Bürsten entfernen)* ■[**sich** *dat*] **etw von etw** *dat* **~** to brush sth off [[of] one's] sth; ***dieser Dreck lässt sich nicht sehr gut ~*** this muck is not very easy to brush off
③ *(fam: zurechtweisen)* ■**jdn ~** to give sb a dressing down

ab|bü·ßen *vt* ■**etw ~** to serve sth

Ab·bü·ßung <-, -en> *f* JUR serving; ***sie wurde vor ~ ihrer Strafe entlassen*** she was released before she'd finished serving her sentence

Abc <-, -> [a:be:'tse:] *nt* ① *(Alphabet)* abc, ABC; **etw nach dem ~ ordnen** to put sth in alphabetical order
② *(fig: Grundwissen)* ABC; ***„~ der Astronomie für Anfänger"*** "Basic Astronomy for Beginners"

Ab·cha·se, Ab·cha·sin <-n, -n> [ap'xa:zə, ap'xa:zɪn] *m, f* Abkhaz

Ab·cha·si·en <-s> [ap'xa:ziən] *nt* Abkhazia

ab·cha·sisch [ap'xa:zɪʃ] *adj* Abkhaz

Ab·cha·sisch [ap'xa:zɪʃ] *nt dekl wie adj* Abkhaz

Ab·cha·si·sche <-n> *nt* ■**das ~** Abkhaz

ab|che·cken [-tʃɛkn̩] *vt (fam)* ① *(kontrollieren)* ■**etw ~** to check out sth *sep;* ■**~, ob ...** to check out whether ...
② *(prüfen)* ■**jdn ~** to give sb the once-over *fam,* to check out sb *sep*
③ *(abhaken)* ■**etw ~** to tick off sth *sep*
④ *(absprechen)* ■**etw mit jdm ~** to confirm sth with sb

ABC-Kampf·an·zug [a:be:tse:-] *m* ABC combat uniform

ABC-Pflas·ter [a:be:'tse:-] *nt* PHARM deep-heat plaster [*or* poultice]

Abc-Schüt·ze, -Schüt·zin [a:be:'tse:-] *m, f* SCH *(hum: Schulanfänger)* school starter

ABC-Staa·ten [a:be:'tse:-] *pl Argentina, Brazil and Chile*

ABC-Waf·fen [a:be:'tse:-] *pl* MIL nuclear, biological and chemical [*or* NBC] weapons *pl*

Ab·dampf *m kein pl* TECH exhaust steam

ab|damp·fen *vi* to evaporate, to vaporize

Ab·dampf·scha·le *f* TECH evaporating basin [*or* dish] [*or* pan]

ab|dan·ken I. *vi* ❶ *(fam: zurücktreten)* to resign, to step down
❷ *(auf den Thron verzichten)* to abdicate
II. *vt (veraltet)* ■**abgedankt** retired

Ab·dan·kung <-, -en> *f* ❶ *(fam: Rücktritt)* resignation
❷ *(Thronverzicht)* abdication
❸ SCHWEIZ *(Trauerfeier)* funeral service

Ab·deck·blech *nt* BAU flashing

ab|de·cken *vt* ❶ *(abnehmen)* ■**etw** ~ to take off sth *sep;* **das Bett** ~ to strip the bed; **den Tisch** ~ to clear the table
❷ *(aufmachen)* ■**etw** ~ to uncover [*or* open up] sth *sep; (den Deckel abnehmen)* to remove the lid/cover from sth
❸ *(die Dachpfannen wegnehmen)* **ein Haus** ~ to lift the roof off [*or* AM *a.* off of] a house
❹ *(bedecken)* ■**etw** ~ to cover [over] sth
❺ FIN *(ausgleichen)* **die Kosten** ~ to cover the costs; ***die Kosten der Feier werden von der Firma abgedeckt*** the cost of the celebration will be met by the company
❻ *(schminken)* ■**etw** ~ *Hautunreinheiten* to conceal sth

Ab·de·cker(in) <-s, -> *m(f)* renderer, knacker BRIT

Ab·de·cke·rei <-, -en> *f* rendering works, knacker's [yard] BRIT

Ab·deck·hau·be *f* cover **Ab·deck·leis·te** *f* BAU cover molding **Ab·deck·pla·ne** *f* tarpaulin **Ab·deck·pro·fil** *nt* BAU cover section **Ab·deck·stift** *m* concealer stick

Ab·de·ckung *f* ❶ *(Material zum Abdecken)* cover
❷ *kein pl (das Bedecken)* covering

ab|dich·ten *vt* ❶ *(dicht machen)* ■**etw** ~ to seal sth; **ein Leck** ~ to plug [*or* stop] a leak; **Ritzen/ein Loch** ~ to fill [in] [*or* seal] cracks/a hole
❷ *(isolieren)* ■**etw gegen etw** *akk* ~ to proof sth against sth; **etw gegen Feuchtigkeit** ~ to damp proof sth; **etw gegen Lärm** ~ to soundproof sth; **etw gegen Zugluft** ~ to draught [*or* AM draft] proof sth

Ab·dich·tung *f* ❶ *(Dichtung)* seal
❷ *(Isolierung)* proofing
❸ *kein pl (das Abdichten)* sealing; **die** ~ **eines Lecks** the plugging [*or* stopping] of a leak; **die** ~ **eines Lochs/einer Ritze** the filling [in] of a hole/crack

ab·ding·bar *adj* JUR subject to being contracted away

Ab·do·men <-s, Abdomina> [ap'do:mən, *pl* -mina] *nt* MED, ZOOL *(Unterleib, Hinterleib eines Insekts)* abdomen

ab|drän·gen *vt* ❶ *(beiseitedrängen)* ■**jdn** ~ to push sb away
❷ SPORT ■**jdn** [**von etw** *dat*] ~ to keep sb away [from sth]; **jdn vom Ball/Tor** ~ to push sb off the ball/to block sb's path to the goal
❸ NAUT ■**etw** [**von etw** *dat*] ~ to drive [*or* force] sth off [of] sth; **vom Wind abgedrängt werden** to be blown off course by the wind

ab|dre·hen I. *vt haben* ❶ *(abstellen)* ■**etw** ~ to turn off sth *sep*
❷ *(abtrennen)* ■**etw** [**von etw** *dat*] ~ to twist sth [off sth]
❸ *(zudrücken)* **jdm die Gurgel** [*o* **den Hals**] ~ to strangle [*or* throttle] sb; *(fig)* to send [*or* force] sb to the wall
❹ FILM *(zu Ende drehen)* ■**etw** ~ to finish filming [*or* shooting] sth
II. *vi sein o haben* ❶ *(Richtung ändern)* to turn [off]; **Backbord/Steuerbord** ~ to turn to port/starboard; **nach Norden/Osten/Süden/Westen** ~ to turn to the north/east/south/west
❷ PSYCH *(fam)* to go crazy

ab|drif·ten *vi sein* ❶ *(abgetrieben werden)* ■[**irgendwohin**] ~ to drift [off] [somewhere]; ■**von etw** *dat* ~ to drift [away] from sth
❷ *(sl: abgleiten)* ■**irgendwohin** ~ to drift somewhere; **ins Abseits** ~ to disappear into obscurity

ab|dros·seln *vt* ■**etw** ~ AUTO *Motor* to throttle back sth *sep; (fig) Produktion* to cut back sth *sep*

Ab·druck[1] <-drücke> *m* ❶ *(abgedrückte Spur)* print; MED impression; **einen** ~ **machen** [*o* **nehmen**] to make [*or* take] a print
❷ *(Umriss)* impression

Ab·druck[2] <-drucke> *m* ❶ *(Veröffentlichung)* printing, publication; ***wir planen den ~ dieses Artikels für den nächsten Monat*** we plan to print [*or* publish] this article next month
❷ *kein pl (das Nachdrucken)* reprint

ab|dru·cken *vt* ■**etw** ~ to print sth

ab|drü·cken I. *vt* ❶ *(fam: umarmen)* ■**jdn** ~ to hug sb
❷ MED *(unterbinden)* ■**etw** ~ to clamp sth
❸ *(abfeuern)* **ein Gewehr** ~ to fire a gun
II. *vi* to pull the trigger

Ab·druck·er·laub·nis *f* printing permission **Ab·druck·recht** *nt* JUR copyright

ab|du·cken *vi* to duck

ab|dun·keln *vt* ■**etw** ~ ❶ *(abschirmen) Lampe* to dim sth
❷ *(dunkler machen)* to darken sth; **ein Fenster** ~ to black out a window; **ein Zimmer** ~ to darken a room
❸ *(dunkler werden lassen)* to tone down sth

Ab·dunk·lungs·rol·lo <-s, -s> *nt* [roller] blind

ab|du·schen *vt* ■**jdn** ~ to give sb a shower; ■**sich** *akk* ~ to [take a] shower; **jdm den Rücken** ~ to shower sb's back

ab|eb·ben *vi sein* to subside; ***selbst nachts ebbt der Straßenlärm nur vorübergehend etwas ab*** even at night the noise from the street only dies down for a while

abend[ALT] ['a:bn̩t] *adv s.* **Abend 1**

Abend <-s, -e> ['a:bn̩t] *m* ❶ *(Tageszeit)* evening; ***'n ~!*** *(fam)* evening!; **gestern/morgen** ~ yesterday/tomorrow evening; **guten** ~! good evening!; **jdm guten** ~ **sagen** [*o* **wünschen**] to wish sb good evening, to say good evening to sb; **heute** ~ tonight, this evening; **übermorgen** ~ the evening after next; **vorgestern** ~ the evening before last; **jeden** ~ every evening; **letzten** ~ yesterday evening, last night; **am** [*o* **den**] **nächsten** ~ tomorrow evening; ~ **sein/werden** to be/get dark; ***um 16 Uhr ist es im Winter schon*** ~ it's already dark at 4 o'clock in winter; ***es wird so langsam*** ~ the evening's beginning to draw in, it's beginning to get dark; **zu** ~ **essen** to eat dinner; **am** ~ in the evening; ***der Unfall geschah am ~ des 13.*** the accident occurred on the evening of the 13th; ~ **für** [*o* **um**] ~ every night, night after night; **gegen** ~ towards evening; **den ganzen** ~ **über** the whole evening, all evening; **des** ~**s** *(geh: abends)* in the evening; **eines** ~**s** [on] one evening; *s. a.* **Dienstagabend**
❷ *(Vorabend)* evening before, eve *liter;* **der** ~ **des Geschehens/der Hochzeit** the eve of [*or* the evening before] the events/the wedding
❸ *(abendliche Freizeit)* evening; **ein bunter** ~ *(Unterhaltungsveranstaltung)* an entertainment evening
▶WENDUNGEN: **du kannst mich am** ~ **besuchen!** *(euph)* you know where you can go! *sl;* **am** ~ **des Lebens** *(geh)* at the end of one's life; **je später der** ~, **desto schöner die Gäste** *(prov hum)* some guests are worth waiting for! *hum*

Abend·aka·de·mie *f* evening school **Abend·an·dacht** *f* evening service **Abend·an·zug** *m* dinner dress *no pl,* black tie; **im** ~ **erscheinen** [*o* **kommen**] to wear [*or* come in] evening dress [*or* black tie] **Abend·blatt** *nt* evening [news]paper **Abend·brot** *nt* supper; ~ **essen** to eat [*or* have] supper **Abend·däm·me·rung** *f* dusk, twilight

aben·de·lang ['a:bn̩də-] I. *adj attr* night after night
II. *adv* for evenings on end, night after night

Abend·es·sen *nt* dinner; ***wann gibt es denn endlich ~?*** when will dinner finally be ready?

abend·fül·lend *adj* all-night *attr,* lasting the whole evening [*or* night] *pred;* ***das ist ja ein ~es Programm, was ihr euch da ausgedacht habt!*** you've got the whole evening planned out! **Abend·ge·sell·schaft** *f* ❶ *(Abendgäste)* evening guests *pl*
❷ *(abendliche Feier)* dinner party, soirée *form* **Abend·got·tes·dienst** *m* religious evening service **Abend·gym·na·si·um** *nt* evening [*or* night] school **Abend·hand·schuh** *m* **langer** ~ evening glove **Abend·kas·se** *f* evening box-office **Abend·kleid** *nt* evening dress; **im** ~ **erscheinen** [*o* **kommen**] to wear [*or* come in] an evening dress **Abend·klei·dung** *f* evening dress *no art* **Abend·kurs** *m* evening [*or* night] class **Abend·land** *nt kein pl (geh)* ■**das** ~ the West, the Occident *form;* **das christliche** ~ the Christian Occident

abend·län·disch I. *adj (geh)* western, occidental *form*
II. *adv (geh)* in a western style, occidentally *form*

abend·lich ['a:bn̩tlɪç] I. *adj* evening
II. *adv* for the evening; ***es war schon um drei Uhr ~ kühl*** there was already an evening chill at three o'clock

Abend·mahl *nt* [Holy] Communion; **das Letzte** ~ the Last Supper; **zum** ~ **gehen** to attend [Holy] Communion; **das** ~ **empfangen** [*o* **nehmen**] *(geh)* to receive [*or* take] [Holy] Communion; **jdm das** ~ **erteilen** [*o* **reichen**] [*o* **spenden**] to give sb [Holy] Communion, to administer [Holy] Communion to sb *form* **Abend·mahl·zeit** *f (geh)* dinner **Abend·öff·nungs·zei·ten** *pl* evening opening times [*or* hours] *pl,* evening hours of business *pl* **Abend·pro·gramm** *nt* evening programme [*or* AM -am] **Abend·ro·be** *f (geh)* evening dress **Abend·rot** ['a:bn̩tro:t] *nt (geh)* [red] sunset; **im** ~ in the evening glow, in the last glow of the sunset

abends ['a:bn̩ts] *adv* in the evening; *(jeden Abend)* in the evening[s]; ~ **um acht** at eight in the evening

Abend·schu·le *f* evening [*or* night] school **Abend·schü·ler(in)** *m(f)* evening [*or* night] school student **Abend·son·ne** *f kein pl* evening sun **Abend·ständ·chen** *nt* serenade **Abend·stern** *m kein pl* ASTRON *(geh)* ■**der** ~ the evening star **Abend·stil·le** *f* the evening stillness **Abend·stun·de** *f meist pl* evening [hour]; ***wer schellt denn noch zu dieser späten ~?*** who's that ringing at this [late] hour?; **bis in die** ~**n** until late into the evening; **in den frühen/späten** ~**n** in the early/late hours of the evening **Abend·ver·kauf** *m* SCHWEIZ late-night opening **Abend·vor·stel·lung** *f* FILM evening showing; THEAT evening performance **Abend·zeit** *f* **zur** ~ *(geh: abends)* in the evening, at eventide *poet*

Aben·teu·er <-s, -> ['a:bn̩tɔye] *nt* ❶ *(aufregendes Erlebnis)* adventure
❷ *(Liebesabenteuer)* fling; **auf** ~ **aus sein** to be looking for a fling *fam;* **ein** ~ **mit jdm haben** to have a fling with sb *fam*
❸ *(risikoreiches Unternehmen)* venture

Aben·teu·er·fe·ri·en *pl* adventure holiday

aben·teu·er·lich ['a:bn̩tɔyelɪç] I. *adj* ❶ *(wie ein Abenteuer gestaltet)* exciting, adventurous; **A~es zu berichten haben** to have exciting stories to tell
❷ *(fantastisch)* fantastic[al]
❸ *(wild romantisch)* exotic
❹ *(unglaublich)* preposterous
II. *adv* ❶ *(fantastisch)* fantastic[al], far-fetched
❷ *(wild romantisch)* exotically

Aben·teu·er·lich·keit <-, -en> *f* ❶ *kein pl (abenteuerliche Art)* adventure
❷ *(Unwahrscheinlichkeit)* preposterousness

Aben·teu·er·lust *f* thirst for adventure **aben·teu·er·lus·tig** *adj* adventurous **Aben·teu·er·ro·man** *m* adventure novel **Aben·teu·er·spiel·platz** *m* adventure playground

Aben·teu·rer, Aben·teu·(r)e·rin <-s, -> ['a:bn̩tɔyrɐ, -tɔy(r)ərɪn] *m, f (pej)* adventurer

aber ['a:bɐ] I. *konj (jedoch)* but; ~ **dennoch** [*o* **trotzdem**] **...** but in spite of this ...; **oder** ~ or else; ***geben Sie mir drei Kilo Orangen, oder ~ doch lieber Bananen*** I'd like three kilos of oranges, or, no, I'd rather have bananas

II. *part* ① *(jedoch, dagegen)* but; ***komm doch mit! — ich habe ~ keine Zeit!*** come with me/us! But I haven't got any time!; ***ein Pils, ~ 'n bisschen plötzlich!*** a lager and a bit quick about it!; ***das mach' ich ~ nicht!*** I will not do that!
② *(wirklich)* really; ***das ist ~ schön!*** that really is wonderful!; ***das ist ~ nicht gerade nett von dir!*** that's not really very nice of you, is it!
③ *(empört)* oh; ~ ***Hannelore, reiß dich doch endlich zusammen!*** [oh] Hannelore, pull yourself together!; ~ ***hallo!*** Excuse me! *emph*
▸WENDUNGEN: ~ **ja!** yes [of course]!, BRIT *a.* rather! *form;* ***magst du auch ein Stück Sahnetorte? — ~ ja!*** would you like another piece of cream cake? Yes please!; ***gefällt dir der Weihnachtsbaum? — ~ ja!*** do you like the Christmas tree! — Yes I do!; ~ **nein!** no, no!, goodness, no!; ***das war doch so, oder? — ~ nein!*** that's what happened, isn't it? — goodness, no!; ~ **selbstverständlich** [*o* **gewiss** [**doch**]] but of course; **~, ~!** now, now!
III. *adv* ▸WENDUNGEN: ~ **und abermals** time and again
Aber <-s, - *o fam* -s> ['a:bɐ] *nt* but *fam;* ***da ist nur noch ein ~ ...*** there's only one problem ...; **ein ~ haben** to have a catch [*or fam* snag]; **kein ~!** no buts!
Aber·glau·be *m* ① *(falscher Glaube)* superstition
② *(fam: Unsinn)* nonsense, rubbish BRIT
aber·gläu·bisch ['a:bɐglɔybɪʃ] *adj* superstitious
aber·hun·dert, Aber·hun·dertRR *adj (geh)* hundreds upon hundreds of
Aber·hun·der·te *pl (geh)* hundreds upon hundreds of
ab|er·ken·nen* ['apʔɛɐ̯kɛnən] *vt irreg* ■**jdm etw ~** to divest sb of sth *form*
Ab·er·ken·nung <-, -en> *f* divestiture *form*
aber·ma·lig *adj attr* repeated; *(nochmalig)* renewed
aber·mals ['a:bɐma:ls] *adv* once again
ab|ern·ten *vt* ■**etw ~** to harvest sth; **abgeerntete Felder** empty fields
ab·er·ra·tio ic·tus [apʔɛ'ra:tsi̯o 'ɪktʊs] JUR miscarriage of criminal act
aber·tau·send, Aber·tau·sendRR *adj (geh)* thousands upon thousands; **Tausend und ~** [*o* **tausend und A~**] thousands upon thousands
Aber·tau·sen·de *pl (geh)* thousands upon thousands; ***die Zuschauer waren zu ~n zusammengeströmt*** the onlookers came in their thousands
Aber·witz <-es> ['a:bɐvɪts] *m* sheer foolishness
aber·wit·zig *adj (geh)* ludicrous
Abes·si·ni·en [abɛ'si:ni̯ən] *nt* Abyssinia
Abes·si·ni·er(in) <-s, -> [abɛ'si:ni̯ɐ] *m(f)* Abyssinian
abes·si·nisch [abɛ'si:nɪʃ] *adj* Abyssinian
Abf. *f Abk von* **Abfahrt** dep., departure
ab|fa·ckeln *vt* ① *(abbrennen lassen)* ■**etw ~** to burn sth; **Erdgas ~** to flare off gas *spec*
② *(niederbrennen)* ■**etw ~** to torch [*or* burn down *sep*] sth
ab·fahr·be·reit *adj s.* **abfahrtbereit**
ab|fah·ren *irreg* I. *vi sein* ① *(losfahren)* to depart, to leave; *Auto, Fahrer a.* to drive off *fam;* ***ich fahre in ein paar Tagen ab*** I'll be leaving in a couple of days
② SKI *(zu Tal fahren)* to ski down
③ *(fam: abgewiesen werden)* ***mit der Bitte um eine Gehaltserhöhung ist er beim Chef aber abgefahren!*** he wasn't very successful asking the boss for a payrise; ■**jdn ~ lassen** to turn sb down
④ *(fam: besonders beeindruckt sein)* ■**auf jdn/etw ~** to be crazy [*or* mad] about sb/sth *fam*
II. *vt* ① *haben (abtransportieren)* ■**etw ~** to take away sth *sep;* **den Müll ~** to collect the garbage
② *sein o haben (bereisen)* **ein Land/eine Region ~** to travel throughout a country/region
③ *sein o haben (befahren und inspizieren)* ■**etw ~** to [drive along and] check sth
④ *haben (abnutzen)* ■**etw ~** *Reifen* to wear down sth *sep;* **abgefahrene Reifen** worn tyres
⑤ *haben (durch Anfahren abtrennen)* **jdm ein Arm/Bein ~** to run over sb and sever his/her arm/leg
III. *vr haben* ■**sich** *akk ~ Reifen* to wear down
Ab·fahrt *f* ① *(Wegfahren)* departure
② *(fam: Autobahnabfahrt)* exit
③ SKI *(Talfahrt)* run; *(Abfahrtsstrecke)* slope
ab·fahrt·be·reit I. *adj* ready to depart [*or* leave] *pred;* ***im letzten Moment sprang er noch auf den ~en Bus*** at the last moment he leapt onto the waiting bus
II. *adv* ready to depart [*or* leave]; ***der Zug stand ~ auf Gleis 14*** the train was ready for departure at platform 14
Ab·fahrts·an·zei·ge *f* NAUT sailing advice **Ab·fahrts·bahn·steig** *m* departure platform **Ab·fahrts·ha·fen** *m* port of sailing **Ab·fahrts·hal·le** *f* departure hall **Ab·fahrts·lauf** *m* SKI downhill [event] **Ab·fahrts·sig·nal** *nt* BAHN guard's whistle; NAUT sailing signal **Ab·fahrts·stre·cke** *f* SPORT ski run **Ab·fahrts·ta·fel** *f* departure timetable **Ab·fahrts·tag** *m* day of departure; *eines Schiffes* sailing day [*or* date] **Ab·fahrts·zeit** *f* departure time
Ab·fall1 *m* rubbish *esp* BRIT, garbage, trash *esp* AM, refuse *form*
Ab·fall2 *m kein pl* renunciation
Ab·fall·auf·be·rei·tung <-> *f kein pl* waste processing, waste recovery [*or* treatment] [*or* recycling] **Ab·fall·be·för·de·rungs·ver·ord·nung** *f* JUR waste transportation directive **Ab·fall·be·häl·ter** *m* waste container; *(kleiner)* waste bin **Ab·fall·be·hand·lung** *f* ① *(Industriezweig)* waste management *no pl* ② *(Tätigkeit)* waste treatment [*or* processing]
Ab·fall·be·sei·ti·gung *f* ① *(Beseitigung von Müll)* refuse disposal ② *(fam: städtisches Reinigungsamt)* town [*or* municipal] refuse collection service BRIT, municipal waste collection **Ab·fall·be·sei·ti·gungs·an·la·ge** *f* JUR waste disposal plant **Ab·fall·be·sei·ti·gungs·ge·setz** *nt* JUR Waste Disposal Law, Refusal Disposal [Amenity] Act BRIT
Ab·fall·be·stim·mungs·ver·ord·nung *f decree on refuse disposal* **Ab·fall·be·wirt·schaf·tung** *f* management of refuse disposal **Ab·fall·de·po·nie** *f* waste disposal site **Ab·fall·ei·mer** *m* [rubbish] bin BRIT, garbage [*or* trash] can AM
ab|fal·len1 *vi irreg sein* ① *(herunterfallen)* to fall off; *Blätter* to fall down; ■**von etw** *dat* **~** to fall off [*or* AM *a.* off of] sth
② *(schlechter sein)* ■[**gegenüber jdm/gegen etw** *akk*] **~** to fall behind [sb/sth]
③ *(beim Wettlauf)* to fall [*or* lag] behind, to drop back
④ *(übrig bleiben)* to be left over
⑤ *(schwinden)* to vanish; ***alle Furcht fiel plötzlich von ihm ab*** suddenly all his fear vanished
⑥ *(sich senken)* to drop away; ***der Weg fällt zum Wald hin leicht ab*** the path slopes gently towards the wood; ■**~d** declining, sloping
⑦ *(sich vermindern)* to decrease; *Temperatur* to drop
⑧ *(fam: herausspringen)* ■[**bei etw** *dat*] **fällt für jdn etw ab** sb gets sth [out of sth] *fam;* ***und wie viel fällt dabei für mich ab?*** and how much do I get out of this?
ab|fal·len2 *vi irreg sein (den Glaube verlieren)* ■[**von etw** *dat*] **~** to renounce [sth]; **von einer Partei ~** to turn renegade on a party
ab·fal·lend *adj Weg, Dach* sloping
Ab·fall·ent·sor·gung *f* waste [*or* BRIT refuse] [*or* AM garbage] disposal; *(industriell)* waste management; **getrennte ~** waste separation **Ab·fall·ent·sor·gungs·an·la·ge** *m* ÖKOL waste disposal facility [*or* plant]
Ab·fall·hau·fen *m* rubbish [*or* garbage] heap
ab·fäl·lig I. *adj* derogatory, disparaging, snide; **ein ~es Lächeln** a derisive smile
II. *adv (in abfälliger Weise)* disparagingly; **sich** *akk ~* **über jdn/etw äußern** to make disparaging remarks about sb/sth
Ab·fall·in·dust·rie *f kein pl* waste-handling industry **Ab·fall·ma·te·ri·al** *nt* waste material **Ab·fall·pro·dukt** *nt* ① CHEM waste product ② *(Nebenprodukt)* by-product **Ab·fall·recht** *nt kein pl* waste disposal laws *pl* **Ab·fall·sor·tie·rung** *f kein pl* sifting of refuse **Ab·fall·stoff** *m meist pl* waste [*or* BRIT *a.* rubbish] product **Ab·fall·ton·ne** *f* rubbish bin BRIT, garbage [*or* trash] can AM **Ab·fall·ver·brin·gungs·ver·ord·nung** *f* JUR waste transportation ordinance **Ab·fall·ver·mei·dung** *f* waste [*or* refuse] reduction **Ab·fall·ver·wer·tung** *f* recycling of waste
Ab·fall·wirt·schaft *f kein pl* waste management
Ab·fall·wirt·schafts·kon·zept *nt* JUR waste management plan **Ab·fall·wirt·schafts·pla·nung** *f* JUR waste management planning
Ab·fall·zer·klei·ne·rer *m* waste chopper
ab|fäl·schen *vt* SPORT ■**etw ~** to deflect sth
ab|fan·gen *vt irreg* ① *(vor dem Ziel einfangen)* ■**etw ~** *Funkspruch, Flugzeug* to intercept sth; ■**jdn ~** to catch sb
② *(wieder unter Kontrolle bringen)* **ein Flugzeug/eine Maschine ~** to bring an aircraft/a machine back under control
③ *(abwehren)* **einen Schlag ~** to ward off *sep* a blow
④ *(mildernd auffangen)* **einen Aufprall/einen Fall ~** to cushion an impact/a fall
Ab·fang·jä·ger *m* MIL interceptor
ab|fär·ben *vi* ① *(die Farbe übertragen)* ■[**auf etw** *akk*] **~** to run [into sth]
② *(fig: sich übertragen)* ■**auf jdn ~** to rub off on sb
ab|fas·sen *vt* ■**etw ~** to write sth; **etw von jdm ~ lassen** to have sth written by sb, to have sb write sth
Ab·fas·sung *f* writing; *eines Textes* wording
ab|fau·len *vi Blätter* to rot away
ab|fe·dern I. *vt haben* ① *(dämpfen)* ■**etw ~** *Stoß* to cushion sth
② *(abmildern)* ■**etw ~** *Ungerechtigkeiten* to mitigate sth
II. *vi sein o haben* SPORT ① *(hoch federn)* to bounce
② *(zurückfedern)* to land
ab|fei·ern I. *vt (fam)* **Überstunden ~** *to take time off by using up hours worked overtime*
II. *vi (fam: tanzen)* to dance the night away; *(trinken)* to drink the night away
ab|fei·len *vt* ■**etw ~** to file off sth *sep*
ab|fer·ti·gen I. *vt* ① *(versandfertig machen)* ■**etw ~** *Waren, Post* to prepare sth for dispatch; ■**etw ~ lassen** to have sth processed
② *(Flughafen)* **sein Gepäck/Passagiere ~** to check in one's baggage/passengers
③ *(be- und entladen)* **ein Flugzeug ~** to prepare an aircraft for take-off; **einen Lastwagen ~** to clear a lorry for departure; **ein Schiff ~** to prepare a ship to sail
④ *(bedienen)* **die Kunden ~** to attend to the customers
⑤ *(kontrollieren und passieren lassen)* ■**jdn ~** to clear sb, to check sb through
⑥ *(fam: abspeisen)* ■**jdn mit etw** *dat* **~** *(fam)* to fob sb off with sth
⑦ *(behandeln)* **jdn kurz** [*o* **schroff**] **~** [*o* **brüsk**] to snub sb, to be curt [*or* brusque] with sb
II. *vi* to conduct clearance; ***der Zoll hat heute sehr langsam abgefertigt*** customs clearance was very slow today
Ab·fer·ti·gung *f* ① *(Bearbeitung für den Versand)* dispatching, processing; ***die ~ der Pakete erfolgt an Schalter 5*** packages are processed at counter 5
② *(Abfertigungsstelle)* check-in counter [*or* desk]
③ *(Bedienung)* service
④ *(Kontrolle)* check
Ab·fer·ti·gungs·ge·bühr *f* HANDEL clearance fee **Ab·fer·ti·gungs·hal·le** *f* check-in hall **Ab·fer·ti·gungs·schal·ter** *m* check-in counter [*or* desk] **Ab·fer·ti·gungs·zeit** *f* HANDEL hours *pl* of clearance
ab|fet·ten *vt* KOCHK ■**etw ~** *Soße, Suppe* to remove the fat from sth
ab|feu·ern *vt* ■**etw ~** to fire sth; **einen Flugkörper/eine Granate ~** to launch a projectile/grenade
ab|fin·den *irreg* I. *vt* ① *(entschädigen)* ■**jdn** [**mit etw** *dat*] **~** to compensate sb [with sth]
② *(zufrieden stellen)* ■**jdn mit etw** *dat* **~** to palm sb off with sth *fam*

II. *vr* ■**sich** *akk* **mit jdm/etw ~** *(fam)* to put up with sb/sth; ■**sich** *akk* **damit ~, dass ...** to put up with the fact [*or* resign oneself to the fact] that ...; ***damit wirst du dich wohl oder übel ~ müssen!*** you'll just have to like it or lump it! *fam*

Ab·fin·dung <-, -en> *f* ① *(das Abfinden)* compensation, indemnity payments *pl spec*
② *(zur Abfindung gezahlter Betrag)* compensation; *(bei Entlassung)* severance pay; *(wegen Rationalisierungsmaßnahmen)* redundancy [*or* severance] payment

Ab·fin·dungs·an·ge·bot *nt* HANDEL offer of compensation payment **Ab·fin·dungs·an·spruch** *m* JUR redundancy [*or* indemnity] claim **Ab·fin·dungs·for·de·rung** *f* JUR claim for compensation **Ab·fin·dungs·ge·winn** *m* HANDEL indemnity, compensation **Ab·fin·dungs·gut·ha·ben** *nt* JUR balance due in settlement of claims **Ab·fin·dungs·klau·sel** *f* JUR general release clause **Ab·fin·dungs·leis·tung** *f* HANDEL redundancy pay[ment] **Ab·fin·dungs·recht** *nt* JUR indemnity law **Ab·fin·dungs·re·ge·lung** *f* JUR redundancy [*or* severance] scheme **Ab·fin·dungs·sum·me** *f* *(zur Abfindung gezahlter Betrag)* compensation; *(bei Entlassung)* severance pay; *(wegen Rationalisierungsmaßnahmen)* redundancy payment, indemnity **Ab·fin·dungs·ver·ein·ba·rung** *f* JUR settlement agreement **Ab·fin·dungs·ver·gleich** *m* JUR accord and satisfaction **Ab·fin·dungs·ver·trag** *m* JUR settlement [*or* termination] agreement **Ab·fin·dungs·zah·lung** *f* *(bei Entlassung)* severance pay; *(bei Rationalisierungsmaßnahmen)* redundancy payment

ab|fla·chen I. *vi sein (pej: sinken)* to drop
II. *vt haben* ■**etw ~** to flatten sth
III. *vr haben* ■**sich** *akk ~ Weg, Straße* to level off; *Land* to flatten out

Ab·fla·chung <-, -en> *f* ① *(abgeflachte Form)* flatness
② *(das Abflachen)* flattening
③ *(Sinken)* drop

ab|fläm·men *vt* KOCHK ■**etw ~** to brown sth in a hot oven, to flame sth *spec*

Ab·flau·en *nt kein pl* ÖKON *der Aktienkurse* dropping; *des Marktes* lull

ab|flau·en *vi sein* ① *(schwächer werden)* to subside; *(zurückgehen)* to decrease; *Interesse* to wane, to flag; *(nachgeben)* to drop; **~der Wind** light wind
② *(sich legen)* to abate

ab|flie·gen *vi irreg sein* ① *(losfliegen)* to depart [*or* leave] [by plane]; ***sie sind gestern nach München abgeflogen*** they flew to Munich yesterday; ***wir fliegen mit der nächsten Maschine ab*** we're leaving on the next plane
② ORN *(wegfliegen)* to migrate

ab|flie·ßen *vi irreg sein* ① *(wegfließen)* to flow away; ■**von etw** *dat* **~** to run off [of] sth; ■**aus etw** *dat* **~** to drain away from sth
② *(sich entleeren)* to empty
③ *(sich durch Weiterfahren auflösen) Stau* to flow
④ FIN to migrate, to siphon off; ***alle Gewinne fließen ins Ausland ab*** all profits are siphoned off abroad

Ab·flug *m* ① *(das Losfliegen)* departure; ***mein ~ nach Jamaika ist am 17.*** my flight to Jamaica is on the 17th, I leave for Jamaica on the 17th
② *(fam: Abflugstelle)* departure gate
③ ORN *(das Wegfliegen)* migration

ab·flug·be·reit I. *adj* ready for departure *pred;* ***der Pilot machte die Maschine ~*** the pilot prepared the plane for departure II. *adv* ready for departure; ***das Flugzeug steht ~ auf dem Rollfeld*** the plane is ready for departure on the runway **Ab·flug·ha·fen** *m* departure terminal **Ab·flug·hal·le** *f* departure lounge **Ab·flug·zeit** *f* [time of] departure, flight departure time

Ab·fluss[RR] <-es, -flüsse>, **Ab·fluß**[ALT] <-sses, -flüsse> *m* ① *(Abflussstelle)* drain; *eines Flusses* outlet; *(Rohr)* drain pipe
② *kein pl (das Abfließen)* drainage, draining away
③ *kein pl* FIN outflow

Ab·fluss·gra·ben[RR] *m* drainage ditch **Ab·fluss·rei·ni·ger**[RR] *m* drain cleaner **Ab·fluss·rin·ne**[RR] *f* drainage channel **Ab·fluss·rohr**[RR] *nt* ① *(Kanalrohr)* drain pipe ② *(Einleitungsrohr)* outlet pipe

Ab·fol·ge *f (geh)* sequence; **in ununterbrochener ~** one after the other

ab|for·dern *vt (geh)* ① *(einfordern)* ■**jdm etw ~** to demand sth from sb; **jds Ausweis/Papiere ~** to ask for sb's identity card/papers
② *(anfordern)* ■**etw bei jdm ~** to request sth from sb
③ *(verlangen)* ■**jdm etw ~** to demand sth of sb

Ab·fra·ge <-, -n> *f* INFORM inquiry, query; **~ anhand eines Beispiels** query by example

Ab·fra·ge·me·di·um *nt* INFORM inquiry medium

ab|fra·gen *vt* ① *(nach etw befragen)* ■**jdn ~** to test sb; ■**jdn** [*o* **bei jdm**] **etw ~** to test sb on sth
② INFORM ■**etw ~** to call up sth

ab|frä·sen *vt* TYPO ■**etw ~** to rout off sth *sep*

ab|fres·sen *vt irreg* ① *(herunterfressen)* **die Blätter von etw** *dat* **~** to eat [*or* strip] the leaves off sth; **das Gras ~** to crop the grass
② *(abnagen)* ■**etw ~** *Knochen* to gnaw away at sth

ab|frie·ren *irreg* I. *vi sein* to suffer frostbite, to freeze off
II. *vr haben* ■**sich** *dat* **etw ~** to lose sth due to frostbite; ***die Bergsteiger froren sich Finger und Zehen ab*** the mountain climbers' fingers and toes froze off; **sich** *dat* **einen ~** *(sl)* to freeze to death, to freeze one's balls off *vulg*

Ab·fuhr <-, -en> *f* ① *(Zurückweisung)* snub; **jdm eine ~ erteilen** to snub sb; **sich** *dat* [**bei jdm**] **eine ~ holen** *(fam)* to not get anywhere with sb; ***mit seiner Bemerkung holte er sich bei den Kollegen eine ~*** his remark was met with a snub [*or* rebuff] from his colleagues
② SPORT crushing defeat; **sich** *dat* [**gegen jdn**] **eine ~ holen** to suffer a crushing defeat [from sb]
③ *kein pl (geh: Abtransport von Müll)* collection; ***wann ist hier ~?*** what day is the rubbish collected here?

ab|füh·ren I. *vt* ① *(wegführen)* ■**jdn ~** to lead sb away; **~!** take him/her away!
② FIN *(abgeben)* ■**etw** [**an jdn/etw**] **~** to pay sth [to sb/sth]; **Steuern ~** to pay taxes
③ *(ableiten)* ■**etw ~** *Abgase* to expel sth
④ *(entfernen)* ■**jdn von etw ~** to divert sb from sth; **jdn vom Thema ~** to divert sb [*or* take sb away] from the subject
II. *vi* ① MED to loosen the bowels
② *(wegführen)* ■[**von etw** *dat*] **~** to turn off [of sth]; ***und hier führt Kaiserallee von der Hauptstraße ab*** and here the Kaiserallee leaves the main road
③ *(entfernen)* ■[**von etw**] **~** to be a diversion [from sth]

ab·füh·rend I. *adj* MED laxative; **ein leicht** [*o* **mild**]/**stark ~es Mittel** a mild/strong laxative
II. *adv* **~ wirken** to have a laxative effect

Ab·fuhr·kos·ten *pl* cartage

Ab·führ·mit·tel *nt* laxative **Ab·führ·tee** *m* laxative tea

Ab·füh·rung *f* FIN payment

Ab·füll·be·trieb *m* bottling plant **Ab·füll·da·tum** *nt* date of bottling

ab|fül·len *vt* ① *(abziehen)* ■**etw** [**in etw** *akk*] **~** to fill sth [into sth]; **etw in Flaschen ~** to bottle sth
② *(sl: betrunken machen)* ■**jdn ~** to get sb drunk [*or sl* sloshed]

Ab·fül·lung <-, -en> *f* ① *(das Abfüllen)* bottling
② *(abgefüllte Flüssigkeit)* bottled liquid

ab|füt·tern *vt* ■**jdn/ein Tier ~** to feed sb/an animal; *(hum a.)* to get sb fed *fam*

Ab·ga·be[1] *f kein pl* ① *(Tätigung)* giving, making; *einer Erklärung* issuing, making; *eines Urteils* passing, pronouncing; ***der Minister wurde zur ~ einer Erklärung aufgefordert*** the minister was called on to issue a statement
② *(Einreichung)* handing in, submission
③ *(das Abgeben) von Stimmen* casting
④ *(Verkauf)* sale; **~ *von Broschüren kostenlos*** please take a brochure
⑤ *(das Abliefern)* giving [*or* handing] in; ***die ~ der Mäntel kann an der Garderobe erfolgen*** coats my be handed in to [*or* left at] the cloakroom
⑥ *(Abstrahlung)* emission
⑦ *(Abfeuerung)* firing of; ***die ~ des Schusses geschah versehentlich*** the shot was fired accidentally
⑧ SPORT *(Abspiel)* pass; *(Verlust)* loss; ***nach ~ von weiteren Punkten*** after conceding [*or* losing] more points

Ab·ga·be[2] *f* ① *(Gebühr)* [additional] charge
② *(Steuer)* tax

Ab·ga·be·be·schrän·kun·gen *pl* HANDEL sales restrictions **Ab·ga·be·druck** *m* BÖRSE sales pressure

Ab·ga·ben·au·to·no·mie *f* FIN right to levy taxes and duties **Ab·ga·ben·be·frei·ung** *f* FIN tax exemption; **teilweise/vollständige ~** partial/total exemption **Ab·ga·ben·be·las·tung** *f* burden of taxation **Ab·ga·ben·be·scheid** *m* JUR order concerning tax liability **ab·ga·be(n)·frei** I. *adj (geh)* non-taxable, tax-free II. *adv (geh)* tax-free **Ab·ga·ben·frei·heit** *f kein pl* FIN exemption from duties/taxes **Ab·ga·ben·ord·nung** *f* FIN tax [*or* fiscal] code **Ab·ga·ben·pflicht** *f* FIN tax liability **ab·ga·be(n)·pflich·tig** *adj (geh)* taxable **Ab·ga·ben·pflich·ti·ge(r)** *f(m) dekl wie adj* FIN taxpayer **Ab·ga·ben·quo·te** *f* ① *(Verkauf)* sales quota ② *(Steuer)* tax quota; **volkswirtschaftliche ~** quota of tax and social security contributions **Ab·ga·ben·recht** *nt* JUR revenue law **Ab·ga·ben·sys·tem** *nt* ÖKON tax[ation] system **Ab·ga·ben·ver·tei·lung** *f* FIN allocation of revenue, distribution of taxes **Ab·ga·be·ter·min** *m* deadline for submission

Ab·gang <-gänge> *m* ① *kein pl (Schulabgang)* leaving; ***man legte ihm den ~ von der Schule nahe*** they suggested that he leave school; *(Ausscheiden aus einem Amt)* retirement from office
② *kein pl (das Verlassen der Bühne)* exit; **sich** *dat* **einen guten/glänzenden ~ verschaffen** *(a. fig)* to make a good/triumphant exit
③ *kein pl (Versand)* dispatch, despatch
④ SPORT *(Absprung)* dismount, jump down
⑤ MED *(geh: Absonderung)* discharge; *eines Embryos* miscarriage
⑥ ÖSTERR *(Fehlbetrag)* deficit
⑦ *(geh: Gestorbener)* death, fatality; **den ~ machen** *(sl)* to kick the bucket *sl*
⑧ *(geh: Ausscheidender)* departure

Ab·gän·ger(in) <-s, -> *m(f)* SCH school leaver BRIT, high school graduate AM

ab·gän·gig *adj* ÖSTERR *(geh: vermisst)* missing

Ab·gän·gi·ge(r) *f(m) dekl wie adj* ÖSTERR missing person

Ab·gän·gig·keits·an·zei·ge *f* ÖSTERR *(Vermisstenanzeige)* missing persons report; **eine ~ aufgeben** to report sb [*or* a person] [as] missing

Ab·gangs·bahn·hof *m* station of departure; *(von Waren)* station of dispatch **Ab·gangs·flug·ha·fen** *m* airport of departure **Ab·gangs·ha·fen** *m* port of clearance [*or* sailing] **Ab·gangs·prü·fung** *f* school-leaving examination BRIT **Ab·gangs·zeit** *f* time of departure, departure time; *eines Schiffs* sailing time **Ab·gangs·zeug·nis** *nt* [school-]leaving certificate BRIT, diploma AM

Ab·gas *nt* exhaust *no pl,* exhaust emission[s *pl*], exhaust gas[es *pl*], exhaust fumes *pl*

Ab·gas·an·la·ge *f* AUTO exhaust system **ab·gas·arm** *adj* low-emission; ***ein Gasmotor ist abgasärmer als ein Benzinmotor*** a gas engine has a lower emission level than a petrol engine **Ab·gas·be·stim·mun·gen** *pl* AUTO exhaust emission regulations *pl* **Ab·gas·emis·si·o·nen** *pl* AUTO exhaust emissions *pl* **Ab·gas·ent·gif·tung** *f* car exhaust decontamination **Ab·gas·ent·schwe·fe·lung** *f* exhaust-gas desulfurization **ab·gas·frei** I. *adj* emission-free; **~es Auto** pollution-free car II. *adv* **~ fahren** to not produce exhaust fumes **Ab·gas·grenz·wert** *m meist pl* exhaust emission standard

ab·gas·hal·tig *adj inv* **~e Luft** air containing ex-

haust gases
Ab·gas·ka·ta·ly·sa·tor *m* catalytic converter **Ab·gas·kom·po·nen·te** *f* AUTO exhaust gas component **Ab·gas·prü·fung** *f* AUTO exhaust test **Ab·gas·rei·ni·gung** *f* AUTO exhaust emission purification **Ab·gas·rück·füh·rung** *f* exhaust-gas recirculation, EGR **Ab·gas·son·der·un·ter·su·chung** *f* exhaust emission check **Ab·gas·tur·bo·la·der** *m* AUTO turbocharger **Ab·gas·ver·lust·grenz·wert** *m* limit on exhaust [*or* waste] gas loss **Ab·gas·vor·schrif·ten** *pl* ~ **für Kraftfahrzeuge** car exhaust emission standards *pl* **Ab·gas·wol·ke** *f* cloud of exhaust

ab|gau·nern *vt (fam)* ■**jdm etw** ~ to con sb out of sth *fam;* ■**sich** *dat* [**von jdm**] **etw** ~ **lassen** to be conned out of sth [by sb]

ab·ge·ar·bei·tet *adj* worn out

ab|ge·ben *irreg* **I.** *vt* ① *(übergeben)* ■**etw an jdn** ~ to hand over sth *sep* to sb
② *(einreichen) Doktorarbeit, Hausarbeit* to submit sth [*or* hand in *sep* sth] to sb
③ *(hinterlassen)* ■**etw** [**bei jdm**] ~ to leave sth [with sb]; **das Gepäck** ~ to check [in] one's luggage [*or* baggage]; **einen Koffer an der Gepäckaufbewahrung** ~ to leave a case in the left luggage office [*or* AM checkroom]; **den Mantel an der Garderobe** ~ to leave one's coat in the cloakroom
④ *(verschenken)* ■**etw** [**an jdn**] ~ to give sth away [to sb]; ***gebrauchter Kinderwagen kostenlos abzugeben*** second-hand pram to give away
⑤ *(verkaufen)* ■**etw** [**an jdn**] ~ to sell off sth [to sb] *sep;* ***gebrauchter Fernseher billig abzugeben*** second-hand television for cheap sale
⑥ *(überlassen)* **jdm seinen Posten** ~ to hand over one's post to sb
⑦ *(teilen)* ■**jdm etw** ~ *Stück Kuchen* to give sb sth [*or* sth to sb]; ■**jdm etw** [**von etw** *dat*] ~ to give sb [a piece [*or* share] of] sth, to share sth [with sb]; **jdm die Hälfte** [**von etw** *dat*] ~ to go halves [on sth] with sb; **jdm nichts** ~ to not share with sb
⑧ *(erteilen)* **eine Erklärung** ~ to make [*or* issue] [*or* deliver] a statement; **ein Gutachten** ~ to submit a report; **seine Stimme** ~ to cast one's vote; **ein Urteil** ~ to make a judgement
⑨ *(fam: für etw brauchbar sein)* ■**etw** [**für jdn**] ~ to be useful for sth [for sb]; ***der alte Stoff könnte noch ein Kleid für dich*** ~ you might get a dress out of the old material
⑩ *(fam: darstellen)* **eine komische Figur** ~ to create a strange impression; **die perfekte Hausfrau/den perfekten Familienvater** ~ to be the perfect wife/father; **eine traurige Figur** ~ to cut a sorry figure; ***du würdest einen guten Arzt*** ~ you would make a good doctor
⑪ *(abfeuern)* **einen Schuss** [**auf jdn**] ~ to fire a shot [at sb]
⑫ CHEM *(ausströmen lassen)* ■**etw** ~ to emit [*or* give off] sth, to yield sth
⑬ SPORT *(weitergeben)* **den Ball** [**an jdn**] ~ to pass the ball [to sb]; **einen Punkt/eine Runde** [**an jdn**] ~ to concede a point/round [to sb]
II. *vr* ① *(sich beschäftigen)* ■**sich** *akk* **mit jdm** ~ to spend time with sb; ■**sich** *akk* **mit etw** *dat* ~ to spend [one's] time on [*or* doing] sth
② *(sich einlassen)* ■**sich** *akk* **mit jdm** ~ to associate [*or* get involved] with sb; ***mit solchen Leuten gebe ich mich nicht ab*** I won't have anything to do with people like that
III. *vi* SPORT to pass

ab·ge·brannt *adj (fam)* broke *fam,* BRIT *sl a.* skint

ab·ge·bro·chen *adj* ① *(fam)* **ein** ~**er Jurist/Mediziner** law school/medical school dropout
② *s.* **abbrechen**

ab·ge·brüht *adj (fam)* unscrupulous

ab·ge·dreht *adj (fam: verrückt)* round the bend *fam,* out to lunch *fam,* way out *fam*

ab·ge·dro·schen *adj (pej fam)* hackneyed; **ein** ~**er Witz** an old [*or* ancient] [*or* stale] joke

ab·ge·fah·ren I. *pp von* **abfahren**
II. *adj (sl)* ① *(außergewöhnlich, schräg)* way-out *sl*
② *(begeisternd)* cool *fam,* BRIT *sl* wicked

ab·ge·fe·dert I. *pp von* **abfedern**
II. *adj* AUTO *(stoßgedämpft)* shock-absorbing

ab·ge·feimt ['apgəfaimt] *adj (pej)* low

Ab·ge·feimt·heit <-, -en> *f (pej)* lowness; ***er war ein Ausbund von*** ~ he was the lowest of the low

ab·ge·fuckt ['apgəfakt] *adj (sl)* fucked-up *attr sl,* fucked up *pred sl*

ab·ge·grif·fen *adj* ① *(abgenutzt)* worn; **ein** ~**es Buch** a dog-eared book
② *(pej: sinnentleert)* hackneyed

ab·ge·hackt I. *adj* broken; **eine** ~**e Sprechweise** a clipped manner of speech; ~**e Worte** clipped words
II. *adv* ~ **sprechen** to speak in a clipped manner

ab·ge·han·gen *adj* KOCHK hung

ab·ge·hängt *adj* ~**e Decke** BAU suspended ceiling

ab·ge·härmt *adj* haggard

ab·ge·här·tet *adj* ■[**gegen etw** *akk*] ~ **sein** to be hardened [to sth]

ab|ge·hen[1] *irreg* **I.** *vi sein* ① *(sich lösen)* ■[**von etw** *dat*] ~ to come off [of] sth
② *(abgezogen werden)* ■**von etw** *dat* ~ to be deducted from sth; ***davon gehen noch 10 % ab*** 10 % will be taken off that
③ *(abgeschickt werden)* to be sent [off]; ■~**d** outgoing
④ *(abzweigen)* ■[**von etw** *dat*] ~ to branch off [from sth]
⑤ *(abfahren)* ■[**von irgendwo**] ~ to leave [*or* depart] [from somewhere]; ***der Zug ging pünktlich in Berlin ab*** the train left Berlin on time
⑥ *(abweichen)* ■**von etw** *dat* ~ to deviate from sth; **von einem Vorhaben** ~ to drop a plan; **von seiner Meinung nicht** ~ to stick [*or* hold fast] to one's opinion
⑦ *(fam: fehlen)* ■**jdm geht etw ab** sb lacks sth; ***dir geht ja jegliches Taktgefühl ab*** you have absolutely no tact whatsoever; ***die Fähigkeit, sich in andere hineinzudenken, geht ihr völlig ab*** she is completely unable to put herself in sb else's position
⑧ *(ausscheiden)* **von einem Amt** ~ to leave [*or* retire from] an office; **von der Schule** ~ to leave [*or pej* drop out of] school
⑨ MED *(abgesondert werden) Eiter* to be discharged; *Embryo* to be miscarried
⑩ SPORT *(abspringen)* ■[**von etw** *dat*] ~ to dismount [sth]
⑪ *(sl: sterben)* to kick the bucket *sl*
II. *vt sein* ① *(entlanggehen und abmessen)* ■**etw** ~ to pace sth out
② MIL *(passieren)* ■**etw** ~ to inspect sth

ab|ge·hen[2] *vi irreg sein* ① *(verlaufen)* to go; **glatt/gut** ~ to go smoothly/well; ***wenn die zwei aufeinandertreffen, geht es nie ohne Ärger ab*** there's always trouble when those two meet
② *impers* to be happening; ***auf der Party ist irre 'was abgegangen*** *(sl)* the party was really happening

ab·ge·hetzt *adj* worn-out

ab·ge·ho·ben *adj* ① *(weltfremd)* far from reality *pred*
② *(verstiegen)* fanciful; **eine** ~**e Vorstellung** a high-flown [*or* an unrealistic] idea

ab·ge·kämpft *adj* tired [*or* worn] out

ab·ge·kar·tet *adj inv (fam)* rigged *fam,* put-up; **eine** ~**e Sache sein** to be a put-up job *fam;* **ein** ~**es Spiel treiben** to play a double game; **mit jdm ein** ~**es Spiel treiben** to try to set sb up

ab·ge·klärt I. *adj* prudent
II. *adv* prudently

Ab·ge·klärt·heit <-> *f kein pl* serenity, calmness

ab·ge·la·gert *adj Tabak, Zigarren* seasoned; KOCHK matured

ab·ge·lau·fen *adj inv* ① *(nicht mehr gültig)* expired; ~ **sein** to have expired
② *(verschlissen)* worn-down *attr,* worn down *pred*
③ *(abgenutzt) Absätze* worn

ab·ge·le·gen *adj* remote

Ab·ge·le·gen·heit *f kein pl* remoteness

ab·ge·lehnt *pp von* **ablehnen**

ab|gel·ten *vt irreg* ① *(durch Zahlung erledigen)* ■**etw** ~ to settle sth
② *(ausgleichen)* ■**etw** [**bei jdm**] ~ to settle sth [with sb]

Ab·gel·tung <-, -en> *f* FIN compensation; *(Erstatten)* reimbursement **Ab·gel·tungs·steu·er** *f* settlement tax

ab·ge·macht *adj inv* ■**es ist** ~**, dass ...** it was arranged, that ...; ~**!** ok, that's settled then!, it's [*or* that's] a deal!

ab·ge·neigt *adj (ablehnend)* ■**jdm** ~ **sein** to be ill-disposed towards sb; ■**etw** *dat* ~ **sein** to be opposed to sth; ■**etw** *dat* **nicht** ~ **sein** to not be averse to sth; ■**nicht** ~ **sein**[**, etw zu tun**] to not be averse [to doing sth]

ab·ge·nutzt *adj* worn

Ab·ge·ord·ne·te(**r**) ['apgəʔɔrdnətə, -tɐ] *f(m) dekl wie adj* Member of Parliament

Ab·ge·ord·ne·ten·bank <-bänke> *f* bench [in the parliament] **Ab·ge·ord·ne·ten·ge·setz** *nt* JUR parliamentary act **Ab·ge·ord·ne·ten·haus** *nt* ① POL *(Körperschaft)* chamber of deputies, ≈ House of Commons BRIT, ≈ House of Representatives AM
② *(Gebäude)* parliament [building] **Ab·ge·ord·ne·ten·sitz** *m* parliamentary seat

ab·ge·ris·sen *adj* ① *(zerlumpt)* tattered
② *(heruntergekommen)* scruffy
③ *(unzusammenhängend)* incoherent

ab·ge·run·det *adj* ① *(nicht spitz)* rounded off
② KOCHK *(ausgewogen)* balanced, rounded, mellow

ab·ge·sagt *adj inv* ▶WENDUNGEN: **ein** ~**er Feind von etw** *dat* **sein** *(geh)* to be a hostile critic [*or* opponent] of sth

Ab·ge·sand·te(**r**) *f(m) dekl wie adj* envoy

Ab·ge·sang *m* ① *(im Minnesang) the third and final verse of a Minnesinger's song*
② *(geh: Ende)* end

ab·ge·schie·den I. *adj (geh)* isolated
II. *adv* in isolation; ***das Grundstück am Wald liegt sehr*** ~ the plot near the forest is very isolated

Ab·ge·schie·de·ne(**r**) *f(m) dekl wie adj (geh)* deceased, departed *form*

Ab·ge·schie·den·heit <-> *f kein pl* isolation

ab·ge·schla·gen[1] *adj* ① SPORT *(abgedrängt)* lagging behind *after n*
② POL, ÖKON outstripped

ab·ge·schla·gen[2] *adj (ermüdet)* drained

Ab·ge·schla·gen·heit <-> *f kein pl* lethargy

ab·ge·schlos·sen I. *adj* ① *(isoliert)* secluded
② *attr (separat)* separate
③ *(umgeben)* enclosed
II. *adv (isoliert)* in seclusion
III. *pp von* **abschließen**

Ab·ge·schlos·sen·heit <-> *f kein pl* ① *(Isoliertheit)* seclusion
② *(Weltabgeschiedenheit)* reclusion

ab·ge·schmackt ['apgəʃmakt] **I.** *adj* tasteless
II. *adv* tastelessly

Ab·ge·schmackt·heit <-, -en> *f* ① *kein pl (Geistlosigkeit)* senselessness
② *(abgeschmackte Äußerung)* tasteless remark

ab·ge·schnit·ten I. *adj inv* isolated; ***ein völlig von der Welt ~ es Bergdorf*** a mountain village cut off from the rest of civilization
II. *adv inv* in isolation; **irgendwo** ~ **leben** to live cut off [from the rest of civilization] somewhere

ab·ge·scho·ben *pp von* **abschieben**

ab·ge·schrägt I. *pp von* **abschrägen**
II. *adj inv* sloping

ab·ge·seg·net *pp von* **absegnen**

ab·ge·seh·en I. *adj* **es auf jdn** ~ **haben** *(jdn schikanieren wollen)* to have it in for sb; *(an jdm interessiert sein)* to have a thing for sb; **es auf etw** *akk* ~ **haben** to have one's eye on sth; **es darauf** ~ **haben, etw zu tun** to be out to do sth; ***du hast es nur darauf ~, mich zu ärgern*** you're just out to annoy me
II. *adv* ~ **davon, dass ...** apart from the fact that ...; ■~ **von jdm/etw** apart from [*or* except for] [*or form* aside from] sb/sth, sb/sth apart

ab·ge·si·chert *adj* safeguarded; **materiell** [*o* **finanziell**] ~ **sein** to be well off *pred fam;* **vertraglich** ~

sein to be covered by contract *pred,* to be contractually guaranteed

ab·ge·spannt I. *adj* weary, tired
II. *adv* weary; ~ **aussehen** to look weary [*or* tired]

Ab·ge·spannt·heit <-> *f kein pl* weariness, fatigue

ab·ge·stan·den I. *adj* stale; *Limonade* flat; ~ **schmecken** to taste flat
II. *adv* stale

ab·ge·stimmt I. *pp von* **abstimmen**
II. *adj inv* balanced; **auf etw** *akk* [**gut**] ~ **sein** to be [well] coordinated with sth

ab·ge·stor·ben *adj inv* MED numb

ab·ge·stuft *adj inv* TYPO *Tonwert* graded, graduated

ab·ge·stumpft *adj* ❶ *(gefühllos)* unfeeling, numb
❷ *(unempfindlich geworden)* insensitive, apathetic

Ab·ge·stumpft·heit <-> *f kein pl* ❶ *(Gefühllosigkeit)* coldness
❷ *(Unempfindlichkeit)* insensitivity, apathy

ab·ge·ta·kelt I. *adj (pej fam)* worn out, haggard
II. *adv* worn out, haggard

ab·ge·tan *pp von* **abtun**

ab·ge·tas·tet I. *pp von* **abtasten**
II. *adj inv* scanned; ***mit einem Laserstrahl berührungslos*** ~ scanned by a laser beam without direct contact

ab·ge·tra·gen *adj* worn, worn-out *attr,* worn out *pred*

ab·ge·tre·ten *adj* worn, worn-down *attr,* worn down *pred*

ab·ge·wetzt *adj* worn

ab·ge·wichst *adj (vulg: heruntergekommen)* screwed-up *vulg*

ab|ge·win·nen* *vt irreg* ❶ *(als Gewinn abnehmen)* ■ [**jdm**] **etw abgewinnen** to win sth [off [of] sb]
❷ *(etwas Positives finden)* ■ **etw** *dat* **etwas/nichts abgewinnen** to get something/not get anything out of sth

ab·ge·wo·gen *adj* well-considered

Ab·ge·wo·gen·heit <-> *f kein pl* carefully weighed nature, balance

ab|ge·wöh·nen* *vt* ■ **jdm etw** ~ to break sb of sth; ***wir konnten ihr das Rauchen nicht*** ~ we couldn't get her to quit [*or* stop] smoking; ***wir werden Ihrem Sohn seine schlechten Manieren schon ~!*** we will soon cure your son of his bad manners!; ***diese Frechheiten werde ich dir schon noch ~!*** I'll teach you to be cheeky!; ■ **sich** *dat* **etw** ~ to give up sth; **zum A~ sein** *(sl)* to be enough to put anyone [*or* you] off; ***noch einen letzten Schnaps zum A~!*** *(hum)* one for the road *hum*

ab·ge·wrackt *adj (fam: heruntergekommen) Person* washed-up

ab·ge·zehrt *adj* emaciated

ab·ge·zo·gen *pp von* **abziehen**

ab|gie·ßen *vt irreg* ■ **etw** ~ to pour off sth *sep*

Ab·glanz *m kein pl* reflection

Ab·gleich <-[e]s, -e> *m* comparison

ab|glei·chen *vt irreg* ❶ *(aufeinander abstimmen)* ■ **etw** [**mit etw** *dat*] ~ to compare sth [with sth]
❷ *(in der Höhe gleichmachen)* ■ **etw** [**mit etw** *dat*] ~ to level off sth [with sth]
❸ TECH ■ **etw** ~ to match sth
❹ ELEK ■ **etw** ~ to tune sth

ab|glei·ten *vi irreg sein (geh)* ❶ *(abrutschen)* to slip; *(fig)* to decline; *person* to go downhill; ■ **von etw** *dat* ~ to slip off sth
❷ *(abschweifen) Gedanken* wander; **in Nebensächlichkeiten** ~ to go off into side issues; ■ **von etw** *dat* ~ *akk* to stray away from sth
❸ *(absinken)* ■ [**in etw** *akk*] ~ to slide [*or* sink] [into sth]; *(an Wert verlieren)* to slide; **in die Anarchie** ~ to descend into anarchy
❹ *(abprallen)* ■ **an** [*o* **von**] **jdm** ~ to bounce off sb; ■ **etw an** [*o* **von**] **sich** *dat* ~ **lassen** to let sth bounce off oneself

Ab·gott, -göt·tin *m, f* idol

Ab·göt·te·rei [apgœtəˈrai] *f* idolization, idolatry

ab·göt·tisch *adj* inordinate

ab|gra·ben *vt irreg* ❶ *(abtragen)* ■ **etw** ~ *Erdreich* to dig away sth
❷ *(ableiten)* ■ **etw** ~ *Wasser* to divert sth
▸ WENDUNGEN: **jdm das Wasser** ~ to take the bread from sb's mouth, to pull the rug out from under sb's feet

ab|gra·sen *vt* ■ **etw** ~ ❶ *(abfressen)* to graze on sth
❷ *(fam: absuchen)* to scour [*or* comb] sth; ***wir haben die ganze Stadt nach einem Geschenk für ihn abgegrast*** we combed the entire town looking for a present for him
❸ *(fam: erschöpfend bearbeiten)* to do sth to death *fam;* ***dieses Thema ist wirklich schon abgegrast*** this topic has really been done to death

ab|grei·fen *vt irreg* ■ **etw** ~ ❶ MED *(abtasten)* to feel sth
❷ *(sl: einstreichen)* to pocket sth

ab|gren·zen I. *vt* ❶ *(einfrieden)* ■ **etw** ~ to enclose sth; ■ **etw gegen etw** *akk* ~ to close sth off from sth
❷ *(unterscheiden)* **zwei Dinge voneinander** ~ to differentiate between two things; ***diese Begriffe lassen sich schwer gegeneinander*** ~ it is difficult to differentiate between these terms
II. *vr* ■ **sich** *akk* [**gegen jdn/etw**] ~ to distinguish [*or* distance] oneself [from sb/sth]

Ab·gren·zung <-, -en> *f* ❶ *kein pl (das Einfrieden)* enclosing, fencing-off
❷ *(Einfriedung)* boundary; *(Zaun)* enclosure
❸ *(fig: Eingrenzung)* definition
❹ *(das Abgrenzen)* dissociation

Ab·gren·zungs·be·stre·bun·gen *pl* PSYCH attempts *pl* at dissociation, efforts *pl* to dissociate [oneself]

Ab·grund *m* ❶ *(steil abfallender Hang)* precipice; *(Schlucht)* abyss, chasm
❷ *(Verderben)* abyss; **jdn in den** ~ **treiben** to force sb to ruin; **am Rande des ~s stehen** to be on the brink of disaster [*or* ruin]; ■ **ein** ~ **von etw** *dat* an abyss of sth; **ein** ~ **tut sich auf** an abyss opened up

ab·grund·häss·lich[RR] *adj* ugly as sin *pred*

ab·grün·dig [ˈapgrʏndɪç] *adj* inscrutable

ab·grund·tief [ˈapgruntˈtiːf] *adj* ❶ *(äußerst groß)* profound
❷ *(äußerst tief)* bottomless

ab|grup·pie·ren *vt* ■ **jdn** ~ to bring sb down a grade

ab|gu·cken I. *vt* ❶ *(von jdm kopieren)* ■ **etw** [**von jdm**] ~ [*o* [**jdm**] **etw** ~] to copy sth [from sb]; ***bei ihm kann man sich so manchen Trick*** ~ you can learn lots of tricks from him
❷ *(fig fam: sich beim Ausgezogensein genieren)* ■ **jdm etwas** ~ to make sb feel self-conscious about being naked; ***ich guck dir schon nichts ab!*** no need to feel embarrassed getting undressed!
II. *vi* ■ [**bei jdm**] ~ to copy [from sb]

Ab·guss[RR] <-es, Abgüsse>, **Ab·guß**[ALT] <-sses, Abgüsse> *m* ❶ *(Nachbildung)* cast
❷ *(fam: Ausguss)* drain[pipe]; ***kipp die alte Brühe doch einfach in den*** ~ just tip the old broth down the drain

ab|ha·ben *vt irreg (fam)* **etw** [**von etw** *dat*] ~ **wollen** to want to have some [of sth]; ***Mami, darf ich von dem Kuchen etwas ~?*** mummy, may I have some of that cake?; ***möchtest du etwas davon ~?*** would you like to have some?; **jdn etw** [**von etw** *dat*] ~ **lassen** to let sb have sth [of sth]

ab|ha·cken *vt* ■ **etw** ~ to chop down sth; **jdm/sich den Finger/die Hand etc.** ~ to chop sb's/one's finger/hand etc. off

ab|ha·ken *vt* ❶ *(mit einem Häkchen markieren)* ■ **etw** ~ to tick sth off
❷ *(fam: darunter den Schlussstrich machen)* ■ **jdn/etw** ~ to forget sb/sth; ***die Affäre ist abgehakt*** the affair is over and done with

ab|half·tern *vt* ❶ *(fam: entlassen)* ■ **jdn** ~ to give sb the push [*or* shove]
❷ *(fam: heruntergekommen)* **ein abgehalfterter Schauspieler** a down-and-out actor
❸ *(vom Halfter befreien)* **ein Pferd** ~ to remove the halter from a horse

ab|hal·ten[1] *vt irreg* ❶ *(hindern)* ■ **jdn von etw** *dat* ~ to keep sb from sth; ***wenn du unbedingt gehen willst, werde ich dich nicht*** [***davon***] ~ if you really want to go, I won't stop you; ■ **jdn davon ~, etw zu tun** to prevent [*or* keep] sb from doing sth; ■ **sich** *akk* [**von jdm/etw**] ~ **lassen** to be deterred [by sb/sth]; ***lass dich nicht ~!*** don't let anyone/anything stop you!
❷ *(fernhalten)* **die Hitze/die Kälte/den Wind** ~ to protect from the heat/the cold/the wind; **Insekten/Mücken** ~ to deter [*or* keep away] [the] insects/mosquito[e]s
❸ *(über der Toilette halten)* **ein** [**Klein**]**kind** ~ to hold a child on the toilet

ab|hal·ten[2] *vt irreg (veranstalten)* ■ **etw** ~ to hold sth; **eine Demonstration** ~ to stage a demonstration

Ab·hal·tung *f kein pl* holding; ***nach ~ der ersten freien Wahlen*** after the first free elections [were held]

ab|han·deln[1] *vt* ❶ *(nach Handeln abkaufen)* ■ **jdm etw** ~ to buy sth from sb [having haggled over it]; ■ **sich** *dat* **etw** ~ **lassen** to sell sth off, to let sth go
❷ *(durch Handeln verringern)* ■ **jdm etw** ~ to get sb to knock sth off; ***er konnte ihm noch Euro 200*** ~ he finally managed to get him to knock off 200 euros; ■ **sich** *dat* **etw** [**von etw** *dat*] ~ **lassen** to knock sth off [sth]; ■ **sich** *dat* **nichts** [**von etw**] ~ **lassen** to not be talked into parting with sth

ab|han·deln[2] *vt (darstellen)* ■ **etw** ~ to deal with sth

ab·han·den|kom·men[RR] [apˈhandn̩-] *vi irreg sein* to get lost [*or* go missing]; ***mir ist meine Geldbörse abhandengekommen*** I've lost my purse

Ab·han·den·kom·men <-s> *nt kein pl* disappearance

Ab·hand·lung *f* ❶ *(gelehrte Veröffentlichung)* paper
❷ *(das Abhandeln)* dealing

Ab·hang <-[e]s, Abhänge> *m* slope

ab|hän·gen[1] I. *vt haben* ❶ *(runternehmen)* ■ **etw** [**von etw** *dat*] ~ to take down sth [from sth]
❷ *(abkoppeln)* ■ **etw** [**von etw** *dat*] ~ *Eisenbahn* to uncouple sth [from sth]
❸ *(fam: hinter sich lassen)* ■ **jdn** ~ to lose sb
❹ KOCHK ■ **etw** ~ to hang [*or* age] sth
II. *vi (meist pej sl)* to laze about [*or* around]; **den Tag** ~ to laze away the day *sep*

ab|hän·gen[2] *vi irreg* ❶ *haben (abhängig sein)* ■ **von jdm/etw** ~ to depend on sb/sth; **davon ~, ob ...** to depend whether ...; ***das hängt*** [***ganz***] ***davon ab*** that [*or* it] [all] depends
❷ *haben (auf jdn angewiesen sein)* ■ **von jdm** ~ to be dependent on sb

Ab·hän·ger <-s, -> *m* BAU hanger wire

ab·hän·gig *adj* ❶ *(bedingt)* ■ **von etw** *dat* ~ **sein** to depend on sth
❷ *(angewiesen)* ■ **von jdm** ~ **sein** to be dependent on sb
❸ *(süchtig)* addicted; ■ [**von etw** *dat*] ~ **sein** to be addicted [to sth], to be dependent [on sth]
❹ LING *(untergeordnet)* subordinate; **ein ~er Nebensatz** a subordinate clause; ***der Kasus ist ~ von der Präposition*** the case depends on the preposition

Ab·hän·gi·ge(r) *f(m) dekl wie adj* ❶ *(Süchtiger)* addict
❷ *(abhängiger Mensch)* dependant

Ab·hän·gig·keit <-, -en> *f* ❶ *kein pl (Bedingtheit)* dependence; **gegenseitige** ~ mutual dependence, interdependence
❷ *(Sucht)* dependence, addiction
❸ *(Angewiesensein)* dependence; **seine ~ von ihr** his dependence on her; **unsere ~ voneinander** our dependence on one another

Ab·hän·gig·keits·ver·hält·nis *nt* ❶ *(Verhältnis des Angewiesenseins)* relationship of dependence
❷ *(emotionale Bindung)* relationship of dependence

ab|här·ten I. *vt* ■ **jdn** [**gegen etw** *dat*] ~ to harden sb [to sth]; ■ **sich** *akk* [**gegen etw** *akk*] ~ to harden oneself [to sth]
II. *vi* ■ **etw härtet ab** sth toughens sb up

Ab·här·tung <-> *f kein pl* ❶ *(das Abhärten)* hardening
❷ *(Widerstandsfähigkeit)* resistance

ab·has·peln *vt* **eine Rede/ein Gedicht ~** to reel off a speech/poem

ab|hau·en¹ *vt* ① <hieb ab *o fam* haute ab, abgehauen> *(abschlagen)* ■**etw ~** *Baum* to chop sth down; **jdn den Kopf ~** to chop sb's head off
② <haute ab, abgehauen> *(durch Schlagen entfernen)* ■**etw [mit etw] ~** *Verputz* to knock off sth *sep* [with sth]

ab|hau·en² <haute ab, abgehauen> *vi sein (fam: sich davonmachen)* to do a runner BRIT, to skip out of town AM; ***hau ab!*** get lost!, scram!, buzz off!, get out of here!; ***lass uns ~!*** let's get out of here!

Ab·häu·te·mes·ser *nt* KOCHK skinning knife

ab|he·ben *irreg* **I.** *vi* ① LUFT ■**[von etw** *dat***] ~** to take off [from sth]
② *(den Hörer abnehmen)* to answer [the phone]; ***ich heb' ab!*** I'll get it!
③ KARTEN to pick [up]; ***du bist mit A~ dran!*** it's your turn to pick up!
④ *(geh: hinweisen)* ■**auf etw** *akk* **~** to refer to sth *form;* ■**darauf ~, dass ...** to concentrate [*or* focus] on the fact that ...
⑤ *(sl: spinnen)* to go crazy; ***ein Rolls Royce?! jetzt hebst du aber ab!*** a Rolls Royce?! you must be joking!
⑥ *(sl: ins Träumen kommen)* to go all dreamy
II. *vt irreg* ① FIN **Geld [von seinem Konto] ~** to withdraw money [from one's account]
② KARTEN **eine Karte vom Stapel ~** to take [*or* pick] a card from the pack
③ *(beim Stricken)* **eine Masche ~** to cast off a stitch
III. *vr* ■**sich** *akk* **von jdm/etw [*o* gegen jdn/etw] ~** to stand out from [*or* against] sb/sth

Ab·he·bung <-, -en> *f* FIN *von Konto* withdrawal; **tägliche ~en** day-to-day withdrawals

Ab·he·bungs·be·fug·nis *f,* **Ab·he·bungs·recht** *nt* FIN drawing right

ab|hef·ten *vt* ■**etw ~** to file [away *sep*] sth; **etw in einen Ordner ~** to place [*or* put] sth in a file

ab|hei·len *vi Wunde* to heal [up]

ab|hel·fen *vi irreg* ■**etw** *dat* **~** to remedy sth; ***allen Beschwerden soll möglichst umgehend abgeholfen werden*** all complaints should be dealt with immediately

ab|het·zen I. *vr* ■**sich** *akk* **~** to stress oneself out, to rush around
II. *vt* ■**jdn/ein Tier ~** to push sb/an animal

Ab·hil·fe *f kein pl* remedy; **~ schaffen** to find a remedy, to do something about it; **in etw** *dat* **~ schaffen** to resolve sth; **in etw** *dat* **schnelle ~ leisten** to resolve a matter swiftly

Ab·hil·fe·ge·setz *nt* JUR remedial statute **Ab·hil·fe·ge·such** *nt* JUR petition for relief **Ab·hil·fe·recht** *nt* JUR right to redress **Ab·hil·fe·ver·fah·ren** *nt* JUR redress proceedings *pl*

ab|ho·beln *vt* ■**etw ~** ① *(durch Hobeln entfernen)* to plane off sth *sep*
② *(glatt hobeln)* to plane sth smooth

ab·hol·be·reit *adj* HANDEL ready for collection *pred,* ready to be picked up *pred;* **~ sein** to be awaiting collection

ab·hold ['aphɔlt] *adv (geh: abgeneigt)* ■**jdm/etw ~ sein** to be averse to sb/sth

Ab·hol·dienst *m* HANDEL pickup service

ab|ho·len *vt* ① *(kommen und mitnehmen)* ■**etw [bei jdm] ~** to collect sth [from sb]; ■**etw ~ lassen** to have sth collected
② *(treffen und mitnehmen)* ■**jdn [irgendwo/bei jdm] ~** to pick up *sep* [*or* collect] sb [from somewhere/from sb's [place]]; ■**sich** *akk* **[von jdm] ~ lassen** to be picked up [*or* collected] [by somebody]
③ *(euph: verhaften)* ■**jdn ~** to take sb away

Ab·hol·ge·bühr *f* HANDEL collection fee **Ab·hol·markt** *m* furniture superstore *(where customers transport goods themselves)* **Ab·hol·preis** *m* takeaway price, price without delivery

Ab·ho·lung <-, -en> *f* collection

ab|hol·zen *vt* **einen Baum ~** to fell a tree; **ein Gebiet ~** to clear an area [of trees]; **einen Wald ~** to clear a forest

Ab·hol·zung <-, -en> *f* FORST deforestation

Ab·hör·ak·ti·on *f* bugging campaign **Ab·hör·an·la·ge** *f* bugging system

ab|hor·chen *vt* MED ■**etw ~** to listen to sth [*or spec* auscultate]; ■**jdn ~** to auscultate sb

ab|hö·ren *vt* ① *(belauschen)* **ein Gespräch/ein Telefonat ~** to bug [*or* listen into] a conversation/telephone conversation
② *(überwachen)* ■**jdn/etw ~** to observe sb/sth; ■**jds Telefon ~** to monitor [*or* tap] sb's telephone [line]
③ SCH ■**jdn ~** to test sb
④ MED ■**jdn/etw ~** to auscultate sb/sth *spec*
⑤ *(anhören)* **einen Sender/ein Tonband ~** to listen to a station/a tape

Ab·hör·ge·rät *nt* ① *(Gerät zum Belauschen)* bugging device ② *(bei Anrufbeantwortern)* listening device **Ab·hör·ge·setz** *nt* JUR Exemption from Telecommunication Secrecy Act **Ab·hör·maß·nah·men** *pl* bugging measures *pl* **ab·hör·si·cher** *adj* TELEK tap-proof; *Raum* bug-proof **Ab·hör·skan·dal** *m* bugging scandal

ab|hun·gern *vr* ① *(fam: durch Hungern verlieren)* ■**sich** *akk* **~** to starve oneself; **sich** *dat* **10 Kilo ~** to lose 10 kilos [by not eating]
② *(sich mühselig absparen)* ■**sich** *dat* **etw ~** to scrape together sth *sep;* ***ich musste mir mein Studium ~*** I had to starve myself to pay for my studies

Abi <-s, -s> ['abi] *nt (fam) kurz für* **Abitur** ≈ A Levels BRIT, ≈ High School Diploma AM; **sein Abi machen** [*o fam* **bauen**] to do one's Abitur

abio·tisch [a'bi̯o:tɪʃ] *adj inv* ÖKOL *(nicht lebend) Umweltfaktor* abiotic

ab|ir·ren *vi sein (geh)* ① *(abschweifen)* **vom Thema ~** to digress, to deviate from the subject
② *(von der Richtung abkommen)* **vom Weg ~** to stray

Ab·iso·lier·zan·ge *f* wire stripper

Abi·tur <-s, -e> [abi'tu:ɐ̯] *nt pl selten* Abitur *(school examination usually taken at the end of the 13th year and approximately equivalent to the British A level/American SAT exam);* **das/sein ~ ablegen** *(geh)* to sit the/one's Abitur; **[das] ~ haben** to have [one's] Abitur; **[das] ~ machen** to do [one's] Abitur

Abi·tur·fei·er *f leaving party for pupils who have passed their Abitur*

Abi·tu·ri·ent(in) <-en, -en> [abitu'ri̯ɛnt] *m(f)* Abitur student *(student who has passed the Abitur)*

Abi·tur·klas·se *f* Abitur class **Abi·tur·prü·fung** <-, -en> *f* SCH ≈ A-Levels exam BRIT, ≈ high-school exam AM **Abi·tur·tref·fen** *nt* class reunion *(of Abitur students)* **Abi·tur·zeug·nis** *nt* Abitur certificate

ab|ja·gen *vt (fam)* ① *(durch eine Verfolgung entreißen)* ■**jdm etw ~** to snatch sth from sb
② *(listig erwerben)* ■**jdm etw ~** to poach sth from sb

Abk. *f Abk von* **Abkürzung** abbr.

ab|käm·men *vt* ■**etw [nach jdm/etw] ~** to comb sth [for sb/sth]

ab|kämp·fen *vr* ① *(übermäßig anstrengen)* ■**sich** *akk* **~** to exert oneself
② *(fam: abmühen)* ■**sich** *akk* **mit etw** *dat* **~** to struggle with sth

Ab·kant·pro·fil *nt* BAU edge profile

ab|kan·zeln ['apkantsl̩n] *vt (fam)* ■**jdn [für etw** *akk***] ~** to give sb a tongue-lashing [for sth] *fam;* ■**sich** *akk* **von jdm ~ lassen** to be given a tongue-lashing by sb

ab|kap·seln *vr* ① *(sich ganz isolieren)* ■**sich** *akk* **[von jdm/etw] ~** to cut oneself off [from sb/sth]
② MED ■**sich** *akk* **~** to become encapsulated

Ab·kap·se·lung, Ab·kaps·lung <-, -en> *f* ① *(völlige Isolierung)* complete isolation *no pl, no art*
② MED encapsulation

ab|kar·ren *vt* ① *(auf Karren wegschaffen)* ■**etw ~** to cart sth away
② *(wegschaffen)* ■**jdn ~** to cart sb off

ab|kar·ten *vt (fam)* ■**abgekartet sein** to be set up; ***die Sache war von vornherein abgekartet*** the whole thing was a fix [*or* set-up]; **ein abgekartetes Spiel** a rigged match

ab|kas·sie·ren* **I.** *vt* **das Essen ~** to ask a customer to settle the bill for a meal; **die Fahrgäste ~** to collect the fare from the passengers
II. *vi* ① *(fam: finanziell profitieren)* ■**[bei etw** *dat***] ~** to clean up [in sth]; **ganz schön [*o* kräftig] ~** to make a tidy sum [*or* quite a profit]
② *(abrechnen)* ■**bei jdm ~** to hand sb the bill, to settle up with sb; ***darf ich bei Ihnen ~?*** could I ask you to settle up please?

ab|kau·en *vt* **sich** *dat* **die Fingernägel ~** to bite one's nails

ab|kau·fen *vt* ① *(von jdm kaufen)* ■**jdm etw ~** to buy sth off sb
② *(fam: glauben)* ■**jdm etw ~** to buy sth off sb, to believe sb; ***das kaufe ich dir nicht ab!*** I don't buy that!

Ab·kehr <-> *f kein pl* rejection; *vom Glauben* renunciation; *von der Familie* estrangement

ab|keh·ren¹ *vt (säubern)* ■**etw ~** to sweep [*or* brush] sth away

ab|keh·ren² **I.** *vt (geh: abwenden)* **den Blick/das Gesicht [von etw** *dat***] ~** to avert one's gaze/eyes [from sth], to look away [from sth]
II. *vr (geh)* ■**sich [von jdm/etw] ~** to turn away [from sb/sth]; **sich** *akk* **vom Glauben/von Gott ~** to renounce one's faith/God

ab|kip·pen I. *vt* ■**etw irgendwo ~** to dump sth somewhere
II. *vi* ① *(herunterfallen)* to tilt
② LUFT to nose-dive

ab|klap·pen *vt* ■**etw ~** ① *(nach unten klappen)* to fold [*or* let] down sth *sep*
② *(Müll abladen)* to dump sth

ab|klap·pern *vt (fam)* ■**etw [nach etw/jdm] ~** to comb sth [for sth/sb]; **seine Kunden ~** to do one's customers; ***ich habe die ganze Gegend nach dir abgeklappert*** I've been looking for you everywhere

ab|klä·ren *vt* ■**etw [mit jdm] ~** to clear sth up [*or* sort sth out] [*or* check sth] [with sb]; **[mit jdm] ~, ob/wer/wo ...** to check [with someone] whether/who/where ...

Ab·klä·rung <-> *f kein pl* **sich** *akk* **um die ~ eines Problems bemühen** to [attempt to] clear up a problem

Ab·klatsch <-[e]s, -e> *m (pej)* pale [*or* poor] imitation, cheap copy

ab|klem·men *vt* ① *(abquetschen)* ■**[jdm] etw ~** to crush [sb's] sth; ***er hat sich den Finger abgeklemmt*** he crushed his finger
② MED **die Nabelschnur/eine Arterie ~** to clamp the umbilical cord/an artery
③ ELEK ■**etw ~** *Kabel* to disconnect sth, to switch [*or* turn] off sth

Ab·kling·be·cken *nt* NUKL fuel cooling installation

ab|klin·gen *vi irreg sein* ① *(leiser werden)* to become quieter, to die [*or* fade] away
② *(schwinden)* to subside

ab|klop·fen *vt* ① *(durch Klopfen entfernen)* ■**etw ~** to knock off sth
② *(durch Klopfen vom Staub reinigen)* ■**etw ~** to beat the dust out of sth; **den Schmutz von einer Jacke ~** to tap off the dust from a jacket
③ MED ■**jdn/etw ~** to tap [*or spec* percuss] sb/sth
④ *(fam: untersuchen)* ■**etw auf etw** *akk* **~** to check sth [out] for sth
⑤ *(sl: befragen)* ■**jdn auf etw** *akk* **~** to quiz sb about sth

ab|knab·bern *vt (fam)* ■**etw ~** to nibble [*or* gnaw] [at] sth; **sich** *dat* **die Fingernägel ~** to bite [*or* chew] one's [finger]nails

ab|knal·len *vt (sl)* ■**jdn ~** to blast sb *fam,* to shoot down sb *sep*

ab|knap·pen, ab|knap·sen *vt (fam)* ■**sich** *dat* **etw ~** to scrape together sth *sep;* ■**[jdm] etw ~** to sponge [*or* scrounge] sth [off sb]

ab|knei·fen *vt irreg* ■**etw [mit etw** *dat***] ~** to pinch sth off [with sth]
▶ WENDUNGEN: **sich** *dat* **einen ~** to make a meal of sth

ab|kni·cken I. *vt haben* ■**etw ~** ① *(durch Knicken*

abbrechen) to break sth off *sep*
② *(umknicken)* to fold sth over [*or* back]; **eine Blume** ~ to knock a flower over; *(abbrechen)* to break off a flower head
II. *vi sein* ① *(umknicken und abbrechen)* to break off
② *(abzweigen)* ■[**von etw** *dat*] ~ to branch off [from sth]; **abknickende Vorfahrt** traffic turning right/left has priority
ab·knöpf·bar *adj inv* removable by unbuttoning
ab|knöp·fen *vt* ① *(durch Knöpfen entfernen)* ■**etw** [**von etw** *dat*] ~ to unbutton sth [from sth]
② *(fam: listig abwerben)* ■**jdm etw** ~ to [manage to] get sth off [*or* out of] sb; ***ich konnte ihm 50 Euro*** ~ I managed to get 50 euros out of him
ab|knut·schen *vt (fam)* ■**jdn** ~ to snog sb BRIT *fam;* ■**sich** *akk* ~ to neck, to snog BRIT
ab|ko·chen *vt* ■**etw** ~ to boil sth
ab|kom·man·die·ren* *vt* ① MIL *(versetzen)* ■**jdn irgendwohin** ~ to post [*or* send] sb somewhere; ***er wurde nach Afrika/an die Front abkommandiert*** he was posted to Africa/to the Front
② *(befehlen)* ■**jdn zu etw** *dat* ~ to order sb to do sth; MIL *a.* to detail [*or* assign] sb to do sth
ab|kom·men *vi irreg sein* ① *(versehentlich abweichen)* to go off; **vom Kurs** ~ to go off course; **von der Straße** ~ to veer off the road; **vom Weg** ~ to stray from the path, to lose one's way
② *(aufgeben)* to give up; **von einer Angewohnheit** ~ to break a habit; **von einer Meinung** ~ to change one's mind, to revise an opinion; **vom Rauchen/Trinken** ~ to give up [*or* stop] smoking/drinking; ■**davon ~, etw zu tun** to stop [*or* give up] doing sth
③ *(sich vom Eigentlichen entfernen)* ■[**von etw** *dat*] ~ to digress [from sth]; ***jetzt bin ich ganz abgekommen!*** now I've completely forgotten where I was [*or* what I was talking about]
Ab·kom·men <-s, -> *nt* agreement, treaty; **das Münchner** ~ HIST the Treaty of Munich; **ein** ~ **schließen** to conclude an agreement, to sign a treaty
ab·kömm·lich *adj* available; ■**nicht** ~ **sein** to be unavailable
Ab·kömm·ling <-s, -e> *m* ① *(geh: Nachkomme)* descendant
② *(hum fam: Sprössling)* offspring *no pl*
③ CHEM derivative
ab|kön·nen *vt irreg (fam)* ① *(leiden können)* ■**jdn/etw nicht** ~ to not be able to stand sb/sth
② *(vertragen)* **nichts/nicht viel** ~ to not [be able to] take anything/a lot; ***er kann ganz schön was ab!*** he can knock back quite a bit!
ab|kop·peln **I.** *vt* ① *(abhängen)* ■**etw** [**von etw** *dat*] ~ to uncouple sth [from sth]
② RAUM ■**etw** [**von etw** *dat*] ~ to undock sth [from sth]
II. *vr (fam)* ■**sich** *akk* **von etw** *dat* ~ to sever one's ties with sth
ab|krat·zen **I.** *vt haben* ■[**sich** *dat*] **etw** ~ to scratch off sth *sep;* ■**etw** [**von etw** *dat*] ~ to scrape sth off [sth]; [**sich** *dat*] **den Schorf** ~ to pull [*or* pick] off a scab *sep*
II. *vi sein (sl)* to kick the bucket *sl*
ab|krie·gen *vt* ■**jdn** ~ *(sl: einen Partner finden)* to pull sb *fam,* to pick up *sep* sb
ab|küh·len **I.** *vi sein* ① *(kühl werden) Essen etc.* to cool [down]
② *(an Intensität verlieren) Freundschaft* to cool [off]; *Begeisterung* to wane
II. *vt haben* ■**etw** ~ ① *(kühler werden lassen)* to leave sth to cool
② *(vermindern)* to cool sth; **jds Leidenschaft** ~ to dampen sb's passion; **jds Zorn** ~ to appease [*or* allay] sb's anger
III. *vr impers haben* ■**sich** *akk* ~ to cool off; *Wetter* to become cooler
IV. *vi impers haben* to become cooler [*or* colder]
Ab·küh·lung *f* ① *(Verminderung der Wärme)* cooling
② *(kühlende Erfrischung)* **sich** *dat* **eine** ~ **verschaffen** to cool oneself down
③ *(Verringerung der Intensität)* cooling off
Ab·kunft <-> *f kein pl (geh)* **einer bestimmten** ~ **sein** to be of [a] particular origin; ***sie ist asiatischer*** ~ she is of Asian descent
ab|kup·fern **I.** *vt (fam)* ■**etw** [**von jdm**] ~ to copy sth [from sb]
II. *vi (fam)* ■[**aus etw**] ~ to quote [from sth]; ■**voneinander** ~ to copy from one another
ab|kür·zen **I.** *vt* ① *(eine Kurzform benutzen)* ■**etw** [**durch etw** *akk*/**mit etw** *dat*] ~ to abbreviate sth [to sth]
② *(etw kürzer machen)* ■**etw** [**um etw** *akk*] ~ to cut sth short [by sth]; **ein Verfahren** ~ to shorten a procedure
II. *vi* ① *(einen kürzeren Weg nehmen)* to take a shorter route
② *(mit Abkürzungen schreiben)* to abbreviate
Ab·kür·zung *f* ① *(abgekürzter Begriff)* abbreviation
② *(abgekürzter Weg)* short cut; **eine** ~ **nehmen** to take a short cut
③ *(Verkürzung)* cutting short
Ab·kür·zungs·tas·te *f* INFORM shortcut **Ab·kür·zungs·ver·zeich·nis** *nt* list of abbreviations
ab|küs·sen *vt* ■**jdn** ~ to smother sb in [*or* with] kisses; ■**sich** *akk* ~ to smother one other in kisses
Ab·lad <-[e]s> *m kein pl* SCHWEIZ *(geh: Abladen)* unloading
Ab·la·de·klau·sel *f* JUR, ÖKON *trade terms relating to freight and delivery e.g. c.i.f, ex works, etc.* **Ab·la·de·kon·nos·se·ment** *nt* HANDEL shipped bill of lading
ab|la·den *vt irreg* ① *(deponieren)* ■**etw irgendwo** ~ *Müll, Schutt* to dump [*or* put] sth somewhere
② *(entladen)* ■**etw** ~ *Waren* to unload sth
③ *(hum: absetzen)* ■**jdn** [**irgendwo**] ~ to set sb down [*or* drop sb off] [somewhere]
④ *(fam: abreagieren)* **seinen Ärger/Frust bei jdm** ~ to take out [*or* vent] one's anger/frustration on sb
⑤ *(fam: abwälzen)* ■**etw auf jdn** ~ to shift sth on to sb
Ab·la·der <-s, -> *m* HANDEL *(im Frachtverkehr für Übersee)* forwarder; *(per Schiff)* shipper
Ab·la·ge *f* ① *(Möglichkeit zum Deponieren)* storage place; ***ich brauche eine ~ für meine Disketten*** I need somewhere to put my disks
② *(Aktenablage)* filing cabinet; ***bitte heften Sie diese Briefe in der ~ ab*** please file away these letters
③ SCHWEIZ *(Annahmestelle)* delivery point; *(Zweigstelle)* branch [office]
Ab·la·ge·fach *nt* [storage] tray **Ab·la·ge·flä·che** *f* storage tray **Ab·la·ge·korb** *m* letter tray
ab|la·gern **I.** *vt haben* ■**etw** ~ ① *(deponieren)* to dump sth
② *(durch Lagern ausreifen lassen)* to let sth mature
II. *vi sein o haben* ① *(durch Lagern ausreifen lassen)* ■**etw** ~ **lassen** to let sth mature
② *(durch Lagern trocknen)* **Holz** ~ to season wood; **Tabak** ~ to cure tobacco
III. *vr haben* ■**sich** *akk* [**auf etw** *dat*/**in etw** *dat*] ~ to be deposited [on sth/in sth]; ***im Wasserkocher hat sich viel Kalk abgelagert*** a large chalk deposit has formed in the kettle
Ab·la·ge·rung *f* ① *(Sedimentbildung)* sedimentation, deposition
② *(Sediment)* sediment, deposit
③ *(Inkrustierung)* incrustation BRIT, encrustation
④ *kein pl (das Ablagern zum Reifen)* maturing; ***für diesen Wein ist eine ~ von 2 Jahren empfehlenswert*** this wine should be matured for 2 years
ab·la·ge·rungs·fä·hig *adj Lebensmittel* storable
Ab·lass^RR^ <-es, Ablässe>, **Ab·laß**^ALT^ <-sses, Ablässe> ['aplas, *pl* 'aplɛsə] *m* ① REL *(Nachlass von Fegefeuerstrafe)* indulgence; *(Urkunde)* letter of indulgence
② *(fam)* outlet valve
ab|las·sen *irreg* **I.** *vt* ① *(abfließen lassen)* ■**etw** ~ to let out sth *sep;* **Dampf** [**aus etw** *dat*] ~ to let off steam [from sth]; **Urin** ~ to pass urine; **Öl** [**aus etw** *dat*] ~ to drain oil [out of sth]; **das Wasser aus einer Badewanne** ~ to let the water out of the bath, to empty the bath; ***könntest du bitte das Wasser aus dem Pool*** ~ could you please drain the water from the pool
② *(ermäßigen)* ■**jdm etwas** [**vom Preis**] ~ to give sb a discount; ***ich lasse Ihnen 5 %*** [***vom Preis***] ***ab*** I'll give you a 5% discount
③ KOCHK **ein Ei** ~ to separate the egg white from the yolk
II. *vi* ① *(geh: mit etw aufhören)* ■[**von etw** *dat*] ~ to give up [sth *sep*]
② *(in Ruhe lassen)* ■**von jdm** ~ to let sb be
Ab·lass·stop·fen^RR^ *m* AUTO drain plug **Ab·lass·ven·til**^RR^ *nt* outlet valve
Ab·la·ti·on <-, -en> [aplaˈtsi̯oːn] *f a.* MED ablation
Ab·la·tiv <-s, -e> ['ablatiːf, *pl* -tiːvə] *m* LING ablative
Ab·lauf^1^ *m* ① *(Verlauf)* course; *betrieblich, körperlich* process; *von Verbrechen, Unfall* sequence of events; ***alle hofften auf einen reibungslosen ~ des Besuches*** everybody hoped that the visit would pass off smoothly
② *(das Verstreichen)* passing; ***der ~ des Ultimatums erfolgt in 10 Stunden*** the deadline for the ultimatum runs out in 10 hours; **nach** ~ **von etw** after sth, once sth has passed; ***nach ~ von 10 Tagen*** after 10 days
Ab·lauf^2^ *m* ① *(geh: das Ablaufen)* draining
② *(Abflussrohr)* outlet pipe
Ab·lauf·da·tum *nt* FIN *(Fälligkeitstermin)* date of expiry [*or* maturity], due date **Ab·lauf·dia·gramm** *nt* work schedule
ab|lau·fen^1^ *vi irreg sein* ① *(abfließen)* ■[**aus etw** *dat*] ~ to run out [of sth], to drain [from sth]; ***das Badewasser ~ lassen*** to let the bath water out, to empty the bath
② *(sich leeren)* to empty; ***das Wasser im Waschbecken läuft nicht ab*** the water won't drain out of the sink
③ *(trocken werden)* to stand [to dry]; ***nach dem Spülen lässt sie das Geschirr erst auf dem Trockengestell ~*** after washing up, she lets the dishes stand on the drainer
④ *(ungültig werden, auslaufen)* to expire, to run out; ■**abgelaufen** expired
⑤ *(verstreichen, zu Ende gehen)* to run out; ***das Ultimatum läuft nächste Woche ab*** the ultimatum will run out [*or* expire] [*or* end] next week; ***das Verfallsdatum dieses Produkts ist abgelaufen*** this product has passed its sell-by date
⑥ *(vonstattengehen, verlaufen)* to proceed, to run, to go [off]; ***misch dich da nicht ein, die Sache könnte sonst ungut für dich ~!*** don't interfere — otherwise, it could bring you trouble!; ***das Programm läuft ab wie geplant*** the programme ran as planned [*or* scheduled]
⑦ *(sich abwickeln)* ■[**von etw** *dat*] ~ to run out [from sth]; ***das Kabel läuft von einer Rolle ab*** the reel pays out the cable
⑧ *(fam: unbeeindruckt lassen)* ■**an jdm** ~ to wash over sb; ***an ihm läuft alles ab*** it's like water off a duck's back [with him]
ab|lau·fen^2^ *vt irreg* ① *haben (durch Gehen abnützen)* ■**etw** ~ *Schuhe* to wear down [*or* out] sth *sep*
② *sein o haben (abgehen)* ■**etw** ~ *Strecke* to walk sth
③ *sein o haben (absuchen)* ■**etw** [**nach etw** *dat*] ~ to go everywhere [looking for sth]; ***ich habe den ganzen Marktplatz nach Avocados abgelaufen*** I've been all over the market looking for avocados; **sich** *dat* **die Beine** [*o* **Hacken**] [*o* **Schuhsohlen**] **nach etw** *dat* ~ *(fam)* to hunt high and low for sth
Ab·lauf·frist *f* ÖKON time limit; FIN *von Wechsel* maturity **Ab·lauf·hem·mung** *f* JUR suspension of the running of a period **Ab·lauf·pla·nung** *f* ÖKON scheduling
Ab·laut *m pl selten* ablaut
Ab·le·ben *nt kein pl (geh)* death, demise *form*
ab|le·cken *vt* ① *(durch Lecken entfernen)* ■**etw** ~ *Blut, Marmelade* to lick sth off; **sich** *dat* **etw von der Hand** ~ to lick sth off one's hand

❷ *(durch Lecken säubern)* ■**etw** ~ *Finger, Löffel, Teller* to lick sth [clean]; ***der Hund leckte mir die Finger ab*** the dog licked my fingers

ab|le·dern *vt* ■**etw** ~ to polish with [chamois] leather

ab|le·gen I. *vt* ❶ *(deponieren, an einen Ort legen)* ■**etw** ~ to put down sth *sep*
❷ *(archivieren)* ■**etw** ~ to file sth [away]
❸ *(ausziehen und weglegen)* ■**etw** ~ *Kleider* to take off sth *sep* [and put it somewhere]; ***Sie können Ihren Mantel dort drüben*** ~ you can put your coat over there
❹ *(aufgeben)* **schlechte Gewohnheiten/seinen Namen** ~ to give up one's bad habits/one's name; **sein Misstrauen/Schüchternheit** ~ to lose one's mistrust/shyness
❺ *(ausrangieren)* ■**etw** ~ *Kleider* to throw out sth *sep,* to cast aside sth *sep form;* **seinen Ehering** ~ to take off one's wedding ring
❻ *(absolvieren, vollziehen, leisten)* to take; **die Beichte** ~ to confess; **einen Eid** ~ to take an oath, to swear [an oath]; **ein Geständnis** ~ to confess, to make a confession; **eine Prüfung** ~ to pass an exam
❼ KARTEN ■**etw** ~ to discard sth
❽ ZOOL ■**etw** ~ to lay sth; ***Frösche legen ihren Laich im Wasser ab*** frogs like to spawn in water
II. *vi* ❶ NAUT, RAUM to [set] sail, to cast off; ***die Fähre legt gleich ab*** the ferry's just leaving [*or* departing]
❷ *(ausziehen)* to take off sth *sep*

Ab·le·ger <-s, -> *m* ❶ BOT shoot; **einen ~ ziehen** to take a cutting
❷ *(fam: Filiale)* branch
❸ *(hum fam: Sprössling)* kid *fam,* offspring *hum*

ab|leh·nen I. *vt* ❶ *(zurückweisen)* ■**etw** ~ to turn down sth *sep,* to refuse [*or* reject] sth; **einen Antrag** ~ *(Vorschlag)* to reject [*or* defeat] a proposal; *(Gesuch)* to reject an application; ■**jdn** ~ to reject sb
❷ *(sich weigern)* ■**es ~, etw zu tun** to refuse to do sth
❸ *(missbilligen)* ■**etw** ~ to disapprove of sth, to object to sth; *s. a.* **dankend**
II. *vi (nein sagen)* to refuse

ab·leh·nend I. *adj (negativ)* negative
II. *adv (geh)* negatively; **jdm/etw ~ gegenüberstehen** to oppose sb/sth, to disapprove of sb/sth; ***diesen Vorschlägen stehe ich eindeutig ~ gegenüber*** I clearly cannot accept these proposals

Ab·leh·nung <-, -en> *f* ❶ *(Zurückweisung)* refusal; *eines Antrags, Bewerbers* rejection; *eines Vorschlags* defeat
❷ *(ablehnendes Schreiben)* [written] rejection
❸ *(Missbilligung)* disapproval, objection; **auf ~ stoßen** *(geh: wird abgelehnt)* to be rejected [*or* refused]; *(wird missbilligt)* to meet with disapproval

Ab·leh·nungs·an·trag *m* JUR challenging motion **Ab·leh·nungs·be·scheid** *m* JUR notice of rejection [*or* denial] **Ab·leh·nungs·ent·schei·dung** *f* JUR decision rejecting the complaint **Ab·leh·nungs·ge·such** *nt* JUR challenging petition

ab|leis·ten *vt (geh: absolvieren)* to serve, to do; **eine Probezeit** ~ to complete a probationary period; **den Wehrdienst** ~ to do one's military service

ab|lei·ten I. *vt* ❶ *(umleiten)* ■**etw** ~ *Fluss* to divert sth; *Blitz* to conduct sth; ***der Verkehr musste abgeleitet werden*** the traffic had to be rerouted
❷ LING *(herleiten, entwickeln)* ■**etw aus etw** *dat* ~ to trace sth back to sth, to derive sth from sth
❸ MATH **eine Funktion** ~ to differentiate a function; **eine Gleichung** ~ to develop an equation
❹ *(logisch folgern)* ■**etw** [**aus etw** *dat*] ~ to deduce [*or* infer] sth [from sth]
II. *vr* ❶ LING ■**sich** *akk* ~ to stem [*or* be derived] [from]
❷ *(logisch folgen)* ■**sich** *akk* ~ to be derived [*or* derive] [from]; **sich** *dat* **sein Recht von etw** *dat* ~ to derive one's privilege from sth

Ab·lei·tung *f* ❶ *(Umleitung) Rauch, Flüssigkeit* diversion
❷ LING, SCI derivation; *(abgeleitetes Wort)* derivative
❸ MATH *(das Ableiten)* derivation; *(das Abgeleitete)* derivative; **zweite** ~ second derivative
❹ *(Folgerung)* deduction; ~ **eines Vorrechts aus einer Stellung** derivation of a privilege from a position

Ab·lei·tungs·re·gel *f* MATH derivation rule

ab|len·ken I. *vt* ❶ *(zerstreuen)* ■**jdn** ~ to divert [*or* distract] sb; ***wenn er Sorgen hat, lenkt ihn Gartenarbeit immer ab*** if he's worried, working in the garden diverts his thoughts
❷ *(abbringen)* ■**jdn** [**von etw** *dat*] ~ to distract sb [from sth]; ■**sich** *akk* **von etw** *dat* ~ **lassen** to be distracted by sth
❸ *(eine andere Richtung geben)* ■**etw** [**von etw** *dat*] ~ to divert sth [from sth]
❹ PHYS **Licht** ~ to refract light; **Strahlen** ~ to deflect rays
II. *vi* ❶ *(ausweichen)* **vom Thema** ~ to change the subject
❷ *(zerstreuen)* to take sb's mind off things; ■[**von etw** *dat*] ~ to distract [from sth]
III. *vr* ■**sich** *akk* [**mit etw** *dat*] ~ to relax [with sth/by doing sth]

Ab·len·kung *f* ❶ *(Zerstreuung)* diversion, distraction; ***ich brauche jetzt ein bisschen*** ~ *(in bedrückender Situation)* I need to take my mind off things; *(bei monotoner Arbeit etc.)* I need to do something else for a little while; **sich** *akk* [**mit etw** *dat*] ~ **verschaffen** to relax [with sth] [by doing sth]; **zur** ~ in order to relax
❷ *(Störung)* distraction, interruption
❸ PHYS *(das Ablenken) von Licht* refraction; *von Strahlen, bei Radar* deflection

Ab·len·kungs·ma·nö·ver *nt* diversion, diversionary tactic **Ab·len·kungs·win·kel** *m* PHYS deviation angle

ab|le·sen *irreg* I. *vt* ❶ *(nach der Vorlage vortragen)* ■**etw** [**von etw** *dat*] ~ to read sth [from sth]
❷ *(den Stand feststellen)* ■**etw** ~ *Messgeräte, Strom* to read sth
❸ *(folgern)* ■**etw** [**aus etw** *dat*] ~ to read [*or form* construe] sth [from sth]; ***aus seinem Verhalten konnte sie ungeteilte Zustimmung*** ~ from his behaviour she gathered that he was completely in agreement
❹ *(entfernen)* ■**etw** ~ *Beeren* to pick off sth *sep*
II. *vi* ❶ *(den Zählerstand feststellen)* to read the meter
❷ *(mit Hilfe einer Vorlage sprechen)* to read [from sth]

ab|leuch·ten *vt (mit Lichtquelle untersuchen)* ■**etw** ~ to inspect sth with light

ab|leug·nen I. *vt (bestreiten)* ■**etw** ~ to deny sth; **seine Schuld** ~ to refuse to take the blame; **die Vaterschaft** ~ to deny paternity
II. *vi (leugnen)* to deny

ab|lich·ten *vt* ❶ *(fam: fotografieren)* ■**etw/jdn** ~ to take a photo [*or* picture] of sb/sth
❷ *(fotokopieren)* ■**etw** ~ to photocopy sth

Ab·lich·tung <-, -en> *f* ❶ *kein pl (das Fotokopieren)* photocopying
❷ *(Fotokopie)* photocopy, copy *fam*

ab|lie·fern *vt* ❶ *(abgeben)* ■**etw** ~ *(an Dritte)* to hand over sth *sep,* to turn in sth *sep*
❷ *(fam: einreichen)* ■**etw** ~ *Manuskript* to hand in sth *sep,* to turn in sth *sep*
❸ *(liefern)* ■**etw** [**bei jdm**] ~ to deliver sth [to sb]
❹ *(hum fam: nach Hause bringen)* ■**jdn** [**bei jdm**] ~ to hand sb over [to sb]

Ab·lie·fe·rungs·be·schei·ni·gung *f* delivery notice **Ab·lie·fe·rungs·frist** *f* delivery period **Ab·lie·fe·rungs·hin·der·nis** *nt* HANDEL obstacle to delivery

ab|lie·gen I. *vi irreg haben (entfernt sein)* to be a long way [from], to be distant *form;* ***die Mühle liegt sehr weit ab*** the mill is a long way away; **zu weit** [**vom Weg**] ~ to be too far [out of the way], to be too much of a detour
II. *vt haben* SÜDD, ÖSTERR *(durch Lagern mürbe werden)* **Fleisch** ~ *to hang meat to tenderize it*

ab|lis·ten *vt (abgaunern)* ■**jdm etw** ~ to trick sb out of sth

ab|lo·cken *vt (abnehmen)* ■**jdm etw** ~ to wangle [*or* coax] sth out of sb *fam;* ***er hat mir 50 Euro abgelockt*** he managed to get 50 euros out of me

ab·lös·bar *adj* detachable, removable

ab|lö·schen *vt* ❶ *(mit einem Löschblatt trocknen)* ■**etw** [**mit etw** *dat*] ~ *Tinte* to blot sth [with sth]
❷ *(entfernen)* ■**etw** [**mit etw** *dat*] ~ *Tafel* to wipe sth [with sth]
❸ KOCHK ■**etw** [**mit etw** *dat*] ~ to pour sth [on sth]; ***den Braten mit einem Schuss Wein*** ~ to add a little wine to the roast

Ab·lö·se <-, -n> *f (fam) s.* **Ablösesumme**

ab|lö·sen I. *vt* ❶ *(abmachen)* ■**etw** [**von etw** *dat*] ~ to remove [*or* take off *sep*] sth [from sth]; *Pflaster* to peel off sth *sep*
❷ *(abwechseln)* ■**sich** *akk* [**bei etw** *dat*] ~ to take turns [at sth]; ***die beiden Fahrer lösten sich am Steuer ab*** both drivers took turns at the wheel; **sich** *akk* **bei der Arbeit** ~ to work in shifts; **einen Kollegen** ~ to take over from [*or form* relieve] a colleague; **die Wache** ~ to change the guard
❸ *(fig: an die Stelle von etw treten)* ■**jdn/etw** [**durch jdn/etw**] ~ to supersede [*or* replace] sb/sth [by/with sb/sth]; ***neue Methoden werden die alten*** ~ new methods will take the place of old ones
❹ FIN *(tilgen)* ■**etw** ~ to pay off sth *sep,* to redeem sth
II. *vr (abgehen)* ■**sich** *akk* [**von etw** *dat*] ~ to peel off [sth]; ***das Etikett löst sich nur schwer ab*** the label doesn't peel off easily

Ab·lö·se·sum·me *f* transfer fee **Ab·lö·se·ver·trag** *m* FIN contract to redeem

Ab·lö·sung *f* ❶ *(Auswechslung)* relief; **die ~ der Schichtarbeiter** change of shift; **die ~ der Wache** the changing of the guard
❷ *(Ersatzmann)* replacement
❸ *(Entlassung)* dismissal; ***die Opposition forderte die ~ des Ministers*** the opposition demanded that the minister be removed from office
❹ *(das Ablösen)* removal, loosening; *von Farbe, Lack* peeling off; *(Abtrennung)* separation; **die ~ der Netzhaut** the detachment of the retina
❺ *(Tilgung)* redemption *no pl;* **die ~ einer Schuld** the discharge of a debt; ***die vorzeitige ~ der Hypothek*** to pay off the mortgage prematurely

Ab·lö·sungs·fonds *m* FIN sinking fund **Ab·lö·sungs·recht** *nt* JUR right of redemption **Ab·lö·sungs·ren·te** *f* JUR redeemable annuity **Ab·lö·sungs·sum·me** *f s.* **Ablösesumme** **Ab·lö·sungs·wert** *m* FIN redemption value; *(bei Versicherung)* surrender value

ab|lot·sen, ab|luch·sen [-lʊksn] *vt (fam)* ■**jdm etw** ~ to wangle [*or* coax] sth out of sb *fam*

Ab·luft *f kein pl* TECH outgoing air

Ab·luft·fil·ter *m* exhaust air filter **Ab·luft·schlauch** *m* exhaust air pipe

ABM <-, -s> [aːbeːˈɛm] *f Abk von* **Arbeitsbeschaffungsmaßnahme** job creation scheme [*or* plan]

ab|ma·chen *vt* ❶ *(entfernen)* ■**etw** ~ to take off sth *sep;* ■**jdm etw** ~ to take off *sep* sb's sth; ***er machte dem Hund das Halsband ab*** he took the dog's collar off
❷ *(vereinbaren)* ■**etw** [**mit jdm**] ~ to arrange sth [with sb], to make an arrangement [with sb] to do sth; ■**abgemacht** arranged, fixed; ***abgemacht!*** agreed!, OK!, you're on!
❸ *(klären)* ■**etw** ~ to sort out sth *sep,* to settle sth; ***wir sollten das lieber unter uns*** ~ we'd better settle this between ourselves
❹ *(fam: ableisten)* ■**etw** ~ to do sth; ***er hat schon längst seine Dienstzeit in der Firma abgemacht*** he's more than done his work at the company

Ab·ma·chung <-, -en> *f (Vereinbarung)* agreement; **sich** *akk* [**nicht**] **an eine ~ halten** to [not] carry out an agreement *sep*

ab|ma·gern *vi sein* to grow [*or* get] thin; ■**abgemagert** very thin; ***die Flüchtlinge waren völlig abgemagert*** the refugees were emaciated

Ab·ma·ge·rung <-> *f kein pl* weight loss, emaciation **Ab·ma·ge·rungs·kur** *f (Schlankheitskur)* diet; **eine ~ machen** to be on a diet

ab|mä·hen *vt* ■**etw** ~ to mow sth

ab|mah·nen *vt* ■**jdn** ~ to warn [*or form* caution] [*or form* admonish] sb

Ab·mahn·schrei·ben *nt* JUR [written] warning notice

Ab·mah·nung *f* warning, BRIT *form a.* caution **Ab·mah·nungs·frist** *f* JUR period of warning

ab|ma·len I. *vt (abzeichnen)* ■**etw** [**von etw** *dat*] ~ to paint sth [from sth]; [**von anderen Bildern**] ~ to copy [other pictures]
II. *vr (sich zeigen)* to show

Ab·mar·kung <-, -en> *f* JUR demarcation

Ab·marsch *m* march off, start of a march; ***fertig machen zum ~!*** ready to [*or* quick] march!

ab·marsch·be·reit I. *adj* ready to march
II. *adv* ready to march

ab|mar·schie·ren* *vi sein* to march off, to start marching; ***los, ~ [zum Schießstand]!*** forward, march [to the rifle range]!

Ab·mau·e·rung <-, -en> *f* BAU brick partition wall

ab|meh·ren *vi* SCHWEIZ *(abstimmen)* to vote [on sth] [by a show of hands]

ab·mei·ern ['apmaiɐn] *vt (vom Dienst entfernen)* ■**jdn** ~ to dismiss sb

Ab·mel·de·for·mu·lar *nt a form required when cancelling the registration of one's vehicle/when registering a change of address etc.*

ab|mel·den I. *vt* ① *(den Austritt anzeigen)* ■**jdn** [**von etw** *dat*] ~ to cancel sb's membership [of [*or* in] sth]; **jdn von einer Schule** ~ to withdraw sb from a school
② *(ein Dienst kündigen)* **ein Fernsehgerät/Radio** ~ to cancel a TV/radio licence [*or* AM -se]; **ein Auto** ~ to cancel a car's registration; **das Telefon** ~ to request the disconnection of the phone
③ *(fam)* ■**bei jdm abgemeldet sein** to no longer be of interest to sb; ***er ist endgültig bei mir abgemeldet*** I've had it with him, I wash my hands of him
II. *vr* ① *(seinen Umzug anzeigen)* ■**sich** *akk* ~ to give [official] notification of a change of address
② *(um Erlaubnis bitten, weggehen zu dürfen)* ■**sich** *akk* **bei jdm** ~ to report to sb that one is leaving
③ MIL ■**sich** *akk* **bei jdm zu etw** *dat* ~ to report to sb for sth; ***melde mich zum Waffenreinigen ab, Herr Feldwebel!*** reporting for weapon cleaning duty, Sergeant!

Ab·mel·dung *f* ① *(das Abmelden) vom Auto* request to deregister a car; *vom Fernsehgerät/Radio* cancellation; *vom Telefon* disconnection
② *(Anzeige des Umzugs)* [official] notification of a change of address
③ *(fam) s.* **Abmeldeformular**
④ INFORM log off

ab|mes·sen *vt irreg* ① *(ausmessen)* ■**etw** ~ to measure sth
② *(messen und abteilen)* **eine Länge** ~ to measure [off] a length [from sth]; **eine Menge** ~ to measure [out] an amount [from sth]
③ *(fig: abschätzen)* **etw ~ können** to be able to assess [*or* BRIT gauge] [*or* AM gage] sth

Ab·mes·sung *f meist pl* measurements *pl,* size; *(von dreidimensionalen Objekten a.)* dimensions *pl*

ab|mil·dern *vt* ① *(abschwächen)* ■**etw** ~ to moderate sth; **eine Äußerung** ~ to temper one's words
② *(dämpfen)* ■**etw** ~ *Aufprall, Sturz* to lessen [*or* reduce] sth; **einen Sturz** ~ to cushion a fall

ABM-Kraft [a:be:'ɛm-] *f employee on job creation scheme* BRIT

ABM·ler(in) <-s, -> *m(f) (fam) person on job creation scheme* BRIT

ab|mo·de·rie·ren *vt* **eine Sendung** ~ to conclude a TV/radio broadcast

ab|mon·tie·ren* *vt (mit einem Werkzeug entfernen)* ■**etw** [**von etw** *dat*] ~ to remove sth [from sth]; ***die Einbauküche musste abmontiert werden*** the built-in kitchen had to be dismantled

ABM-Stel·le *f* position assisted by job creation scheme [*or* plan]

ab|mü·hen *vr (sich große Mühe geben)* ■**sich** *akk* ~ to work [*or* try] hard, to take a lot of trouble [*or pl* pains]; ■**sich** *akk* **mit etw** *dat* ~ to work [*or* try] hard at sth; ■**sich** *akk* **mit jdm** ~ to take a lot of trouble [*or pl* pains] with sb; ■**sich** *akk* **~, etw zu tun** to try hard to do sth

ab|murk·sen *vt (sl: umbringen)* ■**jdn** ~ to bump off sb *sep sl,* to do in sb *sep sl,* to kill

ab|mus·tern I. *vt* NAUT ■**jdn** ~ to discharge sb
II. *vi* NAUT to go ashore, to leave ship

ABM-Ver·trag *m* job creation scheme contract BRIT

ab|na·beln I. *vt (jds Nabelschnur durchtrennen)* **ein Kind** ~ to cut a baby's umbilical cord
II. *vr (Bindungen kappen)* ■**sich** *akk* ~ to become independent [*or* self-reliant]; ■**sich** *akk* **von jdm/etw** ~ to become independent of sb/sth

ab|na·gen *vt* ① *(durch Nagen abessen)* ■**etw** [**von etw** *dat*] ~ to gnaw sth [off sth]
② *(blank nagen)* ■**etw** ~ to gnaw sth clean

ab|nä·hen *vt (enger machen)* ■**etw** ~ to take in sth *sep*

Ab·nä·her <-s, -> *m* MODE dart, tuck

Ab·nah·me[1] <-, -n> ['apna:mə] *f pl selten* ① *(Verringerung)* reduction [of], drop [*or* fall] [in]
② *(das Nachlassen)* loss; ~ **der Kräfte** weakening

Ab·nah·me[2] <-, -n> ['apna:mə] *f* ① ÖKON *(Übernahme) Ware* acceptance; **die ~ verweigern** to refuse [to take] delivery
② ADMIN *Neubau, Fahrzeug* inspection and approval
③ *(geh: Herunternahme)* removal, taking down

Ab·nah·me·be·din·gung *f meist pl* ÖKON acceptance specification **Ab·nah·me·be·schei·ni·gung** *f* HANDEL acknowledg[e]ment of receipt **Ab·nah·me·ga·ran·tie** *f* FIN *von Anleihen* underwriting guarantee **Ab·nah·me·ge·schäft** *nt* FIN acceptance deal **Ab·nah·me·men·ge** *f* ÖKON ordered [*or* purchased] quantity **Ab·nah·me·pflicht** *f* HANDEL obligation to take delivery **Ab·nah·me·pro·to·koll** *nt* HANDEL inspection report **Ab·nah·me·sur·ro·gat** *nt* JUR acceptance surrogate **Ab·nah·me·ver·pflich·tung** *f* ① HANDEL purchase commitment ② JUR obligation to take delivery

Ab·nah·me·ver·wei·ge·rung *f* HANDEL refusal to take delivery, non-acceptance **Ab·nah·me·ver·wei·ge·rungs·recht** *nt* HANDEL right of rejection

Ab·nah·me·ver·zug *m* HANDEL delay in taking delivery

ab|neh·men[1] *irreg* I. *vt* ① *(abmachen)* ■**etw** ~ to take off sth *sep; (herunternehmen)* to take down sth *sep;* ***nehmen Sie bitte den Hut ab!*** please take your hat off!; ***bei der Jacke kann man die Kapuze ~*** the jacket has a detachable hood; **sich** *dat* **den Bart** ~ to shave one's beard off; **ein Bild/Vorhänge** ~ to take down a picture/curtains *sep;* **ein Bild von der Wand** ~ to take a picture off the wall; **den Deckel** ~ to take off the lid *sep;* **die Wäsche von der Leine** ~ to take the washing off the line; ***nimm bitte draußen die Wäsche ab!*** can you get the washing in, please?
② *(hochheben)* **den Hörer** ~ to pick up the receiver *sep;* **das Telefon** ~ to answer the phone
③ MED *(amputieren)* ■**jdm ein Arm/Bein** ~ to take off *sep* [*or* amputate] sb's arm/leg; ***das zerquetschte Bein musste ihm abgenommen werden*** they had to take off [*or* amputate] his crushed leg
④ *(zusammenstricken)* **zehn Maschen** ~ to decrease ten stitches
⑤ *(entgegennehmen, tragen helfen)* ■**jdm etw** ~: ***kann ich dir was ~?*** can I carry something?; ***kannst du mir bitte kurz das Paket ~?*** could you take [*or* hold] the parcel for a moment?; ***kann ich dir die [o deine] Tasche ~?*** can I take [*or* carry] your bag?; ***darf ich Ihnen den Mantel ~?*** may I take your coat?
⑥ *(fig: entgegennehmen)* **jdm die Beichte** ~ to hear sb's confession; **jdm einen Eid** ~ to administer an oath to sb; **jdm Fingerabdrücke** ~ to take sb's fingerprints; **jdm das Versprechen ~, etw zu tun** to make sb promise to do sth
⑦ *(wegnehmen)* ■**jdm etw** ~ to take sth from [*or* off] sb; *(jds Eigentum stehlen, entziehen)* to take sb's sth; *(fig abgewinnen)* to win sth from sb; *(fig abverlangen)* to charge sb sth; ***die Lehrerin nahm ihm sein Handy ab, weil er im Unterricht Nachrichten verschickte*** the teacher took his mobile off him because he was writing text messages in the lesson; ***er nahm seinem Gegenüber beim Poker große Summen ab*** he won a lot of money from his opponent at poker; **jdm die** [*o* **seine**] **Brieftasche/Uhr** ~ to take sb's wallet/watch; **jdm den Führerschein** ~ to withdraw sb's driving licence [*or* AM driver's license]
⑧ *(a. fig: abkaufen)* ■**jdm etw** ~ to buy sth from sb *a. fig;* ***niemand wollte ihm die Ladenhüter ~*** no one wanted to buy the line that was not selling from him; ***das [Märchen] nimmt dir keiner ab!*** *(fig)* nobody will buy that [fairy tale]! *fig*
⑨ *(übernehmen)* ■**jdm etw** ~ to take sth off sb's shoulders; ***kann ich dir etwas ~?*** can I help you?; ***deine Arbeit kann ich dir nicht ~*** I can't do your work for you; ***kann ich dir die eine oder andere Besorgung ~?*** would you like me to do some of the shopping for you?
⑩ *(begutachten und genehmigen)* **ein Fahrzeug ~ lassen** to take a car for an MOT test; ***der Wagen konnte nicht abgenommen werden*** the car failed its MOT; **ein Gebäude/eine Wohnung** ~ to pass a building/a flat after inspection; **ein Gerät** ~ to accept an appliance
⑪ *(abhalten)* **eine Prüfung** ~ to hold an exam
II. *vi* ① *(Telefon)* to answer [the phone], to pick up *sep* the phone; ***gestern nahm bei ihr niemand ab*** no one answered her phone yesterday
② *(beim Stricken, Häkeln)* to decrease

ab|neh·men[2] *vi irreg* ① *(Gewicht verlieren)* to lose weight; **fünf Kilo/einige Pfund** ~ to lose five kilo/a few pounds; **im Gesicht/an den Hüften** ~ to lose weight in the face/on the hips
② *(sich verringern)* to decrease; *Nachfrage a.* to fall
③ *(nachlassen)* to diminish; *Fieber* to go down; *Aufmerksamkeit* to wane; *(sich verschlechtern)* to deteriorate; ***durch die Krankheit nahmen ihre Kräfte immer mehr ab*** her strength continued to decrease due to her illness; ***bei zu hohen Preisen nimmt das Interesse der Kunden deutlich ab*** when the price is too high, customers lose interest; ***ihre Sehkraft nimmt immer mehr ab*** her eyesight is deteriorating more and more
④ *Mond* to wane; *Tage* to get shorter; **bei ~dem Mond** during a waning moon

Ab·neh·mer(in) <-s, -> *m(f) (Käufer)* customer; ***für dieses Produkt gibt es sicher viele ~*** there'll be a lot of people wanting to buy this product

Ab·neh·mer·kla·ge *f* JUR purchaser's suit [*or* petition] **Ab·neh·mer·land** *nt* ÖKON customer country

Ab·nei·gung *f* ① *(Widerwillen)* ■**~ gegen jdn/etw** dislike for [*or* of] [*or* aversion to] sb/sth; ***sie ließ ihn ihre ~ deutlich spüren*** she didn't hide her dislike of him; **eine ~ gegen jdn/etw haben** to have a dislike of [*or* an aversion to] sb/sth; ***sie hatte schon immer eine starke ~ gegen Thunfisch*** she never did like tuna
② *(Widerstreben)* ■**~, etw zu tun** reluctance [*or* disinclination] to do sth; **eine ~ haben, etw zu tun** to be [*or* feel] reluctant [*or* disinclined] to do sth

ab|ni·cken *vt (fam)* ■**etw** ~ to agree to sth, to nod sth through

ab·norm [ap'nɔrm], **ab·nor·mal** ['apnɔrma:l] *adj bes* ÖSTERR, SCHWEIZ abnormal

Ab·nor·mi·tät <-, -en> [apnɔrmi'tɛ:t] *f* abnormality

ab|nö·ti·gen *vt (geh)* ■**jdm etw** ~ to wring sth out of [*or* from] sb; ***das nötigt einem Respekt ab*** you have to respect it

ab|nut·zen, ab|nüt·zen SÜDD, ÖSTERR I. *vt* ■**etw** ~ to wear out; ■**abgenutzt** worn-down; ***der Teppich ist an manchen Stellen ziemlich abgenutzt*** the carpet is fairly worn in places
II. *vr* ① *(im Gebrauch verschleißen)* ■**sich** *akk* ~ [*o* **abnützen**] to wear; ***Textilbezüge nutzen sich meist schneller ab als Lederbezüge*** cloth covers tend to wear thin quicker than leather
② *(an Wirksamkeit verlieren)* ■**sich** *akk* ~ to lose effect; ***zu häufig gebrauchte Phrasen nutzen sich***

bald ab phrases which are used too often soon lose their effect; ■**abgenutzt** worn-out; **abgenutzte Phrasen** hackneyed phrases

Ab·nut·zung *f,* **Ab·nüt·zung** <-, -en> *f* SÜDD, ÖSTERR *(Verschleiß durch Gebrauch)* wear and tear; **Absetzung für ~** depreciation for wear and tear

Ab·nut·zungs·er·schei·nun·gen *pl* ÖKON signs of wear

Abo <-s, -s> ['abo] *nt* MEDIA *(fam) kurz für* **Abonnement** subscription; **ein ~ für eine Zeitung haben** to subscribe to a newspaper; *(fürs Theater)* season ticket [*or* AM tickets]

Abo·li·ti·on <-, -en> [aboli'tsi̯o:n] *f* JUR abolition

Abo·li·ti·o·nis·mus <-> [abolitsi̯o'nɪsmʊs] *f kein pl* ① *(Abschaffung der Sklaverei)* abolitionism
② *(Kampf gegen die Prostitution) fight against prostitution*
③ *(Abschaffung der Gefängnisse) movement to abolish all prisons*

Abon·ne·ment <-s, -s> [abɔnə'mã:] *nt* subscription; ■**im ~**: ***bei Theatervorstellungen sind die meisten Karten im ~ vergeben*** most tickets for the theatre are given to subscribers; **etw im ~ beziehen** to subscribe to sth

Abon·nent(in) <-en, -en> [abɔ'nɛnt] *m(f)* subscriber **Abon·nen·ten·num·mer** *f* subscriber number

abon·nie·ren* [abɔ'ni:rən] *vt haben* ■**etw ~** to subscribe to sth; ■**[auf etw** *akk*] **abonniert sein** to be a subscriber [to sth]; ***sie ist wirklich auf Einser abonniert*** *(hum)* she always gets A's

ab|ord·nen *vt (dienstlich hinbefehlen)* ■**jdn [zu etw** *dat*] **~** to delegate sb [to sth]; *(abkommandieren)* to detail sb [for sth]; ***er wurde nach Berlin abgeordnet*** he was posted to Berlin

Ab·ord·nung *f* delegation

Ab·ort¹ <-s, -e> [a'bɔrt, 'apʔɔrt] *m (veraltet) s.* **Toilette**

Abort² <-s, -e> [a'bɔrt] *m* MED *(Fehlgeburt)* miscarriage

ab|pa·cken *vt a.* ÖKON *(einpacken)* ■**etw ~** to pack sth; ***packen Sie mir bitte drei Kilo Hackfleisch ab!*** could you wrap up three kilos of minced meat for me, please?; ■**sich** *dat* **etw [von jdm] ~ lassen** to have [sb] wrap sth up; ■**sich** *dat* **etw ~ lassen** to have sth wrapped up; **abgepackte Lebensmittel** pre-packaged food

ab|pas·sen *vt* ① *(abwarten)* ■**etw ~** to wait [*or* watch] for sth; **die passende Gelegenheit ~** to bide one's time
② *(timen)* **etw gut** [*o* **richtig**] **~** to time sth well
③ *(abfangen, jdm auflauern)* ■**jdn ~** to waylay sb; ***der Taschendieb passte sie an der Ecke ab*** the pickpocket lay in wait for her at the corner

ab|pau·sen *vt* ■**etw [auf etw** *akk*] **~** to trace sth [onto sth]; ■**etw von etw** *dat* **~** to trace sth [from sth]; ***hast du das selbst gezeichnet oder nur von einer Vorlage abgepaust?*** did you draw it yourself or did you just trace it?

ab|per·len *vi sein* ■**[von etw** *akk*] **~** to run off sth in drops; ***der Tau perlte von den Blättern ab*** the dewdrops fell from the leaves

ab|pfei·fen *irreg* **I.** *vt* ■**etw ~** to stop sth by blowing a whistle; ***nach 45 Minuten wurde die erste Halbzeit abgepfiffen*** after 45 minutes the whistle for the end of the first half was blown; **das Spielende ~** to blow the final whistle
II. *vi* to blow the whistle

Ab·pfiff *m* the [final] whistle

ab|pflü·cken *vt (pflücken)* ■**etw ~** to pick sth; ***im Park darf man keine Rosen ~*** picking roses is not allowed in the park

ab|pla·cken *vr (fam),* **ab|pla·gen** *vr* ■**sich** *akk* **[mit etw** *dat*] **~** to struggle [with sth]; ***er hat sich sein ganzes Leben lang abgeplagt*** he slaved away his whole life; ***sie plagt sich immer sehr ab mit den schweren Einkaufstaschen*** she always struggles with her heavy shopping bags; ***er plagte sich jahrelang mit den Manuskripten ab*** he worked himself to death on the manuscripts

ab|plat·ten *vt (flacher machen)* ■**etw ~** to flatten sth, to level sth off; ■**abgeplattet** flattened

ab|plat·zen *vi Gips, Knopf* to pop off, to burst off; *Farbe* chip off, peel off; *Metallteile* break away [*or* off], split off

Ab·prall <-[e]s, -e> *m pl selten* rebound, ricochet

ab|pral·len *vi sein* ① *(zurückprallen)* ■**[von etw** *dat*/**an etw** *dat*] **~** to rebound [from/off/against sth], to ricochet [off sth], to bounce [off sth]
② *(nicht treffen)* ■**an jdm ~** to bounce off sb

ab|pres·sen *vt* ① *(durch Druck abnehmen)* ■**jdm etw ~** to extort sth from sb, to squeeze sth out of sb *fam;* **jdm ein Geständnis ~** to force a confession from [*or* beat a confession out of] sb
② *(abschnüren)* **jdm den Atmen ~** to take sb's breath away
③ *(herauspressen, unter Druck absondern)* ■**etw ~** to force sth; ***Blutwasser wird ins Bindegewebe abgepresst*** serum is forced into the connective tissue

Ab·pres·sen <-s> *nt kein pl* TYPO backing, nipping, pressing, smashing

Ab·press·falz^RR *m* TYPO backing joint

Ab·pro·dukt *nt kein pl (fachspr)* waste product; **wiederverwendbares ~** reusable waste product

ab·pro·dukt·arm *adj (fachspr)* low-waste *attr* **ab·pro·dukt·frei** *adj (fachspr)* waste-free *attr*

ab|pum·pen *vt (durch Pumpen entfernen)* ■**etw [aus etw** *dat*/**von etw** *dat*] **~** to pump sth [out of/from sth]

ab|put·zen *vt* ① *(durch Putzen reinigen)* ■**etw ~** to clean sth; ■**jdm etw ~** to clean sb's sth; ***soll ich dir etwa noch den Hintern ~?*** you don't want me to wipe your backside for you, do you?; ■**[sich** *dat*] **etw ~** to clean sth; ***putz dir die Schuhe ab!*** wipe your shoes!
② *(durch Putzen entfernen)* ■**etw [von etw** *dat*] **~** to wipe sth [off sth], to clean sth [from/off sth]
③ *(mit neuem Putz versehen)* ■**etw ~** to plaster [*or* replaster] sth

ab|quä·len *vr* ① *(sich abmühen)* ■**sich** *akk* **[mit etw** *akk*] **~** to struggle [*or* battle] [with sth]; ***was quälst du dich so ab?*** why are you making things so difficult for yourself?
② *(sich mühsam abringen)* ■**sich** *dat* **etw ~** to force sth; ***er quälte sich ein Grinsen ab*** he managed to force a grin; ***diese Entschuldigung hast du dir ja förmlich abgequält!*** you really had to force yourself to make that apology!

ab|qua·li·fi·zie·ren *vt* ■**jdn/etw ~** to scorn sb/sth, to treat sb/sth with contempt, to put sb/sth down *fam;* ■**etw ~** to dismiss sth [out of hand]

ab|ra·ckern *vr (fam: sich abmühen)* ■**sich** *akk* **[mit etw** *dat*] **~** to slave [over/away at sth] *fam or hum;* ***was rackerst du dich so mit der Handsäge ab? nimm doch die Motorsäge!*** why on earth are you bothering with the hand saw? use the power saw!; ■**sich** *akk* **für jdn/etw ~** to work one's fingers to the bone for sb/sth, to work oneself to a shadow; ***sie hat sich Tag für Tag für diese Firma abgerackert*** she sweated blood for that company day after day

Ab·ra·ham <-s> ['a:braham] *m kein pl* Abraham
▸ WENDUNGEN: **[sicher] wie in ~s Schoß** as safe as houses BRIT, in safe hands

ab|rah·men *vt* **Milch ~** to skim milk; **alles ~** *(fig)* to cream off everything

Abra·ka·dab·ra <-s> [a:braka'da:bra] *nt kein pl* abracadabra

Ab·ra·keln <-s> *nt kein pl* TYPO squeezing

ab|ra·sie·ren* *vt* ① *(durch Rasieren entfernen)* ■**[jdm/sich] etw ~** to shave [off] sth [*or* sb's/one's sth] *sep;* **jdm/sich den Bart ~** to shave sb's/one's beard [off]
② *(fam: abtrennen)* ■**etw ~** to shave off sth *sep;* ***der Düsenjäger rasierte das Dach des Gebäudes ab*** the jet shaved off the roof of the house
③ *(fam: dem Erdboden gleichmachen)* ■**etw ~** to raze sth to the ground

Ab·ra·si·on <-, -en> [abra'zi̯o:n] *f* ① *a.* GEOL abrasion
② MED curettage, scrape

ab|ra·ten *vi irreg* ■**jdm [von etw** *dat*] **~** to advise [*or* warn] sb [against sth]; ■**jdm davon ~, etw zu tun** to advise [*or* warn] sb not to do [*or* against doing] sth; ***von diesem Arzt kann ich Ihnen nur ~*** I really can't recommend that doctor

Ab·raum *m kein pl* BERGB slag

ab|räu·men *vt* ■**etw [von etw** *dat*] **~** to clear [sth] of sth, to clear sth [from sth]; ■**etw ~** to clear sth; ***nach dem Essen räumte sie das Geschirr ab*** after the meal she cleared the table; ***beim Kegelturnier räumte sie kräftig ab*** at the skittles tournament she really cleaned up *fam*

Ab·räu·mer *m (fam: Favorit)* somebody who sweeps the board, number one, sweeper AM

Ab·raum·hal·de *f* slag-heap

ab|rau·schen *vi sein* ① *(fam: fortfahren)* to rush off [in a vehicle]
② *(sich demonstrativ entfernen)* to rush off in protest; ***gestern ist er beleidigt abgerauscht*** yesterday he felt offended and rushed off

ab|re·a·gie·ren* ['apreagi:rən] **I.** *vt* ① *(negative Emotionen herauslassen)* ■**etw ~** to work off sth
② *(auslassen)* ■**etw an jdm ~** to take out sth on sb
II. *vr (fam: sich durch einen Ausbruch beruhigen)* ■**sich** *akk* **~** to calm down; ***er war ziemlich wütend, aber jetzt hat er sich abreagiert*** he was furious but he's cooled off now

ab|rech·nen **I.** *vi* ① *(abkassieren)* to settle up; ***am Ende der Woche rechnet der Chef ab*** the boss does the accounts at the end of the week; ***Sie haben sich beim A~ um 4,65 Euro vertan!*** you've miscalculated the bill by 4.65 euros!; ■**mit jdm ~** to settle up with sb; ***mit den Vertretern wird monatlich abgerechnet*** the agents are paid monthly
② *(zur Rechenschaft ziehen)* ■**mit jdm ~** to call sb to account, to get even [*or* settle an account] with sb; ■**[miteinander] ~** to settle the score [with each other]
II. *vt (abziehen)* ■**etw [von etw** *akk*] **~** to deduct sth [from sth]

Ab·rech·nung *f* ① *(Erstellung der Rechnung)* calculation [*or* preparation] of a bill [*or* an invoice]; ***ich bin gerade bei der ~ für den Kunden*** I'm just adding up the bill for the customer; **die ~ machen** [*o* **vornehmen**] to prepare [*or* calculate] [*or* add up] the bill [*or* invoice]; ***wie viel mussten Sie ausgeben? — ich bin gerade dabei, die ~ zu machen*** how much did you have to spend? — I'm just working it out
② *(Aufstellung)* list, itemized bill
③ *(Rache)* revenge, pay off; **der Tag der ~** the day of reckoning; ***endlich war die Stunde der ~ gekommen*** the time for revenge had finally come
④ *(Abzug)* ■**die ~ von etw** *dat* the deduction of sth; **~ von Skonto** discount; **etw in ~ bringen** *(geh)* to deduct sth from sth

Ab·rech·nungs·pe·ri·o·de *f* HANDEL accounting period **Ab·rech·nungs·stel·le** *f* FIN clearing house **Ab·rech·nungs·tag** *m* BÖRSE, FIN settling day **ab·rech·nungs·tech·nisch** *adj* HANDEL **aus ~en Gründen** for convenience of rendering accounts **Ab·rech·nungs·ter·min** *m* FIN due [*or* settlement] date **Ab·rech·nungs·über·hang** *m* FIN accounting surplus **Ab·rech·nungs·ver·fah·ren** *nt* FIN clearing system **Ab·rech·nungs·ver·kehr** *m* FIN clearing system **Ab·rech·nungs·wäh·rung** *f* ÖKON accounting currency; FIN settlement currency **Ab·rech·nungs·zeit·raum** *m* FIN accounting period

Ab·re·de *f* agreement; **eine mündliche ~** a verbal agreement; **etw in ~ stellen** *(geh)* to deny sth

ab|re·gen *vr (fam)* ■**sich** *akk* **~** to calm down; ***reg dich ab!*** keep your shirt [*or* BRIT hair] on!, chill out! *sl*

ab|reg·nen *vr* ■**sich** *akk* **~** *Wolken to come down in the form of rain*

ab|rei·ben *vt irreg* ① *(durch Reiben entfernen, abwischen)* ■**[jdm] etw [von etw** *dat*] **~** to rub sth off [sth] [for sb]; ■**[sich** *dat*] **etw [an etw** *dat*] **~** to wipe [*or* clean] sth [on sth]; ***bitte reib dir doch nicht immer die Hände an der Hose ab!*** please

don't always wipe your hands on your trousers!
② *(durch Reiben säubern)* ■ **etw ~** to rub sth down; **Autolack/Fenster ~** polish the paintwork/window
③ *(trocknen)* ■ **jdn/ein Tier/etw ~** to rub sb/an animal/sth down; ***er badete das Baby und rieb es dann mit einem Frotteehandtuch ab*** he bathed the baby and then dried him/her with a terry towel

Ab·rei·be·schrift *f* TYPO dry transfer letters *pl,* instant lettering

Ab·rei·bung *f (fam)* ① *(Prügel)* beating, a good thump *fam;* ***dafür hast du eine ~ verdient!*** you deserve to get clobbered! *fam*
② *(Tadel)* censure, criticism

ab|rei·chern ['apraiçɐn] *vt* NUKL ■ **etw ~** to deplete sth

Ab·rei·che·rung *f* NUKL depletion

Ab·rei·se *f kein pl* departure; ***die ~ naht*** it's nearly time to leave; **bei ihrer ~** when she left, on her departure

ab|rei·sen *vi sein* to leave, to depart; ■ **[irgendwohin] ~** to leave [*or* depart] [*or* start] [for somewhere]

ab|rei·ßen *irreg* **I.** *vt haben* ① *(durch Reißen abtrennen)* ■ **etw [von etw** *dat***] ~** to tear [*or* rip] sth [off sth]; **Tapete von der Wand ~** to tear down wallpaper from the wall; **Blumen ~** to pull off the flowers; ■ **sich** *dat* **etw ~** to tear off sth *sep;* ***er blieb an der Türklinke hängen und riss sich dabei einen Knopf ab*** he got caught on the doorknob and tore a button off
② *(niederreißen)* ■ **etw ~** *ein baufälliges Bauwerk* to tear sth down
③ *(sl: hinter sich bringen)* ■ **etw ~** to get through sth; ***er hat gerade die 2 Jahre Gefängnis abgerissen*** he's just finished sitting out his 2-year prison sentence
II. *vi sein* ① *(von etw losreißen)* to tear off
② *(aufhören)* to break off; **einen Kontakt nicht ~ lassen** to not lose contact
③ *(kontinuierlich anhalten)* ■ **nicht ~** to go on and on, to not stop; ***der Strom der Flüchtlinge riss nicht ab*** the stream of refugees did not end

Ab·reiß·ka·len·der *m* tear-off calendar **Ab·reiß·per·fo·ra·ti·on** *f* tear-off perforation

ab|ren·nen *vt irreg (fam: eilig aufsuchen)* ■ **etw ~** to run [a]round [somewhere]

ab|rich·ten *vt (dressieren)* ■ **ein Tier ~** to train an animal; ■ **ein Tier darauf ~, etw zu tun** to train an animal to do sth

Ab·rich·tung *f (Dressur)* training

Ab·rieb <-[e]s, -e> ['apri:p] *m* ① *kein pl (bei Reifen)* abrasion
② *(von Steinkohle)* dust

ab·rieb·fest *adj* BAU wear-resistant **Ab·rieb·fes·tig·keit** *f von Lack, Farbe* abrasion [*or* rub] resistance

ab|rie·geln *vt* ① *(absperren)* ■ **etw ~** to cordon [*or* seal] off sth *sep*
② *(versperren)* **die Tür ~** to bolt the door

Ab·rie·ge·lung, Ab·rieg·lung <-, -en> *f (Absperrung)* cordoning [*or* sealing] off; ***der Einsatzleiter ordnete die ~ des Gebietes an*** the troop leader ordered the area to be cordoned off

ab|rin·gen *irreg* **I.** *vt* ① *(abzwingen)* ■ **jdm etw ~** to force sth out of sb
② *(geh: durch mühseligen Einsatz abzwingen)* ■ **etw** *dat* **etw ~** to wrest sth from sth *form*
II. *vr (sich abquälen)* ■ **sich** *dat* **etw ~** to force [oneself to do sth]; ***er rang sich ein Grinsen ab*** he forced a grin; ***sie rang sich eine Entschuldigung ab*** she forced herself to apologize

Ab·riss[RR1] <-es, -e>, **Ab·riß**[ALT] <-sses, -sse> *m (Abbruch)* demolition; ***die Planierraupe begann mit dem ~ des Gebäudes*** the bulldozer began to tear down the building

Ab·riss[RR2] <-es, -e>, **Ab·riß**[ALT] <-sses, -sse> *m (Übersicht)* summary, survey; ■ **ein ~ einer S.** *gen* an outline of sth

Ab·riss·ar·bei·ten[RR] *pl* demolition work **Ab·riss·fir·ma**[RR] *f* demolition firm **ab·riss·reif**[RR] *adj* in ruins, ready for demolition

ab|ro·cken *vi* MUS *(sl)* to rock [till one drops] *sl*

ab|rol·len **I.** *vi sein* ① *(sich abwickeln)* ■ **[von etw** *dat***] ~** *Kabel, Tau* to unroll [from sth], to roll [off sth]
② *(fam: vonstattengehen)* to go [off], to run; **reibungslos ~** to go off without a hitch; ***die Show rollte reibungslos ab*** the show ran smoothly
③ *(sich im Geist abspielen)* ■ **vor jdm ~** to unfold [in front of sb [*or* sb's eyes]]; ■ **etw [vor sich** *dat***] ~ lassen** to let sth unfold [in one's mind's eye]
④ *(eine Rollbewegung machen)* **und den Fuß schön ~** and gently roll your foot; ***sie ließ sich geschickt ~*** she rolled over skillfully
⑤ *(sich rollend entfernen)* to roll off; ***das Flugzeug rollt zum Start ab*** the plane taxied out for take-off
II. *vt haben* ■ **etw [von etw** *dat***] ~** to unroll [*or* unreel] sth [from sth]

Ab·roll·ge·rät *nt* INFORM trackball **Ab·roll·kos·ten** *pl* cartage **Ab·roll·me·nü** *nt* INFORM pull-down menu

ab|rü·cken **I.** *vi sein* ① *(sich distanzieren)* ■ **von etw/jdm ~** to distance oneself from sth/sb, to back off from sth/sb
② MIL *(abmarschieren)* ■ **[irgendwohin] ~** to march off [to somewhere]
③ *(hum: weggehen)* to go away
④ *(wegrücken)* ■ **[von etw/jdm] ~** to move away [*or* back] [from sth/sb]
II. *vt haben (wegschieben)* ■ **etw [von etw** *dat***] ~** to move sth away [from sth]; **ein Möbelstück von der Wand ~** to push a piece of furniture away from the wall

Ab·ruf *m* ① *(Bereitschaft)* **auf ~** on alert; ***er hielt sich auf ~ bereit*** he was on alert
② INFORM recall, recovery
③ ÖKON **auf ~** on call purchase

Ab·ruf·auf·trag *m* ÖKON make-and-hold-order

ab·ruf·bar *adj* INFORM retrievable

ab·ruf·be·reit **I.** *adj* ① *(einsatzbereit)* on alert
② *(abholbereit)* ready for collection
③ *(verfügbar)* disposable, approved; **ein ~er Kredit** an approved overdraft limit
II. *adv* ① *(einsatzbereit)* on alert
② *(abholbereit)* ready for collection

ab|ru·fen *vt irreg* ① *(wegrufen)* ■ **jdn [von etw** *dat***] ~** to call sb away [from sth]
② *(liefern lassen)* ■ **etw [bei jdm] ~** to have sth delivered [by sb]; ***die Barren lagern im Safe der Bank, bis sie abgerufen werden*** the ingots are stored in the safe at the bank until they are collected
③ *(abheben)* ■ **etw ~** to withdraw sth; ***wir werden die Summe von Ihrem Konto ~*** we will debit your account by this amount
④ INFORM ■ **etw [aus etw** *dat***] ~** to retrieve [*or* recover] sth [from sth]

ab|run·den *vt* ① *(auf einen vollen Betrag kürzen)* ■ **etw [auf etw** *akk***] ~** to round sth down [to sth]; ■ **abgerundet** rounded down
② *(perfektionieren)* ■ **etw ~** to round sth off

ab|rup·fen *vt (fam: abreißen)* ■ **etw ~** to pull off sth *sep*

ab·rupt [a'brʊpt] **I.** *adj (plötzlich)* abrupt
II. *adv (unvermittelt)* abruptly, without warning

ab|rüs·ten **I.** *vi* ① *(die Arsenale verringern)* ■ **[um etw** *akk***/auf etw** *akk***] ~** to disarm [by sth/to sth]
② BAU to remove [*or* take down] the scaffolding
II. *vt* ① *(Waffen reduzieren)* ■ **etw [um etw** *akk***/auf etw** *akk***] ~** to disarm [by sth/to sth]; ***es wurde gefordert, die Bundeswehr abzurüsten*** the Federal Armed Forces were ordered to disarm
② *(das Gerüst entfernen von)* ■ **etw ~** to remove the scaffolding from sth

Ab·rüs·tung *f kein pl (das Abrüsten)* disarmament

Ab·rüs·tungs·ge·sprä·che *pl* POL disarmament talks *pl* **Ab·rüs·tungs·kon·fe·renz** *f* POL disarmament conference **Ab·rüs·tungs·ver·hand·lun·gen** *pl* POL disarmament negotiations

ab|rut·schen *vi sein* ① *(abgleiten)* ■ **[an etw** *dat***/von etw** *dat***] ~** to slip [on sth/from sth]; ***seine Finger rutschten am glatten Fels immer wieder ab*** his fingers kept slipping from the smooth rocks
② *(fig: sich verschlechtern)* ■ **auf etw** *akk* **~** to drop to sth
③ *(fig: herunterkommen)* to go downhill; ***sie muss aufpassen, dass sie nicht völlig abrutscht*** she has to watch out that she does not completely go downhill

Abruz·zen [a'brʊtsn̩] *pl* ■ **die ~** the Abruzzi *npl*

ABS <-, -> [a:be:'ɛs] *nt Abk von* **Antiblockiersystem** ABS

Abs. *m Abk von* **Absatz** par. [*or* para.]

ab|sa·cken *vi sein* ① *(einsinken)* to subside, to sink
② LUFT to drop, to lose altitude
③ *(fam: sich verschlechtern)* ■ **[auf etw** *akk***] ~** to drop [*or* deteriorate] [to sth]; ***sie ist in ihren Leistungen sehr abgesackt*** her performance has deteriorated considerably
④ MED *(fam)* ■ **[auf etw** *akk***] ~** to sink [*or* drop] [to sth]
⑤ *(fig)* *Gewinne* to plummet

Ab·sa·ge *f* ① *(negativer Bescheid)* refusal; **eine ~ auf eine Bewerbung** a rejection to a job application; **jdm eine ~ erteilen** *(geh)* to refuse sb
② *(Ablehnung)* ■ **eine ~ an etw** *akk* a rejection of sth

ab|sa·gen **I.** *vt (rückgängig machen)* ■ **etw ~** to cancel [*or* call off] sth; **die Teilnahme an etw** *dat* **~** to cry off [*or* cancel]
II. *vi (informieren, dass man nicht teilnimmt)* **eine Einladung von jdm ~** to decline sb's invitation; ***ich muss leider ~*** I'm afraid I'll have to cry off; ***hast du schon bei ihr abgesagt?*** have you told her you're not coming?

ab|sä·gen *vt* ① *(abtrennen)* ■ **etw ~** to saw off sth *sep;* **einen Baum ~** to saw down a tree *sep,* to fell a tree
② *(fam: um seine Stellung bringen)* ■ **jdn ~** to give sb the chop [*or* AM ax]; *s. a.* **Ast**

ab|sah·nen **I.** *vt* ① *(fam: sich verschaffen)* ■ **etw ~** to cream off sth *sep fam*
② KOCHK **Milch ~** to skim milk
II. *vi* ① *(fam: Geld raffen)* ■ **[bei jdm] ~** to cream off [from sb]
② KOCHK to skim

Ab·sah·ner(in) <-s, -> *m(f) (pej)* scrounger, BRIT *a.* spawny git

ab|sat·teln **I.** *vt* **ein Pferd ~** to unsaddle a horse
II. *vi (fig: aufhören)* to stop

Ab·satz[1] *m* ① *(an Schuhen)* heel
② *(Abschnitt)* paragraph; **einen ~ machen** to begin a paragraph
③ *(an Treppe)* landing
▶ WENDUNGEN: **auf dem ~ kehrtmachen** to turn on one's heel

Ab·satz[2] *m* sales *pl;* **~ finden** to find a market; ***die neue Kollektion fand reißenden ~*** the new collection sold like hot cakes

Ab·satz·an·fang *m* TYPO, INFORM beginning of paragraph **ab·satz·be·dingt** *adj* HANDEL market-related *pred* **Ab·satz·be·hin·de·rung** *f* HANDEL sales barrier **Ab·satz·be·schrän·kung** *f* HANDEL sales restriction

Ab·satz·bin·dung *f* HANDEL tying distribution arrangement **Ab·satz·bin·dungs·ver·trag** *m* JUR tying distribution contract

Ab·satz·ein·zug *m* TYPO, INFORM paragraph indent **Ab·satz·en·de** *nt* TYPO, INFORM end of paragraph **Ab·satz·er·war·tun·gen** *pl* HANDEL sales prospects **ab·satz·fä·hig** *adj* saleable BRIT, AM *also* salable **Ab·satz·flau·te** *f* ÖKON period of slack sales **Ab·satz·för·de·rung** *f* ÖKON sales promotion **Ab·satz·for·mat** *nt* TYPO, INFORM paragraph format **Ab·satz·for·ma·tie·rung** *f* INFORM paragraph formatting **Ab·satz·ge·biet** *nt* sales area **Ab·satz·kam·pag·ne** *f* HANDEL sales drive **Ab·satz·kar·tell** *nt* JUR sales cartel **Ab·satz·markt** *m* HANDEL market, outlet; **begrenzter ~** limited market **Ab·satz·mitt·ler(in)** *m(f)* HANDEL marketing [*or* sales] agent **Ab·satz·plus** *nt kein pl* HANDEL increase of sales, sales plus **Ab·satz·preis** *m* ÖKON selling price **Ab·satz·pro·gno·se** *f* sales forecast **Ab·satz·ren·ner** *m* best-seller, no. 1 seller, big seller **Ab·satz·schie·ne** *f* HANDEL trade channel **Ab·satz·schutz** *m* INFORM paragraph protection **Ab·satz·schwie·rig·kei·ten** *pl* sales problem **Ab·satz·stei·ge·rung** *f* ÖKON increase in sales **Ab·satz·sto·ckung** *f* HANDEL stagnation in trade **Ab·satz·ver·mitt·ler(in)** *m(f)* HANDEL sales agent **Ab·satz·vo·lu·men** *nt* ÖKON sales volume [*or* volume in sales] **Ab·satz·weg** *f* HANDEL *s.* **Absatzschiene** **ab·satz·wei·se** *adv (Absatz für Absatz)* paragraph by paragraph **Ab·satz·zah·len** *pl* HANDEL sales figures

ab|sau·fen *vi irreg sein* ① *(sl: ertrinken)* ■**[in etw** *dat*] ~ to drown [in sth]
② *(unter Wasser gesetzt werden)* to be flooded
③ NAUT *(fam)* to sink
④ AUTO *(fam)* to flood; ***na, will er nicht anspringen? ist dir wohl abgesoffen?*** it won't start, will it? you've flooded it!

Ab·saug·an·la·ge *f* air filtering system

Ab·sau·gen <-s> *nt kein pl* MED *von Fett* liposuction

ab|sau·gen *vt* ① *(durch Saugen entfernen)* ■**etw** [**aus etw** *dat*/**von etw** *dat*] ~ to draw [*or* suck] off sth [out of [*or* from] sth]; **Fett** ~ to suck up fat
② *(mit dem Staubsauger reinigen)* ■**etw** ~ to vacuum sth; ■**etw von etw** *dat* ~ to use the vacuum cleaner to remove sth from sth

ab|scha·ben *vt* ① *(abkratzen)* ■**etw** [**von etw** *dat*] ~ to scrape sth [off sth]
② *(verschleißen)* ■**etw** ~ to wear sth through [*or* thin]; **ein abgeschabter Mantel** a tattered coat

ab|schaf·fen *vt* ① *(außer Kraft setzen)* ■**etw** ~ to do away with sth, to abolish sth; **ein Gesetz** ~ to repeal a law
② *(weggeben)* ■**etw/ein Tier** ~ to get rid of sth/an animal, to dispose of [*or* dispense with] sth

Ab·schaf·fung *f* ① *(das Abschaffen)* abolition; **die** ~ **eines Gesetzes** the repeal of a law
② *(Weggabe)* disposal

ab|schä·len **I.** *vt* ■**etw** [**von etw** *dat*] ~ to peel sth off [sth], to remove sth [from sth]; **die Rinde von einem Baum** ~ to bark a tree
II. *vr* ■**sich** *akk* ~ to peel off; ***nach dem Sonnenbad begann sich ihre Haut abzuschälen*** after lying in the sun she began to peel

Ab·schalt·au·to·ma·tik *f* automatic shut-off [*or* cut-off] [*or* cut-out]

ab|schal·ten **I.** *vt (abstellen)* ■**etw** ~ to turn off *sep* [*or sep* turn out] [*or sep* switch off] sth; **ein Kernkraftwerk** ~ to turn a nuclear power plant off
II. *vi (fam: nicht mehr aufmerksam sein)* to switch off *fam*
III. *vr* ■**sich** *akk* ~ to disconnect, to cut out, to switch itself off

Ab·schal·tung *f* switching off; *Kontakt* disconnection

ab|schät·zen *vt* ① *(einschätzen)* ■**etw** ~ to assess sth; ***ich kann ihre Reaktion schlecht*** ~ I can't even guess at her reaction; ***es ist nicht abzuschätzen ...*** it's not possible to say ...
② *(ungefähr schätzen)* ■**etw** ~ to estimate sth

ab·schät·zend **I.** *adj* speculative, thoughtful; **ein** ~**er Blick** an appraising look
II. *adv* speculatively, thoughtfully

ab·schät·zig ['apʃɛtsɪç] **I.** *adj* disparaging, scornful, contemptuous
II. *adv* disparagingly, scornfully, contemptuously; **sich** *akk* ~ **über jdn/etw äußern** to make disparaging remarks about sb/sth

Ab·schät·zung *f* estimation, assessment

ab|schau·en *vt* SÜDD, ÖSTERR, SCHWEIZ ■**etw** [**von** [*o* **bei**] **jdm**] ~ ① *(nachahmen)* to copy sth by watching [sb doing sth]; ***das hast du sicher von ihm abgeschaut!*** I bet you learnt that from him!
② SCH *(abschreiben)* to copy sth [from sb], to crib [from sb] *fam*

Ab·schaum *m kein pl (pej)* scum *no pl,* dregs *npl*

ab|schei·ben *vt* BAU ■**etw** ~ to trowel-smooth sth

ab·scheid·bar *adj* CHEM separable; *Verbindung* precipitable

ab|schei·den *irreg* **I.** *vt haben* ① MED ■**etw** ~ to secrete [*or* discharge] sth
② *(separieren)* ■**etw von etw** *dat* ~ to separate sth from sth
II. *vr* ① MED ■**sich** *akk* ~ to be secreted [*or* discharged]
② *(sich abtrennen)* ■**sich** *akk* **von etw** *dat* ~ to separate from sth, to precipitate from sth *spec;* ***Öl und Wasser scheiden sich voneinander ab*** oil and water separate

Ab·schei·der *m* CHEM, NUKL trap, separator

ab|sche·ren *vt* to cut; ■[**jdm/einem Tier**] **etw** ~ to cut [sb's/an animal's] sth; **einem Schaf die Wolle** ~ to shear a sheep [of its wool]; ***dir haben sie ja die Haare ziemlich abgeschoren!*** they've really cropped your hair short!

Ab·scheu <-[e]s> ['apʃɔy] *m kein pl (Ekel)* revulsion, disgust, loathing; ■**jds** ~ **vor etw** *dat* sb's revulsion against/at/towards sth, sb's disgust at/with, sb's loathing for sth; ***sie konnte ihren*** ~ ***vor Spinnen kaum verbergen*** she could hardly conceal her loathing for spiders; ~ **vor jdm/etw empfinden** to feel revulsion towards [*or* be revolted by] [*or* be disgusted at/with] sb/sth

ab|scheu·ern **I.** *vt* ① *(durch Scheuern reinigen/entfernen)* ■**etw** [**mit etw** *dat*] ~ to scrub [*or* scour] sth [with sth]
② *(an der Kleidung abwetzen)* ■[**sich** *dat*] **etw** ~ to wear sth through [*or* out]; ■**abgescheuert** worn through [*or* out]
③ *(abschürfen)* ■**etw** ~ to rub [*or* chafe] sth
II. *vr (sich abwetzen)* ■**sich** *akk* ~ to wear thin [*or* through] [*or* out]

ab·scheu·lich [apˈʃɔylɪç] *adj* ① *(entsetzlich)* revolting, horrible, dreadful; **ein** ~**es Verbrechen** a horrifying [*or* heinous] crime, an atrocious crime
② *(fam: unerträglich)* dreadful, terrible; ***das Essen schmeckt mal wieder*** ~ the food tastes revolting [*or* disgusting] again

Ab·scheu·lich·keit <-, -en> *f* ① *kein pl (Scheußlichkeit)* atrociousness, dreadfulness
② *(schreckliche Sache)* atrocity; **kriegerische** ~**en** atrocities of war

ab|schi·cken *vt* ■**etw** ~ to send sth [off], to dispatch sth; **einen Brief** ~ to post [*or* mail] a letter

Ab·schie·be·ge·wahr·sam <-s, -> *m kein pl* JUR custody pending deportation **Ab·schie·be·haft** *f* JUR remand pending deportation; **sich** *akk* **in** ~ **befinden** to be held on remand pending deportation; **jdn in** ~ **nehmen** to remand sb pending deportation **Ab·schie·be·hin·der·nis** *nt* obstacle [*or* impediment] to deportation

ab|schie·ben *irreg* **I.** *vt haben* ① *(ausweisen)* ■**jdn** ~ to deport sb
② *(abwälzen)* ■**etw auf jdn** ~ to pass sth on to sb; **die Schuld auf jdn** ~ to shift the blame onto sb; ***er versucht immer, die Verantwortung auf andere abzuschieben*** he's always trying to pass the buck *fam*
③ *(abrücken)* ■**etw von etw** *dat* ~ to push [*or* move] [*or fam* shove] sth away from sth
II. *vi sein (sl)* to push off; ***komm, schieb jetzt ab!*** push off, will you!, go on, get lost [*or* out of here]! *fam*

Ab·schie·be·stopp *m* POL deportation prevention; **einen** ~ **verhängen** to order a halt to deportations

Ab·schie·bung *f* deportation

Ab·schie·bungs·an·ord·nung *f* JUR deportation order **Ab·schie·bungs·haft** <-> *f kein pl* JUR remand pending deportation

Ab·schied <-[e]s, -e> ['apʃiːt] *m* ① *(Trennung)* farewell, parting; ***der*** ~ ***fiel ihr nicht leicht*** she found it difficult to say goodbye; ***es ist ja kein*** ~ ***für immer*** we're not saying goodbye forever; ■~ **von jdm/etw** parting from sb/sth; **von jdm** ~ **nehmen** to say goodbye [*or* farewell] to sb; **von etw** *dat* ~ **nehmen** to part with sth; ***ich hasse*** ~***e*** I hate farewells [*or* goodbyes]; **zum** ~ as a token of farewell *liter;* ***sie gab ihm zum*** ~ ***einen Kuss*** she gave him a goodbye [*or* farewell] kiss
② *(geh: das Aufgeben)* ~ **von etw** *dat* **nehmen** to take leave from sth; ***der*** ~ ***von alten Gewohnheiten fiel ihm nicht leicht*** it was hard for him to break his old habits
③ *(Entlassung)* **jdm den** ~ **geben** to dismiss sb; **seinen** ~ **nehmen** to resign

Ab·schieds·be·such *m* farewell visit; ***er machte bei seinen Freunden noch einen*** ~ he visited his friends one last time **Ab·schieds·brief** *m* farewell letter **Ab·schieds·fei·er** *f* farewell [*or* going-away] party **Ab·schieds·ge·such** *nt* resignation; **sein** ~ **einreichen** to tender one's resignation **Ab·schieds·gruß** *m* goodbye, farewell **Ab·schieds·kuss**^RR *m* parting [*or* goodbye] [*or* farewell] kiss **Ab·schieds·re·de** *f* farewell speech **Ab·schieds·schmerz** *m (geh)* pain of separation [*or* parting] **Ab·schieds·sze·ne** *f* farewell scene **Ab·schieds·trä·ne** *f* tears of farewell *pl*

ab|schie·ßen *vt irreg* ① *(durch Schüsse zerstören)* ■**jdn/etw** ~ to shoot sb/sth [down]; **ein Flugzeug/einen Piloten** ~ to shoot down a plane/pilot; **einen Panzer** ~ to disable a tank
② *(schießen)* ■**ein Tier** ~ to shoot an animal; *s. a.* **Vogel**
③ *(abfeuern)* ■**etw** [**auf etw/jdn**] ~ to fire sth [off] [at sth/sb]; **einen Böller** ~ to let off a banger BRIT, to shoot off a firework; **eine Rakete/einen Torpedo** ~ to launch a missile/torpedo
④ *(sl: erschießen)* ■**jdn** ~ to shoot sb
⑤ *(fam: beruflich absägen)* ■**jdn** ~ to put the skids under sb *fam,* to dump sb *fam,* to get rid of sb

ab|schil·fern *vi sein* DIAL *(sich schuppen)* ■[**von etw** *dat*] ~ to peel off [from sth]

ab|schin·den *vr irreg (fam)* ■**sich** *akk* [**an etw** *dat*] ~ to sweat blood [*or fam* your guts out], to work one's fingers to the bone *fam,* to slog away [at sth] *fam,* to work one's socks off [at sth] *fam;* ■**sich** *akk* **mit jdm** ~ to sweat blood to help sb; ■**sich** *akk* **mit etw** *dat* ~ to slog away [*or* work one's socks off] at sth *fam;* **sich** *akk* **mit der Arbeit** ~ to sweat away at one's work *fam*

Ab·schirm·dienst *m* MIL counter-intelligence

ab|schir·men *vt* ① *(isolieren, schützen)* ■**jdn/sich** [**von jdm/etw**] ~ to isolate [*or* protect] [*or* shield] sb/oneself [from sb/sth]; ■**abgeschirmt** isolated
② *(verdecken, dämpfen)* ■**etw** ~ to shield sth; **ein Licht** ~ to shade a light

Ab·schir·mung <-, -en> *f* ① *(Schutz)* isolation
② *(Dämpfen, Zurückhalten)* shield, screen, protection; *von Licht* shading; **eine** ~ **aus Blei** a lead screen

ab|schlach·ten *vt* ■**jdn/ein Tier** ~ to butcher [*or* slaughter] sb/an animal; ■**sich** *akk* [**gegenseitig**] ~ to slaughter [*or* butcher] each other

ab|schlaf·fen *vi sein (fam)* to droop [*or* flag]; ■**abgeschlafft** dog-tired *fam,* frazzled *fam,* [dead] beat *sl;* **abgeschlaffte Typen** dead beats; ***sie wirkt in letzter Zeit ziemlich abgeschlafft*** she's been looking quite frazzled recently

Ab·schlag *m* ① *(Preisnachlass)* discount, [price] reduction; **einen** ~ **von den Listenpreisen machen** to give a discount on the list prices
② *(Vorschuss)* ■**ein** ~ **auf etw** *akk* an advance payment on sth; ***sie erhielten einen*** ~ ***von Euro 5.000*** they received a payment of 5,000 euros in advance
③ *(Fußball)* goal kick; *(Rugby)* kickout, punt; *(beim Golf)* tee-off; *(Abschlagfläche)* tee; *(in Hockey)* bully[-off]

ab|schla·gen *irreg* **I.** *vt* ① *(durch Schlagen abtrennen)* ■**etw** [**von etw** *dat*] ~ to knock sth [off sth]; **einen Ast** ~ to knock down [*or* break off] a branch; **jdm den Kopf** ~ to cut [*or* chop] off sb's head
② *(fällen)* ■**etw** ~ to cut [*or* chop] sth down
③ *(ablehnen)* ■**jdm etw** ~ to deny [*or* refuse] sb sth; **eine Einladung/einen Vorschlag/einen Wunsch** ~ to turn down an invitation/a suggestion/a request; ***er kann keinem etwas*** ~ he can't refuse anybody anything
④ MIL *(zurückschlagen)* ■**jdn/etw** ~ to beat [*or* drive] sb/sth off
⑤ SPORT *(abwehren)* ***der Torwart schlug den Ball ab*** the goalkeeper took a goal kick
⑥ SPORT *(fig: im Hintertreffen sein)* ■**abgeschlagen sein** to have fallen behind; ***die Konkurrenz war***

weit abgeschlagen the competitors were totally wiped out
II. *vr (kondensieren)* ▪ **sich** *akk* **an etw** *dat* ~ to form as condensation on sth

ab·schlä·gig ['apʃlɛːgɪç] *adj* negative; **ein ~er Bescheid** a refusal, a negative reply; **jdn/etw ~ bescheiden** *(geh)* to refuse [*or* reject] sb/sth; **einen Antrag/ein Gesuch ~ bescheiden** to turn down a proposal/request

Ab·schlags·di·vi·den·de *f* FIN interim dividend **Ab·schlag(s)·zah·lung** *f (Vorschusszahlung)* part [*or* partial] payment

ab|schlei·fen *irreg* I. *vt* ▪ **etw** ~ to sand sth [down]
II. *vr* ❶ *(sich beim Schleifen abnutzen)* ▪ **sich** *akk* ~ to grind down
❷ *(fig: verschwinden)* ▪ **sich** *akk* ~ to wear off; ***das schleift sich (noch) ab*** that'll wear off

Ab·schlepp·dienst *m* breakdown [*or* AM towing] service

ab|schlep·pen I. *vt* ❶ *(wegziehen)* ▪ **jdn/etw** ~ *Fahrzeug, Schiff* to tow sb/sth [away]; ***unbefugt Parkende werden kostenpflichtig abgeschleppt*** unauthorized cars will be towed away at the owner's expense
❷ *(fam: mitnehmen)* ▪ **jdn** ~ to pick sb up *fam;* ***jede Woche schleppt er eine andere ab*** he comes home with a different girl every week
II. *vr (fam: sich beim Tragen abmühen)* ▪ **sich** *akk* [**mit etw**] ~ to struggle [with sth], to haul [*or fam* lug] sth [somewhere]

Ab·schlepp·fahr·zeug *nt* breakdown [*or* AM tow] truck **Ab·schlepp·seil** *nt* tow rope **Ab·schlepp·stan·ge** *f* AUTO tow bar **Ab·schlepp·wa·gen** *m* AUTO recovery vehicle BRIT, tow truck AM

ab|schlie·ßen *irreg* I. *vt* ❶ *(verschließen)* ▪ **etw** ~ to lock sth; **ein Auto/einen Schrank/eine Tür ~** to lock a car/cupboard/door
❷ *(isolieren)* ▪ **etw** ~ to seal sth; **ein Einmachglas/einen Raum ~** to seal a jar/room; **hermetisch abgeschlossen** hermetically sealed; **luftdicht ~** to put an airtight seal on sth
❸ *(beenden)* ▪ **etw** [**mit etw** *dat*] ~ to finish [*or* complete] sth [with sth]; **mit einer Diplomprüfung ~** to graduate; **ein abgeschlossenes Studium** completed studies; **eine Diskussion ~** to end a discussion
❹ *(vereinbaren)* ▪ **etw** [**mit jdm**] ~ to agree to sth [with sb]; **ein Geschäft ~** to close a deal, seal an agreement; **eine Versicherung ~** to take out insurance [*or* an insurance policy]; **einen Vertrag ~** to sign [*or* conclude] a contract; **ein abgeschlossener Vertrag** a signed contract; **eine Wette ~** to place a bet
❺ ÖKON ▪ **etw** ~ to settle sth; **ein Geschäftsbuch ~** to close the accounts
II. *vi* ❶ *(zuschließen)* to lock up; ***vergiss das Abschließen nicht!*** don't forget to lock up!
❷ *(einen Vertrag schließen)* ▪ [**mit jdm**] ~ to agree a contract [*or* [the] terms] [with sb]
❸ *(mit etw enden)* ▪ **mit etw** *dat* ~ to end [*or* conclude] with sth; ***der Kurs schließt mit einer schriftlichen Prüfung ab*** there is a written exam at the end of the course
❹ FIN, ÖKON ▪ **mit etw** *dat* ~ to close [*or* conclude] with sth
❺ *(Schluss machen)* ▪ **mit etw/jdm** ~ to finish [*or* be through] with sb/sth, to put sb/sth behind oneself; ***er hatte mit dem Leben abgeschlossen*** he no longer wanted to live; ***mit der Schauspielerei habe ich endgültig abgeschlossen*** I will never act again
❻ *(zum Schluss kommen)* to close, end; ***sie schloss ihre Rede mit einem Zitat von Morgenstern ab*** she ended [*or* concluded] her speech with a quotation from Morgenstern
III. *vr (sich isolieren)* ▪ **sich** *akk* [**von jdm/etw**] ~ to shut oneself off [*or* away] [from sb/sth]

ab·schlie·ßend I. *adj (den Abschluss bildend)* closing; **einige ~e Bemerkungen machen** to make a few closing remarks
II. *adv (zum Abschluss)* in conclusion, finally; ***~ möchte ich noch etwas anmerken*** finally I would like to point something out

Ab·schluss[RR] <-es, Abschlüsse>, **Ab·schluß**[ALT] <-sses, Abschlüsse> *m* ❶ *kein pl (Ende)* conclusion; ▪ **etw zum ~ bringen** to bring sth to a conclusion [*or* close]; **seinen ~ finden** *(geh)* to conclude; **zum ~ kommen** to draw to a conclusion; **kurz vor dem ~ stehen** to be shortly before the end; **zum ~ von etw** *dat* as a conclusion to sth; ***zum ~ möchte ich Ihnen allen danken*** finally [*or* in conclusion], I would like to thank you all
❷ *(abschließendes Zeugnis) final certificate from educational establishment;* ***ohne ~ haben Bewerber keine Chance*** applicants without a certificate don't stand a chance; ***viele Schüler verlassen die Schule ohne ~*** a lot of pupils leave school without taking their final exams; ***welchen ~ haben Sie? Magisterexamen?*** what is your final qualification? a master's?
❸ *(das Abschließen, Vereinbarung)* settlement; *einer Versicherung* taking out; *eines Vertrags* signing
❹ *(Geschäft)* deal; ***ich habe den ~ so gut wie in der Tasche!*** I've got the deal just about sewn up!; **einen ~ tätigen** to conclude [*or* make] a deal
❺ FIN *(Jahresabrechnung)* accounts, books; **der jährliche ~** the annual closing of accounts
❻ *kein pl* ÖKON *(Ende des Finanzjahres)* [end of the] financial [*or* fiscal] year; **der ~ der Inventur** the completion of the inventory

Ab·schluss·ar·beit[RR] *f* SCH final assignment [*or* project] **Ab·schluss·ball**[RR] *m* graduation ball **Ab·schluss·be·richt**[RR] *m* ÖKON final report **Ab·schluss·bi·lanz**[RR] *f* FIN [annual] balance sheet **Ab·schluss·bin·dung**[RR] *f* JUR tying contract **Ab·schluss·bu·chung**[RR] *f* FIN closing entry **Ab·schluss·di·vi·den·de**[RR] *f* FIN final [*or* year-end] dividend **Ab·schluss·er·klä·rung**[RR] *f* POL final declaration **Ab·schluss·fei·er**[RR] *f (Feier zur Schulentlassung)* graduation party [*or* ball] **Ab·schluss·frei·heit**[RR] *f* JUR freedom to contract **Ab·schluss·klas·se**[RR] *f* SCH graduating class **Ab·schluss·kund·ge·bung**[RR] *f* final rally **Ab·schluss·leis·te**[RR] *f* BAU wall filler **Ab·schluss·ort**[RR] *m* JUR place of contracting [*or* signature] **Ab·schluss·pro·fil**[RR] *nt* BAU end profile **Ab·schluss·prü·fer(in)**[RR] *m(f)* FIN auditor **Ab·schluss·prü·fung**[RR] *f* ❶ SCH final exam[s], finals ❷ ÖKON statutory balance sheet audit, audit of annual accounts BRIT **Ab·schluss·rech·nung**[RR] *f* ❶ BÖRSE settlement note ❷ FIN final account **Ab·schluss·sal·do** *m* FIN ending balance **Ab·schluss·ter·min**[RR] *m* ÖKON target day **Ab·schluss·ver·tre·ter(in)**[RR] *m(f)* HANDEL commercial agent **Ab·schluss·voll·macht**[RR] *f* JUR power [*or* authority] to contract **Ab·schluss·zeug·nis**[RR] *nt* leaving certificate BRIT, diploma AM

ab|schme·cken I. *vt* ❶ *(würzen)* ▪ **etw** [**mit etw** *dat*] ~ to season sth [with sth]
❷ *(versuchen)* ▪ **etw** ~ to taste sth
II. *vi* ❶ *(würzen)* to season
❷ *(versuchen)* to taste [*or* try]; ***schmeckst du bitte mal ab?*** could you please taste [*or* try] it?

ab|schmel·zen *irreg* I. *vt haben* ▪ **etw** ~ to melt [off] sth *sep*
II. *vi sein (schmelzen)* to melt

ab|schmet·tern *vt (fam)* ▪ **etw** ~ to shoot sth down *fam;* **einen Angriff ~** to beat off an attack; **einen Antrag ~** to throw out a proposal; **eine Berufung ~** to refuse an appeal; ***die Klage wurde abgeschmettert*** the case was thrown out

Ab·schmie·ren <-s> *nt kein pl* TYPO smearing, set off

ab|schmie·ren I. *vt haben* ❶ *(mit Schmierfett versehen)* ▪ **etw** ~ to lubricate [*or* grease] sth
❷ *(fam: unsauber abschreiben)* ▪ **etw** [**von jdm/irgendwo**] ~ to pinch [*or* crib] sth [from sb/somewhere] *fam*
II. *vi sein (abstürzen)* to crash

ab·schmin·ken *vt* ❶ *(Schminke entfernen)* ▪ **sich/jdn ~** to take off [*or* remove] one's/sb's make-up; ▪ **abgeschminkt** without make-up
❷ *(fam: aufgeben)* ▪ **sich** *dat* **etw** ~ to give sth up; ***das können Sie sich ~!*** you can forget about that!; ***das habe ich mir schon längst abgeschminkt*** I gave that idea up ages ago

Ab·schmink·mit·tel *nt* make-up remover **Ab·schmink·pad** <-s, -s> *nt* remover pad

ab|schmir·geln *vt* to sand [down], to rub down

ab|schnal·len I. *vt (losschnallen)* ▪ **etw** ~ to unbuckle sth; ▪ **sich** *akk* ~ to unbuckle; ***nach der Landung schnallte ich mich ab*** after the landing I undid the seat belt
II. *vi (sl)* ❶ *(nicht verstehen können)* to be lost; ***bei seinen Erklärungen schnalle ich jedes mal ab*** he always looses me when he explains things
❷ *(fassungslos sein)* to be thunderstruck [*or* staggered]; ***da schnallst du ab!*** it's incredible [*or* amazing]!

ab|schnei·den *irreg* I. *vt* ❶ *(durch Schneiden abtrennen)* ▪ **etw** ~ to cut sth [off]; ***könntest du mir ein Stück Brot ~?*** could you slice me a piece of bread?; **jdm die Haare ~** to cut sb's hair
❷ *(unterbrechen, absperren)* **jdm den Fluchtweg ~** to cut off sb's escape route; **jdm den Weg ~** to intercept sb; **jdm das Wort ~** to cut sb short
❸ *(isolieren)* ▪ **jdn/etw von jdm/etw ~** to cut sb/sth off from sb/sth; **jdn von der Außenwelt/der Menschheit ~** to cut sb off from the outside world/humanity
II. *vi (fam)* to perform; **bei etw** *dat* **gut/schlecht ~** to do [*or dated* fare] well/badly at sth; ***wie hast du bei der Prüfung abgeschnitten?*** how did you do in the exam?; ***sie schnitt bei der Prüfung als Beste ab*** she got the best mark in the exam

ab|schnip·peln *vt (fam: abschneiden)* ▪ **etw** [**von etw** *dat*] ~ to snip [*or* cut] sth off [from sth]

Ab·schnitt *m* ❶ *(abtrennbarer Teil)* counterfoil BRIT, stub; **der ~ einer Eintrittskarte** ticket stub
❷ *(Zeitraum)* phase, period; ***ein neuer ~ der Geschichte*** a new era in history; ***es begann ein neuer ~ in seinem Leben*** a new chapter of his life began
❸ *(Unterteilung)* part, section; *einer Autobahn, Rennstrecke* section
❹ MIL sector
❺ MATH segment; **~ auf einer Geraden** line segment; **~ auf der X-Achse** X-intercept

ab|schnü·ren *vt* **jdm den Arm ~** to put a tourniquet around sb's arm; **jdm das Blut ~** to cut off sb's blood circulation; **jdm die Luft ~** to choke sb; *(fig a.)* to ruin sb

ab|schöp·fen *vt* ❶ *(herunternehmen)* ▪ **etw** [**von etw** *dat*] ~ to skim sth off [from sth]; **die Sahne ~** to skim the cream
❷ ÖKON *(dem Geldverkehr entnehmen)* ▪ **etw** ~ to absorb sth; **Gewinne ~** to cream [*or* siphon] off profits; **die Kaufkraft ~** to reduce spending power

Ab·schöp·fung <-, -en> *f* FIN skimming [off]

ab|schot·ten ['apʃɔtn̩] *vt* ❶ NAUT ▪ **etw** ~ to build in watertight doors and hatches
❷ *(isolieren)* ▪ **jdn/etw** ~ to cut sb/sth off, to isolate sb/sth; ***der Präsident wurde durch seine Leibwächter abgeschottet*** the president was guarded by his bodyguards; ▪ **sich** *akk* ~ to cut oneself off, to isolate oneself; ***die Mönche führen ein abgeschottetes Leben*** the monks lead a secluded [*or* cloistered] life

Ab·schot·tung <-, -en> *f* shield, isolation

ab|schrä·gen *vt* ▪ **etw** ~ to slope sth; **ein Brett ~** to bevel a plank; ▪ **abgeschrägt** sloping

Ab·schrä·gung <-, -en> *f* slope, slant, bevel

ab|schrau·ben *vt* ▪ **etw** [**von etw** *dat*] ~ to unscrew sth [from sth]; ***der Deckel lässt sich nicht ~*** I can't unscrew the lid

ab|schre·cken I. *vt* ❶ *(abhalten)* ▪ **jdn** [**von etw** *dat*] ~ to frighten [*or* scare] [*or* put] sb off [sth], to deter sb [from doing sth]; ***er ließ sich nicht von seinem Plan ~*** he wasn't put off from carrying out his plan
❷ KOCHK ▪ **etw** ~ to rinse with cold water; **ein Ei ~** to dip an egg in cold water

II. *vi (abschreckend sein)* to deter, to act as a deterrent

ab·schre·ckend I. *adj* ① *(abhaltend, warnend)* deterrent; **ein ~es Beispiel** a warning; ***die hohen Geldstrafen sollen ~ wirken*** the high fines are designed to be a powerful deterrent
② *(abstoßend)* abhorrent; **ein ~es Aussehen** [*o* **Äußeres**] forbidding appearance; **ein ~er Eindruck** a [very] unfavourable [*or* AM -orable] impression
II. *adv (abhaltend)* **~ wirken** to act as a deterrent

Ab·schre·ckung <-, -en> *f* deterrent; **als ~ dienen** to act as a deterrent

Ab·schre·ckungs·maß·nah·me *f* deterrent measure **Ab·schre·ckungs·mit·tel** *nt* deterrent measure **Ab·schre·ckungs·sze·na·rio** *nt* scenario of deterrence; **glaubwürdiges ~** credible deterrent **Ab·schre·ckungs·waf·fe** *f* deterrent weapon, weapon of deterrence

ab|schrei·ben *irreg* I. *vt* ① *(handschriftlich kopieren)* ■**etw ~** to copy sth; ***Mönche haben die alten Handschriften abgeschrieben*** monks transcribed the old scripts
② *(plagiieren)* ■**etw** [**bei** [*o* **von**] **jdm**] **~** to copy [*or* crib] sth [from sb]; ***das hast du doch aus dem Buch abgeschrieben!*** you copied that from the book!
③ FIN *(abziehen)* ■**etw ~** to write sth off
④ *(verloren geben)* ■**jdn/etw ~** to write sb/sth off; **bei jdm abgeschrieben sein** *(fam)* to be out of favour [*or* AM -or] with sb; ***ich bin bei ihr endgültig abgeschrieben*** she's washed her hands of me; ***du bist abgeschrieben!*** you're all washed up!
II. *vi* ① *(plagiieren)* ■[**von jdm/etw**] **~** to copy [from sb/sth]; ***er hatte seitenweise abgeschrieben*** he plagiarized entire pages; ***wo hat sie das abgeschrieben?*** where did she get that from?
② *(schriftlich absagen)* ■**jdm ~** to cancel in writing; ***du solltest ihm ~, wenn du seine Einladung nicht annehmen kannst*** you should decline his invitation in writing if you can't accept
III. *vr (von Stiften)* ■**sich** *akk* **~** to wear out

Ab·schrei·be·po·li·ce *f* FIN open policy

Ab·schrei·ber(in) *m(f) (fam)* cribber *fam,* plagiarist

Ab·schrei·bung *f* ① *(steuerliche Geltendmachung)* deduction, tax write-off; ***bei manchen Gütern ist eine sofortige ~ zulässig*** some goods can be deducted immediately; **außerordentliche ~** unplanned [*or* nonscheduled] depreciation; **direkte/indirekte ~** direct/indirect method of depreciation; **progressive/lineare ~** progressive/linear depreciation; **steuerliche ~** tax writeoff
② *(Wertminderung)* depreciation

Ab·schrei·bungs·auf·wand *m* FIN depreciation expense **Ab·schrei·bungs·be·trag** *m* FIN [allowance for] depreciation **ab·schrei·bungs·fä·hig** *adj* FIN depreciable, liable to depreciation *pred;* **~e Güter** depreciable assets **Ab·schrei·bungs·ge·sell·schaft** *f* FIN tax shelter company **Ab·schrei·bungs·mo·dell** *nt* FIN depreciation model **Ab·schrei·bungs·ob·jekt** *nt* FIN depreciation base **Ab·schrei·bungs·pe·ri·o·de** *f* FIN depreciation period

ab·schrei·bungs·pflich·tig *adj* FIN depreciable, liable to depreciation *pred*

Ab·schrei·bungs·pro·zent·satz *m* FIN depreciation rate **Ab·schrei·bungs·quo·te** *f* FIN depreciation rate **Ab·schrei·bungs·satz** *m* FIN depreciation rate **Ab·schrei·bungs·ver·güns·ti·gung** *f* FIN depreciation allowance **Ab·schrei·bungs·zeit·raum** *m* FIN depreciation period

ab|schrei·ten *vt irreg (geh)* ■**etw ~** ① *(durch Schritte abmessen)* to pace sth off [*or* out]
② *(gehend inspizieren)* to inspect sth

Ab·schrift *f (Doppel)* copy, duplicate; **eine beglaubigte ~ erteilen** to furnish [*or* deliver] a certified [*or* an exemplified] copy; ■**in ~** in duplicate

ab|schrub·ben *vt (fam)* ① *(reinigen)* ■**etw ~** to scrub sth; ■**sich** *akk* **~** to scrub oneself
② *(entfernen)* ■**etw** [**von etw**] **~** to scrub sth [off sth]; **sich** *dat* **den Dreck ~** to scrub off the dirt

ab|schuf·ten *vr (fam)* ■**sich** *dat* [**mit etw** *dat*] **~** to slave [away] [at sth]

ab|schup·pen I. *vr* ■**sich** *akk* **~** to flake off
II. *vt* ■**etw ~** to scale sth; **einen Fisch ~** to scale a fish

ab|schür·fen *vt (sich durch Schürfen verletzen)* ■**sich** *dat* **etw ~** *Haut* to graze sth

Ab·schür·fung <-, -en> *f (Schürfwunde)* graze, abrasion

Ab·schuss^RR^ <-es, Abschüsse>, **Ab·schuß^ALT^** <-sses, Abschüsse> *m* ① *(das Abfeuern)* firing; *einer Rakete* launch; ***fertig machen zum ~!*** stand by to fire!
② *(das Abschießen)* shooting down; *eines Panzers* knocking out [*or* destruction]
③ JAGD shooting; ***Fasane sind zum ~ freigegeben*** it's open season for pheasants
④ SPORT [goal] kick

Ab·schuss·ba·sis^RR^ *f* launch[ing] pad

ab·schüs·sig [ˈapʃʏsɪç] *adj* steep

Ab·schuss·lis·te^RR^ *f* hit list; **bei jdm auf der ~ stehen** *(fam)* to be on sb's hit list; **auf der ~ stehen** to be marked out **Ab·schuss·platt·form^RR^** *f für Raketen* launch[ing] platform **Ab·schuss·ram·pe^RR^** *f* launch[ing] pad [*or* platform]

ab|schüt·teln *vt* ① *(loswerden)* ■**jdn/etw ~** to shake sb/sth off; ***es gelang ihm, seine Verfolger abzuschütteln*** he succeeded in shaking off his pursuers; ***sie versuchte, ihre Müdigkeit abzuschütteln*** she tried to ward off sleep; **die Knechtschaft ~** to deliver oneself from bondage
② *(durch Schütteln säubern)* ■**etw** [**von etw** *dat*] **~** to shake sth [off sth]

ab|schüt·ten *vt* ■**etw ~** ① *(abgießen)* to pour off
② *(teilweise abgießen)* ■**etw ~** to pour off some liquid
③ *(Kochwasser wegschütten)* ■**etw ~** to drain sth; **die Kartoffeln ~** to strain the potatoes

ab|schwä·chen I. *vt* ■**etw ~** ① *(weniger drastisch machen)* to tone sth down, to moderate sth
② *(vermindern)* to reduce
II. *vr* ■**sich** *akk* **~** ① *(leiser werden)* to diminish, to quieten [*or esp* AM quiet] down
② *(an Intensität verlieren)* to get weaker [*or* diminish] [*or* decrease]
③ *(sich vermindern)* to diminish; ***die Inflation hat sich deutlich abgeschwächt*** inflation has decreased markedly

Ab·schwä·cher <-s, -> *m* FOTO reducer

Ab·schwä·chung <-, -en> *f* ① *(das Abschwächen)* toning-down, moderation
② *(Verminderung)* lessening, weakening; METEO *eines Hochs* moving on
③ *(Verringerung)* decrease; *von Inflation* drop, fall, decrease

ab|schwat·zen *vt (fam),* **ab|schwät·zen** *vt* SÜDD *(fam)* ■**jdm etw ~** to talk sb into parting with sth; ***diesen Tisch habe ich meiner Oma abgeschwatzt*** I talked my grandmother into giving me this table

ab|schwei·fen *vi sein (abweichen)* ■[**von etw**] **~** to deviate [from sth]; **vom Thema ~** to digress [from a topic]; ***bitte schweifen Sie nicht ab!*** please stick [*or* keep] to the point

Ab·schwei·fung <-, -en> *f* deviation; *von einem Thema* digression; ***das ist eine ~ vom Thema!*** that's beside the point!

ab|schwel·len *vi irreg sein* ① *(sich zurückbilden)* to subside, to go down; ***sein Knöchel ist abgeschwollen*** the swelling has gone down in his ankle; **etw zum A~ bringen** to reduce the swelling of sth
② *(geh: leiser werden)* to fade [*or* ebb] away *liter;* ***langsam schwoll der Beifall ab*** the applause slowly faded away

ab|schwen·ken I. *vi sein* ① *(durch Schwenkung die Richtung ändern)* ■[**von etw** *dat*] **~** to change direction [from sth]; ***die Kamera schwenkte nach rechts ab*** the camera panned away to the right; **von einer Straße ~** to turn off [*or* leave] a road; **plötzlich ~** to veer [*or* swerve] away; **plötzlich von einer Straße ~** to swerve off a road
② *(Ansichten, Vorgehensweise ändern)* ■[**von etw** *dat*] **~** to move [away from sth]; **vom bisherigen Kurs ~** to change one's course
II. *vt haben (Wasser abschütteln)* ■**etw ~** to shake sth dry

ab|schwin·deln *vt (pej)* ■**jdm etw ~** to swindle sth out of [*or fam* pinch sth from] sb

ab|schwir·ren *vi sein* ① *(mit einem schwirrenden Geräusch wegfliegen)* to buzz [*or* whirr] off
② *(fam: verschwinden)* to buzz off

ab|schwö·ren *vi irreg* ■**etw** *dat* **~** ① *(etw aufgeben)* to give up [*or* abstain from] sth; **dem Alkohol ~** to abstain from alcohol
② *(sich durch Schwur von etw lossagen)* to renounce sth; **einem Glauben ~** to recant a belief

Ab·schwung *m* downswing; *von Wirtschaftswachstum* downward trend; SPORT *vom Barren* dismount

Ab·schwung·pha·se *f* ÖKON downward swing

ab|se·geln I. *vi sein (lossegeln)* to [set] sail; **aus dem Hafen/von der Küste ~** to sail from the port/leave the coast; ***die ~den Jachten boten einen prächtigen Anblick*** the departing yachts made a beautiful sight
II. *vt haben (eine Strecke segelnd zurücklegen)* ■**etw ~** to sail sth

ab|seg·nen *vt (fam: genehmigen)* ■**etw ~** to bless sth *hum,* to give sth one's blessing *hum;* **einen Vorschlag von jdm ~ lassen** to get sb's blessing on sth

ab·seh·bar [ˈapzeːbaːɐ̯] *adj* foreseeable; ***das Ende ist nicht ~*** the end is not in sight; **in ~er Zeit** in the foreseeable future

Ab·se·hen <-s> *nt kein pl* JUR exemption; **~ von Strafe** exemption from punishment

ab|se·hen *irreg* I. *vt* ① *(voraussehen)* ■**etw ~** to foresee [*or* predict] sth; ***ist die Dauer des Verfahrens jetzt bereits abzusehen?*** can you say how long the trial will last?; ■**es ist abzusehen, dass/wie ...** it is clear that/how ...; **etw ~ können** to be able to say [*or* foresee] sth
② SCH *(unerlaubt abschreiben)* ■**etw** [**bei jdm**] **~** to copy sth [from sb]
③ *(fam: abgucken)* ■**jdm etw ~** to imitate [*or* copy] sb/sth; ***dieses Verhalten haben die Kinder ihrem Vater abgesehen*** the children are imitating their father; **sich** *dat* [**bei jdm**] **etw ~**: ***diesen Tanzschritt habe ich mir bei meiner Schwester abgesehen*** I got this dance step from my sister
II. *vi (übergehen)* ■**von etw** *dat* **~** to ignore [*or* disregard] sth; ■**davon ~, etw zu tun** to refrain from doing [*or* not do] sth

ab|sei·fen *vt* ■**jdn ~** to soap sb; ■**jdm etw ~** to soap sth for sb

ab|sei·hen *vt* ■**etw ~** to sieve [*or* filter] sth

ab|sei·len I. *vr (fam)* ■**sich** *akk* **~** to clear off
II. *vt* ■**jdn/etw ~** to let sb/sth down on a rope; ■**sich** *akk* [**von etw** *dat*/**aus etw** *dat*] **~** to abseil [*or* rappel] [down from sth]

ab|sein^ALT^ *vi irreg s.* **ab**

ab·seits [ˈapzaịts] I. *adv* ① *(entlegen)* off the beaten track, remote
② SPORT **~ sein** [*o* **stehen**] to be offside
II. *präp +gen (entfernt von etw)* ■**~ einer S.** *gen* at a distance from sth; ***das Haus liegt ein wenig ~ der Straße*** the house isn't far from the road [*or* is just off the road]

Ab·seits <-, -> [ˈapzaịts] *nt* ① SPORT offside; **im ~ stehen** to be offside
② *(ausweglose Situation)* end of the line [*or* road]; ***sie haben sich selbst ins politische ~ manövriert*** they've manoeuvred themselves onto the political sidelines; **im ~ stehen** to be on the edge; **im beruflichen/sozialen ~ stehen** to be on the edge [*or pl* fringes] of working life/society; ***Langzeitarbeitslose geraten oft ins soziale ~*** the long-term unemployed are often marginalized

ab·seits|blei·ben^RR^ *vi irreg sein* to remain on the sidelines **ab·seits|hal·ten^RR^** *vr irreg* ■**sich** *akk* **~** to be aloof; ***ich halte mich lieber abseits, da mir keine Partei recht ist*** I prefer to sit on the fence since I don't like any of the parties **ab·seits|ste·**

hen^RR *vi irreg* to stand on the sidelines; ***warum standest du auf dem Fest so abseits?*** why did you stand around like a spare part at the party?

ab|sen·den *vt reg o irreg* ① *(abschicken)* ■ **etw [an jdn/etw]** ~ to send [*or* dispatch] [*or* BRIT post] [*or* mail] sth [to sb/sth]
② *(losschicken)* ■ **jdn** ~ to send sb; **einen Boten** ~ to send a courier

Ab·sen·der(in) <-s, -> *m(f)* sender, sender's return address; INFORM data source

Ab·sen·der·haf·tung *f* JUR consignor's liability

Ab·sen·de·tag *m* HANDEL date of dispatch; *(per Schiff)* date of shipment

ab|sen·gen *vt* ■ **etw** ~ to scorch [*or* singe] sth off

ab|sen·ken I. *vt* ■ **etw** ~ ① *(tiefer platzieren)* to lower sth; **Fundamente** ~ to lay the foundations deeper, to lower the foundations
② AGR to layer sth; **eine Pflanze** ~ to propagate a plant by layering
II. *vr* ■ **sich** *akk* ~ ① *(sich nach unten bewegen)* to sink
② *(sich neigen)* to slope; ***der hintere Teil des Gartens senkt sich stark ab*** the rear part of the garden has a steep slope [*or* slopes steeply]

Ab·sen·kung *f (von Steuern, Preisen)* reduction

Ab·senz <-, -en> [apˈzɛnts] *f* ÖSTERR, SCHWEIZ *(Abwesenheit)* absence; ***bei ~ muss eine Entschuldigung der Eltern vorgelegt werden*** when a pupil is absent parents must provide a written excuse; ***wie viele ~en haben wir heute?*** how many absentees have we got today?, how many people are absent today?

ab|ser·vie·ren* I. *vi (Geschirr abräumen)* to clear the table, to clear the dirty dishes away
II. *vt* ① *(abräumen)* ■ **etw [von etw** *dat*] ~ to clear sth [away from sth]; **den Tisch** ~ to clear the table
② *(fam: loswerden)* ■ **jdn** ~ to get rid of sb; **jdn eiskalt** ~ to get rid of sb in a cold and calculating manner; **sich** *akk* **von jdm** ~ **lassen** to let oneself be pushed around
③ *(sl: umbringen)* ■ **jdn** ~ to bump sb off *fam*, to do away with sb

ab·setz·bar *adj* ① *(verkäuflich)* saleable; **kaum/ schwer ~ sein** to be almost impossible/difficult to sell; **nicht ~ sein** to be unsaleable
② *(steuerlich zu berücksichtigen)* tax-deductible
③ *(des Amtes zu entheben)* removable [from office]

ab|set·zen I. *vt* ① *(des Amtes entheben)* ■ **jdn** ~ to remove sb [from office], to relieve sb of their duties *euph;* **einen Herrscher** ~ to depose a ruler; **einen König/eine Königin** ~ to dethrone a king/queen
② *(abnehmen)* ■ **etw** ~ to take sth off, to remove sth; **seine Brille/seinen Hut** ~ to take one's glasses/hat off
③ *(hinstellen)* to put [*or* set] sth down
④ *(aussteigen lassen)* ■ **jdn [irgendwo]** ~ to drop sb [off somewhere]; ***wo kann ich dich ~?*** where shall I drop you off?
⑤ *(verkaufen)* ■ **etw** ~ to sell sth; ***bisher haben wir schon viel abgesetzt*** up till now our sales figures are good
⑥ FIN ■ **etw [von etw** *dat*] ~ to deduct sth [from sth]
⑦ *(nicht mehr stattfinden lassen)* ■ **etw** ~ to cancel sth; ■ **etw von etw** *dat* ~ to withdraw sth from sth; **ein Theaterstück** ~ to cancel a play
⑧ MED ■ **etw** ~ to stop taking sth; **ein Medikament** ~ to stop taking [*or* to come off] a medicine
⑨ *(unterbrechen)* ■ **etw** ~ to take sth off sth; **die Feder** ~ to take [*or* lift] the pen off the paper; **die Flöte/das Glas** ~ to take [*or* lower] the flute/glass from one's lips; **den Geigenbogen** ~ to lift the bow [from the violin]
⑩ *(kontrastieren)* ■ **Dinge/Menschen voneinander** ~ to define things/people [*or* pick things/people out] [from one another]
II. *vr* ① *(sich festsetzen)* ■ **sich** *akk* **[auf etw** *dat*/ **unter etw** *dat*] ~ *Dreck, Staub* to be [*or* settle] [on/ under sth]
② CHEM, GEOL ■ **sich** *akk* **[irgendwo]** ~ to be deposited [somewhere]
③ *(fam: verschwinden)* ■ **sich** *akk* ~ to abscond, to clear out *fam;* **sich** *akk* **ins Ausland** ~ to clear out of [*or* leave] the country
④ *(Abstand vergrößern)* ■ **sich** *akk* **[von jdm/etw]** ~ to get away [from sb/sth], to put a distance between oneself and sb/sth
⑤ *(sich unterscheiden)* ■ **sich** *akk* **gegen jdn/etw** [*o* **von jdm/etw**] ~ to stand out against [*or* from] sb/sth; ***die Silhouette des Doms setzte sich gegen den roten Abendhimmel ab*** the silhouette of the cathedral contrasted with the red evening sky
III. *vi (innehalten)* to pause [for breath], to take a breather *fam;* ***er trank das Glas aus, ohne abzusetzen*** he drank the contents of the glass without pausing for breath

Ab·set·zung <-, -en> *f* ① *(Amtsenthebung)* removal [from office], dismissal; ***die Massen verlangten die ~ des Diktators*** the masses called for the dictator to be deposed
② *(das Absetzen)* cancellation; *von Theaterstück* removal, withdrawal
③ FIN ~ **für Abnutzung** deduction for depreciation

ab|si·chern I. *vr* ■ **sich** *akk* **[gegen etw** *akk*] ~ to cover oneself [*or* guard] [against sth]; **sich** *akk* **vertraglich** ~ to cover oneself by signing a contract; ***ich muss mich für den Fall des Falles ~*** I have to be ready for all eventualities; **sich** *akk* **durch eine Versicherung gegen etw** *akk* ~ to insure oneself [*or* be insured] against sth
II. *vt* ① *(garantieren)* ■ **etw** ~ to secure [*or* guarantee] [*or* underwrite] sth; ***du musst mir den Betrag durch deine Unterschrift ~*** you'll have to provide me with security for the amount by signing this
② *(sicher machen)* ■ **etw** ~ to secure [*or* safeguard] sth; ***du solltest das Fahrrad am besten mit einem Schloss ~*** it is best to secure the bicycle with a lock
③ POL *(ein sicheres Mandat garantieren)* **jdn über die Landesliste** ~ to give sb a safe seat, to secure a seat for sb

Ab·si·che·rung <-, -en> *f* protection, making safe

Ab·sicht <-, -en> *f* intention; ***das war bestimmt nicht meine ~!*** it was an accident!, I didn't mean to do it!; ***es war schon immer seine ~, reich zu werden*** it has always been his goal to be rich; ***das lag nicht in meiner ~*** that was definitely not what I intended; **mit den besten ~en** with the best of intentions; **ernste ~en haben** to have honourable [*or* AM -orable] intentions; **verborgene ~en** hidden intentions; **die ~ haben, etw zu tun** to have the intention of doing sth; **in selbstmörderischer ~** with the intention of killing herself/himself; **~ sein** to be intentional; **in der ~, etw zu tun** with a view to [*or* the intention of] doing sth; ***er verfolgte sie in der ~, sie zu berauben*** he followed her with intent to rob her; **eine ~ verfolgen** to pursue a goal; **mit/ ohne ~** intentionally/unintentionally

ab·sicht·lich [ˈapzɪçtlɪç] I. *adj* deliberate, intended, intentional
II. *adv* deliberately, intentionally, on purpose

Ab·sichts·er·klä·rung *f* declaration of intent

ab·sichts·los *adj (unabsichtlich)* unintentional

ab|sin·gen *vt irreg* ① *(von Anfang bis Ende singen)* ■ **etw** ~ to sing the entire piece
② *(vom Blatt singen)* ■ **etw [von etw]** ~ to sight read; **vom Blatt** ~ to sing from the sheet

Ab·sin·ken *nt* ÖKON *der Belegschaftszahlen, Reserven* decline

ab|sin·ken *vi irreg sein* ① *(sich verringern)* ■ **[auf etw** *akk*] ~ to drop [to sth]
② *(sich verschlechtern)* to deteriorate; ***das Niveau ist abgesunken*** the standard has fallen [*or* dropped] off
③ *(tiefer sinken)* to sink; **auf den Grund** ~ to sink to the bottom
④ *(sich senken)* ■ **[um etw** *akk*] ~ to subside [by sth]

Ab·sinth <-[e]s, -e> [apˈzɪnt] *m* absinth[e]

ab|sit·zen *irreg* I. *vt haben (verbringen)* ■ **etw** ~ to sit out sth; ***sie sitzt jeden Tag ihre 8 Stunden im Büro ab*** she sits out her 8 hours each day at the office; **eine Haftstrafe** ~ to serve time [*or* a sentence]
II. *vi sein* ■ **[vom Pferd]** ~ to dismount [from a horse]

ab·so·lut [apzoˈluːt] I. *adj* ① *(uneingeschränkt)* absolute; **~e Glaubensfreiheit** complete religious freedom; **ein ~er Monarch** an absolute monarch; **~e Ruhe** complete calm [*or* quietness]
② *(nicht relativ)* absolute; **~e Mehrheit** absolute majority; **~er Nullpunkt** PHYS absolute zero
③ *(völlig)* absolute, complete; **ein ~es Missverständnis** a complete misunderstanding
II. *adv* ① *(fam: völlig)* absolutely, completely; **~ unmöglich** absolutely impossible; ***es ist mir ~ unerfindlich*** it's a complete mystery to me
② *(in Verneinungen: überhaupt)* **~ nicht** positively [*or* absolutely] not; ***ich sehe ~ nicht ein, warum es so ist*** I can't for the life of me see why it's like that, it is inconceivable to me why it's like that *form;* ***das ist ~ nicht so, wie du es darstellst!*** it is positively not the way you describe it!; **~ nichts** absolutely nothing
③ *(für sich)* **~ genommen** [*o* **betrachtet**] seen as a separate issue

Ab·so·lut·heit <-> *f kein pl* ① *(Entschiedenheit)* determination; **auf seinem Standpunkt mit ~ beharren** to maintain one's position with sovereignty
② *(Unbedingtheit)* absoluteness

Ab·so·lut·heits·an·spruch *m* claim to be the absolute, claim to the absolute truth; **einen ~ vertreten** to claim absoluteness; **ohne ~** without claiming the absolute truth

Ab·so·lu·ti·on <-, -en> [apzoluˈtsi̯oːn] *f* REL absolution; **[jdm] die ~ erteilen** to grant [sb] [*or* pronounce] absolution; **jdm keine ~ erteilen können** *(fig)* not to be in the position to declare sb blameless

Ab·so·lu·tis·mus <-> [apzoluˈtɪsmʊs] *m kein pl* absolutism

ab·so·lu·tis·tisch I. *adj* absolutist
II. *adv* in an absolutist manner; **~ regieren** to rule absolutely

Ab·sol·vent(in) <-en, -en> [apzɔlˈvɛnt] *m(f)* graduate

absolvieren* [apzɔlˈviːrən] *vt* ① SCH ■ **etw** ~ to [successfully] complete sth; **eine Prüfung** ~ to pass an exam; ***welche Schule haben Sie absolviert?*** which school did you go to?
② REL ■ **jdn [von etw** *dat*] ~ to absolve sb [from sth]
③ *(ableisten)* ■ **etw** ~ to do sth, to get sth behind one

Ab·sol·vie·rung <-> [apzɔlˈviːrʊŋ] *f kein pl* ① *(das Durchlaufen)* [successful] completion; *einer Prüfung* passing
② *(das Ableisten)* completion

ab·son·der·lich [apˈzɔndɐlɪç] I. *adj* peculiar, strange, bizarre *fam*
II. *adv* peculiarly, strangely, oddly; **~ aussehen/ fühlen/klingen/riechen/schmecken** to look/ feel/sound/smell/taste peculiar [*or* strange] [*or* odd]

Ab·son·der·lich·keit <-, -en> *f* ① *kein pl (Merkwürdigkeit)* strangeness, peculiarity; *von Verhalten* oddness
② *(merkwürdige Eigenart)* oddity, peculiarity

ab|son·dern I. *vt* ① *(ausscheiden)* ■ **etw** ~ to secrete [*or* discharge] [*or* excrete] sth
② *(isolieren)* ■ **jdn/ein Tier** ~ to isolate sb/an animal; ■ **jdn von jdm** ~ to separate sb from sb
③ *(fam: von sich geben)* ■ **etw** ~ to produce sth *pej;* ***wer hat denn diesen Schwachsinn abgesondert?*** who came up with this nonsense?
II. *vr* ① *(sich isolieren)* ■ **sich** *akk* **[von jdm]** ~ to keep oneself apart [*or* aloof]
② *(ausgeschieden werden)* ■ **sich** *akk* **[aus etw** *dat*] ~ to be secreted [*or* discharged] [from [*or* out of] sth]

Ab·son·de·rung <-, -en> *f* ① *kein pl (Isolierung)* isolation
② *kein pl (Vorgang des Absonderns)* secretion, discharge; ***bei fehlender ~ von Insulin kommt es zu Diabetes*** diabetes occurs when insulin is not produced
③ *(abgeschiedener Stoff)* secretion, discharge

Ab·sor·ber <-s, -> [apˈzɔrbɐ] *m* TECH absorber

ab·sor·bie·ren* [apzɔrˈbiːrən] *vt* ① *(aufnehmen)* ■**etw** ~ to absorb sth
② *(geh: in Anspruch nehmen)* ■**jdn/etw** ~ to absorb sb/sth

Ab·sorp·ti·on <-, -en> [apzɔrpˈtsi̯oːn] *f* TECH absorption **Ab·sorp·ti·ons·prin·zip** *nt* JUR lesser included offence principle

ab|spal·ten I. *vr* ① *(sich trennen)* ■**sich** *akk* [**von etw** *dat*] ~ to split away/off [from sth]; ***viele Gebiete der ehemaligen Sowjetunion haben sich abgespaltet*** many areas have split away from the former Soviet Union
② CHEM ■**sich** *akk* [**von etw** *dat*] ~ to separate [from sth]
II. *vt* ① *(etw durch Spalten trennen)* ■**etw** ~ to chop off sth; **ein Stück Holz** ~ to chop a piece of wood
② CHEM ■**etw** [**von etw** *dat*] ~ to separate sth [from sth]

Ab·spal·tung <-, -en> *f* ① *(Abtrennung)* splitting
② CHEM separation
③ ÖKON *(Ausgründung) einer Firma* hiving off

Ab·spal·tungs·re·ak·ti·on *f* CHEM elimination reaction

Ab·spann <-[e]s, -e> *m* FILM, TV credits *pl*

ab|span·nen *vt* ■**ein Tier** [**von etw** *dat*] ~ to unyoke an animal [from sth]

Ab·span·nung *f* BAU reverse bracing

ab|spa·ren *vr* ■**sich** *dat* **etw von etw** *dat* ~ to pinch and scrape *dated*, to scrimp and save; ***sie hat sich die Stereoanlage vom Taschengeld abgespart*** she saved up her pocket money and bought a stereo system; **sich** *dat* **etw vom Munde** ~ to scrimp and save

ab|spe·cken [ˈapʃpɛkn̩] I. *vi (fam)* ① *(abnehmen)* to slim down, to lose weight
② *(den Gürtel enger schnallen)* to reduce, to cut back; ***da hilft nur*** ~ reduction [*or* cutting back] is the only answer
II. *vt (fam: reduzieren)* ■**etw** ~ to reduce the size of sth

ab|spei·chern *vt* ■**etw** [**auf etw** *akk o dat*] ~ to store sth; **eine Datei auf eine Diskette** ~ to save a file onto [a] disk

Ab·spei·che·rung <-, -en> *f* INFORM saving **Ab·spei·che·rungs·me·di·um** *nt* INFORM streamer

ab|spei·sen *vt* ■**jdn** [**mit etw** *dat*] ~ to fob [*or* palm] off sb *sep* [with sth]; **sich** *akk* **von jdm** ~ **lassen** to be fobbed [*or* palmed] off by sb

ab·spens·tig [ˈapʃpɛnstɪç] *adj* **jdm jdn/etw** ~ **machen** to take [*or* entice] [*or* lure] sb/sth away from sb, to steal sb/sth from sb *fam;* ***er hat mir meine Verlobte abspenstig gemacht*** he has stolen my fiancée from me

ab|sper·ren I. *vt* ① *(versperren)* ■**etw** [**mit etw** *dat*] ~ to cordon [*or* seal] sth off [with sth]; ***die Unfallstelle wurde von der Polizei abgesperrt*** the police cordoned off the scene of the accident
② *(abstellen)* ■[**jdm**] **etw** ~ to cut off [sb's] sth; **jdm Strom/Wasser** ~ to cut off sb's electricity/water supply
③ SÜDD *(zuschließen)* ■**etw** ~ to lock sth
II. *vi* SÜDD *(die Tür verschließen)* to lock up

Ab·sperr·git·ter *nt* fencing **Ab·sperr·hahn** *m* stopcock **Ab·sperr·ket·te** *f* chain

Ab·sper·rung *f* ① *(das Absperren)* cordoning [*or* sealing] off; *(durch Absperrgitter)* fencing-off
② *(Sperre)* cordon, barricade; *durch Polizei* police cordon; ***Baugruben müssen durch ~en gesichert sein*** trenches must be cordoned off
③ BAU *(Türblatt)* paneling

ab|spie·len I. *vr (ablaufen)* ■**sich** *akk* ~ to happen [*or* occur] [*or liter* unfold]; ***wie hat sich die Sache abgespielt?*** what happened here?; ***da spielt sich [bei mir] nichts ab!*** *(fam)* nothing doing! *fam,* forget it! *fam*
II. *vt* ① *(laufen lassen)* ■[**für jdn**] **etw** ~ to play sth [for sb]
② SPORT *(abgeben)* ■**etw** ~ *Ball* to pass sth

Ab·spiel·ge·rät *nt* MUS playback device

ab|spit·zen *vt* BAU ■**etw** ~ to cut [*or* break] out sth *sep*

ab|split·tern I. *vi sein* ■[**von etw** *dat*] ~ to chip off [from sth]; ***ein Stück Holz splitterte ab*** a piece of wood splintered off; **ein abgesplittertes Holzstückchen** a splinter; **ein Stückchen von der Tasse war abgesplittert** the cup was chipped
II. *vr haben* ■**sich** *akk* [**von etw** *dat*] ~ to split off [of sth], to separate

Ab·spra·che *f* agreement; **eine** ~ **treffen** to come to an agreement; **nach** ~ as agreed, according to the agreement

ab·spra·che·ge·mäß *adv* as agreed, according to the agreement

ab|spre·chen *irreg* I. *vt* ① *(verabreden)* ■**etw** [**mit jdm**] ~ to arrange sth [with sb]; **einen Termin** ~ to make an appointment
② *(vorher vereinbaren)* ■**etw** ~ to agree on sth
③ *(streitig machen)* ■**jdm etw** ~ to deny sb sth; ***eine gewisses Bemühen kann man ihm nicht ~*** one can't deny his effort
④ JUR *(aberkennen)* ■**jdm etw** ~ to deny sb [*or* strip sb of] sth
II. *vr (sich einigen)* ■**sich** *akk* **mit jdm** [**über etw** *akk*] ~ to discuss [sth] with sb, to come to an agreement with sb [about sth]

ab|sprin·gen *vi irreg sein* ① *(fam: sich zurückziehen)* ■[**von etw** *dat*] ~ to bale out [of sth] *fam,* to extricate oneself [from sth] *form*
② *(hinunterspringen)* ■[**aus etw** *dat*/**von etw** *dat*] ~ to jump [*or* leap] from sth; **mit dem Fallschirm** ~ to parachute
③ *(von etw hoch springen)* **mit dem rechten Fuß** ~ to take off on the right foot
④ *(sich lösen)* ■[**an etw** *dat*/**von etw** *dat*] ~ to come away [from sth], to come off [sth]
⑤ *(abprallen)* ■[**an etw** *dat*/**von etw** *dat*] ~ to rebound [from sth], to bounce [off sth]; **von einer Mauer** ~ to bounce back from a wall

ab|sprit·zen I. *vt* ① *(mit einem Wasserstrahl entfernen)* ■**etw** [**von etw** *dat*] ~ to hose sth off [sth]
② *(mit einem Wasserstrahl reinigen)* ■**jdn/etw** [**mit etw** *dat*] ~ to hose sb/sth off [with sth]; ■**sich** *akk* [**mit etw** *dat*] ~ to hose oneself down [*or* off]
③ *(sl: durch Injektion töten)* ■**jdn** [**mit etw** *dat*] ~ to give sb a lethal injection [of sth]
II. *vi* ① *(vulg: ejakulieren)* to ejaculate, to come [*or* cum] *fam*
② *(von etw spritzend abprallen)* ■**von etw** *dat* ~ to spray off sth

Ab·sprung *m* ① *(fam: Ausstieg)* getting out; **den** ~ **schaffen** to make a getaway; **den** ~ **verpassen** to miss the boat
② LUFT take-off
③ SKI jump
④ *(Abgang vom Gerät)* jump; ***beim ~ vom Barren fiel er um*** as he jumped from the bars, he fell over

ab|spu·len I. *vt* ① *(abwickeln)* ■**etw** [**von etw** *dat*] ~ to unwind sth [from sth]
② *(fam: von einer Spule)* ■**etw** ~ *Garn, Film* to reel off sth
③ *(fam: in immer gleicher Weise tun)* ■**etw** ~ to go through sth mechanically; **das gleiche Programm** ~ to go through the same routine
II. *vi (fam: in immer gleicher Weise ablaufen)* ■**sich** *akk* ~ to repeat itself over and over again; ***bei jedem Streit spult sich bei den beiden immer wieder dasselbe ab*** every time they have an argument, it's the same old pattern [*or fam* thing]

ab|spü·len I. *vt* ① *(unter fließendem Wasser reinigen)* ■**etw** ~ to wash [*or* rinse] sth; **das Geschirr** ~ to do the dishes, BRIT *a.* to wash up
② *(durch einen Wasserstrahl entfernen)* ■**etw** [**von etw** *dat*] ~ to wash [*or* rinse] sth off [sth]
II. *vi (spülen)* to do the dishes, BRIT *a.* to wash up

ab|stam·men *vi kein pp* ① *(jds Nachfahre sein)* ■**von jdm** ~ to descend [*or* be descended] from sb
② LING ■**von etw** *dat* ~ to stem [*or* derive] from sth

Ab·stam·mung <-, -en> *f (Abkunft)* origins *pl,* descent, extraction; **adeliger** ~ **sein** to be of noble birth; ***sie muss französischer ~ sein*** she must be of French extraction; **ehelicher/nichtehelicher** ~ **sein** JUR to be legitimate/illegitimate

Ab·stam·mungs·er·klä·rung *f* JUR declaration of parentage

Ab·stam·mungs·fest·stel·lung *f* JUR certification of parentage **Ab·stam·mungs·fest·stel·lungs·kla·ge** *f* JUR paternity suit

Ab·stam·mungs·gut·ach·ten *nt* JUR expert opinion on someone's lineage **Ab·stam·mungs·leh·re** *f* theory of evolution **Ab·stam·mungs·prin·zip** *nt* JUR jus sanguinis BRIT **Ab·stam·mungs·recht** *nt* JUR law of descent **Ab·stam·mungs·ur·kun·de** *f* JUR certificate of descent and personal status **Ab·stam·mungs·ur·teil** *nt* JUR judgment concerning descent **Ab·stam·mungs·zeug·nis** *nt* JUR certificate of parentage

Ab·stand[1] *m* ① *(räumliche Distanz)* distance; **ein** ~ **von 20 Metern** a distance of 20 metres [*or* AM -ers]; ■**der** ~ **von etw** *dat* **zu etw** *dat* the distance between sth and sth; ***der Wagen näherte sich dem vorausfahrenden Fahrzeug bis auf einen ~ von einem Meter*** the car came to within a metre of the car in front; **mit knappem/weitem** ~ at a short/great [*or* considerable] distance; **in einigem** ~ at some distance; **einen** ~ **einhalten** to keep a distance; ~ [**von jdm/etw**] **halten** to maintain a distance [from sb/sth]; ***fahr nicht so dicht auf, halte ~!*** don't drive so close, leave a space!; **mit** ~ by a long way, far and away
② *(zeitliche Distanz)* interval; **in kurzen/regelmäßigen Abständen** at short/regular intervals
③ *(innere Distanz)* aloofness; **die Dinge mit** ~ **sehen** [*o* ~ [**von etw**] **gewinnen**] to distance oneself from sth
④ SPORT margin; **mit zwei Punkten** ~ with a two-point margin; ***mit weitem ~ folgten die anderen Mannschaften*** there was a big gap between the leaders and the other teams; **mit** [**großem**] ~ **führen** to lead by a [wide] margin, to be [way] ahead *fam*
⑤ *(geh: Verzicht)* **von etw** *dat* ~ **nehmen** to decide against sth; **davon** ~ **nehmen, etw zu tun** to refrain from [*or* decide against] doing sth

Ab·stand[2] *m* FIN *(fam) s.* **Abstandssumme**

Ab·stand·hal·ter *m* BAU spacer

Ab·stands·geld *nt* FIN *(Abfindung)* compensation, indemnification; **als** ~ **zahlen** to pay by way of compensation **Ab·stands·sum·me** *f* FIN *(geh)* compensation; ***der Spieler wechselte für eine ~ von drei Millionen zu dem anderen Verein*** the player changed teams for a transfer fee of three million **Ab·stands·warn·ge·rät** *nt* TRANSP distance warning device **Ab·stands·zah·lung** *f* FIN payment by way of compensation [*or* indemnity]

Ab·sta·peln <-s> *nt kein pl* TYPO piling, stacking

ab|stat·ten [ˈapʃtatn̩] *vt (geh)* ■**jdm etw** ~ *to do sth dutifully or officially;* **jdm einen Bericht über etw** ~ to give a report on sth to sb; **jdm einen Besuch** ~ to pay sb a visit; **jdm einen Staatsbesuch** ~ to pay an official visit on sb, to call on sb officially; ***ich muss mal meiner Tante einen Besuch ~*** I must call in on [*or* visit] my aunt

ab|stau·ben I. *vt* ① *(fam: ergattern)* ■**etw** [**von** [*o* **bei**] **jdm**] ~ to rip sth off [from sb] *sl,* to liberate sth [from sb] *fam,* to get hold of sth [from sb]; ***Sie wollen wohl nur bei anderen Leuten ~, wie?*** you just want to rip other people off, don't you?; ***das alte Gemälde habe ich bei meinen Großeltern abgestaubt*** I liberated that painting from my grandparents *hum*
② *(vom Staub befreien)* ■**etw** ~ to dust sth
II. *vi* to dust

Ab·stau·ber(in) <-s, -> *m(f) (pej)* scrounger

ab|ste·chen *irreg* I. *vt* ① *(schlachten)* ■**ein Tier** ~ to slit [*or* cut] an animal's throat
② *(sl: erstechen)* ■**jdn** ~ to stab sb to death
③ HORT ■**etw** [**mit etw** *dat*] ~ to cut sth [with sth]; **die Grasnarbe** ~ to cut the turf
④ *(abfließen lassen)* ■**etw** ~ to run off sth; **einen Hochofen** ~ to tap a furnace
II. *vi (sich abheben, unterscheiden)* ■**von jdm/etw** ~ ■**gegen etw** *akk* ~ to stand out from [*or*

against] sb/sth; **stark von jdm/etw ~** to be in [stark] contrast to sb/against sth; **gegen den Hintergrund ~** to stand out against the background

Ab·ste·cher <-s, -> *m* 1 TOURIST *(fam: Ausflug)* trip, excursion
2 *(Umweg)* detour
3 *(geh: Exkurs)* ■**ein ~ in etw** *akk* to sidestep [*or* digress] into sth

ab|ste·cken *vt* 1 *(markieren)* ■**etw [mit etw** *dat*] ~ to mark sth out [with sth]; **etw mit Pfosten ~** to stake out sth
2 *(umreißen)* ■**etw ~** to sketch [*or* map] sth out
3 MODE ■**etw [mit etw** *dat*] ~ to pin sth; ***bei der Anprobe wurde der Anzug von der Schneiderin abgesteckt*** at the fitting the suit was fitted by the tailor

ab|ste·hen *vi irreg* 1 *(nicht anliegen)* ■[**von etw** *dat*] ~ to stick out [from sth]; **vom Kopf ~** to stick up; ***er hat abstehende Ohren*** his ears stick out
2 *(entfernt stehen)* ■[**von etw** *dat*] ~ to be at a distance [from sth]; ***das Bücherregal sollte etwas von der Wand ~*** the book shelf should not touch the wall

Ab·steifbalken *m* BAU truss

Ab·stei·ge *f (pej fam: schäbiges Hotel)* cheap hotel, dive *fam,* dosshouse BRIT, flophouse AM *fam*

ab|stei·gen *vi irreg sein* 1 *(heruntersteigen)* ■[**von etw/einem Tier**] ~ to dismount [from sth/an animal], to get off [of sth/an animal]; **von einer Leiter ~** to get down off [*or* from] the ladder, to climb down from a ladder
2 *(fam: sich einquartieren)* ■[**in etw** *dat*] ~ to stay [somewhere], to put up at sth; **in einem Hotel ~** to stay in a hotel
3 *(seinen Status verschlechtern)* ■**irgendwie ~** to go downhill; **beruflich/gesellschaftlich ~** to slide down the job/social ladder
4 SPORT ■[**aus etw** *dat*/**in etw** *akk*] ~ to be relegated [from sth/to sth]; ***sie sind auf den letzten Platz abgestiegen*** they've been relegated to the last position
5 *(im Gebirge)* to descend, to climb down

Ab·stei·ger(in) <-s, -> *m(f)* SPORT relegated team

ab|stel·len I. *vt* 1 ELEK *(ausschalten)* ■**etw ~** to switch [*or* turn] sth off *sep*
2 *(Zufuhr unterbrechen, abdrehen)* ■[**jdm**] **etw ~** to cut sth off [of sb] *sep,* to disconnect sth; **den Haupthahn ~** to turn off *sep* [*or* disconnect] the mains BRIT [*or* to turn off the main tap]
3 *(absetzen)* ■**etw ~** to put sth down; ***Vorsicht beim A~ des Schreibtisches!*** be careful how you put the desk down!
4 *(aufbewahren)* ■**etw [bei jdm] ~** to leave sth [with sb]; ***Gepäckstücke können in den Schließfächern abgestellt werden*** luggage can be deposited in the lockers
5 *(parken)* ■**etw ~** to park [sth]; ***wo stellst du dein Auto immer ab?*** where do you park?
6 *(unterbinden)* ■**etw ~** to stop sth, to put an end [*or* a stop] to sth
7 *(abrücken)* ■**etw von etw ~** to move sth away from sth; ***der Kühlschrank muss etwas von der Wand abgestellt werden*** the fridge should not be right up against the wall
8 *(abordnen, abkommandieren)* ■**jdn für etw** *akk*/**zu etw** *dat* ~ to send [*or* detail] sb for sth/to sth
9 *(einstellen, anpassen)* ■**etw auf etw/jdn ~** to adjust sth to sth/sb; ***die Rolle ist sehr gut auf den Schauspieler abgestellt*** the part was written with the actor in mind
II. *vi (berücksichtigen)* ■[**mit etw** *dat*] **auf etw** *akk* ~ to take sth into consideration [when doing sth/with sth], to focus on sth [with sth]; ***die Produktion auf die Erfordernisse des Umweltschutzes ~*** to take the environment into consideration when planning the production

Ab·stell·gleis *nt* BAHN siding ▸WENDUNGEN: **jdn aufs ~ schieben** *(fam)* to throw sb on the scrap heap; **auf dem ~ sein** [*o* **stehen**] *(fam)* to be on the scrap heap **Ab·stell·kam·mer** *f* broom closet, cubbyhole, BRIT *a.* box room **Ab·stell·raum** *m* storeroom, BRIT *a.* box room

ab|stem·peln *vt* 1 *(mit einem Stempel versehen)* ■[**jdm**] **etw ~** to frank [*or* stamp] [*or* post mark] sth [for sb]
2 *(pej)* ■**jdn [als etw/zu** *dat*] ~ to brand sb [as sth]; **sich** *akk* **von jdm als etw/zu** *dat* **~ lassen** to let oneself be branded as sth; ***ich lasse mich von dir nicht als Miesmacher ~!*** I'm not going to let you get away with calling me a killjoy!

ab|step·pen *vt* ■**etw ~** to stitch [*or* quilt] sth; **Daunenjacken ~** to quilt down jackets

ab|ster·ben *vi irreg sein* 1 *(eingehen) Pflanzen, Bäume* to die
2 MED *(leblos werden) Glieder* to die
3 *(gefühllos werden)* ■[**jdm**] ~ to go numb [*or* dead] [on sb]; ■**abgestorben** to go [*or* grow] numb, to be benumbed; **wie abgestorben sein** as if dead; ***von der Kälte waren meine Finger wie abgestorben*** my fingers were numb [*or* benumbed] with cold

Ab·stieg <-[e]s, -e> *m* 1 *(das Hinabklettern)* descent
2 *(Niedergang)* decline; **der berufliche/gesellschaftliche ~** descent down the job/social ladder
3 SPORT relegation

ab|stil·len I. *vt* ■**jdn ~** to wean sb, to stop breast-feeding; **ein Kind/einen Säugling ~** to wean a child/baby
II. *vi* to stop breast-feeding

Ab·stimm·bo·gen *m* TYPO agreed proof [*or* o.k.] sheet

ab|stim·men I. *vi (die Stimme abgeben)* ■[**über jdn/etw**] ~ to vote for sb/on sth; [**über etw** *akk*] **~ lassen** to have [*or* take] a vote [on sth], to put sth to the vote
II. *vt* 1 *(in Einklang bringen, anpassen)* ■**Dinge aufeinander/etw auf etw** *akk* ~ to coordinate things [with each other]; *Farben, Kleidung* to match
2 RADIO ■**etw [auf etw** *akk*] ~ to tune sth [to/in to sth]
3 *(mechanisch einstellen)* ■**etw [auf etw** *akk*] ~ to adjust sth [to sth]; ***die Sitze sind genau auf seine Größe abgestimmt*** the seats are adjusted to fit his size
III. *vr (eine Übereinstimmung erzielen)* ■**sich [mit jdm] ~** to coordinate [with sb]; ■**sich [miteinander] ~** to coordinate with one another; ***die Zeugen hatten sich offensichtlich in ihren Aussagen miteinander abgestimmt*** the witnesses had obviously worked together on their statements

Ab·stim·mung *f* 1 *(Stimmabgabe)* vote; **etw zur ~ bringen** to put sth to the vote; **geheime ~** secret ballot; **eine ~ [über etw** *akk*] **durchführen** [*o* **vornehmen**] to take a vote on sth; **zur ~ schreiten** *(geh)* to vote
2 *(harmonische Kombination)* coordination; ***die ~ der Farben ist sehr gelungen*** the colours are well-matched
3 RADIO tuning
4 *(Anpassung durch mechanische Einstellung)* adjustment

Ab·stim·mungs·be·darf *m* demand for a vote **Ab·stim·mungs·be·trug** *m* vote rigging; *(Wahlbetrug)* election fraud **Ab·stim·mungs·bo·gen** *m* POL ballot sheet **Ab·stim·mungs·er·geb·nis** *nt* result of the vote **Ab·stim·mungs·nie·der·la·ge** *f* defeat [in the vote] **Ab·stim·mungs·sieg** *m* victory [in the vote]

ab·sti·nent [apsti'nɛnt] I. *adj* 1 *(enthaltsam)* teetotal, abstinent; ■~ **sein** to be teetotal, to be a teetotaller [*or* AM teetotaler]
2 *(sexuell enthaltsam)* celibate
II. *adv* 1 *(enthaltsam)* abstinently
2 *(sexuell enthaltsam)* in celibacy, as a celibate

Ab·sti·nenz <-> [apsti'nɛnts] *f kein pl* 1 *(das Abstinentsein)* abstinence; **strenge ~** strict abstinence
2 *(sexuelle Enthaltsamkeit)* [sexual] abstinence, celibacy

Ab·sti·nenz·ler(in) <-s, -> *m(f) (pej)* teetotaller BRIT, teetotaler AM

ab|stop·pen I. *vt* 1 *(zum Stillstand bringen)* ■**etw ~** to stop sth, to bring sth to a halt; **den Verkehr ~** to stop the traffic
2 *(mit der Stoppuhr messen)* ■**jdn/etw ~** to time sb/sth
II. *vi* to stop

Ab·stoß *m* 1 *(das Abstoßen)* shove, push
2 FBALL goal kick

ab|sto·ßen *irreg* I. *vt* 1 MED ■**etw ~** to reject sth
2 *(nicht eindringen lassen)* ■**etw ~** to repel sth; **Wasser ~d** to be waterproof [*or* water-repellent]
3 *(anwidern)* ■**jdn ~** to repel sb
4 *(durch einen Stoß abschlagen)* ■**etw ~** to chip off sth
5 *(verkaufen)* ■**etw ~** to get rid of [*or* offload] sth
6 *(durch Stöße beschädigen, abnutzen)* ■**etw ~** to damage sth; ***an älteren Büchern sind oft die Ecken abgestoßen*** the corners of old books are often bent and damaged
7 *(wegstoßen)* ■**etw [von etw** *dat*] ~ to push sth away [from sth]; ***mit dem Ruder stieß er das Boot vom Ufer ab*** using the rudder he shoved [*or* pushed] off from the bank
8 *(abwerfen)* ■**etw ~:** ***die Schlange stieß die Haut ab*** the snake shed its skin
II. *vr* 1 *(abfedern und hochspringen)* ■**sich [von etw** *dat*] ~ to jump [*or* leap] [from sth]
2 *(durch Stöße ramponiert werden)* ■**sich** *akk* ~ to become [*or* get] damaged
III. *vi (anwidern)* **sich von etw abgestoßen fühlen** to be repelled by sth

ab·sto·ßend I. *adj* 1 *(widerlich)* repulsive, sickening, revolting, disgusting; **ein ~es Aussehen** a repulsive appearance
2 *(für Flüssigkeiten undurchlässig)* repellent
II. *adv (widerlich)* in a repulsive [*or* revolting] [*or* disgusting] way; **~ aussehen** to look repulsive; **~ riechen** to smell disgusting

Ab·sto·ßung <-, -en> *f* MED rejection; PHYS repulsion **Ab·sto·ßungs·re·ak·ti·on** *f* MED rejection

ab|stot·tern *vt (fam: nach und nach bezahlen)* ■**etw [mit** [*o* **durch**] **etw** *dat*] ~ to pay by [*or* in] instalments [*or* AM installments], BRIT *a.* to buy sth on the never-never *fam*

ab·stra·hie·ren* [apstra'hi:rən] I. *vi (geh: auf ein Prinzip zurückführen)* to abstract
II. *vt (geh: verallgemeinern)* ■**etw [aus etw** *dat*] ~ to abstract sth [from sth]

ab|strah·len *vt* 1 PHYS *(ausstrahlen)* ■**etw ~** to radiate sth
2 *(sandstrahlen)* ■**etw ~** to sandblast sth

ab·strakt [ap'strakt] I. *adj* abstract
II. *adv* in the abstract; **etw zu ~ darstellen** to present [*or* deal with] sth too much in the abstract

Ab·strak·ti·on <-, -en> *f (abstraktes Denken)* abstraction

Ab·strak·ti·ons·prin·zip *nt* JUR principal of the abstract nature of rights in rem **Ab·strak·ti·ons·ver·mö·gen** *nt (geh)* ability to think in the abstract [*or* use abstract notions]

ab|stram·peln *vr (fam)* 1 *(mühsam strampeln)* ■**sich** *akk* ~ to pedal hard
2 *(fam: sich abrackern)* ■**sich** *akk* ~ to struggle, to sweat, to work oneself half to death

ab|strei·chen *vt irreg* 1 *(streichend entfernen)* ■**etw [an etw** *dat*] ~ to wipe off the excess; ***du musst die überschüssige Farbe am Rand des Farbeimers ~*** you have to wipe off the drips on the rim of the tin
2 *(abziehen)* ■**etw von etw** *dat* ~ *Betrag* to deduct sth from sth, to knock sth off sth; ***von dem, was sie sagt, muss man die Hälfte ~*** you can take everything she says with a pinch [*or* grain] of salt

ab|strei·fen *vt* 1 *(abziehen)* ■**etw [von etw** *dat*] ~ to take off *sep* [*or* remove] sth [from sth]
2 *(säubern)* ■**etw [an etw** *dat*] ~ to wipe sth [on sth]; **die Füße ~** to wipe one's feet
3 *(geh: entfernen)* **den Dreck** [*o* **Schmutz**] [**von etw** *dat*] ~ to wipe off the dirt [from sth] *sep,* to wipe the dirt [from sth]
4 *(geh: aufgeben)* ■**etw ~** to rid oneself of sth, to throw sth off; **eine schlechte Gewohnheit ~** to

A

shake off a bad habit
❺ *(absuchen)* ■**etw** ~ to search [*or fam* scour] [*or fam* comb] sth; ***er streifte das Gelände nach seinem Hund ab*** he scoured [*or* combed] the area for his dog

ạb|strei·ten *vt irreg* ❶ *(leugnen)* ■**etw** ~ to deny sth; ***er stritt ab, sie zu kennen*** he denied knowing her [*or* that he knew her]
❷ *(absprechen)* ■**jdm etw** ~ to deny sb sth; ***das kann man ihr nicht*** ~ you can't deny her that

Ạb·strich *m* ❶ *pl (Kürzungen)* cuts; [**an etw** *dat*] ~**e machen** to make cuts [in sth]; *(Zugeständnisse, Kompromisse)* to lower one's sights [in sth]; ***man muss im Leben oft*** ~ ***e machen*** you can't always have everything in life
❷ MED swab; **einen** ~ [**von etw** *dat*] **machen** to take a swab [*or* smear] [of sth]; *vom Gebärmutterhals* to conduct [*or* carry out] a smear test [*or* cervical smear]

ab·strus [ap'stru:s] *adj (geh)* abstruse

ạb|stu·fen **I.** *vt* ■**etw** ~ ❶ *(nach Intensität staffeln)* to shade sth; ■**abgestuft** shaded, graded; **eine fein abgestufte Farbpalette** a finely shaded [*or* graded] range of colours [*or* AM -ors]
❷ *(terrassieren)* to terrace sth
❸ *(nach der Höhe staffeln)* to grade sth
II. *vr* ■**sich** *akk* ~ to be terraced; ***die Hänge stufen sich zum Tal hin ab*** the slopes go down in terraces into the valley

Ạb·stu·fung <-, -en> *f* ❶ *(Staffelung)* grading; ***die*** ~ ***der Gehälter*** the grading of salaries
❷ *(Stufe)* grade
❸ *(Schattierung)* shading
❹ *(Nuance)* shade
❺ *kein pl (das Gliedern in Terrassen)* terracing; ***durch*** ~ ***wurde der Hang für die Landwirtschaft nutzbar gemacht*** the slope was terraced for agricultural use

ạb|stump·fen **I.** *vt haben* ❶ *(stumpf machen)* ■**etw** ~ to blunt sth
❷ *(gleichgültig machen)* ■**jdn** [**gegenüber etw** *dat*] ~ to inure sb [to sth]; ***der ständige Reizüberfluss stumpft die Menschen immer mehr ab*** constant stimulation is blunting people's senses
❸ CHEM, TECH ■**etw** ~ to neutralize sth
II. *vi sein* ■[**gegen etw** *akk*] ~ to become inured [to sth]

Ạb·sturz *m* ❶ *(Sturz in die Tiefe)* fall; *von Flugzeug* crash
❷ *(fam: Misserfolg)* fall from grace, flop
❸ *(Zusammenbruch)* collapse; ***der Firma droht der*** ~ the company is in danger of folding [*or fam!* going bust]; **einen Computer/ein Programm/ein System zum** ~ **bringen** to cause a computer/program/system to crash, to make a computer/program/system crash
❹ *(sehr steiler Abhang)* sharp drop

ạb|stür·zen *vi sein* ❶ *(in die Tiefe stürzen)* ■[**von etw** *dat*] ~ to fall [from sth]; *Flugzeug* to crash
❷ INFORM to crash
❸ *(fam: Misserfolg haben)* to fall from grace
❹ *(fam: zusammenbrechen)* to collapse; ***wer hätte geahnt, dass eine so solide Firma je*** ~ ***würde?*** who would have thought that such a secure company would fold [*or fam!* go bust]
❺ *(fam: betrunken sein)* to get blind drunk [*or dated sl* completely blotto]
❻ *(den inneren Halt verlieren)* to lose control
❼ *(steil abfallen)* to fall away [steeply]; ***die Klippen stürzen steil ins Meer ab*** there's a sharp drop from the cliffs to the sea [*or* the cliffs fall away steeply into the sea]

Ạb·sturz·stel·le *f* ❶ LUFT, RAUM crash site, scene [*or* site] of the/a crash
❷ *(Stelle eines Bergsteigerunfalls)* location of the fall [*or* accident]

ạb|stüt·zen *vt* ■**etw** [**durch** [*o* **mit**] **etw** *dat*] ~ to support [*or sep* prop up] sth [with sth]; ■**sich** *akk* [**mit etw** *dat*] ~ to support oneself [with sth]; **sich** *akk* **durch Krücken** ~ to support oneself on crutches

ạb|su·chen *vt* ❶ *(durchstreifen)* ■**etw** [**nach jdm/etw**] ~ to search [*or fam* scour] [*or fam* comb] sth [for sb/sth]
❷ *(untersuchen)* ■**etw** [**nach etw** *dat*] ~ to examine sth [for sth]; ***wir haben den Baum nach Schädlingen abgesucht*** we've examined [*or* checked] the tree for pests
❸ *(suchend absammeln)* ■**etw** [**von etw** *dat*] ~ to pick sth [off sth]

Ab·sud ['apzu:t] *m* decoction

ab·surd [ap'zʊrt] *adj* absurd; ~**es Theater** theatre [*or* AM -er] of the absurd

Ab·sur·di·tät <-, -en> *f* absurdity

ab·sụr·dum *adj* **etw ad** ~ **führen** to demonstrate the absurdity of sth

Ab·szess[RR] <-es, -sse>, **Ab·szeß**[ALT] <-sses, -sse> [aps'tsɛs] *m* MED abscess

Ab·szis·se <-, -n> [aps'tsɪsə] *f* MATH abscissa

Abt, Äb·tis·sin <-[e]s, Äbte> [apt, ɛp'tɪsɪn, *pl* 'ɛptə] *m, f* abbot *masc*, abbess *fem*

Abt. *f Abk von* **Abteilung** dept.

ạb|ta·keln *vt* ❶ NAUT ■**etw** ~ to unrig sth
❷ *(heruntergekommen)* ■**abgetakelt** seedy

ạb|tas·ten *vt* ❶ *(tastend untersuchen)* ■**jdn/etw** [**auf etw** *akk*/**nach etw** *dat*] ~ to search sb/sth [for sth]; ■**sich** [**auf etw** *akk*] ~ to search oneself; **jdn nach Knoten** ~ to palpate sb for [lymph] nodes; **jdn nach Waffen** ~ to frisk sb for weapons
❷ *(durch Strahlen untersuchen)* ■**jdn/etw** [**nach etw** *dat*] ~ to screen sb/sth [for sth]
❸ INFORM ■**etw** ~ to scan sth
❹ *(sondieren)* ■**jdn** [**auf etw** *akk*] ~ to sound sb out [for sth]; ■**sich** [**auf etw** *akk*] ~ to size one another up [for sth]; **den Feind/einen sportlichen Gegner** ~ to size up the enemy/a sporting opponent, to suss out the enemy/opposition *sl*

Ạb·tas·ten *nt* ÖKON *des Marktes* sounding; INFORM scanning

Ạb·tast·ra·te *f* INFORM sampling rate

ạb|tau·chen *vi sein (sl)* to go underground

ạb|tau·en **I.** *vt haben* ■**etw** ~ to thaw sth [out], to defrost sth; **einen Kühlschrank** ~ to defrost a refrigerator
II. *vi sein* ❶ *(sich tauend auflösen)* to thaw [*or* melt]
❷ *(eisfrei werden)* to become free of ice, to defrost

Ạb·tau·vor·rich·tung *f (im Kühlschrank)* defrosting device

Ab·tei <-, -en> *f* abbey

Ab·teil *nt* compartment; ~ **für Mutter und Kind** compartment for mothers with young children; **ein** ~ **erster/zweiter Klasse** a first-/second-class compartment; **in verschiedene** ~**e aufgeteilt** divided into various sections

ạb|tei·len *vt* ■**etw** [**von etw** *dat*] ~ to divide [*or* partition] sth off [from sth]

Ab·teil·ser·vice *m* TRANSP food and drinks trolley

Ab·tei·lung[1] *f* ❶ *(Teil einer Organisation)* department; *eines Krankenhauses* ward [*or* section]
❷ MIL section, unit

Ạb·tei·lung[2] *f kein pl (Abtrennung)* dividing [*or* partitioning] off

Ab·tei·lungs·lei·ter(in) *m(f) einer Verkaufsabteilung* department[al] manager; *einer Firma, Universität, Krankenhaus* head of department

ạb|te·le·fo·nie·ren* **I.** *vi (fam)* ■[**jdm**] ~ to [tele]phone [*or* call] [sb] to say one can't come
II. *vt (fam)* ■**jdn/etw** ~ to [tele]phone [a]round sb/sth *fam;* ***ich habe die ganze Firma nach ihm abtelefoniert*** I've phoned [a]round the whole company in search of him

Ạb·teuf·ar·bei·ten *pl* BERGB sinking work *no pl, no indef art,* work on the sinking of a/the shaft

ạb|tip·pen *vt (fam)* ■**etw** ~ to type [up [*or* out] *sep*] sth

Äb·tis·sin <-, -nen> [ɛp'tɪsɪn] *f fem form von* **Abt** abbess

ạb|tö·nen *vt* **eine Farbe** ~ to tone [down *sep*] a colour [*or* AM -or]; **zwei Farben** ~ to tone two colours in [with each other]

Ạb·tön·far·be *f* BAU tinting colour [*or* AM -or]

Ạb·tö·nung *f* ❶ *(das Abtönen)* toning down
❷ *(Farbnuance)* tone, shade

ạb|tör·nen *vt (sl)* ■**jdn** ~ to turn sb off

ạb|tö·ten *vt* ❶ *(zum Absterben bringen)* ■**etw** ~ to kill off sth *sep,* to destroy sth
❷ *(zum Erlöschen bringen)* ■**etw** [**in** [*o* **bei**] **jdm**] ~ to deaden sth [in sb]

ạb|tra·gen *irreg* **I.** *vt* ❶ *(abnutzen)* ■**etw** ~ to wear sth out; **abgetragene Kleidung** worn [out] clothes; ■**etwas Abgetragenes** sth worn out
❷ *(geh: abbezahlen)* ■**etw** ~ to pay off *sep* [*or* discharge] sth
❸ *(geh: abräumen)* **das Geschirr** ~ to clear away the dishes *sep*
❹ *(entfernen)* ■**etw** [**bis auf etw** *akk*] ~ to clear sth away [down to sth]; ***der verseuchte Boden soll bis auf eine Tiefe von 15 Metern abgetragen werden*** the contaminated soil is to be cleared away down to a depth of 15 metres
❺ *(geh: abbauen)* **ein Gebäude/ein Haus/eine Mauer** ~ to take [*or* tear] down *sep* [*or* dismantle] a building/house/wall
❻ GEOG ■**etw** ~ to wash away sth *sep*
II. *vi (geh: vom Tisch wegtragen)* to clear away *sep*

ab·träg·lich ['aptrɛ:klɪç], **ab·trä·gig** ['aptrɛ:gɪç] *adj* SCHWEIZ damaging; *Kritik a.* adverse; ■[**jdm/etw**] ~ **sein** to be detrimental [*or* harmful] [to sb/sth]

Ạb·tra·gung <-, -en> *f* ❶ FIN *(geh)* discharge, paying off
❷ GEOG washing away
❸ *(geh: Abbau)* dismantling, taking down

Ạb·trans·port *m* removal; *von Verwundeten* evacuation

ạb|trans·por·tie·ren* *vt* ■**etw** ~ to remove sth, to transport sth [away]; ■**jdn** ~ to transport sb; ***die Überlebenden wurden aus dem Erdbebengebiet abtransportiert*** the survivors were evacuated from the earthquake zone

ạb|trei·ben *irreg* **I.** *vt haben* ❶ MED **ein Kind** ~ to abort a pregnancy, to have an abortion
❷ *(in eine andere Richtung treiben lassen)* ■**jdn/etw** [**von etw** *dat*] ~ to carry [*or* drive] sb/sth [from sth] [*or* away from sth]; **ein Schiff vom Kurs** ~ to drive [*or* carry] a ship off course
❸ *(zu Tal treiben)* **das Vieh** ~ to bring down the animals
II. *vi* ❶ *haben* MED to perform [*or* carry out] an abortion; ~ **lassen** to have an abortion
❷ *sein (in eine andere Richtung treiben)* ■[**von etw** *dat*] ~ to be carried [*or* driven] [[away] from sth]; ***das Boot trieb weit vom Kurs ab*** the boat was driven a long way off course

Ạb·trei·bung <-, -en> *f* MED abortion; **eine** ~ [**an jdm**] **vornehmen** *(geh)* to perform [*or* carry out] an abortion [on sb]; **eine** ~ **vornehmen lassen** *(geh)* to have [*or* undergo] an abortion

Ạb·trei·bungs·pa·ra·graph *m* JUR abortion law **Ạb·trei·bungs·pil·le** *f* abortion pill **Ạb·trei·bungs·recht** *nt kein pl* abortion law **Ạb·trei·bungs·ver·such** *m* MED attempted abortion; **einen** ~ [**an sich** *dat*] **vornehmen** *(geh)* to attempt to carry out an abortion [on oneself]

ạb|tren·nen *vt* ❶ *(ablösen)* ■**etw** [**von etw** *dat*] ~ to detach [*or* remove] sth [from sth]; ***hier*** ~ detach [*or* tear off] here
❷ *(abteilen)* ■**etw** [**von etw** *dat*] ~ to divide [*or* partition] off sth [from sth] *sep*
❸ *(geh: gewaltsam vom Körper trennen)* ■[**jdm**] **etw** ~ to cut [sb's] sth off *sep;* ***der Mähdrescher trennte ihm einen Arm ab*** the combine harvester severed his arm [from his body]

Ạb·trenn·kar·te *f* TYPO detachable postcard

Ạb·tren·nung *f* ❶ *(das Lostrennen von Festgenähtem)* removal, detachment
❷ *(das Abteilen)* dividing [*or* partitioning] off
❸ *(trennende Vorrichtung)* partition
❹ MED *(das Abschneiden)* cutting off; *von Tumor* excision, removal

ab·tret·bar, ạb·tre·tungs·fä·hig *adj* JUR transferable, assignable

Ạb·tret·bar·keit <-> *f kein pl* JUR transferability *no pl,* assignability *no pl*

ab|tre·ten *irreg* **I.** *vt haben* ❶ *(übertragen)* ■**[jdm] etw ~,** ■**etw [an jdn] ~** to sign over sth [to sb] *sep;* **Ansprüche/Rechte ~** to transfer [*or* cede] claims/rights; **ein Gebiet/Land ~** to cede a territory/land; ■**abgetreten** ceded
❷ *(fam: überlassen)* ■**jdm etw ~** to give sth to sb; ***er hat ihr seinen Platz abgetreten*** he gave up his seat to her, he offered her his seat
❸ *(durch Betreten abnutzen)* ■**etw ~** to wear sth out
❹ *(durch Treten entfernen, reinigen)* **den Dreck/Schnee [von etw** *dat*] ~ to stamp off the dirt/snow [from sth] *sep*
II. *vi sein* ❶ *(zurücktreten)* ■**[von etw** *dat*] ~ to step down [from sth]; **von der politischen Bühne ~** to retire from the political stage; *Monarch* to abdicate; *Politiker* to resign
❷ THEAT **[von der Bühne]** ~ to leave [*or* exit] [the stage]
❸ *(fam: sterben)* to make one's [last] exit
❹ MIL to stand down; ■**~ lassen** to dismiss; **~!** dismissed!
III. *vr haben* ❶ *(sich durch Treten säubern)* ■**sich** *dat* **etw ~** to wipe one's sth; **sich** *dat* **seine Schuhe/Stiefel [an etw** *dat*] ~ to wipe off one's shoes/boots [on sth] *sep*
❷ *(sich durch Betreten abnutzen)* ■**sich** *akk* **~** to wear out

Ab·tre·ten·de(r) *f(m) dekl wie adj* JUR transferor, assignor

Ab·tre·ter <-s, -> *m (fam)* doormat

Ab·tre·tung <-, -en> *f* signing over; *von Anspruch, Rechten* transferring [*or* ceding]; *von Gebiet* ceding

Ab·tre·tungs·be·güns·tig·te(r) *f(m) dekl wie adj* JUR allottee, assignee **Ab·tre·tungs·emp·fän·ger(in)** *m(f)* JUR transferee, assignee **Ab·tre·tungs·er·klä·rung** *f* JUR declaration of assignment **Ab·tre·tungs·ur·kun·de** *f* JUR [deed of] assignment; *von Grundstück* deed of conveyance

Ab·tre·tungs·ver·bot *nt* JUR restraint of assignment **Ab·tre·tungs·ver·bots·klau·sel** *f* JUR non-assignment clause

Ab·tre·tungs·ver·fü·gung *f* JUR assignment order **Ab·tre·tungs·ver·trag** *m* JUR contract of assignment; *von Grundstück* treaty of cession

Ab·trieb *m* AGR *von Vieh* bringing down the cattle from the mountain pastures

Ab·tritt[1] *m* ❶ *(Rücktritt)* resignation; *von Monarch* abdication; **jds ~ von der politischen Bühne** sb's withdrawal from the political stage
❷ THEAT exit

Ab·tritt[2] *m (veraltend) s.* **Toilette**

ab|trock·nen **I.** *vt* ■**jdn/etw ~** to dry sb/sth; ■**sich ~** to dry oneself; **das Geschirr ~** to dry [up [*or* off] *sep*] the dishes [*or* BRIT *a.* to do the drying up]; ■**jdm etw ~** to dry sth for sb; ■**sich** *dat* **etw ~** to dry one's sth; ***liebevoll trocknete er ihr die Tränen ab*** lovingly he wiped away [*or* dried] her tears
II. *vi* to dry the dishes, BRIT *a.* to dry up, BRIT *a.* to do the drying up

ab|trop·fen *vi sein* to drain; ■**etw ~ lassen** to leave sth to drain; **die Wäsche ~ lassen** to leave the washing to drip-dry

Ab·tropf·sieb *nt* colander

ab|trot·zen *vt (geh)* ■**jdm etw ~** to wring sth out of sb

ab·trün·nig ['aptrʏnɪç] *adj* renegade; **~er Ketzer** apostate heretic; **~er Lehnsmann** renegade [*or* disloyal] vassal; **~e Provinz/~er Staat** rebel region/state; ■**jdm/etw ~ werden** to be disloyal to sb/sth; **seinem Glauben/der Kirche ~ werden** to renounce one's [*or* desert the] faith/the church

Ab·trün·ni·ge(r) *f(m) dekl wie adj* renegade; REL apostate

Ab·trün·nig·keit <-> *f kein pl* disloyalty; *eines Glaubens* apostasy

ab|tun *vt irreg* ❶ *(keine Wichtigkeit beimessen)* ■**etw [mit etw** *dat*] ~ to dismiss sth [with sth]; **etw mit einem Achselzucken/Lächeln ~** to dismiss sth with a shrug/laugh, to shrug/laugh sth off; ■**etw als etw ~** to dismiss sth as sth; ***als jugendlichen Übermut kann man diese Gewalttaten nicht ~*** these acts of violence cannot be dismissed as youthful high spirits
❷ *(selten: erledigen)* ■**[mit etw** *dat*] **abgetan sein** to be settled [by sth]; ***lassen wir es damit abgetan sein*** let that be an end to it; **eine Sache so schnell wie möglich ~** to deal [*or* have done] with sth as quickly as possible

ab|tup·fen *vt* ❶ *(durch Tupfen entfernen)* ■**[jdm] etw ~** to dab sth away [of sb]; **die Tränen von jds Wange ~** to wipe the tears from sb's cheek; ■**sich** *dat* **etw ~** to wipe one's sth; **sich den Schweiß von der Stirn ~** to mop [*or* dab] the sweat from one's brow
❷ *(durch Tupfen reinigen)* ■**etw [mit etw** *dat*] ~ to swab sth [with sth]; **eine Wunde ~** to clean a wound

ab|tur·nen [-tøːɐ̯nən] *vi (sl)* to be a real turn-off *sl*

Abun·danz <-> [abʊn'dants] *f kein pl* abundance

ab|ur·tei·len *vt* ❶ JUR ■**jdn ~** to [pass] sentence [*or* judgement] [on] sb; ■**abgeurteilt** convicted
❷ *(pej: verdammen)* ■**jdn ~** to condemn sb

Ab·ur·tei·lung <-, -en> *f* ❶ JUR sentencing, passing of a sentence
❷ *(pej: Verdammung)* condemnation

Ab·ver·kauf *m* ÖSTERR *(Ausverkauf)* sale

ab|ver·lan·gen* *vt s.* **abfordern**

ab|wä·gen *vt irreg* ■**etw [gegeneinander] ~** to weigh sth up [against sth else]; **seine Worte gut ~** to choose [*or* weigh] one's words carefully; **beide Möglichkeiten [gegeneinander] ~** to weigh up the two possibilities [against one another]; **Vor- und Nachteile [gegeneinander] ~** to weigh [up] the disadvantages and advantages [*or* pros and cons]

Ab·wä·gung <-, -en> *f* weighing up, consideration; ***so eine Situation bedarf der ~ eines jeden Wortes*** a situation like this calls for every single word to be carefully considered

Ab·wahl *f kein pl* voting out; ***es kam zur ~ des Vorstands*** the board was voted out of office

ab·wähl·bar *adj sth that can be cancelled by vote or choice;* ***der Vorsitzende ist jederzeit ~*** the chairman can be voted out [of office] at any time; **ein ~es Schulfach** an optional subject

ab|wäh·len *vt* ■**jdn ~** to vote sb out [of office]; **ein [Schul]fach ~** to drop [*or sep* give up] a subject

ab|wäl·len *vt s.* **abbrühen**

ab|wäl·zen *vt* ■**etw [auf jdn] ~** to unload sth [on to sb]; **die Kosten auf jdn ~** to pass on the costs to sb; **die Schuld/Verantwortung [auf jdn] ~** to shift the blame/responsibility [on to sb]

ab|wan·deln *vt* ■**etw ~** to adapt sth; **ein Musikstück ~** to adapt a piece of music; **ein Thema/einen Vertrag ~** to modify a subject/contract

ab|wan·dern **I.** *vi sein* ❶ *(sich von einem Ort entfernen)* to go away
❷ *(auswandern)* ■**[aus etw** *dat*] ~ to migrate [from somewhere]; ***die ländliche Bevölkerung wanderte in die Städte ab*** the rural population moved [*or* migrated] to the towns
❸ *(fam: überwechseln)* ■**zu jdm ~** to move to sb; ***die besten Spieler wandern immer zu den größten Vereinen ab*** the best players always move [*or* transfer] to the biggest clubs
❹ FIN *(fam: andernorts angelegt werden)* ■**[aus etw** *dat*] **[irgendwohin] ~** to be transferred [from [*or* out of] sth] [to somewhere]
II. *vt* **ein Gebiet ~** to walk all over an area

Ab·wan·de·rung *f* ❶ *(an einen anderen Ort ziehen)* migration
❷ FIN exodus [*or* flight] of capital
❸ *(gründliche Begehung eines Gebietes)* walking all over

Ab·wan·de·rungs·ver·lust *m* population drain

Ab·wand·lung *f* adaptation; MUS variation

Ab·wär·me *f* waste heat

Ab·wär·me·nut·zung *f* utilization of waste heat

Ab·wart(in) <-s, -e> *m(f)* SCHWEIZ *(Hausmeister)* caretaker

ab|war·ten **I.** *vt* ■**etw/jdn ~** to wait for sth/sb; ***wir müssen erst den Regen ~*** we must wait until it stops raining [*or* the rain stops] [*or* for the rain to stop]; ***das bleibt abzuwarten*** that remains to be seen, only time will tell; ***sie konnte es einfach nicht mehr ~*** she simply [*or* just] couldn't wait any longer
II. *vi* to wait; ***wart' mal ab!*** [just] [you] wait and see!

ab·war·tend **I.** *adj* expectant; **eine ~e Haltung einnehmen** to adopt a policy of wait and see
II. *adv* expectantly; **sich** *akk* **~ verhalten** to behave cautiously

Ab·war·tin <-, -nen> *f fem form von* **Abwart**

ab·wärts ['apvɛrts] *adv* downhill; ***vom Chef ~ sind alle anwesend*** from the boss down everyone is present

Ab·wärts·be·we·gung *f* ÖKON *von Preisen* downward movement [*or* slide]

ab·wärts|ge·hen[RR1] *vi irreg sein* ***hinter der Kurve geht es abwärts*** it's all downhill after the bend

ab·wärts|ge·hen[2] *vi irreg sein* ■**es geht mit jdm/etw abwärts** sb/sth is going downhill; ***es geht mit ihr gesundheitlich abwärts*** her health is deteriorating

ab·wärts·ge·rich·tet *adj* downward; **~e Kursbewegung** downward price movement **ab·wärts·kom·pa·ti·bel** *adj* INFORM downward compatible **Ab·wärts·kom·pa·ti·bi·li·tät** *f* INFORM downward compatibility **Ab·wärts·trend** *m* downhill trend, recession

Ab·wasch[1] <-[e]s> *m kein pl* ❶ *(Spülgut)* dirty dishes *pl,* BRIT *a.* washing-up
❷ *(das Spülen)* washing the dishes, washing-up BRIT; **den ~ machen** to do the dishes, BRIT *a.* to wash up, BRIT *a.* to do the washing-up
▸ WENDUNGEN: **das geht in einem ~** [*o* **das ist ein ~**] *(fam)* you can kill two birds with one stone *prov*

Ab·wasch[2] <-, -en> *f* ÖSTERR *(Spülbecken)* sink

ab·wasch·bar *adj* washable

Ab·wasch·be·cken *nt* sink

ab|wa·schen *irreg* **I.** *vt* ❶ *(spülen)* ■**etw ~** to wash sth up; **das Geschirr ~** to do the dishes [*or* BRIT *a.* washing-up]
❷ *(durch Waschen entfernen)* ■**etw [von etw** *dat*] ~ to wash sth [off sth]; ■**sich** *dat* **etw [von etw** *dat*] ~ to wash sth [from one's sth]; ***sie wusch ihrer Tochter den Schmutz vom Gesicht ab*** she washed the dirt off her daughter's face
❸ *(reinigen)* ■**sich** *akk* **~** to wash oneself
II. *vi* to do the dishes, BRIT *a.* to wash up, BRIT *a.* to do the washing-up; ***hilfst du mir mal beim A~?*** will you help me do the washing-up?

Ab·wasch·lap·pen *m* dishcloth **Ab·wasch·ma·schi·ne** *f* SCHWEIZ dishwasher **Ab·wasch·schüs·sel** *f* washing-up bowl BRIT, dishpan AM **Ab·wasch·was·ser** *nt* ❶ *(Spülwasser)* dishwater, BRIT *a.* washing-up water ❷ *(pej fam: dünne Flüssigkeit)* dishwater

Ab·was·ser <-wässer> *nt* waste water, sewage; *von Industrieanlagen* effluent, waste water

Ab·was·ser·an·la·ge *f* sewage treatment plant **Ab·was·ser·auf·be·rei·tung** *f* sewage treatment

Ab·was·ser·be·hand·lung *f* sewage treatment **Ab·was·ser·be·hand·lungs·an·la·ge** *f* JUR waste water treatment plant

Ab·was·ser·be·sei·ti·gung *f* sewage disposal **Ab·was·ser·be·sei·ti·gungs·an·la·ge** *f* JUR sewage disposal plant

Ab·was·ser·ent·sor·gung *f* ÖKOL sewage disposal **Ab·was·ser·ge·bühr** *f meist pl* ÖKOL *rates for sewage disposal* **Ab·was·ser·ka·nal** *m* sewer **Ab·was·ser·lei·tung** *f* waste pipe; BAU drain [*or* sewer] line **Ab·was·ser·rei·ni·gung** *f* purification of effluent[s] **Ab·was·ser·ver·rie·se·lung** *f* broad irrigation

ab|wech·seln *vi, vr* ■**sich** *akk* **~** ❶ *(im Wechsel handeln)* to take turns
❷ *(im Wechsel erfolgen)* to alternate; ***Sonne und Regen wechselten sich ab*** it alternated between sun and rain

ab·wech·selnd *adv* alternately; ***in der Nacht hiel-***

ten die vier ~ Wache the four took turns to stand guard during the night

Ab·wech·se·lung, Ab·wechs·lung <-, -en> *f* change; **eine willkommene ~ sein** to be a welcome change; **die ~ lieben** to like a bit of variety; **zur ~** for a change

ab·wechs·lungs·hal·ber *adv* for a change, for variety's sake

ab·wechs·lungs·los *adj* unchanging, monotonous

ab·wechs·lungs·reich *adj* varied

Ab·weg *m meist pl* **jdn auf ~e führen** [*o* **bringen**] to lead sb astray; **auf ~e geraten** to go astray; *(moralisch)* to stray from the straight and narrow

ab·we·gig ['apve:gɪç] *adj* ❶ *(unsinnig)* absurd; **ein ~er Gedanke/eine ~e Idee** a far-fetched thought/idea; **ein ~er Verdacht** an unfounded [*or* a groundless] suspicion
❷ *(merkwürdig)* strange, bizarre, weird

Ab·we·gig·keit <-, -en> *f pl selten* erroneousness; *von Verdacht* groundlessness; *von Idee* strangeness, far-fetchedness

Ab·wehr *f kein pl* ❶ *(inneres Widerstreben)* resistance; ***seine Pläne stießen auf starke ~*** his plans met [with] strong [*or* stiff] resistance
❷ MIL repelling, repulse
❸ *(gegen Spionage)* counterespionage, counterintelligence
❹ SPORT *(Verteidigung)* defence [*or* AM -se]; **die ~ gegnerischer Angriffe** to ward off the opponent's attacks; *(die Abwehrspieler)* defenders
❺ *(Widerstand gegen Krankheit)* protection; *von Infektion* protection, resistance

Ab·wehr·an·spruch *m* JUR defensive claim [*or* demand] **ab·wehr·be·reit** *adj* ready for defence [*or* AM -se] **Ab·wehr·dienst** *m* MIL counter-intelligence service

ab|weh·ren I. *vt* ❶ MIL ■**jdn/etw ~** to repel [*or* repulse] sb/sth
❷ SPORT ■**etw ~** to fend sth off; **den Ball ~** to clear the ball; **mit dem Kopf den Ball ~** to head the ball clear; **einen Schlag ~** to fend off [*or* parry] a blow
❸ *(abwenden, fernhalten)* ■**etw** [**von sich** *dat*] **~** to turn sth away [from oneself]; **eine Gefahr/Unheil ~** to avert [a] danger/[a] disaster; **einen Verdacht** [**von sich**] **~** to avert suspicion [from oneself]; **einen Vorwurf ~** to fend off [*or* deny] [*or form* refute] an accusation
II. *vi* ❶ *(ablehnen)* to refuse
❷ SPORT to clear

ab·weh·rend *adj* defensive

Ab·wehr·kampf *m* defensive action **Ab·wehr·kar·tell** *nt* JUR defensive cartel; **~e bilden** to engage in defensive restrictive practices **Ab·wehr·kla·ge** *f* JUR action to repel unlawful interference **Ab·wehr·klau·sel** *f* JUR protective clause **Ab·wehr·kräf·te** *pl* the body's defences **Ab·wehr·maß·nah·me** *f* defence reaction **Ab·wehr·me·cha·nis·mus** *m* PSYCH, MED defence mechanism **Ab·wehr·re·ak·ti·on** *f* defensive reaction **Ab·wehr·spie·ler(in)** *m(f)* SPORT defender, defenseman **Ab·wehr·stof·fe** *pl* MED antibodies *pl* **Ab·wehr·sys·tem** *nt* MED immune system **Ab·wehr·ver·gleich** *m* JUR defensive composition **Ab·wehr·zel·le** *f* MED *(fam)* defence [*or* AM defense] cell

ab|wei·chen *vi irreg sein* ❶ *(sich entfernen, abkommen)* ■**von etw** *dat* **~** to deviate from sth
❷ *(sich unterscheiden)* ■[**in etw** *dat*] **von jdm/etw ~** to differ from sb/sth [in sth]

ab·wei·chend *adj* different

Ab·weich·ler(in) <-s, -> *m(f)* dissenter

Ab·wei·chung <-, -en> *f* ❶ *(Unterschiedlichkeit)* difference; *einer Auffassung* deviation [*or* divergence]
❷ *(das Abkommen)* deviation
❸ TECH **zulässige ~** tolerance
❹ MATH *mittlere, quadratische* deviation

Ab·wei·chungs·ana·ly·se *f* FIN analysis of variance **Ab·wei·chungs·be·trag** *m* FIN variance amount **Ab·wei·chungs·in·di·ka·tor** *m* FIN divergence indicator **Ab·wei·chungs·kon·to** *nt* FIN variance account **Ab·wei·chungs·mar·ge** [-marʒə] *f* FIN variation margin **Ab·wei·chungs·men·ge** *f* FIN variance quantity **Ab·wei·chungs·pro·zent** *nt* FIN variance percent

ab|wei·sen *vt irreg* ❶ *(wegschicken)* ■**jdn ~** to turn sb away; **sich** [**von jdm**] **nicht ~ lassen** to not take no for an answer [from sb]
❷ *(ablehnen)* ■**etw ~** to turn down sth *sep;* **einen Antrag ~** to refuse [*or* turn down] [*or* reject] an application; **eine Bitte ~** to deny [*or* reject] a request; ■**jdn ~** to reject sb
❸ JUR **eine Klage ~** to dismiss [*or* throw out] a complaint

ab·wei·send *adj* cold

Ab·wei·sung *f* ❶ *(das Wegschicken)* turning away
❷ *(das Ablehnen)* turning down, rejection
❸ JUR dismissal

Ab·wei·sungs·be·geh·ren *nt* JUR *aus Rechtsgründen* motion to dismiss BRIT, demurrer **Ab·wei·sungs·be·scheid** *m* JUR non-suit

ab·wend·bar *adj* avoidable, preventable

ab|wen·den *reg o irreg* I. *vr (geh)* ■**sich** [**von jdm/etw**] **~** to turn away [from sb/sth]
II. *vt* ❶ *(verhindern)* ■**etw** [**von jdm/etw**] **~** to protect [sb/sth] from sth; **eine Katastrophe/ein Unheil ~** to avert a catastrophe/disaster
❷ *(zur Seite wenden)* ■**etw** [**von jdm/etw**] **~** to turn sth away [from sb/sth]; **die Augen** [*o* **den Blick**] **~** to look away, to avert one's gaze [*or* eyes]; **mit abgewandtem** [*o* **abgewendetem**] **Blick** with one's eyes averted

Ab·wen·dung <-> *f kein pl* JUR warding off

Ab·wer·ben <-> *nt kein pl* JUR poaching; **~ von Arbeitskräften** labour piracy [*or* poaching]

ab|wer·ben *vt irreg* ■[**jdm**] **jdn ~** to entice [*or* lure] sb away [from sb]

Ab·wer·bung <-, -en> *f von Arbeitskräften* enticement

ab|wer·fen *irreg* I. *vt* ❶ *(aus der Luft herunterfallen lassen)* ■**etw ~** to drop sth; **Ballast ~** to drop [*or* shed] [*or* discharge] ballast; **Blätter** [*o* **Laub**]**/Nadeln ~** to shed leaves/needles; **das Geweih ~** to shed antlers
❷ *(von sich werfen)* **einen Reiter ~** to throw [*or* unseat] a rider
❸ FIN, ÖKON ■**etw ~** to yield sth; **einen Gewinn ~** to yield [*or* make] [*or* show] a profit; **Zinsen ~** to yield [*or* bear] [*or* earn] interest
❹ *(geh: abschütteln)* ■**etw ~** to throw [*or* cast] off sth *sep;* **die Fesseln/das Joch der Sklaverei ~** *(fig)* to cast [*or* throw] off the yoke of slavery *fig*
❺ *(ablegen)* **eine Karte ~** to discard a card
II. *vi* ❶ SPORT *(beim Hochsprung)* to knock down [*or* knock off] [*or* dislodge] the bar
❷ FBALL *(Abwurf vom Tor machen)* to throw the ball out

ab|wer·ten I. *vt* ❶ *(Kaufwert vermindern)* ■**etw** [**um etw** *akk*] **~** to devalue sth [by sth]; ■**abgewertet** devalued
❷ *(Bedeutung mindern)* ■**etw ~** to debase [*or* cheapen] sth
II. *vi* ■[**um etw** *akk*] **~** to devalue [by sth]

ab·wer·tend I. *adj* pejorative, derogatory
II. *adv* derogatorily; **ein Wort ~ gebrauchen** to use a word in a derogatory way

Ab·wer·tung *f* ❶ *(Minderung der Kaufkraft)* devaluation
❷ *(Wertminderung)* debasement

Ab·wer·tungs·brem·se *f* brake on devaluation

Ab·wer·tungs·druck *m* pressure to devalue

ab·we·send ['apve:zn̩t] *adj* ❶ *(geh: nicht anwesend)* absent; ***Herr Frank ist momentan ~*** Mr Frank is not here [*or* out of the office] at the moment
❷ *(geistesabwesend)* absent-minded; ***sie hatte einen ganz ~en Gesichtsausdruck*** she looked completely lost in thought; ***du siehst so ~ aus!*** you look as though you're somewhere else [altogether]!

Ab·we·sen·de(r) *f(m) dekl wie adj* absentee

Ab·we·sen·heit <-, -en> *f pl selten* ❶ *(Fehlen)* absence; **durch ~ glänzen** *(iron fam)* to be conspicuous by one's absence *esp hum;* **in ~ von jdm** in sb's absence
❷ *(Geistesabwesenheit)* absent-mindedness

Ab·we·sen·heits·geld *nt* JUR fee for out-of-town services **Ab·we·sen·heits·pfle·ger(in)** *m(f)* JUR curator in absentia **Ab·we·sen·heits·pfleg·schaft** *f* JUR curatorship for an absent person **Ab·we·sen·heits·ta·ge** *pl* ÖKON days *pl* away from work **Ab·we·sen·heits·ur·teil** *nt* JUR default judgment

ab|wi·ckeln I. *vt* ❶ *(von etw wickeln)* ■**etw** [**von etw** *dat*] **~** to unwind sth [from sth]; ■**sich** *akk* [**von etw** *dat*] **~** to unwind [itself] [from sth]
❷ *(erledigen)* ■**etw ~** to deal with sth; **einen Auftrag ~** to process an order; **Aufträge ~** to transact business; **ein Geschäft ~** to carry out a transaction
❸ *(als politische Altlast abschaffen)* ■**jdn/etw ~** *Firma, Arbeitskräfte* to deal with sb/sth
II. *vr (glatt vonstattengehen)* ■**sich** *akk* **~** to run smoothly

Ab·wick·ler <-s, -> *m* JUR liquidator; **einen ~ bestellen** to appoint a liquidator

Ab·wick·lung <-, -en> *f* ❶ *(Erledigung)* conducting; *von Auftrag* processing; ***er war für die reibungslose ~ der Veranstaltung verantwortlich*** he was responsible for making sure that the event ran smoothly
❷ *(Abschaffung)* getting rid of; ***hunderte von Staatsdienern befürchten die ~*** hundreds of civil servants fear they will be dismissed [*or* are living in fear of dismissal]
❸ FIN *(Liquidation)* winding up

Ab·wick·lungs·an·fangs·ver·mö·gen *nt* FIN net worth at the beginning of the winding-up proceedings **Ab·wick·lungs·an·trag** *m* JUR winding-up petition **Ab·wick·lungs·end·ver·mö·gen** *nt* FIN net worth at the end of the winding-up proceedings **Ab·wick·lungs·ge·schäft** *nt* FIN winding-up transaction **Ab·wick·lungs·mas·se** *f* FIN total assets and liabilities under liquidation **Ab·wick·lungs·maß·nah·men** *pl* JUR measures of liquidation **Ab·wick·lungs·schluss·bi·lanz**RR *f* FIN closing balance sheet of the company in liquidation **Ab·wick·lungs·ver·fah·ren** *nt* JUR liquidation [*or* winding-up] proceedings *pl* **Ab·wick·lungs·voll·stre·ckung** *f* JUR execution of a winding-up order

ab|wie·geln I. *vi* to play it down; ***jetzt wieg[e]le mal nicht ab, die Situation ist sehr ernst!*** don't [try and] play it down, the situation is very serious!
II. *vt (beschwichtigen)* ■**jdn/etw ~** to calm down [*or* pacify] sb/sth *sep;* ***die Menge ließ sich nicht ~*** the crowd would not be calmed; **sich** *akk* **nicht ~ lassen** to not take no for an answer

ab|wie·gen *vt irreg* ■[**jdm**] **etw ~** to weigh sth [out] [for sb]; **Argumente** [**sorgfältig**] **~** *(fig)* to [carefully] weigh up the arguments *fig*

ab|wim·meln *vt (fam)* ■**jdn ~** to get rid of sb; ■**etw ~** to get out of [doing] sth

ab|win·keln *vt* ■**etw ~** to bend sth; ■**abgewinkelt** bent; **mit abgewinkelten Armen** with arms akimbo

ab|win·ken *vi (fam)* to signal one's refusal

ab|wirt·schaf·ten *vi (fam)* to go downhill; ***die Firma hat jetzt endgültig abgewirtschaftet*** the company now finally had been run-down; ■**abgewirtschaftet** run-down; **eine abgewirtschaftete Regierung** a discredited government

ab|wi·schen *vt* ❶ *(durch Wischen entfernen)* ■[**sich** *dat*] **etw** [**von etw** *dat*] **~** to wipe sth [from sth]; **sich** *dat* **die Tränen ~** to dry one's tears; ***liebevoll wischte er ihr die Augen ab*** he lovingly dried her eyes; **sich den Schweiß von der Stirn ~** to mop the sweat from one's brow
❷ *(durch Wischen säubern)* ■[**jdm**] **etw ~** to wipe sth [for sb]; ***bitte die Hände an diesem Handtuch ~!*** please dry your hands on this towel!; ■[**sich** *dat*] **etw ~** to wipe sth; ***wisch dir die Hände bitte am Handtuch ab!*** dry your hands on the towel!

Ab·wrack·ak·ti·on *f* NAUT *campaign to scrap outdated ships*

ab|wra·cken *vt* ❶ *(verschrotten)* ■**etw ~** to break up *sep* [*or* scrap] sth
❷ *(herunterkommen)* ■**abgewrackt** clapped-out

fam
Ab·wrack·werft *f* NAUT breaker's yard
Ab·wurf *m* ① *(das Hinunterwerfen)* dropping; *von Ballast* shedding, jettisoning
② *(das Abgeworfenwerden)* throwing; ***bei dem ~ von dem Pferd brach er sich den Arm*** he broke his arm when he was thrown from the horse
③ SPORT *(Abwerfen der Latte beim Hochsprung)* knocking down [*or* off], dislodging; *(Speerwerfen)* throwing; *(beim Fußball)* throw-out
ab|wür·gen *vt (fam)* ① *(ungewollt ausschalten)* **den Motor** ~ to stall the engine
② *(im Keim ersticken)* ■**etw** ~ to nip sth in the bud; ■**jdn** ~ *(unterbrechen)* to cut sb short [*or* off], to interrupt sb; **jdn [einfach] mitten im Satz** ~ to cut sb off right in the middle of a sentence
ab|zah·len *vt* ① *(zurückzahlen)* ■**etw** ~ to pay sth off; **ein Darlehen** [*o* **einen Kredit**]/**seine Schulden** ~ to pay off [*or* repay] a loan/one's debts
② *(in Raten bezahlen)* ■**etw** ~ to pay for sth in instalments [*or* AM installments]; ■**abgezahlt** paid for *pred;* ***unser Haus ist endlich abbezahlt*** we've finally paid off [*or* for] the house, we've finally paid all the instalments on the house
ab|zäh·len I. *vt* ■**etw** ~ to count sth [out]; ■**abgezählt** exact; ***bitte das Fahrgeld abgezählt bereithalten*** please tender [the] exact [*or* correct] fare
II. *vi* to count; ***der Kassierer hat sich beim A~ vertan*** the cashier made a mistake counting
Ab·zähl·reim *m* counting-out rhyme
Ab·zah·lung *f* ① *(Rückzahlung)* paying off
② *(Bezahlung auf Raten)* repayment; [**etw**] **auf** ~ **kaufen** to buy sth in instalments [*or* AM installments] [*or* BRIT *a.* on hire purchase] [*or* BRIT *fam a.* on the never-never]
Ab·zah·lungs·be·din·gun·gen *pl* FIN instalment [*or* BRIT hire-purchase] terms **Ab·zah·lungs·ge·schäft** *nt* JUR instalment [*or* BRIT hire purchase] transaction **Ab·zah·lungs·ge·sell·schaft** *f* JUR, FIN personal loan [*or* BRIT hire-purchase] company **Ab·zah·lungs·ge·setz** *nt* JUR Statute Covering Instalment Sales, BRIT *also* Hire-Purchase Act, AM *also* Installment Purchase Law **Ab·zah·lungs·kauf** *m* JUR, FIN instalment buying, BRIT *also* hire purchase, AM *also* installment purchase **Ab·zah·lungs·kos·ten** *pl* HANDEL instalment [*or* AM *usu* -ll-] charges **Ab·zah·lungs·kre·dit** *m* loan payable in instalments, instalment credit
Ab·zähl·vers *m s.* **Abzählreim**
ab|zap·fen *vt* ■**etw** [**aus etw** *dat*] ~ to pour [*or* tap] sth [from sth]; **Bier** ~ to tap beer; **jdm Geld** ~ *(fam)* to get [*or* scrounge] money from [*or* off] sb
Ab·zäu·nung <-, -en> *f* fencing
Ab·zei·chen *nt* ① *(ansteckbare Plakette)* badge
② SPORT badge
③ MIL insignia [*or* badge] of rank
ab|zeich·nen I. *vt* ① *(durch Zeichnen wiedergeben)* ■**etw** [**von etw** *dat*] ~ to copy [*or* reproduce] sth [from sth]
② *(signieren)* ■**etw** ~ to initial sth; **einen Scheck** ~ to initial a check
II. *vr* ① *(erkennbar werden)* ■**sich** *akk* ~ to become apparent; ***der Ausbruch eines Bürgerkrieges beginnt sich immer deutlicher abzuzeichnen*** the outbreak of civil war is beginning to loom ever larger [on the horizon]
② *(Umrisse erkennen lassen)* ■**sich** *akk* [**durch etw** *akk*/**auf etw** *dat*] ~ to show [through/on sth]
ab·zieh·bar *adj* HANDEL deductible
Ab·zieh·bild *nt* TECH transfer
ab|zie·hen *irreg* I. *vi* ① *sein* MIL ■[**aus etw** *dat*] ~ to withdraw [from sth]
② *sein (fam: weggehen)* to go away; ***zieh ab!*** go away!, clear off!, get lost! *sl*
③ *sein (durch Luftzug entfernen)* ■[**aus etw** *dat*] ~ to clear [*or* escape] [from sth]
④ *sein* METEO ■[**irgendwohin**] ~ to move away [*or* off] [somewhere] [*or* on]
⑤ *haben (den Abzug einer Waffe drücken)* to fire, to pull the trigger
II. *vt haben* ① *(einbehalten)* ■**etw** [**von etw** *dat*] ~ to deduct sth [from sth]; ***Steuern und Sozialabgaben werden direkt vom Gehalt abgezogen*** tax and national insurance are deducted directly from the wages
② MATH ■**etw** [**von etw** *dat*] ~ to subtract sth [from sth]
③ FIN **Kapital** [**aus einer Firma**/**einem Land**] ~ to withdraw capital [from a company/country]; **jdm eine Summe vom Konto** ~ to debit a sum [of money] from sb's account
④ MIL ■**etw** [**aus etw** *dat*] ~ to withdraw sth [from sth]; **Truppen aus einem Gebiet** ~ to withdraw [*or* draw back] troops from an area
⑤ *(etw durch Ziehen entfernen)* ■**etw** ~ to pull off sth *sep;* **das Bett** ~ to strip the bed; **ein Laken** ~ to remove [*or sep* take off] a sheet; **einen Ring** ~ to take [*or* pull] off a ring *sep;* **einen Schlüssel** [**von etw** *dat*] ~ to take [*or* pull] out a key [from sth]; [**jdm**/**einem Tier**] **das Fell**/**die Haut** ~ to skin sb/an animal
⑥ *(vervielfältigen)* ■**etw** ~ to run sth off; ***bitte ziehen Sie das Manuskript 20 mal ab*** please make [*or* run off] 20 copies of the manuscript
⑦ SCHWEIZ *(ausziehen)* ■**etw** ~ to take sth off
III. *vr* SCHWEIZ *(sich ausziehen)* ■**sich** *akk* ~ to undress
ab|zie·len *vi* ① *(anspielen)* ■[**mit etw** *dat*] **auf etw** *akk* ~ to get at sth [with sth] *fam*
② *(im Visier haben)* ■**auf jdn**/**etw** ~ to aim [*or* direct] at sb/sth
ab|zin·sen *vt* FIN ■**etw** ~ to discount sth *(to calculate the present value of future payment)*
Ab·zin·sung <-> *f kein pl* FIN discounting
Ab·zin·sungs·fak·tor *m* FIN discount factor **Ab·zin·sungs·pa·pier** *nt* FIN discounted paper **Ab·zin·sungs·satz** *m* FIN discount rate
Ab·zo·cke ['aptsɔkə] *f kein pl (pej sl)* rip-off *fam*
ab|zo·cken I. *vt (sl)* ■**jdn** ~ to fleece sb *fam,* to rip sb off *fam*
II. *vi (sl)* to clean up *fam*
Ab·zo·cke·rei <-, -en> *f (pej sl)* rip-off *fam*
Ab·zug *m* ① *(das Einbehalten)* deduction; ***ohne Abzüge verdient sie Euro 3.000*** she earns 3,000 euros before deductions
② *(das Abziehen)* deduction; ***nach ~ des Rabattes musste er nur noch 200 Euro zahlen*** after deducting the discount he was left with only 200 euros to pay; **etw** [**von etw** *dat*] **in** ~ **bringen** *(geh)* to deduct sth [from sth]; **ohne** ~ without [any] deductions, net
③ TYPO proof
④ FOTO print
⑤ MIL withdrawal; **jdm freien** ~ **gewähren** to grant sb safe passage
⑥ FIN **der** ~ **von Kapital** the withdrawal of capital
⑦ METEO moving away; ***mit einem ~ der Kaltfront ist vorläufig noch nicht zu rechnen*** we don't expect the cold front to move on yet
⑧ *(Luftabzug)* vent; *(Dunstabzug)* extractor [fan]; *(über einem Herd)* extractor hood; CHEM fume cupboard [*or* hood]
⑨ *(Vorrichtung an Waffe)* trigger; **den Finger am ~ haben** to have one's finger on the trigger
ab·züg·lich ['aptsy:klɪç] *präp +gen* ■~ **einer S.** *gen* less [*or* minus] sth
ab·zugs·fä·hig *adj inv* FIN deductible, allowable; **steuerlich**/**steuerlich nicht** ~ tax-deductible [*or* allowable for tax purposes]/disallowable against tax; **nicht** ~ non-deductible **Ab·zugs·fä·hig·keit** *f* ÖKON **steuerliche** ~ tax deductibility **ab·zugs·frei** *adj* tax-free **Ab·zugs·hau·be** *f* extractor hood **Ab·zugs·ka·pi·tal** *nt* FIN deductible capital **Ab·zugs·pos·ten** *m* FIN valuation item **Ab·zugs·rohr** *nt* flue [pipe] **Ab·zugs·steu·er** *f* FIN withholding tax
Ab·zweig *m* ① *(geh: Weggabelung)* turning, turn-off
② TECH couple
ab|zwei·gen I. *vi sein* ■[**von etw** *dat*] [**irgendwohin**] ~ to branch off [from sth] [to somewhere]; ***hinter der Kurve zweigt die Goethestraße nach links ab*** Goethestraße turns [*or* goes] off to the left after the bend
II. *vt haben (fam)* ■**etw** [**von etw** *dat*] ~ to set [*or* put] aside sth [from sth] *sep*
Ab·zwei·gung <-, -en> *f* ① *(Straßengabelung)* turning, turn-off; ***wir müssen an der ~ links*** [***abbiegen***] we must turn left at the junction
② *(Nebenlinie einer Strecke)* branch line
ab|zwi·cken *vt* ■[**jdm**/**etw**] **etw** ~ to nip [*or* pinch] off sth [sb/sth] *sep*
Ac·ce·le·ra·tor-Kar·te [ək'seləreɪtə-] *f* INFORM accelerator card
Ac·ces·soire <-s, -s> [aksɛ'so̯a:ɐ̯] *nt meist pl* accessory
ACEA <-> *m kein pl Akr von* **Verband europäischer Automobilbauer** Association of European Motor Manufacturers
Ace·ro·la·kir·sche [atse'ro:lakɪrʃə] *f* BOT West Indian Cherry
Ace·tat <-s, -e> [atse'ta:t] *nt* acetate
Ace·ton <-s, -e> [atse'to:n] *nt* acetone
Ace·tyl·cho·lin <-s> [atsety:lço'li:n] *nt kein pl* BIOL *(Überträgerstoff an Nervenzellen)* acetylcholine
Ace·ty·len <-s> [atsety'le:n] *nt* acetylene
ace·ty·lie·ren* [atsety'li:rən] *vt* CHEM ■**etw** ~ *Verbindung* to acetylate sth
Ace·tyl·sa·li·cyl·säu·re [atsety:lzali'tsy:l-] *f* acetylsalicylic acid, aspirin
ach [ax] I. *interj* ① *(jammernd, ärgerlich)* oh no!; ***~, das sollte doch schon lange erledigt sein!*** oh no! that was supposed to have been done ages ago!; ***~ je!*** oh dear [me]!; ***~, rutsch mir doch den Buckel runter!*** oh, go [and] take a running jump!; ***~ nein, du schon wieder?*** oh no! not you again?; ~ **und weh schreien** *(veraltend geh)* to scream blue murder
② *(also)* oh!; ***~, so ist das also ...*** oh, so that's how it is ...
③ *(aha)* [oh,] I see!; ~ **ne** [*o* **nein**]**!** *(fam)* I say!; ***~ so, ich verstehe!*** oh, I see!; ***~ wirklich?*** really?; ***~ so! na, dann versuchen wir es eben noch mal!*** well, all right then, let's try it one more time!
④ *(ganz und gar nicht)* ~ **was** [*o* **wo**]**!** come on!
II. *adv (geh)* ***sie glaubt von sich, sie sei ~ wie schön*** she thinks she's oh so beautiful
Ach <-s, -[s]> [ax] *nt (Ächzen)* groan
▶WENDUNGEN: **mit ~ und Krach** *(fam)* by the skin of one's teeth; ***er bestand die Prüfung nur mit ~ und Krach*** he only [just] scraped through the exam [*or* passed the exam by the skin of his teeth]; **mit ~ und Weh** *(fam)* with great lamentations; ***mit ~ und Weh stimmte sie zu*** she agreed through gritted teeth
Achat <-[e]s, -e> [a'xa:t] *m* agate
Achil·les·fer·se [a'xɪlɛs-] *f* Achilles' heel **Achil·les·seh·ne** [a'xɪlɛs-] *f* Achilles tendon
Achs·auf·hän·gung ['aks-] *f* AUTO suspension mounting
Achs·bruch ['aks-] *m* AUTO broken axle
Ach·se <-, -n> ['aksə] *f* ① AUTO axle
② *(Linie)* axis
③ POL, HIST axis
▶WENDUNGEN: [**ständig**] **auf ~ sein** *(fam)* to be [always] on the move
Ach·sel <-, -n> ['aksl] *f* ① ANAT armpit
② *(fam: Schulter)* shoulder; **die** [*o* **mit den**] **~n zucken** to shrug one's shoulders
Ach·sel·haa·re *pl* armpit [*or* underarm] hair **Ach·sel·höh·le** *f* armpit **Ach·sel·klap·pe** *f* epaulette **Ach·sel·pols·ter** *nt* shoulder padding **Ach·sel·stück** *nt* MIL epaulette **Ach·sel·zu·cken** <-> *nt kein pl* shrug [of the shoulders] **ach·sel·zu·ckend** I. *adj* shrugging II. *adv* with a shrug [of the shoulders]
Ach·sen·bruch *m* broken axle **Ach·sen·kreuz** *nt* MATH axes of coordinates, coordinate axes **Ach·sen·mäch·te** *pl* HIST ■**die** ~ the Axis Powers **Ach·sen·nei·gung** *f kein pl* MATH obliquity of axes **Achs·la·ger** *nt* AUTO axle bearing **Achs·last** *f* AUTO axle weight **Achs·stand** *m* AUTO wheelbase **Achs·wel·le** *f* AUTO drive shaft
acht[1] [axt] *adj* ① *(Zahl)* eight; ~ ***mal drei sind***

gleich 24 eight times three is 24; ***das kostet ~ Euro*** that costs eight euros; ***die Linie ~ fährt zum Bahnhof*** the No. 8 goes to the station; ***es steht ~ zu drei*** the score is eight three [*or* 8-3]; **in Kapitel ~** in chapter eight; **in ~ verschiedenen Farben/Größen** in eight different colours/sizes; **~ zu eins wetten** to bet at eight to one
② *(Alter)* eight; **~ [Jahre alt] sein/werden** to be/turn eight [years old]; **mit ~ [Jahren]**, *geh* **im Alter von ~ Jahren** at the age of eight, at eight [years old], as an eight-year-old
③ *(Zeitangabe)* eight; **~ Uhr sein** to be eight o'clock; **gegen ~ [Uhr]** [at] about [*or* around] eight [o'clock]; **um ~ [Uhr]** at eight [o'clock]; **... [Minuten] nach/vor ~** ... [minutes] past [*or* AM *usu* after]/ to [*or* AM *usu* before] eight [o'clock]; **kurz nach/vor ~ [Uhr]** just [*or* shortly] after/before eight [o'clock]; **halb ~** half past [*or* BRIT *fam* half] seven, seven thirty; **~ Uhr dreißig** half past [*or* BRIT *fam* half] eight, eight thirty
④ *(Woche)* **alle ~ Tage** [regularly] every week; **heute/Freitag in ~ Tagen** a week today/on Friday; **heute/Freitag vor ~ Tagen** a week ago today/on Friday

acht[2] [axt] *adv* **zu ~ sein**: ***wir waren zu ~*** there were eight of us

Acht[1] <-, -en> [axt] *f* ① *(Zahl)* eight
② *(etw von der Form einer 8)* ***ich habe eine ~ im Vorderrad*** my front wheel is buckled; **auf dem Eis eine ~ laufen** to skate a figure of eight on the ice
③ *(hum fam: Handschellen)* handcuffs
④ KARTEN ■**die/eine ~** the/an eight; **die Herz-/Kreuz-~** the eight of hearts/clubs
⑤ *(Verkehrslinie)* ■**die ~** the [number] eight; ***die ~ fährt zum Bahnhof*** the No. 8 goes to the station

Acht[RR2] [axt] *f* **~ geben** [*o* **haben**] to be careful; ***sie gab genau acht, was der Professor sagte*** she paid careful attention to what the professor said; **auf jdn/etw ~ geben** [*o* **haben**] to look after [*or fam* keep an eye on] sb/sth; **~ geben** [*o* **haben**]**, dass ...** to be careful that ...; ***gib ~, dass dir niemand das Fahrrad klaut!*** watch out that nobody pinches your bike!; **etw außer ~ lassen** to not take sth into account [*or* consideration]; ***wir haben ja ganz außer ~ gelassen, dass der Friseur geschlossen hat!*** we completely forgot that the hairdresser is closed!; **sich in ~ nehmen** to be careful, to take care; ***nimm dich bloß in ~, Bürschchen!*** just you watch it, mate *fam*!; **sich [vor jdm/etw] in ~ nehmen** to be wary [of sb/sth]; ***vielen Dank für die Warnung, ich werde mich in ~ nehmen*** thank you for the warning, I'll be on my guard; ***nimm dich in ~ vor dieser gefährlichen Kurve!*** please take care on this dangerous bend!

Acht[3] <-> [axt] *f* ① HIST *(Entzug der bürgerlichen Rechte)* ■**die ~** outlawry; **in ~ und Bann sein** to be outlawed
② *(Ausschluss aus christlicher Gemeinschaft)* **jdn in ~ und Bann tun** to excommunicate sb; *(verdammen)* to ostracize sb

acht·bar *adj (geh)* respectable

Acht·bar·keit <-> *f (geh)* respectability

ach·te(r, s) ['axtə, -tɐ, -təs] *adj* ① *(nach dem siebten kommend)* eighth; **an ~r Stelle** [in] eighth [place]; **die ~ Klasse** third year of senior school BRIT, eighth grade AM
② *(Datum)* eighth; ***heute ist der ~ Mai*** it's the eighth of May today; **am ~n September** on the eighth of September

Ach·te(r) ['axtə, -tɐ] *f(m) dekl wie adj* ① *(Person)* ■**der/die/das ~** the eighth; ***du bist jetzt der ~, der fragt*** you're the eighth person to ask; **als ~ an der Reihe** [*o* **dran**] **sein** to be the eighth [in line]; **~[r] sein/werden** to be/finish [in] eighth [place]; **als ~r durchs Ziel gehen** he finished eighth, he crossed the line in eighth place; **jeder ~** every eighth person, one in eight [people]
② *(bei Datumsangabe)* ■**der ~** [*o geschrieben* **der 8.**] the eighth *spoken*, the 8th *written;* ■**am ~n** on the eighth
③ *(Namenszusatz)* **Karl der ~** [*o geschrieben* **Karl VIII.**] Karl the Eighth *spoken* [*or written* Karl VIII]

Acht·eck ['axtʔɛk] *nt* octagon

acht·eckig *adj* octagonal, eight-sided *attr*

acht·ein·halb ['axtʔain'halp] *adj* eight and a half; *s. a.* **anderthalb**

ach·tel ['axtl̩] *adj* eighth

Ach·tel <-s, -> ['axtl̩] *nt o* SCHWEIZ *m* eighth; **zwei/drei ~** two/three eighths; **ein ~ Rotwein** a small glass of red wine *(measuring 125 ml)*

Ach·tel·fi·na·le *nt* round of the last sixteen, eighth-finals *rare;* ***die Sieger des ~s*** the winners from the last sixteen **Ach·tel·no·te** *f* MUS quaver **Ach·tel·pau·se** *f* MUS quaver rest

ach·ten ['axtn̩] **I.** *vt (schätzen)* ■**jdn ~** to respect sb; ■**jdn als etw ~** to respect sb as sth
II. *vi* ① *(aufpassen)* ■**auf jdn/etw ~** to look after [*or fam* keep an eye on] sb/sth
② *(beachten)* ■**auf jdn/etw ~** to pay attention to sb/sth; **auf das Kleingedruckte ~** to pay attention to the small print
③ *(darauf sehen)* ■**darauf ~, etw zu tun** to remember to do sth; ***achtet aber darauf, dass ihr nichts umwerft!*** be careful [*or* take care] not to knock anything over!

äch·ten ['ɛçtn̩] *vt* ① *(verdammen)* ■**jdn ~** to ostracize sb
② HIST *(proskribieren)* ■**jdn [für etw** *akk*] **~** to outlaw sb [for sth]

ach·tens ['axtn̩s] *adv* eighthly

ach·tens·wert *adj* **ein ~er Erfolg** a commendable success, commendable efforts; **eine ~e Person** a worthy person

Ach·ter <-s, -> ['axtɐ] *m (Ruderboot)* ■**ein ~** an eight

Ach·ter·bahn *f* roller-coaster; **~ fahren** to ride [*or* go] on a roller coaster **Ach·ter·deck** *nt* after deck

ach·ter·lei ['axtɐ'lai] *adj inv* eight [different]; **~ Brot/Käse** eight [different] kinds of bread/cheese; **in ~ Farben/Größen** in eight [different] colours [*or* AM -ors]/sizes

ach·tern ['axtɐn] *adv* NAUT aft, astern; **nach/von ~** aft/from aft, astern/from astern

acht·fach, 8·fach ['axtfax] **I.** *adj* eightfold; **die ~e Menge** eight times the amount; **bei ~er Vergrößerung** enlarged eight times; **in ~er Ausfertigung** eight copies of
II. *adv* eightfold, eight times over

Acht·fa·che, 8·fa·che *nt dekl wie adj* the eightfold *rare;* ■**das ~ an etw** *dat* eight times as much of sth; **um das ~ größer/höher sein** to be eight times bigger [*or* as big]/higher [*or* as high]; **um das ~ erhöhen** to increase eightfold [*or* eight times]

acht|ge·ben *vi irreg s.* **Acht[2]**

acht·ge·schos·sig *adj* eight-storey [*or* AM *a.* -story] *attr;* ***das Haus ist ~*** the house has eight storeys

acht|ha·ben *vi irreg (geh) s.* **Acht[2]**

acht·hun·dert ['axt'hʊndɐt] *adj* eight hundred; *s. a.* **hundert** **acht·hun·dert·jäh·rig** *adj* eight hundred-year-old *attr;* **das ~e Bestehen von etw feiern** to celebrate the octocentenary [*or* octocentennial] of sth

acht·jäh·rig, 8-jäh·rig[RR] ['axtjɛːrɪç] *adj* ① *(Alter)* eight-year-old *attr,* eight years old *pred;* ***ein ~er Junge*** an eight-year-old boy, a boy of eight; **das ~e Jubiläum einer S.** *gen* the eighth anniversary of sth
② *(Zeitspanne)* eight-year *attr;* **eine ~e Amtszeit** an eight-year tenure, a tenure [of] eight years

Acht·jäh·ri·ge(r), 8-Jäh·ri·ge(r)[RR] ['axtjɛːrɪgə, -gɐ] *f(m) dekl wie adj* eight-year-old

acht·kan·tig *adj* MATH octagonal, eight-sided
▸ WENDUNGEN: **jdn ~ hinauswerfen** [*o* **rausschmeißen**] *(sl)* to throw sb out on his/her ear *fam*

acht·köp·fig *adj* eight-headed *attr;* ***eine ~e Familie*** a family of eight

acht·los I. *adj* careless, thoughtless; ■**~ von jdm sein, etw zu tun** to be thoughtless of sb to do sth
II. *adv* without noticing; **~ *ging er an ihr vorbei*** he went past her without noticing

Acht·lo·sig·keit <-> *f* ① *(Unachtsamkeit)* carelessness
② *(unachtsames Verhalten)* thoughtlessness

acht·mal, 8-mal[RR] ['axtmaːl] *adv* eight times; **~ so viel/so viele** eight times as much/as many

acht·ma·lig, 8-ma·lig[RR] ['axtmaːlɪç] *adj* eight times over; ***nach ~em Klingeln*** after ringing [the bell] eight times [*or* for the eighth time], after eight rings of the bell

Acht·mo·nats·angst *f* PSYCH anxiety of an eight-month-old child

acht·sam ['axtzaːm] **I.** *adj (geh)* careful; ■**~ sein [mit etw** *dat*] to be careful [with sth]
II. *adv (geh)* carefully; ***bitte gehen Sie sehr ~ damit um!*** please take great care with this!

Acht·sam·keit <-> *f kein pl (geh)* care

Acht·sit·zer <-s, -> *m* eight-seater **Acht·spur·tech·nik** *f* MUS, TV eight-track technology

acht·stö·ckig, 8-stö·ckig[RR] *adj inv* eight-storey [*or* AM *a.* -story] *attr,* with eight storeys *pred*

Acht·stun·den·tag [axt'ʃtʊndn̩taːk] *m* eight-hour day

acht·stün·dig, 8-stün·dig[RR] ['axtʃtʏndɪç] *adj* eight-hour *attr,* lasting eight hours *pred;* **~er Arbeitstag** eight-hour day

acht·tä·gig, 8-tä·gig[RR] ['axttɛːgɪç] *adj* eight-day *attr,* lasting eight days *pred*

acht·tau·send ['axt'tauznt] *adj* ① *(Zahl)* eight thousand; *s. a.* **tausend 1** ② *(fam: Geld)* eight grand *no pl,* eight thou *no pl sl,* eight G's [*or* K's] *no pl* AM *sl*
Acht·tau·sen·der <-s, -> ['axt'tauzndɐ] *m* mountain over 8,000 metres [*or* AM -ers]

acht·tei·lig, 8-tei·lig[RR] *adj* eight-part; *Besteck* eight-piece

Acht·und·sech·zi·ger(in) <-s, -> *m(f) sb who took an active part in the demonstrations and student revolts of 1968*

Ach·tung[1] ['axtʊŋ] *interj* ■**~!** ① *(Vorsicht)* watch [*or* look] out!; *(vorsichtigere Warnung)* careful!; **„~ *Hochspannung!*"** "danger, high voltage!"; **„~ *Lebensgefahr!*"** "danger [to life]!"; **„~ *Stufe!*"** "mind the step"
② *(Aufmerksamkeit)* [your] attention please!; **~, ~, *eine wichtige Durchsage!*** [your] attention please, this is an important message!
③ MIL attention!; **~, *präsentiert das Gewehr!*** present arms!
▸ WENDUNGEN: **~, fertig, los!** ready, steady, go!; **~, *auf die Plätze, fertig, los!*** on your marks, [get] set, go!

Ach·tung[2] <-> ['axtʊŋ] *f kein pl* ① *(Beachtung)* ■**die ~ einer S.** *gen* respect for sth
② *(Wertschätzung)* ■**~ [vor jdm/etw]** respect [for sb/sth]; **[keine] ~ vor jdm/etw haben** to have [no] respect for sb/sth; **sich** *dat* **[bei jdm] ~ verschaffen** to earn [sb's] respect; ***alle ~!*** well done!; **bei aller ~ [vor jdm/etw]** with all due respect [for sb/sth]; **~ gebietend** *(geh)* awe-inspiring

Äch·tung <-, -en> *f* ① *(Verfemung)* ostracism
② *(Verdammung)* condemnation
③ HIST *(Erklärung der Acht)* outlawing

ach·tung·ge·bie·tend *adj (geh) s.* **Achtung[2] 2**

Ach·tungs·app·laus *m* polite applause **Ach·tungs·er·folg** *m* reasonable success

acht·zehn ['axtseːn] *adj* eighteen; **ab ~ frei[gegeben] sein** *Film* for eighteens and over; ■**~ Uhr** 6pm, 1800hrs *written,* eighteen hundred hours *spoken; s. a.* **acht[1]**

acht·zehn·te(r, s) *adj* eighteenth; *s. a.* **achte(r, s)**

Acht·zell·sta·di·um *nt* BIOL eight-cell stage

acht·zig ['axtsɪç] *adj* ① *(Zahl)* eighty; ***die Linie ~ fährt zum Bahnhof*** the No. 80 goes to the station; **~ [Jahre alt] sein** to be eighty [years old]; **mit ~ [Jahren]** at the age of eighty, at eighty [years old], as an eighty-year-old; **über ~ sein** to be over eighty; **Mitte ~ sein** to be in one's mid-eighties
② *(fam: Stundenkilometer)* eighty [kilometres [*or* AM -ers] an hour]; **[mit] ~ fahren** to do [*or* drive at] eighty [kilometres an hour]
▸ WENDUNGEN: **jdn auf ~ bringen** *(fam)* to make sb's blood boil, to make sb flip his/her lid; **auf ~ sein** *(fam)* to be hopping mad *fam; s. a.* **Sache**

Acht·zig <-> ['axtsɪç] *f* eighty

acht·zi·ger, 80er ['axtsɪgɐ] *adj attr, inv* ① *(das Jahr-*

zehnt von 80 bis 90) **die ~ Jahre** the eighties, the '80s
② *(aus dem Jahr -80 stammend)* [from] '80; **ein ~ Jahrgang** an '80 vintage
Acht·zi·ger¹ <-s, -> ['axtsɪgɐ] *m (Wein aus dem Jahrgang -80)* '80 vintage
Acht·zi·ger² <-, -> ['axtsɪgɐ] *f (Briefmarke im Wert von 80 Cent)* eighty-cent stamp
Acht·zi·ger(in) <-s, -> ['axtsɪgɐ] *m(f)* octogenarian; **in den ~n sein** to be in one's eighties; ***meine Mutter ist schon eine ~ in*** my mother's already in her eighties
Acht·zi·ger·jah·re ['axtsɪgeja:rə] *pl* ■**die ~** the eighties [*or* '80s]
acht·zig·jäh·rig, 80-jährig^RR^ ['axtsɪçjɛ:rɪç] *adj* ① *(Alter)* eighty-year-old *attr,* eighty years old *pred*
② *(Zeitspanne)* eighty-year *attr*
Acht·zig·jäh·ri·ge(r), 80-Jährige(r)^RR^ ['axtsɪçjɛ:rɪgə, -gɐ] *f(m) dekl wie adj* eighty-year-old
acht·zig·ste(r, s) ['axtsɪçstə, -tɐ, -təs] *adj* eighth; *s. a.* **achte(r, s)**
Acht·zy·lin·der ['axttsilɪndɐ] *m (fam)* ① *(Wagen)* eight-cylinder car ② *(Motor)* eight-cylinder engine **Acht·zy·lin·der·mo·tor** *m* eight-cylinder engine **acht·zy·lind·rig** ['axttsilɪndrɪç] *adj* eight-cylinder; ■**~ sein** to have eight cylinders
äch·zen ['ɛçtsn̩] *vi* ① *(stöhnen)* to groan; **~ und stöhnen** *(fam)* to moan and groan *fam*
② *(knarren)* to creak
Äch·zer <-s, -> *m (schwerer Seufzer)* groan
▸WENDUNGEN: **seinen letzten ~ tun** *(fam)* to draw one's last breath
Aci·di·tät [atsidi'tɛ:t] *f kein pl* CHEM acidity
Acker <-s, Äcker> ['akɐ, *pl* 'ɛkɐ] *m* field; **den ~/die Äcker bestellen** to plough the field[s], to till the soil
Acker·bau *m kein pl* [arable] farming; **~ betreiben** to farm [the land], to till the soil
acker·bau·trei·bend *adj attr* farming
Acker·bee·re *f* dewberry **Acker·boh·ne** *f* broad bean **Acker·flä·che** *f* area of arable land **Acker·gaul** *m (pej: Pferd)* cart-horse, old nag *pej* ▸WENDUNGEN: **aus einem ~ kann man kein Rennpferd machen** *(prov)* you can't make a silk purse out of a sow's ear *prov* **Acker·ge·rät** *nt* farm[ing] implement **Acker·klee** *m* field clover **Acker·knob·lauch** *nt* wild leek **Acker·kru·me** *f* topsoil **Acker·land** *nt kein pl* arable [farm]land
ackern ['akɐn] *vi* ① *(fam: hart arbeiten)* to slog away *fam*
② *(das Feld bestellen, pflügen)* to till the soil
Acker·sa·lat *m* DIAL lamb's lettuce **Acker·schne·cke** *f* ZOOL field slug **Acker·senf** *m* field mustard **Acker·wi·cke** *f* field vetch **Acker·win·de** *f* BOT field bindweed
a con·to [a 'kɔnto] *adv* on account
Acryl <-s> [a'kry:l] *nt* acrylic
Acryl·far·be *f* acrylic paint **Acryl·glas** *nt* acrylic glass
Ac·ti·ni·um <-s> [ak'ti:ni̯ʊm] *nt* actinium
ac·tio li·be·ra in cau·sa ['aktsi̯o 'li:bera: ɪn 'kau̯za] JUR criminal responsibility as a result of knowingly bringing about a condition of alcoholic incapacity in order to commit an offence
Ac·tion <-> ['ɛkʃn̩] *f (fam)* action *fam;* **jede Menge ~** loads of action; *(bei Veranstaltung a.)* lots going on
Ac·tion·film *m* action film **ac·tion·ge·la·den** *adj* action packed **Ac·tion·ki·no** *nt* action cinema, AM *a.* action movies
ac·tio pro so·cio ['aktsi̯o 'pro: 'zotsi̯o] JUR action by a partner against one or several of his associates in respect of recovery for the partnership as a whole
Ac·tiveX <-> *f* INET *(MS-Programmiersprache)* ACTIVEX
a. D. [a:'de:] *Abk von* **außer Dienst** retd.
A. D. [a:'de:] *Abk von* **Anno Domini** AD
ad ab·sur·dum [at ap'zʊrdʊm] *adv* [**etw**] **~ führen** *(geh)* to make nonsense of [sth]
ADAC <-> [a:de:ʔa:'tse:] *m kein pl Abk von* **Allgemeiner Deutscher Automobil-Club** *German automobile club,* ≈ AA BRIT, ≈ RAC BRIT, ≈ AAA AM

ad ac·ta [at 'akta] *adv* **etw ~ legen** *(geh)* to consider sth [as] finished [*or* closed]
Ada·gio <-> [a'da:ʒ] *f kein pl (Schrittfolge beim Tanz)* adagio
Adam <-s, -s> ['a:dam] *m* ① *(Name)* Adam
② *(hum: Mann)* man
▸WENDUNGEN: **bei ~ und Eva anfangen** *(fam)* to start from scratch [*or* the very beginning]; **noch von ~ und Eva stammen** *(fam)* to be out of the ark *fam;* **nach ~ Riese** *(fam)* according to my calculations; **seit ~s Zeiten** *(fam)* for God knows how long *fam*
Adams·ap·fel *m (fam)* Adam's apple **Adams·kos·tüm** *nt* ▸WENDUNGEN: **im ~** *(hum fam)* in one's birthday suit
Adap·ta·ti·on <-, -en> [adapta'tsi̯o:n] *f (fachspr) s.* **Adaption Adap·ta·ti·ons·recht** *nt* right of adaptation
Adap·ter <-s, -> [a'daptɐ] *m* adapter, adaptor
Adap·ter·ka·bel *m* INFORM adapter cable **Adap·ter·kar·te** *m* INFORM adapter card
adap·tie·ren* [adap'ti:rən] **I.** *vt* ① *(umarbeiten)* ■**etw** [**für etw** *akk*] **~** to adapt sth [for sth]
② ÖSTERR *(herrichten)* ■**etw ~** to renovate sth; ***der neue Mieter muss die Wohnung noch mit Tapeten und Fußbodenbelägen ~*** the new tenant still has to fit the flat out with wallpaper and floor coverings
II. *vr* ■**sich** *akk* **an etw** *akk* **~** to adapt to sth
Adap·ti·on <-, -en> [adap'tsi̯o:n] *f* ① *kein pl (Einfügung)* ■**jds ~ an etw** *akk* sb's adaptation to sth; ***die ~ an seine neue Umgebung fiel ihm nicht leicht*** it wasn't easy for him to adapt to his new surroundings
② LIT adaptation
Ad·äquanz·the·o·rie [adɛ'kvants-] *f* JUR theory of adequate causation
ad·äquat [adɛ'kva:t] *adj* adequate; **~e Position/Stellung/~es Verhalten** suitable position/job/behaviour [*or* AM -or]; **~e Kritik** valid criticism; ■**etw** *dat* **~ sein** to be appropriate [*or* in proportion] to sth
Ad·äquat·heit <-> *f kein pl (geh)* adequacy; *Kritik* validity
ADD <-> [a:de:'de:] *f kein pl* PSYCH *Abk von* **Attention Deficit Disorder** ADD
A/D-D/A-Wand·ler <-s, -> *m* INFORM *s.* **Analog-Digital und Digital-Analog-Wandler** A/D and D/A converter
ad·die·ren* [a'di:rən] **I.** *vt* ■**etw ~** to add up sth *sep;* ■**etw zu etw** *dat* **~** to add sth to sth
II. *vi* to add; ***ich habe mich beim A~ vertan*** I've made a mistake counting
Ad·dis Abe·ba <-s> ['adɪs 'a:beba] *nt* Addis Ababa
Ad·di·ti·on <-, -en> [adi'tsi̯o:n] *f* addition
Ad·di·tiv <-s, -e> [adi'ti:f, *pl* adi'ti:və] *nt* CHEM additive; **bleihaltige ~e** additives *pl* containing lead
Ad·di·ti·vi·tät <-> [aditivi'tɛ:t] *f kein pl* FIN additive potential
Ad·duk·tor <-s, Adduktoren> [a'dʊkto:ɐ̯, *pl* -to:rən] *m* MED adductor
ade [a'de:] *interj* SÜDD goodbye; [**jdm**] **~ sagen** to say goodbye [to sb]; **jdm/etw ~ sagen** to bid sb/sth farewell
Adel <-s> ['a:dl] *m kein pl* ① *(Gesellschaftsschicht)* nobility, aristocracy
② *(Zugehörigkeit zum Adel)* [membership of the] nobility [*or* aristocracy]; **~ *verpflichtet*** noblesse oblige; **jdm den ~ verleihen** to bestow a title on sb, to raise sb to the peerage BRIT; **alter ~** ancient nobility, ancienne noblesse; **aus altem ~ stammen** to be a member of the ancient nobility [*or* from an old aristocratic family] [*or* aristocratic lineage]; **erblicher ~** hereditary title [*or* peerage]; **der hohe ~** the higher nobility, the aristocracy; **der niedere ~** the lesser nobility; **persönlicher ~** non-hereditary title, life peerage; **verarmter ~** impoverished nobility; **von ~** of noble birth; **von ~ sein** to be [a] noble [*or* of noble birth] [*or* a member of the nobility]
③ *(geh: edle Gesinnung)* nobility; ■**der ~ einer S.** *gen* the nobility of sth
ade·lig ['a:dəlɪç] *adj s.* **adlig**
Ade·li·ge(r) ['a:dəlɪgə, -gɐ] *f(m) dekl wie adj s.* **Adlige(r)**
adeln ['a:dl̩n] *vt* ■**jdn ~** ① *(den Adel verleihen)* to bestow a title on sb, to raise sb to the peerage
② *(geh: auszeichnen)* to ennoble sb; ***deine Großmut adelt dich sehr*** your magnanimity does you credit
Adels·stand <-s, -> *m* nobility; **jdn in den ~ erheben** to raise sb to the nobility **Adels·ti·tel** *m* title [of nobility]
ade·no·id [adeno'i:t] *adj* MED *(drüsenartig)* adenoid
Ade·nom <-s, -e> [ade'no:m] *nt* MED *(Geschwulst)* adenoma
Ade·no·sin·tri·phos·phat [adenozi:ntri:'-] *nt* BIOL adenosine triphosphate
Ade·no·vi·rus [adeno'vi:rʊs] *nt* MED adenovirus
Ader <-, -n> ['a:dɐ] *f* ① *(Vene)* vein; *(Schlagader)* artery; **sich** *dat* **die ~n aufschneiden** to slash one's wrists; **jdn zur ~ lassen** *(veraltet)* to bleed sb; *(fig)* to milk sb
② *(Erzgang)* vein
③ *(einzelner Draht)* core
④ BOT vein
⑤ *(Begabung)* **eine ~ für etw** *akk* **haben** to have a talent for sth; **jds ~ sein** to be sb's forte; **eine künstlerische/musikalische/poetische ~ haben** to have an artistic/musical/poetic bent
Äder·chen <-s, -> ['ɛ:dɐçən] *nt dim von* **Ader** small vein; **erweiterte ~** broken capillaries *pl*
Ader·haut *f* ANAT *(Blutgefäß-Schicht des Auges)* choroid coat **Ader·lass^RR^** <-es, -lässe>, **Ader·laß^ALT^** <-lasses, -lässe> *m* ① *(geh: fühlbarer Verlust)* drain
② MED *(veraltet)* bleeding
Äde·rung <-, -en> *f* ① ANAT veining
② BOT venation
ADFC <-> [a:de:ʔɛf'tse:] *m kein pl Abk von* **Allgemeiner Deutscher Fahrrad-Club** ≈ Royal Cycling Club
Ad·hä·si·ons·ver·fah·ren [athɛ'zi̯o:ns-] *nt* JUR adhesive procedure **Ad·hä·si·ons·ver·schluss^RR^** [athɛ'zi̯o:ns-] *m* [reusable] adhesive seal
ad hoc [at 'hɔk] *adv (geh)* ad hoc
Ad-hoc-Kre·dit *m* FIN ad hoc loan **Ad-hoc-Maß·nah·me** *f (geh)* ad hoc measure
adi·eu [a'di̯ø:] *interj (geh) s.* **ade**
adi·pös [adi'pø:s] *adj* adipose
Adi·po·si·tas <-> [adi'po:zitas] *f kein pl* MED *(fachspr: Fettsucht)* adiposity
Adi·ron·dack Ge·bir·ge [ædɪ'rɔndæk] *nt* Adirondacks *pl*
Ad·jek·tiv <-s, -e> ['atjɛkti:f, *pl* -i:və] *nt* adjective
ad·jek·ti·visch ['atjɛkti:vɪʃ] *adj* adjectival
Ad·ju·di·ka·ti·on <-, -en> [atjudika'tsi̯o:n] *f* JUR adjudication
Ad·junkt(in) <-en, -en> [at'jʊŋkt] *m(f)* ÖSTERR, SCHWEIZ *(unterer Beamter)* low-ranking civil servant
ad·jus·tie·ren* [atjʊs'ti:rən] *vt* ■**etw ~** to adjust sth; **ein Messgerät/die Waage ~** to set a gauge/the scales; **ein Zielfernrohr ~** to collimate a telescope
Ad·ju·tant(in) <-en, -en> [atju'tant] *m(f)* adjutant, aide-de-camp
Ad·ler <-s, -> ['a:dlɐ] *m* eagle
Ad·ler·au·ge *nt* eagle eye; **~n haben** *(fig)* to be eagle-eyed, to have eagle eyes; *(alles sehen)* to be hawk-eyed, to have eyes like a hawk **Ad·ler·farn** *m* bracken **Ad·ler·horst** *m* eyrie **Ad·ler·lachs** *m* meagre, shadefish **Ad·ler·na·se** *f* aquiline nose **Ad·ler·ro·chen** *m* eagle ray
ad·lig ['a:dlɪç] *adj* aristocratic, noble; ***er kann eine lange Reihe ~er Vorfahren vorweisen*** he comes from a long line of aristocrats; ■**~ sein** to have a title, to be titled
Ad·li·ge(r) ['a:dlɪgə, -gɐ] *f(m) dekl wie adj* aristocrat, nobleman *masc,* noblewoman *fem*
Ad·mi·nis·tra·ti·on <-, -en> [atmɪnɪstra'tsi̯o:n] *f* ① *(Verwaltung)* administration
② POL *(Regierung)* administration, government
ad·mi·nis·tra·tiv [atmɪnɪstra'ti:f] **I.** *adj* administrative
II. *adv* administratively

Ad·mi·nis·tra·tiv·ent·eig·nung *f* JUR expropriation by administrative authorities

Ad·mi·nis·tra·tor(in) <-s, -oren> [atminɪsˈtraːtoːɐ̯, *pl* -ˈtoːrən] *m(f)* ❶ *(Verwalter)* administrator ❷ REL administrator ❸ INFORM administrator

Ad·mi·ral[1] <-s, -e> [atmiˈraːl] *m (Schmetterlingsart)* red admiral

Ad·mi·ral(in)[2] <-s, -e *o* Admiräle> [atmiˈraːl, *pl* -rɛːlə] *m(f)* admiral

Ad·mi·ra·li·tät <-, -en> [atmiraliˈtɛːt] *f* admirals *pl,* admiralty *no pl,* Admiralty [Board] BRIT, Navy Department AM

Ad·mi·rals·rang *m* rank of admiral; ■**im** ~ holding the rank of admiral

ADN <-> [aːdeːˈʔɛn] *m kein pl Abk von* **Allgemeiner Deutscher Nachrichtendienst** *news agency in the former GDR*

Ado·nis <-, -se> [aˈdoːnɪs] *m (geh)* Adonis; ***du bist auch nicht gerade ein ~!*** you're no oil-painting yourself! *fam*

adop·tie·ren* [adɔpˈtiːrən] *vt* ■**jdn** ~ to adopt sb; ■**adoptiert sein/werden** to be adopted

Adop·ti·on <-, -en> [adɔpˈtsi̯oːn] *f* adoption; **ein Kind zur ~ freigeben** to put a child up for adoption

Adop·ti·o·nis·mus <-> *m kein pl* REL adoptionism

Adop·tiv·el·tern [adɔpˈtiːf-] *pl* adoptive parents **Adop·tiv·kind** *nt* adopted [*or* adoptive] child

Adr. *f Abk von* **Adresse** addr.

ADR <-> [aːdeːˈʔɛr] *nt kein pl Abk von* **Astra Digital Radio** ADR

Ad·re·na·lin <-s> [adrenaˈliːn] *nt kein pl* adrenalin

Ad·re·na·lin·spie·gel *m* adrenalin level **Ad·re·na·lin·stoß** *m* rush [*or* surge] of adrenalin

Ad·ress·an·hän·ger[RR] [aˈdrɛs-] *m* address tag

Ad·res·sat(in) <-en, -en> [adrɛˈsaːt] *m(f)* ❶ *(geh: Empfänger)* addressee ❷ *(geh: Zuständiger) person, to whom sb should direct themselves;* ***unser Abteilungsleiter ist Ihr ~*** our head of department is the person you should go [*or* turn] to ❸ *pl* ÖKON *(Zielgruppe)* target group[s]

Ad·res·sa·ten·grup·pe *f* target group **Ad·res·sa·ten·kreis** *m* target group

Ad·res·sa·tin <-, -nen> *f fem form von* **Adressat**

Ad·ress·buch[RR] *nt* ❶ *(amtliches Adressverzeichnis)* directory ❷ *(Notizbuch für Adressen)* address book **Ad·ress·bus**[RR] *m* INFORM address bus **Ad·ress·da·tei**[RR] *f* INFORM address file

Ad·res·se <-, -n> [aˈdrɛsə] *f* ❶ *(Anschrift)* address ❷ INFORM address ❸ *(Name)* **eine gute** [*o* **feine**] ~ a leading name ►WENDUNGEN: **an jds eigene ~ gehen** [*o* **sich an jds eigene ~ richten**] *(geh: an jdn selbst)* to be addressed [*or* directed] at sb [personally]; **bei jdm** [**mit etw**] **an der falschen/richtigen ~ sein** to have addressed [*or* come to] the wrong/right person [*or* knocked at the wrong door] [with sth]; **bei jdm** [**mit etw**] **an die falsche** [*o* **verkehrte**]/**richtige ~ geraten** *(fam)* to address the wrong/right person [with sth], to knock at [*or* come to] the wrong door; **sich** *akk* **an die falsche/richtige ~ wenden** *(fam)* to come [*or* go] to the wrong/right place [*or* person], to knock at the wrong/right door; **etw an jds ~ richten** *(geh)* to address sth to sb; **eine Warnung an jds ~ richten** to issue [*or* address] a warning to sb, to warn sb

Ad·res·sen·lis·te *f* list of addresses; HANDEL *(Verteiler)* mailing list **Ad·res·sen·ver·wal·tung** *f* INFORM address administration [*or* management]

ad·res·sie·ren* [adrɛˈsiːrən] *vt* ■**etw** [**an jdn/etw**] ~ to address sth to sb/sth

Ad·res·sier·ma·schi·ne *f* addressing machine, Addressograph®

Ad·res·sie·rung <-, -en> *f* INFORM addressing

Ad·ress·lis·te[RR] *f* INFORM mailing list **Ad·ress·raum**[RR] *m* INFORM address space

ad·rett [aˈdrɛt] **I.** *adj (hübsch, gepflegt)* smart; **ein ~es Äußeres** a smart [*or* well-groomed] appearance **II.** *adv* neatly, smartly; ***sie ist immer ~ gekleidet*** she's always neatly turned out [*or* smartly dressed]

Ad·ria <-> [ˈaːdri̯a] *f* ■**die** ~ the Adriatic [Sea]

ad·ri·a·tisch [adriˈaːtɪʃ] *adj* Adriatic

Ad·scha·re, Ad·scha·rin <-n, -n> [aˈdʒaːrə, aˈdʒaːrɪn] *m, f* Adzhar

Ad·scha·ri·en <-s> [aˈdʒaːri̯ən] *nt* Adzharia

ad·scha·risch [aˈdʒaːrɪʃ] *adj* Adzhar

Ad·scha·risch [aˈdʒaːrɪʃ] *nt dekl wie adj* Adzhar

ADSL <-, -[s]> [aːdeːɛsˈɛl] *f Abk von* **Asynchronous Digital Subscriber Line** ADSL

ad·sor·bie·ren [atzɔrˈbiːrən] *vt* ■**etw** ~ to adsorb sth

Ad·sorp·ti·on <-, -en> [atzɔrpˈtsi̯oːn] *f* adsorption **Ad·sorp·ti·ons·ana·ly·se** *f kein pl* CHEM chromatographic analysis

Ad·strin·gens <-, -gentien *o* -gentia> [atˈstrɪŋgɛns, *pl* -ˈgɛntsi̯ən, -ˈgɛntsi̯a] *nt* MED astringent

ad·strin·gie·rend [atstrɪŋˈgiːrənt] *adj* MED astringent

Ad·vent <-s, -e> [atˈvɛnt] *m* Advent [season]; ■**im** ~ during [the] Advent [season]; **erster/zweiter/dritter/vierter** ~ first/second/third/fourth Sunday in Advent

Ad·ven·tist(in) <-en, -en> [atvɛnˈtɪst] *m(f)* REL Adventist

Ad·vents·ka·len·der *m* Advent calendar **Ad·vents·kranz** *m* Advent wreath **Ad·vents·sonn·tag** *m* Advent Sunday **Ad·vents·zeit** *f* Advent [season]

Ad·ven·ture <-[s], -s> [ɛtˈvɛntʃɐ] *nt* INFORM *(Computerspiel-Genre)* adventure [game]

Ad·verb <-s, -ien> [atˈvɛrp, *pl* -bi̯ən] *nt* adverb

ad·ver·bi·al [atvɛrˈbi̯aːl] **I.** *adj* adverbial **II.** *adv* adverbially

Ad·ver·bi·al·be·stim·mung *f* adverbial qualification **Ad·ver·bi·al·satz** *m* adverbial clause

Ad·vo·kat(in) <-en, -en> [atvoˈkaːt] *m(f)* ❶ ÖSTERR, SCHWEIZ *(Rechtsanwalt)* lawyer, solicitor BRIT, attorney AM ❷ *(geh: Fürsprecher)* advocate

Ad·vo·ka·tur <-, -en> [atvokaˈtuːɐ̯] *f* SCHWEIZ ❶ *(Amt eines Advokaten)* legal profession ❷ *(Kanzlei eines Advokaten)* lawyer's office

Ad·vo·ka·tur·bü·ro *nt* SCHWEIZ *(Anwaltsbüro)* lawyer's office

Ad·vo·ka·turs·kanz·lei *f* ÖSTERR *(Anwaltskanzlei)* lawyer's [*or* AM *a.* law] office

A/D-Wand·ler <-s, -> *m* INFORM *s.* **Analog-Digital-Wandler** A/D converter

Ad·zu·ki·boh·ne *f* adzuki bean

AE <-, -[s]> *f Abk von* **astronomische Einheit** AU, astronomical unit

Ae·ro·bic <-s> [ɛˈroːbɪk] *nt kein pl* aerobics + *sing/pl vb*

Ae·ro·bi·er <-s, -> [aeˈroːbi̯ɐ] *m* BIOL, MED aerobe

Ae·ro·dy·na·mik [aerodyˈnaːmɪk] *f* aerodynamics + *sing/pl vb* **ae·ro·dy·na·misch** [aerodyˈnaːmɪʃ] **I.** *adj* aerodynamic **II.** *adv* aerodynamically

Ae·ro·fel·ge [aˈeːro-] *f* aero rim

Ae·ro·sol <-s, -e> [aeroˈzoːl] *nt* aerosol **Ae·ro·sol·the·ra·pie** [aeroˈzoːl-] *f* aerosol therapy

AfA <-> *f kein pl* FIN *Abk von* **Absetzung für Abnutzung** tax deprecation

Afar <-, -> [ˈafaːɐ̯] *m o f* Afar

AFC <-, -s> [aːɛfˈtseː] *f Abk von* **alkalische Brennstoffzelle** alkaline fuel cell

Af·fä·re <-, -n> [aˈfɛːrə] *f* ❶ *(Angelegenheit)* affair, business *no pl* ❷ *(Liebesabenteuer)* [love] affair; **eine ~ haben** to have an affair ❸ *(unangenehmer Vorfall)* affair; *(Skandal)* scandal; **in eine ~ verwickelt sein** to be involved [*or* mixed up] in an affair ►WENDUNGEN: **keine** [**große**] **~ sein** to be no big deal *fam;* **sich** *akk* **aus der ~ ziehen** *(fam)* to wriggle out of a sticky situation *fam*

Äff·chen <-s, -> [ˈɛfçən] *nt dim von* **Affe** little monkey [*or* ape]

Af·fe <-n, -n> [ˈafə] *m* ❶ *(Tier)* ape, monkey ❷ *(sl: blöder Kerl)* fool, idiot, clown, twit *sl;* **ein eingebildeter ~** *(fam)* a conceited ass *fam* ►WENDUNGEN: **die drei ~n** see no evil, hear no evil, speak no evil; **flink wie ein ~** agile as a cat; **ich glaub'** [*o* **denk'**], **mich laust der ~!** *(fam)* I think my eyes are deceiving me!; [**dasitzen**] **wie der ~ auf dem Schleifstein** *(sl)* [to sit there] looking like a right berk [*or* real fool]

Af·fekt <-[e]s, -e> [aˈfɛkt] *m bes* JUR affect *form,* emotion; **im ~ handeln** to act in the heat of the moment

Af·fekt·hand·lung *f* act committed in the heat of the moment

af·fek·tiert [afɛkˈtiːɐ̯t] **I.** *adj (pej geh)* affected, artificial **II.** *adv (pej geh)* affectedly, artificially

Af·fen·arsch *m (pej)* stupid arse [*or* AM ass], buffoon

af·fen·ar·tig *adj (den Affen ähnlich)* apelike, like a monkey *pred,* simian *form*

Af·fen·brot·baum *m* monkey bread [tree], baobab **Af·fen·brot·baum·frucht** *f* monkey bread

af·fen·geil [ˈafn̩ˈgail] *adj (sl)* really cool *sl,* wicked *sl*

Af·fen·haus *nt* monkey house **Af·fen·hit·ze** [ˈafn̩ˈhɪtsə] *f (fam)* scorching heat; ***heute ist mal wieder eine ~!*** it's another scorching hot day! *fam,* it's another scorcher! *fam* **Af·fen·kä·fig** *m* monkey cage ►WENDUNGEN: **stinken wie im** [*o* **in einem**] ~ *(sl)* to smell like a pig sty, to stink to high heaven; **zugehen wie im** [*o* **in einem**] ~ *(fam)* to be like bedlam *fam;* ***hier geht es ja zu wie in einem ~!*** it's like bedlam in here! **Af·fen·lie·be** *f (fig) exaggerated, blind affection* **Af·fen·lü·cke** *f gap between the canine tooth and the incisors* **Af·fen·mensch** *m* ape-man **Af·fen·po·cken·vi·rus** *nt* MED monkeypox virus **Af·fen·schan·de** *f (fam)* it's a sin *fam* **Af·fen·tem·po** *nt (fam)* breakneck speed; **in** [*o* **mit**] **einem ~** at breakneck speed **Af·fen·the·a·ter** *nt (fam) (furchtbare Umstände)* [sheer] farce ►WENDUNGEN: [**wegen einer S.** *gen*] **ein ~ machen** to make a right [*or esp* AM real] song and dance [*or* fuss] [about sth] **Af·fen·zahn** *m (sl)* breakneck speed

Af·fi·che <-, -n> [aˈfiʃə] *f* SCHWEIZ *(Plakat)* poster, bill

Af·fi·da·vie·rung <-, -en> [afidaˈviːrʊŋ] *f* FIN certification by affidavit

Af·fi·da·vit <-s, -s> [afiˈdaːvɪt] *nt* FIN affidavit, sworn declaration

af·fig [ˈafɪç] **I.** *adj (pej fam)* affected; **einen ~en Eindruck machen** to make a ridiculous impression **II.** *adv (pej fam)* affectedly

Äf·fin <-, -nen> [ˈɛfɪn] *f fem form von* **Affe** female monkey, she-monkey; *(Menschenäffin)* female ape, she-ape

Af·fi·ne·rie [afinəˈriː] *f* TECH finery, refinery

Af·fi·ni·tät <-, -en> [afiniˈtɛːt] *f (geh)* affinity

äf·fisch [ˈɛfɪʃ] *adj a.* ZOOL *(affenähnlich)* apelike

Af·front <-s, -s> [aˈfrõː] *m (geh)* affront; ■**ein ~ gegen jdn/etw** an affront [*or* insult] to sb/sth

Af·gha·ne, Af·gha·nin <-n, -n> [afˈgaːnə, -ˈgaːnɪn] *m, f* Afghan

Af·gha·nisch [afˈgaːnɪʃ] *nt dekl wie adj* Afghan

af·gha·nisch [afˈgaːnɪʃ] *adj* Afghan

Af·gha·ni·sche <-n> *nt* ■**das** ~ Afghan, the Afghan language

Af·gha·nis·tan <-s> [afˈgaːnɪstaːn] *nt* Afghanistan

Afri·ka <-s> [ˈaːfrika] *nt* Africa

Afri·kaans <-> [afriˈkaːns] *nt* Afrikaans

Afri·ka·ner(in) <-s, -> [afriˈkaːnɐ] *m(f)* African; ■~ **sein** to be [an] African

afri·ka·nisch [afriˈkaːnɪʃ] *adj* African

Afro·ame·ri·ka·ner(in) [ˈaːfro-] *m(f)* Afro-American

afro·ame·ri·ka·nisch [ˈaːfro-] *adj inv* Afro-American

Afro·look[RR], **Afro-Look**[ALT] <-s, -s> [ˈaːfrolʊk] *m* Afro[-look]; ■**im** ~ with [*or* in] an Afro[-look]; ***sie trug ihre Haare früher im ~*** she used to have an Afro [*or* her hair in an Afro]

Af·ter <-s, -> [ˈaftɐ] *m (geh)* anus

Af·ter·shave[RR], **Af·ter-shave**[ALT] <-[s], -s> [ˈaːftɐʃeːf] *nt* aftershave **Af·tershave·lo·tion**[RR], **Af·ter-shave-Lo·tion**[RR] <-, -s> [ˈaːftɐʃeːfloːʃn̩] *f* aftershave [lotion]

AG <-, -s> [aːˈgeː] *f Abk von* **Aktiengesellschaft**

plc, public limited company BRIT, AM *usu* [stock] corporation

AG & Co KG <-, -s> *f* JUR *Abk von* **Aktiengesellschaft und Co. Kommanditgesellschaft** limited partnership with a plc as general partner

Ägä·is <-> [ɛ'gɛ:ɪs] *f* the Aegean [Sea]

Ägä·i·sche In·seln [ɛ'gɛ:ɪʃə 'ɪnzl̩n] *pl* Aegean Islands *pl*

Aga·pe <-, -en> [a'ga:pə] *f* REL Agape

Agar <-s> ['a:gar] *nt kein pl* BIOL agar; ~ ~ agar agar

Aga·ve <-, -n> [a'ga:və] *f* agave

AGB [a:ge:'be:] *pl* JUR, ÖKON *Abk von* **Allgemeine Geschäftsbedingungen** GTC, general standard terms and conditions

Agen·da <-, -den> [a'gɛnda] *f* ❶ *(Notizbuch)* diary, notebook
❷ *(Tagesordnung)* agenda

Agent(in) <-en, -en> [a'gɛnt] *m(f)* ❶ *(Spion)* [secret] agent, spy
❷ *(Generalvertreter)* agent, representative

Agen·ten·ring *m* spy ring **Agen·ten·tä·tig·keit** *f* espionage

Agen·tin <-, -nen> *f fem form von* **Agent**

Agent pro·vo·ca·teur <- -, -s -s> [a'ʒã: provoka'tø:ɐ̯] *m* JUR agent provocateur

Agen·tur <-, -en> [agɛn'tu:ɐ̯] *f* agency

Agen·tur·be·richt *m* [news] agency report **Agen·tur·mel·dung** *f* agency report **Agen·tur·ver·ein·ba·rung** *f* JUR agency shop agreement **Agen·tur·ver·trag** *m* JUR agency agreement

Ag·glo·me·rat <-[e]s, -e> [aglome'ra:t] *f* ❶ *(geh: Anhäufung)* agglomeration *form,* agglomerate *form*
❷ CHEM agglomerate
❸ GEOL conglomerate

Ag·glo·me·ra·ti·on <-, -en> [aglomera'tsi̯o:n] *f* SCHWEIZ *(Ballungsraum)* conurbation

Ag·glu·ti·na·ti·on <-, -en> [aglutina'tsi̯o:n] *f* MED *(Verklumpung von Blutbestandteilen)* agglutination

ag|glu·ti·nie·ren* [agluti'ni:rən] *vi sein* MED agglutinate

Ag·gre·gat <-[e]s, -e> [agre'ga:t] *nt* unit, set [of machines]; *(Stromaggregat)* power unit

Ag·gre·ga·ti·ons·fä·hig·keit *f kein pl* FIN aggregation potential

Ag·gre·gat·zu·stand *m* CHEM state; **fester ~** solid condition [*or* state of aggregation]

Ag·gres·si·on <-, -en> [agrɛ'si̯o:n] *f* ❶ *(aggressive Gefühle)* aggression; **~en gegen jdn/etw empfinden** to feel aggressive [*or* aggression] towards sb/sth
❷ MIL *(Angriff)* aggression

Ag·gres·si·ons·po·ten·zi·al[RR] *nt* aggression potential **Ag·gres·si·ons·stau** *m* pent-up aggression **Ag·gres·si·ons·ver·hal·ten** *nt* BIOL aggressive behaviour [*or* AM -or]

ag·gres·siv [agrɛ'si:f] **I.** *adj* aggressive; **~e Umgebung** TECH hostile environment
II. *adv* aggressively

Ag·gres·si·vi·tät <-, -en> [agrɛsivi'tɛ:t] *f* aggressiveness

Ag·gres·sor <-s, -ssoren> [a'grɛso:ɐ̯, *pl* -'so:rən] *m (geh)* aggressor

agie·ren* [a'gi:rən] *vi (geh)* ■**[als etw]** ~ to act [*or* operate] [as sth]

agil [a'gi:l] *adj (geh)* ❶ *(beweglich)* agile
❷ *(geistig regsam)* mentally agile [*or* alert]

Agio <-s, -s> ['a:dʒo, 'a:ʒi̯o] *nt* FIN [exchange] premium; **~ auf Anteile** share premium; **~ auf Darlehen** loan premium

Agio·be·trag *m* FIN premium **Agio·ge·winn** *m* FIN premium profit **Agio·rück·la·ge** *f* FIN share premium reserve

Agi·ta·ti·on <-, -en> [aguta'tsi̯o:n] *f* agitation; ■**~ treiben** [*o* **betreiben**] to agitate

Agi·ta·tor, A·gi·ta·to·rin <-en, -toren> [agi'ta:to:ɐ̯, -'to:rɪn, *pl* -'to:rən] *m, f* agitator

agi·ta·to·risch [agita'to:rɪʃ] *adj* agitative

agi·tie·ren* [agi'ti:rən] *vi (geh)* ■**[für jdn/etw]** ~ to agitate [for sb/sth]

Ag·nat <-en, -en> [ag'na:t] *m* JUR descendants of the same father's through males

Ag·nos·ti·ker(in) <-s, -> [ag'nɔstike] *m(f)* PHILOS agnostic

Ag·nos·ti·zis·mus <-> [agnɔsti'tsɪsmʊs] *m kein pl* PHILOS agnosticism

Ago·nie <-, -n> [ago'ni:, *pl* -'ni:ən] *f (geh)* death throes *npl;* **in ~ liegen** [to be] in the throes of death; **in [letzter/tiefer] ~ liegen** *(geh)* to be in the [last] throes of death

agrar- [a'gra:ɐ̯] *in Komposita* agricultural **Agrar·flä·che** *f* agrarian land **Agrar·fonds** *m* European Agricultural Guidance and Guarantee Fund, EAGGF **Agrar·ge·sell·schaft** *f* agrarian [*or* agricultural] society **Agrar·han·del** *m* agricultural trade **Agrar·land** *nt* agricultural country

Agrar·markt *m* agricultural market **Agrar·markt·ord·nung** *f* JUR agricultural market regime **Agrar·markt·recht** *nt* JUR agricultural market law

Agrar·mi·nis·ter(in) *m(f)* agriculture minister, Minister for Agriculture BRIT, Agriculture Secretary AM, Secretary of Agriculture AM **Agrar·ord·nung** *f* JUR agricultural regime **Agrar·po·li·tik** *f* agricultural policy **Agrar·recht** *nt kein pl* JUR agricultural law **Agrar·re·form** *f* agricultural reform **Agrar·staat** *m* agrarian state **Agrar·sub·ven·ti·on** *f* ÖKON, AGR agricultural subsidy **Agrar·über·schüs·se** *pl* ÖKON, AGR agricultural surplus **Agrar·wirt·schaft** *f* agricultural economy

Agro·bak·te·ri·um <-s, -bakterien> ['agro-] *nt* BIOL agrobacterium

Agro·che·mie ['agro-] *f* agrochemistry, agricultural chemistry

Agro·nom(in) <-en, -en> [agro'no:m] *m(f)* agronomist

Agro·no·mie <-> [agrono'mi:] *f kein pl* study of agriculture, agronomy

Ägyp·ten <-s> [ɛ'gʏptn̩] *nt* Egypt

Ägyp·ter(in) <-s, -> [ɛ'gʏpte] *m(f)* Egyptian; ■**~ sein** to be [an] Egyptian

ägyp·tisch [ɛ'gʏptɪʃ] *adj* Egyptian

Ägyp·to·lo·gie <-> [ɛgʏptolo'gi:] *f kein pl* Egyptology

ah [a:] *interj* ❶ *(sieh an)* ah, oh; ***~, jetzt verstehe ich*** ah, now I understand; ***~, da kommt ja unser Essen!*** oh look, here comes our food
❷ *(Ausdruck von Wohlbehagen)* mmm; ***~, das schmeckt lecker!*** mmm, that tastes lovely!

Ah *Abk von* **Amperestunde** ampere-hour

äh [ɛ:] *interj* ❶ *(Pausenfüller)* er; ***~, lass mich mal nachdenken*** er, just let me think
❷ *(Ausdruck von Ekel)* ugh; ***~, was stinkt das denn hier so widerlich!*** ugh, what's the disgusting smell in here?

aha [a'ha:] *interj* ❶ *(ach so)* aha, [ah,] I see; ***~, ich verstehe!*** aha, I understand [*or* see]
❷ *(sieh da)* look!

Aha-Er·leb·nis [a'ha:-] *nt* PSYCH aha experience [*or* moment], moment of sudden insight

Ah·le <-, -n> ['a:lə] *f* bodkin

Ahn <-[e]s *o* -en, -en> ['a:n] *m* ❶ *meist pl (geh: Vorfahr)* ancestor, forefather
❷ *(geh: Vorläufer)* forerunner

ahn·den ['a:ndn̩] *vt (geh)* ■**etw [mit etw** *dat***]** ~ to punish sth [with sth]

Ah·ne[1] <-n, -n> ['a:nə] *m s.* **Ahn**

Ah·ne[2] <-, -n> ['a:nə] *f (geh) fem form von* **Ahn 1** ancestress

äh·neln ['ɛ:nl̩n] *vt* ■**jdm/etw ~** to resemble sb/sth; ***du ähnelst meiner Frau*** you remind me of my wife; ■**jdm [in etw** *dat***] ~** to resemble sb [in sth]; ***die Schwestern ~ sich in ihrem Aussehen*** the sisters resemble each other [*or* one another] in appearance, the sisters look like each other [*or* one another]

ah·nen ['a:nən] **I.** *vt* ❶ *(vermuten)* ■**etw ~** to suspect sth; ■**~, dass/was/why ...** to suspect, that/what/why ...; ***na, ahnst du jetzt, wohin wir fahren?*** well, have you guessed where we're going yet?
❷ *(voraussehen)* ■**etw ~** to have a premonition of sth
❸ *(erahnen)* ■**etw ~** to guess [at] sth; ***das kann/konnte ich doch nicht ~!*** how can/could I know that?; **ohne es zu ~** without suspecting, unsuspectingly; **ohne zu ~, dass/was** without suspecting, that/what; **etwas/nichts [von etw] ~** to know something/nothing [about sth], to have an/no idea [about sth] *fam;* ***[ach,] du ahnst es nicht!*** *(fam)* [oh,] you'll never guess! *fam*
II. *vi (geh: schwanen)* ■**jdm etw ~** to have misgivings [*or* forebodings]; ***mir ahnt Schreckliches*** I have misgivings; ***mir ahnt da nichts Gutes*** I fear the worst

Ah·nen·for·schung *f* genealogy **Ah·nen·ga·le·rie** *f* gallery of ancestral [*or* family] portraits **Ah·nen·ge·mäl·de** *nt* ancestral painting **Ah·nen·rei·he** *f* ancestral line **Ah·nen·ta·fel** *f* genealogical table, family tree

Ahn·frau *f (veraltend) fem form von* **Ahnherr** ancestress **Ahn·herr** *m (veraltend)* ancestor, forefather

Ah·nin <-, -nen> *f (geh) fem form von* **Ahn 1**

ähn·lich ['ɛ:nlɪç] **I.** *adj* similar; ■**~ wie jd/etw sein** to be similar to [*or* like] sb/sth; ■**[etwas] Ähnliches** [something] similar; ***Ähnliches habe ich vorher noch nie gesehen*** I've never seen anything like it
II. *adv (vergleichbar)* similarly; ■**jdm ~ sehen** to look like [*or* resemble] sb
III. *präp +dat* ■**~ jdm/etw** like [*or* similar to] sb/sth

Ähn·lich·keit <-, -en> *f* ❶ *(ähnliches Aussehen)* resemblance, similarity; ***man konnte eine gewisse ~ feststellen*** there was a certain similarity; ■**~ mit jdm/etw** similarity [*or* resemblance] to sb/sth; **mit jdm/etw ~ haben** to resemble sb/sth; ***du hast ~ mit ihr*** you resemble her; ***sie hat eine große ~ mit ihrem Vater*** she bears a great resemblance to her father
❷ *(Vergleichbarkeit)* similarity; **mit etw** *dat* **~ haben** to be similar to sth

Ähn·lich·keits·ge·setz *nt kein pl* MATH law of similarity

ähn·lich|se·hen[RR] *vi irreg (fam: typisch sein)* ***das sieht ihm/ihr [ganz] ähnlich!*** that's just like him/her *fam,* that's him/her all over *fam*

Ah·nung <-, -en> *f* ❶ *(Vorgefühl)* foreboding, premonition; **~en haben** to have premonitions
❷ *(Vermutung)* suspicion, hunch *fam;* ***es ist eher so eine ~*** it's more of a hunch [than anything] *fam*
❸ *(Idee)* idea; **keine ~ haben** to have no idea; **keine blasse** [*o* **nicht die geringste**] **~ haben** *(fam)* to not have the faintest idea [*or* clue] *fam;* ***hast du/haben Sie eine ~, warum/was/wohin ...?*** *(fam)* do you know why/what/where ...?; ***hast du eine ~!*** *(iron fam)* that's what you think! *fam;* **eine ~ [davon] haben, was** to have an idea what; **~/keine ~ [von etw] haben** to understand/to not understand [sth]; ***man merkt gleich, dass sie ~ hat*** you can see straight away that she knows what she's talking about; **keine ~ haben, wie ...** to not have an idea how ...; **keine ~!** *(fam)* [I've] no idea! *fam,* [I] haven't [got] a clue *fam*

ah·nungs·los I. *adj* ❶ *(etw nicht ahnend)* unsuspecting
❷ *(unwissend)* ignorant, clueless
II. *adv* unsuspectingly

Ah·nungs·lo·se(r) *f(m) dekl wie adj* unsuspecting [person]; ***spiel nicht die ~*** don't play [*or* come] the innocent [with me] *fam*

Ah·nungs·lo·sig·keit <-> *f* ❶ *(Arglosigkeit)* innocence, naivety
❷ *(Unwissenheit)* ignorance

ahoi [a'hɔy] *interj* ■**Boot ~!** ship ahoy!

Ahorn <-s, -e> ['a:hɔrn] *m* ❶ *(Baum)* maple [tree]
❷ *(Holz)* maple [wood]

Ahorn·blatt *nt* maple leaf **Ahorn·press·saft**[RR] *m* maple sap **Ahorn·si·rup** *m* maple syrup

Äh·re <-, -n> ['ɛ:rə] *f* ❶ *(Samenstand)* ear, head
❷ *(Blütenstand)* spike
▸WENDUNGEN: **~n lesen** to glean

Äh·ren·ach·se *f* BOT rachilla **Äh·ren·feld** *nt* field [of corn] in the ear **Äh·ren·fisch** *m* sand smelt, smelt, silverside

AIDA <-> [a'i:da] *f kein pl* JUR *Akr von* **Association**

Internationale de Droit des Assurances AIDA

Aids <-> [e:ts] *nt Akr von* Acquired Immune Deficiency Syndrome Aids

Aids·ak·ti·vist(in) *m(f)* aids activist **Aids·er·re·ger** *m* Aids virus **Aids·hil·fe** *f* Aids relief **aids·in·fi·ziert** *adj* infected with Aids *pred* **Aids·in·fi·zier·te(r)** *f(m) dekl wie adj* person infected with Aids **aids·krank** *adj* suffering from Aids *pred* **Aids·kran·ke(r)** *f(m) dekl wie adj* person suffering from Aids, Aids sufferer **Aids·test** *m* Aids test **Aids·über·tra·gung** *f* Aids transmission **Aids·vi·rus** *nt* Aids virus

Ai·ki·do <-> [ai̯'ki:do] *nt kein pl* SPORT aikido

Ai·ma·ra [ai̯ma'ra] *nt* Aymara

Air·bag <-s, -s> ['ɛ:ɐ̯bɛk] *m* airbag **Air·bag·sen·sor** ['ɛ:ɐ̯bɛk-] *m* AUTO airbag sensor

Air·bus ['ɛ:ɐ̯bʊs] *m* airbus

Aja·tol·lah <-s, -s> [aja'tɔla] *m* Ayatollah

Ajour·ar·beit [a'ʒu:ɐ̯-] *f* open-work

Aka·de·mie <-, -en> [akade'mi:, *pl* -'mi:ən] *f* ① *(Fachhochschule)* college
② *(wissenschaftliche Vereinigung)* academy; **~ der Wissenschaften** academy of sciences

Aka·de·mi·ker(in) <-s, -> [aka'de:mikɐ] *m(f)* ① *(Hochschulabsolvent)* [college [*or* university]] graduate
② *(Hochschullehrkraft)* academic

aka·de·misch [aka'de:mɪʃ] **I.** *adj* ① *(von der Universität verliehen)* academic
② *(studentisch)* scholarly; **~es Proletariat** academic proletariat
③ *(abstrakt)* theoretical, academic
II. *adv* **~ gebildet sein** to be academically [*or* university] educated

Aka·zie <-, -n> [a'ka:tsi̯ə] *f* ① *(Acacia)* acacia
② *(Robinia pseudoacacia)* robinia, false acacia

Ake·lei <-, -en> [akə'lai̯] *f* BOT columbine, aquilegia

Aki·pflau·me ['a:ki-] *f* ackee

Ak·kla·ma·ti·on <-, -en> [aklama'tsi̯o:n] *f* acclamation; **jdn per** [*o* **durch**] [*o* **mit**] **~ wählen** ÖSTERR, SCHWEIZ to elect sb by acclamation

ak·kli·ma·ti·sie·ren* [aklimati'zi:rən] *vr* ① *(sich gewöhnen)* ■**sich** *akk* [**an etw** *akk*] **~** to become acclimatized [to sth]
② *(sich einleben)* ■**sich** *akk* [**an etw** *akk*] **~** to become [*or* get] used to sth; ■**sich** *akk* [**bei jdm**] **~** to settle in [somewhere]

Ak·kli·ma·ti·sie·rung <-, -en> *f* acclimatization

Ak·kom·mo·da·ti·on <-, -en> [akɔmoda'tsi̯o:n] *f* ① BIOL *(Anpassung)* accommodation
② REL *(Angleichung einer Religion)* adaptation, reconciliation

Ak·kord[1] <-[e]s, -e> [a'kɔrt, *pl* -kɔrdə] *m* chord

Ak·kord[2] <-[e]s, -e> [a'kɔrt, *pl* -kɔrdə] *m* piecework; ■**im** [*o* **in**] [*o* **auf**] **~ arbeiten** to be on piecework

Ak·kord·ar·beit *f* piece-work **Ak·kord·ar·bei·ter(in)** *m(f)* piece-worker

Ak·kor·de·on <-s, -s> [a'kɔrdeɔn] *nt* accordion

Ak·kord·lohn *m* piece-work pay **Ak·kord·sche·re** *f* ÖKON rate cutting **Ak·kord·zu·schlag** *m* piece-work bonus

ak·kre·di·tie·ren* [akredi'ti:rən] *vt* ■**jdn** [**bei etw** *akk*] [**als etw**] **~** to accredit sb [to sth] [as sth]; ■**akkreditiert** accredited; ■[**bei etw** *dat*] **~ sein** to be accredited [to sth]; ***sie ist beim Handelsministerium akkreditiert*** she is accredited to the ministry of trade

Ak·kre·di·tie·rung <-, -en> *f* accreditation; ■**jds ~** [**bei etw** *dat*] sb's accreditation [to sth]

Ak·kre·di·tiv <-s, -e> [akredi'ti:f, *pl* -'ti:və] *nt* FIN [commercial] letter of credit; **bestätigtes ~** confirmed letter of credit; **unwiderrufliches ~** irrevocable letter of credit; **ein ~ eröffnen/zurückziehen** to issue/revoke a letter of credit

Ak·kre·di·tiv·auf·trag·ge·ber(in) *m(f)* HANDEL applicant **Ak·kre·di·tiv·er·öff·nung** *f* FIN opening of a letter of credit

Ak·ku <-s, -s> ['aku] *m (fam) kurz für* **Akkumulator** accumulator; *(Batterie)* rechargeable battery

Ak·kul·tu·ra·ti·on <-, -en> [akʊltura'tsi̯o:n] *f* SOZIOL acculturation

Ak·ku·mu·la·ti·on <-, -en> [akumula'tsi̯o:n] *f* *(Anhäufung)* accumulation

Ak·ku·mu·la·ti·ons·ef·fekt *m* ÖKON accumulation effect **Ak·ku·mu·la·ti·ons·mit·tel** *pl* ÖKON means of accumulation

Ak·ku·mu·la·tor <-s, -toren> [akumu'la:to:ɐ̯, *pl* -'to:rən] *m* accumulator, [storage] battery

ak·ku·mu·lie·ren* [akumu'li:rən] **I.** *vt* ■**etw ~** to accumulate sth
II. *vr* ■**sich** *akk* **~** to accumulate

ak·ku·rat [aku'ra:t] **I.** *adj* ① *(sorgfältig)* meticulous; **~er Mensch** meticulous person
② *(exakt)* accurate, precise
II. *adv* ① *(sorgfältig)* meticulously
② *(exakt)* accurately
③ DIAL *(genau)* exactly

Ak·ku·sa·tiv <-s, -e> ['akuzati:f, *pl* -ti:və] *m* accusative [case]

Ak·ku·sa·tiv·ob·jekt *nt* direct [*or* accusative] object

Ak·ne <-, -n> ['aknə] *f* acne

Ak·ne·pus·tel *f* acne pustule

Akon·to·zah·lung [a'kɔnto-] *f* payment on account; ***eine ~ von 30 % auf den Kaufpreis*** a 30% deposit on the asking price, a deposit [*or* down payment] of 30% of the asking price

AKP <-> *f kein pl Abk von* **Afrika, Karibik, Pazifik** ACP

AKP-Ab·kom·men *nt* JUR ACP agreement **AKP-Län·der** *pl* JUR ACP countries **AKP-Staa·ten** *pl* ACP countries *pl (African, Caribbean and Pacific States)*

ak·qui·rie·ren [akvi'ri:rən] *vt* ① *(veraltet: erwerben)* ■**etw ~** to acquire sth
② ÖKON *(werben)* ■**etw ~** *Aufträge* to procure sth, to win sth; **Kunden ~** to acquire [*or* win] [*or* attract] clients

Ak·qui·si·ti·on <-, -en> [akvizi'tsi̯o:n] *f* ① *(geh: Erwerbung)* acquisition
② ÖKON *(Kundenwerbung)* sales canvassing

Akri·bie <-> [akri'bi:] *f kein pl (geh)* [extreme] precision

akri·bisch [a'kri:bɪʃ] **I.** *adj (geh)* [extremely] precise, meticulous; ■**etwas Akribisches** something [extremely] precise [*or* meticulous]
II. *adv (geh)* [extremely] precisely, meticulously

Akro·bat(in) <-en, -en> [akro'ba:t] *m(f)* acrobat

Akro·ba·tik <-> [akro'ba:tɪk] *f kein pl* ① *(Körperbeherrschung und Geschicklichkeit)* acrobatic skill
② SPORT *(Disziplin)* acrobatics + *sing vb*

akro·ba·tisch *adj* acrobatic

Akro·nym <-s, -e> [akro'ny:m] *nt* acronym

Akt[1] <-[e]s, -e> [akt] *m* ① *(Darstellung eines nackten Menschen)* nude [painting]
② *(Handlung)* act; ***ein ~ der Rache*** an act of revenge; ***das ist doch kein ~ zu machen, oder?*** *(fam)* that shouldn't be too bothersome, should it?; ***das ist doch kein ~, das von ihm zu verlangen*** that's not too much to ask of him *fam*
③ *(Aufzug eines Theaterstücks)* act
④ *(Zirkusnummer)* act
⑤ *(geh: Geschlechtsverkehr)* sexual act
⑥ *(Zeremonie)* [ceremonial] act, ceremony

Akt[2] <-[e]s, -en> [akt] *m* ÖSTERR *(Akte)* file

Akt·auf·nah·me *f* nude photograph **Akt·bild** *nt* nude picture [*or* painting]

Ak·te <-, -n> ['aktə] *f* ① *(Unterlagen zu einem Vorgang)* file; ***die ~ Borgfeld*** the Borgfeld file; **zu den ~n kommen** to be filed away; **etw zu den ~n legen** *(etw ablegen)* to file sth away; *(etw als erledigt betrachten)* to lay sth to rest
② *(Personalakte)* file, records; **in die ~ kommen** to be entered into the/a [personal] file, to go on record [*or* file]

Ak·ten·aus·zug *m* JUR excerpt from the record; **einen ~ machen** to take an excerpt from the record **Ak·ten·bei·zie·hung** *f* JUR consulting the records **Ak·ten·berg** *m (fam)* mountain of files **Ak·ten·ein·for·de·rung** *f* JUR order for the return of a record **Ak·ten·ein·sicht** *f (geh)* inspection of the files [*or* records] **Ak·ten·ex·em·plar** *nt* JUR record copy **Ak·ten·kof·fer** *m* attaché [*or* executive] case, briefcase **ak·ten·kof·fer·groß** *adj inv* the size of a briefcase *pred*

ak·ten·kun·dig *adj* ① *(mit dem Inhalt der Akte vertraut sein)* familiar with the records *pred*
② *(in Akten vermerkt)* on record
▶WENDUNGEN: **sich** *akk* **~ machen** to make oneself familiar with the records

Ak·ten·la·ge *f* JUR status of the case, the record as it stands; **nach ~** on [the] record; **etw nach ~ entscheiden** to decide sth on the record **Ak·ten·la·gen·ent·schei·dung** *f* JUR ex officio decision

Ak·ten·map·pe *f* ① *(Hefter für Akten)* folder
② *(schmale Aktentasche)* briefcase, portfolio **Ak·ten·no·tiz** *f* memorandum **Ak·ten·ord·ner** *m* file **Ak·ten·schrank** *m* filing cabinet **Ak·ten·ta·sche** *f* briefcase **Ak·ten·ver·merk** *m* memo, memorandum **Ak·ten·ver·nich·ter** *m* shredder **Ak·ten·ver·nich·tung** *f (Zerreißen)* document [*or* file] shredding; *(Verbrennen)* document [*or* file] incineration **Ak·ten·wid·rig·keit** *f* JUR non-conformity with matters in the record **Ak·ten·zei·chen** *nt* file reference [number]

Ak·teur(in) <-s, -e> [ak'tø:ɐ̯] *m(f)* ① *(geh: Handelnder)* player
② THEAT, FILM actor
③ SPORT player

Akt·fo·to *nt* nude photograph **Akt·fo·to·gra·fie** *f* nude photography

AktG BÖRSE, JUR *Abk von* **Aktiengesetz** company law BRIT, corporation law AM

Ak·tie <-, -n> ['aktsi̯ə] *f* BÖRSE share, stock; **ausgegebene ~n** issued shares; **gezeichnete ~n** subscribed shares; [**an der Börse**] **notierte ~** quoted [*or* listed] share; **stimmberechtigte/stimmrechtlose ~** voting/nonvoting share; **~n ausgeben** to issue shares; **neue ~n zeichnen** to subscribe to [*or* for] new shares; **~n zuteilen** to allocate shares; **die ~n stehen gut/schlecht** *(einen guten Kurs haben)* the shares are doing well/badly; *(fig: die Umstände sind vorteilhaft)* things are/aren't looking good
▶WENDUNGEN: **wie stehen die ~n?** *(hum fam: wie geht's?)* how's it going?, BRIT *a.* how's tricks? *fam;* *(wie sind die Aussichten?)* what are the prospects?

Ak·ti·en-Agio [-a:dʒo] *nt* BÖRSE premium on newly issued shares

Ak·ti·en·an·la·ge *f* share investment **Ak·ti·en·an·la·ge·pla·nung** *f* share investment planning

Ak·ti·en·an·lei·he *f* convertible bond **Ak·ti·en·an·teil** *m* proportion of equities **Ak·ti·en·auf·geld** *nt* BÖRSE premium on newly issued shares **Ak·ti·en·aus·ga·be** *f kein pl* BÖRSE share [*or* stock] issue **Ak·ti·en·bank** *f* FIN, BÖRSE equity [*or* joint-stock] bank **Ak·ti·en·be·sitz** *m* BÖRSE shareholdings *pl* [*or* stockholdings] *pl;* **wechselseitiger ~** cross holdings *pl* of shares **Ak·ti·en·be·sit·zer(in)** *m(f)* shareholder **Ak·ti·en·be·stand** *m* BÖRSE shareholding [*or* stockholding]; *(Inventar)* portfolio of shares [*or* stocks] **Ak·ti·en·be·tei·li·gung** *f* BÖRSE equity interest [*or* stake] **Ak·ti·en·be·zugs·recht** *nt* BÖRSE stock option **Ak·ti·en·be·zugs·schein** *m* BÖRSE share [*or* stock] warrant **Ak·ti·en·bör·se** *f* BÖRSE stock exchange [*or* market] **Ak·ti·en·buch** *nt* BÖRSE share register **Ak·ti·en·de·pot** [-depo:] *nt* stock portfolio **Ak·ti·en·de·ri·vat** *nt* BÖRSE equity derivative

Ak·ti·en·emis·si·on *f* BÖRSE share [*or* stock] issue **Ak·ti·en·emis·si·ons·agio** *nt* BÖRSE share-[*or* stock-]issue premium

Ak·ti·en·er·werb *m* share acquisition **Ak·ti·en·fonds** *m* share [*or* equity] fund **Ak·ti·en·ge·schäft** *nt* ÖKON stock market dealings *pl* **Ak·ti·en·ge·sell·schaft** *f* ÖKON public limited company BRIT, *esp* AM [stock] corporation **Ak·ti·en·ge·setz** *nt* JUR Companies Act **Ak·ti·en·han·del** *m* equities [*or* stock] trading **Ak·ti·en·in·dex** *m* share index **Ak·ti·en·ka·pi·tal** *nt* BÖRSE share [*or* equity] capital *(both authorized and unissued)* **Ak·ti·en·kauf** *m* BÖRSE purchase of shares [*or esp* AM stock]; **~ mit/ohne Dividende** share cum/ex dividend

Ak·ti·en·kurs *m* share [*or esp* AM stock] price **Ak·ti·en·kurs·be·we·gung** *f* change in share prices **Ak·ti·en·kurs·ein·bruch** *m* share price collapse [*or* slump] **Ak·ti·en·kurs·ent·wick·lung** *f* trend in share [*or* stock] prices **Ak·ti·en·kurs·in·dex** *m* stock price index **Ak·ti·en·kurs·prog·no·se** *f* forecast of share prices

Ak·ti·en·markt *m* stock market **Ak·ti·en·mehr·heit** *f* majority shareholding **Ak·ti·en·min·der·heit** *f* JUR minority of shares [*or* shareholding] **Ak·ti·en·no·tie·rung** *f* JUR share quotation

Ak·ti·en·op·ti·on *f* BÖRSE share option **Ak·ti·en·op·ti·ons·han·del** *m* BÖRSE dealings *pl* in share options

Ak·ti·en·pa·ket *nt* BÖRSE block [*or* parcel] of shares; **ein ~ abstoßen** to unload a block of shares **Ak·ti·en·plat·zie·rung**RR *f* BÖRSE placing of shares [*or esp* AM stocks] **Ak·ti·en·porte·feuille** *nt* BÖRSE share [*or* stock] portfolio

Ak·ti·en·preis *m* share price **Ak·ti·en·preis·in·dex** *m* share price index

Ak·ti·en·recht *nt kein pl* JUR company law BRIT, [stock] corporation law AM; **Aktien- und Depotrecht** law on shares and portfolios **ak·ti·en·recht·lich** *adj inv* JUR as established in company law, company law *attr* **Ak·ti·en·ren·di·te** *f* BÖRSE yield on shares [*or* stocks] **Ak·ti·en·rück·kauf** *m* BÖRSE redemption of shares [*or* stocks] **Ak·ti·en·split** [-ʃplɪt] *m*, **Ak·ti·en·split·ting** *f* BÖRSE *(Vorgang)* share [*or* stock] splitting; *(Ergebnis)* share [*or* stock] split [*or* split-up] **Ak·ti·en·streu·ung** *f* BÖRSE dispersal of stock ownership **Ak·ti·en·tausch** *m* BÖRSE share [*or* stock] exchange **Ak·ti·en·trend** [-trɛnt] *m* stock trend

Ak·ti·en·über·nah·me *f* BÖRSE stock takeover **Ak·ti·en·über·nah·me·an·ge·bot** *nt* BÖRSE stock takeover offer

Ak·ti·en·über·tra·gung *f kein pl* BÖRSE transfer of shares [*or* stocks] **Ak·ti·en·ver·kauf** *m* sale of shares **Ak·ti·en·ver·mö·gen** *nt* BÖRSE, FIN share assets *pl* **Ak·ti·en·wert** *m* share value

Ak·ti·en·zeich·nung *f* BÖRSE subscription for shares [*or* stocks] **Ak·ti·en·zeich·nungs·ver·trag** *m* JUR subscription contract

Ak·ti·en·zer·ti·fi·kat *nt* BÖRSE share [*or* stock] certificate; **~e verpfänden** to pledge share certificates **Ak·ti·en·zu·tei·lung** *f* BÖRSE share [*or* stock] allotment

Ak·tin <-s, -e> [ak'tiːn] *nt* BIOL actin

Ak·ti·on <-, -en> [ak'tsi̯oːn] *f* ❶ *(Handlung)* act, action; **in ~ sein** to be [constantly] in action; **in ~ treten** to act, to go [*or* come] into action
❷ *(Sonderverkauf)* sale
❸ MIL *(Kampagne)* campaign
❹ *(Werbemaßnahme)* campaign

Ak·ti·o·när(in) <-s, -e> [aktsi̯o'nɛːɐ̯] *m(f)* FIN shareholder, stockholder

Ak·ti·o·närs·brief *m* BÖRSE letter to shareholders **Ak·ti·o·närs·buch** *nt* BÖRSE register of shareholders [*or* stockholders] **Ak·ti·o·närs·di·vi·den·de** *f* BÖRSE, FIN shareholders' dividend **Ak·ti·o·närs·grup·pe** *f* BÖRSE, ÖKON group of shareholders **Ak·ti·o·närs·haupt·ver·samm·lung** *f* JUR general meeting of shareholders; **Einberufung der ~** calling of a shareholders meeting **Ak·ti·o·närs·in·ter·es·se** *nt* BÖRSE, ÖKON shareholder interest **Ak·ti·o·närs·kreis** *m* BÖRSE, ÖKON shareholder base [*or* structure] **Ak·ti·o·närs·pflicht** *f* BÖRSE, ÖKON shareholder obligation **Ak·ti·o·närs·recht** *nt* BÖRSE, JUR shareholders' [*or* stockholder's] right **Ak·ti·o·närs·re·gis·ter** *m* BÖRSE, ÖKON shareholder index **Ak·ti·o·närs·stim·men** *pl* shareholders' votes *pl* **Ak·ti·o·närs·stimm·recht** *nt* BÖRSE shareholder's [*or* stockholder's] voting right **Ak·ti·o·närs·struk·tur** *f* BÖRSE, ÖKON shareholder structure **Ak·ti·o·närs·ver·samm·lung** *f* ÖKON shareholders' [*or* stockholders'] meeting **Ak·ti·o·närs·ver·tre·ter, -ver·tre·te·rin** *m, f* BÖRSE, ÖKON shareholders' representative **Ak·ti·o·närs·ver·zeich·nis** *nt* BÖRSE register of shareholders [*or* stockholders] **Ak·ti·o·närs·wech·sel** *m* BÖRSE, ÖKON change in shareholder structure

Ak·ti·o·nis·mus <-> [aktsi̯o'nɪsmʊs] *m (pej: übertriebener Tätigkeitsdrang)* excessive desire for action

Ak·ti·ons·bünd·nis *nt* alliance for action **ak·ti·ons·fä·hig** *adj* ❶ *(fam: in der Lage, zu agieren)* capable of action *pred* ❷ MIL *(kampffähig)* ready [*or* fit] for action *pred* **Ak·ti·ons·ge·mein·schaft** *f* united action **Ak·ti·ons·ko·mi·tee** *nt* action committee **Ak·ti·ons·plan** *m* plan of action **Ak·ti·ons·preis** *m* special offer **Ak·ti·ons·pro·gramm** *nt* programme [*or* AM -am] of action **Ak·ti·ons·ra·di·us** *m* ❶ *(Reichweite)* radius [*or* range] of action ❷ *(Wirkungsbereich)* sphere of activity; ***diese Abteilung ist ab heute Ihr neuer ~*** this department is your new domain from today ❸ AUTO operating range **Ak·ti·ons·tag** *m* day of action **ak·ti·ons·un·fä·hig** *adj* ❶ *(nicht in der Lage, zu agieren)* incapable of action *pred* ❷ MIL *(nicht kampffähig)* not ready [*or* fit] for action *pred;* ■**etw ~ machen** to render sth unfit for action, to stand sth down **Ak·ti·ons·wo·che** *f* week of action

ak·tiv [ak'tiːf] **I.** *adj* ❶ *(rührig, praktizierend)* active; ■**in etw** *dat* **~ sein** to be active in sth
❷ *(im Militärdienst befindlich)* serving; **~e Laufbahn** [professional] career
❸ *(berufstätig)* working
❹ ÖKON **~e Dollarbilanz** favourable balance for the dollar; **~e Zahlungsbilanz** favourable balance of payments
II. *adv* ❶ *(tatkräftig)* actively
❷ *(als Soldat)* ■**~ dienen** to serve

Ak·tiv <-s, -e> [ak'tiːf, *pl* -tiːvə] *nt selten* LING active [voice]

Ak·ti·va [ak'tiːva] *pl* ÖKON assets; **~ und Passiva** assets and liabilities

Ak·ti·va·tor [akti'vaːtoːɐ̯, *pl* aktiva'toːrən] *m* CHEM activation agent, sensitizer

Ak·ti·ve(r) [ak'tiːvə, -vɐ] *f(m) dekl wie adj* active participant

Ak·tiv·ge·schäft *nt* ÖKON *einer Bank* lending business

ak·ti·vie·ren* [akti'viːrən] *vt* ❶ *(anspornen)* ■**jdn ~** to stimulate sb, to get sb moving [*or fam* going]
❷ *(aktiver gestalten)* ■**etw ~** to intensify sth, to step sth up
❸ MED *(stimulieren)* ■**etw ~** to stimulate sth
❹ *(in Gang setzen)* ■**etw ~** to activate sth; **einen Prozess ~** to set a process in motion

Ak·ti·vie·rung <-, -en> *f* ❶ *(Anregen zu vermehrter Tätigkeit)* activation; ***dieses Mittel dient zur ~ der körpereigenen Abwehrkräfte*** this preparation serves to activate the body's defences
❷ CHEM, PHYS activation
❸ ÖKON activation, improvement; *von Bilanz* carrying as assets; **die ~ des Außenhandels** achievement of an export surplus
❹ FIN capitalization

ak·ti·vie·rungs·fä·hig *adj* FIN ... may be capitalized *nach n* **Ak·ti·vie·rungs·pflicht** *f* FIN mandatory inclusion as assets

ak·ti·vie·rungs·pflich·tig *adj* FIN capitalized; **nicht ~** non-capitalized

Ak·ti·vie·rungs·ver·bot *nt* JUR, FIN prohibited inclusion as assets **Ak·ti·vie·rungs·wahl·recht** *nt* FIN optional inclusion as assets

Ak·ti·vist(in) <-en, -en> [akti'vɪst] *m(f) (aktiver Mensch)* active person; *(politisch aktiver Mensch)* politically active person, activist

Ak·ti·vi·tät <-, -en> [aktivi'tɛːt] *f* ❶ *(Tätigkeit)* activity; **~/~en entfalten** to be active
❷ BIOL *(Funktion)* function
❸ *(Strahlung)* [radio]activity

Ak·tiv·koh·le *f* CHEM activated carbon **Ak·tiv·kom·po·nen·te** *f* FIN asset component **Ak·tiv·kon·ten** *pl* FIN assets account **Ak·tiv·laut·spre·cher** *m* active box **Ak·tiv·le·gi·ti·ma·ti·on** *f* JUR capacity to sue; **mangelnde ~** incapacity to sue as the proper party; **~ für Nichtigkeitsklagen** capacity to sue in petty cases **Ak·tiv·meh·rung** *f* FIN active increase **Ak·tiv·min·de·rung** *f* FIN active reduction **Ak·tiv·po·si·ti·on** *f* FIN asset item **Ak·tiv·pos·ten** *m* ÖKON asset **Ak·tiv·sal·do** *m* FIN active balance; **~ im Waren- und Dienstleistungsverkehr** surplus on trade and services; **~ aufweisen** to show an active balance **Ak·tiv·schul·den** *pl* FIN accounts payable **Ak·tiv·sei·te** *f* FIN assets *pl,* assets side **Ak·tiv·steu·e·rung** *f* FIN asset management **Ak·tiv·tausch** *m* FIN accounting exchange on the assets side **Ak·tiv·ur·laub** *m* activity holiday **Ak·tiv·ver·mö·gen** *nt* FIN assets *pl* **Ak·tiv·zins** *m* FIN interest receivable [*or* charged]

Akt·ma·le·rei *f* nude painting **Akt·mo·dell** *nt* nude model

ak·tu·a·li·sie·ren* *vt* ■**etw ~** to bring sth up-to-date, to update sth; ■**aktualisiert** up-to-date, updated

Ak·tu·a·li·sie·rung <-, -en> [aktu̯ali'ziːrʊŋ] *f* INFORM update

Ak·tu·a·li·tät <-, -en> [aktu̯ali'tɛːt] *f* ❶ *(Gegenwartsinteresse)* topicality
❷ *pl (geh: aktuelle Ereignisse)* current events

Ak·tu·ar(in) <-s, -e> [ak'tu̯aːɐ̯] *m(f)* SCHWEIZ *(Schriftführer)* secretary

ak·tu·ell [ak'tu̯ɛl] *adj* ❶ *(gegenwärtig)* topical; **die ~sten Nachrichten** the latest news; **~e Vorgänge** current events; ■**Aktuelles** topicalities, news; ***Aktuelles findet man nur in der Tageszeitung*** it is only possible to find the latest [*or* most up-to-date] news in a daily newspaper
❷ *(gegenwärtig)* current; **~e Kaufkraft** real purchasing power
❸ *(modern)* latest; ***solche Schuhe sind schon lange nicht mehr ~*** shoes like that haven't been in fashion for ages

Akt·zeich·nung *f* nude drawing

Aku·pres·sur <-, -en> [akuprɛ'suːɐ̯] *f* acupressure

Aku·punk·teur(in) <-s, -e> [akupʊŋk'tøːɐ̯] *m(f)* acupuncturist

aku·punk·tie·ren* [akupʊŋk'tiːrən] **I.** *vt* ■**jdn ~** to perform acupuncture on sb
II. *vi* to [perform] acupuncture

Aku·punk·tur <-, -en> [akupʊŋktuːɐ̯] *f* acupuncture **Aku·punk·tur·punkt** *m* acupuncture point

Akus·tik <-> [a'kʊstɪk] *f kein pl* ❶ *(akustische Verhältnisse)* acoustics + *pl vb;* ***der Raum hat eine gute ~*** the room has good acoustics
❷ *(Lehre vom Schall)* acoustics + *sing vb*

Akus·tik·kopp·ler *m* TECH, INFORM acoustic coupler **Akus·tik·plat·ten** *pl* BAU acoustic tiles *pl*

akus·tisch [a'kʊstɪʃ] **I.** *adj* acoustic
II. *adv* acoustically; ***ich habe dich rein ~ nicht verstanden*** I just didn't hear [*or* catch] what you said

akut [a'kuːt] *adj* ❶ MED *(plötzlich auftretend)* acute
❷ *(dringend)* pressing, urgent; **~er Mangel** acute shortage [*or* lack]; ■**etwas Akutes** something pressing [*or* urgent]

Akut <-[e]s, -e> [a'kuːt] *m* LING acute [accent]

AKW <-s, -s> [aːkaː'veː] *nt Abk von* **Atomkraftwerk** nuclear power station

Ak·zent <-[e]s, -e> [ak'tsɛnt] *m* ❶ *(Aussprache)* accent; **einen bestimmten ~ haben** to have a certain [type of] accent; **mit ~ sprechen** to speak with an accent
❷ LING *(Zeichen)* accent
❸ *(Betonung)* stress
❹ *(Schwerpunkt)* accent, emphasis; **den ~ auf etw** *akk* **legen** to emphasize [*or* accentuate] sth; **~e setzen** *(Vorbilder schaffen)* to set [new] trends; *(akzentuiert in bestimmter Weise)* to emphasize [*or* stress] sth

ak·zent·frei **I.** *adj* without an [*or* any] accent *pred;* ■**~ sein** to have no accent
II. *adv* without an [*or* any] accent

ak·zen·tu·ie·ren* [aktsɛntu'iːrən] *vt (geh)* ❶ *(betonen)* ■**etw ~** to emphasize sth
❷ *(hervorheben)* ■**etw ~** to accentuate sth

Ak·zept <-[e]s, -e> [ak'tsɛpt] *nt* FIN [letter of] acceptance; **einen Wechsel mit ~ versehen** to provide a bill with acceptance

ak·zep·ta·bel [aktsɛp'taːbl̩] *adj* acceptable; ■[**für**

jdn] ~ **sein** to be acceptable [to sb]; ■ **etwas Akzeptables** something acceptable
Ak·zept·ak·kre·di·tiv *nt* FIN acceptance credit
Ak·zep·tant(in) <-en, -en> [aktsɛp'tant] *m(f)* FIN acceptor
Ak·zep·tanz <-> [aktsɛp'tants] *f* acceptance
Ak·zep·tanz·gren·ze *f* acceptance limit
ak·zept·fä·hig *adj* FIN negotiable **Ak·zept·her·ga·be** *f* FIN giving of an acceptance
ak·zep·tie·ren* [aktsɛp'ti:rən] **I.** *vt* ■ **etw** ~ to accept sth
II. *vi* to accept
Ak·zept·kre·dit *m* FIN acceptance credit **Ak·zept·kre·dit·bank** *f* FIN acceptance bank **Ak·zept·ver·wei·ge·rung** *f* FIN nonacceptance
Ak·zes·so·ri·e·tät <-> [aktsɛsori̯e'tɛ:t] *f* JUR accessoriness
Ak·zi·denz·dru·cke·rei [aktsi'dɛnts-] *f* commercial [*or* jobbing] printer
AL <-, -s> *Abk von* **Alternative Liste** electoral pact of alternative political groups
à la [a la] *adv* ❶ KOCHK *(nach Art von)* à la, after the manner of
❷ LIT *(nach jds Art)* in the manner [*or* style] of sb
Ala·bas·ter <-s, -> [ala'bastɐ] *m* alabaster
Alant <-[e]s, -e> [a'lant] *m* BOT **Echter** ~ elecampane, elfwort
Alarm <-[e]s, -e> [a'larm] *m* ❶ *(Warnsignal)* alarm; ■ ~ **schlagen** [*o* **geben**] to sound [*or* raise] the alarm
❷ MIL *(Alarmzustand)* alert; ■ ~ **sein** to be on alert; ■ **bei** ~ during an alert; ■ ~**!** alert!, action stations!
Alarm·an·la·ge *f* alarm [system] **alarm·be·reit** *adj* on stand-by *pred* **Alarm·be·reit·schaft** *f* stand-by; ■ ~ **haben** to be on stand-by; ■ **in** ~ **sein** [*o* **stehen**] to be on stand-by; **jdn/etw in** ~ **versetzen** to put sb/sth on stand-by **Alarm·funk·ti·on** *f* alarm function **Alarm·glo·cke** *f* alarm bell ▸ WENDUNGEN: **bei jdm geht die** ~ *(fam)* sb sees the warning signs
alar·mie·ren* [alar'mi:rən] *vt* ❶ *(zum Einsatz rufen)* ■ **jdn** ~ to call sb out
❷ *(aufschrecken)* ■ **jdn** ~ to alarm sb
alar·mie·rend *adj* alarming
Alarm·sig·nal *nt* alarm signal; **bei jdm/etw ein** ~ **auslösen** to alert sb/sth **Alarm·stu·fe** *f* state of alert **Alarm·übung** *f* practice alert **Alarm·vor·rich·tung** *f* alarm [device] **Alarm·zu·stand** *m* alert; ■ **im** ~ **sein** to be on the alert [*or* stand-by]; **jdn in den** ~ **versetzen** to put sb on the alert, stand-by
Alaska [a'laska] *nt* Alaska
Alaun <-s, -e> [a'laun] *m* CHEM alum
Alb[1] <-> [alp] *f kein pl* **die** [**Schwäbische**] ~ the Swabian Alps
Alb[2] <-[e]s, -e> [alp, *pl* -bə] *m meist pl* ❶ *(veraltend geh: Albtraum)* nightmare
❷ *(veraltet: Nachtmahr)* spectre [*or* AM -er]
Al·ba·ner(in) <-s, -> [al'ba:nɐ] *m(f)* Albanian
Al·ba·ni·en <-s> [al'ba:ni̯ən] *nt* Albania
al·ba·nisch [al'ba:nɪʃ] *adj* Albanian
Al·ba·nisch [al'ba:nɪʃ] *nt dekl wie adj* Albanian
Al·ba·ni·sche *nt* ■ **das** ~ Albanian
Al·ba·ni·sche Ri·vie·ra *f* Albanian Riviera
Al·ba·tros <-, -se> ['albatrɔs] *m* albatross
Alb·druck[RR] <*selten* -drücke> ['alpdrʊk, *pl* -drʏkə] *m (schwere seelische Bedrückung)* nightmare
▸ WENDUNGEN: **wie ein** ~ **auf jdm lasten** to weigh heavily on sb [*or* sb's mind]
Al·ben [albən] *pl von* **Album**
Al·be·rei <-, -en> [albə'rai] *f* ❶ *(Benehmen)* silliness
❷ *(Tat)* silly prank
al·bern[1] ['albɐn] **I.** *adj* ❶ *(kindisch)* childish, puerile
❷ *(lächerlich, unbedeutend)* laughable, trivial
II. *adv* childishly
al·bern[2] ['albɐn] *vi* to fool around
Al·bern·heit <-, -en> *f* ❶ *(kindisches Wesen)* childishness
❷ *(Lächerlichkeit, Unbedeutsamkeit)* triviality
❸ *(kindische Handlung)* tomfoolery
❹ *(lächerliche Bemerkung)* silly remark
Al·bi·nis·mus <-> [albi'nɪsmʊs] *m kein pl* BIOL, MED albinism
Al·bi·no <-s, -s> [al'bi:no] *m* albino
Alb·traum[RR] ['alptraum] *m* nightmare
Al·bum <-s, Alben> ['albʊm, *pl* 'albən] *nt* album
Al·bu·min <-s, -e> [albu'mi:n] *nt* BIOL, MED albumin
Al·chi·mie <-> [alçi'mi:] *f*, **Al·che·mie** <-> [alça'mi:] *f bes* ÖSTERR alchemy
Al·chi·mist(in) <-en, -en> *m(f)*, **Al·che·mist(in)** <-en, -en> *m(f) bes* ÖSTERR alchemist
Al·de·hyd <-s, -e> [alde'hy:t] *nt* CHEM aldehyde
al den·te [al 'dɛntə] *adj* al dente *(of pasta: tender but still firm when bitten)*
Ale·man·ne, A·le·man·nin <-n, -n> [alə'manə, -manɪn] *m, f* Alemannian
ale·man·nisch [ale'manɪʃ] *adj* LING Alemannic
Aletsch·glet·scher ['a:lɛtʃglɛtʃɐ, a'lɛtʃ-] *m* Aletsch Glacier
Al·fa <-[s], -s> ['alfa] *nt s.* **Alpha** alfa [grass]
Al·fal·fa·spros·sen [al'falfa-] *pl* alfalfa sprouts
Al·gar·ve <-> [al'garvə] *f kein pl* GEOG Algarve
Al·ge <-, -n> ['algə] *f* alga
Al·ge·bra <-> ['algebra] *f* algebra; **boolesche** ~ Boolean algebra
Al·ge·bra·i·ker(in) <-s, -> [alge'bra:ɪkɐ] *m(f)* MATH algebraist
al·ge·bra·isch [alge'bra:ɪʃ] *adj* algebraic
Al·gen·blü·te *f* algal bloom **Al·gen·pest** *f* ÖKOL plague of algae
Al·ge·ri·en <-s> [al'ge:ri̯ən] *nt* Algeria
Al·ge·ri·er(in) <-s, -> *m(f)* Algerian
al·ge·risch [al'ge:rɪʃ] *adj* Algerian
Al·gier <-s> ['alʒi:ɐ̯] *nt* Algiers
al·go·rith·misch [algo'rɪtmɪʃ] *adj* algorithmic
Al·go·rith·mus <-, -men> [algo'rɪtsmʊs] *m* algorithm
ali·as ['a:li̯as] *adv* alias, otherwise known as
Ali·as·ad·res·se *f* INFORM alias address **Ali·as·na·me** *nt* INFORM alias
Ali·bi <-s, -s> ['a:libi] *nt* ❶ *(Aufenthaltsnachweis zur Tatzeit)* alibi
❷ *(Vorwand)* excuse
Ali·bi·frau *f* token woman **Ali·bi·funk·ti·on** *f* use as an alibi [*or* excuse]; ■ [**nur**] ~ **haben** to [only] serve as an alibi [*or* excuse] **Ali·bi·po·li·tik** *f* token policy
Alien <-, -s> ['eɪlɪən] *m* alien
Ali·men·te [ali'mɛntə] *pl* maintenance *no pl*, alimony *no pl* AM
Ali·men·ten·be·schluss[RR] *m* JUR affiliation order **Ali·men·ten·kla·ge** *f* JUR bastardy [*or* maintenance] action **Ali·men·ten·pro·zess**[RR] *m* JUR maintenance [*or* BRIT affiliation] proceedings *pl*
ali·pha·tisch [ali'fa:tɪʃ] *adj* CHEM aliphatic; ~**e Kohlenwasserstoffe** aliphatic hydrocarbons
Ali·ud·lie·fe·rung ['a:li̯ʊt-] *f* JUR delivery of goods other than those ordered
Alk[1] <-s> [alk] *m kein pl (pej sl)* alcohol
Alk[2] <-en, -en> [alk] *m* ORN auk
Al·ka·li <-s, -lien> [al'ka:li, *pl* -li̯ən] *nt* alkali
al·ka·li·lös·lich *adj* CHEM alkali-soluble
al·ka·lisch [al'ka:lɪʃ] *adj* alkaline; **etw** ~ **machen** to alkalify sth; ~ **reagieren** to react alkaline
Al·ka·lo·id <-[e]s, -e> [alkalo'i:t, *pl* -i:də] *nt* alkaloid
Al·ko·hol <-s, -e> ['alkoho:l] *m* alcohol; **jdn unter** ~ **setzen** *(sl)* to get sb drunk [*or* BRIT *vulg a.* pissed]; **unter** ~ **stehen** *(geh)* to be under the influence [of alcohol]
al·ko·hol·arm *adj* low alcohol, low in alcohol *pred* **Al·ko·hol·de·li·ri·um** *nt* alcoholic delirium **Al·ko·hol·ein·fluss**[RR] *m (geh)* influence of alcohol; **unter** ~ **stehen** to be under the influence of alcohol [*or* BRIT *a.* drink] **Al·ko·hol·ein·wir·kung** *f* influence of alcohol **Al·ko·hol·em·bryo·pa·thie** <-> *f kein pl* MED alcohol embryopathy **Al·ko·hol·ex·zess**[RR] *m* excessive drinking **Al·ko·hol·fah·ne** *f (fam)* alcohol breath; ■ **eine** ~ **haben** to smell of alcohol [*or* drink], to have alcohol breath **al·ko·hol·frei** *adj Getränk* non-alcoholic, alcohol-free; ~**es Bier** low alcohol [*or* nonalcoholic] beer **Al·ko·hol·geg·ner(in)** *m(f)* teetotaler BRIT, teetotaller AM, *esp* AM prohibitionist **Al·ko·hol·ge·halt** *m* alcohol[ic] content **Al·ko·hol·ge·nuss**[RR] *m (geh)* consumption of alcohol
al·ko·hol·hal·tig *adj* alcoholic
Al·ko·ho·li·ka [alko'ho:lika] *pl* alcoholic drinks
Al·ko·ho·li·ker(in) <-s, -> [alko'ho:likɐ] *m(f)* alcoholic; ~ **sein** to be [an] alcoholic; **Anonyme** ~ Alcoholics Anonymous
al·ko·ho·lisch [alko'ho:lɪʃ] *adj* alcoholic
al·ko·ho·li·siert [alkoholi'zi:rən] **I.** *adj (geh)* inebriated
II. *adv (geh)* inebriatedly; ***wer*** ~ ***Auto fährt, macht sich strafbar*** anyone who drives in an inebriated state is open to prosecution, drunk drivers are liable to prosecution *fam*
Al·ko·ho·lis·mus <-> [alkoho'lɪsmʊs] *m* alcoholism
Al·ko·hol·kon·sum *m* consumption of alcohol **al·ko·hol·krank** *adj inv* alcoholic **Al·ko·hol·mess·ge·rät**[RR] *nt* alcoholometer, breathalyser BRIT *fam*, Breathalyzer® AM **Al·ko·hol·miss·brauch**[RR] *m kein pl* alcohol abuse **Al·ko·hol·pe·gel** *m (hum)*, **Al·ko·hol·spie·gel** *m* level of alcohol in one's blood, Blood-alcohol level **Al·ko·hol·pro·blem** *nt (fam)* drink problem **Al·ko·hol·schmug·gel** *m kein pl* alcohol smuggling, smuggling of alcohol **Al·ko·hol·steu·er** *f* duty [*or* tax] on alcohol **al·ko·hol·süch·tig** *adj* MED alcoholic, addicted to alcohol **Al·ko·hol·süch·ti·ge(r)** *f(m) dekl wie adj* alcoholic **Al·ko·hol·sün·der(in)** *m(f) (fam)* [convicted] drunk driver *fam* **Al·ko·hol·test** *m* breath test *fam* **Al·ko·hol·un·fall** *m* accident due to alcohol consumption **Al·ko·hol·ver·bot** *nt* ban on alcohol, *esp* AM prohibition **Al·ko·hol·ver·gif·tung** *f* alcohol poisoning **Al·ko·hol·wir·kung** *f* effect of alcohol
al·ko·xy·lie·ren [alkoksi'li:rən] *vt* CHEM ■ **etw** ~ *Verbindung* to alcoxylate sth
al·ky·lie·ren [alky'li:rən] *vt* CHEM ■ **etw** ~ *Verbindung* to alkylate sth
all [al] *pron indef* all; ■ ~ **jds ...** all sb's ....; ***sie gab ihnen*** ~ ***ihr Geld*** she gave them all her money; ■ ~ **der/die/das/dies ...** all the/this ...; ~ ***die Zeit*** all the time; ~ ***dies soll umsonst gewesen sein?*** all this was for nothing?
All <-s> [al] *nt kein pl* space
all·abend·lich [al'ʔa:bn̩tlɪç] **I.** *adj* regular evening *attr;* **der** ~**e Spaziergang** the regular evening walk
II. *adv* every evening
Al·lah <-s> ['ala:] *m* REL Allah
all·be·kannt ['albəkant] *adj* universally known
all·dem [al'de:m] *pron s.* **alledem**
al·le ['alə] *adj pred (fam) (gegessen)* ■ ~ **sein** to be all gone [*or* finished]; ***der Kuchen ist*** ~***!*** the cake is all gone [*or* finished]; **etw** ~ **machen** to finish sth off *sep*
▸ WENDUNGEN: **jdn** ~ **machen** *(sl)* to do sb in *sl;* ***ich bin ganz*** ~ I'm exhausted [*or* finished]
al·le(r, s) ['alə, -lɐ, -ləs] *pron indef* ❶ *attr* all; *(mit Plural a.)* all the; ***er hat*** ~***s Geld verloren*** he's lost all the money; [***ich wünsche dir***] ~***s Gute*** [I wish you] all the best; ~ **Anwesenden** all those present; ~ **meine Freunde/Kinder** all [of] my friends/children; **vor** ~**n Leuten** in public, for all the world to see; ~**s Neue/Schöne/Wichtige** everything [that's] [*or* all that's] new/beautiful/important; ~**s Übrige** all the rest
❷ *substantivisch (sämtliche)* ■ ~ *(Leute)* everyone; *(Dinge)* all of them, they all; [**wir/ihr/sie**] ~ all of us/you/them, we/you/they all; ***und damit sind*** ~ ***gemeint*** and that means everyone; ***es kam zum Kampf*** ~ ***r gegen*** ~ it turned into a free for all; ***wir haben*** ~ ***kein Geld mehr*** none of us have any money left; ***ich will euch*** ~ ***nie wieder sehen!*** I don't want to see any of you ever again!; ***ihr seid*** ~ ***willkommen*** you're all welcome; ~ ***auf einmal passen nicht durch die Tür*** everyone won't fit through the door at the same time; ~ ***kamen gleichzeitig an*** everyone arrived at the same time; ***wir kamen*** ~ ***rechtzeitig an*** we all arrived in time; ***redet nicht*** ~ ***auf einmal*** don't all speak at once; ~ [**davon**] all of them, they all; ***mir gefallen*** ~ [***davon***] I like all of them; ~ **beide/vier** both/all

four; ***ihr habt ~ beide Recht*** you're both [*or* both of you are] right; ***ich nehme ~ vier*** I'll take all four [of them]; ***das sind aber viele Bücher, hast du sie ~ gelesen?*** that's a lot of books, have you read them all?; **~ die[jenigen], die ...** *(Leute)* everyone [*or* all those], who ...; *(Dinge)* all those, which ...

❸ *substantivisch (alle Dinge, das Ganze)* ■ **~s** everything; ***ich habe ihr ~s erzählt*** I've told her everything; ***das sagt schon ~s*** that says it all; ***das ist ~s*** that's everything [*or* all] [*or fam* it]; ***soll das schon ~s gewesen sein?*** was that everything [*or* all] [*or fam* it]?; **das ~s** all that; ***ihr ist [das] ~s zu viel*** it's all too much for her; ***willst du das ~s essen?*** are you going eat everything [*or* all that] [*or* all of it]?; **~s oder nichts** all or nothing; **trotz ~m** in spite of everything [*or* of it all]; **über ~s** above all [*or* everything] else; **vor ~m** *(insbesondere)* above all; *(hauptsächlich)* primarily; **~m voran** first and foremost; **~s, was ...** *(alle Dinge)* everything that ...; *(das Einzige)* all that ...; ***~s, was ich weiß, ist dass/warum/wer ...*** all I know is that/why/who ...

❹ *substantivisch (insgesamt, im Einzelnen)* ■ **[das] ~s** all [that]; ***das ist doch ~s Unsinn!*** that's all nonsense!; ***das geht dich doch ~s nichts an!*** that's nothing at all to do with you!; ***was habt ihr im Urlaub so ~s gemacht?*** *(fam)* what did you get up to on holiday?; ***wer war ~s da?*** who was there?; ***was er ~s so weiß!*** *(fam)* the things he knows! *fam;* **~s in ~m** *(insgesamt betrachtet)* all in all; ***~s in ~m haben wir €1.000 ausgegeben*** [all] in all we spent €1,000

❺ *substantivisch (fam: ihr alle)* ■ **alles** everyone, all of you; ***so, nun aber ~s ab ins Bett!*** right, everyone [*or* all of you] off to bed now!; ***bitte ~s aussteigen!*** all change, please!

❻ *(bei Zeit und Maßangaben)* every; **~ fünf Minuten/drei Monate** every five minutes/three months; **~ Jahre wieder** year after year; **~ 14 Tage** every other week

▶WENDUNGEN: **~ für einen und einer für ~** all for one and one for all; **[wohl] nicht mehr ~ haben** *(fam)* to be mad *fam;* ***hast du sie noch ~?*** are you mad? *fam;* **~s und jedes** anything and everything; *s. a.* **ein I 2**

al·le·dem [alə'de:m] *pron* all that; **bei/trotz ~** even so, in spite of that; **zu ~** on top of [all] that; **nichts von ~** none of it

Al·lee <-, -n> [a'le:, *pl* -le:ən] *f* avenue, tree-lined walk

Al·le·go·rie <-, -n> [alego'ri:, *pl* -ri:ən] *f* allegory

al·le·go·risch [ale'go:rɪʃ] *adj inv* allegorical

Al·le·gro <-s, -s *o* Allegri> [a'le:gro, *pl* -gri] *nt* allegro

al·lein [a'lain], **al·lei·ne** [a'lainə] *(fam)* **I.** *adj pred* ❶ *(ohne andere)* alone; **jdn ~ lassen** to leave sb alone; ***wir sind jetzt endlich ~*** we're on our own at last; ***sind Sie ~ oder in Begleitung?*** are you by yourself or with someone?

❷ *(einsam)* lonely

❸ *(ohne Hilfe)* on one's own; **auf sich** *akk* **~ angewiesen [*o* gestellt] sein** to be on one's own, to be left to one's own resources; **für sich ~** by oneself, on one's own; ***er arbeitet lieber für sich ~*** he prefers to work alone

▶WENDUNGEN: **für sich ~ [genommen]** in itself; ***dieser Vorfall ist, für sich ~ genommen, schon schwerwiegend genug*** this incident is in itself serious enough

II. *adv* ❶ *(bereits)* just; ***~ das Ausmaß der Schäden war schon schlimm genug*** the extent of the damage alone was bad enough; ***~ der Gedanke daran*** the mere [*or* very] thought of it

❷ *(ausschließlich)* exclusively; ***das ist ganz ~ dein Bier!*** that's up to you!; ***das ist ~ deine Entscheidung*** it's your decision [and yours alone]; **die ~ selig machende [*o* seligmachende] Kirche/Lehre** the only true church/teaching; **~ berechtigt** JUR exclusively entitled; **~ berechtigt sein, etw zu tun** JUR to have the exclusive right to do sth

❸ *(ohne Hilfe)* single-handedly, on one's own, by oneself; ***unser Jüngster kann sich schon ~ anziehen*** our youngest can already dress himself [*or* get dressed by himself]; **ein Kind ~ erziehen** to bring up [*or* raise] a child on one's own; **eine ~ erziehende Mutter/ein ~ erziehender Vater** a single mother/a single father; **~ erziehend sein** to be a single parent; **von ~** by itself/oneself; ***ich wäre auch von ~ darauf gekommen*** I would have thought of it myself

❹ *(unbegleitet)* unaccompanied; *(isoliert)* alone; ***das Haus liegt ganz für sich ~*** the house is completely isolated

▶WENDUNGEN: **nicht ~ ..., sondern auch ...** not only [*or* just] ..., but also ...

Al·lein·ak·ti·o·när(in) *m(f)* FIN sole shareholder [*or* stockholder] **Al·lein·auf·trag** *m* HANDEL exclusive order **Al·lein·be·lie·fe·rungs·pflicht** *f* HANDEL exclusive order to supply **al·lein·be·rech·tigt** *adj* JUR *s.* **allein II 2** **Al·lein·be·rech·ti·gung** *f* JUR sole [*or* exclusive] right **Al·lein·be·triebs·recht** *nt* JUR operating monopoly

Al·lein·be·zug *m* JUR exclusive sourcing **Al·lein·be·zugs·ver·trag** *m* JUR exclusive supply contract

Al·lein·ei·gen·tü·mer(in) *m(f)* JUR sole proprietor [*or* owner] **Al·lein·er·be, -er·bin** *m, f* sole heir *masc* [*or fem* heiress]; ***er war ~*** he was the sole heir **al·lein·er·zie·hend** *adj inv, attr s.* **allein II 3** **Al·lein·er·zie·hen·de(r)** *f(m) dekl wie adj* single parent **Al·lein·flug** *m* solo flight **Al·lein·gang** <-gänge> *m (fam)* solo effort; **etw im ~ machen** to do sth on one's own **al·lein·ge·las·sen I.** *pp von* **allein lassen** *s.* **allein I 1** **II.** *adj (im Stich gelassen)* left on one's own; **sich [sehr/ganz] ~ fühlen** to feel abandoned **Al·lein·herr·schaft** *f* POL absolute power **Al·lein·herr·scher(in)** *m(f) (geh)* absolute ruler, autocrat, dictator

al·lei·nig [a'lainɪç] **I.** *adj attr* sole

II. *adv (geh)* solely

Al·lein·le·ben·de(r) *f(m) dekl wie adj* single person **Al·lein·li·zenz** *f* HANDEL exclusive licence [*or* AM -se] **Al·lein·rech·te** *pl* JUR exclusive rights **Al·lein·sein** *nt kein pl* solitariness; *(Einsamkeit)* loneliness; ***manchen Menschen macht das ~ nichts aus*** some people don't mind being alone **al·lein·se·lig·ma·chend**ALT *adj s.* **allein II 2** **Al·lein·sor·ge** *f (sl: alleiniges Sorgerecht)* sole custody **al·lein·ste·hend** *adj* single, unmarried **Al·lein·ste·hen·de(r)** *f(m) dekl wie adj* unmarried person **Al·lein·un·ter·hal·ter(in)** *m(f)* solo entertainer **Al·lein·ver·kaufs·recht** *nt* JUR exclusive right of sale; **das ~ für etw haben** to have exclusive selling rights for sth **Al·lein·ver·schul·den** *nt kein pl* JUR sole and exclusive fault **Al·lein·ver·tre·ter(in)** *m(f)* HANDEL sole agent [*or* distributor]

Al·lein·ver·tre·tung *f* ÖKON sole and exclusive agency [*or* representation]; **die ~ einer Firma haben** to be the sole representative of a firm

Al·lein·ver·tre·tungs·be·fug·nis *f* JUR exclusive representation **al·lein·ver·tre·tungs·be·rech·tigt** *adj inv* JUR ■ **~ sein** to have sole power of representation **Al·lein·ver·tre·tungs·recht** *nt* JUR sole power of representation **Al·lein·ver·tre·tungs·ver·trag** *m* HANDEL exclusive agency contract; *(Verkaufsvertrag)* exclusive sales agreement

Al·lein·ver·trieb *m* ÖKON exclusive marketing; ***in diesem Bezirk hat er den ~ von Mercedes*** he's the sole distributor of Mercedes in this area

Al·lein·ver·triebs·ab·kom·men *nt* JUR exclusive sales contract **Al·lein·ver·triebs·recht** *nt* HANDEL exclusive distribution right **Al·lein·ver·triebs·ver·trag** *m* JUR exclusive distribution [*or* dealing] agreement **Al·lein·zu·stän·dig·keit** *f* POL sole jurisdiction

al·lel [a'le:l] *adj inv, attr* BIOL allele

Al·lel <-s, -e> [a'le:l] *nt* BIOL allele

al·le·mal ['alə'ma:l] *adv* ❶ *(ohne Schwierigkeit)* without any trouble; ***was er kann, kann ich ~*** whatever he can do, I can do, too; **~!** definitely

❷ *(in jedem Fall)* always; **ein für ~** once and for all

al·len·falls ['alən'fals] *adv* at [the] most, at best

al·lent·hal·ben ['alənt'halbn̩] *adv (geh)* everywhere

al·ler- ['alɐ-] *in Komposita mit superl* ... of all; **die Allerschönste/der Allergrößte** the most beautiful/the biggest of all

al·ler·al·ler- ['alɐ'ʔalɐ-] *in Komposita mit superl (fam)* ***der/die/das allerallerschnellste/allerallergrößte ...*** the very fastest/biggest ... *childspeak*

al·ler·bes·te(r, s) ['alɐ'bɛstə, -tɐ, -təs] *adj* very best; ***ich wünsche Dir das A~*** I wish you all the best; ■ **es ist das A~ [*o* am A~n], etw zu tun** it's best to do sth; ***es ist das A~, in diesem Fall zu schweigen*** it's best to keep quiet in this case

al·ler·dings ['alɐ'dɪŋs] *adv* ❶ *(jedoch)* although, but; ***ich rufe dich an, ~ erst morgen*** I'll call you, although [*or* but] not till tomorrow

❷ *(in der Tat)* definitely, indeed *form;* **~!** indeed!, AM *a.* you bet! *fam;* ***hast du mit ihm gesprochen? — ~!*** did you speak to him? — I certainly did!

al·ler·ers·te(r, s) ['alɐ'ʔe:ɐ̯stə, -tɐ, -təs] *adj* the [very] first; ***Zähneputzen ist morgens das A~, was er tut*** the first thing he does in the morning is clean his teeth; **etw als A~r tun** to be the first to do sth; ■ **als A~s** first of all

al·ler·frü·hes·tens *adv* at the [very] earliest

al·ler·gen [alɛr'ge:n] **I.** *adj* MED allergenic

II. *adv* as an allergen; **~ wirken** to have an allergenic effect

Al·ler·gen <-s, -e> [alɛr'ge:n] *nt* MED allergen

Al·ler·gie <-, -n> [alɛr'gi:, *pl* -gi:ən] *f* allergy; **eine ~ [gegen etw** *akk*] **haben** to have an allergy [to sth]

al·ler·gie·aus·lö·send *adj inv* allergenic **al·ler·gie·ge·tes·tet** *adj inv* allergy-tested **Al·ler·gie·test** *m* allergy test

Al·ler·gi·ker(in) <-s, -> [a'lɛrgikɐ] *m(f)* person suffering from an allergy

al·ler·gisch [a'lɛrgɪʃ] **I.** *adj* allergic; ■ **~ gegen etw** *akk* **sein** to be allergic to sth

II. *adv* ❶ MED **~ bedingt** caused by an allergy; **~ [auf etw** *akk*] **reagieren** to have an allergic reaction [to sth]

❷ *(abweisend)* **~ auf etw** *akk* **reagieren** to get hot under the collar about sth

Al·ler·go·lo·ge, Al·ler·go·lo·gin <-n, -n> [alɛrgo'lo:gə, -'lo:gɪn] *m, f* allergist

Al·ler·go·lo·gie <-> [alɛrgolo'gi:] *f kein pl* allergology

Al·ler·go·lo·gin <-, -nen> *f fem form von* **Allergologe**

al·ler·hand ['alɐ'hant] *adj inv (fam)* all sorts of; **~ Auswahl** enormous choice; *(ziemlich viel)* a great deal [*or fam* masses] of; ***ich habe noch ~ zu tun*** I've still got so much [*or fam* masses] [*or fam* tons] to do

▶WENDUNGEN: **das ist ja [*o* doch] ~!** that's a bit rich [*or* much]!; **[das ist] ~!** Oh my God!, Good heavens! [*or dated* Lord]

Al·ler·hei·li·gen <-s> ['alɐ'hailɪgn̩] *nt* All Saints' Day

Al·ler·hei·ligs·te(s) ['alɐ'hailɪçstə(s)] *nt dekl wie adj* REL ❶ *(jüdisch)* Holy of Holies

❷ *(katholisch)* Blessed Sacrament

al·ler·höchs·te(r, s) ['alɐ'hø:çstə, -tɐ, -təs] *adj* highest; **die ~ Belastung** the maximum load; **der ~ Betrag** the highest sum ever; **die ~ Geschwindigkeit** the maximum speed; **die ~ Instanz** the supreme authority

al·ler·höchs·tens *adv* ❶ *(allenfalls)* at the most

❷ *(spätestens)* at the latest; ***in ~ 4 Minuten explodiert hier alles!*** in no later than 4 minutes everything here will explode!

al·ler·lei ['alɐ'lai] *adj inv* ❶ *substantivisch (viel)* a lot, loads *fam;* ***ich muss noch ~ erledigen*** I still have a lot [*or fam* loads] to do

❷ *attr (viele Sorten)* all sorts of

Al·ler·lei <-s, -s> ['alɐ'lai] *nt pl selten* all sorts [*or* kinds] of things; **ein ~ an etw** all sorts of sth; **Leipziger ~** *mixed vegetables comprising of peas, carrots and asparagus*

al·ler·letz·te(r, s) ['alɐ'lɛtstə, -tɐ, -təs] *adj* ❶ *(ganz letzte)* [very] last; ■ **der/die A~** the [very] last [person]; ■ **das A~** the [very] last thing

❷ *(allerneueste)* latest

❸ *(allerjüngste)* recently; **in ~r Zeit** very recently; **in den ~n Wochen** in the last few weeks
▶WENDUNGEN: **[ja/wirklich] das A~ sein** *(fam)* to be beyond the pale! *fam;* ***er ist das A~!*** he's just vile!

al·ler·liebs·te(r, s) ['alɐ'li:pstə, -tɐ, -təs] *adj* ❶ *(Lieblings-)* favourite BRIT, favorite AM ❷ *(meistgeliebt)* dearest; ■**am ~n** most [*or* best] [of all]; ***mir wäre es am ~n wenn ...*** I would prefer it if ... **Al·ler·liebs·te(r)** ['alɐ'li:pstə, -tɐ] *f(m) dekl wie adj* darling; ***sie ist seine ~*** she's his favourite

al·ler·meis·te(r, s) ['alɐ'maistə, -tɐ, -təs] *adj* most *generalization,* the most *comparison;* ***im Urlaub verbringt er die ~ Zeit mit Angeln*** on holiday he spends most of his time fishing; ***er bekommt in der Firma das ~ Geld*** he earns the most money in the company; ■**das A~** most, the lion's share; ***das A~ habe ich schon fertig*** I've done most of it already; ■**die A~n** most people; ■**am ~n** most of all

al·ler·nächs·te(r, s) ['alɐ'nɛ:çstə, -tɐ, -təs] *adj* ❶ *(unmittelbar folgend)* next; **in ~r Zeit** [*o* **Zukunft**] in the very near future; ■**als ~s/am ~n** next
❷ *(unmittelbar benachbart)* nearest
❸ *(kürzeste)* shortest
❹ *(emotional nahe)* ■**am ~n**: ***ihre Tante steht ihr am ~n*** her aunt is closest to her

al·ler·neu·es·te(r, s) ['alɐ'nɔyəstə, -tɐ, -təs], **al·ler·neus·te(r, s)** ['alɐ'nɔystə, -tɐ, -təs] *adj* latest; **auf dem ~n Stand** state-of-the-art, up-to-the-minute; ■**das Allerneueste** the latest; ■**am ~n** the newest

al·ler·or·ten ['alɐ'ʔɔrtn̩] *adv inv (veraltend)* everywhere

Al·ler·see·len <-s> ['alɐ'ze:lən] *nt* All Souls' Day

al·ler·seits ['alɐ'zaits] *adv* ❶ *(bei allen)* on all sides; ***sie war ~ ein gerne gesehener Gast*** she was a welcome guest everywhere
❷ *(an alle)* everyone; ***„Abend, ~!"*** "evening, everyone!"

al·ler·spä·tes·tens *adv* at the latest

Al·ler·welts·aus·druck *m (pej)* trite [*or* meaningless] [*or* hackneyed] phrase **Al·ler·welts·kerl** ['alɐ'vɛlts'kɛrl] *m* Jack of all trades, all-rounder

al·ler·we·nigs·te(r, s) *adj* ❶ *(wenigste: zählbar)* fewest; *(unzählbar)* least; **in den ~n Fällen** in only a very few cases; **das ~ Geld** the least money; **die ~n Menschen** very few people; ■**am ~n** the least; **die ~ [*o* am ~n] Zeit haben** to have the least amount of time
❷ *(mindeste)* least; ***das ~ wäre noch gewesen, sich zu entschuldigen*** the least he could have done was to apologize
▶WENDUNGEN: **das am ~n!** that's the last thing I want to do/hear!

al·ler·we·nigs·tens ['alɐ've:nɪçstn̩s] *adv* at [the very] least

Al·ler·wer·tes·te ['alɐ've:ɐ̯təstə] *m dekl wie adj (hum)* behind, posterior

al·les ['aləs] *pron indef s.* **alle(r, s)**

al·le·samt ['alə'zamt] *adv* all [of them/you/us]; ***die Politiker sind doch ~ korrupt*** politicians are corrupt to a man; ***ihr seid doch ~ verrückt!*** you're mad, the lot [*or* all] of you!, you're all mad!

Al·les·fres·ser <-s, -> *m* BIOL omnivore, omnivorous animal **Al·les·kle·ber** *m* general purpose adhesive [*or* glue] **Al·les·schnei·der** *m* slicing machine **Al·les·wis·ser(in)** <-s, -> *m(f)* smart-alec *fam,* know-all BRIT *fam,* know-it-all AM *fam*

all·fäl·lig ['alfɛlɪç] *adj* SCHWEIZ *(eventuell)* necessary

All·fi·nanz <-> *f kein pl* FIN one-stop finance

All·fi·nanz·ge·schäft *nt* FIN *(umfassendes Angebot an Finanzdienstleistungen)* one-stop finance activities

allg. *adj Abk von* **allgemein**

All·gäu <-s> ['algɔy] *nt* ■**das ~** the Allgäu *(German Alpine region)*

All·ge·fah·ren·de·ckung *f* JUR all risks cover[age] **All·ge·fah·ren·po·li·ce** *f* FIN all-risks policy

All·ge·gen·wart *f kein pl* ❶ REL *(Eigenschaft Gottes)* omnipresence
❷ *(geh: ständige Präsenz)* omnipresence

all·ge·gen·wär·tig *adj* ❶ REL *(geh)* omnipresent; ■**der Allgegenwärtige** the omnipresent One, God
❷ *(überall gegenwärtig)* ubiquitous *form*

all·ge·mein [algə'main] I. *adj* ❶ *attr (alle betreffend)* general; **~e Feiertage** national holidays; **im ~en Interesse liegen** [*o* **sein**] to be in everyone's interests [*or* in the common interest]; **von ~em Interesse sein** to be of interest to everyone; **~e Vorschriften** universal regulations, regulations applying to everyone; **das ~e Wahlrecht** universal suffrage; **die ~e Wehrpflicht** military service
❷ *attr (allen gemeinsam)* general, public; **zur ~en Überraschung** to everyone's surprise; **das ~e Wohl** the common good; **~e Zustimmung finden/auf ~e Ablehnung stoßen** to meet with general approval/disapproval
❸ *(nicht spezifisch)* general; ***die Frage war ~er Natur*** the question was of a rather general nature
▶WENDUNGEN: **im A~en** *(normalerweise)* generally speaking; *(insgesamt)* on the whole
II. *adv* ❶ *(allerseits, überall)* generally; **~ bekannt/üblich sein** to be common knowledge/practice; **~ gültig** general, universally applicable; **~ verbindlich** generally binding; **~ verbreitet** widespread; **~ verständlich** intelligible to everybody; **~ zugänglich sein** to be open to the general public
❷ *(nicht spezifisch)* generally; ***der Vortrag war leider sehr ~ gehalten*** unfortunately the lecture was rather general [*or* lacked focus]; **eine ~ bildende Schule** *a school providing a general rather than specialized education*

All·ge·mein·arzt, -ärz·tin *m, f* general practitioner, BRIT *a.* GP **All·ge·mein·be·fin·den** *nt* general health; ***danke, mein ~ ist recht gut*** generally speaking, I'm very well, thanks **all·ge·mein·bil·dend** *adj* SCH *s.* **allgemein II 2 All·ge·mein·bil·dung** *f kein pl* general education **all·ge·mein·gül·tig** *adj attr s.* **allgemein II 1 All·ge·mein·gül·tig·keit** *f* [universal] validity **All·ge·mein·gut** *nt* common knowledge

All·ge·mein·heit <-> ['algə'mainhait] *f kein pl*
❶ *(Öffentlichkeit)* general public
❷ *(Undifferenziertheit)* generality, universality; ***seine Erklärungen waren von viel zu großer ~*** his explanations were far too general

All·ge·mein·kun·dig·keit *f* JUR common knowledge **All·ge·mein·me·di·zin** *f* general medicine **All·ge·mein·me·di·zi·ner(in)** *m(f)* general practitioner, GP **all·ge·mein·me·di·zi·nisch** *adj inv, attr* general medical *attr* **all·ge·mein·ver·bind·lich** *adj s.* **allgemein II 1**

All·ge·mein·ver·bind·lich·keit *f kein pl* JUR universal validity *no pl* **All·ge·mein·ver·bind·lich·keits·er·klä·rung** *f* JUR *(im Tarifvertrag)* declaration of general application [of a collective agreement]

All·ge·mein·ver·fü·gung *f* JUR general disposition **all·ge·mein·ver·ständ·lich** *adj s.* **allgemein II 1 All·ge·mein·wis·sen** *nt* general knowledge **All·ge·mein·wohl** *nt* welfare of the general public **All·ge·mein·zu·stand** *m* general health

All·heil·mit·tel *nt* cure-all, panacea *esp pej*

Al·li·anz <-, -en> [a'li̯ants] *f* alliance

Al·li·ga·tor <-s, -toren> [ali'ga:to:ɐ̯] *m* alligator

al·li·iert [ali'i:ɐ̯t] *adj attr* allied

Al·li·ier·te(r) [ali'i:ɐ̯tə, -tɐ] *f(m) dekl wie adj* ally; ■**die ~n** the Allies, the Allied Forces

Al·li·te·ra·ti·on <-, -en> [alɪtera'tsi̯o:n] *f* LIT alliteration

all·jähr·lich ['al'jɛ:ɐ̯lɪç] I. *adj attr* annual
II. *adv* every year, annually

All·macht [a'almaxt] *f kein pl* unlimited power, omnipotence *form;* REL omnipotence

all·mäch·tig [al'mɛçtɪç] *adj* all-powerful, omnipotent *form;* REL omnipotent

All·mäch·ti·ge(r) *m dekl wie adj* Almighty God; ■**der ~** the Almighty; **~r!** *(fam)* Good God!

all·mäh·lich [al'mɛ:lɪç] I. *adj attr* gradual
II. *adv* ❶ *(langsam)* gradually; ***~ geht er mir auf die Nerven*** he's beginning to get on my nerves; ***ich werde ~ müde*** I'm getting tired
❷ *(endlich)* ***wir sollten jetzt ~ gehen*** it's time we left; ***es wurde auch ~ Zeit!*** about time too!

all·mo·nat·lich ['almo:natlɪç] I. *adj attr* monthly
II. *adv* every month

all·mor·gend·lich I. *adj attr* every morning; **das ~e Anstehen an der Bushaltestelle** the morning queue [*or* AM line] at the bus stop; ***das ~e Aufstehen um 6 Uhr ist eine Qual*** getting up every morning at 6 is torture
II. *adv* every morning

all·nächt·lich ['alnɛçtlɪç] I. *adj attr* nightly
II. *adv* every night

al·lo·chthon [alɔx'to:n] *adj* GEOL allochthonous

Al·lo·ka·ti·ons·kar·tell [aloka'tsi̯o:ns-] *nt* JUR allocation cartel

Al·lo·me·trie <-, -ien> [alome'tri:] *f* BIOL allometry

al·lo·me·trisch [alo'me:trɪʃ] *adj inv* BIOL allometric

Al·lon·ge <-, -n> [a'lõ:ʒə] *f* ÖKON allonge, rider; TYPO fly-leaf

All·par·tei·en·re·gie·rung *f* all-[*or* multi-]party government

All·pha·sen-Brut·to-Um·satz·steu·er *f* FIN all-stage tax on gross turnover **All·pha·sen-Net·to-Um·satz·steu·er** *f* FIN all-stage tax on net turnover **All·pha·sen-Um·satz·steu·er** *f* FIN cumulative all-stage turnover tax

All·rad·an·trieb *m* four-[*or* all-]wheel drive **all·rad·ge·trie·ben** *adj* AUTO four wheel [*or* all-wheel] drive; *(geschrieben a.)* 4WD

All·round- [o:l'raunt-] *in Komposita* all-round [*or* AM -around] **All·round·ge·nie** [o:l'raunt-] *nt,* **All·round·ta·lent** [o:l'raunt-] *nt* all-round genius [*or* talent] **All·round·künst·ler(in)** [o:l'raunt-] *m(f)* multi-talented [*or* all-round] artist

all·sei·tig ['alzaitɪç] I. *adj* widespread
II. *adv* **~ interessiert sein** to be interested in everything; **~ begabt sein** to be an all-round talent [*or* a good all-rounder]

all·seits ['alzaits] *adv* ❶ *(überall)* everywhere
❷ *(rundum)* in every respect; ***sie schien ~ gewappnet zu sein*** she seemed to know about everything; ***ich bin ~ vorbereitet*** I'm ready for anything

All·tag ['alta:k] *m* ❶ *(Werktag)* working day BRIT, workday; ■**an ~en** on workdays
❷ *(Realität)* everyday life

all·täg·lich ['altɛ:klɪç] *adj* ❶ *attr (tagtäglich)* daily, everyday
❷ *(gang und gäbe)* usual; ***diese Probleme sind bei uns ~*** these problems are part of everyday life here
❸ *(gewöhnlich)* ordinary

all·tags ['alta:ks] *adv* on workdays

All·tags·held(in) *m(f)* everyday hero **All·tags·klei·dung** *f* everyday clothes, not your Sunday best **All·tags·kom·pe·tenz** *f* life skills *pl* **All·tags·le·ben** *nt* daily routine

all·um·fas·send *adj (geh)* all-round, global; **~e Forschungen** extensive research; ***sein Wissen ist nahezu ~!*** his knowledge is almost encyclop[a]edic!

Al·lü·ren [a'ly:rən] *pl* ❶ *(geziertes Verhalten)* affectation
❷ *(Starallüren)* airs and graces

all·wis·send ['al'vɪsn̩t] *adj* ❶ *(fam: umfassend informiert)* knowing it all; ***er tut immer so ~*** he thinks he knows it all; ***ich bin doch nicht ~!, bin ich ~?*** *(fam)* what do you think I am? a walking encyclop[a]edia?, I don't know everything, you know
❷ REL *(alles wissend)* omniscient; ■**der A~e** the Omniscient

All·wis·sen·heit <-> ['al'vɪsn̩hait] *f kein pl* omniscience

all·wö·chent·lich ['al'vœçn̩tlɪç] I. *adj attr* weekly
II. *adv* every week

all·zeit ['al'tsait] *adv (geh)* always; ***ich bin ~ die Deine!*** I'm yours for ever; **~ bereit!** be prepared!

all·zu ['altsu:] *adv* all too; ***du hast ~ dick aufgetragen*** you've gone over the top; ■**nur ~ ...** only too ...; **~ früh** far too early, all too soon; ***ruf mich am Sonntag an, aber bitte nicht ~ früh!*** call me on Sunday, but not too early!; **~ gern** only too much [*or* willingly]; ***gehen wir heute ins Theater? — nur ~ gern!*** shall we go to the theatre tonight? — I'd love to!; ***magst du Fisch? — nicht ~ gern*** do you

A

like fish? — not very much [*or* I'm not over[ly] fond of it]; ***ich habe das nicht ~ gern getan*** I didn't like doing that; **~ häufig** all too often; **~ oft** only too often; **nicht ~ oft** not [all] too often; **~ sehr** too much; ***dieser Schmuck gefällt mir wirklich ~ sehr!*** I just love this jewellery!; ***er war nicht ~ sehr in sie verliebt*** he wasn't all that much in love with her; ***man sieht dir ~ sehr an, dass du lügst!*** I can see all too clearly that you're lying!; ***bin ich ~ sehr verspätet?*** am I very late?; ■**nicht ~** not all that much [*or* too much]; **nicht ~ gerne** reluctantly; ***fühlst du dich nicht gut? — nicht ~ sehr!*** are you all right? — not really; **~ viel** too much; ***er trank nie ~ viel Alkohol*** he never drank that much alcohol; ***450 Euro ist aber nicht ~ viel!*** 450 euros is not very much!; **~ viel ist ungesund** moderation in everything **all·zu·früh**^{ALT} *adv s.* **allzu** **all·zu·gern**^{ALT} *adv s.* **allzu** **all·zu·häu·fig**^{ALT} *adj s.* **allzu** **all·zu·oft**^{ALT} *adv inv s.* **allzu** **all·zu·sehr**^{ALT} *adv s.* **allzu**

All·zu·stän·dig·keit *f* JUR comprehensive jurisdiction

all·zu·viel^{ALT} *adv s.* **allzu**

All·zweck·cre·me *f* all-purpose cream **All·zweck·hal·le** *f* [multipurpose] hall **All·zweck·rei·ni·ger** *m* general-purpose cleaner

Alm <-, -en> [alm] *f* mountain pasture, alp

Al·ma Ma·ter <-, -> ['alma 'ma:tɐ] *f (hum: Universität)* alma mater

Al·ma·nach <-s, -e> ['almanax] *m* almanac

Al·ma·ty <-s> [al'ma:ti] *nt* Almaty, Alma-Ata

Al·mo·sen <-s, -> ['almo:zn̩] *nt* ❶ *(pej: geringer Betrag)* pittance
❷ *(geh: Spende)* alms, donation

Alm·rausch ['almraʊ̯ʃ] *m* alpine rose

Aloe <-, -n> ['a:loe, *pl* -loən] *f* aloe

Aloe Ve·ra *f* aloe vera

Alp <-[e]s, -e> [alp] *m meist pl* ❶ *(veraltend geh: Albtraum)* nightmare
❷ *(veraltet: Nachtmahr)* spectre [*or* AM -er]

Al·pa·ka <-s, -s> [al'paka] *nt* alpaca

Al·pa·ka·wol·le *f* alpaca [wool]

Alp·druck <*selten* -drücke> ['alpdrʊk, *pl* -drʏkə] *m s.* **Albdruck**

Al·pen ['alpn̩] *pl* ■**die ~** the Alps

Al·pen·doh·le *f* ORN alpine chough **Al·pen·glü·hen** *nt* alpenglow **Al·pen·krä·he** *f* ORN chough **Al·pen·land** *nt* ❶ *(in den Alpen liegendes Land)* alpine country ❷ *(Gebiet der Alpen)* the Alps **Al·pen·pass**^{RR} *m* alpine pass **Al·pen·re·pu·blik** *f (Österreich)* Austria **Al·pen·ro·se** *f* alpine rose [*or* rhododendron] **Al·pen·strand·läu·fer** *m* ORN dunlin **Al·pen·stra·ße** *f* alpine road **Al·pen·tran·sit·ver·kehr** *m kein pl transit traffic in alpine regions* **Al·pen·veil·chen** *nt* cyclamen **Al·pen·vor·land** [alpn̩'fo:ɐ̯lant] *nt* foothills *pl* of the Alps

Al·pha <-[s], -s> ['alfa] *nt* alpha
▸WENDUNGEN: **das ~ und das Omega** *(geh)* the be-all and end-all

Al·pha·bet <-[e]s, -e> [alfa'be:t] *nt* alphabet; ■**nach dem ~** alphabetically

al·pha·be·tisch [alfa'be:tɪʃ] *adj* alphabetical

al·pha·be·ti·sie·ren* [alfabeti'zi:rən] *vt* ■**etw ~** to put sth into alphabetical order; ■**alphabetisiert sein** to be in alphabetical order; ■**jdn ~** to teach sb to read and write

Al·pha·be·ti·sie·rung <-, -en> *f* ❶ *(das Alphabetisieren)* arranging in alphabetical order
❷ *(Beseitigung des Analphabetentums)* literacy campaign

Al·pha·da·ten *pl* alphabetic data + *sing vb*

Al·pha-He·lix <-, -Helices> [-he:lɪks, *pl* -he:litse:s] *f* BIOL alpha helix **Al·pha-Hy·dro·xy·(car·bon·)säu·re** *f* alpha-hydroxy acid, AHA

al·pha·me·risch [alfa'me:rɪʃ] *adj* alphanumeric, alphameric

al·pha·nu·me·risch [alfanu'me:rɪʃ] *adj* alphanumeric, alphameric **Al·pha·strah·len** *pl* NUKL alpha rays **Al·pha-Tier** *nt* BIOL alpha animal

Alp·horn *nt* alp[en]horn

al·pin [al'pi:n] *adj* alpine

Al·pi·nis·mus <-> [alpi'nɪsmʊs] *m kein pl* SPORT alpinism

Al·pi·nist(in) <-en, -en> [alpi'nɪst] *m(f)* alpinist

Alp·traum ['alptraʊ̯m] *m s.* **Albtraum**

Al·raun <-[e]s, -e> [al'raʊ̯n] *m,* **Al·rau·ne** <-, -n> [al'raʊ̯nə] *f* BOT mandrake

als [als] *konj* ❶ *(in dem Moment, da)* when, as; ***ich kam, ~ er ging*** I came as he was leaving; **gleich, ~ ...** as soon as ...; **damals, ~ ...** [back] in the days when ...; **gerade ~ ...** just when [*or* as]...; ***sie rief an, ~ ich gerade weg war*** she called just as I'd left
❷ *nach komp* than; ***der Bericht ist interessanter ~ erwartet*** the report is more interesting than would have been expected
❸ *(geh: wie)* as; **so ... ~ möglich** as ... as possible; **alles andere ~ ...** everything but ...; **anders ~ jd sein** to be different from [*or* to] sb; **niemand/nirgends anders ~ ...** nobody/nowhere but...; **niemand anders ~ ...** *(a. hum, iron)* none other than ...; ***sie haben andere Verfahren ~ wir*** they have different procedures from ours; ***ich brauche nichts anderes ~ ein paar Tage Urlaub*** all I need is a couple of days vacation
❹ *(in Modalsätzen)* ■**..., ~ habe/könne/sei/würde ...** as if [*or* though]; ***es sieht aus, ~ würde es bald schneien*** it looks like snow [*or* as though it's going to snow]; ***~ ob ich das nicht wüsste!*** as if I didn't know that!
❺ *(so dass es ausgeschlossen ist)* ■**zu ..., ~ dass** too ... to ...; ***du bist noch zu jung, ~ dass du dich daran erinnern könntest*** you're too young to be able to remember that
❻ *(zumal)* since; ■**umso ..., ~ ...** all the more ..., since ...; ***das ist umso trauriger, ~ es nicht das erste Mal war*** it is all the sadder since it wasn't the first time
❼ *(in der Eigenschaft von etw)* ■**~ etw** as sth; ***ein Tonband ist vor Gericht nicht ~ Beweis zugelassen*** a tape recording is not recognized as evidence in court; ■**~ jd** as sb; ***schon ~ Kind hatte er immer Albträume*** even as a child, he had nightmares; **sich ~ wahr/falsch erweisen** to prove to be true/false

als·bald [als'balt] *adv (geh)* soon, presently *form;* ***ich komme ~*** I'm just coming

als·bal·dig [als'baldɪç] *adj (geh)* immediate; ***wir sehen Ihrer ~en Antwort mit Interesse entgegen*** we look forward to your prompt reply; ***„zum ~en Verbrauch bestimmt"*** "for immediate use only"

als·dann [als'dan] *adv* ❶ *(geh: sodann)* then
❷ DIAL *(also [dann])* so, well then

Al·se <-, -n> *f* KOCHK [alice] shad

al·so ['alzo] **I.** *adv (folglich)* so, therefore *form;* ***es regnet, ~ bleiben wir zu Hause*** it's raining, so we'll stay at home
II. *part* ❶ *(nun ja)* well; [***ja***] ***~, zuerst gehen Sie geradeaus und dann ...*** ok, first you go straight ahead and then ...
❷ *(tatsächlich)* so; ***er hat ~ doch nicht die Wahrheit gesagt!*** so he wasn't telling the truth after all!; ***kommst du ~ mit?*** so are you coming [then]?
❸ *(aber)* ***~, dass du dich ordentlich benimmst!*** now, see that you behave yourself!; ***~ so was!*** well [I never]!; ***~, jetzt habe ich langsam genug von deinen Eskapaden!*** now look here, I've had enough of your escapades!
❹ *(na)* ***~ warte, Bürschchen, wenn ich dich kriege!*** just you wait, sunshine, till I get my hands on you!; **~ gut** [*o* **schön**] well, OK, [well,] all right; **~ dann, ...!** so ..., well then ...; ***~ dann, mach's gut!*** oh well, take care!
▸WENDUNGEN: **~ doch!** you see!; ***~ doch, wie ich's mir dachte!*** you see! just as I thought!; **na ~!** just as I thought!; ***wird's bald? na ~!*** get moving! at last!; **~ nein!** no!

Als-ob-Be·din·gung [als'ʔɔp-] *f* JUR deeming condition **Als-ob-Be·stim·mung** [als'ʔɔp-] *f* JUR deeming provision **Als-ob-Bi·lanz** [als'ʔɔp-] *f* FIN pro-forma balance sheet **Als-ob-Prin·zip** [als'ʔɔp-] *nt* JUR deeming principle

Als·ter·was·ser *nt (Mixgetränk aus Bier und Limonade)* ≈ shandy

alt <älter, älteste(r,s)> [alt] *adj* ❶ *(betagt)* old; **schon sehr ~ sein** to be getting on a bit *fam;* ***ich glaube nicht, dass ich ~ werde*** I don't think I'll live to a ripe old age; ***ich möchte mit dir ~ werden*** I'd like to grow old with you; ■**älter sein/werden** to be/get older; ***tja, man wird eben älter!*** well, we're all getting on!; ■**älter als jd werden** to live longer than sb; ■**für etw zu ~ sein** to be too old for sth; ■**jdm zu ~ sein** to be too old for sb; **A~ und Jung** young and old alike; [**für/zu etw**] **~ genug sein** to be old enough [for]; **~er Knacker** *(pej)* old fogy [*or* BRIT *a.* sod]; **~e Schachtel** *(pej)* old bag
❷ *(ein bestimmtes Alter habend)* old; **... Wochen/Monate/Jahre ~ sein** to be ... weeks/months/years old; ***er ist 21 Jahre ~*** he's 21 [years old [*or* years of age]]; ***wie ~ ist er? — er ist 18 Monate ~*** how old is he? — he's 18 months [old]; ***darf ich fragen, wie ~ Sie sind?*** may I ask how old you are?; ***er wird dieses Jahr 21 Jahre ~*** he'll be [*or* he's going to be] 21 [years old] this year; ***Ende Mai wurde sie 80 Jahre ~*** she turned 80 at the end of May; [**etwas**] **älter als jd sein** to be [slightly] older than sb; ■**älter/am ältesten sein** to be the older/the oldest; ■**der/die Ältere/Älteste** the older [*or dated* elder]/the oldest [*or dated* eldest]
❸ *(aus früheren Zeiten stammend)* ancient; ***der Attiskult ist älter als das Christentum*** the cult of Attica is older than Christianity
❹ *attr (langjährig)* old; **~e diplomatische Beziehungen** long-standing diplomatic relations
❺ *(gebraucht)* old
❻ *(nicht mehr frisch)* old; **~es Brot** stale bread
❼ *attr (abgelagert)* mature; **~er Käse** mature cheese; **~er Wein** vintage wine
❽ *attr (pej: wirklich)* old; ***du ~er Geizhals!*** you old skinflint! *fam;* ***~er Freund/~es Haus!*** old friend/mate!
❾ *attr (ehemalig)* old
❿ *attr (frühere)* ■**der/die/das ~e ...** the same old ...; ***du bist wirklich noch der ~e Pedant*** you're still the same old pedantic fellow you always were; ***du bist ganz der A~e geblieben*** you're still your old self; ***er war nie wieder der A~e*** he was never the same again
▸WENDUNGEN: **man ist so ~, wie man sich fühlt** you're as old as you feel; **~ aussehen** *(fam: dumm dastehen)* to look [like] a complete fool [*or* BRIT *a.* a proper charlie]; **ich werde heute nicht ~!** *(fam)* I won't stay up late tonight; **hier werde ich nicht ~!** *(fam)* I won't hang around here much longer!

Alt^1 <-s, -e> [alt] *m* MUS alto, contralto

Alt^2 <-s, -> [alt] *nt kurz für* **Altbier** *top-fermented dark beer*

Alt·acht·und·sech·zi·ger(in) *m(f) person who was active in the 1968 student uprisings in Germany*

Alt·ak·tie *f* BÖRSE old share **Alt·ak·ti·o·när, -ak·ti·o·nä·rin** *m, f* BÖRSE existing shareholder

Al·ta·mi·ra <-> [alta'mi:ra] *f kein pl* KUNST, GEOG Altamira

alt·an·ge·se·hen *adj* established **alt·an·ge·ses·sen, alt·an·säs·sig** *adj s.* **alteingesessen**

Al·tar <-s, -täre> [al'ta:ɐ̯, *pl* al'tɛ:rə] *m* altar; **jdn zum ~ führen** *(geh)* to lead sb to the altar; **etw auf dem ~ einer S.** *gen* **opfern** to sacrifice sth on the altar of sth

Al·tar·falz *m* TYPO double gate fold **Al·tar·kreuz** *nt* altar crucifix **Al·tar·raum** *m* chancel, sanctuary

Alt·au·to *nt* old car **Alt·au·to·ent·sor·gung** *f* old car disposal **Alt·au·to·ver·ord·nung** *f* old car ordinance **Alt·au·to·ver·wer·tung** *f* recycling of old cars

alt·ba·cken *adj* ❶ *(nicht mehr frisch)* stale
❷ *(altmodisch)* old-fashioned

Alt·bat·te·rie *f* used battery

Alt·bau <-bauten> *m* old building **Alt·bau·sa·nie·rung** *f* renovation of old buildings **Alt·bau·woh·nung** *f* flat [*or* AM apartment] in an old building

alt·be·kannt ['altbəˈkant] *adj* well-known **alt·be-**

währt ['altbə'vɛ:ɐ̯t] *adj* ❶ *(seit langem bewährt) Methode, Mittel etc.* well-tried ❷ *(lange gepflegt)* well-established; ***eine ~e Freundschaft*** a long-standing friendship

Alt·bier *nt top-fermented dark beer*

Alt·bun·des·kanz·ler(in) *m(f)* former German chancellor **alt·deutsch** ['altdɔytʃ] **I.** *adj* traditional German **II.** *adv* in traditional German style

Al·te(r) ['altə, -tɐ] *f(m) dekl wie adj* ❶ *(fam: alter Mann)* old geezer; *(alte Frau)* old dear [*or* girl]; ■**die ~n** the older generation, the old folks *fam* ❷ *(fam: Ehemann, Vater)* old man; *(Mutter)* old woman; ■**meine/die ~** *(Ehefrau)* the old wife *fam;* ■**die/jds ~n** *(Eltern)* the/sb's old folks ❸ *(fam: Vorgesetzter)* ■**der/die ~** the boss ❹ *pl (die Ahnen)* ■**die ~n** the ancients ❺ *pl* ZOOL *(Tiereltern)* ■**die ~n** the parent animals ►WENDUNGEN: **wie die ~n sungen, so zwitschern auch die Jungen** *(prov)* like father, like son *prov*

Al·te(s) ['altə, -təs] *nt dekl wie adj* ❶ *(das Traditionelle)* ■**das ~** tradition; **das ~ und das Neue** the old and the new ❷ *(alte Dinge)* old things ►WENDUNGEN: **alles bleibt beim ~n** nothing ever changes; **aus Alt mach Neu** *(prov fam)* make do and mend *prov*

alt·ehr·wür·dig *adj (geh)* time-honoured [*or* AM -ored]; **der ~e Greis** the revered [*or* venerable] old man **Alt·ei·gen·tü·mer(in)** *m(f)* former owner [*or* original] **alt·ein·ge·ses·sen** *adj* old-established **Alt·ei·sen** *nt* scrap iron

Al·ten·an·teil *m older population in a society* **Al·ten·ar·beit** *f* voluntary work for the elderly *(as home-help)* **Al·ten·club, Al·ten·klub** *m* old people's club, senior citizens' club **Al·ten·ein·rich·tun·gen** *pl* geriatric institutions

Alt·eng·lisch *nt* Old English, Anglo-Saxon

Al·ten·heim *nt s.* **Altersheim Al·ten·hil·fe** *f kein pl* geriatric welfare, old-age care BRIT, care for the elderly

Al·ten·pfle·ge *f* care for the elderly, geriatric care **Al·ten·pfle·ge·heim** *nt* old people's [*or* nursing] home

Al·ten·pfle·ger(in) *m(f)* geriatric nurse **Al·ten·ta·ges·stät·te** *f* day care centre [*or* AM -er] for the elderly

Al·ten·teil *nt a cottage reserved for the farmer after he passes the farm over to his heirs* ►WENDUNGEN: **sich aufs ~ begeben** [*o* **setzen**] [*o* **zurückziehen**] to retire [from public life] **Al·ten·teils·ver·trag** *m kein pl* JUR contract for granting old age pension and support

Al·ten·wohn·heim *nt* sheltered housing **Al·ten·wohn·stift** *nt* old people's home

Al·ter <-s, -> ['altɐ] *nt* ❶ *(Lebensalter)* age; ***wenn du erst mal mein ~ erreicht hast, ...*** when you're as old as I am, ...; **in jds** *dat* **~** at sb's age; **mittleren ~s** middle-aged; **in vorgerücktem ~** *(geh)* at an advanced age; **im zarten ~ von ...** *(geh)* at the tender age of ...; **in jds ~ sein** to be the same age as sb; ***er ist in meinem ~*** he's my age; ***das ist doch kein ~!*** that's not old! ❷ *(Bejahrtheit)* old age; ***er hat keinen Respekt vor dem ~*** he doesn't respect his elders; **im ~** in old age ►WENDUNGEN: **~ schützt vor Torheit nicht** *(prov)* there's no fool like an old fool *prov*

äl·ter ['ɛltɐ] *adj* ❶ *komp von* **alt** ❷ *attr (schon betagt)* somewhat older; **~e Mitbürger** senior citizens

Äl·te·re(r) *f(m) dekl wie adj* ❶ *(betagte Menschen)* ■**die ~n** the older people, the oldies *fam* ❷ HIST ***Brueghel der ~*** Brueghel senior [*or esp* BRIT the elder]

al·tern ['altɐn] *vi sein o selten haben* ❶ *(älter werden)* to age; ■**~d** ageing; ■**das Altern** the process of aging ❷ *(sich abnutzen)* to age; ■**das Altern** the ageing-process ❸ *(reifen)* to mature

al·ter·na·tiv [altɛrna'ti:f] **I.** *adj* alternative; **~e Liste** *Green Party Faction in Berlin* **II.** *adv* **~ leben** to live an alternative lifestyle

Al·ter·na·tiv·an·kla·ge *f* JUR alternative charge **Al·ter·na·tiv·be·trieb** *m* ÖKON alternative business enterprise

Al·ter·na·ti·ve <-n, -n> [altɛrna'ti:və] *f* alternative; ■**die ~ haben, etw zu tun** to have the alternative of doing sth

Al·ter·na·ti·ve(r) [altɛrna'ti:və, -vɐ] *f(m) dekl wie adj* ❶ POL follower [*or* member] of an alternative party ❷ ÖKOL member of the alternative society, greenie BRIT *fam,* tree-hugger *pej fam*

Al·ter·na·tiv·kos·ten *pl* FIN opportunity cost *sing*

al·ter·na·tiv·los *adj* non-negotiable; ***diese Politik ist ~*** there is no alternative to this policy

Al·ter·na·tiv·me·di·zin *f* NATURMED alternative [*or* complementary] medicine **Al·ter·na·tiv·ob·li·ga·ti·on** *f* JUR alternative obligation **Al·ter·na·tiv·rei·sen·de(r)** *f(m) dekl wie adj* TOURIST alternative traveller [*or* AM traveler] **Al·ter·na·tiv·ver·mächt·nis** *nt* JUR alternative legacy

al·ter·nie·rend [altɛr'ni:rənd] *adj* CHEM alternating; **~e Reihe** alternating series

alt·er·probt ['altʔɛɐ̯'pro:pt] *adj* well-tried; ***ein ~er Lehrer*** a proven teacher

al·ters *adv* **von** [*o* **seit**] **~** [**her**] *(geh)* of old, for donkey's years *fam;* ***das ist schon von ~ her bei uns so Sitte*** that's a time-honoured custom here

Al·ters·ar·mut *f kein pl* poverty in old age, old-age poverty **Al·ters·asyl** *nt* SCHWEIZ *(Altersheim)* old people's home, home for senior citizens **Al·ters·auf·bau** *m kein pl der Bevölkerung* build-up of old people **al·ters·be·dingt** *adj* due to old age; ***~e Kurzsichtigkeit*** myopia caused by old age; ■[**bei jdm**] **~ sein** to be caused by old age [in sb's case] **Al·ters·be·schrän·kung** *f* age limit **Al·ters·be·schwer·den** *pl* complaints *pl* of old age **Al·ters·be·stim·mung** *f* ZOOL age determination **Al·ters·be·zü·ge** *pl* benefits *pl* for senior citizens *(including pensions)* **Al·ters·di·a·be·tes** *f* age-related diabetes **Al·ters·er·for·der·nis·se** *pl* JUR age requirements **Al·ters·er·schei·nung** *f* symptom of old age **Al·ters·fleck** *m* age spot **Al·ters·for·schung** *f* MED gerontology **Al·ters·ge·nos·se, -ge·nos·sin** *m, f* person of the same age **Al·ters·gren·ze** *f* ❶ *(altersbedingtes Einstellungslimit)* age limit ❷ *(Beginn des Rentenalters)* retirement age **Al·ters·grün·de** *pl* reasons of age; ***für seinen Rücktritt waren ~ ausschlaggebend*** his age was the decisive factor for his resignation; ■**aus ~n** by reason of age, because of one's age **Al·ters·grup·pe** *f* age group **Al·ters·heim** *nt* old peoples' home, home for senior citizens **Al·ters·klas·se** *f* class **Al·ters·krank·heit** *f* ailment of old age, geriatric [*or* old-age-related] illness **Al·ters·kurz·sich·tig·keit** *f* old-age-related short-sightedness [*or* near-sightedness] **Al·ters·pro·zess**^RR *m* aging process **Al·ters·py·ra·mi·de** *f* SOZIOL age pyramid **Al·ters·rang** *m* JUR rank priority **Al·ters·ren·te** *f,* **Al·ters·ru·he·geld** *nt (geh)* old-age pension BRIT, social security AM **al·ters·schwach** *adj* ❶ *(gebrechlich)* frail, decrepit *esp pej;* **~e Menschen** frail [*or* infirm] old people; **ein ~es Tier** an old and weak animal ❷ *(fam: abgenutzt)* decrepit, worn-out **Al·ters·schwä·che** *f kein pl* ❶ *(Gebrechlichkeit)* infirmity; ***er konnte vor ~ kaum noch gehen*** he could hardly walk, he was so old and frail ❷ *(fam: schwere Abnutzung)* decrepitude **Al·ters·schwach·sinn** *m* senile dementia **Al·ters·schwatz·haf·tig·keit** *f* senile garrulousness [*or* rambling] **Al·ters·schwer·hö·rig·keit** *f* old-age-related hardness of hearing **Al·ters·si·che·rung** *f kein pl* old-age provisions *pl* BRIT, provisions for the elderly **Al·ters·sitz** *m* retirement home **al·ters·spe·zi·fisch** *adj* age-related **Al·ters·starr·sinn** *m* senile obstinacy **Al·ters·struk·tur** *f kein pl* age structure **Al·ters·stu·fe** *f* ❶ *(Altersgruppe)* age group ❷ *(Lebensabschnitt)* stage of life

Al·ters·teil·zeit *f* BRD ÖKON partial retirement *(part-time employment scheme for people approaching retirement age in Germany)* **Al·ters·teil·zeit·ver·ein·ba·rung** *f* partial retirement scheme **Al·ters·teil·zeit·ver·trag** *m* partial retirement part-time employment contract

Al·ters·über·gangs·geld *nt* ÖKON transitional benefits *pl* for early retirement **Al·ters·un·ter·schied** *m* age difference **Al·ters·ver·si·che·rung** *f* pension insurance **Al·ters·ver·sor·gung** *f* retirement pension; *(betrieblich)* pension scheme [*or* plan]; **betriebliche ~** company pension scheme

Al·ters·vor·sor·ge *f (Rücklagen)* provision for one's [old age] retirement; *(Plan)* old age pension scheme **Al·ters·vor·sor·ge·mo·dell** *nt* ÖKON retirement provision scheme

al·ters·wei·se *adj* having [*or* showing] the wisdom of age

Al·ters·werk *nt* KUNST, LIT, MUS later work **Al·ters·wert·min·de·rung** *f* JUR depreciation for wear and tear

Al·ter·tum <-> ['altɐtu:m] *nt kein pl* antiquity; **das Ende des ~s** the end of the ancient world

Al·ter·tü·mer ['altɐty:mɐ] *pl* KUNST, HIST antiquities *pl*

al·ter·tüm·lich ['altɐty:mlɪç] *adj* ❶ *(veraltet)* old-fashioned, out-of-date, dated ❷ *(archaisch)* ancient; LING archaic

Al·ter·tüm·lich·keit <-> *f kein pl* ancientness; *(archaische Art)* antiquity; LING archaic

Al·ter·tums·kun·de *f* archaeology BRIT, archeology AM **Al·ter·tums·wert** *m* antique value ►WENDUNGEN: **schon ~ haben** *(hum fam)* to be an antique

Al·te·rung <-, -en> *f* ❶ *(Altwerden)* ageing, aging ❷ KOCHK maturation; *von Wein* ageing [*or* aging]

al·te·rungs·be·stän·dig *adj* resistant to ageing [*or* aging]; BAU non-aging **Al·te·rungs·pro·gramm** *nt kein pl des Körpers* ageing [*or* aging] programme, program of ageing **Al·te·rungs·pro·zess**^RR *m* ageing [*or* aging] process

äl·tes·te(r, s) ['ɛltəstə, -tɐ, -təs] *adj superl von* **alt** oldest

Äl·tes·te(r) ['ɛltəstə, -tɐ] *f(m) dekl wie adj* the oldest; ***ich glaube, mit 35 sind wir hier die ~n*** I think that, at 35, we're the oldest here; ■**die ~n** REL, HIST the elders *pl*

Äl·tes·ten·rat *m* council of elders; *(in der BRD)* parliamentary advisory committee *(consisting of members of all parties whose task it is to assist the President of the Bundestag)*

Alt·fahr·zeug *nt* old car **Alt·flö·te** *f* alto-flute **Alt·fran·zö·sisch** *nt* Old French **alt·ge·dient** ['altgə'di:nt] *adj inv* long-serving **Alt·ge·rät** *nt* second-hand equipment

Alt·glas *nt* glass for recycling; ***wir bringen unser ~ zum Altglascontainer*** we take our old bottles and jars to the bottle bank **Alt·glas·con·tai·ner** *m* bottle bank BRIT, glass-recycling collection point

Alt·gold *nt* old gold **alt·grie·chisch** *adj* classical [*or* ancient] Greek **Alt·grie·chisch** *nt* classical [*or* ancient] Greek

alt·her·ge·bracht ['alt'he:ɐ̯gəbraxt], **alt·her·kömm·lich** ['alt'he:ɐ̯kœmlɪç] *adj* traditional; **eine ~e Sitte** an ancient custom; ■**etwas Althergebrachtes** a tradition

alt·hoch·deutsch ['altho:xdɔytʃ] *adj* Old High German **Alt·hoch·deutsch** ['altho:xdɔytʃ] *nt dekl wie adj* Old High German

Al·tist(in) <-en, -en> ['altɪst] *m(f)* MUS alto

Alt·jah·res·abend ['altja:ɐ̯əsʔa:bn̩t] *m* SCHWEIZ *(Silvester)* New Year's Eve

Alt·kar·tell *nt* ÖKON existing cartel **alt·ka·tho·lisch** *adj* Old Catholic **Alt·klei·der·samm·lung** *f* collection of old [*or* used] clothes

alt·klug ['altklu:k] *adj* precocious

Alt·kre·dit *m* FIN existing credit **Alt·kre·dit·schul·den** *pl* FIN debts due from existing credits

Alt·las·ten *pl* ❶ ÖKOL *(Umwelt gefährdender Müll)* hazardous waste from the past ❷ *(fig: Überbleibsel)* relics *(problems caused by one's predecessor)* **Alt·last·sa·nie·rung** *f* removal of hazardous waste from the past

ält·lich ['ɛltlɪç] *adj* oldish

Alt·ma·te·ri·al *nt* ÖKOL waste material **Alt·meis·ter(in)** *m(f)* ❶ *(großer Könner)* doyen *masc,* doy-

enne *fem,* dab hand *fam* ② SPORT former champion
Alt·me·tall *nt* scrap metal **Alt·me·tall·con·tai·ner** *m* can [*or* tin] bank BRIT, metal-recycling collection point
alt·mo·disch I. *adj* old-fashioned; *(rückständig)* old-fangled, old hat *pred fam;* ***das sind aber sehr ~e Methoden!*** those methods are very old hat!
II. *adv* ~ **gekleidet** dressed in old-fashioned clothes; ~ **eingerichtet** furnished in an old-fashioned style
Alt·öl *nt* used oil **Alt·öl·be·sei·ti·gung** *f* AUTO used oil disposal **Alt·öl·tank** *m* used-oil tank
Alt·pa·pier *nt* waste paper **Alt·pa·pier·con·tai·ner** *m* paper bank BRIT, paper-recycling collection point **Alt·pa·pier·samm·lung** *f* waste paper collection
Alt·phi·lo·lo·ge, -phi·lo·lo·gin *m, f* classical scholar, classicist **Alt·rei·fen** *m* AUTO discarded tire
alt·ro·sa *adj inv* old rose
Al·tru·is·mus <-> [altru'ɪsmʊs] *m kein pl* BIOL, PSYCH altruism
al·tru·is·tisch *adj (geh)* altruistic, selfless
Alt·schnee *m snow which has been lying for some time* **Alt·schul·den** *pl* FIN long-standing debts **Alt·sil·ber** *nt* ① *(Gebrauchtsilber)* old silver ② *(künstlich gedunkeltes Silber)* oxidized silver **Alt·sprach·ler(in)** <-s, -> *m(f) (fam) s.* **Altphilologe** **alt·sprach·lich** *adj* SCH classical
Alt·stadt *f* old town **Alt·stadt·sa·nie·rung** *f* restoration of [the] old town centre [*or* AM -er]
Alt·stein·zeit *f* ARCHÄOL Palaeolithic [*or* AM Paleolithic] Age **alt·stein·zeit·lich** *adj* ARCHÄOL Palaeolithic BRIT, Paleolithic AM; **der ~e Mensch** Palaeolithic man
Alt·stim·me *f* MUS alto; *(Frauenstimme)* contralto [voice]
Alt·stoff *m* used material **Alt·stoff·con·tai·ner** *m* waste container; *(für wiederverwertbare Stoffe)* recycling bin
Alt-Taste *f* INFORM option key
alt·vä·ter·lich ['altfɛːtɐlɪç] I. *adj* ① *(überkommen)* old ② *(altmodisch)* old-fashioned, quaint ③ *(patriarchalisch)* patriarchal II. *adv* in an old-fashioned way
Alt·ver·bind·lich·kei·ten *pl* FIN existing liabilities
Alt·ver·schul·dung *f* old debt **Alt·ver·trag** *m* JUR existing contract **Alt·wa·ren·händ·ler(in)** *m(f)* second-hand dealer
Alt·wei·ber·fas(t)·nacht *f* DIAL *part of the carnival celebrations: last Thursday before Ash Wednesday, when women assume control* **Alt·wei·ber·som·mer** [alt'vaibɐzɔmɐ] *m* ① *(Nachsommer)* Indian summer ② *(Spinnfäden im Spätsommer)* gossamer
ALU <-, -s> *f* INFORM *Akr von* **arithmetic and logic unit** ALU
Alu[1] ['aːlu] *nt kurz für* **Aluminium** aluminium, aluminum AM
Alu[2] ['aːlu] *f (fam) kurz für* **Arbeitslosenunterstützung** unemployment benefit, BRIT *a.* dole *fam*
Alu·fel·ge *f* AUTO aluminium [*or* AM aluminum] [wheel] rim **Alu·fo·lie** *f (fam)* tin foil
Alu·mi·ni·um <-s> [alu'miːni̯ʊm] *nt kein pl* aluminium BRIT, aluminum AM
Alu·mi·ni·um·fo·lie *f* aluminium foil **Alu·mi·ni·um·pro·fil** *nt* aluminium profile **Alu·mi·ni·um·rohr** *nt* aluminium tube
Al·ve·o·le <-, -en> [alve'oːlə] *f* MED *(Lungenbläschen)* alveolus
Alz·hei·mer <-s> ['altshaimɐ] *m (fam),* **Alz·hei·mer·krank·heit**[RR] *f kein pl* Alzheimer's [disease]; ■ ~ **haben** to suffer from Alzheimer's [disease]
am [am] = **an dem** ① *zur Bildung des Superlativs* ***ich fände es ~ besten, wenn ...*** I think it would be best if ...; ***es wäre mir ~ liebsten, wenn ...*** I would prefer it if ...; ***~ schnellsten/schönsten sein*** to be [the] fastest/most beautiful
② *(fam: beim)* ***ich bin ~ Schreiben!*** I'm writing!
Amal·gam <-s, -e> [amal'gaːm] *nt* MED, CHEM amalgam
amal·ga·mie·ren* [amalga'miːrən] *vt* ① TECH *(mit Quecksilber legieren)* ■**etw** ~ to amalgamate sth
② *(fig geh)* ■**etw/jdn** [**mit etw/jdm**] ~ to amalgamate sth/sb [with sth/sb]

Ama·ryl·lis <-, Amaryllen> [ama'rʏlɪs] *f* BOT amaryllis
Ama·teur(in) <-s, -e> [ama'tøːɐ̯] *m(f)* amateur
Ama·teur·fo·to·graf, -gra·fin <-s, -en> *m, f* amateur photographer **Ama·teur·fun·ker(in)** *m(f)* TECH radio amateur
ama·teur·haft *adj* amateurish
Ama·teu·rin <-, -nen> *f fem form von* **Amateur**
Ama·teur·li·ga *f* amateur league **Ama·teur·mann·schaft** *f* amateur team **Ama·teur·sport** *m* amateur sport **Ama·teur·ver·ein** *m* SPORT amateur club
Ama·zo·nas <-> [ama'tsoːnas] *m* Amazon
Ama·zo·ne <-, -n> [ama'tsoːnə] *f* Amazon
Am·ber·fisch ['ambɐ-] *m* rock salmon
Am·bi·en·te <-> [am'bi̯ɛntə] *nt kein pl (geh)* ambience *form*
Am·bi·ti·on <-, -en> [ambi'tsi̯oːn] *f meist pl* ambition; ~[**en**] **haben** to be ambitious; ~[**en**] **auf etw** *akk* **haben** to have designs *pl* [*or fam* one's eye] on sth
am·bi·ti·o·niert [ambitsi̯o'niːrt] *adj (geh)* ambitious
am·bi·va·lent [ambiva'lɛnt] *adj (geh)* ambivalent; **~e Gefühle haben** to have mixed feelings
Am·bi·va·lenz <-, -en> [ambiva'lɛnts] *f* ambivalence
Am·bo·ne·se, Am·bo·ne·sin <-n, -n> [ambɔ'neːzə, -'neːzɪn] *m, f* Ambonese
Am·boss[RR] <-es, -e>, **Am·boß**[ALT] <-sses, -sse> ['ambɔs] *m* ① *(beim Schmied)* anvil
② ANAT anvil, incus *spec*
Am·bret·te·kör·ner *pl* amber seed
am·bu·lant [ambu'lant] I. *adj* out-patient *attr;* **ein ~er Patient** an out-patient
II. *adv* **jdn ~ behandeln** to treat sb as an out-patient; **sich ~ versichern** to insure oneself against non-hospital treatment
Am·bu·lanz <-, -en> [ambu'lants] *f* ① *(im Krankenhaus)* out-patient department
② *(Unfallwagen)* ambulance
Amei·se <-, -n> ['aːmaizə] *f* ant
Amei·sen·bär *m* anteater **Amei·sen·hau·fen** *m* anthill **Amei·sen·igel** *m* ZOOL echidna, spiny anteater **Amei·sen·lö·we** *m* ZOOL ant lion, doodlebug **Amei·sen·säu·re** *f* formic acid **Amei·sen·staat** *m* ant colony
amen ['aːmɛn, 'aːmən] *interj* amen
Amen <-s, -> ['aːmɛn, 'aːmən] *nt* Amen
▸WENDUNGEN: **sein ~ zu etw geben** to give one's blessing [*or* the go-ahead] to sth; **so sicher wie das ~ in der Kirche** *(fam)* as sure as eggs are eggs, as sure as I'm standing here
Ame·nor·rhö, Ame·nor·roe <-, -en> [amenɔ'røː] *f* MED amenorrhoea BRIT, amenorrhea AM
Ame·ri·can Foot·ball <-s> [ɛmɛrikn̩'fʊtboːl] *nt kein pl* SPORT American Football **Ame·ri·can Stock Ex·change** <-> [əmɛrɪkən 'stɔk ɪkstʃeɪndʒ] *f kein pl* BÖRSE American Stock Exchange
Ame·ri·ci·um <-s> [ame'riːtsi̯ʊm] *nt kein pl* americium
Ame·ri·ka <-s> [a'meːrika] *nt* ① *(Kontinent)* America
② *(USA)* the USA, the United States, the States *fam;* **die Indianer ~s** the North American Indians
Ame·ri·ka·ner <-s, -> [ameri'kaːnɐ] *m a small, round, flat, iced cake*
Ame·ri·ka·ner(in) <-s, -> [ameri'kaːnɐ] *m(f)* American
ame·ri·ka·nisch [ameri'kaːnɪʃ] *adj* ① *(der USA)* American; ***der Mississippi ist der längste ~e Fluss*** the Mississippi is the longest river in the USA
② *(des amerikanischen Kontinents)* [North] American
ame·ri·ka·ni·sie·ren* [amerikani'ziːrən] *vt* ■**etw/jdn** ~ to Americanize sth/sb
Ame·ri·ka·nis·mus <-, -men> [amerika'nɪsmʊs] *m* Americanism
Ame·ri·ka·nis·tik <-> [amerika'nɪstɪk] *f kein pl* American Studies
Ame·thyst <-s, -e> [ame'tʏst] *m* amethyst
AMEX <-> ['aːmɛks] *m kein pl Akr von* **American Stock Exchange** Amex

Am·ha·ra <-, -[s]> [am'haːra] *m o f* Amhara
Am·ha·risch [am'haːrɪʃ] *nt dekl wie adj* Amharic
Am·ha·ri·sche <-n> *nt* ■**das** ~ Amharic
Ami <-s, -s> ['ami] *m* ① *(fam: US-Bürger)* Yank
② *(sl: US-Soldat)* GI
Amin <-s, -e> [a'miːn] *nt* CHEM amine
Ami·no·gly·ko·sid <-[e]s, -e> [a'miːno-] *nt* PHARM aminoglycoside **Ami·no·grup·pe** *f* BIOL, CHEM amino group **Ami·no·säu·re** *f* amino acid
Am·mann <-männer> ['aman, *pl* 'amɛnɐ] *m* SCHWEIZ *(Landammann)* cantonal president; *(Gemeindeammann)* mayor; *(Vollstreckungsbeamter)* [local] magistrate
Am·me <-, -n> ['amə] *f* wet nurse
Am·men·mär·chen *nt (fam)* old wives' tale
Am·mer <-, -n> ['amɐ] *f* ORN bunting
Am·mo·ni·ak <-s> [amo'ni̯ak, 'amoni̯ak] *nt kein pl* ammonia; **doppeltkohlensaures ~** bicarbonate of ammonia
Am·mo·nit <-en, -en> [amo'niːt] *m* ARCHÄOL ammonite
Am·mon·sal·pe·ter [a'moːn-] *m kein pl* CHEM nitrate of ammonia
Am·ne·sie <-, -n> [amne'ziː, *pl* -ziːən] *f* amnesia
Am·nes·tie <-, -n> [amnɛs'tiː, *pl* -tiːən] *f* amnesty; **eine ~ [für jdn] verkünden** to declare [*or* grant] [BRIT *a.* an] amnesty [for sb]
am·nes·tie·ren* [amnɛs'tiːrən] *vt* ■**jdn** ~ to grant sb [BRIT *a.* an] amnesty, to pardon sb
Am·nes·tier·te(r) *f(m) dekl wie adj* person who has been granted amnesty
Am·nes·ty In·ter·na·tio·nal <-s> [ɛmnəsti ɪntə'nɛʃənl] *f kein pl* Amnesty International
Am·ni·on <-s> ['amniɔn] *nt kein pl* BIOL amnion
Am·nio·zen·te·se <-, -n> *f* MED *(Fruchtwasseruntersuchung)* amniocentesis
Amö·be <-, -n> [a'møːbə] *f* amoeba BRIT, AM *a.* ameba
Amö·ben·ruhr *f* MED amoebic [*or* AM *a.* amebic] dysentery
Amok <-s> ['aːmɔk] *m* ~ **fahren** to run amok [*or* amuck]; ~ **laufen** to run amok [*or* amuck]
Amok·fah·rer(in) *m(f)* mad [*or* crazed] driver
Amok·fahrt *f* rampant [*or* crazed] drive **Amok·lauf** *m* rampage; **einen ~ aufführen** to run amok
Amok·läu·fer(in) *m(f)* madman, crazed person
Amok·schüt·ze, -schüt·zin *m, f* crazed gunman; **ein unbekannter ~** an unknown gunman
Amor <-s> ['aːmoːɐ̯] *m kein pl* Cupid, Eros
▸WENDUNGEN: **~s Pfeil** *(geh)* Cupid's arrow, love's arrows
amo·ra·lisch ['amoraːlɪʃ] *adj* ① *(unmoralisch)* immoral
② *(außerhalb moralischer Werte)* amoral
Amo·ra·lis·mus <-> [amora'lɪsmʊs] *m kein pl* PHILOS amoralism
Amor·ti·sa·ti·on <-, -en> [amɔrtiza'tsi̯oːn] *f (Deckung vor Ertrag)* amortization
Amor·ti·sa·ti·ons·dau·er *f* payback period **Amor·ti·sa·ti·ons·fonds** *m* FIN amortization fund
Amor·ti·sa·ti·ons·ver·trag *m* JUR amortization contract **Amor·ti·sa·ti·ons·zeit** *f* FIN payback period
amor·ti·sie·ren* [amɔrti'ziːrən] I. *vt* ÖKON **eine Investition ~** to amortize an investment
II. *vr* ■**sich** *akk* ~ to pay for itself
Amou·ren [a'muːrən] *pl (oft hum veraltend: Liebesabenteuer)* amours
amou·rös [amu'røːs] *adj (geh)* amorous
Am·pel <-, -n> ['ampl̩] *f* traffic lights *npl;* ***die ~ ist auf rot gesprungen*** the lights have turned red; ***fahr los, die ~ ist grün!*** drive on! it's green!; ***du hast eine rote ~ überfahren*** you've just driven through a red light
Am·pel·an·la·ge *f* [set of] traffic lights **Am·pel·ko·a·li·ti·on** *f* POL *(fam) a coalition of the three political parties, SPD, FDP and Greens, whose party colours are red, yellow and green respectively* **Am·pel·kreu·zung** *f a crossroads where traffic is regulated by traffic lights* **Am·pel·männ·chen** *nt*

green/red man *(the figure on the light signals at pedestrian crossings)* **Am·pel·pha·se** *f* sequence of traffic lights
Am·pere <-[s], -> [amˈpeːɐ̯] *nt* amp, ampere *form*
Am·pere·me·ter <-s, -> [ampeːɐ̯ˈmeːtɐ] *nt* amp meter, ammeter **Am·pere·stun·de** [ampeːɐ̯ˈʃtʊndə] *f* ampere hour
Am·phe·ta·min <-s, -e> [amfetaˈmiːn] *nt* amphetamine
Am·phi·bie <-, -n> [amˈfiːbi̯ə, *pl* -fiːbi̯ən] *f* amphibian
Am·phi·bi·en·fahr·zeug *nt* amphibian, amphibious vehicle **Am·phi·bi·en·Leit·sys·tem**, **Am·phi·bi·en·leit·sys·tem** *nt* amphibious control system
am·phi·bisch [amˈfiːbɪʃ] *adj* amphibious
Am·phi·the·a·ter [amˈfiːteaːtɐ] *nt* amphitheatre [*or* AM -er]
Am·pho·re <-, -n> [amˈfoːrə] *f* amphora
Am·pli·tu·de <-, -n> [ampliˈtuːdə] *f* PHYS amplitude
Am·pul·le <-, -n> [amˈpʊlə] *f* ampoule, AM *a.* ampul, AM *a.* ampule
Am·pu·ta·ti·on <-, -en> [amputaˈtsi̯oːn] *f* amputation
am·pu·tie·ren* [ampuˈtiːrən] **I.** *vt* ■**jdn** ~ to carry out an amputation on sb; **jdm ein Glied** ~ to amputate sb's limb
II. *vi* to amputate
Am·pu·tier·te(r) *f(m) dekl wie adj* amputee
Am·sel <-, -n> [ˈamzl̩] *f* blackbird
Ams·ter·dam <-s> [amstɐˈdam] *nt* Amsterdam
Amt <-[e]s, Ämter> [amt, *pl* ˈɛmtɐ] *nt* ❶ *(Behörde, Abteilung)* office, department; **aufs** ~ **gehen** *(fam)* to go to the authorities; **Auswärtiges** ~ Foreign Office BRIT, State Department AM
❷ *(öffentliche Stellung)* post, position; *(hohe, ehrenamtliche Stellung)* office; [**noch**] **im** ~ **sein** to be [still] in office; **sein/ein** ~ **antreten** to take up one's post [*or* office]; **für ein** ~ **kandidieren** to be a candidate for an office/a post [*or* position], to go for an office/a post [*or* position] *fam;* **ein** ~ **innehaben** to hold an office; **jdn aus dem** ~ **entfernen** to remove sb from [his/her] office; **in** ~ **und Würde sein** to be a man/woman of position and authority
❸ *(offizielle Aufgabe)* responsibility, [official] duty; **kraft jds ~es** *(geh)* in one's official capacity; ***kraft ihres ~ es als Vorsitzende*** acting in her capacity as president; **seines ~es walten** *(geh)* to carry out [*or* discharge] one's duty; **von ~s wegen** officially, ex officio *spec;* ***ich erkläre Sie von ~s wegen für verhaftet*** I arrest you in the name of the law
❹ TELEK *(Fernamt)* operator, exchange *dated; (freie Leitung)* outside line
❺ REL *(Hochamt)* [high] mass
Äm·ter·häu·fung *f* holding of multiple posts
Amt·frau *f fem form von* **Amtmann**
am·tie·ren* [amˈtiːrən] *vi* ❶ *(ein Amt innehaben)* to hold office; *(sein Amt angetreten haben)* to be in office; ■[**als etw**] ~ to hold office [as sth]; ■ **~d** official
❷ *(ein Amt vorübergehend wahrnehmen)* ■[**als etw**] ~ to act [as sth]
❸ *(fam: fungieren)* ■**als etw** ~ to act [as] sth; **als Gastgeber** ~ to play host
am·tie·rend *adj inv, attr* office-holding *attr,* present *attr*
amt·lich BÖRSE **I.** *adj* **~er Handel/Kurs** official trade/quotation; **~e Statistik** government statistics; **~e Währungsreserven** official reserves
II. *adv* ~ **notiert** officially listed [*or* quoted]; ~ **notierte Wertpapiere** listed [*or* onboard] securities
amt·lich I. *adj* official; *s. a.* **Kennzeichen**
II. *adv* officially
Amt·mann, Amt·män·nin *o* **Amt·frau** <Amtleute> *m, f* senior civil servant
Amts·an·ma·ßung *f* JUR usurpation of office **Amts·an·tritt** *m* assumption of office; ***vor seinem*** ~ before he took up office **Amts·an·walt, -an·wäl·tin** *m, f* JUR public prosecutor at a local court **Amts·arzt, -ärz·tin** *m, f* ADMIN ≈ medical officer **amts·ärzt·lich I.** *adj* **ein ~es Attest** ≈ a health certificate from the medical officer **II.** *adv* MED **sich** ~ **untersuchen lassen** to be examined by the medical officer **Amts·be·fug·nis** *f* JUR authority, official competence **Amts·be·reich** *m* jurisdiction **Amts·be·scheid** *m* JUR official letter [*or* notification] **Amts·be·stä·ti·gung** *f* ADMIN official confirmation **Amts·be·trieb** *m* JUR ex officio proceedings **Amts·be·zeich·nung** *f* official title [*or* designation] **Amts·be·zirk** *m* JUR administrative district **Amts·blatt** *nt* official gazette
Amts·bo·te, -botin <-n, -n> *m, f* official messenger **Amts·dau·er** *f* term of office **Amts·de·likt** *nt* JUR malfeasance, malpractice in office; **ein** ~ **begehen** to commit a malfeasance **Amts·deutsch** *nt (pej)* officialese *pej* **Amts·die·ner(in)** <-s, -> *m(f)* clerk **Amts·eid** *m* oath of office; **einen** ~ **ablegen** to be sworn in **Amts·ein·füh·rung** *f* inauguration **Amts·ent·he·bung** *f*, **Amts·ent·set·zung** *f* ÖSTERR, SCHWEIZ dismissal, removal from office **Amts·fä·hig·keit** *f* JUR eligibility for office **Amts·feh·ler** *m* JUR malpractice in office **Amts·füh·rung** *f kein pl* discharge of [one's] office **Amts·gang** *m* ADMIN official government transactions *pl* **Amts·ge·heim·nis** *nt* ❶ *kein pl (Schweigepflicht)* official secrecy; **dem** ~ **unterliegen** to be bound by official secrecy [*or esp* BRIT protected by the Official Secrets Act] ❷ *(geheime Information)* official secret **Amts·ge·richt** *nt* ≈ magistrates' [*or* AM district] court **Amts·ge·schäf·te** *pl* official duties [*or* business] *no pl*
Amts·haf·tung *f* JUR public liability **Amts·haf·tungs·kla·ge** *f* JUR legal action for public liability claims **Amts·haf·tungs·ver·fah·ren** *nt* JUR public liability proceedings *pl*
Amts·hand·lung *f* JUR official action
Amts·hil·fe *f* ADMIN *obligatory exchange of information between local or government authorities* **Amts·hil·fe·er·su·chen** *nt* JUR letters rogatory
Amts·in·ha·ber(in) *m(f)* office-bearer [*or* -holder], incumbent **Amts·kol·le·ge, -kol·le·gin** *m, f* [work] colleague **Amts·lei·ter(in)** *m(f)* head of department **Amts·miss·brauch**RR *m* abuse of authority **amts·mü·de** *adj* tired of office **Amts·nie·der·le·gung** *f* resignation from a public office position **Amts·pe·ri·o·de** *f* term of office **Amts·pfleg·schaft** *f* JUR ex officio curatorship
Amts·pflicht *f* official duty; **seine** ~ **verletzen** to violate one's official duties **Amts·pflicht(s)·ver·let·zung** *f* JUR breach of [official] duty, misconduct **Amts·rich·ter(in)** *m(f)* ≈ magistrate BRIT, district court judge AM **Amts·schim·mel** *m kein pl (hum fam)* bureaucracy, red tape; **dem** ~ **ein Ende bereiten** to cut the red tape; **den** ~ **reiten** to tie everything up with red tape; **den** ~ **wiehern hören** to see oneself caught up in red tape **Amts·sitz** *m* official seat **Amts·spra·che** *f* ❶ *kein pl (Amtsdeutsch)* official language, officialese *pej* ❷ *(offizielle Landessprache)* official language **Amts·stel·le** *f* JUR governmental office **Amts·stu·be** *f (veraltet)* office **Amts·stun·den** *pl* office hours **Amts·ton** *m (Telefon)* dialing tone **Amts·trä·ger(in)** *m(f)* office bearer **Amts·treu·hän·der(in)** *m(f)* JUR official trustee **Amts·über·nah·me** *f* assumption of office; **bei** ~ on assuming office **Amts·un·ter·schla·gung** *f* JUR misappropriation by a public official **Amts·ver·ge·hen** *nt* offence [*or* AM -se] committed by public servant **Amts·ver·schwie·gen·heit** *f* JUR official secrecy **Amts·vor·gän·ger(in)** *m(f)* predecessor [in office] **Amts·vor·mund** *m* official guardian *(appointed by the courts)* **Amts·vor·mund·schaft** *f* JUR ex officio [*or* public] guardianship **Amts·vor·ste·her(in)** *m(f)* head [*or* director] [of a department] **Amts·weg** *m* official channels *pl;* **auf dem** ~ through official channels; **den** ~ **beschreiten** *(geh)* to go through official channels **Amts·zei·chen** *nt* dialling [*or* AM dial] tone **Amts·zeit** *f* period of office, term [*or* tenure] [of office] **Amts·zim·mer** *nt* office **Amts·zu·stel·lung** *f* JUR service ordered by the court ex officio
Amu·lett <-[e]s, -e> [amuˈlɛt] *nt* amulet
amü·sant [amyˈzant] **I.** *adj* entertaining, amusing
II. *adv* entertainingly; **sich** *akk* ~ **unterhalten** to have an amusing conversation
Amü·se·ment <-s, -s> [amyzəˈmãː] *nt (geh)* amusement
amü·sie·ren* [amyˈziːrən] **I.** *vr* ■**sich** *akk* ~ enjoy oneself; ***amüsiert euch gut!*** have a good time!; ■**sich** *akk* **mit jdm** ~ to have a good time with sb; ■**sich** *akk* **über jdn/etw** ~ to laugh about sb/sth; ■**sich** *dat* **darüber ~, dass** to laugh about the fact that
II. *vt* ■**jdn** ~ to amuse sb; ***du grinst? was amüsiert dich denn so?*** what are you grinning about?; ***dein Benehmen amüsiert mich nicht sehr!*** I don't find your behaviour very amusing!; **etw zum Amüsieren finden** to find sth amusing
Amü·sier·vier·tel *nt* red light district
amu·sisch [ˈamuːzɪʃ] *adj (geh)* uncultivated, uncultured, philistine *pej*
Amy·la·se <-, -n> [amyˈlaːzə] *f* BIOL amylase
an [an] **I.** *präp* ❶ *+dat (direkt bei)* at; **der Knopf** ~ **der Maschine** the button on the machine; **nahe** ~ **der Autobahn** close to the motorway [*or* AM freeway]; ~ **dieser Stelle** in this place, on this spot
❷ *+dat (in Berührung mit)* on; ***er nahm sie*** ~ ***der Hand*** he took her by the hand
❸ *+dat (auf/bei)* at; ***sie ist am Finanzamt*** she works for the Inland Revenue
❹ *+dat (zur Zeit von)* on; ~ **den Abenden** in the evenings; ~ **jenem Morgen** that morning; ~ **Weihnachten** at Christmas; *(25. Dezember)* on Christmas Day
❺ *+dat (verbunden mit einer S./Person)* about; **das Angenehme/Besondere/Schwierige** ~ **etw** the nice [*or* pleasant]/special/difficult thing about sth; ***was ist*** ~ ***ihm so besonders?*** what's so special about him?; ***das gefällt mir gar nicht*** ~ ***ihr*** I don't like that about her at all
❻ *+dat (nebeneinander)* **Tür** ~ **Tür wohnen** to be next-door neighbours [*or* AM -ors]; ***in der Altstadt steht Haus*** ~ ***Haus dicht beieinander*** in the old town the houses are very close together; ***die Zuschauer standen dicht*** ~ ***dicht*** the spectators were packed close together
❼ *+dat* SCHWEIZ *(auf)* on; *(bei)* at; *(in)* in; ***das kam gestern am Fernsehen*** it was on television yesterday
❽ *+akk räumlich* ***sie ging ~s Klavier*** she went to the piano; ***er setzte sich*** ~ ***den Tisch*** he sat down at the table; ***die Hütte war*** ~ ***den Fels gebaut*** the hut was built on the rocks; **bis** ~ **etw reichen** to reach as far as sth; ***pflanze den Baum nicht zu dicht ~s Haus*** don't plant the tree too close to the house; ***er schrieb etw*** ~ ***die Tafel*** he wrote sth on the board; **etw** ~ **etw lehnen** to lean sth against sth; ***er setzte sich gleich*** ~ ***den Computer*** he went straight to the computer
❾ *+akk (sich wendend)* to; ~ **das Telefon gehen** to answer the telephone; ~ ***dieses Gerät lasse ich keinen ran!*** I won't let anybody touch this equipment!
❿ *+akk zeitlich (sich bis zu etw erstreckend)* of, about; ***sie dachten nicht*** ~ ***Morgen*** they didn't think about [*or* of] tomorrow; ***kannst du dich noch*** ~ ***früher erinnern?*** can you still remember the old days?
⓫ *+akk* SCHWEIZ *(zu)* to
►WENDUNGEN: ~ [**und für**] **sich** actually; ~ **jdm/etw vorbei** past; *s. a.* **ab**
II. *adv* ❶ *(ungefähr)* ■ ~ **die ...** about, approximately
❷ *(Ankunftszeit)* arriving at
❸ ELEK *(fam: angeschaltet)* on; ~ **sein** to be on; *Licht a.* to be burning
❹ *(fam: angezogen)* on; **ohne etwas** ~ with nothing on
❺ *(zeitlich)* **von etw** ~ from sth on [*or* onwards]; ***von seiner Kindheit*** ~ from the time he was a child; **von jetzt** ~ from now on
Ana·bap·tist(in) [anabapˈtɪst] *m(f)* REL Anabaptist
Ana·bo·li·kum <-s, -ka> [anaˈboːlikʊm] *nt* anabolic steroid
Ana·bo·lis·mus <-> [anaboˈlɪsmʊs] *m kein pl* BIOL

anabolism

Ana·chro·nis·mus <-, -nismen> [anakroˈnɪsmʊs] *m (geh)* anachronism

ana·chro·nis·tisch [anakreoˈnɪstɪʃ] *adj (geh)* anachronistic

an·ae·rob [anʔaeˈro:p] *adj* BIOL anaerobic; ~**e Bakterien** anaerobe bacteria

An·ae·ro·bi·er <-s, -> [anʔaeˈro:bi̯ɐ] *m* BIOL anaerobe

Ana·kon·da <-, -s> [anaˈkɔnda] *f* anaconda

anal [aˈna:l] I. *adj* anal
II. *adv* anally; ~ **fixiert sein** PSYCH to be anally retentive; ~ **verkehren** to have anal intercourse

Ana·lep·ti·kum <-s, -ka> [anaˈlɛptikʊm] *nt* MED analeptic

Anal·fis·sur <-, -en> *f* MED anal fissure

An·al·ge·ti·kum <-s, -ka> [anʔalˈge:tikʊm] *nt* MED *(schmerzstillendes Mittel)* analgesic

ana·log [anaˈlo:k] I. *adj* ① *(entsprechend)* analogous
② INFORM analog
II. *adv* ① *(entsprechend)* analogous; ■~ **[zu etw** *dat*] analogous [to [*or* with] sth]
② INFORM as an analog

Ana·log·an·schlussRR *m* TELEK analog connector [*or* connection] **Ana·log-Di·gi·tal-Wand·ler** *m* INFORM analog to digital converter

Ana·lo·gie <-, -n> [analoˈgi:, *pl* -gi:ən] *f* analogy; **in ~ zu etw** in analogy to sth

Ana·lo·gie·schlussRR *m* PHILOS argument by analogy **Ana·lo·gie·ver·bot** *nt* JUR prohibition of analogy **Ana·lo·gie·ver·fah·ren** *nt* JUR analogy process

Ana·log·mess·in·stru·mentRR *nt* LUFT, TECH *im Flugzeug* analogue [*or* AM *a.* -og] meter **Ana·log·netz** *nt* TELEK analog network **Ana·log·rech·ner** *m* analogue computer **Ana·log·ta·cho·me·ter** *m* TECH, AUTO analogue tachometer **Ana·log·uhr** *f* analogue watch

An·al·pha·bet(in) <-en, -en> [anʔalfaˈbe:t] *m(f)* illiterate; *(pej: Unwissender)* ignoramus

An·al·pha·be·te·ntum <-s> [anʔalfaˈbe:tn̩tu:m] *nt*, **An·al·pha·be·tis·mus** <-> [anʔalfabeˈtɪsmʊs] *m kein pl* illiteracy

An·al·pha·be·tin <-, -nen> *f fem form von* **Analphabet**

Anal·ver·kehr *m* anal sex

Ana·ly·se <-, -n> [anaˈly:zə] *f* analysis

Ana·ly·sen·er·geb·nis *nt* CHEM analytical finding **ana·ly·sen·rein** *adj* CHEM analytical pure **Ana·ly·se·ver·fah·ren** *nt* CHEM, TECH method of analysis

ana·ly·sie·ren* [analyˈzi:rən] *vt* ■**etw/jdn** ~ to analyze sth/sb

Ana·ly·sis <-> [aˈna:lyzɪs] *f kein pl* MATH analysis

Ana·lyst(in) <-en, -en> [anaˈlʏst] *m(f)* BÖRSE analyst

Ana·ly·ti·ker(in) <-s, -> [anaˈly:tikɐ] *m(f) (geh)* analyst

ana·ly·tisch [anaˈly:tɪʃ] I. *adj (geh)* analytic, analytical
II. *adv* analytically

Anä·mie <-, -n> [anɛˈmi:, *pl* -mi:ən] *f* MED anaemia BRIT, anemia AM

anä·misch [aˈnɛ:mɪʃ] *adj* MED *(blutarm)* anemic

Anam·ne·se <-, -n> [anamˈne:zə] *f* MED patient's history, anamnesis *spec*

ana·morph [anaˈmɔrf] I. *adj inv* TECH anamorphic
II. *adv* TECH anamorphically

Ana·nas <-, - *o* -se> [ˈananas] *f* pineapple

Ana·päst <-[e]s, -e> [anaˈpɛ:st] *m (Versfuß)* anapaest BRIT, anapest AM

Anar·chie <-, -n> [anarˈçi:, *pl* -çi:ən] *f* anarchy

anar·chisch [aˈnarçɪʃ] *adj* anarchic[al]

Anar·chis·mus <-> [anarˈçɪsmʊs] *m kein pl* anarchism

Anar·chist(in) <-en, -en> [anarˈçɪst] *m(f)* anarchist

anar·chis·tisch *adj* anarchic, anarchical

Anar·cho <-s, -s> [aˈnarço] *m (sl)* anarchist, anarcho-syndicalist

Anar·cho·syn·di·ka·lis·mus [anarçozʏndikaˈlɪsmʊs] *m* HIST anarcho-syndicalism **Anar·cho·syn·di·ka·list(in)** <-en, -en> [anarçozʏndikaˈlɪst] *m(f)* HIST anarcho-syndicalist **Anar·cho·sze·ne** *f (fam)* anarchist scene

An·äs·the·sie <-, -n> [anʔɛsteˈzi:, *pl* -zi:ən] *f* anaesthesia BRIT, anesthesia AM

An·äs·the·sist(in) <-en, -en> [anʔɛsteˈzɪst] *m(f)* anaesthetist BRIT, anesthetist AM

An·äs·the·ti·kum <-s, -ka> [anʔɛsˈte:tikʊm] *nt* MED *(schmerzstillendes Mittel)* anaesthetic BRIT, anesthetic AM; **allgemeines/örtliches** ~ general/local anaesthetic

Ana·to·li·en <-s> [anaˈto:li̯ən] *nt* Anatolia

Ana·to·mie <-, -n> [anatoˈmi:, *pl* -mi:ən] *f* ① *kein pl (Fach)* anatomy
② *(Institut)* institute of anatomy

Ana·to·mie·saal *m* anatomy theatre [*or* AM -er]

ana·to·misch [anaˈto:mɪʃ] I. *adj* anatomic, anatomical
II. *adv* anatomically

an|ba·cken *vi* KOCHK to stick, to cake on

an|bag·gern *vt (sl)* ■**jdn** ~ to chat sb up BRIT, to hit on sb AM

an|bah·nen I. *vt (geh)* ■**etw** ~ *(anknüpfen)* to pave the way for sth; *(in die Wege leiten)* to prepare [the ground] for sth; ■**das Anbahnen** preparation, spadework *fam*
II. *vr* ① *(sich andeuten)* ■**etw bahnt sich an** sth is in the offing [*or* on the horizon]
② *(sich entwickeln)* ■**etw bahnt sich** [**bei jdm**] **an** sth is in the making; ***hoffentlich bahnt sich da keine Erkältung*** [***bei dir***] ***an!*** I hope you're not getting a cold!; ***zwischen ihnen bahnt sich etwas an*** there's sth going on there

an|bän·deln [ˈanbɛndl̩n] *vi* ① *(Liebesbeziehung beginnen)* ■**mit jdm** ~ to take up with sb
② *(Streit anfangen)* ■**mit jdm** ~ to start an argument with sb

An·bau1 *m kein pl* AGR cultivation

An·bau2 <-bauten> *m* ① *(Nebengebäude)* extension, annexe BRIT, annex
② *kein pl (das Errichten)* building

an|bau·en1 *vt* ■**etw** ~ to grow [*or* cultivate] sth

an|bau·en2 I. *vt* ■**etw** [**an etw** *akk*] ~ to build an extension [to sth]
II. *vi* to extend, to build an extension

Anb·au·flä·che *f* AGR ① *(zum Anbau geeignete Fläche)* land suitable for cultivation ② *(bebaute Ackerfläche)* acreage **An·bau·ge·biet** *nt* AGR area [of cultivation] **An·bau·gren·ze** *f* limit of cultivation **An·bau·mö·bel** *nt* unit furniture BRIT, modular furniture **An·bau·sai·son** *f* AGR growing season

An·be·ginn *m (geh)* beginning; **seit** ~ [**einer S.** *gen*] since the beginning [of sth]; ***seit ~ der Welt*** since the world began; **von** ~ [**an**] [right] from the beginning

an|be·hal·ten* *vt irreg* ■**etw** ~ to keep sth on

an·bei [anˈbai̯] *adv (geh)* enclosed; ~ ***die erbetenen Prospekte*** please find enclosed the requested brochure

an|bei·ßen *irreg* I. *vi* ① *(den Köder beißen)* to take [*or* nibble at] the bait
② *(fam: Interesse haben)* to show interest, to take the bait
II. *vt* ■**etw** ~ to take a bite of [*or* bite into] sth
▶ WENDUNGEN: **zum** ~ *(fam)* fetching BRIT, hot *sl*

an|be·lan·gen* *vt (geh)* ■**jdn** ~ to be sb's business, to concern sb; **was jdn/etw anbelangt, ...** as far as sb/sth is concerned...; ***was die Sache anbelangt ...*** as far as that is concerned ...

an|bel·len *vt* ■**jdn** ~ to bark at sb

an|be·rau·men* [ˈanbərau̯mən] *vt (geh)* ■**etw** ~ to fix [*or* arrange] sth; **einen Termin** ~ to set [*or* fix] a date

an|be·ten *vt* ① REL ■**jdn/etw** ~ to worship sb/sth
② *(verehren)* ■**jdn** ~ to adore [*or* worship] sb

An·be·ter(in) <-s, -> *m(f)* REL worshipper, devotee

An·be·tracht *m* ■ **in ~ einer S.** *gen* in view of; **in ~ dessen, dass** in view of the fact that

an|be·tref·fen* *vt irreg (geh) s.* **anbelangen**

an|bet·teln *vt* ■**jdn** ~ to beg from sb; ■[**jdn**] **um etw** *akk* ~ to beg [sb] for sth

An·be·tung <-, -en> *f pl selten* REL worship, adoration

an|bie·dern [ˈanbi:dɐn] *vr (pej)* ■**sich** *akk* [**bei jdm**] ~ to curry favour [*or* AM -or] with sb, to crawl [to sb]; ■~**d** crawling, ingratiating *form*

An·bie·de·rung <-, -en> *f* ingratiation; ***ihre ~ an ihn ist wirklich abstoßend*** the way she fawns all over him is really disgusting

An·bie·de·rungs·ver·such *m* attempt to ingratiate oneself; ***seine ~e gehen mir auf die Nerven*** his attempts to butter me up are getting on my nerves

an|bie·ten *irreg* I. *vt* ■[**jdm**] **etw** ~ to offer [sb] sth, to offer sth [to sb]; ***darf ich Ihnen noch ein Stück Kuchen ~?*** would you like another piece of cake?; ***na, was bietet die Speisekarte denn heute an?*** well, what's on the menu today?; ***dieser Laden bietet regelmäßig verschiedene Südfrüchte an*** this shop often has exotic fruit for sale; ***diesen Fernseher kann ich Ihnen besonders günstig ~*** I can give you a particularly good price for this TV
II. *vr* ① *(sich zur Verfügung stellen)* ■**sich** *akk* [**jdm**] **als etw** ~ to offer [*or* volunteer] one's services as sth to sb; ***darf ich mich Ihnen als Stadtführer ~?*** my services as guide are at your disposal; ■**sich** *akk* ~**, etw zu tun** to offer [*or* volunteer] to do sth
② *(naheliegen)* ■**sich** *akk* [**für etw** *akk*] ~ to be just the right thing [for sth]; ***eine kleine Pause würde sich jetzt ~*** a little break would be just the thing now; ***es bietet sich leider keine andere Alternative an*** unfortunately, there's no alternative; ■**es bietet sich an, das zu tun** it would seem to be the thing to do; ***bei dem Wetter bietet es sich doch an, einen Ausflug zu unternehmen*** this is just the right weather for a trip somewhere

An·bie·ten·de(r) *f(m) dekl wie adj*, **An·bie·ter(in)** <-s, -> *m(f)* supplier; *(bei Ausschreibung)* tenderer; INFORM, TELEK provider

An·bie·ter·viel·falt *f* number of providers

An·bie·tungs·pflicht *f* JUR obligation to make an offer

an|bin·den *vt irreg* ① *(festbinden)* ■**jdn/etw** [**an etw** *akk o dat*] ~ to tie sb/sth [to sth]; ***die Kähne waren fest an den Anlegern angebunden*** the barges were moored to the jetty
② *(durch Pflichten einschränken)* ■**jdn** ~ to tie sb down; *(jds Freiheit einschränken)* to keep sb on a lead
③ TRANSP ■**etw an etw** *akk* ~ to connect sth to sth

An·bin·dung <-, -en> *f* ① *(Verbindung)* linkage; ~ **an den Wechselkurs** link to the exchange rate
② *(an ein Versorgungsnetz, Verkehr)* connection
③ TECH gate

An·blick *m* sight; **einen erfreulichen/Furcht erregenden ~ bieten** to be a welcoming/horrifying sight; ***das war kein schöner ~!*** it was not a pretty sight!; **beim ~ einer S.** *gen* at the sight of; **beim ersten** ~ at first sight

an|bli·cken *vt (geh)* ■**jdn** ~ to look at sb; ***er blickte sie lange und versonnen an*** he gazed at her, lost in thought; ***er blickte sie kurz an*** he glanced at her

an|blin·ken *vt* ■**jdn** ~ to flash [at] sb, to signal to sb

an|blin·zeln *vt* ■**jdn** ~ to blink at sb; *(zublinzeln)* to wink at sb

an|boh·ren *vt* ① *(ein Loch bohren)* ■**etw** ~ to drill [*or* bore] into sth
② *(zugänglich machen)* ■**etw** ~ to drill for sth
③ ZOOL ■**etw** ~ to eat into sth

An-Bord-Kon·nos·se·ment *nt* HANDEL onboard bill of lading

An·bot <-[e]s, -e> *nt* ÖSTERR *(geh: Angebot)* offer

an|bra·ten *vt irreg* KOCHK ■**etw** ~ to fry sth until brown

an|brau·chen *vt (fam)* ■**etw** ~ to open [*or* start] sth; **eine angebrauchte Flasche Cola** an open bottle of coke; **eine angebrauchte Tüte Chips** an open [*or* a half-eaten] packet of crisps [*or* AM chips]

an|bräu·nen *vt* KOCHK ■**etw** ~ to brown sth

an|bre·chen *irreg* I. *vi sein* to begin; *Tag* to dawn, to break *form; Winter, Abend* to set in; *Dunkelheit, Nacht* to fall; ***wir redeten bis der Tag anbrach*** we talked until the break of day

II. *vt haben* ■**etw** ~ ❶ *(zu verbrauchen beginnen)* to open sth; **eine Packung Kekse** ~ to open [*or* start] a packet of biscuits; **die Vorräte** ~ to break into supplies; ■**angebrochen** opened, half-eaten *fam;* ***wir haben den angebrochenen Urlaub daheim verbracht*** we spent the rest of the holiday at home
❷ *(auszugeben beginnen)* to break sth; ***ich wollte den Hunderter nicht*** ~ I didn't want to break the hundred mark note
❸ *(teilweise brechen)* to chip sth

an|bren·nen *irreg* **I.** *vi sein* ❶ *(verkohlen)* to burn; ■**etw** ~ **lassen** to let sth burn; ***es riecht hier so angebrannt*** it smells of burning in here
❷ *(zu brennen beginnen)* to burn; ***tu erst Papier unter die Kohle, dann brennt sie leichter an!*** put paper under the coal so that it ignites better
▶WENDUNGEN: **nichts** ~ **lassen** *(fam)* to not hesitate [*or* let an opportunity go past one]
II. *vt haben* ■**etw** ~ to ignite sth

an|brin·gen *vt irreg* ❶ *(befestigen)* ■**etw** [**an etw** *dat*] ~ to hang sth [on sth], to fix sth [to sth]
❷ *(montieren)* **Beschläge** ~ to attach [*or* mount] fittings; **ein Gerät** ~ to install a piece of equipment; **ein Regal** ~ to put up a shelf
❸ *(vorbringen)* ■**etw** ~ to introduce [*or* mention] sth
❹ *(äußern)* ■**etw** [**bei jdm**] ~ to make sth [to sb]
❺ *(verwenden)* ■**etw** [**in etw** *dat*] ~ to make use of sth [in sth], to put sth to good use
❻ *(fam: herbeibringen)* ■**jdn/etw** ~ to bring sb/sth [along]
❼ *(fam)* ■**etw** [**bei jdm**] ~ to sell [*or sl* flog] sth [to sb]

An·bruch *m kein pl (geh)* dawn, beginning *form;* **bei** ~ **des Tages** at the break of day, at daybreak [*or* dawn]; **bei** ~ **der Dunkelheit** at dusk

an|brül·len **I.** *vt* ❶ *(fam: wütend laut ansprechen)* ■**jdn/etw** ~ to shout at sb/sth
❷ *(in jds Richtung brüllen)* ■**jdn** ~ to bawl at sb; *Löwe* to roar at sb; *Bär* to snarl at sb; *Stier* to bellow at sb
II. *vi (fam)* ■**gegen jdn/etw** ~ to shout sb/sth down, to make oneself heard above sb/sth

ANC <-> [a:ɛn'tse:] *m kein pl Abk von* **African National Congress** ANC

An·cho·vis <-, -> [an'ço:vɪs] *f* anchovy

An·dacht <-, -en> ['andaxt] *f* prayer service; **in** [*o* **mit**] [*o* **voller**] ~ REL in [*or* with] devotion; **voller** ~ *(geh)* in rapt devotion

an·däch·tig ['andɛçtɪç] **I.** *adj* ❶ REL devout, reverent
❷ *(ehrfürchtig)* reverent; *(in Gedanken versunken)* rapt
II. *adv* ❶ REL devoutly, religiously
❷ *(hum: ehrfürchtig)* reverently; *(inbrünstig)* raptly

An·däch·ti·ge(r) *f(m) dekl wie adj* REL worshipper, devotee

An·da·lu·si·en [anda'lu:zi̯ən] *nt* Andalusia

An·da·lu·si·er(in) [anda'lu:zi̯ɐ] *m(f)* Andalusian

an·da·lu·sisch [anda'lu:zɪʃ] *adj* Andalusian

An·da·ma·ner(in) <-s, -> [anda'ma:nɐ] *m(f)* Andamanese, Andaman

An·da·ma·ni·sches Meer [anda'ma:nɪʃəs -] *nt* Andaman Sea

an|dämp·fen *vt* KOCHK *s.* **andünsten**

An·dau·er *f kein pl* continuance; ***mit einer ~ des milden Wetters ist weiterhin zu rechnen*** the mild weather is expected to continue

an|dau·ern *vi* to continue; *Gespräche, Meeting* to go on

an·dau·ernd **I.** *adj* continuous, persistent; **bis in die späten Abendstunden** ~ going on well into the night
II. *adv* continuously, persistently; ***jetzt schrei mich nicht ~ an*** stop shouting at me all the time

An·den ['andn̩] *pl* ■**die** ~ the Andes *npl*

an|den·ken *vt irreg* ❶ *(über etw nachdenken)* ■**eine S.** ~ to start thinking about sth
❷ *(Ausdruck der Verwunderung)* ***denk mal an!*** *(iron fam)* just imagine!, imaging that!

An·den·ken <-s, -> *nt* ❶ *(Souvenir)* souvenir *a. fam*
❷ *(Erinnerungsstück)* ■**ein** ~ **an jdn/etw** a keepsake from sb/sth; **zum** ~ **an jdn/etw** as a keepsake of sb/sth, in memory of sb/sth
❸ *kein pl (Erinnerung)* memory; **zum** ~ **an jdn** in memory [*or* remembrance] of; **jdm ein ehrendes** ~ **bewahren** *(geh)* to honour [*or* AM -or] sb's memory; *(jdm gedenken)* to commemorate sb; **jdn/etw in freundlichem** ~ **behalten** in fond memory of sb; **im** ~ **an ...** in memory of ...

An·der·de·pot [-depo:] *nt* FIN third-party securities deposit

an·de·re(r, s) ['andərə, -rɐ, -rəs], **an·dre(r, s)** ['andrə, -drɐ, -drəs] *pron indef* ❶ *adjektivisch (abweichend)* different, other; ***das ist eine ~ Frage*** that's another [*or* a different] question; **bei einer ~n Gelegenheit** another time; **das ~ Geschlecht** the opposite sex; **ein ~s Mal** another time; **eine ~ Meinung haben, einer ~n Meinung sein** to have [*or* be of] a different opinion; **eine ganz ~ Sache** an entirely different matter
❷ *adjektivisch (weitere)* other; ***er besitzt außer dem Mercedes noch drei ~ Autos*** apart from the Mercedes, he's got three more cars; ***haben Sie noch ~ Fragen?*** have you got any more [*or* further] questions?
❸ ■**andere** *substantivisch (sonstige)* more, others; ***es gibt noch ~, die warten!*** there are others waiting!; ***ich habe nicht nur diese Brille, sondern noch*** ~ I've got more than just this one pair of glasses; ■**das/der/die** ~ the other; ■**ein ~r/eine ~/ein ~s** [an]other, a different one; ***eines ist schöner als das ~!*** each one is more beautiful than the last!
❹ ■**andere** *substantivisch (sonstige Menschen)* others; ■**der/die** ~ the other [one]; ■**ein ~r/eine** ~ someone else; ■**die ~n** the others; **alle ~n** all the others; **wir ~n** the rest of us; **jede/jeder** ~ anybody else; **keine ~/kein ~r als ...** nobody [*or* no one else] but ...; **weder den einen/die eine noch den ~n/die** ~ neither one of them; **einer nach dem ~n, eine nach der ~n** one after the other; **der eine oder** ~ one or two people; ***falls dem einen oder ~n etwas einfällt*** if any of you have an idea; ***ich will weder den einen noch den ~n einladen*** I don't want to invite either one; **auf ~ hören** to listen to others; ***2 Kinder haben sie schon, sie wollen aber noch*** ~ they've already got 2 children but they want more; ***gab es noch ~ [Frauen] in deinem Leben?*** were there other women in your life?; ***hast du eine ~?*** is there someone else?, have you got another woman?; ***auch ~ als ich denken so*** other people think the same as I do; **da muss ein ~r kommen** *(fig)* it will take more than him/you etc.
❺ ■**anderes** *substantivisch (Abweichendes)* other things *pl;* ***das T-Shirt ist schmutzig — hast du noch ein ~s*** that t-shirt is dirty — have you got another one?; ■**etwas/nichts ~s** [*o* **A~s**] something/anything else; ***hattest du an etwas ~s gedacht/etwas ~s erwartet?*** what did you expect?; ***ich hatte nichts ~s erwartet*** I didn't expect anything else; ***das ist natürlich etwas ~s!*** that's a different matter altogether; ***das ist etwas ganz ~s!*** that's something quite different; ***es bleibt uns nichts ~s übrig*** there's nothing else we can do; ***lass uns von etwas ~m sprechen*** let's talk about something else, let's change the subject; ***dem hätte ich was ~s erzählt!*** *(fam)* I would have given him a piece of my mind; **nichts ~s** [*o* **A~s**] [**mehr**] **tun wollen, als ...** to not want to do anything else than ...; **nichts ~s** [*o* **A~s**] **als** nothing but; ***das bedeutet doch nichts ~s als die totale Pleite*** it means only one thing and that is total ruin; **alles** ~ everything else; **alles ~ als ...** anything but ...; **ein[e]s nach dem ~n** first things first; **so kam eins zum ~n** one thing led to another; **weder das eine noch das** ~ neither [one]; *(tun wollen)* not either; **und ~s mehr** and much more besides; **unter ~m ...** ... amongst other things, including ...

an·de·ren·falls ['andərənfals], **an·dern·falls** ['andɐnfals] *adv* otherwise **an·de·ren·orts** ['andərən?ɔrts], **an·dern·orts** ['andɐn?ɔrts] *adv (geh)* elsewhere; ~ ***ist es auch nicht anders!*** it's no different anywhere else!

an·de·rer·seits ['andərezaits], **an·drer·seits** ['andrezaits] *adv* on the other hand

An·der·kon·to *nt* FIN trust account, third-party account

an·der·mal ['andɐma:l] *adv* ■**ein** ~ another [*or* some other] time

än·dern ['ɛndɐn] **I.** *vt* ❶ *(verändern)* ■**etw** ~ to change [*or* alter] sth; ***ich kann es nicht*** ~ I can't do anything about it; [**s**]**eine Meinung** ~ to change one's mind; **den Namen** ~ to change one's name; **das ändert nichts daran, dass ...** that doesn't change [*or* alter] the fact that; ***das alles ändert nichts an der Tatsache, dass ...*** none of that changes [*or* alters] the fact that ...; ***daran kann man nichts*** ~ there's nothing anyone/we/you can do about it
❷ MODE ■[**jdm**] **etw** ~ to alter sth [for sb]; *(kleiner machen)* to take sth in; *(die Naht auslassen)* to let sth out
II. *vr* ■**sich** *akk* ~ to change; ***in meinem Leben muss sich einiges*** ~ there will have to be some changes in my life; ***die Windrichtung hat sich geändert*** the wind has changed direction; ***es hat sich nichts geändert*** nothing's changed; **das lässt sich nicht** ~ there's nothing that can be done about it, you can't do anything about it

an·dern·falls ['andɐnfals] *adv s.* **anderenfalls**

an·dern·orts ['andɐn?ɔrts] *adv (geh) s.* **anderenorts**

an·ders ['andɐs] *adv* ❶ *(verschieden)* differently; ***die Sachen sind doch etwas ~ als erwartet gelaufen*** things have progressed in a different way to what we expected; ***sie denkt ~ als wir*** she has a different point of view from us; ***diese Musik klingt schon ganz*** ~ this music sounds completely different; ***als braves Kind gefällst du mir ganz*** ~ I like you much more when you behave; ■~ **als ...** different to [*or* from] [*or* than] ...; ~ **als sonst** different than usual; **es sich** *dat* ~ **überlegen** to change one's mind; ~ **denkend** dissenting, dissident; ~ **gesinnt** of a different opinion; ~ **lautend** contrary, different
❷ *(sonst)* otherwise; ~ ***kann ich es mir nicht erklären*** I can't think of another explanation; **jemand** ~ somebody [*or* someone] [*or* anybody] else; **niemand** ~ nobody [*or* no one] else; ***lass außer mir niemand ~ rein!*** don't let anybody in except [for] me!; **was/wer/wo ~?** what/who/where else?; **nicht ~ gehen** to be able to do nothing about sth; ***es ging leider nicht*** ~ I'm afraid I couldn't do anything about it
▶WENDUNGEN: **auch** ~ **können** *(fam)* ***ich kann auch ~!*** *(fam)* you'd/he'd etc. better watch it!; **nicht** ~ **können** *(fam)* to be unable to help it [*or* oneself]; ***ich konnte nicht*** ~ I couldn't help it; **jdm wird ganz** ~ *(schwindelig)* to feel dizzy; **da wird einem ja ganz ~!** *(ärgerlich zumute)* it makes [*or* it's enough to make] one's blood boil

an·ders·ar·tig ['andɐs?a:ɐ̯tɪç] *adj* different **an·ders·den·kend** *adj attr s.* **anders 1** **An·ders·den·ken·de(r)** *f(m) dekl wie adj* dissident

an·der·seits ['andɐzaits] *adv s.* **and(e)rerseits**

an·ders·far·big **I.** *adj* of a different colour [*or* AM -or] [*or liter* hue] **II.** *adv* a different colour [*or* AM -or]; ~ **lackiert** painted a different colour **an·ders·ge·sinnt** *adj s.* **anders 1** **An·ders·ge·sinn·te(r)** *f(m) dekl wie adj* person of a different opinion **an·ders·gläu·big** *adj* REL of a different faith **An·ders·gläu·bi·ge(r)** *f(m) dekl wie adj* REL follower of a different faith **an·ders·he·rum** ['andɐshɛrʊm] **I.** *adv* the other way round **II.** *adj pred (fam: homosexuell)* gay **an·ders·lau·tend** *adj attr (geh) s.* **anders 1** **An·ders·lau·ten·de** *nt* contrary reports; ***ich habe nichts ~s gehört*** I haven't heard anything to the contrary **an·ders·rum** ['andɐsrʊm] *adv, adj (fam) s.* **andersherum** **an·ders·spra·chig** ['andɐsʃpra:xɪç] *adj* ❶ *(abgefasst)* in another language ❷ *(sprechend)* speaking a different language **an·ders·wie** ['andɐsvi:] *adv (fam)* differently **an·ders·**

wo ['andɐsvo:] *adv* ① *(an einer anderen Stelle)* somewhere else ② *(an anderen Orten)* elsewhere **an·ders·wo·her** ['andɐsvo:he:ɐ̯] *adv* from somewhere else **an·ders·wo·hin** ['andɐsvo'hɪn] *adv* somewhere else, elsewhere

an·dert·halb ['andɐt'halp] *adj* one and a half; ***meine Tochter ist ~ Jahre alt*** my daughter is one and a half; ~ **Kilometer** one kilometer and a half; ~ **Stunden** an hour and a half

an·dert·halb·fach ['andɐt'halpfax] *adj* one-and-a-half-fold **an·dert·halb·mal** *adv* one and a half times; ~ **so viel ...** half as much ... again

Än·de·rung <-, -en> *f* ① *(Abänderung)* change, alteration; *Gesetz* amendment; *Entwurf, Zeichnung* modifications *pl;* ■**die ~ an etw** *dat* the alteration to; **eine ~/~en an etw** *dat* **vornehmen** to make a change/changes to sth, to change sth; **geringfügige ~en** slight alterations; **„~en vorbehalten"** "subject to change"
② MODE alteration
③ *(Wandel)* change; **eine ~ des Wetters** a change in the weather

Än·de·rungs·an·trag *m* POL amendment **Än·de·rungs·be·schluss**RR *m* JUR amending order **Än·de·rungs·klau·sel** *f* JUR escape clause **Än·de·rungs·kün·di·gung** *f* JUR notice of dismissal pending a change of contract **Än·de·rungs·recht** *nt* JUR right to require a change **Än·de·rungs·sat·zung** *f* JUR modified statutes *pl* **Än·de·rungs·schnei·der(in)** *m(f)* ≈ tailor *masc,* ≈ seamstress *fem* **Än·de·rungs·schnei·de·rei** *f* MODE tailor's [shop] **Än·de·rungs·schnei·de·rin** <-, -nen> *f fem form von* **Änderungsschneider** seamstress **Än·de·rungs·ver·bot** *nt* JUR *(Urheberrecht)* prohibited alterations *pl* **Än·de·rungs·ver·trag** *m* JUR modified contract **Än·de·rungs·vor·be·halt** *m* JUR reservation of the right of modification **Än·de·rungs·vor·schlag** <*pl* -vorschläge> *m* proposed change [*or* amendment]; **einen ~/Änderungsvorschläge machen** to suggest a change, to make a suggestion for change **Än·de·rungs·wunsch** <*pl* -wünsche> *m* proposed changes [*or* alterations]; **einen ~/Änderungswünsche haben** to want to make changes [*or* alterations]

an·der·wei·tig ['andɐvaitɪç] **I.** *adj attr* other, further; **eine ~e Verabredung haben** to have other commitments, to have a previous engagement; **eine ~e Verwendung für etw finden** to find another use for sth
II. *adv* ① *(mit anderen Dingen)* with other matters; ~ **beschäftigt sein** to be busy with other things, to be otherwise engaged
② *(von anderer Seite)* somewhere else, elsewhere; ***mir sind ~ bereits Euro 200.000 geboten worden*** somebody else has offered me 200,000 euros
③ *(an anderer Stelle)* somewhere else, elsewhere; **etw ~ verwenden** to use sth for a different purpose
④ *(bei anderen Leuten)* other people; ~ **verabredet** [*o* **verpflichtet**] **sein** to have other commitments
⑤ *(an einen anderen)* to somebody else
⑥ *(anders)* in a different way; **sich** *akk* **~ entscheiden** to make an alternative decision; **etw ~ verwerten** to make use of sth another way

an|deu·ten **I.** *vt* ① *(erwähnen)* ■**etw ~** to indicate [*or* make a reference to] sth
② *(zu verstehen geben)* ■[**jdm**] **etw ~** to imply sth [to sb]; ***was wollen Sie damit ~?*** what are you getting at?; ***was wollen Sie mir gegenüber ~?*** what are you trying to tell me?; ***sie hat es nicht direkt gesagt, nur angedeutet*** she didn't say it out loud but she implied it; ■**~, dass/was** to make it clear [that]
③ KUNST, MUS *(in Umrissen erkennen lassen)* ■**jdn/etw ~** to outline [*or* sketch] sb/sth
II. *vr* ■**etw deutet sich an** there are signs [*or* indications] of sth; ***eine Verbesserung/Veränderung deutet sich an*** there are indications of improvement/of a change

An·deu·tung *f* ① *(flüchtiger Hinweis)* hint; ***aus ihren ~en konnte ich schließen, dass ...*** I gathered from her remarks that ...; **eine ~ fallen lassen** to drop a hint; **eine ~ auf etw** *akk* **sein** to be a reference to sth; **bei der geringsten ~ von sth** at the first sign of sth; **eine versteckte ~** an insinuation; **eine ~ [über jdn/etw] machen** to make a remark [about sb/sth], to imply sth [about sb]
② *(Spur)* hint, trace

an·deu·tungs·wei·se **I.** *adv* ① *(indirekt)* as an indication of; **jdm etw ~ zu verstehen geben** to indicate sth to sb; ***davon war nur ~ die Rede*** it was merely hinted at
② *(rudimentär)* as an intimation
II. *adj attr (selten)* **ein ~s Lächeln** the shadow [*or* a hint] of a smile

An·deu·tungs·wer·bung *f* JUR suggestive advertising

an|di·cken *vi* KOCHK to thicken

an|die·nen **I.** *vt* ■**jdm etw ~** to press sth on sb; ■**sich** *dat* **etw von jdm ~ lassen** to be forced [*or* bludgeoned] into [doing] sth by sb
II. *vr* ■**sich** *akk* **jdm** [**als etw**] **~** to offer sb one's services [*or* oneself] [as sth]

An·die·nung <-, -en> *f* ÖKON tendering

An·die·nungs·klau·sel *f* JUR offer clause

an·die·nungs·pflich·tig *adj inv* JUR to be offered to the official buyer

An·die·nungs·recht *nt* JUR right to offer to the official buyer

an|dis·ku·tie·ren* *vt* ■**etw ~** to start discussing sth

an|do·cken ['andɔkn̩] *vi* ■[**an etw** *dat*] **~** to dock [with sth]; *Virus a.* to attach [to sth]

An·dock·ma·nö·ver *nt* docking manoeuvre [*or* AM maneuver] **An·dock·sta·ti·on** *f* INFORM docking station [*or* unit]

An·dor·ra <-s> [an'dɔra] *nt* GEOG Andorra

An·dor·ra·ner(in) <-s, -> [andɔ'ra:nɐ] *m(f)* Andorran

an·dor·ra·nisch *adj* Andorran

An·drang *m kein pl* ① *(hindrängende Menschenmenge)* crush; ~ **der Menschen** rush of people; **ein großer ~** a throng of people, a large crowd
② *(Zustrom)* rush, surge

An·dre·as [an'dre:as] *m* Andrew

An·dre·as·kreuz *nt* ① REL St. Andrew's cross
② *(Verkehrszeichen)* diagonal cross

an|dre·hen *vt* ① *(anstellen)* ■**etw ~** to turn [*or* switch] sth on
② *(festdrehen)* ■**etw ~** to tighten sth
③ *(fam: verkaufen)* ■**jdm etw ~** to flog sb sth *sl;* ■**sich** *dat* **etw ~ lassen** to be flogged sth

an·drer·seits ['andrɐzaits] *adv s.* **andererseits**

An·dro·gen <-s, -e> [andro'ge:n] *nt* androgen

an·dro·gyn [andro'gy:n] *adj* androgynous

an|dro·hen *vt* ■**jdm etw ~** to threaten sb with sth; ***er drohte ihm Prügel an*** he threatened to beat him up

An·dro·hung *f* threat; **unter ~ einer S.** *gen* [*o* **von etw** *dat*] under [*or* with] threat of sth; JUR under penalty of sth

An·dro·id <-en, -en> [andro'i:t, *pl* -'i:dən] *m,* **An·dro·ide** <-n, -n> [andro'i:də, *pl* -'i:dən] *m* android

An·dro·me·da·ne·bel [an'dro:meda-] *m* ASTRON Andromeda Nebula

An·druck[1] <-drucke> *m* TYPO proof

An·druck[2] *m kein pl* PHYS accelerative force

An·druck·bo·gen *m* TYPO [press]proof, proof print [*or* sheet]

an|dru·cken *vi* TYPO to start printing

an|drü·cken *vt* ① *(durch Drücken befestigen)* ■**etw ~** *Pflaster* to press on sth *sep*
② *(durch Drücken anschalten)* ■**etw ~** to turn [*or* switch] on sth *sep*

An·druck·ska·la *f* TYPO progressive proofs *pl,* set of progressives **An·druck·stu·dio** *nt* TYPO proofing [*or* print proof] studio

an|düns·ten *vt* KOCHK ■**etw ~** to braise sth lightly

an|e·cken *vi sein (fam)* to put people's backs up *fam;* ■**bei jdm ~** to put sb's back up *fam,* to rub sb the wrong way *fam*

an|eig·nen *vr* ■**sich** *dat* **etw ~** ① *(an sich nehmen)* to take [*or form* appropriate] sth
② *(sich vertraut machen)* to learn [*or* acquire] sth
③ *(sich angewöhnen)* to learn [*or sep* pick up] sth

An·eig·nung <-, -en> *f pl selten* ① *(geh: Diebstahl)* appropriation
② *(Erwerb)* acquisition
③ *(Lernen)* learning, acquisition

An·eig·nungs·recht *f* JUR right of appropriation

an·ei·nan·der [anʔai̯'nandɐ] *adv* ① *(jeder an den anderen)* to one another; ~ **denken** to think about each other; ~ **hängen** to be very close
② *(jeder am anderen)* **Spaß ~ haben** to have fun together; **etw ~ finden** to see sth in each other; **sich** *akk* **~ reiben** to rub each other [up] the wrong way
③ *(jeweils an der anderen Person)* each other; ~ **vorbeireden** to talk at cross purposes

an·ei·nan·der|fü·gen **I.** *vt* ■**etw ~** to put sth together **II.** *vr* ■**sich** *akk* **~** to go together **an·ei·nan·der|ge·ra·ten*** *vi irreg sein* ■[**wegen jdm/etw**] **~** *(sich prügeln)* to come to blows [about sb/sth]; *(sich streiten)* to have a fight [*or* BRIT *a.* row] [about sth], to argue [about [*or* over] sth]; ■**mit jdm ~** *(sich prügeln)* to have a fight with sb; *(sich streiten)* to have a fight [*or* BRIT *a.* row] with sb **an·ei·nan·der|gren·zen** *vi* to border on one another **an·ei·nan·der|hal·ten** *vt irreg* ■**etw ~** to hold sth up together, to compare sth with each other **an·ei·nan·der|kup·peln** *vt Eisenbahnwagen* to couple together **an·ei·nan·der|rei·hen** **I.** *vt* ■**etw ~** to string sth together **II.** *vr* ■**sich** *akk* **~** to follow one another

An·ei·nan·der·rei·hung <-, -en> *f* ■**eine ~ von etw** a series [*or* string] of sth; ***eine willkürliche ~ von Buchstaben und Zahlen*** a few letters and numbers just strung together

an·ei·nan·der|schmie·gen *vr* ■**sich** *akk* **~** to cuddle; **sich** *akk* [**vor Kälte**] **~** to huddle up together [in the cold]; ***aneinandergeschmiegt*** close together **an·ei·nan·der|stel·len** *vt* ■**etw ~** to put sth next to one another [*or* each other] **an·ei·nan·der|sto·ßen** *vi irreg sein* to bump into each other; *(zwei Dinge)* to bang together

Anek·döt·chen <-s, -> [anɛk'dø:tçən] *nt (hum fam)* little anecdote

Anek·do·te <-, -n> [anɛk'do:tə] *f* anecdote, story

an|e·keln *vt* ■**jdn ~** to make sb sick, to disgust [*or* nauseate] sb; ■**es ekelt jdn an, etw tun zu müssen** it nauseates sb to have to do sth; ■**von etw angeekelt sein** to be disgusted [*or* nauseated] by sth

Anel·lie·rung [anə'li:rʊŋ] *f* CHEM anellation

Ane·mo·ne <-, -n> [ane'mo:nə] *f* BOT anemone

An·er·ben·recht *nt* JUR entail on farm property in the former British zone of occupation in Germany

an|er·bie·ten* ['anʔɛɐ̯bi:tn̩] *vr irreg (geh)* ■**sich** *akk* **~** to offer one's services [*or* oneself]; ■**sich** *akk* **~, etw zu tun** to offer to do sth

An·er·bie·ten <-s, -> ['anʔɛɐ̯bi:tn̩] *nt (geh)* offer

an·er·kannt *adj* ① *(unbestritten, geschätzt)* acknowledged, recognized
② *(zugelassen)* recognized; [**staatlich**] **~e Schule** [state-] recognized schools

an·er·kann·ter·ma·ßen *adv* admittedly; ***dieses Werk gehört ~ zu den herausragendsten in der Kunstgeschichte*** this work is recognized as one of the greatest in the history of art

an|er·ken·nen* ['anʔɛɐ̯kɛnən] *vt irreg* ① *(offiziell akzeptieren)* ■**etw** [**als etw**] **~** to recognize sth [as sth]; **jdn als Herrscher ~** to acknowledge sb as ruler; **ein Kind ~** to acknowledge a child as one's own; **eine Forderung ~** to accept a demand
② ÖKON **eine Rechnung ~** to accept a bill; **Schulden ~** to acknowledge debts
③ *(würdigen)* ■**etw ~** to appreciate sth, to recognize sth
④ *(gelten lassen)* ■**etw ~** to recognize sth; ■**~, dass** to accept [*or* acknowledge] [the fact] that; **eine Meinung ~** to respect an opinion

an·er·ken·nend **I.** *adj* acknowledging; **ein ~er Blick** a look of acknowledg[e]ment [*or* recognition]
II. *adv* in acknowledg[e]ment [*or* recognition]

an·er·ken·nens·wert **I.** *adj* commendable, praiseworthy, laudable *form*

II. *adv* in a commendable [*or* praiseworthy] way [*or* manner]

An·er·kennt·nis *nt* acknowledg[e]ment

An·er·kennt·nis·ur·teil, An·er·ken·nungs·ur·teil *nt* JUR judgment by consent

An·er·ken·nung *f* ① *(offizielle Bestätigung)* recognition; ~ **finden** to gain recognition
② ÖKON acknowledg[e]ment
③ *(Würdigung)* appreciation, recognition; **in ~ einer S.** *gen (geh)* in recognition of [*or form* as a tribute to] sth
④ *(lobende Zustimmung)* praise; ~ **finden** to earn [*or* win] respect
⑤ *(Tolerierung)* acceptance, recognition

An·er·ken·nungs·prin·zip *nt* JUR recognition principle **An·er·ken·nungs·richt·li·ni·en** *pl* JUR recognition rules **An·er·ken·nungs·ver·fah·ren** *nt* JUR recognition procedure

an|er·zie·hen* *vt irreg* ■**jdm etw ~** to teach sb sth, to instil [*or* AM -ll] sth into sb *form;* ■**sich** *dat* **etw ~** to learn [*or* teach oneself] sth; ■**anerzogen sein** to be acquired

an|fa·chen *vt (geh)* ① *(zum Brennen bringen)* ■**etw ~** to kindle sth
② *(schüren)* ■**etw ~** to arouse sth; **Hass ~** to whip [*or* stir] up hatred; **Leidenschaft ~** to arouse [*or* inflame] passion

an|fah·ren *irreg* **I.** *vi sein* to drive off; *Zug* to draw in; **das A~ am Berg** the hill start; **angefahren kommen** to arrive, to come; ***da kommt unser Taxi ja schon angefahren!*** there's our taxi!
II. *vt haben* ① *(beim Fahren streifen)* ■**jdn/etw ~** to hit [*or* run into] sb/sth
② *(mit dem Wagen liefern)* ■**etw ~** to deliver sth; ■**etw ~ lassen** to have sth delivered
③ *irreg (schelten)* ■**jdn ~** to bite sb's head off *fam,* to snap at sb
④ TRANSP ■**etw ~** to call at sth; **einen Hafen ~** to pull in at a port; ***Helgoland wird regelmäßig von Fährschiffen angefahren*** Helgoland is a regular port of call
⑤ *(fam: auftischen)* ■**etw ~** to lay on sth *sep fam*

An·fahr·schlupf·re·ge·lung *f* AUTO anti-spin regulation, ASR

An·fahrt <-, -en> *f* ① *(Hinfahrt)* journey [to]
② *(Anfahrtszeit)* journey [*or* travelling [*or* AM *usu* traveling]] time
③ *(Zufahrt)* approach

An·fahrts·weg *m* approach road; **kurze ~e** short access routes

An·fall[1] <-[e]s> *m kein pl* ① *(Aufkommen allgemeiner Dinge)* accumulation; **ein ~ an Arbeit** a build-up of work; **ein ~ an Einsatz** a raising of the stakes
② FIN *von Zinsen* accrual; JUR devolution
③ *(Anhäufung) Reparaturen, Kosten* amount

An·fall[2] <-[e]s, -fälle> *m* ① MED *(Attacke)* attack; *(Herzanfall)* **einen ~ bekommen** [*o* **haben**] to have a heart attack; **epileptischer ~** epileptic fit
② *(Wutanfall)* fit of rage; **einen ~ bekommen** [*o fam* **kriegen**] to have [*or* go into] a fit of rage, to throw a fit [*or* BRIT *fam a.* wobbly], to blow one's top *fam;* ***der kriegt* [*noch mal*] *einen ~, wenn er das mitbekommt!*** he's going to go round the bend [*or* throw a wobbly] when he hears about this!
③ *(Anwandlung)* ■**ein ~ von etw** a fit of sth; ■**in einem ~ von etw** in a fit of sth; **in einem ~ von Wahnsinn** in a fit of madness; **in einem ~ von Großzügigkeit** with [*or* in] a sudden show of generosity, in a fit of generosity

an|fal·len[1] *vi irreg sein* ① *(entstehen)* to arise, to be produced
② FIN *(anlaufen)* ■**bei etw** *dat* ~ to accrue on sth; *Kosten* incur; *Beitrag, Zahlung* to be due; **die ~den Kosten/Probleme** the costs/problems incurred
③ *(sich anhäufen)* to accumulate; *Arbeit a.* to pile up; ***die zusätzlich ~de Arbeit*** the additional work incurred

an|fa·llen[2] *vt irreg* ① *(überfallen)* ■**jdn ~** to attack sb
② *(anspringen)* ■**jdn/ein Tier ~** *bissiger Hund* to attack sb/an animal
③ *(fig: befallen)* ■**jdn ~** to overcome sb; ***Heimweh fiel ihn an*** he was overcome with [*or* by] homesickness

an·fäl·lig *adj* ① *(leicht erkrankend)* delicate; ■[**für etw** *akk*] ~ **sein/werden** to be/become prone [*or* susceptible] [to sth]
② AUTO, TECH *(reparaturbedürftig)* temperamental

An·fäl·lig·keit <-> *f meist sing* ① *(anfällige Konstitution)* delicateness; ■**die ~ für** [*o* **gegen**] **etw** *akk* susceptibility [*or* proneness] to sth
② AUTO, TECH *(für Reparaturen)* temperamental nature

An·fang <-[e]s, -fänge> *m* ① *(Beginn)* beginning, start; ***... und das ist erst der ~*** ... and that's just the start; [**bei etw** *dat*/**mit etw** *dat*] **den ~ machen** to make a start [in sth/with sth]; **einen neuen ~ machen** to make a fresh start; **seinen ~ nehmen** *(geh)* to begin [*or* start]; ***das Verhängnis hatte bereits seinen ~ genommen*** fate had already begun to take [*or* run] its course; ~ **September/der Woche** at the beginning of September/the week; ***der Täter war ca. ~ 40*** the perpetrator was in his early 40s; **von ~ bis Ende** from start to finish; **am ~** *(zu Beginn)* in the beginning; ***ich bin erst am ~ des Buches*** I've only just started the book; *(anfänglich)* to begin with, at first;**von ~ an** from the [very] start, right from the word go [*or* the start]; **zu ~** to begin with
② *(Ursprung)* beginnings *pl,* origin[s] *usu pl;* ***wir stecken noch in den Anfängen*** we're still getting [it] off the ground; **der ~ allen Lebens** the origins of all life; **aus bescheidenen Anfängen** from humble beginnings
▸WENDUNGEN: **der ~ vom Ende** the beginning of the end; **am ~ war das Wort** REL in the beginning was the Word; **aller ~ ist schwer** *(prov)* the first step is always the hardest *prov*

an|fan·gen *irreg* **I.** *vt* ① *(beginnen)* ■**etw ~** to begin [*or* start] sth; ■**etw** [**mit jdm**] ~ to start [up] sth [with sb]; ***er fing ein Gespräch mit ihr an*** he started [*or* struck up] a conversation with her, he started talking to her; ■**etw mit etw** *dat* ~ to start sth with sth; ***sie fangen das Essen immer mit einem Gebet an*** they always say grace before eating [*or* start a meal by saying grace]
② *(fam: anbrauchen)* **eine Packung Kekse/ein Glas Marmelade ~** to start a [new [*or* fresh]] packet of biscuits/jar of jam
③ *(machen)* **etw anders ~** to do sth differently [*or* a different way]; **etw richtig ~** to do sth correctly [*or* in the correct manner]; ***wenn Sie es richtig ~*** if you go about it correctly; **etwas mit etw/jdm ~ können** *(fam)* to be able to do sth with sth/sb; **jd kann mit etw/jdm nichts ~** *(fam)* sth/sb is [of] no use to sb, sth/sb is no good to sb; ***damit kann ich doch gar nichts ~!*** that's no good at all to me!; *(verstehen)* that doesn't mean anything to me; ***was soll ich damit ~?*** what am I supposed to do with that?; **mit jdm ist nichts anzufangen** nothing can be done with sb; ***mit ihr kann ich nichts ~*** she's not my type; **nichts mit sich anzufangen wissen** to not know what to do with oneself
II. *vi* ① *(den Anfang machen)* ■[**mit etw** *dat*] ~ to start [sth]
② *(beginnen)* to start [*or* begin], to get going *fam;* ***bevor der Sturm so richtig anfängt*** before the storm really gets going *fam*
③ *(seine Karriere beginnen)* ■[**als etw**] ~ to start out [as sth]

An·fän·ger(in) <-s, -> *m(f)* novice, beginner; *(im Straßenverkehr)* learner [driver] BRIT, student driver AM; [**in etw** *dat*] **~ sein** to be a novice [in [*or* at] sth]; ***ich bin in dieser Materie noch ~*** I'm still a novice in [*or* new to] this field [*or* subject]; **ein blutiger ~ sein** *(fam)* to be a complete novice [*or* an absolute beginner]; [**du/Sie**] **~!** *(fam)* you bungling idiot!

An·fän·ger·kurs *m,* **An·fän·ger·kur·sus** *m* beginners' course, course for beginners **An·fän·ger·übung** *f* exercises *pl* for beginners; SCH introductory course

an·fäng·lich I. *adj attr* initial *attr*
II. *adv (geh)* at first, initially

an·fangs I. *adv* at first, initially; ***gleich*** ~ right at the start [*or* outset]
II. *präp +gen* SCHWEIZ at the start of

An·fangs·be·din·gun·gen *pl* MATH initial conditions *pl* **An·fangs·buch·sta·be** *m* initial [letter] **An·fangs·ge·halt** *nt* starting [*or* initial] salary **An·fangs·ge·schwin·dig·keit** *f* starting speed; PHYS initial velocity **An·fangs·grün·de** *pl* SCH basics *npl,* rudiments *pl* **An·fangs·in·ves·ti·ti·on** *f* FIN initial investment **An·fangs·ka·pi·tal** *nt* ÖKON, FIN initial capital **An·fangs·ko·lum·ne** *f* TYPO opening column **An·fangs·kos·ten** *pl* FIN initial costs **An·fangs·kre·dit** *m* FIN initial loan **An·fangs·kurs** *m* FIN, BÖRSE opening [*or* issuing] [*or* starting] price **An·fangs·pha·se** *f* initial [*or* opening] phase **An·fangs·schwie·rig·kei·ten** *pl* initial [*or* starting] difficulties, teething troubles *pl fam* **An·fangs·sta·di·um** *nt* initial stage[s] *usu pl* **An·fangs·ter·min** *m* JUR dies a quo **An·fangs·ver·dacht** *m* initial hunch **An·fangs·ver·mö·gen** *nt* FIN original assets *pl* **An·fangs·wert** *m* INFORM starting [*or* initial] value **An·fangs·zeit** *f* early stages *pl*

an|fas·sen I. *vt* ① *(berühren)* ■**etw ~** to touch sth; ***die Lebensmittel bitte nicht ~*** please do not handle the groceries; ***fass mal ihre Stirn an, wie heiß die ist!*** feel how hot her forehead is!; ***fass mich nicht an!*** don't [you] touch me!
② *(greifend berühren)* ■**jdn ~** to take hold of sb; ■**jdn** [**an etw** *dat*] ~ *(packen)* to grab hold of sb [by sth]
③ *(bei der Hand nehmen)* ■**jdn an der Hand fassen** to take sb by the hand [*or* sb's hand]; ■**sich** [*o* **einander**] ~ *(geh)* to join [*or* hold] hands, to take one another's hand
④ *(anpacken)* ■**etw ~** to tackle sth; **etw falsch** [*o* **verkehrt**]/**richtig ~** to go about sth in the wrong/right way
⑤ *(behandeln)* **jdn/ein Tier hart** [*o* **scharf**]/**sachte ~** to treat [*or* handle] sb/an animal harshly/gently
▸WENDUNGEN: **zum A~** *(fam)* approachable, accessible; ***ein Politiker zum A~*** a politician of the people; ***EDV zum A~*** data processing [*or* computing] [*or* EDP] made easy
II. *vi* ① *(berühren)* ■[**etw irgendwo**] ~ to touch [sth somewhere]; ***fass mal an! weich, nicht?*** feel that! it's soft isn't it?
② *(mithelfen)* ■**mit ~** to lend [*or* give] a hand
III. *vr (sich anfühlen)* to feel; ***es fasst sich rau an*** it feels rough

an|fau·chen *vt* ① *(fauchen)* ■**jdn/ein Tier ~** *Katze* to spit at sb/an animal
② *(fig fam: wütend anfahren)* ■**jdn ~** to snap at sb, to bite sb's head off *fam;* ***was fauchst du mich so an!*** don't snap at me!, stop biting my head off!

an|fau·len *vi sein* to begin to rot; ■**angefault** rotting

an·fecht·bar *adj* contestable, disputable; JUR contestable

An·fecht·bar·keit <-> *f kein pl* contestability, disputability; JUR contestability

an|fech·ten *vt irreg* ① JUR ■**etw ~** to contest sth
② *(nicht anerkennen)* ■**etw ~** to dispute [*or* challenge] sth
③ *(geh: beunruhigen)* ■**jdn ficht etw an** *Sorgen, Versuchungen* sth concerns sb; ***das ficht mich nicht an*** that doesn't worry me

An·fech·tung <-, -en> *f* ① JUR appeal, contestation; *eines Abkommens, Vertrages* challenging, contesting
② *meist pl (geh: Gewissenskonflikt)* moral conflict
③ LIT, REL *(geh: Versuchung)* temptation; **allen ~en standhalten** to withstand all trials

An·fech·tungs·be·rech·tig·te(r) *f(m) dekl wie adj* JUR party entitled to avoid **An·fech·tungs·frist** *f* JUR time limit for an avoidance **An·fech·tungs·geg·ner** *m* JUR addressee of a notice of avoidance **An·fech·tungs·ge·setz** *nt* JUR Creditors' Avoidance of Transfers Act **An·fech·tungs·grund** *m* JUR ground for avoidance, cause of appeal **An·fech·tungs·kla·ge** *f* JUR rescissory action **An·fech·**

tungs·klau·sel *f* JUR avoidance clause **An·fech·tungs·recht** *nt* JUR right of avoidance [*or* rescission]

an|fein·den ['anfaindn̩] *vt* ■**jdn** ~ to be hostile to sb; ***wegen ihrer feministischen Aussagen wurde sie damals heftig angefeindet*** due to her feminist statements she aroused great hostility [*or* animosity] at that time; ■**sich** [*o* **einander**] ~ to be at war with one another

An·fein·dung <-, -en> *f* hostility, animosity, ill-will

an|fer·ti·gen *vt* ① *(herstellen)* ■**etw** ~ to make sth; ■**sich** *dat* **etw** [**von jdm**] ~ **lassen** to have sth made [by sb]
② *(geh: erstellen)* ■**etw** ~ to make sth; **Protokolle** ~ to take [down] [*or* keep] minutes; **ein Portrait** ~ to do a portrait; **ein Schriftstück** ~ to draw up a document; **ein Zeichnung** ~ to do a drawing
③ PHARM *(zubereiten)* ■**etw** ~ to prepare sth, to make sth up *sep;* ■**etw lässt sich** ~ sth is made up; ***die Lotion lässt sich leicht selbst*** ~ the lotion can be easily prepared

An·fer·ti·gung <-, -en> *f* ① *(Herstellung)* making [-up]; ~***en von Anzügen nach Maß*** suits made to measure; *eines Porträts* painting
② *(geh: Aufsetzung)* doing; *einer Kopie* making; *eines Schriftstücks* drawing up, preparation
③ PHARM *(Zubereitung)* preparation

An·feuch·te·mit·tel *nt* CHEM, TECH moistening agent

an|feuch·ten *vt* ■**etw** ~ to moisten sth; **einen Schwamm** ~ to wet a sponge
▶ WENDUNGEN: **sich** *dat* **die Kehle** [*o* **Gurgel**] ~ to wet one's whistle

an|feu·ern *vt* ① *(ermutigen)* ■**jdn** ~ to cheer sb on, to encourage sb; ■~**d** encouraging; ~**de Zurufe** cheers
② *(anzünden)* ■**etw** ~ to light sth

an|fi·xen *vt (sl)* ■**jdn** ~ to get sb to do [*or* into doing] drugs *sl*

an|fle·hen *vt* ■**jdn** [**um etw** *akk*] ~ to beg sb [for sth]; ■**jdn** ~, **etw zu tun** to beg [*or* implore] [*or liter* beseech] sb to do sth

an|flet·schen *vt* ■**jdn/ein Tier** ~ to bare one's teeth at sb/an animal

an|flie·gen *irreg* **I.** *vt haben* ① LUFT ■**etw** ~ to fly to sth
② MIL ■**etw** ~ to attack sth [from the air], to fly at sth
③ *(geh)* ■**jdn** ~ to overcome sb
II. *vi sein* ① LUFT to approach, to come in to land; ■**beim A~** in the approach, coming in to land
② *(herbeifliegen)* to come flying up; **angeflogen kommen** *(fam)* to come flying in

An·flug <-[e]s, -flüge> *m* ① LUFT approach
② *(fig: Andeutung, Spur)* hint, trace, touch; *(Anfall)* fit, burst, wave; **ein** ~ **von Grippe** a touch of flu; **ein** ~ **von Ironie/Spott/Bart** a hint [*or* trace] of irony/mockery/a beard; **ein** ~ **von Eifersucht** a fit of jealousy; **ein** ~ **von Mitleid** a wave of compassion

An·flug·emp·fän·ger *m* approach receiver **An·flug·hil·fe** *f* aid to approach **An·flug·kon·troll·ra·dar** *m* approach control radar **An·flug·schnei·se** *f* landing path

An·flug- und Lan·de·hilfs·mit·tel *nt* approach-and-landing aid

An·flug·weg *m* approach path

an|for·dern *vt* ① *(die Zusendung erbeten)* ■**etw** [**bei/von jdm**] ~ to request sth [of/from sb]; **einen Katalog** ~ to order a catalogue [*or* AM *a.* -og]
② *(beantragen)* ■**jdn/etw** ~ to ask for sb/sth

An·for·de·rung <-, -en> *f* ① *kein pl (das Anfordern)* request; *Katalog* ordering; ■**auf** ~ on request; ■**nach** [**vorheriger**] ~ as [previously] requested
② *meist pl (Anspruch)* demands; ***seine Qualifikationen entsprechen leider nicht unseren*** ~***en*** unfortunately his qualifications do not meet our requirements; ■**jds** ~/~**en an jdn** sb's demand/demands on sb; [**bestimmte**] ~**en** [**an jdn**] **stellen** to place [certain] demands [on sb]; ***du stellst zu hohe*** ~***en*** you're too demanding

An·for·de·rungs·pro·fil *nt* requirements specification; *an Arbeitsstelle* job specification; *eines Produkts* product profile

An·fra·ge <-, -n> *f* ① *(Bitte um Auskunft)* inquiry, question; ■**auf** ~ on request; **große** ~ POL *question put to the government that is discussed at a meeting of the Lower House;* **kleine** ~ POL *question to the government that is raised and dealt with in writing*
② INFORM *(abfragender Befehl)* inquiry

an|fra·gen *vi* ■[**bei jdm**] **um etw** ~ to ask [sb] for sth; [**bei jdm**] **um Erlaubnis/Genehmigung** ~ to ask [sb] for permission/approval

an|freun·den ['anfrɔyndn̩] *vr* ① *(Freunde werden)* ■**sich** *akk* **mit jdm** ~ to make friends with sb; ■**sich** ~ to become friends
② *(fig: schätzen lernen)* ■**sich** *akk* **mit jdm/etw** ~ to get to like sb/sth
③ *(fig: sich zufriedengeben)* ■**sich** *akk* **mit etw** *akk* ~ to get to like sth, to get used to the idea of sth, to acquire a taste for sth; ***ich könnte mich schon mit der Vorstellung*** ~***, in München zu leben*** I could get used to the idea of living in Munich

an|fü·gen *vt* ① *(daran legen)* ■**etw** [**an etw** *akk*] ~ to add sth [to sth]
② *(hinzufügen)* ~**, dass** to add that

an|füh·len **I.** *vt* ■**etw** [**mit etw** *dat*] ~ to feel sth [with sth]
II. *vr* **sich** *akk* **glatt/samtig/weich** ~ to feel smooth/velvety/soft

An·fuhr <-, -en> *f* transport, transportation

an|füh·ren *vt* ① *(befehligen)* ■**jdn/etw** ~ to lead sb/sth; **Truppen** ~ to command [*or* lead] troops
② *(fig: zitieren)* ■**etw** ~ to quote sth; **ein Beispiel/Beweise/einen Grund** ~ to give an example/evidence/a reason
③ *(fig: benennen)* ■**jdn** ~ to name sb
④ *(fig fam: hereinlegen)* ■**jdn** ~ to take sb in, to have sb on *sep;* ■**sich von jdm** ~ **lassen** to be taken for a ride by sb, to be taken in by sb

An·füh·rer(in) <-s, -> *m(f)* ① *(Befehlshaber)* leader; *von Truppen* commander
② *(pej: Rädelsführer)* ringleader

An·fuhr·kos·ten *pl* cartage

An·füh·rung <-, -en> *f* ① *(Befehligung)* leadership; *von Truppen* command; **unter** ~ **eines Generals** under the command of a General
② *(das Anführen)* quotation; ***ich bitte um die*** ~ ***von Einzelheiten!*** please give [me] [some] details!; ***durch die*** ~ ***dieses Beispiels*** by using this example
③ *(Zitieren)* citation; ~ **einer Vorentscheidung** citing [*or* quoting] [*or* citation] of a precedent

An·füh·rungs·strich *m,* **An·füh·rungs·zei·chen** *nt meist pl* quotation mark[s], BRIT *a.* inverted comma[s]; **Anführungsstriche** [*o* **Anführungszeichen**] **unten/oben** quote/unquote

an|fül·len *vt* ■**etw** [**mit etw** *dat*] ~ to fill sth [with sth]; ■[**mit etw** *dat*] **angefüllt sein** to be filled [with sth], to be full [of sth]

an|fun·keln *vt* ■**jdn** ~ to glare at sb

An·ga·be <-, -n> *f* ① *meist pl (Mitteilung)* details *pl,* statement; ***es gibt bisher keine genaueren*** ~***n*** there are no further details to date; ***wie ich Ihren*** ~***n entnehme*** from what you've told me; ~**n** [**über etw** *akk*/**zu etw** *dat*] **machen** to give details about sth; ***machen Sie bitte nähere*** ~***n!*** please give us further [*or* more precise] details!; **laut** ~**n einer Person** *gen* according to sb; **nach** ~**n einer Person** *gen* according to sb, by sb's account; ***wir bitten um*** ~ ***der Einzelheiten*** please provide us with the details; ***er verweigerte die*** ~ ***seiner Personalien*** he refused to give his personal details [*or* particulars]; ~**n zur Person** *(geh)* personal details, particulars; ~ **von Referenzen** request for credentials
② *kein pl (fam: Prahlerei)* boasting, bragging, showing-off
③ SPORT *(Aufschlag)* service, serve
④ BÖRSE ~ **von Ankaufs- und Verkaufskurs** double-barrelled quotation

An·ga·ben *pl* data + *sing/pl vb,* particulars *pl;* ~, **die ihrer Natur nach vertraulich sind oder vertraulich mitgeteilt werden** information which is by nature confidential or which is provided on a confidential basis; **falsche** ~ false statements; **irreführende** ~ misleading statements; **unabsichtlich abgegebene falsche** ~ innocent misrepresentation

an|gaf·fen *vt (pej)* ■**jdn** ~ to gape [*or* BRIT *a.* gawp] [*or* gawk] at sb

an|ge·ben *irreg* **I.** *vt* ① *(nennen)* ■[**jdm**] **etw** ~ to give sth [to sb]; **einen/seinen Namen** ~ to give a/one's name; **Mittäter** ~ to name accomplices; **jdn als Zeugen** ~ to cite sb as a witness
② *(zitieren)* ■**jdn/etw** ~ to quote sb/sth
③ *(behaupten)* ■**etw** ~ to say [*or* claim] sth; **ein Alibi** ~ to establish an alibi; ~**, etw zu haben/etw getan zu haben** to claim to have sth/to have done sth
④ FIN *(deklarieren)* ■**etw** ~ to declare sth
⑤ *(anzeigen)* ■**etw** ~ to indicate sth; ■**angegeben** indicated
⑥ *(bestimmen)* ■[**jdm**] **etw** ~ to set sth [for sb]; **das Tempo** ~ to set the pace; **eine Note/den Takt** ~ MUS to give a note/the beat; *s. a.* **Ton**[2]
II. *vi* ① *(prahlen)* ■[**bei jdm**] [**mit etw** *dat*] ~ to boast [*or fam* brag] [about sth] [to sb], to show off [to sb] [about sth]
② SPORT *(Aufschlag haben)* to serve

An·ge·ber(in) <-s, -> *m(f)* show-off, poser

An·ge·be·rei <-, -en> [ange:bəˈrai] *f (fam)* ① *kein pl (Prahlerei)* showing-off, boasting, posing; ***hör doch auf mit der*** ~ stop showing off, will you!
② *meist pl (großtuerische Äußerung)* boast; ***das sind bloß*** ~***en!*** he's/they're etc. just boasting! [*or* showing off]

An·ge·be·rin <-, -nen> *f fem form von* **Angeber**

an·ge·be·risch **I.** *adj* pretentious, posey *fam*
II. *adv* pretentiously

An·ge·be·te·te(r) *f(m) dekl wie adj (geh)* beloved; ■**jds** ~ sb's beloved

an·geb·lich ['ange:plɪç] **I.** *adj attr* alleged
II. *adv* allegedly, apparently; ***er hat jetzt*** ~ ***reich geheiratet*** he is believed [*or* said] to have married into money; ***er hat*** ~ ***nichts gewusst*** apparently, he didn't know anything about it

an·ge·bo·ren *adj* ① MED congenital
② *(fig fam)* characteristic, innate, inherent

An·ge·bo·re·ner Aus·lö·se·me·cha·nis·mus *m* BIOL innate releasing mechanism

An·ge·bot <-[e]s, -e> *nt* ① *(Anerbieten)* offer (**über** +*akk*/**für** +*akk* for); ÖKON *a.* tender (**über** +*akk*/**für** +*akk* for); *(bei Auktion)* bid; **jdm** [**zu etw** *dat*] **ein** ~ **machen** [*o* **unterbreiten**] *(geh)* to make sb an offer [on sth]
② *(Kostenvoranschlag)* offer, quote, quotation
③ *kein pl (Warenangebot)* range of goods [on offer]; ■**das** ~ **an/von etw** *dat* the range [*or* choice] [*or* selection] of sth; ~ **und Nachfrage** ÖKON supply and demand
④ *(Sonderangebot)* special offer; **im** ~ on special offer

An·ge·bots·ab·ga·be *f* HANDEL tendering **An·ge·bots·an·for·de·rung** *f kein pl* ÖKON request for tenders **An·ge·bots·an·nah·me** *f kein pl* ÖKON offer acceptance **An·ge·bots·auf·for·de·rung** *f* HANDEL invitation for tenders **An·ge·bots·be·din·gung** *f meist pl* HANDEL term of an offer **An·ge·bots·be·fris·tung** *f* HANDEL termination of an offer **An·ge·bots·bin·dung** *f* HANDEL tying offer **An·ge·bots·emp·fän·ger(in)** *m(f)* ÖKON tenderee **An·ge·bots·eng·pass** *m* ÖKON supply bottleneck **An·ge·bots·frist** *f* HANDEL time limit for offers **An·ge·bots·pa·let·te** *f* ÖKON product range, range of services and products **An·ge·bots·pflicht** *f* HANDEL, JUR obligatory offer for sale **An·ge·bots·preis** *m* HANDEL tender price **an·ge·bots·starr** *adj* ÖKON *Anlage* supply inelastic **An·ge·bots·über·hang** *m,* **An·ge·bots·über·schuss**RR *m* HANDEL surplus of selling orders; BÖRSE sellers over

An·ge·bots- und Nach·fra·ge·macht *f* ÖKON power of supply and demand

An·ge·bots·viel·falt *f kein pl* HANDEL wide range of offers **An·ge·bots·wett·be·werb** *m* HANDEL supplier competition

an·ge·bracht *adj* ❶ *(sinnvoll)* sensible, reasonable ❷ *(angemessen)* suitable, appropriate; ■**für jdn/etw ~ sein** to be suitable [*or* appropriate] for sb/sth

an·ge·bun·den I. *pp von* **anbinden**
II. *adj inv* ❶ *Boot, Tier* tied up
❷ *(sehr beschäftigt)* tied down
▶WENDUNGEN: **kurz ~ sein** to be short [*or* abrupt] [*or* curt]

an·ge·dacht *adj* briefly considered

an·ge·dei·hen *(geh: gewähren)* ■**jdm etw ~ lassen** to provide sb with sth

An·ge·den·ken *nt kein pl (geh)* ❶ *(Gedenken)* memory; ■**jds ~** memory of sb; ■**das ~ eines Menschen** a person's memory; ***ich werde sein ~ immer in Ehren halten*** I will always cherish his memory; **im ~ an etw** *akk* in memory of sth
❷ *(veraltend)* **seligen ~s** of blessed memory

an·ge·fault *adj* starting to rot

an·ge·foch·ten I. *pp von* **anfechten**
II. *adj inv* contested; **~e Übernahme** ÖKON contested takeover

an·ge·gam·melt *adj (fam)* partly rotten

an·ge·gan·gen *adj* KOCH **~es Fleisch** meat that is starting to become high

an·ge·gilbt *adj Papier* yellowed [with age]

an·ge·gos·sen *adj* ▶WENDUNGEN: **wie ~ sitzen** [*o* **passen**] *(fam)* to fit like a glove

an·ge·graut *adj* greying

an·ge·grif·fen I. *adj* exhausted; *(geschwächt)* frail; **gesundheitlich ~** weakened; **nervlich ~** strained
II. *adv* **~ aussehen** to look exhausted

an·ge·haucht *adj (fig fam)* ■**irgendwie ~ sein** to have [*or* show] certain tendencies [*or* leanings]; **romantisch ~ sein** to have a romantic inclination

an·ge·hei·ra·tet *adj* [related] by marriage; ***er ist ein ~er Onkel*** he is an uncle by marriage

an·ge·hei·tert [ˈangəhaitet] *adj (fam)* tipsy, merry *fam;* **leicht/stark ~ sein** to be slightly/very tipsy [*or fam* merry]

an|ge·hen *irreg* I. *vi* ❶ *sein (beginnen)* to start; *(zu funktionieren)* to come on
❷ *(zu leuchten beginnen)* to come [*or* go] on; *(zu brennen beginnen)* to start burning, to catch [fire]
❸ *(vorgehen)* ■**[bei jdm/etw] gegen jdn ~** to fight [against] sb [with sb/in sth]; ***ich werde bei Gericht gegen dich ~!*** I'll take you to [*or* see you in] court!
❹ *(bekämpfen)* ■**gegen etw ~** to fight [against] sth; **ein Feuer ~** to fight a fire
❺ *(möglich sein)* to be possible [*or fam* OK]; ■**es geht nicht an, dass jd etw tut** it is not permissible [*or fam* it's not o.k.] for sb to do sth
❻ MED, BIOL to take [root]
II. *vt* ❶ *haben o* SÜDD *sein (in Angriff nehmen)* ■**etw ~** *Problem, Schwierigkeit* to tackle [*or* address] sth
❷ *sein* SPORT *(anlaufen)* ■**etw ~** to [take a] run[-]up to sth
❸ *sein (gegen jdn vorgehen)* ■**jdn ~** to attack sb
❹ *haben (fig: attackieren)* ■**jdn irgendwie ~** to attack sb in a certain manner
❺ *haben* AUTO *(anfahren)* ■**etw ~** to take sth; **eine Kurve ~** to take a corner
❻ *haben (betreffen)* ■**jdn ~** to concern sb; ***was geht mich das an?*** what's that got to do with me?; ***das geht dich einen Dreck an!*** *(fam)* that's none of your [damn] business; ***was mich angeht, würde ich zustimmen*** as far as I am concerned [*or* for my part], I would agree
❼ *haben o* SÜDD *sein (um etw bitten)* ■**jdn [um etw** *akk*] **~** to ask sb [for sth]

an·ge·hend *adj* prospective, budding; ***eine ~e junge Dame*** [quite] a young lady; **eine ~e Mutter/ein ~er Vater** an expectant mother [*or* mother to be]/father; **ein ~er Beamter/Studienrat** a prospective civil servant/teacher; **ein ~er Künstler** a budding artist

an|ge·hö·ren* *vi* ❶ *(Mitglied sein)* ■**etw** *dat* **~** to belong to [*or* be a member of] sth
❷ *(geh: gehören)* ■**jdm ~** to belong to sb

an·ge·hör·ig *adj* ■**etw** *dat* **~** belonging to sth *pred;* ■**jd ist etw** *dat* **~** sb belongs to sth

An·ge·hö·ri·ge(r) *f(m) dekl wie adj* ❶ *(Familienangehöriger)* relative; **der nächste ~** [*o* **die nächsten ~n**] the next of kin; ***haben Sie keine weiteren ~n mehr?*** do you not have any [other] family left?
❷ *(Mitglied)* member

An·ge·klag·te(r) *f(m) dekl wie adj* accused, defendant

an·ge·kratzt *adj (fam: angeschlagen)* seedy; *(Ruf)* blemished; *(krank)* under the weather *fam*

An·gel <-, -n> [ˈaŋl̩] *f* ❶ *(zum Fischefangen)* fishing-rod and line, AM *a.* fishing pole
❷ *(Türangel)* hinge
▶WENDUNGEN: **etw aus den ~n heben** *(fam)* to revolutionize sth completely; *(etw umkrempeln)* to turn sth upside down

An·geld <-[e]s, -er> *nt* FIN *(veraltet: Vorauszahlung)* deposit

An·ge·le·gen·heit <-, -en> *f meist sing* matter; ***in welcher ~ wollten Sie ihn sprechen?*** in what connection [*or* on what business] did you want to speak to him?; **sich um seine eigenen ~en kümmern** to mind one's own business; **in eigener ~** on a private [*or* personal] matter; **jds ~ sein** to be sb's responsibility

an·ge·legt I. *pp von* **anlegen**
II. *adj* calculated; ***das Projekt ist auf 3 Jahre ~*** the time plan for this project is 3 years

an·ge·lernt *adj* ❶ *(eingearbeitet)* semi-skilled; **~e Arbeiter** semi-skilled worker; ■**Angelernte[r]** semi-skilled worker
❷ *(oberflächlich gelernt)* acquired; **~es Wissen** superficially acquired knowledge

An·ge·lern·te(r) *f(m) dekl wie adj* semi-skilled worker

An·gel·ge·rät *nt* fishing tackle *no pl* **An·gel·ha·ken** *m* fish-hook

An·ge·li·ka [aŋˈgeːlika] *f* BOT, KOCH angelica

An·ge·li·ka·wur·zel *f* root angelica

An·gel·lei·ne *f* fishing line

an·geln [ˈaŋl̩n] I. *vi* ❶ *(Fische fangen)* to fish, to angle; ■**[das] A~** fishing, angling; ***gehst du morgen zum A~ ?*** are you going fishing tomorrow?
❷ *(zu greifen versuchen)* ■**nach etw/einem Tier ~** to fish [around] for sth/an animal; **nach Komplimenten ~** to fish for compliments
II. *vt* ■**etw ~** to catch sth; **für jeden geangelten Fisch** for every fish caught; **sich** *dat* **einen Mann ~** *(fam)* to catch oneself [*or* hook] a man

An·geln [ˈaŋl̩n] *pl* HIST *(Volksstamm)* Angles

an|ge·lo·ben *vt* ❶ *(geh: versprechen)* ■**[jdm] etw ~** to swear sth [to sb]
❷ ÖSTERR *(vereidigen)* ■**jdn ~** to swear in sb *sep*

An·ge·lo·bung <-, -en> *f* ÖSTERR *(Vereidigung)* swearing in

An·gel·punkt *m* central issue, crucial point, crux [of the matter]

An·gel·ru·te *f* fishing rod

An·gel·sach·se, -säch·sin <-n, -n> [ˈaŋl̩zaksə, -zɛksɪn] *m, f* Anglo-Saxon

an·gel·säch·sisch [ˈaŋl̩zɛksɪʃ] *adj* Anglo-Saxon

An·gel·schein *m* fishing licence [*or* AM -se] [*or* permit] **An·gel·schnur** *f* fishing line **An·gel·sport** *m* angling, fishing

an·ge·mel·det *pp von* **anmelden**

an·ge·mes·sen I. *adj* ❶ *(entsprechend)* fair, reasonable; ■**etw** *dat* **~ sein** to be proportionate to [*or form* commensurate with] sth
❷ *(passend)* appropriate, suitable, adequate; ■**etw** *dat* **~ sein** to be appropriate to [*or* suitable for] sth
II. *adv* ❶ *(entsprechend)* proportionately, commensurately *form*
❷ *(passend)* appropriately, suitably

An·ge·mes·sen·heit <-> *f kein pl* ❶ *(angemessene Entsprechung)* reasonableness, fairness, commensurateness *form*
❷ *(passende Art)* appropriateness, suitability

an·ge·nä·hert I. *pp von* **annähern**
II. *adj* MATH approximate; **~er Durchschnitt** rough average; **~er Wert** approximate[d] value

an·ge·nehm I. *adj* pleasant; **eine ~e Nachricht** good news; **~es Wetter** agreeable weather; ■**jdm ~ sein** to be pleasant for sb; ***das wäre mir ~*** *(euph)* that would be helpful, I would be most grateful; ***es wäre mir ~, wenn ...*** I would prefer it if ...; ***ist es Ihnen so ~?*** is that alright with you?
▶WENDUNGEN: **das A~e mit dem Nützlichen verbinden** to mix business with pleasure; **[sehr] ~!** *(geh)* pleased to meet you!
II. *adv* pleasantly

an·ge·nom·men I. *adj* ❶ *(zugelegt)* assumed; ***unter einem ~en Namen schreiben*** to write under a pseudonym [*or* an assumed name]
❷ *(adoptiert) Kind* adopted
II. *konj* assuming; ■**~, [dass]** ... assuming [that] ...

an·ge·passt[RR], **an·ge·paßt**[ALT] I. *adj* conformist
II. *adv* conformist; **sich** *akk* **[stets] ~ verhalten** to [always] behave in a conformist manner

An·ge·passt·heit[RR], **An·ge·paßt·heit**[ALT] <-> *f kein pl* conformism

an·ge·raut[RR], **an·ge·rauht**[ALT] I. *pp von* **anrauen**
II. *adj inv* roughened

an·ge·regt I. *adj* ❶ *(lebhaft)* animated, lively
❷ NUKL, PHYS excited; **~er Zustand** excited state
II. *adv* animatedly; ***sie diskutierten ~*** they had an animated discussion

an·ge·rei·chert I. *pp von* **anreichern**
II. *adj inv* enriched; **mit Vitaminen ~** with added vitamins; **~es Gemisch** an enriched mixture

an·ge·sagt *adj inv* scheduled

an·ge·säu·selt *adj (fam: leicht betrunken)* tipsy *fam,* BRIT *a.* squiffy *fam*

an·ge·schla·gen *adj (fig fam)* weak[ened]; ***du siehst ~ aus*** you look groggy [*or* worn out]; ■**[von etw** *dat*] **~ sein** to be weakened [by sth]; **~es Aussehen** groggy appearance; **~e Gesundheit** poor [*or* weak] health

an·ge·schlos·sen *pp von* **anschließen**

an·ge·schmutzt *adj* slightly soiled, shop-soiled

an·ge·schrie·ben *adj* ■**bei jdm gut/schlecht ~ sein** *(fam)* to be in sb's good/bad books

An·ge·schul·dig·te(r) *f(m) dekl wie adj* suspect

an·ge·se·hen *adj* respected; **eine ~e Firma** a company of good standing; ■**[wegen einer S.** *gen*] **~ sein** to be respected [for sth]

An·ge·sicht <-[e]s, -er> *nt (geh)* ❶ *(Antlitz)* countenance; **jdn von ~ kennen** to know sb by sight; **im ~ einer S.** *gen* in the face of sth; **von ~ zu ~** face to face
❷ *(fig: Ruf)* reputation

an·ge·sichts *präp +gen* ■**~ einer S.** *gen* in the face of sth

an·ge·spannt I. *adj* ❶ *(angestrengt)* strained, tense; **ein ~er Mensch** a tense person; **~e Nerven** strained nerves; **mit ~er Aufmerksamkeit** with keen [*or* close] attention
❷ *(kritisch)* critical; **ein ~er Markt** a tight [*or* overstretched] market; **eine ~e politische Lage** a strained [*or* tense] situation
II. *adv* **~ wirken** to seem tense; **etw ~ verfolgen** to follow sth tensely; **~ zuhören** to listen attentively [*or* closely]

an·ge·spro·chen I. *pp von* **ansprechen**
II. *adj inv* involved; **sich** *akk* **[nicht] ~ fühlen** to [not] feel involved

an·ge·stammt *adj (geerbt)* hereditary, ancestral; *(überkommen)* traditional; *(hum: altgewohnt)* usual

an·ge·staubt *adj (fam: altmodisch)* outdated

An·ge·stell·te(r) *f(m) dekl wie adj* [salaried] employee, white-collar worker

An·ge·stell·ten·ge·werk·schaft *f* **Deutsche ~** *white-collar or salaried employees' union in Germany* **An·ge·stell·ten·ver·hält·nis** *nt* employment on a [monthly] salary; **im ~** to be on a [monthly] salary *(not employed for life with a subsequent pension)*

An·ge·stell·ten·ver·si·che·rung *f* white-collar workers' [*or* salaried employees'] insurance **An·ge·stell·ten·ver·si·che·rungs·ge·setz** *nt law governing employees' insurance*

an·ge·strengt I. *adj* ❶ *(Anstrengung zeigend) Gesicht* strained
❷ *(intensiv)* hard

II. *adv (intensiv)* hard; ~ **diskutieren** to discuss intensively

an·ge·tan *adj* ① *(erbaut)* ■**von jdm/etw irgendwie ~ sein** to be taken with sb/sth in a certain manner
② *(geh: so geartet)* ■**danach** [*o* **dazu**] **~ sein, etw zu tun** to be suitable for doing sth; *Atmosphäre, Benehmen, Wesen* to be calculated to do sth

An·ge·trau·te(r) *f(m) dekl wie adj (hum fam)* ■**jds ~** sb's better half *hum fam*

an·ge·trun·ken *adj* slightly drunk, tipsy

an·ge·wandt *adj attr* applied

an·ge·wie·sen *adj (abhängig)* dependent; ■**auf jdn/etw ~ sein** to be dependent on sb/sth; ***ich bin auf jeden Cent ~*** I need [*or* have to watch] every penny

an|ge·wöh·nen* *vt (zur Gewohnheit machen)* ■**jdm etw ~** to get sb into the habit of [doing] sth; ■**sich** *dat* **etw ~** to get into the habit of [doing] sth; ■**sich** *dat* **~, etw zu tun** to get into the habit of doing sth

An·ge·wohn·heit <-, -en> *f* habit

an·ge·wur·zelt *adj inv* ▶WENDUNGEN: **wie ~ dastehen** [*o* **stehen bleiben**] to stand rooted to the spot

an·ge·zeigt *adj (geh)* appropriate

an|gif·ten *vt (fam)* ■**jdn ~** to snap at sb

An·gi·na <-, Anginen> [aŋ'gi:na, *pl* -nən] *f* MED angina; ~ **Pectoris** angina pectoris

an|glei·chen *irreg* I. *vt (anpassen)* ■**etw an etw** *akk* **~** to bring sth into line with sth; **sein Verhalten an eine bestimmte Situation ~** to adapt one's behaviour [*or* AM -or] to a particular situation; ■**aneinander** *dat* **angeglichen werden** to become alike
II. *vr (sich anpassen)* ■**sich** *akk* [**jdm/etw**] [**in etw** *dat*] **~** to adapt oneself to [sb/sth] [in sth]; ■**sich** *akk* [**aneinander**] **~** to become like [each another] [*or* similar], to move into line

An·glei·chung *f* ① *(Anpassung)* adaptation, [social] conformity
② *(gegenseitige Anpassung)* becoming alike [*or* similar]

Ang·ler(in) <-s, -> ['aŋlɐ] *m(f)* angler

Ang·ler·fisch *m s.* **Seeteufel**

an|glie·dern *vt* ■**etw etw** *dat* **~** ① *(anschließen)* to incorporate sth into sth; **eine Firma ~** to affiliate a company [to]
② *(annektieren)* to annex sth to sth

An·glie·de·rung *f* ① *(Anschluss)* incorporation; **die ~ von Firmen** the affiliation of companies
② *(Annexion)* annexation

an·gli·ka·nisch [aŋgli'ka:nɪʃ] *adj* Anglican; **die ~e Kirche** the Church of England, the Anglican Church

An·glist(in) <-en, -en> ['aŋglɪst] *m(f)* ① *(Wissenschaftler)* Anglist, English scholar
② *(Student)* student of English [language and literature]

An·glis·tik <-> [aŋ'glɪstɪk] *f kein pl* study of English [language and literature]

An·glis·tin <-, -nen> *f fem form von* **Anglist**

An·gli·zis·mus <-, -men> [aŋgli'tsɪsmʊs] *m* LING anglicism

an·glo·ame·ri·ka·nisch [aŋglo-] *adj* Anglo-American

an|glot·zen *vt (fam: anstarren)* ■**jdn ~** to gape [*or* BRIT *a.* gawp] [*or* gawk] at sb

An·go·la <-s> [aŋ'go:la] *nt* Angola

An·go·la·ner(in) <-s, -> [aŋgo'la:nɐ] *m(f)* Angolan

an·go·la·nisch *adj* Angolan

An·go·ra·ka·nin·chen [aŋ'go:ra-] *nt* angora rabbit **An·go·ra·ka·ter** [aŋ'go:ra-] *m* angora [tom]cat **An·go·ra·kat·ze** [aŋ'go:ra-] *f* angora cat **An·go·ra·wol·le** [aŋ'go:ra-] *f* angora [wool]

an·grab·schen, an·grap·schen *vt (pej fam)* ■**jdn/etw ~** to grab sb/sth

an·greif·bar *adj (bestreitbar)* contestable, open to attack [*or* criticism]

an|grei·fen *irreg* I. *vt* ① MIL, SPORT *(attackieren, vorgehen)* ■**jdn/etw ~** to attack sb/sth; ■**angegriffen** under attack *pred*
② *(kritisieren)* ■**jdn/etw ~** to attack sb/sth
③ *(schädigen)* ■**etw ~** to damage sth; **das Nervensystem ~** to attack the nervous system; ■[**etw ist**] **angegriffen** [sth is] weakened; **eine angegriffene Gesundheit** weakened health *no pl, no indef art*
④ *(zersetzen)* ■**etw ~** to attack [*or* corrode] sth
⑤ *(beeinträchtigen)* ■**jdn/etw ~** to affect sb/sth, to put a strain on sb; ***die schlechte Nachricht hat sie doch angegriffen*** the bad news [visibly] affected her; **die Gesundheit ~** to harm [*or* impair] the [*or* one's] health; ***die lange Erkrankung hat sie spürbar angegriffen*** she was visibly weakened by the long illness; ■**angegriffen sein** to be exhausted; **nervlich angegriffen sein** to have strained nerves
⑥ DIAL *(anfassen)* ■**etw ~** to [take] hold [of] sth
⑦ *(Vorräte anbrechen)* ■**etw ~** to break into sth
II. *vi* ① MIL, SPORT *(attackieren, vorgehen)* to attack
② *(fig: aggressiv Kritik üben)* to attack
③ MED, PHARM *(wirken)* ■**irgendwo ~** to have an affect somewhere
④ DIAL *(anfassen, anpacken)* ■[**irgendwo**] **~** to [take] hold [of] [somewhere]; ***greif mal*** [***mit***] ***an!*** [can [*or* will] you] lend a hand!

An·grei·fer(in) <-s, -> *m(f)* ① MIL *(angreifende Truppen)* attacker
② *meist pl* SPORT *(Angriffsspieler)* attacking player, forward, striker

an|gren·zen *vi* ■**an etw** *akk* **~** to border on sth

an·gren·zend *adj attr* bordering; **direkt ~er Anlieger** next-door neighbour [*or* AM -or]; ***die ~en Bauplätze*** the adjoining [*or* adjacent] building sites; ■**an etw** *akk* **~** bordering [on] sth

An·griff *m* ① MIL *(Attacke)* attack; ***ein ~ feindlicher Bomber*** an attack by enemy bombers, a[n air-]raid; **zum ~ blasen** to sound the charge [*or* attack]; *(fig)* to go on the offensive [*or* attack]; **zum ~ übergehen** to go over to the attack; *(fig)* to go on the offensive [*or* attack]
② SPORT *(Vorgehen)* attack; *(die Angriffsspieler)* attack, forwards *pl*; ***im ~ spielen*** to play in attack
③ *(fig: aggressive Kritik)* attack; ■**ein ~ auf** [*o* **gegen**] **jdn/etw** an attack on sb/sth
▶WENDUNGEN: **~ ist die beste Verteidigung** *(prov)* offence [*or* AM -se] is the best [form of] defence [*or* AM -se] *prov*; **etw in ~ nehmen** to tackle [*or* set about] sth

An·griffs·flä·che *f* MIL *(Ziel für Angriffe)* target; **jdm/etw eine ~ bieten** to offer a target to sb/sth; *(fig)* to leave [oneself] open to attack by sb/sth **An·griffs·krieg** *m* MIL war of aggression **An·griffs·lust** *f kein pl* ① *(angriffslustige Einstellung)* aggressiveness ② MIL, POL, SPORT *(Aggressivität)* aggression **an·griffs·lus·tig** *adj* ① *(zu aggressiver Kritik neigend)* aggressive ② MIL, SPORT *(aggressiv)* aggressive **An·griffs·punkt** *m* target **An·griffs·spiel** *nt* SPORT attacking play **An·griffs·spie·ler(in)** *m(f)* SPORT forward, attacking player, striker

An·griffs- und Ver·tei·di·gungs·mit·tel *nt* JUR means of prosecuting or defending a case

An·griffs·waf·fe *f* MIL offensive weapon

an|grin·sen *vt* ■**jdn** [**irgendwie**] **~** to grin at sb [in a certain manner]

angst *adj* afraid; **jdm ~** [**und bange**] **werden** to become afraid

Angst <-, Ängste> [aŋst, *pl* 'ɛŋstə] *f* ① *(Furcht)* fear; ■**die ~ vor jdm/etw** the fear of sb/sth; **~ bekommen** [*o fam* **kriegen**] to become [*or fam* get] afraid [*or* frightened]; **~** [**vor jdm/etw/einem Tier**] **haben** to be afraid [of sb/sth/an animal]; ***ich habe solche ~!*** I am so afraid!; ***er hat im Dunkeln ~*** he is afraid of the dark; **~ um jdn/etw haben** to be worried about sb/sth; **jdm ~ machen** [*o fam* **einjagen**] [*o geh* **einflößen**] to frighten sb; **jdm ~** [**und bange**] **machen** to strike fear into sb's heart; **aus ~, etw zu tun** for fear of doing sth; **vor ~** by [*or* with] fear; ***vor ~ war sie wie gelähmt*** [it was as if] she was paralyzed by fear; ***vor ~ brachte er kein Wort heraus*** he was struck dumb with fear; **keine ~!** *(fam)* don't worry; **~ und Schrecken verbreiten** to spread fear and terror
② *(seelische Unruhe)* anxiety; **in tausend Ängsten** [**um jdn**] **schweben** to be terribly worried [about sb]

angst·ge·wei·tet ['aŋstgəvaitət] *adj inv (geh)* **mit ~en Augen** wide-eyed with fear

Angst·ha·se *m (fig fam)* scaredy-cat

ängs·ti·gen ['ɛŋstɪgn̩] I. *vt* ■**jdn ~** ① *(in Furcht versetzen)* to frighten sb
② *(beunruhigen, besorgen)* to worry sb
II. *vr* ① *(Furcht haben)* ■**sich** *akk* [**vor jdm/etw/einem Tier**] **~** to be afraid [of sb/sth/an animal]
② *(sich sorgen)* ■**sich** *akk* [**um jdn/wegen einer S.** *gen*] **~** to worry [about sb/because of sth]

ängst·lich ['ɛŋstlɪç] I. *adj* ① *(verängstigt)* frightened
② *(besorgt)* worried
II. *adv (fig: beflissen)* carefully

Ängst·lich·keit <-> *f kein pl* ① *(Furchtsamkeit)* fear
② *(Besorgtheit)* anxiety

Angst·neu·ro·se *f* anxiety neurosis; **an einer ~ leiden** to suffer from an anxiety neurosis **Angst·schrei** *m* cry of fear **Angst·schweiß** *m* cold sweat **Angst·traum** *m* nightmare **angst·voll** I. *adj inv* fearful II. *adv* fearfully, apprehensively **Angst·zu·stand** *m* state of panic

an|gu·cken *vt (fam)* ■**jdn/etw ~** to look at sb/sth; ■**sich** *dat* **jdn/etw ~** to [take a] look at sb/sth

an|gur·ten *vt* ■**jdn ~** to strap sb in; ■**sich** *akk* **~** to fasten one's seat belt, to buckle up; ■**angegurtet** with one's seat belt fastened

an|ha·ben[1] *vt irreg (tragen)* ■**etw/nichts ~** to be wearing sth/nothing, to have sth/nothing on

an|ha·ben[2] *vt irreg* **jdm etwas ~ können/wollen** to be able to/want to harm sb; **jdm nichts ~ können** to be unable to harm sb

an|haf·ten *vi* ■**etw** *dat* **~** to adhere to sth; ■**jdm/etw ~** *(fig) Nachteil, Risiko* to be attached to sth/sb

an|hal·ten[1] *irreg* I. *vi* ① *(stoppen)* ■[**an etw** *dat*/**bei etw** *dat*/**vor etw** *dat*] **~** to stop [at sth/near sth/in front of sth]; ***an der Ampel ~*** to stop [*or* pull up] at the [traffic] lights
② *(stehen bleiben)* ■[**an etw** *dat*] **~** to stop [at sth]
③ *(innehalten)* ■[**in etw** *dat*] **~** to pause [in sth]
II. *vt (stoppen)* ■**jdn/etw ~** to stop sb/sth, to bring sb/sth to a stop

an|hal·ten[2] *vi irreg (fortdauern)* to continue; ***das schöne Wetter soll noch eine Weile ~*** the beautiful weather is expected to last for a little while yet; ***die Unruhen halten jetzt schon seit Monaten an*** the disturbances have been going on for some months now; ***wie lange hielten diese Beschwerden bei Ihnen jetzt schon an?*** how long have you had these symptoms now?

an|hal·ten[3] *irreg* I. *vt (anleiten)* ■**jdn** [**zu etw** *dat*] **~** to teach sb [to do sth]; ■**zu etw angehalten sein** to be taught to do sth; ■**angehalten sein, etw zu tun** to be encouraged to do sth
II. *vi (werben)* ■[**bei jdm**] **um jdn ~** to ask [sb] for sb; ***er hielt bei ihren Eltern um sie an*** he asked her parents for her hand in marriage

an|hal·ten[4] *vt irreg (davorhalten)* ■**jdm/sich etw ~** to hold sth up against sb/oneself; ***die Verkäuferin hielt mir das Kleid an*** the shop assistant held the dress up against me

an·hal·tend I. *adj* continuous; **~er Lärm** incessant noise; **~er Schmerz** persistent [*or* constant] [*or* nagging] pain; ***die ~e Hitzewelle/ Kältewelle*** the continuing heatwave/cold spell; FIN **~e Kurserholung** sustained rally; **~er Rückgang** sustained drop
II. *adv* ① METEO prolonged; **~ regnerisch sein** to rain continuously
② FIN **~ hohes Zinsniveau** persistently high interest level; **~ niedrige Inflation** constantly low inflation

An·hal·ter(in) <-s, -> ['anhaltɐ] *m(f)* hitch-hiker; **per ~ fahren** to hitch-hike

An·hal·te·recht *nt* JUR right of stoppage in transitu

An·hal·te- und Durch·su·chungs·be·fug·nis *f* stop and search BRIT, frisk

an·hal·ti·nisch [anhal'ti:nɪʃ] *adj inv* from Anhalt *pred*

An·halts·punkt *m* clue

an·hand [an'hant] *präp +gen* on the basis of; ■ ~ **einer S.** *gen* on the basis of sth; **sich ~ eines Kompasses zurechtfinden** to find one's way with the aid of a compass

An·hang <-[e]s, -hänge> *m* ① *(Nachtrag)* appendix
② *kein pl (Angehörige)* [close] family, dependants BRIT, dependents, wife [and children]
③ *kein pl (Gefolgschaft)* followers, supporters, fans

An·hän·ge·last *f* AUTO owing capacity

an|hän·gen I. *vt* ① *a.* BAHN *(ankuppeln)* ■ **etw** [**an etw** *akk*] ~ to couple sth [*or* hitch sth up] [to sth]
② *(daran hängen)* ■ **etw** [**an etw** *akk*] ~ to hang [-up] sth [on sth]
③ *(hinzufügen)* ■ **etw** ~ to add sth; ■ **angehängt** final
④ *(fig fam: übertragen)* ■ **jdm etw** ~ to pass sth on to sb
⑤ *(fig fam: aufschwatzen)* ■ **jdm etw** ~ to palm [*or* foist] sth off on sb
⑥ *(fig fam: anlasten)* ■ **jdm etw** ~ to blame [*or* pin] sth on sb
⑦ *(fig fam: geben)* ■ **jdm etw** ~ to give sb sth; ***jdm einen schlechten Ruf ~*** to give sb a bad name
II. *vr* ① AUTO *(hinterherfahren)* ■ **sich** *akk* [**an jdn/etw**] ~ to follow [*or* drive behind] sb/sth
② *(fig: zustimmen)* ■ **sich** *akk* [**an jdn/etw**] ~ to agree with sb/sth
III. *vi irreg (fig)* ① *(anhaften)* ■ **jdm hängt etw an** sth sticks to sb
② *(sich zugehörig fühlen)* ■ **etw** *dat* ~ to belong to sth; **der** [*o* **einer**] **Mode** ~ to follow [the] fashion[s]; **einer Vorstellung/Idee** ~ to adhere to a belief/idea

An·hän·ger <-s, -> *m* ① AUTO *(angehängter Wagen)* trailer
② *(angehängtes Schmuckstück)* pendant
③ *(Gepäckanhänger)* label, tag

An·hän·ger(in) <-s, -> *m(f) (fig)* ① SPORT *(Fan)* fan, supporter
② *(Gefolgsmann)* follower, supporter

An·hän·ger·kupp·lung *f* AUTO coupling device, trailer coupling

An·hän·ger·schaft <-> *f kein pl* ① *(Gefolgsleute)* followers *pl*, supporters *pl*
② SPORT *(Fans)* fans *pl*, supporters *pl*

an·hän·gig *adj* JUR pending

An·hän·gig·keit <-> *f* JUR pendency; ~ **der Anmeldung/eines Strafverfahrens** pendency of registration/of prosecution

An·hän·gig·sein <-s> *nt kein pl* JUR pendency

an·häng·lich ['anhɛŋlɪç] *adj (sehr an jdm hängend)* devoted; *(sehr zutraulich)* friendly

An·häng·lich·keit <-> *f kein pl* ① *(anhängliche Art)* devotion
② *(Zutraulichkeit)* trusting nature

An·häng·sel <-s, -> ['anhɛŋzl̩] *nt* ① *(lästiger Mensch)* hanger-on, gooseberry *fam*
② *(Anhang)* **ein ~ an etw** *akk* **sein** to be an appendix to sth

an|hau·chen *vt* ■ **jdn** [**mit etw** *dat*] ~ to breathe on sb [with sth]

an|hau·en *vt irreg (sl)* ① *(ansprechen)* ■ **jdn** ~ to accost sb
② *(erbitten)* ■ **jdn um etw** *akk* ~ to tap [*or fam* touch] sb for sth

an|häu·fen I. *vt* ■ **etw** ~ ① *(aufhäufen)* to pile sth up
② *(fig: ansammeln)* to accumulate [*or* amass] sth
II. *vr* ① *(sich zu einem Haufen ansammeln)* ■ **sich** *akk* ~ to pile up
② *(sich ansammeln)* ■ **sich** *akk* ~ to accumulate

An·häu·fung <-, -en> *f* ① *(das Aufhäufen)* piling up, amassing
② *(fig: das Ansammeln)* accumulation

an|he·ben *irreg* I. *vt* ① *(hochheben)* to lift sth [up]; **den Hut** ~ to take off [*or liter* doff] one's hat
② *(erhöhen)* ■ **etw** ~ to increase [*or* raise] sth; **die Gebühren/Löhne/Preise** ~ to increase [*or* raise] charges/wages/prices
II. *vi (hochheben)* ■ [**mit**] ~ to [help] lift sth [up]

An·he·bung <-, -en> *f (Erhöhung)* increase, raising; **die ~ der Gebühren/Löhne/Preise** the increase [*or* rise] in charges/wages/prices

an|hef·ten *vt* ① *(daran heften)* ■ **etw an etw** *akk* ~ to attach sth to sth
② *(anstecken)* ■ **jdm etw** ~ to pin sth on sb, to decorate sb with sth

an·hei·melnd ['anhaimlnd] *adj (geh)* cosy BRIT, cozy AM, homey; ~ **e Klänge** familiar sounds

an·heim|fal·len *vi irreg sein (geh)* ■ **jdm/etw** ~ to fall victim [*or* prey] to sb/sth **an·heim|stel·len** *vt (geh)* ■ **es jdm ~, etw zu tun** to leave [it] up to sb [to decide] what to do

an·hei·schig ['anhaiʃɪç] *adv* **sich** *akk* ~ **machen, etw zu tun** *(veraltend geh)* to take it upon oneself [*or* undertake] to do sth

an|hei·zen *vt* ■ **etw** ~ ① *(zum Brennen bringen)* to light sth, to set sth alight
② *(fig fam: im Schwung bringen)* to get sth going, to hot sth up
③ *(fam: verschlimmern)* to aggravate [*or* fan the flames of] sth

an·herr·schen *vt (zurechtweisen)* ■ **jdn** ~ to bark at sb; **jdn barsch/wütend** ~ to snap at sb

an|heu·ern I. *vt* NAUT ■ **jdn** [**als etw**] ~ to sign sb on [*or* up] [as sth]
II. *vi* NAUT ■ [**bei jdm/auf etw** *dat*] ~ to sign on [with sb/on sth]

An·hieb *m* **auf** [**den ersten**] ~ *(fam)* straight away [*or fam* off], at the first go; ***das kann ich nicht auf ~ sagen*** I couldn't say off the top of my head

an|him·meln *vt (fam)* ■ **jdn** ~ to idolize sb; *(schwärmerisch ansehen)* to gaze adoringly at sb

an·hin ['anhɪn] *adv* SCHWEIZ *(am nächsten)* next; **am Montag** ~ next Monday

An·hö·he <-, -n> *f* high ground

an|hö·ren I. *vt* ① *(zuhören)* ■ [**sich** *dat*] **etw** ~ to listen to sth
② *(mithören)* ■ **etw** [**mit**] ~ to listen [in] to sth; **ein Geheimnis** [**zufällig**] [**mit**] ~ to [accidentally] overhear a secret
③ *(Gehör schenken)* ■ **jdn** ~ to listen to sb, to hear sb [out]; ■ [**sich** *dat*] **etw** ~ to listen to sth
④ *(anmerken)* ■ **jdm etw** ~ to hear sth in sb['s voice]; ***dass er Däne ist, hört man ihm aber nicht an!*** you can't tell from his accent that he's Danish!
II. *vr* ① *(stimmlich klingen)* ■ **sich** *akk* **irgendwie** ~ to sound [a certain way]; ***na, wie hört sich die Gruppe an?*** well, how does the group sound?
② *(im Klang von bestimmter Art sein)* ■ **sich** *akk* **irgendwie** ~ to sound [a certain way]; ***eine CD hört sich besser an als eine Platte*** a CD sounds better than a record
③ *(klingen)* ■ **sich** *akk* **irgendwie** ~ to sound [a certain way]; ***Ihr Angebot hört sich gut an*** your offer sounds good

An·hö·rung <-, -en> *f* JUR hearing

An·hö·rungs·an·spruch *m* JUR right of audience **An·hö·rungs·frist** *f* JUR consultation period **An·hö·rungs·pflicht** *f* JUR duty to hear the parties **An·hö·rungs·recht** *nt* JUR right to be heard **An·hö·rungs·ter·min** *m* JUR hearing date **An·hö·rungs·ver·fah·ren** *nt* JUR hearing

an|hu·pen *vt (fam: in jds Richtung hupen)* ■ **jdn/etw** ~ to sound one's horn [*or* BRIT *a.* hoot] at sb/sth; ■ **sich** *akk* ~ to sound the horn [*or* BRIT *a.* hoot] at one another

an|hus·ten *vt* ■ **jdn** ~ to cough at [*or* on] sb

Ani·lin <-s> [ani'li:n] *nt kein pl* CHEM aniline

Ani·lin·far·be *f* CHEM aniline colour [*or* AM -or]

ani·ma·lisch [ani'ma:lɪʃ] *adj* animal; ~ **e Anziehungskraft** animal magnetism

Ani·ma·teur(in) <-s, -e> [anima'tø:ɐ̯] *m(f) (Unterhalter)* host *masc* [*or fem* hostess]

Ani·ma·ti·on <-, -en> [anima'tsi̯o:n] *f* ① *(Unterhaltung)* entertainment
② FILM animation

Ani·mier·da·me *f* [nightclub [*or* bar]] hostess

ani·mie·ren* [ani'mi:rən] I. *vt* ■ **jdn** [**zu etw** *dat*] ~ to encourage [*or* prompt] sb [to do sth]
II. *vi* ■ [**zu etw** *dat*] ~ to encourage [to do sth]; ***diese Musik animiert mich zum Mittanzen!*** this music is making me want to join in [the dancing]!; ■ **dazu ~, etw zu tun** to be encouraged to do sth

ani·mie·rend I. *adj* stimulating; ***die Liveshow wurde immer ~ er*** the live floorshow became increasingly provocative [*or* suggestive]
II. *adv* stimulatingly; ***schönes Wetter wirkt auf mich ~*** fine weather has a stimulative [*or* an invigorating] effect on me

Ani·mier·lo·kal *nt* hostess bar [*or* nightclub] **Ani·mier·mäd·chen** *nt s.* **Animierdame**

Ani·mis·mus <-> [ani'mɪsmʊs] *m kein pl* REL animism

Ani·mo·si·tät <-, -en> [animozi'tɛ:t] *f (geh: feindliche Einstellung)* animosity; *(feindliche Äußerung)* hostile remark, recrimination

An·ion <-s, -en> ['ani̯o:n] *nt* CHEM *(negativ geladenes Ion)* anion

an·ion·ak·tiv *adj* CHEM anionic active

An·io·nen·aus·tau·scher *m* CHEM anion[ic] exchanger

Anis <-[es], -e> [a'ni:s, 'a(:)nɪs] *m* ① BOT *(Pflanze)* anise
② KOCHK *(Gewürz)* aniseed
③ *(fam) s.* **Anisschnaps** aniseed brandy

Anis·li·kör *m* aniseed liqueur, anisette

an·iso·trop ['an?izotro:p] *adj* PHYS *Kristalle* anisotropic

Anis·schnaps *m* aniseed liqueur [*or* schnaps]

Ank. *Abk von* **Ankunft** arr.

an|kämp·fen *vi* ■ **gegen etw** *akk* ~ to fight [against] sth; **gegen die Elemente** ~ to battle against [*or* with] the elements; ***sie kämpfte gegen ihre Tränen an*** she fought back her tears; ■ **gegen jdn** ~ to fight [against] [*or* [do] battle with] sb

An·kauf <-[e]s, -käufe> *m* buy, purchase *form;* **An- und Verkauf von...** we buy and sell...

an|kau·fen I. *vt* ■ **etw** ~ to buy [*or form* purchase] sth
II. *vi* to buy, to purchase
III. *vr (eine Immobilie erwerben)* ■ **sich** *akk* [**irgendwo**] ~ to buy property [somewhere]

An·kaufs·kurs *m* BÖRSE *einer Aktie* buying rate **An·kaufs·recht** *nt* JUR, HANDEL right to acquire

an·keh·rig *adj* SCHWEIZ *(geschickt)* skilful BRIT, skillful AM

An·ker <-s, -> ['aŋkɐ] *m* ① NAUT anchor; [**irgendwo**] **vor ~ gehen** NAUT to drop [*or* cast] anchor [somewhere]; *(fig fam a.)* to stop [over] somewhere; **den ~ hieven** [*o* **lichten**] to weigh [*or* raise] anchor; [**irgendwo**] **vor ~ liegen** to lie [*or* ride] at anchor; ~ **werfen** *(a. fig)* to drop [*or* cast] anchor
② *(fig geh: Halt)* mainstay, support
③ TECH, BAU *(Befestigungsteil)* anchor[-iron]; *(Teil eines Aggregates)* armature; *(Teil des Uhrwerks)* anchor

An·ker·bol·zen *m* BAU anchor bolt **An·ker·ket·te** *f* anchor cable **An·ker·mau·er** *f* BAU abutment

an·kern ['aŋkɐn] *vi* ① *(Anker werfen)* to drop [*or* cast] anchor; ■ **ein Schiff ankert** a ship is dropping [*or* casting] anchor
② *(vor Anker liegen)* to lie [*or* ride] at anchor; ■ **ein Schiff ankert** a ship is lying [*or* riding] at anchor

An·ker·plat·te *f* BAU anchor plate **An·ker·platz** *m* anchorage **An·ker·wäh·rung** *f* FIN anchor currency **An·ker·win·de** *f* NAUT windlass, capstan

an|ket·ten *vt* ① *(an einer Kette befestigen)* ■ **jdn/ein Tier/etw** ~ to chain sb/an animal/sth up; ■ [**an etw** *akk o dat*] **angekettet sein** to be chained [up] [to sth]
② *(fig: unentrinnbar verbunden)* ■ [**an jdn**] **angekettet sein** to be tied [to sb]

an|kläf·fen *vt* ■ **jdn** ~ to yap at sb; *(fig: jdn heftig anfahren)* to bark at sb

An·kla·ge <-, -n> *f* ① *kein pl* JUR *(gerichtliche Beschuldigung)* charge; ***wie lautet die ~?*** what's the charge?; **gegen jdn ~** [**wegen einer S.** *gen*] **erheben** to charge sb [with sth]; [**wegen einer S.** *gen*] **unter ~ stehen** to be charged [with sth]; **jdn** [**wegen einer S.** *gen*] **unter ~ stellen** to charge sb [with sth]

❷ JUR *(Anklagevertretung)* prosecution
❸ *(Beschuldigung)* accusation
❹ *(fig: Anprangerung)* ■ **eine ~ gegen etw** *akk* a denunciation of sth

An·kla·ge·bank *f* JUR dock; **jdn [wegen einer S.** *gen*] **auf die ~ bringen** to put sb in the dock [*or* take sb to court] [for sth]; **[wegen einer S.** *gen*] **auf der ~ sitzen** to be in the dock [for sth] **An·kla·ge·be·hör·de** *f* JUR the public prosecutor, prosecuting authority **An·kla·ge·er·he·bung** *f* JUR preferral of charges **An·kla·ge·er·zwin·gung** *f* JUR compelling the public prosecutor to prefer charges

an|kla·gen I. *vt* ❶ JUR *(gerichtlich beschuldigen)* ■ **jdn [einer S.** *gen* [*o* **wegen einer S.** *gen*]] **~** to charge sb [with sth], to accuse sb [of sth]
❷ *(beschuldigen)* ■ **jdn einer S.** *gen* **~** to accuse sb of sth; ■ **jdn ~, etw getan zu haben** to accuse sb of doing [*or* having done] sth
❸ *(fig: anprangern)* ■ **jdn/etw ~** to denounce sb/sth
II. *vi* *(eine Anprangerung zum Ausdruck bringen)* to denounce

an·kla·gend I. *adj* ❶ *(anprangernd)* denunciatory
❷ *(eine Beschuldigung beinhaltend)* accusatory
II. *adv* *(als Anklage)* accusingly

An·kla·ge·prin·zip *nt* JUR principle of ex officio prosecution **An·kla·ge·punkt** *m* JUR [count of a] charge

An·klä·ger(in) <-s, -> *m(f)* JUR prosecutor; **öffentlicher ~** public prosecutor

An·kla·ge·schrift *f* JUR bill of indictment, charge sheet **An·kla·ge·ver·fah·ren** *nt* JUR accusatorial procedure **An·kla·ge·ver·fü·gung** *f* JUR indictment **An·kla·ge·ver·tre·ter(in)** *m(f)* JUR prosecutor, prosecuting attorney **An·kla·ge·ver·tre·tung** *f* JUR prosecution

an|klam·mern I. *vt* ❶ *(anheften: mit einer Büroklammer befestigen)* ■ **etw [an etw** *akk o dat*] **~** to clip sth [[on]to sth]; *(mit einer Heftmaschine befestigen)* to staple sth [[on]to sth]
❷ *(mit einer Wäscheklammer befestigen)* ■ **etw ~** to peg sth
II. *vr* ❶ *(krampfhaft festhalten)* ■ **sich** *akk* **an etw** *akk* **~** to cling [*or* hang] on to sth
❷ *(fig: sich festklammern)* ■ **sich** *akk* **an jdn/etw ~** to cling [on]to sb/sth

An·klang <-[e]s, -klänge> *m* ❶ *kein pl (Zustimmung)* approval; **[bei jdm] [bestimmten] ~ finden** to meet with the approval [of sb] [*or* [a certain amount of] approval [from sb]]
❷ *(Ähnlichkeit)* ■ **~/Anklänge an jdn/etw** similarity/similarities to sb/sth; ***in dem Film gibt es gewisse Anklänge an E.A. Poe*** there are certain similarities to [*or* echoes of] E.A. Poe in the film

an|kle·ben I. *vt haben* ■ **etw an etw** *akk* **~** to stick sth on sth
II. *vi sein* to stick; ■ **an etw** *akk o dat* **angeklebt sein** to be stuck [on]to sth

An·klei·de·ka·bi·ne *f* changing cubicle

an|klei·den *vt (geh)* ■ **jdn ~** to dress [*or* clothe] sb; ■ **sich** *akk* **~** to dress [*or* clothe] oneself

An·klei·de·raum *m* changing room

an|kli·cken *vt* INFORM ■ **etw ~** to click on sth

an|klin·geln *vt, vi* SÜDD, SCHWEIZ *(fam: anrufen)* ■ **[bei jdm] ~** [*o* **jdn ~**] to give sb a ring [*or* call] [*or* BRIT *fam a.* bell]

an|klin·gen *vi irreg sein* ❶ *(erinnern)* ■ **an etw** *akk* **~** to be reminiscent of sth
❷ *(spürbar werden)* ■ **in etw** *dat* **~** to be discernible in sth; ***in ihren Worten klang ein deutlicher Optimismus an*** there was a clear note of optimism in her words; ■ **etw [in etw** *dat*] **~ lassen** to make sth evident [*or* apparent] [in sth]

An·klop·fen <-s> *nt kein pl* TELEK call waiting

an|klop·fen *vi* ❶ *(an die Tür klopfen)* ■ **[an etw** *akk o dat*] **~** to knock [on sth]; **an die [*o* der] Tür ~** to knock on [*or* at] the door
❷ *(fig fam: vorfühlen)* ■ **bei jdm [wegen einer S.** *gen*] **~** to sound sb out [about sth]

an|knab·bern *vt (fam: annagen)* ■ **etw ~** to gnaw [away] at sth; ***das Kind knabberte das Brot nur an*** the child only nibbled [at] the bread

an|knack·sen *vt (fam)* ❶ *(verletzen)* ■ **[sich** *dat*] **etw ~** to crack [a bone in] sth
❷ *(beeinträchtigen)* ■ **etw ~** to injure sth; **jds Stolz ~** to injure [*or* hurt] sb's pride; **jds Selbstbewusstsein/Zuversicht ~** to undermine [*or* shake] sb's [self-]confidence; ■ **angeknackst sein** to be in a bad way; ***bei deiner angeknacksten Gesundheit solltest du aufpassen*** with your poor health you should take it easy

an|knip·sen *vt (fam)* ■ **etw ~** to switch [*or fam* flick] sth on; ***lass das Licht [nicht] angeknipst*** [don't] leave the light on

an|knöp·fen *vt* ■ **etw [an etw** *akk o dat*] **~** to button sth on[to sth]

an|kno·ten *vt* ■ **etw [an etw** *akk o dat*] **~** to tie sth [to sth]

an|knüp·fen I. *vt* ❶ *(befestigen)* ■ **etw [an etw** *akk o dat*] **~** to tie [*or* fasten] sth [to sth]
❷ *(fig: aufnehmen)* ■ **etw ~** to establish sth; **eine Freundschaft ~** to strike up a friendship
II. *vi (fig)* ■ **an etw** *akk* **~** to resume sth; **an ein altes Argument ~** to take up an old argument

An·knüp·fung <-, -en> *f* JUR connection, linkage; **akzessorische/selbständige ~** accessorial/independent connection

An·knüp·fungs·ge·gen·stand *m* JUR object of connection **An·knüp·fungs·grund** *m* JUR, FIN ground for connection **An·knüp·fungs·merk·mal** *nt* JUR connecting feature **An·knüp·fungs·mo·ment** *nt* JUR link, common interest **An·knüp·fungs·punkt** *m* starting-point **An·knüp·fungs·tat·sa·che** *f* JUR connecting fact **An·knüp·fungs·wer·bung** *f* JUR follow-up [*or* tie-in] advertising

an|knur·ren *vt* ■ **jdn ~** *(a. fig)* to growl at sb

an|ko·chen *vt* ■ **etw ~** to parboil [*or* precook] sth

an|kom·men *irreg* I. *vi sein* ❶ TRANSP *(ein Ziel erreichen)* to arrive; ***seid ihr auch gut angekommen?*** did you arrive safely?
❷ *(angeliefert werden)* ■ **[bei jdm] ~** to be delivered [to sb]
❸ *(angelangen)* ■ **bei etw** *dat* **~** to reach sth
❹ *(fam: sich nähern)* to approach; ***schau mal, wer da ankommt!*** [just] look who's coming!
❺ *(fam: Anklang finden)* ■ **[bei jdm] ~** *Sache* to go down well [with sb]; *Person* to make an impression [on sb]; ***der neue Chef kommt gut an*** the new boss is well liked [*or* is a real [*or* big] hit]
❻ *(sich durchsetzen)* ■ **gegen jdn/etw ~** to get the better of sb/sth; ***gegen diesen Flegel von Sohn kommt sie nicht mehr an*** she can't cope with her brat of a son any more
❼ *(überwinden)* ■ **gegen etw** *akk* **~** to break [*or fam* kick] a habit; **gegen eine Arbeitsüberlastung ~** to cope with an excess of work; **gegen Vorurteile ~** to break down prejudices
❽ *(fam: darauf ansprechen)* ■ **[jdm] [mit etw** *dat*] **~** to speak [to sb] [about sth]; ***nachher kommst du mir wieder damit an*** afterwards you'll come back to me about it [and say...]; ***mit so einem alten Auto brauchen Sie bei uns nicht anzukommen!*** don't bother [coming to] us with such an old banger!; ***kommen Sie mir bloß nicht schon wieder damit an!*** [just] don't start harping on about that again!
❾ *(eine Stellung/einen Studienplatz finden)* ■ **[bei jdm] [mit etw** *dat*] **~** to be taken on [*or* accepted] [by sb] [with sth]; ***bist du mit deiner Bewerbung bei Siemens angekommen?*** were you successful with your job application to [*or* at] Siemens?
❿ *(geboren werden)* ■ **[bei jdm] ~** to be born [to sb]; ***das Baby kommt in zwei Monaten an*** the baby is due in two months; ***bei meiner Frau ist gerade ein Junge angekommen!*** my wife has just given birth to a [baby] boy!
II. *vi impers sein* ❶ *(wichtig sein)* ■ **auf etw** *akk* **~** sth matters [*or* is important]; ■ **es kommt darauf an, dass** what matters is that; ***bei diesem Job kommt es sehr darauf an, dass man kreativ arbeiten kann*** what matters in this job is that one is able to work creatively
❷ *(von etw abhängen)* ■ **auf jdn/etw ~** to be dependent on sb/sth; ***du glaubst, ich schaffe es nicht? na, das käme auf einen Versuch an!*** you don't think I can manage it? well, I'll give it a [damn good] try! [*or fam* do my damnedest!]; ***das kommt darauf an*** it [*or* that] depends; ■ **darauf ~, dass/ob** it depends on/on whether; ***alles kommt darauf an, ob wir rechtzeitig fertig werden*** it all depends on whether we're ready in time; ***es kommt darauf an, dass ich gesund bleibe*** it depends on me staying healthy
❸ *(riskieren)* **es auf etw** *akk* **~ lassen** to risk [*or* chance] sth; **es darauf ~ lassen** *(fam)* to risk [*or* chance] it; ***lass es lieber nicht darauf ~!*** don't leave it to chance!; ***lassen wir es also darauf ~!*** let's risk [*or* chance] it!
III. *vt sein (geh: sich für jdn darstellen)* **jdn leicht/schwer [*o* hart] ~** to be easy/hard for sb; ***die Arbeitslosigkeit meines Mannes kommt mich schon schwer an*** I'm finding my husband's unemployment hard; **es kommt jdn leicht/schwer [*o* hart] an, etw zu tun** to be easy/hard for sb to do sth

An·kömm·ling <-s, -e> *m (Neugeborenes)* new arrival; *(kürzlich Angekommener)* newcomer

an|kop·peln *vt* BAHN ■ **etw [an etw** *akk*] to couple sth [to sth]; RAUM to dock sth [with sth]

an|kot·zen *vt* ❶ *(derb: anwidern)* ■ **jdn ~** to make sb [feel] sick; ***dieser schleimige Kerl kotzt mich an!*** this slimy bloke makes me [feel] sick! [*or fam!* want to puke]
❷ *(derb: bespucken)* ■ **jdn/etw ~** to throw up [*or fam!* puke] [all] over sb/sth

an|krei·den *vt* ❶ *(anlasten)* ■ **jdm etw [irgendwie] ~** to hold sth against sb [in a certain manner]; ***das kreidet sie dir heute noch [übel] an!*** she still [really] holds that against you [even] today!
❷ *(veraltet: Schulden anschreiben)* to chalk up sth

an|kreu·zen *vt* ■ **etw ~** to mark sth with a cross

an|kün·di·gen I. *vt* ❶ *(ansagen)* ■ **[jdm] jdn ~** to announce sb [to sb]; ***darf ich Ihnen jetzt den nächsten Gast unserer Show ~*** [please] let me introduce the next guest in our show, and the next act in our show is
❷ *(avisieren)* ■ **jdn [als jdn] ~** to announce sb [as sb]; ***er wurde uns als Professor Poloni angekündigt*** he was announced [*or* introduced] to us as Professor Poloni
❸ *(voraussagen)* ■ **etw ~** to predict sth; ***uns wurden gerichtliche Schritte angekündigt*** we were given notice of legal proceedings; ***die Wettervorhersage kündigt Regen an*** the weather forecast is predicting [*or* has announced] rain
❹ *(anzeigen, kundgeben)* ■ **etw [für etw** *akk*] **~** to advertise sth [for sth]; ***der Magier kündigte die nächste Nummer an*** the magician announced the next number; ***wir konnten leider nicht vorher ~, dass...*** unfortunately we were unable to give prior notice that...
❺ *(Besuch anmelden)* ■ **sich** *akk* **[bei jdm] [als jd] ~** to announce oneself [to sb] [as sb]; ***sie besucht uns nie, ohne sich vorher angekündigt zu haben*** she never visits us without letting us know beforehand
II. *vr (sich andeuten)* ■ **sich** *akk* **[durch etw** *akk*] **~** to announce itself [with sth]; ***es wird kälter, der Herbst kündigt sich an*** it is getting colder, autumn [*or* AM *a.* fall] is in the air; ***Erkältung kündigt sich oft durch Halsschmerzen an*** a cold is usually preceded by a sore throat

An·kün·di·gung <-, -en> *f* ❶ *(Ansage)* announcement
❷ *(Avisierung)* advance notice
❸ *(das Voraussagen)* announcement; ***die ~ einer Sturmflut*** a storm tide warning
❹ *(Anzeige, Kundgebung)* announcement
❺ *(Vorzeichen)* advance warning

An·kunft <-, -künfte> ['ankʊnft, *pl* -kʏnftə] *f* ❶ *(das Ankommen)* ■ **jds ~ [an etw** *dat*/**in etw** *dat*] sb's arrival [at sth/in sth]
❷ TRANSP *(Eintreffen)* arrival

3 REL *(Wiederkunft)* the Second Coming

An·kunfts·bahn·steig *m* arrival platform **An·kunfts·flug·ha·fen** *m* arrival airport **An·kunfts·ha·fen** *m* port of arrival **An·kunfts·hal·le** *f* arrivals [lounge [*or* hall]] **An·kunfts·ta·fel** *f* arrivals [indicator] board **An·kunfts·tag** *m* day of arrival

An·kunfts- und Ab·fahrts·zei·ten *pl* arrivals and departures *pl*

An·kunfts·ver·kehr *m* incoming traffic **An·kunfts·zeit** *f* time of arrival, arrival time; **geschätzte ~** estimated time of arrival

an|kup·peln *vt* ■**etw [an etw** *akk*] ~ to hitch up sth *sep* [to sth], to couple up sth *sep* [to sth]; ***sie schauten, ob der Wohnwagen sicher an das Auto angekuppelt war*** they made sure the caravan was securely hitched up to the car

an|kur·beln *vt* ■**etw ~** 1 ÖKON *(in Gang bringen)* to boost [*or* stimulate] sth

2 AUTO *(anlassen)* to start sth [up], to crank sth up

An·kur·be·lung <-, -en> *f* ÖKON boost, stimulation

An·kur·be·lungs·kre·dit *m* pump-priming credit **An·kur·be·lungs·po·li·tik** *f* reflation policy

an|lä·cheln *vt* ■**jdn ~** to smile at sb

an|la·chen I. *vt* 1 *(in jds Richtung lachen)* ■**jdn ~** to laugh at sb; ■**sich** *akk* **~** to laugh at one another

2 *(fig)* ■**jdn lacht etw an** sth is enticing sb; ***das lacht mich nicht besonders an*** that doesn't appeal to me all that much; ***diese Schokotorte lacht mich so unwiderstehlich an*** this chocolate cake looks too good to resist [*or* is just asking to be eaten]

II. *vr (fam: mit jdm anbändeln)* ■**sich** *dat* **jdn ~** to pick sb up *fam*

An·la·ge <-, -n> *f* 1 *(Produktionsgebäude)* plant

2 BAU *(das Errichten)* building, construction

3 HORT *(Park, Grünfläche)* park, green area; *(das Anlegen)* lay out

4 SPORT facilities *pl*, [sport's] complex; MIL *(Einrichtung)* installation

5 TECH, TELEK, MUS *(Stereo)* stereo equipment, sound [*or* music] system; *(Telefon)* telephone system [*or* network]

6 TECH *(technische Vorrichtung)* plant *no pl*; **sanitäre ~n** *(geh)* sanitary facilities

7 FIN *(Kapital)* investment

8 ÖKON *(Beilage zu einem Schreiben)* enclosure; **als [*o* in der] ~** enclosed

9 *meist pl (Veranlagung)* disposition, natural abilities *pl*; ***dieser Knabe hat gute ~n, aus dem kann mal was werden!*** this guy is a natural, he could be big one day!; **die ~ zu etw** *dat* **haben** to have the disposition [*or* temperament] for sth

10 *kein pl* LIT, THEAT *(Grundidee)* conception

An·la·ge·ab·schrei·bung *f* FIN capital depreciation [*or* allowance] **An·la·ge·be·ra·ter(in)** *m(f)* FIN investment advisor **An·la·ge·be·ra·tung** *f* FIN *(Ratschlag)* investment advice **An·la·ge·be·trag** *m* FIN amount invested **An·la·ge·dau·er** *f* FIN investment duration **An·la·ge·emp·feh·lung** *f* FIN investment recommendation **An·la·ge·fonds** *m* FIN investment trust **An·la·ge·form** *f* FIN investment vehicle **An·la·ge·ge·schäft** *nt* ÖKON investment banking **An·la·ge·ge·sell·schaft** *f* ÖKON *(Investmentgesellschaft)* investment trust **An·la·ge·ge·winn** *m* FIN investment profit **An·la·ge·grund·sät·ze** *pl* FIN investment standards **An·la·ge·gü·ter** *pl* FIN capital goods **An·la·ge·in·ves·ti·ti·o·nen** *pl* FIN capital investment *no pl* **An·la·ge·ka·pi·tal** *nt* FIN capital [assets *pl*] **An·la·ge·markt** *m* FIN investment market

An·la·gen·bau *m kein pl* plant construction **An·la·gen·fi·nan·zie·rung** *f* FIN asset financing

An·la·ge·pa·pier *nt* long-term investment bond

an|la·gern *vr* CHEM ■**sich** *akk* **an etw** *akk* **~** to settle down to sth

An·la·ge·rung *f* CHEM addition; **~ von Elektronen** electron caption, attachment of electrons

An·la·ge·rungs·re·ak·ti·on *f* CHEM addition reaction

An·la·ge·rungs·ver·bin·dung *f* CHEM addition compound

An·la·ge·schwund *m kein pl* FIN reduced investments *pl* **An·la·ge·streu·ung** *f* FIN investment diversification **an·la·ge·su·chend** *adj* investing *attr*; **~es Kapital** capital-seeking investment **An·la·ge·ver·mö·gen** *nt* FIN fixed assets *pl*; **bewegliches/unbewegliches ~** movables [*or* non-fixed assets]/immovables **An·la·ge·vo·lu·men** *nt* FIN assets *pl*, investment volume **An·la·ge·vor·schrif·ten** *pl* FIN investment rules [*or* regulations] **An·la·ge·wert** *m* FIN asset [*or* investment] value **An·la·ge·zeit·raum** *m* FIN investment horizon [*or* period] **An·la·ge·ziel** *nt* FIN investment goal [*or* objective] **An·la·ge·zwe·cke** *pl* FIN investment purposes; **zu ~n** for investment purposes

an|lan·den I. *vt haben* ■**etw [irgendwo] ~** to land sth [somewhere]

II. *vi sein* ■**irgendwo ~** to land somewhere

An·lan·dung <-, -en> *f* landing

an|lan·gen[1] **I.** *vt haben (betreffen)* ■**jdn ~** to concern sb; **was jdn/etw anlangt, ...** as far as sb/sth is concerned, ...

II. *vi sein (geh: ankommen)* ■**[irgendwo] ~** to arrive [*or* reach] [somewhere]

an|lan·gen[2] **I.** *vi* SÜDD *(fam)* 1 *(anfassen)* ■**irgendwo ~** to touch somewhere

2 *(mithelfen)* ■**[mit] ~** to help [*or* lend a hand] [with]

II. *vt* SÜDD *(anfassen)* ■**etw ~** to touch sth

An·lass[RR] <-es, -lässe>, **An·laß**[ALT] <-sses, -lässe> ['anlas, *pl* 'anlɛsə] *m* 1 *(unmittelbarer Grund)* reason; ■**der/ein/kein ~ zu etw** *dat* the/a/no reason for sth; ***ihr Geburtstag war der geeignete ~, mal wieder zu feiern*** her birthday was the perfect excuse for another party; ■**ein/kein ~, etw zu tun** a/no reason to do sth; **es besteht ~ zu etw** *dat* there are grounds [*or* is cause] for sth; **es besteht kein ~ zu etw** *dat*/**, etw zu tun** there are no grounds for sth/to do sth; **[jdm] ~ zu etw** *dat* **geben** to give [sb] grounds for sth; **jdm ~ geben, etw zu tun** to give sb grounds to do sth; **einen/keinen ~ haben, etw zu tun** to have grounds/no grounds to do sth; **ein ~ [für jdn] sein, etw zu tun** to be a [good] excuse [for sb] to do sth; **etw zum ~ nehmen, etw zu tun** to use sth as an opportunity to do sth; **aus bestimmtem ~** for a certain type of reason; **und aus diesem ~** and for this reason; ***aus besonderem ~ fällt der Spielfilm aus*** due to unforeseen circumstances we will not be able to show the film; **aus keinem besonderen ~** for no particular reason; **aus gegebenem ~** with good reason; **zum ~ von etw** *dat* **werden** to be the cause of sth

2 *(Gelegenheit)* occasion; **dem ~ entsprechend** to fit the occasion; ***sie war immer dem ~ entsprechend angezogen*** she was always dressed for the occasion; **beim geringsten ~** at the slightest opportunity; **bei jedem ~** at every opportunity; **aus ~ einer S.** *gen* on the occasion of sth

an|las·sen *irreg* **I.** *vt* ■**etw ~** 1 AUTO *(starten)* to start sth [up]

2 *(fam: anbehalten)* to keep sth on

3 *(fam: in Betrieb lassen)* to leave sth on; **den Motor ~** to leave the engine running; *(brennen lassen)* to leave sth burning; *(laufen lassen)* to leave sth running [*or* on]

II. *vr (fam)* 1 *(sich beruflich erweisen)* ■**sich** *akk* **~** to get along [*or* on]; ***na, wie lässt sich denn der neue Lehrling an?*** well, how is the new trainee getting on [*or* coming along]?

2 METEO *(anfangen)* ■**sich** *akk* **irgendwie ~** to start in a certain manner; ***der Sommer lässt sich wirklich ausgezeichnet an*** the summer promises to be an excellent one

3 ÖKON *(sich entwickeln)* ■**sich** *akk* **irgendwie ~** to develop in a certain manner; ***wie lässt sich euer Geschäft denn an?*** how's [your] business [going]?

An·las·ser <-s, -> *m* AUTO starter [motor]

an·läss·lich[RR], **an·läß·lich**[ALT] ['anlɛslɪç] *präp* +*gen* ■**~ einer S.** *gen* on the occasion of

an|las·ten *vt* ■**jdm etw ~** to blame sb for sth; ***ihm wird Betrug angelastet*** he was accused of fraud; ***dieses Zuspätkommen will ich Ihnen ausnahmsweise nicht ~*** as an exception I won't hold it against you for arriving late; ■**jdm etw als etw ~** to regard sth in sb as sth; ***ihr Ausbleiben wurde ihr als Desinteresse angelastet*** people regarded her absence as a lack of interest [*or* took her absence for a lack of interest] [on her part]

An·lauf <-[e], -läufe> *m* 1 SPORT *(das Anlaufen)* run-up; **~ nehmen** to take a run-up; **mit/ohne [bestimmten] ~** with/without a [certain type of] run-up

2 *(fig: Versuch)* attempt, go *fam*; **beim ersten/zweiten ~** at the first/second attempt; **[noch] einen ~ nehmen [*o* machen]** to make another attempt, to have another go *fam*

3 *(Beginn)* start; **~ nehmen, etw zu tun** to start to do sth

An·lauf·di·vi·den·de *f* FIN initial dividend

an|lau·fen *irreg* **I.** *vi sein* 1 *(beginnen)* to begin, to start; ***in den Kinos läuft jetzt der neue James Bond an*** the new James Bond film is now showing at the cinema; ***in Kürze läuft die [neue] Saison an*** the new season opens [*or* begins] shortly

2 SPORT *(zu laufen beginnen)* to take a run-up

3 *(beschlagen) Brillengläser, Glasscheibe* to steam up

4 *(oxidieren)* to rust, to tarnish, to oxidize

5 *(sich verfärben)* ■**irgendwie ~** to change colour [*or* AM -or] in a certain manner; ***vor Wut rot ~*** to turn purple with rage; ***die Patientin läuft schon blau [im Gesicht] an!*** the patient is beginning to turn blue [in the face]!

6 *(sich ansammeln)* ■**[auf etw** *akk*] **~** to accrue [in sth]

7 KOCHK *s.* **anschwitzen**

II. *vt haben* NAUT *(ansteuern)* ■**etw ~** to put into sth; ***das Schiff lief den Hafen an*** the ship put into port

An·lauf·kos·ten *pl* FIN launching costs, set-up costs **An·lauf·kre·dit** *m* FIN opening credit **An·lauf·pha·se** *f* beginning stages *pl*; FILM, THEAT beginning performances **An·lauf·pro·ble·me** *pl* initial problems; *eines Projekts a.* teething problems [*or* troubles]; **~ mit etw** *dat* **haben** to have trouble [*or* problems] starting sth **An·lauf·stel·le** *f* refuge, shelter **An·lauf·zeit** *f* 1 *(Vorbereitungszeit)* preparation [time]; ***morgens braucht er eine gewisse ~, um in Schwung zu kommen*** he needs a bit of time to get going in the morning 2 AUTO *(Warmlaufzeit)* warming-up time [*or* period]

An·laut *m* LING initial sound; **im ~** at the beginning of a word, in initial position

an|läu·ten I. *vi* SÜDD, SCHWEIZ ■**[jdm [*o* bei jdm]] ~** to phone [sb], to ring [sb] [up]

II. *vt* ■**jdn ~** to phone sb, to ring sb [up]

An·le·ge·brü·cke *f* landing stage, jetty **An·le·ge·lei·ter** *f* straight ladder

an|le·gen I. *vt* 1 *(erstellen)* ■**etw ~** to compile sth; **eine Liste ~** to draw up a list

2 HORT ■**etw ~** to lay sth out

3 *(ansammeln)* ■**etw ~** to lay sth in; **sich** *dat* **einen Vorrat [*o* Vorräte] [an etw** *dat*] **~** to lay oneself in a stock [of sth]

4 FIN *(investieren)* ■**etw [in etw** *dat*] **~** to invest sth [in sth]; ■**etw [für etw** *akk*] **~** to spend sth [on sth]

5 *(fig)* ■**es auf etw** *akk* **~** to risk sth, to leave sth to chance; ■**es [mit etw** *dat*] **darauf ~, dass jd etw tut** to risk [with sth] that sb does sth

6 *(daran legen)* ■**etw [an etw** *akk*] **~** to place sth [against [*or* on] sth]; MATH to position sth [to sth]; **eine Leiter ~** to put a ladder up; **Karten ~** to lay down cards

7 *(geh: anziehen)* ■**etw ~** to don sth; ■**jdm etw ~** to put sth on sb

8 *(ausrichten)* ■**etw auf etw** *akk* **~** to structure sth for sth; **etw auf eine bestimmte Dauer ~** to plan sth [to last] for a certain period; ■**auf jdn/etw angelegt sein** to be built for sb/sth; ***das Stadion ist auf 30.000 Besucher angelegt*** the stadium holds [*or* was built to hold] 30,000 spectators; *s. a.* **Maßstab**

II. *vi* 1 NAUT *(festmachen)* ■**[irgendwo** *dat*] **~** to

berth [*or* dock] [somewhere]
② MIL *(zielen)* ■ [**mit etw** *dat*] [**auf jdn**] ~ to aim [at sb] [with sth]; ***„legt an - Feuer!"*** "take aim - fire!"
③ KARTEN *(dazulegen)* ■ [**bei jdm**] ~ to lay down [cards] [on sb's hand]
III. *vr* ■ **sich** *akk* **mit jdm** ~ to pick an argument [*or* a fight] with sb

An·le·ge·pflicht *f* TRANSP *(Anschnallpflicht)* compulsory wearing of a seat belt **An·le·ge·platz** *m* berth, dock

An·le·ger(in) <-s, -> *m(f)* FIN investor

An·le·ger·in·ter·es·se *nt* FIN interest of investors **An·le·ger·ri·si·ko** *nt* FIN exposure, investor's risk **An·le·ger·schutz** *m kein pl* FIN protection for the investor **An·le·ger·ver·hal·ten** *nt* FIN investor behaviour [*or* AM -or]

An·le·ge·stel·le *f* NAUT mooring

An·le·gung <-, -en> *f* FIN *von Kapital* capital investment

an|leh·nen I. *vt* ① *(daran lehnen)* ■ **etw** [**an etw** *akk*] ~ to lean sth [against sth]; ■ **angelehnt sein** propped up
② *(einen Spalt offen lassen)* ■ **etw** ~ to leave sth slightly open; **die Tür** ~ to leave the door ajar; ■ **angelehnt sein** to be slightly open [*or* ajar]
II. *vr* ① *(sich daran lehnen)* ■ **sich** *akk* [**an jdn/etw**] ~ to lean [against sb/sth]
② *(fig)* ■ **sich** *akk* **an etw** *akk* ~ *Text* to follow sth, to be faithful to sth

An·leh·nung <-, -en> *f* ■ **die** ~ **an jdn/etw** following of sb/sth; **in** ~ **an jdn/etw** following sb/sth; ~ [**an jdn**] **suchen** *(Anschluss)* to strike up a friendship [with sb]

An·leh·nungs·be·dürf·nis *nt* need for affection **an·leh·nungs·be·dürf·tig** *adj* needing affection *pred,* in need of affection

an|lei·ern *vt (fam: im Gang setzen)* ■ **etw** ~ to get sth going

An·lei·he <-, -n> *f* ① FIN *(Kredit)* loan; **eine** ~ [**bei jdm**] **aufnehmen** to take out a loan [with sb]; BÖRSE, FIN *(Wertpapier)* bond
② *(hum: Plagiat)* borrowing; ***dieser Satz ist eine ~ bei Goethe*** this sentence is lifted from Goethe *fam;* **eine** ~ **bei jdm/etw machen** *(fam)* to borrow sth from sb/sth

An·lei·he·agio [-aːdʒo] *nt* FIN loan [*or* bond] premium **An·lei·he·art** *f* FIN bond type **An·lei·he·aus·ga·be** *f* FIN bond issue **An·lei·he·be·stand** *m* FIN bond holdings *pl* **An·lei·he·be·wer·tung** *f* FIN bond valuation

An·lei·he·emis·si·on *f* FIN bond issue **An·lei·he·emis·si·ons·kurs** *m* FIN bond [*or* coupon] issue price

An·lei·he·gläu·bi·ger, -gläu·bi·ge·rin *m, f* FIN bondholder **An·lei·he·ka·pi·tal** *nt* FIN loan [*or* bond] capital **An·lei·he·kauf** *m* FIN loan purchase **An·lei·he·kon·zept** *nt* FIN loan concept **An·lei·he·kurs** *m* FIN bond price **An·lei·he·markt** *m* FIN bond market **An·lei·he·op·ti·on** *f* FIN loan option **An·lei·he·pa·pier** *nt* FIN stock, bond **An·lei·he·port·fo·lio** *nt* FIN bond portfolio **An·lei·he·ren·di·te** *f* FIN loan [*or* bond] yield **An·lei·he·schuld** *f* FIN loan [*or* bonded] debt **An·lei·he·schuld·ner, -schuld·ne·rin** *m, f* FIN loan debtor **An·lei·he-Strip·ping** <-[s], -s> [-strɪpɪŋ, -ʃtrɪpɪŋ] *nt* BÖRSE bond stripping **An·lei·he·trans·ak·ti·on** *f* FIN loan transaction **An·lei·he·typ** *m* FIN type of loan **An·lei·he·um·lauf** *m* FIN bonds *pl* outstanding **An·lei·he·ver·bind·lich·kei·ten** *pl* FIN bonded debt; *(zu zahlen)* bonds payable **An·lei·he·vo·lu·men** *nt* FIN bond volume **An·lei·he·wäh·rung** *f* FIN loan currency

an|lei·men *vt* ① *(kleben)* ■ **etw** ~ to glue [*or* stick] on sth *sep,* to paste sth; **wie angeleimt dastehen** to stand rooted to the spot
② *(necken)* ■ **jdn** ~ to pull sb's leg

an|lei·ten *vt* ① *(unterweisen)* ■ **jdn** ~ to instruct [*or* train] sb; ■ **sich** *akk* **von jdm** ~ **lassen** to be instructed [*or* trained] by sb
② *(erziehen)* ■ **jdn zu etw** *dat* ~ to teach sb sth

An·lei·tung <-, -en> *f* ① *(Gebrauchsanleitung)* instructions *pl;* **unter jds** *dat* ~ [*o* **unter der** ~ **von jdm**] under sb's guidance
② *(das Anleiten)* instruction, direction

An·lern·be·ruf *m* semi-skilled job

an|ler·nen I. *vt* ① *(einweisen)* ■ **jdn** [**zu etw** *dat*] ~ to train sb [in sth]
② *(dressieren)* ■ **ein Tier dazu ~, etw zu tun** to train an animal to do sth
II. *vr* ■ **sich** *dat* **etw** ~ to cram, BRIT *fam a.* to mug sth up, BRIT *fam a.* to mug up on sth, BRIT *fam a.* to swot up sth

an|le·sen *irreg* **I.** *vt (den Anfang von etw lesen)* ■ **etw** ~ to start [*or* begin] to read [*or* reading] sth
II. *vr (sich durch Lesen aneignen)* ■ **sich** *dat* **etw** ~ to learn sth by reading; **angelesenes Wissen** knowledge [acquired] from books

an|leuch·ten *vt* ■ **jdn/etw** [**mit etw** *dat*] ~ to light sb/sth up [with sth]; ***beim Verhör wurde er mit der grellen Schreibtischlampe angeleuchtet*** the dazzling table lamp was shone [directly] at him during the interrogation

an|lie·fern *vt* ÖKON ■ [**jdm**] **etw** ~ to deliver sth [to sb]

An·lie·fe·rung <-, -en> *f* delivery; **bei** ~ on delivery

an|lie·gen *vi irreg* ① *(zur Bearbeitung anstehen)* to be on the agenda; ■ **~d** [still] to be done, pending
② MODE *(sich eng anpassen)* ■ [**an etw** *dat*] ~ to fit tightly [*or* closely] [on sth]; ■ **~d** tight-[*or* close-]fitting
③ *(nicht abstehen)* to lie flat; ■ **~d** flat (**an** *+dat* against)

An·lie·gen <-s, -> *nt* ① *(Bitte)* request; **ein** ~ [**an jdn**] **haben** to have a request to make [*or* favour [*or* AM -or] to ask] [of sb]
② *(Angelegenheit)* matter

an·lie·gend *adj* ① *(beiliegend)* enclosed
② *(angrenzend)* adjacent

An·lie·ger <-s, -> *m* ① *(Anwohner)* resident; ***die Straße ist nur für ~*** [***bestimmt***]! [access to] the street is for residents only!; ~ **frei** [*o* **frei für** ~] residents only
② *(Anrainer)* neighbour [*or* AM -or]; **die** ~ **der Ostsee** countries bordering the Baltic Sea; **die** ~ **eines Sees** people living on the shores of a lake; ***die ~ des Kanals waren stets durch Hochwasser gefährdet*** the people living along[side] the canal were constantly endangered by high water

An·lie·ger·ge·brauch *m* JUR use by adjacent owners **An·lie·ger·recht** *nt* JUR adjoining property rights **An·lie·ger·schutz·be·stim·mung** *f* JUR protective clause for adjoining parties **An·lie·ger·staat** *m* border[ing] state **An·lie·ger·ver·kehr** *m* [local] residents' traffic; ~ **frei** residents only

an|lo·cken *vt* ■ **jdn** ~ to attract sb; ■ **ein Tier** ~ to lure an animal

an|lö·ten *vt* ■ **etw** [**an etw** *akk o dat*] ~ to solder sth on[to sth]

an|lü·gen *vt irreg* ■ **jdn** ~ to lie to [*or* tell a lie [*or* lies] to] sb; ■ **sich** *akk* [**von jdm**] ~ **lassen** to be lied to [by sb]

Anm. *f Abk von* **Anmerkung**

An·ma·che <-> *f kein pl (sl: plumper Annäherungsversuch)* come-on *sl*

an|ma·chen *vt* ① *(fam: befestigen)* ■ **etw** [**an etw** *akk o dat*] ~ *Brosche, Gardinen etc.* to put sth on[to sth]
② *(einschalten)* ■ **etw** ~ to turn [*or* put] sth on
③ *(anzünden)* ■ **etw** ~ to light sth
④ KOCHK *(zubereiten)* ■ **etw** [**mit etw** *dat*] ~ to dress sth [with sth]
⑤ *(sl: aufreizen)* ■ **jdn** ~ to turn sb on
⑥ *(sl: aufreißen wollen)* ■ **jdn** ~ to pick sb up; ■ **sich** *akk* [**von jdm**] ~ **lassen** to be picked up [by sb]; ■ **jdn** ~ *(rüde ansprechen)* to have a go at sb

an|mah·nen *vt* ① *(zur Bezahlung auffordern)* ■ **etw** [**bei jdm**] ~ to send a reminder [to sb] [to pay]
② *(ermahnen)* ■ **jdn zu etw** *dat* ~ to urge sb to do [*or* into doing] sth, to exhort sb to [do] sth *form*
③ *(fordern)* ■ **etw** ~ to call for sth

An·mah·nung <-, -en> *f* FIN reminder

an|ma·len I. *vt* ① *(bemalen)* ■ **etw** [**mit etw** *dat*] ~ to paint sth [with sth]; **mit Buntstiften/Filzstiften** ~ to colour [*or* AM -or] in with pencils/felt tips
② *(fam: anstreichen)* ■ **etw** ~ to paint sth
③ *(fam: schminken)* ■ **jdm etw** ~ to paint sth on sb
II. *vr (fam)* ① *(pej: sich schminken)* ■ **sich** *akk* ~ to paint one's face; ■ **sich** *dat* **etw** ~ to paint sth
② *(sich aufmalen)* ■ **sich** *dat* **etw** ~ to paint sth on one's face
III. *vi (anzeichnen)* ■ [**an etw** *dat*] **~, wo** to mark [on sth] where

An·marsch <-[e]s> *m kein pl* ① MIL *(Marsch zu einem Bestimmungsort)* advance; **im** ~ [**auf etw** *akk*] **sein** to be advancing [on sth]
② *(Marschweg)* walk
▶ WENDUNGEN: **im** ~ **sein** *(fam)* to be on the way; *(hum)* to be coming

an|mar·schie·ren* *vi sein* MIL to advance

an|ma·ßen *vr* ■ **sich** *dat* **etw** ~ to claim sth [unduly] for [*or form* arrogate sth to] oneself; ***was maßen Sie sich an!*** what right do you [think you] have!; **sich** *dat* [**eine**] **Kritik/ein Urteil** ~ to take it upon oneself to criticize/pass judgement; ■ **sich** *dat* **~, etw zu tun** to presume to do sth

an·ma·ßend [ˈanmaːsn̩t] *adj* arrogant

An·ma·ßung <-, -en> *f* arrogation

An·mel·de·amt *nt* receiving [*or* registration] office **An·mel·de·be·rech·tig·te(r)** *f(m) dekl wie adj (für ein Patent)* [entitled] applicant **An·mel·de·be·rech·ti·gung** *f für Patent* entitlement to file an application **An·mel·de·be·stä·ti·gung** *f* ① ADMIN *(für das Einwohnermeldeamt)* confirmation of registration ② SCH acknowledgement [of application] **An·mel·de·be·stim·mun·gen** *pl* JUR provisions governing the application, registration rules; ~ **für Patente** regulations for patent applications **An·mel·de·da·ten** *pl* INFORM logon information *no indef art, no pl* **An·mel·de·for·mu·lar** *nt* registration form **An·mel·de·frist** *f (für Patente)* filing period **An·mel·de·ge·bühr** *f* registration fee **An·mel·de·kar·tell** *nt* ÖKON application cartel

an|mel·den I. *vt* ① *(ankündigen)* ■ **jdn/etw** [**bei jdm**] ~ to announce sb/sth [to sb]; **einen Besuch** ~ to announce a visit; ***wen darf ich ~?*** who shall I say is calling?; ***ich bin angemeldet*** I have an appointment; ■ **angemeldet** announced; **angemeldete Hotelgäste** registered hotel guests; **nicht angemeldete Patienten** patients without an appointment
② *(vormerken lassen)* ■ **jdn** [**bei etw** *dat*/**zu etw** *dat*] ~ to enrol sb [at/in sth]; ***sie meldete ihre Tochter zu diesem Kurs an*** she enrolled her daughter in [*or* for] [*or* on] this course; ***Kinder müssen rechtzeitig bei einer Schule angemeldet werden*** children must be enrolled at a school in good time; ■ **etw** [**für etw** *akk*/**zu etw** *dat*] ~ to book sth in [for sth]
③ ADMIN *(polizeilich melden)* ■ **jdn/etw** [**bei jdm**] ~ to register sb/sth [with sb]
④ *(geltend machen)* ■ **etw** [**bei jdm**] ~ to assert sth [with sb]; **Ansprüche bei der Versicherung** ~ to make a claim on one's insurance; **Bedenken/Proteste/Wünsche** ~ to make [one's] misgivings/protests/wishes known
⑤ FIN *(anzeigen)* ■ **etw** [**bei jdm**] ~ to declare sth [to sb]
II. *vr* ① *(ankündigen)* ■ **sich** *akk* [**bei jdm**] ~ to give notice of a visit [to sb]
② *(sich eintragen lassen)* ■ **sich** *akk* [**für etw** *akk*/**zu etw** *dat*] ~ to apply [for sth]
③ *(sich einen Termin geben lassen)* ■ **sich** *akk* [**bei jdm**] ~ to make an appointment [with sb]
④ ADMIN *(sich registrieren lassen)* ■ **sich** *akk* [**bei jdm**] ~ to register [oneself] [with sb]

An·mel·de·pflicht *f* JUR compulsory registration

an·mel·de·pflich·tig *adj* JUR subject to registration, notifiable; **~e Waren** goods to declare

An·mel·de·prin·zip *nt* JUR principle of registration **An·mel·de·pri·o·ri·tät** *f* JUR priority of filing date

An·mel·der(in) *m(f)* ① JUR [duty] declarant
② *(für Patent)* applicant; ***der ~ gilt als berechtigt, die Erteilung des Patents zu verlangen*** the [first]

applicant is presumed to be entitled to the patent; **bedürftiger** ~ indigent applicant; **gemeinsame/mehrere** ~ joint/multiple applicants

An·mel·de·schlussRR *m* application closing date **An·mel·de·stel·le** *f* HANDEL registration [*or* filing] office **An·mel·de·tag** *m* HANDEL application date, date of filing; **Zuerkennung des ~es** accordance of the date of filing **An·mel·de·ver·fah·ren** *nt* HANDEL application procedure **An·mel·de·vor·druck** *m* HANDEL registration form; *(für Patent)* [duty] declaration form **An·mel·de·vor·schrif·ten** *pl* HANDEL *(für Patent)* application requirements **An·mel·de·zwang** *m* HANDEL compulsory registration

An·mel·dung <-, -en> *f* ❶ *(vorherige Ankündigung)* [advance] notice [of a visit]; **ohne** ~ without an appointment
❷ SCH *(vorherige Meldung)* enrolment BRIT, enrollment AM
❸ *(Registrierung)* registration; **die ~ eines Fernsehers/Radios** the licensing of [*or* to license] a television/radio
❹ MED *(Anmelderaum)* reception
❺ FIN ~ **einer Konkursanforderung** proof of a debt

An·mel·dungs·ge·gen·stand *m* JUR subject matter of the application **an·mel·dungs·ge·mäß** *adj inv* according to the application **An·mel·dungs·stau** *m* backlog of pending applications **An·mel·dungs·un·ter·la·gen** *pl* application documents

an|mer·ken *vt* ❶ *(an jdm feststellen)* ■**jdm etw** ~ to notice [*or* see] sth in sb; ■**jdm ~, was jd tut** to [be able to] tell what sb is doing; **sich** *dat* **etw ~ lassen** to let [*or* sb lets] sth show; **jd lässt sich** *dat* **etw** [**nicht**] ~ to [not] let sth show; **sich** *dat* **~ lassen, was/wie...** to let show what/how...
❷ *(eine Bemerkung machen)* ■**etwas/nichts** [**zu etw** *dat*] ~ to add sth/nothing [about sth]; ■**etwas Angemerktes** comment[s]
❸ MEDIA *(als Anmerkung aufführen)* ■**etw irgendwo** ~ to [make a] note [of] sth somewhere
❹ *(notieren)* ■[**sich** *dat*] **etw** ~ to make a note of sth

An·mer·kung <-, -en> *f* ❶ *(Erläuterung)* note
❷ *(Fußnote)* footnote
❸ *(a. iron geh: mündlicher Kommentar)* comment, observation; *(Notiz)* written comment, notes *pl*

an|mie·ten *vt (geh)* ■**etw** ~ to rent sth [out]

An·mie·tung <-, -en> *f (form)* renting, leasing

an|mot·zen *vt (fam)* ■**jdn** ~ to scream at sb, to bite sb's head off *fam*

an|mus·tern *vt, vi* NAUT *s.* **anheuern** to sign on

An·mut <-> ['anmu:t] *f kein pl (geh)* ❶ *(Grazie)* grace[fulness]
❷ *(liebliche Schönheit)* beauty, loveliness

an|mu·ten I. *vt (geh)* ■**jdn irgendwie** ~ to appear [*or* seem] to sb in a certain manner; ■**es/etw mutet jdn irgendwie an** it/sth seems in a certain manner to sb; ***dieser Schnee mutet wie im Märchen an*** this snow seems like sth out of a fairytale
II. *vi (geh)* ■**irgendwie** ~ to appear [*or* seem] in a certain manner; **es mutet sonderbar an, dass...** it seems strange that...

an·mu·tig *adj (geh)* ❶ *(graziös)* graceful
❷ *(hübsch anzusehen)* beautiful, lovely

An·mu·tung <-, -en> *f* ❶ SCHWEIZ *s.* **Zumutung**
❷ *(geh: Gefühlseindruck)* **dunkle ~en** presentation

an|na·geln *vt (durch Nägel befestigen)* ■**etw** [**an etw** *akk*] ~ to nail sth on[to sth]
▸WENDUNGEN: **wie angenagelt** as if rooted to the spot; [**da**]**stehen wie angenagelt** to stand [there] [as if] [*or* remain] rooted to the spot

an|na·gen *vt* ■**etw** ~ to gnaw [away] at sth

an|nä·hen *vt* ■**etw** [**an etw** *akk o dat*] ~ to sew sth on[to sth]

an|nä·hern I. *vr* ■**sie nähern sich** [**einander**] **an** they come closer [to one another]
II. *vt* **zwei Standpunkte aneinander** ~ to bring two points of view into line with each other [*or* one another]

an·nä·hernd I. *adj* approximate, rough
II. *adv* approximately, roughly; ***es kamen nicht ~ so viele Besucher wie erwartet*** nowhere near [*or* nothing like] as many spectators came as had been expected

An·nä·he·rung <-, -en> *f* convergence

An·nä·he·rungs·ver·such *m* advance[s] *esp pl;* ***lass deine plumpen ~e!*** stop coming on to me! [*or fam* giving me the come-on!]; [**bei jdm**] **~e machen** to make advances [to sb]

an·nä·he·rungs·wei·se *adv* approximately; ■**nicht** ~ nowhere near, nothing like

An·nah·me <-, -n> ['anna:mə] *f* ❶ *(Vermutung)* supposition, assumption; **recht gehen in der ~, dass ...** *(geh)* to be right in the assumption that...; **von einer ~ ausgehen** to proceed [*or* work] on the assumption; **der ~ sein, dass ...** to assume that...; **in der ~,** [**dass**] ... on the assumption [that]
❷ *kein pl (geh: das Annehmen)* acceptance; **mit der ~...** by accepting...; **~ verweigert** delivery [*or* acceptance] refused
❸ *kein pl* ÖKON ~ **eines Auftrags** taking on an order; ~ **eines Angebots** acceptance of an offer
❹ *kein pl* JUR ~ **eines Kindes, ~ an Kindes Statt** *(geh)* adoption [of a child]; ~ **eines Namens** adoption [*or* assumption] of a name
❺ *(Annahmestelle)* reception

An·nah·me·er·klä·rung *f* JUR letter of acceptance; **modifizierte** ~ modified letter of acceptance **An·nah·me·frist** *f* deadline **An·nah·me·pflicht** *f* JUR obligation to accept **An·nah·me·schluss**RR *m* closing date **An·nah·me·stel·le** *f* ❶ *(Lottoannahmestelle) outlet selling lottery tickets* ❷ *(Abgabestelle für Altmaterialen/Müll)* [rubbish [*or* garbage]] dump, [refuse] collection point ❸ *(Stelle für die Annahme)* counter **An·nah·me·ur·kun·de** *f* JUR instrument of acceptance **An·nah·me·ver·hin·de·rung** *f* JUR obstruction of acceptance **An·nah·me·ver·wei·ge·rung** *f* JUR, HANDEL refusal of acceptance, non-acceptance **An·nah·me·ver·zug** *m* JUR default of acceptance **An·nah·me·zwang** *m* JUR compulsory acceptance

An·na·len *pl* annals; **in die ~ eingehen** to go down in history [*or* the annals [of history]]

an·nehm·bar I. *adj* ❶ *(akzeptabel)* acceptable; ■[**für jdn**] ~ **sein** to be acceptable [to sb]
❷ *(nicht übel)* reasonable
II. *adv* reasonably

an|neh·men *irreg* I. *vt* ❶ *(entgegennehmen)* ■**etw** [**von jdm**] ~ to accept sth [from sb]; ***nehmen Sie das Gespräch an?*** will you take the call?
❷ ÖKON *(in Auftrag nehmen)* ■**etw** ~ to take sth [on]
❸ *(akzeptieren)* ■**etw** ~ to accept sth; **eine Herausforderung** ~ to accept [*or* take up] a challenge; [**einen**] **Rat** ~ to take [a piece of] advice *no pl, no indef art*
❹ *(meinen)* ■**etw** [**von jdm**] ~ to think sth [of sb]; ***du kannst doch nicht im Ernst*** [***von mir***] ***~, dass ich dir helfe*** you can't seriously expect me to help you
❺ *(voraussetzen)* ■**etw** ~ to assume sth
❻ *(billigen)* ■**etw** ~ to adopt [*or* pass] sth; **einen Antrag** ~ to carry [*or* pass] a motion
❼ *(sich zulegen)* ■**etw** ~ to adopt sth; **schlechte Angewohnheiten** ~ to pick up [*or form* acquire] bad habits
❽ *(zulassen)* ■**jdn/etw** ~ to accept sb/sth; **Patienten/Schüler** ~ to take on [*or* accept] patients/[school]children
❾ *(sich entwickeln)* ***der Konflikt nimmt immer schlimmere Ausmaße an*** the conflict is taking a turn for the worse; ■**etw** ~ to take sth on
❿ JUR *(adoptieren)* ■**jdn** ~ to adopt sb
⓫ *(eindringen lassen)* ■**etw** ~ to take sth, to let sth in; ***dieser Stoff nimmt kein Wasser an*** this material is water-resistant [*or* water-repellent]
II. *vr* ❶ *(sich um jdn kümmern)* ■**sich** *akk* **jds** ~ to look after sb; ***nach dem Tod ihrer Eltern nahm er sich ihrer rührend an*** after her parents' death, he took her under his wing
❷ *(sich mit etw beschäftigen)* ■**sich** *akk* **einer S.** *gen* ~ to take care of sth

An·neh·men·de(r) *f(m) dekl wie adj* FIN acceptor

An·neh·mer <-s, -> *m* FIN acceptor

An·nehm·lich·keit <-, -en> *f meist pl* ❶ *(Bequemlichkeit)* comfort, convenience
❷ FIN *(Vorteil)* advantage

an·nek·tie·ren* [anɛk'ti:rən] *vt* ■**etw** ~ to annex sth

An·nek·tie·rung <-, -en> *f* ADMIN, POL annexation

an|ner·ven *vt (sl)* ■**jdn** [**mit etw** *dat*] ~ to get on sb's nerves [with sth]; ***das nervt mich vielleicht an!*** that really gets on my nerves! [*or sl* gets up my nose!]

An·ner·ver(in) <-s, -> *m(f) (pej)* pain in the arse [*or* AM ass]

An·ne·xi·on <-, -en> [anɛ'ksi̯o:n] *f* annexation

An·no *adv,* **an·no** ['ano] *adv* ÖSTERR *(im Jahre)* in the year
▸WENDUNGEN: **von ~ dazumal** [*o* **dunnemal**] [*o* **Tobak**] *(fam)* from the year dot BRIT *fam,* from long ago; ***die sind wohl noch von ~ dazumal!*** they are probably from the year dot! *fam,* they look like they came out of the ark! *sl*

An·no Do·mi·ni ['ano 'do:mini] *adv* REL Anno Domini, in the year of our Lord

An·non·ce <-, -n> [a'nõ:sə] *f* MEDIA ❶ *(Anzeige)* advertisement, ad[vert] *fam*
❷ *(Kontaktanzeige)* ad *fam* in the personal column

an·non·cie·ren* [anõ'si:rən] I. *vi* MEDIA ❶ *(Anzeige veröffentlichen)* ■[**in etw** *dat*] ~ to advertise [in sth]
❷ *(Kontaktanzeige veröffentlichen)* to place an ad *fam* in the personal column
II. *vt* MEDIA ❶ *(eine Annonce aufgeben)* ■**etw** ~ to advertise sth
❷ *(geh: ankündigen)* ■**etw** ~ to announce sth

An·nu·i·tät <-, -en> [anui'tɛ:t] *f* FIN *(erhaltener Betrag)* annuity; *(ausgegebener Betrag)* regular annual payment

an·nul·lier·bar *adj inv* JUR annullable, rescindable

An·nul·lier·bar·keit *f kein pl* JUR voidability, defeasibility

an·nul·lie·ren* [anu'li:rən] *vt* JUR ■**etw** ~ to annul sth

an·nul·lie·rend *adj inv* JUR diriment

An·nul·lie·rung <-, -en> *f* JUR annulment

An·nul·lie·rungs·kos·ten *pl* ÖKON, FIN cancellation fee *sing*

Ano·de <-, -n> [a'no:də] *f* PHYS anode

an|ö·den ['an?ø:dn̩] *vt (fam)* ■**etw/jd ödet jdn an** sth/sb bores sb silly [*or* stiff] [*or* to tears]

ano·mal [ano'ma:l] *adj* abnormal

Ano·ma·lie <-, -n> [anoma'li:, *pl* -'li:ən] *f* ❶ MED *(Missbildung)* abnormality
❷ PHYS *(Unregelmäßigkeit)* anomaly

Ano·mie <-, -n> [ano'mi:, *pl* -mi:ən] *f* SOZIOL anomie, anomy

ano·nym [ano'ny:m] I. *adj* anonymous; ~ **bleiben** to remain anonymous; **Anonyme Alkoholiker** Alcoholics Anonymous
II. *adv* anonymously

ano·ny·mi·sie·ren* [anonymi'zi:rən] *vt* ■**etw** ~ to make sth anonymous *fig,* to estrange sth

Ano·ny·mi·tät <-> [anonymi'tɛ:t] *f kein pl* anonymity

Ano·rak <-s, -s> ['anorak] *m* anorak

an|ord·nen *vt* ❶ *(festsetzen)* ■**etw** ~ to order sth; ***wer hat diesen Blödsinn angeordnet?*** who's responsible [*or* to blame] for this nonsense?; ■**~, dass** to order that
❷ *(ordnen)* ■**etw** [**nach etw** *dat*] ~ to arrange sth [according to sth]

An·ord·nung <-, -en> *f* ❶ *(Verfügung)* order; ***nur ich gebe hier*** [***die***] ***~en!*** I'm the only one who gives orders [around] here!; **~en treffen** to give orders; **gegen jds ~/~en verstoßen** to disobey sb's order[s]; **auf jds** ~ on sb's orders; ***auf ~ seines Arztes*** on [his] doctor's orders; ***auf polizeiliche*** ~ by order of the police
❷ *(systematische Ordnung)* order

Ano·re·xie <-, -n> [an?orɛ'ksi:, *pl* -'ksi:ən] *f* MED, PSYCH anorexia

an·or·ga·nisch ['an?ɔrga:nɪʃ] *adj* CHEM inorganic

An·or·gas·mie <-, -n> [an?ɔrgas'mi:, *pl* -mi:ən] *f*

MED anorgasmia
anor·mal ['anɔrma:l] *adj (fam) s.* **anomal** abnormal
an|pa·cken I. *vt (fam)* ❶ *(anfassen)* ■**jdn/etw/ein Tier** ~ to touch sb/sth/an animal
❷ *(beginnen)* ■**etw** ~ to tackle sth; ***packen wir's an!*** let's get started! [*or* going!]
❸ *(behandeln)* ■**jdn irgendwie** ~ to treat sb in a certain manner
II. *vi (fam)* ❶ *(anfassen)* ■[**irgendwo**] ~ to take hold of [somewhere]
❷ *(mithelfen)* ■**jd packt** [**mit**] **an** sb lends a hand; ***das schaffen wir, wenn ihr alle*** [***mit***] ***anpackt*** we can manage it if everybody lends a hand
an|pas·sen I. *vt* ❶ *(adaptieren)* ■**etw etw** *dat*/**an etw** *akk* ~ to adapt sth to sth
❷ *(darauf abstellen)* ■**etw etw** *dat* ~ to adapt sth to sth
❸ *(angleichen)* ■**etw** [**an etw** *akk*] ~ to adjust sth [to sth]
❹ *(entsprechend verändern)* ■**etw etw** *dat* ~ to adjust sth to sth
II. *vr* ❶ *(sich darauf einstellen)* ■**sich** *akk* [**etw** *dat*] ~ to adjust [to sth]
❷ *(sich angleichen)* ■**sich** *akk* **jdm** [*o* **an jdn**]/**etw** *dat* ~ to fit in with [*or* adapt [oneself] to] sb/sth; *(gesellschaftlich)* to conform to sth
An·pas·sung <-, -en> *f pl selten* ❶ *(Abstimmung)* adaptation (**an** +*akk* to); **mangelnde** ~ maladaptation
❷ *(Erhöhung)* adjustment; **eine** ~ **der Gehälter um 8 % vornehmen** to adjust salaries by 8%
❸ *(Angleichung)* conformity *no art* (**an** +*akk* to/with), adjustment (**an** +*akk* to)
An·pas·sungs·be·schluss[RR] *m*, **An·pas·sungs·ver·ord·nung** *f* JUR Adaptation Decision **an·pas·sungs·fä·hig** *adj* flexible, adaptable **An·pas·sungs·fä·hig·keit** *f* adaptability (**an** +*akk* to), flexibility (**an** +*akk* in/towards) **An·pas·sungs·klau·sel** *f* JUR escalator clause **An·pas·sungs·mü·dig·keit** *f* ÖKON adjustment fatigue **An·pas·sungs·pro·zess**[RR] *m* process of adapting [*or* adjusting] **An·pas·sungs·schwie·rig·kei·ten** *pl* difficulties in adapting **An·pas·sungs·ver·mö·gen** <-s, -> *nt pl selten* adaptability **An·pas·sungs·zwang** *m* adaptation requirement
an|pei·len *vt* ❶ TELEK *(durch Peilung ermitteln)* ■**etw** [**mit etw** *dat*] ~ to take a bearing on sth [with sth]
❷ NAUT *(fam: ansteuern wollen)* ■**etw** ~ to head [*or* steer] for sth
❸ *(fam: anvisieren)* ■**etw** ~ to set [*or* have] one's sights on sth; ■**jdn** ~ *(sl)* to fix one's eyes on sb
an|pfei·fen *irreg* SPORT **I.** *vi* to blow the whistle
II. *vt* ❶ SPORT **das Spiel** ~ to blow the whistle [to start the game]; FBALL *a.* to blow the whistle for kick-off
❷ *(zurechtweisen)* ■**jdn** ~ to reprimand sb, to have a go at sb *fam*
An·pfiff *m* ❶ SPORT ~ [**des Spiels**] whistle [to start the game]; FBALL *a.* kick-off
❷ *(fam: Rüffel)* ticking-off BRIT *fam*, chewing-out AM *fam*
an|pflan·zen *vt* ❶ *(setzen)* ■**etw** [**mit etw** *dat*] ~ to plant sth [with sth]
❷ *(anbauen)* ■**etw** ~ to grow [*or* cultivate] sth
An·pflan·zung *f* ❶ *(Setzen)* planting *no pl*; *(Pflanzen)* growing *no pl*, cultivation
❷ *(angepflanzte Fläche)* cultivated area [*or* plot]
an|pflau·men *vt (fam)* ■**jdn** ~ to make fun of sb
an|pin·keln *vt (fam: gegen etw urinieren)* ■**jdn/etw** ~ to pee [*or fam* piddle] on sb/sth; **einen Baum/eine Wand** ~ to pee [*or fam* piddle] against a tree/wall
an|pin·seln *vt (fam)* ❶ *(anstreichen)* ■**etw** [**mit etw** *dat*] ~ to paint sth [with sth]
❷ *(mit dem Pinsel anmalen)* ■**etw** [**an etw** *akk*] ~ to paint [*or* daub] sth [on sth]
an|pir·schen *vr* ❶ *(sich vorsichtig nähern)* ■**sich** *akk* [**an ein Tier**] ~ to stalk [an animal]
❷ *(fam: sich anschleichen)* ■**sich** *akk* **an jdn** ~ to creep up on sb
an|pis·sen *vt (vulg)* ■**jdn/etw** ~ to piss on sb/sth *sl*; **einen Baum/eine Wand** ~ to piss against a tree/wall *sl*
An·pö·be·lei <-, -en> *f (fam)* verbal abuse *hum fam no pl, no indef art*
an|pö·beln *vt (fam)* ■**jdn** ~ to abuse sb [verbally], to get snotty with sb *fam*
An·prall <-[e]s, -e> *m* impact, collision; **beim** ~ **an etw** *akk* on impact with sth
an|pral·len *vi sein* ■**an etw** *akk*/**gegen etw** *akk* ~ to crash into [*or* against] sth
an|pran·gern ['anpraŋɐn] *vt* ■**jdn/etw** [**als etw**] ~ to denounce sb/sth [as sth]
an|prei·sen *vt irreg (rühmen)* ■**etw** ~ to extol sth; ***dieser Wagen wird in der Werbung als preisgünstig angepriesen*** the advert claims this car to be good value for money; ■**sich** *akk* [**als etw**] ~ to extol [*or* sell] oneself [as [being] sth]
An·pro·be *f* fitting
An·pro·be·raum *m* fitting [*or* changing] room
an|pro·bie·ren* **I.** *vt* ■**etw** ~ to try on sth *sep*; ■**jdm etw** ~ *(fam)* to try sth on sb
II. *vi* to try on; ***darf ich mal*** ~**?** can I try it on?
an|pum·pen *vt (fam)* ■**jdn** [**um etw** *akk*] ~ to cadge [*or* scrounge] [sth] from [*or* off] sb *fam*
an|pus·ten *vt (fam)* ❶ *(anblasen)* ■**jdn** ~ to blow at sb
❷ *(anfachen)* **das Feuer/die Flammen** ~ to blow on the fire/the flames
an|quat·schen *vt (fam)* ■**jdn** ~ to speak to sb; *(anbaggern)* to chat up *sep* [*or* AM hit on] sb; ■**sich** *akk* [**von jdm**] ~ **lassen** to get chatted up [*or* AM hit on] [by sb]
An·rai·ner(in) <-s, -> ['anraine] *m(f)* ❶ *(geh: benachbarter Staat)* neighbour[ing] [*or* AM -or[ing]] [country]; ~ ***der Nordsee*** country bordering on the North Sea
❷ *bes* ÖSTERR *(Anlieger)* [local] resident
An·rai·ner·staat *m* neighbouring [*or* AM -oring] country; ***die*** ~***en Deutschlands*** the countries bordering on Germany; ■~**en** *pl* EU riparian parties *pl*
an|ra·ten *irreg* **I.** *vi* ■**jdm** ~[**, etw zu tun**] to advise sb [to do sth]; **auf jds Anraten** [**hin**] on sb's advice
II. *vt* ■**jdm etw** ~ to recommend sth to sb
an|rau·en[RR], **an|rau·hen**[ALT] *vt* ■**etw** ~ to roughen sth; ■**angeraut sein** to be rough
an·re·chen·bar *adj* FIN chargeable, attributable; ■**auf etw** *akk*/**für etw** *akk* ~ **sein** to be deductible from sth
an|rech·nen *vt* ❶ *(gutschreiben)* ■**jdm etw** ~ to take sb's sth into consideration; ***die Euro 2.000 werden auf die Gesamtsumme angerechnet*** the 2,000 euros will be deducted from the total; ***das alte Auto rechnen wir Ihnen mit Euro 3.450 an*** we'll take off 3,450 euros for your old car
❷ *(in Rechnung stellen)* ■**jdm etw** ~ to charge sb with sth
❸ *(ankreiden)* **jdm etw als Fehler** ~ to count sth as a mistake [for sb], to consider sth to be a mistake on sb's part
❹ *(geh: bewerten)* ■**jdm etw als Fehler** ~ *(Lehrer)* to count sth as a mistake; *(fig)* to consider sth a fault on sb's part [*or* to be]; ***wir rechnen es Ihnen als Verdienst an, dass ...*** we think it greatly to your credit that ...; ***dass er ihr geholfen hat, rechne ich ihm hoch an*** I think very highly of him for having helped her; ■**sich** *dat* **etw** ~ to credit one's sth; ***diesen Erfolg rechnete er sich als besonderen Verdienst an*** he gave himself much credit for this success
An·rech·nung *f* FIN allowance (**auf** +*akk* for); *(Belastung)* debit[ing] (**auf** +*akk* from); *(Gutschrift)* credit[ing] (**auf** +*akk* to); ***bei/unter*** ~ ***Ihres Gebrauchtwagens*** after deduction of the value of your used car; ~ **finden** *(geh)* to be considered, to be taken into account
an·rech·nungs·fä·hig *adj inv* FIN deductible, allowable **An·rech·nungs·ver·fah·ren** *nt* FIN imputation system, tax credit method
An·recht *nt* ■**das/ein** ~ **auf etw** *akk* the/a right [*or* the/an entitlement] to sth; **das/ein** ~ **auf die Erbschaft haben** [*o* **besitzen**] to have a right [*or* be entitled] to the inheritance; **das/ein** ~ **auf Ruhe/Respekt haben** [*o* **besitzen**] to be entitled to peace and quiet/respect; **sein** ~ [**auf etw** *akk*] **geltend machen** to assert [*or* enforce] one's right [to sth]
An·re·de *f* form of address
an|re·den I. *vt* **jdn** [**mit seinem Namen/mit seinem Titel/mit „Professor"**] ~ to address sb [by his name/by his title/as "Professor"]
II. *vi* ■**gegen jdn/etw** ~ to argue against sb, to make oneself heard against [*or* over] sth
an|re·gen I. *vt* ❶ *(ermuntern)* ■**jdn** [**zu etw** *dat*] ~ to encourage [*or* urge] sb [to do sth]; **jdn zum Denken/Nachdenken/Überlegen** ~ to make sb think/ponder/consider
❷ *(geh: vorschlagen)* ■**etw** ~ to suggest [*or form* propose] sth
❸ *(stimulieren)* ■**etw** ~ to stimulate sth; **den Appetit** ~ to stimulate [*or* whet] the appetite
❹ NUKL, PHYS ■**etw** ~ *Atom* to excite sth
II. *vi* ❶ *(beleben)* to be a stimulant [*or* tonic], to have a stimulating effect; ***kein Appetit? ein Aperitif regt an!*** no appetite? an aperitif will whet it!
❷ *(geh: vorschlagen)* ■~**, etw zu tun** to suggest [*or* propose] that sth is [*or* be] done
an·re·gend I. *adj* ❶ *(stimulierend)* stimulating; **eine** ~**e Droge/ein** ~**es Mittel** a stimulant
❷ *(sexuell stimulierend)* sexually arousing; ***das findet er*** ~ he finds that sexually arousing
II. *adv* ❶ *(stimulierend)* [**bei Kreislaufschwäche/Müdigkeit**] ~ **wirken** to act as a stimulant [*or* tonic] [against circulatory debility/ tiredness]
❷ *(sexuell stimulierend)* ~ **wirken** to have a sexually arousing effect
An·re·gung *f* ❶ *(Vorschlag)* idea; **eine** ~ **machen** to make a suggestion [*or* proposal]; **auf** ~ **einer Person** [*o* **auf jds** ~] at sb's suggestion, at the suggestion of sb
❷ *(Impuls)* stimulus
❸ *kein pl (Stimulierung)* stimulation
❹ NUKL, PHYS *von Atom* excitation
An·re·gungs·band *nt* PHYS excitation band **An·re·gungs·ener·gie** *f* PHYS excitation energy **An·re·gungs·zu·stand** *m* NUKL excited state
an|rei·chern ['anraiçɐn] **I.** *vt* ❶ *(gehaltvoller machen)* ■**etw** [**mit etw** *dat*] ~ to enrich sth [with sth]
❷ CHEM *(versetzen)* ■**etw** [**mit etw** *dat*] ~ to enrich [*or* concentrate] sth [with sth]; **Trinkwasser mit Fluor** ~ to add fluorine to [*or* to fluorinate] drinking water
II. *vr* ❶ CHEM *(sich ansammeln)* ■**sich** *akk* **in etw** *dat* ~ to accumulate [*or* build up] in sth
❷ CHEM *(etw als Zusatz anlagern)* ■**sich** *akk* **mit etw** *dat* ~ to become enriched with sth
An·rei·che·rung <-, -en> *f* ❶ *(Ansammlung, Speicherung)* accumulation
❷ *(Verbesserung)* enrichment
An·rei·che·rungs·fonds [-fõ:] *m* FIN cumulative [*or* growth] fund **An·rei·che·rungs·me·tho·de** *f* CHEM build-up method **An·rei·che·rungs·vor·gang** *m* CHEM enriching process
An·rei·se *f* ❶ *(Anfahrt)* journey [here/there]
❷ *(Ankunft)* arrival; ***an welchem Tag erfolgt Ihre*** ~**?** on what day will you be arriving?
an|rei·sen *vi sein* ❶ *(ein Ziel anfahren)* to travel [here/there]; ***reist du mit dem eigenen Wagen an?*** will you be travelling [*or* coming] by car?
❷ *(eintreffen)* to arrive
an|rei·ßen *vt irreg* ❶ *(kurz zur Sprache bringen)* ■**etw** ~ to touch on sth
❷ *(durch Reißen anbrechen)* **etw** [**an der Ecke/Seite**] ~ to open sth [at the corner/side]
❸ *(durch Reiben entzünden)* **ein Streichholz** [**an etw** *dat*] ~ to strike a match [on sth]
An·reiz *m* incentive
an|rei·zen I. *vt* ❶ *(jdn anspornen)* ■**jdn** [**zu etw** *dat*] ~ to encourage sb [to do sth], to urge sb to do sth; **jdn zu großen Leistungen** ~ to encourage [*or* urge] sb to perform great feats; ■**jdn** [**dazu**] ~**, etw zu tun** to act as an incentive for [*or* encourage] sb to

do sth
❷ *(stimulieren)* ■**etw** ~ to stimulate sth; **den Appetit** ~ to stimulate [*or* whet] [*or* sharpen] the appetite
II. *vi (anspornen)* ■[**dazu**] ~, **etw zu tun** to act as an incentive to do sth

An·reiz·fonds *m* FIN incentive fund

an|rem·peln *vt* ■**jdn** ~ to bump into sb

an|ren·nen *vi irreg sein* MIL ■**gegen etw** *akk* ~ to storm sth

An·rich·te <-, -n> *f* ❶ *(Büfett)* sideboard
❷ *(Raum)* pantry

an|rich·ten *vt* ■**etw** ~ ❶ *(zubereiten)* to prepare sth; **einen Salat mit Majonäse** ~ to dress a salad with mayonnaise
❷ *(geh: servieren)* to serve sth; ■**es ist/wird angerichtet** dinner etc. is served *form*
❸ *(fam: anstellen)* **Schaden** ~ to cause damage; **Unfug** [*o* **Unsinn**] ~ to get up to mischief, to be up to no good *fam*; ***was hast du da wieder angerichtet!*** what have you [*fam* gone and] done now!
❹ *(verursachen) Schaden, Unheil* to cause sth

an|rit·zen *vt* ■**etw** ~ to scratch [the surface of] sth; **einen Baum/eine Rinde** ~ to scarify a tree/bark *spec*

an|rol·len *vi sein* ❶ *(zu rollen beginnen)* to start to move [*or* roll], to start moving [*or* rolling]
❷ *(heranrollen)* to roll up; *Flugzeug* to taxi in
▸WENDUNGEN: **etw ~ lassen** *(fam)* to get sth going *fam*

an|ros·ten *vi sein* to start rusting, to start to rust

an|rös·ten *vt* ■**etw** ~ to toast sth

an·rü·chig ['anrʏçɪç] *adj* ❶ *(einen üblen Ruf aufweisend)* disreputable, of ill repute *pred*
❷ *(unanständig)* indecent, offensive; ■[**für jdn**] ~ **sein** to be offensive to sb; ■**etwas Anrüchiges** something offensive [*or* indecent]; **als etwas Anrüchiges gelten** to be considered offensive [*or* indecent]

an|rü·cken **I.** *vi sein* ❶ *(herbeikommen)* to be coming up [*or* closer]; *Feuerwehr, Polizei* to be on the scene
❷ MIL *(im Anmarsch sein)* ■[**gegen jdn/etw**] ~ to advance [against sb/sth]
❸ *(hum fam: zum Vorschein kommen)* to turn up *fam*, to materialize *hum*; ■**etw ~ lassen** to bring sth along *hum*
❹ *(weiter heranrücken)* ■**an jdn** ~ to come [*or* move] up [*or* closer] [to sb]
II. *vt haben (heranrücken)* ■**etw an etw** *akk* ~ to move sth up [*or* closer] [to sth]

An·ruf *m* ❶ *(Telefonanruf)* [telephone] call
❷ MIL *(Aufforderung)* challenge; **ohne** [**vorherigen**] ~ **schießen** to shoot without warning

An·ruf·be·ant·wor·ter <-s, -> *m* answering machine, BRIT *a.* answerphone; ***„hier ist der automatische ~"*** "this is an automatic answering service"

an|ru·fen *irreg* **I.** *vt* ❶ *(telefonisch kontaktieren)* ■**jdn** ~ to call sb [on the telephone], to phone sb, to give sb a ring [*or fam* call]; ■**angerufen werden** to get a telephone call
❷ MIL *(aufrufen)* ■**jdn** ~ to challenge sb; *(von einem Polizisten)* to shout sb a warning
❸ JUR *(appellieren)* ■**jdn/etw** ~ to appeal to sb/sth
❹ *(beschwören)* ■**jdn/etw** ~ to call on sb/sth
II. *vi* ■[**bei jdm/für jdn**] ~ to phone [sb/for sb]; ***darf ich mal bei dir ~?*** can I give you a call?

An·ru·fer(in) <-s, -> *m(f)* caller

An·ru·fung <-, -en> *f des Gerichts* appeal at law

An·ru·fungs·ver·fah·ren *nt* JUR appeal procedure

An·ruf·wei·ter·schal·tung *f* TELEK call forwarding

an|rüh·ren *vt* ❶ *verneint (konsumieren)* ■**etw nicht** ~ to not touch sth
❷ *(geh: berühren)* ■**etw** ~ to touch sth; ***rühr' mich ja nicht an!*** don't you touch me!
❸ *(ansprechen)* ■**etw** ~ to touch on sth
❹ *(durch Rühren zubereiten)* ■[**jdm**] **etw** ~ to mix sth [for sb]; **eine Soße** ~ to blend a sauce

an·rüh·rend *adj* moving

ans [ans] = **an das** *s.* **an**

an|sä·en *vt* AGR ❶ *(aussäen)* ■**etw** ~ to sow sth
❷ *(besäen)* ■**etw** [**mit etw** *dat*] ~ to sow sth [with sth]

An·sa·ge *f* ❶ *(Ankündigung)* announcement
❷ *(beim Kartenspiel)* bid; ***du hast die ~*** it's your bid

an|sa·gen **I.** *vt* ❶ *(durchsagen)* ■**etw** ~ to announce sth
❷ *(ankündigen)* ■[**jdm**] **jdn/etw** ~ to announce sb/sth [to sb]
❸ *(fam: erforderlich sein)* ■**angesagt sein** to be called for; *(in Mode sein)* to be in
❹ KARTEN ■[**jdm**] **etw** ~ to bid [sb] sth
II. *vr* ❶ *(Besuch ankündigen)* ■**sich** *akk* [**bei jdm**] [**für etw** *akk*/**zu etw** *dat*] ~ to announce a visit [to sb] [*or* tell sb that one is coming] [for sth]
❷ *(sich ankündigen)* to announce itself/themselves *liter*
III. *vi* ❶ *(eine Ansage machen)* to do the announcements
❷ KARTEN to bid; ***du sagst an!*** your bid!

an|sä·gen *vt* ■**etw** ~ to saw into sth; ■**das Ansägen** [**einer S** *gen.*] sawing [into sth]

An·sa·ger(in) <-s, -> ['anza:gɐ] *m(f)* ❶ *(Sprecher)* announcer
❷ *(Conférencier)* host, compère BRIT, emcee AM

An·sa·ge·text *m* announcement [text]

an|sam·meln **I.** *vt* ❶ *(anhäufen)* ■**etw** ~ to accumulate [*or* amass] sth; **Vorräte** ~ to build up provisions
❷ FIN *(akkumulieren)* **Zinsen** [**auf einem Sparbuch/Konto**] ~ to accrue interest [on a savings book/an account]
❸ MIL *(zusammenkommen lassen)* **Truppen** [**für jdn/etw**] ~ to concentrate troops [for sb/sth]
II. *vr* ❶ *(sich versammeln)* ■**sich** *akk* ~ to gather, to collect
❷ *(sich anhäufen)* ■**sich** *akk* ~ *Spinnweben, Staub* to collect, to gather; *Krimskrams, Müll* to accumulate
❸ FIN *(sich akkumulieren)* ■**sich** *akk* ~ to accrue
❹ *(sich aufstauen)* ■**sich** *akk* [**bei jdm**] ~ to build up [in sb]

An·samm·lung *f* ❶ *(Haufen)* crowd, gathering
❷ *(Aufhäufung)* accumulation
❸ *(Aufstauung)* build-up

an·säs·sig ['anzɛsɪç] *adj (geh)* resident; ***alle ~en Bürger*** all resident citizens; **in einer Stadt ~ sein** to be resident in a city

An·säs·si·ge(r) *f(m) dekl wie adj* resident

An·satz *m* ❶ *(Basis)* base; *von Haar* hairline; **im ~** basically
❷ *(erster Versuch)* ■**der/ein ~ zu etw** *dat* the/an [initial] attempt at sth; **einen neuen ~ zu etw** *dat* a fresh attempt at sth, a fresh approach to sth
❸ *(erstes Anzeichen)* first sign[s *pl*], beginning[s *pl*] (**zu** +*dat* of); **den ~ zu etw zeigen** the show the first signs [*or* beginnings] of sth; **die ersten Ansätze** the initial stages
❹ ÖKON *(geh: Veranschlagung)* estimate, assessment; **außer ~ bleiben** *(geh)* to not be taken into account; **etw** [**für etw** *akk*] **in ~ bringen** *(geh)* to appropriate sth [for sth]
❺ *(das Ansetzen) Rost, Kalk* formation; *(angelagerte Schicht)* coating, layer
❻ MUS *(Lippenstellung)* embouchure
❼ MATH formulation

An·satz·punkt *m* starting point **An·satz·stück** *nt* TECH extension

an·satz·wei·se *adv* basically; **~ richtig sein/verstehen/zutreffen** to be basically correct/to basically understand/to basically apply; ***ich verstehe diese Theorie nicht einmal ~*** I don't have the faintest understanding of this theory

an|säu·ern *vt* KOCHK **eine Soße** ~ to acidulate [*or* acidify] [*or* sour] a sauce

an|sau·fen *vr irreg* ■**sich** *dat* **einen** [**Rausch**] ~ *(sl)* to get plastered [*or* BRIT pissed], AM hammered *sl*

an|sau·gen **I.** *vt* ■**etw** ~ to suck [*or* draw] in sth
II. *vr* ■**sich** *akk* [**an jdm/etw**] ~ *Blutegel* to attach itself [to sb/sth]; *Vampir* to fasten [*or* sink] its teeth [into sb/sth]

an|schaf·fen **I.** *vt* ❶ *(kaufen)* ■**etw** ~ to buy [*or form* purchase] sth; ■**sich** *dat* **etw** ~ to [go and] buy [*or* get] oneself sth
❷ *(fam: zulegen)* **sich** *dat* **Kinder** [*o* **Nachwuchs**] ~ to have children [*or* offspring]; **sich** *dat* **eine Frau/einen Freund/eine Freundin** ~ to find [*or* get] oneself a wife/friend/girlfriend
II. *vi (sl)* [**für jdn**] ~ [**gehen**] to be on the game [for sb] BRIT, to hook [for sb] AM *pej fam;* **auf dem Strich ~** [**gehen**] to go on the game BRIT, to hook AM

An·schaf·fung <-, -en> *f* ❶ *kein pl (das Kaufen)* ■**die ~** purchase
❷ *(gekaufter Gegenstand)* purchase, buy; **eine ~/~en machen** to make a purchase/purchases

An·schaf·fungs·be·trag *m* FIN purchase price **An·schaf·fungs·dar·le·hen** *nt* FIN personal loan **An·schaf·fungs·kos·ten** *pl* purchase price *no pl* **An·schaf·fungs·kre·dit** *m* FIN medium-sized personal loan; **persönlicher ~** personal loan **An·schaf·fungs·preis** *m* HANDEL purchase price **An·schaf·fungs·wert** *m* FIN cost value; **~ abzüglich Abschreibung** cost value adjusted for depreciation **An·schaf·fungs·zeit·punkt** *m* date of acquisition

an|schal·ten *vt* ■**etw** ~ to switch on sth; ***wo lässt sich der Fernseher ~?*** where do I switch on the television?; ■**sich** *akk* ~ to switch [itself/themselves] on

An·schalt·pass·wort^RR^ *nt* INFORM power-on password

an|schau·en **I.** *vt* ■**jdn/etw** ~ to look at sb/sth; ***wie schaust du mich denn an!*** what are you looking at me like that for?; **jdn/etw genauer ~** to look more closely at [*or* examine] sb/sth; ***lass mich das Foto mal ~*** let me have a look at the photo; **einen Film/die Nachrichten ~** to watch a film/the news
II. *vr* ❶ *(sich ansehen)* ■**sich** *dat* **etw** ~ to take a look at sth; ***wir haben uns gestern den Film angeschaut*** we watched the film last night; **sich** *dat* **etw genauer** [*o* **näher**] ~ to take a closer look at sth
❷ *(hinnehmen)* ■**sich** *dat* **etw** ~ to put up with sth; ■**sich** *dat* **~, wie jd etw tut** to stand back and watch sb do sth [*or* how sb does sth]
III. *vi* [**da**] **schau** [**einer**] **an!** *(fam)* well there's something for you! *fam*

an·schau·lich **I.** *adj* illustrative; **ein ~es Beispiel** a good [*or* illustrative] example; **eine ~e Beschreibung** a graphic description; [**jdm**] **etw ~ machen** to illustrate sth [to sb]; ***sie konnte stets den Unterricht sehr ~ machen*** she was always able to make the lesson come alive
II. *adv* clearly, vividly

An·schau·lich·keit <-> *f kein pl* clarity, vividness; *einer Beschreibung* graphicness

An·schau·ung <-, -en> *f* ❶ *(Ansicht)* view; **eine ~ teilen** to share a view; ***unserer ~ nach …*** our view is that …, in our view, …; **aus eigener ~** *(geh)* from one's own experience [*or* first hand]
❷ *(geh: Vorstellung)* idea, notion

An·schau·ungs·ma·te·ri·al *nt* visual aids *pl*

An·schein *m* ■[**äußerer**] ~ [outward] appearance; **den ~ erwecken, als** [**ob**] … to give the impression that [*or* of] …; **sich** *dat* **den ~ geben**[**, als/als ob**] … to pretend [to be/as if …]; **den ~ haben** to appear [*or* seem] so; **den ~ haben, als** [**ob**] … to appear that [*or* as if] …, to seem that [*or* as if] …; **den ~ machen, dass …** [*o* **als ob**] SCHWEIZ to give the impression that …; **dem** [*o* **allem**] **~ nach** to all appearances, apparently

an·schei·nend *adv* apparently

An·scheins·be·weis *m* JUR prima facie evidence **An·scheins·ei·gen·tum** *nt* JUR reputed ownership **An·scheins·ver·tre·ter(in)** *m(f)* JUR ostensible agent **An·scheins·voll·macht** *f* JUR apparent authority

an|schei·ßen *vt irreg (sl)* ❶ *(zurechtweisen)* ■**jdn** ~ to give sb a dressing down [*or* BRIT *sl a.* bollocking]
❷ *(betrügen)* ■**jdn** ~ to screw sb *sl*

an|schi·cken *vr (geh)* ■**sich** *akk* **~, etw zu tun** to prepare to do sth [*or* be on the point of doing sth];

sich ~ **wollen, etw zu tun** to want to do sth

An·schie·ben <-s> *nt kein pl* AUTO push starting

an|schie·ben *vt irreg* ■**etw** ~ *Fahrzeug* to push sth; ***schieben Sie mich mal an?*** can you give me a push?

an|schie·ßen *irreg* **I.** *vt* ① *(durch Schuss verletzen)* ■**jdn/etw** ~ to shoot and wound sb/sth
② *(fam: kritisieren)* ■**jdn** ~ to hit out at sb; **jdn schwer** ~ to tear sb to pieces
II. *vi* to shoot along; ■**angeschossen kommen** to come shooting along

an|schim·meln *vi sein* to go mouldy

an|schir·ren *vt* **eine Kutsche** ~ to harness horses to a carriage; **ein Pferd** ~ to harness a horse; **Och·sen** ~ to yoke [up] oxen

An·schiss^RR <-es, -e>, **An·schiß**^ALT <-sses, -sse> *m (sl)* ■**ein** ~ a dressing down *sl*, BRIT *a.* a bollocking *sl*

An·schlag[1] *m* assassination; *(ohne Erfolg)* attempted assassination; ■**einen** ~ **auf jdn/etw verüben** to make an attack [*or* assault] on sb's life, to attack [*or* assault] sth; **einem** ~ **zum Opfer fallen** to be assassinated; **einen** ~ **auf jdn vorhaben** *(hum fam)* to have a request [*or hum fam* tiny request] for sb, to have a favour [*or* AM -or] to ask of sb

An·schlag[2] *m* ① *(betätigte Taste) von Klavier* touch, action; *von Schreibmaschine* stroke; ***200 Anschläge die Minute*** ≈ 40 words a minute
② *(angeschlagene Bekanntmachung)* placard, poster
③ TECH *(Widerstand)* stop; BAU *(Tür)* door stop; *(Fenster)* offset jamb; **etw bis zum** ~ **drehen/durchdrücken** to turn sth as far as it will go/to push sth right down; ***er trat das Gaspedal durch bis zum*** ~ he floored it *fam*
④ SPORT *(Schwimmbewegung)* touch
⑤ MIL ■**etw** [**auf jdn**] **in** ~ **bringen** to aim sth [at sb], to draw [*or* take] a bead on sb; **eine Schusswaffe im** ~ **haben** to have a firearm cocked
⑥ MUS touch, attack

An·schlag[3] *m* FIN estimate; **etw in** ~ **bringen** *(geh)* to take sth into account

An·schlag·brett *nt* notice [*or* AM bulletin] board

An·schlag·dru·cker *m* INFORM impact printer

an|schla·gen[1] *irreg* **I.** *vt haben* ① *(stoßen, verletzen)* ■**sich** *dat* **etw** [**an etw** *dat*] ~ to knock one's sth [against [*or* on] sth]; **sich** *dat* **das Knie/den Kopf an der Wand** ~ to knock one's knee/head against [*or* on] the wall
② *(beschädigen)* ■**etw** ~ *(Splitter abschlagen)* to chip sth; *(einen Sprung, Riss verursachen)* to crack sth
③ *(anbringen, befestigen)* ■**etw** [**an etw** *dat*] ~ to put up sth *sep* [on sth]; **eine Bekanntmachung** [**an etw** *dat*] ~ to put up [*or* post] a notice [on sth]; **ein Brett an etw** *akk* ~ to fasten [*or* nail] a board to sth; **ein Plakat/Poster** [**an etw** *dat*] ~ to put up a poster [on sth]; **etw** [**mit Reißnägeln/Pins**] ~ to pin up sth *sep*; **etw** [**mit Reißnägeln/Pins**] **an etw** *dat* ~ to pin sth on [*or* to] sth
④ *(niederdrücken)* **eine Taste** ~ to strike a key
⑤ MUS *(erklingen lassen)* **einen Akkord/eine Taste** ~ to strike a chord/key; **eine Melodie/einen Ton** ~ to play a melody [*or* tune]/a note
⑥ *(durch Klang anzeigen)* **die Stunde/halbe Stunde/Viertelstunde** ~ to strike the hour/half hour/quarter hour
⑦ *(wechseln zu)* **ein anderes Thema/einen anderen Ton** ~ to change the subject/one's tune; **einen schnelleren Gang** [*o* **eine schnellere Gangart**] ~ to speed up
⑧ *(zielen)* **ein Waffe** [**auf jdn/etw**] ~ to aim [*or* level] a weapon [at sb/sth]
⑨ ÖSTERR *(anzapfen)* **ein Fass** ~ to tap a barrel
⑩ TENNIS **einen Ball** ~ to hit a ball; *(seitlich)* to chip a ball
⑪ NAUT **ein Segel** ~ to fasten a sail
⑫ FORST **einen Baum** ~ to mark a tree for felling
II. *vi* ① *sein (anprallen)* ■[**an etw** *akk o dat*] ~ to knock [*or* bump] on [*or* against] sth; *(heftiger)* to strike on [*or* against] sth; ***die Wellen schlugen an die*** [*o* ***der***] ***Kaimauer an*** the waves beat against the quay wall
② *sein (stoßen)* ■**mit etw** *dat* [**an etw** *akk o dat*] ~ *(verletzen)* to knock sth [against [*or* on] sth]; *(beschädigen)* to bump into sth with sth; ***pass auf, dass du mit den Möbeln nicht am Türrahmen anschlägst*** make sure you don't bump into the doorframe with the furniture; **mit dem Kopf an die** [*o* **der**] **Wand** ~ to knock one's head against [*or* on] the wall
③ *haben* SPORT *(berühren)* [**am Beckenrand**] ~ to touch
④ *haben (läuten)* to ring; *Glocken* to strike, to toll *liter*
⑤ *haben (bellen) Hund* to [give a [loud]] bark

an|schla·gen[2] *vi irreg* ① *(wirken)* ■[**bei jdm/etw**] ~ to have an effect [on sb/sth]; **bei jdm/etw gut/schlecht** ~ to have a good/bad effect on sb
② *(fam: dick machen)* ■**bei jdm** ~ to make sb put on [weight]; ***Sahnetorten schlagen bei mir sofort an*** cream cakes make me put weight on immediately

An·schlag·flä·che *f* BAU jamb **An·schlag·schie·ne** *f* BAU striker bar, stop rail

An·schlags·op·fer *nt* victim

an|schlei·chen *vr irreg* ■**sich** *akk* **an jdn/etw** ~ to creep up on sb/up to sth; **angeschlichen kommen** to come creeping up

an|schlep·pen *vt* ① *(fam: mitbringen)* ■**jdn** [**mit**] ~ to drag sb along *fam*
② *(mühsam herbeibringen)* ■**etw** ~ to drag sth along; ■[**jdm**] **etw** ~ to bring [sb] sth *hum fam*
③ AUTO **ein Fahrzeug** ~ to tow-start a vehicle

an|schlie·ßen *irreg* **I.** *vt* ① ELEK, TECH, TELEK ■**etw** [**an etw** *akk*] ~ to connect sth [to sth]
② *(mit Schnappschloss befestigen)* ■**etw** [**an etw** *akk*] ~ to padlock sth [to sth]
③ *(hinzufügen)* ■**etw** ~ to add sth
④ *(anketten)* ■**jdn** [**an etw** *akk*] ~ to chain sb [to sth]; **jdn an Händen und Füßen** ~ to chain sb hand and foot
II. *vr* ① *(sich zugesellen)* ■**sich** *akk* **jdm** ~ to join sb
② *(beipflichten)* ■**sich** *akk* **jdm/etw** ~ to fall in with [*or* follow] sb/sth; ***dem schließe ich mich an*** I think I'd go along with that
③ *(sich beteiligen)* ■**sich** *akk* **etw** *dat* ~ to associate [*or* become associated] with sth; ■**etw** *dat* **angeschlossen sein** to be affiliated with sth
④ *(angrenzen)* ■**sich** *akk* [**etw** *dat*/**an etw** *akk*] ~ to adjoin sth; **sich** *akk* **unmittelbar** ~ to directly adjoin
⑤ *(folgen)* ■**sich** *akk* **etw** *dat*/**an etw** *akk* ~ to follow sth; ***dem Vortrag schloss sich ein Film an*** the lecture was followed by a film
III. *vi* ■**an etw** *akk* ~ to [directly] follow sth

an·schlie·ßend **I.** *adj (darauf folgend)* following; **die** ~**e Diskussion/das** ~**e Ereignis** the ensuing discussion/event
II. *adv* afterwards

An·schluss^RR <-es, Anschlüsse>, **An·schluß**^ALT <-sses, Anschlüsse> *m* ① TELEK *(Telefonanschluss)* [telephone] connection; *(weiterer Anschluss)* extension; ***der*** ~ ***ist gestört*** there's a disturbance on the line; **„kein** ~ **unter dieser Nummer"** "the number you are trying to call is not available"; **der** ~ **ist besetzt** the line is engaged [*or* AM busy]; ~ [**irgendwohin**] **bekommen** to get through [to sth]
② TECH *(das Anschließen)* ■**der** ~ connecting
③ **im** ~ **an etw** *akk (anschließend)* after sth; **im** ~ **an jdn/etw** *(in Bezug auf)* with respect to sb/sth
④ *kein pl (Kontakt)* contact; ~ **bekommen** [*o* **finden**] to make friends; ~ [**an jdn**] **suchen** to want to make friends [with sb]
⑤ POL *(Annektion)* annexation (**an** + *akk* to)
⑥ *(Beitritt)* affiliation (**an** + *akk* with)
⑦ *kein pl* SPORT ***diesem Läufer gelang der*** ~ ***an die Spitze*** this runner has managed to join the top athletes
⑧ BAHN, LUFT *(Verbindung)* connection, connecting flight/train; ~ [**nach London/München**] **haben** to have a connection [*or* connecting flight/train] [to London/Munich]; **den** ~ **verpassen** to miss one's connecting train/flight
▶ WENDUNGEN: **den** ~ **verpassen** *(keinen Partner finden)* to be left on the shelf *hum*; *(beruflich nicht vorwärtskommen)* to miss the boat

An·schluss·be·ru·fung^RR *f* JUR cross-appeal, counter appeal; **gegen etw** *akk* ~ **einlegen** to cross-appeal sth **An·schluss·be·schwer·de**^RR *f* JUR cross-complaint **An·schluss·box**^RR *f* TELEK connection box **An·schluss·ei·sen**^RR *nt* BAU connection plate **An·schluss·flug**^RR *m* connecting flight **An·schluss·fu·si·on**^RR *f* FIN follow-up merger **An·schluss·ge·bühr** *f* TELEK connection fee **An·schluss·ge·win·de**^RR *nt* connection thread **An·schluss·ka·bel**^RR *nt* connection cable **An·schluss·ken·nung**^RR *f* INFORM identifier **An·schluss·kon·kurs·ver·fah·ren**^RR *nt* JUR bankruptcy proceedings *pl (after failure to agree on composition)* **An·schluss·norm**^RR *f* TECH, INFORM connecting standard **An·schluss·pfän·dung**^RR *f* JUR second distress, secondary attachment **An·schluss·pflicht**^RR *f* JUR compulsory connection **An·schluss·re·vi·si·on**^RR *f* JUR cross-appeal, counter appeal **An·schluss·stück**^RR *nt* BAU joining piece

An·schluss- und Be·nut·zungs·zwang^RR *m* JUR compulsory connection and use

An·schluss·zug^RR *m* BAHN connecting train, connection

an|schmach·ten *vt* ■**jdn** ~ to drool over sb *fig*

an|schmie·den *vt* ■**jdn** [**an etw** *akk*] ~ to chain sb [to sth]; ■**angeschmiedet sein** to be forged

an|schmie·gen **I.** *vt* ■**etw an etw** *akk* ~ to nestle sth against sth
II. *vr* ■**sich** *akk* [**an jdn/etw**] ~ ① *(sich fest daran schmiegen)* to cuddle up [to sb/sth]; *(von Katzen, Hunden)* to nestle [up to sb/into [*or* against] sth]
② *(eng umfangen)* to be close-fitting, to cling to sb/sth

an·schmieg·sam *adj* ① *(anlehnungsbedürftig)* affectionate
② *(weich)* soft

an|schmie·ren **I.** *vt* ① *(pej: achtlos bemalen)* ■**jdn/etw** [**mit etw** *dat*] ~ *Wand, Gesicht* to smear sb/sth [with sth]
② *(fam: beschmutzen)* ■**jdn/sich mit etw** *dat* ~ to smear sth on sb/oneself
③ *(fam: betrügen)* ■**jdn** [**mit etw** *dat*] ~ to con sb [with sth], to take sb for a ride *fam*; ***da bist du ganz schön angeschmiert worden!*** they certainly saw you coming!
II. *vr (pej: sich beliebt machen)* ■**sich** *akk* **bei jdm** ~ to suck up to sb

an|schnal·len **I.** *vt* ① AUTO, LUFT *(den Sicherheitsgurt anlegen)* ■**jdn** ~ *akk* to fasten sb's seat belt, to strap sb up; **jdn im Sitz** ~ to strap sb in his seat
② *(sich etw festschnallen)* ■**etw** ~ to strap on sth
II. *vr* ■**sich** *akk* ~ to fasten one's seat belt

An·schnall·pflicht *f* obligatory wearing of seat belts

an|schnau·zen *vt (fam)* ■**jdn** ~ to bawl at sb *fam*, to bite sb's head off *fam*; ■**sich** *akk* [**von jdm**] ~ **lassen** to get bawled at [by sb] *fam*

an|schnei·den *vt irreg* ① *(durch Schneiden anbrechen)* ■**etw** ~ to cut [into] sth
② *(ansprechen)* ■**etw** ~ to touch on sth
③ TYPO **angeschnittenes Bild** bled-off illustration

An·schnitt *m* ① *kein pl (das Anschneiden)* cutting
② *(erstes Stück)* ■**der** ~ the first slice; *(Ende)* end piece

An·scho·vis <-, -> [an'ʃoːvɪs] *f s.* **Anchovis**

an|schrau·ben *vt* ■**etw** [**an etw** *akk o dat*] ~ to screw sth to sth; *(durch Schraubenbolzen)* to bolt sth to sth; **etw fest** ~ to screw sth tight

an|schrei·ben *irreg* **I.** *vt* ① *(etw daraufschreiben)* ■**etw** [**an etw** *akk*] ~ to write sth [on sth]; *(mit Farbe)* to paint sth [on sth]; *(mit Kreide)* to daub sth [on sth]
② *(ein Schreiben an jdn richten)* ■**jdn** [**wegen einer S.** *gen*] ~ to write to sb [for [*or* regarding] sth];

■ **Angeschriebene[r]** addressee
3 *(fam: zu jds Lasten notieren)* ■ **jdm etw ~** to charge sth to sb's account, AM *a.* to put sth on sb's tab
II. *vi (fam)* to take credit; ■ **[bei jdm] ~ lassen** to buy on credit [*or* BRIT *a.* tab] [from sb]

an|schrei·en *vt irreg* ■ **jdn [wegen einer S.** *gen***] ~** to shout at sb [because of sth]; ■ **sich** *akk* **[von jdm] ~ lassen** to get shouted at [by sb]

An·schrift *f* address

An·schub·fi·nan·zie·rung *f* FIN knock-on [*or no indef art* start up] financing

an|schul·di·gen *vt* ■ **jdn [einer S.** *gen***] ~** to accuse sb [of sth]; ■ **jdn ~, etw zu tun** to accuse sb of doing sth

An·schul·di·gung <-, -en> *f* accusation

an|schwär·zen *vt (fam)* 1 *(schlechtmachen)* ■ **jdn [bei jdm] ~** to blacken sb's name [with sb]
2 *(denunzieren)* ■ **jdn [wegen einer S.** *gen***] [bei jdm] ~** to run sb down [to sb] [for sth]

An·schwär·zung <-, -en> *f* ÖKON denigration; **~ der Konkurrenz** trade libel, disparagement of a competitor

an|schwei·gen *vt irreg* ■ **jdn ~** to say nothing [to sb]; ■ **sich** *akk* **~** to say nothing to each other

an|schwei·ßen *vt* TECH ■ **etw [an etw** *akk***] ~** to weld sth [to sth]; ■ **[an etw** *akk o dat***] angeschweißt sein** to be welded to sth

an|schwel·len *vi irreg sein* 1 *(eine Schwellung bilden)* to swell [up]; ■ **[dick] angeschwollen sein** to be [very] swollen
2 *(einen höheren Wasserstand bekommen) Fluss* to swell, to rise
3 *(lauter werden)* to rise

An·schwel·lung *f* slight swelling

an|schwem·men **I.** *vt haben* ■ **etw ~** to wash sth up [*or* ashore]; **angeschwemmtes Holz** driftwood
II. *vi sein* to be washed up [*or* ashore]

an|schwim·men *irreg* **I.** *vi sein* ■ **gegen etw** *akk* **~** to swim against sth
II. *vt haben* ■ **etw ~** to swim to[wards] sth

an|schwin·deln *vt (fam)* ■ **jdn ~** to tell [sb] fibs *fam* [*or* lies]; ■ **sich** *akk* **[von jdm] ~ lassen** to take fibs *fam* [*or* lies] [from sb]

an|schwit·zen *vt* KOCHK to [lightly] sauté

an|se·geln *vt* ■ **etw ~** to sail to[wards] sth; **einen Hafen ~** to put into a harbour [*or* AM -or]; **eine Stadt ~** to head for a city

an|se·hen *irreg vt* 1 *(ins Gesicht sehen)* ■ **jdn ~** to look at sb; **jdn ärgerlich/böse/unschuldig ~** to give sb an irritated/angry/innocent look; **jdn groß ~** to stare at sb [with surprise]; **jdn nicht mehr ~** *(fam)* to not look at [*or* want to know] sb any more; **jdn verdutzt/verwundert ~** to look at sb with surprise/a baffled expression
2 *(betrachten)* ■ **[sich** *dat***] etw/jdn ~** to take a look at sth/sb; ***bevor ich mich niederlasse, will ich mir die Welt ~*** before I settle down I want to see some of the world; **~ *kostet nichts!*** looking costs nothing!; **sich** *dat* **etw/jdn genauer [*o* näher] ~** *(a. fig)* to take a closer look at sth/sb *a. fig;* **sich** *dat* **etw gründlich ~** *(a. fig)* to take a close look at sth *a. fig;* ***ich werde mir die Sache mal [genauer] ~*** *(fig)* I'll look into it; **hübsch/schauderhaft anzusehen sein** to be pretty/horrible to look at; **sich** *dat* **eine Wohnung ~** to view a flat
3 *(verfolgen)* ■ **[sich** *dat***] etw ~** to see sth; *(im Fernsehen)* to watch sth; ***siehst du dir heute [im Fernsehen] das Spiel gegen England an?*** are you watching the England game [on television] tonight?; ***wir fliegen nach Rom, um uns das Endspiel anzusehen*** we are flying to Rome to see the final; ***ich möchte mir unbedingt die Premiere ihres neuen Stückes ~*** I really want to see the première of her new play
4 *(halten)* ■ **jdn/etw als [*o* für] etw** *akk* **~** to consider sb/sth [as being [*or* to be]] sth, to regard sb/sth as [being] sth; ***ich sehe es als meine Pflicht an, zu ...*** I consider it my duty to ...
5 *(beurteilen)* **etw anders [*o* mit anderen Augen] ~** to look at sth differently [*or* with different eyes]
6 *(anmerken)* **man sieht jdm etw an** sb looks sth; ***das sieht man ihm an*** he looks it; ***man sieht ihm sein Alter nicht an*** he doesn't look his age; ***man sieht ihr den Stress an den dunklen Augenringen an*** you can tell by the dark rings under her eyes that she's stressed out; ***ihre Erleichterung war ihr deutlich anzusehen*** her relief was obvious; *s. a.* **Auge, Nasenspitze**
7 *(tatenlos zusehen)* ■ **etw [mit] ~** to stand by and watch sth; *(hinnehmen)* to put up with sth; ***das kannst du doch unmöglich weiterhin mit ~!*** you can't just stand by and watch it anymore!; ***ich musste [mit] ansehen, wie ...*** I could only stand by and watch while ...; ***ich habe mir deine Unverschämtheiten jetzt lange genug mit angesehen*** I've had enough of your impertinence; ***das kann ich nicht länger mit ~!*** I can't put up with it any more!; **nicht [mit] ~, wie jd etw tut** to not put up with sb doing sth; ***ich sehe mir nicht [mehr] länger an, wie er seine Angestellten behandelt*** I'm not putting up any longer with the way he treats his employees
▶ WENDUNGEN: **sieh mal einer an!** *(fam)* well, well, what a surprise! *fam,* well I never! BRIT *fam;* **das sehe sich einer an!** *(fam)* well, would you believe it! *fam*

An·se·hen <-s> *nt kein pl* 1 *(Reputation)* reputation, standing; **[bei jdm] [ein großes] ~ genießen** to enjoy a [good] reputation [*or* have [a lot of] standing] [with sb]; **~ gewinnen [*o* erlangen]** to gain a good reputation; **zu ~ kommen [*o* gelangen]** to acquire standing [*or* a good reputation]; **[bei jdm] in [großem/hohem] ~ stehen** to be held in [high] regard [*or* esteem] [by sb]; **[bei jdm] an ~ verlieren** to lose standing [with sb]
2 *(geh: Aussehen)* appearance; **ein anderes ~ gewinnen** to take on a different appearance
3 JUR **ohne ~ der Person** without respect [*or* exception] of person

An·se·hens·ver·lust *m* loss of face

an·sehn·lich *adj* 1 *(beträchtlich)* considerable; **eine ~e Leistung** an impressive performance
2 *(stattlich)* good-looking, handsome; **ein ~er Bauch** a proud stomach *hum;* **ein ~es Gebäude** a majestic building

an|sei·len *vt* ■ **jdn ~** to fasten sb with a rope; ■ **sich** *akk* **~** to fasten a rope to oneself; ■ **angeseilt sein** to be roped together

an|sein^ALT *vi irreg sein (fam) s.* **an II 3**

an|sen·gen **I.** *vt haben* ■ **etw ~** to singe sth
II. *vi sein* to be[come] singed; ***es riecht angesengt*** there's a singeing smell

an|set·zen **I.** *vt* 1 *(befestigen)* ■ **etw [an etw** *akk o dat***] ~** to attach sth [to sth]; *(annähen)* to sew sth on [sth]; **tief angesetzte Taschen** low pockets; **tief angesetzte Ohren** *(fig)* low-set ears
2 *(ins Stellung bringen)* ■ **etw ~** to position sth; **ein Blasinstrument ~** to raise a wind instrument to one's mouth; **eine Feder ~** to put a pen to paper; **das Glas ~** to raise the glass to one's lips; ■ **etw an/in/unter etw** *dat* **~** to place [*or* put] sth on/in/under sth; ***wo muss ich den Wagenheber ~?*** where should I put [*or* place] the jack?; ■ **etw an etw** *akk* **~** *(anlehnen)* to lean sth against sth; **eine Leiter [an etw** *akk***] ~** to put up a ladder [against sth]
3 *(veranschlagen)* ■ **etw [mit etw** *dat***/auf etw** *akk***] ~** *(festsetzen)* to set sth [at sth]; *(schätzen)* to estimate sth [at sth]; *(vorausberechnen)* to calculate sth [at sth]; ***mit wie viel Euro würden Sie die Baukosten ~?*** what would you estimate to be the building costs [in euros]?; **etw zu niedrig/hoch ~** to set sth too low/high; *(schätzen)* to underestimate/overestimate sth
4 *(einplanen)* ■ **etw [für etw** *akk***] ~** to plan sth [for sth]; ***wir haben für die Proben eine Woche angesetzt*** we've planned one week for the rehearsals
5 *(terminlich festlegen)* ■ **etw [für/auf etw** *akk***] ~** to set [*or* fix] sth [for sth]; ***die Operation ist für morgen angesetzt*** the operation has been fixed [*or* set] for tomorrow
6 *(hetzen)* **Hunde auf jdn/jds Spur ~** to put [*or* set] dogs on sb's trail
7 *(einsetzen)* ■ **jdn auf jdn/etw ~** to put sb on[to] sb/sth; ***wen sollen wir auf ihren neuen Stürmer ~?*** *(sl)* who should mark their new striker?; **jdn auf einen Fall/ein Projekt ~** to put sb on a case/project; **jdn auf jds Spur ~** to put sb on sb
8 BOT *(hervorbringen)* ■ **etw ~** to produce sth; **Beeren/Blätter/Früchte ~** to produce berries/leaves/fruit; **Blüten/Knospen ~** to blossom/bud
9 *(ausbilden)* **Fett ~** to put on weight; **Rost ~** to rust; **Schimmel ~** to go mouldy
10 *(vorbereiten)* ■ **etw [mit etw** *dat***] ~** to prepare sth [with sth]; *(anrühren)* to mix sth [with sth]
11 DIAL *(aufsetzen)* ■ **etw ~** to put sth on
II. *vi* 1 *(beginnen)* start; ***genau an diesem Punkt muss die Kritik ~*** that is exactly the point where criticism must start; ■ **mit etw** *dat* **~** to start [*or* begin] with sth; **mit der Arbeit/dem Heben ~** to start work[ing]/lifting; ■ **zu etw** *dat* **~** to start [*or* begin] to do sth; **zur Landung ~** to come in to land; **[zum Sprechen [*o* Reden]] ~** to open one's mouth to speak; **zum Sprung ~** to get ready to jump; **zum Trinken ~** to raise the glass to one's lips; **zum Überholen ~** to be about to overtake
2 *(eine Position einnehmen)* **mit etw** *dat* **~** to position sth; **mit etw** *dat* **an/in/unter etw** *dat* **~** to place [*or* put] sth on/in/under sth
3 BOT *(sich bilden)* ■ **[an etw** *dat***] ~** to come out [*or* forth] [on sth]
4 *(Knospen, Früchte bilden)* sprout
5 *(fam: dick werden)* to put on weight
6 *(fam: dick machen)* to be fattening; ■ **bei jdm ~** to make sb put on weight
7 *(anbrennen)* to stick
III. *vr* ■ **sich** *akk* **[an/auf/in/unter etw** *dat***] ~** to form [on/in/under sth]

ANSI <-> ['anzi] *nt kein pl* INFORM *Akr von* **American National Standards Institute** ANSI

An·sicht <-, -en> *f* 1 *(Meinung)* view, opinion; **über etw** *akk***/in etw** *dat* **geteilter ~ sein** to have a different view of [*or* opinion about] sth, to think differently about sth; **[über etw** *akk***/in etw** *dat***] bestimmter ~ sein** to have a particular view [of sth] [*or* opinion [about sth]], to think a certain way [about sth]; ***ich bin ganz Ihrer ~*** I agree with you completely; ***und welcher ~ bist du?*** what's your view [of it] [*or* opinion [on it]]?; **der gleichen ~ sein** to be of [*or* share] the same view [*or* opinion]; **der ~ sein, dass ...** to be of the opinion that ...; **nach ~** *gen* in the opinion of; **deiner/meiner ~ nach** in your/my opinion, I/you think that ...
2 *(Abbildung)* view; **die ~ von hinten/vorne/der Seite** the rear/front/side view, the view from the rear/front/side; **die ~ von oben/unten** the view from above/below; TECH the top/bottom view; **zur ~** for [your/our] inspection

an·sich·tig *adj* ■ **jds/einer S.** *gen* **~ werden** *(veraltend geh)* to set eyes on [*or liter or old* behold] sb/sth

An·sichts·ex·em·plar *nt* article sent on approval **An·sichts·kar·te** *f* [picture] postcard **An·sichts·sa·che** *f* **[reine] ~ sein** to be [purely] a matter of opinion; ■ **das ist ~!** *(fam)* that's a matter of opinion! *fam* **An·sichts·sen·dung** *f* articles sent on approval

an|sie·deln **I.** *vt* 1 *(ansässig machen)* ■ **jdn ~** to settle sb; **eine Tierart irgendwo [wieder] ~** to [re-]introduce a species to somewhere; **eine Vogelkolonie [wieder] ~** to [re-]establish a bird colony somewhere
2 ÖKON *(etablieren)* ■ **etw [irgendwo] ~** to establish sth [somewhere]
3 *(geh: aus etw stammen)* ■ **in etw** *dat* **angesiedelt [*o* anzusiedeln] sein** to belong to the field of sth
II. *vr* ■ **sich** *akk* **~** 1 *(sich niederlassen)* to settle
2 BIOL *(entstehen)* to establish itself/themselves

An·sied·ler(in) *m(f)* settler

An·sied·lung *f* 1 *(Siedlung)* settlement

② *(das Ansiedeln)* ■ **die** ~ the settlement; *Tier, Tierart* the colonization, the introduction
③ ÖKON *(Etablierung)* ■ **die** ~ the establishment
④ JUR *ohne Rechtstitel* squatting

An·sin·nen <-s, -> *nt (geh)* suggestion; **ein** ~ [**an jdn**] **haben** to have an implausible request [for sb]

An·sitz *m* JAGD raised hide [*or* AM blind]

ANSI-Ze̲i·chen·satz *m* INFORM ANSI character set

an·sons·ten [an'zɔnstn̩] *adv* ① *(im Übrigen)* otherwise
② *(iron: sonst)* ~ ***hast du nichts zu kritisieren?*** anything else to criticize? *iron;* ***aber ~ geht's dir gut?*** you're not serious!, you must be joking!
③ *(im anderen Fall)* otherwise; *(bedrohlicher)* else

an|span·nen I. *vt* ① *(zusammenziehen)* ■ **etw** ~ to tighten [*or* tauten] sth; **seine Muskeln** ~ to tense one's muscles
② *(überanstrengen)* ■ **etw** ~ to strain [*or* tax] sth; **jdn** [**zu sehr**] ~ to [over]tax sb
③ *(in Anspruch nehmen)* **seine Ersparnisse/seinen Etat** ~ to stretch one's savings/budget
④ *(mit Zugtieren bespannen)* ■ **etw** ~ to hitch up sth; **die Kutsche mit Pferden** ~ to hitch up the horses; **ein Pferd** ~ to harness a horse; **Ochsen** ~ to yoke [up] oxen
II. *vi* ① *(ins Geschirr spannen) Ochsen* to yoke [up] the oxen; *Pferde* to harness the horse[s]
② *(mit Pferden bespannen)* ***es ist angespannt!*** the carriage is ready; ■ ~ **lassen** to get a/the carriage ready, to put in the horse[s]

An·span·nung *f* strain, exertion; *(körperlich)* effort; **unter** ~ **aller Kräfte** by exerting all one's energies

An·spiel <-s> *nt kein pl* ① *(Spielbeginn: beim Kartenspiel)* lead; *(Schach)* first move; SPORT start of play; **das** ~ **haben** [*o* **ausführen**] to have the lead [*or* first move]
② SPORT *(Ballspiele)* pass

an|spie·len I. *vi* ① *(etw andeuten)* ■ **auf jdn/etw** ~ to allude to sb/sth; *(böse)* to insinuate sth; ***worauf willst du ~?*** what are you driving [*or* getting] at?; ***spielst du damit auf mich an?*** are you getting at me?
② SPORT *(das Spiel beginnen)* to start; FBALL to kick off; ***wann wird denn angespielt?*** when's the kick off?
II. *vt* SPORT ■ **jdn** ~ to pass [*or* play] the ball to sb

An·spie·lung <-, -en> *f* allusion; *(böse)* insinuation; *(sexuell a.)* innuendo; ■ **eine** ~ **auf jdn/etw** an allusion to [*or* regarding] sb/sth; **sich** *akk* **in** ~**en ergehen** to indulge in allusions

an|spit·zen *vt* ① *(spitz machen)* ■ **etw** ~ to sharpen sth
② *(fam: antreiben)* ■ **jdn** ~ to egg sb on, to push sb [on]

An·spit·zer <-s, -> *m* sharpener

An·sporn <-[e]s> *m kein pl* incentive; **innerer** ~ motivation

an|spor·nen *vt* ① *(Anreize geben)* ■ **jdn** [**zu etw** *dat*] ~ to spur sb on [to sth]; ■ **jdn** [**dazu**] ~, **etw zu tun** to spur sb on to do sth; **Spieler** ~ to cheer on players
② *(die Sporen geben)* ■ **ein Pferd** ~ to spur [on] a horse

An·spra·che *f* speech, address; **eine** ~ **halten** to make [*or* hold] [*or* deliver] a speech, to hold [*or* deliver] an address *fam;* **halte keine** ~**n!** *(fam)* don't go lecturing! *fam*

an·sprech·bar *adj pred* ① *(zur Verfügung stehend)* available, open to conversation
② MED *(bei Bewusstsein)* responsive
③ *(zugänglich sein)* ■ **auf etw** *akk* ~ **sein** to respond to sth; ***sie ist heute nicht*** ~ you can't talk to her at all today

an|spre·chen *irreg* I. *vt* ① *(anreden)* ■ **jdn** ~ to speak to sb
② *(betiteln)* **jdn** [**mit Kasimir/seinem Namen/seinem Titel**] ~ to address sb [as Kasimir/by his name/by his title]
③ *(erwähnen)* **jdn auf etw** *akk* ~ to approach sb about sth
④ *(bitten)* ■ **jdn um etw** *akk* ~ to ask sb for sth, to request sth of sb *form*
⑤ *(meinen)* ■ **jdn** ~ to concern sb; ***mit dieser Aufforderung sind wir alle angesprochen*** this request concerns us all
⑥ *(erwähnen)* ■ **etw** ~ to mention sth
⑦ *(gefallen)* ■ **jdn** ~ to appeal to sb
⑧ *(beeindrucken)* ■ **jdn** ~ to impress sb
II. *vi* ① MED *(reagieren)* ■ **auf etw** *akk* ~ to respond to sth; ■ **bei jdm** ~ to make an impression on sb
② TECH *(reagieren)* ■ **bei etw** *dat*/**auf etw** *akk* ~ to respond to sth
③ *(Anklang finden)* ■ [**bei jdm**] ~ to appeal to sb, to make an impression [on sb]; **sehr** ~ to make a strong impression

an·spre·chend *adj* appealing; **eine** ~**e Umgebung** a pleasant environment

An·sprech·part·ner(in) *m(f)* contact, partner

an|sprin·gen *irreg* I. *vi sein* ① *(zu laufen beginnen)* to start; *Motor a.* to catch; ***der Motor will nicht*** ~ the engine won't start; **schwer** ~ to start with difficulty
② *(fam: reagieren)* ■ **auf etw** *akk* ~ to jump at sth *fam;* **auf eine Erpressung/Drohung** ~ to respond to blackmail/a threat
II. *vt haben* ■ **jdn** ~ to jump on sb; *Raubtiere* to pounce on sb; *Hund* to jump up at sb

an|sprit·zen *vt* ■ **jdn/etw** [**mit etw** *dat*] ~ to spray sb/sth [with sth]

An·spruch *m* ① JUR *(Recht)* claim; ■ ~ **auf etw** *akk* claim to; **einen** ~ **auf etw** *akk* **erheben** to make a claim for [*or* to] sth; *(behaupten)* to claim sth; JUR *a.* to file a claim to [*or* for] sth; **einen** ~ **auf etw** *akk* **haben** to be entitled to sth; **darauf** ~ **haben, etw zu tun** to be entitled to do sth
② *pl (Anforderungen)* demands (**an** +*akk* on); **den/jds Ansprüchen** [**voll/nicht**] **gerecht werden** to [fully/not] meet the/sb's requirements; **Ansprüche stellen** to be exacting [*or* very demanding]; **große** [*o* **hohe**] **Ansprüche** [**an jdn/etw**] **stellen** to place great demands on [*or* be very demanding of] sb/sth; **etw** [**für sich** *akk*] **in** ~ **nehmen** to claim sth [for oneself]; **jds Dienste/Hilfe/Unterstützung in** ~ **nehmen** to enlist sb's services/help/support; **Möglichkeiten/eine Einrichtung in** ~ **nehmen** to take advantage of opportunities/a facility; **jdn in** ~ **nehmen** to preoccupy sb; **sehr in** ~ **genommen** to be very busy/preoccupied; ***darf ich Sie in ~ nehmen?*** may I have a moment [of your time]?
③ *pl (Wünsche)* standards, requirements, demands

An·spruchs·ab·tre·tung *f* JUR assignment of a claim **An·spruchs·än·de·rung** *f* JUR amendment of a claim **An·spruchs·be·grün·dung** *f* JUR establishment of a claim **an·spruchs·be·rech·tigt** *adj* JUR eligible; ~ **sein** to be entitled to a claim, to be eligible **An·spruchs·be·rech·tig·te(r)** *f(m) dekl wie adj* JUR beneficiary, rightful claimant **An·spruchs·be·rech·ti·gung** *f* JUR validity of a claim **An·spruchs·den·ken** *nt* demanding attitude **An·spruchs·durch·set·zung** *f* JUR enforcement of a claim **An·spruchs·grund·la·ge** *f* JUR basis [*or* foundation] of a claim **An·spruchs·häu·fung** *f* JUR multiplicity of claims **An·spruchs·kon·kur·renz** *f* JUR concurring claims

an·spruchs·los *adj* ① *(keine großen Ansprüche habend)* modest, unassuming; **ein** ~**er Mensch** a modest [*or* an unassuming] person, a person of few wants; ***ich bin recht*** ~ I don't want for much
② *(trivial)* trivial; **literarisch** ~ **sein** to be of a low literary level, to be light reading; ■ **etwas Anspruchsloses** something trivial; *(Buch)* something light
③ *(pflegeleicht)* undemanding

An·spruchs·lo·sig·keit <-> *f kein pl* ① *(anspruchsloses Wesen)* modesty
② *(Trivialität)* triviality
③ *(Pflegeleichtigkeit)* undemanding nature

An·spruchs·re·gu·lie·rung *f* JUR claim settlement

An·spruch·stel·ler(in) *m(f)* JUR claimant

An·spruchs·über·gang *m* JUR devolution [*or* passing] of claims **An·spruchs·ver·jäh·rung** *f* JUR barring of claims **An·spruchs·ver·zicht** *m* JUR waiver of a claim

an·spruchs·voll *adj* ① *(besondere Anforderungen habend)* demanding; **sehr** ~ fastidious, hard to please *pred*
② *(geistige Ansprüche stellend)* demanding; *Geschmack, Lesestoff, Film a.* highbrow
③ *(qualitativ hochwertig)* high-quality, of high quality *pred*

An·spruchs·vol·le(r) *f(m) dekl wie adj* discriminating person, person of discrimination

an|spu·cken *vt* ■ **jdn** ~ to spit at sb

an|spü·len *vt* ■ **etw** ~ to wash up sth *sep,* to wash sth ashore

an|sta·cheln *vt* ■ **jdn** [**zu etw** *dat*] ~ to drive [*or* goad] sb [to sth]; ■ **jdn** [**dazu**] ~, **etw zu tun** to drive [*or* goad] sb to do sth

An·sta·che·lung <-, -en> *f* incitement, instigation

An·stalt <-, -en> ['anʃtalt] *f* ① MED institute, mental institution, asylum
② SCH *(geh)* institution *form*
③ *(öffentliche Einrichtung)* institute; **öffentliche** ~ public institution; ~ **des öffentlichen Rechts** public institution, body corporate *spec*

An·stal·ten *pl* preparations; ~/**keine** ~ **machen** [*o* **treffen**][, **etw zu tun**] *(geh)* to make a/no move to do sth; ***er bat sie zu gehen, doch sie machten keine*** ~ he asked them to go, but they didn't move; ~ [**für** [*o* **zu**] **etw**] **treffen** to take measures [*or* make preparations] [for sth]; [**nur**] **keine** ~**!** don't trouble yourself/yourselves!

An·stalts·arzt, -ärz·tin *m, f* resident physician; *(im Gefängnis)* prison doctor **An·stalts·geist·li·che(r)** *f(m) dekl wie adj* resident chaplain; *(im Gefängnis)* prison chaplain **An·stalts·ge·walt** *f* JUR authority vested in a public institution **An·stalts·klei·dung** *f* institutional clothing; *(im Gefängnis)* prison clothing **An·stalts·lei·ter(in)** *m(f)* director of an/the institution **An·stalts·ord·nung** *f* JUR regulations of a public institution **An·stalts·un·ter·brin·gung** *f* JUR committal to an institution

An·stand *m kein pl* decency, propriety; **keinen** ~ **haben** to have no sense of decency; *(schlechte Manieren haben)* to have no manners; ~ **an etw** *dat* **nehmen** to object to sth; **den** ~ **verletzen** to offend against decency; **ohne** ~ *(geh)* without objection [*or form* demur]

an·stän·dig I. *adj* ① *(gesittet)* decent; ~**e Witze** clean jokes
② *(ehrbar)* respectable
③ *(fam: ordentlich)* proper *fam*
II. *adv* ① *(gesittet)* decently; **sich** *akk* ~[**er**] **benehmen** to behave oneself; ~ **sitzen** to sit up straight
② *(fam: ausgiebig)* properly; ~ **baden** to have a proper bath *fam;* ~ **ausschlafen/essen** to get a decent meal/a good night's sleep

an·stän·di·ger·we̲i·se *adv* out of decency

An·stän·dig·keit <-> *f kein pl* ① *(Ehrbarkeit)* respectability
② *(Sittsamkeit)* decency

An·stands·be·such *m* duty call **An·stands·da·me** *f* chaperone

an·stands·hal·ber *adv* out of politeness

an·stands·los *adv* without difficulty

An·stands·schen·kung *f* JUR customary present

An·stands·wau·wau <-s, -s> *m (fam)* chaperon[e]; **den** ~ **spielen** to play gooseberry BRIT *hum fam,* to act as chaperone

an|star·ren *vt* ■ **jdn/etw** ~ to stare at sb/sth; ***was starrst du mich so an?*** what are you staring at [me like that for]?

an·statt [an'ʃtat] I. *präp* +*gen* instead of
II. *konj* ■ ~ **etw zu tun** instead of doing sth

an|stau·ben *vi sein* to gather dust *a. iron;* ■ **angestaubt** dusty

an|stau·en I. *vt* ■ **etw** ~ to dam sth up, to bank sth
II. *vr* ① *(sich stauen)* ■ **sich** *akk* [**in etw** *dat*/**vor etw** *dat*] ~ to bank [*or* accumulate] [in/before sth]; *Blut* to congest [in/before sth]
② *(sich aufstauen)* ■ **sich** *akk* **in jdm** ~ to build up

[in sb]; **angestauter Hass** brimming hatred; **angestaute Wut** pent-up rage

an|stau·nen *vt* ■**jdn/etw** ~ to stare at sb/sth in wonder; *(sehnsüchtig)* to gaze at sth

an|ste·chen *vt irreg* 1 KOCHK *(durch Hineinstechen prüfen)* ■**etw** [**mit etw** *dat*] ~ to prick sth [with sth]
2 MED *(durch Hineinstechen öffnen)* ■**etw** [**mit etw** *dat*] ~ to lance [*or* pierce] sth [with sth]
3 *(in etw stechen)* ■**etw** ~ to puncture sth
4 *(anzapfen)* **ein Fass** ~ to tap [*or* broach] a barrel

an|ste·cken I. *vt* 1 *(befestigen)* ■[**jdm**] **etw** ~ to pin sth on [sb]
2 *(auf den Finger ziehen)* [**jdm**] **einen Ring** ~ to put [*or* slip] a ring on sb's finger, to put [*or* slip] on a ring
3 *(anzünden)* [**jdm**] **eine Pfeife/Zigarette/Zigarre** ~ to light [up] a pipe/cigarette/cigar [for sb]; [**sich** *dat*] **eine Pfeife/Zigarre/Zigarette** ~ to light [up] a pipe/cigar/cigarette
4 *(in Brand stecken)* ■**etw** [**mit etw** *dat*] ~ to set sth alight [*or* on fire] [with sth]; **ein Gebäude** ~ to set fire to a building
5 MED *(infizieren)* ■**jdn** [**mit etw** *dat*] ~ to infect sb [with sth]; ***ich möchte dich nicht*** ~ I don't want to give it to you
6 *(fig)* ■**jdn** [**mit etw** *dat*] ~ to infect sb [with sth]
II. *vr* MED *(sich infizieren)* ■**sich** *akk* [**bei jdm**] [**mit etw** *dat*] ~ to catch sth [from sb], to become infected [with sth]
III. *vi* 1 MED *(infektiös sein)* to be infectious [*or* catching]; *(durch Berührung)* to be contagious; **sich** *akk* **leicht/schnell** ~ to catch illnesses easily
2 *(fig: sich übertragen)* to be contagious

an·ste·ckend *adj* 1 MED *(infektiös)* infectious, catching *pred; (durch Berührung)* contagious
2 *(fig: sich leicht übertragend)* contagious

An·ste·cker *m* pin, badge

An·steck·na·del *f* pin

An·ste·ckung <-, -en> *f pl selten* infection; *(durch Berührung)* contagion; **eine** ~ **mit Aids/Syphilis** catching AIDS/syphilis

An·ste·ckungs·ge·fahr *f* risk of infection

an|ste·hen *vi irreg haben o* SÜDD *sein* 1 *(Schlange stehen)* ■[**nach etw** *dat*] ~ to queue [*or* AM line] [up] [for sth]
2 *(zu erledigen sein)* ■**etw steht** [**bei jdm**] **an** sth must be dealt with, sb must deal with sth; ***für heute steht nichts mehr an*** there's nothing else to be done today; ***steht bei dir heute etwas an?*** are you planning on doing anything today?; ~**de Fragen/Punkte** questions/points on the agenda; ~**de Probleme** problems facing them/us etc.
3 JUR *(angesetzt sein)* to be pending; **etw** ~ **haben** to have sth pending
4 *(geh: geziemen)* **jdm** [**besser/gut/schlecht**] ~ to [better/well/badly] befit sb *form or old;* ■**es steht jdm an, etw zu tun** to befit sb to do sth *form or old*

an·ste·hend *adj inv* still to be done *pred,* outstanding *attr*

An·stei·gen <-s> *nt kein pl* ÖKON rise, increase; **rasches** ~ **der Preise** skyrocketing of prices

an|stei·gen *vi irreg sein* 1 *(sich erhöhen)* ■[**auf etw** *akk*/**um etw** *akk*] ~ to go up [*or* increase] [*or* rise] [to/by sth]; ■~**d** increasing
2 *(steiler werden)* to ascend; **stark/steil** ~ to ascend steeply; ■~**d** ascending *attr,* inclined

an·stel·le [anˈʃtɛlə] *präp +gen* instead of

an|stel·len I. *vt* 1 *(einschalten)* ■**etw** ~ *Maschine, Wasser* to turn on sth
2 *(beschäftigen)* ■**jdn** [**als etw**] ~ to employ sb [as sth]; ■[**bei jdm/einer Firma**] [**als etw**] **angestellt sein** to be employed [by sb/at [*or* by] a company] [as sth]
3 *(geh: durchführen)* **Betrachtungen/Vermutungen** [**über etw** *akk*/**zu etw** *dat*] ~ to make observations [on sth]/assumptions [about sth]; **Nachforschungen** [**über etw** *akk*/**zu etw** *dat*] ~ to conduct [*or* make] enquiries [*or* inquiries] [*or* investigations] [into sth]; [**neue**] **Überlegungen** [**über etw** *akk*/**zu etw** *dat*] ~ to [re]consider [sth]
4 *(fam: bewerkstelligen)* ■**etw** ~ to do [*or* manage] sth; **etw geschickt** ~ to bring [*or fam* pull] sth off; **ich weiß nicht, wie ich es** ~ **soll** I don't know how to do [*or* manage] it; ■**es** ~, **dass man etw tut** to go about doing sth
5 *(fam: anrichten)* **Blödsinn** ~ to get up to nonsense; ***was hast du da wieder angestellt?*** what have you [*fam* gone and] done now?; ***dass ihr mir ja nichts anstellt!*** see to it that you don't get up to anything!
6 *(anlehnen)* ■**etw** [**an etw** *akk*] ~ to lean sth against sth; **eine Leiter** [**an einen Baum/eine Wand**] ~ to put up [*or* stand] a ladder [against a tree/wall]
7 *(dazustellen)* ■**etw** ~ [**an etw** *akk*] to add sth [to sth]
II. *vr* ■**sich** *akk* ~ 1 *(Schlange stehen)* to queue [up] BRIT, to line up AM; **sich hinten** ~ to join the back of the queue [*or* AM line[-up]]
2 *(fam: sich verhalten)* to act, to behave; **sich** *akk* **dumm** ~ to act as if one is stupid, to play the fool
3 *(wehleidig sein)* to make a fuss, kick up a shindy *fam;* ***stell dich nicht*** [***so***] ***an!*** don't go making a fuss!

an·stel·lig [ˈanʃtɛlɪç] *(veraltet)* I. *adj* able
II. *adv* **sich** *akk* ~[**er**] **verhalten** to be [more] able

An·stel·lung *f* post; [**noch**] **in** ~ **sein** to be [still] employed; **in fester** ~ **sein** to have a permanent job, to be permanently employed

An·stel·lungs·be·trug *m* JUR employment obtained by fraud **An·stel·lungs·ver·trag** *m* employment contract, articles *pl* of employment *rare*

an|steu·ern *vt* ■**etw** ~ 1 *(darauf zusteuern)* to head [*or* steer] for sth
2 *(anvisieren)* to steer for sth; **etw** ~ **wollen** to be steering for sth

An·stich *m* tapping, broaching

An·stieg <-[e]s, -e> [ˈanʃtiːk] *m* 1 *(Aufstieg)* ascent
2 *kein pl (Steigung)* incline
3 *kein pl (das Ansteigen)* rise, increase (*+gen* in)

an|stie·ren *vt (pej)* ■**jdn** ~ to gape [*or* BRIT *a.* gawp] [*or* gawk] at sb

an|stif·ten *vt* 1 *(anzetteln)* ■**etw** ~ to instigate [*or* be behind] sth
2 *(fam: anrichten)* **Streiche/Unfug** ~ to get up to mischief/no good
3 *(veranlassen)* **jdn zu einem Verbrechen** ~ to incite sb to commit a crime; **jdn zum Meineid** ~ to suborn sb [to commit perjury] *form;* ■**jdn** [**dazu**] ~, **etw zu tun** to incite sb [*or fam* to put sb up] to do sth

An·stif·ter(in) *m(f)* instigator (*+gen*/**zu** *+dat* of)

An·stif·tung *f* ~ **eines Verbrechens** [*o* **zu einem Verbrechen**] instigation of a crime; ■~ **einer Person** [**zu etw** *dat*] incitement of a person [to do sth]

An·stif·tungs·ver·such *m* JUR attempted instigation [to commit a crime]

an|stim·men I. *vt* ■**etw** ~ 1 *(zu singen anfangen)* to begin singing sth; **summend eine Melodie** ~ to hum a tune
2 *(zu spielen anfangen)* to start playing [*or* strike up] sth
3 *(erheben)* **ein Geheul/ein Geschrei/Proteste** ~ to start howling/screaming/protesting; **Gelächter** ~ to burst out laughing
II. *vi (den Grundton angeben)* to give the keynote

An·stoß *m* 1 *(Ansporn)* impetus (**zu** *+dat* for); ***der*** ~ ***zu diesem Projekt ging von ihr aus*** she was the one who originally got this project going; **den** ~ **zu etw** *dat* **bekommen** [*o* **den** ~ **bekommen, etw zu tun**] to be encouraged to do sth; **jdm den** ~ **geben, etw zu tun** to encourage [*or* induce] sb to do sth; [**jdm**] **den** [**ersten**] ~ **zu etw** *dat* **geben** to give [the first] impetus to sth, to [initially] stimulate sb [to do sth]
2 *(geh: Ärgernis)* annoyance; [**bei jdm**] ~ **erregen** to cause annoyance [to sb]; [**bei jdm**] **schon lange** ~ **erregen** to have long been a cause [*or* source] of annoyance [to sb]; **an etw** *dat* ~ **nehmen** to take offence [*or* AM -se]; *s. a.* **Stein**
3 SPORT *(Spielbeginn)* start of the game; *(Billard)* break; *(Fußball)* kick off; *(Feldhockey)* bully [off]; *(Eishockey)* face-off; **der Pfiff zum** ~ the starting whistle; *(Fußball)* the whistle for kick off
4 SCHWEIZ *(Angrenzung)* ■~ **an etw** *akk* border to sth

an|sto·ßen *irreg* I. *vi* 1 *sein (gegen etw stoßen)* ■[**mit etw** *dat*] [**an etw** *akk o dat*] ~ to bump sth [on sth]; **mit dem Kopf an etw** *akk o dat* ~ to bump one's head on sth
2 *haben (einen Toast ausbringen)* ■[**mit etw** *dat*] [**auf jdn/etw**] ~ to drink to sb/sth [with sth]; ***lasst uns*** ~ ***!*** let's drink to it/that!
3 *sein (selten: angrenzen)* ■**an etw** *akk* ~ to adjoin sth; *Land, Staat* to border on sth
II. *vt haben* 1 *(leicht stoßen)* ■**jdn** [**mit etw** *dat*] ~ to bump sb [gently] [with sth]
2 *(in Bewegung setzen)* ■**etw** ~ to hit sth
3 *(in Gang setzen)* ■**etw** ~ to set sth in motion
III. *vr haben* ■**sich** *akk* [**an etw** *dat*] ~ to knock [*or* bang] [and injure] oneself [on sth]; **sich** *dat* **den Kopf/Arm** ~ to knock one's head/arm

An·stö·ßer(in) <-s, -> *m(f)* SCHWEIZ *(Anwohner)* [local] resident

an·stö·ßig I. *adj* offensive; ~**e Kleidung** indecent clothing; **ein** ~**er Witz** an offensive [*or* a dirty] [*or* BRIT *a.* a blue] joke
II. *adv* offensively, indecently; **sich** *akk* ~ **ausdrücken** to use offensive language

An·stö·ßig·keit <-, -en> *f* offensiveness *no pl,* indecency *no pl*

An·stoß·punkt *m* FBALL centre [*or* AM -er] spot

an|strah·len *vt* 1 *(mit Scheinwerfer anleuchten)* **ein Gebäude/eine Kirche** ~ to floodlight a building/church; **einen Menschen/eine Szene** [**mit einem Scheinwerfer**] ~ to train a spotlight on a person/scene
2 *(strahlend ansehen)* ■**jdn** ~ to beam at sb; **jdn freudig** [*o* **glücklich**] ~ to beam at sb with joy; ***sie strahlte/ihre Augen strahlten ihn an*** she beamed at him

an|stre·ben *vt* ■**etw** ~ to strive for sth; ■~, **etw zu tun** to be striving to do sth

an|strei·chen *vt irreg* ■**etw** [**mit etw** *dat*] ~ 1 *(mit Farbe bestreichen)* to paint sth [with sth]; **etw neu/frisch** ~ to give sth a new/fresh coat of paint; **etw rot** ~ to paint sth red
2 *(markieren)* to mark sth; **etw dick/rot** ~ to mark sth clearly/in red

An·strei·cher(in) <-s, -> *m(f)* [house] painter

an|stren·gen I. *vr* 1 *(sich intensiv einsetzen)* ■**sich** *akk* [**bei etw** *dat*/**für etw** *akk*] ~ to exert oneself [in/for sth]; **sich** *akk* **mehr/sehr** ~ to make a greater/great effort; **sich** *akk* **übermäßig** ~ to overexert [*or* overstrain] oneself
2 *(sich besondere Mühe geben)* ■**sich** *akk* [**mit etw** *dat*] ~ to make a [big] effort [with sth], to try hard for sth; **sich** *akk* **sehr** [**mit etw** *akk*] ~ to go to [*or* take] a lot of trouble [for sth]; ■**sich** *akk* ~, **etw zu tun** to try hard to do sth; **sich** *akk* **sehr** ~, **etw zu tun** to go to [*or* take] a lot of trouble to do sth [*or* in doing sth]
II. *vt* 1 *(strapazieren)* ■**jdn** ~ to tire sb out; ***das viele Lesen strengt meine Augen an*** all this reading puts a strain on my eyes
2 *(intensiv beanspruchen)* ■**etw** ~ to strain sth; **seinen Geist/die Muskeln** ~ to exert one's mind/muscles; **alle Kräfte** ~ to use all one's strength
3 *(strapazieren)* ■**jdn** [**sehr**] ~ to [over]tax sb

an·stren·gend *adj* strenuous; *(geistig)* taxing; *(körperlich)* exhausting [*or* tiring]; **eine** ~**e Zeit** an exhausting time; ***das ist*** ~ ***für die Augen*** it's a strain on the eyes

An·stren·gung <-, -en> *f* 1 *(Kraftaufwand)* exertion *no pl*
2 *(Bemühung)* effort; **mit äußerster** [*o* **letzter**] ~ with one last effort; ~**en/einige** ~**en machen, etw zu tun** to make an effort/several efforts to do sth, to try [several times] to do sth

An·strich[1] *m* 1 *kein pl (das Anstreichen)* ■**der** ~ painting
2 *(Farbüberzug)* coat [of paint]

An·strich[2] *m kein pl* ❶ *(persönliche Note)* ■ **ein ~ von etw** *dat* a touch of sth; **ein ~ von Charmeur** a touch of the charmer
❷ *(Anschein)* ■ **der ~ von etw** *dat* the veneer [*or* gloss] of sth

An·sturm *m* ❶ *(Andrang)* rush (**auf** +*dat* on)
❷ MIL *(stürmische Attacke)* onslaught
❸ *(geh: das Aufwallen)* surge

an|stür·men *vi sein* ❶ *(ungestüm angelaufen kommen)* to rush [*or* dash] up
❷ MIL *(anrennen)* ■ **gegen etw** *akk* ~ to storm sth
❸ *(geh: dagegenpeitschen)* ■ **gegen etw** *akk* ~ to pound against sth

an|su·chen *vi* ÖSTERR *(veraltend: förmlich erbitten)* ■ **bei jdm um etw** *akk* ~ to ask sb for sth, to request sth of sb *form*

An·su·chen <-s, -> *nt* ÖSTERR *(a. form)* request (**um** +*dat* for); **auf jds ~** at sb's request

An·ta·go·nist(in) <-en, -en> *m(f)* antagonist

an|tan·zen *vi sein (fam)* ■ [**bei jdm**] ~ to show [*or* turn] up [at sb's place] *fam*

Ant·ark·tis <-> [ant'ʔarktɪs] *f* ■ **die ~** the Antarctic, Antarctica

ant·ark·tisch [ant'ʔarktɪʃ] *adj* Antarctic *attr*

an|tas·ten *vt* ■ **etw ~** ❶ *(beeinträchtigen)* **jds Ehre/Würde ~** to offend against sb's honour [*or* AM -or]/dignity; **jds Privileg/Recht ~** to encroach [-up]on sb's privilege/right
❷ *(anbrechen)* to use sth; **Vorräte ~** to break into supplies
❸ *(leicht berühren)* to touch sth

an|tau·en *vi sein* to begin [*or* start] to defrost; ■ **angetaut** slightly defrosted

Ant·azi·dum <-s, -da> [ant'ʔa:tsidʊm, *pl* -da] *nt (Magensäurebindemittel)* antacid

An·teil ['antail] *m* ❶ *(Teil)* share (**an** +*dat* of); **~ an einer Erbschaft** [legal] portion of an inheritance; **~ an einem Werk** contribution to a work; **der ~ an Asbest/Schwermetallen** the proportion of asbestos/heavy metals
❷ ÖKON *(Beteiligung)* interest, share (**an** +*dat* in)
❸ *(geh: Mitgefühl)* sympathy, understanding (**an** +*dat* for)
❹ *(geh: Beteiligung)* interest (**an** +*dat* in); **~ an etw** *dat* **haben** to take part in sth; **~ an etw** *dat* **nehmen** [*o* **zeigen**] to show [*or* take] an interest in sth; **~ an jds Freude/Glück nehmen** [*o* **zeigen**] to share in sb's joy/happiness

an·tei·lig, an·teil·mä·ßig I. *adj* proportionate, proportional
II. *adv* ***mir stehen ~ Euro 450.000 zu*** 450,000 euros fall to my share

An·teil·nah·me <-> ['antailna:mə] *f kein pl* ❶ *(Beileid)* sympathy (**an** +*dat* with)
❷ *(Beteiligung)* attendance (**an** +*dat* at)

An·teil·pa·pier *nt* BÖRSE equity security

An·teils·ab·tre·tung *f* JUR assignment of a claim **an·teils·be·rech·tigt** *adj* JUR participating **An·teils·be·sit·zer, -be·sit·ze·rin** *m, f* BÖRSE, FIN shareholder

An·teil·schein *m* ÖKON share [certificate]

An·teils·ei·gen·tü·mer, -ei·gen·tü·me·rin *m, f* BÖRSE, FIN shareholder **An·teils·eig·ner(in)** *m(f)* BÖRSE shareholder, stockholder, interested party **An·teils·eig·ner·schutz** *m* JUR protection of shareholders [*or* stockholders] **An·teils·er·werb** *m* FIN acquisition of a stroke **An·teils·er·wer·ber, -er·wer·be·rin** *m, f* BÖRSE, FIN share buyer **An·teils·recht** *nt* FIN interest, share **An·teils·ren·di·te** *f* BÖRSE yield on equity **An·teils·schein** *m* BÖRSE equity security, participating certificate **An·teils·tausch** *m* FIN interest swap **An·teils·über·tra·gung** *f* FIN assignment of interest **An·teils·um·lauf** *m* BÖRSE shares *pl* outstanding **An·teils·ver·äu·ße·rer, -ver·äu·ße·rin** *m, f* FIN seller of a share **An·teils·ver·äu·ße·rung** *f* FIN divestiture **An·teils·ver·zicht** *m* FIN waiver of a claim to an interest **An·teils·wert** *m* BÖRSE equity [*or* share] value **An·teils·zeich·ner(in)** <-s, -> *m(f)* FIN interested party, shareholder, stockholder

an|te·le·fo·nie·ren* *vt (fam)* ■ **jdn ~** to call [*or* phone] sb up

An·ten·ne <-, -n> [an'tɛnə] *f* ❶ RADIO, TV aerial; **eine ausfahrbare ~** a telescopic aerial
❷ ZOOL antenna, feeler
▶ WENDUNGEN: **eine/keine ~ für etw** *akk* **haben** *(fam)* to have a/no feeling [*or fam* nose] for sth

An·ten·nen·an·la·ge *f* antenna system **An·ten·nen·buch·se** *f* antenna socket

An·tho·lo·gie <-, -n> [antolo'gi:, *pl* -'gi:ən] *f* anthology

An·thra·zit <-s, -e> [antra'tsi:t] *m pl selten* anthracite, hard coal

an·thra·zit·far·ben *adj* charcoal **an·thra·zit·far·big** *adj* charcoal

an·thro·po·gen [antropo'ge:n] *adj* human-caused

An·thro·po·lo·ge, An·thro·po·lo·gin <-n, -n> [antropo'lo:gə, -'lo:gɪn] *m, f* anthropologist

An·thro·po·lo·gie <-> [antropolo'gi:] *f kein pl* anthropology

An·thro·po·lo·gin <-, -nen> [antropo'lo:gɪn] *f fem form von* **Anthropologe**

an·thro·po·lo·gisch [antropo'lo:gɪʃ] *adj* anthropological

An·thro·po·mor·phi·sie·rung <-, -en> [antropomɔrfi'zi:rʊŋ] *f (geh: Vermenschlichung)* anthropomorphization

An·thro·po·soph(in) <-en, -en> [antropo'zo:f] *m(f)* anthroposophist

An·thro·po·so·phie <-> [antropozo'fi:] *f kein pl* anthroposophy

An·thro·po·so·phin <-, -nen> *f fem form von* **Anthroposoph**

an·thro·po·so·phisch *adj* anthroposophical

An·thro·po·zen·tris·mus <-> [antropotsɛn'trɪsmʊs] *m kein pl* PHILOS *(geh)* anthropocentrism

An·ti·adi·po·si·tum <-s, -da> [antiadi'po:zitʊm] *nt* MED *(Mittel gegen Fettleibigkeit)* antiadipose drug **An·ti·al·ko·ho·li·ker(in)** [antiʔalko'ho:like] *m(f)* teetotaller BRIT, teetotaler AM **an·ti·al·ko·ho·lisch** *adj s.* **alkoholfrei** **an·ti·ame·ri·ka·nisch** *adj inv* anti-American **An·ti·asth·ma·ti·kum** <-s, -ka> [antiʔast'ma:tikʊm, *pl* -ka] *nt* MED anti-asthmatic [agent] **an·ti·au·to·ri·tär** [antiʔautori'tɛ:ɐ̯] *adj* anti[-]authoritarian **An·ti·ba·by·pil·le** [anti'be:bipɪlə] *f (fam)* the pill [*or* Pill] *fam*

an·ti·bak·te·ri·ell I. *adj* antibacterial
II. *adv* antibacterially; **~ wirken** to work as an antibacterial agent

An·ti·bio·ti·ka·ei·nsatz *m kein pl* use of antibiotics **An·ti·bio·ti·kum** <-s, -biotika> [anti'bi̯o:tikʊm, *pl* -ka] *nt* antibiotic

An·ti·blo·ckier·sys·tem [antiblɔ'ki:ɐ̯-] *nt* anti-lock [braking] system, ABS **An·ti·christ(in)** ['antikrɪst] *m(f)* ❶ REL ■ **der ~** the Antichrist ❷ <*pl* -en> antichristian, opponent of Christianity **an·ti·christ·lich** *adj* antichristian **an·ti·de·mo·kra·tisch** *adj inv* anti-democratic **An·ti·de·pres·si·vum** <-s, -va> [antidepre'si:vʊm, *pl* -va] *nt* antidepressant **An·ti·di·a·be·ti·kum** <-s, -ka> [antidia'be:tikʊm, *pl* -ka] *nt* MED antidiabetic [agent] **An·ti·dis·kri·mi·nie·rungs·po·li·tik** *f* anti-discrimination policy **An·ti·di·u·re·ti·kum** <-s, -ka> [antidiu're:tikʊm, *pl* -ka] *nt* MED antidiuretic [agent]

An·ti-Dum·ping-Ak·ti·on ['antidampɪŋ-, anti'dampɪŋ-] *f* anti-dumping campaign **An·ti-Dum·ping-Recht** ['antidampɪŋ-, anti'dampɪŋ-] *nt* FIN antidumping legislation **An·ti-Dum·ping-Re·geln** ['antidampɪŋ-, anti'dampɪŋ-] *pl* FIN antidumping rules **An·ti-Dum·ping-Ver·fah·ren** ['antidampɪŋ-, anti'dampɪŋ-] *nt* FIN antidumping proceedings *pl* **An·ti·dum·ping·zoll** ['antidampɪŋ-, anti'dampɪŋ-] *m* ÖKON antidumping duty

An·ti·elek·tron *nt* NUKL antielectron, positron **An·ti·epi·lep·ti·kum** <-s, -ka> [antiʔepi'lɛptikʊm, *pl* -ka] *nt* MED anti-epileptic [*or* anticonvulsant] [agent]

An·ti·fa <-> ['antifa] *f kein pl (sl)* antifascist movement

An·ti·fal·ten·cre·me *f* anti-wrinkle cream **An·ti·fal·ten·kos·me·ti·ka** *pl* anti-ageing [*or* -aging] cosmetics *pl*

An·ti·fa·schis·mus [antifa'ʃɪsmʊs] *m* antifascism **An·ti·fa·schist(in)** [antifa'ʃɪst] *m(f)* antifascist **an·ti·fa·schis·tisch** *adj* antifascist

An·ti·gen <-s, -e> [anti'ge:n] *nt* BIOL, MED antigen

An·ti·gu·a·ner(in) <-s, -> [anti'gu̯a:nɐ] *m(f)* Antiguan

an·ti·gu·a·nisch [anti'gu̯a:nɪʃ] *adj* Antiguan

An·ti·gua und Bar·bu·da <-s> [an'ti:gu̯a-] *nt* Antigua and Barbuda

an·ti·haft·be·schich·tet *adj inv* KOCHK non-stick **An·ti·his·ta·min** <-s, -e> [antihɪsta'mi:n] *nt* MED *(Substanz)* antihistamine **An·ti·his·ta·mi·ni·kum** <-, -ka> [antihɪsta'mi:nikʊm, *pl* -ka] *nt* MED *(Präparat)* antihistamine **an·ti·im·pe·ri·a·lis·tisch** *adj inv* anti-imperialist **An·ti-In·fla·ti·ons·po·li·tik** *f* POL anti-inflation policy

an·tik [an'ti:k] I. *adj* ❶ *(als Antiquität anzusehen)* antique
❷ *(aus der Antike stammend)* ancient; **~e Kunst** ancient art forms *pl*
II. *adv* **~ eingerichtet sein** to be furnished in an antique style

An·ti·ke <-> [an'ti:kə] *f kein pl* antiquity; **der Mensch/die Kunst der ~** man/the art of the ancient world

an·ti·kle·ri·kal [antikleri'ka:l, 'antiklerika:l] *adj* anticlerical **An·ti·kom·mu·nis·mus** *m* anti[-]communism **An·ti·kom·mu·nist(in)** *m(f)* anti[-]communist **an·ti·kom·mu·nis·tisch** *adj* anticommunist

An·ti·kör·per *m* MED antibody **An·ti·kör·per·be·stim·mung** *f* MED determination of antibodies

An·ti·kriegs·be·we·gung ['anti-] *f* POL anti-war movement

An·til·len [an'tɪlən] *pl* GEOG ■ **die ~** the Antilles *npl;* **die** [**Großen/Kleinen**] **~** the [Greater/Lesser] Antilles

An·ti·lo·pe <-, -n> [anti'lo:pə] *f* antelope

An·ti·ma·te·rie [antima'te:ri̯ə, 'antimate:ri̯ə] *f* PHYS antimatter **An·ti-Matsch-To·ma·te** *f* stay-firm tomato **an·ti·mi·li·ta·ris·tisch** *adj* anti-militaristic

An·ti·mon <-s> [anti'mo:n] *nt kein pl* antimony

An·ti·my·ko·ti·kum <-, -ka> [antimy'ko:tikʊm, *pl* -ka] *nt* MED *(Mittel gegen Hautpilz)* antimycotic, fungicide

An·ti·neu·tri·no [antinɔy'tri:no] *nt* NUKL antineutrino

An·ti·oxi·dans <-, -danzien *o* -dantien> [anti'ʔɔksidans, *pl* -'dantsi̯ən] *nt* CHEM antioxidant

An·ti·pa·thie <-, -n> [antipa'ti:, *pl* -'ti:ən] *f* antipathy (**gegen** +*dat* to)

An·ti·per·so·nen·mi·ne *f* MIL anti-personnel mine **An·ti-Pi·ckel-Stift** *m* anti-blemish stick

An·ti·po·de, An·ti·po·din <-, -n> [anti'po:də, -'po:dɪn] *m, f* ❶ *(Mensch)* Antipodean
❷ *(fig geh)* antipode

An·ti·po·den *pl* the Antipodes

an|tip·pen *vt* ❶ *(kurz berühren)* ■ **jdn** [**an etw** *dat*] **~** to give sb a tap [on sth], to tap sb on sth; ■ **etw ~** to touch sth
❷ *(streifen)* ■ **etw ~** to touch on sth

An·ti·pro·ton [anti'pro:tɔn, *pl* antipro'to:nən] *nt* antiproton

An·ti·qua <-> [an'ti:kva] *f kein pl* TYPO roman [type]

An·ti·quar(in) <-s, -e> [anti'kva:ɐ̯] *m(f)* second-hand bookseller

An·ti·qua·ri·at <-[e]s, -e> [antikva'ri̯a:t] *nt (Laden)* second-hand bookshop [*or* AM *a.* bookstore]; *(Abteilung)* second-hand department; **modernes ~** remainder bookshop [*or* AM *a.* bookstore]/department

An·ti·qua·rin <-, -nen> *f fem form von* **Antiquar**

an·ti·qua·risch [anti'kva:rɪʃ] I. *adj (alt)* antiquarian; *(von modernen Büchern)* second-hand, remaindered
II. *adv (im Antiquariat)* **ein Buch ~ bekommen/erwerben** [*o* **kaufen**] to get/buy a book second-hand

An·ti·quark *nt* PHYS antiquark

an·ti·quiert [anti'kvi:rt] *adj (pej)* antiquated, AM *a.* horse-and-buggy *attr*

An·ti·qui·tät <-, -en> [antikvi'tɛ:t] *f* antique

An·ti·qui·tä·ten·ge·schäft *nt* antiques shop **An·**

ti·qui·tä·ten·han·del *m* antiques trade [*or* business] **An·ti·qui·tä·ten·händ·ler(in)** *m(f)* antiques dealer

An·ti·ra·ke·te ['antirake:tə], **An·ti·ra·ke·ten·ra·ke·te** ['antirake:tṇrake:tə] *f* antiballistic missile, ABM **an·ti·ras·sis·tisch** *adj inv* anti-racist **An·ti·rau·cher·kam·pag·ne** *f* anti-smoking campaign **An·ti·rheu·ma·ti·kum** <-s, -ka> [antirɔy'ma:tikum, *pl* -ka] *nt* MED antirheumatic **An·ti·se·mit(in)** [antize'mi:t] *m(f)* anti-Semite; **~[in] sein** to be anti-Semitic **an·ti·se·mi·tisch** [antize'mi:tɪʃ] *adj* anti-Semitic **An·ti·se·mi·tis·mus** <-> [antizemi'tɪsmʊs] *m kein pl* ■ **der ~** anti-Semitism **An·ti·sep·ti·kum** <-s, -ka> [anti'zɛptikum, *pl* -ka] *nt* MED antiseptic **an·ti·sep·tisch** [anti'zɛptɪʃ] *adj* antiseptic **An·ti·spas·ti·kum** <-s, -ka> [anti'spastikum, *pl* -ka] *nt* MED antispasmodic [agent] **an·ti·sta·tisch** [anti'sta:tɪʃ] **I.** *adj* antistatic **II.** *adv* **etw ~ behandeln** to treat sth with an antistatic [agent]

An·ti·sub·ven·ti·ons·ko·dex *m* FIN anti-subsidy code **An·ti·sub·ven·ti·ons·ver·fah·ren** *nt* JUR anti-subsidy proceedings *pl*

An·ti-Ta·bak-Ge·setz *nt* anti-tobacco law **An·ti·teil·chen** *nt* PHYS anti[-]particle

An·ti·ter·ror·ein·heit *f* antiterrorist squad [*or* unit] **An·ti·ter·ror·kam·pag·ne** *f* campaign against [*or* war on] terrorism **An·ti·ter·ror·krieg** *m* MIL war on terror **An·ti·ter·ror·maß·nah·me** *f meist pl* antiterrorist measures *pl*

An·ti·the·se [anti'te:zə] *f* antithesis **An·ti·tran·spi·rant** <-s, -e *o* -s> [antitranspi'rant] *nt* antiperspirant **An·ti·trust·recht** *nt kein pl* JUR antitrust law **An·ti·vi·ren·pro·gramm** *nt* INFORM anti-virus [program]

an·ti·zi·pa·tiv [antitsipa'ti:f] *adj* FIN anticipative; **~e Passiva** accrued payables

an·ti·zi·pie·ren* [antitsi'pi:rən] *vt* (*geh*) ■ **etw ~** to anticipate sth **an·ti·zyk·lisch** [anti'tsy:klɪʃ] *adj inv* ① (*geh: unregelmäßig wiederkehrend*) anticyclical ② ÖKON anticyclical

An·ti·zy·klo·ne <-, -n> [antitsy'klo:nə] *f* METEO (*Hochdruckgebiet*) anticyclone

Ant·litz <-es, -e> ['antlɪts] *nt* (*poet*) face, countenance *liter*

An·ton <-s> ['anto:n, 'antɔn] *m* ▶WENDUNGEN: **blauer ~** [blue] overalls *npl*

an|tö·nen *vt* ÖSTERR, SCHWEIZ *s.* **andeuten**

an|tör·nen ['antœrnən] **I.** *vt* (*sl*) **jdn [stark/stärker] ~** to give sb a [big [*or* real]/bigger] kick *fam;* **von Drogen/Musik angetörnt werden** to get a kick from drugs/music *fam*
II. *vi* (*sl*) ***diese Droge/Musik törnt ganz schön an!*** this drug/music really gives you a great kick!; ■ **angetörnt sein** to be [on a] high *fam*

An·trag <-[e]s, -träge> ['antra:k, *pl* 'antrɛ:gə] *m* ① (*Beantragung*) application; **einen ~ [auf etw akk] stellen** to put in an application [for sth]; **auf jds ~** at sb's request, at the request of sb
② (*Formular*) application form (**auf** +*akk* for)
③ JUR petition; **einen ~ [auf etw akk] stellen** to file a petition [for sth]
④ POL (*Vorschlag zur Abstimmung*) motion
⑤ (*Heiratsantrag*) [marriage] proposal; **jdm einen ~ machen** to propose [to sb]

an|tra·gen *vt irreg* (*geh*) ■ **jdm etw ~** to offer sb sth; ■ **jdm ~, etw zu tun** to suggest [*or* propose] that sb does sth

an·trags·be·rech·tigt *adj* JUR **~ sein** to be entitled to make an application **An·trags·be·rech·tig·te(r)** *f(m) dekl wie adj* JUR person entitled to submit a request **An·trags·de·likt** *nt* JUR offence requiring an application for prosecution **An·trags·ein·gang** *m* JUR receipt of application[s] **An·trags·emp·fän·ger(in)** *m(f)* JUR receiver of an application **An·trags·er·su·chen** *nt* JUR petition **An·trags·for·mu·lar** *nt* application form **An·trags·frist** *f* JUR application period **An·trags·geg·ner(in)** *m(f)* JUR respondent, adverse party **An·trags·grund** *m* JUR reason for application **An·trags·pflicht** *f* JUR duty to petition **An·trags·recht** *nt* JUR right of application **An·trags·schrift** *f* JUR written application

An·trag·stel·ler(in) <-s, -> *m(f)* (*geh*) applicant **An·trag·stel·lung** <-> *f kein pl* application

an·trai·niert *adj* ① *Muskeln, Fitness* developed ② *Verhalten* learned

an|trau·en *vt* (*veraltend*) ■ **jdm angetraut werden** to be [*or* get] married to sb, to be given to sb in marriage *dated;* ***ihr angetrauter Ehemann*** her lawful wedded husband

an|tref·fen *vt irreg* ① (*treffen*) ■ **jdn ~** to catch sb; **im Büro/zu Hause anzutreffen sein** to be in the office/at home; **jdn beim Putzen/Stricken ~** to catch sb cleaning/knitting
② (*vorfinden*) ■ **etw ~** to come across sth

an|trei·ben *irreg* **I.** *vt haben* ① (*vorwärtstreiben*) ■ **jdn/ein Tier ~** to drive sb/an animal [on]
② (*drängen*) ■ **jdn [zu etw dat] ~/jdn dazu ~, etw zu tun** to urge sb to do sth; (*aufdringlicher*) to push sb [to do sth]
③ (*anschwemmen*) ■ **etw [an etw dat] ~** to wash sth up [on sth]; **etw am Strand/an den Stränden ~** to wash sth ashore
④ TECH (*vorwärtsbewegen*) ■ **etw ~** to drive sth
⑤ (*veranlassen*) ■ **jdn ~, etw zu tun** to drive sb [on] to do sth; ***die bloße Neugierde trieb ihn dazu an, die Briefe seiner Frau zu öffnen*** he was driven by pure curiosity to open his wife's letters
II. *vi sein* (*angeschwemmt werden*) ■ **[an etw akk] ~** to be washed up [on sth]; **am Strand/an den Stränden ~** to be washed ashore

An·trei·ber(in) *m(f)* (*pej*) slave-driver *pej*

an|tre·ten[1] *irreg* **I.** *vt haben* ① (*beginnen*) ■ **etw ~** to begin sth
② (*übernehmen*) **ein Amt/den Dienst ~** to take up [*or* assume] [an] office/one's services; **seine Amtszeit ~** to take office; **ein Erbe ~** to come into an inheritance; **eine Stellung ~** to take up a post; *s. a.* **Beweis**
II. *vi sein* ① (*sich aufstellen*) to line up; MIL to fall in
② (*erscheinen*) ■ **[zu etw dat] ~** to appear [for sth]
③ (*eine Stellung beginnen*) ■ **bei jdm/einer Firma [als etw] ~** to start one's job [as sth] under sb/at a company
④ SPORT (*zum Wettkampf erscheinen*) ■ **[zu etw dat] ~** to compete [in sth]

an|tre·ten[2] *irreg* **I.** *vt* ① (*fest treten*) ■ **etw ~** to tread sth down [firmly]
② AUTO (*starten*) ■ **etw ~** to start sth; **einen Motorrad ~** to kick-start a motorbike
II. *vi* (*energisch die Pedale betätigen*) to sprint

An·trieb *m* ① AUTO, LUFT, RAUM (*Vortrieb*) drive (+*gen* for)
② (*motivierender Impuls*) drive, energy *no indef art;* **aus eigenem ~** (*fig*) on one's own initiative; **jdm [neuen] ~ geben[, etw zu tun]** (*fig*) to give sb the/a new impetus to do sth

An·triebs·ach·se *f* AUTO drive axle **An·triebs·kraft** *f* TECH [driving] power **An·triebs·schlupf·re·ge·lung** *f* AUTO anti-spin regulation, ASR, traction control system **An·triebs·schwä·che** *f* lack of drive [*or* energy] **An·triebs·wel·le** *f* TECH drive shaft

an|trin·ken *irreg* **I.** *vt* (*fam*) **die Flasche/seinen Kaffee ~** to drink a little from the bottle/some of one's coffee; **eine angetrunkene Flasche** an opened bottle; ***das Glas ist angetrunken*** somebody's drunk out of that glass
II. *vr* (*fam*) **sich** *dat* **einen [Rausch/Schwips] ~** to get [oneself] tiddly [*or* tipsy] *fam; s. a.* **Mut**

An·tritt[1] *m kein pl* ① (*Beginn*) start
② (*Übernahme*) **nach ~ seines Amtes/der Stellung/der Erbschaft** after assuming office/taking up the post/coming into the inheritance

An·tritt[2] *m kein pl* SPORT spurt

An·tritts·be·such *m* first courtesy call [*or* visit]; **bei jdm einen ~ abstatten** to pay a first courtesy call [*or* visit] on sb **An·tritts·re·de** *f* maiden speech **An·tritts·vor·le·sung** *f* inaugural lecture

an|trock·nen *vi sein* ■ **[an etw dat] ~** to dry [on sth]

an|tun *vt irreg* ① (*zufügen*) ■ **jdm etwas/nichts ~** to do something/not to do anything to sb; ***tu mir das nicht an!*** (*hum fam*) spare me, please! *hum fam;* **sich** *dat* **etwas ~** (*Selbstmord begehen*) to kill oneself, to do oneself in *fam*
② (*gefallen*) **es jdm angetan haben** to appeal to sb

an|tur·nen *vi* ① *haben* SPORT *to celebrate the start of the open-air season with an athletic event*
② *sein* (*fam: herankommen*) **angeturnt kommen** to come rollicking

an|tur·nen ['antø:ɐ̯nən] *vt* ① (*in einen Drogenrausch versetzen*) ■ **jdn ~** to turn sb on *sl,* to stone sb *sl*
② (*fam: in Erregung versetzen*) ■ **jdn ~** to turn sb on

Ant·wer·pen <-s> [ant'vɛrpṇ] *nt* Antwerp

Ant·wort <-, -en> ['antvɔrt] *f* ① (*Beantwortung*) answer (**auf** +*akk* to); **eine ~ auf eine Anfrage/ein Angebot/einen Brief** an answer [*or* a reply] to an inquiry [*or* enquiry]/an offer/a letter; ***und wie lautet deine ~ auf meine Frage?*** and what's your answer [*or* reply] to my question?; **um ~ wird gebeten!** RSVP; **um baldige [*o* umgehende] ~ wird gebeten!** please reply by return [of] post [*or* return mail]; **jdm [eine] ~ geben** to give sb an answer, to answer [*or* reply to] sb; ***das also gibst du mir zur ~?*** so that's your answer?; *s. a.* **Rede**
② (*Reaktion*) response (**auf** +*akk* to); **als ~ auf etw** *akk* in response to sth
③ (*Pendant*) answer (**auf** +*akk* to)
▶WENDUNGEN: **keine ~ ist auch eine ~** (*prov*) no answer is an answer

Ant·wort·brief *m* answer, reply

ant·wor·ten ['antvɔrtṇ] *vi* ① (*als Antwort geben*) ■ **[jdm] ~** to answer [sb], to reply [to sb]; ***ich kann Ihnen darauf leider nichts ~*** unfortunately I cannot give you an answer to that; ***was soll man darauf noch ~?!*** what kind of answer can you give to that?; **auf jds Frage ~** to answer sb's [*or* reply to sb's] question; **mit Ja/Nein ~** to answer yes/no [*or form* in the affirmative/negative]; **mit „vielleicht" ~** to answer with "perhaps"; **schriftlich ~** to answer [*or* reply] in writing, to give a written answer
② (*reagieren*) to respond (**mit** +*dat* with)

Ant·wort·kar·te *f* reply card **Ant·wort·schein** *m* **internationaler ~** [international] reply coupon **Ant·wort·schrei·ben** *nt* (*geh*) answer, reply **Ant·wort·zeit** *f* TECH response time

an|ver·trau·en* ['anfɛɐ̯trauən] **I.** *vt* ① (*vertrauensvoll übergeben*) ■ **jdm etw ~** to entrust sth to sb [*or* sb with sth]
② (*vertrauensvoll erzählen*) ■ **jdm etw ~** to confide sth to sb; **etw nur dem Papier ~** (*fig geh*) to entrust sth solely to paper
II. *vr* ① (*sich vertrauensvoll mitteilen*) ■ **sich** *akk* **jdm ~** to confide in sb
② (*sich in einen Schutz begeben*) ■ **sich** *akk* **etw** *dat* **~** to entrust oneself to sth

an|vi·sie·ren* *vt* ① (*ins Visier nehmen*) ■ **jdn/etw ~** to sight sb/sth
② (*geh: ins Auge fassen*) ■ **etw ~** to set one's sights on sth; **eine Entwicklung/die Zukunft ~** to envisage a development/the future

an|wach·sen *vi irreg sein* ① (*festwachsen*) ■ **[auf etw dat] ~** to grow [on sth]
② MED (*sich mit Körpergewebe verbinden*) ■ **an etw** *dat* **~** to grow on sth; *Transplantat* to take [*or* adhere] [to sth]
③ (*zunehmen*) ■ **[bis zu etw dat/auf etw akk] ~** to grow [*or* increase] [to sth]

An·wach·sen *nt* ■ **das ~** ① (*das Festwachsen*) growing
② MED (*Verbindung mit Körpergewebe*) growing; *von Transplantat* taking, adherence
③ (*Zunahme*) growth, increase; **im ~ [begriffen] sein** to be growing [*or* on the increase]

An·wach·sungs·recht *nt* JUR, FIN right to accruals

an|wäh·len *vt* TELEK ■ **jdn/eine Nummer ~** to call sb/to dial a number

An·walt, An·wäl·tin <-[e]s, -wälte> ['anvalt, 'anvɛltɪn, *pl* 'anvɛltə] *m, f* ① (*Rechtsanwalt*) lawyer, solicitor BRIT, attorney AM; **sich** *dat* **einen ~ nehmen** to engage the services of a lawyer

② *(geh: Fürsprecher)* advocate; ~ **der Armen/Hilfsbedürftigen** champion of the poor/needy

An·wäl·tin <-, -nen> ['anvɛltɪn] *f* JUR *fem form von* **Anwalt**

An·walts·as·ses·sor(in) *m(f)* JUR *(veraltet: Anwalt auf Probe)* junior barrister **An·walts·be·ruf** *m* JUR legal profession, the Bar; **den ~ ausüben** to practice law **An·walts·bü·ro** *nt* ① *s.* **Anwaltskanzlei** ② *(Anwaltssozietät)* law firm, BRIT *a.* firm of solicitors

An·walt·schaft <-, -en> *f pl selten* ① *(Vertretung eines Klienten)* case; **eine ~ übernehmen** to take on [*or* over] a case; **eine ~ [für jdn] übernehmen** to take on [*or* over] sb's case

② *(Gesamtheit der Anwälte)* ■ **die ~** the legal profession

An·walts·ge·hil·fe, -ge·hil·fin *m, f* [solicitor's BRIT] clerk, lawyer's secretary AM **An·walts·ho·no·rar** *nt* JUR lawyer's [*or* legal] fees, solicitor's [*or* AM attorney's] fees; **vorläufiges ~** retainer; **weiteres ~** refresher **An·walts·kam·mer** *f* incorporated law society **An·walts·kanz·lei** *f* lawyer's [*or* AM law] office, law firm **An·walts·kos·ten** *pl* legal expenses **An·walts·pra·xis** *f* law [*or* BRIT *a.* solicitor's] [*or* AM *a.* attorney's] practice; **~ betreiben** to practise [*or* AM -ce] law **An·walts·pri·vi·leg** *nt* JUR privilege of attorney **An·walts·pro·zess**RR *m* JUR litigation with necessary representation by lawyers **An·walts·schwem·me** *f* glut of lawyers **An·walts·stand** *m* JUR legal profession, the Bar **An·walts·ver·zeich·nis** *nt* JUR list of lawyers, BRIT Solicitors' Roll **An·walts·wech·sel** *m* JUR change of attorney **An·walts·zu·las·sung** *f* JUR admission to the bar **An·walts·zu·stel·lung** *f* JUR direct service between lawyers **An·walts·zwang** *m kein pl* JUR mandatory [*or* statutory] representation by lawyers

an|wan·deln *vt (geh)* ■ **jdn ~** to come over sb; ***mich wandelt ganz einfach die Lust an, spazieren zu gehen!*** I quite simply feel the desire to go for a walk

An·wand·lung *f* mood; **aus einer ~ heraus** on an impulse; **[wieder] ~en bekommen** *(fam)* to go into [one of one's] fits *fam;* **in einer ~ von Großzügigkeit/Wahnsinn** in a fit of generosity/madness; **in einer ~ von Furcht/Misstrauen** on an impulse of fear/suspicion

an|wär·men *vt* **das Bett ~** to warm [up] the bed; **Speisen ~** to heat up food; ***danke, dass Sie mir den Platz angewärmt haben!*** thanks for keeping my seat warm! *a. hum*

An·wär·ter(in) *m(f)* candidate (**auf** +*akk* for); SPORT contender (**auf** +*akk* for); **der ~ auf den Thron** the heir to the throne; *(Prätendent)* the pretender to the throne

An·wär·ter·be·zü·ge *pl* JUR trainees' remuneration

An·wart·schaft <-, -en> *f (selten)* candidature (**auf** +*akk* for), candidacy (**auf** +*akk* for); **die ~ auf das Erbe** the claim to the inheritance; SPORT contention; **~ auf den Thron** claim to the throne

An·wart·schafts·be·rech·tig·te(r) *f(m) dekl wie adj* JUR reversioner, prospective beneficiary **An·wart·schafts·recht** *nt* JUR expectant right; **bedingtes ~** contingent remainder; **unentziehbares ~** vested remainder **An·wart·schafts·zeit** *f* JUR qualifying period *(waiting period between registering as unemployed and receiving benefit)*

an|wei·sen *vt irreg* ① *(durch Anweisung beauftragen)* ■ **jdn ~[, etw zu tun]** to order sb to do sth

② *(anleiten)* ■ **jdn ~** to instruct sb

③ *(zuweisen)* ■ **jdm etw ~** to direct sb to sth

④ *(überweisen)* **[jdm] Geld [auf ein Konto] ~** to transfer money [to sb/to sb's account]

An·wei·sung *f* ① *(Anordnung)* order, instruction; **~ haben, etw zu tun** to have instructions to do sth; **auf [jds** *akk*] **~** on [sb's] instruction, on the instructions of sb; **gerichtliche ~** court order

② *(Anleitung)* instruction

③ *(Gebrauchsanweisung)* instructions *pl*

④ *(Zuweisung)* allocation

⑤ *(Überweisung)* transfer

⑥ *(Überweisungsformular)* payment slip

an·wend·bar *adj* applicable (**auf** +*akk o dat* to); **in der Praxis ~** practicable, practical

An·wend·bar·keit <-> *f kein pl* applicability (**auf** +*akk* to)

an|wen·den *vt reg o irreg* ① *(gebrauchen)* ■ **etw [bei jdm/etw] ~** to use sth [on sb/during sth]

② *(übertragen)* ■ **etw auf etw** *akk* **~** to apply sth to sth

An·wen·der(in) <-s, -> *m(f)* INFORM user

an·wen·der·freund·lich *adj* INFORM user-friendly

An·wen·de·rin <-, -nen> *f fem form von* **Anwender**

An·wen·der·nut·zen *m* user benefits *pl* **an·wen·der·ori·en·tiert** *adj* INFORM user-oriented **An·wen·der·pro·gramm** *nt* INFORM application program **An·wen·der·soft·ware** <-, -s> *f* application software

An·wen·dung *f* ① *(Gebrauch)* use; **etw zur ~ bringen** *(geh)* to use [*or* apply] sth; **~ finden** [*o geh* **zur ~ gelangen**] to be used [*or* applied], to find application *form*

② *(Übertragung)* application (**auf** +*akk* to)

③ MED *(therapeutische Maßnahme)* administration

④ INFORM application; **eine ~ starten** to start an application

An·wen·dungs·be·reich *m* JUR field of application; **~ eines Gesetzes** scope of a law; **~ eines Vertrages** purview of a treaty; INFORM application field **An·wen·dungs·da·tei** *f* INFORM application file **An·wen·dungs·form** *f* form of use, usage **an·wen·dungs·freund·lich** *adj* TECH application friendly **An·wen·dungs·funk·ti·on** *f* INFORM application function **An·wen·dungs·ge·biet** *nt* field of applications **An·wen·dungs·pro·gramm** *nt* INFORM application program **An·wen·dungs·soft·ware** *f* INFORM application software **an·wen·dungs·spe·zi·fisch** *adj* TECH application-orient[at]ed **An·wen·dungs·vor·aus·set·zung** *f* TECH application requirement **An·wen·dungs·vor·schrift** *f* instructions *pl* for use

An·wer·ben <-s> *nt kein pl* ÖKON *von Kunden* canvassing; *von Arbeitskräften* recruiting of labour [*or* AM -or]

an|wer·ben *vt irreg* ■ **jdn [für etw** *akk*] **~** to recruit sb [for sth]; **Soldaten ~** to recruit [*or* enlist] soldiers

An·wer·be·staat *m von Gastarbeitern* country of recruitment

An·wer·bung *f* recruitment; *a.* MIL enlistment **An·wer·bungs·stopp** *m* stop to recruitment

an|wer·fen *irreg* **I.** *vt* ■ **etw ~** ① TECH *(in Betrieb setzen)* to start sth up

② *(fam: anstellen)* to switch sth on

③ *(durch Drehen in Gang setzen)* **den Motor [mit der Kurbel] ~** to crank the engine; **den Propeller [von Hand] ~** to swing the propeller

II. *vi* SPORT *(mit dem Werfen beginnen)* to take the first throw

An·we·sen <-s, -> *nt (geh)* estate

an·we·send *adj* present *pred;* ■ **[bei jdm/bei etw** *dat*/**auf etw** *dat*] **~ sein** to be present [at sb's place/at sth]; **nicht ganz ~ sein** *(hum fam)* to be a million miles away [*or fam* off in one's own little world]

An·we·sen·de(r) *f(m) dekl wie adj* person present; ■ **die ~n** those present; **alle ~n** all those present

An·we·sen·heit <-> *f kein pl* presence; *von Studenten* attendance; **in jds ~** *dat,* **in ~ von jdm** in sb's presence, in the presence of sb

An·we·sen·heits·lis·te *f* attendance list **An·we·sen·heits·pflicht** *f* obligation to attend; ***es herrscht*** **~** attendance is compulsory **An·we·sen·heits·recht** *nt* JUR right of attendance

an|wi·dern ['anviːdɐn] *vt* ■ **jdn ~** to nauseate sb, to make sb sick; ■ **angewidert** nauseated *attr*

an|win·keln *vt* **den Arm/das Bein ~** to bend one's arm/leg; **Signalflaggen in bestimmter Reihenfolge ~** to move semaphore flags to certain angles; **mit angewinkeltem Arm/Bein** with the arm/leg bent

an|wir·ken *vt* KOCHK *(fachspr)* **Marzipan ~** to knead marzipan in sugar

An·woh·ner(in) <-s, -> *m(f)* ① *(Anlieger)* [local] resident

② *(Anrainer)* **die ~ des Sees/der Küste** the people living by the lake/along the coast

An·woh·ner·park·platz *m* resident parking

An·wurf *m* ① *kein pl* SPORT first throw

② *(geh: Schmähung)* imputation, [unfounded] accusation

an|wur·zeln *vi sein* ■ **[in etw** *dat*] **~** to take root [in sth]; **wie angewurzelt dastehen** [*o* **stehen bleiben**] to stand rooted to the spot

An·zahl *f kein pl* number; **eine ganze ~** quite a lot + *pl vb;* **eine ziemliche ~** quite a number + *pl vb*

an|zah·len *vt* ① *(als Anzahlung geben)* ■ **[jdm] etw ~** to pay [sb] a deposit of sth; ***Euro 500 waren schon angezahlt*** a deposit of 500 euros has already been paid; ***abzüglich der angezahlten 10 %*** minus the deposit of 10%

② *(eine Anzahlung auf den Preis von etw leisten)* ■ **etw ~** to pay a deposit on sth

An·zah·lung *f* ① *(angezahlter Betrag)* deposit; **eine ~ machen** [*o* **leisten**] *(geh)* to pay a deposit; **Euro 800 ~ machen** [*o* **leisten**] to pay a deposit of 800 euros, to leave 800 euros as a deposit

② *(erster Teilbetrag)* first instalment [*or* AM installment]

An·zah·lungs·be·trag *m* FIN deposit, payment on account **An·zah·lungs·ga·ran·tie** *f* FIN advance payment bond

an|zap·fen *vt* ① *(Flüssigkeit durch Zapfen entnehmen)* ■ **etw ~** to tap sth; **ein Fass ~** to tap [*or* broach] a barrel

② ELEK, TELEK *(fam: sich illegal an etw anschließen)* ■ **etw ~** to tap [*or* bug] sth; **eine Telefonleitung ~** to tap a telephone line

③ *(fam: Informationen gewinnen)* ■ **jdn ~** to pump sb *fam*

An·zei·chen *nt* sign; MED *(Symptom)* symptom; ***es liegen [keine] ~ dafür vor, dass ...*** there are [no] signs that ...; ***alle ~ deuten darauf hin, dass ...*** all signs [*or* symptoms] indicate that ...; ***wenn nicht alle ~ trügen*** if all the symptoms are to be believed

an|zeich·nen *vt* ① *(markieren)* ■ **etw [auf etw** *dat*] **~** to mark [out] sth [on sth]; *(mit Kreide)* to chalk sth [on sth]

② *(zeichnen)* ■ **etw [an etw** *akk*] **~** to draw sth [on sth]; *(mit Kreide)* to chalk sth [on sth]

An·zei·ge <-, -n> *f* ① *(Strafanzeige)* charge (**wegen** +*dat* for); **~ bei der Polizei** report to the police; **eine ~ [wegen einer S.** *gen*] **bekommen** [*o* **erhalten**] to be charged [with sth]; **~ gegen Unbekannt** charge against a person [*or* persons] unknown; **jdn/etw zur ~ bringen** *(geh),* **[gegen jdn] eine ~ machen** [*o* **erstatten**] to bring [*or* lay] a charge against sb, to report sth; **[eine] ~ gegen jdn bei der Polizei machen** [*o* **erstellen**] to report sb to the police

② *(Bekanntgabe bei Behörde)* notification

③ *(Inserat)* ad[vertisement]

④ *(Bekanntgabe)* announcement

⑤ *(das Anzeigen)* display; **die ~ der Messwerte/Messinstrumente** the readings of the measured values/on the gauges [*or* AM *a.* gages]

⑥ *(angezeigte Information)* information

⑦ TECH *(Instrument)* gauge, AM *a.* gage

An·zei·ge·dis·play *nt* INFORM read-out, display

an|zei·gen *vt* ① *(Strafanzeige erstatten)* ■ **jdn [wegen einer S.** *gen*] **~** to report sb [for sth]; ■ **etw ~** to report sth; ■ **sich** *akk* **[selbst] ~** to give oneself up, to turn oneself in

② *(mitteilen)* ■ **jdm etw ~** to announce sth to sb; MIL to report sth to sb

③ *(angeben)* ■ **etw ~** to indicate [*or* show] sth; *(digital)* to display sth; **diese Uhr zeigt auch das Datum an** this watch also shows [*or* gives] the date

④ *(bekannt geben)* ■ **[jdm] etw ~** to announce sth [to sb]

⑤ *(angeben)* **ein Abbiegen/eine Richtung ~** to indicate a turn-off/direction; AUTO to signal a turn-off/direction

⑥ *(erkennen lassen)* ■ **jdm ~, dass ...** to indicate to

[*or* show] sb that ...

An·zei·gen·an·nah·me *f* ❶ *(Stelle für die Anzeigenannahme)* advertising sales department ❷ *(Erfassung einer Anzeige)* advertising sales **An·zei·gen·blatt** *nt* advertiser **An·zei·gen·kam·pag·ne** *f* advertising campaign **An·zei·gen·teil** *m* advertising section, small ads *pl*

An·zei·ge·pflicht *f kein pl (geh)* obligation to inform the police/authorities etc.; **der ~ unterliegen** to be notifiable

an·zei·ge·pflich·tig *adj* notifiable

An·zei·ger[1] *m* advertiser

An·zei·ger(in)[2] *m(f) (geh)* informer *a. pej*

An·zei·ge·ta·fel *f* LUFT, BAHN departure and arrivals [information] board; SPORT scoreboard

an|zet·teln *vt* ❶ *(vom Zaun brechen)* **Blödsinn** [*o* **Unsinn**] ~ to be up to mischief; **eine Schlägerei/einen Streit** ~ to provoke a fight/an argument
❷ *(in Gang setzen)* ■**etw** ~ to instigate sth

An·zie·hen <-s> *nt kein pl* FIN *der Preise* rise; *(nach Rückgang)* recovery

an|zie·hen[1] *vt irreg* ❶ *(sich mit etw bekleiden)* ■[**sich** *dat*] **etw** ~ to put on sth *sep,* to don sth *form or liter;* [**sich** *dat*] **die Schuhe** ~ to put on [*or* slip into] one's shoes
❷ *(jdn bekleiden)* ■**jdn** ~ to dress sb; ■**jdm etw** ~ to put sth on sb
❸ *(kleiden)* **jdn** [**modisch/vorteilhaft**] ~ to dress sb [up] [in the latest fashion/to look their best]; ■**sich** ~ to get dressed; **sich leger/schick/warm** ~ to put on casual/smart/warm clothing
❹ SCHWEIZ *(beziehen)* **das Bett** ~ to make the bed; **das Bett frisch** ~ to change the bed
▶WENDUNGEN: **sich warm ~ müssen** *(fam)* to have to wrap up well [*or* warm]

an|zie·hen[2] *irreg* **I.** *vt* ❶ *(straffen)* ■**etw** ~ to pull sth tight; **die Zügel** ~ to pull [[back] on] the reins
❷ *(festziehen)* ■**etw** ~ to tighten sth; **die Bremse** ~ to apply [*or* put on] the brake
❸ *(an den Körper ziehen)* **einen Arm/ein Bein** ~ to draw up an arm/a leg
❹ *(anlocken)* ■**jdn** ~ to attract [*or* draw] sb; **sich** *akk* **von jdm/etw angezogen fühlen** to be attracted to [*or* drawn by] sb/sth
❺ PHYS *(an sich ziehen)* ■**etw** ~ to attract sth
❻ *(fig: sich zueinander hingezogen fühlen)* ■**sich** *akk* ~ to be attracted to each other; *s. a.* **Gegensatz**
❼ *(annehmen)* ■**etw** ~ to absorb sth
❽ *(ans Schloss ziehen)* **eine Tür** ~ to pull a door to
II. *vi* ❶ *(sich in Bewegung setzen) Zug* to start moving; *Zugtier* to start pulling
❷ *(beschleunigen)* to accelerate
❸ FIN *(ansteigen)* to rise; **kräftig** ~ to escalate

an·zie·hend *adj* attractive

An·zie·hung *f* ❶ *(verlockender Reiz)* attraction
❷ *kein pl s.* **Anziehungskraft 1**

An·zie·hungs·kraft *f* ❶ PHYS *(Gravitation)* [force of] attraction; ~ **der Erde** [force of] gravitation
❷ *(Verlockung)* attraction, appeal; **auf jdn eine** [**große**] ~ **ausüben** to appeal to [*or* attract] sb [strongly]

An·zug[1] *m* ❶ *(Herrenanzug)* suit; **ein einreihiger/zweireihiger** ~ a single-[*or* double-]breasted suit; **im ~ erscheinen** to appear in a suit
❷ SCHWEIZ *(Bezug)* duvet cover; **Anzüge fürs Bett** linen *no pl,* bedclothes
▶WENDUNGEN: **aus dem ~ kippen** *(fam: ohnmächtig werden)* to pass out

An·zug[2] *m kein pl* ❶ AUTO *(Beschleunigungsvermögen)* acceleration
❷ *(Heranrückung)* approach; **im ~ sein** to be on the way; MIL to be approaching; *Bedrohung, Gefahr* to be in the offing; *(von Erkältung, Schnupfen)* to be coming on

an·züg·lich ['antsyːklɪç] *adj* ❶ *(schlüpfrig)* insinuating, suggestive, lewd; ***ich verbitte mir diese ~en Bemerkungen!*** I won't stand for such insinuating [*or* suggestive] remarks!
❷ *(zudringlich)* personal, pushy *fam;* ■**~ sein/werden** to get personal, to make advances

An·züg·lich·keit <-, -en> *f* ❶ *kein pl* suggestiveness *no pl,* lewdness *no pl;* ***diese Geste war von einer gewissen*** ~ this gesture was of a certain suggestive [*or* insinuating] nature
❷ *kein pl (Zudringlichkeit)* advances *pl*
❸ *(zudringliche Handlung)* pushiness *no pl*

an|zün·den *vt* ■**etw** ~ ❶ *(entzünden) Feuer* to light sth
❷ *(in Brand stecken) Haus* to set sth on fire, to set fire [*or* light] to sth
❸ *(anstecken) Zigarette* to light sth

An·zün·der *m (fam)* fire lighter

an|zwei·feln *vt* ■**etw** ~ to question [*or* doubt] sth; **einen Bericht/die Echtheit eines Gegenstandes/eine Theorie** ~ to question a report/the authenticity of an object/a theory

an|zwin·kern *vt* ■**jdn** ~ to wink at sb, to give sb a wink

AOK <-, -s> [aːʔoːˈʔkaː] *f Abk von* **Allgemeine Ortskrankenkasse** *public organization providing statutory health insurance to individuals living within a particular area*

AOL [aːoːˈɛl] INFORM *Abk von* **America Online** AOL

äo·lisch [ɛˈoːlɪʃ] *adj* GEOL aeolian BRIT, eolian AM

Äon <-s, -en> [ɛˈoːn] *m meist pl* ASTRON, PHILOS *(geh)* [a]eon

Aor·ta <-, Aorten> [aˈɔrta] *f* aorta

Aos·ta·tal [aˈɔsta-] *nt* Aosta Valley

Apa·che, Apa·chin <-n, -n> [aˈpatʃə, aˈpaxə, -tʃɪn, -xɪn] *m, f,* **Apat·sche, Apat·schin** <-n, -n> [aˈpatʃə] *m, f* Apache

apart [aˈpart] *adj* striking, distinctive, unusual; ***er war ein Mann von ~em Aussehen*** he was a striking [*or* distinctive-looking] man; ***was für ein ~er Pullover!*** that's an unusual sweater!

Apart·heid <-> [aˈpaːɐ̯thaɪt] *f kein pl* POL, HIST apartheid *no pl, no indef art*

Apart·heid·po·li·tik *f kein pl* POL, HIST policy of apartheid, apartheid policy

Apart·ment <-s, -s> [aˈpartmənt] *nt* flat BRIT, apartment AM

Apart·ment·haus *nt* block of flats BRIT, apartment house AM **Apart·ment·woh·nung** *f s.* **Apartment**

Apa·thie <-, -n> [apaˈtiː, *pl* -ˈtiːən] *f* apathy; MED listlessness

apa·thisch [aˈpaːtɪʃ] **I.** *adj* apathetic; MED listless
II. *adv* apathetically; MED listlessly

Apen·ni·nen [apɛˈniːnən] *pl* Apennines *npl*

aper [ˈaːpɐ] *adj* SÜDD, ÖSTERR, SCHWEIZ *(schneefrei)* snowless, clear [*or* free] of snow

Ape·ri·tif <-s, -s *o* -e> [aperiˈtiːf] *m* aperitif

Apex <-, Apizes> [ˈaːpɛks, *pl* ˈaːpitseːs] *m* ASTRON apex

Ap·fel <-s, Äpfel> [ˈapfl̩, *pl* ˈɛpfl̩] *m* apple
▶WENDUNGEN: **der ~ fällt nicht weit vom Stamm** *(prov)* like father, like son; **in den sauren ~ beißen** *(fam)* to bite the bullet

Ap·fel·aus·ste·cher *m* apple corer **Ap·fel·baum** *m* apple tree **Ap·fel·blü·te** *f (Blüte)* apple blossom; *(das Blühen)* blossoming of apple trees; ***zur Zeit der*** ~ when the apple trees are in blossom **Ap·fel·brand·wein** *m* apple brandy

Äp·fel·chen <-s, -> [ˈɛpflçən] *nt dim von* **Apfel**

Ap·fel·es·sig *m* cider vinegar **Ap·fel·ku·chen** *m* apple tart [*or* pie] [*or* cake] **Ap·fel·männ·chen** *nt* MATH Mandelbrot set

Ap·fel-Milch·säu·re-Gä·rung *f* CHEM apple-lactic-acid fermentation

Ap·fel·most *m* DIAL *(unvergorener Fruchtsaft)* apple juice; *(vergorener Fruchtsaft)* [apple] cider **Ap·fel·mus** *nt* apple sauce **Ap·fel·saft** *m* apple juice **Ap·fel·säu·re** *f kein pl* CHEM malic acid **Ap·fel·schim·mel** *m* dapple-grey [horse]

Ap·fel·si·ne <-, -n> [apflˈziːnə] *f (Frucht)* orange; *(Baum)* orange tree

Ap·fel·stru·del *m* apple strudel **Ap·fel·ta·sche** *f* apple turnover

äp·fel·tra·gend *adj* BOT apple bearing, pomiferous

Ap·fel·tres·ter [-trɛstɐ] *m* apple schnaps **Ap·fel·wein** *m* cider

Apho·ris·mus <-, -rismen> [afoˈrɪsmʊs] *m* aphorism

Aphro·di·si·a·kum <-s, -disiaka> [afrodiˈziːakʊm, *pl* -ka] *nt* aphrodisiac

Aplomb <-s> [aˈplõː] *m kein pl (geh)* ❶ *(Sicherheit* [*im Auftreten*]*)* aplomb
❷ *(Dreistigkeit, Forschheit)* chutzpah, brashness

Ap·noetau·chen [aˈpnoːə-] *nt* SPORT *(Tauchen ohne Atemgerät)* freediving *no pl, no indef art,* apnea diving *no pl, no indef art*

Apo, APO <-> [ˈaːpo] *f kein pl Akr von* **außerparlamentarische Opposition** *left-wing opposition movement in the FRG founded by students and trade-unions in 1966 to promote opposition to the government from outside the parliament*

apo·dik·tisch [apoˈdɪktɪʃ] *(geh)* **I.** *adj* apodictic
II. *adv* apodictically

Apo·ka·lyp·se <-, -n> [apokaˈlʏpsə] *f* apocalypse

apo·ka·lyp·tisch [apokaˈlʏptɪʃ] *adj inv* REL apocalyptic

apo·kryph [apoˈkryːf] *adj inv* REL *(geh) Text* apocryphal

apo·li·tisch [ˈapoliːtɪʃ] *adj* apolitical, non-political

Apol·lon-Ach·se [aˈpɔlɔn] *f* SPORT barbell *(with two discs weighing 3 cwt)*

Apo·lo·get(in) <-en, -en> [apoloˈgeːt] *m(f) (geh)* apologist

apo·plek·tisch [apoˈplɛktɪʃ] *adj* MED apoplectic

Apo·sta·sie <-, -n> [apostaˈziː, *pl* apostaˈziːən] *f* REL *(geh)* apostasy

Apos·tel <-s, -> [aˈpɔstl̩] *m* apostle

Apos·tel·brief *m* epistle **Apos·tel·ge·schich·te** *f kein pl* Acts of the Apostles *pl* **Apos·tel·ku·chen** *m* brioche-style cake

a pos·te·ri·o·ri [a pɔsteˈri̯oːri] *(geh)* PHILOS a posteriori

A-pos·te·ri·o·ri-Ar·gu·ment [a pɔsteˈri̯oːri-] *nt* a posterior reasoning

apos·to·lisch [apɔsˈtoːlɪʃ] *adj* REL apostolic; **~e Väter** Apostolic Fathers

Apo·stroph <-s, -e> [apoˈstroːf] *m* apostrophe

apo·stro·phie·ren* [apostroˈfiːrən] *vt* ❶ LING *(selten)* ■**etw** ~ to apostrophize sth
❷ *(geh: anreden, nachdrücklich bezeichnen)* ■**jdn/etw als etw** ~ to refer to sb/sth as sth

Apo·the·ke <-, -n> [apoˈteːkə] *f* pharmacy, dispensary, BRIT *a.* [dispensing] chemist's

Apo·the·ken·dienst *m* pharmacy service

apo·the·ken·pflich·tig *adj* available only at the pharmacy [*or* BRIT *a.* chemist's]

Apo·the·ker(in) <-s, -> [apoˈteːkɐ] *m(f)* pharmacist, BRIT *a.* [dispensing] chemist

Apo·the·ker·ge·wicht *nt* apothecaries' weight

Apo·the·ke·rin <-, -nen> *f fem form von* **Apotheker**

Apo·the·ker·kam·mer *f* pharmacists' association; *(in Großbritannien)* Institute of Pharmacists **Apo·the·ker·waa·ge** *f* precision scales *pl*

Apo·the·o·se <-, -n> [apoteˈoːzə] *f* REL apotheosis

App. *Abk von* **Appartement** apt *esp* AM, flat BRIT

Ap·pa·la·chen [apaˈlaxn̩] *pl* Appalachian Mountains *pl*

Ap·pa·la·chen·wald *m* BOT Appalachian Forest

Ap·pa·rat <-[e]s, -e> [apaˈraːt] *m* ❶ TECH *(technisches Gerät)* apparatus *no pl form,* appliance, machine; *(kleineres Gerät)* gadget
❷ TELEK *(Telefon)* telephone, phone; **am ~ bleiben** to hold the line; ***bleiben Sie bitte am ~!*** please hold the line!; ***wer war eben am ~?*** who was that on the phone just then?; **am ~!** speaking!
❸ *(fam: Radio)* radio; *(Rasierapparat)* razor; *(Fotoapparat)* camera
❹ ADMIN *(Verwaltungsapparat)* apparatus, machinery; **kritischer ~** LIT critical apparatus
❺ *(sl: großer Gegenstand)* whopper; ***meine Gallensteine, das waren solche ~e!*** my gall-stones were real whoppers!

Ap·pa·ra·te·bau *m kein pl* machine-building *no pl,* instrument-making *no pl* **Ap·pa·ra·te·me·di·zin** *f kein pl* high-tech medicine *no pl*

Ap·pa·rat·schik <-s, -s> [apaˈratʃɪk] *m (pej)* apparatchik

Ap·pa·ra·tur <-, -en> [apara'tu:ɐ̯] *f* [piece of] equipment *no pl*, apparatus *no pl*
Ap·par·te·ment <-s, -s> [apartə'mã:] *nt* ❶ *(Zimmerflucht)* suite [of rooms]
❷ *s.* **Apartment**
Ap·par·te·ment·haus *nt* block of flats BRIT, condominium AM, block of condominiums AM
Ap·pel <-s, Äppel> ['apl̩, *pl* ɛpl̩] *m* NORDD *(Apfel)* apple
▸WENDUNGEN: **für einen ~ und ein Ei** *(fam)* for peanuts, dirt cheap
Ap·pell <-s, -e> [a'pɛl] *m* ❶ *(Aufruf)* appeal; ■**der/ein ~ an jdn/etw** the/an appeal to sb/sth; ■**der/ein ~ zu etw** *dat* the/an appeal for sth; **einen ~ an jdn richten** to make an appeal to sb
❷ MIL *(Antreten zur Besichtigung)* roll call; **zum ~ antreten** to line up for roll call
Ap·pel·lant(in) [apɛ'lant] *m(f)* JUR appellant
Ap·pel·la·ti·on <-, -en> [apɛla'tsi̯o:n] *f* JUR SCHWEIZ appeal
ap·pel·la·ti·ons·fä·hig *adj inv* JUR appealable **Ap·pel·la·ti·ons·ge·richt** *nt* JUR court of appeal **Ap·pel·la·ti·ons·instanz** *f* JUR appellate body **Ap·pel·la·ti·ons·tri·bu·nal** *nt* JUR appellate tribunal **Ap·pel·la·ti·ons·ver·fah·ren** *nt* JUR appeal process
ap·pel·lie·ren* [apɛ'li:rən] *vi* ❶ *(sich auffordernd an jdn wenden)* to appeal; ■**an jdn ~[, etw zu tun]** to appeal to sb [to do sth]
❷ *(etw wachrufen)* **an jds** *dat* **Großzügigkeit/Mitgefühl/Vernunft ~** to appeal to sb's [sense of] generosity/[sense of] sympathy/common sense
❸ SCHWEIZ *(Berufung einlegen)* ■**gegen etw** *akk* **~** to appeal against sth
Ap·pen·dix <-, -dizes> [a'pɛndɪks, *pl* -ditse:s] *m*
❶ ANAT appendix
❷ LIT *(Anhang)* appendix
Ap·pen·di·zi·tis <-, -tiden> [apɛndi'tsi:tɪs, *pl* -tsi'ti:dn̩] *f* MED *(Blinddarmentzündung)* appendicitis
Ap·pen·zell <-s> [apn̩'tsɛl] *nt* Appenzell
Ap·pen·zell-Au·ßer·rho·den <-s> [-'au̯sɐro:dn̩] *nt* Appenzell Outer Rhodes [*or* Ausser Rhoden] **Ap·pen·zell-In·ner·rho·den** <-s> [-'ɪnɐro:dn̩] *nt* Appenzell Inner Rhodes [*or* Inner Rhoden]
Ap·pe·tenz <-, -en> [ape'tɛnts] *f* BIOL appetence
Ap·pe·tenz·ver·hal·ten *nt* BIOL appetitive behaviour [*or* AM -or]
Ap·pe·tit <-[e]s> [ape'ti:t] *m kein pl (Lust auf Essen)* appetite; **~ [auf etw** *akk*] **bekommen/haben** to feel like [*or* fancy] [having] [sth]; ***das kann man mit ~ essen!*** that's sth you can really tuck into!; ***auf was hast du denn heute ~?*** what do you feel like having today?; **keinen ~ haben** to not feel hungry [*or* like having anything]; ***er hat in letzter Zeit keinen ~*** he hasn't had much of an appetite lately; **[jdm] ~ machen** to work up sb's appetite; **den ~ anregen** to work up an/one's appetite; **jdm den ~ [auf etw** *akk*] **verderben** *(fam)* to spoil sb's appetite; **guten ~!** enjoy your meal!, bon appetit
▸WENDUNGEN: **der ~ kommt beim [*o* mit dem] Essen** *(prov)* the appetite grows with the eating
ap·pe·tit·an·re·gend *adj* ❶ KOCHK *(appetitlich)* appetizing ❷ PHARM *(appetitfördernd)* **ein ~es Mittel** an appetite stimulant **Ap·pe·tit·hap·pen** *m* canapé **ap·pe·tit·hem·mend** *adj* appetite suppressant
ap·pe·tit·lich I. *adj* ❶ *(Appetit anregend)* appetizing; *(fig a.)* tempting
❷ *(fam: Lust anregend)* tempting, attractive
II. *adv* appetizingly, temptingly
ap·pe·tit·los *adj* without any appetite; **~ sein** to have lost one's appetite
Ap·pe·tit·lo·sig·keit <-> *f kein pl* lack of appetite
Ap·pe·tit·züg·ler <-s, -> *m* appetite suppressant
ap·plau·die·ren* [aplau̯'di:rən] *vi (geh)* to applaud; ■**[jdm] ~** to applaud [sb]
Ap·plaus <-es, -e> [a'plau̯s, *pl* -plau̯zə] *m (selten geh)* applause *no pl;* **stehender ~** standing ovation
App·let <-s, -s> ['æplɪt] *nt* INFORM applet
Ap·pli·ka·ti·on [aplika'tsi̯o:n] *f* INFORM application
ap·por·tie·ren* [apɔr'ti:rən] JAGD I. *vi* to retrieve, to fetch
II. *vt* ■**etw ~** to fetch [*or* retrieve] sth
Ap·po·si·ti·on <-, -en> [apozi'tsi̯o:n] *f* LING apposition
ap·pre·tie·ren* [apre'ti:rən] *vt* CHEM ■**etw ~** to proof [*or* finish] sth; **etw fleckunempfindlich/nässeunempfindlich ~** to stainproof [*or* rainproof] [*or* waterproof] sth
Ap·pre·tur <-, -en> [apre'tu:ɐ̯] *f* CHEM finish
Ap·pro·ba·ti·on <-, -en> [aproba'tsi̯o:n] *f* licence [*or* AM -se] to practise [*or* AM -ce] as a doctor/dentist etc.
ap·pro·biert [apro'bi:rt] *adj* certified, registered
Après-Ski <-, -s> [aprɛ'ʃi:] *nt* ❶ *(Freizeit nach dem Skilaufen)* après-ski
❷ MODE après-ski clothing
Après-Ski-Klei·dung [aprɛ'ʃi:-] *f kein pl* après-ski clothes *npl* [*or* clothing] *no pl*
Ap·ri·ko·se <-, -n> [apri'ko:zə] *f (Frucht)* apricot; *(Baum)* apricot tree
ap·ri·ko·tie·ren *vt* KOCHK to brush with strained apricot jam
April <-s, -e> [a'prɪl] *m pl selten* April; *s. a.* **Februar**
▸WENDUNGEN: **jdn in den ~ schicken** to make an April fool of sb; **~! ~!** *(fam)* April fool!
April·scherz *m* ❶ *(Scherz am 1. April)* April fool's trick ❷ *(schlechter Witz)* [bad] joke; ***das ist doch wohl ein ~!*** you must be joking! **April·wet·ter** *nt* April weather
a pri·o·ri [a pri'o:ri] *adv* PHILOS *(geh)* a priori
A-pri·o·ri-Ar·gu·ment [a pri'o:ri-] *nt* a priori reasoning
apro·pos [apro'po:] *adv* ❶ *(übrigens)* by the way[, that reminds me]; **~, *was ich noch sagen wollte ...*** by the way, I was going to say ...; **~, *ehe ich's vergesse ...*** by the way, before I forget ...
❷ *(was ... angeht)* **~ *Männer, ...*** talking of [*or* apropos] men, ...
Ap·sis <-, -siden> ['apsɪs, *pl* a'psi:dn̩] *f* ❶ ARCHIT *(Chorabschluss)* apse
❷ *(im Zelt)* bell
Apu·li·en <-> [a'pu:li̯ən] *nt* Apulia
Aquä·dukt <-[e]s, -e> [akvɛ'dʊkt] *m o nt* ARCHÄOL aqueduct
Aqua·farm ['a:kvafarm] *f (Fischfarm)* aqua farm
Aqua·kul·tur ['a:kva-] *f* aquaculture
Aqua·ma·rin <-s, -e> [akvama'ri:n] *m* aquamarine
aqua·ma·rin·blau *adj* aquamarine
Aqua·pla·ning <-s> [akva'pla:nɪŋ] *nt kein pl* aquaplaning *no pl*
Aqua·rell <-s, -e> [akva'rɛl] *nt* watercolour [*or* AM -or] [painting]; ■**~e malen** to paint in watercolours [*or* AM -ors]
Aqua·rell·far·be *f* watercolour **Aqua·rell·ma·ler(in)** *m(f)* watercolourist **Aqua·rell·ma·le·rei** *f* KUNST watercolour painting **Aqua·rell·ma·le·rin** <-, -nen> *f fem form von* **Aquarellmaler**
Aqua·ri·um <-s, -rien> [a'kva:ri̯ʊm, *pl* -ri̯ən] *nt* aquarium
Aqua·tin·ta <-, -tinten> [akva'tɪnta] *f* aquatint
Äqua·tor <-s> [ɛ'kva:to:ɐ̯] *m kein pl* equator
äqua·to·ri·al [ɛkvato'ri̯a:l] *adj* equatorial; **~es Klima** equatorial climate
Äqua·to·ri·al·gui·nea <-s> [ɛkvato'ri̯a:lgine:a] *nt* Equatorial Guinea **Äqua·to·ri·al·gui·ne·er(in)** <-s, -> [ɛkvato'ri̯a:lgine:ɐ] *m(f)* Equatorial Guinean, Equatoguinean **äqua·to·ri·al·gui·ne·isch** *adj* Equatorial Guinean, Equatoguinean
Äqua·tor·tau·fe *f* NAUT crossing-the-line ceremony
Aqua·vit <-s, -e> [akva'vi:t] *m* aquavit
Aqui·fe·re <-, -n> [akvi'fe:rə] *f (Hydrogeologie)* aquifer
äqui·va·lent [ɛkviva'lɛnt] *adj (geh)* equivalent; ■**etw** *dat* **~ sein** to be suitable [*or* appropriate] for sth
Äqui·va·lent <-s, -e> [ɛkviva'lɛnt] *nt* equivalent
Äqui·va·lenz <-, -en> [ɛkviva'lɛnts] *f* equivalence
Äqui·va·lenz·prin·zip *nt* FIN benefits received principle **Äqui·va·lenz·prü·fung** *f* FIN equivalence tests *pl* **Äqui·va·lenz·re·la·ti·on** *f* MATH equivalence relation
Ar <-s, -e> [a:ɐ̯] *nt o m (100 m²)* are
Ara <-, -s> ['a:ra] *m* ORN macaw
Ära <-, Ären> ['ɛ:ra, *pl* ɛ:rən] *f (geh)* era
Ara·ber(in) <-s, -> ['arabɐ] *m(f)* Arab
Ara·ber <-s, -> ['arabɐ] *m (Vollblutpferd)* Arab
Ara·bes·ke <-, -n> [ara'bɛskə] *f* KUNST, ARCHIT arabesque
Ara·bi·en <-s> [a'ra:bi̯ən] *nt* Arabia
ara·bisch [a'ra:bɪʃ] *adj* ❶ GEOG *(zu Arabien gehörend)* Arabian, Arab; **A~e Republik Syrien** ÖSTERR *(Syrien)* Syria; **A~e Halbinsel** Arabian Peninsula; **die A~e Liga** the Arab League; **A~es Meer** Arabian Sea
❷ LING Arabic; **auf ~** in Arabic
Ara·bisch [a'ra:bɪʃ] *nt dekl wie adj* LING Arabic; ■**das ~e** Arabic
Ara·bi·sche Re·pu·blik Sy·ri·en *f* ÖSTERR *s.* **Syrien**
Ara·bi·sches Meer *nt* Arabian Sea
Ara·bis·tik <-> [ara'bɪstɪk] *f kein pl* Arabic studies *pl*
Ara·chid·öl [ara'çi:d-] *nt* KOCHK peanut oil
Ara·fu·ra·see [ara'fura-] *f* Arafura Sea
ara·go·ne·sisch [arago'ne:zɪʃ] *adj* Aragonese
Ara·go·ni·en <-s> [ara'go:ni̯ən] *nt* Aragon
Ara·go·ni·er(in) <-s, -> [ara'go:ni̯ɐ] *m(f)* Aragonian
Aral·see ['a:ra(:)lze:] *m* Aral Sea
ara·mä·isch [ara'mɛ:ɪʃ] *adj* Aramaic
Ara·mä·isch <-> [ara'mɛ:ɪʃ] *nt dekl wie adj* Aramaic; ■**das ~e** Aramaic
Arau·ka·ner(in) <-s, -> [arau̯'ka:nɐ] *m(f)* Araucanian
Ar·beit <-, -en> ['arbai̯t] *f* ❶ *kein pl (Tätigkeit)* work *no pl, no indef art;* **die ~ *mit Schwerbehinderten ist äußerst befriedigend*** working with the disabled is extremely fulfilling; ***die ~ läuft dir nicht davon*** *(hum)* your work will still be there when you get back; **an [*o* bei] der ~ sein** to be working; **die ~ einstellen** to stop [*or* cease] work; **ganze [*o* gründliche] ~ leisten** to do a good job; **geistige/körperliche ~** brainwork/physical work; **gute/schlechte ~ leisten** to do a good/bad job; **etw [bei jdm] in ~ geben** to have sth done [at sb's [*or* by sb]]; **an die ~ gehen, sich** *akk* **an die ~ machen** to get down to work; ***an die ~!*** getto work!; **zur ~ gehen** to go to work; **etw in ~ haben** to be working on sth; **etw ist in ~** work is in progress on sth; ***Ihr Pils ist in ~!*** your Pils is on its way!; **~ und Kapital** labour [*or* AM -or] and capital; **jdm [viel] ~ machen** to make [a lot of] work for sb
❷ *kein pl (Erwerbstätigkeit, Arbeitsplatz)* work *no pl, no indef art; (Job)* job; *(Beschäftigung)* employment *no pl, no indef art;* ***beeil dich, sonst kommst du zu spät zur ~!*** hurry up, or you'll be late for work!; ***er fand ~ als Kranfahrer*** he got a job as a crane driver; **zur ~ gehen** to go to work; ***ich gehe heute nicht zur ~*** I'm not going [in]to work today; **einer [geregelten] ~ nachgehen** *(geh)* to have a [steady] job; **[bei jdm] in ~ stehen [*o* sein]** *(geh)* to be employed [by sb]; **~ suchen** to be looking for a job, to be seeking employment
❸ *(Produkt, Werk)* work *no pl, no indef art; (handwerklich a.)* handiwork *no pl, no indef art;* ***dieser Schreibtisch ist eine saubere ~!*** this bureau is an excellent bit of [handi]work!; **seine ~en ausstellen** to exhibit one's work; **nur halbe ~ machen** to do a half-hearted job; **wissenschaftliche ~** scientific paper
❹ SCH *(Klassenarbeit)* test; ***sie büffelten für die anstehende ~ in Mathe*** they were swotting for the upcoming maths test; **~en korrigieren** to mark test papers; **eine ~ schreiben** to do [*or* sit] a test
❺ *kein pl (Mühe)* work *no pl, no indef art,* effort[s *pl*], trouble[s *pl*]; ***das Geld ist für die ~, die Sie hatten!*** the money is for your troubles [*or* efforts]!; ***mit kleinen Kindern haben Eltern immer viel ~*** small children are always a lot of work for parents; **sich** *dat* **~ [mit etw** *dat*] **machen** to go to trouble [with sth]; ***machen Sie sich keine ~, ich schaffe das schon alleine!*** don't go to any trouble, I'll manage on my own!; **viel ~ sein [*o* kosten]** to take a lot of work [*or* effort]

⑥ *(Aufgabe)* job, chore; ***Einkaufen ist für sie eine mühselige*** ~ she finds shopping a tedious chore
⑦ POL labour [*or* AM -or]; **Tag der** ~ May Day BRIT, Labor Day AM
▶WENDUNGEN: ~ **schändet nicht** *(prov)* work is no disgrace, a bit of work never harmed anyone; **erst die** ~**, dann das Vergnügen** *(prov)* business before pleasure *prov*

ar·bei·ten ['arbaitn̩] **I.** *vi* ① *(tätig sein)* to work; ***stör mich nicht, ich arbeite gerade!*** don't disturb me, I'm working!; ■**an etw** *dat* ~ to be working on sth; ***Helene arbeitet an der Fertigstellung ihres Erstromans*** Helen is working on the completion of her first novel; ■**über jdn/etw** ~ to work on sb/sth; ***er arbeitet über Goethe*** he's working on Goethe; **für zwei** ~ *(fam)* to do the work of two [people]
② *(berufstätig sein)* ■[**bei jdm/für jdn/an etw** *dat*] ~ to work [for sb/on sth]; ~ **gehen** to have a job
③ TECH *(funktionieren)* to work; ■[**mit etw** *dat*] ~ to operate [on sth]; ***das System arbeitet vollautomatisch*** the system is fully automatic; ***unsere Heizung arbeitet mit Gas*** our heating operates [*or* runs] on gas; ***alle Systeme*** ~ ***nach Vorschrift*** all systems are working according to regulations
④ MED *(funktionieren)* to function; ***Ihre Leber arbeitet nicht mehr richtig*** your liver is not functioning properly anymore
⑤ *(sich bewegen) Holz, Balken* to warp
⑥ *(gären) Hefe, Most etc.* to ferment
⑦ *impers (sich innerlich mit etw beschäftigen)* to work; ■**in jdm arbeitet es** sb is reacting; ***man sah, wie es in ihm arbeitete*** you could see his mind working; ***lass mich nachdenken, in meinem Kopf arbeitet es jetzt!*** let me think, my mind is starting to work!
⑧ MODE *(schneidern)* **bei jdm ~ lassen** to have sth made somewhere/by sb; ***Ihr Anzug sitzt ja ganz ausgezeichnet! wo/bei wem lassen Sie ~?*** your suit fits wonderfully! where do you have your clothes made [*or* who makes your clothes for you]?
II. *vr* ① *(gelangen)* ■**sich** *akk* **irgendwohin** ~ to work one's way somewhere; ***die Bergarbeiter arbeiteten sich weiter nach unten*** the miners worked their way further down; **sich** *akk* [**langsam**] **nach oben** [*o* **an die Spitze**] ~ to work one's way [slowly] to the top
② *(durchdringen)* ■**sich** *akk* [**durch etw** *akk*] [**durch**]~ to work oneself [through sth]; ***der Bohrer musste sich durch das Gestein*** ~ the drill had to work through the stonework
③ *(bewältigen)* ■**sich** *akk* **durch etw** *akk* ~ to work one's way through sth; ***es wird Wochen brauchen, bis ich mich durch all die Aktenberge gearbeitet habe*** it will take me weeks to work my way through the stacks of papers
④ *impers (zusammenarbeiten)* ■**es lässt sich** [**mit jdm**] **arbeiten** there's co-operation [with sb]; **es arbeitet sich gut/schlecht mit jdm** you can/can't work well with sb; ***mit willigen Mitarbeitern arbeitet es sich besser als mit störrischen*** it's better to work with willing colleagues than with stubborn ones; *(umgehen)* to work; **es arbeitet sich gut/schlecht auf etw** *dat*/**mit etw** *dat* you can/can't work well on sth/with sth; ***mit dem alten Computer arbeitet es sich nicht so gut*** you can't work as well on the old computer
⑤ *(sich in einen Zustand arbeiten)* **sich** *akk* **halb tot** ~ to work oneself to death; **sich** *akk* **krank** ~ to work till one drops; **sich** *akk* **müde** ~ to tire oneself out with work, to work oneself silly; *s. a.* **Tod**
III. *vt* ① *(herstellen)* to make; ■**etw** [**aus etw** *dat*] ~ to make sth [from sth]; **von Hand** ~ to make sth by hand; ***der Schmuck ist ganz aus 18-karätigem Gold gearbeitet*** the jewellery is made entirely from 18-carat gold
② *(tun)* ■**etwas/nichts** ~ to do sth/nothing; ***ich habe heute noch nichts gearbeitet*** I haven't managed to do anything yet today

Ar·bei·ter(in) <-s, -> *m(f) (Industrie)* [blue-collar] worker; *(landwirtschaftlicher Arbeiter)* labourer [*or* AM -orer]

Ar·bei·ter·be·we·gung *f* POL labour movement **Ar·bei·ter·fa·mi·lie** *f* working-class family **Ar·bei·ter·füh·rer(in)** *m(f)* workers' leader **Ar·bei·ter·ge·werk·schaft** *f* blue-collar union

Ar·bei·te·rin <-, -nen> *f fem form von* **Arbeiter**

Ar·bei·ter·kind *nt* working-class child **Ar·bei·ter·klas·se** *f* working class **Ar·bei·ter·par·tei** *f* workers' party **Ar·bei·ter·ren·ten·ver·si·che·rung** *f* ÖKON, POL invalidism and old-age insurance for wage earners

Ar·bei·ter·schaft <-> *f kein pl* work force + *sing/pl vb*

Ar·bei·ter·sied·lung *f* workers' housing estate **Ar·bei·ter-und-Bau·ern-Staat** *m* HIST *(in der ehemaligen DDR)* worker's and peasant's state **Ar·bei·ter-und-Sol·da·ten-Rat** *m* HIST workers' and soldiers' council **Ar·bei·ter·un·fall·ver·si·che·rung** *f* ÖKON, POL workers' compensation insurance **Ar·bei·ter·vier·tel** *nt* working-class area [*or* district] **Ar·bei·ter·wohl·fahrt** *f kein pl* ■**die** ~ the workers' welfare union

Ar·beit·ge·ber(in) <-s, -> *m(f)* employer; ***bei welchem ~ bist du beschäftigt?*** who is your employer?

Ar·beit·ge·ber·an·teil *m* employer's contribution **ar·beit·ge·ber·fi·nan·ziert** *adj* employer-financed **Ar·beit·ge·ber·hälf·te** *f* employer's contribution

Ar·beit·ge·be·rin <-, -nen> *f fem form von* **Arbeitgeber**

Ar·beit·ge·ber·prä·si·dent(in) *m(f)* president of an/the employers' association [*or* federation] **Ar·beit·ge·ber·sei·te** *f* employers' side **Ar·beit·ge·ber·ver·band** *m* employers' association

Ar·beit·neh·mer(in) *m(f)* employee

Ar·beit·neh·mer·an·teil *m*, **Ar·beit·neh·mer·bei·trag** *m* FIN *(zur Sozialversicherung)* employee's contribution **Ar·beit·neh·mer·ent·gelt** *nt* ÖKON compensation

Ar·beit·neh·mer·er·fin·der(in) *m(f)* employee inventor **Ar·beit·neh·mer·er·fin·der·ver·gü·tung** *f* FIN compensation for employee invention

Ar·beit·neh·mer·er·fin·dung *f* employee invention; **Gesetz über ~en** Law on Employee Inventions; **Richtlinien für die Vergütung von ~en im privaten Dienst** Directives on the Compensation to be Paid for Employee Inventions Made in Private Employment **Ar·beit·neh·mer·frei·be·trag** *m* FIN employee's personal tax allowance, BRIT *also* earned income relief, AM *also* employee allowance **Ar·beit·neh·mer·frei·zü·gig·keit** *f kein pl* JUR free movement of labour **ar·beit·neh·mer·freund·lich** *adj* pro-employee

Ar·beit·neh·me·rin <-, -nen> *f fem form von* **Arbeitnehmer**

Ar·beit·neh·mer·in·ter·es·se *nt* employee's interest **Ar·beit·neh·mer·pausch·be·trag** *m* ÖKON, POL employee flat amount **Ar·beit·neh·mer·rech·te** *pl* JUR workers' [*or* employee] rights

Ar·beit·neh·mer·schaft <-, -en> *f* employees *pl*

Ar·beit·neh·mer·schutz *m* JUR protection of employees **Ar·beit·neh·mer·sei·te** *f* employee's side **Ar·beit·neh·mer·spar·zu·la·ge** *f* ÖKON, POL employee's savings premium **ar·beit·neh·mer·ty·pisch** *adj inv* typical of/for employees **Ar·beit·neh·mer·über·las·sung** *f* hiring out of employees, temping **Ar·beit·neh·mer·ver·tre·ter(in)** *m(f)* employee [*or* workforce] representative **Ar·beit·neh·mer·ver·tre·tung** *f* ÖKON, POL employee representation

Ar·beits·ab·lauf *m* production, work routine

ar·beit·sam *adj (geh o veraltend)* industrious

Ar·beit·sam·keit <-> *f kein pl (geh o veraltend)* industriousness

Ar·beits·amt *nt (hist)* employment office, job centre BRIT **Ar·beits·an·lei·tung** *f (mündlich)* [work] instructions *pl*; *(schriftlich)* [written] guidelines *pl* **Ar·beits·an·tritt** *m* start of employment **Ar·beits·an·wei·sung** *f* working instruction **Ar·beits·an·zug** *m* work clothes *pl*; *(Handwerker etc.)* overalls *pl* **Ar·beits·at·mo·sphä·re** <-, -n> *f pl selten* work climate, atmosphere at work **Ar·beits·auf·fas·sung** *f s.* **Arbeitsmoral** **Ar·beits·auf·trag** *m* task **Ar·beits·auf·wand** *m* expenditure of energy; ***was für ein ~!*** what a lot of work! **ar·beits·auf·wän·dig**[RR] *adj* labour-intensive **Ar·beits·aus·fall** *m* loss of working hours **Ar·beits·aus·gleich** *m* ÖKON evening out labour **Ar·beits·be·din·gun·gen** *pl* working conditions *pl* **Ar·beits·be·frei·ung** *f* ÖKON exemption from working **Ar·beits·be·ginn** *m* start of work; *(Stempeluhr)* clocking-on; **zu spät zum ~ erscheinen** to be late for work [*or* clocking-on] **Ar·beits·be·las·tung** *f* workload **Ar·beits·be·reich** *m* area [*or* field] of work **Ar·beits·be·richt** *m* work report

Ar·beits·be·schaf·fung *f (Arbeitsplatzbeschaffung)* job creation; *(Auftragsbeschaffung)* obtaining work *no art*, bringing in work *no art*

Ar·beits·be·schaf·fungs·maß·nah·me *f* job creation scheme [*or* plan] **Ar·beits·be·schaf·fungs·pro·gramm** *nt* ÖKON, POL employment creation [*or* job creating] scheme **Ar·beits·be·schaf·fungs·pro·jekt** *nt* job creation scheme [*or* plan]

Ar·beits·be·schei·ni·gung *f* certificate of employment **Ar·beits·be·such** *m* working visit **Ar·beits·bie·ne** *f* ① *(Insekt)* worker [bee] ② *(fleißige Frau)* busy bee **Ar·beits·blatt** *nt* spreadsheet **Ar·beits·da·tei** *f* INFORM scratch file **Ar·beits·da·ten** *pl* INFORM working data + *sing vb* **Ar·beits·dienst** *m* HIST labour service **Ar·beits·di·rek·tor(in)** *m(f)* personnel director **Ar·beits·ei·fer** *m* enthusiasm for one's work

Ar·beits·ein·kom·men *nt* JUR earned income; **verschleiertes** ~ undeclared earned income **Ar·beits·ein·kom·mens·quo·te** *f* ÖKON quota of earned income

Ar·beits·ein·stel·lung *f* ① *(Streik)* walkout ② *(Arbeitsauffassung)* attitude to work **Ar·beits·ein·tei·lung** *f* planning of work, work allocation **Ar·beits·en·de** *nt* end of the working day; *(Stempeluhr)* clocking-off; ***um 16 Uhr 30 ist*** ~ work finishes [*or* clocking-off is] at 4.30 pm

Ar·beits·ent·gelt *nt* employee earnings *npl* [*or* pay] **Ar·beits·ent·gelt·pflicht** *f* JUR duty to compensate labour

Ar·beits·er·laub·nis *f (betriebliche Arbeitsberechtigung)* permission to work; *(behördliche Arbeitsgenehmigung)* work permit **Ar·beits·er·leich·te·rung** *f* saving of labour; ***das bedeutet eine große ~*** that makes work a lot easier [*or* is very labour-saving]; **zur** ~ to facilitate work, to make work easier **Ar·beits·es·sen** *nt* business [*or* working] lunch/dinner **Ar·beits·ex·em·plar** *nt* desk copy **ar·beits·fä·hig** *adj* ① *(tauglich)* able to work; ■~ **sein** to be fit for work ② *(funktionsfähig)* ■~ **sein** to be viable **Ar·beits·fä·hi·ge(r)** *f(m) dekl wie adj* a person who is able to work **Ar·beits·fä·hig·keit** *f* ① *(Tauglichkeit)* ability [*or* fitness] to work ② *(Funktionsfähigkeit)* viability **Ar·beits·feld** *nt (geh)* field of work **Ar·beits·flä·che** *f* work surface **Ar·beits·fluss**[RR] *m kein pl* ÖKON flow of workers **Ar·beits·fol·ge** *f* ÖKON job sequence

Ar·beits·för·de·rung *f* ÖKON work motivation **Ar·beits·för·de·rungs·ge·setz** *nt kein pl* Labour Promotion Law [*or* Act]

Ar·beits·frie·de(n) *m* peaceful labour relations *pl*, *no art* **Ar·beits·gang** <-gänge> *m* ① *(Produktionsabschnitt)* production stage; *(Bearbeitungsabschnitt)* stage [of operation] ② *s.* **Arbeitsablauf** **Ar·beits·ge·biet** *nt s.* **Arbeitsfeld** **Ar·beits·ge·mein·schaft** *f* working-group; SCH study-group **Ar·beits·ge·rät** *nt* equipment *no pl* **Ar·beits·ge·rät·schaft** *f* working implement

Ar·beits·ge·richt *nt* industrial tribunal

Ar·beits·ge·richts·bar·keit *f* JUR labour [court] jurisdiction

Ar·beits·ge·richts·ge·setz *nt* JUR Labour Court Act **Ar·beits·ge·richts·ver·fah·ren** *nt* JUR industrial tribunal proceedings

Ar·beits·ge·setz *nt* JUR labour act; ~**e** labour laws **Ar·beits·ge·setz·ge·bung** *f* JUR labour legislation

[*or* employment]

Ar·beits·grup·pe *f* team **Ar·beits·hil·fe** *f* aid; **technische ~n** technical aids **ar·beits·in·ten·siv** *adj* labour-intensive, requiring a lot of work **Ar·beits·kam·mer** *f* JUR chamber of labour

Ar·beits·kampf *m* industrial action **Ar·beits·kampf·maß·nah·men** *pl* industrial action

Ar·beits·klei·dung *f* work clothes *pl* [*or form* attire] **Ar·beits·kli·ma** *nt* working atmosphere, work climate **Ar·beits·kol·le·ge, -kol·le·gin** *m, f* colleague, work-mate *fam* **Ar·beits·kon·flikt** *m* FIN industrial [*or* labour] dispute **Ar·beits·kos·ten** *pl* labour costs *pl*

Ar·beits·kraft *f* ❶ *kein pl (Leistungskraft)* work capacity; **die menschliche ~** human labour ❷ *(Mitarbeiter)* worker; **ungelernte ~** unskilled [*or* manual] worker [*or* labourer] **Ar·beits·kräf·te·man·gel** *m* manpower [*or* labour] shortage **Ar·beits·kräf·te·po·ten·zi·al**RR *nt* ÖKON manpower potential, human resources *pl* **Ar·beits·kräf·te·rech·nung** *f* ÖKON manpower estimates *pl*

Ar·beits·kreis *m* working group **Ar·beits·kur·ve** *f* ÖKON manpower curve **Ar·beits·la·ger** *nt* labour camp **Ar·beits·le·ben** *nt kein pl* working life **Ar·beits·leis·tung** *f* output, performance **Ar·beits·lohn** *m* wages *pl*

ar·beits·los *adj* unemployed; ▪**~ sein/werden** to be/become unemployed [*or* out of work]

Ar·beits·lo·se(r) *f(m) dekl wie adj* unemployed person; ▪**die ~n** the unemployed

Ar·beits·lo·sen·geld *nt* unemployment benefit [*or* pay], BRIT *fam a.* the dole **Ar·beits·lo·sen·hil·fe** *f* unemployment aid [*or* assistance] **Ar·beits·lo·sen·ini·ti·a·ti·ve** *f* jobclub, programme [*or* AM -am] for the unemployed **Ar·beits·lo·sen·mel·dung** *f* report to [*or* personal appearance at] an/the unemployment office **Ar·beits·lo·sen·quo·te** *f* unemployment figures *pl* [*or* rate] **Ar·beits·lo·sen·un·ter·stüt·zung** *f kein pl (hist)* unemployment benefit [*or* pay], BRIT the dole *fam a.* **Ar·beits·lo·sen·ver·ein** *m* jobclub **Ar·beits·lo·sen·ver·si·che·rung** *f* unemployment insurance, National Insurance BRIT **Ar·beits·lo·sen·zah·len** *pl* unemployment figures *pl,* jobless total **Ar·beits·lo·sen·zif·fer** *f* unemployment figures *pl*

Ar·beits·lo·sig·keit <-> *f kein pl* unemployment *no indef art, + sing vb*

Ar·beits·man·gel *m* lack of work

Ar·beits·markt *m* job [*or* labour] market **Ar·beits·markt·da·ten** *pl* ÖKON data *+ sing/pl vb* on the labour market **Ar·beits·markt·po·li·tik** *f* ÖKON labour-market policy, employment [*or* manpower] policy **ar·beits·markt·po·li·tisch** *adj attr* ÖKON labour-market policy *attr,* related to labour market policy *pred;* **~e Instrumente/Maßnahmen** labour-market policy instruments/measures **Ar·beits·markt·re·form** *f* labour market reform

Ar·beits·ma·te·ri·al *nt (für den Beruf)* material required for work; *(für den Schulunterricht)* classroom aids *pl* **Ar·beits·me·di·zin** *f* industrial medicine **Ar·beits·mi·nis·ter(in)** *m(f)* Employment Secretary BRIT, Secretary of Labor AM **Ar·beits·mi·nis·te·ri·um** *nt* Ministry of Labour BRIT, Labour Ministry BRIT, Department of Labor AM

Ar·beits·mit·tel *pl* tools, equipment *no pl* **Ar·beits·mit·tel·in·ten·si·tät** *f* ÖKON intensity of labour instruments **Ar·beits·mit·tel·pro·duk·ti·vi·tät** *f kein pl* ÖKON productivity of labour instruments

Ar·beits·mo·ral *f* work morale [*or* ethic] **Ar·beits·nie·der·le·gung** *f* walkout **Ar·beits·norm** *f* ÖKON labour standard; **technisch begründete ~** technological labour standards **Ar·beits·ober·flä·che** *f* INFORM user interface **Ar·beits·ord·nung** *f* work regulation **Ar·beits·or·ga·ni·sa·ti·on** *f* work organization **Ar·beits·ort** *m* place of work **Ar·beits·pa·pier** *nt* ❶ *(vorläufige Grundlage)* working paper ❷ *pl (beschäftigungsrelevante Unterlagen)* employment papers *pl* **Ar·beits·par·tei** *f* party of work **Ar·beits·pau·se** *f* [coffee/lunch/tea] break **Ar·beits·pen·sum** *nt* work quota **Ar·beits·pflicht** *f* JUR obligation to work **Ar·beits·plan** *m* workplan **Ar·beits·plat·te** *f* work[ing] surface

Ar·beits·platz *m* ❶ *(Arbeitsstätte)* workspace, workplace; ***das Institut hat insgesamt 34 Arbeitsplätze*** the institute has working space for 34 members of staff; ***meine Kollegin ist im Moment nicht an ihrem ~*** my colleague is not at her desk at the moment; **am ~** at work, in the office; ***Alkohol am ~ ist untersagt*** alcohol at the workplace is not permitted ❷ *(Stelle)* job, vacancy; **freier ~** vacancy **Ar·beits·platz·ab·bau** *m* job reductions *pl* **Ar·beits·platz·be·schaf·fungs·maß·nah·me** *f* POL *s.* **Arbeitsbeschaffungsmaßnahme** **Ar·beits·platz·be·schrei·bung** *f* job description **Ar·beits·platz·dru·cker** *m* INFORM desktop printer **Ar·beits·platz·ent·wick·lung** *f* job development **Ar·beits·platz·rech·ner** *m* INFORM desktop computer **Ar·beits·platz·si·che·rung** *f kein pl* safeguarding *no pl* of jobs **Ar·beits·platz·tei·lung** *f* job-sharing, work-sharing **Ar·beits·platz·wahl·frei·heit** *f* JUR free choice of workplace **Ar·beits·platz·wech·sel** *m* change of employment [*or* job]

Ar·beits·pro·be *f* sample of one's work **Ar·beits·pro·duk·ti·vi·tät** *f kein pl* ÖKON labour productivity **Ar·beits·pro·gramm** *nt* INFORM operating software **Ar·beits·pro·zess**RR *m* ❶ *(Vorgang)* working process ❷ JUR *(Gerichtsverfahren)* labour case **Ar·beits·raum** *m s.* **Arbeitszimmer** **Ar·beits·recht** *nt* industrial law **ar·beits·recht·lich** *adj* concerning industrial law **ar·beits·reich** *adj* busy, filled with work **Ar·beits·rhyth·mus** *m* work rhythm **Ar·beits·rich·ter(in)** *m(f)* judge in an industrial tribunal **Ar·beits·rück·stand** *m* ÖKON backlog of work **Ar·beits·ru·he** *f* work shut-down; ***während des Streiks herrschte in fast allen Betrieben ~*** most factories were closed during the strikes **ar·beits·scheu** *adj (pej)* work-shy **Ar·beits·scheu·e(r)** *f(m) dekl wie adj (pej)* person who does not want to get a job **Ar·beits·schluss**RR *m* finishing-time **Ar·beits·schuh** *m* work shoe; *(Sicherheitsschuh)* safety shoe

Ar·beits·schutz *m* health and safety protection at the workplace **Ar·beits·schutz·bril·le** *f* protective goggles *npl* [*or* eyewear] **Ar·beits·schutz·ge·setz** *nt* JUR labour [*or* workers'] protection law, BRIT Factory Act **Ar·beits·schutz·ge·setz·ge·bung** *f,* **Ar·beits·schutz·recht** *nt* JUR industrial safety legislation **Ar·beits·schutz·vor·schrif·ten** *pl* health and safety regulations *pl* at work

Ar·beits·se·na·tor, -se·na·to·rin *m, f* senator responsible for labour affairs

Ar·beits·si·cher·heit *f* occupational [*or* on-the-job] safety **Ar·beits·si·cher·heits·recht** *nt* JUR industrial safety law

Ar·beits·spei·cher *m* INFORM main memory

Ar·beits·stät·te *f (geh)* place of work **Ar·beits·stät·ten·ver·ord·nung** *f workplace regulation*

Ar·beits·stel·le *f* job **Ar·beits·stun·de** *f (am Arbeitsplatz verbrachte Stunde)* working hour; *(berechnete Stunde)* working hour, labour **Ar·beits·su·che** *f* search for employment; **auf ~ sein** to be seeking employment [*or* job-hunting]; **sich** *akk* **auf ~ machen** [*o* **begeben**] to start job-hunting [*or* looking for a job] **Ar·beits·su·chen·de(r)** *f(m) dekl wie adj* jobseeker **Ar·beits·tag** *m* working day; **ein harter ~** a hard day at work **Ar·beits·ta·gung** *f* conference **Ar·beits·tä·tig·keit** *f (geh)* work; **einer ~ nachgehen** to be employed

ar·beits·tei·lig I. *adj* based on job-sharing [*or* the division of labour]

II. *adv* ***sie sind ~ beschäftigt*** they work under the principle of job-sharing

Ar·beits·tei·lung *f* job-sharing, division of labour **Ar·beits·tem·po** *nt* work-speed, rate of work **Ar·beits·tier** *nt (fam)* workaholic, workhorse **Ar·beits·tisch** *m* work-table; *(Schreibtisch)* desk; *(für handwerkliche Arbeiten)* work-bench **Ar·beits·ti·tel** *m* provisional [*or* draft] title **Ar·beits·über·las·tung** *f* pressure of work

Ar·beit·su·che *f* job-hunting, search for employment **ar·beit·su·chend** *adj s.* **Arbeit 2** **Ar·beit·su·chen·de(r)** *f(m) dekl wie adj* job-seeker **Ar·beits·um·feld** *nt* work [*or* BRIT *a.* working] environment

Ar·beits- und Be·rufs·kran·ken·ver·si·che·rung *f* FIN labour [*or* AM -or] and employee health insurance

ar·beits·un·fä·hig I. *adj* unfit for work; **jdn ~ schreiben** MED to write sb a sick note [*or* put sb on sick leave]

II. *adv* off sick; ***er war ~ erkrankt*** he was off sick [*or* on the sick-list]

Ar·beits·un·fä·hig·keit *f* inability to work, unfitness for work **Ar·beits·un·fä·hig·keits·be·schei·ni·gung** *f* certificate of unfitness for work; *(Krankschreibung)* sick note

Ar·beits·un·fall *m* work-related [*or* industrial] accident **Ar·beits·un·ter·la·ge** *f meist pl* work paper, sources *pl* required for one's work **Ar·beits·ver·dienst** *m (geh)* income, earnings *npl* **Ar·beits·ver·ein·fa·chung** *f* work [*or* task] simplification **Ar·beits·ver·hält·nis** *nt (form)* employment relationship; **befristetes/unbefristetes ~** temporary/unlimited employment

Ar·beits·ver·mitt·lung *f* ❶ *(Vermittlung einer Beschäftigung)* arrangement of employment ❷ *(in der Bundesagentur für Arbeit)* employment exchange, job centre [*or* AM -er] ❸ *(Vermittlungsagentur)* employment agency **Ar·beits·ver·mitt·lungs·mo·no·pol** *nt* job placement monopoly **Ar·beits·ver·mitt·lungs·stel·le** *f* labour exchange BRIT, government employment office AM

Ar·beits·ver·mö·gen *nt kein pl* ÖKON human capital; **betriebliches ~** operating human capital

Ar·beits·ver·trag *m* contract of employment **Ar·beits·ver·trags·recht** *nt* JUR law relating to employment [contracts]

Ar·beits·ver·wal·tung *f* labour [*or* manpower] administration **Ar·beits·ver·wei·ge·rung** *f* refusal to work **Ar·beits·vor·gang** *m* operation, process **Ar·beits·wei·se** *f (Vorgehensweise bei der Arbeit)* working method; *(Funktionsweise von Maschinen)* mode of operation **Ar·beits·welt** *f* world of work **ar·beits·wil·lig** *adj* willing to work **Ar·beits·wil·li·ge(r)** *f(m) dekl wie adj* person willing to work **Ar·beits·wo·che** *f* working week **Ar·beits·wut** *f (fam)* work mania **ar·beits·wü·tig** *adj (fam)* ▪**~ sein** to be suffering from work mania

Ar·beits·zeit *f* ❶ *(tägliche betriebliche Arbeit)* working hours *pl;* **gleitende ~** flexible working hours *pl,* flexitime, AM *a.* flextime ❷ *(benötigte Zeit)* required [working] time **Ar·beits·zeit·auf·wand** *m kein pl* ÖKON total working time **Ar·beits·zeit·er·mitt·lung** *f* ÖKON work measurement **Ar·beits·zeit·fle·xi·bi·li·sie·rung** *f* ÖKON implementation of flexible working times **Ar·beits·zeit·kon·to** *nt* working-time account *(increase in holiday entitlement through overtime)* **Ar·beits·zeit·re·ge·lung** *f* ÖKON work schedule **Ar·beits·zeit·ver·kür·zung** *f* reduction of working hours

Ar·beits·zeug·nis *nt* reference [from previous employer] **Ar·beits·zim·mer** *nt* study

Ar·bi·tra·ge <-, -n> [arbiˈtraːʒə] *f* BÖRSE *(Ausnutzung von Kursdifferenzen)* arbitrage

ar·bi·tra·ge·fä·hig [arbiˈtraːʒə-] *adj* BÖRSE admitted to arbitrage dealings *pred* **Ar·bi·tra·ge·ge·winn** [arbiˈtraːʒə-] *m* FIN arbitrage profit

Ar·bi·tra·geur(in) <-s, -e> [arbitraˈʒøːɐ̯] *m(f)* BÖRSE arbitrage broker

Ar·bo·rio <-s> [arˈboːri̯o] *m,* **Ar·bo·rio Reis** *m kein pl* KOCHK arborio rice *no pl*

ar·cha·isch [arˈçaːɪʃ] *adj* archaic

Ar·cha·is·mus <-, -men> [arçaˈɪsmʊs] *m* KUNST, LING archaism

Ar·chäo·lo·ge, Ar·chäo·lo·gin <-n, -n> [arçɛoˈloːgə, -ˈloːgɪn] *m, f* archaeologist, *esp* AM archeologist

Ar·chäo·lo·gie <-> [arçɛoloˈgiː] *f kein pl* archaeology, *esp* AM archeology

Ar·chäo·lo·gin <-, -nen> [arçɛoˈloːgɪn] *f fem form von* **Archäologe**

ar·chäo·lo·gisch [arçɛo'lo:gɪʃ] **I.** *adj* archaeological, *esp* AM archeological
II. *adv* archaeological, *esp* AM archeological
Ar·chä·op·te·ryx <-, -e> [arçɛ'ɔptervks] *m* ARCHÄOL, BIOL *(Urvogel)* archaeopteryx
Ar·che <-, -n> ['arçə] *f* ark; **die ~ Noah** REL Noah's Ark
Ar·che·typ <-s, -en> [arçe'ty:p, 'arçety:p] *m* PHILOS, PSYCH archetype
ar·che·ty·pisch *adj* archetypal
ar·chi·me·disch [arçi'me:dɪʃ] *adj inv* MATH, PHYS **~es Prinzip** principle of Archimedes; **~e Schraube** Archimedean screw
Ar·chi·pel <-s, -e> [arçi'pe:l] *m* GEOG archipelago
Ar·chi·tekt(in) <-en, -en> [arçi'tɛkt] *m(f)* architect
Ar·chi·tek·ten·bü·ro *nt* ❶ *(Konstruktionsraum)* architect's office
❷ *(Firma)* firm of architects
Ar·chi·tek·tin <-, -nen> *f fem form von* **Architekt**
ar·chi·tek·to·nisch [arçitɛk'to:nɪʃ] **I.** *adj* architectural, structural
II. *adv* from an architectural point of view, structurally
Ar·chi·tek·tur <-, -en> [arçitɛk'tu:ɐ̯] *f* *(Baukunst)* architecture; *(Bauwerk)* piece of architecture
Ar·chiv <-s, -e> [ar'çi:f, *pl* -və] *nt* archives *pl*
Ar·chi·var(in) <-s, -e> [arçi'va:ɐ̯] *m(f)* archivist
Ar·chiv·bild *nt* MEDIA archive [*or* library] photo, photo from the archives **Ar·chiv·da·ten·satz** *m* INFORM archive record **Ar·chiv·ex·em·plar** *nt* MEDIA file copy
ar·chi·vie·ren* [arçi'vi:rən] *vt* MEDIA to archive, to file; ■**etw ~** to put sth in[to] the archives, to file sth [away]
Ar·chi·vie·rung *f* archiving
ARD <-> [a:ʔɛr'ʔde:] *f kein pl Abk von* **Arbeitsgemeinschaft der Rundfunkanstalten Deutschlands** *amalgamation of the broadcasting stations of the Länder which runs the first German national TV channel*
Ar·den·nen [ar'dɛnən] *pl* Ardennes *pl*
Are <-, -n> ['a:rə] *f* SCHWEIZ *s.* **Ar**
Are·al <-s, -e> [are'a:l] *nt* ❶ *(Gebiet)* area
❷ *(Grundstück)* grounds *pl,* land
Are·ka·nuss^RR [a're:kanʊs] *f* areca nut, betel nut
are·li·gi·ös *adj (geh)* areligious
Ären [ɛ:rən] *pl von* **Ära**
Are·na <-, Arenen> [a're:na, *pl* -nən] *f* ❶ *(Manege)* [circus-]ring
❷ SPORT *(Kampfplatz)* arena
❸ *(Stierkampfarena)* [bull-]ring
▶WENDUNGEN: **in die ~ steigen** to enter the ring; POL to enter the [political] arena
arg <ärger, ärgste> [ark] **I.** *adj bes* SÜDD ❶ *(schlimm)* bad, terrible; **im A~en liegen** to be at sixes and sevens; **das Ärgste befürchten** to fear the worst; **etw noch ärger machen** to make sth worse; **eine ~e Beleidigung** a terrible insult; ***er war ihr ärgster Feind*** he was her worst enemy; **~ verletzt sein** to be badly hurt
❷ *attr (groß)* great; **eine ~e Enttäuschung/Freude** a great disappointment/pleasure
❸ *attr (stark)* heavy; **ein ~er Raucher/Säufer** a heavy smoker/drinker
II. *adv* SÜDD *(fam: sehr)* badly, terribly; ***tut es ~ weh?*** does it hurt badly?; ***er hat dazu ~ lang gebraucht*** he took a terribly long time for it; **es [zu] ~ treiben** to go too far
Ar·gen·ti·ni·en <-s> [argɛn'ti:ni̯ən] *nt* Argentina
Ar·gen·ti·ni·er(in) <-s, -> [argɛn'ti:ni̯ɐ] *m(f)* Argentinian, Argentine
ar·gen·ti·nisch [argɛn'ti:nɪʃ] *adj* Argentinian, Argentine
Ar·gen·ti·ni·sche Re·pu·blik *f* Argentine Republic
Ar·gen·to·me·trie [argɛntome'tri:] *f kein pl* CHEM argentometry
är·ger ['ɛrgɐ] *adj komp von* **arg**
Är·ger <-s> ['ɛrgɐ] *m kein pl* ❶ *(Wut)* annoyance, anger; ***er fühlte ~ in sich aufsteigen*** he could feel himself getting very annoyed [*or* angry]
❷ *(Unannehmlichkeiten)* bother, trouble; ***das sieht nach ~ aus!*** looks like trouble!; **~ bekommen** [*o* **kriegen**] *(fam)* to get into trouble; **es gibt** [**mit jdm**] **~** *(fam)* there's going to be trouble [with sb]; **~ haben** to have problems [*or fam* hassle]; **~ mit jdm/etw haben** to have trouble [*or* problems] with sb/sth; [**jdm**] **~ machen** [*o* **bereiten**] to cause [sb] trouble, to make trouble [for sb]; **so ein ~!** *(fam)* how annoying!; **zu jds ~** to sb's annoyance
är·ger·lich **I.** *adj* ❶ *(verärgert)* annoyed, cross; *(sehr verärgert)* infuriated; ■**~** [**über** [*o* **auf**] **jdn/etw**] **sein** to be annoyed [*or* cross] [about [*or* at] sb/sth]; **jdn ~ machen** to annoy [*or* infuriate] sb, to make sb cross; **es macht jdn ~, etw zu tun** it annoys sb to [have to] do sth
❷ *(unangenehm)* unpleasant; ■**~** [**für jdn**] **sein** to be unpleasant [for sb]
II. *adv (verärgert)* annoyed, crossly; *(nervig)* annoyingly; ***sie sah mich ~ an*** she looked at me crossly
är·gern ['ɛrgɐn] **I.** *vt* ❶ *(ungehalten machen)* ■**jdn** [**mit etw** *dat*] **~** to annoy [*or* irritate] sb [with sth]; ***du willst mich wohl ~?*** are you trying to annoy me?; ***das kann einen wirklich ~!*** that is really annoying!; ***ich ärgere mich, dass ich nicht hingegangen bin*** I'm annoyed with myself for not having gone; ***ich ärgere mich, weil er immer zu spät kommt*** I'm fed up [*or* annoyed] because he's always late
❷ *(reizen)* ■**jdn/ein Tier** [**wegen einer S.** *gen*] **~** to tease sb/an animal [about sth]
II. *vr (ärgerlich sein)* ■**sich** *akk* [**über jdn/etw**] **~** to be/get annoyed [about sb/sth]; *(sehr ärgerlich sein)* to be/get angry [*or* infuriated] [about sb/sth]
▶WENDUNGEN: **nicht ~, nur wundern!** *(fam)* that's life!; *s. a.* **Tod**
Är·ger·nis <-, -se> *nt kein pl (Anstoß)* offence [*or* AM -se], outrage; [**bei jdm**] **~ erregen** *(geh)* to cause offence [*or* AM -se] to sb, to offend sb; **ein ~ sein** to be a terrible nuisance
▶WENDUNGEN: **ein ~ kommt selten allein** *(prov)* it never rains but it pours, when it rains, it pours
Arg·list <-> *f kein pl* JUR *(form)* malice *spec,* malevolence *form*
arg·lis·tig **I.** *adj (geh: hinterlistig)* cunning, crafty; JUR fraudulent; *s. a.* **Täuschung**
II. *adv* cunningly, craftily
arg·los *adj (ahnungslos)* innocent, guileless; ***wie konntest du nur so ~ sein?*** how could you have been so stupid [*or* naive]?
Arg·lo·sig·keit <-> *f kein pl* innocence *no pl,* guilelessness *no pl*
Ar·gon <-s> ['argɔn] *nt kein pl* CHEM argon *no pl*
Ar·go·naut <-en, -en> [argo'naut] *m* argonaut, paper nautilus
ärgs·te(r, s) ['ɛrkstə, -tɐ, -təs] *adj superl von* **arg**
Ar·gu·ment <-[e]s, -e> [argu'mɛnt] *nt* ❶ *(Grund)* argument; **das ist kein ~** *(unsinnig sein)* that's a poor [*or* weak] argument; *(keine Entschuldigung)* that's no excuse
❷ MATH argument
Ar·gu·men·ta·ti·on <-, -en> [argumɛnta'tsi̯o:n] *f* argumentation *no pl*
ar·gu·men·ta·tiv [argumɛnta'ti:f] **I.** *adj (geh)* using reasoned argument
II. *adv (geh)* using reasoned argument; ***~ ist er sehr schwach*** he doesn't know how to argue; ***die Beweisführung war ~ sehr überzeugend*** the evidence provided a convincing argument
ar·gu·men·tie·ren* *vi* ■[**mit jdm**] **~** to argue [with sb]; ■**mit etw** *dat* **~** to use sth as an argument
Ar·gus·au·ge ['argʊs-] *nt (geh)* eagle eye, vigilance; **jdn/etw mit ~n beobachten** to watch sb/sth with an eagle eye [*or* like a hawk]
Arg·wohn <-s> ['arkvo:n] *m kein pl* suspicion; **jds ~ erregen** [*o* **~ bei jdm erregen**] to arouse sb's suspicion[s]; **~ gegen jdn hegen** *(geh)* to be [*or* become] suspicious of sb, to have doubts about sb; **~** [**gegen jdn**] **schöpfen** *(geh)* to raise suspicion [against sb]; **jds ~ zerstreuen** to allay sb's suspicion[s]; **mit** [*o* **voller**] **~** with suspicion
arg·wöh·nen ['arkvø:nən] *vt (geh)* ■**etw ~** to suspect sth; ■**~, dass ...** to suspect, that ...
arg·wöh·nisch ['arkvø:nɪʃ] **I.** *adj (misstrauisch)* suspicious
II. *adv* suspiciously
Ari·di·tät <-> [aridi'tɛ:t] *f kein pl* GEOG *(Trockenheit)* aridity
Arie <-, -n> ['a:ri̯ə] *f* MUS aria
Ari·er(in) <-s, -> ['a:ri̯ɐ] *m(f)* ❶ LING *(Indogermane)* Aryan
❷ HIST Aryan
arisch ['a:rɪʃ] *adj* ❶ LING Indo-Germanic
❷ HIST Aryan
Aris·to·krat(in) <-en, -en> [arɪsto'kra:t] *m(f)* aristocrat
Aris·to·kra·tie <-, -n> [arɪstokra'ti:, *pl* -'ti:ən] *f* aristocracy
Aris·to·kra·tin <-, -nen> *f fem form von* **Aristokrat**
aris·to·kra·tisch *adj* aristocratic
Aris·to·te·les <-> [arɪs'to:telɛs] *m* Aristotle
Arith·me·tik <-> [arɪt'me:tɪk] *f kein pl* arithmetic *no pl* **Arith·me·tik·pro·zes·sor** *m* INFORM arithmetic processor
arith·me·tisch [arɪt'me:tɪʃ] **I.** *adj* arithmetic, arithmetical; **~es Mittel** arithmetical mean; **~e Reihe** MATH arithmetical progression
II. *adv* arithmetically
Ar·ka·de <-, -n> [ar'ka:də] *f* ARCHIT ❶ *(Torbogen)* archway
❷ *pl (Bogengang)* arcade
❸ *(überdachte Einkaufsstraße)* [shopping] arcade
Ark·tis <-> ['arktɪs] *f* Arctic
ark·tisch ['arktɪʃ] *adj* arctic
arm <ärmer, ärmste> [arm] *adj* ❶ *(besitzlos)* poor; ■**~ sein/werden** to be/become poor; **jdn ~ machen** to make sb poor; **du machst mich noch mal ~!** *(fam)* you'll ruin me yet!; **die Ärmsten der A~en** the poorest of the poor; **A~ und Reich** rich and poor
❷ *(gering)* sparse; ■**~ an etw** *dat* **sein** to be somewhat lacking in sth; ***die Landschaft ist ~ an Vegetation*** the scenery is sparsely vegetated
❸ AGR *(nicht fruchtbar) Boden* poor; ■**~ an etw** *dat* **sein** to be poor [*or* lacking] in sth; **~ an Nährstoffen sein** to be poor in nutrients
❹ *(verlieren)* ■**um jdn/etw ärmer sein/werden** to have lost/lose sth
❺ *(fam: in einer schlechten Lage)* **~ dran sein** to have a hard time
Arm <-[e]s, -e> [arm] *m* ❶ ANAT arm; **jdm den ~ bieten** [*o* **reichen**] *(geh)* to offer [*or* lend] sb one's arm; **jdn am ~ führen** to lead sb by the arm; **jdn im ~** [*o* **in den ~en**] **halten** to embrace sb, to hold sb in one's arms; **sich** *akk* **in den ~en liegen** to lie in each other's arms; **sich** *akk* **aus jds** *dat* **~en lösen** to free oneself from sb's embrace; **ein Kind/ein Tier auf den ~ nehmen** to pick up a child/an animal; **jdn in die ~e nehmen** to take sb in one's arms; **jdn in die ~e schließen** *(geh)* to embrace sb; **jdm den ~ umdrehen** to twist sb's arm; **mit den ~en rudern** [*o* **die ~e schwenken**] to wave one's arms; **~ in ~** arm in arm
❷ *(Zugriff)* grip
❸ *(Flussarm)* arm [*or* branch] of a river
❹ MODE *(Ärmel)* sleeve, arm
▶WENDUNGEN: **jdm in den ~ fallen** to get in sb's way, to spike sb's guns; **der ~ der Gerechtigkeit** *(geh)* the long arm of justice; **der ~ des Gesetzes** *(geh)* the long arm of the law; **jdm** [**mit etw** *dat*] **unter die ~e greifen** to help sb out [with sth]; **einen langen/den längeren ~ haben** to have a lot of/more influence [*or* clout] *fam;* **jdn am langen** [*o* **steifen**] **~ verhungern lassen** *(fam)* to put the screws on sb *fam;* **jdm in die ~e laufen** *(fam)* to bump *fam* [*or* run] into sb; **jdn auf den ~ nehmen** to pull sb's leg *fam;* **jdn jdm in die ~e treiben** to drive sb into the arms of sb; **jdn mit offenen ~en empfangen** to welcome sb with open arms; **jds verlängerter ~** sb's right-hand man
Ar·ma·da <-, -s *o* Armaden> [ar'ma:da, *pl* -dən] *f* armada

ar·m·am·pu·tiert *adj* with an amputated arm [*or* both arms amputated]; ■ **~ sein** to have had an arm amputated

Arm·am·pu·tier·te(r) *f(m) dekl wie adj* person who has had an arm [*or* both arms] amputated

Ar·ma·tur <-, -en> [arma'tu:ɐ̯] *f meist pl* ① TECH *(Mischbatterie mit Hähnen)* fitting
② AUTO *(Kontrollinstrument)* instrument

Ar·ma·tu·ren·be·leuch·tung *f* AUTO dash-light **Ar·ma·tu·ren·brett** *nt* AUTO dashboard

Arm·band <-bänder> *nt* ① *(Uhrarmband)* [watch] strap ② *(Schmuckarmband)* bracelet **Arm·band·uhr** *f* [wrist-]watch

Arm·beu·ge *f* inside of the/one's elbow, crook of the/one's arm **Arm·bin·de** *f* ① MED *(Armschlinge)* sling ② *(Abzeichen)* armband **Arm·bruch** *m* MED ① *(gebrochener Armknochen)* broken [*or* fractured] arm ② *(sl: Patient mit einem Armbruch)* fracture

Arm·brust ['armbrʊst] *f* crossbow

Ärm·chen <-s, -> *nt dim von* **Arm** little arm

arm·dick *adj* as thick as one's arm

Ar·me(r) *f(m) dekl wie adj (besitzloser Mensch)* poor person, pauper; ■**die ~n** the poor *npl*
▸WENDUNGEN: **[ach,] du/Sie ~(r)!** *(iron)* poor you!, you poor thing!; **ich ~(r)!** poor me!, woe is me! *poet*

Ar·mee <-, -n> [ar'me:, *pl* -me:ən] *f* MIL army; **die rote ~** the Red Army; ■**eine ~ von Menschen/Tieren** *(fig fam)* an army of people/animals

Ar·mee·chef(in) *m(f)* head [*or* chief] of the armed forces

Är·mel <-s, -> ['ɛrml̩] *m* sleeve; **angeschnittener ~** cap sleeve; **sich** *dat* **die ~ hochkrempeln** [*o* **aufkrempeln**] to roll up one's sleeves
▸WENDUNGEN: **lasst uns die ~ hochkrempeln!** let's get down to it!; **etw aus dem ~ schütteln** *(fam)* to produce/do sth just like that

Är·mel·auf·schlag *m* MODE cuff **Är·mel·brett** *nt* sleeve-board

Ar·me·leu·te·es·sen *nt* poor man's food [*or* fare] *liter* **Ar·me·leu·te·vier·tel** [armə'lɔytəfɪrtl̩] *nt s.* **Armenviertel**

Är·mel·ka·nal *m* Channel; ■**der ~** the English Channel **Är·mel·la·sche** *f* sleeve strap

är·mel·los *adj* sleeveless

Är·mel·scho·ner *m (Manschette)* sleeve guard; *(am Ellbogen)* elbow patch

Ar·men·an·walt, -an·wäl·tin *m, f* JUR counsel representing legally-aided parties **Ar·men·haus** *nt* ① HIST poorhouse, workhouse ② *(fig: arme Region)* poor area

Ar·me·ni·en <-s> [ar'me:ni̯ən] *nt* Armenia

Ar·me·ni·er(in) <-s, -> [ar'me:ni̯ɐ] *m(f)* Armenian

Ar·me·nisch [ar'me:nɪʃ] *nt dekl wie adj* Armenian

ar·me·nisch [ar'me:nɪʃ] *adj* Armenian

Ar·me·ni·sche <-n> *nt* ■**das ~** Armenian, the Armenian language

Ar·men·recht *nt* JUR poor [*or* poverty] law; *(Prozesskostenhilfe)* legal aid; **~ beantragen** to apply for legal aid

Ar·men·rechts·kas·se *f* JUR Legal Aid Fund BRIT **Ar·men·rechts·ver·fah·ren** *nt* JUR poor persons procedure

Ar·men·vier·tel *nt* poor district [*or* quarter]

är·mer ['ɛrmɐ] *adj komp von* **arm**

Ar·mes·län·ge *f* arm's length

Arm·flor *m* black armband

ar·mie·ren* [ar'mi:rən] *vt* ■**etw ~** TECH *(zur Verstärkung ummanteln)* to sheathe sth; BAU *(mit Eisengeflecht versehen)* to reinforce sth

Ar·mie·rung <-, -en> *f* BAU reinforcement

arm·lang *adj* arm-length **Arm·län·ge** *f* ① ANAT arm length ② MODE sleeve length **Arm·leh·ne** *f* armrest **Arm·lehn·stuhl** *m* armchair **Arm·leuch·ter** *m* ① *(mehrarmiger Leuchter)* chandelier ② *(pej fam: Dummkopf)* twat *fam,* jerk *fam,* fool, bum BRIT, butt AM

ärm·lich ['ɛrmlɪç] **I.** *adj* ① *(von Armut zeugend)* poor, cheap; *(Kleidung)* shabby; **aus ~en Verhältnissen** from humble backgrounds
② *(dürftig)* meagre [*or* AM -er]
II. *adv (kümmerlich)* poorly

Ärm·lich·keit <-> *f kein pl* ① *(von Armut zeugende Beschaffenheit)* poorness *no pl,* humbleness *no pl,* cheapness *no pl,* shabbiness *no pl*
② *(Dürftigkeit)* meagreness BRIT *no pl,* meagerness AM *no pl*

Arm·loch *nt* MODE armhole **Arm·mus·kel** *m* biceps **Arm·pols·ter** *nt* ① MODE shoulder pads *pl* ② *(Polster der Armlehne)* padded armrest **Arm·pro·the·se** *f* MED artificial arm **Arm·reif** *m,* **Arm·rei·fen** *m* bangle

arm·se·lig *adj* ① *(primitiv)* shabby, primitive
② *(dürftig)* miserable, pitiful, wretched
③ *(meist pej: unzulänglich)* pathetic, wretched, sad *fam;* ***du ~er Lügner!*** you pathetic liar!

Arm·se·lig·keit *f* ① *(Primitivität)* shabbiness *no pl,* primitiveness *no pl*
② *(Dürftigkeit)* miserableness *no pl,* pitifulness *no pl,* wretchedness *no pl*
③ *(Unzulänglichkeit)* patheticness *no pl,* pitifulness *no pl*

Arm·ses·sel *m* armchair

ärms·te(r, s) *adj superl von* **arm**

Arm·stumpf *m* stump of the/one's arm **Arm·stüt·ze** *f* armrest

Arm·sün·der·mie·ne [arm'zʏnde-] *f (hum)* hangdog [*or* sheepish] expression [*or* look]

Ar·mut <-> ['armu:t] *f kein pl* ① *(Bedürftigkeit)* poverty; **neue ~** new wave of poverty; **gefühlte ~** *describes the poverty level that specific demographic groups objectively perceive rather than their actual financial situation*
② *(Verarmung)* lack; ■**die/eine ~ an etw** *dat* the/a lack of sth; **geistige ~** intellectual poverty

Ar·muts·flücht·ling *m* economic refugee **Ar·muts·gren·ze** *f* poverty line; **unterhalb der ~ leben** to live below the poverty line **Ar·muts·zeug·nis** *nt* ▸WENDUNGEN: **jdm/sich [mit etw** *dat*] **ein ~ ausstellen** to show up sb's/one's own shortcomings [with sth], to show sb/oneself up with sth; **ein ~ für jdn sein** to be the proof of sb's shortcomings [*or* inadequacy]

Arm·voll <-, -> *m* armful

Ar·ni·ka <-, -s> ['arnika] *f* arnica

Aro·ma <-s, Aromen *o* -s *o veraltet geh* -ta> [a'ro:ma, *pl* -mata] *nt* ① *(Geruch)* aroma; *(Geschmack)* taste, flavour [*or* AM -or]
② CHEM *(Aromastoff)* [artificial] flavouring [*or* AM -oring]

Aro·ma·stoff *m* flavouring

Aro·mat <-en, -en> [aro'ma:t] *m* CHEM *aromatic hydrocarbon compound*

Aro·ma·the·ra·pie *f* aromatherapy

aro·ma·tisch [aro'ma:tɪʃ] **I.** *adj* aromatic, savoury; *(wohlschmeckend)* flavoursome BRIT, flavorful AM, distinctive; ***die Speise hat einen sehr ~en Geschmack*** the dish has a very distinctive taste
II. *adv* ① *(voller Aroma)* aromatic
② *(angenehm schmeckend)* savoury BRIT, savory AM

aro·ma·ti·sie·ren* [aromati'zi:rən] *vt* ■**etw ~** to aromatize sth

Aro·men *pl von* **Aroma**

Arons·stab ['a:rɔn-] *m* BOT arum

ARPA·NET <-> ['arpanɛt] *nt kein pl* INET *Akr von* **Advanced Research Projects Agency NET** ARPANET

Ar·ran·ge·ment <-s, -s> [arãʒə'mã:] *nt (geh)* arrangement

ar·ran·gie·ren* [arã'ʒi:rən] **I.** *vt* ① *(in die Wege leiten)* to arrange; ■**etw [für jdn] ~** to arrange sth [for sb]; ■**~, dass** to arrange, so that
② *(gestalten)* ■**etw ~** to arrange sth
③ MUS to arrange
II. *vr* ① *(übereinkommen)* ■**sich** *akk* **[mit jdm] ~** to come to an arrangement [with sb]
② *(sich abfinden)* ■**sich** *akk* **[mit etw** *dat*] **~** to come to terms [with sth]

Ar·rest <-[e]s, -s> [a'rɛst] *m* JUR ① *(Freiheitsentzug)* detention; **persönlicher ~** arrest, AM *a.* [body] attachment
② *(Beschlagnahme)* **dinglicher ~** attachment, seizure; **einen dinglichen ~ erlassen** to issue a writ of attachment

Ar·rest·an·ord·nung *f* JUR arrest order **Ar·rest·an·spruch** *m* JUR claim for an arrest **Ar·rest·be·fehl** *m* JUR arrest order **Ar·rest·be·schluss**[RR] *m* JUR writ of attachment, order of arrest **Ar·rest·ge·richt** *nt* JUR competent court for arrest proceedings **Ar·rest·grund** *m* JUR *reason for granting an order of civil arrest/writ of attachment* **Ar·rest·hy·po·thek** *f* JUR provisional judicial mortgage **Ar·rest·pfand·recht** *nt* JUR attachment lien **Ar·rest·ur·teil** *nt* JUR judgement on the validity of a civil arrest **Ar·rest·ver·fah·ren** *nt* JUR attachment procedure **Ar·rest·voll·zie·hung** *f* JUR writ of attachment **Ar·rest·voll·zie·hung** *f* JUR execution of attachment **Ar·rest·zel·le** *f* detention cell

ar·re·tie·ren* [are'ti:rən] *vt (feststellen)* ■**etw ~** to lock sth [into place]; ***sie arretierte das Fenster in Kippstellung*** she put the window in[to] the tilt position

Ar·re·tie·rung <-, -en> *f* ① *(das Arretieren)* locking [in place]
② TECH *(Mechanismus)* locking mechanism

Ar·rhyth·mie <-, Arrhythmien> [arʏt'mi:, *pl* -mi:ən] *f* MED *(unregelmäßige Herztätigkeit)* arrhythmia

ar·ri·vie·ren* [ari'vi:rən] *vi sein (geh)* to become a success, to make it *fam;* ■**zu etw** *dat* **~** to rise to become [*or* achieve] [*or fam* make it to] sth; ■**arriviert** successful

Ar·ri·vier·te(r) <-n, -n> *f(m) dekl wie adj* ① *(geh: beruflich erfolgreiche Person)* success, high-flier
② *(pej: Emporkömmling)* upstart

ar·ro·gant [aro'gant] **I.** *adj* arrogant
II. *adv* arrogantly

Ar·ro·ganz <-> [aro'gants] *f kein pl* arrogance

Ar·ron·die·rung <-, -en> *f* ÖKON *(Umstrukturierung)* reorganization

ar·ro·sie·ren [aro'zi:rən] *vt* KOCHK to baste

Arsch <-[e]s, Ärsche> [arʃ, *pl* 'ɛrʃə] *m (derb)* ① *(Hintern)* arse BRIT *fam!,* ass AM *fam!,* BRIT *a.* bum *sl*
② *(blöder Kerl)* [stupid] bastard, BRIT *sl a.* bugger
▸WENDUNGEN: **sich** *dat* **den ~ abfrieren** *(sl)* to freeze one's arse [*or* AM ass] [*or fam!* tits] [*or fam!* balls] off; **aussehen wie ein ~ mit Ohren** *(sl)* to look as thick as pig-shit; **einen kalten ~ haben/kriegen** *(euph: sterben)* to snuff it, to kick the bucket; **jdm in den ~ kriechen** to kiss *sl* [*or fam!* lick] sb's arse [*or* AM ass]; **leck mich [damit] am ~!** *(verpiss dich)* fuck [*or vulg* piss] off!, BRIT *a.* get stuffed! *sl,* AM *a.* kiss my ass! *sl; (verdammt noch mal)* fuck it! *vulg,* BRIT *fam a.* [oh] bugger [it]!; **jdn [mal] am ~ lecken können** sb can get stuffed *sl,* sb can fuck-off *vulg;* **den ~ offen haben** *(vulg)* to be talking out of one's arse [*or* AM ass] *sl;* ***du hast ja den ~ offen!*** you're talking out of your arse!; **im [*o* am] ~ sein** *(sl)* to be fucked[-up] *vulg;* **sich** *akk* **auf den [*o* seinen] ~ setzen** *(sl)* to park one's bum [*or* AM butt] *fam; (sich Mühe geben)* to get one's arse [*or* AM ass] in gear *sl; (perplex sein)* to be blown away *sl;* **jdn [*o* jdm] in den ~ treten** *(sl: einen Tritt versetzen)* to kick sb's arse [*or* AM ass] *sl; (jdn antreiben)* to give sb a [good] kick up the arse [*or* AM ass] *fam;* **[von jdm] den ~ vollbekommen [*o* kriegen]** *(sl)* to get a [bloody [*or* hell of a] *fam*] good hiding [from sb]; **am ~ der Welt** *(sl)* out in the sticks, in the arse [*or* AM ass] end of nowhere *sl;* **den ~ zukneifen** *(euph: sterben)* to snuff it *sl,* to kick the bucket *sl*

Arsch·ba·cke *f (derb)* [bum-]cheek BRIT *fam!,* [butt-]cheek AM *fam!* ▸WENDUNGEN: **etw auf einer ~ absitzen** *(sl)* to serve sth in a blink of an eye

Arsch·bom·be *f (hum fam)* bomb *sl* **Arsch·fick** *m (vulg)* bum-fuck BRIT *vulg,* butt-fuck AM *vulg*

Arsch·kar·te *f (derb)* ▸WENDUNGEN: **die ~ ziehen** to draw the short straw **Arsch·krie·cher(in)** *m(f) (pej sl: Kriecher)* arse-licker BRIT *fam!,* ass-kisser AM *sl* **Arsch·loch** *nt (vulg)* arsehole BRIT, asshole AM; **dieses [*o* das] ~ von Chef/Lehrer** that [*or* this] arsehole of a boss/teacher **Arsch·tritt** *m (sl)* kick up the back-side *fam,* kick up the arse *sl;* **[von jdm] einen ~ kriegen** to get a kick up the back-side [*or* arse] [from sb]

Ar·sen <-s> [ar'ze:n] *nt kein pl* CHEM arsenic *no pl*
Ar·se·nal <-s, -e> [arze'na:l] *nt* ❶ *(Vielzahl)* ■ **ein ~ von** [*o* **an**] **etw** *dat* an arsenal of sth
❷ *(Waffenlager)* arsenal
Ar·se·nik <-s> [ar'ze:nɪk] *nt kein pl* arsenic *no pl*
Art. *Abk von* **Artikel**
Art <-, -en> [a:ɐ̯t, *pl* 'a:ɐ̯tn̩] *f* ❶ *(Sorte)* sort, type, kind; ***er sammelt alle möglichen ~en von Schmetterlingen*** he collects all sorts of butterflies; ***ein Schurke der übelsten ~*** a rogue of the nastiest sort [*or* type]; ■ **eine/diese ~** a/this sort [*or* kind] of
❷ *(Methode)* way; ***eine merkwürdige ~*** an odd [*or* strange] way; **auf die** [*o* **diese**] **~ und Weise** [in] this way; ***auf die ~ und Weise geht es am schnellsten*** it's quicker this way; **auf grausame/merkwürdige/ungeklärte ~** in a cruel/strange/unknown way; **nach ~ des Hauses** KOCHK à la maison
❸ *(Wesensart)* nature; **von lebhafter/ruhiger/etc. ~ sein** to be of a lively/quiet/etc. nature
❹ *(Verhaltensweise)* behaviour [*or* AM -or]; ***das ist doch keine ~!*** *(fam)* that's no way to behave!; ***ist das vielleicht eine ~?*** *(fam)* is that any way to behave?
❺ BIOL species
❻ *(Stil)* style
▶ WENDUNGEN: **einzig sein in seiner ~** to be the only one of its kind; **aus der ~ schlagen** *(Familie)* to go a different way, not to run true to type
Art·bil·dung *f* BIOL specification
Art déco <-, -> [a:ɐ̯ 'de:ko] *m* KUNST Art Deco
art·ei·gen *adj* BIOL characteristic [of the species]
Ar·ten·kreu·zung *f* BOT cross-breeding between different species **ar·ten·reich** *adj* species-rich, high in biodiversity **Ar·ten·reich·tum** <-s> *m kein pl* BIOL abundance of species **Ar·ten·rück·gang** *m* BIOL extinction of species
Ar·ten·schutz *m* protection of species **Ar·ten·schutz·ab·kom·men** *nt* BIOL treaty for the protection of endangered species **Ar·ten·schutz·über·ein·kom·men** *nt* Protection of Species Agreement
Ar·ten·ster·ben *nt kein pl* extinction of the species
Ar·ten·viel·falt <-> *f kein pl* BIOL abundance of species
Art·er·hal·tung *f* survival of the species
Ar·te·rie <-, -n> [ar'te:ri̯ə] *f* artery
ar·te·ri·ell [arte'ri̯ɛl] *adj* arterial
Ar·te·ri·en·ver·kal·kung *f,* **Ar·te·rio·skle·ro·se** <-, -n> [arteri̯oskle'ro:zə] *f* hardening of the arteries
Ar·te·ri·en·ver·schluss[RR] *m* MED artery blockage
art·fremd *adj* uncharacteristic, untypical **art·ge·mäß** *adj s.* **artgerecht**
Art·ge·nos·se, -ge·nos·sin *m, f* BIOL plant/animal of the same species
▶ WENDUNGEN: **jd und seine/ihre ~n** *(fam)* sb and his/her fellow species
art·ge·recht I. *adj* appropriate to [*or* suitable for] a species; **~e Tierhaltung** keeping animals in a near-natural environment
II. *adv* appropriate to [*or* suitable for] a species; **Tiere ~ halten** to keep animals in ways appropriate to their species
art·gleich *adj* of the same species
Ar·thri·tis <-, Arthritiden> [ar'tri:tɪs, *pl* -ri'ti:dn̩] *f* arthritis
ar·thri·tisch [ar'tri:tɪʃ] *adj* arthritic
Ar·thro·po·de <-, -en> [artro'po:də] *m* ZOOL arthropod
Ar·thro·se <-, -n> [ar'tro:zə] *f* arthrosis
Ar·thro·sko·pie <-, -n> *f* MED *(Gelenkuntersuchung)* arthroscopy
ar·ti·fi·zi·ell [artifi'tsi̯ɛl] *adj* ❶ *(künstlich)* *Umwelt* artificial
❷ *(gekünstelt)* *Sprechweise* stilted
ar·tig ['a:ɐ̯tɪç] *adj* well-behaved, good; ***sei schön ~!*** be good!
Ar·tig·keit <-, -en> *f* *(veraltend)* ❶ *kein pl (Wohlerzogenheit)* courteousness *no pl form,* good manners *pl,* politeness *no pl*
❷ *pl (Komplimente)* compliments
Ar·ti·kel <-s, -> [ar'ti:kl̩, ar'tɪkl̩] *m* ❶ MEDIA *(Zeitungsartikel)* article; *(Eintrag)* entry
❷ ÖKON *(Ware)* item, article
❸ LING article
Ar·ti·ku·la·ti·on <-, -en> [artikula'tsi̯o:n] *f* *(geh)* articulation, enunciation
ar·ti·ku·lie·ren* [artiku'li:rən] **I.** *vt* *(geh)* to enunciate; [**seine**] **Worte deutlich ~** to enunciate one's words clearly
II. *vr* *(geh)* **sich** *akk* **gut/schlecht ~** to articulate oneself well/badly
Ar·til·le·rie <-, -n> ['artiləri:, *pl* -ri:ən] *f pl selten* artillery
Ar·til·le·rie·be·schuss[RR] *m* artillery fire
Ar·til·le·rist <-en, -en> ['artɪlərɪst] *m* artilleryman
Ar·ti·scho·cke <-, -n> [arti'ʃɔkə] *f* artichoke
Ar·ti·scho·cken·bo·den *m* artichoke heart **Ar·ti·scho·cken·herz** *nt* artichoke heart
Ar·tist(in) <-en, -en> [ar'tɪst] *m(f)* *(Zirkuskunst etc.)* performer, artiste
ar·tis·tisch *adj* ❶ *(Zirkuskunst betreffend)* spectacular
❷ *(überaus geschickt)* skilful BRIT, skillful AM, dextrous, masterly
art·ver·schie·den *adj* of a different species, like chalk and cheese *hum* **art·ver·wandt** *adj* BIOL of similar species, [genetically] related
Art·wort <-wörter> *nt* LING adjective
Arz·nei <-, -en> [a:ɐ̯ts'nai̯] *f* ❶ PHARM, MED medicine
❷ *(fig geh: Lehre)* medicine, pill; **eine bittere/heilsame ~ für jdn sein** to be a painful/salutary lesson for sb
Arz·nei·buch *nt* PHARM pharmacopoeia BRIT, pharmacopeia AM **Arz·nei·fläsch·chen** *nt* medicine bottle **Arz·nei·fla·sche** *f* medicine bottle **Arz·nei·for·mel** *f* medical formula **Arz·nei·kun·de** *f kein pl* pharmacology *no pl*
Arz·nei·mit·tel *nt* drug, medicine **Arz·nei·mit·tel·ab·hän·gig·keit** *f* drug addiction **Arz·nei·mit·tel·al·ler·gie** *f* drug allergy **Arz·nei·mit·tel·ent·sor·gung** *f* disposal of expired drugs **Arz·nei·mit·tel·for·schung** *f* pharmacological research **Arz·nei·mit·tel·ge·brauch** *m* use of prescribed drugs **Arz·nei·mit·tel·ge·setz** *nt* JUR Medicines Act BRIT **Arz·nei·mit·tel·haf·tung** *f* JUR drug liability **Arz·nei·mit·tel·her·stel·ler** *m* drug manufacturer **Arz·nei·mit·tel·miss·brauch**[RR] *m* drug abuse **Arz·nei·mit·tel·prü·fung** *f* drug test **Arz·nei·mit·tel·recht** *nt* JUR drug law **Arz·nei·mit·tel·sucht** *f* prescription drug addiction **Arz·nei·mit·tel·ver·gif·tung** *f* prescription drug poisoning **Arz·nei·mit·tel·zu·las·sung** *f* prescription drug approval
Arz·nei·pflan·ze *f* medicinal plant **Arz·nei·schränk·chen** *nt* medicine cabinet [*or* cupboard] **Arz·nei·stoff** *m* medicinal substance, pharmaceutical
Arzt, Ärz·tin <-es, Ärzte> [a:ɐ̯tst, 'ɛ:ɐ̯tstɪn, *pl* 'ɛɐ̯tstə] *m, f* doctor, medical practitioner; ■ **~ für etw** *akk* specialist in sth; **~ für Chirurgie** surgeon; **~ für Orthopädie** orthopaedic [*or* AM orthopedic] specialist; **~ für Allgemeinmedizin** general practitioner, GP; **~ am Krankenhaus** clinical specialist; **behandelnder ~** personal doctor [*or* GP]; ***wer ist Ihr behandelnder ~?*** who is your personal GP?; **praktischer ~** *(veraltet)* general practitioner, GP
Arzt·be·ruf *m* medical profession **Arzt·be·such** *m* ❶ *(Besuch des Arztes)* doctor's visit ❷ *(Aufsuchen eines Arztes)* visit to a/the doctor
Ärz·te·be·steck *nt* surgical instruments **Ärz·te·haus** *nt* medical building AM, *building containing several doctors' surgeries/practices* **Ärz·te·kam·mer** *f* General Medical Council BRIT, medical association **Ärz·te·kol·le·gi·um** *nt,* **Ärz·te·kom·mis·si·on** *f* medical advisory board **Ärz·te·mus·ter** *nt* pharmaceutical sample
Ärz·te·schaft <-> *f kein pl* medical profession
Arzt·frau *f* doctor's wife **Arzt·hel·fer(in)** *m(f)* [doctor's] receptionist [*or* assistant]
Ärz·tin <-, -nen> ['ɛ:ɐ̯tstɪn] *f fem form von* **Arzt**
Arzt·kos·ten *pl* medical costs *pl*
ärzt·lich ['ɛ:ɐ̯tstlɪç] **I.** *adj* medical
II. *adv* medically; **sich** *akk* **~ beraten** [*o* **behandeln**] **lassen** to seek [*or* get] medical advice
Arzt·pra·xis *f* doctor's surgery [*or* practice] **Arzt·rech·nung** *f* doctor's bill **Arzt·ver·sor·gung** *f* supply [*or* provision] of doctors **Arzt·ver·trag** *m* JUR doctor-patient contract
As[ALT1] <-ses, -se> [as] *nt* KARTEN *s.* **Ass**
As[2] <-, -> [as] *nt* MUS A flat
Asa·fö·ti·da <-s> [aza'fø:tida] *m kein pl* KOCHK asafoetida BRIT, asafetida AM
As·best <-[e]s> [as'bɛst] *nt kein pl* asbestos *no pl*
as·best·frei *adj inv* **~er Bremsbelag** asbestos-free brake lining [*or* pad]
as·best·hal·tig *adj* CHEM, ÖKOL containing asbestos *pred*
As·bes·to·se <-, -n> [asbɛs'to:zə] *f* MED asbestosis
As·best·ver·seu·chung *f* asbestos contamination
As·best·ze·ment *m* BAU asbestos cement
Aschan·ti <-, -[s]> [a'ʃanti] *m o f* Ashanti
Aschan·ti·nuss[RR] [a'ʃanti-] *f* ÖSTERR *s.* **Erdnuss**
asch·blond *adj* ash-blond
Asch·cha·bat, Asch·ga·bat <-s> [aʃxa'bat] *nt* Ashgabat, Ashkhabad
Asche <-, -n> ['aʃə] *f* ❶ *(Feuerüberbleibsel)* ash
❷ *kein pl* *(geh: Reste einer kremierten Leiche)* ashes *pl*
▶ WENDUNGEN: **sich** *dat* **~ aufs Haupt streuen** *(geh: sich schuldig bekennen)* to wear sackcloth and ashes; **~ zu ~, Staub zu Staub** REL dust to dust, ashes to ashes; **zu ~ werden** to turn to ashes
Äsche <-, -n> ['ɛʃə] *f* ZOOL grayling
Asche·kas·ten *m* ash container
Aschen·bahn *f* SPORT cinder track **Aschen·be·cher** *m* ashtray **Aschen·brö·del** <-s> ['aʃn̩brø:dl̩] *nt kein pl s.* **Aschenputtel** **Aschen·ei·mer** *m* ash can **Aschen·platz** *m* SPORT cindered turf **Aschen·put·tel** <-> ['aʃn̩pʊtl̩] *nt kein pl* LIT Cinderella **Aschen·re·gen** *m* shower of ash
Ascher <-s, -> ['aʃɐ] *m* *(fam)* *s.* **Aschenbecher**
Ascher·mitt·woch [aʃɐ'mɪtvɔx] *m* REL Ash Wednesday
asch·fahl ['aʃfa:l] *adj* *(gräulich)* ashen; ■ **~ sein/werden** to be/turn ashen **asch·grau** *adj* ash-grey
Asch·ke·na·se <-n, -n *o* Aschkenasim> [aʃke'na:sə, *pl* aʃke'na:zi:m, aʃkena'zi:m] *m o f* REL Ashkenazi
ASCII <-s> ['aski] *m kein pl* INFORM *Akr von* **American Standard Code for Information Interchange** ASCII
ASCII-Code <-s, -s> *m* INFORM ASCII-Code **ASCII-Da·tei** *f* INFORM ASCII file **ASCII-Tas·ta·tur·ta·bel·le** *f* INFORM ASCII keyboard **ASCII-Zei·chen** *nt* INFORM ASCII character
As·cor·bin·säu·re <-> [askɔr'bi:n-] *f kein pl* BIOL, CHEM *(Vitamin C)* ascorbic acid *no pl*
ASEAN <-> ['æsɪæn] *f kein pl Akr von* **Association of South East Asian Nations** ASEAN
äsen ['ɛ:zn̩] *vi* JAGD to graze, to browse
asep·tisch [a'zɛptɪʃ] *adj* aseptic
Äser ['ɛ:zɐ] *pl von* **Aas**
Aser·baid·schan <-s> [azɛrbai̯'dʒa:n] *nt* Azerbaijan
Aser·baid·scha·ner(in) <-s, -> *m(f)* Azerbaijani
aser·baid·scha·nisch *adj inv* Azerbaijan[i], Azeri
ase·xu·ell ['azɛksu̯ɛl] *adj* asexual
Asi·at [a'zi̯a:t], **Asi·a·te, Asi·a·tin** <-en, -en> [a'zi̯a:t(ə), a'zi̯a:tɪn] *m, f* Asian
asi·a·tisch [a'zi̯a:tɪʃ] *adj* *Sprache, Kultur* Asian; *(Asien betreffend)* Asiatic; **die ~e Region der Türkei** the Asiatic region of Turkey
Asi·en <-s> ['a:zi̯ən] *nt* Asia
As·ka·lon·zwie·bel ['askalɔn-] *f* shallot
As·ke·se <-> [as'ke:zə] *f kein pl* *(geh)* asceticism *no pl*
As·ket(in) <-en, -en> [as'ke:t] *m(f)* *(geh)* ascetic
as·ke·tisch I. *adj* *(geh)* ascetic
II. *adv* *(geh)* ascetically
As·kor·bin·säu·re <-> [askɔr'bi:n-] *f kein pl* BIOL, CHEM *(Vitamin C)* ascorbic acid *no pl*
Äs·ku·lap·nat·ter [ɛsku'la:p-] *f* ZOOL snake of Aesculapius **Äs·ku·lap·stab** [ɛsku'la:p-] *m* staff of Aescu-

lapius
Asow·sches Meer <-n -es> ['a:zɔfʃəs 'meːɐ̯, a'zɔfʃəs -] *nt* Asov Sea, Sea of Asov
aso·zi·al ['azotsi̯a:l] I. *adj* antisocial
II. *adv* antisocially
Aso·zi·a·le(r) *f(m) dekl wie adj (pej)* social misfit
As·pekt <-[e]s, -e> [as'pɛkt] *m (geh)* aspect; **einen anderen ~ bekommen** to take on a different complexion; ***unter diesem ~ betrachtet*** looking at it from this aspect [*or* point of view]
As·pe·ra·ti·ons·prin·zip *nt* JUR principle of asperity
As·phalt <-[e]s, -e> [as'falt] *m* asphalt *no pl*
As·phalt·de·cke *f* asphalt surface
as·phal·tie·ren* [asfal'ti:rən] *vt* to asphalt, to tarmac; ■**etw ~** to asphalt sth; ■**etw ~ lassen** to have sth asphalted
As·phalt·misch·grund *m* BAU asphaltic mix **As·phalt·stra·ße** *f* asphalt road
As·pik <-s, -e> [as'pi:k] *m o* ÖSTERR *nt* KOCHK aspic
As·pi·rant(in) <-en, -en> [aspi'rant] *m(f)* ❶ *(geh: Bewerber)* candidate; **ein ~ für/auf einen Posten** a candidate [*or* applicant] for a job [*or* position]
❷ SCHWEIZ *(Offiziersschüler)* trainee officer
❸ *(DDR: in Hochschule)* research student
As·pi·ra·ti·ons·pneu·mo·nie [aspira'tsi̯o:ns-] *f* MED aspiration pneumonia
As·pi·rin® <-s, -> [aspi'ri:n] *nt* aspirin
Ass[RR] <-es, -e> [as] *nt* KARTEN ace; *(fig: Spitzenkönner)* ace
▸WENDUNGEN: **[noch] ein ~ im Ärmel haben** to have an [*or* another] ace up one's sleeve
aß [a:s] *pret von* **essen**
as·sai·son·nie·ren *vt* KOCHK *(fachspr)* to season
As·se·ku·rant <-en, -en> [aseku'rant] *m* ÖKON *(Versicherungsträger)* insurer, BRIT assurer
As·se·ku·ranz <-, -en> [aseku'rants] *f* ÖKON *(veraltet: Versicherung)* insurance, BRIT assurance
As·sel <-, -n> ['asl̩] *f* ZOOL isopod, woodlouse
As·semb·ler <-s, -> [ɛ'sɛmblɐ] *m* INFORM assembler **As·semb·ler·spra·che** *f* INFORM assembly language
As·ser·vat <-[e]s, -e> [asɛr'va:t] *nt* JUR [court] exhibit **As·ser·va·ten·kam·mer** *f* JUR room where [court] exhibits are kept
As·sess·ment-Cen·ter [ɛ'sɛsmənt-] *nt* assessment centre [*or* AM -er]
As·ses·sor, As·ses·so·rin <-s, -oren> [a'sɛso:ɐ̯, -'so:rɪn, *pl* asɛ'so:rən] *m, f* JUR junior judge
Asset <-[s], -s> ['æsət] *nt* FIN *(Anlageform)* asset
As·si·mi·la·ti·on <-, -en> [asimila'tsi̯o:n] *f* ❶ BIOL, CHEM photosynthesis
❷ *(geh: Anpassung)* ■**die ~ an etw** *akk* the assimilation [*or* integration] into [*or* the adjustment to] sth
as·si·mi·lie·ren* [asimi'li:rən] I. *vr (geh)* ■**sich an etw** *akk* **~** to assimilate [*or* integrate] oneself into sth
II. *vt* BIOL, CHEM ■**etw ~** to photosynthesize sth
As·si·mi·lie·rung <-, -en> *f* assimilation
As·si·sen [a'si:zn̩] *pl* SCHWEIZ *s.* **Geschworener**
As·sis·tent(in) <-en, -en> [asɪs'tɛnt] *m(f)* ❶ SCH assistant lecturer
❷ MED *(Assistenzarzt)* assistant physician/surgeon BRIT, house officer BRIT, resident AM, intern AM
❸ *(geh: Helfer)* assistant
❹ INFORM *(Hilfeprogramm)* wizard
As·sis·tenz <-, -en> [asɪs'tɛnts] *f pl selten (geh)* assistance; **unter [der] ~ von jdm** with the assistance of sb; **unter jds ~** with sb's assistance
As·sis·tenz·arzt, -ärz·tin *m, f* assistant physician/surgeon BRIT, house officer BRIT, resident AM, intern AM **As·sis·tenz·pro·fes·sor(in)** *m(f)* assistant professor
as·sis·tie·ren* [asɪs'ti:rən] *vi* ■**[jdm] [bei etw** *dat*] ~ to assist sb with sth
As·so·zi·a·ti·on <-, -en> [asotsi̯a'tsi̯o:n] *f (geh)* ❶ *(Verknüpfung)* association; ■**die/eine ~ an etw** *akk*/**mit etw** *dat* the/an association with sth
❷ POL *(Vereinigung)* association
as·so·zi·a·tiv [asotsi̯a'ti:f] *adj inv* associative
as·so·zi·ie·ren* [asotsi'i:rən] *vt (geh)* to associate; ■**etw mit etw** *dat* ~ to associate sth with sth
as·so·zi·iert *adj* POL *(geh)* associate; ***~ es Mitglied der EU*** associate member of the EU
As·so·zi·ie·rungs·ab·kom·men *nt,* **As·so·zi·ie·rungs·ver·ein·ba·rung** *f* JUR association agreement **As·so·zi·ie·rungs·ver·trag** *m* JUR treaty of association
As·sy·rer(in) <-s, -> [a'sy:rɐ] *m(f)* Assyrian
as·sy·risch [a'sy:rɪʃ] *adj* Assyrian
As·sy·risch [a'sy:rɪʃ] *nt dekl wie adj* Assyrian
As·sy·ri·sche <-n> *nt* ■**das ~** Assyrian
Ast <-[e]s, Äste> [ast, *pl* 'ɛstə] *m* ❶ BOT *(starker Zweig)* branch, bough; *(Astknoten)* knot
❷ *(abzweigender Flussteil)* branch; **sich** *akk* **in Äste teilen** to branch
❸ MED *(Zweig)* branch
▸WENDUNGEN: **den ~ absägen, auf dem man sitzt** to dig one's own grave; **auf dem absteigenden ~ sein** [*o* **sich** *akk* **auf dem absteigenden ~ befinden**] *(fam)* sb/sth is going downhill; **sich** *dat* **einen ~ lachen** *(sl)* to double up with laughter, to laugh one's head off
AStA <-[s], -[s] *o* Asten> ['asta] *m* SCH *Akr von* **Allgemeiner Studentenausschuss** Student Union, NUS BRIT
As·ter <-, -n> ['astɐ] *f* Michaelmas daisy
As·te·ro·id <-en, -en> [astero'i:t, *pl* -'i:dən] *m* asteroid **As·te·ro·i·den·gür·tel** *m* ASTRON asteroid belt
Ast·ga·bel *f* fork of a tree [*or* branch]
Äs·thet(in) <-en, -en> [ɛs'te:t] *m(f) (geh)* aesthete BRIT, esthete AM
Äs·the·tik <-> [ɛs'te:tɪk] *f kein pl* ❶ *(Wissenschaft vom Schönen)* aesthetics BRIT, esthetics AM *pl*
❷ *(Schönheitssinn)* aesthetic [*or* AM esthetic] sense
Äs·the·tik Pro·gramm *nt* TYPO *(Satz)* aesthetic [*or* AM esthetic] programme [*or* AM -am]
Äs·the·tin <-, -nen> *f fem form von* **Ästhet**
äs·the·tisch [ɛs'te:tɪʃ] *adj (geh)* aesthetic BRIT, esthetic AM
Asth·ma <-s> ['astma] *nt kein pl* asthma
Asth·ma·be·hand·lung *f* asthma treatment
Asth·ma·ti·ker(in) <-s, -> [ast'ma:tikɐ] *m(f)* asthmatic
asth·ma·tisch [ast'ma:tɪʃ] I. *adj* ❶ *(durch Asthma ausgelöst)* asthmatic, asthma; **ein leichter/schwerer ~er Anfall** a mild/serious asthma [*or* asthmatic] attack; **ein ~es Röcheln** an asthmatic wheeze
❷ *(an Asthma leidend)* asthma; **~er Patient** asthma patient
II. *adv* asthmatically
as·tig *adj* gnarled, knotty
Astig·ma·tis·mus <-> [astɪgma'tɪsmʊs] *m kein pl* MED astigmatism
Ast·kno·ten *m* knot **Ast·loch** *nt* knothole
As·tra ['astra] *f (Planet, Satellit)* Astra
As·tral·rei·se [as'tra:l-] *f* astral journey
ast·rein *adj* ❶ *(fam: moralisch einwandfrei)* straight *fam,* above board, genuine; ***der Kerl ist nicht ganz ~*** there is something fishy about that guy
❷ *(sl: bombig, spitze)* fantastic, great
❸ BOT *(fachspr: keine Astknoten aufweisend)* knot-free; ■**~ sein** to be free of knots
As·tro·la·bi·um <-s, Astrolabien> [astro'la:bi̯ʊm, *pl* -bi̯ən] *nt* ASTRON astrolabe
As·tro·lo·ge, As·tro·lo·gin <-n, -n> [astro'lo:gə, -'lo:gɪn] *m, f* astrologer
As·tro·lo·gie <-> [astrolo'gi:] *f kein pl* astrology
As·tro·lo·gin <-, -nen> *f fem form von* **Astrologe**
as·tro·lo·gisch [astro'lo:gɪʃ] I. *adj* astrological
II. *adv* astrologically
As·tro·naut(in) <-en, -en> [astro'nau̯t] *m(f)* astronaut
As·tro·nom(in) <-en, -en> [astro'no:m] *m(f)* astronomer
As·tro·no·mie <-> [astrono'mi:] *f kein pl* astronomy
As·tro·no·min <-, -nen> *f fem form von* **Astronom**
as·tro·no·misch [astro'no:mɪʃ] *adj* ❶ ASTRON astronomical; **~e Koordinaten** astronomical coordinates
❷ *(fig: riesig, immens)* astronomical
As·tro·phy·sik [astrofy'zi:k] *f* astrophysics + *sing vb, no art*
As·tro·phy·si·ker(in) [astro'fy:zikɐ] *m(f)* astrophysicist
As·tu·ri·en [as'tu:ri̯ən] *nt* Asturias
As·tu·ri·er(in) <-s, -> [as'tu:ri̯ɐ] *m(f)* Asturian
as·tu·risch [as'tu:rɪʃ] *adj* Asturian
Ast·werk *nt (geh)* boughs *pl,* branches *pl*
ASU <-, -s> ['a:zu] *f Akr von* **Abgassonderuntersuchung** exhaust emission check
Asun·cion <-s> [asun'θi̯ɔn] *nt* Asunción
Äsung <-, -en> *f* JAGD grazing, browsing *liter*
Asyl <-s, -e> [a'zy:l] *nt* asylum; **das Recht auf ~** the right to asylum; **politisches ~** political asylum; **um ~ bitten** [*o* **nachsuchen**] *(geh)* to apply for [*or* seek] [political] asylum; **jdm ~ gewähren** to grant sb [political] asylum
Asy·lant(in) <-en, -en> [azy'lant] *m(f) s.* **Asylbewerber**
Asy·lan·ten·wohn·heim *nt* home for asylum-seekers
Asyl·an·trag *m* application [*or* request] for political asylum; **einen ~ stellen** to file [*or* submit] an application for political asylum **Asyl·be·hör·de** *f* asylum authority [*or* AM office] **Asyl·be·rech·tig·te(r)** *f(m)* JUR person entitled to political asylum
Asyl·be·wer·ber(in) *m(f)* JUR asylum seeker **Asyl·be·wer·ber·heim** *nt* home for asylum seekers
Asyl·ge·wäh·rung *f* JUR granting of asylum **Asyl·miss·brauch**[RR] *m* JUR abuse of asylum procedures **Asyl·po·li·tik** *f kein pl* policy on asylum [seekers], asylum policy **Asyl·recht** *nt* right of political asylum **Asyl·su·chen·de(r)** *f(m) dekl wie adj* asylum seeker **Asyl·ver·fah·ren** *nt* asylum proceedings *npl*
Asym·me·trie [azyme'tri:] *f* asymmetry
asym·me·trisch ['azyme:trɪʃ] *adj* asymmetric, asymmetrical
asyn·chron ['azynkro:n] *adj* asynchronous; INFORM out of synch
Asyn·chro·nie <-> *f kein pl* SCI asynchrony
As·zen·dent <-en, -en> [astsɛn'dɛnt] *m* ASTROL ascendant; JUR ascendent
As·zi·tes <-> [as'tsi:tɛs] *m* MED *(Bauchwassersucht)* ascites
A. T. <-> *nt kein pl Abk von* **Altes Testament** BRIT *usu* OT, AM *usu* O.T.
Ata·vis·mus <-, -men> [ata'vɪsmʊs] *m* BIOL atavism
ata·vis·tisch [ata'vɪstɪʃ] *adj* BIOL atavistic
AT-Bus <-ses, -se> *m* INFORM AT-bus
Ate·lier <-s, -s> [atə'li̯e:] *nt* KUNST, ARCHIT studio
Ate·lier·auf·nah·me *f* FOTO studio shot **Ate·lier·fens·ter** *nt* studio window **Ate·lier·woh·nung** *f* studio flat
Atem <-s> ['a:təm] *m kein pl* ❶ *(Atemluft)* breath; **den ~ anhalten** to hold one's breath; **~ holen** [*o* **schöpfen**] to take [*or* draw] a breath; **wieder zu ~ kommen** to get one's breath back, to catch one's breath; **nach ~ ringen** to be gasping for breath; **außer ~** out of breath
❷ *(das Atmen)* breathing; **mit angehaltenem ~** holding one's breath
▸WENDUNGEN: **mit angehaltenem ~** with bated breath; **in einem** [*o* **im selben**] **~** *(geh)* in one/the same breath; **jdn in ~ halten** to keep sb on their toes; **~ holen** [*o* **schöpfen**] to take a [deep] breath; **den längeren ~ haben** to have the whip hand; **jdm den ~ verschlagen** to take sb's breath away, to leave sb speechless
Atem·be·klem·mung *f* shortness of breath *no pl*
atem·be·rau·bend *adj* breath-taking **Atem·be·schwer·den** *pl* breathing difficulties *pl,* trouble [*or* difficulty] in breathing **Atem·ge·rät** *nt* respirator; *(von Taucher, Feuerwehr)* breathing apparatus **Atem·ge·räusch** *nt* respiratory sounds *pl* **Atem·ho·len** <-s> *nt kein pl* breathing *no pl* **Atem·läh·mung** *f* respiratory paralysis
atem·los I. *adj* ❶ *(außer Atem)* breathless
❷ *(perplex)* speechless
II. *adv* breathlessly, speechlessly
Atem·lo·sig·keit <-> *f kein pl* breathlessness *no pl*
Atem·luft *f* air [to breathe] **Atem·mas·ke** *f* ❶ MED breathing [*or* oxygen] mask ❷ *(Gasmaske)* gas mask

Atem·not *f* MED shortness of breath *no pl* **Atem·pau·se** *f* ① *(um Luft zu schöpfen)* pause for breath ② *(kurze Unterbrechung)* breather **Atem·schutz·ge·rät** *nt* breathing apparatus **Atem·schutz·mas·ke** *f s.* **Atemmaske** **Atem·still·stand** *m* respiratory arrest

Atem·we·ge *pl* ANAT respiratory tracts [*or* passages] *pl* **Atem·wegs·er·kran·kung** *f* MED *(geh)* respiratory disease

Atem·zug *m (einmaliges Luftholen)* breath
▸WENDUNGEN: **in einem** [*o* **im selben**] ~ in one [*or* the same] breath; **einen ~ lang** for [the count of] one breath

Athe·is·mus <-> [ate'ɪsmʊs] *m kein pl* atheism *no pl*

Athe·ist(in) <-en, -en> [ate'ɪst] *m(f)* atheist

athe·is·tisch *adj* atheist

Athen <-s> [a'te:n] *nt* Athens

Athe·ner(in) <-s, -> [a'te:nɐ] *m(f)* Athenian

Äther <-s> ['ɛ:tɐ] *m kein pl* ① CHEM ether *no pl*
② *(liter: Himmel)* ether
③ RADIO *(geh)* **etw in den ~ schicken** to put sth on the air [*or* out on air]; **über den ~** over the air

äthe·risch [ɛ'te:rɪʃ] *adj* ① *(geh)* ethereal
② CHEM ethereal

Athe·ro·skle·ro·se <-, -n> [ateroskle'ro:zə] *f* MED atherosclerosis

Äthi·o·pi·en <-s> [ɛ'ti̯o:pi̯ən] *nt* Ethiopia

Äthi·o·pi·er(in) <-s, -> [ɛ'ti̯o:pi̯ɐ] *m(f)* Ethiopian

äthi·o·pisch [ɛ'ti̯o:pɪʃ] *adj* Ethiopian

Ath·let(in) <-en, -en> [at'le:t] *m(f)* ① *(Sportler)* athlete
② *(wohlgeformter Mensch)* athletic type

ath·le·tisch [at'le:tɪʃ] *adj* athletic

Athos <-> ['a:tɔs] *m kein pl* GEOG Mount Athos

Äthyl·al·ko·hol [ɛ'ty:l-] *m* CHEM ethyl alcohol

At·lan·ten [at'lantn̩] *pl von* **Atlas**

Atlantik <-s> [at'lantɪk] *m* Atlantic; ■**der ~** the Atlantic

At·lan·tik·küs·te <-> *f* Atlantic Coast

at·lan·tisch [at'lantɪʃ] *adj* METEO Atlantic; **ein ~es Hoch** a high-pressure area coming from the Atlantic

At·las <- *o* -ses, Atlanten *o* -se> ['atlas, *pl* at'lantn̩, 'atlasə] *m* atlas

At·las·ge·bir·ge *nt* Atlas Mountains *pl*

ATM *m Abk von* **Asynchronous Transfer Mode** ATM

At·men ['a:tmən] *nt* breathing, respiration

at·men ['a:tmən] **I.** *vi* to breathe; **frei ~** *(fig)* to breathe freely
II. *vt* to breathe; ■**etw atmen** to breathe sth [in]

At·mo·sphä·re <-, -n> [atmo'sfɛ:rə] *f* ① PHYS atmosphere; ***die ~ der Erde*** the Earth's atmosphere
② *(Stimmung)* atmosphere; **eine gespannte ~** a tense atmosphere

At·mo·sphä·ren·druck <-drücke> *m* atmospheric pressure **At·mo·sphä·ren·über·druck** <-drücke> [atmosfɛrən'?y:bɐdrʊk] *m* atmospheric excess pressure

at·mo·sphä·risch [atmo'sfɛ:rɪʃ] *adj* atmospheric

At·mung <-> *f kein pl* breathing *no pl,* respiration *form*

at·mungs·ak·tiv *adj* MODE breathable **At·mungs·or·ga·ne** *pl* respiratory organs

Ät·na <-[s]> ['ɛtna] *m* Mount Etna

Atoll <-s, -e> [a'tɔl] *nt* atoll

Atom <-s, -e> [a'to:m] *nt* atom; **heißes ~** NUKL, PHYS hot [*or* recoil] atom

Atom·an·griff *m* MIL nuclear attack **Atom·an·la·ge** *f* nuclear plant [*or* installation] **Atom·an·trieb** *m* nuclear propulsion

ato·mar [ato'ma:ɐ̯] **I.** *adj* ① PHYS *(die Atome betreffend)* atomic, nuclear
② MIL *(Atomwaffen betreffend)* nuclear
II. *adv* ① MIL *(Atomwaffen betreffend)* with nuclear weapons
② TECH with nuclear power; ■**~ angetrieben sein** to be nuclear-powered

Atom·aus·stieg *m* denuclearization *no pl*

Atom·bin·dung *f* CHEM atomic [*or* covalent] bond **Atom·bin·dungs·ener·gie** *f* CHEM, PHYS nuclear energy

Atom·bom·be *f* atomic [*or* nuclear] bomb

Atom·bom·ben·ex·plo·si·on *f* atomic [*or* nuclear] explosion **atom·bom·ben·si·cher** **I.** *adj* nuclear blast-proof **II.** *adv* safe from nuclear blast **Atom·bom·ben·ver·such** *m* nuclear [weapons] test

Atom·bom·ber *m* LUFT nuclear bomber **Atom·bun·ker** *m* nuclear fall-out shelter

Atom·ener·gie *f* nuclear [*or* atomic] energy **Atom·ener·gie·be·hör·de** *f* JUR Atomic Energy Authority [*or* AM Commission] **Atom·ener·gie·kom·mis·si·on** *f* JUR Atomic Energy Commission AM **Atom·ener·gie·recht** *nt* JUR atomic energy law

Atom·ex·plo·si·on *f* nuclear [*or* atomic] explosion **Atom·fal·le** *f* PHYS atom trap

Atom·for·schung *f* nuclear research **Atom·for·schungs·zen·trum** *nt* nuclear research centre [*or* AM -er]

Atom·geg·ner(in) *m(f)* person who is against nuclear power **Atom·ge·setz** *nt* JUR Atomic Energy Act **atom·ge·trie·ben** *adj* nuclear-powered **Atom·ge·wicht** *nt* atomic weight **Atom·haf·tungs·recht** *nt* JUR nuclear liability law **Atom·in·dust·rie** *f* nuclear industry

ato·mi·sie·ren* [atomi'zi:rən] *vt* ■**etw ~** to atomize sth

Atom·kern *m* PHYS nucleus

Atom·kraft *f kein pl* nuclear power [*or* energy] **Atom·kraft·geg·ner(in)** *m(f)* anti-nuclear activist [*or* protester] **Atom·kraft·werk** *nt* nuclear power station

Atom·krieg *m* nuclear war **Atom·macht** *f* POL, MIL nuclear power **Atom·mei·ler** *m* nuclear reactor **Atom·mo·dell** *nt* PHYS model of an atom

Atom·müll *m* nuclear [*or* atomic] waste **Atom·müll·la·ge·rung**[ALT] <-> *f kein pl s.* **Atommülllagerung** **Atom·müll·end·la·ger** *nt* nuclear [*or* radioactive] waste disposal site **Atom·müll·fracht** *f* nuclear waste cargo **Atom·müll·la·ge·rung**[RR] <-> *f kein pl* nuclear [*or* radioactive] waste disposal

Atom·phy·sik *f* nuclear physics + *sing vb* **Atom·phy·si·ker(in)** *m(f)* nuclear physicist **Atom·pilz** *m* mushroom cloud **Atom·po·li·tik** *f kein pl* nuclear policy **Atom·ra·ke·te** *f* nuclear missile **Atom·re·ak·tor** *m* nuclear reactor **atom·recht·lich** *adj inv* related to [*or* in terms of] the law on nuclear installations **Atom·schmug·gel** <-s> *m kein pl illegal disposal of nuclear waste in another country* **Atom·spal·tung** *f* nuclear fission **Atom·sperr·ver·trag** *m s.* **Atomwaffensperrvertrag** **Atom·spreng·kopf** *m* nuclear warhead **Atom·strom** *m kein pl (fam)* electricity generated by nuclear power

Atom·test *m* MIL nuclear [weapons] test **Atom·test·stopp** *m* nuclear test ban **Atom·test·stopp·ab·kom·men** *nt* POL nuclear test ban treaty

Atom·trans·port *m* transportation of nuclear material **Atom·trieb·werk** *nt* RAUM nuclear engine **Atom-U-Boot** *nt* nuclear submarine **Atom·uhr** *f* TECH atomic watch **Atom·ver·such** *m s.* **Atomtest**

Atom·waf·fe *f* MIL nuclear weapon

atom·waf·fen·frei *adj* POL nuclear-free **Atom·waf·fen·sperr·ver·trag** *m* POL Nuclear Weapons Non-Proliferation Treaty **Atom·waf·fen·ver·such** *m* nuclear weapon testing

Atom·wirt·schaft *f* nuclear industry **Atom·zeit·al·ter** *nt kein pl* ■**das ~** the nuclear [*or* atomic] age **Atom·zer·fall** *m kein pl* radioactive decay **Atom·zer·trüm·me·rung** *f* PHYS splitting of the atom

ato·nal ['atona:l] *adj* MUS atonal

Ato·nie <-, -i̯en> [ato'ni:] *f* MED atony; **gastrische ~** gastric atony

ato·xisch ['atɔksɪʃ] *adj (fachspr)* non-toxic

ATP <-s, -s> *nt Abk von* **Adenosintriphosphat** ATP

Atri·um <-s, Atrien> ['a:triʊm, *pl* -tri̯ən] *nt* ARCHIT atrium

Atri·um·haus *nt* ARCHIT *a building centred around an open court/atrium*

Atro·phie <-, -n> [atro'fi:, *pl* -'fi:ən] *f* MED atrophy

atro·phisch [a'tro:fɪʃ] *adj* MED atrophied

Atro·pin <-s> [atro'pi:n] *nt kein pl* BIOL, MED atropine *no pl*

ätsch [ɛ:tʃ] *interj (fam)* ha-ha; ***du hast verloren, ~ [bätsch]!*** ha-ha, you lost! [na, na, na, na, na, na! *in a sing-song voice*]

At·ta·ché <-s, -s> [ata'ʃe:] *m* POL attaché

At·ta·ché·kof·fer [ata'ʃe:-] *m* attaché case

at·ta·chie·ren [ata'ʃi:rən] *vt* KOCHK **Fleisch/Geflügel ~** *to boil meat/poultry until meat separates from the bone*

At·tach·ment <-s, -s> [ə'tætʃmənt] *nt* INET attachment

At·ta·cke <-, -n> [a'takə] *f* ① MIL attack; **zur ~ blasen** to sound the charge; **eine ~ gegen jdn reiten** to charge sb
② *(Kritik)* ■**eine/die ~ gegen jdn/etw** an/the attack against sb/sth; **[wütende] ~n gegen jdn reiten** *(heftige Kritik üben)* to launch an [angry] attack against sb
③ MED *(Anfall)* attack, fit; **eine epileptische ~** an epileptic fit

at·ta·ckie·ren* [ata'ki:rən] *vt* ■**jdn/etw ~** ① *(geh)* to attack sb/sth
② MIL *(veraltend: angreifen)* to charge [*or* attack] sb/sth

At·ten·tat <-[e]s, -e> ['atn̩ta:t] *nt (Mordanschlag)* an attempt on sb's life; *(mit tödlichem Ausgang)* assassination; **ein ~ auf jdn verüben** to make an attempt on sb's life; *(mit tödlichem Ausgang)* to assassinate sb
▸WENDUNGEN: **ein ~ auf jdn vorhaben** *(hum fam: jdn um etw bitten wollen)* to [want to] ask sb a favour [*or* AM -or]

At·ten·tä·ter(in) ['atn̩tɛ:tɐ] *m(f)* assassin

At·test <-[e]s, -e> [a'tɛst] *nt* MED *(ärztliche Bescheinigung)* certificate; **jdm ein ~ [über etw *akk*] ausstellen** to certify sth for sb; ***der Hausarzt stellte ihm ein ~ über seinen Gesundheitszustand aus*** the GP certified his condition for him

at·tes·tie·ren* [atɛs'ti:rən] *vt* ① MED *(geh: ärztlich bescheinigen)* ■**[jdm] etw ~** to certify [sb] sth; ■**jdm ~, dass ...** to certify sb as ...; ■**sich *dat* [von jdm] etw ~ lassen** to have sb certify sth, to have sth certified; ***ich lasse mir meine Arbeitsunfähigkeit ~*** I'm going to get myself certified unfit for work
② *(geh: bescheinigen)* to confirm; ■**jdm/etw etw ~** to confirm sb/sth sth; ***dem Wein wurde erneut hohe Qualität attestiert*** once again the high quality of the wine was guaranteed

At·ti·ka <-, Attiken> ['atika] *f* BAU fascia

At·ti·tü·de <-, -n> [ati'ty:də] *f meist pl (geh)* posture, gesture, attitude

At·trak·ti·on <-, -en> [atrak'tsi̯o:n] *f* ① *(interessanter Anziehungspunkt)* attraction; ***das Riesenrad war die große ~*** the Ferris wheel was the big attraction
② *kein pl (geh: Reiz, Verlockung)* attraction

at·trak·tiv [atrak'ti:f] *adj* attractive

At·trak·ti·vi·tät <-, -en> [atraktivi'tɛ:t] *f kein pl* attractiveness *no pl*

At·trap·pe <-, -n> [a'trapə] *f* dummy, fake; **[nur] ~ sein** to be [only] a dummy [*or* fake]

At·tri·but <-[e]s, -e> [atri'bu:t] *nt (geh)* ① LING attribute
② *(Kennzeichen oder Sinnbild)* symbol
③ INFORM *(Eintrag)* attribute

at·tri·bu·tiv [atribu'ti:f] *adj* LING attributive

atü <-, -s> [a'ty:] *m (hist) Akr von* **Atmosphärenüberdruck** atmospheric excess pressure

aty·pisch ['aty:pɪʃ] *adj* atypical

ät·zen ['ɛtsn̩] **I.** *vi (versetzend sein)* to corrode
II. *vt* KUNST *(durch Säure einätzen)* to etch; ■**etw in etw *akk* ~** to etch sth in sth

ät·zend *adj* ① *(zerfressend wirkend)* corrosive
② *(beißend)* Geruch pungent
③ *(sl: sehr übel)* lousy

Ätz·mit·tel *nt* CHEM corrosive **Ätz·na·tron** *nt kein pl* CHEM caustic soda *no pl,* sodium hydroxide *no pl* **Ätz·stift** *m* MED cautery stick

Ät·zung <-, -en> *f* ① MED *(Verätzung)* cauterization
② KUNST etching

au [au̯] *interj* ouch, ow; ~ **fein/ja/klasse!** *(fam)* oh great/yeah/brilliant! [*or* excellent!]

Au <-, -en> [au̯] *f* SÜDD, ÖSTERR *s.* **Aue**

aua ['au̯a] *interj s.* **au**

Au·ber·gi·ne <-, -n> [obɛr'ʒiːnə] *f* aubergine BRIT, eggplant AM

au·ber·gi·ne *adj pred,* **au·ber·gi·ne·far·ben** *adj* aubergine[-coloured] BRIT, eggplant[-colored] AM

auch [aux] **I.** *adv* ① *(ebenfalls)* too, also, as well; ***gehst du morgen ~ ins Kino?*** are you going to the cinema too [*or* as well] tomorrow?, are you also going to the cinema tomorrow?; ***ich habe Hunger, du ~?*** I'm hungry, are you [too]?; ***Gewalt ist aber ~ keine Lösung!*** violence is no solution either [*or* is also no solution]!; ***das ist ~ möglich*** that's also possible, that's possible too [*or* as well]; ***kannst du ~ einen Salto rückwärts?*** can you also do a summersault backwards?, can you do a summersault backwards too [*or* as well]?; ***ich will ein Eis! — ich ~!*** I want an ice-cream! — me too [*or* so do I]!; ***ich liebe Schokolade — ich ~*** I love chocolate — so do I [*or* me too]; ***die Regierung muss ~ verstehen, dass ...*** the government must also understand that ...; ***~ die Regierung muss Zugeständnisse machen*** the government too has to make concessions, the government has to make concessions too [*or* as well]; ~ ***gut*** that's ok [too]; ~ **nicht** not either; ***wenn du nicht hingehst, gehe ich ~ nicht*** if you don't go, I won't [go] either [*or* too]; ***ich gehe nicht mit! — ich ~ nicht!*** I'm not coming! — nor am I [*or* me neither]!; ***sie kommt ~ nicht mit*** she's not coming either [*or* too]; ***ich gehe ~ nicht zur Party*** I'm not going to the party either ② *(außerdem)* also; *(zu alledem)* ~ **noch** on top of everything; ***das Haus ist zu teuer und liegt ~ nicht schön*** the house is too expensive and also not in a nice location; ***der Wagen ist unzuverlässig, alt und [dazu] ~ noch zu teuer*** the car is unreliable, old, and on top of everything, it is too expensive; ***und dann hat sie mir ~ noch gesagt, dass sie mich gar nicht mag*** and on top of everything she told me that she doesn't really like me; ***und dann ist ~ noch die Waschmaschine kaputt gegangen!*** and on top of everything, the washing machine broke!; ~ ***das noch!*** that's all I need!; ~ **nicht** not either; ***das Essen ist gut und ~ nicht sehr teuer*** the food is good and not very expensive either [*or* and also not very expensive]; ***es ist zu teuer und es gefällt mir ~ nicht*** it's too expensive and I also don't like it [*or* and I don't like it either] ③ *(sogar)* even; ***sie hat ~ trotz ihrer Krankheit nicht den Mut verloren*** even despite her illness she didn't lose her courage; ***der Chef hat eben immer Recht, ~ wenn er Unrecht hat!*** the boss is always right, even when he's wrong!; ~ ***wenn das stimmen sollte, sie werden [es] dir niemals glauben*** even if it were [*or* was] true, they will never believe you [*or* it]; **ohne ~ nur etw zu tun** without even doing sth; ***sie gab auf, ohne es ~ nur [einmal] zu versuchen*** she gave up without even trying; **ohne ~ nur zu zögern** without any hesitation ④ *(ebenso gut)* [just] as well; ***wenn du keine Lust dazu hast, können wir ~ hierbleiben*** if you don't feel like it we may [just] as well stay here

II. *part* ① *(tatsächlich, wirklich)* ***ganz so schlecht hat das nun ~ wieder nicht geschmeckt!*** it didn't taste all that bad!; ***wenn ich etwas verspreche, tue ich das ~!*** If I promise something then I'll do it!; ***ich habe das nicht nur gesagt, ich meine das ~ [so]!*** I didn't just say it, I mean it!; ***du siehst erschöpft aus — das bin ich ~*** you look exhausted — I am; ***sie ist im Showgeschäft — so sieht sie ~ aus*** she's in the show business — she looks it; ***du hast die Gelegenheit, nutze sie aber ~*** you've got the opportunity, mind you make use of it [though]; ***alle sagen, seine Übersetzungen seien schlecht — das sind sie [ja] ~!*** they all say his translations are bad — and they are!; ***sie glaubt, er habe sie nur des Geldes wegen geheiratet — so ist es ja auch [o hat er ja ~]!*** she thinks he only married her for her money – and that's the case [*or* he did]! ② *(verstärkend)* ***so was Ärgerliches aber ~!*** that's really too annoying!; ***verdammt aber ~!*** *(sl)* damn it! *fam;* ***wozu ~?*** what on earth for?; ***wozu [aber] ~ sich widersetzen*** what's the point in arguing ③ *(verallgemeinernd)* **so/wie ... ~ ...** however ...; ***so schnell sie ~ laufen mag ...*** however fast she may run ...; ***wie sehr du ~ flehst ...*** however much you beg ...; **was/wer/wie ~ [immer]** however/whoever/whatever; ***was er ~ sagen mag, glaub ihm nicht!*** whatever he may say, don't believe him!; **wie dem ~ sei** whatever; ***wie dem ~ sei, ich gehe jetzt nach Hause*** be that as it may, I am going home now ④ *(einräumend)* **wenn ~** although, even though; ***er ist reich, wenn er es ~ leugnet*** he is rich, although [*or* even though] he denies it ⑤ *(zweifelnd)* really; ***ist das ~ gut/nicht zu weit?*** are you sure it's good/not too far?; ***bist du dir ~ sicher?*** are you really sure?

Au·di·enz <-, -en> [au̯'di̯ɛnts] *f* audience

Au·di·max <-> ['au̯dimaks] *nt kein pl (fam) kurz für* **Auditorium maximum** main lecture hall [*or* theatre [*or* AM -er]]

au·dio- ['au̯di̯o] *in Komposita* audio- **Au·dio·da·tei** *f* INFORM audio file **Au·dio·ein·gang** *m* INFORM sound entry **Au·dio·kar·te** *f* INFORM sound card **Au·dio·kas·set·te** *f* audio cassette

au·dio·phil [au̯di̯o'fiːl] *adj* audiophile

Au·dio·sig·nal *nt* TV audio signal **Au·dio·text** *m* MEDIA audiotext **au·dio·vi·su·ell** [au̯di̯ovi'zu̯ɛl] *adj* audio-visual

Au·dit <-s, -s> ['oːdɪt] *nt* ÖKON *(Prüfung betrieblicher Qualitätsmerkmale)* audit

Au·di·ti·on <-, -s> [oː'dɪʃn̩] *f* FILM, THEAT audition

Au·di·to·ri·um <-s, -rien> [au̯di'toːri̯ʊm, *pl* -ri̯ən] *nt* ① SCH auditorium ② *(geh: Zuhörerschaft)* audience

Aue <-, -n> ['au̯ə] *f* DIAL *(liter)* meadow, pasture

Au·er·hahn ['au̯ɐhaːn] *m* ORN [male/cock] capercaillie **Au·er·hen·ne** *f* ORN *(weibliches Auerhuhn)* [female/hen] capercaillie **Au·er·huhn** *nt* ORN capercaillie **Au·er·och·se** ['au̯ɐʔɔksə] *m* ZOOL aurochs

auf [au̯f]

I.	PRÄPOSITION MIT DATIV	**II.**	PRÄPOSITION MIT AKKUSATIV
III.	INTERJEKTION	**IV.**	ADVERB
V.	KONJUNKTION		

I. PRÄPOSITION MIT DATIV

① *siehe auch n (gestützt)* on, upon *form;* ~ **dem Baum** in the tree; ~ **der Erde/dem Mond** on earth/the moon; ~ **dem Hügel/Stuhl** on [*or form* upon] the hill/chair; ~ **einem Pferd sitzen** to sit on [*or form* upon] a horse, to be mounted; ~ **der Welt** in the world

② *siehe auch n (verweilend)* ***warst du schon ~ der Polizei?*** have you already been to the police?; ~ **dem Bahnhof/der Post** at the station/post office; ~ **Gleis 6** *Zug* at platform 6; *Fahrgast* on platform 6; ~ **einer Insel** on an island; ***auf Jamaika/den Bahamas*** in Jamaica/the Bahamas; ~ **dem Lande/der Straße** in the country/street; ~ **See** at sea; ~ **seinem Zimmer** in one's room

③ *siehe auch n (tätig)* ~ **dem Bau/der Post arbeiten** to work on a building site/at the post office; ~ **der Schule/Universität** at school/university

④ *siehe auch n (teilnehmend)* [**bei jdm**] ~ **Besuch sein** to be visiting [sb]; ~ **einer Hochzeit/Party** at a wedding/party; ~ **der Jagd sein** to be hunting; ~ **Patrouille** on patrol; ~ **einer Reise** on a journey; ~ **Urlaub** on holiday BRIT [*or* AM vacation]; ~ [**der**] **Wanderschaft** on one's travels

⑤ *siehe auch n (während)* ***der Schauspieler starb ~ der Probe*** the actor died during rehearsals; ***er wurde ~ der Jagd erschossen*** he was shot while hunting; ~ **der Rückfahrt** on the way back, during [*or* on] the return journey

⑥ *siehe auch n (lagernd)* ***mein Geld ist ~ der Bank/einem Konto*** my money is in the bank/an account; ~ **Lager** in stock

⑦ *siehe auch Verb* ~ **etw** *dat* **beharren** to insist on sth; ~ **etw** *dat* **fußen** to be based on sth

II. PRÄPOSITION MIT AKKUSATIV

① *siehe auch Verb (hinsetzend)* on [to], *esp* AM *also* onto; ***sie fiel ~ den Boden*** she fell to the floor; ~ ***den Meeresgrund gesunken*** sunk to the bottom of the ocean; ~ **etw** *akk* **klettern** to climb [on] sth; **sich** *akk* ~ **etw** *akk* **legen/setzen** to lie/sit down on sth; ~ **etw** *akk* **schreiben** to write on sth

② *siehe auch n, Verb (gehend)* to; ~**s Meer hinaussegeln** to sail out to sea; ~ **die Straße gehen** to go into the street; ~ **jdn/etw zugehen** to approach sb/sth

③ *siehe auch n (tätig)* ~ **die Schule/Universität gehen** to go to school/university

④ *siehe auch n (teilnehmend)* to; ~ **Urlaub fahren** to go on holiday BRIT [*or* AM vacation]

⑤ *(innerhalb)* ***die Tapire wurden ~ 5 Meter beobachtet*** the tapirs were observed from a distance of 5 metres; ***die Explosion war ~ 3 Kilometer zu hören*** the explosion could be heard 3 kilometres away; ***ihn kann ich schon ~ 100 Meter erkennen!*** I can recognize him from 100 yards!; ***ich kann es Ihnen nicht ~ den Tag genau sagen*** I can't tell you exactly to the day; ~ ***den Millimeter genau*** exact to a millimeter; ***der Vogel näherte sich ihr [bis] ~ einen Meter*** the bird came to within a metre of her; *s. a.* **einmal**

⑥ *(dauernd)* for; ***sie bekam Urlaub ~ drei Wochen*** she got three weeks' holiday BRIT [*or* AM vacation]

⑦ DIAL *(zur Zeit)* ***das Taxi ist ~ 7 Uhr bestellt*** the taxi has been hired for 7 o'clock; ~ **den Abend** in the evening; ~ **diesen Augenblick** at this/that moment; ~ **bald/morgen!** see you soon/tomorrow!; ~ **Weihnachten** at Christmas

⑧ *(nach)* ~ ***Regen folgt Sonnenschein*** sunshine follows rain, rain is followed by sunshine; ***die Nacht von Dienstag ~ Mittwoch*** Tuesday night; ***in der Nacht vom 2. ~ den 3. Mai*** in the night of 2 May; **von einem Tag ~ den anderen** from one day to the next

⑨ *(wiederholend)* ***Welle ~ Welle*** wave after [*or* upon] wave

⑩ *siehe auch n (nach Art)* ***komm mir bloß nicht ~ die wehleidige Tour!*** don't try the weepy approach on me!; ***Länder ~ „a"*** countries ending in "a"; ~ **Deutsch/Schwedisch** in German/Swedish; ~ **englische Art** English style; **jdn ~ Katholisch erziehen** to give sb a Catholic upbringing; ▪ ~ **das** [*o* ~**s**] **... most** ...; ~ **das** [*o* ~**s**] **Grausamste/Herzlichste** [*o* **grausamste/herzlichste**] most cruelly/sincerely

⑪ *siehe auch n, Verb (zwecks)* for; ***bleib doch noch ~ einen Tee*** won't you stay for a cup of tea?; ~ **jds Wohl trinken** to drink to sb's health

⑫ *siehe auch n, Verb (aufgrund)* ~ **etw** *akk* [**hin**] **antworten** to answer [*or* reply to] sth; ~ **jds** [**wiederholte**] **Aufforderung** [**hin**] at [*or* in response to] sb's [repeated] request; ~ **jds Initiative** [**hin**] on sb's initiative; ~ **jds Veranlassung/Vorschlag** [**hin**] at sb's orders/suggestion

⑬ *(pro)* ~ ***jeden entfallen 100 Euro*** each receives €100; ***1 Teelöffel Salz ~ einen/zwei Liter Wasser*** 1 teaspoon of salt to one litre/two litres of water

⑭ *(prostend)* ~ ***Ihre Gesundheit!*** your health!; ~ ***uns!*** to us!; ~ ***den Erfolg!*** to our/your success!

⑮ *(einladend)* ***die Runde geht ~ mich!*** this round is on me!; ~ ***wen geht das Bier?*** who's paying for the beer?

⑯ *(fam: verfolgend)* ~ ***ihn!*** [go and] get him!

⑰ *siehe Verb* ~ **jdn achten** to keep an eye on sb; **sich** *akk* ~ **etw** *akk* **freuen** to look forward to sth

⑱ *siehe adj* **böse ~ jdn** cross with sb; **erpicht ~ etw** *akk* keen on sth

⑲ *siehe n* **in der Hoffnung ~ etw** *akk* in the hope of sth; **das Recht ~ etw** *akk* the right to sth

III. INTERJEKTION

❶ *(aufstehen)* up you get!; *(an Tier a.)* up!; ***Sprung ~! marsch, marsch!*** MIL up! at the double!
❷ *(los)* come on!; ~ ***zur Kneipe!*** come on, let's get to the pub!; ~ ***nach Italien!*** Italy, here we come!
❸ *(fam: öffnen)* ***Fenster ~!*** open the window!; ***Augen ~!*** keep your eyes open [*or* peeled] [*or* BRIT *also* skinned]!
❹ *(aufsetzen)* ***Helme/Masken/Hüte auf!*** helmets/masks/hats on!

IV. ADVERB

❶ *(nach oben)* ~ **und ab** [*o* **nieder**] up and down; ***das ~ und Ab des Lebens*** *(fig)* the ups and downs of life, life's ups and downs; ~ **und davon** *(fam)* up and away; ***sie sind schon ~ und davon*** they've already legged it *fam*
❷ *(fam: nicht geschlossen)* ~ **bleiben/sein** to stay/be open
❸ *(fam: nicht verschlossen)* ~ **bleiben/sein** to stay/be open [*or* unlocked]
❹ *(fam: nicht im Bett)* ~ **bleiben/sein** to stay/be up; ***sie sind immer früh/spät ~*** they're early/late risers
❺ *(hin und her)* ~ **und ab** [*o* **nieder**] up and down, to and fro
❻ *siehe auch adj, n* **von Grund ~** from scratch; **von Jugend ~** since one's young days; **von klein ~** since one was a child

V. KONJUNKTION

❶ *(hum veraltet: damit)* ■ ~ **dass ...** so that ...; ~ ***dass ihr kein Leid widerfährt*** lest she suffer *form*
❷ *(geh: wünschend)* ■ ~ **dass ...!** that ...!

Auf [auf] *nt* ▸WENDUNGEN: **das/ein ~ und Ab** up and down, to and fro; *(ständiger Wechsel zwischen gut und schlecht)* up and down; ***in jedem Leben ist es doch immer ein ~ und Ab*** every life has its ups and downs

auf|ar·bei·ten *vt* ❶ *(renovieren)* ■**etw ~** to refurbish sth [*or sep* do up]
❷ *(bearbeiten)* ■**etw ~** to get through [*or sep* finish off] sth; **aufgearbeitete Akten/Korrespondenz** cleared files/correspondence
❸ *(bewältigen)* **die Vergangenheit ~** to reappraise the past
❹ *(auswerten)* **Literatur ~** to incorporate literature critically

Auf·ar·bei·tung <-, -en> *f* ❶ *(Erledigung)* catching up
❷ *(Beurteilung) Literatur* reviewing
❸ *(Restaurierung)* refurbishing

auf|at·men *vi* ❶ *(durchatmen)* to breathe
❷ *(seine Erleichterung zeigen)* to heave [*or* give] a sigh of [*or* to sigh with] relief; ■**ein [erleichtertes] A~** a sigh of relief

auf|ba·cken *vt* ■**etw ~** to heat [*or* crisp] [*or* warm] up sth *sep*

auf|bah·ren ['aufba:rən] *vt* ❶ *(im Sarg ausstellen)* ■**jdn ~** to lay sb out in state, to lay out sb *sep*; **eine prominente Persönlichkeit ~** to lay a famous person's body out in state; **einen Toten ~** to lay out a dead person; ■**aufgebahrt sein** to lie in state; **ein aufgebahrter Leichnam** *(geh)* a body lying in state
❷ *(offen aufstellen)* **einen Sarg ~** to lay a coffin on a/the bier; **ein aufgebahrter Sarg** a coffin laid on the bier

Auf·bah·rung <-, -en> *f* laying out, lying in state

Auf·bah·rungs·hal·le *f* funeral parlour [*or* AM -or]

Auf·bau[1] *m kein pl* ❶ *(das Zusammenbauen)* ■**der ~** assembling, construction
❷ *(Schaffung)* **der ~ von Kontakten** the setting up of contacts; **der ~ eines Landes** the building of a state; **der ~ eines sozialen Netzes** the creation of a social network; **der ~ der Wirtschaft/der wirtschaftliche ~** the building up of the economy
❸ *(Wiedererrichtung)* reconstruction; **der ~ der Kommunikationsverbindungen** the reinstatement of communications
❹ *(Struktur)* structure

Auf·bau[2] <-bauten> *m* ❶ *(Karosserieaufbau)* body[work [*or* shell]]
❷ *meist pl* NAUT superstructure *no pl, no indef art*

Auf·bau·ar·beit *f* reconstruction work **Auf·bau·cre·me** *f* regenerative cream

auf|bau·en **I.** *vt* ❶ *(zusammenbauen)* ■**etw ~** to put up sth *sep*; **einen Motor ~** *(sl)* to assemble an engine
❷ *(errichten)* ■**etw ~** to erect sth; *(aufstellen a.)* to put up sth *sep*; *(bauen a.)* to build [*or* construct] sth; **ein Zelt ~** to put up *sep* [*or* erect] a tent
❸ *(von neuem aufbauen)* ■**etw ~** to rebuild sth; **ein Haus/Land neu** [*o* **wieder**] **~** to rebuild a house/country
❹ *(hinstellen)* ■**etw ~** to set [*or* lay] out sth *sep*; **ein kaltes Büfett ~** to set [*or* lay] out a cold buffet *sep*; **ein Schachspiel ~** to set up a game of chess
❺ *(schaffen, entwickeln)* ■**etw ~** to build up sth *sep*; **eine Beziehung/enge Bindung zu jdm ~** to build up [*or* establish] a relationship/a close relationship with sb; **sich** *dat* **eine neue Existenz** [*o* **ein neues Leben**] **~** to build up a new life [for oneself]; **Kontakte ~** to build up contacts; **eine Organisation ~** to build up an organization *sep*; **einen Staat ~** to build a state; **eine Theorie ~** to construct a theory
❻ *(herstellen)* **eine Verbindung ~** to make [*or form* effect] a connection
❼ *(strukturieren)* ■**etw ~** to structure sth; ***der Aufsatz ist logisch aufgebaut*** the essay is logically structured; ***wie ist der Kristall aufgebaut?*** what is the structure of the crystal?
❽ *(basieren)* ■**etw auf etw** *dat* **~** to base [*or* construct] sth on sth
❾ *(fördern)* ■**jdn [zu etw** *dat*] **~** to build up sb *sep* [into sth]; **jdn zum Star ~** to build up sb *sep* into [*or* to promote sb as] a star
❿ *(verbessern)* ■**etw ~** to build up sth *sep*; **die Abwehrkräfte ~** to build up body immunity; **den Körper ~, Kraft ~** to build up one's strength *sep*; **die Kondition wieder ~** to rebuild stamina; **Muskulatur ~** to build up muscle *sep*
⓫ *(fam: stärken)* ■**jdn [wieder] ~** *(körperlich)* to build up sb *sep*; *(moralisch)* to give fresh heart to sb; *(aufmuntern)* to cheer up sb, to lift sb's spirit *sep*
⓬ *(daraufbauen)* **etw ~** to add [on *sep*] sth, to build on sth *sep*; **etw auf etw** *akk* **~** to add [*or* build] sth on sth; **die Karosserie auf das Fahrgestell ~** to mount the body shell to the chassis
II. *vi* ❶ *(sich gründen)* ■**auf etw** *dat* **~** to be based [*or* founded] on sth; ***dieses Musikstück baut auf den Regeln der Zwölftonmusik auf*** this piece [of music] is based on twelve-tone principles
❷ *(mit dem Aufbau beschäftigt sein)* to be building; ***wir sind noch dabei aufzubauen*** we are still building; ***bis dahin müssen wir aufgebaut haben*** we have to have finished building by then
III. *vr* ❶ *(fam: sich postieren)* ■**sich** *akk* **vor jdm ~** to stand up in front of sb; **sich drohend vor jdm ~** to plant oneself in front of sb *fam*; ■**sich** *akk* **vor etw** *dat* **~** to take up position in front of sth
❷ *(sich gründen)* ■**sich** *akk* **auf etw** *dat* **~** to be based [*or* founded] on sth
❸ *(sich bilden)* ■**sich** *akk* **~** to build up; ***Regenwolken bauten sich auf*** rainclouds started to build up
❹ *(bestehen aus)* ■**sich** *akk* **aus etw** *dat* **~** to be built up [*or* composed] of sth

Auf·bau·hil·fe *f* POL reconstruction aid; *für Branche u.ä.* help with setting up **Auf·bau·kurs** *m (in der Oberstufe)* sixth form course BRIT; *(Spezialisierung)* advanced [*or* continuation] course

auf|bäu·men *vr* ❶ *(sich ruckartig aufrichten)* ■**sich** *akk* **~** to convulse; **sich vor Schmerz ~** to writhe [*or* be convulsed] with pain; *Pferd* to rear [up]
❷ *(geh: sich auflehnen)* ■**sich** *akk* **gegen jdn/etw ~** to revolt [*or* rebel] against sb/sth

Auf·bau·pha·se *f* build-up phase

auf|bau·schen **I.** *vt* ❶ *(übertreibend darstellen)* ■**etw [zu etw** *dat*] **~** to blow up sth *sep* [into sth], to exaggerate sth
❷ *(blähen)* ■**etw ~** to fill [*or* swell] [*or* belly] [out *sep*] sth; **mit aufgebauschten Segeln** in [*or* under] full sail
II. *vr (scheinbar bedeutender werden)* ■**sich** *akk* **zu etw** *dat* **~** to be blown up to sth

Auf·bau·stoff *m* nutritional substance **Auf·bau·stu·di·um** *nt* research studies *npl*

Auf·bau·ten *pl* BAU superstructures *pl*

auf|be·geh·ren* *vi* ■**[gegen jdn/etw] ~** ❶ *(geh)* to rebel [*or* revolt] [against sb/sth]; ■**~d** rebelling
❷ SCHWEIZ *(protestieren)* to protest [against sb/sth]

auf|be·hal·ten* *vt irreg* ■**etw ~** to keep sth on *sep*

auf|bei·ßen *vt irreg* ■**etw ~** to open sth using [*or* with] one's teeth; **eine Nuss ~** to crack a nut with one's teeth; **eine Verpackung ~** to bite open packaging *sep*; **sich** *dat* **die Lippe ~** to bite one's lip [and make it bleed]

auf|be·kom·men* *vt irreg (fam)* ■**etw ~** ❶ *(öffnen)* to get sth open; ***lässt sich die Schublade ohne Schlüssel ~?*** can the drawer be opened without a key?
❷ *(zu erledigen erhalten)* to get sth as homework; ***wir haben heute sehr viel ~*** we were given a lot of homework today

auf|be·rei·ten* *vt* ■**etw ~** ❶ *(verwendungsfähig machen)* to process sth; **Erz ~** to dress [*or* prepare] ore; **Trinkwasser ~** to purify [*or* treat] water
❷ *(bearbeiten)* to edit sth; **etw literarisch ~** to turn sth into literature; **etw dramaturgisch ~** to adapt sth for the theatre [*or* AM -er]

Auf·be·rei·tung <-, -en> *f* ❶ *(das Aufbereiten)* processing; **die ~ von Erz** the dressing [*or* preparation] of ore; **die ~ von [Trink]wasser** the purification [*or* treatment] of water
❷ *(Bearbeitung)* editing

Auf·be·rei·tungs·an·la·ge *f* processing [*or* treatment] plant

auf|bes·sern *vt* ■**etw ~** to improve sth; **ein Gehalt ~** to increase a salary

Auf·bes·se·rung <-, -en> *f* improvement; **~ eines Gehalts** an increase in salary (+*gen* in)

auf|be·wah·ren* *vt* ■**etw ~** ❶ *(in Verwahrung nehmen)* to keep sth; **jds Dokumente/Wertsachen ~** to look after sb's documents/valuables, to have sb's documents/valuables in one's keeping
❷ *(lagern)* to store sth; ***kühl und trocken aufbewahren!*** keep in a cool dry place

Auf·be·wah·rung <-, -en> *f* ❶ *(Verwahrung)* [safe]keeping; **~ einer hinterlegten Sache** storage of a deposited item; **einen Koffer in ~ geben** to deposit a suitcase [at the left luggage [*or* baggage room]]; **jdm etw zur [sicheren] ~ anvertrauen** [*o* **übergeben**] to give sth to sb for [*or* put sth in[to] sb's] safekeeping
❷ *(fam: Gepäckaufbewahrung)* left-luggage [office] [*or* baggage room]

Auf·be·wah·rungs·frist *f* JUR *für Akten* safekeeping period [*or* retention] **Auf·be·wah·rungs·ort** *m* **etw an einen sicheren ~ bringen** to put sth in a safe place; **ein geeigneter ~ für etw** *akk* the right place to keep sth **Auf·be·wah·rungs·pflicht** *f* JUR *für Geschäftsunterlagen* obligation to preserve business records; **einstweilige ~** compulsory safe custody

auf|bie·ten *vt irreg* ❶ *(einsetzen)* ■**jdn/etw ~** to muster sb/sth; **die Polizei ~** to call in the police *sep*; **Truppen ~** to call in *sep* [*or* mobilize] troops
❷ *(aufwenden)* ■**etw ~** to muster [*or* summon] [*or* gather] sth
❸ *(zur Vermählung ausschreiben)* ■**aufgeboten werden** to have one's ban[n]s published

Auf·bie·tung <-> *f kein pl* ❶ *(Einsatz)* mustering; *von Polizei, Militär* calling in; **die ~ von Truppen** to mobilize [*or* call in] troops; **unter ~ einer S.** *gen*/**von etw** *dat* with the employment [*or* use] of sth; **unter ~ von Truppen** with the mobilization of troops
❷ *(das Aufbieten)* summoning, gathering, mustering; **unter** [*o* **bei**] **~ aller Kräfte** with the utmost

effort, by summoning all one's strength

auf|bin·den *vt irreg* ❶ *(öffnen, lösen)* ■ **[jdm] etw ~** to untie [*or* undo] [sb's] sth
❷ *(hoch binden)* **Haare ~** to put up hair *sep;* **Zweige ~** to tie together twigs *sep*
❸ *(auf etw befestigen)* ■ **etw [auf etw** *akk*] ~ to fasten [*or* tie] sth on[to] sth, to fasten [*or sep* tie down] sth; ■ **jdm/sich etw ~** to fasten [*or* tie] sth on sb/sth; **jdm/sich etw auf den Rücken ~** to hitch sth on[to] sb's/one's back
❹ *(fam: weismachen)* ■ **jdm etw ~** to make sb fall for sth; **jdm eine Lüge ~** to tell sb a lie; ***das lasse ich mir von dir nicht ~!*** I'm not going to fall for that!
❺ TYPO *(einbinden)* ■ **etw ~** to bind sth

auf|blä·hen I. *vt* ❶ *(füllen)* ■ **etw ~** to fill [*or* blow] out sth *sep;* ■ **aufgebläht** inflated
❷ MED *(blähen)* ■ **etw ~** to distend sth; ■ **aufgebläht** distended, swollen
❸ *(aufbauschen)* ■ **etw ~** to inflate sth; ■ **aufgebläht** inflated; **bis ins Groteske aufgebläht** blown out of all recognition *pred*
❹ *(übersteigern)* ■ **aufgebläht [sein]** [to be] inflated; **aufgeblähter Verwaltungsapparat** bloated administrative machinery
II. *vr* ■ **sich** *akk* ~ ❶ *(sich füllen)* to fill
❷ MED *(sich blähen)* to become distended [*or* swollen]
❸ *(pej: sich wichtigmachen)* to puff oneself up; ■ **aufgebläht** puffed-up

auf·blas·bar *adj* inflatable

auf|bla·sen *irreg* I. *vt* ■ **[jdm] etw ~** to inflate sth [for sb]; **einen Luftballon/eine Papiertüte ~** to blow up *sep* [*or* inflate] a balloon/paper bag; ■ **[etw] zum Aufblasen sein** to be inflatable; **eine Puppe zum A~** an inflatable doll
II. *vr* ■ **sich** *akk* ~ *(pej: sich wichtigmachen)* to puff oneself up; ■ **aufgeblasen [sein]** [to be] puffed-up

auf|blei·ben *vi irreg sein* ❶ *(nicht zu Bett gehen)* to stay up
❷ *(geöffnet bleiben)* to stay open

auf|blen·den I. *vi* ❶ AUTO to turn up the headlights *sep,* to turn the headlights on [full [*or* AM high] beam]; **aufgeblendet** [*o* **mit aufgeblendeten Scheinwerfern**] **fahren** to drive with one's headlights on full beam
❷ FOTO to increase the aperture
II. *vt* AUTO **die Scheinwerfer ~** to turn up the/one's headlights *sep;* **die Scheinwerfer kurz ~** to flash the/one's headlights

auf|bli·cken *vi* ❶ *(nach oben sehen)* ■ **[zu jdm/etw] ~** to look up [at sb/sth]; **[zu jdm/etw] kurz ~** to glance up [at sb/sth]
❷ *(als Vorbild verehren)* ■ **zu jdm ~** to look up to sb

auf|blin·ken *vi* ❶ AUTO *(fam: kurz aufblenden)* to flash [one's headlights]
❷ *(kurz blinken)* to flash, to blink

auf|blit·zen *vi* ❶ *haben (kurz aufleuchten)* to flash
❷ *sein (plötzlich auftauchen)* ■ **[bei/in jdm] ~** to flash through sb's mind; ***der Gedanke blitzte in ihm auf*** the thought flashed through his mind; *Hass, Kampfeswille* to flare up [in sb]; ***in seinen Augen blitzte es zornig auf*** his eyes flashed angrily

auf|blü·hen *vi sein* ❶ *(Blume)* to bloom; *Knospe, Baum* to blossom [out]; **[voll] aufgeblühte Blumen** flowers in [full] bloom
❷ *(aufleben)* to blossom out
❸ *(geh: sich entwickeln)* to [begin to] flourish [*or* thrive]

auf|bo·cken *vt* AUTO ■ **etw ~** to jack up sth *sep*

auf|boh·ren *vt* ■ **etw ~** to drill open sth *sep*

auf|brau·chen *vt* ■ **etw ~** to use up sth *sep;* ■ **sich** *akk* ~ to get used up; ***meine Geduld ist aufgebraucht*** my patience is exhausted

auf|brau·sen *vi sein* ❶ *(wütend werden)* to flare up, to fly into a temper, to fly off the handle
❷ *(schäumen)* to fizz [up]
❸ *(plötzlich einsetzen)* to break out; *Jubel a.* to burst forth

auf·brau·send *adj* quick-tempered, irascible; ■ **~ sein** to be quick-tempered [*or* irascible], to be liable to fly off the handle

auf|bre·chen *irreg* I. *vt haben* ■ **etw ~** ❶ *(gewaltsam öffnen)* to break [*or* force] open sth *sep;* **ein Auto/einen Tresor ~** to break into a car/strongroom; **einen Deckel ~** to force [*or* BRIT prise] [*or* AM prize] [off [*or* open] *sep*] a lid; **ein Schloss ~** to break open a lock *sep,* to force [open *sep*] a lock
❷ *(geh: zur Öffnung bringen)* to break down sth *sep*
II. *vi sein* ❶ *(aufplatzen)* to break up, to split; *Knospe* to [burst] open; *Wunde* to open
❷ *(erneut sichtbar werden)* to break out
❸ *(sich auf den Weg machen)* to start [*or* set] off [*or* out]; ***ich glaube, wir müssen ~*** I think we've got to go, I think we ought to go

auf·bre·zeln *vr (fam)* to get all dolled up *pej*

auf|brin·gen *vt irreg* ❶ *(bezahlen)* ■ **etw ~** to pay sth; **Geld ~** to raise [*or* find] money
❷ *(mobilisieren)* ■ **etw ~** to summon [up *sep*] sth
❸ *(erzürnen)* ■ **jdn [gegen jdn/etw] ~** to irritate sb, to set sb against sb/sth
❹ *(ins Leben rufen)* ■ **etw ~** to start sth; **ein Gerücht ~** to put about a rumour [*or* AM -or] *sep*
❺ NAUT *(erobern)* **ein Schiff ~** to capture [*or* seize] a ship
❻ DIAL *(aufbekommen)* ■ **etw ~** to get sth open; **einen Knoten ~** to undo [*or* untie] a knot; ■ **aufgebracht werden** to be opened
❼ *(auftragen)* ■ **etw [auf etw** *akk*] ~ to apply sth [to sth]; **Farbe ~** to apply paint

Auf·bruch *m* ❶ *kein pl (das Aufbrechen)* departure; ***das Zeichen zum ~ geben*** to give the signal to set off [*or* out]
❷ *(geh: Erneuerung)* emergence, awakening *liter;* **eine Zeit des ~s** a time of change [*or* new departures]
❸ *(Frostaufbruch)* crack

Auf·bruchs·stim·mung *f* ❶ *(Gefühl, aufbrechen zu wollen)* atmosphere of departure; ***~ kam langsam [unter den Gästen] auf*** the party started to break up; ***hier herrscht schon ~*** it's [*or* they are] all breaking up; ***es herrschte allgemeine ~ [unter den Gästen]*** the party was breaking up; **in ~ sein** to be wanting [*or* ready] to go
❷ *(Stimmung der Erneuerung)* optimistic mood, sense of new beginnings, atmosphere of awakening

auf|brü·hen *vt* ■ **etw ~** to brew up *sep* sth; ■ **[jdm/sich] einen Tee/eine Tasse Kaffee ~** to make [*or* brew] [sb/oneself] a [cup of] tee/coffee

auf|brum·men *vt (fam)* ■ **jdm etw ~** to land sb with sth *fam;* ***man hat mir schon wieder den Küchendienst aufgebrummt!*** I'm landed with kitchen duties again!

auf|bür·den *vt (geh)* ❶ *(jdn mit etw belasten)* ■ **jdm etw ~** to encumber sb with sth [*or form* load sth on to sb]
❷ *(jdm geben)* **jdm die Schuld ~** to put the blame on [*or form* impute the guilt to] sb; **jdm die Verantwortung ~** to burden [*or* saddle] sb with the responsibility

auf|de·cken I. *vt* ❶ *(enthüllen)* ■ **etw ~** to uncover [*or* discover] sth; **einen schwierigen/ungelösten Fall ~** to unravel a difficult/an unsolved case; **ein Rätsel ~** to solve a riddle
❷ *(geh: bloßlegen)* ■ **etw ~** to lay bare sth *sep,* to expose sth; **Fehler ~** to discover [*or* identify] mistakes
❸ KARTEN *(umdrehen)* **die Karten ~** to show one's cards [*or* hand]
❹ *(auf den Esstisch stellen)* ■ **etw ~** to put sth on the table, to lay [*or* set] the table with sth
❺ *(zurückschlagen)* ■ **etw ~** to fold down sth *sep*
❻ *(jds Bett zurückschlagen)* ■ **jdn ~** to throw off sb's blankets *sep*
II. *vi (den Tisch decken)* to lay [*or* set] the table

Auf·de·ckung <-, -en> *f* ❶ *(Enthüllung)* exposure, discovery; *(eines Falls)* solving; *(eines Rätsels)* solution (+*gen* to)
❷ *(geh: Bloßlegung)* exposure; *von Fehlern* discovery

auf|don·nern *vr (pej fam)* ■ **sich** *akk* ~ to doll [*or* BRIT *a.* tart] oneself up *pej fam;* ■ **aufgedonnert** dolled [*or* BRIT *a.* tarted] up *pej fam;* ■ **aufgedonnert sein** to be dolled [*or* BRIT *a.* tarted] up *pej fam*

auf|drän·gen I. *vt* ■ **jdm etw ~** to force [*or* push] [*or* impose] sth on sb
II. *vr* ■ **sich** *akk* **jdm ~** ❶ *(aufzwingen)* to force [*or* impose] oneself/itself on sb; ***ich will mich nicht ~*** I don't want to impose [myself]
❷ *(in den Sinn kommen)* ***der Gedanke drängte sich ihm auf*** the thought came to [*or* struck] him, he couldn't help thinking

auf|dre·hen I. *vt* ■ **etw ~** ❶ *(durch Drehen öffnen)* to turn on sth *sep;* **eine Flasche/ein Ventil ~** to open a bottle/valve; **einen Schraubverschluss ~** to unscrew a cap
❷ *(fam: lauter stellen)* to turn up sth *sep;* **voll aufgedreht** turned up full *pred*
❸ DIAL *(aufziehen)* to wind up sth *sep*
❹ *(zu Locken rollen)* to curl sth
II. *vi (fam)* ❶ *(loslegen)* to get going; ■ **aufgedreht sein** to be full of go
❷ *(beschleunigen)* **[voll] ~** to floor [*or* step on] the accelerator

auf·dring·lich *adj* ❶ *(zudringlich)* obtrusive, importunate *form,* pushy *fam;* **ein ~er Mensch** an insistent person; ■ **~ werden** to become obtrusive, to get pushy *fam*
❷ *(zu intensiv)* **ein ~er Geruch** a pungent [*or* powerful] smell
❸ *(schreiend)* loud, powerful; ■ **~ sein** to be loud [*or* powerful]

Auf·dring·lich·keit <-, -en> *f* ❶ *(Zudringlichkeit)* obtrusiveness *no pl,* importunateness *no pl form,* pushiness *no pl,* insistence *no pl*
❷ *(zu intensive Art)* pungency *no pl*
❸ *(grelle Gestaltung)* loudness *no pl*

auf|drö·seln *vt (fam)* ■ **etw ~** to unravel sth; **einen Knoten ~** to undo [*or* untie] a knot

Auf·druck <-drucke> *m* ❶ *(aufgedruckter Hinweis)* imprint, stamp
❷ *(Zusatzstempel auf Briefmarke)* overprint

auf|dru·cken *vt* ■ **etw [auf etw** *akk*] ~ to print sth on sth, to apply sth [to sth] *form*

auf|drü·cken I. *vt* ❶ *(durch Dagegendrücken öffnen)* ■ **etw ~** to push open sth *sep*
❷ *(durch Knopfdruck öffnen)* ■ **etw ~** to open sth [by pressing a/the button]
❸ *(mit etw darauf drücken)* ■ **etw [auf etw** *akk*] ~ to press [down on] [*or* press sth on] sth
❹ *(fam: einen Kuss geben)* ■ **jdm einen ~** to give sb a kiss [*or fam* quick peck]; *(schmatzend)* to give sb a smacker *fam*
II. *vi (die Tür elektrisch öffnen)* to open the door [by pressing a/the button]

auf·ei·nan·der [aufʔaiˈnandɐ] *adv* ❶ *(räumlich)* on top of each other [*or* one another]
❷ *(zeitlich)* after each other
❸ *(gegeneinander)* **~ losgehen/losschlagen** to hit away at/charge at each other [*or* one another]
❹ *(wechselseitig auf den anderen)* **~ angewiesen sein** to be dependent on each other [*or* one another]; **sich** *akk* **~ verlassen** to rely on each other [*or* one another]; **~ zugehen** to approach each other [*or* one another]

auf·ei·nan·der|fol·gen *vi sein* to follow [*or* come after] each other [*or* one another]; **dicht ~** to come thick and fast *a. hum* **auf·ei·nan·der·fol·gend** *adj* successive; **eng ~** thick and fast *a. hum* **auf·ei·nan·der|häu·fen** *vt* ■ **etw ~** to pile sth on top of one another **auf·ei·nan·der|le·gen** *vt* ■ **etw ~** to put [*or* lay] sth on top of each other [*or* one another] **auf·ei·nan·der|lie·gen** *vi irreg* to lie on top of each other [*or* one another] **auf·ei·nan·der|pral·len** *vi sein (zusammenstoßen)* to collide, to bump into each other; *Truppen* to clash; **[hart] ~** *Meinungen* to clash **auf·ei·nan·der|schich·ten** *vt* ■ **etw ~** to put sth in layers one on top of the other; ***Holz ~*** to stack wood [in layers] **auf·ei·nan·der|stel·len** I. *vt* ■ **etw ~** to put [*or* place] sth on top of each other [*or* one another] II. *vr* ■ **sich** *akk* ~ to get on top of each other [*or* one another] **auf·ei·**

na̱n·der|sto·ßen *vi irreg sein (in ein Handgemenge geraten)* to clash **auf·ei·na̱n·der|tref·fen** *vi irreg sein (zum Kampf zusammentreffen)* to meet; *(in konträrer Weise geäußert werden)* to come into conflict; [**hart**] ~ to clash

Auf·ent·halt <-[e]s, -e> ['a͜uf?ɛnthalt] *m* ❶ *(das Verweilen)* stay
❷ *(das Wohnen)* residence
❸ *(Aufenthaltsort)* place of residence, domicile *form,* abode *form;* **ständiger** ~ permanent address [*or form* abode]; **in einer Stadt/einem Land** [**dauernden**] ~ **nehmen** *(geh)* to take up [permanent] residence in a city/country
❹ BAHN *(Wartezeit)* stop[over]; ***wie lange haben wir in Köln ~?*** how long do we have to wait [for] in Cologne?, how long do we stop [for] in Cologne?

Auf·ent·hal·ter(in) <-s, -> *m(f)* SCHWEIZ nonpermanent [*or* foreign] resident; JUR resident alien

Auf·ent·halts·be·fug·nis *f* JUR residence title for exceptional purposes **Auf·ent·halts·be·rech·ti·gung** *f* JUR right of unlimited residence **Auf·ent·halts·be·wil·li·gung** *f* JUR permit for stay, residence title for specific purposes **Auf·ent·halts·dau·er** *f* length [*or* duration] of [one's] stay **Auf·ent·halts·er·laub·nis** *f* JUR residence permit; **befristete/unbefristete** ~ temporary/permanent residence permit **Auf·ent·halts·er·laub·nis-EG** *nt* JUR EU residence permit **Auf·ent·halts·ge·neh·mi·gung** *f* JUR residence permit [*or* authorization]; **einen Antrag auf** ~ **stellen** to apply for a residence permit; **befristete/unbefristete** ~ temporary/permanent residence permit **Auf·ent·halts·ge·setz** *nt* JUR residence act **Auf·ent·halts·ge·stat·tung** *f* JUR temporary permission to stay **Auf·ent·halts·ort** *m* whereabouts + *sing/pl vb;* JUR [place of] residence, abode *form;* **ständiger** ~ permanent address [*or form* abode] **Auf·ent·halts·prin·zip** *nt* JUR residence principle **Auf·ent·halts·raum** *m* day room; *(in Firma)* recreation room; *(auf Flughafen)* lounge **Auf·ent·halts·recht** *nt kein pl* JUR right of abode [*or* residence]; **uneingeschränktes** ~ permanent right of residence; **das** ~ **erwerben** to acquire residence **Auf·ent·halts·ver·bot** *nt* JUR residence ban, exclusion order

auf|er·le·gen* ['a͜uf?ɛɐ̯le:gn̩] *vt (geh)* ■**jdm etw** ~ to impose sth on sb; **jdm eine Strafe** ~ to impose [*or* inflict] a punishment on sb; ■**jdm ~, etw zu tun** to enjoin sb to do sth *form or liter*

auf|er·ste·hen* *vi irreg sein* REL to rise from the dead; *Christus* to rise again; ■**der Auferstandene** the risen Christ; ***Christus ist auferstanden!*** Christ is risen!

Auf·er·ste·hung <-, -en> *f* REL resurrection; **Christi** ~ the Resurrection [of Christ]; ~ **feiern** *(hum fam)* to enjoy a comeback

Auf·er·ste·hungs·fest *nt* Feast of the Resurrection

Auf·er·we·ckung *f* REL resurrection; **die ~ Jesu** the Resurrection; ~ **von den Toten** raising of the dead

auf|es·sen *irreg* **I.** *vt* ■**etw** ~ to eat up sth *sep*
II. *vi* to eat up [everything] *sep*

auf|fä·deln *vt* ■**etw** ~ to thread [*or* string] together sth *sep*

auf|fah·ren *irreg* **I.** *vi sein* ❶ *(mit einem Stoß darauffahren)* ■**auf jdn/etw** ~ to run [*or* drive] into sb/sth; **auf eine Sandbank** ~ to run [aground] on a sandbank
❷ *(näher heranfahren)* ■[**auf jdn/etw**] ~ to drive [*or* move] up [to sb/sth]; **zu dicht** ~ to drive too close behind [the car ahead], to tailgate; ***mein Hintermann fährt dauernd so dicht auf!*** the car behind me is right on my tail all the time, the car behind me is tailgating
❸ *(hinauffahren)* ■**auf etw** *akk* ~ to drive on[to] sth
❹ *(hochschrecken)* to start [up]; [**aus dem Schlaf**] ~ to awake with a start [*or* fright]
❺ *(aufbrausen)* to fly into a rage; ■**auffahrend** irascible; *Mensch a.* quick-tempered
II. *vt haben* ■**etw** ~ ❶ *(anfahren)* **Erde/Kies** ~ to put down earth/gravel *sep*
❷ MIL *(in Stellung bringen)* to bring up sth *sep,* to bring sth into action
❸ *(sl: herbeischaffen)* to dish [*or* serve] up sth *sep;* ***fahr noch mal Bier auf!*** bring another round in! *fam*
❹ *(ins Felde führen)* to bring on [*or* forward] sth *sep; s. a.* **Geschütz**

Auf·fahrt *f* ❶ *(Autobahnauffahrt)* [motorway] slip [*or* approach] road BRIT, freeway ramp AM
❷ *kein pl (das Hinauffahren)* climb, ascent
❸ *(ansteigende Zufahrt)* drive[way]
❹ SCHWEIZ *s.* **Himmelfahrt**

Auf·fahr·un·fall *m* collision; *(von mehreren Fahrzeugen)* pile-up

auf|fal·len *vi irreg sein* ❶ *(positiv bemerkt werden)* [**jdm/bei jdm**] [**angenehm/positiv**] ~ to make a good/positive impression on sb
❷ *(negativ bemerkt werden)* ■[**als etw**] ~ to attract attention [*or fam* stick out] [as sth]; ***nur nicht ~!*** don't go attracting attention!, just keep low! [*or* a low profile]; [**bei jdm**] [**negativ/unangenehm**] ~ to make a negative/bad impression on sb
❸ *(besonders bemerkt werden)* ■[**jdm**] ~ to come to sb's attention [*or* notice], to stand out; ***sie fällt durch ihre weißen Haare auf*** her white hair makes her stand out
❹ *(als auffallend bemerkt werden)* ***ist Ihnen etwas Ungewöhnliches aufgefallen?*** did you notice anything unusual?; ***der Fehler fällt nicht besonders auf*** the mistake is not all that noticeable; ***fällt dieser Fleck/dieses Loch an meinem Kleid auf?*** does this stain show on/does this hole show in my dress?; ***was fällt dir an dem Gedicht auf?*** what does this poem tell you?; ■**jdm ~, dass ...** sb has noticed that ...

auf·fal·lend **I.** *adj (ins Auge fallend)* conspicuous, noticeable; **~e Ähnlichkeit/Schönheit** striking likeness/beauty; ■**~ sein** to be strange [*or* peculiar]; ■**etwas/nichts A~es** something/nothing remarkable; ***das A~[st]e an ihm sind die roten Haare*** the [most] striking thing about him is his red hair
II. *adv* ❶ *(in auffallender Weise)* strangely, oddly
❷ ■**stimmt ~!** *(fam)* too true!, how right you are!

auf·fäl·lig **I.** *adj* conspicuous; **~e Farbe/Kleidung** conspicuous [*or* loud] colour [*or* AM -or]/clothing; **~e Narbe** conspicuous [*or* prominent] scar; ***~ er geht's nicht mehr*** he/they etc. couldn't make it more conspicuous [*or* obvious] if he/they etc. tried; **sozial** ~ displaying social behavioural problems; ■**an jdm** ~ **sein** to be noticeable about sb; ***~ an ihm sind seine grauen Haare*** what is noticeable about him is his grey hair; ■**etwas A~es** something conspicuous [*or* remarkable]; ***ihr neuer Hut hatte etwas A~es*** her new hat had something remarkable about it
II. *adv* conspicuously; ***er hielt sich in der Diskussion ~ zurück*** it was conspicuous how little he took part in the discussion

auf|fal·ten **I.** *vt* ■**etw** ~ to unfold sth
II. *vr* ■**sich** *akk* ~ ❶ *(von Fallschirm)* to open
❷ GEOL *(sich verwerfen)* to fold upwards, to upfold *spec*

Auf·fang·be·cken *nt* ❶ *(Sammelbecken)* collecting tank
❷ *(Sammlungsbewegung)* focal point

auf|fan·gen *vt irreg* ❶ *(einfangen)* ■**etw** ~ to catch sth
❷ *(mitbekommen)* ■**etw** ~ to catch sth
❸ TELEK *(zufällig über Funk mithören)* ■**etw** ~ to pick up sth *sep*
❹ *(kompensieren)* ■**etw** ~ to offset [*or* counterbalance] sth
❺ *(sammeln)* ■**etw** ~ to collect [*or* catch] sth
❻ AUTO *(abfangen)* ■**jdn/etw** ~ to cushion sb/sth, to absorb sth
❼ SPORT *(abwehren)* ■**etw** ~ to block [*or* intercept] sth

Auf·fang·ge·sell·schaft *f* ÖKON rescue company **Auf·fang·klau·sel** *f* JUR omnibus clause **Auf·fang·la·ger** *nt* reception camp [*or* centre [*or* AM -er]] **Auf·fang·raum** *m (fig)* gathering place

auf|fas·sen *vt* ■**etw** [**als etw** *akk*] ~ to interpret [*or* understand] sth [as sth]; **etw falsch** ~ to interpret [*or* understand] sth wrongly, to misinterpret [*or* misunderstand] sth

Auf·fas·sung *f* ❶ *(Meinung)* opinion, view; ***ich bin der ~, dass ...*** I think [that]...; **nach jds ~, jds ~ nach** in sb's opinion, to sb's mind; ***nach katholischer ~*** according to the Catholic faith
❷ *kein pl (Auffassungsgabe)* perception

Auf·fas·sungs·ga·be *f kein pl* perception, grasp

auf|fie·ren *vt* NAUT ■**die Schoten** ~ *(lockern)* to loosen the ropes

auf·find·bar *adj* ■**etw ist** [**nicht**] ~ it is[n't] to [*or* can['t]] be found; **etw ~ machen** to show where sth can be found

auf|fin·den *vt irreg* ■**jdn/etw** ~ to find [*or* discover] sb/sth; ■**etw ist nicht/nirgends aufzufinden** sth cannot be found/sth cannot be found anywhere

auf|fi·schen *vt* ❶ *(fam)* ■**jdn/etw** ~ to fish out sb *sep,* to fish up sth *sep*
❷ *(sl)* ■**jdn** ~ to dig up sb *sep fam*

auf|fla·ckern *vi sein (geh)* to flare up, to kindle *liter*

auf|flam·men *vi sein* ❶ *(flammend aufleuchten)* to flare up; **etw zum A~ bringen** to make sth flare up; **etw wieder zum A~ bringen** to rekindle sth
❷ *(geh: gewaltig losbrechen)* to flare up

auf|flie·gen *vi irreg sein* ❶ *(hoch fliegen)* to fly up, to soar [up]; ■**~d** soaring
❷ *(sich jäh öffnen)* to fly open
❸ *(fam: öffentlich bekannt werden)* to be busted *fam; Betrug, Machenschaften* to be blown *fam;* ■**jdn/etw ~ lassen** to blow sb/sth *fam,* to shop sb *sl*
❹ *(fam: jäh enden)* to break up; ■**etw ~ lassen** to blow sth *fam*

auf|for·dern *vt* ❶ *(ersuchen)* ■**jdn ~, etw zu tun** to ask [*or form* request] sb to do sth; ***wir fordern Sie auf, ...*** you are requested ...
❷ *(von jdm eine bestimmte Aktion fordern)* **jdn zum Bleiben** ~ to ask [*or form* call upon] sb to stay; **jdn zum Gehen/Schweigen** ~ to ask [*or* tell] sb to go/to be quiet
❸ *(zum Tanz bitten)* ■**jdn** ~ to ask sb to dance [*or* for a dance]

auf·for·dernd **I.** *adj* inviting
II. *adv* invitingly

Auf·for·de·rung *f* request; *(stärker)* demand; **auf die ausdrückliche** ~ at the express request; **gerichtliche** ~ summons; ~ **zum Tanz** invitation to dance

Auf·for·de·rungs·schrei·ben *nt* HANDEL letter of invitation

auf|fors·ten ['a͜uffɔrstn̩] **I.** *vt* ■**etw** ~ to afforest sth; ■**das A~** afforestation; ***das A~ von Brachland*** the afforestation of fallow land
II. *vi* to plant trees; ***man ist dabei, im Park aufzuforsten*** they are reafforesting the park

Aufforstung *f* afforestation; *(Wiederaufforstung)* reforestation

auf|fres·sen *irreg* **I.** *vt* ❶ *(verschlingen)* ■**jdn/etw** ~ to eat up sb/sth *sep;* **die Beute** ~ to devour its prey; ***ich fress' dich*** [***deswegen***] ***nicht auf!*** I'm not going to bite your head off [because of it]!
❷ *(fig: erschöpfen)* ■**jdn** ~ to exhaust sb
II. *vi* to eat up all its food *sep*

auf|fri·schen **I.** *vt haben* ❶ *(reaktivieren)* **frühere Beziehungen/Freundschaften** ~ to renew [earlier] relationships/friendships; **seine Erinnerungen** ~ to refresh one's memories; **seine Kenntnisse** ~ to polish up one's knowledge *sep;* **sein Französisch** ~ to brush up one's French *sep*
❷ *(erneuern)* ■**einen Anstrich** ~ to brighten up a coat of paint *sep;* **sein Make-up** ~ to retouch [*or sep* touch up] one's make-up
❸ MED **eine Impfung** ~ to boost an inoculation
❹ *(ergänzen)* **Vorräte** ~ to replenish stocks
II. *vi sein o haben Wind* to freshen, to pick up; ■**~d** freshening
III. *vi impers sein* ■**es frischt auf** it's getting [*or* becoming] cooler [*or* fresher]

Auf·fri·schungs·imp·fung *f* booster [inoculation *form*] **Auf·fri·schungs·kurs** *m* refresher course

auf|füh·ren **I.** *vt* ❶ *(spielen)* **Shakespeare/ein**

Theaterstück ~ to perform [*or* put on] [*or* stage] Shakespeare/a play; **Wagner/ein Musikwerk** ~ to perform Wagner/a piece of music
② *(auflisten)* ■**jdn/etw** ~ to list sb/sth; **etw im Einzelnen** ~ to itemize sth; ***ich will jetzt nicht alles im Einzelnen*** ~ I don't want to go into details; **Beispiele** ~ to cite [*or* give] [*or* quote] examples; **Zeugen** ~ to cite witnesses
II. *vr (sich benehmen)* ■**sich** *akk* ~ to behave; **sich** *akk* **so ~, als ob ...** to act as if ...; ***führ dich wegen so einer Lappalie nicht gleich so auf!*** don't make a scene about such a petty matter!

Auf·füh·rung *f* ① *(Darbietung)* performance; **die ~ eines Theaterstücks** the staging [*or* performance] of a play; **die ~ eines Musikstücks** the performance of a piece of music; **jdn/etw zur ~ bringen** *(geh)* to perform sb/sth; **zur ~ kommen** [*o* **gelangen**] *(geh)* to be performed
② *(Auflistung)* listing; *von Beispielen* citing, giving, quoting; *von Zeugen* citing; **einzelne ~** itemization; **zur ~ kommen** to be listed etc.

Auf·füh·rungs·recht *nt* performing [*or* dramatic] rights *npl* **Auf·füh·rungs·zah·len** *pl* THEAT number of performances

auf|fül·len **I.** *vt* ① *(vollständig füllen)* ■**etw** [**mit etw** *dat*] ~ to fill up sth *sep* [with sth]
② *(nachfüllen)* ■**jdm etw** [**mit etw** *dat*] ~ to top up sth *sep* [with sth] for sb; **Öl** ~ to top up the oil *sep;* **Benzin** ~ to tank [*or* fill] up
II. *vi (nachfüllen)* ■**jdm** ~ to serve sb; ***darf ich Ihnen noch ~?*** *(das Glas auffüllen)* may I top you [*or* your glass] up?

Auf·ga·be[1] <-, -n> *f* ① *(Verpflichtung)* job, task; **jds ~ sein, etw zu tun** to be sb's job [*or* task] [*or* responsibility] to do sth; **sich** *dat* **etw zur ~ machen** to make sth one's job [*or* business]; **sich** *dat* **zur ~ machen, etw zu tun** to make it one's business to do sth
② *meist pl* SCH *(Übungsaufgabe)* exercise; *(Hausaufgabe)* homework *no pl*
③ *(zu lösendes Problem)* question; **eine schwierige ~ lösen** to solve a difficult problem
④ *(Zweck)* purpose
⑤ *(das Aufgeben von Gepäck)* registering, registration; LUFT checking-in
⑥ *(das Abschicken von Briefen, Päckchen)* posting, sending off

Auf·ga·be[2] <-> *f kein pl* ① *(Verzicht auf weiteren Kampf)* surrender; **~ des Kampfes** cessation of fighting
② SPORT *(freiwilliges Ausscheiden)* withdrawal, retirement; **Sieg durch ~** *(in Boxen)* technical knockout
③ *(das Aufgeben)* ■**die ~ einer S.** *gen*/**von etw** *dat* giving up sth
④ *(das Fallenlassen)* dropping; *von Hoffnungen* abandonment
⑤ *(Einstellung)* closing down, giving up
⑥ *(das Abbrechen)* abandonment, dropping

auf|ga·beln *vt* ① *(fam: kennen lernen)* ■**jdn** ~ to pick [*or* dig] up sb *sep fam*
② *(mit der Forke aufladen)* ■**etw** ~ to fork up sth *sep*

Auf·ga·ben·ab·gren·zung *f* ÖKON delimitation of tasks **Auf·ga·ben·be·reich** *m*, **Auf·ga·ben·ge·biet** *nt* area of responsibility, purview *form* **Auf·ga·ben·be·schrei·bung** *f* INFORM task description **Auf·ga·ben·er·fül·lung** *f* JUR task fulfilment [*or* AM -fill-] **Auf·ga·ben·feld** *nt* scope of tasks **Auf·ga·ben·heft** *nt* SCH homework book **Auf·ga·ben·schwer·punkt** *m* main focus of the job **Auf·ga·ben·spek·trum** *nt* duties *pl,* area of responsibility **Auf·ga·ben·stel·lung** *f* ① SCH *(geh)* setting of [one's] homework ② *(gestellte Aufgabe)* type of problem **Auf·ga·ben·ver·la·ge·rung** *f* shift of responsibilities **Auf·ga·ben·ver·tei·lung** *f* allocation of responsibilities [*or* tasks]; SCH allocation of exercises **Auf·ga·ben·voll·zug** *m* realization of tasks **Auf·ga·ben·wahr·neh·mung** *f* discharge of duties

Auf·gang <-gänge> *m* ① *(das Erscheinen)* rising; *von Planeten a.* ascent
② *(aufwärtsführende Treppe)* staircase, stairs *npl;* **zwei Aufgänge** two staircases [*or* sets of stairs]; **im ~** *(fam)* on the stairs [*or* staircase]

auf·ge·bahrt **I.** *pp von* **aufbahren**
II. *adj* ■**~ sein** to lie in state

auf|ge·ben[1] *vt irreg* ① *(zu lösen geben)* ■**jdm etw** ~ to pose sth for sb
② SCH *(die Anfertigung von etw anordnen)* ■[**jdm**] **etw** ~ to give [*or* set] [sb] sth
③ *(zu befördern geben)* **Gepäck** ~ to register luggage; LUFT to check in luggage
④ *(zur Aufbewahrung geben)* to put in [the] left luggage [*or* baggage room]
⑤ *(im Postamt abgeben)* ■**etw** ~ to post [*or* mail] sth
⑥ *(in Auftrag geben)* ■**etw** ~ to place [*or sep* put in] sth
⑦ DIAL *(Essen zuteilen)* ■**jdm etw** ~ to serve sb sth; ***kann ich dir noch Kartoffeln ~?*** can serve you [any] more potatoes?

auf|ge·ben[2] *irreg* **I.** *vt* ① *(einstellen)* ■**etw** ~ to give up sth *sep;* **den Widerstand** ~ to give up one's resistance
② *(etw sein lassen)* ■**jdn/etw** ~ to give up sb/sth *sep;* **eine Stellung** ~ to resign [*or sep* give up] a post
③ *(mit etw aufhören)* ■**etw** ~ to give up sth *sep;* **eine Gewohnheit** ~ to break with [*or sep* give up] a habit; **das Rauchen** ~ to give up smoking; **eine Sucht** ~ to come away from an addiction; ***gib's auf!*** *(fam)* why don't you give up?
④ *(fallen lassen)* ■**etw** ~ to drop sth; **die Hoffnung** ~ to give up [*or* lose] hope; **einen Plan** ~ to drop [*or* throw over] a plan
⑤ *(verloren geben)* ■**jdn** ~ to give up with [*or* on] sb, to give up sb *sep* for lost
⑥ *(einstellen)* ■**etw** ~ to give up [*or* close down] sth *sep*
⑦ *(vorzeitig beenden)* ■**etw** ~ to drop [*or* abandon] sth
II. *vi (sich geschlagen geben)* to give up [*or* in]; MIL to surrender

auf·ge·bläht **I.** *pp von* **aufblähen**
II. *adj* ① *(aufgetrieben)* *Bauch* distended
② *(weitschweifig)* *Rede* overblown
③ *(wichtigtuerisch)* *Person* self-important

auf·ge·bla·sen **I.** *pp von* **aufblasen**
II. *adj* ① *inv (mit Luft gefüllt)* blown-up
② *(pej: eingebildet, arrogant)* self-important; **~e Pute** stuck-up cow [*or* AM chick]

Auf·ge·bot *nt* ① *(aufgebotene Menschenmenge)* crowd; *von Polizei, Truppen* contingent *form*
② *(Heiratsankündigung)* notice of [an] intended marriage; **das ~ bestellen** to give notice of one's intended marriage
③ JUR *für Patent* public invitation [to advance claims]; *für Wertpapiere* cancellation

Auf·ge·bots·ter·min *m* JUR deadline fixed by public summons **Auf·ge·bots·ver·fah·ren** *nt* JUR *für Patent* public announcement procedure; *für Wertpapiere* cancellation proceedings *pl*

auf·ge·bracht **I.** *adj* outraged, infuriated, incensed; ■[**über jdn/etw/wegen einer S.** *gen*] **~ sein** to be outraged [*or* infuriated] [*or* incensed] [with sb/with sth/over sth]; ***über was bist du denn so ~?*** what are you so outraged [*or* infuriated] [*or* incensed] about?
II. *adv* in outrage

auf·ge·dreht **I.** *pp von* **aufdrehen**
II. *adj (fam: lebhaft)* in high spirits

auf·ge·dun·sen *adj* bloated, swollen; **~es Gesicht** puffy face; ■**~ sein** to be bloated [*or* swollen]; *Gesicht* to be puffy

Auf·ge·dun·sen·heit <-> *f kein pl* bloatedness; *von Gesicht* puffiness

auf|ge·hen *vi irreg sein* ① *(langsam sichtbar werden)* to rise; *Planeten a.* to ascend
② *(sich öffnen)* to open; THEAT *(von Vorhang)* to rise, to go up
③ *(sich öffnen)* *Knoten, Reißverschluss etc.* to come undone
④ *(sich verwirklichen)* to work [out], to come off; ***all seine Pläne sind aufgegangen*** all his plans [have] worked out
⑤ *(klar werden)* ■**jdm** ~ to dawn on [*or* become apparent to] sb
⑥ MATH to work [*or* come] out; ***die Division geht [ganz/glatt] auf*** the division works [*or* comes] out even; *s. a.* **Rechnung**
⑦ *(seine Erfüllung finden)* ■**in etw** *dat* ~ to be taken [*or* wrapped] up in sth; ***sie geht ganz in ihrer Familie auf*** her family is her whole world
⑧ *(aufkeimen)* to sprout, to come up
⑨ KOCHK *(sich heben)* to rise, to prove

auf·ge·hend *adj* **~e Wand** BAU above-ground wall

auf·ge·ho·ben *adj* [**bei jdm**] **gut/schlecht ~ sein** to be/to not be in good keeping [*or* hands] [with sb]; [**bei jdm**] **besser/bestens ~ sein** to be in better/the best keeping [*or* hands] [with sb]; ***dort weiß ich die Kinder gut ~*** I know the children are in good care [*or* hands] there

auf|gei·len **I.** *vt (sl)* ■**jdn** ~ to work up sb *sep fam*
II. *vr (sl)* ■**sich** *akk* [**an jdm/etw**] ~ to get off [on sb/sth] *sl*

auf·ge·klärt *adj* ① PHILOS enlightened; ■**~ sein** to be enlightened
② *(sexualkundlich)* ■**~ sein** to know the facts of life; ***die heutige Jugend ist sehr ~*** young people nowadays are well-acquainted with the facts of life

auf·ge·kratzt *adj (fam)* full of beans *fam;* **sehr ~** over the moon *fam*

auf·ge·lau·fen **I.** *pp von* **auflaufen**
II. *adj inv* accrued; **~e Schulden** accrued [*or* accumulated] debts

Auf·geld <-[e]s, -er> *nt* ① BÖRSE *(Agio)* premium
② ÖKON *(Zuschlag)* surcharge

auf·ge·legt *adj* ① *(in bestimmter Laune)* **gut/schlecht ~ sein** to be in a good/bad mood; ■[**dazu**] **~ sein, etw zu tun** to feel like doing sth; **zum Feiern ~ sein** to be in a mood for [*or* feel like] celebrating
② *attr* DIAL barefaced *pej*

auf·ge·löst *adj* ① *(außer sich)* ■[**vor etw** *dat*] **~ sein** to be beside oneself [with sth]
② *(erschöpft)* exhausted, shattered *fam*

auf·ge·peppt **I.** *pp von* **aufpeppen**
II. *adj inv (fam)* jazzed up

auf·ge·rauht[ALT] *adj s.* **aufgeraut**

auf·ge·räumt *adj (geh)* cheerful, blithe *dated*

auf·ge·raut[RR] **I.** *pp von* **aufrauen**
II. *adj inv* roughened

auf·ge·regt **I.** *adj (erregt)* excited; *(durcheinander)* flustered; ■**~** [**über etw** *akk*] **sein** to be excited [*or* flustered] [about sth]; **~** [**vor Freude**] **sein** to be thrilled [with joy]
II. *adv* excitedly; **ganz/ziemlich ~** in complete/quite some excitement

Auf·ge·regt·heit <-> *f kein pl* excitement; **in großer ~** in great excitement; *(durcheinander)* in a very flustered state

auf·ge·schlos·sen *adj* open-minded; ■**für etw** *akk*/**gegenüber etw** *dat* **~ sein** to be open-minded about/as regards sth; ***neuen Ideen gegenüber bin ich jederzeit ~*** I am always open [*or* receptive] to new ideas; **etw** *dat* **~ gegenüberstehen** to be open-minded about [*or* as regards] sth

Auf·ge·schlos·sen·heit <-> *f kein pl* open-mindedness

auf·ge·schmis·sen *adj (fam)* ■**~ sein** to be in a fix *fam*

auf·ge·setzt *adj* ① *(angezogen)* put on; **mit ~er Maske** with a mask on
② *(falsch)* false *pej;* ■**~ sein** to be false; **ein ~es Lächeln** a false [*or pej* plastic] smile
③ *(aufgenäht)* **~e Tasche** patch pocket

auf·ge·sprun·gen *adj* **~e Lippen** chapped lips

auf·ge·stän·dert *adj* BAU **~er Boden** raised floor

auf·ge·stellt *adj* ① *(hochgestellt)* *Kragen* turned-up
② *(etabliert, vorbereitet)* set-up; **gut ~** well set-up; ***Ford startet gut ~ in den Frühling*** Ford's promising spring start

auf·ge·weckt *adj* bright, sharp, quick-[witted];

■ ~ **sein** to be bright [*or* sharp]

Auf·ge·weckt·heit <-> *f kein pl* quick-wittedness, intelligence

auf·ge·wor·fen I. *pp von* **aufwerfen**
II. *adj inv Frage* arising; *Lippen* pursed

auf|gie·ßen *vt irreg* ❶ *(nachfüllen)* ■ [**jdm**] **etw** ~ to pour in sth *sep* [for sb]; ***darf ich Ihnen noch Wein ~?*** may I top up your wine?
❷ *(daraufgießen)* **Kaffee/Tee** ~ to make coffee/tea, to brew tea; **Wasser** ~ to add [*or sep* pour on] water

auf|glie·dern I. *vt* ■ **etw** [**in etw** *akk*] ~ to subdivide [*or sep* split up] sth [into sth]; **etw in** [**einzelne**] **Kategorien** ~ to categorize sth; **etw in Unterpunkte** ~ to itemize sth
II. *vr* ■ **sich** *akk* **in etw** *akk* ~ to subdivide [*or* break down] into sth

Auf·glie·de·rung *f* breakdown, division

auf|glim·men *vi irreg sein (geh)* ❶ *(erglimmen)* to light up; **kurz** ~ to flicker up
❷ *(fig: schwach aufflackern)* to glimmer

auf|glü·hen *vi sein o haben* to start [*or* begin] to glow

auf|gra·ben *vt irreg* ■ **etw** ~ to dig up sth *sep*

auf|grei·fen *vt irreg* ❶ *(festnehmen)* ■ **jdn** ~ to pick up sb *sep*
❷ *(weiterverfolgen)* ■ **etw** ~ to take up sth *sep;* **einen Punkt** ~ to take up a point; **ein Gespräch** ~ to continue a conversation

auf·grund *präp,* **auf Grund** [aʊ̯fˈgrʊnt] + *gen* ■ ~ **einer S.** *gen* owing to [*or* because of] sth; ~ ***der Aussagen der Zeugen*** on the basis [*or* strength] of the witnesses' testimonies

Auf·guss^RR <-es, Aufgüsse>, **Auf·guß**^ALT <-sses, Aufgüsse> *m* ❶ PHARM [herbal] brew, infusion *spec*
❷ *(in der Sauna) a preparation of herbs suspended in water for vaporization on hot stones in a sauna*

Auf·guss·beu·tel^RR *m* tea bag; *(Kaffee)* sachet **Auf·guss·tier·chen**^RR <-s, -> *nt meist pl* BIOL protozoan, protozoon

auf|ha·ben *irreg* I. *vt (fam)* ■ **etw** ~ ❶ *(geöffnet haben)* to leave open sth *sep*
❷ *(an sich tragen)* to wear [*or sep* have on] sth
❸ *(aufgeknöpft haben)* to have sth open; **einen Knopf** ~ to have a button undone
❹ SCH *(aufbekommen haben)* to have sth [to do]
❺ DIAL *(aufgegessen haben)* to have finished [eating/drinking] [*or* have eaten/drunk up] sth *sep*
II. *vi (fam)* to be open

auf|ha·cken *vt* ■ **etw** ~ ❶ *(durch Hacken aufbrechen)* to break up sth *sep*
❷ *(mit Schnabelhieben öffnen)* to peck [*or* break] open sth *sep;* **die Erde** ~ to peck away at the soil

auf|hal·sen *vt (fam)* ■ **jdm etw** ~ to saddle [*or* land] sb with sth; ■ **sich** *dat* **etw** ~ to saddle oneself with sth

auf|hal·ten *irreg* I. *vt* ❶ *(abhalten)* ■ **jdn** [**bei etw** *dat*] ~ to keep sb back [*or* away] [from sth]
❷ *(am Weiterkommen hindern)* ■ **jdn** ~ to hold up sb *sep*
❸ *(zum Halten bringen)* ■ **etw** ~ to stop sth; **einen Angriff** ~ to hold an assault in check; **den Vormarsch** ~ to arrest [*or* check] an advance
❹ *(abwehren)* **einen Schlag** ~ to parry a blow
❺ *(fam: offen hinhalten)* ■ **etw** ~ to hold open sth *sep;* **die Hand** ~ to hold out one's hand *sep*
II. *vr* ❶ *(weilen)* ■ **sich** *akk* ~ to stay
❷ *(verweilen)* ■ **sich** *akk* **bei etw** *dat* ~ to dwell on [*or* linger over] sth
❸ *(sich weiterhin befassen)* ■ **sich** *akk* **mit jdm/etw** ~ to spend time [dealing] with sb/sth; ***mit denen halte ich mich nicht länger auf*** I'll not waste any more [of my] time with them

auf|hän·gen I. *vt* ❶ *(daran hängen)* ■ **etw** [**an etw** *dat*/**auf etw** *dat*] ~ to hang up sth *sep* [on sth]; **etw an der Garderobe** ~ to hang up sth *sep* in the cloakroom; **ein Bild** ~ to hang [up] a picture; **die Wäsche** ~ to hang out the washing [*or* laundry] [to dry]
❷ *(durch Erhängen töten)* ■ **jdn** [**an etw** *dat*] ~ to hang sb [from sth]
❸ *(entwickeln)* **etw an einer Frage/Theorie** ~ to use a question/theory as a peg for sth
❹ *(etw Lästiges zuschieben)* ■ **jdm etwas** ~ to lumber [*or* saddle] sb with sth
II. *vr* ❶ *(sich durch Erhängen töten)* ■ **sich** *akk* [**an etw** *dat*] ~ to hang oneself [from sth]
❷ *(hum fam: den Mantel an den Haken hängen)* ■ **sich** *akk* ~ to hang up one's coat *sep*
❸ INFORM *(sich sperren)* to hang, to stop

Auf·hän·ger <-s, -> *m* ❶ *(Schlaufe zum Aufhängen)* loop, tab
❷ *(fam: Anknüpfungspunkt)* peg [to hang sth on]

Auf·hän·gung <-, -en> *f* AUTO suspension

auf|hau·en I. *vt haben reg o irreg (fam)* ■ **etw** ~ to break open sth *sep;* **etw mit einer Axt** ~ to chop open sth *sep* with an axe
II. *vi sein (fam)* **mit dem Kopf auf etw** *akk o dat* ~ to bash [*or* bump] one's head on [*or* against] sth

auf|häu·fen I. *vt* ■ **etw** ~ to pile up [*or* accumulate] sth; ■ **aufgehäuft** accumulated
II. *vr* ■ **sich** *akk* ~ to pile up, to accumulate

auf·heb·bar *adj* JUR annullable; ~**es Urteil** voidable judg[e]ment

Auf·heb·bar·keit *f kein pl* JUR defeasibility

auf|he·ben *irreg* I. *vt* ❶ *(vom Boden nehmen)* ■ **etw** [**von etw** *dat*] ~ to pick up sth *sep* [off sth]
❷ *(aufrichten)* ■ **jdn/etw** ~ to help sb [to] get up, to lift up sth *sep*
❸ *(aufbewahren)* ■ [**jdm**] **etw** ~ to put aside sth *sep* for sb, to keep [back *sep*] sth for sb; *(nicht wegwerfen)* to keep sth [for sb]
❹ *(widerrufen)* ■ **etw** ~ to abolish [*or* do away with] sth; **ein Embargo** ~ to lift [*or* remove] an embargo; **einen Erlass** ~ to annul [*or form* rescind] a decree; **ein Gesetz** ~ to abolish [*or form* abrogate] a law; **ein Urteil** ~ to quash [*or* reverse] [*or form* rescind] a judgement; **eine Verfügung** ~ to cancel [*or form* rescind] an order
❺ *(beenden)* ■ **etw** ~ to raise [*or* lift] sth
❻ PHYS *(außer Kraft setzen)* ■ **aufgehoben sein/werden** to be/become neutralized, to be/become cancelled out
II. *vr (sich ausgleichen)* ■ **sich** *akk* ~ to offset each other; MATH to cancel [each other] out

Auf·he·ben <-s> *nt kein pl* [**nicht**] **viel** ~[**s**] [**von etw** *dat*] **machen** to [not] make a lot of [*or* kick up a] fuss [about [*or* over] sth] *fam;* **viel** ~[**s**] **von jdm machen** to make a lot of fuss about sb; **ohne** [**jedes/großes**] ~ without any/much fuss

Auf·he·bung <-, -en> *f* ❶ *(das Aufheben)* abolition; *von Embargo* lifting, raising; *von Erlass* annulment; *von Immunität* lifting, withdrawing [the privileges of]; *von Urteil* reversal; *von Verfügung* cancellation
❷ *(Beendigung)* lifting, raising
❸ PHYS neutralization

Auf·he·bungs·an·trag *m* JUR motion in arrest of judgment **Auf·he·bungs·be·geh·ren** *nt* JUR petition for annulment [of marriage] **Auf·he·bungs·kla·ge** *f* JUR rescissory action **Auf·he·bungs·klau·sel** *f* JUR overriding clause **Auf·he·bungs·recht** *nt* JUR right of rescission **Auf·he·bungs·ver·trag** *m* JUR agreement to terminate a contract

auf|hei·tern I. *vt* ■ **jdn** ~ to cheer up sb *sep*
II. *vr* ■ **sich** *akk* ~ ❶ *(sonniger werden)* to clear, to brighten up
❷ *(geh: einen heiteren Ausdruck annehmen)* to light up

Auf·hei·te·rung <-, -en> *f* ❶ *(das Aufheitern)* cheering up
❷ *(Nachlassen der Bewölkung)* bright period, improvement; **zunehmende** ~ gradual improvement, bright periods of increasing length

auf|hei·zen I. *vt* ❶ *(allmählich erhitzen)* ■ **etw** ~ to heat [up *sep*] sth
❷ *(geh: emotional aufladen)* ■ **jdn** ~ to inflame sb; **die Atmosphäre** ~ to charge the atmosphere; **die Stimmung** ~ to stir up feelings *sep;* ■ **aufgeheizt** charged
II. *vr* ■ **sich** *akk* ~ ❶ *(sich allmählich erhitzen)* to heat up
❷ *(geh: sich emotional aufladen)* to become charged, to intensify

auf|hel·fen *vi irreg* ■ **jdm** [**von etw** *dat*] ~ to help up sb *sep* [*or* sb to get up] [off sth]

auf|hel·len I. *vt* ■ **etw** ~ ❶ *(blonder, heller machen)* to lighten sth
❷ *(klarer machen)* to throw [*or* shed] light upon sth
II. *vr* ■ **sich** *akk* ~ ❶ *(sonniger werden)* to brighten [up]
❷ *(geh: heiterer werden)* to light up

Auf·hel·ler <-s, -> *m (für Wäsche)* optical brightener; *(für Haare)* lightener

Auf·hel·lung <-, -en> *f* ❶ *(Blondierung)* lightening
❷ *(Erhellung)* clarification, illumination
❸ *(das Aufhellen)* brightening; ***es kam zu zeitweisen ~en*** the weather brightened up from time to time

auf|het·zen *vt (pej)* ■ **jdn** [**gegen jdn/etw**] ~ to incite [*or sep* stir up] sb['s animosity] [against sb/sth], to set sb against sb/sth; ■ **jdn zu etw** *dat* ~ to incite [*or sep* stir up] sb to [do] sth; ■ **jdn dazu ~, etw zu tun** to incite [*or sep* stir up] sb to do sth

auf|heu·len *vi* ❶ *(abrupt heulen)* ■ [**vor etw** *dat*] ~ to howl [out] [with sth], to give a howl [of sth]; ***er heulte auf vor Wut*** he gave a howl of anger
❷ *(laut zu weinen beginnen)* to [start to] wail [*or* howl]
❸ *(zum Heulen steigern) Motor* to [give a] roar; *Sirene* to [start to] wail

Auf·hol·be·darf *m* need to catch up

auf|ho·len I. *vt (wettmachen)* ■ **etw** ~ to make up sth *sep;* **versäumten Lernstoff** ~ to catch up on missed learning; ***der Bus holte die Verspätung auf*** the bus made up [for lost] time
II. *vi* to catch up; *Läufer, Rennfahrer* to make up ground; *Zug* to make up time

Auf·hol·fu·si·on *f* ÖKON catch-up merger **Auf·hol·jagd** *f* race to catch up **Auf·hol·pro·zess**^RR *m* ÖKON backlog process

auf|hor·chen *vi* to prick up one's ears, to sit up [and take notice]

auf|hö·ren *vi* ❶ *(etw nicht mehr weiter tun)* ■ [**mit etw** *dat*] ~ to stop [*or* leave off] [sth]; ***hör endlich auf!*** [will you] stop it! [*or* leave off!]; **mit dem Lamentieren** ~ to stop complaining; **plötzlich** ~ to stop dead; ■ **~, etw zu tun** to stop [*or* leave off] doing sth; ***hör auf zu jammern!*** stop whining!
❷ *(ein Ende nehmen)* to stop, to [come to an] end; ***es hört auf zu regnen*** the rain is stopping [*or* coming to an end]
❸ *(nicht weiterführen)* to stop, to [come to an] end; ***der Weg hört hier auf*** the track stops here
❹ *(nicht fortgesetzt werden)* to stop, to [come to an] end
❺ *(Stellung aufgeben)* ■ [**bei jdm/etw**] ~ to leave [sb/sth]; ***sie hat bei uns aufgehört*** she has left [us]
▶ WENDUNGEN: **da hört sich doch alles auf!** *(fam)* that's the [absolute] limit!

auf|hüb·schen [ˈaʊ̯fhʏpʃn̩] *vt (iron fam)* ■ **jdn/etw** ~ to make sb/sth look good; *(schönen) Bilanz* to massage sth; *(verschönern) Gebäude* to prettify sth

Auf·kan·tung <-, -en> *f* BAU upstand, upturn

Auf·kauf *m* ■ **der** ~ [**einer S.** *gen*/**von etw** *dat*] buying up sth *sep; (zur Verteuerung)* cornering sth

auf|kau·fen *vt* ■ **etw** ~ to buy up sth *sep; (zur Verteuerung)* to corner sth

Auf·käu·fer(in) *m(f)* buyer, purchaser

Auf·kaufs·pflicht *f* JUR obligation to buy **Auf·kaufs·prei·se** *pl* ÖKON purchasing prices; **Aufkaufs- und Verkaufspreise** purchasing and selling prices

auf|kei·men *vi sein* ❶ *(sprießen)* to germinate, to sprout
❷ *(geh: sich zaghaft zeigen)* ■ [**in jdm**] ~ to bud [*or liter* burgeon] [in sb]; *Zweifel* to [begin to] take root; ■ ~**d** budding, burgeoning *liter;* ~**der Zweifel** growing [*or liter* nascent] doubt

auf|klaf·fen *vi sein o haben* to yawn; *Wunde* to gape; ■ ~**d** yawning; ~**der Abgrund** yawning abyss

auf·klapp·bar *adj* hinged; ~**es Verdeck**

fold[-]down top; **Auto mit ~em Verdeck** convertible; ■ **~ sein** to be hinged [*or* on hinges]; **nach hinten/nach vorne/zur Seite ~ sein** to be hinged at the back/at the front/on the side; **nach außen/innen ~ sein** to hinge outwards/inwards

auf|klap·pen I. *vt haben* ■ **etw ~** ❶ *(durch Auseinanderlegen öffnen)* to open [up *sep*] sth; **einen Liegestuhl ~** to unfold a deckchair; **ein Messer ~** to unclasp [*or* open] a knife; **ein Verdeck ~** to fold back a top *sep;* ■ **aufgeklappt** open; **ein Cabrio mit aufgeklapptem Verdeck** a convertible with the top folded back; ■ **das Aufklappen [einer S.** *gen*/**von etw** *dat*] opening [up] sth
❷ *(hochschlagen)* to turn up sth *sep;* ■ **aufgeklappt** turned-up; **mit aufgeklapptem Kragen** with one's collar turned up
II. *vi sein (sich durch Auseinanderfallen öffnen)* to open [up]; *Verdeck* to fold back

auf|kla·ren ['aufkla:rən] METEO **I.** *vi impers* ■ **es klart auf** it's clearing [*or* brightening] [up]
II. *vi (sonniger werden)* to brighten [up]; *Wetter a.* to clear [up]; *Himmel a.* to clear

auf|klä·ren I. *vt* ❶ *(erklären)* ■ **etw ~** to clarify sth; **einen Irrtum/ein Missverständnis ~** to resolve [*or sep* clear up] an error/a misunderstanding; **ein rätselhaftes Ereignis ~** to throw [*or* shed] light on [*or* to clarify] a puzzling occurrence; ■ **es lässt sich ~** it can be clarified/resolved etc.; ***lässt sich der Irrtum nicht ~?*** can't this error be put right?
❷ *(aufdecken)* ■ **etw ~** to solve sth; **ein Verbrechen ~** to clear up a crime
❸ *(informieren)* ■ **jdn [über etw** *akk*] **~** to inform [*or* tell] sb [about sth], to inform sb [of sth]; ■ **aufgeklärt sein** to be informed
❹ *(sexuell informieren)* **Kinder ~** to explain the facts of life to children, to tell children the facts of life; *(in Sexualkunde)* to give children sex education; ■ **aufgeklärt sein** to know about the facts of life
❺ MIL *(auskundschaften)* ■ **etw ~** to reconnoitre sth
II. *vr* ■ **sich** *akk* **~** ❶ *(sich aufdecken) Geheimnis, Irrtum etc.* to resolve itself, to be cleared up
❷ *(geh: sich aufhellen)* to light up, to brighten [up]
❸ *(sonniger werden)* to clear, to brighten [up]

Auf·klä·rer <-s, -> *m* ❶ MIL reconnaissance plane
❷ PHILOS philosopher of the Enlightenment

auf·klä·re·risch *adj inv* ❶ PHILOS Enlightenment
❷ *(freigeistig)* progressive
❸ *(belehrend)* informative, educational

Auf·klä·rung *f* ❶ *(Erklärung)* clarification; *von Irrtum, Missverständnis* resolution, clearing up
❷ *(Aufdeckung)* solution (+*gen*/**von** +*dat* to); *von Verbrechen* clearing up
❸ *(Information)* ■ **[die] ~ über etw** *akk* [the] information about [*or* on] sth
❹ *(sexuelle Information)* ***die ~ von Kindern*** explaining the facts of life to children; **[sexuelle] ~** sex education
❺ MIL *(Spionageabteilung)* reconnaissance
❻ PHILOS ■ **die ~** the Enlightenment

Auf·klä·rungs·ar·beit *f kein pl* educational work **Auf·klä·rungs·be·darf** *m* need for information **auf·klä·rungs·be·dürf·tig** *adj Fall, Sachverhalt, Angelegenheit* needing further explanation *pred* **Auf·klä·rungs·buch** *nt* sex education book **Auf·klä·rungs·dienst** *f* information service **Auf·klä·rungs·film** *m* sex education film **Auf·klä·rungs·flug·zeug** *nt s.* **Aufklärer 1** **Auf·klä·rungs·kam·pag·ne** *f* information campaign **Auf·klä·rungs·pflicht** *f kein pl* **[richterliche] ~** JUR duty of judicial enquiry; ADMIN obligation to provide information; **[ärztliche] ~** MED *surgeon's/doctor's duty to inform a patient of the possible risks involved with an intended operation, course of treatment, etc.* **Auf·klä·rungs·quo·te** *f* detection rate (von +*dat* for) **Auf·klä·rungs·rü·ge** *f* JUR plea that the court failed to give clarifying directions **Auf·klä·rungs·sa·tel·lit** *m* MIL spy satellite

auf|klat·schen *vt (sl: verprügeln)* ■ **jdn ~** to beat sb up *fam*

auf·kleb·bar *adj* self-adhesive

auf|kle·ben *vt* ■ **etw [auf etw** *akk*] **~** to stick on sth *sep,* to stick sth on sth; *(mit Kleister)* to paste on sth *sep,* to paste sth on sth; *(mit Leim)* to glue [sth] on sth *sep;* **eine Briefmarke ~** to put on *sep* [*or form* affix] a stamp

Auf·kle·ber *m* sticker; *(für Briefumschläge, Pakete usw.)* adhesive label

auf|kna·cken *vt* ■ **etw ~** ❶ *(fam: aufbrechen)* to break into sth; **einen Tresor ~** to break into [*or fam* crack] a safe
❷ *(knacken)* to crack [open *sep*] sth; **eine Nuss ~** to crack [open] a nut

auf·knöpf·bar *adj inv* attachable by buttons

auf|knöp·fen *vt* ❶ *(durch Knöpfen öffnen)* ■ **[jdm/sich] etw ~** to unbutton [sb's/one's] sth; **einen Knopf ~** to undo a button; ■ **aufgeknöpft** unbuttoned; **mit aufgeknöpfter Hose** with one's trousers unbuttoned [*or* fly open [*or* undone]]; **sich** *dat* **die Knöpfe ~** to undo one's buttons, to unbutton oneself *hum*
❷ *(durch Knöpfen befestigen)* ■ **etw [auf etw** *akk*] **~** to button sth to sth, to button on sth *sep*

auf|kno·ten *vt* ■ **etw ~** to untie [*or* undo] sth

auf|knüp·fen I. *vt* ❶ *(erhängen)* ■ **jdn [an etw** *dat*] **~** to hang sb [from sth], to string up sb *sep* [on sth] *fam*
❷ *s.* **aufknoten**
II. *vr (sich erhängen)* ■ **sich** *akk* **[an etw** *dat*] **~** to hang oneself [from sth]

auf|ko·chen I. *vt haben (zum Kochen bringen)* ■ **etw ~** to heat [*or* warm] up sth *sep; (bei Kochrezepten)* to bring sth to the [*or* AM *a.* a] boil
II. *vi sein (zu kochen beginnen)* to come to the [*or* AM *a.* a] boil; ■ **etw ~ lassen** to bring sth to the boil; ***nach kurzem A~ ...*** after bringing to a quick boil ...

auf|kom·men *vi irreg sein* ❶ *(finanziell begleichen)* ■ **für etw** *akk* **~** to pay for sth, to bear [*or* pay] the costs of sth; **für die Kosten ~** to bear [*or* pay] [*or form* defray] the costs of sth; **für den Schaden ~** to pay for [*or* make good] the damage
❷ *(Unterhalt leisten)* ■ **für jdn/etw ~** to pay for sth, to pay for sb's upkeep [*or* maintenance]
❸ *(entstehen: von Nebel)* to come down; *Regen* to set in; *Wind* to rise, to get [*or* pick] up; **~der Nebel** settling mist; **bei ~dem Regen** as the rain sets/set in; **bei ~dem Wind** as the wind picks/picked up
❹ *(entstehen)* to arise, to spring up; **~de Befürchtungen/Gerüchte** fresh fears/rumours [*or* AM -ors]; ■ **etw ~ lassen** to give rise to sth
❺ *(aufsetzen)* ■ **[auf etw** *dat*] **~** to land [on sth]; **hart/weich ~** to have a hard/soft landing
❻ NAUT *(herankommen)* to come [*or* haul] up; ■ **etw ~ lassen** to let sth come [*or* haul] up
▸ WENDUNGEN: **jdn/etw nicht ~ lassen** to not give sb/sth a chance; **gegen jdn/etw nicht ~** to be no match for sb/sth; ***gegen ihn kommst du ja nicht auf!*** you haven't a [cat in hell's *fam*] chance against him

Auf·kom·men <-s, -> *nt* ❶ *kein pl (Entstehung)* emergence; *einer Methode* advent, emergence; *einer Mode a.* rise
❷ *(das Auftreten)* appearance; *von Wind* rising
❸ FIN *(Einnahme)* amount; **~ an Einkommensteuer** income-tax revenue

Auf·kom·mens·ana·ly·se *f* ÖKON yield analysis **Auf·kom·mens·vo·lu·men** *nt* ÖKON yield volume

auf|krat·zen *vt* ❶ *(durch Kratzen öffnen)* ■ **[sich** *dat*] **etw ~** to scratch open sth *sep;* **[sich** *dat*] **die Haut ~** to scratch one's skin sore
❷ *(sich durch Kratzen verletzen)* ■ **sich** *akk* **~** to scratch oneself sore

auf|krei·schen *vi* ■ **[vor etw** *dat*] **~** to scream [out] [*or* shriek] [with sth], to give a scream [*or* shriek] [of sth]; ■ **~d** screaming, shrieking

auf|krem·peln *vt* ■ **etw ~** to roll up sth *sep;* ■ **sich** *dat* **etw ~** to roll up one's sth *sep;* **sich** *dat* **die Ärmel ~** to roll up one's sleeves

auf|kreu·zen *vi sein (fam)* ■ **[bei jdm] ~** to turn [*or* show] up [at sb's] *fam*

auf|krie·gen *vt (fam) s.* **aufbekommen**

auf|kün·den *vt (geh),* **auf|kün·di·gen** *vt* ❶ *(kündigen)* **[jdm] das Dienstverhältnis ~** to give notice [to sb]; **[jdm] einen Vertrag ~** to revoke [*or* terminate] a [*or* sb's] contract, to give sb notice of termination of their contract *form*
❷ *(das Ende von etw ankündigen)* **jdm die Freundschaft ~** to break off *sep* [*or form* terminate] one's friendship with sb; **jdm den Gehorsam ~** to refuse obedience to sb

Auf·kün·di·gung *f (geh)* ❶ *(Kündigung)* termination, revocation
❷ *(das Aufkündigen)* termination; **~ des Gehorsams** refusal to obey

Aufl. *f Abk von* **Auflage** ed., edition

auf|la·chen *vi* to [give a] laugh; **verächtlich ~** to give a derisive laugh

auf·lad·bar *adj* TECH loadable

auf|la·den *irreg* **I.** *vt* ❶ *(daraufladen)* ■ **etw [auf etw** *akk*] **~** to load sth [on[to] sth]; **etw auf einen Wagen ~** to load sth on[to] [*or* aboard] a vehicle
❷ *(auf den Rücken packen)* ■ **jdm/einem Tier etw ~** to load down sb/an animal *sep* with sth
❸ *(aufbürden)* ■ **jdm etw ~** to burden [*or* saddle] sb with sth; ■ **sich** *dat* **etw ~** to load oneself down [*or* burden oneself] with sth
❹ ELEK ■ **etw ~** to charge sth; **eine Batterie ~** to charge a battery
❺ *(Atmosphäre: aufheizen)* ■ **etw ~** to charge sth; ■ **aufgeladen** charged
II. *vr* ELEK ■ **sich** *akk* **~** to become charged, to take on a charge

Auf·la·dung <-, -en> *f* ❶ *(das Aufladen)* charging
❷ ELEK, PHYS *(Ladung)* charge; **statische ~** static electricity

Auf·la·ge <-, -n> *f* ❶ *(gedruckte Exemplare)* edition; **verbesserte ~** revised edition
❷ *(Auflagenhöhe)* number of copies; *von Zeitung* circulation; ***das Buch/die Zeitung hat hohe ~n erreicht*** a large number of copies [of this book] has been sold/this paper has attained a large circulation
❸ ÖKON *(Produktion)* [series] production
❹ *(Bedingung)* condition; **harte ~n** stringent conditions; **die ~ haben, etw zu tun** to be obliged to do sth; **jdm ~n/eine ~ machen** to issue instructions/an order to sb; **jdm etw zur ~ machen** to impose sth on sb as a condition; **jdm zur ~ machen, etw zu tun** to make it a condition for sb to do sth, to impose a condition on sb that he/she etc. [should] do sth; **mit der ~, etw zu tun** on condition that he/she etc. [should] do sth
❺ *(aufzulegendes Polster)* pad, padding *no pl*
❻ *(Überzug)* plating *no pl,* coating; **eine ~ aus Blattgold/Kupfer** copper/gold plating

Auf·la·gen·be·stän·dig·keit *f* TYPO length-of run capacity, print run stability **Auf·la·gen·druck** *m* TYPO print [*or* production] run **Auf·la·gen·ge·win·ner** *m* circulation winner **Auf·la·ge(n)·hö·he** *f (von Buch)* number of copies published; *von Zeitung* circulation; ***das Buch/die Zeitung hatte eine ~ von 90.000 Exemplaren*** the book sold 90,000 copies/the paper had a circulation of 90,000 **auf·la·gen·schwach** *adj* low-circulation *attr,* with a low circulation; ■ **~ sein** to have a low circulation **auf·la·gen·stark** *adj* high-circulation *attr,* with a high circulation; ■ **~ sein** to have a high circulation

Auf·la·gen·vor·be·halt *m* JUR reservation as to provisions

Auf·la·ger *nt* BAU support

auf|las·sen *vt irreg* ❶ *(fam: offen lassen)* ■ **etw ~** to leave open sth *sep*
❷ *(fam: aufbehalten)* ■ **etw ~** to leave [*or* keep] on sth *sep;* ***soll ich meinen Hut ~?*** should I keep my hat on?
❸ *(fam: aufbleiben lassen)* ■ **jdn ~** to let sb stay up [longer]
❹ *(in die Höhe steigen lassen)* ■ **etw ~** to let sth up
❺ JUR *(übertragen)* ■ **etw ~** to transfer [*or* convey] [*or form* assure] sth
❻ *(stilllegen)* ■ **etw ~** to close [*or* shut] down sth *sep;* ■ **aufgelassen** closed down; **ein aufgelassenes Bergwerk** an abandoned mine
❼ SÜDD, ÖSTERR *(schließen)* ■ **etw ~** to close [*or* shut] down sth *sep;* **das Geschäft ~** to shut up shop

Auf·las·sung <-, -en> *f* ① JUR *(Übertragung)* transfer[ance], conveyance
② BERGB *(Stilllegung)* shutting down
③ SÜDD, ÖSTERR *(Schließung)* shutting [*or* closing] down

Auf·las·sungs·an·spruch *m* JUR entitlement to a conveyance of land **Auf·las·sungs·ein·tra·gung** *m* JUR entry of conveyance **Auf·las·sungs·er·klä·rung** *f* JUR conveyance **Auf·las·sungs·pflicht** *f* JUR conveyance duty **Auf·las·sungs·ur·kun·de** *f* JUR deed of conveyance **Auf·las·sungs·voll·macht** *f* JUR conveyance power **Auf·las·sungs·vor·mer·kung** *f* JUR priority notice of conveyance

auf|lau·ern *vi* ■**jdm** ~ to lie in wait for sb; *(anschließend angreifen, ansprechen)* to waylay sb

Auf·lauf[1] *m* KOCHK *savoury or sweet dish baked in the oven*

Auf·lauf[2] *m (Menschenauflauf)* crowd

auf|lau·fen *vi irreg sein* ① *(sich ansammeln)* to accumulate; *Zinsen* to accrue; *Schulden* to mount up; ■~**d** accumulating; *Zinsen* accruing; ■**aufgelaufen** accumulated; **aufgelaufene Zinsen** interest accrued
② *(auf Grund laufen)* ■[**auf etw** *akk o dat*] ~ to run aground [on sth]
③ *(aufprallen)* ■**auf jdn/etw** ~ to run into sb/sth; *(aus entgegengesetzten Richtungen a.)* to collide with sb/sth
④ *(ansteigen)* to rise; ■~**d** rising; ~**des Wasser** flood [*or* rising] tide
⑤ *(scheitern)* ■[**mit etw** *dat*] ~ to fail [*or fam* fall flat] [with sth]; ■**jdn/etw ~ lassen** *(fam)* to drop sb/sth in it

Auf·lauf·form *f* ovenproof dish

auf|le·ben *vi sein* ① *(munter werden)* to liven up
② *(neuen Lebensmut bekommen)* to find a new lease of [*or* AM on] life
③ *(geh: sich erneut bemerkbar machen)* to revive
④ FIN *(erneut in Kraft treten)* to be[come] reinstated

auf|le·cken *vt* ■**etw** ~ to lick up sth *sep*

auf|le·gen **I.** *vt* ① *(herausgeben)* ■**etw** ~ to publish [*or* print] [*or sep* bring out] sth; **ein Buch neu** [*o* **wieder**] ~ to reprint [*or* republish] a book; *(neue Bearbeitung)* to bring out a new edition [of a book]
② ÖKON *(produzieren)* ■**etw** ~ to launch sth
③ FIN *(emittieren)* ■**etw** ~ to float [*or* issue] sth
④ *(auf den Tisch legen)* **Gedeck** ~ to lay cutlery; **eine Tischdecke** ~ to put on *sep* [*or* spread] a tablecloth
⑤ TELEK **den Hörer** ~ to hang up, to replace the receiver
⑥ *(nachlegen)* **Holz/Kohle** ~ to put on more wood/coal *sep*
⑦ NAUT ■**etw** ~ to lay up sth *sep*, to put sth out of commission
II. *vi* TELEK to hang up, BRIT *a.* to ring off

auf|leh·nen *vr* ■**sich** *akk* [**gegen jdn/etw**] ~ to revolt [*or* rebel] [against sb/sth]

Auf·leh·nung <-, -en> *f* rebellion, revolt

auf|le·sen *vt irreg (fam)* ① *(aufheben)* ■**etw** [**von etw** *dat*] ~ to pick up sth *sep* [off sth]; **Obst** ~ to pick up *sep* [*or* gather] fruit
② *(finden und mitnehmen)* **jdn** [**von der Straße**] ~ to pick sb up [off the street]
③ *(aufschnappen)* ■**etw** ~ to pick up sth *sep*

auf|leuch·ten *vi sein o haben* to light up

Auf·licht·mi·kro·skop *nt* PHYS reflected light microscope

auf|lie·gen *irreg* **I.** *vi* ① *(auf etw liegen)* ■[**auf etw** *dat*] ~ to lie [on sth]
② *(erschienen sein)* to be published
II. *vr (sich etw wund liegen)* ■**sich** *dat* **etw** ~ to get bedsores [on one's sth]; ■**aufgelegen** [covered] with bedsores *pred*

auf|lis·ten *vt* ■[**jdm**] **etw** ~ to list sth [for sb]

Auf·lis·tung <-, -en> *f* ① *kein pl (das Auflisten)* listing
② *(Liste)* list

auf|lo·ckern **I.** *vt* ① *(abwechslungsreicher machen)* ■**etw** [**durch etw** *akk*] ~ to liven up sth *sep* [with sth], to make sth more interesting [with sth]
② *(zwangloser machen)* ■**etw** ~ to ease sth; **in aufgelockerter Stimmung** in a relaxed mood
③ *(weniger streng machen)* ■**etw** ~ to soften sth, to make sth less severe
④ *(von Verspannungen befreien)* ■**etw** ~ to loosen up sth *sep*; *(vor Leibesübungen)* to limber up sth *sep*
⑤ *(lockern)* ■**etw** ~ to loosen [up *sep*] sth, to mellow sth; ■**aufgelockert** loosened, mellow[ed]
⑥ *(locker machen)* **die Erde** ~ to break up the earth [*or* soil]
II. *vr* ■**sich** *akk* ~ ① SPORT *(sich von Verspannungen befreien)* to loosen up; *(vor Leibesübungen)* to limber up
② *(sich zerstreuen)* to break up, to disperse; **aufgelockerte Bewölkung** thinning cloudcover

Auf·lo·cke·rung *f* ① *(abwechslungsreichere Gestaltung)* **zur ~ des Unterrichtsstoffes** [in order] to liven up the lesson [*or* to make the lesson more interesting]
② *(zwanglosere Gestaltung)* ***seine Witze trugen zur ~ der gespannten Atmosphäre bei*** his jokes helped to ease the tense atmosphere
③ *(weniger strenge Gestaltung)* **zur ~ eines Musters dienen** to serve to make a pattern less severe [*or* to soften a pattern]
④ *(Beseitigung von Verspannungen)* loosening up; *(vor Leibesübungen)* limbering up
⑤ *(Zerstreuung)* breaking up, dispersal
⑥ *(das Auflockern)* loosening [up]

auf|lo·dern *vi sein* ① *(plötzlich hoch schlagen)* to flare [*or* blaze] up; [**hoch**] ~**de Flammen** raging flames
② *(geh: ausbrechen)* to flare up; *Kämpfe a.* to break out

auf·lös·bar *adj* JUR terminable; ~**er Vertrag** terminable contract

auf|lö·sen **I.** *vt* ① *(zergehen lassen, zersetzen)* ■**etw** [**in etw** *dat*] ~ to dissolve sth [in sth]; ***lösen Sie die Tablette in einem Glas Wasser auf*** dissolve the tablet in a glass of water
② *(zerlegen)* **etw in seine Bestandteile** ~ to resolve sth into its constituents
③ *(zerstreuen)* ■**etw** ~ to disperse sth; ***der Wind hat die Wolken aufgelöst*** the wind has dispersed the clouds
④ *(aufheben, beenden)* ■**etw** ~ to disband sth; ***die Organisation wurde bald wieder aufgelöst*** the organization was soon disbanded; **eine Demonstration** ~ to disperse [*or sep* break up] a demonstration; **eine Ehe** ~ to dissolve a marriage; **eine Gruppe** ~ to disband a group; **eine Firma** ~ to wind up a company *sep;* **einen Haushalt/eine Versammlung** ~ to break up a household/a meeting *sep;* **ein Konto** ~ to close an account; **das Parlament** ~ to dissolve parliament; **Rückstellungen** ~ FIN to reverse accruals *spec;* **eine Verlobung** ~ to break off an engagement *sep;* **einen Vertrag** ~ to terminate [*or* cancel] a contract
⑤ *(aufklären)* ■**etw** ~ to resolve sth; **ein Rätsel** ~ to solve a puzzle; **ein Missverständnis** ~ to resolve [*or sep* clear up] a misunderstanding; **einen Widerspruch** ~ to [re]solve a contradiction
⑥ *(geh: lösen)* ■**etw** ~ to undo sth; **das Haar** ~ to let down one's hair *sep;* **einen Haarknoten** ~ to undo a bun; **mit aufgelösten Haaren** with one's hair loose [*or* down]; **einen Knoten** ~ to untie [*or* undo] a knot
⑦ MATH **eine Gleichung** ~ to solve an equation; **die Klammern** ~ to remove the brackets
⑧ MUS **eine Dissonanz** ~ to resolve a discord (**in** +*akk* into); **Vorzeichen** [*o* **Versetzungszeichen**] ~ to cancel accidentals
⑨ FOTO ■**etw** ~ to resolve sth
II. *vr* ■**sich** *akk* ~ ① *(zergehen, sich zersetzen)* to dissolve; ***der Zucker hat sich aufgelöst*** the sugar has dissolved
② *(sich zerstreuen)* to disperse; *Nebel a.* to lift; *Wolken a.* to break up
③ *(nicht mehr bestehen) Verband* to disband; *(auseinandergehen) Versammlung* to disperse; *Demonstration, Menschenmenge a.* to break up; *Firma* to cease trading; *Parlament* to dissolve; ***der Verein löste sich bald wieder auf*** the club was soon disbanded
④ *(fig: zerfallen) Reich, Ordnung* to disintegrate
⑤ *(sich klären) Missverständnis, Widerspruch* to resolve itself, to be resolved; *Rätsel* to be solved; ***die Probleme haben sich*** [***in nichts/in Luft***] ***aufgelöst*** the problems have disappeared [*or* dissolved into thin air]; ***das Missverständnis wird sich ~*** the misunderstanding will resolve itself
⑥ *(geh: sich entwirren) Haar, Schleife* to become undone
⑦ FOTO to be resolved

Auf·lö·sung *f* ① *(Beendigung des Bestehens)* disbanding; *vom Parlament* dissolution
② *(Zerstreuung)* dispersal, breaking up
③ *(Klärung)* clearing up, resolving
④ FIN closing
⑤ *(Bildqualität)* resolution; **ein Bildschirm mit hoher ~** a high-resolution screen; *(Computer)* a high-resolution monitor
⑥ *(das Auflösen)* clearing; *von Haushalt* breaking up
⑦ *(das Zergehen)* dissolving; CHEM dissolution; **die ~ des Zuckers im Kaffee** dissolving sugar in coffee
⑧ *(geh: Verstörtheit)* distraction

Auf·lö·sungs·an·trag *m* JUR winding-up petition **Auf·lö·sungs·be·schluss**[RR] *m* JUR winding-up order, resolution to liquidate a business **Auf·lö·sungs·gren·ze** *f kein pl* PHYS resolving limit **Auf·lö·sungs·grund** *m* ÖKON *(bei Unternehmensauflösung)* reason for dissolution, statutory grounds *pl* for dissolution **Auf·lö·sungs·kla·ge** *f* JUR action for dissolution **Auf·lö·sungs·ver·bot** *nt* JUR dissolution ban **Auf·lö·sungs·ver·fü·gung** *f* JUR winding-up order **Auf·lö·sungs·ver·trag** *m* JUR dissolution contract **Auf·lö·sungs·zei·chen** *nt* MUS natural [sign]

auf|ma·chen **I.** *vt* ① *(fam: öffnen)* ■**etw** ~ to open sth
② *(fam: lösen)* ■[**jdm**] **etw** ~ to undo [sb's] sth; ■[**sich** *dat*] **etw** ~ to undo one's sth; **Schnürsenkel/Schuhe** ~ to undo [*or* untie] laces/shoes
③ *(gründen)* ■**etw** ~ to open [up *sep*] sth
④ *(gestalten)* ■**etw** ~ to make [*or* get] up sth *sep*
⑤ *(darstellen)* ■**etw** ~ to feature sth; **etw mysteriös** ~ to feature sth as a mystery; **etw groß** ~ to give sth a big spread
⑥ MED *(sl: operieren)* ■**jdn** ~ to open up sb *sep fam*, to cut open sb *sep fam*
II. *vi* ① *(die Tür öffnen)* ■[**jdm**] ~ to open the door [for sb]
② *(ein Geschäft eröffnen)* to open up
III. *vr* ① *(sich anschicken)* ■**sich** *akk* [**dazu**] ~, **etw zu tun** to get ready to do sth
② *(aufbrechen)* ■**sich** *akk* [**zu etw** *dat*] ~ to set [*or* start] out [on sth]; **sich** *akk* **nach Ottobrunn/in die Kneipe** ~ to set out for Ottobrunn/for the pub

Auf·ma·cher *m* MEDIA front-page story, lead [article]

Auf·ma·chung <-, -en> *f* ① *(Kleidung)* turn-out; **in großer ~ erscheinen** to turn up [*or* out] in full dress
② *(Gestaltung von Buch)* presentation
③ *(Gestaltung von Seite, Zeitschrift)* layout; ***der Artikel erschien in großer ~*** the article was given a big spread

auf|ma·len *vt* ■**etw** [**auf etw** *akk*] ~ to paint sth [on sth]; *(kritzeln)* to scrawl sth [on sth]

Auf·marsch *m* ① *(das Aufmarschieren)* marching up; *(Parade)* march-past
② MIL *(Beziehen der Stellungen)* deployment

auf|mar·schie·ren* *vi sein* ① *(heranmarschieren und sich aufstellen)* to march up
② MIL *(in Stellung gehen)* to be deployed; ■**jdn/etw ~ lassen** to deploy sb/sth; **jdn/etw in Gefechtsformation ~ lassen** to assemble sb/sth in fighting formation; **jdn ~ lassen** *(fig sl)* to drum up sb *sep*, to have sb march up *hum*

Auf·maß *nt* BAU final measurements *pl*

auf·mei·ßeln *vt* MED ■[**jdm**] **etw** ~ to trephine [sb's] sth

auf|mer·ken *vi* ❶ *(aufhorchen)* to sit up [and take notice]
❷ *(geh: Acht geben)* ■[**auf etw** *akk*] ~ to pay attention [to sth], to pay heed to sth; ***merk jetzt gut auf!*** pay close attention now!
auf·merk·sam I. *adj* ❶ *(alles genau bemerkend)* attentive; **~e Augen** keen [*or* sharp] eyes; ■[**auf jdn/etw**] ~ **sein/werden** to take notice [of sb/sth]; **jdn auf etw** *akk* ~ **machen** to draw [*or* direct] sb's attention to sth, to point sth out to sb; **jdn darauf ~ machen, dass ...** to draw [*or* direct] sb's attention to the fact that ..., to point out to sb that ...; ***auf diese Situation sind wir nicht ~ gemacht worden*** we were not told of this situation
❷ *(zuvorkommend)* attentive; [***das ist***] ***sehr*** ~ [***von Ihnen***]! [that's] most kind [of you]
II. *adv* attentively; *(beobachtend)* observantly; ***seht mal ~ zu!*** watch carefully, pay attention and watch
Auf·merk·sam·keit <-, -en> *f* ❶ *kein pl (aufmerksames Verhalten)* attention, attentiveness; ***es ist meiner ~ entgangen*** it escaped my attention
❷ *kein pl (Zuvorkommenheit)* attentiveness
❸ *(Geschenk)* token [gift]; [***nur***] ***eine kleine ~ von mir!*** just a little something from me
auf|mi·schen *vt (sl)* ❶ *(neu mischen)* ■**Farben** ~ to remix paints
❷ *(verprügeln)* ■**jdn** ~ to lay into sb *sl*
auf|mi·xen *vt* **eine Soße** ~ *to mix cold butter into a sauce to bind*
auf|mö·beln *vt (fam)* ❶ *(restaurieren)* ■**etw** ~ to do up sth *sep fam*
❷ *(aufmuntern)* ■**jdn** ~ to cheer [*or fam* buck] up sb *sep*
auf|mon·tie·ren* *vt* ❶ *(befestigen)* ■**etw** [**auf etw** *akk*] ~ to mount [*or* install] sth [on sth], to fit sth on[to] sth, to fit [on *sep*] sth
❷ KOCHK *s.* **montieren**
auf|mot·zen *vt (fam)* ■**etw** ~ to doll [*or* BRIT *a.* tart] up sth *sep fam;* **ein aufgemotztes Auto** a souped-up car *fam*
auf|mu·cken *vi (fam)* ■[**gegen jdn/etw**] ~ to kick [out] against sb/sth, to kick out; **~de Schüler** disruptive pupils
auf|muck·sen *vi (fam)* ■**gegen etw** *akk* ~ to protest against sth
auf|mun·tern *vt* ■**jdn** ~ ❶ *(aufheitern)* to cheer up sb *sep*
❷ *(beleben)* to liven [*or* pick] up sb *sep*
❸ *(jdm Mut machen)* to encourage sb; **jdn zum Kampf** ~ to encourage sb to fight
auf·mun·ternd I. *adj* encouraging
II. *adv* encouragingly; ~ **gemeint sein** to be meant as [*or* to be] an encouragement
Auf·mun·te·rung <-, -en> *f* ❶ *(Aufheiterung)* cheering up; **als ~ gemeint sein** to be meant to cheer up
❷ *(Ermutigung)* encouragement; **als** ~ as an encouragement
❸ *(Belebung)* livening up; **zur** ~ to liven up sb *sep;* **jdm zur ~ dienen** to serve to liven up sb *sep*
auf·müp·fig *adj (fam)* ■~ **sein/werden** to be rebellious [*or* unruly] [*or* contrary]
Auf·müp·fi·ge *m o f* rebel, nonconformist
auf|nä·hen *vt* ■[**jdm**] **etw** [**auf etw** *akk*] ~ to sew sth on[to] [sb's] sth, to sew on sth *sep;* ■**aufgenäht** sewn-on
Auf·nah·me[1] <-, -n> *f* ❶ *(das Fotografieren)* ■**die** ~ photographing; **die ~ von Bildern** taking of pictures [*or* photographs]
❷ *(das Filmen)* ■**die** ~ [**einer S.** *gen*/**von etw** *dat*] filming [*or* shooting] [sth]; ***Achtung, ~!*** action!
❸ *(Fotografie)* photo[graph], picture *fam;* **~n machen** to take photo[graph]s [*or* pictures]; **von jdm/etw eine ~ machen** to take a photo[graph] [*or* picture] of sb/sth *fam,* to take sb's photo[graph] [*or* picture] *fam*
❹ *(Tonbandaufnahme)* [tape-]recording; **von jdm/etw eine ~ machen** to record sb/sth [on tape], to make a recording of sth on tape
Auf·nah·me[2] <-, -n> *f* ❶ *(Beginn)* start, commencement *form; von Tätigkeit a.* taking up; *von Beziehung, Verbindung a.* establishment
❷ *(Unterbringung)* ■**die/eine ~ in etw** *akk* the admission [into] sth; **bei jdm ~ finden** to find accommodation at sb's house; **bei jdm freundliche ~ finden** to meet with a warm reception from sb
❸ *kein pl (Absorption)* absorption
❹ *(Verleihung der Mitgliedschaft)* ■**die** ~ admission
❺ *(Auflistung)* inclusion (**in** +*akk* in)
❻ *(Aufzeichnung)* taking down; *von Telegramm* taking; **die ~ eines Unfalls** taking down the details of an accident
❼ FIN *(Inanspruchnahme)* taking up, raising
❽ *(Reaktion)* reception; ■**die ~ einer S.** *gen* **bei jdm** sb's reception of sth
❾ *(Aufnahmeraum in Klinik)* reception area, reception *no art*
❿ *(aufgenommener Patient)* admission
⓫ *kein pl (geh: Verzehr)* ingestion *form*
Auf·nah·me·an·trag *m* application for membership, membership application **Auf·nah·me·be·din·gung** *f* entry [*or* admittance] requirement **auf·nah·me·fä·hig** *adj* ■[**für etw** *akk*] ~ **sein** to be able to grasp [*or sep* take in] sth; **~er Markt** ÖKON ready market **Auf·nah·me·fä·hig·keit** *f* ÖKON *des Marktes* absorption capacity **Auf·nah·me·ge·bühr** *f* membership fee, dues *npl* **Auf·nah·me·la·ger** *nt* POL, SOZIOL refugee camp **Auf·nah·me·land** *nt* host country **Auf·nah·me·prü·fung** *f* entrance examination **Auf·nah·me·qua·li·tät** *f* TECH recording quality **Auf·nah·me·stu·dio** *nt* recording studio **Auf·nah·me·tech·nik** *f* MUS, ELEK sound recording technology **Auf·nah·me·wa·gen** *m* RADIO, TV recording van
Auf·nahms·prü·fung *f* ÖSTERR *(Aufnahmeprüfung)* entrance examination
auf|neh·men[1] *vt irreg* ❶ *(fotografisch abbilden)* ■**jdn/etw** ~ to photograph [*or* take a photo[graph] of] sb/sth; ***diese Kamera nimmt alles sehr scharf auf*** this camera takes very sharply focused photo[graph]s [*or* pictures]
❷ *(fotografisch herstellen)* **ein Bild/Foto** ~ to take a picture/photo[graph]
❸ *(filmen)* ■**jdn/etw** ~ to film sb/sth; **eine Szene** ~ to film [*or* shoot] a scene
❹ *(aufschreiben)* ■**etw** ~ to take [down] sth; **eine Bestellung** ~ to take an order; **ein Diktat** ~ to take a letter; **jds Personalien** ~ to take [down] sb's personal data; **ein Polizeiprotokoll** ~ to take [down] a police statement; **ein Telegramm** ~ to take a telegram
❺ *(kartographieren)* ■**etw** ~ to map sth
❻ *(auf Tonträger festhalten)* ■**jdn/etw** ~ to record sb/sth; **jdn/etw auf Band/CD** ~ to record sb/sth on tape/CD
❼ *(bespielen)* **eine CD/Platte** ~ to record a CD/record
auf|neh·men[2] *vt irreg* ❶ *(aufheben)* ■**etw** [**von etw** *dat*] ~ to pick up sth *sep* [off sth]; ***sie nahm ihr Baby auf*** she took [*or* picked] up her baby; **einen Rucksack** ~ to put on a backpack
❷ *(beginnen)* ■**etw** ~ to begin [*or* commence] sth; **eine Beziehung** ~ to establish a relationship; **diplomatische Beziehungen mit einem Land** ~ to establish diplomatic relations with a country; **den Kampf/eine Tätigkeit** ~ to take up the fight/an activity; **Kontakt mit** [*o* **zu**] **jdm** ~ to establish [*or* make] [*or* get in] contact with sb; **das** [*o* **sein**] **Studium** ~ to take up one's studies; **die Verfolgung** ~ to give pursuit; **Verhandlungen** [**mit jdm**] ~ to enter into negotiations [with sb]; **etw wieder** ~ to resume sth
❸ *(aufgreifen)* ■**etw** ~ to take up sth *sep;* ***um Ihre Worte ~, ...*** in your words, ...
❹ *(unterbringen)* ■**jdn** [**bei sich** *dat*] ~ to take sb in; ***er wurde ins*** [*o* ***im***] ***Krankenhaus aufgenommen*** he was hospitalized [*or* admitted to hospital]
❺ *(empfangen)* ■**jdn** ~ to receive sb; **jdn herzlich/kühl** ~ to give sb a cordial/cool reception
❻ *(eintreten lassen)* ■**jdn** [**in etw** *akk*] ~ to admit sb [to sth]
❼ ÖSTERR *(einstellen)* ■**jdn** ~ to take on sb *sep*
❽ *(einbeziehen)* ■**etw** [**in etw** *akk*] ~ to include [*or* incorporate] sth [in sth]
❾ *(Platz bieten)* ■**jdn/etw** ~ to hold [*or* take] sb/sth; ***der Arbeitsmarkt nimmt keine Leute mehr auf*** the labour market can't absorb any more people
❿ *(begreifen)* ■**etw** [**in sich** *akk*] ~ to grasp [*or sep* take in] sth
⓫ *(absorbieren)* ■**etw** ~ to absorb sth; **Nahrung** ~ to ingest food; *Kranke* to take food
⓬ *(leihen)* ■**etw** [**auf etw** *akk*] ~ to raise sth [on sth]; **eine Hypothek auf ein Haus** ~ to raise a mortgage on [*or* to mortgage] a house
⓭ *(reagieren auf)* ■**etw** ~ to receive [*or* take] sth
⓮ *(beim Stricken)* **Maschen** ~ to cast on stitches
⓯ FBALL **den Ball** ~ to take the ball; *Torwart* to get hold of the ball
⓰ NORDD *(aufwischen)* ■**etw** [**mit etw** *dat*] ~ to wipe [*or* mop] up sth *sep* [with sth]
⓱ *(poet: umhüllen)* ■**jdn/etw** ~ to swallow [up *sep*] sb/sth, to envelop sb/sth
▸ WENDUNGEN: **es mit jdm/etw ~ <u>können</u>** to be a match for sb/sth; ***mit dir kann ich es ohne Schwierigkeiten ~!*** you're no match for me!; ***an Erfahrung kannst du es problemlos mit ihr ~*** you've definitely got more experience than her; ***an Intelligenz*** [*o* ***was Intelligenz angeht***] ***kannst du es locker mit ihm*** ~ *(fam)* you are certainly more intelligent than him; ***mit ihm kann ich es jederzeit im Trinken*** ~ I can beat him at drinking any time; **es mit jdm/etw nicht ~ <u>können</u>** to be no match for sb/sth; ***mit der kannst du es nie und nimmer ~!*** you're no match for her!; ***an Talent*** [*o* ***was ihr Talent angeht***] ***kann es keiner mit ihr*** ~ as far as talent goes, nobody can compare with her; ***an Schlagfertigkeit kann es keiner mit ihr*** ~ no one is as quick-witted as she is; ***in Mathe kann es keiner seiner Mitschüler mit ihm*** ~ nobody in his class can beat him at maths
auf·neh·mend *adj* ÖKON **eine ~e Gesellschaft** an absorbing company
Auf·neh·mer <-s, -> *m* NORDD *(Wischlappen)* cloth
äuf·nen ['ɔyfnən] *vt* SCHWEIZ *(ansammeln)* ■**etw** ~ to accumulate sth
auf|nö·ti·gen *vt* ❶ *(zu nehmen drängen)* ■**jdm etw** ~ to force [*or* press] sth on sb
❷ *(zu akzeptieren nötigen)* ■**jdm etw** ~ to force [*or* impose] sth on sb
auf|op·fern *vr* ■**sich** *akk* [**für jdn/etw**] ~ to sacrifice oneself [for sb/sth]
auf·op·fernd *adj s.* **aufopferungsvoll**
Auf·op·fe·rung *f* sacrifice; **jdn mit ~ pflegen** to nurse sb with devotion
Auf·op·fe·rungs·an·spruch *m* JUR denial damage, disturbance claim
auf·op·fe·rungs·gleich *adj* JUR set-off; **~er Anspruch** set-off claim
auf·op·fe·rungs·voll I. *adj (hingebungsvoll)* devoted; **~e Arbeit** work with devotion
II. *adv* with devotion; **jdn ~ pflegen** to nurse sb with devotion
auf|pa·cken *vt* ❶ *(aufladen)* ■**jdm/einem Tier etw** ~ to load sth on[to] sb/an animal, to load sb/an animal with sth; ■**sich** *dat* **etw** ~ to load oneself with sth
❷ *(fam: aufbürden)* ■**jdm etw** ~ to burden [*or* saddle] sb with sth
auf|päp·peln *vt (fam)* ■**jdn/ein Tier** ~ to feed up sb/an animal *sep; (wieder gesund machen)* to nurse sb/an animal back to health
auf|pas·sen *vi* ❶ *(aufmerksam sein)* to pay attention; **genau** ~ to pay close attention; ***kannst du nicht ~, was man dir sagt?*** can't you listen to what is being said to you?; ■~, **dass ...** to take care that ...; ■**pass auf!**, ■**aufgepasst!** *(sei aufmerksam)* [be] careful!; *(Vorsicht)* watch [*or* BRIT *a.* mind] out!
❷ *(beaufsichtigen)* ■[**auf jdn/etw**] ~ to keep an eye on sb/sth; *(bei Prüfung)* to invigilate [*or* AM proctor] [sb/sth]; **auf die Kinder** ~ to mind [*or* look after] the children
Auf·pas·ser(in) <-s, -> *m(f) (pej: Aufseher)* watch-

dog *fam,* minder *fam; (bei Prüfung)* invigilator BRIT, proctor AM; *(Spitzel)* spy; *(Wächter)* guard, screw *pej sl*

auf|peit·schen *vt* ❶ *(aufhetzen)* ■ **jdn** ~ to inflame [*or sep* work up] sb; *(stärker)* to whip up sb *sep* into a frenzy; **jdn zu neuen Übergriffen** ~ to inflame [*or sep* work up] sb into new attacks
❷ *(entflammen)* ■ **etw** ~ to inflame [*or* fire] sth
❸ *(aufbranden lassen)* ■ **etw** ~ to whip up sth *sep;* **das aufgepeitschte Meer** the wind-lashed sea

auf|pep·pen ['aufpɛpn̩] *vt (sl)* ■ **etw** ~ to jazz up sth *sep fam*

auf|pflan·zen I. *vt* ❶ MIL **Bajonette** ~ to fix bayonets; ■ **aufgepflanzt** fixed
❷ *(aufstellen)* ■ **etw** ~ to plant sth
II. *vr (fam: sich hinstellen)* ■ **sich** *akk* [**vor jdm/etw**] ~ to plant oneself in front of sb/sth

auf|pfrop·fen *vt* ■ **etw** [**auf etw** *akk*] ~ to graft sth on[to] sth, to graft on sth *sep*

auf|pi·cken *vt* ■ **etw** ~ ❶ *(pickend fressen)* to peck up sth *sep*
❷ *(pickend öffnen)* to peck open sth *sep*

auf|plat·zen *vi sein* to burst open; *Wunde* to open up, to rupture; ■ **aufgeplatzt** burst

auf|plus·tern I. *vt (aufrichten)* ■ **etw** ~ to ruffle [up] sth *sep;* **eine aufgeplusterte Henne** a hen with its feathers ruffled [up]
II. *vr* ■ **sich** *akk* ~ ❶ *(das Gefieder aufrichten)* to ruffle [up *sep*] its feathers
❷ *(pej fam: sich wichtigmachen)* to puff oneself up

auf|po·lie·ren* *vt* ■ **etw** ~ *(fam)* to polish up sth *sep*

auf|pop·pen ['aufpɔpn̩] *vi* INFORM *Fenster* to pop up

auf|prä·gen *vt* ■ **etw** [**auf etw** *akk*] ~ to emboss [*or* stamp] sth with sth; **seinen Namen auf einen Füller** ~ to emboss [*or* stamp] a pen with one's name; ■ **aufgeprägt** embossed

Auf·prall <-[e]s, -e> *m* impact; **bei einem** ~ **auf etw** *akk* [up]on impact with sth

auf|pral·len *vi sein* ■ [**auf etw** *akk o dat*] ~ to hit [*or* strike] sth, to collide with sth; *Mensch, Fahrzeug a.* to run into sth; **frontal** [**auf etw** *akk o dat*] ~ to collide head-on [with sth]; **seitlich auf etw** *akk o dat* ~ AUTO to hit sth from the side, to have a lateral impact with sth *form*

Auf·preis *m* extra [*or* additional] charge; **gegen** ~ for an extra [*or* additional] charge, at extra charge

auf|pro·bie·ren* *vt* ■ **etw** ~ to try [on *sep*] sth; **einen Hut/eine Brille** ~ to try on *sep* a hat/a pair of spectacles

auf|pum·pen *vt* ■ **etw** ~ ❶ *(durch Pumpen aufblasen)* to pump up *sep* [*or* inflate] sth; ■ **aufgepumpt** inflated
❷ *(die Reifen von etw mit Luft füllen)* to pump up [*or* inflate] the tyres [*or* AM tires] of sth

auf|put·schen I. *vt* ❶ *(aufwiegeln)* ■ **jdn/etw** [**gegen jdn/etw**] ~ to stir up *sep* [*or* rouse] sb/sth [against sb/sth]; **öffentliche Meinung** ~ to whip [*or* stir] up public opinion *sep*
❷ *(jds Leistungsfähigkeit steigern)* ■ **jdn** ~ to stimulate sb; ■ ~**d** stimulating; ~**de Substanzen** stimulants
II. *vr (seine Leistungsfähigkeit steigern)* ■ **sich** *akk* [**mit etw** *dat*] ~ to pep oneself up [with sth] *fam*

Auf·putsch·mit·tel *nt* stimulant, upper *sl*

auf|put·zen *vt* DIAL *s.* **aufwischen**

auf|quel·len *vi irreg sein* to swell [up]; ■ **aufgequollen** swollen; **aufgequollenes Gesicht** puffy [*or* bloated] face

auf|raf·fen I. *vr* ❶ *(sich mühselig erheben)* ■ **sich** *akk* [**von etw** *dat*] ~ to pull [*or* pick] oneself up [off sth]
❷ *(sich mühselig entschließen)* ■ **sich** *akk* **zu etw** *dat* ~, ■ **sich** *akk* **dazu** ~, **etw zu tun** to bring [*or* rouse] oneself to do sth; ***ich muss mich*** ~ I must pull myself together
II. *vt* ■ **etw** ~ ❶ *(schnell aufheben)* to snatch up sth *sep*
❷ *(raffen)* to gather up sth *sep;* **mit aufgerafftem Rock** with her frock gathered up

auf|ra·gen *vi sein o haben* ■ [**über etw** *dat*] ~ to rise above sth; *(sehr hoch)* to tower [up] over sth; ■ ~**d** *Turm* soaring; *Baum* towering

auf|rap·peln *vr (fam)* ■ **sich** *akk* ~ ❶ *(wieder zu Kräften kommen)* to recover, to get over it
❷ *s.* **aufraffen I**

Auf·ras·tern <-s> *nt kein pl* TYPO screening

auf|rau·en[RR], **auf|rau·hen**[ALT] *vt* ■ **etw** ~ ❶ *(von Haut: rau machen)* to roughen sth, to make sth rough
❷ *(von Textilien: rau machen)* to nap sth

Auf·räum·ar·bei·ten *pl* clearing-up [*or* clean-up] operations

auf|räu·men I. *vt (Ordnung machen)* ■ **etw** ~ to tidy [*or* clear] up sth *sep;* **einen Schrank** ~ to clear [*or* tidy] out a cupboard *sep;* **einen Schreibtisch** ~ to clear [up] a desk *sep;* **Spielsachen** ~ to clear [*or* tidy] away toys *sep;* ■ **aufgeräumt sein** to be [neat and] tidy
II. *vi* ❶ *(Ordnung machen)* to tidy [*or* clear] up
❷ *(pej: dezimieren)* **unter der Bevölkerung** [**gründlich**] ~ *Seuche* to decimate [*or* wreak havoc among] the population; *Mordkommando* to slaughter the population; **unter Pennern** ~ to clear out [*or* away] down-and-outs *sep pej*
❸ *(etw beseitigen)* ■ **mit etw** *dat* ~ to do away with sth

Auf·räu·mungs·ar·bei·ten *pl* clear[ing]-up operations

auf|rech·nen *vt* ■ **jdm etw** [**gegen etw** *akk*] ~ to offset sth against [sb's] sth

Auf·rech·nung <-> *f* JUR, FIN set-off BRIT, offset

Auf·rech·nungs·an·spruch *m* JUR, FIN set-off claim **Auf·rech·nungs·ein·re·de** *f* JUR, FIN defence of set-off **Auf·rech·nungs·ein·wand** *f* JUR defence of set-off **Auf·rech·nungs·er·klä·rung** *f* JUR notice of set-off **Auf·rech·nungs·ver·bot** *nt* JUR, FIN contractual exclusion of set-off

auf·recht ['aufrɛçt] **I.** *adj* upright, erect
II. *adv* upright, erect; ~ **sitzen** to sit up[right]; **etw** ~ **hinstellen** to place sth upright [*or* in an upright position]

auf·recht|er·hal·ten* ['aufrɛçtʔɛɐ̯haltn̩] *vt irreg* ❶ *(daran festhalten)* ■ **etw** ~ to maintain sth; **die Anklage** ~ to uphold [*or* abide by] the charge; **seine Behauptung** ~ to stick to one's view; **seine Entscheidung** ~ to abide by one's decision
❷ *(bestehen lassen)* ■ **etw** ~ to keep up sth *sep*
❸ *(moralisch stützen)* ■ **jdn** ~ to keep sb going, to sustain sb

Auf·recht·er·hal·tung *f* ❶ *(das Aufrechterhalten)* maintenance; *von Anklage* upholding; *von Behauptung* sticking (+*gen* to); *von Entscheidung* abiding (+*gen* by)
❷ *(das weitere Bestehenlassen)* continuation

Auf·recht·er·hal·tungs·ge·bühr *f* FIN *für ein Patent* renewal fee [for the application]

auf|re·gen I. *vt* ■ **jdn** ~ *(erregen)* to excite sb; *(verärgern)* to annoy [*or* irritate] sb; *(nervös machen)* to make sb nervous; *(bestürzen)* to upset sb; ***reg mich nicht auf!*** stop getting on my nerves!; ***das kann einen schon ~!*** that can really drive you mad *fam;* ***das regt mich auf!*** that really annoys me [*or fam* gets on my wig] !
II. *vr (sich erregen)* ■ **sich** *akk* [**über jdn/etw**] ~ to get worked up *fam* [*or* excited] [about sb/sth]; ***reg dich nicht so auf!*** don't get [yourself] so worked up!

auf·re·gend *adj* exciting; ■ **etwas A~es** something exciting; ***wie ~!*** *(fam)* how exciting! *a. iron,* bully for him/them/you etc.! *iron*

Auf·re·gung *f* ❶ *(aufgeregte Erwartung)* excitement *no pl*
❷ *(Beunruhigung)* agitation *no pl;* ***nur keine ~!*** don't get flustered, don't get [yourself] worked up *fam;* ***wozu die*** [***ganze***] ***~?*** what's the big deal? *fam;* **in heller** ~ in utter confusion; **in helle** ~ **geraten** to work oneself into a panic; **jdn/etw in** ~ **versetzen** to get sb/sth into a state *fam*

auf|rei·ben *irreg* **I.** *vt* ❶ *(zermürben)* ■ **jdn** ~ to wear down [*or* out] sb *sep;* **jdn nervlich** ~ to fray sb's nerves
❷ *(wund reiben)* ■ [**jdm**] **etw** ~ to chafe sb's sth, to rub sb's sth sore
❸ MIL *(völlig vernichten)* ■ **etw** ~ to annihilate [*or sep* wipe out] sth
II. *vr* ❶ *(sich zermürben)* ■ **sich** *akk* ~ to wear oneself out; **sich** *akk* [**für die Arbeit**] ~ to work oneself into the ground
❷ *(sich aufscheuern)* ■ **sich** *dat* **etw** [**an etw** *dat*] ~ to chafe one's sth [*or* rub one's sth sore] [against sth]; **sich die Hände/Haut** ~ to rub one's hands/skin sore

auf·rei·bend *adj* wearing, trying

auf|rei·hen I. *vt* ■ **etw** [**auf etw** *akk*] ~ to string sth [on sth]; **Edelsteine auf eine Schnur** ~ to string precious stones on a thread
II. *vr* ■ **sich** *akk* ~ to line up, to get in lines [*or* a line]; **aufgereiht stehen** to stand in rows [*or* a row]

auf|rei·ßen *irreg* **I.** *vt haben* ❶ *(durch Reißen öffnen)* ■ **etw** ~ to tear [*or* rip] open sth *sep*
❷ *(aufbrechen)* ■ **etw** ~ to tear [*or* rip] up sth *sep*
❸ *(ruckartig öffnen)* ■ **etw** ~ to fling [*or* throw] open sth *sep;* **die Augen/den Mund** ~ to open one's eyes/mouth wide
❹ *(aufritzen)* ■ **etw** ~ to tear [*or* rip] sth; ■ [**sich** *dat*] **etw** [**an etw** *dat*] ~ to tear [*or* rip] one's sth [on sth]; **die Haut leicht** ~ to graze one's skin
❺ *(sl: aufgabeln)* ■ **jdn** ~ to pick up sb *sep fam*
II. *vi sein (von Hose: aufplatzen)* to rip, to tear (**an** +*dat* at); *Naht* to split, to burst; *Wolkendecke* to break up; *Wunde* to tear open

auf|rei·zen *vt* ❶ *(erregen)* ■ **jdn** ~ to excite sb; *(stärker)* to inflame sb; ■ **sich** *akk* **durch etw** *akk* ~ **lassen** to get worked up about sth *fam*
❷ *(provozieren)* ■ **jdn** [**zu etw** *dat*] ~ to provoke sb [into doing sth]; **jdn zum Kampf** ~ to provoke sb into fighting

auf·rei·zend I. *adj* ❶ *(erregend)* exciting
❷ *(sexuell provokant)* provocative; *Unterwäsche a.* sexy *fam*
II. *adv (sexuell provokant)* provocatively; **sich** *akk* ~ **wiegen** to sway in a sexy rhythm *fam*

Auf·rich·te <-, -n> *f* SCHWEIZ *(Richtfest)* topping-out ceremony

auf|rich·ten I. *vt* ❶ *(in aufrechte Lage bringen)* ■ **etw** ~ to put [*or* set] sth upright; ■ **jdn** ~ to help up sb *sep,* to help sb to her/his feet; **einen Patienten** ~ to sit up a patient
❷ *(aufstellen)* ■ **etw** ~ to erect [*or sep* put up] sth; **die Flagge** ~ to raise [*or sep* run up] a flag
❸ *(geh: Mut machen)* ■ **jdn** [**wieder**] ~ to put new heart into [*or* give fresh courage to] sb
II. *vr* ❶ *(aufrechte Stellung einnehmen)* ■ **sich** *akk* ~ *(gerade stehen)* to stand up [straight]; *(gerade sitzen)* to sit up [straight]; *(aus gebückter Haltung)* to straighten up
❷ *(geh: neuen Mut fassen)* ■ **sich** *akk* **an jdm** ~ to find new strength in [*or* take heart from] sb

auf·rich·tig I. *adj* honest, sincere, upright; ■ ~ [**zu jdm/gegenüber jdm**] **sein** to be honest [with sb]; **ein ~es Gefühl** a sincere feeling; **~e Liebe** true love
II. *adv* sincerely; ~ **bedauern, dass ...** to sincerely regret that ...; **jdn** ~ **hassen/verabscheuen** to hate sb deeply

Auf·rich·tig·keit <-> *f kein pl* sincerity *no pl,* honesty *no pl*

auf|rie·geln *vt* ■ **etw** ~ to unbolt sth

Auf·riss[RR] <-es, -e>, **Auf·riß**[ALT] <-sses, -sse> *m* ❶ *(Ansicht)* elevation, vertical plan; *(Vorderansicht)* front view [*or* elevation]; *(Seitenansicht)* profile, side elevation; **etw im** ~ **zeichnen** to draw the front/side elevation etc. of sth
❷ *(kurze Darstellung)* outline, sketch

auf|rit·zen *vt* ❶ *(durch Ritzen verletzen)* ■ **jdm/sich etw** ~ to cut [open *sep*] sb's/one's sth; *(aufkratzen)* to scratch [open *sep*] sb's/one's sth
❷ *(durch Ritzen öffnen)* ■ **etw** [**mit etw** *dat*] ~ to slit open *sep* sth [with sth]

auf·roll·bar *adj inv* roll-up *attr*

auf|rol·len I. *vt* ❶ *(zusammenrollen)* ■ **etw** ~ to roll up sth *sep;* **ein Kabel** ~ to coil [up *sep*] [*or sep* wind

up] a cable; ■ **etw** [**auf etw** *akk*] ~ to wind up *sep* sth [on sth]
❷ *(entrollen)* ■ **etw** ~ to unroll sth; **eine Fahne** ~ to unfurl a flag
❸ *(erneut aufgreifen)* ■ **etw wieder** ~ to re[-]open sth
II. *vr* ■ **sich** *akk* [**zu etw** *dat*] ~ to roll up [into sth]; *Schlange* to coil [itself] [into sth]

auf|rü·cken *vi sein* ❶ *(weiterrücken)* to move up [*or* along]; *(auf einer Bank a.)* to budge up BRIT *fam*
❷ *(avancieren)* ■ [**zu etw** *dat*] ~ to be promoted [to sth]

Auf·ruf *m* ❶ *(Appell)* appeal; ■ **der/ein ~ an jdn** the/an appeal to sb; **ein ~ an das Volk** an appeal to the public; *(positiv a.)* a proclamation; **ein ~ zum Streik** a call for strike action; **einen ~ an jdn richten**[**, etw** [**nicht**] **zu tun**] to [make an] appeal to sb [[not] to do sth]
❷ *(das Aufrufen)* **ein ~ der Namen** a roll call; ■ **nach ~** when [*or* on being] called
❸ INFORM call; *von Daten a.* retrieval
❹ LUFT call; ***letzter ~ für alle Passagiere*** last call for all passengers

auf|ru·fen *irreg* **I.** *vt* ❶ *((mit) Namen nennen)* ■ **etw** ~ to call [out *sep*] sth; ■ **jdn** [**namentlich**] ~ to call [out] sb['s name]
❷ *(zum Kommen auffordern)* ■ **jdn ~**[**, etw zu tun**] to request sb [to do sth]
❸ *(appellieren)* ■ [**jdn**] **zu etw** *dat* ~ to call [upon sb] [*or* appeal [to sb]] for sth; **Arbeiter zum Streik ~** to call upon workers to strike; ■ **jdn ~, etw zu tun** to call upon [*or* appeal to] sb to do sth
❹ INFORM ■ **etw** ~ to call up *sep* sth; **Daten ~** to retrieve [*or sep* call up] data
❺ LUFT ■ **etw** ~ to call sth
II. *vi* ■ **zu etw** *dat* ~ to call for sth; **zum Widerstand/Streik ~** to call for resistance/a strike [*or* upon people to resist/strike]

Auf·ruhr <-[e]s, -e> ['aufru:ɐ̯] *m* ❶ *kein pl (geh: Erregung)* tumult *no pl*, turmoil *no pl*; *(in der Stadt/im Volk)* unrest *no pl, no indef art*; **sein innerer ~** the turmoil within one; **in** [*o* **im**] **~ sein, sich** *akk* **in** [*o* **im**] **~ befinden** to be in a tumult; *Bevölkerung* to be in a turmoil; **in ~ geraten** to be thrown into a turmoil; **jdn in ~** *akk* **versetzen** to throw sb into a turmoil
❷ *(Aufstand)* revolt, uprising, rebellion; **einen ~ unterdrücken** to crush [*or* put down] [*or* quell] a revolt [*or* an uprising]

auf|rüh·ren *vt* ❶ *(aufschlagen)* ■ **etw** ~ to stir up sth *sep*
❷ *(Erinnerungen wecken)* ■ **etw** ~ to stir up sth *sep*
❸ *(innerlich aufwühlen)* ■ **jdn** ~ to rouse sb

Auf·rüh·rer(in) <-s, -> *m(f)* insurgent, rabble-rouser *pej*

auf·rüh·re·risch *adj* ❶ *attr (rebellisch)* rebellious, insurgent; *(meuternd)* mutinous
❷ *(aufwiegelnd)* inflammatory, rabble-rousing *pej*; **eine ~e Rede** an incendiary [*or* an inflammatory] [*or pej* a rabble-rousing] speech

auf|run·den *vt* ■ **etw** [**auf etw** *akk*] ~ to round up *sep* sth [to sth]; **etw auf einen glatten Betrag ~** to bring up *sep* sth to a round figure; ■ **aufgerundet** rounded up

auf·rüst·bar *adj inv* INFORM expandable

auf|rüs·ten **I.** *vi* to arm
II. *vt* ❶ *(das (Militär)potenzial verstärken)* ■ **etw** ~ to arm sth
❷ *(hochwertiger machen)* ■ **etw** ~ to upgrade sth; **ein Kraftwerk ~** to re[-]equip [*or* refit] a power plant

Auf·rüs·tung *f* arming *no pl*, armament *no pl*; *(Wiederaufrüstung)* rearming *no pl*, rearmament *no pl*; **die atomare** [*o* **nukleare**]**/konventionelle ~** nuclear armament, the acquisition of nuclear/conventional arm[ament]s [*or* weapons]; TECH, INFORM upgrade

auf|rüt·teln *vt* ❶ *(durch Rütteln aufwecken)* ■ **jdn** [**aus etw** *dat*] ~ to rouse sb [from sth], to shake sb out of sth
❷ *(aufstören)* ■ **jdn/etw** [**aus etw** *dat*] ~ to rouse sb/sth [from sth], to shake up *sep* sb/sth [out of sth]; **jdn aus seiner Lethargie/Untätigkeit ~** to rouse sb from her/his apathy/[her/his] inactivity; **jds Gewissen ~** to stir sb's conscience

aufs [aufs] ❶ *(fam) s.* **auf das** *s.* **auf**
❷ + *superl* **~ entschiedenste/grausamste** [*o* **~ Entschiedenste/Grausamste**] most decisively/cruelly; **~ beste** [*o* **~ Beste**] in the best way possible

auf|sa·gen *vt* ❶ *(vortragen)* ■ **etw** ~ to recite [*or* say] sth
❷ *(geh: aufkündigen)* **jdm den Dienst/Gehorsam ~** to refuse to serve/obey sb; **jdm die Freundschaft ~** to break off *sep* one's friendship with sb

auf|sam·meln *vt* ■ **etw** ~ to gather [up *sep*] sth; *(Fallengelassenes)* to pick up sth *sep*

auf·säs·sig ['aufzɛsɪç] *adj* ❶ *(widerspenstig)* unruly, recalcitrant *form*; **ein ~er Zögling** a disruptive [*or* an unruly] element
❷ *(widersetzlich)* rebellious

Auf·säs·sig·keit <-, -en> *f meist sing* ❶ *(Widerspenstigkeit)* unruliness, recalcitrance *form*
❷ *(Widersetzlichkeit)* rebelliousness

Auf·satz[1] *m* top [*or* upper] part; *(zur Verzierung)* bit on top; **ein abnehmbarer ~** a removable top part [*or* section]

Auf·satz[2] *m* ❶ SCH essay, composition
❷ *(Essay)* essay, treatise

Auf·satz·the·ma *nt* essay subject

auf|sau·gen *vt reg o irreg* ❶ *(durch Einsaugen entfernen)* ■ **etw** [**mit etw** *dat*] ~ to soak up *sep* sth [with sth]
❷ *(mit dem Staubsauger entfernen)* ■ **etw** ~ to vacuum up sth *sep*
❸ *(geh: in sich aufnehmen)* ■ **etw** [**in sich** *akk*] ~ to absorb [*or sep* soak in] sth

auf|schau·en *vi (geh) s.* **aufblicken**

auf|schau·keln *vr (fam)* ■ **sich** *akk* ~ to build up

auf|schäu·men **I.** *vi sein* to foam [up], to froth up; *Meer* to foam
II. *vt haben* ■ **etw** ~ to foam [*or* expand] sth

auf|scheu·chen *vt* ❶ *(erschrecken und wegscheuchen)* ■ **etw** [**von etw** *dat*] ~ to frighten [*or* scare] away sth [from sth] *sep*
❷ *(fam: jds Ruhe stören)* ■ **jdn** ~ to disturb sb; ■ **jdn aus etw** *dat* ~ to jolt sb out of sth

auf|scheu·ern **I.** *vt* ■ [**jdm**] **etw** ~ to rub sb's sth sore; **die Haut ~** to chafe sb's skin; ■ **aufgescheuert** [rubbed *pred*] sore; **aufgescheuerte Haut** chafed skin
II. *vr* ■ **sich** *dat* **etw** ~ to rub one's sth sore, to chafe the skin of [*or* take the skin off] one's sth

auf|schich·ten *vt* ■ **etw** ~ to stack [*or sep* pile up] sth; ■ **aufgeschichtet** stacked, piled up

auf|schie·ben *vt irreg* ❶ *(durch Schieben öffnen)* ■ **etw** ~ to slide open sth *sep*; **einen Riegel ~** to push [*or* slide] back a bolt *sep*
❷ *(verschieben)* ■ **etw** [**auf etw** *akk*] ~ to postpone [*or* defer] [*or sep* put off] sth [until [*or* till] sth]
▸ WENDUNGEN: **aufgeschoben ist nicht aufgehoben** *(prov)* there'll be another opportunity [*or* time]

auf|schie·ßen *irreg* **I.** *vi sein* ❶ *(rasch wachsen)* to shoot up; *Jugendlicher* to shoot up *fam*; ■ **aufgeschossen** [**sein**] [to be] lanky
❷ *(hochfahren)* ■ [**aus etw** *dat*] ~ to leap [*or* shoot] up [out of sth]
❸ *(in die Höhe schießen)* to leap up
II. *vt haben* ■ **etw** ~ to shoot open sth *sep*

Auf·schlag *m* ❶ *(Aufprall)* impact *no pl*; *(mit Fallschirm)* landing
❷ SPORT *(eröffnender Schlag)* service *no pl*, serve; **~ haben** to be serving; ***wer hat ~?*** whose serve [*or* service] [is it]?
❸ *(Aufpreis)* extra charge, surcharge
❹ MODE *(von Ärmel)* cuff; *(von Hose)* turn-up BRIT, cuff AM; *(von Mantel)* lapel, revers *spec*

auf|schla·gen *irreg* **I.** *vi* ❶ *sein (auftreffen)* ■ [**auf etw** *akk o dat*] ~ to strike, to hit [*or* strike] sth; ***das Flugzeug schlug in einem Waldstück auf*** the plane crashed into a wood; **mit dem Ellenbogen/Kopf** [**auf etw** *akk o dat*] ~ to hit one's elbow/head [on sth]; **dumpf** [**auf etw** *akk o dat*] ~ to [fall with a] thud [on[to] sth]
❷ *sein (sich abrupt öffnen)* to burst [*or* fly] open
❸ *sein (auflodern)* ■ **aus etw** *dat* ~ to leap [*or* blaze] up out of sth
❹ *haben (sich verteuern)* ■ [**um etw** *akk*] ~ to rise [*or* go up] [by sth]
❺ *haben* SPORT *(das Spiel durch Aufschlag eröffnen)* to serve
II. *vt haben* ❶ *(aufklappen)* ■ **etw** ~ to open sth; **Seite 35 ~** to turn to page 35, to open one's book at [*or* AM to] page 35; ■ **aufgeschlagen** open
❷ *(durch Schläge aufbrechen)* ■ **etw** [**mit etw** *dat*] ~ to break open *sep* sth [with sth]; **das Eis** [**mit etw** *dat*] ~ to break a hole in [*or* through] the ice [with sth]; **Nüsse** [**mit etw** *dat*] ~ to crack [open *sep*] nuts [with sth]; **ein Schloss** [**mit etw** *dat*] ~ to break [open *sep*] a lock [with sth]
❸ *(öffnen)* ■ **etw** ~ to open one's sth
❹ *(aufbauen)* ■ **etw** ~ to put up sth *sep*; **ein Zelt ~** to pitch [*or sep* put up] a tent
❺ *(einrichten)* **seinen Nachtlager ~** to bed down for the night; **sein Quartier** [**in etw** *dat*] ~ to settle down [in sth]; **seinen Wohnsitz in Hamburg ~** to take up residence in Hamburg
❻ *(hinzurechnen)* ■ **etw auf etw** *akk* ~ to add sth to sth
❼ *(verteuern)* ■ **etw** [**um etw** *akk*] ~ to raise [*or sep* put up] sth [by sth]
❽ *(umlegen)* ■ **etw** ~ to turn back sth *sep*; **seine Ärmel ~** to roll up *sep* one's sleeves; **seinen Kragen ~** to turn up *sep* one's collar

Auf·schlä·ger(in) *m(f)* server

Auf·schläm·mung ['aufʃlɛmʊŋ] *f* TECH slurry

auf|schlie·ßen *irreg* **I.** *vt* ❶ *(etw mit dem Schlüssel öffnen)* ■ [**jdm**] **etw** ~ to unlock sth [for sb]
❷ *(geh: offenbaren)* **jdm sein Herz/Innerstes ~** to open [*or sep* pour out] one's heart to sb, to tell sb one's innermost thoughts
❸ CHEM ■ **etw** ~ to solubilize [*or* disintegrate] sth; **Stärke ~** to hydrolyze starch
II. *vi* ❶ *(öffnen)* ■ [**jdm**] ~ to unlock the door [for sb]
❷ *(näher rücken)* to move up; ■ [**zu jdm/etw**] ~ to catch up [with sb/sth]

auf|schlit·zen *vt* ❶ *(durch Schlitzen öffnen)* ■ **etw** [**mit etw** *dat*] ~ to slit [open *sep*] sth [with sth]; ■ **jdn** [**mit etw** *dat*] ~ to slash [*or sep* cut up] sb [with sth]
❷ *(durch Schlitzen verletzen)* **jdm den Bauch ~** to slash [*or* slit] [*or* cut] open sb's belly *sep*; **sich** *dat* **den Bauch ~** to disembowel oneself, to slit [*or* slash] open one's stomach *sep*
❸ *(durch Schlitzen beschädigen)* ■ **etw** [**mit etw** *dat*] ~ to slash sth [with sth]

Auf·schluss[RR] <-es, Aufschlüsse>, **Auf·schluß**[ALT] <-sses, Aufschlüsse> *m* ❶ *(Auskunft)* information *no pl*; **~** [**über etw** *akk*] **verlangen** to demand an explanation [of sth]; [**jdm**] **~** [**über jdn/etw**] **geben** to give [sb] information [about sb/sth]
❷ *kein pl* CHEM fusion process, disintegration

auf|schlüs·seln *vt* ❶ *(detaillieren)* ■ **etw** [**nach etw** *dat*] ~ to classify sth [according to sth]
❷ *(erläutern)* ■ **jdm etw** ~ to explain sth to sb; **jdm etw detaillierter ~** to give sb a more detailed explanation of sth

Auf·schlüs·se·lung <-, -en> *f* ÖKON breakdown

auf·schluss·reich[RR], **auf·schluß·reich**[ALT] *adj* informative, instructive; *(enthüllend)* revealing, illuminating

Auf·schluss·ver·fah·ren *nt* CHEM disintegration method

auf|schnap·pen *vt (fam)* ■ **etw** ~ ❶ *(mitbekommen)* to pick up sth *sep*; **einzelne Worte ~** to catch [*or sep* pick up] the odd word
❷ *(durch Zuschnappen fangen)* to catch sth

auf|schnei·den *irreg* **I.** *vt* ❶ *(in Scheiben schneiden)* ■ [**jdm**] **etw** ~ to slice sth [for sb]; ■ **aufgeschnitten** sliced, in slices *pred*
❷ *(tranchieren)* ■ **etw** ~ to carve sth
❸ *(auseinanderschneiden)* ■ **etw** ~ to cut open sth *sep*; **einen Knoten/eine Kordel ~** to cut [through] a knot/cord
❹ MED ■ [**jdm**] **etw** ~ to lance [sb's] sth; *s. a.* **Puls-**

ader
II. *vi (fam)* to brag, to boast; **maßlos ~** to lay it on thick [*or* with a trowel] *fam*
Auf·schnei·der(in) *m(f) (fam)* boaster, show-off
Auf·schnei·de·rei <-, -en> [aufʃnaidəˈrai] *f* bragging, boasting
Auf·schnitt *m kein pl (aufgeschnittene Wurst)* assorted sliced cold meats *pl,* cold cuts *npl; (aufgeschnittener Käse)* assorted sliced cheese[s *pl*]
Auf·schnitt·ga·bel *f* cold meat fork **Auf·schnitt·mes·ser** *nt* ham carver
auf|schnü·ren *vt* ■**etw ~** to untie [*or* undo] sth; **ein Paket ~** to unwrap [*or* open] [*or* undo] a parcel; **einen Schuh ~** to unlace a shoe
auf|schram·men *vr s.* **aufschürfen**
auf|schrau·ben *vt* ■**etw ~** to unscrew [*or sep* screw off] sth; **eine Flasche ~** to take [*or* screw] the cap [*or* top] off a bottle, to unscrew the cap [*or* top] of a bottle
auf|schre·cken I. *vt* <schreckte auf, aufgeschreckt> *haben* ■**jdn [aus etw** *dat*] **~** to startle sb [from sth]; **jdn aus der Gleichgültigkeit/Lethargie ~** to rouse sb from [*or* jolt sb out of] her/his indifference/apathy
II. *vi* <schreckte *o* schrak auf, aufgeschreckt> *sein* ■[**aus etw** *dat*] **~** to start [up] [*or* be startled] [from sth]; **aus seinen Gedanken ~** to start; **aus dem Schlaf ~** to wake up with a start
Auf·schrei *m* ❶ *(schriller Schrei)* scream, shriek
❷ *(Lamento)* outcry; **ein ~ der Empörung** an [indignant] outcry, an outcry of indignation
auf|schrei·ben *vt irreg* ❶ *(niederschreiben)* ■[**jdm**] **etw [auf etw** *akk*] **~** to write [*or* note] down sth [for sb] *sep,* to write [*or* note] sth [down] [for sb] on sth; ■**sich** *dat* **etw ~** to make a note of sth
❷ *(fam: anschreiben)* ■[**jdm**] **etw ~** to put sth on the/sb's slate *fam,* to chalk up *sep* sth [for sb]
❸ *(verordnen)* ■[**jdm**] **etw ~** to prescribe sth [for sb]
❹ *(fam: polizeilich notieren)* ■**jdn ~** to take sb's name; *(ausführlicher)* to take [down *sep*] sb's particulars
auf|schrei·en *vi irreg* to shriek; **vor Entsetzen ~** to shriek with fright, to give a shriek of terror
Auf·schrift *f* inscription
Auf·schub *m* ❶ *(Verzögerung)* delay (+*gen* in); *(das Hinauszögern)* postponement, deferment; **ein ~ der Hinrichtung** a stay of execution, a reprieve; **keinen ~ dulden** *(geh)* to brook [*or* admit of] no delay *form*
❷ *(Stundung)* respite *no pl,* grace *no pl, no art;* **eine Woche ~** a week's grace; **um einen ~ bitten** to ask for time [*or* a delay]; **jdm ~ gewähren** to allow sb grace, to grant sb a delay [*or* an extension]
Auf·schub·frist *f* FIN period for which payment is deferred **Auf·schub·ver·ein·ba·rung** *f* JUR suspension agreement
auf|schür·fen *vt* ■[**sich** *dat*] **etw ~** to graze [*or* scrape] one's sth; ■**aufgeschürft** grazed
auf|schüt·teln *vt* ■**etw ~** to plump up sth *sep*
auf|schüt·ten *vt* ❶ *(nachgießen)* ■**etw [auf etw** *akk*] **~** to pour on sth *sep,* to pour sth on [*or* over] sth
❷ *(aufhäufen)* ■**etw ~** to heap [*or* pile] up sth *sep;* **Stroh ~** to spread straw
❸ *(durch Aufhäufen errichten)* ■**etw ~** to build up sth *sep;* **eine Straße ~** to raise a road; *(erweitern)* to widen a road
Auf·schüt·tung <-, -en> *f* earth bank [*or* wall], embankment
auf|schwat·zen *vt,* **auf|schwät·zen** *vt* DIAL *(fam)* ■**jdm etw ~** to fob sth off on sb, to talk sb into taking/buying sth; ■**sich** *dat* **etw [von jdm] ~ lassen** to get talked into taking/buying sth [off sb]
auf|schwem·men I. *vt* ■**etw ~** to make sb's sth bloated [*or* puffy]; ■**jdn ~** to make sb bloated
II. *vi* to make sb bloated, to cause bloating; ■**aufgeschwemmt** bloated; **ein aufgeschwemmtes Gesicht** a bloated [*or* puffy] face
Auf·schwem·mung *f* CHEM suspension
auf|schwin·gen *irreg* **I.** *vr haben* ■**sich** *akk* **[zu etw** *dat*] **~** ❶ *(sich aufraffen)* to bring oneself to do sth; ■**sich** *akk* **dazu ~, etw zu tun** to bring oneself to do sth
❷ *(geh: sich nach oben schwingen)* to soar [up] [to[wards] sth]
II. *vi sein* to slide open
Auf·schwung *m* ❶ *(Auftrieb)* lift *no pl,* impetus *no pl, no indef art;* **jdm neuen ~ geben** to give sb fresh impetus
❷ *(Aufwärtstrend)* upswing, upturn; **einen ~ nehmen** to take an upward trend; **im ~ sein** to be on the upswing
❸ SPORT swingup
Auf·schwungs·ten·denz *f* ÖKON rising [*or* upward] tendency
auf|se·hen *vi irreg* ❶ *(hochsehen)* ■[**von etw** *dat*] **~** to look up [from sth]; ■**nicht von der Arbeit ~** to not look up from one's work; *(nicht ablenken lassen)* to keep one's eyes on one's work; ■**zu jdm ~** to look up at sb
❷ *(bewundern)* ■**zu jdm ~** to look up to sb
Auf·se·hen <-s> *nt kein pl* sensation; **ohne [großes/jedes] ~** without any [real] fuss [*or fam* hassle]; **jd erregt [mit etw** *dat*]/**etw erregt [großes] ~** sb['s sth]/sth causes a [great] sensation [*or* stir]; **~ erregend** sensational; **etwas ~ Erregendes** something sensational, quite something *fam; (negativ)* something shocking; ■**nichts ~ Erregendes** nothing sensational; **um etw** *akk* **viel ~ machen** to make [*or fam* kick up] a lot of fuss about sth; **das wird für ~ sorgen** that will cause a sensation; **jedes ~ vermeiden** to avoid causing a sensation [*or* fuss]
auf·se·hen·er·re·gend *adj s.* **Aufsehen**
Auf·se·her(in) <-s, -> *m(f)* ❶ *(Gefängnisaufseher)* [prison] guard, BRIT *a.* warder
❷ *(die Aufsicht führende Person)* supervisor; *(Museumsaufseher)* attendant
auf|sein^ALT *vi irreg sein (fam) s.* **auf IV 2, 3, 4**
auf·sei·ten [aufˈzaitn̩] *präp +gen* ■**~ einer S./einer Person** *gen* on the side [*or* part] of sth/sb
Auf·set·zen <-s> *nt kein pl* LUFT **~ auf der Landebahn** touch down
auf|set·zen I. *vt* ❶ *(auf den Kopf setzen)* ■**etw [auf etw** *akk*] **~** to put on sth *sep;* ■**sich** *dat* **etw ~** to put on sth *sep;* **die Brille ~** to put on one's glasses
❷ *(auf den Herd stellen)* ■**etw ~** to put on sth *sep*
❸ *(auf den Boden aufkommen lassen)* ■**etw ~** to put down sth *sep,* to put sth down on the floor; ***ich kann den Fuß nicht richtig ~*** I can't put any weight on my foot
❹ *(verfassen)* ■[**jdm**] **etw ~** to draft [*or sep* draw up] sth [for sb]
❺ *(zur Schau tragen)* ■**etw ~** to put on sth *sep*
❻ *(aufrichten)* ■**jdn ~** to sit up sb *sep*
II. *vr (sich aufrichten)* ■**sich** *akk* **~** to sit up
III. *vi* ■[**auf etw** *akk o dat*] **~** to land [*or* touch down] [on sth]; **auf die** [*o* **der**] **Landebahn ~** to land, to touch down
auf|seuf·zen *vi* [**laut**] **~** to heave a [loud] sigh; ***„endlich!" seufzte sie auf*** "at last!" she sighed
Auf·sicht <-, -en> *f* ❶ *kein pl (Überwachung)* supervision (**über** +*akk* of); **~ führend** supervising; **der ~ führende Lehrer** the invigilator [*or* AM proctor]; **~ führender Richter** supervising judge; **bei einer Prüfung ~ führen** [*o* **haben**] to invigilate [*or* AM proctor] an exam; **im Pausenhof ~ führen** [*o* **haben**] to be on duty during break; **jdn ohne ~ lassen** to leave sb unsupervised [*or* without supervision]; **jdm obliegt die ~ über jdn/etw** *(geh)* sb is in charge of [*or* responsible for] sb/sth; **unter ärztlicher/polizeilicher ~** under medical/police supervision
❷ *(Aufsicht führende Person)* person in charge; *(bei einer Prüfung)* invigilator BRIT, proctor AM; **die ~ fragen** to ask at the office
auf·sicht·füh·rend *adj* JUR *s.* **Aufsicht 1** **Auf·sicht·füh·ren·de(r)** *f(m) dekl wie adj (geh)* person in charge, office *no indef art*
Auf·sichts·be·hör·de *f* supervisory authority [*or* body], controlling [*or* regulatory] body *form* **Auf·sichts·ge·setz** *nt* JUR regulatory act **Auf·sichts·gre·mi·um** *nt* supervisory board [*or* committee]
Auf·sichts·or·gan *nt* JUR supervisory body **Auf·sichts·per·so·nal** *nt* supervisory staff + *sing/pl vb*
Auf·sichts·pflicht *f* obligatory supervision *(legal responsibility to look after sb, esp children); (die elterliche Aufsichtspflicht)* parental responsibility **Auf·sichts·pflicht·ver·let·zung** *f* JUR breach of supervisory duties
Auf·sichts·rat *m* supervisory board; **im ~ sitzen** to be on [*or* a member of] the supervisory board **Auf·sichts·rat, -rä·tin** *m, f* supervisory board member, member of a/the supervisory board **Auf·sichts·rat·mit·glied** *nt* HANDEL member of the supervisory board
Auf·sichts·rats·aus·schuss *m* ÖKON supervisory board committee **Auf·sichts·rats·chef** <in> *m* head of a/the supervisory board **Auf·sichts·rats·gre·mi·um** *nt* ÖKON supervisory board committee **Auf·sichts·rats·man·dat** *nt* ÖKON supervisory board seat **Auf·sichts·rats·mit·glied** *nt* ÖKON member of a [supervisory] board **Auf·sichts·rats·ple·num** *nt* ÖKON supervisory board plenary session **Auf·sichts·rats·sit·zung** *f* ÖKON [supervisory] board meeting **Auf·sichts·rats·ver·gü·tung** *f* HANDEL director's fees *pl* **Auf·sichts·rats·vor·sit·zen·de(r)** *f(m) dekl wie adj* chairman of the supervisory board, supervisory board chairman
Auf·sichts·recht *nt* JUR right of control
Auf·sichts- und Kon·troll·be·fug·nis *f* regulatory power
Auf·sichts·vor·la·ge *f* TYPO reflection artwork [*or* copy]
auf|sit·zen *vi irreg* ❶ *sein (sich auf ein Reittier schwingen)* to mount; **wieder ~** to re[-]mount; **jdm aufzusitzen helfen** to help sb [to] mount [*or* into the saddle]
❷ *haben (fam: aufgerichtet sitzen)* ■[**in etw** *dat*] **~** to sit up [in sth]
❸ *haben* NAUT *(festsitzen)* ■[**auf etw** *dat*] **~** to run/have run aground [on sth]
❹ *sein (fam: darauf hereinfallen)* ■**jdm/einer S. ~** to be taken in by sb/sth
❺ *(fam)* ■**jdn ~ lassen** *(im Stich lassen)* to let sb down, to leave sb in the lurch; *(versetzen)* to stand sb up *fam*
auf|spal·ten I. *vt* ❶ *(teilen)* ■**sich** *akk*/**etw in etw** *akk* **~** to split [*or* divide] them/sth up into sth
❷ *(zerlegen)* ■**etw [in etw** *akk*] **~** to split [up *sep*] [*or sep* break down] sth [into sth]
II. *vr* ■**sich** *akk* **[in etw** *akk*] **~** to split up [into sth], to divide [up] into sth
Auf·spal·tung *f* breakdown (**in** +*akk* into)
auf|span·nen *vt* ❶ *(ziehen)* ■**etw ~** to stretch out *sep* [*or* spread [out *sep*]] sth; **ein Seil ~** to put up *sep* a cable
❷ *(auseinanderziehen)* ■**etw ~** to open sth; **einen Schirm ~** to open [*or sep* put up] an umbrella
❸ *(aufziehen)* ■**etw [auf etw** *akk*] **~** to stretch sth [on[to] sth]; **eine Saite [auf etw** *akk*] **~** to put [on] a string on sth; **neue Saiten auf eine Gitarre ~** to re[-]string a guitar
auf|sp·aren *vt* ❶ *(für später aufheben)* ■[**jdm**] **etw ~** to save [*or* keep] sth [for sb]
❷ *(für später bewahren)* ■**etw für etw** *akk* **~** to save sth for sth
auf|spei·chern *vt* ■**etw ~** to store up sth *pl; Energie* to accumulate sth
auf|sper·ren *vt* ■**etw ~** ❶ *(aufreißen)* to open wide sth *sep;* **weit aufgesperrt** wide open
❷ SÜDD, ÖSTERR *(aufschließen)* to unlock sth
auf|spie·len I. *vr (fam)* ❶ *(angeben)* ■**sich** *akk* **~** to give oneself [*or* put on] airs, to show off
❷ *(sich als etw ausgeben)* ■**sich** *akk* **als etw ~** to set oneself up as sth; **sich** *akk* **als Boss ~** to play [*or* act] the boss
II. *vi (veraltet)* ■[**jdm**] [**zum Tanz**] **~** to play [the/some dance music] [for sb]; *(anfangen)* to strike up [the dance music] [for sb]
auf|spie·ßen *vt* ❶ *(draufstecken)* ■**etw [mit etw** *dat*] **~** to skewer sth [with sth]; **etw mit der Gabel ~** to stab one's fork into sth; **Schmetterlinge**

[**mit einer Nadel**] ~ to pin butterflies
② *(durchbohren)* ■**jdn/etw** [**mit etw** *dat*] ~ to run sb/sth through [with sth]

auf|sprin·gen *vi irreg sein* ① *(hoch springen)* to leap [*or* jump] up [*or* to one's feet]
② *(auf etw springen)* ■[**auf etw** *akk*] ~ to jump [*or* hop] on[to] sth]
③ *(sich abrupt öffnen)* to burst [*or* fly] open; *Deckel* to spring open
④ *(aufplatzen)* to crack; *Lippen, Haut a.* to chap; ■**aufgesprungen** cracked/chapped
⑤ *(auftreffen)* to bounce

auf|sprü·hen *vt* ■**etw** [**auf etw** *akk*] ~ to spray on sth *sep,* to spray sth on sth

auf|spu·len *vt* ■**etw** ~ to wind sth on a spool [*or* reel]

auf|spü·ren *vt* ① *(auf der Jagd entdecken)* ■**etw** ~ to scent sth; *Jäger* to track [down *sep*] [*or spec* spoor] sth
② *(ausfindig machen)* ■**jdn** ~ to track down sb *sep*

auf|sta·cheln *vt* ■**jdn** [**zu etw** *dat*] ~ to incite [*or* goad [on *sep*]] sb, to incite sb to do [*or* goad sb into doing] sth; ■**jdn gegen jdn** ~ to turn sb against sb

auf|stamp·fen *vi* to stamp; **mit dem Fuß** ~ to stamp one's foot

Auf·stand *m* rebellion, revolt; *(örtlich begrenzt)* uprising; *(organisiert)* insurrection; **einen ~ niederschlagen** to quell [*or* put down] a rebellion; ***das wird einen ~ geben!*** *(fam: Unruhe geben)* there'll be trouble!; *(Ärger geben)* there'll be hell to pay! *fam;* **im ~ sein** to be in [a state of] rebellion [*or* revolt]; **den ~ proben** *(fam)* to flex one's muscles

auf·stän·disch *adj* rebellious; *(meuternd)* mutinous

Auf·stän·di·sche(r) *f(m) dekl wie adj* rebel; *(einer politischen Gruppe a.)* insurgent

auf|sta·peln *vt* ■**etw** ~ to stack [up *sep*] [*or sep* pile up] sth

auf|stau·en I. *vt* ■**etw** ~ to dam sth
II. *vr* ■**sich** *akk* ~ ① *(sich stauen)* to be dammed up
② *(sich ansammeln)* to be/become bottled up; ■**aufgestaut** bottled-up

auf|ste·chen *vt irreg* ■**etw** [**mit etw** *dat*] ~ to lance [*or* pierce] sth [with sth]

auf·steck·bar *adj inv* modular; **~es Modem** modular modem

auf|ste·cken I. *vt* ① *(auf etw stecken)* ■**etw** ~ to put on sth *sep;* **Bajonette** ~ to fix bayonets; **Fahnen** ~ to put up *sep* bunting
② *(hochstecken)* ■**etw** ~ to pin [*or* put] up sth *sep*
③ *(fam: aufgeben)* ■**es** ~ to pack it in *fam,* to give up on it *fam*
II. *vi (fam)* to pack it in *fam*

auf|ste·hen *vi irreg sein* ① *(sich erheben)* ■[**von etw** *dat*] ~ to get [*or* stand] up [from sth], to arise [*or form* rise] [from sth]; ■**vor jdm/für jdn** ~ to get [*or* stand] up for [*or form* before] sb; *(aus Achtung)* to rise before sb *form; (im Bus)* to offer one's seat to sb
② *(das Bett verlassen)* to get up, to rise *form*
③ *(fam: offen sein)* to be open; ■**~d** open
④ *(geh: sich auflehnen)* ■**gegen jdn/etw** ~ to rise [in arms] [*or* revolt] against sb/sth
▸ WENDUNGEN: **da musst du früher** [*o* **eher**] **~!** *(fig fam)* you'll have to do better than that!

auf|stei·gen *vi irreg sein* ① *(sich in die Luft erheben)* to soar [up]; *Flugzeug* to climb; *Ballon* to ascend
② *(besteigen)* ■[**auf etw** *akk*] ~ to get [*or* climb] on [sth]; **auf ein Pferd** ~ to get on[to] [*or* mount] a horse; **auf den Sattel** ~ to get [*or* climb] into the saddle
③ *(befördert werden)* ■[**zu etw** *dat*] ~ to be promoted [to sth]; **durch die Ränge** ~ to rise through the ranks
④ *(den sportlichen Rang verbessern)* ■[**in etw** *akk*] ~ to go up [into sth], to be promoted [to sth]
⑤ *(sich in die Höhe bewegen)* ■[**aus etw** *dat*] ~ to rise [from [*or* out of] sth]
⑥ *(sich in die Luft erheben)* ■**in etw** *dat*/**mit etw** *dat* ~ to climb in sth; **in einem Ballon** ~ to ascend [*or* go up] in a balloon
⑦ *(entstehen)* ■**in jdm** ~ to well up in sb
⑧ *(hochklettern)* ■[**an etw** *dat*] ~ to climb up, to climb [up] sth; **zum Gipfel** ~ to climb [up] to the top
⑨ *(geh: aufragen)* to tower, to rise up; **bedrohlich** ~ to loom

auf·stei·gend *adj inv* rising

Auf·stei·ger(in) <-s, -> *m(f)* ① *(fam: beruflich aufgestiegene Person)* ■**ein** [**sozialer**] ~ a social climber
② *(aufgestiegene Mannschaft)* promoted team

auf|stel·len I. *vt* ① *(aufbauen)* ■**etw** ~ to put up sth *sep;* **eine Anlage/Maschine** ~ to install a system/machine [*or sep* put in]; **ein Denkmal** ~ to erect [*or* raise] a monument; **eine Falle** ~ to set [*or* lay] a trap; **einen Mast/eine Wand** ~ to erect [*or* put up] a mast/wall; **ein Schild** ~ to put up a plaque
② *(erheben)* ■**etw** ~ to put forward [*or form* forth] sth *sep*
③ *(ausarbeiten)* ■**etw** ~ to draw up sth *sep;* **eine Theorie** ~ to elaborate a theory *a. form*
④ *(erstellen)* ■**etw** ~ to draw up *sep* [*or* make [out *sep*]] sth; **eine Rechnung** ~ to make out [*or* up] *sep* an invoice; **eine Tabelle** ~ to compile [*or sep* make up] a table
⑤ *(nominieren)* ■**jdn** [**als etw/für etw** *akk*]~ to nominate sb [sth/for [*or* as] sth]
⑥ *(postieren)* ■**jdn** ~ to post [*or* station] sb
⑦ *(formieren)* **eine Mannschaft** ~ to organize a team [*or* to field a team]; **Truppen** ~ to raise [*or* muster] troops
⑧ *(aufsetzen)* ■**etw** ~ to put on sth *sep*
⑨ *(erzielen)* ■**etw** ~ to set sth
⑩ *(wieder hinstellen)* ■**etw** ~ to stand up sth *sep,* to set sth upright
⑪ *(aufrichten)* ■**etw** ~ to prick up sth *sep*
⑫ SCHWEIZ *(aufmuntern)* ■**jdn** ~ to pick [*or* perk] up sb *sep;* ■**aufgestellt** [**sein**] [to be] perky
II. *vr* ① *(sich hinstellen)* ■**sich** *akk* ~ to stand; *Wachen* to be posted; **sich** *akk* **vor dem Tor** ~ to stand [*or a. hum* plant oneself] in front of the goal; **sich** *akk* **hintereinander** ~ to line up; *Soldaten* to fall into line; **sich** *akk* **im Kreis** ~ to form a circle
② *(sich hochstellen) Haare* to raise, to bristle; *Ohren* to prick up; *Katzenfell* to bristle

Auf·stel·lung <-> *f kein pl* ① *(Errichtung)* erection *no pl,* raising *no pl; (von Maschine)* installation *no pl*
② *(Erhebung)* putting forward *no pl* [*or form* forth]
③ *(Ausarbeitung)* drawing up *no pl; von Software* writing *no pl; von Theorie* elaboration *no pl a. form*
④ *(Erstellung)* making [out] *no pl,* drawing up *no pl; von Rechnung* making out [*or* up] *no pl; von Tabelle* compiling *no pl,* making up *no pl*
⑤ *(Nominierung)* nomination *no pl,* nominating *no pl*
⑥ *(Postierung)* posting, stationing; **~ nehmen** to take up position
⑦ *(Formierung) von Mannschaft* drawing up *no pl; von Truppen* raising *no pl,* mustering *no pl*
⑧ SPORT *(Auswahl)* team, line-up
⑨ *(Erzielung)* setting *no pl*

Auf·stel·lungs·kos·ten *pl* installation costs

Auf·stieg <-[e]s, -e> ['aufʃti:k] *m* ① *(Verbesserung der Dienststellung)* rise; **der ~ zu etw** *dat* the rise to [becoming] sth; **beruflicher/sozialer** ~ professional/social advancement; **den ~ ins Management schaffen** to work one's way up into the management
② *(Weg zum Gipfel)* climb, ascent (**auf** +*akk* up)
③ SPORT ■**der/ein** ~ [**in etw** *akk*] promotion [to sth]
④ LUFT ascent

Auf·stiegs·chan·ce *f* prospect [*or* chance] of promotion **Auf·stiegs·mög·lich·keit** *f* career prospect **Auf·stiegs·run·de** *f* SPORT play-off round, play-offs *pl fam* **Auf·stiegs·spiel** *nt* SPORT play-off [match]

auf|stö·bern *vt* ① *(entdecken)* ■**jdn** ~ to run sb to earth, to track down sb *sep;* ■**etw** ~ to discover sth
② *(aufscheuchen)* ■**etw** ~ to start [*or* flush] sth; *(aus dem Bau)* to run sth to earth, to unearth sth *spec;* **einen Fasan** ~ to flush [*or sep* put up] a pheasant

auf|sto·cken I. *vt* ① *(zusätzlich erhöhen)* ■**etw** [**auf etw** *akk*/**um etw** *akk*] ~ to increase sth [to/by sth]; **das Team** ~ to expand the team
② *(erhöhen)* ■**etw** ~ to add another storey [*or* AM *a.* story] on[to] sth; **etw um ein Stockwerk/zwei Stockwerke** ~ to add another storey [*or* AM *a.* story]/another two storeys [*or* AM *a.* stories] on[to] sth
II. *vi* ① *(Kapital erhöhen)* ■[**um etw** *akk*] ~ to increase one's capital stock [by sth]
② *(ein Gebäude erhöhen)* to build another storey [*or* AM *a.* story]; **um zwei Etagen** ~ to build another two storeys [*or* AM *a.* stories]

Auf·sto·ckung <-, -en> *f* increase, addition; ÖKON *der Vorräte* stockpiling

auf|stöh·nen *vi* to groan loudly [*or* aloud], to give [*or* heave] a loud groan

auf|sto·ßen *irreg* I. *vi* ① *haben (leicht rülpsen)* to burp
② *sein o haben (Rülpsen verursachen)* ■**jdm** ~ to make sb burp, to repeat on sb *fam;* ***das Essen stößt mir immer noch auf*** the food is still repeating on me
③ *haben (hart auftreffen)* ■**mit etw** *dat* ~ to hurt oneself on sth
④ *sein (fam: auffallen)* ■**jdm** ~ to strike sb
⑤ *sein (fam: übel vermerkt werden)* **jdm sauer/übel** ~ to stick in sb's craw [*or* throat]; *Bemerkung a.* to leave a nasty taste in sb's mouth; ■**jdm ~, dass ...** to stick in sb's craw [*or* throat] that ...
II. *vt haben* ■**etw** ~ to push sth open
III. *vr haben* ■**sich** *dat* **etw** ~ to hit [*or* bang] one's sth; **mit aufgestoßenem Kopf** with a bang [*or* bump] on the head; **aufgestoßene Knie** grazed knees

auf|stre·ben *vi sein* ① *(räumlich)* to tower up; **hoch ~de Türme** lofty towers
② *gesellschaftlich, politisch* to be up-and-coming; **ein ~des Industrieland** a rapidly-developing industrial country

auf·stre·bend *adj* ① *(Fortschritt anstrebend)* aspiring, striving for progress *pred;* **eine ~e Stadt** an up-and-coming [*or* a thriving] town
② *(ehrgeizig)* ambitious

auf|strei·chen *vt irreg* ■**etw** [**auf etw** *akk*] to spread [*or* put] sth [on sth]; ***streich dir die Butter nicht zu dick auf*** don't spread the butter so thickly

Auf·strich *m bes* KOCHK spread

auf|stül·pen *vt* ■**jdm etw** ~ to put sth on sb; **jdm eine Kapuze** ~ to pull a hood over sb's head; **den Kragen** ~ to turn up one's collar; **sich** *dat* **einen Hut** ~ to pull [*or* put] one's hat on

auf|stüt·zen I. *vt* ① *(auf etw stützen)* ■**etw** ~ to put [*or* rest] one's sth on the table etc.; **mit aufgestützten Ellenbogen** with one's elbows [resting] on the table etc.
② *(stützen und aufrichten)* ■**jdn** ~ to prop up sb *sep;* **jdn unter den Achseln** ~ to support sb under her/his arms
II. *vr* ■**sich** *akk* [**auf etw** *akk*] ~ to support oneself [on sth]; *Gebrechliche a.* to prop oneself up [on sth], to lean one's weight on sth

auf|su·chen *vt (geh)* ① *(besuchen)* ■**jdn** ~ to go to [see] sb; **einen Arzt** ~ to consult *form* [*or* go to [see]] a doctor; **einen Freund** ~ to call on a friend
② *(geh: irgendwohin gehen)* ■**etw** ~ to go to sth; **das Bett** ~ to go [*or form* retire] to bed

auf|ta·keln I. *vt* NAUT ■**etw** ~ to rig up sth *sep*
II. *vr (pej fam)* ■**sich** *akk* ~ to doll [*or* BRIT *a.* tart] oneself up *fam;* ■**aufgetakelt** [**sein**] to be all dolled [*or* BRIT *a.* tarted] up *fig fam,* [to be] dressed [*or* done] [up] to the nines

Auf·takt *m* ① *(Beginn)* start; *(Vorbereitung)* prelude (**zu/für** +*akk* to); **den ~ von** [*o* **zu**] **etw bilden** to mark the beginning [*or* start] of sth; *(als Vorbereitung)* to form a prelude to sth
② MUS upbeat

auf|tan·ken I. *vt* ■**etw** ~ to fill up sth *sep;* ■**aufgetankt** with a full tank *pred;* **ein Flugzeug** ~ to refuel a plane
II. *vi* ① *(den Tank auffüllen)* to fill up, to fill [*or* refill]

the tank; *(Flugzeug)* to refuel
② *(fam: sich erholen)* to recharge one's batteries
auf|tau·chen *vi sein* ① *(an die Wasseroberfläche kommen)* to surface; *Taucher a.* to come up; **wieder ~** to resurface; **aus dem Wasser ~** to break the surface of the water; *Taucher* to come up; **in Etappen ~** to come up in stages
② *(zum Vorschein kommen)* to turn up; *verlorener Artikel a.* to be found
③ *(plötzlich da sein)* to suddenly appear, to materialize
④ *(sichtbar werden)* ■**[aus etw** *dat***]** ~ to appear [out of sth]; **aus dem Nebel ~** to emerge [*or* appear] from out of the fog; *(bedrohlich)* to loom out of the fog
⑤ *(sich ergeben)* ■**[in/bei jdm]** ~ to arise [in sb]; **~de düstere Ahnungen** the onset of forebodings
auf|tau·en I. *vi sein* ① *(ganz tauen)* to thaw
② *(fig: weniger abweisend werden)* to open up, to unbend
II. *vt haben* ■**etw ~** to thaw [out *sep*] sth
auf|tei·len *vt* ① *(aufgliedern)* ■**etw [in etw** *akk***] ~** to divide [up *sep*] [*or sep* split up] sth [into sth]; **Schubladen in Fächer ~** to partition drawers
② *(verteilen)* ■**etw [unter sie] ~** to share out *sep* sth [between them]
Auf·tei·lung *f* ① *(Einteilung)* division; *von Schublade, Kleingarten* partitioning (**in** +*akk* into)
② *(Fach)* division; *von Schublade* partition
Auf·tei·lungs·plan *m* FIN allocation scheme **Auf·tei·lungs·ver·trag** *m* JUR allocation contract
auf|ti·schen *vt* ① *(servieren)* ■**[jdm] etw ~** to serve [sb] sth, to dish out [*or* up] *sep* sth [for sb] *fam*
② *(fam: erzählen)* ■**jdm etw ~** to tell sb sth; **jdm Lügen ~** to give sb a pack of lies
Auf·trag <-[e]s, Aufträge> ['auftra:k, *pl* 'auftrɛ:gə] *m* ① *(Beauftragung)* contract; *(an Freiberufler)* commission; ■**ein ~ über** [*o* **für**] **etw** *akk* a contract/commission for sth; **einen ~ erhalten** to obtain [*or* secure] a contract/commission
② *(Bestellung)* [sales] order; **einen ~ ausführen** to deal with [*or form* execute] an order; ■**ein ~ über etw** *akk* an order for sth; **im ~ und auf Rechnung von jdm** by order and for account of sb
③ *(Anweisung)* orders *pl*, instructions *pl;* **einen ~ ausführen** to carry out [*or* execute] an order; **den [ausdrücklichen] ~ haben[, etw zu tun]** to be [expressly] instructed [to do sth]; **jdm den ~ geben, etw zu tun** to instruct sb to do sth; **etw [bei jdm] in ~ geben** to order sth [from sb]; **eine Skulptur [bei jdm] in ~ geben** to commission [sb with] a sculpture; **im ~** by order, on authority; **in jds ~** on sb's instructions; *(für jdn)* on sb's behalf
④ *kein pl (geh: Mission)* task, mission; ***„~ erledigt!"*** "mission accomplished"
⑤ *(das Aufstreichen)* application
⑥ INFORM *(Aufgabe)* task
auf|tra·gen *irreg* **I.** *vt* ① *(aufstreichen)* ■**etw [auf etw** *akk***] ~** to apply sth [to sth], to put on sth *sep*, to put sth on sth; **Farbe ~** to apply paint; **Kleister ~** to apply paste, to spread [on *sep*] paste
② *(geh: ausrichten lassen)* ■**jdm etw ~** to instruct sb to do sth; ***er hat mir Grüße an Sie aufgetragen*** he['s] asked me to give you his regards; ***hat sie dir [für mich] denn nichts aufgetragen?*** didn't she give you a message [for me]?
③ *(geh: servieren)* ■**etw ~** to serve [up [*or* out] *sep*] sth; ■**aufgetragen** served; ■**es ist aufgetragen!** *(geh)* lunch/dinner etc. is served! *form*
④ *(durch Tragen abnutzen)* ■**etw ~** to wear out sth *sep;* ■**aufgetragen** worn out
II. *vi* ① *(dick aussehen lassen)* to be bulky, to make sb look fat; ***der Rock trägt auf*** the skirt is not very flattering to your/her figure
② *(übertreiben)* ■**dick** [*o* **stark**] ~ to lay it on thick [*or* with a trowel] *fam*
③ *(geh: servieren)* ■**jdm ~** to serve sb
auf·tra·gend *adj inv* **~es Papier** TYPO bulky paper
Auf·trag·ge·ber(in) *m(f)* client; *(von Firma, Freiberufler)* client, customer **Auf·trag·neh·mer(in)** <-s, -> *m(f)* contractor *form; (beauftragte Firma)* firm receiving the order, successful bidder *spec;* **~ und Auftraggeber** principal and agent *form*
Auf·trags·ab·wick·lung *f* ÖKON order processing **Auf·trags·an·nah·me** *f* ÖKON acceptance of an order **Auf·trags·ar·beit** *f* ÖKON contract work **Auf·trags·aus·füh·rung** *f* execution of the order **Auf·trags·be·stand** *m* ÖKON orders *pl* on hand [*or* on the books], level of orders **Auf·trags·be·stä·ti·gung** *f* confirmation of [an] order **Auf·trags·buch** *nt* order book **Auf·trags·da·tum** *nt* order date **Auf·trags·ein·gang** *m* receipt of order **Auf·trags·ent·wick·lung** *f* ÖKON trend of orders **Auf·trags·er·fin·dung** *f* invention made under contract **Auf·trags·er·le·di·gung** *f kein pl* ÖKON order filling **Auf·trags·er·tei·lung** *f* HANDEL placing an order; *(nach Ausschreibung)* award of contract; **endgültige ~** final award of contract; **bei ~** on ordering; **zahlbar bei ~** cash with order **Auf·trags·fer·ti·gung** *f kein pl* ÖKON custom order **auf·trags·ge·bun·den** *adj* ÖKON tied to an order *pred* **auf·trags·ge·mäß I.** *adj* as ordered *pred,* as per order *pred* **II.** *adv* as ordered [*or* instructed] **Auf·trags·ge·schäft** *nt* FIN commission business **Auf·trags·kil·ler(in)** <-s, -> [-kɪlɐ] *m(f)* JUR *(pej fam)* contract [*or* hired] killer **Auf·trags·la·ge** *f* order position [*or* situation] [*or spec* picture], situation concerning orders **Auf·trags·min·dest·be·trag** *m* minimum order amount **Auf·trags·mord** *m* JUR contract killing **Auf·trags·num·mer** *f* job [*or* order] number **Auf·trags·pla·nung** *f* ÖKON production planning **Auf·trags·plus** *nt* increase in orders **Auf·trags·pols·ter** *nt* backlog of orders, back orders *pl;* ***wir haben ein dickes ~*** our order books are well-filled **Auf·trags·recht** *nt* JUR contract law **Auf·trags·rück·gang** *m* drop in [*or* falling off of] orders *no pl* **Auf·trags·rück·stand** *m* ÖKON unfulfilled orders *pl*, backlog **Auf·trags·sta·tus** *m* order status **Auf·trags·steu·e·rung** *f* INFORM job control **Auf·trags·sum·me** *f* order total **Auf·trags·ver·ga·be** *f* ÖKON placing an order **Auf·trags·ver·hält·nis** *f* HANDEL agency contract **Auf·trags·ver·wal·ter** *m* INFORM task scheduler **Auf·trags·ver·wal·tung** *f* HANDEL administration by commission; INFORM task management
auf·trags·wei·se *adj* HANDEL by order
auf·trags·wid·rig *adj* ÖKON contrary to instructions *pred*
Auf·tra·gung <-> *f kein pl* TYPO inking
auf|tref·fen *vi irreg sein* ■**[mit etw** *dat***] [auf etw** *akk o dat***]** ~ to hit [*or* strike] sth [on sth]; **auf den** [*o* **dem**] **Boden ~** to hit [*or* strike] the ground; **mit dem Kopf [auf etw** *akk o dat***] ~** to hit [*or* strike] one's head [on sth]; **hart/weich ~** *Fallschirmspringer* to land heavily/to have a soft landing; ■**[auf etw** *akk o dat***] ~** *Geschoss* to strike [sth]; *Rakete, abgeworfene Hilfsgüter a.* to land [on sth]
auf|trei·ben *vt irreg* ① *(fam)* ■**jdn/etw ~** to find [*or fam* get hold of] sb/sth
② *(aufblähen)* ■**etw ~** to distend [*or* bloat] sth; **den Teig ~** to make the dough rise
auf|tren·nen *vt* ■**etw ~** ① *(zerschneiden)* to undo sth
② MED *(aufschneiden)* to open sth
auf|tre·ten *irreg* **I.** *vi sein* ① *(den Fuß aufsetzen)* to walk; ***der Fuß tut so weh, dass ich [mit ihm] nicht mehr ~ kann*** my foot hurts so badly that I can't walk on it [*or* put my weight on it]
② *(eintreten)* to occur; *Schwierigkeiten* to arise
③ MED *(sich zeigen)* ***bei Einnahme dieses Medikamentes kann Übelkeit ~*** [taking] this medicine can cause nausea; ***wenn diese Symptome ~, ...*** if these symptoms [should] appear [*or* occur] ...; ***diese seltene Tropenkrankheit ist lange nicht mehr aufgetreten*** there has been no record of this rare tropical disease for a long time; ***die Pest trat in dichter besiedelten Gebieten auf*** the plague occurred in more densely populated areas
④ *(erscheinen)* to appear [on the scene *a. pej*]; ■**[als etw] ~** to appear [as sth]; **als Kläger ~** to appear as [a] [*or* for the] plaintiff; **als Zeuge ~** to appear as a witness, to take the witness box; **geschlossen ~** to appear as one body; ■**gegen jdn/etw ~** to speak out against sb/sth; **gegen jdn/etw als Zeuge ~** to give evidence against sb/sth
⑤ *(in einem Stück spielen)* to appear [on the stage]; ■**[auf etw** *dat***/in etw** *dat***] als etw ~** to appear as [*or* play] sth [on/in sth]
⑥ *(sich benehmen)* to behave; **zurückhaltend ~** to tread carefully
⑦ *(handeln)* ■**als etw/für jdn ~** to act as sth/on sb's behalf
II. *vt haben* ■**etw ~** to kick open [*or* in] sth *sep*
Auf·tre·ten <-s> *nt kein pl* ① *(Benehmen)* behaviour [*or* AM -or] *no pl*, conduct *no pl*
② *(Manifestation)* occurrence, outbreak; **bei ~ von Schwellungen** in the event of swelling, when swelling occurs; **bei ~ dieser Symptome** when these symptoms occur
③ *(Erscheinen)* appearance; **das ~ in der Öffentlichkeit vermeiden** to avoid public appearances [*or* appearing in public]
Auf·trieb *m* ① *kein pl* PHYS buoyancy *no pl;* LUFT lift *no pl*
② *kein pl (Aufschwung)* upswing, upturn; **etw** *dat* **einen ~ geben** to buoy *sep* up sth
③ *kein pl (frischer Schwung)* impetus *no pl;* **jdm neuen ~ geben** to give sb fresh impetus [*or* a lift]
④ *(das Hinauftreiben) driving of cattle up to [Alpine] pastures*
Auf·triebs·kräf·te *pl* ÖKON expansive forces **Auf·triebs·ten·denz** *f* ÖKON upward trend [*or* tendency]
Auf·tritt *m* ① *(Erscheinen)* appearance
② *(Erscheinen auf der Bühne)* entrance; ***ich habe meinen ~ erst im zweiten Akt*** I don't come [*or* go] on until the second act
③ *(Streit)* row; **unangenehme ~e** unpleasant scenes
④ BAU *(Treppe)* tread
auf|trump·fen *vi* ① *(seine Überlegenheit ausspielen)* to show sb what one is made of
② *(sich schadenfroh äußern)* to crow *pej*
auf|tun *irreg* **I.** *vr* ① *(geh: sich öffnen)* ■**sich** *akk* **[vor jdm]** ~ to open [up] [for [*or form* before] sb]; *Abgrund a.* to yawn before sb *liter*
② *(sich ergeben)* ■**sich** *akk* ~ to open up
II. *vt* ① *(sl: ausfindig machen)* ■**jdn/etw ~** to find sb/sth
② *(fam: servieren)* ■**jdm etw ~** to serve sb with sth; ***können Sie mir noch etwas ~?*** can I have some more?
III. *vi* ① *(veraltet geh: öffnen)* ■**jdm ~** to open the door for sb
② *(fam: Essen auflegen)* ■**jdm/sich ~** to put sth on sb's/one's plate, to help sb/oneself to sth
auf|tür·men I. *vt* ■**etw [auf etw** *akk***/in etw** *dat***] ~** to pile [*or* heap] up sth [on/in sth] *sep;* **Holz ~** to stack [up *sep*] [*or sep* pile up] wood
II. *vr (geh)* ① *(hoch aufragen)* ■**sich** *akk* **[vor jdm]** ~ to tower up [before [*or* in front of] sb]; *(bedrohlich)* to loom up [before [*or* in front of] sb]
② *(sich zusammenballen)* ■**sich** *akk* ~ to pile [*or* mount] up
auf|wa·chen *vi sein* to wake [up], to awake[n] *liter;* **aus einem Alptraum/einer Narkose ~** to start up from a nightmare/to come round from an anaesthetic [*or* AM anesthetic]
Auf·wach·raum *m (im Krankenhaus)* recovery room
auf|wach·sen [-ks-] *vi irreg sein* ■**[als etw] [auf etw** *dat***/in etw** *dat***] ~** to grow up [sth] [on/in sth]; ***er wuchs als Kind armer Eltern auf*** he grew up the son of poor parents
auf|wal·len *vi sein* ① *(leicht aufkochen)* to be brought to the [*or* AM *a.* a] boil; **etw ~ lassen** to bring sth to the boil
② *(geh: aufsteigen)* ■**in jdm ~** to surge [up] [with]in sb
Aufwal·lung *f* ■**eine ~ von etw** *dat* a surge of sth; **eine ~ von Hass/Wut** a wave of hate/fit of rage
Auf·wand <-[e]s> ['aufvant] *m kein pl* ① *(Einsatz)* expenditure *no pl;* **[zeitlicher] ~** time *no pl;* ***der ~***

war umsonst/das war ein unnützer ~ it was a waste of energy/money/time; **einen ~ an Energie/Geld/Material erfordern** to require a lot of energy/money/material[s]; ***das erfordert einen ~ von 21 Millionen Euro*** that will cost [*or* take] 21 million euros
② *(aufgewendeter Luxus)* extravagance; **[großen] ~ treiben** to be [very] extravagant, to live in [grand] style [*or* [great] luxury]

aufwändigRR I. *adj* ① *(teuer und luxuriös)* lavish, extravagant; **~es Material** costly material[s *pl*]; ■ **~ sein** to be lavish [*or* extravagant] [*or* costly]
② *(umfangreich)* costly, expensive
II. *adv* lavishly; **~ eingerichtet sein** to be fitted out luxuriously

Auf·wand-Nut·zen-Rech·nung *f* ÖKON costs-benefits evaluation

Auf·wands·ent·schä·di·gung *f* expense allowance **Auf·wands·fi·nan·zie·rung** *f* FIN cost financing **Auf·wands·rück·er·stat·tung** *f* FIN refund of expenses

Auf·wand·steu·er *f* FIN outlay [*or* AM use] tax

Auf·wands- und Er·trags·rech·nung *f* FIN account of receipts and expenditures *pl*

Auf·wand·zin·sen *pl* ÖKON interest *no pl* on expenditure

auf|wär·men I. *vt* ① *(wieder warm machen)* ■ **[jdm] etw ~** to heat up *sep* sth [for sb]
② *(fam: erneut zur Sprache bringen)* ■ **etw ~** to bring [*or fam* drag] [*or pej a.* rake] up sth *sep*
II. *vr* ■ **sich** *akk* **~** ① *(den Körper warm werden lassen)* to warm oneself [up]
② *(die Muskulatur auflockern)* to warm [*or* limber] up

auf|war·ten *vi (geh)* ① *(zu bieten haben)* ■ **mit etw** *dat* **~** to offer sth; **mit einer Überraschung ~** to come up with [*or* provide] a surprise
② *(vorsetzen)* ■ **[jdm] mit etw** *dat* **~** to serve [sb with] sth
③ *(veraltend: bedienen)* ■ **jdm ~** to serve [*or* wait on] sb

auf·wärts ['aufvɛrts] *adv* ① *(nach oben)* up[ward[s]]; **den Fluss ~** upstream; ■ **von etw** *dat* **[an] ~** from sth upward[s]
② *(bergauf)* uphill

Auf·wärts·be·we·gung *f* ① *(räumlich)* upward movement
② ÖKON *der Konjunktur* upward trend [*or* movement]

auf·wärts|bie·genRR *vr irreg* ■ **sich ~** to curl up; ***die Ecken haben sich aufwärtsgebogen*** the corners have curled up

Auf·wärts·ent·wick·lung *f* upward trend (*+gen* in)

auf·wärts|ge·henRR *vi impers, irreg sein* ■ **es geht [mit jdm/etw] aufwärts** *(Fortschritte machen)* things are looking up [for sb]/looking up [*or* getting better] [*or* improving] [for sth]; ■ **es geht [mit jdm] aufwärts** *(sich gesundheitlich erholen)* sb is doing [*or* getting] better

auf·wärts·ge·rich·tetRR *adj* upward[s]

Auf·wärts·ha·ken *m* uppercut; **einen ~ unter dem [*o* das] Kinn landen** to land an uppercut on sb's chin

auf·wärts·kom·pa·ti·bel *adj* INFORM upward compatible

Auf·wärts·kom·pa·ti·bi·li·tät *f* INFORM upward compatibility

auf·wärts|rich·tenRR *vt* ■ **etw ~** to direct sth upwards

Auf·wärts·ten·denz *f*, **Auf·wärts·trend** *m* upward trend [*or* tendency]

auf·wärts|zei·gen *vi* to point up[ward[s]]; *Konjunktur* to be on the upswing

Auf·war·tung *f* ■ **jdm seine ~ machen** *(veraltet geh)* to visit [*or* call [in] on] [*or old* wait on] sb

Auf·wasch <-s> ['aufvaʃ] *m kein pl* DIAL *(Abwasch)* washing-up
▶WENDUNGEN: **das geht in einem ~** *(fam)* we can do all that in one go, that will kill two birds with one stone

auf|wa·schen *vt irreg* DIAL *(abwaschen)* to wash [*or* do] the dishes, BRIT *a.* to wash up
▶WENDUNGEN: **das ist [dann] ein A~** *(fam)* [that way] we can kill two birds with one stone

auf|we·cken *vt* ■ **jdn ~** to wake [up *sep*] sb; ***um wie viel Uhr soll ich dich ~?*** at what time shall I wake you?; **unsanft aufgeweckt werden** to be rudely awoken

auf|wei·chen I. *vt haben* ① *(morastig machen)* ■ **etw ~** to make sth sodden [*or* soggy]; ■ **aufgeweicht** sodden, soaked, soggy
② *(weich machen)* ■ **[jdm/sich] etw ~** to soak [one's] sth/sth [for sb]
③ *(geh: lockern)* ■ **etw ~** to weaken [*or* undermine] sth; **eine Doktrin ~** to water down *sep* a doctrine
II. *vi sein* ① *(morastig werden)* to become [*or* get] sodden [*or* soggy]
② *(geh: sich lockern)* to be weakened [*or* undermined]; *Doktrin* to become watered down

auf|wei·sen *vt irreg* ① *(erkennen lassen)* ■ **etw ~** to show sth; ***das Auto wies einige Kratzer auf*** the car had a number of scratches; ***die Patientin wies einige blaue Flecke auf*** the patient exhibited some bruising
② *(durch etw gekennzeichnet sein)* ■ **etw ~** to contain sth; **viele Irrtümer/orthographische Fehler ~** to be riddled with [*or* full of] mistakes/misspellings
③ *(über etw verfügen)* ■ **etw aufzuweisen haben** to have sth to show [for oneself]

auf|wel·len *vt* KOCHK to heat gently *(in a liquid)*

auf|wen·den *vt irreg o reg* ■ **etw ~** ① *(einsetzen)* to use sth; **viel Energie ~, etw zu tun** to put a lot of energy into doing sth; **viel Mühe ~, etw zu tun** to take a lot of trouble [*or* great pains] doing sth; **viel Zeit ~, etw zu tun** to spend a lot of time doing sth
② *(ausgeben)* to spend [*or* expend] sth; **die aufgewendeten Mittel** expenditure *no pl*

auf·wen·dig I. *adj* ① *(teuer und luxuriös)* lavish, extravagant; **~es Material** costly material[s *pl*]; ■ **~ sein** to be lavish [*or* extravagant] [*or* costly]
② *(umfangreich)* costly, expensive
II. *adv* lavishly; **~ eingerichtet sein** to be fitted out luxuriously

Auf·wen·dung <-, -en> *f* ① *kein pl (das Aufwenden)* spending *no pl, no indef art; von Energie, Zeit* expending *no pl, no indef art*
② *pl (Ausgaben)* expenditure *no pl, no indef art,* expenses *pl;* **außerordentliche ~en** below-the-line expenditure; **betriebliche ~en** operating expenses; **laufende ~en** current expenditure

Auf·wen·dungs·an·spruch *m* JUR right of indemnity

Auf·wen·dungs·er·satz *m* FIN reimbursement of expenses **Auf·wen·dungs·er·satz·an·spruch** *m* JUR claim for compensation of expenses **Auf·wen·dungs·er·satz·pflicht** *f* JUR duty to refund expenses

auf|wer·fen *irreg* I. *vt* ■ **etw ~** ① *(zur Sprache bringen)* to raise [*or sep* bring up] sth
② *(aufhäufen)* to build [up *sep*] [*or sep* throw up] sth; **Erde ~** to throw on *sep* soil
II. *vr* ■ **sich** *akk* **zu etw** *dat* **~** to set oneself up as sth; **sich** *akk* **zum Richter ~** to set oneself up as judge

auf|wer·ten I. *vt* ① *(im Wert erhöhen)* ■ **etw [um etw** *akk*] **~** to revalue sth [by sth]
② *(höher werten)* ■ **etw ~** to increase the value of sth; **sein Ansehen ~** to raise [*or* enhance] one's status; **eine Rolle ~** to raise [*or* enhance] the status of a role
II. *vi* to revalue [its currency]

Auf·wer·tung <-, -en> *f* ① *(das Aufwerten)* revaluation (**um** *+dat* by)
② *(höhere Bewertung)* enhancement

auf|wi·ckeln *vt* ■ **etw ~** ① *(aufrollen)* to roll up sth *sep;* **Haare ~** to put curlers in one's hair
② *(auseinanderwickeln)* to unwind sth; **einen Verband ~** to take off a bandage

auf|wie·geln ['aufvi:gl̩n] *vt* ■ **jdn ~** to stir up sb *sep;* **Leute gegeneinander ~** to set people at each other's throats; **das Volk ~** to stir up the people *form;* **die aufgewiegelte Bevölkerung** the popular uprising; **jdn zum Streik/Widerstand ~** to incite sb to strike/resist

auf|wie·gen *vt irreg* ■ **etw ~** to compensate [*or* make up] for sth; ***sie ist nicht aufzuwiegen*** she can't be bought for all the money in the world

Auf·wieg·ler(in) <-s, -> *m(f) (pej)* rabble-rouser *pej*

Auf·wind *m* ① *kein pl (Aufschwung)* impetus *no pl;* **ein konjunktioneller ~** an economic upswing; **[neuen] ~ bekommen** to be given [*or* gain] fresh impetus; **im ~ sein** to be on the way up; **etw** *dat* **neuen ~ verschaffen** to give fresh impetus to sth, to provide sb with fresh impetus
② LUFT upcurrent, updraught BRIT, updraft AM

auf|wir·beln I. *vi sein* to swirl [*or* whirl] up
II. *vt haben* ■ **etw ~** to swirl [*or* whirl] up sth *sep;* **Staub ~** to raise [*or sep* swirl [*or* whirl] up] dust

auf|wi·schen I. *vt* ■ **etw ~** ① *(entfernen)* to wipe up sth *sep; (mit Mopp a.)* to mop up sth *sep;* **etw vom Boden ~** to wipe/mop up *sep* sth off the floor
② *(reinigen)* to wipe sth; *(mit Mopp a.)* to mop sth
II. *vi* to wipe [*or* mop] the floor[s]; **in der Küche ~** to wipe/mop the kitchen floor

auf|wüh·len *vt* ① *(aufwerfen)* ■ **etw ~** to churn [up *sep*] sth; ■ **aufgewühlt** churned [up]; **die aufgewühlte See** the churning sea; ■ **aufgewühlt sein** to be churned up; *See* to be churning
② *(geh: stark bewegen)* ■ **jdn [innerlich] ~** to stir up *sep* [*or* shake [up *sep*]] sb; ■ **~d** stirring; *(stärker)* devastating; ■ **aufgewühlt** agitated, in a turmoil *pred; (stärker)* turbulent

auf|zäh·len *vt* ■ **[jdm] etw ~** to list [*or form* enumerate] sth [for sb], to give [sb] a list of sth; **jdm seine ganzen Fehler ~** to tell sb all his faults, to count off *sep* all his faults; **[jdm] Gründe/Namen ~** to give [sb] reasons/names, to list reasons/names for sb

Auf·zah·lung <-, -en> *f* ÖSTERR, SCHWEIZ *(Aufpreis)* additional charge

Auf·zäh·lung <-, -en> *f* list; *von Gründen, Namen a.* enumeration

auf|zäu·men *vt* ■ **etw ~** to bridle sth; **etw von hinten [*o* verkehrt herum] aufzäumen** *(fig fam)* to set [*or* go] about sth the wrong way

auf|zeh·ren I. *vt (geh)* ■ **etw ~** to consume sth; *(fig: Vorräte aufbrauchen)* to exhaust [*or* consume] sth
II. *vr* ■ **sich** *akk* **[innerlich] ~** to burn oneself out; **sich** *akk* **vor Gram ~** to be consumed with sorrow [*or* grief]

auf|zeich·nen *vt* ① *(aufnehmen)* ■ **etw [auf etw** *akk*] **~** to record sth [on sth]; **etw auf Tonband ~** to tape sth, to record sth on tape; FILM *a.* to can sth *sl;* **etw mit dem Videorekorder ~** to video [*or* tape] sth
② *(als Zeichnung erstellen)* ■ **[jdm] etw [auf etw** *akk*] **~** to draw [*or* sketch] sth [on sth] [for sb]; ■ **jdm ~, wie ...** to draw [*or* sketch] sb a picture showing how ...
③ *(notieren)* ■ **etw ~** to note [down *sep*] sth

Auf·zeich·nung *f* ① *(das Aufzeichnen)* recording *no pl, no indef art; (auf Band a.)* taping *no pl, no indef art; (auf Videoband a.)* videoing *no pl, no indef art;* INFORM **~ der Daten** logging of data
② *(Zeichnung)* drawing, sketch
③ *meist pl (Notizen)* notes

Auf·zeich·nungs·dich·te *f* INFORM packaging [*or* storage] density; **einseitige/zweiseitige ~** single-sided/double-sided density **Auf·zeich·nungs·pflicht** *f* JUR legal obligation to keep [books and] records

auf·zeich·nungs·pflich·tig *adj* JUR liable to be recorded

auf|zei·gen *vt* ■ **[jdm] [an etw** *dat*] **~, dass/wie ...** to show [sb] [using sth] that/how ...; *(nachweisen a.)* to demonstrate [to sb] [using sth] that/how ...

auf|zie·hen *irreg* I. *vt haben* ① *(durch Ziehen öffnen)* ■ **etw ~** to open sth; **einen Reißverschluss ~** to undo a zip; **eine Schleife/seine Schnürsenkel ~** to untie [*or* undo] a bow/one's laces; **die Vorhänge ~** to draw back *sep* [*or* open] the curtains

❷ *(herausziehen)* ■**etw** ~ to open [*or sep* pull open] sth
❸ *(aufkleben)* ■**etw** [**auf etw** *akk*] ~ to mount sth [on sth]
❹ *(befestigen und festziehen)* ■**etw** ~ to fit sth; **Reifen** ~ to fit [*or* mount] [*or sep* put on] tyres [*or* AM tires]; **Saiten/neue Saiten auf eine Gitarre** ~ to string/restring a guitar; *s. a.* **Saite**
❺ *(spannen)* ■**etw** ~ to wind up sth *sep*
❻ *(großziehen)* ■**jdn/etw** ~ to raise [*or* rear] sb/sth, to bring up *sep* sb
❼ *(kultivieren)* ■**etw** ~ to cultivate [*or* grow] sth
❽ *(fam: verspotten)* ■**jdn** [**mit etw** *dat*] ~ to tease sb [about sth], to make fun of sb['s sth]
❾ *(veranstalten)* ■**etw** ~ to set up sth *sep;* **ein Fest** [**ganz groß**] ~ to arrange a celebration [in grand style]
❿ *(fam: gründen)* ■**etw** ~ to start [*or* set] up sth *sep*
⓫ *(hochziehen)* ■**etw** ~ to hoist sth; **die Segel** ~ to hoist [*or* raise] the sails
⓬ *(durch Einsaugen füllen)* ■**etw** [**mit etw** *dat*] ~ to fill [*or* charge] sth [with sth]; ■**etw** ~ to draw up sth *sep*
II. *vi sein* ❶ *(sich nähern)* to gather, to come up
❷ *(aufmarschieren)* ■[**vor etw** *dat*] ~ to march up [in front of sth]; *Wache* to mount guard [in front of sth]

auf|zin·sen ['auftsɪnzn̩] *vt* FIN ■**etw** ~ to accumulate sth

Auf·zin·sung <-, -en> *f* ÖKON accumulation

Auf·zucht *f kein pl* ❶ *(das Großziehen)* raising *no pl, no indef art,* rearing *no pl, no indef art*
❷ *(aufgezogene Jungpflanzen)* cultivated plants *pl*
❸ *(aufgezogene Jungtiere)* young breed

Auf·zug[1] *m* ❶ *(Fahrstuhl)* lift BRIT, elevator AM; *(für Speisen)* dumb waiter; ~ **fahren** to take [*or* go in] the lift
❷ *(Festzug)* procession
❸ *kein pl (das Aufmarschieren)* parade
❹ *kein pl (das Nahen)* gathering *no pl, no indef art*
❺ *(Akt)* act

Auf·zug[2] *m kein pl (pej fam)* get-up *fam*

Auf·zug·füh·rer(in) *m(f)* lift [*or* AM elevator] operator, BRIT *a.* liftman

Auf·zugs·schacht *m* BAU hoistway, elevator shaft

auf|zwin·gen *irreg* **I.** *vt* ❶ *(gewaltsam auferlegen)* ■**jdm etw** ~ to force sth on sb; **jdm seinen Willen** ~ to impose [*or* force] one's will on sb; **jdm Geschlechtsverkehr** ~ to force sb into [*or* to have] sex
❷ *(gewaltsam öffnen)* ■**etw** [**mit etw** *dat*] ~ to force [*or* BRIT prise] [*or* AM prize] open sth [with sth] *sep;* **etw mit einer Brechstange** ~ to jemmy [*or* AM jimmy] open sth *sep;* **etw mit Gewalt** ~ to force open sth *sep*
❸ *(aufdrängen)* ■**jdm etw** ~ to force sth on sb, to force sb to accept [*or* into accepting] sth
II. *vr* ■**sich** *akk* **jdm** ~ to force itself on sb; *Gedanke* to strike sb forcibly

Aug·ap·fel ['aukʔapfl] *m* eyeball, ocular globe *spec;* **jdn/etw wie seinen** ~ **hüten** to cherish sb/sth like life itself

Au·ge <-s, -n> ['augə] *nt* ❶ *(Sehorgan)* eye; ***er hat eng stehende ~n*** his eyes are too close together; ***mir wurde schwarz vor ~n*** everything went black, I blacked out; ***der würde ich am liebsten die ~n auskratzen!*** *(fam)* I'd like to scratch her eyes out! *fam;* **die ~n aufmachen** [*o* **aufsperren**] [*o* **auftun**] *(a. fig fam)* to open one's eyes *a. fig;* **auf einem ~ blind sein/schielen** to be blind/to have a squint in one eye; **mit den ~n blinzeln** [*o* **zwinkern**] to blink [*or* wink]; **mit bloßem** [*o* **nacktem**] ~ with the naked eye; **etw im ~ haben** to have [got] sth in one's eye; **sich** *dat* **die ~n reiben** to rub one's eyes; *(nach dem Schlaf a.)* to rub the sleep from one's eyes;**mit den ~n rollen** to roll one's eyes; **die ~n schließen** to close one's eyes; *(geh: einschlafen)* to fall asleep; **für immer die ~n schließen** *(euph geh)* to pass away [*or* on] *euph;* **jdm schwimmt alles vor den ~n** sb feels giddy [*or* dizzy]; **jdm in die ~n sehen** [*o* **schauen**] to look into sb's eyes; **etw mit** [**seinen**] **eigenen ~n gesehen haben** to have seen sth with one's own eyes; [**sich** *dat*] **die** [*o* **seine**] **~n untersuchen lassen** to have one's eyes tested; **jds ~n tränen, jdm tränen die ~n** sb's eyes are watering; **mit verbundenen ~n** blindfolded; *(fig)* blindfold; **jdm jeden Wunsch an** [*o* **von**] **den ~n ablesen** to anticipate sb's every wish
❷ *(Blick)* eye; ***geh mir aus den ~n!*** get out of my sight [*or fam* face]!; ***man muss seine ~n überall haben*** you need eyes in the back of your head; ***ich kann meine ~n nicht überall haben*** *(fam)* I can't look [*or* be] everywhere at once; [***die***] ***~n links/rechts!*** MIL eyes left/right!; **vor aller ~n** in front of everybody; **jdn/etw im ~ behalten** to keep an eye on sb/sth; *(fig: sich vormerken)* to keep [*or* bear] sb/sth in mind; **was fürs ~ sein** *(fam)* to look good; *(unerwartet)* to be a sight for sore eyes *fam;* **nur** [**was**] **fürs ~ sein** *(fam)* to be good to look at but not much else; **jdn/etw im ~ haben** *(a. fig)* to have one's eye on sb/sth *a. fig;* **ein ~ auf jdn/etw haben** to keep an eye on sb/sth; **nur ~n für jdn haben** to only have eyes for sb; **jdn nicht aus den ~n lassen** to not let sb out of one's sight, to keep one's eyes riveted on sb; **ein ~ riskieren** *(fam)* to risk a glance [*or* peep], to have [*or* take] a peep; **ins/jdm ins ~ springen** [*o* **fallen**] [*o* **stechen**] to catch the/sb's eye; **es springt** [*o* **fällt**] [**einem gleich**] **ins ~, wie/dass ...** it is glaringly obvious how/that ...; **etw/jdn aus den ~n verlieren** to lose sight of sth/sb; **etw aus den ~n verlieren** *(fig)* to loose track of sth; **jdn aus den ~ verlieren** *(fig)* to lose contact [*or* touch] with sb; ***nach dem Studium haben wir uns leider aus den ~n verloren*** after university we sadly lost touch with each other [*or* lost contact]; **unter jds** *dat* **~n** before sb's very eyes, under sb's very nose
❸ *(Bewusstsein, Vorstellung)* **etw noch deutlich** [*o* **genau**] [*o* **lebhaft**] **vor ~n haben** to remember sth clearly [*or* vividly]; **jdm etw vor ~n führen** to make sb aware of sth; ***keiner von euch führt sich vor ~n, warum/wie/dass ...*** none of you is aware of why/of how/of the fact that ...; **sich** *dat* **etw vor ~n führen** to become aware of sth; ***das muss man sich mal vor ~n führen!*** just imagine it!; **vor jds geistigem** [*o* **innerem**] ~ in sb's mind's eye; **etw schwebt** [*o* **steht**] **jdm vor ~n** sb can picture sth vividly; **sehenden ~s** *(geh)* with open eyes, with one's eyes open
❹ *(Sehvermögen)* eye; ***ich habe doch ~n im Kopf!*** *(fam)* I know what I saw!; ***hast du/haben Sie keine ~n im Kopf?*** *(fam)* haven't you got any eyes in you head? *fam,* use your eyes!; ***ich hab doch hinten keine ~n!*** *(fam)* I don't have eyes in the back of my head! *fam;* ***ich traute meinen ~n nicht!*** I couldn't believe my eyes [*or* what I was seeing]!; ***ihren scharfen ~n war nichts entgangen*** her sharp eyes had missed nothing; ***als Chirurg braucht er ein sicheres ~ und eine ruhige Hand*** as a surgeon he needs a good eye and a steady hand; **gute/schlechte ~n** [**haben**] [to have] good/poor eyes; **~n wie ein Luchs haben** to have eyes like a hawk, to be eagle-eyed; *(alles merken a.)* to not miss a thing; **ein sicheres ~ für etw** *akk* **haben** to have a good eye for sth; **so weit das ~ reicht** as far as the eye can see
❺ *(Sichtweise)* eye; **jdn/etw mit anderen ~n** [**an**]**sehen** to see sb/sth in a different [*or* in another] light; **etw mit fachmännischem ~ besehen** to examine sth with the eye of an expert; **etw mit kritischem ~ betrachten** to view sth with a critical eye; **jdm die ~n** [**über etw** *akk*] **öffnen** to open sb's eyes [to sth]; **in jds** *dat* **~n** in sb's eyes view; ***in den ~n der Leute/Öffentlichkeit*** in the eyes of most people/the public; ***in meinen ~n kann er nichts falsch machen*** he can do no wrong in my eyes, as I see it, he can do no wrong; ***in den ~n seiner Kollegen ist er ein Exzentriker*** in the eyes of his colleagues he is an eccentric
❻ *(Würfelpunkt)* pip; **vier ~n werfen** to throw a four; ***wie viele ~n hat er geworfen?*** what has he thrown?
❼ BOT bud; *der Kartoffel* eye
❽ *(Fett)* drop [*or* globule] of fat; ***in diese Suppe schauen mehr ~n hinein als heraus*** *(hum fam)* this soup is rather thin
❾ *(Zentrum)* eye; **das ~ des Wirbelsturms** the eye of the hurricane
❿ NAUT *(Schlinge)* eye
⓫ ELEK, RADIO **magisches ~** magic eye
▸ WENDUNGEN: **jdm gehen die ~n auf** sb opens their eyes *fig;* ***jetzt gehen mir die ~n auf!*** now I'm beginning to see the light!; ***dir werden die ~n schon noch aufgehen!*** you are in for a rude awakening!; **sich** *dat* **die ~n nach jdm/etw ausgucken** *(fam)* to look everywhere for sb/sth, to hunt high and low for sth; **mit einem blauen ~ davonkommen** *(fam)* to get off lightly; **etw nicht nur blauer** [*o* **schöner**] **~n willen tun** to not just do sth for the sake of sb's pretty face *fam;* **da blieb kein ~ trocken** *(hum fam)* there wasn't a dry eye in the place *fam;* **jdm jdn/etw aufs ~ drücken** *(fam)* to force [*or* impose] sb/sth on sb; **etw ins ~ fassen** to contemplate sth; [**es**] **ins ~ fassen, etw zu tun** to contemplate doing sth; **jdm gehen die ~n über** sb's eyes are popping out of their head; **jd guckt sich** *dat* **die ~n aus dem Kopf** *(fam)* sb's eyes are popping out of their head [*or* are coming out on stalks] *fam;* **das ~ des Gesetzes** *(hum)* the [arm of the] law + *sing/pl vb;* **jds** [*o* **die**] **~n sind größer als der Mund** sb's eyes are bigger than her/his stomach; **jdn mit** [*o* **aus**] **großen ~n ansehen** [*o* **anschauen**] to look at sb wide-eyed; **~ in ~** face to face; [**große**] **~n machen** to be wide-eyed [*or* BRIT *a. fam* gobsmacked]; ***da machst du ~n, was?*** that's got you, hasn't it? *fam;* **die ~n offen haben** [*o* **halten**] to keep one's eyes open [*or fam* skinned] [*or fam* peeled]; **mit offenen ~n schlafen** to daydream; **jdm sieht die Dummheit aus den ~n** sb's stupidity is plain to see; **jdm sieht der Schalk aus den ~n** sb [always] has a roguish [*or* mischievous] look on their face; **aus den ~n, aus dem Sinn** *(prov)* out of sight, out of mind *prov;* **die ~n vor etw** *dat* **verschließen** to close [*or* shut] one's eyes to sth; **unter vier ~n** in private; *(unter uns a.)* between ourselves; **ein Gespräch unter vier ~n** a private conversation; **der Wahrheit ins ~ sehen** to face up to the truth; **ein ~ auf jdn/etw geworfen haben** to have one's eye on sb/sth; **~ um ~, Zahn um Zahn** an eye for an eye and a tooth for a tooth; **~n zu und durch** *(fam)* take a deep breath [*or* grit your teeth] and get to it *fam;* [**bei etw** *dat*] **ein ~** [*o* **beide ~n**] **zudrücken** to turn a blind eye [to sth]; **kein ~ zutun** *(fam)* to not sleep a wink [*or* get a wink of sleep]

äu·gen ['ɔygn̩] *vi (veraltet fam)* to look

Au·gen·arzt, -ärz·tin *m, f* eye specialist, ophthalmologist *spec* **au·gen·ärzt·lich I.** *adj attr* ophthalmological *spec;* **~e Behandlung** eye [*or spec* ophthalmic] treatment; **~e Beratung** advice from an eye specialist [*or spec* ophthalmologist]; **das ~e Gebiet** the field of ophthalmology *spec* **II.** *adv* ❶ *(durch einen Augenarzt)* by an eye specialist [*or spec* ophthalmologist] ❷ *(hinsichtlich der Augenheilkunde)* for the field of ophthalmology *spec* **Au·gen·auf·schlag** *m* look **Au·gen·bank** *f* eyebank **Au·gen·be·las·tung** *f* eye strain **Au·gen·be·schwer·den** *pl* eye complaints *pl,* eye problems *pl*

Au·gen·blick ['augn̩blɪk] *m* ❶ *(kurze Zeitspanne)* moment; ***es dauert nur einen ~*** it won't take a minute; ***wenn Sie einen ~ Zeit haben, ...*** if you could spare a moment ...; **im ersten ~** for a moment, at first; **im letzten ~** at the [very] last moment, in the nick of time; **im nächsten ~** the [very] next moment; **in einem ~** [with]in a moment; **alle ~e** constantly, all the time; **etw alle ~e tun** to keep on doing sth; **einen ~**[**, bitte**]! one moment [please]!; **jeden ~** any time [*or* minute] [*or* moment] [now]; **keinen ~ zögern** to not hesitate for a moment; **~ mal!** *(he)* just a minute! [*or* second] [*or fam* sec], hang on! [*or* BRIT *a.* about] *fam; (ach ja)* wait a minute [*or* second] [*or fam* sec], hang on *fam*
❷ *(Zeitpunkt)* instant, moment; **der ~ der Wahr-**

heit the moment of truth; **der passende** [*o* **richtige**] ~ the right moment; **im passenden** [*o* **richtigen**] ~ at the right moment; **im** ~ at present [*or* the moment]; **in diesem** ~ at that/this moment; **in einem schwachen** ~/~ **der Schwäche** in a moment of weakness

au·gen·blick·lich ['aug̯n̩blɪklɪç] **I.** *adj* ❶ *(sofortig)* immediate
❷ *(derzeitig)* present, current; **die** ~**e Lage** the present [*or* current] situation, the situation at the moment
❸ *(vorübergehend)* temporary; **eine** ~**e Modeerscheinung** a short-lived fashion, a fad *pej fam*
❹ *(einen Augenblick dauernd)* momentary
II. *adv* ❶ *(sofort)* immediately; *(herausfordernd)* at once, this minute
❷ *(zurzeit)* at present, at the moment

Au·gen·blin·zeln *nt kein pl* blink; *(mit einem Auge)* wink **Au·gen·boh·ne** *f* black-eyed bean

Au·gen·braue *f* eyebrow, supercilium *spec;* **buschige** ~**n** bushy eyebrows; [**sich** *dat*] **die** ~**n zupfen** to pluck one's eyebrows; **die** ~**n hochziehen** to raise one's eyebrows

Au·gen·brau·en·bo·gen *m* curve of the eyebrow **Au·gen·brau·en·fär·ben** <-s> *nt kein pl* eyebrow tinting **Au·gen·brau·en·stift** *m* eyebrow pencil **Au·gen·brau·en·zup·fen** <-s> *nt kein pl* eyebrow plucking

Au·gen·ent·span·nung *f* relaxation of the eyes **Au·gen·ent·zün·dung** *f* inflammation of the eye **Au·gen·er·kran·kung** *f* eye disease

au·gen·fäl·lig *adj* obvious, evident; ■[**jdm** [*o* **für jdn**]] ~ **sein** to be obvious [*or* evident] [to sb]

Au·gen·far·be *f* colour [*or* AM -or] of [one's] eyes **Au·gen·flim·mern** *nt* flickering before the eyes **Au·gen·heil·kun·de** *f* ophthalmology *spec* **Au·gen·hö·he** *f* ■**in** ~ at eye level **Au·gen·höh·le** *f* [eye] socket, orbit[al cavity] *spec* **Au·gen·klap·pe** *f* eye-patch; ■~**n** *(für Pferd)* blinkers *pl* BRIT, blinders *pl* AM **Au·gen·kli·nik** *f* eye clinic **Au·gen·kon·takt** *m kein pl* eye contact **Au·gen·kon·tu·ren·cre·me** *f* eye contour cream **Au·gen·krank·heit** *f* eye disease **Au·gen·licht** *nt kein pl (geh)* [eye]sight *no pl, no art;* **das** [*o* **sein**] ~ **verlieren** to lose one's [eye]sight **Au·gen·lid** *nt* eyelid

Au·gen-Make-up [-meːkʔap] *nt* eye make-up **Au·gen-Make-up-Ent·fer·ner** [-meːkʔap-] *m* eye make-up remover

Au·gen·maß *nt kein pl* ❶ *(Fähigkeit, Entfernungen abzuschätzen)* eye for distance[s]; [**ein**] **gutes**/[**ein**] **schlechtes** ~ **haben** to have a good/no [*or* a poor] eye for distance[s]; **ein** ~ **für etw** *akk* **haben** to have an eye for sth; **nach** ~ by eye
❷ *(Gabe der Einschätzung)* perceptiveness; ~ **haben** to be able to assess [*or* gauge] things [*or* situations]; **ein** ~ **für etw** *akk* **haben** to have an eye for sth

Au·gen·merk <-s> *nt kein pl (Aufmerksamkeit)* attention *no pl, no art;* ***ich bitte für einen Augenblick um Ihr ~!*** could I have your attention please!; **mit gespanntem** ~ with rapt attention; **jds** ~ **auf etw** *akk* **lenken** [*o* **richten**] to direct [*or* draw] sb's attention to sth

Au·gen·nerv *m* optic nerve **Au·gen·ope·ra·ti·on** *f* eye operation **Au·gen·op·ti·ker(in)** *m(f) (geh) s.* **Optiker** **Au·gen·rän·der** *pl* rims of the/one's eyes; ***seine ~ waren gerötet*** his eyes were red-rimmed **Au·gen·rin·ge** *pl* rings under one's/the eyes *pl; (als Maske)* rings [a]round one's/the eyes *pl* **Au·gen·sal·be** *f* eye ointment **Au·gen·schat·ten** *pl* shadows *pl* under [*or* [a]round] one's/the eyes

Au·gen·schein *m kein pl* ❶ *(Anschein)* appearance; **den** ~ **haben** to look like it; **den** ~ **haben, als ob ...** to appear [*or* look] as if/though ...; **nach dem/nach bloßem** ~ **urteilen** to judge by appearances [alone]; **dem** ~ **nach** by all [*or* to judge by] appearances; **der** ~ **kann trügen** looks can be [*or* are] deceptive; **jdn/etw in** ~ **nehmen** to look closely [*or* have a close look] at sb/sth
❷ SCHWEIZ *(Lokaltermin)* visit to the scene of the crime

au·gen·schein·lich ['aug̯n̩ʃainlɪç] **I.** *adj* obvious, evident; ■~ **sein, dass ...** to be obvious [*or* evident] that ...
II. *adv* obviously, evidently

Au·gen·scheins·be·weis *m* JUR ostensible evidence **Au·gen·scheins·ein·nah·me** *f* JUR inspection by the court

Au·gen·trop·fen *pl* eye drops *npl* **Au·gen·trost** *m* BOT eyebright, euphrasy **Au·gen·übung** *f* exercise for the eyes **Au·gen·ver·ät·zung** *f* cauterization of the eye **Au·gen·ver·let·zung** *f* eye injury **Au·gen·wei·de** *f* feast [*or* treat] for one's [*or* the] eyes; *(unerwartet)* sight for sore eyes *fam;* **nicht gerade eine** ~ a bit of an eyesore **Au·gen·wim·per** *f* **künstliche** ~**n** false eyelashes **Au·gen·win·kel** *m* corner of one's/the eye; **aus dem** [*o* **einem**] ~ from [*or* out of] the corner of one's eye **Au·gen·wi·sche·rei** <-, -en> *f (pej)* eyewash *no pl, no indef art* **Au·gen·zahl** *f* number of points

Au·gen·zeu·ge, -zeu·gin *m, f* eyewitness; ■~ **sein**[**, wie ...**] to be an eyewitness, to witness how ...; ■~ **bei etw** *dat* **sein** to be an eyewitness to sth **Au·gen·zeu·gen·be·richt** *m* eyewitness account; **nach** ~**en** [*o* ~**en zufolge**] according to eyewitness accounts

Au·gen·zwin·kern *nt kein pl* blinking *no pl, no indef art; (mit einem Auge)* winking *no pl, no indef art* **au·gen·zwin·kernd** *adv* with a wink; ***sie sahen sich ~ an*** they winked at each other; **jdm etw** ~ **zu verstehen geben** to give sb to understand sth with a wink

Au·gi·as·stall [au̯'giːas-] *m kein pl (pej geh)* dunghill, Augean stables *pl,* Sodom *pej liter*

Au·gur <-s *o* -guren, -guren> ['aug̯ʊr, *pl* au̯'guːrən] *m* ❶ HIST augur, auspex *spec*
❷ *(geh: Prophet)* augur, prophet

Au·gust¹ <-[e]s, -e> [au̯'gʊst] *m* August; *s. a.* **Februar**

Au·gust² <-s> ['au̯gʊst] *m kein pl* Augustus; **der dumme** ~ *(veraltend)* the clown, August[e] *spec;* **den dummen** ~ **spielen** to act [*or* play] the clown [*or* fool]

Au·gust·fei·er *f* SCHWEIZ *public holiday celebrated on the evening of 1 August*

Au·gus·ti·ner <-s, -> [au̯gʊs'tiːnɐ] *m,* **Au·gus·ti·ner·mönch** *m* Augustinian, Augustinian [*or* Augustine] monk

Auk·ti·on <-, -en> [au̯k'tsi̯oːn, *pl* -'tsi̯oːnən] *f* auction

Auk·ti·o·na·tor, Auk·ti·o·na·to·rin <-s, -toren> [au̯ktsi̯o'naːtoːɐ̯, -'toːrɪn, *pl* -'toːrən] *m, f* auctioneer

Auk·ti·ons·haus *nt* auctioneers *pl,* auction house **Auk·ti·ons·pha·se** *f* auction phase

Au·la <-, Aulen> ['au̯la, *pl* 'au̯lən] *f* [assembly] hall

Au-pair-Mäd·chen [o'pɛːɐ̯-] *nt* au pair [girl]; **als** ~ **arbeiten** to [work as an] au pair **Au-pair-Stel·le** [o'pɛːɐ̯-] *f* au-pair job, job as an au pair

Au·ra <-> ['au̯ra] *f kein pl (geh)* aura; **eine geheimnisvolle** ~ an aura of mystery

Au·ri·kel <-, -n> [au̯'riːkl̩] *f* BOT auricula, bear's-ear

aus [au̯s] **I.** *präp + dat* ❶ *(von innen nach außen)* out of, out *fam;* ***das Öl tropfte ~ dem Fass/Ventil*** the oil was dripping from the barrel/from the valve; ~ **etw** *dat* **heraus** out of sth; ~ **dem Fenster schauen** to look out of the window; ~ **dem Haus gehen** to leave the house; ~ **etw** *dat* **hinausgehen** to leave sth
❷ *(ein Behältnis, die Quelle bezeichnend)* out of, from; ~ **der Flasche trinken** to drink from [*or* out of] the bottle; **etw** ~ **etw** *dat* **herausfiltern** to filter sth out of sth; **etw** ~ **der Verpackung** [**heraus**]**nehmen** to take something out of the package; **etw** ~ **der Zeitung herausschneiden** to cut sth out of [*or* from] the newspaper; **Zigaretten** ~ **dem Automaten** cigarettes from a machine
❸ *(weg von)* out of; ***geh mir ~ dem Blick/Weg!*** get out of my sight/way; **etw** ~ **dem Weg räumen** to remove sth
❹ *(vor)* out of, for; ~ **Angst** for [*or* out of] fear; **etw** ~ **Angst vor jdm/etw tun** to do sth for fear of sb/sth; ***~ Angst vor Strafe lief er davon*** fearing punishment he ran away; ~ **Angst davor, dass ...** fearing that ...; ~ **Dummheit/Eifersucht/Habgier** out of stupidity/jealousy/greed; ***warum redest du nur so einen Quatsch, wahrscheinlich nur ~ Dummheit!*** why are you talking such rubbish? you're probably just being stupid!; **ein Mord** ~ **Eifersucht/Habgier** a murder fuelled by jealousy/hatred; ~ **einer Eingebung/Laune heraus** on [an] inspiration/impulse, on a whim; ~ **Hass/Verzweiflung** out of hatred/desperation; ***dieser Selbstmord geschah ~ Verzweiflung*** this suicide was an act of despair; **etw** ~ **Liebe tun** to do sth for love; **ein Mord** [*o* **Verbrechen**] ~ **Leidenschaft/Liebe** a crime of passion; ~ **niedrigen Motiven** for base motives; ~ **Unachtsamkeit** due to carelessness; ***pass doch auf, du wirfst sonst noch ~ Unachtsamkeit die Kanne um!*** look out, else you'll knock over the can in your carelessness
❺ *(von)* from; **jdn/etw** ~ **etw** *dat* **ausschließen** to exclude sb/sth from sth
❻ *(die Herkunft bezeichnend)* from; **ein Gemälde** ~ **dem Barock** a painting from the Baroque period, a Baroque painting; ~ **dem Englischen** from [the] English [*or* the English language]; ~ **guter Familie** from [*or* of] a good family; ~ **guter Familie stammen** to be of [a] [*or* to come from a] good family; ~ **dem 17. Jahrhundert stammen** to be [from the] 17th century; ~ **uns**[**e**]**rer Mitte** from our midst; ~ **Stuttgart kommen** to be [*or* come] from Stuttgart; *(gebürtig a.)* to be a native of Stuttgart
❼ *(unter Verwendung von)* ~ **etw** *dat* **bestehen/**[**hergestellt**] **sein** to be [made] of sth; **eine Bluse** ~ **Seide/Brosche** ~ **Silber** a silk blouse/silver brooch; ~ **Wolle sein** to be [made of] wool; **etw** ~ **etw** *dat* **herstellen** to make sth from sth; **ein Flugzeug** ~ **Papier basteln** to make a paper plane
II. *adv* ❶ *(fam: gelöscht)* out; ■~ **sein** to have gone out; *Feuer, Ofen, Kerze* to be out; ***Zigarette ~!*** *(fam)* put out *sep* your cigarette! *fam*
❷ *(ausgeschaltet)* off; **„~"** "off"; *(betriebsbereit)* "standby"; ■~ **sein** to be [switched] off; **auf „~" stehen** to be off; *(betriebsbereit)* to be on "standby"
❸ *(zu Ende)* ■~ **sein** to have finished; *Krieg* to have ended, to be over; *Schule* to be out; **mit etw** *dat* **ist es** ~ [**und vorbei**] sth is [all] over; ***es ist ~ und vorbei mit diesen Träumen*** these dreams are over once and for all; **mit jdm ist es** ~ sb is finished *fam* [*or sl* has had it]; **es ist** ~ [**zwischen jdm**] *(fam)* it's over [between sb]; ***zwischen denen ist es ~*** [***und vorbei***] they've broken up, it's [all] over between them; ***zwischen uns ist es ~*** [***und vorbei***]***, mein Freund!*** *(fam)* we're finished [*or* history], mate! *fam*
❹ *(außerhalb)* ~ **sein** SPORT *Ball* to be out
❺ *(versessen)* ■**auf jdn/etw** ~ **sein** to be after sb/sth
❻ *(ausgegangen)* ■[**mit jdm**] ~ **sein** to go out [with sb]

Aus <-> [au̯s] *nt kein pl* ❶ FBALL out of play *no pl, no art; (seitlich)* touch *no pl, no art;* **ins** ~ **gehen** to go out of play; *(seitlich a.)* to go into touch; *(hinter der Torlinie a.)* to go behind [for a corner/goalkick]
❷ *(Ende)* end; **vor dem beruflichen** ~ **stehen** to be at the end of one's career; ■**das** ~ **für etw** *akk* the end of sth
❸ SPORT *(Spielende)* ■**das** ~ the end of the game [*or* match]; FBALL *a.* the final whistle

aus|ar·bei·ten *vt* ■**etw** ~ to work out sth *sep; (verbessern)* to perfect sth; **ein System** ~ to elaborate *form* [*or sep* draw up] a system; **einen Text** ~ to prepare [*or sep* draw up] a text; *(formulieren a.)* to formulate [*or* compose] a text; **eine Theorie aus etw** *dat* ~ to elaborate *form* [*or sep* draw up] a theory from [*or* on the basis of] sth

Aus·ar·bei·tung <-, -en> *f* working out *no pl; (Verbesserung)* perfection *no pl; System, Theorie* elaboration *no pl,* drawing up *no pl* (**aus** + *dat* from/on the basis of); *Text* preparation *no pl,* drawing up *no pl; (Formulierung a.)* formulation *no pl,* composition *no pl*

aus|ar·ten *vi sein* ❶ *(zu etw werden)* ■**in etw** *akk* ~ to degenerate into sth; **in einen Krieg** ~ to degen-

erate into a war
② *(ausfallend werden)* to get out of hand, to become unruly; *(fluchen)* to use bad [*or* coarse] language

aus|at·men I. *vi* to breathe out, to exhale
II. *vt* ■**etw** ~ to exhale [*or sep* breathe out] sth

aus|ba·cken *vt* ■**etw** ~ KOCHK to deep-fry sth

aus|ba·den *vt (fam)* ■**etw** ~ to pay [*or* suffer] [*or* BRIT *fam a.* carry the can] for sth

aus|bag·gern *vt* ■**etw** ~ ① *(mit einem Bagger vertiefen)* to excavate sth; **eine Fahrrinne** ~ to deepen a shipping lane by dredging; **einen Fluss/See** ~ to dredge [out *sep*] a river/lake
② *(mit einem Bagger herausholen)* to excavate [*or sep* dig up] sth; *(in Fluss, See)* to dredge [up *sep*] sth

aus|ba·lan·cie·ren* [-balãsiːrən] *vt* ■**etw** ~ ① *(ins Gleichgewicht bringen)* to balance sth
② *(geh: harmonisieren)* to balance [out *sep*] sth
③ *(geh: abstimmen)* to balance sth

aus|bal·do·wern* ['ausbaldoːvɐn] *vt (sl)* ■**etw** ~ *(ausfindig machen)* to unearth sth, to hunt down *sep* sth

Aus·bau <-bauten> *m* ① *kein pl (das Ausbauen)* extension *no pl* (**zu** +*dat* into); *(das Umbauen)* conversion *no pl* (**zu** +*dat* [in]to)
② ARCHIT *(angefügter Teil)* extension, annexe BRIT, annex
③ *kein pl (das Herausmontieren)* removal (**aus** +*dat* from)
④ *kein pl (Vertiefung)* building up, cultivation
⑤ *kein pl (die Festigung)* strengthening, consolidation

Aus·bau·ar·bei·ten *pl* BAU finishing work *no pl*

aus|bau·en *vt* ① *(baulich erweitern)* ■**etw** [**zu etw** *dat*] ~ to extend sth [into sth]; *(umbauen)* to convert sth [[in]to sth]; *(innen)* to fit out *sep* sth [into sth]
② *(herausmontieren)* ■**etw** [**aus etw** *dat*] ~ to remove sth [from sth]
③ *(vertiefen)* ■**etw** [**zu etw** *dat*] ~ to cultivate [*or sep* build up] sth [to sth]
④ *(konsolidieren)* ■**etw** ~ to consolidate [*or* strengthen] sth

aus·bau·fä·hig *adj* ① *(fam: viel versprechend)* promising; ■~ **sein** to be promising; *Schüler, Mitarbeiter a.* to show promise
② *(erweiterungsfähig)* expandable
③ *(sich vertiefen lassend)* that can be built up [*or* cultivated]; ***ich denke, unsere Beziehung ist noch*** ~ I think we have a good relationship to build on
④ *(möglich zu entfernen)* removable

Aus·bau·fä·hig·keit *f* INFORM extendability **Aus·bau·maß·nah·me** *f* expansion measure **Aus·bau·pa·tent** *nt* improvement patent **Aus·bau·plan** *m (für Wirtschaftszweig)* expansion plan

aus|be·din·gen* *vr irreg* ■**sich** *dat* [**von jdm**] **etw** ~ to insist on sth, to make sth a condition [for sb]; **sich** *dat* **das Recht** ~[, **etw zu tun**] to reserve the right [to do sth]; ■**sich** *dat* [**von jdm**] ~, **dass ...** to make it a condition [for sb] that ..., to stipulate that ...; ***... doch ich bedinge mir aus, dass ...*** ... but only on condition that ...

aus|bei·nen *vt* KOCHK DIAL ■**etw** ~ to [de]bone sth, to joint sth

Aus·bein·mes·ser *nt* KOCHK boning knife

aus|bei·ßen *vr irreg* ■**sich** *dat* **einen Zahn** [**an etw** *dat*] ~ to break a tooth [on sth], to lose a tooth [after biting into sth]

aus|bes·sern *vt* ① MODE *(durch Nähen reparieren)* ■**etw** [**mit etw** *dat*] ~ to mend [*or* repair] sth [with sth]; *(flicken)* to patch sth [with sth]; *(stopfen)* to darn sth [with sth]
② *(reparieren)* ■**etw** ~ to repair [*or* mend] [*or* fix] sth; **eine Roststelle** ~ to remove a rust spot

Aus·bes·se·rung <-, -en> *f* ① MODE mending *no pl*, repairing *no pl; (Flicken)* patching *no pl; (Stopfen)* darning *no pl*
② *(das Ausbessern)* repairing *no pl*, mending *no pl*, fixing *no pl; einer Roststelle* removal *no pl*

Aus·bes·se·rungs·ar·bei·ten *pl* repairs *pl* (**an** +*dat* to), repair work *no pl, no indef art* (**an** +*dat* on); *von Lack* retouching work *no pl* **aus·bes·se·rungs·be·dürf·tig** *adj* in need of repair/retouching etc. *pred*

aus|beu·len I. *vt* ■**etw** ~ ① *(nach außen wölben)* to make sth bulge [*or* a bulge in sth]; *(verschleißen)* to make sth [go] baggy; ■**ausgebeult** baggy; **ein ausgebeulter Hut** a battered hat
② *(durch Herausschlagen glätten)* to remove dents/a dent in sth; *(durch Hämmern a.)* to hammer [*or* beat] out dents/a dent in sth *sep;* **eine Beule** ~ to remove a dent; *(durch Hämmern a.)* to hammer [*or* beat] out a dent *sep*
II. *vr* ■**sich** *akk* ~ to go baggy

aus·beut·bar *adj* exploitable; **wirtschaftlich** ~ economically exploitable [*or* harnessable]

Aus·beu·te <-, -n> *f* ① *(Förderung)* gains *pl;* ■**die** ~ **an etw** *dat* the yield in sth; ***die*** ~ ***an nützlichen Informationen war gering*** little useful information was gleaned, the yield of useful information was minimal
② *(Gewinn)* profits *pl*
③ CHEM effect, yield

aus|beu·ten *vt* ① *(pej: völlig ausschöpfen)* ■**jdn** ~ to exploit sb; **Arbeiter** ~ to exploit [*or pej fam* sweat] workers
② *(abbauen)* ■**etw** ~ to work [*or* exploit] sth

Aus·beu·ter(in) <-s, -> *m(f) (pej)* exploiter, sweater *pej*

Aus·beu·tung <-, -en> *f* ① *(pej: das Ausbeuten)* exploitation *no pl*
② *(Abbau)* working *no pl*, exploitation *no pl*

Aus·beu·tungs·miss·brauch[RR] *m* JUR abuse of exploitation **Aus·beu·tungs·recht** *nt* JUR working right

aus|be·zah·len* *vt* ① *(zahlen)* ■[**jdm**] **etw** ~ to pay out *sep* sth [to sb]
② *(bezahlen)* ■**jdn** ~ to pay off sb *sep*, to pay sb her/his wages
③ *(abfinden)* ■**jdn** ~ to buy out [*or* pay off] sb *sep*

Aus·bie·tungs·ga·ran·tie *f* JUR bidding guarantee

aus|bil·den I. *vt* ① *(beruflich qualifizieren)* ■**jdn** [**in etw** *dat*] ~ to train sb [in sth]; *(unterrichten a.)* to instruct sb [in sth]; *(akademisch)* to educate sb [in sth]; **Rekruten** ~ to train [*or* drill] recruits; **jdn zum Arzt/Sänger** ~ to train sb to be a doctor/singer; **ein ausgebildeter Übersetzer** a qualified translator
② *(entwickeln)* ■**etw** ~ to develop [*or* cultivate] sth; **seine Stimme** ~ to train one's voice; **eine ausgebildete Stimme** a trained voice
II. *vr* ① *(sich schulen)* ■**sich** *akk* [**in etw** *dat*] ~ to train [in sth]; *(studieren)* to study [sth]; *(Qualifikation erlangen)* to qualify [in sth]
② MED ■**sich** *akk* ~ to develop; *Tumor a.* to form; ■[**voll**] **ausgebildet sein** to be fully developed
③ BOT ■**sich** *akk* ~ to develop, to form

Aus·bil·der(in) <-s, -> *m(f)*, **Aus·bild·ner(in)** <-s, -> *m(f)* ÖSTERR, SCHWEIZ trainer; MIL instructor

Aus·bil·dung <-, -en> *f* ① *(Schulung)* training *no pl, no indef art;* ■**eine** ~ a training course; *(Unterricht)* instruction *no pl, no indef art; (akademisch)* education *no pl; von Rekruten* drilling *no pl*, training *no pl;* ***welche*** ~ ***hat er?*** what was he trained for? [*or* as]; **eine dreijährige** ~ three years of training/instruction; **die** ~ **zum Tischler** training as a joiner; **in der** ~ **sein** to be in training [*or* a trainee]; *(akademisch)* to still be at university [*or* college] BRIT, to still be in school [*or* college] AM
② *(Entwicklung)* development *no pl*, cultivation *no pl; von Stimme* training *no pl*
③ MED *(Entwicklung)* development *no pl; von Tumor a.* formation *no pl*
④ BOT *(Entwicklung)* development *no pl*, formation *no pl*, growth *no pl*

Aus·bil·dungs·an·ge·bot *nt* availability of training places **Aus·bil·dungs·bei·hil·fe** *f* educational grant; *(für Lehrlinge)* training allowance **Aus·bil·dungs·be·ruf** *m* occupation that requires training **Aus·bil·dungs·be·trieb** *m* apprenticing company *(company that takes on trainees)* **Aus·bil·dungs·dau·er** *f* training period **Aus·bil·dungs·för·de·rung** *f* [training/educational] grant **Aus·bil·dungs·ka·pa·zi·tät** *f* ÖKON training capacity **Aus·bil·dungs·kom·pa·nie** *f* training unit **Aus·bil·dungs·kos·ten** *pl* ÖKON training costs **Aus·bil·dungs·maß·nah·me** *f* vocational training **Aus·bil·dungs·ord·nung** *f* JUR rules for vocational training **Aus·bil·dungs·pakt** *m pact between the German government and companies to create more traineeships and apprenticeships for school leavers* **Aus·bil·dungs·platz** *m* place to train **Aus·bil·dungs·stand** *m kein pl* level of training; *von Soldaten a.* level of drilling **Aus·bil·dungs·stan·dard** *m* training standard **Aus·bil·dungs·stät·te** *f* training centre [*or* AM -er], place of training **Aus·bil·dungs·ver·bund** *m* training association **Aus·bil·dungs·ver·gü·tung** *f (geh)* training allowance **Aus·bil·dungs·ver·hält·nis** *nt* apprenticeship **Aus·bil·dungs·ver·trag** *m kein pl* JUR vocational training contract **Aus·bil·dungs·zeit** *f* training period, period of training; **nach einer** ~ **von drei Jahren** after three years of training, after a three-year training period [*or* period of training] **Aus·bil·dungs·zen·trum** *nt* training centre [*or* AM -er] **Aus·bil·dungs·ziel** *nt* training objective

aus|bit·ten *vr irreg (geh)* ① *(fordern)* ■**sich** *dat* [**von jdm**] **etw** ~ to ask [sb] for sth, to request sth [from [*or form* of] sb]; ***ich bitte mir Ruhe aus!*** I must [*or* will] have silence!; ***das möchte ich mir*** [***auch***] ***ausgebeten haben!*** I should think so too!; ■**sich** *dat* [**von jdm**] ~, **dass jd etw tut** to ask [*or* request] sb to do sth
② *(erbitten)* ■**sich** *dat* **etw** ~ to ask for sth; ■**sich** *dat* **etw von jdm** ~ to ask [*or* beg] sth of sb *form*

aus|bla·sen *vt irreg* ■**etw** ~ to blow out sth *sep;* **ein Ei** ~ to blow an egg

aus|blei·ben *vi irreg sein* ① *(nicht kommen)* to fail to appear [*or* come], to fail to materialize *fam*
② *(nicht auftreten)* to fail to appear; *Regen, Schnee* to hold off; ■**nicht** ~ **können** to be inevitable
③ *(nicht eintreten)* to not appear, to be absent; *Menstruation* to not come, to be overdue
④ *(nicht erfolgen)* to fail to come in
⑤ *(aussetzen)* to stop, to fail

Aus·blei·ben <-s> *nt kein pl* ① *(Fortbleiben)* failure to appear [*or* come], non[-]appearance; *(Schüler a.)* absence
② *(das Nichtauftreten)* failure to appear; *Regen* holding off *no pl*
③ *(Nichteintritt)* absence; **bei** ~ **der Menstruation** when [one's] menstruation doesn't come [*or* is overdue]
④ *(das Nichteintreffen)* failure to come in

aus|blen·den I. *vt* ■**etw** ~ ① TV, FILM, RADIO *(herausnehmen)* to cut out sth *sep; (ausklingen lassen)* to fade out sth *sep;* **den Ton** ~ to cut off *sep* the sound; ■**ausgeblendet werden** to be cut out/off
② *(fig: vergessen) Problem* to push sth to the back of one's mind; ***das musst du jetzt erst mal alles*** ~ you need to forget about all that for the time being
II. *vr* ■**sich aus etw** *dat* ~ to leave sth; **sich** *akk* [**aus einer Übertragung**] ~ to leave a transmission

Aus·blen·dung <-, -en> *f* INFORM fading out

Aus·blick *m* ① *(Aussicht)* outlook *form*, prospect *liter;* ■**der/ein** ~ **auf etw** *akk* the/a view of sth, the/an outlook over [*or* on[to]] sth *form*, the/a prospect of [*or* over] sth *liter;* **ein Zimmer mit** ~ **aufs Meer** a room overlooking [*or* with a view of] the sea; **ein weiter** ~ **auf die Umgebung** a panorama of the surroundings
② *(Zukunftsvision)* prospect, outlook; ■**der/ein** ~ **auf etw** *akk* the/a prospect [*or* the/an outlook] for sth; **der** ~ **auf zukünftige Entwicklungen** future prospects *npl*

aus|blu·ten I. *vi sein* to bleed to death; ■**ein Schaf** ~ **lassen** to bleed a sheep [dry]; ■**ausgeblutet** bled [dry *pred*]
II. *vt* ■**jdn** ~ to bleed sb dry [*or* white] *sep fam*

aus|boh·ren *vt* **ein Bohrloch/einen Brunnen** ~ to bore [*or* drill] out a borehole/a fountain

aus|bom·ben *vt* ■**jdn** ~ to bomb sb's home, to bomb sb out of her/his home; ■**die Ausge-**

bombten people who have been bombed out of their homes

aus|boo·ten ['ausbo:tn̩] *vt (fam)* ■**jdn** ~ to kick [*or fam* boot] out sb *sep*

aus|bor·gen *vt* ① *(fam: verleihen)* ■[**jdm**] **etw** ~ to lend [sb] sth, to lend [out *sep*] sth [to sb]
② *(fam: sich ausleihen)* ■[**sich** *dat*] **etw** [**von jdm**] ~ to borrow sth [from sb]

aus|bre·chen *irreg* **I.** *vi sein* ① *(sich befreien)* ■[**aus etw** *dat*] ~ to escape [from sth]; *(Gefangene a.)* to break out [of sth]; ■**ausgebrochen** escaped
② MIL *(einen Durchbruch erzwingen)* ■[**aus etw** *dat*] ~ to break out [of sth]
③ *(sich von etw frei machen)* ■[**aus etw** *dat*] ~ to break away [from sth]; **aus einer Ehe** ~ to break up *sep* a marriage
④ *(zur Eruption gelangen)* to break out, to erupt
⑤ *(entstehen)* to break out; *Erdbeben* to strike
⑥ *(losbrechen)* to explode, to erupt
⑦ *(spontan erfolgen lassen)* **in Gelächter** ~ to burst into laughter [*or* out laughing]; **in Jubel** ~ to erupt with jubilation; **in Tränen** [*o* **Weinen**] ~ to burst into tears [*or* out crying]
⑧ *(außer Kontrolle geraten)* to swerve; *Pkw a.* to career [out of control]
⑨ *(austreten)* ■**jdm bricht der Schweiß aus** sb breaks into [*or* out in] a sweat
II. *vt haben* ① *(herausbrechen)* ■**etw** [**aus etw** *dat*] ~ to break off *sep* sth [from sth]; **ein Fenster** [**aus etw** *dat*] ~ to put in *sep* a window, to let [*or* put] a window into sth; **eine Wand** ~ to take down *sep* a wall; ■**sich** *dat* **einen Zahn** ~ to break off *sep* a tooth
② *(erbrechen)* ■**etw** ~ to vomit [*or sep fam* bring up] sth

Aus·bre·cher(in) <-s, -> *m(f)* escapee, escaped prisoner

aus|brei·ten **I.** *vt* ① *(entrollen und hinlegen)* ■**etw** [**vor jdm**] ~ to spread [out *sep*] sth [in front of [*or form* before] sb]; **eine Landkarte** ~ to open [*or* spread] out a map *sep*
② *(verteilen)* ■**etw** ~ to lay [*or* set] out sth *sep; (ausstellen)* to display sth
③ *(ausstrecken)* ■**etw** ~ to spread [out *sep*] [*or* extend] sth; **die Arme** ~ to extend [*or sep* stretch [*or* spread] out] one's arms
④ *(darlegen)* ■**etw** [**vor jdm**] ~ to enlarge [up]on sth [for sb]
II. *vr* ① *(sich erstrecken)* ■**sich** *akk* [**in etw** *akk*] ~ to spread [out] [in/towards etc. sth], to extend into/to etc. sth
② *(übergreifen)* ■**sich** *akk* [**auf etw** *akk*/**über etw** *akk*] ~ to spread [to/over sth]
③ *(überhandnehmen)* ■**sich** *akk* ~ to spread
④ *(fam: sich breitmachen)* ■**sich** *akk* ~ to spread oneself out

Aus·brei·tung <-, -en> *f* ① *(das Übergreifen)* spread *no pl* (**auf** +*akk* to)
② *(das Überhandnehmen)* spread *no pl; von Propaganda a.* dissemination *no pl,* propagation *no pl*
③ *(Ausdehnung)* spread *no pl*
④ *(Darlegung)* enlargement *no pl* (+*gen* on)
⑤ PHYS *Licht, Wellen* propagation

aus·bren·nen *irreg* **I.** *vi sein* ① *(zu Ende brennen)* to go out; *Feuer a.* to burn [itself] out; ■**ausgebrannt** extinguished
② *(energielos sein)* ■**ausgebrannt sein** to be burnt out
II. *vt haben* ■**etw** ~ to burn out *sep* sth, to cauterize sth *spec*

aus|brin·gen *vt irreg* ① *(ausrufen)* **einen Trinkspruch** [**auf jdn**] ~ to propose a toast [to sb]; **ein „Hurra" auf jdn** ~ to cheer sb; **ein Prosit auf jdn** ~ to toast sb's health
② *(verstreuen)* ■**etw** [**auf etw** *akk o dat*] ~ to spread [out *sep*] sth [on [*or* over] sth]
③ NAUT *(herunterlassen)* ■**etw** ~ to lower sth

Aus·brin·gungs·men·ge *f* ÖKON output [quantity]

aus|brö·seln *vt* **eine Backform** ~ to grease and line a baking tin with breadcrumbs

Aus·bruch *m* ① *(das Ausbrechen)* escape (**aus** +*dat* from); *von Gefangenen a.* breakout (**aus** +*dat* from); ■**der/ein** ~ the/a breakout/the/an escape; **ein** ~ **aus dem Gefängnis** a jailbreak
② MIL *(Durchbruch)* breakout
③ *(Beginn)* outbreak
④ *(Eruption)* eruption; **zum** ~ **kommen** to erupt
⑤ *(fam: Entladung)* outburst; *(stärker)* eruption, explosion, BRIT *a.* wobbly *fam;* **einen** ~ **bekommen** to explode [*or* erupt], BRIT *a.* to throw a wobbly *fam*
⑥ *(Weinauslese) high-quality wine made from selected fully ripe grapes*

Aus·bruchs·ver·such *m* ① *(versuchter Ausbruch)* attempted escape [*or* breakout], escape [*or* breakout] attempt
② MIL *(versuchter Durchbruch)* attempted breakout, breakout attempt; **einen** ~ **machen** to attempt a breakout

aus|brü·ten *vt* ■**etw** ~ ① *(bis zum Ausschlüpfen bebrüten)* to hatch sth; *(in Brutkasten)* to incubate sth; ■**ausgebrütet** hatched [*or* incubated]
② *(fam: aushecken)* to hatch [up *sep*] [*or sep* cook up] sth
③ *(fam: entwickeln)* to be sickening for sth

aus|bu·chen *vt* ■**etw** ~ ① FIN *(Buchhaltung)* to write off sth *sep;* **einen Posten aus dem Konto** ~ to delete an entry
② *(ausverkaufen)* to book out sth *sep*

aus|büch·sen *vi (fam: abhauen)* to clear out *fam,* to push off *fam,* to run away

aus|buch·ten ['ausbʊxtn̩] **I.** *vr* ■**sich** *akk* ~ to bulge [*or* curve] out[ward[s]]; ■**ausgebuchtet** curving
II. *vt* ■**etw** ~ to hollow out sth *sep*

Aus·buch·tung <-, -en> *f* indentation; *von Strand* cove

aus|bud·deln *vt (fam)* ■**etw** ~ ① *(ausgraben)* to dig up sth *sep*
② *(ausfindig machen)* to find [*or sep* dig up] sth

aus|bü·geln *vt* ① *(durch Bügeln glätten)* ■**etw** ~ to iron out sth *sep*
② *(fam: wettmachen)* ■**etw** ~ to make good sth *sep*
③ *(fam: bereinigen)* ■**etw** [**wieder**] ~ to iron out sth *sep*

aus|bu·hen *vt (fam)* ■**jdn** ~ to boo at sb; *(von der Bühne a.)* to boo off sb *sep,* to boo sb off the stage

Aus·bund *m kein pl* paragon *no pl* (**an** +*dat* of), model *no pl* (**an** +*dat* of), epitome *no pl* (**an** +*dat* of); **ein** ~ **an** [*o* **von**] **Verworfenheit** depravity itself [*or* personified]

aus|bür·gern ['ausbʏrgɐn] *vt* ■**jdn** ~ to expatriate sb; **jdn aus Deutschland** ~ to deprive sb of German citizenship [*or* nationality]; ■**Ausgebürgerte[r]** expatriate

Aus·bür·ge·rung <-, -en> *f* expatriation

aus|bürs·ten *vt* ① *(durch Bürsten entfernen)* ■**etw** [**aus etw** *dat*] ~ to brush out sth *sep,* to brush sth out of sth
② *(sauber bürsten)* ■**etw** ~ to brush sth; ***dieses Haarspray lässt sich leicht*** ~ this hairspray is brushed out easily

aus|bü·xen ['ausbʏksn̩] *vi (hum fam)* to run away [from home]

Aus·dau·er *f kein pl* ① *(Beharrlichkeit)* perseverance *no pl,* tenacity *no pl; (Hartnäckigkeit a.)* persistence *no pl*
② *(Durchhaltevermögen)* stamina *no pl,* staying power *no pl; (im Ertragen)* endurance *no pl*

aus·dau·ernd **I.** *adj* ① *(beharrlich)* persevering, tenacious; *(hartnäckig a.)* persistent; ~**e Anstrengungen** [*o* **Bemühungen**] unremitting [*or* untiring] efforts; ■~ **sein** to be persevering [*or* persistent]
② *(Durchhaltevermögen besitzend)* with stamina [*or* staying power]; *(im Ertragen)* with endurance; ■~ **sein** to have stamina [*or* staying power]
II. *adv* ~ **arbeiten/lernen** to apply oneself to working [*or* one's work]/learning

aus·dehn·bar *adj* ■~ [**auf etw** *akk*/**über etw** *akk* **hinaus**] extendable [*or* extensible] [to sth]

aus|deh·nen **I.** *vr* ① *(größer werden)* ■**sich** *akk* ~ to expand
② *(sich ausbreiten)* ■**sich** *akk* [**auf etw** *akk*/**über etw** *akk*] ~ to spread [to/over sth]; ■**ausgedehnt** extensive, expansive
③ *(dauern)* ■**sich** *akk* ~ to go on; **sich endlos** ~ to take [*or* go on] forever *fam*
II. *vt* ① *(verlängern)* ■**etw** [**bis zu etw** *dat*/**über etw** *akk*] ~ to extend [*or* prolong] sth [by up to/by sth]
② *(erweitern)* ■**etw** [**auf etw** *akk*] ~ to expand [*or* extend] [*or* widen] sth [to sth]
③ *(vergrößern)* ■**etw** ~ to expand sth
④ *(ausbeulen)* ■**etw** ~ to stretch sth

Aus·deh·nung *f* ① *(Verlängerung)* extension (+*gen* to/of), prolongation *no pl* (+*gen* of)
② *(Ausbreitung)* spread[ing] *no pl* (**auf** +*akk* to)
③ *(Erweiterung)* expansion *no pl*
④ *(Vergrößerung)* expansion *no pl;* **in** ~ **begriffen sein** to be expanding
⑤ *(Fläche)* area; **eine** ~ **von 10.000 km² haben** to cover an area of 10,000 km²

aus|den·ken *vr irreg* ■**sich** *dat* **etw** ~ *(ersinnen)* to think up sth *sep;* **eine Ausrede/Entschuldigung** ~ to think up [*or* of] *sep* [*or* contrive] [*or a. pej* concoct] an excuse; **eine Geschichte** ~ to think up [*or* make up] a story *sep;* **eine Idee/einen Plan** ~ to devise [*or sep* think up] an idea/a plan; **eine Überraschung** ~ to plan a surprise; **eine ausgedachte Geschichte** a made-up story; ***da musst du dir schon etwas anderes ~!*** *(fam)* you'll have to think of something better than that!; ***das hast du dir so/fein ausgedacht!*** *(fam)* that's what you think!; ***es ist nicht auszudenken*** it's inconceivable

aus|die·nen *vi (fam)* ■**ausgedient** worn-out, BRIT *fam a.* clapped-out; **ein ausgedientes Kraftwerk** a decommissioned power station; ■**ausgedient haben** to have had its day; *Stift* to be finished [*or* used up]

aus·dif·fe·ren·ziert *adj inv* differentiated; ~**e Zelle** differentiated cell

aus|dis·ku·tie·ren* **I.** *vt* ■**etw** ~ to discuss sth fully [*or* thoroughly]
II. *vi* ■**ausdiskutiert haben** to have finished discussing [*or* talking]

aus|dör·ren **I.** *vt haben* ■**jdn** ~ to dehydrate sb; ■**etw** ~ to dry up sth *sep;* **die Haut** ~ to dry out *sep* one's skin; **die Kehle** ~ to parch one's throat; ■**ausgedörrt sein** to be dehydrated; *Kehle* to be parched; *Erde, Land* to have dried out; *(stärker)* to be scorched [*or* parched]
II. *vi sein* to dry out; *(stärker)* to become parched [*or* scorched]; ■**ausgedörrt** dried out; *(stärker)* parched, scorched; **eine ausgedörrte Kehle** a parched throat

aus|dre·hen *vt (fam)* ■**etw** ~ to turn [*or* switch] off sth *sep;* **das Licht** ~ to turn out [*or* turn [*or* switch] off] the light *sep*

Aus·druck¹ <-drücke> *m* ① *(Bezeichnung)* expression; ***es gibt einen bestimmten ~ dafür*** there's a certain word for it; ■**Ausdrücke** bad [*or* coarse] language *no pl, no art,* swear words *pl;* **ein schwäbischer** ~ a Swabian turn of phrase *a. hum*
② *kein pl (Gesichtsausdruck)* [facial] expression
③ *kein pl (Zeichen)* ■**der/ein/als** ~ **seiner Dankbarkeit/Liebe** *gen* the/an/as an expression of one's gratitude/love; **mit dem** ~ **des Bedauerns** *(geh)* expressing [*or* with an expression of] regret; **mit dem** ~ **der Hochachtung** *(geh)* with the expression of great respect; **etw zum** ~ **bringen, einer S.** *dat* ~ **geben** [*o* **verleihen**] *(geh)* to express [*or* give expression to] sth; **seine Dankbarkeit zum** ~ **bringen** to voice [*or* express] one's gratitude, to give expression to one's gratitude; ■[**in etw** *dat*] **zum Ausdruck kommen** to find expression [in sth]; ***in seinen Worten kam Mitleid zum*** ~ his words expressed his sympathy
④ *kein pl (Ausdrucksweise)* mode of expression, way of expressing oneself; **gewandt im** ~ **sein** to have an elegant mode of expression; **sich** *akk* **im** ~ **vergreifen** to use the wrong approach; *(kompliziert ausdrücken)* to use long words
⑤ MATH expression, term

Aus·druck² <-drucke> *m* [computer] print-out, hard copy *spec;* **einen** ~ [**einer S.** *gen*/**von etw**

dat] **machen** to run off *sep* a copy [of sth]
Aus·dru·cken <-s> *nt kein pl* ~ **von Vollflächen** printing-out of solids
aus|dru·cken *vt* ■[**jdm**] **etw** ~ to print [out *sep*] sth [for sb], to run off *sep* a copy [of sth] [for sb]
aus|drü·cken I. *vt* ① *(bekunden)* ■[**jdm**] **etw** [**für etw** *akk*] ~ to express sth [to sb] [for sth]; **jdm seine Liebe** ~ to express one's love for sb
② *(formulieren)* ■**etw** ~ to express [*or* formulate] sth, to put sth into words; **anders ausgedrückt** in other words; ***lassen Sie es mich anders*** ~ let me put it another way; **einfach ausgedrückt** put simply, in simple terms, in words of one syllable *a. iron;* **um es milde auszudrücken** to put it mildly [*or* another way]
③ *(zeigen)* ■**etw** ~ to express [*or* show] sth; *Verhalten a.* to reveal sth; *Maßnahmen a.* to demonstrate sth
④ *(auspressen)* ■[**jdm/sich**] **etw** ~ to press [*or* squeeze] out sth [for sb] *sep;* **eine Zitrone** ~ to press [*or* squeeze] the juice out of [*or* to squeeze] a lemon; **seine Pickel** ~ to squeeze one's spots
⑤ *(durch Zerdrücken löschen)* ■**etw** ~ to stub [*or* put] out sth *sep*
II. *vr* ① *(seine Meinung formulieren)* ■**sich** *akk* ~ to express oneself; **sich ungeschickt** ~ to express oneself badly; **sich** *akk* **falsch** ~ to use the wrong word; **sich gewandt** ~ to be very articulate
② *(sich widerspiegeln)* ■**sich** *akk* **in etw** *dat* ~ to be expressed [*or* revealed] in sth; ***in ihrem Gesicht drückte sich Verzweiflung aus*** her face showed her despair
aus·drück·lich ['ausdrʏklɪç] I. *adj attr* express, explicit; **eine** ~**e Zuwiderhandlung** a clear [*or form* patent] violation
II. *adv* expressly, explicitly; *(besonders)* particularly; **etw** ~ **betonen** to emphasize sth particularly [*or* specifically]
Aus·drucks·kraft *f kein pl* expressiveness
aus·drucks·los *adj* inexpressive; **ein** ~**es Gesicht** an expressionless face; *(ungerührt)* an impassive face; **ein** ~**er Blick** a vacant [*or* blank] look
aus·drucks·stark *adj* expressive
Aus·drucks·tanz *m* expressive [*or* free] dance **Aus·drucks·ver·mö·gen** <-s> *nt kein pl* articulacy, eloquence, articulateness **aus·drucks·voll** *adj* expressive, full of expression *pred*
Aus·drucks·wei·se *f* mode of expression, way of expressing oneself; ***was ist denn das für eine*** ~**!** what sort [*or* kind] of language is that [to use]?; **sich** *akk* **einer anständigen** ~ **befleißigen** to use decent language
aus|dün·nen ['ausdʏnən] *vt* ① *(reduzieren)* ■**etw** ~ to reduce sth; **ein Team** ~ to reduce [*or sep* cut down] team members
② *(weniger dicht sein lassen)* ■**etw** ~ to thin out sth *sep*
③ *(das Volumen vermindern)* ■[**jdm**] **etw** ~ to thin out *sep* [sb's] sth
aus|düns·ten I. *vt* ■**etw** ~ ① *(gasförmige Stoffe abgeben)* to emit [*or sep* give off] [*or spec* exhale] sth
② *(Geruch verbreiten)* to give off sth *sep*
II. *vi* to emit [*or sep* give off] [*or spec* exhale] vapours [*or* AM -ors]/a vapour [*or* AM -or]
Aus·düns·tung <-, -en> *f* ① *(ausgedünstete Stoffe)* exhalation *spec; (gasförmig a.)* vapour [*or* AM -or]; *(Schweiß)* perspiration *no pl form; (Geruch)* fume, smell; *von Mensch, Tier* smell *no pl*
② *(das Ausdünsten)* evaporation *no pl,* exhalation *no pl spec*
aus·ei·nan·der [aus?aiˈnandɐ] *adv* ① *(räumlich)* ■~ **sein** to be wide apart; *Zähne* to be widely spaced
② *(zeitlich)* ■~ **sein**: ***die beiden sind*** [***im Alter***] ***ein Jahr*** ~ there is a year between the two of them, the two are a year apart in age; ***sie sind altersmäßig weit*** ~ there is a great gap in their ages
③ *(fam: getrennt)* ■~ **sein** to have broken [*or* split up]
aus·ei·nan·der|be·kom·men* *vt irreg* ■**etw** ~ to be able to get sth apart **aus·ei·nan·der|bie·gen** *vt irreg* ■**etw** ~ to bend apart sth *sep; Ranken* ~ to push back *sep* branches **aus·ei·nan·der|bre·chen** *irreg* I. *vi sein* to break [*or* fall] apart; *(sich auflösen)* to break up II. *vt haben* ■**etw** ~ to break sth in two **aus·ei·nan·der|brin·gen** *vt irreg (fam)* ■**etw** ~ to be able to get sth apart; ■**jdn** ~ to separate [*or* part] sb **aus·ei·nan·der|di·vi·die·ren*** *vt* ■**jdn** ~ to separate [*or* part] sb **aus·ei·nan·der|fal·len** *vi irreg sein* to fall apart [*or* to pieces] **aus·ei·nan·der|fal·ten** *vt* ■**etw** ~ to unfold sth; *(ausbreiten a.)* to open [out *sep*] sth **aus·ei·nan·der|ge·hen** *vi irreg sein* ① *(sich trennen)* to part ② *(in die Brüche gehen)* to break up; *Ehe a.* to fall apart
③ *(sich verzweigen)* to diverge ④ *(sich auflösen)* to disperse ⑤ *(voneinander abweichen)* to differ, to diverge ⑥ *(fam: dick werden)* to [start to] fill out *a. hum* **aus·ei·nan·der|hal·ten** *vt irreg* ■**etw** ~ *(unterscheiden)* to distinguish between sth; ■**jdn** ~ *(voneinander unterscheiden können)* to tell apart sb *sep;* ***kannst du die Zwillinge immer*** ~**?** can you always tell the twins apart? **aus·ei·nan·der|kla·mü·sern*** *vt (fam)* ■**etw** ~ to explain sth [to oneself] in simple terms **aus·ei·nan·der|lau·fen** *vi irreg sein (zerlaufen)* to run; *(sich auflösen)* to disperse, to break up; *(voneinander abweichen)* to differ, to diverge (**in** +*dat* in) **aus·ei·nan·der|le·ben** *vr* ■**sich** *akk* ~ to drift apart; *Ehepartner a.* to become estranged; ■**sich** *akk* **mit jdm** ~ to drift away from sb; *(zerstritten)* to become estranged from sb *form* **aus·ei·nan·der|ma·chen** *vt (fam)* ■**etw** ~ *(aufmachen)* to open sth; *(mit Mühe a.)* to get open sth *sep; (auseinanderfalten)* to unfold sth; *(ausbreiten a.)* to open [out *sep*] sth; **verklebte Seiten** ~ to get apart *sep* glued pages; **die Arme** ~ to open one's arms; **die Beine** ~ to spread [*or* part] [*or* open] one's legs **aus·ei·nan·der|neh·men** *vt irreg* ■**etw** ~ *(demontieren)* to dismantle [*or form* disassemble] sth, to take apart sth *sep; (zerpflücken)* to tear apart sth *sep,* to tear sth to pieces; ■**jdn** ~ *(fig sl: zerstören)* to smash [up *sep*] [*or fam* trash] [sb's] sth; *(gründlich verprügeln)* to work over sb *sep fam,* to beat [the] shit out of sb *fam!*
aus·ei·nan·der|schrei·ben *vt* ■**etw** ~ to write sth as two words
aus·ei·nan·der|set·zen I. *vt* ① *(getrennt voneinander)* ***zwei Personen/Vasen*** ~ to separate two persons/to set apart *sep* two vases
② *(erklären)* ■**jdm etw** ~ to explain sth to sb; ***jdm etw detailliert*** ~ to explain sth to sb in detail, to expound sth to sb *form;* ***jdm*** ~**, *was/wie ...*** to explain to sb what/how ...
II. *vr* ① ■**sich** *akk* ~ *(getrennt voneinander)* to sit apart
② ■**sich** *akk* **mit etw** *dat* ~ *(sich befassen)* to tackle sth; *(sich genau ansehen a.)* to have [*or* take] a good look at sth; **sich** *akk* **mit einem Problem** ~ to tackle [*or* grapple with] a problem
③ ■**sich** *akk* **mit jdm** ~ *(sich streiten)* to argue with sb; **sich** *akk* **gerichtlich** [*o* **vor Gericht**] ~ to go to court
Aus·ei·nan·der·set·zung <-, -en> [aus?aiˈnandɐzɛtsʊŋ] *f* ① *(Streit)* argument, quarrel; POL debate; [**mit jdm**] **eine** ~ [**wegen einer S.** *gen*] **haben** *(einen Streit)* to have [got into] an argument [with sb] [about sth]; *(ein Streitgespräch)* to have an argument [with sb] [about sth]; ■**es kam** [**wegen einer S.** *gen*] **zu einer** ~ an argument blew up [*or* there was an argument] [about sth]
② *(Beschäftigung)* ■**die** ~ **mit etw** *dat* the examination of sth; *(Analyse)* the analysis of sth
Aus·ei·nan·der·set·zungs·ver·trag *m* JUR deed of partition
aus·ei·nan·der|stre·ben *vi sein (geh)* to diverge
aus·ei·nan·der|trei·ben *irreg* I. *vt haben* ■**jdn/etw** ~ to disperse sb/sth II. *vi sein* to drift apart
aus·er·ko·ren *adj (geh)* chosen; ■**dazu** ~ **sein, etw zu tun** to be chosen to do sth
aus·er·le·sen I. *adj* select; ~**e Speisen/Weine** choice [*or* select] dishes/wines
II. *adv* particularly, especially
aus|er·se·hen* *vt irreg (geh)* ■**jdn** [**zu etw** *dat*] ~ to choose sb [for [*or* to be] sth]; ■**jdn dazu** ~**, etw zu tun** to choose sb to do sth
aus|er·wäh·len* *vt (geh)* ■**jdn zu etw** *dat* ~ to choose sb for [*or* to do] sth; ■**jdn** ~**, etw zu tun** to choose sb to do sth
aus·er·wählt *adj inv, pred* chosen
Aus·er·wähl·te(r) *f(m) dekl wie adj (geh)* ① *(auserwählte Person)* ■**die** ~**n** the chosen few + *pl vb* [*or pl* ones], the elect + *pl vb form*
② *(hum: jds Zukünftiger)* ■**jds** ~ sb's intended *fam*
aus|e·thern ['auseːtɐn] *vt* CHEM ■**etw** ~ *Substanz* to shake out sth *sep* with ether
Aus·fa·chung <-, -en> *f* BAU infill, strut member
aus·fahr·bar *adj* extendable, extensible *spec;* **eine** ~**e Antenne** a retractable aerial; **eine** ~**e Kopfstütze** an adjustable headrest; ■~ **sein** to be extendable [*or spec* extensible]/retractable/adjustable
aus|fah·ren *irreg* I. *vt haben* ① *(spazieren fahren)* ■**jdn** [**mit etw** *dat*] ~ to take [out *sep*] sb for a walk [in sth]; **jdn** [**im Wagen/in der Kutsche**] ~ to take sb [out *sep*] for a drive [*or* ride]; **ein Baby** ~ to take out *sep* the baby [in the pushchair [*or* AM stroller]]
② *(ausliefern)* ■**etw** ~ to deliver sth
③ *(Leistung voll ausnutzen)* ■**etw** ~ to run [up *sep*] sth to top speed; **ein Auto voll** ~ to drive a car flat out
④ *(ausstrecken)* ■**etw** ~ to extend sth; **das Fahrgestell** ~ to lower the landing gear; **die Kopfstütze/das Periskop** ~ to raise the headrest/periscope
II. *vi sein* ① *(spazieren fahren)* to go [out] for a drive [*or* ride]
② *(sich verlängern) Antenne* to extend; *Kopfstütze* to be raised; *Fahrgestell* to lower
③ *(in Bezug auf bösen Geist)* ■[**aus jdm**] ~ to come out [of sb], to leave [sb]
Aus·fahr·gar·ni·tur *f* pramsuit, matinee wear **Aus·fahr·jäck·chen** <-s, -> *nt* matinee jacket
Aus·fahrt *f* ① *kein pl (Abfahrt)* departure
② *(Spazierfahrt)* ■**die/eine** ~ [**in etw** *dat*/**mit etw** *dat*] the/a drive [*or* ride] [in sth]; **eine** ~ **aufs Land** a drive [*or* ride] in the country, a country drive; **eine** ~ **machen** to go for a drive [*or* ride]
③ *(Hofausfahrt, Garagenausfahrt)* exit; *(mit Tor)* gateway; **„~ freihalten!"** "keep clear", "No parking"; *(Autobahnausfahrt)* slip road BRIT, exit [ramp AM]; ~ **Sindelfingen** Sindelfingen exit, exit for Sindelfingen
Aus·fahrt(s)·schild *nt* exit sign **Aus·fahrts·stra·ße** *f* exit road
Aus·fall *m* ① *(Fehlbetrag)* deficit; **ein** ~ **von Steuereinnahmen** a revenue deficit; *(Verlust)* loss; MIL loss, casualty; **erhebliche Ausfälle** considerable losses, a considerable number of casualties
② *(das Versagen)* failure; AUTO breakdown; *(Produktionsausfall)* stoppage; MED failure, loss of function; **bei einem** ~ **des Systems** in case of [a] system failure; **der** ~ **der Atmung/einer Niere** respiratory/kidney failure
③ *kein pl (das Nichtstattfinden)* cancellation; *(das Fehlen)* absence
④ LING dropping, omission
⑤ *(Ergebnis)* outcome *no pl,* results *pl*
⑥ *(beleidigende Äußerung)* insult; ■**Ausfälle** invective *form*
⑦ MIL *(Ausbruch)* sortie, sally; *(beim Fechten)* thrust, lunge; **einen** ~ [**mit etw** *dat*] **machen** to [make a] lunge [*or* thrust] [with sth]
Aus·fall·be·trag *m* FIN deficiency **Aus·fall·bür·ge, -bür·gin** *m, f* JUR deficiency guarantor **Aus·fall·bürg·schaft** *f* JUR deficiency guarantee, indemnity bond; **die** ~ **übernehmen** to give a letter of indemnity
aus|fal·len *vi irreg sein* ① *(herausfallen)* ■**etw fällt** [**jdm**] **aus** [sb's] sth is falling out, sb loses sth; **jdm fallen** [**die**] **Haare aus** sb is going bald [*or* is balding]
② *(nicht stattfinden)* to be cancelled [*or* AM *a.* canceled]; ■**ausgefallen** cancelled; ■**etw** ~ **lassen** to cancel sth; **das Frühstück** ~ **lassen** to go without breakfast; **eine Unterrichtsstunde** ~ **lassen** to cancel a lesson; *Schüler* to not go to [*or* to skip] a lesson, to skive BRIT, to play hook[e]y AM
③ *(nicht funktionieren) Niere* to fail; *Motor* to break

down
❹ *(entfallen)* to be lost, to be not forthcoming *form*
❺ *(nicht zur Verfügung stehen)* ■ **[bei etw** *dat*] **[wegen einer S.** *gen*] ~ to be absent [*or* unavailable] [for sth] [owing to sth]; *(ausscheiden)* to drop out [of sth] [because of sth]; *Rennwagen a.* to retire [from sth] [owing to [*or* because of] sth]
❻ LING to be dropped [*or* omitted]
❼ MODE **groß/klein** ~ *Kleidungsstück* to be large/small
❽ *(werden)* to turn out; ***die Rede ist zu lang ausgefallen*** the speech was [*or* turned out to be] too long

aus|fäl·len *vt* CHEM ■ **etw [aus etw** *dat*] ~ to precipitate [out of sth]

aus·fal·lend, aus·fäl·lig I. *adj* abusive
II. *adv* **sich** *akk* ~ **ausdrücken** to use abusive language; **sich** *akk* ~ **über jdn/etw äußern** [*o* **auslassen**] to get personal about sb/sth; **etw ~ formulieren** to frame sth in abusive language

Aus·fall·ent·schä·di·gung *f* FIN deficiency compensation **Aus·fall·haf·tung** *f* JUR contingent liability **Aus·fall·kre·dit** *m* FIN contingency loan **Aus·fall·ra·te** *f* failure rate **Aus·fall·ri·si·ko** *nt* FIN default risk **Aus·fall·si·cher·heit** *f kein pl* INFORM fail safe **Aus·fall·stra·ße** *f* arterial road **Aus·fall·ur·teil** *nt* JUR deficiency judgment **Aus·fall·ver·si·che·rung** *f* FIN contingency insurance **Aus·fall·zah·lung** *f* FIN deficiency payment **Aus·fall·zeit** *f einer Maschine* downtime

aus|fech·ten *vt irreg* ■ **etw** ~ to fight [out *sep*] sth

aus|fe·dern *vt* **ein Auto** ~ to tilt a car *(due to suspension rebound caused by vigorous swerving)*

aus|fe·gen *vt* ■ **etw** ~ to sweep [out *sep*] sth

aus|fei·len *vt* ■ **etw** ~ ❶ *(wegfeilen)* to file down sth *sep,* to remove sth by filing
❷ *(den letzten Schliff geben)* to polish [up *sep*] sth; ■ **ausgefeilt** polished

aus|fer·ti·gen *vt (geh)* ■ **[jdm] etw** ~ to draft [*or sep* draw up] sth [for sb]; **[jdm] einen Pass** ~ to issue [sb with] a passport; **eine Rechnung [für etw** *akk*] ~ to make out *sep* a bill [for sth], to invoice sth

Aus·fer·ti·gung *f (geh)* ❶ *kein pl (Ausstellung)* drawing up, drafting; *einer Rechnung* making out; *von Pass a.* issuing
❷ *(Abschrift)* copy; **die erste** ~ the top [*or* master] copy; **in einfacher/doppelter/dreifacher/mehrfacher** ~ as one copy/as two/three/multiple copies; **in doppelter/dreifacher/vierfacher** ~ in duplicate/triplicate/quadruplicate; **in doppelter ~ unterzeichnet** signed in duplicate; **etw in doppelter** ~ two copies of sth

aus·fin·dig *adj* ■ **jdn/etw [in etw** *dat*] **~ machen** to locate sb/sth [in sth], to trace sb/sth [to sth], to find [*or* discover] sb/sth [in sth]

Aus·flag·gen <-s> *nt kein pl* sailing under a foreign flag

aus|flie·gen *irreg* **I.** *vi sein* ❶ *(das Nest verlassen)* to fly off [*or* away]; ***der Vogel ist ausgeflogen*** the bird has flown
❷ *(fam: weggehen)* to go out
II. *vt haben* ■ **jdn [aus etw** *dat*] ~ to fly sb [out of sth], to evacuate sb [by air/plane/helicopter] [from sth]

aus|flie·ßen *vi irreg sein* ■ **[aus etw** *dat*] ~ to leak out [of sth]; *Eiter* to discharge [from sth]

aus|flip·pen ['aʊsflɪpn̩] *vi sein (fam)* ❶ *(wütend werden)* to freak out *fam,* to blow a fuse *fam,* BRIT *a.* to do one's nut *fam*
❷ *(sich wahnsinnig freuen)* to jump for joy, to be over the moon
❸ *(überschnappen)* to have a screw loose *hum fam,* to lose it [completely]; *(aufgrund von Drogen, Stimulanzien)* to be high *fam* [*or sl* spaced out]; *(aufgrund von Alkohol)* to get drunk [*or* [*or* BRIT *fam! a.* pissed] tight]; ■ **ausgeflippt** *(überspannt)* freaky *fam; (unter Drogen stehend)* high *fam,* spaced out *sl;* ■ **Ausgeflippte(r)** freak, weirdo *pej fam*

Aus·flucht <-, Ausflüchte> *f* excuse; **Ausflüchte machen** to make excuses; ***mach keine Ausflüchte!*** [I want [to hear]] no excuses!

Aus·flug *m* ❶ *(Betriebsausflug)* outing; *(Schulausflug a.)* [field] trip; *(Wanderung)* walk, hike; **einen ~ machen** to go on [*or* for] an outing [*or* a trip]/a walk [*or* hike]
❷ *(Exkurs)* ■ ~ **in etw** *akk* excursion; **einen ~ in etw** *akk* **machen** to make an excursion into sth

Aus·flüg·ler(in) <-s, -> ['aʊsfly:klɐ] *m(f)* tripper; *(für einen Tag)* day-tripper

Aus·flugs·damp·fer *m* pleasure steamer **Aus·flugs·lo·kal** *nt* tourist café **Aus·flugs·ort** *m* pleasure resort **Aus·flugs·ziel** *nt* destination [of one's outing]; **beliebte ~e** places of popular resort BRIT, popular destinations

Aus·fluss[RR] <-es, Ausflüsse>, **Aus·fluß**[ALT] <-sses, Ausflüsse> *m* ❶ *(Ausflussstelle)* outlet
❷ *kein pl* MED [vaginal *form*] discharge
❸ *(geh: Resultat)* result[s *pl*], product

aus|for·mu·lie·ren* *vt* ■ **etw** ~ *Gedanken, Text* to tidy up sth *sep,* to formulate sth in words [*or* in detail]

aus|for·schen *vt* ■ **jdn/etw** ~ to investigate sb/sth

Aus·for·schungs·be·weis *m* JUR exploratory questioning of a witness

aus|fra·gen *vt* ■ **jdn** ~ to question sb, to pump sb for details *a. pej*

aus|fran·sen *vi sein* to fray, to become frayed

aus|fres·sen *vt irreg (fam)* ■ **etwas/nichts ausgefressen haben** to have done something/nothing wrong

Aus·fuhr <-, -en> *f* ❶ *kein pl (Export)* export[ation]; *(Ausfuhrhandel)* exports *pl*
❷ *pl* exports

Aus·fuhr·ar·ti·kel *m* export item

aus·führ·bar *adj* feasible, practicable, workable; INFORM executable; **kaum/leicht** ~ difficult/easy to carry out *pred*

Aus·führ·bar·keit *f* TECH feasibility, practicability

Aus·fuhr·be·schrän·kung *f* export control **Aus·fuhr·be·stim·mun·gen** *pl* export regulations *pl* **Aus·fuhr·be·wil·li·gung** *f* ÖKON export licence **Aus·fuhr·bürg·schaft** *f* ÖKON export [credit] guarantee **Aus·fuhr·em·bar·go** *nt* POL export embargo

aus|füh·ren *vt* ❶ *(durchführen)* ■ **etw** ~ to carry out sth *sep;* **Anweisungen** ~ to act [up]on [*or sep* carry out] [one's/sb's] instructions; **einen Auftrag** ~ to carry out *sep* [*or form* execute] an order; **einen Befehl/Truppenbewegungen** ~ to execute an order/troop movements; **einen Elfmeter/Freistoß** ~ to take a penalty/free kick; **eine Operation** ~ to perform [*or sep* carry out] an operation; **einen Plan** ~ to put a plan into effect, to carry out *sep* a plan
❷ *(spazieren gehen mit)* ■ **jdn/etw** ~ to take out sb/sth *sep;* **den Hund** ~ to take [out *sep*] the dog for a walk; **jdn groß** ~ to take out *sep* sb for a real treat
❸ *(hum: öffentlich zeigen)* ■ **etw** ~ to parade *pej* [*or sep* show off] sth
❹ *(exportieren)* ■ **etw [in etw** *akk*] ~ to export sth [to sth]; **ausgeführte Waren** exports
❺ *(erläutern)* ■ **[jdm] etw** ~ to explain sth [to sb]; *(darlegen)* to set out *sep* sth [for sb]; **etw im Einzelnen** ~ to explain the points of sth, to elaborate on sth; **etw detailliert** ~ to explain sth in detail, to particularize sth *form*

Aus·füh·ren·de(r) *f(m) dekl wie adj* performer

Aus·fuhr·er·klä·rung *f* export declaration **Aus·fuhr·er·laub·nis** *f* ÖKON export licence [*or* permit] **Aus·fuhr·er·stat·tung** *f* FIN export refund **aus·fuhr·fä·hig** *adj* ÖKON exportable **Aus·fuhr·ga·ran·tie** *f* export credit guarantee **Aus·fuhr·ge·neh·mi·gung** *f* ÖKON export authorization **Aus·fuhr·ge·schäft** *nt* ÖKON export transaction **Aus·fuhr·gü·ter** *pl* export goods *npl,* exports *pl* **Aus·fuhr·ha·fen** *m* shipping port, port of exportation **Aus·fuhr·han·del** *m* export trade **Aus·fuhr·kar·tell** *nt* FIN export-promoting cartel **Aus·fuhr·kon·tin·gent** *nt* ÖKON export quota

Aus·fuhr·kre·dit *m* FIN export credit **Aus·fuhr·kre·dit·ver·si·che·rung** *f* FIN export credit insurance

Aus·fuhr·land *nt* ❶ *(exportierendes Land)* exporting country; **ein ~ für Kaffee** a coffee-exporting country
❷ *(Land, in das ausgeführt wird)* export market

aus·führ·lich ['aʊsfy:ɐ̯lɪç, aʊs'fy:ɐ̯lɪç] **I.** *adj* detailed; **eine ~e Erklärung** a full explanation; **~e Informationen** full [*or* detailed] information *no pl, no art*
II. *adv* in detail [*or* full]; **sehr** ~ in great detail; ■ **~er** in more [*or* greater] detail

Aus·führ·lich·keit <-> *f kein pl* detail[edness]; *von Erklärung* fullness; **in aller** ~ in [great] [*or* down to the last] detail, in full

Aus·fuhr·li·zenz *f* ÖKON export licence [*or* AM -se] **Aus·fuhr·pa·pie·re** *pl* export documents *pl* **Aus·fuhr·rück·gang** *m* ÖKON decline in exports **Aus·fuhr·sub·ven·ti·on** *f* FIN export subsidy **Aus·fuhr·um·satz** *m* FIN export sales

Aus·füh·rung *f* ❶ *kein pl (Durchführung)* carrying out; *von Auftrag a.* execution; *von Befehl* execution; *von Elfmeter, Freistoß* taking; *eines Gesetzes* implementation; *von Operation* performance, carrying out; **zur ~ gelangen** [*o* **kommen**] *(geh)* to be carried out/executed
❷ *(Qualität)* quality; *von Möbel a.* workmanship; *(Modell)* model, design
❸ *kein pl (Darlegung, Erklärung)* explanation
❹ *meist pl (Bericht)* report

Aus·füh·rungs·be·stim·mung *f* implementing regulation [*or* statute] **Aus·füh·rungs·ga·ran·tie** *f* JUR performance guarantee **Aus·füh·rungs·ge·schäft** *nt* JUR [agent's] implementing transaction **Aus·füh·rungs·pha·se** *f* INFORM run phase **Aus·füh·rungs·plan** *m* BAU design plan **Aus·füh·rungs·qua·li·tät** *f* workmanship **Aus·füh·rungs·ver·ord·nung** *f* JUR implementing regulation

Aus·fuhr·ver·bot *nt* POL export ban [*or* prohibition] **Aus·fuhr·zoll** *m* export duty

aus|fül·len *vt* ❶ *(Antworten eintragen)* ■ **etw** ~ to fill in [*or* out] sth *sep,* to complete sth
❷ *(gerecht werden)* ■ **etw** ~ to fill sth; ***er füllt den Posten gut/nicht gut aus*** he is well-fitted/not fitted for the post
❸ *(befriedigen)* ■ **jdn [ganz** [*o* **voll**]] ~ to satisfy sb [completely], to give sb [complete] fulfilment [*or* AM fulfillment] *usu form*
❹ *(Zeit in Anspruch nehmen)* ■ **etw** ~ to take up *sep* all of sth; ■ **seine Zeit [mit etw** *dat*] ~ to fill up *sep* one's time [with sth], to pass one's time [doing sth]; **sein Leben mit etw** ~ to spend one's [whole] life doing [*or* in] sth
❺ *(stopfen)* ■ **etw [mit etw** *dat*] ~ to fill sth [with sth]; **ein Loch [mit etw** *dat*] ~ to fill [up [*or* out] *sep*] a hole [with sth]; **einen Spalt [mit etw** *dat*] ~ to stop [*or sep* fill in] a gap [with sth]

aus|fut·tern *vt* KOCHK **eine Form** ~ to line a baking tin

Aus·ga·be *f* ❶ *kein pl (Austeilung)* distribution, giving out; *(Aushändigung a.)* handing out; *von Befehl, Fahrkarte, Dokument* issuing; ~ ***von Fahrkarten am Schalter 2*** Window 2 for tickets, tickets issued at Window 2
❷ *kein pl* BÖRSE *(Herausgabe)* issuing; *von Anleihen a.* negotiation *form*
❸ INFORM output *no pl; (Druckausgabe a.)* print-out; **eine ~ am Terminal** a screen output
❹ *(Schalter)* issuing counter; *(Büro)* issuing office; *(Bücherausgabe)* issue [*or* issuing] desk; *(Essensausgabe)* serving counter
❺ MEDIA, LIT edition; *von Zeitschrift a.* issue; **die ~ von 1989** the 1989 edition; **alte ~n** back issues; *(Version)* version
❻ *pl (Kosten)* expenses, costs; **die staatlichen ~n** state spending *no pl, no art*

Aus·ga·be·da·ten *pl* INFORM output data + *sing vb* **Aus·ga·be·da·tum** *nt* BÖRSE, FIN date issued **Aus·ga·be·ein·heit** *f* INFORM output unit **Aus·ga·be·ge·rät** *nt* INFORM output device [*or* drive] **Aus·ga·be·kurs** *m* FIN issue[d] price

Aus·ga·ben·be·leg *m* FIN receipt [of expenditure]

Aus·ga·ben·gren·ze *f* FIN cost limit **Aus·ga·ben·po·li·tik** *f* FIN costs policy **Aus·ga·ben·sper·re** *f* FIN spending freeze **Aus·ga·ben·steu·er** *f* JUR expenditure tax **Aus·ga·ben·struk·tur** *f* FIN expenditure pattern

Aus·ga·be·pos·ten *m* FIN item of expenditure **Aus·ga·be·preis** *m* FIN issue price **Aus·ga·be·schal·ter** *m (in Bibliothek)* issue [*or* AM circulation] desk **Aus·ga·be·stel·le** *f* ① *(Büro)* issuing office ② *(Schalter)* issuing counter ③ *in Bibliothek* issue desk ④ *für Hilfsgüter* distribution point

Aus·gang *m* ① *(Weg nach draußen)* way out, exit (+*gen* from); ***ich bringe Sie noch [bis] zum ~*** I'll show you the way out; *von Wald* edge; LUFT gate
② MED *(Auslass)* opening; *von Enddarm a.* exitus *spec*
③ ELEK exit, outlet
④ *(Erlaubnis zum Ausgehen)* permission to go out; MIL pass; **~ haben** to have permission to go out; *Personal* to have the day off; *(für den Abend)* to have the evening off; MIL to be on leave; **bis 22 Uhr ~ haben** MIL to have a pass till 10 o'clock [*or* 10 PM]; **~ bis zum Wecken haben** MIL to be on overnight leave [till reveille]
⑤ *kein pl (Ende)* end; *einer Epoche a.* close; *von Film, Roman a.* ending; *(Ergebnis)* outcome; **einen tödlichen ~ haben** to end fatally; **einen glücklichen/tragischen/unverhofften ~ nehmen** to turn out [*or* end] happily/to end in tragedy/to take an unexpected turn
⑥ *kein pl (Ausgangspunkt)* starting point, point of departure; *(Anfang)* beginning
⑦ *pl (ausgehende Post)* outgoing mail *no pl, no indef art; (ausgehende Waren)* outgoing goods

aus·gangs ['ausgaŋs] **I.** *präp +gen (räumlich, zeitlich)* at the end of; **ein Mann ~ der Dreißiger** a man in his late thirties
II. *adv (am Ausgang)* at the edge, on the way out of

Aus·gangs·ba·sis *f kein pl* basis **Aus·gangs·be·hör·de** *f* JUR originating office **Aus·gangs·flug·ha·fen** *m* ÖKON airport for outward freight **Aus·gangs·fracht** *f* carriage outward, freight out[ward] **Aus·gangs·ha·fen** *m* ÖKON shipping port **Aus·gangs·hel·lig·keit** *f* ASTRON *eines Sterns* initial luminosity **Aus·gangs·ka·pi·tal** *nt* FIN initial capital **Aus·gangs·la·ge** *f* starting point **Aus·gangs·ma·te·ri·al** *nt* ÖKON raw material **Aus·gangs·pa·ra·me·ter** *m* INFORM default parameter **Aus·gangs·po·si·ti·on** *f* starting position **Aus·gangs·pro·dukt** *nt* ÖKON primary product **Aus·gangs·punkt** *m* ① *(Beginn)* starting point; *einer Reise a.* departure ② MATH base, ground line **Aus·gangs·sper·re** *f* MIL *(für die Bevölkerung)* curfew; *(für Soldaten)* confinement to barracks; **eine ~ verhängen** to impose a curfew; **~ haben** MIL to be confined to barracks **Aus·gangs·spra·che** *f* source language **Aus·gangs·stel·lung** *f* ① SPORT *(Grundstellung)* **in ~ gehen** starting position ② MIL initial position

aus·ge·ar·bei·tet I. *pp von* **ausarbeiten**
II. *adj inv* worked out, developed; **ein bis ins letzte Detail ~er Plan** a detailed plan

aus·ge·baut *adj* fully developed; **gut ~e Straßen** well-built roads

aus|ge·ben *vt irreg* ① *(aufwenden)* ■**etw [für etw** *akk*] **~** to spend sth [on sth]; **einen Teil seines Gehalts für etw** *akk* **~** to invest [*or* spend] part of one's salary on sth
② *(austeilen)* ■**etw [an jdn] ~** to distribute [*or sep* give out] sth [to sb]; *(aushändigen a.)* to hand out *sep* sth [to sb]; **einen Ausweis/ein Dokument/eine Fahrkarte ~** to issue a passport/document/ticket; **die Karten ~** to deal the cards; ***wer gibt die Karten aus?*** whose deal is it?; **eine Datei auf dem Drucker ~** INFORM to output a file to the printer *form,* to print [out *sep*] a file; **Befehle ~** to issue [*or* give] orders
③ *(fam: spendieren)* ■**[jdm] etw ~** to treat sb to sth; ***darf ich dir einen Ouzo ~?*** can I buy you an ouzo?; **eine Runde [Bier] ~** to buy [*or fam* stand] a round, to get in *sep* the beers *fam;* **[jdm] einen ~** *(fam)* to buy [*or* get] sb a drink; ***heute Abend gebe ich einen aus*** the drinks are on me this evening
④ FIN ■**etw ~** to issue sth
⑤ *(darstellen)* ■**jdn/etw als/für jdn/etw ~** to pass off *sep* sb/sth as sb/sth; ■**sich** *akk* **[jdm gegenüber] als jd/etw ~** to pass oneself off as sb/sth [to sb], to pose as sb/sth

aus·ge·bil·det I. *pp von* **ausbilden**
II. *adj* trained

aus·ge·brannt *adj* drained, exhausted, BRIT *a.* knackered *fam!; (geistig erschöpft a.)* burned-out, spent

aus·ge·bucht *adj* ① *(belegt)* booked up; *Flugzeug, Reise* [completely] booked out
② *(fam)* ■**~ sein** to be booked up; ***heute Abend/nächste Woche ist bei mir völlig ~*** I'm fully booked up for this evening/next week

aus·ge·bufft ['ausgəbʊft] *adj (fam)* shrewd, BRIT *a.* fly

Aus·ge·burt *f* ① *(Gebilde)* monstrous product [*or* invention]; **eine ~ der Fantasie** a product of a diseased imagination *pej*
② *(pej: Geschöpf, Kreatur)* monster; **eine ~ der Hölle** a fiend from [*or pej* spawn of] hell [*or* Hell]

aus·ge·dehnt I. *pp von* **ausdehnen**
II. *adj* ① *(lang) Spaziergang* long, extended
② *(groß) Ländereien* extensive

aus·ge·dient *adj attr (veraltend)* worn out; MIL *(a. D.)* retired, veteran; **ein ~er Gegenstand** an item which one has no further use for

aus·ge·dörrt *adj Boden* parched; *Land* arid; *Pflanze* shrivelled, dried up

aus·ge·fal·len *adj* unusual; *(sonderbar)* weird

aus·ge·fällt *adj* CHEM thrown down; **~e Kristalle** thrown down crystals

aus·ge·feilt I. *pp von* **ausfeilen**
II. *adj* polished

aus·ge·franst *adj Kleidung* frayed

aus·ge·gli·chen *adj* ① *Klima* equable, even, steady
② *Mensch* equable, level-headed, easy-going; *Temperament* equable, easy-going
③ TYPO *Satz* equally [*or* evenly] spaced

Aus·ge·gli·chen·heit <-> *f kein pl* evenness, steadiness; *Mensch* level-headedness; **seine ~** his balanced character

aus|ge·hen *vi irreg sein* ① *(aus dem Haus gehen, sich vergnügen)* to go out; ***er ging aus, um Einkäufe zu machen*** we went out for shopping; ■**ausgegangen sein** to have gone out, to be out
② *(sich vergnügen)* to go out; **zum Essen ~** to dine out; **groß ~** to go out in great style; ■**mit jdm ~** to go out with sb; *(ein Rendezvous haben)* to date sb
③ *(abgehen)* ■**von etw** *dat* **~** to lead from sth; ***von dem Platz gehen vier Straßen aus*** four streets lead from [*or* off] the square
④ *(herrühren, vorgebracht werden)* ■**von jdm ~** to come from sb; ***von wem geht diese Idee aus?*** whose idea is this?
⑤ *(ausgestrahlt werden)* ■**etw geht von jdm/etw aus** sb/sth radiates sth; ***von dem Feuer geht ein warmer Schein aus*** the fire spreads a warm light; ***große Ruhe geht von ihr aus*** she radiates a feeling of great calm
⑥ *(enden)* to end; ■**gut/schlecht ~** to turn out well/badly; *Buch, Film* to have a happy/sad end[ing]; *Spiel* to end well/badly; **unentschieden ~** to end in a draw
⑦ *(aufhören zu brennen)* to go out; *(aufhören zu laufen) Gerät, Motor* to switch off; ***in der ganzen Straße gingen die Lichter aus*** the whole street went black; ***mir ist schon wieder das Kaminfeuer/die Zigarette ausgegangen*** my cigarette/the fire has gone out again
⑧ *(zum Ausgangspunkt nehmen)* ■**von etw** *dat* **~** *Annahme* to start [out] from sth; *Person* to take sth as a starting point; *(zugrunde legen)* to take sth as a basis; *(basieren)* to be based on sth; *(annehmen)* to assume sth; ***wovon gehst du bei deiner Theorie aus?*** what are you basing your theory on?; ***diese Theorie geht von der falschen Voraussetzung aus*** this theory is based on the wrong assumption; ***davon kannst du nicht ~*** you can't go by that; **davon [*o* von der Annahme] ~, dass ...** to assume [*or* start [out] from the assumption] that ...; **es ist davon auszugehen, dass ...** it can be assumed that ...; **von der Tatsache/Vorstellung ausgehen, dass ...** to start [out] from the fact/idea that ...
⑨ *(sich erschöpfen)* to run out; ***das Brot ist ausgegangen*** there's no more bread; ■**etw geht jdm aus** sb runs out of sth; ***uns ist das Brot ausgegangen*** we've run out of bread; ***uns geht langsam das Geld aus*** we're running out of money; ***deine guten Ausreden gehen dir wohl auch nie aus!*** *(fam)* you're never at a loss for a good excuse; ***mir geht [allmählich] die Geduld aus*** I'm losing [my] patience; ***ihm ist die Luft [o fam Puste] ausgegangen*** he ran out of steam *fam; (finanziell)* he ran out of funds
⑩ *(ausfallen)* to fall out; **jdm gehen die Haare/Zähne aus** sb's hair is/sb's teeth are falling out
⑪ DIAL *(verblassen) Farbe* to run; *Gewebe* to fade; ***das Kleid geht beim Waschen aus*** the dress fades when you wash it
⑫ ÖSTERR *(ausreichen)* ■**sich ~** to be enough; ***es geht sich aus*** there's enough; ***die Milch geht sich für den Kaffee noch aus*** there's [*or* we have] just enough milk for the coffee; ***es geht sich aus, dass wir den Bus erreichen*** we'll manage to catch the bus

aus·ge·hend *adj attr* **im ~en Mittelalter** towards the end of the Middle Ages; **das ~e 19. Jahrhundert** the end [*or* close] of the 19th century

aus·ge·hun·gert *adj* ① *(fam: sehr hungrig)* ■**~ sein** to be starved [*or* starving] [*or* famished]
② *(ausgezehrt)* emaciated
③ *(bedürftig)* ■**nach etw** *dat* **~ sein** to be starved [*or* desperately in need] of sth

Aus·geh·uni·form *f* MIL dress uniform

aus·ge·klü·gelt *adj* ingenious, [carefully] thought out; *Methode* cleverly devised

aus·ge·kocht *adj (pej fam)* cunning, sly

aus·ge·las·sen *adj* wild, mad *fam; Kinder* boisterous, lively; ■**~ sein** to be boisterous [*or* lively] [*or* in high spirits]

Aus·ge·las·sen·heit <-, -en> *f pl selten* wildness, madness *fam; von Kindern* boisterousness, high spirits *npl*

aus·ge·leuch·tet I. *pp von* **ausleuchten**
II. *adj* illuminated

aus·ge·macht *adj* ① *(entschieden)* ■**es ist ~ [*o* eine ~e Sache], dass ...** it is agreed that ...; *(nicht abwendbar)* it's a foregone conclusion that ... *form;* ***noch nicht ~ ist, ob ...*** it is not yet settled whether ...
② *attr (fam: eingefleischt)* complete, utter, downright *a. pej fam,* regular *hum fam*

aus·ge·mer·gelt *adj* emaciated, gaunt; **ein ~es Gesicht** a gaunt [*or* pinched] face

aus·ge·nom·men *konj* except, apart from; **alle, ~ du** everyone but [*or* except [for]] you, everyone save [*or* apart from] yourself; ***wir kommen, ~ es regnet*** we'll come, but only if it doesn't rain; **ich/Sie/die Kranken nicht ~** myself/yourself/the sick not excepted [*or* excluded]

aus·ge·po·wert [-gəpauɐt] *adj (fam)* washed out *fam,* completely exhausted, BRIT *a.* done in *pred fam*

aus·ge·prägt *adj (prononciert) Charakterzüge, Eigenschaften* distinctive; *(markant)* distinctive; **ein ~es Interesse** a pronounced interest; **eine ~e Neigung** a distinct inclination; **ein [stark] ~er Sinn für alles Schöne** a well-developed sense for everything beautiful; **~er Stolz** deep-seated pride

aus·ge·rech·net ['ausgərɛçnət] *adv* ① *personenbezogen (gerade)* ■**~ jd/jdn/jdm** sb of all people; ***warum muss das ~ mir passieren?*** why does it have to happen to me [of all people]?
② *zeitbezogen (gerade)* **~ jetzt** now of all times; **~ gestern/heute** yesterday/today of all days; ***~ dann war ich nicht zu Hause*** right then I was not in, of course; ***~, als wir ins Bett gehen wollten, ...*** just when we wanted to go to bed ...
③ *sachenbezogen (gerade)* **~ *Bananen haben wir***

vergessen! we forgot bananas of all things!

aus·ge·rich·tet I. *pp von* **ausrichten**
II. *adj* oriented

aus·ge·ruht I. *adj inv, attr* well rested
II. *adv inv* **etw ~ beginnen** to start sth well rested; **sich** *akk* **~ an die Arbeit machen** to start work having had a good night's sleep

aus·ge·rüs·tet *adj* ❶ *(ausgestattet)* equipped; **bügelfrei ~** non-iron; **gut ~** well-equipped; ***für die Bergtour gut ~*** well-equipped for the mountaineering expedition
❷ CHEM, MODE *(durch Nachbehandlung veredelt)* treated

aus·ge·schla·fen *adj (fam)* sharp; ▪**~ sein** to be alert [*or* sharp] [*or* on the ball]

aus·ge·schla·gen I. *pp von* **ausschlagen**
II. *adj inv* beaten [out]

aus·ge·schlos·sen *adj pred* ▪**~ sein[, dass ...]** to be impossible [that ...]; *(außer Frage kommen a.)* to be out of the question [that ...]; ***es ist nicht ~, dass ...*** it is just possible that ...; ▪**[völlig] ~!** [that's] [completely] impossible! [*or* out of the question], nothing doing! *fam; s. a.* **Irrtum**

aus·ge·schnit·ten *adj* low-cut; ▪**~ sein** to be low-cut [*or* cut low]; **ein vorn ~es/tief ~es Kleid** a dress cut low/very low at the front, a dress with a low/plunging neckline; ***sie kam tief ~ auf den Ball*** she came to the ball in a very low-cut dress

aus·ge·spro·chen I. *adj (positive Eigenschaft bezeichnend)* distinct; *(negative Eigenschaft bezeichnend)* extreme; *(ausgeprägt)* pronounced, distinctive; **~e Eleganz** sheer elegance; **~e Freundlichkeit** real friendliness; **~e Begabung** a marked [*or* pronounced] ability; **eine/keine ~e Ähnlichkeit** a marked/no particular similarity; ***sie ist keine ~e Schönheit*** she's not exactly what you would call pretty; **~es Pech haben** to have really bad luck, to be really unlucky
II. *adv* ❶ *(wirklich)* really
❷ *(besonders)* really, extremely; *(negative Eigenschaft bezeichnend a.)* downright *fam*

aus|ge·stal·ten* *vt* ▪**etw ~** *(dekorieren, einrichten)* to decorate sth; *(ausbauen)* to develop sth; **etw antik ~** to decorate sth in an antique style

Aus·ge·stal·tung <-, -en> *f* ❶ *(Anordnung)* arrangement, development
❷ JUR *eines Patents* embodiment

aus·ge·stat·tet I. *pp von* **ausstatten**
II. *adj inv* equipped with; **mit Stilmöbeln ~** furnished with antique furniture

aus·ge·stellt I. *pp von* **ausstellen**
II. *adj inv* flared

aus·ge·stor·ben *adj* ❶ *(erloschen)* extinct
❷ *(verlassen)* ▪**[wie] ~ sein** to be deserted

aus·ge·sto·ßen *pp von* **ausstoßen**

Aus·ge·sto·ße·ne(r) *f(m) dekl wie adj* outcast

aus·ge·streckt I. *pp von* **ausstrecken**
II. *adj Hand* extended

aus·ge·sucht I. *adj* ❶ *(erlesen)* choice, select; **~e Qualität** choice quality
❷ *(gewählt)* well-chosen; **eine ~e Gesellschaft** a select group of people
II. *adv* extremely, exceptionally; **~ gute Weine** choice [*or* select] wines

aus·ge·tre·ten I. *pp von* **austreten**
II. *adj* ❶ *Schuhe* worn
❷ *Weg* [well-]trodden

aus·ge·wach·sen *adj* ❶ *(voll entwickelt)* fully grown
❷ *(fam: komplett)* utter, complete; **ein ~er Skandal** a full-blown scandal

aus·ge·wählt *adj* ❶ *(selektiert)* selected
❷ *(erlesen)* select; **eine ~e Mannschaft** a hand-picked team; **~e Weine** choice [*or* select] wines

aus·ge·wie·sen *adj* acknowledged

aus·ge·wil·dert *adj Tier* returned to the wild, reintroduced into its natural habitat

aus·ge·wo·gen *adj* balanced; **das ~e Kraftverhältnis** the balance of powers; **~e Maßnahmen** a balanced set of measures

Aus·ge·wo·gen·heit <-> *f kein pl* balance; **~ bewahren** to preserve the balance

aus·ge·zeich·net [ˈausɡəˈtsaiçnət, ˈausɡəˈtsaiçnət] I. *adj* excellent; ▪**von ~er Qualität** of excellent [*or* superior] quality
II. *adv* extremely well; **~ kochen** to be an excellent cook; ***mir geht es ~*** I'm feeling just great

aus·gie·big [ˈausɡiːbɪç] I. *adj* extensive; **eine ~e Mahlzeit** a substantial [*or* large] meal; **einen ~en Mittagsschlaf** a long afternoon nap; **von etw** *dat* **~en Gebrauch machen** to make full [*or* good] use of sth
II. *adv* extensively; **~ baden/schlafen/schwimmen** to have a good [long] bath/sleep/swim; **etw ~ gebrauchen** to make full [*or* good] use of sth

aus|gie·ßen *vt irreg* ❶ *(entleeren)* ▪**etw ~** to empty sth
❷ *(weggießen)* ▪**etw ~** to pour away sth *sep;* **etw im Toilettenbecken ~** to pour sth down the toilet
❸ *(füllen)* ▪**etw [mit etw** *dat***] ~** to fill [in *sep*] sth [with sth]; **einen Hohlraum mit etw** *dat* **~** to fill a cavity with sth, to pour sth into a cavity
❹ *(überschütten)* **Hohn/Spott über jdn ~** to pour scorn on/to mock sb

Aus·gleich <-[e]s, -e> *m pl selten* ❶ *(das Ausgleichen)* balancing, squaring; **der ~ eines Kontos** to balance an account
❷ *(das Wettmachen)* settlement; *eines Fehlers, Schadens* compensation; ▪**zum ~ einer S.** *gen* by way of compensation [*or* in order to compensate] for sth
❸ *(das Korrigieren)* balancing; *von Unebenheiten* evening out
❹ *(Vermittlung)* conciliation
❺ *(Kompensierung)* ***er treibt zum ~ Sport*** he does sport to keep fit; **zum willkommenen ~ von etw** *dat* as a welcome change from sth
❻ *kein pl* SPORT equalizer, tie; **den ~ erzielen** to equalize, to tie [the score [*or* it up]]; TENNIS deuce

aus|glei·chen *irreg* I. *vt* ▪**etw [durch etw** *akk***] ~**
❶ *(glattstellen)* to balance [*or* square] sth [with sth]; **Schulden [durch etw** *akk***] ~** to settle debts [with sth]
❷ *(korrigieren)* to balance sth [with sth] *sep;* **die Unebenheiten eines Fußbodens ~** to even out a floor
❸ *(wettmachen)* to compensate for [*or* make good] sth [with sth/by doing sth]
❹ *(ausbalancieren)* to reconcile sth [with sth]
II. *vi* ❶ SPORT **[zum 1:1] ~** to equalize [the score at 1 all], to tie the score
❷ *(vermitteln)* to prove [*or* be] conciliatory; *Mensch* to act as a mediator
III. *vr* ▪**sich** *akk* **[durch etw** *akk***] ~** to balance out [as a result of sth]

aus·glei·chend *adj Wirkung* harmonizing, balancing-out; *Art* conciliatory

Aus·gleichs·ab·ga·be *f* FIN equalization levy, compensatory [*or* compensation] tax **Aus·gleichs·an·spruch** *m* JUR claim for adjustment **Aus·gleichs·bank** *f* FIN equalization bank **aus·gleichs·be·rech·tigt** *adj* JUR entitled to contribution **Aus·gleichs·be·rech·tig·te(r)** *f(m) kein pl* JUR person entitled to equalization payments **Aus·gleichs·be·trag** *m* FIN compensatory amount **Aus·gleichs·emp·fän·ger(in)** *m(f)* FIN recipient of equalization payments **Aus·gleichs·fonds** *m* FIN compensation fund, equalization fund **Aus·gleichs·for·de·rung** *f* FIN equalization claim **Aus·gleichs·ge·trie·be** *nt* AUTO differential **Aus·gleichs·grund·satz** *m* JUR compensation principle **Aus·gleichs·ka·pa·zi·tät** *f* ÖKON compensating capacity **Aus·gleichs·kas·se** *f* SCHWEIZ *independent compensation and insurance fund for members of the armed forces* **Aus·gleichs·klau·sel** *f* JUR *Lohn* escalator clause **Aus·gleichs·leis·tung** *f* FIN compensation payment **Aus·gleichs·pflicht, Aus·glei·chungs·pflicht** *f* JUR compensations payment liability; **~ der Gesamtschuldner** obligation to make contributions to co-debtors; **~ der Gesamtgläubiger** duty to account to co-creditors for moneys received **Aus·gleichs·pos·ten** *m* FIN balancing [*or* compensating] item; **~ zur Auslandsposition** counterpart of changes in one's external position **Aus·gleichs·schicht** *f* BAU levelling [*or* AM leveling] layer **Aus·gleichs·sport** *m* keep-fit activities **Aus·gleichs·steu·er** *f* FIN compensatory duty **Aus·gleichs·tor** *nt,* **Aus·gleichs·tref·fer** *m* equalizer, tying goal **Aus·gleichs·um·la·ge** *f* FIN equalization levy **Aus·gleichs·ver·fah·ren** *nt* JUR composition proceedings *pl* **Aus·gleichs·zah·lung** *f* compensation, compensatory [payment] **Aus·gleichs·zeit·raum** *m* FIN balancing time **Aus·gleichs·zin·sen** *pl* FIN compensatory interest **Aus·gleichs·zu·schlag** *m* ÖKON cost-of-living allowance

Aus·glei·chung <-, -en> *f* FIN compensation, adjustment

Aus·glei·chungs·dum·ping *nt* FIN anticipatory dumping **Aus·glei·chungs·pflicht** *f* JUR duty to compensate

aus|glei·ten *vi irreg sein (geh)* ▪**[auf etw** *dat***] ~** to slip [on sth]

aus|glie·dern *vt* ÖKON ▪**etw [aus etw** *dat***] ~** to disembody [*or* disincorporate] sth [from sth] *spec*

aus|gra·ben *vt irreg* ▪**etw ~** ❶ *(aus der Erde graben)* to dig up sth *sep;* **Altertümer ~** to excavate [*or sep* dig up] ancient artefacts; **eine Leiche ~** to disinter [*or* exhume] a body
❷ *(hervorholen)* to dig out sth *sep;* **alte Geschichten ~** to bring up *sep* old stories

Aus·gra·bung *f* ❶ *kein pl (das Ausgraben)* digging up; *einer Leiche* disinterment, exhumation
❷ *(Grabungsarbeiten)* excavation[s *pl*]; *(Grabungsort)* excavation site; *(Grabungsfund)* [archaeological [*or* AM archeological]] find

aus|grä·ten *vt* KOCHK *s.* **entgräten**

aus|grei·fen *vi irreg* to make long strides

aus·grei·fend *adj* ▪**[weit] ~** long, lengthy; **eine [weit] ~e Bewegung** a sweeping movement

aus|gren·zen *vt* ▪**jdn/etw [aus etw** *dat***] ~** to exclude sb/sth [from sth]

Aus·gren·zung <-> *f kein pl* ▪**die ~ [aus etw** *dat***]** the exclusion [from sth]

Aus·guck <-[e]s, -e> *m* lookout; **~ halten** to keep a lookout; NAUT to keep lookout

aus|gu·cken *vt (fam)* ▪**[sich** *dat***] jdn/etw ~** to set one's sights on sb/sth, to pick out sb *sep; s. a.* **Auge**

Aus·guss[RR] <-es, Ausgüsse>, **Aus·guß**[ALT] <-sses, Ausgüsse> *m* ❶ *(Spüle)* sink
❷ *(Tülle)* spout

aus|ha·ben *irreg* I. *vt (fam)* ▪**etw ~** ❶ *(ausgezogen haben)* to have taken off sth *sep*
❷ *(beendet haben)* to have finished sth
II. *vi (fam)* to get off [school]

aus|ha·cken *vt* ❶ *(durch Hacken entfernen)* ▪**etw ~** to hoe [out *sep*] sth
❷ *(auspicken)* ▪**jdm/einem Tier etw ~** to peck out *sep* sb's/an animal's sth; *s. a.* **Krähe**

aus·hak·bar *adj inv* unhookable

aus|ha·ken I. *vt* ▪**etw ~** to unlatch [*or* unhook] sth
II. *vi impers (fam)* ▪**es hakt bei jdm aus** ❶ *(nichts mehr verstehen)* sb doesn't get it [*or* just can't understand]; *(zu viel auf einmal)* it's too much for sb
❷ *(wütend werden)* something in sb snapped *fam*

aus|hal·ten *irreg* I. *vt* ❶ *(ertragen können)* ▪**es ~** to bear [*or* stand] [*or* endure] it; ***er hält es in keiner Stellung lange aus*** he never stays in one job for long; ***hältst du es noch eine Stunde aus?*** can you hold out [*or* manage] another hour?; ***hält ein Mensch das überhaupt aus?*** is it humanly possible?; ***man kann es wochenlang ohne Essen ~*** you can go without food for weeks; ***hier lässt es sich ~*** it's not a bad place; ***mit ihm lässt es sich ~*** he's OK really *fam;* ▪**etw ~** to stand [*or* bear] sth; **die Kälte ~** to endure the cold; **jds Blick ~** to return sb's stare; ***sie ist nicht zum A~!*** she's awful!
❷ *(standhalten)* ▪**etw ~** to be resistant to sth; **eine hohe Temperatur ~** to withstand a high temperature; **viel ~** to take a lot; *Stoff* to take a lot of wear [and tear]; **eine hohe Last ~** to bear a heavy load; **den Druck ~** to [with]stand the pressure; *s. a.* **Vergleich**

❸ *(fam: Unterhalt leisten)* ■**jdn** ~ to keep [*or* support] sb
II. *vi* to hold out; ***hältst du noch aus?*** can you hold out [any longer]?
aus·han·del·bar *adj* negotiable
aus|han·deln *vt* ■**etw** [**mit jdm**] ~ to negotiate sth [with sb]; ***das ist noch auszuhandeln*** we/they etc. still need to negotiate that
aus|hän·di·gen ['aushɛndɪgn̩] *vt* ■**jdm etw** ~ to hand over *sep* sth to sb; **jdm einen Preis** ~ to give sb a prize; **jdm eine Urkunde** ~ to surrender a document to sb *form*
Aus·hän·di·gung <-> *f kein pl* handing over; *einer Urkunde* surrendering; **die feierliche** ~ [**von etw** *dat*/**einer S.** *gen*] the [formal] presentation of sth
Aus·hang *m* announcement, notice; *(das Aushängen)* posting; **etw durch** ~ **bekannt geben** to put up a notice about sth
Aus·hän·ge·bo·gen *m* advance [*or* specimen] sheet
aus|hän·gen I. *vt* ■**etw** ~ ❶ *(durch Aushang bekannt machen)* to put up sth *sep;* **Plakate** ~ to post [*or sep* put up] bills
❷ *(aus den Angeln heben)* to unhinge sth, to take sth off its hinges; **die Haken von etw** *dat* ~ to unhook sth
II. *vi irreg* to be/have been put up; **am schwarzen Brett** ~ to be on the notice board
III. *vr* ■**sich** *akk* ~ to drop out; ***die Falten im Kleid werden sich*** ~ the creases will drop out of the dress
Aus·hän·ge·schild *nt* ❶ *(Reklametafel)* sign [board]
❷ *(Renommierstück)* showpiece
aus|har·ren *vi* to wait [patiently]; **auf seinem Posten** ~ to stand by one's post; **als Letzter im Büro** ~ to be the last to leave the office
aus|hau·chen *vt (geh)* ❶ *(Luft schwach ausstoßen)* ■**etw** ~ to exhale [*or sep* breathe out] sth; **seinen Atem** ~ to exhale, to breathe out
❷ *(sterben)* **sein Leben** [*o* **seine Seele**] ~ to breathe one's last
aus|he·beln *vt* ■**etw** ~ to annul [*or* cancel] sth
aus|he·ben *vt irreg* ❶ *(ausgraben)* ■**etw** ~ to excavate [*or sep* dig out] sth; **einen Graben/ein Grab** ~ to dig a ditch, grave
❷ *(ausrauben)* ■**etw** ~ to rob sth [of its eggs [*or* young]]
❸ *(hochgehen lassen)* ■**jdn/etw** ~ to bust sb/sth *fam*
Aus·he·bung <-, -en> *f* SCHWEIZ *(Einberufung)* conscription
aus|he·cken *vt (fam)* ■**etw** ~ to hatch [*or sep fam* cook up] sth; ***du hast wieder etwas ausgeheckt!*** you're up to something again; [**neue**] **Streiche** ~ to think up new tricks
aus|hei·len I. *vt haben* ■**etw** ~ to cure sth [completely]; ■**ausgeheilt sein** to be [completely] cured
II. *vi sein* to be cured; *Wunde* to heal
aus|hel·fen *vi irreg* ■[**jdm**] ~ to help out [sb] *sep,* to give [*or* lend] [sb] a [helping] hand; ■**jdm** [**mit etw** *dat*] ~ to help out *sep* sb [with sth]
aus|heu·len *(fam)* I. *vi* to have finished [*or* stopped] crying
II. *vr* ❶ *(gründlich weinen)* ■**sich** *akk* ~ to have a good cry
❷ *(jdm sein Leid klagen)* ■**sich** *akk* **bei jdm** ~ to have a good cry on sb's shoulder, to sob one's heart out [to sb]
Aus·hil·fe *f* ❶ *(vorübergehende Hilfe)* temporary help [*or* assistance]; ***„Assistentin zur ~ gesucht"*** "assistant wanted for temporary work"; **jdn zur** ~ **haben** to have sb to help out; [**bei jdm**] **zur** ~ **arbeiten** to temp [for sb] *fam*
❷ *(vorübergehende Hilfskraft)* temporary worker, temp *fam*
Aus·hilfs·ar·beit *f* ÖKON odd job, temporary work *no art, no pl; (im Büro a.)* temping **Aus·hilfs·ar·bei·ter(in)** *m(f)* ÖKON casual worker [*or* labourer] [*or* AM laborer], oddjobber **Aus·hilfs·ar·beits·ver·hält·nis** *nt* FIN temporary employment **Aus·hilfs·job** *m* odd job, temporary work *no pl, no art* **Aus·hilfs·kell·ner, -kell·ne·rin** *m, f* temporary waiter **Aus·hilfs·kraft** *f s.* **Aushilfe Aus·hilfs·leh·rer(in)** <-s, -> *m(f)* supply teacher **Aus·hilfs·per·so·nal** *nt* temporary staff + *sing/pl vb*
aus·hilfs·wei·se *adv* on a temporary basis
aus|höh·len *vt* ■**etw** ~ ❶ *(unterspülen)* to erode [*or sep* wear away] sth; *(Inneres herausmachen)* to hollow out sth *sep;* **einen Kürbis** ~ to scoop [*or* hollow] out *sep* a pumpkin
❷ *(untergraben)* to undermine sth; *(erschöpfen)* to weaken sth
Aus·höh·lung <-, -en> *f* ❶ *kein pl* erosion, wearing away
❷ *kein pl* undermining; *der Gesundheit* weakening
❸ *(kleine Höhle)* hollow; MED cavity
aus|ho·len *vi* ❶ *(Schwung nehmen)* ■[**mit etw** *dat*] ~ to swing back [sth] *sep;* [**mit der Hand**] ~ to take a swing; **weit** ~ to take a big swing; **zum Schlag** ~ to draw back *sep* one's arm/fist etc. for a blow; **mit dem Schläger** ~ to swing one's club/racket etc.; **mit dem Speer** ~ to draw back *sep* one's/the javelin
❷ *(ausschweifen)* to beat about the bush
❸ *(große Schritte machen)* to lengthen one's stride[s], to stride out; **mit weit ~den Schritten gehen** to walk with long strides, to stride
aus|hor·chen *vt (fam)* ■**jdn** [**über jdn/etw**] ~ to sound out *sep* sb [about sth]
Aus·hub <-[e]s> *m kein pl* BAU excavation
aus|hun·gern *vt* ■**jdn** ~ to starve out sb *sep*
aus|hus·ten I. *vt* ■**etw** [**aus etw** *dat*] ~ to cough up sth *sep,* to cough [up *sep*] sth out of sth
II. *vi* to finish [*or* stop] coughing
III. *vr* ■**sich** *akk* ~ to finish [*or* stop] coughing; ***huste dich ordentlich aus!*** cough it all up *a. hum*
aus|käm·men *vt* ■**etw** ~ ❶ *(kämmend entfernen)* to comb out sth *sep*
❷ *(gründlich kämmen)* to comb sth; **etw gut** ~ to give sth a good combing
aus|keh·ren I. *vt* ■**etw** ~ to sweep away sth *sep;* **das Haus** ~ to sweep [out *sep*] the house
II. *vi* to sweep, to do the sweeping
aus|kei·men *vi sein* to germinate; *Kartoffeln* to sprout; ■**ausgekeimt** germinated, sprouted
aus|ken·nen *vr irreg* ❶ *(sich gut zurechtfinden)* ■**sich** *akk* [**irgendwo**] ~ to know one's way around [somewhere]
❷ *(Kenntnisse besitzen)* ■**sich** *akk* [**auf etw** *dat*/**in etw** *dat*] ~ to know a lot [about sth], to be well versed in *form* [*or* know all about] sth, to know one's stuff *fam;* ■**sich** *akk* **mit jdm/etw** ~ to know all about sb/sth; ***ich kenne mich mit dieser Technik nicht aus*** I don't know much about this technology
❸ *(wissen, woran man ist)* ■**sich** *akk* **bei jdm** ~ to know where one is with sb
aus|kip·pen *vt (fam)* ■**etw** [**auf etw** *akk o dat*/**über etw** *akk o dat*] ~ to empty [out *sep*] sth [on[to] sth]; **Flüssigkeit** ~ to pour away sth *sep*
aus|klam·mern *vt* ■**etw** ~ to ignore [*or sep* leave aside] sth
Aus·klang <-> *m kein pl* conclusion, end; **zum** ~ **des Abends** to conclude [*or sep* finish off] the evening
aus·klapp·bar *adj* folding; *(mit Scharnieren)* hinged
aus|klap·pen *vt* ■**etw** [**aus etw** *dat*] ~ to open sth out of [*or sep* open out] sth; **eine Fußstütze** ~ to pull out *sep* a footrest
aus|kla·rie·ren* ['ausklari:rən] *vt* ÖKON *(Zoll)* ■**etw** ~ to clear sth outwards
Aus·kla·rie·rung <-, -en> *f* ÖKON *(Zoll)* [outward] clearance
aus|klei·den *vt* ❶ *(beziehen)* ■**etw** [**mit etw** *dat*] ~ to line sth [with sth]
❷ *(geh: entkleiden)* ■**jdn** ~ to undress sb; ■**sich** *akk* ~ to get undressed
Aus·klei·dung *f* BAU lining
aus|klin·gen *vi irreg sein (geh)* ■[**mit etw** *dat*] ~ to conclude [*or* end] [with sth]; *Abend, Feier a.* to finish off with sth
aus|klin·ken I. *vt* ■**etw** ~ to release sth
II. *vi* ■[**sich** *akk*] ~ to release itself/themselves; *Pilot* to activate the release
III. *vr* ■**sich** *akk* [**aus etw** *dat*] ~ to withdraw [from sth]; ***ihr geht danach ins Kino? da klinke ich mich aus*** you're going to the cinema afterwards? I don't think I'll join you there
aus|klop·fen *vt* ■**etw** ~ to beat the dust out of sth; **einen Teppich** ~ to beat a carpet; **eine Pfeife** ~ to knock out *sep* one's pipe
aus|klü·geln *vt (fam)* ■**etw** ~ to work out *sep* sth to perfection; ■**ausgeklügelt** cleverly thought-out; **ein ausgeklügelter Trick** an ingenious trick
aus|knei·fen *vi irreg sein (fam: ausreißen)* to push off *sep* BRIT *fam,* to take off *sep fam*
aus|knip·sen *vt (fam)* ■**etw** ~ to switch [*or* turn] off sth *sep*
aus|kno·beln *vt* ■**etw** ~ to work [*or fam* figure] out sth *sep*
aus·knöpf·bar *adj* detachable
aus|ko·chen *vt* ■**etw** ~ ❶ KOCHK to boil [down *sep*] sth
❷ *(in kochendes Wasser legen)* to boil sth [clean]; **Instrumente/Spritzen** ~ to sterilize instruments/syringes
❸ *(fam: sich ausdenken)* to cook up sth *sep fam;* ***die haben wieder was ausgekocht!*** they're up to something again
aus|kom·men *vi irreg sein* ❶ *(ausreichend haben)* ■**mit etw** *dat* ~ to get by on [*or* to manage on [*or* with]] sth; ***mein Auto kommt mit 7 Litern aus*** my car uses only 7 litres per 100 kilometres; ■**ohne jdn/etw** ~ to manage [*or* do] without sb/sth; *(nicht benötigen)* to go without sb/sth
❷ *(sich mit jdm vertragen)* ■**mit jdm** [**gut**] ~ to get on [*or* along] well with sb; ■**mit jdm nicht gut** ~ to not get on [*or* along] with sb; ***mit ihm ist nicht auszukommen*** he's impossible to get on [*or* along] with
❸ ÖSTERR *(entkommen)* ■[**jdm**] ~ to escape [sb], to get away [from sb]; **aus seiner Zelle** ~ to escape [from] one's cell
Aus·kom·men <-s> *nt kein pl* ❶ *(Einkommen)* livelihood; **sein** ~ **haben/finden** to get by
❷ *(Verträglichkeit)* ■**mit jdm ist kein** ~ sb is impossible to get on [*or* along] with
aus·kömm·lich ['auskœmlɪç] I. *adj* ❶ *(ausreichend)* adequate, sufficient; ~**e Verhältnisse** comfortable circumstances
❷ *(verträglich)* easy-going
II. *adv* comfortably
aus|ko·pie·ren* *vt* TYPO ■**etw** ~ to burn out sth *sep*
aus|kos·ten *vt* ■**etw** ~ ❶ *(genießen)* to make the most of sth; **das Leben** ~ to enjoy life to the full; **den Moment/seine Rache** ~ to savour [*or* AM -or] the moment/one's revenge
❷ *(fam: mitmachen, probieren)* to have one's fill of sth; **etw** ~ **müssen** to have to suffer sth
aus|kot·zen *(derb)* I. *vt* ■**etw** ~ to puke up sth *sep fam*
II. *vi* to throw up *fam,* to puke *fam*
III. *vr* ❶ *(sich übergeben)* ■**sich** *akk* ~ to throw up *fam,* to puke *fam!;* **sich** *akk* **gründlich** [*o* **richtig**] ~ to puke one's guts out *fam!*
❷ *(sich beklagen)* ■**sich** *akk* **bei jdm** ~ to have a really [*or* BRIT *also* bloody] good moan to sb *fam*
Aus·kra·gung <-, -en> *f* BAU projection section, cantilever
aus|kra·men *vt (hervorholen)* ■**etw** ~ to dig out sth *sep,* to unearth sth; *(fig: alte Geschichten)* to bring up sth *sep*
aus|krat·zen *vt* ❶ *(entfernen, reinigen)* ■**etw** ~ to scrape out sth *sep;* **eine Pfanne** ~ to scour [out *sep*] [*or sep* scrape out] a pan
❷ MED *s.* **ausschaben 2**
aus|krie·gen *vt (fam)* ■**etw** ~ ❶ *(ausziehen können)* to get off sth *sep*
❷ *(beenden)* to finish [off] sth, to polish off; **eine Flasche** ~ to empty [*or fam* kill] a bottle
aus|kris·tal·li·sie·ren* CHEM I. *vr haben* ■**sich** *akk* ~ to crystallize, to form [*or spec* shoot into] crystals
II. *vi sein* to crystallize, to form [*or spec* shoot into]

crystals
aus|ku·geln *vt* ■**jdm etw ~** to dislocate sb's sth; ■**sich** *dat* **etw ~** to dislocate [*or spec* luxate] one's sth; ■**ausgekugelt** dislocated, luxated *spec*
aus|küh·len I. *vt haben* ■**jdn/etw ~** to chill [through *sep*] sb/sth
II. *vi sein* to cool down; *Mensch, Körper* to get chilled [through]; ■**etw ~ lassen** to leave sth to cool
Aus·küh·lung *f* hypothermia
aus|kund·schaf·ten *vt* ❶ *(herausfinden)* ■**~, ob/wann/wie/warum ...** to find out whether/when/how/why ...
❷ *(ausfindig machen)* ■**etw ~** to find sth; MIL to reconnoitre [*or* AM -er] sth; **eine Lage ~** to find out about the situation; **ein Versteck ~** to spy out *sep* a hide-out
Aus·kunft <-, Auskünfte> ['auskʊnft, *pl* -kʏnftə] *f* ❶ *(Information)* information *no pl, no indef art;* ■**eine ~** a bit [*or* piece] of information; **nähere** [*o* **weitere**] **~** more information, further details *pl;* ■**eine/die ~ über jdn/etw** information/the information about sb/sth; **eine ~** [*o* **Auskünfte**] [**über jdn/etw**] [**bei jdm**] **einholen** [*o* **einziehen**] to make [some] enquiries [*or* inquiries] [to sb] [about sb/sth]; [**jdm**] **eine ~ geben** [*o* **erteilen**] to give sb some information
❷ *(Auskunftsschalter)* information office/desk; *(am Bahnhof a.)* enquiry [*or* inquiry] office/desk; *(telefonische Auskunft)* directory enquiries BRIT *npl, no art,* the operator
Aus·kunf·tei <-, -en> [auskʊnf'tai] *f* credit [enquiry [*or* inquiry]] agency
Aus·kunft·ge·ber(in) *m(f)* informant
Aus·kunfts·an·spruch *m* JUR entitlement to discovery, right to be informed **Aus·kunfts·be·am·te(r), -be·am·tin** *m, f* BAHN information clerk BRIT, inquiries assistant **aus·kunfts·be·rech·tigt** *adj* JUR entitled to receive information **Aus·kunfts·er·su·chen** *nt* JUR request for information; *(Brief)* letter of inquiry **Aus·kunfts·er·tei·lung** *f* JUR giving information; **Recht auf ~** right to information **Aus·kunfts·haf·tung** *f* JUR informant's liability **Aus·kunfts·per·son** *f* informant **Aus·kunfts·pflicht** *f* JUR obligation to provide information; *(Versicherung)* duty of disclosure
aus·kunfts·pflich·tig *adj inv, pred* JUR liable to disclose [*or* provide information]
Aus·kunfts·recht *nt* JUR right to demand information **Aus·kunfts·schal·ter** *m* information desk; *(am Bahnhof)* enquiry desk, enquiries, inquiries **Aus·kunfts·su·chen·de(r)** *f(m) dekl wie adj* JUR enquirer **Aus·kunfts·ver·fah·ren** *nt* JUR inquiry proceedings *pl* **Aus·kunfts·ver·lan·gen** *nt* request for information; *(Brief)* letter of inquiry
Aus·kunfts·ver·wei·ge·rung *f* refusal to give [*or* furnish] information **Aus·kunfts·ver·wei·ge·rungs·recht** *nt kein pl* JUR right of refusal to give information
aus|kun·geln *vt (fam)* ■**etw** [**mit jdm**] **~** to hatch [out *sep*] sth [with sb]
aus|kup·peln *vi* AUTO to disengage [*or* let out] the clutch, to declutch
aus|ku·rie·ren* *(fam)* I. *vt* ■**etw ~** to cure sth [completely], to get rid of sth *fam*
II. *vr* ■**sich** *akk* **~** to get better
aus|la·chen I. *vt* ■**jdn ~** to laugh at sb; *(höhnisch)* to jeer at sb
II. *vi* ■**ausgelacht haben** to have stopped laughing
aus|la·den *irreg* I. *vt* ❶ *(entladen)* ■**etw ~** to unload sth; NAUT *a.* to discharge sth; **ein Schiff ~** to unload [*or* lighten] a ship
❷ *(fam: Einladung widerrufen)* ■**jdn ~** to tell sb not to come; *(förmlich)* to cancel sb's invitation
II. *vi* to spread; [**4 Meter**] **~** *Dach, Balkon* to protrude [*or* jut out] [[by] 4 metres]
aus·la·dend *adj* ❶ *(sich erstreckend)* spreading; *Baum* a tree with spreading branches; *(vorspringend)* protruding; *(breit)* broad; **~e Hüften** broad [*or hum a.* childbearing] hips; **ein ~es Dach** an overhanging [*or* a protruding] roof
❷ *(ausholend)* sweeping

Aus·la·ge <-, -n> *f* ❶ *pl* MODE, ÖKON *(im Schaufenster ausgestellte Ware)* display
❷ MODE, ÖKON *(Schaufenster)* shop window; *(Schaukasten)* showcase
❸ *pl* ÖKON *(zu erstattender Geldbetrag)* disbursement
❹ *pl* ÖKON *(Ausgaben, Unkosten)* expenses *npl;* **sonstige ~n** sundry expenses
❺ SPORT basic stance; *(Fechten)* on guard position; **in** [**die**] **~ gehen** to adopt [the] on guard position
Aus·la·ge·flä·che *f* HANDEL display surface
Aus·la·gen·er·stat·tung *f* JUR reimbursement of expenses **Aus·la·gen·schuld·ner(in)** *m(f)* JUR party liable to pay the expenses **Aus·la·gen·vor·schuss^RR^** *m* JUR advance payment in respect of expenses
aus|la·gern *vt* ■**etw ~** ❶ *(an einen sichereren Ort bringen)* to evacuate sth, to move sth
❷ *(an einen anderen Ort verlegen) Teil einer Firma, Produktion etc.* to outsource sth
❸ *(aus dem Lager bringen)* to move [*or* take] out of store
Aus·la·ge·rung *f* ❶ *(das Verlagern)* moving; **die ~ der Produktion ins Ausland** the removal of production to outside the country
❷ *(das Auslagern)* evacuation
❸ *(in ein anderes Lager bringen)* moving to another storage site
Aus·land <-[e]s> ['auslant] *nt kein pl* ■[**das**] **~** foreign countries *pl;* *(die Ausländer)* foreigners *pl;* **feindliches ~** enemy countries *pl;* **Handel mit dem ~** foreign trade, trade with other countries; **das benachbarte/westliche ~** neighbouring/western countries *pl;* **die Reaktionen des ~s** [the] reaction [from] abroad; ■**aus dem ~** from abroad [*or* another country]; **Nachrichten aus dem ~** foreign news *+ sing vb,* news from abroad *+ sing vb;* ■**ins/im ~** abroad
Aus·län·der(in) <-s, -> ['auslɛndɐ] *m(f)* foreigner; JUR alien
Aus·län·der·amt *nt* ADMIN office for foreigners [*or* non-residents], aliens' registration office BRIT, Immigration and Naturalization Service AM **Aus·län·der·an·teil** *m* proportion of foreigners [*or* non-residents] [*or* aliens] **Aus·län·der·be·auf·trag·te(r)** *f(m) dekl wie adj official assigned to the integration of foreign immigrants* **Aus·län·der·be·hör·de** *f* authority for foreigners [*or* non-residents] [*or* aliens] **Aus·län·der·bei·rat** *m* advisory council on aliens **aus·län·der·feind·lich** I. *adj* racist, xenophobic, hostile to foreigners *pred* II. *adv* **sich** *akk* **~ ausdrücken** to use racist expressions **Aus·län·der·feind·lich·keit** *f* racism, xenophobia, hostility to foreigners **Aus·län·der·ge·setz** *nt* JUR Aliens Act, law on foreigners [*or* non-residents] **Aus·län·der·hass^RR^** *m* racial hatred, xenophobia
Aus·län·de·rin <-, -nen> *f fem form von* **Ausländer**
Aus·län·der·kind *nt* child of a foreigner **Aus·län·der·kon·ver·ti·bi·li·tät** *f* FIN convertibility for non-residents **Aus·län·der·po·li·tik** *f* policy on foreigners [*or* non-residents] [*or* aliens] **Aus·län·der·recht** *nt kein pl* JUR law[s] concerning aliens; ■**das ~** the alien laws *pl* **Aus·län·der·vier·tel** *nt* ethnic neighbourhood [*or* AM neighborhood] **Aus·län·der·wahl·recht** *nt* voting rights for foreigners *pl (for foreigners living in Germany)* **Aus·län·der·wohn·heim** *nt* home for immigrants **Aus·län·der·zen·tral·re·gis·ter** *nt* central register of foreigners
aus·län·disch ['auslɛndɪʃ] *adj* ❶ *attr* foreign, from abroad *pred* BRIT; BOT exotic
❷ *(fremdländisch)* exotic, outlandish *a. pej*
Aus·lands·ak·tie *f* foreign share **Aus·lands·an·la·ge** *f* FIN foreign investment **Aus·lands·an·lei·he** *f* foreign loan **Aus·lands·auf·ent·halt** *m* stay abroad **Aus·lands·auf·trag** *m* ÖKON indent **Aus·lands·be·tei·li·gung** *f* FIN foreign participations *pl* **Aus·lands·be·zie·hun·gen** *f pl* POL foreign relations **Aus·lands·bonds** *pl* FIN external [*or* foreign-currency] bonds **Aus·lands·deut·sche(r)** ['auslantsdɔytʃə, -ʃɐ] *f(m)* expatriate German, German [national] living abroad **Aus·lands·ein·künf·te** *pl* FIN foreign income [*or* BRIT overseas] **Aus·lands·er·fah·rung** *f* experience acquired abroad **Aus·lands·er·zeug·nis** *nt* foreign manufacturer's product, foreign-made product **Aus·lands·flug** *m* international flight **Aus·lands·fracht** *f* cargo sent abroad **Aus·lands·ge·schäft** *nt* HANDEL export trade, international business **Aus·lands·ge·sell·schaft** *f* HANDEL overseas company **Aus·lands·ge·spräch** *nt* international call **Aus·lands·gläu·bi·ger** *m* FIN foreign creditor **Aus·lands·gut·ha·ben** *nt* FIN foreign assets *pl* **Aus·lands·in·ves·ti·ti·on** *f* foreign investment, investment abroad **Aus·lands·ka·pi·tal** *nt* foreign capital **Aus·lands·käu·fe** *pl* HANDEL purchases abroad **Aus·lands·kor·res·pon·dent(in)** *m(f)* foreign correspondent **Aus·lands·kran·ken·schein** *m* ≈ E107 BRIT *(health insurance document for overseas travel)* **Aus·lands·markt** *m* ÖKON export [*or* foreign] market **Aus·lands·nach·rich·ten** *f pl* foreign news *+ sing vb,* news from abroad *+ sing vb* **Aus·lands·nie·der·las·sung** *f* ÖKON foreign branch **Aus·lands·po·si·ti·on** *f* ÖKON *s.* **Außenhandelsposition** **Aus·lands·pro·dukt** *nt* HANDEL foreign product **Aus·lands·recht** *nt* JUR foreign law **Aus·lands·rechts·streit** *m* JUR *s.* **Auslandssache** **Aus·lands·rei·se** *f* journey [*or* trip] abroad **Aus·lands·sa·che** *f* JUR out-of-state case **Aus·lands·schuld** *f* external debt, foreign liabilities *pl* **Aus·lands·schu·le** *f* British/German etc. school abroad **Aus·lands·schutz·brief** *m* certificate of entitlement for international travel cover **Aus·lands·se·mes·ter** *nt* SCH semester abroad **Aus·lands·straf·re·gis·ter** *nt* JUR criminal register of offences committed abroad **Aus·lands·straf·ta·ten** *pl* JUR offences committed abroad **Aus·lands·über·wei·sung** *f* foreign remittance **Aus·lands·um·satz** *m* HANDEL export [*or* foreign] sales *pl* **Aus·lands·ver·bind·lich·kei·ten** *pl* FIN external [*or* foreign] liabilities **Aus·lands·ver·kehr** *m* international traffic **Aus·lands·ver·mö·gen** *nt* FIN foreign assets *pl* **Aus·lands·ver·schul·dung** *f* FIN foreign debts *pl* **Aus·lands·ver·si·che·rung** *f* insurance for abroad **Aus·lands·ver·tre·tung** *f* ❶ POL diplomatic representation ❷ ÖKON foreign office **Aus·lands·zu·stel·lung** *f* service abroad
aus|las·sen *irreg* I. *vt* ❶ *(weglassen)* ■**etw ~** to omit [*or sep* leave out] sth; *(überspringen)* to skip [*or* pass over] sth; *(verpassen)* to miss sth, to let sth pass by
❷ *(abreagieren)* ■**etw an jdm ~** to vent [*or sep* take out] sth on sb; **seinen Hass an jdm ~** to vent [*or* take out] one's hatred on sb
❸ KOCHK *(zerlaufen lassen)* **Butter ~** to melt butter; **Speck ~** to render down *sep* bacon fat
❹ *(fam: ausgeschaltet lassen)* ■**etw ~** to keep sth switched off
❺ ÖSTERR ■**jdn/etw ~** *(loslassen)* to let go of sb/sth; *(aus einem Käfig etc. freilassen)* to let out sb/sth *sep*
II. *vr (pej)* ■**sich** *akk* **über jdn/etw ~** to go on about sb/sth *pej;* ***er hat sich nicht näher darüber ausgelassen*** he didn't say any more about it [*or* explain any further]
III. *vi* ÖSTERR to let go; ***lass aus, das ist mein Auto!*** hands off, that's my car!
Aus·las·sung <-, -en> ['auslasʊŋ] *f* ❶ *kein pl (das Weglassen)* omission
❷ *(weggelassene Stelle)* omission
❸ *pl (pej: Äußerungen)* spoutings *pej*
Aus·las·sungs·punk·te *pl* ellipsis *spec,* suspension points **Aus·las·sungs·zei·chen** *nt* apostrophe
Aus·lass·ven·til^RR^ *nt* AUTO exhaust valve
aus|las·ten *vt* ❶ *(voll beanspruchen)* ■**etw ~** to use sth to capacity; ■[**voll**] **ausgelastet** [**sein**] [to be] running to capacity *pred;* **teilweise ausgelastet** running at partial capacity *pred;* **ausgelastete Kapazitäten** ÖKON capacity working
❷ *(voll fordern)* ■**jdn ~** to occupy sb fully; ■**ausgelastet** [**sein**] [to be] fully occupied; ***mit den sechs***

Kindern sind sie voll ausgelastet they have their hands full with their six children, their six children keep them fully occupied

Aus·las·tung <-> *f kein pl* ÖKON *von Kapazitäten* utilization; *eines Flugzeugs* load factor; **optimale ~** optimum capacity

Aus·las·tungs·grad *m* capacity utilization rate **Aus·las·tungs·gren·ze** *f* ÖKON top level of utilization

Aus·lauf <-[e]s> *m* ① *kein pl (Bewegungsfreiheit)* exercise; *(für Tiere)* space [*or* room] to move about in; *(für Kinder)* room to run about
② *(Ausfluss)* outlet, discharge

aus|lau·fen *irreg* **I.** *vi sein* ① *(herauslaufen)* ■[**aus etw** *dat*] ~ to run out [of sth]; *(wegen Undichtheit)* to leak out [of sth]; *(Inhalt austreten lassen)* to leak; *Auge* to drain; *Blase* to discharge, to drain
② NAUT *(Hafen verlassen)* to [set] sail, to put out to sea
③ *(nicht fortgeführt werden)* to be discontinued; ■**ausgelaufen** discontinued
④ *(enden)* to end; *Vertrag* to expire, to run out
⑤ *(ein bestimmtes Ende nehmen)* ■**gut/nicht gut** ~ to turn out well/badly
⑥ *(zum Stillstand kommen)* to come to a stop; *Läufer a.* to ease off, to slow down; *Skispringer* to glide to a stop
⑦ *(übergehen in)* ■**in etw** *akk* ~ to run into sth; *(dadurch breiter werden)* to open out into sth; *Berge* to end in sth; *Streit, Ehekrach* to turn into sth
II. *vr haben* ■**sich** *akk* ~ to have a good run about [*or* enough exercise]

aus·lau·fend *adj inv* **im ~en Jahrhundert** in the century that is about to draw to a close; **~es Modell** discontinued model

Aus·läu·fer *m* ① METEO *Hochdruckgebiet* ridge; *Tiefdruckgebiet* trough
② *meist pl (Vorberge)* foothills *npl*
③ BOT runner, stolon *spec*

Aus·lauf·mo·dell *nt* discontinued model

aus|lau·gen *vt* ① *(Nährstoffe entziehen)* ■**etw** ~ to exhaust sth; *Regenfälle* to wash the nutrients out of sth; *(austrocknen)* to dry out sth *sep*
② *(erschöpfen)* ■**jdn** ~ to exhaust [*or sep* wear out] sb

Aus·laut *m* LING final [*or* terminal] position

aus|lau·ten *vi* LING ■**auf etw** *akk* ~ to end [*or* terminate] in sth; ■**~d** final

aus|le·ben I. *vr* ① *(das Leben auskosten)* ■**sich** *akk* ~ to live it up
② *(sich verwirklichen)* ■**sich** *akk* **in etw** *dat* ~ to run free in sth
II. *vt (geh)* ■**etw** ~ to realize sth

aus|le·cken *vt* ■**etw** ~ to lick out sth *sep;* **seinen Teller** ~ to lick one's plate clean

aus|lee·ren *vt* ■**etw** ~ ① *(ausgießen)* to empty [out *sep*] sth; *(ausladen)* to dump [*or form* discharge] sth; **Flüssigkeit** ~ to pour away *sep* liquid; **etw in den Ausguss/die Toilette** ~ to pour sth down the drain/toilet; ■**etw über jdm** [*o* **jdn**]**/etw** ~ to pour sth over sb/sth; **einen Behälter über jdm** [*o* **jdn**]**/etw** ~ to empty [the contents of] a container over sb/sth
② *(austrinken)* to drain [*or* empty] sth

aus|le·gen *vt* ① ■**etw** ~ *(ausbreiten)* to lay out sth *sep; (verlegen)* to put down sth
② *(bedecken)* ■**etw** [**mit etw** *dat*] ~ to cover sth [with sth]; *(auskleiden)* to line sth with sth; *(mit Einlegearbeit)* to inlay sth with sth; **einen Läufer/Teppich** ~ to lay down *sep* a rug/carpet; **ein Haus/einen Raum mit Teppichböden** ~ to furnish a house with carpets/to carpet a room; **eine Straße mit etw** *dat* ~ to surface a road with sth
③ *(erklären)* ■**jdm etw** ~ to explain sth to sb
④ *(deuten)* ■**etw** ~ to interpret sth; **etw richtig/falsch** ~ to interpret sth correctly [*or* wrongly], to misinterpret sth; **einen Witz übel** ~ to take a joke badly
⑤ *(leihen)* ■**jdm etw** ~ to lend sb sth, to lend sth to sb; ***sie hat das Geld für das Paket ausgelegt*** she paid [the money] for the package
⑥ TECH *(konzipieren, vorsehen)* ■**etw** [**für etw** *akk*] ~ to design sth [for sth]; ■**für etw** *akk* **ausgelegt sein** to be designed for sth; **komfortabler/sportlich ausgelegt sein** to be given a more comfortable [*or* a sporty] design [*or* look]; ■**etw für etw** *akk* ~ to design sth for sth; ■**auf etw** *akk* **ausgelegt sein** to be designed for sth
⑦ KOCHK *s.* **ausfuttern**

Aus·le·ger <-s, -> *m* ① TECH jib, boom
② *(Kufe gegen Kentern)* outrigger

Aus·le·ge·schrift *f (Patent)* specification [for public inspection] **Aus·le·ge·wa·re** *f kein pl* carpeting material

Aus·le·gung <-, -en> *f (Interpretation)* construction, interpretation; ~ **von Gesetzen** statutory interpretation; ~ **eines Vertrages** interpretation of a contract; **falsche** ~ misinterpretation

Aus·le·gungs·di·rek·ti·ve *f* JUR construction guideline **Aus·le·gungs·grund·sät·ze** *pl* JUR principles of construction **Aus·le·gungs·klau·sel** *f* JUR construction clause **Aus·le·gungs·mo·no·pol** *nt* JUR *des EuGH* construction monopoly **Aus·le·gungs·pro·to·koll** *nt* JUR construction protocol **Aus·le·gungs·re·geln** *pl* JUR rules of interpretation **Aus·le·gungs·richt·li·nie** *f* JUR guidelines on interpretation **Aus·le·gungs·sa·che** *f* matter of interpretation; ***es ist*** [***reine***] ~ it's [purely] a matter of interpretation **Aus·le·gungs·spiel·raum** *m* JUR scope of interpretation **Aus·le·gungs·ur·teil** *nt* JUR construction verdict

aus|lei·den *vi irreg (geh)* ■**er/sie etc. hat ausgelitten** his/her etc. suffering is over [*or* at an end]

aus|lei·ern I. *vt haben (fam)* ■**etw** ~ to wear out sth *sep*
II. *vi sein* to wear out; ■**ausgeleiert** [**sein**] [to be] worn [out]

Aus·lei·he <-, -n> *f* ① *(das Ausleihen)* lending, issuing; ***eine ~ der Bücher ist nicht möglich*** it is not possible to lend [*or* issue] books
② *(Schalter)* issuing [*or* lending] desk

aus|lei·hen *irreg* **I.** *vt* ■[**jdm/an jdn**] **etw** ~ to lend [sb] sth, to lend [out *sep*] sth [to sb]
II. *vr* ■**sich** *dat* **etw** [**bei/von jdm**] ~ to borrow sth [from sb], to borrow [sb's] sth

aus|ler·nen *vi* to finish one's studies; ■**ausgelernt haben** to have finished school/college etc.; *Lehrling* to have finished one's apprenticeship; ■**ausgelernt** qualified
▶WENDUNGEN: **man lernt** [**eben**] **nie aus** *(prov)* [you] live and learn *prov*

Aus·le·se <-, -n> *f* ① *(die Elite)* ■**die** ~ the chosen few + *pl vb,* the elite + *sing/pl vb a. pej*
② *(Wein)* superior [*or* high-quality] wine *(made from selected grapes)*
③ *kein pl (Auswahl)* ■**eine ~ von etw** *dat* a selection of sth; **die natürliche** ~ natural selection; **eine ~ treffen** [*o* **vornehmen**] to make a selection

aus|le·sen *irreg* **I.** *vt* ■**etw** ~ to finish reading sth
II. *vi* to finish reading; ***hast du bald ausgelesen?*** will you have finished [reading] it soon?

Aus·le·se·pro·zess[RR] *m* selection process; **der natürliche** ~ the process of natural selection **Aus·le·se·prü·fung** *f* screening test **Aus·le·se·ver·fah·ren** *nt* selection procedure

aus|leuch·ten *vt* ■**etw** ~ ① *(mit Licht erfüllen)* to illuminate sth
② *(die Hintergründe klären)* to throw a light on sth; ■**etw muss ausgeleuchtet werden** light must be thrown on sth

aus|lich·ten *vt* ■**etw** ~ *Bäume, Sträucher* to thin out sth *sep,* to prune sth

aus|lie·fern *vt* ① *(liefern)* ■**etw** [**an jdn**] ~ to deliver sth [to sb]
② *(überstellen)* ■**jdn** [**an jdn/etw**] ~ to hand over *sep* sb [to sb/sth], to turn in sb *sep,* to turn sb over [*or* to deliver sb] to sb/sth; **jdn** [**an ein anderes Land**] ~ to extradite sb [to another country]
③ *(preisgeben)* ■**jdm/etw ausgeliefert sein** to be at sb's mercy [*or* the mercy of sb/sth]

Aus·lie·fe·rung *f* ① *von Waren* delivery
② *von Menschen* handing over, turning in; **eine ~ [an ein anderes Land]** extradition [to another country]

Aus·lie·fe·rungs·an·spruch *m* HANDEL claim to delivery **Aus·lie·fe·rungs·an·trag** *m* JUR, POL application for extradition **Aus·lie·fe·rungs·be·fehl** *m* JUR extradition order; **einen ~ ausstellen** to make an extradition order **Aus·lie·fe·rungs·be·schluss**[RR] *m* JUR writ of extradition **Aus·lie·fe·rungs·er·su·chen** *nt* POL application [*or* request] for extradition **aus·lie·fe·rungs·fä·hig** *adj* JUR extraditable **Aus·lie·fe·rungs·ge·setz** *nt* JUR extradition act **Aus·lie·fe·rungs·haft** *f* JUR **vorläufige ~** provisional arrest **Aus·lie·fe·rungs·ver·fah·ren** *nt* JUR extradition proceedings *pl* **Aus·lie·fe·rungs·ver·pflich·tung** *f* JUR obligation to extradite **Aus·lie·fe·rungs·ver·trag** *m* JUR extradition treaty

aus|lie·gen *vi irreg* ① *(zum Verkauf liegen)* ■[**in etw** *dat*] ~ to be displayed [*or* on display] [in sth]
② *(bereitliegen)* ■[**für jdn/zu etw** *dat*] ~ to be [made] available [to sb/for sth]; *Zeitungen a.* to be laid out [for sb/sth]; *Schlinge, Reuse* to be down

Aus·li·nie *f* FBALL touchline; TENNIS sideline; ■**die ~n** TENNIS the tramlines [*or* sidelines]

aus|lo·ben *vt* JUR ■**etw für etw** *akk* ~ to offer sth as a reward for sth

Aus·lo·bung <-, -en> *f* JUR offer of a reward

Aus·lo·bungs·ta·rif *m* HANDEL special rate

aus|löf·feln *vt* ■**etw** ~ to spoon up sth *sep; (aufessen)* to eat up *sep* [all of] sth; **seinen Teller** ~ to empty one's plate
▶WENDUNGEN: **etw ~ müssen, ~** [**müssen**], **was man sich** *dat* **eingebrockt hat** *(fig fam)* to take the consequences, to have to face the music, you make your bed, you've got to lie in it *fam; s. a.* **Suppe**

aus|log·gen *vr* INFORM *(sich abmelden)* ■**sich** *akk* ~ to log off [*or* out]

aus|lö·schen *vt* ■**etw** ~ ① *(löschen)* to extinguish [*or sep* put out] sth; **eine Kerze** ~ to snuff [out *sep*] [*or* extinguish] a candle
② *(beseitigen)* to obliterate sth; ■**etw** [**an etw** *dat*] ~ to erase sth [from sth]
③ *(geh: tilgen)* to blot out sth *sep;* **Erinnerungen** ~ to obliterate [*or sep* blot out] memories; *(vernichten)* to obliterate [*or* destroy] sth; ***während des Krieges wurden ganze Dörfer ausgelöscht*** during the war, whole villages were destroyed

aus|lo·sen I. *vt* ■**jdn/etw** ~ to draw sb/sth; ■**ausgelost werden** to be drawn; *(mit Strohhalmen u.ä.)* to draw lots
II. *vi* to draw lots; ■**~/es wurde ausgelost, wer etw tut** to draw lots/lots were drawn as to [*or* to see] who does sth; ■**ausgelost werden** to be drawn by lot

aus|lö·sen *vt* ① *(in Gang setzen)* ■**etw** ~ to set off *sep* [*or* trigger [off *sep*]] sth, to activate sth; **den Kameraschluss** ~ to release the shutter; **eine Bombe** ~ to trigger [*or* set] off a bomb
② *(bewirken)* ■[**bei jdm**] **etw** ~ to produce sth [on sb]; **einen Aufstand** ~ to unleash [*or sep* trigger off] an uprising; [**bei jdm**] **Begeisterung/Mitgefühl** ~ to arouse [*or* evoke] [sb's] enthusiasm/pity; **Beifall** ~ to elicit [*or sep* trigger off] [*or* set off] [a round of]applause; [**bei jdm**] **Erleichterung/Überraschung** ~ to cause relief/surprise; **allergische Reaktionen** ~ to cause allergic reactions; [**bei jdm**] **Widerstand** ~ to have provoked [sb's] resistance
③ *(einlösen)* ■**etw** ~ to redeem sth; **ein abgeschlepptes Auto** ~ to pay the fine on an impounded car; **Gefangene** ~ to release prisoners; *(durch Lösegeld)* to ransom prisoners
④ DIAL *(herausnehmen)* ■**etw** ~ to take out sth *sep*
⑤ KOCHK *s.* **ausbeinen**

Aus·lö·ser <-s, -> *m* ① FOTO [shutter] release
② PSYCH trigger mechanism
③ *(fam: Anlass)* trigger; ■**der ~ für etw** *akk* **sein** to be the cause of [*or sep* trigger off] sth

Aus·lo·sung *f* draw; **die ~ der Preise** the prize draw

Aus·lö·sung *f* ① TECH activation; FOTO release
② *(Ursache)* causing; *eines Aufstands* unleashing,

triggering off
③ *(Einlösung)* redemption; ***die ~ meines Autos hat mich 200 Euro gekostet*** I had to pay 200 euros to retrieve my car; *von Gefangenen* release; *(durch Lösegeld)* ransoming
④ *(Aufwandsentschädigung)* travel allowance *no pl*
Aus·lö·sungs·preis *m* FIN activating price
aus|lo·ten *vt* ① NAUT ■**etw ~** to sound [*or* plumb] the depth of sth; **die Tiefe ~** to sound [*or* plumb] the depth
② *(geh: ergründen)* ■**jdn/etw ~** to fathom out sb/sth *sep*, to plumb the depths of sb/sth
aus|ma·chen *vt* ① *(löschen)* ■**etw ~** to put out sth *sep;* **das Feuer/die Kerze/die Zigarette ~** to put out the fire/candle/cigarette *sep*
② *(ausschalten)* ■**etw ~** to switch off sth *sep; (abdrehen)* to turn off sth *sep;* **den Fernseher/das Radio ~** to switch [*or* turn] off the television/radio *sep;* **das Gas ~** to turn off the gas *sep;* **das Licht/den Motor ~** to turn [*or* switch] off the light/the engine *sep*
③ DIAL *(ausgraben)* ■**etw ~** to dig up sth *sep;* **Kartoffeln/einen Baumstumpf ~** to dig up potatoes/a tree stump *sep*
④ *(ermitteln, entdecken)* ■**jdn/etw ~** to make out sb/sth *sep;* ***er konnte das Flugzeug in großer Höhe ~*** he could spot the aircraft high in the sky; ***es lässt sich nicht mehr ~, wie ...*** it can no longer be determined how ...; ***es lässt sich nicht mit Sicherheit ~, ob ...*** it cannot be determined with certainty whether ...; **den Standort eines Schiffes ~** to locate the position of a ship; **ein Versteck ~** to detect a hiding place; **die Zahl der Opfer ~** to determine the number of victims
⑤ *(vereinbaren)* ■**etw [miteinander/mit jdm] ~** to agree to [*or* [up]on] sth [with sb]; **einen Termin/Treffpunkt [miteinander] ~** to agree [up]on [*or* to] a time/meeting point; ***wir müssen nur noch ~, wann wir uns treffen*** we only have to arrange when we should meet; ***am Nachmittag fuhr er, wie ausgemacht, zu dem Treffpunkt*** as agreed, he drove to the meeting point in the afternoon
⑥ *(austragen)* **eine Frage/einen Streit/Kampf ~** to settle an issue/argument/fight; **einen [Rechts]streit vor Gericht ~** to settle a case in court; ■**etw mit jdm/etw ~** to sort sth out with sb/sth; **etw mit seinem Gewissen ~** to sort sth out with one's conscience; ■**etw mit sich** *dat* **[selbst** [*o* **alleine**]] **~ [müssen]** to [have to] sort sth out for oneself; ■**etw unter sich** *dat* [*o* **untereinander**] **~** to sort sth out amongst ourselves/yourselves/themselves; **einen Streit untereinander** [*o* **unter sich** *dat*] **~** to settle an argument amongst ourselves/yourselves/themselves; ***diesen Streit müsst ihr allein/unter euch ~*** you have to settle this argument alone/amongst yourselves
⑦ *(auszeichnen)* ■**etw ~** [to go] to make [up] sth; **alles, was das Leben ausmacht** all that life's about; ***eine Luxuslimousine macht keinen Millionär aus*** a limousine does not make you a millionaire; ***die Stoffe machen den [besonderen] Reiz ihrer Mode aus*** it is the materials which make her fashion special; ***ihr fehlt alles, was eine gute Schriftstellerin ausmacht*** she lacks everything which goes to make a good writer; ***sie verzichtete auf all den Luxus, der ein angenehmes Leben ausmacht*** she gave up all the luxuries which go to make up a pleasant life; ***die Sorge für ihre Familie macht ihr Leben aus*** her life is filled with concern for her family
⑧ *(betragen)* ■**etw ~** to amount [*or* come] to sth; ***der stärkere Motor macht 32 PS mehr aus*** the more powerful engine delivers 32 HP more; ***der Schlaf macht ein Drittel des Lebens aus*** a third of life is spent sleeping; ***die Gesamtsumme macht 200 Euro aus*** the sum total is 200 euros; ***der Zeitunterschied macht 8 Stunden aus*** the time difference is 8 hours; **einen Unterschied von 10 Euro/Kilometer/Stunden ~** to make a difference of 10 euros/kilometres/hours
⑨ *(ins Gewicht fallen)* **etwas** [*o* **einen Unterschied**] **~** to make a difference; ***was macht es schon aus?*** what difference does it make?; **kaum etwas** [*o* **einen Unterschied**] **~** to hardly make any difference; **[gar] nichts ~** to not make any difference [*or* to make no difference] [at all]; **viel** [*o* **einen großen Unterschied**] **~** to make a big difference; **nicht viel** [*o* **keinen großen Unterschied**] **~** to not make much of a difference; ***zwei Gäste mehr machen nicht viel aus*** two guests more hardly make any difference
⑩ *(stören)* ■**etw macht jdm etw aus** sth bothers sb; ***der Straßenlärm macht mir viel aus*** the street noise bothers me considerably; ***macht es Ihnen etwas aus, dass/ob/wenn ...?*** do you mind that/whether/if ...?; ***ja, es macht mir viel aus*** yes, I do mind very much; ***würde es Ihnen etwas ~, das Fenster zu öffnen?*** would you mind opening the window?, would you be so kind as to open the window?; **es macht jdm nichts aus, etw zu tun** sb doesn't mind doing sth; **es macht jdm viel aus, etw zu tun** it matters a great deal to sb to do sth; ***würde es dir viel ~, wenn ich rauche?*** would you mind a great deal if I smoked
aus|ma·len I. *vr* ■**sich** *dat* **etw ~** to imagine sth; **sich** *dat* **das Leben/die Zukunft ~** to picture one's life [ahead of one]/the [*or* one's] future; **sich** *dat* **etw ganz anders/viel schöner ~** to imagine sth to be completely different/much more beautiful; ■**sich** *dat* **~, was ...** to imagine what ...
II. *vt* ■**[jdm] etw ~** to describe sth [to sb]; *Reiseprospekt* to depict sth; **jdm etw in bunten Farben ~** to give sb a vivid description of sth
aus|ma·nö·vrie·ren* *vt* ■**jdn/etw ~** to outmanoeuvre [*or* AM outmaneuver] [*or* outflank] sb/sth
Aus·maß *nt* ① *(Fläche)* area; **das ~ von etw** *dat* **haben** to cover the area of sth; **von geringem ~ sein** to be small in area; *(Größe)* size; ■**die ~e** the dimensions, the size; **das ~** [*o* **die ~e**] **von etw** *dat*/**einer S.** *gen* **sein** to have the dimensions [*or* be the size] of sth
② *(Umfang)* extent *no pl;* **Besorgnis erregende/größere ~e annehmen** to assume alarming/greater proportions
aus|mau·ern *vt* BAU ■**etw ~** to brick up sth with filler blocks
aus|mer·zen [-mɛrtsn̩] *vt* ① *(ausrotten)* ■**jdn/etw ~** to exterminate sb/sth; **Schädlinge ~** to exterminate [*or form* eradicate] pests; **Unkraut ~** to eradicate weeds *form*
② *(beseitigen)* ■**etw ~** to eliminate [*or form* eradicate] sth
aus|mes·sen *vt irreg* ■**etw ~** to measure [out *sep*] sth, to take the measurements [of sth]
Aus·mes·sung <-> *f* ① *kein pl (das Ausmessen)* measuring [out]
② *pl (Abmessungen)* dimensions
aus|mis·ten I. *vt* ■**etw ~** ① *(vom Mist befreien)* to muck out sth *sep*
② *(fam: von Überflüssigem befreien)* to tidy out sth *sep;* **alte Bücher ~** to throw out *sep* old books; **sein Zimmer ~** to clean out *sep* one's room
II. *vi* ① *(den Mist hinausschaffen)* to muck out
② *(fam: Überflüssiges hinausschaffen)* to have a clean-out BRIT, to clean up
aus|mus·tern *vt* ① *(aussortieren)* ■**etw ~** to take sth out of service; **Möbel ~** to discard old furniture
② MIL *(entlassen)* ■**jdn ~** to discharge sb [from the forces]
Aus·nah·me <-, -n> [ˈausna:mə] *f* exception; **eine ~ zulassen** to make an exception; **eine ~ sein wollen** to want to be different [*or* an exception]; **[bei jdm/etw] die ~ sein** to be the exception [with sb/sth]; **[mit jdm/etw] eine/keine ~ machen** to make an/to make no exception [in sb's case/the case of sth]; ■**mit ~ von jdm,** ■**mit jds ~** with the exception of [*or* except [for]] sb; **mit einer ~** with one exception; **ohne [jede] ~** without exception
▸ WENDUNGEN: **~n bestätigen die Regel** *(prov)* the exception proves the rule *prov*
Aus·nah·me·be·stim·mung *f* exemption [*or* exceptional] provision *spec* **Aus·nah·me·be·wil·li·gung** *f* JUR exceptional grant **Aus·nah·me·er·schei·nung** *f* exception[al case], exceptional person **Aus·nah·me·fall** *m* exception[al case]; **ein seltener ~** a very rare case; **in Ausnahmefällen** in exceptional cases **Aus·nah·me·ge·neh·mi·gung** *f* special licence [*or* AM license] [*or* permit] **Aus·nah·me·ge·richt** *nt* JUR special tribunal **Aus·nah·me·ge·richts·bar·keit** *f* JUR special jurisdiction **Aus·nah·me·ge·setz** *nt* JUR emergency act [*or* law] **Aus·nah·me·ge·setz·ge·bung** *f* JUR emergency legislation **Aus·nah·me·klau·sel** *f* JUR exemption clause **Aus·nah·me·re·ge·lung** *f* special regulation [*or* provision] **Aus·nah·me·si·tu·a·ti·on** *f* special [*or* exceptional] situation; POL state of emergency **Aus·nah·me·ver·ord·nung** *f* JUR provisional order **Aus·nah·me·vor·schrif·ten** *pl* JUR exception provisions **Aus·nah·me·zu·stand** *m* POL state of emergency; **[über etw** *akk*] **den ~ verhängen** to declare a state of emergency [in sth]; **über das ganze Land den ~ verhängen** to declare a state of national emergency
aus·nahms·los I. *adv* without exception
II. *adj* **das ~e Erscheinen der gesamten Belegschaft** the appearance of all the staff without exception; **die ~e Zustimmung aller Delegierten** the unanimous agreement of all delegates
aus·nahms·wei·se *adv* as a special exception; ***darf ich das machen? — ~!*** may I do that? — just this once!; ***heute ging er ~ eine Stunde früher*** today he left an hour earlier [for a change]
aus|neh·men *irreg* I. *vt* ① *(ausweiden)* ■**etw ~** to gut [*or* dress] sth; **Geflügel ~** to draw poultry
② *(ausschließen)* ■**jdn [von etw** *dat*] **~** to exempt sb [from sth], to make an exception of sb; ***ich nehme keinen aus*** I'll make no exceptions; ***nehmt mich bei dieser Sache aus!*** count me out [of it]!; **jdn von einer Pflicht ~** to release [*or* exempt] sb from a duty
③ *(fam: viel Geld abnehmen)* ■**jdn ~** to fleece sb *fam; (beim Glücksspiel)* to clean out sb *sep fam*
④ ÖSTERR *(erkennen)* ■**jdn/etw ~** to make out *sep* [*or form* discern] sb/sth; **jdn/etw schlecht ~** to barely make out *sep* [*or form* discern] sb/sth
II. *vr (geh)* **sich** *akk* **gut/schlecht ~** to look good/bad; ■**sich** *akk* **neben jdm/etw wie jd/etw ~** to look like sb/sth next to sb/sth
aus·neh·mend I. *adj (geh)* exceptional
II. *adv* exceptionally; ***das gefällt mir ~ gut*** I like it very much indeed; **~ vorteilhaft angezogen** dressed to kill *pred fam*
aus|nüch·tern I. *vt haben* ■**jdn ~** to sober up sb *sep*
II. *vi, vr vi: sein, vr: haben* ■**[sich** *akk*] **~** to sober up
Aus·nüch·te·rung <-, -en> *f* sobering up **Aus·nüch·te·rungs·zel·le** *f* drying-out cell
aus|nut·zen *vt* ① *(ausbeuten)* ■**jdn ~** to exploit sb
② *(sich zunutze machen)* ■**etw ~** to make the most of sth; **jds Leichtgläubigkeit/Unerfahrenheit ~** to take advantage of sb's gullibility/inexperience
aus·nüt·zen *vt bes* SÜDD, ÖSTERR *(ausnutzen)* to take advantage of
Aus·nut·zung <-> *f kein pl* ① *(Ausbeutung)* exploitation
② *(das Wahrnehmen)* ■**die ~ von etw** *dat*/**einer S.** *gen* making the most of sth; ***bei rechtzeitiger ~ dieser einmaligen Gelegenheit hätten Sie ...*** if you had made the most of this unique opportunity, you would have ...; ■**unter ~ von jds etw** by taking advantage of sb's sth
Aus·nüt·zung <-> *f kein pl bes* SÜDD, ÖSTERR exploitation
aus|pa·cken I. *vt* ■**etw ~** to unpack sth; **ein Geschenk ~** to unwrap a present
II. *vi* ① *(Koffer, Kisten auspacken)* to unpack
② *(fam: gestehen)* to talk *fam; (seine Meinung sagen)* to speak one's mind
aus|pa·len *vt* KOCHK *s.* **entschoten**
aus|peit·schen *vt* ■**jdn ~** to whip [*or* flog] sb
aus|pfei·fen *vt irreg* ■**jdn/etw ~** to boo sb off the stage/to boo [*or* hiss] at sth
aus|pflan·zen *vt* ■**etw [in etw** *akk*] **~** to plant out

sth [in sth] *sep*

aus|plau·dern *vt* ■**etw** ~ to let out *sep* [*or fam* blab] sth

aus|plün·dern *vt* ❶ *(ausrauben)* ■**etw** ~ to plunder [*or* pillage] sth; **einen Laden** ~ to loot a shop ❷ *(hum: leer räumen)* ■**etw** ~ to raid sth ❸ *(fam: ausnehmen 3)* ■**jdn** ~ to fleece sb *fam; (ausrauben)* to rob sb [of every penny]; *(beim Glücksspiel)* to clean out sb *sep fam*

aus|po·sau·nen* *vt (fam)* ■**etw** ~ to broadcast sth *fam*

aus|prä·gen *vr* ■**sich** *akk* [**in etw** *dat*] ~ to be revealed in sth; ***die Erziehung prägt sich im Charakter/Verhalten aus*** one's upbringing shapes [*or* stamps] [*or* leaves its stamp on] one's character/behaviour

Aus·prä·gung <-> *f* ❶ *kein pl* shaping, moulding Brit, molding Am; *von Begabung, Hartnäckigkeit* development ❷ *(Akzentuierung)* markedness, distinctness; ***in einer derart starken ~ ist mir diese Krankheit noch nicht begegnet*** I have never come across this illness at such an advanced stage

aus|pres·sen *vt* ❶ *(herauspressen)* ■**etw** ~ to squeeze out sth *sep;* **frisch ausgepresst** freshly pressed; **Orangen** ~ to press [*or* squeeze [the juice from]] oranges ❷ *(ausbeuten)* ■**jdn/etw** ~ to squeeze sb/sth dry [*or* Brit *hum a.* until the pips squeak], to bleed sb/sth dry [*or fam* white], to milk sb/sth dry ❸ *(brutal ausfragen)* ■**jdn** ~ to press sb; **jdn wie eine Zitrone** ~ to squeeze sb like a lemon [for information]

aus|pro·bie·ren* **I.** *vt* ■**jdn/etw** ~ to try [out *sep*] sb/sth, to give sb/sth a try [*or* go]; **ein Auto** ~ to test-drive [*or sep* try out] a car, to go for a test drive; ■**es mit jdm** ~ to try sb out
II. *vi* ■~, **ob/wie ...** to see whether/how ...

Aus·puff <-[e]s, -e> *m* exhaust [pipe], tailpipe

Aus·puff·ga·se *pl* exhaust fumes [*or form* emissions] **Aus·puff·rohr** *nt* exhaust [pipe], tailpipe **Aus·puff·sys·tem** *nt* AUTO exhaust system **Aus·puff·topf** *m* silencer, muffler Am

aus|pum·pen *vt* ❶ *(leer pumpen)* ■**etw** ~ to pump out sth *sep;* **jdm den Magen** ~ to pump [out *sep*] sb's stomach ❷ *(fam: völlig erschöpfen)* ■**jdn** ~ to drain sb; ■**ausgepumpt sein** to be completely drained

aus|pus·ten *vt (fam)* ■**etw** ~ to blow out sth *sep*

aus|put·zen *vt* ■**etw** ~ to clean sth; **einen Schrank** ~ to clean [out *sep*] a cupboard

aus|quar·tie·ren* *vt* ■**jdn** [**in etw** *akk*] ~ to move out *sep* sb [into/to sth]

aus|quet·schen *vt* ❶ *(auspressen)* ■**etw** ~ to squeeze out sth *sep;* **Orangen** ~ to press [*or* squeeze [the juice out of]] oranges ❷ *(fam: forciert ausfragen)* ■**jdn** [**über jdn/etw**] ~ to pump sb [for information on/details about sb/sth]; *Polizei* to grill sb [about sb/sth] *fam*

aus|ra·die·ren* *vt* ■**etw** ~ ❶ *(mit Radiergummi entfernen)* to rub out *sep* [*or* erase] sth ❷ *(vernichten)* to wipe out sth *sep;* **eine Stadt** ~ to wipe a city off the map

aus|ran·gie·ren* *vt* ■**etw** ~ to throw out sth *sep;* **ein Auto** ~ to scrap [*or fam* junk] a car; **einen Fernseher** ~ to throw out *sep* [*or fam* junk] a television set; **Reifen** ~ to discard tyres [*or* Am tires]

aus|ra·sie·ren* *vt* ■[**jdm**] **etw** ~ to trim [sb's] sth; *(von Haaren befreien)* to shave [sb's] sth

aus|ras·ten **I.** *vi sein* ❶ *(herausspringen)* to come out; **einen Knopf** ~ **lassen** to release [*or spec* disengage] a button ❷ *(hum fam: wild werden)* to go ape-shit *fam!,* to throw a wobbly Brit *hum fam,* to have a spaz Am *fam*
II. *vi impers haben (fam)* ■**bei jdm** ~ ❶ *(durchdrehen)* to go ape-shit *fam!,* to throw a wobbly Brit *hum fam,* to have a spaz Am *fam* ❷ *(nichts mehr verstehen)* sb doesn't get it [*or* understand any more]

aus|rau·ben *vt* ■**jdn/etw** ~ to rob sb/sth; **ein Grab** ~ to rob [*or* plunder] a grave

aus|rau·chen **I.** *vt* ■**etw** ~ to finish [smoking] sth
II. *vi* to finish smoking

aus|räu·chern *vt* ■**jdn/etw** ~ to smoke out sb/sth *sep;* **etw aus etw** *dat* ~ to smoke sth out of sth

aus|rau·fen *vt* ■[**sich** *dat*] **etw** ~ to tear [*or* pull] out one's sth *sep*

aus|räu·men *vt* ■**etw** ~ ❶ *(herausräumen)* to move [*or* clear] out sth *sep; (leer räumen)* to clear out sth *sep;* **Schubladen** ~ to empty [*or* clear out] the drawers; **die Bücher** [**aus den Kisten**] ~ to remove the books [from the crates] ❷ *(beseitigen)* to clear up sth *sep;* [**jds**] **Zweifel** ~ to dispel [sb's] doubts ❸ MED *(herausoperieren)* to remove [*or spec* extirpate] sth

aus|rech·nen **I.** *vt* ■**etw** ~ to calculate sth; **Kosten** ~ to calculate [*or sep* work out] the costs; **Aufgaben** ~ to work out *sep* problems; ■**etw nach etw** *dat* ~ to calculate sth from sth; **etw im Kopf/mit dem Taschenrechner** ~ to calculate [*or sep* work out] sth in one's head/using a calculator; ■~, **ob/wie ...** to work [*or fam* figure] out whether/how ...
II. *vr* ❶ *(kalkulieren mit)* ■**sich** *dat* **etw** ~ to reckon on sth, to reckon [*or* fancy] [that] one has sth ❷ *(sich vorstellen)* ■**sich** *dat* **etw** ~ to work out *sep* sth for oneself; ■**sich** *dat* ~, **wie ...** to work [it] out for oneself how ... ❸ *(sich berechnen lassen)* ■**etw lässt sich** ~ sth can be calculated; ***diese Gleichung lässt sich*** ~ this equation can be solved; *(sich vorstellen können)* sth can be imagined; ***es lässt sich*** [***leicht***] ~**,** ***dass ...*** you/I etc. can [easily] imagine that ...

Aus·re·de *f* excuse; ***keine ~n!*** no excuses!; *(zu Kind a.)* none of your excuses!; **eine faule** ~ a feeble [*or pej* lame] excuse

aus|re·den **I.** *vi* to finish speaking; ■**jdn** ~ **lassen** to let sb finish [speaking], to hear out sb *sep;* ■**jdn nicht** ~ **lassen** to not let sb finish [speaking], to not hear out sb *sep,* to cut sb short
II. *vt* ■**jdm etw** ~ to talk sb out of sth
III. *vr bes* ÖSTERR ■**sich** *akk* ~ to have a heart-to-heart [talk]

aus|rei·ben *vt irreg* ■**etw** ~ ❶ *(durch Reiben entfernen)* to rub out sth *sep* ❷ *(trocken reiben)* to wipe out sth *sep; (mit Scheuermitteln)* to scour out sth *sep;* **Gläser** ~ to wipe out *sep* glasses

aus|rei·chen *vi* ■[**für jdn/etw**] ~ to be sufficient [*or* enough] [for sb/sth]; ***es muss für uns alle*** ~ it will have to do for us all

aus·rei·chend **I.** *adj* sufficient; **~e Kenntnisse/Leistungen** adequate knowledge/performance; ■**nicht** ~ insufficient/inadequate; SCH satisfactory
II. *adv* sufficiently

aus|rei·fen *vi sein* ❶ *(liter)* to ripen; *Wein* to mature; **Wein** ~ **lassen** to allow wine to mature ❷ *(fig)* ■**ausgereift sein** to be perfected; ***die Technik ist noch nicht ausgereift*** the technology is still in the development[al] stages

Aus·rei·se *f* departure [from a/the country]; ■**bei der** ~ on leaving the country; **die Erlaubnis zur** ~ **beantragen** to apply for an exit visa; **das Recht auf** ~ the right to leave the country; **jdm die** ~ **verweigern** to prohibit sb from leaving the country, to refuse sb an exit visa

Aus·rei·se·an·trag *m* application for an exit visa **Aus·rei·se·er·laub·nis, Aus·rei·se·ge·neh·mi·gung** *f* exit permit

aus|rei·sen *vi sein* to leave the country; *(endgültig)* to emigrate; **nach Israel** ~ to go/emigrate to Israel

Aus·rei·se·ver·bot *nt* JUR prohibition to leave the country **Aus·rei·se·vi·sum** [-vi:-] *nt* exit visa **Aus·rei·se·wel·le** *f* POL mass emigration **aus·rei·se·wil·lig** *adj* wishing [*or* willing] to leave [the country] *pred* **Aus·rei·se·wil·li·ge(r)** *f(m) dekl wie adj* prospective emigrant

aus|rei·ßen *irreg* **I.** *vt haben* ■[**jdm/etw**] **etw** ~ to pull out *sep* [sb's/sth's] sth; **jdm die Haare** ~ to tear out *sep* sb's hair; **einer Fliege die Flügel** ~ to pull off *sep* a fly's wings; **Unkraut/Blumen** ~ to pull up [*or* out] *sep* weeds/flowers; **Blätter** ~ to pull [*or* pluck] off *sep* leaves
II. *vi sein* ❶ *(fam: davonlaufen)* ■[**jdm**] ~ to run away [from sb] ❷ *(sich lösen)* ■[**aus etw** *dat*] ~ to come away [from sth]; *Griff* to come off [sth] ❸ *(einreißen)* to split, to pull apart; *Knopfloch* to tear

Aus·rei·ßer(in) <-s, -> *m(f)* ❶ *(fam)* runaway ❷ *(Ausnahmeerscheinung)* freak value

aus|rei·ten *irreg* **I.** *vi sein* ■[**auf seinem Pferd**] ~ to ride out, to go riding [*or* for a ride]
II. *vt haben* **ein Pferd** ~ to take out a horse *sep,* to exercise a horse

aus|rei·zen *vt* ■**etw** ~ ❶ KARTEN to bid sth up to strength ❷ *(ausschöpfen)* to discuss [*or* do] sth to death; **die Möglichkeiten** ~ to exhaust the possibilities

aus|ren·ken *vt* ■**jdm etw** ~ to dislocate sb's sth; ■**sich** *dat* **etw** ~ to dislocate one's sth

aus|rich·ten **I.** *vt* ❶ *(übermitteln)* ■**jdm etw** ~ to tell sb sth; **jdm eine Nachricht** ~ to pass on the news to sb *sep;* ■**jdm** ~, **dass ...** to tell sb that; ■**jdm** ~ **lassen, dass ...** to send sb word that; ***kann ich etwas ~?*** can I give him/her a message? [*or* take a message?]; ***bitte richten Sie ihr einen Gruß*** [***von mir***] ***aus*** give her my regards, say "hello" to her [for me] ❷ *(veranstalten)* ■[**jdm**] **etw** ~ to organize sth [for sb]; [**jdm**] **eine Hochzeit/ein Fest** ~ to arrange a wedding/celebration [for sb] ❸ *(erreichen)* ■**bei jdm etwas/nichts** ~ to achieve something/nothing with sb; ***wir konnten bei ihm nichts*** ~ we couldn't get anywhere with him ❹ *(einstellen)* ■**etw** [**auf etw** *akk*] ~ to align sth [with sth]; *(abstellen)* to gear sth to sth ❺ TYPO *(ausschließen)* ■**etw** ~ to justify sth; **den Rand** ~ to justify the margin ❻ *(aufstellen)* ■**jdn/etw** ~ to line up sb/sth *sep,* to get sb into line; ■**sich** *akk* ~ to line up [in a straight row]; MIL to dress ranks; **sich** *akk* [**nach dem Nebenmann/Vordermann/Hintermann**] ~ to line up [exactly] with the person next to one/in front [of one]/behind [one] ❼ ÖSTERR *(schlechtmachen)* ■**jdn** ~ to run down *sep* [*or* bad-mouth] sb ❽ SCHWEIZ *(zahlen)* ■**jdm etw** ~ to pay sb sth; **jdm eine Entschädigung** ~ to recompense sb *form*
II. *vr (sich nach etw richten)* ■**sich** *akk* **an etw** *dat* ~ to orientate oneself to sth; **sich** *akk* **an der Parteimeinung** ~ to follow [*or a. pej* toe] the party line

Aus·rich·ter <-s, -> *m* organizer, official sponsor

Aus·rich·tung <-> *f kein pl* ❶ *(Orientierung)* ■**die** ~ [**einer S.** *gen*] **an etw** *dat* the orientation [of sth] to sth ❷ *(Einstellung)* ■**die** ~ [**einer S.** *gen*] **auf etw** *akk* orientating [sth] to [*or* aligning [sth] with] sth ❸ INFORM justification; ~ **nach links/rechts** left/right hand justification ❹ *(Organisieren)* organization; *einer Hochzeit* arrangements *pl* (+*gen* for), arrangement

Aus·riss·fes·tig·keitRR *f* BAU tear-resistance

Aus·ritt *m* ride [out]; *(das Ausreiten)* riding out

aus|rol·len **I.** *vt haben* ■**etw** ~ ❶ *(entrollen)* to roll out sth *sep;* **ein Kabel** ~ to run [*or* pay] out *sep* a cable ❷ *(flach walzen)* to roll out sth *sep*
II. *vi sein Flugzeug* to taxi to a standstill [*or* stop]; *Fahrzeug* to coast to a stop

aus|rot·ten *vt* ■**etw** ~ to exterminate sb/sth; **Termiten** ~ to destroy termites; **Unkraut** ~ to wipe out *sep* weeds; **ein Volk** ~ to exterminate [*or sep* wipe out] a people; **Ideen/Religion** ~ to eradicate *form* [*or sep* stamp out] ideas/a religion

Aus·rot·tung <-, -en> *f* extermination

aus|rü·cken *vi sein* ❶ *(vorwärtsbewegen) Truppen* to turn out; *(ins Feld)* to march out; *Panzer* to move [*or* set] out; *Polizei* to turn out; *Feuerwehr* to go out on a call

② *(fam: ausreißen)* to make off; [**aus einer Anstalt/von zu Hause**] ~ to run away [from an institute/from home]; **aus dem Gefängnis** ~ to escape from prison

Aus·ruf *m* cry; **ein ~ des Entsetzens** a cry of horror; **ein warnender ~** a shout of warning, a warning shout; **etw durch ~ bekannt machen** to proclaim sth

aus|ru·fen *vt irreg* ① *(verkünden)* ■**etw** ~ to call out sth *sep; Auktionator* to invite bids for sth; **Haltestellen/einen Streik** ~ to call the stops/a strike; **Schlagzeilen** ~ to cry out *sep* the headlines; **seine Waren** ~ to cry one's wares; **Krieg** ~ to declare [*or* proclaim] war

② *(über Lautsprecher suchen lassen)* ■**jdn** ~ to put out a call for sb

③ *(proklamieren)* **jdn zum König** ~ to proclaim sb king

Aus·ru·fer(in) <-s, -> *m(f)* HIST [town] crier

Aus·ru·fe·zei·chen *nt,* **Aus·ruf·zei·chen** *nt* ÖSTERR, SCHWEIZ exclamation mark [*or* AM point]

Aus·ru·fung <-, -en> *f* proclamation; *Krieg a.* declaration; **die ~ eines Streiks** a strike call, call to strike **Aus·ru·fungs·zei·chen** *nt* LING *s.* **Ausrufezeichen**

aus|ru·hen I. *vi, vr* ■[**sich** *akk*] ~ to [take [*or* have] a] rest; ***meine Augen müssen sich mal ausruhen*** I shall have to rest my eyes a little; ■**ausgeruht** [**sein**] [to be] well rested

II. *vt* **seine Augen/Beine** ~ to rest one's eyes/legs

aus|rup·fen *vt* ■**etw** ~ to pluck out sth *sep*

aus|rüs·ten *vt* ■**jdn/etw** ~ to equip sb/sth; **ein Fahrzeug/Schiff** [**mit etw** *dat*] ~ to fit out *sep* a vehicle/ship, to fit a vehicle/ship with sth

Aus·rüs·tung <-> *f* ① *kein pl (das Ausrüsten)* ■**die ~ einer S.** *gen* equipping sth; *Fahrzeug/Schiff* fitting out sth *sep*

② *(Ausrüstungsgegenstände)* equipment *no pl; Expedition a.* tackle, gear; *(Kleidung)* outfit *no pl*

Aus·rüs·tungs·auf·wand *m* ÖKON furnishing costs *pl* **Aus·rüs·tungs·ge·gen·stand** *m,* **Aus·rüs·tungs·stück** *nt* piece [*or* item] of equipment **Aus·rüs·tungs·gü·ter** *pl* ÖKON [industrial] equipment *no pl* **Aus·rüs·tungs·in·ves·ti·ti·o·nen** *pl* FIN manufacturer's durable equipment *no pl; für Wirtschaftsentwicklung* investment in new equipment **Aus·rüs·tungs·stan·dard** *m* standard of equipment

aus|rut·schen *vi sein* ① *(ausgleiten)* ■[**auf etw** *dat*] ~ to slip [on sth]; **sie ist ausgerutscht** she [*or* her foot] slipped

② *(entgleiten)* ■**jdm** ~ to slip [out of sb's hand [*or* fingers]]; ***mir ist die Hand ausgerutscht*** my hand slipped [*or hum* moved all by itself]

Aus·rut·scher <-s, -> *m (fam)* slip-up

Aus·saat *f* ① *kein pl (das Säen)* ■**die** ~ [**von etw** *dat*] sowing [sth]

② *(Saat)* seed *no pl*

aus|sä·en *vt* ■**etw** ~ to sow sth

Aus·sa·ge *f* ① *a.* JUR *(Darstellung)* statement; **eine eidliche/schriftliche** ~ a sworn/written statement; *(Zeugenaussage)* evidence *no pl,* testimony; **die ~ verweigern** *Angeklagter* to refuse to make a statement; *Zeuge* to refuse to testify [*or* give evidence]; **eine ~ machen** to make a statement, to testify, to give evidence; **~ steht gegen ~** it's one person's word against another's

② *(Tenor)* message

Aus·sa·ge·er·pres·sung *f* JUR extortion of statements **Aus·sa·ge·ge·neh·mi·gung** *f* JUR permission to give evidence **Aus·sa·ge·kraft** *f kein pl* meaning[fulness] **aus·sa·ge·kräf·tig** *adj* convincing

aus|sa·gen I. *vt* ■**etw** [**über jdn/etw**] ~ ① *(darstellen)* to say sth [about sb/sth]; JUR to give sth in evidence about sb/sth, to testify [to sb's actions/to sth]

② *(deutlich machen)* to say sth [about sb/sth]; ***was will der Dichter mit diesem Gedicht ~?*** what's the poet trying to say [*or form* convey] with this poem?

II. *vi* JUR ■[**vor etw** *dat*] ~ *Zeuge* to testify [*or* give evidence] [before sth]; *Angeklagter, Beschuldigter* to make a statement [before sth]; **eidlich** [*o* **unter Eid**] ~ to give evidence under oath, to depose *form;* **mündlich/schriftlich** ~ to give evidence/to make a statement; ■**für/gegen jdn** ~ to give evidence [*or* testify] in sb's favour [*or* AM -or]/against sb

aus|sä·gen *vt* ■**etw** ~ to saw out sth *sep*

Aus·sa·ge·not·stand *m* JUR testimony under duress **Aus·sa·ge·pflicht** *f* JUR duty to give evidence **Aus·sa·ge·satz** *m* LING statement

Aus·sa·ge·ver·wei·ge·rung *f* JUR refusal to give evidence [*or* to testify] **Aus·sa·ge·ver·wei·ge·rungs·recht** *nt* JUR legal privilege; **~ wegen Gefahr der Selbstbezichtigung** self-incrimination privilege; **~ des Rechtsanwalts** legal professional privilege; **sich** *akk* **auf das ~ berufen** to claim privilege

Aus·satz <-es> *m kein pl* MED *(veraltet)* leprosy *no art;* **vom ~ befallen sein** to be struck by leprosy

aus·sät·zig ['auszɛtsɪç] *adj* MED *(veraltet)* leprous *spec;* **~e Menschen** lepers; ■**~ sein** *(liter o fig)* to be leprous *liter or spec,* to be a leper

Aus·sät·zi·ge(r) *f(m) dekl wie adj (veraltet liter o fig)* leper; **eine Kolonie für ~** a leper colony

aus|sau·fen *irreg* I. *vt* ■**etw** ~ to drink up sth; **einen Eimer/Napf** ~ to empty a bucket/bowl; **einen Eimer Wasser** ~ to drink a bucket of water; *(derb)* to swill down sth *sep fam or a. pej;* ***wer hat mein Bier ausgesoffen?*** who's drunk my beer?; **eine Flasche/ein Glas** ~ to empty [*or sep fam* knock back] a bottle/glass

II. *vi (derb)* to get it down one *fam* [*or fam!* one's neck]

aus|sau·gen *vt* ① *(leer saugen)* ■**etw** ~ to suck the juice out of sth, to suck sth [dry]; **ein Wunde** ~ to suck the poison out of a wound

② *(ausbeuten)* ■**jdn** ~ to drain sb dry; **ein Land bis aufs Blut** ~ to bleed a country dry [*or fam* white]

aus|scha·ben *vt* ① *(durch Schaben säubern)* ■**etw** ~ to scrape out sth *sep*

② MED **jdm die Gebärmutter** ~ to curette sb's womb *spec*

Aus·scha·bung <-, -en> *f* MED curettage *spec,* curettement *spec; von Gebärmutter a.* D and C

aus|schach·ten I. *vt* ■**etw** ~ to excavate [*or* dig] sth; **Erde** ~ to dig up soil; **einen Brunnen** ~ to sink [*or* dig] a well

II. *vi* to excavate, to dig

Aus·schach·tung <-, -en> *f* ① *kein pl (das Ausschachten)* ■**die ~ einer S.** *gen* the excavation of sth, digging sth; *von Brunnen* sinking [*or* digging] a well; *von Erde* digging up [*or* the excavation of] earth

② *(Baugrube)* excavation

Aus·schach·tungs·ar·bei·ten *pl* excavation work *no pl, no indef art*

aus|schaf·fen *vt* SCHWEIZ *(abschieben)* to deport

aus|schal·ten I. *vt* ① *(abstellen)* ■**etw** ~ to turn [*or* switch] off sth *sep*

② *(eliminieren)* ■**jdn/etw** ~ to eliminate sb/sth, to put sb out of the running

II. *vr* ■**sich** *akk* [**automatisch**] ~ to switch [*or* turn] [itself] off [automatically]

Aus·schal·tung *f* ① *(das Abstellen)* switching [*or* turning] off

② *(Eliminierung)* elimination

Aus·schank <-[e]s, -schänke> *m* ① *(Schankraum)* taproom, bar; *(Schanktisch)* bar, counter

② *kein pl (Getränkeausgabe)* serving of drinks; ***„~ von 9 bis 14 Uhr"*** "open from 9 AM to 2 PM"; ***„kein ~ an Jugendliche unter 16 Jahren"*** "Persons under the age of 16 will not be served"

Aus·schank·er·laub·nis *f* licence BRIT, license AM

Aus·schau *f* ■**~** [**nach jdm/etw**] **halten** to keep an eye out [*or* a lookout] [for sb/sth]; **~ nach Verdächtigen halten** to keep an eye out [*or* a lookout] for anything suspicious

aus|schau·en *vi* ① *(geh: sich umsehen)* ■**nach jdm/etw** ~ to look [*or* be on the lookout] for sb/sth

② DIAL, SÜDD, ÖSTERR *s.* **aussehen**

③ *(fam)* ■**wie schaut's aus?** how's things [*or* it going?]? *fam;* ***wie schaut's aus, kommst du mit?*** so what do you say, are you coming along?; ***wie schaut's aus? hast du eine Chance?*** what do you think? do you have a chance?

aus|schau·feln *vt* ■**etw** ~ to dig sth; **Erde** ~ to dig out *sep* [*or* shovel] soil

aus|schäu·men *vt* ■**etw** ~ to fill sth with foam; **die Wände eines Hauses** ~ to fit a house with cavity insulation

Aus·schei·den <-> *f kein pl* ÖKON *(Pensionierung)* retirement; *(Verlassen)* departure; **~ eines Gesellschafters** withdrawal of a partner; **freiwilliges** ~ voluntary redundancy; **turnusmäßiges** ~ retirement by rotation

aus|schei·den *irreg* I. *vi sein* ① *(nicht weitermachen)* ■[**aus etw** *dat*] ~ to retire [from sth]; **aus einem Verein** ~ to leave a club

② SPORT to drop out of sth; ***wer unfair kämpft, muss*** ~ whoever cheats will be disqualified; ***sie schieden im Viertelfinale aus*** they were eliminated in the quarter-final; *Rennwagen* to retire [from sth]

③ *(nicht in Betracht kommen)* to be ruled out

II. *vt haben* ① *(aussondern)* ■**etw** ~ to take out sth *sep;* ■**die faulen Beeren** ~ to sort out *sep* the rotten berries; ■**jdn** ~ to eliminate sb

② *(absondern)* ■**etw** ~ to excrete sth; *Organ* to secrete sth

Aus·schei·dung <-, -en> *f* ① *kein pl (das Absondern)* excretion; *eines Organs* secretion; **die ~ von Giftstoffen** the excretion of toxic substances

② *pl* MED *(Exkremente)* excreta *form,* excrement *no pl, no indef art*

③ SPORT *(Vorkampf)* qualifying contest; FBALL qualifying round

④ *(das Ausscheiden)* elimination

Aus·schei·dungs·an·mel·dung *f (von Patent)* divisional application **Aus·schei·dungs·kampf** *m s.* **Ausscheidung 3** **Aus·schei·dungs·or·gan** *nt* excretory organ **Aus·schei·dungs·run·de** *f* qualifying round; FBALL *a.* qualifying match [*or* game] **Aus·schei·dungs·spiel** *nt* qualifying match [*or* game]

aus|schen·ken I. *vt* ① *(eingießen)* ■**jdm etw** ~ to pour sb sth

② *(servieren)* ■**etw** [**an jdn**] ~ to serve sth [to sb]; *Wirt* to serve [sb] sth [*or* sth [to sb]]

II. *vi* to serve the drinks

aus|sche·ren *vi sein* ① *(Linie, Gruppe verlassen)* to leave the line, to swing out; *Flugzeug* to break formation, to peel off; *Soldat* to break rank; *(beim Überholen)* to pull out

② *(fig)* ■[**aus etw** *dat*] ~ to step out of line

aus|schi·cken *vt* ■**jdn** ~ to send out sb *sep;* **einen Boten** ~ to dispatch a messenger

Aus·schieß·bo·gen *m* imposition sheet

aus|schie·ßen *irreg* I. *vt haben* ■[**jdm**] **etw** ~ to shoot out *sep* [sb's] sth

II. *vi sein* SÜDD, ÖSTERR to fade

aus|schif·fen *vt* ■**jdn/sich** ~ *Passagiere* to disembark sb/sth; ■**etw** ~ *Ladung, Ware* to unload sth

aus|schil·dern *vt* ■**etw** ~ to signpost sth; ■**ausgeschildert sein** to be signposted

aus|schimp·fen *vt* ■**jdn** [**wegen einer S.** *gen*] ~ to berate sb [for doing sth] *form,* to tell sb off, to give sb hell *fam;* ■**von jdm ausgeschimpft werden** to get told off by [*or* BRIT a telling-off from] [*or* to be scolded by] sb, to get hell from sb *fam;* ***aber schimpf mich nicht*** [***deswegen***] ***aus!*** but don't go telling me off!

aus|schir·ren *vt* **ein Pferd** ~ to unharness a horse; *(von einer Kutsche a.)* to take out *sep* a horse; **Ochsen** ~ to unyoke the oxen

aus|schlach·ten *vt* ■**etw** ~ ① *(Verwertbares ausbauen)* to cannibalize sth [for parts]; **eine Firma** ~ to break up *sep* a firm for sale; **ein Buch/Werk** ~ to get everything out of a book/work

② *(fam: ausnutzen)* to exploit [*or* capitalize on] sth

aus|schla·fen *irreg* I. *vt* ■**etw** ~ to sleep off sth *sep;* ***seinen Rausch*** ~ to sleep off one's drink

II. *vi, vr* ■ [**sich** *akk*] ~ to have a good [night's] sleep

Aus·schlag[1] *m* MED rash, exanthem[a] *spec;* [**von etw** *dat*] ~ **bekommen/haben** to get/have got [*or* AM *a.* gotten] a rash from sth, to come/have come out in a rash

Aus·schlag[2] *m* deflection; [**bei etw** *dat*] **den ~ geben** to be the decisive factor [*or* prove decisive] [for/in sth]; ***die Stimme des Vorsitzenden gibt den*** ~ the chair has the casting vote

aus|schla·gen *irreg* I. *vt haben* ① *(ablehnen)* ■ **etw** ~ to turn down sth *sep; (höflicher)* to decline sth; **eine Erbschaft** ~ to disclaim [*or* waive] an estate *form;* ■ **jdm etw** ~ to refuse sb sth
② *(auskleiden)* ■ **etw mit etw** *dat* ~ to line sth with sth
③ *(herausschlagen)* ■ **jdm etw** ~ to knock out *sep* sb's sth; *Huf a.* to kick out *sep* sb's sth
④ *(löschen)* ■ **etw** [**mit etw** *dat*] ~ to knock out *sep* sth [with [*or* using] sth]
⑤ DIAL *(ausschütteln)* ■ **etw** ~ to shake out sth *sep*
II. *vi* ① *haben (los-, zuschlagen)* ■ [**mit etw** *dat*] ~ to strike [*or* lash] out [with sth]; **mit den Füßen** ~ to kick [out]; **mit dem Ellenbogen nach hinten** ~ to hit backwards with one's elbow; [**mit den Hufen**] ~ to kick
② *sein o haben* to deflect, to be deflected; *Wünschelrute* to dip; *Metallsuchgerät* to register [metal]
③ *sein o haben (sprießen)* to come out, to start to bud, to burgeon [out] *liter; Bäume a.* to come [*or liter* break] into leaf
④ *haben* ■ **ausgeschlagen haben** to have finished striking [the hour]
⑤ *sein (ausgehen)* to turn out; ■ **für/gegen jdn** ~ to turn out well/badly for sb; **zum Guten** ~ to turn out all right; **zu jds Nachteil/Vorteil** ~ to turn out to sb's disadvantage/advantage

aus·schlag·ge·bend *adj* decisive; **die ~e Stimme** the deciding [*or* decisive] vote; ***die Stimme des Vorsitzenden ist*** ~ the chair has the casting vote; [**für jdn**] **von ~er Bedeutung** [**sein**] [to be] of prime importance [for sb]; ■ [**für jdn/etw**] ~ **sein** to be [*or* prove] decisive [for sb/sth]; ***für diese Entscheidung war ~, dass ...*** in this decision-making X was decisive

Aus·schla·gung <-, -en> *f* JUR, FIN refusal, rejection; ~ **einer Erbschaft** disclaimer of an estate [*or* inheritance]

Aus·schla·gungs·frist *f* JUR period of disclaimer **Aus·schla·gungs·recht** *nt* JUR right to disclaim

aus|schlie·ßen *vt irreg* ① *(entfernen)* ■ **jdn** [**aus etw** *dat*/**von etw** *dat*] ~ to exclude sb [from sth]; *(als Strafe a.)* to bar sb [from sth]; **die Öffentlichkeit** [**von etw** *dat*] ~ JUR to hold sth in camera *spec,* to exclude the public [from sth]; **ein Mitglied** [**aus etw** *dat*] ~ to expel a member [from sth]; *(vorübergehend)* to suspend a member [from sth]; **einen Spieler** [**von etw** *dat*] ~ to disqualify a player [from sth]
② *(für unmöglich halten)* ■ **etw** ~ to rule out sth *sep;* ***das eine schließt das andere nicht aus*** the one does not exclude the other, they're not mutually exclusive; ***ich will nicht ~, dass er ein Dieb ist, aber ...*** I don't want to rule out the possibility that he's a thief, but ...
③ *(aussperren)* ■ **jdn/sich** [**aus etw** *dat*] ~ to lock out *sep* sb/lock oneself out [of sth]

aus·schließ·lich ['aυsʃliːslɪç] I. *adj attr* exclusive; **das ~e Recht** the sole [*or* exclusive] right
II. *adv* exclusively; ***das ist ~ unsere Angelegenheit*** this is strictly our affair, this concerns nobody but us; ***darüber habe ~ ich zu bestimmen*** I'm the one to decide on this matter
III. *präp +gen* excluding, exclusive of; *(geschrieben a.)* excl[.]

Aus·schließ·lich·keit <-> *f kein pl* JUR exclusiveness *no pl*

Aus·schließ·lich·keits·be·zug *m* JUR exclusive procurement **Aus·schließ·lich·keits·bin·dung** *f* JUR exclusive dealing **Aus·schließ·lich·keits·er·klä·rung** *f* JUR, ÖKON agreement to deal exclusively with one business partner **Aus·schließ·lich·keits·klau·sel** *f* JUR exclusive clause **Aus·schließ·lich·keits·pa·tent** *nt* exclusive patent **Aus·schließ·lich·keits·recht** *nt* JUR sole and exclusive right **Aus·schließ·lich·keits·ver·ein·ba·rung** *f* JUR exclusive dealing clause **Aus·schließ·lich·keits·ver·trag** *m* JUR exclusive dealing contract

Aus·schlie·ßung <-, -en> *f (Ausschluss)* exclusion, preclusion

Aus·schlie·ßungs·frist *f* JUR preclusive period **Aus·schlie·ßungs·grund** *m* JUR reason for exclusion **Aus·schlie·ßungs·kla·ge** *f* JUR expulsion suit **Aus·schlie·ßungs·prin·zip** *nt* PHYS [Pauli] exclusion principle

aus|schlüp·fen *vi sein* ■ [**aus etw** *dat*] ~ to hatch out [of sth], to hatch [out]

Aus·schluss[RR] <-es, Ausschlüsse>, **Aus·schluß**[ALT] <-sses, Ausschlüsse> *m* exclusion; *von Mitglied* expulsion; *(vorübergehend)* suspension; *von Spieler* disqualification; **unter ~ der Öffentlichkeit stattfinden** JUR to be closed to the public, to take place in camera *spec;* ~ **der Gewährleistung** ÖKON caveat emptor *form,* let the buyer beware

Aus·schluss·frist[RR] *f* JUR preclusive time limit **Aus·schluss·kla·ge**[RR] *f* JUR foreclosure action **Aus·schluss·klau·sel**[RR] *f* JUR exclusion [*or* preclusion] clause **Aus·schluss·kri·te·ri·um**[RR] *f* disqualifying criterion [*or* factor] **Aus·schluss·recht**[RR] *nt* JUR exclusive right **Aus·schluss·ter·min**[RR] *m* JUR cut-off date **Aus·schluss·ur·teil**[RR] *nt* JUR exclusory judgment, foreclosure decree **Aus·schluss·ver·fah·ren**[RR] *nt* JUR *gegen ein Mitglied* expulsory proceedings *pl*

aus|schmü·cken *vt* ■ **etw** [**mit etw** *dat*] ~ ① *(dekorieren)* to decorate [*or liter* adorn] sth [with sth]
② *(ausgestalten)* to embellish [*or* embroider] sth [with sth]

Aus·schmü·ckung <-, -en> *f* ① *(Dekoration)* decoration, adornment *liter*
② *(das Ausgestalten)* embellishment, embroidery *no pl*

Aus·schnei·de·bo·gen *m* sheet of cardboard cutouts

aus|schnei·den *vt irreg* ■ **etw** [**aus etw** *dat*] ~ to cut out sth *sep,* to cut sth out of sth; INFORM ~ **und einfügen** to cut and paste

Aus·schnitt *m* ① *(Zeitungsausschnitt)* cutting, clipping
② MATH sector
③ *(ausgeschnittener Teil)* neckline; **runder** ~ round neck; **ein tiefer** ~ a low [*or* plunging] neckline; **jdm in den ~ schauen** to look down sb's dress
④ *(Teil)* ■ **der/ein** ~ [**aus etw** *dat*] the/a part of sth; **ein** ~ [**aus einem Gemälde/Foto**] a detail [of a painting/photograph]; **ein** ~ [**aus einem Roman**] an excerpt [*or* extract] [from a novel]; **ein** ~ [**aus einem Film**] a [film] clip; ***ich kenne das Buch/den Film nur in ~en*** I only know parts of the book/film

Aus·schnitt·dar·stel·lung *f* INFORM windowing

aus|schöp·fen *vt* ① *(leeren)* ■ **etw** [**mit etw** *dat*] ~ to empty sth [with [*or* using] sth]; ■ **ausgeschöpft sein** to be empty; **ein Boot** ~ to bale out *sep* a boat; **Suppe** ~ to ladle out *sep* soup; **Wasser** ~ to scoop out *sep* water
② *(vollen Gebrauch machen)* ■ **etw** [**voll**] ~ to make full use of one's sth; **seine Kompetenzen** ~ to do everything [with]in one's power; **das ganze Angebot** ~ to try out everything on offer; **die Möglichkeiten/seine Reserven** ~ to exhaust the possibilities/one's reserves; **ein Thema** ~ to go into a subject thoroughly

aus|schrei·ben *vt irreg* ① *(ungekürzt schreiben)* ■ **etw** ~ to write out sth *sep;* **seinen Namen** ~ to write out *sep* one's name in full
② *(ausstellen)* ■ [**jdm**] **etw** ~ to make out *sep* sth [to sb]; **ein Formular** ~ to fill in [*or* out] a form *sep,* to complete a form
③ *(bekannt machen)* ■ **etw** ~ to announce sth; *(um Angebote zu erhalten)* to invite tenders for sth; **eine Stelle** ~ to advertise a post; **Wahlen** ~ to call an election, BRIT *a.* to go to the country

Aus·schrei·bung <-, -en> *f* announcement; *(für Angebote)* invitation to tender, call for tenders; *einer Stelle* advertisement (**von** + *dat* for); *von Neuwahlen* the calling of a new election; **öffentliche** ~ public invitation to tender

Aus·schrei·bungs·ab·spra·che *f* JUR, HANDEL collusive tendering **Aus·schrei·bungs·an·ge·bot** *nt* FIN tender offer **Aus·schrei·bungs·be·din·gun·gen** *pl* HANDEL terms of tender **Aus·schrei·bungs·frist** *f* HANDEL bidding period **Aus·schrei·bungs·kon·sor·ti·um** *nt* HANDEL bidding syndicate **Aus·schrei·bungs·pflicht** *f* JUR, HANDEL obligation to invite tenders **Aus·schrei·bungs·schluss**[RR] *m* HANDEL closing date [for submission] of tenders **Aus·schrei·bungs·ver·fah·ren** *nt* HANDEL tendering procedure, bidding process; **im** ~ by tender **Aus·schrei·bungs·wett·be·werb** *m* HANDEL competitive bidding [on a tender basis] **Aus·schrei·bungs·zeit·raum** *m* HANDEL tender period

aus|schrei·ten *vi irreg sein (geh)* to stride out

Aus·schrei·tung <-, -en> *f meist pl* riot[s *pl*], rioting *no pl, no indef art*

Aus·schuss[RR1] <-es, Ausschüsse>, **Aus·schuß**[ALT] <-sses, Ausschüsse> *m* committee; **einen ~ einsetzen** to constitute [*or* name] a committee *form;* **in einem ~ sitzen** to sit [*or* serve] on a committee

Aus·schuss[RR2] <-es>, **Aus·schuß**[ALT] <-sses> *m kein pl (fam)* rejects *pl*

Aus·schuss[RR3] <-es, Ausschüsse>, **Aus·schuß**[ALT] <-sses, Ausschüsse> *m (bei Schusswunde)* exit wound

Aus·schuss·men·ge *f* ÖKON waste quantity **Aus·schuss·mit·glied**[RR] *nt* committee member **Aus·schuss·quo·te**[RR] *f* reject [*or* frequency] [*or* breakage] rate **Aus·schuss·sit·zung**[RR] *f* committee meeting **Aus·schuss·ver·lust**[RR] *m (bei Produktion)* reject-based loss **Aus·schuss·vor·sit·zen·de(r)**[RR] *f(m) dekl wie adj* committee chairwoman *fem,* committee chairman *masc* **Aus·schuss·wa·re**[RR] *f* rejects *pl*

aus|schüt·teln *vt* ■ **etw** ~ *a.* CHEM to shake out sth *sep*

aus|schüt·ten I. *vt* ① *(ausleeren)* ■ **etw** [**über jdn** [*o* **jdm**]/**etw**] ~ to empty sth [over sb/sth]
② *(verschütten)* ■ **etw** ~ to spill sth
③ FIN *(auszahlen)* ■ **etw** [**an jdn**] ~ to distribute sth [to sb]; **eine Dividende** ~ to distribute [*or* pay out] a dividend
II. *vr (fam)* ■ **sich** *akk* **vor Lachen** ~ to split one's sides laughing *fig*

Aus·schüt·tung <-, -en> *f* FIN distribution; *(das Ausschütten)* distribution of dividends

Aus·schüt·tungs·an·spruch *m* FIN dividend entitlement **aus·schüt·tungs·be·rech·tigt** *adj* FIN carrying dividend rights **aus·schüt·tungs·fä·hig** *adj* FIN distributable; **~er Gewinn** distributable profits **Aus·schüt·tungs·fonds** [-fõː] *m* FIN dividend fund **Aus·schüt·tungs·quo·te** *f* FIN pay-out ratio **Aus·schüt·tungs·satz** *m* FIN distribution rate **Aus·schüt·tungs·sum·me** *f* FIN overall dividend payout **Aus·schüt·tungs·ter·min** *m* FIN distribution date

aus|schwär·men *vi sein Bienen* to swarm out; *Soldaten* to fan out

aus|schwei·fen *vi sein* ① *(abschweifen)* to ramble on
② *(umherschweifen)* to run riot; ***er ließ seine Fantasie*** ~ he let his imagination run riot

aus·schwei·fend *adj* **ein ~es Leben** a hedonistic life; **eine ~e Fantasie** a wild imagination

Aus·schwei·fung <-, -en> *f meist pl* excess

aus|schwei·gen *vr irreg* ■ **sich** *akk* [**über jdn/etw**] ~ to remain silent [about sb/sth]; **sich** *akk* **eisern** ~ to maintain a stony silence

aus|schwem·men *vt* ① *(ausspülen)* ■ **etw** [**aus etw** *dat*] ~ to flush sth out [of sth]
② *(aushöhlen)* ■ **etw** ~ to hollow out *sep* sth

aus·schwenk·bar *adj Leuchte, Maschinentisch*

swivel[ling]; *Kranarm* traversable, swing-out *attr*
aus|schwen·ken I. *vt haben* ■**etw** ~ ❶ *(ausspülen)* to rinse out *sep* sth
❷ *(zur Seite schwenken)* to swing sth out
II. *vi sein* to wheel; ***die Marschkolonne schwenkte nach rechts aus*** the column wheeled to the right; ***Vorsicht, Anhänger schwenkt aus!*** Keep clear of trailer!
Aus·schwing·dau·er *f kein pl* PHYS attenuation time
aus|schwit·zen *vt* ❶ *(durch Schwitzen ausscheiden)* ■**etw** ~ to sweat out *sep* sth; **eine Grippe** ~ to sweat out a bout of flu
❷ *(Feuchtigkeit absondern) Wände* to sweat
❸ *(durch Erhitzen Feuchtigkeit entfernen)* **Mehl** ~ to sweat flour
aus|seh·en *vi irreg* to look; ***du siehst gut/gesund/schick aus*** you look great/healthy/smart; ■~ **wie ...** to look like ...; **es sieht gut/schlecht aus** things are looking good/not looking too good; **bei jdm sieht es gut/schlecht aus** things are looking good/not looking too good for sb; ***und wie sieht es bei euch aus?*** and how are things with you?; ***bei mir sieht es gut aus*** I'm doing fine; ***heute sieht es regnerisch aus*** it looks like rain today; **nach Schnee/Regen** ~ to look as if it is going to snow/rain; **nach etwas/nichts aussehen** to look good/not look anything special, to look/not look the part; **es sieht [jdm] danach [***o* **so]** ~, **als ...** it looks [*or* seems] [to sb] as though [*or* if] ...; ***du siehst mir gerade danach aus!*** *(iron)* I don't thinkso!, I bet!; ***so siehst du [gerade] aus!*** *(fam)* that's what you think! *fam;* ***seh' ich so [o danach] aus?*** what do you take me for? *fam;* **wie sieht's aus?** *(fam)* how's things? [*or* BRIT *fam a.* tricks]
Aus·se·hen <-s> *nt kein pl* appearance; ■**jds** ~ **nach** judging [*or* going] by sb's appearance; ■**dem** ~ **nach** judging [*or* going] by appearances
aus|seinALT *vi, vt s.* **aus II**
au·ßen ['au̯sn̩] *adv* on the outside; ~ ***an der Windschutzscheibe*** on the outside of the windscreen; ***er spielt links/rechts*** ~ he is playing on the outside left/right; ■**nach** [SCHWEIZ **gegen**] ~ outwards; ■**von** ~ from the outside; ~ **vor bleiben** to be left out; ~ **vor sein** to be left out; **jdn/etw** ~ **vorlassen** to leave sb/sth out, to exclude sb/sth; **nach** ~ **hin** outwardly
Au·ßen <-> ['au̯sn̩] *nt kein pl* outside
Au·ßen·an·sicht *f* exterior view **Au·ßen·an·strich** *m* ❶ *(Farbe)* outside coating, exterior paint job ❷ *(das Anstreichen)* painting of the exterior **Au·ßen·an·ten·ne** *f* outdoor [*or* external] aerial **Au·ßen·auf·nah·me** *f* outdoor shot **Au·ßen·bahn** *f* SPORT outside lane **Au·ßen·bei·trag** *m* external contribution **Au·ßen·be·leuch·tung** *f* exterior lighting **Au·ßen·be·reich** *m* JUR external undeveloped land **Au·ßen·be·zirk** *m* outer [*or* outlying] district **Au·ßen·bor·der** <-s, -> *m* NAUT outboard [motorboat]
Au·ßen·bord·mo·tor *m* outboard [motor] **Au·ßen·bord·mo·tor·boot** *m* outboard motorboat
au·ßen·bords ['au̯sn̩bɔrts] *adv inv* NAUT outboard
aus|sen·den *vt irreg (geh)* ❶ *(ausschicken)* ■**jdn** ~ to send sb out
❷ *(ausstrahlen)* ■**etw** ~ to broadcast sth
Au·ßen·dienst *m* employment as a sales representative; **im** ~ **sein** [*o* **arbeiten**] to work as a sales representative [*or* in sales]; ~ **machen** to work outside the office **Au·ßen·dienst·mit·ar·bei·ter(in)** *m(f)* sales representative
Au·ßen·ein·satz *m* RAUM spacewalk, operation outside the space shuttle **Au·ßen·fi·nan·zie·rung** *f* FIN external financing **Au·ßen·ge·sell·schaft** *f* HANDEL non-member company **Au·ßen·ha·fen** *m* outer harbour [*or* AM -or] **Au·ßen·haf·tung** *f* JUR non-member liability
Au·ßen·han·del *m* foreign trade
Au·ßen·han·dels·be·schrän·kun·gen *pl* HANDEL, JUR foreign trade restrictions **Au·ßen·han·dels·be·zie·hun·gen** *pl* foreign trade relations **Au·ßen·han·dels·bi·lanz** *f* balance of trade **Au·ßen·han·dels·bürg·schaft** *f* JUR, HANDEL foreign trade guarantee **Au·ßen·han·dels·kam·mer** *f* FIN chamber for foreign trade **Au·ßen·han·dels·li·zenz** *f* HANDEL foreign trade licence **Au·ßen·han·dels·mo·no·pol** *nt* HANDEL foreign trade monopoly **Au·ßen·han·dels·nie·der·las·sung** *f* ÖKON foreign trade branch **Au·ßen·han·dels·po·li·tik** *f* foreign trade policy **Au·ßen·han·dels·po·si·ti·on** *f* ÖKON external position **Au·ßen·han·dels·pro·gno·se** *f* ÖKON foreign trade forecast [*or* prognosis] **Au·ßen·han·dels·quo·te** *f* ÖKON proportion of foreign trade **Au·ßen·han·dels·recht** *nt* JUR foreign trade law **Au·ßen·han·dels·span·ne** *f* ÖKON spread of foreign trade **Au·ßen·han·dels·ver·trag** *m* JUR foreign trade agreement **Au·ßen·han·dels·vo·lu·men** *nt* ÖKON export volume
Au·ßen·haut *f* outer skin **Au·ßen·kur·ve** *f* outer curve, outside bend **Au·ßen·mi·nis·ter(in)** *m(f)* foreign minister, foreign secretary BRIT, Secretary of State AM **Au·ßen·mi·nis·te·ri·um** *nt* foreign ministry, Foreign Office BRIT, State Department AM **Au·ßen·mit·ar·bei·ter(in)** *m(f)* external employee
Au·ßen·po·li·tik ['au̯sn̩politi:k] *f* foreign policy **Au·ßen·po·li·ti·ker(in)** *m(f)* foreign policymaker
au·ßen·po·li·tisch ['au̯sn̩poli:tɪʃ] **I.** *adj* foreign policy *attr;* ~**e Erfahrung/**~**er Erfolg** experience/success in foreign policy; ***in*** ~***en Fragen*** in matters of foreign policy; ~**er Sprecher** foreign policy spokesman **II.** *adv* as regards foreign policy **Au·ßen·prü·fer(in)** *m(f)* FIN field auditor **Au·ßen·prü·fung** *f* FIN field auditing; **abgekürzte** ~ summary examination **Au·ßen·quar·tier** *nt* SCHWEIZ suburb **Au·ßen·recht** *nt* JUR international law **Au·ßen·sei·te** *f* outside; *Gebäude* exterior
Au·ßen·sei·ter(in) <-s, -> *m(f) (a. fig)* outsider
Au·ßen·spie·gel *m* AUTO [out]side mirror **Au·ßen·stän·de** *pl* ÖKON debts outstanding, accounts receivable *pl* **Au·ßen·steck·do·se** *f* AUTO caravan inlet **Au·ßen·ste·hen·de(r)** *f(m) dekl wie adj* outsider **Au·ßen·stel·le** *f* branch
Au·ßen·steu·er·ge·setz *nt* JUR Law to Prevent International Fiscal Evasion **Au·ßen·steu·er·recht** *nt* JUR, FIN tax legislation for non-residents
Au·ßen·stür·mer(in) *m(f)* FBALL wing **Au·ßen·ta·sche** *f* outside pocket **Au·ßen·tem·pe·ra·tur** *f* outside [*or* external] temperature **Au·ßen·ver·hält·nis** *nt* JUR legal relationship with third parties **Au·ßen·wand** *f* exterior [*or* outside] wall **Au·ßen·welt** *f* outside world **Au·ßen·wer·bung** <-> *f kein pl* HANDEL outdoor advertising **Au·ßen·wert** *m* outside measurement **Au·ßen·win·kel** *m* exterior angle
Au·ßen·wirt·schaft *f* ÖKON foreign trade
au·ßen·wirt·schaft·lich *adj* ÖKON external, foreign-trade; ~**e Anpassung/Entwicklung/Faktoren** external economic adjustment/development/factors; ~**es Gleichgewicht** foreign-trade balance
Au·ßen·wirt·schafts·ge·setz *nt* JUR foreign trade and payments act **Au·ßen·wirt·schafts·recht** *nt* JUR foreign trade and payments legislation **Au·ßen·wirt·schafts·ver·ord·nung** *f* JUR, FIN foreign trade and payments order **Au·ßen·wirt·schafts·ver·trag** *m* JUR, FIN foreign trade agreement
Au·ßen·zelt *nt* fly-sheet
Au·ßen·zoll *m* ÖKON external duty [*or* tariff]
au·ßer ['au̯sɐ] **I.** *präp +dat o gen (selten)* ❶ *(abgesehen von)* apart from, except for; ~ ***dir waren alle auf dem Fest*** everyone was at the party but [*or* apart from] you
❷ *(zusätzlich zu)* in addition to, apart from; ~ ***ihrer eigenen Arbeit musste sie noch die seinige erledigen*** she had to do his work as well as her own
❸ *(nicht in)* out of; ~ **Betrieb/Sicht/Gefahr sein** to be out of order/sight/danger
▸WENDUNGEN: **[über jdn/etw]** ~ **sich** *dat* **sein** to be beside oneself [about sb/sth]; *s. a.* **Reihe, geraten**
II. *konj* ■~ **dass** except that; ■~ **[wenn]** except [when]
Au·ßer·acht·las·sung <-, -en> [au̯sɐ'ʔaxtlasʊŋ] *f* disregard; **unter** ~ **der Regeln** with total disregard for the rules
au·ßer·be·trieb·lich *adj* ÖKON external; ~**e Weiterbildung** external advanced training **au·ßer·börs·lich** *adj* off the exchange; ~**er Handel** off-board [*or* off-the-floor] trading
au·ßer·dem ['au̯sɐde:m] *adv* besides; ***ich habe keine Zeit und*** ~ ***auch keine Lust*** I don't have time and besides [*or* anyway], I don't feel like it; ***er ist Professor und*** ~ ***noch Gutachter*** he is professor and expert besides that [*or* as well]
au·ßer·dienst·lich I. *adj* private
II. *adv* in private, privately
äu·ße·re(r, s) ['ɔysərə, -re, -rəs] *adj* ❶ *(außerhalb gelegen)* outer; ~ **Verletzung** external injury
❷ *(von außen wahrnehmbar)* outer, exterior
❸ *(außenpolitisch)* external
Äußere(s) ['ɔysərə, -rəs] *nt dekl wie adj* outward appearance
au·ßer·ehe·lich I. *adj* extramarital; **ein** ~**es Kind** an illegitimate child, a child born outside marriage [*or esp form* wedlock] **II.** *adv* illegitimately **au·ßer·eu·ro·pä·isch** *adj attr* non-European; ***China ist das bevölkerungsreichste*** ~***e Land*** China is the most populated country outside of Europe **au·ßer·fahr·plan·mä·ßig I.** *adj* non-scheduled **II.** *adv* ***dieser Bus verkehrt nur*** ~ this bus runs a non-scheduled service **au·ßer·fa·mi·li·är** *adj inv* outside the family; ~**e Kontakte** contacts outside the family **au·ßer·ge·richt·lich I.** *adj* out of court *attr* **II.** *adv* out of court
au·ßer·ge·wöhn·lich ['au̯sɐgə'vø:nlɪç] **I.** *adj* unusual; **eine** ~**e Leistung** an extraordinary achievement; **ein** ~**er Mensch** a remarkable [*or* an extraordinary] person; **einer** ~**en Belastung ausgesetzt sein** to be under extreme pressure; ■**etwas A**~**es** something unusual [*or* out of the ordinary]; ■**nichts A**~**es** nothing special; **etw** ~ **Gutes** something extraordinary
II. *adv* extremely
au·ßer·halb ['au̯sɐhalp] **I.** *adv* outside; ~ **der Stadt** outside the town, out of town; ~ **stehen** to be on the outside; **nach** ~ outside [*or* out] of town; **von** ~ from out of town
II. *präp +gen* ❶ *(räumlich entfernt)* outside; ~ **der Stadt** outside the town
❷ *(zeitlich entfernt)* ~ **der Sprechstunde** outside [of] surgery/visiting, etc. hours
❸ *(jenseits)* outside; ~ **meiner Kompetenz** outside my competence; ~ **der Legalität** outside the law
au·ßer·ir·disch *adj* extraterrestrial; ■~**e** extraterrestrials, aliens **Au·ßer·ir·di·sche(r)** *f(m) dekl wie adj* extraterrestrial, alien
Au·ßer·kraft·set·zung <-, -en> *f (geh)* repeal *form*
äu·ßer·lich ['ɔysɐlɪç] *adj* ❶ *(außen befindlich)* external; **nur zur** ~**en Anwendung!** MED, PHARM [for] external use only
❷ *(oberflächlich)* superficial; **[rein]** ~ **betrachtet** on the face of it
Äu·ßer·lich·keit <-, -en> *f* ❶ *(Oberflächlichkeit)* superficiality; *(Formalität)* formality
❷ *pl (oberflächliche Details)* trivialities *pl*
äu·ßerln ['ɔysɐln] *vt, vi nur infin* ÖSTERR ■**einen Hund** ~ **[führen]** to take a dog for a walk
äu·ßern ['ɔysɐn] **I.** *vr* ❶ *(Stellung nehmen)* ■**sich** *akk* **[zu etw** *dat***]** ~ to say something [about sth], to comment [on sth]; ***ich will mich vorerst nicht dazu*** ~ I don't want to make any comment at this stage; **sich** *akk* **über jdn/etw abfällig** ~ to make disparaging comments about [*or* of] sb/sth
❷ *(sich manifestieren)* ■**sich** *akk* **[irgendwie]** ~ to manifest itself [somehow]
II. *vt (sagen)* ■**etw** ~ to say sth; *(zum Ausdruck bringen)* to utter [*or* voice] [*or* express] sth; **eine Kritik** ~ to voice a criticism; **einen Wunsch** ~ to express a wish
au·ßer·or·dent·lich ['au̯sɐ'ʔɔrdn̩tlɪç] **I.** *adj* ❶ *(ungewöhnlich, bemerkenswert)* extraordinary, exceptional
❷ *(nicht turnusgemäß)* extraordinary; **ein** ~**er Professor** associate professor; **eine** ~ **Sitzung** an

extraordinary meeting
II. *adv* extraordinarily, remarkably, exceptionally
au·ßer·orts *adv* ÖSTERR, SCHWEIZ out of town **au·ßer·par·la·men·ta·risch** *adj* extraparliamentary; **~e Opposition** *left-wing opposition movement in the FRG founded by students and trade-unions in 1966 to promote opposition to the government from outside the parliament* **au·ßer·plan·mä·ßig** ['ausɐpla:nmɛ:sɪç] *adj* unscheduled; **~e Ausgaben/Kosten** non-budgetary [*or* additional] expenses/costs **au·ßer·schu·lisch** *adj* extracurricular **au·ßer·sinn·lich** *adj* extrasensory; **~ Wahrnehmung** extrasensory perception
äu·ßerst ['ɔysɐst] *adv* extremely
au·ßer·stan·de [ausɐ'ʃtandə] *adj* *(nicht in der Lage)* ■ **~, etw zu tun** unable [*or* not in a position] to do sth; ■ **zu etw** *dat* **~ sein,** ■ **~ sein, etw zu tun** to be unable to do sth, to be incapable of doing sth; **sich** *akk* **~ erklären/sehen, etw zu tun** to find oneself unable to do sth
äu·ßers·te(r, s) *adj* 1 *(entfernteste)* outermost; **am ~n Ende der Welt** at the farthest point of the globe; **der ~ Norden/Süden** the extreme north/south
2 *(späteste)* latest possible; **der ~ Termin** the latest possible time/date
3 *(höchste)* utmost; **von ~r Dringlichkeit** extremely urgent; **von ~r Wichtigkeit** of supreme [*or* the utmost] importance; **der ~ Preis** the last price; ***sie wehrte sich mit ~r Kraft*** she defended herself with all her strength
Äu·ßers·te(s) *nt dekl wie adj* **auf das ~ gefasst sein** to be prepared for the worst; **bis zum ~n gehen** to go to any extreme; **sein ~s geben** to give one's all; **das ~ wagen** to go to all extremes
äu·ßers·ten·falls ['ɔysɐstn̩'fals] *adv* at the most, at best
au·ßer·ta·rif·lich *adj inv* FIN above the agreed rate; *(Zoll)* non-tariff
au·ßer·tour·lich ['ausɐtu:ɐ̯lɪç] I. *adj* SÜDD, ÖSTERR unscheduled
II. *adv* SÜDD, ÖSTERR in addition
Äu·ße·rung <-, -en> *f* 1 *(Bemerkung)* comment, remark
2 *(Zeichen)* expression, sign
au·ßer·uni·ver·si·tär *adj inv* SCI, SCH *Forschung, Veranstaltung, Weiterbildung* not university related **au·ßer·ver·trag·lich** *adj* JUR noncontractual, extracontractual
Aus·set·zen <-> *nt kein pl s.* **Aussetzung**
aus|set·zen I. *vt* 1 *(im Stich lassen)* ■ **jdn/ein Tier ~** to abandon sb/an animal
2 *(ins Freie herausbringen)* **Pflanzen ~** to plant out plants; **Wild/Fische ~** to release game/fish
3 NAUT **Boote ~** to lower boats [to water]; **Passagiere ~** to maroon passengers
4 *(preisgeben)* ■ **jdn/etw etw** *dat* **~** to expose sb/sth to sth; ■ **sich** *akk* **etw** *dat* **~** to expose oneself to sth; **jdn der Kritik aussetzen** to subject sb to criticism
5 *(festsetzen)* ■ **jdm etw ~** to offer sb sth; **einen Preis auf jds Kopf ~** to put a price on sb's head
6 *(vermachen)* ■ **jdm etw ~** to bequeath [*or* leave] sth to sb
7 *(unterbrechen)* to interrupt; **einen Prozess ~** to adjourn a trial; **Rückzahlung/Zinsen ~** to defer payment/interest
8 *(vertagen)* ■ **etw ~** to suspend sth
9 *(bemängeln)* ■ **an etw** *dat* **ist etwas/nichts auszusetzen** there is something/nothing wrong with [*or* objectionable about] sth; ■ [**an jdm/etw**] **etwas/nichts auszusetzen haben** to find fault/not find any fault [with sb/sth]
II. *vi* 1 *(aufhören)* ■ [**bei etw** *dat*] **~** to take a break [from sth]; *(bei Spiel)* to sit [sth] out; **eine Runde aussetzen** to miss a turn
2 *(versagen)* to stop; *Motor* to fail; **bei jdm setzt die Atmung/das Herz aus** sb's breathing/heart stops
3 *(unterbrechen)* ■ **mit etw** *dat* **~** to interrupt sth; **mit der Pille ~** to stop taking the pill; **ohne auszusetzen** non-stop, without a break

III. *vi impers (fam: ausrasten)* ■ **es setzt** [**bei jdm**] **aus** sth snaps [in sb]; ***auf einmal setzte es bei ihm aus*** all of a sudden he snapped
Aus·set·zer <-s, -> *m* TECH *(fam) abrupt failure of a machine or one of its functions during operation*
Aus·set·zung <-, -en> *f* 1 *(das Aussetzen) Kind, Haustiere* abandonment; *Pflanzen* planting out; *Fische, Wild* releasing; *Boote* lowering; *Passagiere* marooning
2 *(in Aussicht stellen) Belohnung, Preis, Erbteil* offer
3 JUR *(Unterbrechung)* adjournment; *einer Rückzahlung, der Zinsen* deferment
4 JUR *(Vertagung)* suspension
Aus·set·zungs·be·schluss[RR] *m* JUR suspension order **Aus·set·zungs·ent·schei·dung** *f* JUR decision to stay proceedings
Aus·sicht *f* 1 *(Blick)* view; ■ **die ~ auf etw** *akk* the view overlooking [*or* of] sth
2 *(Chance)* prospect, chance; ■ **die ~ auf etw** *akk* the chance of sth; **große ~en auf etw** *akk* **haben** to have every prospect [*or* chance] of sth; **gute ~en auf etw** *akk* **haben** to have good prospects of sth; **keine** [*o* **nicht die geringsten**] **~en** [**auf etw** *akk*] **haben** to have no [*or* not the slightest] chance [of sth]; **etw in ~ haben** to have good prospects of sth; **jdm etw in ~ stellen** to promise sb sth; **das sind ja schöne ~en!** *(iron fam)* what a prospect!
aus·sichts·los *adj* hopeless; ■ [**so gut wie**] **~ sein** to be [absolutely] hopeless
Aus·sichts·lo·sig·keit <-> *f kein pl* hopelessness, desperation
Aus·sichts·punkt *m* viewpoint **aus·sichts·reich** *adj* promising; **eine ~ Stelle** a job with good prospects **Aus·sichts·turm** *m* lookout tower
aus|sie·ben *vt* 1 *(mit Sieb entfernen)* ■ **etw** [**mit etw** *dat*] [**aus etw** *dat*] **~** to strain sth [out of sth] [with sth]
2 *(aussondern)* ■ **jdn** [**aus etw** *dat*] **~** to sift sb [out of sth]
aus|sie·deln *vt* ■ **jdn ~** to evacuate [*or* resettle] sb
Aus·sied·ler(in) *m(f)* emigrant; *(Evakuierter)* evacuee
Aus·sied·lung *f* resettlement
aus|sit·zen *vt* ■ **etw ~** to sit sth out
aus|söh·nen ['auszø:nən] I. *vt* ■ **jdn mit jdm/etw ~** to reconcile sb with sb/to sth
II. *vr* ■ **sich** *akk* **mit jdm/etw ~** to become reconciled with sb/to sth; ■ **sich** *akk* **~** to make up
Aus·söh·nung <-, -en> *f* ■ **~** [**mit jdm**] reconciliation [with sb]
aus|son·dern *vt* to select; **Schlechtes ~** to sift [*or* flush] out the bad ones [*or* bits]; **den besten Kandidaten ~** to single out the best candidate
Aus·son·de·rung <-, -en> *f* selection, picking out *no pl; von Bewerbern* singling out; JUR assertion of rights of ownership against the bankrupt's estate
Aus·son·de·rungs·be·rech·tig·te(r) *f(m)* JUR person entitled to release from bankrupt's estate **Aus·son·de·rungs·quo·te** *f* screening rate **Aus·son·de·rungs·recht** *nt kein pl* JUR right of separation and recovery
aus|sor·gen *vi* ■ **ausgesorgt haben** to be set up for life *fam*
aus|sor·tie·ren* *vt* ■ **etw ~** to sort sth out
aus|spach·teln *vt* BAU ■ **etw** [**mit etw** *dat*] **~** to level sth [with sth]
aus|spä·hen I. *vi* ■ [**nach jdm/etw**] **~** to look out [for sb/sth]
II. *vt* ■ **jdn/etw ~** to spy sb/sth out
Aus·spä·hung <-, -en> *f* JUR spying out clandestinely
aus|span·nen I. *vi* to relax, to have a break
II. *vt* 1 *(ausschirren)* ■ **etw** [**aus etw** *dat*] **~** to unharness [*or* unhitch] sth [from sth]; **einen Ochsen ~** to unyoke an ox
2 *(ausbreiten)* ■ **etw ~** to spread sth out; **ein Seil/eine Leine ~** to put up a rope/line
3 *(herausdrehen)* ■ **etw** [**aus etw** *dat*] **~** to take sth out [of sth]; **den Bogen aus der Schreibmaschine ~** to take the paper out of the typewriter

4 *(fam: abspenstig machen)* **jdm die Freundin/den Freund ~** to pinch [*or* steal] sb's girlfriend/boyfriend
5 *(fam: sich ausborgen)* ■ **jdm etw ~** to do sb out of sth *fam*
Aus·span·nung <-> *f kein pl* relaxation *no pl*
aus|spa·ren *vt* 1 *(nicht einbeziehen)* ■ **etw** [**bei etw** *dat*] **~** to avoid sth [in sth]
2 *(ausnehmen)* ■ **etw** [**bei etw** *dat*] **~** to omit sth [in sth]
3 *(verschonen)* ■ **jdn ~** to spare sb
4 *(unbeschriftet lassen)* ■ **etw ~** to leave sth blank
Aus·spa·rung <-, -en> *f (Lücke)* gap; *(Auslassung)* omission
aus|spei·en *irreg* I. *vt (geh)* 1 *(ausstoßen)* ■ **etw ~** to disgorge sth, to bring up *sep* sth
2 *(ausspucken)* ■ **etw ~** to spit out *sep* sth; *(fig)* to spew out *sep* sth
II. *vi (geh)* to spit out
aus|sper·ren *vt* 1 *(ausschließen)* ■ **jdn** [**aus etw** *dat*] **~** to lock sb out [of sth]; ■ **sich** *akk* [**aus etw** *dat*] **~** to lock oneself out [of sth]
2 TYPO ■ **etw ~** to lead [*or* space] [*or* white] sth
Aus·sper·rung <-, -en> *f* ÖKON lockout; **jdm mit ~ drohen** to threaten sb with a lockout, to threaten to lock out sb
aus|spie·len I. *vt* 1 KARTEN ■ **etw ~** to play sth
2 *(in einer Lotterie etc.)* ■ **etw ~** to pay out sth
3 *(wechselseitig einsetzen)* to use, to apply; ■ **etw** [**gegen jdn**] **~** to play sth off [against sb], to use sth [against sb]; ■ **jdn gegen jdn ~** to play sb off against sb
II. *vi* 1 KARTEN *(das Spiel eröffnen)* to lead; *(Karte ablegen)* to play a card; **einen Trumpf ~** to play a trump [card]
2 *(verspielen)* ■ [**bei jdm**] [**als etw**] **ausgespielt haben** to have had it [with sb] [as sth]; ***bei mir hast du endgültig ausgespielt!*** you've had it as far as I am concerned!, I'm through with you! *fam*
Aus·spie·lung <-, -en> *f* draw
aus|spin·nen *vt irreg* ■ **etw ~** to spin [*or* draw] sth out
aus|spi·o·nie·ren* *vt* 1 *(als Spion durchsuchen)* ■ **etw ~** to spy into sth, to spy sth out
2 *(ausfindig machen)* ■ **jdn/etw ~** to spy sb/sth out
Aus·spra·che *f* 1 *(Akzent)* pronunciation, accent; *(Art des Artikulierens)* articulation; **eine feuchte ~ haben** to splutter when one speaks
2 *(Unterredung)* talk, discussion
Aus·spra·che·an·ga·be *f* phonetic transcription **Aus·spra·che·wör·ter·buch** *nt* phonetic dictionary, dictionary of pronunciation
aus·sprech·bar *adj* ■ [**für jdn**] **nicht/schwer ~ sein** to be unpronounceable/difficult to pronounce [for sb]; ■ [**für jdn**] **kaum ~ sein** to be barely pronounceable [for sb]
aus|spre·chen *irreg* I. *vt* 1 *(artikulieren)* ■ **etw ~** to pronounce sth; ***wie spricht man das*** [***Wort***] ***aus?*** how do you pronounce [*or* say] that [word]?
2 *(äußern)* ■ **etw ~** to express sth; ***kaum hatte er den Satz ausgesprochen, ...*** he had barely finished the sentence ...; **ein Lob ~** to give a word of praise; **eine Warnung ~** to issue [*or* give] a warning; **einen Zweifel** [**an etw** *dat*] **~** to express doubts [in sth]
3 *(ausdrücken)* ■ **jdm etw ~** to express sth to sb; ***das Parlament sprach der Regierung das Vertrauen aus*** parliament passed a vote of confidence in the government
4 JUR **eine Scheidung ~** to grant a divorce; **eine Strafe ~** to give out a punishment; **ein Urteil ~** to pronounce [a] sentence
II. *vr* ■ **sich** *akk* **~** 1 *(sein Herz ausschütten)* to talk things over, to have a talk, to say what's on one's mind
2 *(Stellung nehmen)* to voice one's opinion; ■ **sich** *akk* **für/gegen jdn/etw ~** to voice one's support for/opposition against sb/sth
3 *(sich äußern)* to speak one's mind; **sich** *akk* **anerkennend/lobend über jdn/etw ~** to speak highly

about sb/sth

❹ LING to be pronounced; ***dieses Wort spricht sich leicht/schwer aus*** this word is easy/difficult to pronounce; ***wie spricht sich der Name aus?*** how do you pronounce the name?

III. *vi* to finish [speaking]; ***haben Sie jetzt endlich ausgesprochen?*** have you quite finished?

Aus·spruch *m* remark; *(geflügeltes Wort)* saying; JUR pronouncement

aus|spu·cken I. *vt* ❶ *(ausspeien)* ■**etw** ~ to spit sth out

❷ *(fam: auswerfen)* ■**etw** ~ to spew sth out *fam; (herausgeben)* to cough up *sep* sth; ***los, spuck das Geld endlich 'raus!*** come on, cough up the money! *fam*

❸ *(fam: gestehen)* ■[**etw**] ~ to spit [sth] out

II. *vi* ■[**vor jdm/etw**] ~ to spit [at sb/sth]

aus|spü·len *vt* ■**etw** ~ to wash sth out, to rinse sth; ■[**sich** *dat*] **etw** ~ to wash out [one's] sth, to rinse [one's] sth; **etw kräftig** ~ to flush out sth

Aus·spü·lung *f* washing out *no pl,* rinse; GEOL erosion

aus|staf·fie·ren* *vt (fam)* ❶ *(ausstatten)* ■**etw** [**mit etw** *dat*] ~ to fit sth out [with sth], to equip sth [with sth]

❷ *(einkleiden)* ■**jdn** [**mit etw** *dat*] ~ to rig [*or esp* BRIT kit] sb out [in sth]

Aus·stand *m* ❶ *(Streik)* **im** ~ **sein** to be on strike; **in den** ~ **treten** to go on strike, BRIT *a.* to take industrial action

❷ SÜDD, ÖSTERR, SCHWEIZ *(Ausscheiden aus Stelle o Schule)* going away *no pl,* leaving BRIT *no pl;* **seinen** ~ **geben** to hold a going-away [*or* BRIT leaving] party

aus·stän·dig *adj* FIN, ÖKON outstanding

aus|stan·zen *vt* ■**etw** [**aus etw** *dat*] ~ to stamp [*or* punch] sth out [of sth]; **ein Loch** ~ to punch a hole; **Münzen** ~ to mint coins

aus|stat·ten ['aʊsʃtatn̩] *vt* ❶ *(versorgen)* ■**jdn** [**mit etw** *dat*] ~ to equip sb [with sth], to provide sb [with sth]

❷ JUR ■**jdn mit etw** *dat* ~ to vest sb with sth, to provide [*or* furnish] sb with sth

❸ *(einrichten)* ■**etw** [**mit etw** *dat*] ~ to furnish sth [with sth]

❹ *(versehen)* ■**etw** [**mit etw** *dat*] ~ to equip sth with sth; ***der Bildband ist gut ausgestattet*** the book is well illustrated; ***dieses Modell ist serienmäßig mit elektrischen Fenstern ausgestattet*** this model has electric windows as a standard fitting

Aus·stat·ter(in) <-s, -> *m(f)* FILM, TV, THEAT *(Kostüm)* wardrobe supervisor; *(Szenenbildner)* set designer; ~ ***in: Heike Busch*** wardrobe/set design by Heike Busch

Aus·stat·tung <-, -en> *f* ❶ *kein pl (Ausrüstung)* equipment *no pl; (das Ausrüsten)* equipping *no pl,* provision, fitting-out *no pl*

❷ *kein pl* ■**jds** ~ **mit etw** *dat* the vesting of sb with sth

❸ *(Einrichtung)* furnishings *pl;* ***das Haus hatte eine sehr luxuriöse*** ~ the house was luxuriously furnished

❹ *(Aufmachung)* features *pl,* fittings *pl*

Aus·stat·tungs·dar·le·hen *nt* FIN loan for new equipment **Aus·stat·tungs·merk·mal** *nt* INFORM equipment feature **Aus·stat·tungs·schutz** *m* JUR legal protection

aus|ste·chen *vt irreg* ❶ *(entfernen, herausnehmen)* **jdm das Auge** ~ to poke [*or* gouge] sb's eye out; **Plätzchen** ~ to cut out biscuits; **Torf** ~ to cut peat [*or* turf]; **Unkraut** ~ to dig out weeds

❷ *(fam: übertreffen und verdrängen)* ■**jdn** ~ to outdo sb; ■**jdn bei jdm** ~ to push sb out of sb's favour; ***mit dieser Leistung stach er alle Konkurrenten aus*** this performance outstripped that of all his competitors

Aus·stech·form *f* KOCHK cutter

aus|ste·hen *irreg* I. *vt* ❶ *(ertragen)* ■**etw** ~ to endure sth; **jdn/etw nicht** ~ **können** to not be able to stand *fam* [*or* tolerate] sb/sth

❷ *(durchmachen)* ■**mit jdm/etw etwas/viel** ~ to go through something/a lot with sb/sth; ***ich habe nun wirklich genug ausgestanden!*** I've really been through enough!; **mit jdm/etw viel/etwas auszustehen haben** to have to put up with a lot/something with sb/sth; **ausgestanden sein** *(vorbei sein)* to be all over [and done with]

II. *vi* ■[**noch**] ~ ❶ *(noch nicht da sein)* to be due; ***die Antwort steht seit 5 Wochen aus*** the reply has been due for 5 weeks; ***die Sendung/das Paket steht immer noch aus*** the letter/package has still not been delivered; *(noch zu erwarten sein)* to be still expected [*or* awaited]

❷ ÖKON, FIN to be owing [*or* outstanding]

aus·ste·hend *adj* ❶ *(noch zu tun)* still to be done *pred*

❷ FIN outstanding, receivable; ~**e Einlagen auf das gezeichnete Kapital** uncalled capital; ~**e Zahlungen auf Aktien** uncalled payments on shares

Aus·stei·fung <-, -en> *f* BAU bracing

aus|stei·gen *vi irreg sein* ❶ *(herauskommen)* ■[**aus etw** *dat*] ~ to get off [sth]; **aus einem Auto** ~ to get out of a car; ***du kannst mich dort*** ~ ***lassen*** you can let me out over there; ***„Endstation, alles*** ~ ***!"*** "Last stop, all change!"

❷ *(fam: sich zurückziehen)* ■[**aus etw** *dat*] ~ to drop out [of sth], to quit [sth] *fam,* to withdraw [from sth]; **aus der Gesellschaft** ~ to drop [*or* opt] out of society; ~ **auf Zeit** to take a career break

❸ SPORT ■[**aus etw** *dat*] ~ to retire [*or* withdraw] [from sth]

Aus·stei·ger(in) <-s, -> *m(f) (aus Gesellschaft, Beruf, Studium)* dropout *esp pej,* BRIT *a.* downshifter; *(für begrenzte Zeit)* sb on a career break, gapper *fam; (aus Terroristenkreisen)* deserter, apostate

Aus·stell·da·tum *nt* FIN *eines Schecks, Wechsels* date of issue, issue date

aus|stel·len I. *vt* ❶ *(zur Schau stellen)* ■**etw** ~ to display sth; *(auf Messe, in Museum)* to exhibit sth

❷ *(ausschreiben)* ■[**jdm**] **etw** ~ to write [out *sep*] [sb] sth, to make out *sep* sth [for sb]; [**jdm**] **eine Rechnung** ~ to issue [sb] an invoice; *(ausfertigen)* to issue [sb] sth; ■**etw auf jdn** ~ to make out sth to sb [*or* in sb's name]; ***stellen Sie bitte die Rechnung aus*** please write me [out] the bill; ***sie ließ sich einen Scheck/die Bescheinigung*** ~ she had a cheque/the certificate made out in her name

❸ *(ausschalten)* ■**etw** ~ to switch off *sep* sth; **die Heizung** ~ to turn off *sep* the heating [*or* AM the heat]

II. *vi* ÖKON *(sich an einer Ausstellung beteiligen)* to exhibit

Aus·stel·ler(in) <-s, -> *m(f)* ❶ *(auf Messe)* exhibitor

❷ FIN *(ausstellender Kontoinhaber) Scheck* drawer; ADMIN *(ausstellende Behörde o. Stelle)* issuer

Aus·stell·fens·ter *nt* AUTO quarterlight

Aus·stel·lung *f* ❶ *(Kunstausstellung, Messe)* exhibition

❷ *kein pl (das Ausschreiben) Scheck* making out; *Rezept, Rechnung* writing out, issuing; ***die*** ~ ***der Rechnung erfolgt innerhalb von zwei Werktagen*** an invoice will be issued within two working days; *(Ausfertigung)* issue, issuing

Aus·stel·lungs·be·schei·ni·gung *f* JUR certificate of exhibition **Aus·stel·lungs·da·tum** *nt* date of issue **Aus·stel·lungs·er·öff·nung** *f* exhibition opening **Aus·stel·lungs·flä·che** *f* ÖKON exhibition area **Aus·stel·lungs·ge·län·de** *nt* exhibition site [*or* area] **Aus·stel·lungs·hal·le** *f* exhibition hall **Aus·stel·lungs·ka·ta·log** *m* exhibition catalogue **Aus·stel·lungs·ma·cher(in)** *m(f)* exhibition organizer **Aus·stel·lungs·pri·o·ri·tät** *f* JUR exhibition priority **Aus·stel·lungs·raum** *m* exhibition space **Aus·stel·lungs·recht** *nt* JUR right of exhibition **Aus·stel·lungs·stand** *m* exhibition stand **Aus·stel·lungs·stück** *nt* display model; *(in Ausstellung)* exhibit **Aus·stel·lungs·tag** *m* day of issue

aus|stem·men *vt* BAU ■**etw** [**aus etw** *dat*] ~ to chisel out sth [of sth] *sep*

aus|ster·ben *vi irreg sein* to die out; *Geschlecht, Spezies* to become extinct

Aus·ster·ben *nt* extinction; **im** ~ **begriffen** dying out

aus·ster·bend *adj Tiere, Pflanzen* dying out, becoming extinct

Aus·steu·er <-, -n> *f* dowry

Aus·stieg <-[e]s, -e> *m* ❶ *kein pl (das Aussteigen)* ■**der** ~ **aus etw** *dat Bus, Zug etc.* getting off sth; *Auto* getting out of sth; *Höhle* climbing out of sth

❷ *(Öffnung zum Aussteigen)* exit

❸ *(das Aufgeben)* ■**der** ~ **aus etw** *dat* abandoning sth; **der** ~ **aus der Kernenergie** abandoning [of] nuclear energy

Aus·stiegs·klau·sel *f* JUR opt-out clause **aus·stiegs·ori·en·tiert** *adj inv* JUR ~**er Gesetzesvollzug** enforcement of the law in favour of withdrawal

aus|stop·fen *vt* ■**etw** ~ to stuff sth; **eine Ritze** [**mit etw** *dat*] ~ to fill a crack [with sth]

Aus·stoß *m* ❶ *(Produktion)* output, production; ■**der** ~ **von etw** *dat/***an etw** *dat* the output [*or* production] of sth

❷ *(Ausschluss)* expulsion

❸ *(Emission)* emission

aus|sto·ßen *vt irreg* ❶ *(hervorbringen)* ■**etw** [**in etw** *akk*] ~ to eject sth [into sth]; **Gase** ~ to emit [*or* give off] gases

❷ *(von sich geben)* **einen Seufzer** ~ to utter a sigh; **einen Schrei** ~ to give [out] a shout, to shout out; **Laute** ~ to make noises

❸ *(herausstoßen)* ■**etw** [**aus etw** *dat*] ~ to expel sth [from sth]

❹ *(verlieren lassen)* ■**sich** *dat* **etw** ~ to put out [*or* knock out] one's sth; ■**jdm einen Zahn** ~ to knock out sb's tooth; **jdm ein Auge** ~ to poke out sb's eye

❺ *(ausschließen)* ■**jdn** [**aus etw** *dat*] ~ to expel [*or* banish] sb [from sth]

❻ *(produzieren)* ■**etw** ~ to turn out sth, to produce sth

Aus·stoß·leis·tung *f* output performance **Aus·stoß·men·ge** *f* output

Aus·sto·ßung <-> *f kein pl* ■**die** ~ **aus etw** *dat* expulsion from sth; *(aus der Gemeinschaft/dem Stamm)* banishment [*or* exclusion] from sth

aus|strah·len I. *vt haben* ❶ *(abstrahlen)* ■**etw** ~ to radiate sth; **Licht/Wärme** ~ to give off light/heat; **Radioaktivität** ~ to emit [*or* generate] radioactivity

❷ RADIO, TV *(senden)* ■**etw** ~ to transmit [*or* broadcast] sth

❸ *(verbreiten)* ■**etw** ~ to radiate [*or* exude] sth; ***er strahlt eine wohltuende Ruhe aus*** he exudes a pleasant sense of calm

II. *vi sein* ❶ *(abstrahlen)* ■[**von etw** *dat*] ~ to radiate; *bes Licht, Wärme* to be given off; *Radioaktivität* to be emitted [*or* generated]

❷ *(sich ausdehnen)* ■**in etw** *akk* ~ *Schmerz* to extend to sth

❸ *(übergehen)* ■**auf jdn/etw** ~ to spread out to sb/sth

Aus·strah·lung *f* ❶ *(besondere Wirkung)* radiance; **eine besondere** ~ **haben** to have a special charisma

❷ RADIO, TV broadcast[ing], transmission

Aus·strah·lungs·ter·min *m* TV broadcasting date

aus|stre·cken I. *vt* ■**etw** [**nach jdm/etw**] ~ to extend sth [to sb/sth]; **seine Fühler** ~ to put out one's antennae; *(fig)* to make enquiries; **die Hände/Beine** ~ to stretch [*or* put] out one's hands/legs

II. *vr (sich räkeln)* ■**sich** *akk* ~ to stretch oneself out, to have a stretch

aus|strei·chen *vt irreg* ❶ *(durch Streichen ungültig machen)* ■**etw** ~ to cross out *sep* sth

❷ *(glätten)* ■**etw** ~ to smooth out *sep* sth

❸ KOCHK ■**etw** [**mit etw** *dat*] ~ to grease sth [with sth]

❹ *(ausschmieren)* ■**etw** [**mit etw** *dat*] ~ to smooth over sth [with sth], to fill sth [with sth]

aus|streu·en *vt* ❶ *(verstreuen)* ■**etw** ~ to scatter sth; ■**etw mit etw** *dat* ~ to scatter [*or* cover] sth with sth

❷ *(verbreiten)* ■**etw** ~ to scatter [*or* spread] sth

❸ KOCHK **etw** [**mit etw** *dat*] ~ to grease and line [with sth]

aus|strö·men I. *vi sein* ① *(herausfließen)* ■[aus etw *dat*] ~ to stream [*or* pour] [out of sth]; *(entweichen) Dampf, Gas* to escape [*or* leak] [from sth]
② *(ausgehen)* ■**von etw** *dat* ~ to be given off from sth, to be emitted from sth; ***von diesen Blüten strömt ein süßlicher Duft aus*** these blossoms are giving off [*or* emitting] a sweet smell
③ *(ausstrahlen)* ■**von etw** *dat* ~ *Hitze, Wärme* to radiate from sth; ■**von jdm** ~ *Heiterkeit, Ruhe, Zufriedenheit* to radiate [*or* exude] from sb
II. *vt haben* ① *(austreten lassen)* ■**etw** ~ to give off sth
② *(verbreiten)* ■**etw** ~ to radiate sth
aus|su·chen *vt (auswählen)* ■[**jdm** [*o* **für jdn**]] **etw** ~ to choose [*or* pick [out]] [*or* select] sth [for sb]; ■**jdn** [**für etw** *akk*/**zu etw** *dat*] ~ to choose sb [for sth]; ■[**sich** *dat*] **etw** ~ to choose [*or* pick] sth; ■[**sich** *dat*] **jdn** ~ to pick [*or* select] sb
Aus·tausch *m* exchange; *(Ideenaustausch)* exchange of ideas; **im ~ für** [*o* **gegen**] **etw** in exchange for sth
Aus·tausch·ab·kom·men *nt* JUR two-way agreement
aus·tausch·bar *adj* interchangeable, exchangeable; *abgenutzte o defekte Teile* replaceable; ■~ **sein** *Mensch* to be replaceable
Aus·tausch·bar·keit *f* SCI interchangeability
aus|tau·schen I. *vt* ① *(ersetzen)* ■[**jdm**] **etw** [**gegen etw** *akk*] ~ to replace sth [with sth] [for sb]
② POL ■**jdn/etw** ~ to exchange sb/sth; ***die Gegner tauschten Gefangene aus*** the enemies exchanged prisoners
③ *(miteinander wechseln)* ■**etw** ~ *Erfahrungen* ~ to exchange [*or* swap] experiences
II. *vr (über jdn/etw sprechen)* ■**sich** *akk* [**über jdn/etw**] ~ to exchange stories [about sb/sth]
Aus·tausch·for·mat *nt* INFORM exchange format **Aus·tausch·mo·tor** *m* replacement [*or* refurbished] engine **Aus·tausch·pfän·dung** *f kein pl* JUR levy upon a valuable item of property and replacing it by an inexpensive one **Aus·tausch·schü·ler(in)** *m(f)* exchange pupil **Aus·tausch·stu·dent(in)** *m(f)* exchange student **Aus·tausch·ver·trag** *m* JUR reciprocal agreement **Aus·tausch·wa·re** *f* HANDEL merchandise
aus|tei·len *vt* ■**etw** [**an jdn**] ~ to distribute sth [*or* hand out *sep* sth] [to sb]; **das Abendmahl/Sakrament** ~ to administer [*or* give] communion; **Befehle** ~ to issue commands; **Essen** [**an jdn**] ~ to serve food [to sb]; **Karten** [**an jdn**] ~ to deal [out] [the] cards [to sb]; **den Segen** ~ *(a. fig)* to give [*or* pronounce] a blessing
Aus·tei·lung *f* distribution, handing out; *Essen* serving; REL administering, administration
Aus·ter <-, -n> ['au̯stɐ] *f* oyster
Aus·tern·bank *f* oyster bank [*or* bed] **Aus·tern·bre·cher** <-s, -> *m* oyster opener **Aus·tern·fi·scher** *m* ORN oyster catcher **Aus·tern·ga·bel** *f* oyster fork **Aus·tern·mes·ser** *nt* oyster knife **Aus·tern·öff·ner** *m s.* **Austernbrecher** **Aus·tern·pilz** *m* Chinese [*or* oyster] mushroom **Aus·tern·scha·le** *f* oyster shell
aus|tes·ten *vt* ① *(auf die Probe stellen)* ■**jdn/etw** ~ to test out sb/sth *sep*
② INFORM *(ausprüfen)* ■**etw** ~ to debug [*or* troubleshoot] sth
aus|ti·cken *vi (sl)* to lose it *fam*
aus|til·gen *vt (geh)* ① *(vernichten)* ■**jdn/etw** ~ to annihilate sb/sth; **Unkraut/Ungeziefer** ~ to exterminate [*or* eradicate] weeds/pests
② *(auslöschen)* ■**etw** ~ to extinguish sth; **die Erinnerung an etw** *akk* ~ to obliterate the memory of sth
aus|to·ben I. *vt* ■**etw an jdm** ~ to let sth out on sb
II. *vr* ■**sich** *akk* ~ ① *(sich abregen)* to let off steam; *(sich müde toben)* to romp around [*or* about]; *(ein wildes Leben führen)* to sow one's wild oats *fam!*; *(seine Neigungen ausleben)* to let one's hair down
② *Orkan* to die down
aus|tra·gen *vt irreg* ① *(zu Fuß zustellen)* ■**etw** ~ to deliver sth
② *(stattfinden lassen)* ■**etw** ~ to hold sth; **einen Streit mit jdm** ~ to have it out with sb
③ *(streichen)* ■**etw** [**aus etw** *dat*] ~ to take out sth [from sth]; **einen Namen aus einer Liste** ~ to take a name off a list, to cross a name out on a list
④ *(bis zur Geburt behalten)* ■**ein Baby/ein Tier** ~ to carry a baby/an animal to [the full] term
Aus·trä·ger(in) *m(f)* [news]paper man/woman/boy
Aus·tra·gung <-, -en> *f* holding
Aus·tra·gungs·ort *m* venue
Aus·tra·li·en <-s> [au̯s'tra:li̯ən] *nt* Australia
Aus·tra·li·er(in) <-s, -> [au̯s'tra:li̯ɐ] *m(f)* Australian
aus·tra·lisch [au̯s'tra:lɪʃ] *adj* Australian
Aus·tra·lo·pi·the·cus <-, Australopithecinae *o* Australopihecinen> [au̯stralo'pi:tekʊs, *pl* -pite'tsi:nɛ, -pite'tsi:nən] *m* australopithecine
aus|träu·men *vi* ■[**noch nicht**] **ausgeträumt haben** to have not stopped dreaming [yet]; ■**ausgeträumt sein** to be over; ***ihr Traum von einem schönen Urlaub war ausgeträumt*** her dream of a nice holiday was over
aus|trei·ben *irreg* I. *vt* ① REL *(vertreiben)* ■[**jdm**] **jdn** ~ to exorcise sb [in sb], to drive out sb [in sb]
② *(rücksichtslos abgewöhnen)* ■**jdm etw** ~ to knock sth out of sb *fam*
③ AGR ■**etw** ~ to drive sth out; **das Vieh** ~ to drive out the cattle
④ TYPO ■**etw** ~ to drive out sth *sep*
II. *vi* BOT to sprout
Aus·trei·bung <-, -en> *f* REL exorcism
Aus·trei·bungs·pe·ri·o·de *f* MED *bei der Geburt* second stage of labour [*or* AM -or], bearing down
aus|tre·ten *irreg* I. *vi sein* ① *(herausdringen)* ■[**aus etw** *dat*] ~ to come out [of sth]; *Blut, Eiter etc. a.* to issue [from sth]; *Öl* to leak [from sth]; *(entweichen) Gas* to escape [from sth]
② *(fam: zur Toilette gehen)* to go to the loo BRIT *fam* [*or* AM bathroom]
③ *(ausscheiden)* ■[**aus etw** *dat*] ~ to leave [sth], to resign
II. *vt haben* ■**etw** ~ ① *(auslöschen)* to stamp sth out
② *(durch Tragen ausweiten)* to wear sth out
③ *(abnutzen)* ■**etw** ~ to wear sth down; ■**ausgetreten** worn [down]
aus|trick·sen *vt (fam)* ■**jdn** ~ to trick sb
Aus·trieb *m* ① *(Austreiben)* driving out
② *(Sprießen)* sprouting, budding
aus|trin·ken *irreg* I. *vt* ■**etw** ~ to finish sth
II. *vi* to drink up, to finish one's drink
Aus·tritt *m* ① *kein pl (das Herauskommen)* issue; *Flüssigkeit* leakage; ***der Schaden wurde durch den ~ der Bremsflüssigkeit verursacht*** the damage was caused by the brake fluid leaking; *(das Entweichen) Gas, Radioaktivität* escape; *Geschoß* exit
② *(das Ausscheiden)* ■~ **aus etw** *dat* departure [*or esp form* resignation] from sth
Aus·tritts·er·klä·rung *f* notice of resignation **Aus·tritts·recht** *nt* JUR right of withdrawal **Aus·tritts·wel·le** *f* wave of withdrawals [*or* resignations]
aus|trock·nen I. *vi sein* to dry out; *Brot, Fluss, Käse, Kuchen* to dry up; *Haut* to dehydrate, to become dry; *Kehle* to become parched
II. *vt* ① *haben (trockenlegen)* ■**etw** ~ to dry out sth
② *(trocken machen)* ■**etw** ~ to dehydrate sth; **die Kehle** ~ to make the throat parched
aus|trom·pe·ten* *vt (fam)* ■**etw** ~ to broadcast sth *fam*
aus|tüf·teln *vt (fam: geschickt ausarbeiten)* ■**etw** ~ to work sth out, to figure out sth *fam; (sich ausdenken)* to think up sth
aus|ü·ben *vt* ① *(praktizieren)* **einen Beruf** ~ to practise [*or* AM -ice] a profession; **ein Amt** ~ to hold office; **eine Aufgabe/Funktion** ~ to perform a task/a function; **Macht/ein Recht** ~ to exercise power/a right
② *(wirken lassen)* **Druck/einen Einfluss** [**auf jdn**] ~ to exert pressure/an influence [on sb]; **eine Wirkung** ~ [**auf jdn**] to have an effect [on sb]
Aus·übung *f kein pl* ① *(das Praktizieren)* practising [*or* AM -ic-] *no pl; (das Innehaben) Amt* holding *no pl*, carrying out *no pl; Aufgabe, Funktion* performing *no pl*; **in ~ eines Berufes** *(geh)* in the pursuance of a profession *form;* **in ~ einer Pflicht** *(geh)* in the execution of a duty *form;* **in ~ eines Amtes** *(geh)* in the line of duty
② *(die Entfaltung einer Wirkung)* exertion
③ *(das Verwalten)* exercise
Aus·übungs·recht *nt* JUR right of execution **Aus·übungs·zeit·raum** *m* FIN exercise window
aus|ufern ['au̯s?u:fɐn] *vi sein* to escalate, to get out of hand; ■[**zu etw** *dat*] ~ to escalate [into sth]
Aus·ver·kauf *m* ① ÖKON *(Räumung des Lagers)* clearance sale; ***„~ wegen Geschäftsaufgabe“*** “Closing-down sale”
② *(pej: Verrat)* sell-out
aus|ver·kau·fen* *vt* ■**etw ausverkauft haben** to have sold out of sth
Aus·ver·kaufs·recht *nt* JUR right to sell out
aus·ver·kauft *adj* sold out; *s. a.* **Haus**
aus|wach·sen *irreg* I. *vi sein (zu Ende wachsen)* to grow to full extent; ■**ausgewachsen sein** to be fully grown
►WENDUNGEN: **das/es ist** [**ja**] **zum A~** DIAL *(fam)* it's enough to drive you mad, it's enough to drive you around [*or* BRIT *a.* round] the bend *fam;* **es war zum A~ langweilig** DIAL *(fam)* it was incredibly boring
II. *vr haben* ① *(durch Wachstum verschwinden)* ■**sich** *akk* ~ to right itself
② *(ausufern)* ■**sich** *akk* **zu etw** *dat* ~ to escalate into sth, to turn into sth
Aus·wahl *f* ① ÖKON *(Warenangebot)* selection, range, choice; ■**die/eine ~ an etw** *dat* ~ the/a selection of sth; **freie** ~ [**unter** *dat* **...**] **haben** to have one's pick [among ...], to have the choice [among ...]; **die ~ haben** to have the choice; ***du hast die ~!*** it's your choice!; **jdn/etw zur ~ haben** to have sb/sth to choose from; **zur ~ stehen** to choose from; **eine/seine ~** [**unter** *dat* **...**] **treffen** to make one's choice [*or* selection] [from ...]
② SPORT representative team
aus|wäh·len I. *vt* ■[**sich** *dat*] **jdn/etw** [**aus/unter** *dat* **...**] ~ to choose [*or* select] sb/sth [from/among ...] [for oneself]
II. *vi* to choose, to select
Aus·wahl·er·mes·sen *nt* JUR discretionary choice **Aus·wahl·kri·te·ri·um** *nt* selection criterion **Aus·wahl·mann·schaft** *f* SPORT representative team **Aus·wahl·me·nü** *nt* INFORM menu bar **Aus·wahl·mög·lich·keit** *f* INFORM option **Aus·wahl·prü·fung** *f* entrance examination **Aus·wahl·spie·ler(in)** *m(f)* SPORT player for a representative team **Aus·wahl·ver·fah·ren** *nt* selection process **Aus·wahl·ver·schul·den** *nt* JUR fault in selecting an agent
aus|wal·ken *vt* KOCHK to flatten, to roll flat
aus|wal·zen *vt* ① *(zu Blech walzen)* ■**etw** [**zu etw** *dat*] ~ to roll out *sep* sth [to sth]
② *(pej: zu breit erörtern)* ■**etw** ~ to drag out *sep* sth, to go to town on sth
Aus·wan·de·rer, -wan·de·rin *m, f* emigrant
aus|wan·dern *vi sein* ■[**irgendwohin**] ~ to emigrate [to somewhere]
Aus·wan·de·rung *f* emigration
aus·wär·tig ['au̯svɛrtɪç] *adj attr* ① *(nicht vom Ort)* from out of town, non-local; ÖKON *Filiale, Zweigstelle* out of town
② POL foreign; **Minister des A~en** *(geh)* Foreign Minister, Foreign Secretary BRIT; *s. a.* **Amt, Dienst**
aus·wärts ['au̯svɛrts] *adv* ① *(außerhalb des Ortes)* out of town; SPORT away; ***das Spiel fand ~ statt*** it was an away game; ■**von ~** from out of town; **~ essen** to eat out
② *(nach außen)* ■**nach ~** outwards
Aus·wärts·schie·len *nt* outward [*or* divergent] squint, walleye, exotropia *spec* **Aus·wärts·spiel** *nt* SPORT away game
aus|wa·schen *vt irreg* ① *(durch Waschen entfernen)* ■[**sich** *dat*] **etw** [**aus etw** *dat*] ~ to wash out sth [from sth]
② *(durch Spülen säubern)* ■**etw** ~ to wash sth out,

to rinse sth
③ GEOL *(herausspülen)* ■ **etw** ~ to flush out [*or* erode] sth
④ CHEM ■ **etw** ~ to rinse [*or* wash out *sep*] sth
Aus·wa·schung *f* GEOL water erosion
aus·wech·sel·bar *adj (untereinander auswechselbar)* interchangeable; *(ersetzbar)* replaceable
aus|wech·seln [-ks-] *vt* ■ **jdn/etw** [**gegen jdn/etw**] ~ to replace sb/sth [with sb/sth]; **einen Spieler** [**gegen jdn**] ~ to substitute a player [for sb]
▸ WENDUNGEN: **wie ausgewechselt** [**sein**] [to be] a different person, [to be] born again
Aus·wech·sel·spie·ler(in) *m(f)* SPORT substitute
Aus·wech·se·lung <-, -en>, **Aus·wechs·lung** <-, -en> *f* replacement; SPORT substitution
Aus·weg *m* ■ **der/ein** ~ [**aus etw** *dat*] the/a way out [of sth]; **der letzte** ~ the last resort; **sich** *dat* **einen** ~ **offenlassen** [*o* **halten**] to leave oneself a way out; **keinen** ~ **mehr** [**aus etw** *dat*] **wissen** to not know a [*or* any] way out [of sth] anymore, to not know any solution [to sth]
aus·weg·los *adj* hopeless
Aus·weg·lo·sig·keit <-> *f kein pl* hopelessness *no pl*
aus|wei·chen *vi irreg sein* ① *(Hindernis, Gefahr vermeiden)* ■ [**etw** *dat*] ~ to get out of the way [of sth]
② *(zu entgehen versuchen)* ■ [**jdm/etw**] ~ to evade [*or* avoid] [sb/sth]; ■ ~**d** evasive
③ *(als Alternative beschreiten)* ■ **auf etw** *akk* ~ to fall back on [*or* switch to] sth [as an alternative]
Aus·weich·flug·ha·fen *m* LUFT alternative airport **Aus·weich·gleis** *nt* siding **Aus·weich·klau·sel** *f* JUR escape clause **Aus·weich·ma·nö·ver** *nt* ① AUTO, LUFT evasive manoeuvre [*or* action] ② *(Ausflucht)* evasion **Aus·weich·mög·lich·keit** *f* means of getting out of the way; *(Alternative)* alternative
aus|wei·den *vt* JAGD ■ **etw** ~ to disembowel sth
aus|wei·nen I. *vr* ■ **sich** *akk* [**bei jdm**] ~ to have a good cry [on sb's shoulder]
II. *vi (zu Ende weinen)* ■ **ausgeweint haben** to have finished crying
III. *vt* **Betrübnis/Kummer bei jdm** ~ to weep on sb's shoulder
Aus·weis <-es, -e> ['ausvais] *m* identity card, I.D.; *(Berechtigungsausweis)* pass, permit; *(Mitglieds/Studentenausweis)* card, I.D.; *(Behindertenausweis)* identification card; FIN *(Aufstellung)* statement; ~ **des Kapitals** statement of capital
aus|wei·sen *irreg* I. *vt* ① *(abschieben)* ■ **jdn** ~ to deport [*or* expel] sb
② *(Identität nachweisen)* ■ **jdn als jdn/etw** ~ to identify sb as sb/sth
③ *(aufzeigen)* ■ **etw** [**als etw**] ~ to identify [*or* reveal] sth [as sth]
④ *(unter Beweis stellen)* ■ **etw** ~ to prove sth; **sein Talent** ~ to reveal one's talent
⑤ FIN *(nachweisen)* ■ **etw** ~ to show sth on the books; **einen Überschuss** ~ to show a surplus
II. *vr* ① *(sich identifizieren)* ■ **sich** *akk* ~ to identify oneself, to prove one's identity; ***können Sie sich*** [***irgendwie/ durch irgendetwas***] ***~?*** do you have any means of identification?
② *(sich erweisen)* ■ **sich** *akk* **als jd** ~ to prove oneself to be sb
③ SCHWEIZ *(nachweisen)* ■ **sich** *akk* **über etw** *akk* ~ to have proof [*or* evidence] of sth
Aus·weis·hül·le *f* document holder **Aus·weis·kon·trol·le** *f* identity check [*or* control] **Aus·weis·pa·pie·re** *pl* identity papers *pl* **Aus·weis·pflicht** *f* JUR obligation to carry identification papers
Aus·wei·sung <-, -en> *f* JUR expulsion, deportation **Aus·wei·sungs·schutz** *m* JUR legal protection against deportation
aus|wei·ten I. *vt* ① *(weiter machen)* ■ **etw** ~ to stretch sth
② *(umfangreicher machen)* ■ **etw** ~ to broaden [*or* widen] sth, to expand sth
II. *vr* ① *(weiter werden)* ■ **sich** *akk* ~ to stretch [out]
② *(sich ausdehnen)* to extend; ***der Konflikt drohte, sich über die Grenze auszuweiten*** the conflict threatened to extend [*or* spill over] across the border
③ *(eskalieren)* ■ **sich** *akk* [**zu etw** *dat*] ~ to escalate [into sth]
Aus·wei·tung <-, -en> *f* ① *(Ausdehnung)* stretching *no pl*, widening *no pl*
② *(das Auswachsen)* escalation
aus|wel·len *vt* KOCHK *s.* **auswalken**
aus·wen·dig *adv* [off] by heart, from memory; **etw** ~ **können** to know sth [off] by heart, to know sth from memory; **etw** ~ **lernen** to learn sth [off] by heart, to memorize sth
▸ WENDUNGEN: **das kann ich schon** ~ *(iron)* I've heard it a million times before; *s. a.* **inwendig**
Aus·wen·dig·ler·nen <-s> *nt kein pl* learning by heart *no pl*, memorizing *no pl*
aus|wer·fen *vt irreg* ① *(ausstoßen)* **Asche/Lava** ~ to eject ash/lava
② *(herausschaufeln)* ■ **etw** ~ to dig out sth
③ NAUT **ein Netz/eine Leine** ~ to cast out a net/a line
④ *(verteilen)* ■ **etw** [**an jdn**] ~ to allocate sth [to sb]; **Dividende** ~ to pay out dividends
⑤ INFORM ■ **etw** ~ to turn [*or* put] out sth
aus|wer·ten *vt* ■ **etw** ~ ① *(nutzbar machen)* to utilize sth, to make use of sth
② *(evaluieren)* to evaluate [*or* assess] sth; **Statistiken/Daten** ~ to analyze statistics/data
Aus·wer·tung *f* ① *(Nutzbarmachung)* utilization
② *(Evaluierung)* evaluation; *(von Statistiken)* analysis
aus|wi·ckeln *vt* ■ **etw** [**aus etw** *dat*] ~ to unwrap sth [from sth]
aus|wie·gen *vt irreg* ■ [**jdm**] **etw** [**von etw** *dat*] ~ to weigh out [sth] [for sb]; ***wie viel Käse darf ich Ihnen ~?*** how much cheese shall I weigh out for you?
aus|wil·dern *vt* **ein Tier** ~ to reintroduce an animal to the wild [*or* to its natural habitat]
aus|win·den *vt irreg* SÜDD, SCHWEIZ ■ **etw** ~ to wring out *sep* sth
aus|wir·ken *vr* ■ **sich** *akk* [**auf etw** *akk*] ~ to have an effect [on sth]
Aus·wir·kung *f (Wirkung)* effect; *(Folge)* consequence; **negative** ~**en haben** to have negative repercussions
aus|wi·schen *vt* ① *(durch Wischen löschen)* ■ **etw** ~ to wipe sth; **die Tafelschrift** ~ to wipe [*or* rub] off the writing on the blackboard
② *(sauber wischen)* ■ **etw** ~ to wipe clean *sep* sth
▸ WENDUNGEN: **jdm eins auswischen** *(fam)* to get one's own back on sb
aus|wrin·gen *vt irreg* ■ **etw** ~ to wring out sth *sep*
Aus·wuchs *m* ① MED growth
② *(Missstand)* excess
aus|wuch·ten *vt* AUTO **ein Rad** ~ to balance a wheel
Aus·wurf *m kein pl* ① MED phlegm
② GEOL *(das Auswerfen)* ejection, eruption
aus|zah·len I. *vt* ① *(Betrag aushändigen)* ■ [**jdm**] **etw** ~ to pay out sth [to sb]
② *(abfinden)* ■ **jdn** ~ to pay off *sep* sb; *Kompagnon, Miterben* to buy out *sep* sb
II. *vr (sich lohnen)* ■ **sich** *akk* [**für jdn**] ~ to pay [off] [for sb]
aus|zäh·len *vt* ① *(durch Zählen ermitteln)* ■ **etw** ~ to count sth
② SPORT ■ **jdn** ~ to count out *sep* sb
Aus·zah·lung *f* ① *(Aushändigung als Zahlung)* paying out; **zur** ~ **kommen** [*o geh* **gelangen**] to be paid out
② *(Abfindung)* paying off; *eines Kompagnons, Miterbens* buying out
Aus·zäh·lung *f* counting
Aus·zah·lungs·be·trag *m* amount paid out **Aus·zah·lungs·for·mu·lar** *nt* FIN payment form **Aus·zah·lungs·frist** *f* FIN pay date **Aus·zah·lungs·kurs** *m* FIN payout ratio **Aus·zah·lungs·strö·me** *pl* FIN outpayments
Aus·zeh·rung <-, -en> *f* ① *(Kräfteverfall)* emaciation
② *(Substanzverlust)* drain (**an** +*dat* on); *(in einer Firma)* shortage of staff
aus|zeich·nen I. *vt* ① *(mit Preisschild versehen)* ■ **etw** ~ to price sth
② *(ehren)* ■ **jdn** [**mit etw** *dat*/**durch etw** *dat*] ~ to honour [*or* AM -or] sb [with sth]; **jdn durch einen Preis** ~ to give sb an award; **jdn durch einen Orden** ~ to decorate sb with a medal
③ *(positiv hervorheben)* ■ **jdn** ~ to distinguish sb [from all others]
④ TYPO *(Schriftarten angeben)* ■ **etw** ~ to mark sth
II. *vr* ■ **sich** *akk* [**durch etw** *akk*] ~ to stand out [due to sth]; ***er zeichnet sich nicht gerade durch Intelligenz aus*** *(iron)* he's not exactly known for his intelligence
Aus·zeich·ner(in) *m(f)* FIN classifier
Aus·zeich·nung *f* ① *kein pl (das Auszeichnen von Ware)* labelling [*or* AM -l-]
② *kein pl* TYPO *(das Auszeichnen)* marking up *no pl*
③ *kein pl (das Ehren)* honouring [*or* AM -or-] *no pl*; *(mit Orden, Würde)* decoration; *(mit Preis)* awarding *no pl*
④ *(Preisetikett an Ware)* price tag
⑤ TYPO *(Schriftartangabe an Manuskript)* mark up
⑥ *(Ehrung)* honour [*or* AM -or]; *(Orden)* decoration; *(Preis)* award; [**etw**] **mit** ~ **bestehen** to pass [sth] with distinction
Aus·zeich·nungs·pflicht *f* JUR duty to price goods displayed
Aus·zeit *f* SPORT time out
aus·zieh·bar *adj* extendable [*or* BRIT *a.* -ible]; ~**e Antenne** telescopic aerial; ~**er Tisch** pull-out table
aus|zie·hen *irreg* I. *vt haben* ① *(ablegen)* ■ [**sich** *dat*] **etw** ~ to take off *sep* sth, to remove sth; ■ **jdm etw** ~ to remove [*or* take off] sb's sth
② *(entkleiden)* ■ **jdn** ~ to undress sb; ■ **sich** *akk* ~ to undress, to take off one's clothes, to get undressed *fam*
③ *(fam)* ■ **jdn** ~ to rip sb off *fam*
④ *(herausziehen)* ■ **etw** ~ to pull out *sep* sth
⑤ *(verlängern)* ■ **etw** ~ to extend sth
⑥ *(nachzeichnen)* **eine vorgezeichnete Linie** [**mit Tusche**] ~ to trace sth [with ink]
II. *vi sein* ① *(Wohnung aufgeben)* ■ [**aus etw** *dat*] ~ to move out [of sth]
② *(ausrücken)* ■ **auf etw** *akk*/**zu etw** *dat* ~ to set out on/to sth
Aus·zieh·lei·ter *f* extension [*or* pull-out] ladder **Aus·zieh·plat·te** *f* leaf **Aus·zieh·tisch** *m* pull-out table
aus|zi·schen *vt* THEAT ■ **jdn/etw** ~ to hiss off sb/sth
Aus·zu·bil·den·de(r) *f(m) dekl wie adj* trainee
Aus·zug *m* ① *(das Umziehen)* move; **der** ~ **aus Ägypten** REL the Exodus from Egypt
② *(das Hinausschreiten)* procession
③ *(Ausschnitt, Exzerpt)* excerpt; *Buch a.* extract
④ *(Kontoauszug)* statement
⑤ JUR extract
⑥ MUS arrangement
⑦ PHARM ■ ~ [**aus etw** *dat*] extract [of sth]
Aus·zugs·ver·trag *m* JUR agreement to vacate premises
aus·zugs·wei·se I. *adv* in excerpts [*or* extracts]
II. *adj* in excerpts [*or* extracts]
aus|zup·fen *vt* ① *(entfernen)* ■ [**sich** *dat*] **etw** ~ *Augenbrauen* to pluck sth
② *(Unkraut jäten)* ■ **etw** ~ to pull sth
au·tark [au'tark] *adj* ÖKON self-sufficient, autarkical *spec*
Au·tar·kie <-, -n> [autar'ki:, *pl* -ki:ən] *f* ÖKON autarky
Au·then·ti·fi·ka·ti·on <-, -en> [autɛntifika'tsio:n] *f (geh)* authentication
au·then·ti·fi·zie·ren [autɛntifi'tsi:rən] *vt* INFORM *(bestätigen)* ■ **etw** ~ to authenticate sth
Au·then·ti·fi·zie·rung <-, -en> *f* authentication
au·then·tisch [au'tɛntɪʃ] *adj* authentic
Au·then·ti·zi·tät <-> [autɛntitsi'tɛ:t] *f kein pl* authenticity

Au·tis·mus <-> [au̯'tɪsmʊs] *m* MED autism

au·tis·tisch *adj* MED autistic

Au·to <-s, -s> ['au̯to] *nt* car; **~ fahren** to drive [a car]; *(als Mitfahrer)* to drive [by car]; **mit dem ~ fahren** to go by car

Au·to·an·ten·ne *f* car aerial [*or* AM *a.* antenna] **Au·to·apo·the·ke** *f* car first-aid kit **Au·to·at·las** *m* road atlas

Au·to·bahn *f* motorway BRIT, freeway AM; *(in Deutschland a.)* autobahn

Au·to·bahn·auf·fahrt *f* motorway slip-road [*or* approach [road]] BRIT, freeway on ramp [*or* entrance] AM **Au·to·bahn·aus·fahrt** *f* motorway slip-road [*or* exit] BRIT, freeway exit [*or* off ramp] AM **Au·to·bahn·(be·nut·zungs·)ge·bühr** *f* [motorway] toll **Au·to·bahn·brü·cke** *f* motorway [*or* AM freeway] [*or* AM expressway] bridge; *(Überführung)* motorway flyover BRIT, freeway [*or* expressway] overpass AM **Au·to·bahn·drei·eck** *nt* motorway junction **Au·to·bahn·kreuz** *nt* motorway intersection **Au·to·bahn·meis·te·rei** *f* AUTO BRIT motorway maintenance depot, AM freeway maintenance station **Au·to·bahn·po·li·zei** *f* motorway [*or* AM highway] police + *sing/pl vb* **Au·to·bahn·rast·stät·te** *f* motorway services *pl* BRIT, services *pl*, motorway service area BRIT **Au·to·bahn·ring** *m* motorway ring road BRIT, beltway AM **Au·to·bahn·vi·gnet·te** *f car sticker showing that a monthly/annual toll has been paid for use of the motorways* **Au·to·bahn·zu·brin·ger** *m* motorway approach road BRIT, entrance ramp AM *(to the freeway)*

Au·to·bat·te·rie *f* car battery **Au·to·bau·er** *m* car-maker, car manufacturer

Au·to·bio·gra·fieRR [au̯tobiogra'fi:] *f* autobiography

au·to·bio·gra·fischRR *adj* autobiographical

Au·to·bio·gra·phie [au̯tobiogra'fi:] *f s.* **Autobiografie**

au·to·bio·gra·phisch *adj s.* **autobiografisch**

Au·to·bom·be *f* car bomb **Au·to·bü·che·rei** *f* mobile library

Au·to·bus ['au̯tobʊs] *m* *(veraltet)*, **Au·to·car** ['au̯toka:ɐ̯] *m* SCHWEIZ bus **Au·to·bus·bahn·hof** *m* bus terminal [*or* station] **Au·to·bus·fah·rer(in)** *m(f)* bus driver **Au·to·bus·fahrt** *f* bus ride **Au·to·bus·hal·te·stel·le** *f* bus stop **Au·to·bus·li·nie** *f* bus line

au·toch·thon [au̯tɔx'to:n] *adj (geh)* autochthonous

Au·to·di·dakt(in) <-en, -en> [au̯todi'dakt] *m(f)* self-educated person, autodidact *form*

au·to·di·dak·tisch I. *adj* self-taught, autodidactic *form*
II. *adv* autodidactically; ***ihre Fähigkeiten waren ~ erworben*** her abilities were self-taught

Au·to·dieb(in) *m(f)* car thief **Au·to·dieb·stahl** *m* car theft

Au·to·drom <-s, -e> [au̯to'dro:m] *nt* ❶ AUTO, SPORT motor-racing circuit
❷ ÖSTERR Dodgems® [*or* bumper cars] track

Au·to·elek·trik *f* car electrics *pl* **Au·to·fäh·re** *f* car ferry **Au·to·fah·ren** *nt* driving *(by car);* ***ihr wird beim ~ immer übel*** she feels sick when she travels by car **Au·to·fah·rer(in)** *m(f)* [car] driver **Au·to·fahrt** *f* car journey

Au·to·fo·kus <-, -se> *m* FOTO autofocus

au·to·frei *adj* car-free; *Straße, Stadtteil* pedestrian

Au·to·fried·hof *m (fam)* car dump

au·to·gen [au̯to'ge:n] *adj* ❶ TECH **~es Schweißen** autogenous welding
❷ PSYCH **~es Training** relaxation through self-hypnosis

Au·to·gen·schwei·ßen <-s> *nt kein pl* oxyacetylene welding

Au·to·gramm <-s, -e> [au̯to'gram] *nt* autograph

Au·to·gramm·jä·ger(in) *m(f) (fam)* autograph hunter **Au·to·gramm·stun·de** *f* MUS, FILM, LIT autograph [signing] session

Au·to·hal·ter(in) <-s, -> *m(f)* car-owner **Au·to·händ·ler(in)** *m(f)* car dealer[ship] **Au·to·haus** *nt* car dealership **Au·to·her·stel·ler** *m* car manufacturer

Au·to·im·mun·krank·heit *f* auto-immune disease

Au·to·in·dust·rie *f* automotive [*or* car] industry

Au·to·kar·te *f* road map

au·to·ka·ta·ly·tisch [au̯tokata'ly:tɪʃ] *adj inv* CHEM autocatalytic; **~e Rückwirkung** autocatalytic production of missing nutrients

Auto·kenn·zei·chen *nt* number plate BRIT, registration number BRIT, license plate AM; *(Länderkennzeichen)* international number [*or* AM license] plate code

Au·to·ki·no ['au̯toki:no] *nt* drive-in cinema **Au·to·kna·cker(in)** <-s, -> *m(f) (fam)* car thief **Au·to·ko·lon·ne** *f* line of cars **Au·to·kon·zern** *m* automotive [*or* car] company

Au·to·kor·rek·tur *f* INFORM automatic error correction

Au·to·krat(in) <-en, -en> [au̯to'kra:t] *m(f)* autocrat

Au·to·kra·tie <-, -n> [au̯tokra'ti:, *pl* -'ti:ən] *f* autocracy

Au·to·kra·tin <-, -nen> *f fem form von* **Autokrat**

au·to·kra·tisch *adj* autocratic

Au·to·len·ker(in) *m(f) bes* SCHWEIZ *(Autofahrer)* [car] driver

Au·to·mat <-en, -en> [au̯to'ma:t] *m* ❶ *(Geldautomat)* cash dispenser; *(Musikautomat)* jukebox; *(Spielautomat)* slot-machine; *(Verkaufsautomat)* vending machine
❷ ELEK [automatic] cut-out

Au·to·ma·ten·kna·cker(in) <-s, -> *m(f) (fam)* vandal *(who breaks into slot- or vending machines)* **Au·to·ma·ten·miss·brauch**RR *m* JUR misuse of vending machines **Au·to·ma·ten·res·tau·rant** *nt restaurant with vending machines selling meals and snacks* **Au·to·ma·ten·ver·kauf** *m kein pl selling/sales from vending machines*

Automatic Call Distribution [ɔ:təmætɪk'kɔ:ldɪstrɪbju:ʃᵊn] *f* TELEK automatic call distribution

Au·to·ma·tik[1] <-> [au̯to'ma:tɪk] *f* ❶ *(Steuerungsautomatik)* automatic system
❷ *(Automatikgetriebe in Fahrzeugen)* automatic transmission

Au·to·ma·tik[2] <-s, -s> [au̯to'ma:tɪk] *m (Wagen mit Automatikgetriebe)* automatic

Au·to·ma·tik·ge·trie·be *nt* AUTO automatic transmission **Au·to·ma·tik·gurt** *m* inertia[-reel] seat belt, automatic seat belt **Au·to·ma·tik·schal·tung** *f* automatic transmission **Au·to·ma·tik·wa·gen** *m* automatic

Au·to·ma·ti·on <-> [au̯toma'tsi̯o:n] *f kein pl* automation

au·to·ma·tisch [au̯to'ma:tɪʃ] *adj* automatic

au·to·ma·ti·sie·ren* [au̯tomati'zi:rən] *vt* ■**etw ~** to automate sth

Au·to·ma·ti·sie·rung <-, -en> *f* automation

Au·to·ma·ti·sie·rungs·nut·zen *m kein pl* ÖKON benefits of automation **Au·to·ma·ti·sie·rungs·tech·nik** *f* automation

Au·to·me·cha·ni·ker(in) *m(f)* car mechanic **Au·to·mi·nu·te** *f* minute by [*or* in the] car; ***20 ~n von hier entfernt*** 20 minutes by car from here

Au·to·mo·bil <-s, -e> [au̯tomo'bi:l] *nt (veraltet geh)* automobile *dated*, motor-car *dated form*

Au·to·mo·bil·aus·stel·lung *f* motor show **Au·to·mo·bil·bau** *m kein pl* car manufacture [*or* manufacturing] *no pl* **Au·to·mo·bil·bran·che** *f* car industry **Au·to·mo·bil·club** *m* automobile association [*or* club] **Au·to·mo·bil·her·stel·ler** *m* car manufacturer **Au·to·mo·bil·in·dust·rie** *f* car industry

Au·to·mo·bi·list(in) <-en, -en> [au̯tomobi'lɪst] *m(f)* SCHWEIZ *(geh: Autofahrer)* [car] driver

Au·to·mo·bil·klub *m s.* **Automobilclub** **Au·to·mo·bil·kon·zern** *m* automotive [*or* car] company **Au·to·mo·bil·sa·lon** *m* ❶ *(Automobilausstellung)* motor show ❷ *(Automobilhändler)* car showroom **Au·to·mo·bil·sport·klas·se** *f* racing car class **Au·to·mo·bil·tech·nik** *f* motoring technology

Au·to·mo·dell *nt* [car] model

au·to·nom [au̯to'no:m] *adj* POL autonomous

Au·to·no·me(r) *f(m) dekl wie adj* POL independent

Au·to·no·mie <-, -n> [au̯tono'mi:, *pl* -'mi:ən] *f* POL autonomy

Au·to·no·mie·ab·kom·men *nt* treaty of autonomy **Au·to·no·mie·be·hör·de** *f* autonomy monitoring authority **Au·to·no·mie·ge·biet** *nt* POL autonomous province [*or* region] **Au·to·no·mie·rat** *m* autonomous council *(e.g. the Palestinian Council)* **Au·to·no·mie·re·gie·rung** *f* autonomous government **Au·to·no·mie·ver·hand·lun·gen** *pl* negotiations on autonomy *pl*

Au·to·num·mer *f* car [registration] number **Au·to·pfle·ge** *f* car care

Au·to·pi·lot ['au̯topilo:t] *m* LUFT autopilot

Au·to·psie <-, -n> [au̯tɔ'psi:, *pl* -'psi:ən] *f* MED autopsy

Au·tor, Au·to·rin <-s, -toren> ['au̯to:ɐ̯, -'to:rɪn, *pl* -'to:rən] *m, f* author

Au·to·ra·dio *nt* car radio; *(mit Kassettenspieler)* car stereo

Au·to·ra·dio·gramm <-s, -e> [au̯toradi̯o'gram] *nt* BIOL, MED autoradiogram, autoradiograph

Au·to·ra·dio·gra·phie <-, -n> [au̯toradi̯ogra'fi:] *f* BIOL, MED autoradiography, radiography

Au·to·rei·fen *m* car tyre [*or* AM tire] **Au·to·rei·se·zug** *m* BAHN car-sleeper train, ≈ motorail® BRIT

Au·to·ren·le·sung *f* author reading

Au·to·ren·nen *nt* motor race; *(Rennsport)* motor racing

Au·to·ren·spra·che *f* INFORM authoring language **Au·to·ren·sys·tem** *nt* INFORM authoring system **Au·to·ren·ver·zeich·nis** *nt* index of authors

Au·to·re·pa·ra·tur·werk·statt *f* garage

Au·to·re·verse-Sys·tem ['au̯torivø:ɐ̯s-] *nt* auto-reverse system

Au·to·rin <-, -nen> [au̯'to:rɪn] *f fem form von* **Autor** [female] author, authoress

Au·to·ri·sa·ti·on <-, -en> [au̯toriza'tsi̯o:n] *f (geh)* authorization

au·to·ri·sie·ren* [au̯tori'zi:rən] *vt* ■**jdn [zu etw** *dat*] **~** to authorize sb [to do sth]; ***ich habe ihn dazu autorisiert*** I gave him authorization for it; ■**autorisiert** authorized

au·to·ri·tär [au̯tori'tɛ:ɐ̯] *adj* authoritarian

Au·to·ri·ta·ris·mus <-> *m kein pl* POL, SOZIOL authoritarianism

Au·to·ri·tät <-, -en> [au̯tori'tɛ:t] *f* authority

au·to·ri·täts·gläu·big *adj (pej)* trusting authority **Au·to·ri·täts·gläu·big·keit** *f (pej)* trust in authority

Au·to·rück·ruf *m* car recall **Au·to·sa·lon** *m* ❶ *s.* **Automobilausstellung** ❷ *(Autohändler)* car showroom **Au·to·schal·ter** *m* FIN drive-through teller **Au·to·schlan·ge** *f* queue [*or* line] of cars **Au·to·schlos·ser(in)** *m(f)* panel beater BRIT, auto mechanic **Au·to·schlüs·sel** *f* car key **Au·to·schutz·brief** *m* international travel insurance **Au·to·skoo·ter** <-s, -> [-sku:tɐ] *m* bumper [*or* Dodgem®] car

Au·to·som <-s, -en> [au̯to'zo:m] *nt* BIOL autosome

Au·to·stopp ['au̯toʃtɔp] *m* hitch-hiking; **mit/per ~ fahren** to hitch-hike **Au·to·strich** *m (sl)* kerb-crawling [*or* AM curb-crawling] district *(street with prostitutes propositioning car-drivers)* **Au·to·stun·de** *f* hour's drive; **drei ~n entfernt sein** to be three hours' drive [away] [*or* three hours [away] by car]

Au·to·sug·ges·ti·on [au̯tozʊgɛsti̯o:n] *f* PSYCH autosuggestion

Au·to·te·le·fon *nt* car phone **Au·to·trans·port·fahr·zeug** *nt (Zug)* car carrier **Au·to·tun·nel** *m* car tunnel

Au·to·ty·pie <-, Autotypien> [au̯toty'pi:, *pl* -pi:ən] *f* TYPO halftone [image]

Au·to·un·fall *m* car accident **Au·to·ver·kehr** *m* car traffic **Au·to·ver·leih** *m* car rental [*or* BRIT *a.* hire] firm [*or* company] **Au·to·ver·mie·tung** *f s.* **Autoverleih** **Au·to·werk·statt** *f* garage, car repair shop **Au·to·wrack** *nt* car wreck, wrecked car

Au·to·zoom ['au̯tozu:m] *nt* autozoom

Au·to·zu·be·hör *nt* car accessories *pl* **Au·to·zug** *m s.* **Autoreisezug**

autsch [autʃ] *interj (fam)* ouch
au·weh [au'veː], **au·wei(·a)** [au'vai(a)] *interj* oh dear, goodness *dated*
Au·xin <-s, -e> [au'ksiːn] *nt* BOT, CHEM auxin
Aval <-s, -e> [a'val] *m o nt* FIN *(Bürgschaft)* guarantee, guaranty, surety; **~e übernehmen** to undertake sureties
Aval·ak·zept [a'val-] *nt* FIN collateral acceptance
ava·lie·ren* [ava'liːrən] *vt* FIN ■**etw** ~ to guarantee sth
Ava·list [ava'lɪst] *m* FIN guarantor
Aval·kre·dit [a'val-] *m* FIN guarantee, guaranty, surety credit
Avance <-, -n> [a'vãːsə] *f* ❶ *(geh: Vorteil)* advantage ❷ *(Geldvorschuss)* advance ❸ *(fig geh: Komplimente)* **jdm ~n machen** to make approaches [*or* advances] on sb
avan·cie·ren* [avã'siːrən] *vi sein (geh)* ■[**zu etw** *dat*] ~ to advance [to sth]
Avant·gar·de <-, -n> [avã'gardə] *f (geh)* avant-garde
Avant·gar·dist(in) <-en, -en> [avãgar'dɪst] *m(f)* avant-gardist, member of the avant-garde
avant·gar·dis·tisch *adj* avant-garde
Ava·tar <-, -en> ['ævətaːɐ̯] *f* INET avatar
AVB *pl* JUR *Abk von* **Allgemeine Versicherungsbedingungen** general insurance conditions *pl*
AvD <-> *m kein pl Abk von* **Automobilclub von Deutschland** *German automobile club*
Ave-Ma·ria <-[s], -[s]> ['aːvəma'riːa] *nt* REL Hail Mary
Aver·si·on <-, -en> [avɛr'zi̯oːn] *f* ■~ [**gegen jdn/etw**] an aversion [to sb/sth]; **eine ~ gegen jdn/etw haben** to have an aversion to sb/sth
Aver·si·ons·the·ra·pie <-, -n> *f* aversion therapy
Avis [a'viː] *m o nt* HANDEL advice note; **laut ~** as per advice
Avis·bank [a'viː-] *f* FIN advice bank
avi·sie·ren* [avi'ziːrən] *vt (geh)* ■[**jdm**] **jdn/etw** ~ to announce sb [to sb]/advise [sb] of sth; ***aha, Sie sind mir bereits [von Herrn Zahn] avisiert worden*** ah, I was told you were going to come [by Herr Zahn]; **jdm sein Ankunft ~** to advise sb of one's arrival
avi·sie·rend *adj* HANDEL advising; **~e Bank** advising bank
a vis·ta [a 'vɪsta] FIN [payable] at sight
Avis·ta·wech·sel *m* FIN sight bill
Avo·ca·do <-, -s> [avo'kaːdo] *f* avocado
Avo·ca·do·creme, A·vo·ca·do·kre·meRR *f* avocado mousse
Awa·re, Awa·rin <-n, -n> [a'vaːrə, a'vaːrɪn] *m, f* Avar
awa·risch [a'vaːrɪʃ] *adj* Avarian
Awa·risch [a'vaːrɪʃ] *nt dekl wie adj* Avar
Awa·ri·sche <-n> *nt* ■**das** ~ Avar
Axel <-s, -> ['aksl̩] *m* SPORT *(Kantensprung beim Eiskunstlauf)* axel
axi·al [a'ksi̯aːl] *adj* TECH axial
Axi·om <-s, -e> [a'ksi̯oːm] *nt* axiom
axi·o·ma·tisch [aksi̯o'maːtɪʃ] *adj* axiomatic
Axo·lotl <-s, -> [akso'lɔtl̩] *m* ZOOL axolotl
Axon <-s, Axone> ['aksɔn, *pl* a'ksoːnə] *nt* BIOL axon
Axt <-, Äxte> [akst, *pl* 'ɛkstə] *f* axe
▶WENDUNGEN: **die ~ im Haus erspart den Zimmermann** *(prov)* self-help is the best help; **sich** *akk* **wie die ~ im Walde benehmen** *(fam)* to behave like a bull in a china shop; **die ~ an etw** *akk*/**an die Wurzel von etw** *dat* **legen** to take [*or* grab] the bull by the horns
Aya·tol·lah [aja'tɔla] *m* ayatollah
Ay·ma·ra[1] <-, -[s]> [ai̯ma'ra] *m o f* Aymara
Ay·ma·ra[2] <-> [ai̯ma'ra] *nt* Aymara
Aza·lee <-, -n> [atsa'leːə] *f*, **Aza·lie** <-, -n> [a'tsaːli̯ə] *f* BOT azalea
aze·o·trop [atseo'troːp] *adj* CHEM azeotropic; **~e Destillation** azeotropic distillation
Aze·ton <-s> *nt kein pl* MED acetone
Azi·mut <-s, -e> [atsi'muːt] *nt o m* ASTRON azimuth
Azo·farb·stoff [atso-] *m* CHEM azo dye
Azo·ren [a'tsoːrən] *pl* GEOG ■**die** ~ the Azores *npl*
Azo·ver·bin·dung [atso-] *f* CHEM azoic composition
AZT <-s> *nt kein pl* PHARM AZT
Az·te·ke, Az·te·kin <-n, -n> [ats'teːkə, -'teːkɪn] *m, f* HIST Aztec
Azu·bi <-s, -s> [a'tsuːbi, 'a(ː)tsubi] *m*, **Azu·bi** <-, -s> [a'tsuːbi, 'a(ː)tsubi] *f kurz für* **Auszubildende(r)** trainee
Azu·bi·ne <-, -n> [atsu'biːnə] *f (fam) fem form von* **Azubi** [female] trainee
azur·blau [a'tsuːɐ̯] *adj (geh)* azure[-blue] **Azur·jung·fer** *f* ZOOL damselfly
azy·klisch ['atsyːkliʃ] *adj* CHEM acyclic; **~e Kohlenwasserstoffe** acyclic hydrocarbons

B

B, b <-, - *o fam* -s, -s> [beː] *nt* ❶ *(Buchstabe)* B [*or* b]; **~ wie Berta** BRIT *usu* B for Benjamin, AM *usu* B as in Baker ❷ MUS B flat; ■**b** *(Erniedrigungszeichen)* flat
B2B [biːtuː'biː] *nt* ÖKON *Abk von* **Business-to-Business** *(Geschäftsbeziehungen zwischen Unternehmen oder Händlern untereinander)* B2B
B2C [biːtuː'siː] *nt* ÖKON *Abk von* **Business-to-Consumer** *(Geschäftsbeziehungen zwischen Unternehmen und Endverbrauchern)* B2C
Baal <-s, -e *o* -im> [baːl] *m* REL Baal
bab·beln ['babl̩n] **I.** *vi (fam)* to babble *fam; (viel reden a.)* to chatter
II. *vt (fam: dummes Zeug reden)* ■**etw** ~ to babble on about sth *fam*
Ba·bel <-s> ['baːbl̩] *nt (geh)* Babel; *(fig)* hotbed of vice; *s. a.* **Turm**
Ba·by <-s, -s> ['beːbi] *nt* baby
Ba·by·aus·stat·tung *f* MODE baby clothes *npl* **Ba·by-Bond** [-bɔnd] *m* FIN *(kleingestückelte Schuldverschreibung)* savings [*or* baby] bond **Ba·by·boom** [-buːm] *m* baby-boom **Ba·by·boo·mer** <-s, -[s]> ['beːbibuːmɐ] *m (fam)* baby boomer **Ba·by·doll** <-s, -s> [-dɔl] *nt* baby-doll pyjamas [*or* AM pajamas] *npl* **Ba·by·face** <-, -s> [-feːs] *nt (pej)* babyface **Ba·by·fäust·ling** *m* mitts *pl* **Ba·by·fläsch·chen** <-s, -> *nt* feeding bottle **Ba·by·fon, Ba·by·phon** <-s, -e> ['beːbifoːn] *nt* baby alarm **Ba·by·hös·chen** *nt* baby pants *npl* **Ba·by·hüpf·schau·kel** *f* baby bouncer **Ba·by·jahr** *nt (fam)* maternity [*or* paternity] leave *(of one-year duration)* **Ba·by·kost** *f* baby food **Ba·by·kost·wär·mer** *m* baby food heater **Ba·by·lie·ge** *f* Rhodes chair
Ba·by·lon ['baːbylɔn] *nt* Babylon
ba·by·lo·nisch [baby'loːnɪʃ] *adj* Babylonian
Ba·by·nah·rung *f* baby food **Ba·by·pfle·ge·kof·fer** *m* layette box **Ba·by·phon** <-s, -e> ['beːbifoːn] *nt s.* **Babyfon** **Ba·by·schlaf·an·zug** *m* sleepsuit **Ba·by·schüh·chen** <-s, -> *nt* bootees *pl*
ba·by·sit·ten ['beːbizɪtn̩] *vi meist infin* ■[**bei jdm**] ~ to babysit [for sb]
Ba·by·sit·ter(in) <-s, -> ['beːbizɪtɐ] *m(f)* babysitter
Ba·by·sitz *m* AUTO infant carrier **Ba·by·speck** *m (hum fam)* puppy fat *hum fam,* baby fat AM *hum fam* **Ba·by·strich** *m (fam)* child prostitution
Ba·by·tra·ge·sack *m* sling **Ba·by·tra·ge·sitz** *m* baby carrier **Ba·by·tra·ge·ta·sche** *f* carrycot BRIT, baby carrier AM
Ba·by·waa·ge *f* infant scales *npl* **Ba·by·wä·sche** *f* baby clothes *npl* **Ba·by·wip·pe** *f* baby bouncer **Ba·by·zel·le** *f* mini[ature] cell [battery]
Bach <-[e]s, Bäche> [bax, *pl* 'bɛçə] *m* brook, creek AM; *(kleiner a.)* stream
▶WENDUNGEN: **den ~ runtergehen** *(fam)* to go down the drain/plughole/tube *fam*
bach·ab [bax'ʔap] *adv* SCHWEIZ *(bachabwärts)* downstream
Ba·che <-, -n> ['baxə] *f* JAGD [wild] sow
Bach·fo·rel·le *f* brown trout
Bäch·lein <-s, -> *nt dim von* **Bach** small stream [*or* creek], brooklet; **ein ~ machen** *(kindersprache)* to do a wee-wee *childspeak*
Bach·saib·ling <-s, -e> *m* brook [*or* speckled] [*or* salmon] trout **Bach·stel·ze** <-, -n> *f* wagtail
Back[1] <-, -en> [bak] *f* ❶ NAUT forecastle, fo'c'sle ❷ *(Schüssel)* mess-tin, dixie ❸ *(Tisch)* mess table ❹ *(Tischgemeinschaft)* mess
Back[2] <-s, -s> [bæk] *m* SPORT SCHWEIZ defender
Back·beu·tel *m tubular plastic bag for roasting meat in* **Back·blech** *nt* baking tray
Back·bord <-[e]s> ['bakbɔrt] *nt kein pl* NAUT port [side]
back·bord(s) *adv* NAUT on the port side; ***Ruder hart ~!*** steer to port!
Bäck·chen <-s, -> ['bɛkçən] *nt dim von* **Backe** cheek
Ba·cke <-, -n> ['bakə] *f* ❶ *(Wange)* cheek; **mit vollen ~n kauen** to chew with stuffed cheeks ❷ *(fam: Pobacke)* cheek, buttock; **etw auf einer ~ absitzen** *(sl)* to do sth easily [*or* with no bother] ❸ KOCHK [pork] cheek ❹ *(von Schraubstock)* jaw; *(Bremsbacke)* shoe; *(am Fahrrad)* block
▶WENDUNGEN: **au ~!** *(veraltet fam)* oh dear!
ba·cken <backt *o* bäckt, backte *o veraltet* buk, gebacken> ['bakn̩] **I.** *vt* ■**etw** ~ *(im Ofen)* to bake sth; *(in Fett)* to fry sth; ■**etw in etw** *dat* ~ to bake/fry sth with sth
II. *vi* to bake; DIAL *(braten)* to fry
Ba·cken·bart *m* sideburns *pl*
Ba·cken·fut·ter *nt* chuck **Ba·cken·fut·ter·schlüs·sel** *m* chuck key
Ba·cken·kno·chen *m* ANAT cheekbone **Ba·cken·ta·sche** *f* ZOOL cheek pouch **Ba·cken·zahn** *m* back tooth, molar
Bä·cker(in) <-s, -> ['bɛkɐ] *m(f)* ❶ *(Mensch)* baker; **beim ~** at the baker's [shop] ❷ *(Bäckerei)* bakery
Back·erb·sen *pl* SÜDD, ÖSTERR *small pasta balls in soups*
Bä·cke·rei <-, -en> [bɛkə'rai̯] *f* ❶ *(Bäckerladen)* baker's [shop]; *(Backstube)* bakery ❷ ÖSTERR *(Gebäck)* small pastries and biscuits
Bä·cke·rin <-, -nen> *f fem form von* **Bäcker**
Bä·cker·la·den *m* baker's shop, bakery **Bä·cker·meis·ter(in)** *m(f)* master baker **Bä·cker·mes·ser** *nt* baker's knife
Bä·ckers·frau *f* baker's wife
back·fer·tig *adj* KOCHK oven-ready **Back·fisch** ['bakfɪʃ] *m* ❶ *(gebackener Fisch)* fried fish in batter ❷ *(veraltet: Teenager)* teenage girl **Back·fo·lie** *f kein pl* baking foil **Back·form** *f* baking tin; *(Kuchenform a.)* cake tin **back·frisch** *adj* freshly baked
Back·gam·mon <-s> [bæk'gæmən] *nt kein pl* backgammon
Back·ground <-s, -s> [-grau̯nt] *m (geh)* background; *(Musik)* background music
Back·hähn·chen *nt* fried chicken *(in breadcrumbs)* **Back·hendl** <-s, -> ['bakhɛndl] *nt* SÜDD, ÖSTERR fried chicken *(in breadcrumbs)* **Back·mi·schung** *f* cake mixture **Back·obst** *nt* dried fruit
Back·ofen ['bakʔoːfn̩] *m* oven; **heiß wie in einem ~** like an oven, boiling hot **back·ofen·fest** *adj* ovenproof
Back·pa·cker(in) <-s, -> ['bækpækɐ] *m(f) (sl)* backpacker
Back·pa·pier *nt kein pl* baking parchment **Back·pfei·fe** *f* DIAL slap in the face **Back·pflau·me** *f* prune **Back·pin·sel** *m* brush **Back·pul·ver** *nt* baking powder **Back·rohr** *nt* ÖSTERR, **Back·röh·re** *f* oven **Back·schau·fel** *f s.* **Pfannenwender**
Back·slash <-s, -s> ['bɛkslɛʃ] *m* INFORM backslash
Back·stein *m* BAU [red]brick **Back·stein·bau** <-bauten> *m* ARCHIT redbrick building **Back·stein·go·tik** *f* ARCHIT, KUNST redbrick Gothic *(found in northern Germany)*

Back·stu·be *f* bakery **Back·trog** *m* kneading [*or* dough] trough

Back·up <-s, -s> ['bækʌp] *nt o m* INFORM backup [copy]

Back·wa·ren *pl* bakery produce **Back·werk** *nt kein pl* cakes and pastries *pl,* [sweet] baked goods *npl* **Back·zeit** *f* baking time

Bad <-[e]s, Bäder> [ba:t, *pl* 'bɛ:dɐ] *nt* ❶ *(eingelassenes Badewasser)* bath; **jdm/sich ein ~ einlassen** [*o* **einlaufen lassen**] to run sb/oneself a bath
❷ *(das Baden)* bathing; **ein ~ nehmen** to take *form* [*or* have] a bath
❸ *(Badezimmer)* bathroom
❹ *(Schwimmbad)* swimming pool [*or* BRIT bath[s]]
❺ *(Badeort: Heilbad)* spa; *(Seebad)* seaside resort
▶WENDUNGEN: **ein ~ in der Menge** a walkabout

Ba·de·an·stalt *f* swimming pool, [swimming] baths *pl* **Ba·de·an·zug** *m* swimming costume, swimsuit **Ba·de·gast** *m* ❶ *(Kurgast)* spa visitor ❷ *(Schwimmbadbesucher)* swimmer **Ba·de·ge·le·gen·heit** *f swimming pool or nearby beach* **Ba·de·hand·tuch, Ba·de·tuch** *nt* bath towel **Ba·de·ho·se** *f* swimming trunks *npl* **Ba·de·kap·pe** *f* swimming cap **Ba·de·kur** *f* course of treatment at a spa **Ba·de·lat·schen** *m (fam)* flip-flops *pl fam* **Ba·de·man·tel** *m* bathrobe, dressing gown **Ba·de·mat·te** *f* bathmat **Ba·de·meis·ter(in)** *m(f)* ❶ *(für Sicherheit am Pool etc.)* [pool] attendant; *(am Strand)* lifeguard ❷ *(fachspr: für Gesundheitsbäder) official term for someone who prepares and carries out medicinal treatments such as therapeutic baths or massages in a spa* **Ba·de·müt·ze** *f s.* **Badekappe**

ba·den ['ba:dn̩] **I.** *vi* ❶ *(ein Wannenbad nehmen)* to bathe, to have a bath, to be in the bath; **warm ~** to have a warm bath
❷ *(schwimmen)* ■[**in etw** *dat*] **~** to swim [in sth]; **~ gehen** to go for a swim
▶WENDUNGEN: [**bei etw** *dat*/**mit etw** *dat*] **~ gehen** *(fam)* to come a cropper [doing/with sth]; **im Geld ~** to be rolling in money
II. *vt* ❶ *(ein Bad geben)* ■**jdn ~** to bath sb; ■**sich** *akk* **~** to have [*or form* take] a bath; *s. a.* **Kind**
❷ MED ■**etw** [**in etw** *dat*] **~** to bathe sth [in sth]

Ba·de·ni·xe *f (hum)* beach babe *fam*

Ba·den-Würt·tem·berg <-s> ['ba:dn̩vʏrtəmbɛrk] *nt* Baden-Württemberg

Ba·de·ofen *m* boiler **Ba·de·ort** *m* seaside resort; *(Kurort)* spa resort **Ba·de·platz** *m* bathing place **Ba·de·sa·chen** *pl (fam)* BRIT swimming things, AM swim gear; *(Badekleidung)* swimwear **Ba·de·sai·son** *f* swimming season **Ba·de·salz** *nt* bath salt **Ba·de·schlap·pe** *f meist pl (fam: Badeschuh)* bathing slippers **Ba·de·schuh** *m* bathing shoe **Ba·de·strand** *m* bathing beach **Ba·de·tuch** *nt s.* **Badehandtuch** **Ba·de·wan·ne** *f* bath [tub] **Ba·de·was·ser** *nt* bath water **Ba·de·wet·ter** *nt* weather for swimming **Ba·de·zeit** *f* ❶ *(Saison)* swimming season ❷ *pl (Öffnungszeiten eines Schwimmbades)* [pool] opening hours **Ba·de·zeug** *nt* swimming things *pl*

Ba·de·zim·mer *nt* bathroom **Ba·de·zim·mer·Gar·ni·tur** *f* bathroom set

Ba·de·zu·satz *m* bath salts *npl,* bubble bath

ba·disch ['ba:dɪʃ] *adj inv* of Baden *pred; Produkt* from Baden; **im B~en** in Baden

Bad·kleid *nt* SCHWEIZ *(Badeanzug)* swimming costume

Bad·min·ton <-> ['bætmɪntən] *nt* badminton

Bad·vor·le·ger *m* bathmat

baff [baf] *adj pred (fam)* ■**~ sein** to be flabbergasted

BAföG, Ba·föG <-> ['ba:fœk] *nt kein pl Akr von* **Bundesausbildungsförderungsgesetz** [student] grant, German Federal Law on Training and Education Promotion; **~ bekommen** [*o fam* **kriegen**] to receive [*or fam* get] a grant

Ba·ga·ge <-> [ba'ga:ʒə] *f (pej fam)* ❶ *(Gesindel)* pack *pej*
❷ *(veraltet: Gepäck)* baggage

Ba·ga·tell·de·likt *nt* JUR minor [*or* petty] offence

Ba·ga·tel·le <-, -n> [baga'tɛlə] *f* trifle, bagatelle *dated*

ba·ga·tel·li·sie·ren* [bagatɛli'zi:rən] **I.** *vt* ■**etw ~** to trivialize sth, to play down *sep* sth
II. *vi* to trivialize

Ba·ga·tell·kar·tell *nt* ÖKON petty cartel **Ba·ga·tell·klau·sel** *f* JUR franchise clause **Ba·ga·tell·kri·mi·na·li·tät** *f* JUR petty crime **Ba·ga·tell·sa·che** *f* JUR *s.* Bagatelldelikt **Ba·ga·tell·scha·den** *m* minor damage **Ba·ga·tell·steu·er** *f* FIN, POL nuisance tax **Ba·ga·tell·straf·sa·che** *f* JUR petty [*or* summary] offence **Ba·ga·tell·tä·ter(in)** *m(f)* JUR petty criminal **Ba·ga·tell·un·fall** *m* minor accident **Ba·ga·tell·ver·ge·hen** *nt* JUR minor offence, petty crime

Bag·dad <-s> ['bakdat] *nt* Bag[h]dad

Bag·ger <-s, -> ['bagɐ] *m* BAU excavator

Bag·ger·füh·rer(in) *m(f)* BAU excavator driver

Bag·ger·gut *nt kein pl debris dug up by an excavator*

bag·gern ['bagɐn] **I.** *vi* ❶ BAU to dig, to excavate
❷ *(Volleyball)* to dig
❸ *(sl)* to flirt
II. *vt* ❶ BAU ■**etw ~** to excavate [*or* dig] sth
❷ *(Volleyball)* **den Ball ~** to dig the ball

Bag·ger·see *m artificial lake formed in gravel pit*

Ba·guette <-s, -s> [ba'gɛt] *nt* baguette

bäh [bɛ:] *interj* ❶ *(vor Ekel)* yuck, ugh; *(aus Schadenfreude)* ha ha
❷ *(von Schaf)* baa; **~ machen** *(kindersprache)* to go baa *childspeak*

Ba·hai <-, -[s]> [baha'i:] *m o f* REL Baha'i

Ba·ha·is·mus <-> [baha'ɪsmʊs] *m kein pl* REL Baha'ism

Ba·ha·ma·er(in) <-s, -> [baha'ma:ɐ] *m(f) s.* **Bahamer**

ba·ha·ma·isch [baha'ma:ɪʃ] *adj* Bahamian

Ba·ha·mas [ba'ha:mas] *pl* ■**die ~** the Bahamas *pl*

Ba·ha·mer(in) <-s, -> [ba'ha:mɐ] *m(f)* Bahamian

ba·ha·misch [ba'ha:mɪʃ] *adj s.* **bahamaisch**

bä·hen ['bɛ:ən] *vt* KOCHK ■**etw ~** ÖSTERR *(im Ofen leicht rösten)* to toast sth

Bahn <-, -en> [ba:n] *f* ❶ *(Eisenbahn)* train; *(Straßenbahn)* tram; *(Verkehrsnetz, Verwaltung)* railway[s]; **mit der ~/per ~** by train [*or* rail]; **frei ~** ÖKON free on rail, carriage paid
❷ SPORT track; *Schwimmbecken* lane; *(Kegelbahn)* alley; *(Schlittenbahn, Bobbahn)* run; *(Pferderennbahn)* course, track
❸ ASTRON orbit, path
❹ MIL [flight] path
❺ *(Stoffbahn, Tapetenbahn)* length, strip
❻ *(Weg, Lauf)* course; TRANSP *(Fahrbahn)* lane; **~ *frei!*** make way!, mind your backs!
▶WENDUNGEN: **sich** *dat* **eine ~ brechen** to force one's way, to make headway; **etw** *dat* **~ brechen** to blaze the trail for sth; **freie ~** [**für etw** *akk*/**bei jdm**] **haben** to have the go-ahead [for sth/from sb]; **aus der ~ geraten** to get off track; **in geregelten ~en verlaufen** to take an orderly course; **etw in die richtigen ~en lenken** to lead sth in the right channels; **jdn auf die schiefe ~ bringen** to get sb off the straight and narrow; **auf die schiefe ~ kommen** [*o* **geraten**] to get off the straight and narrow; **jdn aus der ~ werfen** to get sb off course; **jdn wieder auf die rechte ~ bringen** to put sb back on the right track [*or* straight and narrow]

bahn·amt·lich *adj inv, attr* by the railway [*or* AM railroad] authorities **Bahn·an·la·gen** *pl* railway [*or* AM railroad] installations *pl* **Bahn·an·schluss**[RR] *m* railway link **Bahn·ar·bei·ter(in)** *m(f)* railway worker **Bahn·be·am·te(r), -be·am·tin** *m, f* railway official **Bahn·be·för·de·rung** *f* rail transport [*or* carriage], carriage by rail **Bahn·be·nut·zer(in)** *m(f)* rail user **Bahn·be·trieb** *m kein pl* rail[way] operation

bahn·bre·chend **I.** *adj* ground-breaking, pioneering
II. *adv* **~ wirken** to be ground-breaking [*or* pioneering]

Bahn·bre·cher(in) *m(f)* pioneer

Bahn·bruch *m* TYPO web break

Bahn·bus *m* TRANSP rail coach **Bahn·Card** <-, -s> [-ka:d] *f* BAHN ≈ railcard BRIT

Bähn·chen <-s, -> *nt dim von* Bahn

Bahn·damm *m* railway embankment

Bahn·dreh·im·puls *m* PHYS orbital [angular] momentum

bahn·ei·gen *adj inv, attr* railway-owned **Bahn·ei·gen·tum** *nt* railway property

Bahn·elektron *nt* PHYS orbital electron

bah·nen *vt* ■[**jdm**] **etw ~** to pave a way [for sb]; ■**sich** *dat* **etw ~** to fight [*or* pave] one's sth; **ein Flussbett ~** to carve [*or* channel] out a river bed; **sich** *akk* **einen Weg durch etw** *akk* **~** to fight [*or* pave] one's way through sth

Bah·nen·rock *m* gored skirt

Bahn·fahr·kar·te *f* railway ticket **Bahn·fahrt** *f* train [*or* rail[way]] journey

Bahn·fracht *f* rail freight **Bahn·fracht·brief** *m* HANDEL bill of carriage, railroad way bill [*or* consignment note] **Bahn·fracht·dienst** *m* rail freight service **Bahn·fracht·füh·rer(in)** *m(f)* rail carrier **Bahn·fracht·ge·büh·ren** *pl* rail charges *pl* **Bahn·fracht·ge·schäft** *nt* rail transport [*or* carriage], railway goods traffic **Bahn·fracht·gut** *nt* rail cargo **Bahn·fracht·kos·ten** *pl,* **Bahn·fracht·satz** *m,* **Bahn·fracht·ta·rif** *m* rail freight rate [*or pl* charges] **Bahn·fracht·ver·kehr** *m* rail freight traffic **bahn·frei** *adj inv* TRANSP, ÖKON free on rail, f.o.r., free on board, FOB, f.o.b. **Bahn·ge·län·de** *nt* railway area [*or* property] **Bahn·gleis** *nt* railway line

Bahn·hof *m* [railway] station
▶WENDUNGEN: **jdm einen großen ~ bereiten** to give sb [the] red carpet treatment; **nur** [**noch**] **~ verstehen** *(hum fam)* to not have the foggiest [idea] *fam*

Bahn·hofs·buch·hand·lung *f* station bookshop [*or* bookstore] **Bahn·hofs·gast·stät·te** *f* station restaurant **Bahn·hofs·hal·le** *f* station concourse **Bahn·hofs·mis·si·on** *f* REL *organization for helping rail travellers in need* **Bahn·hofs·platz** *m* station square **Bahn·hofs·po·li·zei** *f kein pl* station police **Bahn·hofs·uhr** *f* station clock **Bahn·hofs·vor·stand** *m* ÖSTERR, SCHWEIZ, **Bahn·hofs·vor·ste·her(in)** *m(f)* stationmaster **Bahn·hofs·wirt·schaft** *f* [train] station bar [*or* BRIT buffet], railway tavern BRIT

Bahn·ki·lo·me·ter *m* rail kilometres [*or* AM -ers] **Bahn·kno·ten·punkt** *m* rail[way] junction **Bahn·kör·per** *m (fachspr)* track **Bahn·kun·de, -kun·din** *m, f* railway customer **bahn·la·gernd** *adj* ÖKON to be collected from a railway station

Bähn·ler(in) <-s, -> *m(f)* SCHWEIZ *(fam)* railway worker

Bahn·lie·fe·rung *f* rail transport, carriage by rail

Bahn·li·nie *f* railway line

bahn·mä·ßig *adj inv, attr* **~ verpackt** packed for railway transport BRIT [*or* rail shipment]

Bahn·meis·ter(in) *m(f)* permanent way inspector BRIT, trackmaster **Bahn·mit·tei·lung** *f* **~ über Ankunft von Fracht** railway advice **Bahn·netz** *nt* railway network [*or* BRIT *a.* system] **Bahn·ober·bau** *m* roadbed, BRIT *a.* permanent way **Bahn·po·li·zei** *f* railway police

Bahn·post *f* railway postal [*or* AM railroad mail] service **Bahn·post·amt** *nt* station post office **Bahn·post·wa·gen** *m* mail van [*or* AM car]

Bahn·rei·se *f* rail travel **Bahn·roll·fuhr** *f* cartage **Bahn·schran·ke** *f,* **Bahn·schran·ken** *m* ÖSTERR level crossing barrier **Bahn·schwel·le** *f* BAHN sleeper BRIT, tie **Bahn·spe·di·teur(in)** *m(f)* railway agent, rail forwarding agent, railway carrier **Bahn·spe·di·ti·on** *f* rail transport [*or* forwarding agent], carriage by rail **Bahn·sta·ti·on** *f* [railway] station

Bahn·steig <-[e]s, -e> *m* [station] platform **Bahn·steig·kan·te** *f* edge of the/a platform, platform edge **Bahn·steig·kar·te** *f* platform ticket **Bahn·steig·sper·re** *f* ticket gate **Bahn·steig·über·füh·rung** *f* footbridge [*or* overpass] between platforms **Bahn·steig·un·ter·füh·rung** *f* subway [between platforms]

Bahn·stre·cke *f* railway line, track [section] **Bahn·**

ta·rif *m* rail charges *pl,* railway fare [*or* tariff] **Bahn·ta·xi** *nt* TRANSP station taxi **Bahn·tou·ris·tik** *f* rail travel **Bahn·trans·port** *m* HANDEL rail[way] transport, railage **Bahn·tun·nel** *m* BAHN railway tunnel **Bahn·über·füh·rung** *f* overbridge, overpass, railway [*or* AM railroad] footbridge **Bahn·über·gang** *m* level crossing; **beschrankter/unbeschrankter ~** guarded/open level crossing **Bahn·un·ter·füh·rung** *f* [railway [*or* AM railroad]] underpass **Bahn·ver·bin·dung** *f* [rail] connection [*or* link] **Bahn·ver·kehr** *m* rail[road] traffic **Bahn·ver·lauf** *m eines Asteroiden* path, orbit **Bahn·ver·sand** *m* HANDEL dispatch by rail, forwarding [*or* shipment] by rail **Bahn·wär·ter(in)** *m(f)* level crossing attendant **Bahn·zeit** *f* station time **Bahn·zu·stel·lung** *f* railroad [*or* rail] delivery

Bah·rai·ner(in) <-s, -> [ba(x)'rainɐ] *m(f)* Bahraini, Bahreini

bah·rai·nisch [ba(x)'rainɪʃ] *adj* Bahraini, Bahreini

Bah·re <-, -n> ['ba:rə] *f* stretcher; *(Totenbahre)* bier

Bah·rei·ner(in) <-s, -> [ba(x)'rainɐ] *m(f) s.* **Bahrainer**

bah·rei·nisch [ba(x)'rainɪʃ] *adj s.* **bahrainisch**

Bai <-, -en> ['baɪ] *f* GEOG bay

Bai·ser <-s, -s> [bɛ'ze:] *nt* meringue

Baisse <-, -n> ['bɛ:sə] *f* BÖRSE slump; **auf ~ spekulieren** to bear; **während der ~ kaufen** to buy for a fall

Baisse·ma·nö·ver *nt* BÖRSE bear raid **Baisse·spe·ku·lant(in)** *m(f)* BÖRSE bear **Baisse·stra·te·ge, -stra·te·gin** *m, f* BÖRSE bear strategist **Baisse·ten·denz** *f* BÖRSE bearish tone

Bais·sier <-s, -s> [bɛ'si̯e:] *m* BÖRSE bear

Ba·jo·nett <-[e]s, -e> [bajo'nɛt] *nt* MIL bayonet

Ba·jo·nett·ver·schluss[RR] *m* ELEK bayonet fitting

Ba·ju·wa·re, Ba·ju·wa·rin <-n, -n> [baju'va:rə, -'va:rɪn] *m, f (hum) s.* **Bayer**

ba·ju·wa·risch [baju'va:rɪʃ] *adj* HIST Bajuwarian *(relating to the first Germanic people to colonize Bavaria); (hum: bayrisch)* Bavarian

Ba·ke <-, -n> ['ba:kə] *f* ① NAUT [marker] buoy
② LUFT beacon
③ TRANSP lane closure/narrowing signal; *(vor Bahnübergang o Autobahnausfahrt)* countdown marker

Ba·ke·lit® <-s> [bakə'li:t] *nt kein pl* Bakelite®

Bak·ka·rat <-s> ['bakara] *nt kein pl* baccarat

Bak·schisch <-s, -e *o* -s> ['bakʃɪʃ] *nt* baksheesh

Bak·te·rie <-, -n> [bak'te:ri̯ə] *f meist pl* bacterium

bak·te·ri·ell [bakte'ri̯ɛl] **I.** *adj* MED bacterial, bacteria *attr*
II. *adv* MED **~ bedingt** caused by bacteria

Bak·te·ri·en·ko·lo·nie *f* BIOL bacteria colony **Bak·te·ri·en·kul·tur** *f* bacteria culture **Bak·te·ri·en·ra·sen** *m* BIOL bacteria lawn **Bak·te·ri·en·ruhr** *f* bacillary dysentery **Bak·te·ri·en·trä·ger(in)** *m(f)* MED carrier

Bak·te·rio·lo·ge, Bak·te·rio·lo·gin <-n, -n> [bakteri̯o'lo:gə, -'lo:gɪn] *m, f* bacteriologist

Bak·te·rio·lo·gie <-> [bakteri̯olo'gi:] *f kein pl* bacteriology

Bak·te·rio·lo·gin <-, -nen> *f fem form von* **Bakteriologe**

bak·te·rio·lo·gisch [bakteri̯o'lo:gɪʃ] *adj* bacteriological; **~e Kriegsführung** biological warfare

Bak·te·rio·pha·ge <-n, -n> [bakteri̯o'fa:gə] *m* BIOL bacteriophage

Bak·te·ri·zid <-[e]s, -e> [bakteri'tsi:t] *nt* bactericide

bak·te·ri·zid [bakteri'tsi:t] **I.** *adj* germicidal, bactericidal
II. *adv* **~ wirksam sein** to act as a germicide

Ba·la·lai·ka <-, -s *o* Balalaiken> [bala'la̯ika, *pl* -la̯ikən] *f* MUS balalaika

Ba·lan·ce <-, -n> [ba'lã:sə] *f* ① *(Gleichgewicht)* balance, equilibrium; **jdn aus der ~ bringen** to bring [*or* put] sb off balance; **die ~ halten/verlieren** to keep/lose one's balance
② *(Ausgewogenheit)* balance

Ba·lan·ce·akt *m* ① *(Seiltanz)* balancing [*or* tightrope] act
② *(Vorgang des Lavierens)* balancing act

ba·lan·cie·ren* [balã'si:rən] **I.** *vi* ① *sein (sich vorsichtig bewegen)* ■ [**über etw** *akk*] **~** to balance [one's way across sth]
② *haben (lavieren)* ■ **zwischen etw** *dat* **und etw ~** to keep [*or* achieve] a balance between sth and sth
II. *vt haben* ■ **etw** [**auf etw** *dat*] **~** to balance sth [on sth]

Ba·lan·cier·stan·ge *f* balancing pole

bald [balt] **I.** *adv* ① *(schnell, in Kürze)* soon; ***komm ~ wieder!*** come back soon!; ***so ~ wird es das nicht mehr geben*** that won't happen again in a hurry; **wird's ~?** *(fam)* move it!; **so ~ wie** [*o* **als**] **möglich** as soon as possible; [**all**]**zu ~** [all] too soon; **bis ~!** see you later!; **~ darauf** soon [*or* shortly] after[wards]; **nicht so ~** not as soon
② *(fast)* almost; ***das ist schon ~ nicht mehr schön!*** that's taking it a bit too far!, that's beyond a joke!
③ *(fam)* soon; ***wirst du wohl ~ ruhig sein?*** will you just be quiet! [*or sl* shut up!]; *s. a.* **möglichst, sobald**
II. *konj (geh)* ■ **~ ..., ~ ...** one moment ..., the next ...; **~ *hier,* ~ *da*** now here, now there

Bal·da·chin <-s, -e> ['baldaxi:n] *m* canopy, baldachin

Bäl·de ['bɛldə] *f* **in ~** in the near future

bal·dig ['baldɪç] *adj attr* speedy, quick; ***um ~e Antwort wird gebeten*** we hope to receive [*or* look forward to receiving] a reply soon; ***wir hoffen auf Ihr ~es Kommen!*** we hope to see you soon!; *s. a.* **Wiedersehen**

bal·digst *adv (geh)* as soon as possible, without delay

bald·mög·lichst *adv* as soon as possible, without delay

Bal·dri·an <-s, -e> ['baldria:n] *m* BOT valerian **Bal·dri·an·trop·fen** *pl* PHARM valerian [drops *pl*]

Ba·le·a·ren [bale'a:rən] *pl* ■ **die ~** the Balearic Islands *pl*

Balg[1] <-[e]s, Bälge> [balk, *pl* 'bɛlgə] *m* ① *(Blasebalg)* bellows *npl*
② *(Tierhaut)* pelt
▶ WENDUNGEN: **jdm auf den ~ rücken** *(fam)* to crowd sb

Balg[2] <-[e]s, Bälger> [balk, *pl* 'bɛlgɐ] *m o nt (pej fam)* brat *pej fam*

bal·gen ['balgn̩] *vr* ■ **sich** *akk* [**um etw** *akk*] **~** to scrap [over sth], to have a scrap [over sth]

Bal·ge·rei <-, -en> [balgə'ra̯i] *f* scrap

Ba·li·ne·se, Ba·li·ne·sin <-n, -n> [bali'ne:zə, -'ne:zɪn] *m, f* Balinese

Bal·kan <-s> ['balka:n] *m* ① *(Halbinsel, Länder)* ■ **der ~** the Balkans *pl;* **auf dem ~** on [*or* in] the Balkans
② *(Balkangebirge)* Balkan Mountains *pl*

Bal·kan·halb·in·sel *f* Balkan Peninsula

bal·ka·nisch [bal'ka:nɪʃ] *adj* Balkan

Bal·ka·ni·sie·rung <-> *f kein pl* POL *(pej)* Balkanization

Bal·kan·län·der *pl* Balkan States **Bal·kan·staat** *m* Balkan country [*or* state]

Bal·ken <-s, -> ['balkn̩] *m* ① *(Holzbalken)* beam
② *(Stahlbalken)* girder
③ *(Stützbalken)* prop, shore
④ MUS bar
⑤ SPORT beam
⑥ *(heraldisches Zeichen)* fesse, bar; *(Uniformstreifen)* stripe
▶ WENDUNGEN: **der ~ im eigenen Auge** REL the beam in one's own eye; **lügen, dass sich die ~ biegen** *(fam)* to lie through one's teeth *fam*

Bal·ken·chart [-tʃart] *m* BÖRSE, MATH bar chart **Bal·ken·code** *m* bar code **Bal·ken·de·cke** *f* ceiling with wooden beams, wood-beam ceiling **Bal·ken·dia·gramm** *nt* bar chart **Bal·ken·kode** *m* bar code **Bal·ken·kode·le·ser** *m* optical bar reader **Bal·ken·kon·struk·ti·on** *f* timber-frame construction **Bal·ken·über·schrift** *f* MEDIA banner headline **Bal·ken·waa·ge** *f* beam balance

Bal·kon <-s, -s *o* -e> [bal'kɔŋ, bal'kõ:] *m* ① ARCHIT balcony
② THEAT dress circle

Bal·kon·pflan·ze *f* balcony plant **Bal·kon·tür** *f* French window[s] **Bal·kon·zim·mer** *nt* room with balcony

Ball[1] <-[e]s, Bälle> [bal, *pl* 'bɛlə] *m* ① *(zum Spielen)* ball; **am ~ sein** to be in possession of the ball, to have the ball; **jdm den ~ zuspielen** to feed sb the ball; **~ spielen** to play ball
② *(runder Gegenstand)* ball; **der ~ der Sonne** *(poet)* the sun's fiery orb
▶ WENDUNGEN: **den ~ aufgreifen** to pick up on a point; **am ~ bleiben** to stay on the ball *fig;* **bei jdm am ~ bleiben** to keep in with sb *fig;* **am ~ sein** to be on the ball *fig;* **jdm den ~ zuspielen** to feed sb lines *fig*

Ball[2] <-[e]s, Bälle> [bal, *pl* 'bɛlə] *m (Tanzfest)* ball; *(mit Mahl a.)* dinner-dance BRIT; **auf dem ~** at the ball

bal·la·bal·la *adj pred (sl)* whacko BRIT *sl*

Bal·la·de <-, -n> [ba'la:də] *f* ballad

bal·la·den·haft *adj* balladic, ballad-like

bal·la·desk [bala'dɛsk] *adj s.* **balladenhaft**

Bal·last <-[e]s, -e> ['balast, ba'last] *m pl selten* NAUT, LUFT ballast; *(fig)* burden, encumbrance; **~ ab-/über Bord werfen** NAUT, LUFT to discharge [*or* shed] ballast; *(fig: sich von etwas Unnützem befreien)* to get rid of a burden [*or* an encumbrance]

Bal·last·stof·fe *pl* roughage *sing,* [dietary] fibre [*or* AM -er]

bal·len ['balən] **I.** *vt* ■ **etw ~** to press sth together [into a ball]; **Papier ~** to crumple paper [into a ball]; **die Faust** [**gegen jdn**] **~** to clench one's fist [at sb]; **die Hand zur Faust ~** to clench one's [*or* make a] fist; *s. a.* **Faust**
II. *vr* ■ **sich** *akk* **~** to crowd [together]; *Wolken* to gather; *Faust* to clench; *Verkehr* to build up

Bal·len <-s, -> ['balən] *m* ① *(rundlicher Packen)* bale
② *(an Hand o Fuß)* ball; *(bei Tieren)* pad

Bal·len·wild *nt* small game

Bal·le·rei <-, -en> *f (fam)* ① *(Schießerei)* shooting
② *(Knallerei)* banging

Bal·le·ri·na[1] <-, Ballerinen> [balə'ri:na, *pl* -'ri:nən] *f* ballerina, ballet-dancer

Bal·le·ri·na[2] <-s, Ballerinas> [balə'ri:na] *m (Schuh)* court shoe BRIT, pump AM

Bal·le·ri·na·schuh *m* pump

Bal·ler·mann <-männer> *m (sl)* gun

bal·lern ['balɐn] **I.** *vi (fam)* ① *(schießen)* ■ [**mit etw** *dat*] **~** to shoot [*or* fire] [with sth]; ***in Deutschland wird zu Silvester viel geballert*** there are lots of fireworks in Germany on New Year's Eve
② *(knallen)* to bang
③ *(poltern)* ■ **gegen etw** *akk* **~** to hammer against sth; **gegen die Tür ~** to bang on the door
II. *vt (sl: zuschlagen)* ■ **etw ~** to bang [*or* slam] sth; **jdm eine ~** to sock sb one *sl*

Bal·lett <-[e]s, -e> [ba'lɛt] *nt* ① *(Tanz)* ballet
② *(Tanzgruppe)* ballet [company]; **zum ~ gehen** to become a ballet dancer; **beim ~ sein** to be [a dancer] with the ballet, to be a ballet dancer

Bal·let·tän·zer(in)[ALT] *m(f) s.* **Balletttänzer**

Bal·let·teu·se <-, -n> [balɛ'tø:zə] *f (geh)* [ballet] dancer

Bal·lett·korps [-ko:ɐ̯] *nt* corps de ballet + *sing/pl vb* **Bal·lett·meis·ter(in)** *m(f)* ballet master, maître de ballet **Bal·lett·mu·sik** *f* ballet music **Bal·lett·röck·chen** *nt* tutu **Bal·lett·schu·he** *pl* ballet shoes *pl* **Bal·lett·tän·zer(in)**[RR] *m(f)* ballet dancer **Bal·lett·trup·pe** *f* ballet [company]

Ball·ge·fühl *nt kein pl* SPORT feeling for the ball

Ball·haus·ten·nis *nt* real tennis

Bal·lis·tik <-> [ba'lɪstɪk] *f kein pl* ballistics + *sing vb*

bal·lis·tisch [ba'lɪstɪʃ] *adj* ballistic

Ball·jun·ge *m* TENNIS ball boy

Ball·kleid *nt* ball dress [*or* gown]

Ball·mäd·chen *nt* TENNIS *fem form von* **Balljunge** ball girl

Bal·lon <-s, -s *o* -e> [ba'lɔŋ, ba'lõ:] *m* ÖSTERR, SCHWEIZ ① *(Luftballon)* balloon
② *(bauchiger Glasbehälter)* carboy, demijohn

③ *(sl: Kopf)* nut BRIT, bean *dated fam;* **einen [roten] ~ kriegen** *(fam)* to turn [*or* go] bright red, to go [as] red as a beetroot

Bal·lon·auf·stieg *m* balloon ascent **Bal·lon·di·la·ta·ti·on** <-, -en> *f* MED balloon dila[ta]tion **Bal·lon·fah·rer(in)** *m(f)* balloonist **Bal·lon·fahrt** *f* **auf ~ gehen** to go up in a [hot air] balloon **Bal·lon·gon·del** *f* balloon car, nacelle, basket **Bal·lon·hül·le** *f* [balloon] envelope; *(bei Luftschiffen)* gasbag **Bal·lon·korb** *m* balloon car, nacelle, basket **Bal·lon·müt·ze** *f (veraltet)* Mao cap **Bal·lon·rei·fen** *m (veraltet)* balloon tyre [*or* AM tire] **Bal·lon·rock** *m* puffball **Bal·lon·wer·bung** *f kein pl* HANDEL balloon advertising

Ball·saal *m* ballroom

Ball·spiel *nt* ball game **Ball·spie·len** <-s> *nt kein pl* playing ball; **~ gehen** to go and play ball; **„~ verboten"** "No ball games"

Bal·lung <-, -en> *f* ① *(Ansammlung)* concentration; *Truppen* build-up, massing; **die ~ der Kaufkraft in einer Region** the concentration of spending power in a region
② *(Verdichtung)* accumulation [*or* concentration]

Bal·lungs·ge·biet *nt,* **Bal·lungs·raum** *m* conurbation **Bal·lungs·zen·trum** *nt* centre [*or* AM -er] of population; **industrielles ~** centre [*or* AM -er] of industry

Ball·wech·sel *m* rally

Bal·sa·holz ['balza-] *nt* balsa[wood]

Bal·sam <-s, -e> ['balza:m] *m* ① *(Salbe)* balsam, balm
② *(fig)* balm; **~ für die Seele sein** to be [*or* work] like balm for the soul

Bal·sam·es·sig *m* balsamic vinegar

bal·sa·mie·ren [balza'mi:rən] *vt* ① *(vor Verwesung schützen)* **einen Leichnam ~** to embalm sth
② *(geh: einölen)* ■**jdn ~** to anoint sb, to salve sb

Bal·te <-en, -en> ['baltə] *m* Balt, person [*or* man] from the Baltic

Bal·ti·kum <-s> ['baltikʊm] *nt* ■**das ~** the Baltic states

Bal·tin <-, -nen> ['baltɪn] *f fem form von* **Balte** Balt, person [*or* woman] from the Baltic

bal·tisch ['baltɪʃ] *adj* Baltic

Ba·lus·tra·de <-, -n> [balʊs'tra:də] *f* balustrade

Balz <-, -en> [balts] *f* ① *(Paarungsspiel)* courtship display
② *(Paarungszeit)* mating season

bal·zen ['baltsn̩] *vi* to perform a courtship display

Balz·tanz *m* BIOL courtship dance **Balz·zeit** *f s.* **Balz 2**

Bam·ba·ra¹ <-, -> [bam'ba:ra, 'bambara] *m o f* Bambara

Bam·ba·ra² <-> [bam'ba:ra, 'bambara] *nt* ■**das ~** Bambara

Bam·bus <-ses *o* -, -se> ['bambʊs] *m* bamboo

Bam·bus·bär *m s.* **Panda Bam·bus·rohr** *nt* bamboo cane **Bam·bus·spros·sen** *pl* bamboo shoots *pl*

Bam·mel <-s> ['baml̩] *m (fam)* ■**[einen] ~ vor jdm/etw haben** to be scared of sb/sth; **[einen] großen ~ vor etw** *dat* **haben** to be scared stiff of sth

ba·nal [ba'na:l] *adj* banal; **eine ~e Angelegenheit/Ausrede** a trivial matter/excuse; **eine ~e Bemerkung** a trite [*or* trivial] remark; **ein ~es Thema** a commonplace topic

ba·na·li·sie·ren* [banali'zi:rən] *vt (geh)* ■**etw ~** to trivialize sth

Ba·na·li·tät <-, -en> [banali'tɛ:t] *f* ① *kein pl (banale Beschaffenheit)* banality [*or* triteness]; *eines Themas, einer Angelegenheit* triviality; **von großer ~** extremely trivial
② *meist pl (banale Äußerung)* platitude

Ba·na·ne <-, -n> [ba'na:nə] *f* banana

Ba·na·nen·damp·fer *m* banana boat **Ba·na·nen·plan·ta·ge** *f* banana plantation **Ba·na·nen·re·pu·blik** *f (pej)* banana republic **Ba·na·nen·scha·le** *f* banana skin **Ba·na·nen·stau·de** *f* banana [plant] **Ba·na·nen·ste·cker** *m* ELEK *(veraltend)* banana plug

Ba·nau·se <-n, -n> [ba'nauzə] *m (pej)* philistine

band [bant] *imp von* **binden**

Band¹ <-[e]s, Bänder> [bant, *pl* 'bɛndɐ] *nt* ① *(Streifen Gewebe)* ribbon *a. fig; (Haarband)* hair ribbon; *(Hutband)* hatband; *(Schürzenband)* apron string; **das Blaue ~** the Blue Riband [*or* Ribbon]
② *(Messband)* measuring tape
③ *(Metallband)* metal band
④ *(Verpackungsband)* packaging tape
⑤ TECH *(Tonband)* [recording] tape; **etw auf ~ aufnehmen** to tape [record] sth, to record sth on tape; **etw auf ~ diktieren** [*o* **sprechen**] to dictate sth on to tape; **auf ~ sein** to be [recorded] on tape; **etw auf ~ haben** to have sth [recorded] on tape
⑥ *(Fließband)* conveyor belt; **am ~ arbeiten** to work on an assembly [*or* a production] line; **vom ~ laufen** to come off the [production] line; **am laufenden ~** *(fam)* non-stop, continuously; **etw am laufenden ~ tun** to keep doing sth
⑦ RADIO wavelength, [frequency] band
⑧ *meist pl* ANAT ligament; **sich** *dat* **die Bänder zerren/[an]reißen** to strain/tear ligaments
⑨ BAU *(Baubeschlag)* hinge

Band² <-[e]s, -e> [bant, *pl* 'bandə] *nt (geh)* ① *(gegenseitige Beziehung)* bond, tie; **zarte ~e knüpfen** to start a romance
② *pl (Fesseln)* bonds *npl,* fetters *npl,* shackles *npl;* **jdn in ~e schlagen** *(veraltet)* to clap [*or* put] sb in irons

Band³ <-[e]s, Bände> [bant, *pl* 'bɛndə] *m* volume; **Bände füllen** to fill volumes; **über etw** *akk* **Bände schreiben können** to be able to write volumes about sth
▸WENDUNGEN: **Bände sprechen** *(fam)* to speak volumes

Band⁴ <-, -s> [bɛnt] *f* MUS band, group

Band⁵ [bant] *nt* **durchs ~** SCHWEIZ *(durchweg)* without exception

Ban·da·ge <-, -n> [ban'da:ʒə] *f* bandage
▸WENDUNGEN: **das sind harte ~n** *(fam)* those are hard words; **mit harten ~n kämpfen** *(fam)* to fight with no holds barred [*or* one's gloves off]

ban·da·gie·ren* [banda'ʒi:rən] *vt* ■**[jdm] etw ~** to bandage [up] [sb's] sth

Band·auf·nah·me *f* tape-recording

Band·brei·te *f* ① *(geh)* range
② FIN variation; **eine ~ von ... bis ... haben** to range from ... to ...
③ RADIO, INET bandwidth

Band·brei·ten·er·wei·te·rung *f* FIN broadening of the exchange rate bands

Bänd·chen¹ <-s, -> ['bɛntçən] *nt dim von* **Band ¹** small ribbon

Bänd·chen² <-s, -> ['bɛntçən] *nt dim von* **Band ³** small [*or* slim] volume

Ban·de¹ <-, -n> ['bandə] *f* ① *(Verbrecherbande)* gang, band
② MUS *(fam: Gruppe)* gang *fam*

Ban·de² <-, -n> ['bandə] *f* SPORT barrier; **die ~ eines Billardtisches** the cushion of a billiard table; **die ~ einer Reitbahn** the boards of an arena

Band·ei·sen *nt* metal hoop

Bän·del^RR^ <-s, -> ['bɛndl̩] *m* ① *(Schnürsenkel)* shoelace
② *(Bändchen)* ribbon
▸WENDUNGEN: **jdn am ~ haben** *(fam)* to be able to twist sb round one's little finger

Ban·den·chef(in) [-ʃɛf] *m(f) (fam),* **Ban·den·füh·rer(in)** *m(f)* gang leader

Ban·den·durch·läs·sig·keit *f kein pl* PHYS band permeability

Ban·den·grup·pe *f* PHYS series of bands **Ban·den·krieg** *m* gang war **Ban·den·kri·mi·na·li·tät** *f* [organized] gang crime

Ban·den·wer·bung *f* ÖKON *advertising on hoardings round the perimeter of sports arenas*

Ban·de·ro·le <-, -n> [bandə'ro:lə] *f* revenue stamp [*or* seal] **Ban·de·ro·len·ein·schlag** *m* banderoling, sleeve-wrapping

Bän·der·riss^RR^ ['bɛndɐ-] *m* MED torn ligament **Bän·der·zer·rung** *f* MED pulled ligament

Band·fer·ti·gung *f* ÖKON assembly-line production

Band·for·mat *nt* INFORM tape format

bän·di·gen ['bɛndɪgn̩] *vt* ① *(zähmen)* ■**ein Tier ~** to tame an animal
② *(niederhalten)* ■**jdn ~** to bring sb under control, to subdue sb
③ *(geh: zügeln)* ■**etw ~** to control [*or* overcome] sth, to bring sth under control; **Haare ~** to control one's hair; **Naturgewalten ~** to harness the forces of nature

Bän·di·gung <-, -en> *f* ① *(Zähmung)* taming
② *(Niederhaltung)* controlling, subduing
③ *(geh: Zügelung)* controlling, overcoming; **die ~ eines Brandes** bringing a fire under control; **die ~ von Naturgewalten** harnessing [of] the forces of nature

Ban·dit(in) <-en, -en> [ban'di:t] *m(f)* bandit, brigand *old;* **einarmiger ~** one-armed bandit

Band·ke·ra·mik *f* band ceramics *npl,* ribbon ware

Band·lauf·werk *nt* INFORM tape drive [*or* deck]; INFORM tape streamer; **computergesteuertes ~** computerized tape deck

Band·maß *nt* tape measure

Band·nu·del *f meist pl* tagliatelle *npl*

Ban·do·ne·on <-s, -s> [ban'do:neɔn] *nt* MUS bandoneon

Band·sä·ge *f* band saw

Band·schei·be *f* ANAT [intervertebral] disc; **es an [*o* mit] der ~ [*o* den ~n] haben** *(fam)* to have a slipped [*or* slipped a] disc

Band·schei·ben·scha·den *m* MED damaged [intervertebral] disc **Band·schei·ben·vor·fall** *m* MED slipped disc

Band·stahl *m* BAU strap iron

Band·wurm *m* tapeworm

bang <-er *o* bänger, -ste *o* bängste> [baŋ] *adj (geh)* scared, frightened; **~e Augenblicke/Minuten/Stunden** anxious moments/minutes/hours; **ein ~es Schweigen** an uneasy silence; **in ~er Erwartung** uneasily; **es ist/wird jdm ~ [zumute]** to be/become uneasy [*or* anxious]; **jdm ist ~ [vor jdm/etw]** sb is scared [of sb/sth]; *s. a.* **Herz**

Ban·ga·le, Ban·ga·lin <-n, -n> [baŋ'ga:lə, -'ga:lɪn] *m, f s.* **Bangladescher**

ban·ga·lisch [baŋ'ga:lɪʃ] *adj* Bengali

ban·ge <-r *o* bänger, bangste *o* bängste> ['baŋə] *adj (geh) s.* **bang**

Ban·ge <-> ['baŋə] *f* **~ [vor jdm/etw] haben** to be scared [*or* frightened] [*or* afraid] [of sb/sth]; **jdm ~ machen** to scare [*or* frighten] sb; **~ machen gilt nicht!** *(fam)* you can't scare me!; **[nur] keine ~!** *(fam)* don't be scared [*or* afraid]!; *(keine Sorge)* don't worry !

ban·gen ['baŋən] *vi (geh)* ① *(sich ängstigen)* ■**um jdn/etw ~** to worry [*or* be worried] about sb/sth; **um jds Leben ~** to fear for sb's life
② *(Angst haben)* ■**es bangt jdm [vor jdm/etw] [*o* jdm bangt es [vor jdm/etw]]** sb is scared [*or* frightened] [*or* afraid] of sb/sth

Bang·la·desch, Bang·la·desh <-> [baŋla'dɛʃ] *nt* Bangladesh

Bang·la·de·scher(in) <-s, -> *m(f)* Bangladeshi

bang·la·de·schisch *adj* BRD, ÖSTERR Bangladeshi

Ban·jo <-s, -s> ['bændʒo] *nt* banjo

Bank¹ <-, Bänke> [baŋk, *pl* 'bɛŋkə] *f* ① *(Sitzmöbel)* bench; *(Gartenbank)* [garden] seat [*or* bench]; *(Anklagebank)* dock; **auf der Anklage~** in the dock; *(Kirchenbank)* pew; **vor leeren Bänken predigen** to preach to an empty church; *(Schulbank)* desk; **in der ersten ~** in the front [*or* first] row; *(Werkbank)* workbench; **vor leeren Bänken spielen** to play to an empty house
② *(bankförmige Anhäufung)* bank; *(Austernbank)* bed; *(Korallenbank)* reef; *(Sandbank)* sandbank, sandbar; *(Wolkenbank)* bank of clouds
▸WENDUNGEN: **[alle] durch die ~** *(fam)* every single one [*or* the whole lot] [of them]; **etw auf die lange ~ schieben** *(fam)* to put sth off

Bank² <-, -en> [baŋk] *f* ① FIN bank; **eröffnende ~** issuing [*or* opening] bank; **auf der ~** in the bank; **ein Konto bei einer ~ haben** to have an account with a bank; ~ **für Internationalen Zahlungsausgleich** Bank for International Settlements, BIS

② *(Kasse)* bank; **die ~ haben** [*o* **halten**] to be [the] banker, to have a bank; **die ~ sprengen** to break the bank

Bank·ak·ti·va *pl* FIN bank's resources **Bank·ak·zept** *nt* JUR banker's acceptance

Bank-an-Bank-Kre·dit *m* FIN interbank lending

Bank·an·ge·stell·te(r) *f(m) dekl wie adj* bank employee **Bank·an·wei·sung** *f* banker's order **Bank·ar·beits·tag** *m* FIN banking day

Bank·auf·sichts·be·hör·de *f* FIN bank supervisory authority **Bank·auf·sichts·recht** *nt* JUR bank supervising law **Bank·auf·sichts·ver·ein·ba·rung** *f* FIN international banking supervisory code

Bank·aus·kunft *f* FIN bank[er's] reference; ~ **einholen** to obtain a bank[er's] reference **Bank·aus·kunfts·ver·fah·ren** *nt* FIN [banker's] reference procedure

Bank·au·to·mat *m* [automated] cash dispenser, automated teller machine, ATM, bank machine **Bank·avis** *nt* FIN bank's advice **Bank·be·trieb** *m* banking operations *pl* **Bank·bürg·schaft** *f* FIN bank guarantee

Bänk·chen <-s, -> ['bɛŋkçən] *nt dim von* **Bank**[1] little [*or* small] bench

Bank·code [-ko:t] *m* FIN *(Bankleitzahl)* bank code **Bank·dar·le·hen** *nt* FIN bank loan **Bank·dienst·leis·tung** *f* FIN banking service **Bank·di·rek·tor, -di·rek·to·rin** *m, f* bank manager, director of a bank **Bank·ein·la·ge** *f* bank deposit

Bän·kel·lied ['bɛŋkḷli:t] *nt* street ballad **Bän·kel·sän·ger(in)** *m(f)* ballad-singer

Ban·ken·auf·sicht *f* bank supervision **Ban·ken·auf·sichts·amt** *nt* FIN bank supervisory authorities *pl*, Comptroller of the Currency AM

Ban·ken·be·tei·li·gung *f* FIN bank investment [*or* share] **Ban·ken·fu·si·on** *f* bank merger **Ban·ken·grup·pe** *f* FIN banking group, group of banks **Ban·ken·in·dex** *m* FIN bank index **Ban·ken·kon·sor·ti·um** *nt* bank[ing] consortium [*or* syndicate] **Ban·ken·kon·zes·si·on** *f* FIN bank charter **Ban·ken·nie·der·las·sungs·richt·li·ni·en** *pl* FIN bank establishment rules **Ban·ken·prü·fer(in)** *m(f)* banking auditor **Ban·ken·prü·fung** *f* FIN bank examination **Ban·ken·recht** *nt kein pl* JUR banking law **Ban·ken·run** [-ran] *m* FIN run on a bank **Ban·ken·sek·tor** *m* banking sector **Ban·ken·vier·tel** *nt* banking district

Ban·ker(in) <-s, -> ['bɛŋkɐ] *m(f) (fam)* banker

Ban·kett[1] <-[e]s, -e> [baŋ'kɛt] *nt* banquet

Ban·kett[2] <-[e]s, -e> [baŋ'kɛt] *nt*, **Ban·ket·te** <-, -n> [baŋ'kɛtə] *f* verge BRIT, shoulder; **„~e nicht befahrbar** [*o* **unbefahrbar**]**"** "soft verges"

Bank·fach *nt* ① *(Schließfach)* safe-deposit box ② *(Beruf)* banking, banking profession; **im ~ arbeiten** to work in banking [*or* in the banking profession]

bank·fä·hig *adj* FIN bankable; **~er Scheck/Wechsel** bankable cheque/paper **Bank·fä·hig·keit** <-> *f kein pl* FIN bankability **Bank·fi·li·a·le** *f* branch *(of a bank)* **Bank·ga·ran·tie** *f* FIN bank guarantee **Bank·ge·büh·ren** *f* FIN bank charges *pl* **Bank·ge·heim·nis** *nt* [the bank's duty to maintain] confidentiality **Bank·ge·schäf·te** *pl* banking transactions *pl* **Bank·ge·sell·schaft** *f* FIN banking company [*or* corporation], bank **Bank·ge·setz** *nt* JUR, FIN banking act, Banking and Financial Dealings Act BRIT **Bank·ge·setz·ge·bung** *f* JUR banking legislation **Bank·ge·wer·be** *nt* FIN banking [sector] **bank·gi·riert** [-ʒi-] *adj inv* FIN bank-endorsed **Bank·gläu·bi·ger(in)** *m(f)* FIN bank creditor **Bank·gut·ha·ben** *nt* bank balance **Bank·hal·ter(in)** *m(f)* bank, banker **Bank·haupt·buch** *nt* FIN bank ledger **Bank·haus** *nt (geh)* banking house; ~ **Schlüter & Sohn** Schlüter & Son, Bankers

Ban·kier <-s, -s> [baŋ'ki̯e:] *m* banker

Bank·in·dos·sa·ment *nt* FIN bank stamp

Ban·king ['bɛŋkɪŋ] *nt* FIN **elektronisches ~** electronic banking

Bank·in·spek·tor(in) *m(f)* FIN superintendent of banks **Bank·in·sti·tut** *nt* FIN banking institution; **öffentlich-rechtliches ~** bank incorporated under public law

Ban·ki·va·huhn [baŋ'ki:va-] *nt* ORN red jungle fowl

Bank·kar·te *f* FIN bank card **Bank·kauf·mann, -frau** *m, f* [qualified] bank clerk **Bank·kon·to** *nt* bank account **Bank·kre·dit** *m* bank loan **Bank·ku·ra·to·ri·um** *nt* FIN bank trustees *pl* **Bank·leh·re** *f* training as a bank clerk **Bank·leis·tun·gen** *pl* bank performances [*or* results] *pl* **Bank·leit·zahl** *f* bank sorting code **Bank·mit·ar·bei·ter, -ar·bei·te·rin** *m, f* FIN employee of a/the bank

Bank·no·te *f* banknote **Bank·no·ten·her·stel·lung** *f* banknote printing [*or* production] **Bank·no·ten·um·lauf** *m kein pl* FIN circulation of bank notes

Ban·ko·mat <-en, -en> [baŋko'ma:t] *m* cash machine [*or* dispenser]

Bank·per·so·nal *nt* FIN bank staff **Bank·platz** *m (geh)* banking centre [*or* AM -er] **Bank·pro·vi·si·on** *f* bank charge **Bank·prü·fer, -prü·fe·rin** *m, f* FIN bank auditor **Bank·raub** *m* bank robbery **Bank·räu·ber(in)** *m(f)* bank robber **Bank·rech·nungs·we·sen** *nt* FIN bank accounting **Bank·re·ser·ve** *f* FIN bank reserves *pl* **Bank·re·vi·si·on** *f* FIN banking audit, bank examination

bank·rott [baŋk'rɔt] *adj* ① ÖKON bankrupt; **jdn ~ machen** to bankrupt sb

② *(fig)* bankrupt, discredited

Bank·rott <-[e]s, -e> [baŋk'rɔt] *m* bankruptcy; **~ machen** to go [*or* become] bankrupt; **betrügerischer ~** fraudulent bankruptcy

Bank·rott·er·klä·rung *f* ① ÖKON declaration of bankruptcy

② *(Erklärung der Inkompetenz)* declaration of failure

Bank·rot·teur(in) <-s, -e> [baŋkrɔ'tø:ɐ] *m(f) (geh)* bankrupt

bank·rott|ge·hen[RR] *vi irreg sein* to go [*or* become] bankrupt **Bank·rott·ge·setz** *nt* JUR Bankruptcy Act BRIT

Bank·rück·la·ge *f* FIN bank reserves *pl* **Bank·schal·ter** *m* bank counter BRIT, [teller] window **Bank·scheck** *m* FIN bank check **Bank·schließ·fach** *nt* safe-deposit box **Bank·schul·den** *pl* FIN bank [*or* commercial] debts *pl* **Bank·trat·te** <-, -n> *f* FIN bank draft **Bank·über·fall** *m* bank raid **Bank·über·wei·sung** *f* bank transfer **bank·üb·lich** *adj* ***es ist ~*** it is normal banking practice **Bank·ver·bind·lich·kei·ten** *pl* FIN BRIT bank loans and overdrafts **Bank·ver·bin·dung** *f* banking arrangements; **wie ist Ihre ~?** what are the particulars of your bank account? **Bank·ver·ei·ni·gung** *f* FIN banking association **Bank·ver·kehr** *m kein pl* banking *no pl*, bank transactions *pl* **Bank·voll·macht** *f* FIN bank mandate **Bank·wech·sel** *m* FIN bank draft **Bank·wer·te** *pl* FIN bank shares [*or* stocks] **Bank·we·sen** *nt kein pl* banking **Bank·wirt·schaft** *f* FIN banking industry [*or* sector]

Bann <-[e]s> [ban] *m* ① *(geh)* spell; **in jds** *akk* **~/in den ~ einer S.** *gen* **geraten** to come under sb's/sth's spell; **jdn in ~ halten** *(geh)* to hold sb in one's spell; **jdn in seinen ~ schlagen** [*o* **ziehen**] to cast a spell over sb; **in jds** *dat* **~/im ~ einer S.** *gen* **stehen** to be under sb's spell/under the spell of sth

② HIST excommunication; **den ~ über jdn aussprechen** to excommunicate sb; **jdn vom ~ lösen** to absolve sb [from excommunication]; **jdn in den ~ tun** [*o* **jdn mit dem ~ belegen**] to excommunicate sb

Bann·bul·le *f* HIST bull [*or* letter] of excommunication

ban·nen ['banən] *vt* ① *(geh: faszinieren)* ▪**jdn ~** to entrance [*or* captivate] sb; [**wie**] **gebannt** [as though] bewitched [*or* entranced]; **jdn/etw auf die Leinwand** [*o* **auf Film**] ~ to capture sb/sth on film

② *(fernhalten)* ▪**jdn/etw ~** to exorcize sb/sth; **Gefahr ~** to avert [*or* ward off] danger; ***die Hochwassergefahr ist noch nicht gebannt*** the danger of flooding has not passed yet

Ban·ner <-s, -> ['banɐ] *nt* banner; **das ~ einer Sache hochhalten** to hold high the banner of sth

Ban·ner·trä·ger(in) *m(f) (a. fig)* standard-bearer

Bann·fluch *m* HIST excommunication **Bann·kreis** *m* influence; **in jds ~ stehen** to be under sb's influence; **in jds ~ geraten/in den ~ einer Sache geraten** to come under sb's/sth's influence **Bann·mei·le** *f restricted area round a [government] building in which public meetings or demonstrations are banned* **Bann·strahl** *m (geh)* excommunication **Bann·wald** *m* ÖSTERR, SCHWEIZ *forest planted as protection against avalanches*

Ban·tam·ge·wicht ['bantam-] *nt* SPORT ① *kein pl (Klasse)* bantamweight; **im ~ boxen** to box in the bantamweight category

② *(Sportler)* bantamweight

Ban·tam·ge·wicht·ler(in) <-s, -> *m(f) s.* **Bantamgewicht 2**

Ban·tu <-[s], -[s]> ['bantu] *m* Bantu

Ba·o·bab <-s, -s> ['ba:obap] *m* BOT *(Baum)* baobab

BAPT <-> *nt kein pl Abk von* **Bundesamt für Post und Telekommunikation** ≈ German Post Office

Bap·tist(in) <-en, -en> [bap'tɪst] *m(f)* Baptist

bar [ba:ɐ̯] *adj* ① *(in Banknoten oder Münzen)* cash; **~es Geld** cash; **~e Zahlungen** payments in cash; [**in**] **~ bezahlen** to pay [in] cash; **gegen ~** for cash; ***Verkauf nur gegen ~*** cash sales only; ***600 Euro in ~*** 600 euros [in] cash

② *attr (rein)* pure; **~er Unsinn** utter [*or* absolute] rubbish [*or* garbage]

③ *pred (geh: ohne)* ▪**~ einer S.** *gen* devoid of [*or* [utterly] without] sth

bar, Bar <-s, -s> [ba:ɐ̯] *nt als Maßeinheit* bar

Bar <-, -s> [ba:ɐ̯] *f* bar

Bär(in) <-en, -en> [bɛ:ɐ̯] *m(f)* bear; **stark wie ein ~** *(fam)* strong as an ox; **wie ein ~ schlafen** *(fam)* to sleep like a log; **der Große/Kleine ~** the Great/Little Bear, Ursa Major/Minor *spec*

▸WENDUNGEN: **jdm einen ~en aufbinden** *(fam)* to have [*or* put] sb on, to pull sb's leg

Bar·ab·fin·dung *f* FIN money compensation **Bar·ab·he·bung** *f* FIN cash withdrawal **Bar·ab·lö·sungs·wert** *m* FIN cash surrender value

Ba·ra·cke <-, -n> [ba'rakə] *f* hut, shack

Bar·an·ge·bot *nt* HANDEL cash offer **Bar·aus·gleich** *m* FIN cash settlement **Bar·aus·la·gen** *pl* FIN out-of-pocket expenses **Bar·aus·schüt·tung** *f* FIN cash dividend [*or* distribution] **Bar·aus·zah·lung** *f* FIN cash payment

Bar·ba·di·er(in) <-s, -> [bar'ba:di̯ɐ] *m(f)* Barbadian, Bajan *fam*

bar·ba·disch [bar'ba:dɪʃ] *adj* Barbadian

Bar·ba·dos <-> [bar'ba:dɔs] *nt* Barbados

Bar·bar(in) <-en, -en> [bar'ba:ɐ̯] *m(f)* ① *(pej)* barbarian, brute

② HIST Barbarian

Bar·ba·ra·kraut ['barbara] *nt kein pl* winter cress, land cress

Bar·ba·rei <-, -en> [barba'rai] *f (pej)* ① *(Unmenschlichkeit)* barbarity; **ein Akt der ~** an act of barbarity, a barbarous act

② *kein pl (Kulturlosigkeit)* barbarism; **in ~ versinken** [*o* **in die ~ zurücksinken**] to [re]lapse into barbarism

Bar·ba·rie-En·te [barba'ri:] *f* KOCHK Musk duck

Bar·ba·rin <-, -nen> *f fem form von* **Barbar**

bar·ba·risch [bar'ba:rɪʃ] **I.** *adj* ① *(pej: unmenschlich)* barbarous; **~e Folter** brutal torture; **eine ~e Strafe** a savage punishment

② *(fam: grässlich)* barbaric

③ *(fam: unerhört)* dreadful, terrible

④ HIST barbarian

II. *adv* ① *(grausam)* brutally

② *(fam: entsetzlich)* dreadfully, awfully

Bar·be <-, -n> ['barbə] *f* ZOOL, KOCHK *(Fischart)* barbel

bär·bei·ßig ['bɛːɐ̯baisɪç] *adj (fam)* grumpy; **ein ~er Ton** a gruff tone

Bar·ben·kraut ['barbṇ-] *nt* winter cress, barbarea

Bar·be·stand *m* FIN cash [*or* balance] on hand, cash balance **Bar·be·trag** *m* HANDEL cash amount

Bar·bie·pup·pe ['barbi-] *f (pej)* Barbie doll

Bar·bier <-s, -e> [bar'bi:ɐ̯] *m (veraltet)* barber

Bar·bi·tu·rat <-[e]s, -e> [barbitu'ra:t] *nt* barbiturate

Bar·bi·tur·säu·re [barbi'tu:ɐ̯-] *f* PHARM barbituric ac-

id
bar·bu·sig I. *adj* topless
II. *adv* topless
Bar·code <-s, -s> ['ba:ɐkoʊd, -ko:t] *m* bar code
Bar·code·le·se·ge·rät *nt* TECH bar code reader
Bar·da·me *f* barmaid, hostess
Bar·de <-n, -n> ['bardə] *m* bard
Bar·de·pot [-depo:] *nt* FIN cash deposit
bar·die·ren [bar'di:rən] *vt* KOCHK to wrap in bacon
Bar·dis·kont *m* FIN cash discount **Bar·di·vi·den·de** *f* FIN cash dividend
Ba·re(s) *nt kein pl* cash
Bar·ein·gän·ge *pl* FIN cash receipts **Bar·ein·la·ge** *f* FIN cash deposit; *(eines Geschäftspartners)* contribution in cash **Bar·ein·zah·lung** *f* FIN cash item
Bä·ren·dienst *m* ▸WENDUNGEN: **jdm einen ~ erweisen** to do sb a bad turn [*or* disservice] **Bä·ren·dreck** *m* SÜDD, SCHWEIZ *(Lakritze)* liquorice BRIT, licorice AM **Bä·ren·haut** *f* bearskin ▸WENDUNGEN: **auf der ~ liegen** *(pej fam)* to laze about, to lie around **Bä·ren·hun·ger** *m* a massive appetite; **einen ~ haben** *(fam)* to be famished [*or* ravenous] [*or* starving] **Bä·ren·jagd** *f* bear hunt[ing] **Bä·ren·klau** <-> *m kein pl* BOT hogweed, cow parsnip **Bä·ren·kräf·te** *pl* the strength of an ox **Bä·ren·krebs** *m* ZOOL, KOCHK slipper lobster **Bä·ren·lauch** *m* wild garlic, ramson **Bä·ren·na·tur** *f* tough constitution; **eine ~ haben** *(fam)* to be tough **bä·ren·stark** *adj* ❶ *(fam: äußerst stark)* as strong as an ox *pred* ❷ *(sl: toll)* cool
Bar·ent·nah·me *f* FIN withdrawal of cash **Bä·ren·trau·be** *f* BOT bearberry
Ba·rents·see ['ba:rənts-] *f* Barents Sea
Ba·rett <-[e]s, -e *o* -s> [ba'rɛt] *nt* beret; *(von Geistlichem)* biretta; *(von Richter)* cap; *(von Professor)* mortarboard
bar·fuß ['ba:ɐ̯fu:s] *adj pred* barefoot[ed]
bar·fü·ßig ['ba:ɐ̯fy:sɪç] *adj* ❶ *attr* barefooted
❷ *pred (geh) s.* **barfuß**
barg [bark] *imp von* **bergen**
Bar·ge·bot *nt* JUR bid in cash
Bar·geld *nt* cash **Bar·geld·ab·he·bung** *f* cash withdrawal **Bar·geld·be·stand** *m* FIN cash balance; **~ bei Nichtbanken** nonbank cash balance **Bar·geld·fluss**^RR *m* FIN cash flow **Bar·geld·kon·to** *nt* FIN cash account
bar·geld·los I. *adj* cashless
II. *adv* without using cash; **~ zahlen** to pay without cash [*or* by credit card etc.]
Bar·geld·quo·te *f* FIN cash [*or* currency] quota **Bar·geld·trans·port** *m* transport of cash **Bar·geld·über·wei·sung** *f* FIN cash transfer **Bar·geld·um·lauf** *m kein pl* FIN cash in circulation **Bar·geld·um·stel·lung** *f* circulation of a new currency; *(auf Euro)* introduction of the Euro in cash form **Bar·geld·ver·kehr** *m* FIN cash transactions *pl* **Bar·geld·ver·tei·lung** *f* FIN cash distribution **Bar·geld·vo·lu·men** *nt* FIN total notes and coins in circulation
Bar·ge·schäft *nt* FIN cash sale [*or* deal]
bar·häup·tig I. *adj (geh)* bare-headed
II. *adv (geh)* bare-headed
Bar·ho·cker *m* bar stool
bä·rig ['bɛ:rɪç] *adj (fam)* great *fam*
Bä·rin <-, -nen> *f fem form von* **Bär** [she-]bear
Ba·ri·ton <-s, -e> ['ba(:)ritɔn] *m* baritone
Ba·ri·um <-s> ['ba:ri̯ʊm] *nt kein pl* barium
Bar·kas·se <-, -n> [bar'kasə] *f* launch
Bar·kauf *m* cash purchase
Bar·ke <-, -n> ['barkə] *f* skiff, rowing boat
Bar·kee·per(in) <-s, -> ['ba:ɐki:pɐ] *m(f)*, **Bar·mann** *m* barman, bartender
Bar·kon·to *nt* FIN cash account **Bar·kre·dit** *m* FIN cash credit
Bär·lapp <-s, -e> ['bɛ:ɐ̯lap] *m* BOT clubmoss, lycopod
Bär·lauch *m* BOT broad-leaved garlic
Bar·leis·tun·gen *pl* FIN cash benefits *pl*
Bar·löf·fel *m* mixing spoon *(for drinks)*
barm·her·zig [barm'hɛrtsɪç] *adj (mitfühlend)* compassionate; ■**~ sein** to show compassion; **eine ~e Tat** an act of compassion
▸WENDUNGEN: **[Gott] der B~e** REL merciful God
Barm·her·zig·keit <-> *f kein pl* mercy, compassion; **[an jdm] ~ üben** *(geh)* to show mercy to [*or* compassion towards] sb
Bar·mit·tel *pl* FIN cash [funds *pl*]; **mangels ~** for lack of funds
Bar·mi·xer(in) <-s, -> *m(f)* barman
Bar Miz·wa[1] <-s, -s> [ba:ɐ̯'mɪtsva] *m* REL Bar Mitzvah
Bar Miz·wa[2] <-, -s> [ba:ɐ̯'mɪtsva] *f* REL Bar Mitzvah
ba·rock [ba'rɔk] *adj* ❶ KUNST, ARCHIT, LIT baroque
❷ *(üppig)* baroque [*or* ornate]; **eine ~e Figur** an ample [*or* voluptuous] figure; **eine ~e Sprache** florid language
❸ *(pompös)* extravagant
Ba·rock <-[s]> [ba'rɔk] *nt o m kein pl* baroque
Ba·rock-An·ti·qua *f* TYPO Transitionals *pl* **Ba·rock·kir·che** *f* baroque church **Ba·rock·mu·sik** *f* baroque music **Ba·rock·zeit** *f* the baroque [*or* age] period
Ba·ro·me·ter <-s, -> [baro'me:tɐ] *nt* barometer; **das ~ fällt/steigt** the barometer is falling/rising
▸WENDUNGEN: **das ~ steht auf Sturm** things look stormy
Ba·ro·me·ter·stand *m* barometer reading
ba·ro·me·trisch [baro'me:trɪʃ] *adj* PHYS barometrical; **~e Höhenformel** Boltzmann barometric equation; **~e Höhenmessung** barometric altitude measuring
Ba·ron(in) <-s, -e> [ba'ro:n] *m(f) (Adelstitel)* baron *masc,* baroness *fem*
Ba·ron [ba'ro:n] *m* KOCHK *(vom Lamm/Rind)* baron [of beef/lamb]
Ba·ro·ness^RR <-, -en> *f,* **Ba·ro·neß**^ALT <-, -essen> *f,* **Ba·ro·nes·se** <-, -n> [baro'nɛs(ə)] *f daughter of a baron*
Ba·ro·nin <-, -nen> *f fem form von* **Baron**
Bar·pos·ten *pl* FIN cash items *pl* **Bar·prä·mie** *f* FIN net premium payable
Bar·ra·ku·da <-, -s> [bara'ku:da] *m* ZOOL barracuda
Bar·rel <-s, -s *o als Maßeinheit* -> ['bɛrəl] *nt* barrel
Bar·ren[1] <-s, -> ['barən] *m* SPORT parallel bars *npl*
Bar·ren[2] <-s, -> ['barən] *m* bar, ingot; **in ~** in the form of bars [*or* ingots]
Bar·ren·di·te *f* FIN cash yield
Bar·ren·gold *nt* gold bullion
Bar·re·ser·ve *f* FIN cash funds *pl,* cash in vault; ■**~n** *pl* cash reserves *pl* **Bar·re·ser·ve·satz** *m* FIN rate on cash reserves
Bar·ri·e·re <-, -n> [ba'ri̯e:rə] *f (a. fig)* barrier
Bar·ri·e·re·riff *nt* GEOG **Großes ~** Great Barrier Reef
Bar·ri·ka·de <-, -n> [bari'ka:də] *f (Verschanzung)* barricade
▸WENDUNGEN: **[für etw** *akk*] **auf die ~n gehen** to man the barricades [for sth], to go on the warpath for [sth]
Bar·rück·kauf *m* FIN cash buy-back
barsch [barʃ] I. *adj* curt
II. *adv* curtly
Barsch <-[e]s, -e> [barʃ] *m* perch
Bar·schaft <-> *f kein pl (geh)* cash; ***50 Euro, das ist meine ganze ~!*** 50 euros is all the cash I have!
Bar·scheck *m* FIN open [*or* uncrossed] cheque BRIT, cashable check AM **Bar·si·cher·heit** *f* FIN cash deposit [*or* security] **Bar·sor·ti·ment** *nt* book wholesaler's, book distribution centre **Bar·spen·de** *f* FIN cash donation
barst [barst] *imp von* **bersten**
Bart <-[e]s, Bärte> [ba:ɐ̯t, *pl* 'bɛ:ɐ̯tə] *m* ❶ *(Vollbart)* beard; **einen ~ haben** to have a beard; **sich** *dat* **etw in den ~ brummeln** *(fam)* to mumble sth [into one's beard]; **sich** *dat* **einen ~ wachsen** [*o* **stehen**] **lassen** to grow a beard; **mit ~** bearded; **ohne ~** clean-shaven
❷ *(Schnurrbart)* moustache BRIT, AM *a.* mustache
❸ ZOOL whiskers
❹ TECH *(Schlüsselbart)* bit
▸WENDUNGEN: **der ~ ist ab** *(fam)* that's it!, that's that!; **jdm um den ~ gehen** *(fam)* to butter sb up; **einen ~ haben** *(fam)* to be as old as the hills; **beim ~e des Propheten** cross my heart
Bar·tausch *m* FIN cash exchange
Bärt·chen <-s, -> ['bɛ:ɐ̯tçən] *nt* small beard; *(Schnurrbart)* small moustache [*or* AM *a.* mustache]
Bar·ten·wal ['bartn̩-] *m* ZOOL whalebone [*or* baleen] whale
Bart·flech·te *f* ❶ MED sycosis ❷ BOT beard lichen [*or* moss] **Bart·grun·del** <-, -n> *f* ZOOL, KOCHK *s.* **Schmerle** **Bart·haar** *nt* ❶ *(im Gesicht)* facial hair ❷ ZOOL whisker
Bar·thel ['bartl̩] *m* ▸WENDUNGEN: **wissen, wo [der] ~ den Most holt** *(fam)* to know what's what [*or* every trick in the book]
Bar·tho·lo·mä·us·nacht [bartolo'mɛ:ʊs-] *f* HIST ■**die ~** the Massacre of St Bartholemew
bär·tig ['bɛ:ɐ̯tɪç] *adj* bearded
Bär·ti·ge(r) *m dekl wie adj* a bearded man, a man with a beard
bart·los *adj* beardless, clean-shaven
Bart·männ·chen *nt* KOCHK, ZOOL cusk eel **Bart·nel·ke** *f* sweet william **Bart·schnei·der** *m* beard trimmer **Bart·stop·peln** *pl* stubble *sing* **Bart·wuchs** *m* growth of beard; *(Frau)* facial hair
Bar·ver·gü·tung *f* FIN cash compensation **Bar·ver·kauf** *m* cash sale **Bar·ver·lust** *m* FIN net [*or* clear] loss **Bar·ver·mö·gen** *nt* cash [*or* liquid] assets
Bar·wert *m* FIN cash [*or* present] value **Bar·wert·an·satz** *m* FIN cash [*or* present] value estimate **Bar·wert·er·mitt·lung** *f* FIN cash [*or* present] value determination **Bar·wert·kon·zept** *nt* FIN cash [*or* present] value concept **Bar·wert·ma·xi·mie·rung** *f* FIN cash value maximization **Bar·wert·me·tho·de** *f* FIN cash [*or* present] value method **Bar·wert·mo·dell** *nt* FIN cash [*or* present] value concept **Bar·wert·ver·än·de·run·gen** *pl* FIN cash value change *sing* **Bar·wert·ver·fah·ren** *nt* FIN cash [*or* present] value method
Ba·ryt <-[e]s, -e> [ba'ry:t] *m* barytes, barite
Bar·zah·ler, -zah·le·rin *m, f* FIN cash payer
Bar·zah·lung *f* payment in cash, cash payment
Bar·zah·lungs·be·din·gun·gen *pl* FIN cash terms **Bar·zah·lungs·preis** *m* FIN cash price **Bar·zah·lungs·ver·ein·ba·rung** *f* FIN cash payment deal **Bar·zah·lungs·ver·fah·ren** *nt* FIN cash-based payment system **Bar·zah·lungs·ver·trag** *m* JUR cash contract
Bar·zan·ge *f (zum Öffnen)* bar tongs *npl*
Ba·sa·li·om <-s, -e> [baza'li̯o:m] *nt* MED basal cell carcinoma, rodent ulcer
Ba·salt <-[e]s, -e> [ba'zalt] *m* basalt
Ba·sal·zell·schicht [ba'za:l-] *f* MED Malpighian layer
Ba·sar <-s, -e> [ba'za:ɐ̯] *m* ❶ *(orientalischer Markt)* bazaar
❷ *(Wohltätigkeitsbasar)* bazaar
Ba·se[1] <-, -n> ['ba:zə] *f* CHEM base
Ba·se[2] <-, -n> ['ba:zə] *f* ❶ *(veraltet) s.* **Cousine**
❷ SCHWEIZ *s.* **Tante**
Base·ball <-s> ['bəɪsbo:l] *m kein pl* baseball
Base·ball·schlä·ger *m* baseball bat
Ba·se·dow-Krank·heit, Ba·se·dow·krank·heit^RR, **ba·se·dow·sche Krank·heit** ['ba:zedo-] *f kein pl* [exophthalmic] goitre [*or* AM -er]
Base·jum·ping <-s> ['beɪsdʒʌmpɪŋ] *nt kein pl* SPORT base-jumping *(parachuting off buildings, bridges, etc.)*
Ba·sel <-s> ['ba:zl̩] *nt* Basle [*or* Basel]
Ba·sel·land·schaft <-s> *nt* Basel District
Ba·sel-Stadt <-> *nt* Basel City
Ba·sen *pl von* **Basis, Base**
Ba·sen·bil·dung *f* CHEM basification
Ba·sen·paa·rung *f* BIOL base pairing
BASIC <-[s]> ['beɪsɪk] *nt kein pl Akr von* **Beginners All-Purpose Symbolic Instruction Code** BASIC
ba·sie·ren* [ba'zi:rən] I. *vi* ■**auf etw** *dat* **~** to be based on sth
II. *vt (selten)* ■**etw auf etw** *akk* **~** to base sth on sth
Ba·si·li·ka <-, Basiliken> [ba'zi:lika, *pl* ba'zi:likən] *f* basilica
Ba·si·li·kum <-s> [ba'zi:likʊm] *nt kein pl* basil
Ba·si·lisk <-en, -en> [bazi'lɪsk] *m* basilisk

Ba·sis <-, Basen> ['ba:zɪs, *pl* 'ba:zn̩] *f* ① *(Grundlage)* basis
② POL *(die Parteimitglieder/die Bürger)* ■**die ~** the grass roots [level]; **an der ~ arbeiten** to do grass roots work
③ ARCHIT base
④ MIL base

Ba·sis·ar·beit *f* groundwork, work at grass roots level **Ba·sis·aus·stat·tung** *f* basic equipment **Ba·sis·camp** [-kɛmp] *nt* base camp

ba·sisch ['ba:zɪʃ] **I.** *adj* CHEM basic
II. *adv* CHEM as a base

Ba·sis·da·ten *pl* INFORM basic data **Ba·sis·de·mo·kra·tie** *f kein pl* grass-roots democracy **Ba·sis·ein·heit** *f* ÖKON base unit **Ba·sis·ge·sell·schaft** *f* FIN foreign-based company **Ba·sis·grup·pe** *f* POL action group **Ba·sis·jahr** *nt* ÖKON base year **Ba·sis·kos·ten** *pl* ÖKON base costs *pl* **Ba·sis·kurs** *m* BÖRSE, FIN base rate **Ba·sis·la·ger** *nt* base camp **Ba·sis·pa·tent** *nt* basic patent **Ba·sis·preis** *m* BÖRSE, FIN *einer Aktie* exercise [*or* strike] price **Ba·sis·soft·ware** *f* INFORM basic software **Ba·sis·sta·ti·on** *f* base **Ba·sis·steu·er·satz** *m* FIN basic tax rate **Ba·sis·trend** [-trɛnt] *m* BÖRSE, FIN basic trend **Ba·sis·un·ter·neh·men** *nt* FIN base company **Ba·sis·wert** *m* BÖRSE *von Aktien* base value **Ba·sis·wis·sen** *nt kein pl* basic knowledge

Ba·si·zi·tät [bazitsi'tɛ:t] *f kein pl* CHEM basicity

Bas·ke, Bas·kin <-n, -n> ['baskə, 'baskɪn] *m, f* Basque

Bas·ken·land *nt* ■**das ~** Basque region **Bas·ken·müt·ze** *f* beret

Bas·ket·ball <-s> ['ba(:)skətbal] *m kein pl* basketball **Bas·ket·ball·korb** *m* basketball basket

Bas·kin <-, -nen> *f fem form von* **Baske**

Bas·kisch ['baskɪʃ] *nt dekl wie adj* Basque

bas·kisch ['baskɪʃ] *adj* Basque

Bas·kisch ['baskɪʃ] *nt dekl wie adj* Basque

Bas·ki·sche <-n> *nt* ■**das ~** Basque, the Basque language

Bas·ler(in) <-s, -> ['ba:zlɐ, 'ba:zlərɪn] *m(f)* native of Basle; *(Einwohner)* inhabitant of Basle

Bas·ma·ti <-s> [bas'ma:ti] *m kein pl* basmati [rice]

Bas·re·li·ef ['bareli̯ɛf] *nt* bas-relief

bass[RR], **baß**[ALT] [bas] *adv (hum)* **~ erstaunt sein** to be flabbergasted

Bass[RR] <-es, Bässe>, **Baß**[ALT] <-sses, Bässe> [bas, *pl* 'bɛsə] *m* ① MUS bass [voice]; *(Sänger)* bass; ***den ~ singen*** to sing bass [*or* the bass part]
② MUS bass [notes *pl*]

Bass·ba·ri·ton[RR] *m* bass baritone

Bas·set <-s, -s> [ba'se:, 'bæsɪt] *m (Hunderasse)* basset[-hound]

Bass·gei·ge[RR] *f (fam)* [double] bass **Bass·gi·tar·re**[RR] *f* bass guitar

Bas·sin <-s, -s> [ba'sɛ̃:] *nt* ① *(Schwimmbecken)* pool
② *(Gartenbassin)* pond

Bas·sist(in) <-en, -en> [ba'sɪst] *m(f)* ① *(Sänger)* bass [singer]
② *(Spieler eines Bassinstrumentes)* [double] bass player

bass·las·tig[RR] *adj* MUS *Musik, Sound, Song* heavy on the bass **Bass·schlüs·sel**[RR] *m* bass clef **Bass·stim·me**[RR] *f (Gesangsstimme)* bass [voice]; *(Partie)* bass [part] **Bass·töl·pel**[RR] *m* ORN gannet

Bast <-[e]s, -e> [bast] *m pl selten* ① BOT bast; *(Pflanzenfaser zum Binden)* raffia
② *(Geweih)* velvet

bas·ta ['basta] *interj* [**und damit**] **~!** [and that's] enough!

Bas·tard <-[e]s, -e> ['bastart] *m* ① *(fam: mieser Kerl)* bastard
② *(veraltet: uneheliches Kind)* bastard
③ BOT *(Hybride)* hybrid

bas·tar·di·sie·ren [bastardi'zi:rən] *vt* ■**etw ~** to bastardize sth

Bas·tar·di·sie·rung <-, -en> *f* BIOL, BOT bastardization

Bas·tei <-, -en> [bas'tai̯] *f* HIST *s.* **Bastion**

Bas·tel·ar·beit ['bastl̩-] *f* ① *(Tätigkeit des Bastelns)* handicraft [work]; *(knifflige Arbeit)* a tricky [*or* BRIT *fam a.* fiddly] job
② *(Ergebnis)* piece of handicraft [work]

Bas·te·lei <-, -en> *f (pej fam)* fiddling around *fam*

bas·teln ['bastl̩n] **I.** *vi* ① *(als Hobby)* to make things [with one's hands], to do handicrafts
② *(sich zu schaffen machen)* ■**an etw** *dat* **~** to work on sth; ***er bastelt schon den ganzen Tag an dem Computer herum*** he's been fiddling [*or* messing] around with the computer all day
II. *vt (handwerklich fertigen)* ■[**jdm**] **etw ~** to make sth [for sb]; **ein Gerät ~** to build a machine; ■**sich** *dat* **etw ~** to make oneself sth

Bas·teln <-s> ['bastl̩n] *nt kein pl* ① *(Hobby)* handicraft [work], making things
② *(Prozess des Anfertigens)* ■**das ~ einer Sache** making [*or* building] sth

Bas·til·le <-> [bas'ti:jə] *f kein pl* HIST Bastille; ***der Sturm auf die ~*** the storming of the Bastille

Bas·ti·on <-, -en> [bas'ti̯o:n] *f* bastion, bulwark, ramparts *pl*; ***eine ~ des Kommunismus*** a bastion of Communism
▶WENDUNGEN: **die letzte ~** *(fam)* the last bastion

Bast·ler(in) <-s, -> *m(f)* handicraft enthusiast, do-it-yourselfer, handy man; **ein guter ~ sein** to be good with one's hands

Bast·mat·te *f* woven mat, fiber mat; *(Raffiabast)* raffia mat

bat [ba:t] *imp von* **bitten**

BAT <-> [be:ʔa:'te:] *m kein pl Abk von* **Bundesangestelltentarif** statutory salary scale

Ba·tail·lon <-s, -e> [batal'jo:n] *nt* battalion **Ba·tail·lons·kom·man·deur** [batal'jo:nskɔmandø:ɐ̯] *m* battalion commander

Ba·tak <-, -> ['batak] *m o f* Batak

Ba·ta·te <-, -n> [ba'ta:tə] *f* AGR, BOT sweet potato

Ba·ta·via·sa·lat [ba'ta:vi̯a-] *m* Batavia lettuce

Ba·tho·lith <-en, -en> [bato'li:t] *m* GEOL batholith, batholite

Ba·tik <-, -en> ['ba:tɪk] *f* batik

ba·ti·ken ['ba:tɪkn̩] **I.** *vi* to do batik [work]
II. *vt* ■[**jdm**] **etw ~** to decorate sth with batik [for sb]

Ba·tist <-[e]s, -e> [ba'tɪst] *m* batiste

Bat·te·rie <-, -n> [batə'ri:, *pl* -'ri:ən] *f* ① ELEK battery
② TECH *(Mischbatterie)* regulator
③ *(fam: Ansammlung)* row
④ MIL battery
⑤ KOCHK set *(of matching pots and pans, casseroles, etc.)*

Bat·te·rie·be·trieb *m* battery operation; **auf ~ laufen** to run on batteries, to be battery-powered **bat·te·rie·be·trie·ben** *adj* battery-powered **Bat·te·rie·ge·rät** *nt* battery-powered device **Bat·te·rie·hal·tung** <-> *f kein pl* battery farming **Bat·te·rie·huhn** *nt (fam)* battery hen **Bat·te·rie·klem·me** *f* AUTO cable clamp **Bat·te·rie·la·de·an·zei·ge** *f* AUTO battery discharge indicator **Bat·te·rie·tech·nik** *f* battery technology

Bat·zen <-s, -> ['batsn̩] *m* ① *(Klumpen)* lump; *Erde* clod; **ein ganzer** [*o* **schöner**] **~** [**Geld**] *(fam)* a pile [of money], a tidy sum, a pretty penny
② HIST *(Silbermünze)* batz

Bau[1] <-[e]s, -ten> [bau̯, *pl* 'bau̯tn̩] *m* ① *kein pl (das Bauen)* building, construction; **im ~ befindlich** under construction; **mit dem ~ beginnen** to start building; **im** [*o* **in**] **~ sein** to be under construction
② *kein pl (Körperbau)* build, physique
③ *(Gebäude)* building; *(Bauwerk)* construction
④ *kein pl (fam: Baustelle)* building site; **auf dem ~ arbeiten** to work on a building site, to be a construction worker
⑤ *kein pl* MIL *(sl: Arrest)* guardhouse *sl*, BRIT *a. sl* glasshouse

Bau[2] <-[e]s, -e> [bau̯] *m* ① *(Erdhöhle)* burrow, hole; *(Biberbau)* [beaver] lodge; *(Dachsbau)* sett; *(Fuchsbau)* earth, den; *(Wolfsbau)* lair
② *(sl: Wohnung)* den; **nicht aus dem ~ kommen** to not stick one's nose out[side] the door

Bau·ab·schnitt *m* stage [*or* phase] [of construction] **Bau·amt** *nt* building control department, department of building inspection **Bau·an·trag** *m* BRIT planning application, AM building permit application **Bau·ar·bei·ten** *pl* building [*or* construction] work *sing*; ***wegen ~ gesperrt*** closed for repair work **Bau·ar·bei·ter(in)** *m(f)* building [*or* construction] worker

Bau·art *f* ① ARCHIT style ② TECH construction, design ③ *(Typ)* model, type **Bau·art·zu·las·sung** *f* BAU qualification approval

Bau·auf·sicht *f* HANDEL construction supervision

Bau·auf·sichts·be·hör·de *f* JUR building supervisory authority **bau·auf·sichts·be·hörd·lich** *adj* JUR building supervisory board **Bau·aus·schuss**[RR] *m* BRIT building control, AM building department

Bau·ba·ra·cke *f* site hut **Bau·be·ginn** *m kein pl* start of construction [*or* building] **Bau·be·hör·de** *f* JUR building authority

Bau·be·schrän·kun·gen *pl* JUR building restrictions **Bau·be·schrän·kungs·ver·ein·ba·rung** *f* JUR restrictive covenant

Bau·be·schrei·bung *f* building specification **Bau·be·wil·li·gung** *f* building license **Bau·boom** [-bu:m] *m* construction [*or* building] boom **Bau·bu·de** *f* site hut

Bauch <-[e]s, Bäuche> [bau̯x, *pl* 'bɔyçə] *m* ① *(Unterleib)* stomach, belly, tummy *fam*; KOCHK belly; *(Fettbauch)* paunch; **einen dicken ~ bekommen** [*o* **kriegen**] to put on weight around the stomach, to develop a paunch; [**noch**] **nichts im ~ haben** *(fam)* to have an empty stomach; **sich** *dat* **den ~ vollschlagen** *(fam)* to stuff oneself *fam*
② *(bauchiger Teil)* belly; **im ~ eines Schiffes** in the bowels of a boat
▶WENDUNGEN: **aus dem ~** *(fam)* from the heart; **einen dicken ~ haben** *(sl)* to have a bun in the oven BRIT *vulg*, to be in the family way; **jdm einen dicken ~ machen** *(sl)* to put sb in the club [*or* in the family way] *sl*; **mit etw** *dat* **auf den ~ fallen** *(fam)* to make a hash of sth; **sich** *dat* [**vor Lachen**] **den ~ halten** *(fam)* to split one's sides [laughing]; **aus dem hohlen ~** [**heraus**] *(fam)* off the top of one's head; **vor jdm auf dem ~ kriechen** [*o* **rutschen**] *(fam)* to crawl to sb, to grovel at sb's feet; **voller ~ studiert nicht gern** *(prov)* you can't study on a full stomach

Bauch·an·satz *m* beginnings *pl* of a paunch **Bauch·bin·de** *f* ① MED abdominal bandage ② *(Papierring/-streifen)* band **Bauch·de·cke** *f* ANAT abdominal wall

Bauch·fell *nt* ANAT peritoneum **Bauch·fell·ent·zün·dung** *f* MED peritonitis

Bauch·fleck *m* ÖSTERR *(fam: Bauchklatscher)* belly-flop *fam* **Bauch·fleisch** *nt* belly **bauch·frei** *adj inv* **~es Top** halter top **Bauch·ge·fühl** *nt* gut feeling [*or* instinct] **Bauch·grim·men** <-s> [-grɪmən] *nt kein pl* stomach ache, a sore stomach

Bauch·höh·le *f* abdominal cavity **Bauch·höh·len·schwan·ger·schaft** *f* ectopic pregnancy

bau·chig ['bau̯xɪç] *adj* bulbous

Bauch·klat·scher <-s, -> *m (fam)* belly-flop **Bauch·la·den** *m* vendor's [*or* sales] tray **Bauch·lan·dung** *f (fam)* belly-landing ▶WENDUNGEN: **eine ~ mit etw** *dat* **machen** to make a flop of sth, to come a cropper with sth **Bauch·lap·pen** *m* KOCHK *(vom Kalb)* belly [of veal]

Bäuch·lein <-s, -> *nt (hum)* tummy *fam*

bäuch·lings ['bɔyçlɪŋs] *adv* on one's stomach, face down

Bauch·mus·keln *pl* stomach muscles *pl* **Bauch·na·bel** *m* navel, belly [*or* BRIT *a.* tummy] button *fam* **Bauch·plat·scher** <-s, -> *m (fam)* bellyflop *fam* **bauch·re·den** *vi nur infin und pp* to ventriloquize **Bauch·re·den** *nt* ventriloquism **Bauch·red·ner(in)** *m(f)* ventriloquist **Bauch·schmer·zen** *pl* stomach ache [*or* pains], tummy ache *fam*; **~ haben/kriegen** to have/get [a] stomach ache; *(fig: vor Aufregung)* to have/get butterflies in one's tummy [*or* stomach] *fam* **Bauch·schuss**[RR] *m* ① *(Schuss in den Bauch)* shot in the stomach ② *(fam: Patient mit Bauchschuss)* stomach wound

Bauch·speck *m* ① *(Fleischstück)* streaky bacon ② *(Fettansatz)* spare tyre [*or* AM tire] **Bauch·spei·chel·drü·se** *f* ANAT pancreas **Bauch·spie·ge·lung** *f* MED abdominoscopy **Bauch·tanz** *m* belly-dance **Bauch·tän·ze·rin** *f* belly-dancer **Bauch·weh** *nt s.* Bauchschmerzen

Baud <-[s], -> [bo:t] *nt* baud

Bau·dar·le·hen *nt* FIN building loan **Bau·denk·mal** *nt* architectural [*or* historical] monument **Bau·de·zer·nent** <in> *m* head of a/the building department

Baud·ra·te *f* TELEK baud

Bau·ele·ment *nt* component [part]

bau·en ['baṷən] **I.** *vt* ① *(errichten)* ■[**jdm**] **etw** ~ to build [*or* construct] sth [for sb]; ■**sich** *dat* **etw** ~ to build oneself sth

② *(zusammenbauen)* ■**etw** ~ to construct [*or* make] sth; **ein Auto/eine Bombe/ein Flugzeug/ein Schiff** ~ to build a car/bomb/an aircraft/ship; **ein Gerät** ~ to construct a machine; **eine Violine** ~ to make a violin

③ *(herstellen)* ■**etw** ~ to build sth; **ein Nest** ~ to build a nest; *s. a.* **Bett**

④ *(fam: verursachen)* **Mist** ~ to mess things up; **einen Unfall** ~ to cause an accident

⑤ *(fam: schaffen)* ■**etw** ~ to do sth; **den Führerschein** ~ to do one's driving test

II. *vi* ① *(ein Haus errichten lassen)* to build a house, to have a house built; **billig** ~ to build cheaply; **teuer** ~ to spend a lot on building a house; ■**an etw** *dat* ~ to work on sth; **an einem Haus** ~ to be building [*or* working on] a house

② *(vertrauen)* ■**auf jdn/etw** ~ to rely [*or* count] on sb/sth; **darauf ~, dass etwas passiert** to rely on sth happening

Bau·ent·wurf *m* building plans *pl*

Bau·er, Bäu·e·rin[1] <-n *o selten* -s, -n> ['baṷɐ, 'bɔy̆ərɪn] *m, f* ① *(Landwirt)* farmer

② HIST *(Vertreter einer Klasse)* peasant

③ *(pej: ungehobelter Mensch)* peasant, yokel, [country] bumpkin

④ *(Schachspiel)* pawn

▸ WENDUNGEN: **die dümmsten ~n ernten die größten** [*o* **dicksten**] **Kartoffeln** *(prov fam)* fortune favours [*or* AM -ors] fools *prov;* **was der ~ nicht kennt, [das] frisst er nicht** *(prov fam)* people don't change their lifelong eating habits; *s. a.* **Bäuerin**

Bau·er[2] <-s, -> ['baṷɐ] *nt o selten m (Vogelkäfig)* [bird] cage

Bäu·er·chen <-s, -> *nt (kindersprache)* burp; [**ein**] ~ **machen** to burp [a baby]

Bäu·e·rin <-, -nen> ['bɔy̆ərɪn] *f* ① *fem form von* **Bauer**

② *(Frau des Bauern)* farmer's wife

bäu·e·risch ['bɔy̆ərɪʃ] *adj s.* **bäurisch**

bäu·er·lich I. *adj* ① *(ländlich)* rural; **~e Betriebe** farms; **~e Sitten** rustic [*or* country] customs

② *(rustikal)* country, peasanty

II. *adv* ① *(agrarisch)* rural

② *(rustikal)* ~ **eingerichtet** decorated with rustic charm

Bau·ern·auf·stand *m* HIST peasants revolt [*or* uprising] **Bau·ern·brot** *nt* coarse rye-bread **Bau·ern·bub** *m* SÜDD, ÖSTERR, SCHWEIZ *(Bauernjunge)* country lad [*or* boy] **Bau·ern·fang** *m* ▸ WENDUNGEN: **auf ~ ausgehen** *(pej fam)* to set out to con people **Bau·ern·fän·ger** *m (pej fam)* con-man *fam,* swindler

Bau·ern·fän·ge·rei <-, -en> *f (pej fam)* con trick [*or* game]; ***das ist doch nur ~!*** that's nothing but a con trick

Bau·ern·früh·stück *nt fried potatoes with ham and egg* **Bau·ern·gar·ten** *m (Gemüsegarten)* vegetable garden; *(Kräutergarten)* herb garden; *(für Eigenbedarf)* kitchen garden **Bau·ern·haus** *nt* farmhouse **Bau·ern·hoch·zeit** *f* country wedding **Bau·ern·hof** *m* farm **Bau·ern·jun·ge** *m* country lad [*or* boy]; **ein strammer ~** a strapping country lad [*or* boy] **Bau·ern·krieg** *m* HIST Peasants' War **Bau·ern·mö·bel** *nt* piece of rustic[-style] furniture **Bau·ern·op·fer** *nt* necessary sacrifice **Bau·ern·par·tei** *f* peasants' party *hist* **Bau·ern·re·gel** *f* country saying **Bau·ern·schaft** <-> *f kein pl* farming community, farmers **bau·ern·schlau** *adj* crafty, cunning, sly **Bau·ern·schläue** *f* native cunning [*or* craftiness] **Bau·ern·töl·pel** *m (pej)* country bumpkin [*or* yokel] **Bau·ern·ver·band** *m* farmers' association

Bau·ers·frau *f s.* **Bäuerin 2** **Bau·ers·leu·te** *pl* ① *(Bauern)* country [*or* farming] folk ② *(Bauer und Bäuerin)* the farmer and his wife

Bau·er·war·tungs·land *nt* development land, land earmarked for development

bau·fäl·lig *adj* dilapidated, in a bad state of repair

Bau·fäl·lig·keit *f* state of dilapidation; ***„wegen ~ gesperrt"*** "no entry - building unsafe"

Bau·fi·nan·zie·rung *f* FIN construction finance; **~ von Eigenheimen** home [*or* residential] financing

Bau·fir·ma *f* building [*or* construction] firm, building contractor **Bau·frist** *f* construction period **Bau·füh·rer** *m* site foreman **Bau·füh·rung** *f* site supervision **Bau·ge·fähr·dung** *f* JUR *violation of building regulations endangering public safety*

Bau·ge·län·de *nt* construction [*or* building] site

Bau·gel·der *pl* FIN building funds **Bau·gel·der·hy·po·thek** *f* FIN development mortgage

Bau·ge·neh·mi·gung *f* planning [*or* building] consent [*or* permission] **Bau·ge·nos·sen·schaft** *f* housing association **Bau·ge·rüst** *nt* scaffolding **Bau·ge·schäft** *nt* building firm **Bau·ge·sell·schaft** *f* construction company **Bau·ge·setz·buch** *nt* JUR building code **Bau·ge·wer·be** *nt kein pl* building [*or* construction] trade **Bau·gru·be** *f* excavation, foundation ditch **Bau·grund·stück** *nt* plot of land [for building] **Bau·grup·pe** *f* AUTO assembly, assy **Bau·hand·wer·ker(in)** *m(f)* skilled building [*or* construction] worker **Bau·haupt·ge·wer·be** *nt* principal parts of the building trade

Bau·haus ['baṷhaṷs] *nt* KUNST Bauhaus

Bau·herr, -her·rin *m, f* client for whom a building is being built

Bau·her·ren·dar·le·hen *nt* ÖKON *für Bauinvestitionen* building loan **Bau·her·ren·haf·tung** *f* FIN liability of building principal **Bau·her·ren·mo·dell** *nt tax-relief scheme for construction of residential and commercial properties* **Bau·her·ren·ri·si·ko** *nt* FIN principal's risk **Bau·her·ren·ver·pflich·tung** *f* JUR, FIN principal's duty

Bau·holz *nt* timber BRIT, lumber AM **Bau·im·pe·ri·um** *nt* ÖKON *(pej)* building imperium [*or* empire] **Bau·in·dus·trie** *f* construction [*or* building] industry **Bau·in·ge·ni·eur(in)** *m(f)* civil engineer

Bau·in·ves·ti·ti·o·nen *pl* capital expenditure *sing* on building, construction outlay *sing* **Bau·in·ves·ti·ti·ons·pro·gramm** *nt* ÖKON programme for investment in the construction industry

Bau·jahr *nt* ① *(Jahr der Errichtung)* year of construction

② *(Produktionsjahr)* year of manufacture

Bau·kas·ten *m* construction set [*or* kit]; *(für Kleinkinder)* box of building blocks **Bau·kas·ten·prin·zip** *nt* TECH modularity **Bau·kas·ten·sys·tem** *nt kein pl* modular [*or* unit] construction system

Bau·klotz *m* building brick [*or* block] ▸ WENDUNGEN: **Bauklötze staunen** *(fam)* to gape in astonishment, to be flabbergasted **Bau·klötz·chen** *nt* [building] bricks **Bau·kom·mis·si·on** *f* ÖKON building commission **Bau·kon·junk·tur** *f* construction [*or* building] boom **Bau·kon·zern** *m* building [*or* construction] company

Bau·kos·ten *pl* building [*or* construction] costs *pl* **Bau·kos·ten·zu·schuss**[RR] *m tenant's contribution to building costs*

Bau·kran *m* construction crane **Bau·kre·dit** *m* FIN building loan **Bau·kunst** *f (geh)* architecture

Bau·land ['baṷlant] *nt* building land **Bau·land·sa·chen** *pl* JUR land cases; **Kammer für ~** chamber for building land matters

Bau·lärm *m kein pl* construction noise **Bau·lei·ter(in)** *m(f)* [building] site manager, BRIT *a.* clerk of [the] works **Bau·leit·plan** *m* development plans for local real estate **Bau·leit·pla·nung** *f* JUR zoning

Bau·lei·tung *f* ① *(Aufsicht)* site supervision; *(die Bauleiter)* supervisory staff ② *(Büro)* site office

bau·lich I. *adj* structural; **sich** *akk* **in einem guten/schlechten ~en Zustand befinden** to be structurally sound/unsound; ***wegen ~er Maßnahmen bleibt das Gebäude vorübergehend geschlossen*** the building is temporarily closed due to renovations; **~e Veränderungen durchführen** to carry out structural alterations [*or* modifications]

II. *adv* structurally

Bau·lich·keit <-, -en> *f meist pl (geh)* building

Bau·lö·we *m (fam)* building speculator **Bau·lü·cke** *f* vacant [*or* BRIT *a.* gap] site

Baum <-[e]s, Bäume> [baṷm, *pl* 'bɔy̆mə] *m* ① *(Pflanze)* tree; **der ~ der Erkenntnis** the Tree of Knowledge; **stark wie ein ~** [as] strong as a horse [*or* an ox]; **auf einen ~ klettern** to climb [up] a tree; **Bäume ausreißen können** *(fig fam: voller Energie sein)* to be full of energy [*or fam* beans]; *(viel leisten können)* to feel able to tackle anything

② INFORM *(Suchbaum)* tree [structure]

▸ WENDUNGEN: **einen alten ~** [*o* **alte Bäume**] **soll man nicht verpflanzen** *(prov)* old people should be left in familiar surroundings; **zwischen ~ und Borke stehen** [*o* **stecken**] to be in two minds [about sth], to be stuck between a rock and a hard place; **die Bäume wachsen nicht in den Himmel** *(prov)* all good things come to an end *prov*

Bau·markt *m* ① *(Geschäft für Baubedarf)* DIY superstore, building supplies store AM ② *(Baugewerbe)* construction market **Bau·ma·schi·ne** *f* piece of construction equipment [*or* machinery] **Bau·maß·nah·me** *f* HANDEL construction work, building project; **~ auf der grünen Wiese** greenfield development; **die ~ strecken** to slow construction **Bau·ma·te·ri·al** *nt* building material

Baum·be·stand *m* [stock of] trees **baum·be·stan·den** *adj* FORST tree-covered *attr,* covered with trees *pred*

Bäum·chen <-s, -> *nt dim von* **Baum** young tree; **„~ wechsle dich" spielen** *(hum)* to change [*or* swap] partners, to go bed-hopping

Bau·meis·ter(in) *m(f)* ① *(Techniker im Bauwesen)* master builder

② *(geh: Erbauer)* builder, architect

bau·meln ['baṷmḷn] *vi* ① *(hin und her schaukeln)* ■[**an etw** *dat*] ~ to dangle [from sth]

② *(sl: erhängt werden)* to swing *fam;* ***wir wollen den Mörder ~ sehen!*** let's see the murderer swing!

bäu·men ['bɔy̆mən] *vr s.* **aufbäumen**

Baum·fal·ke *m* ORN hobby **Baum·farn** *m* tree fern **Baum·gren·ze** *f* tree line, timberline **Baum·grup·pe** *f* group [*or* clump] [*or* cluster] of trees, coppice **baum·hoch** *adj* as high as the trees **Bau·mi·nis·ter(in)** *m(f)* Minister for Construction BRIT, Construction Secretary AM **Baum·kel·ter** *f* arbor press **Baum·kro·ne** *f* treetop, crown of a/the tree **baum·lang** *adj (fam)* extremely tall; **ein ~er Bursche** a beanpole **Baum·läu·fer** *m* ORN tree creeper

baum·los *adj* treeless

Baum·nuss[RR] *f* SCHWEIZ *(Walnuss)* walnut **Baum·nuss·öl**[RR] *nt* walnut oil

Baum·rie·se *m (geh)* giant tree **Baum·rin·de** *f* [tree] bark, bark of a tree **Baum·sche·re** *f* secateurs *npl*

Baum·schu·le *f* tree nursery **Baum·schul·er·zeug·nis** *nt* tree nursery product

Baum·stamm *m* tree-trunk **baum·stark** *adj* beefy, hefty **Baum·ster·ben** *nt* dying[-off] of trees, forest die-back

Baum·struk·tur *f* INFORM tree structure **Baum·struk·tur·me·nü** *nt* INFORM menu tree

Baum·stumpf *m* tree stump **Baum·to·ma·te** *f* BOT tamarillo, tree tomato **Baum·wip·fel** *m* treetop **Baum·wol·le** *f* cotton **baum·wol·len** *adj attr* cotton

Baum·woll·pflan·zung *f* ① *(das Pflanzen)* cotton planting ② *(Plantage)* cotton plantation **Baum·woll·spin·ne·rei** *f* cotton mill **Baum·woll·stau·de** *f* cotton plant **Baum·woll·stoff** *m* cotton [material [*or* fabric]]

Baum·zucht *f* cultivation of trees, arboriculture

Bau·nach·fra·ge *f* ÖKON building demand **Bau·ne·ben·kos·ten** *pl* ÖKON ancillary building costs *pl* **Bau·nut·zungs·ver·ord·nung** *f* JUR ordinance on use of buildings **Bau·ob·li·ga·ti·o·nen** *pl* FIN construction bonds

Bau·ord·nung *f* building regulations *pl*

Bau·ord·nungs·amt *nt* ÖKON planning department **Bau·ord·nungs·recht** *nt* JUR building regulations law

Bau·plan *m* building plans *pl* [*or* project]; **genetischer** ~ genetic structure

Bau·pla·nung *f* [construction] project planning **Bau·pla·nungs·recht** *nt kein pl* JUR law on planning building projects

Bau·platz *m* site [for building] **Bau·po·li·zei** *f* building control [department] [*or* inspectorate] **Bau·preis** *m meist pl* building costs *pl* **Bau·pro·gramm** *nt* construction schedule **Bau·pro·jekt** *nt* building [*or* construction] project **Bau·re·a·li·sie·rung** *f* erection of the building **Bau·recht** *nt kein pl* building law [*or pl* regulations] **Bau·rei·he** *f* [production] series

bäu·risch [ˈbɔyrɪʃ] *adj* (*pej*) boorish, oafish

Bau·ri·si·ko *nt* FIN builder's risk **Bau·ru·i·ne** *f* (*fam*) unfinished [*or* half-finished] building which has been abandoned **Bau·sa·che** *f* JUR building land case **Bau·satz** *m* construction kit

Bausch <-es, Bäusche *o* -e> [bauʃ, *pl* ˈbɔyʃə] *m* ❶ (*Knäuel*) *Watte* ball
❷ (*von Stoff*) puff; (*von Vorhang*) pleat
▸ WENDUNGEN: **in ~ und Bogen** lock, stock and barrel

Bau·schä·den *pl* construction faults *pl* **Bau·scha·den·ver·si·che·rung** *f* FIN builder's risk insurance

bau·schen [ˈbauʃn̩] **I.** *vr* **sich** *akk* ~ to billow out
II. *vi* (*bauschig sein*) [**in der Taille**] ~ to be full [at the waist]; **an den Ärmeln/Schultern** ~ to have full sleeves/shoulders
III. *vt* ■**etw** ~ ❶ (*aufblähen*) to fill [*or* swell] sth; ***der Wind bauschte die Segel*** the wind filled the sails
❷ (*raffen*) gather sth

bau·schig *adj* full; **eine ~e Hose** baggy trousers [*or* pants] *npl*

Bau·schlos·ser(in) *m(f)* fitter [on a building site] **Bau·schutt** *m* building rubble **Bau·se·na·tor(in)** *m(f)* senator responsible for construction

Bau·spar·dar·le·hen *nt* mortgage **Bau·spar·ein·la·ge** *f* FIN building [society savings] deposit, home savings deposit

bau·spa·ren *vi nur infin* to save with a building society [*or* AM savings and loan association] **Bau·spa·ren** <-s> *nt kein pl* FIN housing finance, saving for building purposes **Bau·spa·rer(in)** *m(f)* saver with a building society [*or* AM savings and loan association], building society [*or* AM savings and loan association] investor

Bau·spar·för·de·rung *f* FIN, POL government grant for building purposes **Bau·spar·ge·schäft** *nt* FIN home savings and loan business **Bau·spar·gut·ha·ben** *nt* FIN balance on savings account with a savings and loan association **Bau·spar·in·sti·tut** *nt* FIN home savings institution, savings association **Bau·spar·kas·se** *f* building society BRIT, savings and loan association AM **Bau·spar·kas·sen·we·sen** *nt* FIN savings and loan industry **Bau·spar·kon·to** *nt* FIN building society account **Bau·spar·prä·mie** *f* FIN premium allowed on building society savings **Bauspar·sum·me** *f* FIN target amount of savings **Bau·spar·ver·trag** *m* savings contract with a building society [*or* AM savings and loan association]

Bau·spe·ku·lant *m* building speculator, speculative builder **Bau·stadt·rat** *m* councillor [*or* AM councilor] responsible for construction

Bau·stahl *m* BAU construction steel **Bau·stahl·mat·te** *f* BAU reinforcing mat

Bau·stein *m* ❶ (*Material zum Bauen*) building stone ❷ (*Bestandteil*) element ❸ INFORM chip, module **Baustein·sys·tem** *nt* modular system

Bau·stel·le *f* ❶ BAU building site; (*auf Straßen*) roadworks BRIT *npl*, [road] construction site; ***„Betreten der ~ verboten"*** "No entry to unauthorized persons" ❷ INET (*Internetangebot noch im Aufbau*) building site **Bau·stel·len·klau** *m* (*fam*) theft from building sites

Bau·stil *m* architectural style **Bau·stoff** *m* building material **Bau·stopp** *m* suspension of building work; **einen ~ verordnen** to halt [work on] a building project **Bau·sub·stanz** *f* fabric [of a building]; **historische** ~ historic building stock **Bau·tä·tig·keit** *f* building operations *pl* **Bau·tech·ni·ker(in)** *m(f)* structural engineer

Bau·teil *nt* part of a building; (*von Maschine*) component; **fertiges** ~ prefabricated element

Bau·tei·le·kom·pa·ti·bi·li·tät *f* INFORM module compatibility

Bau·teil·re·cy·cling *nt bei Altautos* component recycling

Bau·ten *pl von* Bau[1]

Bau·tisch·ler(in) *m(f)* joiner

Bau·trä·ger *m* property developer **Bau·trä·ger·un·ter·neh·men** *nt* development company [*or* corporation] **Bau·trä·ger·ver·ord·nung** *f* building developer's ordinance **Bau·trä·ger·ver·trag** *m* building developer's contract

Bau·trupp *m* builders *pl* **Bau·un·ter·hal·tung** *f* FIN building maintenance **Bau·un·ter·neh·men** *nt* builder, building contractor **Bau·un·ter·neh·mer(in)** *m(f)* builder, building contractor **Bau·ver·bot** *nt* building ban, ban on building **Bau·ver·trag** *m* building [*or* construction] contract **Bau·ver·wal·tung** *f* building authorities *pl* **Bau·vo·lu·men** *nt* ÖKON construction volume **Bau·vor·ha·ben** *nt* construction [*or* building] project **Bau·wa·gen** *m* BAU trailer **Bau·wei·se** *f* ❶ (*Art des Bauens*) method of building [*or* construction] ❷ (*Baustil*) style; **geschlossene/offene** ~ terraced/detached houses

Bau·werk *nt* building; (*von Brücke usw.*) construction **Bau·werks·ver·trag** *m* building contract

Bau·we·sen *nt kein pl* building industry [*or* trade], construction industry **Bau·wil·li·ge(r)** *f(m)* willing builder; (*für Eigenheim*) willing homebuilder **Bau·wirt·schaft** *f kein pl* building [*or* construction] industry

Bau·xit <-s, -e> [bauˈksiːt] *m* bauxite

bauz [bauts] *interj* (*kindersprache*) bang, crash; **~ machen** to go wallop [*or* boom]

Bau·zaun *m* site fence [*or* hoarding] **Bau·zeich·nung** *f* construction drawing, building plan **Bau·zeit** *f* time required for construction; ***die ~ beträgt 8 Monate*** it will take 8 months to build **Bau·zin·sen** *pl* FIN building loan interest *no pl*

Bay·er(in) <-n, -n> [ˈbaiɐ] *m(f)* Bavarian

bay·e·risch [ˈbaiərɪʃ] *adj* Bavarian

Bay·e·ri·scher Wald *m* ■**der Bayerische Wald** the Bavarian Forest, the Bayerischer Wald

Bay·ern <-s> [ˈbaiɐn] *nt* Bavaria

Bay·öl [ˈbai-] *nt* bay oil, myrcia oil

Bay·reuth [baiˈrɔyt] *nt* Bayreuth

bay·risch [ˈbairɪʃ] *adj s.* **bayerisch**

Ba·zil·le [baˈtsɪlə] *f* **linke** ~ (*pej*) back-stabber

Ba·zil·lus <-, Bazillen> [baˈtsɪlʊs, *pl* baˈtsɪlən] *m* MED bacillus; **der ~ der Freiheit** (*fig*) the cancer of corruption

bcc <-, -s> *f* INET *Abk von* **blind carbon copy** bcc

Bd. *Abk von* **Band** vol.

BDA <-> [beːdeːˈʔaː] *m kein pl Abk von* **Bund deutscher Architekten** *German federal association of architects*

Bde *Abk von* **Bände** vols.

BDI <-> [beːdeːˈʔiː] *m kein pl Abk von* **Bundesverband der deutschen Industrie** ≈ CBI BRIT

BDÜ <-> [beːdeːˈʔyː] *m kein pl Abk von* **Bundesverband der Dolmetscher und Übersetzer** *German federal association of interpreters and translators*

be·ab·sich·ti·gen* [bəˈʔapzɪçtɪgn̩] *vt* ❶ (*intendieren*) ■**etw** [**mit etw** *dat*] ~ to intend [*or* mean] to do sth [with sth]; ***das hatte ich nicht beabsichtigt!*** I didn't mean to do that!, that wasn't intentional!
❷ (*geh: planen*) ■**etw** ~ to plan sth; ■**~, etw zu tun** to plan to do sth

be·ab·sich·tigt [bəˈʔapzɪçtɪçt] *adj* intended; ***das war durchaus ~!*** that was intentional!; **die ~e Wirkung zeigen** to have the desired [*or* intended] effect; **wie ~** as intended

be·ach·ten* [bəˈʔaxtn̩] *vt* ❶ (*befolgen*) ■**etw** ~ to observe [*or* comply with] sth; **eine Anweisung/einen Rat** ~ to follow [*or* heed] advice/an instruction; **ein Verkehrszeichen** ~ to observe a traffic sign; **die Vorfahrt** ~ to yield [right of way], BRIT *a.* to give way
❷ (*darauf achten*) ■**jdn/etw** ~ to notice [*or* pay attention to] sb/sth
❸ (*berücksichtigen*) ***bitte ~ Sie, dass ...*** please note [*or* take into consideration [*or* account]] that ...

be·ach·tens·wert *adj* remarkable, noteworthy; ■**~ sein, dass/wie** to be worth noting that/how

be·acht·lich **I.** *adj* considerable; **ein ~er Erfolg/eine ~e Leistung** a notable success/achievement; **eine ~e Verbesserung** a marked improvement; **B~es leisten** to achieve a considerable amount; **nichts B~es** nothing worthy of note; **~!** not bad!
II. *adv* ❶ (*deutlich*) ~ **kälter/schneller/wärmer** considerably [*or* markedly] [*or* significantly] colder/faster/warmer
❷ (*bemerkenswert*) remarkably

Be·ach·tung *f* observance; ***wir bitten um ~ der Bedienungsanleitung*** please follow the instructions; ***die strikte ~ der Vorschriften*** compliance with [the] regulations; **~ finden** to receive attention; **keine ~ finden** to be ignored; **jdm/einer S. ~/keine ~ schenken** to pay attention/no attention to [*or* take notice/no notice of] sb/sth; [**jds**] **~ verdienen** to be worthy of [sb's] attention; **bei ~ der Bestimmungen/Regeln** if one follows [*or* sticks to] the regulations/rules; **unter ~ einer S.** *gen* taking sth into account [*or* considering sth]

Beach·vol·ley·ball [ˈbiːtʃ-] *m* beach volleyball

Be·am·te(r), **Be·am·tin** [bəˈʔamtə, -ˈʔamtɪ] *m, f dekl wie adj* public official; (*Polizeibeamte*) police officer; (*Postbeamte*) post-office official; (*Staatsbeamte*) civil servant; (*Zollbeamte*) customs officer; **~ auf Probe** civil servant on probation; **~ auf Lebenszeit** civil servant; **~ auf Widerruf** probationary civil servant; **~ auf Zeit** temporary civil servant

Be·am·ten·an·wär·ter(in) *m(f)* civil service trainee **Be·am·ten·ap·pa·rat** *m* civil service machinery **Be·am·ten·be·lei·di·gung** *f* insulting a [public] official; ***er ist wegen ~ angeklagt*** he's been charged with insulting an official **Be·am·ten·be·ste·chung** *f* bribing a [public] official; ***man hat sie wegen versuchter ~ verurteilt*** she was sentenced for attempting to bribe an official **Be·am·ten·bund** *m* civil servants' [*or* service] association **Be·am·ten·deutsch** *nt* LING, ADMIN (*pej*) officialese **Be·am·ten·haf·tung** *f* JUR *liability of public authorities for their officials and agents* **Be·am·ten·lauf·bahn** *f* civil service career, career in the civil service

be·am·ten·mä·ßig *adj* officious *pej*, according to ...

Be·am·ten·men·ta·li·tät *f* (*pej*) bureaucratic mentality **Be·am·ten·pen·si·on** *f* civil servant's pension **Be·am·ten·recht** *nt kein pl* civil service law

Be·am·ten·schaft <-> *f kein pl* civil servants *pl* [*or* service]

Be·am·ten·tum <-[e]s> *nt kein pl* ❶ (*Stand der Beamten*) civil service
❷ *s.* **Beamtenschaft**

Be·am·ten·ver·hält·nis *nt* status as a civil servant; **im ~ stehen** to be a civil servant; **ins ~ übernommen werden** to become [*or* attain the status of] a civil servant

be·am·tet [bəˈʔamtət] *adj* appointed on a permanent basis; **~er Mitarbeiter** employee with the status of civil servants

Be·am·tin <-, -nen> *f fem form von* **Beamte(r)**

be·ängs·ti·gen* *vt* (*geh*) ■**jdn** ~ to alarm sb

be·ängs·ti·gend **I.** *adj* alarming, frightening; ***er ist in einem ~en Zustand*** his condition gives cause for concern; **etwas B~es haben** to be a cause for alarm

II. *adv* frighteningly, alarmingly

be·an·spru·chen* [bəˈʔanʃprʊxn̩] *vt* ❶ *(fordern)* ■ **etw** [**für sich** *akk*] ~ to claim sth [for oneself]; **etw zu ~ haben** to lay claim to sth
❷ *(brauchen)* ■ **etw** ~ to require [*or* take up] sth; **Zeit/Platz** ~ to take up time/space
❸ *(Anforderungen an jdn stellen)* ■ **jdn** ~ to make demands on sb; ***ich will Sie nicht länger*** ~ I don't want to take up any more of your time; ■ **etw** ~ to demand sth; **jds Gastfreundschaft/Zeit** ~ to make demands on [*or* take advantage of] sb's hospitality/time; **jds Geduld** ~ to try sb's patience
❹ *(belasten)* ■ **jdn/etw** ~ to put sb/sth under stress

be·an·sprucht I. *pp von* **beanspruchen**
II. *adj inv* **stark ~ sein** *Kleidung* to be well-worn [*or* faded]

Be·an·spru·chung <-, -en> *f* ❶ *(das Fordern)* claim (+*gen* to)
❷ *(Inanspruchnahme)* demands *pl* (+*gen* on)
❸ *(Belastung)* use; **berufliche/physische/psychologische** ~ job-related/physical/psychological stress; **übermäßige ~ einer Maschine** subjecting a machine to excessive load

be·an·stan·den* [bəˈʔanʃtandn̩] *vt* ■ **etw** [**an jdm/etw**] ~ to complain about [*or* take exception to] sth; ***er findet an allem was zu*** ~ he always finds sth to complain about; ***das ist beanstandet worden*** there have been complaints about that; ***daran ist nichts zu*** ~ there is nothing wrong with it; ■ **~, dass** to complain that; **beanstandete Waren** goods about which there have been complaints

Be·an·stan·dung <-, -en> *f* complaint; **~en haben** to have complaints; **zur ~ Anlass geben** *(geh)* to give cause for complaint; **ohne ~en** without [cause for] complaint

be·an·tra·gen* *vt* ❶ *(durch Antrag erbitten)* ■ **jdn/etw** [**bei jdm/etw**] ~ to apply for sb/sth [from sb/sth]
❷ POL ■ **etw** ~ to propose sth, to put forward sth *sep*
❸ JUR ■ **etw** ~ to apply [*or* file an application] for sth; **die Höchststrafe** ~ to seek [*or* request] the maximum penalty

be·ant·wor·ten* *vt* ■ **etw** ~ to answer [*or* reply to] sth; **einfach/leicht/schwer zu** ~ simple/easy/difficult to answer; ■ **etw mit etw** *dat* ~ to respond to sth with sth; **eine Frage mit Ja/Nein** ~ to answer yes/no

Be·ant·wor·tung <-, -en> *f* answer, reply; **in ~ einer S.** *gen (geh)* in reply to sth

be·ar·bei·ten* *vt* ❶ *(behandeln)* ■ **etw** [**mit etw** *dat*] ~ to work on sth [with sth]; **Holz** ~ to work wood; **etw mit einer Chemikalie** ~ to treat sth with a chemical; **etw mit einem Hammer/mit einer Feile/mit Schmirgelpapier** ~ to hammer/file/sand sth
❷ *(sich befassen mit)* ■ **etw** ~ to deal with sth; **eine Bestellung** ~ to process an order; **einen Fall** ~ to work on [*or* handle] a case
❸ *(redigieren)* ■ **etw** ~ to revise sth; ■ **bearbeitet** revised
❹ *(fam: traktieren)* **jdn mit den Fäusten/mit Tritten** ~ to beat [*or* thump]/kick [away at] sb; ■ **etw** [**mit etw** *dat*] ~ to work [away] at sth [with sth]
❺ *(fam: auf jdn einwirken)* ■ **jdn** ~ to work on sb; ***wir haben ihn so lange bearbeitet, bis er zusagte*** we worked on him until he agreed
❻ *(bestellen)* ■ **etw** [**mit etw** *dat*] ~ to cultivate sth [with/using sth]
❼ *(adaptieren)* ■ **etw** [**für jdn**] ~ to arrange sth [for sb]; **ein Musikstück** ~ to arrange a piece of music

Be·ar·bei·ter(in) *m(f)* ❶ *(Sachbearbeiter)* person [responsible for] dealing with sth
❷ *(bearbeitender Autor)* editor, reviser, revisor
❸ MUS *(adaptierender Komponist)* arranger

Be·ar·bei·ter·ur·he·ber·recht *nt* adapter's copyright

Be·ar·bei·tung <-, -en> *f* ❶ *(das Behandeln)* working [on]
❷ *(das Bearbeiten)* dealing with, handling; **die ~ eines Falles** to handle a case; **die ~ eines Antrags** to deal with an application
❸ *(das Redigieren)* editing, revising, revision; ***das ist eine neue ~ des Buchs*** that's a new [*or* revised] edition of the book
❹ *(adaptierte Fassung)* adaptation; **filmische** ~ film [*or* cinematographic] adaptation

Be·ar·bei·tungs·dau·er *f kein pl* processing time **Be·ar·bei·tungs·ge·bühr** *f* administrative [*or* handling] charge **Be·ar·bei·tungs·recht** *nt* adaptation right **Be·ar·bei·tungs·ver·fah·ren** *nt* manufacturing method **Be·ar·bei·tungs·vor·gang** *m* machining operation

be·arg·wöh·nen* *vt* ■ **jdn/etw** ~ to be suspicious of sb/sth, to regard sb/sth with suspicion

Beat <-[s]> [biːt] *m kein pl* beat [music]

Beat·band <-bands> [ˈbiːtbɛnt] *f* beat group

be·at·men* *vt* ❶ *(jdm Sauerstoff zuführen)* ■ **jdn** ~ to give [*or* administer] artificial respiration to sb; *(während einer Operation)* to ventilate sb
❷ ÖKOL *(mit Sauerstoff anreichern)* **ein Gewässer/einen Teich** ~ to oxygenate a stretch of water/a pond

Be·at·mung *f* artificial respiration; **künstliche** ~ artificial respiration; *(während einer Operation)* ventilation

Be·at·mungs·ge·rät *nt* respirator, ventilator

Beat·mu·sik *f* beat music

Beat·nik <-s, -s> [ˈbiːtnɪk] *m* HIST beatnik

Beau <-, -s> [boː] *m (geh)* dandy

Beau·fort·see [ˈboːfɐt-] *f* Beaufort Sea

Beau·fort·ska·la [ˈboːfɐt-] *f* METEO Beaufort scale

be·auf·sich·ti·gen* [bəˈʔaufzɪçtɪɡn̩] *vt* ■ **jdn/etw** ~ to supervise sb/sth; **Kinder** ~ to mind [*or* look after] children; **eine Prüfung** ~ to invigilate [*or* AM proctor] an exam

Be·auf·sich·ti·gung <-, -en> *f* supervision, supervising; *einer Prüfung* invigilation BRIT, proctorship AM; ***ihm wurde die ~ der Kinder übertragen*** he was asked to supervise [*or* look after] the children

be·auf·tra·gen* *vt* ■ **jdn mit etw** *dat* ~ to give sb the task of doing sth; **einen Architekten/Künstler** [**mit etw** *dat*] ~ to commission an architect/artist [to do sth]; **eine Firma** [**mit etw** *dat*] ~ to hire [*or* BRIT *a.* engage] a firm [to do sth]; ■ **jdn** [**damit**] **~, etw zu tun** to ask sb to do sth

Be·auf·trag·te(r) *f(m) dekl wie adj* representative

Be·auf·tra·gung <-, -en> *f eines Anwalts* retention; **~ von Sachverständigen** commissioning of experts

be·äu·gen* *vt (fam)* ■ **jdn/etw** ~ to eye sb up *fam,* to inspect sb

Beau·ty <-, -ies> [ˈbjuːti] *f* beauty

be·bau·en* *vt* ❶ *(mit einem Gebäude versehen)* ■ **etw** [**mit etw** *dat*] ~ to build [sth] on sth; **dicht bebaut sein** to be heavily built-up
❷ *(bestellen)* ■ **etw** [**mit etw** *dat*] ~ to cultivate sth [with sth]; ***das Land wurde mit Gerste bebaut*** the land was planted with barley

Be·bau·ung <-, -en> *f* ❶ *(das Bebauen)* development; ***der Konzern plant die ~ des Grundstückes*** the firm plans to develop this site
❷ *(Bauten)* buildings
❸ *(das Bestellen)* cultivation

Be·bau·ungs·ge·setz *nt* JUR Town and Country Planning Act BRIT, zoning law AM **Be·bau·ungs·plan** *m* development plan **Be·bau·ungs·ver·ord·nung** *f* JUR development order BRIT, zoning law AM

Bé·bé <-s, -s> [beˈbeː] *nt* SCHWEIZ *(Baby)* baby

be·ben [ˈbeːbn̩] *vi* ❶ *(zittern)* to shake, to tremble
❷ *(erbeben)* ■ [**vor etw** *dat*] ~ to quiver [*or* tremble] [with sth]; *Lippen* to tremble [with sth]; *Knie* to shake [with sth]
❸ *(geh: bangen)* ■ **um jdn/etw** ~ to tremble for sb

Be·ben <-s, -> [ˈbeːbn̩] *nt* ❶ *(Erdbeben)* earthquake
❷ *(Zittern)* shaking, trembling
❸ *(leichtes Zittern)* quivering

be·bend I. *adj inv, attr* shaking, trembling
II. *adv inv* shaking, trembling

be·bil·dern* [bəˈbɪldɐn] *vt* ■ **etw** [**mit etw** *dat*] ~ to illustrate sth [with sth]; [**mit etw** *dat*] **bebildert sein** to be illustrated [with sth]

Be·bil·de·rung <-, -en> *f* ❶ *(das Bebildern)* illustration
❷ *(Illustrationen)* illustrations *pl*

be·brillt [bəˈbrɪlt] *adj (hum fam)* bespectacled

Bé·cha·mel·kar·tof·feln [beʃaˈmɛl-] *pl* potatoes in béchamel sauce **Bé·cha·mel·so·ße** *f* béchamel sauce

Be·cher <-s, -> [ˈbɛçɐ] *m* ❶ *(Trinkgefäß)* glass, tumbler; *(aus Plastik)* beaker; *(für Wein)* goblet; *(für Tee/Kaffee)* mug
❷ *(becherförmige Verpackung)* carton, tub; **ein ~ Eis** a carton of ice-cream
❸ SCHWEIZ *(Bierglas)* mug
❹ BOT *(Hülle)* cup, cupule

Be·cher·glas *nt* CHEM beaker

be·chern [ˈbɛçɐn] *vi (hum fam)* to booze [away]; **tüchtig** ~ to have a few

be·cir·cen* [bəˈtsɪrtsn̩] *vt s.* **bezirzen**

Be·cken <-s, -> [ˈbɛkn̩] *nt* ❶ *(Bassin)* basin; *(Spülbecken)* sink; *(von Toilette)* bowl, BRIT *a.* pan; *(Schwimmbecken)* pool
❷ ANAT pelvis; **ein gebärfreudiges ~ haben** *(fam)* to have child-bearing hips
❸ GEOL basin
❹ MUS cymbals *pl*

Be·cken·bruch *m (gebrochenes Becken 2.)* fractured pelvis, pelvic fracture **Be·cken·gurt** *m* hip belt **Be·cken·gür·tel** *m* BIOL *(Skelettbereich um das Becken)* pelvic girdle **Be·cken·kno·chen** *m* hip-bone, pelvic bone

Bec·que·rel <-s, -> [bɛkəˈrɛl] *nt* becquerel

be·da·chen* [bəˈdaxn̩] *vt* ■ **etw** [**mit etw** *dat*] ~ to roof sth [with sth]

be·dacht [bəˈdaxt] I. *adj* ❶ *(überlegt)* careful, cautious, prudent
❷ *(Wert auf etw legen)* ■ **auf etw** *akk* **~ sein** to be concerned about [*or* lay great store by] sth; ■ **darauf ~ sein, etw zu tun** to be concerned to do sth
II. *adv* carefully, circumspectly

Be·dacht <-s> [bəˈdaxt] *m* **mit** ~ *(geh)* carefully, prudently; **mit ~ vorgehen** *(vorsichtig)* to act in a carefully considered way; *(absichtlich)* deliberately; **ohne/voll**[**er**] ~ *(geh)* without thinking/with great care

Be·dach·te(r) *f(m) dekl wie adj (ein Erbender)* beneficiary

be·däch·tig [bəˈdɛçtɪç] I. *adj* ❶ *(ohne Hast)* measured, deliberate
❷ *(besonnen)* thoughtful
II. *adv* ❶ *(ohne Hast)* deliberately; **~ sprechen** to speak in measured tones
❷ *(besonnen)* carefully

Be·däch·tig·keit <-> *f kein pl* deliberateness

be·dacht·sam [bəˈdaxtzaːm] *adj (geh) s.* **bedächtig I 2**

Be·da·chung <-, -en> *f (geh)* ❶ *(das Bedachen)* roofing
❷ *(Dach)* roof

Be·dampf·ungs·ge·rät *nt* steamer

be·dan·ken* I. *vr* to express thanks; ■ **sich** *akk* **bei jdm** [**für etw** *akk*] ~ to thank sb [*or* say thank you to sb] [for sth]; ***ich bedanke mich!*** thank you!; **sich** *akk* **bei jdm** [**für etw** *akk*] **~ können** [*o* **dürfen**] *(iron)* to have sb to thank [for sth]
II. *vt* SÜDD, ÖSTERR ■ [**von jdm**] [**für etw** *akk*] **bedankt werden** to be thanked [by sb] [for sth]; ***seien Sie herzlich bedankt!*** please accept our heartfelt thanks

Be·darf <-[e]s> [bəˈdarf] *m kein pl* need, requirement; ■ **der/jds ~ an etw** *dat* the/sb's need for sth; **der tägliche ~ an Vitaminen** daily requirement of vitamins [*or* vitamin requirement]; **Dinge des täglichen ~s** everyday necessities; **jds ~ ist gedeckt** sb's needs [*or* requirements] are covered [*or* met]; ***mein ~ ist gedeckt!*** *(iron fam)* I've had enough!; ***kein ~!*** *(fam)* no thanks!; **~ an etw** *dat* **haben** to need [*or* be in need of] sth; **keinen ~ an etw** *dat* **haben** to have no need for sth; **bei** ~ if required; [**je**] **nach** ~ as required

Be·darfs·ar·ti·kel *m* essential [*or* consumer] goods *npl* **Be·darfs·be·ein·flus·sung** *f* ÖKON effect on

demand
Be·darfs·de·ckung *f* ÖKON commodity coverage, filling [*or* meeting] of a demand **Be·darfs·de·ckungs·ver·trag** *f* JUR requirement contract
Be·darfs·ein·schät·zung *f* ÖKON appraisal of the demand situation **Be·darfs·er·mitt·lung** *f* ÖKON ascertainment of demand **Be·darfs·fall** *m* **für den ~** *(geh)* in case the need arises; **im ~** *(geh)* if necessary **Be·darfs·fest·stel·lung** *f* FIN determination of demand **Be·darfs·ge·gen·stän·de** *pl* JUR implements **Be·darfs·gü·ter** *pl* consumer goods **Be·darfs·hal·te·stel·le** *f* request stop **Be·darfs·len·kung** *f kein pl* ÖKON consumer guidance **Be·darfs·re·ser·ve** *f* ÖKON emergency reserves *pl* **Be·darfs·sät·ti·gung** *f* ÖKON satiation of demand **Be·darfs·we·ckung** *f* FIN creation of needs
be·dau·er·lich *adj* regrettable, unfortunate; ***sehr ~!*** how unfortunate!, what a pity!; ■ **~ sein, dass ...** to be unfortunate that ...
be·dau·er·li·cher·wei·se *adv* regrettably, unfortunately; ***ich kann mich ~ nicht mehr daran erinnern*** I'm afraid I can't remember
be·dau·ern* *vt* ❶ *(schade finden)* ■**etw ~** to regret sth; ■**~, dass** to regret that; ***wir ~, Ihnen mitteilen zu müssen ...*** we regret to have [*or* we are sorry] to inform you...; [***ich***] ***bedau[e]re!*** I'm sorry!
❷ *(bemitleiden)* ■**jdn ~** to feel [*or* be] sorry for sb; ***er ist zu ~*** he is to be pitied
Be·dau·ern <-s> *nt kein pl* regret; **zu jds größtem ~** [*o* [**sehr**] **zu jds ~**] to sb's [great] regret
be·dau·ernd I. *adj* sympathetic
II. *adv* sympathetically, full of sympathy
be·dau·erns·wert, be·dau·erns·wür·dig *adj* *(geh)* pitiful; **ein ~er Zwischenfall** an unfortunate incident
be·de·cken* I. *vt* ❶ *(zudecken)* ■**jdn/etw** [**mit etw** *dat*] **~** to cover sb/sth [with sth]; ■**sich** *akk* [**mit etw** *dat*] **~** to cover oneself [with sth]
❷ *(über etw breiten)* ■**etw ~** to cover sth; ■**mit etw** *dat* **bedeckt sein** to be covered with sth
II. *vr (bewölken)* ■**sich** *akk* **~** to cloud over, to become overcast; ■**bedeckt** overcast
be·deckt *adj* ❶ *inv, pred (bewölkt)* overcast, cloudy
❷ *inv (belegt, heiser, rau)* hoarse
▶ WENDUNGEN: **sich** *akk* [**in etw** *dat*] **~ halten** to keep a low profile
Be·deckt·sa·mer <-s, -> *m* BOT angiosperm
Be·de·ckung *f* ❶ *(das Bedecken)* covering
❷ MIL *(Schutz)* guard, escort
❸ *(das Bedeckende)* covering
❹ FIN ÖSTERR *(Deckung)* covering, meeting
be·den·ken* *irreg* I. *vt* ❶ *(in Betracht ziehen)* ■**etw ~** to consider sth, to take sth into consideration; ***bitte bedenke, dass/was ...*** please consider [*or* take into consideration] [*or* remember] that .../what ...; ***das hätte er früher ~ müssen*** he should have considered [*or* thought of] that sooner; [**jdm**] **etw zu ~ geben** *(geh)* to ask [sb] to consider sth; [**jdm**] **zu ~ geben, dass ...** to ask [sb] to keep in mind that ...
❷ *(durchdenken)* ■**etw ~** to consider [*or* think about] sth; ***wenn man es recht bedenkt, ...*** if you think about it properly ...; ***das will wohl bedacht sein*** *(geh)* that calls for careful consideration
❸ *(geh: zukommen lassen)* ■**jdn** [**mit etw** *dat*] **~** to give sb sth; ***alle wurden großzügig bedacht*** everyone was generously catered for
❹ *(geh: zuteilwerden lassen)* ■**jdn mit etw** *dat* **~** to meet sb with sth; ***sie wurde mit viel Lob bedacht*** they heaped praise on her
II. *vr (geh: sich besinnen)* ■**sich** *akk* **~** to reflect, to think; **ohne sich** *akk* **lange zu ~** without stopping to reflect [*or* think]
Be·den·ken <-s, -> *nt* ❶ *meist pl (Zweifel)* doubt, reservation[s]; **moralische ~** moral scruples; **~ haben** [*o* **hegen**] *(geh)* to have doubts [*or* reservations]; **jdm kommen ~** sb has second thoughts; **ohne ~** without hesitation
❷ *kein pl (das Überlegen)* consideration, reflection; ***nach langem ~*** after much thought
be·den·ken·los I. *adv* ❶ *(ohne Überlegung)* unhesitatingly, without hesitation; **etwas ~ annehmen/unterschreiben** to accept/sign sth without a moment's hesitation
❷ *(skrupellos)* unscrupulously
II. *adj* unhesitating
Be·den·ken·lo·sig·keit <-> *f kein pl* ❶ *(Unüberlegtheit)* lack of consideration
❷ *(Skrupellosigkeit)* unscrupulousness, lack of scruples
be·den·kens·wert *adj* worth thinking about [*or* considering], worthy of consideration
Be·den·ken·trä·ge·rei <-, -en> [bədɛŋkn̩trɛːgəˈrai] *f (pej fam)* scrupulosity *geh or hum,* worrying too much about the whys and wherefores *fam*
be·denk·lich *adj* ❶ *(fragwürdig)* dubious, questionable
❷ *(Besorgnis erregend)* disturbing, alarming; **ein ~er Gesundheitszustand** a serious condition
❸ *(besorgt)* apprehensive, anxious; **jdn ~ stimmen** to give sb cause for concern
Be·denk·zeit *f* time to think about sth; [**jdn**] **um** [**etwas/ein bisschen/ein wenig**] **~ bitten** [*o* **sich** *dat* [**von jdm**] [**etwas/ein bisschen/ein wenig**] **~ ausbitten**] to ask [sb] for [a little] time to think about sth; **jdm** [**etwas/ein bisschen/ein wenig**] **~ geben** to give sb [a bit of] time to think about sth
be·deu·ten* *vt* ❶ *(auf bestimmte Weise definiert sein)* ■**etw ~** to signify [*or* mean] sth
❷ *(besagen)* ■**etw ~** to mean [*or* represent] sth; ***was bedeutet dieses Symbol?*** what does this symbol signify?; ***ihr Schweigen dürfte wohl Desinteresse ~*** her silence seems to indicate a lack of interest; ■**~, dass** to indicate that; ***das hat nichts zu ~*** that doesn't mean anything; ***was hat das zu ~?*** what does that mean?, what's all that about?
❸ *(versinnbildlichen)* ■**etw ~** to symbolize sth
❹ *(ankündigen, zur Folge haben)* ■**etw ~** to mean sth; ***das bedeutet nichts Gutes für uns*** that spells trouble for us
❺ *(wichtig sein für jdn)* [**jdm**] **etwas/nichts/wenig ~** to mean sth/nothing/little [to sb]; ***du bedeutest mir sehr viel*** you mean a lot to me
❻ *(geh: zu verstehen geben)* ■**jdm ~, dass** to indicate to sb that; ■**jdm ~, etw zu tun** to indicate to sb that they should do sth
be·deu·tend I. *adj* ❶ *(wichtig)* important; **eine ~e Person** an eminent person; **ein ~er Politiker** a leading politician; **eine ~e Rolle spielen** to play a leading [*or* significant] role; **etwas B~es** something important [*or* significant]
❷ *(beachtlich)* considerable, significant
II. *adv* considerably
be·deut·sam I. *adj* ❶ *(wichtig)* important; **eine ~e Entscheidung/Verbesserung** a significant decision/improvement
❷ *(viel sagend)* meaningful, significant
II. *adv* meaningfully, significantly
Be·deu·tung <-, -en> *f* ❶ *(Sinn)* meaning; **in wörtlicher/übertragener ~** in the literal/figurative sense
❷ *(Wichtigkeit)* significance, importance; [**für jdn**] **große/größte ~ besitzen** to be of great/the utmost significance [*or* importance] [to [*or* for] sb]; **von übergeordneter ~** of overriding importance; [**für jdn/etw**] **von** [**bestimmter**] **~ sein** to be of [a certain] importance [for [*or* to] sb/sth]; ***es ist für mich überhaupt nicht von ~*** it is of no importance to me; **etw** *dat* [**bestimmte**] **~ beimessen** to attach [a certain] importance to sth; **nichts von ~** nothing important
❸ *(Geltung)* importance; ***ein Mann von großer ~*** an important man
be·deu·tungs·los *adj* ❶ *(ohne große Wirkung)* insignificant, unimportant; **keinesfalls/praktisch/völlig ~** not at all/practically/completely insignificant
❷ *(nichts besagend)* meaningless
Be·deu·tungs·lo·sig·keit <-> *f kein pl* insignificance, unimportance
Be·deu·tungs·um·fang *m kein pl* range [*or* extent] of meaning **be·deu·tungs·voll** *adj s.* **bedeutsam**
Be·deu·tungs·wan·del *m* change in [*or* of] meaning, semantic change **Be·deu·tungs·wör·ter·buch** *nt* defining dictionary
be·dien·bar *adj* usable
be·die·nen* I. *vt* ❶ *(im Restaurant)* ■**jdn ~** to serve [*or* wait on] sb; **sich** *akk* [**von jdm**] **~ lassen** to be waited on [by sb]
❷ *(im Geschäft)* **einen Kunden ~** to serve a customer; ***werden Sie schon bedient?*** are you being served?
❸ *(bei jdm Dienste leisten)* ■**jdn ~** to serve sb
❹ *(sich alles bringen lassen)* **sich** *akk* [**von jdm**] [**von vorne bis hinten**] **~ lassen** to be waited on hand and foot [by sb]
❺ *(benutzen)* ■**etw ~** to operate sth
❻ *(beliefern)* ■**jdn ~** to serve sb
❼ *(gebietlich abdecken, versorgen)* ■**etw ~** *Bus, Zug* to serve sth; *Flugzeug* to operate to
❽ FIN *(die Zinsen von etw zahlen)* **einen Kredit ~** to service [*or* pay interest on] a loan
❾ KARTEN ■**etw ~** to play; **eine Farbe ~** to follow suit
❿ *(pej fam: fördern)* ■**etw ~** *Klischee, Vorurteil, Ressentiment* to encourage sth
▶ WENDUNGEN: **mit etw** *dat* **gut/schlecht bedient sein** to be well-/ill-served by sth; **bedient sein** *(fam)* to have had enough
II. *vi* ❶ *(sich um den Gast kümmern)* to serve; ***wird hier nicht bedient?*** is there no-one serving here?
❷ *(Kartenspiel)* to follow suit
III. *vr* ❶ *(sich Essen nehmen)* ■**sich** *akk* **~** to serve oneself; **~ *Sie sich!*** help yourself!
❷ *(geh: gebrauchen)* ■**sich** *akk* **einer S.** *gen* **~** to make use of sth; **sich** *akk* **eines Menschen ~** to use sb
Be·die·ner(in) *m(f)* ❶ *(Benutzer)* operator
❷ ÖSTERR *(Putzfrau)* cleaner *masc,* cleaning lady *fem*
Be·die·ner·feld *nt* INFORM control panel **be·die·ner·freund·lich** *adj* user-friendly; **etw ~ machen** to make sth more user-friendly **Be·die·ner·füh·rung** *f* INFORM user prompt
Be·die·ne·rin <-, -nen> *f fem form von* **Bediener** waitress
Be·die·ner·ober·flä·che *f* INFORM user interface
be·diens·tet [bəˈdiːnstət] *adj* ❶ ÖSTERR in employment
❷ *(veraltet)* ■**bei jdm ~ sein** to be employed by sb
Be·diens·te·te(r) *f(m) dekl wie adj* ❶ *(Angestellter im öffentlichen Dienst)* employee
❷ *meist pl (veraltet: Dienstboten)* servant
Be·die·nung <-, -en> *f* ❶ *(Kellner)* waiter, waitress
❷ *kein pl (Handhabung)* operation
❸ *kein pl (das Bedienen)* service; ***ist der Biergarten draußen auch mit ~?*** is there table-service [*or* do the waiters serve] outside as well?; ***die Preise verstehen sich inklusive Mehrwertsteuer und ~*** the prices include VAT and service charge; **~ inbegriffen** service [charge] included; **jdm zur freien ~ stehen** to be at the disposal of sb
❹ MIL *(Bedienungsmannschaft)* crew
❺ FIN servicing BRIT, interest payments; **die ~ eines Kredites** debt service, serving [*or* paying interest on] a loan
Be·die·nungs·an·lei·tung *f* operating instructions *pl* **Be·die·nungs·feh·ler** *m* operator['s] error **be·die·nungs·freund·lich** *adj* easy-to-use *attr,* easy to use *pred,* user-friendly **Be·die·nungs·he·bel** *m* operating lever **Be·die·nungs·hin·wei·se** *pl* operating instructions *pl* **Be·die·nungs·kom·fort** *m* ease of operation **Be·die·nungs·mann·schaft** *f* MIL operating crew; *(eines Geschützes)* gun crew **Be·die·nungs·vor·schrift** *f* operating instructions **Be·die·nungs·zu·schlag** *m (Trinkgeld)* service charge
be·din·gen* [bəˈdɪŋən] *vt* ❶ *(verursachen)* ■**etw ~** to cause sth; ***höhere Löhne ~ höhere Preise*** higher wages lead to higher prices; ■**durch etw** *akk* **bedingt sein** to be a result of sth
❷ *(verlangen)* ■**etw ~** to require, to demand; ***die Lage bedingt rasches Handeln*** the situation calls for swift action

be·dingt I. *adj* ❶ *(eingeschränkt)* qualified; **~e Erlaubnis** conditional permission
❷ JUR conditional; **~e Entlassung** suspension of the remainder of the sentence on probation; **~e Strafaussetzung** conditional discharge, [suspension of sentence on] probation; **~er Straferlass** remission of a penalty [*or* sentence]
❸ MED **~e Reaktion** conditioned reaction; **~er Reiz** conditioned stimulus
❹ MATH **~e Wahrscheinlichkeit** conditional probability
II. *adv* ❶ *(eingeschränkt)* partly, to some extent; **~ gültig** of limited validity; ***dem kann ich nur ~ zustimmen*** I can only agree with that to a degree
❷ JUR ÖSTERR, SCHWEIZ *(mit Bewährungsfrist)* conditionally
❸ MATH **~ richtig** conditionally correct

Be·din·gung <-, -en> *f* ❶ *(Voraussetzung)* condition; **[es] zur ~ machen, dass ...** to make it a condition [*or* stipulate] that ...; **[jdm] eine ~/~en stellen** to set [*or* impose] a condition/conditions [on sb]; **unter der ~, dass ...** on condition [*or* with the proviso] that ...; **[nur] unter einer ~** [only] on one condition; **unter keiner ~** under no circumstances, on no account [*or* condition]; **unter welcher ~?** on what condition?
❷ *pl* ÖKON terms, conditions; **zu günstigen/ungünstigen ~en** on favourable [*or* AM -orable]/unfavourable [*or* AM -orable] terms
❸ *pl (Umstände)* conditions; **unter gewissen ~en** in [*or* under] certain conditions

be·din·gungs·los I. *adj* unconditional; **~er Gehorsam/~e Treue** unquestioning obedience/trust
II. *adv* unconditionally; **jdm ~ gehorchen** to obey sb unquestioningly [*or* without question]; **jdm ~ vertrauen** to trust sb blindly [*or* unconditionally]

Be·din·gungs·satz *m* LING conditional clause

be·drän·gen* *vt* ❶ *(bestürmen)* ■**jdn [mit etw** *dat*] **~** to pester [*or* bother] sb [with sth]; ■**jdn ~, etw zu tun** to pressure [*or* BRIT *a.* pressurize] sb into doing sth; *(belästigen)* to badger [*or* pester] sb into doing sth
❷ *(belasten)* ■**jdn ~** to burden sb

Be·dräng·nis <-ses, -se> [bəˈdrɛŋnɪs] *f (geh)* difficulties *pl;* **in finanzieller/seelischer ~ sein** to be in financial difficulties [*or* straits]/emotional difficulties [*or* distress]; **jdn in seelische ~ bringen** to put sb on the spot; **jdn in ~ bringen** to get sb into trouble *a. euph;* **einen Gegner in ~ bringen** to cause problems for an opponent; **in ~ sein/geraten** to be/get into difficulties

be·dro·hen* *vt* ❶ *(mit etw drohen)* ■**jdn [mit etw** *dat*] **~** to threaten sb [with sth]
❷ *(gefährden)* ■**etw ~** to endanger sth; **den Frieden ~** to be [*or* pose] a threat to peace; ■**[durch etw** *akk*/**von etw** *dat*] **bedroht sein** to be threatened [by sth]

be·droh·lich I. *adj* dangerous, threatening; **in ~er Nähe sein** to be perilously close; **eine ~e Lage** an alarming situation
II. *adv* dangerously, alarmingly

Be·droht·heit <-> *f kein pl* threatened state; *einer Person* threatened position

Be·dro·hung *f* ❶ *(Drohung)* threat (+*gen* to)
❷ *(das Bedrohen)* threat (+*gen* of)

Be·dro·hungs·ana·ly·se *f* threat analysis

be·druck·bar *adj* TYPO printable

Be·druck·bar·keit <-> *f kein pl* TYPO printability

be·dru·cken* *vt* ■**etw [mit etw** *dat*] **~** to print [sth] on sth

be·drü·cken* *vt* ■**jdn ~** to depress sb; ***was bedrückt dich?*** what's troubling you?, what's up? *fam*

be·drü·ckend *adj* depressing; **ein ~es Schweigen/eine ~e Stimmung** an oppressive silence/atmosphere

be·drückt *adj* depressed; **~es Schweigen** oppressive silence

Be·drückt·heit *f* depression, dejection

Be·drü·ckung <-> *f kein pl (geh)* depression

Be·du·i·ne, Be·du·i·nin <-n, -n> [beduˈiːnə, -ˈiːnɪn] *m, f* Bed[o]uin

Be·du·i·nen·zelt *nt* Bed[o]uin tent

be·dür·fen <bedurfte, bedurft> *vi (geh)* ■**einer S.** *gen* **~** to require [*or* need] sth; ***es bedarf keiner weiteren Erklärung*** no further explanation is necessary; ***es hätte nur eines Lächelns bedurft, um ihn zu überzeugen*** it would only have taken a smile to convince him; ***sein Benehmen bedarf einer Entschuldigung*** his behaviour demands [*or* requires] an apology

Be·dürf·nis <-ses, -se> [bəˈdʏrfnɪs] *nt* ❶ *(Bedarf)* need, necessity; ■**jds ~se** sb's needs [*or* wants]; ***hast du noch irgendwelche ~se?*** is there anything else you need?; **die ~se des täglichen Lebens** everyday needs
❷ *kein pl (Verlangen)* desire, need; **das ~ haben, etw zu tun** to feel the need to do sth; **es ist jdm ein ~, etw zu tun** *(geh)* it is sb's need to do sth
▸WENDUNGEN: **ein dringendes ~** *(euph)* a call of nature *usu hum*

Be·dürf·nis·an·stalt *f* **öffentliche ~** *(geh o veraltend)* public convenience *esp* BRIT *form* [*or* AM restroom] **Be·dürf·nis·be·frie·di·gung** *f kein pl* fulfilment [*or* AM -ll-] of one's needs

Be·dürf·nis·lo·sig·keit <-> *f kein pl a.* REL modesty of one's needs, material abstinence

be·dürf·tig *adj* ❶ *(materielle Hilfe benötigend)* needy *attr,* in need *pred;* ■**die B~en** the needy + *pl vb,* those in need + *pl vb*
❷ *(geh)* ■**jds/einer S.** *gen* **~ sein** to be in [*or* have] need of sb/sth

Be·dürf·tig·keit <-> *f kein pl (geh)* need, neediness

Beef·steak <-s, -s> [ˈbiːfsteːk, -ʃteːk] *nt bes* NORDD steak; **deutsches ~** beefburger

be·eh·ren* I. *vt (geh)* ■**jdn/etw [mit etw** *dat*] **~** to honour [*or* AM -or] sb/sth [with sth]; **jdn [mit einen Besuch] ~** to honour sb with a visit *a. iron*
II. *vr (geh)* ■**sich** *akk* **~, etw zu tun** to have the honour [*or* AM -or] of doing sth

be·ei·den* [bəˈʔaidn̩], **be·ei·di·gen** [bəˈʔaidɪgn̩] *vt* ■**etw ~** to swear to sth; **eine beeidete Aussage** a sworn statement

Be·ei·di·gung <-, -en> *f* JUR *(Vereidigung)* administration of an oath; *(im Amt)* swearing in

be·ei·len* *vr* ■**sich** *akk* **[mit etw** *dat*] **~** to hurry [-up] [with sth]; ***beeil dich, wir müssen zum Zug!*** hurry up [*or fam* get a move on], we've got a train to catch!; ■**sich** *akk* **~, etw zu tun** *(geh)* to hurry [*or* hasten] to do sth

Be·ei·lung <-> *f kein pl (fam)* ■**~!** get a move on! *fam,* step on it! *usu fam*

be·ein·dru·cken* [bəˈʔaindrʊkn̩] *vt* ■**jdn [mit etw** *dat*] **~** to impress sb [with sth]; **sich** *akk* **[von etw** *dat*] **nicht ~ lassen** to not be impressed [by sth]

be·ein·dru·ckend *adj* impressive; ***es war ein ~es Erlebnis*** it left a lasting impression

be·ein·fluss·bar[RR], **be·ein·fluß·bar**[ALT] *adj* easily [*or* able to be] influenced *pred;* ***sie ist nur schwer ~*** she's not easily influenced [*or* swayed]

be·ein·flus·sen* [bəˈʔainflʊsn̩] *vt* ■**jdn/etw ~** to influence sb/sth; **seine Entscheidung nicht durch etw** *akk* **~ lassen** to not let his/her decision be swayed by sth; ■**durch [*o* von] etw beeinflusst sein** to be influenced by sth; **leicht/schwer zu ~ sein** to be easy/hard to influence

Be·ein·flus·sung *f* JUR influence, manipulation; **~ von Zeugen** tampering with witnesses; **ungebührliche ~** undue influence

be·ein·träch·ti·gen* [bəˈʔaintrɛçtɪgn̩] *vt* ■**jdn/etw ~** to disturb sb/sth; **jdn in seiner persönlichen Entfaltung ~** to interfere with [*or* restrict] sb's personal development; **jdn in seiner Freiheit ~** to restrict sb's freedom; **jdn in seiner Kreativität ~** to curb sb's creativity; **ein Verhältnis ~** to damage a relationship; **jds Genuss ~** to detract from sb's enjoyment; **das Reaktionsvermögen/die Leistungsfähigkeit ~** to impair [*or* reduce] the [*or* one's] reactions/efficiency; ■**~d** adverse

Be·ein·träch·ti·gung <-, -en> *f Freiheit* restriction; *Genuss* detracting (+*gen* from); *Kreativität* curbing; *Qualität* reduction (+*gen* in); *Reaktionsvermögen* impairing; *Verhältnis* damaging

be·elen·den* [bəˈʔeːlɛndn̩] *vt* ■**jdn ~** *(traurig stimmen)* to sadden sb; *(schockieren)* to upset sb

be·el·tern* *vt* JUR **ein Kind ~** to place a child with alternative parents

Be·el·te·rung <-, -en> *f* JUR placing [a child] with alternative parents; **neue ~** replacing a child's parents

Beel·ze·bub <-s> [beˈɛltsəbuːp, ˈbeːl-] *m s.* **Teufel**

be·en·den* *vt* ■**etw ~** to end [*or* finish] sth; **eine Verhandlung ~** to bring negotiations to an end; INFORM *(verlassen)* ■**etw ~** to exit [*or* quit] sth; *s. a.* **Leben**

be·en·di·gen* *vt (geh) s.* **beenden**

Be·en·di·gung <-> *f kein pl* end, ending; *(Schluss)* conclusion; **nach ~ *des Studiums nahm sie eine Stelle an*** after completing her studies she accepted a job; **~ des Arbeitsverhältnisses** termination of employment

Be·en·dung <-, -en> *f* ending, completion; *(Ende)* end

be·en·gen* *vt* ■**jdn ~** to restrict sb; *(fig)* to stifle [*or* cramp] [*or* inhibit] sb; ***kleine Zimmer ~ mich irgendwie*** small rooms somehow make me feel confined; ***diese spießbürgerliche Umgebung beengte ihn*** he was stifled by these petit [*or* BRIT *a.* petty] bourgeois surroundings; **~de Kleidung** tight [*or* restrictive] clothing; **etw als ~d empfinden** to find sth confining; ■**jdn ~** to make sb feel confined [*or* boxed-in]

be·engt I. *adj* cramped, confined
II. *adv* in cramped conditions; **sich** *akk* **[von jdm/etw] ~ fühlen** *(fig)* to feel cramped [*or* stifled] [by sb/sth]

Be·engt·heit <-> *f kein pl* confinement, restriction; **in räumlicher ~ wohnen** to live in cramped conditions; **ein Gefühl [*o* den Eindruck] von ~ haben** to feel confined [*or* cramped], to have a feeling of confinement

be·er·ben* *vt* ■**jdn ~** to inherit sb's estate, to be heir to sb

Be·er·bung <-> *f kein pl* JUR inheriting, succession upon death

be·er·di·gen* [bəˈʔeːɐ̯dɪgn̩] *vt* ■**jdn ~** to bury sb

Be·er·di·gung <-, -en> *f* funeral, burial

Be·er·di·gungs·fei·er *f* funeral service **Be·er·di·gungs·in·sti·tut** *nt* funeral parlour [*or* AM -or], undertaker's

Bee·re <-, -n> [ˈbeːrə] *f* berry; **~n tragen** to bear fruit; *(Weinbeere)* grape

Bee·ren·aus·le·se *f wine whose characteristic richness derives from noble rot induced by the use of overripe grapes* **Bee·ren·frucht** *f (geh)* berry **Bee·ren·obst** *nt* soft fruit **Bee·ren·strauch** *m* berry-[*or* fruit-]bearing bush

Beet <-[e]s, -e> [beːt] *nt* bed; *(Blumenbeet)* flowerbed; *(Gemüsebeet)* vegetable patch

Bee·te <-, -n> [ˈbeːtə] *f s.* **Bete**

be·fä·hi·gen* [bəˈfɛːɪgn̩] *vt* ■**jdn dazu ~, etw zu tun** to enable sb to do sth; **ein Tier zu Höchstleistungen ~** to enable an animal to achieve record performances; **jdn zu kritischer Überlegung ~** to equip sb to think critically

be·fä·higt [bəˈfɛːɪçt] *adj* qualified; ■**für [*o* zu] etw ~ sein** to be capable of doing [*or* competent at] sth

Be·fä·hi·gung <-> *f kein pl* qualification[s]; **~ und Engagement** ability and commitment; **als ~ zu etw** *dat* **gelten** to qualify sb to do [*or* become] [*or* be] sth

Be·fä·hi·gungs·nach·weis *m* JUR qualification certificate; **juristischer ~** legal qualifications

be·fahl [bəˈfaːl] *pret von* **befehlen**

be·fahr·bar *adj* passable; NAUT navigable; **nicht ~** impassable; NAUT unnavigable

be·fah·ren* I. *vt irreg* ❶ *(auf etw fahren)* **eine Straße/einen Weg ~** to drive along [*or* down] [*or* on] a road/a path; ***diese Straße wird stark/wenig ~*** there is a lot of/not much traffic on this road; ***diese Straße darf nur in einer Richtung ~ werden*** this road is only open in one direction; ***der Pass darf im Winter nicht ~ werden*** the pass is closed in winter; **eine Strecke** [*o* **Route**] ~ to use a route; **alle sieben Meere** ~ to sail the seven seas

② BERGB **einen Schacht** ~ to go down [*or* use] a shaft; **eine Grube** ~ to work a mine

II. *adj* used; **kaum/stark** [*o* **viel**] ~ **sein** to be little/much [*or* heavily] used [*or* used a lot]; **eine viel** [*o* **stark**] ~**e Kreuzung** a busy junction [*or* crossroads + *sing/pl vb*]; ***die Autobahn Stuttgart-München ist immer stark*** ~ there's always heavy traffic on the Stuttgart- Munich motorway

Be·fah·ren <-s> *nt kein pl* ■ **das** ~ **einer S.** *gen* the use of sth; ***häufiges*** ~ ***durch Lastkraftwagen kann Straßen schwer beschädigen*** roads frequently used by heavy goods vehicles can be seriously damaged

Be·fall <-[e]s> *m kein pl* FORST, HORT infestation

be·fal·len* *vt irreg* ① MED ■ **jdn/etw** ~ to infect sb/sth; **von etw** *dat* ~ **werden** to be attacked [*or* infected] by sth

② FORST, HORT ■ **etw** ~ to infest sth

③ *(geh)* ■ **jdn** ~ to overcome sb; **von Ekel/Hunger/Müdigkeit** ~ **werden** to feel disgusted/hungry/tired

be·fan·gen [bəˈfaŋən] *adj* ① *(gehemmt)* inhibited, self-conscious

② JUR *(voreingenommen)* biased [*or* BRIT *a.* biassed], prejudiced; **sich** *akk* **für** ~ **erklären** to withdraw [from a case] [*or* to declare oneself disqualified] on the grounds of bias; **jdn als** ~ **ablehnen** to challenge [*or* disqualify] sb on grounds of bias

③ *(geh)* ■ **in etw** *dat* ~ **sein** to be set on sth; **in einem Irrtum** ~ **sein** to be labouring [*or* AM -oring] under a misapprehension *form;* **im Glauben** ~ **sein, dass ...** to be under the impression that ...

Be·fan·gen·heit <-> *f kein pl* ① *(Gehemmtheit)* inhibition, self-consciousness

② JUR *(Voreingenommenheit)* bias, prejudice; **jdn wegen** [**Besorgnis der**] ~ **ablehnen** to challenge [*or* disqualify] sb on grounds of [suspected] bias

be·fas·sen* **I.** *vr* ① *(sich beschäftigen)* ■ **sich** *akk* **mit etw** *dat* ~ to concern oneself with sth; **sich** *akk* **mit einer Angelegenheit** ~ to look into a matter; **sich** *akk* **mit einem Problem** ~ to tackle [*or* deal with] a problem

② *(sich widmen)* ■ **sich** *akk* **mit jdm** ~ to spend time with [*or* give attention to] sb

II. *vt (geh) a.* JUR ■ **jdn mit etw** *dat* ~ to bring [*or* refer] a matter to sb; **das Gericht mit einer Sache** ~ to bring a case before the court

be·feh·den* [bəˈfeːdn̩] *vt* ① *(geh)* ■ **jdn/etw** ~ to attack sb/sth

② HIST ■ **jdn/etw** ~ to feud with sb/over sth; ■ **sich** *akk* [**gegenseitig**] ~ to [carry on a] feud with each other

Be·fehl <-[e]s, -e> [bəˈfeːl] *m* ① *(Anweisung)* order; ~ ***vom Chef!*** boss's orders!; ~ ***ist*** ~ orders are orders; **einen** ~ **ausführen** to carry out [*or* execute] an order; ~ ***ausgeführt!*** MIL mission accomplished!; **einen** ~ **befolgen** to obey [*or* follow] an order [*or pl* orders]; **einen** ~ **erhalten** to receive an order; **einen** ~ **erlassen** to issue [*or* hand down] an order; **jdm einen** ~ **geben** [*o* **erteilen**], **etw zu tun** to order sb [*or* issue sb with an order] to do sth; **einen** ~ **geben, etw zu tun** to order [*or* issue an order] that sth be done; ***Sie haben mir hier überhaupt keine*** ~ ***e zu geben!*** I won't take orders from you!; **den** ~ **haben, etw zu tun** to have orders [*or* to have been ordered] to do sth; **den** ~ [**über etw** *akk*] **haben** [*o* **führen**] to have [*or* be in] command [of sth]; **auf** ~ **handeln** to act under orders; **unter jds** *dat* ~ **stehen** to be under sb's command; **den** ~ **übernehmen** to take [*or* assume] command; **einen** ~ **verweigern** to disobey an order; **auf** ~ under orders, to order; **auf höheren** ~ on orders from above; **auf jds** *akk* ~ [**hin**] on sb's order; ~ **von oben** orders from above; **zu** ~ *(veraltend)* yes, sir, aye, aye, sir

② INFORM, MED command

be·feh·len <befahl, befohlen> [bəˈfeːlən] **I.** *vt* ① *(den Befehl geben)* ■ **jdm** ~, **etw zu tun** to order [*or* command] sb to do sth; ■ **etw** ~ to order sth; ***von dir lasse ich mir nichts*** ~ ***!*** I won't take orders from you!; ***was*** ~ ***Sie, Herr Hauptmann?*** what are your orders, Captain?

② *(beordern)* ■ **jdn irgendwohin** ~ to order sb [to go] somewhere; ■ **jdn zu jdm/etw** ~ to summon sb to sb/sth; ***Sie sind zum General befohlen worden!*** you've been summoned to the General!

③ *(veraltet geh)* ■ [**etw**] ~ to desire [sth]; ~ ***Sie sonst noch etwas, gnädige Frau?*** will there be anything else, Madam?; ***ganz wie Sie*** ~ ***!*** just as you wish!

II. *vi* ① MIL ■ **über jdn/etw** ~ to be in [*or* have] command of sb/sth

② *(Anordnungen erteilen)* ■ ~, **dass ...** to order [*or* give orders] that ...; **mit** ~ **der Stimme** in a commanding voice

be·feh·lend *adj* commanding, peremptory

be·feh·le·risch [bəˈfeːlərɪʃ] *adj* imperious, peremptory

be·feh·li·gen* [bəˈfeːlɪgn̩] *vt* MIL ■ **jdn/etw** ~ to command sb/sth, to be in [*or* have] command of sb/sth

Be·fehls·aus·füh·rung *f* INFORM instruction execution **Be·fehls·aus·füh·rungs·zeit** *f* INFORM instruction execution time

Be·fehls·code *m* INFORM command [*or* order] code

Be·fehls·ein·ga·be *f* INFORM instruction input **Be·fehls·ein·ga·be·for·mat** *nt* INFORM command prompt

Be·fehls·emp·fän·ger(in) *m(f)* one who takes an order **Be·fehls·fol·ge** *f* INFORM command sequence **Be·fehls·form** *f* LING imperative **Be·fehls·for·mat** *nt* INFORM instruction format

be·fehls·ge·mäß **I.** *adj* as ordered *pred,* in accordance with orders *pred*

II. *adv* as ordered, in accordance with orders

Be·fehls·ge·walt *f* MIL command; **die** ~ **haben** to have [*or* be in] command; **jds** ~ **unterstehen** to be under sb's command

Be·fehls·ha·ber(in) <-s, -> [bəˈfeːlshaːbɐ] *m(f)* MIL commander

Be·fehls·kode *m* INFORM command [*or* instruction] code **Be·fehls·satz** *m* LING imperative [sentence]; INFORM instruction set **Be·fehls·spra·che** *f* INFORM command [*or* control] language **Be·fehls·syn·tax** *f* INFORM instruction syntax **Be·fehls·tas·te** *f* INFORM command key **Be·fehls·ton** *m* peremptory tone **Be·fehls·ver·wei·ge·rung** *f* MIL refusal to obey orders [*or* an order] **Be·fehls·ver·zeich·nis** *nt* INFORM instruction repertory **Be·fehls·zei·le** *f* INFORM command line

be·fein·den* [bəˈfaindn̩] *vt (geh)* ■ **jdn/etw** ~ to attack sb/sth; *Land* to be hostile towards; ■ **sich** *akk* ~ to be hostile towards each other

be·fes·ti·gen* *vt* ① *(anbringen)* ■ **etw** [**an etw** *dat*] ~ to fasten [*or* attach] [*or* fix] sth [to sth]; **ein Boot an etw** *dat* ~ to tie up [*or* moor] a boat to sth

② BAU **eine Fahrbahn** [*o* **Straße**] ~ to make up [*or* pave] a road; **eine Böschung** ~ to stabilize an embankment; **einen Damm/Deich** ~ to reinforce a dam/dyke

③ MIL ■ **etw** ~ to fortify sth; **eine Grenze** ~ to strengthen a border

be·fes·tigt *adj inv (fest gemacht)* fixed; BAU *Fläche* paved; **eine** [**nicht**] ~**e Straße** a[n un]tarred road

Be·fes·ti·gung <-, -en> *f pl selten* ① *(das Anbringen)* fixing, fastening; ***der Gurt dient zur*** ~ ***der zwei Teile*** the strap serves to fasten the two parts [together]

② BAU stabilizing, making up BRIT, paving

③ *(zu Verteidigungszwecken)* reinforcement

④ MIL fortification

Be·fes·ti·gungs·an·la·ge *f* fortification[s] **Be·fes·ti·gungs·werk** *nt* fortification

be·feuch·ten* *vt* ■ **etw** [**mit etw** *dat*] ~ to moisten sth [with sth]; **Bügelwäsche** ~ to dampen washing before ironing

be·feu·ern* *vt* ① *(beheizen)* ■ **etw** [**mit etw** *dat*] ~ to fuel sth [by sth]

② MIL ■ **jdn/etw** ~ to fire on [*or* shoot at] sb/sth

③ NAUT, LUFT ■ **etw** ~ to mark [*or* light] sth with beacons

④ *(fam)* ■ **jdn** [**mit etw** *dat*] ~ to pelt [*or* bombard] sb [with sth], to hurl sth at sb

Be·feu·e·rung <-, -en> *f pl selten* NAUT, LUFT [marking with] lights [*or* beacons]

Beff·chen <-s, -> [ˈbɛfçən] *nt* REL Geneva band

be·fiehlt [bəˈfiːlt] *3. pers. sing pres von* **befehlen**

be·fin·den* *irreg* **I.** *vr* ① *(sich aufhalten)* ■ **sich** *akk* **irgendwo** ~ to be somewhere; ***unter den Geiseln*** ~ ***sich zwei Deutsche*** there are two Germans amongst the hostages; **sich** *akk* **im Ausland/im Urlaub** ~ to be abroad/on holiday [*or* AM vacation]

② *(in einem bestimmten Zustand sein)* **sich** *akk* **in bester/schlechter Laune** ~ to be in an excellent/a bad mood; **sich** *akk* **in guten Händen** ~ to be in good hands; **sich** *akk* **im Kriegszustand** ~ to be at war; *s. a.* **Irrtum**

③ *(geh: sich fühlen)* ■ **sich** *akk* **...** ~ to feel ...; ***wie*** ~ ***Sie sich heute?*** how do you feel today?, how are you feeling today?

II. *vi (geh)* ■ **über jdn/etw** ~ to decide [on] sth, to make a decision about sb/sth; ***darüber haben wir nicht zu*** ~ it is not for us to pass judgement on this

III. *vt (geh)* ① *(halten)* ■ **etw/jdn für etw** *akk* ~ to consider [*or* deem] [*or* find] sth/sb [to be] sth; **es für gut/nötig/schlecht** ~, **etw zu tun** to deem [*or* consider] it a good idea/necessary/not such a good idea to do sth; **jdn** [**für**] **schuldig/unschuldig** ~ to find sb guilty/not guilty; **etw** [**für**] **wahr/falsch** ~ to believe [*or* consider] sth to be true/false; **jdn für tauglich/nicht tauglich** ~ MIL to declare sb fit/unfit [for military service]

② *(äußern)* ■ **etw** ~ to decide [*or* conclude] sth

Be·fin·den <-s> *nt kein pl* ① *(Zustand)* [state of] health; *eines Kranken* condition; **seelisches** ~ mental state; ***er hat sich nach deinem*** ~ ***erkundigt*** he asked how you were

② *(geh)* opinion, view; **nach jds** ~ in sb's opinion [*or* view]; **etw nach eigenem** ~ **entscheiden** to use one's own judgement in deciding sth

be·find·lich [bəˈfɪntlɪç] *adj meist attr (geh)* ① *(sich an einer Stelle befindend)* situated, located; ***das Gericht beschloss alle noch auf den Konten*** ~ ***en Gelder zu sperren*** all the funds still left in the accounts were blocked by order of the court; ***alle derzeit in Haft*** ~ ***en politischen Gefangenen werden entlassen*** all political prisoners currently in detention will be released

② *(sich in einem Zustand befindend)* ***das in Kraft*** ~ ***e Gesetz*** the law which is in force; ***das im Umlauf*** ~ ***e Geld*** the money in circulation; ***die im Bau*** ~ ***en Häuser*** those houses [which are] currently being built

Be·find·lich·keit <-, -en> *f* mental state **Be·find·lich·keits·stö·rung** *f* mental aberration, nervous disorder

be·fin·gern* *vt (fam)* **etw** ~ to finger sth

be·flag·gen* *vt* ■ **etw** ~ to [be]deck [*or* decorate] sth with flags; **ein Schiff** ~ to dress a ship

Be·flag·gung <-, -en> *f* ① *(das Beflaggen)* decoration with flags; NAUT *Schiffe* dressing with flags

② *(geh)* flags; **die** ~ **auf Halbmast setzen** to set [*or* lower] the flags at half-mast

be·fle·cken* *vt* ① *(mit Flecken beschmutzen)* ■ **etw** [**mit etw** *dat*] ~ to stain sth [with sth]; **etw mit Farbe** ~ to get paint [stains] on sth; ***wer hat das Tischtuch so mit Marmelade befleckt?*** who left jam stains on the tablecloth?

② *(geh)* ■ **etw** [**durch etw** *akk*] ~ to stain sth [with/by sth]; **jds Ehre** ~ to slur [*or* cast a slur on] sb's honour [*or* AM -or]; **jds Ruf** ~ to tarnish [*or form* sully] sb's reputation

be·fleckt *adj* ① *(fleckig)* stained, dirty; ■ [**mit etw** *dat*] ~ **sein** to be stained [with sth], to be covered with stains; **mit Blut** ~ blood-stained

② *(geh)* sullied, besmirched

be·flei·ßi·gen* [bəˈflaisɪgn̩] *vr (geh)* ■ **sich** *akk* **einer S.** *gen* ~ to strive for sth; **sich** *akk* **großer Höflichkeit/Zurückhaltung** ~ to make an effort to be very polite/exercise greater restraint [*or* to be more restrained]

be·flie·gen* *vt irreg* LUFT **eine viel** [*o* **stark**] **beflo-**

gene Strecke a heavily-used route; ***diese Strecke wird nicht mehr beflogen*** this route is not in operation any more

be·flis·sen [bəˈflɪsn̩] I. *adj (geh: bemüht)* keen, zealous; ■ **~ sein[, etw zu tun]** to be keen [to do sth]
II. *adv* keenly, zealously

Be·flis·sen·heit <-> *f kein pl* keenness *no pl,* zeal *no pl*

be·flü·geln* *vt (geh)* ❶ *(anregen)* ■ **jdn/etw ~** to inspire sb/sth; ***das Lob hatte sie beflügelt*** the praise had spurred her on; **die Fantasie ~** to fire the imagination; ■ **jdn ~, etw zu tun** to inspire sb to do sth
❷ *(schneller werden lassen)* ■ **etw beflügelt jdn** sth spurs sb on; ***Angst/Hoffnung beflügelte seine Schritte*** fear/hope spurred him on [*or* winged his steps]

be·foh·len [bəˈfoːlən] *pp von* **befehlen**

be·fol·gen* *vt* ■ **etw ~** to follow sth; **Befehle ~** to follow [*or* obey] orders; **jds Rat ~** to follow [*or* take] sb's advice; **grammatische Regeln ~** to obey grammatical rules; **Vorschriften ~** to obey [*or* observe] regulations

Be·fol·gung <-> *f kein pl Befehl* following *no pl,* obeying *no pl,* compliance (+*gen* with); *Rat* following *no pl,* taking *no pl*

Be·för·de·rer(in) <-s, -> *m(f)* carrier

be·för·dern* *vt* ❶ *(transportieren)* ■ **jdn/etw ~** to transport [*or* carry] sb/sth; **das Gepäck ~ lassen** to have one's baggage sent; ***die Teilnehmer wurden mit dem Bus zum Tagungsort befördert*** participants were taken by bus to the conference venue
❷ *(jds Dienststellung anheben)* ■ **jdn [zu etw** *dat*] **~** to promote sb [to sth]
❸ *(iron fam)* **jdn vor die Tür** [*o* **ins Freie**] **~** to throw [*or fam* chuck] sb out; **jdn nach draußen ~** to escort sb outside; *s. a.* **Jenseits**
❹ *(geh)* ■ **etw ~** to promote [*or* foster] sth; ■ **jdn [in etw** *dat*] **~** to support sb [in sth]

Be·för·de·rung <-, -en> *f* ❶ *(Transport)* transport[ation], carriage; **~ auf dem Luftweg** air transportation; **~ auf dem Schienenweg/Seeweg** rail/sea transport, carriage by rail/sea
❷ *(dienstliches Aufrücken)* promotion (**zu** +*dat* to)

Be·för·de·rungs·amt *nt eines Beamten* office responsible for promotion [of a civil servant] **Be·för·de·rungs·art** *f* mode of transport **Be·för·de·rungs·auf·kom·men** *nt* carryings *pl* **Be·för·de·rungs·be·din·gun·gen** *pl* conditions *pl* of carriage **Be·för·de·rungs·be·stim·mun·gen** *pl* HANDEL terms of carriage [*or* transport] **Be·för·de·rungs·fäl·le** *pl* passenger carryings *pl* **Be·för·de·rungs·ge·bühr** *f* carriage **Be·för·de·rungs·gut** *nt* cargo **Be·för·de·rungs·haft·pflicht·ge·setz** *nt* Carrier's Liability Act BRIT **Be·för·de·rungs·hin·der·nis** *nt* HANDEL circumstances preventing carriage **Be·för·de·rungs·kos·ten** *pl* transport costs; *(mit dem Zug)* railroad charges *pl* **Be·för·de·rungs·leis·tung** *f* HANDEL volume of traffic, traffic performance **Be·för·de·rungs·men·ge** *f* transport[ation] amount **Be·för·de·rungs·mit·tel** *nt* means of transport **Be·för·de·rungs·pflicht** *f* HANDEL, JUR obligation to carry **Be·för·de·rungs·ver·trag** *m* JUR, HANDEL contract of carriage, transport [*or* shipping] contract **Be·för·de·rungs·weg** *m* HANDEL forwarding route **Be·för·de·rungs·zah·len** *pl* carryings *pl* **Be·för·de·rungs·zeit** *f* HANDEL period of transport

be·for·schen* [bəˈfɔrʃn̩] *vt* ■ **etw ~** to research sth

be·frach·ten* *vt* ❶ *(beladen)* ■ **etw [mit etw** *dat*] **~** to load sth [with sth]
❷ *(fig geh)* ■ **etw mit etw** *dat* **~** to overload sth with sth; ■ **mit etw** *dat* **befrachtet sein** to be laden with sth

Be·frach·ter(in) *m(f)* HANDEL shipper

Be·frach·tung *f* loading

Be·frach·tungs·ta·rif *m* HANDEL charter rates *pl*

Be·frach·tungs·ver·trag *m* JUR contract of affreightment

be·fra·gen* *vt* ❶ *(Fragen stellen)* ■ **jdn [über jdn/etw/zu etw** *dat*] **~** to question sb [about sb/sth]; ■ **jdn [zu etw** *dat*] **~** JUR to question [*or* examine] sb [about sth]
❷ *(konsultieren)* ■ **etw [über jdn/etw] ~** to consult sth [about sb/sth]; ■ **jdn [in etw** *dat*/**um etw** *akk*] **~** to ask [*or* consult] sb [about sth]; **jdn nach seiner Meinung ~** to ask sb for his/her opinion

Be·fra·ger(in) *m(f)* questioner

Be·frag·te(r) *f(m) dekl wie adj* person questioned; **die Befragten** those questioned, the interviewees

Be·fra·gung <-, -en> *f* ❶ *(das Befragen)* questioning; JUR examination, questioning
❷ *(Konsultierung)* consultation; ***nach ~ des Orakels*** after consulting the oracle
❸ *(Umfrage)* survey, [opinion] poll

be·frei·en* I. *vt* ❶ *(freilassen)* ■ **jdn/ein Tier [aus** [*o* **von**] **etw] ~** to free [*or* set free *sep*] [*or* release] sb/an animal [from sth]
❷ *(unabhängig machen)* ■ **jdn/etw [von jdm/etw] ~** to liberate sb/sth [from sb/sth]
❸ *(von etw Störendem frei machen)* ■ **etw von etw** *dat* **~** to clear sth of [*or* remove sth from] sth; **seine Schuhe vom Dreck ~** to remove the dirt from one's shoes
❹ *(erlösen)* ■ **jdn von etw** *dat* **~** to free [*or* release] sb from sth; **jdn von Schmerzen ~** to free [*or* rid] sb of pain; **jdn von seinem Leiden ~** to release sb from their suffering
❺ *(freistellen)* ■ **jdn von etw** *dat* **~** to excuse sb from sth; **jdn vom Wehrdienst ~** to exempt sb from military service; **von Steuern befreit** tax-exempt
❻ *(jdm etw abnehmen)* ■ **jdn von etw** *dat* **~** to relieve sb of sth
II. *vr* ❶ *(freikommen)* ■ **sich** *akk* **[aus etw** *dat*/**von etw** *dat*] **~** to escape [from sth]
❷ *(etw abschütteln)* ■ **sich** *akk* **[von etw** *dat*] **~** to free oneself [from sth], to rid oneself [of sth]; **sich** *akk* **von Vorurteilen ~** to rid oneself of prejudice
❸ *(etw überwinden)* ■ **sich** *akk* **aus etw** *dat* **~** to get out of sth; **sich** *akk* **aus einer Abhängigkeit ~** to free oneself from a dependency; **sich** *akk* **aus einer schwierigen Lage ~** to extricate oneself from a difficult situation

Be·frei·er(in) <-s, -> *m(f)* liberator

be·freit I. *adj (erleichtert)* relieved
II. *adv* with relief; **~ aufatmen** to breathe [*or* heave] a sigh of relief

Be·frei·ung <-, -en> *f pl selten* ❶ *(Freilassen)* release, freeing *no pl;* **die ~ der Geiseln** the release of the hostages
❷ *(Befreien aus der Unterdrückung)* liberation; **die ~ der Frau** women's liberation [*or* emancipation]
❸ *(Freistellung)* exemption (**von** +*dat* from); ***ich brauche eine ~ vom Sportunterricht*** I need to be excused from the sports lesson
❹ *((körperliche) Erlösung)* release; **rasch ~ [von Schmerzen] verschaffen** to provide a rapid release [from pain]
❺ *(Erleichterung)* relief

Be·frei·ungs·an·spruch *m* JUR right of exemption [*or* indemnity] **Be·frei·ungs·be·we·gung** *f* liberation movement **Be·frei·ungs·front** *f* liberation front **Be·frei·ungs·grün·de** *pl* JUR grounds for exemption **Be·frei·ungs·kampf** *m* struggle for freedom [*or* liberation] **Be·frei·ungs·klau·sel** *f* JUR exemption clause **Be·frei·ungs·krieg** *m* war of liberation; **die ~e** HIST the Wars of Liberation **Be·frei·ungs·or·ga·ni·sa·ti·on** *f* liberation organization **Be·frei·ungs·schlag** *m* ❶ SPORT clearance; *(beim Eishockey)* icing ❷ *(fig: erlösende Aktion)* unleashing, [act of] release **Be·frei·ungs·the·o·lo·gie** *f kein pl* liberation theology **Be·frei·ungs·ver·such** *m* ❶ *(Rettungsversuch)* rescue bid [*or* attempt] ❷ *(Ausbruchsversuch)* escape bid [*or* attempt] **Be·frei·ungs·vor·be·halt** *m* JUR reservation of exemption **Be·frei·ungs·vor·schrif·ten** *pl* JUR exemption rules

be·frem·den* I. *vt* ■ **jdn ~** to disconcert sb; ***ich war von ihrem Verhalten etwas befremdet*** I was somewhat disconcerted [*or* taken aback] by her behaviour, I found her behaviour somewhat disconcerting; ***diese Gefühlsausbrüche ~ mich doch sehr!*** I find these emotional outbursts very off-putting!
II. *vi* to be disconcerting

Be·frem·den <-s> *nt kein pl* disconcertment, disquiet; **zu jds** *dat* **~** to sb's disconcertment [*or* alarm]; **sein ~ ausdrücken** to express one's disconcertment [*or* alarm]; **~ erregen** to cause disconcertment; ***die Bilder erregten bei den Besuchern ~*** the visitors were disconcerted by the pictures

be·frem·dend *adj* disconcerting

be·fremd·lich [bəˈfrɛmtlɪç] *adj (geh) s.* **befremdend**

Be·frem·dung *f* alienation

be·freun·den* [bəˈfrɔyndn̩] *vr* ❶ *(sich anfreunden)* ■ **sich** *akk* **mit jdm ~** to make [*or* become] friends with sb
❷ *(sich an etw gewöhnen)* ■ **sich** *akk* **mit etw** *dat* **~** to get used to [*or form* grow accustomed to] sth

be·freun·det *adj* ❶ *(freundlich gesinnt)* friendly; **ein ~er Staat** a friendly country; **das ~e Ausland** friendly [foreign] countries *pl*
❷ *(Freunde sein)* **[eng** [*o* **fest**]] **miteinander ~ sein** to be [close] friends; **[eng** [*o* **fest**]] **mit jdm ~ sein** to be [close [*or* very good]] friends with sb

be·frie·den* [bəˈfriːdn̩] *vt* POL *(geh)* ■ **etw ~** to pacify [*or* bring peace to] sth; **ein Land ~** to bring peace to a country

be·frie·det *adj* JUR pacified; **~er Bezirk** pacified area

be·frie·di·gen* [bəˈfriːdɪgn̩] I. *vt* ❶ *(zufrieden stellen)* ■ **jdn/etw ~** to satisfy sb/sth; **jds Ansprüche/Wünsche ~** to fulfil [*or* AM fulfill] sb's requirements/wishes; **die Gläubiger ~** to satisfy [*or* pay off] [*or* settle [up] with] the creditors; **seine Neugier ~** to satisfy one's curiosity; **leicht/schwer zu ~ sein** to be easily/not easily satisfied, to be easy/hard to satisfy
❷ *(sexuelles Verlangen stillen)* ■ **jdn ~** to satisfy sb
❸ *(innerlich ausfüllen)* ■ **jdn ~** to satisfy sb; ***mein Beruf befriedigt mich nicht*** I'm not satisfied with my job, I'm not getting any job satisfaction
II. *vi (zufrieden stellend sein)* to be satisfactory; ***diese Lösung befriedigt nicht*** this is an unsatisfactory solution
III. *vr (sexuell)* ■ **sich** *akk* **[selbst] ~** to masturbate

be·frie·di·gend *adj* ❶ *(zufrieden stellend)* satisfactory; ■ **[für jdn] ~ sein** to be satisfying [for sb]
❷ *(Schulnote)* satisfactory, adequate

be·frie·digt [bəˈfriːdɪçt] I. *adj* ❶ *(zufrieden gestellt)* satisfied
❷ *(sexuell befriedigt)* [sexually] satisfied
II. *adv* with satisfaction

Be·frie·di·gung <-> *f kein pl* ❶ *(Zufriedenstellung)* satisfaction; ***zur ~ deiner Neugier*** to satisfy your curiosity; **sexuelle ~** sexual satisfaction
❷ *(Zufriedenheit)* satisfaction; **eine innere ~** an inner sense of satisfaction; **jdm ~ bereiten** [*o* **gewähren**] to satisfy sb; ***die Arbeit bereitet mir einfach keine ~ mehr*** I'm just not getting any satisfaction from my job anymore; **zu jds ~ sein** to be to sb's satisfaction
❸ JUR *des Gläubigers* paying; **bevorzugte ~** preferential payment

Be·frie·di·gungs·recht *nt* JUR right to [obtain] satisfaction

be·fris·ten* *vt (zeitlich begrenzen)* ■ **etw [auf etw** *akk*/**bis zu etw** *dat*] **~** to limit [*or* restrict] sth [to sth]; **eine Stelle ~** to limit the duration of a job

be·fris·tet *adj* restricted, limited; ÖKON, JUR *a.* fixed-term; **eine ~e Anlage** a fixed-term deposit; **eine ~e Aufenthaltsgenehmigung** *a residence permit valid for a restricted period of time;* **eine ~e Stelle** [*o* **Tätigkeit**] a fixed-term job; **ein ~er Vertrag** a contract of limited duration; **ein ~es Visum** a temporary visa; ■ **auf etw** *akk*/**bis zu etw** *dat* **~ sein** to be valid for/until sth; ÖKON, JUR to be limited [*or* restricted] [to sth]; ***seine Aufenthaltserlaubnis ist auf ein Jahr ~*** his residence permit is valid for one year

Be·fris·tung <-, -en> *f* restriction, limitation; *(Zeitbegrenzung)* time limit; ***heutzutage sind ~en von***

Arbeitsverhältnissen schon fast die Regel nowadays it's almost the norm for appointments to be for a restricted period of time

be·fruch·ten* *vt* ❶ *(Befruchtung erzielen)* ■**etw** ~ to fertilize sth; **eine Frau** ~ to impregnate a woman; **eine Blüte** ~ to pollinate a flower; **eine Eizelle** ~ to fertilize an egg; **künstlich** ~ to inseminate artificially

❷ *(fig: fördernd anregen)* ■**jdn/etw** ~ to stimulate [*or* inspire] sb/sth, to have a stimulating effect on sb/sth

Be·fruch·tung <-, -en> *f* fertilization; *Blüte* pollination; **künstliche** ~ *Mensch* in vitro fertilization, IVF; *Tier* artificial insemination, AI

be·fu·gen* *vt (geh)* ■**jdn dazu** ~**, etw zu tun** to authorize sb to do sth

Be·fug·nis <-ses, -se> [bəˈfuːknɪs] *f (geh)* authorization *no pl,* authority *no pl;* **zu etw** *dat* **keine** ~ **haben** to not be authorized to do sth; **seine** ~**se überschreiten** to overstep one's authority

Be·fug·nis·über·tra·gung *f* JUR delegation of authority

be·fugt [bəˈfuːkt] *adj (geh)* authorized; ■**B**~**e/nicht B**~**e** authorized/unauthorized persons; ■**zu etw** *dat* ~ **sein** to be authorized to do sth

be·füh·len* *vt* ■**etw** ~ to feel sth

be·fum·meln* *vt (sl)* ■**jdn/etw** ~ to grope [*or* paw] sb/sth *fam*

Be·fund <-[e]s, -e> *m* MED result[s *pl*]; **negativer/positiver** ~ negative/positive result[s *pl*]; **ohne** ~ negative

be·fürch·ten* *vt* ■**etw** ~ to fear sth; **das Schlimmste** ~ to fear the worst; ■~**, dass ...** to be afraid that ...; **nichts zu** ~ **haben** to have nothing to fear [*or* to be afraid of]; **es ist** [*o* **steht**] **zu** ~**, dass ...** it is [to be] feared that ...; **wie befürchtet** as feared

Be·fürch·tung <-, -en> *f meist pl* fear; ***seine*** *~* ***en waren unbegründet*** his fears were unfounded; ***ich hatte schon große*** *~* ***en!*** I was really afraid [*or* worried]!; ***ich hatte die schlimmsten*** *~* ***en*** I feared the worst; **in jdm die** ~ **erwecken, dass ...** to arouse the fear in sb that ...; **die** ~ **haben** [*o geh* **hegen**]**, dass ...** to fear [*or* be afraid] that ...

be·für·wor·ten* [bəˈfyːɐ̯vɔrtn̩] *vt* ■**etw** ~ to be in favour [*or* AM -or] of [*or* support] [*or* approve of] sth; ■**es** ~**, dass/wenn ...** to be in favour [*or* approve] of ...

be·für·wor·tend I. *adj* supportive, favourable [*or* AM -orable]

II. *adv* favourably [*or* AM -orably]

Be·für·wor·ter(in) <-s, -> *m(f)* supporter, advocate

Be·für·wor·tung <-, -en> *f* support, approval

be·gabt [bəˈgaːpt] *adj* gifted, talented; ■**für etw** *akk* ~**/nicht** ~ **sein** to have/not have a gift [*or* talent] for sth; ***sie ist künstlerisch/musikalisch sehr*** ~ she's very artistic/musical, she's artistically/musically gifted; ***er ist vielseitig*** ~ he's an all-round talent; ■**mit etw** *dat* ~ **sein** *(bes iron geh)* to be blessed with sth

Be·gab·te(r) *f(m) dekl wie adj* gifted [*or* talented] person

Be·gab·ten·för·de·rung *f* SCH *educational grant for particularly gifted pupils and students*

Be·ga·bung <-, -en> *f* ❶ *(Talent)* talent, gift; **eine** [**besondere**] ~ **für etw** *akk* **haben** to have a [special] gift for sth; **eine** ~ **dafür haben, etw zu tun** *(a. iron)* to have a talent [*or* gift] for doing sth, to have a knack of doing sth *iron*

❷ *(begabter Mensch)* talented person; **eine künstlerische/musikalische** ~ **sein** to be a talented artist/musician

be·gaf·fen* *vt (pej fam)* ■**jdn/etw** ~ to gape [*or fam* goggle] [*or* BRIT *fam a.* gawp] at sb/sth

be·gan·gen *adj inv* ❶ *(betreten)* **ein viel** ~**er Weg** a much-used path [*or* route]

❷ *(gemacht)* **ein häufig** ~**er Fehler** a frequent[ly] made mistake

be·gann [bəˈgan] *imp von* **beginnen**

be·gat·ten* I. *vt* ZOOL ■**ein Weibchen** ~ to mate [*or* copulate] with a female

II. *vr* ■**sich** *akk* ~ to mate

Be·ga·zen <-s> [bəˈgaːzn̩] *nt kein pl* TYPO *(Buch)* gauzing

be·geb·bar *adj* FIN negotiable; ~**es Wertpapier** negotiable instrument

be·ge·ben* I. *vr irreg (geh)* ❶ *(gehen)* ■**sich** *akk* **irgendwohin** ~ to proceed [*or* make one's way] somewhere; **sich** *akk* **zu Bett** [*o* **zur Ruhe**] ~ to retire [to bed]; **sich** *akk* **nach Hause** [*o* **auf den Heimweg**] ~ to set off home

❷ *(beginnen)* ■**sich** *akk* **an etw** *akk* ~ to commence sth; **sich** *akk* **an die Arbeit** ~ to commence work

❸ *(sich einer Sache aussetzen)* ■**sich** *akk* **in etw** *akk* ~ to expose oneself to sth; **sich** *akk* **in ärztliche Behandlung** ~ to undergo [*or* get] medical treatment

❹ *impers, meist im Imperfekt (geschehen)* ■**es begab sich etw** sth happened [*or* came to pass]

❺ *(geh: auf etw verzichten)* ■**sich** *akk* **einer S.** *gen* ~ to renounce [*or* relinquish] sth; **sich** *akk* **der Möglichkeit** ~**, etw zu tun** to forego the opportunity to do sth

II. *vi* FIN *Wechsel* to issue, to float

Be·ge·ben·heit <-, -en> *f (geh)* event, occurrence

Be·ge·bungs·ver·trag *m* JUR *transfer agreement for negotiable instruments*

be·geg·nen* [bəˈgeːgnən] *vi sein* ❶ *(treffen)* ■**jdm** ~ to meet sb; ***ich bin ihm die Tage im Supermarkt begegnet*** I bumped [*or* ran] into [*or* met] him recently at the supermarket; **jds Blick** ~ to meet sb's gaze [*or* eye]; ■**sich** *akk* ~ to meet

❷ *(antreffen)* ■**etw** *dat* ~ to encounter [*or* come across] sth

❸ *(geh: entgegentreten) Person* to treat; *Sache* to meet, to face; *Vorschlag a.* to respond to; **jdm freundlich/höflich** ~ to treat sb in a friendly/polite manner; **jdm mit Herablassung/Spott** ~ to treat sb condescendingly [*or* with condescension]/scornfully [*or* with scorn]; **einer Gefahr mutig** ~ to face [a] danger courageously [*or* bravely]; **seinem Schicksal** ~ to confront [*or* meet] [*or* face] one's fate

❹ *(geh: widerfahren)* ■**jdm** ~ to happen to sb

Be·geg·nung <-, -en> *f* ❶ *(Zusammenkunft)* meeting, encounter; **ein Ort internationaler/weltweiter** ~ an international/global meeting place

❷ SPORT encounter

❸ *(das Kennenlernen)* encounter (**mit** +*dat* with)

Be·geg·nungs·stät·te *f (Örtlichkeit)* meeting place; *(feste Einrichtung)* community centre [*or* AM -er]

be·geh·bar *adj inv Weg* passable on foot; BAU *Gebäude* accessible, walkable; ***dieser Weg ist im Winter nicht*** ~ this path cannot be used in winter

be·ge·hen* *vt irreg* ■**etw** ~ ❶ *(verüben)* to commit [*or form* perpetrate] sth; **einen Fehler** [*o* **Irrtum**] ~ to make a mistake; **eine Dummheit/Unvorsichtigkeit/Taktlosigkeit** ~ to do sth foolish [*or* stupid]/careless [*or* rash]/tactless; **Selbstmord/eine Sünde/ein Verbrechen/einen Verrat** ~ to commit suicide/a sin/a crime/an act of betrayal; **eine strafbare Handlung** ~ to commit an offence

❷ *(betreten)* to walk across/along/into sth; ***im Winter ist der Weg oft nicht zu*** ~ it's often impossible to use this path in winter; ***„B~ der Brücke auf eigene Gefahr"*** "Persons use this bridge at their own risk"; ***„Passanten werden vor dem B~ des Baugerüsts gewarnt"*** "Passers-by are warned against climbing [*or* warned not to climb] on the scaffolding"; **begehbarer Kleiderschrank** walk-in wardrobe

❸ *(geh: feiern)* to celebrate; **ein Fest** ~ to hold a celebration; **ein Jubiläum** ~ to celebrate an anniversary; **einen kirchlichen Festtag** ~ to celebrate [*or* observe] a religious holiday

be·ge·hren* [bəˈgeːɐ̯n] *vt (geh)* ❶ *(nach jdm verlangen)* ■**jdn** ~ to desire sb; **jdn zur Frau** ~ *(veraltet)* to want sb as [*or* to be] [*or* to wish sb to be] one's wife

❷ *(zu besitzen wünschen)* ■**etw** ~ to covet sth; ***alles, was das Herz begehrt*** everything the heart desires [*or* could wish for]

❸ *(verlangen)* ■**etw** [**von jdm**] ~ to desire [*or* want] sth [from sb]; ■**etw zu tun** ~ *(veraltend)* to desire to do sth

Be·geh·ren <-s, -> [bəˈgeːɐ̯n] *nt pl selten* ❶ *(geh: Verlangen)* desire; ■**das/ein** ~ **nach jdm/etw** the/a desire for sb/sth; **auf jds** ~ [**hin**] at sb's request

❷ *(veraltet: Wunsch)* wish

be·geh·rens·wert *adj* desirable; ■[**für jdn**] ~ **sein** to be desirable [for sb]

be·gehr·lich *adj (geh)* longing, covetous

Be·gehr·lich·keit <-, -en> *f (geh)* desire, covetousness *no pl*

be·gehrt *adj* ❶ *(sehr umworben)* [much] sought-after; **eine** ~**e Frau/ein** ~**er Mann** a desirable woman/man; **ein** ~**er Junggeselle** an eligible bachelor; **ein** ~**er Posten** a sought-after [*or* desirable] job; **ein** ~**er Preis** a [much-]coveted prize

❷ *(beliebt, gefragt)* popular, much in demand; ■**als etw** ~ **sein** to be popular as sth

Be·gehrt·wer·den *nt kein pl* desirability, being desired [*or* an object of desire]; ***Begehren und*** ~ desire and being desired

Be·ge·hung <-, -en> *f* ❶ JUR commission, perpetration

❷ *(Inspizieren)* inspection

Be·ge·hungs·de·likt *nt* JUR offence by commission **Be·ge·hungs·ort** *m* JUR scene of the crime **Be·ge·hungs·recht** *nt* JUR right of way

be·geis·tern* I. *vt* ❶ *(mit Begeisterung erfüllen)* ■**jdn** ~ to fill [*or* fire] sb with enthusiasm; ***dein Verhalten begeistert mich nicht sonderlich!*** I am not particularly thrilled by your behaviour!; ***das Stück hat die Zuschauer begeistert*** the audience were enthralled by the play

❷ *(Interesse für etw entwickeln)* ■**jdn für etw** *akk* ~ to fill sb with enthusiasm for sth; ***er konnte alle für seinen Plan*** ~ he managed to win everybody [over] to his plan; ***sie ist für nichts zu*** ~ you can't interest her in anything; ***für Fußball bin ich nicht zu begeistern*** I'm not too crazy about *fam* football

II. *vr* ■**sich** *akk* **für jdn/etw** ~ to be [*or* get] [*or* feel] enthusiastic about sb/sth

be·geis·tert I. *adj (hingerissen)* enthusiastic; ***sie ist eine*** *~* ***e Opernliebhaberin*** she is an ardent [*or* a keen] opera fan; ■[**von etw** *dat*] ~ **sein** to be thrilled [*or* delighted] [by sth]

II. *adv* enthusiastically

Be·geis·te·rung <-> *f kein pl* enthusiasm (**über/für** +*akk* about/for); ***die Zuschauer klatschen vor*** ~ the spectators applauded enthusiastically; **große/grenzenlose** ~ great/boundless enthusiasm; ***es herrschte helle*** ~ everyone was wildly enthusiastic; ~ **auslösen** to arouse [*or* stir up] enthusiasm; **in** ~ **geraten** to become enthusiastic, to be filled [*or* fired [up]] with enthusiasm; **etw aus** ~ **tun** to do sth for the sheer fun of it [*or* because one really enjoys it]; **jdn in** ~ **versetzen** to arouse [*or* kindle] sb's enthusiasm; **mit** ~ enthusiastically; ***er hat das Buch mit großer*** *~* ***gelesen*** he really enjoyed the book

be·geis·te·rungs·fä·hig *adj* able to get enthusiastic [*or* show one's enthusiasm] *pred;* **ein** ~**es Publikum** an appreciative audience **Be·geis·te·rungs·fä·hig·keit** *f* capacity for enthusiasm **Be·geis·te·rungs·sturm** *m* storm [*or* wave] of enthusiasm

Be·gier·de <-, -n> [bəˈgiːɐ̯də] *f (geh)* desire (**nach** +*dat* for); ***die*** *~* ***nach Macht*** the lust for power; **vor** ~ **brennen, etw zu tun** to be burning [*or* longing] to do sth; **voll** ~ longingly, hungrily

be·gie·rig I. *adj* ❶ *(gespannt)* eager; ■**auf etw** *akk* ~ **sein** to be eager for sth; ■~ [**darauf**] **sein, etw zu tun** to be eager [*or* keen] to do sth

❷ *(verlangend)* hungry, longing; ***~, mehr zu wissen, fragte und fragte er*** hungry to know more, he kept on asking; ***mit*** *~* ***en Augen sah das Kind die Spielsachen an*** the child looked longingly at the toys

❸ *(sexuell verlangend)* lascivious, leering

II. *adv* ❶ *(gespannt)* eagerly

❷ *(verlangend)* hungrily, longingly

❸ *(sexuell verlangend)* hungrily, lasciviously

be·gie·ßen* *vt irreg* ❶ *(Flüssigkeit über etw gießen)* ■**etw** [**mit etw** *dat*] ~ to pour [sth] over sth; **die Blumen** ~ to water the plants; **einen Braten mit Fett** ~ to baste a roast
❷ *(fam)* ■**etw** ~ to celebrate sth [with a drink]; ***das muss begossen werden!*** that calls for a drink!

Be·ginn <-[e]s> [bəˈgɪn] *m kein pl* start, beginning; **am** [*o* **bei**] [*o* **zu**] ~ at the start [*or* beginning]

be·gin·nen <begann, begonnen> [bəˈgɪnən] **I.** *vi* ❶ *(anfangen)* ■[**mit etw** *dat*] ~ to start [*or* begin] [sth]; ■~, **etw zu tun** to start [*or* begin] to do [*or* doing] sth
❷ *(eine Arbeit aufnehmen)* ■**als etw** ~ to start out [*or* off] as sth
II. *vt* ❶ *(anfangen)* ■**etw** [**mit etw** *dat*] ~ to start [*or* begin] sth [with sth]; **ein Gespräch** ~ to strike up [*or* begin] a conversation; **einen Streit** ~ to get into an argument
❷ *(geh: angehen)* ■**etw** ~ to do sth; ***wir müssen die Angelegenheit ganz anders*** ~ we'll have to tackle the matter differently

be·gin·nend *adj attr* ❶ *(sich ankündigend)* incipient; **eine** ~**e Infektion** the beginnings of an infection
❷ *(einsetzend)* beginning, starting; **bei** ~**er Nacht/Dämmerung** as night/dusk was falling; **im** ~**en 20. Jahrhundert** in the early [*or* at the beginning of the] 20th century

be·glau·bi·gen* [bəˈglaubɪgn̩] *vt* ❶ *(als richtig bestätigen)* ■[**jdm**] **etw** ~ to authenticate [*or* attest] sth [for sb]; **eine Abschrift** ~ to certify a copy; **die Echtheit** [**eines Gemäldes etc.**] ~ to attest to [*or* verify] the authenticity [of a painting etc.]; **etw notariell** ~ to attest sth by a notary, to notarize sth; ■[**sich** *dat*] **etw** [**von jdm**] ~ **lassen** to have sth authenticated [*or* certified] [by sb]; **eine beglaubigte Kopie** [*o* **Abschrift**] a certified [*or* a true] [*or* an exemplified] copy
❷ POL ■**jdn als etw** [**bei etw** *dat*] ~ to accredit sb as sth [to sth]

Be·glau·bi·gung <-, -en> *f* ❶ JUR certification, authentication, attestation
❷ POL *von Botschafter* accreditation, accrediting

Be·glau·bi·gungs·be·fug·nis *f* JUR authority to attest **Be·glau·bi·gungs·ge·bühr** *f* certification fee **Be·glau·bi·gungs·schrei·ben** *nt* credentials *pl*, letter of credence **Be·glau·bi·gungs·stem·pel** *m* certifying stamp **Be·glau·bi·gungs·ver·merk** *m* JUR certificate of acknowledgment, attestation clause **Be·glau·bi·gungs·zeu·ge, -zeu·gin** *m, f* JUR attesting witness

be·glei·chen* *vt irreg (geh)* ■**etw** ~ to pay sth; **eine Rechnung** ~ to settle a bill; **seine Schulden** ~ to pay [off] [*or* settle] one's debts

Be·glei·chung <-, -en> *f pl selten (geh)* payment, settlement

Be·gleit·brief *m s.* **Begleitschreiben**

be·glei·ten* *vt* ❶ *(mitgehen)* ■**jdn** ~ *(a. fig)* to accompany sb; **jdn irgendwohin** ~ to accompany [*or* come/go with] sb somewhere; **jdn nach Hause/zur Bushaltestelle** ~ to accompany [*or form* escort] sb home/to the bus stop; **jdn zur Tür** ~ to take [*or* show] [*or form* escort] sb to the door; ■**etw** ~ to escort sth; ***unsere guten Wünsche*** ~ ***dich!*** our best wishes go with you!
❷ *(musikalisch unterstützen)* ■**jdn** [**auf einem Instrument**] ~ to accompany sb [on an instrument]; **jdn auf dem** [*o* **am**] **Klavier begleiten** to accompany sb on the piano

Be·glei·ter(in) <-s, -> *m(f)* ❶ *(begleitender Mensch)* companion; **ständiger** ~**/ständige** ~**in** *(euph)* constant companion, lover
❷ MUS accompanist

Be·gleit·er·kran·kung *f* accompanying [*or* attendant] illness **Be·gleit·er·schei·nung** *f* ❶ *(gemeinsam auftretendes Phänomen)* concomitant *form;* ***die ständigen Klimaschwankungen sind*** ~***en der Erwärmung der Erdatmosphäre*** global warming goes hand in hand with continual variations in climate ❷ MED [accompanying] symptom **Be·gleit·flug·zeug** *nt* escort plane **Be·gleit·in·stru·ment** *nt* accompanying instrument **Be·gleit·mann·schaft** *f* escort [troop] **Be·gleit·mi·ne·ral** *nt* GEOL accompanying [*or* accessory] mineral **Be·gleit·mu·sik** *f* ❶ *(Hintergrundmusik)* [musical] accompaniment, background music; *(im Film)* incidental music ❷ *(sl: begleitende Aktionen)* incidentals *pl*, incidental details; ~ **zu etw** *dat* **sein** to be incidental to sth **Be·gleit·pa·pier** *nt* accompanying document **Be·gleit·per·son** *f* escort; ***Jugendliche unter 16 dürfen Kneipen nur mit einer erwachsenen*** ~ ***betreten*** young people under 16 may go into pubs only when accompanied by an adult **Be·gleit·schein** *m* customs transfer certificate, bond note BRIT, waybill **Be·gleit·schrei·ben** *nt* covering [*or* AM cover] letter [*or* BRIT *a.* note] **Be·gleit·stoff** *m* CHEM attendant material **Be·gleit·um·stän·de** *pl* attendant circumstances *pl*

Be·glei·tung <-, -en> *f* ❶ *(das Begleiten)* company; **in** ~ in company, accompanied; ***kommst du allein oder in*** ~***?*** are you coming on your own or with someone?; **in** [**jds** *dat*] ~ accompanied by sb; **ohne** [**jds**] ~ unaccompanied [by anybody]; ***er kam ohne*** ~ he came alone [*or* on his own], he was unaccompanied; *(für eine Frau)* escort
❷ *(Begleiter)* companion; **als** ~ **mitgehen** to accompany [*or* come/go with] sb
❸ *(Gefolge)* entourage, retinue
❹ MUS accompaniment; ***er bat sie um*** ~ ***auf dem Klavier*** he asked her to accompany him on the piano; **ohne** ~ **spielen** to play unaccompanied

be·glü·cken* *vt (geh)* ❶ *(glücklich stimmen)* ■**jdn** [**mit etw** *dat*/**durch etw** *akk*] ~ to make sb happy [with sth]; ***sie hatten uns gerade mit einem vierwöchigen Besuch beglückt*** *(iron fam)* they had just blessed us with a four-week visit [*or* stay] *iron*
❷ *(hum: sexuell befriedigen)* ■**jdn** ~ to satisfy sb['s desire], to bestow favours [*or* AM -ors] on sb *hum fam*

be·glü·ckend *adj (glücklich stimmend)* cheering, gladdening; **ein** ~**es Erlebnis/Gefühl** a cheering experience/feeling

Be·glü·cker <-s, -> *m (a. iron)* benefactor; ***er fühlt sich als*** ~ ***der Frauen*** he thinks he's God's gift to women

be·glückt **I.** *adj* happy, pleased
II. *adv* happily

be·glück·wün·schen* *vt* ■**jdn** [**zu etw** *dat*] ~ to congratulate sb [on sth]; **sich** *akk* ~ **können** to be thankful [*or* grateful]; ***sie kann sich zu dieser Idee*** ~ she can be proud of this idea; **lass dich** ~**!** congratulations!

be·gna·det* [bəˈgnaːdət] *adj (geh)* gifted, talented

be·gna·di·gen* [bəˈgnaːdɪgn̩] *vt* ■**jdn** ~ to pardon [*or* grant pardon to] sb; *(bei Todesurteil)* to reprieve sb; **zu lebenslänglicher Haft begnadigt werden** to have one's sentence commuted to life imprisonment

Be·gna·di·gung <-, -en> *f* reprieve, pardon; **um** ~ **bitten** to petition for a pardon

Be·gna·di·gungs·ge·such *nt* JUR plea for [a] reprieve [*or* pardon]

be·gnü·gen* [bəˈgnyːgn̩] *vr* ❶ *(sich mit etw zufriedengeben)* ■**sich** *akk* **mit etw** *dat* ~ to be content [*or* satisfied] with sth
❷ *(sich beschränken)* ■**sich** *akk* **damit** ~, **etw zu tun** to be content to do sth, to content oneself with doing sth; ***er begnügte sich mit ein paar kurzen Worten*** he restricted himself to a few short words

Be·go·nie <-, -n> [beˈgoːni̯ə] *f* begonia

be·gon·nen [bəˈgɔnən] *pp von* **beginnen**

be·gra·ben* *vt irreg* ❶ *(beerdigen)* ■**jdn/ein Tier** ~ to bury sb/an animal; *s. a.* **lebendig**
❷ *(verschütten)* ■**jdn/etw** [**unter etw** *dat*] ~ to bury sb/sth [under sth]
❸ *(aufgeben)* **die Hoffnung/einen Plan** ~ to abandon [*or* give up] hope/a plan
❹ *(beenden)* ■**etw** ~ to end sth; **einen Streit** ~ to bury the hatchet [*or* one's differences]; ***die Sache ist*** ~ ***und vergessen*** the matter is dead and buried
▶WENDUNGEN: **sich** *akk* ~ **lassen können** *(fam)* to be a lost cause; ***du kannst dich*** ~ ***lassen!*** you may as well give up!; **sich** *akk* **mit etw** *dat* ~ **lassen können** *(fam)* to have no chance with sth; ***mit dem Zeugnis kannst du dich*** ~ ***lassen*** you've got no chance with that report; **irgendwo nicht** ~ **sein mögen** *(fam)* ***in so einem Kaff möchte ich nicht*** ~ ***sein!*** I wouldn't live in that dump if you paid me!

Be·gräb·nis <-ses, -se> [bəˈgrɛpnɪs] *nt* burial, funeral

be·gra·di·gen* [bəˈgraːdɪgn̩] *vt* BAU ■**etw** ~ to straighten sth [out]

Be·gra·di·gung <-, -en> *f* BAU straightening; **die** ~ **von Flüssen** the straightening of rivers

be·greif·bar *adj* conceivable, comprehensible; **leicht/schwer** ~ easy/difficult to understand [*or* comprehend]

be·grei·fen* *irreg* **I.** *vt* ❶ *(verstehen)* ■**etw** ~ to understand sth; *(erfassen)* to comprehend sth; ***hast du es endlich begriffen?*** have you grasped it [*or fam* got the hang of it] at last?; **kaum zu** ~ **sein** to be incomprehensible; ***ich begreife nicht ganz, was du damit meinst*** I don't quite get what you're driving at; ***ich begreife nicht, wie man so dumm sein kann*** I don't understand how someone can be so stupid; ■~, **dass ...** to realize that ...; ***begreifst du denn nicht, dass das keinen Sinn hat?*** don't you realize [*or* can't you see] there's no sense in that?; ***er begriff langsam, dass sie ihn verlassen hatte*** he began to comprehend [*or* it began to sink in] that she had left him
❷ *(Verständnis haben)* ■**jdn/etw** ~ to understand sb; **begreife das, wer will!** that's [*or* it's] beyond [*or* that beats] me!
❸ *(für etw halten)* ■**etw als etw** ~ to regard [*or* see] [*or* view] sth as sth
II. *vi (verstehen)* to understand, to comprehend; ***begriffen?*** understood?, got it? *fam;* **langsam/schnell** ~ to be slow/quick on the uptake
III. *vr* ❶ *(verstehen)* **sich** *akk* **selbst nicht** ~ [**können**] to be incomprehensible [to sb]; ***ich begreife mich selbst nicht, wie konnte ich das nur zulassen?*** it is incomprehensible to me how I could have allowed that
❷ *(sich auffassen)* ■**sich** *akk* **als etw** ~ to consider [*or* see] oneself to be sth

be·greif·lich *adj* understandable; ■**jdm** ~ **sein/werden, warum/was ...** to be/become clear to sb why/what ...; ***es ist nicht*** ~***, warum er das getan hat*** I don't understand why he did that; **sich** *akk* **jdm** ~ **machen** to make oneself clear to sb; **jdm etw** ~ **machen** to make sth clear to sb

be·greif·li·cher·wei·se *adv* understandably

be·gren·zen* *vt* ❶ *a.* BAU ■**etw** ~ to mark [*or* form] the border [*or* boundary] of sth; ***ein Bach begrenzt den Garten von zwei Seiten*** a stream borders the garden [*or* marks the boundary of the garden] on two sides
❷ *(beschränken)* ■**etw** [**auf etw** *akk*] ~ to limit [*or* restrict] sth [to sth]; **die Geschwindigkeit auf ... km/h** ~ to impose a speed limit [*or* restriction] of ... km/h, to restrict the speed limit to ... km/h
❸ *(in Grenzen halten)* ■**etw** ~ to limit sth

be·grenzt **I.** *adj* limited, restricted; ~**e Aktion/Dauer** limited action/period; **in einem zeitlich** ~**en Rahmen** in a limited [*or* restricted] time frame; ***ich habe leider nur*** ~***e Möglichkeiten, Ihnen zu helfen*** unfortunately there is only a limited amount I can do for you; ***mein Aufenthalt hier ist zeitlich nicht*** ~ there is no time limit on my stay
II. *adv* with limits [*or* restrictions]; **nur** ~ **möglich sein** to be only partially possible; **nur** ~**en Einfluss auf etw** *akk* **nehmen können** to only have limited influence over sth; **sich** *akk* **nur** ~ **aufhalten können** to be only able to stay for a short time

Be·grenzt·heit <-> *f kein pl* limitedness *no pl* (+*gen* of), limitations *pl* (+*gen* in)

Be·gren·zung <-, -en> *f* ❶ *a.* BAU *(Begrenzen)* limiting, restriction; *(Grenze)* boundary
❷ *(fig: das Beschränken)* restriction; **eine** ~ **des Einflusses/der Macht** a restriction of [the] influence/the power; **die** ~ **der Höchstgeschwindigkeit** the speed limit
❸ BAU *(Grenze)* boundary

Be·gren·zungs·frist *f* time limit[ation]
Be·griff <-[e]s, -e> *m* ❶ *(Terminus)* term; **ein ~ aus der Philosophie** a philosophical term; ***das ist ein dehnbarer ~*** *(lit)* that's a loose concept; *(fig)* that can mean what you want it to mean
❷ *(Vorstellung, Auffassung)* idea; **der ~ von Freiheit** the idea [*or* concept] [*or* notion] of freedom; **keinen ~ von etw** *dat* **haben** to have no idea about sth; **sich** *dat* **einen ~ von etw** *dat* **machen** to have an idea of sth, to imagine sth; **sich** *dat* **keinen ~ [von etw** *dat*] **machen** *(fam)* to not be able to imagine sth; **jdm ein/kein ~ sein** to mean sth/nothing [*or* not to mean anything] to sb; ***Marilyn Monroe ist jedem in der Filmwelt ein ~*** Marilyn Monroe is well-known in the film world; ***Harald Maier? ist mir kein ~*** Harald Maier? I've never heard of him; **für jds** *akk* **~e** in sb's opinion; ***für meine ~e ist er unschuldig*** I believe he's innocent
❸ *(Inbegriff)* epitome *no pl;* ***dieser Markenname ist zu einem ~ für Qualität geworden*** this brand name has become the quintessence of quality
❹ *(Verständnis)* **schnell/schwer von ~ sein** *(fam)* to be quick/slow on the uptake
▸ WENDUNGEN: **im ~ sein** [*o geh* **stehen**], **etw zu tun** to be on the point of doing [*or* about to do] sth
be·grif·fen *adj (geh)* ■ **in etw** *dat* **~ sein** to be in the process of [doing] sth; ***alle Gäste sind schon im Aufbruch ~*** everyone is [already] starting to leave
be·griff·lich *adj attr* conceptual; **sich** *akk* **um ~e Klarheit bemühen** to endeavour [*or* AM -or] to define things clearly
Be·griffs·bil·dung *f* formation of a concept [*or* concepts] **be·griffs·stut·zig** *adj* slow on the uptake, slow-witted, dense *fam* **Be·griffs·stut·zig·keit** <-> *f kein pl* slow-wittedness *no pl,* obtuseness *no pl* **Be·griffs·ver·mö·gen** *nt* comprehension *no pl,* understanding *no pl,* ability to understand; ***das geht einfach über mein ~*** that's beyond my grasp [*or* comprehension], that's above [*or* over] my head
be·grün·den* *vt* ❶ *(Gründe angeben)* ■ **etw [mit etw** *dat*] **~** to give reasons for sth; **eine Ablehnung/Forderung ~** to justify a refusal/demand; **eine Behauptung/Klage/einen Verdacht ~** to substantiate a claim/complaint/suspicion; ***sein Verhalten ist einfach durch nichts zu ~*** his behaviour simply cannot be accounted for
❷ *(gründen)* ■ **etw ~** to found [*or* establish] sth; **eine Firma ~** to found [*or* form] a company, to establish [*or* set up] a business; **einen Hausstand ~** to set up house
Be·grün·der(in) *m(f)* founder
be·grün·det *adj* ❶ *(fundiert)* well-founded; **eine ~e Aussicht auf Erfolg** a reasonable chance of success; **es besteht ~e Hoffnung, dass ...** there is reason to hope that ...; **in etw** *dat* **~ liegen** [*o* **sein**] to be the result of sth
❷ JUR valid; ***eine Klage ist ~*** an action lies [*or* is] well-founded
Be·grün·det·heit <-> *f* JUR reasonable justification
Be·grün·dung <-, -en> *f* ❶ *(Angabe von Gründen)* reason, grounds *pl;* **eine ~ für etw** *akk* **angeben/finden/haben** to give/find/have a reason for sth; ■ **als** [*o* **zur**] **~ einer S.** *gen* as the reason for sth
❷ JUR grounds *pl,* reasons *pl,* [statement of] reasons [*or* grounds]; *von Klage* grounds of a charge BRIT, written pleadings *pl* AM
❸ *(geh)* establishment, foundation; **die ~ eines eigenen Hausstandes** setting up house on one's own
Be·grün·dungs·er·for·der·nis *nt* JUR obligation to state reasons **Be·grün·dungs·frist** *f* JUR time for stating reasons
be·grün·dungs·pflich·tig *adj inv* JUR requiring substantiation *nach n*
Be·grün·dungs·zwang *m* JUR *(bei Patent)* requirements to file supporting arguments
be·grü·nen* I. *vt* ■ **etw ~** to cover sth with greenery
II. *vr* ■ **sich** *akk* **~** to become covered in greenery
Be·grü·nung *f* ❶ *(das Begrünen)* planting with trees, grass, etc.
❷ *(Pflanzen)* greenery
be·grü·ßen* *vt* ❶ *(willkommen heißen)* ■ **jdn [mit etw** *dat*] **~** to greet [*or* welcome] sb [with sth]; ***ich begrüße Sie!*** welcome!; ■ **jdn als etw** *akk* **~** to greet sb as sth; **jdn bei sich** *dat* **zu Hause ~ dürfen** *(geh)* to have the pleasure of welcoming sb into one's home *form;* ***wir würden uns freuen, Sie demnächst wieder bei uns ~ zu dürfen*** we would be delighted to have the pleasure of your company again soon; *(im Geschäft)* we would be delighted to be of service to you again soon; ***wir würden uns freuen, Sie bald wieder an Bord ~ zu dürfen*** we look forward to welcoming you on board again soon
❷ *(gutheißen)* ■ **etw ~** to welcome sth; **einen Entschluss ~** to welcome a decision; **es ist zu ~, dass ...** it is to be welcomed [*or* a good thing] that ...
❸ SCHWEIZ *(ansprechen)* ■ **jdn/etw [in etw** *dat*] **~** to approach [*or* consult] sb/sth [on sth]
be·grü·ßens·wert *adj* welcome; **~e Nachrichten** welcome news + *sing vb;* ■ **es ist ~, dass ...** it is to be welcomed that ..., ... is very welcome; ■ **es wäre ~, wenn ...** it would be desirable if ..., it is desirable that ... *form*
Be·grü·ßung <-, -en> *f* greeting, welcoming; **offizielle ~** official welcome; ***zur ~ erhielt jeder Gast ein Glas Sekt*** each guest was welcomed with a glass of sparkling wine; **jdm zur ~ die Hand schütteln** to greet sb with a handshake
Be·grü·ßungs·an·spra·che *f* speech of welcome, welcoming speech **Be·grü·ßungs·geld** *nt (meist hist)* welcoming money *(esp money awarded once yearly to visitors entering the FRG from the GDR prior to unification)*
be·gu·cken* *vt (fam)* ■ **jdn/etw ~** to [have a] look at sb/sth
be·güns·ti·gen* [bəˈɡʏnstɪɡn̩] *vt* ❶ *(förderlich sein)* ■ **etw ~** to favour [*or* AM -or] sth; **von etw** *dat* **begünstigt werden** to be helped [*or* furthered] by sth; **den Export ~** to increase [*or* boost] exports; **die Konjunktur ~** to improve [*or* boost] the economy; **das Wachstum ~** to encourage [*or* boost] growth *no def art*
❷ *(bevorzugen)* ■ **jdn [bei etw** *dat*/**vor jdm**] **~** to favour [*or* AM -or] sb [with sth/over [*or* more than] sb]
❸ *(bedenken)* ■ **jdn [mit etw** *dat*] **~** to benefit sb [with sth]; **durch ein Testament begünstigt sein** to benefit [*or* be a beneficiary] under a will; **jdn mit einer Schenkung [von Euro 1.000] ~** to bestow sb with a gift [of 1,000 euros]
❹ JUR **einen Täter ~** to aid [and abet] a perpetrator [after the fact]
Be·güns·tig·te(r) *f(m) dekl wie adj* JUR beneficiary; **~ eines Vertrages** covenantee; **einen ~ einsetzen** to nominate a beneficiary
Be·güns·tig·ten·klau·sel *f* JUR beneficiary clause
Be·güns·ti·gung <-, -en> *f* ❶ *(Förderung) Pläne, Projekte* favouring [*or* AM -oring] *no pl,* furthering *no pl; (positive Beeinflussung)* encouragement; ***niedrige Zinsen sind eine ~ für ein stärkeres Wirtschaftswachstum*** low interest rates encourage strong economic growth
❷ *(das Bevorzugen)* preferential treatment
❸ JUR aiding [and abetting] *no pl* the perpetrator of an offence [*or* AM -se] [after the fact], acting *no pl* as an accessory to an offence [after the fact]; **~ im Amt** connivance; **jdn wegen ~ verurteilen** to sentence sb for acting as an accessory after the act
Be·güns·ti·gungs·klau·sel *f* JUR beneficiary clause
be·gut·ach·ten* *vt* ❶ *(fachlich prüfen)* ■ **etw [auf etw** *akk*] **~** to examine sth [for sth]; **etw auf sein Alter/seinen Wert ~** to examine sth to establish its age/value; **etw schriftlich ~** to produce a written report on sth; **etw ~ lassen** to get sth examined, to get expert advice about sth
❷ *(fam)* ■ **jdn/etw ~** to have [*or* take] a look at sb/sth; ***lass dich mal ~!*** let's have a look at you!
Be·gut·ach·tung <-, -en> *f* examination, assessment; *eines Gebäudes* survey; **sachverständige ~** expert opinion; **jdm etw zur ~ vorlegen** to submit sth for assessment
be·gü·tert [bəˈɡyːtɐt] *adj (geh)* affluent, wealthy
be·gü·ti·gend [bəˈɡyːtɪɡn̩t] I. *adj* soothing, calming
II. *adv* soothingly
be·haart [bəˈhaːɐ̯t] *adj* hairy, hirsute; **ganz dicht** [*o* **stark**]/**schwach ~ sein** to be thickly/thinly covered with hair, to be very/not very hairy
Be·haa·rung <-, -en> *f* hair
be·hä·big [bəˈhɛːbɪç] *adj* ❶ *(gemütlich, geruhsam)* placid, easy-going; *(langsam, schwerfällig)* ponderous
❷ *(dicklich)* portly, stolid, stout
❸ SCHWEIZ *(stattlich)* imposing
❹ *(fig)* **ein ~es Möbelstück** a solid piece of furniture
Be·hä·big·keit <-> *f kein pl* ❶ *(Geruhsamkeit)* placidity *no pl*
❷ *(Stattlichkeit)* substantiality, imposingness *no pl*
be·haf·tet *adj* ■ **mit etw** *dat* **~ sein** to be marked with sth, to have sth; *(mit Makel)* to be flawed with sth; **mit Fehlern ~e Waren** seconds *pl;* **mit negativen Konnotationen ~ sein** to have negative connotations; **mit Misstrauen ~ sein** to be full of mistrust; **mit Problemen ~ sein** to be fraught with problems; **mit Risiken ~ sein** to be impaired
be·ha·gen* [bəˈhaːɡn̩] *vi* ■ **etw behagt jdm** sth pleases sb, sb likes sth; ■ **etw behagt jdm nicht** sth does not please sb, sb does not like sth; ***es behagt ihm nicht, so früh aufzustehen*** he doesn't like [*or* enjoy] getting up so early; ***es behagt mir gar nicht, dass er so früh kommt*** I'm not pleased at all that he's coming so early
Be·ha·gen <-s> [bəˈhaːɡn̩] *nt kein pl* contentment, pleasure; **etw mit ~ genießen** to enjoy sth immensely; **etw mit ~ verspeisen** [*o* **essen**] to eat sth with [great] relish
be·hag·lich [bəˈhaːklɪç] I. *adj* ❶ *(gemütlich)* cosy BRIT, cozy AM; **es sich** *dat* **auf dem Sofa/vor dem Kamin ~ machen** to make oneself comfortable on the sofa/in front of the fire
❷ *(genussvoll)* contented; **ein ~es Schnurren** a contented purring
II. *adv* ❶ *(gemütlich)* cosily BRIT, cozily AM; **~ eingerichtet sein** to be comfortably [*or* BRIT *a.* cosily] [*or* AM *a.* cozily] furnished; **sich** *akk* **bei jdm ~ fühlen** to feel at home [*or* comfortable] in sb's house
❷ *(genussvoll)* contentedly
Be·hag·lich·keit <-> *f kein pl* cosiness BRIT, coziness AM, comfortableness, sense of comfort
be·hal·ten* *vt irreg* ❶ *(in seinem Besitz lassen)* ■ **etw ~** to keep sth; ***wozu willst du das alles ~!*** why hang on to all this!
❷ *(nicht preisgeben)* **etw für sich** *akk* **~** to keep sth to oneself
❸ *(als Gast haben)* ■ **jdn [bei sich** *dat*] **~** to have sb stay on [with one]; ***ich hätte dich ja noch gerne länger [bei mir] ~*** I would have loved you to stay longer [with me]
❹ *(bewahren)* ■ **etw ~** to maintain sth; **die Fassung ~** to maintain one's composure; **die Nerven** [*o* **die Ruhe**] **~** to keep one's nerve [*or* calm] [*or fam* one's cool]
❺ *(im Gedächtnis bewahren)* ■ **etw ~** to remember sth; ***ich habe leider seinen Namen nicht ~*** sorry, I cannot remember his name; **etw im Kopf ~** to keep sth in one's head, to remember sth
❻ *(stetig bleiben)* ■ **etw ~** to keep [*or* retain] sth; **seine Form ~** *(bei Menschen)* to keep in shape; *(bei Kleidungsstücken)* to keep [*or* retain] its shape; **seinen Namen/seine Staatsangehörigkeit ~** to keep [*or* retain] one's name/nationality
❼ *(dort lassen, wo es ist)* **die Hände in den Hosentaschen ~** to keep one's hands in one's pockets; **den Hut auf dem Kopf ~** to keep one's hat on; **nichts bei sich** *dat* **~ können** to be unable to keep anything down
❽ *(zurückbehalten)* ■ **etw von etw** *dat* **~** to be left with sth from sth

Be·häl·ter <-s, -> *m* container, receptacle *form*
Be·häl·ter·glas *nt kein pl* ÖKOL container glass
Be·hält·nis <-ses, -se> [bəˈhɛltnɪs] *nt* container
be·häm·mert *adj (sl) s.* **bekloppt**
be·händRR [bəˈhɛnd], **be·hän·de**RR [bəˈhɛndə]
I. *adj (geh)* deft, nimble, agile; ***für sein Alter ist er aber noch sehr ~*** he is still very nimble [*or* agile] for his age
II. *adv* deftly, nimbly, agilely
be·han·deln* *vt* ① *(medizinisch versorgen)* ■**jdn/etw ~** to treat [*or* attend to] sb/sth; ***wer ist Ihr ~der Arzt?*** who is the doctor treating you?
② *(damit umgehen)* ■**jdn/etw/ein Tier ~** to treat sb/an animal; **jdn gut ~** to treat sb well; **jdn schlecht ~** to treat sb badly, to mistreat sb; **jdn stiefmütterlich ~** to neglect sb; **jdn mit Fäusten und Fußtritten ~** to subject sb to kicks and punches; **jdn mit Nachsicht ~** to be lenient with sb; **jdn wie ein kleines Kind ~** to treat sb like a child; **etw vorsichtig ~** to handle sth with care
③ *(mit einer Substanz bearbeiten)* ■**etw [mit etw** *dat*] **~** to treat sth [with sth]; **chemisch behandelt** chemically treated
④ *(abhandeln)* ■**etw ~** to deal with [*or* treat] sth; **einen Antrag/Punkt ~** to deal with an application/a point
be·han·delt *adj inv* treated; **chemisch ~** chemically treated
be·hän·di·gen *vt* SCHWEIZ ■**etw ~** to get hold of sth
Be·hän·dig·keitRR <-> *f kein pl (geh)* deftness, nimbleness, agility
Be·hand·lung <-, -en> *f* ① *(medizinische Versorgung)* [**bei jdm**] [**wegen einer S.** *gen*] **in ~ sein** to be treated [by sb] [*or* receive treatment [from sb]] [for sth]; ***bei wem sind Sie in ~?*** who is treating you?
② *(Umgang)* treatment; **eine gute/schlechte ~ erfahren** to be treated well/badly, to be mistreated; **eine unwürdige ~ erfahren** to receive shameful treatment
③ *(das Bearbeiten mit einer Substanz)* treatment; **kosmetische ~** beauty treatment
④ *(das Abhandeln)* treatment; **die ~ eines Antrags/eines Punktes** the handling of an application/a point
be·hand·lungs·be·dürf·tig *adj* ■**etw ist ~** sth is in need of [*or* requires] treatment **Be·hand·lungs·feh·ler** *m* mistake [*or* error] in the [*or* during] treatment **Be·hand·lungs·kos·ten** *pl* cost of treatment **Be·hand·lungs·me·tho·de** *f* method of treatment, treatment method **Be·hand·lungs·plan** *m* plan of treatment, treatment plan **Be·hand·lungs·raum** *m*, **Be·hand·lungs·zim·mer** *nt* treatment room
Be·hang <-[e]s, Behänge> *m* ① *(Wandbehang)* hanging
② *(Baumschmuck)* decoration[s], ornaments *pl*
③ *(Baumertrag)* crop
④ JAGD lop ears *pl*
be·han·gen *adj* ① *(beladen sein)* ■**mit etw** *dat* **~ sein** to be laden with sth; **ein voll ~er Baum** a heavily laden tree; ***die Pflaumenbäume sind dieses Jahr überreich mit Früchten ~*** the plum trees are dripping with fruit this year
② *(pej fam: geschmückt)* ■[**mit etw** *dat*] **~ sein** to be festooned [with sth]; **mit Juwelen/Schmuck ~ sein** to be dripping with jewels/jewellery [*or* AM jewelry]
be·hän·gen* *vt* ① *(aufhängen)* ■**etw mit etw** *dat* **~** to hang [*or* decorate] sth with sth; **Wände mit Bildern ~** to hang walls with pictures; **Wände mit Teppichen ~** to decorate walls with [wall] hangings; **den Weihnachtsbaum [mit Kugeln/Lametta] ~** to decorate the Christmas tree [with balls/tinsel]
② *(pej fam: schmücken)* ■**jdn mit etw** *dat* **~** to festoon sb [*or* deck sb out] with sth; ■**sich** *akk* [**mit etw** *dat*] **~** to festoon oneself [*or* deck oneself out] [with sth]; **eine Frau mit Schmuck/einen Offizier mit Orden ~** to festoon a woman with jewellery [*or* AM jewelry]/an officer with medals
be·har·ren* *vi* ① *(darauf bestehen)* ■**auf** [*o* **bei**] **etw** *dat* [**hartnäckig**] **~** to insist [stubbornly] on sth; **auf seiner Meinung ~** to persist with one's opinion; ■**jds B~** [**auf etw** *dat*] sb's insistence [on sth]
② *(bleiben)* ■**in etw** *dat* **~** to remain in sth; **in der Tradition ~** to uphold tradition; **an einem Ort ~** to remain in a place
be·harr·lich I. *adj* insistent; *(ausdauernd)* persistent; **~er Fleiß** dogged hard work [*or* effort]; ***du hättest ~er sein sollen*** you should have persevered [*or* been persistent]
II. *adv* persistently; **~ auf sein Recht pochen** to doggedly stand up for one's rights; **~ schweigen** to persist in remaining silent
Be·harr·lich·keit <-> *f kein pl* insistence, persistence
Be·har·rungs·ten·denz *f* ÖKON tendency to inertia
Be·har·rungs·ver·mö·gen *nt* ① *(Ausdauer)* steadfastness ② PHYS inertia
be·hau·en *vt* ■**etw ~** to hew sth
be·haup·ten* [bəˈhauptn̩] I. *vt* ① *(als unbewiesene Äußerung aufstellen)* ■**etw** [**von jdm/etw**] **~** to claim [*or* maintain] [*or* assert] sth [about sb/sth]; ***wer das [von ihr] behauptet, lügt!*** whoever says that [about her] is lying!; ■**~, dass ...** to claim that ...; ***ich behaupte ja nicht, dass ich immer Recht habe*** I don't claim to be right all the time, I'm not claiming that I am always right; ■**von jdm ~, dass ...** to say of sb that ...; ■**es wird** [**von jdm**] **behauptet, dass ...** it is said [*or* claimed] [of sb] that ...; **etw getrost ~ können** to be able to safely say sth
② *(aufrechterhalten)* ■**etw ~** to maintain sth; **seinen Vorsprung gegen jdn ~** [**können**] to [manage] to maintain one's lead over sb
II. *vr (sich durchsetzen)* ■**sich** *akk* [**gegen jdn/etw**] **~** to assert oneself [over sb/sth]; **sich** *akk* **gegen die Konkurrenz ~ können** to be able to survive against one's competitors; ***Safin konnte sich gegen Federer ~*** Safin held his own against Federer; BÖRSE *Aktie* to steady; **sich** *akk* **weiterhin ~** to hold its ground, to remain firm
Be·haup·tung <-, -en> *f* ① *(unbewiesene Äußerung)* assertion, claim; **eine ~/~en aufstellen** to make an assertion/assertions
② *(Durchsetzen)* maintaining *no pl*, maintenance *no pl*; ***die ~ an der Tabellenspitze wird nicht leicht sein*** it will not be easy to stay at the top of the table
Be·haup·tungs·last *f* JUR burden of allegations
Be·hau·sung <-, -en> *f (hum geh)* accommodation, dwelling; ***dies ist meine bescheidene ~*** this is my humble abode *a. iron;* **weitab von jeder menschlichen ~** far away from any human habitation
Be·ha·vi·o·ris·mus <-> [biheviəˈrɪsmʊs] *m kein pl* PSYCH *(Verhaltensforschung)* behaviourism [*or* AM -iorism] *no pl*
be·heb·bar *adj* JUR remediable, amendable; **~ durch Zustimmung** curable by assent
be·he·ben* *vt irreg* ① *(beseitigen)* ■**etw ~** to remove sth; **einen Fehler/Mangel ~** to rectify a mistake/fault; **die Missstände ~** to remedy shortcomings; **einen Schaden/eine Funktionsstörung ~** to repair damage/a malfunction
② FIN ÖSTERR **Geld ~** to withdraw money
Be·he·bung <-, -en> *f* ① *(Beseitigung)* removal; **die ~ eines Fehlers/Mangels** the rectification [*or* remedying] of a mistake/fault; **die ~ des Schadens/der Störung** the repair of the damage/fault
② FIN ÖSTERR *Geld* withdrawal
be·hei·ma·tet [bəhaimaːtət] *adj* ① *(ansässig)* ■[**irgendwo**] **~ sein** to be resident [somewhere]; ***wo bist du eigentlich ~?*** where do you actually come from?
② BOT, ZOOL native, indigenous; **in Kalifornien ~ sein** to be native [*or* indigenous] to [*or* a native of] California
be·heiz·bar *adj* heatable; **eine ~e Heckscheibe/Windschutzscheibe** a heated rear window/windscreen; **etw ist mit Holz/Koks/etc. ~** sth can be heated with wood/coke/etc.
be·hei·zen* *vt* ■**etw** [**mit etw** *dat*] **~** to heat sth [with sth]
Be·helf <-[e]s, -e> [bəˈhɛlf] *m* [temporary] replacement, makeshift, stop-gap
be·hel·fen* *vr irreg* ① *(mit einem Ersatz auskommen)* **sich** *akk* **mit etw** *dat* **~** [**müssen**] to [have to] make do [*or* manage] with sth
② *(zurechtkommen)* ■**sich** *akk* **~** [**können**] to manage, to get by; **sich** *akk* **ohne etw ~** to manage [*or* get by] without sth
Be·helfs·aus·fahrt *f* temporary exit
be·helfs·mä·ßig I. *adj* makeshift, temporary
II. *adv* temporarily, in a makeshift fashion
Be·helfs·un·ter·kunft *f* makeshift dwelling
be·hel·li·gen* [bəˈhɛlɪgn̩] *vt* ■**jdn** [**mit** [*o* **durch**] **etw**] **~** to pester [*or* bother] sb [with sth]; ***darf ich Sie noch einmal mit einer Frage ~*** may I trouble [*or* bother] you with one more question?
be·hendALT [bəˈhɛnd], **be·hen·de**ALT [bəˈhɛndə] *adj, adv s.* **behänd**
Be·hen·dig·keitALT <-> [bəˈhɛndɪçkait] *f kein pl s.* **Behändigkeit**
be·her·ber·gen* *vt* ■**jdn ~** to accommodate [*or* house] sb, to put up sb *sep* [somewhere]
Be·her·ber·gung <-> *f kein pl* accommodation
Be·her·ber·gungs·ge·wer·be *nt* HANDEL hotel trade **Be·her·ber·gungs·ver·trag** *m* JUR contract for accommodation
be·herr·schen* I. *vt* ① *(gut können)* ■**etw ~** to have mastered [*or fam* got the hang of] sth; **sein Handwerk ~** to be good at [*or* skilled in] one's trade; ***sie beherrscht ihr Handwerk*** she's good at what she does; **ein Instrument ~** to play an instrument well, to have mastered an instrument; **die Spielregeln ~** to know [*or* have learnt] the rules well; **eine Sprache ~** to have good command of a language; **alle Tricks ~** to know all the tricks; **etw gerade so ~** to have just about mastered [*or fam* got the hang of] sth; **etw gut/perfekt ~** to have mastered sth well/perfectly; **etw aus dem Effeff ~** *(fam)* to know sth inside out
② *(als Herrscher regieren)* ■**jdn/etw ~** to rule sb/sth
③ *(handhaben)* ■**etw ~** to control sth; **ein Fahrzeug ~** to have control over a vehicle
④ *(prägen, dominieren)* ■**etw ~** to dominate sth; **ein ~der Eindruck/eine ~de Erscheinung** a dominant impression/figure
⑤ *(zügeln)* ■**etw ~** to control sth; **seine Emotionen/Gefühle/Leidenschaften ~** to control one's emotions/feelings/passions
⑥ *(unter dem Einfluss von etw stehen)* ■**von etw** *dat* **beherrscht werden** to be ruled by sth; **von seinen Gefühlen beherrscht werden** to be ruled [*or* governed] by one's emotions
II. *vr (sich bezähmen)* ■**sich** *akk* **~** to control oneself
▸WENDUNGEN: **ich kann mich ~!** *(iron fam)* no way!, not likely!, I wouldn't dream of it!
be·herr·schend *adj* ruling
be·herrscht I. *adj* [self-]controlled; ***er blieb gelassen und ~*** he remained calm and composed
II. *adv* with self-control [*or* composure]
Be·herrscht·heit <-> *f kein pl s.* **Beherrschung 2**
Be·herr·schung <-> *f kein pl* ① *(das Gutkönnen)* mastery
② *(Selbstbeherrschung)* self-control; **die** [*o* **seine**] **~ verlieren** to lose one's self-control
③ *(das Kontrollieren)* control
Be·herr·schungs·ver·trag *m* JUR controlling agreement
be·her·zi·gen* [bəˈhɛrtsɪgn̩] *vt* ■**etw ~** to take sth to heart; **einen Rat ~** to heed [a piece of] advice
be·herzt *adj (geh)* intrepid, courageous, spirited
Be·herzt·heit *f* courage, spirit
be·hilf·lich [bəˈhɪlflɪç] *adj* ■**jdm** [**bei etw** *dat*/**mit etw** *dat*] **~ sein** to help sb [with sth]; **jdm beim Einsteigen/Aussteigen ~ sein** to help sb [to] get on/off; ***darf ich dir damit ~ sein?*** may I give you a hand with that?; ***könntest du mir wohl mit 300 Euro ~ sein?*** could you help me out with 300 euros?
be·hin·dern* *vt* ① *(hinderlich sein)* ■**jdn** [**bei etw**

dat] ~ to obstruct [*or* hinder] sb [in sth]; ■ **etw** [**bei etw** *dat*] ~ to hinder sth [in sth]; **die Bewegungsfreiheit** ~ to impede one's movement[s]
② *(hemmen)* ■ **etw** ~ to hamper sth; ***die erneuten Terroranschläge ~ den Friedensprozess*** the renewed terrorist attacks are threatening the peace process

be·hin·dert *adj* disabled; **geistig/körperlich** ~ mentally/physically disabled

Be·hin·der·te(r) *f(m) dekl wie adj* disabled [*or dated* handicapped] person/man/woman; ■ **die ~n** the disabled [*or dated* handicapped]; **eine Telefonzelle für körperlich** ~ a [tele]phone box [*or* booth] for the physically disabled; **ein Parkplatz/eine Toilette für** ~ a parking place/toilet for the disabled; **geistig/körperlich** ~ mentally/physically disabled [*or dated* handicapped] person

Be·hin·der·ten·aus·weis *m* identity card for the disabled **be·hin·der·ten·ge·recht** I. *adj inv* suitable for the disabled II. *adv inv* ~ **ausgestattet sein** to be suitable for the disabled **Be·hin·der·ten·olym·pi·a·de** *f* Paralympic Games, Paralympics *npl* **Be·hin·der·ten·park·platz** *m* parking place for the disabled, disabled parking place; *(Parkgelände)* car park [*or* AM parking lot] for the disabled, disabled car park **Be·hin·der·ten·ver·band** *m* organization for the disabled **Be·hin·der·ten-WC** *nt* toilet for the disabled, disabled toilet **Be·hin·der·ten·werk·statt** *f* disabled [people's] workshop, BRIT *a.* sheltered workshop

Be·hin·de·rung <-, -en> *f* ① *(das Behindern)* hindrance, obstruction; ***es muss mit [erheblichen] ~en gerechnet werden*** [long] delays are to be expected
② *(körperliche Einschränkung)* disability; **geistige/körperliche** ~ mental/physical disability

Be·hin·de·rungs·ver·bot *nt* JUR ban on restraint **Be·hin·de·rungs·wett·be·werb** *m* FIN restraint of competition

Be·hör·de <-, -n> [bəˈhøːɐ̯də] *f* ① *(Dienststelle)* department; **mit Genehmigung der zuständigen** ~ with permission from [*or* the permission of] the appropriate authorities
② *(fam)* town council, local authorities; ***sie arbeitet bei der*** ~ she works for the council
③ *(Amtsgebäude)* [government] [*or* [local] council] offices

Be·hör·den·gang <-gänge> *m* trip to the authorities **be·hör·den·über·grei·fend** *adj* ADMIN embracing several authorities **Be·hör·den·weg** *m* POL official channels *pl* **Be·hör·den·will·kür** *f* official whim [*or* caprice]

be·hörd·lich [bəˈhøːɐ̯tlɪç] I. *adj* official; **auf ~e Anordnung** by order of the authorities
II. *adv* officially; ~ **genehmigt** authorized by the authorities

be·hü·ten* *vt* ① *(schützend bewachen)* ■ **jdn/etw** ~ to watch over [*or* guard] sb/sth
② *(bewahren)* ■ **jdn vor etw** *dat* ~ to protect sb from sth; **jdn vor einem großen Fehler/vor Schlimmerem** ~ to save sb from a big mistake/a worse fate
▸WENDUNGEN: [**Gott**] **behüt[e]!** God [*or* Heaven] forbid!

be·hü·tet I. *adj* protectively brought up; **eine ~e Kindheit** a sheltered childhood; **ein wohl ~es Mädchen** a well-cared-for girl; ***hier werden Ihre Kinder ~ und gut aufgehoben sein*** your children will be in safe hands here
II. *adv* ~ **aufwachsen** to have a sheltered upbringing

be·hut·sam [bəˈhuːtzaːm] I. *adj (geh)* careful, gentle; ~ ***es Vorgehen ist angesagt*** it will be necessary to proceed with caution [*or* cautiously]; ■ [**bei etw** *dat*] ~ **sein** to be careful [in sth/when doing sth]
II. *adv (geh)* carefully, gently; **jdm etw ~ beibringen** to break sth to sb [*or* tell sb sth] gently

Be·hut·sam·keit <-> *f kein pl (geh)* care

bei [bai] *präp +dat* ① *(räumlich: in jds Wohn-/Lebensbereich)* with; ~ ***wem hast du die letzte Nacht verbracht?*** who did you spend last night with?; ***sie wohnt ~ ihren Großeltern*** she lives with her grandparents; ***ich war die ganze Zeit ~ meinen Eltern*** I was at my parents' [house] the whole time; ***am Wochenende sind sie entweder ~ ihm oder ~ ihr*** at the weekend they're either at his place or at hers; ~ **jdm zu Besuch sein** to be staying with [*or* visiting] sb; ~ **jdm zu Hause** at sb's house; ***bei uns zu Hause war das immer so üblich*** we always did it that way at home, that was the way we did things at home; ~ **Hofe** at court; ~ **den Maori/Masai leben** to live among the Maori/Masai; ~ **Familie Schmidt** *(Briefanschrift)* c/o Schmidt
② *(räumlich: im Tätigkeits-/Unternehmensbereich)* for; ~ **jdm arbeiten** [*o* **sein**] to work for sb; ***er ist ~ Klett angestellt*** he works at Klett; ***sie arbeitet ~m Fernsehen*** she works in television; ***er arbeitet ~ der Bahn/beim Bund/einer Firma/der Post*** he works for the railways/the government/a company/the post office; ***er arbeitet ~m Supermarkt an der Ecke*** he works at the supermarket on the corner; ***er ist neuerdings Redakteur ~ uns*** he joined us as an editor recently; ***er ist ein hohes Tier ~ der Post*** he's a big shot [*or* fish] at the post office; ~ ***wem lassen Sie Ihre Anzüge schneidern?*** who makes your suits?, who is your tailor?; ~ ***wem haben Sie Deutsch gelernt?*** who taught you German?; ***sie hat ihr Handwerk ~ einem sehr erfahrenen Meister gelernt*** she learnt her trade from a very experienced master craftsman; **beim Bäcker/Friseur** at the baker's/hairdresser's; ~ **der Citybank sein** *(ein Konto haben)* to bank [*or* have an account] with the Citybank; ~ **Klett erschienen** published by Klett; ~ **der Marine/beim Militär** in the navy/military; ~ **jdm Unterricht haben** [*o* **nehmen**] to have lessons with [*or* take lessons from] sb
③ *(räumlich: in jds Werk)* ■ ~ **jdm** in; ***das Zitat steht [irgendwo] ~ Goethe*** the quotation comes from [somewhere in] Goethe; ~ ***wem hast du denn das gelesen?*** where did you read that?; ***das kannst du alles ~ Schopenhauer nachlesen*** you can look it all up in Schopenhauer
④ *(räumlich: mit sich haben)* with; **etw ~ sich** *dat* **haben** [*o* **tragen**] to have sth with [*or* on] one; ***ich habe die Unterlagen leider nicht ~ mir*** I'm afraid I haven't got the papers with me; ***ich habe gerade kein Geld ~ mir*** I don't have [*or* I'm not carrying] any money on [*or* with] me at the moment; **jdn ~ sich** *dat* **haben** to have sb with one; ***zum Glück hatte ich meinen Bruder ~ mir*** fortunately, my brother was with me
⑤ *(räumlich: im eigenen Bereich)* to; ***ich dachte ~ mir ...*** I thought [*or* was thinking] to myself ...; **etw ~ sich behalten** to keep sth to oneself; ***behalte die Nachricht bitte noch ~ dir*** please don't tell anyone else the news for now, please keep the news to yourself for now
⑥ *(räumlich: in der Nähe)* near; ***Böblingen ist eine Stadt ~ Stuttgart*** Böblingen is a town near Stuttgart; ***er wohnt ~m Bahnhof*** he lives near [to] [*or* close to] the station; ***wir treffen uns ~ der Kirche/der Post*** we'll meet by the church/post office; ***er saß ~ ihr*** *(direkt neben)* he sat beside [*or* next to] her; *(in der näheren Umgebung)* he sat close to [*or* near] her; ***geh du, ich bleibe ~ den Kindern*** you go, I'll stay with the children; ~ **der ersten/zweiten Kreuzung** at the first/second crossing; ~**m Fluss** by the river; **die Schlacht ~ Hastings** the battle of Hastings
⑦ *(räumlich: an)* by; **jdn ~ der Hand nehmen** to take sb by the hand; ÖSTERR *(fig)* **etw ~ der Hand haben** to have sth at hand
⑧ *(räumlich: zwischen, unter)* among; ***er war auch ~ den Demonstranten*** he was also among the demonstrators; ***die Unterlagen sind ~ den Akten*** the papers are amongst the files
⑨ *(Angabe von Zeitspanne)* during; *(Angabe von Zeitpunkt)* at; ***unterbrechen Sie mich bitte nicht dauernd ~ meiner Rede!*** please stop interrupting my speech!; ~ ***dem Zugunglück starben viele Menschen*** many people died in the train crash; ~ ***der Aufführung darf nicht geraucht werden*** smoking is not permitted during the performance; **Vorsicht ~ der Abfahrt** [**des Zuges**] please stand clear of the doors, the train is about to leave; ~ **jds Abreise/Ankunft** on sb's departure/arrival; ***ich hoffe, du bist ~ meiner Abreise auch da*** I hope you will be there when I leave [*or* on my departure]; ~ **Anbruch der Dunkelheit/des Tages** at nightfall/daybreak; ~ **der Geburt/dem Tod** at his/her etc. birth/death; ~ **Nacht/Tag** by night/day; ~ **Tag und Nacht** day and night; ~ **Tisch** at table
⑩ *(gibt Teilnahme an)* ~ **einer Aufführung mitwirken** to be involved in a performance/play; ~ **einem Gottesdienst/einer Hochzeit sein** to be at a church service/wedding
⑪ *(während einer Tätigkeit)* while; ***das ist mir beim Bügeln eingefallen*** it occurred to me when [*or* as] [*or* while] I was ironing; NORDD ~ **sein, etw zu tun** to be on the verge of doing sth [*or* about to do sth]
⑫ *(Begleitumstände)* by; ***wir können das ja ~ einer Flasche Wein besprechen*** let's talk about it over a bottle of wine; ~ ***Schnee ist Weihnachten immer am schönsten*** Christmas is always nicest when it snows; ~ ***diesem Wetter setze ich keinen Fuß vor die Tür!*** I'm not setting foot outside the door in this weather!; ~ **der Arbeit sein** to be working [*or* at work]; ~/**nicht ~ Bewusstsein sein** to be conscious/unconscious; ~ **Kerzenlicht** by candlelight; ~ **Kräften/guter Laune sein** to be well [*or* fit]/in good spirits; ~ **dieser Hitze/Kälte** in such heat/cold; ~ **Tageslicht arbeiten** to work in daylight; **nicht mehr ~ Verstand sein** to have taken leave of one's senses, to not be in one's right mind; ~ **Wind und Wetter** come rain or shine
⑬ *(ungefähr)* around; ***der Preis liegt ~ etwa Euro 1.000*** the price is around [*or* about] 1,000 euros
⑭ *(zur Angabe eines erreichten Wertes)* ***der DAX lag ~ 3.554*** the DAX closed at 3,554 points; ***die Temperatur lag ~ 38,3° im Schatten*** the temperature was 38.3° in the shade
⑮ *(im Falle von etw)* in case of; ***„bei Feuer Scheibe einschlagen"*** "in case of fire break glass"; ~ ***Nebel/Regen werde ich nicht fahren*** I won't go if it's foggy/it rains
⑯ *(wegen, mit)* with; ~ ***seiner Sturheit könnte man manchmal wirklich verzweifeln*** one could sometimes really despair at his stubbornness; ~ ***so viel Dummheit ist wirklich alle Liebesmüh vergebens*** all effort is futile in the face of such stupidity; ~ ***diesem Sturm bleiben wir lieber zu Hause*** in view of [*or* due to] this storm we'd better stay at home; ~ **deinen Fähigkeiten** with your talents [*or* skills]
⑰ *(trotz)* in spite of, despite; ~ ***aller Freundschaft, das geht einfach zu weit*** we may be friends but that's just going too far; ***es geht ~m besten Willen nicht*** even with the best will in the world it's just not possible
⑱ *(in Schwurformeln)* by; ***ich schwöre es, ~ meiner toten Mutter!*** I swear on my mother's grave!; ~ **meiner Ehre** [up]on my honour; ~ **Gott!** *(veraltend)* by God!; ***„ich schwöre ~ Gott, die Wahrheit zu sagen und nichts als die Wahrheit"*** "I swear to tell the truth, the whole truth and nothing but the truth, so help me God"
▸WENDUNGEN: **nicht** [**ganz**] ~ **sich** *dat* **sein** *(fam)* to be not [quite] oneself

bei|be·hal·ten* *vt irreg* ① *(weiterhin behalten)* ■ **etw** ~ to maintain sth, to keep sth up; **eine Angewohnheit** ~ to maintain a habit; **einen Brauch/eine Tradition** ~ to uphold a custom/tradition; **eine Meinung** ~ to stick to an opinion
② *(fortsetzen)* to keep to, to continue; **eine Diät** ~ to keep to a diet; **seine Geschwindigkeit** ~ to maintain one's speed; **eine Therapie** ~ to continue [with] a treatment

Bei·be·hal·tung <-> *f kein pl* ① *(das Beibehalten) Gewohnheit, Methode* maintenance, upkeep, upholding

② *(das Fortsetzen) Richtung* keeping to, continuance

bei|bie·gen *vt irreg (sl: beibringen)* ■**jdm ~, dass ...** to get it through to sb that ...; *(schonend beibringen)* to break it gently to sb that...; *(geduldig beibringen)* to get it patiently across to sb...

Bei·blatt *nt* insert, supplement

Bei·boot *nt* tender *(vessel attendant on others)*

bei|brin·gen *vt irreg* ① *(fam: eine schlechte Nachricht übermitteln)* ■**jdm etw ~** to break sth to sb; ■**jdm ~, dass ...** to break it to sb that ...; **jdm etw schonend ~** to break sth gently to sb

② *(fam: lehren)* ■**jdm/einem Tier etw ~** to teach sb/an animal sth

③ *(zufügen)* ■**jdm etw ~** to inflict sth on sb; **jdm eine Kopfverletzung/Niederlage/hohe Verluste ~** to inflict a head injury/a defeat/heavy losses on sb

④ *(beschaffen)* ■**jdn/etw ~** to produce sb/sth; **Beweise ~** to produce [*or* provide] [*or* supply] proof; **das Geld ~** to produce [*or form* furnish] the money; **die Unterlagen ~** to produce [*or* supply] the documents; **einen Zeugen/eine Zeugin ~** to produce a witness

Bei·brin·gungs·frist *f* JUR deadline for submission

Beich·te <-, -n> ['baiçtə] *f* ① REL confession; ***die ~ wird dich erleichtern*** confession will be a relief for you; [**bei jdm**] **die ~ ablegen** *(geh)* to make one's confession [to sb]; **jdm die ~ abnehmen** to hear sb's confession; **zur ~ gehen** to go to confession; **eine ~ ablegen** *(hum: etw gestehen)* to make a confession

② *(hum: etw gestehen)* **eine ~ ablegen** to confess to sth

beich·ten ['baiçtn̩] I. *vt* ① REL ■[**jdm**] **etw ~** to confess sth [to sb]

② *(hum fam: gestehen)* ■**jdm etw ~** to confess sth to sb

II. *vi* REL to confess; **~ gehen** to go to confession

Beicht·ge·heim·nis *nt* seal of confession **Beicht·stuhl** *m* confessional **Beicht·va·ter** *m (veraltend)* father confessor *a. fig*

beid·ar·mig ['bait-] I. *adj* ① SPORT double-[*or* two-]handed

② *(beide Arme betreffend)* of both arms *after n;* **eine ~e Amputation** an amputation of both arms

II. *adv* ① SPORT with two [*or* both] hands

② *(beide Arme betreffend)* on both arms; ***er war ~ amputiert*** he had both arms amputated

beid·bei·nig I. *adj* ① SPORT two-footed; **ein ~er Absprung** a two-footed take-off

② *(beide Beine betreffend)* of both legs; **eine ~e Amputation** an amputation of both legs

II. *adv* ① SPORT with [*or* on] two [*or* both] feet

② *(beide Beine betreffend)* of both legs; **~ amputieren** to amputate both legs

bei·de ['baidə] *pron* ① *(alle zwei)* both; ***sie hat ~ Kinder gleich lieb*** she loves both children equally; **~ Mal[e]** both times

② *(sowohl du als auch du)* both; ***jetzt kommt mal ~ her zu Opa*** come here to Grandad both of you; ■**ihr ~** the two of you; ***ihr ~ solltet euch wieder vertragen!*** you two really should make up again!; ■**euch ~n** both of you, you both; ***muss ich euch ~n denn immer alles zweimal sagen?*** do I always have to tell you both everything twice?

③ *(ich und du)* ■**uns ~n** both of us; ■**wir ~** the two of us

④ *(die zwei)* ■**die [...] ~n** both [of them], the two of them; ***die ~n vertragen sich sehr gut*** they both [*or* the two of them] get on very well; **die ersten/letzten ~n ...** the first/last two ...; **einer/einen/eine/eins von ~n** one of the two; **keiner/keinen/keine/keins von ~n** neither of the two [*or* them]; **welcher/welchen/welche/welches von ~n** which of the two

⑤ *(sowohl dies als auch jenes)* ■**~s** both; ***~s ist möglich*** both are [*or* either [one] is] possible

bei·de·malALT *adv s.* **beide 1**

bei·der·lei ['baide'lai] *adj attr, inv* both; ***was gab es zu trinken, Bier oder Wein? — es gab ~ Getränke, Bier und Wein*** what was there to drink, beer or wine? — there was both beer and wine; **Verwandte ~ Geschlechts** relatives of both sexes

bei·der·sei·tig ['baidezaitɪç] *adj* on both sides; **ein ~es Abkommen** a bilateral agreement; **~es Vertrauen/~e Zufriedenheit** mutual trust/satisfaction; **sich** *akk* **im ~en Einverständnis trennen** to part in mutual agreement

bei·der·seits ['baide'zaits] I. *adv* on both sides

II. *präp +gen* ■**~ einer S.** *gen* on both sides of sth; **~ der Straße** on both sides of the street [*or* road]

beid·fü·ßig I. *adj* ① SPORT two-footed; **ein ~er Absprung** a two-footed take-off

② *(beide Füße betreffend)* of both feet *after n;* **eine ~e Amputation** an amputation of both feet

II. *adv* ① SPORT with two feet; **~ abspringen** to take off with two feet

② *(beide Füße betreffend)* of both feet; **~ amputieren** to amputate both feet

beid·hän·dig I. *adj* ① SPORT double-[*or* two-]handed

② *(beide Hände betreffend)* **eine ~e Amputation** an amputation of both hands; **ein ~er Griff** a double-[*or* two-]handed grip

II. *adv* ① SPORT with two [*or* both] hands

② *(beide Hände betreffend)* **~ amputiert** with both hands amputated

bei|dre·hen *vi* NAUT to heave to

beid·sei·tig ['baidzaitɪç] I. *adj* ① *(auf beiden Seiten vorhanden)* on both sides; **eine ~e Beschichtung** a coating on both sides, a double-sided coating; **~e Lähmung** bilateral paralysis *spec,* diplegia *spec*

② *s.* **beiderseitig**

II. *adv* on both sides; **~ gelähmt** paralyzed down both sides

beid·seits ['baidzaits] *präp +gen* SÜDD, SCHWEIZ *s.* **beiderseits II**

bei·ei·nan·der [baiʔai'nande] *adv* together

▶ WENDUNGEN: **gut/schlecht ~ sein** *(fam körperlich)* to be in good/bad [*or* poor] shape; *(geistig)* to be/not be all there *fam*

bei·ei·nan·der|ha·ben *vt irreg (fam)* ■**jdn/etw** [**wieder**] **~** to have [got] sb/sth together [again]

▶ WENDUNGEN: **sie nicht [mehr] alle [*o* richtig] ~** to have a screw loose *fig fam* **bei·ei·nan·der|lie·gen** *vi irreg* to lie together **bei·ei·nan·der|sein**ALT *vi irreg sein (fam) s.* **beieinander** **bei·ei·nan·der|sit·zen** *vi irreg* to sit together **bei·ei·nan·der|ste·hen** *vi irreg* to stand together

Bei·fah·rer(in) *m(f) (Passagier neben dem Fahrer)* front-seat passenger, passenger in the front seat; *(zusätzlicher Fahrer)* co-driver

Bei·fah·rer·air·bag [-æ:ebæk] *m* passenger airbag **Bei·fah·rer·sitz** *m* [front] passenger seat

Bei·fall <-[e]s> *m kein pl* ① *(Applaus)* applause; **~ heischend** *(geh)* looking for applause; **~ klatschen** to applaud; **~ klopfen** *(bei einer Vorlesung)* to applaud *(by knocking on a table etc. with one's fist)*; **jdm/etw ~ spenden** *(geh)* to applaud sb/sth; **~ auf offener Szene** applause during the performance [*or* scene]; **mit anhaltendem/brausendem [*o* donnerndem] ~ quittiert werden** to be met with prolonged/thunderous applause

② *(Zustimmung)* approval; **~ heischend** *(geh)* looking for approval; **jdm einen ~ heischenden Blick zuwerfen** to cast an approval-seeking glance at sb; [**jds**] **~ finden** to meet with [sb's] approval

bei·fall·hei·schend *adj, adv s.* **Beifall**

bei·fäl·lig I. *adj* approving; **mit ~em Gemurmel quittiert werden** to be met with murmurs of approval

II. *adv* approvingly; ***er nickte ~ mit dem Kopf*** he nodded approvingly [*or* in approval]; ***dieser Vorschlag wurde ~ aufgenommen*** this suggestion was favourably received

Bei·falls·be·kun·dung *f* demonstration [*or* show] of approval **Bei·falls·be·zei·gung** *f (geh) s.* **Beifallsbekundung** **Bei·falls·ruf** *m* cheer, shout of approval **Bei·falls·sturm** *m* storm of applause

Bei·fang *m* bycatch

Bei·film *m* supporting [*or* short subject] film

bei|fü·gen *vt* ① *(mitsenden)* [**einem Brief/Paket**] **etw ~** to enclose sth [in a letter/parcel]

② *(hinzufügen)* ■[**etw**] **~** to add [sth]

Bei·fü·gung <-> *f kein pl* ① *(geh)* enclosure; **unter ~ einer S.** *gen (geh)* enclosing sth; ***unter ~ von 3 Euro Rückporto senden wir Ihnen gerne den Prospekt zu*** the catalogue will be sent to you if you enclose 3 euros for return postage

② LING attribute

Bei·fuß <-es> *m kein pl* BOT mugwort

Bei·ga·be <-, -n> *f* ① *sing (das Hinzufügen)* addition; ***ohne die ~ von Pfeffer und Salz schmeckt die Suppe recht fade*** the soup is pretty tasteless without salt and pepper; **unter ~ von etw** *dat (geh)* adding sth

② *sing o pl (Beilage)* side dish

③ *pl* ARCHÄOL burial gift [*or* object]

beige [be:ʃ, 'be:ʒə] *adj inv* beige

Beige[1] <-, - *o fam* -s> [be:ʃ, 'be:ʒə] *nt* beige

Bei·ge[2] <-, -n> ['baigə] *f* SÜDD, ÖSTERR, SCHWEIZ pile; **zu einer ~ aufgeschichtet werden** to be stacked up in a pile

bei|ge·ben *vt irreg* ① *(mitsenden)* ■[**etw** *dat*] **etw ~** to enclose sth [with sth]

② *(hinzufügen)* ■**etw** *dat* **etw ~** to add sth to sth; ***dem Teig müssen noch 4 Eier beigegeben werden*** 4 more eggs have to be added to the dough

③ *(geh)* ■**jdm/etw jdn ~** to assign sb to sb/sth; *s. a.* **klein**

beige·far·ben *adj* beige[-coloured [*or* AM -ored]]

bei·ge·mengt *adj* CHEM accessory

Bei·ge·ord·ne·te(r) *f(m)* JUR councillor

Bei·ge·schmack *m* ① *(zusätzlicher Geschmack)* [after]taste; **einen bitteren/seltsamen ~ haben** to have a bitter/strange taste; **einen ~ hinterlassen** to leave an aftertaste

② *(fig)* overtone[s]; ***das Wort hat einen leicht negativen ~*** that word has slightly negative overtones

Bei·gnet <-s, -s> [bɛn'je:] *m* KOCHK fritter; *(Krapfen)* doughnut BRIT, donut AM

Bei·heft *nt (zusätzlich beigelegtes Heft)* supplement; SCH answer book

bei|hef·ten *vt* ■[**etw** *dat*] **etw ~** to attach sth [to sth]

Bei·hef·ter *m* TYPO bound-in insert

Bei·hil·fe *f* ① *(finanzielle Unterstützung)* financial assistance, allowance; *(nicht rückzuerstattende Förderung)* grant; *(Subvention)* subsidy; ***Beamte bekommen 50 % ~ zu allen Behandlungsskosten*** civil servants receive a 50% contribution towards the cost of health care; **~n erhalten** to receive subsidies

② JUR aiding and abetting [before the fact]; **jdn wegen ~ zum Mord anklagen** to charge sb with acting as an accessory to murder

Bei·hil·fe·an·trag *m* FIN application for aid **Bei·hil·fe·emp·fän·ger(in)** *m(f)* FIN benefit recipient **bei·hil·fe·fä·hig** *adj* FIN entitled to an allowance [*or* a grant], subsidizable; **~e Investition** subsidizable investment **Bei·hil·fe·re·ge·lun·gen** *pl* FIN grant system

Bei·jing <-s> [beɪ'dʒɪŋ] *nt s.* **Peking**

Bei·klang *m* ① *(fig)* overtone[s]; ***das Wort hat einen leicht negativen ~*** that word has slightly negative overtones

② MUS [disturbing] accompanying sound

bei|kom·men *vi irreg sein* ① *(mit jdm fertigwerden)* ■**jdm/etw** *dat* **~** to sort out sb/sth *sep*

② DIAL *(endlich herbeikommen)* to come; ***beeil dich! mach, dass du beikommst!*** hurry up and get over here!

③ DIAL *(erreichen können)* ■**irgendwo ~** to reach somewhere; ***die Öffnung ist so eng, dass man mit der Zange nicht beikommt*** the opening is too narrow to reach with the pliers

Bei·kost *f (geh für Säuglinge)* dietary supplement; *(für Kranke, frisch Operierte)* supplementary diet

Beil <-[e]s, -e> [bail] *nt* ① *(Werkzeug)* [short-handled] axe, hatchet

② HIST *(Fallbeil)* blade [of a guillotine]; *(Richtbeil)*

executioner's axe

beil. *Abk von* beiliegend

bei|la·ckie·ren* *vt* AUTO **etw** ~ to rework sth

bei|la·den *vt irreg* ① JUR **jdn** ~ to summon sb, to call in sb *sep*
② TRANSP **etw** ~ to add sth to the cargo, to load sth [onto a transport vehicle] along with the primary cargo

Bei·la·dung <-, -en> *f* ① JUR summons, calling in
② TRANSP extra [*or* additional] load, by-load

Bei·la·ge *f* ① *(beigelegte Speise)* side dish, *esp* AM side order
② *(das Beilegen)* enclosure (**zu** +*dat* in); **unter** ~ **von etw** *dat* with the enclosure of sth
③ *(Beiheft)* supplement, addition; *(beigelegtes Werbematerial)* insert; **eingeklebte** ~ TYPO glued-in insert, tipped-in supplement
④ ÖSTERR *(Anlage)* enclosure; ***ich übersende Ihnen eine Probe als*** ~ I have enclosed a sample for you

Bei·lag·schei·be *f* flat washer

bei·läu·fig I. *adj* passing
II. *adv* ① *(nebenbei)* in passing; **einen Namen** ~ **erwähnen** to mention a name in passing
② ÖSTERR *(ungefähr)* about

Bei·läu·fig·keit <-, -en> *f* ① *(Nebensächlichkeit)* triviality
② *(Gleichgültigkeit)* casualness

bei|le·gen *vt* ① *(dazulegen)* **etw** *dat* **etw** ~ to insert sth in sth; **einem Brief einen Rückumschlag** ~ to enclose an SAE [*or* AM SASE] in a letter
② *(beimessen)* **etw** *dat* **etw** ~ to attribute [*or* ascribe] sth to sth; **einer Sache Bedeutung** ~ [*o* **Gewicht**] to attach importance to sth
③ *(schlichten)* **etw** ~ to settle sth; ***lass uns die Sache [gütlich]*** ~ ***!*** let's settle the matter [amicably]
④ *(annehmen)* **[sich** *dat*] **einen Titel** ~ to assume a title

Bei·le·gung <-, -en> *f* ① JUR *(Schlichtung)* settlement
② *kein pl von Bedeutung, Gewicht, Wert* attaching
③ *(selten: Beilage)* insertion, enclosure
④ NAUT mooring

bei·lei·be [bai̯ˈlai̯bə] *adv* on no account; **etw** ~ **niemandem** [*o* **keiner Menschenseele**] **verraten** to tell sb sth on no [*or* not tell sth to a soul on any] account; ***achten Sie aber*** ~ ***darauf, ...*** make absolutely sure ...; ~ **nicht!** certainly not, BRIT *hum fam a.* not on your nelly

Bei·leid *nt kein pl* condolence[s *pl*], sympathy; **[mein] herzliches** ~ [you have] my heartfelt sympathy, my heart bleeds for you *iron;* **jdm [zu etw** *dat*] **sein** ~ **aussprechen** [*o* **ausdrücken**] to offer sb one's condolences [*or* express one's sympathy with sb] [on sth]

Bei·leids·be·kun·dung *f* expression of sympathy **Bei·leids·be·such** *m* visit of condolence; ***von*** ~***en bitten wir abzusehen*** we request that you do not pay any visits of condolence *form;* **[jdm] einen** ~ **machen** [*o* **abstatten**] to pay [sb] a visit of condolence **Bei·leids·be·zeu·gung** *f s.* **Beileidsbekundung Bei·leids·brief** *m* letter of condolence **Bei·leids·kar·te** *f* condolence card **Bei·leids·schrei·ben** *nt* [letter of] condolence

bei|lie·gen *vi irreg* **etw** *dat* ~ to be appended [*or* attached] to sth; *(einem Brief, Paket)* to be enclosed in sth

bei·lie·gend *adj* enclosed; ~ **finden Sie ...** *(geh)* please find enclosed ..., enclosed is/are ...

beim [bai̯m] = **bei dem** ① *(Aufenthalt in jds Geschäftsräumen)* ~ **Arzt/Bäcker/Friseur** at the doctor's/baker's/hairdresser's
② *(eine Tätigkeit ausführend)* **jdn** ~ **Arbeiten stören** to disturb sb working; **jdn** ~ **Stehlen ertappen** [*o* **erwischen**] to catch sb [in the act of] stealing

bei|mau·ern *vt* BAU **etw** ~ to brick flush with sth

bei|men·gen *vt* **[etw** *dat*] **etw** ~ to add sth [to sth], to mix sth into sth; **Zucker** ~ to add [*or sep* mix in] sugar

bei|mes·sen *vt irreg* **etw** *dat* **Bedeutung** [*o* **Gewicht**]/**Wert** ~ to attach importance/value to sth

bei|mi·schen *vt s.* beimengen

Bei·mi·schung *f* ① *(das Beimischen)* addition
② *(Zusatz)* admixture

Bein <-[e]s, -e> [bai̯n] *nt* ① *(Körperteil)* leg; **jdm ein** ~ **amputieren** to amputate sb's leg; **die** ~**e ausstrecken/spreizen/übereinanderschlagen** to stretch [out]/part/cross one's legs; **sich** *dat* **ein/das rechte** ~ **brechen** to break one's/one's right leg; **das** ~ **heben** *Hund* to lift a leg; **jdm auf die** ~**e helfen** *(a. fig)* to help sb back on [*or* onto] their feet *a. fig;* **schwach/unsicher auf den** ~**en sein** to be weak/unsteady on one's feet; **auf einem** ~ **stehen** to stand on one leg; **jdm ein** ~ **stellen** *(a. fig)* to trip sb [*or sep* trip up] *a. fig;* **die** ~**e [lang] von sich** *dat* **strecken** to stretch out one's legs; **von einem** ~ **aufs andere treten** to shift from one foot [*or* leg] to the other; **ein** ~ **verlieren** to lose a leg; **sich** *dat* **die** ~**e vertreten** to stretch one's legs; **jdn/etw wieder auf die** ~**e bringen** *(a. fig)* to get sb/sth back on their/its feet again *a. fig;* **wieder auf die** ~**e kommen** *(aufstehen)* to get back on one's feet [again], to find one's legs *fam; (fig: sich wirtschaftlich erholen)* to be back on one's feet again *fig; (gesund werden)* to be up on one's feet again *fig*
② *(Hosenbein)* leg; **Jeans mit engen** ~**en** drainpipes *npl;* **weite** ~**e** flares *npl;* **Hosen mit weiten** ~**en** flared trousers
③ SÜDD, ÖSTERR, SCHWEIZ *(veraltet: Knochen)* bone
④ *(eines Möbelstücks, Gerätes)* leg
⑤ NORDD *(Fuß)* foot; **jdm aufs** ~ **treten** to step on sb's toes
▸WENDUNGEN: **sich** *dat* **die** ~**e [nach etw** *dat*] **abrennen** [*o* **ablaufen**] [*o* **wund laufen**] *(fam)* to run one's legs off [for sth] *fam;* **sich** *dat* **die** ~**e abstehen** [*o* **in den Bauch stehen**] *(fam)* to be standing around for ages *fam;* **die** ~**e unter den Arm** [*o* **in die Hand**] **nehmen** *(fam)* to take to one's heels *fam,* to leg it *sl;* **sich** *dat* **[bei etw** *dat*] **kein** ~ **ausreißen** *(fam)* to not bust a gut [over sth] *sl;* ***du hast dir weiß Gott kein Bein ausgerissen!*** you didn't really kill yourself! *fam;* ~**e bekommen** *(fam)* to grow legs and walk away *fig hum fam;* **jdm/sich etw ans** ~ **binden** to saddle sb/oneself with sth *fam;* **mit beiden** ~**en auf dem Boden stehen** to have both feet on the ground *fig;* **die** ~**e breit machen** *(pej fam)* to spread one's legs *pej fam;* **jdn auf die** ~**e bringen** *(fam: mobilisieren)* to mobilize sb; *(zusammenbringen)* to bring sb together; **auf eigenen** ~**en stehen** to be able to stand on one's own two feet *fig;* **jdm in die** ~**e fahren** to go right through sb; **immer wieder auf die** ~**e fallen** *(fam)* to always land on one's feet *fig;* **in die** ~**e gehen** *Musik* to make you want to dance; *Anstrengung* to tire one's legs; **mit einem** ~ **im Gefängnis stehen** to be running the risk of a jail sentence; **mit einem** ~ **im Grabe stehen** *(krank, in Gefahr sein)* to have one foot in the grave; *(berufsbedingt)* to defy death; **nicht mehr so gut auf den** ~**en sein** to be not as young as one used to be; **jdn/etw am** ~ **haben** *(fam)* to have sb/sth round one's neck *fig fam;* **sich** *akk* **kaum noch** [*o* **nicht mehr**] **auf den** ~**en halten können** to be hardly able to stand on one's [own two] feet; **alles, was** ~**e hat** *(fam)* everything on two legs *hum fam;* **was die** ~**e hergeben** *(fam)* as fast as one's legs can carry one; **jüngere** ~**e haben** *(fam)* to have [got] a younger pair of legs [on one] *hum;* **ein langes** ~ **machen** FBALL to make a sliding tackle; **mit beiden** ~**en im Leben stehen** to have both feet [firmly] on the ground *fig;* **mit dem linken** ~ **zuerst aufgestanden sein** to have got out of bed [on] the wrong side *fig;* **jdm [tüchtig** [*o* **lange**]] ~**e machen** *(fam)* to give sb a [swift] kick in [*or* up] the arse [*or* AM ass] *sl;* ***verschwinde endlich, oder muss ich dir erst*** ~***e machen?*** get lost, or do you need a kick up the arse? *sl;* **sich** *akk* **auf die** ~**e machen** *(fam)* to get a move on; **auf schwachen** ~**en stehen** to have a shaky foundation *fig,* to be untenable; **auf den** ~**en sein** *(in Bewegung sein)* to be on one's feet; *(auf sein)* to be up and about; **wieder auf den** ~**en sein** *(gesund sein)* to be on one's feet [*or* up and about] again; **auf einem** ~ **kann man nicht stehen!** *(fig fam)* you can't stop at one! *fam;* **ein** ~ **stehen lassen** FBALL to trip the opponent; **etw auf die** ~**e stellen** to get sth off the ground; **eine Mannschaft/ein Programm auf die** ~**e stellen** to put together a team/programme [*or* AM program]; **die** ~**e unter jds Tisch strecken** *(fam)* to have one's feet under sb's table *fig fam*

bei·nah [ˈbai̯na:, ˈbai̯ˈna:, bai̯ˈna:], **bei·na·he** [ˈbai̯na:ə, ˈbai̯ˈna:ə, bai̯ˈna:ə] *adv* almost, nearly

Bei·na·he·zu·sam·men·stoß <-es, -stöße> *m* near miss; *Flugzeuge a.* BRIT *a.* air miss

Bei·na·me *m* epithet, byname, cognomen *form*

Bein·am·pu·ta·ti·on *f* ① *(Amputation eines Beines)* leg amputation; **Kriegsopfer mit** ~**en** war victims with amputated legs; **[an jdm] eine** ~ **vornehmen** to amputate sb's leg ② *(fam: Patient mit zu amputierendem Bein)* leg job *sl* **bein·am·pu·tiert** *adj* with an amputated leg [*or* amputated legs]; **linksseitig/rechtsseitig** ~ **sein** to have had one's left/right leg amputated **Bein·ar·beit** *f kein pl* footwork **Bein·bruch** *m* ① *(Bruch eines Beines)* fracture of the leg; ***das ist kein*** ~***!*** *(fig fam)* it's not as bad as all that!; ***alles kein*** ~***, es wird schon gehen*** don't worry your head about it, it'll be all right *fam* ② *(fam: Patient mit einem Beinbruch)* broken leg *fam*

bei·nern *adj* ① *(knöchern)* **der** ~**e Knochenmann/ein** ~**es Skelett** Death/a skeleton
② *(aus Knochen gefertigt)* bone *attr,* [made] of bone *pred*
③ *(elfenbeinern)* ivory *attr,* [made] of ivory *pred*

Bein·fleisch *nt (vom Rind)* [beef] shin **Bein·frei·heit** *f* legroom

be·in·hal·ten* [bəˈʔɪnhaltn̩] *vt (geh)* **etw** ~ to contain sth; **etw auch** ~ to include sth

bein·hart [ˈbai̯nˈhart] SÜDD, ÖSTERR I. *adj (fam)* ruthless, rock-hard *fam;* **eine** ~**e Geschäftsfrau** a ruthless [*or fam* hard-nosed] businesswoman; ~**e Bedingungen** ruthless terms
II. *adv (fam)* ruthlessly, mercilessly

Bein·haus *nt* charnel house **Bein·pro·the·se** *f* artificial leg, leg prosthesis *spec;* **jdm eine** ~ **anpassen** to fit sb with an artificial leg **Bein·schei·be** *f* KOCHK *(vom Rind, Kalb)* shin slice **Bein·schie·ne** *f* ① MED [leg] splint ② SPORT shin pad ③ HIST greave[s *pl*] **Bein·stumpf** *m* [leg] stump **Bein·well** [ˈbai̯nvɛl] *m* BOT comfrey

bei|ord·nen *vt* **jdm jdn** ~ to assign sb to sb

Bei·ord·nung *f* ① JUR assignment as counsel, appointment; ~ **eines Rechtsanwalts** assignment of counsel to the assisted party
② LING coordination

Bei·pack <-[e]s> *m kein pl* additional consignment

Bei·pack·zet·tel *m* instruction leaflet; *(Inhaltsverzeichnis)* list of contents

bei|pflich·ten *vi* **jdm/etw [in etw** *dat*] ~ to agree with sb/sth [on sth]; ***dieser Ansicht muss man*** ~ one has to agree with this view

Bei·pro·gramm *nt* supporting programme [*or* AM -am]

bei|put·zen *vt* BAU **etw** ~ to spot-plaster sth

Bei·rat <-[e]s, Beiräte> *m* HANDEL advisory council; **juristischer** ~ legal adviser; **ständiger** ~ permanent advisory council

Bei·rats·sit·zung *f* board [*or* council] meeting

Bei·ried <-[e]s> *nt* ÖSTERR rump steak, roast beef

be·ir·ren* *vt* **sich** *akk* **[bei etw** *dat*/**durch etw** *akk*] **[nicht]** ~ **lassen** to [not] let oneself be put off [by sth]; **sich** *akk* **[in etw** *dat*] **[nicht]** ~ **lassen** to [not] let oneself be swayed [in sth]; **jdn** ~ to confuse [*or* disconcert] sb

Bei·rut <-s> [bai̯ˈru:t, ˈ--] *nt* Beirut

bei·sam·men [bai̯ˈzamən] *adv* ① *(zusammen)* together; ~ **sein** to be [all] together
② *(fam: geistig rege)* **[nicht] gut** ~ **sein** to [not] be with it *fam;* **einigermaßen** [*o* **leidlich**] ~ **sein** to be more or less there *fam*

bei·sam·men|ha·ben *vt irreg (fam)* **sie/etw [für etw** *akk*] ~ to have [got together] enough of them/sth [for sth]; **[genug] Geld/Leute** ~ to have [got together] enough money/people ▸WENDUNGEN: **[sie]**

nicht alle ~ *(fam)* to be [*or* have gone] soft in the head *fam* **bei·sam·men|sein**^ALT *vi irreg sein s.* **beisammen Bei·sam·men·sein** *nt* get-together
Bei·satz *m* LING apposition; *(Beispiel des Beisatzes)* appositive
Bei·schlaf *m* sexual intercourse [*or* relations *pl*] (**von/zwischen** +*dat* between); **den ~ vollziehen** to consummate the marriage; **außerehelicher ~** adultery
Bei·schrei·bung *f* JUR addition [*or* correction] of register entry
Bei·sein *nt* ■ **in jds ~,** ■ **im ~ von jdm** in sb's presence [*or* the presence of sb], before sb; ■ **ohne jds ~** [*o* **ohne ~ von jdm**] without sb['s *form*] being present
bei·sei·te [baiˈzaitə] *adv* to one side; *s. a.* **Scherz, Spaß**
bei·sei·te|brin·gen^RR *vt irreg* ■ **etw ~** to misappropriate sth **bei·sei·te|ge·hen**^RR *vi irreg sein* to step aside [*or* to the [*or* one] side] **bei·sei·te|las·sen**^RR *vt irreg* ■ **etw ~** to leave aside sth *sep,* to leave sth on one side **bei·sei·te|le·gen**^RR *vt* ■ **etw ~** *(etw weglegen)* to put aside sth *sep,* to put sth to one side; *(etw sparen)* to put [*or* set] aside sth *sep* **bei·sei·te|schaf·fen**^RR *vt* ■ **jdn ~** to do away with sb
Bei·sei·te·schaf·fen <-s> *nt kein pl* removing by stealth
bei·sei·te|tre·ten^RR *vi irreg sein* to step aside [*or* to the [*or* one] side]
Bei·s(e)l <-s, -n> [ˈbaizl̩] *nt* ÖSTERR *(fam)* dive *pej fam,* BRIT *fam a.* boozer
bei|set·zen *vt (geh)* ■ **jdn/etw [in etw** *dat*] ~ to inhume sb/sth [in sth] *form,* to inter sb [in sth] *form;* **eine Urne ~** to install an urn [in its resting place]
Bei·set·zung <-, -en> *f (geh)* burial, interment *form,* funeral; *einer Urne* installing [in its resting place]
Bei·sit·zer(in) <-s, -> *m(f)* ① JUR associate [*or spec a.* puisne] judge
② *(Kommissionsmitglied)* assessor
Bei·spiel <-[e]s, -e> [ˈbaiʃpiːl] *nt* example; **anschauliches ~** illustration; ■ **praktisches ~** demonstration; **jdm als ~ dienen** to be [*or* serve as] an example to sb; **[jdm] mit gutem ~ vorangehen** [*o* **jdm ein gutes ~ geben**] to set [sb] a good example; **sich** *dat* **an jdm/etw ein ~ nehmen** to take a leaf out of sb's book; **zum ~** for example [*or* instance]; **wie zum ~** such as
bei·spiel·haft I. *adj* ① *(vorbildlich)* exemplary; ■ **[für jdn] ~ sein** to be an example [to sb]
② *(typisch)* typical (**für** +*akk* of)
II. *adv (vorbildlich)* **sich** *akk* **~ benehmen/verhalten** to show exemplary behaviour [*or* AM -or]/to prove oneself exemplary
bei·spiel·los *adj* ① *(unerhört)* outrageous
② *(ohne vorheriges Beispiel)* unprecedented, without parallel *pred* (**in** +*dat* in)
Bei·spiel·satz *m* example [sentence]
bei·spiels·wei·se *adv* for example [*or* instance]
bei|sprin·gen *vi irreg sein* ① *(aushelfen)* ■ **jdm [mit etw** *dat*] ~ to help out sb *sep* [with sth]
② *(zu Hilfe kommen)* ■ **jdm ~** to rush to sb's aid [*or* assistance]
bei·ßen <biss, gebissen> [ˈbaisn̩] **I.** *vt* ■ **jdn [in etw** *akk*] ~ to bite sb['s sth] [*or* sb [in the sth]]; ■ **sich** *akk* ~ to bite each other [*or* one another]; ***er wird dich schon nicht ~!*** *(fig)* he won't bite you; ***das Brot ist so hart, dass man es kaum mehr ~ kann!*** this bread is so hard that you can hardly bite into it; **etwas/nichts zu ~ haben** *(fam)* to have something/nothing to eat, to get one's teeth around *hum fam*
II. *vi* ① *(mit den Zähnen fassen)* to bite; ■ **auf etw** *akk*/**in etw** *akk* ~ to bite into sth; **in einen Apfel ~** to bite into [*or* take a bite out of] an apple; *(schnappen)* ■ **nach jdm/etw ~** to bite [*or* snap] at sb/sth
② *(brennend sein)* ■ **[an etw** *dat*/**auf etw** *dat*/**in etw** *dat*] ~ to make sth sting, to sting; *Säure* to burn; **in den Augen ~** to make one's eyes sting [*or* water]
③ *(anbeißen)* to rise to the bait; ***die Fische wollen heute nicht ~*** the fish aren't biting today
▸WENDUNGEN: **an etw** *dat* **zu ~ haben** to have sth to chew over
III. *vr* ① *(mit den Zähnen)* ■ **sich** *akk* **auf etw** *akk o dat* ~ to bite one's sth
② *(unverträglich sein)* ■ **sich** *akk* **[mit etw** *dat*] ~ to clash [with sth]
bei·ßend *adj* ① *(scharf)* pungent, sharp; **~er Qualm** acrid smoke
② *(brennend)* burning
③ *(ätzend)* caustic, cutting; **~e Kritik** scathing criticism
Bei·ßer·chen <-s, -> *pl (hum fam)* [little] teeth; *(künstliches Gebiss)* choppers *fam,* BRIT *a.* pearlies *hum*
Beiß·hem·mung *f* BIOL attack inhibition **Beiß·ring** *m* teething ring **Beiß·zan·ge** *f* DIAL *s.* **Kneifzange**
Bei·stand *m* ① *kein pl (Unterstützung)* support; *(Hilfe)* assistance; *von Priester* attendance, presence; **ärztlicher ~** medical aid [*or* attendance]; **jdm seinen ~ leihen** *(geh)* to offer sb one's assistance; **jdm ~ leisten** to give sb one's [financial] support
② *(helfender Mensch)* assistant; **seelischer ~** sb who gives emotional support
③ JUR legal adviser, counsel
Bei·stand·schaft <-, -en> *f* JUR assistance, guardianship
Bei·stands·kre·dit *m* FIN standby credit **Bei·stands·me·cha·nis·mus** *nt* FIN standby arrangement, support mechanism **Bei·stands·pakt** *m* mutual assistance pact [*or* treaty] **Bei·stands·sys·tem** *nt* FIN support system **Bei·stands·ver·trag** *m* treaty of mutual assistance
bei|ste·hen *vi irreg* ■ **jdm [gegen jdn/etw] ~** to stand by sb [before sb/sth]; **jdm helfend/tatkräftig ~** to give sb assistance/one's active support; ■ **einander** [*o* **sich**] ~ to stand by each other
bei|stel·len *vt* ÖSTERR ■ **[jdm] etw ~** to provide [sb with] sth
Bei·stell·mö·bel *pl* occasional furniture *no pl* **Bei·stell·tisch** *m* occasional [*or* side] table **Bei·stell·wa·gen** *m* serving trolley
bei|steu·ern *vt* ■ **etw [zu etw** *dat*] ~ to contribute sth [to sth]; **seinen Teil ~** to contribute one's share
bei|stim·men *vi s.* **zustimmen**
Bei·strich *m bes* ÖSTERR comma
Bei·tel <-s, -> [ˈbaitl̩] *m* [wood] chisel
Bei·trag <-[e]s, -träge> [ˈbaitraːk, *pl* ˈbaitrɛːgə] *m* ① *(Mitgliedsbeitrag)* fee, dues *npl; (Versicherungsbeitrag)* premium
② *(Artikel)* article, contribution
③ *(Mitwirkung)* contribution; **einen ~ zu etw** *dat* **leisten** to make a contribution [*or* contribute] to sth
④ SCHWEIZ *(Subvention)* subsidy
bei|tra·gen I. *vi irreg* ■ **zu etw** *dat* ~ to contribute to sth; ***der Vorschlag soll dazu ~, dass wir einen befriedigenden Kompromiss finden*** this proposal is to help us obtain a satisfactory compromise
II. *vt* ■ **etw zu etw** *dat* ~ to contribute sth to sth; **seinen Teil zur Rettung der Hungernden ~** to do one's bit to help the starving
Bei·trags·an·glei·chungs·klau·sel *f* FIN *(bei Versicherung)* premium adjustment clause **Bei·trags·an·pas·sung** *f* FIN premium adjustment **Bei·trags·an·spruch** *m* FIN contributory claim **Bei·trags·auf·kom·men** *nt* FIN contributions *pl* received **Bei·trags·be·frei·ung** *f* FIN *(bei Versicherung)* waiver of premium **Bei·trags·be·mes·sungs·gren·ze** *f income level up to which contributions are payable* **Bei·trags·ein·nah·me** *f (bei Versicherung)* premium income **Bei·trags·er·mä·ßi·gung** *f (bei Versicherung)* premium reduction
bei·trags·frei I. *adj* non[-]contributory; **~e Mitgliedschaft** free membership; **~e Versicherung** paid-up insurance **II.** *adv* **jdn ~ versichern** to insure sb on a non[-]contributory basis **Bei·trags·grup·pe** *f* contribution class BRIT, insurance group **Bei·trags·klas·se** *f* insurance group **Bei·trags·mar·ke** *f* stamp **Bei·trags·pflicht** *f* FIN liability to pay contributions
bei·trags·pflich·tig *adj inv* ÖKON *Arbeitnehmer* liable to pay contributions; *Einkommen* on which contributions are payable; *Rente* contributory
Bei·trags·rück·er·stat·tung *f* premium [*or* contribution] refund; *(Beitragsrückvergütung)* no-claim[s] bonus BRIT, premium refund AM **Bei·trags·satz** *m* membership rate **Bei·trags·sen·kung** *f* fall [*or* drop] in contributions **Bei·trags·staf·fe·lung** *f* FIN *(Versicherung)* grading of premiums **Bei·trags·zah·ler(in)** *m(f)* fee-paying member, contributor **Bei·trags·zah·lung** *f* FIN payment of dues [*or* contributions]; **~en an die Sozialversicherung** contribution [in]to a scheme **Bei·trags·zeit** *f* contribution period
bei·treib·bar *adj inv* FIN recoverable, collectible
Bei·treib·bar·keit <-> *f kein pl* FIN recoverability *kein pl*
bei|trei·ben *vt irreg* JUR ■ **etw ~** to force [*or* enforce] [the] payment of sth; ***Ihre Schulden können [gerichtlich] beigetrieben werden*** payment of your debts may be enforced [by legal proceedings]
Bei·trei·bung <-, -en> *f* JUR collection, recovery
Bei·trei·bungs·kos·ten *pl* FIN collection expenses **Bei·trei·bungs·ver·fah·ren** *nt* JUR collection [*or* recovery] proceedings *pl*
bei|tre·ten *vi irreg sein* ■ **etw** *dat* ~ ① *(Mitglied werden)* to join sth [as a member], to become a member of sth
② POL to enter into sth; **einer Föderation ~** to accede to a federation
Bei·tritt *m* ① *(das Beitreten)* entry (**zu** +*dat* into); **seinen ~ [zu etw** *dat*] **erklären** to join sth
② POL *(Anschluss)* accession (**zu** +*dat* to)
Bei·tritts·ak·te *m (in der EU)* Act of Accession **Bei·tritts·an·trag** *m* JUR application for membership [*or* entry] **Bei·tritts·aus·gleichs·be·trag** *m (in der EU)* accession compensatory amount **Bei·tritts·be·din·gun·gen** *pl* conditions of membership [*or* accession] **Bei·tritts·er·klä·rung** *f* confirmation of membership **Bei·tritts·ge·biet** *nt former East Germany which acceded to the Grundgesetz after Reunification* **Bei·tritts·geg·ner** *m (in der EU)* anti-marketeer **Bei·tritts·ge·such** *nt* application for membership **Bei·tritts·kan·di·dat** *m* POL, EU candidate for accession **Bei·tritts·klau·sel** *f* JUR accession clause **Bei·tritts·land** *nt zur EU* acceding country **Bei·tritts·pflicht** *f* compulsory membership **Bei·tritts·ur·kun·de** *f* JUR instrument of accession **Bei·tritts·ver·fah·ren** *nt* accession proceedings *pl* **Bei·tritts·ver·hand·lun·gen** *pl* accession negotiations **Bei·tritts·ver·trag** *m* JUR *(Völkerrecht)* treaty of accession **Bei·tritts·vor·aus·set·zung** *f* membership qualification **Bei·tritts·zwang** *m* compulsory membership
Bei·wa·gen *m* sidecar
Bei·wa·gen·fah·rer(in) *m(f)* sidecar passenger
Bei·werk *nt (geh)* embellishment[s *pl*]
bei|woh·nen *vi (geh)* ① *(dabei sein)* ■ **etw** *dat* ~ to be present at [*or* attend] sth
② *(veraltet)* ■ **jdm ~** to cohabit with sb *form,* to lie with sb *old*
Bei·woh·ner(in) <-s, -> *m(f)* JUR *(Lebensgefährte)* cohabitee
Bei·woh·nung <-, -en> *f* JUR *(Zusammenleben)* cohabitation
Bei·wort <-wörter> *nt* ① *(beschreibendes Wort)* epithet
② *(selten: Adjektiv)* adjective
Beiz <-, -en> [baits] *f* SÜDD, SCHWEIZ *(fam)* dive *pej fam,* BRIT *fam a.* boozer
Bei·ze[1] <-, -n> [ˈbaitsə] *f* ① *(Beizmittel)* stain[ing agent]
② *(Marinade)* marinade
③ *kein pl (das Beizen)* ■ **die ~ [einer S.** *gen*/**von etw** *dat*] staining [sth]
④ *s.* **Beizjagd**
Bei·ze[2] <-, -n> [ˈbaitsə] *f* DIAL pub BRIT, bar AM *fam*
bei·zei·ten [baiˈtsaitn̩] *adv* in good time; ***das hättest du mir aber ~ sagen müssen!*** you should have told me that earlier [*or* before]
bei·zen [ˈbaitsn̩] *vt* ① *(mit einem Beizmittel behandeln)* **etw [braun/schwarz] ~** to stain sth [brown/black]

❷ *(marinieren)* ■**etw** ~ to marinade sth

Beiz·jagd *f* ■**die** ~ hawking

Beiz·mit·tel *nt* stain[ing agent]

Beiz·vo·gel *m* falcon, hawk

be·ja·hen* [bəˈjaːən] *vt* ■**etw** ~ ❶ *(mit Ja beantworten)* to answer sth in the affirmative
❷ *(gutheißen)* to approve [of] sth

be·ja·hend I. *adj* affirmative; **eine ~e Antwort** an affirmative [*or* a positive] answer
II. *adv* affirmatively, in affirmation

be·jahrt [bəˈjaːɐ̯t] *adj (geh)* ❶ *(älter)* elderly, advanced in years *pred*
❷ *(hum: von Tier: alt)* aged *hum*

Be·ja·hung <-, -en> *f* ❶ *(das Bejahen 1.)* affirmation; *(Antwort)* affirmative answer (*+gen* to)
❷ *(Gutheißung)* approval

be·jam·mern* *vt* ■**jdn** ~ to lament [*or liter* bewail] sb; ■**etw** ~ to lament [*or liter* bemoan] sth

be·jam·merns·wert *adj* lamentable, pitiable, pitiful

be·ju·beln* *vt* ❶ *(jubelnd begrüßen)* ■**jdn [als etw]** ~ to cheer sb, to acclaim sb as sth
❷ *(jubelnd feiern)* ■**etw** ~ to cheer [*or* rejoice at] sth; ■**bejubelt werden** to be met with cheering [*or* rejoicing]

be·ka·keln* *vt* DIAL ■**etw** ~ to discuss [*or sep* talk over] sth; ■**~, was/wann/wie** to discuss what/when/how

be·kämp·fen* *vt* ❶ *(gegen jdn/etw kämpfen)* ■**jdn/etw** ~ to fight [against] sb/sth; ■**sich** *akk* **[gegenseitig]** ~ to fight one another; *s. a.* **Messer**
❷ *(durch Maßnahmen eindämmen)* ■**etw** ~ to combat sth
❸ *(auszurotten suchen)* ■**etw** ~ to control sth

Be·kämp·fung <-, -en> *f pl selten* ❶ *(das Bekämpfen)* fighting, battle (*+gen/***von** *+dat* against)
❷ *(versuchte Eindämmung)* combatting, controlling; ***zur ~ der Drogenkriminalität*** to combat drug-related crime
❸ *(versuchte Ausrottung)* controlling

Be·kämp·fungs·maß·nah·me *f* pesticide

be·kannt [bəˈkant] *adj* ❶ *(allgemein gekannt)* well-known; **eine ~e Person** a famous [*or* well-known/better-known] person; **[jdm] etw ~ geben** to announce sth [to sb]; *(von der Presse)* to publish sth; ***ihre Verlobung geben ~ ...*** the engagement is announced between ...; **jdn ~ machen** *(berühmt)* to make sb famous; **etw ~ machen** *(öffentlich)* to make sth known to the public; **[jdm] etw ~ machen** to announce sth [to sb]; **etw der Öffentlichkeit ~ machen** to publicize sth; *(durch Fernsehen)* to broadcast sth; **[jdm] vertrauliche Information ~ machen** to disclose confidential information [to sb]; **für etw** *akk* **~ sein** to be well-known [*or* famous] for sth; **~ werden** to become well-known [*or* famous]; ■**[jdm] ~ werden** to leak out [to sb]
❷ *(nicht fremd, vertraut)* familiar; ***ist dir dieser Name ~?*** do you know [*or* are you familiar with] this name?; ***mir ist das/sie ~*** I know about that/I know her, she is known to me; **allgemein/durchaus ~ sein** to be common knowledge/a known fact; ***dir war nicht ~, dass ...?*** you didn't know that ...?; **jdn/sich [mit jdm] ~ machen** to introduce sb/oneself [to sb]; **jdn/sich mit etw** *dat* **~ machen** to familiarize sb/oneself with sth; **mit jdm ~ sein** to be acquainted with sb; **jdm ~ sein** to be familiar to sb; ***sein Gesicht ist mir ~*** I've seen his face somewhere before; **jdm ~ vorkommen** to seem familiar to sb

Be·kann·te(r) *f(m) dekl wie adj* ❶ *(jdm bekannter Mensch)* acquaintance; **ein guter ~r** a friend; **einer von meinen ~n** an acquaintance of mine
❷ *(euph: Freund)* friend

Be·kann·ten·kreis *m* circle of acquaintances

be·kann·ter·ma·ßen *adv (geh) s.* **bekanntlich**

Be·kannt·ga·be *f* announcement; *(von der Presse)* publication

be·kannt|ge·ben *vt irreg s.* **bekannt 1**

be·kannt·ge·wor·den *pp von* **bekanntwerden** *s.* **bekannt 1**

Be·kannt·heit <-> *f kein pl* fame; **Namen von geringerer ~** less famous names; **ich darf die ~ dieser Fakten voraussetzen** I may assume that these facts are known; **von großer/geringer ~ sein** to be well-/little-known

Be·kannt·heits·grad *m* degree of fame; **sein ~ ist gering** he is little-known [*or* not very well-known]

be·kannt·lich *adv* as is [generally] known; ***das ist ~ nicht ihr richtiger Name*** as is [generally] known, that is not her real name; ***es gibt ~ auch andere Meinungen*** there are known to be other opinions

be·kannt|ma·chen *vt s.* **bekannt 1, 2**

Be·kannt·ma·chung <-, -en> *f* ❶ *kein pl (das Bekanntmachen)* announcement; *(der Öffentlichkeit)* publicizing; *(durch Fernsehen)* broadcasting; *(von der Presse)* publication; **öffentliche ~** public announcement
❷ *(Anschlag etc.)* announcement, notice

Be·kannt·ma·chungs·ge·bühr *f* FIN publication fee **Be·kannt·ma·chungs·pflicht** *f* JUR disclosure duty

Be·kannt·schaft <-, -en> *f* ❶ *kein pl (das Bekanntsein)* acquaintance; ***unsere ~ geht auf die Schulzeit zurück*** we have been acquainted since our schooldays; **eine ~ machen** to make an acquaintance; **~en machen** to meet new people; **jds ~ machen** to make sb's acquaintance *a. iron;* **mit etw** *dat* **~ machen** *(iron)* to get to know sth *iron*
❷ *(fam: Bekanntenkreis)* acquaintances *pl*

be·kannt|wer·den *vi irreg sein s.* **bekannt 1**

Be·kas·si·ne <-, -n> [bekaˈsiːnə] *f* ORN snipe

be·keh·ren* I. *vt* ■**jdn [zu etw** *dat***]** ~ to convert [*or* proselytize *liter*] sb [to sth]
II. *vr* ■**sich** *akk* **[zu etw** *dat***]** ~ to be[come] converted [to sth]

Be·kehr·te(r) *f(m) dekl wie adj* convert, proselyte *liter*

Be·keh·rung <-, -en> *f* conversion, proselytism *liter*

be·ken·nen* *irreg* **I.** *vt* ❶ *(eingestehen)* ■**[jdm] etw** ~ to confess sth [to sb], to admit sth; **seine Schuld/seine Sünden/sein Verbrechen ~** to confess one's guilt/sins/crime
❷ *(öffentlich dafür einstehen)* ■**etw** ~ to bear witness to sth
II. *vr* ❶ *(zu jdm/etw stehen)* ■**sich** *akk* **zu jdm/etw ~** to declare one's support for sb/sth; **sich** *akk* **zu einem Glauben ~** to profess a faith; **sich** *akk* **zu einem Irrtum ~** to admit to a mistake; **sich** *akk* **zu einer Tat ~** to confess to a deed; **sich** *akk* **zu einer Überzeugung ~** to stand up for one's convictions
❷ *(sich als etw zeigen)* ■**sich** *akk* **als etw ~** to confess [*or form* avow] oneself sth; ***immer mehr Menschen ~ sich als Homosexuelle*** more and more people are coming out [of the closet] *sl;* ■**~d** confessing, professing; *s. a.* **befangen, Kirche, schuldig**

Be·ken·ner(in) *m(f)* confessor; **Eduard der ~** Edward the Confessor

Be·ken·ner·an·ruf *m* call claiming responsibility **Be·ken·ner·brief** *m,* **Be·ken·ner·schrei·ben** *nt* letter claiming responsibility

Be·ken·ne·rin <-, -nen> *f fem form von* **Bekenner**

Be·kennt·nis *nt* ❶ *(Eingeständnis)* confession
❷ *(das Eintreten für etw)* ■**das/ein/jds ~ zu etw** *dat* the/a/sb's [declaration of] belief [*or* declared belief] in sth
❸ REL *(Konfession)* [religious] denomination; ***welches ~ haben Sie?*** what denomination do you belong to?

Be·kennt·nis·frei·heit *f s.* **Glaubensfreiheit**

be·kennt·nis·los *adj* without denomination *pred*

Be·kennt·nis·schu·le *f* denominational school

be·kie·ken *vt* NORDD *(betrachten)* ■**jdn/etw** ~ to [have a] look at sb/sth

be·kla·gen* I. *vt* ■**etw** ~ to lament [*or liter* bemoan] sth; ■**zu ~ sein: *bei dem Unglück waren 23 Tote zu ~*** the accident claimed 23 lives; ***Menschenleben waren nicht zu ~*** there were no casualties
II. *vr* ■**sich** *akk* **[bei jdm] [über jdn/etw** [*o* **wegen einer S.** *gen***]] ~** to complain [*or* to make a complaint] [to sb] [about sb/sth]; ***man hat sich bei mir über Sie beklagt*** I have received a complaint about you; ***ich kann mich nicht ~*** I can't complain, I've no reason to complain

be·kla·gens·wert *adj* lamentable; **ein ~er Irrtum/ein ~es Versehen** an unfortunate [*or* regrettable] error/oversight *a. euph;* ■**~ sein, dass** to be unfortunate [*or* regrettable] that

be·kla·gens·wür·dig *adj (geh)* lamentable, deplorable

be·klagt *adj* JUR **die ~e Partei** the defendant

Be·klag·te(r) *f(m) dekl wie adj* JUR defendant

be·klat·schen* *vt* ■**jdn/etw** ~ to applaud sb/sth

be·klau·en* *vt (fam)* ■**jdn/etw** ~ to rob sb/sth

be·kle·ben* *vt* ■**etw mit etw** *dat* ~ to stick sth on[to] sth; *(mit Leim)* to glue sth on[to] sth; **etw mit Plakaten/Etiketten ~** to stick posters/labels on[to] sth, to poster [over *sep*]/label sth; ***Verteilerkästen dürfen nicht beklebt werden*** affix no labels on[to] distribution boxes *form*

Be·kle·be·pa·pier *nt* TYPO cover paper

Be·kle·bung <-> *f kein pl* TYPO covering

be·kle·ckern* I. *vt (fam)* ■**[jdm] etw [mit etw** *dat***]** ~ to stain [sb's] sth [with sth]; ■**[sich** *dat***] etw** ~ to stain [one's] sth; ***sie hat sich über und über mit Spinat bekleckert!*** she's smeared spinach all over herself!
II. *vr (fam)* **sich** *akk* **[mit Brei/Soße] ~** to spill porridge/sauce all down [*or* over] oneself

be·kleck·sen *vt* ■**etw [mit etw** *dat***]** ~ to splatter sth [with sth]

be·klei·den* *vt (geh)* ❶ *(innehaben)* ■**etw** ~ to fill [*or* occupy] sth; **einen Rang ~** to hold a rank
❷ *(beziehen)* ■**etw mit etw** *dat* ~ to line sth with sth; **Wände mit Tapeten ~** to wallpaper walls
❸ *(geh)* ■**sich** *akk* **[mit etw** *dat***]** ~ to dress [*or* clothe] oneself [in sth], to get dressed; **sich** *akk* **leicht ~** to put on [*or form* don] light clothing

be·klei·det *adj* dressed, attired *form,* clad *liter;* ■**mit etw** *dat* **~ sein** to be dressed [*or liter* clad] in sth; **knapp** [*o* **notdürftig**]**/leicht [mit etw** *dat***] ~** scantily [*or* skimpily]/lightly dressed [*or form* attired] [in sth]

Be·klei·dung *f* ❶ *(Kleidungsstück)* clothing *no pl, no indef art,* clothes *npl;* **ohne ~** without [any] clothes on
❷ *(geh: das Innehaben)* tenure; **~ eines Amtes** tenure of office

Be·klei·dungs·in·dus·trie *f* clothing [*or* garment] industry **Be·klei·dungs·stück** *nt (geh) s.* **Kleidungsstück**

be·klem·men *vt* ■**jdn/etw** ~ to oppress sb/sth, to weigh upon sb/sth; ***die Stille beklemmte ihn*** he found the silence oppressive, the silence oppressed him; ***seine Zweifel beklemmten ihn*** his doubts weighed him down

be·klem·mend I. *adj* ❶ *(beengend)* claustrophobic, oppressive
❷ *(beängstigend)* oppressive; **ein ~er Gedanke** a depressing thought; **ein ~es Gefühl** an oppressive [*or* uneasy] feeling; **ein ~es Schweigen** an oppressive [*or* embarrassing] silence
II. *adv* oppressively; **~ wirken** to be [*or* seem] oppressive

Be·klem·mung <-, -en> *f* constriction; **~en bekommen/haben** to start to feel/to feel oppressed [*or* full of apprehension]

be·klom·men [bəˈklɔmən] **I.** *adj* anxious, apprehensive; *(von Mensch a.)* uneasy
II. *adv* anxiously, apprehensively; **~ klingen** to sound anxious [*or* apprehensive]

Be·klom·men·heit <-> *f kein pl* anxiety, apprehensiveness; *(von Mensch a.)* uneasiness

be·klop·fen* *vt* ■**jdn/etw** ~ to tap sb/sth, to percuss sth *spec*

be·kloppt [bəˈklɔpt] *adj (sl) s.* **bescheuert**

Be·klopp·te(r) <-n, -n> *f(m) dekl wie adj (fam)* idiot, loony *fam,* nutcase *fam*

be·knackt [bəˈknakt] *adj (sl) s.* **bescheuert**

be·knien* *vt (fam)* ■**jdn ~[, etw zu tun]** to beg [*or* implore] sb [to do sth]

be·ko·chen* *vt* ■**jdn** ~ to cook for sb

be·kom·men* *irreg* **I.** *vt haben* ❶ *(erhalten)* ■**etw**

[von jdm] ~ to get sth [from sb]; ***wir ~ demnächst Kabelfernsehen*** we're going to get cable TV soon; ***von dieser Schokolade kann ich einfach nicht genug ~!*** I just can't get enough of that chocolate!; ***habe ich heute Post ~?*** did I get any post today?; **einen Anruf/Brief** ~ to get [*or* have] [*or* receive] a call/letter; ***ich habe seit Wochen keinen Brief/Anruf von ihr ~*** I haven't had [*or* got] [*or* received] a letter/call from her in weeks; **eine Antwort [von jdm]** ~ to get [*or* have] an answer [from sb]; ***ich habe bisher noch keine Antwort auf meinen Brief ~*** I haven't got an answer to my letter yet; **Besuch/Gäste** ~ to have visitors/guests; ***wir ~ am Wochenende Besuch*** we are having visitors at the weekend; ***ich bekam gestern Nacht noch Besuch von der Polizei*** last night the police paid me a visit; ***nächste Woche ~ wir Besuch von meiner Mutter*** my mother is visiting [us] next week; **ein Geschenk [von jdm]** ~ to get [*or* receive] a present [from sb]; ***ich habe das zum Geburtstag ~*** I got [*or* was given] this for my birthday; **die Genehmigung/die Mehrheit** ~ to obtain permission/the majority; **etw in die Hände** ~ *(fam)* to get hold of sth; **ein Lob/einen Tadel** ~ to be praised/reprimanded; **eine Massage/eine Spritze** ~ to get [*or* have] a massage/an injection; **eine gute/schlechte Note** ~ to get a good/bad grade [*or* BRIT mark]; **eine Ohrfeige/einen [Strom]schlag** ~ to get a clip on the ear/an electric shock; **einen Preis** ~ to get [*or* win] [*or* receive] a prize; **Prügel** [*o* **Schläge**] ~ to get [*or* receive] a thrashing [*or* licking]; **eine Stelle** ~ to get a job; **Tritte** ~ to get kicked [*or fam* a kicking]; **Unterkunft und Verpflegung bekommen** to get food and lodging; **die Zeitung regelmäßig** ~ to have [*or* get] the newspaper delivered regularly

② FIN ■**etw** ~ to get sth; *Bezahlung* to get [*or* be] paid sth; ***ich bekomme noch €4.000 von dir*** you still owe me €4,000; ***was ~ Sie dafür?*** how much is it?, how much do I owe you?; ***hast schon das Geld von ihr ~?*** have you got the money from her yet?; ***hast du dein Gehalt*** [*o* ***Geld***] ***schon ~?*** have you been paid yet?; ***sie bekommt €28 die Stunde*** she gets [*or* is] paid €28 an hour; **eine Ermäßigung** ~ to get [*or* qualify for] a reduction; **Geld/Finderlohn/Unterhalt** ~ to receive [*or* get] money/a reward/support; **Sozialhilfe** ~ to be on social security [*or* AM on welfare]

③ *(kaufen)* ■**etw** ~ to get sth, to buy sth; ***das Buch ist nicht mehr zu ~*** the book is out of print; ***hast du noch Karten für das Konzert ~?*** did you manage to get tickets for the concert?

④ *(serviert erhalten)* ■**etw** ~ to get sth, to be served sth; ***was ~ Sie?*** what would you like [*or* can I get you]?; ***ich bekomme bitte ein Bier*** I'd like [*or* I'll have] a beer, please; ***wer bekommt das Steak?*** who ordered [*or* whose is] the steak?

⑤ *(verhängt erhalten)* **eine Gefängnisstrafe/Geldstrafe** ~ to get [*or* be given] a prison sentence/a fine; **drei Jahre Gefängnis** ~ to be sentenced to [*or* to get] three years in prison

⑥ *(erreichen)* **den Bus/das Flugzeug/den Zug** ~ to catch the bus/plane/train; **die Maschine nach Honolulu** ~ to catch the flight to Honolulu

⑦ *(involviert werden)* ■**etw** ~ to have sth; **Ärger/Schwierigkeiten [mit jdm]** ~ to have [*or* get into] trouble/difficulties [with sb]; **Probleme mit jdm** ~ to have problems with sb

⑧ METEO *(zu erwarten haben)* ■**etw** ~ to have sth; ***wir ~ Regen/Schnee*** we're going to have rain/snow; ***~ gutes/schlechtes Wetter*** we are going to have good/bad weather; ***wir ~ besseres Wetter*** the weather is going to get better

⑨ *(zur Welt bringen)* **ein Baby** [*o* **Kind**] ~ to have a baby; ***wir ~ im Februar unser zweites Kind*** we will be having our second child in February; ***sie kann keine Kinder ~*** she cannot have children

⑩ *(entwickeln)* ■**etw** ~ to get sth; **[es mit der] Angst** ~ to get [*or* become] afraid; **Durst/Hunger** ~ to get thirsty/hungry; **einen Eindruck [von etw** *dat*] ~ to get an impression [of sth]; **Farbe/einen Sonnenbrand** ~ to get a [sun]tan/sunburnt; ***du hast wieder*** [***richtig***] ***Farbe ~*** you look much better; **Flecken/Pickel** ~ to get spots, to go spotty; **eine Glatze/graue Haare** ~ to go bald [*or* to be balding]/to go grey [*or* AM gray]; **Heimweh** ~ to get homesick; **Lust ~, etw zu tun** to feel like doing sth; **Zähne** ~ to teethe, to get [*or* cut] teeth

⑪ *(erkranken an)* ■**etw** ~ to get sth; *(erleiden)* to have [*or* suffer] sth; **eine Erkältung** ~ to catch [*or* come down with] [*or* get] a cold; **einen Herzinfarkt/Schlaganfall** ~ to have [*or* to suffer] a heart attack/stroke; **Krebs/die Masern** ~ to get cancer/the measles

⑫ + *infetw* **zu essen/trinken** ~ to get sth to eat/drink; **etw zu fassen** ~ to catch hold of sth; **etw zu hören/sehen** ~ to get to hear/see sth; ***der wird von mir etwas zu hören ~!*** *(fam)* I'll give him what-for [*or* a piece of my mind]! *fam;* **etw zu lachen** ~ to have sth to laugh; ***bei seinem Referat ~ wir bestimmt was zu lachen!*** with his presentation we'll have something to laugh about!; ***in einem Kaufhaus bekommt man alles zu kaufen*** you can buy anything in a department store; **es mit jdm zu tun** ~ to get into trouble with sth

⑬ + *pp* **etw [von jdm] erzählt** ~ to hear sth [from sb]; **etw [von jdm] geliehen** ~ to borrow sth [from sb]; ***von ihm bekommst du das Buch sicher geliehen*** he's sure to lend you that book; **etw gemacht** ~ to get [*or* have] sth done; **etw geschenkt** ~ to be given sth [as a present], to get sth as a present; **seinen Wunsch erfüllt** ~ to have one's wish fulfilled

⑭ + *adj* **etw sauber** ~ to get sth clean; **jdn wieder gesund** ~ to get sb healthy

⑮ *(schaffen)* **etw in/unter etw** *akk* ~ to get sth into/under sth; ***sie konnten das Klavier nicht ins Haus ~*** they couldn't get the piano into the house

⑯ *(bringen)* ■**jdn dazu ~, etw zu tun** to get sb to do sth; ***er ist einfach nicht ins Bett zu ~*** he just won't go [*or* we just can't get him] to bed; ■**jd bekommt es nicht über sich** *akk*, **etw zu tun** sb cannot bring themselves to do sth; ***ich bekam es nicht über mich, ihr die Wahrheit zu sagen*** I couldn't bring myself to tell her the truth

⑰ *(finden)* ■**etw** ~ to find sth; ***er hat noch keine Arbeit ~*** he hasn't found work yet

II. *vi* ① *sein (zuträglich sein)* **jdm [gut]/schlecht** [*o* **nicht**] ~ to do sb good/to not do sb any good; *Essen* to agree/to disagree with sb

② *(bedient werden)* ~ ***Sie schon?*** are you being served?

be·kömm·lich [bəˈkœmlɪç] *adj* ① *(leicht verdaulich)* [easily] digestible; **besser/leicht/schlecht** [*o* **schwer**] ~ **sein** to be easier to digest/easily digestible/difficult to digest

② *(wohltuend) Klima* beneficial

Be·kömm·lich·keit <-> *f kein pl* digestibility; **zur besseren** ~ for better digestibility; **zur besseren** ~ **fetten Essens** to better digest fatty food

be·kös·ti·gen* [bəˈkœstɪɡn̩] *vt* ■**jdn** ~ to feed sb, to provide sb with their meals

Be·kös·ti·gung *f* boarding; **mit** ~ including food

be·kräf·ti·gen* *vt* ① *(bestätigen)* ■**etw [durch etw** *akk*/**mit etw** *dat*] ~ to confirm sth [by sth]; **etw noch einmal** ~ to reaffirm sth; **eine Aussage eidlich** ~ to swear to a statement; **eine Vereinbarung mit einem Handschlag** ~ to seal an agreement by shaking hands; ■~**, etw getan zu haben/machen zu wollen** to confirm [*or* affirm] that one has done/intends to do sth

② *(bestärken)* ■**jdn in etw** *dat* ~ to strengthen [*or* confirm] sb's sth; ■**etw** ~ to corroborate [*or* substantiate] sth; **jds Plan/Vorhaben** ~ to support sb's plans/intentions

Be·kräf·ti·gung <-, -en> *f* ① *(Bestätigung)* confirmation

② *(Bestärkung)* **zur** ~ **eines Entschlusses** to strengthen a decision; **zur** ~ **eines Verdachts** to confirm a suspicion; **zur** ~ **einer Vermutung** to prove an assumption; **zur** ~ **eines Versprechens** in support of a promise

be·krän·zen* *vt* ① *(mit einem Kranz schmücken)* ■**jdn/etw [mit etw** *dat*] ~ to crown sb/sth with a [sth] wreath

② *(mit Girlanden schmücken)* ■**etw [mit etw** *dat*] ~ to adorn sth with [sth] garlands, to garland sth [with sth]

be·kreu·zi·gen* *vr* ■**sich** *akk* **[vor jdm/etw]** ~ to cross oneself [on seeing sb/sth]

be·krie·gen* *vt* ■**sich** *akk* **[gegenseitig]** ~ to be warring [with one another]; ■**jdn/etw** ~ to wage war on sb/sth

be·krit·teln *vt* ■**jdn/etw** ~ to find fault with sth/sb; *Argument* to pick holes in sth

be·krit·zeln* *vt* ■**etw [mit etw** *dat*] ~ to scribble [sth] on sth; *(schmieren)* to scrawl [sth] on sth

Bek·ta·shi-Or·den [bɛktaˈʃiː-] *m* REL Bektashi Order [of Dervishes]

be·küm·mern* **I.** *vi impers* ■**es bekümmert jdn** it worries sb

II. *vr* ① *(geh o veraltend)* ■**sich** *akk* **über etw** *akk* ~ to worry about sth

② *(sich kümmern)* ■**sich** *akk* **um etw/jdn** ~ to look after sth/sb

be·küm·mert *adj* troubled, worried; *(erschüttert)* distressed; ■**[über jdn/etw]** ~ **sein** to be worried [about sb/sth]; *(erschüttert)* to be distressed [with sb/at sth]

be·kun·den* [bəˈkʊndn̩] *vt* ■**etw [über etw** *akk*] ~ to show [*or* express] sth [about sth]; **Interesse [an etw** *akk*]**/Sympathie [für etw** *akk*] ~ to express interest [in sth]/a liking [for sth]

Be·kun·dung <-, -en> *f* expression, demonstration

be·lä·cheln* *vt* ■**jdn/etw** ~ to smile at sb/sth; ■**belächelt werden** to be a target of ridicule

be·la·chen* *vt* ■**jdn/etw** ~ to laugh at sb/sth; *(bespötteln)* to mock [*or* make fun of] sb/sth; ■**belacht werden** to cause laughter

Be·la·de·frist *f* HANDEL loading time

be·la·den*[1] *irreg* **I.** *vt* ① *(mit Ladung versehen)* ■**etw** ~ to load [up *sep*] sth; **etw mit Gütern** ~ to load sth with goods, to load goods on[to] sth

② *(Last aufbürden)* ■**jdn/ein Tier [mit etw** *dat*] ~ to burden sb with sth, to load an animal [with sth]; ■**sich** *akk* **mit etw** *dat* ~ to load oneself [up] with sth

II. *vr (fig)* ■**sich** *akk* **mit etw** *dat* ~ to burden oneself with sth

be·la·den*[2] *adj* ① *(mit einer Last versehen)* loaded; *(von Menschen a.)* laden; ■**[mit etw** *dat*] ~ **sein** to be loaded [with sth]; *(von Menschen a.)* to be laden [*or* loaded down] [with sth]

② *(belastet)* ■**mit etw** *dat* ~ **sein** to be burdened [*or* weighed down] with sth

Be·lag <-[e]s, Beläge> [bəˈlaːk, *pl* bəˈlɛːɡə] *m* ① *(aufgelegte Esswaren)* topping; *von Brot* spread

② *(Zahnbelag)* film, tartar *no art spec; (Zungenbelag)* fur

③ *(Schicht)* coating, layer

④ *(Bremsbelag)* lining

⑤ *(Fußbodenbelag)* covering; *(Straßenbelag)* surface

Be·la·ge·rer <-s, -> *m* besieger

be·la·gern* *vt* ■**etw** ~ to besiege [*or lit* lay siege to] sth; ■**[von jdm] belagert sein/werden** to be/come under siege [from sb]

be·la·gert *pp von* **belagern**

Be·la·ge·rung <-, -en> *f* siege

Be·la·ge·rungs·zu·stand *m* ■**der** ~ a state of siege; **den** ~ **[über eine Stadt] verhängen** to proclaim [*or* declare] [a town to be in] a state of siege

be·läm·mertRR [bəˈlɛmɐt] *adj (sl)* ① *(betreten)* sheepish, embarrassed

② *(scheußlich)* lousy; ***dieses ~e Wetter!*** the stupid [*or fam* lousy] [*or sl* shitty] weather!

Be·lang <-[e]s, -e> [bəˈlaŋ] *m* ① *kein pl (Bedeutung, Wichtigkeit)* ■**nichts von** ~ nothing important; ■**ohne** ~ **[für jdn/etw] sein** to be of no importance [*or* significance] [to sb/for [*or* to] sth], to be significant; ■**[für jdn] von** ~ **sein** to be of importance [to sb], to be significant; ■**etwas/nichts von** ~ something [*or* anything]/nothing important [*or* of

importance]
② *pl (Interessen, Angelegenheiten)* interests, concerns; **jds ~e vertreten** [*o* **wahrnehmen**] to represent the interests of sb
③ *kein pl (geh: Hinsicht)* matter

be·lạng·bar *adj inv* JUR indictable, suable

be·lạn·gen* *vt* ① JUR ■ **jdn** [**wegen einer S.** *gen*] ~ to prosecute sb [for sth]; **jdn wegen Beleidigung/Verleumdung** ~ to sue sb for slander [*or* libel]; **jdn gerichtlich** ~ to take sb to court, to take legal steps against sb *form*
② *(betreffen)* ■ **was jdn/etw belangt** as for sb/sth [*or* far as sb/sth is concerned]

be·lạng·los *adj (unwichtig)* unimportant, trivial; *(nebensächlich)* irrelevant; ■ **etwas B~es** something unimportant [*or* trivial]

Be·lạng·lo·sig·keit <-, -en> *f* ① *kein pl (belanglose Beschaffenheit)* unimportance, insignificance
② *(Unwichtigkeit)* triviality, trivia *no pl, no indef art*

Be·la·rus <-> [bela'rʊs] *nt* Belarus, B[y]elorussia *dated*

Be·la·rus·se, Be·la·rus·sin <-n, -n> [bela'rʊsə, -'rʊsɪn] *m, f* Belarusian

be·la·rus·sisch [bela'rʊsɪʃ] *adj* Belarusian

be·lạs·sen* *vt irreg* ① *(es bei etw bewenden lassen)* ■ **es bei etw** *dat* ~ to leave it at sth; ~ ***wir es dabei!*** let's leave it at that
② *(geh: bleiben lassen)* **jdn in seinem Amt/an seinem Platz** ~ to allow sb to remain in office/to keep his job
③ *(stehen lassen)* **etw an seinem Platz/auf einem Tisch** ~ to leave sth in its place/on a table
④ *(geh: behalten lassen)* ■ **jdm/etw etw** ~ to allow sb/sth to retain sth
⑤ *(verhaftet sein lassen)* ■ **jdn in etw** *dat* ~ to leave sb to his sth; **jdn in dem Glauben ~, dass ...** to let sb go on believing that ...

be·lạst·bar *adj* ① *(zu belasten)* loadable; ■ **bis zu etw** *dat***/mit etw** *dat* ~ **sein** to have [*or* bear] a maximum/minimum load of sth
② *(fig: beanspruchbar)* ***kein Mensch ist unbegrenzt*** ~ nobody can take work/abuse indefinitely; ***unter Stress ist ein Mitarbeiter weniger*** ~ stress reduces an employee's working capacity; ***durch Training wird das Gedächtnis ~er*** training makes the memory absorb more; ***die Nerven sind nur bis zu einem bestimmten Grad*** ~ the nerves can only take so much; ***der Körper/Kreislauf von Sportlern ist in hohem Maße*** ~ an athlete's body/circulation can take a lot of punishment; ***regelmäßiges Training macht Herz und Lunge ~er*** regular training strengthens the heart and lungs
③ ÖKOL *(mit Schadstoffen zu belasten)* able to withstand contamination
④ FIN *(zu überziehen)* ■ [**mit bis zu etw** *dat*] ~ **sein** to have a maximum limit of sth, to have a limit [of up to sth]; ***wie hoch ist mein Konto ~?*** what is the limit on my account?, how much can I overdraw on my account?

Be·lạst·bar·keit <-, -en> *f* ① *(Fähigkeit, Lasten auszuhalten)* load-bearing capacity
② *(Beanspruchbarkeit)* ability to take [*or* handle] stress; *von Gedächtnis* capacity; *von Organen, Körper* maximum resilience
③ ÖKOL ***die ~ der Atmosphäre durch Schadstoffe ist schon überschritten*** the atmosphere has reached its saturation level for pollutants
④ FIN *(Besteuerbarkeit)* ability to pay taxes

be·lạs·ten* **I.** *vt* ① *(mit Gewicht beschweren)* ■ **etw** ~ to put weight on sth; *(beladen)* to load sth; ***du solltest das verletzte Knie weniger*** ~ you should put less weight on the injured knee; **etw mit ... Kilo/Tonnen** ~ to put a weight of ... kilos/tons on sth; **ein Fahrzeug/einen Aufzug mit 500 Kilo** ~ to load a vehicle/a lift with 500 kilos; ***das darf nur mit bis zu 8 Personen/750 kg belastet werden*** its maximum load is 8 persons/750 kg; **etw zu sehr** ~ to put too much weight on sth; *(beladen)* to overload sth
② *(beanspruchen)* ■ **jdn** ~ to burden sb; ■ **jdn mit etw** *dat* ~ to load [*or* burden] sb with sth; **jdn mit zu viel Arbeit** ~ to load sb with too much work; **jdn mit der Verantwortung** ~ to burden sb with the responsibility
③ *(übermäßig beanspruchen)* ■ **jdn/etw** ~ to put a strain on [*or* to strain] sb/sth; **jdn/etw zu sehr** [*o* **stark**] **belasten** to overstrain sb/sth; ■ **jdn/etw mit etw** *dat***/durch etw** *akk* ~ to strain sb/sth with/through sth
④ *(ökologisch beanspruchen)* ■ **etw** [**durch etw** *akk***/mit etw** *dat*] ~ to pollute sth [with sth]
⑤ *(bedrücken)* ■ **jdn** ~ to weigh [up]on sb['s mind]; **jds Gewissen** [*o* **jdn**] [**schwer**] ~ to weigh [heavily] [up]on sb['s conscience]; **mit einer Schuld belastet sein** to be burdened by guilt
⑥ JUR ■ **jdn** [**durch etw** *akk*] ~ to incriminate sb [by sth]; ■ **sich** *akk* [**selbst**] ~ to incriminate oneself
⑦ *(debitieren)* **ein Konto** [**mit 100 Euro**] ~ to debit [100 euros from] an account; **jdn mit den Kosten** ~ to charge the costs to sb; ***dafür werden wir Sie mit Euro 200*** ~ we will charge you 200 euros for that
⑧ FIN *(steuerlich beanspruchen)* ■ **jdn** [**mit etw** *dat*] ~ to burden sb [with sth]; **jdn mit zu hohen Steuern** ~ to burden sb with too high taxes; **jdn mit zusätzlichen Steuern** ~ to increase the tax burden on sb; **jdn übermäßig hoch** [**mit etw** *dat*] ~ to overburden sb [with sb]
⑨ FIN **etw mit einer Hypothek** ~ to mortgage sth; **etw mit Schulden** ~ to encumber sth [with debts] *form*
⑩ FIN *(zur Zahlung auffordern)* ■ **jdn mit etw** *dat* ~ to order sb to pay sth
II. *vr (sich aufbürden)* ■ **sich** *akk* **mit etw** *dat* ~ to burden oneself with sth; ***ich belaste mich nicht mit solchen Kleinigkeiten*** I don't bother with such trivialities; ***ich wollte dich nicht*** [***unnötig***] ***damit*** ~ I didn't want to bother you with it; **sich** *akk* **mit Arbeit/einer Aufgabe** ~ to take on work/a job *sep;* **sich** *akk* **mit unnützen Details** ~ to go into unnecessary details; **sich** *akk* **mit Sorgen/Verpflichtungen** ~ to burden oneself with worries/obligations; **sich** *akk* **mit der Verantwortung** ~ to take the responsibility [up]on oneself

be·lạs·tend *adj* JUR incriminating, incriminatory; **~es Material** incriminating evidence

be·lạs·tet *adj* burdened, weighed down; *(psychisch)* oppressed, troubled; FIN encumbered; ■ [**durch etw** *akk***/mit etw** *dat*] ~ **werden** *Gewicht* to come under strain [from sth]

be·läs·ti·gen* [bə'lɛstɪgn̩] *vt* ■ **jdn** ~ *(jdm lästig werden)* to bother sb; *(zudringlich werden)* to pester sb; ***würde es Sie ~, wenn ich rauche?*** do you mind if I smoke?; ■ **~d** annoying

Be·läs·ti·gung <-, -en> *f* annoyance *no pl;* **etw als** [**eine**] ~ **empfinden** to find sth annoying [*or* a nuisance]

Be·lạs·tung <-, -en> *f* ① *(das Belasten)* loading
② *(Gewicht)* weight, load; **die erhöhte ~ der Brücke** the increased weight [placed] on the bridge; **die maximale ~ der Brücke/des Aufzugs** the weight limit of the bridge/the maximum load for the lift [*or* AM elevator]
③ *(Anstrengung)* burden
④ *(Last)* burden
⑤ ÖKOL pollution *no pl, no indef art*
⑥ JUR incrimination
⑦ *(das Beschweren)* burden (**durch/mit** +*dat* of)
⑧ *(leistungsmäßige Beanspruchung)* strain (**für/von** +*dat* on)
⑨ FIN charge (+*gen* on)
⑩ FIN *(Beschwerung mit Hypothek)* mortgage; *(Hypothek)* mortgage
⑪ FIN *(Schulden a.)* encumbrance *form; (steuerliche Beanspruchung)* burden

Be·lạs·tungs·an·zei·ge *f* FIN debit note [*or* memorandum] **Be·lạs·tungs-EKG** *nt* MED exercise electrocardiogram [*or* ECG] **Be·lạs·tungs·fä·hig·keit** *f* degree of resilience **Be·lạs·tungs·gren·ze** *f* limit; FIN limit of encumbrances **Be·lạs·tungs·ma·te·ri·al** *nt* JUR incriminating evidence **Be·lạs·tungs·pro·be** *f* ① *(Erprobung der Belastbarkeit)* load[ing] test ② *(Erprobung der Beanspruchbarkeit)* endurance test ③ *(Zerreißprobe)* tolerance test; **einer ~ ausgesetzt sein** to be put to the test **Be·lạs·tungs·stö·rung** *f* MED **posttraumatische ~** post-traumatic stress disorder **Be·lạs·tungs·voll·macht** *f* FIN [direct] debit mandate **Be·lạs·tungs·zeu·ge, -zeu·gin** *m, f* JUR witness for the prosecution, Queen's [*or* AM State's] evidence

be·laubt [bə'laupt] *adj* in leaf *pred*

Be·lau·bung *f* ① *(Blätter bekommen)* coming into leaf
② *(Laubwerk)* foliage *no pl,* leaves *pl*

be·lau·ern* *vt* ① *(lauernd beobachten)* ■ **ein Tier** ~ to observe an animal unseen
② *(argwöhnisch beobachten)* ■ **jdn** ~ to watch sb secretly, to spy [up]on sb

be·lau·fen* *vr irreg* ■ **sich** *akk* **auf etw** *akk* ~ to amount [*or* come] to sth; ***der Schaden belief sich auf Millionen*** the damage ran into millions

be·lau·schen* *vt* ■ **jdn/etw/ein Tier** ~ to eavesdrop [*or* listen in] on sb/sth, to listen to the sounds of an animal

Bel·can·to, Bel·kan·to <-s> [bɛl'kanto] *m kein pl* MUS bel canto

be·le·ben* **I.** *vt* ① *(anregen)* ■ **jdn/etw** ~ to stimulate sb/sth *sep*
② *(erfrischen)* ■ **jdn** ~ to make sb feel better [*or* refreshed]; **jdn wieder** ~ to refresh sb
③ *(ankurbeln)* ■ **etw** ~ to stimulate sth
④ *(zum Leben erwecken)* ■ **jdn** ~ to resuscitate sb, to bring sb back to life; **ein Monstrum** ~ to bring a monster to life
⑤ *(lebendiger gestalten)* ■ **etw** [**neu**] ~ to put [new] life into sth; **eine Unterhaltung** ~ to liven up [*or* animate] a conversation
II. *vr* ① *(sich mit Leben/Lebewesen füllen)* ■ **sich** *akk* [**mit etw** *dat*] ~ to come to life [with sth]
② *(lebhafter werden)* ■ **sich** *akk* ~ to light up
③ *(stimuliert werden)* ■ **sich** *akk* ~ to become stimulated
III. *vi* ① *(munter machen)* to pick one up
② *(erfrischen)* to make one feel better

be·le·bend *adj* ① *(anregend)* invigorating
② *(erfrischend)* refreshing

be·lebt [bə'le:pt] *adj* ① *(bevölkert)* busy
② *(lebendig)* animate

Be·lebt·heit <-> *f kein pl* bustle (+*gen* in)

Be·lebt·schlamm·ver·fah·ren *nt* bioaeration

Be·le·bung <-, -en> *f* ① *(Anregung)* stimulation; ***er braucht morgens Kaffee zur*** ~ he needs coffee to wake up in the morning
② *(Ankurbelung)* stimulation, encouragement; ~ **der Konjunktur** stimulation of business activity

Be·leg <-[e]s, -e> [bə'le:k, *pl* bə'le:gə] *m* ① *(Quittung)* receipt, voucher; ***schreiben Sie mir bitte einen ~?*** may I have a receipt?
② *(Unterlage)* proof *no art, no pl*
③ *(Quellennachweis)* example, instance

Be·leg·arzt, -ärz·tin *m, f general practitioner or other non-resident doctor charged with a number of patients in a hospital*

be·leg·bar *adj* verifiable; ***ist es ~, dass/wann/wie/wo ...?*** can it be verified that/when/how/where ...?

Be·leg·bett *nt hospital bed under the charge of a general practitioner or other non-resident doctor*

be·le·gen *adj inv* JUR situated

be·le·gen* *vt* ① *(mit Belag versehen)* **ein Brot mit etw** *dat* ~ to spread sth on a slice of bread, to make a sandwich with sth; **ein Brot mit Butter** ~ to butter a slice of bread; **einen Tortenboden** [**mit etw** *dat*] ~ to fill a flan case [with sth]; **belegte Brote** open sandwiches
② *(beweisen)* ■ **etw** ~ to verify sth; **eine Behauptung/einen Vorwurf** ~ to substantiate a claim/an accusation; **ein Zitat** ~ to give a reference for a quotation
③ *(auferlegen)* ■ **jdn mit etw** *dat* ~ to impose sth on sb
④ SCH ■ **etw** ~ to enrol [*or* AM enroll] [*or* put one's name down] for sth
⑤ *(okkupieren)* ■ **etw** ~ to occupy sth; ■ **etw mit**

jdm ~ to accommodate sb in sth; ■ **belegt sein** to be occupied [*or* taken]; ***ist der Stuhl hier schon belegt?*** is this chair free?, is somebody sitting here? ⑥ *(innehaben)* **den vierten Platz** ~ to take fourth place, to come fourth; **einen höheren Rang** ~ to be ranked higher; **den zweiten Tabellenplatz** ~ to be second in the league table [*or* AM standings]; **die Tabellenspitze** ~ to be at the top of the league table [*or* AM standings]
⑦ MIL ■ **jdn/etw mit etw** *dat* ~ to bombard sb/sth with sth; **jdn/etw mit Artilleriefeuer/Bomben** ~ to bomb [*or* bombard] sb/sth; **etw mit einem Bombenteppich** ~ to blanket-bomb sth
⑧ *(beschimpfen)* **jdn mit einem Fluch** ~ to lay a curse on sb; **jdn mit Namen** ~ to call sb names; **jdn mit Schimpfwörtern** ~ to hurl insults at sb

Be·le·gen·heit <-> *f* JUR situs

Be·le·gen·heits·ge·richts·stand *m* JUR forum rei sitae **Be·le·gen·heits·ort** *m* JUR place of situs **Be·le·gen·heits·sta·tus** *m* JUR status of situs **Be·le·gen·heits·sta·tut** *nt* JUR statute of situs **Be·le·gen·heits·zu·stän·dig·keit** *f* JUR competence for situs

Be·leg·ex·em·plar *nt* specimen copy **Be·leg·num·mer** *f* ÖKON voucher number

Be·leg·schaft <-, -en> *f* *(Beschäftigte)* staff, personnel; *(aus Arbeitern)* workforce; **die ganze** ~ *(hum fam)* the whole mob [*or* gang] *fam*

Be·leg·schafts·ak·tie [-aktsiə] *f* staff employee [*or* BRIT *fam a.* buckshee] share **Be·leg·schafts·ak·ti·o·när, -ak·ti·o·nä·rin** *m, f* FIN, ÖKON employee shareholder **Be·leg·schafts·mit·glied** *nt* member of staff, employee **Be·leg·schafts·ra·batt** *m* staff discount

Be·leg·sta·ti·on *f* ≈ GP ward BRIT *(hospital ward under the charge of various non-resident doctors)*

be·legt *adj* ① *(mit Belag überzogen)* coated; **~e Zunge** furred [*or* coated] tongue
② *(rau)* hoarse; **mit ~er Stimme sprechen** to speak with a husky [*or* hoarse] voice

Be·le·gung *f* *(Nachweis)* verification

Be·le·gungs·recht *nt* JUR right of occupation

be·lehr·bar *adj* teachable

be·leh·ren* *vt* ① *(informieren, aufklären)* ■ **jdn** ~ to inform sb; **jdn eines anderen** ~ to teach sb otherwise; **sich** *akk* **eines anderen** ~ **lassen** to learn [*or* be taught] otherwise
② *(von Meinung abbringen)* ■ **jdn** ~ to convince sb that he is wrong; *(von einer falschen Ansicht abbringen)* to disabuse sb *form;* **sich** *akk* **von jdm** ~ **lassen** to listen to sb; ***er lässt sich nicht*** ~ he won't listen [*or* be told]
③ JUR *(ausführlich informieren)* ■ **jdn** [**über etw** *akk*] ~ to advise [*or* warn] sb [of sth]

be·leh·rend I. *adj* didactic
II. *adv* didactically

Be·leh·rung <-, -en> *f* ① *(belehrender Rat)* explanation, lecture *fam;* ***deine ~en kannst du dir sparen!*** there's no need to lecture me *fam;* **danke** [*o* **vielen Dank**] **für die ~!** *(iron)* thanks for the tip *iron*
② *(Verweis)* lesson
③ JUR caution

Be·leh·rungs·pflicht *f* JUR duty to instruct

be·leibt [bəˈlaipt] *adj (geh)* corpulent *form,* portly *a. hum*

Be·leibt·heit <-> *f kein pl (geh)* corpulence *form,* portliness *a. hum*

be·lei·di·gen* [bəˈlaidɪgn̩] *vt* ① *(schmähen)* ■ **jdn/etw** [**durch etw** *akk*] ~ to insult sb [with sth], to offend sb/sth [with sth]
② *(empfindlich beeinträchtigen)* ■ **jdn** ~ to offend [*or* be offensive to] sb

be·lei·di·gend I. *adj* insulting, offensive
II. *adv* insultingly, offensively; **sich** *akk* ~ **ausdrücken** to use offensive language

be·lei·digt [bəˈlaidɪçt] I. *adj* offended; **leicht ~ sein** to be quick to take offence [*or* AM -se], to be easily offended; **ein ~es Gesicht** [*o* **eine ~e Miene**] **aufsetzen** [*o* **machen**] to put on a hurt face/expression; ***bist du jetzt ~?*** have I offended you?; *s. a.* **Leberwurst**
II. *adv* in a huff *fam;* ~ **reagieren/schweigen** to get/go into a huff *fam*

Be·lei·di·gung <-, -en> *f* ① *(das Beleidigen)* insult, offence [*or* AM -se] (+*gen* to); JUR defamation
② *(Schmähung)* insult; **etw als** [**eine**] ~ **auffassen** to take sth as an insult, to take offence [*or* AM -se] at sth
③ *(Missachtung)* offence [*or* AM -se], affront (+*gen*/**für** +*akk* to)

Be·lei·di·gungs·kla·ge *f* JUR action for libel

be·lei·hen* *vt irreg* ■ **etw** ~ to lend money on sth; FIN to mortgage [*or* give [*or* raise] a mortgage on] sth; **Schulden** ~ to encumber debts *form;* ■ [**mit etw** *dat*] **beliehen sein** to be mortgaged [at sth]; ***wie hoch ist das Haus beliehen?*** how high is the mortgage on the house?

Be·lei·hung *f* FIN lending; ~ **einer Versicherung** policy loan

Be·lei·hungs·gren·ze *f* FIN lending limit, credit line **Be·lei·hungs·kre·dit** *m* FIN advance on collateral **Be·lei·hungs·ver·bot** *nt* FIN lending ban

Be·lei·mung <-> *f kein pl* TYPO glue application, gluing

be·lem·mert[ALT] *adj (sl) s.* **belämmert**

be·le·sen [bəˈleːzn̩] *adj* well-read

Be·le·sen·heit <-> *f kein pl* wide reading; **ein hohes Maß an ~** great familiarity with literature

be·leuch·ten* *vt* ① *(durch Licht erhellen)* **eine Bühne/Straße** ~ to light a stage/road; **einen Garten/ein Haus** ~ to light up *sep* [*or* illuminate] a garden/house
② *(anstrahlen)* ■ **etw** ~ to light up *sep* [*or* illuminate] sth
③ *(geh: betrachten)* ■ **etw** ~ to throw light on [*or* examine] sth

Be·leuch·ter(in) <-s, -> *m(f)* lighting technician

Be·leuch·tung <-, -en> *f pl selten* ① *(das Beleuchten)* lighting
② *(künstliches Licht)* light; *(Lichter)* lights *pl;* **die ~ der Straßen** street lighting
③ AUTO lights *pl*
④ *(geh: das Betrachten)* examination, elucidation *form*

Be·leuch·tungs·an·la·ge *f* lighting equipment [*or* system] **Be·leuch·tungs·kör·per** *m (geh)* lighting fixture [*or* appliance] **Be·leuch·tungs·tech·nik** *f* lighting engineering

be·leum·det [bəˈlɔymdət] *adj (geh)* **nicht gut** [*o* **schlecht**] [*o* **übel**] ~ **sein** to have a bad reputation; **ein übel ~es Hotel** a hotel with a bad reputation

Bel·gi·en <-s> [ˈbɛlgi̯ən] *nt* Belgium

Bel·gi·er(in) <-s, -> [ˈbɛlgi̯ɐ] *m(f)* Belgian

bel·gisch [ˈbɛlgɪʃ] *adj* Belgian

Bel·grad <-s> [ˈbɛlgraːt] *nt* Belgrade

be·lich·ten* *vt* FOTO ■ **etw** ~ to expose sth

Be·lich·ter <-s, -> *m* TYPO exposure device, output unit

Be·lich·tung *f* FOTO exposure; **falsche** ~ incorrect exposure

Be·lich·tungs·au·to·ma·tik *f* automatic exposure [control] **Be·lich·tungs·mes·ser** *m* light meter **Be·lich·tungs·zeit** *f* exposure [time]

be·lie·ben* I. *vt (iron)* ■ ~, **etw zu tun** to like doing sth; ***du beliebst wohl zu scherzen*** you must be joking
II. *vi (geh)* **was/wie es jdm beliebt** as sb likes [*or* wishes]

Be·lie·ben <-s> *nt kein pl* **in jds** *dat* ~ **liegen** [*o* **stehen**] *(geh)* to be up to sb, to be left to sb's discretion; **etw in jds** *dat* ~ **stellen** to leave sth up to sb [*or* sb's discretion]; [**ganz**] **nach** ~ just as you/they etc. like, any way you/they etc. want [to], however you/they etc. please

be·lie·big [bɛˈliːbɪç] I. *adj* any; [**irgend**]**eine/jede ~e Zahl** any number at all [*or* you like]; **eine ~e Zahl** MATH a random number; **nicht jede ~e Zahl** not every number; ■ **etwas B~es** anything at all; ■ **jeder B~e** anyone at all; ■ **irgendein B~er** just anybody, *fam a.* any old Tom, Dick or Harry
II. *adv* ~ **häufig/lange/spät/viele** as often/long/late/many as you like; ~ **klein** MATH indefinite small; **etw ~ verändern** to change sth at will

Be·lie·big·keit <-, -en> *f* randomness, arbitrariness

be·liebt [bəˈliːpt] *adj* ① *(geschätzt)* popular; ■ [**bei jdm**] ~ **sein** to be popular [with sb]; **sich** *akk* [**bei jdm**] ~ **machen** to make oneself popular [*or pej* ingratiate oneself] [with sb]
② *(gerne besprochen)* popular, favourite [*or* AM -orite] *attr*

Be·liebt·heit <-> *f kein pl* popularity; **sich** *akk* [**bei jdm**] **großer/zunehmender ~ erfreuen** to enjoy great/increasing popularity [with sb]

be·lie·fern* *vt* ■ **jdn/etw** [**mit etw** *dat*] ~ to supply sb/sth [with sth]; ***diese Großhandelsfirma beliefert nur Restaurants*** this wholesale company only supplies [*or form* purveys for] restaurants

Be·lie·fe·rung *f* delivery; **die ~ einer Firma einstellen** to stop supplying a company

Be·lie·fe·rungs·pflicht *f* HANDEL duty to supply **Be·lie·fe·rungs·recht** *nt* HANDEL right to supply **Be·lie·fe·rungs·ver·trag** *m* HANDEL contract of supply

Be·li·ze <-s> [bəˈliːz] *nt* Belize

Be·li·zer(in) <-s, -> [bəˈliːzɐ] *m(f)* Belizean

be·li·zisch [bəˈliːzɪʃ] *adj* Belizean

Bel·la·don·na <-, -donnen> [bɛlaˈdɔna, *pl* -dɔnən] *f* ① *(Extrakt)* belladonna, atropin[e] *spec*
② BOT belladonna, deadly nightshade

bel·len [ˈbɛlən] I. *vi* to bark
II. *vt* ■ **etw** ~ to bark [out *sep*] sth

bel·lend *adj* **ein ~er Husten** a hacking cough; **eine ~e Stimme** a harsh [*or* barking] voice

Bel·le·tris·tik <-> [bɛleˈtrɪstɪk] *f kein pl* belles lettres *npl*

bel·le·tris·tisch *adj* **die ~e Abteilung** the department for fiction and poetry; **~e Literatur/Bücher** [books of] fiction and poetry

be·lo·bi·gen* [bəˈloːbɪgn̩] *vt* ■ **jdn** [**wegen einer S.** *gen*] ~ to commend [*or* praise] sb [for sth]

Be·lo·bi·gung <-, -en> *f (geh)* commendation *form,* praise *no indef art;* **jdm eine ~ aussprechen** to commend [*or* praise] sb

be·loh·nen* *vt* ① *(als Lohn beschenken)* ■ **jdn/etw** [**mit etw** *dat*] ~ to reward sb/sth [with sth]
② *(Lohn sein)* ■ **jdn** [**für etw** *akk*] ~ to reward sb [for sth]; ***die Leistung der Schauspieler wurde vom Publikum mit begeistertem Beifall belohnt*** the actors received loud applause; ***dein Lächeln belohnt mich zur Genüge!*** your smile is reward enough

Be·loh·nung <-, -en> *f* ① *(das Belohnen)* rewarding
② *(Lohn)* reward; **eine ~** [**für etw** *akk*] **aussetzen** to offer a reward [for sth]; **zur** [*o* **als**] ~ [**für etw** *akk*] as a reward [for sth]

be·lüf·ten* *vt* ■ **etw** ~ to ventilate [*or* air] sth

Be·lüf·tung *f* ■ **die ~** ① *kein pl (das Belüften)* ventilating, airing; ***die ~ der Kellerräume ist sehr schlecht*** the basement rooms are very badly ventilated
② ELEK ventilation *no indef art*

Be·lüf·tungs·an·la·ge *f* ventilation system **Be·lüf·tungs·schacht** *m* ventilation shaft

Be·lu·ga <-, -s> [beˈluːga] *m* ZOOL beluga

be·lü·gen* *irreg vt* ■ **jdn** ~ to lie [*or* tell lies] [*or* tell a lie] to sb (+*gen* to); ■ **sich** *akk* [**selbst**] ~ to deceive oneself

be·lus·ti·gen* [bəˈlʊstɪgn̩] I. *vt* ■ **jdn** [**mit etw** *dat*] ~ to amuse sb [with sth]; ***was belustigt dich?*** what's amusing you? [*or* so funny?]; ■ **~d** amusing
II. *vr (geh)* ■ **sich** *akk* **über jdn/etw** ~ to make fun of sb/sth

be·lus·tigt [bəˈlʊstɪçt] I. *adj* amused; ■ **über etw** *akk* ~ **sein** to be amused at [*or* by] sth
II. *adv* in amusement

Be·lus·ti·gung <-, -en> *f (geh)* amusement; **zu jds ~** for sb's amusement [*or* the amusement of sb]

Be·lu·tsche, Be·lu·tschin <-n, -n> [beˈluːtʃə, -ˈlʊtʃɪn] *m, f* Baluch, Bel[o]uch

Be·lu·tschi·stan <-s> [beˈluːtʃɪstaːn, beˈlʊtʃɪstaːn] *nt* Baluchistan, Beluchistan

be·mäch·ti·gen* [bəˈmɛçtɪgn̩] *vr (geh)* ① *(in seine Gewalt bringen)* ■**sich** *akk* **jds/einer S.** *gen* ~ to take [*or* seize] hold of sb/sth
② *(überkommen)* ■**sich** *akk* **jds** ~ to come over sb

be·mä·keln* *vt* ■**etw** [**an jdm/etw**] ~ to find fault with [sb's] sth/with sth [on/in sth]; **immer etwas an allem und jedem** ~ to always be picking holes in everything and everyone; ***was hast du an dem Essen zu ~?*** what don't you like about the food?

be·ma·len* **I.** *vt* ■**etw** [**mit etw** *dat*] ~ to paint [sth on] sth; **etw farbig** ~ to paint sth [in] different colours [*or* Am -ors]
II. *vr (pej fam: sich schminken)* **sich** *akk* ~ to paint oneself *fam;* ■**sich** *dat* **etw** ~ to paint one's sth; **sich** *dat* **das Gesicht** ~ to paint [*or pej* plaster] one's face

Be·ma·lung <-, -en> *f* ① *(das Bemalen)* ■**die** ~ **einer S.** *gen*/**von etw** *dat* painting sth
② *(aufgetragene Farbe)* paint (+*gen* on)
③ *(Kriegsbemalung)* war paint

be·män·geln* [bəˈmɛŋl̩n] *vt* ■**etw** ~ to find fault with, to fault, to criticize; ***an der Qualität war nichts zu*** ~ the quality could not be faulted; ■~, **dass ...** to complain that ...

Be·män·ge·lung <-, -en> *f* *(das Bemängeln)* fault-finding; *(Kritik)* criticism; *(Beschwerde)* complaint

be·man·nen* **I.** *vt* NAUT, RAUM ■**etw** [**mit jdm**] ~ to man sth [with sb]; **ein Schiff voll** ~ to take on the ship's full complement [of crew]; ■[**nicht**] **bemannt** [un]manned
II. *vr (hum fam)* ■**sich** *akk* ~ to get oneself a man

be·mannt [bəˈmant] **I.** *pp von* **bemannen**
II. *adj* manned, occupied; ~**e Raumfahrt** manned space flight [*or* travel]

Be·man·nung <-, -en> *f* NAUT, RAUM ① *(das Bemannen)* ■**die** ~ [**einer S.** *gen*/**von etw** *dat*] manning [sth]
② *(selten: Besatzung)* crew, complement [of crew] *form*

be·män·teln* [bəˈmɛntl̩n] *vt* ■**etw** ~ to cover up sth *sep*

Bem·bel <-s, -> [ˈbɛmbl̩] *m* DIAL pitcher

be·merk·bar *adj* noticeable, perceptible; ***zwischen den beiden Bildern ist kein Unterschied*** ~ I can't see any difference between the two pictures; ***dieser Geruch muss für jeden ~ gewesen sein*** everybody must have noticed this smell; **sich** *akk* [**bei jdm**] [**durch etw** *akk*] ~ **machen** to draw [sb's] attention to oneself [*or* to attract [sb's] attention] [by doing sth]; ***ich werde mich schon*** [***bei Ihnen***] ~ ***machen, wenn ich Sie benötige*** I'll let you know when I need you; **sich** *akk* [**durch etw** *akk*] ~ **machen** to make itself felt [with sth]

be·mer·ken* *vt* ① *(wahrnehmen)* ■**jdn/etw** ~ to notice sb/sth; ■~, **dass** to notice that; ■~, **wie jd etw tut** to see [*or* notice] sb do sth; ***sie bemerkte rechtzeitig/zu spät, dass ...*** she realized in time/too late that ...
② *(äußern)* **etwas/nichts** [**zu etw** *dat*] ~ to have sth/nothing to say [to sth]; ***dazu möchte ich noch Folgendes*** ~ to that I would like to add the following

be·mer·kens·wert **I.** *adj* remarkable; ■**etwas/nichts B~es** something/nothing remarkable
II. *adv* remarkably

Be·mer·kung <-, -en> *f* comment, remark; [**jdm gegenüber**] **eine ~/~en** [**über etw** *akk*] **machen** to remark [*or* comment] on sth [to sb], to make a remark [*or* comment]/remarks [*or* comments] [about sth] [to sb]; [**jdm gegenüber**] **eine** ~ [**über jdn/etw**] **fallen lassen** to drop a remark [about sb/sth] [*or* comment on sb/sth] [to sb]

be·mes·sen* *irreg* **I.** *vt* ■**jdm etw** [**nach etw** *dat*] ~ to determine [*or* calculate] sth for sb [according to sth]; **großzügig/knapp** ~ **sein** to be generous/not very generous; ***meine Zeit ist knapp*** ~ my time is short [*or* limited]
II. *vr (geh)* ■**sich** *akk* **nach etw** *dat* ~ to be proportionate to sth

Be·mes·sung *f* determination, calculation

Be·mes·sungs·fak·tor *m* FIN assessment ratio **Be·mes·sungs·for·mel** *f* FIN *(für Steuern)* apportionment ratio **Be·mes·sungs·gren·ze** *f* FIN upper limit of assessment **Be·mes·sungs·grund·la·ge** *f* FIN assessment basis, basis of assessment **Be·mes·sungs·ver·fah·ren** *nt* FIN assessment procedure **Be·mes·sungs·zeit·raum** *m* ÖKON basic [*or* assessment] period

be·mit·lei·den* [bəˈmɪtlaidn̩] *vt* ■**jdn** ~ to pity sb, to feel pity [*or* sorry] for sb; ■**sich** *akk* [**selbst**] ~ to feel sorry for oneself; ***sie ist zu*** ~ she is to be pitied

be·mit·lei·dens·wert *adj* pitiable, pitiful

be·mit·telt [bəˈmɪtl̩t] *adj (geh)* well-to-do, well-off; **sehr/weniger** ~ **sein** to be very/less well-off [*or* well-to-do]; **genügend** ~ **sein** to have enough to get by on comfortably *a. iron*

be·mo·geln *vt (fam)* ■**jdn** ~ to cheat [*or* trick] [*or* Brit *fam a.* diddle] sb

be·moost [bəˈmoːst] *adj* mossy, moss-grown *attr,* covered with moss *pred*

be·mü·hen* **I.** *vr* ① *(sich Mühe geben)* ■**sich** *akk* ~[, **etw zu tun**] to try hard [to do sth], to endeavour [*or* Am -or] to do sth *form;* **sich** *akk* **vergebens** ~ to try in vain, to waste one's efforts; ***du musst dich mehr*** ~ you must try harder; ~ ***Sie sich nicht*** don't bother yourself, don't put yourself out
② *(sich kümmern)* **sich** *akk* **um jdn** ~ to court sb['s favour [*or* Am -or]]; **sich** *akk* **um einen Patienten** ~ to look after [*or* attend to] a patient
③ *(zu erlangen suchen)* **sich** *akk* **um gute Beziehungen/eine Stelle** ~ to try hard [*or* Brit to endeavour] to get good connections/a job *form;* **sich** *akk* **um jds Gunst/Vertrauen/Wohl** ~ to court sb's favour [*or* Am -or]/to try to win sb's trust/to take trouble over sb's well-being
④ *(geh: gehen)* **sich** *akk* **zur Tür** ~ to go [*or form* proceed] to the door; **sich** *akk* **ins Nebenzimmer** ~ to go [*or form* proceed] [*or form hum* repair] to the next room; ■**sich** *akk* **zu jdm** ~ to go/come to sb
II. *vt (geh)* ■**jdn** ~ to send for sb; **einen Anwalt** ~ to consult a lawyer

Be·mü·hen <-s> *nt kein pl (geh)* efforts *pl,* endeavours [*or* Am -ors] *pl form* (**um** +*akk* for)

be·müht *adj* keen; ■[**darum**] ~ **sein, etw zu tun,** ■**um etw** *akk* ~ **sein** to try hard [*or form* endeavour] [*or* be at pains] to do sth

Be·mü·hung <-, -en> *f* ① *(angestrengter Einsatz)* effort, endeavour [*or* Am -or] *form;* **trotz aller ~en** despite all efforts; ***danke für Ihre ~en*** thank you for your trouble
② *pl* services

be·mü·ßigt [bəˈmyːsɪçt] *adj* **sich** *akk* ~ **fühlen, etw zu tun** [*o* **sehen**] *(meist iron geh)* to feel obliged [*or* called upon] to do sth

be·mut·tern* [bəˈmʊtɐn] *vt* ■**jdn** ~ to mother sb

be·nach·bart [bəˈnaxbaːɐ̯t] *adj* ① *(in der Nachbarschaft gelegen)* nearby; *(nebenan)* neighbouring [*or* Am -oring] *attr;* **die ~e Familie/das ~e Haus** the family/house next door; ■**jdm/etw** ~ **sein** to be close to sb/sth
② *(angrenzend)* neighbouring [*or* Am -oring], adjoining
③ CHEM, PHYS *Atom* adjacent, contiguous

be·nach·rich·ti·gen* [bəˈnaːxrɪçtɪgn̩] *vt* ■**jdn** [**von etw** *dat*] ~ to inform sb [of sth]; *(amtlich)* to notify sb [of sth]

Be·nach·rich·ti·gung <-, -en> *f* ① *(das Benachrichtigen)* notification (**von/über** +*akk* of/about); ***er bittet in diesem Fall um*** ~ he would like to be notified should this be the case
② *(schriftliche Nachricht)* [written] notification; **ohne vorherige** ~ without notice [given]

Be·nach·rich·ti·gungs·pflicht *f* duty of notification, obligation to notify **Be·nach·rich·ti·gungs·schrei·ben** *nt* letter of notification

be·nach·tei·li·gen* [bəˈnaːxtailɪgn̩] *vt* ① *(schlechter behandeln)* ■**jdn** ~ to put sb at a disadvantage; *(wegen Rasse, Geschlecht, Glaube)* to discriminate against sb
② *(zum Nachteil gereichen)* ■**jdn** [**gegenüber jdm**] ~ to handicap sb [with respect to sb]

be·nach·tei·ligt [bəˈnaːxtailɪçt] **I.** *adj* disadvantaged, deprived, discriminated, at a disadvantage *pred;* ■**wegen einer S.** *gen* ~ **sein** to be discriminated against because of/for sth
II. *adv* disadvantaged; **sich** *akk* ~ **fühlen** to feel at a loss

Be·nach·tei·lig·te(r) *f(m) dekl wie adj* victim; ■**der/die** ~ **sein** to be at a disadvantage

Be·nach·tei·li·gung <-, -en> *f* ① *(das Benachteiligen)* ■**die** ~ **einer Person** *gen*/**von jdm** discriminating against sb
② *(benachteiligter Zustand)* discrimination

Be·nach·tei·li·gungs·ver·bot *nt* JUR discrimination ban

be·na·gen* *vt* ■**etw** ~ to gnaw [at] sth; *Hund a.* to chew [on] sth

be·nannt [bəˈnant] *adj inv* named; ■**nach jdm** ~ **sein** to be called after sb

Ben·del[ALT] <-s, -> *m s.* **Bändel**

be·ne·beln* *vt (fam)* ■**jdn** ~ to befuddle sb; *Narkose, Sturz a.* to daze sb, to make sb feel dazed; *Dämpfe, Duft, Rauch a.* to make sb's head reel [*or* swim]; **ein ~der Duft/eine ~de Wirkung** a heady perfume/effect; ■**benebelt** *(fam)* befuddled; *(durch Alkohol a.)* tipsy *fam;* *(durch Schlag)* dazed

benebelt [bəˈneːbl̩t] **I.** *pp von* **benebeln**
II. *adj (fam)* dazed; *(bes im Alkoholrausch)* woozy; **mit ~em Kopf aufwachen** to wake up with a fuzzy head; **sich** *akk* ~ **fühlen** to feel woozy

Be·ne·dik·ti·ner(in) <-s, -> [benedɪkˈtiːnɐ] *m(f)* Benedictine [friar/nun]

Be·ne·dik·ti·ner·or·den *m* Benedictine order, order of St Benedict

Be·ne·fiz <-es, -e> [beneˈfiːts] *nt* ① *(Wohltätigkeitsveranstaltung)* charity performance
② *(veraltet: Ehrenvorstellung)* benefit

Be·ne·fiz·kon·zert *nt* charity concert **Be·ne·fiz·spiel** *nt* benefit [*or* charity] match **Be·ne·fiz·ver·an·stal·tung** *f* benefit event [*or* performance] **Be·ne·fiz·vor·stel·lung** *f* charity [*or* benefit] performance

be·neh·men* *vr irreg* ■**sich** *akk* ~ to behave [oneself]; ***benimm dich!*** behave yourself!; ■**sich** *akk* **wie jd** ~ to behave like sb; ***der Junge benimmt sich wie sein Vater*** the boy takes after his father; **sich** *akk* **gut** ~ to behave well [*or* oneself]; ***der Kleine hat sich den ganzen Abend gut benommen*** the little one was well-behaved [*or* on his best behaviour] all evening; **sich** *akk* **schlecht** ~ to behave badly, to misbehave

Be·neh·men <-s> *nt kein pl* ① *(Manieren)* manners *npl;* **kein** ~ **haben** to have no manners, to be bad-mannered
② *(geh: Einvernehmen)* **sich** *akk* **mit jdm ins** ~ **setzen** to get in touch with [*or* contact] sb; **sich** *akk* **mit jdm über etw** *akk* **ins** ~ **setzen** to try to reach [*or* come to] an agreement with sb about sth; **im** ~ **mit jdm** with the consent of sb

be·nei·den* *vt* ■**jdn** [**um etw** *akk*] ~ to envy sb [sth]; ***er ist nicht zu*** ~ I don't envy him, he is not to be envied

be·nei·dens·wert **I.** *adj* enviable; ■**etwas/nichts B~es** something/nothing to be envied
II. *adv (wunderbar)* amazingly

Be·ne·lux·län·der, **Be·ne·lux·staa·ten** [ˈbeːneluks-] *pl* Benelux countries

be·nen·nen* *vt irreg* ① *(mit Namen versehen)* ■**jdn/etw** [**nach jdm**] ~ to name sb/sth [after [*or* Am *a.* for] sb]; **etw neu** ~ to rename sth; **Gegenstände** ~ to denote [*or* give names to] objects
② *(namhaft machen)* ■[**jdm**] **jdn als etw** ~ to nominate sb as [sb's] sth; **jdn als Zeugen** ~ to call sb as a witness

Be·nen·nung <-, -en> *f* ① *(das Benennen)* ■**die** ~ **einer Person/S.** *gen* naming a person/thing
② *(das Namhaftmachen)* nomination; *von Zeugen* calling
③ *(Bezeichnung)* name, designation *form*

be·netz·bar *adj* CHEM, TECH wettable; **leicht** ~ easily wetted

Be·netz·bar·keit *f kein pl* CHEM, TECH wettability

be·ne̱t·zen* *vt (geh)* ■**etw [mit etw** *dat*] ~ to moisten sth [with sth]; *mit Tau, Tränen* to cover sth

Be·ne̱tzungs·mit·tel *nt* CHEM, TECH wetting agent

Ben·ga·le, Ben·ga·lin <-n, -n> [bɛŋ'ga:lə, -'ga:lɪn] *m, f* ① *(Einwohner Bengalens)* Bengali
② *s.* **Bangladescher**

Ben·ga·li [bɛŋ'ga:li] *nt* Bengali

ben·ga·lisch [bɛŋ'ga:lɪʃ] *adj s.* **bangalisch**

Ben·gel <-s, -[s]> ['bɛŋl] *m* ① *(frecher Junge)* rascal, brat *pej fam*
② *(niedlicher Junge)* **ein süßer [kleiner]** ~ a dear [*or* cute] little boy
▸WENDUNGEN: **den ~ hoch werfen** SCHWEIZ *(hoch greifen)* to aim high

Be·nimm <-s> [bə'nɪm] *m kein pl (fam)* manners *npl*

Be·ni̱mm·re·gel *f* [rule of] etiquette *no pl*

Be·nin <-s> [be'ni:n] *nt* Benin

Be·ni·ner(in) <-s, -> [be'ni:nɐ] *m(f)* Beninese

be·ni·nisch [be'ni:nɪʃ] *adj* Beninese

Ben·ja·min <-s, -e> ['bɛnjami:n] *m (fam)* ■**der** ~ the baby of the family

be·nom·men [bə'nɔmən] *adj* dazed; **jdn ~ machen** to befuddle sb

Be·no̱m·men·heit <-> *f kein pl* daze[d state]; **ein Gefühl von ~** a dazed feeling

be·no·ten* [bə'no:tn̩] *vt* ① *(mit Zensur versehen)* ■**etw** ~ to mark sth; ***ihr Aufsatz wurde mit „sehr gut" benotet*** her essay was given [*or fam* got] an A
② *(durch eine Zensur einstufen)* ■**jdn** ~ to assess sb

be·nö·ti·gen* *vt* ■**etw [von jdm]** ~ to need [*or form* require] sth [from sb]; **dringend** ~ to be in urgent need of sth

be·nö̱·tigt *adj* necessary

Be·no̱·tung <-, -en> *f* ① *(das Benoten)* ■**die ~ [einer S.** *gen*/**von etw** *dat*] marking [sth]
② *(Note)* mark[s *pl*]

be·nu̱tz·bar *adj* us[e]able; **eine nicht ~e Straße** an impassable road; **nur einmal/wieder voll/nicht mehr ~ sein** to be us[e]able only once/fully us[e]able again/no longer us[e]able

be·nu̱t·zen* *vt,* **be·nü̱t·zen*** *vt* DIAL ① *(gebrauchen)* ■**etw [als etw]** ~ to use sth [as sth]; **nach dem B~** after use; ■**benutzt** used; **das benutzte Geschirr** the dirty dishes *pl*
② *(geh: nehmen)* **den Aufzug/die Bahn/den Bus ~** to take the lift [*or* AM elevator]/train/bus
③ *(verwerten)* ■**etw** ~ to consult sth; **die benutzte Literatur** the literature consulted
④ *(wahrnehmen)* ■**etw** ~ to seize [*or* avail oneself of] sth
⑤ *(für seine Zwecke ausnutzen)* ■**jdn** ~ to take advantage of sb; **sich** *akk* **benutzt fühlen** to feel [that one has been] used

Be·nu̱t·zer(in) <-s, -> *m(f),* **Be·nü̱t·zer(in)** <-s, -> *m(f)* DIAL ① *(benutzender Mensch)* borrower; *(mit Leihgebühr)* hirer BRIT, person renting; *(einer Bibliothek)* reader, borrower
② INFORM user

be·nut·zer·de·fi·niert [-'--defini:ɐt] *adj* INFORM user-defined **Be·nu̱t·zer·ebe·ne** *f* INFORM user [*or* system] interface **be·nu̱t·zer·freund·lich** I. *adj* user-friendly II. *adv* with user-friendliness in mind, in a user-friendly manner **Be·nu̱t·zer·freund·lich·keit** <-> *f kein pl* user-friendliness **Be·nu̱t·zer·hand·buch** *nt* user manual [*or* handbook] **Be·nu̱t·zer·iden·ti·fi·ka·ti·on** *f,* **Be·nu̱t·zer·iden·ti·fi·zie·rung** *f* FIN, INFORM user ID

Be·nu̱t·ze·rin, Be·nü̱t·ze·rin <-, -nen> *f fem form von* **Benutzer**

Be·nu̱t·zer·ken·nung *f* INFORM user name **Be·nu̱t·zer·kon·to** *nt* INFORM user account **Be·nu̱t·zer·na·me** *m* INFORM user name **Be·nu̱t·zer·ober·flä·che** *f* INFORM user [*or* system] interface **be·nu̱t·zer·ori·en·tiert** *adj* user-oriented **Be·nu̱t·zer·pro·fil** *m* INFORM user profile **Be·nu̱t·zer·schnitt·stel·le** *f* user interface **Be·nu̱t·zer·spra·che** *f* INFORM user language **be·nu̱t·zer·un·freund·lich** I. *adj* non-user-friendly, user-hostile *hum* II. *adv* ~ **angelegt sein** to have a non-user-friendly layout; **etw ~ gestalten** to give sth a non-user-friendly design

Be·nu̱t·zung *f,* **Be·nü̱t·zung** *f* DIAL ① *(Gebrauch)* use; ■**die ~ [einer S.** *gen*] **als etw** the use [of sth] as sth; **nach der ~** after use; **etw in ~ haben/nehmen** *(geh)* to be/start using sth; **jdm etw zur ~ überlassen** to put sth at sb's disposal; **die ~ einer S.** *gen*/**von etw** *dat* **vermeiden** to avoid using sth
② *(das Fahren)* **die ~ des Busses/Zugs** taking the bus/train; ~ **öffentlicher Verkehrsmittel zum Nulltarif** fare-free transport
③ *(Verwertung)* consultation

Be·nu̱t·zungs·ge·bühr *f* hire [*or* rental] charge **Be·nu̱t·zungs·ord·nung** *f* JUR regulation for the use of something **Be·nu̱t·zungs·recht** *nt* JUR right to use, user; **eigenes ~** legitimate use **Be·nu̱t·zungs·zwang** *m für Warenzeichen* compulsory use

Ben·zin <-s, -e> [bɛn'tsi:n] *nt* ① *(Kraftstoff)* petrol BRIT, gas[oline] AM; ~ **sparendes Auto** economical car
② *(Lösungsmittel)* benzine

Ben·zi̱n·ab·satz *m* petrol sales **ben·zi̱n·be·trie·ben** *adj* petrol-fuelled [*or* -driven] BRIT, gas[oline]-fueled AM; **~er Motor** petrol [*or* AM gas[oline]] engine **Ben·zi̱n·ein·spritz·an·la·ge** *f* fuel injector

Ben·zi·ner <-s, -> *m (fam)* car which runs on petrol

Ben·zi̱n·feu·er·zeug *nt* petrol lighter **Ben·zi̱n·fil·ter** *m* fuel filter, petrol filter **Ben·zi̱n·gut·schein** *m* petrol coupon **Ben·zi̱n·hahn** *m* fuel [*or* BRIT *a.* petrol] tap [*or* cock] **Ben·zi̱n·ka·nis·ter** *m* petrol canister **Ben·zi̱n·mo·tor** *m* petrol engine, gasoline [*or fam* gas] engine AM **Ben·zi̱n-Pkw** *m* petrol-driven car **Ben·zi̱n·preis** *m* price of petrol **Ben·zi̱n·pum·pe** *f* fuel pump **ben·zi̱n·spa·rend** *adj attr s.* **Benzin 1 Ben·zi̱n·stand** *m* fuel level, petrol level BRIT, gasoline level AM, gas level AM *fam* **Ben·zi̱n·tank** *m* petrol tank **Ben·zi̱n·uhr** *f* AUTO fuel gauge [*or esp* AM *a.* gage] **Ben·zi̱n·ver·brauch** *m* fuel consumption

Ben·zoe·säu·re ['bɛntsoe-] *f* benzoic acid *no art*

Ben·zol <-s, -e> [bɛn'tso:l] *nt* benzene; *(im Handel erhältlich)* BRIT *usu* benzol[e]

be·o̱b·acht·bar *adj* observable

be·ob·ach·ten* [bə'ʔo:baxtn̩] *vt* ① *(genau betrachten)* ■**jdn/etw** ~ to observe sb/sth; **jdn/etw genau ~** to watch sb/sth closely; ■**jdn [bei etw** *dat*] ~ to watch sb [doing sth]; **gut beobachtet!** well spotted!
② *(observieren)* ■**[durch jdn** [*o* **von jdm**]] **beobachtet werden** to be kept under the surveillance [of sb]; ■**jdn [durch jdn] ~ lassen** to put sb under the surveillance [of sb]; **jdn durch die Polizei ~ lassen** to put sb under police surveillance; **sich** *akk* **[von jdm] beobachtet fühlen** to feel that one is being watched [by sb] [*or* that sb is watching one]; **sich** *akk* **[von jdm] auf Schritt und Tritt beobachtet fühlen** to feel that one is being dogged by sb [*or* that sb is dogging one]
③ *(bemerken)* ■**etw an jdm/bei etw** *dat* ~ to notice sth in sb/about sth

Be·o̱b·ach·ter(in) <-s, -> *m(f)* observer; **ein guter [***o* **scharfer] ~** a keen observer

Be·o̱b·ach·tung <-, -en> *f* ① *(das Beobachten)* observation
② *(Observierung)* surveillance
③ *meist pl (Ergebnis des Beobachtens)* observations *pl;* [**an jdm**] **die ~ machen, dass** to notice that

Be·o̱b·ach·tungs·ga·be *f* talent for [*or* power of] observation; **eine gute/scharfe ~ haben** to have a very observant/keen eye **Be·o̱b·ach·tungs·pos·ten** *m* ■**auf ~ sein** *(fam)* to be on the lookout **Be·o̱b·ach·tungs·sa·tel·lit** *m* observation [*or fam* spy] satellite **Be·o̱b·ach·tungs·sta·ti·on** *f* ① MED observation ward ② METEO weather [*or* meteorological] station ③ ASTRON observatory

be·or·dern* [bə'ʔɔrdɐn] *vt* ■**jdn zu jdm** ~ to send sb to sb; **jdn zu sich** *dat* ~ to send for [*or* summon] sb; ■**jdn irgendwohin** ~ to order [*or* instruct] sb to go somewhere

be·pa̱·cken* *vt* ■**jdn/etw [mit etw** *dat*] ~ to load up sb/sth *sep* [with sth]; ■**sich** *akk* **[mit etw** *dat*] ~ to load oneself up [with sth]; ■**bepackt** loaded

be·pfla̱n·zen* *vt* ■**etw [mit etw** *dat*] ~ to plant sth [with sth]; **Beete mit etw** *dat* ~ to plant sth in beds; ■**bepflanzt** planted

Be·pfla̱n·zung *f* ① *(das Bepflanzen)* ■**die ~ einer S.** *gen*/**von etw** *dat* the planting of sth; ***die ~ von Beeten soll bei kühlem Wetter erfolgen*** flower beds should be planted in cool weather
② *(die Pflanzen)* plants *pl* (+*gen*/**von** +*dat* in)

be·pi̱n·keln* I. *vt (fam)* ■**etw** ~ to pee [*or fam* piddle] on sth; **einen Baum/eine Wand ~** to pee [*or fam* piddle] against a tree/wall
II. *vr (fam)* ① *(sich nässen)* ■**sich** *akk* ~ to wet oneself, to pee one's pants *fam*
② *(mit Urin beschmutzen)* ■**sich** *dat* **etw** ~ to pee [*or fam* piddle] over one's sth

be·pi̱n·seln* *vt* ① KOCHK ■**etw [mit etw** *dat*] ~ to brush sth with sth
② MED **jdm das Zahnfleisch ~** to paint sb's gums
③ *(fam: mit Pinseln beschreiben)* ■**etw [mit etw** *dat*] ~ to paint sth [with sth], to daub sth with sth

be·pi̱s·sen* *vr (derb)* ■**sich** *akk* ~ to piss oneself *vulg;* **sich** *fig* **vor Lachen fast ~** to nearly piss oneself laughing *vulg*

Be·pla̱n·kung <-, -en> *f* BAU panelling BRIT, paneling AM, sheathing

be·qua̱t·schen* *vt (fam)* ① *(bereden)* ■**etw [mit jdm]** ~ to talk over sth *sep* [with sb]
② *(überreden)* ■**jdn [dazu] ~[, etw zu tun]** to persuade sb [to do sth], to talk sb into doing sth; ***also gut, du hast mich bequatscht!*** all right, you've talked me into it!

be·quem [bə'kve:m] I. *adj* ① *(angenehm)* comfortable; **es sich** *dat* ~ **machen** to make oneself comfortable
② *(leicht zu bewältigen)* easy
③ *(leicht zu handhaben)* manageable, easy to operate
④ *(im Umgang angenehm)* easy-going
⑤ *(pej: träge)* idle, comfort-loving; **es ~ [mit jdm/etw] haben** to have an easy time of it [with sb/sth]
II. *adv* ① *(leicht)* easily
② *(angenehm)* comfortably

be·que·men* [bə'kve:mən] *vr (geh)* ① *(sich zu etw verstehen)* ■**sich** *akk* **zu etw** *dat* ~, ■**sich** *akk* **[dazu] ~, etw zu tun** to bring oneself to do sth; *(herablassend)* to condescend [*or form* deign] to do sth *a. iron*
② *(sich begeben)* ■**sich** *akk* **zu jdm/etw** ~ to come/go to sb/sth

Be·que̱m·lich·keit <-, -en> *f* ① *(Behaglichkeit)* comfort
② *(Trägheit)* idleness, laziness; **aus [reiner] ~** out of [sheer] laziness

be·rap·pen* [bə'rapn̩] *vt (fam)* ■**etw [für etw** *akk*] ~ to fork [*or* shell] out sth *sep* [for sth]

be·ra̱·ten*[1] *irreg* I. *vt* ① *(mit Rat bedenken)* ■**jdn [in etw** *dat*] ~ to advise sb [*or* give sb advice] [on sth]; **jdn finanziell/rechtlich ~** to give sb financial/legal advice; ■**sich** *akk* **[von jdm] ~ lassen [, ob/wie]** to ask sb's advice [as to whether/on how]
② *(besprechen)* ■**etw** ~ to discuss sth; POL to debate sth
II. *vi* ■**[mit jdm über etw** *akk*] ~ to discuss sth with sb; ***sie ~ noch*** they're still discussing it
III. *vr* ■**sich** *akk* **[über jdn/etw]** ~ to discuss sb/sth; ***das Kabinett wird sich heute ~*** the cabinet will be meeting today for talks; ■**sich** *akk* **mit jdm [über jdn/etw]** ~ to consult [with] sb [about sb/sth]

be·ra·ten*[2] *adj* advised; **finanziell/rechtlich gut ~ sein** to receive good financial/legal advice; **gut/schlecht ~ sein, etw zu tun** to be well-/ill-advised to do sth

be·ra·tend I. *adj* advisory, consultative; JUR **mit ~er Stimme** in an advisory capacity
II. *adv* in an advisory [*or* a consultative] capacity; **jdm ~ zur Seite stehen** to act in an advisory capacity to sb

Be·ra·ter(in) <-s, -> *m(f)* advisor; *(in politischen Sachen a.)* counsellor BRIT, counselor AM; *(Fachberater)* consultant

Be·ra·ter·grup·pe *f* advisory group **Be·ra·ter·tä·tig·keit** *f* advisory service[s *pl*] **Be·ra·ter·ver·trag** *m* consultative contract; *(Stelle)* advisory post

be·rat·schla·gen* [bəˈraːtʃlaːgn̩] **I.** *vt* ■**etw** ~ to discuss sth; ■[**mit jdm**] ~, **was/wie** to discuss [with sb] what/how
II. *vi (sich beraten)* ■[**mit jdm**] [**über etw** *akk*] ~ to discuss sth [with sb]; ***wir ~ noch*** the matter is still under discussion [*or* we are still discussing it]

Be·ra·tung <-, -en> *f* ① *(das Beraten)* advice
② *(Besprechung)* discussion; POL debate
③ *(beratendes Gespräch)* consultation

Be·ra·tungs·be·fug·nis *f* advisory powers **Be·ra·tungs·dienst** *m* advice service **Be·ra·tungs·ge·heim·nis** *nt* JUR the secrecy of judicial deliberations **Be·ra·tungs·ge·setz** *nt* ■**das** ~ *law prescribing dissuading advice for pregnant women wanting an abortion* **Be·ra·tungs·ge·spräch** *nt* consultation **Be·ra·tungs·gre·mi·um** *nt* advisory board

Be·ra·tungs·hil·fe *f* counselling [*or* AM -ling] **Be·ra·tungs·hil·fe·ge·setz** *nt* JUR legal advice and assistance Act

Be·ra·tungs·kos·ten *pl* consultation fees **Be·ra·tungs·leis·tung** *f* ÖKON consulting service **Be·ra·tungs·pflicht** *f* JUR legal duty to give advice **Be·ra·tungs·pra·xis** *f* advisory practice **Be·ra·tungs·sta·di·um** *nt* reporting stage **Be·ra·tungs·stel·le** *f* advice [*or* advisory] centre [*or* AM -er] **Be·ra·tungs·un·ter·neh·men** *nt* ÖKON consultancy [company] **Be·ra·tungs·ver·trag** *m* ÖKON consultancy agreement

be·rau·ben* *vt* ① *(durch Raub bestehlen)* ■**jdn/etw** ~ to rob sb/sth; ■**jdn einer S.** *gen* ~ to rob [*or hum* relieve] sb of sth
② *(geh: gewaltsam entziehen)* ■**jdn einer S.** *gen* ~ to deprive sb of sth
③ *(geh: nehmen)* ■**jdn einer S.** *gen* ~ to take sth from sb; ■**einer S.** *gen* **beraubt werden** to lose [*or* be deprived of] sth

be·rau·schen* **I.** *vt (geh)* ■**jdn** ~ ① *(trunken machen)* to intoxicate sb; *Alkohol a.* to inebriate sb
② *(in Verzückung versetzen)* to intoxicate [*or liter* enrapture] sb; *Geschwindigkeit* to exhilarate sb
II. *vr* ■**sich** *akk* **an etw** *dat* ~ ① *(in Ekstase geraten)* to become intoxicated [*or liter* enraptured] by sth; **sich** *akk* **an Geschwindigkeit** ~ to become exhilarated by speed; **sich** *akk* **an Blut** ~ to get into a frenzy over blood
② *(geh: sich trunken machen)* to become intoxicated with sth

be·rau·schend *adj* intoxicating; [***das war***] ***nicht*** [***sehr***] ~ *(iron)* [that] was just wonderful

be·rauscht *adj* intoxicated

Ber·ber <-s, -> [ˈbɛrbɐ] *m (fam)* Berber [carpet]

Ber·ber(in) <-s, -> [ˈbɛrbɐ] *m(f)* Berber

Ber·be·rit·ze <-, -n> [bɛrbəˈrɪtsə] *f* BOT barberry, berberis

Ber·ber·tep·pich *m* Berber [carpet]

be·re·chen·bar [bəˈrɛçn̩baːɐ̯] *adj* ① *(zu berechnen)* calculable, computable *form;* ***das ist nicht*** ~ that is incalculable [*or form* incomputable], that cannot be calculated
② *(einzuschätzen)* predictable

Be·re·chen·bar·keit <-> *f kein pl* ① *(berechenbare Beschaffenheit)* calculability, computability *form*
② *(Einschätzbarkeit)* predictability

be·rech·nen* *vt* ① *(ausrechnen)* ■**etw** ~ to calculate [*or form* compute] sth; **Gebühren** ~ to determine fees; ~, **ob/wie/wie viel** to calculate whether/how/how much
② *(in Rechnung stellen)* ■[**jdm**] **etw** ~ to charge [sb] sth; ***das hat er mir mit 135 Euro berechnet*** he charged me 135 euros for it
③ *(im Voraus abwägen)* ■**etw** ~ to calculate the effect of sth
④ *(vorsehen)* ■**etw für jdn/etw** ~ to intend sth for sb/sth; ■**für jdn/etw berechnet werden** to be intended [*or* meant] for sb/sth; ***alle Rezepte sind für 4 Personen berechnet*** all recipes are [calculated] for four persons

be·rech·nend *adj (pej)* scheming *pej,* calculating

Be·rech·nung *f* ① *(Ausrechnung)* calculation, computation *form; von Gebühr* determination; **etw durch** ~ **ermitteln** to calculate [*or form* compute] sth; **jds** ~ **nach** [*o* **nach jds** ~] according to sb's calculations; **nach meiner** ~ by my reckoning, according to my calculations
② *(das Berechnen)* charge; **gegen** ~ for a fee; **ohne** ~ without [any] charge
③ *(das Abwägen im Voraus)* calculated effect[s *pl*]
④ *(pej)* scheming *pej,* calculation; **aus** ~ in cold deliberation

Be·rech·nungs·grund·la·ge *f* basis for estimation **Be·rech·nungs·jahr** *nt* FIN computation year **Be·rech·nungs·sum·me** *f* FIN total billed **Be·rech·nungs·ver·ord·nung** *f* JUR computation ordinance concerning rent

be·rech·ti·gen* [bəˈrɛçtɪgn̩] **I.** *vt* ■**jdn zu etw** *dat* ~ ① *(bevollmächtigen)* to entitle sb to [do] sth; ■**jdn dazu** ~, **etw zu tun** to entitle [*or* empower] sb to do sth; ***was berechtigt Sie dazu, mich immer zu kontrollieren?*** what right do you have to always check up on me?; ■[**dazu**] **berechtigt sein, etw zu tun** to be entitled [*or* have the right] to do sth; **sich** *akk* **zu etw** *dat* **berechtigt fühlen** to feel justified in doing sth
② *(Anlass geben)* to give sb grounds for sth
II. *vi* ■**zu etw** *dat* ~ ① *(bevollmächtigen)* to entitle sb to [do] sth
② *(Anlass geben)* to give rise to sth

be·rech·tigt [bəˈrɛçtɪçt] *adj* justifiable; **ein** ~**er Anspruch** a legitimate [*or* rightful] claim; **ein** ~**er Einwand/eine** ~**e Forderung** a justifiable [*or* justified] objection/demand; **eine** ~**e Frage/Hoffnung** a legitimate question/hope; **ein** ~**er Vorwurf** a just accusation

Be·rech·tig·te(r) *f(m) dekl wie adj* JUR rightful claimant; *(aus Vertrag)* covenantee; *(aus Versicherung)* beneficiary; ~ **aus Grundpfandrecht** encumbrancer

be·rech·tig·ter·wei·se *adv (geh)* legitimately, with full justification

Be·rech·ti·gung <-, -en> *f pl selten* ① *(Befugnis)* authority; ***Zutritt nur mit ~!*** authorized access only, for authorized persons only; **die/keine** ~ **haben, etw zu tun** to have the/no authorization [*or* to be/not be authorized] to do sth
② *(Rechtmäßigkeit)* justifiability

Be·rech·ti·gungs·pa·pier *nt* JUR written authorization **Be·rech·ti·gungs·schein** *m* FIN subscription [*or* stock] warrant; *(für Versicherung)* benefit certificate **Be·rech·ti·gungs·ur·kun·de** *f* JUR certificate of entitlement

be·re·den* **I.** *vt* ① *(besprechen)* ■**etw** [**mit jdm**] ~ to discuss [*or sep* talk over] sth [with sb]
② *(überreden)* ■**jdn zu etw** *dat* ~ to talk sb into [doing] sth; ■**jdn** [**dazu**] ~, **etw zu tun** to talk sb into doing [*or* persuade sb to do] sth
II. *vr* ■**sich** *akk* [**mit jdm**] [**über etw** *akk*] ~ to discuss [*or sep* talk over] sth [with sb]; ***wir ~ uns noch*** we are still discussing it

be·red·sam [bəˈreːtzaːm] *adj* ① *(geh: beredt)* eloquent
② *(iron)* ***du bist ja ausgesprochen*** ~ you haven't exactly got the gift of the gab *iron fam;* ***nanu, heute so ~?*** what, cat got your tongue? *hum fam*

Be·red·sam·keit <-> *f kein pl (geh)* eloquence

be·redt [bəˈreːt] *adj (geh)* ① *(eloquent)* expressive, eloquent; ~**es Schweigen** eloquent [*or* pregnant] silence; ***dein Schweigen/deine Miene ist ~ genug!*** your silence is answer enough/your face says it all
② *(geh) s.* **beredsam 1**

Be·redt·heit <-> *f kein pl (selten: Beredsamkeit)* eloquence

Be·reich <-[e]s, -e> *m* ① *(Gebiet)* area; **im** ~ **des Möglichen liegen** to be within the realms [*or* bounds] of possibility
② *(Sachbereich)* field; **in jds** *akk* ~ **fallen** to be within sb's field

be·rei·chern* [bəˈraiçɐn] **I.** *vr* ■**sich** *akk* [**an etw** *dat*] ~ to grow rich [on sth], to make a lot of money [out of sth]
II. *vt* ① *(erweitern)* ■**etw** ~ to enlarge sth
② *(vertiefen)* ■**etw** ~ to enrich sth
③ *(innerlich reicher machen)* ■**etw bereichert jdn** sb gains [*or* learns] a lot from sth

Be·rei·che·rung <-, -en> *f* ① *(Erweiterung)* enrichment; *von Sammlung* enlargement; *(Gewinn)* gain, boon; **ungerechtfertigte** ~ JUR unjust[ified] enrichment
② *(innerer Gewinn)* ***das Gespräch mit Ihnen war mir eine*** ~ I gained [*or* learned] a lot from our conversation

Be·rei·che·rungs·ab·sicht *f* JUR intent to enrich oneself **Be·rei·che·rungs·an·spruch** *m* JUR claim on account of unjust enrichment **Be·rei·che·rungs·aus·gleich** *m* JUR compensation for enrichment **Be·rei·che·rungs·haf·tung** *f* JUR liability for enrichment **Be·rei·che·rungs·kla·ge** *f* JUR actio sine causa **Be·rei·che·rungs·recht** *nt* JUR law of restitution **Be·rei·che·rungs·ver·trag** *m* JUR enrichment contract

be·rei·fen *vt* **einen Wagen/ein Rad** [**neu**] ~ to put [new] tyres [*or* AM tires] on a car/a bike

Be·rei·fung <-, -en> *f* AUTO set of tyres [*or* AM tires], tyres *pl* (+*gen* on); **eine neue** ~ a new set of tyres, new tyres

be·rei·ni·gen* **I.** *vt* ■**etw** ~ to resolve [*or sep* clear up] sth; **ihre Meinungsverschiedenheit** ~ to settle their differences
II. *vr* ■**sich** *akk* ~ to resolve itself, to clear itself up

be·rei·nigt *adj* FIN *Statistik* adjusted; ~**er Wert** adjusted [*or* corrected] value

Be·rei·ni·gung *f* ■**die** ~ **einer S.** *gen*/**von etw** *dat* resolving [*or sep* clearing up] sth; **die** ~ **ihrer Meinungsverschiedenheit** settling their differences; ~ **der Passiva** FIN rectification of debts

be·rei·sen* *vt* ■**etw** ~ ① *(reisend durchqueren)* to travel around sth; **die Welt** ~ to travel the world
② ÖKON *(abfahren)* to travel [*or* cover] sth

be·reit [bəˈrait] *adj meist pred* ① *(fertig)* ■[**für** [*o* **zu**] **etw**] ~ **sein** to be ready [for sth]; *(vorbereitet)* to be prepared for sth; **sich** *akk* [**für** [*o* **zu**] **etw**] ~ **halten** to be ready [*or* prepared] [for sth]; ***haltet euch für den Abmarsch ~!*** get ready to march; **sich** *akk* ~ **halten, etw zu tun** to be ready to do sth; **etw** ~ **haben** to have sth at the ready; **eine Antwort/Ausrede** ~ **haben** to have an answer/excuse ready [*or* a ready answer/excuse]
② *(willens)* ■**zu etw** *dat* ~ **sein** to be willing [*or* prepared] to do sth; **zum Nachgeben/zu Zugeständnissen** ~ **sein** to be prepared to yield/to make concessions; ■~ **sein, etw zu tun** to be willing [*or* prepared] to do sth; **sich** *akk* ~ **erklären, etw zu tun** to agree to do sth

be·rei·ten* *vt* ① *(machen)* ■**jdm etw** ~ to cause sb sth; **einen freundlichen Empfang/eine Freude/eine Überraschung** ~ to give sb a warm welcome/pleasure/a surprise; **jdm Kopfschmerzen** ~ to give sb a headache
② *(geh: zubereiten)* ■[**jdm**] **etw** ~ to prepare sth [for sb]; **Medikamente/Essen/Kaffee** ~ to make up medicines/to prepare food, coffee *sep*
③ *(richten)* ■**etw** [**für jdn/etw**] ~ to prepare sth [for sb/sth]; **das Bett** ~ to make [up *sep*] the bed

be·reit|fin·den[RR] *vr irreg* ■**sich** *akk* **zu etw** *dat* ~ to be willing [*or* prepared] to do sth **be·reit|hal·ten** *irreg vt* ① *(griffbereit haben)* ■**etw** [**für jdn/etw**] ~ to have sth ready [for sb/sth]; **Medikamente/Schusswaffen** ~ to keep medicines/firearms at the ready ② *(in petto haben)* ■**etw** [**für jdn**] ~ to have sth in store [for sb] **be·reit|le·gen** *vt* ■**etw** [**für jdn/etw**] ~ to lay out sth *sep* ready [for sb/sth] **be·reit|lie·gen** *vi irreg* ① *(abholbereit liegen)* ■[**für jdn/zu etw** *dat*] ~ to be ready [for sb/sth] ② *(griffbereit liegen)* ■[**für jdn**] ~ to be within reach [for sb] ③ NAUT ■[**zu etw** *dat*] ~ to be ready [for sth] **be·reit|ma·chen** *vt* ■**sich** *akk* [**für jdn/etw**] ~ to get [*or* make oneself] ready [for sb/sth]

be·reits [bəˈraits] *adv (geh)* already; ~ **damals** even then; ***das habe ich Ihnen doch ~ erzählt*** I have told you that already, I have just told you that; ***ich ermahne Sie ~ zum zweiten Male*** I am warning you now for the second time

Be·reit·schaft <-, -en> [bəˈraitʃaft] *f* ① *kein pl* willingness; **seine ~ zu etw** *dat* **erklären, seine ~ erklären, etw zu tun** to express one's willingness to do sth
② *kein pl (Bereitschaftsdienst)* emergency service; **~ haben** *Apotheke* to provide emergency [*or* after-hours] services; *Arzt, Feuerwehr* to be on call; *(im Krankenhaus)* to be on duty; *Beamter* to be on duty; *Polizei, Soldaten* to be on standby; **in ~ sein** *Arzt* to be on call; *(im Krankenhaus)* to be on duty; *Feuerwehr, Truppen* to be on standby
③ *(Einheit der Bereitschaftspolizei)* squad [of police]

Be·reit·schafts·arzt, -ärz·tin *m, f* doctor on duty **Be·reit·schafts·dienst** *m* emergency service; *von Apotheker a.* after-hours service **Be·reit·schafts·kre·dit** *m* FIN stand-by credit [*or* loan] **Be·reit·schafts·mo·dus** *m* standby [mode] **Be·reit·schafts·po·li·zei** *f* riot [*or form* security alert] police **Be·reit·schafts·zei·chen** *nt* INFORM prompt character **Be·reit·schafts·zu·stand** *m* standby

be·reit|ste·hen *vi irreg* ■**[für jdn/etw] ~** to be ready [for sb/sth]; *Truppen, Panzer* to stand by [for sb/sth]; ***20 Divisionen stehen bereit*** 20 divisions are standing by **be·reit|stel·len** *vt* ① *(zur Verfügung stellen)* ■**etw [für jdn/etw] ~** to provide [sb/sth with] sth; ■**für jdn/etw bereitgestellt werden** to be provided for sb/sth ② *(vorbereitend hinstellen)* ■**etw ~** to make sth ready ③ BAHN **einen zusätzlichen Zug ~** to run an extra train, to make an extra train available ④ MIL ■**jdn/etw ~** to put sb/sth on standby; **alle bereitgestellten Panzer** all tanks on standby

Be·reit·stel·lung *f* ① *(das Bereitstellen)* provision
② BAHN availability, running
③ MIL **die ~ von Truppen/Panzern** putting soldiers/tanks on standby
④ FIN *(Versorgung)* **~ von Kapital** supply of capital

be·reit·wil·lig I. *adj* ① *(gerne helfend)* willing; **ein ~er Verkäufer** an obliging salesman
② *(gerne gemacht)* **eine ~e Auskunft/ein ~es Angebot** information/an offer given willingly
II. *adv* readily, willingly

Be·reit·wil·lig·keit <-> *f kein pl* willingness; *von Verkaufspersonal* obligingness

be·reu·en* *vt* ■**etw ~** to regret sth; **seine Missetaten/Sünden ~** to repent of one's misdeeds/sins; ■**~, etw getan zu haben** to regret having done sth; ***das wirst du noch ~!*** you'll be sorry [for that]!

Berg <-[e]s, -e> [bɛrk] *m* ① GEOG mountain; *(kleiner)* hill; **den ~ hinauf/hinunter** uphill/downhill; **~ Heil!** good climbing to you!; **über ~ und Tal** up hill and down dale *dated;* **am ~ liegen** to lie at the foot of the hill [*or* mountain]; *s. a.* **Glaube**
② *pl* ■**die ~e** the hills; *(größer)* the mountains
③ *(große Menge)* ■**ein ~/~e von etw** *dat* a pile/piles of sth; **~e von Papier** mountains of paper; **einen ~ von Briefen erhalten** to receive a flood of letters
▸WENDUNGEN: **über alle ~e sein** *(fam)* to be long gone [*or fam* miles away]; **am ~ sein** SCHWEIZ to not have a clue, to be clueless *fam;* **jdm goldene ~e versprechen** to promise sb the moon; **mit etw** *dat* **hinterm ~ halten** to keep quiet about sth [*or* sth to oneself], to not let the cat out of the bag; **wenn der ~ nicht zum Propheten kommt, muss der Prophet zum ~e kommen** *(prov)* if the mountain won't come to Mahomet, [then] Mahomet must go to the mountain *prov;* **der ~ kreißt und gebiert eine Maus** *(selten geh)* the mountain laboured and brought forth a mouse; **über den ~ sein** *(fig)* to be out of the woods; **noch nicht über den ~ sein** to be not out of the woods [*or* out of danger] yet; ***die Patientin ist noch nicht über den ~*** the patient's state is still critical

berg·ab [bɛrkˈʔap] *adv* downhill; ***mit ihm/seinem Geschäft geht es ~*** *(fig)* he/his business is going downhill

Berg·ab·hang *m* side of a mountain, mountainside

berg·ab·wärts [bɛrkˈʔapvɛrts] *adv (geh) s.* **bergab**

Berg·ahorn *m* sycamore [tree] **Berg·aka·de·mie** *f* mining college, school of mining

Ber·ga·mot·te <-, -n> [bɛrgaˈmɔtə] *f* BOT bergamot [orange]

Ber·ga·mott·öl [bɛrgaˈmɔt-] *nt* essence of bergamot

Berg·amt *nt* mining authority

berg·an [bɛrkˈʔan] *adv s.* **bergauf**

Berg·ar·bei·ter(in) *m(f) s.* **Bergmann**

berg·auf [bɛrkˈʔauf] *adv* uphill; **es geht wieder ~** *(fig)* things are looking up [*or* getting better]; ***es geht mit mir wieder ~*** health-wise things are looking up, my health is improving; ***es geht mit dem Geschäft wieder ~*** business is looking up

berg·auf·wärts [bɛrkˈʔaufvɛrts] *adv (geh) s.* **bergauf**

Berg·aus·rüs·tung *f* climbing [*or* mountaineering] equipment **Berg·bahn** *f* mountain railway; *(Seilbahn)* funicular railway

Berg·bau *m kein pl* ■**der ~** mining **Berg·bau·in·dus·trie** *f* mining industry

berg·bau·lich *adj inv* mining; **~e Fläche** mining area [*or* site]

Berg·be·hör·de *f* mining inspectorate **Berg·be·stei·gung** *f* mountain climb [*or* ascent] **Berg·be·woh·ner(in)** *m(f)* mountain dweller, highlander **Berg·dorf** *nt* mountain village

Ber·ge·lohn [ˈbɛrgə-] *m* NAUT salvage [money] *no art*

ber·gen <barg, geborgen> [ˈbɛrgn̩] *vt* ① *(retten)* ■**jdn/etw [aus etw** *dat*] **~** to save sb/sth, to rescue sb/sth [from sth]; **Giftstoffe/Tote ~** to recover toxic material/the dead; **ein Schiff/eine Schiffsladung ~** to salvage a ship/a ship's cargo; **tot geborgen werden** to be recovered dead
② *(in Sicherheit bringen)* ■**etw [aus etw** *dat*] **~** to remove sth [from sth]
③ *(geh: enthalten)* ■**etw [in sich** *dat*] **~** to hold sth
④ *(mit sich bringen)* ■**[in sich** *dat*] **~** to involve sth
⑤ *(geh: schützen)* ■**jdn [vor jdm/etw] ~** to shelter sb [from sb/sth]
⑥ *(geh: verbergen)* ■**etw an etw** *dat*/**in etw** *dat* **~** to hide sth on/in sth; ***sie barg ihren Kopf an seiner Schulter*** she buried her face in his shoulder

Ber·ge·nie <-, -n> [bɛrˈgeːni̯ə] *f* BOT saxifrage

Berg·fahr·rad *nt* mountain bike **Berg·fahrt** *f* ① *mit einer Bergbahn* ascent ② NAUT *mit einem Flussschiff* passage upstream **Berg·fink** *m* ORN brambling

Berg·fried <-[e]s, -e> [ˈbɛrkfriːt] *m* keep; HIST *bes* donjon

Berg·füh·rer(in) *m(f)* mountain guide **Berg·geist** *m* mountain troll **Berg·gip·fel** *m* mountain top [*or* peak] **Berg·go·ril·la** *m* ZOOL mountain gorilla **Berg·grat** *m* mountain ridge **Berg·hang** *m* mountain slope

berg·hoch I. *adj* mountainous; **berghohe Müll-/Schutthaufen** mountains of rubble/rubbish [*or* garbage]
II. *adv* ***der Müll türmte sich ~*** mountains of rubbish were piled up; ***die Wellen türmten sich ~*** the waves rose to mountainous heights

Berg·hüt·te *f* mountain hut [*or* refuge]

ber·gig [ˈbɛrgɪç] *adj* hilly; *(gebirgig)* mountainous

Berg·in·ge·ni·eur(in) *m(f)* mining engineer

ber·gisch [ˈbɛrgɪʃ] *adj inv* **das B~e Land** *hilly area to the East of Cologne*

Berg·kamm *m* mountain crest **Berg·kä·se** *m* alpine cheese **Berg·ket·te** *f* mountain range [*or* chain] **Berg·kris·tall** *m* rock [*or* mountain] crystal *no art* **Berg·kup·pe** *f* mountain top **Berg·land** *nt* hilly country [*or* region]; *(gebirgig)* mountainous country [*or* region] **Berg·land·schaft** *f* mountain landscape **Berg·lin·se** *f* puy lentil **Berg·luft** *f* mountain air **Berg·mann** <-leute> [ˈbɛrkman, *pl* -lɔytə] *m* miner **Berg·mas·siv** *nt* massif **Berg·not** *f* **in ~ sein** [*o* **geraten**] to have [*or* get into] [serious] climbing difficulties **Berg·pla·teau** *nt* mountain plateau **Berg·pre·digt** *f kein pl* REL ■**die ~** the Sermon on the Mount **Berg·recht** *nt kein pl* JUR mining law

berg·recht·lich *adj inv* JUR mining *attr;* **B~e Gewerkschaft** mining company

Berg·rü·cken *m* mountain ridge [*or* crest] **Berg·rutsch** *m* landslide, BRIT *a.* landslip **Berg·sat·tel** *m* [mountain] saddle, col **Berg·schuh** *m* climbing boot **Berg·seil** *nt* climbing [*or* mountaineering] rope **Berg·spit·ze** *f* mountain peak **Berg·sta·ti·on** *f* mountain rescue hut **Berg·stei·ge·fä·hig·keit** *f* AUTO hill-climbing ability

berg|stei·gen *vi irreg sein o haben* to mountaineer, to go mountain climbing [*or* mountaineering]

Berg·stei·gen *nt* mountaineering

Berg·stei·ger(in) *m(f)* mountain climber, mountaineer

Berg·stra·ße [ˈbɛrkʃtraːzə] *f* ① *(Straße im Gebirge)* mountain road ② *(in Deutschland)* ■**die ~** *area between Darmstadt and Heidelberg noted for its wines and fruit* **Berg·sturz** *m* [heavy] landslide **Berg·tour** *f* [mountain] climb

Berg-und-Tal-Bahn *f* roller coaster, BRIT *a.* big dipper, BRIT *a.* switchback **Berg-und-Tal-Fahrt** *f* roller coaster ride; ***das war die reinste ~*** *(fig)* it was like being on a roller coaster

Ber·gung <-, -en> *f* ① *(Rettung)* saving, rescuing; ***die ~ der Lawinenopfer gestaltete sich äußerst schwierig*** it was extremely difficult to rescue those caught by the avalanche; *einer Schiffsladung* salvaging
② *(das Bergen)* removing; *von Toten* recovering

Ber·gungs·ar·bei·ten *f* rescue work *no pl, no indef art; von Schiff[sladung]* salvage work *no pl, no indef art* **Ber·gungs·dienst** *m* ① TRANSP recovery service ② NAUT salvage service **Ber·gungs·fahr·zeug** *nt* ① *für Flugzeug* crash tender ② *für Kfz* recovery [*or* rescue] vehicle, AM *a.* wrecker **Ber·gungs·hub·schrau·ber** *m* recovery helicopter **Ber·gungs·mann·schaft** *f* rescue team; *von Schiff[sladung]* salvage team **Ber·gungs·recht** *nt inv* JUR right of salvage **Ber·gungs·schiff** *nt* salvage tug **Ber·gungs·schlep·per** *f* NAUT salvage tug **Ber·gungs·trupp** *m* rescue party **Ber·gungs·ver·pflich·tung** *f* JUR salvage bond **Ber·gungs·ver·trag** *m* JUR salvage contract

Berg·volk *nt* mountain race **Berg·wacht** *f* mountain [*or* alpine] rescue service **Berg·wand** *f* mountain face **Berg·wan·de·rung** *f* mountain hike [*or* trek], BRIT *a.* hill-walk **Berg·werk** *nt* mine; **im ~ arbeiten** to work down the mine *hum* **Berg·wie·se** *f* mountain pasture **Berg·wind** *m* mountain wind

Be·ri·be·ri <-> [beriˈbeːri] *f kein pl* MED beriberi

Be·richt <-[e]s, -e> [bəˈrɪçt] *m* report; *(Zeitungsbericht a.)* article (+*gen* by); **amtlicher ~** official report, communiqué; **~ vom Tage** news report; **[jdm] [über etw** *akk*] **~ erstatten** [to report [to sb] on sth [*or* to sb [on sth]], to give [sb] a report [on sth]

be·rich·ten* I. *vt* ■**[jdm] etw ~** to tell sb [sth]; ***was gibt's denn zu ~?*** what have you to tell me?; ***es gibt einiges zu ~*** I/we have a number of things to tell you; **falsch/recht berichtet** SCHWEIZ wrong/right [*or* correct]; ***bin ich falsch/recht berichtet, wenn ich annehme...?*** am I wrong/right [*or form* correct] in assuming ...?
II. *vi* ① *(Bericht erstatten)* ■**[über etw** *akk*] **[für jdn]** to report on sth [for sb]; **ausführlicher ~** to give a more detailed report; ***es berichtet für Sie exklusiv ...*** reporting for you exclusively is ...; ***wie unser Korrespondent berichtet*** according to our correspondent; ***wie soeben berichtet wird, sind die Verhandlungen abgebrochen worden*** we are just receiving reports that negotiations have been broken off
② *(mitteilen)* ■**jdm über etw** *akk* **~** to tell sb about sth; ■**[jdm] ~, dass ...** to tell [*or form* inform] sb that ...; ■**[jdm] ~, wann/warum/wie ...** to tell sb when/why/how ...; ■**[jdm] ~, wenn ...** to let sb know when ...; ***es wird berichtet, dass ...*** it's going the rounds that ...; ***von Zeugen wurde uns berichtet, wie/dass ...*** we have received accounts from witnesses on how ...
③ SCHWEIZ *(erzählen)* to talk, to chat *fam;* ***es gibt viel zu ~*** there is [*or* we have] a lot to talk [*or fam*

chat] about

Be·richt·er·stat·ter(in) <-s, -> *m(f)* reporter; *(Korrespondent)* correspondent **Be·richt·er·stat·tung** *f (Reportage)* ■**die** ~ reporting (**über** +*akk* on); *(Bericht)* report; **zur** ~ **zurückgerufen werden** to be called back to [give a] report

be·rich·ti·gen* [bəˈrɪçtɪgn̩] **I.** *vt* ① *(korrigieren)* ■**jdn/etw** ~ to correct sb/sth; ■**sich** *akk* ~ to correct oneself; **eine erste Fassung** ~ to correct [*or form* emend] an initial version; ~ ***Sie mich, wenn ich mich irre*** correct me if I'm wrong *a. iron;* **etw nach unten** ~ FIN to round down sth
② JUR ■**etw** ~ to rectify sth
II. *vi* to correct sb/sth; ***„Irrtum," berichtigte sie*** "Wrong," she corrected [him/her etc.]; ■~**d** corrective

Be·rich·ti·gung <-, -en> *f* ① *(Korrektur)* correction
② JUR rectification
③ *(schriftliche Korrekturarbeit)* corrections *pl*

Be·rich·ti·gungs·ak·tie *f* BÖRSE bonus share, BRIT scrip issue, stock dividend **Be·rich·ti·gungs·an·spruch** *m* JUR claim for rectification **Be·rich·ti·gungs·fak·tor** *m* FIN corrective factor **Be·rich·ti·gungs·klau·sel** *f* JUR rectification clause **Be·rich·ti·gungs·schein** *nt* JUR certificate of correction **Be·rich·ti·gungs·ver·merk** *m* JUR rectification note

Be·richts·jahr *nt* ÖKON year under review [*or* report] **Be·richts·pe·ri·o·de** *f,* **Be·richts·zeit·raum** *m* FIN audit period **Be·richts·pflicht** *f* JUR mandatory reporting **Be·richts·quar·tal** *nt* FIN, ÖKON quarter under review **Be·richts·ter·min** *m* JUR reporting date

be·rie·chen* *irreg* **I.** *vt* ■**jdn/etw** ~ to sniff at [*or* smell] sb/sth; *Tier* to sniff at sb/sth
II. *vr (fam)* ■**sich** *akk* [**gegenseitig**] ~ to size each other up

be·rie·seln* *vt* ① *(rieselnd bewässern)* ■**etw** ~ to spray sth [with water]; **etw dünn** ~ to spray sth lightly [with water]
② *(fig fam)* ■**von etw** *dat* **berieselt werden** to be exposed to a constant stream of sth; **sich** *akk* **von Musik** ~ **lassen** to have [a constant stream of] music playing in the background

Be·rie·se·lung <-, -en> *f* ① *(das Berieseln)* spraying; ■**die** ~ **einer S.** *gen*/**von etw** *dat* spraying sth
② *(fam)* ■**die** ~ **durch** [*o* **mit**] **etw** the constant stream of sth; **die** ~ **der Kunden mit Musik/Werbung** exposing customers to a constant stream of music/ advertisements

Be·rie·se·lungs·an·la·ge *f* sprinkler [system]; *(größer)* irrigation system

be·rin·gen* [bəˈrɪŋən] *vt* ■**einen Vogel** ~ to ring a bird; ■**beringt** ringed; **mit Brillanten beringte Finger** fingers ringed with diamonds

Be·ring·meer [ˈbeːrɪŋ-] *nt* Bering Sea **Be·ring·stra·ße** [ˈbeːrɪŋʃtraːsə] *f* Bering Strait

be·rit·ten *adj* mounted, on horseback *pred;* ~**e Polizei** mounted police + *sing/pl vb*

Ber·ke·li·um <-s> [bɛrˈkeːli̯ʊm] *nt kein pl* berkelium *no art*

Ber·lin <-s> [bɛrˈliːn] *nt* Berlin

Ber·li·ner[1] <-s, -> [bɛrˈliːnɐ] *m* DIAL *(süßes Stückchen)* ■~ [**Pfannkuchen**] doughnut BRIT, donut AM

Ber·li·ner[2] [bɛrˈliːnɐ] *adj attr (aus Berlin)* Berlin; *s. a.* **Pfannkuchen, Weiße**

Ber·li·ner(in) <-s, -> [bɛrˈliːnɐ] *m(f)* Berliner

ber·li·ne·risch [bɛrˈliːnərɪʃ] *adj* Berlin *attr,* Berlinese

ber·li·nern* [bɛrˈliːnɐn] *vi (fam)* to speak [in] [the] Berlin dialect

Ber·mu·da·drei·eck [bɛrˈmuːda-] *nt kein pl* ■**das** ~ the Bermuda triangle

Ber·mu·das[1] [bɛrˈmuːdas] *pl* ■**die** ~ Bermuda *no art, + sing vb,* the Bermudas + *pl vb;* **auf den** ~ in Bermuda [*or* the Bermudas]

Ber·mu·das[2] [bɛrˈmuːdas], **Ber·mu·da·shorts** [bɛrˈmuːdaʃoːɐ̯ts, -ʃɔrts] *pl* Bermudas, Bermuda shorts

Bern <-s> [bɛrn] *nt* Bern[e]

Ber·ner [ˈbɛrnɐ] *adj attr* Berne[se]

Ber·ner(in) <-s, -> [ˈbɛrnɐ] *m(f)* Bernese

Ber·ner Al·pen *pl* Bernese Alps *pl*

Ber·ner Ober·land *nt* ■**das** ~ the Bernese Oberland

Bern·har·di·ner <-s, -> [bɛrnharˈdiːnɐ] *m* Saint Bernard [dog]

Bern·har·di·ner·hund *m* St Bernard [dog]

Ber·nitsch·ke [bɛrˈnɪtʃkə] *f* BOT cranberry

Bern·stein [ˈbɛrnʃtain] *m kein pl* amber, succinite *spec*

bern·stein·far·ben *adj* amber[-coloured [*or* AM -ored]] **Bern·stein·ket·te** *f* amber necklace **Bern·stein·säu·re** *f kein pl* CHEM succinic acid

Ber·ser·ker <-s, -> [bɛrˈzɛrkɐ] *m* ① HIST berserker
② *(Irrer)* madman; **arbeiten wie ein** ~ to work like crazy [*or* fury] [*or* mad]; **toben wie ein** ~ to go berserk; **zum** ~ **werden** to go [*or* be sent] berserk

bers·ten <barst, geborsten> [ˈbɛrstn̩] *vi sein (geh)*
① *(auseinanderplatzen)* to explode; *Ballon* to burst; *Glas, Eis* to break, to crack; *Erde* to burst open, to break asunder *liter;* **zum B~ voll** *(fam)* full to bursting[-point] *fam*
② *(fig)* ■**vor etw** *dat* ~ to burst with [*or* nearly die of] sth; **vor Wut** ~ to be livid [*or* to tremble] with rage; **vor Lachen** ~ to split one's sides laughing

Berst·schutz *m (im Kernkraftwerk)* safety containment

be·rüch·tigt [bəˈrʏçtɪçt] *adj* ① *(in schlechtem Ruf stehend)* notorious, infamous; ■**wegen einer S.** *gen* ~ **sein** to be notorious for sth
② *(gefürchtet)* feared, dreaded; ■**wegen einer S.** *gen* ~ **sein** to be feared [*or* dreaded] because of sth

be·rü·ckend *adj* captivating, enchanting; **eine** ~**e Schönheit** a ravishing beauty

be·rück·sich·ti·gen* [bəˈrʏkzɪçtɪgn̩] *vt* ① *(beachten, einkalkulieren)* ■**etw** ~ to take sth into consideration [*or* account], to bear sth in mind; ■~, **dass ...** to remember [*or* bear in mind] that ..., to take into consideration [*or* account] [the fact] that ...
② *(rücksichtsvoll anerkennen)* ■**etw** ~ to allow [*or* make allowances] for sth; ***wir müssen ~, dass er lange krank war*** we have to allow for his long illness
③ *(positiv bedenken)* ■**jdn/etw** ~ to consider sb/ sth; **jdn/etw testamentarisch** ~ to remember sb/ sth in one's will

Be·rück·sich·ti·gung <-> *f kein pl* consideration; **unter** ~ **einer S.** *gen* in consideration of [*or* with regard to] sth; ~ **finden** to be considered

Be·ruf <-[e]s, -e> [bəˈruːf] *m* occupation *form,* job; **ein akademischer** ~ an academic profession; **ein freier** ~ a profession; **ein handwerklicher** ~ a trade; **ein gewerblicher** ~ a commercial trade, business; ***sie ist Ärztin von*** ~ she's a doctor; ***er ist Maurer von*** ~ he's a bricklayer by trade; **einen** ~ **ausüben** to work; ***was sind Sie von ~?*** what do you do [for a living]?, what is your occupation? *form;* ***welchen ~ üben Sie aus?*** what's your profession [*or* occupation]?; **einen** ~ **ergreifen** to take up an occupation [*or* trade] [*or* profession]; ***welchen ~ willst du später mal ergreifen?*** what would you like to be when you grow up?; **im** ~ **stehen** to work; **seinen** ~ **verfehlt haben** to have missed one's vocation; **von** ~**s wegen** because of one's job

be·ru·fen[1] *adj* ① *(kompetent)* qualified, competent; *s. a.* **Mund, Seite**
② *(ausersehen)* ■**zu etw** *dat* ~ **sein** to have a vocation [*or* calling] for sth [*or* to do sth]; ***er ist zu Großem*** ~ he's meant for greater things; **sich** *akk* ~ **fühlen, etw zu tun** to feel called to do sth, to feel one has a vocation [*or* calling] [*or* mission] to do/be sth; **viele sind** ~ REL many are called

be·ru·fen*[2] *irreg* **I.** *vt* ① *(ernennen)* ■**jdn zu etw** *dat* ~ to appoint sb to sth; **jdn auf einen Lehrstuhl** ~ to offer sb a chair
② *(fam: heraufbeschwören)* **etw nicht** ~ **wollen** to hate to have to say sth, to not want to tempt fate; ***ich will es nicht ~, aber er schafft die Prüfung sicher nicht*** much as I hate to say it, he's not going to pass the exam; ***ich will das Unglück nicht ~*** I don't want to invite trouble
③ *(veraltet: zusammenrufen, zu sich rufen)* ■**etw** ~ to convene [*or* summon] sth; ***das Parlament wurde ~*** Parliament was convoked [*or* summoned]; ■**jdn zu sich** *dat* ~ to call [*or* summon] sb to one; ***der Herr hat sie zu sich ~*** she has been called to her Maker
II. *vr* ■**sich** *akk* **auf jdn/etw** ~ to refer to sb/sth; ***der Korrespondent berief sich auf die Prawda*** the journalist quoted "Pravda" [in support]; ***sie berief sich auf ihre Unkenntnis*** she pleaded her ignorance
III. *vi* JUR ÖSTERR *(Berufung einlegen)* to [lodge an] appeal

be·ruf·lich **I.** *adj* professional, vocational; ~**e Aussichten** career [*or* job] prospects; ~**er Erfolg** success in one's career [*or* job]; ~**er Werdegang** career; ~**e Laufbahn** career; ~**e Pflichten** professional duties [*or* tasks]; ~**e Fortbildung** further training; **aus** ~**en Gründen verreist** [*o* **abwesend**] away on business
II. *adv* as far as work is concerned; **es geht** ~ **bergauf/bergab** things are going well/badly in one's job; **sich** *akk* ~ **weiterbilden** [*o* **fortbilden**] to undertake further training; **sich** *akk* ~ **verbessern/ verschlechtern** to improve/worsen one's professional situation; ~ **vorankommen** to progress in one's career; ~ **unterwegs sein** to be away on business; ~ **verhindert sein** to be detained by work; ***was macht sie ~?*** what does she do for a living?

Be·rufs·ana·ly·se *f* ÖKON job analysis [*or* breakdown] **Be·rufs·ar·mee** *f* regular army

Be·rufs·aus·bil·dung *f* [professional] training; ~ **zum Handwerker** apprenticeship **Be·rufs·aus·bil·dungs·ver·trag** *m* JUR indenture

Be·rufs·aus·sich·ten *pl* career prospects *pl*

Be·rufs·aus·übung *f kein pl* exercise of one's profession **Be·rufs·aus·übungs·frei·heit** *f* JUR freedom to exercise a profession

Be·rufs·be·am·te(r) *f(m) dekl wie adj* civil servant **Be·rufs·be·am·ten·tum** *nt* civil service **be·rufs·be·dingt** *adj* occupational; ***bei einem Bäcker ist das frühe Aufstehen ~*** for a baker getting up early is part of the job; ~**e Krankheit** occupational disease **Be·rufs·be·ra·ter(in)** *m(f)* careers advisor [*or* adviser] **Be·rufs·be·ra·tung** *f (Beratungsstelle)* careers [*or* AM career] advisory service; *(das Beraten)* careers [*or* AM career] advice [*or* guidance] **Be·rufs·be·zeich·nung** *f* [official] job title **be·rufs·be·zo·gen** **I.** *adj* vocational **II.** *adv* ~ **unterrichten** to teach vocationally [*or* practically] orient[at]ed **Be·rufs·bild** *nt* job outline *(analysis of an occupation as a career)* **Be·rufs·bil·dungs·pro·jekt** *nt* job training scheme [*or* plan] **Be·rufs·bo·xer** *m* professional boxer **Be·rufs·eig·nungs·prü·fung** *f* vocational aptitude test **be·rufs·er·fah·ren** *adj* [professionally] experienced, with occupational [*or* work] experience **Be·rufs·er·fah·rung** *f* work [*or* professional] [*or* occupational] experience **Be·rufs·ethos** *nt* professional ethics *npl* **Be·rufs·fach·schu·le** *f* training college **Be·rufs·feu·er·wehr** *f* [professional] fire brigade [*or* AM department] **Be·rufs·frei·heit** *f kein pl* occupational liberty, freedom to choose a career **be·rufs·fremd** *adj* with no experience of [*or* in] a field [*or* a particular occupation]; ~***e Bewerber haben kaum eine Chance*** applicants who have no experience in this field have almost no chance; **eine** ~**e Tätigkeit** a job outside one's profession [*or* trade] **Be·rufs·ge·heim·nis** *nt (Schweigepflicht)* professional confidentiality [*or* secrecy]; *(Geheimniskrämerei)* professional secret **Be·rufs·ge·nos·sen·schaft** *f* professional [*or* trade] association **Be·rufs·grup·pe** *f* occupational group

Be·rufs·haft·pflicht *f* JUR, ÖKON professional liability **Be·rufs·haft·pflicht·ver·si·che·rung** *f* JUR, FIN professional [risk] indemnity insurance; *(für Anwälte)* Solicitors' Indemnity Fund BRIT

Be·rufs·haf·tung *f* JUR professional liability **Be·rufs·heer** *nt* professional [*or* regular] army **Be·rufs·ju·gend·li·che(r)** *f(m) dekl wie adj (iron fam)* wannabe teenager *pej fam* **Be·rufs·klei·dung** *f* work[ing] clothes *npl* **Be·rufs·krank·heit** *f* occupational [*or* industrial] disease [*or* illness] **Be·rufs·le·ben** *nt* working life; **im ~ stehen** to be working [*or form* in employment]

be·rufs·mä·ßig I. *adj* professional
II. *adv* professionally; **etw ~ machen/betreiben** to do sth on a professional basis; ***er ist ~ sehr engagiert*** he's very taken up with his work

Be·rufs·of·fi·zier(in) *m(f)* professional officer **Be·rufs·or·ga·ni·sa·ti·on** *f* JUR, ÖKON professional agency [*or* organization]

Be·rufs·pflicht *f* professional obligation [*or* duty] **Be·rufs·pflicht·ver·let·zung** *f* professional misconduct [*or* negligence]

Be·rufs·pra·xis *f kein pl* professional practice **Be·rufs·recht** *nt kein pl* JUR, FIN employment law; **Berufs- und Standesrecht** vocational and professional law **Be·rufs·rich·ter(in)** *m(f)* JUR professional judge **Be·rufs·ri·si·ko** *nt* occupational hazard **Be·rufs·scha·den** *m* JUR industrial injury **Be·rufs·schu·le** *f* vocational school, technical college, college of further education **Be·rufs·schü·ler(in)** *m(f)* student at vocational school [*or* a technical college] **Be·rufs·schul·leh·rer(in)** *m(f)* SCH vocational school teacher **Be·rufs·schutz** *m (hist) former possibility for an unemployed person to refuse a job on the grounds of it not being compatible with his/her qualifications* **Be·rufs·sol·dat(in)** *m(f)* professional [*or* regular] soldier **Be·rufs·spie·ler(in)** *m(f)* ❶ SPORT professional player ❷ *(Glücksspieler)* professional gambler **Be·rufs·sport·ler(in)** *m(f)* professional [sportsman/sportswoman], pro *fam* **Be·rufs·stand** *m* professional group; *(akademisch)* profession; *(handwerklich)* trade

be·rufs·tä·tig *adj* employed, working; ■ **~ sein** to have a job, to [be in] work; ***sie ist nicht mehr ~*** she's left [*or* out of] work; **~e Frau/Mutter/~er Mann** working woman/mother/man

Be·rufs·tä·ti·ge(r) *f(m) dekl wie adj* working person; ■ **die ~n** those in employment, the working people

Be·rufs·tä·tig·keit *f* occupation, [gainful] employment; ***bei ~ beider Ehepartner*** when both husband and wife are working [*or* in employment]; ***nach 20 Jahren ~ warf er alles hin*** after 20 years of working life, he gave it all up **be·rufs·un·fä·hig** *adj* disabled; **zu 10 % ~ sein** to have an 10% occupational disability; **jdn ~ schreiben** to certify that sb is unable to practice his/her profession

Be·rufs·un·fä·hig·keit *f* occupational incapacity [*or* disability], inability to practice one's profession

Be·rufs·un·fä·hig·keits·ren·te *f* JUR, ÖKON provision for disability **Be·rufs·un·fä·hig·keits·ver·si·che·rung** *f* JUR, ÖKON occupational disability insurance

Be·rufs·un·fall *m* occupational [*or* industrial] accident **Be·rufs·ver·band** *m* professional [*or* trade] organization [*or* association] **Be·rufs·ver·bot** *nt official debarment from one's occupation;* **jdm ~ erteilen** [*o* **auferlegen**] to ban sb from his/her occupation; **~ haben** to be banned from one's occupation **Be·rufs·ver·bre·cher(in)** *m(f)* professional criminal **Be·rufs·ver·ei·ni·gung** *f* HANDEL professional association, trade association **Be·rufs·ver·kehr** *m* rush-hour traffic

Be·rufs·vor·be·rei·tung *f* vocational preparation **Be·rufs·vor·be·rei·tungs·jahr** *nt pre-training course of one year*

Be·rufs·wahl *f kein pl* choice of career [*or* occupation] **Be·rufs·wech·sel** *m* change of occupation **Be·rufs·zweig** *m* profession, professional branch [*or* field]

Be·ru·fung <-, -en> *f* ❶ JUR appeal; ***ich rate Ihnen zur ~*** I advise you to appeal [*or* lodge [*or* file] an appeal]; **~ in erster/zweiter Instanz** to appeal to a court of first/second instance; **in die ~ gehen** [*o* **~ einlegen**] to lodge [*or* file] an appeal, to appeal; **die ~ zulassen/für unzulässig erklären** to give/refuse leave to appeal; **einer ~ stattgeben** to allow an appeal
❷ *(Angebot für ein Amt)* appointment, nomination; ■ **die/eine ~ auf etw** *akk*/**in etw** *akk* the/an appointment as/to sth; **eine ~ auf einen Lehrstuhl erhalten** SCH to be offered a chair; **eine ~ in ein Amt erhalten** to be appointed to office *no art*
❸ *(innerer Auftrag)* vocation; ■ **jds ~ zu etw** *dat* sb's calling [*or* vocation] for sth; ***sie ist Lehrerin aus ~*** she was called to be a teacher
❹ *(das Sichbeziehen)* ■ **die ~ auf jdn/etw** reference to sb/sth; **unter ~ auf jdn/etw** with reference to [*or* on the authority of] sb/sth

Be·ru·fungs·ab·tei·lung *f* JUR appellate division **Be·ru·fungs·an·schluss·schrift**[RR] *f* JUR notice of cross-appeal **Be·ru·fungs·an·trag** *m* JUR petition of appeal **Be·ru·fungs·aus·schuss**[RR] *m* JUR appeal tribunal **Be·ru·fungs·be·grün·dung** *f* JUR grounds of appeal **Be·ru·fungs·be·klag·te(r)** *f(m) dekl wie adj* JUR respondent, appellee, party appealed **Be·ru·fungs·ein·le·gung** *f* JUR lodging of an appeal **be·ru·fungs·fä·hig** *adj inv* JUR appealable; **nicht ~** non-appealable **Be·ru·fungs·frist** *f* JUR time-limit for appealing **Be·ru·fungs·füh·rer(in)** *m(f)* JUR appellant **Be·ru·fungs·geg·ner(in)** *m(f)* JUR appellee **Be·ru·fungs·ge·richt** *nt* court of appeal **Be·ru·fungs·ge·richts·bar·keit** *f* JUR appellate jurisdiction **Be·ru·fungs·grün·de** *pl* JUR grounds for appeal **Be·ru·fungs·in·stanz** *f* court of appeal **Be·ru·fungs·kla·ge** *f* appeal **Be·ru·fungs·klä·ger(in)** *m(f)* JUR appellant **Be·ru·fungs·kom·mis·si·on** *f* review committee **Be·ru·fungs·recht** *nt kein pl* JUR right of appeal **Be·ru·fungs·rich·ter(in)** *m(f)* JUR appellate [*or* appeal court] judge **Be·ru·fungs·sa·che** *f* JUR case on appeal **Be·ru·fungs·schrift** *f* JUR petition for appeal **Be·ru·fungs·sum·me** *f* JUR amount subject to appeal **Be·ru·fungs·ur·kun·de** *f* JUR letters patent **Be·ru·fungs·ur·teil** *nt* JUR appeal judgement **Be·ru·fungs·ver·fah·ren** *nt* JUR appellate procedure **Be·ru·fungs·ver·hand·lung** *f* JUR hearing of an appeal **Be·ru·fungs·ver·zicht** *m* JUR waiver of the appeal **Be·ru·fungs·weg** *m* JUR path of appeal

be·ru·hen* *vi* ■ **auf etw** *dat* **~** to be based [*or* founded] on sth; ***der Film beruht auf einer wahren Begebenheit*** the movie is based on a true story; ***die ganze Angelegenheit beruht auf einem Irrtum*** the whole affair is due to a mistake; **etw auf sich** *dat* **~ lassen** to drop sth; ***ich will diese Angelegenheit auf sich ~ lassen*** I want to let the matter rest; ***du kannst das nicht auf sich ~ lassen*** you cannot let this pass [*or* go] unnoticed; *s. a.* **Gegenseitigkeit**

be·ru·hi·gen* [bəˈruːɪgn̩] I. *vt* ❶ *(beschwichtigen)* ■ **jdn ~** to reassure [*or* comfort] sb; ***ihr herzlicher Empfang beruhigte ihn wieder*** their warm welcome set [*or* put] him at ease again; **jds Gewissen/Gedanken ~** to ease sb's conscience/mind
❷ *(ruhig machen)* ■ **jdn/etw ~** to calm sb/sth [down], to pacify sb; **jdm die Nerven ~** to soothe sb's nerves; **jds Schmerzen ~** to ease [*or* relieve] [*or* alleviate] sb's pain; **den Verkehr ~** to introduce traffic calming measures; ***dieses Getränk wird deinen Magen ~*** this drink will settle your stomach
II. *vr* ❶ *(ruhig werden)* ■ **sich** *akk* **~** to calm down, to relax, to chill out *sl; politische Lage* to stabilize; *Meer* to grow calm; **~ *Sie sich!*** calm down!, take it easy!
❷ *(abflauen)* ■ **sich** *akk* **~** *Unwetter, Nachfrage* to die down, to abate, to subside *form; Krise* to ease off

be·ru·hi·gend I. *adj* ❶ *(ruhig machend)* reassuring; *Musik, Bad, Massage* soothing
❷ MED *(ruhigstellend)* sedative
II. *adv* reassuringly, soothingly; **eine ~ wirkende Spritze** an injection with a sedative effect

be·ru·higt [bəˈruːɪçt] I. *adj* relieved, reassured; ***dann bin ich ~!*** that's put my mind at rest!, that's a relief!
II. *adv* with an easy mind, without worrying

Be·ru·hi·gung <-, -en> *f* ❶ *(das Beschwichtigen)* reassurance; ***ich hoffe, diese positive Auskunft dient Ihrer ~*** I hope you are reassured by this positive news
❷ *(das Beruhigen)* soothing, calming; ***geben Sie der Patientin etwas zur ~*** give the patient something to calm her; **ein Mittel zur ~** a sedative; **zwangsweise ~** MED enforced sedation; **zu jds** *dat* **~** to reassure sb, to set sb's mind at rest; ***ich kann Ihnen zu Ihrer ~ versichern, dass Ihr Kind unverletzt ist*** I can reassure you that your child is unharmed; ***sehr zu meiner ~*** much to my relief
❸ *(das Beruhigtsein)* calming [down]; ***bald nach Einnahme des Mittels trat ein Effekt der ~ ein*** soon after taking the medicine it began to have a soothing effect [on him/her]

Be·ru·hi·gungs·mit·tel *nt* sedative **Be·ru·hi·gungs·pil·le** *f* sedative [pill], tranquillizer BRIT, tranquilizer AM **Be·ru·hi·gungs·sprit·ze** *f* sedative [injection], tranquillizer BRIT, tranquilizer AM

be·rühmt [bəˈryːmt] *adj* famous, celebrated, noted; ■ **für** [*o* **wegen**] **etw ~ sein** to be famous [*or* noted] [*or form* renowned] for sth
▸WENDUNGEN: **nicht gerade** [**sehr**] **~ sein** *(fam)* to be nothing to write home [*or* shout] about

be·rühmt-be·rüch·tigt *adj inv* notorious, infamous

Be·rühmt·heit <-, -en> *f* ❶ *(Ruf)* fame, eminence, renown *form;* ***die ~ von Shakespeare ist unbestritten*** Shakespeare's fame [*or* renown] is undeniable; **~ erlangen** to rise to [*or* achieve] fame, to become famous, to achieve eminence *form;* **zu trauriger ~ gelangen** *(iron)* to achieve notoriety *iron*
❷ *(berühmter Mensch)* celebrity, well-known personality; ***sie ist eine ~*** she's a star

Be·rüh·mung <-, -en> *f* JUR *eines Patents* marking and notification

be·rüh·ren* I. *vt* ❶ *(Kontakt haben)* ■ **jdn/etw ~** to touch sb/sth; MATH to be at a tangent to; ***bitte nicht ~!*** please do not touch!; ***wo die Felder die Berge ~*** where the fields border on [*or* meet] the mountains
❷ *(seelisch bewegen)* ■ **jdn** [**in irgendeiner Weise**] **~** to touch [*or* move] [*or* affect] sb [in a certain way]; ***dieses Lob hat sie angenehm berührt*** the praise came as a pleasant surprise to her; ***das berührt mich überhaupt nicht!*** I couldn't care less!
❸ *(kurz erwähnen)* ■ **etw ~** to touch on [*or* allude to] sth; **ein Thema nicht ~** to avoid [any] reference to a subject
❹ *(auf Reise streifen)* ■ **etw ~** to call at [*or* stop [off]] somewhere
II. *vr* ❶ *(Kontakt haben)* ■ **sich** *akk* **~** to touch, to come into contact [with each other] [*or* [with one another]]
❷ *(übereinstimmen)* ■ **sich** *akk* [**in etw** *dat*] **~** to meet, to converge; ***in einigen Punkten ~ wir uns*** we agree on a couple of points

be·rührt *adj* touched, moved, affected; ■ **von etw** *dat* [**irgendwie**] **~ sein** to be [somehow] touched [*or* moved] [*or* affected] by sth; ***ich bin angenehm ~!*** it has come as a pleasant surprise!; **peinlich ~ sein** to be deeply embarrassed; **schmerzlich/seltsam/unangenehm ~ sein** to be painfully/strangely/unpleasantly affected

Be·rüh·rung <-, -en> *f* ❶ *(Kontakt)* contact, touch; **jdn mit etw** *dat* **in ~ bringen** to bring sb into contact with sth; ***diese Weltreise brachte uns mit fremden Kulturen in ~*** on this world trip we encountered foreign cultures; **mit jdm/etw in ~ kommen** *(physisch)* to brush up against [*or* touch] sb/sth; *(in Kontakt kommen)* to come into contact with sb/sth; ***bei ~ dieses Drahtes wird der Alarm ausgelöst*** touching the wire sets off the alarm; **bei der leisesten** [*o* **geringsten**] **~** at the slightest touch; ***„bei ~ Lebensgefahr!"*** "danger! do not touch!"
❷ *(Erwähnung)* reference, allusion; ***sie vermied jede ~ dieses Themas*** she avoided any reference [*or* allusion] to this subject

Be·rüh·rungs·angst *f meist pl* fear of contact **Be·rüh·rungs·bild·schirm** *m* touchscreen **Be·rüh·rungs·flä·che** *f* area of contact **Be·rüh·rungs·punkt** *m* ❶ *(Punkt der Übereinstimmung)* point of contact, area [*or* point] of agreement ❷ MATH tangential point

Be·ryl·li·um <-s> [beˈrʏli̯ʊm] *nt kein pl* CHEM beryllium

bes. *adv s.* **besonders** esp.

be·sab·bern* I. *vt (fam)* ■**jdn/etw** ~ to slobber on sb/sth *fam*

II. *vr (fam)* ■**sich** *akk* [**mit etw** *dat*] ~ to dribble [sth]; ***er hat sich überall mit Haferbrei besabbert*** he's dribbled porridge all over the place [*or* himself]

be·sa·gen* *vt* ■**etw** ~ to mean [*or* say] [*or* imply] sth; ***das will noch nicht viel*** ~ that doesn't mean anything; **nicht ~, dass** to not mean [to say] that; ***das besagt nicht, dass sie auch tatsächlich kommt*** that doesn't mean [to say] she'll actually come; **es besagt, dass** it says [*or* means] that

be·sagt [bəˈzaːkt] *adj attr (geh)* aforesaid, aforementioned *form;* ~**er Herr Dietrich** the said [*or* aforesaid] Mr Dietrich

be·sai·ten* [bəˈzaitn̩] *vt* **ein Instrument** ~ to string an instrument; **etw neu** ~ to restring sth; *s. a.* **zart**

be·sa·men* [bəˈzaːmən] *vt* ■**jdn/ein Tier** [**künstlich**] ~ to [artificially] inseminate sb/an animal; **eine Pflanze** ~ to pollinate a plant

be·sam·meln* *vr* SCHWEIZ *s.* **versammeln**

Be·samm·lung *f* SCHWEIZ *s.* **Versammlung**

Be·sa·mung <-, -en> *f* insemination, fertilization; **künstliche** ~ artificial insemination, AI

be·sänf·ti·gen* [bəˈzɛnftɪɡn̩] I. *vt* ■**jdn/etw** ~ to calm sb/sth [down], to soothe [*or* placate] sb/sth; **jds Zorn** ~ to calm sb down, to soothe sb's anger; **jdm das Gemüt** ~ to soothe sb's feelings; ***sie war nicht zu*** ~ she was inconsolable

II. *vr* ■**sich** *akk* ~ to calm [*or* BRIT *a.* quieten] down [*or* AM *a.* quiet], to cool down [*or* off]; *Sturm, Unwetter* to die down, to subside *form*

be·sänf·ti·gend *adj* calming, soothing

Be·sänf·ti·gung <-, -en> *f* calming, soothing

Be·san·mast [beˈzaːn-, ˈbeːzaːn-] *m* NAUT mizzenmast

be·sät *adj* ❶ *(bestreut)* ■**mit etw** *dat* ~ strewn [*or* dotted] with sth; *(bedeckt)* covered with sth; **mit Papier/Müll** ~ littered with paper/rubbish [*or* garbage]; **mit Sternen** ~ star-studded [*or* -spangled]

❷ *(iron: überladen)* cluttered, chock-a-block *fam*

Be·satz <-es, Besätze> [bəˈzats, *pl* bəˈzɛtsə] *m* ❶ *(Borte)* border, trimming

❷ JAGD *(Bestand)* stock

Be·sat·zer <-s, -> *m* ❶ *(pej: Besatzungssoldat)* member of the occupying force

❷ *(Besatzungsmacht)* occupying forces *pl*

Be·sat·zung <-, -en> [bəˈzatsʊŋ] *f* ❶ *(Mannschaft)* crew

❷ MIL occupation; *(Besatzungsarmee)* occupying army [*or* forces *pl*]

❸ MIL *(Verteidigungstruppe)* troops, garrison

Be·sat·zungs·ar·mee *f* occupying army **Be·sat·zungs·ge·biet** *nt* occupied territory **Be·sat·zungs·heer** *nt* occupying army, army of occupation **Be·sat·zungs·macht** *f* occupying power **Be·sat·zungs·mit·glied** *nt* crew member **Be·sat·zungs·streit·kräf·te** *pl* occupying forces *pl* **Be·sat·zungs·trup·pen** *pl* occupying troops *pl* **Be·sat·zungs·zo·ne** *f* occupation zone, zone of occupation

be·sau·fen* *vr irreg (sl)* ■**sich** *akk* [**mit etw** *dat*] ~ to get sloshed [*or* plastered] [*or* BRIT *a.* legless] [*or* BRIT *sl a.* pissed] [on sth]

Be·säuf·nis <-ses, -se> *nt (sl)* booze-up *fam,* piss-up BRIT *sl*

be·säu·selt *adj (fam)* tipsy *fam,* tiddly *fam,* woozy *fam,* merry

be·schä·di·gen* *vt* ■**etw** ~ to damage sth

be·schä·digt *adj inv* damaged; **leicht/schwer** ~ slightly/badly damaged

Be·schä·di·gung *f* damage *no pl;* ■**die ~ von etw** *dat* the damage [done] to sth; [**einige/schwere**] ~**en aufweisen** to be [slightly/badly] damaged

Be·schä·di·gungs·kampf *m* BIOL injurious [*or* damaging] fight

be·schaf·fen*[1] I. *vt* ■[**jdm**] **jdn/etw** ~ to get [*or* *fam* get hold of] sb/sth [for sb], to obtain [*or* procure] sb/sth [for sb] *form;* ***eine Waffe ist nicht so ohne weiteres zu*** ~ a weapon is not so easy to come by

II. *vr* ■**sich** *dat* **etw** ~ to get [*or* *fam* get hold of] sth, to obtain sth *form;* ***du musst dir Arbeit/Geld*** ~ you've got to find [*or* get] yourself a job/some money

be·schaf·fen[2] *adj (geh)* ■**irgendwie ~ sein** to be made in some way, to be in a certain condition [*or* state]; **hart/weich** ~ [**sein**] [to be] hard/soft; ***die Straße ist schlecht/gut*** ~ the road is in bad/good repair; ***mit dieser Angelegenheit ist es derzeit nicht gut*** ~ the situation doesn't look very good just now; ***wie ist es mit deiner Kondition ~?*** what about your physical fitness?

Be·schaf·fen·heit <-> *f kein pl* composition; *Zustand* state, nature; *Material* structure, quality; *Körper* constitution; *Psyche* make-up; ***die ~ des Stoffes war sehr seidig*** the material was very silky; ■**je nach ~ von etw** *dat* according to the nature [*or* quality] [*or* character] of sth

Be·schaf·fung <-> *f kein pl* obtaining (**von** +*dat* of), procurement *form*

Be·schaf·fungs·kos·ten *pl* FIN procurement costs **Be·schaf·fungs·kri·mi·na·li·tät** *f* drugs-related crime **Be·schaf·fungs·markt** *m* HANDEL buying market **Be·schaf·fungs·pros·ti·tu·ti·on** *f* drugs-related prostitution **Be·schaf·fungs·we·sen** *nt* HANDEL procurement system; **öffentliches** ~ FIN public procurement

be·schäf·ti·gen* [bəˈʃɛftɪɡn̩] I. *vr* ❶ *(sich Arbeit verschaffen)* ■**sich** *akk* [**mit etw** *dat*] ~ to occupy [*or* busy] oneself [with sth]; ***hast du genug, womit du dich ~ kannst?*** have you got enough to do [*or* to keep you busy]?

❷ *(sich befassen)* ■**sich** *akk* **mit jdm** ~ to pay attention to sb; ***du musst dich mehr mit den Kindern*** ~ you should spend more time with the children; ■**sich** *akk* **mit etw** *dat* ~ to take a close look at [*or* deal with] sth; ***mit dieser Sache habe ich mich ja noch gar nicht beschäftigt*** it's never occurred to me before; ***die Polizei wird sich mit dem Fall ~ müssen*** the police will have to deal with [*or* examine] the case; ***er hat sich schon immer mit Briefmarken beschäftigt*** he's always been into stamps

II. *vt* ❶ *(innerlich in Anspruch nehmen)* ■**jdn** ~ to be on sb's mind; **mit einer Frage/einem Problem beschäftigt sein** to be preoccupied with a question/problem

❷ *(anstellen)* ■**jdn** [**bei sich** *dat*] ~ to employ sb

❸ *(eine Tätigkeit geben)* ■**jdn** [**mit etw** *dat*] ~ to keep sb busy [*or* occupy sb] [with sth]

be·schäf·tigt [bəˈʃɛftɪçt] *adj* ❶ *(befasst)* busy, preoccupied; ■[**mit jdm/etw**] ~ **sein** to be busy [with sb/sth]; ***mit was bist du da gerade ~?*** what are you up to there? ❷ *(angestellt)* employed; ■[**als etw**] ~ **sein** to be employed [as sth]; ***wo bist du ~?*** where do you work? **Be·schäf·tig·te(r)** *f(m) dekl wie adj* employee; **abhängig** ~ employed persons *pl,* wage and salary earners *pl*

Be·schäf·tig·ten·an·teil *m* ÖKON employment level; ~ **der Bevölkerung** labour [*or* AM -or] force

Be·schäf·ti·gung <-, -en> *f* ❶ *(Anstellung)* employment *no pl,* job; **eine feste** ~ regular employment [*or* work]; **eine ~ als...** work [*or* a job] as a...; **eine/keine ~ haben** to be employed/unemployed, to have/not have a job; **einer/keiner ~ nachgehen** *(geh)* to have employment/no employment *form;* **ohne ~ sein** to be unemployed [*or* without work]

❷ *(Tätigkeit)* activity, occupation; ***ich finde schon eine ~ für euch*** I'll find something for you to do

❸ *(Auseinandersetzung)* consideration (**mit** +*dat* of); **nach eingehender ~ mit etw** *dat* having given sth serious thought [*or* consideration]; **die ~ mit etw** *dat* thinking about sth; **die ~ mit der Literatur/der Natur** the study of literature/nature; ■**die ~ mit jdm** dealing with sb

❹ *(das Beschäftigen anderer)* occupation; ***die ~ der Kinder ist nicht immer leicht*** keeping the children occupied is not always easy

Be·schäf·ti·gungs·dau·er *f* FIN period of employment **Be·schäf·ti·gungs·ex·pan·si·on** *f* job expansion **Be·schäf·ti·gungs·för·de·rungs·ge·setz** *nt* promotion of employment act **Be·schäf·ti·gungs·form** *f* ÖKON form of employment **Be·schäf·ti·gungs·frei·heit** *f kein pl* JUR freedom to employ **be·schäf·ti·gungs·freund·lich** *adj* employment-oriented **Be·schäf·ti·gungs·ga·ran·tie** *f* ÖKON employment guarantee **Be·schäf·ti·gungs·ge·sell·schaft** *f* employment society, Training Agency **Be·schäf·ti·gungs·la·ge** *f* [situation on the] job market

be·schäf·ti·gungs·los *adj (arbeitslos)* unemployed

Be·schäf·ti·gungs·maß·nah·me *f* ÖKON job-creation scheme **Be·schäf·ti·gungs·nach·weis** *m* ÖKON employment record card **Be·schäf·ti·gungs·ni·veau** *nt* ÖKON employment level **Be·schäf·ti·gungs·pflicht** *f* JUR employer's duty to give work **Be·schäf·ti·gungs·plan** *m* employment plan **Be·schäf·ti·gungs·po·li·tik** *f* employment policy **Be·schäf·ti·gungs·pro·gramm** *nt* ≈ re-employment programme [*or* AM -am] **be·schäf·ti·gungs·si·chernd** *adj* ÖKON job-saving, safeguarding jobs *pred;* ~**e Maßnahme/Politik** measure/policy to save jobs **Be·schäf·ti·gungs·si·che·rung** *f* job security **Be·schäf·ti·gungs·si·tu·a·ti·on** *f* employment [*or* job] situation **Be·schäf·ti·gungs·the·ra·peut(in)** *m(f)* occupational therapist **Be·schäf·ti·gungs·the·ra·pie** *f* occupational therapy **Be·schäf·ti·gungs·ver·bot** *nt* JUR prohibition of employment **Be·schäf·ti·gungs·ver·hält·nis** *nt* ÖKON employment [relationship]; **geringfügiges** ~ part-time employment *(tax-free up to a certain limit);* **Arbeiter in einem abhängigen** ~ worker in paid employment

be·schä·men* *vt* ■**jdn** ~ to shame sb, to put sb to shame; ***es beschämt mich, zuzugeben ...*** I'm ashamed to admit ...

be·schä·mend *adj* ❶ *(schändlich)* shameful, disgraceful

❷ *(demütigend)* humiliating; **ein ~es Gefühl** a feeling of shame

be·schämt *adj* ashamed, abashed; *(verlegen)* shamefaced, red-faced; ■**über etw ~ sein** to be ashamed of sth; ■**von** [*o* **durch**] **etw ~ sein** to be embarrassed by sth

Be·schä·mung <-, -en> *f pl selten* shame; **zu meiner** ~ to my shame [*or* disgrace] [*or* chagrin] *form*

be·schat·ten* *vt* ❶ *(überwachen)* ■**jdn ~** [**lassen**] to [have sb] shadow[ed] sb, to follow [*or* trail] [*or* *fam* tail] sb

❷ *(geh: mit Schatten bedecken)* ■**etw** ~ to shade sth

Be·schat·ter(in) <-s, -> *m(f) (fam)* shadow, tail

Be·schat·tung <-, -en> *f pl selten* ❶ *(Überwachung)* shadowing; ***sie ordnete die ~ des Verdächtigen an*** she ordered that the suspect be shadowed

❷ *(das Schattenwerfen)* shade

Be·schau <-> [bəˈʃau] *f* examination, inspection; ~ **von Waren** physical inspection of goods; **zollamtliche** ~ customs inspection

be·schau·en* *vt* ❶ *(prüfen)* ■**etw** ~ *Fleisch* to inspect sth

❷ DIAL *(betrachten)* ■**etw** ~ to look at sth

Be·schau·er(in) <-s, -> *m(f)* viewer

be·schau·lich I. *adj* peaceful, tranquil; ***ein ~es Leben führen*** to lead a contemplative [*or* meditative] life

II. *adv* peacefully, quietly; **sein Leben ~er gestalten** to lead a more meditative [*or* contemplative] life; ~ **arbeiten** to work at a leisurely pace

Be·schau·lich·keit <-> *f kein pl* peace, tranquillity; **ein Leben in ~** a tranquil life

Be·scheid <-[e]s, -e> [bəˈʃait] *m* news *no indef art,* + *sing vb,* information *no pl, no indef art;* ADMIN answer, reply; ~ **erhalten** to be informed [*or* notified]; **abschlägiger** ~ negative reply, rejection; **jdm** [**über etw** *akk*/**von etw** *dat*] ~ **geben** to inform [*or* notify] sb [about sth]; **jdm** [**über etw** *akk*] ~ **sagen** to tell sb [*or* to let sb know] [about sth]; **jdm ordentlich ~ sagen, jdm gründlich ~ stoßen** *(fam)* to give sb a piece of one's mind [*or* *fam* a ticking-off]; **jdm brief-**

lich/telefonisch/per Fax ~ **geben** to inform sb [*or* let sb know] by post [*or* mail]/[tele]phone/fax; ***ich habe bis heute noch keinen*** ~ I still haven't heard anything; **irgendwo ~ wissen** to know one's way around somewhere; **gut/besser ~ wissen** to be well-informed/better-informed; [**über etw** *akk*/ **in etw** *dat*] **~ wissen** to know [about sth]; *Geheimnis* to be in the know [*or* the picture]; ***ich weiß ~!*** I know all about it! [*or* what's going on]; ***frag Kerstin — sie weiß*** ~ ask Kerstin — she knows; **näher ~ wissen** to know more about sth

be·schei·den[1] [bəˈʃaidn̩] **I.** *adj* ❶ *(genügsam)* modest, self-effacing, unassuming; **ein ~es Leben führen** to lead a humble life, to live a modest existence ❷ *(einfach)* modest, unpretentious, plain; **aus ~en Verhältnissen kommen** to have a humble background [*or* humble origins]; **in ~en Verhältnissen leben** to live a simple life [*or* modestly]; **nur eine ~e Frage** just one small question ❸ *(fam: gering)* modest, meagre [*or* AM -er]; **zu ~en Preisen** at moderate prices ❹ *(euph fam: beschissen)* lousy *fam,* BRIT *a.* bloody-awful *sl;* ***seine Leistung war eher*** ~ his performance was rather lousy
II. *adv* ❶ *(selbstgenügsam)* modestly, self-effacingly ❷ *(einfach)* modestly, unpretentiously, plainly ❸ *(euph fam: beschissen)* ■**sich** *akk* **~ fühlen** to feel bloody awful [*or* like crap] *sl;* ■**jdm geht es ~** sth isn't going very well for sb; ***mir geht's beruflich wirklich*** ~ jobwise things aren't great

be·schei·den*[2] [bəˈʃaidn̩] *irreg* **I.** *vt* ❶ *(geh: entscheiden)* ■**etw ~** to come to a decision about sth; **einen Antrag ~** to decide upon an application; **einen Antrag positiv/negativ ~** to accept/reject a proposal; **ein Gesuch positiv/negativ ~** to grant [*or* approve]/reject [*or* turn down] a request ❷ *(geh: zuteilwerden lassen)* ■**jdm ist etw beschieden** sth falls to sb's lot [*or liter* is granted to sb]; ***es war ihr nicht beschieden, den Erfolg zu genießen*** it was not her lot to enjoy success; ***möge dir zeitlebens Glück und Zufriedenheit beschieden sein!*** may you enjoy happiness and contentment all your life! ❸ *(geh: bestellen)* ■**jdn zu jdm/etw ~** to summon [*or* call] sb to sb/sth
II. *vr (geh)* ■**sich** *akk* **mit etw** *dat* ~ to be content with sth

Be·schei·den·heit <-> *f kein pl* ❶ *(Genügsamkeit)* modesty, humility; **in aller ~** in all modesty; **bei aller ~** with all due modesty; [**nur**] **keine falsche ~!** no false modesty [now]!; **aus** [**reiner**] **~** out of [pure] modesty ❷ *(Einfachheit)* modesty, plainness, unpretentiousness ❸ *(Geringfügigkeit)* modesty, paucity *form*
▸WENDUNGEN: **~ ist eine Zier, doch weiter kommt man ohne ihr** *(prov hum liter)* modesty is a virtue but it won't get you far

be·schei·nen* *vt irreg* ■**jdn/etw ~** to illuminate [*or* light up] [*or* shine on] sb/sth; **von der Sonne beschienen** sunlit; **vom Glück beschienen sein** to be a lucky fellow

be·schei·ni·gen* [bəˈʃainɪgn̩] *vt* ■**jdm etw ~** to certify sth for sb *form; (quittieren)* to provide sb with [*or* give sb] a receipt; **es wird hiermit bescheinigt, dass ...** this is to certify that; ■[**jdm**] **~, dass ...** to confirm to sb in writing [*or* provide sb with written certification] that ...; ■**sich** *dat* **etw** [**von jdm**] **~ lassen** to get a certificate [*or* written confirmation] for sth [from sb], to have sth certified [by sb] *form*

Be·schei·ni·gung <-, -en> *f* certification, written confirmation; **die ~ der Gesundheit** [**durch einen Arzt**] a [doctor's] certificate [*or* bill] of health; **die ~ der** [**gestrigen/heutigen**] **Anwesenheit** the confirmation of attendance [yesterday/today]; **die ~ des Gelderhalts/Warenerhalts** a receipt

be·schei·ßen* *irreg* **I.** *vt (sl)* ■**jdn** [**um etw** *akk*] **~** to do [*or* diddle] sb [out of sth] *sl;* ■**jdn ~** to rip sb off *sl,* to screw sb *fig vulg;* ***man hat mich beschissen!*** I've been ripped off!
II. *vi (sl)* ■[**bei etw** *dat*] **~** to cheat [at sth]; ***nimm dich vor ihm in Acht, er bescheißt gerne!*** watch out! he likes cheating!
III. *vr (vulg)* ■**sich** *akk* **~** to shit oneself *sl;* ■**sich** *dat* **etw ~** to shit on sth *sl;* ***der Besoffene hatte sich die Hosen beschissen*** the drunk shat his trousers

be·schen·ken* **I.** *vt* ■**jdn** [**mit etw** *dat*] **~** to give sb sth [as a present]; **reich beschenkt werden** to be showered with presents; ***für Ihre Hilfe würde ich Sie gerne mit einer Flasche Wein*** ~ I would like to present you with a bottle of wine to thank you for your help
II. *vr* ■**sich** *akk* [**gegenseitig**] **~** to give each other presents, to present each other with sth *form*

Be·schenk·te(r) *f(m) dekl wie adj* presentee, donee

be·sche·ren* **I.** *vt* ❶ *(zu Weihnachten beschenken)* ■**jdn ~** to give sb a Christmas present; ■**beschert werden** to get one's Christmas presents; ■**jdn mit etw** *dat* ~ to give sb sth [for Christmas] ❷ *(zuteilwerden lassen)* ■**jdm etw ~** to give sb sth [as a present], to grant sb sth, to bless sb with sth *liter;* ***freue dich, dass dich das Schicksal mit so einer lieben Frau beschert hat!*** be happy that fate has blessed you with such a wonderful wife!; ***nach langer Ehe wurde ihnen doch noch ein Kind vom Himmel beschert*** after many years of marriage heaven bestowed a child upon them *liter*
II. *vi* to give each other Christmas presents; ***ihr könnt reinkommen, es wird beschert!*** you can come in, the presents are waiting!

Be·sche·rung <-, -en> *f* giving of Christmas presents; ***kommt, Kinder, die ~ fängt an!*** come on, children, it's time for the presents!
▸WENDUNGEN: **da/jetzt haben wir die ~!** well, that's just great! [*or* terrific] *iron,* well, there you are! haven't I told you!; **die** [**ganze**] **~** *(iron fam)* the [whole] lot [*or* mess]; [**das ist ja**] **eine schöne ~!** *(iron)* this is a pretty kettle of fish! *iron,* what a fine mess! *iron*

be·scheu·ert **I.** *adj (fam)* ❶ *(blöd)* screwy *fam,* BRIT *a.* daft *fam;* ***dieser ~e Kerl*** that daft idiot; ***der ist etwas*** ~ he's got a screw loose *fam;* ***da hast du dir aber etwas B~ es ausgedacht!*** what you've come up with there is a load of nonsense [*or* twaddle]! *fam* ❷ *(unangenehm)* stupid; ***so was B~ es!*** how stupid!; ***mein ~es Auto wollte einfach nicht anspringen!*** my frigging car just wouldn't start!
II. *adv (fam)* in a stupid [*or* BRIT *a.* daft] way, stupidly; ***sie hat das Gedicht total ~ übersetzt*** she really screwed up the translation of this poem *sl;* ***du siehst total ~ aus*** you look really daft; ***wie kann man nur so ~ fragen!*** how can you ask such daft questions!; ***red nicht so ~!*** don't talk such claptrap [*or* codswallop]! *fam,* don't talk daft! *fam;* ***stell dich nicht so ~ an!*** don't be so stupid [*or* BRIT *a.* daft]!, don't be such an idiot! *fam;* ■**wie ~** like crazy [*or* a mad thing] *fam*

be·schich·ten* *vt* ■**etw** [**mit etw** *dat*] **~** to coat [*or* cover] sth [with sth]; **etw mit Farbe ~** to give sth a coat of paint; **etw mit Teer ~** to tar[mac] sth; **mit Kunststoff beschichtet** plastic-coated, laminated

Be·schich·tung *f* coating; BAU lining

be·schi·cken* *vt* ■**etw** [**mit etw** *dat*] **~** ❶ *(mit Zusendung bedenken)* to supply sth [with sth]; **einen Markt/Abnehmer ~** to supply a market/customers; **eine Messe/Ausstellung ~** to exhibit at a fair, to send products to an exhibition; **eine Versammlung ~** to send representatives to an assembly ❷ TECH to supply [*or* fill] [*or* charge] sth [with sth]; ***diese Maschine wird mit Öl beschickt*** this machine is charged [*or* fuelled] with oil

be·schie·ßen* *vt irreg* ❶ *(mit Schüssen bedenken)* ■**jdn/etw** [**mit etw** *dat*] **~** to shoot at [*or* fire on [*or* at]] sb/sth [with sth]; **jdn/etw mit Granaten ~** to shell [*or* bombard] sb/sth with grenades; **jdn/etw mit Kanonen ~** to fire at sb/sth with canons; **jdn/etw mit Maschinengewehren ~** to machine-gun sb/sth, to fire on sb/sth with machine-guns ❷ *(überhäufen)* ■**jdn mit etw** *dat* ~ to bombard sb with sth; ***er wurde mit Fragen beschossen*** he was bombarded [*or* besieged] with questions ❸ PHYS ■**etw** [**mit etw** *dat*] **~** to bombard sth [with sth]

Be·schie·ßung <-, -en> *f* shooting; *(mit Jagdbomben/Kanonen)* firing; *(mit Granaten)* shelling, bombardment; PHYS bombardment

be·schil·dern* *vt* ■**etw** [**mit etw** *dat*] **~** *(mit Schildchen versehen)* to label sth [with sth]; *(geh)* to put signs [*or* labels] on sth; *(mit Verkehrsschild versehen)* to signpost; **gut/schlecht ~** [**sein**] [to be] well/badly signposted

Be·schil·de·rung <-, -en> *f* ❶ *(das Beschildern)* labelling BRIT, labeling AM; ADMIN *(geh)* signposting ❷ *(geh: Schildchen)* label; *(Verkehrsschild)* signpost

be·schimp·fen* **I.** *vt* ■**jdn** [**als etw/mit etw** *dat*] **~** to insult sb [as/with sth], to call sb names, to hurl abuse at sb; ***muss ich es mir gefallen lassen, so beschimpft zu werden?*** do I have to put up with these insults?; ***sie beschimpfte ihn in übelster Weise*** she called him dreadful names; **jdn aufs Übelste ~** to abuse sb in the worst possible manner
II. *vr* ■**sich** *akk* [**gegenseitig**] **~** to insult [*or* abuse] each other, to call each other names

Be·schimp·fung <-, -en> *f* ❶ *(das Beschimpfen)* abuse *no pl; Person* abuse (+*gen* of), swearing (+*gen* at) ❷ *(Schimpfwort)* insult

Be·schiss[RR] <-es>, **Be·schiß**[ALT] <-sses> *m kein pl (sl)* swindle, rip-off *sl;* ***was für ein*** [***o so ein***] ***~!*** what a swizz! [*or* rip-off]

be·schis·sen **I.** *adj (sl)* miserable, lousy *fam,* shitty *sl,* BRIT *a.* bloody-awful *sl*
II. *adv (sl)* in a lousy [*or* rotten] fashion *fam;* ***es geht ihr wirklich*** ~ she's having a miserable [*or fam* lousy] time of it; ***wir werden hier ~ bezahlt*** the pay here is bloody-awful *sl;* **~ behandelt werden/aussehen** to be treated/to look like a piece of shit [*or* dirt] *sl*

be·schla·fen* *vt irreg* ❶ *(fam: koitieren)* ■**jdn ~** to sleep [*or* have sex] with sb; *(fam)* to screw sb *sl* ❷ *(nachdenken)* ■**etw ~** to sleep on sth

Be·schlag <-[e]s, Beschläge> [bəˈʃlaːk, *pl* bəˈʃlɛːgə] *m* ❶ *(Metallstück)* fastening, [metal] fitting; *Koffer* lock; *Buch* clasp; *Tür, Fenster, Möbelstück* fitting, mounting, [ornamental] hinge ❷ *(Belag)* film; *Metall* tarnish; *Glasscheibe* steam, condensation
▸WENDUNGEN: **etw/jdn mit ~ belegen, etw/jdn in ~ nehmen** to monopolize [*or* seize] sth/sb; ***die Polizei nahm das Auto in ~*** the police impounded the car; ***wir sollten schon einmal unsere Plätze in ~ nehmen*** we had better secure our seats; **jd ist mit ~ belegt, jd wird in ~ genommen** sb is up to their eyeballs in it, sb's hands are full [with sth]

be·schla·gen*[1] *irreg* **I.** *vt haben* ❶ *(mit metallenem Zierrat versehen)* ■**etw** [**mit etw** *dat*] **~** to fit sth [with sth]; **Schuhe ~** to put metal tips on shoes; **etw mit Ziernägeln ~** to stud sth ❷ *(behufen)* ■[**jdm**] **ein Pferd ~** to shoe [sb's] horse
II. *vi sein* to mist [*or* steam] up; ***der Spiegel im Bad ist*** ~ the bathroom mirror is misted [*or* steamed] up; ***Silber beschlägt sehr schnell*** silver tarnishes very quickly

be·schla·gen[2] *adj (erfahren)* ■**in etw** *dat* [**gut/nicht**] **~ sein** to be [well/badly] versed in sth, to be very experienced [*or* knowledgeable]/inexperienced in sth

Be·schla·gen·heit <-> *f kein pl* thorough knowledge, sound grasp

Be·schlag·nah·me <-, -n> [bəˈʃlaːknaːmə] *f* JUR *(gerichtlich)* attachment; *(behördlich)* seizure; *(ohne Entschädigung)* confiscation; MIL requisition

Be·schlag·nah·me·be·schluss[RR] *m* JUR attachment order **be·schlag·nah·me·frei** *adj* JUR exempt from attachment and seizure

be·schlag·nah·men* [bəʃlaːknaːmən] *vt* ❶ *(konfiszieren)* ■**etw ~** to seize sth; ***Ihr Pass ist beschlagnahmt*** your passport has been confiscated; **ein Fahrzeug ~** to impound a vehicle; ■**beschlagnahmt** *Diebesgut* seized, confiscated ❷ *(fam: mit Beschlag belegen)* ■**jdn/etw ~** to commandeer [*or hum* hog] sb/sth ❸ *(zeitlich in Anspruch nehmen)* [**von etw** *dat*]

beschlagnahmt sein to be taken up [with sth]
Be·schlag·nah·me·ver·fü·gung *f* JUR confiscation order, distress warrant **Be·schlag·nah·me·voll·macht** *f* JUR confiscatory powers
Be·schlag·nah·mung *f* JUR confiscation, impounding
be·schlei·chen* *vt irreg (geh: überkommen)* ■**jdn** ~ to come over sb, to creep [*or* steal] up on sb; ***mich beschleicht langsam der Verdacht, dass er sich mit unserem Geld abgesetzt hat*** I have a funny feeling he's run off with our money
be·schleu·ni·gen* [bəʃlɔynɪgn̩] **I.** *vt* ■**etw** ~ to accelerate [*or* speed up] [*or form* precipitate] sth, to hurry sth along; **das Tempo** ~ to increase [*or* pick up] speed, to accelerate; **das Tempo einer Maschine/eines Vorganges** ~ to speed up a machine/a process; **seine Schritte** ~ to quicken one's pace
II. *vr* ■**sich** *akk* ~ to accelerate, to speed up, to hasten *form*
III. *vi* to accelerate; **stark** ~ to accelerate hard, to put one's foot down *fam*
Be·schleu·ni·gung <-, -en> *f* ① AUTO *(Beschleunigungsvermögen)* acceleration *no pl;* ***bei der ~ lässt du bestimmt die meisten Wagen weit hinter dir!*** when you accelerate like that, I bet you leave most cars standing!
② *(das Beschleunigen)* acceleration *no pl*, speeding up *no pl;* **eine ~ der Gangart** a quickening [*or* an acceleration] of the pace
③ *(Hast, Eile)* **etw mit großer ~ tun** to do sth with great speed [*or* haste]
Be·schleu·ni·gungs·ver·mö·gen *nt* AUTO *s.* **Beschleunigung Be·schleu·ni·gungs·zeit** *f* TECH acceleration time
be·schlie·ßen* *irreg* **I.** *vt* ① *(entscheiden über)* ■**etw** ~ to decide sth; **ein Gesetz** ~ to vote through a new bill, to pass a motion; ■ **~, etw zu tun** to decide to do sth; *(nach reiflicher Überlegung)* to make up one's mind to do sth
② *(geh: beenden)* ■**etw** ~ to conclude *form* [*or* close] sth, to wind sth up; ***ich möchte [meine Rede] mit einem Zitat ~*** I would like to conclude [my speech] with a quote
II. *vi (einen Beschluss fassen)* ■**über etw** *akk* ~ to decide on sth
be·schlos·sen *adj* ① *(entschieden)* decided, agreed, settled; **das ist [eine] ~e Sache** the matter is settled, the subject is closed
② *(geh)* **etw liegt** [*o* **ist**] **in etw** *dat* ~ sth is contained within sth; ***in diesem gewichtigen Wort liegt viel Weisheit ~*** a great deal of wisdom is hidden in his weighty saying
Be·schluss^RR <-es, Beschlüsse>, **Be·schluß**^ALT <-sses, Beschlüsse> *m* decision, resolution *form; (Gerichtsbeschluss)* order of court, [court] order; ***und wie lautet der ~?*** and what's the decision?; ***unser ~ ist unumstößlich*** our decision is final; ***der Stadtrat hat einen ~ gefasst*** the town council has passed a resolution; **zu einem ~ kommen** to reach [*or* come to] a decision [*or* an agreement]; **einen ~ fassen** to reach [*or* make] a decision; **auf jds** *akk* ~ on sb's authority; ***auf ~ des Parlaments/Präsidenten*** by order of parliament/the president
Be·schluss·ab·tei·lung^RR *f* JUR decision-making department **be·schluss·fä·hig**^RR *adj* quorate BRIT *form;* ■ **~ sein** to have a quorum **Be·schluss·fä·hig·keit**^RR *f kein pl* quorum *form* **Be·schluss·fas·sung**^RR *f* decision making; **einen Entwurf zur ~ vorlegen** to submit a draft resolution **Be·schluss·kam·mer**^RR *f* JUR decision-making court **be·schluss·un·fä·hig**^RR *adj* inquorate *form;* ***die Versammlung ist ~!*** the meeting is not quorate! **Be·schluss·un·fä·hig·keit**^RR *f kein pl* lack [*or* absence] of a quorum **Be·schluss·ver·fah·ren** *nt* procedure for decision-making **Be·schluss·vor·la·ge**^RR *f* draft resolution
be·schmei·ßen* *vt irreg (fam) s.* **bewerfen**
be·schmie·ren* **I.** *vt* ① *(bestreichen)* ■**etw [mit etw** *dat*] ~ to spread sth on sth; **ein [Stück] Brot dick/dünn** ~ to butter [a slice of] bread thickly/thinly; **eine Wunde** ~ to put cream [*or* ointment] on a wound; **das Gesicht mit Creme** ~ to put cream on one's face; **etw mit Fett** ~ to grease sth
② *(besudeln)* ■**jdn/etw [mit etw** *dat*] ~ to stain [*or* dirty] sth [*or* smear sb/sth] [with sth]; ***du bist da am Kinn ja ganz beschmiert*** you've got something smeared on your chin; **etw mit Gekritzel** ~ to scribble [*or* scrawl] [all] over sth; **etw mit Farbe** ~ to daub [over] sth
II. *vr* ■**sich** *akk* **[mit etw** *dat*] ~ to make [*or* get] oneself dirty [*or form* soil oneself] [with sth]; ■**sich** *dat* **etw [mit etw** *dat*] ~ to get [*or* make] sth dirty [*or form* soil sth] [with sth]; ***ich habe mir mein Kleid komplett mit Soße beschmiert*** I've spilled gravy all over my dress
be·schmut·zen* **I.** *vt* ① *(schmutzig machen)* ■**jdn/etw** ~ to dirty [*or form* soil] sb/sth, to make sb/sth dirty; *(mit Spritzern)* to [be]spatter sb/sth; ■**beschmutzt** dirty, soiled *form*, grubby *fam;* **beschmutzte Bettlaken/Handtücher** soiled sheets/towels
② *(in den Schmutz ziehen)* ■**etw** ~ to blacken [*or* discredit] [*or* tarnish] sth, to drag sth through the mud *prov;* ***ich lasse mir meinen Ruf nicht so ~*** I won't let my reputation be dragged through the mud like that; *s. a.* **Nest**
II. *vr* ■**sich** *akk* **[mit etw** *dat*] ~ to get [*or* make] oneself dirty [*or fam* grubby] [with sth]; ***wo hast du dich mit der Farbe so beschmutzt?*** where did you get paint all over you?; ■**sich** *dat* **etw [mit etw** *dat*] ~ to get sth dirty [with sth]
Be·schmut·zung <-, -en> *f* dirtying, soiling *form;* **vor ~ schützen** to protect from dirt
Be·schnei·de·li·nie *f* TYPO cutting [*or* trimming] line
be·schnei·den* *vt irreg* ① *(zurechtschneiden)* ■**etw** ~ to cut [*or* trim] sth; *(stutzen)* to clip sth; HORT to prune sth; TYPO, VERLAG to cut sth; *Bild* to crop sth
② MED, REL ■**jdn** ~ to circumcise sb
③ *(beschränken)* ■**etw** ~ to curtail [*or* curb] sth; **Wirtschaftshilfe** ~ to cut [*or form* curtail] economic aid; **Einkommen** ~ to cut [*or* reduce] income
Be·schnei·dung <-, -en> *f* ① *(das Zurechtschneiden)* cutting, trimming; *(das Stutzen)* clipping; HORT pruning; ***im frühen Winter erfolgt die ~ der Obstbäume*** in early winter the fruit trees are pruned; TYPO, VERLAG cutting
② MED, REL circumcision
③ *(das Beschränken)* curtailment; **~ der Wirtschaftshilfe** reduction [*or* curtailment] of [*or* cut[back] in] economic aid; **~ des Einkommens** cut in [*or* reduction of] income
be·schneit *adj* snow-covered; **dick/frisch** ~ thickly/newly covered with snow; **weiß** ~ white with snow, snow-covered; ***die weiß ~en Berge*** the snow-capped mountains
Be·schnitt <-[e]s> *m kein pl* TYPO trim [off], trimming
Be·schnitt·ab·fall *m* shavings *pl*, shred
be·schnit·ten *adj* ① TYPO *(geschnitten)* **~es Format** trimmed size
② MED, REL circumcised
Be·schnitt·mar·ke *f* cutting [*or* trim] mark
be·schnüf·feln* **I.** *vt* ① *(Schnuppern von Tieren)* ■**jdn/etw** ~ to sniff at sb/sth
② *(pej fam: bespitzeln)* ■**jdn** ~ to check [*or* suss] sb out *fam*, to spy on sb; ■**eine Situation** ~ to poke one's nose into sth *pej fam;* ***sie ließ ihren Mann von einem Detektiv ~*** she had her husband sussed out by a private detective
II. *vr* ■**sich** *akk* **[gegenseitig]** ~ *Tiere* to have a sniff at [*or* sniff] each other; *(fig) Menschen* to size one another up
be·schnup·pern* **I.** *vt* ① *(Beriechen von Tieren)* ■**jdn/etw** ~ to sniff sb/sth
② *(fam: prüfend kennen lernen)* ■**jdn** ~ to size sb up, to take stock of sb
II. *vr* ① *(beschnüffeln)* ■**sich** *akk* **[gegenseitig]** ~ *Tiere* to sniff each other
② *(fam: sich prüfend kennen lernen)* ■**sich** *akk* ~ to size each other up, to take stock of each other
be·schö·ni·gen* [bəˈʃøːnɪgn̩] *vt* ■**etw** ~ to gloss over [*or* cover up] [*or* whitewash] sth; **ein ~der Ausdruck, eine ~de Bezeichnung** a gloss-over, a cover-up, a whitewash, a euphemism
Be·schö·ni·gung <-, -en> *f* gloss-over, cover-up, whitewash; ***berichten Sie über den Fall, aber bitte ohne ~en*** please tell us about the case but without glossing over any details
be·schran·ken* *vt* ■**etw** ~ to put up a [railway] gate [*or* barrier]; **ein beschrankter Bahnübergang** a railway crossing with gates
be·schrän·ken* **I.** *vt* ① *(begrenzen)* ■**etw [auf etw** *akk*] ~ to limit [*or* restrict] [*or* confine] sth [to sth]; **Ausgaben** ~ to limit [*or* curtail] expenditure
② *(einschränken)* ■**jdn in etw** *dat* **~**, ■**jdm etw** ~ to curtail [*or* limit] sb's sth; ***ihm wurde das Budget beschränkt*** his budget was partly obstructed
II. *vr* ① *(sich begnügen)* ■**sich** *akk* **[auf etw** *akk*] ~ to limit [*or* restrict] oneself [to sth]; ***für diesmal will ich mich noch darauf ~, Sie zu verwarnen*** this time I'll just give you a warning
② *(sich einschränken)* ■**sich** *akk* **auf etw** *akk* ~ to confine [*or* restrict] oneself [*or* to keep] to sth; **sich** *akk* **auf das Wesentliche** ~ to keep to the essential points
be·schränkt *adj* ① *(eingeschränkt, knapp)* restricted, limited; **finanziell/räumlich/zeitlich ~ sein** to have a limited amount of cash [*or* limited finances]/space/time; **~e Sicht** low visibility; **~e Haftung** limited liability; **Gesellschaft mit ~er Haftung** limited [liability] company BRIT, corporation; **~e Verhältnisse** narrow circumstances
② *(dumm)* limited, slow-[*or* dull-]witted; *(engstirnig)* narrow-minded
Be·schrän·kung <-, -en> *f* restriction, limitation; [**jdm**] **die ~ einer S.** *gen* **auferlegen** to impose a restriction on [sb's] sth; ■**die/eine ~ auf etw** *akk* the/a restriction [*or* limitation] to sth; ***er bat sie um eine ~ auf die wesentlichen Punkte*** he asked her to keep to the main points; **jdm ~en auferlegen** to put [*or* impose] restrictions on sb
Be·schrän·kungs·recht *nt* JUR restriction law **Be·schrän·kungs·ver·bot** *nt* JUR ban on restrictions
be·schreib·bar *adj darstellen* describable; *vollschreiben* writable on
be·schrei·ben* *vt irreg* ① *(darstellen)* ■**[jdm] jdn/etw** ~ to describe sb/sth [to sb], to give [sb] a description of sb/sth; ***du musst mir das nachher in allen Einzelheiten ~*** you'll have to tell me all about it later; **kaum/nicht zu ~ sein** to be almost/absolutely indescribable; **[jdm] etw gar nicht ~ können** to not be able to describe sth [to sb]; ***ich kann dir nicht ~, wie erleichtert ich war*** I can't tell you how relieved I was
② *(vollschreiben)* ■**etw [ganz]** ~ to cover sth [*or* fill sth up] [completely] with writing
③ *(vollführen)* ■**etw** ~ to describe sth; **eine Bahn/einen Kreis** ~ to describe a path/a circle
Be·schrei·bung *f* ① *(das Darstellen)* description, depiction, portrayal; ***das ist eine falsche ~ der Geschehnisse!*** that is a false representation of events!; **~ eines Handlungsablaufs** narration, account; **eine kurze ~** a sketch, an outline; ***das spottet jeder ~*** it beggars description
② *(fam: Beipackzettel)* description; *(Gebrauchsanweisung)* instructions *pl*, instruction sheet
be·schrei·ten* *vt irreg (geh)* ■**etw** ~ ① *(begehen)* to walk on sth; **einen Pfad** ~ to walk along a path
② *(einschlagen)* **einen Weg** ~ to follow [*or* pursue] a course; **einen neuen Weg** ~ to change tack [*or* direction], to apply different methods; *s. a.* **Rechtsweg**
Be·schrieb <-s, -e> *m* SCHWEIZ *(Beschreibung)* description
be·schrif·ten* [bəˈʃrɪftn̩] *vt* ■**etw [mit etw** *dat*] ~ *(mit Inschrift versehen)* to inscribe sth [with sth], to inscribe [sth] on sth; *(mit Aufschrift versehen)* to letter [*or* label] sth [with sth]; **ein Kuvert** [*o* **einen Umschlag**] ~ to address an envelope; **Etiketten** ~ to write labels; **ein Bild** ~ to give a caption to a pho-

tograph [*or* an illustration]; **einen Karton** [*o* **eine Kiste**] ~ to mark a box

Be·schrif·tung <-, -en> *f* ❶ *(das Beschriften)* lettering, labelling BRIT, labeling AM, inscribing; *Kuvert* addressing; *Etiketten* writing
❷ *(Aufschrift)* inscription, lettering, label, caption; *Grabstein* inscription

be·schul·di·gen* [bəˈʃʊldɪgn̩] *vt* ■**jdn** [**einer S.** *gen*] ~ to accuse sb [of sth], to blame sb [for sth], to charge sb [with sth] *liter;* **jdn der Fahrlässigkeit** ~ to accuse sb of negligence; ■**jdn** ~, **etw getan zu haben** to accuse sb of doing sth

Be·schul·dig·te(r) *f(m) dekl wie adj* accused; **der Anwalt/die Anwältin des/der** ~**n** the defendant's [*or* BRIT defence [*or* AM -se]] lawyer

Be·schul·di·gung <-, -en> *f* accusation, allegation *form,* charge[s] *form;* ***wie lautet die ~?*** what are the charges?

be·schum·meln* **I.** *vt (fam)* ❶ *(betrügen)* ■**jdn** [**bei etw** *dat*/**mit etw** *dat*] ~ to trick [*or* cheat] sb [when doing sth/by sth]; ■**jdn um etw** *akk* ~ to do [*or* cheat] [*or fam* diddle] sb out of sth; **jdn finanziell** ~ to swindle sb, to rip sb off *sl*
❷ *(belügen)* ■**jdn** ~ to tell sb lies [*or* fibs] *fam,* to take sb for a ride *fam*
II. *vi (fam: betrügen)* ■[**bei etw** *dat*] ~ to cheat [at sth]

be·schuppt *adj* scaled, scaly; **dick/dünn** ~ **sein** to be thick-scaled/thin-scaled; **kaum** ~ **sein** to have almost no scales

Be·schuss[RR] <-es>, **Be·schuß**[ALT] <-sses> *m kein pl* fire; *(durch Granaten, Raketen)* shelling; *(durch schwere Geschütze)* bombardment; **unter schwerem** ~ under heavy [*or* intense] fire; **unter** ~ **geraten/liegen** [*o* **stehen**] to come/be under fire; **jdn/etw unter** ~ **nehmen** *(a. fig)* to attack sb/sth; *(mit Maschinengewehren)* to fire at sb/sth; *(mit Granaten, Raketen)* to shell sb/sth

be·schüt·zen* *vt* ■**jdn** [**vor jdm/etw**] ~ to protect [*or* shelter] [*or* give shelter to] sb [from sb/sth], to defend sb [against sb/sth]; *(mit dem eigenen Körper)* to shield [*or* screen] sb [from sb/sth]; ***der Herr beschütze dich!*** may the Lord protect you!; ■~**d** protective; *s. a.* **Werkstatt**

Be·schüt·zer(in) <-s, -> *m(f)* protector, defender, guardian angel *iron*

be·schwat·zen* *vt (fam)* ❶ *(überreden)* ■**jdn** [**zu etw** *dat*] ~ to talk sb round [*or* into sth/doing sth]; ***lass dich ja nicht zum Kauf eines Autos ~*** don't let yourself be talked into buying a car; *(schmeichelnd)* to wheedle [*or* coax] sb [into sth/doing sth]
❷ *(bereden)* ■**etw** ~ to chat [*or* BRIT *a.* have a chinwag] about sth [*or* BRIT *a.* natter] *sl*

be·schwät·zen* *vt* DIAL *(fam) s.* **beschwatzen**

Be·schwer <-> [bəˈʃveːɐ̯] *f kein pl* JUR grievance; **eigene** ~ personal grievance

Be·schwer·de <-, -n> [bəˈʃveːɐ̯də] *f* ❶ *(Beanstandung, Klage)* complaint; **Grund zur** ~ **haben** to have grounds for complaint [*or* reason to complain]
❷ JUR appeal; ~ **gegen jdn/etw führen** to submit [*or* make] a complaint about sb/sth; [**bei jdm**] ~ **einlegen** to file [*or* lodge] an appeal [with sb]; [**bei jdm**] **eine** ~ **einreichen** to lodge [*or* file] a complaint [with sb]
❸ *pl* MED complaint *form;* ~**n mit etw** *dat* **haben** to have problems with sth; ***haben Sie sonst noch ~n?*** is there anything else wrong?; **etw macht jdm** ~**n** sth hurts sb; ***mein Magen macht mir ~n*** my stomach is giving [*or* causing] me trouble

Be·schwer·de·an·trag *m* JUR application for relief [in an appeal]

Be·schwer·de·be·grün·dung *f* JUR ground for appeal **Be·schwer·de·be·grün·dungs·frist** *f* JUR period for filing an appeal

Be·schwer·de·be·rech·tig·te(r) *f(m) dekl wie adj* JUR person entitled to appeal **Be·schwer·de·be·scheid** *m* JUR notice of appeal **Be·schwer·de·brief** *m* letter of complaint **Be·schwer·de·buch** *nt* complaints book **Be·schwer·de·ein·le·gung** *f* JUR lodging of an appeal **Be·schwer·de·ent·schei·dung** *f* JUR determination of a complaint **be·schwer·de·fä·hig** *adj inv* JUR appealable, subject to appeal **be·schwer·de·frei** *adj* MED healthy; ***bei Malaria kommt es regelmäßig zu ganz ~en Intervallen*** patients with malaria experience regular periods where the disease is not apparent **Be·schwer·de·frist** *f* JUR time for lodging an appeal **be·schwer·de·füh·rend** *adj inv* JUR complaining **Be·schwer·de·füh·rer(in)** *m(f) (geh)* person lodging a complaint; JUR complainant, appellant, plaintiff **Be·schwer·de·ge·bühr** *f* JUR fee for appeal **Be·schwer·de·ge·gen·stand** *m* JUR cause of appeal, matter of complaint **Be·schwer·de·geg·ner(in)** *m(f)* JUR appellee, respondent **Be·schwer·de·ge·richt** *nt* JUR appeal court **Be·schwer·de·grund** *m* JUR reason for complaint **Be·schwer·de·in·stanz** *f* JUR court of appeal **Be·schwer·de·kam·mer** *f* JUR board of appeal; **Große** ~ Enlarged Board of Appeal **Be·schwer·de·recht** *nt kein pl* JUR right of appeal **Be·schwer·de·schrift** *f* JUR petition for review **Be·schwer·de·se·nat** *m* JUR *(Patentamt)* Board of Appeal **Be·schwer·de·stel·le** *f* JUR complaints department **Be·schwer·de·sum·me** *f* FIN value of the issue on appeal **Be·schwer·de·ver·fah·ren** *nt* JUR appeal procedure

be·schwe·ren* [bəˈʃveːrən] **I.** *vr* ❶ *(sich beklagen)* ■**sich** *akk* [**bei jdm**] [**über jdn/etw**] ~ to complain [about sb/sth] [to sb]; ***ich kann mich nicht ~*** I can't complain
❷ *(fig: sich belasten)* ■**sich** *akk* [**mit etw** *dat*] ~ to encumber oneself [with sth]
II. *vt* ❶ *(mit Gewicht versehen)* ■**jdn/etw** [**mit etw** *dat*] ~ *Briefe, Papiere* to weight sb/sth [down] [with sth]
❷ *(belasten)* ■**jdn** ~ to weigh [*or fam* get] sb down, to burden sb; ***komm, was beschwert dich denn so?*** come on, what's getting you down?

be·schwer·lich *adj* difficult, exhausting, arduous *form,* onerous *form;* **eine** ~**e Reise** an arduous/a fatiguing journey; ***das Laufen ist für ihn sehr ~*** walking is hard for him [*or* a strain on him]

Be·schwer·lich·keit <-, -en> *f* ❶ *kein pl* difficulty, arduousness *form,* onerousness *form;* ***der Aufstieg zum Gipfel war von großer/ziemlicher ~*** the climb to the summit was very/quite arduous
❷ *pl (Mühsal)* hardships, discomforts; **die** ~ **einer Zugreise** the inconveniences of a train journey

be·schwich·ti·gen* [bəˈʃvɪçtɪgn̩] *vt* ■**jdn** [**mit etw** *dat*] ~ to calm sb [down] [*or* soothe [*or form* placate] sb] [with sth]; **jdm das Gewissen** ~ to soothe sb's conscience; **jds Zorn** ~ to calm [*or* soothe] [*or form* appease] sb's anger **be·schwich·ti·gend** **I.** *adj* soothing, calming **II.** *adv* soothingly, calmly

Be·schwich·ti·gung <-, -en> *f* soothing, calming, placation *form; Gewissen* soothing; *Zorn* calming, appeasement *form*

Be·schwich·ti·gungs·for·mel *f* words *pl* of reassurance; **zu** ~**n greifen** to use the rhetoric of appeasement **Be·schwich·ti·gungs·po·li·tik** *f* policy of appeasement

be·schwin·deln* *vt (fam)* ❶ *(belügen)* ■**jdn** ~ to tell sb fibs *fam,* to lead sb up the garden path *prov*
❷ *(betrügen)* ■**jdn** [**um etw** *akk*] ~ to con [*or* swindle] sb [out of sth]

be·schwin·gen* *vt* ■**jdn** ~ to get sb going, to make sb brighten up, to animate sb *form;* ***die Musik beschwingte uns*** the music elated us

be·schwingt **I.** *adj* lively; *Mensch a.* vivacious; **mit** ~**em Gang,** ~**en Schrittes** with a spring in one's step; ~**e Musik** lively music; ~**e Rhythmen** vibrant [*or* pulsating] rhythms
II. *adv* chirpily; **sich** *akk* ~ **fühlen** to feel elated [*or* exhilirated]; ***es war ein schöner Abend gewesen und er ging ~ nach Hause*** it was a wonderful evening and he went home in a happy frame of mind

be·schwip·sen *vt (fam)* ■**jdn** ~ to make sb tipsy *fam*

be·schwipst [bəˈʃvɪpst] *adj (fam)* tipsy *fam,* merry

be·schwö·ren* *vt irreg* ❶ *(beeiden)* ■**etw** ~ to swear [to] sth [*or* that sth is true]; ~ ***kann ich das nicht*** I wouldn't like to swear to it; **eine Aussage** ~ to make a statement under oath ❷ *(anflehen)* ■**jdn** ~ to beg [*or* implore] [*or form* beseech] sb
❸ *(magisch hervorbringen)* ■**etw** ~ to conjure [*or* call] up sth; **Geister/Tote** ~ to raise ghosts/the dead; *(bezwingend)* to exorcize; **eine Schlange** ~ to charm a snake ❹ *(geh: hervorrufen)* ■**etw** [**in jdm**] ~ to conjure up sth *sep* [in sb] **be·schwö·rend** **I.** *adj* imploring, pleading, beseeching *form* **II.** *adv* imploringly, pleadingly, beseechingly *form*

Be·schwö·rung <-, -en> *f* ❶ *(das Anflehen)* appeal, entreaty, supplication *form;* ***unsere ganzen ~en nützten nichts*** all our pleading was in vain
❷ *(das magische Hervorbringen)* conjuring-[*or* calling-]up, conjuration; *(Beschwörungsformel)* magic spell; **eine** ~ **aussprechen** to chant an incantation, to speak the magic words
❸ *(das Hervorrufen)* conjuring-up; **eine** ~ **längst vergessener Erinnerungen** a conjuring-up of long-forgotten memories; **eine** ~ **der Vergangenheit/alter Zeiten** a reminder of the past/old times

Be·schwö·rungs·for·mel *f* incantation

be·see·len* [bəˈzeːlən] *vt* ❶ *(durchdringen)* ■**jdn/etw** ~ to animate [*or* fill] sb; **sich** *akk* **von neuem Mut beseelt fühlen** to feel filled with renewed courage; ***ein Lächeln beseelte ihr Antlitz*** *(liter)* a smile animated her face; **vom Geist der Aufklärung/Revolution beseelt** to be inspired by [*or* filled with] the spirit of the Enlightenment/Revolution; ■**beseelt von** [*o* **durch**] inspired by
❷ *(mit innerem Leben erfüllen)* ■**etw** ~ to breathe life into; [**der Glaube an**] **die beseelte Natur** [the belief that] everything in nature has a soul; ***der Schauspieler hat diese Figur wirklich neu beseelt*** the actor really breathed new life into this character; **eine beseelte Darbietung/ein beseelter Blick** a soulful performance/glance

be·se·hen* *irreg* **I.** *vt* ■**jdn/etw** ~ to look at sb/sth, to have a look at sb/sth; **etw näher** ~ to inspect [*or* examine] sth closely
II. *vr* ❶ *(sich betrachten)* ■**sich** *akk* ~ to look at oneself; ***na, besiehst du dich wieder im Spiegel?*** are you admiring yourself in the mirror again?
❷ *(betrachten)* ■**sich** *dat* **etw** ~ to [have a] look at sth

be·sei·ti·gen* [bəˈzaitɪgn̩] *vt* ❶ *(entfernen)* ■**etw** ~ to dispose [*or* get rid] of sth; **Zweifel** ~ to dispel doubts; **ein Missverständnis** ~ to clear up a misunderstanding; **sich** *akk* **leicht** ~ **lassen** to be easily removed; **Schnee/ein Hindernis** ~ to clear away snow/an obstacle; **Streit** ~ to settle a dispute/an argument; **Fehler** ~ to eliminate mistakes; **Ungerechtigkeiten** ~ to abolish [*or* eliminate] injustice
❷ *(euph: umbringen)* ■**jdn** ~ to eliminate [*or fam* do away with] sb, to wipe sb out *sl*

Be·sei·ti·gung <-> *f kein pl* ❶ *(das Beseitigen)* disposal; *Farben/Spuren/Regime* removal; *Zweifel* dispelling; *Missverständnis* clearing-up
❷ *(euph: Liquidierung einer Person)* elimination

Be·sei·ti·gungs·an·spruch *m* JUR right to the abatement of a nuisance **Be·sei·ti·gungs·pflicht** *f* JUR duty to dispose of waste **Be·sei·ti·gungs·ver·fü·gung** *f* JUR condemnation order

Be·sen <-s, -> [ˈbeːzn̩] *m* ❶ *(Kehrbesen)* broom; *(kleiner)* brush; *Hexe* broomstick
❷ KOCHK whisk
❸ *(pej sl: kratzbürstige Frau)* old bag *pej,* old battle-axe *pej*
❹ SÜDD *(fam) Swabian vineyard's own public bar selling its wine, identifiable by a broom hanging outside the door*
▸WENDUNGEN: **etw mit eisernem** ~ **auskehren** to make a clean sweep of sth; **ich fresse einen** ~, **wenn ...** *(fam)* I'll eat my hat if ...; **neue** ~ **kehren gut** *(prov)* a new broom sweeps clean *prov*

Be·sen·bin·der(in) <-s, -> *m(f)* broom-maker **Be·sen·gins·ter** *m* BOT common broom **Be·sen·hei·de** *f* BOT [ling] heather **Be·sen·kam·mer** *f* broom cupboard **be·sen·rein** *adj* well-swept **Be·sen·schrank** *m* broom cupboard **Be·sen·stiel** *m* broomstick ▸WENDUNGEN: **steif wie ein** ~, **als habe jd einen** ~ **verschluckt** as stiff as a post [*or* poker] *fam* **Be·sen·wirt(in)** *m(f)* SÜDD *(fam)* owner of a

Swabian "Besenwirtschaft" **Be·sen·wirt·schaft** *f* SÜDD *(fam) Swabian vineyard's own public bar selling its wine, identifiable by a broom hanging outside the door*

be·ses·sen [bəˈzɛsn̩] *adj* ① REL possessed; ■[**von etw** *dat*/**vom Teufel**] ~ **sein** to be possessed [by sth/by the devil]
② *(unter einem Zwang stehend)* ■[**von etw** *dat*] ~ **sein** to be obsessed [with sth]; **wie** ~ like mad *sl*

Be·ses·se·ne(r) *f(m) dekl wie adj* ① REL possessed person
② *(fanatischer Mensch)* fanatic; **wie ein ~r/eine ~** like one possessed [*or* a maniac]

Be·ses·sen·heit <-> *f kein pl* ① REL possession
② *(Wahn)* obsession, fanaticism

be·set·zen* *vt* ① *(belegen)* ■**etw** ~ to reserve sth; ***besetz schon mal zwei Plätze für uns*** keep two places for us; **Stühle/Plätze** ~ to occupy [*or* take] chairs/seats; ***das Theater war bis auf den letzten Platz besetzt*** there was a full house at the theatre; **die Toilette** ~ to occupy the toilet; **die Leitung** ~ to engage the line BRIT, to keep the line busy AM
② *(okkupieren)* ■**etw** ~ *a.* MIL to occupy sth; *(bemannen)* to man sth; **ein Haus** ~ to take possession of [*or* squat in] a house; ***zehn Leute haben das leer stehende Gebäude besetzt*** ten people are squatting in the disused building
③ *(ausfüllen)* ■**etw** [**mit jdm**] ~ to fill sth [with sb]; **einen Posten** ~ to fill a post; **eine Rolle** ~ THEAT to cast sb in [*or* fill] a role
④ JAGD **ein Gehege/einen Zoo mit Tieren** ~ to fill [*or* stock] an enclosure/a zoo with animals
⑤ *(dekorieren)* ■**etw mit etw** *dat* ~ to trim sth with sth; ***sie hatte ihr Kostüm über und über mit Pailletten besetzt*** she had sequins all over her costume

Be·set·zer(in) <-s, -> *m(f)* occupier

be·setzt *adj* ① *(vergeben)* taken, occupied; **voll/dicht** ~ full, crowded, packed [out]; **ein schlecht ~es Theater** an empty theatre [*or* AM -er]; **ein gut/schlecht ~er Film** a well-cast/miscast movie
② *(belegt)* ■~ **sein** *Telefon, Toilette* to be occupied [*or* BRIT *a.* engaged] [*or* AM *a.* busy]; *Terminkalender, Termine* to be fully booked-up; ***die Sache ist negativ ~*** this carries negative connotations
③ MIL occupied; *(bemannt)* manned; **etw ~ halten** to continue to occupy sth; *(bemannt)* to continue to man sth; **ein ~es Haus** a squat

Be·setzt·zei·chen *nt* engaged [*or* AM busy] tone

Be·set·zung <-, -en> *f* ① *(Vergeben einer Stelle)* appointment (**mit** +*dat* of); FILM, THEAT casting (**mit** +*dat* of)
② *(alle Mitwirkenden) Film, Stück* cast; *Mannschaft* line-up, players *pl,* members [of a team] *pl;* **die zweite** ~ THEAT understudy; SPORT substitute
③ *(Okkupierung) Land, Gebiet* occupation; *Haus* squatting [in]; *Amt/Stelle* filling

Be·set·zungs·lei·ter(in) *m(f)* casting director

Be·si·che·rung <-, -en> *f* JUR **dingliche** ~ provision of real security

Be·sicht <-> [bəˈzɪçt] *m kein pl* JUR inspection; **Kauf auf** ~ purchase subject to inspection

be·sich·ti·gen* [bəˈzɪçtɪgn̩] *vt (ansehen)* ■**etw** ~ to visit sth; *Sehenswürdigkeit a.* to have a look at sth; ■**jdn** ~ *(hum) neues Baby, zukünftigen Schwiegersohn* to inspect sb; **einen Betrieb** ~ to have a look round [*or* have a tour of] a factory/plant; **ein Haus/eine Wohnung** ~ to view [*or* have a look at] [*or* look over] a house/flat; **eine Schule** ~ to inspect a school; **Truppen** ~ to inspect [*or* review] troops

Be·sich·ti·gung <-, -en> *f* visiting; *Wohnung, Haus etc.* viewing; *Truppen* inspection, review; ***„heute keine ~!"*** "closed today!"; ***„~ en nur sonntags!"*** "viewing only on Sundays!"; **eine ~ der Sehenswürdigkeiten** a sightseeing tour, a tour of the sights; **die ~ einer Stadt** a tour of a town; **zur ~ freigegeben** open for public viewing

Be·sich·ti·gungs·ver·merk *m* JUR inspection note **Be·sich·ti·gungs·zei·ten** *pl* opening [*or* viewing] times; ***„~ von 9 - 11 Uhr"*** "open 9am to 11am"

be·sie·deln* *vt* ① *(bevölkern)* ■**etw** ~ to settle [*or* populate] sth; *(kolonisieren)* to colonize sth; **mit Tieren besiedelt sein** to be populated with [*or* inhabited by] animals
② *(wachsen)* ■**etw** ~ to grow on [*or* in] sth; **mit Pflanzen/Vegetation besiedelt sein** to be inhabited by plants/vegetation

be·sie·delt *adj* populated; **dicht** [*o* **stark**]/**dünn/schwach** [*o* **kaum**] ~ densely/thinly/sparsely populated; **nicht** ~ unpopulated

Be·sie·de·lung, Be·sied·lung <-, -en> *f* settlement; *(Kolonisierung)* colonization; *Ballungsraum, Landstrich etc.* population; **dichte/dünne** ~ dense/sparse population

Be·sied·lungs·dich·te *f* population [density]

be·sie·geln* *vt* ■**etw** ~ to seal sth; **sein Schicksal** ~ to seal one's fate; **etw schriftlich** ~ to put sth in writing

be·sie·gen* *vt* ① *(schlagen)* ■**jdn** ~ to beat [*or* defeat] [*or liter* vanquish] sb; SPORT to outdo [*or* beat] sb; **ein Land** ~ to conquer a country; **den Gegner mit List** ~ to defeat one's opponent with cunning; ***sie haben die andere Mannschaft mit 3:2 besiegt*** they beat the other team 3:2; **sich** *akk* [**für**] **besiegt erklären** to admit defeat, to throw in the towel [*or* up the sponge] *fam*
② *(überwinden)* ■**etw** ~ to overcome [*or* conquer] sth

Be·sieg·te(r) *f(m) dekl wie adj* loser; ■**die Besiegten** the defeated [*or liter* vanquished]

be·sin·gen* *vt irreg* ① *(rühmen)* ■**jdn/etw** ~ to sing about [*or* the praise of] sb/sth, to honour sb/sth in song
② MUS ■**etw** [**mit etw** *dat*] ~ to record sth [with sth]

be·sin·nen* *vr irreg* ① *(überlegen)* ■**sich** *akk* ~ to think [for a moment], to consider, to reflect, to contemplate *liter;* **ohne sich zu** ~ without hesitation [*or* stopping to think]; **sich** *akk* **anders** ~ [*o* **sich** *akk* **eines anderen** [*o* **Besseren**] ~] to reconsider [*or* think better of] sth, to change one's mind [about sth]; **sich** *akk* [**für einen Moment**] ~ after [a moment's] consideration; ***da brauche ich mich nicht lange zu ~, das weiß ich auswendig!*** I don't need to think about that, I know it by heart!; **nach kurzem B~** after brief consideration
② *(an etw denken)* ■**sich** *akk* [**auf jdn/etw**] ~ to think [about sb/sth], to consider [*or liter* contemplate] [sb/sth], to reflect [on sb/sth]; *(auf Vergangenes)* to remember, to recall; **wenn ich mich recht besinne** if I remember rightly [*or* correctly], if my memory serves me right

be·sinn·lich [bəˈzɪnlɪç] *adj* thoughtful, pensive, reflective, contemplative; *(geruhsam)* leisurely; ***er verbrachte einige ~e Tage im Kloster*** he spent a few days of contemplation [*or* on retreat] in the monastery; **ein ~er Mensch** a thoughtful [*or* reflective] person; ***sie hatte ein ~es Wesen*** *(liter)* she was a reflective type, she was of a thoughtful turn of mind; **~ sein** to be thoughtful; **~er werden** to grow [more] thoughtful

Be·sin·nung <-> *f kein pl* ① *(Bewusstsein)* consciousness; **die ~ verlieren** to faint, to pass out, to lose consciousness *fig* [*or* one's head [*or* marbles]]; **bei/ohne ~ sein** to be conscious/unconscious [*or fam* out cold]; [**wieder**] **zur ~ kommen** to come round [*or* to one's senses], to regain consciousness; **jdn** [**wieder**] **zur ~ bringen** to revive sb; *(fig)* to bring sb round [*or* to their senses]; ***ihr seid wohl nicht bei ~!*** you must be out of your mind!
② *(Reflexion)* thought, reflection, contemplation; **zur ~ kommen** to gather one's thoughts

Be·sin·nungs·auf·satz *m* discursive essay

be·sin·nungs·los *adj* ① *(ohnmächtig)* unconscious; ■~ **werden** to lose consciousness, to pass [*or fam* black] out
② *(blind)* insensate, pure; **~e Wut** blind rage; ***~e Angst lähmte ihre Glieder*** pure, unadulterated fear gripped her limbs; ■[**wie**] ~ **sein vor etw** *dat* to be blind [*or* beside oneself] with sth

Be·sin·nungs·lo·sig·keit <-> *f kein pl* unconsciousness; ***die Patientin befindet sich seit Wochen im Zustand der ~*** the patient has been in a coma for weeks

Be·sitz <-es> [bəˈzɪts] *m kein pl* ① *(Eigentum)* property; *Vermögen* possession
② AGR land, estate; *(Landsitz, Gut)* estate
③ *(das Besitzen)* possession; **in staatlichem/privatem** ~ state-owned/privately-owned; **jdm den** ~ [**einer S.** *gen*] **streitig machen** to challenge [*or* contest] sb's ownership [of sth]; **etw in ~ nehmen, von etw** *dat* ~ **ergreifen** *(geh)* to take possession [*or* hold] of sth; **in den ~ einer S.** *gen* **gelangen** [*o* **kommen**] to come into [*or* gain] possession of sth; **etw in ~ haben** *(geh)* to possess sth, to have sth in one's possession *form;* **jds** [**alleiniger**] ~ **sein** to be sb's [sole] property; **im ~ von etw** *dat* **sein** *(geh)* to be in possession of sth; ***ich bin im ~ Ihres Schreibens vom 17.4.*** I have received your letter of 17 April; **in jds** *dat* ~ **sein, sich** *akk* **in jds** *dat* ~ **befinden** tobe in sb's possession [*or* hands]; **in jds** *akk* ~ **übergehen** [*o* **gelangen**] to pass into sb's possession [*or* hands]

Be·sitz·ab·tre·tung *f* JUR assignment of property **Be·sitz·an·spruch** *m* claim to [right of] ownership; JUR [possessory] title; **einen ~ auf etw** *akk* **haben** to have a right to sth; **seine Besitzansprüche** [**auf etw** *akk*] **anmelden** [*o* **geltend machen**] to claim possession of sth **be·sitz·an·zei·gend** *adj* LING [**ein**] **~es Fürwort** [a] possessive pronoun **Be·sitz·auf·ga·be** *f* JUR surrender [*or* relinquishment] of possession **Be·sitz·die·ner(in)** *m(f)* JUR possessor's agent

be·sit·zen *vt* ■**etw** ~ to possess [*or* own] [*or* have and to hold] sth; **etw rechtmäßig** ~ to be the rightful owner of sth; **etw treuhänderisch** ~ to hold sth as a trustee

be·sit·zen* *vt irreg* ① *(Eigentümer sein)* ■**etw** ~ to own [*or form* possess] [*or fam* have [got]] sth; **ein** [**großes**] **Vermögen** ~ to be [very] wealthy
② *(haben, aufweisen)* ■**etw** ~ to have [got] *fam* [*or form* possess] sth; **Frechheit** ~ to be cheeky [*or* impertinent]; **die Frechheit ~, etw zu tun** to have the cheek [*or* impertinence] to do sth; **jds Fürsprache/Vertrauen** ~ to have sb's approval/confidence; **ein Recht/eine Möglichkeit ~, etw zu tun** to enjoy a right/the possibility to do sth
③ *(mit etw ausgestattet sein)* to have [*or* be equipped with] [*or* boast] sth *hum*
④ *(euph: beschlafen)* ■**jdn** ~ to have sb

be·sit·zend *adj* wealthy; **die** [**Angehörigen der**] **~en Klassen** the propertied classes *form*

Be·sitz·ent·zie·hung *f* JUR dispossession

Be·sit·zer(in) <-s, -> *m(f)* owner; ■**der ~ einer S.** *gen* the owner of sth; **~ eines Geschäfts/Hotels/etc.** proprietor of a business/hotel/etc.; **~ einer Eintrittskarte/Aktie** holder of a ticket/shareholder; ***sie ist seit neuestem ~ in einer Eigentumswohnung*** she has recently bought her own flat [*or* become a flat-owner]; **der rechtmäßige** ~ the rightful owner; **den ~ wechseln** to change hands

be·sitz·er·grei·fend *adj* possessive **Be·sitz·er·grei·fung** *f (geh)* seizure; **~ durch den Staat** seizure of power by the state; *Macht, Kontrolle* seizure; *(unrechtmäßig)* usurpation; *Land* occupation **Be·sitz·ge·sell·schaft** *f* FIN holding company **Be·sitz·gier** *f* acquisitiveness, cupidity **Be·sitz·kla·ge** *f* JUR possessory action **Be·sitz·kon·sti·tut** *nt* JUR constructive possession

be·sitz·los *adj* poor, penniless; **die** [**Angehörigen der**] **~en Klassen** [*o* **Bevölkerungsschichten**] the dispossessed *form,* the have-nots; ***nach dem Konkurs ihrer Firma war sie völlig ~*** after her company went bankrupt she was left with nothing

Be·sitz·mitt·ler(in) *m(f)* JUR bailor **Be·sitz·mitt·lungs·ver·hält·nis** *nt* JUR bailment **Be·sitz·nach·fol·ge** *f* JUR succession in title **Be·sitz·nach·fol·ger(in)** *m(f)* JUR assignee, subsequent holder **Be·sitz·recht** *nt* JUR right of possession; **alleiniges** ~ sole proprietorship; **~ erwerben** to gain possession **be·sitz·recht·lich** *adj inv* JUR possessory **Be·sitz·schutz** *m kein pl* JUR legal protection of possession **Be·sitz·stand** *m standing as propertied members of society* **Be·sitz·steu·er** *f*

FIN property tax; **Besitz- und Verkehrssteuern** tax on property and transactions **Be·sitz·stö·rer(in)** *m(f)* JUR trespasser

Be·sitz·stö·rung *f* JUR trespass; **nachbarliche ~** private nuisance **Be·sitz·stö·rungs·kla·ge** *f* JUR action of trespass

Be·sitz·ti·tel *m* JUR possessory title

Be·sitz·tum <-s, -tümer> *nt* property *no pl*, possession; *Land* estate

Be·sitz·über·gang *m* JUR change of possession **Be·sitz·über·nah·me** *f kein pl* JUR entry into possession **Be·sitz·über·tra·gung** *f kein pl* JUR transfer of ownership **Be·sitz·um·schich·tung** *f* JUR rearrangement of holdings

Be·sit·zung <-, -en> *f (Land- und Grundbesitz)* property, estate

Be·sitz·un·ter·neh·men *nt* FIN property company **Be·sitz·ur·kun·de** *f* JUR document of title **Be·sitz·ver·hält·nis** *nt* ownership [relation] **Be·sitz·ver·schaf·fung** *f* JUR delivery of possession; **mittelbare ~** constructive delivery **Be·sitz·vor·ent·hal·tung** *f* JUR ouster

Bes·ki·den [bɛsˈkiːdn̩] *pl* Beskids *pl*, Beskidy Mountains *pl*

be·sof·fen [bəˈzɔfn̩] *adj (sl)* ① *(betrunken)* sloshed *fam*, plastered *fam*, BRIT *a.* pissed *sl*; **ein ~er Mensch** a drunk [*or* drunkard]; **im ~en Zustand** drunk; **total ~** dead drunk

② *(von Sinnen)* cuckoo *sl*, BRIT *a.* potty *sl*

Be·sof·fe·ne(r) *f(m) dekl wie adj (sl)* drunk, drunkard

be·soh·len* *vt* ■[**jdm**] **die Schuhe/Stiefel/etc.** [**neu**] **~** to [re]sole sb's shoes/boots/etc.

be·sol·den* [bəˈzɔldn̩] *vt* ADMIN ■**jdn ~** to pay sb; **jdn nach einem bestimmten Tarif/einer bestimmten Lohngruppe ~** to pay sb according to a particular scale/a particular salary grade

Be·sol·dung <-, -en> *f* ADMIN pay, salary; **jds ~ erhöhen** to raise sb's salary, to give sb a rise [*or* raise] AM

Be·sol·dungs·grup·pe *f* ADMIN [salary] grade **Be·sol·dungs·ord·nung** *f* ADMIN pay [*or* salary] regulations *pl*

be·son·de·re(r, s) [bəˈzɔndərə, -ərɐ, -ərəs] *adj* ① *(ungewöhnlich)* special, unusual; *(eigentümlich)* peculiar; *(außergewöhnlich)* particular; ***zu meiner ~n Freude darf ich Ihnen heute unseren Gast vorstellen*** I am particularly pleased to introduce our guest to you today; **ganz ~** very special [*or* unusual]; **eine ~ Ehre** a great honour [*or* AM -or]; **ein ~r Umstand** an unusual [*or* exceptional] circumstance; **von ~r Schönheit/Anmut** [**sein**] [to be] of exceptional [*or* uncommon] beauty/grace

② *(speziell)* special, particular; **ein ~s Interesse an etw** *dat* **haben** to be keenly [*or* especially] interested in sth; **ein ~r Gast/eine ~ Behandlung** a special guest/treatment; **von ~r Bedeutung** of great significance; **ohne ~ Begeisterung** without any marked enthusiasm; [**einen**] **~n Wert auf etw** *akk* **legen** to value sth highly, to attach great importance to sth

③ *(zusätzlich, separat, gesondert)* special [kind of], separate, particular

Be·son·de·re(s) [bəˈzɔndərə(s)] *nt dekl wie adj* ① *(besondere Eigenschaft)* special feature; ***was ist das ~ an ihm?*** what's so special [*or* remarkable] about him?; **etw/nichts ~s** sth/nothing special; ***haben Sie irgendetwas ~s entdeckt?*** have you discovered anything out of the ordinary?; **vom Allgemeinen zum ~n** from the general to the particular

② *(ein besonderer Mensch)* ■**etw/jd/nichts ~s** sth/somebody/nothing special; ***sie war nichts ~s*** she was nothing special

▶WENDUNGEN: **im ~n** in particular, particularly, especially

Be·son·der·heit <-, -en> *f (Merkmal)* characteristic, feature; *(Außergewöhnlichkeit)* special quality; *(Eigentümlichkeit)* peculiarity

be·son·ders [bəˈzɔndɐs] *adv* ① *intensivierend (außergewöhnlich)* particularly, especially, specially, exceptionally; **~ viel** a great deal, an awful lot *fam*; **nicht ~ klug/fröhlich** not particularly [*or* [e]specially] [*or* not so] bright/happy; **nicht ~ viel** not a great deal

② *(vor allem)* in particular, above all; ***~ sie war davon betroffen*** mainly she was affected

③ *(speziell)* specially; **sich** *dat* **etw ~ anfertigen lassen** to have sth specially made; **~ verpackt** individually packed; ***das Problem muss später ~ behandelt werden*** that problem will have to be dealt with separately later; **nicht ~ sein** *(fam)* nothing out of the ordinary [*or* to write home about] *fig*; ***hat's geschmeckt? — na ja, das Essen war nicht ~*** did you enjoy the meal? — well, not particularly; [**jdm geht es** [*o* **jd fühlt sich**]] **nicht ~** *akk (fam)* [sb feels] not too good [*or* great] *fam*

be·son·nen [bəˈzɔnən] **I.** *adj* sensible, calm, prudent; **~ bleiben** to keep [*or* stay] calm; ***sein ~es Verhalten rettete ihn*** his level-headed [*or* discreet] conduct saved him

II. *adv* sensibly, calmly, prudently; ***wir sollten sehr ~ vorgehen*** we should proceed with utmost caution [*or* discretion]

Be·son·nen·heit <-> *f kein pl* common sense *no pl*, calmness *no pl*, prudence *no pl*

be·sor·gen* *vt* ① *(kaufen)* ■[**jdm**] **etw ~** to buy [*or* get] [sb] sth; *(beschaffen)* to get [*or form* obtain] sth for sb [*or* sb sth], to procure sth for sb *form*; ■**sich** *dat* **etw ~** to get [oneself] sth, to obtain [*or form* procure] sth [for oneself]; **jdm einen Job/Partner ~** to fix sb [up] with a job/partner; **sich** *dat* **einen Job ~** to find oneself a job *fam*

② *(erledigen)* ■**etw ~** to see [*or* attend] to sth; **jds Angelegenheiten ~** to look after [*or* manage] sb's affairs; **den Haushalt ~** to run the household

▶WENDUNGEN: **es jdm ~** *(fam: jdn verprügeln)* to give sb a thrashing; *(es jdm heimzahlen)* to give sb what for; ***ich habe es ihm richtig besorgt*** I really let him have it; *(jdm die Meinung sagen)* to give sb a piece of one's mind; *(derb: jdn sexuell befriedigen)* to give it to sb *vulg*; **was du heute ~ kannst, verschiebe nicht auf morgen** *(prov)* do not postpone anything until tomorrow that could be done today

Be·sorg·nis <-ses, -se> [bəˈzɔrknɪs] *f* ① *(Sorge)* concern, worry, alarm; **~ erregend** worrying, alarming; ***der Zustand des Patienten ist weiterhin ~ erregend*** the patient's condition is continuing to cause concern; **jds** *akk* **~ erregen** to cause sb concern, to alarm sb; **in ~ geraten** to get alarmed [*or* worried]; **mit wachsender ~** with increasing concern [*or* anxiety]; ***kein Grund zur ~!*** no need to worry!

② *(Befürchtung)* misgivings *pl*, concerns *pl*, fears *pl*; **jdm seine ~se zerstreuen** to allay sb's misgivings [*or* concerns] [*or* fears]; **große ~** great [*or* considerable] concern; **ernste ~** grave concern; **~ erregen** to cause [*or* arouse] concern; **~ der Befangenheit** JUR fear of bias

be·sorg·nis·er·re·gend *adj s.* **Besorgnis 1**

be·sorgt [bəˈzɔrkt] *adj* ① *(voller Sorge)* worried, concerned; ■[**wegen einer S.** *gen*/**um etw** *akk*] **~ sein** to be worried [*or* concerned] [about sth]; ***er war um seine Zukunft ~*** he was anxious about his future; **mit ~er Miene** with a troubled expression [on sb's face]; **ein ~es Gesicht machen** to look troubled [*or* worried]

② *(fürsorglich)* ■**um jdn/etw ~ sein** to be anxious about sb/sth, to be concerned [*or form* solicitous] about [*or* for] sb/sth; ***seine Eltern waren immer sehr ~ um ihn*** his parents were always worrying about him

Be·sorgt·heit <-> *f kein pl* concern, anxiety, uneasiness; ■**jds ~ um jdn/etw** sb's concern about [*or* for] sb/sth

Be·sor·gung <-, -en> *f* ① *(Einkauf)* shopping, errand[s], purchase[s] *form*; [**für jdn**] **eine ~/~en machen** [*o* **erledigen**] to do some shopping [*or* errands] [for sb], to make a purchase/some purchases [for sb] *form*; *(das Kaufen)* purchase *form*

② *(das Erledigen) Geschäfte, Aufgaben* management [*or* handling] [of affairs]

be·span·nen* *vt* ① *(überziehen)* ■**etw** [**mit etw** *dat*] **~** to cover sth [with sth]; **etw mit Stoff/einer Plane ~** to cover sth with fabric/canvas; **Sitzmöbel ~** to re-cover [*or* re-upholster] furniture; **etwas mit Saiten ~** to string sth; **einen Schläger neu ~** to re-string a racket

② *(Zugtiere anspannen)* ■**etw** [**mit etw** *dat*] **~** to harness [*or* put] sth [to sth]; **den Wagen ~** to harness up the cart; **mit Pferden bespannt** horse-drawn

Be·span·nung *f* ① *kein pl (das Bespannen mit Stoff)* covering; *Instrument, Schläger* stringing; *Wagen* harnessing

② *(der Überzug)* cover, covering; **Wand~** wall-coverings; *(Saiten)* strings *pl*; *(Zugtiere)* team [of oxen etc.]

be·spiel·bar *adj* ① TECH *Kassette* capable of being recorded on; ***diese Videokassette ist ~*** you can use this video cassette for recording

② SPORT *Platz* fit for playing on; ***der Platz ist nur mit Stollenschuhen ~*** only studded boots are to be used on the pitch

be·spie·len* *vt* ① TECH ■**etw** [**mit etw** *dat*] **~** *Kassette, Tonband* to make a recording [of sth] [*or* to record [sth]] on sth; ***die MC ist mit klassischer Musik bespielt*** the tape has got classical music on it; **ein bespieltes Band** a [pre-]recorded tape

② SPORT ■**etw ~** *Platz* to play on sth; ***nach dem Regen kann der Platz noch nicht wieder bespielt werden*** after the rain the pitch is not yet ready for playing on

be·spit·zeln* *vt* ■**jdn ~** to spy on sb, to keep sb under surveillance

Be·spit·ze·lung <-, -en> *f* spying, surveillance; **die ~ einer Person** the surveillance of a person

be·spre·chen* *irreg* **I.** *vt* ① *(erörtern)* ■**etw** [**mit jdm**] **~** to discuss sth [*or* talk about sth [*or* sth over]] [with sb], to confer [with sb] about/on sth *form*; **wie besprochen** as agreed

② *(rezensieren)* ■**etw ~** to review sth; [**von der Kritik**] **negativ** [*o* **schlecht**]/**positiv besprochen werden** to receive [*or* get] good/bad reviews

③ *(aufnehmen)* ■**etw** [**mit etw** *dat*] **~** to make a recording [of sth] on sth; **besprochene Bänder** spoken [*or* voice] recordings

II. *vr (sich beraten)* ■**sich** *akk* [**über etw** *akk*] **~** to discuss [sth], to talk [*or form* confer] [about sth], to talk sth over; ■**sich** *akk* **mit jdm** [**über etw** *akk*] **~** to consult with sb [about sth], to discuss sth [*or* talk sth over] with sb

Be·spre·chung <-, -en> *f* ① *(Konferenz)* meeting, conference; *(Unterredung)* discussion, talk; ***nach intensiven ~en kamen sie zu einer Einigung*** after intensive negotiations they reached an agreement

② *(Rezension)* review

Be·spre·chungs·ex·em·plar *nt* review copy **Be·spre·chungs·ge·bühr** *f* JUR *lawyer's fee for out-of-court negotiations* **Be·spre·chungs·zim·mer** *nt* conference room; **ärztliches ~** consulting room

be·spren·gen *vt* ■**jdn/etw** [**mit etw** *dat*] **~** to sprinkle sb/sth [with sth]; **den Rasen ~** to water the lawn

be·sprit·zen* *vt* ■**jdn** [**mit etw** *dat*] **~** to splash [*or* spray] sb [with sth], to splash [sth over] sb; ■**sich** *akk* [**mit etw** *dat*] **~** to splash [sth on] oneself; **jdn/etw mit Blut ~** to spatter sb/sth with blood; ■[**jdm/sich**] **etw ~** to splash [*or* spatter] [sb's/one's] sth; ***er hat den Pulli mit Farbe bespritzt*** he's splashed [*or* spattered] paint all over his sweater; **eine Pflanze mit Wasser ~** to spray a plant with water; ■**sich** *akk* **gegenseitig** [**mit etw** *dat*] **~** to splash each other [with sth]; **sich** *akk* [**gegenseitig**] **mit dem Gartenschlauch ~** to hose oneself/each other down

be·sprü·hen* *vt* ■**jdn/etw** [**mit etw** *dat*] **~** to spray sb/sth [with sth]; ■**sich** *akk* [**mit etw** *dat*] **~** to spray oneself [with sth]; ■[**sich** *dat*] **etw** [**mit etw** *dat*] **~** to spray [one's] sth [with sth]

be·spu·cken* *vt* ■**jdn/etw ~** to spit at sb/sth

be·spü·len *vt* ■**etw ~** *Wellen* to wash over sth

Bess·ara·bi·en <-s> [bɛsaˈraːbi̯ən] *nt* GEOG Bessarabia

bes·ser ['bɛsɐ] **I.** *adj komp von* **gut** ❶ *(höher)* better; **~es Gehalt** higher wages, better pay; **~e Qualität** superior quality; ■ **etwas B~es** something better; **nichts B~es** nothing better; ***Sie finden nichts B~es!*** you won't find anything better!; ***es gibt auf dem Markt nichts B~es*** it's the best on the market; ■ **~ sein** to be better; ***etw könnte ~ sein*** sth could be better, sth has room for improvement; **nicht ~ als ...** no better than ...; ■ **[es ist] ~, [wenn] ...** it would be better if ...; ***~, man sieht uns nicht zusammen*** it would be better if nobody saw us together; ■ **etw wird ~** [*o* **mit etw** *dat* **wird es ~**] sth is getting better [*or* improving]
❷ *(sozial höhergestellt)* more respectable, better-off, genteel *iron*
❸ *(iron fam: kaum mehr als)* ■ **etw ist ein ~er/~es/eine ~e ...** sth is just a bit better than ... [*or* a better sort of]; ***das nennen Sie anständige Wohnung? das ist doch allenfalls eine ~e Bruchbude!*** you call that a decent flat? it's just a slightly upmarket garden shed!
▶ WENDUNGEN: **jdn eines B~en belehren** to put sb right, to enlighten sb; ***ich lasse mich gerne eines B~en belehren*** I'm willing to admit I'm wrong; **sich** *akk* **eines B~en besinnen** to think better of sth; **B~es zu tun haben** to have other things to do [*or prov* fish to fry]; ***als ob ich nichts B~es zu tun hätte!*** as if I had nothing better to do!; *s. a.* **Wendung**
II. *adv komp von* **gut, wohl** ❶ *(nicht mehr schlecht)* **es geht jdm ~** MED sb is [*or* feels] better, sb is recovering; **es geht [etw** *dat*] **~** ÖKON sth is doing better [*or* recovering]; ***es geht der Landwirtschaft noch nicht ~*** the agricultural industry is still not doing well; **~** *verdienen* to get a better wage, to earn more
❷ *(mehr als gut)* better; **~ verdienen** to earn more
❸ *(fam: lieber)* better; ***dem solltest du ~ aus dem Wege gehen!*** it would be better if you avoided him!, you would do better to keep out of his way!; ***lass ~ mich ran!*** let me have a go!; ***soll ich ihm von unserem Gespräch berichten? — nein, das lassen Sie ~ bleiben!*** shall I tell him about our conversation? — no, it would be better not to!
▶ WENDUNGEN: **~ [gesagt]** *(richtiger)* rather, properly speaking *form;* **es ~ haben** to be [a lot] better off; **es [mit jdm] ~ haben** to be better off [with sb]; **~ ist ~** [it's] best to be on the safe side [*or prov* better [to be] safe than sorry]; **es kommt noch ~** *(iron fam)* you haven't heard the half of it! *fam;* **jd täte ~ daran ...** sb would do better to ...; **jd will es** [*o* **alles**] **[immer] ~ wissen** sb [always] knows better; **umso ~!** *(fam)* all the better!

bes·ser|ge·hen *vi impers, irreg sein s.* **besser II 1**

bes·ser·ge·stellt *adj* better off

Bes·ser·ge·stell·te(r) <-n, -n> *f(m) dekl wie adj* better off [*or* well-to-do] person

bes·sern ['bɛsɐn] **I.** *vr* ■ **sich** *akk* **~** ❶ *(ein besseres Benehmen zeigen)* to improve, to do better, to turn over a new leaf *prov,* to mend one's ways
❷ *(besser werden)* to improve, to get better; ***sein [Gesundheits]zustand hat sich gebessert*** he has recovered
II. *vt* ■ **jdn ~** to reform sb, to change sb for the better; ■ **etw ~** to improve upon sth

bes·ser|ste·hen^RR *vr* **sich** *akk* **~** to be better off

bes·ser|stel·len *vt* ■ **jdn ~** to improve sb's [financial/social] position

Bes·se·rung <-> *f kein pl* ❶ *(Gesundheitszustand)* improvement; **gute ~!** get well soon!; **auf dem Weg der ~ sein** to be on one's way to recovery
❷ *Lage, Situation* an improvement [*or* a change for the better] [in a situation]; *Preis, Kurs* gain, advance; ***es soll nie wieder vorkommen, hiermit gelobe ich ~*** it won't happen again, from now on I'm a reformed character

Bes·se·rungs·schein *m* FIN debtor warrant **Bes·se·rungs·schein·in·ha·ber(in)** *m(f)* FIN bondholder

Bes·se·rungs·ten·den·zen *pl* signs of improvement

Bes·ser·ver·die·nen·de(r) *f(m) dekl wie adj* JUR high earner

Bes·ser·wis·ser(in) <-s, -> *m(f) (pej)* know-all *pej,* know-it-all *pej,* wise guy *pej*

Bes·ser·wis·se·rei <-> *f kein pl (pej)* know-all manner; ***verschone uns bitte mit deiner ständigen ~!*** please spare us this little Mr/Miss Know-it-all attitude of yours!

Bes·ser·wis·se·rin <-, -nen> *f fem form von* **Besserwisser**

bes·ser·wis·se·risch **I.** *adj (pej)* know-all; **eine ~e Art** a know-it-all manner; ***sie legt immer so ein ~es Verhalten an den Tag*** she always behaves like a little Miss Know-it-all
II. *adv (pej)* like a know-all, in a know-all way

Bess·rung^RR, **Beß·rung^ALT** <-> *f kein pl s.* **Besserung**

be·stal·len* [bəˈʃtalən] *vt (geh: ernennen)* ■ **jdn [zu etw** *dat*] **~** to appoint sb [to sth]; **jdn ins Amt ~** to install sb in office *form*

Be·stal·lung <-, -en> *f (geh: Ernennung)* ■ **jds ~ [zu etw** *dat*] sb's appointment to sth; *(in ein höheres Amt)* sb's installation [as sth] *form*

Be·stal·lungs·ur·kun·de *f* certificate of appointment

Be·stand <-[e]s, Bestände> *m* ❶ *(Fortdauer)* survival, continued existence, continuation, longevity *form;* ***der weitere ~ der Koalition hängt vom Ausgang der Verhandlungen ab*** whether the coalition will survive depends on the outcome of the negotiations; ÖSTERR *(Bestehensdauer)* founding; ***die Firma hat 30-jährigen ~*** the company has its 30th anniversary; **von ~ sein, ~ haben** to be long-lasting [*or* durable]
❷ *(vorhandene Menge)* ■ **der/jds ~ [an etw** *dat*] the/sb's supply [*or* stock] [*or* store] [of sth]; *Vieh* [live] stock; *Kapital* assets *pl; Wertpapiere* holdings *pl;* FORST *(Waldstück)* stand *form; Bäume* stand [*or* population] [of trees]; **~ aufnehmen** *(a. fig)* to take stock, to do stocktaking

be·stan·den *adj inv* ❶ *(erfolgreich absolviert)* passed; **nach glänzend ~em Examen** after brilliantly passing the exam; ***wir feiern die ~e Prüfungen*** we're celebrating passing our exams
❷ *(mit Pflanzen bewachsen)* covered with trees *pred,* tree-covered *attr;* **mit Bäumen ~e Straße** tree-lined street; **gut/schlecht ~es Gebiet** well/poorly-stocked area
❸ SCHWEIZ *(alt, bejahrt)* advanced in years *pred,* ageing, aging

Be·stän·de·rech·nung *f* HANDEL stock assessment

be·stän·dig *adj* ❶ *attr (ständig)* continual, constant, persistent *pej,* relentless *pej*
❷ *(gleich bleibend)* consistent, dependable, steady; **~e Loyalität** unswerving loyalty; **~es Wetter** settled weather; **~es Tief** persistent depression
❸ *(widerstandsfähig)* ■ **~ [gegen etw** *akk*] **sein** to be resistant [to sth]; **hitze~** heat-resistant, -proof
❹ *(dauerhaft)* long-lasting, lasting
❺ CHEM, PHYS permanent, stable

Be·stän·dig·keit <-> *f kein pl* ❶ *(das Anhalten)* persistence; **die ~ des guten/schlechten Wetters** the continuation of the settled [*or* good]/bad weather [conditions]
❷ *(gleich bleibende Eigenschaft)* consistency, dependability, steadfastness; *Liebende* constancy
❸ *(Widerstandsfähigkeit)* resistance; ■ **~ gegen etw** *akk* resistance to sth

Be·stand·sa·nie·rung *f* HANDEL reorganization of stocks

Be·stands·auf·nah·me *f* ❶ ÖKON stocktaking, inventory; **[eine] ~ machen** to take stock, to do the stocktaking; *(in Gastronomie oder Haushalt)* to make an inventory; **geschlossen wegen ~** closed for stocktaking ❷ *(fig: Bilanz)* taking stock; ***wenn ich mir bei einer ~ überlege, was ich nach 10 Jahren erreicht habe ...*** when I take stock of what I've achieved in 10 years ...; **[eine] ~ machen** to weigh up sth [*or* sth up], to review sth **Be·stands·fehl·be·trag** *m* HANDEL inventory shortage **Be·stands·grö·ße** *f* FIN size of stock **Be·stands·hal·tung** *f* HANDEL inventory; **optimale ~** optimum inventory **Be·stands·kraft** *f* JUR legal validity **be·stands·kräf·tig** *adj* JUR legally valid **Be·stands·mas·se** *f* ÖKON point-in-time population **Be·stands·plan** *m* BAU as-built plan **Be·stands·schutz** *m* FIN *(Versicherung)* portfolio protection **Be·stands·über·wa·chung** *f* HANDEL inventory observation **Be·stands·ver·än·de·run·gen** *pl* HANDEL inventory changes **Be·stands·ver·zeich·nis** *nt* FIN inventory sheet **Be·stands·zah·len** *pl* HANDEL inventory [*or* stock] figures

Be·stand·teil *m* part, element; SCI component, constituent; **notwendiger** [*o* **elementarer**] **~** essential [*or* integral] part; **sich** *akk* **in seine ~e auflösen** to fall apart, to disintegrate; **etw in seine ~e zerlegen** to take sth to pieces, to dismantle sth; *(etw auflösen)* to disintegrate [*or* break down] sth

be·stär·ken* *vt* ■ **jdn [in etw** *dat*] **~** to encourage sb['s sth], to support sb [in sth]; **jdn in seinem Wunsch/Vorhaben ~** to confirm [*or* strengthen] sb in their desire/intention; **jdn in einem Verdacht ~** to reinforce sb's suspicion

Be·stär·kung *f* ❶ *(Unterstützung)* support, encouragement; **~ eines Vorsatzes** support [*or* strengthening] of an intention
❷ *(Erhärtung)* confirmation; **~ eines Verdachts** confirmation of a suspicion

be·stä·ti·gen* [bəˈʃtɛːtɪgn̩] *vt* ❶ *(für zutreffend erklären)* ■ **[jdm] etw ~** to confirm [sb's] sth; **eine Theorie ~** to confirm [*or* bear out] a theory; **ein Alibi ~** to corroborate an alibi; **die Richtigkeit einer S.** *gen* **~** to testify to sth's correctness, to verify sth; **ein Urteil ~** to uphold [*or* sustain] a sentence; ***das Parlament bestätigte den Vertrag*** the parliament ratified the treaty; ■ **jdn [in etw** *dat*] **~** to support sb [in sth]; **jdn in seinem Verdacht/seiner Vermutung ~** to confirm sb's suspicion/speculation; ■ **~d** in confirmation; **ein ~des Kopfnicken** a nod of confirmation; ***„hiermit*** [*o* ***hierdurch***] ***wird bestätigt, dass ...“*** "we hereby confirm [*or* certify] that ..."
❷ *(quittieren)* ■ **[jdm] etw ~** to certify sth [for sb]; **[jdm] den Empfang einer S.** *gen* **~** to acknowledge receipt of sth [for sb]; ADMIN to confirm sth [to sb]
❸ ADMIN ■ **jdn in etw** *dat* **~** to confirm sb in sth; **jdn im Amt ~** to confirm sb in office; **jdn in einer Stellung ~** to confirm sb's appointment

Be·stä·ti·gung <-, -en> *f* ❶ *(das Bestätigen)* confirmation; *Richtigkeit, Echtheit* verification; *Gesetz, Vertrag* ratification; ■ **die/zur ~ einer S.** *gen* the/in confirmation of sth; **schriftliche ~** written confirmation; **[in] ~ der Beweise** [*o* **des Alibis**] [in] confirmation [*or* corroboration] of [the] evidence; ***dies sind Beweise zur ~ meines Verdachts*** this evidence proves my suspicions were right; **~/keine ~ finden** *(geh)* to be validated/to not be validated *form;* JUR to be upheld [*or* sustained]; ***er sucht doch bloß ~!*** he's merely trying to boost his ego!
❷ *(Quittierung)* ■ **die/zur ~ einer S.** *gen* the/in confirmation of sth; ■ **die/zur ~ des Empfangs** [*o* **Erhalts**] the/in acknowledgement of receipt
❸ *(bestätigendes Schriftstück)* written confirmation, certification, certificate

Be·stä·ti·gungs·schrei·ben *nt* FIN letter of acknowledg[e]ment [*or* confirmation] **Be·stä·ti·gungs·ver·fah·ren** *nt* FIN confirmation proceedings *pl* **Be·stä·ti·gungs·ver·merk** *m* FIN *(auf der Bilanz)* audit certificate

be·stat·ten* [bəˈʃtatn̩] *vt (geh)* ■ **jdn ~** ❶ *(beerdigen)* to bury [*or form* inter] sb; ***sie wird in drei Tagen auf dem alten Friedhof bestattet*** in three days' time she will be laid to rest in the old cemetery; **irgendwo bestattet liegen** to lie [*or* be] buried somewhere
❷ *(verbrennen)* to cremate sb

Be·stat·ter(in) <-s, -> *m(f) (geh: Beerdigungsunternehmer)* funeral director *form,* undertaker

Be·stat·tung <-, -en> *f (geh) s.* **Beerdigung**

Be·stat·tungs·in·sti·tut *nt,* **Be·stat·tungs·un·ter·neh·men** *nt (geh)* funeral parlour [*or* AM -or]

[*or* directors'] **Be·stat·tungs·un·ter·neh·mer(in)** *m(f) (geh) s.* Bestatter

be·stäu·ben* *vt* ① KOCHK ■**etw [mit etw** *dat*] ~ to dust [*or* brush] sth [with sth]
② BOT ■**etw** ~ to pollinate sth

Be·stäu·bung <-, -en> *f* BOT pollination

be·stau·nen* *vt* ■**jdn/etw** ~ to admire sb/sth; ***wir bestaunten ihr Geschick*** we marvelled at her skill

best·be·zahlt *adj attr* highest paid, best-paid

bes·te(r, s) ['bɛstə, 'bɛste, 'bɛstəs] **I.** *adj superl von* **gut** *attr* best; **von der ~n Qualität** of the highest quality; **die ~ Weite** the farthest [*or* furthest]; **aus ~r Familie** from a good family; **von ~r Abstammung** of good birth [*or form* stock]; **sich** *akk* **~r Gesundheit erfreuen** to be in the best of health; **in ~r Laune** in an excellent mood [*or* the best of spirits]; **in ~r Gelassenheit** very [*or* extremely] composed; ***meine ~n Glückwünsche zur bestandenen Prüfung!*** congratulations on passing your exam!; ***mit den ~n Genesungswünschen*** with all best wishes for a speedy recovery; ***„mit den ~n Grüßen [Ihr] ..."*** *(Briefformel)* "Best wishes, [Yours] ..."; *s. a.* **Wille**
▸WENDUNGEN: **aufs** [*o* **auf das**] ~ perfectly, very well; *s. a.* **Beste(r, s)**
II. *adv* ① *(auf Platz eins)* ■**am ~n** + *verb* best; ***sie schloss in der Prüfung am ~n ab*** she finished top in the exam
② *(Ratschlag)* ■**am ~n ...** it would be best if ..., your best bet would be to ... *fam*
▸WENDUNGEN: **das ist [auch** [*o* **doch**]] **am ~n so!** it's all for the best!; **es wäre am ~n, wenn ...** it would be best if ...; ***es wäre am ~n, wenn Sie jetzt gingen*** you had better go now

Bes·te(s) ['bɛstə] *m o f o nt* ■**der/die/das** ~ the best; **das ~ vom ~n** the very best; ***er ist der ~ von allen*** he's the pick of the bunch [*or* best of the lot]; ***sie wollen das ~ von allem*** they want the best of everything; ***in der Klasse war er immer der ~*** he always came first [*or* top] in class; ***Nachgeben ist nicht immer das ~*** giving in is not always best [*or* the best thing to do]; **das ~ wäre ...** it would be best if ...
▸WENDUNGEN: **sein ~s geben** to give of one's best *form*, to do the best one can; **[jdm] etw zum ~n geben** *(etw erzählen)* to oblige [sb] with sth; ***auf Partys pflegte sie immer lustige Anekdoten zum ~n zu geben*** at parties she always had a wealth of funny stories; **jdn zum ~n halten** *(jdn zum Narren halten)* to pull sb's leg *prov*, to make fun of sb; **wir wollen das ~ hoffen** let's hope for the best; **das ~ aus etw** *dat* **machen** to make the best of sth [*or* of a bad job]; **meine ~/mein ~r!** *(veraltet fam)* my dearest *old fam*, my dear *fam;* **es steht [mit etw** *dat*] **nicht zum ~n** it doesn't look good [*or* very hopeful]; **sein ~s tun** to do one's best; **nur jds** *akk* **~s wollen** to only want the best for sb [*or* have sb's interests at heart]; **zu jds ~n** in sb's [own] interests; ***glaube mir, es ist nur zu deinem ~n*** believe me, it's for your own good

be·ste·chen* *irreg* **I.** *vt* ① *(durch Zuwendungen beeinflussen)* ■**jdn [mit etw** *dat*] ~ to bribe sb [*or* buy sb off] [with sth]
② *(für sich einnehmen)* ■**jdn [durch etw** *akk*] ~ to win sb over [with sth]; **jdn durch Schönheit** ~ to entrance [*or* captivate] sb
II. *vi (Eindruck machen)* to be impressive [*or* irresistible]; ■**durch etw** *akk* ~ to win people over [*or* impress] with sth; **durch Schönheit** ~ to be entrancing [*or* captivating]; ***das Auto besticht durch seine Form*** the appeal of the car lies in its shape

be·ste·chend I. *adj* captivating, irresistible, impressive; **ein ~es Angebot** a tempting offer; **ein ~er Gedanke** a fascinating thought [*or* idea]; **ein ~es Lächeln** a winning smile; **eine ~e Schönheit** an entrancing [*or* captivating] beauty; **ein ~er Geist** a brilliant mind; ■**etwas B~es** something irresistible; **etwas B~es haben** to have a certain irresistibility
II. *adv* winningly, impressively

be·stech·lich [bəˈʃtɛçlɪç] *adj* corrupt, open to bribery, venal *form*

Be·stech·lich·keit <-> *f kein pl* corruptibility, venality *form*

Be·ste·chung <-, -en> *f* bribery, corruption; ***durch ~ eines Polizisten gelang dem Häftling die Flucht*** the prisoner managed to escape by bribing a policeman; **sich** *akk* **durch ~ von etw** *dat* **freikaufen** to bribe one's way out of sth; **aktive/passive ~** JUR giving/accepting [*or* taking] bribes

Be·ste·chungs·geld *nt meist pl* bribe **Be·ste·chungs·ver·such** *m* attempt to bribe

Be·steck <-[e]s, -e> [bəˈʃtɛk] *nt* ① *(Essbesteck)* cutlery *n sing;* **~ bilden** to make up [*or* lay] a place setting; **die ~e auflegen** to lay the table; ***bringen Sie uns bitte noch ein ~*** please could you lay us another place [*or* bring us another set of cutlery]
② *(Instrumentensatz)* set of instruments, instruments; *Raucher* smoker's set; *(sl) Heroinsüchtige* needles *pl*

Be·steck·kas·ten *m* cutlery box, canteen *form* **Be·steck·kof·fer** *m* cutlery case

be·ste·hen* *irreg* **I.** *vt* ① *(erfolgreich abschließen)* ■**etw [mit etw** *dat*] ~ to pass sth [with sth]; ***sie bestand ihre Prüfung mit Auszeichnung*** she got a distinction in her exam, she passed her exam with distinction; **etw nicht ~** to fail sth; **eine Probe** [*o* **Aufgabe**] ~ to stand the test [of sth]; **jdn ~ lassen** to let sb pass [an exam]; ***die Prüfer ließen ihn nicht ~*** the examiners failed him
② *(geh: durchstehen)* ■**etw** ~ to come through sth [in one piece], to survive sth; **einen Kampf** ~ to win a fight
③ *(andauern)* **etw ~ lassen** to retain sth; **ein Gebäude ~ lassen** to leave a building standing; **getrennte Haushalte ~ lassen** to continue [living] with separate domestic arrangements [*or* households]; **eine Abmachung ~ lassen** to let an arrangement continue, to leave an arrangement as it is
II. *vi* ① *(existieren)* to be; **es ~ Zweifel [an etw** *dat*] there are doubts [about sth]; ***es besteht kein Zweifel*** there is no doubt; **es ~ gute Aussichten, dass ...** the prospects of ... are good; **es besteht die Gefahr, dass ...** there is a danger of [*or* that] ...; ***besteht noch Hoffnung?*** is there still a chance?; ***es besteht kaum noch Hoffnung, dass ...*** there is almost no chance of ...; ***es besteht der Verdacht, dass sie für eine andere Macht spioniert hat*** she is suspected of spying for another power; ***bei uns besteht der Brauch ....*** we have a tradition of ...; **~ bleiben** *(weiterhin existieren)* to last; *Hoffnung* to remain; *Tradition* to prevail; *Wetter* to persist; *(weiterhin gelten) Versprechen, Wort* to hold good, to remain
② *mit Zeitangabe* to exist, to be in existence; ***das Unternehmen besteht jetzt schon 50 Jahre*** the company is 50 years old [*or* has been in existence for 50 years]
③ *(sich zusammensetzen)* ■**aus etw** *dat* ~ to consist [*or* be composed] of [*or form* comprise] sth; *Material* to be made of
④ *(beinhalten)* ■**in etw** *dat* ~ to consist in sth; **jds Aufgabe besteht darin, etw zu tun** sb's job consists in doing [*or* it's sb's job to do] sth; **jds Chance besteht darin, dass ...** sb's chance lies in ...; **das Problem besteht darin, dass ...** the problem is that ...; **die Schwierigkeit besteht in/darin, dass ...** the difficulty lies in ...; **der Unterschied besteht in/darin, dass ...** the difference lies in ...
⑤ *(standhalten)* ■**vor jdm/etw** ~ to survive [*or* hold one's own [*or* stand one's ground] against] sb/sth; **vor jds** *dat* **kritischem Auge** ~ to survive sb's critical eye; **vor der Kritik** ~ to stand up to criticism [*or* a review]; ■**neben jdm/etw** ~ to compare [well] to [*or* with] sb/sth; ***ich kann nicht neben ihr ~*** I don't compare with her
⑥ *(durchkommen)* ■**[in etw** *dat*] **[mit etw** *dat*] ~ to pass [sth] [with sth]; ***ich habe bestanden! — gratuliere!*** I've passed! — congratulations!
⑦ *(insistieren)* ■**auf etw** *dat* ~ to insist that sth, to insist on sth; ***ich bestehe auf der Erfüllung Ihrer Verpflichtungen!*** I insist that you fulfil your obligations!; ■**darauf ~, dass ...** to insist that ...; ***wenn Sie darauf ~!*** if you insist!; **auf einer Meinung ~** to stick to an opinion [*or* to one's guns] *prov*

Be·ste·hen <-s> *nt kein pl* ① *(Vorhandensein)* ■**das ~ einer S.** *gen* the existence of sth; ***das 25-jährige ~ der Firma wurde gefeiert*** the company celebrated its 25th birthday; **seit [dem] ~ einer S.** *gen* since the establishment of sth; *Schule, Verein etc.* founding; *Geschäftsverbindung* setting-up, establishment
② *(Beharren)* ■**jds ~ auf etw** *dat* sb's insistence on sth; ■**jds ~ darauf, dass ...** sb's insistence that ...
③ *(das Durchkommen)* ■**das ~ einer S.** *gen Prüfung, Test* the passing of sth; *Probezeit* successful completion; *schwierige Situation* surviving, coming through; *Gefahren* overcoming

be·ste·hen|blei·ben^ALT *vi irreg sein s.* **bestehen II 1**

be·ste·hend *adj (existierend)* existing, prevailing, present; *(geltend)* current; **noch ~** extant

be·ste·hen|las·sen^ALT *vt irreg s.* **bestehen I 1, I 3**

be·steh·len* *vt irreg* ■**jdn/etw [um etw** *akk*] ~ to steal [sth] from sb/sth, to rob sb/sth [of sth]; ***Hilfe, man hat mich bestohlen!*** help, I've been robbed!

be·stei·gen* *vt irreg* ① *(auf etw klettern)* ■**etw** ~ to climb [up onto] [*or form* ascend [to]] sth; **ein Gerüst/eine Leiter/einen Turm/einen Berg** ~ to climb [*or* go up] a scaffolding/ladder/tower/mountain; **die Kanzel** ~ to climb [*or* get] into the pulpit; **das Podest** ~ to get up onto the platform; **das Rednerpult** ~ to go up to the rostrum, to take the floor; **einen Thron** ~ to ascend a throne
② *(sich auf etw schwingen)* **ein Tier** ~ to mount an animal; **ein Fahrrad/Motorrad** ~ to get on[to] [*or* mount] a bike/motorcycle
③ *(einsteigen in)* **einen Bus** ~ to get on a bus; **ein Taxi/Auto** ~ to get into [*or* in] a car/taxi; **ein Flugzeug** ~ to board [*or* get into] a plane; **ein Schiff** ~ to go on board [*or* aboard] a ship
④ *(begatten)* ■**etw** ~ ZOOL to cover [*or* mount] [another animal]; ■**jdn** ~ *(sl)* to mount sb *sl*

Be·stei·gung *f* ■**die ~ einer S.** *gen* the ascent of sth; ***die ~ des Berges erwies sich als schwierig*** climbing the mountain proved difficult; *Thron* accession [to the throne], ascent

Be·stell·buch *nt* HANDEL order book

be·stel·len* **I.** *vt* ① *(in Auftrag geben)* ■**etw [bei jdm]** ~ to order sth [from sb]; ■**[sich** *dat*] **etw** ~ to order [oneself] sth [*or* [for oneself]]; **etw bei einem Kellner** ~ to order [*or* ask for] sth from a waiter; **etw bei einem Geschäft** ~ to place an order for sth [with a shop]; **eine Zeitung** ~ to subscribe to a paper; *s. a.* **Aufgebot**
② *(reservieren)* ■**[jdm] etw** ~ to reserve [*or* book] sth [for sb]; ***die Gäste nahmen am bestellten Tisch im Restaurant Platz*** the guests sat down at the table they had reserved; ■**[sich** *dat*] **etw** ~ to book, to reserve
③ *(ausrichten)* ■**jdm etw** ~ to tell sb sth, to give sb a message; ■**jdm [von jdm] ~, dass ...** to tell sb [from sb] that ...; **[jdm] Grüße** ~ to send [sb] one's regards; ***können Sie ihr etwas ~?*** may I leave a message for her?
④ *(kommen lassen)* ■**jdn/etw [zu jdm/irgendwohin]** ~ to ask sb/sth [to come to sb/somewhere]; **einen Patienten** ~ to give a patient an appointment; **ein Taxi** ~ to call a taxi; **ein Mietwagen** ~ to order a rented car; ■**[bei** [*o* **zu**] **jdm/irgendwohin** *akk*] **bestellt sein** to have an appointment [with sb/at some place]
⑤ ADMIN *(einsetzen)* ■**jdn [zu etw** *dat*] ~ to appoint [*or* nominate] sb [as sth]
⑥ AGR *(bearbeiten)* ■**etw [mit etw** *dat*] ~ to cultivate sth [with sth], to work sth; **den Acker** ~ to plant [*or* till] the field [*or* soil]; **die Äcker** ~ to plough the fields
▸WENDUNGEN: **wie bestellt und nicht abgeholt** *(hum fam: allein und ratlos)* standing around, making the place look untidy *hum fam*, looking like a lost sheep *hum fam;* **um jdn/mit etw** *dat* **ist es ... bestellt** *(jd/etw befindet sich in einer ... Lage)* sb/

sth is in a ... way, things look ... for sb/sth; ***um meine Finanzen ist es derzeit schlecht bestellt*** my finances are in a bad way at the moment; **nichts/nicht viel/kaum etwas zu ~ haben** *(nichts/etc. zu sagen/auszurichten haben)* to not have a [*or* much] say, to have not got a chance; ***gegen die andere Mannschaft hatten wir nichts zu ~*** we were no match for the other team

II. *vi (Bestellung aufgeben)* ■**[bei jdm] ~** to order [from sb]

Be·stẹl·ler(in) <-s, -> *m(f)* customer, buyer; *Zeitung* subscriber

Be·stẹllis·teALT *f s.* **Bestellliste Be·stẹll·kar·te** *f* order form **Be·stẹll·lis·te**RR *f* list **Be·stẹll·men·ge** *f* ÖKON ordered quantity **Be·stẹll·num·mer** *f* order number **Be·stẹll·pra·xis** *f* MED *surgery where patients are seen only on appointment* **Be·stẹll·schein** *m* order form **Be·stẹll·tä·tig·keit** *f* HANDEL ordering activity

Be·stẹl·lung <-, -en> *f* **1** *(das Bestellen)* ■**die/eine ~ einer S.** *gen* **[bei jdm/aus etw** *dat***]** the/an order for sth [from sb/sth]; **~ *aus einem Katalog*** ordering from a catalogue; **eine ~ entgegennehmen/bearbeiten** to take/process an order; *(bestellte Ware)* order, ordered goods; **eine ~ machen** [*o* **aufgeben**] to order, to make [*or* place] an order; **auf ~ arbeiten** to work to order; **etw auf ~ machen** [*o* **anfertigen**] to make sth to order; **auf ~ gemacht** made to order

2 *(Essensauswahl)* order; ***manche Gerichte gibt es nur auf~*** some dishes have to be ordered in advance

3 TOURIST reservation, booking

4 *(Übermittlung)* delivery; ***er bat sie um ~ von Grüßen an seinen Bekannten*** he asked her to pass on his good wishes [*or* give his regards] to his friends

5 AGR cultivation

6 ADMIN nomination, appointment; **~ eines Gutachters** appointment of an expert; **~ eines Gutachtens** request for an expert opinion; **~ zum Vormund** appointment as guardian

▶WENDUNGEN: **auf ~** *(einfach so)* just like that; **wie auf ~** *(wie gerufen)* in the nick of time, coming in handy

Be·stẹll·zet·tel *m s.* **Bestellschein**

bes·ten ['bɛstn̩] *adv s.* **beste(r, s)**

bes·ten·falls ['bɛstn̩'fals] *adv* at best

bes·tens ['bɛstn̩s] *adv* very well, excellently; **um etw** *akk* **ist es ~ bestellt** sth is looking very rosy [*or* doing extremely well]; **~ vorsorgen** to take very careful precautions; ***für alle Eventualitäten ist ~ vorgesorgt*** we are ready for all eventualities; **etw ~ vorbereiten** to prepare sth extremely well [*or* BRIT *a.* very well indeed]; ***ich danke ~!*** thank you very much indeed!; **jdn ~ grüßen** to send sb one's best regards [*or* wishes]; **~ kaufen/verkaufen** BÖRSE to buy/sell at best [*or* market]

Bẹs·tens·auf·trag *m* BÖRSE order at best

be·steu·er·bar *adj inv* FIN taxable, liable for tax; **nicht ~** non-taxable, tax-exempt

Be·steu·er·bar·keit *f kein pl* FIN taxability *no pl*

be·steu·ern* *vt* FIN ■**etw ~** to tax sth, to levy a tax on sth; **etw nicht ~** to zero-rate sth; **etw zu hoch ~** to overtax sth

Be·steu·e·rung *f* FIN **direkte/indirekte ~** direct/indirect taxation; **einheitliche/gestaffelte ~** uniformity in taxation/graduated taxation; **hohe ~** heavy taxation; **der ~ unterliegen** to be subject to taxation

Be·steu·e·rungs·art *f* FIN type [*or* kind] of taxation **Be·steu·e·rungs·grund·la·ge** *f* FIN basis of taxation **Be·steu·e·rungs·grund·satz** *m* FIN principles *pl* of taxation **Be·steu·e·rungs·tat·be·stand** *m* FIN tax base **Be·steu·e·rungs·ver·fah·ren** *nt* FIN tax proceedings *pl* **Be·steu·e·rungs·vor·schrif·ten** *pl* FIN tax regulations **Be·steu·e·rungs·zeit·raum** *m* FIN taxable period

Bẹst·form *f bes* SPORT *s.* **Höchstform**

bes·ti·a·lisch [bɛs'ti̯a:lɪʃ] **I.** *adj* atrocious, brutal; **~er Gestank** vile [*or* foul] [*or* appalling] smell; **~er Schmerz** excruciating [*or* intense] pain; **~e Hitze/Kälte** awful [*or* beastly] heat/cold

II. *adv (fam)* dreadfully; **~ kalt** extremely [*or* beastly] cold; **~ stinken** to stink to high heaven *fig;* ***was stinkt denn hier so ~?*** what's that dreadful smell round here?; **~ wehtun** to hurt badly [*or sl* like hell]; **~ zugerichtet** badly beaten up [*or* mauled]

Bes·ti·a·li·tät [bɛsti̯ali'tɛ:t] *f* bestiality

be·stị·cken* *vt* ■**etw [mit etw** *dat***] ~** to embroider [sth on] sth

Bes·tie <-, -n> ['bɛsti̯ə] *f* **1** *(reißendes Tier)* beast *form*

2 *(grässlicher Mensch)* brute, beast, monster

be·stịmm·bar *adj* identifiable, recognizable; ***dieser Geruch ist schwer ~*** it's difficult to say [*or* determine] what this smell is

be·stịm·men* **I.** *vt* **1** *(festsetzen)* ■**etw ~** to decide on [*or form* determine] sth; **einen Preis ~** to fix [*or* set] a price; **Ort und Zeit ~** to fix [*or* appoint] a place and time; **eine Grenze/ein Limit ~** to set a limit; ***wir müssen genau ~, wo wir uns treffen*** we have to decide exactly where we'll meet; *Gesetzentwurf, Verordnung* to rule, to lay down; ***das Gesetz bestimmt es so*** it's the law; **das Gesetz bestimmt, dass ...** the law says that ...; *(entscheiden)* to decide sth

2 *(prägen)* ■**etw ~** to set the tone for sth; ***sein ruhiges Auftreten bestimmte die folgende Diskussion*** his calm manner set the tone for [*or* of] the ensuing discussion; ***dichte Wälder ~ das Landschaftsbild*** thick forests characterize the scenery

3 *(beeinflussen)* ■**etw ~** to influence sth; **etw entscheidend ~** to determine [*or* control] sth; ***die Meinung anderer Leute bestimmte sein ganzes Handeln*** other people's opinions had a determining [*or* prevailing] influence on all of his actions; **sich** *akk* **nach etw** *dat* **~, durch etw** *akk* **bestimmt werden** to be governed [*or* determined] by sth

4 *(wissenschaftlich feststellen)* ■**etw ~** to categorize sth; **etw nach [seiner] Art ~** to establish the category of sth; **Pflanzen/Tiere ~** to classify plants/animals; **die Bedeutung/Etymologie/Herkunft von etw** *dat* **~** to determine the significance/etymology/origin of sth; **einen Begriff ~** to define a term

5 *(vorsehen)* ■**jdn zu etw** *dat* **~** to make sb sth, to name [*or* choose] sb as sth; **jdn durch Wahl zu etw** *dat* **~** to vote sb in as sth; ■**etw für jdn ~** to intend [*or* earmark] sth for sb; **füreinander bestimmt** meant for each other; **etw ist für jdn bestimmt** sth is for sb; **zu Größerem bestimmt sein** to be destined for higher things; **vorherbestimmt sein** to be predestined

6 *(geh: bewegen)* ■**jdn zu etw** *dat* **~** to induce [*or form* to prevail on] sb to do sth

II. *vi* **1** *(befehlen)* to be in charge, to decide what happens, to lay down the law *pej*

2 *(verfügen)* ■**über jdn/etw ~** to control sb/sth, to dispose of sth; **über seine Zeit ~** to organize one's time; *(jdn bedrängen)* to push sb around *fam;* **über jds** *akk* **Gelder ~** to have control over sb's finances

be·stịm·mend **I.** *adj* deciding, decisive, determining; **für jdn/etw ~ sein** to be a decisive [*or* crucial] factor for sb/in sth

II. *adv* decisively

be·stimmt [bə'ʃtɪmt] **I.** *adj* **1** *(nicht genau genannt)* certain; **aus ~en Gründen** for reasons which sb would rather not go into

2 *(speziell, genau genannt)* particular; **eine ganz ~e Sache/ein ganz ~er Mensch** a particular thing/person; **ganz ~e Vorstellungen** very particular [*or* exact] ideas; **ein ~er Verdacht** a clear [*or* definite] suspicion; ■**etwas [ganz] B~es** something [in] particular, something special

3 *(festgesetzt)* fixed, specified, stated; *(klar, deutlich)* exact, clear; **ein ~er Tag/Termin/Ort** the appointed day/date/place; **eine ~e Ausdrucksweise** an articulate manner; **ein ~er Artikel** LING a definite article

4 *(entschieden)* determined, resolute, firm; ***ihr Auftreten war höflich, aber ~*** her manner was polite but firm

II. *adv* **1** *(sicher)* definitely, for certain; **etw ganz ~ wissen** to know sth for certain, to be positive about sth; ***Sie sind ~ derjenige, der mir diesen Brief geschickt hat!*** you must be the person who sent me this letter!; **~ *nicht*** never, certainly not; ***der ist ~ nicht hier*** I doubt that he's here; ***ich bin morgen ganz ~ mit von der Partie*** you can definitely count me in tomorrow; ***ich schreibe ~*** I will write, I promise; ***ich bin ~ nicht lange weg*** I won't be gone long, I promise

2 *(entschieden)* determinedly, resolutely; ***sie ist eine sehr ~ auftretende Frau*** she has a very determined air about her

Be·stịmmt·heit <-> *f kein pl* determination, resolution, resoluteness; **die ~ von jds Auftreten** sb's determined [*or* the resoluteness of sb's] manner; **die ~ von jds Ton** the determination in sb's tone of voice; **die ~ von Angaben/Daten** the precision [*or* exactitude] of details/data; **in [*o* mit] aller ~** categorically, emphatically; **etw in aller ~ sagen/hören** to say/hear sth loud and clear; **etw in aller ~ ablehnen** to categorically refuse sth; **etw mit ~ sagen können** to be able to state sth definitely [*or* with certainty]; **etw mit ~ wissen** to know sth for certain, to be positive about sth; **auf jdn mit ~ rechnen** to count [*or* rely] on sb

Be·stịm·mung <-, -en> *f* **1** *(Vorschrift)* regulation; **die klein gedruckten ~en** the small print; *Vertrag* term, stipulation *form; Gesetz, Testament* provision *form; (Schulbestimmung)* school rules [*or* regulations] *pl; (für die Abwicklung einer S.)* directions

2 *kein pl (Zweck)* purpose; **ein Gebäude seiner ~ übergeben** to officially open [*or form* inaugurate] a building; ***im Priesteramt sah/fand er seine ~*** priesthood was his mission in life [*or* vocation]

3 *(Schicksal)* fate, destiny

4 *(das Bestimmen)* fixing, determining; *Preis, Grenze, Limit* fixing [*or* setting]; *Zeit, Ort* appointing [*or* fixing]; *Landesgrenze* establishment; *Alter, Herkunft* determination; *Begriff* definition; *Bäume etc.* classification; **adverbiale [*o* nähere] ~** LING adverbial [phrase]

Be·stịm·mungs·amt *nt* FIN designated office **Be·stịm·mungs·bahn·hof** *m* station of destination **Be·stịm·mungs·fak·tor** *m* deciding factor **Be·stịm·mungs·flug·ha·fen** *m* airport of destination **Be·stịm·mungs·ha·fen** *m* port of destination **Be·stịm·mungs·kauf** *m* FIN sale subject to buyer's specifications **Be·stịm·mungs·land** *nt* country of destination **Be·stịm·mungs·mit·glieds·staat** *m* FIN Member State of Destination **Be·stịm·mungs·ort** *m* destination **Be·stịm·mungs·recht** *nt* JUR right of determination **Be·stịm·mungs·wort** <-wörter> *nt* LING *first part of a word which defines the second part*

be·stirnt [bə'ʃtɪrnt] *adj (poet)* starry; **hell ~** starlit

Bẹst·leis·tung *f (Höchstleistung)* best performance; **jds persönliche ~** sb's personal best [*or* record]; ***das ist europäische ~!*** that's a new European record! **best·mög·lich** ['bɛst'mø:klɪç] *adj* best possible; **das B~e [*o* sein B~es] tun** to do one's best [*or* the best one can] **Bẹst·no·ten** *pl* top marks *pl*

Best.-Nr. *f* ÖKON *Abk von* **Bestellnummer** order number

be·stra·fen* *vt* ■**jdn [mit etw** *dat***] ~** to punish sb [by/with sth]; **jdn streng ~** to punish sb severely; **jdn mit einer Geldstrafe ~** to fine sb; **jdn mit einer Gefängnisstrafe ~** to sentence sb; **einen Spieler [wegen eines Fouls] ~** to penalize a player [for a foul]; ■**etw [mit etw** *dat***] ~** to punish sth [by/with sth]; **etw wird mit Gefängnis bestraft** sth is punishable by imprisonment *form*

Be·stra·fung <-, -en> *f* punishment; *Spieler* penalization; *(mit Gefängnis)* sentencing; *(mit Gebühr)* fining; ***das Volk verlangte die ~ der Verantwortlichen*** the people demanded that those responsible be punished; **zur ~** as a punishment; **etw verdient ~** sth should be punished [*or* deserves punishment]

be·strah·len* *vt* ① MED *(mit Strahlen behandeln)* ■**jdn/etw** ~ to treat sb/sth with [*or* give sb/sth] radiotherapy; ***sie wird wegen ihres Rückenleidens dreimal die Woche bestrahlt*** she has radiotherapy for her back three times a week
② *(beleuchten)* ■**etw** ~ to illuminate sth; ***sie bestrahlten das Gebäude mit Scheinwerfern*** they shone search-lights on the building

Be·strah·lung *f* MED *(das Bestrahlen)* radiotherapy; *(Sitzung zwecks Bestrahlung)* radiotherapy session

Be·strah·lungs·lam·pe *f* ① MED, SCI radiation lamp
② *(UV-Lampe)* sun[-ray] lamp

Be·stre·ben *nt* endeavour[s] [*or* AM -or[s]] *form;* ***es war immer mein ~ gewesen, euch gute Manieren beizubringen*** I have always tried to teach you good manners; **das ~ haben, etw zu tun** to make every effort [*or form* take pains] to do sth; **im ~/in jds** *dat* **~, etw zu tun** in the attempt to do sth, in his/her attempt [*or* efforts *pl*] [*or* endeavours *pl*] to do sth

be·strebt *adj* keen, eager; ■**~ sein, etw zu tun** to be keen [*or* eager] to do sth, to make every effort [*or form a.* to endeavour [*or* AM -vor]] to do sth

Be·stre·bung <-, -en> *f meist pl* endeavour[s] [*or* AM -or[s]] *form,* attempt[s], effort[s]; **~en sind im Gange, etw zu tun** efforts are being made to do sth; ***dahin gehen auch meine ~en*** that's what I've been trying to do

be·strei·chen* *vt irreg* ■**etw mit etw** *dat* ~ ① *(beschmieren)* to smear sth with [*or* put sth on] [*or form* apply sth to] sth; **etw mit Fett** ~ to rub fat into sth; **etw mit Öl** ~ to oil sth; **eine Scheibe Brot mit etw** *dat* ~ to spread sth on a slice of bread; **eine Scheibe Brot mit Butter** ~ to butter a slice of bread; **ein dick bestrichenes Brot** a thickly-spread slice
② *(einpinseln)* to coat sth with sth; **etw mit Farbe** ~ to paint sth

be·strei·ken* *vt* ■**etw** ~ to take strike action [*or* go on strike] against sth; ***dieser Betrieb wird bestreikt*** there is a strike in progress at this company

be·streit·bar *adj* disputable, questionable, debatable; **nicht** ~ indisputable, incontrovertible, undeniable

be·strei·ten* *vt irreg* ① *(leugnen)* ■**etw** ~ to deny [*or form* refute] sth; **eine Behauptung** ~ to reject [*or* contest] [*or* dispute] an assertion; **eine Tat** ~ to deny having committed an offence; ■**~ etw zu tun/getan zu haben** to deny doing/having done sth; **etw vehement** ~ to deny sth vehemently; **es lässt sich nicht ~, dass ...** it cannot be denied [*or* is undeniable] that ...
② *(finanzieren)* ■**etw** ~ to finance [*or* pay for] sth; **die Kosten** ~ to cover [*or* meet] [*or form* defray] the costs; [**aus etw** *dat*/**von etw** *dat*] **seinen Unterhalt** ~ to provide for one's maintenance from sth, to earn [*or* make] a living by doing sth; ***wovon willst du denn den Unterhalt deiner Familie ~?*** how are you going to support your family [financially]?
③ *(tragen, gestalten)* ■**etw** ~ to run [*or* organize] sth; **ein Gespräch** ~ to carry a conversation *fig* [*or* do all the talking]
④ *(streitig machen)* ■**jdm etw** ~ to challenge sb's sth; **jdm das Recht zu etw** *dat* ~ to challenge sb's right to sth, to deny sb the right to do sth

be·streu·en* *vt* ■**etw** [**mit etw** *dat*] ~ to strew sth [with sth], to strew [*or* scatter] [sth on] sth; **etw mit Puderzucker** ~ to dust sth with icing sugar; **etw mit Zucker** ~ to sprinkle sugar on sth; **etw mit Kies** ~ to gravel sth; ***„Achtung! nicht bestreute Eisglätte!"*** "Beware of icy surfaces!"

be·stri·cken* *vt (geh)* to bewitch, to charm, to enchant; **~der Charme** irresistible charms

Best·sel·ler <-s, -> ['bɛstzɛlɐ] *m* bestseller

Best·sel·ler·au·tor(in) *m(f)* bestselling author

Best·sel·ler·er·lös *m* proceeds *npl* of bestsellers

Best·sel·ler·lis·te *f* bestseller list

best·si·tu·iert *adj attr bes* ÖSTERR *(gut situiert)* well-situated [*or* -off]

be·stü·cken* *vt* ① *(ausstatten)* ■**etw** [**mit etw** *dat*] ~ to stock sth [with sth]; **mit etw** *dat* **gut bestückt sein** to have a good supply [*or* stock] of sth, to be armed with sth *hum;* **etw wieder** [**neu**] ~ to restock sth
② MIL to equip; **einen Soldat mit Waffen** ~ to arm a soldier; **gut bestückt** well-armed, armed to the teeth *fam*

be·stür·men* *vt* ■**jdn** [**mit etw** *dat*] ~ to bombard [*or* besiege] sb [with sth]

be·stür·zen* *vt* ■**jdn** ~ to upset [*or* stun] [*or* dismay] sb, to fill sb with dismay

be·stür·zend I. *adj* disturbing, distressing; **~e Neuigkeiten** upsetting news
II. *adv* disturbingly, distressingly, alarmingly

be·stürzt I. *adj* upset, stunned, dismayed; ■[**über etw** *akk*] ~ **sein** to be dismayed [*or* disturbed] [*or* upset] [by sth]; **zutiefst** ~ deeply dismayed, devastated; **jdn ~ anschauen** to look at sb with a stunned [*or* perplexed] expression on one's face, to look at sb stunned [*or* in consternation]
II. *adv* in a dismayed [*or* disturbed] manner [*or* way]; ***sie riss ~ die Augen auf, als sie entdeckte, dass ihr Geldbeutel gestohlen worden war*** her eyes widened in shock as she discovered that her purse had been stolen

Be·stür·zung <-> *f kein pl* dismay, consternation; ~ **auslösen** to arouse [great] consternation; ***an seinem erschütterten Gesicht konnte sie seine ~ ablesen*** from the shattered expression on his face she could see that he was upset

Best·wert *m* ÖKON optimum **Best·zeit** *f* best time

Be·such <-[e]s, -e> [bəˈzuːx] *m* ① *(das Besuchen)* visit; ■**~ einer S.** *gen Fest, Museum, Land* visit to sth; *Gottesdienst, Messe, Schule, Veranstaltung* attendance at sth; ■**~ bei jdm** visit to sb; ***nach dem ~ beim Arzt wusste sie, dass sie schwanger war*** after she had seen the doctor, she knew that she was pregnant; ~ [**von jdm**] **haben** to have [*or* receive] a visit from sb *form;* ***ihr ~ war mir immer willkommen*** her visits [*or* visits from her] were always welcome to me; **jdm einen ~ machen** [*o geh* **abstatten**] to pay sb a visit, to pay a call on sb; *(kurz)* to call [*or* drop in] on sb; [**bei jdm**] **auf** [*o* **zu**] ~ **sein** to be on a visit [to sb]; ***ihre Freunde haben einen Bauernhof, da ist sie oft auf ~*** her friends have a farm and she often goes to visit them there; ***ich bin hier nur zu ~*** I'm just visiting
② *(Besucher)* visitor[s]; *(eingeladen)* guest[s]; **hoher** ~ important [*or* official] visitor[s] [*or* guest[s]]; ~ [**von jdm**] **bekommen** [*o* **erhalten**] to have [*or* get] a visit [from sb]; **unerwarteter/regelmäßiger** ~ an unexpected/regular guest [*or* visitor] [*or* visit]; ***es klingelt, bekommst du denn so spät noch ~?*** that's the doorbell, are you expecting anyone at this hour?

be·su·chen* *vt* ① *(als Besuch kommen)* ■**jdn** ~ to visit [*or* call [in] on] [*or* drop in on] sb; ***er wird oft von Freunden besucht*** he often gets visits from friends; ***besuch mich bald mal wieder!*** come again soon!
② MED **einen Patienten** ~ to make a house call on [*or* visit] sb; **einen Arzt** ~ to see a doctor
③ *(aufsuchen)* ■**etw** ~ to go to sth; **ein Museum/eine Ausstellung** ~ to visit [*or* go to] a museum/an exhibition; ***das Oktoberfest wird immer von vielen Menschen besucht*** the Oktoberfest is always well-attended; **eine Kneipe/einen Laden regelmäßig** ~ to patronize [*or* frequent] a pub [*or* AM bar]/shop
④ *(teilnehmen)* ■**etw** ~ to go to [*or* attend] sth *form*

Be·su·cher(in) <-s, -> *m(f)* ① *(jd, der jdn besucht)* visitor, guest, company *no pl;* ***ich habe gerade noch einen ~ da, rufst du später noch mal an?*** I've got company at the moment, could you call back later?
② *(jd, der etw besucht)* visitor; *Kino, Theater* cinema/theatre [*or* AM -er] goer, patron *form; Sportveranstaltung* spectator; **ein regelmäßiger** ~ frequenter, habitué
③ *(Teilnehmer)* participant; *Gottesdienst* churchgoer, member of the congregation

Be·su·cher·park·platz *m* visitor's parking [lot] **Be·su·cher·rit·ze** *f (hum fam) crack between the two mattresses of twin beds where a child or visitor slept in earlier times* **Be·su·cher·zahl** *f* number of visitors; ■**die ~ bei** [*o* **von**] **etw** the number of visitors at/of sth

Be·suchs·er·laub·nis *f* ADMIN *(Genehmigung zum Besuch)* permission to visit; ~ **bekommen/haben** to receive/have permission to visit [*or* a visitor's permit]; *(Genehmigung, Besuch empfangen zu dürfen)* to obtain/have permission [*or* be allowed] to receive visitors **Be·suchs·recht** *nt* visiting rights *pl* **Be·suchs·tag** *m* visiting day **Be·suchs·zeit** *f* visiting time [*or* hours *pl*] **Be·suchs·zim·mer** *nt* visitors' room

be·sucht *adj* ■**gut/kaum** [*o* **schwach**] ~ **sein** to be well-/poorly attended; ***dieses Museum ist meist gut ~*** this museum usually attracts a lot of visitors; ■**viel** [*o* **gern**] [*o* **häufig**] ~ much frequented, very popular

be·su·deln* *vt (geh)* ① *(mit Flüssigkeit beschmieren)* ■**etw** [**mit etw** *dat*] ~ to besmear sth [with sth]; ■**sich** *akk* [**mit etw** *dat*] ~ to soil oneself [with sth]; ■[**sich** *dat*] **etw** [**mit etw** *dat*] ~ to soil [*or* stain] sth [with sth]; **ein Kleidungsstück** [**mit etw** *dat*] ~ to soil [*or* stain] a piece of clothing [with sth]; ***jetzt habe ich meine Bluse mit Kaffee besudelt*** now I've got coffee all over my blouse
② *(herabwürdigen)* ■**etw** ~ to besmirch [*or* sully] sth

Be·ta <-[s], -s> [ˈbeːta] *nt* beta

Be·ta·blo·cker <-s, -> *m* MED beta blocker

be·tagt [bəˈtaːkt] *adj (geh)* aged, advanced in years *pred*

Be·ta-Ka·ro·tin *nt* beta carotene

be·ta·keln *vt* ① NAUT ■**etw** ~ to rig sth
② ÖSTERR *(betrügen)* ■**jdn** ~ to cheat sb, to swindle sb

Be·ta·ke·lung *f* rigging

be·tan·ken* *vt* ■**etw** [**mit etw** *dat*] ~ to fill [*or* tank] up sth *sep* [with sth]; **ein Flugzeug** ~ to refuel a plane

be·tas·ten* *vt* ■**jdn/etw** ~ to feel [*or* touch] sb/sth; ***Kunden werden gebeten, die Ware nicht zu ~*** customers are requested not to touch the articles on display; ■**etw** ~ MED to palpate sth

Be·ta·strah·len *pl* NUKL beta rays

Be·ta·strah·lung *f* NUKL beta radiation

Be·ta·teil·chen *nt* NUKL beta particle

be·tä·ti·gen* I. *vt* ■**etw** ~ ① *(drücken)* to press sth; *(umlegen)* to operate sth; *(einschalten)* to activate sth; **die Bremse** ~ to apply [*or* put on] the brake[s]
② *(geh: funktionieren lassen)* to activate sth
II. *vr* ■**sich** *akk* ~ to busy oneself; ***du kannst gleich bleiben und dich hier ~!*** *(fam)* don't go away — there's enough for you to do here!; **sich künstlerisch** ~ to do a little painting [on the side]; **sich** *akk* **politisch** ~ to be politically active; **sich** *akk* **sportlich** ~ to exercise

Be·tä·ti·gung <-, -en> [bəˈtɛːtɪgʊŋ] *f* ① *(Aktivität)* activity; *(berufliche Tätigkeit)* work
② *(das Drücken)* pressing; *von Bremse* application; *von Knopf* pushing; *(das Umlegen o Ziehen)* operation; ***die fahrlässige ~ der Notbremse im fahrenden Zug ist unter Strafe gestellt*** pulling the emergency cord without good reason [*or* abuse of the emergency brake] in a moving train is a punishable offence; *(das Einschalten)* activation

Be·tä·ti·gungs·feld *nt* field [*or* sphere] of activity **Be·tä·ti·gungs·frei·heit** *f kein pl* FIN freedom of action

be·tat·schen *vt (pej fam)* ■**jdn/etw** ~ to paw sb/sth *fam*

be·täu·ben* [bəˈtɔybn̩] *vt* ① *(narkotisieren)* ■**jdn/ein Tier** [**mit etw** *dat*] ~ to anaesthetize [*or* AM anesthetize] sb/an animal [with sth]; ***die Entführer betäubten ihr Opfer*** the kidnappers drugged their victim; ***nachdem er sich den Kopf angestoßen hatte, wankte er wie betäubt umher*** after he had run into something hard with his head, he staggered around [as if] in a daze
② MED *(unempfindlich machen)* ■[**jdm**] **etw** ~ to

deaden sth [for sb]; **Schmerzen** ~ to kill pain; ■ **[wie] betäubt** [as if] paralyzed
③ *(ruhigstellen)* ■ **etw** ~ to silence sth *fig;* **Emotionen** ~ to suppress [one's] feelings; **das Gewissen** ~ to ease one's conscience; **seinen Kummer mit Alkohol** ~ to drown one's sorrows in drink

be·täu·bend *adj* ① *(ohrenbetäubend)* deafening
② *(benommen machend)* intoxicating
③ *(narkotisierend)* narcotic

Be·täu·bung <-, -en> *f* ① *(das Narkotisieren)* anaesthetization, anesthetization AM
② *(das Betäuben)* deadening; *von Schmerzen* easing, killing *fam;* ***nach dem Unfall musste er lange Zeit Schmerzmittel zur ~ der Schmerzen einnehmen*** for a long time after the accident he had to take painkillers to ease [*or* for] the pain
③ MED *(Narkose)* anaesthetic BRIT, anesthetic AM; **örtliche** [*o* **lokale**] ~ local anaesthetic; ***diese Operation kann unter örtlicher ~ vorgenommen werden*** this operation can be done under local anaesthetic

Be·täu·bungs·mit·tel *nt* PHARM drug, narcotic [agent] **Be·täu·bungs·mit·tel·ge·setz** *nt* JUR *law governing the use and traffic of drugs*

Be·ta·ver·si·on *f* INFORM beta version

Bet·bru·der *m (pej fam)* holy Joe *sl,* churchy type [of man]

Be·te <-, -n> ['be:tə] *f pl selten* **rote** ~ beetroot

be·tei·len* *vt* ÖSTERR *(beschenken)* ■ **jdn** [**mit etw** *dat*] ~ to provide [for] sb [with sth]

be·tei·li·gen* [bə'tailɪgn̩] **I.** *vt* ■ **jdn** [**an etw** *dat*] ~ to give sb a share [in sth]; ***er beteiligte seinen Sohn mit 15 % an seiner Firma*** he gave his son a 15% stake [*or* [financial] interest] in his company
II. *vr* ■ **sich** *akk* [**mit etw** *dat*] [**an etw** *dat*] ~ to participate [*or* take part] [in sth] [with sth]; ***beteiligt sich dein Mann eigentlich auch an der Hausarbeit?*** does your husband help around the house? [*or* with the housework?]; **sich** *akk* **an einem Unternehmen** ~ to have a stake [*or* [financial] interest] in a company

be·tei·ligt [bə'tailɪçt] *adj* ■ **an etw** *dat* ~ **sein** ① *(mit dabei)* to be involved in sth
② FIN, ÖKON to hold a stake [*or* [financial] interest] in sth

Be·tei·lig·te(r) *f(m) dekl wie adj* person involved; ***das Rundschreiben richtete sich an alle ~n*** the circular was addressed to all the parties involved [*or* interested parties]

Be·tei·lig·ten·ver·neh·mung *f* JUR examination of the parties

Be·tei·li·gung <-, -en> *f* ① *(Teilnahme)* participation (**an** +*dat* in); ***der Oberbürgermeister wirbt für eine hohe ~ an den bevorstehenden Kommunalwahlen*** the mayor is encouraging everyone to vote in the municipal elections
② FIN, ÖKON *(Anteil)* stake (**an** +*dat* in), [financial] interest (**an** +*dat* in); *(das Beteiligen)* share (**an** +*dat* in); ~ **an einem Unternehmen** stake [*or* [financial] interest] in a company; **stille** ~ silent partnership

Be·tei·li·gungs·er·werb *m* FIN acquisition of participations **Be·tei·li·gungs·fä·hig·keit** *f* JUR capacity to participate in the proceedings **Be·tei·li·gungs·fi·nan·zie·rung** *f* BÖRSE investment financing **Be·tei·li·gungs·fonds** [-fõ:] *m* FIN equity fund **Be·tei·li·gungs·ge·sell·schaft** *f* FIN holding [*or* affiliated] company **Be·tei·li·gungs·recht** *nt* FIN equity **Be·tei·li·gungs·un·ter·neh·men** *nt* FIN associate [*or* holding] company **Be·tei·li·gungs·ver·hält·nis** *nt* BÖRSE share

Be·tel <-s> ['be:tl̩] *m kein pl* PHARM betel

Be·tel·nuss[RR] *f* betel nut

be·ten ['be:tn̩] **I.** *vi* to pray; ■ **für jdn/etw** ~ to pray for sb/sth; ■ **um etw** *akk* ~ to pray for sth; ■ **zu jdm** ~ to pray to sb
II. *vt* ■ **etw** ~ to recite [*or* say] sth; ***das Vaterunser ~*** to recite [*or* say] the Lord's Prayer

Be·ter(in) <-s, -> *m(f)* [person at] prayer

be·teu·ern* [bə'tɔyen] *vt* ■ **jdm** ~, **dass** to protest to sb that; ***und wenn ich Ihnen aufrichtig beteuere, dass alles erfunden ist?*** and what if I honestly assure you that everything was made up?; **jdm seine Liebe** ~ to declare one's love to sb; **seine Unschuld** ~ to protest one's innocence

Be·teu·e·rung <-, -en> *f* protestation, declaration; ***unter ~en, nie mehr gegen die Vorschriften verstoßen zu wollen, verließen sie den Saal*** giving assurances that they would never disobey orders again, they left the hall

Bet(h)·le·hem ['be:tlehɛm] *nt* Bethlehem

be·ti·teln* *vt* ① *(anreden)* ■ **jdn** [**als etw**] ~ to address sb [as sth]; ***er möchte gerne [als] Herr Professor betitelt werden*** he would like to be addressed as 'Professor'
② *(pej: beschimpfen)* ■ **jdn** [**als** [*o* **mit**] **etw**] ~ to call sb [sth]
③ *(mit Titel versehen)* ■ **etw** [**mit etw** *dat*] ~ to [en]title sth [as sth]

Be·ton <-s, -s> [be'tɔŋ, be'tõ:, be'to:n] *m pl selten* concrete

Be·ton·bau <-bauten> *m* ① *(Gebäude aus Beton)* concrete building ② *kein pl (Bauweise mit Beton)* concrete construction **Be·ton·brü·cke** *f* concrete bridge **Be·ton·burg** *f (pej)* concrete monstrosity [*or* block] **Be·ton·de·cke** *f* ① *(Gebäudedecke aus Beton)* concrete ceiling ② *(Straßendecke aus Beton)* concrete [road] surface

be·to·nen* *vt* ① *(hervorheben)* ■ **etw** ~ to accentuate sth; ***dieses Kleid betont ihre Figur*** this dress accentuates her figure; ■ **etw** ~ to stress [*or* emphasize] sth; ■ ~, **dass** to stress [*or* emphasize] that
② LING *(akzentuieren)* ■ **etw** ~ to stress sth

Be·ton·fer·tig·stein *m* BAU prefab[ricated] concrete brick **Be·ton·gü·te** <-, -n> *f* BAU grade of concrete

be·to·nie·ren* [beto'ni:rən] *vt* ■ **etw** ~ to concrete sth; ■ **betoniert** concrete

Be·ton·klotz *m* ① *(Klotz aus Beton)* concrete block ② *(pej: grässlicher Betonbau)* concrete monstrosity **Be·ton·kon·struk·ti·on** *f* concrete construction **Be·ton·kopf** *m (pej)* hardliner **Be·ton·mi·scher** <-s, -> *m,* **Be·ton·misch·ma·schi·ne** *f* concrete [*or* cement] mixer **Be·ton·pfei·ler** *m* concrete pillar **Be·ton·plat·te** *f* BAU concrete slab **Be·ton·po·li·tik** *f (pej)* hardline politics **Be·ton·rin·ne** *f* BAU concrete gully **Be·ton·si·lo** *m (pej fam)* concrete skyscraper, tall concrete monstrosity **Be·ton·stahl·mat·te** *f* BAU reinforced concrete mat

be·tont **I.** *adj* emphatic; ~**e Eleganz** pronounced [*or* studied] elegance; ~**e Höflichkeit** studied politeness; ~**e Kühle/Sachlichkeit** marked [*or* pointed] coolness/objectivity
II. *adv* markedly

Be·to·nung <-, -en> *f* ① *kein pl (das Hervorheben)* accentuation; ***die ~ ihrer Unschuld hatte kaum Einfluss auf die öffentliche Meinung*** the protestation[s] of her innocence had little effect on the formation of public opinion
② LING stress
③ *(Gewicht)* emphasis

Be·to·nungs·zei·chen *nt* LING stress mark

be·tö·ren* [bə'tø:rən] *vt* ■ **jdn** ~ to bewitch sb

be·tö·rend *adj* bewitching

Be·tö·rung <-, -en> *f* ① *(das Betören)* bewitchment ② *(etwas Hinreißendes)* sth bewitching; ***dieser Duft, eine wahre ~!*** this fragrance, simply bewitching!

Bet·pult *nt* prie-dieu, kneeling desk for prayer

betr. *adj, präp Abk von* **betreffend, betreffs** re, ref.

Betr. *Abk von* **Betreff** re, ref.

Be·tracht <-[e]s> [bə'traxt] *m kein pl* **außer** ~ **bleiben** to be left out of consideration [*or* disregarded]; **in** ~ **kommen** to be considered, to come into consideration; **etw außer** ~ **lassen** to leave sth out of consideration, to disregard sth; **jdn/etw in** ~ **ziehen** to consider sb/sth

be·trach·ten* *vt* ① *(anschauen)* ■ [**sich** *dat*] **etw** ~ to look at sth; **bei näherem B~** on closer examination
② *(bedenken)* ■ **etw** ~ to look at [*or* consider] sth; ■ **sich** *akk* ~ to look at oneself; *(sich bedenken)* to reflect [up]on
③ *(halten für)* ■ **jdn/etw als jd/etw** ~ to regard [*or* consider] [*or* look upon] sb/sth as sb/sth; ■ **sich** *akk* **als etw** ~ to regard [*or* consider] [*or* look upon] oneself as sth; ***~ Sie sich als fristlos gekündigt!*** consider yourself sacked!

Be·trach·ter(in) <-s, -> *m(f)* ① *(von Anblick)* observer, beholder *form;* ***der aufmerksame ~ wird zwischen Original und Fälschung kleine Unterschiede feststellen können*** the alert eye [*or* a good observer] will discover slight discrepancies between the original and the copy
② *(von Situation)* observer

be·trächt·lich [bə'trɛçtlɪç] **I.** *adj (sehr groß)* considerable; ~**er Schaden** extensive [*or* great] damage; **um ein B~es** considerably
II. *adv* considerably

Be·trach·tung <-, -en> *f* ① *(das Anschauen)* contemplation; **bei näherer** ~ on closer examination; **bei oberflächlicher** ~ at [a] first glance
② *(Überlegung, Untersuchung)* consideration; **in ~en versunken** lost in thought [*or* contemplation]; **über jdn/etw ~en anstellen** to think about sb/sth more closely [*or* long and hard about sb/sth]; ***seine ~en zu diesem Thema sollten Sie unbedingt lesen*** you really ought to read his discourse on this matter

Be·trach·tungs·wei·se *f* way of looking at things

Be·trag <-[e]s, Beträge> [bə'tra:k, *pl* bə'trɛ:gə] *m (Geldbetrag)* amount, sum; ~ **dankend erhalten** [payment] received with thanks

be·tra·gen* *irreg* **I.** *vi* to be; ***die Rechnung beträgt Euro 10*** the bill comes [*or* amounts] to 10 euros; ***die Preisdifferenz beträgt Euro 378*** the difference in price is [*or* comes to] 378 euros
II. *vr* ■ **sich** *akk* **irgendwie** ~ to behave in a certain manner

Be·tra·gen <-s> *nt kein pl* behaviour [*or* AM -or]; SCH conduct

be·trau·en* *vt* ■ **jdn mit etw** *dat* ~ to entrust sb with sth; ■ **jdn damit ~, etw zu tun** to entrust sb with [the task of] doing sth

be·trau·ern* *vt* ■ **jdn/etw** ~ to mourn [for [*or* over]] sb/sth

be·träu·feln* *vt (durch Tropfen befeuchten)* ■ **etw** [**mit etw** *dat*] ~ to sprinkle sth [with sth]; ***man kann das Schnitzel mit Zitronensaft ~*** one can squeeze lemon juice on a schnitzel [*or* cutlet]; MED to put [*or* apply] drops [of sth] on sth

Be·trau·ung <-> *f kein pl* entrustment; ■ **jds ~ mit etw** *dat* the entrustment of [*or* entrusting] sb with sth

Be·treff <-[e]s, -e> [bə'trɛf] *m (geh: Bezug)* reference; ***Betreff: Ihr Schreiben vom 23.6.*** Re: your letter of June 23; **in diesem** [*o* **dem**] ~ in this regard [*or* respect]

be·tref·fen* *vt irreg* ① *(angehen)* ■ **jdn** ~ to concern sb; ■ **etw** ~ to affect sth; ***seine Ausführungen ~ einen ganz wichtigen Punkt*** his observations touch upon a very important point; **was jd/das betrifft, ...** as far as sb/that is concerned, as regards sb/that; **„Betrifft: ..."** "Re: ..."; ***„Betrifft 1. Mahnung"*** "Re: first reminder"
② *(geh: widerfahren)* ■ **jdn/etw** ~ to befall sb/sth
③ *(geh: seelisch treffen)* ■ **jdn ...** ~ to affect sb ...; ***seine Untreue betrifft mich sehr*** his unfaithfulness deeply saddens me

be·tref·fend *adj attr* ① *(bewusst)* in question *pred;* ***haben Sie den ~en Artikel gelesen?*** have you read the article in question?; **die ~e Person** the person concerned [*or* in question]
② *(angehend)* ■ **etw** ~ concerning [*or* regarding] sth

Be·tref·fen·de(r) *f(m) dekl wie adj* person concerned [*or* in question]

be·treffs [bə'trɛfs] *präp (geh)* ■ **etw ~ einer S.** *gen* sth concerning [*or* regarding] sth; ***Ihre Anfrage ~ Möglichkeiten einer Zusammenarbeit können wir wie folgt beantworten ...*** our answer to your inquiry on the possibility of working together is as follows ...

Be·treff·zei·le *f* reference line

be·trei·ben* *vt irreg* ① *(vorantreiben)* ■ **etw** [**irgendwie**] ~ to proceed with sth [in a certain manner]; **auf jds B~** *akk* [**hin**] *(geh)* at sb's instigation ❷ ÖKON *(ausüben)* ■**etw ~** to carry on sth; **einen Laden/eine Firma ~** to run [*or* operate] a firm ❸ *(sich beschäftigen mit)* ■**etw ~** to do [*or* go in for] sth; ***er betreibt Sport*** he does sporting activities ❹ ADMIN *(in Gang halten)* ■**etw ~** to operate, to run; ***Fernseher dürfen nur nach Entrichtung der Fernsehgebühren betrieben werden*** a television [set] may only be used after payment of the television licence ❺ *(antreiben)* ■**etw mit etw** *dat* **~** to drive [*or* power] sth with sth/in a certain manner; ***das U-Boot wird atomar betrieben*** the submarine is nuclear-powered

Be·trei·ben *nt* **auf jds ~** [**hin**] at sb's instigation

Be·trei·ber(in) <-s, -> *m(f)* *(Ausübender)* person who runs sth; ***alle ~ eines Gewerbes ...*** all people who carry on a trade ...; *(Firma, Träger)* operator

Be·trei·ber·ge·sell·schaft *f* HANDEL operating company **Be·trei·ber·kon·sor·ti·um** *nt* operating consortium **Be·trei·ber·pflicht** *f* JUR duty of plant operators

Be·trei·bung <-, -en> *f* ❶ *(das Vorantreiben)* pursuit, pursuance; *von Untersuchungen* carrying out ❷ ÖKON *(Unterhaltung)* running; ***die ~ des Restaurants war sehr lukrativ*** the way the restaurant was run led to lucrative profits ❸ ADMIN *(Bedienung)* operation, running; ***die ~ eines Fernsehers ohne die Zahlung der Fernsehgebühren ist unzulässig*** it is illegal to watch television without a licence ❹ SCHWEIZ *(Beitreibung)* collection

be·tre·ten*[1] *vt irreg* ■**etw ~** ❶ *(hineingehen in)* to enter sth; *(auf etw treten)* to walk on sth; *(steigen auf)* to step onto sth; **das Spielfeld ~** to take the field; **die Bühne ~** to come/go on stage; **das Podium ~** to mount the podium ❷ *(das Begehen)* ***„B~*** [***des Rasens***] ***verboten!"*** "keep off [the grass]!"; ***beim B~ des Raumes ...*** on entering the room ...; ***„B~ für Unbefugte verboten"*** "no entry to unauthorized persons" ❸ *(in Angriff nehmen)* ■**etw ~** to tackle sth; **Neuland ~** to break new ground; ***mit dem Großprojekt betritt er unsicheren Boden*** he was entering the unknown with his large-scale project

be·tre·ten*[2] **I.** *adj* embarrassed
II. *adv* embarrassedly; ***er schwieg ~*** he kept an embarrassed silence

Be·tre·ten·heit <-> *f kein pl* embarrassment

be·treu·en* [bəˈtrɔyən] *vt* ❶ *(sich kümmern um)* ■**jdn/etw ~** to look after [*or* take care of] sb/sth; **einen Garten ~** to maintain a garden ❷ *(verantwortlich sein für)* ■**etw ~** to be responsible for [*or* in charge of] sth

Be·treu·er(in) <-s, -> *m(f)* person who looks after sb; JUR custodian of persons of full age; ***auf jeden ~ kamen im Seniorenheim 13 Bewohner*** there were 13 residents to every nurse in the old people's home; ***der medizinische ~ der Nationalelf*** the national team['s] doctor

Be·treu·ung <-, -en> *f* ❶ *(das Betreuen)* looking after; *von Patienten* care; ***für die ~ von Patienten sollten Fachkräfte eingesetzt werden*** qualified personnel are necessary to look after the patients ❷ *(Betreuer)* nurse, carer

Be·treu·ungs·ein·rich·tung *f* **~ für Kinder** child care facility

Be·trieb <-[e]s, -e> [bəˈtriːp] *m* ❶ *(Unternehmen)* company, firm; *(Gewerbe)* business; *(Fabrik)* factory; **genossenschaftlicher ~** cooperative; **handwerklicher ~** workshop; **landwirtschaftlicher ~** farm ❷ *kein pl (Arbeitsstelle)* work *no pl;* ***ist Direktor Wengel schon im ~?*** is director Wengel already at work?; ***ich muss heute etwas länger im ~ bleiben*** I have to work late today ❸ *(Belegschaft)* workforce ❹ *kein pl (Tätigkeit)* operation *no pl;* TRANSP running *no pl; (Ablauf)* production process; ***steh hier nicht so rum, du störst den ganzen ~ im Büro!*** don't just stand around here, you're disrupting the smooth running of the office!; **den** [**ganzen**] **~ aufhalten** *(fam)* to hold everything up; **den ~ aufnehmen/einstellen** *Firma* to start work/close; ***die Straßenbahnen nehmen morgens um 5 Uhr ihren ~ auf*** the trams start running at 5 o'clock in the morning; **außer ~** [**sein**] [to be] out of operation [*or* service]; *(defekt)* [to be] out of order [*or* not working]; **in ~** [**sein**] [to be] in operation [*or* working]; **etw in ~ nehmen** to put sth into operation; ***die Busse werden morgens um 5 Uhr in ~ genommen*** the buses are put into service at 5 am; ***die neue Produktionsstraße soll im Herbst in ~ genommen werden*** the new production line is expected to be put into operation in [the] autumn; **etw in/außer ~ setzen** to put sth into/out of operation [*or* service]; **eine Maschine in/außer ~ setzen** to start [up]/stop a machine ❺ *kein pl (fam: Betriebsamkeit)* activity *no pl,* bustle *no pl;* ***ich sah dem ~ auf der Straße zu*** I was watching the bustle of the street; ***heute war wenig/viel ~ im Laden*** it was very quiet/busy in the shop today; ***in diesem Stadtviertel herrscht immer viel ~*** there is always a lot going on in this quarter of the town

be·trieb·lich [bəˈtriːplɪç] **I.** *adj attr (den Betrieb betreffend)* operational; ***das ist eine rein ~e Angelegenheit, die nur Firmenangehörige angeht*** that is purely an internal matter which only concerns employees of the company; *(vom Betrieb geleistet)* company; **betriebliche Altersversorgung/Leistungen** company pension plan/benefits
II. *adv (durch den Betrieb der Firma)* operationally; ***die Rationalisierungen sind ~ bedingt*** the rationalization is for operational reasons

Be·triebs·ab·lauf *m* operations process **Be·triebs·ab·rech·nung** *f* FIN [operating] cost and revenue statement **Be·triebs·ab·wick·lung** *f* FIN operational procedure **Be·triebs·al·ters·ver·sor·gung** *f kein pl* ÖKON occupational pension scheme

be·trieb·sam [bəˈtriːpzaːm] **I.** *adj* busy; ***er ist sehr ~, bei ihm muss alles immer gleich erledigt werden*** he is a very industrious person who has to do everything immediately
II. *adv* busily

Be·trieb·sam·keit <-> *f kein pl* activity, busyness

Be·triebs·amt *nt* FIN operating department **Be·triebs·ana·ly·se** *f* operations review **Be·triebs·än·de·rung** *f* FIN change in plant operations **Be·triebs·an·ge·hö·ri·ge(r)** *f(m) dekl wie adj* employee **Be·triebs·an·ge·le·gen·heit** *f* FIN operating matter **Be·triebs·an·la·ge** *f meist pl* plant, [operating] equipment *no pl* **Be·triebs·an·lei·tung** *f* TECH operating instructions *pl* **Be·triebs·an·sied·lung** *f* FIN company location **Be·triebs·art** *f* TECH operating mode **Be·triebs·arzt, -ärz·tin** *m, f* company doctor **Be·triebs·auf·ga·be** *f* HANDEL closing-down [of a plant], termination of a business **Be·triebs·auf·nah·me** *f* HANDEL commencement of operation, putting on stream **Be·triebs·auf·spal·tung** *f* HANDEL operational split **Be·triebs·auf·wand** *m kein pl* operating expenses *pl* **Be·triebs·aus·flug** *m* staff [*or* BRIT works] [*or* office] outing **Be·triebs·aus·ga·ben** *pl* FIN operating [*or* working] expenditures **Be·triebs·aus·nut·zung** *f kein pl* plant utilization **Be·triebs·aus·stat·tung** *f* office furnishings *pl;* **Betriebs- und Geschäftsausstattung** office furniture and equipment *no pl,* factory and office equipment *no pl* **Be·triebs·bahn·hof** *m* railway [*or* AM railroad] yard

be·triebs·be·dingt *adj* operational, operating; **~e Kündigung** lay-off

be·triebs·be·reit **I.** *adj* TECH ready for operation [*or* use], in running [*or* working] order; **in ~em Zustand** in running [*or* working] order **II.** *adv* ready for operation [*or* use] **Be·triebs·be·reit·schaft** *f* TECH ready status

be·triebs·blind *adj having become blind to shortcomings in company processes* [*after many years of employment*]

Be·triebs·brems·an·la·ge *f* AUTO service braking system **Be·triebs·bud·get** *nt* ÖKON operating budget **Be·triebs·dau·er** *f kein pl* operating period **Be·triebs·dieb·stahl** *m* JUR company theft **Be·triebs·ebe·ne** *f* operating level

be·triebs·ei·gen *adj inv* company *attr,* belonging to a/the company

Be·triebs·ein·brin·gung *f* FIN *(Fusion)* inclusion of a plant **Be·triebs·ein·heit** *f* operating unit **Be·triebs·ein·nah·men** *pl* ÖKON operating receipts **Be·triebs·ein·rich·tun·gen** *pl* TECH [operating] equipment *no pl,* operational [*or* plant] facilities **Be·triebs·ein·schrän·kung** *f* HANDEL cutting back of operations **Be·triebs·ein·stel·lung** *f* HANDEL [plant] closure **Be·triebs·er·fin·dung** *f* FIN employee [*or* service] invention **Be·triebs·er·geb·nis** *nt* HANDEL operating [*or* trading] result **Be·triebs·er·kun·dun·gen** *pl* HANDEL investigation into operations **Be·triebs·er·laub·nis** *f* operating licence [*or* AM -se] **Be·triebs·er·trä·ge** *pl* ÖKON operating [*or* company] earnings **Be·triebs·er·werb** *m* HANDEL acquisition of a business enterprise **Be·triebs·fä·hig·keit** *f kein pl* ÖKON operating condition **Be·triebs·fe·ri·en** *pl* [annual] works [*or* company] holidays *pl*

be·triebs·fer·tig *adj* ÖKON *(betriebsbereit)* ready [for operation], in working order; **~e Abteilung/Fabrik** department/factory ready to go **Be·triebs·fest** *nt* office [*or* firm's] party **be·triebs·fremd** *adj* non-company

Be·triebs·frem·de(r) *f(m)* outsider **Be·triebs·frie·den** *m* HANDEL industrial peace

Be·triebs·füh·rung *f s.* **Betriebsleitung** **Be·triebs·füh·rungs·ver·trag** *m* HANDEL business management agreement

Be·triebs·ge·bäu·de *nt* company [*or* factory] building **Be·triebs·ge·fahr** *f* JUR operational hazard **Be·triebs·ge·heim·nis** *nt* trade [*or* business] secret **Be·triebs·ge·län·de** *nt* company grounds *pl* **Be·triebs·ge·neh·mi·gung** *f s.* **Betriebserlaubnis** **Be·triebs·ge·sell·schaft** *f* HANDEL operating company **Be·triebs·ge·winn** *m* ÖKON trading [*or* operating] profit **Be·triebs·grund·stück** *nt* HANDEL business property **Be·triebs·haft·pflicht·ver·si·che·rung** *f* business liability insurance **Be·triebs·hof** *m* company courtyard

be·triebs·in·tern *adj s.* **betrieblich**

Be·triebs·ka·pi·tal *nt* ÖKON working capital **Be·triebs·ka·pi·tal·kre·dit** *m* ÖKON loan on working capital

Be·triebs·kin·der·gar·ten *m* crèche BRIT for employees' children, employee daycare center AM

Be·triebs·kli·ma *nt* working atmosphere **Be·triebs·kol·lek·tiv·ver·trag** *m* JUR company-wide agreement **Be·triebs·kos·ten** *pl* operating costs; *von Kraftfahrzeug, Maschine* running costs **Be·triebs·kran·ken·kas·se** *f* company health insurance [*or* medical] scheme [*or* plan]

Be·triebs·leis·tung *f* ÖKON operating efficiency **Be·triebs·leis·tungs·steu·ern** *pl* FIN company output tax

Be·triebs·lei·ter(in) *m(f)* [works [*or* company]] manager **Be·triebs·lei·tung** *f* ❶ *(das Leiten eines Betriebes)* management [of a works [*or* company]] ❷ *(Firmenleitung)* [works [*or* company]] management **Be·triebs·ma·te·ri·al** *nt* ÖKON working stock

Be·triebs·mit·tel *pl* ÖKON operating [*or* working] capital *no pl;* **finanzielle ~** operating [*or* working] funds **Be·triebs·mit·tel·fi·nan·zie·rung** *f* ÖKON operating resources [*or* working capital] funding

Be·triebs·nu·del *f (fam)* office comedian [*or* live wire] **Be·triebs·ord·nung** *f* ÖKON internal company regulations *pl* **Be·triebs·ort** *m* HANDEL plant location

Be·triebs·pacht *f* FIN plant lease **Be·triebs·pacht·ver·trag** *m* JUR company lease agreement

Be·triebs·pla·nung *f* ÖKON operational planning

Be·triebs·prü·fer(in) *m(f)* ÖKON internal auditor

Be·triebs·prü·fung *f* FIN ≈ tax audit *(regular audit of a company and its accounts by the tax authorities)*

Be·triebs·prü·fungs·bi·lanz *f* FIN tax audit balance sheet **Be·triebs·prü·fungs·recht** *nt kein pl*

FIN plant inspection right **Be·trie̱bs·prü·fungs·stel·le** *f* FIN tax audit office **Be·trie̱bs·prü·fungs·ver·fah·ren** *nt* FIN tax auditing procedure

Be·trie̱bs·rat *m* POL *(Gremium)* employee representative committee, BRIT *a.* works council

Be·trie̱bs·rat, -rä·tin *m, f* POL *(Person)* employee representative, BRIT *a.* member of a [*or* the] works council

Be·trie̱bs·rats·mit·glied *nt* member of the/a works committee, employees' council member **Be·trie̱bs·rats·vor·sit·zen·de(r)** *f(m)* works council chairperson [*or masc* chairman] [*or fem* chairwoman], chairperson of an [*or* the] employee representative committee [*or* BRIT *a.* works council]

Be·trie̱bs·ren·te *f* ÖKON occupational [*or* company] pension **Be·trie̱bs·ri·si·ko** *nt* HANDEL business risk; *(Industrie)* operational hazard **Be·trie̱bs·sat·zung** *f* HANDEL shop-floor rules **Be·trie̱bs·schlie·ßung** *f* shutdown, closure **Be·trie̱bs·schluss**^RR *m* end of business hours [*or* the working day]; ***um 17 Uhr ist in den meisten Fabriken ~*** the working day ends at 5pm in most factories, most factories shut down at 5pm; ***nach ~*** after work [*or* [working] hours]

be·trie̱bs·si·cher *adj* TECH reliable [in operation]

Be·trie̱bs·si·cher·heit *f* TECH reliability, [operational] safety; *(in der Fabrik)* safety at work **Be·trie̱bs·stand·ort** *m* ÖKON plant's location

Be·trie̱bs·stät·te *f* ÖKON business premises *pl* **Be·trie̱bs·stät·ten·be·steu·e·rung** *f* FIN taxation of permanent establishments

Be·trie̱bs·steu·er *f* FIN operating tax **Be·trie̱bs·still·le·gung**^RR *f* closure, shutdown **Be·trie̱bs·stö·rung** *f* TECH interruption of operation [*or* service], stoppage **Be·trie̱bs·sys·tem** *nt* INFORM operating system **Be·trie̱bs·tem·pe·ra·tur** *f* TECH operating temperature **Be·trie̱bs·über·ga·be** *m* JUR, FIN transfer of an enterprise **Be·trie̱bs·über·las·sungs·ver·trag** *m* JUR business transfer contract **Be·trie̱bs·über·nah·me** *f* HANDEL business [*or* plant] takeover **Be·trie̱bs·über·schuss**^RR *m* ÖKON operating surplus **Be·trie̱bs·über·tra·gung** *f* HANDEL plant transfer **Be·trie̱bs·um·stel·lung** *f* ÖKON shifting of a plant **Be·trie̱bs·un·fall** *m* ① *(Unfall)* ≈ industrial accident *(accident at or on the way to or from work)* ② *(hum sl: ungewollte Schwangerschaft)* accident *fam* **Be·trie̱bs·un·ter·bre·chung** *f* HANDEL interruption of business **Be·trie̱bs·un·ter·sa·gung** *f* JUR ban on operations of a plant **Be·trie̱bs·ver·äu·ße·rung** *f* FIN sale of a business **Be·trie̱bs·ver·ein·ba·rung** *f* ≈ shop agreement BRIT *(agreement between the works council and the employer concerning working conditions)*

Be·trie̱bs·ver·fas·sung *f* JUR company code of practice, BRIT *a.* works constitution

Be·trie̱bs·ver·fas·sungs·ge·setz *nt* Industrial Constitution of Law BRIT, Works Council Constitution [*or* AM Employees' Representation] Act **Be·trie̱bs·ver·fas·sungs·recht** *nt kein pl* JUR industrial constitution law

Be·trie̱bs·ver·gleich *m* HANDEL interplant [*or* interfirm] comparison **Be·trie̱bs·ver·le·gung** *f* HANDEL relocation of an enterprise, movement of operations **Be·trie̱bs·ver·lust** *m* ÖKON trading [*or* operating] loss

Be·trie̱bs·ver·mö·gen *nt* business capital **Be·trie̱bs·ver·mö·gens·ver·gleich** *m* FIN balance sheet comparison

Be·trie̱bs·ver·pach·tung *f* FIN plant lease **Be·trie̱bs·ver·samm·lung** *f* works [*or* company] meeting, (meeting of the workforce [chaired by the works council chairman]) **Be·trie̱bs·wirt(in)** *m(f)* ÖKON graduate in business management **Be·trie̱bs·wirt·schaft** *f* ÖKON business management

be·trie̱bs·wirt·schaft·lich I. *adj* business *attr,* economic; **~e Kenntnisse/Überlegung** business knowledge/consideration to business aspects

II. *adv* with respect to business management; **etw ~ betrachten/durchrechnen** to see sth from the business management point of view/to calculate sth based on the business currently being conducted

Be·trie̱bs·wirt·schafts·leh·re *f kein pl* business studies **Be·trie̱bs·wirt·schafts·plan** *m* ÖKON business management plan

Be·trie̱bs·woh·nung *f* company flat **Be·trie̱bs·zeit** *f* INFORM operating time **Be·trie̱bs·zu·ge·hö·rig·keit** *f* *(Dauer)* years of service *pl* **Be·trie̱bs·zweck** *m* FIN objects of a company

be·tri̱n·ken* *vr irreg* ■**sich** *akk* [**mit etw** *dat*] ~ to get drunk [on sth]

be·tro̱f·fen I. *part s.* **betreffen**

II. *adj* ① *(bestürzt)* shocked; **~es Schweigen** stunned silence

② *(angehen)* ■[**von etw** *dat*] ~ **sein** to be affected [*or* concerned] [by sth]

III. *adv* with dismay

Be·tro̱f·fe·ne(r) *f(m) dekl wie adj* person affected

Be·tro̱f·fen·heit <-> *f kein pl* shock; **in stummer ~** in stunned silence

be·trü̱·ben* *vt* ■**jdn** [**mit etw** *dat*] ~ to sadden sb [with sth], to cause sb distress [with sth]; ***es betrübt mich ...*** it saddens [*or* grieves] me ...

be·trüb·lich [bəˈtryːplɪç] *adj* distressing; ***ich muss Ihnen leider eine ~e Mitteilung machen*** I'm afraid I have [some] bad news for you

be·trüb·li·cher·wei̱·se *adv* unfortunately

Be·trüb·nis <-, -se> [bəˈtryːpnɪs] *f* *(geh)* sorrow, sadness

be·trübt *adj* sad; ■[**über etw** *akk*] ~ **sein** to be sad [about sth]

Be·trug <-[e]s, SCHWEIZ Betrüge> [bəˈtruːk, *pl* bəˈtryːgə] *m* fraud

be·trü̱·gen* *irreg* I. *vt* ① *(vorsätzlich täuschen)* ■**jdn** ~ to cheat [*or* swindle] sb; ■**jdn um etw** *akk* ~ to cheat sb out of sth; ■**betrogen** cheated, deceived; ***ich fühle mich betrogen!*** I feel betrayed!; **sich** *akk* **um etw** *akk* **betrogen sehen** to feel cheated [*or sl* done] out of sth; **sich** *akk* **in etw** *dat* **betrogen sehen** to be deceived in sth; ***ich sehe mich in meinem Vertrauen betrogen!*** I feel [that] my trust has been betrayed!

② *(durch Seitensprung hintergehen)* ■**jdn** [**mit jdm**] ~ to be unfaithful to [*or* cheat on] sb [with sb]

II. *vr* *(sich etw vormachen)* ■**sich** *akk* ~ to deceive [*or* delude] oneself

Be·trü·ger(in) <-s, -> [bəˈtryːgɐ] *m(f)* con man, swindler; ***du ~! diese Spielkarte hast du aus dem Ärmel gezogen!*** you cheat! you had that card up your sleeve!

Be·trü·ge·rei <-, -en> [bətryːgəˈrai] *f* *(pej)* ① *(ständiges Betrügen)* swindling; ***seine ~en beim Kartenspielen wurden endlich nachgewiesen*** they finally managed to prove his cheating at cards

② *(ständige Seitensprünge)* cheating, unfaithfulness

Be·trü·ge·rin <-, -nen> *f fem form von* **Betrüger**

be·trü·ge·risch [bəˈtryːgərɪʃ] *adj* *(pej)* deceitful; **in ~er Absicht** JUR with intent to defraud

Be·trugs·ab·sicht *f* JUR intent to fraud, fraudulent purpose; **in ~ handeln** to intend to defraud **Be·trugs·be·kämp·fung** *f* JUR anti-fraud measures *pl* **Be·trugs·de·likt** *nt* JUR [tort of] fraud **Be·trugs·de·zer·nat** *nt* JUR fraud squad **Be·trugs·fall** *nt* JUR fraud case **Be·trugs·hand·lung** *f* JUR fraudulent act **Be·trugs·kla·ge** *f* JUR action for deceit **Be·trugs·straf·sa·che** *f* JUR fraud trial **Be·trugs·ver·fah·ren** *nt* JUR fraud trial **Be·trugs·ver·such** *m* JUR attempted fraud

be·trun·ken [bəˈtrʊnkn̩] I. *adj* drunken *attr,* drunk *pred*

II. *adv* drunkenly

Be·tru̱n·ke·ne(r) *f(m) dekl wie adj* drunk, drunken person

Be·tru̱n·ken·heit *f* drunkenness

Bet·schwes·ter *f* *(pej)* churchy type [of woman]

Bett <-[e]s, -en> [bɛt] *nt* ① *(Schlafstätte)* bed; *(Lagerstatt a.)* resting place; **~en bauen** MIL to make [the] beds; **jdn ins** [*o geh* **zu**] **~ bringen** to put sb to bed; **jdn ans ~ fesseln** *(geh)* to confine sb to bed; ***durch die schwere Operation war er wochenlang ans ~ gefesselt*** he was confined to bed for weeks as a result of the major operation; **ins ~ gehen** to go to bed; **mit jdm ins ~ gehen** [*o* **steigen**] *(euph)* to go to bed with sb *fig;* **jdn aus dem ~ holen** to get sb out of bed; **das ~ hüten müssen** *(geh)* to be confined to [*or* have to stay in] [one's] bed; **sich** *akk* **ins** [*o geh* **zu**] **~ legen** to go to [*or* retire] to bed; **im ~ liegen** to be in bed; ***er ist krank und liegt im ~*** he's ill and [laid up] in bed; [**jdm**] **das ~/die ~en machen** [*o geh* **bereiten**] to make sb's bed/the beds [up]; **ins ~ machen** to wet the bed; **jdn ins ~ packen** [*o* **stecken**] *(fam)* to pack sb off to bed *fam;* **ins ~ sinken** to fall into bed; **an jds** *dat* **~** at sb's bedside; **jdm etw ans ~ bringen/stellen** to bring sth to sb's bedside/to put sth by sb's bed; ***ich stelle dir die Lampe ans ~*** I'll put the lamp by the bed for you; **jdm Frühstück ans ~ bringen** to bring sb breakfast in bed; **im ~** in bed; **im ~ frühstücken** to have breakfast in bed

② *(Oberbett)* duvet, quilt, eiderdown BRIT, comforter AM

③ *(Flussbett)* [river] bed

▸ WENDUNGEN: **sich** *akk* **ins <u>gemachte</u> ~ legen** to have everything handed to one on a plate

Bet·tag [ˈbeːttaːk] *m* REL **Buß- und ~** day of prayer and repentance

Be̱tt·bank <-bänke> *f* ÖSTERR *(Bettsofa)* sofa bed, AM *a.* hide-a-bed **Be̱tt·be·zug** *m* duvet [*or* quilt] [*or* BRIT *a.* eiderdown] cover **Be̱tt·couch** *f s.* **Bettsofa** **Be̱tt·de·cke** *f* blanket; *(Steppdecke)* duvet, quilt, eiderdown BRIT, comforter AM

Bet·tel <-s> [ˈbɛtl̩] *m* ▸ WENDUNGEN: **der <u>ganze</u> ~** DIAL the whole business; ***ich bin den ganzen ~ so satt!*** I'm sick of the whole business!; [**jdm**] **den** [**ganzen**] **~ <u>hinwerfen</u>, jdm den** [**ganzen**] **~ vor die <u>Füße</u> werfen** [*o* **<u>schmeißen</u>**] to throw in the [whole] business [with sb]/to throw the [whole] business back at sb

bet·tel·arm [ˈbɛtl̩ˈʔarm] *adj* destitute

Bet·te·lei <-, -en> [bɛtəˈlai] *f* *(pej)* begging

Be̱t·tel·mönch *m* REL mendicant [*or* begging] friar

bet·teln [ˈbɛtl̩n] *vi* ■[**bei jdm**] [**um etw** *akk*] ~ to beg [sb] [for sth]; *(um etw bitten)* to beg for sth; ***„~ verboten"*** "no begging"

Be̱t·tel·or·den *m* REL mendicant [*or* begging] order

Be̱t·tel·stab *m* **jdn an den ~ bringen** to reduce sb to beggary; **an den ~ kommen** to be reduced to beggary

bet·ten [ˈbɛtn̩] I. *vt* ① *(hinlegen)* ■**jdn/etw irgendwie ~** to lay sb/sth down in some way; ***weich gebettet*** in a soft bed

② *(liter)* ■**in etw** *akk* **gebettet sein** [*o* **liegen**] to be nestled in sth

II. *vr* ▸ WENDUNGEN: **wie man sich bettet, so <u>liegt</u> man** *(prov)* as you make your bed, so you must lie on it *prov;* **sich** *akk* **<u>weich</u> ~** to make an easy life for oneself; ***durch seine reiche Heirat hat er sich wirklich weich gebettet!*** by marrying into money he has assured himself of a really easy life!

Be̱t·ten·burg *f* *(hum)* giant hotel

Be̱tt·fe·dern *pl* bed feathers *pl* **Be̱tt·fla·sche** *f* SÜDD, SCHWEIZ hot-water bottle **Be̱tt·ge·flüs·ter** *nt* pillow talk **Be̱tt·ge·schich·te** *f* ① *(sexuelles Verhältnis)* [love] affair ② MEDIA *(sl)* ≈ sex scandal *(gossip story on the sex lives of the rich and famous)* **Be̱tt·ge·stell** *nt* bedstead **Be̱tt·ha·se** *m* *(fam)* sex kitten *sl,* sexpot *sl* **Be̱tt·him·mel** *m* bed canopy **Be̱tt·hup·ferl** <-s, -> *nt* ≈ bedtime treat *(sweets given to children before they go to bed)* **Be̱tt·kan·te** *f* edge of the bed ▸ WENDUNGEN: **den/die würde ich nicht von der ~ <u>stoßen</u>!** *(euph fam)* I wouldn't say 'no' to him/her! *sl* **Be̱tt·kas·ten** *m* bedding box [under a bed or sofa bed] **Be̱tt·la·de** *f* SÜDD, ÖSTERR *(Bettgestell)* bedstead

be̱tt·lä·ge·rig *adj* bedridden, confined to bed *pred*

Be̱tt·lä·ge·rig·keit <-> *f kein pl* MED bed confinement

Be̱tt·la·ken *nt s.* **Betttuch** **Be̱tt·lek·tü·re** *f* bedtime reading

Bett·ler(in) <-s, -> [ˈbɛtlɐ] *m(f)* beggar; ***gegen diesen Krösus bin ich mit meinem bescheidenen Einkommen kaum mehr als eine ~in!*** on my modest income I'm little more than a pauper next to

this moneybags!
Bett·näs·sen <-s> *nt kein pl* bed-wetting
Bett·näs·ser(in) <-s, -> *m(f)* bed-wetter
Bett·pfan·ne *f* bedpan **Bett·pfos·ten** *m* bedpost **Bett·rand** *m s.* **Bettkante** **bett·reif** *adj (fam)* ready for bed *pred* **Bett·ru·he** *f* bed rest **Bett·schüs·sel** *f* bedpan **Bett·schwe·re** *f* ▶WENDUNGEN: **die nötige ~ bekommen/haben** *(fam)* to be ready for bed [*or sl* one's pit] **Bett·so·fa** *nt* sofa bed, AM *a.* hide-a-bed **Bett·sze·ne** *f* bedroom scene **Bett·tuch**RR, **Bettuch**ALT ['bɛttu:x] *nt* sheet **Bett·vor·la·ge** *f,* **Bett·vor·le·ger** *m* bedside rug **Bett·wan·ze** *f* bedbug **Bett·wä·sche** *f* bedlinen **Bett·zeug** *nt* bedding
be·tucht [bə'tu:xt] *adj (fam)* well off, well-to-do
be·tu·lich [bə'tu:lɪç] I. *adj* ❶ *(übertrieben besorgt)* fussing; ***deine ~e Art geht mir auf die Nerven!*** your fussing is getting on my nerves!
❷ *(gemächlich)* leisurely
II. *adv* in a leisurely [*or* an unhurried] manner
be·tup·fen* *vt* ❶ *(tupfend berühren)* ■**etw** [**mit etw** *dat*] ~ to dab sth [with sth]; **eine Wunde ~** to swab a wound
❷ *(mit Tupfen versehen)* **einen Stoff ~** to print with spots; ***eine bunt betupfte Bluse*** a blouse with coloured [*or* AM -ored] spots
be·tup·pen* *vt* DIAL *(fam)* ■**jdn** [**um etw** *akk*] ~ to con *fam* [*or sl* diddle] sb [out of sth]; ***die Verkäuferin muss mich betuppt haben, mir fehlen 1.45 Euro!*** the salesgirl must have diddled me, I'm 1,45 euros short!
Beu·ge <-, -n> ['bɔygə] *f* ❶ ANAT bend; *von Arm a.* crook of the arm
❷ SPORT *(Rumpfbeuge)* bend; **in die ~ gehen** to squat
Beu·ge·haft *f* JUR coercive detention
Beu·gel <-s, -> ['bɔygl̩] *m* ÖSTERR *(Hörnchen)* croissant
Beu·ge·mus·kel *m* flexor [muscle]
beu·gen ['bɔygn̩] I. *vt* ■**etw ~** ❶ *(neigen)* to bend sth; **den Kopf ~** to bow one's head
❷ LING *(konjugieren)* to conjugate sth; *(deklinieren)* to decline sth
II. *vr* ❶ *(sich neigen)* ■**sich** *akk* ~ to bend; **sich** *akk* **aus dem Fenster ~** to lean out of the window; ***er saß über seine Manuskripte gebeugt*** he sat hunched over his manuscripts
❷ *(sich unterwerfen)* ■**sich** *akk* [**jdm/etw**] ~ to submit [*or* bow] [to sb/sth]; ***ich werde mich der Mehrheit ~*** I will bow to the majority
Beu·gung <-, -en> *f* ❶ *(das Beugen)* bending
❷ PHYS *(Ablenkung)* diffraction
❸ LING *von Adjektiv, Substantiv* declension; *von Verb* conjugation
❹ JUR *des Gesetzes* perversion of justice
Beu·le <-, -n> ['bɔylə] *f* ❶ *(Delle)* dent
❷ *(Schwellung)* bump, swelling
beu·len *vi (ausbeulen)* ■[**an etw** *dat*] ~ to go baggy [*or* to bag] [somewhere]; ***die Hose beult an den Knien*** the trousers are going baggy at the knees; ■**eingebeult** dented
Beu·len·pest *f* MED bubonic plague
be·un·ru·hi·gen* [bə'ʔʊnruːɪgn̩] I. *vt* ■**jdn ~** to worry [*or* concern] sb
II. *vr* ■**sich** *akk* [**über jdn/etw**] [*o* **wegen jds/einer S.** *gen*] ~ to worry [about sb/sth]
be·un·ru·hi·gend *adj* disturbing, worrying
be·un·ru·higt [bə'ʔʊnru:ɪçt] *adj* ■~ [**über etw** *akk*/**wegen einer S.** *gen*] **sein** to be concerned [about sth]
Be·un·ru·hi·gung <-, -en> *f pl selten* concern; **jdn mit ~ erfüllen** to give sb cause for concern, to cause sb disquiet
be·ur·kun·den* [bə'ʔu:ɐ̯kʊndn̩] *vt* ■**etw ~** to certify sth; ***man wollte den Vertrag vom Notar ~ lassen*** the contract was to be certified [*or* notarized] by a notary
Be·ur·kun·dung <-, -en> *f* ❶ *(das Beurkunden)* certification
❷ *(Urkunde)* documentary evidence
Be·ur·kun·dungs·ge·setz *nt* JUR certification act **Be·ur·kun·dungs·pflicht** *f* JUR certification duty **Be·ur·kun·dungs·ver·fah·ren** *nt* JUR certification proceedings *pl* **Be·ur·kun·dungs·ver·merk** *m* JUR attestation clause
be·ur·lau·ben* [bə'ʔu:ɐ̯laubn̩] *vt* ❶ *(Urlaub geben)* ■**jdn** [**für etw** *akk*] ~ to give [*or* grant] sb time off [from work] [*or* leave [of absence]] [for sth]; ***können Sie mich für eine Woche ~?*** can you give me [*or* I take] a week off?
❷ ADMIN *(suspendieren)* ■**jdn ~** to suspend sb; ■[**von etw** *dat*] **beurlaubt sein** to be suspended [from sth]; ***Sie sind bis auf weiteres [vom Dienst] beurlaubt*** you are suspended [from duty [*or* office]] until further notice
❸ SCH ■**sich** *akk* ~ **lassen** to go on [*or* take] a sabbatical; ■**beurlaubt sein** to be on [a] sabbatical
Be·ur·lau·bung <-, -en> *f* ■**jds ~** [**von etw** *dat*] ❶ *(das Beurlauben)* sb's time off [*or* leave [of absence]] [from sth]
❷ ADMIN *(Suspendierung)* sb's suspension [from sth]
❸ SCH *(Entpflichtung)* sb's sabbatical [from sth]
❹ MIL *(fam: Urlaubsschein)* pass
be·ur·tei·len* *vt* ❶ *(einschätzen)* ■**jdn ~** to judge sb; ***der Lehrer muss jeden Schüler ~*** the teacher has to assess every pupil
❷ *(abschätzen)* ■**etw ~** to assess sth; *(kritisch einschätzen)* to review sth; **einen Kunst-/Wertgegenstand ~** to appraise a piece of art/valuable
Be·ur·tei·lung <-, -en> *f* ❶ *(das Beurteilen)* assessment
❷ *(Kritik)* review; *(Einschätzung)* appraisal
❸ SCH *(schriftliches Urteil)* [school] report; ADMIN [progress] report
❹ JUR judgment; *(Bewertung)* evaluation
Be·ur·tei·lungs·maß·stab *m von Mitarbeiter* criterion for assessment; *von Kunst-/Wertgegenstand* criterion for appraisal **Be·ur·tei·lungs·spiel·raum** *m* scope of attestation **Be·ur·tei·lungs·ver·fah·ren** *nt* assessment procedure **Be·ur·tei·lungs·zeit·raum** *m* rating period, period of appraisal
Beu·schel <-s, -> ['bɔyʃl̩] *nt* KOCHK SÜDD, ÖSTERR dish made of heart and lung; *(Lunge)* lights *npl; (Innereien)* entrails *npl,* innards *npl fam;* **~ vom Lamm** lamb pluck
Beu·te <-> ['bɔytə] *f kein pl* ❶ *(Jagdbeute)* prey; **ohne ~** without a bag
❷ *(erbeutete Dinge)* haul, swag *sl;* **eine reiche/lohnende ~** a big/worthwhile haul; [**fette/dicke/reiche**] **~ machen** to make a [big] haul
❸ *(geh: Opfer)* prey *fig,* victim *fig;* **eine leichte ~** [an] easy prey
Beu·te·fang·ver·hal·ten *m* BIOL prey catching behaviour [*or* AM -or]
beu·te·gie·rig *adj* rapacious
Beu·te·kunst *f kein pl* artistic war booty **Beu·te·kunst·aus·stel·lung** *f* exhibition of artistic war booty
Beu·tel <-s, -> ['bɔytl̩] *m* ❶ *(Tasche)* bag; **Tabaks~** [tobacco] pouch
❷ *(fam: Geldbeutel)* purse
❸ ZOOL pouch
▶WENDUNGEN: **tief in den ~ greifen müssen** to have to dig deep into one's pocket
Beu·te·land *nt* conquered territory *(that can be plundered); (im eigenen Land)* confiscated property *(that can be plundered)*
Beu·tel·mei·se *f* ORN penduline tit
beu·teln ['bɔytl̩n] *vt (fam)* ■**jdn ~** to shake sb
Beu·tel·rat·te *f* opossum **Beu·tel·tier** *nt* marsupial
Beu·te·stück *nt* spoils *npl,* booty **Beu·te·zug** *m* raid
be·völ·kern* [bə'fœlkɐn] I. *vt* ■**etw ~** ❶ *(beleben)* to fill [*or* throng] sth
❷ *(besiedeln)* to inhabit [*or* populate] sth
II. *vr* ■**sich** *akk* **mit ... ~** to fill up with ...
be·völ·kert *adj* ❶ *(besiedelt)* populated; ***die Steppe ist nur wenig ~*** the steppes are only sparsely populated
❷ *(belebt)* full, thronged; ***die kaum ~en Straßen*** the almost empty streets
Be·völ·ke·rung <-, -en> *f* population
Be·völ·ke·rungs·ab·nah·me *f* decrease in population **Be·völ·ke·rungs·auf·bau** *m* population structure **Be·völ·ke·rungs·dich·te** *f* population density **Be·völ·ke·rungs·druck** *m kein pl* population pressure **Be·völ·ke·rungs·ent·wick·lung** <-> *f kein pl* population development **Be·völ·ke·rungs·ex·plo·si·on** *f* population explosion **Be·völ·ke·rungs·grup·pe** *f* section of the population **Be·völ·ke·rungs·kreis** *m* section of the population **Be·völ·ke·rungs·py·ra·mi·de** *f* population pyramid **Be·völ·ke·rungs·rück·gang** *m* decrease in population **Be·völ·ke·rungs·schicht** *f* class [of society], social stratum **Be·völ·ke·rungs·sta·tis·tik** *f* demography *no pl* **Be·völ·ke·rungs·struk·tur** *f* population structure **Be·völ·ke·rungs·ver·schie·bung** *f* population displacement [*or* shift] **Be·völ·ke·rungs·wachs·tum** *nt kein pl* population growth **Be·völ·ke·rungs·zahl** *f* population **Be·völ·ke·rungs·zu·nah·me** *f* increase in population **Be·völ·ke·rungs·zu·wachs** *m* increase in population, population growth
be·voll·mäch·ti·gen* *vt* ■**jdn** [**zu etw** *dat*] ~ [*o* **jdn ~**[**, etw zu tun**]] to authorize sb [to do sth]; ***er bevollmächtigte seine Frau, für ihn zu unterschreiben*** he authorized his wife to sign on his behalf
be·voll·mäch·tigt *adj* authorized, accredited
Be·voll·mäch·tig·te(r) *f(m) dekl wie adj* authorized representative; POL plenipotentiary
Be·voll·mäch·ti·gung *f* JUR authorization, power of attorney
Be·voll·mäch·ti·gungs·schrei·ben *nt* JUR letter of authorization
be·vor [bə'fo:ɐ̯] *konj* ❶ *(solange)* ■~ [**nicht**] until; ■**nicht ~** not until
❷ *(ehe)* before
be·vor·mun·den* [bə'fo:ɐ̯mʊndn̩] *vt* ■**jdn ~** to treat sb like a child; ***ich lasse mich nicht mehr ~, ich will selbst entscheiden!*** I won't be ordered about any more, I want to make up my own mind!
Be·vor·mun·dung <-, -en> *f* being treated like a child
be·vor·ra·ten* [bə'fo:ɐ̯ra:tn̩] *vt (geh)* ■**etw ~** to stockpile [*or* stock up *sep*] sth
be·vor·rech·tigt [bə'fo:ɐ̯rɛçtɪçt] *adj (privilegiert)* privileged
Be·vor·rech·tig·te(r) *f(m) dekl wie adj* JUR priority holder
be·vor·schus·sen* [bə'fo:ɐ̯ʃʊsn̩] *vt* ■**jdn ~** to grant sb an advance, to advance sb [some] money
be·vor|ste·hen *vi irreg* ❶ *(zu erwarten haben)* ■**jdm ~** to await [*or* be in store for] sb; ***der schwierigste Teil steht dir erst noch bevor!*** the most difficult part is yet [*or* still] to come!; ***uns steht ein harter Winter bevor*** a hard winter is in store for us, it's going to be a hard winter
❷ *(in Kürze eintreten)* ■**etw steht bevor** sth is approaching; ***der Sommer steht bevor*** summer will soon be here
be·vor·ste·hend *adj* approaching; **das ~e Fest/der ~e Geburtstag** the upcoming party/birthday; **~e Gefahr** impending danger; ***diese kühlen Herbsttage waren Vorboten des ~en Winters*** those cool autumn[al] days heralded the onset of winter
be·vor·zu·gen* [bə'fo:ɐ̯tsu:gn̩] *vt* ❶ *(begünstigen)* ■**jdn** [**vor jdm**] ~ to favour [*or* AM -or] sb [over sb]; ***keines unserer Kinder wird bevorzugt, alle werden gleich behandelt*** none of our children receive preferential treatment, they are all treated equally; ***hier wird niemand bevorzugt!*** there's no favouritism around here!
❷ *(den Vorzug geben)* ■**etw ~** to prefer sth
be·vor·zugt [bə'fo:ɐ̯tsu:kt] I. *adj* ❶ *(privilegiert)* privileged
❷ *(beliebtester)* favourite BRIT, favorite AM
II. *adv* **etw ~ abfertigen/ausliefern** to give sth priority [in shipment]; **jdn ~ abfertigen** [*o* **bedienen**] [*o* **behandeln**] to give sb preferential treatment

Be·vor·zu·gung <-, -en> *f* ① *(das Bevorzugen)* ■**jds ~ [vor jdm]** preference of sb [over sb else]; ***die ~ einiger Schüler war nicht zu übersehen*** you couldn't help but notice that some of the pupils were favoured over others
② *(bevorzugte Behandlung)* ■**jds ~/die ~ einer S.** *gen* **[bei etw** *dat***]** preferential treatment of sb/sth [in sth]

be·wa·chen* *vt* ① *(beaufsichtigen)* ■**jdn/etw ~** to guard sb/sth
② SPORT *(decken)* ■**jdn ~** to guard sb; **einen [gegnerischen] Spieler ~** to mark [*or* guard] an opponent

Be·wa·cher(in) <-s, -> *m(f)* ① *(jd, der jdn bewacht)* guard
② SPORT *(Deckungsspieler)* marker BRIT, defender

be·wach·sen*[1] [bə'vaksn̩] *vt irreg* ■**etw ~** to grow over sth

be·wach·sen*[2] [bə'vaksn̩] *adj* ■**mit etw** *dat* **~** overgrown with sth

be·wacht *adj* guarded; **auf ~en Parkplätzen** in supervised car parks [*or* AM parking lots]

Be·wa·chung <-, -en> *f* ① *(das Bewachen)* guarding; **unter [schwerer [***o* **strenger]] ~** under [close] guard
② *(Wachmannschaft)* guard

be·waff·nen* *vt* ■**jdn/etw [mit etw** *dat***] ~** to arm sb/sth [with sth]; ■**sich** *akk* **[mit etw** *dat***] ~** to arm oneself [with sth]

be·waff·net *adj* armed; ■**mit etw** *dat* **~** armed with sth *pred;* **ausgezeichnet/schlecht/unzureichend ~** well-/badly/insufficiently armed

Be·waff·ne·te(r) *f(m)* *dekl wie adj* armed person

Be·waff·nung <-, -en> *f* ① *kein pl (das Bewaffnen)* arming
② *(Gesamtheit der Waffen)* weapons *pl,* arms *npl*

be·wah·ren* *vt* ① *(schützen)* ■**jdn vor jdm/etw ~** to save [*or* protect] sb from sb/sth; **vor etw** *dat* **bewahrt bleiben** to be spared sth; ■**jdn davor ~, etw zu tun** to save sb from doing sth; **davor bewahrt bleiben, etw zu tun** to be spared having to do sth
② *(geh: aufheben)* ■**etw [für jdn] ~** to keep sth [for sb]; ***bewahre bitte dieses Schmuckstück [für mich] in deinem Safe*** please keep [*or* look after] this piece of jewellery [for me] in your safe
③ *(erhalten, behalten)* ■**[sich** *dat***] etw ~** to keep sth; **den guten Ruf ~** to protect [*or* guard] one's good reputation; *s. a.* **Stillschweigen**
▸WENDUNGEN: **das Gesicht ~** to save face; **Gott bewahre!** *(fam)* [good] Lord [*or* heavens] no!

be·wäh·ren* *vr* ■**sich** *akk* **~** to prove itself [*or* its worth]; ***unsere Freundschaft hat sich bewährt*** our friendship has stood the test of time; ***im Dauertest hat sich das neue Auto glänzend bewährt*** the new car had excellent performance in the endurance test; ■**sich** *akk* **[als jd/in etw** *dat***] ~** to prove oneself [as sth/in sth]

be·wahr·hei·ten* [bə'vaːɐ̯haitn̩] *vr* ■**sich** *akk* **~** to come true

be·währt *adj* tried and tested, proven; **~er Mitarbeiter/Kollege** reliable colleague

Be·wah·rung <-, -en> *f* *(geh)* ① *(Erhaltung)* protection; *von Geheimnis* keeping
② *(Aufbewahrung)* keeping; ***er versprach ihm die sichere ~ der Dokumente*** he promised the safekeeping of the documents

Be·wäh·rung <-, -en> *f* JUR ① *(im Strafvollzug)* probation; ***er bekam 6 Monate Haft auf ~*** he received a six months suspended sentence with probation; **eine Strafe zur ~ aussetzen** to suspend a sentence; **~ bekommen** to be put on probation; **mit/ohne ~** with/without probation
② *(Bewährungsfrist)* period of probation, probation[ary] period

Be·wäh·rungs·auf·la·ge *f* JUR condition of probation **Be·wäh·rungs·frist** *f* JUR period of probation, probation[ary] period **Be·wäh·rungs·hel·fer(in)** *m(f)* JUR probation officer **Be·wäh·rungs·hil·fe** *f* JUR probation service **Be·wäh·rungs·pro·be** *f* [acid] test ▸WENDUNGEN: **eine/die ~ bestehen** to stand the test; **jdn/etw einer ~ unterziehen** to put sb/sth to the test **Be·wäh·rungs·stra·fe** *f* suspended sentence **Be·wäh·rungs·ur·teil** *nt* JUR probation order **Be·wäh·rungs·zeit** *f* JUR probation period

be·wal·det [bə'valdət] *adj* wooded; ■**dicht/dünn ~ sein** to be thickly/sparsely wooded

Be·wal·dung *f* ① *(Wald)* woodland
② *(Aufforsten)* afforestation

be·wäl·ti·gen* [bə'vɛltɪgn̩] *vt* ■**etw ~** ① *(meistern)* to cope with sth; **Schwierigkeiten ~** to overcome difficulties; ***diese kurze Strecke kann ich zu Fuß ~*** I'll be able to manage this short distance on foot
② *(verzehren)* to manage [to eat] sth
③ *(verarbeiten)* to digest [*or sep* take in] sth; *(überwinden)* to get over sth; **die Vergangenheit ~** to come to terms with the past

Be·wäl·ti·gung <-, -en> *f* ① *(das Meistern)* coping with; *von Schwierigkeiten* overcoming; *einer Strecke* covering
② *(der Verzehr)* consumption
③ *(Verarbeitung)* getting over; *der Vergangenheit* coming to terms with; *von Eindrücken* digesting, taking in

be·wan·dert [bə'vandɐt] *adj* well-versed; ■**[in etw** *dat***/auf einem Gebiet] ~ sein** to be well-versed [in sth/in a subject [*or* field]]; ***was du alles weißt, du bist aber wirklich sehr ~!*** the things you know! you really are very knowledgeable!

Be·wandt·nis [bə'vantnɪs] *f* **mit jdm/etw hat es eine eigene [***o* **besondere] ~** *(geh)* sth has a particular reason [*or* explanation]; ***das hat seine eigene ~*** that's a long story; ***das hat folgende ~*** the reason [*or* explanation] is as follows; ***mein Verhalten hat eine ganz andere ~*** there is a quite different explanation for my behaviour; ***es hat eine ganz bestimmte/besondere ~*** there is a very good reason [*or* explanation] [for that]; ***welche/was für eine ~ hat es damit?*** what's the reason for [*or* behind] this?

be·wäs·sern* *vt* ■**etw ~** AGR *Feld* to irrigate sth; HORT *Garten* to water sth

Be·wäs·se·rung <-, -en> *f* ■**die ~ einer S.** *gen* ① AGR the irrigation of sth
② HORT the watering of sth

Be·wäs·se·rungs·an·la·ge *f* AGR irrigation plant **Be·wäs·se·rungs·gra·ben** *m* AGR irrigation ditch **Be·wäs·se·rungs·ka·nal** *m* AGR irrigation channel **Be·wäs·se·rungs·sys·tem** *nt* AGR irrigation system

be·we·gen*[1] [bə'veːgn̩] **I.** *vt* ① *(regen, rühren)* ■**etw ~** to move sth
② *(transportieren)* ■**etw von etw** *dat***/zu etw** *dat* **~** to move sth from/to sth
③ *(beschäftigen)* ■**jdn ~** to concern sb; ***dieser Gedanke bewegt mich schon längere Zeit*** this [thought] has been on my mind for some time; *(innerlich aufwühlen)* to move sb
④ *(bewirken)* ■**etwas/nichts/viel/wenig ~** to achieve sth/nothing/a lot/little
II. *vr* ① *(sich fortbewegen)* ■**sich** *akk* **~** to move
② *(sich körperlich betätigen)* ■**sich** *akk* **~** to [take some] exercise
③ ASTRON ■**sich** *akk* **[um etw** *akk***/in Richtung auf etw** *akk***] ~** to move [round sth/towards [*or* in the direction of] sth]; ***der Mond bewegt sich um die Erde*** the moon moves [*or* revolves] round the earth
④ *(variieren, schwanken)* ■**sich** *akk* **~** to range; ***der Preis bewegt sich um 3.000 Euro*** the price is around [*or* in the range of] 3,000 euros; ***die Verluste ~ sich in den Millionen*** the losses will run into the millions
⑤ *(sich ändern)* ■**sich** *akk* **~** to change

be·we·gen*[2] <bewog, bewogen> [bə'veːgn̩] *vt* *(veranlassen)* ■**jdn zu etw** *dat* **~** to move [*or* persuade] sb to do sth; ■**jdn dazu ~, etw zu tun** to move [*or* persuade] sb to do sth; **sich** *akk* **bewogen fühlen, etw zu tun** *(geh)* to feel as if one has [*or* feel prompted] [*or* feel obliged] to do sth; ***ich fühlte mich bewogen, etwas zu sagen*** I felt I had [*or* felt obliged] to say something

be·we·gend *adj* moving

Be·weg·grund *m* motive (+*gen* for)

be·weg·lich [bə'veːklɪç] *adj* ① *(zu bewegen)* movable; **~e Glieder** supple joints
② *(manövrierfähig)* manoeuvrable BRIT, maneuvrable AM; *(mobil)* mobile
③ *(geistig wendig)* agile-minded, nimble-minded
④ *(verlegbar)* movable; ***Ostern und Pfingsten sind ~e Feiertage*** Easter and Whitsun are movable [religious] holidays

Be·weg·lich·keit <-> *f kein pl* ① *(geistige Wendigkeit)* agility [*or* nimbleness] of the mind, mental agility
② *(bewegliche Beschaffenheit)* suppleness, flexibility
③ *(Mobilität)* mobility

be·wegt *adj* ① *(sich bewegend)* choppy
② *(lebhaft)* eventful
③ *(innerlich gerührt)* ■**[von etw** *dat***] ~ sein** to be moved [by sth]; **mit ~er Stimme** in an emotional voice [*or* a voice laden with emotion]

Be·we·gung <-, -en> *f* ① *(Handbewegung)* gesture, movement of the hand; *(körperliche Aktion)* movement, gesture; **eine/keine [falsche] ~!** one/no false move/moves!; SCI, TECH motion; *von schwerem Gegenstand* moving; ASTROL, ASTRON *der Gestirne/Planete* movements *pl*
② *(körperliche Betätigung)* exercise; **jdn in ~ bringen** to get sb moving; **sich** *dat* **~ verschaffen [***o* **machen]** to [take some] exercise
③ *(Ergriffenheit)* emotion
④ KUNST, POL *(ideologische/Kunst-/politische Richtung)* movement
⑤ *(Dynamik, Änderung)* change; ***eine Firma, der es an ~ fehlt, wird kaum überleben können*** a company which can't move [*or* change] with the times is unlikely to survive; **jdn in ~ halten** to keep sb moving [*or fam* on the go]; **in ~ sein** *Mensch* to be on the move [*or fam* go]; ***ich war heute den ganzen Tag in ~*** I was on the go all day today; **in ~ geraten** POL to start to move; **in etw** *akk* **kommt ~** progress is being made; **sich** *akk* **in ~ setzen** to start moving; **etw in ~ setzen [***o* **bringen]** to start sth moving, to get sth going [*or* started]

Be·we·gungs·ab·lauf *m* sequence of movements **Be·we·gungs·ar·mut** *f* MED lack of [voluntary] movement, akinesia *spec* **Be·we·gungs·bad** *nt* therapy pool; *(kleiner)* whirlpool [bath], Jacuzzi® **Be·we·gungs·bi·lanz** *f* FIN [flow-of-]funds statement **Be·we·gungs·ener·gie** *f* PHYS kinetic energy **be·we·gungs·fä·hig** *adj* able to move, mobile **Be·we·gungs·frei·heit** *f* freedom to move; ***in diesen engen Sachen hat man keinerlei ~*** there's hardly any room to move [*or* breathe] in these tight clothes; ***eine Haftstrafe bedeutet eine Einschränkung der persönlichen ~*** a custodial sentence represents a restriction of a person's freedom of movement **Be·we·gungs·grö·ße** *f* PHYS impulse

be·we·gungs·los **I.** *adj* *(reglos)* motionless; *(unbewegt)* still
II. *adv* motionless

Be·we·gungs·lo·sig·keit <-> *f kein pl* motionlessness

Be·we·gungs·man·gel *m kein pl* lack of exercise **Be·we·gungs·mel·der** *m* passive infrared detector [*or* PIR] alarm **Be·we·gungs·pro·fil** *nt* movement profile **Be·we·gungs·tas·te** *f* INFORM cursor **Be·we·gungs·the·ra·pie** *f* MED therapeutic exercise **be·we·gungs·un·fä·hig** **I.** *adj* unable to move, immobile **II.** *adv* paralyzed

be·wehrt *adj inv* equipped (**mit** +*dat* with)

Be·weh·rung *f* BAU reinforcement

be·weih·räu·chern* [bə'vaiɾɔyçɐn] *vt* ① REL *(Weihrauch zufächeln)* ■**etw ~** to [in]cense sth
② *(pej: in den Himmel heben)* ■**jdn ~** to praise sb to the skies [*or* high heavens]; ■**sich** *akk* **[selbst] ~** to praise oneself to the skies

be·wei·nen* *vt* ■**jdn/etw ~** to weep over sb/sth

Be·weis <-es, -e> [bə'vais] *m* ① JUR *(Nachweis)* proof, evidence; ***~e brauchen wir!*** we need proof! [*or* evidence!]; ***im Hintergrund wurden ~e gegen***

ihn gesammelt evidence was secretly [being] gathered against him; ■**ein/der ~ für etw** *akk*/**einer S.** *gen* proof of sth; **den ~ für etw** *akk* **antreten** to attempt to prove sth; **den ~ [für etw** *akk*] **erbringen** to provide conclusive proof [*or* evidence] [of sth]; **~ erheben** to hear [*or* take] evidence; **den ~ führen** to offer evidence
❷ *(Zeichen)* sign, indication; **als/zum ~ [einer S.** *gen*] as a sign of [sth]

Be·weis·an·for·de·rung *f* JUR demand for evidence **Be·weis·an·ge·bot** *nt* JUR offer of proof [*or* evidence] **Be·weis·an·trag** *m* JUR motion to hear [*or* take] evidence **Be·weis·an·tritt** *m* JUR submission of evidence; **Erweiterung des ~s** amplification of evidence **Be·weis·auf·nah·me** *f* JUR hearing [*or* taking] of evidence; **Abschluss der ~** closure of the preparatory inquiry; **die ~ anordnen/abschließen** to order/to complete the preparatory inquiry [*or* to close the case]; **in die ~ eintreten** to take evidence

be·weis·bar *adj* provable

Be·weis·be·dürf·tig·keit *f* JUR necessity to be proved **Be·weis·be·schluss**RR *m* JUR order for evidence **Be·weis·do·ku·ment** *nt* JUR instrument of evidence **Be·weis·ein·re·de** *f* JUR demurrer to evidence

be·wei·sen* *irreg* **I.** *vt* ❶ *(nachweisen)* ■**[jdm] etw ~** to prove sth [to sb]; ***der Angeklagte ist unschuldig, bis das Gegenteil bewiesen wird*** the defendant [*or* accused] is innocent until proven guilty; **was zu ~ war** which was [the thing] to be proved, quod erat demonstrandum; **was [noch] zu ~ wäre** which remains to be proved
❷ *(erkennen lassen)* ■**etw ~** to display [*or* show] sth; ■**~, dass/wie ...** to show that/how ...
❸ MATH ■**etw ~** to demonstrate sth
II. *vr (sich zeigen)* ■**sich** *akk* **~** to show [itself]; ***es beweist sich wieder einmal ...*** this shows once again ... [*or* is further proof ...]

Be·weis·er·he·bung *f* JUR taking of evidence; **mündliche ~** parol evidence **be·weis·fä·hig** *adj inv* JUR capable [*or* susceptible] of proof **Be·weis·fra·gen** *pl* JUR questions relating to evidence **Be·weis·füh·rer(in)** *m(f)* JUR party submitting evidence **Be·weis·füh·rung** *f* JUR giving [of] evidence, presentation of one's case **Be·weis·ge·bühr** *f* JUR fee for evidentiary proceedings **Be·weis·ge·gen·stand** *m* JUR point of evidence **Be·weis·kraft** *f kein pl* JUR evidential [*or* probative] value; ■**die ~ einer S.** *gen* the evidential [*or* probative] value of sth; **~/keine ~ haben/besitzen** to have [no] evidential [*or* probative] value **be·weis·kräf·tig** *adj* JUR of evidential [*or* probative] value *pred* **Be·weis·la·ge** *f* [amount and type of] evidence **Be·weis·last** *f kein pl* JUR burden of proof **Be·weis·last·fra·gen** *pl* JUR questions relating to evidence **Be·weis·last·pflicht** *f* JUR burden [*or* onus] of adducing evidence **Be·weis·last·um·kehr** *f*, **Be·weis·last·ver·schie·bung** *f* JUR shift in the burden of proof

Be·weis·ma·te·ri·al *nt* JUR [supporting] evidence; **~ beibringen/fälschen/unterschlagen** to furnish/to cook up/to suppress evidence **Be·weis·mit·tel** *nt* JUR piece of evidence **Be·weis·not** *f kein pl* JUR lack of evidence; **in ~ sein/kommen** to be unable to produce evidence **Be·weis·pflicht** *f kein pl* JUR obligation to furnish evidence

be·weis·pflich·tig *adj inv* JUR responsible for producing proof

Be·weis·pflich·ti·ge(r) *f(m) dekl wie adj* JUR party bearing the burden of proof

Be·weis·recht *nt kein pl* JUR law of evidence **be·weis·recht·lich** *adj inv* JUR evidentiary **Be·weis·re·gel** *f* JUR rule of evidence

Be·weis·si·che·rung *f* JUR conservation [*or* preservation] of evidence **Be·weis·si·che·rungs·ver·fah·ren** *nt* JUR proceedings for the preservation of evidence

Be·weis·stück *nt* JUR exhibit **Be·weis·ter·min** *m* JUR *date arranged for the hearing of evidence* **Be·weis·the·ma** *nt* JUR points in issue **Be·weis·um·kehr** *f* reversal of the burden of proof **be·weis·un·er·heb·lich** *adj inv* JUR immaterial, irrelevant **Be·weis·ur·kun·de** *f* JUR instrument of evidence **Be·weis·ver·bot** *nt* JUR inadmissibility of evidence **Be·weis·ver·ei·te·lung** *f* JUR obstructing the obtaining of evidence **Be·weis·ver·fah·ren** *nt* JUR procedure of taking evidence **Be·weis·ver·mu·tung** *f* JUR evidentiary presumption **Be·weis·wert** *m* JUR probative value **Be·weis·wür·di·gung** *f* JUR **freie ~** free evaluation of evidence

be·wen·den *vt impers* ■**es bei [***o* **mit] etw ~ lassen** to leave it at sth; ***für diesmal will ich es noch bei einer Verwarnung ~ lassen*** this time I'll leave it at a warning

Be·wen·den <-s> *nt kein pl* end; ***das hat damit sein ~*** that's the end of that [*or* the matter]; ***lass es jetzt damit sein ~ haben*** let that be an end to it, let the matter [*or* it] rest there

Be·werb <-[e]s, -e> [bəˈvɛrp] *m* SPORT ÖSTERR *(Wettbewerb)* competition

be·wer·ben* **I.** *vr irreg* ■**sich** *akk* **[auf etw** *akk*] **~** to apply [for sth]; ***er hat sich auf die Stelle des Redakteurs beworben*** he applied for the position of editor; ■**sich** *akk* **[bei jdm] als etw ~** to apply [to sb] [for a job] as sth
II. *vt* ■**etw ~** to advertise sth

Be·wer·ber(in) <-s, -> *m(f)* applicant, candidate

Be·wer·bung *f* ❶ *(Beantragung einer Einstellung)* application; **~ um ein politisches Amt** candidature for [a] political office
❷ *(Bewerbungsschreiben nebst Unterlagen)* [letter of] application
❸ *(werbliche Maßnahmen)* advertising

Be·wer·bungs·aus·schussRR *m* application board **Be·wer·bungs·bo·gen** *m* application form **Be·wer·bungs·for·mu·lar** *nt* application form **Be·wer·bungs·ge·spräch** *nt* [job] interview **Be·wer·bungs·schrei·ben** *nt* [letter of] application **Be·wer·bungs·un·ter·la·gen** *pl* documents in support of an application **Be·wer·bungs·ver·fah·ren** *nt* application procedure

be·wer·fen* *vt irreg* ❶ *(beschmeißen)* ■**jdn/etw mit etw** *dat* **~** to throw sth at sb/sth; ***als der Lehrer auf den Schulhof trat, wurde er mit Schneebällen beworfen*** the teacher was pelted with snowballs when he entered the schoolyard; ■**sich** *akk* **[gegenseitig] mit etw** *dat* **~** to throw sth at each other
❷ BAU *(werfend verputzen)* ■**etw mit etw** *dat* **~** to plaster [*or* render] sth with sth

be·werk·stel·li·gen* [bəˈvɛrkʃtɛlɪgn̩] *vt* ■**etw ~** ❶ *(pej fam: anstellen)* to do sth; ***was hast du denn da wieder bewerkstelligt?*** what have you [gone and] done this time?; ***so etwas konntest auch nur du ~!*** only you could do something like that!
❷ *(zuwege bringen)* to manage [to do] sth; ■**es ~, dass jd etw tut** to [manage to] get sb to do sth

be·wer·ten* *vt* ■**jdn/etw [mit etw** *dat*] **~** to assess sb/sth [as sth]; ***der Aufsatz wurde mit befriedigend bewertet*** the essay was given the mark "satisfactory"; **ein Kunstobjekt ~** to value a work of art; ■**jdn/etw nach etw** *dat* **~** to judge sb/sth according to sth; **nach dem Einheitswert ~** to assess [*or* appraise] based on the standard value; **etw zu hoch/niedrig ~** to overvalue/undervalue sth

be·wer·tet *adj inv, pred* FIN valued; **~ mit Einstandskurs** valued at cost; **zu etw** *dat* **~ sein** to be valued at sth; **~ zu Anschaffungswerten** valued at cost value

Be·wer·tung *f* assessment, evaluation; *von Besitz* valuation; SCH *einer Schülerarbeit* marking; **eine ~ von etw** *dat* **vornehmen** to value sth; **~ eines Anspruchs** assessment of a claim; **~ von Forderungen** valuation of claims

Be·wer·tungs·ab·schlag *m* FIN downward valuation adjustment **Be·wer·tungs·aus·schuss**RR *m* FIN assessment committee **Be·wer·tungs·ein·heit** *f* valuation unit **Be·wer·tungs·fra·ge** *f* FIN evaluative problem **Be·wer·tungs·frei·heit** *f kein pl* FIN discretionary valuation **Be·wer·tungs·ge·setz** *nt* JUR Valuation Law **Be·wer·tungs·grund·la·ge** *f* FIN valuation basis, basis of value **Be·wer·tungs·grund·satz** *m* FIN valuation principle **Be·wer·tungs·kri·te·ri·en** *pl* valuation provisions, criteria for evaluation **Be·wer·tungs·maß·stab** *m* FIN standard of valuation, assessment [*or* valuation] criterion **Be·wer·tungs·me·tho·de** *f* FIN valuation method **Be·wer·tungs·ob·jekt** *nt* FIN object of valuation **Be·wer·tungs·recht** *nt kein pl* FIN property valuation law **Be·wer·tungs·richt·li·ni·en** *pl* FIN assessment principles **Be·wer·tungs·schlüs·sel** *m* FIN key of ratings **Be·wer·tungs·spiel·raum** *m* margin of assessment **Be·wer·tungs·ste·tig·keit** *f* FIN consistency of valuation **Be·wer·tungs·stich·tag** *f* FIN valuation date **Be·wer·tungs·ver·fah·ren** *nt* FIN valuation method **Be·wer·tungs·vor·be·halt** *f* FIN reservation of rating **Be·wer·tungs·vor·schrif·ten** *pl* FIN *(für Bilanz)* valuation rules; *(für Steuern)* assessment principles **Be·wer·tungs·wahl·recht** *nt* FIN discretionary valuation

be·wie·sen *adj inv* JUR proven, proved; **unwiderlegbar ~** proved beyond doubt; **urkundlich ~** evidenced by documents

be·wie·se·ner·ma·ßen *adv* demonstrably; ***sie ist ~ für diese ganzen Intrigen verantwortlich gewesen*** it has been proved that she is responsible for all these intrigues

be·wil·li·gen* [bəˈvɪlɪgn̩] *vt* ■**[jdm] etw ~** to approve sth [for sb]; ***ihm wurde eine neue Redakteurin bewilligt*** he was allowed a new editor; FIN to grant [sb] sth; ***ein Stipendium ~*** to award a grant

be·wil·ligt [bəˈvɪlɪçt] *adj inv* approved; **staatlich ~e Zuschüsse** state subsidies

Be·wil·li·gung <-, -en> *f* ❶ *(das Bewilligen)* approval; *von Mitteln, Kredit* granting; *von Stipendium* awarding
❷ *(schriftliche Genehmigung)* approval

Be·wil·li·gungs·be·scheid *m* JUR notification of approval **Be·wil·li·gungs·ge·such** *nt* application for permit **Be·wil·li·gungs·in·ha·ber(in)** *m(f)* JUR holder of an authorization **Be·wil·li·gungs·kri·te·ri·um** *nt* approval criterion, criterion for approval

be·wir·ken* *vt* ❶ *(verursachen)* ■**etw ~** to cause sth; ***was nur seinen plötzlichen Sinneswandel bewirkt haben mag?*** what might have caused his sudden change of mind?; ***ihr Einlenken wurde durch starken Druck ihrer Lieferanten bewirkt*** she relented after intense pressure was exerted [on her] by her suppliers
❷ *(erreichen)* ■**[bei jdm] etwas/nichts ~** to achieve sth/nothing [with sb]; ***mit Klagen bewirkst du bei ihm gar nichts mehr*** you won't get anywhere [at all] with him by complaining, complaints won't budge him in the slightest

be·wir·ten* *vt* ■**jdn [mit etw** *dat*] **~** to entertain sb [with sth]; ***mit was darf ich euch denn ~? Sekt, Filetspitzen, Räucherlachs?*** what can I offer you? champagne, fillet steak or smoked salmon?; ***in diesem Restaurant kehren wir oft ein, weil man dort immer gut bewirtet wird*** we often go to this restaurant as we always get a good meal there; ***kauf bitte reichlich ein, wir haben morgen 10 Personen zu ~!*** buy plenty as we've got ten people to cater [*or* cook] for tomorrow!

be·wirt·schaf·ten* *vt* ❶ *(betreiben)* ■**etw ~** to run sth; ***der Imbiss am See wird nur in der Saison bewirtschaftet*** the lakeside snack bar is only open in season
❷ AGR *(bestellen)* ■**etw [als etw] ~** to work sth [as sth]
❸ ÖKON, POL *(staatlich kontrollieren)* ■**etw ~** to ration sth; **Devisen/Wohnraum ~** to control foreign currency/living space

Be·wirt·schaf·tung <-, -en> *f* ❶ *(das Betreiben)* running; ***die ~ der Skihütte war sehr aufwendig*** the costs of running the skiers' lodge were very high
❷ AGR *(die Bestellung)* farming, working; **die ~ der Felder** the cultivation of the fields
❸ ÖKON, POL *(staatliche Kontrolle)* rationing; **die ~ von Devisen/Wohnraum** the controlling of foreign currency/living space; ***aufgrund der Notlage***

sah sich die Regierung zur ~ der Lebensmittel gezwungen the state of emergency forced the government into rationing food supplies

Be·wirt·schaf·tungs·recht *nt kein pl* JUR operating right **Be·wirt·schaf·tungs·sys·tem** *nt* FIN rationing system **Be·wirt·schaf·tungs·ver·trag** *m* JUR management contract

Be·wir·tung <-, -en> *f* entertaining; ***kümmerst du dich bitte um die ~ unserer Gäste?*** will you see to our guests please?

Be·wir·tungs·kos·ten *pl* ÖKON entertainment expenses

be·wog [bə'vo:k] *imp von* **bewegen**[2]

be·wo·gen *pp von* **bewegen**[2]

be·wohn·bar *adj* habitable; **etw ~ machen** to make sth habitable [*or* fit to live in]

be·woh·nen* *vt* ■**etw ~** to live in sth; ***das Haus wird schon seit Jahren nicht mehr bewohnt*** the house has not been lived in [*or* occupied] for years; ***er bewohnt das ganze Haus allein*** he occupies the whole house himself; **eine Gegend/Insel/ein Land ~** to inhabit an area/island/country

Be·woh·ner(in) <-s, -> *m(f)* ❶ *(Einwohner)* inhabitant; *von Haus, Zimmer* occupant
❷ *(Tier)* inhabitant; ***die Springmaus gehört zu den ~n der [afrikanischen] Wüste*** the jerboa is a native of the [African] desertlands; ***dieser Vogel ist ein ~ der Wälder*** this is a woodland bird

Be·woh·ner·schaft <-, -en> *f (geh)* inhabitants *pl,* denizens *pl form;* **die ~ eines Mietshauses** the occupants of a block of flats

be·wohnt *adj* inhabited; ***diese einsame Gegend ist kaum ~*** this lonely region is sparsely populated; ***ist das Haus überhaupt ~?*** is the house even occupied?

be·wöl·ken* *vr* ■**sich** *akk* **~** ❶ *(sich mit Wolken bedecken)* to cloud over, to become overcast
❷ LIT *(sich verfinstern)* to darken; ***seine Stirn bewölkte sich*** his face darkened

be·wölkt *adj* METEO cloudy, overcast; ***heute wird es leicht ~ sein*** it will be partly cloudy today

Be·wöl·kung <-, -en> *f* METEO cloud cover; ***„im Tagesverlauf wechselnde ~"*** "today will see variable amounts of cloud [cover]"

Be·wöl·kungs·auf·lo·cke·rung *f* METEO breaking up of [the] cloud cover **Be·wöl·kungs·zu·nah·me** *f kein pl* METEO increase in [the] [*or* increasing] cloud cover

Be·wuchs [bə'vu:ks] *m kein pl* ÖKOL vegetation [*or* plant] cover

Be·wun·de·rer, Be·wun·de·re·rin <-s, -> [bə'vʊndəre, bə'vʊndərərɪn] *m, f* admirer

be·wun·dern* *vt* ■**jdn/etw [wegen einer S.** *gen*] **~** to admire sb/sth [for sth]; ■**etw [an jdm] ~** to admire sth [about sb]; ***was ich an dir bewundere ist ...*** what I admire about you is ...

be·wun·dernd I. *adj* admiring
II. *adv* admiringly

be·wun·derns·wert, be·wun·derns·wür·dig *adj (geh)* admirable; ■**[an jdm/etw] ~ sein** to be admirable [about sb/sth]; ***deine Gelassenheit ist [an dir] wirklich ~*** the really admirable thing [about you] is your calmness

be·wun·dert *adj* admired

Be·wun·de·rung <-, -en> *f pl selten* admiration; ***meine ~!*** congratulations!

be·wun·de·rungs·wür·dig *adj* admirable, worthy of admiration

Be·wund·rer, Be·wund·re·rin <-s, -> [bə'vʊndre, bə'vʊndrərɪn] *m, f s.* **Bewunderer**

be·wusst[RR], **be·wußt**[ALT] [bə'vʊst] I. *adj* ❶ *attr (vorsätzlich)* wilful BRIT, willful AM
❷ *attr (überlegt)* considered; **~e Lebensführung** socially and environmentally aware lifestyle
❸ *attr (überzeugt)* committed
❹ PSYCH *(im Bewusstsein vorhanden)* ■**sich** *dat* **einer S.** *gen* **~ sein/werden** *(jdm ist/wird etw klar)* to be/become aware of sth; ***sie waren sich der Tragweite dieser Entscheidung nicht ~*** they did not realize the enormity [*or* far-reaching consequences] of this decision; ■**jdm ~ sein/werden** to be/become clear to sb
❺ *attr (bekannt, besagt)* in question *pred*
II. *adv* ❶ *(überlegt)* **~ leben** to live with great [social and environmental] awareness
❷ *(vorsätzlich)* deliberately
❸ *(klar)* **jdm etw ~ machen** to make sb realize sth; ***man kann ihr diesen Irrtum einfach nicht ~ machen*** it is impossible to make her aware of her mistake; **sich** *dat* **etw ~ machen** to realize sth; ***das muss man sich mal ~ machen!*** just imagine!

Be·wusst·heit[RR], **Be·wußt·heit**[ALT] <-> [bə'vʊsthait] *f kein pl* ❶ *(Vorsätzlichkeit)* wilfulness BRIT, willfulness AM
❷ *(Überlegtheit)* awareness

be·wusst·los[RR], **be·wußt·los**[ALT] [bəwʊstlo:s] I. *adj* unconscious
II. *adv* unconsciously; **~ zusammenbrechen** to collapse unconscious [*or* in a faint]

Be·wusst·lo·se(r)[RR], **Be·wußt·lo·se(r)**[ALT] *f(m) dekl wie adj* unconscious person

Be·wusst·lo·sig·keit[RR], **Be·wußt·lo·sig·keit**[ALT] <-> *f kein pl* unconsciousness
▶ WENDUNGEN: **bis zur ~** *(fam)* ad nauseum

be·wusst|ma·chen *vt s.* **bewusst II 3**

Be·wusst·sein[RR], **Be·wußt·sein**[ALT] <-s> *nt kein pl* ❶ *(bewusster Zustand)* consciousness; **wieder zu ~ kommen, das ~ wiedererlangen** to regain consciousness; **das ~ verlieren** to lose consciousness; **bei [vollem] ~ sein** to be [fully] conscious; ***er wurde bei vollem ~ operiert*** he was operated on while fully conscious
❷ PHILOS, PSYCH, MED *(bewusste Wahrnehmung)* consciousness; **jdm etw ins ~ bringen** [*o* **rufen**] to remind sb of sth; **jdn/etw aus dem/ihrem/seinem ~ verdrängen** to banish sb/sth from one's/her/his mind
❸ *(bewusste Ansichten)* consciousness
❹ *(das Wissen um etw)* ■**das ~ einer S.** *gen* the awareness of sth; **jdm zu[m] ~ kommen** to become clear to sb; **etw mit [vollem] ~ tun** to do sth intentionally; **im ~ einer S.** *gen* in the knowledge of sth; ***das ~, dass er im Recht war, verlieh ihm Kraft*** the knowledge that he was in the right gave him strength

Be·wusst·seins·bil·dung[RR] *f* creation of awareness **be·wusst·seins·er·wei·ternd**[RR] *adj* PHARM, PSYCH mind-expanding; **~e Drogen** psychedelic [*or* hallucinogenic] [*or* consciousness-expanding] drugs **Be·wusst·seins·er·wei·te·rung**[RR] *f* PSYCH expansion of the mind [*or* one's consciousness] **Be·wusst·seins·spal·tung**[RR] *f* MED, PSYCH split[ting of the] consciousness, schizophrenia **Be·wusst·seins·stö·rung**[RR] *f* disturbance of consciousness, consciousness disorder; **kurzzeitige ~** blackout, blank; **traumhafte ~** dreamy state **Be·wusst·seins·ver·än·de·rung**[RR] *f* change of awareness **Be·wusst·seins·ver·lust**[RR] *m* MED loss of consciousness, unconsciousness, blackout **Be·wusst·seins·wan·del**[RR] *m* shift in consciousness, mind shift **be·wusst·wer·den** *vi s.* **bewusst I 4**

bez. *adv s.* **beziehungsweise**

be·zahl·bar *adj* affordable; ***es ist zwar teuer, aber für die meisten doch noch ~*** although it is expensive, most people can still afford it

be·zah·len* I. *vt* ❶ *(begleichen)* ■**[jdm] etw ~** to pay [sb] sth; ***wenn Sie mir 100 Euro ~, verrate ich alles!*** give me 100 euros and I'll tell you everything!; ***die Rechnung muss gleich bezahlt werden*** the bill must be settled immediately; ***ich bezahle den Wein!*** I'll pay for the wine!
❷ *(entlohnen)* ■**jdn [für etw** *akk*] **~** to pay sb [for sth]
❸ *(euph: kaufen)* ■**jdm etw ~** to pay for [*or* buy] sth for sb; *s. a.* **Leben**
II. *vi* to pay; **[Herr Ober,] [bitte] ~!** waiter, the bill please!

Be·zahl·fern·se·hen *nt* pay TV

be·zahlt *adj* paid; **~e Schulden** paid [-off] [*or* settled] debts; **etw ~ bekommen** [*o fam* **kriegen**] to be paid for sth; **ein Essen/Getränk/eine Hotelübernachtung ~ bekommen** to have a meal/drink/stay in a hotel paid for
▶ WENDUNGEN: **als ob jd es ~ bekäme** *(fam)* for all sb is worth; **sich** *akk* **[für jdn] ~ machen** to pay [*or* be worth the trouble] [for sb]

Be·zah·lung *f* ❶ *(das Bezahlen)* payment; *von Schulden a.* settlement, settling; *von Getränken, Speisen* paying for; ***denk bitte an die ~ der Miete!*** don't forget to pay the rent!
❷ *(Lohn, Gehalt)* pay; ***für den Auftrag hatte er $10.000 als ~ erhalten*** he received payment of $10,000 for the contract; **ohne/gegen ~** without payment/for payment

be·zäh·men* I. *vt (geh)* ■**etw ~** to keep sth under control; **den Durst/Hunger ~** to master [*or* bear] one's thirst/appetite; **die Neugierde ~** to restrain one's curiosity
II. *vr* ■**sich** *akk* **~** to control [*or* restrain] oneself

be·zau·bern* I. *vt* ■**jdn ~** to enchant sb
II. *vi* to enchant

be·zau·bernd *adj* ❶ *(entzückend)* enchanting; ***das ist wirklich ein ~es Kaffeeservice!*** that is really a delightful [*or* charming] coffee set!; ***sie war eine Frau von ~er Schönheit*** she was a woman of captivating beauty
❷ *(iron)* ***das sind ja ~e Aussichten!*** what fine prospects!; ***wirklich ~!*** that's really great!, oh how wonderful!

be·zecht *adj (fam)* drunk, BRIT *fam a.* tight

be·zeich·nen* I. *vt* ❶ *(benennen)* ■**jdn/etw [als jdn/etw] ~** to call sb/sth [sb/sth]; ***dein Verhalten kann man nur als ungehörig ~!*** your behaviour can only be described as impertinent!
❷ *(bedeuten)* ■**etw ~** to denote sth
❸ *(genau beschreiben)* ■**[jdm] etw ~** to describe sth [to sb]
❹ *(kennzeichnen)* ■**etw [durch etw** *akk*/**mit etw** *dat*] **~** to mark sth [with sth]; LING, MUS to indicate sth [with sth]
II. *vr (sich benennen)* ■**sich** *akk* **als jd/etw ~** to call oneself sb/sth; ***sie bezeichnet sich als großzügig*** she describes herself as generous

be·zeich·nend *adj (charakteristisch)* characteristic, typical; ■**etw ist ~ für jdn/etw** sth is typical of sb/sth

be·zeich·nen·der·wei·se *adv* typically

Be·zeich·nung *f* ❶ *(Ausdruck)* term
❷ *(Kennzeichnung)* marking; *(Beschreibung)* description; ***die ~ auf der Verpackung ist wenig informativ*** the description on the packaging doesn't give much useful information

Be·zeich·nungs·schutz *m* JUR protection of trade mark

be·zeu·gen* *vt* ❶ JUR ■**etw ~** *(als Zeuge bestätigen)* to testify to sth; *(bestätigen)* to attest sth; ■**~, dass ...** to testify [*or* show] [*or* prove] that ...
❷ *(geh: nachweisen)* ■**jdm etw ~** to prove sth to sb

be·zich·ti·gen* [bə'tsɪçtɪgn̩] *vt* ■**jdn [einer S.** *gen*] **~** to accuse sb [of sth]; ■**jdn ~, etw getan zu haben** to accuse sb of having done sth

be·zieh·bar *adj* ❶ *(bezugsfertig)* ready for occupation [*or* to move into]
❷ ÖKON *(erhältlich)* obtainable

be·zie·hen* *irreg* I. *vt* ❶ *(mit Bezug versehen)* ■**etw [mit etw** *dat*] **~** to cover sth [with sth]; **die Bettwäsche neu ~** to change the bed[linen] [*or* sheets]; **etw neu ~** to re-cover sth; MUS *(bespannen)* to string
❷ *(in etw einziehen)* ■**etw ~** to move into sth
❸ *bes* MIL *(einnehmen)* ■**etw ~** to take up sth; **einen Standpunkt ~** to adopt a point of view
❹ ÖKON *(sich beschaffen)* ■**etw [von jdm] ~** to obtain [*or* get] sth [from sb]; **eine Zeitschrift ~** to take [*or* subscribe to] a magazine
❺ FIN *(erhalten)* ■**etw [von jdm/etw] ~** to receive [*or* draw] sth [from sb/sth]
❻ SCHWEIZ *(einziehen)* to collect
❼ *(fam: bekommen)* to get; ***du beziehst gleich eine Ohrfeige, wenn du nicht mit dem Blödsinn aufhörst!*** I'll box your ears in a minute if you don't stop messing around!
❽ *(in Beziehung setzen)* ■**etw auf jdn/etw ~** to

B

apply sth to sb/sth; ***warum bezieht er [bloß] immer alles auf sich?*** why does he always [have to] take everything personally?

II. *vr* ① *(sich bedecken)* ■**sich** *akk* ~ to cloud over, to become overcast; **mit Wolken bezogen** clouded over

② *(betreffen)* ■**sich** *akk* **auf jdn/etw** ~ to refer to sb/sth

③ *(sich berufen)* ■**sich** *akk* **auf jdn/etw** ~ to refer to sb/sth

Be·zie·her(in) <-s, -> *m(f)* FIN drawer, recipient; MEDIA *(Abonnent)* subscriber; ~ **von Waren** buyers [*or* purchasers] of goods

Be·zie·hung <-, -en> [bəˈtsiːʊŋ] *f* ① *(Verbindung)* ■**die/jds** ~ **zu etw** *dat* the/sb's relationship with sth; **zwischen etw** *dat* **und jdm/etw besteht eine/keine** ~ there is a/no connection between sth and sb/sth; **etw zu etw** *dat* **in** ~ **setzen** [*o* **bringen**] to connect sth with sth; ***als Tagträumer ist es leicht, die ~ zur Realität zu verlieren*** it's easy for a daydreamer to lose his [*or* her] grasp of reality

② *meist pl (fördernde Bekanntschaften)* connections *npl;* ~**en haben** to have connections; **seine** ~**en spielen lassen** to pull [some] strings

③ *(Verhältnis)* relationship; *(sexuell)* [sexual] relationship; ***ich habe zur heutigen Jugend keine ~*** I can't relate to the youth of today; **diplomatische** ~**en** diplomatic relations; **diplomatische** ~**en aufnehmen/abbrechen** to establish/break off diplomatic relations; ■**jds** ~ **zu/mit jdm** sb's relationship with sb; **intime** [*o* **sexuelle**] ~**en** [**zu jdm**] **haben** [*o* **unterhalten**] to have intimate relations [with sb]; **menschliche** ~**en** human relations; **keine** ~ **zu jdm/etw haben** to have no feeling for [*or* be unable to relate to] sb/sth

④ *(Hinsicht)* respect; **in einer/keiner** ~ in one/no respect [*or* way]; **in jeder** ~ in every respect; **in mancher** ~ in many respects

⑤ *(Zusammenhang)* connection; **in einer/keiner** ~ **zueinander stehen** to have a/no connection with one another

be·zie·hungs·ge·stört *adj* PSYCH *(fam)* dysfunctional **Be·zie·hungs·kis·te** *f (sl)* relationship

be·zie·hungs·los *adj* unconnected, unrelated

Be·zie·hungs·lo·sig·keit <-> *f kein pl* unconnectedness, unrelatedness

Be·zie·hungs·pro·ble·me *pl* relationship problems *pl*

be·zie·hungs·wei·se *konj* or rather

be·zif·fern* [bəˈtsɪfɐn] **I.** *vt (in Zahlen ausdrücken)* ■**etw** [**mit etw** *dat*/**auf etw** *akk*] ~ to estimate sth [at sth]

II. *vr (sich belaufen)* ■**sich** *akk* **auf etw** *akk* ~ to come to sth; ***die Gesamtzahl der Demonstranten bezifferte sich auf über 500.000*** the number of demonstrators numbered more than 500,000

Be·zif·fe·rung <-, -en> *f* ① *(das Beziffern)* estimate; ***zurzeit ist noch keine exakte ~ der entstandenen Verluste möglich*** at the moment it is difficult to put an exact figure on the losses incurred

② *(Gesamtheit erwähnter Zahlen)* numbering; ***bei der ~ der Seiten wurden einige Fehler gemacht*** there were some mistakes in the page numbering

Be·zirk <-[e]s, -e> [bəˈtsɪrk] *m* ① *(Gebiet)* district

② ÖKON *(Vertretungsgebiet)* region

③ ADMIN ÖSTERR, SCHWEIZ *(Verwaltungsbezirk)* [administrative] district

④ *(Fachbereich)* field, domain, sphere

be·zirk·lich *adj inv* district

Be·zirks·amt *nt* district authority **Be·zirks·bei·rat** *m* district council **Be·zirks·bür·ger·meis·ter(in)** *m(f)* borough mayor **Be·zirks·chef(in)** *m(f)* district leader **Be·zirks·ebe·ne** *f* district [*or* regional] level **Be·zirks·ge·richt** *nt* JUR ÖSTERR, SCHWEIZ *(Amtsgericht)* ≈ county [*or* AM district] court **Be·zirks·haupt·mann, -haupt·män·nin** *m, f* ÖSTERR *chief officer of an administrative district* **Be·zirks·ju·gend·rich·ter(in)** *m(f)* JUR district juvenile court judge **Be·zirks·klas·se** *f,* **Be·zirks·li·ga** *f* SPORT district [*or* local] league **Be·zirks·lei·ter(in)** *m(f)* district leader **Be·zirks·lei·tung** *f* district administration **Be·zirks·no·tar(in)** *m(f)* JUR district notary **Be·zirks·re·gie·rung** *f* district authority **Be·zirks·schu·le** *f* SCHWEIZ district school **Be·zirks·spi·tal** *nt bes* SCHWEIZ *(Kreiskrankenhaus)* district hospital **Be·zirks·staats·an·walt, -an·wäl·tin** *m, f* JUR district attorney AM **Be·zirks·stadt** *f* ADMIN *s.* **Kreisstadt Be·zirks·ver·tre·tung** *f* local agency, regional office **Be·zirks·ver·wal·tung** *f* district [*or* regional] administration [*or* authority] **Be·zirks·vor·sit·zen·de(r)** *f(m) dekl wie adj* chairperson [*or masc* chairman] [*or fem* chairwoman] of the district council **Be·zirks·vor·ste·her(in)** *m(f)* ADMIN head of district administration

be·zir·zen* [bəˈtsɪrtsn̩] *vt (fam)* ■**jdn** ~ to bewitch sb, to wrap sb round one's little finger

Be·zo·ge·ne(r) *f(m) dekl wie adj* FIN, ÖKON drawee

be·zug^ALT^ [bəˈtsuːk] *s.* **Bezug 9**

Be·zug <-[e]s, Bezüge> [bəˈtsuːk, *pl* bəˈtsyːgə] *m*

① *(Kissenbezug)* pillowcase; *(Bettbezug)* duvet [*or* quilt] [*or* BRIT *a.* eiderdown] cover

② *(Bezugsstoff)* covering

③ ÖKON *(das Beziehen)* buying, purchasing; *einer Publikation* subscription (+*gen* to)

④ FIN *(das Erhalten)* drawing, receiving; ■**der** ~ **von etw** *dat* the drawing [*or* receiving] of sth; SCHWEIZ *(das Einziehen)* collection

⑤ *pl (Einkünfte)* income *sing,* earnings *pl*

⑥ *(Verbindung) s.* **Beziehung 1**

⑦ SCHWEIZ *(das Beziehen)* moving in[to]

⑧ *(geh: Berufung)* reference; ~ **auf etw** *akk* **nehmen** to refer to sth; ~ **nehmend auf etw** *akk* with reference to sth, referring to sth

⑨ *(Hinsicht)* ■**in** ~ **auf etw** *akk* with regard to ...; **in** ~ **darauf** regarding that; **mit** [*o* **unter**] ~ **auf** *akk* **...** *(geh)* with reference to ...

Be·zü·ger(in) <-s, -> *m(f)* SCHWEIZ *(Bezieher)* drawer, recipient; *von Waren* buyer, purchaser; *Zeitung* regular reader (+*gen* of), subscriber (+*gen* to)

be·züg·lich [bəˈtsyːklɪç] **I.** *präp (geh)* ■~ **einer S.** *gen* regarding [*or* with regard to] sth

II. *adj* LING relative; **das** ~**e Fürwort** the relative pronoun; ■**auf etw** *akk* ~ relating to sth

Be·zug·nah·me <-, -n> *f* **unter** ~ **auf etw** *akk* *(geh)* with reference to sth

Be·zugs·ak·tie *f* BÖRSE new share [*or* stock] **Be·zugs·an·wei·sung** *f* HANDEL delivery order **Be·zugs·ba·sis** *f* basis of comparison **Be·zugs·be·din·gung** *f* condition of purchase; *Zeitung* term[s] of subscription **be·zugs·be·rech·tigt** *adj* ÖKON, ADMIN entitled [to receive [*or* draw] sth]; ■[**für** [*o* **zu**] **etw**] ~ **sein** to be entitled [to sth] **Be·zugs·be·rech·tig·te(r)** *f(m) dekl wie adj* ÖKON, ADMIN beneficiary **Be·zugs·be·rech·ti·gung** *f* FIN, ÖKON appointment of beneficiary **Be·zugs·be·schrän·kun·gen** *pl* FIN procurement restrictions **Be·zugs·bin·dung** *f* FIN procurement tying **Be·zugs·dau·er** *f kein pl* HANDEL subscription period **be·zugs·fer·tig** *adj* ready to move into [*or* for occupation] **Be·zugs·ge·neh·mi·gung** *f* FIN purchasing authorization **Be·zugs·grö·ße** *f* ① HANDEL reference value ② FIN unit of reference **Be·zugs·kurs** *m* BÖRSE stock subscription price **Be·zugs·lei·nen** *nt* TYPO book [*or* covering] cloth **Be·zugs·men·ge** *f* HANDEL reference quantity **Be·zugs·mög·lich·kei·ten** *pl* FIN reference size **Be·zugs·pa·pier** *nt* TYPO *(Buch)* covering paper **Be·zugs·pa·tent** *nt* related patent **Be·zugs·pe·ri·o·de** *f* HANDEL subscription period **Be·zugs·per·son** *f* PSYCH, SOZIOL ≈ role model *(a person on whom sb models their thinking and behaviour due to their personal relationship)* **Be·zugs·pflicht** *f* HANDEL obligation to buy **Be·zugs·prä·mie** *f* BÖRSE call premium **Be·zugs·preis** *m* subscription price [*or* rate] **Be·zugs·punkt** *m* point of reference **Be·zugs·quel·le** *f* source of supply **Be·zugs·rah·men** *m* frame [*or* terms] of reference

Be·zugs·recht *nt* BÖRSE ~ **auf Gratisaktien** option on bonus shares [*or* stock]; JUR subscription right **Be·zugs·rechts·kurs** *m* BÖRSE subscription price

Be·zugs·schein *m* ÖKON [ration] coupon **Be·zugs·sper·re** *f* FIN refusal to buy **Be·zugs·stel·le** *f* BÖRSE subscription agent **Be·zugs·stoff** *m* cover material **Be·zugs·ver·pflich·tung** *f* HANDEL procurement duty **Be·zugs·ver·trag** *m* JUR supply [*or* purchase] contract **Be·zugs·wert** *m* relative value **Be·zugs·zei·chen** *nt* reference mark **Be·zugs·zeit·raum** *m* HANDEL reference period

be·zu·schus·sen* [bəˈtsuːʃʊsn̩] *vt* FIN ■**jdn/etw** ~ to subsidize sb/sth

Be·zu·schus·sung *f* FIN subsidization

be·zu·schus·sungs·fä·hig *adj inv* FIN eligible [for a grant]

be·zwe·cken* [bəˈtsvɛkn̩] *vt* ① *(bewirken)* ■**etw/nichts** [**bei jdm**] ~ to achieve sth/nothing [with sb]; ***Ermahnungen ~ [bei ihr] gar nichts mehr*** warnings don't have any effect [on her] any more

② *(beabsichtigen)* ■**etw** [**mit etw** *dat*] ~ to aim to achieve sth [with sth]; ■**etw** ~ to have sth as its object

be·zwei·feln* *vt* ■**etw** ~ to question sth; ■~**, dass** to doubt that, to question whether; ***ich will nicht einmal ~, dass ...*** I don't doubt for a moment that ...; ***es ist doch sehr zu ~, dass ...*** it is highly questionable whether ...

be·zwin·gen* *irreg* **I.** *vt* ① *(besiegen)* ■**jdn** ~ to defeat sb; **einen Gegner** ~ to beat [*or* defeat] an opponent

② *(überwinden)* ■**etw** ~ to capture [*or* take] sth; **einen Anstieg/einen Pass** ~ to negotiate a climb/pass; **einen Berg** ~ to conquer a mountain

③ *(bezähmen)* ■**etw** ~ to keep sth under control; **den Durst/Hunger/Schmerz** ~ to master [*or* bear] one's thirst/appetite/pain; **Emotionen** ~ to overcome emotions; **die Neugierde** ~ to restrain one's curiosity; **den Zorn** ~ to contain one's anger

II. *vr* ■**sich** *akk* ~ to restrain oneself; ***wenn ich Pralinen sehe, muss ich zugreifen, da kann ich mich einfach nicht ~!*** when I see chocolates, I have to have some, I simply can't help myself!

Be·zwin·ger(in) <-s, -> *m(f)* conqueror, defeater

BfA <-> [beːʔɛfˈʔaː] *f kein pl Abk von* **Bundesversicherungsanstalt für Angestellte** *German Federal Insurance Office for Salaried Employees*

BGB <-> [beːgeːˈbeː] *nt kein pl Abk von* **Bürgerliches Gesetzbuch** the German civil code

BGB-Ge·sell·schaft *f* JUR civil partnership

BGH <-> [beːgeːˈhaː] *m kein pl Abk von* **Bundesgerichtshof** German Federal Supreme Court of Justice

BGS <-> [beːgeːˈʔɛs] *m kein pl Abk von* **Bundesgrenzschutz** German Federal Border Police

BH <-[s], -[s]> [beːˈhaː] *m Abk von* **Büstenhalter** bra *fam*

Bhag·van *m,* **Bhag·wan** <-s, -s> [ˈbagvan] *m (Träger des hinduistischen Ehrentitels)* Bhagavan, Bhagwan

Bhag·wan·an·hän·ger(in) *m(f)* Bhagavan follower **Bhag·wan·kom·mu·ne** *f* Bhagavan commune **Bhag·wan·kult** *m* Bhagavan cult

Bhf. *m Abk von* **Bahnhof** sta., stn.

Bhil <-, -> [ˈbiːl] *m o f* Bhil, Bheel

Bhu·tan <-s> [ˈbuːtan] *nt* Bhutan

Bhu·ta·ner(in) <-s, -> [buˈtaːnɐ] *m(f)* Bhutanese

bhu·ta·nisch [buˈtaːnɪʃ] *adj* Bhutanese

bi [biː] *adj pred (sl)* bi *pred sl*

Bi·ath·lon <-s, -s> [ˈbiːatlɔn] *nt* biathlon

bib·bern [ˈbɪbɐn] *vi (fam)* ■[**vor etw** *dat*] ~ to tremble [*or* shake] [with sth]; *(vor Kälte)* to shiver; ■**um etw** *akk* ~ to fear for sth; **um sein Leben** ~ to fear for one's life

Bi·bel <-, -n> [ˈbiːbl̩] *f* Bible

bi·bel·fest *adj* well-versed in the Bible *pred* **Bi·bel·ge·sell·schaft** *f* Bible society **Bi·bel·spruch** *m* Biblical saying [*or* quotation] **Bi·bel·stel·le** *f* passage [*or* text] from the Bible **Bi·bel·stun·de** *f* Bible study **Bi·bel·text** *m* ① *(Text der Bibel)* text of the Bible ② *s.* **Bibelstelle Bi·bel·vers** *m s.* **Bibelspruch**

Bi·ber <-s, -> [ˈbiːbɐ] *m* ① ZOOL beaver

② *(Biberfell)* beaver fur [*or* skin]

③ MODE *(weicher Baumwollflanell)* flannelette

Bi·ber·bau <-baue> *m* beaver['s] lodge **Bi·ber·bett·tuch**RR *nt* flannelette sheet **Bi·ber·burg** *f s.* **Biberbau**

Bi·ber·nell <-, -en> [bi:bɐ'nɛl] *f*, **Bi·ber·nel·le** <-, -n> [bi:bɐ'nɛlə] *f kein pl* BOT, KOCHK burnet

Bi·ber·pelz *m* beaver fur **Bi·ber·schwanz** *m* ❶ *(Schwanz eines Bibers 1.)* beaver's tail ❷ BAU *(Dachziegel)* flat roof tile

Bi·blio·gra·fieRR <-, -n> [bibliogra'fi, *pl* -'fi:ən] *f* VERLAG bibliography

bi·blio·gra·fie·ren*RR [bibliogra'fi:rən] *vt* LIT ❶ *(bibliografisch verzeichnen)* ■**etw** ~ to record sth in a bibliography, to catalogue [*or* AM *a.* -og] ❷ *(bibliografische Daten feststellen)* ■**etw** ~ to take the bibliographic details of sth

bi·blio·gra·fischRR [biblio'gra:fɪʃ] **I.** *adj* VERLAG bibliographic[al]
II. *adv* bibliographically; **Publikationen ~ erfassen** to record publications in a bibliography

Bi·blio·gra·phie <-, -n> [bibliogra'fi:, *pl* -'fi:ən] *f* VERLAG *s.* **Bibliografie**

bi·blio·gra·phie·ren* [bibliogra'fi:rən] *vt* LIT *s.* **bibliografieren**

bi·blio·gra·phisch [biblio'gra:fɪʃ] *adj, adv* VERLAG *s.* **bibliografisch**

bi·blio·phil [biblio'fi:l] **I.** *adj* ❶ *(schöne Bücher liebend)* bibliophilic
❷ VERLAG **~e Ausgabe** collector's edition
II. *adv* VERLAG ***das Buch war ~ ausgestattet*** the book was designed for collectors [*or* bibliophiles]

Bi·blio·thek <-, -en> [biblio'te:k] *f* ❶ *(Sammlung von Büchern)* library
❷ *(Gebäude einer Bücherei)* library; *(Raum mit einer Bibliothek 1.)* library

Bi·blio·the·kar(in) <-s, -e> [bibliote'ka:ɐ̯] *m(f)* librarian

bi·blio·the·ka·risch [bibliote'ka:rɪʃ] *adj* as a librarian *pred*

Bi·blio·theks·da·tei *f* library file **Bi·blio·theks·ka·ta·log** *m* library catalogue [*or* AM *a.* -og] **Bi·blio·theks·ver·wal·tung** *f* library management **Bi·blio·theks·we·sen** <-s> *nt kein pl* librarianship **Bi·blio·theks·wis·sen·schaft** *f* librarianship, library science

bi·blisch ['bi:blɪʃ] *adj* ❶ *(aus der Bibel)* biblical
❷ *(sehr hoch)* **ein ~es Alter erreichen** to reach a ripe old age

Bick·bee·re ['bɪkbe:rə] *f* NORDD *(Heidelbeere)* blueberry, BRIT *a.* bilberry

bi·cyc·lisch ['bi:tsy:klɪʃ] *adj* CHEM *(fachspr)* bicyclic

Bi·det <-s, -s> [bi'de:] *nt* bidet

Bi·don <-s, -s> [bi'dõ:] *m o nt* SCHWEIZ *(Kanister)* can

bie·der ['bi:dɐ] *adj* ❶ *(pej: einfältig)* conventional, conservative
❷ *(brav)* plain; **einen ~en Geschmack** conservative taste
❸ *(veraltend: rechtschaffen)* upright

Bie·der·keit <-> *f kein pl (pej)* conservatism, conventionality

Bie·der·mann <-männer> ['bi:dɐman, *pl* -mɛnɐ] *m (pej)* upright citizen

Bie·der·mei·er <-s> ['bi:dɐmai̯ɐ] *nt kein pl* Biedermeier [period [*or* style]]; ***Spitzweg ist ein typischer Maler des ~*** Spitzweg was a typical painter of the Biedermeier period [*or* after the Biedermeier style]

bie·gen <bog, gebogen> ['bi:gn̩] **I.** *vt haben* ❶ *(Form verändern)* ■**etw** ~ to bend sth; ■**[jdm] etw** ~ to bend [*or* flex] sth [to sb]
❷ LING ÖSTERR *(flektieren)* to inflect
▸WENDUNGEN: **auf B~ oder** [*o* **und**] **Brechen** *(fam)* by hook or by crook; **es geht auf ~ oder Brechen** *(fam)* it's all or nothing [*or* do or die]
II. *vi sein (abbiegen)* ■**jd/etw irgendwohin** ~ sb/sth turns somewhere; ***bei der Ampel biegst du links*** turn left at the lights; ***wenn ich nicht nach links gebogen wäre, hätte mich der Lkw voll erwischt!*** if I hadn't swerved to the left the lorry would have hit me full on!; ***sie ist mit dem Fahrrad zu schnell um die Kurve gebogen*** she took the corner too quickly on her bike; *(umbiegen)* to curve; ***Vorsicht, gleich biegt die Straße scharf nach links!*** careful, the road curves sharply to the left in a moment
III. *vr haben* ❶ *(sich krümmen)* ■**sich** *akk* ~ + *Richtungsangabe* to bend; ***das Auto ist gerade in eine Nebenstraße gebogen*** the car has just turned into a side street
❷ *(sich verziehen)* ■**sich** *akk* ~ to go out of shape; ***im Wind bogen sich die Bäume*** the trees swayed in the wind; ***die Tafel bog sich [fast] unter der Last der Speisen*** the table was [almost] groaning under the weight of the food

bieg·sam ['bi:kza:m] *adj* ❶ *(elastisch)* supple, lithe
❷ *(flexibel)* flexible; **~er Einband** limp binding [*or* book cover]
❸ *(leicht zu biegen)* ductile

Bieg·sam·keit <-> *f kein pl* ❶ *(Elastizität)* suppleness, litheness
❷ *(Flexibilität)* ductility

Bie·gung <-, -en> *f* ❶ *(Kurve)* bend; ***der Fluss wand sich in [schlangenförmigen] ~en durch das Tal*** the river flowed snake-like through the valley; **eine ~ machen** to turn; MED *(Krümmung)* curvature
❷ LING ÖSTERR *(Flexion)* inflection

Bie·ne <-, -n> ['bi:nə] *f* ❶ *(Tier)* bee
❷ *(veraltend sl: nettes Mädchen)* bird *sl*

Bie·nen·fleiß *m* [great] industriousness; ***sie machte sich mit ~ an die Arbeit*** she went about the work, busy as a beaver **Bie·nen·fres·ser** *m* ORN bee-eater **Bie·nen·gift** *nt* PHARM bee poison **Bie·nen·haus** *nt* apiary **Bie·nen·ho·nig** *m* bees' [*or* natural] honey **Bie·nen·kö·ni·gin** *f* queen bee **Bie·nen·korb** *m* beehive **Bie·nen·schwarm** *m* swarm of bees **Bie·nen·stand** *m* group of beehives **Bie·nen·stich** *m* ❶ *(Stich einer Biene)* bee sting ❷ *(Kuchen) flat cake with an almond and sugar coating and a custard or cream filling* **Bie·nen·stock** *m* beehive **Bie·nen·tanz** *m* bee dancing **Bie·nen·volk** *nt* bee colony **Bie·nen·wa·be** *f* honeycomb **Bie·nen·wachs** *nt* beeswax **Bie·nen·zucht** *f* bee-keeping, apiculture **Bie·nen·züch·ter(in)** *m(f)* bee-keeper, apiarist *spec*

Bi·en·na·le <-, -n> [biɛ'na:lə] *f* KUNST, FILM *biennial arts exhibition or show*

Bier <-[e]s, -e> [bi:ɐ̯] *nt* beer; ***ein kleines/großes ~, bitte!*** a small/large beer, please!, a half [pint]/ pint [of beer], please!; **~ vom Fass** draught beer; **dunkles/helles ~** dark/light beer, ale [*or* BRIT *a.* bitter]/lager
▸WENDUNGEN: **das ist mein/dein ~** *(fam)* that's my/ your business [*or* affair]; **das ist nicht mein/sein ~** *(fam)* that's nothing to do with me/him [*or* not my/ his problem]

Bier·aus·schank *m* pub BRIT, alehouse BRIT, bar AM **Bier·bauch** *m (fam)* beer belly, potbelly, beer gut *fam* **Bier·brau·er(in)** *m(f)* brewery; *(person)* brewer **Bier·brau·e·rei** *f* brewery

Bier·chen <-s, -> *nt (fam)* a [little] [glass of] beer; ***wollen wir ein ~ trinken gehen?*** shall we go for a quick one? [*or* BRIT *fam* swift half?]

Bier·de·ckel *m* beer mat **Bier·do·se** *f* beer can

Bier·ernst ['bi:ɐ̯ʔɛrnst] *m (fam)* deadly seriousness **bier·ernst** ['bi:ɐ̯ʔɛrnst] *adj inv (fam)* dead[ly] serious **Bier·es·sig** *m* malt vinegar **Bier·fass**RR *nt* beer barrel [*or* keg] **Bier·filz** *m* beer mat **Bier·fla·sche** *f* beer bottle **Bier·gar·ten** *m* beer garden **Bier·ge·ruch** *m* smell of beer **Bier·glas** *nt* beer glass **Bier·he·fe** *f* beer [*or* brewer's] yeast **Bier·kas·ten** *m* crate of beer **Bier·kel·ler** *m* ❶ *(Kellerwirtschaft)* bierkeller BRIT, beer-drinking establishment ❷ *(Lager für Bier)* beer cellar **Bier·knei·pe** *f* pub BRIT, bar AM **Bier·krug** *m (Krug für Bier: aus Glas)* tankard; *(aus Steingut)* stein **Bier·lau·ne** *f (fam)* ▸WENDUNGEN: **in einer ~, aus einer ~ heraus** in a high-spirited mood [after a few beers] **Bier·lei·che** *f (fam)* [sb who is dead] drunk [due to drinking beer] **Bier·pres·si·on** *f* bar room pump **Bier·schaum** *m* froth, head, foam **Bier·schin·ken** *m* KOCHK ≈ ham sausage *(type of sausage containing large pieces of ham)* **Bier·sei·del** <-s, -> *nt* tankard, beer mug **Bier·steu·er** *f* FIN beer tax **Bier·ver·le·ger** *m* FIN beer wholesaler, brewer's agent **Bier·wür·ze** *f* wort **Bier·zelt** *nt* beer tent

Bie·se <-, -n> ['bi:zə] *f* MODE *(Besatz)* piping; *(Fältchen)* tuck; ***Röcke mit ~n sind früher mal Mode gewesen*** pleated skirts used to be fashionable; *(Ziernaht)* decorative seam

Biest <-[e]s, -er> [bi:st] *nt (fam)* ❶ *(pej: lästiges Insekt)* [damn *fam*] bug; ***ach, diese Mücken! hat mich schon wieder so ein ~ gestochen!*** oh, these mosquitoes! another one of the damn things has just bitten me! *fam; (bösartiges Tier)* creature; ***sei vorsichtig mit diesem Pferd, das ~ schlägt gerne aus!*** be careful with this horse, the brute likes to kick!
❷ *(pej: bösartiger Mensch)* beast; ***sie kann manchmal ein ~ sein*** sometimes she can be a [right] bitch
▸WENDUNGEN: **ein süßes ~** a real temptress

bies·tig **I.** *adj (fam)* beastly *fam*, horrible *fam*
II. *adv* nastily

bie·ten <bot, geboten> ['bi:tn̩] **I.** *vt* ❶ *(als Zahlungsangebot machen)* ■**etw [für etw** *akk*] ~ to offer sth [for sth]; *(bei Auktionen)* to bid sth [for sth]; ***er hat 2.000 Euro auf das Gemälde geboten*** he bid 2,000 euros for the painting; ***wer bietet mehr?*** any more bids?; **mehr/weniger ~ als jd** to outbid/ underbid sb
❷ *(anbieten)* ■**[jdm] etw** ~ to offer [sb] sth, to offer sth [to sb]; ***die Leute wollen, dass ihnen Nervenkitzel, Spannung und Sensationen geboten werden*** people want [to be offered] thrills, spills and excitement; **jdm etwas/nichts zu ~ haben** to have something/nothing to offer [to] sb
❸ *(gewähren)* ■**[jdm] etw** ~ to give [sb] sth; **eine Gelegenheit/Möglichkeit ~** to offer [*or* give] an opportunity/a possibility; **Gewähr ~** to provide guarantee; **Sicherheit/Schutz ~** to provide security/safety
❹ *(aufweisen)* ■**etw** ~ to have sth; ***das Haus bietet Wohnraum für zwei Familien*** the building has [*or* provides] living space for two families; ***diese Häuser ~ eine Menge Luxus für betuchte Kunden*** these houses offer well-to-do buyers a lot of luxury; **Probleme/Schwierigkeiten ~** to present problems/difficulties
❺ *(zeigen, darbieten)* ■**etw** ~ to present sth; **einen erfreulichen/furchtbaren Anblick ~** to be a welcoming/terrible sight; **einen Film/ein Theaterstück ~** to show [*or* put on] a film/theatre [*or* AM -er] production; **eine hervorragende/überzeugende Leistung ~** to give [*or* put on] a superb/convincing performance; ■**jdm etw ~** to present sb [with] sth; ***die Dokumentation bot uns eine ausgewogene Darstellung des Themas*** the documentary presented us with a balanced view of the issue
❻ *(pej: zumuten)* ■**jdm etw** ~ to serve sth up to sb; ***was einem heutzutage an Kitsch geboten wird!*** the rubbish that's served up [*or* that we're expected to put up with] today! *fam;* ■**sich** *dat* **etw [nicht] ~ lassen** to [not] stand for [*or* put up with] sth; ***so etwas ließe ich mir nicht ~!*** I wouldn't stand for [*or* put up with] it!
II. *vi* ❶ KARTEN *(ansagen)* to bid
❷ *(bei Auktionen)* to [make a] bid
III. *vr* ❶ *(sich anbieten)* ■**sich** ~ to present itself; ■**etw bietet sich jdm:** ***plötzlich bot sich eine Gelegenheit*** an opportunity suddenly presented itself, sb is presented with sth; ***mir bot sich eine einmalige Chance*** I was presented with a unique opportunity
❷ *(sich darbieten)* ■**sich jdm ~** to present itself to sb; **sich jds Augen ~** to meet sb's eyes; ***ein herrliches Schauspiel bot sich unseren Augen*** a spectacular sight met our eyes; ■**etw bietet sich jdm** sb is presented with sth; ***den Feuerwehrleuten bot sich ein Bild des Schreckens*** the firemen were confronted with a horrendous sight

Bie·ter(in) <-s, -> *m(f)* bidder

Bie·tungs·ab·kom·men *nt* JUR bidding agreement

Bie·tungs·schlussRR *m* JUR tender date

B

Bie·tungs·voll·macht *f* JUR authorization to bid
Bi·ga·mie <-, -n> [biga'mi:, *pl* -'mi:ən] *f* JUR bigamy
Bi·ga·mist(in) <-en, -en> [biga'mɪst] *m(f)* JUR bigamist
bi·ga·mis·tisch *adj inv* bigamous
Big Bang <-s> ['bɪg'bæŋ] *m kein pl* ASTRON big bang, big-bang theory
bi·gott [bi'gɔt] *adj (frömmelnd)* devout; *(scheinheilig)* hypocritical
Bi·got·te·rie <-, -n> [bigɔtə'ri:, *pl* -'ri:ən] *f* ① *kein pl (Scheinheiligkeit, Frömmelei)* bigotry, piousness
② *(selten: bigotte Handlungsweise oder Äußerung)* bigotry, pious behaviour [*or* AM -or]/remark
Bi·ker(in) <-s, -> ['baikɐ] *m(f) (sl)* biker *fam*
Bi·ki·ni <-s, -s> [bi'ki:ni] *m* bikini
Bi·ki·ni·zo·ne *f* bikini area
Bi·lanz <-, -en> [bi'lants] *f* ① ÖKON balance sheet; **eine ~ aufstellen** ÖKON to draw up a balance sheet; **~ machen** *(fam)* to check [out] one's finances *fam*
② *(Ergebnis)* end result; **[die] ~ [aus etw** *dat*] **ziehen** *(fig)* to take stock [of sth]
Bi·lanz·ab·schlussRR *m* FIN financial statement **Bi·lanz·ana·ly·se** *f* FIN balance sheet analysis **Bi·lanz·än·de·rung** *f* FIN change to a balance **Bi·lanz·an·satz** *m* FIN [valuation [*or* recording] of a] balance sheet item **Bi·lanz·auf·be·rei·tung** *f* FIN reshuffling of balance sheet items **Bi·lanz·auf·stel·lung** *f* FIN making up a balance sheet **Bi·lanz·aus·gleichs·pos·ten** *m* FIN adjustment item **Bi·lanz·aus·schuss**RR *m* FIN financial audit committee **Bi·lanz·aus·wer·tung** *f* FIN balance sheet evaluation **Bi·lanz·aus·zug** *m* FIN condensed balance sheet **Bi·lanz·be·rei·ni·gung** *f* FIN balance sheet adjustment **Bi·lanz·be·richt** *m* FIN balance sheet record **Bi·lanz·be·rich·ti·gung** *f* FIN correction of the balance sheet **bi·lanz·be·zo·gen** *adj* FIN balance sheet related **Bi·lanz·buch·hal·ter(in)** *m(f)* ÖKON accountant **Bi·lanz·buch·hal·tung** *f* FIN auditing department **Bi·lanz·de·likt** *nt* FIN accounting fraud **Bi·lanz·ent·wick·lung** *f* FIN balance sheet development, development in the balance sheet **Bi·lanz·er·geb·nis** *nt* FIN profit/loss *(according to balance sheet)* **Bi·lanz·fäl·schung** *f* FIN falsification of a balance sheet, window dressing *fam* **Bi·lanz·fri·sur** *f* FIN *(fam)* window dressing *fam* **Bi·lanz·ge·winn** *m* FIN distributable [*or* disposable] profit **Bi·lanz·glie·de·rung** *f* FIN balance sheet layout **Bi·lanz·iden·ti·tät** *f* FIN correspondence of closing and opening balance sheets
bi·lan·zi·ell *adj* FIN balance-sheet *attr;* **~e Vorsorge** *eines Unternehmens* provisions as shown on the balance sheet
bi·lan·zie·ren* [bilan'tsi:rən] ÖKON **I.** *vi* ÖKON to balance; ***das Konto bilanziert mit Euro 1000*** the balance of [*or* on] the account is 1000 euros
II. *vt* ■**etw ~** to balance sth; *(fig)* to assess sth, to sum up sth *sep*
Bi·lan·zie·rung <-, -en> *f* FIN drawing up a balance sheet, balancing of accounts
Bi·lan·zie·rungs·fä·hig·keit *f kein pl* FIN item which can be included in the balance sheet **Bi·lan·zie·rungs·ge·setz·ge·bung** *f* JUR, FIN accounting legislation **Bi·lan·zie·rungs·grund·sät·ze** *pl* FIN accounting axioms **Bi·lan·zie·rungs·pflicht** *f* JUR, FIN accounting duty
bi·lan·zie·rungs·pflich·tig *adj inv* FIN, JUR to be shown in the balance sheet *pred*
Bi·lan·zie·rungs·recht *nt kein pl* JUR balance sheet law **Bi·lan·zie·rungs·re·gel** *f* FIN accountancy [*or* accounting] rule **Bi·lan·zie·rungs·richt·li·ni·en** *pl* FIN accounting principles **Bi·lan·zie·rungs·ver·bot** *nt* FIN accounting ban **Bi·lan·zie·rungs·ver·stoß** *m* FIN accounting offence **Bi·lan·zie·rungs·vor·be·halt** *m* FIN accounting reservation **Bi·lan·zie·rungs·vor·schrif·ten** *pl* FIN accounting rules, balance sheet regulations **Bi·lan·zie·rungs·vor·teil** *m* FIN accounting advantage **Bi·lan·zie·rungs·wahl·recht** *nt* FIN accounting election **Bi·lan·zie·rungs·zweck** *m* FIN accounting objective
Bi·lanz·klar·heit *f* FIN principle of unambiguous presentation [of balance sheet items] **Bi·lanz·kon·ti·nu·i·tät** *f* FIN continuity of a balance sheet **Bi·lanz·kon·to** *nt* FIN balance[-sheet] account **Bi·lanz·kos·me·tik** *f* creative accounting, window dressing **Bi·lanz·nich·tig·keit** *f* FIN accounting irrelevance **Bi·lanz·pla·nung** *f* FIN balance sheet planning **Bi·lanz·pos·ten** *m* FIN item on a balance sheet **Bi·lanz·prü·fer(in)** *m(f)* auditor **Bi·lanz·prü·fung** *f* FIN balance-sheet audit **Bi·lanz·recht** *nt kein pl* JUR balance sheet law **Bi·lanz·richt·li·ni·en** *pl* FIN accounting conventions; *(EU-Richtlinie)* Fourth Directive **Bi·lanz·sal·do** *m* FIN [capital] balance **Bi·lanz·steu·er·recht** *nt kein pl* JUR accounting tax law **Bi·lanz·stich·tag** *m* FIN balance-sheet date **Bi·lanz·sum·me** *f* ÖKON balance-sheet total **Bi·lanz·über·schuss**RR *m* FIN surplus of assets over liabilities **Bi·lanz·ver·kür·zung** *f* FIN balance-sheet contraction **Bi·lanz·ver·län·ge·rung** *f* FIN increase in total assets and liabilities **Bi·lanz·ver·lust** *m* FIN net loss **Bi·lanz·ver·merk** *m* FIN note to the accounts **Bi·lanz·ver·schlei·e·rung** *f* FIN window dressing *fam* **Bi·lanz·vor·la·ge** *f* FIN presentation of a balance sheet **Bi·lanz·wahr·heit** *f* FIN accuracy of balance sheet figures
Bi·lanz·wert *m* FIN balance-sheet value [*or* figure] **Bi·lanz·wert·fort·füh·rung** *f* FIN continuation of accounting figures
Bi·lanz·zah·len *f pl* FIN balance-sheet figures [*or* data *+ sing/pl vb*]
bi·la·te·ral ['bi:latera:l] *adj* bilateral
Bilch <-es, -e> [bɪlç] *m* ZOOL dormouse
Bild <-[e]s, -er> [bɪlt, *pl* 'bɪldɐ] *nt* ① KUNST picture; *(Zeichnung)* drawing; *(Gemälde)* painting; *(in Büchern)* illustration; **ein ~ malen/zeichnen** to paint/draw a picture
② FOTO picture, photo[graph]; ***ich habe noch acht ~er auf dem Film*** I've got eight photos [*or* exposures] left on the film; **etw im ~ festhalten** to photograph sth as a record; **ein ~ machen** [*o fam* **knipsen**] [*o hum* **schießen**] to take a photo[graph] [*or* picture]
③ FILM, TV picture; **etw im ~ festhalten** to capture sth on film [*or* canvas]
④ *(im Spiegel)* reflection
⑤ *kein pl (Aussehen)* appearance; *(Blick)* view; *(Anblick)* sight; *(Szene)* scene; ***das ~ der Erde hat sich sehr verändert*** the appearance of the earth has changed greatly; ***vom Aussichtsturm bot sich ein herrliches ~, diese riesigen Hochhäuser wären sicher keine Bereicherung für das ~ der Stadt*** these skyscrapers would hardly improve the townscape, there was an excellent view from the observation tower; ***die hungernden Kinder boten ein ~ des Elends*** the starving children were a pathetic [*or* wretched] sight; ***uns bot sich ein ~ der Verwüstung*** we were confronted with a scene of devastation
⑥ LIT *(Metapher)* metaphor, image; **in ~ern sprechen** to speak in images
⑦ *no pl (Vorstellung)* idea *no pl; (Image)* image *no pl; (Eindruck)* impression; ***das in dem Werk gezeichnete ~ der Amerikaner ist sehr negativ*** the image of Americans in this work is very negative; ***von seiner zukünftigen Frau hat er schon ein genaues ~*** he already has a very good idea of what his future wife should be like; **ein falsches ~ von jdm/etw bekommen** to get the wrong idea [*or* impression] of sb/sth; **sich** *dat* **von jdm/etw ein ~ machen** to form an opinion about sb/sth; **sich** *dat* **von etw** *dat* **kein ~ machen** to have [absolutely] no idea of sth; ***du machst dir kein ~ davon, wie schwer das war!*** you have [absolutely] no idea [of] how difficult it was!
⑧ THEAT *(a. fig: Szene)* scene *a. fig;* ***mit diesem Artikel rückte er sich ins ~*** he announced his arrival on the scene with this article
⑨ KARTEN picture
▸WENDUNGEN: **ein ~ für [die] Götter sein** *(fam)* to be a sight for sore eyes; **[über jdn/etw] im ~e sein** to be in the picture [about sb/sth]; **ein ~ des Jammers sein** *(geh)* to be a picture of misery; **ein ~ von einer Frau sein** to be a perfect picture [*or* a fine specimen] of a woman; **ein ~ von einem Mann sein** to be a fine specimen of a man; **das ist ein schwaches ~!** *(fam)* that is a [very] poor show! *fig fam;* **jdn [über jdn/etw] ins ~ setzen** to put sb in the picture [about sb/sth]
Bild·ab·tas·ter *m* INFORM scanner **Bild·ar·chiv** *nt* MEDIA photo[graphic] archives *pl* **Bild·at·las** *m* VERLAG pictorial atlas **Bild·auf·lö·sung** *f* TV, INFORM, TYPO [image] resolution, picture definition **Bild·aus·fall** *m* TV loss of picture [*or* vision] **Bild·aus·schnitt** *m* TYPO image section, picture detail **Bild·band** <-bände> *m* VERLAG book of pictures
Bild·be·ar·bei·tung *f* INFORM image processing **Bild·be·ar·bei·tungs·pro·gramm** *nt* INFORM image processing program
Bild·bei·la·ge *f* colour [*or* AM -or] supplement **Bild·be·richt** *m* MEDIA photographic report **Bild·be·schrei·bung** *f* SCH [detailed] description of a picture [*or* painting] **Bild·da·tei** *f* INFORM photo [*or* picture] file **Bild·dia·go·na·le** *f* ① TV screen diagonal ② KUNST, FOTO picture diagonal **Bild·do·ku·ment** *nt* pictorial [*or* photographic] document **Bild·ele·ment** *nt* INFORM picture element, pixel
bil·den ['bɪldn̩] **I.** *vt* ① *(hervorbringen)* ■**etw ~** to form sth; ***ein Insektenstich kann eine Schwellung ~*** an insect bite can cause a swelling; ANAT ***Galle wird in der Gallenblase gebildet*** bile is formed in the gall bladder; BOT to grow sth; CHEM to produce sth
② LING *(formen)* ■**etw ~** to form sth
③ POL *(zusammenstellen)* ■**etw ~** to form sth; **einen Ausschuss/ein Komitee ~** to set up a committee
④ FIN *(ansammeln)* ■**etw ~** to set up sth; **ein Vermögen ~** to build up a fortune
⑤ *(darstellen)* ■**etw ~** to make up sth; **eine Gefahr/ein Problem/eine Regel ~** to constitute a danger/problem/rule
⑥ *(mit Bildung versehen)* ■**jdn ~** to educate sb; ***die vielen Reisen haben ihn spürbar gebildet*** his many travels have noticeably broadened his mind
⑦ KUNST *(formen)* ■**etw [aus etw** *dat*] **~** to make sth [from sth]; ***die Krüge hatte er aus Ton gebildet*** he had made the jugs out of clay
II. *vr* ① *(entstehen)* ■**sich** *akk* **~** to produce; CHEM to form; BOT to grow
② *(sich Bildung verschaffen)* ■**sich** *akk* **[aus etw** *dat*] **~** to educate oneself [from sth]
③ *(sich formen)* ■**sich** *dat* **etw [über jdn/etw] ~** to form sth [about sb/sth]; **eine Meinung ~** to form an opinion
III. *vi* to broaden the mind; *s. a.* **Kunst, Künstler**
bil·dend *adj* **die ~e Kunst** fine art[s]
Bil·der·aus·stel·lung *f* exhibition of paintings/photographs **Bil·der·bo·gen** *m* VERLAG pictorial broadsheet
Bil·der·buch *nt* VERLAG picture book ▸WENDUNGEN: **wie im ~** perfect; ***eine Landschaft wie im ~!*** a landscape [right out of a picture postcard]! **Bil·der·buch·kar·ri·e·re** *f* dream [*or* brilliant] career **Bil·der·buch·lan·dung** *f* perfect [*or* textbook] landing
Bil·der·druck·pa·pier *nt* TYPO illustration printing paper **Bil·der·fas·sung** *f* INFORM graphic data capture **Bil·der·ga·le·rie** *f* art gallery **Bil·der·ge·schich·te** *f* picture story **Bil·der·ha·ken** *m* picture hook
Bild·er·ken·nung *f* picture recognition
Bil·der·rah·men *m* picture frame **Bil·der·rät·sel** *nt* picture puzzle **Bil·der·schrift** *f* pictographic system of writing **Bil·der·streit** *m* HIST iconographic controversy **Bil·der·sturm** *m* HIST iconoclasm **Bil·der·stür·mer** [bɪldɐʃtʏrmɐ] *m* HIST iconoclast
Bild·fern·spre·cher *m (geh)* videophone **Bild·flä·che** *f* FILM, FOTO projection surface ▸WENDUNGEN: **auf der ~ erscheinen** *(fam)* to appear on the scene; **von der ~ verschwinden** *(fam)* to disappear from the scene; ***besser, du verschwindest gleich von der ~*** you'd better make yourself scarce **Bild·fol·ge** *f* ① FOTO sequence of shots [*or* pictures] ② FILM, TV sequence of shots **Bild·frei·stel·lung** *f* TYPO im-

age cut-out **Bild·fre·quenz** *f* FILM, TV image frequency **Bild·funk** *m* picture [*or* facsimile] transmission **Bild·ge·nau·ig·keit** *f* TV picture sharpness **Bild·ge·stal·tung** *f* layout; INFORM imaging

bild·haft I. *adj* vivid; **eine ~e Beschreibung** a graphic description

II. *adv* graphically, vividly; **etw ~ darstellen** to depict sth vividly; **sich** *dat* **etw ~ vorstellen** to picture sth vividly

Bild·hau·er(in) <-s, -> ['bɪlthaʊɐ] *m(f)* sculptor

Bild·hau·e·rei <-> *f kein pl* sculpture *no pl, no art*

Bild·hau·e·rin <-, -nen> *f fem form von* **Bildhauer**

Bild·hau·er·kunst *f (geh)* sculpture *no pl, no art*

bild·hübsch ['bɪlt'hʏpʃ] *adj* as pretty as a picture; ***sie ist ein ~es Mädchen*** she's a really pretty [*or* stunning] girl

Bild·lauf·feld *nt* INFORM scroll box **Bild·lauf·leis·te** *f* INFORM scroll bar **Bild·lauf·pfeil** *m* INFORM scroll arrow

bild·lich I. *adj* figurative, metaphorical; **ein ~er Ausdruck** a figure of speech

II. *adv* figuratively, metaphorically; **~ gesprochen** metaphorically speaking; **sich** *dat* **etw ~ vorstellen** to picture sth; ***stell dir das mal ~ vor!*** just try to picture it!

Bild·lich·keit <-> *f kein pl* figurativeness *no pl*

Bild·ma·ni·pu·la·ti·on *f* TYPO image manipulation **Bild·ma·te·ri·al** *nt* [illustrative] pictures *pl,* pictorial [*or* visual] material *no pl;* SCH visual aids *pl* **Bild·mi·scher(in)** *m(f)* TV vision mixer

Bild·nis <-ses, -se> ['bɪltnɪs, *pl* -nɪsə] *nt (geh)* portrait

Bild·plat·te *f* video disc [*or* AM *a.* disk] **Bild·plat·ten·spie·ler** *m* video disc [*or* AM *a.* disk] player

Bild·punkt *m* ① TYPO pixel, halftone dot; *(von Foto)* dot; *(von Monitor)* pixel ② MATH representative point **bild·punkt·ori·en·tiert** *adj* INFORM screen-oriented

Bild·qua·li·tät *f* TV, FILM picture [*or* image] quality; FOTO print quality **Bild·ras·ter** *m* TYPO halftone screen **Bild·re·dak·teur(in)** *m(f)* picture editor **Bild·re·por·ta·ge** *f* photographic report; TV photographic documentary **Bild·re·por·ter(in)** *m(f)* photojournalist **Bild·röh·re** *f* TV picture tube, kinescope *spec* **Bild·schär·fe** *f* TV, FOTO definition *no pl, no indef art*

Bild·schirm *m* INFORM [display] screen, monitor; **strahlungsarmer/monochromer ~** low-radiation/monochrome screen; **den ~ abladen/einfangen** to dump/capture the screen; **ganzer/entspiegelter ~** total/anti-reflect screen **Bild·schirm·ab·strah·lung** *f* screen radiation **Bild·schirm·ar·beit** *f* VDU work *no pl, no indef art* **Bild·schirm·ar·beits·platz** *m* workstation **Bild·schirm·auf·lö·sung** *f* screen resolution **Bild·schirm·aus·druck** *m* screen capture **Bild·schirm·bril·le** *f* antiglare glasses [*or* BRIT *form a.* spectacles] *pl* **Bild·schirm·dia·go·na·le** *f* screen diagonal **Bild·schirm·en·de** *nt* screen end **Bild·schirm·fil·ter** *m* screen filter **Bild·schirm·flim·mern** *nt* screen flickering **Bild·schirm·ge·rät** *nt* visual display unit **Bild·schirm·grö·ße** *f* screen size **Bild·schirm·in·halt** *m* screen contents *pl,* contents *pl* of the screen **bild·schirm·kom·pa·ti·bel** *adj* INFORM television-compatible **Bild·schirm·mas·ke** *f* screen mask **Bild·schirm·richt·li·nie** *f* EU guideline for work at a computer **Bild·schirm·scho·ner** *m* screen saver **Bild·schirm·sei·te** *f* screen page **Bild·schirm·strah·lung** *f* screen radiation **Bild·schirm·text** *m* TELEK Btx *(former online service run by the German postal service, in which the data was transmitted through the telephone network and the content displayed on a television set)* **Bild·schirm·tie·fe** *f* screen depth **Bild·schirm·trei·ber** *m* INFORM screen driver

bild·schön ['bɪlt'ʃø:n] *adj s.* **bildhübsch**

Bild·spei·cher *m* INFORM frame store **Bild·sta·bi·li·tät** *f* image stability **Bild·stel·le** *f* picture and film archive **Bild·stö·rung** *f* TV interference *no pl, no indef art* **Bild·such·lauf** *m* cue review **Bild·ta·fel** *f* ① *(ausrollbare Leinwand)* projection screen ② *(ganzseitige Illustration)* full-page display; *(in einem Buch)* plate **Bild·te·le·fon** *nt* videophone **Bild·text** *m* caption **Bild·über·lap·pung** *f* TYPO image overlap [*or* overlay] **Bild·über·schrift** *f* caption **Bild·um·keh·rung** *f* TYPO image reversal

Bil·dung <-, -en> *f* ① *kein pl (Kenntnisse)* education *no pl;* **~/keine ~ haben** to be educated/uneducated; **höhere ~** higher education

② *kein pl* ANAT development *no pl,* forming *no pl*

③ BOT forming *no pl,* development *no pl,* formation *no pl*

④ LING forming *no pl;* ***Kleinkinder haben Schwierigkeiten mit der ~ von Sätzen*** small children have difficulty in forming sentences; *(Wort)* form

⑤ *kein pl (Zusammenstellung)* formation *no pl; eines Fonds/Untersuchungsausschusses* setting up

⑥ *kein pl (Erstellung)* forming *no pl*

⑦ *(Gebilde)* formation

Bil·dungs·ab·schluss[RR] *m* SCH [school [*or* educational]] qualifications *pl* **Bil·dungs·an·ge·bot** *nt* educational opportunities *pl* **Bil·dungs·auf·trag** *m* POL teaching mission **bil·dungs·be·flis·sen** *adj* keen on self-improvement **Bil·dungs·be·reich** *m* the education sector **Bil·dungs·be·richt** *m* education report **Bil·dungs·bür·ger(in)** *m(f)* member of the educated classes **Bil·dungs·chan·cen** *pl* educational opportunities *pl* **Bil·dungs·de·fi·zit** *nt* deficit in education **Bil·dungs·ein·rich·tung** *f (geh)* educational establishment [*or* institution] **Bil·dungs·for·schung** *f* education research **Bil·dungs·gang** <-gänge> *m* course [of study] **Bil·dungs·ge·we·be** *nt* BOT meristem **Bil·dungs·grad** *m* level of education **Bil·dungs·gut** *nt* facet of general education **Bil·dungs·hun·ger** *m* thirst for education **Bil·dungs·in·ves·ti·ti·on** *pl* investment in the educational system **Bil·dungs·lü·cke** *f* gap in one's education **Bil·dungs·mi·nis·ter(in)** *m(f)* Minister of Education BRIT, Education Secretary AM **Bil·dungs·mi·se·re** *f* dreadful state of education **Bil·dungs·ni·veau** *nt* level [*or* standard] of education **Bil·dungs·po·li·tik** *f* education policy **bil·dungs·po·li·tisch** *adj inv* in terms of educational policy **Bil·dungs·pro·gramm** *nt* ÖKON training programme [*or* AM -am] **Bil·dungs·re·form** *f* reform of the education system **Bil·dungs·rei·se** *f* educational trip [*or* holiday] **Bil·dungs·se·na·tor(in)** *m(f)* senator responsible for education **Bil·dungs·ser·vice** *m* MEDIA education service **bil·dungs·sprach·lich** *adj* erudite **Bil·dungs·stand** *m s.* Bildungsniveau **Bil·dungs·stät·te** *f* educational establishment, place [*or* seat] of learning *form* **Bil·dungs·sys·tem** *nt* education system **Bil·dungs·ur·laub** *m* educational holiday; ÖKON, JUR study leave *no pl* **Bil·dungs·weg** *m* ▪**jds ~** the course of sb's education; **auf dem zweiten ~** through evening classes **Bil·dungs·werk** *nt* educational institute **Bil·dungs·we·sen** <-s> *nt kein pl* education system

Bild·un·ter·schrift *f s.* Bildtext **Bild·ver·ar·bei·tung** *f* TYPO, INFORM image [*or* picture] processing; **digitale ~** digital image processing **Bild·vor·la·ge** *f* TYPO picture copy **Bild·wie·der·hol·fre·quenz** *f* INFORM refresh rate **Bild·wie·der·ho·lung** *f* screen refresh **Bild·wir·kung** *f pl selten* [psychological] effect of an image **Bild·wör·ter·buch** *nt* illustrated [*or* pictorial] [*or* visual] dictionary **Bild·zu·sam·men·set·zung** *f* image composition **Bild·zu·schrift** *f* reply with a photograph enclosed

Bil·ge <-, -n> ['bɪlgə] *f* NAUT bilge

Bil·har·zi·o·se <-, -n> [bɪlhar'tsi̯o:zə] *f* MED bilharzia, schistosomiasis

bi·lin·gu·al [bilɪŋ'gu̯a:l] *adj inv* bilingual

Bil·lard <-s, -e *o* ÖSTERR -s> ['bɪljart] *nt* billiards + *sing vb;* [**mit jdm**] **~ spielen** to play billiards [with sb]

Bil·lard·ku·gel *f* billiard ball **Bil·lard·stock** *m* billiard cue **Bil·lard·tisch** *m* billiard table

Bil·lett <-[e]s, -s *o* -e> [bɪl'jɛ(t)] *nt* ① SCHWEIZ *(Fahrkarte)* ticket

② SCHWEIZ *(Eintrittskarte)* ticket, entrance [*or* admission] ticket

③ ÖSTERR *(Glückwunschkarte)* greetings [*or* AM greeting] card, note

Bil·let·teur, Bil·let·teu·se <-s, -e> [bɪljɛ'tø:ɐ̯, -tø:zə] *m, f* ① SCHWEIZ *(Schaffner)* conductor *masc,* conductress *fem*

② ÖSTERR *(Platzanweiser)* usher *masc,* usherette *fem*

Bil·li·ar·de <-, -n> [bɪ'li̯ardə] *f* thousand trillion

bil·lig ['bɪlɪç] I. *adj* ① *(preisgünstig)* cheap, inexpensive; **ein ~er Preis** a low price; **ein ~er Kauf** a bargain, a good buy; **es jdm ~er machen** to reduce sth for sb; ***ich mache es Ihnen 20 % ~er!*** I'll reduce it by 20% for you; **nicht ganz** [*o* **gerade**] **~ sein** to be not exactly cheap; **etw für ~es Geld kaufen** to buy sth cheap

② *(pej: minderwertig)* cheap; ***verschone mich mit diesem ~en Kram!*** spare me this cheap junk!

③ *(pej: oberflächlich)* cheap, shabby; ***welche ~e Ausrede haben Sie diesmal?*** what feeble excuse have you got this time?; **ein ~er Trick** a cheap trick; **ein ~er Trost** cold comfort

④ *(veraltet: angemessen)* proper; **nach ~em Ermessen** as appears just [*or* fair], in one's fair judgement

II. *adv* cheaply; **~ abzugeben** going cheap *fam;* ***„gut erhaltene Ledergarnitur ~ abzugeben"*** "leather suite in good condition at a knock-down price"; **~ einkaufen** to shop cheaply

▸WENDUNGEN: **~ davonkommen** *(fam)* to get off lightly

Bil·lig·an·bie·ter *m* supplier of cheap products **Bil·lig·ar·bei·ter(in)** *m(f)* ÖKON coolie *pej*

bil·li·gen ['bɪlɪgn̩] *vt* ▪**etw ~** to approve of sth; ***die Pläne der Regierung wurden vom Parlament gebilligt*** the government's plans were approved by parliament; ▪**~, dass jd etw tut** to approve of sb's doing sth; ***ich werde nicht ~, dass du dich weiter so ungebührlich verhältst!*** I cannot approve of your continuing to behave so improperly!

Bil·lig·flag·ge *f* NAUT *(pej fam)* flag of convenience *(i.e. Panama, Honduras, Liberia)* **Bil·lig·flug** *m* cheap flight

Bil·lig·keit <-> *f kein pl* ① *(billiger Preis)* cheapness *no pl*

② *(pej: Oberflächlichkeit)* cheapness *no pl,* shabbiness *no pl;* ***diese Ausrede ist in ihrer ganzen ~ leicht zu durchschauen*** you can easily see through the whole feeble excuse

Bil·lig·keits·an·spruch *m* JUR equitable claim **Bil·lig·keits·grün·de** *pl* JUR reasons of equity [*or* fairness]; **aus ~n** for reasons of equity **Bil·lig·keits·haf·tung** *f* JUR equitable liability **Bil·lig·keits·recht** *nt kein pl* JUR law of equity **bil·lig·keits·recht·lich** *adj inv* JUR equitable

Bil·lig·kraft *f* ÖKON coolie *pej* **Bil·lig·land** *nt country with cheap production and labour costs* **Bil·lig·lohn·ar·beit** *f* cheap labour [*or* AM -or] **Bil·lig·lohn·land** *nt country with a low-wage economy* **Bil·lig·pen·si·on** *f* cheap guesthouse **Bil·lig·preis** *m* low price **Bil·lig·pro·dukt** *nt* cheap [*or* low-priced] product

Bil·ligst·auf·trag *m* HANDEL market order

Bil·li·gung <-, -en> *f pl selten* approval; ▪**die ~ einer S.** *gen* the approval of sth; ***Sie können mit der ~ der Pläne rechnen*** you can count on the plans being approved; **jds ~ finden** to meet with sb's approval

Bil·lig·wa·re *f* ÖKON low-quality merchandise, cheap [*or* cut-price] goods *npl*

Bil·li·on <-, -en> [bɪ'li̯o:n] *f* trillion

bim, bam! ['bɪm 'bam] *interj* ding, dong!

Bim·bam ['bɪmbam] *m* ▸WENDUNGEN: **ach du heiliger ~!** *(fam)* good grief! *fam*

Bim·bes <-> ['bɪmbəs] *m kein pl (iron sl)* the ready [*or pl* readies] BRIT *sl,* mazuma AM *fam*

Bi·me·tall ['bi:mɛtal] *nt* TECH bimetallic strip

Bim·mel <-, -n> ['bɪml̩] *f (fam)* little bell

Bim·mel·bahn *f* HIST *(fam)* narrow-gauge railway [train] *(with a warning bell)*

bim·meln ['bɪml̩n] *vi (fam)* to ring

Bims <-es> [bɪms] *m* pumice

Bims·stein ['bɪmsʃtai̯n] *m* ① GEOL pumice stone

❷ BAU breeze block
bin [bɪn] *1. pers. sing pres von* **sein**
bi·när [biˈnɛːɐ̯] *adj* binary
Bi·när·code *m* INFORM binary code **Bi·när·da·tei** *f* INFORM binary file **Bi·när·da·ten** *pl* binary data + *sing vb* **Bi·när·sys·tem** *nt* INFORM binary number system
Bin·de <-, -n> [ˈbɪndə] *f* ❶ MED bandage; *(Schlinge)* sling; *(elastische Binde)* [elastic] bandage; **[jdm] eine [elastische] ~ anlegen** to put an [elastic] bandage on sb [*or* bandage sb up]; **eine ~ um etw** *akk* **wickeln** to bandage sth up
❷ *(Monatsbinde)* sanitary towel [*or* AM napkin]
❸ *(Armband)* armband
▸WENDUNGEN: **jdm die ~ von den Augen nehmen/reißen** *(geh o veraltend)* to take/rip off sb's blindfold; **jdm fällt die/eine ~ von den Augen** *(geh o veraltend)* the penny drops; **sich** *dat* **einen hinter die ~ gießen** [*o* **kippen**] *(fam)* to have a drink or two, to wet one's whistle *fam*
Bin·de·art *f* TYPO binding method, sort of binding **Bin·de·draht** *m* BAU binding wire
Bin·de·ge·we·be *nt* ANAT connective tissue **Bin·de·ge·webs·mas·sa·ge** *f* massage of the connective tissue
Bin·de·glied *nt* [connecting] link
Bin·de·haut *f* ANAT conjunctiva **Bin·de·haut·ent·zün·dung** *f* MED conjunctivitis *no pl, no indef art*
Bin·de·mit·tel *nt* binder, binding agent; KOCHK *a.* thickener, thickening agent
bin·den <band, gebunden> [ˈbɪndn̩] **I.** *vt* ❶ *(durch Binden zusammenfügen)* ■**etw [zu etw** *dat*] ~ to bind [*or* tie] sth [to sth]; ***Fichtenzweige wurden zu Kränzen gebunden*** pine twigs were tied [*or* bound] [together] into wreaths; ***~ Sie mir bitte einen Strauß roter Rosen!*** make up a bunch of red roses for me, please; ***bindest du mir bitte die Krawatte?*** can you do [up] my tie [for me], please?; ***kannst du mir bitte die Schürze hinten ~?*** can you tie my apron at the back for me, please?
❷ *(fesseln, befestigen)* ■**jdn/etw/ein Tier an etw** *akk* ~ to tie [up *sep*] sb/sth/an animal to sth; **jdn an Händen und Füßen ~** to bind sb hand and foot; **jdm die Hände ~** to tie sb's hands; ■**[sich** *dat*] **etw um etw** *akk* **binden** to tie sth round [one's] sth; ***sie band sich ein Tuch um den Kopf*** she tied a shawl round her head
❸ *(festlegen)* ■**jdn [an jdn/etw] ~** to bind sb [to sb/sth]; ***ein Vertrag bindet immer beide Seiten*** a contract is always binding on both parties; ***durch die Anstellung wurde sie an München gebunden*** as a result of her appointment she was tied to Munich; ***ihn band ein furchtbarer Eid*** he was bound by a terrible oath
❹ *(emotional verbinden)* ■**jdn an etw** *akk* ~ to tie sb to sth; ***er hatte immer den Eindruck, dass ihn nichts an diese Stadt bindet*** he always had the impression that he had no ties with this town
❺ *(festhalten)* ■**etw [mit etw** *dat*/**durch etw** *akk*] ~ to bind sth [with/by means of sth]; **Kapital ~** to tie [*or* lock] up capital
❻ CHEM ■**etw ~** to bind sth
❼ KOCHK to bind [*or* thicken] sth; **eine Soße ~** to bind a sauce
❽ VERLAG *(mit Einband versehen)* ■**etw ~** to bind sth
❾ MUS **Akkorde/Töne ~** to slur chords/tones; **eine Note ~** to tie a note
▸WENDUNGEN: **jdm sind die Hände gebunden** sb's hands are tied
II. *vi* to bind; ***dieser Klebstoff bindet gut*** this glue bonds well; *Soße* to bind
III. *vr (sich verpflichten)* ■**sich** *akk* **an jdn/etw ~** to commit oneself to sb/sth; ***ich möchte mich momentan nicht ~*** I don't want to tie myself down [*or* get involved] right now
bin·dend *adj* binding; ***ich benötige von Ihnen eine ~e Zusage*** I need a definite yes from you; ■**~ [für jdn] sein** to be binding [on sb]
Bin·de·pro·gramm *nt* INFORM linkage software
Bin·der <-s, -> [ˈbɪndɐ] *m* ❶ *(veraltend: Krawatte)* tie
❷ *(Bindemittel)* binder
❸ INFORM *(Programm)* linker
❹ BAU *(Fachwerk)* truss
Bin·de·strich *m* hyphen **Bin·de·wort** *nt* LING conjunction
Bind·fa·den *m* string; ***ein Stück ~*** a piece of string
▸WENDUNGEN: **es regnet Bindfäden** *(fam)* it's raining cats and dogs *fam*
Bin·dung <-, -en> *f* ❶ *(Verbundenheit)* ■**jds ~ an jdn** [*o* **zu jdm**]/**an etw** *akk* sb's bond to sb/sth; ***sie hatte eine enge ~ an ihren Vater*** she had a close relationship with her father; ***er fühlte eine starke ~ an diese Frau*** he felt a strong bond towards this woman; ***die ~ an seine Geburtsstadt war groß*** the ties with his home town were strong; **flüchtige ~en eingehen** to enter into fleeting relationships
❷ *(Verpflichtung)* commitment; **[mit jdm] eine [neue] ~ eingehen** to establish [new] ties [with sb]; **eine ~ lösen/auflösen** to break off a relationship; **eine vertragliche ~ eingehen** to enter into a binding contract
❸ SKI binding
❹ MODE weave *no pl*
❺ CHEM, NUKL bond; **einfache ~** single bond; **koordinative ~** dative bond; **kumulierte ~** cumulated bonds
❻ FIN tying up; **~ von Geldmitteln** tying up funds
Bin·dungs·ener·gie *f* CHEM, PHYS binding energy **Bin·dungs·fä·hig·keit** *f* CHEM, PHYS combining capacity **Bin·dungs·kraft** *f,* **Bin·dungs·wir·kung** *f* HANDEL *eines Angebots* conclusive effect
Bin·gel·kraut [ˈbɪŋl̩kraut] *nt* BOT dog's mercury
bin·nen [ˈbɪnən] *präp +dat o gen (geh)* within; **~ kurzem** shortly, soon
Bin·nen·an·glei·chung *f* HANDEL internal harmonization **Bin·nen·be·darf** *m* ÖKON domestic demand
bin·nen·bords [ˈbɪnənbɔrts] *adv inv* NAUT inboard
Bin·nen·deich *m* inner [*or* inland] dyke **bin·nen·deutsch** *adj* used in Germany; **ein ~er Ausdruck** an expression used in Germany; **~e Dialekte** dialects spoken in Germany **Bin·nen·dock** *nt* inner dock **Bin·nen·fi·sche·rei** *f* freshwater fishing *no pl, no indef art* **Bin·nen·flot·te** *f* inland waterways fleet **Bin·nen·flücht·ling** *m* POL internal refugee **Bin·nen·ge·wäs·ser** *nt* inland water *no indef art* **Bin·nen·ha·fen** *m* inland [*or* river] port **Bin·nen·han·del** *m* domestic [*or* home] trade *no pl* **Bin·nen·kon·junk·tur** *f* ÖKON domestic [economic] activity **Bin·nen·kon·nos·se·ment** *nt* ÖKON inland[-waterway] bill of lading **Bin·nen·land** [ˈbɪnənlant] *nt* landlocked country
Bin·nen·markt *m* domestic [*or* home] market; **der [Europäische] ~** the Single [European] Market **Bin·nen·markt-In·nen·recht** *nt* JUR internal EU law **Bin·nen·markt·recht** *nt* JUR Single Market Law **Bin·nen·markt·richt·li·ni·en** *pl* ÖKON Single Market guidelines
Bin·nen·meer *nt* inland sea **Bin·nen·nach·fra·ge** *f* ÖKON domestic [*or* internal] demand
Bin·nen·schiff *nt* ≈ riverboat, ≈ barge *(a ship that operates on inland waterways)* **Bin·nen·schif·fahrt**[ALT] *f s.* **Binnenschifffahrt** **Bin·nen·schif·fer(in)** *m(f)* boatman on inland waters; ***er arbeitet als ~ auf einem Schleppkahn*** he works as a bargeman **Bin·nen·schiff·fahrt**[RR] *f* inland navigation **Bin·nen·see** *m* lake **Bin·nen·ver·kehr** *m* inland traffic **Bin·nen·was·ser·stra·ße** *f* inland waterway **Bin·nen·wirt·schaft** *f* ÖKON domestic [*or* internal] economy, BRIT home trade **bin·nen·wirt·schaft·lich** **I.** *adj inv, attr* domestic *attr,* internal *attr* **II.** *adv* relating to the domestic economy; **etw ~ betrachten** to see sth in terms of the domestic economy; **~ wichtig sein** to be important for the domestic economy **Bin·nen·zöl·le** *pl* ÖKON internal duties
bin·o·ku·lar [binokuˈlaːɐ̯] *adj* binocular
Bi·nom <-s, -e> [biˈnoːm] *nt* MATH binomial
Bi·no·mi·al·ko·ef·fi·zi·ent [binoˈmi̯aːl-] *m* MATH binomial coefficient **Bi·no·mi·al·rei·he** *f* MATH binomial series + *sing vb* **Bi·no·mi·al·ver·tei·lung** *f* MATH binomial distribution
bi·no·misch *adj* MATH binomial
Bin·se <-, -n> [ˈbɪnzə] *f* ❶ BOT rush
❷ *(sl: Binsenweisheit)* truism
▸WENDUNGEN: **in die ~n gehen** *(fam) Vorhaben* to fall through; *Veranstaltung* to be a washout *fam; Unternehmen* to go down the drain *fam; Geld* to go up in smoke
Bin·sen·wahr·heit, **Bin·sen·weis·heit** *f* truism
Bio <-> [ˈbiːo] *f kein pl* SCH *(sl)* biology
bio·ak·tiv [bioˈʔakˈtiːf] *adj* biologically active; **~e Waschmittel** biological detergents **Bio·bau·er, -bäu·e·rin** *m, f* organic farmer **Bio·brenn·stoff** *m* bio-fuel, biomass fuel **Bio·che·mie** [bioçeˈmiː] *f* biochemistry **Bio·che·mi·ker(in)** [bioˈçeːmikɐ] *m(f)* biochemist **bio·che·misch** [bioˈçeːmɪʃ] *adj inv* biochemical; **~er Sauerstoffbedarf** [*o* **BSB**] biochemical oxygen demand, BOD **Bio·chip** *nt* ELEK, ÖKOL biochip **Bio·die·sel(·treib·stoff)** *m* biodiesel
bio·dy·na·misch [biodyˈnaːmɪʃ] *adj* organic
Bio·elek·tri·zi·tät *f kein pl* bioelectricity *no pl*
Bio·ener·gie *f kein pl* bioenergy *no pl* **Bio·ethik** *f* bioethics + *sing vb* **Bio-Feed-back**[RR] [-ˈfiːdbæk] *nt* INFORM, MED biofeedback
Bio·gas *nt* biogas **Bio·gas·an·la·ge** *f* biogas plant **Bio·gas·spei·cher** *m* biogas reservoir **Bio·gas·ver·wer·tung** *f* biogas utilization
Bio·ge·ne·se [biogeˈneːzə] *f* biogenesis
bio·ge·ne·tisch [biogeˈneːtɪʃ] *adj* biogenetic
Bio·graf(in)[RR] <-en, -en> [bioˈgraːf] *m(f)* biographer
Bio·gra·fie[RR] <-, -n> [biograˈfiː, *pl* -ˈfiːən] *f* ❶ *(Buch)* biography
❷ *(Lebenslauf)* life [history]
Bio·gra·fin[RR] <-, -nen> *f fem form von* **Biograf**
bio·gra·fisch[RR] [bioˈgraːfɪʃ] *adj* biographical
Bio·graph(in) <-en, -en> [bioˈgraːf] *m(f) s.* **Biograf**
Bio·gra·phie <-, -n> [biograˈfiː, *pl* -ˈfiːən] *f s.* **Biografie**
Bio·gra·phin <-, -nen> *f fem form von* **Biograph** *s.* **Biograf**
bio·gra·phisch [bioˈgraːfɪʃ] *adj s.* **biografisch**
Bio·in·di·ka·tor *m* biological [*or* ecological] indicator, indicator species + *sing vb* **Bio·in·dus·trie** *f* AGR, ÖKON organic products industry **Bio·kost** *f* organic food **Bio·la·den** *m* health-food shop [*or* AM *usu* store], wholefood shop BRIT, natural food store AM
Bio·lo·ge, Bio·lo·gin <-n, -n> [bioˈloːgə, -ˈloːgɪn] *m, f* biologist
Bio·lo·gie <-> [biologiː] *f kein pl* biology *no pl, no indef art*
Bio·lo·gin <-, -nen> *f fem form von* **Biologe**
bio·lo·gisch **I.** *adj* biological; *(natürlich)* natural; **die ~e Uhr tickt** one's biological clock is ticking [away]
II. *adv* biologically; ***immer mehr Bauern entscheiden sich, ~ anzubauen*** more and more farmers are deciding to cultivate their land naturally; **~ abbaubar** biodegradable
Bio·lu·mi·nes·zenz <-, -en> [biolumineˈstsɛnts] *f* BIOL bioluminescence
Bio·mas·se *f* ÖKOL biomass; ***die absterbenden Lebewesen tragen zur Bildung von ~ bei*** dead organisms contribute to the formation of organic material **Bio·me·cha·nik** *f kein pl* biomechanics + *sing vb* **Bio·me·cha·nik** *f kein pl* biomechanics + *sing vb* **Bio·me·cha·ni·ker(in)** *m(f)* biomechanic **Bio·me·di·zin** *f* biomedicine **Bio·mem·bran** *f* BIOL biological membrane
Bio·me·trie <-> [biomeˈtriː] *f kein pl* biometry
Bio·me·trie-Aus·weis *m* biometric passport
Bio·me·trik <-> [bioˈmeːtrɪk] *f kein pl* biometrics + *sing vb*
bio·me·trisch *adj inv Pass* biometric
Bio·müll *m* organic waste **Bio·nah·rungs·mit·tel** *nt* organic food
Bio·nik <-> [bi'oːnɪk] *f kein pl* bionics + *sing vb*
Bio·pa·tent *nt* biotechnology patent **Bio·pa·tent·richt·li·nie** *f* biotechnology patent guideline
Bio·phy·sik [biofyˈziːk] *f* biophysics + *sing vb*

Bio·pro·dukt *nt* organic [*or* bio[logical]] product
Bi·op·sie <-, -n> [biɔ'psi:, *pl* -'psi:ən] *f* MED biopsy; ■**bei jdm eine ~ machen** to conduct a biopsy on sb
Bio·rhyth·mus *m* biorhythm
BIOS <-> ['bi:ɔs] *nt kein pl* INFORM *Akr von* **Basic Input Output System** BIOS
Bio-Schmier·stoff *m* biolubricant
Bio·sphä·re [bio'sfɛ:rə] *f kein pl* biosphere **Bio·sphä·ren·re·ser·vat** *nt* biosphere reserve
Bio·tech·nik [bio'tɛçnɪk] *f* bioengineering *no pl*, biotechnics + *sing vb* **bio·tech·nisch** [bio'tɛçnɪʃ] *adj inv* biotechnical, biotechnological **Bio·tech·no·lo·gie** <-, -n> [biotɛçnolo'gi:] *f* biotechnology *no pl, no art* **bio·tech·no·lo·gisch** *adj inv* biotechnological **Bio·ter·ror, Bio·ter·ro·ris·mus** *m* bioterrorism
Bio·tin <-s> [bio'ti:n] *nt kein pl* biotin, vitamin H
Bio·ton·ne *f* bio-bin, biocontainer, biovat
Bio·top <-s, -e> [bio'to:p] *nt* ÖKOL biotope **Bio·top·ver·net·zung** *f* biotope integration
Bio·treib·stoff *m* biofuel **Bio·waf·fe** *f* bioweapon **Bio·wasch·mit·tel** *nt* biological detergent **Bio·wis·sen·schaf·ten** *pl* ÖKOL life sciences *npl*
Bio·zid [bio'tsi:t] *nt* biocide
Bio·zö·no·se <-, -n> [biotsø'no:zə] *f* ÖKOL biocenosis, biotic community
BIP <-, -s> *nt* ÖKON *Abk von* **Bruttoinlandsprodukt** GDP
bi·po·lar [bipo'la:ɐ̯] *adj inv (geh)* bipolar
Bir·cher·müs·li, Bir·cher·müe·sli ['bɪrçe-] *nt* SCHWEIZ *porridge-style muesli with condensed milk and grated apple*
birgt [bɪrkt] *3. pers. sing pres von* **bergen**
Bir·ke <-, -n> ['bɪrkə] *f* 1 *(Baumart)* birch [tree] 2 *(Birkenholz)* birch *no pl, no indef art*
Bir·ken·reiz·ker *m* woolly milk cap **Bir·ken·span·ner** *m* ZOOL peppered moth **Bir·ken·was·ser** *nt* hair lotion *(derived from birch sap)*
Birk·hahn *m* blackcock **Birk·huhn** *nt* black grouse
Bir·ma <-s> ['bɪrma] *nt s.* **Myanmar**
Bir·ma·ne, Bir·ma·nin <-n, -n> [bɪr'ma:nə, -'ma:nɪn] *m, f* Burmese
Bir·ma·nisch [bɪr'ma:nɪʃ] *nt dekl wie adj* Burmese
Birn·baum *m* 1 *(Baumart)* pear tree 2 *kein pl (Birnbaumholz)* pear-wood *no pl, no indef art*
Bir·ne <-, -n> ['bɪrnə] *f* 1 *(Frucht des Birnbaums)* pear; *(Birnbaum)* pear tree 2 ELEK *(veraltend)* [light] bulb 3 *(fam: Kopf)* nut *fam;* **eine weiche ~ haben** *(sl)* to be soft in the head *sl*
bir·nen·för·mig *adj* pear-shaped
Bir·nen·geist <-[e]s, -e> *m* pear brandy
bis [bɪs] **I.** *präp +akk* 1 *(zeitlich)* till, until; *(nicht später als)* by; ~ **anhin** SCHWEIZ up to now; ~ **bald/gleich** see you soon/in a little while [*or* a minute]; ~ **dahin/dann** by then; ~ ***dann!*** till then!; ~ ***dahin bin ich alt und grau!*** I'll be old and grey by then!; ~ ***dahin war alles gut gegangen*** until then everything had gone well; ~ **einschließlich** [*o* SCHWEIZ **und mit**] up to and including; ***das Angebot läuft noch ~ einschließlich 15. Oktober*** the offer runs up to and including October 15; ***ich habe noch ~ einschließlich Dienstag Urlaub*** I am on holidays until Wednesday; ~ **jetzt** up to now, so far; *(spätestens jetzt)* by now; ~ ***jetzt haben wir 200.000 Ausgaben verkauft*** up to now [*or* so far] we've sold 200,000 copies; ~ ***jetzt ist noch alles ruhig*** so far everything is still quiet; ***das hätte ~ jetzt erledigt sein sollen*** that should have been done by now; ~ ***jetzt noch nicht*** not yet; ***irgendwelche Beschwerden? — nein, ~ jetzt jedenfalls noch nicht!*** any complaints? — no, nothing so far anyway; ~ **Montag/morgen/nächste Woche/später** till Monday/tomorrow/next week/later; ~ **Montag/morgen/nächste Woche fertig sein müssen** to have to be ready by Monday/tomorrow/next week ***dann bis später/Montag!*** see you later/on Monday!; ~ **spätestens ...** by ... at the latest; ***er bleibt ~ spätestens Freitag*** he is going to stay until Friday at the latest; ***der Text muss ~ spätestens Montag fertig sein*** the text hast to be ready by Monday at the latest; ~ [**gegen**] **8 Uhr** until [about] 8 o' clock; ~ **wann** until when; ~ ***wann gilt der Fahrplan?*** when is the timetable valid till?, how long is the timetable valid?; ~ ***wann weiß ich, ob Sie das Angebot annehmen?*** [by] when will I know, whether you're going to accept the offer?; ~ ***wann bleibst du?*** how long are you staying [for]?; ~ ***zu diesem Zeitpunkt*** up to this time; ■~ **in etw** *akk* into sth; ~ ***spät in die Nacht*** long into the night; ~ ***in die frühen Morgenstunden*** until the early hours [of the morning]; ■**von ...** [**an**] ~ **...** from ... until...; ***von Montag ~ Samstag*** from Monday to Saturday, Monday through Saturday AM; ***ich bin von heute*** [***an***] ~ ***einschließlich Mittwoch auf einer Tagung*** I'm at a meeting from today until the end of Wednesday [*or* until Wednesday inclusive]; ■~ **zu etw** *dat* until [*or* till] sth; *(nicht später als)* by sth; ~ ***zu dieser Stunde habe ich davon nichts gewusst!*** I knew nothing about it until now; ***das Projekt dürfte ~ zum Jahresende abgeschlossen sein*** the project should be finished by [*or* before] the end of the year; ***sie war ~ zum 17. Lebensjahr im Internat*** she was at boarding school until she was 17; ***jetzt sind es nur noch zwei Stunden ~ nach Hause*** it's only another two hours until we get home
2 *(räumlich)* to; *(nicht weiter als)* as far as; ***der Zug geht nur ~ Wertheim*** the train's only going as far as Wertheim; **jdn von oben ~ unten mustern** to look sb up and down; ***er musterte ihn von oben ~ unten*** he looked him up and down; ***der Hof geht genau ~ dahinten hin*** the yard runs right through to the back; ~ **dahin/dorthin** [up] to there; ~ ***dorthin sind es nur 3 Kilometer*** it's only 3 kilometres there; ***siehst du die Sandbank? wir schwimmen ~ dahin*** can you see the sandbank? we'll swim out to there; ~ **dahin/hierhin** [*o* **hierher**] up to that/this point; ~ ***dahin kenne ich den Film*** I know the film up to that point; ~ **hierher und nicht weiter** as far as here [*or* up to here] and no further; ~ **wohin** [*o fam* **wo**] where to; ***bis wohin können Sie mich mitnehmen?*** where can you take me to?, how far can you take me?; ~ ***wohin sind wir in der letzten Stunde gekommen?*** where did we get to [*or* how far did we get] in the last lesson?; ■~ **an/in/über/unter etw** *akk* up to/into/over/under sth; ***die Äste reichen*** [***ganz***] ~ ***ans Haus*** the branches reach [right] up to the house; ***der Rock ging ihr ~ ans Knie*** the skirt reached down to her knees; ■~ **vor etw** *akk*/**zu etw** *dat* [up] to sth
3 *(bei Zahlenangaben)* up to; ***die Tagestemperaturen steigen ~ 30°C*** daytime temperatures rise to 30°C; ***ich zähle ~ drei*** I'll count [up] to three; **Kinder ~ 6 Jahre** children up to [the age of] 6; ■~ **zu etw** *dat* up to sth; ***wir erwarten ~ zu 100 Personen*** we expect as many as 100 people; ***die Pflanze kann ~ zu 2 Metern hoch wachsen*** the plant can grow as high as 2 metres; **Jugendliche ~ zu 18 Jahren** adolescents up to [the age of] 18
4 *(mit Ausnahme von)* ■~ **auf** [*o* SCHWEIZ **an**] **jdn/etw** except [for] sb/sth
5 *(einschließlich)* ■~ **auf jdn/etw** down to sb/sth
II. *konj* 1 *(beiordnend)* to; ***400 ~ 500 Gramm Schinken*** 400 to 500 grams of ham; ***5 ~ 10 Tage*** from 5 to [*or* between 5 and] 10 days; ***das Wetter morgen: bewölkt ~ bedeckt und strichweise leichter Regen*** the weather for tomorrow: cloudy or overcast with light rain in places
2 *(unterordnend)* till, until; *(bevor)* by the time; *(bevor nicht)* till, until; ***ich möchte mit meiner Entscheidung warten, ~ ich mehr Informationen habe*** I'd like to wait with my decision until I've got more information; ~ ***es dunkel wird, möchte ich zu Hause sein*** I want to be home by the time it gets dark; ***ich warte noch, ~ es dunkel wird*** I'll wait until it gets dark; ~ ***die Hausaufgaben gemacht sind, geht ihr nicht raus!*** you're not going out until your homework's done!
III. *adv* MUS bis *spec*
Bi·sam <-s, -e *o* -s> ['bi:zam] *m* 1 MODE musquash *no pl* 2 *no pl (Moschus)* musk *no pl*
Bi·sam·rat·te *f* muskrat
Bis·ca·ya *f* GEOG *s.* **Biskaya**
Bisch·kek <-s> [bɪʃ'kjɛk] *nt* Bishkek
Bi·schof, Bi·schö·fin <-s, Bischöfe> ['bɪʃɔf, 'bɪʃø:fɪn, *pl* 'bɪʃœfə] *m, f* bishop
bi·schöf·lich ['bɪʃœflɪç, 'bɪʃø:flɪç] *adj* episcopal
Bi·schofs·amt *nt* episcopate, bishopric **Bi·schofs·kon·fe·renz** *f* REL conference of bishops **Bi·schofs·müt·ze** *f* [bishop's] mitre [*or* AM -er] **Bi·schofs·sitz** *m* bishop's seat, cathedral city **Bi·schofs·stab** *m* bishop's crook, crosier
Bi·se·xu·a·li·tät [bizɛksu̯ali'tɛ:t, 'bi:-] *f* bisexuality
bi·se·xu·ell [bizɛ'ksu̯ɛl, 'bi:-] *adj* bisexual
bis·her [bɪs'he:ɐ̯] *adv* until [*or* up to] now; ~ ***habe ich noch nichts Gegenteiliges gehört*** I've not heard anything to the contrary so far; *(momentan)* currently
bis·he·rig [bɪs'he:rɪç] *adj attr (vorherig)* previous *attr; (momentan)* present, to date, up to now; **die ~e politische Entwicklung** current political developments; **nach unseren ~en Erkenntnissen** according to our current knowledge
Bis·ka·ya <-> [bɪs'ka:ja] *f* ■**die ~** [the Bay of] Biscay; *s. a.* **Golf**
Bis·kuit <-[e]s, -s *o* -e> [bɪs'kvi:t, bɪs'ku̯i:t] *nt o m* KOCHK sponge
Bis·kuit·ge·bäck *nt* sponge cake **Bis·kuit·rol·le** *f* Swiss [*or* AM jelly] roll **Bis·kuit·teig** *m* sponge mixture
bis·lang [bɪs'laŋ] *adv s.* **bisher**
Bis·marck·he·ring ['bɪsmark-] *m* Bismarck herring
Bi·son <-s, -e> ['bi:zɔn] *m* bison
biss^RR^, **biß**^ALT^ [bɪs] *imp von* **beißen**
Biss^RR^ <-es, -e>, **Biß**^ALT^ <-sses, -sse> [bɪs] *m* 1 *(das Zubeißen)* bite 2 *(Bisswunde)* bite; ***der ~ muss unbedingt genäht werden!*** the bite will have to have stitches 3 *(sl: engagierter Einsatz)* drive; ~ **haben** *(sl)* to have drive
biss·chen^RR^, **biß·chen**^ALT^ ['bɪsçən] *pron indef* 1 *in der Funktion eines Adjektivs* ■**ein ~ ...** a bit of ..., some ...; ***kann ich noch ein ~ Milch haben?*** can I have another drop of [*or* a drop more] milk?; ***ich habe ein ~ Ärger im Büro gehabt!*** I've had a bit of bother at the office; ■**kein ~ ...** not one [little] bit of ...; ***du hast aber auch kein ~ Verständnis für meine schwierige Situation*** you haven't got a scrap of sympathy for the awkward situation I'm in; ***ich habe kein ~ Geld*** I'm penniless; ***ich habe im Moment kein ~ Zeit!*** I haven't got a minute to spare at the moment!; ■**das ~ ...** the little bit of ...; ***das ~ Geld, das ich habe, brauche ich selber*** I need what money I have myself; ***mit dem ~ Gehalt kann man in München keine großen Sprünge machen*** this salary won't get you far in Munich!
2 *in der Funktion eines Adverbs* ■**ein ~ ...** a bit [*or* little]; ***das war ein ~ dumm von ihr!*** that was a little stupid of her!; + *komp;* ***darf's ein ~ mehr Käse sein, die Dame?*** would Madam like a little more cheese?; ***ich würde an deiner Stelle ein ~ weniger arbeiten!*** if I were you, I'd work a little less; ■**kein ~ ...** not the slightest bit ...; ***es ist kein ~ teurer!*** it's not a bit more expensive!; ***sie war kein ~ schlechter als er*** she was no worse than him in the slightest
3 *in der Funktion eines Substantivs* ■**ein ~** a bit [*or* little]; ***wenn man nur so ein ~ verdient wie ich!*** when one earns as little as I do!; ***für so ein ~ wollen die 1.000 Euro!*** they want 1,000 euros for a little bit like that!; ***von so einem ~ wirst du doch nicht satt*** a little portion like that won't fill you up; ***nimmst du Milch in den Kaffee? — ja, aber nur ein ~*** do you take milk with your coffee? — yes, but just a drop; ■**das ~** the little; ***drei Eier, zwei Semmeln, etwas Butter— und für das ~ wollen die 10 Euro?*** three eggs, two rolls and some butter — and they want ten euros for these few items!; **ein klein ~** *(fam)* a little bit

Bis·sen <-s, -> ['bɪsn̩] *m* morsel; ***kann ich einen ~ von deinem Brötchen haben?*** can I have a bite of your roll?; ***wenn du das Steak nicht ganz schaffst, kannst du mir gern einen ~ übrig lassen!*** if you can't quite manage the steak, you can leave me a mouthful; ***sie will keinen ~ anrühren*** she won't eat a thing; ***ich habe heute keinen ~ gegessen*** I haven't eaten a thing today; ***er brachte keinen ~ herunter*** he couldn't eat a thing
▸WENDUNGEN: **ihm blieb der ~ im Hals stecken** his throat contracted with fear; **sich** *dat* **jeden ~ vom Munde absparen** to keep a tight rein on one's purse strings, to scrimp and scrape [*or* save]

bis·sig ['bɪsɪç] *adj* ❶ *(gerne zubeißend)* vicious; ***„[Vorsicht,] ~ er Hund!"*** "beware of [the] dog!"; ***ist der Hund ~?*** does the dog bite?
❷ *(sarkastisch)* caustic, cutting; **eine ~e Kritik** a scathing [*or* waspish] review; **~e Kritik** biting [*or* scathing] criticism; ***sie hat eine sehr ~e Art*** she's very sarcastic; ***du brauchst nicht gleich ~ zu werden!*** there's no need to bite my head off!; ***sie hat äußerst ~ reagiert*** she reacted in an extremely caustic manner

Bis·sig·keit <-, -en> *f* ❶ *kein pl (bissige Veranlagung)* viciousness *no pl*
❷ *kein pl (Sarkasmus)* causticity *no pl*
❸ *(bissige Bemerkung)* caustic remark

Biss·wun·de^RR *f* bite

bist [bɪst] *2. pers. sing pres von* **sein**

Bis·tro <-s, -s> ['bɪstro, bɪs'tro:] *nt* bistro

Bis·tro·tisch *m* bistro table

Bis·tum <-s, -tümer> ['bɪstu:m, *pl* -ty:mɐ] *nt* bishopric, diocese

bis·wei·len [bɪs'vailən] *adv (geh)* at times, now and then

Bit <-[s], -[s]> [bɪt] *nt* INFORM bit

Bit-Brei·te *f* INFORM bit size

Bitt·brief *m* letter of request

bit·te ['bɪtə] *interj* ❶ *(höflich auffordernd)* please; **~, *Sie wünschen?*** what can I do for you?; ~ **schön[, was darf es sein]?** can I help you?; ~ **nicht!** no, please!, please don't!; ***ja, ~? (am Telefon)*** hello?, yes?; ***bleiben Sie ~ am Apparat*** please hold the line; ***Herr Ober, die Rechnung ~!*** waiter! could I have the bill, please; ***hier entlang ~!*** this way, please!; ~ ***nach Ihnen*** after you; ***~, nehmen Sie doch Platz!*** please take a seat; ***~[, treten Sie ein]!*** come in!; ***tun Sie [doch] ~ ...*** won't you please ...; ***[einen] Moment ~!*** one moment [please]!, wait a minute [please]!
❷ *(zustimmend)* **ach ~, *darf ich Sie mal was fragen?* — *ja*** ~ oh! could I ask you something, please? — yes, by all means
❸ *(Dank erwidernd)* ***herzlichen Dank für Ihre Mithilfe! — [aber] ~ sehr!*** many thanks for your help — please don't mention it!; ***danke für die Auskunft! — ~[, gern geschehen]*** thanks for the information — you're [very] welcome!; ***danke, dass du mir geholfen hast! — ~[, gern geschehen]!*** thanks for helping me — not at all!; ***danke schön! — ~ schön, war mir ein Vergnügen!*** thank you! — don't mention it, my pleasure!; ***Entschuldigung! — ~!*** I'm sorry! — that's all right!
❹ *(anbietend)* ~ **schön** here you are
❺ *(um Wiederholung bittend)* **~? *könnten Sie die Nummer noch einmal langsamer wiederholen?*** sorry, can you repeat the number more slowly?
❻ *(drückt Erstaunen aus)* **wie ~?** I beg your pardon?; ***[wie] ~, habe ich Sie da recht verstanden?*** [I beg your] pardon! did I hear you right?
❼ *(drückt aus, dass etw nicht unerwartet war)* **na ~ *schön, jetzt haben wir den Salat!*** there you are, we're in a fine mess now!; ***na ~!*** what did I tell you!; ***na ~, habe ich schon immer gewusst*** there you are, I knew it all along
❽ *(sarkastisch)* all right, fair enough; ***ich brauche dein Geld nicht — ~, wie du willst!*** I don't need your money — fair enough, as you wish!
▸WENDUNGEN: **~ ~ machen** *(kindersprache fam)* to say please nicely

Bit·te <-, -n> ['bɪtə] *f* request (**um** +*akk* for); **eine ~ äußern** to make a request; **eine ~ [an jdn] haben** to have a favour [*or* AM -or] to ask [of sb]; ***ich hätte eine ~ an Sie*** if you could do me one favour; **mit einer ~ an jdn herantreten** to go to [*or* approach] sb with a request; **eine ~ an jdn richten** [*o* sich *akk* **mit einer ~ an jdn wenden**] to make [*or* put] a request to sb; **auf jds** *akk* **~ [hin]** at sb's request; ***ich habe eine große ~: ...*** if I could ask [you to do] one thing: ..., I have one request to make: ...

bit·ten <bat, gebeten> ['bɪtn̩] **I.** *vt* ❶ *(eine Bitte richten an)* ■**jdn [um etw** *akk*] ~ to ask sb [for sth]; *(inständig)* to beg sb [for sth]; ***darf ich Sie um einen Rat ~?*** may I ask your advice?; ***könnte ich dich um einen Gefallen ~?*** could I ask you a favour [*or* a favour of you]?; ■**jdn [darum] ~, etw zu tun** [*o* **dass er etw tut**] to ask sb to do sth; *(inständig)* to beg [*or* implore] sb to do sth; ***ich bitte dich darum, mit keinem Menschen darüber zu reden*** I would ask you not to talk to anybody about this; ***die Passagiere werden gebeten, sich anzuschnallen*** passengers are requested to fasten their seatbelts
❷ *(einladen)* ■**jdn zu etw** *dat* ~ to invite sb to sth; **jdn zum Essen/Tee** ~ to invite sb for [*or* to] dinner/tea; ***nach dem Tanz baten die Gastgeber [die Gäste] zum Abendessen*** after the dance the hosts invited the guests to have dinner; ■**jdn auf etw** *akk* **zu sich** *akk* ~ to invite sb home for sth; ***darf ich dich auf ein Glas Wein zu mir [nach Hause] ~?*** may I ask you home for a glass of wine?
❸ *(auffordern)* ■**jdn zu etw** *dat*/**in etw** *akk* ~ *(zu gehen)* to ask sb to go to/into sth; *(zu kommen)* to ask sb to come to/into sth; ***darf ich [euch] zu Tisch ~?*** may I ask you to come and sit down at the table?, dinner is served!; ***wenn ich euch jetzt in den Garten ~ dürfte!*** if I might ask you to go into the garden now; ***der Chef bat den Mitarbeiter zu sich ins Büro*** the boss asked the employee to come [in]to his office; ***ich muss Sie ~ mitzukommen*** I must ask you to come with me; ***darf ich Sie ~?*** would you mind?; ***wenn ich Sie ~ darf!*** if you please [*or* wouldn't mind]!; **jdn ins Haus/Zimmer** ~ to ask sb [to come] in
▸WENDUNGEN: **[aber] ich bitte dich/Sie!** really!; **sich** *akk* **gerne ~ lassen** to like to be asked; **sich** *akk* **nicht [lange] ~ lassen** to not have to be asked twice; ***er ließ sich nicht lange*** ~ he didn't have to be asked twice
II. *vi* ❶ *(eine Bitte aussprechen)* ■**um etw** *akk* ~ to ask for sth, to request sth; *(dringend wünschen)* to beg for sth; ***darf ich einen Augenblick um Aufmerksamkeit ~?*** may I have your attention for a moment, please?; ***darf ich [um den nächsten Tanz] ~?*** may I have the pleasure [of the next dance]?; ***darum möchte ich doch sehr gebeten haben! (emph geh)*** I should hope so too!; ***ich bitte [sogar] darum*** *(geh)* I should be glad; **um jds Anwesenheit** ~ to request sb's presence; **um Hilfe/Verständnis** ~ to ask for help/understanding; **um Ruhe** ~ to request [*or* ask for] silence; **um Verzeihung** ~ to beg for forgiveness; ■**es wird gebeten, ...** *(geh)* please ...; ***„es wird gebeten, in der Schalterhalle nicht zu rauchen"*** "please do not smoke in the booking hall"
❷ *(hereinbitten)* **jd lässt** ~ sb asks sb to come in; ***der Herr Professor lässt*** ~ the professor will see you now; ***er möchte Sie gerne sprechen! — aber selbstverständlich, ich lasse ~!*** he would like to speak to you — but of course, would you ask him to come in!
❸ *(emph: befehlend)* ***wenn ich ~ darf!*** if you please!; ***etwas mehr Tempo, wenn ich ~ darf!*** *(fam)* hurry up, if you please!; ***ich muss doch [sehr] ~!*** well really!; ***also diese Manieren heutzutage! ich muss doch sehr ~!*** well really! people's manners today!
▸WENDUNGEN: **~ und betteln** *(fam)* to beg and plead; **wenn ich ~ darf!** if you wouldn't mind!

Bit·ten <-s> ['bɪtn̩] *nt kein pl* pleading *no pl;* ***trotz seines [inständigen] ~s*** despite his [urgent] pleas; **jds ~ und Betteln** sb's begging and pleading; ***dein ~ und Betteln ist vergeblich, ich habe gesagt nein!*** it's no use your begging and pleading, I've said no!; **sich** *akk* **aufs ~ verlegen** to resort to pleading; **auf jds** *akk* **~ [hin]** at sb's request; **auf ~ von jdm** at the request of sb; ***auf ~ von uns allen*** at the request of us all

bit·tend I. *adj* pleading; ***ihre ~en Augen*** the beseeching look in her eyes
II. *adv* beseechingly

bit·ter ['bɪtɐ] **I.** *adj* ❶ *(herb)* bitter; **~e Schokolade** plain chocolate; ***brrr! diese ~e Medizin!*** yuk! this awful tasting medicine!
❷ *(schmerzlich)* bitter; **eine ~e Lehre** a hard lesson; **~es Leid erfahren** to experience abject sorrow; **~e Reue** deep [*or* keen] regret; **ein ~er Verlust** a painful loss; **die ~e Wahrheit** the painful truth; *s. a.* **Ernst**
❸ *(verbittert)* bitter; ***die Bauern führten beim Abt ~e Klagen*** the farmers complained bitterly to the abbot
❹ *(schwer)* bitter; ***es ist mein ~er Ernst*** I am deadly serious; **in ~er Not leben** to live in abject poverty; **jdn seinem ~en Schicksal überlassen** to leave sb to his sad fate; **~es Unrecht** grievous wrong [*or* injustice]; **sich** *dat* **~e Vorwürfe machen** to reproach oneself bitterly
▸WENDUNGEN: **bis zum ~en Ende** to the bitter end
II. *adv* bitterly; ***das ist ~ wenig*** that's desperately little; **etw ~ bereuen** to regret sth bitterly; **etw ~ vermissen** to miss sth desperately; **für etw** *akk* **~ bezahlen** to pay dearly for sth; ***das wird sich ~ rächen!*** you'll/we'll etc. pay dearly for that!; *s. a.* **nötig**

Bit·ter <-s, -> ['bɪtɐ] *m* KOCHK bitters + *sing vb*

bit·ter·arm *adj (sehr arm)* poverty-stricken, dirt poor *fam*

bit·ter·bö·se ['bɪtɐ'bø:zə] *adj* furious; ~ **reagieren** to react furiously

Bit·te·re(r) *m dekl wie adj s.* **Bitter**

bit·ter·ernst ['bɪtɐ'ʔɛrnst] *adj* extremely serious; ***musst du denn immer so ~ sein?*** must you always be so deadly serious?; ■**jdm ist es mit etw** *dat* ~ sb is deadly serious about sth; **etw ~ meinen/nehmen** to mean/take sth deadly seriously **bit·ter·kalt** ['bɪtɐ'kalt] *adj attr* bitter, bitterly cold; ***es war ~*** it was bitterly cold

Bit·ter·keit <-> *f kein pl* ❶ *(Verbitterung)* bitterness
❷ *(bitterer Geschmack)* bitterness

Bit·terle·mon, Bit·ter Le·mon <-[s], -> ['bɪtɐ 'lɛmən] *nt* bitter lemon

bit·ter·lich I. *adj* slightly [*or* somewhat] bitter
II. *adv* bitterly; ~ **weinen/frieren** to cry bitterly/to be [*or* feel] dreadfully cold

Bit·ter·ling <-s, -e> ['bɪtɐlɪŋ] *m* ZOOL bitterling

Bit·ter·man·del *f* bitter almond **Bit·ter·man·del·öl** *nt* [bitter] almond oil, oil of bitter almonds

Bit·ter·nis <-, -se> ['bɪtɐnɪs] *f (liter)* bitterness *no pl*

Bit·ter·oran·ge *f* bitter [*or* Seville] orange **Bit·ter·salz** *nt* Epsom salts *pl* **Bit·ter·stoff** *m* bitter principle **bit·ter·süß** ['bɪtɐ'zy:s] *adj (bitter und süß)* bittersweet; *(fig: schmerzlich und schön)* bittersweet

Bitt·gang <-gänge> *m (geh)* [supplicatory] request; **einen ~ zu jdm machen** to go cap in hand to sb *fig*
Bitt·got·tes·dienst *m* REL rogation service **Bitt·lei·he** *f* JUR precarium **Bitt·schrift** *f (veraltend)* plead, petition **Bitt·stel·ler(in)** <-s, -> *m(f)* petitioner, supplicant *form*

Bi·tu·men <-s, - *o* Bitumina> [bi'tu:mən, *pl* bi'tu:mina] *nt* bitumen *no pl*

Bi·tu·men·dach·bahn *f* BAU asphaltic roof sheeting

Bi·tu·men·dich·tung *f* bitumen jointing **Bi·tu·men·dich·tungs·haut** *f* bitumen membrane

Bi·tu·men·heiß·kle·be·mas·se *f* BAU hot asphaltic cement **Bi·tu·men·pap·pe** *f* BAU bituminous felt **Bi·tu·men·schweiß·bahn** *f* BAU bituminous welded asphalt

bi·va·lent [biva'lɛnt] *adj* bivalent

Bi·wak <-s, -s *o* -e> ['bi:vak] *nt* bivouac

bi·wa·kie·ren* [biva'ki:rən] *vi* to bivouac

BIZ <-> *f kein pl Abk von* **Bank für internationalen**

Zahlungsausgleich BIS, Bank for International Settlements

bi·zarr [bi'tsar] *adj* bizarre

Bi·zeps <-es, -e> ['bi:tsɛps] *m* biceps

BKA <-> [be:ka:'ʔa:] *nt kein pl Abk von* **Bundeskriminalamt** German Federal Criminal Police Office *(central organization for combatting and investigating crime)*

Bla·bla <-s> [bla'bla:] *nt kein pl (pej fam)* waffle *pej*

bla bla (bla) ['bla: 'bla: ('bla:)] *interj (pej fam)* blah blah blah *pej fam*

Bla·che <-, -n> ['blaxə] *f* ÖSTERR, SCHWEIZ tarpaulin

Black·box·me·tho·de ['blæk'bɔks-] *f kein pl* black box method

Black·out, Black-outRR <-s, -s> ['blɛkʔaut, 'blɛkʔaut, blɛk'ʔaut] *m* ① *(Gedächtnislücke)* lapse of memory
② *(Bewusstseinstrübung, -verlust)* blackout; ***in Prüfungssituationen kommt es manchmal zu einem ~*** during examinations one can sometimes have a mental block; ***das muss er im völligen ~ getan haben*** he must have done that in a complete fog
③ *(Stromausfall)* blackout

blaf·fen ['blafn̩] *vi* ① *(kläffen)* to yap
② *(pej: schimpfen)* to snap *fam*

Blag <-s, -en> *nt* DIAL *(pej)*, **Bla·ge** <-, -n> ['bla:g(ə)] *f* DIAL *(pej)* brat *pej*

blä·hen ['blɛ:ən] **I.** *vt* ■**etw ~** ① *(mit Luft füllen)* to fill [out] sth *sep;* ***der Zugwind bläht die Vorhänge*** the draught is making the curtains billow
② ANAT to distend sth; ■**gebläht** distended; ***das Ross blähte seine Nüstern*** the horse dilated [*or* flared] its nostrils
II. *vr* ■**sich** *akk* ~ *(sich mit Luft füllen)* to billow; ANAT to dilate; ***seine Nasenflügel blähten sich vor Zorn*** his nostrils dilated [*or* flared] with anger
III. *vi (blähend wirken)* to cause flatulence [*or* wind]

blä·hend *adj* flatulent; **bei jdm ~ wirken** to have a flatulent effect on sb

Blä·hung <-, -en> *f meist pl* flatulence *no pl, no indef art,* wind *no pl, no indef art;* **an ~en leiden** to suffer from flatulence; **~en haben** to have flatulence

bla·ma·bel [bla'ma:bl̩] *adj (geh)* shameful; ***eine blamable Lage*** an embarrassing situation

Bla·ma·ge <-, -n> [bla'ma:ʒə] *f (geh)* disgrace *no pl*

bla·mie·ren* [bla'mi:rən] **I.** *vt* ■**jdn ~** to disgrace sb; *s. a.* **Innung**
II. *vr* ■**sich** *akk* [**durch etw** *akk*] ~ to disgrace [*or* make a fool of] oneself [as a result of sth]

blan·chie·ren* [blã'ʃi:rən] *vt* KOCHK ■**etw ~** to blanch sth

Blan·chier·löf·fel *m* KOCHK blanching spoon

Blank <-s, -s> [blæŋk] *nt* LING, INFORM blank [space], white space

blank [blaŋk] **I.** *adj* ① *(glänzend, sauber)* shining, shiny
② *(abgescheuert)* shiny
③ *(rein)* pure, sheer; ***was du sagst, ist ~er Unsinn!*** what you're saying is utter nonsense!; *(total)* utter; ***in der Stadt herrschte das ~e Chaos*** utter chaos reigned in the town
④ *(nackt)* bare, naked; SÜDD, ÖSTERR *(ohne Mantel)* without a coat; **~ [aus]gehen** to go [out] without a coat
⑤ *(veraltend: gezogen)* drawn; **mit ~em Schwert** with drawn sword; **~er Stahl** cold steel
⑥ *(bloß)* bare; **~e Erde/Wände/~es Holz** bare earth/walls/wood
⑦ *(poet: strahlend)* bright; ***als er die Goldmünze sah, bekam er ~e Augen*** his eyes shone when he saw the gold coin; ***es ist schon ~er Tag*** it's already broad daylight
⑧ *pred (fam)* ■**~ sein** to be broke *fam; s. a.* **Hans**
II. *adv (glänzend)* **~ gewetzt** shiny; **~ poliert** brightly polished

Blan·kett <-s, -e> [blaŋ'kɛt] *nt* KOCHK ragout, fricassée

Blan·kett·aus·fül·lungs·be·fug·nis *f* JUR authorization to fill in a blank **Blan·kett·fäl·schung** *f* JUR blank document forgery **Blan·kett·miss·brauch**RR *m* JUR fraudulent use of documents signed in blank **Blan·kett·vor·schrift** *f* JUR outline provision

blank·ge·wetzt *adj attr s.* **blank II**

blan·ko ['blaŋko] *adv* ① *(unbedruckt)* plain
② *(ohne Eintrag)* blank; ***man soll nie einen unterschriebenen Scheck ~ aus der Hand geben*** one should never hand out a blank signed cheque

Blan·ko·ak·zept *nt* FIN blank acceptance **Blan·ko·dar·le·hen** *nt* FIN blank loan **Blan·ko·in·dos·sa·ment** *nt* FIN blank endorsement [*or* BRIT transfer] **Blan·ko·kre·dit** *m* FIN open credit **Blan·ko·po·li·ce** *f* FIN blank policy **Blan·ko·scheck** *m* blank cheque [*or* AM check] **Blan·ko·voll·macht** *f* carte blanche **Blan·ko·wech·sel** *m* FIN blank bill **Blan·ko·zes·si·on** *f* JUR transfer in blank

blank·po·liert *adj attr s.* **blank II**

Blank-Tas·te *f* INFORM blank key

Blank·vers *m* blank verse

Bläs·chen <-s, -> ['blɛ:sçən] *nt* small blister

Bla·se <-, -n> ['bla:zə] *f* ① ANAT bladder; **eine schwache ~ haben** *(fam)* to have a weak bladder *fam;* **sich** *dat* **die ~ erkälten** [*o* **unterkühlen**] to get a chill on the bladder
② MED blister; **sich** *dat* **~n laufen** to get blisters on one's feet
③ *(Hohlraum)* bubble; **~n werfen** [*o* **ziehen**] to form bubbles; *Anstrich* to blister; *Tapete, heiße Masse* to bubble
④ *(Sprechblase)* speech bubble, balloon
⑤ *(fam: Clique)* gang *fam*

Bla·se·balg <-[e]s, -bälge> *m* bellows *npl,* pair of bellows

bla·sen <bläst, blies, geblasen> ['bla:zn̩] **I.** *vi* ① *(Luft ausstoßen)* to blow; ■**auf etw** *akk* ~ to blow on sth; **auf eine Brandwunde ~** to blow on a burn
② MUS *(Töne erzeugen)* to play; ■**auf etw** *akk*/**in etw** *dat* ~ to play sth; ***manche Leute können auf Kämmen ~*** some people can play a comb; ***der Jäger blies in sein Horn*** the hunter sounded his horn
II. *vi impers (fam: es windet)* it's windy; ***draußen bläst es aber ganz schön*** it's really windy outside
III. *vt* ① *(durch Blasen kühlen)* ■**etw ~** to blow on sth; **die heiße Suppe/den Kaffee ~** to blow on one's hot soup/coffee [to cool it down]
② *(entfernen)* ■**etw ~** to blow sth; ***er blies [sich] den Fussel vom Ärmel*** he blew the fluff off his sleeve
③ MUS ■**etw ~** to play sth; ■**etw [auf etw** *dat*] ~ to play sth [on sth]; ***er nahm die Trompete zur Hand und blies [darauf] eine wunderschöne Melodie*** he picked up the trumpet and played a wonderful melody [on it]
④ *(derb: fellationieren)* ■**jdn ~,** ■**jdm einen ~** to give sb a blow job *fam!*

Bla·sen·ent·zün·dung *f* inflammation of the bladder, cystitis *no pl, no indef art spec* **Bla·sen·katarr**RR *m* cystitis **Bla·sen·ka·the·ter** *m* urinary [*or* urethral] catheter **Bla·sen·krebs** *m* cancer of the bladder, bladder cancer **Bla·sen·lei·den** *nt* bladder complaint; **ein ~ haben** to have bladder trouble [*or* a bladder complaint] **Bla·sen·schwä·che** *f* bladder weakness, a weak bladder **Bla·sen·spie·ge·lung** *f* cystoscopy **Bla·sen·stein** *m* bladder stone **Bla·sen·tang** *m* BOT bladder wrack [*or* kelp] **Bla·sen·tee** *m herbal tea to relieve bladder problems*

Blä·ser(in) <-s, -> ['blɛ:zɐ] *m(f)* MUS wind player; ■**die ~** the wind section

Blä·ser·quar·tett *nt* MUS wind quartet

bla·siert [bla'zi:ɐ̯t] *adj (pej geh)* arrogant, blasé

Bla·siert·heit <-, -en> *f (pej geh)* arrogance, blasé attitude; *(Äußerung)* arrogant [*or* blasé] comment

bla·sig ['bla:zɪç] *adj* ① *(Blasen aufwerfend)* bubbly; ***der Teig wird ~*** the batter is getting light and airy
② MED blistered

Blas·in·stru·ment *nt* wind instrument **Blas·ka·pel·le** *f* brass band **Blas·luft** *f* TYPO suction system **Blas·mu·sik** *f* brass-band music **Blas·or·ches·ter** *nt* MUS wind orchestra

Blas·phe·mie <-, -n> [blasfe'mi:, *pl* -'mi:ən] *f (geh)* blasphemy

blas·phe·misch [blas'fe:mɪʃ] *adj (geh)* blasphemous

Blas·rohr *nt* blowpipe

blassRR, **blaß**ALT <-er *o* blässer, -este *o* blässeste> [blas] *adj* ① *(bleich)* pale; **~ aussehen** to look pale [*or* BRIT *fam* peaky] [*or* peaked] [*or liter* wan]; **~ um die Nase sein** to be green [*or* pale] about the gills *hum;* ■[**vor etw** *dat*] **~ werden** to go [*or* grow] [*or* turn] pale [with sth]; **~ vor Neid werden** to go [*or* turn] green with envy; *(vor Schreck a.)* to pale, to blanch
② *(hell)* pale; ***er trug ein Hemd in einem ~en Grün*** he wore a pale-green shirt; **eine ~e Schrift** faint writing; **~ gedruckte Seite** TYPO page with imperfect ink coverage
③ *(geh: matt)* **ein ~es Licht/~er Mond** a pale [*or liter* wan] light/moon
④ *(schwach)* vague; **eine ~e Erinnerung/Hoffnung** a dim [*or* vague] memory/faint hope; *s. a.* **Schimmer**
⑤ *(ohne ausgeprägte Züge)* **~ wirken** to seem colourless [*or* AM -orless] [*or* bland]

Bläs·se <-, -n> ['blɛsə] *f* ① *(blasse Beschaffenheit)* paleness *no pl,* pallor *no pl*
② *(Farblosigkeit)* colourlessness [*or* AM -orness] *no pl*

Bläss·gansRR, **Bläß·gans**ALT *f* ORN white-fronted goose

blass·ge·drucktRR *adj* TYPO *s.* **blass 2**

Bläss·huhnRR, **Bläß·huhn**ALT ['blɛshu:n] *nt* coot

bläss·lichRR, **bläß·lich**ALT ['blɛslɪç] *adj* palish, rather pale

bläst [blɛ:st] *3. pers. sing pres von* **blasen**

Blatt <-[e]s, Blätter> [blat, *pl* 'blɛtɐ] *nt* ① BOT leaf
② *(Papierseite)* sheet; **lose** [*o* **fliegende**] **Blätter** loose leaves [*or* sheets]; **vom ~ singen/spielen** MUS to sight-read
③ *(Seite)* page; KUNST print
④ *(Zeitung)* paper
⑤ *(von Werkzeugen)* blade
⑥ KARTEN hand; **ein/kein gutes ~** a good/not a good hand
⑦ JAGD, KOCHK shoulder
▶WENDUNGEN: **das ~ hat sich gewendet** things have changed; **kein ~ vor den Mund nehmen** to not mince one's words; **das steht auf einem anderen ~** that's a different matter; [**noch**] **ein unbeschriebenes ~ sein** *(unerfahren sein)* to be inexperienced; *(unbekannt sein)* to be an unknown quantity

Blatt·ader *f* leaf vein **Blatt·bil·dung** *f* leaf form[ation]

Blätt·chen <-s, -> ['blɛtçən] *nt dim von* **Blatt 1, 2**

Blät·ter·dach *nt eines Baumes* canopy

blät·te·rig, blätt·rig *adj* flaking; *(geschichtet)* laminate; ■**~ werden** to begin to flake [*or* start flaking]; ***der Teig ist ganz ~ geworden*** the pastry's gone all flaky

Blät·ter·kohl *m s.* **Chinakohl** **Blät·ter·ma·gen** *m* ZOOL omasum *spec*

blät·tern ['blɛtɐn] **I.** *vi* ① *(flüchtig lesen, umblättern)* ■[**in etw** *dat*] ~ to flick [*or* leaf] through sth
② *(abbröckeln)* to flake [off], to come off in flakes; ***die Farbe blättert schon von der Wand*** the paint is already flaking off the wall
II. *vt* ■[**jdm**] **etw auf etw** *akk* ~ to lay down sth one by one [for sb]; ***sie blätterte [mir] 20 Tausender auf den Tisch*** she counted out 20 thousand-mark notes on the table [for me]

Blät·ter·pilz *m* BOT agaric

Blät·ter·teig *m* flaky [*or* puff] pastry **Blät·ter·teig·ge·bäck** *nt* puff pastries *pl* **Blät·ter·teig·pas·te·te** *f* vol-au-vent

Blatt·fall <-s> *m kein pl* falling *no pl* of leaves, abscission *spec* **Blatt·fe·der** *f* TECH leaf spring **Blatt·form** *f* BOT form of a leaf

blatt·för·mig *adj* leaf-shaped

Blatt·ge·mü·se *nt* greens *npl;* ■**ein** ~ a leaf vegetable **Blatt·gold** *nt* gold leaf *no pl, no indef art* **Blatt·grün** *nt* chlorophyll *no pl, no indef art* **Blatt·laus** *f* aphid **Blatt·nerv** *m* leaf nerve **Blatt·pflan·ze** *f* foliate plant

blätt·rig *adj s.* **blätterig**

Blatt·sa·lat *m* lettuce **Blatt·schuss**RR *m* JAGD shot into the chest **Blatt·spi·nat** *m* leaf spinach **Blatt·sprei·te** <-, -n> *f* BOT lamina, blade **Blatt·stiel** *m* BOT [leaf]stalk, petiole *spec* **Blatt·werk** *nt kein pl (geh)* foliage *no pl* **Blatt·zei·chen** *nt* TYPO bookmark **Blatt·zi·cho·rie** *f* leafy chicory

blau [blau̯] *adj* ① *(Farbe)* blue
② *(blutunterlaufen)* bruised; **ein ~er Fleck** a bruise; **schnell ~e Flecken bekommen** to bruise quickly; **ein ~es Auge** a black eye; *(vor Kälte o weil herzkrank)* blue
③ *inv* KOCHK rare, underdone, blue; **Forelle ~** blue trout, trout au bleu
④ *meist pred (fam: betrunken)* drunk, plastered *fam,* BRIT *a.* tight *pred fam,* BRIT *a.* canned *pred fam,* BRIT *a.* pissed *pred fam!; s. a.* **Anton, blaumachen, Blut, Blume, Ferne, Montag, Planet**

Blau <-s, - *o fam* -s> [blau̯] *nt* blue

Blau·al·ge *f* BOT blue-green alga

blau·äu·gig *adj* ① *(blaue Augen habend)* blue-eyed
② *(naiv)* naïve

Blau·äu·gig·keit <-> *f kein pl* naïvety *no pl*

Blau·bee·re *f s.* **Heidelbeere**

blau·blü·tig *adj* blue-blooded

Blaue <-n> *nt kein pl* ■**das** ~ the blue; **ins ~ spielen** to have a hint of blue
▸WENDUNGEN: **eine Fahrt ins ~** a mystery tour; ***lass uns einfach ins ~ fahren*** let's just set off and see where we get to [*or* end up]; ***wir setzen uns jetzt ins Auto und machen einfach eine Fahrt ins ~*** we'll jump in the car and just set off somewhere [*or* into the blue]; **das ~ vom Himmel [herunter]lügen** *(fam)* to lie one's head off *fam;* **jdm das ~ vom Himmel [herunter] versprechen** *(fam)* to promise sb the earth [*or* moon] *fam;* **ins ~ hinein** *(fam)* at random

Blau·e(r) *m dekl wie adj (sl)* hundred-mark note

Bläue <-> ['blɔyə] *f kein pl* blueness *no pl;* ***der Himmel war von strahlender ~*** the sky was a brilliant blue

Blau·er En·gel *m* eco-label

Blau·fel·chen *nt* whitefish **Blau·fisch** *m* skipjack, striped tuna **Blau·fuchs** *m* blue [*or* arctic] fox **blau·grau** *adj* blue-grey, bluish grey **blau·grün** *adj* blue-green, bluish green **Blau·hai** *m* requiem shark

Blau·helm *m (sl)* blue beret, UN soldier **Blau·helm·mis·si·on** *f* POL UN mission

blau·ka·riert *adj* blue-checked, with blue checks, blue plaid **Blau·kis·sen** *nt* BOT aubrieta **blau|ko·chen** *vt* KOCHK **einen Fisch ~** to cook a fish blue *(poach an unscaled fish in vinegar until it turns blue)* **Blau·kraut** *nt* SÜDD, ÖSTERR red cabbage

bläu·lich *adj* bluey, bluish

Blau·licht *nt* flashing blue light; **mit ~** with a flashing blue light [*or* [its] blue light flashing] **Blau·licht·la·ser** *m* TECH, PHYS blue [light] laser

Bläu·ling <-s, -e> ['blɔylɪŋ] *m* ZOOL blue

blau|ma·chen I. *vi (fam: krankfeiern)* to go [*or* call in] sick; SCH to play truant [*or* AM hook[e]y], BRIT *a.* to bunk off *fam*
II. *vt (fam)* ■**einen Tag ~** to go [*or* call in] sick for a day

Blau·mann <-männer> *m (fam)* blue overalls, boiler suit BRIT **Blau·mei·se** *f* blue tit **Blau·pa·pier** *nt* carbon paper **Blau·pau·se** *f* blueprint **blau·rot** ['blauro:t] *adj* purple **Blau·säu·re** *f* CHEM hydrocyanic acid **Blau·schim·mel·kä·se** *m* blue cheese **Blau·schö·nung** *f eines Weines* blue fining **blau·schwarz** *adj* blue-black, bluish black **Blau·stich** *m* FOTO blue cast

blau·sti·chig *adj* FOTO with a blue cast *after n*

Blau·stift *m* blue pencil **Blau·strumpf** *m (pej veraltet)* bluestocking *pej old* **Blau·sucht** *f* MED blueness, blue disease, cyanosis *spec* **Blau·tan·ne** *f* blue [*or* Colorado] spruce **Blau·wal** *m* blue whale

Bla·zer <-s, -> ['ble:zɐ] *m* blazer

Blech <-[e]s, -e> [blɛç] *nt* ① *kein pl (Material)* sheet metal *no pl, no indef art;* **verzinntes ~** tinplate
② *(Blechstück)* metal plate
③ *(Backblech)* [baking] tray
④ *kein pl (fam: Unsinn)* rubbish *no pl, no indef art,* crap *no pl, no indef art fam!,* tripe *no pl, no indef art fam;* ***rede kein ~!*** don't talk rubbish [*or* garbage] [*or fam!* crap]!
⑤ *kein pl (pej fam: Orden etc.)* gongs *pl* BRIT *fam,* fruit salad *no pl, no indef art fam*
⑥ *(im Orchester)* brass

Blech·blä·ser(in) *m(f)* MUS brass player **Blech·blas·in·stru·ment** *nt* MUS brass instrument **Blech·büch·se** *f* tin [box] **Blech·do·se** *f* tin **Blech·druck** *m* TYPO tin printing, metal decorating

ble·chen ['blɛçn̩] I. *vt (fam)* ■**etw [für etw** *akk*] **~** to fork [*or* shell] out sth [for sth] *fam*
II. *vi (fam)* to cough up *fam,* to fork [*or* shell] out *fam*

ble·chern I. *adj* ① *attr (aus Blech)* metal
② *(hohl klingend)* tinny; **eine ~e Stimme** a hollow voice
II. *adv* tinnily; **~ klingen** to sound tinny

Blech·ge·schirr *nt* [metal] kitchenware *no pl, no indef art* **Blech·in·stru·ment** *nt s.* **Blechblasinstrument** **Blech·ka·nis·ter** *m* metal can[ister] [*or* container] **Blech·kis·te** *f (pej fam)* [old] crate *sl* **Blech·la·wi·ne** *f (pej fam)* solid line of vehicles, river of metal *fam* **Blech·mu·sik** *f* brass band music **Blech·napf** *m* metal bowl; *(im Gefängnis)* prison eating utensils ▸WENDUNGEN: **wer einmal aus dem ~ frisst ...** someone who has done time [*or* BRIT *a.* porridge] once ... **Blech·scha·den** *m* AUTO damage *no pl, no indef art* to the bodywork **Blech·sche·re** *f* TECH plate shears *npl,* snips *npl* **Blech·trom·mel** *f* tin drum

ble·cken ['blɛkn̩] *vt* **die Zähne ~** to bare its teeth; ***der Hund bleckte die Zähne*** the dog bared its teeth

Ble·der See <- -s> ['ble:dɐ 'ze:] *m* Bled Lake, Lake Bled

Blei <-[e]s, -e> [blai̯] *nt* ① *kein pl (Metall)* lead *no pl, no indef art;* **schwer wie ~** *(fig)* as heavy as lead; ***meine Augen/Arme sind so schwer wie ~*** my eyes/arms are like lead; **~ gießen** *to pour molten lead on cold water and tell someone's fortune from the shapes on New Year's Eve*
② *(Lot)* plumb [bob]
③ *kein pl (Bleigeschoss)* lead shot *no pl;* ***ich habe noch genug ~ im Magazin, um euch alle umzulegen!*** I've still got enough lead in the magazine to finish you all off!
▸WENDUNGEN: **jdm wie ~ in den Gliedern** [*o* **Knochen**] **liegen** to make sb's limbs feel like lead; **jdm wie ~ im Magen liegen** *(schwer verdaulich sein)* to lie heavily on sb's stomach; *(seelisch belastend sein)* to be preying on one's mind; ***Ölsardinen liegen mir immer stundenlang wie ~ im Magen*** sardines in oil lie heavily on my stomach for hours; ***die Sache liegt mir wie ~ im Magen*** the affair is preying on my mind

Blei·ak·ku *m* lead accumulator [*or* storage battery] **Blei·band** *nt in Gardinen* weighted tape

Blei·be <-, -n> ['blai̯bə] *f* place to stay; **eine/keine ~ haben** to have somewhere/nowhere to stay; ***wenn du noch keine [feste] ~ hast, kannst du gerne bei mir wohnen*** if you still have nowhere [definite] to stay, you're welcome to stay [*or fam* stop] with me

blei·ben <blieb, geblieben> ['blai̯bn̩] *vi sein* ① *(verweilen)* to stay; **~ *Sie doch noch!*** do stay!; ***ich bleibe noch zwei Jahre in der Schule*** I'll be staying at school another two years; ***ich bleibe heute etwas länger im Büro*** I'll be working late today; **~ *Sie am Apparat!*** hold the line!; ***bleibt am Platz!*** stay seated [*or* in your seats]!; ***wo bleibst du so lange?*** what has been keeping you all this time?; ***wo sie nur so lange bleibt?*** wherever has she got to?; ***wo ist meine Brieftasche geblieben?*** where has my wallet got to?, what has happened to my wallet?; ***wo sind die Jahre bloß geblieben?*** how the years have flown [*or* passed by]!; **im Bett ~** to stay in bed; **zum Frühstück ~** to stay for breakfast; **auf dem Weg ~** to stay on [*or* keep to] the path; **für sich** *akk* **~ wollen** to want to be alone; ***er ist ein Einzelgänger und will lieber für sich ~*** he's a loner and likes to be by himself; **unter** [*o* **für**] **sich ~ wollen** to want to keep to themselves; ***in den Ferien ~ wir gerne unter uns*** on holidays we like to keep to ourselves; ***wir ~ ganz unter uns*** there'll just be us; ■**bei jdm ~** to stay with sb
② *(fig: nicht verlassen)* to stay; ***das bleibt unter uns*** that's [just] between ourselves [*or fam* between you and me and the bedpost]; **jdm in Erinnerung ~** to stay in sb's mind [*or* memory]; **im Rahmen ~** to keep within reasonable bounds
③ *(andauern)* to last, to persist; ***hoffentlich bleibt die Sonne noch eine Weile*** I do hope the sunshine lasts for a while yet; ***der Regen dürfte vorerst ~*** the rain should persist for the time being
④ *(wohnen)* to stay; ***ich habe immer noch keine Wohnung gefunden, wo ich ~ kann*** I still haven't found a place to stay
⑤ *(fam: zurechtkommen)* ***und wo bleibe ich?*** and what about me?; **[selbst] [zu]sehen müssen, wo man bleibt** to have to look out [*or* to fend] for oneself
⑥ *(euph geh: umkommen)* **im Feld ~** to fall in battle; **im Krieg/auf See ~** to die in the war/at sea
⑦ *(sich fernhalten, meiden)* ■**von jdm/etw ~** *(fam)* to stay away from sb/sth
⑧ *(nicht aufgeben)* ■**bei etw** *dat* **~** to stick [*or* keep] to sth; ***bleibt es bei unserer Abmachung?*** does our arrangement still stand?; ***ich bleibe bei meiner alten Marke*** I'll stick to [*or* stay with] my old brand; ***ich bleibe bei Weißwein*** I'm sticking to [*or fam* with] white wine; ***dabei bleibt es!*** [and] that's that [*or* the end of it]!; **dabei ~, dass ...** to still think [*or* say] that ...
⑨ *(weiterhin sein)* to stay, to remain; ***ihre Klagen blieben ungehört*** her complaints were not listened to [*or* fell on deaf ears]; ***die Lage blieb [weiterhin] angespannt*** the situation remained tense; ***morgen ~ alle Geschäfte geschlossen*** all the shops are closed tomorrow; ***er ist ganz der Alte geblieben*** he hasn't changed a bit [since I last saw him]; **in Form ~** to keep in shape; **Freunde ~** to remain [*or* go on being] friends; **frisch ~** to keep [fresh]; **gelassen/wach ~** to stay [*or* keep] calm/awake; **hartnäckig/inkonsequent/unzugänglich ~** to be still stubborn/inconsistent/inaccessible; **am Leben ~** to stay alive; **Präsident/Vorsitzender ~** to continue as president/chairman; **tot ~** *esp* NORDD *(fam: sterben)* to die, to snuff it BRIT *fam;* **in Übung ~** to keep practising; **unbeachtet ~** to go unnoticed, to escape notice; **unbeantwortet ~** *Brief* to go [*or* remain] unanswered; ***mein Brief ist bis jetzt unbeantwortet geblieben*** so far I have received no reply to my letter; **unbelohnt/unbestraft ~** to go unrewarded/unpunished; **unvergessen ~** to continue to be remembered; ***diese Ereignisse werden mir für immer unvergessen ~*** I shall never forget those events; **in Verbindung ~** to keep [*or* stay] [*or* remain] in touch
⑩ *(belassen werden)* to stay [*or* remain] unchanged; **„bleibt"** TYPO "please retain", "stet" *spec*
⑪ *(übrig, vorhanden sein)* ***es bleibt wenigstens die Hoffnung, dass ...*** at least there's the hope that ...; ***eine Hoffnung/Möglichkeit bleibt uns noch*** we still have one hope/possibility left; ***was bleibt mir dann?*** what shall I do?; ***was blieb ihm anderes als nachzugeben?*** what else could he do but give in?; ***es blieb ihr nur noch die Flucht*** her only choice was to flee; ***es bleibt keine andere Möglichkeit/Wahl*** there is no other alternative/choice; ***es blieb mir keine andere Möglichkeit/Wahl*** I was left with no other alternative/choice
⑫ *(sein, gelten)* ***es bleibt Ihnen belassen, wie Sie sich entscheiden*** it's up to you how you decide; ***es bleibt abzuwarten, ob ...*** it remains to be seen whether ...; ***es bleibt zu hoffen/wünschen,***

dass ... we/you etc. can only hope/wish that ...; ***es bleibt sehr zu wünschen, dass ...*** we sincerely hope that ...
⓭ *(fam: unterlassen)* **etw ~ lassen** to refrain from sth; *(aufhören mit)* to stop sth; *(aufgeben)* to give up sth; *(einmalig)* to give sth a miss *fam; (nicht wagen)* to forget sth *fam;* ***lass das/es [gefälligst] ~!*** don't do that/it!; *(hör auf)* stop that/it!; ***du willst ihr die Wahrheit sagen? das würde ich an deiner Stelle lieber ~ lassen!*** you want to tell her the truth? I wouldn't do that if I were you!; **das Rauchen ~ lassen** to give up [*or* stop] smoking

blei·bend *adj* lasting, permanent

blei·ben|las·sen *vt irreg (fam) s.* **bleiben 13**

Blei·ben·zin *nt* AUTO leaded fuel

Blei·be·recht *nt kein pl* POL right to stay

Blei·be·schutz *m* lead shield

bleich [blaiç] *adj* ❶ *(blass)* pale; ■**~ [vor etw *dat*] werden** to go [*or* turn] pale [with sth]; ***er wurde ~ vor Entsetzen/Schreck*** he paled [*or* went pale] [*or* turned pale] with terror/fright
❷ *(geh: fahl)* pale; **das ~e Licht des Mondes** the pale light of the moon
❸ *(geh: schier)* sheer; **das ~e Grauen/Entsetzen** sheer horror/terror

Bleich·creme *f* whitening cream

blei·chen <bleichte *o veraltet* blich, gebleicht> ['blaiçn̩] **I.** *vt haben (aufhellen)* ■**etw ~** to bleach sth
II. *vi sein (verblassen)* to become faded

Bleich·ge·sicht *nt* ❶ *(fam)* pale face; ***du bist mir aber ein ~! warum musst du auch immer in der Stube hocken?*** you've really got a pale [*or* pasty] face, why must you always hang around indoors?
❷ *(Weißer)* paleface

bleich·ge·sich·tig *adj (fam)* pale-[*or* pasty-]faced

Bleich·mit·tel *nt* bleach *no pl,* bleaching agent

Bleich·schna·bel *m* SÜDD, SCHWEIZ pale face

Bleich·sel·le·rie *m* celery

blei·ern ['blaiɐn] **I.** *adj* ❶ *attr (aus Blei)* lead
❷ *(grau wie Blei)* leaden
❸ *(schwer lastend)* heavy; ***eine ~e Müdigkeit*** an overwhelming tiredness
II. *adv* heavily; ***Müdigkeit legte sich ~ auf ihre Lider*** her eyelids were heavy [*or* like lead]

Blei·erz *nt* lead ore **blei·frei I.** *adj (ohne Blei)* lead-free; **~es Benzin** unleaded [*or* lead-free] petrol [*or* AM gas[oline]] **II.** *adv* lead-free; ***ich fahre schon lange ~*** I've been using lead-free petrol for a long time now **Blei·fuß** *m* ▸WENDUNGEN: **mit ~ fahren** *(fam)* to drive with one's foot to the floor [*or* AM *a.* with the pedal to the metal] **Blei·gie·ßen** <-s> *nt kein pl old New Year's Eve custom of fortune-telling by pouring molten lead into cold water and reading the shapes created* **Blei·glanz** *m (Mineral)* galena, lead glance

blei·hal·tig *adj* containing lead; **~es Erz** lead-bearing [*or spec* plumbiferous] ore; ■**[zu] ~ sein** containing [too much] lead

Blei·kris·tall *nt* lead crystal *no pl, no indef art* **Blei·ku·gel** *f* lead bullet **Blei·man·tel** *m* lead cladding [*or* casing] **Blei·satz** *m* TYPO hot-metal composition [*or* [type]setting] *no pl, no indef art,* hot type *no pl, no indef art* **blei·schwer** ['blaiʃveːɐ̯] *adj s.* **bleiern 3**

Blei·stift *m* pencil **Blei·stift·ab·satz** *m* stiletto heel **Blei·stift·spit·zer** *m* pencil sharpener **Blei·stift·zeich·nung** *f* pencil drawing

Blei·ver·gif·tung *f* lead poisoning *no pl, no indef art* **blei·ver·glast** *adj* leaded **Blei·ver·gla·sung** *f* lead glazing *no pl, no indef art* **Blei·weiß** *nt* white lead, ceruse

Blen·de <-, -n> ['blɛndə] *f* ❶ FILM, FOTO *(Öffnung)* aperture; *(Vorrichtung)* diaphragm; *(Einstellungsposition)* f-stop, aperture
❷ *(Lichtschutz)* blind, screen; ***um in der Sonne besser sehen zu können, hielt sie sich die Hand als ~ über die Augen*** in order to see more clearly she screened her eyes from the sun with her hand
❸ ARCHIT blind window/arch etc.
❹ MODE trim

blen·den ['blɛndn̩] **I.** *vt* ❶ *(blind machen)* ■**jdn ~** to dazzle sb; **den Gegenverkehr ~** to dazzle oncoming traffic
❷ *(betören)* ■**jdn [mit etw *dat*] ~** to dazzle sb [with sth]; ***von ihrer Schönheit war er wie geblendet*** he was dazzled by her beauty
❸ *(hinters Licht führen)* ■**jdn [durch etw *akk*] ~** to deceive [*or sep* take in] sb [with sth]
❹ *(liter o veraltet: blind machen)* ■**jdn ~** to blind sb
II. *vi* ❶ *(zu grell sein)* to be dazzling [*or* too bright]; ***mach die Vorhänge zu, es blendet!*** close the curtains, the light's dazzling!; **~d weiß** dazzling white
❷ *(hinters Licht führen)* to deceive [*or sep fam* take in] people
III. *vi impers* to produce a lot of glare; ***wenn das Licht direkt auf den Bildschirm fällt, blendet das*** there's a lot of glare when the light falls directly onto the screen

Blen·den·au·to·ma·tik *f* FOTO automatic aperture control

blen·dend I. *adj* brilliant; **~er Laune sein** to be in a sparkling mood
II. *adv* wonderfully; **sich** *akk* **~ amüsieren** to have great [*or* wonderful] fun

blen·dend·weißALT *adj attr s.* **blenden II 1**

Blen·der(in) <-s, -> *m(f)* fraud, beguiler

blend·frei *adj* ❶ *(entspiegelt)* non-reflective
❷ *(nicht blendend III.)* non-dazzle

Blend·mau·er·werk *nt* BAU facing masonry **Blend·rah·men** *m* BAU blind [*or* mounting] frame

Blend·schutz *m* anti-dazzle device **Blend·schutz·zaun** *m* anti-dazzle barrier

Blen·dung <-, -en> *f* ❶ *(das Geblendetwerden)* dazzling *no pl*
❷ *(liter o veraltet)* blinding

Blend·werk *nt kein pl (liter)* deception; ***ein ~ des Teufels*** the devil's trickery, a trap set by the devil

Bles·se <-, -n> ['blɛsə] *f (weißer Fleck)* blaze

Bles·sur <-, -en> [blɛ'suːɐ̯] *f (geh)* wound; **aus etw *dat* mit einer leichten ~ kommen** *(fig)* to come out of sth more or less unscathed *fam*

bleu [bløː] *adj inv* MODE light-blue

blich [blɪç] *(veraltet) imp von* **bleichen**

Blick <-[e]s, -e> [blɪk] *m* ❶ *(das Blicken)* look; **auf einen/mit einem ~** at a glance; **[Liebe] auf den ersten ~** [love] at first sight; **auf den zweiten ~** on closer inspection; **jds ~ ausweichen** to avoid sb's gaze [*or* eye]; **jds ~ erwidern** to return sb's gaze; **ein flüchtiger [*o* kurzer] ~** a glimpse; **von jdm/etw einen [flüchtigen] ~ erhaschen** to catch a glimpse of sb/sth; **einen flüchtigen [*o* kurzen] ~ auf etw/jdn werfen** to glance briefly at sth/sb; **einen [kurzen] ~ aus dem Fenster werfen** to glance out of the window; **den ~ auf jdn/etw heften** *(geh)* to fix one's eyes on sb/sth; **einen ~ riskieren** to dare to look; **jdm einen/keinen ~ schenken** *(geh)* to look at sb/not to give sb a second glance; **jdn mit einem kurzen ~ streifen** to glance fleetingly at sb; **einen ~ auf jdn/etw tun [*o* werfen]** to glance at sb/sth; **jdn/etw aus dem ~ verlieren** to lose sight of sb/sth; **~e miteinander wechseln** to exchange glances; **jdn keines ~es würdigen** *(geh)* to not deign to look at sb; **alle ~e auf sich** *akk* **ziehen** to attract attention; **jdm ~e zuwerfen** to cast a glance at sb
❷ *kein pl (Augen, Blickrichtung)* eyes *pl,* gaze *no pl;* ***ihr ~ fiel auf die Kirche*** the church caught her eye; **etw im ~ behalten** *(a. fig)* to keep an eye on sth *a. fig;* ***wir müssen den Termin immer im ~ behalten*** we must always bear in mind [*or* keep an eye on] the deadline; **etw im ~ haben** *(a. fig)* to have an eye on sth *a. fig;* ***sie hat immer ihre Karriere fest im ~*** she always has an eye firmly on her career; **den ~ heben** to look up, to raise one's eyes; **den ~ senken** to look down, to lower one's eyes
❸ *kein pl (Augenausdruck)* expression, look in one's eye; ***in ihrem ~ lag Hoffnungslosigkeit*** there was a look of hopelessness in her eyes; **jdn mit finsterem ~ mustern** to look at sb darkly; **jdn mit starrem ~ fixieren/mustern** to gaze [*or* stare] at sb; **mit zärtlichem ~** with a tender look [in one's eyes]
❹ *kein pl (Aussicht)* view; ***ein Zimmer mit ~ auf den Strand*** a room overlooking [*or* with a view of] the beach
❺ *(Sichtfeld)* sight *no pl,* view *no pl;* **jds ~[en] entschwinden/sich** *akk* **jds ~[en] entziehen** to disappear from sb's sight [*or* view]
❻ *kein pl (Urteilskraft)* eye *no pl;* **einen geschulten/prüfenden ~ auf etw** *akk* **werfen** to cast an expert/a critical eye over sth; **einen [guten] ~ für etw** *akk* **haben** to have an [*or* a good] eye for sth; **keinen ~ für etw** *akk* **haben** to have no eye for sth; **einen klaren ~ haben** to see things clearly; **seinen ~ für etw** *akk* **schärfen** to sharpen [*or* heighten] one's awareness of sth
▸WENDUNGEN: **den bösen ~ haben** to have the evil eye; **jdn mit den [*o* seinen] ~en durchbohren** to look piercingly at sb; **einen ~ hinter die Kulissen tun [*o* werfen]** to take a look behind the scenes *fig;* **jdn mit den ~en messen** *(geh)* to look sb up and down, to size sb up; **mit ~ auf** with regard to *form;* **wenn ~e töten könnten!** if looks could kill!; **jdn/etw mit den [*o* seinen] ~en verschlingen** to devour sb/sth with one's eyes

blick·dicht *adj inv* opaque; **~e Strumpfhose** opaque tights *npl*

bli·cken ['blɪkn̩] **I.** *vi* ❶ *(schauen)* ■**[auf jdn/etw] ~** to look [*or* have a look] [at sb/sth]; ■**irgendwohin ~** to look somewhere; ***er blickte kurz aus dem Fenster*** he glanced [briefly] out of the window
❷ *(geh: aussehen)* to look; ***was blickst du so böse?*** why are you looking so angry?
❸ *(hervorsehen)* ■**aus etw *dat* ~** to peep out of sth
❹ *(sich zeigen)* **sich** *akk* **~ lassen** to put in an appearance; ***lass dich doch mal wieder [bei uns] ~*** why don't you come round [and see us] again sometime?; ***sie hat sich hier nicht wieder ~ lassen*** she hasn't shown up here again; **sich** *akk* **[bei jdm] nicht [mehr] ~ lassen** to not be seen [any more] [at sb's house]; ***sie lässt sich schon längere Zeit nicht mehr bei uns ~*** she hasn't been round to see us for ages; ***lass dich hier ja nicht mehr ~!*** don't show your face around here again!; *s. a.* **tief II**
II. *vt (sl)* ■**etw ~** *(verstehen)* to understand sth; ***gib's auf, er blickt das sowieso nicht!*** give up, he doesn't get it anyway! *fam*

Blick·fang *m* eye-catcher **Blick·feld** *nt* field of view [*or* vision]; **in jds [*o* jdm ins] ~ geraten [*o* kommen]** to come into sb's field of view; **ins ~ [der Öffentlichkeit] rücken** to become the focus of [public] attention; **aus dem [*o* jds] ~ verschwinden** to disappear from view **Blick·kon·takt** *m* visual contact; **[mit jdm] ~ haben/aufnehmen** to have/make eye contact [with sb]

Blick·punkt *m* ❶ *(Standpunkt)* point of view; **vom ... ~ aus [betrachtet [*o* gesehen]]** from ... point of view; ***vom juristischen ~ aus [betrachtet]*** from the legal point of view
❷ *(Fokus)* **im ~ [der Öffentlichkeit] stehen** to be the focus of [public] attention

Blick·rich·tung *f* direction of sight; ***du musst weiter nach links schauen, das ist nicht die richtige ~!*** you must look more to the left, that's not the right direction!; **in jds ~** in sb's line of sight; ***die große Eiche steht genau in unserer ~*** the great oak is exactly in our line of sight; **in ~ [nach] Westen** facing [*or* looking] west

Blick·win·kel *m* ❶ *(Perspektive)* angle of vision, perspective
❷ *(Gesichtspunkt)* point of view

blieb [bliːp] *imp von* **bleiben**

blies [bliːs] *imp von* **blasen**

blind [blɪnt] **I.** *adj* ❶ *(ohne Sehvermögen)* blind; ■**~ sein/werden** to be/go blind; ***sie ist auf einem Auge ~*** she's blind in one eye; ■**von etw *dat*/vor etw *dat* ~ sein** to be blinded by sth; **~ geboren** blind from birth; *s. a.* **Fleck**
❷ *(unkritisch)* blind; ■**für [*o* in Bezug auf] etw *akk* ~ sein** to be blind to sth; ***was ihn selbst betrifft, scheint er irgendwie ~ zu sein*** he seems to be blind somehow to factors which affect him
❸ *(wahllos)* blind; **das ~e Schicksal** *(geh)* blind

fate; **der ~e Zufall** pure [*or* sheer] chance

❹ *(verblendet)* blind; ■**~ vor Eifersucht/Hass/Wut [sein]** [to be] blinded by jealousy/hatred/rage

❺ *(trübe)* **~es Glas** clouded glass; **~es Metall** dull [*or* tarnished] metal; ***der antike Spiegel war teilweise etwas ~*** the antique mirror had a few black spots; *s. a.* **Fleck**

❻ *(verdeckt)* concealed; **~e Naht** invisible seam; **~er Passagier** stowaway

❼ *(vorgetäuscht)* false; **~er Bogen/~es Fenster** blind arch/window; *s. a.* **Alarm**

▸WENDUNGEN: **bist du [so] ~?** *(fam)* are you blind?; **Mann, bist du ~!** *(sl)* God, you're thick! *sl;* **jdn ~ [für etw** *akk*] **machen** to blind sb [to sth]

II. *adv* ❶ *(wahllos)* blindly; ***er griff ~ ein Buch aus dem Regal heraus*** he took a book at random from the shelf

❷ *(unkritisch)* blindly

❸ *(ohne Ausgang/Tür)* **~ enden** [*o* **sein**] to be a dead end; ***viele Gänge in der Pyramide enden ~*** many passages in the pyramid are dead ends

❹ *(verdeckt)* ***der Mantel wird ~ geknöpft*** the coat has concealed buttons

blịnd|ba·cken *vt* ■**etw ~** KOCHK to bake sth blind **Blịnd·band** <-bände> *m* dummy **Blịnd·be·wer·bung** *f* speculative application **Blịnd·bo·den** *m* BAU wooden subfloor

Blịnd·darm *m* appendix, caecum *spec* BRIT, cecum AM; *(Patient)* case of appendicitis **Blịnd·darm·ent·zün·dung** *f* MED appendicitis **Blịnd·darm·fort·satz** *m* ANAT appendix **Blịnd·darm·ope·ra·ti·on** *f* MED appendix operation, appendectomy *spec*

Blind Date ['blaint 'de:t] *nt* blind date

Blịnd·druck *m* TYPO blind blocking [*or* embossing]

Blịn·de(r) *f(m) dekl wie adj* blind woman *fem,* blind man *masc,* blind person; ■**die ~n** the blind

▸WENDUNGEN: **unter den ~n ist der Einäugige König** *(prov)* in the country of the blind the one-eyed man is king *prov;* **das sieht doch ein ~r [mit dem Krückstock** *veraltend*] *(fam)* anyone [*or* any fool] can see that!

Blịn·de·kuh ['blɪndəku:] *f kein art* blind man's buff *no art;* **~ spielen** to play blind man's buff **Blịn·de·kuh·spiel** *nt* blind man's buff

Blịn·den·hund *m* guide dog **Blịn·den·schrift** *f* Braille *no art*

blịnd|flie·gen *vi irreg sein* LUFT to fly blind [*or* on instruments] **Blịnd·flug** *m* ❶ LUFT blind flight; ***der Pilot musste im ~ manövrieren*** the pilot had to fly on instruments ❷ *(fig)* process of trial and error

Blịnd·gän·ger <-s, -> *m* MIL dud; ***ein ~ aus dem zweiten Weltkrieg*** an unexploded bomb from the Second World War

Blịnd·gän·ger(in) <-s, -> *m(f)* *(sl)* dead loss *fam*

blịnd·ge·bo·ren *adj s.* **blind I 1 Blịnd·ge·schwin·dig·keit** *f* blind speed

blịnd·gläu·big I. *adj* credulous; ***die ~en Sektenmitglieder begingen Selbstmord*** driven by blind faith the members of the sect committed suicide; ***du glaubst einfach alles — bist du wirklich so ~?*** you simply believe everything — are you really so credulous?

II. *adv* blindly; ***~ führten sie seine Befehle aus*** they blindly carried out his orders

Blịnd·heit <-> *f kein pl* blindness *no pl*

▸WENDUNGEN: **[wie] mit ~ geschlagen sein** to seem to have lost all judgement, to be [as if] struck blind; **jdn mit ~ schlagen** *(liter)* to denude sb of common sense, to strike sb blind

blịnd|lan·den *vi sein* LUFT to land blind

Blịnd·lan·dung *f* LUFT blind [*or* instrument] landing

blịnd·lings ['blɪntlɪŋs] *adv* blindly

Blịnd·mus·ter *nt* TYPO dummy, sample binding [*or* volume] **Blịnd·prä·gung** *f* blind blocking [*or* embossing]

Blịnd·pro·be *f* CHEM blank [test] **Blịnd·schlei·che** <-, -n> ['blɪntʃlaiçə] *f* slowworm, blindworm **Blịnd·wi·der·stand** *m* PHYS reactive impedance

Blịnd·wüh·le <-, -n> *f* ZOOL mole rat

blịnd·wü·tig I. *adj* raging, in a blind fury *pred;* **ein ~er Angriff** a frenzied attack

II. *adv* in a blind fury

blin·ken ['blɪŋkn̩] I. *vi* ❶ *(funkeln)* to gleam, to sparkle

❷ *(Blinkzeichen geben)* ■**[mit etw** *dat*] **~** to flash [sth]; **mit der Lichthupe ~** to flash one's [head]lights; *(zum Abbiegen)* to indicate

II. *vt* ■**etw ~** to flash sth; ***das Schiff blinkte SOS*** the ship was flashing an SOS [signal] [*or* was signalling SOS]

Blin·ker <-s, -> ['blɪŋkɐ] *m* ❶ AUTO indicator, BRIT *fam a.* winker

❷ *(blinkender Metallköder)* spoon[bait]

Blịn·ker·he·bel *m* AUTO indicator switch **Blịn·ker·re·lais** *nt* AUTO indicator relay BRIT, lasher AM

Blịnk·feu·er *nt* NAUT flashing light **Blịnk·licht** *nt* ❶ TRANSP flashing light ❷ *(fam) s.* **Blinker 1 Blịnk·zei·chen** *nt* flashing signal; **~ geben** to flash a signal; ***der Fahrer gab mir ~ [mit der Lichthupe]*** the driver flashed [his headlights at] me

blin·zeln ['blɪntsl̩n] *vi* ❶ *(unfreiwillig zusammenkneifen)* to blink; *(geblendet)* to squint

❷ *(zwinkern)* to wink

Blis·ter ['blɪstɐ] *m* *(Tablettenverpackung)* blister

Blịs·ter·ma·schi·ne *f* blister machine

Blitz <-es, -e> [blɪts] *m* ❶ *(Blitzstrahl)* flash of lightning, lightning *no pl, no indef art; (Blitzeinschlag)* lightning strike; **vom ~ getroffen/erschlagen werden** to be struck/killed by lightning; **der ~ schlägt in etw** *akk* **[ein]** lightning strikes sth

❷ *(das Aufblitzen)* flash

❸ FOTO flash

❹ *pl (liter: grelle Blicke)* glaring looks; ***ihre Augen schossen [wütende] ~e gegen ihn*** her eyes flashed [furiously] at him, she looked daggers at him

▸WENDUNGEN: **wie ein ~ einschlagen** to come as a bombshell; **wie ein geölter ~** *(fam)* like greased lightning; **wie vom ~ getroffen** [*o* **gerührt**] thunderstruck; **wie ein ~ aus heiterem Himmel** like a bolt from the blue; **wie der ~** *(fam)* like [*or* as quick as] lightning

Blịtz·ab·lei·ter <-s, -> *m* lightning conductor ▸WENDUNGEN: **als ~** as a scapegoat **Blitz·ak·ti·on** *f* lightning operation [*or* raid]

blịtz·ar·tig I. *adj* *(sehr schnell)* lightning *attr;* ***die Schlange machte eine ~e Bewegung*** the snake moved like lightning

II. *adv* *(sehr schnell)* like lightning; ***er ist ~ verschwunden*** he disappeared as quick as [*or* in] a flash

blitz·blank ['blɪts'blaŋk], **blit·ze·blank** ['blɪtsə'blaŋk] *adj* *(fam)* as clean as a whistle *pred fam,* spick and span *pred fam,* squeaky clean *fam*

blit·zen ['blɪtsn̩] I. *vi impers* ***es blitzte*** there was [a flash of] lightning; ***ich habe kaum ein Gewitter erlebt, bei dem es so oft geblitzt hat*** I've scarcely experienced a storm with so much lightning

II. *vi* ❶ *(strahlen)* to sparkle; *s. a.* **Sauberkeit**

❷ *(funkeln)* ■**[vor etw** *dat*] **~** to flash [with sth]; ***ihre Augen blitzten vor Zorn*** her eyes flashed with anger

❸ FOTO *(fam)* to use [a] flash

III. *vt* ❶ FOTO *(fam)* ■**jdn/etw ~** to take a flash photo of sb/sth

❷ *(fam: in Radarfalle)* ■**geblitzt werden** to be photographed [*or fam* zapped]

Blit·zes·schnel·le ['blɪtsəs'ʃnɛlə] *f* lightning speed *no pl, no indef art;* **in/mit ~** with lightning speed

Blịtz·ge·rät *nt* FOTO flash unit

blịtz·ge·scheit *adj* *(fam)* brilliant

Blịtz·ge·spräch *nt* priority [telephone] call *(with tenfold call charge)* **Blịtz·gi·ro** *nt* FIN direct telex transfer system **Blịtz·ha·cker** *m* vegetable chopper **Blịtz·kar·ri·e·re** *f* rapid rise; **eine ~ machen** to enjoy a rapid rise, to be a highflier **Blịtz·krieg** *m* MIL blitzkrieg

Blịtz·licht *nt* FOTO flash[light] **Blịtz·licht·bir·ne** *f* FOTO flashbulb **Blịtz·licht·ge·rät** *nt* flash [unit], flashgun **Blịtz·licht·ge·wit·ter** *nt* *(fam)* frenzy of flashing cameras **Blịtz·licht·wür·fel** *m* flashcube

Blịtz·mer·ker(in) <-s, -> *m(f)* *(pej)* bright spark

Blịtz·pro·gno·se *f* flash estimate

blitz·sau·ber ['blɪts'zaubɐ] *adj* *(fam)* sparkling clean

▸WENDUNGEN: **ein ~es Mädel** SÜDD a great girl [*or* BRIT DIAL splendid lass]

Blịtz·schlag *m* lightning strike; ***ein ~ traf den Baum*** the tree was struck by lightning; **vom ~ getroffen werden** to be struck by lightning

blitz·schnell ['blɪts'ʃnɛl] *adj s.* **blitzartig**

Blịtz·strahl *m* *(geh)* flash of lightning

Blịtz·um·fra·ge *f* quick [*or* lightning] poll

Blịtz·wür·fel *m* FOTO flashcube

Bliz·zard <-s, -s> ['blɪzɐt] *m* blizzard

Block[1] <-[e]s, Blöcke> [blɔk, *pl* blœkə] *m* ❶ *(Form)* block; ■**ein ~ aus etw** *dat*/**von etw** *dat* a block of sth

❷ INFORM, TYPO block

❸ *(Richtblock)* [executioner's] block

Block[2] <-[e]s, Blöcke *o* -s> [blɔk, *pl* blœkə] *m* ❶ *(Häuserblock)* block; *(großes Mietshaus)* block [of flats] BRIT, apartment building AM

❷ *(Papierstapel)* book; **ein ~ Briefpapier** a pad of writing paper

❸ *(Briefmarkenblock)* block

❹ POL *(politischer Bund)* bloc; *(Fraktion)* faction

Blọck·ab·satz *m* block [*or* Cuban] heel

Blọck·ab·stim·mung *f* block vote

Blo·cka·de <-, -n> [blɔ'ka:də] *f* ❶ *(Wirtschaftsblockade)* blockade; **die ~ brechen** to break [*or* run] the blockade; **über etw** *akk* **eine ~ verhängen** to impose a blockade on sth

❷ MED block

❸ *(Denkhemmung)* mental block

❹ TYPO *(Satz)* blacks *pl,* turned letter

Blo·cka̱·de·po·li·tik *f* POL *(pej)* blocking policy

Blọck·bil·dung *f* POL formation of blocs [*or* factions]

Blọck·buch·sta·be *m* block [*or* capital] letter

Blọck·bus·ter ['blɔkbastɐ] *m* ÖKON *(fam)* blockbuster

blo·cken ['blɔkn̩] I. *vt* ■**etw ~** ❶ SPORT to block sth

❷ *(verhindern)* to block [*or* stall] sth

❸ SÜDD *(bohnern)* to polish sth

II. *vt* ❶ SPORT to block

❷ SÜDD *(bohnern)* to polish

❸ JAGD to perch, to block

Blọck·en·de *nt* INFORM, TYPO end of block

Blọck·flö·te *f* MUS recorder

blọck·frei *adj* POL non-aligned **Blọck·frei·heit** *f* POL non-alignment

Blọck·haus *nt* log cabin

Blọck·hef·tung <-> *f kein pl* TYPO block stitching

Blọck·heiz·kraft·werk *nt* block-type thermal power station [*or esp* AM plant]

Blọck·hüt·te *f* log cabin

Blo·ckie̱r·brem·se *f* safety brake

blo·ckie·ren* [blɔ'ki:rən] I. *vt* ❶ *(unterbrechen)* ■**etw ~** to block sth; **die Stromzufuhr ~** to interrupt the electricity supply; **den Verkehr ~** to stop the traffic

❷ AUTO ■**etw ~** to lock sth; ***eine Gewaltbremsung kann die Räder ~*** sudden braking can lock the wheels

❸ *(absperren)* ■**etw ~** to block [*or* jam] sth; *(mit Blockade)* to blockade sth

❹ POL ■**etw ~** to block sth

II. *vi* AUTO to lock, to seize up, to jam; ***durch plötzlichen Ölverlust blockierte das Getriebe*** the gears locked as a result of a sudden loss of oil

Blọck·län·ge *f* INFORM, TYPO block length **Blọck·lei·men** <-> *nt kein pl* TYPO padding

Blọck·par·tei *f* POL, HIST factional party

Blọck·prüf·zif·fer *f* INFORM block serial number checking **Blọck·satz** *m* TYPO justification **Blọck·scho·ko·la·de** *f kein pl* cooking chocolate *no pl* **Blọck·schrift** *f* block capitals [*or* letters] *pl* **Blọck·schutz** *m* INFORM block protection

Blọck·stel·le *f* BAHN block signal box

Blọck·strei·fen *f* *(Muster)* broad stripe

Blọck·stun·de *f* SCH double period **Blọck·un·ter·richt** *m* SCH teaching by subject area *no pl, no indef art,* theme-work teaching *no pl, no indef art*

Blọck·wart <-[e]s, -e> *m* HIST block [*or* local group] leader *(during the rule of the Nazis)*

blöd [blø:t], **blö·de** ['blø:də] I. *adj (fam)* ❶ *(veraltend: dumm)* silly, stupid; *(schwachsinnig)* feeble-minded
❷ *(unangenehm)* disagreeable; **eine ~e Situation** an awkward situation; ***so ein ~es Wetter!*** what terrible weather!; **ein ~es Gefühl** a funny feeling; **zu ~!** how annoying!; *(ekelhaft)* nasty; ***das ist ja vielleicht ein ~er Kerl!*** he really is a nasty piece of work!
II. *adv (fam)* idiotically, stupidly; ***was stehst du hier noch so ~ rum?*** why are you still standing around here like an idiot?; ***der guckt so ~!*** he's got such a stupid look on his face!; ***frag doch nicht so ~!*** don't ask such stupid questions!; ***er hat sich wirklich ~ angestellt*** he made such a stupid fuss; ***glotz doch nicht so ~!*** don't gawp at me like an idiot!; ***der hat vielleicht wieder ~ herumgelabert*** he's really been acting the fool again; **sich** *akk* **~ anstellen** to be [*or* act] stupid

Blö·de·lei <-, -en> *f (fam)* ❶ *(das Blödeln)* fooling, messing about [*or* around] *no pl, no indef art;* ***lass endlich diese ~!*** will you stop messing about!
❷ *(Albernheit)* silly prank

blö·deln ['blø:dl̩n] *vi (fam)* ■[**mit jdm**] **~** to tell [sb] silly jokes

blö·der·wei·se *adv (fam)* stupidly

Blöd·ham·mel *m (derb)* bloody fool [*or* idiot] BRIT *fam!*, jerk AM *fam!*

Blöd·heit <-, -en> *f* ❶ *(Dummheit)* stupidity *no pl*
❷ *(blödes Verhalten)* foolishness *no pl,* silliness *no pl*
❸ *(alberne Bemerkung)* stupid remark

Blö·di·an <-[e]s, -e> ['blø:di̯a:n] *m,* **Blöd·mann** *m (fam)* fool, idiot

Blöd·sinn *m kein pl (pej fam)* ❶ *(Quatsch)* nonsense *no pl, no indef art,* rubbish *no pl, no indef art;* ***wer hat sich denn diesen ~ ausgedacht?*** what fool came up with this idea?; ***machen Sie keinen ~!*** don't mess about!
❷ *(Unfug)* silly tricks *pl*

blöd·sin·nig ['blø:tzɪnɪç] *adj (pej fam)* idiotic, stupid; ***was für eine dumme Idee, so etwas B~ es!*** what a silly idea, how stupid!

Blog <-s, -s> [blɔg] *nt o m* INET *kurz für* **Weblog** blog

Blog·ger(in) <-s, -> ['blɔgɐ] *m(f)* INET blogger

Blo·go·sphä·re <-> ['blɔgosvɛrə] *f* INET blogosphere

blö·ken ['blø:kn̩] *vi* to bleat

blond [blɔnt] *adj* ❶ *Haar* blond[e]; *(hellgelb)* fair-haired; ***sind die Haare von Natur aus so ~?*** are you naturally so fair-haired?; **~ gefärbt** dyed blond [*or* blonde]; ***sie hat ~ gefärbte Haare*** she has dyed blonde hair, her hair is dyed blonde; **~ gelockt** blond[e] curly *attr;* **~ gelockte Person** person with blond[e] curly hair; ■**~ gelockt sein** to have curly fair hair
❷ *(fam)* light-coloured [*or* AM -ored]; ***mir würde ein schönes, ~es Bier jetzt gut schmecken!*** a nice lager would go down well now; ***~er Tabak*** blond tobacco

Blond <-s> [blɔnt] *nt kein pl* blond, blonde

Blon·de(r) *f(m) dekl wie adj* blonde, blond-haired man

blond·ge·färbt *adj attr s.* **blond 1** **blond·ge·lockt** *adj attr s.* **blond 1**

blon·die·ren* [blɔn'di:rən] *vt* ❶ *(blond färben)* ■**etw ~** to bleach sth; ***manche Frauen ~ ihre Haare/das Haar*** some women dye their hair blonde
❷ KOCHK to sauté lightly

Blon·di·ne <-, -n> [blɔn'di:nə] *f* blonde

bloß [blo:s] I. *adj* ❶ *(unbedeckt)* bare; ■**mit ~em/~er/etc. ...** with bare ...; **mit ~en Füßen gehen** to walk barefoot; **mit ~em Oberkörper** stripped to the waist; **mit ~em Schwert** with sword drawn; **sich** *akk* **~ strampeln** to kick off the covers *sep*
❷ *attr (alleinig)* mere; **der ~e Neid** sheer envy; **die ~e Dummheit** sheer stupidity; *(allein schon)* very; ***schon der ~e Gedanke machte ihn rasend*** the very thought made him furious
II. *adv (nur)* only; ***was er ~ hat?*** whatever is the matter with him?; **nicht ~ ..., sondern auch ...** not only ..., but also ...; ***er ist nicht ~ wohlhabend, sondern sieht auch noch gut aus*** he's not only affluent, but he's good looking as well
III. *part (verstärkend)* ***lass mich ~ in Ruhe!*** just leave me in peace!; ***hör ~ auf mit diesem Gelaber!*** just stop prattling on, will you!

Blö·ße <-, -n> ['blø:sə] *f* ❶ *(geh)* bareness *no pl; (Nacktheit)* nakedness *no pl;* **in voller ~** completely naked
❷ SPORT opening; ***er nutzte jede ~ seines Gegners aus*** he made use of every opening his opponent presented; **sich** *dat* **eine/keine ~ geben** *(aus seiner Deckung herauskommen)* to drop/not drop one's guard; *(einen Schwachpunkt zeigen)* to show a/not show any weakness
▶WENDUNGEN: **jdm eine ~ <u>bieten</u>** to reveal a weakness to sb; **sich** *dat* **eine/keine ~ <u>geben</u>** to show a/not show any weakness

bloß|le·gen *vt* ■**etw ~** ❶ *(ausgraben)* to uncover sth ❷ *(enthüllen)* to bring sth to light, to reveal sth

bloß|lie·gen *vi irreg sein* to be exposed [*or* uncovered]

bloß|stel·len *vt* ❶ *(verraten)* ■**jdn ~** to expose [*or* unmask] sb
❷ *(blamieren)* ■**jdn ~** to show up sb *sep;* ■**sich** *akk* **~** to make a fool of oneself, to show oneself up

bloß|stram·peln[ALT] *vr s.* **bloß I 1**

Blou·son <-[s], -s> [blu'zõ:] *m o nt* bomber jacket

Blub·ber·kopf *m (pej)* blubber head

blub·bern ['blʊbɐn] *vi (fam)* to bubble

Blü·cher ['blʏçɐ] *m* ▶WENDUNGEN: **wie ~ <u>rangehen</u>** *(fam)* to get stuck in *fam*

Blue·jeans <-, -> ['blu:dʒi:ns] *pl* [blue] jeans

Blues <-, -> [blu:s] *m* MUS blues + *sing vb*

Bluff <-[e]s, -s> [blʊf, blaf, blœf] *m (veraltet)* bluff

bluf·fen ['blʊfn̩, 'blafn̩, 'blœfn̩] I. *vi (täuschen)* to bluff
II. *vt (jdn täuschen)* ■**jdn ~** to bluff sb

Bluf·fen <-s> ['blœfn̩] *nt kein pl* kidology *sl*

blü·hen ['bly:ən] I. *vi* ❶ *(Blüten haben)* to bloom, to flower; **zum B~ kommen** *(zu blühen beginnen)* to [come into] blossom
❷ *(florieren)* ■**~** [**und gedeihen**] to flourish, to thrive
❸ *(fam)* ■**jdm ~** to be in store for sb; ***dann blüht dir aber was!*** then you'll be for it! *fam;* ***das kann mir irgendwann auch noch ~*** that may happen to me as well sometime
II. *vi impers* ■**es blüht** there are flowers; ***im Süden blüht es jetzt schon überall*** everything is in blossom in the south

blü·hend *adj* ❶ *(in Blüte sein)* blossoming
❷ *(strahlend)* glowing, radiant; ***sie sieht wirklich ~ aus*** she looks really radiant
❸ *(prosperierend)* flourishing, thriving
❹ *(fam)* excessive; **eine ~e Fantasie haben** to have a fertile [*or* vivid] imagination; **~er Unsinn sein** to be utter nonsense

Blü·het <-s> ['bly:ət] *m kein pl* SCHWEIZ *(Blütezeit)* blossoming *no pl*

Blüm·chen <-s, -> ['bly:mçən] *nt dim von* **Blume** little flower

Blüm·chen·sex *m (fam)* vanilla sex

Blu·me <-, -n> ['blu:mə] *f* ❶ *(blühende Pflanze)* flower; *(Topfblume)* pot plant
❷ *(Duftnote)* bouquet
❸ *(Bierschaumkrone)* head
❹ KOCHK top rump
▶WENDUNGEN: **die <u>blaue</u> ~** LIT the Blue Flower *(symbol of longing in poetry);* **<u>danke</u>** [*o* **vielen <u>Dank</u>**] **für die ~n** *(iron)* thank you very much, I'm sure! *iron,* thanks for nothing! *iron;* **jdm etw durch die ~ <u>sagen</u>** to say sth in a roundabout way to sb; **jdm etw durch die ~ zu <u>verstehen</u> geben** to drop a veiled hint to sb about sth

Blu·men·bank <-bänke> *f* flower stand **Blu·men·beet** *nt* flowerbed **Blu·men·draht** *nt* florist's wire **Blu·men·er·de** *f* HORT potting compost **Blu·men·frau** *f* flower-woman **Blu·men·ge·schäft** *nt* florist's, flower shop **blu·men·ge·schmückt** *adj* adorned with flowers *pred* **Blu·men·ge·steck** *nt* flower arrangement **Blu·men·kas·ten** *m* flower-box, window box **Blu·men·kohl** *m kein pl* cauliflower **Blu·men·kres·se** *f* BOT, KOCHK nasturtium **Blu·men·la·den** *m* flower shop, florist's **Blu·men·mäd·chen** *nt* flower-girl **Blu·men·mann** *m* [male] flower-seller **Blu·men·meer** *nt* sea of flowers **Blu·men·mus·ter** *nt* floral pattern [*or* design] **Blu·men·spra·che** *f* language of flowers **Blu·men·stän·der** *m* flower stand [*or* rack] **Blu·men·stock** *m* [flowering] pot plant **Blu·men·strauß** <-sträuße> *m* bouquet [*or* bunch] of flowers **Blu·men·topf** *m* ❶ *(Topf)* flowerpot ❷ *(Pflanze)* [flowering] pot plant ▶WENDUNGEN: **mit etw** *dat* **keinen ~ <u>gewinnen</u> können** *(fam)* nothing to shout [*or fam* write home] about; ***mit dem Aufsatz kannst du keinen ~ gewinnen*** your essay's nothing to shout about **Blu·men·va·se** *f* flower vase **Blu·men·zwie·bel** *f* HORT bulb

blu·mig *adj* flowery; **~er Stil** ornate [*or* flowery] style; **~er Wein** wine with a flowery bouquet

Blu·se <-, -n> ['blu:zə] *f* blouse
▶WENDUNGEN: **jdm in die ~ <u>fassen</u>** *(sl)* to grope sb's boobs [*or* tits] *sl;* **was in der ~ <u>haben</u>** *(sl)* to have big boobs [*or* tits] *sl;* **<u>pralle</u> ~** *(sl)* big boobs [*or* tits] *sl*

Blust <-[e]s> [blu:st] *m o nt kein pl* SCHWEIZ *(Blüte)* blossom; *(Blütezeit)* blossoming *no pl*

Blut <-[e]s> [blu:t] *nt kein pl* ❶ *(Körperflüssigkeit)* blood *no pl, no indef art;* **~ bildend** haem[at]opoietic BRIT, hem[at]opoietic AM; **jdm ~ abnehmen** to take a blood sample from sb; **in ~ schwimmen** to be swimming in blood; **es wurde viel ~ vergossen** there was a lot of bloodshed, much blood was shed *liter;* **es fließt ~** blood is being spilled
❷ *(Geblüt)* blood; *(Erbe a.)* inheritance
▶WENDUNGEN: **<u>bis</u> aufs ~** in the extreme; ***er hasste ihn bis aufs ~*** he absolutely loathed him; ***diese Ketzerei wurde von der Kirche bis aufs ~ bekämpft*** the church fought this heresy tooth and nail; ***sie peinigte ihn bis aufs ~*** she tormented him mercilessly; **<u>blaues</u> ~ haben** to have blue blood; **<u>böses</u> ~ machen** [*o* **schaffen**] [*o* **geben**] to cause [*or* create] bad blood [*or* ill-feeling]; **<u>frisches</u> ~** new [*or* fresh] blood; ***die Firma braucht frisches ~*** the company needs new [*or* fresh] blood; **jdm <u>gefriert</u>** [*o* **<u>stockt</u>**] [*o* **<u>gerinnt</u>**] [*o* **<u>erstarrt</u>**] **das ~ in den Adern** sb's blood freezes [in their veins] [*or* ran cold]; [**einem**] **ins ~ <u>gehen</u>** to get into one's blood [*or* one going]; **~ <u>geleckt</u> haben** to have developed a liking [*or* got a taste] for sth; **etw im ~ <u>haben</u>** to have sth in one's blood; **<u>heißes</u>** [*o* **<u>feuriges</u>**] **~ haben** to be hot-blooded; **<u>kaltes</u> ~ bewahren** to remain calm; **jdm im ~ <u>liegen</u>** to be in sb's blood; ***das Singen liegt ihm im ~*** singing is in his blood; [**nur**] **<u>ruhig</u> ~!** [just] calm down!, keep cool! *fam;* **jdm <u>steigt</u>** [*o* **schießt**] **das ~ in den Kopf** the blood rushes to sb's head; ***weil sie sich so schämte, schoss ihr das Blut in den Kopf/ins Gesicht*** her cheeks flushed with shame; **~ und <u>Wasser</u> schwitzen** *(fam)* to sweat blood [and tears] *fam; s. a.* **Hand**

Blut·ab·nah·me *f* blood taking; ***ich gehe heute zur ~*** I'm going for a blood test today **Blut·ader** *f* ANAT vein

Blut·al·ko·hol *m,* **Blut·al·ko·hol·ge·halt** *m* blood alcohol level **Blut·al·ko·hol·spie·gel** *m* blood alcohol level

Blut·an·drang *m* MED congestion **blut·arm** ['blu:tʔarm] *adj* MED anaemic BRIT, anemic AM **Blut·ar·mut** *f* MED anaemia BRIT, anemia AM **Blut·bad** *nt* bloodbath; [**unter ihnen**] **ein ~ anrichten** to create carnage [amongst them] **Blut·bahn** *f* bloodstream **Blut·bank** <-banken> *f* blood bank **blut·be·fleckt** *adj* bloodstained **blut·be·schmiert** *adj* smeared with blood *pred* **Blut·bild** *nt* MED blood count **blut·bil·dend** *adj s.* **Blut 1** **Blut·bil·dung** *f* haem[at]opoiesis *spec,* blood formation **Blut·bla·se** *f* blood blister **Blut·bu·che** *f* BOT copper beech

Blut·druck *m kein pl* blood pressure *no pl, no indef art;* **hoher/niedriger ~** high/low blood pressure

Blut·druck·mes·ser <-s, -> *m* blood pressure

gauge [*or* AM *a.* gage] **Blut·druck·mess·ge·rät**[RR] *nt* MED sphygmomanometer **blut·druck·sen·kend** *adj* MED, PHARM anti-hypertensive

Blü·te <-, -n> ['bly:tə] *f* ① *(Pflanzenteil)* bloom, flower; *Baum* blossom; ***die ~n des Kirschbaumes sind reinweiß*** the blossom on the cherry tree is pure white; **sich** *akk* **zur vollen ~ entfalten** to blossom; **in [voller] ~ stehen** to be in [full] bloom; **~n treiben** to [be in] bloom [*or* flower]; *Baum* to [be in] blossom
② *(Blütezeit)* blooming *no pl,* blossoming *no pl,* flowering season; ***im Mai beginnt die ~ der Kirschbäume*** cherry trees start to blossom in May
③ *(fam: falsche Banknote)* dud *fam,* forgery
④ *(hoher Entwicklungsstand)* height, heyday *usu sing;* ***während der Zeit der größten ~ des Römischen Reiches*** at the height of the Roman Empire; ***in jeder Zivilisation gibt es eine Zeit der ~*** every civilization has its heyday; **seine ~ erreichen** [*o* **erleben**] to reach its peak; **in der ~ seiner/ihrer Jahre sein** [*o* **stehen**] to be in the prime of life; ***er steht in der ~ seiner Jahre*** he is in his prime; ***im 19.Jahrhundert entfaltete sich die Stadt zur vollen ~*** the town blossomed in the 19th century; ***Anfang des 20.Jahrhunderts stand die Kunst des Jugendstils gerade in voller ~*** Art Nouveau flourished at the beginning of the 20th century
▸WENDUNGEN: **merkwürdige** [*o* **seltsame**] [*o* **wunderliche**] **~n treiben** to take on strange forms

Blut·egel *m* ZOOL leech

blu·ten ['blu:tn̩] *vi* ▪ **[an etw** *dat*/**aus etw** *dat*] **~** to bleed [from sth]
▸WENDUNGEN: **~ müssen/sollen** *(fam)* to have/ought to cough up [*or* fork out] *fam*

Blü·ten·blatt *nt* BOT petal **Blü·ten·ho·nig** *m* honey made from blossom

Blü·ten·kelch *m* BOT calyx **Blü·ten·kelch·blatt** *nt* sepal

Blü·ten·knos·pe *f* flower bud **Blü·ten·kohl** *m s.* **Blumenkohl Blü·ten·pflan·ze** *f* flowering plant **Blü·ten·pol·len** *m* flower pollen **Blü·ten·stand** *m* BOT inflorescence *no pl* **Blü·ten·staub** *m* pollen *no pl, no indef art*

Blut·ent·nah·me *f* taking of a blood sample

blü·ten·weiß *adj* sparkling white **Blü·ten·zweig** *m* flowering twig

Blu·ter <-s, -> ['blu:tɐ] *m* MED haemophiliac BRIT, hemophiliac AM

Blut·er·guss[RR] <-es, -ergüsse>, **Blut·er·guß**[ALT] <-sses, -ergüsse> *m* bruise, haematoma *spec* BRIT, hematoma *spec* AM

Blu·te·rin <-, -nen> *f fem form von* **Bluter**

Blu·ter·krank·heit *f* MED haemophilia *no pl, no art* BRIT, hemophilia *no pl, no art* AM

Blut·er·satz·mit·tel *nt* blood substitute

Blü·te·zeit *f* ① *(Zeit des Blühens)* blossoming *no pl,* flowering season; ***gerade während der ~ leidet sie an Heuschnupfen*** it's precisely when the trees are in blossom that she suffers from hay fever
② *(Zeit hoher Blüte)* heyday; ***nach einer kurzen ~ begann der Niedergang dieser Zivilisation*** after a brief period of glory the civilization began to decline

Blut·fak·tor *m* blood factor **Blut·farb·stoff** *m* ANAT haemoglobin, hemoglobin AM *no pl, no indef art* **Blut·fett·wert** *m* plasma lipid concentration **Blut·fleck** *m* bloodstain

Blut·ge·fäß *nt* blood vessel **Blut·ge·fäß·ver·stop·fung** *f* blockage of a blood vessel

Blut·ge·rinn·sel *nt* blood clot **Blut·ge·rin·nung** *f* clotting of the blood **blut·gie·rig** *adj (geh)* bloodthirsty

Blut·grup·pe *f* blood group [*or* type]; **jds ~ bestimmen** to determine sb's blood type **Blut·grup·pen·be·stim·mung** *f* MED blood-typing

Blut·hoch·druck *m* high blood pressure **Blut·hund** *m* ① *(Jagdhund)* bloodhound ② *(pej: blutiger Unterdrücker)* bloody tyrant *pej* **Blut·hus·ten** *m* coughing up of blood

blu·tig ['blu:tɪç] **I.** *adj* ① *(blutend)* bloody; *(blutbefleckt)* bloodstained
② KOCHK underdone, bloody; **sehr ~** rare
③ *(mit Blutvergießen verbunden)* bloody
④ *(fam: völlig)* absolute, bloody *fam!; s. a.* **Ernst**
II. *adv* bloodily; ***er wurde ~ geschlagen*** he was beaten until he bled; **sich** *dat* **die Füße ~ laufen** to walk till one's feet are red raw

blut·jung ['blu:t'jʊŋ] *adj* very young

Blut·kon·ser·ve *f* unit of stored blood **Blut·kör·per·chen** *nt* blood corpuscle [*or* cell]; **rote/weiße ~** red/white [blood] corpuscles **Blut·krank·heit** *f* blood disease **Blut·krebs** *m* MED leukaemia, leukemia AM **Blut·kreis·lauf** *m* [blood] circulation *no pl, no indef art* **Blut·la·che** *f* pool of blood

blut·leer *adj* ① *(ohne Blut)* bloodless, drained of blood *pred;* ***ihr Gesicht war ~*** her face was deathly pale ② MED anaemic BRIT, anemic AM **Blut·oran·ge** *f* BOT blood orange **Blut·plas·ma** *nt* blood plasma *no pl, no indef art*

Blut·plätt·chen <-s, -> *nt* blood platelet **Blut·plätt·chen·man·gel** *m* thrombocytopenia

Blut·prä·pa·rat *nt* blood preparation **Blut·pro·be** *f* ① *(Entnahme)* blood sample ② *(Untersuchung)* blood test; **eine ~ bei jdm machen** to take a blood sample from sb [*or* a sample of sb's blood] **Blut·ra·che** *f* blood vendetta **Blut·rausch** *m* savage frenzy *no pl* **blut·rei·ni·gend** *adj* blood-cleansing, depurative **blut·rot** *adj (liter)* blood-red

blut·rüns·tig ['blu:trʏnstɪç] *adj* bloodthirsty

Blut·sau·ger *m* ZOOL bloodsucker

Blut·sau·ger(in) *m(f) (Ausbeuter)* extortioner, bloodsucker

Bluts·bru·der *m* blood brother **Bluts·brü·der·schaft** *f* blood brotherhood

Blut·schan·de *f* incest **Blut·schuld** *f (liter)* blood guilt; ***er lud [eine] ~ auf sich*** he had blood on his hands **Blut·schwamm** *m* MED strawberry mark, angioma *spec* **Blut·sen·kung** *f* MED sedimentation of the blood; *(Test)* [erythrocyte] sedimentation test; **eine ~ machen** to test the sedimentation rate of the blood **Blut·se·rum** *nt* MED blood serum *no pl, no indef art* **Blut·spen·de** *f* unit of blood [from a donor] **Blut·spen·den** <-s> *nt kein pl* donation of blood *no pl* **Blut·spen·der(in)** *m(f)* blood donor **Blut·spu·cken** *nt* haemoptysis BRIT, hemoptysis AM **Blut·spur** *f* trail of blood; **~en** traces of blood **blut·stil·lend** *adj* MED styptic, haemostatic BRIT, hemostatic AM; ***bei Nasenbluten wirkt ein Eisbeutel ~*** an ice pack has a styptic effect on nosebleeds

Bluts·trop·fen *m* drop of blood; **bis zum letzten ~** to the last drop of blood

Blut·stuhl *m* MED blood in the faeces [*or* AM feces] **Blut·sturz** *m* [external] haemorrhage [*or* AM hemorrhage]

bluts·ver·wandt *adj* related by blood *pred* **Bluts·ver·wand·te(r)** *f(m) dekl wie adj* blood relation [*or* relative] **Bluts·ver·wandt·schaft** *f* blood relationship

blutt [blʊt] *adj* SÜDD, SCHWEIZ *(nackt)* bare

Blut·tat *f (geh)* bloody deed; **eine ~ begehen** to commit a bloody deed

blüt·teln *vi* SCHWEIZ ▪ **[irgendwo] ~** to strip off [somewhere]

Blut·test *m* blood test **Blut·trans·fu·si·on** *f* blood transfusion **blut·über·strömt** *adj* streaming with blood *pred* **Blut·über·tra·gung** *f s.* **Bluttransfusion**

Blu·tung <-, -en> *f* ① *(das Bluten)* bleeding *no pl, no indef art;* **innere ~en** internal bleeding [*or* BRIT *a.* haemorrhage] [*or* AM *a.* hemorrhage]
② *(Menstruation)* **[monatliche] ~** menstruation, period

Blu·tungs·stö·run·gen *pl* bleeding disorders *pl*

blut·un·ter·lau·fen *adj* suffused with blood *pred;* **~e Augen** bloodshot eyes **Blut·un·ter·su·chung** *f* blood test **Blut·ver·gie·ßen** <-s> *nt kein pl (geh)* bloodshed *no pl, no indef art* **Blut·ver·gif·tung** *f* blood poisoning *no indef art* **Blut·ver·lust** *m* loss of blood **blut·ver·schmiert** *adj* covered [*or* caked] with blood *pred,* bloodstained **Blut·wä·sche** *f* MED haemodialysis, hemodialysis AM *spec* **Blut·wurst** *f* black pudding BRIT, blood sausage **Blut·zir·ku·la·ti·on** *f s.* **Blutkreislauf Blut·zoll** *m kein pl (geh)* death toll *no pl,* number of dead and injured *no pl,* fatalities *pl*

Blut·zu·cker *m* MED ① *(Zuckeranteil)* blood sugar ② *(fam)* blood sugar test **Blut·zu·cker·be·stim·mung** *f* determining the blood sugar level **Blut·zu·cker·mess·ge·rät**[RR] *nt* blood sugar measuring device **Blut·zu·cker·spie·gel** *m* MED blood sugar level **Blut·zu·cker·wert** *m* MED blood sugar count

Blut·zu·fuhr *f* blood supply

BLZ <-> [be:ʔɛl'tsɛt] *f kein pl Abk von* **Bankleitzahl** bank sorting code

BMI [be:ʔɛm'i:] *m* MED *Abk von* **Body-Mass-Index** BMI

b-Moll <-s, -> ['be:mɔl, 'be:'mɔl] *nt kein pl* MUS B flat minor

BMX-Rad [be:ʔɛm'ʔɪks-] *nt* BMX bike

BND <-s> [be:ʔɛn'de:] *m kein pl Abk von* **Bundesnachrichtendienst** Federal Intelligence Service [of Germany]

Bö <-, -en> [bø:] *f* gust, squall

Boa <-, -s> ['bo:a] *f* ZOOL, MODE boa

Bob <-s, -s> [bɔp] *m* bob[sleigh] BRIT, bob[sled] AM

Bob·bahn *f* bob[sleigh] run BRIT, bob[sled] run AM

Bob·by·boh·ne ['bɔbi-] *f* bobby bean

Bob·fah·rer(in) *m(f)* SPORT bobber **Bob·run·ska·ting**[RR] ['bɒbrʌnskeɪtɪŋ] *nt* SPORT bob run skating *(skating down a bob run)* **Bob·sport** *m* bobsleighing BRIT, bobsledding AM

Bob·tail <-s, -s> ['bɔbte:l] *m (Hunderasse)* Old English sheepdog

Boc·cia <-> ['bɔtʃa] *nt o f kein pl* SPORT boccia

Bock[1] <-[e]s, Böcke> [bɔk, *pl* 'bœkə] *m* ① ZOOL buck; *(Schafsbock)* ram; *(Ziegenbock)* billy-goat, he-goat
② *(fam)* stubbornness *no pl;* **einen ~ haben** *(fam)* to be awkward [*or* difficult], to play up *fam*
③ AUTO ramp
④ SPORT buck, [vaulting] horse
⑤ *(Kutschbock)* box
▸WENDUNGEN: **alter ~** *(fam)* old goat *fam,* old git *sl;* **die Böcke von den Schafen scheiden** [*o* **trennen**] *(fam)* to separate the sheep from the goats; **den ~ zum Gärtner machen** *(fam)* to be asking for trouble; **geiler ~** *(fam)* randy old goat *fam,* randy sod *sl;* **~ [auf etw** *akk*] **haben** *(sl)* to fancy [sth] *fam;* ***wenn du ~ hast, kannst du ja mitkommen*** if you fancy it, you can come with us; **~ haben , etw zu tun** *(sl)* to fancy doing sth *fam;* **keinen ~ [auf etw** *akk*] **haben** *(sl)* to not fancy [sth]; **keinen ~ haben, etw zu tun** *(sl)* to not fancy doing sth *fam;* **null ~ [auf etw** *akk*] **haben** *(sl)* to be not in the mood [for sth] [*or* in no mood for sth]; ***sie hat null ~ auf nichts*** she's just not in the mood for anything; **sturer ~** *(fam)* stubborn sod *sl;* **einen [kapitalen] ~ schießen** *(fam)* to drop a [real] clanger *fam,* to [really] boob *fam,* to make a [real] boob *fam;* **stinken wie ein ~** *(fam)* to really pong *fam,* to stink to high heaven *fam*

Bock[2] <-s, -> [bɔk] *nt s.* **Bockbier**

bock·bei·nig ['bɔkbainɪç] *adj (fam)* awkward, stubborn

Bock·bier *nt* bock beer *(type of strong beer)*

bo·cken ['bɔkn̩] *vi* ① *(störrisch sein)* to refuse to move, to dig in one's heels *sep;* ***das Pferd bockte vor der Hürde*** the horse refused the fence
② *(fam: sich ruckartig bewegen)* to lurch along
③ *(fam: trotzig sein)* to act [*or* play] up *fam*

bo·ckig ['bɔkɪç] *adj (fam)* awkward, stubborn

Bock·lei·ter *f* stepladder **Bock·mist** *m (sl)* bullshit *sl;* **~ machen** [*o* **bauen**] to screw [*or* BRIT *a.* cock] up *sl*

Bocks·beu·tel *m* ① *(Flaschenform)* bocksbeutel *spec*
② *(Frankenwein)* bottle of Franconian wine

Bocks·horn ['bɔkshɔrn] *nt* ▸WENDUNGEN: **sich** *akk* **[von jdm] [nicht] ins ~ jagen lassen** *(fam)* to [not] be intimidated by sb; ***lass dich nicht von ihm ins ~ jagen!*** don't let him get at you! **Bocks·horn·klee** *m (Gewürz)* fenugreek

Bock·sprin·gen *nt kein pl* SPORT vaulting *no pl, no art;* ~ **spielen** to play leapfrog **Bock·sprung** *m* ❶ *(Sprung über Menschen)* leapfrog ❷ SPORT vault **Bock·wurst** *f* KOCHK bockwurst *(type of sausage)*

Bo·den <-s, Böden> ['bo:dn̩, *pl* bø:dn̩] *m* ❶ *(Erdreich)* soil; *(Ackerland)* land *no pl;* **fetter/magerer** ~ fertile/barren [*or* poor] soil; ***diese Böden sind*** [*o* ***dieser*** ~ ***ist***] ***für den Ackerbau nicht geeignet*** this land is not suited for farming; **aus dem ~ schießen** *(a. fig)* to sprout [*or* spring] [*or* shoot] up *a. fig;* **den ~ verbessern** to ameliorate the soil

❷ *kein pl (Erdoberfläche)* ground *no pl;* ***der ~ bebte*** the ground shook; ***nach dem Flug waren die Reisenden froh, wieder festen ~ zu betreten*** after the flight the passengers were glad to be [*or* stand] on firm ground [*or* on terra firma] [again]; [**wieder**] **festen** [*o* **sicheren**] ~ **unter die Füße bekommen** [*o* **unter den Füßen haben**] to be back on terra firma; *(nach einer Schiffsreise a.)* to be back on dry land; *(nach einer Flugreise a.)* to be back on the ground

❸ *kein pl (Gebiet)* soil; *(Grundbesitz)* land, property; *(Territorium)* territory; **auf britischem/deutschem** ~ on British/German soil; **auf eigenem Grund und** ~ on one's own property; **wieder den ~ seiner Heimat betreten** to be back under one's native skies; **heiliger** ~ holy ground; **feindlicher** ~ enemy territory

❹ *(Grundfläche)* ground *no pl; (Fußboden)* floor; *(Teppichboden)* carpet; ***bei Marianne kann man vom ~ essen*** Marianne's floors are so clean that you could eat off them; ***vor Scham wäre ich am liebsten in den ~ versunken*** I was so ashamed that I wished the ground would open up and swallow me; **die Augen zu ~ schlagen** to look down; **beschämt/verlegen zu ~ schauen** to look down in shame/embarrassment; **zu ~ fallen** [*o* **sinken**] to fall to the ground; ***sie sank ohnmächtig zu*** ~ she fell unconscious to the ground; ***dann fiel der König tot zu*** ~ then the king dropped dead; **zu ~ gehen** *Boxer* to go down; **jdn** [**mit sich** *dat*] **zu ~ reißen** to drag sb to the ground; **jdn zu ~ schlagen** [*o geh* **strecken**] to knock [*or form* strike] down sb *sep,* to floor sb

❺ *(Dachboden)* loft, attic; *(Heuboden)* hayloft; ***die Skisachen sind alle oben auf dem*** ~ all the ski gear is [up] in the loft [*or* attic]

❻ *(Regalboden)* shelf

❼ *(a. fig: Grund)* bottom *a. fig; eines Gefäßes a.* base; *einer Hose* seat; ***die Preise haben den ~ erreicht*** prices hit rock-bottom; ***der Koffer hat einen doppelten*** ~ the suitcase has a false bottom; **auf dem ~ des Meeres/Flusses** at the bottom of the sea/river, on the seabed/riverbed; **eine Moral mit einem doppelten** ~ double standards *pl*

❽ *(Tortenboden)* [flan] base

❾ *kein pl (Grundlage)* **jdm/etw den ~ bereiten** to pave the way for sb/sth *fig;* [**wieder**] **auf festem ~ sein** to have a firm base [again]; *Unternehmen* to be back on its feet [again] *fig;* **auf dem ~ des Gesetzes stehen** to be within [*or* to conform to] the constitution; **allen** [*o* **jeglichen**] **Spekulationen den ~ entziehen** to knock the bottom out of all speculation; **auf dem ~ der Tatsachen bleiben/stehen** to stick to the facts/to be based on facts; **den ~ der Tatsachen verlassen** to get into the realm of fantasy; **auf den ~ der Wirklichkeit zurückkommen** to come down to earth *fig*

▶WENDUNGEN: **jdm brennt der ~ unter den Füßen** [*o* **wird der ~ unter den Füßen zu heiß**] *(fam)* things are getting too hot [*or* are hotting up too much] for sb; **jdn unter den ~ bringen** SCHWEIZ to be the death of sb; **durch alle Böden** [**hindurch**] SCHWEIZ at all costs; **festen** [*o* **sicheren**] ~ **unter den Füßen haben** *(sich seiner Sache sicher sein)* to be sure of one's ground; *(eine wirtschaftliche Grundlage haben)* to be on firm ground *fig;* **wieder festen** [*o* **sicheren**] ~ **unter die Füße bekommen** [*o* **unter den Füßen haben**] *(wieder Halt bekommen)* to find one's feet again *fig;* **auf fruchtbaren ~ fallen** to fall on fertile ground *fig;* ***ich hoffe, mein Ratschlag ist auf fruchtbaren ~ gefallen*** I hope my advice has made some impression on you; **den ~ unter den Füßen verlieren** *(die Existenzgrundlage verlieren)* to feel the ground fall from beneath one's feet *fam; (haltlos werden)* to have the bottom drop out of one's world *fam;* **jdm den ~ unter den Füßen wegziehen** to cut the ground from under sb's feet *fam,* to pull the rug [out] from under sb's feet *fig fam;* **wie aus dem ~ geschossen** [*o* **gestampft**] [*o* **gewachsen**] **vor jdm stehen** to appear out of nowhere; [**jdm/etw gegenüber**] **an ~ gewinnen** *(einholen)* to gain ground [over sb/sth]; *(Fortschritte machen)* to make headway [*or* progress]; [**einen**] **günstigen ~ für etw** *akk* **finden** to find fertile ground for sth *fig;* [**jdm/etw gegenüber**] [**verlorenen**] ~ **gutmachen** [*o* **wettmachen**] to make up [lost] ground [*or* to catch up] [on sb/sth]; **etw** [**mit jdm**] **zu ~ reden** SCHWEIZ to chew over sth *sep* [with sb] *fam;* **sich** *akk* **auf schwankendem** [*o* **unsicherem**] ~ **bewegen, auf schwankendem ~ stehen** to be on shaky ground *fig;* ***seine Argumente stehen auf schwankendem*** ~ his arguments are built on weak foundations; **jdm schwankt der ~ unter den Füßen** the ground is moving under sb's feet *fig;* **sich** *akk* **auf schwankenden ~ begeben** to go into a risky area; **etw aus dem ~ stampfen** to build sth overnight *fig;* **total am ~ sein** to be [completely] shattered *fam;* [**jdm/etw gegenüber**] **an ~ verlieren** to lose ground [to sb/sth]; **am ~ zerstört sein** to be devastated [*or fam* all of a heap]

Bo·den·aus·hub <-[e]s> *m kein pl* AGR land [*or* soil] excavation **Bo·den·aus·schöp·fung** *f kein pl* soil exhaustion **Bo·den·aus·tausch** *m* soil replacement **Bo·den·be·lag** *m* floor covering; **ein ~ aus Holz/Marmor/Stein** a wood/marble/stone floor **Bo·den·be·las·tung** *f* ÖKOL pollution of the ground **Bo·den·be·schaf·fen·heit** *f* ❶ AGR *(Art des Erdbodens)* [consistency of the] soil ❷ *(Art der Oberfläche)* condition of the ground **Bo·den·be·wirt·schaf·tung** *f* soil management **Bo·den·de·cker** <-s, -> *m* BOT close-growing plant **Bo·den·ein·lauf** *m* BAU floor drain **Bo·den·er·he·bung** *f* elevation; **eine leichte** ~ a gentle elevation **Bo·den·ero·si·on** *f* erosion of the earth's surface **Bo·den·er·trag** *m* crop yield **Bo·den·feuch·tig·keit** *f* soil moisture, ground humidity **Bo·den·frei·heit** *f* AUTO ground clearance **Bo·den·frost** *m* ground frost *no pl* **Bo·den·haf·tung** *f* AUTO wheel grip, road adhesion *spec* **Bo·den·kam·mer** *f* attic **Bo·den·kon·trol·le** *f* RAUM ground control **Bo·den·kre·dit·bank** *f* FIN mortgage bank **Bo·den·kun·de** *f kein pl* soil science, pedology *spec*

bo·den·los I. *adj* ❶ *(fam: unerhört)* outrageous; **~er Leichtsinn** crass stupidity; ***das ist eine ~e Frechheit!*** that's absolutely outrageous!

❷ *(sehr tief)* bottomless; **ein ~er Abgrund** an abyss, a chasm; **ins B~e fallen** *(fig)* to plummet, to fall into a bottomless pit

II. *adv* extremely; ~ **gemein/unverschämt** extremely nasty/insolent

Bo·den·ne·bel *m* ground fog [*or* mist] **Bo·den·nut·zung** *f kein pl* land use **Bo·den·per·so·nal** *nt* LUFT ground crew **Bo·den·plat·te** *f* BAU floor slab **Bo·den·pro·be** *f* soil sample **Bo·den·recht** *nt* JUR land law, BRIT jus soli; ■ **~e** land rights

Bo·den·re·form *f* JUR agrarian [*or* land] reform **Bo·den·re·form·land** *nt* AGR *land which is included in the land reforms undertaken after reunification*

Bo·den·satz *m* sediment; *von Kaffee* grounds *npl*

Bo·den·schät·ze *pl* mineral resources *pl* **Bo·den·schie·ne** *f* BAU bottom rail

Bo·den·schutz *m* soil conservation **Bo·den·schutz·ge·setz** *nt* soil conservation law

Bo·den·schwel·le *f* sill

Bo·den·see ['bo:dn̩ze:] *m* ■ **der** ~ Lake Constance

Bo·den·sicht *f* LUFT ground visibility **Bo·den·spe·ku·la·ti·on** *f* land speculation

bo·den·stän·dig *adj* ❶ *(lange ansässig)* long-established

❷ *(unkompliziert)* uncomplicated

Bo·den·sta·ti·on *f* RAUM ground station **Bo·den·ste·ward** *m* ground host **Bo·den·ste·war·dess**[RR] <-, -en> *f fem form von* **Boden-Steward** ground hostess **Bo·den·streit·kräf·te** *pl* MIL ground forces *pl* **Bo·den·trup·pen** *pl* MIL ground troops *pl* **Bo·den·tur·nen** *nt kein pl* floor exercises *pl* **Bo·den·un·ter·su·chung** *f* soil survey **Bo·den·va·se** *f* floor vase **Bo·den·ver·dich·tung** *f* GEOL soil compaction **Bo·den·ver·kehrs·ge·neh·mi·gung** *f* JUR authorization to transfer agricultural land **Bo·den·ver·schmut·zung** *f* ground pollution **Bo·den·ver·seu·chung** *f* ÖKOL land [*or* soil] contamination **Bo·den·ver·sie·ge·lung** *f* floor sealing **Bo·den·wel·le** *f* bump **Bo·den·wert** *m* FIN soil [*or* land] value

Bo·dhi·satt·va <-, -s> [bodi'zatva] *m* REL *(im Buddhismus)* Bodhisattva

Bo·dy <-s, -s> ['bɔdi] *m* body BRIT, bodysuit

Bo·dy art <-> ['bɔdia:t] *f kein pl* body art **Bo·dy·buil·ding** <-s> [-bɪldɪŋ] *nt kein pl* bodybuilding *no pl;* ~ **machen** to do bodybuilding [exercises *pl*] **Bo·dy·guard** <-s, -s> [-ga:ɐ̯t] *m* bodyguard **Bo·dy-Pump, Bo·dy·pump** <-s> ['bɔdipʌmp] *nt* SPORT body pump **Bo·dy·suit** <-[s], -s> [-sju:t] *m* body BRIT, bodysuit

Böe <-, -n> ['bø:ə] *f* gust [of wind]; *stärker, oft mit Regen* squall

bog [bo:g] *imp von* **biegen**

Bo·gen <-s, - *o* ÖSTERR, SCHWEIZ, SÜDD Bögen> ['bo:gn̩, *pl* 'bø:gn̩] *m* ❶ *(gekrümmte Linie)* curve; *eines großen Flusses a.* sweep; MATH arc; **in hohem ~** in a high arc; **einen ~ fahren** to execute a turn; **einen ~ machen** to curve [round]

❷ *(Blatt Papier)* sheet [of paper]

❸ *(Schusswaffe)* bow; **Pfeil und ~** bow and arrow[s *pl*]; **ein Meister des ~s** a master archer; **den ~ spannen** to draw the bow

❹ MUS bow

❺ ARCHIT arch

❻ *(Druckbogen)* sheet; *(gedruckt)* signature

▶WENDUNGEN: **den ~ heraushaben** *(fam)* to have got the hang of it *fam;* **in hohem ~ hinausfliegen** *(fam)* to be turned out *fam;* ***nach dem Skandal flog er im hohen ~ aus der Firma*** he was thrown out on his ear [*or* chucked out] [*or* sent flying] after the scandal; **jdn in hohem ~ hinauswerfen** *(fam)* to throw sb out on their ear *fam;* **einen** [**großen**] ~ **um jdn/etw machen** to steer [well] clear of sb/sth; **den ~ überspannen** to overstep the mark, to go too far

Bo·gen·druck·ma·schi·ne *f* TYPO sheet-fed printing press **Bo·gen·ein·heit** *f kein pl* MATH radian **Bo·gen·ein·tei·lung** *f* TYPO sheet layout [*or* planning] **Bo·gen·falz·ma·schi·ne** *f* TYPO sheet folder [*or* folding machine] **Bo·gen·fens·ter** *nt* arched window **Bo·gen·for·mat** *nt* sheet format [*or* size]

bo·gen·för·mig *adj* arched; **~e Reißzähne** curved fangs

Bo·gen·gang <-gänge> *m* ARCHIT archway **Bo·gen·lam·pe** *f* arc lamp [*or* light] **Bo·gen·mon·ta·ge** *f* TYPO sheet assembly **Bo·gen·norm** *f* TYPO sheet [*or* signature] title **Bo·gen·off·set** <-s> *m kein pl* TYPO sheet-fed offset **Bo·gen·schie·ßen** *nt kein pl* SPORT archery *no pl* **Bo·gen·schüt·ze, -schüt·zin** *m, f* SPORT archer; HIST *a.* bowman **Bo·gen·seh·ne** *f* MUS bowstring

Bo·hei [bo'hai] *m* ▶WENDUNGEN: **mit viel ~** with a great to-do

Bo·heme <-> [bɔ'ɛ:m, bo'hɛ:m] *f kein pl (geh)* Bohemia *no pl liter*

Bo·he·mi·en <-s, -s> [boe'mjɛ̃, bohe'mjɛ̃] *m (geh)* Bohemian

Boh·le <-, -n> ['bo:lə] *f* [thick] plank, board

Böh·me, Böh·min <-n, -n> ['bø:mə, 'bø:mɪn] *m, f* Bohemian

Böh·men <-s> ['bø:mən] *nt* Bohemia

Böh·mer·wald ['bø:mɐvalt] *m* Bohemian Forest

Böh·min <-, -nen> *f fem form von* **Böhme**

böh·misch ['bø:mɪʃ] *adj* Bohemian; **B~e Bäder** Bo-

hemian spa triangle [*or* region] [*or pl* towns]; **Böhmisch-Mährische Höhe** Bohemian-Moravian Highlands *pl*
▶WENDUNGEN: **jdm ~ vorkommen** *(fam)* to seem odd to sb; *s. a.* **Dorf**

Boh·ne <-, -n> ['bo:nə] *f* bean; **dicke/grüne/rote/weiße/braune/schwarze ~n** broad/French [*or* runner]/kidney/haricot/brown/black beans; **blaue ~** purple runner bean; *(Kaffeebohne)* [coffee] bean; **blaue ~n** *(veraltet sl: Geschosse)* lead *no pl sl*
▶WENDUNGEN: **nicht die ~!** *(fam)* not the slightest [*fam* little bit]; ***er versteht nicht die ~ von der Sache*** he doesn't have the slightest [*or* faintest] idea about this matter; **~n in den Ohren haben** *(fam)* to be deaf *fam*

Boh·nen·ein·topf *m* bean stew **Boh·nen·kaf·fee** *m* ❶ *(gemahlen)* real coffee ❷ *(ungemahlen)* unground coffee [beans *pl*] **Boh·nen·kraut** *nt kein pl* savory *no pl* **Boh·nen·sa·lat** *m* bean salad **Boh·nen·schnitz·ler** *m* KOCHK bean slicing machine **Boh·nen·stan·ge** *f* beanpole *a. hum* **Boh·nen·stroh** *nt* ▶WENDUNGEN: **dumm wie ~** *(fam)* as thick as two [short] planks *hum fam* **Boh·nen·sup·pe** *f* bean soup

Boh·ner <-s, -> ['bo:nɐ] *m*, **Boh·ner·be·sen** *m* floor polisher

Boh·ner·ma·schi·ne *f* floor-polisher, floor-polishing machine

boh·nern ['bo:nɐn] *vt, vi* ■[**etw**] ~ to polish [sth]

Boh·ner·wachs [-vaks] *nt* floor polish [*or* wax]

boh·ren ['bo:rən] **I.** *vt* ❶ *(Öffnung in etw machen)* **ein Loch [in etw** *akk*] ~ to bore a hole [in sth]; *(mit Bohrmaschine)* to drill a hole [in sth]; **einen Brunnen ~** to sink a well
❷ *(mit dem Bohrer bearbeiten)* **Beton/Holz ~** to drill concrete/wood
❸ *(hineinstoßen)* ■**etw in etw** *akk* ~ to sink sth into sth; ***er bohrte ihm das Messer in den Bauch*** he plunged the knife into his stomach; *s. a.* **Grund**
II. *vi* ❶ *(mit dem Bohrer arbeiten)* to drill
❷ *(stochern)* [**mit dem Finger**] **in der Nase ~** to pick one's nose; **mit dem Finger im Ohr ~** to poke one's finger in one's ear
❸ *Zahnarzt* to drill
❹ *(nach Bodenschätzen suchen)* ■**nach etw** *dat* ~ to drill for sth
❺ *(fam: drängen)* ■**so lange ~, bis ...** to keep on asking [*or* keep on and on] until ...; ***sie bohrte so lange, bis ich ihr alles erzählte*** she kept on at me [*or* asking me] until I told her everything; ***er bohrte so lange, bis ihm seine Mutter ein Eis kaufte*** he kept pestering his mother until she bought him an ice cream
❻ *(nagen)* ■[**in jdm**] ~ to gnaw at sb
III. *vr* ■**sich** *akk* **in etw** *akk* ~ to bore its way into sth; *Bohrer* to drill its way into sth

boh·rend *adj* gnawing; **ein ~er Blick** a piercing look; **~e Fragen** *pl* probing questions *pl*

Boh·rer <-s, -> *m* ❶ *(fam: Schlagbohrmaschine)* drill
❷ *(Handbohrer)* gimlet, auger
❸ *(Zahnbohrer)* [dentist's] drill

Bohr·feld *nt* drilling field **Bohr·fut·ter** *nt* chuck **Bohr·ham·mer** *m* hammer drill **Bohr·in·sel** *f* drilling rig; *(Öl a.)* oil rig **Bohr·loch** *nt* ❶ *(bei Ölsuche)* borehole ❷ *(in Holz)* drill hole **Bohr·ma·schi·ne** *f* drill[ing machine] **Bohr·mu·schel** *f* ZOOL rock borer, piddock **Bohr·pro·be** *f* core [sample] **Bohr·recht** *nt meist pl* drilling right **Bohr·turm** *m* derrick

Boh·rung <-, -en> *f* ❶ *(das Bohren)* drilling, boring (**nach** + *dat* for)
❷ *(Bohrloch)* bore[hole]; **eine ~ niederbringen** to sink a borehole

Bohr·win·de *f* brace

bö·ig ['bø:ɪç] **I.** *adj* gusty; **~es Wetter** windy [*or fam* blowy] weather
II. *adv* **~ auffrischender Westwind** a freshening westerly

Boi·ler <-s, -> ['bɔylɐ] *m* hot-water tank; **den ~ anstellen** to turn on the water heater

Bo·je <-, -n> ['bo:jə] *f* buoy

Bo·le·ro <-s, -s> [bo'le:ro] *m* ❶ MUS *(a. Tanz)* bolero
❷ *(Kleidungsstück)* bolero

Bol-Form [bo:l-] *f* KOCHK pudding steamer

Bo·li·vi·a·ner(in) <-s, -> [boli'vi̯a:nɐ] *m(f)* Bolivian

bo·li·vi·a·nisch [boli'vi̯anɪʃ] *adj* Bolivian

Bo·li·vi·en <-s> [bo'li:vi̯ən] *nt* Bolivia

Bo·li·vi·er(in) <-s, -> *m(f) s.* **Bolivianer**

bo·li·visch *adj s.* **bolivianisch**

Böl·ler <-s, -> ['bœlɐ] *m* ❶ MIL saluting gun
❷ *(fam: Feuerwerkskörper)* firework, banger BRIT, firecracker AM

bol·lern ['bɔlɐn] *vi* DIAL ***der Wagen bollerte über die Straße*** the cart rolled loudly down the street; ***er bollerte mit der Faust gegen die Tür*** he banged on the door with his fist

böl·lern ['bœlɐn] *vi* to fire a saluting gun; ***an Silvester wird die ganze Nacht geböllert*** fireworks are let off right through the night on New Year's Eve

Böl·ler·schuss[RR] *m* gun salute; **20 Böllerschüsse** a twenty gun salute

Boll·werk ['bɔlvɛrk] *nt (geh)* bulwark

Bol·sche·wik(in) <-en, -en *o* -i> [bɔlʃe'vɪk] *m(f) s.* **Bolschewist**

Bol·sche·wis·mus <-> [bɔlʃe'vɪsmʊs] *m kein pl* ■**der ~** Bolshevism

Bol·sche·wist(in) <-en, -en> [bɔlʃe'vɪst] *m(f)* Bolshevik, Bolshevist

bol·sche·wis·tisch *adj* Bolshevist, Bolshevik *attr*

bol·zen ['bɔltsn̩] **I.** *vi (fam)* to kick about; **~ gehen** to go for a kick-about *fam*
II. *vt (fam)* **den Ball ins Tor/an den Pfosten ~** to hammer [*or* slam] the ball home/against the post

Bol·zen <-s, -> ['bɔltsn̩] *m* ❶ TECH pin; *(mit Gewinde)* bolt
❷ *(Geschoss der Armbrust)* bolt, quarrel

Bol·zen·schnei·der *m* bolt cutter[s *pl*] **Bol·zen·schuss·ge·rät**[RR] *nt (zur Betäubung von Schlachtvieh)* captive bolt pistol, stun gun

Bolz·platz *m (fam)* play area

Bom·bar·de·ment <-s, -s> [bɔmbardə'mã:] *nt*
❶ MIL bombardment
❷ *(geh)* deluge (**von** + *dat* of)

bom·bar·die·ren* [bɔmbar'di:rən] *vt* ❶ *(auf ein Ziel abwerfen)* ■**jdn/etw ~** to bomb sb/sth; **etw mit Napalm ~** to bomb sth with napalm, to napalm sth; **jdn/etw mit Granaten ~** to shell sb/sth; ***die Stadt wurde heute Nacht ununterbrochen mit Granaten bombardiert*** the town was under continuous shelling [*or* was being shelled continuously] last night; ***die Demonstranten bombardierten die Polizei mit Eiern und Tomaten*** the demonstrators threw eggs and tomatoes at the police
❷ *(fam: überschütten)* ■**jdn mit etw** *dat* ~ to bombard sb with sth

Bom·bar·die·rung <-, -en> *f* ❶ MIL bombing; ***Churchill gab den Befehl zur ~ Dresdens*** Churchill gave the command to bomb Dresden; *(mit Granaten)* bombardment
❷ *(fam)* bombardment

Bom·bast <-[e]s> [bɔm'bast] *m kein pl (pej)*
❶ *(Schwulst)* bombast
❷ *(Pomp)* pomp

bom·bas·tisch *adj (pej)* ❶ *(schwülstig)* bombastic
❷ *(pompös)* pompous

Bom·be <-, -n> ['bɔmbə] *f* ❶ *(Sprengkörper)* bomb; ■**die ~** *(die A-Bombe)* the Bomb; **etw mit ~n belegen** to bomb sth; **wie eine ~ einschlagen** to come as a bombshell; **eine ~ legen** MIL to plant a bomb
❷ *(Geldbombe)* strongbox
❸ SPORT *(sl: harter Schuss)* cracker *fam*, scorcher *fam*
▶WENDUNGEN: **lebende ~** *(Selbstmordattentäter)* human bomb; *(potenzieller Verbrecher)* a bomb waiting to go off; **die ~ platzen lassen** to drop a/the/one's bombshell

Bom·ben·ab·wurf *m* bomb release, bombing **Bom·ben·an·griff** *m*, **Bom·ben·an·schlag** *m* bomb strike [*or* attack] **Bom·ben·at·ten·tat** *nt* bomb attack **Bom·ben·dro·hung** *f* bomb scare **Bom·ben·er·folg** *m (fam)* smash hit *fam* **bom·ben·fest** ['bɔmbn̩fɛst] *adv (fam)* extremely securely **Bom·ben·ge·schäft** *nt (fam)* roaring business; **ein ~ [mit etw** *dat*] **machen** to do a roaring business [with [*or fam* in] sth] **Bom·ben·ha·gel** *m* hail of bombs **Bom·ben·le·ger** *m (fam: Terrorist)* bomber **Bom·ben·ofen** *m* CHEM bomb oven **Bom·ben·rohr** *nt* CHEM Carius tube **bom·ben·si·cher** ['bɔmbn̩zɪçɐ] **I.** *adj* ❶ MIL bombproof; **~er Unterstand** bombproof shelter, dugout ❷ *(fam)* sure; **ein ~er Tipp** a dead cert *sl* **II.** *adv* **~ lagern/verbunkern** to place in a bombproof store/to store in a bombproof bunker **Bom·ben·split·ter** *m* shrapnel *no pl*, bomb splinter; ■**ein ~** a piece of shrapnel **Bom·ben·stim·mung** *f kein pl (fam)* ■**in ~ sein** to be in a brilliant mood; ***auf der Party herrschte eine ~*** the place was jumping **Bom·ben·tep·pich** *m* hail of bombs; **etw mit einem [dichten] ~ belegen** to blanket-bomb sth **Bom·ben·trich·ter** *m* bomb crater

Bom·ber <-s, -> ['bɔmbɐ] *m (fam)* bomber

Bom·ber·ja·cke *f* bomber jacket

bom·bie·ren [bɔm'bi:rən] *vt (fachspr: biegen)* ■**etw ~** to chase [*or* emboss] sth

bom·big ['bɔmbɪç] *adj (fam)* fantastic *fam*, terrific *fam*

Bom·mel <-s *o* -, - *o* -n> ['bɔml̩] *m o f* DIAL *(Troddel)* tassel

Bon <-s, -s> [bɔŋ, bõ:] *m* ❶ *(Kassenzettel)* receipt
❷ *(Gutschein)* voucher

bo·na fi·de ['bo:na 'fi:də] *adv* bona fide, in good faith; **~ handeln** to act in good faith

Bo·na-fi·de-An·ge·bot *nt* bona-fide offer **Bo·na-fi·de-Kauf·ge·schäft** *nt* JUR bona-fide sale **Bo·na-fi·de-Klau·sel** *f* JUR bona-fide clause

Bon·bon <-s, -s> [bɔŋ'bɔŋ, bõ'bõ:] *m o* ÖSTERR *nt*
❶ *(Süßigkeit)* sweet BRIT, candy AM
❷ *(etwas Besonderes)* treat

bon·bon·far·ben, bon·bon·far·big *adj* gaudy

Bon·bo·nie·re[RR], **Bon·bon·nie·re** <-, -n> [bɔŋbɔ'ni̯e:rə, bɔŋbɔ'ni̯ɛ:rə] *f* box of chocolates, bonbonnière *dated*

Bon·ding <-s, -s> ['bɔndɪŋ] *nt* bonding

bon·gen ['bɔŋən] *vt (fam)* ■**etw ~** to ring sth up; ■[**ist**] **gebongt!** *(sl)* right you are! *fam*

Bon·go <-, -s> ['bɔŋgo] *f*, **Bon·go·trom·mel** <-, -n> *f* bongo [drum]

Bo·ni·fi·ka·ti·on [bonifika'tsi̯o:n] *f* HANDEL *(Rabatt)* rebate, deduction

Bo·ni·tät <-, -en> [boni'tɛ:t] *f* financial standing, credit worthiness

Bo·ni·täts·ana·ly·se *f* FIN credit assessment **Bo·ni·täts·an·for·de·rung** *f* FIN credit rating request **Bo·ni·täts·aus·kunft** *f* FIN account solicitation service **Bo·ni·täts·be·stä·ti·gung** *f* FIN letter of comfort **Bo·ni·täts·be·ur·tei·lung** *f* FIN credit rating **Bo·ni·täts·be·wer·tung** *f* FIN assessment of credit **Bo·ni·täts·ein·bu·ße** *f* FIN decrease in creditworthiness **Bo·ni·täts·ein·schät·zung** *f* FIN appraisal of creditworthiness **Bo·ni·täts·ein·stu·fung** *f* FIN credit rating **Bo·ni·täts·in·di·ka·tor** *m* FIN creditworthiness indicator **Bo·ni·täts·prü·fung** *f* FIN creditworthiness check **Bo·ni·täts·ri·si·ko** *nt* FIN creditworthiness [*or* credit standing] risk **Bo·ni·täts·vor·sprung** *m* FIN lead in creditworthiness [*or* credit standing]

Bo·ni·to <-s, -s> [bo'ni:to] *m* KOCHK bonito

Bon·mot <-s, -s> [bõ'mo:] *nt (geh)* bon mot

Bonn <-s> [bɔn] *nt* Bonn

Bon·ner ['bɔnɐ] *adj attr* Bonn

Bon·ner(in) <-s, -> ['bɔnɐ] *m(f)* inhabitant of Bonn

Bön-Pries·ter(in) ['bø:npri:stɐ] *m(f)* REL Bon priest **Bön-Re·li·gi·on** ['bø:nreli'gi̯o:n], **Bon-Re·li·gi·on** ['bɔnreli'gi̯o:n] *f* REL Bon [Religion], Bonism

Bon·sai[1] <-[s], -s> ['bɔnzai̯] *m* BOT *(japanischer Zwergbaum)* bonsai

Bon·sai[2] <-> ['bɔnzai̯] *nt kein pl (die Kunst, Zwergbäume zu ziehen)* bonsai

Bo·nus <- *o* -ses, - *o* -se *o* Boni> ['bo:nʊs, *pl* 'bo:ni] *m* ❶ FIN bonus; **~ bei Schadensfreiheit** no-claims bonus
❷ SCH, SPORT *(Punktvorteil)* bonus points *pl*; ■**ein ~** a

bonus point **Bo·nus·ak·tie** *f* BÖRSE bonus share **Bo·nus·spar·ver·trag** *m* FIN bonus savings agreement **Bo·nus·zah·lung** *f* FIN bonus payment

Bon·ze <-n, -n> ['bɔntsə] *m* ❶ *(pej)* bigwig *fam,* big shot *fam*
❷ REL bonze

Bon·zo·kra·tie <-, -n> [bɔntsokra'ti:, *pl* -kra'ti:ən] *f* *(pej)* oligarchy

Book·mark <-, -s> ['bʊkma:k] *f o nt* INFORM bookmark

boo·le·sche Al·ge·bra [bu:lʃə '-] *f kein pl* MATH Boolean algebra [*or* notation]

boo·le·scher Wert [bu:lʃe '-] *m kein pl* MATH logical value

Boom <-s, -s> [bu:m] *m* ❶ ÖKON boom
❷ *(Hausse)* bull movement [*or* market]; *(starke Nachfrage)* rise

boo·men ['bu:mən] *vi* ÖKON to [be on the] boom

Boot <-[e]s, -e> [bo:t] *nt* boat, tub *fam; (Segelboot)* yacht; *(Ruderboot)* [rowing] boat; **~ fahren** to go boating
▸WENDUNGEN: **alle in einem** [*o* **im gleichen**] **~ sitzen** *(fam)* to be all in the same boat *fam*

Boot·da·tei ['bu:t-] *f* INFORM boot file **Boot·dis·ket·te** ['bu:t-] *f* INFORM boot disk

Boo·ten ['bu:tn̩] *nt* INFORM booting, bootloading

boo·ten ['bu:tn̩] *vt* INFORM ■**etw ~** to boot up *sep* sth

Boot·lauf·werk ['bu:t-] *nt* INFORM boot drive **Boot·ma·na·ger** ['bu:t-] *m* INFORM boot manager

Boots·bau·er(in) <-s, -> *m(f)* boatbuilder

Boot·sek·tor·vi·rus [bu:t-] *nt* INFORM boot [sector] virus

Boots·fahrt *f* boat trip **Boots·flücht·ling** *m* ■**~e** boat people **Boots·haus** *nt* boathouse **Boots·län·ge** *f* SPORT [boat's] length; ***sie gewannen mit einer ~*** [***Vorsprung***] they won by a length **Boots·mann** <-leute> *m* NAUT bosun, boatswain; MIL petty officer **Boots·steg** *m* landing stage **Boots·ver·leih** *m* boat hire **Boots·ver·lei·her(in)** *m(f)* boat hirer

Bor <-s> [bo:ɐ̯] *nt kein pl* boron *no pl*

Bo·rax <-[es]> ['bo:raks] *m kein pl* borax *no pl*

Bord[1] <-[e]s> [bɔrt] *m* **an ~** aboard, on board; **an ~ gehen/kommen** to board, to come/go aboard [*or* on board]; **über ~ gehen** to go overboard; **von ~ gehen** *Lotse* to leave the plane/ship; *Passagier a.* to disembark; **jdn/etw an ~ nehmen** to take sb/sth aboard [*or* on board]; **jdn/etw über ~ werfen** to throw sb/sth overboard, to jettison sth; **Mann über ~!** man overboard!; **frei an ~** ÖKON free on board, f.o.b.
▸WENDUNGEN: **etw über ~ werfen** to throw sth overboard [*or* to the [four] winds]

Bord[2] <-[e]s, -e> [bɔrt] *nt* shelf

Bord[3] <-[e]s, -e> [bɔrt] *nt* SCHWEIZ *(Rand)* ledge; *(Böschung)* embankment

Bord-Bo·den-Funk·ver·kehr *m* air-to-ground communication **Bord-Bo·den-Ver·bin·dung** *f* air-to-ground link

Bord·buch *nt* logbook **Bord·com·pu·ter** *m* RAUM, LUFT, NAUT onboard computer; AUTO trip computer, electronic navigator

bor·deaux [bɔr'do:] *adj inv, pred* Bordeaux

bord·ei·gen *adj* onboard

Bor·dell <-s, -e> [bɔr'dɛl] *nt* brothel

Bor·dell·wirt(in) *m(f)* *(geh)* brothel-keeper **Bor·dell·wir·tin** *f (geh) fem form von* **Bordellwirt** madam, bawd, brothel-keeper

Bord·emp·fän·ger *m* airborne receiver **Bord·funk** *m* NAUT [ship's] radio; LUFT [aircraft] radio equipment **Bord·fun·ker(in)** *m(f)* radio operator **Bord·ge·rät** *nt* airborne equipment **Bord·in·stru·men·te** *pl* on-board instruments *pl* **Bord·kar·te** *f* boarding card [*or* pass] **Bord·kon·nos·se·ment** *nt* HANDEL onboard [*or* shipped] bill of lading **Bord·me·cha·ni·ker(in)** *m(f) (auf dem Schiff)* ship's mechanic; *(im Flugzeug)* aircraft mechanic **Bord·per·so·nal** *nt kein pl* crew *no pl*

Bord·ra·dar *m* airborne radar **Bord·ra·dar·schirm·bild** *nt* airborne radar display

Bord·sen·der *m* airborne transmitter

Bord·stein *m* kerb BRIT, curb AM ▸WENDUNGEN: **den ~ mitnehmen** *(fam)* to hit the kerb [*or* AM curb]

Bord·stein·kan·te *f* kerb BRIT, curb AM

Bor·dü·re <-, -n> [bɔr'dy:rə] *f* border

Bord·ver·pfle·gung *f* LUFT [in-flight] catering **Bord·waf·fen** *pl* MIL aircraft armaments *pl* **Bord·wand** *f* NAUT ship's side [*or* wall]; LUFT side of the aircraft; AUTO dropside BRIT, sideboard

bo·re·al [bore'a:l] *adj inv* ❶ METEO boreal
❷ GEOG Boreal

bor·gen ['bɔrgn̩] *vt* ❶ *(sich leihen)* ■[**sich** *dat*] **etw** [**von jdm**] **~** to borrow sth [from sb]
❷ *(leihen)* ■**jdm etw ~** to lend [*or* loan] sb sth [*or* sth to sb]

Bor·ke <-, -n> ['bɔrkə] *f* ❶ BOT bark
❷ MED NORDD scab

Bor·ken·kä·fer *m* bark beetle **Bor·ken·krepp** *m* [*spec* tree bark] crepe

Bor·lot·ti·boh·ne [bɔr'lɔti-] *f* borlotti bean

Born <-[e]s, -e> [bɔrn] *m* ❶ *(liter: Quelle)* spring
❷ *(geh: Ursprung, Quelle)* fund, fountain, fount *liter*

Bor·neo·pfef·fer ['bɔrneo-] *m* Sarawak [pepper]

bor·niert [bɔr'ni:ɐ̯t] *adj (pej)* bigoted, narrow-minded

Bor·re·li·o·se <-, -n> [bɔre'li̯o:zə] *f* MED Lyme disease, borreliosis *spec*

Bor·retsch <-[e]s> ['bɔrɛtʃ] *m kein pl* borage

Bor·sal·be *f* boric acid ointment **Bor·säu·re** *f kein pl* CHEM bor[ac]ic acid

Börsch·kohl ['bœrʃ-] *m* DIAL *s.* **Wirsing**

Bör·se <-, -n> ['bœrzə] *f* ❶ *(Wertpapierhandel)* stock market; *(Gebäude)* stock exchange; **an die ~ gehen** to go public; **an der ~** [**gehandelt**] [traded [*or* listed]] on the exchange; **an der ~ notiert werden** to be quoted on the stock exchange; **an der ~ spekulieren** to speculate on the stock exchange, to play the stock market, to dabble in stocks *fam*
❷ *(veraltend: Geldbörse)* purse; *(für Männer)* wallet

Bör·sen·ab·rech·nungs·tag *m* stock exchange settlement day **Bör·sen·auf·schwung** *m* stock exchange boom

Bör·sen·auf·sicht *f* stock exchange supervision **Bör·sen·auf·sichts·be·hör·de** *f* stock exchange supervisory authority

Bör·sen·aus·sich·ten *pl* stock market prospects **Bör·sen·be·ginn** *m kein pl* opening of the stock market; **bei ~** at the start of trading, when the market opens/opened **Bör·sen·be·richt** *m* market [*or* stock exchange] report **Bör·sen·buch** *nt* stock market order book **Bör·sen·crash** [-krɛʃ] *m* stock market crash **Bör·sen·ein·füh·rung** *f* admission to official listing **Bör·sen·ent·wick·lung** *f* stock market development **Bör·sen·er·öff·nung** *f* opening of the stock market **bör·sen·fä·hig** *adj* listed, marketable; **~es Wertpapier** listed paper **Bör·sen·fä·hig·keit** *f kein pl* marketability **Bör·sen·fie·ber** *nt* stock market fever **Bör·sen·gang** *m* stock market flotation, going public *no pl;* **den ~ vorbereiten** to prepare to go public

bör·sen·gän·gig *adj* listed, marketable; **~e Waren** marketable goods

Bör·sen·ge·bäu·de *nt* stock exchange building **Bör·sen·ge·schäft** *nt* stock market transaction **Bör·sen·ge·setz** *nt* JUR Stock Exchange Act, BRIT Financial Services Act, AM Securities Exchange Act **Bör·sen·hai** *m (fam: rücksichtsloser Börsenhändler)* exchange shark

Bör·sen·han·del *m kein pl* stock exchange dealings *pl* **Bör·sen·han·dels·tag** *m* trading day

Bör·sen·händ·ler(in) *m(f)* stock market trader, jobber **Bör·sen·höchst·kurs** *m* highest traded price **Bör·sen·in·dex** *m* stock exchange [price] index **Bör·sen·in·for·ma·ti·on** *f* stock market news *no indef art, + sing vb* **Bör·sen·job·ber(in)** *m(f)* stockjobber **Bör·sen·kan·di·dat, -kan·di·da·tin** *m, f* bourse newcomer **Bör·sen·ka·pi·ta·li·sie·rung** *f* market capitalization **Bör·sen·kli·ma** *nt* market climate [*or* sentiment], mood of the stock market **Bör·sen·kon·sor·ti·um** *nt* price ring, pool **Bör·sen·krach** *m* collapse of the stock market, [stock market] crash **Bör·sen·krei·se** *pl* financial [*or* stock exchange] circles

Bör·sen·kurs *m* market price [*or* rate], stock exchange price [*or* quotation]; **letzter ~** final quotation **Bör·sen·kurs·ent·wick·lung** *f* price trend on the stock exchange

Bör·sen·land·schaft *f* exchange landscape

Bör·sen·mak·ler(in) *m(f)* stockbroker **Bör·sen·mak·ler·kam·mer** *f* incorporated stockbroking society

Bör·sen·ma·nö·ver *nt* stock exchange manoeuvre [*or* AM maneuver], stockjobbing **Bör·sen·markt·la·ge** *f* stock exchange situation **Bör·sen·mit·glied** *nt* member of a stock exchange **Bör·sen·neu·ling** *m* newcomer on the stock exchange **bör·sen·no·tiert** *adj inv* FIN *Firma* listed [*or* quoted] [on the stock exchange] **Bör·sen·no·tie·rung** *f* stock market listing, quotation; **letzte ~** last price **Bör·sen·ord·nung** *f* stock exchange rules *pl* **Bör·sen·par·kett** *nt* BÖRSE exchange floor **Bör·sen·pflicht·blatt** *nt authorized journal for obligatory stock market announcements* **Bör·sen·platz** *m* stock exchange, exchange centre [*or* AM -er]

Bör·sen·preis *m* FIN stock market price, exchange quotation **Bör·sen·preis·bil·dung** *f* stock market [*or* exchange] pricing

Bör·sen·pub·li·kum *nt kein pl* visitors to the stock exchange **Bör·sen·rat·ge·ber** *m* tip sheet **Bör·sen·recht** *nt kein pl* JUR law governing stock exchange transactions **bör·sen·reif** *adj inv* BÖRSE ready for the market; **~es Unternehmen** company that is ready for a stock exchange listing **Bör·sen·schluss**[RR] *m kein pl* close of the stock exchange, final hour of trading; **bei ~** at the close of trading, when the market closes/closed **Bör·sen·schluss·kurs**[RR] *m* prices at the close of the day's trading **Bör·sen·schwan·kung** *f* stock market fluctuation **Bör·sen·sitz** *m* stock exchange seat **Bör·sen·spe·ku·lant(in)** *m(f)* speculator [on the stock market], BRIT *fam a.* stockjobber **Bör·sen·spe·ku·la·ti·on** *f* speculation on the stock market [*or* exchange], BRIT *a.* stockjobbing *no pl, no art fam* **Bör·sen·spiel** *nt* BÖRSE agiotage **Bör·sen·start** *m* BÖRSE stock market flotation [of an enterprise] **Bör·sen·stim·mung** *f* mood [*or* tone] of the market **Bör·sen·tag** *m* trading day **Bör·sen·tak·tik** *f* stock exchange tactics *pl* **Bör·sen·teil·neh·mer, -teil·neh·me·rin** *m, f* exchange participant **Bör·sen·ten·denz** *f* stock market trend **Bör·sen·ter·min·ge·schäft** *nt* FIN futures trading, forward exchange transaction **Bör·sen·ter·min·han·del** *m* time bargain, exchange forward trading **Bör·sen·ti·cker** [-tɪkɐ] *m* exchange ticker **Bör·sen·tiefst·kurs** *m* lowest traded price **Bör·sen·tipp**[RR] *m* market [*or* stock] tip **Bör·sen·trans·ak·ti·on** *f* market transaction

Bör·sen·um·satz *m* stock market turnover **Bör·sen·um·satz·steu·er** *f* stock transfer [*or* exchange] tax **Bör·sen·um·satz·vo·lu·men** *nt* volume of stock transfers

Bör·sen·ver·ein *m* **~ des deutschen Buchhandels** German book trade association **Bör·sen·ver·kehr** *m kein pl* trade on the stock exchange **Bör·sen·ver·tre·ter(in)** *m(f)* stock exchange representative [*or* agent] **Bör·sen·voll·macht** *f* FIN power of attorney for the stock exchange **Bör·sen·wert** *m* market value **Bör·sen·zu·gang** *m* exchange access **Bör·sen·zu·las·sung** *f* FIN [stock exchange] listing, admission [of securities] **Bör·sen·zwang** *m* stock exchange monopoly

Bör·si·a·ner(in) <-s, -> [bœr'zi̯a:nɐ] *m(f)* *(fam)*
❶ *(Börsenmakler)* broker
❷ *(Spekulant an der Börse)* speculator; **gewiefter ~** wolf *sl*

börs·lich *adj* on the exchange; **~er Handel** exchange trading

Bors·te <-, -n> ['bɔrstə] *f* ❶ *(dickes Haar)* bristle, seta *spec*
❷ *(Bürstenhaar)* bristle
❸ *pl (hum fam: Kopf- o Barthaare)* bristles, bristly

hair
Bors·ten·tier *nt (fam)* pig, porker *fam* **Bors·ten·vieh** *nt (hum fam)* pigs *pl,* swine *pl*
bors·tig ['bɔrstɪç] *adj* bristly, setaceous *spec*
Bor·te <-, -n> ['bɔrtə] *f* border, edging, trimming
Bor·was·ser *nt kein pl* boric acid solution
bös [bø:s] *adj s.* **böse**
bös·ar·tig *adj* ① *(tückisch)* malicious; **ein ~es Tier** a vicious animal
② MED *(maligne)* malignant; **eine ~e Krankheit** a pernicious disease
Bös·ar·tig·keit <-> *f kein pl* ① *(Tücke)* maliciousness; *eines Tiers* viciousness
② MED malignancy
Bö·schung <-, -en> ['bœʃʊŋ] *f* embankment; *eines Flusses, einer Straße a.* bank
Bö·schungs·flä·che *f* area of embankment
bö·se ['bø:zə] **I.** *adj* ① *(sittlich schlecht)* bad; *(stärker)* evil, wicked; **~ Absicht/~r Wille** malice; **etw mit ~r Absicht tun** to do sth with evil intent; ***das war keine ~ Absicht!*** no harm intended!; ***er wittert hinter jedem Vorfall eine ~ Absicht*** he suspects malice behind every incident; **die ~ Fee** the Wicked Fairy; **jdm B~s tun** to cause [*or* do] sb harm; ***er will dir doch nichts B~s*** he doesn't mean you any harm; ***pass auf, er will dir B~s!*** watch out, he's out to get your blood [*or fam* to get you]; ***er könnte niemandem B~s tun*** he could never hurt a fly
② *attr (unangenehm, übel)* bad; **~s Blut machen** [*o* **schaffen**] to cause bad blood; **ein ~s Ende nehmen** *(geh)* to end in disaster; **es wird ein ~s Erwachen geben** sb is going to have a rude awakening [*or* to have [*or* get] a nasty shock]; **~ Folgen** [*o* **Konsequenzen**] **haben** to have dire consequences; **eine ~ Geschichte** [*o* **Angelegenheit**] a nasty affair [*or* business]; **jdm einen ~n Streich spielen** to play a nasty [*or* mean] trick on sb; **ein ~r Traum** a bad dream; **eine ~ Überraschung erleben** to have an unpleasant [*or* a nasty] surprise; **~ Zeiten** bad [*or* hard] times; **ein ~r Zufall** a terrible coincidence; **nichts ~s ahnen** to not suspect anything is [*or* expect anything to be] wrong, to be unsuspecting; **nichts B~s daran** [*o* **dabei**] **finden, etw zu tun/wenn...** to not see any harm [*or* anything wrong] in doing sth/in it if ...; ***mir schwant B~s*** I don't like the look of this; ***er dachte an nichts B~s, als ...*** *(a. hum)* he was minding his own business when ... *a. hum*
③ *(verärgert)* angry, cross; **ein ~s Gesicht/~r Gesichtsausdruck** a scowl; **ein ~s Gesicht/einen ~n Gesichtsausdruck machen** to scowl, to glower; **~ sein/werden** to be/get [*or* become] angry [*or* cross]; *(stärker)* to be/get furious [*or fam* mad]; ***sie wird leicht ~*** she angers [*or* gets angry] easily; **auf jdn/mit jdm ~ sein, jdm ~ sein** to be angry [*or* cross] with sb; ***sei [mir] bitte nicht ~, aber ...*** please don't be cross [*or* angry] [with me], but ...; **zum B~n ausschlagen** *(geh)* to have bad [*or* negative] consequences; **im B~n auseinandergehen, sich** *akk* **im B~n trennen** to part on bad terms; **sich** *akk* **zum B~n wenden** to take an unpleasant [*or* a nasty] turn
④ *(fam: unartig)* naughty, bad
⑤ *(gefährlich, schlimm)* bad, nasty; **ein ~r Husten/Sturz** a bad [*or* nasty] cough/fall; **eine ~ Krankheit** a serious illness; **ein ~r Unfall** *(fam)* a terrible accident; *(fam: schmerzend, entzündet)* bad, sore; **ein ~r Finger** a sore finger
▸WENDUNGEN: **den ~n Blick haben** to have the evil eye; **B~s im Schilde führen** to be up to no good
II. *adv* ① *(übelwollend)* evilly; **~ gucken/lächeln** to give an evil look/smile; ***das habe ich nicht ~ gemeint*** I meant no [*or* didn't mean any] harm, no harm intended
② *(fam: sehr)* badly; **sich** *akk* **~ irren** to make a serious mistake; **jdn ~ mitnehmen** to hit sb hard; **jdn ~ reinlegen** to drop sb in it *fam*
③ *(schlimm, übel)* badly; ***er ist ~ gefallen*** he had a nasty fall; **~ ausgehen** to end in disaster, to turn out badly; ***das wird ~ ausgehen!*** that'll end in disaster! [*or* turn out badly!]; **~ dran sein** to be in a bad way; **~ [für jdn] aussehen** to look bad [for sb]; ***es sieht ~ aus für dich*** things are looking bad for you
Bö·se(r) *f(m) dekl wie adj* ① *(Bösewicht)* villain, baddy BRIT *fam,* bad guy
② *(geh: Teufel)* ■**der ~** the Devil
Bö·se·wicht <-[e]s, -er *o* -e> ['bø:zəvɪçt] *m* ① *(hum fam: Wicht)* little devil *fam*
② *(veraltend o hum: Schurke)* villain
bös·gläu·big *adj* JUR in bad faith, mala fide
Bös·gläu·big·keit *f* JUR bad faith, mala fides
bos·haft ['bo:shaft] **I.** *adj (übelwollend)* malicious, nasty
II. *adv* **~ grinsen/lächeln** to give an evil grin/smile
Bos·heit <-, -en> *f* malice *no pl,* nastiness *no pl;* *(Bemerkung)* nasty [*or* malicious] remark; **aus [lauter] ~** out of [pure] malice, for [purely] malicious reasons
Bos·kop <-s, -> ['bɔskɔp] *m* russet
Bos·ni·en <-s> ['bɔsniən] *nt* Bosnia
Bos·ni·en-Her·ze·go·wi·na <-s> *nt,* **Bos·ni·en und Her·ze·go·wi·na** <-s> *nt* ÖSTERR Bosnia-Herzegovina
Bos·ni·er(in) <-s, -> ['bɔsniɐ] *m(f)* Bosnian
bos·nisch ['bɔsnɪʃ] *adj* Bosnian
bos·nisch-her·ze·go·wi·nisch *adj* Bosnian
Bo·son <-s, Bosonen> ['bo:zɔn, *pl* bo'zo:nən] *nt* PHYS boson
Bos·po·rus <-> ['bɔsporʊs] *m* Bosp[h]orus
Boss^RR <-es, -e>, **Boß**^ALT <-sses, -sse> [bɔs] *m* *(fam)* boss *fam*
Bos·sing <-s> ['bɔsɪŋ] *nt kein pl* SOZIOL harassment [of employees]
bös·wil·lig I. *adj* malicious, malevolent; JUR wilful BRIT, willful AM; **in ~er Absicht** with malicious intent [*or* malice prepense [*or form a.* aforethought]]; **~es Verlassen** wilful desertion
II. *adv* maliciously, malevolently; ***es geschah nicht ~!*** no harm intended!
Bös·wil·lig·keit <-> *f kein pl* malice *no pl,* malevolence *no pl;* **aus [lauter] ~** out of pure malice [*or* malevolence], for purely malicious [*or* malevolent] reasons
bot [bo:t] *imp von* **bieten**
Bo·ta·nik <-> [bo'ta:nɪk] *f kein pl* botany *no pl*
Bo·ta·ni·ker(in) <-s, -> [bo'ta:nikɐ] *m(f)* botanist
bo·ta·nisch [bo'ta:nɪʃ] *adj* botanical; **~er Garten** Botanical Gardens *pl*
bo·ta·ni·sie·ren [botani'zi:rən] *vi* to botanize
Bo·ta·ni·sier·trom·mel *f* [botanist's] specimen box
Bo·te, Bo·tin <-n, -n> ['bo:tə, 'bo:tɪn] *m, f* ① *(Kurier)* courier; *(mit Nachricht)* messenger; *(Zeitungsbote)* paperboy *masc,* papergirl *fem; (Laufbursche)* errand boy; *bes* SÜDD *(Postbote)* postman
② *(geh: Anzeichen)* herald, harbinger *liter*
Bo·ten·dienst *m* messenger service; **~e [für jdn] leisten** [*o* **verrichten**] to carry messages [for sb]
Bo·ten·gang <-gänge> *m* errand; **einen ~ [für jdn] machen** [*o* **erledigen**] to run an errand [for sb]
Bo·ten-Ri·bo·nu·kle·in·säu·re, Bo·ten-RNS *f kein pl* BIOL, CHEM messenger ribonucleic acid, m-RNA **Bo·ten·stoff** *m* BIOL chemical messenger
Bo·tin <-, -nen> *f fem form von* **Bote**
Bot·schaft[1] <-, -en> ['bo:tʃaft] *f* ① *(Nachricht)* news *no pl, no indef art;* **freudige ~** good news, glad tidings *old or hum;* ***hast du schon die freudige ~ gehört?*** have you heard the good news yet?; ***ich habe eine freudige ~ für dich*** I've got [some] good [*or* happy] news for you; **eine ~ erhalten** to receive a message [*or* a piece of news]; **jdm eine ~ hinterlassen** to leave sb a message [*or* a message for sb]; *(offizielle Nachricht)* communication; **die Frohe ~** REL the Gospel
② *(ideologische Aussage)* message
Bot·schaft[2] <-, -en> ['bo:tʃaft] *f (Gesandtschaft)* embassy; **eine ~ errichten** to create [*or* establish] an embassy; *(Gebäude)* embassy [building]
Bot·schaft des Gött·li·chen Lichts *f* REL Divine Light Mission
Bot·schaf·ter(in) <-s, -> *m(f)* ambassador
Bot·schafts·flücht·ling *m sb seeking political asylum in an embassy building*
Bo·tsu·a·na <-s> [bɔ'tsu̯a:na] *nt* BRD, ÖSTERR, **Bots·wa·na** <-s> [bɔ'tsva:na] *nt* SCHWEIZ Botswana
Bo·tsu·a·ner(in) <-s, -> *m(f)* Botswanan
bo·tsu·a·nisch *adj* BRD, ÖSTERR, **bots·wa·nisch** *adj* SCHWEIZ Botswanan
Bott <-[e]s, -e> [bɔt] *nt* SCHWEIZ general meeting
Bött·cher(in) <-s, -> ['bœtçɐ] *m(f)* cooper
Bot·tich <-[e]s, -e> ['bɔtɪç] *m* tub; *(für Wäsche)* washtub
Bot·tom-up-Prin·zip [bɔtəm'ʌp-] *nt* BÖRSE bottom-up principle
Bo·tu·lis·mus <-> [botu'lɪsmʊs] *m kein pl* MED *(Lebensmittelvergiftung)* botulism
Bou·clé[1] <-s, -s> [bu'kle:] *nt (Garn)* bouclé yarn
Bou·clé[2] <-s, -s> [bu'kle:] *m (Gewebe)* bouclé [fabric]
Bou·doir <-s, -s> [bu'do̯a:ɐ̯] *nt (veraltet geh)* boudoir *a. hum*
Bouil·lon <-, -s> [bʊl'jɔŋ, bʊl'jõ:] *f* [beef] bouillon; *(Restaurant)* consommé
Bouil·lon·wür·fel *m* bouillon [*or* stock] cube
Boule <-[s]> [bu:l] *nt kein pl* SPORT boules + *sing vb*
Boule·vard <-s, -s> [bulə'va:ɐ̯] *m* boulevard
Boule·vard·blatt *nt (fam)* tabloid **Boule·vard·la·den** *m* MEDIA boulevard shop *(bookshop which includes space for a range of book club books)* **Boule·vard·pres·se** *f (fam)* yellow [*or pej* gutter] press **Boule·vard·the·a·ter** *nt* light theatre [*or* AM -er] **Boule·vard·zei·tung** *f* tabloid
boun·cen ['bau̯nsn̩] *vi* INFORM *(automatisches Zurücksenden nicht zustellbarer E-Mails)* to bounce
Bour·geois <-, -> [bʊr'ʒo̯a(s)] *m (geh)* bourgeois
Bour·geoi·sie <-, -n> [bʊrʒo̯a'zi:, *pl* 'zi:ən] *f (veraltend geh)* bourgeoisie
Bou·tique <-, -n> [bu'ti:k] *f* boutique
Bo·vist <-s, -e> ['bo:vɪst, bo'vɪst] *m (Pilz)* puffball, bovista *spec*
Bow·le <-, -n> ['bo:lə] *f* ① *(Getränk)* punch *no pl;* **eine ~ ansetzen** [*o* **machen**] to prepare [a/some] punch
② *(Schüssel)* punchbowl
Bow·le·glas *nt* punch glass
Bow·ling <-s, -s> ['bo:lɪŋ] *nt* [tenpin] bowling *no pl, no art;* **zum ~ gehen** to go bowling
Bow·ling·ku·gel *f* bowling ball
Box <-, -en> [bɔks] *f* ① *(Behälter)* box
② *(fam: Lautsprecher)* loudspeaker; *(Musikbox)* jukebox, juke *fam*
③ *(abgeteilter Raum)* compartment; *(Stand im Stall)* box [stall]
④ *(für Rennwagen)* pit
bo·xen ['bɔksn̩] **I.** *vi* to box; **um die Meisterschaft ~** to box for the championship; ***es wird um den Titel geboxt*** it's a title fight; ■**gegen jdn ~** to fight sb
II. *vt* ① *(schlagen)* ■**jdn ~** to punch sb
② SPORT *(sl: antreten gegen)* ■**jdn ~** to fight [against] sb
③ *(hinein-/hinausmanövrieren)* ■**jdn/etw ~** to push [*or* force] sb/sth
III. *vr* ① *(fam: sich schlagen)* ■**sich** *akk* **mit jdm ~** to have a fist fight [*or* BRIT *fam a.* punch-up] with sb; ***hört auf, euch zu ~!*** stop fighting!
② *(fam: sich einen Weg bahnen)* **sich** *akk* **nach vorne/durchs Leben ~** to fight one's way forward/through life
Bo·xen <-s> ['bɔksn̩] *nt kein pl* boxing *no art*
Bo·xer(in) <-s, -> ['bɔksɐ] *m(f)* boxer
Bo·xer·auf·stand *m* HIST Boxer Rebellion **Bo·xer·mo·tor** *m* AUTO opposed cylinder [*or* flat] engine
Bo·xer·na·se *f* boxer's nose **Bo·xer-Shorts, Bo·xershorts** [-ʃo:ɐts, -ʃɔrts] *pl* boxer shorts *npl*
Box·hand·schuh *m* boxing glove **Box·kampf** *m* ① *(Einzelkampf)* bout, boxing match ② *(Boxen)* boxing *no art* **Box·pa·let·te** *f im Zug* box pallet **Box·ring** *m* [boxing] ring **Box·sport** *m* sport of boxing, boxing *no art* **Box·ver·ein** *m* boxing club
Boy <-s, -s> [bɔɪ] *m* ① *(Liftboy)* bellboy, AM *a.* bellhop
② *(sl: junger Kerl)* boy, lad

Boy·group ['bɔygru:p] *f* MUS boy group

Boy·kott <-[e]s, -e *o* -s> [bɔɪ'kɔt] *m* boycott

Boy·kott·auf·ruf *m* demand for boycott

boy·kot·tie·ren* [bɔɪkɔ'ti:rən] *vt* ■ **etw** ~ to boycott sth

Boy·kott·maß·nah·me *f* measure to boycott sth **Boy·kott·ver·bot** *nt* ban on boycotts

BPI TELEK *Abk von* **Bits pro Inch** bpi

BPP TELEK *Abk von* **Bits pro Pixel** BPP

BPS TELEK *Abk von* **Bits pro Sekunde** bps

brab·beln ['brabl̩n] **I.** *vt (fam)* ■ **etw** ~ to mumble sth
II. *vi (fam)* to mumble; **ein ~der Säugling** a gurgling baby

brach[1] [bra:x] *imp von* **brechen**

brach[2] [bra:x] *ADJ* ■ ~ **liegen** ① *(unbebaut sein)* to lie fallow
② *(ungenutzt sein)* to be left unexploited; **etw ~ liegen lassen** to leave sth unexploited

Brach·feld *nt* fallow field **Brach·flä·che** *f* fallow land

bra·chi·al [bra'xi̯a:l] *adj inv* ① MED brachial
② *(geh: roh)* **mit ~er Gewalt vorgehen** to use brute force

Bra·chi·al·ge·walt *f kein pl* brute force; **mit ~** with brute force [*hum* and ignorance]; **mit ~ vorgehen** to use brute force

Brach·land *nt* fallow [land]

brach|le·gen *vt* **ein Feld ~** to leave a field fallow

brach|lie·gen[ALT] *vi irreg s.* **brach**

Brach·sen <-s, -> ['braksn̩] *m* ZOOL, KOCHK [common] bream

brach·te ['braxtə] *imp von* **bringen**

Brach·vo·gel *m* curlew

bra·ckig ['brakɪç] *adj* brackish

Brack·was·ser *nt* brackish water

Brah·ma <-s> ['bra:ma] *m kein pl* REL *(Hindugott)* Brahma

Brah·man <-s> ['bra:man] *nt kein pl* REL Brahman

Brah·ma·ne <-n, -n> [bra'ma:nə] *m* Brahman, Brahmin

brah·ma·nisch [bra'ma:nɪʃ] *adj* Brahman *attr,* Brahmanic

Brah·ma·nis·mus <-> [brama'nɪsmʊs] *m kein pl* REL Brahmanism

brah·ma·nis·tisch [brama'nɪstɪʃ] *adj* REL Brahmanist

Bra·hui <-, -> ['bra:hui] *m o f* Brahui

Braille·schrift ['bra:jə-] *f* Braille

Brain·drain[RR] <-s> [breɪn'dreɪn] *m kein pl* brain drain *no pl* **Brain·stor·ming** <-s> ['bre:nsto:ɐ̯mɪŋ] *nt kein pl* brainstorming session

brai·sie·ren [brɛ'zi:rən] *vt* KOCHK to braise

BRAK <-> *f kein pl Akr von* **Bundesrechtsanwaltskammer** ≈ German Law Society

BRAM <-> *m kein pl Abk von* **Brennstoff aus Müll** RDF, refuse-derived fuel

Bran·che <-, -n> ['brã:ʃə] *f* ① *(Wirtschaftszweig)* line of business
② *(Tätigkeitsbereich)* field

Bran·chen·ad·ress·buch[RR] *nt* classified [*or* trade] directory **bran·chen·be·dingt** *adj* ÖKON branch-conditioned **Bran·chen·be·ob·ach·ter(in)** *m(f)* ÖKON observer of an industry **Bran·chen·buch** *nt (Branchenverzeichnis)* classified [*or* trade] directory, ≈ Yellow Pages **Bran·chen·er·fah·rung** *f* experience in the trade [*or* industry] **bran·chen·fremd** *adj* inexperienced in [*or* foreign to] the trade [*or* industry] *pred* **Bran·chen·füh·rer** *m* market leader **Bran·chen·in·dex** *m* ÖKON industry index **Bran·chen·kar·tell** *nt* ÖKON industrial cartel **Bran·chen·ken·ner(in)** *m(f)* **er ist** [**ein**] ~ he knows the trade [*or* industry] **Bran·chen·kennt·nis** *f* knowledge of the trade [*or* industry]; ■ **~se** *pl* tricks *pl* of the trade **bran·chen·kun·dig** *adj* well-versed in the trade [*or* industry] *pred* **Bran·chen·mes·se** *f* ÖKON industrial show **Bran·chen·part·ner** *m* trade partner **Bran·chen·rie·se** *m* ÖKON *(fam)* industrial [*or* industry] giant **Bran·chen·soft·ware** *f* INFORM business software **Bran·chen·span·ne** *f* ÖKON average industry margin **bran·chen·spe·zi·fisch** ['brã:ʃən-] *adj* sector-specific **Bran·chen·trend** ['brã:ʃəntrɛnt] *m* ÖKON sectoral trend **bran·chen·ty·pisch** *adj* typical of the trade [*or* industry] *pred* **bran·chen·üb·lich** *adj* customary, usual in the trade [*or* industry] *pred* **Bran·chen·üb·lich·keit** *f kein pl* FIN customary trade practices *pl* **bran·chen·un·üb·lich** *adj* not usual in the trade [*or* industry] *pred* **Bran·chen·ver·gleich** *m* ÖKON comparison of industry sectors **Bran·chen·ver·zeich·nis** *nt* classified [*or* trade] directory, yellow pages *pl* **bran·chen·weit** *adv* ÖKON throughout the industry; ***diese Klagen sind ~ zu hören*** these grievances can be heard throughout the industry; ***es kam ~ zu Streiks*** they were soon striking in all industrial branches

Brand <-[e]s, Brände> [brant, *pl* 'brɛndə] *m* ① *(Feuer)* fire; **in ~ geraten** to catch fire, to burst into flames; **einen ~ legen** to start a fire; **einen ~ löschen** to extinguish [*or sep* put out] a fire; **etw in ~ stecken** to set sth alight; **ein Gebäude in ~ stecken** to set a building on fire, to set fire to a building
② *(das Brennen)* ■ **der ~** *von Keramik, Porzellan, Ziegel* firing
③ *(fam: großer Durst)* raging thirst; **einen ~ haben** *(fam)* to be parched; **seinen ~ löschen** *(fam)* to cool one's raging thirst
④ MED gangrene *no art, no pl*
⑤ BOT blight, smut

Brand·ab·schnitt *m* BAU fire section

brand·ak·tu·ell *adj (fam)* highly topical; **ein ~es Buch** a book hot off the press; **eine ~e CD/Schallplatte** a very recent CD/record; **ein ~es Thema/eine ~e Frage** a red-hot subject/issue *fam*

Brand·an·schlag *m* arson attack **Brand·bin·de** *f* bandage for burns **Brand·bla·se** *f* burn blister **Brand·bom·be** *f* incendiary bomb [*or* device] **Brand·brief** *m* urgent reminder

brand·ei·lig *adj (fam)* extremely urgent

bran·den ['brandn̩] *vi* ■ **an etw** *akk*/**gegen etw** *akk* ~ to break against sth

Bran·den·burg <-s> ['brandn̩bʊrk] *nt* Brandenburg

Bran·den·bur·ger(in) ['brandn̩bʊrgɐ] *m(f)* Brandenburger

bran·den·bur·gisch ['brandn̩bʊrgɪʃ] *adj inv* Brandenburg; **die B~en Konzerte** the Brandenburg Concertos

Brand·en·te *f* ORN shelduck **Brand·fleck** *m* burn [mark] **Brand·ge·fahr** *f* fire risk, danger of fire **brand·ge·fähr·lich** *adj inv (fig)* highly dangerous **Brand·ge·ruch** *m* smell of burning **Brand·herd** *m* source of the fire

bran·dig ['brandɪç] *adj* ① *(bei Feuer)* burnt *attr;* **~ riechen** to smell of burning
② BOT blighted, smutted
③ MED gangrenous

Bran·ding <-s, -s> ['brændɪŋ] *nt* [body] branding

Brand·ka·ta·stro·phe *f* conflagration, fire disaster **Brand·klas·se** *f* BAU fire rating **Brand·le·ger(in)** <-s, -> *m(f) bes* ÖSTERR *(Brandstifter)* arsonist **Brand·loch** *nt* burn[t] hole; **in etw** *akk* **ein ~ machen** to burn a hole in sth

brand·ma·ger *adj* SCHWEIZ extremely thin, skinny *fam*

Brand·mal <-s, -e> *nt (geh)* brand **brand·mar·ken** *vt* ① *(fig: anprangern)* ■ **jdn/etw** [**als etw**] ~ to brand sb/sth [as] sth, to denounce sb/sth [as sth]
② HIST *(mit Brandzeichen versehen)* ■ **jdn** [**als etw**] ~ to brand [*or* stigmatize] sb [as sth] **Brand·mau·er** *f* fire[proof] wall **Brand·meis·ter(in)** *m(f)* head firefighter

brand·neu ['brant'nɔy] *adj (fam)* brand new

Brand·op·fer *nt* ① *(Opfer eines Brandes)* victim of a/the fire ② REL burnt offering; *(Mensch)* burnt sacrifice **Brand·re·de** *f* inflammatory speech **Brand·ro·dung** *f* slash-and-burn *no art* **Brand·sal·be** *f* burn ointment, ointment for burns [*or* scalds] **Brand·satz** *m* CHEM incendiary mixture [*or* device] **Brand·scha·den** *m* fire damage *no pl*

brand·schat·zen ['brantʃatsn̩] *vt* ■ **etw** ~ to sack [*or* pillage] sth

Brand·schutz *m kein pl* fire safety *no art, no pl,* protection against fire **Brand·schutz·mat·te** *f* BAU fire protection mat

Brand·soh·le *f* insole **Brand·stel·le** *f* ① *(Ort des Brandes)* fire ② *(verbrannte Stelle)* burnt patch **Brand·stif·ter(in)** *m(f)* arsonist **Brand·stif·tung** *f* JUR arson; **fahrlässige/vorsätzliche ~** causing fire by negligence/wilful intent **Brand·teig** *m* KOCHK choux pastry

Bran·dung <-, -en> *f* surf, breakers *pl*

Bran·dungs·ero·si·on *f* coastal erosion *(caused by waves)*

Brand·ur·sa·che *f* cause of the fire **Brand·ver·hü·tungs·vor·schrif·ten** *pl* JUR fire regulations **Brand·ver·si·che·rung** *f* FIN fire insurance **Brand·wa·che** *f* ① *(Überwachung der Brandstelle)* firewatch ② *(Posten an der Brandstelle)* firewatch team ③ SCHWEIZ *(Feuerwehr)* fire brigade **Brand·wun·de** *f* burn

Bran·dy <-s, -s> ['brɛndi] *m* brandy

Brand·zei·chen *nt* brand

brann·te ['brantə] *imp von* **brennen**

Brannt·wein ['brantvai̯n] *m (geh)* spirits *pl*

Brannt·wein·es·sig *m* spirit vinegar **Brannt·wein·steu·er** *f* tax on spirits

Bra·si·li·a·ner(in) <-s, -> [brazi'li̯a:nɐ] *m(f)* Brazilian

bra·si·li·a·nisch [brazi'li̯a:nɪʃ] *adj* Brazilian

Bra·si·li·en <-s> [bra'zi:li̯ən] *nt* Brazil

Bra·sil·nuss[RR] [bra'zi:l-] *f* BOT Brazil nut

Bras·se <-, -n> ['brasə] *f* NAUT brace

Bras·sen <-, -> ['brasn̩] *m s.* **Brachsen**

Brät <-s> [brɛ:t] *nt kein pl* DIAL *(fachspr)* sausage meat

Brat·ap·fel *m* baked apple **Brat·beu·tel** *m s.* **Backbeutel**

bra·ten <brät, briet, gebraten> ['bra:tn̩] **I.** *vt* ■ **etw ~** *(in der Pfanne garen)* to fry sth; ■ [**sich** *dat*] **etw ~** to fry [oneself] sth; *(am Spieß garen)* to roast sth [on a spit]; **etw knusprig** [*o* **kross**] ~ to fry/roast sth until crisp
II. *vi* ① *(in der Pfanne garen)* to fry
② *(fam: schmoren)* [**in der Sonne**] ~, **sich** *akk* ~ **lassen** to roast [in the sun] *fam*

Bra·ten <-s, -> ['bra:tn̩] *m* joint, roast [meat *no pl, no art*]; **kalter ~** cold meat
▶ WENDUNGEN: **ein fetter ~** *(fam)* a prize [*or* good] catch; **den ~ riechen** *(fam)* to smell a rat *fam*

Bra·ten·fett *nt* dripping *no pl* **Bra·ten·ga·bel** *f* carving fork **Bra·ten·saft** *m* meat juices [*or* AM drippings] *pl* **Bra·ten·so·ße** *f* gravy **Bra·ten·ther·mo·me·ter** *nt* meat thermometer **Bra·ten·wen·der** <-s, -> *m* roasting jack, turnspit

Brä·ter <-s, -> ['brɛ:tɐ] *m* KOCHK roasting pan [*or* dish], roaster

Brat·fett *nt* cooking fat **Brat·fisch** *m* ① *(zum Braten bestimmter Fisch)* fish for frying ② *(gebratener Fisch)* fried fish **Brat·hähn·chen** *nt,* **Brat·hendl** <-s, -[n]> *nt* SÜDD, ÖSTERR grilled chicken **Brat·he·ring** *m* fried herring **Brat·huhn** *nt* roast chicken **Brat·kar·tof·feln** *pl* fried potatoes *pl,* sauté potatoes *pl* **Brat·kar·tof·fel·ver·hält·nis** *nt (pej fam)* meal ticket *pej fam;* ***er hat ein ~ mit ihr*** she is his meal ticket **Brat·pfan·ne** *f* frying pan **Brat·röh·re** *f* DIAL oven **Brat·rost** *m* grill

Brat·sche <-, -n> ['bra:tʃə] *f* viola

Brat·schist(in) <-en, -en> [bra'tʃɪst] *m(f)* violist, viola player

Brat·spieß *m* spit **Brat·wurst** *f* ① *(zum Braten bestimmte Wurst)* [frying] sausage, bratwurst ② *(gebratene Wurst)* [fried] sausage, bratwurst

Brauch <-[e]s, Bräuche> [brau̯x, *pl* 'brɔyçə] *m* custom, tradition; ***so will es der ~*** that's the custom [*or* tradition]; **nach altem ~** according to custom [*or* tradition]; [**bei jdm so**] **~ sein** to be customary [*or* tradition[al]] [*or* the custom] [with sb]

brauch·bar *adj* ① *(geeignet)* suitable; [**beschränkt/nicht**] **~ sein** to be of [limited/no] use; ***mein Schirm ist zwar alt, aber noch ganz ~*** my umbrella is old but it still serves its purpose [*or* it'll

still do the trick]
② *(ordentlich)* useful; **ein ~er Plan** a viable plan; **ein ~er Mitarbeiter** a useful worker *fam*

Brauch·bar·keits·min·de·rung *f* HANDEL diminished [*or* impaired] usefulness

brau·chen ['brau̯xn̩] **I.** *vt* ① *(nötig haben)* ■**jdn/etw ~** to need sb/sth; ***ich habe alles, was ich brauche*** I have everything I need; ***wozu brauchst du das?*** what do you need that for?; ***brauchst du noch etwas?*** do you require anything else?; ***brauchst du das Messer gerade, oder kann ich es mir mal kurz ausleihen?*** are you using this knife or can I borrow it for a minute?; ***um so weit zu kommen, braucht man eine Menge Ausdauer*** you need a lot of stamina to get that far
② *(an Zeit benötigen)* **Zeit/eine Stunde [für etw** *akk*] **~** to need time/an hour [for sth]; ***ich brauche bis zum Bahnhof etwa 30 Minuten*** I need [*or* it takes me] [*or* I take] about 30 minutes to get to the station; **[seine] Zeit ~** to take time; ***alles braucht seine Zeit*** everything takes time
③ DIAL *(fam: gebrauchen)* ■**etw ~** to need sth; ***kannst du die Dinge ~?*** can you find a use for these?; ***das könnte ich jetzt gut ~*** I could do with that right now; ***ich kann diese Leute nicht ~!*** I don't need [*or* I can do without] these people!; ***ich kann dich jetzt nicht ~*** I haven't got time for you right now; ***in Stresssituationen ist sie nicht zu ~*** she's useless when there's a lot of pressure
④ *(fam: verbrauchen)* ■**etw ~** to use sth; ***diese großen Autos ~ zu viel Benzin*** those big cars consume [*or* use] too much fuel
II. *modal vb (müssen)* to need; ***der Rasen braucht noch nicht gemäht [zu] werden*** the lawn doesn't need mowing yet [*or* needn't be mown yet]; ***das hätte nicht sein ~*** there was no need for that; *(wäre vermeidbar gewesen)* that needn't have happened; ■**etw [zu] tun ~** to need to do sth; ***du hättest doch nur etwas [zu] sagen ~*** you need only have said something, you only needed to say something; ■**etw nicht [zu] tun ~** to not need to do sth, to need not do sth; ***sie braucht nächste Woche nicht zu arbeiten*** she doesn't need [*or* doesn't have] to work next week; ***ich brauche heute nicht zur [o in die] Schule*** *(fam)* I don't have [*or* don't need] to go to school today
III. *vt impers* ① SÜDD, SCHWEIZ *(nötig sein)* ■**es braucht etw** sth is needed; ***es braucht nur ein Wort von ihr, und ich helfe euch*** she only has ask and I'll help you; ***es braucht noch ein bisschen Salz*** it needs a little more salt; ■**es braucht jdn/etw, um etw zu tun** sb/sth is needed to do sth
② *(geh: bedürfen)* ■**es braucht einer S.** *gen* sth is needed [*or* necessary]; ***es braucht keines weiteren Beweises/keiner weiteren Erklärung*** no further proof/explanation is needed

Brauch·tum <-[e]s, -tümer> *nt pl selten* customs *pl,* traditions *pl;* **ein altes ~** a tradition

Brauch·was·ser *nt (fachspr)* industrial water; *(Haushalt)* water for domestic use

Braue <-, -n> ['brau̯ə] *f* [eye]brow, supercilium *spec;* **eine ~ hochziehen** to raise an eyebrow; **zusammengewachsene ~n** eyebrows joined in the middle

brau·en ['brau̯ən] *vt* ① *(herstellen)* **Bier ~** to brew beer
② *(fam: zubereiten)* **[jdm/sich] einen Kaffee ~** to make [sb/oneself] [a/some] coffee; **einen Zaubertrank ~** to concoct a magic potion

Brau·en·bürst·chen <-s, -> *nt* brow brush

Brau·er(in) <-s, -> ['brau̯ɐ] *m(f)* brewer

Brau·e·rei <-, -en> [brau̯ə'rai̯] *f* ① *(Braubetrieb)* brewery
② *kein pl (das Brauen)* ■**die ~** brewing *no pl*

Brau·e·rei·ab·wäs·ser *pl* effluent from breweries **Brau·e·rei·wis·sen·schaft** *f kein pl* SCI, TECH zymurgy

Brau·e·rin <-, -nen> *f fem form von* **Brauer**

Brau·haus *nt* [privately-owned] brewery **Brau·meis·ter(in)** *m(f)* master brewer

braun [brau̯n] *adj* ① *(Farbe)* brown; *(brünett)* brown, brunette, AM *also* brunet; *(von der Sonne)* [sun-]tanned; **~ gebrannt** [sun-]tanned; **etw ~ färben/lackieren** to dye/paint sth brown; ■**~ werden** to become brown [*or* [sun-]tanned]
② *(pej: nationalsozialistisch)* Nazi *attr;* ■**die B~en** *pl* the Brownshirts *pl*

Braun <-s, -> [brau̯n] *nt* brown [colour [*or* AM -or]]; ■**in ~** in brown

braun·äu·gig *adj* brown-eyed

Braun·bär *m* brown bear

Bräu·ne <-> ['brɔy̯nə] *f kein pl* [sun]tan

bräu·nen ['brɔy̯nən] **I.** *vt* ① *(braun werden lassen)* ■**jdn/etw ~** to tan sb/sth
② KOCHK ■**etw ~** to brown sth
II. *vi* ① *(braun werden)* ■**[in der Sonne] ~** to go brown [*or* tan] [in the sun]; *(von Sonne, UV-Strahlung)* to tan
② KOCHK to turn brown; ■**etw ~ lassen** to brown sth
III. *vr* ■**sich** *akk* **~** *(sich sonnen)* to get a tan; *(braun werden)* to go brown

Bräu·nen <-s> ['brɔy̯nən] *nt kein pl* tanning; **künstliches ~** indoor tanning; **natürliches ~** outdoor tanning

braun·ge·brannt *adj s.* **braun 1** **braun·haa·rig** *adj* brown-haired; *(Frau)* brunette, AM *also* brunet

Braun·koh·le *f* brown coal, lignite **Braun·koh·le·kraft·werk** *nt* brown coal fired power station **Braun·koh·le·re·vier** *nt* BERGB brown [*or* lignite] coal field **Braun·koh·le·sa·nie·rung** *f* BERGB rehabilitation of brown coal fields **Braun·koh·le·ver·stro·mung** *f* BERGB, ELEK brown coal conversion [into electricity]

bräun·lich ['brɔy̯nlɪç] *adj* brownish

Braun·reis *m s.* **Naturreis**

Braun·schweig <-s> ['brau̯nʃvai̯k] *nt* Brunswick

Bräu·nung <-, -en> *f* bronzing *no pl, no indef art;* **eine tiefe ~ der Haut** a deep [sun]tan

Bräu·nungs·be·schleu·ni·ger *m* suntan accelerator **Bräu·nungs·creme** [-kre:m] *f* tanning cream **Bräu·nungs·lo·ti·on** *f* tanning lotion **Bräu·nungs·mit·tel** *nt* bronzer

Braun·wurz <-> *f kein pl* BOT figwort

Braus [brau̯s] *m s.* **Saus**

Brau·se <-, -n> ['brau̯zə] *f* ① DIAL *(veraltend: Dusche)* shower; **sich** *akk* **unter die ~ stellen** to take [*or* have] a shower; *(Handbrause)* [hand] shower
② *(Aufsatz von Gießkannen)* spray [attachment], sprinkler
③ *(veraltend fam: Limonade)* lemonade; *(Brausepulver)* sherbet powder

Brau·se·kopf *m* hothead

brau·sen ['brau̯zn̩] *vi* ① *haben (tosen)* to roar [*or* thunder]; *(von Wind, Sturm)* to howl; **~der Beifall** tumultuous [*or* thunderous] applause
② *sein (fam: rasen, rennen, schnell fahren)* to storm; *(von Wagen)* to race

Brau·se·pul·ver *nt* effervescent powder; *(für Kinder)* sherbet powder **Brau·se·ta·blet·te** *f* effervescent tablet

Braut <-, Bräute> [brau̯t, *pl* 'brɔy̯tə] *f* ① *(bei Hochzeit)* bride; **~ Christi** bride of Christ
② *(veraltend: Verlobte)* fiancée, betrothed *old;* ***sie ist seine ~*** she is his fiancée, she is engaged [*or old* betrothed] to him
③ *(veraltend sl: junge Frau, Freundin)* girl, BRIT *fam* a. bird

Braut·en·te *f* wood duck **Braut·füh·rer** *m* bride's male attendant

Bräu·ti·gam <-s, -e> ['brɔy̯tɪgam, 'brɔy̯ti-] *m* ① *(bei Hochzeit)* [bride]groom
② *(veraltend: Verlobter)* fiancé, betrothed *old*

Braut·jung·fer *f* bridesmaid **Braut·kleid** *nt* wedding dress **Braut·kranz** *m* bridal wreath **Braut·leu·te** *pl s.* **Brautpaar** **Braut·mut·ter** *f* bride's mother **Braut·paar** *nt* ① *(bei Hochzeit)* bride and groom + *pl vb* ② *(veraltend: Verlobte)* engaged couple **Braut·preis** *m* bride price [*or* wealth] **Braut·schau** *f* **auf ~ gehen, ~ halten** *(hum)* to go/be looking for a wife **Braut·schlei·er** *m* bridal [*or* wedding] veil **Braut·va·ter** *m* bride's father

brav [bra:f] **I.** *adj* ① *(folgsam)* well-behaved, good; ***sei schön ~!*** be a good boy/girl; ***komm her, sei ein ~er Hund!*** come here, there's a good dog!; ***bist du wieder nicht ~ gewesen?*** have you been bad again?; **~ [*gemacht*]!** [there's a] good boy/girl!
② *(bieder)* plain
③ *(rechtschaffen)* worthy, honest
II. *adv* ① *(folgsam)* ***geh ~ spielen!*** be a good boy/girl, and go and play, go and play, there's a good boy/girl
② *(rechtschaffen)* worthily

bra·vo ['bra:vo] *interj* well done, bravo *dated*

Bra·vo·ruf *m* cheer

Bra·vour <-> [bra'vu:ɐ̯] *f kein pl (geh)* ① *(Meisterschaft)* brilliance *no pl,* bravura *no pl liter;* ■**mit ~** *(meisterlich)* with style; **eine Prüfung mit ~ bestehen** to pass an examination with flying colours [*or* AM -ors]; *(mit Elan)* with spirit
② *(Kühnheit)* gallantry

Bra·vour·leis·tung *f (geh)* brilliant performance

bra·vou·rös [bravu'rø:s] **I.** *adj* ① *(meisterhaft)* brilliant, bravura *attr liter*
② *(kühn)* undaunted
II. *adv* ① *(meisterhaft)* with brilliance
② *(kühn)* gallantly

Bra·vour·stück *nt (geh)* ① *(Glanznummer)* brilliant feat
② MUS bravura

Bra·vur[RR] <-> [bra'vu:ɐ̯] *f kein pl (geh) s.* **Bravour**

bra·vu·rös[RR] [bravu'rø:s] *adj, adv s.* **bravourös**

BRD <-> [be:ʔɛr'de:] *f kein pl Abk von* **Bundesrepublik Deutschland** FRG

Break <-s, -s> [bre:k] *m o nt* TENNIS break

Break·dance <-[s]> ['bre:kda:ns] *m kein pl* breakdance, break-dancing

Break-even-Kurs ['bre:k'ʔi:vn̩-] *m* BÖRSE break-even stock price **Break-even-Point** [breɪk'i:vənpɔɪnt] *m* ÖKON breakeven [point]

Brec·cie, Brek·zie <-, -n> ['brɛktsi̯ə] *f* GEOL breccia

Brech·boh·ne *f* French [*or* string] bean **Brech·durch·fall** *m* vomiting and diarrhoea [*or* AM diarrhea] *no art* **Brech·ei·sen** *nt* crowbar

bre·chen <bricht, brach, gebrochen> ['brɛçn̩] **I.** *vt haben* ① *(zerbrechen)* ■**etw ~** to break sth
② *(abbrechen)* ■**etw von etw** *dat* **~** to break sth off sth; **Zweige von den Bäumen ~** to break twigs off trees
③ *(spaltend abbrechen)* **Schiefer/Stein/Marmor ~** to cut slate/stone/marble; *(im Steinbruch)* to quarry slate/stone/marble
④ *(nicht (mehr) einhalten)* **eine Abmachung/einen Vertrag ~** to break [*or* violate] an agreement/a contract; **seinen Eid ~** to violate one's oath; **sein Schweigen ~** to break one's silence; **jdm die Treue ~** to break trust with sb
⑤ *(übertreffen)* **einen Rekord ~** to break a record
⑥ *(niederkämpfen)* ■**etw [durch etw** *akk*] **~** to overcome sth [with sth]; ■**jdn/etw [durch etw** *akk*] **~** to break sb/sth down [with sth]
⑦ *(geh: pflücken)* ■**etw ~** to pick [*or liter* pluck] sth
⑧ *(ablenken)* ■**etw ~** to refract sth; **einen Lichtstrahl ~** to refract a ray of light; *(abprallen lassen)* to break the force of sth; ***die Brandung wurde von den Buhnen gebrochen*** the groynes broke the force of the surf
⑨ *(verletzen)* **sich** *dat* **den Arm/einen Knochen ~** to break one's arm/a bone; **jdm den Arm ~** to break sb's arm
⑩ *(erbrechen)* ■**etw ~** to vomit sth
⑪ BAU ■**etw ~** *Kante* to chamfer sth
II. *vi* ① *sein (auseinander)* to break [apart]; **zum B~ [*o* ~d] voll sein** *(fam)* to be jam-packed *fam; s. a.* **Herz**
② *haben (Verbindung beenden)* ■**mit jdm/etw ~** to break with sb/sth; **eine Tradition ~** to break with [*or* away from] a tradition
③ *(sich erbrechen)* to be sick, to throw up
III. *vr haben (abgelenkt werden)* ■**sich** *akk* **[an etw** *dat*] **~** to break [against sth]; PHYS to be refracted [at sth]; *(von Ruf, Schall)* to rebound [off sth]

Bre·cher <-s, -> ['brɛçɐ] *m* breaker; **große/schwere ~** *pl* rollers *pl*

Brẹch·erb·se *f* sugar snap pea **Brẹch·mit·tel** *nt* emetic [agent]; **das reinste ~ [für jdn] sein** *(fam)* to make sb [want to] puke *sl* **Brẹch·reiz** *m kein pl* nausea *no pl, no art* **Brẹch·stan·ge** *f* crowbar

Brẹ·chung <-, -en> *f* ① *(von Wellen)* breaking
② PHYS refraction; *des Lichts* diffraction
③ LING mutation *no art*

Brẹ·chungs·gesetz *nt kein pl* PHYS law of refraction, Snell's law **Brẹ·chungs·win·kel** *m* PHYS angle of refraction

Bre·douil·le <-, -n> [bre'dʊljə] *f* ▶WENDUNGEN: **in die ~ geraten** [*o* **kommen**] to get into a scrape [*or* fix] [*or hum* pretty pickle] *fam;* **in der ~ sitzen** [*o* **sein**] to be in a scrape [*or* fix] [*or hum* pretty pickle] *fam*

Brei <-[e]s, -e> [brai̯] *m* ① *(dickflüssiges Nahrungsmittel)* mash *no pl,* pap *no pl*
② *(zähe Masse)* paste; ***die Lava ergoss sich als rot glühender ~ den Vulkanhang hinunter*** the red-hot lava flowed sluggishly down the side of the volcano; **jdn zu ~ schlagen** *(fam)* to beat sb to a pulp *fam;* **jdm ~ ums Maul schmieren** to soft-soap [*or* sweet-talk] sb *fam;* **um den [heißen] ~ herumreden** to beat about the bush *fam*

brei·ig ['brai̯ɪç] *adj* pulpy, mushy; **eine ~e Konsistenz** a viscous [*or* thick] consistency; **~e Lava** viscous [*or* sluggish] lava; **eine ~e Masse** a paste

Breis·gau ['brai̯sgau̯] *m* Breisgau

breit [brai̯t] **I.** *adj* ① *(flächig ausgedehnt)* wide; **eine ~e Nase** a flattened nose; **~e Schultern haben** to have broad shoulders; **ein ~er Kerl** a hefty bloke [*or* guy]; **~e Buchstaben** TYPO expanded letters; **~e Schrift** TYPO padded [*or* sprawling] type; **etw ~[er] machen** to widen sth; **x cm ~ sein** to be x cm wide; ***ein 25 cm ~es Brett*** a 25-cm-wide plank, a plank 25 cm in width; *s. a.* **Bein**
② *(ausgedehnt)* wide; **ein ~es Publikum** a wide [*or* large] public; **die ~e Öffentlichkeit** the general public; **~e Zustimmung** wide[-ranging] approval
③ *(gedehnt)* broad; **ein ~es Lachen** a hearty laugh
④ *(stark ausgeprägt)* **ein ~er Dialekt** a broad dialect
⑤ DIAL *(sl: betrunken)* smashed *sl*
II. *adv* ① *(flach)* flat
② *(umfangreich)* **~ gebaut** strongly [*or* sturdily] built; ***sie ist in den Hüften ~ gebaut*** she's broad in the beam *hum fam;* **sich** *akk* **~ hinsetzen** to plump down; ***setz dich doch nicht so ~ hin!*** don't take up so much room!
③ *(gedehnt)* broadly; ***er grinste ~ über das ganze Gesicht*** he grinned broadly [*or* from ear to ear]
④ *(ausgeprägt)* **~ sprechen** to speak in a broad dialect

Breit·bahn *f* TYPO *(Papier)* short grain

Breit·band <-bänder> *nt* ELEK, RADIO, TELEK broadband **Breit·band·an·ti·bio·ti·kum** *nt* broad-spectrum antibiotic **Breit·band·fil·ter** *m o nt* wide-range filter **Breit·band·ka·bel** *nt* broadband cable **Breit·band·netz** *nt* broadband network

breit·bei·nig **I.** *adj* **in ~er Stellung** with one's legs apart; **ein ~er Gang** a rolling gait
II. *adv* with one's legs apart; **~ gehen** to walk with a rolling gait

Breit·bild·fern·se·her *m* wide-screen television **Breit·bild·for·mat** *nt* wide [picture] [*or* panorama] format

Brei·te <-, -n> ['brai̯tə] *f* ① *(die breite Beschaffenheit)* width; **von x cm ~** x cm in width, with a width of x cm; **[jdm] etw in aller ~ erklären** to explain sth [to sb] in great detail; **in voller ~ vor jdm** *(fam)* right [*or fam* smack] in front of sb; **in die ~ gehen** *(fam)* to put on weight
② *(Ausgedehntheit)* wide range; **die ~ des Angebots** the wide range on offer
③ *(Gedehntheit)* breadth
④ *(von Dialekt, Aussprache)* broadness
⑤ *(Breitengrad)* latitude; ***in südlichere ~n fahren*** to travel to more southerly climes; ***die Insel liegt [auf] 34° nördlicher ~*** the island lies 34° north; **in unseren/diesen ~n** in our part/these parts of the world

brei·ten ['brai̯tn̩] **I.** *vt* ① *(decken)* ■**etw über jdn/etw ~** to spread sth over sb/sth
② *(spreizen)* **etw ~** to spread sth; ***der Vogel breitete die Flügel*** the bird spread its wings
II. *vr (poet: sich decken)* ■**sich** *akk* **über etw** *akk* **~** to spread over sth; ***Dunkelheit breitete sich über die Stadt*** darkness spread over the town

Brei·ten·ar·beit *f* more general work; SPORT *training for a large number of up-and-coming players or teams* **Brei·ten·grad** *m* [degree of] latitude **Brei·ten·kreis** *m* line of latitude, parallel **Brei·ten·sport** *m* popular sport **Brei·ten·wir·kung** *f* widespread impact

breit·krem·pig *adj* broad-brimmed

breit|ma·chen *vr (fam)* **sich** *akk* **~** to spread oneself [out] (**auf** + *dat* on); *(sich ausbreiten)* to spread; *(sich verbreiten)* to pervade; ***mach dich mal nicht so breit!*** *(fam)* move up [*or* over], will you! *fam;* ***ihr Exfreund hat sich in ihrer Wohnung breitgemacht*** her ex treats her flat as if it were his; ***bei euch scheinen sich einige Vorurteile breitgemacht zu haben*** you seem to have adopted some prejudices

breit·ran·dig *adj* wide-rimmed; **ein ~er Hut** a broad-brimmed hat

breit|schla·gen *vt irreg (fam)* ■**jdn [zu etw** *dat*] **~** to talk sb round, to talk sb [round] into doing sth; ■**sich** *akk* **[von jdm] [zu etw** *dat*] **~ lassen** to let oneself be talked round [by sb] [into doing sth]

breit·schul·te·rig, breit·schult·rig *adj* broad-shouldered *attr;* **~ sein** to have broad shoulders

Breit·schwanz *m kein pl* karakul, broadtail

Breit·sei·te *f* ① NAUT broadside; **eine ~ abgeben** to fire a broadside
② *(scharfe Attacke)* broadside; **eine ~ abkriegen** *(fam)* to catch a broadside
③ *(kürzere Seite)* short end

breit·spu·rig *adj* BAHN broad-gauge *attr* **breit|tre·ten** *vt irreg (fam)* ■**etw ~** ① *(zu ausgiebig erörtern)* to go on about sth *fam,* to flog sth to death *sl* ② *(verbreiten)* to enlarge on sth **breit|wal·zen** *vt (fam) s.* **breittreten**

Breit·wand *f* wide screen; **auf ~ zeigen** to show on a wide screen; **ein Film in ~** a film in wide-screen format **Breit·wand·film** *m* wide-screen film, film for the wide screen **Breit·wand·for·mat** *nt* wide screen format

Breit·we·ge·rich *m* BOT great plantain

Bre·men <-s> ['bre:mən] *nt* Bremen

Bre·mer(in) <-s, -> ['bre:mɐ] *m(f)* native of Bremen; *(Einwohner)* inhabitant of Bremen

Brems·an·la·ge ['brɛms-] *f* braking system **Brẹms·as·sis·tent** *m* AUTO brake servo **Brẹms·ba·cke** *f* brake shoe **Brẹms·be·lag** *m* brake lining; AUTO brake pad

Brem·se¹ <-, -n> ['brɛmzə] *f* ① *(Bremsvorrichtung)* brake; ***die ~n sprechen gut an*** the brakes respond well
② *(Pedal)* brake [pedal]; *(Bremshebel)* brake [lever]; **auf die ~ treten** [*o fam* **steigen**] [*o sl* **latschen**] to put on [*or* apply]/slam on *fam* the brakes

Brem·se² <-, -n> ['brɛmzə] *f (Stechfliege)* horsefly

brem·sen ['brɛmzn̩] **I.** *vi* ① *(die Bremse betätigen)* to brake, to put on [*or* apply] the brakes
② *(abbremsen)* to brake; **~d wirken** to act as a brake; *(von Wind)* to slow sb/sth down
③ *(hinauszögern)* to put on the brakes *fam*
④ *(fig: zurückstecken)* ■**mit etw** *dat* **~** to cut down on sth; **mit den Ausgaben ~ müssen** to have to curtail expenses
II. *vt* ① AUTO *(abbremsen)* ■**etw ~** to brake sth
② *(verzögern)* ■**etw ~** to slow down sth *sep,* to retard sth; *(dämpfen)* to curb sth
③ *(fam: zurückhalten)* ■**jdn ~** to check sb; ***sie ist nicht zu ~*** *(fam)* there's no holding [*or* stopping] her
III. *vr* ***ich kann/werd' mich ~!*** *(fam)* not likely! *a. iron,* not a chance! *a. iron*

Brem·ser(in) <-s, -> ['brɛmzɐ] *m(f)* ① *(fig: Verhinderer)* damper; **sich** *akk* **als ~ betätigen** to have a dampening effect, to be a wet blanket *fam*
② HIST, BAHN brake[s]man; SPORT brake[s]man

Brẹms·fall·schirm *m* brake parachute, drogue [parachute] **Brẹms·flüs·sig·keit** *f* brake fluid **Brẹms·he·bel** *m* brake lever **Brẹms·klap·pe** *f* LUFT air brake **Brẹms·klotz** *m* AUTO brake pad **Brẹms·kraft·ver·stär·ker** *m* AUTO power brake [unit], brake servo **Brẹms·leuch·te** *f* AUTO brake [*or* BRIT *a.* stop] light [*or* lamp] **Brẹms·licht** *nt* stop light [*or* lamp] **Brẹms·pe·dal** *nt* brake pedal **Brẹms·preis** *m* ÖKON curbing [*or* checking] price **Brẹms·ra·ke·te** *f* retrorocket **Brẹms·schei·be** *f* AUTO brake disc **Brẹms·schlauch** *m* AUTO brake hose **Brẹms·spur** *f* skid marks *pl*

Brem·sung <-, -en> *f* braking *no art*

Brẹms·vor·rich·tung *f (geh)* brake mechanism [*or* gear *no pl*] **Brẹms·weg** *m* braking [*or* stopping] distance

brẹnn·bar *adj* combustible, [in]flammable

Brẹnn·dau·er *f einer Glühbirne* life **Brẹnn·ele·men·te** *pl* NUKL fuel elements *pl*

bren·nen <brannte, gebrannt> ['brɛnən] **I.** *vi* ① *(in Flammen stehen)* to be on fire; **lichterloh ~** to be ablaze; **zu ~ anfangen** to start burning, to catch fire; ■**~d** burning
② *(angezündet sein)* to burn; *Streichholz* to strike [*or* light]; *Feuerzeug* to light
③ ELEK *(fam: an sein)* to be on; *Lampe a.* to be burning; ■**etw ~ lassen** to leave sth on
④ *(schmerzen)* to be sore; **auf der Haut/in den Augen ~** to burn [*or* sting] the skin/eyes
⑤ *(auf etw sinnen)* ■**auf etw** *akk* **~** to be bent on [*or* dying for] sth; ■**darauf ~, etw zu tun** to be dying to do sth
⑥ *(ungeduldig sein)* ■**vor etw** *dat* **~** to be burning [*or* bursting] with sth; **vor Neugier ~** to be bursting with curiosity
II. *vi impers* ***es brennt!*** fire! fire!; ***in der Fabrik brennt es*** there's a fire in the factory; ***wo brennt's denn?*** *(fig)* where's the fire?; *(fig fam)* what's the panic?
III. *vt* ① *(rösten)* ■**etw ~** to roast sth
② *(destillieren)* ■**etw ~** to distil [*or* AM -ll] sth; **etw schwarz [*o* illegal] ~** to moonshine sth AM
③ *(härten)* ■**etw ~** to fire [*or* bake] sth
④ *(aufbrennen)* ■**einem Tier etw auf die Haut ~** to brand an animal's hide with sth; ■**etw auf etw** *akk*/**in etw** *akk* **~** to burn sth into sth
⑤ INFORM ■**etw [auf etw** *akk*] **~** to burn sth [into sth]
IV. *vr* ■**sich** *akk* **[an etw** *dat*] **~** to burn oneself [on sth]

brẹn·nend **I.** *adj* ① *(quälend)* scorching; **~er Durst** parching thirst
② *(sehr groß)* **~e Frage** urgent question; **~er Wunsch** fervent wish
II. *adv (fam: sehr)* incredibly; ***ich wüsste ~ gern ...*** I would dearly like to know ...

Bren·ner¹ <-s, -> ['brɛnɐ] *m* TECH burner

Bren·ner(in)² <-s, -> ['brɛnɐ] *m(f) (Beruf)* distiller

Bren·ne·rei <-, -en> [brɛnə'rai̯] *f* distillery

Brẹn·ne·rin <-, -nen> *f fem form von* **Brenner**

Brennes·sel^ALT ['brɛnnɛsl̩] *f s.* **Brennnessel**

Brẹnn·glas *nt* burning glass **Brẹnn·holz** *nt* firewood *no pl* **Brẹnn·kam·mer** *f* LUFT combustion chamber **Brẹnn·ma·te·ri·al** *nt* [heating] fuel **Brẹnn·nes·sel**^RR ['brɛnnɛsl̩] *f* stinging nettle **Brẹnn·ofen** *m* kiln **Brẹnn·punkt** *m* ① PHYS focal point ② MATH focus ③ *(Zentrum)* focus, focal point; **sozialer ~** social flashpoint, troublespot; **in den ~ [der Aufmerksamkeit/des Interesses] rücken** to become the focus [*or* focal point] [of attention/interest]; **im ~ [des Interesses] stehen** to be the focus [of interest] **Brẹnn·raum** *m* AUTO combustion chamber **Brẹnn·sche·re** *f* curling tongs *npl* **brẹnn|schnei·den** *vt irreg* BAU ■**etw ~** to flame-cut sth **Brẹnn·spie·gel** *m* burning glass **Brẹnn·spi·ri·tus** *m* [mineralized *spec*] methylated spirit **Brẹnn·stab** *m* NUKL fuel rod

Brẹnn·stoff *m* fuel **Brẹnn·stoff·kreis·lauf** *m* NUKL fuel cycle **Brẹnn·stoff·zel·le** *f* TECH, PHYS fuel cell **Brẹnn·stoff·zel·len·au·to** *nt* fuel cell car

Brẹnn·wei·te *f* PHYS focal length

brenz·lig ['brɛntslɪç] **I.** *adj (fam)* dicey *fam,* iffy *sl;* ***die Situation wird mir zu*** ~ things are getting too hot for me

II. *adv* ~ **riechen** to smell of burning

Bre·sche <-, -n> ['brɛʃə] *f* breach; **in etw** *akk* **eine [große]** ~ **schlagen** [*o* **reißen**] *(fig)* to make a [great] breach in sth; **[für jdn] in die** ~ **springen** *(fig)* to step in [for sb]; **eine** ~ **in etw** *akk* **schlagen** [*o* **schießen**] to breach sth; **für jdn/etw eine** ~ **schlagen** to stand up for sb/sth

Bres·lau <-s> ['brɛslau̯] *nt* Wrocław

Bresse·huhn ['brɛs-] *nt* KOCHK Bresse chicken

Bre·ta·gne <-> [bre'tanjə, brə'tanjə] *f* ■**die** ~ Brittany

Bre·to·ne, Bre·to·nin <-n, -n> [bre'to:nə, -'to:nɪn] *m, f* Breton

Bre·to·nisch [bre'to:nɪʃ] *nt dekl wie adj* Breton

bre·to·nisch [bre'to:nɪʃ] *adj* Breton

Bre·to·ni·sche <-n> *nt* ■**das** ~ Breton, the Breton language

Brett <-[e]s, -er> [brɛt] *nt* ① *(Holzplatte)* [wooden] board; *(Planke)* plank; **etw mit** ~**ern vernageln** to board sth up; *(Sprungbrett)* [diving-]board; *(Regalbrett)* shelf; **die** ~**er, die die Welt bedeuten** THEAT *(fig)* the stage; **auf den** ~**ern stehen** THEAT to be on the stage; **schwarzes** ~ noticeboard

② *(Spielbrett)* [game]board

③ *pl (Skier)* skis *pl;* **auf den** ~**ern stehen** [*o* **sein**] to be on skis; *(Boxring)* floor, canvas; **auf die** ~**er gehen** *(fig)* to hit the canvas *fam;* **jdn auf die** ~**er schicken** *(fig fam)* to floor sb

▸WENDUNGEN: **ein** ~ **vorm Kopf haben** *(fam)* to be slow on the uptake *a. iron; s. a.* **Welt**

Brẹtt·chen <-s, -> *nt* [small] board

Brẹt·ter·bo·den *m* board[ed] floor **Brẹt·ter·bu·de** *f* booth

bret·tern ['brɛtɐn] *vi sein (fam)* to hammer *fam;* **die Straße entlang** ~ to tear up the road *fam;* **mit 200 Sachen über die Autobahn** ~ to be doing 125 mph along the motorway [*or* AM freeway]

Brẹt·ter·wand *f* wooden wall **Brẹt·ter·zaun** *m* wooden fence; *(an Baustellen)* hoarding

Brẹtt·spiel *nt* board game

Bre·vet <-s, -s> [bre've:, bre'vɛ] *nt* SCHWEIZ *(Abzeichen)* brevet

bre·ve·tie·ren* [breve'ti:rən] *vt* SCHWEIZ ■**jdn** ~ to brevet sb

Bre·vier <-s, -e> [bre'vi:ɐ̯] *nt* ① *(Leitfaden)* ■**ein** ~ **einer S.** *gen* a guide to sth

② REL breviary; **das** ~ **beten** to say one's breviary

Bre·zel <-, -n> ['bre:tsl] *f* pretzel

bricht [brɪçt] *3. pers. pres von* **brechen**

Bridge <-> [brɪdʒ] *nt kein pl* bridge *no pl;* **eine Partie** ~ **spielen** to play a game of bridge

bri·die·ren* [bri'di:rən] *vt* KOCHK ■**etw** ~ to truss sth

Bri·die·ren [bri'di:rən] *nt kein pl* KOCHK trussing

Brief <-[e]s, -e> [bri:f] *m* ① *(Poststück)* letter; **etw als** ~ **schicken** to send sth [by] letter post [*or* AM at [the] letter rate]; **jdm** ~ **und Siegel [auf etw** *akk*] **geben** to give sb one's word [on sth]; **blauer** ~ *(Kündigung)* letter of dismissal; SCH *school letter notifying parents that their child must repeat the year;* **ein offener** ~ an open letter; **mit jdm** ~**e wechseln** to correspond with sb

② *(in der Bibel)* epistle

③ ÖKON *s.* **Briefkurs**

Brief·ab·la·ge *f* letter [*or* in and out] tray **Brief·be·schwe·rer** <-s, -> *m* paperweight **Brief·block** *m* writing [*or* letter] pad **Brief·bo·gen** *m* [sheet of] writing [*or* letter] paper **Brief·bom·be** *f* letter bomb

Brief·chen <-s, -> *nt dim von* **Brief** *(kurze Nachricht)* note; *(flaches Päckchen)* packet; **ein** ~ **Streichhölzer** a book of matches

Brief·druck·sa·che *f* printed material [sent in letter form] **Brief·ein·wurf** *m (geh)* letter box BRIT, mailbox AM; *(in Postamt)* postbox BRIT, mailbox AM **Brief·freund(in)** *m(f)* pen pal *fam,* BRIT *a.* penfriend **Brief·freund·schaft** *f* correspondence [between pen pals [*or* BRIT *a.* penfriends]]; **eine** ~ **haben** to be penfriends **Brief·ge·bühr** *f* letter rate **Brief·ge·heim·nis** *nt* privacy [*or* secrecy] of correspondence **Brief·grund·schuld** *f* JUR certificated land charge **Brief·hy·po·thek** *f* FIN certified mortgage

Brie·fing <-s, -s> ['bri:fɪŋ] *nt* MIL, ÖKON briefing

Brief·kar·te *f* correspondence card

Brief·kas·ten *m (Hausbriefkasten)* letter box BRIT, mailbox AM; *(Postbriefkasten)* postbox BRIT, mailbox AM, BRIT *a.* pillar box; **elektronischer** ~ INFORM electronic mailbox; **ein toter** ~ a dead-letter box

Brief·kas·ten·ad·res·se *f* accommodation address **Brief·kas·ten·do·mi·zil** *nt* SCHWEIZ seat of a letter-box company **Brief·kas·ten·fir·ma** *f* letter-box company

Brief·kopf *m* letterhead **Brief·kurs** *m* FIN selling rate [*or* price]

brief·lich **I.** *adj* in writing *pred,* by letter *pred;* **in** ~**er Verbindung stehen** *(geh)* to be corresponding

II. *adv* in writing, by letter

Brief·mar·ke *f* [postage] stamp

Brief·mar·ken·al·bum *nt* stamp album **Brief·mar·ken·au·to·mat** *m* stamp[-dispensing] machine **Brief·mar·ken·bo·gen** *m* sheet of stamps **Brief·mar·ken·kun·de** *f* philately **Brief·mar·ken·samm·ler(in)** *m(f)* philatelist, stamp collector **Brief·mar·ken·samm·lung** *f* stamp collection **Brief·mar·ken·stem·pel** *m* post[age] mark **Brief·mar·ken·zah·nung** *f* [stamp's] perforations *pl*

Brief·öff·ner *m* letter opener, paper knife **Brief·pa·pier** *nt* letter [*or* writing] paper **Brief·part·ner(in)** *m(f)* penfriend, pen pal **Brief·por·to** *nt* letter rate **Brief·post** *f kein pl* letter post, AM first mail **Brief·ro·man** *m* epistolary novel **Brief·schrei·ber(in)** *m(f)* [letter] writer **Brief·schul·den** *pl* arrears *pl* of correspondence *form* **Brief·ta·sche** *f* wallet, AM *a.* billfold **Brief·tau·be** *f* carrier [*or* homing] pigeon **Brief·trä·ger(in)** *m(f)* postman *masc,* postwoman *fem* **Brief·um·schlag** *m* envelope **Brief·waa·ge** *f* letter scales; *pl* balance **Brief·wahl** *f* postal vote BRIT, absent[ee] ballot [*or* voting]; **seine Stimme durch** ~ **abgeben** to vote by post [*or* mail] **Brief·wahl·an·trag** *m* POL application for a postal vote [form] **Brief·wäh·ler(in)** *m(f)* postal [*or* AM absentee] voter **Brief·wahl·un·ter·la·gen** *pl* POL postal vote forms **Brief·wech·sel** *m* correspondence; **mit jdm in** ~ **stehen, einen** ~ **mit jdm führen** *(geh)* to be corresponding [*or* in correspondence] with sb **Brief·wer·be·ak·ti·on** *f* HANDEL mail[ing] shot **Brief·wer·bung** *f* direct mail [advertising] **Brief·zu·stel·ler(in)** *m(f) (geh)* postman *masc,* postwoman *fem*

Bries <-es, -e> [bri:s] *nt* KOCHK sweetbreads *pl*

briet [bri:t] *imp von* **braten**

Bri·ga·de <-, -n> [bri'ga:də] *f* MIL brigade

Bri·ga·de·ge·ne·ral(in) *m(f)* brigadier **Bri·ga·de·kom·man·deur** *m* brigadier, AM *a.* brigadier general

Brigg <-, -s> [brɪk] *f* NAUT brig

Bri·git·te® <-> [bri'gɪtə] *f German women's magazine*

Bri·kett <-s, -s *o selten* -e> [bri'kɛt] *nt* briquette

Bri·kẹtt·zan·ge *f* fire tongs *npl*

bril·lant [brɪl'jant] *adj* brilliant

Bril·lant <-en, -en> [brɪl'jant] *m* brilliant, [cut] diamond

Bril·lan·ten·schliff *m* brilliant cut

Bril·lan·ti·ne <-, -n> [brɪljan'ti:n(ə)] *f* brilliantine

Bril·lant·kol·lier *nt* diamond necklace **Bril·lant·ring** *m* diamond ring *(brilliant-cut)* **Bril·lant·schmuck** *m kein pl* diamonds *pl*

Bril·lanz <-> [brɪl'jants] *f kein pl* ① *(meisterliche Art)* brilliance

② *(von Lautsprecher)* bounce, brilliancy

③ *(Bildschärfe)* quality

Bril·le <-, -n> ['brɪlə] *f* ① *(Sehhilfe)* glasses *npl,* spectacles *npl,* specs *npl fam;* ■**eine** ~ a pair of glasses [*or* spectacles] [*or fam* specs]; **[eine]** ~ **tragen** to wear glasses; **etw durch eine rosa[rote]** ~ **sehen** *(fig)* to see sth through rose-coloured [*or* AM -ored] [*or* rose-tinted] glasses; **alles durch eine schwarze** ~ **sehen** *(fig)* to take a gloomy [*or* pessimistic] view [of things]; **etw durch seine [eigene]** ~ **sehen** [*o* **betrachten**] *(fig)* to take a subjective view of sth, to see sth as one wants to [see it]

② *(Toilettenbrille)* [toilet] seat

Bri̱l·len·bär *m* ZOOL spectacled bear **Bri̱l·len·etui** *nt* glasses [*or* spectacles] case **Bri̱l·len·ge·stell** *nt* spectacles frame **Bri̱l·len·glas** *nt* lens **Bri̱l·len·schlan·ge** *f* ① ZOOL [spectacled] cobra ② *(pej fam)* sb wearing glasses, four-eyes *pej fam,* BRIT *a. pej fam* specky four-eyes **Bri̱l·len·trä·ger(in)** *m(f)* person wearing glasses [*or* spectacles] *pl;* ***sie ist*** ~ ***in*** she wears glasses

bril·lie·ren* [brɪl'ji:rən] *vi (geh)* ■**[mit etw** *dat*] ~ to scintillate [with sth] *liter*

Brim·bo·ri·um <-s> [brɪm'bo:ri̯ʊm] *nt kein pl (pej fam)* fuss, ado; **ein** ~ **[um etw** *akk*] **machen** to make a fuss [about [*or* over] sth]

Brim·sen·kä·se ['brɪmzn̩] *m* ÖSTERR *(Schafskäse)* sheep's cheese

brin·gen <brachte, gebracht> ['brɪŋən] *vt* ① *(tragen)* ■**etw** ~ to bring sth; *(hinbringen a.)* to take sth; **den Müll nach draußen** ~ to take/bring out *sep* the rubbish BRIT [*or* garbage]; **etw in Stellung** ~ to position sth

② *(übergeben)* ■**[jdm] etw** ~ to bring [sb] sth, to bring sth [to sb]; *(hinbringen a.)* to take [sb] sth, to take sth [to sb]

③ *(servieren)* ■**jdm etw** ~ to bring sb sth; **sich** *dat* **etw** ~ **lassen** to have sth brought to one

④ *(einführen)* **etw auf den Markt** ~ to market sth; *Neues a.* to launch sth

⑤ *(begleiten)* ■**jdn irgendwohin** ~ to take [*or* see] [*or* accompany] sb somewhere; *(herbringen a.)* to bring sb somewhere

⑥ *(befördern)* ■**jdn/etw irgendwohin** ~ to take sb/sth somewhere; *(herbringen a.)* to bring sb/sth somewhere; **das Auto in die Garage** ~ to put the car in the garage; **jdn zum Bahnhof/nach Hause/in die Klinik** ~ to take sb to the station/home/to the clinic; **die Kinder ins** [*o* **zu**] **Bett** ~ to put the children to bed

⑦ *(lenken)* **die Diskussion/das Gespräch auf jdn/etw** ~ to bring the discussion/conversation round [*or* around] to sb/sth; **das Gespräch auf ein anderes Thema** ~ to change the topic of conversation; **etw auf eine Umlaufbahn** ~ to put sth into orbit; **jdn auf den rechten Weg** ~ to get sb on the straight and narrow

⑧ *(bescheren)* ■**[jdm] etw** ~: ***so ein großer Rasen kann einem schon eine Menge Arbeit*** ~ such a large lawn can mean a lot of work for one; ***der letzte Frühling brachte uns viel Regen*** last spring saw a lot of rain, there was [*or* we had] a lot of rain last spring; **[jdm] Ärger** ~ to cause [sb] [*or* to give sb] trouble; **[jdm] Glück/Unglück** ~ to bring [sb] [good]/bad luck; **[jdm] Nachteile** ~ to be disadvantageous [to sb], to have its drawbacks [for sb]; **Stimmung in etw** *akk* ~ to liven up sth *sep;* **jdm Trost** ~ to comfort [*or* console] sb; **[jdm] Vorteile** ~ to be to sb's advantage, to have its advantages [for sb]

⑨ *(mitteilen)* ■**jdm eine Nachricht** ~ to bring sb news

⑩ *(erarbeiten)* **es zu hohem Ansehen** ~ to earn high esteem; **es zu etwas/nichts** ~ to get somewhere/nowhere [*or* not get anywhere]; **es auf einem Gebiet/im Leben zu etwas/nichts** ~ to get somewhere/nowhere [*or* not get anywhere] in a field/in life; **es zu nichts weiter als zu etw** *dat* ~ to not get further than sth; **es zum Firmenleiter/Millionär** ~ to become [*or* make it to] company director/to become a millionaire; **es zum Präsidenten** ~ to become [*or* make] president; **es weit** ~ to get far

⑪ *(fam: erreichen)* ***der Motor brachte es auf 500.000 km*** the engine kept going for 500,000 km; ***er brachte es in der Prüfung auf 70 Punkte*** he got 70 points in the exam; ***der Wagen bringt es auf 290 km/h*** this car can do 290 kph; **es auf ein gutes Alter** ~ to reach a ripe old age

12 *(versetzen)* ***diese Niederlage bringt uns wieder dahin, wo wir angefangen haben*** this defeat will take us back to where we started; ***das bring ich vor das Gremium!*** I'll take that to the board!; ***das bringt dich noch in Teufels Küche!*** you'll get into [*or* be in] a hell of a mess if you do that! *fam;* **jdn außer sich** *akk* **~** to exasperate sb; **jdn in Bedrängnis ~** to get sb into trouble; **jdn aus der Fassung ~** to bewilder sb; **sich/jdn in Gefahr ~** to endanger oneself/sb, to expose oneself/sb to danger; **jdn ins Gefängnis ~** to put [*or fam* land] sb in prison; **jdn/etw vor Gericht ~** to take sb/sth to court; **jdn/etw unter seine Gewalt ~** to gain power over sb/to get sth under one's control; **jdn ins Grab ~** to be the death of sb *usu hum;* **jdn zum Nervenzusammenbruch ~** to give sb a nervous breakdown; **sich** *akk* **[nicht] aus der Ruhe ~ lassen** to [not] get worked [*or fam* het] up; **jdn in Schwierigkeiten ~** to put [*or* get] sb into a difficult position; **jdn zur Verzweiflung ~** to make sb desperate, to drive sb to despair; **jdn zur Wut ~** to make sb furious, to enrage sb; ▪**etw an sich** *akk* **~** *(fam)* to get sth; *(stehlen)* to collar sth *fam;* ▪**etw hinter sich** *akk* **~** *(fam)* to get sth over and done with; ▪**etw mit sich** *dat* **~** to cause sth; *(zwangsläufig a.)* to involve [*or* entail] sth; ▪**etw bringt es mit sich** *dat,* **dass jd etw tut** sth causes sb to do sth; ***das bringt es mit sich, dass ...*** that means that ...; ***ihre Krankheit bringt es mit sich, dass ...*** it's because of [*or* to do with] her illness that ...; ▪**jd bringt es nicht über sich** *akk,* **etw zu tun** sb cannot bring himself to do sth

13 *(anregen)* **etw zum Brennen/Laufen ~** to get sth to burn/work; **jdn dahin** [*o* **dazu**] [*o* **so weit**] **~, etw zu tun** [*o* **dass jd etw tut**] to make sb do sth; ***mit seinen ständigen Mäkeleien bringt er mich noch dahin, dass ich kündige*** his incessant carping will make me hand in my notice [one day]; **du bringst ihn nie dazu mitzukommen** you'll never get him to come along; **jdn auf eine Idee ~** to give sb an idea; **jdn zum Laufen/Singen/Sprechen ~** to make sb run/sing/talk; **jdn zum Schweigen ~** to silence sb; **etw zum Stehen ~** to bring sth to a stop

14 *(rauben)* ▪**jdn um etw** *akk* **~** to rob sb of sth; *(durch eigene Schuld)* to cost sb sth; **jdn um seinen guten Ruf/seine Stellung ~** *Folgen* to cost sb his reputation/job; **jdn um den Schlaf ~** to keep sb awake; *(länger a.)* to cause sb sleepless nights; **jdn um den Verstand ~** to drive sb mad

15 *(fam: veröffentlichen)* ▪**etw ~** to print [*or* publish] sth; **was bringt die Zeitung darüber?** what does it say in the paper?; ***die Zeitung brachte nichts/einen Artikel darüber*** there was nothing/an article in the paper about it; ***alle Zeitungen brachten es auf der ersten Seite*** all the papers had it on the front page; **eine Serie ~** to run a series

16 *(fam: senden)* ▪**etw ~** to broadcast sth; *TV* to show [*or* broadcast] sth; ***das Fernsehen bringt nichts darüber*** there's nothing on television about it; ***um elf Uhr ~ wir Nachrichten*** the news will be at eleven o'clock

17 *(fam: darstellen)* ▪**jdn ~** to act [*or* play the part of] sb

18 *(fam: vorführen)* ▪**etw ~** *Kino, Nachtlokal* to show sth; *Artist, Tänzerin, Sportler* to perform sth; *Sänger* to sing sth

19 *(darbringen)* ▪**jdm etw ~** to offer sb sth [*or* sth to sb]; **jdm ein Ständchen ~** to serenade sb; *s. a.* **Opfer**

20 *(einbringen)* ▪**[jdm] etw ~** to bring in sth *sep* [for sb]; ***das bringt nicht viel Geld*** that won't bring [us] in much money; ***die Antiquität brachte 100.000 Euro*** the antique fetched [*or* was sold for] €100,000; **einen Gewinn ~** to make a profit; **das bringt nichts!** *(fam)* it's not worth it; **Zinsen ~** to earn interest

21 *(sl: können)* ***sie/es bringts*** she's/it's got what it takes; ***meinst du, ich bring's?*** do you think I can do it?; ***das bringt sie gut*** she's good at it; ***das bringt er nicht*** he's not up to it; ***na, bringt dein Mann es noch [im Bett]?*** well, can your husband keep it up [in bed]? *fam;* ***der Wagen bringt 290 km/h*** this car can do 290 kph; ***der Motor bringts nicht mehr!*** the engine's had it [*or* done for] *fam;* ***die alte Kiste wird es noch für 'ne Weile ~*** there's still some life left in the old crate *fam;* ***dieses Werkzeug bringts doch nicht*** these tools are no good; ***wer hier zu wenig bringt, fliegt!*** if you're not up to form, you're out!; ***was bringt der Wagen denn so an PS?*** what's the top HP of this car?; **eine Leistung ~** to do a good job; **das bringt nichts** *(zwecklos)* it's pointless, there's no point; *(nutzlos)* it's useless, that's no use; **das bringts nicht** that's useless [*or* no use]

22 *(fam: bewegen)* ▪**etw irgendwohin ~** to get sth somewhere; ***alleine bringe ich die schwere Vase nicht von der Stelle*** I can't move [*or* shift] this heavy vase alone

23 *(fam: machen)* ***ich bring ihn nicht satt!*** I can't give him enough to eat!; ***ich bring das Hemd nicht sauber*** I can't get the shirt clean; ***bringst du das Radio wieder in Ordnung?*** can you get the radio to work?

▸WENDUNGEN: **einen Hammer ~** *(fam)* to drop a bombshell; **einen Klops ~** NORDD to put one's foot in it [*or* one's mouth] *fam;* **das kannst du doch nicht ~!** you can't [go and] do that!

Bring·schuld *f* 1 JUR *debt to be discharged at creditor's domicile*

2 *(fig: Wissenstransfer) the act of automatically receiving the information necessary to do a particular job, i.e. from colleagues or superiors*

Bri·oche·form [bri'ɔʃ-] *f* brioche tin

bri·sant [bri'zant] *adj* 1 *(geh)* explosive

2 *(explosiv)* explosive, high-explosive *attr;* **~er Sprengstoff** high explosive

Bri·sanz <-, -en> [bri'zants] *f* 1 *(geh)* explosive nature

2 *(Explosivität)* explosive power, brisance *spec*

Bri·se <-, -n> ['bri:zə] *f* breeze; **eine frische/leichte/steife ~** a fresh/light/stiff breeze

Bris·tol·kar·ton ['brɪstl-] *m* Bristol [*or* ivory] board

Bri·tan·ni·en <-s> [bri'tani̯ən] *nt* 1 HIST Britannia

2 *(Großbritannien)* Britain

bri·tan·nisch [bri'tanɪʃ] *adj* HIST Britannic

Bri·te, Bri·tin <-n, -n> ['bri:tə, 'brɪtə, 'bri:tɪn, 'brɪtɪn] *m, f* Briton, Brit *fam;* ***wir sind ~n*** we're British

bri·tisch ['brɪtɪʃ, 'bri:tɪʃ] *adj* British, Brit *attr fam*

Bri·ti·sche Jung·fern·in·seln *pl* British Virgin Islands *pl*

brö·cke·lig ['brœkəlɪç] *adj* 1 *(zerbröckelnd)* crumbling *attr;* **~ werden** to [start to] crumble

2 *(leicht bröckelnd)* crumbly

Brö·ckel·kohl ['brœkl̩-] *m* DIAL *s.* **Brokkoli**

brö·ckeln ['brœkl̩n] *vi* 1 *haben (in kleine Brocken zerfallen)* to crumble

2 *sein (in kleinen Brocken abfallen)* ▪**von/aus etw** *dat* **~** to crumble [away] from [*or* out of] sth

Bro·cken <-s, -> ['brɔkn̩] *m* 1 *(Bruchstück)* chunk; **jdm ~** *pl* **an den Kopf werfen** *(fam: jdn beschimpfen)* to fling [*or* hurl] insults at sb; **ein harter** [*o* **dicker**] **~ [für jdn] sein** *(fam)* to be a tough nut [for sb]; ***das ist ein harter ~*** that's a toughie *fam*

2 *pl* **ein paar ~ Russisch** a smattering of Russian; ***ich habe nur ein paar ~ vom Gespräch aufgeschnappt*** I only caught a few words of the conversation

3 *(fam: massiger Mensch)* hefty bloke [*or* guy] *fam;* ***das Baby ist ein ganz schöner ~*** the baby is a right little dumpling *fam*

bro·cken·wei·se *adv* bit by bit

bro·deln ['bro:dl̩n] *vi* 1 *(aufwallen)* to bubble; *(von Lava a.)* to seethe

2 *(liter: wallen)* to swirl

Bro·dem <-s, -> ['bro:dəm] *m kein pl (liter)* noxious vapour [*or* AM -or]; *(aus dem Boden a.)* miasma *no pl, no indef art*

Broi·ler <-s, -> ['brɔylɐ] *m* fried chicken

Bro·kat <-[e]s, -e> [bro'ka:t] *m* brocade

Bro·ker(in) <-s, -> ['bro:kɐ] *m(f)* FIN broker

Bro·ker·diens·te *pl* BÖRSE broker services *pl* **Bro·ker·fir·ma** *f* BÖRSE broking house **Bro·ker·ge·schäft** *nt* BÖRSE brokerage

Brok·ko·li ['brɔkoli] *pl* broccoli *no pl, no indef art* **Brok·ko·li·rös·chen** *pl* broccoli florets *pl*

Brom <-s> [bro:m] *nt kein pl* bromine *no pl*

Brom·bee·re ['brɔmbe:rə] *f* 1 *(Frucht)* blackberry, bramble[berry] 2 *(Strauch)* blackberry [*or* bramble[berry]] bush **Brom·beer·strauch** *m s.* **Brombeere 2**

bro·mie·ren [bro'mi:rən] *vt* CHEM ▪**etw ~** to brominate sth

Bro·mie·rung [bro'mi:rʊŋ] *f kein pl* CHEM bromification, bromination

Brom·was·ser·stoff·säu·re *f kein pl* CHEM hydrobromic acid

bron·chi·al [brɔn'çi̯a:l] *adj* bronchial

Bron·chi·al·asth·ma *nt* bronchial asthma **Bron·chi·al·kar·zi·nom** *nt* MED bronchial carcinoma **Bron·chi·al·ka·tarr**^RR^ *m* bronchial catarrh, bronchitis

Bron·chie <-, -n> ['brɔnçi̯ə, *pl* -çi̯ən] *f meist pl* bronchial tube, bronchus *spec*

Bron·chi·tis <-, Bronchitiden> [brɔn'çi:tɪs, *pl* -çi'ti:dn̩] *f* bronchitis *no art*

Bron·cho·sko·pie <-, -n> [brɔnçosko'pi:, *pl* -i:ən] *f* MED bronchoscopy

Bron·to·sau·rus <-, Brontosaurier> [brɔnto'zau̯rʊs, *pl* -'zau̯ri̯ɐ] *m* brontosaur[us]

Bron·ze <-, -n> ['brõ:sə] *f* 1 *(Metall)* bronze

2 *(Skulptur aus Bronze)* bronze

bron·ze·far·ben *adj* bronze-coloured

Bron·ze·me·dail·le [-medaljə] *f* bronze medal

bron·zen ['brõ:sn̩, 'brɔŋsn̩] *adj* 1 *(aus Bronze 1.)* bronze *attr,* of bronze *pred*

2 *(von bronzener Farbe)* bronze[-coloured [*or* AM -ored]]

Bron·ze·re·li·ef *nt* KUNST bronze relief **Bron·ze·zeit** *f* ▪**die ~** the Bronze Age

Bro·sche <-, -n> ['brɔʃə] *f* brooch

bro·schiert *adj* paperback *attr*

Bro·schur <-, -en> [brɔ'ʃu:ɐ̯] *f* 1 *kein pl (Broschieren)* cut flush [*or* paperback] binding

2 TYPO *(nicht gebundene Druckschrift)* paperback, brochure; **Schweizer ~** Swiss brochure

Bro·schü·re <-, -n> [brɔ'ʃy:rə] *f* brochure

Bro·schur·ein·band *m* TYPO cut flush binding

Bro·schü·ren·in·halt *m* TYPO brochure body [*or* content]

Brö·sel <-s, -> ['brø:zl̩] *m* DIAL 1 *(Krümel)* crumb

2 *pl* breadcrumbs *pl*

brö·se·lig, brös·lig *adj* DIAL crumbly

brö·seln ['brø:zl̩n] *vi* DIAL 1 *(bröckeln)* to crumble

2 *(zerbröseln)* to make crumbs

brös·lig *adj* DIAL *s.* **bröselig**

Brot <-[e]s, -e> [bro:t] *nt* bread *no pl;* **alt[backen]es ~** stale bread; **schwarzes ~** black [*or* rye] bread; ***unser tägliches ~ gib uns heute!*** REL give us this day our daily bread; ***das ist unser tägliche[s] ~*** *(fig)* that's our stock-in-trade; *(Laib)* loaf [of bread]; *(Butterbrot)* slice of bread and butter; **ein ~ mit Honig/Käse** a slice of bread and honey/cheese; **belegtes ~** open sandwich; **sich** *dat* **sein ~ [als etw] verdienen** to earn one's living [*or hum* daily bread] [as sth]; **ein hartes** [*o* **schweres**] **~ sein** to be a hard way to earn a living; **wes ~ ich ess', des Lied ich sing'** *(prov)* never quarrel with your bread and butter, he who pays the piper calls the tune *prov; s. a.* **Mensch**

Brot·auf·strich *m* [sandwich] spread **Brot·be·lag** *m* topping, sandwich filling **Brot·beu·tel** *m* haversack

Bröt·chen <-s, -> ['brø:tçən] *nt* [bread] roll

▸WENDUNGEN: **kleine[re] ~ backen müssen** *(fam)* to have to set one's sights lower; **sich** *dat* **seine ~ verdienen** *(fam)* to earn one's living [*or hum* daily bread]

Bröt·chen·ge·ber *m (hum fam)* provider *hum*

Brot·ein·heit *f* MED carbohydrate unit **Brot·er·werb** *m* [way of earning one's] living

Brot·frucht *f* BOT, KOCHK breadfruit

B

Brot·frucht·baum *m* breadfruit [tree]
Brot·kas·ten *m* bread bin **Brot·knör·zel** *m* SÜDD [bread] crust **Brot·korb** *m* bread basket; **jdm den ~ höher hängen** *(fig fam)* to keep sb short BRIT, to put the squeeze on sb **Brot·kru·me** *f* breadcrumb **Brot·krü·mel** *m* breadcrumb **Brot·krus·te** *f s.* **Brotrinde**
brot·los *adj* out of work *pred,* unemployed; **jdn ~ machen** to put sb out of work; *s. a.* **Kunst**
Brot·ma·schi·ne *f* bread slicer **Brot·mes·ser** *nt* bread knife **Brot·rin·de** *f* [bread] crust **Brot·rös·ter** <-s, -> *m s.* **Toaster Brot·schnei·de·ma·schi·ne** *f* bread slicer **Brot·schnit·te** *f* slice of bread **Brot·schrift** *f* body type, bread-and-butter face **Brot·sup·pe** *f* bread soup **Brot·teig** *m* [bread] dough *no pl* **Brot·tel·ler** *m* side plate **Brot·ver·meh·rung** *f* **die wunderbare ~** REL the feeding of the five thousand **Brot·zeit** *f* DIAL ❶ *(Pause)* tea break; **~ machen** to have a tea break ❷ *(Essen)* snack, sandwiches *pl*
brow·sen ['braʊzn̩] *vi* INFORM *(im Internet suchen)* to browse
Brow·ser <-s, -> ['braʊzɐ] *m* INET, INFORM browser
brr *interj* ❶ *(Befehl an Zugtiere)* whoa
❷ *(Ausruf bei Kälte)* brr
Bruch[1] <-[e]s, Brüche> [brʊx, *pl* 'brʏçə] *m* ❶ *(das Brechen)* ***die Kutsche blieb wegen des ~s einer Achse liegen*** the coach stopped because of a broken axle; *(in Damm, Staudamm)* breach
❷ *(das Brechen)* violation, infringement; **~ eines Eides** violation of an [*or* breach of] oath; **~ des Gesetzes** violation [*or* breach] of the law; **~ eines Vertrags** infringement [*or* violation] of a contract, breach of contract; **~ des Vertrauens** breach of trust
❸ *(von Beziehung, Partnern)* rift; ***es kam zum ~ zwischen ihnen*** a rift developed between them; **~ mit Tradition/der Vergangenheit** break with tradition/the past; **in die Brüche gehen** to break up, to go to pieces; ***unsere Freundschaft ging in die Brüche*** our friendship went to pot *fam*
❹ MED *(Knochenbruch)* fracture; **ein komplizierter ~** a compound fracture; *(Eingeweidebruch)* hernia, rupture; **ein eingeklemmter ~** an incarcerated [*or* strangulated] hernia *spec;* **einen ~ haben** to have [got] a hernia, to have ruptured oneself; **sich** *dat* **einen ~ heben** to give oneself a hernia, to rupture oneself
❺ MATH fraction
❻ *(zerbrochene Ware)* breakage; **zu ~ gehen** to get broken
❼ *(sl: Einbruch)* break-in; ***der Ganove wurde beim ~ gefasst*** the crook was caught breaking in; **einen ~ machen** *(sl)* to do a break-in, AM *a.* to bust a joint *sl*
❽ TYPO *(Falz)* fold
Bruch[2] <-[e]s, Brüche> [brʊx, *pl* 'bry:çə] *m o nt* bog, marsh
Bruch·band *m* MED truss, surgical belt **Bruch·bu·de** *f (pej fam)* dump *pej fam,* hole *pej fam* **bruch·fest** *adj inv* unbreakable **Bruch·flä·che** *f* surface of the break **Bruch·he·fe** *f* flocculating yeast
brü·chig ['brʏçɪç] *adj* ❶ *(bröckelig)* friable; **~es Leder** cracked [*or* brittle] leather; **~e Nägel** brittle nails; **~er Papyrus/~es Pergament** brittle papyrus/parchment
❷ *(von Stimme: rau)* cracked, hoarse
❸ *(ungefestigt)* fragile, shaky
Bruch·lan·dung *f* crash-landing; **eine ~ machen** to crash-land, to make a crash-landing **Bruch·pres·se** *f* curd press **Bruch·rech·nen** *nt* fractions *pl* **Bruch·rech·nung** *f* MATH ❶ *(Aufgabe mit Brüchen)* sum with fractions ❷ *s.* **Bruchrechnen Bruch·reis** *m* broken rice
Bruch·scha·den *m* FIN breakage; **gegen Bruch- und Transportschäden versichert sein** to be insured against breakage and damage in transit **Bruch·scha·den·ver·si·che·rung** *f* FIN insurance against breakage
Bruch·scho·ko·la·de *f* broken chocolate **bruch·si·cher** *adj inv* unbreakable **Bruch·stel·le** *f* break; *(von Knochen a.)* fracture **Bruch·strich** *m* MATH fraction line **Bruch·stück** *nt* ❶ *(abgebrochenes Stück)* fragment ❷ *(von Lied, Rede etc.: schriftlich)* fragment; *(mündlich)* snatch
bruch·stück·haft I. *adj* fragmentary
II. *adv* in fragments; *(mündlich)* in snatches; ***ich kann mich nur noch ~ daran erinnern*** I can only remember parts of it
Bruch·tee *m* broken tea
Bruch·teil *m* fraction; ***ein gebrauchtes Auto kostet nur einen ~ eines neuen*** a second-hand car is only a fraction of the cost of a new one; **im ~ eines Augenblicks/einer Sekunde** in the blink of an eye/in a split second
Bruch·teils·ei·gen·tum *nt* JUR fractional share of property, tenancy in common, fractional ownership **Bruch·teils·ei·gen·tü·mer(in)** *m(f)* JUR owner of a fractional share **Bruch·teils·ge·mein·schaft** *f* JUR community of part-owners
Bruch·zahl *f* MATH fraction
Brü·cke <-, -n> ['brʏkə] *f* ❶ *(Bauwerk)* bridge; **jdm goldene ~n/eine goldene ~ bauen** *(fig)* to smooth the way for sb; **alle ~n hinter sich** *dat* **abbrechen** *(fig)* to burn [all] one's bridges [*or* boats] behind one; **eine ~ über etw** *akk* **schlagen** *(liter)* to build [*or* lay] [*or* throw] a bridge across sth; **eine ~ [zwischen Völkern/Nationen] schlagen** *(fig)* to forge links [between peoples/nations]
❷ NAUT [captain's] bridge
❸ *(Zahnbrücke)* [dental] bridge
❹ *(Teppich)* rug, runner
❺ SPORT bridge
Brü·cken·bau <-bauten> *m* ❶ *kein pl (die Errichtung einer Brücke)* bridge-building *no art* ❷ *(Brücke)* bridge **Brü·cken·bo·gen** *m* arch [of a/the bridge] **Brü·cken·ech·se** *f* ZOOL tuatara **Brü·cken·ge·bühr** *f* [bridge] toll **Brü·cken·ge·län·der** *nt* parapet **Brü·cken·kopf** *m* MIL bridgehead; **einen ~ bilden** [*o* **errichten**] *(fig)* to form a bridgehead, to get a toehold **Brü·cken·pfei·ler** *m* [bridge] pier **Brü·cken·ram·pe** *f* approach to a bridge **Brü·cken·schlag** *m kein pl* bridging *no art;* ***das war der erste ~*** that forged the first link **Brü·cken·sprin·gen** *nt* bridge-jumping *no art* **Brü·cken·tag** *m extra day off to bridge single working day between a bank holiday and the weekend* **Brü·cken·trä·ger** *m* bridge girder **Brü·cken·zu·fahrt** *f* approach to a bridge
Bru·der <-s, Brüder> ['bru:dɐ, *pl* 'bry:dɐ] *m* ❶ *(Verwandter)* brother; ■**die Brüder Schmitz/Grimm** the Schmitz brothers/the Brothers Grimm; **der große ~** *(fig)* Big Brother; **unter Brüdern** *(fam)* between friends
❷ *(Mönch)* brother; **~ Cadfael** Brother Cadfael; *(Gemeindemitglieder)* ■**Brüder** brothers, brethren
❸ *(pej fam: Kerl)* bloke BRIT *fam,* guy *fam;* **ein warmer ~** *(pej)* a fairy [*or* queer] [*or* BRIT *a.* poof[ta]] *pej;* **ein zwielichtiger ~** a shady character [*or* customer]
Brü·der·chen <-s, -> *nt* ❶ *(kleiner Bruder)* little [*or* baby] brother
❷ *(veraltet: als Anrede)* friend
Bru·der·herz *nt (hum)* dear [*or* beloved] brother; ***na ~?*** well, dear brother [*or* brother dear?] **Bru·der·krieg** *m* war between brothers, fratricidal war **Bru·der·kuss**RR *m* fraternal [*or* brotherly] kiss **Bru·der·land** *nt* brother [*or* sister] nation
Brü·der·lein <-s, -> *nt (liter) s.* **Brüderchen**
brü·der·lich I. *adj* fraternal, brotherly
II. *adv* like brothers; **~ teilen** to share and share alike
Brü·der·lich·keit <-> *f kein pl* fraternity, brotherliness
Bru·der·lie·be *f* brotherly [*or* fraternal] love **Bru·der·mord** *m* fratricide **Bru·der·mör·der(in)** *m(f)* fratricide **Bru·der·par·tei** *f* brother party
Bru·der·schaft <-, -en> *f* REL fraternity, brotherhood
Brü·der·schaft <-, -en> *f* intimate [*or* close] friendship; **mit jdm ~ schließen** to make close friends with sb; **mit jdm ~ trinken** to agree to use the familiar "du" [over a drink]
Bru·der·volk *nt* sister people; ***unser ~ in Kuba*** our Cuban brothers [*or* cousins] *pl* **Bru·der·zwist** *m* fraternal feud [*or* strife]
Brüg·ge <-s> ['brʏgə] *nt* Bruges
Brü·he <-, -n> ['bry:ə] *f* ❶ *(Suppe)* [clear] soup, broth
❷ *(fam: Flüssigkeit)* **schmutzige ~** sludge, slop; *(Schweiß)* sweat
❸ *(pej fam: Getränk)* slop *pej,* swill *pej*
brü·hen ['bry:ən] *vt (aufbrühen)* [**jdm/sich**] **einen Kaffee/Tee ~** to make coffee/tea [for sb/oneself], to make [sb/oneself] a coffee/tea
Brüh·kar·tof·feln *pl* DIAL bouillon potatoes *pl* **Brüh·sieb** *nt s.* **Küchensieb brüh·warm** ['bry:'varm] **I.** *adj (fam)* **~e Neuigkeiten** [*o* **Nachrichten**] *pl* hot news + *sing vb* **II.** *adv (fam: alsbald)* **etw ~ weitererzählen** to immediately start spreading sth around **Brüh·wür·fel** *m* stock [*or* bouillon] cube **Brüh·wurst** *f* sausage for boiling
Brüll·af·fe ['brʏl-] *m* ❶ *(Tier)* howling [*or* howler] monkey
❷ *(pej fam: Schreihals)* loudmouth *pej fam*
brül·len ['brʏlən] **I.** *vi* ❶ *(schreien)* to roar, to bellow, to howl; *(weinen)* to bawl; ***brüll doch nicht so!*** don't shout like that!; **vor Lachen/Schmerzen/Wut ~** to roar [*or* bellow] [*or* howl] with laughter/pain/rage; ***du siehst ja zum B~ aus*** *(fam)* you don't half look a sight *fam*
❷ *(von Löwe)* to roar; *(von Stier)* to bellow; *(von Affe)* to howl
II. *vt* ■**jdm etw ins Ohr/Gesicht ~** to shout [*or* bellow] [*or* bawl] sth in sb's ear/face; ***Sie brauchen mir das nicht ins Ohr zu ~!*** you don't need to shout [it] in my ear!
Brumm·bär ['brʊm-] *m (fam)* ❶ *(kindersprache: Bär)* teddy bear ❷ *(brummiger Mann)* crosspatch *fam,* grouch *fam* **Brumm·bass**RR *m (fam)* deep [*or* rumbling] bass
brum·meln ['brʊml̩n] **I.** *vi (fam)* to mumble
II. *vt (fam)* ■**etw ~** to mumble sth
brum·men ['brʊmən] **I.** *vi* ❶ *(von Insekt, Klingel)* to buzz; *(von Bär)* to growl; *(von Wagen, Motor)* to drone; *(von Bass)* to rumble; *(von Kreisel)* to hum
❷ *(beim Singen)* to drone
❸ *(fam: in Haft sein)* to be doing time *fam;* **drei Jahre ~** to be doing three years *fam*
❹ *(murren)* to grumble
II. *vt* ■**etw ~** to mumble sth
Brum·mer <-s, -> *m (fam)* ❶ *(Insekt) Fliege* bluebottle; *Hummel* bumble-bee
❷ *(Lastwagen)* juggernaut
Brum·mi <-s, -s> ['brʊmi] *m (fam)* lorry BRIT, truck
brum·mig ['brʊmɪç] *adj (fam)* grouchy *fam;* **ein ~er Kerl** a grouch *fam*
Brumm·krei·sel *m (fam)* humming top **Brumm·schä·del** *m (fam)* headache; *(durch Alkohol a.)* hangover, thick head; **einen ~ haben** to be hung over, to have [got] a hangover
Brunch <-[e]s, -[e]s *o* -e> [brantʃ] *nt* brunch
brun·chen [brantʃn̩] *vi* to brunch
Bru·nei Dar·us·sa·lam <-s> *nt,* **Bru·nei** <-s> [bru:'naɪ] *nt* ÖSTERR, SCHWEIZ Brunei
Bru·nei·er(in) <-s, -> *m(f)* Bruneian
bru·nei·isch *adj* Bruneian
brü·nett [bry'nɛt] *adj* brunette, AM *also* brunet, dark[-haired]; ***sie ist ~*** she is [a] brunette
Brü·net·te(r) [bry'nɛtə, -nɛtɐ] *f dekl wie adj* brunette, AM *also* brunet
Brunft <-, Brünfte> [brʊnft, *pl* brʏnftə] *f (Brunftzeit)* rutting season; **in der ~ sein** to be rutting, to be on [*or* AM in] heat
brunf·tig ['brʊnftɪç] *adj* rutting
Brunft·platz *m* rutting ground **Brunft·schrei** *m* rutting [*or* mating] call **Brunft·zeit** *f* rut[ting season]
Brun·nen <-s, -> ['brʊnən] *m* ❶ *(Wasserbrunnen)* well; **einen ~ bohren** to sink [*or* bore] a well; **artesischer ~** artesian well
❷ *(ummauertes Wasserbecken)* fountain, fount *liter*
▶WENDUNGEN: **den ~ erst zudecken, wenn das Kind hineingefallen ist** *(prov)* to lock the stable

door after the horse has bolted *prov*

Brun·nen·bau·er(in) <-s, -> *m(f)* well-digger **Brun·nen·be·cken** *nt* basin [of a fountain] **Brun·nen·fi·gur** *f* sculpture [*or* figure] on a fountain **Brun·nen·haus** *nt* well house, pump room **Brun·nen·kres·se** *f* watercress **Brun·nen·kur** *f* mineral water treatment *no indef art* **Brun·nen·schacht** *m* well shaft **Brun·nen·ver·gif·ter(in)** <-s, -> *m(f) (pej)* [political] muckraker *pej* **Brun·nen·ver·gif·tung** *f* ① *(Wasservergiftung)* well poisoning ② *(pej)* [political] muckraking *pej* **Brun·nen·was·ser** *nt* well water

Brünn·lein <-s, -> ['brʏnlain] *nt (poet) dim von* **Brunnen**

Brunst <-, Brünste> [brʊnst, *pl* 'brʏnstə] *f s.* **Brunft**

brüns·tig ['brʏnstɪç] *adj* ① *(von männlichem Tier)* rutting; *(von weiblichem Tier)* on [*or* AM in] heat *pred*
② *(hum: sexuell begierig)* horny

Brunst·schrei *m s.* **Brunftschrei** **Brunst·zeit** *f s.* **Brunftzeit**

brüsk [brʏsk] *adj* brusque

brüs·kie·ren* [brʏs'ki:rən] *vt* ■**jdn** ~ to snub sb

Brüs·kie·rung <-, -en> *f* ① *kein pl (das Brüskieren)* snub
② *(barscher Akt)* rebuff

Brüs·sel <-s> ['brʏsl] *nt* Brussels

Brüs·se·ler *adj* Brussels; **der ~ Bürgermeister** the Mayor of Brussels; **~ Spitzen** Brussels lace *no pl, no art*

Brüs·se·ler(in) <-s, -> *m(f)* inhabitant of Brussels; ***sind Sie etwa ~?*** do you come from Brussels?

Brust <-, Brüste> [brʊst, *pl* 'brʏstə] *f* ① *(Brustkasten)* chest; **~ [he]raus!** chest out!; **es auf der ~ haben** *(fam)* to have chest trouble; **schwach auf der ~ sein** *(hum fam: eine schlechte Kondition haben)* to have a weak chest; *(an Geldmangel leiden)* to be a bit short *fam;* **sich** *dat* **an die ~ schlagen** *(fig)* to beat one's breast; **sich** *akk* **an jds ~ ausweinen** to cry on sb's shoulder; **~ an ~** face to face
② *(weibliche Brust)* breast; **eine flache ~** a flat chest; **einem Kind die ~ geben, ein Kind an die ~ legen** to nurse [*or* breast-feed] a baby
③ KOCHK breast; *(von Rind)* brisket
④ SPORT *(sl)* breast-stroke
▶WENDUNGEN: **einen zur ~ nehmen** to have a quick drink [*or fam* quickie]; **[sich** *dat*] **jdn zur ~ nehmen** *(fam)* to take sb to task; ***die werde ich mir zur ~ nehmen!*** just wait till I get my hands on her!; **sich** *akk* **[vor jdm] in die ~ werfen** to puff oneself up [in front of sb]

Brust·bein *nt* ANAT breastbone, sternum **Brust·beu·tel** *m* money bag [worn round the neck] **Brust·bild** *nt* KUNST head-and-shoulders [*or* half-length] portrait; FOTO head-and-shoulders [*or* half-length] photo **Brust·drü·se** *f* mammary gland

brüs·ten ['brʏstn̩] *vr* ■**sich** *akk* **[mit etw** *dat*] **~** to boast [*or* brag] [about sth]; ***das ist nichts, womit Sie sich ~ könnten!*** that's nothing to boast about!

Brust·ent·zün·dung *f* MED inflammation of the breast, mastitis *spec*

Brust·fell *nt* ANAT pleura **Brust·fell·ent·zün·dung** *f* pleurisy, pleuritis

Brust·flos·se *f* pectoral fin **Brust·ge·gend** *f* thoracic region **Brust·hö·he** *f* **in ~** chest-high **Brust·höh·le** *f* chest cavity **Brust·kas·ten** *m (fam)* chest **Brust·kno·ten** *m* MED lump in the/a breast, breast lump **Brust·korb** *m* ANAT chest, thorax *spec* **Brust·krebs** *m* breast cancer, mastocarcinoma *spec* **Brust·mus·kel** *m* pectoral muscle **Brust·ope·ra·ti·on** *f* breast operation **Brust·plas·tik** *f* MED plastic surgery for the breast **Brust·pro·the·se** *f* breast implant **Brust·schmerz** *m* pain in the chest, chest pain[s] **Brust·schwim·men** *nt* breast-stroke **Brust·schwim·mer(in)** *m(f)* breast-stroke swimmer **Brust·spitz** *m,* **Brust·spit·ze** *f,* **Brust·kern** *m* KOCHK ÖSTERR *(vom Rind)* top flank **Brust·stim·me** *f* chest voice **Brust·stück** *nt* KOCHK breast; *(von Rind)* brisket **Brust·ta·sche** *f* breast pocket; **innere ~** inside [breast] pocket **Brust·ton** <-töne> *m* chest note; **im ~ der Überzeugung** in a tone of utter [*or* with the greatest] conviction **Brust·um·fang** *m* chest measurement; *(von Frau)* bust measurement; ***darf ich mal Ihren ~ nehmen?*** may I take your chest [*or* bust] measurement?

Brüs·tung <-, -en> ['brʏstʊŋ] *f* ① *(Balkonbrüstung etc.)* parapet, balustrade
② *(Fensterbrüstung)* breast

Brüs·tungs·wand *f* BAU breast wall

Brust·war·ze *f* nipple **Brust·wehr** *f* ① MIL breastwork ② HIST parapet **Brust·wei·te** *f s.* **Brustumfang** **Brust·wir·bel** *m* thoracic [*or* dorsal] vertebra

Brut <-, -en> [bru:t] *f* ① *kein pl (das Brüten)* brooding *no pl*
② *(die Jungen)* brood; *(von Hühnern)* clutch; *(von Bienen)* nest
③ *kein pl (pej: Gesindel)* mob *pej,* pack *pej*

bru·tal [bru'ta:l] **I.** *adj* ① *(roh)* brutal; **ein ~er Kerl** a brute
② *(fam: besonders groß, stark)* bastard *attr sl;* **~e Kopfschmerzen haben** *(fam)* to have a throbbing [*or* BRIT *sl a.* bastard] headache; **ein ~er Fehler** a big mistake *a. iron;* **eine ~e Niederlage** a crushing defeat; **~e Ungerechtigkeit** gross injustice; ***das ist ja ~!*** what a bastard! *sl*
II. *adv* ① *(roh)* brutally
② *(ohne Rücksicht) sagen, zeigen* brutally; **jdm etw ganz ~ sagen** to be brutally [*or* cruelly] frank with sb
③ *(fam: sehr)* ***das tut ~ weh*** it hurts like hell [*or* buggery] *fam;* **~ wenig verdienen** to be earning peanuts *fam* [*or sl* chickenshit]; ***das war ~ knapp/gut!*** that was damned close/good! *fam;* **~ viel[e]** a hell of a lot *fam;* ***der weiß echt ~ wenig*** he knows damn all *fam,* he don't know shit *hum sl*

bru·ta·li·sie·ren* [brutali'zi:rən] *vt* ■**jdn ~** to brutalize sb

Bru·ta·li·sie·rung <-> *f kein pl* brutalization

Bru·ta·li·tät <-, -en> [brutali'tɛ:t] *f* ① *kein pl (Rohheit)* brutality
② *kein pl (Schonungslosigkeit)* brutality, cruelty
③ *(Gewalttat)* brutal act; ■**~en** brutalities, brutal acts

Brut·ap·pa·rat *m* incubator

brü·ten ['bry:tn̩] *vi* ① *(über den Eiern sitzen)* to brood; *(von Hühnern a.)* to sit
② *(lasten)* ■**[über etw** *dat*] **~** to hang heavily [over sth]
③ *(grübeln)* ■**[über etw** *dat*] **~** to brood [over sth]
▶WENDUNGEN: **~d heiß** *(fam)* boiling [hot] *fam*

brü·tend·heiß^ALT *adj attr s.* **brüten**

Brü·ter <-s, -> *m* NUKL [nuclear] breeder; **schneller ~** fast breeder

Brut·hit·ze *f (fam)* stifling heat **Brut·kas·ten** *m* MED incubator; ***hier ist es so heiß/hier herrscht eine Hitze wie in einem ~!*** *(fam)* it's like an oven in here **Brut·knos·pe** *f* BOT bulbil **Brut·ko·lo·nie** *f* ZOOL nesting colony **Brut·pfle·ge** *f* care of the brood; **~ betreiben** to care for the brood **Brut·platz** *m* breeding place; *(von Hühnern)* hatchery **Brut·re·ak·tor** *m* [nuclear] breeder **Brut·stät·te** *f* ① *(Nistplatz)* breeding ground (*+gen* for) ② *(geh: Herd)* breeding ground (*+gen* for), hotbed (*+gen* of) **Brut·stoff** *m* NUKL high-temperature reactor's self-generated fuel

brut·to ['brʊto] *adv* [in the] gross; **Euro 3.800 ~ verdienen** to have a gross income of 3,800 euros; **~ Euro 1.450** 1,450 euros gross

Brut·to·auf·schlag *m* ÖKON gross markup **Brut·to·bei·trag** *m* ÖKON gross contribution **Brut·to·be·trag** *m* gross amount **Brut·to·be·zü·ge** *pl* ÖKON gross compensation *sing* **Brut·to·ein·kom·men** *nt* gross [*or* before-tax] income [*or npl* earnings] **Brut·to·ein·nah·men** *pl* ÖKON gross receipts **Brut·to·er·geb·nis** *nt* ÖKON gross operating result **Brut·to·fi·nan·zie·rung** *f* ÖKON gross financing **Brut·to·ge·halt** *nt* gross salary [*or* pay] **Brut·to·ge·wicht** *nt* gross weight **Brut·to·ge·winn** *m* gross profit **Brut·to·in·lands·pro·dukt** *nt* gross domestic product, GDP **Brut·to·in·ves·ti·ti·ons·wert** *m* FIN, ÖKON gross investment value **Brut·to·la·de·fä·hig·keit** *f* deadweight cargo **Brut·to·lohn** *m* gross wage [*or* pay] **Brut·to·mar·ge** *f* ÖKON gross margin **Brut·to·mo·nats·ein·kom·men** *nt* gross monthly income **Brut·to·mo·nats·ent·geld** *nt* gross monthly remuneration **Brut·to·nieß·brauch** *m* JUR gross usufruct **Brut·to·preis** *m* gross price **Brut·to·pro·duk·ti·ons·wert** *m* ÖKON gross output value **Brut·to·raum·zahl** *f* gross tonnage **Brut·to·re·gis·ter·ton·ne** *f* register [*or form* gross registered] ton **Brut·to·satz** *m* ÖKON gross rate **Brut·to·so·zi·al·pro·dukt** *nt* gross national product, GNP

Brut·to·um·satz *m* ÖKON gross sales *pl* [*or* turnover] **Brut·to·um·satz·er·lös** *m* ÖKON yields *pl* on gross sales

Brut·to·ver·dienst *m* ÖKON gross income **Brut·to·ver·dienst·span·ne** *f* ÖKON gross merchandising margin

Brut·to·wert *m* ÖKON gross value **Brut·to·wert·schöp·fung** *f* ÖKON gross product, gross value added **Brut·to·zu·wachs** *m* gross increase

brut·zeln ['brʊtsl̩n] **I.** *vi (braten)* ■**[in etw** *dat*] **~** to sizzle [away] [in sth]
II. *vt* ■**[sich** *dat*] **etw ~** to fry [oneself] sth

BSE <-> [be:ʔɛs'ʔe:] *f kein pl* MED *Abk von* **bovine spongiforme Enzephalopathie** BSE

BSP <-, -s> [be:ʔɛs'pe:] *nt Abk von* **Bruttosozialprodukt** GNP

btto *Abk von* **brutto** gr.

Btx <-> [be:te:'ʔɪks] *m kein pl Abk von* **Bildschirmtext** Btx

Bub <-en, -en> [bu:p, *pl* bu:bn̩] *m* SÜDD, ÖSTERR, SCHWEIZ boy, lad, BRIT *a.* cock

Bub·ble Jet Dru·cker ['bʌbldʒet-] *m* INFORM bubble-jet printer **Bub·ble-Jet-Kar·te** ['bʌbldʒet-] *f* INFORM bubble board [*or* card]

Bu·be <-n, -n> ['bu:bə] *m (Spielkarte)* jack, knave

Bu·ben·streich *m* childish prank **Bu·ben·stück** *nt (veraltend)* knavish trick *dated*

Bü·be·rei [by:bə'rai] *f (veraltend)* knavish trick *dated*

Bu·bi·kopf *m* bob, bobbed hair *no pl, no indef art;* **sich** *dat* **einen ~ schneiden lassen** to have [*or* get] one's hair bobbed [*or* cut in a bob]

Buch <-[e]s, Bücher> [bu:x, *pl* 'by:çɐ] *nt* ① *(Band)* book; **ein schlaues ~** *(fam)* a clever book; **über den Büchern sitzen** to pore [*or* sit] over one's books; **ein ~ mit sieben Siegeln** *(fig)* a closed book; **das Goldene ~ [der Stadt]** distinguished visitors' book; ***du bist für mich ein offenes ~*** I can read you like a book; ***du redest wie ein ~*** *(fam)* you never stop talking; **ein [richtiger] Gentleman, wie er im ~e steht** the very model of a gentleman
② *meist pl* ÖKON *(Geschäftsbuch)* books *pl,* accounts *pl;* **die Bücher fälschen** to cook the books *fam;* **[jdm] die Bücher führen** to keep sb's accounts [*or* books]; **über etw** *akk* **~ führen** to keep a record of sth; **über die Bücher gehen** SCHWEIZ to balance the books; **[mit etw** *dat*] **[sehr] zu ~[e] schlagen** to make a [great] difference [with sth]; ***das schlägt mit Euro 4.500 zu ~e*** that gives you 4,500 euros
③ REL *(Schrift)* Book; **die Bücher Mose** the Pentateuch; **das erste/zweite/dritte/vierte/fünfte ~ Mose** Genesis/Exodus/Leviticus/Numbers/Deuteronomy; **das ~ der Bücher** *(geh)* the Book of Books

Buch·ab·schluss^RR *m* FIN closing [*or* balancing] the books **Buch·aus·hän·ger** *m* TYPO drop-[*or* hang-]out **Buch·aus·stat·tung** *f* TYPO book design **Buch·aus·zug** *m* FIN statement of account **Buch·be·spre·chung** *f* book review **Buch·bin·den** <-s> *nt kein pl* bookbinding **Buch·bin·der(in)** <-s, -> *m(f)* bookbinder **Buch·bin·de·rei** <-, -en> *f* ① *(Betrieb eines Buchbinders)* bookbindery ② *kein pl (das Buchbinden)* ■**die ~** bookbinding *no pl* **Buch·bin·der·ga·ze** *f* bookbinding gauze **Buch·bin·de·rin** <-, -nen> *f fem form von* **Buchbinder** **Buch·block** <-blöcke> *m* inner book **Buch·de·cke** *f* TYPO book case **Buch·de·ckel** *m* book cover, cover board **Buch·druck** *m kein pl* letterpress printing *no art* **Buch·dru·cker(in)** *m(f)* [letterpress] printer **Buch·dru·cke·rei** *f* ① *(Betrieb* *eines Buchdruckers)* printing works *npl* ② *kein pl (das Buchdrucken)* ▪**die** ~ printing **Buch·dru·cke·rin** *f fem form von* **Buchdrucker** **Buch·dru·cker·kunst** *f* art of printing

Bu·che <-, -n> ['bu:xə] *f* ① *(Baum)* beech [tree]
② *(Holz)* beech [wood]

Buch·ecker <-, -n> *f* beechnut

Buch·ein·sicht, Bü·cher·ein·sicht *f* FIN inspection of books of account

bu·chen ['bu:xn̩] *vt* ① *(vorbestellen)* **etw** [**bei einem Reisebüro**] ~ to book [*or* reserve] sth [at a travel agent]
② ÖKON *(verbuchen)* ▪**etw** [**als etw** *akk*] ~ to enter sth [as sth]
③ *(registrieren)* ▪**etw** ~ to register sth
④ *(fam: sich zurechnen)* ▪**etw als Erfolg/Sieg** ~ to mark [*or fam* chalk] up a success/victory [for oneself]

Bu·chen·holz *nt* beech[wood]

Bü·cher ['by:çɐ] *pl* FIN [account] books, books and records

Bü·cher·bord <-e> *nt,* **Bü·cher·brett** *nt* bookshelf **Bü·cher·bus** *m* mobile library, library van **Bü·cher·dienst** *m* book service

Bü·che·rei <-, -en> [by:çə'rai] *f* [lending] library

Bü·cher·freund(in) *m(f)* book-lover, bibliophile **Bü·cher·narr, -När·rin** *m, f* book-fan, bookworm **Bü·cher·re·gal** *nt* bookshelf; **im** ~ on the bookshelf

Bü·cher·schaft *m* SCHWEIZ *(Bücherregal)* bookshelf; *(Bücherschrank)* bookcase

Bü·cher·schrank *m* bookcase **Bü·cher·sen·dung** *f* ① *(Paket mit Büchern)* consignment of books ② *(Versendungsart)* book post *no indef art* **Bü·cher·ver·bren·nung** *f* burning of books **Bü·cher·wand** *f* wall of bookshelves **Bü·cher·weis·heit** *f (pej)* book-learning **Bü·cher·wurm** *m (hum)* bookworm

Buch·fa·den·heft·ma·schi·ne *f* book-sewing machine **Buch·fer·ti·gungs·stra·ße** *f* book flow line

Buch·fink *m* chaffinch

Buch·for·de·rung *f* FIN account receivable, outstanding account **Buch·form** *f* **in** ~ in book form **Buch·for·mat** *nt* book format [*or* size]

Buch·füh·rung *f* bookkeeping *no pl,* accounting *no pl;* **einfache/doppelte** ~ single-/double-entry bookkeeping **Buch·füh·rungs·män·gel** *pl* FIN accounting deficiencies **Buch·füh·rungs·pflicht** *f* FIN bookkeeping duty **Buch·füh·rungs·vor·schrif·ten** *pl* bookkeeping rules; **handelsrechtliche** ~ commercial accounting standards

Buch·geld *nt* FIN bank deposit money, money in account **Buch·ge·mein·schaft** *f* book club **Buch·ge·winn** *m* FIN book profit **Buch·grund·schuld** *f* JUR registered land charge **Buch·hal·ter(in)** *m(f)* bookkeeper, accountant

buch·hal·te·risch *adj* bookkeeping *attr*

Buch·hal·ter·see·le *f (pej)* pernickety [*or* fussy] git BRIT

Buch·hal·tung *f* ① *(Rechnungsabteilung)* accounts [*or* bookkeeping] department
② *s.* **Buchführung**

Buch·hal·tungs·be·leg *m* FIN [bookkeeping] voucher **Buch·hal·tungs·un·ter·la·gen** *pl* FIN accounts, bookkeeping records

Buch·han·del *m* book trade; **im** ~ **erhältlich** available [*or* on sale] in bookshops **Buch·händ·ler(in)** *m(f)* bookseller

buch·händ·le·risch I. *adj* bookseller's *attr;* **eine** ~**e Ausbildung haben** to be a trained bookseller
II. *adv* **sich** *akk* ~ **betätigen/**~ **tätig sein** to be [*or* work as] a bookseller

Buch·hand·lung *f* bookshop **Buch·her·stel·lung** *f* book production **Buch·hül·le** *f* dust cover [*or* jacket] **Buch·hy·po·thek** *f* FIN registered mortgage *(entered in the land register)* **Buch·klub** *m* book club **Buch·la·den** *m* bookshop

Büch·lein <-s, -> ['by:çlain] *nt dim von* **Buch** little book, booklet

Buch·ma·cher(in) *m(f)* bookmaker, bookie *fam*

Buch·ma·le·rei *f* ① *kein pl (Kunsthandwerk)* ▪**die** ~ [book] illumination ② *(einzelnes Bild)* illumination **Buch·markt** *m* book market

buch·mä·ßig I. *adj* FIN book[keeping] *attr,* accounting *attr*
II. *adv* FIN as shown by the books

Buch·mes·se *f* book fair

Buch·preis *m* ① *(Kaufpreis)* book price ② *(Auszeichnung)* book prize **Buch·preis·bin·dung** *f* net book agreement

Buch·prü·fer(in) *m(f)* auditor **Buch·prü·fung** *f* audit

Buch·rü·cken *m* spine [of a book] **Buch·rü·cken·be·lei·mung** *f* book spine gluing **Buch·rü·cken·form** *f* book spine shape

Buchs <-es, -e> [bʊks] *m* BOT box [tree]

Buch·sal·do *m* FIN balance

Buchs·baum ['bʊks-] *m* box[-tree]

Buch·schul·den *f pl* FIN accounts payable

Buch·se <-, -n> ['bʊksə] *f* ① ELEK jack
② TECH bushing

Büch·se <-, -n> ['byksə] *f* ① *(Dose)* tin BRIT, can; *(Konservenbüchse)* tin BRIT, can
② *(Sammelbüchse)* collecting-box
③ *(Jagdgewehr)* rifle

Büch·sen·fleisch *nt* tinned [*or* canned] meat **Büch·sen·ge·mü·se** *nt* canned [*or* BRIT *a.* tinned] vegetables **Büch·sen·ma·cher(in)** *m(f)* gunsmith **Büch·sen·milch** *f* evaporated milk *no pl* **Büch·sen·öff·ner** *m* can-opener, BRIT *a.* tin-opener

Buch·sta·be <-n[s], -n> ['bu:xʃta:bə] *m* character, letter; **fetter** ~ bold character [*or* letter]; **in großen** ~**n** in capitals, in upper case; **in kleinen** ~**n** in small letters, in lower case; **in** ~**n** in words; ***den Betrag bitte in ~n vermerken*** please write the amount out [in words]
▸WENDUNGEN: **nach dem** ~**n des Gesetzes** according to the letter of the law; **dem** ~**n nach** to the letter; **sich** *akk* **auf seine vier** ~**n setzen** *(hum fam)* to sit oneself down

buch·sta·ben·ge·treu I. *adj* literal; ***er bestand auf der ~en Einhaltung der Vorschriften*** he insisted that the regulations be followed to the letter
II. *adv* **etw** ~ **befolgen** to follow sth to the letter

Buch·sta·ben·ket·te *f* INFORM alphabetic string **Buch·sta·ben·kom·bi·na·ti·on** *f* combination of letters **Buch·sta·ben·rät·sel** *nt* anagram puzzle **Buch·sta·ben·schloss**[RR] *nt* combination lock [using letters] **Buch·sta·ben·schrift** *f* alphabetic script **Buch·sta·ben·um·schal·tung** *f* INFORM case change, shift key

buch·sta·bie·ren* [bu:xʃta'bi:rən] *vt* ▪**etw** ~ to spell sth

buch·stäb·lich ['bu:xʃtɛ:blɪç] I. *adj* literal; ***bei ~er Auslegung des Gesetzes ergäbe sich ein ganz anderer Sinn*** if one were to interpret the law literally a completely different sense would be revealed
II. *adv (geradezu)* literally

Buch·stüt·ze *f* bookend

Bucht <-, -en> [bʊxt] *f* ① *(im Meer)* bay; **die Deutsche** ~ the Heligoland [*or* Helgoland] Bight
② *(kleiner Koben)* pen
③ *(Parkbucht)* parking bay

Buch·tel <-, -n> ['bʊxtl̩] *f meist pl* ÖSTERR *a yeast pastry filled with jam or sth similar*

buch·ten·reich *adj* with many bays *pred;* ***nach Süden hin wird die Küste ~er*** to the south the coast has more bays

Buch·ti·tel *m* ① *(Titel)* book title
② *(Buch)* title

Bucht von An·tal·ya <-> [-an'talja] *f* Antalya Bay, Gulf of Antalya

Bucht von Ben·gal [-bɛŋ'gɔ:l] *f* Bay of Bengal

Buch·um·schlag *m* book cover [*or* jacket]

Bu·chung <-, -en> *f* ① *(Reservierung)* booking; ***denke bitte an die rechtzeitige ~ des Fluges!*** please remember to book the flight in time!
② FIN *(Verbuchung)* posting

Bu·chungs·an·zei·ge *f* FIN advice note **Bu·chungs·be·leg** *m* bookkeeping voucher, accounting supporting record **Bu·chungs·be·trag** *m* FIN, ÖKON amount posted, entry amount **Bu·chungs·com·pu·ter** *m* reservation computer, computer for reservations **Bu·chungs·da·tum** *nt* FIN, ÖKON posting date **Bu·chungs·feh·ler** *m* FIN bookkeeping error **Bu·chungs·kar·te** *f* TELEK telephone card *(for the use of which one is billed later)* **Bu·chungs·kon·trol·le** *f* FIN accounting control **Bu·chungs·kos·ten** *pl* FIN, ÖKON posting cost *sing* **Bu·chungs·pos·ten** *m* FIN, ÖKON item **Bu·chungs·tag** *m* FIN accounts day **bu·chungs·tech·nisch** *adj* FIN bookkeeping *attr,* accounting *attr;* **aus** ~**en Gründen** for bookkeeping reasons **Bu·chungs·vor·gang** *m* FIN accountable event [*or* condition]

Buch·vor·stel·lung *f* book launch

Buch·wei·zen *m* buckwheat

Buch·wert *m* FIN book value **Buch·wert·ab·fin·dung** *f* FIN compensation at book value **Buch·wert·fort·füh·rung** *f* FIN continuation at book value **Buch·wert·klau·sel** *f* JUR book value clause

Buch·we·sen *nt kein pl* book trade *no pl*

Bu·ckel <-s, -> ['bʊkl̩] *m* ① *(fam: Rücken)* back; **einen** [**krummen**] ~ **machen** to arch one's back
② *(fam: kleine Bergkuppe)* hill
③ *(fam)* hunchback, humpback
④ *(kleine Wölbung)* bump
⑤ HIST *(eines Schildes)* boss
▸WENDUNGEN: **etw auf dem** ~ **haben** *(fam)* to have been through sth *fam;* **sich** *dat* **den** ~ **krumm machen** *(fam)* to break one's back; **rutsch mir** [**doch**] **den** ~ **runter!** *(fam)* get off my back! [*or* case!]; ***noch mehr Arbeit kann ich nicht bewältigen, ich habe schon genug auf dem ~!*** I can't cope with any more work - I've done enough already!; ***das Auto hat schon einige Jahre auf dem*** ~ the car has been around for a good few years; **den** ~ **vollkriegen** *(fam)* to get a [good] hiding [*or* licking] *fam;* **den** ~ **voll Schulden haben** *(fam)* to be up to one's neck in debt

bu·cke·lig ['bʊkəlɪç], **buck·lig** ['bʊklɪç] *adj (fam)*
① *(mit einem Buckel)* hunchbacked, humpbacked
② *(fam: uneben)* bumpy

Bu·cke·li·ge(r) *f(m) dekl wie adj* hunchback, humpback

bu·ckeln ['bʊkl̩n] *vi* ① *(einen Buckel machen)* ▪**ein Tier buckelt** an animal arches its back
② *(pej: sich devot verhalten)* ▪[**vor jdm**] ~ to crawl [to sb] *pej fam*
▸WENDUNGEN: **nach oben** ~ **und nach unten treten** to crawl to the bigwigs and bully the underlings BRIT *pej fam,* to suck ass and kick ass AM *pej fam!*

Bu·ckel·pis·te *f* [ski slope with] moguls, mogul field **Bu·ckel·rind** *nt* zebu **Bu·ckel·wal** *m* ZOOL humpback whale

bü·cken ['bʏkn̩] *vr* ▪**sich** *akk* [**nach etw** *dat*] ~ to bend down [to pick sth up]

buck·lig ['bʊklɪç] *adj (fam) s.* **buckelig**

Buck·li·ge(r) *f(m) s.* **Buckelige(r)**

Bück·ling <-s, -e> ['bʏklɪŋ] *m* ① *(Fisch)* smoked herring
② *(hum fam: Verbeugung)* bow; [**vor jdm**] **einen** ~ **machen** to bow before [*or* to] sb

Bu·da·pest <-s> ['bu:dapɛst] *nt* Budapest

bud·deln ['bʊdl̩n] I. *vi (fam: graben)* ▪[**irgendwo**] ~ to dig [up] [somewhere]
II. *vt* DIAL *(ausgraben)* ▪**etw** ~ to dig sth [out]

Bud·dha <-s, -s> ['bʊda] *m* Buddha

Bud·dhis·mus <-> [bʊ'dɪsmʊs] *m kein pl* Buddhism *no pl*

Bud·dhist(in) <-en, -en> [bʊ'dɪst] *m(f)* Buddhist

bud·dhis·tisch *adj* Buddhist

Bu·de <-, -n> ['bu:də] *f* ① *(Hütte aus Brettern)* [wooden] cabin [*or* hut]; *(Baubude)* [builder's] hut BRIT, trailer [on a construction site] AM; *(Kiosk)* kiosk
② *(fam: Studentenbude)* [student] digs *npl* [*or dated fam* pad]; *(Wohnung)* digs *npl* BRIT, pad *dated fam;* [**eine**] **sturmfreie** ~ **haben** *(fam)* to have the place to oneself, to be able to do as one pleases *(without interference or objection from parents or landlord/-lady)*
③ *(fam: Etablissement etc.)* shop *fam;* **die** ~ **dicht-**

machen to shut up [or close] shop
▶WENDUNGEN: **jdm die ~ einrennen** [o **einlaufen**] *(fam)* to buy everything in sight in sb's shop BRIT [or AM store] *fam,* to clear out sb's shop BRIT [or AM store]; **jdm fällt die ~ auf den Kopf** *(fam)* sb feels claustrophobic; [**jdm**] **die ~ auf den Kopf stellen** *(fam bei einer Feier)* to have a good old rave-up [in sb's house] BRIT *sl,* to trash sb's house AM *sl; (beim Durchsuchen)* to turn the house upside-down; **jdm auf die ~ rücken** to drop in on sb [unannounced and unwanted]; *s. a.* **Leben**

Bud·get <-s, -s> [bʏ'dʒe:] *nt* ❶ *(Haushaltsplan)* budget
❷ *(fam: Finanzen)* budget

Bud·get·ab·wei·chung *f* budget variance **Bud·get·auf·stel·lung** [bʏ'dʒe:-] *f* FIN, ÖKON budgetization, fiscalization **Bud·get·aus·schuss**RR *m* ÖKON budget commission [or committee] **Bud·get·be·darf** *m kein pl* ÖKON budgetary requirements **Bud·get·be·gren·zung** *f* ÖKON budgetary limits *pl* **Bud·get·be·ra·tung** *f* budget discussion **Bud·get·de·fi·zit** [bʏ'dʒe:-] *nt* FIN, ÖKON budget deficit **Bud·get·fest·set·zung** [bʏ'dʒe:-] *f* FIN, ÖKON budgeting

bud·ge·tie·ren* [bʏdʒe'ti:rən] *vt* ÖKON ■**etw** ~ to budget sth, to draw up a budget for sth

Bud·ge·tie·rung *f* ÖKON budgeting

Bud·get·jahr *nt* ÖKON budget [or fiscal] year **Bud·get·kon·trol·le** *f* ÖKON budgetary control **Bud·get·kür·zung** *f* ÖKON budget cut **Bud·get·mit·tel** *pl* ÖKON budgetary means **Bud·get·po·li·tik** *f* ÖKON policy on the budget **Bud·get·recht** *nt* JUR *constitutional right of parliament to decide on the budget* **Bud·get·über·wa·chung** *f* ÖKON budgetary control **Bud·get·vor·la·ge** [bʏ'dʒe:-] *f* FIN, ÖKON budget proposal

Büd·ner·recht ['by:dnɐ-] *nt* JUR small holders' right

Bü·fett <-[e]s, -e *o* -s> [bʏ'fe:] *nt,* **Buf·fet** <-s, -s> [bʏ'fe:] *nt bes* ÖSTERR, SCHWEIZ ❶ *(Anrichte)* sideboard, buffet, AM *usu* hutch
❷ *(Verkaufstisch)* counter
❸ *(Schanktisch)* bar
❹ *(Essen)* buffet; **kaltes ~** cold buffet
❺ SCHWEIZ *(Bahnhofsrestaurant)* station restaurant [or buffet]

Büf·fel <-s, -> ['bʏfl̩] *m* buffalo

Büf·fe·lei <-, -en> [bʏfə'lai] *f (fam)* swotting [up] BRIT, cramming; ***das Pauken von Geschichtszahlen ist eine einzige ~*** memorizing dates is one hard slog

Büf·fel·her·de *f* herd of buffalo **Büf·fel·le·der** *nt* buffalo leather

büf·feln ['bʏfl̩n] **I.** *vi (fam: pauken)* to swot BRIT, to cram; ***vor jeder Klassenarbeit muss wieder*** [***schwer***] ***gebüffelt werden*** we/you/they etc. have to swot [up] before every test; ***so spät am Abend bist du immer noch am B~?*** you're still studying so late in the evening?
II. *vt (fam: pauken)* ■**etw** ~ to swot up on [or cram for] sth

Buf·fer <-s, -> ['bʌfəʳ] *m* INFORM buffer storage [or store]

Buf·fo <-s, -s *o* Buffi> ['bʊfo, *pl* 'bʊfi] *m* buffo

Bug <-[e]s, Büge *o* -e> [bu:k, *pl* 'by:gə] *m* ❶ NAUT bow; LUFT nose
❷ KOCHK *(Rind)* shoulder, blade; *(Schwein)* hand of pork

Bü·gel <-s, -> ['by:gl̩] *m* ❶ *(Kleiderbügel)* coat hanger
❷ *(Griff einer Handtasche)* handle
❸ *(Griff einer Säge)* frame
❹ *(Einfassung)* edging
❺ *(Brillenbügel)* leg [of glasses]
❻ *(Steigbügel)* stirrup
❼ *(beim Schlepplift)* grip
❽ *(Abzugsbügel)* trigger guard

Bü·gel·brett *nt* ironing board **Bü·gel·ei·sen** <-s, -> *nt* iron **Bü·gel·fal·te** *f* crease **bü·gel·frei** *adj* crease-free, easy-care **Bü·gel·griff** *m* AUTO bow-type door handle **Bü·gel·ma·schi·ne** *f* ironing machine

bü·geln ['by:gl̩n] **I.** *vt* ■**etw** ~ to iron sth
II. *vi* to iron

bü·gel·tro·cken *adj inv* iron-dry

Bug·gy <-s, -s> ['bagi] *m (faltbarer Kinderwagen)* pushchair BRIT, buggy BRIT, stroller AM

Bug·rad *nt* nose wheel **Bug·schau·fel·stück** *nt* KOCHK *(vom Rind)* top shoulder

bug·sie·ren* [bʊ'ksi:rən] **I.** *vt* ❶ *(fam: mühselig bewegen)* ■**etw irgendwohin** ~ to shift sth somewhere
❷ *(fam: drängen)* ■**jdn irgendwohin** ~ to shove [or drag] [or propel] sb somewhere
❸ NAUT *(schleppen)* ■**etw irgendwohin** ~ to tow [or tug] sth somewhere
II. *vi* ❶ NAUT *(schleppen)* to tow
❷ *(fam: hantieren)* to manoeuvre BRIT, to maneuver AM

Bug·spriet <-[e]s, -e> ['bu:kʃpri:t] *nt* bowsprit

Bug·stück *nt* **dickes ~** KOCHK prime shoulder **Bug·wel·le** *f* bow wave

buh [bu:] *interj* boo

Buh <-s, -s> [bu:] *nt (fam)* boo

bu·hen ['bu:ən] *vi (fam)* to boo

buh·len ['bu:lən] *vi (pej veraltet)* ■**um etw** *akk* ~ to court sth; **um Anerkennung ~** to seek recognition; **um jds Gunst ~** to court sb's favour [or AM -or]

Buh·mann <-männer> *m (fam)* scapegoat, fall guy *sl;* **jdn zum ~** [**für jdn/etw**] **machen** to make sb into a scapegoat [or *sl* fall guy] [for sb/sth]

Büh·ne <-, -n> ['by:nə] *f* ❶ *(Spielfläche der Bühne 2.)* stage; **zur ~ gehen** to go on the stage; **auf der ~ stehen** to be on the stage; **von der ~ abtreten, von der ~ verschwinden** *(fam)* to leave [or disappear from] the scene; **hinter der ~** behind the scenes
❷ *(Theater)* theatre [or AM -er]
❸ *(Tribüne)* stand
❹ *(Hebebühne)* hydraulic lift
❺ DIAL *(Dachboden)* attic, loft
▶WENDUNGEN: **etw über die ~ bringen** *(fam)* to get sth over with; **über die ~ gehen** *(fam: abgewickelt werden)* to take place; *(aufgeführt werden)* to be staged [or performed]; ***das Stück ist schon über mehrere ~n gegangen*** the play has already been performed several times

Büh·nen·an·wei·sung *f* stage direction **Büh·nen·ar·bei·ter(in)** *m(f)* stagehand **Büh·nen(·aus)·spra·che** *f* ≈ received pronunciation *(standard pronunciation used in German theatre)* **Büh·nen·aus·stat·tung** *f* props *pl* **Büh·nen·be·ar·bei·tung** *f* stage adaptation **Büh·nen·be·leuch·tung** *f* stage lighting **Büh·nen·bild** *nt* scenery **Büh·nen·bild·ner(in)** <-s, -> *m(f)* scene-painter **Büh·nen·dar·stel·ler(in)** *m(f)* performer **Büh·nen·ef·fekt** *m* stage effect **Büh·nen·er·fah·rung** *f* stage experience **büh·nen·reif** *adj* ❶ THEAT fit for the stage ❷ *(iron: theatralisch)* dramatic **Büh·nen·spra·che** *f* standard pronunciation **Büh·nen·stück** *nt* [stage] play **büh·nen·wirk·sam** THEAT **I.** *adj* dramatically effective **II.** *adv* in a dramatically effective manner; ***das Schauspiel kann durchaus ~ umgestaltet werden*** the play can definitely be made dramatically effective

Buh·ruf *m* [cry of] boo **Buh·ru·fer(in)** <-s, -> *m(f)* person who cries boo

buk [bu:k] *(veraltet) imp von* **backen**

Bu·ka·rest <-s> ['bu:karɛst] *nt* Bucharest

Bu·kett <-s, -s *o* -e> [bu'kɛt] *nt* ❶ *(geh: Strauß)* bouquet
❷ *(Duft) Wein* bouquet

Bu·kleeRR [bu'kle:] *nt s.* **Bouclé**[1], **Bouclé**[2]

bu·ko·lisch [bu'ko:lɪʃ] *adj (geh)* idyllic

Bu·ko·wi·na <-> [buko'vi:na] *f* Bukovina

Bu·let·te <-, -n> [bu'lɛtə] *f* DIAL KOCHK meat ball
▶WENDUNGEN: **ran an die ~n!** *(fam)* let's get down to it! *fam*

Bul·ga·re, Bul·ga·rin <-n, -n> [bʊl'ga:rə, -'ga:rɪn] *m, f* Bulgarian

Bul·ga·ri·en <-s> [bʊl'ga:ri̯ən] *nt* Bulgaria

Bul·ga·rin <-, -nen> *f fem form von* **Bulgare**

bul·ga·risch [bʊl'ga:rɪʃ] *adj* Bulgarian

Bul·ga·risch [bʊl'ga:rɪʃ] *nt dekl wie adj* Bulgarian

Bul·ga·ri·sche <-n> *nt* ■**das ~** Bulgarian, the Bulgarian language

Bu·li·mie <-> [buli'mi:] *f kein pl* bulimia [nervosa] *no pl*

bu·li·misch *adj inv* bulimic

Bulk·la·dung ['bʊlk-] *f* bulk cargo

Bull·au·ge ['bʊl-] *nt* porthole **Bull·dog·ge** *f* bulldog **Bull·do·zer** <-s, -> ['bʊldo:zɐ] *m* bulldozer

Bul·le[1] <-n, -n> ['bʊlə] *m* ❶ *(männliches Tier)* bull
❷ *(sl: Polizist)* cop[per] *fam;* ■**die ~n** *pl* the [Old] Bill + *sing/pl vb* BRIT *sl,* the cops *pl sl*
❸ *(fam: starker Mann)* hulk
❹ BÖRSE **~n und Bären** bulls and bears

Bul·le[2] <-, -n> ['bʊlə] *f* ❶ REL bull
❷ HIST bulla; **die Goldene ~** the Golden Bull

Bul·len·hit·ze *f kein pl (fam)* stifling heat *no pl* **bul·len·stark** *adj* beefy, as strong as an ox *pred*

Bul·le·rei *f (pej sl)* cops *pl sl*

Bul·le·tin <-s, -s> [bʏl'tɛ̃:] *nt* bulletin

bul·lig ['bʊlɪç] *adj (fam)* ❶ *(massig)* hulking
❷ *(drückend)* stifling; ***hier ist es ~ heiß*** it's stiflingly hot here

bullish ['bʊlɪʃ] *adj* BÖRSE *(in Hausse-Stimmung)* bullish

Bull·ter·ri·er *m* bull terrier

bum [bʊm] *interj* bang; **es macht ~** there is a [or it goes] bang

Bu·me·rang <-s, -s *o* -e> ['bu:məraŋ] *m* ❶ *(Wurfholz)* boomerang
❷ *(Eigentor)* own goal BRIT, goal scored against your own team; **sich** *akk* **für jdn als ein ~ erweisen** [*o* **auf jdn wie ein ~ zurückfallen**] to boomerang [or backfire] on sb

Bu·me·rang·ef·fekt *m* boomerang effect

Bum·mel <-s, -> ['bʊml̩] *m* stroll; **einen ~ machen** to go for a stroll

Bum·me·lant(in) <-en, -en> [bʊmə'lant] *m(f) (pej fam)* slowcoach BRIT *fam,* slowpoke AM *fam*

Bum·me·lei <-> [bʊmə'lai] *f kein pl (pej fam)* dilly-dallying *fam*

bum·me·lig, bumm·lig *adj (fam)* slow

bum·meln ['bʊml̩n] *vi* ❶ *sein (spazieren gehen)* ■[**irgendwo**] ~ to stroll [somewhere]; **~ gehen** to go for a stroll
❷ *haben (fam: trödeln)* to dilly-dally *fam*

Bum·mel·streik *m* go-slow **Bum·mel·zug** *m (fam)* local [passenger] [or non-express] train

Bumm·ler(in) <-s, -> ['bʊmlɐ] *m(f)* ❶ *(Spaziergänger)* person out on a stroll
❷ *(fam: Trödler)* slowcoach BRIT *fam,* slowpoke AM *fam*

bumm·lig *adj (fam) s.* **bummelig**

bums [bʊms] *interj* bang; **~ machen** to go bang; ***auf dieser viel befahrenen Straße macht es öfter mal ~*** on this busy street you often hear crashes

Bums·bom·ber *m (pej derb) aeroplane which flies to a sex tourist resort*

bum·sen ['bʊmzn̩] **I.** *vi impers haben (fam)* ❶ *(dumpf krachen)* ■**es bumst** there is a bang; ***was bumst da so?*** what's that banging?; ***hörst du es nicht ~?*** can't you hear that/the banging?; AUTO *(aufprallen)* there is a crash; ***jede Woche bumst es an dieser Kreuzung mehrmals*** there are several crashes at this crossroads every week
❷ *(gleich gibt's eine Ohrfeige!)* ■**es bumst!** you'll get what for [or you're going to get it] in a minute!
II. *vi* ❶ *sein (prallen, stoßen)* ■[**mit etw** *dat*] **auf etw** *akk*/**gegen etw** *akk* ~ to bang [one's sth] against/into sth
❷ *haben (derb: Sex haben)* ■[**mit jdm**] ~ to screw *fam!* [or *vulg* fuck] sb, BRIT *a.* to have it off [with sb]
III. *vt haben (derb: beschlafen)* ■**jdn** ~ to screw *fam!* [or *vulg* fuck] sb; ***was habe ich sie gebumst!*** I gave her a good screwing!; ■[**von jdm**] **gebumst werden** to be screwed *fam!* [or *vulg* fucked] [by sb]

Bums·lo·kal *nt (pej fam)* dive *fam* **Bums·mu·sik** *f (pej fam)* oompah oompah *fam*

BUND <-s> *m kein pl Abk von* **Bund für Umwelt und Naturschutz Deutschland** German environment and nature protection agency

Bund[1] <-[e]s, Bünde> [bʊnt, *pl* 'bʏndə] *m* ❶ *(Vereinigung, Gemeinschaft)* association; **mit jdm im ~e stehen** [*o* **sein**] to be in cahoots with sb *fam* ❷ *(Verband)* ■ **~ der ...** *gen* association of ... ❸ *(die Bundesrepublik Deutschland)* ■ **der ~** the Federal Republic of Germany; **~ und Länder** the Federation and the [German] States (Länder); SCHWEIZ *(Eidgenossenschaft)* confederation ❹ *(Konföderation)* confederation ❺ *(fam: Bundeswehr)* ■ **der ~** the [German] army; **beim ~ sein** to be doing one's military service ❻ *(Einfassung)* waistband ❼ *(Querleiste)* fret
▸WENDUNGEN: **den ~ der Ehe eingehen** [*o* **fürs Leben schließen**] *(geh)* to enter into wedlock *dated form*

Bund[2] <-[e]s, -e> [bʊnt, 'bʊndə] *pl nt* bundle; KOCHK bunch

Bünd·chen <-s, -> ['bʏntçən] *nt (Abschluss am Ärmel)* cuff; *(Abschluss am Halsausschnitt)* neckband

Bün·del <-s, -> ['bʏndl̩] *nt* ❶ *(Packen)* bundle, sheaf ❷ *(eine Menge)* bunch *fam;* **ein ~ von Fragen** a set [*or* cluster] of questions ❸ *(fam: ein Wickelkind)* little bundle *fam*
▸WENDUNGEN: **sein ~ schnüren** [*o* **packen**] *(hum fam)* to pack one's bags; **jeder hat sein ~ zu tragen** we all have our cross to bear

bün·deln *vt* ❶ *(zusammenschnüren)* ■ **etw ~** to tie sth in[to] bundles; **Karotten/Radieschen etc. ~** to tie carrots/radishes etc. in[to] bunches ❷ ORN *(konzentrieren)* to concentrate sth

Bün·del·pa·tent *nt* batch patent

bün·del·wei·se *adv* by the bundle [*or* bunch]

Bun·des·agen·tur für Ar·beit *f* BRD employment office, ≈ job centre BRIT **Bun·des·amt** *nt* federal office

Bun·des·an·ge·stell·ten·ta·rif *m* salary scale for government employees [*or* civil servants] **Bun·des·an·ge·stell·ten·ta·rif·ver·trag** *m* ÖKON, POL German federal collective agreement for public employees

Bun·des·an·lei·he *f* federal loan **Bun·des·an·stalt** *f* federal institute; **~ für Arbeit** Federal Employment Office **Bun·des·an·walt, -an·wäl·tin** *m, f* JUR federal attorney **Bun·des·an·walt·schaft** *f* JUR Federal Public Prosecutor's Office **Bun·des·an·zei·ger** *m* BRD Federal Gazette **Bun·des·ar·beits·ge·richt** *nt kein pl* JUR Federal Labour [*or* AM -or] Court *(highest labour court in Germany)* **Bun·des·ar·beits·mi·nis·ter(in)** *m(f)* German minister of labour [*or* labour minister] **Bun·des·ar·chiv** *nt* federal archives *pl* **Bun·des·auf·sichts·amt** *nt* FIN Federal Supervisory Office; **~ für das Kreditwesen** Federal Banking Supervisory Office; **~ für das Versicherungswesen** Federal Supervisory Office for Insurance Companies **Bun·des·auf·trags·ver·wal·tung** *f* JUR State (Länder) administration on behalf of the Federation **Bun·des·aus·bil·dungs·för·de·rungs·ge·setz** *nt federal law concerning the promotion of education and training* **Bun·des·aus·ga·ben** *pl* ÖKON federal expenditure *no pl* **Bun·des·au·ßen·mi·nis·ter(in)** *m(f)* German minister of foreign affairs [*or* foreign minister] **Bun·des·au·to·bahn** *f* federal motorway [*or* AM highway]

Bun·des·bahn *f* **die [Deutsche] ~** German Federal Railway, ≈ British Rail BRIT, ≈ Amtrak AM **Bun·des·bahn·di·rek·ti·on** *f* Regional Railway [*or* AM Railroad]

Bun·des·bank *f kein pl* Federal Bank of Germany **Bun·des·bank·ge·setz** *nt* JUR German federal bank law **Bun·des·bank·po·li·tik** *f* FIN, POL German federal bank policy

Bun·des·be·am·ten·recht *nt* JUR law governing the German federal civil service **Bun·des·be·auf·trag·te(r)** *f(m)* JUR federal commissioner; **~ für Ausländerfragen** Federal Commissioner for Foreign Nationals **Bun·des·be·hör·de** *f* JUR federal authority [*or* agency]; **Oberste ~** Supreme Federal Authority **Bun·des·bür·ger(in)** *m(f)* German citizen **Bun·des·bürg·schaft** *f* POL German federal guarantee **Bun·des·da·ten·schutz·ge·setz** *nt* JUR Federal Data Protection Act **bun·des·deutsch** *adj* German, of the Federal Republic of Germany *pred* **Bun·des·deut·sche(r)** *f(m) dekl wie adj* German

Bun·des·dis·zi·pli·nar·ge·richt *nt* JUR supreme federal disciplinary court **Bun·des·dis·zi·pli·nar·ord·nung** *f* JUR federal disciplinary rules

Bun·des·durch·schnitt *m kein pl* ■ **im ~** on average in Germany **Bun·des·ebe·ne** *f* federal level; **auf ~** at [*or* on a] federal level

bun·des·ei·gen *adj* JUR federally owned

Bun·des·fi·nanz·hof *m* JUR Federal Fiscal Court **Bun·des·fi·nanz·mi·nis·ter(in)** *m(f)* German minister of finance [*or* finance minister] **Bun·des·fi·nanz·mi·nis·te·ri·um** *nt* German ministry of finance [*or* finance ministry] **Bun·des·fi·nanz·ver·wal·tung** *f* JUR federal revenue administration

Bun·des·ge·biet *nt* BRD federal [*or* German] territory **Bun·des·ge·nos·se, -ge·nos·sin** *m, f* ally **Bun·des·ge·richt** *nt* JUR federal court **Bun·des·ge·richts·hof** *m kein pl* JUR German Federal Supreme Court of Justice **Bun·des·ge·schäfts·füh·rer(in)** *m(f)* federal manager

Bun·des·ge·setz *nt* federal law **Bun·des·ge·setz·blatt** *nt* JUR Federal Law Gazette **Bun·des·ge·setz·ge·bung** *f* JUR federal legislation; **ausschließliche/konkurrierende ~** exclusive/concurrent legislative power of the Federal Parliament

Bun·des·ge·sund·heits·amt *nt* German Department of Public Health **Bun·des·ge·sund·heits·mi·nis·ter(in)** *m(f)* German minister of health [*or* health minister]

Bun·des·grenz·schutz *m* BRD German Border Police **Bun·des·haupt·stadt** *f* federal capital **Bun·des·haus** *nt* ❶ BRD Bundestag building ❷ SCHWEIZ federal parliament [building]

Bun·des·haus·halt *m* ÖKON federal budget **Bun·des·haus·halts·ge·setz** *nt* JUR Federal Budget Act **Bun·des·haus·halts·ord·nung** *f* JUR Federal Budget Code

Bun·des·heer *nt* ÖSTERR Austrian Armed Forces **Bun·des·im·mis·si·ons·schutz·ge·setz** *nt* JUR Federal Pollution Control Act **Bun·des·in·nen·mi·nis·ter(in)** *m(f)* German [*or* Federal] Minister of the Interior **Bun·des·in·nen·mi·nis·te·ri·um** *nt* German ministry of the interior [*or* interior ministry] **Bun·des·ka·bi·nett** *nt* BRD German [*or* Federal] Cabinet

Bun·des·kanz·ler(in) *m(f)* BRD German [*or* Federal] Chancellor; ÖSTERR Austrian [*or* Federal] Chancellor; SCHWEIZ Head of the Federal Chancellery **Bun·des·kanz·ler·amt** *nt* POL Federal Chancellor's Office *(responsible for planning, control and coordination of the Bundeskanzler's functions and duties)*

Bun·des·kanz·le·rin *f fem form von* **Bundeskanzler** **Bun·des·kar·tell·amt** *nt* Federal Cartel Office **Bun·des·kar·tell·amt** *nt kein pl* Federal Cartel Office **Bun·des·kri·mi·nal·amt** *nt* Federal Criminal Police Office *(central organization for combatting and investigating crime)*

Bun·des·la·de *f* REL Ark of the Covenant

Bun·des·land *nt* federal state; *(nur BRD)* Land; **die alten/neuen Bundesländer** former West/East Germany **Bun·des·li·ga** *f kein pl* national league; FBALL German football [*or* soccer] league, ≈ Premier league [*or* division] BRIT **Bun·des·li·ga·klub** *m* club in the German football league [*or* division] **Bun·des·li·ga·spiel** *nt* German football league game **Bun·des·li·ga·ver·ein** *m* club in the German football league

Bun·des·li·gist <-en, -en> *m* team in the German football [*or* soccer] league

Bun·des·mi·nis·ter(in) *m(f)* BRD, ÖSTERR federal minister [of Germany/Austria] **Bun·des·mi·nis·te·ri·um** *nt* BRD, ÖSTERR federal ministry **Bun·des·mit·tel** *pl* JUR federal funds **Bun·des·nach·rich·ten·dienst** *m* BRD Federal Intelligence Service [of Germany] **Bun·des·na·tur·schutz·ge·setz** *nt* JUR Federal Nature Protection Act **Bun·des·no·tar·ord·nung** *f* JUR national rules and regulations for German notaries **Bun·des·ober·be·hör·de** *f* JUR federal superior authority **Bun·des·ob·li·ga·ti·o·nen** *pl* ÖKON federal obligations **Bun·des·or·ga·ne** *pl* JUR constitutional organs of the Federal Government **Bun·des·par·tei·tag** *m* federal party conference **Bun·des·pa·tent·ge·richt** *nt* JUR Federal Patent Court **Bun·des·per·so·nal·aus·schuss**[RR] *m* JUR Federal Civil Service Commission **Bun·des·pfle·ge·satz·ver·ord·nung** *f* BRD *German ordinance setting the rate [payable by medical insurance companies] for patient care* **Bun·des·post** *f kein pl* Federal Post Office *(German Postal Service)* **Bun·des·prä·si·dent(in)** *m(f)* BRD, ÖSTERR President [*or* Head of State] of the Federal Republic of Germany/Austria; SCHWEIZ President of the Confederation **Bun·des·prüf·stel·le** *f* JUR federal review board; **~ für jugendgefährdende Schriften** Federal Review Board for Publications Harmful to Young Persons **Bun·des·rat** *m* ❶ BRD, ÖSTERR Bundesrat *(Upper House of Parliament)* ❷ *kein pl* SCHWEIZ Federal Council *(executive body)* **Bun·des·rat, -rä·tin** *m, f* ÖSTERR Member of the Bundesrat/Upper House of Parliament; SCHWEIZ Member of the Federal Council **Bun·des·rech·nungs·hof** *m kein pl* Federal Audit Office *(responsible for examining the income and expenditure of the government)*

Bun·des·recht *nt kein pl* JUR federal law **Bun·des·rechts·an·walts·kam·mer** *f* JUR German Federal Lawyers' Association **Bun·des·rechts·an·walts·ord·nung** *f* JUR Rules and Regulations for the German Bar

Bun·des·re·gie·rung *f* federal government **Bun·des·re·pub·lik** *f* federal republic; **die ~ Deutschland** the Federal Republic of Germany **bun·des·re·pub·li·ka·nisch** *adj* German **Bun·des·rich·ter(in)** *m(f)* JUR federal judge *(judge at one of the Federal German supreme courts)* **Bun·des·schatz·an·wei·sung** *f* FIN German federal treasury note **Bun·des·schatz·brief** *m* federal treasury bill **Bun·des·schatz·wech·sel** *m* FIN treasury bill **Bun·des·sor·ten·amt** *nt* FIN Federal Office for Plant Varieties **Bun·des·so·zi·al·ge·richt** *nt* JUR Federal Court for Social Security *(Federal German supreme court for social security matters)* **Bun·des·so·zi·al·hil·fe·ge·setz** *nt* JUR Federal Social Assistance Act **Bun·des·staat** *m* ❶ *(Staatenbund)* confederation ❷ *(Gliedstaat)* federal state; ***im ~ Kalifornien*** in the state of California **Bun·des·sta·tis·tik·ge·setz** *nt* JUR Federal Statistics Act **Bun·des·steu·er·ge·setz** *nt* POL German internal revenue code **Bun·des·stra·ße** *f* BRD, ÖSTERR ≈ A road BRIT, ≈ interstate [highway] AM

Bun·des·tag *m kein pl* BRD Bundestag *(Lower House of Parliament)*

Bun·des·tags·ab·ge·ord·ne·te(r) *f(m) dekl wie adj* Member of the Bundestag, German member of parliament **Bun·des·tags·de·bat·te** *f* Bundestag debate **Bun·des·tags·frak·ti·on** *f* parliamentary group [*or* party] in the Bundestag **Bun·des·tags·mit·glied** *nt* Member of the Bundestag, German member of parliament **Bun·des·tags·prä·si·dent(in)** *m(f)* President of the Bundestag **Bun·des·tags·wahl** *f* Bundestag election **Bun·des·tags·wahl·kampf** *m* electoral campaign for the Bundestag

Bun·des·trai·ner(in) *m(f)* BRD [German] national coach **Bun·des·um·welt·mi·nis·ter(in)** *m(f)* German minister of the environment [*or* environment minister] **Bun·des·um·welt·mi·nis·te·ri·um** *nt* German ministry of the environment [*or* environment ministry] **Bun·des·ver·band** *m* [con]federation **Bun·des·ver·dienst·kreuz** *nt* BRD Order of Merit of the Federal Republic of Germany, ≈ OBE BRIT **Bun·des·ver·ei·ni·gung** *f* [con]federation

Bun·des·ver·fas·sung *f kein pl* federal constitution **Bun·des·ver·fas·sungs·ge·richt** *nt* JUR Federal Constitutional Court

Bun·des·ver·kehrs·mi·nis·ter(in) *m(f)* German minister of transport [*or* transport minister]

Bun·des·ver·kehrs·mi·nis·te·ri·um *nt* German ministry of transport [*or* Transport Ministry]
Bun·des·ver·samm·lung *f* POL ❶ BRD Federal Assembly ❷ SCHWEIZ Parliament **Bun·des·ver·si·che·rungs·an·stalt** *f* ~ **für Angestellte** Federal Insurance Office for Salaried Employees
Bun·des·ver·tei·di·gungs·mi·nis·ter(in) *m(f)* German minister of defence [*or* defence minister] **Bun·des·ver·tei·di·gungs·mi·nis·te·ri·um** *nt* German ministry of defence [*or* defence ministry]
Bun·des·ver·wal·tung *f* JUR federal administration **Bun·des·ver·wal·tungs·ge·richt** *nt* JUR Federal Administrative Court
Bun·des·vor·sit·zen·de(r) *f(m)* *dekl wie adj* federal chairwoman *fem*, federal chairman *masc* **Bun·des·vor·stand** *m* federal board **Bun·des·wahl·ge·setz** *nt* JUR Federal Electoral Act **Bun·des·wahl·lei·ter(in)** *m(f)* JUR federal returning officer **Bun·des·wald·ge·setz** *nt* JUR Federal Forestry Act
Bun·des·wehr *f* Federal [*or* German] Armed Forces **Bun·des·wehr·sol·dat, -sol·da·tin** *m, f* member of the German armed forces **Bun·des·wehr·ver·wal·tung** *f* JUR Federal Armed Forces Administration
bun·des·weit I. *adj* throughout [the whole of] [*or* all over] Germany *pred;* ***nach der Katastrophe erfolgte ein ~er Spendenaufruf*** after the catastrophe there was an appeal for donations throughout [the whole of] Germany
II. *adv* throughout [the whole of] [*or* all over] Germany
Bun·des·wirt·schafts·mi·nis·ter(in) *m(f)* Federal minister of economics [*or* economics minister] **Bun·des·wirt·schafts·mi·nis·te·ri·um** *nt* Federal ministry of economics [*or* economics ministry]
Bun·des·zen·tral·re·gis·ter *nt* JUR Federal Central Register; **Auszug aus dem ~** extract from the Federal Central Register; **Eintragung im ~** entry in the Federal Central Register
Bund·fal·te *f* pleat **Bund·fal·ten·ho·se** *f* trousers [*or* pants] *pl* with a pleated front
Bund·falz *m* TYPO back fold **Bund·ho·se** *f* breeches *npl*, knickerbockers *pl* BRIT, knickers *npl* AM
bün·dig [ˈbʏndɪç] *adj* ❶ *(bestimmt)* concise; ***danke, das war ~, ich gehe!*** thanks, you've made yourself clear - I'm off!; *s. a.* **kurz**
❷ *(schlüssig)* conclusive
❸ *(in gleicher Ebene)* level
Bün·dig·keit <-> *f kein pl* conciseness *no pl*
Bünd·nis <-ses, -se> [ˈbʏntnɪs] *nt* alliance; ~ **90** Bündnis 90 *(political party comprising members of the citizens' movements of former East Germany)*
Bünd·nis·block <-blöcke> *m* group of allied countries *pl*
Bünd·nis·fall *m* POL, MIL *a situation in which a member state of NATO has to go to war under Article 5 of the NATO treaty, which stipulates that an attack on one member state should be treated as an attack on all;* **einen ~ ausrufen** to invoke the mutual defence guarantee
Bünd·nis·frei·heit *f* POL non-alignment **Bünd·nis·grü·ne** *pl* Green party alliance **Bünd·nis·part·ner** *m* POL, ÖKON alliance partner, ally **Bünd·nis·po·li·tik** *f* alliance politics + *sing/pl vb*, alliance policy **Bünd·nis·sys·tem** *nt* system of alliance **Bünd·nis·treue** *f* loyalty to a/the alliance
Bund·steg *m* TYPO *(Zwischenschlag)* gutter **Bund·wei·te** *f* waist size
Bun·ga·low <-s, -s> [ˈbʊŋgaloː] *m* bungalow
Bun·gee·jum·ping <-s> [ˈbandʒidʒampɪŋ] *nt kein pl* bungee jumping *no pl* **Bun·gee·seil, Bun·gee-Seil** [ˈbandʒi-] *nt* bungee [cord [*or* rope]] **Bun·gee·sprin·gen** [ˈbandʒiʃprɪŋən] *nt kein pl* bungee jumping *no pl*
Bun·ker <-s, -> [ˈbʊŋkɐ] *m* ❶ *(Schutzraum)* bunker; *(Luftschutzbunker)* air-raid shelter
❷ *(beim Golf)* bunker
❸ *(sl: Gefängnis)* slammer
bun·kern [ˈbʊŋkɐn] *vt* ■**etw** ~ ❶ *(in Bunkern lagern)* to store sth; **Kohle ~** to bunker coal
❷ NAUT *(Brennstoff an Bord nehmen)* to bunker fuel
❸ *(sl: verstecken)* to stash [away] sth *fam*
❹ *(pej: horten)* ■**etw** ~ to hoard sth
Bun·sen·bren·ner <-s, -> [ˈbʊnzn̩-] *m* Bunsen burner
bunt [bʊnt] **I.** *adj* ❶ *(farbig)* colourful BRIT, colorful AM
❷ *(ungeordnet)* muddled; *(vielfältig)* varied
II. *adv* ❶ *(farbig)* colourfully BRIT, colorfully AM; ~ **bemalt** colourful[ly painted]; ~ **gestreift** with colourful [*or* coloured] stripes *pl;* ***ein ~ gestreiftes Hemd*** a colourfully-striped shirt; ~ **kariert** with a coloured check [pattern]
❷ *(ungeordnet)* in a muddle; ~ **gemischt** *(abwechslungsreich)* diverse; *(vielfältig)* varied
▸WENDUNGEN: **es zu ~ treiben** *(fam)* to go too far; **jdm wird es zu ~** *(fam)* sb has had enough
Bunt·auf·bau *m* TYPO chromatic composition **bunt·be·malt** *adj attr s.* **bunt II 1** **Bunt·far·ben·druck** *m* colour [*or* AM -or] printing **bunt·ge·mischt** *adj attr s.* **bunt II 2** **bunt·ge·streift** *adj s.* **bunt II 1**
Bunt·heit <-> *f kein pl* colourfulness *no pl* BRIT, colorfulness *no pl* AM; ***sie liebt Kleider von auffallender ~*** she loves strikingly colourful clothes
bunt·ka·riert *adj s.* **bunt II 1** **Bunt·me·tall** *nt* non-ferrous heavy metal **Bunt·pa·pier** *nt* coloured [gummed] paper **Bunt·sand·stein** *m* ❶ BAU red sandstone ❷ GEOL Bunter **Bunt·specht** *m* great spotted woodpecker **Bunt·stift** *m* coloured pencil **Bunt·wä·sche** *f* colour wash, coloureds *pl*
Bür·de <-, -n> [ˈbʏrdə] *f* *(geh)* ❶ *(Last)* load; ***die Zweige bogen sich unter der ~ des Schnees*** the branches bent under the weight of the snow
❷ *(Beschwernis)* burden
Bu·re, Bu·rin <-n, -n> [ˈbuːrə, ˈbuːrɪn] *m, f* Boer
Bü·ret·te [byˈrɛtə] *f* CHEM burette, AM *also* buret
Bü·ret·ten·hahn *m* CHEM burette stop cock
Burg <-, -en> [bʊrk] *f* ❶ *(aus Stein)* castle
❷ *(Sandburg)* sand[-]castle
❸ *(Biberbau)* lodge
Burg·an·la·ge *f* castle buildings *pl* [*or* complex]
Bür·ge, Bür·gin <-n, -n> [ˈbʏrgə, ˈbʏrgɪn] *m, f* guarantor; **jdm ~ für etw** *akk* **sein** to be sb's guarantee for sth; **[jdm] einen ~n stellen** [*o* **bringen** *fam*] to provide [sb] with a guarantor
bür·gen *vi* ❶ *(einstehen für)* ■**[jdm] für etw** *akk* ~ to act as guarantor [for sb] for sth; ■**für jdn** ~ to act as sb's guarantor
❷ *(garantieren)* ■**für etw** *akk* ~ to guarantee sth
Bur·gen·land [ˈbʊrgn̩lant] *nt* Burgenland
Bür·ger(in) <-s, -> [ˈbʏrgɐ] *m(f)* citizen
Bür·ger·be·geh·ren *nt* BRD public petition for a referendum **Bür·ger·be·tei·li·gung** *f* public participation [*or* involvement] **Bür·ger·be·we·gung** *f* citizens' movement **Bür·ger·ent·scheid** *m* [local] referendum **bür·ger·fern** *adj* non-citizen-friendly, not in touch with the people *pred*, aloof **Bür·ger·haus** *nt* ❶ *(Gemeindehaus)* municipal hall ❷ *(Haus eines Bürgers)* town house ❸ *(veraltend: bürgerliche Familie)* bourgeois family *pej*
Bür·ge·rin <-, -nen> *f fem form von* **Bürger**
Bür·ger·ini·ti·a·ti·ve *f* citizens' group **Bür·ger·ko·mi·tee** *nt* citizens' committee
Bür·ger·krieg *m* civil war
bür·ger·kriegs·ähn·lich *adj* similar to civil war *pred*, as in civil war *pred* **Bür·ger·kriegs·flücht·ling** *m* civil war refugee
bür·ger·lich [ˈbʏrgəlɪç] *adj* ❶ *attr (den Staatsbürger betreffend)* civil; ~**e Pflicht** civic duty
❷ *(dem Bürgerstand angehörend)* bourgeois *pej*
Bür·ger·li·che(r) *f(m)* *dekl wie adj* commoner
bür·ger·lich·recht·lich *adj inv, attr* JUR civil-law *attr*
Bür·ger·meis·ter(in) [ˈbʏrgɐmaistɐ] *m(f)* mayor; ***der regierende ~ von Hamburg*** the governing Mayor of Hamburg
Bür·ger·meis·ter·stück *nt* KOCHK top rump, thick flank
bür·ger·nah *adj* citizen-friendly, in touch with the people *pred* **Bür·ger·nä·he** *f kein pl* citizen-friendliness *no pl* **Bür·ger·pflicht** *f* civic duty **Bür·ger·recht** *nt meist pl* civil right **Bür·ger·recht·ler(in)** <-s, -> *m(f)* civil rights activist
Bür·ger·rechts·be·we·gung *f* civil rights *pl* movement **Bür·ger·rechts·ge·such** *nt* SCHWEIZ *(Einbürgerungsgesuch)* application for naturalization
Bür·ger·schaft <-, -en> *f* POL ❶ *(die Bürger)* citizenry
❷ *(Bürgervertretung)* ≈ city-state parliament *(in the Länder of Bremen and Hamburg)*
Bür·ger·schafts·ab·ge·ord·ne·te(r) *f(m)* *dekl wie adj* member of the city parliament **Bür·ger·schafts·frak·ti·on** *f* parliamentary group [in the city parliament] **Bür·ger·schafts·wahl** *f* elections to the city-state parliament
Bür·ger·schreck *m a person who frightens or provokes other people by behaving in a consciously unconventional manner* **Bür·ger·sprech·stun·de** *f* surgery, advice session **Bür·ger·steig** <-[e]s, -e> *m* pavement BRIT, sidewalk AM
Bür·ger·tum <-s> *nt kein pl* bourgeoisie + *sing/pl vb*
Bür·ger·ver·samm·lung *f* citizen's meeting
Burg·fest·spie·le *pl open-air theatre festival that takes place within the grounds of a castle* **Burg·frie·de(n)** *m* truce; ■**einen ~ schließen** to call a truce **Burg·gra·ben** *m* [castle] moat **Burg·herr(in)** *m(f)* lord of a/the castle
Bür·gin <-, -nen> *f fem form von* **Bürge**
Burg·ru·i·ne *f* castle ruin
Bürg·schaft <-, -en> *f* JUR ❶ *(gegenüber Gläubigern)* guaranty; ~ **[für jdn/etw] leisten** *(bürgen)* to act as a guarantor [for sb/sth]; **die ~ für jdn übernehmen** to act as sb's guarantor
❷ *(Haftungssumme)* security
Bürg·schafts·be·stel·lung *f* JUR granting of a security **Bürg·schafts·er·klä·rung** *f* FIN declaration of guarantee **bürg·schafts·fä·hig** *adj inv* JUR bailable **Bürg·schafts·ge·ber(in)** *m(f)* JUR surety **Bürg·schafts·klau·sel** *f* JUR guarantee clause **Bürg·schafts·kre·dit** *m* FIN guaranteed [*or* secured] credit **Bürg·schafts·neh·mer(in)** *m(f)* FIN guarantee, guaranteed creditor **Bürg·schafts·pro·vi·si·on** *f* FIN guarantee commission **Bürg·schafts·ri·si·ko** *nt* JUR guarantee risk **Bürg·schafts·sum·me** *f* FIN amount of guarantee, BRIT caution money **Bürg·schafts·über·nah·me** *f kein pl* FIN giving bail **Bürg·schafts·ur·kun·de** *f* JUR, FIN security bond **Bürg·schafts·ver·hält·nis** *nt* FIN principal and surety **Bürg·schafts·ver·pflich·tun·gen** *pl* FIN guarantees **Bürg·schafts·ver·trag** *m* JUR contract of guarantee [*or* suretyship]
Bur·gund <-[s]> [burˈgʊnt] *nt* Burgundy
Bur·gun·der <-s, -> [burˈgʊndɐ] *m* *(Wein aus Burgund)* burgundy
Bur·gun·der(in) <-s, -> [burˈgʊndɐ] *m(f)* ■**~/~in sein** to come from Burgundy
Bur·gun·der·kelch *m* Burgundy glass **Bur·gun·der·pfan·ne** *f* KOCHK *heavy metal casserole for meat fondue* **Bur·gun·der·trüf·fel** *m* Burgundy truffle
bur·gun·disch [burˈgʊndɪʃ] *adj* Burgundy
Burg·ver·lies *nt* castle dungeon
Bu·rin <-, -nen> *f fem form von* **Bure**
Bur·ka <-, -s> [ˈbʊrka] *f* REL burka
Bur·ki·na Fa·so <-s> [burˈkiːna ˈfaːzo] *nt* Burkina Faso
Bur·ki·ner(in) <-s, -> [burˈkiːnɐ] *m(f)* Burkinan
bur·ki·nisch [burˈkiːnɪʃ] *adj* Burkinabe, Burkinan
bur·lesk [burˈlɛsk] *adj* burlesque
Bur·les·ke <-, -n> [burˈlɛskə] *f* MUS burlesque
Bur·ma <-s> [ˈbʊrma] *nt s.* **Myanmar**
Burn·out, Burn-out <-s, -s> [ˈbœrnaut] *m* burnout
Bur·nus <- *o* -ses, -se> [ˈbʊrnʊs] *m* burnous BRIT, burnoose AM
Bü·ro <-s, -s> [byˈroː] *nt* office
Bü·ro·an·ge·stell·te(r) *f(m)* *dekl wie adj* office worker **Bü·ro·an·wen·dung** *f* INFORM office-based application **Bü·ro·ar·beit** *f* office work **Bü·ro·aus·stat·tung** *f* ÖKON *(Inventar)* office equipment *no pl* **Bü·ro·au·to·ma·ti·on** *f* office automation

Bü·ro·be·darf *m* office supplies *pl* **Bü·ro·com·pu·ter** *m* INFORM desktop computer **Bü·ro·ein·rich·tung** *f* ÖKON office equipment *no pl* **Bü·ro·flä·che** *f* office space [*or pl* premises] **Bü·ro·ge·bäu·de** *nt* ÖKON office building **Bü·ro·haus** *nt* office block **Bü·ro·hengst** *m (pej fam)* pen pusher *pej* **Bü·ro·in·ven·tur** *f* office inventory **Bü·ro·kauf·mann, -kauf·frau** *m, f* office administrator [with commercial training] **Bü·ro·klam·mer** *f* paper clip

Bü·ro·kom·mu·ni·ka·ti·on *f* office communication **Bü·ro·kom·mu·ni·ka·ti·ons·sys·tem** *nt* office communications system

Bü·ro·kom·plex *m* ÖKON office block **Bü·ro·kraft** *f* office worker

Bü·ro·krat(in) <-en, -en> [byro'kra:t] *m(f) (pej)* bureaucrat *pej*

Bü·ro·kra·tie <-, -n> [byrokra'ti:, *pl* -'ti:ən] *f* bureaucracy

Bü·ro·kra·tin <-, -nen> *f fem form von* **Bürokrat**

bü·ro·kra·tisch I. *adj* ❶ *inv, attr (verwaltungsmäßig, der Bürokratie gemäß)* bureaucratic
❷ *(pej)* bureaucratic, involving a lot of red tape
II. *adv inv* bureaucratically, using a lot of red tape

Bü·ro·kra·tis·mus <-> [byrokra'tɪsmʊs] *m kein pl (pej)* bureaucracy

Bü·ro·ma·schi·ne *f* piece of office equipment **Bü·ro·ma·te·ri·al** *nt* stationery and office supplies **Bü·romie·ze** *f (pej)* office girl **Bü·ro·per·so·nal** *nt kein pl* ÖKON office [*or* clerical] staff + *sing/pl vb* **Bü·ro·raum** *m* office; **Büroräume** *pl* office space [*or* accommodation] **Bü·ro·schluss**RR *m* end of office hours **Bü·ro·stuhl** *m* office chair **Bü·ro·stun·den** *pl* office hours *pl* **Bü·ro·turm** *m* office block **Bü·ro·vor·ste·her(in)** *m(f)* ÖKON head clerk **Bü·ro·zeit** *f* ÖKON office hours *pl;* **außerhalb der ~en** out of [office] hours

Bürsch·chen <-s, -> ['bʏrʃçən] *nt dim von* **Bursche** [young] man [*or* fellow]; **freches ~** cheeky devil; **mein ~!** young man!, my boy!

Bur·sche <-n, -n> ['bʊrʃə] *m* ❶ *(Halbwüchsiger)* adolescent; ***warte nur, mein ~, ich werde dich erwischen!*** just you wait young man - I'll catch you!
❷ *(fam: Kerl)* so-and-so BRIT *fam,* character
❸ *(fam: Exemplar)* specimen

Bur·schen·schaft <-, -en> *f* SCH ≈ fraternity *(student's duelling association with colours)*

Bur·schen·schaft·(l)er <-s, -> *m* SCH member of a fraternity

bur·schi·kos [bʊrʃi'ko:s] I. *adj (salopp)* casual; *(Mensch)* laid-back; **~es Mädchen** tomboy; **~e Ausdrucksweise** slangy [*or* casual] way of talking
II. *adv* casually; **sich** *akk* **~ benehmen** to behave in a laid-back manner; **sich** *akk* **~ ausdrücken** to express oneself using slang

Bürs·te <-, -n> ['bʏrstə] *f* brush

bürs·ten ['bʏrstn̩] *vt* ❶ *(mit einer Bürste reinigen)* ■**etw ~** to brush sth
❷ *(abbürsten)* ■**etw von etw** *dat* **~** to brush sth off [AM *a.* of] sth

Bürs·ten(·haar)·schnitt *m* crew cut **Bürs·ten·ma·cher(in)** *m(f)* brush maker **Bürs·ten·mas·sa·ge** [-masa:ʒə] *f* brush massage **Bürs·ten·schnitt** *m* crew cut

Bu·run·der(in) <-s, -> [bu'rʊndɐ] *m(f)* Burundian

Bu·run·di <-s> [bu'rʊndi] *nt* Burundi

Bu·run·di·er(in) [bu'rʊndi̯ɐ] *m(f) s.* **Burunder**

bu·run·disch [bu'rʊndɪʃ] *adj* Burundi

Bür·zel <-s, -> ['bʏrts l̩] *m* ORN tail; KOCHK parson's nose

Bus <-ses, -se> [bʊs, *pl* 'bʊsə] *m* AUTO bus; *(Reisebus)* coach, AM *usu* bus; INFORM bus

Bus·ar·chi·tek·tur *f* INFORM bus topology

Bus·bahn·hof *m* bus station

Busch <-[e]s, Büsche> [bʊʃ, *pl* 'bʏʃə] *m*
❶ *(Strauch)* shrub, bush
❷ *(Buschwald)* bush
❸ *(Strauß)* bunch; *(selten: Büschel)* tuft
▶WENDUNGEN: **mit etw** *dat* **hinter dem ~ halten** *(fam)* to keep sth to oneself; **im ~ sein** *(fam)* ■**da ist etw im ~** sth is up; **bei jdm auf den ~ klopfen** *(fam)* to sound sb out; **sich** *akk* **[seitwärts] in die Büsche schlagen** *(fam)* to sneak away

Busch·boh·ne *f* dwarf [*or* AM bush] bean

Bü·schel <-s, -> ['bʏʃl̩] *nt* tuft

bü·schel·wei·se *adv* in tufts; ***der Flachs wurde ~ zum Trocknen ausgelegt*** the flax was laid out in bundles to dry

Bu·schen·schen·ke *f* ÖSTERR *(Straußwirtschaft) temporary bar in which new local wines are sold*

Busch·feu·er *nt* bush fire

bu·schig I. *adj* bushy
II. *adv* ■**~ wachsen** to spread

Busch·mann <-männer *o* -leute> ['bʊʃman, *pl* -mɛnɐ, *pl* -lɔytə] *m* Bushman **Busch·mann·frau** *f* Bushman woman

Busch·mes·ser *nt* machete **Busch·werk** *nt kein pl* thicket **Busch·wind·rös·chen** [-rø:sçən] *nt* wood anemone

Bus·elek·tro·nik *f* INFORM bus electronics + *sing vb*

Bu·sen <-s, -> ['bu:zn̩] *m* ❶ *(weibliche Brust)* bust
❷ *(Oberteil eines Kleides)* top
❸ *(geh: Innerstes)* breast *liter*

Bu·sen·freund(in) *m(f)* ❶ *(enger Freund)* buddy *fam,* best friend
❷ *(iron: Intimfeind)* bosom friend *iron,* mortal enemy

Bus·fah·rer(in) *m(f)* bus driver **Bus·hal·te·stel·le** *f* bus stop **Bus·häus·le** *nt* SÜDD *(fam)* bus shelter

Busi·ness·class, Busi·ness-Class ['bɪznɪs-] *f* business class **Busi·ness·gra·fik** ['bɪznɪs-] *f* INFORM *für Diagramme* business graphics + *sing vb*

Busi·ness·plan ['bɪznɪs-] *m* ÖKON business plan

Busi·ness-to-Busi·ness <-> ['bɪznɪstubɪznɪs] *nt kein pl* ÖKON *(Geschäftsbeziehungen zwischen Unternehmen oder Händlern untereinander)* Business-to-Business, B2B **Busi·ness-to-Con·su·mer** <-[s]> ['bɪznɪstukənsju:mə] *nt kein pl* ÖKON *(Geschäftsbeziehungen zwischen Unternehmen und Endverbrauchern)* Business-to-Consumer, B2C

Busi·ness-TV ['bɪznɪsteefau̯] *nt* business TV

Bus·län·ge *f* INFORM bus length

Bus·li·nie *f* bus route

Bus·sard <-s, -e> ['bʊsart, *pl* 'bʊsardə] *m* buzzard

Bu·ße <-, -n> ['bu:sə] *f* ❶ *kein pl (Reue)* repentance; *(Bußauflage)* penance *no pl;* **~ tun** to do penance; **jdn zu einer ~ verurteilen** to sentence sb to penance; **zur ~** as a penance; *s. a.* **Sakrament**
❷ JUR *(Schadenersatz)* damages *npl*
❸ SCHWEIZ *(Geldbuße)* fine

Bus·sel <-s, -[n]> ['bʊsəl] *nt s.* **Busserl**

bü·ßen ['by:sn̩] I. *vt* ❶ *(bezahlen)* ■**etw [mit etw** *dat*] **~** to pay for sth [with sth]; **das wirst [*o* sollst] du mir ~!** I'll make you pay for that!
❷ SCHWEIZ *(mit einer Geldbuße belegen)* ■**jdn ~** to fine sb
II. *vi (leiden)* ■**[für etw** *akk*] **~** to suffer [because of sth]; ***dafür wird er mir ~!*** I'll make him suffer [*or* I'm going to get him back] for that!

Bü·ßer(in) <-s, -> *m(f)* penitent

Bü·ßer·ge·wand *nt* REL penitential garment
▶WENDUNGEN: **keineswegs im ~** without the slightest trace of remorse

Bü·ße·rin <-, -nen> *f fem form von* **Büßer**

Bus·se(r)l <-s, -[n]> ['bʊsɐl] *nt* SÜDD, ÖSTERR *(fam: Kuss)* kiss

bus·se(r)ln *vt, vi* SÜDD, ÖSTERR *(fam: küssen)* ■**jdn ~** to kiss sb; ■**~** to kiss

buß·fer·tig *adj* penitent **Buß·gang** *m* ▶WENDUNGEN: **einen ~ [zu jdm] antreten** *(geh)* to beg [sb's] forgiveness *no pl* **Buß·ge·bet** *nt* penitential prayer

Buß·geld *nt (Geldbuße)* fine, BRIT *a.* penalty *(imposed for traffic and tax offences)* **Buß·geld·be·scheid** *m* notice of a fine, BRIT *a.* penalty notice **Buß·geld·be·stim·mun·gen, Buß·geld·vor·schrif·ten** *pl* JUR fine regulations **Buß·geld·ka·ta·log** *m* JUR schedule of penalties **Buß·geld·sa·che** *f* JUR summary offence **Buß·geld·stel·le** *f* [traffic] fine payment office **Buß·geld·tat·be·stand** *m* JUR fine offence **Buß·geld·ver·fah·ren** *m* JUR monetary fine proceedings *pl* **Buß·geld·ver·hän·gung** *f* fining

Bus·si ['bʊsi] *nt* SÜDD, ÖSTERR *(Kuss)* kiss

Buß·pre·digt *f* penitential sermon

Bus·spur *f* bus lane

Buß·tag *m* day of repentance; **Buß- und Bettag** day of prayer and repentance *(on the Wednesday before Advent)*

Bus·sys·tem *nt* INFORM bus system **Bus·takt·fre·quenz** *f* INFORM bus frequency rate

Büs·te <-, -n> ['bʏstə] *f* ❶ *(Skulptur von Kopf und Schultern)* bust
❷ *(euph: Busen 1)* bust
❸ *(Schneiderpuppe)* tailor's dummy

Büs·ten·hal·ter *m* bra[ssiere]

Bus·tier <-s, -s> [bʏs'ti̯e:] *nt* bustier

Bus·trei·ber *m* INFORM bus driver

Bus·un·ter·neh·men <-s, -> *nt* bus touring company **Bus·ver·bin·dung** *f* bus service

Bu·tan <-s, -e> [bu'ta:n] *nt* butane

Bu·tan·gas *nt* butane gas

Bu·ta·nol [buta'no:l] *nt kein pl* CHEM butyl alcohol

Bu·ten [bu'te:n] *nt kein pl* CHEM butene

Bu·ti·ke <-, -n> [bu'ti:kə] *f* boutique

Butt <-[e]s, -e> [bʊt] *m* butt

Bütt <-, -en> [bʏt] *f* DIAL *a barrel-like platform from which speeches are given at carnivals;* **in die ~ steigen** to take the floor [at a carnival]

But·te <-, -n> ['bʊtə] *f* ❶ *(Tragebehälter)* hod
❷ *s.* **Bütte**

Büt·te <-, -n> ['bʏtə] *f* DIAL tub

Büt·tel <-s, -> ['bʏtl̩] *m (pej veraltet)* ❶ *(Handlanger)* servant
❷ *(Gerichtsbote)* bailiff

Büt·tel·dienst *m (pej)* servant's job; ***für solche ~e bin ich mir zu schade!*** that kind of job's beneath me!

Büt·ten <-s> ['bʏtn̩] *nt,* **Büt·ten·pa·pier** *nt kein pl* handmade paper

Büt·ten·kar·ton *m* handmade board **Büt·ten·rand** *m* deckle edge **Büt·ten·re·de** *f* DIAL humorous speech *(made from the barrel-like platform at a carnival)*

But·ter <-> ['bʊtɐ] *f kein pl* butter *no pl;* **braune ~** nut butter; **gute ~** quality butter
▶WENDUNGEN: **alles [ist] in ~** *(fam)* everything is hunky-dory; **jdm nicht die ~ auf dem Brot gönnen** *(fam)* to begrudge sb everything; **sich** *dat* **[von jdm] nicht die ~ vom Brot nehmen lassen** *(fam)* to stand up for oneself [against sb]; **wie ~ in der Sonne dahinschmelzen** to evaporate *fig;* **weich wie ~** as soft as can be; ***nach außen zeigt er Härte, aber innerlich ist er weich wie ~*** he looks tough on the outside but he's a real softie at heart

But·ter·berg *m* [EU] butter mountain **But·ter·blu·me** *f* buttercup **But·ter·boh·ne** *f* butter bean

But·ter·brot *nt* slice of buttered bread ▶WENDUNGEN: **für ein ~** *(fam)* for a song [*or* peanuts]; ***da arbeitest du ja für ein ~!*** you're working for peanuts there!; **jdm etw aufs ~ schmieren** *(fam)* to rub sth in; ***das schmiere ich dem aber aufs ~!*** I won't let him forget that! **But·ter·brot·pa·pier** *nt* greaseproof paper

But·ter·creme *f* butter cream **But·ter·creme·tor·te** *f* butter cream gateau [*or* cake]

But·ter·do·se *f* butter-dish **But·ter·fahrt** *f (fam)* boat trip to buy duty-free goods, duty-free cruise **But·ter·fass**RR *nt* butter churn

But·ter·fly <-s, -> ['bateflai̯] *m,* **But·ter·fly·stil** *m s.* **Schmetterlingsstil**

But·ter·fly·mes·ser ['bateflai̯-] *nt (Waffe)* butterfly knife

But·ter·frucht *f (selten)* avocado **But·ter·gla·sur** *f* butter icing **But·ter·keks** *m* butter biscuit [*or* AM cookie], BRIT *a.* Rich Tea® biscuit **But·ter·milch** *f* buttermilk

but·tern ['bʊtɐn] I. *vt* ❶ *(mit Butter bestreichen)* ■**etw ~** to butter sth
❷ *(fam: investieren)* ■**etw in etw** *akk* **~** to plough [*or* AM plow] sth into sth
II. *vi (Butter herstellen)* to produce butter

But·ter·nussRR *f* American white walnut **But·ter·nuss·kür·bis**RR *m* butternut squash
But·ter·pilz *m* slippery jack **But·ter·rol·ler** *m* butter curler **But·ter·sa·lat** *nt* BOT, KOCHK young green lettuce **But·ter·sau·ci·e·re** *f* butter boat **But·ter·säu·re** *f* CHEM butyric acid **But·ter·schmalz** *nt* clarified butter **but·ter·weich** ['bʊtɐ'vaiç] **I.** *adj* really soft **II.** *adv* softly
Bütt·ner(in) <-s, -> ['bʏtnɐ] *m(f)* DIAL *(Böttcher)* cooper
But·ton <-s, -s> ['batn̩] *m* badge
But·ton-down-Kra·gen <-s, -> ['batn̩'daun-] *m* button-down collar
But·zen·glas ['bʊtsn̩-] *nt* BAU bull's eye glass **But·zen·schei·be** *f* bullion point sheet
BVerfG <-> *nt kein pl Abk von* **Bundesverfassungsgericht** Federal Constitutional Court
b. w. *Abk von* **bitte wenden** PTO
B-Waf·fe ['be:-] *f* biological weapon
BWL <-> [be:ve:'ʔɛl] *f kein pl Abk von* **Betriebswirtschaftslehre** business studies
By·pass <-es, Bypässe> ['baipas] *m* bypass
By·pass·ope·ra·ti·on *f* bypass operation
Byte <-s, -s> [bait] *nt* byte
by·zan·ti·nisch [bytsan'ti:nɪʃ] *adj* Byzantine
By·zanz <-> [by'tsants] *nt* Byzantium
bzgl. *präp +gen Abk von* **bezüglich**
BZÜ *f* FIN *Abk von* **beleglose Zahlscheinüberweisung** electronic funds transfer, EFT
bzw. *konj Abk von* **beziehungsweise** on rather

C

C, c <-, - *o fam* -s, -s> [tse:] *nt* ❶ *(Buchstabe)* C, c; ~ **wie Cäsar** C for [*or* AM *usu* as in] Charlie; *s. a.* **A 1** ❷ MUS C, c; **das hohe** ~ top [*or* high] c; *s. a.* **A 2**
C [tse:] *Abk von* **Celsius** C
C14-Da·tie·rung *f* CHEM dating by radiocarbon
CA INFORM *Abk von* **computer aided** CA
ca. *Abk von* **circa** approx., ca.
Ca·brio <-s, -s> ['ka:brio] *nt s.* **Kabrio**
Ca·bri·o·let <-[s], -s> [kabrio'le:] *nt s.* **Kabriolett**
Cache <-, -s> [kæʃ] *m* INFORM cache
Cache-Spei·cher [kæʃ-] *m* INFORM cache memory
CAD <-, -s> *nt Abk von* **computer-aided design** CAD
CAD/CAM <-> *nt kein pl* INFORM *Abk von* **computer-aided design and manufacturing** CAD/CAM
Cad·die <-s, -> ['kɛdi] *m* ❶ *(Mensch)* caddie, caddy ❷ *(Wagen)* caddie [*or* caddy] car
Cad·mi·um <-s> ['katmiʊm] *nt kein pl* cadmium *no pl*
CAEU <-> *f kein pl Abk von* **Council for Arab Economic Unity** CAEU
Ca·fard <-s> [ka'fa:ɐ̯] *m kein pl* SCHWEIZ *(Katzenjammer, Trübsal)* the blues, gloomy mood
Ca·fé <-s, -s> [ka'fe:] *nt* café
Ca·fé com·plet <- -, -s -s> [kafekõ'plɛ] *m* SCHWEIZ *white coffee, roll and jam*
Ca·fe·te·ria <-, -s> [kafetə'ri:a] *f* cafeteria
Ca·fe·ti·e·re [kafe'ti̯e:rə] *f* cafetière, coffee plunger, plunger pot
cal *Abk von* **Kalorie** cal.
Cal·ci·um <-s> ['kaltsi̯ʊm] *nt kein pl s.* **Kalzium**
Cal·de·ra <-, Calderen> [kal'de:ra] *f* GEOL caldera
Ca·li·for·ni·um <-s> [kali'fɔrni̯ʊm] *nt kein pl* californium *no pl*
Call <-s, -s> [ko:l] *m o nt* BÖRSE call
Call·boy ['ko:lbɔy] *m male version of a call girl*
Call·cen·ter ['ko:lsɛntɐ] *nt* TELEK call centre; **Customer** ~ customer call center **Call·cen·ter·agent** *m* TELEK call centre adviser
Call·geld *nt* BÖRSE call money **Call·girl** <-s, -s> [-gœrl] *nt* call girl **Call-Op·ti·on** <-, -s> ['kɔ:lɒpʃn̩] *f* BÖRSE call option **Call-Ren·di·te** *f* BÖRSE returns *pl* on call
CAM <-, -s> TECH *Abk von* **computer-aided manufacturing** CAM
Ca·margue <-> [ka'marg] *f* Camargue; **in der** ~ in the Camargue
Ca·margue·pferd [ka'marg-] *nt* horse reared in the Camargue
Cam·cor·der <-s, -> ['kamkɔrdɐ] *m* camcorder
Ca·mem·bert <-s, -s> ['kaməmbɛ:ɐ̯] *m* Camembert [cheese]
Ca·mi·on <-s, -s> [ka'mjɔ̃] *m* SCHWEIZ *(Lastwagen)* lorry BRIT, truck AM
Ca·mi·on·neur <-s, -e> [kami̯ɔnøːɐ̯] *m* SCHWEIZ *(Spediteur)* haulage contractor, haulier BRIT, hauler AM
Camp <-s, -s> [kɛmp] *nt* MIL ❶ *(Lager)* camp ❷ *(Gefangenenlager)* prison camp
cam·pen ['kɛmpn̩] *vi* ■[**irgendwo**] ~ to camp [*or* go camping] [somewhere]
Cam·per(in) <-s, -> ['kɛmpɐ] *m(f)* camper
cam·pie·ren* [kam'pi:rən] *vi* ❶ *s.* **kampieren** ❷ ÖSTERR, SCHWEIZ *(campen)* to camp, to go camping
Cam·ping <-s> ['kɛmpɪŋ] *nt kein pl* camping
Cam·ping·ar·ti·kel *m* piece of camping equipment **Cam·ping·aus·rüs·tung** *f* camping equipment **Cam·ping·bus** *m* camper **Cam·ping·füh·rer** *m* camping guide **Cam·ping·platz** *m* campsite, camping [*or* AM camp] ground **Cam·ping·zu·be·hör** *nt* camping equipment *no pl*
Cam·pus <-, -> ['kampʊs, 'kɛmpəs] *m* campus
Ca·nas·ta <-s> [ka'nasta] *nt kein pl* KARTEN [game of] canasta
Can·ber·ra <-s> ['kænbərə] *nt* Canberra
Can·can <-s, -s> [kã'kã:] *m* cancan
cand. *Abk von* **candidatus** final year student, BRIT *a.* graduand
Ca·nel·li·no [kanɛ'li:no] *f* KOCHK cannellini bean
Can·na·bis <-> ['kanabɪs] *m kein pl* cannabis *no pl*
Can·nel·lo·ni [kanɛ'lo:ni] *pl* cannelloni *npl*
Cañon <-s, -s> ['kanjɔn] *m* canyon
Ca·nos·sa <-[s]> [ka'nɔssa] *nt s.* **Kanossa**
Can·yo·ning ['kænjənɪŋ] *nt* SPORT canyoning *no pl, no indef art*
Ca·o·dai-Re·li·gi·on ['ka:o'dai̯-] *f* REL Caodai religion
Ca·o·da·is·mus <-> [kaoda'ɪsmʊs] *m kein pl* REL Caodaism
Cap <-[s], -s> [kæp] *m* FIN *(Maximalzinssatz)* cap
CAP <-> *f kein pl Abk von* **Gemeinsame Agrarpolitik** CAP, Common Agricultural Policy
Cape <-s, -s> [ke:p] *nt* cape
Cap·puc·ci·no <-[s], -[s]> [kapu'tʃi:no] *m* cappuccino
Ca·pric·cio <-s, -s> [ka'prɪtʃo] *nt* MUS capriccio, caprice
Caps-Lock-Mo·dus [kæps'lɒk-] *m* INFORM caps lock mode **Caps-Lock-Tas·te** [kæps'lɒk-] *f* caps lock key
Car <-s, -s> [ka:ɐ̯] *m* SCHWEIZ *kurz für* **Autocar** bus
Ca·ra·van <-s, -s> ['ka(:)ravan] *m* caravan
Ca·ra·van·spie·gel ['ka:ravan-] *m* AUTO trail-view mirror
car·bon·fa·ser·ver·stärkt [kar'bo:nfa:zɐfɛɐ̯ʃtɛrkt] *adj inv* TECH *Kunststoff* carbon-fibre reinforced
Care·pa·ket ['kɛɐ̯-] *nt* care package
Car·go-Kult ['kargo-] *m* REL cargo cult **Car·go·sprin·ter** <-s, -> ['ka:gəʊ-] *m* BAHN *high-speed freight train*
Ca·ri·tas <-> ['ka:ritas] *f*, **Deut·scher Ca·ri·tas·ver·band** *German charitable organization*
Car·na·ro·li [karna'ro:li] *m kein pl* KOCHK carnaroli rice *no pl*
Ca·ro·li·na [karo'li:na] *m kein pl* KOCHK Carolina rice *no pl*
Car·port <-s, -s> ['ka:ɐ̯pɔ:ɐ̯t] *m* carport
Car·ros·se·rie <-, -n> [karɔsə'ri:] *f* AUTO SCHWEIZ *(Karosserie)* bodywork
Car·sha·ring, Car-Sha·ring <-s> ['ka:ɐ̯ʃɛ:ɐ̯rɪŋ] *nt kein pl* car sharing
Carte blanche <- -, -s -s> [kartə'blã:ʃ] *f (geh)* carte blanche
Car·toon <-s, -s> [kar'tu:n] *m* cartoon
Car·too·nist(in) <-en, -en> [kartu'nɪst] *m(f)* cartoonist
Car·un·ter·neh·men <-s, -> *nt* SCHWEIZ *(Busunternehmen)* bus touring company
Car·ving ['ka:ɐ̯vɪŋ] *nt* SKI carving **Car·ving-Ski** *m* carving ski
Ca·sa·no·va <-s, -s> [kaza'no:va] *m* Casanova
Cä·sar[1] <-s> ['tsɛ:zar] *m* Caesar
Cä·sar[2] <-saren, -saren> ['tsɛ:zar] *m* emperor
Cä·sa·ren·wahn(·sinn) *m* megalomania
Cash <-s> [kæʃ] *nt kein pl* FIN *(fam)* cash
cash [kæʃ] *adv* cash
Ca·shew·nussRR ['kɛʃu-] *f* cashew nut
Cash·flowRR, **Cash-flow**ALT <-s, -s> ['kæʃflou] *m* cash flow **Cash·flow-Steu·er**RR *f* FIN cash flow tax
Cash·ge·schäft *nt* FIN cash transaction
Cash-Ma·nage·ment ['kæʃmænɪdʒmənt] *nt* FIN cash management **Cash-Ma·nage·ment-Sys·tem, Cash·ma·nage·ment·sys·tem** ['kæʃmænɪdʒmənt-] *nt* cash management system
Ca·si·no <-s, -s> [ka'zi:no] *nt s.* **Kasino**
Cä·si·um <-s> ['tsɛ:zi̯ʊm] *nt kein pl* caesium BRIT *no pl*, cesium AM *no pl*
Cas·set·te <-, -n> [ka'sɛtə] *f s.* **Kassette**
Cas·sis <-, -> [ka'si:s] *m* ❶ *kein pl (Likör)* [crème de] cassis, black current liqueur ❷ *pl* SCHWEIZ *(Beeren)* black currents *pl*
cas·ten ['ka:stn̩] *vt* FILM ■**jdn** ~ to cast sb
Cas·ting <-s, -s> ['ka:stɪŋ] *nt* FILM, THEAT casting [session] **Cas·ting-Agen·tur** *f* FILM casting agency
CASTOR <-> ['kasto:ɐ̯] *m kein pl Akr von* **cask for storage and transport of radioactive material** CASTOR
Cas·tor·trans·port <-> *m kein pl* transport[ation] of radioactive material
Catch-as-catch-can <-> ['kætʃəz'kætʃkæn] *nt kein pl* catch-as-catch-can *no pl*, all-in wrestling *no pl*
cat·chen ['kɛtʃn̩] *vi* ■**gegen jdn** ~ to wrestle catch-as-catch-can against sb
Cat·cher(in) <-s, -> ['kɛtʃɐ] *m(f)* catch-as-catch-can [*or* all-in] wrestler
Ca·te·ring <-[s]> ['kɛɪtərɪŋ] *nt kein pl* catering *no pl*
Ca·te·ring·ser·vice *m* catering service
Cat·suit <-s, -s> ['kɛtsju:t] *m* MODE catsuit
Ca·yenne·pfef·fer [ka'jɛn-] *m* cayenne pepper
CB-Funk *m* CB radio **CB-Fun·ker(in)** [tse:'be:-] *m(f)* CB user [*or* fan]
cbm *m Abk von* **Kubikmeter** m^3
cc INET *(Kopie an) Abk von* **carbon copy** cc
CCD *nt* INFORM *(ladungsgekoppeltes Gerät) Abk von* **charge coupled device** CCD
ccm *m Abk von* **Kubikzentimeter** cm^3, cc
CD <-, -s> [tse:'de:] *f Abk von* **Compact Disc** CD
CD-Bren·ner *m* CD rewriter [*or* burner]
CD-I <-, -s> *nt* INFORM *Abk von* **compact disc-interactive** CD-I
CD-Lauf·werk *nt* CD drive **CD-Play·er** <-s, -> [tse:'deple:ɐ] *m* CD player
CD-R <-, -s> *f Abk von* **CD-Recordable** CD-R
CD-Re·cord·able <-, -s> [tse:de:-rɪ'kɔ:dəbl] *f (einmal beschreibbare CD)* CD-Recordable, recordable CD **CD-Re·Writ·able** <-, -s> [tse:de:rɪ'raɪtəbl] *f* CD-ReWritable, rewritable CD **CD-Roh·ling** <-s, -e> *m* blank CD
CD-ROM <-, -s> [tse:de:'rɔm] *f* CD-ROM; ■**auf** ~ on CD-ROM **CD-ROM-Bren·ner** *m* CD-ROM burner **CD-ROM-Lauf·werk** *nt* CD-ROM drive [*or* player]
CD-Spie·ler *m s.* **CD-Player** **CD-Stän·der** *m* CD rack
CDU <-> [tse:de:'ʔu:] *f kein pl Abk von* **Christlich-Demokratische Union** CDU
CD-Vi·deo *nt* video disc **CD-Vi·deo·ge·rät** *nt* video disc player
CD-Wechs·ler *m* CD selector
CE *pl Abk von* **Consumer Electronics** CE
Ce·fa·lo·spo·rin <-s, -e> [tsefaloʃpo'ri:n] *nt* PHARM cephalosporin
Ce·le·bes·see [tse'le:bɛs-] *f* Celebes Sea

Ce·leb·ri·ty Cen·ter [sə'lebrətisɛntɐ] *nt von Scientology* celebrity center
Cel·li ['tʃɛli] *pl von* **Cello**
Cel·list(in) <-en, -en> [tʃɛ'lɪst] *m(f)* cellist
Cel·lo <-s, -s *o* Celli> ['tʃɛlo] *nt* cello
Cel·lo·phan® <-s> [tsɛlo'fa:n] *nt kein pl* cellophane
Cel·lo·pha·nie·ren <-s> ['tsɛlofa'ni:rən] *nt kein pl* TYPO film [*or* acetate] laminating
cel·lo·pha·niert *adj inv* **~er Karton** film-laminated board
Cel·lu·li·te <-> ['tsɛluli:tə] *f kein pl* cellulite
Cel·si·us ['tsɛlzi̯ʊs] *no art, inv* Celsius
Cel·si·us·ska·la *f* celsius scale
Cem·ba·lo <-s, -s *o* Cembali> ['tʃɛmbalo, *pl* 'tʃɛmbali] *nt* cembalo
Cent <-[s], -[s]> [sɛnt] *m* cent; ***50* ~** 50 cents; **keinen ~** not a penny
▶WENDUNGEN: **jeden ~ umdrehen** *(fam)* to think twice about every penny one spends
Cen·tro·nics-Schnitt·stel·le [tʃɛn'trɔnɪks-] *f* INFORM centronics interface
Ce·phei·den [tsefe'i:dn̩] *pl* ASTRON Cepheids *pl*, Cepheid variables *pl*
CERN <-[s]> [sɛrn] *m kein pl Akr von* **Conseil Européen pour la Recherche Nucléaire** CERN
Cer·ve·lat <-, -s> ['sɛrvəla] *f* SCHWEIZ *(Brühwurst)* cervelat *(a kind of smoked pork sausage)*
Cer·ve·lat·wurst [sɛrvə'la:t-] *f* cervelat [sausage]
Ces, ces <-, -> [tsɛs] *nt* MUS C flat
Ces·sio le·gis [tsɛsi̯o le:gɪs] *nt* JUR assignment by operation of law
Cey·lon ['tsaiɔn] *nt früher für* **Sri Lanka** Ceylon
cf. *Abk von* **confer** cf.
Cha·bis <-> ['xabɪs] *m kein pl* SCHWEIZ *(Weißkohl)* white cabbage
Cha-Cha-Cha <-[s], -s> ['tʃa'tʃa'tʃa] *m* cha-cha[-cha]
Cha·grin·le·der [ʃa'grɛ̃-] *nt* shagreen
Chal·ko·li·thi·kum <-s> [çalko'li:tikʊm] *nt kein pl (Kupferzeit)* chalcolithic period
Cha·mä·le·on <-s, -s> [ka'mɛ:leɔn] *nt* chameleon; **ein ~ sein** *(pej)* to be [like] a chameleon
Cham·pa·gner <-s, -> [ʃam'panjə] *m* champagne
Cham·pa·gner·sche·re *f* champagne tongs *npl*
Cham·pi·gnon <-s, -s> ['ʃampɪnjɔŋ] *m* [common] mushroom
Cham·pi·on <-s, -s> ['tʃɛmpi̯ən] *m (Spitzensportler)* champion; *(Spitzenmannschaft)* champions *pl*
Cham·pi·ons League <-> ['tʃɛmpi̯əns 'li:g] *f kein pl* FBALL Champions League; **in der ~ spielen** to play in the Champions League
Chan·ce <-, -n> ['ʃã:sə] *f* ❶ *(Möglichkeit)* chance; **eine/keine ~ ungenutzt lassen** to [not] pass up an opportunity; **jdm eine ~ geben** to give sb a chance; **jdm eine letzte ~ geben** to give sb one last chance; [**gegen jdn**] **keine ~ haben** to have no chance [against sb]; **die ~n** *pl* **stehen gut/schlecht** there's a good chance/there's little chance; **wie stehen die ~n?** *(fam)* what are the odds?
❷ *pl (Aussichten)* prospects *pl;* [**bei jdm**] **~n haben** *(fam: Aussicht auf Erfolg haben)* to have a chance [with sb]; *(beim Arbeitgeber etc.)* to have prospects [with an employer, etc.]
Chan·cen·gleich·heit *f* JUR equality of opportunity
Chan·cen·ka·pi·tal *nt* FIN venture capital
chan·cen·los *adj* no chance; **~ gegen jdn/etw sein** to not stand a chance against sb/sth
chan·gie·ren* [ʃã'ʒi:rən] *vi* to shimmer
Chan·nel-Hop·ping, Chan·nel Hop·ping, Chan·nel·hop·ping <-s> ['tʃænlhɔpɪŋ] *nt kein pl* TV channel hopping
Chan·son <-s, -s> [ʃã'sõ:] *nt* chanson
Chan·son·(n)et·te <-, -n> [ʃãsɔ'nɛt] *f* chanteuse
Chan·son·sän·ger(in) *m(f)* singer of chansons, chansonnier
Cha·nuk·ka <-> [xanʊ'ka:] *f kein pl* REL *(das jüdische Lichterfest)* Chanukah, Hanukkah, Hanukka, Feast of Dedication [*or* of Lights]
Cha·os <-> ['ka:ɔs] *nt kein pl* chaos *no pl;* **irgendwo herrscht** [**ein einziges**] **~** there is [complete [*or* absolute]] chaos somewhere
Cha·os·the·o·rie *f* MATH chaos theory
Cha·ot(in) <-en, -en> [ka'o:t] *m(f) (pej)* ❶ *(Radikaler)* anarchist
❷ *(sl: verworrener Mensch)* chaotic [*or* muddle-headed] person
cha·o·tisch [ka'o:tɪʃ] **I.** *adj* chaotic; **~ aussehen/klingen** to look/sound chaotic
II. *adv* chaotically
Cha·peau claque, Cha·peau Claque^RR^ <- -, -x -s> [ʃapo'klak] *m* opera hat *(collapsible top-hat)*
Cha·rak·ter <-s, -tere> [ka'raktɐ] *m* ❶ *(Wesen)* character; **~ haben** to have strength of character; **den ~ prägen** [*o* **formen**] to form [*or* BRIT mould] [*or* AM mold] the character; **jd von ~** sb with strength of character
❷ *(Eigenart)* character; *eines Gesprächs, einer Warnung* nature *no indef art*
❸ *(liter)* character
Cha·rak·ter·an·la·ge *f* characteristic **Cha·rak·ter·dar·stel·ler(in)** *m(f)* character actor **Cha·rak·ter·ei·gen·schaft** *f* characteristic **Cha·rak·ter·feh·ler** *m* character defect **cha·rak·ter·fest** *adj* with strength of character *pred;* **~ sein** to have strength of character **Cha·rak·ter·fes·tig·keit** *f* strength of character
cha·rak·te·ri·sie·ren* [karakteri'zi:rən] *vt* ■**etw ~** to characterize sth; ■**jdn/etw** [**als etw** *akk*] **~** to characterize sth/sb [as sth]
Cha·rak·te·ri·sie·rung <-, -en> *f* characterization
Cha·rak·te·ris·tik <-, -en> [karakte'rɪstɪk] *f* ❶ *(treffende Schilderung)* characterization
❷ TECH *(typische Eigenschaft)* feature
Cha·rak·te·ris·ti·kum <-s, -ristika> [karakte'rɪstɪkʊm, *pl* -ka] *nt (geh)* characteristic
cha·rak·te·ris·tisch [karakte'rɪstɪʃ] *adj* characteristic, typical; ■**~** [**für jdn/etw**] **sein** to be characteristic [*or* typical] [of sb/sth]
cha·rak·te·ris·ti·scher·wei·se *adv* characteristically
Cha·rak·ter·kopf *m* face with striking [*or* distinctive] features; **einen ~ haben** to have striking features, to have an expressive face
cha·rak·ter·lich I. *adj* of sb's character *pred;* **~es Merkmal** characteristic; **~e Qualitäten** personal qualities; **~e Stärke** strength of character
II. *adv* in character, as far as sb's character is concerned *pred;* **jdn ~ stark/negativ prägen** to have a strong/negative effect on sb's character
cha·rak·ter·los I. *adj* despicable
II. *adv* despicably
Cha·rak·ter·lo·sig·keit <-, -en> *f* ❶ *(Niedertracht)* despicableness *no pl*
❷ *(schändliche Tat)* despicable act; ***es ist einfach eine ~ von ihr*** it is simply despicable of her
Cha·rak·ter·merk·mal *nt s.* **Charaktereigenschaft**
Cha·rak·te·ro·lo·gie <-> [karakterolo'gi:] *f kein pl* characterology *no pl*
cha·rak·te·ro·lo·gisch [karaktero'lo:gɪʃ] *adj* characterological
Cha·rak·ter·rol·le *f* character part **Cha·rak·ter·schau·spie·ler(in)** *m(f)* character actor **Cha·rak·ter·schwä·che** *f* weakness of character **Cha·rak·ter·schwein** *nt (fam)* bad lot **Cha·rak·ter·stär·ke** *f* strength of character **Cha·rak·ter·stu·die** *f* character study **cha·rak·ter·voll I.** *adj* ❶ *(anständig)* decent ❷ *(ausgeprägt)* pronounced **II.** *adv* decently **Cha·rak·ter·zug** *m* characteristic
Char·cu·te·rie <-, -n> [ʃarkytə'ri:, *pl* -ri:ən] *f* SCHWEIZ ❶ *kein pl (Wurstwaren)* charcuterie *no pl*, sausages and cold meats *pl*
❷ *(Wurstwarengeschäft)* charcuterie *(shop selling sausages and cold meats)*
Char·ge <-, -n> ['ʃarʒə] *f* ❶ *(Dienstgrad)* rank; **die höheren/unteren ~n** the upper/lower ranks
❷ *(Nebenrolle)* supporting role
❸ PHARM batch
Cha·ris·ma <-s, Charismen *o* Charismata> ['ça:rɪsma] *nt (geh)* charisma
Cha·ris·ma·ti·ker(in) <-s, -> [karɪs'ma:tɪkɐ] *m(f)* ❶ *(Person mit Ausstrahlung)* charismatic person
❷ REL Pentecostal, Charismatic
cha·ris·ma·tisch [çarɪs'ma:tɪʃ] *adj* charismatic
Cha·ris·ma·ti·sche Be·we·gung *f* REL charismatic movement
Charles·ton <-, -s> ['tʃarlstn̩] *m* Charleston
Charm <-s, -s> [tʃa:m] *nt* PHYS *(Eigenschaft eines Quark)* charm
char·mant [ʃar'mant] **I.** *adj* charming
II. *adv* charmingly
Charme <-s> [ʃarm] *m kein pl* charm; **~ haben** to have charm
Char·meur(in) <-s, -e> [ʃar'mø:ɐ̯] *m(f)* charmer
Chart <-s, -s> [tʃart] *m o nt (Grafik)* chart
Char·ta <-, -s> ['karta] *f* charter; **Magna ~** Magna Carta [*or* Charta]
Chart-Ana·lyst [tʃart'ænəlɪst] *m* FIN chart analyst
Char·ter <-s, -s> ['tʃartɐ] *m* charter
Char·te·rer ['tʃartərɐ] *m* ÖKON charterer
Char·ter·flug ['tʃartɐ-] *m* charter flight **Char·ter(·flug)·ge·sell·schaft** *f* charter company **Char·ter·flug·zeug** *nt* charter plane **Char·ter·ma·schi·ne** *f* charter [aeroplane [*or esp* AM airplane]]
char·tern ['tʃartɐn] *vt* ❶ *(mieten)* ■**etw ~** to charter sth
❷ *(fam: anheuern)* ■[**sich** *dat*] **jdn ~** to hire sb
Char·ter·par·tie *f* ÖKON chartering party **Char·ter·ver·trag** *m* JUR *(Schifffahrt)* contract of affreightment
Charts [tʃa:ts] *pl* charts *pl*
Chas·si·de <-n, -n *o* Chassidim> [xa'si:də, xasi'di:m] *m* REL Chassid, Hassid
chas·si·disch [xa'sidɪʃ] *adj* REL Chassidic, Hassidic
Chas·si·dis·mus <-> [xasi'dɪsmʊs] *m kein pl* REL Chassidism, Hassidism
Chas·sis <-, -> [ʃa'si:] *nt* chassis
Cha·suble <-s, -s> [ʃa'zy:bl] *nt* MODE chasuble
Chat <-s, -s> [tʃæt] *m* INET chat
Cha·teau·bri·and <-[s], -s> [ʃatobri'ã:] *nt* KOCHK chateaubriand
Chat·fo·rum *nt (sl)* chat forum
Chat·mo·dus *m* chat mode
Chat·room <-s, -s> ['tʃætru:m] *m* INET chat room
chat·ten ['tʃætn̩] *vi* INET *(fam)* ■[**mit jdm**] **~** to chat [with sb]
Chauf·feur(in) <-s, -e> [ʃɔ'fø:ɐ̯] *m(f) (Fahrer)* driver; *(persönlicher Fahrer)* chauffeur
Chauf·feu·se <-, -n> [ʃɔfø:zə] *f* SCHWEIZ *fem form von* **Chauffeur** female professional driver
chauf·fie·ren* [ʃɔ'fi:rən] **I.** *vt (geh o veraltend)* ■**jdn** [**irgendwohin/zu jdm**] **~** to drive sb [somewhere/to sb]
II. *vi (geh o veraltend)* to drive
Chaus·see <-, -n> [ʃɔ'se:] *f (in Straßennamen)* Avenue; *(veraltend)* country road
Chau·vi <-s, -s> ['ʃo:vi] *m (sl)* [male] chauvinist [pig] *pej*
Chau·vi·nis·mus <-> [ʃovi'nɪsmʊs] *m kein pl* ❶ POL *(pej)* chauvinism *no pl pej*
❷ *(männlicher Chauvinismus)* [male] chauvinism *no pl pej*
Chau·vi·nist(in) <-en, -en> [ʃovi'nɪst] *m(f)* ❶ POL *(pej)* chauvinist *pej*
❷ *(Chauvi)* [male] chauvinist [pig] *pej*
chau·vi·nis·tisch [ʃovi'nɪstɪʃ] **I.** *adj (pej)* ❶ POL chauvinistic
❷ *(männlich chauvinistisch)* chauvinistic *pej*
II. *adv (pej)* chauvinistically *pej*
Cha·yo·te <-, -n> [tʃa'jo:tə] *f* BOT, KOCHK chayote, vegetable pear
che·cken ['tʃɛkn̩] *vt* ❶ *(überprüfen)* ■**etw ~** to check sth; ■**~, ob** to check whether
❷ *(sl: begreifen)* ■**etw ~** to get sth *fam*
❸ SPORT *(anrempeln)* ■**jdn ~** to check sb
Check-in <-s, -s> ['tʃɛkʔɪn] *m o nt* check-in
Check·lis·te ['tʃɛk-] *f* checklist **Check·point** <-s, -s> *m* checkpoint **Check-up** <-s, -s> ['tʃɛkap] *m* check-up
Chef(in) <-s, -s> [ʃɛf] *m(f)* head; *(Leiter einer Firma)* manager, boss *fam;* **~ des Stabes** MIL chief of staff
Chef·arzt, -ärz·tin *m, f* head doctor
Chef·be·am·te(r), -be·am·tin ['ʃɛf-] *m, f dekl wie*

adj SCHWEIZ *(leitender Beamter)* ≈ senior official *(official of an organization or government department with authority to issue instructions)* **Chef·eta·ge** *f* management floor **Chef·ideo·lo·ge, -ideo·lo·gin** *m, f* chief ideologist [*or* ideologue]

Che·fin <-, -nen> *f* ❶ *fem form von* **Chef**
❷ *(fam: Frau des Chefs)* boss' wife *fam*

Chef·in·ge·ni·eur(in) *m(f)* chief engineer **Chef·koch, -kö·chin** *m, f* chief [*or* head] cook **Chef·re·dak·teur(in)** *m(f)* editor-in-chief **Chef·re·dak·ti·on** *f* ❶ *(Aufgabe)* chief editorship ❷ *(Büro)* editor-in-chief's office **Chef·sa·che** *f pl selten (fam)* matter for the boss [to take care of], management matter; **etw zur ~ machen** to make sth a matter for the management; ***erklären Sie den Fall zur ~!*** that's a matter for the boss! **Chef·se·kre·tär(in)** *m(f)* manager's secretary **Chef·un·ter·händ·ler(in)** *m(f)* POL head [*or* chief] negotiator **Chef·zim·mer** *nt* executive's [*or* boss's] office

Cheib <-s, -e[n]> [xaip, *pl* -pn̩] *m* DIAL, SCHWEIZ *(Lump)* rogue, scoundrel *dated;* **verdammte[r] ~!** *(verdammt nochmal!)* oh damn!

chem. *Abk von* **chemisch**

Che·mie <-> [çe'miː] *f kein pl* ❶ *(Wissenschaft)* chemistry; **anorganische/organische ~** inorganic/organic chemistry; **heiße ~** hot chemistry; **theoretische ~** theoretical chemistry
❷ ÖKON *(Branche)* chemical industry
❸ *(fam: chemische Zusatzstoffe)* chemicals *pl fam*

Che·mie·ar·bei·ter(in) *m(f)* chemical worker **Che·mie·fa·ser** *f (Kunstfaser)* man-made fibre [*or* AM -er] **Che·mie·in·ge·ni·eur(in)** *m(f)* chemical engineer **Che·mie·kon·zern** *nt* chemical manufacturer [*or* company] **Che·mie·la·bo·rant(in)** *m(f)* laboratory chemist **Che·mie·leh·rer(in)** *m(f)* chemistry teacher **Che·mie·müll** *m kein pl* chemical waste **Che·mie·un·fall** *nt* chemical accident **Che·mie·un·ter·richt** *m* chemistry lesson **Che·mie·waf·fen** *pl* chemical weapons *pl* **che·mie·waf·fen·frei** *adj* free of chemical weapons *pred*

Che·mi·ka·lie <-, -n> [çemi'kaːli̯ə] *f meist pl* chemical

Che·mi·ker(in) <-s, -> ['çeːmikɐ] *m(f)* chemist

che·misch ['çeːmɪʃ] **I.** *adj* chemical; **~e Bindung** chemical bond; **~e Formel** chemical notation; **~er Sauerstoffbedarf** [*o* **CSB**] chemical oxygen demand, COD; **~e Zusammensetzung** chemical composition
II. *adv* chemically; **etw ~ reinigen** to dry-clean sth; **~ beständig** CHEM chemically stable; **~ gebunden** CHEM chemically combined

Che·mo·tech·nik [çemo-] *f kein pl* chemical engineering *no pl* **Che·mo·tech·ni·ker(in)** *m(f)* chemical engineer **Che·mo·the·ra·peu·ti·kum** <-s, -ka> *nt* chemotherapeutical remedy **che·mo·the·ra·peu·tisch** *adj* chemotherapeutic **Che·mo·the·ra·pie** *f* chemotherapy

Che·ri·mo·ya <-, -[s]> [tʃɛri'moːja] *f* BOT cherimoya

Che·ro·kee <-[s], -[s]> [tʃɛrə'kiː] *m (Indianer)* Cherokee

Che·rub <-s, -im *o* -inen> ['çeːrʊp] *m* cherub

Chi·as·mus <-, -men> ['çi̯asmʊs] *m* LING chiasmus

chic [ʃɪk] *adj s.* **schick**

Chick <-s, -s> [tʃɪk] *m (pej)* chick

Chi·co·rée <-s> ['ʃikore] *m kein pl* chicory

Chiem·see ['kiːmzeː] *m* Chiemsee

Chif·fon <-s, -s> ['ʃɪfõ] *m* chiffon

Chif·fre <-, -n> ['ʃɪfrə] *f* ❶ *(Kennziffer)* box number
❷ *(Zeichen)* cipher

Chif·fre·an·zei·ge *f* box number advertisement **Chif·fre·te·le·fon** *nt* scrambler telephone

chif·frie·ren* [ʃɪ'friːrən] *vt* ■**etw ~** to [en]code sth; ■**chiffriert** [en]coded

Chif·frier·ma·schi·ne *f* cipher machine, coder **Chif·frier·schlüs·sel** *m* cryptographic [*or* cipher] key **Chif·frier·ver·fah·ren** *nt* INFORM cryptographic process, encoding

Chi·hua·hua <-s, -s> [tʃi'u̯au̯a] *m (Hunderasse)* Chihuahua

Chil·bi <-, Chilbenen> ['xɪlbɪ, *pl* -bənən] *f* SCHWEIZ *(Kirchweih)* [country] fair

Chi·le <-s> ['tʃiːle] *nt* Chile

Chi·le·krab·be *f* ZOOL langostino

Chi·le·ne, Chi·le·nin <-n, -n> [tʃi'leːnə, -'leːnɪn] *m, f* Chilean

chi·le·nisch [tʃi'leːnɪʃ] *adj* Chilean

Chi·li <-s> ['tʃiːli] *m kein pl* ❶ *(Pfefferschote)* chilli BRIT, chili AM
❷ *(Pfeffersoße)* chilli sauce

Chi·li-Sau·ce <-, -n> ['tʃiːlizoːsə] *f* chilli sauce [*or* AM chili] **Chi·li·scho·te** *f* chilli, hot pepper **Chi·li·so·ße** *f* chil[l]i sauce

Chill-Out, Chill·out <-s> [tʃɪla̯ut] *nt (sl)* chill-out

Chi·mä·re <-, -n> [çi'mɛːrə] *f* ❶ BIOL *(Knorpelfisch)* chimera
❷ *(geh: Trugbild)* illusion

Chin <-, -> [ʃɪn] *m o f* Chin

Chi·na <-s> ['çiːna] *nt* China

Chi·na·kohl *m* Chinese cabbage **Chi·na·pfef·fer** *m* anise pepper **Chi·na·res·tau·rant** *nt* Chinese restaurant **Chi·na·sa·lat** *m* Chinese leaf [*or* cabbage]

Chi·na·town <-, -s> ['tʃaɪnə'taʊn] *f* Chinatown

Chi·na·wur·zel *f* chinaroot

Chin·chil·la[1] <-, -s> [tʃɪn'tʃɪla] *f* chinchilla

Chin·chil·la[2] <-s, -s> [tʃɪn'tʃɪla] *nt* chinchilla

Chi·ne·se, Chi·ne·sin <-n, -n> [çi'neːzə, -'neːzɪn] *m, f* Chinese [person]

chi·ne·sisch [çi'neːzɪʃ] *adj* Chinese
▸WENDUNGEN: **~ für jdn sein** *(fam)* to be double Dutch to sb

Chi·ne·sisch [çi'neːzɪʃ] *nt dekl wie adj* Chinese

Chi·ne·si·sche <-n> *nt* ■**das ~** Chinese

Chi·nin <-s> [çi'niːn] *nt kein pl* quinine *no pl*

Chip <-s, -s> [tʃɪp] *m* ❶ INFORM [micro]chip
❷ *(Jeton)* chip
❸ *(Kartoffelscheiben)* ■**~s** *pl* crisps *pl* BRIT, chips *pl* AM

Chip·kar·te *f* smart card **Chip·kon·takt** *m* INFORM chip contact

Chip·pen·dale <-[s]> ['(t)ʃɪpəndeɪl] *nt kein pl (Möbelstil)* Chippendale style

Chip·satz *m* INFORM chip set

Chi-Qua·drat [çiː-] *nt (Wahrscheinlichkeitsverteilung)* chi-square[d] distribution

Chi·ra·li·tät [çirali'tɛːt] *f kein pl* CHEM, MATH chirality

Chi·ro·prak·tik [çiro'praktɪk] *f kein pl* chiropractic *no pl*

Chi·ro·prak·ti·ker(in) [çiro'praktikɐ] *m(f)* chiropractor

Chir·urg(in) <-en, -en> [çi'rʊrk] *m(f)* surgeon

Chir·ur·gie <-, -n> [çirʊr'giː] *f* ❶ *kein pl (Fachgebiet)* surgery
❷ *(chirurgische Abteilung)* surgery ward

Chir·ur·gin <-, -nen> *f fem form von* **Chirurg**

chir·ur·gisch [çi'rʊrgɪʃ] **I.** *adj* surgical; ■**die ~e Abteilung** the surgery ward
II. *adv* surgically; **~ tätig sein** to practise [*or* AM -ce] surgery

Chi·tin <-s> [çi'tiːn] *nt kein pl* chitin *no pl*

Chlor <-s> [kloːɐ̯] *nt kein pl* chlorine

Chlor·ak·ne *f* chloracne *no pl* **Chlor·am·phe·ni·col** <-s, -e> *nt* PHARM chloramphenicol

chlo·ren ['kloːrən] *vt* ■**etw ~** to chlorinate sth

chlor·frei *adj inv* chlorine-free **Chlor·gas** *nt* chlorine [gas]

chlor·hal·tig *adj* containing chlorine, chlorinated

Chlo·rid <-s, -e> [klo'riːt] *f* CHEM chloride

chlo·rie·ren* [klo'riːrən] *vt* ■**etw ~** to chlorinate sth

Chlo·rie·rung *f* CHEM **vollständige ~** perchlorination

chlo·rig ['kloːrɪç] *adj* chlorous

Chlo·rit <-s, -e> [klo'riːt] *nt* CHEM chlorite

Chlo·ro·form <-s> [kloro'fɔrm] *nt kein pl* chloroform *no pl*

chlo·ro·for·mie·ren* [klorofɔr'miːrən] *vt* ■**jdn ~** to chloroform sb

Chlo·ro·phyll <-s> [kloro'fʏl] *nt kein pl* chlorophyll *no pl*

Chlo·ro·plast <-en, -en> [kloro'plast] *meist pl m* BIOL chloroplast

Chlor·was·ser·stoff *m* hydrogen chloride **Chlor·was·ser·stoff·säu·re** *f kein pl* CHEM hydrochloric acid

Choke <-s, -s> [tʃoʊk] *m* choke

Cho·ker·ket·te [tʃoːkɐ-] *f* choker

Cho·le·ra <-> ['koːlera] *f kein pl* cholera *no pl*

Cho·le·ra·epi·de·mie *f* cholera epidemic

Cho·le·ri·ker(in) <-s, -> [ko'leːrikɐ] *m(f)* choleric person

cho·le·risch [ko'leːrɪʃ] *adj* choleric

Cho·les·te·rin <-s> [çolɛste'riːn] *nt kein pl* cholesterol *no pl*

Cho·les·te·rin·spie·gel *m* cholesterol level

Chon·drit <-s, -e> [çɔn'driːt] *m (Steinmeteorit)* chondrite

Chop·suey[RR] <-[s], -s> [tʃɔ'psuːi] *nt* chop suey *(Chinese dish made with vegetables and meat or fish)*

Chor[1] <-[e]s, Chöre> [koːɐ̯, *pl* 'køːrə] *m* ❶ *(Gruppe von Sängern)* choir
❷ MUS chorus; **im ~** in chorus

Chor[2] <-[e]s, -e *o* Chöre> [koːɐ̯, *pl* 'køːrə] *m* ARCHIT
❶ *(Altarraum)* choir
❷ *(Chorempore)* choir gallery

Cho·ral <-s, Choräle> [ko'raːl, *pl* ko'rɛːlə] *m* chorale

Chor·da·tier ['kɔrda-] *nt* ZOOL chordate

Cho·reo·graf(in)[RR] <-en, -en> [koreo'graːf] *m(f)* choreographer

Cho·reo·gra·fie[RR] <-, -n> [koreogra'fiː] *f* choreography

Cho·reo·gra·fin[RR] <-, -nen> *f fem form von* **Choreograf**

cho·reo·gra·fisch[RR] [koreo'graːfɪʃ] *adj* choreographic

Cho·reo·graph(in) <-en, -en> [koreo'graːf] *m(f) s.* **Choreograf**

Cho·reo·gra·phie <-, -n> [koreogra'fiː] *f s.* **Choreografie**

Cho·reo·gra·phin <-, -nen> *f fem form von* **Choreograf**

cho·reo·gra·phisch [koreo'graːfɪʃ] *adj s.* **choreografisch**

Chor·ge·sang *m* choral singing *no pl* **Chor·ge·stühl** *nt* choir stalls *pl* **Chor·kna·be** *m* choirboy **Chor·lei·ter(in)** *m(f)* choirmaster **Chor·sän·ger(in)** *m(f)* chorister

Cho·se <-, -n> ['ʃoːzə] *f (fam)* ❶ *(Angelegenheit)* thing *fam,* affair, matter
❷ *(Zeug)* stuff *fam;* ■**die [ganze] ~** the whole lot *fam*

Chr. *Abk von* **Christus, Christi** Christ

Christ(in) <-en, -en> [krɪst] *m(f)* Christian

Christ·baum *m* DIAL *(Weihnachtsbaum)* Christmas tree **Christ·baum·schmuck** *m kein pl* DIAL Christmas tree decorations *pl*

Christ·de·mo·krat(in) *m(f)* Christian Democrat **christ·de·mo·kra·tisch** *adj* Christian democratic

Chris·ten·heit <-> *f kein pl* Christendom *no pl*

Chris·ten·pflicht *f* Christian duty

Chris·ten·tum <-s> *nt kein pl* Christianity *no pl*

Chris·ten·ver·fol·gung *f* persecution of [the] Christians

Christ·fest *nt* DIAL *(Weihnachtsfest)* Christmas

Chris·ti ['krɪsti] *gen von* **Christus**

chris·ti·a·ni·sie·ren* [krɪsti̯ani'ziːrən] *vt* ■**jdn/etw ~** to convert sb/sth to Christianity, to christianize sb/sth

Chris·ti·a·ni·sie·rung <-, -en> *f* christianization, conversion to Christianity

Chris·tin <-, -nen> *f fem form von* **Christ**

christ·ka·tho·lisch *adj* SCHWEIZ *(altkatholisch)* Old Catholic **Christ·kind** *nt* ❶ *(Jesus)* infant [*or* baby] Jesus, Christ child ❷ *(weihnachtliche Gestalt)* Father Christmas BRIT, Santa Claus; **ans ~ glauben** to believe in Father Christmas ❸ *bes* SÜDD, ÖSTERR *(Weihnachtsgeschenk)* Christmas present

christ·lich **I.** *adj* Christian; **C~-Demokratische Union** [*o* **CDU**] Christian Democratic Union, CDU; **C~-Soziale Union** [*o* **CSU**] Christian Social Union; **C~er Verein Junger Männer** Young Men's Christian Association

II. *adv* in a Christian manner; *s. a.* **Seefahrt, Verein**

Christ·li·che Wis·sen·schaf·ter *pl* REL Christian Scientists *pl*

Christ·mes·se *f*, **Christ·met·te** *f* REL Christmas mass **Christ·nacht** *f* Christmas Eve, the night before Christmas

Chris·toph ['krɪstɔf] *m* Christopher

Christ·ro·se *f* Christmas rose **Christ·stol·len** *m cake made of yeast dough, raisins, candied citrus fruits and often marzipan that is traditionally eaten at Christmas*

Chris·tus <Christi, *dat* - *o geh* Christo, *akk* - *o geh* Christum> ['krɪstʊs] *m* Christ; *(Christusfigur)* figure of Christ; **nach ~, nach Christi Geburt** AD; **vor ~, vor Christi Geburt** BC; **Christi Himmelfahrt** Ascension

Chrom <-s> [kro:m] *nt kein pl* chrome *no pl*

Chro·ma·tik <-> [kro'ma:tɪk] *f kein pl* ① MUS chromaticism
② ORN chromatics + *sing vb*

chro·ma·tisch [kro'ma:tɪʃ] *adj* MUS, ORN chromatic

Chro·ma·to·gra·fieRR, **Chro·ma·to·gra·phie** <-> [kromatogra'fi:] *f kein pl* CHEM chromatography

chrom·blit·zend *adj* gleaming [*or* shiny] with chrome

Chro·mo·dup·lex·kar·ton [kromo'du:plɛks-] *m* TYPO chromo duplex board **Chro·mo·er·satz·kar·ton** *m* TYPO imitation chromo board **Chro·mo·kar·ton** ['kro:mo-] *m* TYPO chromo board

Chro·mo·som <-s, -en> [kromo'zo:m] *nt* chromosome

Chro·mo·so·men·satz *m* chromosome number

Chrom·stahl *m* chrome [*or* chromium] steel

Chro·nic <-s> ['kro:nɪk] *nt kein pl (Droge)* chronic AM *fam*

Chro·nik <-, -en> ['kro:nɪk] *f* chronicle

chro·nisch ['kro:nɪʃ] *adj* ① MED chronic
② *(fam: dauernd)* chronic; ■ **etw ist bei jdm ~** sb has [a] chronic [case of] sth; **ein ~ kranker Mensch** a chronically ill person; ■ **~ sein/werden** to be/become chronic

Chro·nist(in) <-en, -en> [kro'nɪst] *m(f)* chronicler

Chro·no·bio·lo·gie [krono-] *f* chronobiology

Chro·no·fo·to·gra·fieRR *f* FILM chronophotography

Chro·no·grafRR, **Chro·no·graph** [krono'gra:f] *m* chronograph

Chro·no·lo·gie <-> [kronolo'gi:] *f kein pl* ① *(geh: zeitliche Abfolge)* sequence
② *(Zeitrechnung)* chronology

chro·no·lo·gisch [krono'lo:gɪʃ] **I.** *adj* chronological
II. *adv* chronologically, in chronological order

Chro·no·me·ter <-s, -> [krono-] *nt* chronometer

Chry·sa·li·de <-, -n> [çryza'li:də] *f* ZOOL *(Schmetterlingspuppe)* chrysalis, chrysalid

Chry·san·the·me <-, -n> [kryzan'te:mə] *f* chrysanthemum

Chur [ku:ɐ̯] *nt* Chur

chüs(ch)·tig ['xyʃtɪg] *adj* SCHWEIZ *(schmackhaft) Brot, Käse, Suppe* tasty

Chuz·pe <-> ['xʊtspə] *f kein pl (pej fam)* gall

CI <-, -s> [tse:'i:] *f Abk von* **Corporate Identity** Corporate Identity

CIA <-> [si:aɪ'eɪ] *f o m kein pl Abk von* **Central Intelligence Agency** CIA

c.i.c. JUR *Abk von* **culpa in contrahendo** c.i.c.

Ci·ce·ro1 <-s> ['tsitsero] *m* HIST Cicero

Ci·ce·ro2 <-> ['tsitsero] *f o m kein pl* TYPO cicero

Ci·ce·ro·ne <-[s], -s *o geh* Ciceroni> [tʃitʃe'ro:nə] *m (veraltend)* ① *(Fremdenführer)* tourist guide
② *(Reiseführer)* guide[book]

Ci·dre <-s> ['si:drə] *m kein pl* French cider

Cie. SCHWEIZ *Abk von* **Kompanie** company

cif *Abk von* **cost, insurance, freight** c.i.f.

CIM <-> *m kein pl* INFORM *Abk von* **computer integrated manufacture** CIM

Ci·ne·ast(in) <-en, -en> [sine'ast] *m(f) (geh)* cineast[e]

ci·ne·as·tisch *adj* cinematic

cir·ca ['tsɪrka] *adv s.* **zirka**

Cir·ce <-, -n> ['tsɪrtsə] *f* ① HIST Circe
② *(geh: verführerische Frau)* Circe *form,* temptress

Cir·cus <-, -se> ['tsɪrkʊs] *m* circus

Cis, cis <-, -> [tsɪs] *nt* C sharp

ci·se·lie·ren [tsɪzə'li:rən] *vt* KOCHK ■ **etw ~** to score [*or* gash] sth

Ci·ty <-, -s> ['sɪti] *f* city [centre] BRIT, city center AM, downtown AM

Ci·ty·bike ['sɪtibaɪk] *nt* citybike **Ci·ty-Im·mo·bi·li·en** ['sɪti-] *pl* city properties *pl* **Ci·ty·trip** <-s, -s> ['sɪtitrɪp] *m (Städtereise)* city break

cl *Abk von* **Zentiliter** cl

Clan <-s, -s> [kla:n] *m* ① *(Stamm)* clan
② *(pej: Clique)* clique *pej*

Cla·queur <-s, -e> [kla'kø:ɐ̯] *m (pej geh)* claqueur BRIT, [a member of a] studio audience

clau·su·la re·bus sic stan·ti·bus ['klauzula 're:bʊs 'zi:k 'stantibʊs] *f* JUR contract of affreightment

Cla·vi·cem·ba·lo <-s, -s *o* -cembali> [klavi'tʃɛmbalo] *nt* clavicembalo

clean [kli:n] *adj pred (sl)* ■ **~ sein** to be clean

Clea·ring ['kli:rɪŋ] *nt* FIN clearing

Clea·ring·ab·kom·men *nt* FIN clearing agreement **Clea·ring·bank** *f* FIN clearing bank **Clea·ring House** <-, -s> ['kli:rɪŋhaʊs] *nt* BÖRSE clearing house **Clea·ring·spit·zen** *pl* FIN peak clearing rates **Clea·ring·stel·le** *f* FIN clearing house **Clea·ring·teil·neh·mer(in)** *m(f)* FIN clearing member

Cle·men·ti·ne <-, -n> [klemɛn'ti:nə] *f* clementine

cle·ver ['klɛvɐ] **I.** *adj (fam)* ① *(aufgeweckt)* smart, bright
② *(pej: raffiniert)* cunning
II. *adv (fam)* ① *(geschickt)* artfully
② *(pej)* cunningly

Cle·ver·nessRR, **Cle·ver·neß**ALT <-> ['klɛvɐnɛs] *f kein pl* ① *(Aufgewecktheit)* brightness *no pl*
② *(pej: Raffinesse)* cunningness *no pl*

Cli·ché <-s, -s> [kli'ʃe:] *nt* SCHWEIZ *s.* **Klischee**

Cli·ent <-[s], -s> ['klaɪənt] *m* INFORM client

Clinch <-[e]s> [klɪntʃ] *m kein pl* clinch; *(fig a.)* dispute; [**mit jdm**] **in den ~ gehen** to get into a clinch [with sb]; *(fig a.)* to start a dispute [with sb]; **sich** *akk* **aus dem ~ lösen** to free oneself from [*or* get out of] the clinch; [**mit jdm**] **im ~ sein** [*o* **liegen**] *(fig)* to be in dispute [with sb]

Clip <-s, -s> [klɪp] *m* ① *(Klemme)* clip
② *(Haarklemme)* hair slide [*or* clip], barrette
③ *(Ohrschmuck)* clip-on [earring]
④ *(Videoclip)* video

Clip·ping <-[s], -s> ['klɪpɪŋ] *nt (in PR)* clipping

Clips <-, -e> *m s.* **Clip 3**

Cli·que <-, -n> ['klɪkə] *f* ① *(Freundeskreis)* circle of friends
② *(pej)* clique *pej*
③ SCHWEIZ *Basel society participating in carnival celebrations with a troupe of drummers and pipers*

Cli·quen(·un)·we·sen *nt (pej)* cliquism *pej* **Cli·quen·wirt·schaft** *f (pej fam)* cliquism *pej*

Clo·chard <-s, -s> [klɔ'ʃa:r] *m* tramp, AM *fam a.* bum

Clou <-s, -s> [klu:] *m* ① *(Glanzpunkt)* highlight
② *(Kernpunkt)* crux
③ *(Pointe)* punch line

Clown(in) <-s, -s> [klaun] *m(f)* clown
▶ WENDUNGEN: **sich/jdn zum ~ machen** to make a fool of oneself/sb; **den ~ spielen** to play the clown

Club <-s, -s> [klʊp] *m s.* **Klub**

Club·ber(in) <-s, -> ['klʌbɐ] *m(f)* [night]clubber

Club·steak [klʌb-] *nt* club steak

cm *Abk von* **Zentimeter** cm

c-Moll <-s> ['tse:mɔl] *nt kein pl* MUS C flat minor

Co. *Abk von* **Kompagnon, Kompanie** Co.

Coach <-[s], -s> [koʊtʃ] *m* coach

Co·ca ['ko:ka] *nt* <-[s], -s>, *f* <-, -s> *(fam)* Coke® *fam*

Co·ca-Co·la® <-, -[s]> [koka'ko:la] *f* Coca-Cola®

Co·cker·spa·ni·el ['kɔkɐ-] *m* cocker spaniel

Cock·pit <-s, -s> ['kɔkpɪt] *nt* LUFT, AUTO cockpit

Cock·tail <-s, -s> ['kɔkte:l] *m* ① *(Getränk)* cocktail
② *(Party)* cocktail party
③ *(Mischung)* wild mixture

Cock·tail·bar *f* cocktail bar **Cock·tail·kleid** *nt* cocktail dress **Cock·tail·par·ty** *f* cocktail party

Co·co-Boh·ne ['koko-] *f* broad bean

Co·coo·ning <-s> [kə'ku:nɪŋ] *nt* cocooning

Code [ko:t] *m* code; **maschinenlesbare ~s** machine-readable codes

Code·cra·cker <-s, -> *m* code crack[er] **Code·Grö·ße** *f* code size **Code·page** <-, -s> *f* code sheet

Co·dex <-es *o* -, -e *o* Codices> ['ko:dɛks, *pl* 'ko:ditse:s] *m s.* **Kodex**

Code-Zei·chen *nt* code character

co·die·ren* [ko'di:rən] *vt* ① INFORM, TECH ■ **etw ~** to code sth
② LING *s.* **kodieren**

Co·die·rung <-, -en> *f s.* **Kodierung**

Coeur-De·kol·le·teeRR [kø:ɐ̯dekɔl'te:] *nt* sweetheart neckline

Co·gnac® <-s, -s> ['kɔnjak] *m* ① *(aus Cognac)* cognac
② SCHWEIZ brandy

Coif·feur·sa·lon <-s, -s> [koa'fø:ɐ̯] *m* SCHWEIZ *(Friseursalon)* hairdresser's, hairdressing salon

Coif·feu·se <-, -n> [koa'føzə] *f* SCHWEIZ *fem form von* **Coiffeur** hairdresser, [hair] stylist

Co·i·tus <-, -> ['ko:itʊs] *m (geh)* coitus *form,* coition *spec*

Co·la ['ko:la] *nt* <-[s], -s>, *f* <-, -s> *(fam)* Coke® *fam*

Col·chi·cin <-s> [kɔlçi'tsi:n] *nt kein pl s.* **Kolchizin**

Cold Cream <-, -s> ['koʊldkri:m] *f* cold cream

Col·la·ge <-, -n> [kɔ'la:ʒə] *f* KUNST, MUS collage

Col·la·gen <-s> [kɔla'ge:n] *nt s.* **Kollagen**

Col·lege <-[s], -s> ['kɔlɪdʒ] *nt* college

Col·lege·map·pe *f* briefcase *(without a handle)*
Col·lege·ring *m* class ring

Col·li·der <-s, -> [kə'laɪdə] *m* PHYS collider

Col·lie <-s, -s> ['kɔli] *m (Hunderasse)* collie

Col·lier <-s, -s> [kɔ'li̯e:] *nt s.* **Kollier**

Co·lo·nia·kü·bel [ko'lo:ni̯a-] *m* ÖSTERR *(große Mülltonne)* dustbin BRIT, garbage [*or* trash] can AM

Co·lor·film ['ko:lo:ɐ̯-] *m* colour [*or* AM -or] film

Colt® <-s, -s> [kɔlt] *m* Colt; **zum ~ greifen** to go for one's gun

Com·bo <-, -s> ['kɔmbo] *f* combo

Come·back, Come-backRR <-[s], -s> [kam'bɛk] *nt* comeback; **ein/sein ~ feiern** to enjoy a comeback; **jdm gelingt ein ~** sb makes a successful comeback

COMECON, Co·me·con <-> ['kɔmekɔn] *m o nt kein pl Akr von* **Council for Mutual Economic Assistance** COMECON

Co·mer See ['ko:mɐ 'ze:] *m* Lake Como

Co·mes·tibles [komɛs'ti:bl] *pl* SCHWEIZ *(Feinkost)* delicacies *pl*

Co·mic <-s, -s> ['kɔmɪk] *m meist pl* comic [strip], cartoon strip

Co·mic·heft <-[e]s, -e> ['kɔmɪk-] *nt* comic, comic book AM

Co·ming-out <-[s], -s> [kamɪŋ'ʔaut] *nt* coming-out

Com·mu·ni·qué <-s, -s> [kɔmyni'ke:] *nt* SCHWEIZ *(Kommuniqué)* communiqué

Com·mu·ni·ty <-, -ties> [kə'mju:nəti] *f* INET community

Com·pact·discRR, **Com·pact Disc** <-, -s> [kɔm'pɛkt-] *f* compact disc

Com·pi·ler <-s, -> [kɔm'pailɐ] *m* INFORM compiler
Com·pi·ler·spra·che *f* INFORM compiler language

Com·pu·ter <-s, -> [kɔm'pju:tɐ] *m* computer; **am ~ arbeiten** to work at the computer; **den ~ programmieren** to program the computer; [**etw**] **auf ~ umstellen** to computerize [sth]; **mobiler** [*o* **portabler**] [*o* **tragbarer**] **~** portable computer

Com·pu·ter·ana·ly·se *f* computer analysis **Com·pu·ter·ani·ma·ti·on** *f* INFORM computer animation **Com·pu·ter·ar·beits·platz** *m* computerized workstation **Com·pu·ter·be·trug** *m* JUR computer-related fraud **Com·pu·ter·bör·se** *f* ÖKON computerized stock market [*or* exchange] **Com·pu·ter·da·tei** *f* INFORM [computer] file **Com·pu·ter·di·a·gno·se** *f* computer diagnosis **Com·pu·ter·di·a·gnos·tik** *f* computer diagnosis **Com·pu·ter·ent·**

wurfs·da·ten *pl* INFORM computer design data + *sing/pl vb* **com·pu·ter·er·zeugt** *adj inv* computer-generated; ~**es Modell** computer-generated model **Com·pu·ter·feh·ler** *m* INFORM computer error **Com·pu·ter·freak** <-s, -s> *m* computer freak **com·pu·ter·ge·ne·riert** *adj* computer-generated **com·pu·ter·ge·steu·ert** I. *adj* computer-controlled II. *adv* under computer control; ***die Montage erfolgt*** ~ the assembly is controlled by computer **com·pu·ter·ge·stützt** *adj* computer-aided [*or* -assisted] **Com·pu·ter·gra·fik**RR *f* computer graphics *npl* **Com·pu·ter·ha·cker** <-s, -> *m* computer hacker

com·pu·te·ri·sie·ren* [kɔmpjutəri'zi:rən] *vt* ■**etw** ~ to computerize sth

Com·pu·te·ri·sie·rung <-> *f kein pl* computerization

Com·pu·ter·kas·se *f* computerized [cash] till **Com·pu·ter·kri·mi·na·li·tät** *f* computer crime **Com·pu·ter·la·den** *m* computer shop [*or* AM store] **Com·pu·ter·laie** *m* computer layperson [*or* novice] **com·pu·ter·les·bar** *adj* computer-[*or* machine-]readable **Com·pu·ter·lin·gu·ist(in)** *m(f)* computer linguist **Com·pu·ter·lin·gu·is·tik** *f* computer linguistics + *sing vb* **Com·pu·ter·ma·ni·pu·la·ti·on** *f* JUR falsification of documents

com·pu·tern* [kɔm'pju:tɐn] *vi (fam)* to play around on the computer

Com·pu·ter·netz(·werk) *nt* computer network **Com·pu·ter·pro·gramm** *nt* INFORM [computer] program **Com·pu·ter·re·gis·ter** *nt* INFORM [computer] register **Com·pu·ter·sa·bo·ta·ge** *f* JUR computer sabotage **Com·pu·ter·si·mu·la·ti·on** *f* computer simulation **Com·pu·ter·spiel** *nt* computer game **Com·pu·ter·spi·o·na·ge** *f kein pl* INFORM computer espionage **Com·pu·ter·spra·che** *f* INFORM programming [*or* computer] language **Com·pu·ter·strah·lung** *f kein pl* computer emissions *pl*, EMF radiation **Com·pu·ter·sucht** *f kein pl* PSYCH computer addiction, addiction to computers **Com·pu·ter·sys·tem** *nt* computer system

Com·pu·ter Te·le·pho·ny In·te·gra·tion [kəm-ˌpju:tətɪ'lefənɪntɪˌgreɪʃən] *f* TELEK computer telephony integration

Com·pu·ter·ter·mi·nal [-tø:ɐminl] *nt* INFORM [computer] terminal **Com·pu·ter·tisch** *m* computer table

Com·pu·ter·to·mo·gramm *nt* computer-aided tomogram

Com·pu·ter·to·mo·graph *m* computerized tomography [*or* CT] scanner

Com·pu·ter·to·mo·gra·phie *f* computerized tomography, CT

com·pu·ter·un·ter·stützt *adj* computer-aided [*or* -assisted] **Com·pu·ter·ver·bin·dung** *f* computer link **Com·pu·ter·vi·rus** *m* computer virus **Com·pu·ter·we·sen** *nt* ❶ *(computererzeugtes Wesen)* computer[-generated] being [*or* creature] ❷ *kein pl (selten: Computerwissenschaft, -wirtschaft)* world of computers, computer industry **Com·pu·ter·wis·sen·schaft** *f* computer science **Com·pu·ter·wür·mer** *pl* computer viruses *pl* that clog up memory by copying **Com·pu·ter·zeit·schrift** *f* computer magazine

Com·tes·se <-, -n> [kõ'tɛs] *f* countess

COM-Ver·fah·ren *nt* INFORM COM process

Con·cept·artRR, **Con·cept-Art**ALT <-> ['kɔn-sɛptʔa:t] *f kein pl* KUNST conceptual art

Con·cierge <-, -s> [kõ'si̯ɛrʃ] *f o m* ❶ *(Hausmeister)* concierge, caretaker BRIT, janitor AM, SCOT ❷ SCHWEIZ *(Hotelportier)* concierge, receptionist

con·dic·tio [kɔn'dɪktsi̯o] JUR action; ~ **sine causa** claim for causeless enrichment; ~ **indebiti** *action for the recovery of money or property handed over by mistake*

Con·di·tio si·ne qua non [kɔn'di:tsi̯o 'zi:nə 'kva: 'no:n] *f* JUR absolute condition precedent

Con·fé·ren·cier <-s, -s> [kõferã'si̯e:] *m* compère

Con·fi·se·rie <-, -n> [kɔnfizə'ri:] *f* SCHWEIZ *(Konditorei) s.* **Konfiserie**

Con·fi·seur(in) <-s, -e> [kɔnfi'zø:ɐ] *m(f)* SCHWEIZ *(Zuckerbäcker)* confectioner

Con·nec·tions [kɔ'nɛkʃəns] *pl (fam)* ~ **haben** to have contacts

con·sti·tu·tum pos·ses·so·ri·um [kɔnstitutʊm pɔsɛs'so:ri̯ʊm] *nt* JUR contract of affreightment

Con·sul·tant <-s, -s> [kɔn'zaltənt] *m* FIN *(Unternehmensberater)* consultant

Con·sul·ting [kɔn'zaltɪŋ] *nt* consulting **Con·sul·ting·fir·ma** [kɔn'zaltɪŋ-] *f* consulting firm

Con·su·mer·mes·se [kən'sju:mə-] *f* consumer [trade] fair

Con·tai·ner <-s, -> [kɔn'te:nɐ] *m* ❶ *(Behälter)* container ❷ *(Müllcontainer)* skip BRIT, dumpster AM ❸ *(Wohncontainer)* Portakabin®

Con·tai·ner·bahn·hof *m* container depot **Con·tai·ner·dorf** *nt* village of prefab huts **Con·tai·ner·schiff** *nt* container ship **Con·tai·ner·ter·mi·nal** *m o nt* container terminal **Con·tai·ner·ver·kehr** *m* container traffic

Con·tain·ment <-s, -s> [kɔn'te:nmənt] *nt* containment shell

Con·te·nance <-> [kõtə'nã:s] *f kein pl (geh)* composure *no pl*

Con·tent Pro·vi·der <-[s], -> ['kɔntentprovai̯dɐ] *m* INFORM content provider

Con·ter·gan® <-s> [kɔntɛr'ga:n] *nt* thalidomide

Con·ter·gan·kind *nt (fam)* thalidomide child

con·tra le·gem ['kɔntra 'le:gɛm] *adv inv* JUR contrary to the wording of the law

Con·tre·fi·let ['kõtrə-] *nt* KOCHK *(vom Rind)* rump

Con·trol·ler(in) <-s, -> [kɔn'tro:lɐ] *m(f)* controller

Con·trol·ling <-s> [kən'troʊlɪŋ] *nt kein pl* controlling *no pl*, controllership *no pl* BRIT **Con·trol·ling-Ab·tei·lung** *f* ÖKON controlling department

Con·ve·ni·ence <-, -s> [kən'vi:njəns] *f* ÖKON convenience

Con·ve·ni·ence Food <- -> [kən'vi:njənsfʊdz] *nt kein pl* convenience food

Coo·kie <-s, -s> ['kʊkɪ] *nt* INET cookie

Cook·in·seln <-> [kʊk-] *pl* ■**die** ~ the Cook Islands *pl*

cool [ku:l] *adj (sl)* ❶ *(gefasst)* calm and collected ❷ *(sehr zusagend)* cool *fam*

Co·pi·lot(in) ['ko:pilo:t] *m(f)* co-pilot

Co·pro·zes·sor <-s, -oren> ['ko:-] *m* INFORM coprocessor; **arithmetischer** ~ arithmetic coprocessor **Co·pro·zes·sor·kar·te** *f* INFORM coprocessor board

Co·py·right <-s, -s> ['kɔpirai̯t] *nt* copyright **Co·py·right·ver·merk** *m* copyright imprint

Co·py·shop ['kɔpiʃɔp] *m* copyshop

co·ram pu·bli·co ['ko:ram 'pu:blɪko] *adv (geh)* coram populo *form*, publicly

Cord <-s> [kɔrt] *m kein pl* cord[uroy]

Cord·ho·se *f* cords *npl*, corduroy trousers [*or* pants] *npl*

Cor·don bleu <- -, -s -s> [kɔrdõ'blø] *nt veal cutlet filled with boiled ham and cheese and covered in breadcrumbs*

Cor·ner <-s, -> ['kɔ:ɐnɐ] *m* ÖSTERR, SCHWEIZ *(Eckball)* corner

Cor·net <-s, -s> [kɔr'ne:] *nt* SCHWEIZ KOCHK ❶ *(Gebäck: Schillerlocke)* cream horn ❷ *(Eistüte)* cone, cornet

Corn·flakes® ['ko:ɐnfle:ks] *pl* cornflakes *pl*

Cor·ni·chon <-s, -s> [kɔrni'ʃõ:] *nt* pickled gherkin, AM *a.* cornichon

Corn·wall <-s> ['kɔ:nwəl] *nt* Cornwall

Cor·po·rate Ban·king <-s> ['kɔ:ɐpərət 'bɛnkɪŋ] *nt kein pl* FIN corporate banking **Cor·po·rate Fa·shion** <-> ['kɔ:ɐpərət'fɛʃn̩] *f kein pl* MODE corporate fashion **Cor·po·rate Iden·ti·ty** <- -, - -s> ['kɔ:ɐpərət ai̯'dɛntiti] *f* Corporate Identity

Corps <-, -> [ko:ɐ] *nt s.* **Korps**

Cor·pus <-, Corpora> ['kɔrpʊs, *pl* -pora] *nt s.* **Korpus**[2]

Cor·pus De·lic·tiRR, **Cor·pus de·lic·ti**ALT <- -, Corpora -> ['kɔrpʊs de'lɪkti] *nt* ❶ JUR *(Tatwerkzeug)* [material] evidence [of a crime]; **das** ~ **vorlegen** to present the evidence ❷ *(hum: Beweisstück)* evidence

Cor·ti·son <-s> [kɔrti'zo:n] *nt kein pl s.* **Kortison**

cos *Abk von* **Kosinus** cosine

Cos·ta Blan·ca <- -> ['kɔsta 'blaŋka] *f* Costa Blanca, White Coast

Cos·ta Bra·va <- -> ['kɔsta 'bra:va] *f* Costa Brava, Wild Coast

Cos·ta del Sol <-> ['kɔsta del 'sɔl] *f* Costa del Sol, Sun Coast

Cos·ta Ri·ca <-s> ['kɔsta 'ri:ka] *nt* Costa Rica

Cos·ta-Ri·ca·ner(in) <-s, -> [kɔstari'ka:nɐ] *m(f)* Costa Rican

cos·ta-ri·ca·nisch [kɔstari'ka:nɪʃ] *adj* Costa Rican

Cos·ta Ver·de <- -> ['kɔsta 'verdə] *f* Costa Verde, Green Coast

Côte d'A·zur <-> [kotda'zy:r] *f* ■**die** ~ the Côte d'Azur

Couch <-, -es *o* -en> [kau̯tʃ] *f o* SÜDD *m* couch, sofa, settee

Couch·de·cke *f* throw **Couch·gar·ni·tur** *f* three-piece suite, couch set **Couch·po·ta·to** <-, -es> ['kau̯tʃpə'teɪtoʊ] *f (pej sl)* couch potato *esp* AM *sl* **Couch·tisch** *m* coffee table

Cou·leur <-, -s> [ku'lø:ɐ] *f* ❶ *(geh: Anschauung)* persuasion; ■**einer bestimmten** ~ of a certain hue ❷ SCH colours [*or* AM -ors] *pl*; ~ **tragen** to wear one's colours

Count·down, Count-downRR <-s, -s> ['kau̯nt-'dau̯n] *m o nt (a. fig)* countdown

Coup <-s, -s> [ku:] *m* coup; **einen** ~ **[gegen jdn/etw] landen** to score a coup [against sb/sth]

Cou·pé <-s, -s> [ku'pe:] *nt* ❶ *(Sportlimousine)* coupé ❷ ÖSTERR *(Zugabteil)* compartment

Cou·pon <-s, -s> [ku'põ:] *m* ❶ *(abtrennbarer Zettel)* coupon ❷ *(Zinscoupon)* [interest] coupon

Cou·pon·steu·er [ku'põ:-] *f* FIN coupon tax

Cou·rage <-> [ku'ra:ʒə] *f kein pl (geh)* courage *no pl*

cou·ra·giert [kura'ʒi:ɐt] I. *adj (geh)* bold II. *adv* boldly, courageously

Cour·ta·ge <-, -n> [kʊr'ta:ʒə] *f* brokerage *no pl*

Cour·ta·ge·rech·nung *f* BÖRSE brokerage statement [*or* account]

Cou·sin <-s, -s> [ku'zɛ̃:] *m*, **Cou·si·ne** <-, -n> [ku'zi:nə] *f* cousin

Cou·vert <-s, -s> [ku've:ɐ] *nt (veraltet)* ❶ *(Bettbezug)* cover ❷ *(Briefumschlag)* envelope

Co·ver <-s, -s> ['kavɐ] *nt* ❶ *(Titelseite)* [front] cover ❷ *(Plattenhülle)* [record] sleeve

Co·ver·girl [-gø:ɐl] *nt* cover girl

co·vern ['kavɐn] *vt* MUS ■**etw** ~ *Song, Musiktitel* to cover sth

Co·ver·ver·si·on <-, -en> ['kavɐ-] *f* MUS cover version

Cow·boy <-s, -s> ['kau̯bɔy] *m* cowboy

CPU <-, -s> *f* INFORM *Abk von* **Central Processing Unit** CPU

CPU-Bridge [si:pi:'ju:brɪdʒ] *f* INFORM CPU bridge

Crab·ne·bel ['kræb-] *m* ASTRON *(Rest einer Supernova)* Crab Nebula

Crack[1] <-s, -s> [krɛk] *m (ausgezeichneter Spieler)* ace

Crack[2] <-s> [krɛk] *nt kein pl (Rauschgift)* crack *no pl*

Cra·cker <-s, -[s]> ['krɛkɐ] *m* cracker

Crash <-s, -s> ['kræʃ] *m (fam)* ❶ AUTO *(Verkehrsunfall)* crash ❷ BÖRSE *(Absturz)* crash

Crash·kurs ['krɛʃ-] *m* crash course **Crash·tag** ['kræʃ-] *m* BÖRSE crash day

Craw·ler <-s, -> ['krɔ:lɐ] *m* INET *(Indexprogramm)* crawler

Cre·do <-s, -s> ['kre:do] *nt s.* **Kredo**

Creme <-, -s> [kre:m, krɛ:m] *f* ❶ *(Salbe)* cream ❷ *(Sahnespeise)* mousse

Crème <-, -s> [krɛ:m] *f* cream; ~ **fraîche** crème fraîche; **die** ~ **de la** ~ *(geh)* the crème de la crème

creme·far·ben *adj* cream **Creme-Rouge** <-> ['krɛmru:ʃ] *nt* cream rouge **Creme·spü·lung** *f* cream rinse **Cre̱me·tor·te** *f* cream cake

cre̱·mig I. *adj* creamy

II. *adv* ■**etw ~ rühren/schlagen** to stir/beat sth till creamy, to cream sth

Crêpe <-s, -e *o* -s> [krɛp] *m s.* **Krepp**[1]

Crêpe de Chine <- - -, -s - -> ['krɛp də 'ʃiːn] *m* crêpe-de-chine

Cres·cen·do <-s, -s *o* Crescendi> [krɛ'ʃɛndo] *nt* crescendo

Creuz·feld-Ja·kob-Krank·heit ['krɔytsfɛlt-] *f* MED Creutzfeldt-Jakob disease, CJD

Cre·vet·te <-, -n> [kre'vɛtə] *f s.* **Krevette**

Crew <-, -s> [kruː] *f* ① *(Besatzung)* crew

② *(Arbeitsgruppe)* team

Crisp·sa·lat ['krisp] *m* crisp lettuce

Crois·sant <-s, -s> [krɔ̱a'sãː] *nt* croissant

Cro·mag·non·mensch [kromanˈjõ-] *m* Cro-Magnon man

Cro·mar·gan® <-s> [kromarˈgaːn] *nt kein pl* stainless steel [made of chrome-nickel] *no pl*

Cross-Pro·mo·tion <-> ['krɔsprəmoʊʃən] *f kein pl* cross-promotion **Cross Sel·ling** <-[s]> ['krɔsʔsɛlɪŋ] *nt kein pl* ÖKON cross selling

Crou·pier <-s, -s> [kru'pi̱eː] *m* croupier

CRT <-, -s> *m* INFORM *Abk von* **cathode ray tube** CRT

CRT-Bild·schirm *m* INFORM CRT screen

Crui·sen <-s> ['kruːzn̩] *nt kein pl (entspanntes Autofahren)* cruising

Crux <-> [krʊks] *f kein pl (geh)* ① *(Schwierigkeit)* crux; **die ~ bei der Sache** the crux of the matter

② *(Last)* burden; ■**mit jdm ist es eine ~,** ■**mit jdm hat man seine ~** sb is a burden [to sb]

C-Schlüs·sel [tseː-] *m* C clef

CSU <-> [tseːʔɛsˈʔuː] *f kein pl Abk von* **Christlich-Soziale Union** CSU

c.t. SCH *Abk von* **cum tempore** fifteen minutes later [than the given time]; ***die Vorlesung beginnt um 9 Uhr ~*** the lecture starts at 9:15 a.m.

CTI <-, -s> *f* INFORM *Abk von* **Computer Telefony Integration** CTI

cul·pa in con·tra·hen·do ['kʊlpa in kɔntra'hɛndo] *f* JUR *(Verschulden bei Vertragsabschluss)* culpa in contrahendo, negligence in contracting

cum gra·no sa·lis [kʊm 'graːno 'zaːlɪs] *adv (geh)* with a pinch [*or* grain] of salt

cum lau·de [kʊm 'la̱u̱də] *adv* with distinction

cum tem·po·re [kʊm 'tɛmpore] *adv* fifteen minutes later [than the given time]

Cun·ni·lin·gus <-, -lingi> [kʊni'lɪŋgʊs, *pl* -lɪŋgi] *m (geh)* cunnilingus *form*

Cup <-s, -s> [kap] *m* ① *(Siegespokal)* cup

② *(Pokalwettbewerb)* cup [competition]

③ MODE cup

Cup·fi·nal <-s, -s> ['kap-] *m* ÖKON, POL SCHWEIZ *(Pokalendspiel)* cup final

Cu·pi·do <-s> [ku'piːdo] *m* Cupid

Cüp·li <-s, -> ['kypli] *nt* SCHWEIZ *(Glas Champagner)* ■**ein ~** a glass of champagne

Cu·ra·re <-> [ku'raːrə] *nt kein pl* BIOL curare *no pl*

Cu·rie <-, -> [ky'riː] *nt* curie

Cu·ri·um <-s> ['kuːri̯ʊm] *nt kein pl* curium *no pl*

Cur·ling <-s> ['køːɐ̯lɪŋ] *nt kein pl* SPORT curling **Cur·ling·stein** *m* SPORT curling stone

Cur·ri·cu·lum <-s, Curricula> [ku'riːkulʊm, *pl* -'riːkula] *nt (geh)* syllabus, curriculum

Cur·ry <-s, -s> ['kœri] *m o nt* curry

Cur·ry·wurst *f a bratwurst sausage served with curry-flavoured ketchup and curry powder*

Cur·sor <-s, -[s]> ['køːɐ̯zɐ] *m* INFORM cursor

Cur·sor·block *m* INFORM cursor [control] pad **Cur·sor·steu·e·rung** *f* INFORM cursor [control] key **Cur·sor·tas·te** *f* INFORM arrow key

Cut <-s, -s> [kœt, kat] *m* morning coat

Cut·away <-s, -s> ['kœtəve] *m* cutaway, cutaway coat

Cu·ti·cu·la [ku'tiːkula] *f s.* **Kutikula**

cut·ten ['katn̩] *vt, vi* ■**[etw]** ~ to cut [*or* edit] [sth]

Cut·ter(in) <-s, -> ['kate] *m(f)* cutter, editor

CVJM <-> [tseːfa̱u̱jɔt'ʔɛm] *m kein pl Abk von* **Christlicher Verein Junger Männer** YMCA

CVP <-> [tseːfa̱u̱'peː] *f kein pl* SCHWEIZ *Abk von* **Christlichdemokratische Volkspartei** Christian-Democratic People's Party

C-Waf·fe [tseː-] *f* chemical weapon

Cw-Wert *m* AUTO Cd value

Cy·a̱·no·bak·te·ri·um <-s, -ien> [tsy̆aːno-] *nt* BOT cyanobacterium

Cy·ber- ['sa̱i̱bɐ-] *in Komposita* cyber- **Cy·ber·be·kannt·schaft** *f* cyber acquaintance **Cy·ber·ca·fé** *nt* cyber café **Cy·ber·cash** <-s> ['sa̱i̱bɐkæʃ] *nt* INET cyber cash *no pl* **Cy·ber·coins** ['sa̱i̱bɐkɔɪnz] *pl* cybercoins *pl*

Cy·ber·geld ['sa̱i̱be-] *nt* INFORM cybermoney

Cy·ber·Pa·trol® <-[s], -s> ['sa̱i̱bɐpɛtrl̩] *m* INFORM CyberPatrol® **Cy·ber·punk** <-[s], -s> [-paŋk] *m (Mailboxkommunikation)* cyberpunk **Cy·ber·sex** <-> *m kein pl* cybersex *no pl* **Cy·ber·space** <-, -s> [-spɛɪs] *m kein pl* cyberspace *no pl*

Cy·to·plas·ma [tsyto'plasma] *nt kein pl* BIOL cytoplasm *no pl*

Cy·to·ske·lett [tsytoske'lɛt] *nt* BIOL cytoskeleton

D

D, d <-, - *o fam* -s, -s> [deː] *nt* ① *(Buchstabe)* D, d; **~ wie Dora** BRIT *usu* D for David, AM *usu* D as in Dog; *s. a.* **A 1**

② MUS D, d; *s. a.* **A 2**

da ['daː] **I.** *adv* ① *(örtlich: dort)* there; *(hier)* here; ***Athen? ~ möchte ich auch einmal hin!*** Athens? I'd like to go there too one day!; ***die Straße ~ ist es*** it's the street over there; **~ sein** to be here/there; ***ist denn kein Brot mehr ~?*** isn't there any more bread?; ***das ist genau dazu ~*** it's there for just that purpose, that's what it's there for; ***es ist dazu ~, um benutzt zu werden*** it's there to be used; ***ist ~ jemand?*** [is] anybody there?; ***es ist niemand ~*** nobody's here/there/in; ***ich bin gleich wieder ~*** I'll be back in a minute; ***von seinen Freunden sind nicht mehr viele ~*** not many of his friends are left; ***dieser Fall war noch nie ~ gewesen*** this hasn't happened before; ***~ bist du ja!*** there you are!; ***ach, ~ lag/stand das!*** oh, that's where it was!; **für jdn ~ sein** to be there for sb; ***ich bin immer für dich ~*** I'll always be here/there for you [*or* if you need me]; **~ drüben/hinten/vorne** over there; **~ draußen/drinnen** out/in there; **der/die/das ... ~** this/that ... [over here/there]; ***geben Sie mir bitte ein halbes Pfund von dem ~!*** I'd like half a pound of this/that [here/there] please!; **~ und dort** here and there; **~, wo ...** where; ***sie macht am liebsten ~ Urlaub, wo es warm ist*** she prefers to go on holiday to warm places; ***~, wo sie ist, will auch ich sein!*** wherever she is I want to be too!; *s. a.* **sein I 2, 3**

② *(zeitlich: dann)* then; *(nun)* now; ***endlich war der Moment ~, auf den sie gewartet hatte*** the moment which she had waited for had finally arrived [*or* come]; ***vor vielen, vielen Jahren, ~ lebte ein König*** *(liter)* many, many years ago there lived a king; **~ und dort** now and then

③ *(daraufhin)* and [then]; ***von ~ an herrschte endlich Ruhe*** after that it was finally quiet

④ *(fam: in diesem Fall)* in such a case *(usually not translated)*; ***~ bin ich ganz deiner Meinung*** I completely agree with you; ***die Sache ist todernst, und ~ lachst du noch?*** the matter is dead[ly] serious and you're still laughing?; ***ich dachte, ~ sei alles klar?*** I thought everything had been agreed upon?

II. *interj* here!; **[he,] Sie ~!** [hey,] you there!

III. *konj* ① *kausal (weil)* as, since

② *temporal (geh)* when

③ *temporal (nachdem)* now; ***jetzt, ~ alles geklärt ist, kannst du nicht mehr absagen*** now that everything has been arranged you can't cry off anymore

D/A HANDEL *Abk von* **Dokumente gegen Akzept** documents against acceptance, D/A

d. Ä. *Abk von* **der Ältere** Sr.

DAAD <-> [deːʔaːʔaː'deː] *m kein pl* SCH *Abk von* **Deutscher Akademischer Austauschdienst** *independent organization of institutions of higher education that arranges international exchanges for students*

da|be·hal·ten* ['daːbəhaltn̩] *vt irreg* ■**jdn ~** to keep sb here/there

da·bei [da'ba̱i̱] *adv* ① *(dazugehörend)* with it; ***ein kleines Häuschen mit einem Garten ~*** a little house with a garden; **[bei etw** *dat*] **~ sein** to be included [in sth]; *(als Anlage)* to be enclosed [in sth]; ***die Rechnung war nicht ~*** the bill was not enclosed; ***war bei dem Muster ein Brief ~?*** did the sample come with a letter?; ***ist der Salat bei dem Gericht ~?*** is the salad included in the meal?; ***ist bei dem Gericht ein Salat ~?*** does the meal come with a salad?, is there a salad with the meal?

② *(in der Nähe)* **direkt/nahe ~** right next/near to it

③ *(anwesend, beteiligt)* there; **[bei etw** *dat*] **~ sein** to be there [at sth]; *(mitmachen)* to take part [in sth]; ***er war bei dem Treffen ~*** he was there at the meeting; ***ich bin ~!*** count me in!; ***sie kennt sich im Betrieb noch nicht so gut aus, sie ist erst seit einem Monat ~*** she is not familiar with the company yet, she's only been working there for a month

④ *(im Verlauf davon)* during [*or* in the course of] which; *(als Folge davon)* as a result; ***es kam zu einem Massenandrang, ~ wurden viele Menschen verletzt*** there was a crush, in the course of which many people were injured; ***es goss in Strömen, ~ kam es zu zahlreichen Unfällen*** it was pouring down with rain, which resulted in a lot of accidents

⑤ *(bei dieser Verrichtung)* in doing so; *(währenddessen)* while doing so; ***Arbeit am Computer? aber ~ muss man doch immer so viel tippen!*** working on the computer? but that involves so much typing!; ***er half den Opfern und wurde ~ selbst verletzt*** he helped the victims and in doing so got injured himself; ***wir haben ihn ~ ertappt, wie er über den Zaun stieg*** we caught him [while he was] climbing over the fence; **jdm ~ helfen, etw zu tun** to help sb doing sth

⑥ *(daraus resultierend)* as a result; ***die ~ entstehenden Kosten sind sehr hoch*** the resulting costs are very high

⑦ *(gleichzeitig)* at the same time; *einräumend (doch)* but; *(außerdem)* **und ~ auch noch** and what's more, besides; ***sie ist schön und ~ auch noch intelligent*** she is beautiful and what's more [*or* besides] clever [*or* BRIT and clever to boot]; ***sie las und hörte ~ Radio*** she was reading and listening to the radio at the same time; ***sie ist flink, ~ aber*** **[*auch*]** ***sehr umsichtig*** she's quick but very cautious

⑧ *(und das obwohl)* even though; ***er hat die Prüfung nicht bestanden, ~ hat er so fleißig gelernt*** he failed the exam, although he had studied so hard

⑨ *(damit beschäftigt)* **[gerade] ~ sein, etw zu tun** to be [just] doing sth

⑩ *(an dieser Sache)* **das Dumme/Schöne ~ ist, dass ...** the stupid/good thing about it is that ...; **interessant/wichtig ~ ist, dass/ob/wie ...** the interesting/important thing about it is that/whether/how...

⑪ *(bei dieser Sache)* by it; *(damit)* through it; ***das Geschäft ist riskant, ~ kann man aber reich werden*** it's a risky business but it can make you rich; ***nimm meine Bemerkung nicht so ernst, ich habe mir nichts ~ gedacht*** don't take my remark so seriously, I didn't mean anything by it; ***was hast du dir denn ~ gedacht?*** what were you thinking of?; ***ich habe kein gutes Gefühl ~*** I don't feel happy about it; **nichts ~ finden, etw zu tun/wenn jd etw tut** to not see the harm in doing sth/in sb doing sth

⓬ *(fam: auszusetzen, problematisch)* **es ist nichts ~, wenn man/jd etw tut** there is no harm in one/sb doing sth; **da ist [doch] nichts ~** *(nicht schwierig)* there's nothing to it; *(nicht schlimm)* there's no harm in it; **was ist schon ~?** so what?

⓭ *(wie gesagt) s.* **belassen 1, bleiben 8, lassen I 6**

da·bei|blei·ben *vi irreg sein (Tätigkeit fortsetzen)* ■**bei jdm ~** to stay with sb; ■**bei etw** *dat* **~** to carry on [*or* stick] with sth

da·bei|ha·ben *vt irreg, Zusammenschreibung nur bei infin und pp* ■**etw ~** to have sth on oneself; ■**jdn ~** to have sb with oneself; ***sie wollten ihn nicht ~ haben*** they didn't want [to have] him around

da·bei|sein^ALT^ *vi irreg sein s.* **dabei 1, 3, 9**

da·bei|sit·zen *vi irreg* ■**[bei etw** *dat*] **[mit] ~** to be there [for sth]; **bei einer Konferenz ~** to sit in on a conference

da·bei|ste·hen *vi irreg* ■**[bei etw** *dat*] **[mit] ~** to be there; *(untätig a.)* to stand there; **dicht ~** to be/stand close by

da|blei·ben *vi irreg sein* to stay [on]; ***halt, bleib da!*** stop where you are!, wait!; ***bleiben Sie noch einen Moment da*** wait just one [*or* a] moment; ■**dageblieben!** [just] stay right there!

da ca·po [da ˈkaːpo] *adv* ❶ *(Zugabe)* ■**~!** encore!

❷ MUS da capo

Dach <-[e]s, Dächer> [ˈdax, *pl* ˈdɛçɐ] *nt* ❶ *(Gebäudeteil, Schutzdach)* roof; **das ~ der Welt** the Roof of the World; **ein steiles ~** a steep [*or spec* high-pitched] roof; **ein ~ mit Schiefer decken** to slate a roof; **[mit jdm] unter einem ~ wohnen** [*o* **leben**] to live under the same roof [as sb]; **unterm ~** in an/the attic; **unterm ~ wohnen** to live in an attic room/flat [*or* AM *a.* apartment]; *(im obersten Stock)* to live [right] on the top floor; **[k]ein ~ über dem Kopf haben** *(fam)* to [not] have a roof over one's head; **jdm das ~ überm Kopf anzünden** *(fam)* to burn down sb's house, to raze sb's house to the ground

❷ *(Autodach)* roof; *(aus Stoff)* top

▶WENDUNGEN: **[von jdm] eins aufs ~ bekommen** [*o* **kriegen**] *(fam: geohrfeigt werden)* to get a clout round [*or* AM slap upside] the head [from sb] *fam; (getadelt werden)* to be given a talking to [by sb], to get it in the neck [from sb] *fam;* **unter ~ und Fach sein** to be all wrapped up [*or fam* in the bag]; *Vertrag a.* to be signed and sealed; *Ernte* to be safely in; **etw unter ~ und Fach bringen/haben** to get/have got [*or* AM gotten] sth all wrapped up; ***wir haben den Vertrag unter ~ und Fach gebracht*** we've got the contract signed and sealed; **jdm eins aufs ~ geben** *(fam: jdm eine Ohrfeige geben)* to give sb a clout [*or* slap]/to clout [*or* slap] sb round [*or* AM upside] the head *fam; (jdn tadeln)* to give sb a good talking to *fam* [*or* BRIT *fam!* a bollocking] [*or* a reprimand]; **jdm aufs ~ steigen** *(fam)* to jump down sb's throat *fam;* **unter dem ~ einer S.** *gen* in the broader context of sth

Dach·ab·schluss^RR^ *m* BAU *(bei Flachdach)* gravel stop **Dach·ab·schluss·pro·fil**^RR^ *nt* BAU end profile

Dach·an·ten·ne *f* roof [*or* outside] aerial [*or* AM *a.* antenna] **Dach·auf·bau·ten** *pl* BAU roof superstructures *pl* **Dach·bahn** *f* BAU roof sheeting **Dach·bal·ken** *m* roof joist [*or* beam]

Dach·bo·den *m* attic, loft; **auf dem ~** in the attic [*or* loft] **Dach·bo·den·klapp·lei·ter** *f* foldaway ladder

Dach·de·cker(in) <-s, -> *m(f)* roofer; *(mit Ziegeln)* tiler ▶WENDUNGEN: **das kannst du halten wie ein ~** *(fam)* whatever/whenever/however you like **Dach·de·ckung** *f* BAU roofing, roof finishing **Dach·dich·tungs·bahn** *f* BAU moisture-proof roofing sheet **Dach·fens·ter** *nt* skylight **Dach·first** *m* BAU [roof] ridge **Dach·gar·ten** *m* ❶ *(Garten auf einem Flachdach)* roof garden ❷ DIAL *s.* Dachterrasse **Dach·ge·päck·trä·ger** *m* roof rack **Dach·ge·schoss**^RR^ *nt* attic storey [*or* AM *a.* story]; *(oberster Stock)* top floor [*or* storey] **Dach·ge·sell·schaft** *f* holding [*or* parent] company **Dach·ge·sims** *nt* BAU roof cornice **Dach·glei·che(n·fei·er)** <-, -n> *f* ÖSTERR *s.* **Richtfest** **Dach·haut** *f* BAU roof skin [*or* deck] **Dach·kam·mer** *f* attic room **Dach·kän·nel** <-s, -> *m* SCHWEIZ *(Dachrinne)* gutter **Dach·last** *f* AUTO roof load **Dach·lat·te** *f* roof [*or* tile] batten **Dach·la·wi·ne** *f* ***sein Auto ist von einer ~ verschüttet worden*** his car was buried by snow that fell from the roof

Däch·li·kap·pe <-, -n> *f* SCHWEIZ *(Schirmmütze)* peaked cap

Dach·lu·ke *f* skylight **Dach·nei·gung** *f* BAU roof pitch **Dach·or·ga·ni·sa·ti·on** *f* holding [*or* parent] organization **Dach·pap·pe** *f* roofing felt **Dach·pfan·ne** *f* pantile **Dach·re·ling** *f* AUTO roof rails *pl* **Dach·rin·ne** *f* gutter

Dachs <-es, -e> [ˈdaks] *m* ❶ *(Tier)* badger

❷ *(fig: Person)* **[so] ein frecher ~!** *(fam)* cheeky beggar! *fam;* **ein junger ~** a young whippersnapper [*or* pup] *hum*

Dachs·bau <-baue> *m* [badger's] sett

Dach·scha·den *m* damage to the roof *no pl* ▶WENDUNGEN: **einen ~ haben** *(fam)* to have a screw loose *hum fam* **Dach·schrä·ge** *f* slant [*or* slope] of a/the roof

Däch·sin [ˈdɛksɪn] *f fem form von* **Dachs** [female [*or* she-]] badger

Dach·spar·ren *m* rafter **Dach·stän·der** *m* AUTO roof rack **Dach·stein** [ˈdaxʃtain] *m* Dachstein Mountains

Dach·stock <-[e]s, -stöcke> *m* SCHWEIZ *(Dachgeschoss)* attic storey [*or* AM story] **Dach·stu·be** *f* DIAL *s.* **Dachkammer** **Dach·stuhl** *m* roof truss

dach·te [ˈdaxtə] *imp von* **denken**

Dach·ter·ras·se *f* roof terrace **Dach·trä·ger** *m* roof rack **Dach·trau·fe** *f* BAU eave **Dach·ver·band** *m* umbrella organization **Dach·woh·nung** *f* attic flat [*or* AM *a.* apartment] **Dach·zie·gel** *m* [roofing] tile; **~ legen** to lay tiles **Dach·zim·mer** *nt s.* **Dachkammer**

Dackel <-s, -> [ˈdakl̩] *m* ❶ *(Hund)* dachshund, sausage dog *fam*

❷ DIAL *(fam: Blödmann)* clot *fam,* ninny *dated fam;* ***ich ~!*** silly me!

Da·da·is·mus <-> [dadaˈɪsmʊs] *m kein pl* ■**[der] ~** Dadaism

Da·da·ist(in) <-en, -en> [dadaˈɪst] *m(f)* Dadaist; ■**die ~en** the Dadaists, the Dada group + *sing/pl vb*

dad·deln [ˈdadl̩n] *vi (sl)* to play video [*or* computer] games

da·durch [daˈdʊrç] *adv* ❶ *örtlich* through [it/them]; *(emph)* through there

❷ *kausal (aus diesem Grund)* so, thus *form; (auf diese Weise)* in this way; ***du kannst versuchen, etwas zu tun, aber ~ wird es nicht besser*** you can try doing something, but it won't make it better

❸ *(deswegen)* ■**~, dass ...** because ...; ***~, dass er es getan hat, hat er ...*** by doing that he has ..., because he did that, he has ...; ***~, dass das Haus isoliert ist, ist es viel wärmer*** the house is much warmer because it's insulated [*or* for being insulated]; ***~, dass er den zweiten Satz gewonnen hat, sind seine Chancen wieder gestiegen*** his chances improved again with him [*or form* his] winning the second set

DA-Fuge [deːʔaː-] *f* BAU permanent elastic joint

da·für [daˈfyːɐ̯] *adv* ❶ *(für das)* for that; *(für es)* for it; *(hierfür)* for this; ***wir haben kein Geld ~*** we've no money for that sort of thing; ***das Auto sieht aus wie neu! was hast du ~ bezahlt?*** the car looks like new! what did you pay for it?; ***wie viel hat er dir ~ bezahlt*** [*o* ***gegeben***]***?*** how much did he pay [*or* give] you for that?; ***er hat 10 Euro ~ bezahlt*** he paid 10 euros for that; ***ich hätte ~ nicht so viel ausgegeben*** I would never have spent so much on it; ***warum ist er böse? er hat doch keinen Grund ~*** why's he angry? he has no reason to be [*or* there's no reason for it]; ***der ~ dafür ist, dass ...*** the reason for that is that ...; ***ich bin nicht ~ verantwortlich, was mein Bruder macht*** I'm not responsible for my brother's doings [*or* for what my brother does]; ***Oper? ~ bin ich nicht zu haben!*** opera? that's not my scene at all! *fam;* ***~ bin ich immer zu haben!*** I never say no to that!; **ein Beispiel ~** an example; **ein Beweis ~ sein, dass ...** to be proof that ...

❷ *(deswegen)* for that; ***~ bist du schließlich engagiert worden!*** after all, that's why you were hired!; ***~ bin ich ja da/ Lehrer*** that's what I'm here for [*or* why I'm here]/that's why I'm a teacher; ***ich bezahle Sie nicht ~, dass Sie nur rumstehen!*** I'm not paying you just to stand around; ***er ist ~ bestraft worden, dass er frech war*** he was punished for being cheeky

❸ *(als Gegenleistung)* in return; ***ich repariere dir ~ deine Türklingel*** in return, I'll fix your doorbell; ***wenn du mir das verrätst, helfe ich dir ~ bei den Hausaufgaben*** if you tell me, I'll help you with your homework [in return]; ***was hat er dir [als Gegenleistung] ~ gegeben?*** what did he give you in return?

❹ *(stattdessen, als Ausgleich)* **~ [aber]** but; ***in Mathematik ist er schlecht, ~ kann er [aber] gut Fußball spielen*** he's bad at maths, but he makes up for it at football; ***er ist zwar nicht kräftig, ~ aber intelligent*** he may not be strong, but he's intelligent for all that; ***zwar bin ich darüber nicht informiert, ~ weiß ich aber, wer Ihnen weiterhelfen kann*** although I haven't been informed, I do know who can help you further

❺ *(im Hinblick darauf)* considering that; ***er ist erst vier. ~ kann er schon sehr gut Klavier spielen*** he's only four. considering that, he plays the piano really well; ■**~, dass ...** seeing [*or* considering] that ...; ***~, dass sie einen Abschluss hat, ist sie aber nicht besonders clever*** seeing [*or* considering] [that] she's got a degree, she's not particularly clever

❻ *(als solcher)* as one; ***er ist zwar kein Professor, aber er geht ~ durch*** although he isn't a professor, he can pass off as [being] one; ***sie ist keine wirkliche Wahrsagerin, aber im Dorf gilt sie ~*** she isn't a real fortune teller, but the village consider her to be one; ***es ist zwar kein Silber, man könnte es aber auf den ersten Blick ~ halten*** although it's not silver, it could be taken for it at first glance

❼ *(fam: als Gegenmittel)* for it; ***das ist gut ~*** that's good for it; ***du hast Halsschmerzen? ~ ist Salbei sehr gut!*** you've got a sore throat? sage will help!

❽ *mit bestimmten vb, subst, adj (für es)* for it; *(für das)* for that; *(hierfür)* for this; ***ich kann mich nicht ~ begeistern*** I can't get enthusiastic about it; ***ich kann deine Begeisterung/ dein Interesse ~ nicht verstehen*** I cannot understand your enthusiasm for/interest in that; ***vergiss dein Angebot, er kann sich nicht ~ interessieren*** forget your offer, he is not interested [in it/that]; ***ich werde ~ sorgen, dass ...*** I'll make sure that ...; ***ich kann doch nichts ~!*** I can't help it!

❾ *(befürworten)* **~ sein** to be for it/that, to be in favour [*or* AM favor] [of it/that]; ***wer ist ~ und wer dagegen?*** who's for it [*or* in favour] and who against?; ***nur wenig Leute sind ~, dass die Todesstrafe wieder eingeführt wird*** only a few people are for [*or* in favour of] bringing back the death penalty; ***ich bin [ganz] ~, dass wir/ Sie es machen*** I'm [all] for [*or* in favour of] doing/your doing that; ***er will wieder nach Italien – ich bin nicht ~*** he wants to go to Italy again — I don't think he should

❿ *in getrennter Stellung* NORDD ***da bin ich nicht für*** I don't agree to that; ***da kann ich nichts für*** that's not my fault

da·für|hal·ten [daˈfyːɐ̯haltn̩] *vi irreg (geh)* ■**~, dass ...** to be of the opinion [*or form* to opine] that ...

Da·für·hal·ten [daˈfyːɐ̯haltn̩] *nt kein pl (geh)* ■**nach jds ~** in sb's opinion; ***nach meinem ~, ...*** if it was up to me [*or* in my opinion], ...

da·für|kön·nen *vt irreg* ***er kann nichts dafür*** it's not his fault, he can't help it; ***er kann doch nichts dafür, dass es regnet*** he can't help that it's raining, it's not his fault [that] it's raining; ***kann ich [vielleicht] etwas dafür, wenn/dass ...?*** do you think it's my fault that ...?; ***keiner kann etwas dafür, dass ...*** it's nobody's fault that ... **da·für|spre·chen** *vi irreg* ***was spricht denn dafür?*** what is there to be said for it?; ***es spricht vieles dafür*** there's a lot to be said for it; ***es scheint alles dafürzusprechen, dass sie die Stelle bekommt*** it seems there is every reason to believe that she will get the job **da·für|ste·hen** *vi irreg* SÜDD, ÖSTERR *(sich lohnen)* to be worth it [*or* worthwhile] **da·für|stim·men**RR *vi* to voted for it

DAG <-> [de:ʔa:ˈge:] *f kein pl Abk von* **Deutsche Angestelltengewerkschaft** *white-collar or salaried employees' union in Germany*

da·ge·gen [daˈge:gn̩] **I.** *adv* ❶ *(räumlich)* against it; *(in etw)* into it; *(auf etw)* on it
❷ *(ablehnend)* against it; ~ ***müsst ihr was tun*** you must do something about it; ~ **sein** to be against it, to be opposed [to it]; ***34 waren dafür und 12 ~*** 34 were in favour and 12 against; ***ich bin ~, dass er Vorsitzender wird*** I am against [*or* opposed to] him [*or form* his] becoming chairman
❸ *in getrennter Stellung* NORDD ***da habe ich was gegen*** I object to that
❹ *(als Gegenmaßnahme)* about it; *(als Heilmittel)* for it; ***das ist gut/hilft ~*** it's good for it; ***ich habe Halsschmerzen, haben Sie ein Mittel ~?*** my throat hurts, do you have anything for it?; **etw ~ machen** [*o* **tun**] [*o* **unternehmen**] to do sth about it; ~ ***lässt sich nichts machen*** nothing can be done about it; ***es regnet herein, aber ich kann nichts ~ machen*** the rain comes in, but I can't do anything about it [*or* anything to stop it]
❺ *(als Gegenwert)* for it; ***was willst du ~ eintauschen?*** what do you want to exchange for it?; ***sie nahm das alte Gerät und tauschte ein neues ~*** she took her old appliance and exchanged it for a new one
❻ *(im Vergleich dazu)* in comparison, compared with [*or* to] it; *(zu diesem Sachverhalt)* compared with [*or* to] that; ***die Stürme letztes Jahr waren furchtbar, ~ sind die jetzigen nicht so schlimm*** the gales last year were terrible. compared with them, these aren't so bad [*or* these aren't so bad in comparison]; ***sie hat ihren Job und ihre Wohnung verloren. ~ erscheinen meine Sorgen lachhaft*** she's lost her job and her flat. compared with that my problems seem ridiculous
II. *konj (hingegen)* but; *(andererseits)* on the other hand; *(während)* whereas; ***bei euch ist es oft zu trocken, bei uns ~ regnet es viel zu viel*** your weather is often too dry, but we have far too much rain; ***er spricht fünf Sprachen fließend, ~ ist er mathematisch völlig unbegabt*** he is fluent in five languages, but [on the other hand] he lacks any mathematical talent; ***er ist mit der Arbeit schon fertig, sie ~ hat erst die Hälfte geschafft*** he's already finished the work, whereas she has only just finished half of it

da·ge·gen|ha·benRR *vt irreg* **etwas ~** to object; **etwas/nichts ~, wenn jd etw tut** to have [got] something/nothing against sb [*or form* sb's] doing sth; ***sie kommt mit uns auf die Party. hast du was dagegen?*** she's coming to the party with us. have you got anything against that?; ***ich habe etwas dagegen*** I object to that; ***was hat er dagegen, dass wir früher anfangen?*** what's he got against [*or* why does he object to] us starting earlier?; ***haben Sie was dagegen, wenn ich rauche?*** do you mind if I smoke?; ***ich habe sehr viel dagegen, wenn du über Nacht wegbleiben würdest!*** I strongly object to you staying out all night!; **nichts ~** to have nothing against it; ***ich habe/hätte nichts dagegen*** that's fine by me, I don't mind; ***ich hätte nichts dagegen, wenn er nicht käme*** I wouldn't mind at all if he didn't come **da·ge·gen|hal·ten** *vt irreg* ❶ *(gegen etw)* ***mach das Licht an und halt das Dia dagegen*** switch on the light and hold the slide against [*or* up to] it ❷ *(vergleichen)* ■**etw ~** to compare it with sth; ***um das Original von der Fälschung zu unterscheiden, muss man es ~*** in order to tell apart the original and the forgery, you have to compare them ❸ *(einwenden)* ***ich habe nichts dagegenzuhalten*** I have no objection[s] [to it]; ■**~, dass ...** to put forward the objection that ... **da·ge·gen|klop·fen** *vi* to knock on it **da·ge·gen|kra·chen** *vi sein* to crash into it **da·ge·gen|leh·nen** *vt* to lean against it; ***hol dir ein paar Stühle und lehn die Bilder einfach dagegen*** get a few chairs and lean the pictures against them **da·ge·gen|pral·len** *vt sein* to crash into it **da·ge·gen|set·zen** *vt* ❶ *(einwenden)* ***ich kann nichts ~*** I have no objection[s]; ***das Einzige, was ich ~ könnte, wäre ...*** the only objection I could put forward would be ... ❷ *(einsetzen)* ***er wird es bestimmt machen — ich setze 500 Euro dagegen!*** "he's sure to do it" – "I'll bet 500 euros he won't!" **da·ge·gen|spre·chen** *vi irreg* to be against it; ***was spricht denn dagegen?*** what is there to be said against it?; ***es spricht nichts dagegen*** there's no reason not to; ***was spricht dagegen, dass wir das so machen?*** is there a reason why we shouldn't do it this way?; ***auch wenn Sie es nicht waren, die Beweise sprechen dagegen*** even if it wasn't you, the evidence speaks against you; ***es sprechen einige Gründe dagegen*** there are a few reasons against it **da·ge·gen|stel·len** *vr* ■**sich** *akk* **~** to oppose it/this **da·ge·gen|stem·men** *vr* ■**sich** *akk* **~** ❶ *(lit)* to put one's shoulder to [*or* lean into] it ❷ *(fig)* to oppose it/this **da·ge·gen|stim·men**RR *vi* to vote against [it] **da·ge·gen|sto·ßen** *vi irreg sein* to bump into it

Da·g(h)es·tan [ˈda:gɛsta:n] *nt* Dagestan

Da·g(h)es·tan·völ·ker *pl* Dagestan peoples *pl*

da|ha·ben *vt irreg, Zusammenschreibung nur bei infin und pp* ❶ ■**etw ~** *(vorrätig haben)* to have sth in stock; *(zur Hand haben)* to have sth; *(betont)* to have sth here/there
❷ *(zu Besuch haben)* ■**jdn ~** to have sb come to visit; *(unerwünscht a.)* to have sb here/there

da·heim [daˈhaim] *adv* SÜDD, ÖSTERR, SCHWEIZ *(zu Hause)* at home; ***ich bin für niemanden ~*** I'm not at home to anybody; ***wo bist du ~?*** where's your home?; [**in Augsburg**] **~ sein** to call [Augsburg] home; ■**bei jdm ~** back home [where sb comes from]; **sich** *akk* **bei jdm ~ treffen** to meet at sb's home [*or* place]

Da·heim <-s> [daˈhaim] *nt kein pl* SÜDD, ÖSTERR, SCHWEIZ home

da·heim|blei·benRR *vi irreg sein* to stay at home

Da·heim·ge·blie·be·ne(r) *f(m) dekl wie adj* ■**die/alle ~n** those/all those at home

da·her [ˈda:he:ɐ̯] **I.** *adv* ❶ *(von dort)* from there; ~ ***haben wir nichts zu befürchten*** we have nothing to fear from that quarter; ■**von ~** from there; ■**~ sein** to be [*or* come] from here/there
❷ *(aus diesem Grunde)* ■[**von**] **~ ...** that's why ...; [***von***] ~ ***hat er das*** that's where he got it from; [***von***] ***~ weißt du es also!*** so that's how [*or* why] you know that; **~ kommt es, dass ...** that is [the reason] why ...; **das/etw kommt ~, dass ...** that is because .../the cause of sth is that ...
❸ DIAL *(hierher)* here/there
II. *konj (deshalb)* [and] that's why

da·her|brin·gen *vt irreg* ÖSTERR ■**etw ~** to bring along sth *sep*

da·her·ge·lau·fen *adj* **ein ~er Hund** an indefinable breed *hum;* **ein ~er Kerl** *(pej)* some guy who comes/came along; **ein ~er Schnösel** *(pej)* a jumped-up busybody *fam;* **jede/jeder D~e/jeder daher Gelaufene Kerl** *(pej)* any [old] Tom, Dick or Harry [*or* guy who [just] comes/came along]

da·her|kom·men [daˈhe:ɐ̯kɔmən] *vi irreg sein* ❶ *(herankommen)* to come along
❷ *(fam: sich zeigen)* to go around; ***wie kommst du denn daher!*** just look at you!, you look as though you've been dragged backwards through a bush!
❸ *(auftreten)* to come along; **arrogant ~** to put on airs

da·her|re·den **I.** *vi* to talk away; ***red doch nicht so*** [***dumm***] ***daher!*** don't talk such rubbish!
II. *vt* ■**etw ~** to say sth without thinking; ***was du alles daherredest!*** the things you come out with!; ***das war nur so dahergeredet!*** that was just empty talk!

da·her·um *adv* around [*or* BRIT *a.* round] there

da·hin [daˈhɪn] *adv* ❶ *(dorthin)* there; ~ ***gehe ich nie wieder!, da gehe ich nie wieder hin!*** I'm never going there again!; ***wie komme ich am besten ~?*** how do I best get there?; ***kommst du mit ~?*** are you coming too?; ***ist es noch weit bis ~?*** is it still a long way [to go]?, is there still far to go?; ***bis ~ sind es noch 10 km*** it's 10 km from here; ***bis ~ müssen Sie noch eine Stunde zu Fuß laufen*** it'll take you another hour to get there; **~ und dorthin blicken** to look this way and that; **Schläge ~ und dorthin verteilen** to strike about one
❷ *(in dem Sinne, in die Richtung)* **~ gehen, dass ...** to be directed towards ...; ***unsere Bemühungen gehen ~, dass wir unter die ersten fünf kommen*** our efforts are directed towards [our] finishing in the top five; ***mein Gefühl/meine Meinung geht*** [***eher***] ***~, dass ...*** I tend to feel/think that ...; **~ gehend** to the effect; ***er hat den Bericht ~*** [***gehend***] ***interpretiert, dass ...*** he has interpreted the report as saying that ...; **eine ~ gehende Aussage** a statement to that effect; **sich** *akk* **~** [**gehend**] **äußern, dass ...** to say something to the effect that ...; **sich** *akk* **~ gehend einigen** [*o* **~ gehend verbleiben**], **dass ...** to agree that ...
❸ *(so weit)* to that; ~ ***musste es kommen!*** it had to come to that!; ***es ist ~ gekommen, dass ...*** things have got to the stage where ...; ***ich sehe es schon ~ kommen, dass wir es noch bereuen*** I can see us regretting that; ~ ***hat ihn der Alkohol gebracht!*** that's were alcohol got him!; **es kommt** [*o* **jd bringt es**] **noch ~, dass etw/jd etw tut** it will end up with sth/sb doing sth; ***es kommt noch ~, dass ich dir eine scheuere!*** *(sl)* I'll give you one in a minute!; ***du bringst es*** [*o* **mich**] ***noch ~, dass ich mich vergesse!*** it will end up with me losing control!
❹ *(zu diesem Zeitpunkt)* **bis ~** until then; ***bis ~ sind es noch 10 Minuten*** there are another 10 minutes to go until then; ***bis ~ ist noch*** [***viel***] ***Zeit*** there's [plenty of] time until then; [**spätestens**] **bis ~** by then; ***bis ~ haben Sie es bestimmt fertig*** you're bound to have finished it by then
❺ *(verloren)* **~ sein** to be gone; *(kaputt)* to be broken; *(beschädigt)* to be ruined; ***mein ganzes Geld ist ~*** all my money is gone; ***all meine Hoffnungen sind ~*** all my hopes are gone; ***mein neues Kleid ist völlig dahin*** my new dress is ruined; ***das Fahrrad ist ~*** the bike has had it *fam*
▶ WENDUNGEN: **jdm steht etw bis ~** *(fam)* sb is fed up with sth *fam;* ***es steht mir bis ~!*** I'm fed up [to the back teeth] with it! *fam,* I've had it up to here! *fam*

da·hin·ab [ˈda:hɪnap] *adv s.* **dorthinab** **da·hin·auf** [ˈda:hɪnauf] *adv s.* **dorthinauf** **da·hin·aus** [ˈda:hɪnaus] *adv s.* **dorthinaus**

da·hin|däm·mern *vi sein o haben* to lie/sit there in a stupor; *(dösen)* to doze

da·hin·ein [ˈda:hɪnain] *adv s.* **dorthinein**

da·hin|fal·len *vi irreg sein* SCHWEIZ *(geh) s.* **entfallen**

da·hin|flie·gen *vi irreg sein* ❶ *(geh: sich pfeilschnell bewegen)* to fly along; **vor den Augen ~** to fly past [one's eyes]; *(eilends vergehen)* to fly past [*or* by]
❷ *(liter: wegfliegen)* to fly off

da·hin|ge·ben *vt irreg (liter)* ■**etw ~** to give away sth *sep;* **das Leben für etw** *akk* **~** to sacrifice [*or* give] one's life for sth

Da·hin·ge·gan·ge·ne(r) *f(m) dekl wie adj (liter)* ■**der/die ~** the departed

da·hin·ge·gen [dahɪnˈge:gn̩] *adv (geh)* on the other hand, however

da·hin|ge·hen *vi irreg sein (geh)* ❶ *(vergehen)* to pass, to go by
❷ *(einhergehen)* ■[**an etw** *dat*/**auf etw** *dat*] **~** to

go/walk along [sth]
③ *(euph: sterben)* to pass away [*or* on]
da·hin·ge·hendRR *adv s.* **dahin 2**
da·hin·ge·stellt [da'hɪngəʃtɛlt] *adj* ▪**~ sein/bleiben** to be/remain an open question; ▪**es ~ sein lassen[, ob .../solange ... nicht ...]** to leave it open [whether/until ...]
da·hin|raf·fen *vt (liter)* ▪**jdn ~** to carry off sb *sep*
da·hin|sa·gen *vt* ▪**etw [nur so] ~** to say sth without [really] thinking; ***das war nur so dahingesagt*** that was just empty talk
da·hin|schei·den *vi irreg sein (geh) s.* **dahingehen 3**
da·hin|schlep·pen *vr* ▪**sich** *akk* **~** ① *(sich vorwärtsschleppen)* to drag oneself along [*or* on]
② *(schleppend vorangehen)* to drag on [and on *fam*]
da·hin|schwin·den *vi irreg sein (geh)* ① *(weniger werden) Geld, Kräfte, Vorräte* to dwindle [away]; *Gefühle* to dwindle; *Interesse a.* to fade
② *(vergehen)* to pass by
da·hin·ser·beln [da'hɪnzɛrbl̩n] *vi sein* SCHWEIZ *(dahinsiechen)* to waste away
da·hin|sie·chen [da'hɪnziːçn̩] *vi (geh)* to waste away
da·hin|ste·hen *vi irreg* ***das steht noch dahin*** that remains to be seen
da·hin|stel·len *vt (fam: an einen bestimmten Ort stellen)* ▪**etw ~** to put sth there
da·hin·ten [da'hɪntn̩] *adv* over there; *(hinter dem Angesprochenen/Sprecher)* back there; **ganz ~** right over [*or fam* way back/over] there
da·hin·ter [da'hɪntɐ] *adv* ① *(hinter dem/der)* behind it/that/them etc.; ***was sich wohl ~ verbirgt?*** I wonder what's behind that?
② *(anschließend)* beyond
③ *(fig)* ***es ist nichts ~*** there's nothing behind [*or* to] it; ***es ist da was ~*** there's more to it/him/her etc. than meets the eye
da·hin·ter·her [dahɪntɐ'heːɐ̯] *adj (fam)* ▪**~ sein** to see to it; *(jdm auf die Finger schauen)* to breathe down sb's/one's neck *pej;* ▪**~ sein, dass ...** to see to it that ...
da·hin·ter|klem·men, da·hin·ter|knien *vr (fam)* ▪**sich** *akk* **~** to buckle down, BRIT *a.* to get [*or* pull] one's finger out *fam; (körperlich a.)* to put one's back into it; ▪**sich** *akk* **~, dass jd etw tut** to buckle down into getting sb to do sth **da·hin·ter|kom·men** *vi irreg sein (fam)* **~[, was/wie/warum ...]** to find out [what/how/why ...]; *(begreifen)* to figure it out, to get it *fam* **da·hin·ter|ste·cken** *vi (fam)* to be behind it; ***was steckt dahinter?*** what's behind it [all]?; ***es steckt gar nichts dahinter*** there's nothing at all behind it; ***wer steckt dahinter?*** who's behind it?; ***da steckt doch etwas dahinter*** there must be something behind it **da·hin·ter|ste·hen** *vi irreg (zugrunde liegen)* to underlie it/them etc.; *(unterstützen)* to be behind it/that; *(befürworten a.)* to back it/that; ***du musst bei allem, was du tust, ~*** you must stand up for everything you do
da·hin·un·ter ['daːhɪnʊntɐ] *adv s.* **dorthinunter**
da·hin|ve·ge·tie·ren* [-ve-] *vi sein* to vegetate, to veg out *fam*
Däh·le <-, -n> ['dɛːlə] *f* DIAL, SCHWEIZ *(Kiefer)* pine tree
Dah·lie <-, -n> ['daːli̯ə] *f* dahlia
DAK [deːʔaː'kaː] *f kein pl Abk von* **Deutsche Angestelltenkrankenkasse** *health insurance company for private-sector employees in Germany*
Da·ka·po <-s, -s> [da'kaːpo] *nt* encore
Dak·ty·lo <-, -s> ['daktylo] *f* SCHWEIZ typist, stenographer *dated*
da|las·sen *vt irreg* ① *(verweilen lassen)* ▪**jdn ~** to leave sb here/there
② *(überlassen)* ▪**jdm etw ~** to leave sb sth
da|lie·gen *vi irreg* ① *(hingestreckt liegen)* to lie there
② *(hingelegt sein)* to lie there; *(da sein)* to be there
③ *(geh: sich erstrecken)* to spread out
dal·li ['dali] *adv (fam)* **[nun] mach mal ~!** get a move on!, be quick about it!; **..., aber ~!** ..., and be quick about it! [*or fam* make it snappy]; ***hau ab, aber ~!*** get lost, go on, quick!; **~, ~!** on the double *fam,* BRIT *fam a.* look smart!
Dal·ma·ti·en <-s> [dal'maːtsi̯ən] *nt* Dalmatia
Dal·ma·ti·ner [dalma'tiːnɐ] *m* ① *(Hund)* dalmation
② KOCHK Dalmatian dessert wine
Dal·ma·ti·ni·sche In·seln [dalma'tiːnɪʃə 'ɪnzl̩n] *pl* Dalmatian Islands *pl*
da·ma·lig ['daːmaːlɪç] *adj attr* at that [*or* the] time *pred;* **das ~e Rom** Rome at that time; **die ~en Sitten** the customs of those days; **der ~e Bürgermeister** the then mayor, the mayor at that time
da·mals ['daːmaːls] *adv* then, at that time; ▪**seit ~** since then; ▪**von ~** of that time
Da·mas·kus <-> [da'maskʊs] *nt* Damascus
Da·mast <-[e]s, -e> [da'mast] *m* damask
da·mas·ten [da'mastn̩] *adj attr (geh)* damask
Däm·chen <-s, -> ['dɛːmçən] *nt dim von* **Dame 1** little lady *a. hum;* **ein richtiges ~** a proper little madam *hum*
Da·me <-, -n> ['daːmə, *pl*'daːmən] *f* ① *(geh)* lady; ***guten Abend, die ~n!*** good evening, ladies!; ▪**meine ~!** madam *form;* **eine vornehme ~** a lady, a gentlewoman *form;* **die ~ des Hauses** the lady [*or dated* mistress] of the house; **meine [sehr verehrten** *geh*] **~n und Herren!** ladies and gentlemen!; **die ~ jds** *gen* **Herzens** sb's sweetheart; **eine ~ von Welt** a mondaine *liter;* **jds alte ~** *(fam)* sb's [*or* the] old lady *fam;* **eine ältere ~** an old [*or euph* elderly] lady; **ganz ~ [sein]** [to be] the perfect [*or* every inch a] lady; **die große ~ spielen** to play the fine lady; **junge ~** young lady; **„~n"** "Ladies"; ***wo ist hier für ~n?*** where's the lady's room? *euph*
② *(Begleiterin)* lady; *(auf einen Herrn bezogen)* partner; *(auf eine Party)* [lady] companion
③ SPORT woman, lady; **die Schwimmmeisterschaft der ~n** the women's [*or* ladies'] swimming championships
④ *(Damespiel)* draughts + *sing vb* BRIT, checkers + *sing vb* AM; *(Doppelstein)* king; **~ spielen** to play draughts
⑤ *(bei Schach)* queen; **die ~ nehmen** to take the queen
⑥ KARTEN queen
Da·me·brett ['daːməbrɛt] *nt* draught[s]board BRIT, checker board AM
Da·men·bart *m* facial hair *no pl, no art* **Da·men·be·glei·tung** *f* female company, company of a lady; **~ *erwünscht*** please bring a lady; **in ~** in the company of a lady **Da·men·be·kannt·schaft** *f* lady friend, female acquaintance *a. euph;* **~en haben** to enjoy the company of ladies *euph;* **eine ~ machen** to make the acquaintance of a lady/young lady **Da·men·be·such** *m* lady visitor[s]; **~ haben** to have a lady visitor **Da·men·bin·de** *f* sanitary towel [*or* AM napkin] **Da·men·dop·pel** *nt* SPORT ▪**das ~** the women's [*or* ladies'] doubles + *sing vb* **Da·men·ein·zel** *nt* SPORT ▪**das ~** the women's [*or* ladies'] singles + *sing vb* **Da·men·fahr·rad** *nt* lady's bicycle [*or* bike] **Da·men·fri·seur** *m* ladies' hairdresser **Da·men·fuß·ball** *nt* women's football **Da·men·ge·sell·schaft** *f* ladies' gathering
da·men·haft **I.** *adj* ladylike *a. pej;* **eine ~e Bluse** a blouse fit for a lady
II. *adv* like a lady
Da·men·kränz·chen *nt* ladies' social [*or* klatsch] **Da·men·mann·schaft** *f* ladies' team **Da·men·mo·de** *f* ladies' fashion[s] **Da·men·ober·be·klei·dung** *f kein pl* ladies' wear **Da·men·par·füm** <-s, -s> *nt* women's fragrance **Da·men·rad** *nt* lady's bicycle **Da·men·rie·ge** <-, -n> *f* SPORT SCHWEIZ *(Damenmannschaft)* ladies' team **Da·men·sat·tel** *m* side-saddle; **im ~ reiten** to ride side-saddle **Da·men·schnei·der** *m* dressmaker **Da·men·sitz** *m* **im ~ [reiten]** [to ride] side-saddle **Da·men·slip** *m* bikini briefs *pl* **Da·men·strumpf** *m* stocking **Da·men·toi·let·te** *f* ladies, ladies' toilet[s *pl*] [*or* AM [rest]room] **Da·men·un·ter·wä·sche** *f* ladies' [*or* women's] underwear **Da·men·wahl** *f* ladies' choice **Da·men·wä·sche** *f kein pl* lingerie, ladies' underwear
Da·me·spiel *nt* ▪**[das] ~** [a game of] draughts [*or* AM checkers] + *sing vb* **Da·me·stein** *m* king
Dam·hirsch ['damhɪrʃ] *m* fallow deer; *(männliches Tier)* fallow buck
da·misch ['daːmɪʃ] SÜDD, ÖSTERR **I.** *adj (fam)* ① *(dämlich)* stupid, daft BRIT *fam,* dozy BRIT *fam,* dumb AM *fam*
② *pred (schwindelig)* dizzy, giddy; ***mir wird ~*** [***im Kopf***] my head's spinning
II. *adv (fam: sehr)* terribly *fam;* ***das tut ~ weh!*** it hurts like hell! *fam*
da·mit [da'mɪt] **I.** *adv* ① *(mit etw, mithilfe davon)* with that; *(mit Besagtem)* with it; ***was soll ich ~?*** what am I supposed to do with that?; ***was will er ~?*** what does he want that for [*or* with that]?; ***ich bin bald fertig ~*** I'll soon be finished; ***er kaufte Blumen/ eine Flasche Champagner und ging ~ zu ihr*** he bought flowers/a bottle of champagne and took them/it to her; ***sie nahm einen Hammer und zerschlug ~ das Fenster*** she took a hammer and used it to smash the window [*or* and smashed the window with it]; ***Ärger mit der Waschmaschine? – ~ habe ich auch Probleme!*** trouble with your washing machine? – I've got problems with mine too; ***ist deine Frage ~ beantwortet?*** does that answer your question?
② *(mit dieser Angelegenheit)* with that; *(mit Besagtem)* with it; ***meint er mich ~?*** does he mean me?, is he talking to me?; ***was meint sie ~?*** what does she mean by that?; ***was ist ~?*** what about it?; ***wie wäre es ~?*** how about it?; ***haben Sie darüber nachgedacht? und was ist nun ~?*** have you thought about it? so what do you say?; ***~ sieht es heute schlecht aus*** today is a bad day for it; ***er konnte mir nicht sagen, was es ~ auf sich hat*** he couldn't tell me what it was all about; ***ist Ihre Frage ~ beantwortet?*** has that answered your question?; ***musst du immer wieder ~ ankommen?*** must you keep [harping] on about it?; ***ich habe nichts ~ zu tun*** I have nothing to do with it; ***~ ist nichts*** *(fam)* that's no go *fam;* ***hör auf ~!*** stop it!; ***~ hat es noch Zeit*** there's no hurry for that
③ *mit bestimmten vb, subst, adj* *(mit Besagtem)* with it; ***~ fing alles an*** everything started with that; ***lass uns morgen ~ anfangen*** let's start with it tomorrow; ***lasst uns schon ~ anfangen*** let's get started on it; ***sie fangen schon ~ an, das Haus abzureißen*** they're already starting to pull down the house; ***was willst du ~ sagen?*** what's that supposed [*or* meant] to mean?; ***~ will ich nicht sagen, dass ...*** I don't mean to say that ...; ***sind Sie ~ einverstanden?*** do you agree to that?; ***~ hatte ich nicht gerechnet*** I hadn't reckoned on [*or* with] that; ***er hatte nicht ~ gerechnet, dass sie mitkommen würden*** he hadn't reckoned on them [*or form* their] coming; ***hast du immer noch Schwierigkeiten ~?*** do you still have difficulties with it/that?
④ *in getrennter Stellung* NORDD ***da bin ich nicht mit einverstanden*** I don't agree to that
⑤ *(fam: in Befehlen)* with it; ***heraus ~!*** out with it!; ***weg ~!*** away [*or* off] with it!; ***genug*** [*o* ***Schluss***] ***~!*** that's enough [of that]!; ***her ~!*** give it to me [*or fam* here]!
⑥ *(hiermit)* with that; ***ich bestand die letzte Prüfung und ~ mein Examen*** I passed the last test and with that my final exam; ***der Vorhang fiel und ~ war die Aufführung zu Ende*** the curtain fell, and the performance was over; ***~ kommen wir zum nächsten Punkt*** that brings us to our next point
⑦ *(somit)* therefore; ***der siebte und ~ letzte Teil*** the seventh and therefore last part; ***~ ist es klar, dass ...*** from that it is clear that ...
II. *konj* so that; ***wir schalteten das Licht aus, ~ uns niemand sah*** we switched off the light so that nobody could see us; ***ich nahm die Kürzung, ~ ich früher ankam*** I took the short cut [in order] to arrive earlier; ***~ er nichts verriet, gab sie ihm einen Teil des Geldes*** to stop him from telling everybody she gave him some of the money; ***~ das***

klar ist, ich bin hier der Chef so that we understand each other, I'm the boss here

däm·lich ['dɛ:mlɪç] **I.** *adj (pej fam)* ① *(dumm)* stupid, dumb *fam*
② *(ungeschickt)* annoying
II. *adv (pej fam)* ~ **fragen** to ask stupid [*or* AM *fam a.* dumb] questions/a stupid question; ***guck nicht so ~!*** don't give me that stupid look! *fam;* **jdm ~ kommen** to act the idiot [with sb]; **sich** *akk* **~ anstellen** to be awkward

Däm·lich·keit <-, -en> *f (pej fam)* ① *kein pl (dummes Verhalten)* stupidity
② *(dumme Bemerkung)* stupid [*or* AM *fam a.* dumb] remark

Damm <-[e]s, Dämme> ['dam, *pl* 'dɛmə] *m* ① *(Staudamm)* dam; *(Deich)* dyke; *(Erdwall)* bank, wall
② *(fig)* barrier (**gegen** +*akk* to/against); ***wenn wir das kleinste bisschen nachgeben, werden alle Dämme brechen*** if we give way at all, the floodgates will open wide
③ MED perineum *spec*
▶WENDUNGEN: **wieder auf dem ~ sein** to be up [*or* back] on one's legs [*or fam* out and about] again; **nicht [ganz] auf dem ~ sein** to not feel up to the mark, to be out of sorts

Damm·bruch *m* breach in a/the dam [*or* dyke]

däm·men ['dɛmən] *vt* ■**etw ~** to insulate sth; **Schall ~** to absorb sound

däm·me·rig ['dɛmərɪç], **dämm·rig** ['dɛmrɪç] *adj* ① *(gering leuchtend)* dim, faint
② *(dämmernd)* ■**~ sein/werden** to be/get dark

Däm·mer·licht *nt* half-light, gloom

däm·mern ['dɛmen] **I.** *vi* ① *(geh) Tag, Morgen* to dawn, to break *liter; Abend* to approach
② *(fig fam: begreifen)* ■**jdm ~** to [gradually] dawn on sb; ***ein Verdacht dämmerte mir*** a suspicion arose [with]in me
③ *(im Dämmerzustand sein)* ■**vor sich** *akk* **hin~** to vegetate; *(dösen)* to doze
II. *vi impers* ■**es dämmert** *(morgens)* dawn is breaking; *(abends)* dusk is falling; [***na,***] ***dämmert es*** [***dir***] ***jetzt?*** *(fig fam)* now is it dawning on you?

Däm·mer·schlaf *m* stupor; ■**im ~** in a stupor
Däm·mer·stünd·chen *nt (fam)* dusk; **ein ~ machen** to watch the sun go down

Däm·me·rung <-, -en> *f* twilight; *(Abenddämmerung)* dusk; *(Morgendämmerung)* dawn; ■**in der** [*o* **bei**] **~** at dawn/dusk; *s. a.* **Einbruch**

Däm·mer·zu·stand *m* ① *(Halbschlaf)* semi[un]consciousness; ■**im ~** in a stupor; ■**im ~ sein** to be semiconscious
② MED *(Bewusstseinstrübung)* twilight [*or* dream] state *spec*

Dämm·plat·te *f* BAU softboard, insulation board

dämm·rig ['dɛmrɪç] *adj s.* **dämmerig**

Damm·riss[RR] *m* MED rupture of the perineum *spec*, perineal tear *spec* **Damm·schnitt** *m* MED episiotomy *spec*

Dämm·stoff *m* insulating material, insulant *spec* **Dämm·strei·fen** *m* BAU insulation strip

Däm·mung <-, -en> *f* insulation; *von Schall* absorption

Dam·na·ti·ons·le·gat [damna'tsi̯o:nslega:t] *nt* JUR civil-law legacy

Dam·num <-s> ['damnʊm] *nt* FIN *(Darlehensabgeld)* loan discount [*or* premium]

Da·mok·les·schwert ['da:moklɛs-] *nt (geh)* sword of Damocles; **wie ein ~ über jdm** [*o* **über jds Haupt**] **hängen** [*o* **schweben**] to hang over sb/sb's head like a sword of Damocles

Dä·mon <-s, Dämonen> ['dɛ:mɔn, *pl* dɛ'mo:nən] *m* ① *(böser Geist)* demon; **ein böser ~** an evil spirit, a demon; **von einem [bösen] ~ besessen** possessed [by an evil spirit]
② *(unheimlicher Antrieb)* **der ~ der Ausschweifung/Lust etc.** the demon of dissipation/lust etc.

dä·mo·nisch [dɛ'mo:nɪʃ] **I.** *adj* ① *(unheimlich)* demonic
② *(teuflisch)* evil, demonic, demoniac[al] *form*
II. *adv* demonically; **~ lächelnd** with a demonic grin

dä·mo·ni·sie·ren* [dɛmoni'zi:rən] *vt* ■**jdn/etw ~** to demonize sb/sth

Dampf <-[e]s, Dämpfe> ['dampf, *pl* 'dɛmpfə] *m* ① *(Wasserdampf)* steam *no pl; (unter dem Siedepunkt)* water vapour [*or* AM -or]; **unter ~ sein** [*o* **stehen**] to be under steam, to have its steam up; **~ draufhaben** *(a. fig)* to be going at full steam; **~ ablassen** *(a. fig)* to let off steam
② *pl (Ausdünstungen)* fumes *pl*, vapours [*or* AM -ors] *pl*
▶WENDUNGEN: **~ aufsetzen, ~ dahinter machen** SCHWEIZ to get a move on; **~ in den Fäusten haben** to pack quite a punch; **jdm ~ machen** *(fam)* to make sb get a move on *fam;* **~ hinter etw** *akk* **machen** SCHWEIZ to hurry on with sth

Dampf·auf·satz *m* KOCHK pan attachment for steaming

Dampf·bad *nt* ① *(Schwitzbad in dampfhaltiger Luft)* steam bath ② *(Raum)* hot room **Dampf·bü·gel·ei·sen** *nt* steam iron

Dampf·druck *m* steam pressure **dampf·druck|ga·ren** *vt* ■**etw ~** to pressure-cook sth

Dampf·druck·ga·ren *nt* pressure cooking **Dampf·druck·koch·topf** *m* pressure cooker

Dampf·durch·läs·sig·keit *f kein pl* TECH vapour permeability

Dampf·ein·satz *m* KOCHK pan inset for steaming

damp·fen ['dampfn̩] *vi* ① *haben (Dampf abgeben)* to steam; *Kochtopf a.* to give off steam; *Pferd* to be in a lather; **ein ~des Bad/Essen** a steaming-hot bath/meal
② *sein (sich unter Dampf fortbewegen)* to steam; *Zug a.* to puff

dämp·fen ['dɛmpfn̩] *vt* ■**etw ~** ① *(mit Dampf kochen)* to steam sth
② *(mit Dampf glätten)* to press sth with a steam iron
③ *(akustisch abschwächen)* to muffle [*or* deaden] [*or* dampen] sth; **seine Stimme ~** to lower one's voice; ■**gedämpft** muffled, deadened, dampened; *(abgedunkelt)* muted, subdued
④ *(mindern)* to cushion [*or* absorb] sth
⑤ *(mäßigen)* to dampen sth; **seine Wut ~** to curb one's anger; ■**jdn [in etw** *dat***] ~** to subdue sb['s sth]; ■**gedämpft** subdued; **die Konjunktur ~** to restrain the boom; **eine Krise ~** to ease a crisis

dampf·ent·saf·ten *vt* KOCHK to juice using steam

Damp·fer <-s, -> ['dampfe] *m* steamer, steamship, steamboat
▶WENDUNGEN: **auf dem falschen ~ sein** [*o* **sitzen**], **sich** *akk* **auf dem falschen ~ befinden** *(fig fam)* to have got [*or* AM gotten] the wrong idea [*or* hold of the wrong end of the stick], to be barking up the wrong tree

Dämp·fer <-s, -> ['dɛmpfe] *m* ① MUS mute; *von Klavier* damper
② TECH damper
▶WENDUNGEN: **jdm einen ~ aufsetzen** to dampen sb's spirits; **etw** *dat* **einen ~ aufsetzen** to put a damper [*or* throw cold water] on [sb's] sth

Damp·fer·li·nie *f* steamship line

Dampf·hei·zung *f* steam heating

dampf·ig *adj* steamy; **eine ~e Wiese** a meadow shrouded in mist *liter*

Dampf·kes·sel *m* [steam] boiler **Dampf·koch·topf** *m* pressure cooker **Dampf·kraft** *f kein pl* steam power; **mit ~ angetrieben** steam-driven, driven by steam *pred* **Dampf·kraft·werk** *nt* steam[-driven] power station **Dampf·lo·ko·mo·ti·ve, Dampf·lok** *f* steam engine [*or* locomotive] **Dampf·ma·schi·ne** *f* steam engine

Dampf·nu·del *f* KOCHK SÜDD *sweet or savoury yeast dumpling* **Dampf·nu·del·pfan·ne** *f pan for cooking steamed yeast dumplings*

Dampf·schiff *nt s.* **Dampfer** **Dampf·schiff·fahrt**[RR] *f kein pl* steam navigation **Dampf·sper·re** *f* BAU vapour barrier

Dämpf·topf *m* KOCHK steamer

Dampf·tur·bi·ne *f* steam turbine

Dämp·fung <-, -en> *f* ① TECH damping; *Schall, Trittschall, Geräusch a.* deadening
② ÖKON *Konjunktur, Preisauftrieb* curbing; **~ des Preisauftriebs** curbing the rise in prices
③ *(fig) Freude/Leidenschaft, Begeisterung* tempering; *Wut* calming

Dampf·ven·til *nt* steam valve **Dampf·wal·ze** *f* steamroller **Dampf·wol·ke** *f* cloud of steam

Dam·wild ['damvɪlt] *nt* fallow deer

Dan <-, -> ['da:n] *m* SPORT *(beim Judo)* dan

da·nach [da'na:x] *adv* ① *(zeitlich: nach etw)* after it; *(nach dem Vorgang)* after that; *(nachher)* afterwards, after *fam; (später)* later; ***wenn du einen Kaiserschnitt hattest, solltest du ~ möglichst viel ruhen*** if you had a Caesarean, you should rest as much as possible after it; ***ich trank ein Glas Wasser, ~ fühlte ich mich besser*** I had a glass of water and after that [*or* afterwards] I felt better, I had a glass of water and felt better after that [*or* afterwards] [*or fam* after]; ***vergewissere dich, dass die Daten gespeichert sind, erst ~ solltest du das Programm verlassen*** you should only leave the programme when you've made sure that all the data are saved; **gleich ~** immediately after; ***als Erster ging der Engländer durchs Ziel und gleich ~ der Russe*** the Englishman finished first, immediately followed by the Russian [*or* and the Russian immediately after him]; **ein paar Minuten ~** a few minutes later
② *(örtlich)* behind; ***vorne sitzen die Kinder, ~ können die Eltern ihre Plätze einnehmen*** the children are sitting at the front and the parents can take their seats behind [them]; **der/die/das ~** the one behind [him/her/it]; ***ist das euer Haus? — nein, das ~*** is that your house? — no, the one behind [it]
③ *(in einer Rangfolge)* then; ***ich höre zuerst auf meine Intuition und ~ [erst] auf die Meinung anderer*** I listen first to my intuition and [only] then to others
④ *(laut etw)* according to it; *(laut dem Sachverhalt)* according to that; ***ich habe eine Aussage gelesen, ~ war die tatsächliche Situation damals ganz anders*** I read a statement, according to which the real situation at the time was quite different
⑤ *mit bestimmten vb, subst, adj* for that; *(nach Besagtem)* for it; ***~ habe ich stundenlang gesucht!*** I've been looking for it for hours!; ***hinter ihm war etwas, aber er hat sich nicht ~ umgesehen*** there was something behind him, but he didn't look round to see what it was; ***sie sehnte sich ~*** she longed for it; ***ihre Sehnsucht danach war unerträglich*** her longing for it was unbearable; ***mir steht der Sinn nicht ~*** I don't feel like it; ***ich bin süchtig ~*** I'm addicted to it; ***mir war nicht ~ zumute*** I didn't feel like it [*or* in the mood]; ***du kennst die Qualitätsanforderungen, richte dich bitte ~*** you know the quality standards. please comply with them; ***das richtet sich ~, wie gut deine Arbeit ist*** that depends on how good your work is; **~ greifen/schlagen** to [make a] grab/strike at it
⑥ *(dementsprechend)* accordingly; ***er ist Künstler — er sieht auch ~ aus*** he is an artist — he has the look of it; ***er hat den Aufsatz in zehn Minuten geschrieben — ~ ist er*** *(fam)* he wrote the essay in ten minutes — it looks like it too; ***sie ist nicht der Typ ~*** she's not that sort of person; ***als wenn es immer ~ ginge, was die Leute reden!*** as if what people say was what counted!; ***es geht nicht ~, was wir gerne hätten*** it doesn't work the way we'd like it to; ***mir ist heute einfach [nicht] ~*** *(fam)* I just [don't] feel like it today; ***manchmal ist mir so ~, da könnte ich alles hinschmeißen*** sometimes I feel like chucking it all in *fam*

Da·na·er·ge·schenk ['da:nae-] *nt (geh)* Greek gift *liter*

Dance·floor <-s, -> ['da:nsflo:ɐ̯] *m (fam)* dance floor

Dan·dy <-s, -s> ['dɛndi] *m (pej)* dandy, fop, peacock *dated or pej*

Dä·ne, Dä·nin <-n, -n> ['dɛ:nə, 'dɛ:nɪn] *m, f* Dane

da·ne·ben [da'ne:bn̩] *adv* ① *(neben jdm/etw)* next

to her/him/it/that etc.; **links/rechts** ~ *(neben Gegenstand)* to the left/right of it/them; *(neben Mensch)* to [*or* on] her/his etc. left/right; ***wir wohnen [im Haus]*** ~ we live [in the house] next door; ~*!* missed!
② *(verglichen damit)* compared with her/him/it/that etc., in comparison
③ *(außerdem)* besides that, in addition [to that]
④ *(unangemessen)* ~ **sein** to be inappropriate

da·ne·ben|be·neh·men* *vr irreg (fam)* ■**sich** *akk* ~ *(unangemessen verhalten)* to behave inappropriately; *(zur Schau stellen)* to make an exhibition of oneself **da·ne·ben|ge·hen** *vi irreg sein* ① *(das Ziel verfehlen)* to miss; *Pfeil, Schuss a.* to miss its/their mark [*or* target] ② *(fam: scheitern)* to go wrong **da·ne·ben·ge·ra·ten** *adj (fam) Person* gone [to the] bad [*or fam* to the dogs]; *Ding* gone wrong **da·ne·ben|gie·ßen** *vt irreg* ■**etw** ~ to spill sth **da·ne·ben|grei·fen** *vi irreg* ① *(an etw vorbeigreifen)* to miss [it], to grab at empty air; *(auf Musikinstrumenten)* to play a wrong note/some wrong notes ② *(fam: falschliegen)* ■**jd greift [mit etw** *dat*] **daneben** sb['s sth] is way off [*or* wide of the] mark **da·ne·ben|hal·ten** *vt irreg (fam)* ■**jdn/etw** ~ to compare sb/sth; ***die diesjährigen Ergebnisse sind gut, wenn man die vom letztem Jahr danebenhält*** this year's results are positive compared to last year's **da·ne·ben|hau·en** *vi irreg* ① *(an etw vorbeihauen)* ■**jd haut [mit etw** *dat*] **daneben** sb misses [the [*or* one's] mark], sb's sth misses the [*or* its] mark ② *(fam: falschliegen)* ■**jd haust [mit etw** *dat*] **daneben** sb['s sth] is way off [*or* wide of the] mark **da·ne·ben|lie·gen** *vi irreg (fam)* ■**jd liegt [mit etw** *dat*] **daneben** sb['s sth] is way off [*or* wide of the] mark *fam;* ***er liegt mit seiner Vermutung richtig daneben*** his suspicion is way off mark **da·ne·ben|schie·ßen** *vi irreg* ① *(das Ziel verfehlen)* to miss [the target [*or* mark]] ② *(absichtlich vorbeischießen)* to shoot to miss **da·ne·ben|ste·hen**RR *vi irreg* ***ich stand direkt daneben, als der Unfall passierte*** the accident happened right next to me **da·ne·ben|tref·fen** *vi irreg* ■**jd trifft [mit etw** *dat*] **daneben** ① *(nicht treffen)* sb misses [the [*or* one's] mark], sb's sth misses the [*or* its] mark ② *(mit Antwort)* sb['s sth] is way off [*or* wide of the] mark *fam*

Dä·ne·mark <-s> ['dɛːnəmark] *nt* Denmark

dang [daŋ] *imp von* **dingen**

da·nie·der|lie·gen *vi irreg* SÜDD, ÖSTERR, SCHWEIZ *(geh)* ① *(krank sein)* to be laid low
② ÖKON *Handel, Wirtschaft* to be depressed

Dä·nin ['dɛːnɪn] *f s.* **Däne**

dä·nisch ['dɛːnɪʃ] *adj* Danish

Dä·nisch ['dɛːnɪʃ] *nt dekl wie adj* Danish

Dä·ni·sche <-n> *nt* ■**das** ~ Danish, the Danish language

dank ['daŋk] *präp +dat o gen (a. iron)* thanks to *a. iron*

Dank <-[e]s> ['daŋk] *m kein pl* ① *(Anerkennung für Geleistetes)* ■**jds** ~ sign of sb's gratitude
② *(Dankbarkeit)* gratitude, thankfulness; **der ~ des Vaterlandes ist dir gewiss** *(hum)* you'll get a medal for that *hum;* **mit bestem ~ zurück!** returned with thanks!; **besten/herzlichen/schönen/tausend/vielen** ~ thank you very much, many thanks *form,* thanks a lot *fam;* ***das war ein schlechter*** ~ that is/was poor thanks; ***hab/haben Sie ~!*** *(geh)* thank you!; *(für Hilfe a.)* I'm much obliged to you *form;* **etw mit ~ annehmen** to accept sth with thanks; **jdm für etw** *akk* **~ sagen** *(geh)* to express one's thanks to [*or* thank] sb for sth; REL to give thanks to sb for sth; **jdm ~ schulden, jdm zu ~ verpflichtet sein** *(geh)* to owe sb a debt of gratitude; **jdm ~ für etw** *akk* **wissen** *(geh)* to be indebted to sb for sth; **jdm ~ dafür wissen, dass ...** to be indebted to sb that ...; **als ~ für etw** *akk* in grateful recognition of sth; **zum ~ [dafür]** *(iron)* as a way of saying thank you; **[das ist] der [ganze] ~ dafür!** that is/was all the thanks one gets/got!

Dank·adres·se *f (geh)* official letter of thanks

dank·bar ['daŋkbaːɐ̯] **I.** *adj* ① *(dankend)* grateful; *(erleichert)* thankful; ■**jdm ~ [für etw** *akk*] **sein** to be grateful to sb [for sth]; **sich** *akk* **[jdm gegenüber] ~ erweisen** [*o* **zeigen**] to show one's gratitude [to sb]
② *(lohnend) Aufgabe, Rolle* rewarding, profitable
③ *(anspruchslos)* appreciative; **ein ~er Stoff** a hard-wearing material; **eine ~e Pflanze** a plant which doesn't need much attention
④ *(verbunden)* obliged; ***ich wäre dir/Ihnen ~, wenn ...*** I would be obliged [*or* grateful] [*or* I would appreciate it] if you ...
II. *adv* gratefully; *(erleichtert)* thankfully

Dank·bar·keit <-> *f kein pl* gratitude; *(Erleichterung)* thankfulness; **jdm seine ~ [für etw] erweisen** [*o* **zeigen**] to express one's thanks to sb [for sth]

dan·ke *interj* thank you, thanks, BRIT *fam a.* ta; *(nicht nötig)* no thank you [*or fam* thanks]; ***wie geht's? — ~, ich kann nicht klagen*** how's it going? — [I] can't complain; ***kann ich helfen? — ~, ich glaube, ich komme allein zurecht*** can I help? — thanks, but I think I can manage; **jdm für etw** *akk* **~ sagen** *(geh)* to say thank you [to sb] for sth/for doing sth; **~ schön/sehr** thank you [*or fam* thanks] very much; **~ vielmals** *(iron)* thanks a million *fam;* **~ ja** yes please; **ja, ~** yes thank you; **~ nein, nein, ~** no[,] thank you [*or* thanks]; *s. a.* **Nachfrage**

dan·ken ['daŋkn̩] **I.** *vi* ① *(Dank ausdrücken)* to express one's thanks; *(danke sagen)* to say thanks; ***sie dankte und legte auf*** she said thanks and put the phone down; ***lasset uns*** ~ let us thank the Lord; ***[ich] danke*** thank you, thanks; *(ja bitte)* yes please; *(nicht nötig)* no, thank you [*or* thanks]; ***man dankt*** *(fam)* thanks, ta BRIT *fam;* ***nichts zu*** ~ don't mention it, you're welcome; ***[ich] danke bestens!*** *(iron)* thanks a million [*or* for nothing]! *iron fam;* ***na, [ich] danke [schön]!*** *(iron fam)* no, thank you!; *(stärker)* not on your life! *fam,* not a chance! *fam;* **kurz** ~ to give a quick thanks; ■**jdm [für etw** *akk*] ~ to thank sb [for sth]; ***ich danke Ihnen vielmals*** thank you very much; ***wir ~ [Ihnen] für dieEinladung*** thank you for your [*or* the] invitation; ***ich danke dir [dafür], dass du an mich gedacht hast*** thank you for thinking of me; **jdm mit einem Blumenstrauß** ~ to thank sb [*or* to express one's thank] with a bunch of flowers; **jdm ~ lassen** to send sb one's thanks; ***bestellen Sie bitte Ihrer Frau, ich lasse herzlich ~!*** please give your wife my thanks
② *(jds Gruß erwidern)* ■**[jdm]** ~ to return sb's greeting; **jdm nicht** ~ to ignore sb
▶WENDUNGEN: **[ich] danke für Obst und Südfrüchte** *(fam)* no, thanks
II. *vt* ① *(dankbar sein für)* ■**jdm etw** ~ to thank sb for sth; *(lohnen)* to repay sb for sth; ***wie kann [o soll] ich Ihnen das jemals ~?*** how can I ever thank you?; ***sie werden es mir später einmal ~, dass ich Nein gesagt habe*** one day they'll thank me for saying no; ***man wird es dir nicht*** ~ you won't be thanked for it; ***man wird es dir nicht zu ~ wissen*** it won't be appreciated; ***niemand wird dir deine Mühe*** ~ nobody will appreciate your effort; ***man hat es mir schlecht gedankt, dass ich meinen Job aufs Spiel gesetzt habe*** I got small [*or* I didn't get a lot of] thanks for risking my job; ***er hat mir meine Hilfe schlecht gedankt*** he showed no appreciation for my help; ***sie hat mir meine Hilfe mit Spott gedankt*** she repaid my help with mockery
② *(geh: verdanken)* ■**jdm/etw ~, dass ...** to owe it to sb/sth that ...; ***nur dem rechtzeitigen Erscheinen der Feuerwehr ist es zu ~, dass ...*** it was only thanks to the prompt appearance of the fire brigade that ...

dan·kend *adv* with thanks; **~ erhalten** received with thanks

dan·kens·wert ['daŋkn̩sveːɐ̯t] *adj* commendable; **seine ~e Hilfe** his kind help

dan·kens·wer·ter·wei·se *adv* kindly; *(mit Erleichterung)* thankfully

dank·er·füllt *adj (geh)* grateful, filled with [*or* full of] gratitude *pred;* *(erleichtert)* thankful

Dan·ke·schön <-s> *nt kein pl* ① *(ein Wort als Dank)* thank you; **ein herzliches** ~ a heartfelt [*or* big] thank you; **[jdm] ein herzliches ~ sagen** to express heartfelt thanks to sb
② *(Geste des Dankes)* thank you, token of one's gratitude

Dan·kes·wor·te *pl (geh)* words of thanks; *von Redner* vote of thanks

Dank·got·tes·dienst *m* thanksgiving service, service of thanksgiving **Dank·sa·gung** *f* note of thanks; *(im Buch)* acknowledgements *pl* **Dank·schrei·ben** *nt* letter of thanks

D

dann ['dan] *adv* ① *(rangmäßig danach)* then; ***er ist der Klassenbeste, ~ kommt sein Bruder und ~ ich*** he is top of the class, followed by his brother and then by me [*or* then comes his brother and then me]
② *(dahinter)* then; ***an den Hof schließt sich ~ ein Garten an*** then at the end of yard there is a garden
③ *(darauf, danach)* then; *(hinterher)* afterwards; ***sie sprang zuerst ins Wasser, ~ sprangen die anderen*** she jumped first of all into the water, [and] then the others; ***lass uns ins Kino gehen — und was machen wir ~?*** let's got to the cinema — and what are we doing afterwards?
④ *(zu dem Zeitpunkt)* then; ***noch ein Jahr, ~ ist er mit dem Studium fertig*** another year and he will have finished his studies; ***wenn das gemacht ist, ~ kannst du gehen*** when that's done, you can go; ***noch eine Woche, ~ ist Ostern*** another week and [then] it's Easter; ***was soll ~ werden?*** what will happen then?; **ausgerechnet** [*o* **gerade**] **~, als/wenn ...** just when ...; ***das Angebot kam ausgerechnet ~, als ich eine andere Stelle angenommen hatte*** the offer arrived just after I had accepted another job; **bis ~** until then; *(spätestens)* by then; ***bis ~ kann ich nicht warten*** I cannot wait till then; ***bis ~ muss der Text fertig sein*** the text has to be finished by then; **erst ~** only then; ***erst ~ begriff ich, wie sehr ich ihn brauchte*** only then did I realize how much I needed him; **erst/nur ~, wenn ...** only when ...; ***ich bezahle nur ~, wenn du pünktlich lieferst*** you only get paid when you deliver on time; **immer ~, wenn ...** always when ...; ***du rufst immer [genau] ~ an, wenn ich keine Zeit habe*** you always phone when I've got no time
⑤ *(schließlich)* in the end; ***es hat ~ doch noch geklappt*** it was all right in the end
⑥ *(in diesem Falle)* then; ***solltest du morgen in der Gegend sein, ~ komm doch bei mir vorbei*** if you are in the neighbourhood tomorrow, do come and see me, then; ***ich habe keine Lust mehr — ~ hör doch auf!*** I'm not in the mood any more — well stop then!; ***also ~ bis morgen*** right then, see you tomorrow then; ***ja ~ auf Wiedersehen!*** well then, good-bye!; ***nun, ~ ist ja alles in Ordnung!*** oh well, in that case [everything's okay]!; ***na, ~ eben nicht!*** well, in that case[, forget it]!; ~ ***erst recht nicht!*** then certainly not!; ~ ***will ich nicht weiter stören*** well, I'd better not disturb you any more; ***und wie es ~ so ist [o geht], ...*** but you know how it is, ...; **erst ~** only then; **erst/nur ~, wenn ...** only if ...; ***ich verrate es dir nur ~, wenn du versprichst es geheim zu halten*** I'll only tell you if you promise to keep it a secret; **selbst ~** even then; ***ja, selbst ~*** yes, even then; ***nein, selbst ~ nicht*** no, not even then; **wenn ..., ~ ...** if ..., [then] ...; ***wenn du mir nicht glaubst, ~ frag doch die anderen*** if you don't believe me, [then] ask the others
⑦ *(demnach)* so; ~ ***hast du also die ganze Zeit mit zugehört*** so you've been listening the whole time
⑧ *(sonst)* then; ***und falls das so nicht klappt, wie ~?*** and if it doesn't work, what then?; ***wenn dir auch dieser Vorschlag nicht zusagt, welcher ~?*** if you can't agree to this proposal, what can you agree to?; ***wenn man nicht einmal in Schottland echten Whiskey bekommt, wo ~?*** if you can't get real whisky in Scotland, where can you expect to find it?; ***wenn er seine Gedichte selbst nicht versteht, wer ~?*** if he can't understand his

own poems, who else can [understand them]?
❾ *(außerdem)* ~ **noch** as well; *(zu alledem)* ~ [**auch**] **noch** on top of that; ***auf dem Markt wurde Obst und Gemüse verkauft, und ~ gab es noch Blumen*** fruit and vegetables were offered at the market, and flowers as well; ***und ~ kommt noch die Mehrwertsteuer hinzu*** and then there's VAT to add on top of that; ***zuletzt fiel ~ auch noch der Strom aus*** finally to top it all there was a power failure; ***und ~ will er auch noch sein Teil haben*** and, on top of that, he wants his share; ***strohdumm und ~ auch noch frech*** as thick as they come and cheeky into the bargain [*or* to boot] *fam*
▸WENDUNGEN: **bis ~!** see you then!; **~ und ~** on such and such a date; ***er schrieb mir, dass er ~ und ~ kommen würde*** he wrote to me that he would come on such and such a date; **von ~ bis ~** from such and such a date to such and such a date; **~ und wann** now and then; ***ich sehe sie ~ und wann beim Einkaufen*** I see her now and then [*or* I occasionally see her] when I do my shopping

dan·nen ['danən] *adv* ■**von ~** *(veraltet)* thence *dated form*

dann·zu·mal ['dantsuma:l] *adv* SCHWEIZ *(geh)* then

Dan·zig ['dantsɪç] *nt* Gdansk

Dan·zi·ger Bucht <- -> ['dantsɪgɐ] *f* Gdansk Bay

dar·an [da'ran] *adv* ❶ *(räumlich)* on it/that; ***halt deine Hand ~!*** put your hand against [*or* on] it; ***komm nicht ~, die Farbe ist noch feucht*** don't touch it, the paint is still wet; **etw ~ befestigen/kleben** to fasten/stick sth to it; **etw ~ lehnen/stellen** to lean/place sth against it; **~ riechen** to smell it; **~ stehen** to stand next to it; **nahe** [*o* **dicht**] **~** right up against it, [right] up close to it; **~ vorbei** past it
❷ *(zeitlich)* ***erst fand ein Vortrag statt, ~ schloss sich eine Diskussion [an]*** first there was a lecture, which was followed by a discussion [*or* and after that a discussion]; **im Anschluss ~** [*o* **~ anschließend**] following that/this; ***im Anschluss ~ gibt es einen Imbiss*** it/that/this will be followed by a snack
❸ *in Verbindung mit subst, adj, vb siehe auch dort (an dieser Angelegenheit/Sache)* ***kein Wort ist wahr ~!*** there isn't a word of truth in it, not a word of it is true; ***es ändert sich nichts ~*** it won't [*or* nothing will] change; ***denk ~!*** bear it in mind; ***denk ~ dass du deine Schwester anrufen musst*** don't forget [you have] to ring your sister; ***~ sieht man, dass ...*** there you [can] see that ...; **~ arbeiten/ersticken** to work/choke on it; **arm/reich ~ sein** to be lacking/rich in it; **sich** *akk* **~ beteiligen/erinnern** to take part in/remember it; **das Dumme/Gute/Schöne ~ ist, dass ...** the stupid/good/nice thing about it is that ...; **kein Interesse ~** no interest in it; **~ interessiert sein** to be interested in it; **~ kauen/sitzen** to chew [on]/sit over it; **ein Mangel ~** a lack of it; **~ sein** to be working on it; ***iss die Wurst nicht, der Hund ist ~ gewesen*** *(fam)* don't eat that sausage, the dog has been at it; **~ sterben** to die of it; **~ zweifeln** to doubt it; *s. a.* **gut, nahe**

dar·an|ge·ben *vt irreg (geh)* ■**etw** [**für jdn**] **~** to sacrifice sth [for sb] **dar·an|ge·hen** *vi irreg sein* to set about it; ■**~, etw zu tun** to set about doing sth

dar·an|ma·chen *vr (fam)* ■**sich** *akk* **~** to set about [*or* get down to] it; ■**sich** *akk* **~, etw zu tun** to get down to/set about doing sth

dar·an|set·zen [da'ranzɛtsn̩] **I.** *vt* **alles ~, etw zu tun** to spare no effort [*or* do one's utmost] to do sth; ***sie setzte einiges daran, ihn doch noch umzustimmen*** she took [*or* was at] pains to persuade him
II. *vr* ■**sich** *akk* **~** to set about it

dar·an|wen·den *vt (geh)* ***er hat viel Energie darangewandt, sein Ziel zu erreichen*** he spared no effort in reaching his goal

dar·auf [da'rauf] *adv* ❶ *(räumlich)* on it/that/them etc.; ***sie trug ein Kleid mit Blumen ~*** she wore a dress with flowers on it; **~ losfahren/schießen/zielen** to drive/shoot/aim at it/them; **~ zugehen/zuschwimmen** to go/swim towards it; **~ schlagen** to hit it
❷ *(zeitlich)* after that; *(danach)* afterwards, after *fam;* **am Abend/Tag ~** the next [*or* following] evening/day; **bald** [*o* **kurz**] **~** shortly afterwards [*or fam* after]; **~ folgend** following, ensuing *form;* ***erst kam der Premier, ~ folgten Polizisten*** the prime minister came first, followed by policemen; **die ~ folgende Frage** the next question; **im Jahr ~** [in] the following year, a year later
❸ *(infolgedessen)* because of that, consequently, whereupon *form;* ***er hatte gestohlen und wurde ~ von der Schule verwiesen*** he was caught stealing, whereupon he was expelled from the school
❹ *(auf diese Sache, Angelegenheit)* **~ *steht die Todesstrafe*** that is punishable by death; ***~ wollen wir trinken!*** let's drink to it/that!; ***wir kamen ~ zu sprechen*** we talked about it; ***wie kommst du nur ~?*** how did you get that idea?; **~ antworten/reagieren** to reply/react to it; **~ beruhen, dass** to be based on the assumption that; **sich** *akk* **~ beziehen** to refer to it/that/this; **etw ~ sagen** to say sth to it/this/that
❺ *in Verbindung mit subst, adj, vb siehe auch dort* ***Hand ~!*** let's shake on it; ***Sie haben mein Wort ~!*** you have my word [on it]; ***~ wolltest du hinaus!*** [so] that's what you were getting at!; ***ein merkwürdiges Thema, wie kamen wir ~?*** a strange subject, how did we arrive at it?; ***ich weiß noch nicht, aber ich komme schon ~!*** I don't know yet, but I'll soon find out; **einen Anspruch ~ erheben** to claim it; **nur ~ aus sein, etw zu tun** to be only interested in doing sth; **~ bestehen** to insist [on it]; **sich** *akk* **~ freuen** to look forward to it; **~ hoffen/wetten, dass ...** to hope/bet [that] ...; **ein Recht ~ haben** to have a right to it; **~ reinfallen** to fall for it; **~ Rücksicht nehmen, dass ...** to take into consideration that ...; **stolz ~ sein** to be proud of it/that; **sich** *akk* **~ verlassen** to rely on her/him/you etc.; **sich** *akk* **~ vorbereiten** to prepare for it

dar·auf·fol·gend *adj attr s.* **darauf 2**

dar·auf·hin[1] [darauf'hɪn] *adv* ❶ *(infolgedessen)* as a result [of this/that]
❷ *(nachher)* after that

dar·auf·hin[2] ['da:raufhɪn] *adv (im Hinblick darauf)* with regard to this/that; ***der Wagen wurde auch ~ untersucht, ob ein Unfall vorgelegen hatte*** the car was also inspected for signs of a past accident

dar·auf|le·gen[RR] *vt* ■**etw ~** to lay [*or* put] sth on top; ***er nahm einen Stuhl und legte die Beine darauf*** he took a chair and put the legs on it

dar·aus [da'raus] *adv* ❶ *(aus Gefäß o Raum)* out of it/that/them; **etw ~ entfernen** to remove sth from it
❷ *(aus diesem Material)* from [*or* out of] it/that/them; ***~ wird Wein gemacht*** wine is made from it/that
❸ *in Verbindung mit subst, vb siehe auch dort* **sich** *akk* **~ ergeben** to result; ***~ ergibt sich/folgt, dass ...*** the result of which is that ...; ***wie Sie ~ ersehen, ...*** as you can see [from this] ...; ***was ist ~ geworden?*** what's become of it?
▸WENDUNGEN: **~ wird nichts!** *(das wird nicht passieren)* it's not going to happen, nothing will come of it; *(auf keinen Fall)* that's [perfectly] out of the question!

dar·ben ['darbn̩] *vi (geh)* to live in [*or* suffer] want *form*

dar|bie·ten ['da:ɐ̯bi:tn̩] *irreg* **I.** *vt (geh)* ❶ *(vorführen)* ■[**jdm**] **etw ~** to perform sth [before sb]; *(vortragen)* to present sth [to sb]; **ein Gedicht ~** to recite a poem
❷ *(anbieten)* ■**jdm etw ~** to offer sb sth; *(servieren)* to serve sb sth; **eine Gabe/die Hand ~** to offer [*or form* proffer] a gift/one's hand
II. *vr* ■**sich** *akk* **jdm ~** to present itself [to sb], to be faced with sth; *Gelegenheit, Möglichkeit* to offer itself to sb

Dar·bie·tung <-, -en> ['da:ɐ̯bi:tʊŋ] *f* ❶ *(Vorführung)* performance; *(das Dargebotene)* act
❷ *kein pl (geh: das Anbieten)* serving

dar|brin·gen ['da:ɐ̯brɪŋən] *vt irreg (geh)* ❶ *(zuteil werden lassen)* **jdm** [**seine**] **Glückwünsche ~** to offer [sb] one's best wishes; **jdm eine Ovation ~** to give sb an ovation; **jdm ein Ständchen ~** to serenade sb
❷ *(bringen)* ■[**jdm**] **ein Opfer ~** to offer [up *sep*] a sacrifice [to sb]; **jdn einem Gott zum Opfer ~** to sacrifice sb to a god, to offer [up *sep*] sb as a sacrifice to a god

Dar·de, Dar·din <-n, -n> ['dardə, 'dardɪn] *m, f* Dard

Dar·disch ['dardɪʃ] *nt dekl wie adj* Dard

Dar·di·sche <-n> *nt* ■**das ~** Dard, the Dardic language

Dar·dis·tan <-s> ['dardɪstan] *nt* Dardistan

dar·ein [da'rain] *adv (geh)* ❶ *(in das hinein)* in there; *(in vorher Erwähntes)* in/into it/them, therein *form*
❷ *(veraltend: in diesen Umstand)* to it/that; ***sie mussten sich ~ fügen*** they had to accept [*or* bow to] that

dar·ein|fin·den *vr irreg (geh)* to come to terms with [*or* learn to accept] it; *(resigniert a.)* to become resigned [*or* reconciled] to it; ■**sich** *akk* **~, etw zu tun** to come to terms with [*or* learn to accept] doing sth

dar·ein|fü·gen *vr (geh)* to resign oneself [to sth]

dar·ein|re·den [da'rainre:dn̩] *vi (unterbrechen)* to interrupt; *(sich einmischen)* to interfere, to meddle

dar·ein|set·zen *vt (geh)* to put into [*or* devote to] it; **seine ganze Energie ~, etw zu tun** to put all one's energy into [*or* devote all one's energy to] doing sth

Dar·es·sa·lam <-s> [darɛsa'la:m] *nt* Dar es Salaam

dar·in [da'rɪn] *adv* ❶ *(in dem/der)* in there; *(in vorher Erwähntem)* in it/them; ***was steht ~*** [***geschrieben***]? what does it say?
❷ *(in dem Punkt)* in that respect; **~ übereinstimmen/~ übereinstimmen, dass...** to agree [in that respect]/to agree that ...; ***~ liegt ein Widerspruch*** there's a contradiction in that; **~ ganz groß/perfekt sein** *(fam)* to be very good/perfect at it/that; **~ ein Talent sein** *(fam)* to be born for it *fam*

dar|le·gen ['da:ɐ̯le:gn̩] *vt* ■[**jdm**] **etw ~** to explain sth [to sb]; [**jdm**] **seine Ansichten/einen Plan/eine Theorie ~** to explain [*or form* expound] one's views/a plan/a theory [to sb]; **etw ausführlich ~** to explain sth in detail, to elaborate on sth; **etw kurz ~** to give a brief explanation of sth

Dar·le·gung <-, -en> *f* explanation

Dar·le·gungs·last *f* JUR onus of presentation **Dar·le·gungs·pflicht** *f* JUR obligation to present the case to the court

Dar·le·h(e)n <-s, -> ['da:ɐ̯le:ən] *nt* loan; **abgeschriebenes/befristetes/eingefrorenes ~** amortized/term/frozen loan; **jederzeit kündbares/unkündbares ~** call loan/irredeemable loan; **kurzfristiges/langfristiges ~** short-term/long-term loan; **ungesichertes ~** unsecured loan; **zinsfreies ~** [interest-]free [*or* soft] loan; **als ~** on [*or* as a] loan; **~ mit einer Laufzeit von ...** loan with a term [*or* life] of ...; **ein ~ über/**[**in Höhe**] **von Euro 100.000** a loan [to the amount] of [*or* amounting to] 100,000 euros; **ein ~ beantragen** to apply for a loan; [**jdm**] **ein ~ gewähren** to grant [sb] a loan; [**jdm**] **ein ~ über Euro 50.000 gewähren** to grant [sb] a loan of 50,000euros, to loan [*or* AM *a.* loan out] [sb] 50,000 euros; **ein ~ sichern** to secure a loan

Dar·le·hens·an·trag *m* FIN application for a loan **Dar·le·hens·be·trag** *m* FIN principal **Dar·le·hens·fonds** [-fõ:] *m* FIN loan funds *pl* **Dar·le·hens·for·de·rung** *f* FIN claim in respect of a loan **Dar·le·hens·ge·ber(in)** *m(f)* lender, loaner **Dar·le·hens·ge·schäft** *nt* FIN lending [*or* loan] business **Dar·le·hens·hy·po·thek** *f* FIN loan mortgage **Dar·le·hens·neh·mer(in)** *m(f)* borrower, receiver [of a/the loan], loanee *spec* **Dar·le·hens·schuld** *f* FIN loan debt, borrowings *pl* **Dar·le·hens·sum·me** *f* ■**die ~** the amount of a/the loan; ■**eine ~** a loan **Dar·le·hens·ver·lauf** *m* FIN loan scheme **Dar·le·hens·ver·spre·chen** *nt* FIN promise to grant a loan **Dar·le·hens·ver·trag** *m* JUR loan undertaking **Dar·le·hens·zin·sen** *pl* JUR loan interest

Dar·ling <-s, -s> ['da:ɐ̯lɪŋ] *m* ■**jds ~** sb's darling [*or fam* heartthrob]

Darm <-[e]s, Därme> ['darm, *pl* 'dɛrmə] *m* ❶ *(Ver-*

dauungstrakt) bowels *npl,* intestine[s *npl*], gut[s *npl*] *fam;* **bei jdm auf den ~ schlagen** to give sb stomach trouble
② *(Wursthülle aus Darm)* [sausage] skin [*or* case]; **Wurst in echtem/künstlichem ~** sausage in real/synthetic skin; *(für Saiten, Schlägerbespannung)* [cat]gut

Darm·aus·gang *m* anus, anal orifice *form;* **ein künstlicher ~** an artificial [*or spec* a preternatural] anus **Darm·blu·tung** *f* intestinal bleeding **Darm·bruch** *m* enterocele *spec* **Darm·ent·lee·rung** *f* bowel movement, defecation *form,* evacuation of the bowels *form* **Darm·er·kran·kung** *f* intestinal disease **Darm·flo·ra** *f* intestinal flora *spec* **Darm·grip·pe** *f* gastric [*or* intestinal] flu [*or form* influenza] **Darm·in·fek·ti·on** *f* intestinal [*or* bowel] infection **Darm·krebs** *m* intestinal [*or* bowel] cancer, cancer of the intestine [*or* bowel] **Darm·pa·ra·sit** *m* intestinal parasite **Darm·sai·te** *f* [cat]gut string **Darm·spie·ge·lung** *f* MED enteroscopy **Darm·spü·lung** *f* irrigation of the bowels *form,* intestinal lavage *spec* **Darm·tä·tig·keit** *f* ■**die ~** peristalsis *spec;* **die ~ fördern/regulieren** to stimulate/regulate the movement of the bowels **Darm·träg·heit** *f* underactivity of the intestines; *(Verstopfung)* constipation **Darm·ver·schlin·gung** *f* twisting of the intestine [*or* bowels], volvulus *spec* **Darm·ver·schluss**[RR] *m* intestinal obstruction, obstruction of the bowels [*or* intestine], ileus *spec*

dar·nie·der|lie·gen [dar'ni:dɐ-] *vi irreg* ① *(geh: krank im Bett liegen)* ■[**mit etw** *dat*] **~** to be laid up [with sth], to be down with sth
② *(sich in schlechtem Zustand befinden)* to stagnate, to languish

dar·ob [da'rɔp] *adv* SCHWEIZ *(o veraltet)* ***er war ~ erstaunt/sehr verärgert*** he was very surprised by that/very annoyed at that; ***sie wurde ~ sehr bewundert*** she was much admired for that [*or* on that account]

Dar·re <-, -n> ['darə] *f* ① *(Vorrichtung zum Darren)* oast
② *(Trockengestell)* drying frame

dar|rei·chen ['da:ɐ̯raiçn̩] *vt (geh) s.* **darbieten I 2**

dar·ren ['darən] *vt* ■**etw ~** to dry [*or* oast-dry] sth

dar·stell·bar *adj* ① *(zu berichten)* ***das ist nicht in wenigen Worten ~*** this cannot be described in a few words; **kaum/leicht ~** hard/easy to describe [*or* express] [*or* portray]
② *(wiederzugeben)* ***diese Kurven sind grafisch ~*** these curves can be represented in graphic form; ***sämtliche Schritte sind auf dem Bildschirm ~*** all steps can be shown [*or form* depicted] on [the] screen

dar|stel·len ['da:ɐ̯ʃtɛlən] **I.** *vt* ① *(wiedergeben)* ■**jdn/etw ~** to portray [*or form* depict] sb/sth; **etw blau/rot ~** to depict sth in blue/red *form;* ***was sollen diese Zeichen ~?*** what do these symbols mean? [*or* stand for?]
② THEAT ■**jdn ~** to portray [*or* play the part of] sb; ■**etw ~** to portray sth; *(interpretieren)* to interpret sth; **eine Rolle ~** to play a role
③ *(beschreiben)* ■**etw ~** to describe [*or sep form* set forth] sth; **etw ausführlich/kurz** [*o* **knapp**] **~** to give a detailed/brief description of sth
④ *(bedeuten)* ■**etw ~** to represent [*or form* constitute] sth; **etwas ~** *(großen Eindruck machen)* to be impressive; *Mensch a.* to cut a fine figure; **nichts ~** *(keinen Eindruck machen)* to be a nobody; **nichts im Leben ~** to be nothing in life
⑤ CHEM ■**etw ~** to obtain sth
II. *vr* ① *(zeigen)* ■**sich** *akk* [**jdm**] **~** to appear [to sb]; ***die Sache stellt sich als sehr schwierig dar*** the matter appears [to be] very difficult
② *(ausgeben als)* ■**sich** *akk* **als jd ~** to show oneself to be sth

Dar·stel·ler(in) <-s, -> ['da:ɐ̯ʃtɛlɐ] *m(f)* actor, *fem a.* actress; **die ~in der Lady Macbeth** the actress playing Lady Macbeth

dar·stel·le·risch **I.** *adj attr* acting; ***diese Rolle erfordert ~es Talent*** this role demands a talented actor; ***seine ~e Leistung war ausgezeichnet*** his performance was outstanding
II. *adv* ***das Stück wies ~ einige Schwächen auf*** the acting in the play was rather weak in places

Dar·stel·lung <-, -en> *f* ① *kein pl (das Wiedergeben im Bild)* portrayal, depiction; **die ~ von Perspektiven/mathematischen Modellen** the depiction of perspectives/mathematical models
② *kein pl* THEAT *(das Gestalten)* performance; **die ~ eines Charakters/einer Rolle** the interpretation of a character/role
③ *(das Schildern)* representation *no pl;* *(Bericht)* account
④ *(Bild)* depiction

Dar·stel·lungs·bild·schirm *m* TYPO preview terminal **Dar·stel·lungs·flä·che** *f* display space **Dar·stel·lungs·form** *f* THEAT form of expression **Dar·stel·lungs·for·mat** *nt* display format **Dar·stel·lungs·grö·ße** *f* display attribute **Dar·stel·lungs·mit·tel** *nt* means of representation, technique [of representation] **Dar·stel·lungs·mög·lich·keit** *f* ① *auf einem Bildschirm* possibility of displaying, ability to display ② *(Umsetzungsmöglichkeit) im Roman, auf der Bühne* possibility of portraying, ability to portray **Dar·stel·lungs·qua·li·tät** *f* display quality **Dar·stel·lungs·wahl·recht** *nt* FIN *(zur Bilanzierung)* accounting option **Dar·stel·lungs·wei·se** *f* way of expression

Darts <-> [da:ɐ̯ts] *nt kein pl* darts + *sing vb*

Dart·schei·be ['da:t-] *f* dartboard

dar|tun ['da:ɐ̯tu:n] *vt irreg (geh) s.* **darlegen**

dar·über [da'ry:bɐ] *adv* ① *(räumlich)* over it/that/them; *(direkt auf etw)* on top [of it/that]; *(oberhalb von etw)* above [it/that/them]; *(über etw hinweg)* over [it/that/them]
② *(hinsichtlich einer Sache)* about it/that/them; **sich** *akk* **~ beklagen/streiten, dass ...** to complain that .../argue about ...; **sich** *akk* **~ wundern, was ...** to be surprised at what ...; **~ brüten/sitzen/wachen** to brood/sit/watch over it/that/them; ***~ spricht man nicht!*** one doesn't [*or* you don't] talk about such things!; **~ hinweggehen/hinwegsehen** to pass over [*or* ignore] it; ***sie sah ~ hinweg, dass er schlecht gelaunt war*** she ignored the fact that he was in a bad mood; **~ Stillschweigen bewahren** to maintain silence on [*or* keep silent about] it; ***~ besteht kein Zweifel*** there is no doubt about it
③ *(währenddessen)* in the meantime; *(dabei und deswegen)* in the process
④ *(über diese Grenze hinaus)* above [*or* over] [that]; ***10 Stunden oder ~*** 10 hours and/or longer [*or* more]; ***die Teilnehmer waren alle 50 oder ~*** the participants were all 50 or above [*or* older]
▸WENDUNGEN: **~ hinaus** in addition [to this/that], apart from this/that; *(obendrein)* what is more; **~ hinaus** [*o* **hinweg**] **sein** to have got [*or* AM gotten] over it/that; **~ hinausgehend** exceeding [a limit]; ***~ hinausgehende Kosten werden erstattet*** costs exceeding [*or* in excess of] this limit will be reimbursed; **jdm ~ hinweghelfen** to help sb get over it/that

dar·über|fah·ren *vi irreg sein* **mit der Hand ~** to run one's hand over it/that; **mit einem Tuch ~** to wipe over it/that with a cloth **dar·über|hän·gen** *vi* ***mein Mantel hängt dort, häng deinen einfach darüber*** my coat's over there, just put yours on top

dar·über|lie·gen *vi irreg* ① *(bedecken)* to lie over it
② *(höher sein)* **mit dem Angebot/Preis ~** to have made a higher offer/to have offered a higher price

dar·über|ma·chen *vr (fam)* ■**sich** *akk* **~** to get to work on [*or* BRIT *fam* get stuck into] [*or fam* get going on] it **dar·über|ste·hen** *vi irreg (a. fig)* to be above it [all]

dar·um [da'rʊm] *adv* ① *(deshalb)* that's why; **~?** because of that?, really?; **~!** *(fam)* [just] because! *fam;* **ach ~!** oh, that's why!, oh, I see!; **eben ~** for that very reason, that's exactly why; **~, weil ...** because ...
② *in Verbindung mit subst, vb siehe auch dort* **~ bitten** to ask for it/that/them; **jdn ~ bitten/sich** *akk* **~ bemühen, etw zu tun** to ask sb/to try [hard] to do sth; ***es geht uns ~, es richtig zu tun*** we are trying do it right; ***es geht nicht ~, wer zuerst kommt*** it's not a question of who comes first; **~ *geht es ja gerade!*** that's just it! [*or* the point!]; ***~ geht es nicht!*** that's not [*or* beside] the point!; ***wir kommen nicht ~ herum*** there's no avoiding it/that, it can't be helped; **~ herumreden** to beat around the bush; **sich** *akk* **~ streiten** to argue over it/that
③ *(räumlich: um diesen Ort, Gegenstand herum)* ■**~** [**herum**] around it, BRIT *a.* round it

dar·un·ter [da'rʊntɐ] *adv* ① *(räumlich)* under it/that, underneath [it/that]; *(unterhalb von etw)* below [it/that]; **~ hervorgucken/-springen/-sprudeln** to look/jump/gush out [from underneath]
② *(unterhalb dieser Grenze)* lower; ***Schulkinder im Alter von 12 Jahren und ~*** schoolchildren of 12 years and younger
③ *(dazwischen)* among[st] them
④ *(unter dieser Angelegenheit)* **~ leiden** to suffer under it/that; ***was verstehst du ~?*** what do you understand by it/that?; **~ *kann ich mir nichts/nicht viel vorstellen*** it doesn't mean anything/very much to me
▸WENDUNGEN: **es nicht ~ machen** [*o* **tun**] *(fam)* to not do it for less

dar·un·ter|fal·len *vi irreg sein* to fall [*or* come] under it/that **dar·un·ter|ge·hen** *vi irreg sein* ① *(fam: passen)* to go underneath ② *(unter diese Grenze)* to go lower; *Temperatur* to fall [below it/that] **dar·un·ter|lie·gen** *vi irreg haben* to be less; **mit dem Angebot/Preis ~** to make a lower offer/to offer a lower price **dar·un·ter|mi·schen** **I.** *vt* to mix in **II.** *vr* ■**sich** *akk* **~** to mingle in [with sb] **dar·un·ter|rüh·ren** *vt* ■**etw ~** to stir in sth *sep* **dar·un·ter|schla·gen** *vt irreg* KOCHK ■**etw ~** to fold in sth *sep* **dar·un·ter|set·zen** *vt* **seine Unterschrift** [*o geh* **Paraphe**] **~** to put one's signature to it/that, to sign it/that **dar·un·ter|zie·hen** *vt irreg* KOCHK **etw ~** to fold in sth *sep*

Dar·win·fink ['darvi:n-] *m* BIOL Darwin's finch

das [das] **I.** *art def, nom und akk sing nt* ① *(allgemein)* the; **~ *Buch/Haus/Schiff*** the book/house/ship
② *(bei Körperteilen)* ***er hob ~ Bein*** he lifted his leg; **sich** *dat* **~ Genick brechen** to break one's neck; **sich** *dat* **~ Gesicht waschen** to wash one's face
③ *(bei Abstrakta)* **~ *Glück/Leben/Schicksal*** happiness/life/fate
④ *(bei allgemeinen Stoffen)* ***der wichtigste Export ist ~ Gold/Öl*** the key export is gold/oil; *(bei spezifischen Stoffen)* the; **~ *Holz dieses Stuhls ist morsch*** the wood in this chair is rotten
⑤ *(einmalig)* **~ *Foto/Model des Jahres*** the photo/model of the year; ***es ist ~ Geschenk für Oma!*** it's just the present for grandma!
⑥ *(bei Eigennamen)* **~ *Tessin*** Ticino; **~ *Deutschland der 60er Jahre*** Germany in the sixties
⑦ *(verallgemeinernd)* **~ *tägliche Brot*** one's daily bread; ***der Traktor ersetzte ~ Pferd*** the tractor replaced the horse
⑧ *(nach Angaben)* ***10 Euro ~ Stück*** €10 apiece [*or* each]
⑨ *(vor Substantiviertem)* **~ *Arbeiten in einer Fabrik*** working in a factory; **~ *Ärgerliche/Gute*** what is annoying/good; **~ *Schlimme ist, ...*** the bad news is ...; **~ *Schöne an ihr*** the nice thing about her
II. *pron dem, nom und akk sing nt* ① *attr, betont* **~ *Kind war es!*** it was that child!; **~ *Kleid trägt sie morgen*** she'll be wearing that dress [*or* that dress she'll be wearing] tomorrow; **~ *Buch/Haus/Schiff da*** that book/house/ship [there]; **~ *Buch/Haus/Schiff hier*** this book/house/ship [here]; **~ *Buch muss man gelesen haben!*** that's a book you have to read!; ***er behauptet, ~ und ~ Tier gezüchtet zu haben*** he claims to have bred such and such an animal
② *(hinweisend)* **~ *ist doch Unsinn!*** that's nonsense!; ***was ist denn ~?*** *(fam)* what on earth is that/this?; **~ da** that one [there]; **~ *da oben ist***

eine Haufenwolke that [thing] up there is a cumulus; ~ **hier** this one [here]; ~ **und** ~ such and such

❸ *(unterscheidend)* ~ ***mit den Streifen*** that/this one with the stripes; ***ach das!*** *(pej)* oh that!

❹ *(wiederholend)* ***das Baby, ~ ist so süß!*** the baby is so sweet!; ***mein altes Auto? ~ hab ich längst verkauft*** my old car? I sold it [*or* that] ages ago; ***das Biest, ~!*** the beast!; ***~, was noch kommen wird*** that which is to come; ***sie ist enttäuscht, und ~ mit Recht*** she's disappointed, and she has every right to be; ***auch ~ noch!*** *(fam)* as if I didn't have enough problems!

❺ *(fam: ersetzt Pronomen)* ***mein Fahrrad quietscht, ~ braucht bestimmt Öl*** my bike's squeaking, it must need oiling; ***das Mädchen kommt wieder, ~ ist ein Prachtstück!*** the girl will be here again, she's a real beauty!

III. *pron rel, nom und akk sing nt* that; *(Person a.)* who/whom *form; (Gegenstand, Tier a.)* which; ***ich hörte/sah ein Auto, ~ um die Ecke fuhr*** I heard/saw a car driving around the corner; ***das Mädchen, ~ gut singen kann, ...*** *(einschränkend)* the girl who [*or* that] can sing well ...; *(nicht einschränkend)* the girl, who can sing well, ...; ***das Buch, ~ letztes Jahr erschienen ist, ...*** *(einschränkend)* the book that [*or* which] was published last year ...; *(nicht einschränkend)* the book, which was published last year, ...; ***das Mädchen, ~ der Lehrer anspricht, ...*** *(einschränkend)* the girl [who [*or* that]] the teacher is talking to ..., the girl to whom the teacher is talking ... *form; (nicht einschränkend)* the girl, who the teacher is talking to, ..., the girl, to whom the teacher is talking, ... *form*; ***das Bild, ~ alle betrachten, ...*** *(einschränkend)* the picture [that [*or* which]] everyone is looking at ..., the picture at which everyone is looking ... *form; (nicht einschränkend)* the picture, which everyone is looking at, ..., the picture, at which everyone is looking, ... *form; s. a.* **der, die**

DASA <-> ['da:sa:] *f kein pl Akr von* **Daimler-Benz Aerospace AG** DASA

da|sein^ALT ['da:zain] *vi irreg sein s.* **da I 1**

Da·sein <-s> ['da:zain] *nt kein pl* ❶ *(das menschliche Leben)* life, existence; **ein jämmerliches ~ fristen/führen** to eke out a miserable existence/to lead a miserable life; **jdm das ~ erleichtern** to make sb's life easier

❷ *(geh: Existenz)* existence

❸ *(Anwesenheit)* presence; *s. a.* **Kampf**

Da·seins·be·rech·ti·gung *f* right to exist *no pl;* **seine ~ haben** to justify one's existence; *von Menschen a.* to have the right to live *no pl* **Da·seins·freu·de** *f (geh)* zest for life, joie de vivre **Da·seins·für·sor·ge** *f* FIN earning one's keep **Da·seins·kampf** *m (geh) s.* **Existenzkampf Da·seins·vor·sor·ge** *f* FIN providing for one's life

da·selbst [da'zɛlpst] *adv (veraltet)* in that [*or old* said] place; ***geboren 1698 zu Paris, gestorben 1745 ~*** born 1698 in Paris, died there 1745

da|sit·zen ['da:zɪtsn̩] *vi irreg* ❶ *(an einer Stelle sitzen)* to sit there; **noch/nicht mehr/schon ~** to be still/no longer/already sitting there; **gelangweilt/müde/traurig/zitternd ~** to sit there bored/tiredly/sadly/shivering

❷ *(fam: zurechtkommen müssen)* to be left on one's own [*or* BRIT *fam* tod]; **ohne Geld/Hilfe ~** to be left without [any] money/help

das·je·ni·ge ['dasje:nɪgə] *pron dem s.* **derjenige**

dass^RR, **daß**^ALT ['das] *konj* ❶ *mit Subjektsatz* that; ***~ wir einmal alle sterben müssen, ist nun mal gewiss*** [the fact] that we all have to die is certain *liter,* it is certain [that] we all have to die, we all have to die one day

❷ *mit Objektsatz* [that]; ***ich habe gehört, ~ du Vater geworden bist*** I've heard [that] you've become a father; **nicht verstehen, ~ ...** to not understand that ...; ***entschuldigen Sie bitte, ~ ich mich so verspätet habe*** please excuse my [*or* me] arriving so late

❸ *mit Attributivsatz* [that]; **gesetzt den Fall, ~ ...** assuming [that] ...; **vorausgesetzt, ~ ...** providing [that] ...; **die Tatsache, ~ ...** the fact that ...; **[nur] unter der Bedingung, ~ ...** on [the] condition that ...; **ungeachtet dessen, ~ ...** regardless of the fact that ..

❹ *mit Kausalsatz* that; ***ich war böse, ~ ...*** I was angry that ...; ***sie freut sich darüber, ~ ...*** she is pleased [that] ...; **das kommt daher [*o* davon]/das liegt daran, ~ ...** that's because ...; **dadurch, ~ ...** because ...

❺ *mit Konsekutivsatz* that; ***sie fuhr so schnell, ~ sie die rote Ampel übersah*** she drove so fast [that] she failed to see the red light

❻ *als Einleitung eines Instrumentalsatzes* ***er verbringt seine Freizeit damit, ~ er Telefonkarten sammelt*** he spends his free time collecting phonecards

❼ *mit Wunschsatz (geh)* if only, would that *liter;* ***~ du nur Recht hast!*** if only you were right!

❽ *(in Warnungen)* ***sieh/seht zu, ~ ...!*** see that ...; *(nachdrücklicher)* see to it [that] ...

❾ *(in Ausrufen des Bedauerns)* that; ***~ es ausgerechnet mir passieren sollte!*** that it should happen to me of all people!; *s. a.* **als, auf, außer, ohne, so, [an]statt, kaum**

das·sel·be [das'zɛlbə], **das·sel·bi·ge** [das'zɛlbɪgə] *pron dem s.* **derselbe**

Das·sel·flie·ge ['dasl-] *f* ZOOL warble fly, botfly

da|ste·hen ['da:ʃte:ən] *vi irreg* ❶ *(untätig an einer Stelle stehen)* to stand there; **nur so/einfach ~** to be just/simply standing there; **dumm/wie ein begossener Pudel ~** to stand there stupidly/sheepishly [*or* with a stupid/sheepish expression [on one's face]]; **konsterniert/verblüfft/verwundert ~** to stand there scandalized/stunned/astonished; **wie der Ochs vorm Berg ~** to be at a [dead] loss

❷ *(erscheinen)* **ohne Geld [*o* Mittel] ~** to be left penniless [*or* with nothing]; **mit leeren Händen ~** to stand there [*or* be left] empty-handed; **als Dummkopf/Lügner ~** to be left looking like an idiot/a liar; **allein ~** to be left [all *fam*] alone [in the world]; **besser/anders/gut/schlecht ~** to be in a better/different/good/bad position; **einzig ~** to be unique [*or* in a class of its own]

▸WENDUNGEN: **na, wie stehe ich jetzt da?** *(selbst lobend)* well, wasn't I just wonderful?; *(Vorwurf)* what a fool I must look now!

DAT <-[s], -s> ['dat] *nt* INFORM *Akr von* **digital audio tape** DAT

Da·ta Mi·ning <-s> ['deɪtəmaɪnɪŋ] *nt kein pl* data mining **Da·ta Ware·hou·sing** <-[s]> ['deɪtə,weəhaʊzɪŋ] *nt kein pl* data warehousing

Date <-s, -s> [de:t] *nt (sl)* date

Da·tei <-, -en> [da'tai] *f* INFORM [data] file; **angehängte ~** attachment; **gesicherte ~** backup; **permanente/temporäre ~** permanent/temporary file; **eine ~ aufrufen/abspeichern/anlegen/löschen** to call [up]/save/create/delete a [data] file

Da·tei·ab·fra·ge *f* INFORM file inquiry **Da·tei·at·tri·but** *nt* INFORM file attribute **Da·tei·auf·be·rei·tung** *f* INFORM file editor

Da·tei·en·ver·wal·tung *f kein pl* file manager

Da·tei·for·mat *nt* INFORM file format **Da·tei·grö·ße** *f* INFORM file size **Da·tei·ka·ta·log** *m* INFORM catalog[ue] file **Da·tei·kom·pri·mie·rung** *f* INFORM file compression **Da·tei·lis·te** *f* INFORM file list **Da·tei·ma·na·ger** *m* INFORM file manager **Da·tei·na·me** *m* INFORM file name **Da·tei·ope·ra·ti·on** *f* INFORM file operation **Da·tei·op·ti·mie·rer** *m* INFORM file optimizer **Da·tei·schutz** *m* INFORM file protection **Da·tei·sys·tem** *nt* INFORM file system; **hierarchisches ~** hierarchical file system **Da·tei·ta·bel·le** *f* INFORM file table **Da·tei·trans·fer** *m* INFORM file transfer **Da·tei·un·ter·ver·zeich·nis** *nt* INFORM subdirectory **Da·tei·ver·wal·tung** *f* INFORM file management system

Da·tei·ver·zeich·nis *nt* INFORM directory **Da·tei·ver·zeich·nis·struk·tur** *f* INFORM directory structure

Da·tei·vo·lu·men *nt* INFORM file size

Da·ten[1] ['da:tn̩] *pl von* **Datum**

Da·ten[2] ['da:tn̩] *pl* data; **~ zur Person** particulars *npl;* **technische ~** specifications, specs *fam;* **~ erfassen/verarbeiten** to collect [*or* capture]/process data

Da·ten·ab·gleich *m* INFORM comparison of data **Da·ten·ab·ruf** *m* data retrieval **Da·ten·an·zug** *m* data suit **Da·ten·auf·be·rei·tung** *f kein pl* data editing **Da·ten·auf·zeich·nung** *f* data recording

Da·ten·aus·ga·be *f* data output **Da·ten·aus·ga·be·steu·e·rung** *f* data output control

Da·ten·aus·tausch *m* data exchange, DX **Da·ten·aus·tausch·for·mat** *nt* data exchange format

Da·ten·aus·wer·tung *f* data analysis **Da·ten·au·to·bahn** *f* information highway

Da·ten·bank <-banken> *f* database; **Archiv der ~** database file **Da·ten·bank·ab·fra·ge** *f* database enquiry **Da·ten·bank·ad·mi·nis·tra·tor** *m* database administrator, DBA **Da·ten·bank·auf·bau** *m* database construction [*or* design] **Da·ten·bank·be·auf·trag·te(r)** *f(m) dekl wie adj* database consultant **Da·ten·bank·be·nut·zer(in)** *m(f)* database user **Da·ten·bank·be·triebs·sys·tem** *nt* database operational, operating system **Da·ten·bank·mo·dell** *nt* database model; **hierarchisches/relationales ~** hierarchical/relational database model **Da·ten·bank·pro·gramm** *nt* database manager **Da·ten·bank·pro·gram·mie·rer(in)** *m(f)* database [*or* applications] programmer **Da·ten·bank·sys·tem** *nt* database management system, DBMS **Da·ten·bank·ver·wal·tung** *f* database management, DBM **Da·ten·bank·ver·wal·tungs·sys·tem** *nt* database administrator, DBA

Da·ten·ba·sis *f* database **Da·ten·be·ar·bei·tung** *f* data processing **Da·ten·be·reit·stel·lung** *f* data supply **Da·ten·be·stand** *m* data stock **Da·ten·bi·blio·thek** *f* library of data **Da·ten·bit** *nt* data bit **Da·ten·bus** *m* data bus **Da·ten·dieb·stahl** *m* data theft **Da·ten·durch·lauf** *m* throughput

Da·ten·ein·ga·be *f* data entry **Da·ten·ein·ga·be·steu·e·rung** *f* data input control

Da·ten·er·fas·sung *f* ■**die ~** data collection [*or* capture] **Da·ten·er·halt** *m* receipt of data **Da·ten·ex·port** *m* data export

Da·ten·fern·lei·tung *f* remote data line **Da·ten·fern·über·tra·gung** *f* remote data transmission, data telecommunication **Da·ten·fern·ver·ar·bei·tung** *f kein pl* teleprocessing

Da·ten·fluss^RR *m kein pl* information [*or* data] flow **Da·ten·flut** *f* flood of data **Da·ten·for·mat** *nt* data format **Da·ten·funk·ge·rät** *nt* police radio unit **Da·ten·ge·heim·nis** *nt* JUR data secrecy **Da·ten·hand·schuh** *m* data glove **Da·ten·high·way** <-s, -s> [-haive:] *m* INET data highway **Da·ten·im·port** *m* data import **Da·ten·in·fo·bahn** *f* information highway **Da·ten·in·te·gri·tät** *f* data integrity **Da·ten·kar·te** *f* data card **Da·ten·klau** <-s> *m kein pl* JUR, INFORM, INET *(fam)* data theft

Da·ten·kom·mu·ni·ka·ti·on *f* data communication **Da·ten·kom·mu·ni·ka·ti·ons·schnitt·stel·le** *f* data communications interface

Da·ten·kom·pa·ti·bi·li·tät *f* data compatibility **Da·ten·kom·pres·sion** *f* data compression **Da·ten·lei·tung** *f* data line **Da·ten·ma·nage·ment** [-mɛnɪtʃmənt] *m* data management **Da·ten·men·ge** *f* data volume **Da·ten·miss·brauch**^RR *m* data abuse, misuse of data **Da·ten·netz** *nt* ❶ *(Netzwerk)* data [*or* information] network ❷ *(Datenfernübertragungsnetz)* data transmission network **Da·ten·or·ga·ni·sa·ti·on** *f* data preparation **Da·ten·pa·ket** *nt* data packet **Da·ten·pfle·ge** *f* data update **Da·ten·quel·le** *f* data source **Da·ten·ret·tung** *f* rescue dump **Da·ten·satz** *m* data record **Da·ten·schrott** *m* corrupt data, [electronic] garbage

Da·ten·schutz *m* JUR data [privacy] protection **Da·ten·schutz·(auf·sichts·)be·hör·de** *f* JUR data protection authority **Da·ten·schutz·be·auf·trag·te(r)** *f(m) dekl wie adj* controller for data protection; *(Bundesdatenschutzbeauftragte)* Federal Commissioner for Data Protection

Da·ten·schüt·zer(in) *m(f) (fam)* data watchdog *fam*

Da·ten·schutz·ge·setz *nt* JUR Data Protection Act **da·ten·schutz·recht·lich** *adj* **aus ~en Gründen** for reasons of data protection
Da·ten·si·cher·heit *f* data security **Da·ten·si·che·rung** *f* [data] backup; ~ [**auf Diskette**] **machen** to backup [data] [to floppy disk] **Da·ten·sicht·ge·rät** *nt* [visual] display unit, VDU
Da·ten·spei·cher *m* data storage *(large quantity of data)*, data register *(temporary storage before processing)* **Da·ten·spei·cher·schicht** *f* data storage layer
Da·ten·spei·che·rung *f* data storing **Da·ten·strom** *m* data streaming **Da·ten·struk·tur** *f* data format **Da·ten·ter·mi·nal** [-tø:ɐ̯minl] *nt* data [communication] terminal
Da·ten·trä·ger *m* data medium [*or* carrier] **Da·ten·trä·ger·aus·tausch** *m* INFORM data carrier exchange
Da·ten·trans·fer *m* data transmission **Da·ten·trans·port** *m* data transport **Da·ten·ty·pist(in)** *m(f)* keyboarder **Da·ten·über·mitt·lung** *f kein pl s.* **Datenfernübertragung**
Da·ten·über·tra·gung *f* data transmission
Da·ten·über·tra·gungs·ra·te *f* data transfer rate **Da·ten·über·tra·gungs·zeit** *f* data transfer time
Da·ten·ver·ar·bei·tung *f* data processing *no pl, no art;* **elektronische ~** [*o* **EDV**] electronic data processing, EDP **Da·ten·ver·ar·bei·tungs·an·la·ge** *f* data processing [*or* DP] equipment
Da·ten·ver·bund *m* data network **Da·ten·ver·kehr** *m kein pl* data traffic [*or* communication] **Da·ten·ver·lust** *m* data loss; **unerklärlicher ~** line gremlin **Da·ten·ver·schlüs·se·lung** *f* data encryption
Da·ten·ver·wal·tung *f* data management **Da·ten·ver·wal·tungs·sys·tem** *nt* database manager
Da·ten·zen·tra·le *f,* **Da·ten·zen·trum** *nt* data centre [*or* AM -er] **Da·ten·zwi·schen·spei·cher** *m* buffer
da·tie·ren* [da'ti:rən] **I.** *vt* ❶ *(mit Datum versehen)* ■**etw ~** to date sth; ***auf den Wievielten war der Brief datiert?*** when was the letter dated?, what was the date on the letter?; **etw zurück/im Voraus ~** to postdate/predate sth
❷ *(zeitlich einordnen)* ■**etw** [**auf einen bestimmten Zeitraum**] **~** to date sth [back to a certain period]
II. *vi* ❶ *(stammen, bestehen)* ■**aus einem bestimmten Zeitraum ~** [*o* **seit einem bestimmten Zeitraum/-punkt ~**] to date from [*or* back to] a certain period
❷ *(mit Datum versehen sein)* ***dieser Brief datiert vom 12. Februar*** this letter is dated 12th February
Da·tie·rung <-, -en> *f* dating; **absolute ~** absolute dating
Da·tie·rungs·hil·fe *f* GEOL dating aid
Da·tiv <-s, -e> ['da:ti:f, *pl* 'da:ti:və] *m* LING dative [case]; **im ~ stehen** to be in the dative [case]; **den ~ regieren** to take [*or* govern] the dative [case]
Da·tiv·ob·jekt *nt* LING indirect [*or* dative] object
da·to ['da:to] *adv* *(geh)* **bis ~** to date
Da·to·wech·sel *m* JUR after-date bill
Dat·scha ['datʃa], **Dat·sche** <-, Datschen> ['datʃə] *f* da[t]cha
DAT-Strea·mer ['datstri:mɐ] *m* DAT streamer
Dat·tel <-, -n> ['datl, *pl* 'datl̩n] *f* date
Dat·tel·pal·me *f* date [palm]
Da·tum <-s, Daten> ['da:tʊm, *pl* 'da:tn̩] *nt* date; ***was für ein/welches ~ haben wir heute?*** what's the date today?; ***ein Brief ohne ~*** an undated letter; ***der Brief trägt das ~ vom 7. Mai/von letztem Sonntag*** the letter is dated 7 May/last Sunday, the letter bears the date 7 May/of Sunday last *form;* **~ des Poststempels** date as postmark; **älteren ~s:** ***ein Wagen älteren ~s*** an older model of a car; ***ein Wörterbuch älteren ~s*** an older edition of a dictionary; **das gestrige/heutige/morgige ~** yesterday's/today's/tomorrow's date; **neueren ~s:** ***eine Ausgabe neueren ~s*** a more recent issue; ***das Auto ist erst neueren ~s*** the car is still [pretty *fam*] new; **sich** *akk* **im ~ irren** to get the date wrong
Da·tums·än·de·rung *f* date change **Da·tums·an·zei·ge** *f* date display **Da·tums·gren·ze** *f* [international] date line **Da·tums·stem·pel** *m* ❶ *(Gerät)* dater ❷ *(Datum)* date stamp
Dau·be ['daubə] *f* ❶ *(Seitenbrett eines Fasses)* stave ❷ *(Zielwürfel beim Eisschießen)* tee *(larger version of an ice-hockey puck)*
Dau·er <-> ['dauɐ] *f kein pl* duration (+*gen* of); *von Aufenthalt* length; **von langer/kurzer ~ sein** to last long [*or* a long time]/to not last long [*or* a long time]; **von begrenzter ~ sein** to be of limited duration; **keine ~ haben** to not live long, to be short-lived; **von ~ sein** to be long-lasting [*or* long-lived]; **nicht von ~ sein** to be short-lived; **auf ~** permanently; **auf die ~** in the long run [*or* term]; ***diesen Lärm kann auf die ~ keiner ertragen*** nobody can stand this noise for any length of time; ***das kann auf die ~ nicht so weitergehen!*** it can't go on like that forever!; **für die ~ von** for the duration of; ***für die ~ Ihres Aufenthaltes bei uns*** for [the duration/length of] your stay with us
Dau·er·ak·ti·o·när, -ak·ti·o·nä·rin *m, f* BÖRSE long-term shareholder **Dau·er·an·le·ger, -an·le·ge·rin** *m, f* FIN long-term investor
Dau·er·ar·beits·lo·se(r) *f(m) dekl wie adj* long-term unemployed person; ■**die ~n** the long-term unemployed **Dau·er·ar·beits·lo·sig·keit** *f kein pl* long-term unemployment **Dau·er·ar·beits·platz** *m* permanent job
Dau·er·auf·trag *m* standing order; **per ~** by [*or* with a] standing order; **einer Bank einen ~ erteilen** to place a standing order at a bank **Dau·er·aus·weis** *m* season [*or* commutation] ticket **Dau·er·be·hand·lung** *f* MED long-term therapy, prolonged treatment **Dau·er·be·lie·fe·rungs·ver·trag** *m* HANDEL permanent supply contract **Dau·er·be·schäf·ti·gung** *f* ÖKON permanent employment *no pl* **Dau·er·be·trieb** *m kein pl* continuous operation
Dau·er·bren·ner *m* *(fam)* ❶ *(Ofen)* slow-burning stove ❷ *(dauerhaft Interessantes)* long runner *fam;* ***dieses Thema wird noch zum ~*** this topic will be the talk of the town for a long time to come *fam* ❸ *(langer Kuss)* long, impassioned kiss, BRIT *sl a.* snog **Dau·er·de·likt** *nt* JUR continuing offence
Dau·er·ein·rich·tung *f* ❶ *(ständige Institution)* permanent institution ❷ *(ständige Übung)* **zu einer ~ werden** to become [a] regular practice [*or* thing]
dau·er·elas·tisch *adj inv* BAU permanently elastic
Dau·er·emis·si·on *f* BÖRSE constant issue **Dau·er·emit·tent** *m* FIN constant issuer **Dau·er·er·folg** *f* continuous success **Dau·er·feu·er** *nt* MIL sustained [*or* continuous] fire **Dau·er·flug** *m* endurance flight **Dau·er·frost** *m* long period of frost **Dau·er·frost·bo·den** *m* permafrost **Dau·er·gast** *m* regular client (**in** +*dat* of), permanent fixture *hum* (**in** +*dat* at); *(im Hotel)* permanent guest [*or* resident]; **sich** *akk* [**bei jdm**] **als ~ einrichten** *(iron fam)* to grace sb's house with one's permanent presence *iron;* ***er ist in diesem Lokal ~*** he's one of the regulars **Dau·er·ge·schwin·dig·keit** *f* cruising speed
dau·er·haft **I.** *adj* ❶ *(haltbar, strapazierfähig)* durable, resistant
❷ *(beständig)* lasting; ***das darf kein ~er Zustand werden*** that shouldn't be allowed to become permanent
II. *adv* permanently; **sich** *akk* **~ einigen** to come to a lasting [*or* permanent] agreement; **~ schädigen/geschädigt werden** to inflict/suffer permanent damage
Dau·er·haf·tig·keit <-> *f kein pl* ❶ *(Haltbarkeit, Strapazierfähigkeit)* durability
❷ *(Beständigkeit)* permanence; *von Wetter* constancy; ***der Versailler Frieden war nicht von großer ~*** the Treaties of Versailles did not last
Dau·er·kar·te *f* season ticket; **im Besitz einer ~ sein** to have [*or* be in hold of] a season ticket **Dau·er·kar·ten·in·ha·ber(in)** *m(f)* season ticket holder
Dau·er·kran·ke(r) *f(m) dekl wie adj* long-term sick [person] **Dau·er·kri·se** *f* long-term crisis **Dau·er·kun·de** *m* standing [*or* regular] customer **Dau·er·lauf** *m* [endurance] run, jog; **einen ~ machen** to go for a run [*or* jog]; **im ~** at a run [*or* jog] **Dau·er·lut·scher** *m* lollipop, BRIT *fam a.* lolly
dau·ern[1] ['dauɐn] *vi* ❶ *(währen, anhalten)* to last; **eine Stunde/einen Tag/lang/länger ~** to last an hour/a day/a long time/longer; ***dieser Krach dauert jetzt schon den ganzen Tag*** this racket has been going on all [*or* the whole] day now; ***der Film dauert 3 Stunden*** the film is 3 hours long
❷ *(Zeit erfordern)* to take; **lange/zu lange ~** to take long [*or* a long time]/to take too long; **nicht mehr lange ~** to not take much longer; ***das dauert wieder, bis er endlich fertig ist!*** he always takes such a long time to get ready; ***warum dauert das bei dir immer so lange?*** why does it always take you so long?, why do you always take so long?; ***vier Stunden? das dauert mir zu lange*** four hours? that's too long for me; ***es dauert alles seine Zeit*** everything takes its time, Rome wasn't built in a day *prov;* **das dauert und dauert!** *(fam)* it's taking ages [and ages] [*or* years] [*or* forever] *fam*
❸ *(geh: dauerhaft sein, Bestand haben)* to last, to endure *liter*
dau·ern[2] ['dauɐn] *vt* *(veraltend geh)* ❶ *(reuen)* ■**jdn** [**sehr**] **~** to be a cause of [deep] regret for sb; ■**es dauert mich** [**sehr**], **dass ...** I regret [deeply] that ...; ***jeder Cent dauert mich*** every penny hurts
❷ *(Mitleid wecken bei)* ■**jdn ~** to arouse [*or* awaken] pity in sb; ***der zerlumpte Bettler dauerte sie sehr*** they took pity on [*or* pitied] the ragged beggar
dau·ernd ['dauɐnt] **I.** *adj* *(ständig)* constant, unceasing; *(anhaltend)* lasting; **eine ~e Freundschaft** a lasting [*or* long-lived] friendship; **~er Wohnsitz** permanent [*or* fixed] address
II. *adv* ❶ *(ständig)* constantly; ***mit diesen Neuen hat man ~ Ärger!*** these newcomers are always causing trouble!
❷ *(immer wieder)* always; **etw ~ tun** to keep [on] doing sth
Dau·er·nut·zungs·recht *nt* JUR registered perpetual lease **Dau·er·obst** *nt* fruit that keeps well **Dau·er·par·ker(in)** *m(f)* *(Langzeitparker)* long-term [*or* all-day] parker; *(regelmäßiger, befugter Parker)* permit parker; ***„Parkplatz*** [***nur***] ***für ~ "*** "long-term car park" **Dau·er·pfleg·schaft** *f* JUR permanent curatorship **Dau·er·pro·duk·ti·on** *f* ÖKON long-term production **Dau·er·prü·fungs·fahrt** *f* endurance test **Dau·er·rechts·ver·hält·nis** *nt* JUR permanent contract **Dau·er·red·ner(in)** *m(f)* *(pej)* windbag *pej fam* **Dau·er·re·gen** *m* continuous rain **Dau·er·scha·den** *m* MED long-term damage **Dau·er·schlei·fe** *f* TECH continuous [*or* endless] playback **Dau·er·schul·den** *pl* FIN permanent [*or* long-term] debts
Dau·er·schuld·ver·hält·nis *nt* FIN continuous obligation **Dau·er·schuld·ver·schrei·bung** *f* FIN perpetual debenture **Dau·er·schuld·zin·sen** *pl* FIN interest on permanent debt
Dau·er·spei·cher *m* INFORM non-volatile memory **Dau·er·stel·lung** *f* *(feste Anstellung)* permanent post; **in ~** [**beschäftigt**] in permanent employment **Dau·er·straf·tat** *f* JUR continuing offence **Dau·er·stress**[RR] *m* continuous stress **Dau·er·the·ma** *nt* permanent topic **Dau·er·ton** *m* continuous [*or* sustained] tone **Dau·er·ver·fü·gung** *f* JUR permanent injunction **Dau·er·ver·trag** *m* JUR continuing agreement **Dau·er·wa·re** *f* KOCHK foods *pl* with long shelf life **Dau·er·wel·le** *f* perm[anent wave *form*]; **sich** *dat* **eine ~ machen lassen** to have one's hair permed; **jdm eine ~ machen/legen** to perm[anent-wave *form*] sb's hair **Dau·er·wir·kung** *f* long-lasting effect **Dau·er·wohn·recht** *nt* JUR permanent right of residence
Dau·er·wohn- und Dau·er·nut·zungs·recht *nt* JUR permanent residential right
Dau·er·wurst *f* *sausage made of meat, bacon, salt and herbs that is preserved by means of smoking and air-drying, such as salami* **Dau·er·zu·stand** *m* *(anhaltender Zustand)* permanent state of affairs; **zum ~ werden** to become a permanent state of affairs; [**bei jdm**] **ein ~ sein/zum ~ werden** to be/

D

become a habit [of sb's] *iron;* ***ich hoffe, das wird bei dir nicht zum ~!*** I hope that this isn't getting to become a habit of yours!

Däum·chen <-s, -> ['dɔymçən] *nt dim von* **Daumen** *(kindersprache)* [little] thumb
▶WENDUNGEN: ~ **drehen** *(fam)* to twiddle one's thumbs

Dau·men <-s, -> ['daumən] *m* thumb, pollex *spec;* **den ~ in den Wind halten** *(fam: per Anhalter reisen)* to stick one's thumb out *fam;* **am ~ lutschen** to suck one's thumb
▶WENDUNGEN: **jdm die ~ drücken** [*o* **halten**] to keep one's fingers crossed [for sb]; **den ~ auf etw** *akk* **halten** [*o* **auf etw** *dat* **haben**] *(fam)* to keep [*or* have] a tight hold on sth; **etw über den ~ peilen** to estimate sth by rule of thumb

Dau·men·ab·druck *m* thumbprint **dau·men·breit** *adj* as wide as a [*or* one's] thumb *pred,* ≈ inch-wide *attr* **Dau·men·lut·scher(in)** *m(f) (pej)* thumb-sucker **Dau·men·na·gel** *m* thumbnail **Dau·men·pro·be** *f* TYPO thumb test **Dau·men·re·gis·ter** *nt* thumb-index **Dau·men·schrau·be** *f* HIST thumbscrew; **jdm die ~n anlegen** *(fig)* to put the thumbscrews on sb; **die ~n anlegen** *(fig)* to put on [*or* tighten] the thumbscrews

Däum·ling <-s, -e> ['dɔymlɪŋ] *m* (1) *(Schutzkappe für den Daumen)* [thumb] cap [*or* ring]; *(Fingerhut)* thimble
(2) *(winzige Märchengestalt)* ■**der ~** Tom Thumb

Dau·ne <-, -n> ['daunə] *f* down *no pl;* **weich wie ~n** [as] soft as down

Dau·nen·de·cke *f* duvet, quilt **Dau·nen·ja·cke** *f* quilted jacket **Dau·nen·stepp·de·cke** *f* continental quilt, duvet **dau·nen·weich** *adj* downy *attr,* [as] soft as down *pred*

Daus ['daus] *m* **ei der ~!** *(veraltend)* well I'll be damned! [*or* BRIT *dated a.* blowed!]

Da·vid(s)·stern ['da:vit(s)-] *m* Star of David

Da·vis·cupRR, **Da·vis-Cup** <-[s]> ['de:viskap] *m,* **Da·vis·po·kal**RR, **Da·vis-Pokal** *m (Tennispokal)* ■**der ~** the Davis Cup

da·von [da'fɔn] *adv* (1) *(räumlich: von dieser Person)* from him/her; *(von dieser Sache, diesem Ort)* from it; *(von diesen Personen, Sachen)* from them; *(von dort)* from there; **links/rechts ~** to the left/right; ***das vorne auf dem Foto ist mein Bruder, das links ~ meine Schwester*** the person at the front of the photo is my brother, the one on the left my sister; [**links/rechts**] **~ abgehen** [*o* **abzweigen**] to branch off [to the right/left]; **einige Meter ~ entfernt** [*o* **weg**] a few metres away; ***wir konnten die Sänger kaum sehen, weil wir einhundert Meter ~ entfernt standen*** we could hardly see the singers as we were standing one hundred metres away [from them]; **in der Nähe ~** nearby; **du weißt doch wo der Bahnhof ist? die Schule ist nicht weit ~** [**entfernt**] you know where the station is? the school is not far from there; ***der Bahnhof liegt in der Stadtmitte, und die Schule nicht weit ~*** the station is in the town centre and the school is not far from it; **zu weit ~ entfernt sein** to be too far away; ***du bist zu weit ~ entfernt, um es deutlich zu sehen*** you're too far away to see it clearly; ***er will erwachsen sein? er ist noch weit ~ entfernt!*** he thinks he's grown up? he's got far [*or* a long way it] to go yet!
(2) *(von dieser Sache weg)* from [*or* off] that; *(von ihm/ihr/ihnen)* from [*or* off] it/them; ***meine Hände sind voller Farbe, und ich kriege sie einfach nicht ~ ab!*** my hands are full of paint and I can't get it off!; ***das Kleid war/die Ohrringe waren so schön, dass ich die Augen kaum ~ abwenden konnte*** the dress was/the earrings were so wonderful I could hardly take my eyes of it/them; **etw ~ abwischen** to wipe sth off; **etw ~ lösen/trennen** to loosen/separate sth from that/it/them
(3) *(von dieser Sache ausgehend)* from that; *(von ihm/ihr/ihnen)* from it/them; **etw ~ ableiten** to derive sth from that/it/them; ***ich finde seine Theorien fragwürdig und würde meine These nicht davon ~*** I think his theories are questionable and I wouldn't derive my thesis from them
(4) *(hinsichtlich dieser Sache)* from that; *(von ihm/ihr/ihnen)* from it/them; ***hast du die Bücher gelesen? was hältst du ~?*** have your read the books? what do you think of them?; ***sie unterscheiden sich ~ nur in diesem kleinen Detail*** they differ from that only in this small detail; **~ betroffen sein** to be affected by it/that; **sich** *akk* **~ erholen** to recover from that/it/them; **das Gegenteil ~** the opposite of that/it/them; **jdn ~ heilen** to heal sb of that/it
(5) *(darüber)* about that; *(von ihm/ihr/ihnen)* about it/them; ***~ verstehe ich gar nichts!*** I know nothing about that/it!; ***~ weiß ich nichts*** I don't know anything about that/it; ***genug ~!*** enough [of that]!; ***kein Wort mehr ~!*** not another word!; ***was weißt du denn schon ~!*** what do you know about it anyway?; ***was weißt du ~?*** what do you know about that/it?; ***~ war nie die Rede!*** that was never mentioned!; ***ein andermal mehr ~, ich muss jetzt los*** I'll tell you more later, I have to go now; **keine Ahnung ~ haben** to have no idea about that/it; **~ hören/sprechen/wissen** to hear/speak/know of that/it/them
(6) *(dadurch)* ***beschwer dich nicht, das kommt ~!*** don't complain, you've only got yourself to blame!; ***ach, ~ kommt der seltsame Geruch!*** that's where the strange smell comes from!; ***man wird ~ müde, wenn man zu viel Bier trinkt*** drinking too much beer makes you tired; ***es ist nur eine Prellung, ~ stirbst du nicht!*** *(fam)* it's only a bruise, it won't kill you! *fam;* ***wird man ~ krank?*** does that make you ill?; ***werde ich ~ wieder gesund?*** will that cure me?; ***entschuldige den Lärm. bist du ~ aufgewacht?*** sorry for the noise. did it wake you?; ***für mich bitte keine Sahne. ~ wird mir immer schlecht*** no cream for me, please. it makes me sick; ***trink nicht so viel Bier! ~ wird man dick*** don't drink so much beer! it makes you fat; ***~ werde ich nicht satt*** that won't fill me; ***soll sie doch das Geld behalten, ich hab nichts ~!*** let her keep the money, it's no use to me!; ***das hast du nun ~, jetzt ist er böse!*** now you've [gone and] done it, now he's angry!; ***was habe ich denn ~?*** what do I get out of it?, what's in it for me?; ***was hast du denn*** [*o* ***hast du etwas***] ***~, dass du so schuftest? nichts!*** what do you get [*or* do you get something] out of working so hard? nothing!; ***was hast du ~, wenn du gewinnst?*** what do you get out of winning?; ***~ haben wir nichts*** we won't get anything [*or* we get nothing] out of it
(7) *(mittels dieser Sache)* on that; *(von ihm/ihr/ihnen)* on it/them; **sich** *akk* **~ ernähren** to subsist on that/it/them; **~ leben** to live on [*or* off] that/it/them
(8) *(daraus)* from that; *(von ihm/ihr/ihnen)* from it/them; ***wenn noch etwas Vorhangsstoff übrig ist, kann ich ~ noch ein paar Kissen nähen*** if there's some curtain material left, I can make a few cushions from it
(9) *(von dieser Menge)* [some] of that; *(von ihm/ihr/ihnen)* [some] of it/them; ***es ist genügend Eis da, nimm nur ~!*** there's enough ice-cream, please take [*or* have] some [of it]; ***ist das Stück Wurst so recht, oder möchten Sie mehr ~?*** will this piece of sausage be enough, or would you like [some] more [of it]?; ***wie viel Äpfel dürfen es sein? — 6 Stück ~, bitte!*** how many apples would you like? — six, please!; **das Doppelte/Dreifache ~** twice/three times as much; **~ essen/trinken** to eat/drink [some] of that/it/them; ***die Milch ist schlecht, ich hoffe, du hast nicht ~ getrunken*** the milk is sour, I hope you didn't drink any [of it]; **die Hälfte/ein Pfund/ein Teil ~** half/a pound/a part of that/it/them
(10) *mit bestimmten vb, subst* ***das war ein faszinierender Gedanke, und ich kam einfach nicht mehr ~ los*** it was a fascinating thought and I couldn't get it out of my mind; ***ich kenne die Kinder, aber die Eltern ~ habe ich noch nie getroffen*** I know the children, but I haven't met their parents; ***überleg dir deine Entscheidung gut, für uns hängt viel ~ ab*** consider your decision well, a lot depends on it for us; ***es hängt ~ ab, ob/dass ...*** it depends on whether ...; ***das hängt ganz davon ab!*** [it] depends!; **~ absehen, etw zu tun** to refrain from doing sth; **~ ausgehen, dass ...** to presume that ...

da·von|ei·len *vi sein (geh)* to hurry [*or liter* hasten] away

da·von|fah·ren *vi irreg sein* (1) *(geh: wegfahren, sich entfernen)* **in einem Auto ~** to drive off in a car; **auf einem Fahrrad ~** to ride off on a bicycle
(2) *(fahrend hinter sich lassen, abhängen)* ■**jdm ~** to draw ahead of sb, to leave sb behind

da·von|fet·zen *vi sein (fam: rasen)* to tear off

da·von|flie·gen *vi irreg sein (geh)* ■[**jdm**] **~** to fly away [from sb]; *Vögel a.* to fly off [*or liter* take to flight] [before sb]

da·von|ge·hen *vi irreg sein (geh)* to go [away], to depart *form*

da·von|ja·gen **I.** *vt haben (vertreiben, verscheuchen)* ■**jdn ~** to drive sb away [*or* off]; **Kinder/Katzen/Vögel ~** to chase away [*or* off] children/cats/birds
II. *vi sein* (1) *(stürmisch davoneilen)* to flee, to take flight *liter*
(2) *(schnell wegfahren, wegfliegen)* to roar off [*or* away]

da·von|kom·men *vi irreg sein* **mit dem Leben ~** to escape with one's life; **mit einem blauen Auge/einem Schock ~** to come away with no more than a black eye/a shock; **glimpflich/mit einer Geldstrafe ~** to get off lightly/with a fine; **ungeschoren/**[**mit**] **heil**[**er Haut**]**/knapp ~** to get away scot-free/intact/by the skin of one's teeth *fam*

da·von|las·sen *vi irreg haben s.* **Finger**

da·von|lau·fen *vi irreg sein* (1) *(weglaufen)* ■**jdm ~** to run off [*or* away] from sb
(2) *(laufend hinter sich lassen, abhängen)* ■**jdm ~** to run ahead of sb; ***lauf mir nicht davon!*** don't run so fast!
(3) *(fam: überraschend verlassen)* ■**jdm ~** to run out on sb *fam,* to desert sb
(4) *(außer Kontrolle geraten)* ■**jdm/einer Sache ~** to run away from sb/to outpace sth
▶WENDUNGEN: **zum D~ sein** *(fam)* [to be enough] to drive one mad [*or fam* mental]; ***das stinkt hier ja zum D~!*** it stinks here to high heaven! *fam*

da·von|ma·chen **I.** *vr* ■**sich** *akk* **~** to slip away; ***los, macht euch davon, hier habt ihr nichts mehr zu suchen!*** be off with you, you won't find anything here!
II. *vi (fam)* to scarper *fam*

da·von|schlei·chen *irreg* **I.** *vi sein* to creep [*or* slink] away
II. *vr haben* ■**sich** *akk* **~** to steal away, to go tiptoeing off *hum*

da·von|steh·len *vr irreg (geh) s.* **davonschleichen**

da·von|tra·gen *vt irreg* (1) *(weg-/fortbringen)* ■**jdn/etw ~** to take sb/sth away
(2) *(geh: erringen, bekommen)* **den Preis ~** to carry off [*or* win] the prize; **Ruhm ~** to achieve [*or* win] glory; **einen Sieg ~** to score [*or* win] a victory
(3) *(geh: erleiden)* **Prellungen/Verletzungen/Knochenbrüche ~** to suffer bruising/injury/broken bones

da·von|zie·hen *vi irreg sein* (1) *(geh: weggehen)* to move on; *Prozession* to move off
(2) SPORT *(fam: einen Vorsprung gewinnen)* ■[**jdm**] **~** to move ahead [of sb], to pull away [from sb]; *(Punktdifferenz erhöhen)* to increase the lead

da·vor [da'fo:ɐ̯, 'da:fo:ɐ̯] *adv (emph)* (1) *(vor einer Sache/einem Ort/etc.)* in front [of it/that/them], before [it/that/them]; *mit vorerwähntem Bezugsobjekt* in front of [*or form* before] [it/that/them/etc.]; ***~ musst du links abbiegen*** you have to make a left turn before it
(2) *(zeitlich vorher)* before [it/that/them/etc.]
(3) *mit Verben (in Hinblick auf)* ***ich ekele mich ~*** I'm disgusted by it; ***er hat Angst ~*** he's afraid of it/

that; *er hatte mich ~ gewarnt* he warned me about that
da·vor|lie·gen *vi irreg* to lie in front of [*or form* before] it/that/etc. **da·vor|ste·hen** *vi irreg* to be in front of [*or form* before] it/that/etc.; *Mensch a.* to stand in front of [*or form* before] it/that/etc.; ***sie stand direkt davor*** she stood directly in front of it *form* **da·vor|stel·len** *vt* ■**etw ~** to put [*or* place] [*or* stand] sth in front of it/that/etc.
D/A-Wand·ler ['de:ʔa:vandlɐ] *m* INFORM digital to analog converter, DAC
DAX <-> ['daks] *m kein pl Akr von* **Deutscher Aktienindex** DAX, German share index
DAX-Fu·ture <-[s], -s> ['daksfju:tʃɐ] *m* BÖRSE DAX future **DAX-In·dex** ['daks-] *m* BÖRSE DAX index
Day·bag <-, -s> ['deɪbæg] *f (Tasche)* daybag
Day·trade <-[s]> ['deɪtreɪd] *m kein pl* BÖRSE daytrade **Day·tra·der(in)** <-s, -> ['deɪtreɪdᵊr] *m(f)* BÖRSE day trader
da·zu [da'tsu:, 'da:tsu:] *adv (emph)* ❶ *(zu dem gehörend)* with it
❷ *(außerdem)* at the same time, into [*or* AM in] the bargain, to boot; *s. a.* **noch**
❸ *(zu diesem Ergebnis)* to it/that; ***wie konnte es nur ~ kommen?*** how could that happen?; ***wie ist er ~ gekommen?*** how did he come by it?; ***wie komme ich ~?*** *(fam)* why on earth should I?; ***~ reicht das Geld nicht*** we/I haven't enough money for that; **im Gegensatz ~** contrary to this; **im Vergleich ~** in comparison to that; *s. a.* **führen, Weg**
❹ *(zu der Sache)* ***ich würde dir ~ raten*** I would advise you to do that; ***ich bin noch nicht ~ gekommen*** I haven't got round to it/to doing it yet
❺ *(dafür)* for it/that/this; ***ich bin ~ nicht bereit*** I'm not prepared to do that; ***er war ~ nicht in der Lage*** he wasn't in a position to do so; ***es gehört viel Mut ~*** that takes a lot of courage; ***~ ist es da*** that's what it's there for; ***~ habe ich keine Lust*** I don't feel like it; ***~ habe ich schon Zeit*** I do have time for that; **die Erlaubnis/die Mittel/das Recht ~** the permission/the means/the right to do it; **kein Recht ~ haben, etw zu tun** to have no right to do sth
❻ *(darüber)* about it/that/this; ***er hat sich noch nicht ~ geäußert*** he hasn't commented on it yet; ***was meinst du ~?*** what do you think about it/that?; ***das ist meine Meinung ~*** that's my opinion of it
❼ NORDD *(fam)* ***da habe ich keine Zeit zu*** I haven't the time [for it/that]; ***da komme ich heute nicht mehr zu*** I won't be able to get round to it today
da·zu|ge·ben *vt irreg* ■**etw ~** to add sth; ***den Inhalt der Pfanne in die Schüssel ~ und ...*** pour the contents of the saucepan into the bowl and ...; ***er hat nicht genügend Geld und seine Eltern wollen ihm auch nichts ~*** he hasn't got enough money and his parents are not going to give him any towards it; *s. a.* **Senf**
da·zu|ge·hö·ren* *vi* ❶ *(zu der Sache gehören)* to belong [to it/etc.]
❷ *(im Preis eingeschlossen sein)* to be included [in it]
❸ *(nicht wegzudenken sein)* be a part of it
da·zu·ge·hö·rig [da'tsu:gəhø:rɪç] *adj attr* to go with it/them *pred,* which [*or* that] goes/go with it/them *pred;* **die ~en Schlüssel** the keys fitting [*or* belonging to] it/them
da·zu|ge·sel·len* *vr* ■**sich** *akk* **~** to join them/her/him/you/us/etc.
da·zu|kom·men *vi irreg sein* ❶ *(hinzukommen)* to arrive; *(zufällig)* to happen to arrive, to arrive on the scene *fam,* to turn up *fam*
❷ *(hinzugefügt werden)* to be added; ***kommt noch etwas dazu?*** is there [*or* will there be] anything else?
da·zu|le·gen I. *vt* ■[**jdm/sich**] **etw ~** to add sth [to it]; **jdm noch ein Stück Fleisch/Kuchen/etc. ~** to give sb another piece of meat/cake/etc.; **sich** *dat* **noch ein Stück ~** to take another piece
II. *vr* ■**sich** *akk* **~** to lie down next to [*or* with] sb
da·zu|ler·nen *vt* ■**etw ~** to learn sth; **einiges ~** to learn a few [new] things; **etwas ~** to learn something [new]; ***man kann immer etwas ~*** there's always something [new] to learn; ***schon wieder was dazugelernt!*** you learn something [new] every day!
da·zu·mal ['da:tsuma:l] *adv (veraltend)* in those days; *s. a.* **Anno**
da·zu|rech·nen *vt* ■**etw ~** ❶ *(hinzurechnen)* to add on sth
❷ *(in Betracht ziehen)* to consider sth, to take sth into consideration; ***den ganzen Ärger/ die Kosten mit dazugerechnet ...*** what with all the trouble/expense on top of that ...
da·zu|set·zen I. *vt* ❶ *(zu jdm setzen)* ***kann ich mich ~?*** do you mind if I join you?
❷ *(dazuschreiben)* ■**etw ~** to add sth; **seinen Namen ~** to add [*or form* append] one's name
II. *vr* ■**sich** *akk* [**zu jdm**] **~** to sit down [at sb's table]
da·zu|tun *vt irreg (fam)* ■**etw ~** ❶ *(hinzufügen)* to add sth
❷ *(zusätzlich schenken)* to add [*or* contribute] sth; **noch etw ~** to add [*or* contribute] another sth
Da·zu·tun <-> *nt kein pl* ■**ohne jds ~** without sb's intervention [*or* help]
da·zu|ver·die·nen* *vt* ■**etw ~** to earn sth on the side; ***bei dem Auftrag kann ich mir ein bisschen ~*** I can earn a bit of extra money with this contract
da·zwi·schen [da'tsvɪʃn̩] *adv* ❶ *(räumlich: zwischen zwei Dingen)* between them, [in] between; *(darunter)* among[st] them
❷ *(zeitlich)* in between
da·zwi·schen|fah·ren [da'tsvɪʃn̩fa:rən] *vi irreg sein* ❶ *(eingreifen)* to intervene, to step in [and sort things out]
❷ *(unterbrechen)* to interrupt, to break in; *nicht Angesprochene a.* to butt in *fam;* ■**jdm ~** to interrupt sb; *nicht Angesprochene a.* to butt in on sb *fam*
da·zwi·schen|fun·ken *vi (fam)* ■[**jdm**] **~** to mess sth up [for sb] *sep fam; (seinen Senf dazugeben)* to put [*or* stick] one's oar in *pej fam; (unaufgefordert in einem Gespräch)* to butt in [on sb] *fam*
da·zwi·schen|kom·men *vi irreg sein* ❶ *(zwischen etw geraten)* ■**mit etw** *dat* **~** to get sth caught [in sth]
❷ *(als Unterbrechung eintreten)* ***wenn nichts dazwischenkommt!*** if all goes well! [*or* to plan]; ***leider ist [mir] etwas dazwischengekommen*** I'm afraid something has come [*or fam* cropped] up
da·zwi·schen|re·den *vi* ■[**jdm**] **~** to interrupt [sb]; *nicht Angesprochene a.* to butt in [on sb]
da·zwi·schen|ru·fen *vt, vi irreg* ■[**etw**] **~** to interrupt [sth] loudly [with sth], to yell out [sth] *sep,* to shout [out] interruptions
da·zwi·schen|schla·gen *vi irreg* ■[**mit etw** *dat*] **~** to wade in [with sth]
da·zwi·schen|ste·hen *vi irreg* ❶ *(zwischen zweien stehen)* to be between them; *Mensch a.* to stand between them
❷ *(unentschieden sein)* to be [in] between; [**politisch**] **~** to sit on the fence [politically]; **mit seiner Meinung ~** to be noncommittal
❸ *(geh: trennend sein)* to be in the way
da·zwi·schen|tre·ten *vi irreg sein* ❶ *(schlichtend eingreifen)* to intervene
❷ *(geh: störend auftreten)* to get in the way; *störender Mensch, Exfreund* to come between [two people]
DB <-> *f kein pl Abk von* **Deutsche Bahn** ≈ National Rail BRIT, ≈ Amtrak AM
DBAG <-> *f kein pl Abk von* **Deutsche Börse AG** German Stock Exchange
DCC <-, -s> *f Abk von* **Digital Compact Cassette** DCC
DDR <-> [de:de:'ʔɛr] *f kein pl* HIST *Abk von* **Deutsche Demokratische Republik:** ■**die ~** East Germany, the GDR, the German Democratic Republic *form;* **die ehemalige ~** [the] former East Germany
DDR-Bür·ger(in) *m(f)* HIST East German [citizen], citizen of the German Democratic Republic *form*
DDT <-> [de:de:'te:] *nt kein pl Abk von* **Dichlordiphenyltrichloräthan** DDT
de|ak·ti·vie·ren* [deʔakti'vi:rən] *vt* ■**etw ~** to deactivate sth
Deal <-s, -s> [di:l] *m (sl)* deal; [**mit jdm**] **einen ~ machen** to make [*or* do] a deal [with sb]
dea·len ['di:lən] *vi (sl)* ■[**mit etw** *dat*] **~** to deal sth *sl,* to push sth *fam*
Dea·ler(in) <-s, -> ['di:lɐ] *m(f) (fam)* dealer *sl,* pusher *fam*
De·ba·kel <-s, -> [de'ba:kl] *nt (geh)* debacle *form,* fiasco; *(Niederlage a.)* whitewash BRIT, shutout AM
De·bat·te <-, -n> [de'batə] *f* ❶ *(Streitgespräch)* debate; *(schwächer)* discussion; **sich** *akk* **auf [k]eine ~ [über etw** *akk*] **einlassen** to [not] enter into a discussion [about sth]; **zur ~ stehen** to be under [*or* up for] discussion; ***das steht hier nicht zur ~*** that's not the issue here, that's beside the point; **etw zur ~ stellen** to put sth up [*or form* forward] for discussion; **etw in die ~ werfen** to throw sth into the discussion
❷ *(Erörterung)* debate (+*gen* on)
de·bat·tie·ren* [deba'ti:rən] **I.** *vt* ■**etw ~** to debate sth; *(schwächer)* to discuss sth
II. *vi* ■[**mit jdm**] [**über etw** *akk*] to discuss [sth] [with sb]
De·bet <-s, -s> ['de:bɛt] *nt* FIN debit column [*or* side]; **mit Euro 10.000 im ~ stehen** to have run up a debt [*or* debts] of 10,000 euros
De·bet·sal·do *m* FIN debit balance **De·bet·sei·te** *f* FIN debit side
de·bil [de'bi:l] *adj* MED feeble-minded
De·bi·li·tät <-> [debili'tɛ:t] *f kein pl* MED feeble-mindedness *no pl*
de·bi·tie·ren* [debi'ti:rən] *vt* FIN ■**jdn/etw ~** to debit sb/sth
De·bi·tor, De·bi·to·rin <-s, Debitoren> ['de:bito:ɐ̯, -'to:rɪn, *pl* -'to:rən] *m, f meist pl* FIN debtor
De·bi·to·ren·buch *nt* sales ledger [*or* [day]book] **De·bi·to·ren·zie·hung** *f* FIN bill drawn on a debtor
De·bit·ver·fah·ren *nt* FIN direct debit
De·bug·ger <-s, -s> [di:'bʌgɐ] *m* INFORM debugger
De·büt <-s, -s> [de'by:] *nt* debut; [**mit etw** *dat*] **sein ~ geben** to [make one's] debut [with sth]
De·büt·al·bum *nt* debut album
De·bü·tant(in) <-en, -en> [deby'tant] *m(f)* ❶ *(Anfänger)* novice, debutante *fem*
❷ *(gesellschaftlicher Neuling)* ■**Debütantin** debutante, deb *fam*
de·bü·tie·ren* [deby'ti:rən] *vi* ❶ *(erstmals auftreten)* ■**als jd ~** to [make one's] debut as sb
❷ *(geh: erstmals in Erscheinung treten)* ■**mit etw** *dat* **~** to [make one's] debut with sth
De·büt·ro·man *m* debut [*or* first] novel
De·chant(in) <-en, -en> [dɛ'çant, 'dɛçant] *m(f)* REL dean
de·chiff·rie·ren* [deʃɪ'fri:rən] *vt* ■**etw ~** to decipher sth, to decode sth
De·chiff·rie·rung <-, -en> *f* decoding, deciphering
Deck <-[e]s, -s> ['dɛk] *nt* ❶ *(Abschluss des Schiffsrumpfs)* deck; **Aufbauten auf dem ~** superstructure *no pl, no indef art*
❷ *(Schiffsebene)* deck; **an ~ gehen** to go on deck; **an/unter ~** on/below deck
❸ *(Parkdeck)* level, storey
Deck·adres·se *f* accommodation address BRIT, mail drop AM **Deck·an·strich** *m* BAU finish [*or* top] coat **Deck·auf·bau·ten** *pl* superstructure *no pl, no indef art* **Deck·bett** *nt* ❶ *(Bettdecke)* feather quilt, eiderdown ❷ SCHWEIZ bedding *no indef art* **Deck·blatt** *nt* ❶ BOT bract *spec* ❷ *(Titelblatt)* title page ❸ *(von Zigarre)* wrapper ❹ KARTEN top card
Deck·chen <-s, -> *nt dim von* **Decke** ❶ *(kleines Stoffstück)* small cloth
❷ *(Tischdeckchen)* small tablecloth; *(aus Spitze)* doily
De·cke <-, -n> ['dɛkə] *f* ❶ *(Zimmerdecke)* ceiling
❷ *(Tischdecke)* tablecloth
❸ *(Wolldecke)* blanket; *(Bettdecke)* cover, duvet BRIT
❹ *(Belag)* surface, surfacing *spec*
❺ *(Reifendecke)* outer tyre [*or* cover] [*or* casing]

D

▸WENDUNGEN: **jdm fällt die ~ auf den Kopf** *(fam)* sb feels really cooped in [*or* up] [*or* shut in]; **an die ~ gehen** *(fam)* to blow one's top, to hit [*or* go through] the roof; **[vor Freude] an die ~ springen** *(fam)* to jump for joy; **mit jdm unter einer ~ stecken** to be in league [*or fam* cahoots] with sb, to be hand in glove with sb; **sich** *akk* **nach der ~ strecken** to cut one's coat according to one's cloth

De·ckel <-s, -> ['dɛkl] *m* ① *(Verschluss)* lid; *(aus Folie)* top; *von Glas, Schachtel a.* top; *von Uhr* cover
② *(Buchdeckel)* cover
▸WENDUNGEN: **jdm eins auf den ~ geben** *(fam)* to give sb a clip round the ear; **[von jdm] eins auf den ~ kriegen** *(fam: geschlagen werden)* to get a crack [*or* clout] on the head [from sb]; *(gerügt werden)* to be given a bollocking *fam!* [*or fam* a good talking-to] [by sb]

De̲·ckel·ta·sche *f* pocket with flap

de·cken ['dɛkn̩] **I.** *vt* ① *(legen)* ■**etw über etw/jdn ~** to put sth over sth/sb; *(breiten)* to spread sth over sth/sb; *(schützend, verhüllend)* to cover sb/sth with sth; **die Hand/ein Tuch über etw** *akk* **~** to cover sth with one's hand/a cloth, to put one's hand/a cloth over sth
② *(bedecken)* ■**etw ~** to cover sth; ***Schnee deckte die Erde*** *(liter)* the earth was covered with [*or* in] snow; **das Dach ~** to cover the roof, to roof a building; **ein Dach mit Schiefer/Ziegeln ~** to roof a building with slate/tiles, to slate/tile a roof; **ein Dach mit Kupfer ~** to line a roof with copper; **ein Dach mit Reet/Stroh ~** to thatch a roof [with reeds/straw]; **ein Haus [mit etw** *dat***] ~** to roof a house [with sth]
③ *(zurechtmachen)* **den Tisch ~** to set [*or* lay] the table; ***es ist gedeckt!*** dinner/lunch is ready [*or form* served]!; **den Tisch für zwei [Personen] ~** to set [*or* lay] the table for two; ***es ist für zwei gedeckt*** the table is set for two; **ein gedeckter Tisch** a table set [*or* laid] for a meal; **sich** *akk* **an einen gedeckten Tisch setzen** to find one's meal ready and waiting; *(fig)* to be handed everything on a plate *fig*
④ *(verheimlichen)* ■**etw ~** to cover up sth *sep;* ■**jdn ~** to cover up for sb; **einen Komplizen ~** to cover up for an accomplice
⑤ *(abschirmen)* ■**jdn/etw ~** to cover sb/sth; *(mit dem eigenen Körper)* to shield sb/sth; **das Kinn mit der Linken ~** to cover one's chin with the left; **einen Spieler ~** to mark [*or* cover] an opponent
⑥ ÖKON *(befriedigen)* **den Bedarf an etw** *dat* **~** to cover [*or* meet] the need of sth; **jds Bedarf/Bedürfnisse ~** to cover [*or* meet] sb's needs; **die Nachfrage ~** to meet [*or* satisfy] the demand
⑦ FIN *(absichern, aufkommen für)* ■**etw ~** to cover sth; ***der Scheck war nicht gedeckt*** the cheque wasn't covered; ***der Schaden ist durch die Versicherung gedeckt*** the damage is covered by the insurance; **die Kosten ~** to cover the cost[s]; **einen Wechsel ~** to meet [*or* honour] a bill of exchange
⑧ FIN *(ausgleichen)* ■**etw ~** to offset sth; **ein Defizit ~** to offset a deficit
⑨ *(begatten)* **ein Tier ~** to cover [*or form* service] an animal; **eine Stute ~** to serve a mare
II. *vi* ① *(überdecken)* **[gut] ~** to cover well; ***diese Farbe deckt besser*** this paint gives a better cover[ing]; **[gut] ~de Farbe** paint that covers well; **schlecht ~** to cover badly
② *(Schutz bieten)* to offer protection; ***die Büsche ~ gegen unerwünschte Blicke*** the shrubs protect from unwanted insight
③ SPORT to mark [*or* cover] one's opponent; ***du musst besser ~*** you have to improve your marking; ***heute deckst du besser*** your marking is better today
④ *(beim Boxen)* to keep one's guard up; ***du musst besser ~*** you have to improve our guard; **heute deckst du schlecht** today you keep dropping your guard
III. *vr* ■**sich** *akk* **~** ① *(übereinstimmen)* to coincide **(in/mit** *+dat* on/with); *Zeugenaussage* to correspond, to agree **(in/mit** *+dat* on/with); *Geschmäcker* to match; *Zahlen* to tally; **sich** *akk* **~de Dreiecke** MATH congruent triangles *spec;* ***seine Aussage deckt sich in wesentlichen Punkten nicht mit Ihrer*** his statement doesn't agree with yours on some major points
② *(sich schützen)* to protect oneself **(gegen** *+akk* against); *(beim Boxen)* to keep one's guard up

De̲·cken·bal·ken *m* BAU joist **De̲·cken·be·leuch·tung** *f* ceiling [*or* overhead] lights *pl* **De̲·cken·blen·de** *f* BAU valance

de̲·ckend *adj inv (Farbe, Papier)* opaque

De̲·cken·feld *nt* BAU ceiling section **De̲·cken·fer·ti·gung** *f* TYPO *(Buch)* casemaking **De̲·cken·flu·ter** *m* ceiling floodlight **De̲·cken·ge·mäl·de** *nt* ceiling painting **De̲·cken·ge·wöl·be** *nt* ARCHIT vaulting *no indef art* **De̲·cken·lam·pe** *f* ceiling light **De̲·cken·ma·le·rei** *f* ceiling fresco

De̲·cker <-s, -> ['dɛkɐ] *m* TYPO mask, overlay

De̲·cker·trans·pa·rent *nt* TYPO overlaid tracing

De̲ck·fä·hig·keit *f (Farbe)* coverage properties *pl,* opaqueness **De̲ck·far·be** *f* opaque colour [*or* AM -or], body-colour [*or* AM -or] **De̲ck·flü·gel** *m* ZOOL wing-case, elytron *spec* **De̲ck·haar** *nt kein pl* ZOOL outer coat **De̲ck·hengst** *m* stud[-horse], [breeding] stallion **De̲ck·lack** *m* AUTO ① *(Material)* finishing enamel ② *(Schicht)* top coat **De̲ck·man·tel** *m (fig)* mask, blind, mantle *liter;* ■**unter dem ~ einer S.** *gen* under the guise [*or* cloak] of sth **De̲ck·na·me** *m* assumed name, code name, alias; **unter dem ~n „Rudi" auftreten** to go under the alias of "Rudi" **De̲ck·of·fi·zier** *m* NAUT [naval] warrant officer

De̲·ckung <-, -en> *f* ① *(Feuerschutz)* cover
② FBALL marking BRIT, covering
③ *(schützende Haltung)* guard; **seine ~ vernachlässigen** to drop [*or* lower] one's guard
④ *(Schutz)* cover; **volle ~!** take cover!; **~ suchen [*o* in ~ gehen]** to take cover; **jdm ~ geben** to give sb cover, to cover sb
⑤ *(Protektion)* backing *no pl*
⑥ ÖKON covering, meeting; *von Kosten a.* defrayment *form; von Nachfrage* meeting, satisfaction; **zur ~ der Nachfrage** to meet [*or* satisfy] the demand
⑦ *(finanzielle Absicherung)* cover; *von Darlehen* security; ***der Scheck ist ohne ~*** the cheque is not covered; **ein Wechsel ohne ~** an unsecured bill, a bill without cover; *(Ausgleich)* offset *no indef art* (*+gen* for); **zur ~ einer S.** *gen* to offset [*or* make good] sth; **zur ~ der Schäden** to meet the cost of the damage
⑧ *(Übereinstimmung)* **etw zur ~ bringen** to make sth coincide; *Zahlen* to be made to tally

De̲·ckungs·auf·la·ge *f* break-even quantity *(number of sold publications needed to cover the printing costs)* **De̲·ckungs·bei·trag** *m* HANDEL variable gross margin **de̲·ckungs·fä·hig** *adj inv* FIN eligible to serve as cover; **nicht ~** ineligible to serve as cover **De̲·ckungs·ge·schäft** *nt* BÖRSE hedging transaction, hedge

de̲·ckungs·gleich *adj* ① MATH congruent *spec*
② *(übereinstimmend)* concurring, concurrent; **~e Zeugenaussagen** agreeing [*or form* concordant] testimonies; ■**~ sein** to coincide

De̲·ckungs·gleich·heit *f* ① MATH congruence *spec*
② *(Übereinstimmung)* **die ~ der Zeugenaussagen** the agreement between testimonies; **wegen der ~ der Ansichten/Aussagen** because of the degree to which these views coincide/these statements agree

De̲·ckungs·ka·pi·tal *nt* covering funds *npl* **De̲·ckungs·kauf** *m* HANDEL covering purchase; BÖRSE [short] covering **De̲·ckungs·klau·sel** *f* JUR, FIN cover clause **De̲·ckungs·lü·cke** *f* JUR insurance loophole, gap in provision **De̲·ckungs·rück·la·ge** *f* FIN unearned premium reserve **De̲·ckungs·rück·stel·lung** *f* FIN cover[ing] reserves *pl* **De̲·ckungs·schutz** *m* JUR insurance protection; **vorläufiger ~** provisional cover **De̲·ckungs·stock** *m* FIN guarantee stock; *(Versicherung)* unearned premium reserve **De̲·ckungs·sum·me** *f* JUR amount insured **De̲·ckungs·ver·hält·nis** *nt* FIN reserve [*or* cover] ratio **De̲·ckungs·ver·kauf** *m* BÖRSE hedging sale **De̲·ckungs·vor·sor·ge** *f* JUR provisions *pl* for sufficient cover **De̲·ckungs·zu·sa·ge** *f* FIN *(Versicherung)* cover note; **vorläufige ~** provisional cover

De̲ck·weiß *nt* opaque white **De̲ck·wort** <-wörter> *nt* code word

De·co·der <-s, -> [de'ko:dɐ] *m* decoder

de·co·die·ren* [deko'di:rən] *vt s.* **dekodieren**

De·co·di̲e·rer <-s, -> *m* INFORM decoder

Dé·colle·té <-s, -s> [dekɔl'te:] *nt s.* **Dekolleté**

De·cre·scen·do <-s, -s *o* Decrescendi> [dekrɛ'ʃɛndo] *nt* MUS diminuendo, decrescendo

De·di·ka·ti·ons·ex·em·plar [dedika'tsi̯o:ns-] *nt* presentation copy [containing a dedication]

De·duk·ti·on <-, -en> [dedʊk'tsi̯o:n] *f* deduction

de·duk·tiv [dedʊk'ti:f] *adj* deductive

de·du·zie·ren* [dedu'tsi:rən] *vt* ■**etw ~** to deduce sth

Deern <-, -s> ['de:ɐ̯n] *f* NORDD *(fam)* lass[ie] BRIT DIAL

De·es·ka·la·ti·on [deʔɛskala'tsi̯o:n] *f* MIL de-escalation

de·es·ka·lie·ren* [deʔɛska'li:rən] *vt, vi* MIL to de-escalate

de·es·ka·li̲e·rend *adv (beschwichtigend, beruhigend)* calmingly; ***Frauen wirken in Reibereien meist ~*** women tend to have a pacificatory effect amidst friction

de fac·to [de: 'fakto] *adv* de facto

De-fac·to-Ab·wer·tung [de'fakto-] *f* ÖKON de facto devaluation **De-fac·to-An·er·ken·nung** [de'fakto-] *f* JUR de facto recognition

De·fä·tis·mus <-> [defɛ'tɪsmʊs] *m kein pl (geh)* ■**[der] ~** defeatism *a. pej*

De·fä·tist(in) <-en, -en> [defɛ'tɪst] *m(f) (geh)* defeatist *a. pej*

de·fä·ti̲s·tisch *adj (geh)* defeatist *a. pej*

de·fekt [de'fɛkt] *adj* faulty, defective *form*

De·fekt <-[e]s, -e> [de'fɛkt] *m* ① *(Funktionsstörung)* fault, defect; **einen ~ haben** to be faulty [*or* defective]
② *(Missbildung)* defect; **ein geistiger/angeborener ~** mental deficiency/a congenital defect; **einen geistigen ~ haben** to be mentally deficient, to suffer from mental deficiency

De·fe̲kt·ur·sa·che *f* cause of a/the defect [*or* fault]

de·fen·siv [defɛn'zi:f] **I.** *adj* ① *(auf Abwehr bedacht)* defensive
② *(auf Sicherheit bedacht)* safety-conscious; **eine ~e Fahrweise** non-aggressive [*or* defensive] driving
II. *adv* defensively; **~ spielen** to adopt a defensive line of play

De·fen·si·ve <-, -n> [defɛn'zi:və] *f kein pl* ① *(Verteidigung)* defence [*or* AM -se]; **für die ~** for defence [purposes]; **sich** *akk* **in die ~ begeben [*o* in die ~ gehen]** to go on the defensive; **in der ~ bleiben** to remain on the defensive; **jd in die ~ drängen** to force sb on[to] the defensive
② SPORT defensive [line of play]; **aus der ~ zum Angriff übergehen** to switch [*or* change] from the defensive to the offensive, to go over to the offensive

De·fen·si̲v·krieg *m* defensive war, defensive warfare *no art* **De·fen·si̲v·spiel** *nt* defensive game **De·fen·si̲v·waf·fe** *f* defensive weapon

de·fi·lie·ren* [defi'li:rən] *vi sein o haben* MIL ■**[vor jdm/etw] ~** to march [past sb/sth], to parade [before sb/sth]

De·fi·nan·zi̲e·rung <-, -en> *f* FIN definancing

de·fi·ni̲e̲r·bar *adj* definable; ■**nicht ~ [sein]** [to be] indefinable [*or* undefinable]; **leicht ~ [sein]** [to be] easy to define *pred;* **schwer ~ [sein]** [to be] difficult to define *pred; (subtil a.)* [to be] elusive

de·fi·nie·ren* [defi'ni:rən] *vt* ① *(genau erklären)* ■**[jdm] etw ~** to define sth [for sb]; **[jdm] etw kurz ~** to give [sb] a brief definition of sth
② *(beschreiben)* ■**etw ~** to define [*or* describe] sth; **nicht zu ~ sein** to defy [*or* evade] definition [*or* description]; **schwer zu ~ sein** to be difficult to define [*or* describe]; *(subtil a.)* to be elusive
③ INFORM *(bestimmen)* ■**etw ~** to define sth; **etw neu ~** to redefine sth

de·fi·ni̲ert **I.** *pp von* **definieren**
II. *adj inv* defined; **eine klar ~e Aufgabe** a clearly defined task

De·fi·ni·ti·on <-, -en> [definiˈtsi̯oːn] *f* definition; [jdm] eine ~ von etw *dat* geben to give [sb] a definition of sth, to define sth [for sb]

de·fi·ni·tiv [definiˈtiːf] I. *adj* *(genau)* definite; *(endgültig a.)* definitive
II. *adv* *(genau)* definitely; *(endgültig a.)* definitively

de·fi·zi·ent [defiˈtsi̯ɛnt] *adj* MATH ~**e Zahl** defective number

De·fi·zit <-s, -e> [ˈdeːfitsɪt] *nt* ❶ *(Fehlbetrag)* deficit; ~ **des öffentlichen Sektors** public-sector deficit; ~ **durch Steuersenkung** deficit without spending; **ein ~ abdecken/ausgleichen** to cover/make good a deficit; [**mit etw** *dat*] **ein ~ machen** to make a loss [with sth]
❷ *(Mangel)* ■**ein ~ an etw** *dat* a lack of sth; **ein ~ an etw** *dat* **haben** to suffer from a lack of sth

De·fi·zit·ab·bau *m* FIN deficit reduction

de·fi·zi·tär [defitsiˈtɛːɐ̯] I. *adj* ❶ *(mit Defizit belastet)* in [the] deficit *pred*
❷ *(zu Defiziten führend)* **eine ~e Haushaltspolitik führen** to follow an economic policy that can only lead to deficit; **die ~e Entwicklung** [**der Organisation/Firma/etc.**] the trend [in the organization/firm/etc.] to run to a deficit
II. *adv* **sich** *akk* ~ **entwickeln** to develop a deficit

De·fi·zit·fi·nan·zie·rung *f* ÖKON deficit financing **De·fi·zit·haus·halt** *m* ÖKON adverse budget **De·fi·zit·län·der** *pl* ÖKON deficit countries *pl* **De·fi·zit·wa·re** *f* ÖKON deficit product **De·fi·zit·wirt·schaft** *f kein pl* ÖKON deficit financing

De·fla·ti·on <-, -en> [deflaˈtsi̯oːn] *f* deflation

de·fla·ti·o·när [deflatsi̯oˈnɛːɐ̯] *adj* deflationary

de·fla·ti·o·nie·ren* [deflatsi̯oˈniːrən] *vt* FIN ■**etw ~** to deflate sth

de·fla·ti·o·nis·tisch [deflaˈtsi̯onɪstɪʃ] *adj* deflationary

De·fla·ti·ons·druck *m* FIN, ÖKON deflationary pressure **De·fla·ti·ons·ra·te** *f* ÖKON rate of deflation **De·fla·ti·ons·ten·den·zen** *pl* deflationary tendencies [*or* trends] *pl*

de·fla·to·risch [deflaˈtoːrɪʃ] *adj* FIN deflationary

De·flo·ra·ti·on <-, -en> [defloraˈtsi̯oːn] *f* *(fachspr liter: Entjungferung)* defloration *liter*

de·flo·rie·ren* [defloˈriːrən] *vt* *(fachspr liter: entjungfern)* ■**jdn ~** to deflower sb *liter*

De·for·ma·ti·on <-, -en> [defɔrmaˈtsi̯oːn] *f* ❶ *(Verunstaltung)* deformation; *(Missbildung)* deformity; *(Entstellung)* disfigurement
❷ *(Verformung)* deformation; *(Verzerrung)* distortion

de·for·mie·ren* [defɔrˈmiːrən] *vt* ■**etw ~** ❶ *(verunstalten)* to deform sth; *(entstellen)* to disfigure sth; ■**deformiert** deformed, disfigured; **eine deformierte Nase** a misshapen nose
❷ *(verformen)* to deform sth; *(verzerren)* to distort sth

De·for·mie·rung <-, -en> *f* ❶ *(Verunstaltung)* deformity; *(Entstellung)* disfigurement
❷ *(Verformung)* deformation; *(Verzerrung)* distortion

De·frag·men·tier·pro·gramm [defragmɛnˈtiːr-] *nt* INFORM defragmentation utility

De·fros·ter <-s, -> [deˈfrɔstɐ] *m* de-icer

De·fros·ter·dü·se *f* AUTO defroster nozzle

def·tig [ˈdɛftɪç] I. *adj* ❶ *(herzhaft)* good and solid *pred*; ~**e Mahlzeit** substantial [*or* good] solid] meal; **ein ~er Eintopf** a hearty stew
❷ *(anständig, gehörig)* **eine ~e Ohrfeige** a good whack round the ear *fam*; **eine ~e Tracht Prügel** a mother of a beating *fam*, a good hiding
❸ *(urwüchsig)* earthy; **ein ~er Witz** a coarse [*or* crude] joke
II. *adv* ~ **danebenhauen** *(fam)* to drop a clanger BRIT *fam*; **sich** *akk* ~ **ins Zeug legen** *(fam)* to really get going *fam*; ~ **reinhauen** [*o* **zulangen**] *(fam)* to really get stuck in *fam*

Def·tig·keit <-, -en> *f* ❶ *kein pl* *(Herzhaftigkeit)* solidness, substantialness; *von Eintopf a.* thickness; *von Wurst* meatiness
❷ *(Derbheit)* earthiness; *Witz* crudeness, coarseness

De·gen <-s, -> [ˈdeːgn̩] *m* ❶ SPORT *(Waffe)* epée
❷ *(Degenfechten)* [epée] fencing
❸ HIST rapier, sword; **den ~ ziehen** to draw one's sword [*or* rapier]; **mit bloßem** [*o* **nacktem**] ~ with one's sword [*or* rapier] drawn; **jdn auf ~ fordern** HIST to challenge sb to a duel *(with rapiers)*

De·ge·ne·ra·ti·on <-, -en> [degeneraˈtsi̯oːn] *f* ❶ *(geh)* degeneration ❷ MED, BIOL degeneration; ~ **von Zellen** cellular degeneration **De·ge·ne·ra·ti·ons·er·schei·nung** *f* sign of degeneration

de·ge·ne·rie·ren* [degeneˈriːrən] *vi* to degenerate

de·ge·ne·riert *adj* degenerate

De·gen·fech·ten *nt* ■**das ~** epée fencing

de·gor·gie·ren [degɔrˈʒiːrən] *vt* KOCHK ■**etw ~** to disgorge sth

de·gra·die·ren* [degraˈdiːrən] *vt* ■**jdn** [**zu etw** *dat*] ~ ❶ MIL to demote sb [to sth]; *(mit Entlassung)* to cashier sb; **jdn zum einfachen Soldaten ~** to demote sb to the ranks
❷ *(pej geh)* to degrade sb, to reduce sb to [the level of] sth

De·gra·die·rung <-, -en> *f* ■**jds ~** [**zu etw** *dat*] ❶ MIL sb's demotion [to sth]
❷ *(geh)* sb's degradation [to sth]

De·gres·si·on <-, -en> [degrɛˈsi̯oːn] *f* POL degression **De·gres·si·ons·re·ge·lung** *f* POL degression rule

de·gres·siv [degrɛˈsiːf] *adj* ÖKON degressive; ~**e Abschreibung** degressive depreciation

De·gus·ta·ti·on <-, -en> [degʊstaˈtsi̯oːn] *f* bes SCHWEIZ *(geh)* tasting session

de·gus·tie·ren* [degʊsˈtiːrən] *vt* bes SCHWEIZ *(geh)* ■**etw ~** to taste sth

dehn·bar *adj* ❶ *(flexibel)* elastic; ~**er Stoff** elastic [*or* stretch] [*or fam* stretchy] material
❷ *(interpretierbar)* flexible, open to interpretation *pred*; *s. a.* **Begriff**

Dehn·bar·keit <-> *f kein pl* ❶ *(Flexibilität)* elasticity; *von Stoff a.* stretchiness *fam*
❷ *(Interpretierbarkeit)* flexibility

deh·nen [ˈdeːnən] I. *vt* ■**etw ~** ❶ *(ausweiten)* to stretch sth
❷ MED to dilate [*or* stretch] sth
❸ *(gedehnt aussprechen)* to lengthen sth; *(schleppend)* to drawl sth
II. *vr* ■**sich** *akk* ~ ❶ *(sich ausdehnen)* to stretch
❷ *(sich strecken)* to stretch

Deh·nung <-, -en> *f* ❶ *(das Dehnen)* stretching
❷ MED dilation
❸ *(Laut- o Silbendehnung)* lengthening; *(schleppend)* drawling

Deh·nungs·fu·ge *f* BAU expansion joint

De·hy·dra·da·ti·on <-, -en> [dehydradaˈtsi̯oːn] *f* dehydration

de·hy·dra·ti·sie·ren* [dehydratiˈziːrən] *vt* ■**etw ~** to dehydrate sth

de·hy·drie·ren* [dehyˈdriːrən] *vt* CHEM ■**etw ~** to dehydrogenate [*or* dehydrogenize] sth *spec*; *(zur Gewinnung von Sauerstoff)* to dehydrate sth

De·hy·drie·rung <-, -en> *f* CHEM dehydrogenation *spec*, dehydrogenization *spec*; *(zur Gewinnung von Sauerstoff)* dehydration

Dei·bel <-s, -> [ˈdai̯bl̩] *m* NORDD *(fam: Teufel)* the Devil, Satan

Deich <-[e]s, -e> [ˈdai̯ç] *m* dyke, dike; **einen ~ durchbrechen** to breach a dyke [*or* dike]

Deich·recht *nt* JUR dike law **Deich·schleu·se** *f* floodgate, sluice [gate]

Deich·sel <-, -n> [ˈdai̯ksl̩] *f* shaft; *(Doppeldeichsel)* shafts *pl*; **Ochsen an die ~n spannen** to yoke oxen into [*or* between] the shafts

Deich·sel·bruch *m* broken shafts *pl*

deich·seln [ˈdai̯ksl̩n] *vt* *(fam)* ■**etw ~** to wangle sth *fam*; ■**es** [**so**] ~, **dass ...** to so wangle it that ... *fam*

Deich·ver·band *m association of owners of dyked land*

dein [ˈdai̯n] I. *pron poss* ❶ *adjektivisch* your; ***herzliche Grüße, ~e Anita*** with best wishes, yours/love Anita
❷ *substantivisch* *(veraltend)* yours, thine *old*; ***behalte, was ~ ist*** keep what is yours [*or old* thin]
II. *pron pers gen von* **du** *(veraltet poet)* of thee; ***ich werde ewig ~er gedenken*** I shall remember thee forever *dated*

De·in·du·stri·a·li·sie·rung <-> [deʔɪndʊstriaˈliˈziːrʊŋ] *f kein pl* ÖKON deindustrialization

dei·ne(r, s) [ˈdai̯nə] *pron poss, substantivisch* ❶ *(der/die/das dir Gehörende)* yours
❷ *(geh)* ■**der/die ~** [*o* **D~**] yours; ***stets und immer der ~*** yours ever
❸ *(Angehörige)* ■**die ~n** [*o* **D~n**] your family + *sing/pl vb* [*or* people], your folks; **du und die ~n** [*o* **D~n**] you and yours
❹ *(das in deiner Macht stehende)* ■**das ~** [*o* **D~**] what is yours; ***tu du das ~*** you do your bit; ***kümmere du dich um das ~*** you mind your own affairs [*or* what is yours]

dei·ner [ˈdai̯nɐ] *pron pers gen von* **du** *(geh)* ***wir werden uns ~ erinnern*** we will remember you

dei·ner·seits [ˈdai̯nɐˈzai̯ts] *adv* ❶ *(auf deiner Seite)* for your part
❷ *(von dir aus)* on your part

dei·nes·glei·chen [ˈdai̯nəsˈglai̯çn̩] *pron inv* ❶ *(pej)* the likes of you *pej*, your sort + *pl vb pej*; ■**du und ~** you and your sort *pej*
❷ *(geh)* ***an Schönheit ist keine ~*** in beauty there is none to equal you *liter*

dei·net·we·gen [ˈdai̯nətveːgn̩] *adv*, **dei·net·hal·ben** [ˈdai̯nəthalbn̩] *adv* *(veraltend: wegen dir)* because of you, on your account, on account of you; *(dir zuliebe)* for your sake

dei·net·wil·len [ˈdai̯nətvɪlən] *adv* ■**um ~** for your sake; *(als Erwiderung auf Bitte)* seeing that it's you *hum*

dei·ni·ge [ˈdai̯nɪgə] *pron poss, substantivisch* *(veraltend geh)* ❶ *(der/die/das dir Gehörende)* ■**der/die/das ~** [*o* **D~**] yours, thine *old*
❷ *(deine Angehörigen)* ■**die ~n** [*o* **D~n**] your family + *sing/pl vb* [*or* people] [*or* kin *dated*]
❸ *(das dir Zukommende)* ■**das ~** [*o* **D~**] ***tu du das ~*** you do your bit

deins [ˈdai̯ns] *pron poss* yours

De·in·stal·la·ti·on <-, -en> [deʔɪnstalaˈtsi̯oːn] *f* INFORM deinstalling **De·in·stal·la·ti·ons·funk·ti·on** [deʔɪnstalaˈtsi̯oːnsfʊŋktsi̯on] *f* INFORM deinstalling function

de·in·stal·lie·ren [deʔɪnstaˈliːrən] *vt* INFORM ■**etw ~** to deinstall sth

De·is·mus <-> [deˈɪsmʊs] *m kein pl* PHILOS ■**der ~** deism

de·is·tisch *adj* deistic

Dé·jà-vu-Er·leb·nis [deʒaˈvyː-] *nt* PSYCH sense [*or* feeling] of déjà vu

de ju·re [deː ˈjuːrə] *adv* JUR de jure, by right, legally

De-ju·re-An·er·ken·nung [deˈjuːrə-] *f* JUR de jure [*or* legal] recognition

De·ka <-[s], -> [ˈdeːka] *nt* ÖSTERR *s.* **Dekagramm**

De·ka·de <-, -n> [deˈkaːdə] *f* decade

de·ka·dent [dekaˈdɛnt] *adj* decadent

De·ka·denz <-> [dekaˈdɛnts] *f kein pl* decadence

De·ka·eder <-s, -> [dekaˈʔeːdɐ] *m* decahedron

De·ka·gramm [ˈdɛkagram] *nt* ÖSTERR ten gram[me]s *pl*, decagram[me] *spec*

De·ka·log <-[e]s> [dekaˈloːk] *m* REL **der ~** the Ten Commandments, the Decalogue *spec*

De·kan(in) <-s, -e> [deˈkaːn] *m(f)* SCH dean

De·ka·nat <-[e]s, -e> [dekaˈnaːt] *nt* ❶ *(Amtszeit eines Dekans)* deanship
❷ SCH *(Amtssitz)* office of a/the dean; REL deanery

De·ka·nin <-, -nen> [deˈkaːnɪn] *f fem form von* **Dekan**

De·kar·tel·li·sie·rung <-> [dekartɛliˈziːrʊŋ] *f kein pl* ÖKON decartelization

De·kar·tel·li·sie·rungs·ge·setz [dekartɛliˈziːrʊŋs-] *nt* JUR decartelization act **De·kar·tel·li·sie·rungs·recht** [dekartɛliˈziːrʊŋs-] *nt* JUR decartelization law

De·kla·ma·ti·on <-, -en> [deklamaˈtsi̯oːn] *f* ❶ *(geh: Vortrag)* recitation
❷ *(pej: Leerformel)* [empty] rhetoric *no pl*

de·kla·ma·to·risch [deklamaˈtoːrɪʃ] *adj* ❶ *inv* *(ausdrucksvoll im Vortrag)* rhetorical
❷ *(übertrieben im Ausdruck)* rhetorical, declamatory

D

③ MUS declamatory

de·kla·mie·ren* [dekla'mi:rən] *(geh)* **I.** *vt* ■**etw** ~ to recite sth
II. *vi* to recite; **gut ~ können** to be good at reciting

De·kla·ra·ti·on <-, -en> [deklara'tsi̯o:n] *f* ① *(geh)* declaration
② *(Zollerklärung)* declaration

de·kla·ra·to·risch [deklara'to:rɪʃ] *adj inv (geh)* declaratory

de·kla·rie·ren* [dekla'ri:rən] *vt* ■**etw** ~ ① *(geh)* to declare sth
② *(angeben)* to declare sth; ***haben Sie etwas zu ~?*** do you have anything to declare?; **seine Einkünfte ~** to file one's income-tax return

de·kla·riert **I.** *pp von* **deklarieren**
II. *adj inv* declared; ■**als etw ~** declared to be sth

De·kla·rie·rung <-, -en> *f* declaration

de·klas·sie·ren* [dekla'si:rən] *vt* ① *(als drittklassig erscheinen lassen)* ■**jdn/etw ~** to downgrade sb/sth
② SPORT ■**jdn ~** to outclass sb; *(vernichtend schlagen a.)* to humiliate sb

De·klas·sie·rung <-, -en> *f* SPORT outclassing; *(durch vernichtenden Schlag a.)* humiliation

De·kli·na·ti·on <-, -en> [deklina'tsi̯o:n] *f* ① LING declension
② PHYS [magnetic] declination *spec*

de·kli·nier·bar *adj* LING declinable; **nicht ~** indeclinable

de·kli·nie·ren* [dekli'ni:rən] *vt* LING ■**etw ~** to decline sth

de·ko·die·ren* [deko'di:rən] *vt* ■**etw ~** to decode sth

De·ko·die·rung <-, -en> *f* INFORM decoding

De·kolle·té, De·kolle·teeRR <-s, -s> [dekɔl'te:] *nt* ① *(Körperpartie)* cleavage
② MODE low-cut [*or* décolleté] neckline, décolletage; **ein Kleid mit einem gewagten/tiefen ~** a daringly/very low-cut [*or* décolleté] dress

De·kolle·tee·cremeRR [dekɔlte:'kre:m] *f* neckline cream

de·kolle·tiert [dekɔl'ti:ɐt] *adj* low-cut, décolleté; **gewagt/tief ~** daringly/very low-cut [*or* décolleté]

De·kom·pres·si·on [dekɔmprɛ'si̯o:n] *f* decompression **De·kom·pres·si·ons·kam·mer** *f* decompression chamber

de·kom·pri·mie·ren [dekɔmpri'mi:rən] *vt* INFORM ■**etw ~** to decompress sth

De·kom·pri·mie·rung <-, -en> *f* INFORM decompression

De·kon·ta·mi·na·ti·on [dekɔntamina'tsi̯o:n] *f* decontamination, decon *spec sl*

de·kon·ta·mi·nie·ren* [dekɔntami'ni:rən] *vt* ■**jdn/etw ~** to decontaminate sb/sth

De·kon·zen·tra·ti·on <-, -en> [dekɔntsɛntra'tsi̯o:n] *f,* **De·kon·zen·trie·rung** <-, -en> *f* JUR deconcentration

De·kor <-s, -s *o* -e> [de'ko:ɐ̯] *m o nt* ① *(Muster)* pattern
② THEAT, FILM decor, scenery

De·ko·ra·teur(in) <-s, -e> [dekora'tø:ɐ̯] *m(f)* *(Innenraumdekorateur)* interior designer; *(Schaufensterdekorateur)* window dresser; *(für Theater- o Filmkulissen)* set designer

De·ko·ra·ti·on <-, -en> [dekora'tsi̯o:n] *f* ① *kein pl (das Ausschmücken)* decoration *no pl, no indef art*
② *(Auslage)* [window] display
③ *(Ausschmückung)* decoration[s *pl*]
④ *(Bühnenbild)* decor, scenery

de·ko·ra·tiv [dekora'ti:f] **I.** *adj* decorative; **rein ~** purely ornamental
II. *adv* decoratively

de·ko·rie·ren* [deko'ri:rən] *vt* ① *(ausgestalten)* ■**etw** [**mit etw** *dat*] ~ to decorate sth [with sth]; *(mit Girlanden a.)* to drape sth [with sth]; **ein Schaufenster ~** to dress a shop window
② *(auszeichnen)* ■**jdn** [**mit etw** *dat*] ~ to decorate sb [with sth], to award sb [sth]; **vielfach dekoriert** highly decorated

De·ko·rier·mes·ser *nt* KOCHK decorating knife **De·ko·rier·zu·cker** *m* decorating sugar

De·ko·stoff ['de:koʃtɔf] *m* furnishing fabric; *(für Vorhänge a.)* drapery

De·kret <-[e]s, -e> [de'kre:t] *nt* decree *form;* **ein ~ erlassen** to issue [*or form* pass] a decree

de·kre·tie·ren [dekre'ti:rən] *vt (geh)* ■**etw ~** to decree sth

De·ku·bi·tus·bett [de'ku:bitʊs-] *nt* ripple bed

de·ku·vrie·ren* [deku'vri:rən] *(geh)* **I.** *vt* ■**jdn/etw** [**als etw**] ~ to expose sb/sth [as sth], to uncover sth [as sth]
II. *vr* ■**sich** *akk* **als etw ~** to reveal oneself as sth

De·le·a·tur <-, -> [dele'a:tʊr] *nt,* **De·le·a·tur·zei·chen** <-s, -> [dele'a:tʊr-] *nt* TYPO deletion [mark]

De·le·ga·ti·on <-, -en> [delega'tsi̯o:n] *f* delegation; **eine aus 25 Mitgliedern bestehende ~** a group of 25 delegates

De·le·ga·ti·ons·be·fug·nis *f* ADMIN power of delegation **De·le·ga·ti·ons·chef(in)** *m(f)* head of a/the delegation **De·le·ga·ti·ons·lei·ter(in)** *m(f)* head of [the] delegation **De·le·ga·ti·ons·psy·cho·lo·ge, -psy·cho·lo·gin** *m, f psychotherapist who is designated as a psychologist for the purposes of medical insurance*

de·le·gie·ren* [dele'gi:rən] *vt* ■**etw** [**an jdn**] ~ to delegate sth [to sb]

De·le·gier·te(r) *f(m) dekl wie adj* delegate

De·le·ti·on <-, -en> [dele'tsi̯o:n] *f* BIOL deletion

Del·finRR <-s, -e> [dɛl'fi:n] *m* dolphin

Del·finRR <-s> [dɛl'fi:n] *nt,* **Del·fin·schwim·men**RR <-s> *nt kein pl* butterfly [stroke]; **500 Meter ~** the 500-metre butterfly

Delf·ter ['dɛlftɐ] *adj attr* Delft; [**das**] **~ Porzellan** Delft, delftware

de·li·kat [deli'ka:t] *adj* ① *(wohlschmeckend)* delicious, exquisite
② *(geh: behutsam)* discreet, tactful
③ *(geh: heikel)* delicate, sensitive
④ *(geh: empfindlich)* delicate, sensitive

De·li·ka·tes·se <-, -n> [delika'tɛsə] *f* ① *(Leckerbissen)* delicacy, tasty morsel *a. fig*
② *(geh: Besonderheit)* exquisite example (**für** +*akk* of)
③ *kein pl (geh: Feinfühligkeit)* delicacy, sensitivity, tact

De·li·ka·tes·sen·ge·schäft *nt* delicatessen, deli *fam*

De·likt <-[e]s, -e> [de'lɪkt] *nt* JUR ① *(Vergehen)* offence [*or* AM -se], tort *spec,* delict *esp* AM *spec;* **ein geringfügiges ~** a petty offence
② *(Straftat)* crime, penal offence [*or* AM -se]; **ein schweres ~** a serious crime

De·likt·haf·tung *f* JUR liability in tort **De·likt·recht** *nt kein pl* JUR law of torts

de·likts·fäh·ig *adj* JUR capable of tortious liability

De·likts·fä·hig·keit <-> *f kein pl* JUR capacity for tortious liability

De·likt·sta·tus *m* JUR tort status **De·likt·sta·tut** *nt* JUR torts act **De·likt·tä·ter(in)** *m(f)* JUR tortfeasor

De·lin·quent(in) <-en, -en> [delɪŋ'kvɛnt] *m(f) (geh)* offender; **jugendliche ~en** juvenile delinquents

De·li·ri·en [de'li:ri̯ən] *pl von* **Delirium** deliriums [*or* deliria] *pl*

de·li·rie·ren* [deli'ri:rən] *vi* MED *(geh)* to be delirious [*or* in a state of delirium]

De·li·ri·um <-s, -rien> [de'li:ri̯ʊm, *pl* de'li:ri̯ən] *nt* delirium; **ins ~ verfallen** to become delirious; *(Alkoholpsychose a.)* alcoholic delirium *form;* **~ tremens** MED delirium tremens *form,* the DTs *pl fam; (physische Symptome)* the shakes *pl fam;* **im ~ sein** *(stark betrunken)* to be paralytic *fam; (im Wahn)* to be delirious [*or* in a state of delirium]

Del·kre·de·re <-, -> [dɛl'kre:dərə] *nt* ① HANDEL del credere [guarantee]
② JUR provision for contingent losses, surety; **ein ~ anbieten** to offer guarantee; **ein ~ übernehmen** to stand surety

Del·kre·de·re·agent(in) *m(f)* HANDEL del credere agent **Del·kre·de·re·fonds** *f* FIN contingent fund **Del·kre·de·re·haf·tung** *f* JUR del credere liability **Del·kre·de·re·pro·vi·si·on** *f* HANDEL *des Handelsvertreters* del credere commission **Del·kre·de·re·ri·si·ko** *nt* HANDEL collection risk **Del·kre·de·re·ver·trag** *m* JUR del credere agreement **Del·kre·de·re·wert·be·rich·ti·gung** *f* JUR write-down of uncollectible receivables

Del·le <-, -n> ['dɛlə] *f* dent; **jdm eine ~ hineinfahren** to make a dent in sb's car

de·lo·gie·ren* [delo'ʒi:rən] *vt* ÖSTERR ■**jd ~** to evict [*or sep* turn out] sb

Del·phi-Me·tho·de ['dɛlfi-] *f* ÖKON Delphi method

Del·phin[1] <-s, -e> [dɛl'fi:n] *m s.* **Delfin**

Del·phin[2] <-s> [dɛl'fi:n] *nt,* **Del·phin·schwim·men** <-s> *nt kein pl s.* **Delfin**[2]

Del·ta <-s, -s *o* Delten> ['dɛlta, *pl* 'dɛltn̩] *nt* delta

Del·ta-Fak·tor *m* BÖRSE delta factor

del·ta·för·mig *adj* delta-shaped, deltoid, delt[a]ic

Del·ta·glei·ter <-s, -> *m* hang-glider; **mit einem ~ fliegen** to hang-glide, to go hang-gliding **Del·ta·mün·dung** *f* delta estuary **Del·ta·strah·len** *pl* delta rays

De-Luxe-Aus·füh·rung [də'lʏks-] *f* de luxe version; ■**in ~** in the de luxe version

dem ['de:m] **I.** *pron dat von* **der, das** *siehe auch Verben* to the; *mit Präposition* the; **ist es an ~?** is it the case?; **es ist** [**nicht**] **an ~** that's [not] the case [*or* how it is]; **wenn ~ so ist** if that's the way it is [*or* the case]; **wie ~ auch sei** be that as it may
II. *pron dem dat von* **der, das** ① *attr (diesem)* to that
② *mit Präposition (emph: diesem)* that; **hinter ~ Baum** behind that tree
③ *substantivisch (jenem Mann)* him, to him; *(unter mehreren)* that one
III. *pron rel dat von* **der, das** *siehe auch Verben* ■**der, ~ ...** the one/man/etc. that/[to etc.] which/who/[to etc.] whom ...

De·ma·go·ge, De·ma·go·gin <-n, -n> [dema'go:gə, -'go:gɪn] *m, f (pej)* demagogue [*or* AM *a.* -og] *pej*

De·ma·go·gie <-, -n> [demago'gi:, *pl* demago'gi:ən] *f (pej)* demagog[uer]y, demagoguism

De·ma·go·gin <-, -nen> [dema'go:gɪn] *f fem form von* **Demagoge**

de·ma·go·gisch [dema'go:gɪʃ] *(pej)* **I.** *adj* demagogic, rabble-rousing *pej*
II. *adv* **die Tatsachen ~ verzerren** to twist the facts to [suit] [one's] demagogic ends

De·marche <-, -n> [de'marʃ] *f* POL diplomatic representation, démarche *spec;* **eine ~ unternehmen** to lodge a diplomatic protest

De·mar·ka·ti·on <-, -en> [demarka'tsi̯o:n] *f (geh)* demarcation

De·mar·ka·ti·ons·ab·kom·men *nt* demarcation agreement **De·mar·ka·ti·ons·ab·re·de** *f* JUR demarcation agreement **De·mar·ka·ti·ons·li·nie** *f* POL, MIL demarcation line, line of demarcation **De·mar·ka·ti·ons·ver·trag** *m* JUR demarcation contract

de·mas·kie·ren* [demas'ki:rən] *(geh)* **I.** *vt* ■**jdn** [**als etw**] ~ to expose [*or* unmask] sb [as sth]
II. *vr* ■**sich** *akk* [**als etw**] ~ to reveal [*or* show] oneself [to be sth]

De·men·ti <-s, -s> [de'mɛnti] *nt* [official] denial, disclaimer *form*

de·men·tie·ren* [demɛn'ti:rən] **I.** *vt* ■**etw ~** to deny [*or form* disclaim] sth
II. *vi* to deny [*or form* disclaim] it; ■**~ lassen** to issue a denial [*or* disclaimer]

De·men·tie·rung <-, -en> *f* denial, denying

De·men·ti·ma·schi·ne·rie *f* POL *party machine producing continual denials*

dem·ent·spre·chend ['de:mʔɛnt'ʃprɛçn̩t] **I.** *adj* appropriate; **eine ~e Bemerkung** a remark to that effect; **ein ~es Gehalt** a commensurate salary *form;* **ein ~es Verhalten** fitting conduct *no pl, no indef art*
II. *adv* correspondingly; *(demnach)* accordingly; **sich** *akk* **~ äußern** to utter words to that effect; **~ bezahlt werden** to be paid commensurately *form*

De·menz <-, -en> [de'mɛnts] *f* MED dementia

De·me·ra·ra·zu·cker [demerara-] *m* demerara sugar

De·me·ter (**Verband**)® ['de:metɐ] *m* AGR, KOCHK *soil association promoting produce cultivated using organic methods*

dem·ge·gen·über ['de:mge:gn̩ʔy:bɐ] *adv* in contrast

dem·ge·mäß ['de:mgə'mɛ:s] *adj s.* **dementsprechend**

de·mi·li·ta·ri·sie·ren* ['de:militari'zi:rən] *vt* ▪**etw ~** to demilitarize sth; **eine demilitarisierte Zone** a demilitarized zone

De̲·mi·li·ta·ri·sie̲·rung <-, -en> *f* demilitarization

De·mis·si·on <-, -en> [demɪ'si̯o:n] *f* POL resignation; **jdn zur ~ zwingen** to force sb to resign

de·mis·si·o·nie·ren* [demɪsi̯o'ni:rən] *vi* POL SCHWEIZ to resign; *Minister a.* to resign from the cabinet

dem·nach ['de:mna:x] *adv* therefore, hence *form*

dem·nächst [de:m'nɛ:çst] *adv* soon, shortly, before long; ***„~ im Kino/in diesem Kino"*** "coming soon to a cinema near you/coming soon"

De·mo <-, -s> ['de:mo] *f (fam) kurz für* **Demonstration** demo *fam*

de·mo·bi·li·sie·ren* ['de:mobili'zi:rən] *vt* ▪**jdn/etw ~** to demobilize [*or fam* demob] sb/sth

De·mo·gra·fie^RR^ <-, -en> [demogra'fi:, *pl* demogra'fi:ən] *f* ① *(Zusammensetzung der Bevölkerung)* demography
② *kein pl (Fachbereich)* ▪[**die**] ~ demography

de·mo·gra·fisch^RR^ [demo'gra:fɪʃ] *adj* demographic

De·mo·gra·phie <-, -en> [demogra'fi:, *pl* demogra'fi:ən] *f s.* **Demografie**

de·mo·gra·phisch [demo'gra:fɪʃ] *adj s.* **demografisch**

De·mo·krat(**in**) <-en, -en> [demo'kra:t] *m(f)* ① POL democrat; **ein überzeugter ~** a staunch democrat
② *(Mitglied der Demokratischen Partei)* Democrat

De·mo·kra·tie <-, -n> [demokra'ti:, *pl* demokra'ti:ən] *f* democracy

De·mo·kra·tie̲·be·we·gung *f* democracy movement **de·mo·kra·tie̲·fä·hig** *adj* POL ready for democracy **De·mo·kra·tie̲·prin·zip** *nt* JUR principle of democracy **De·mo·kra·tie̲·ver·ständ·nis** *nt* understanding [*or* concept] of democracy

De·mo·kra·tin <-, -nen> [demo'kra:tɪn] *f fem form von* **Demokrat**

de·mo·kra·tisch [demo'kra:tɪʃ] I. *adj* ① POL democratic; **eine ~e Staatsform** a democratic state, a democracy
② *(die Partei betreffend)* Democratic; **Freie D~e Partei** [*o* **FDP**] *centre German political party supporting liberal views;* **ein ~er Abgeordneter** a Democrat[ic representative]
II. *adv* democratically

De·mo·kra̲·ti·sche Vo̲lks·re·pu·blik Ko·re̲a *f* BRD, ÖSTERR *s.* **Nordkorea**

De·mo·kra̲·ti·sche Vo̲lks·re·pu·blik La̲·os *f* BRD, ÖSTERR *s.* **Laos**

de·mo·kra·ti·sie·ren* [demokrati'zi:rən] *vt* ▪**etw ~** ① *(zur Demokratie umwandeln)* to democratize sth, to make sth [more] democratic
② *(nach demokratischen Prinzipien gestalten)* to democratize sth, to organize sth along [more] democratic lines

De·mo·kra·ti·sie̲·rung <-, -en> *f* ▪**die ~** ① *(Umwandlung zur Demokratie)* democratization, the democratic process
② *(demokratische Gestaltung)* democratization

De·mo·kra·ti·sie̲·rungs·pro·zess^RR^ *m* democratization process

de·mo·lie·ren* [demo'li:rən] *vt* ▪**etw ~** to wreck [*or sep* smash up] [*or fam* trash] sth; *Rowdy a.* to vandalize sth; [**völlig**] **demoliert sein** to be [completely] wrecked; *Auto a.* to be a [complete] wreck [*or* BRIT *a.* write-off]

De·mons·trant(**in**) <-en, -en> [demɔn'strant] *m(f)* demonstrator

De·mons·tra·ti·on <-, -en> [demɔnstra'tsi̯o:n] *f* ① POL demonstration, demo *fam* (**für/gegen** +*akk* in support of/against)
② *(geh: Bekundung)* demonstration; **eine ~ der Macht** a show of force
③ *(geh: Veranschaulichung)* presentation, demonstration

De·mons·tra·ti·o̲ns·auf·ruf *m* call for a demonstration **De·mons·tra·ti·o̲ns·ma·te·ri·al** *nt* presentation aids *pl* **De·mons·tra·ti·o̲ns·recht** *nt kein pl* ▪**das ~** the right to demonstrate [*or* hold demonstrations] **De·mons·tra·ti·o̲ns·ver·bot** *nt* ban on democracy **De·mons·tra·ti·o̲ns·zug** *m* demonstration, [protest] march

de·mons·tra·tiv [demɔnstra'ti:f] I. *adj* demonstrative; **~er Beifall** acclamatory applause *form;* **das ~e Fehlen/ein ~er Protest** the pointed absence/a pointed protest
II. *adv* demonstratively; **jdm/etw ~ Beifall spenden** to give sb/sth acclamatory applause *form;* **den Saal ~ verlassen** to pointedly leave the room, to walk out

De·mons·tra·ti̲v·pro·no·men *nt* LING demonstrative pronoun

de·mons·trie·ren* [demɔn'stri:rən] I. *vi* ▪[**für/gegen jdn/etw**] ~ to demonstrate [*or* hold a demonstration/demonstrations] [in support of/against sb/sth]; **eine ~de Menge** a crowd of demonstrators; **~de Studenten** student demonstrators
II. *vt (geh)* ▪**etw ~** to demonstrate [*or* give a demonstration of] sth

De·mon·ta·ge <-, -n> [demɔn'ta:ʒə] *f* ① *(das Demontieren)* dismantling *no pl*
② *(geh: Abbau)* dismantling

de·mon·tier̲·bar *adj inv* AUTO removable

de·mon·tie·ren* [demɔn'ti:rən] *vt* ① *(abmontieren)* ▪**etw ~** to dismantle [*or sep* take apart] sth; *Maschine* to dismantle, to take apart *sep,* to break up *sep; Reifen* to take off *sep*
② *(geh: abbauen)* ▪**etw/jdn ~** to dismantle sth/sb['s statue]

De·mo·ra·li·sa·ti·on <-, -en> [demoraliza'tsi̯o:n] *f pl selten* demoralization

de·mo·ra·li·sie·ren* [demorali'zi:rən] *vt* ▪**jdn ~** ① *(entmutigen)* to demoralize sb
② *(geh)* to corrupt [*or form* deprave] sb

De·mo·skop(**in**) <-en -en> [demo'sko:p] *m(f)* [opinion] pollster

De·mo·sko·pie <-, -n> [demosko'pi:] *f* ① *(Meinungsumfrage)* public opinion survey [*or* poll]
② *kein pl (Meinungsforschung)* ▪**die ~** [public] opinion research

De·mo·sko·pin <-, -nen> [demo'ko:pɪn] *f fem form von* **Demoskop**

de·mo·sko̲·pisch *adj* [public] opinion research *attr;* **eine ~e Erhebung** a public opinion survey [*or* poll]; **die ~en Voraussagen** the predictions in the opinion polls

de·mo·ti·vie·ren* [demoti'vi:rən] *vt (geh)* ▪**jdn ~** to discourage [*or* demotivate] sb

de·mo·ti·viert ['de:motivi:rt] *adj* PSYCH demotivated, not motivated

de·mou·lie·ren ['de:mu'li:rən] *vt* KOCHK ▪**etw ~** to unmould sth, to turn out sth *sep*

De̲·mo·ver·si·on *f* INFORM demonstration release **De̲·mo·wa·re** *f* INFORM demonstration program

dem·se̲l·ben *pron dat von* **derselbe, dasselbe** the same [one]; *(Person)* the same [person]

De·mul·gie·rung [demʊl'gi:rʊŋ] *f* CHEM, TECH demulsification

De·mut <-> ['de:mu:t] *f kein pl* humility *no pl* (**gegenüber** +*dat* before); ▪**in ~** with humility

de·mü·tig ['de:my:tɪç] I. *adj* humble; **ein ~er Mensch** a humble person; *(in der Kirche a.)* a supplicant *liter*
II. *adv* humbly

de·mü·ti·gen ['de:my:tɪgn̩] I. *vt* ▪**jdn ~** to humiliate sb
II. *vr* ▪**sich** *akk* [**vor jdm**] ~ to humiliate [*or form* abase] oneself [before sb]; *(den Stolz überwinden)* to humble oneself [before sb]

de·mü̲·ti·gend *adj* humiliating

De̲·mü·ti·gung <-, -en> *f* humiliation *no pl, no indef art;* **jdm eine ~ zufügen** *(geh)* to humiliate sb

De̲·muts·hal·tung *f* BIOL submission posture

dem·zu·fol·ge ['de:mtsu'fɔlgə] I. *konj (laut dem)* according to which; *(aufgrund dessen)* owing to which
II. *adv* therefore, so, consequently, hence *form*

den^1^ ['de:n] *pron akk von* **der** the

den^2^ ['de:n] *pron dat pl von* **der, die, das** the

den^3^ ['de:n] *pron dem akk von* **der** *attr (jenen Gegenstand/Mensch)* ~ **da** [**drüben**] that one [over] there; *(Mann a.)* him [*or* the man] [over] there; ~ **da hinten/vorne** the one behind/in front

den^4^ ['de:n] *pron rel akk von* **der** *(Gegenstände)* that, which; *(Mensch)* that, who[m *form*]

de·na·tu·rie·ren* [denatu'ri:rən] *vt* CHEM ▪**etw ~** to denature sth *spec*

De·na·tu·rie̲·rung <-, -en> *f* BIOL, CHEM denaturization *spec*

Den·drit <-en, -en> [dɛn'dri:t] *m* ① MED dendrite *spec,* dendron *spec*
② GEOL dendrite

de·nen ['de:nən] I. *pron dem dat pl von* **der, die, das** to them; *mit Präposition* them
II. *pron rel dat pl von* **der, die, das** to whom; *(von Sachen)* to which, that, which

den·geln ['dɛŋl̩n] *vt* ▪**etw ~** to sharpen [*or* hone] sth *(by hammering)*

Deng·lisch <-s> ['dɛŋlɪʃ] *nt* Denglish *(speech or text that uses a mixture of German and English words)*

Den Haag <-s> [den 'ha:k] *m* The Hague

De·nim <-s, -s> ['de:nɪm] *m o nt* denim

de·ni·trie·ren [deni'tri:rən] *vt* CHEM ▪**etw ~** *Verbindung* to denitrate sth

De·ni·trierung *f* CHEM denitrification

De̲nk·an·stoß *m* starting point [for thought] **De̲nk·an·stoß** *m* sth to get one thinking [*or* make one think]; **etw als ~ betrachten** to consider sth worth thinking about; **jdm einen ~/Denkanstöße geben** [*o* **vermitteln**] to give sb food for thought [*or* something to think about] **De̲nk·auf·ga·be** *f* problem; *(Rätsel a.)* [brain-]teaser; **eine schwierige ~** a real poser

de̲nk·bar I. *adj* conceivable, imaginable; **es ist** [**nicht**] **~, dass ...** it's [in]conceivable that ...; **es ist durchaus ~, dass ...** it's very possible [*or* likely] that ...
II. *adv* extremely, rather; ***wir hatten das ~ schlechteste Wetter für unseren Ausflug*** we had the worst weather imaginable [*or* the worst possible weather] for our trip

Den·ke <-> ['dɛŋkə] *f (sl)* way of thinking, mindset, mentality *a. pej*

den·ken <dachte, gedacht> ['dɛŋkn̩] I. *vi* ① *(überlegen)* to think; ***ich denke, also bin ich*** I think, therefore I am; **jdm zu ~ geben** to give sb food for thought [*or* something to think about]; ***das gab mir zu ~*** that made me think; **langsam/schnell ~** to be a slow/quick thinker; **laut ~** to think aloud [*or* out loud]; **logisch/nüchtern/praktisch ~** to think logically/rationally/practically
② *(meinen)* to think, to reckon *fam;* ***was denkst du?*** what do you think [*or fam* reckon]?; ***ich denke nicht*** I don't think [*or fam* reckon] so; ***ich denke schon*** I think [*or fam* reckon] so; ***wo ~ Sie hin!*** whatever are you thinking of?; **bei sich** *dat* **~, dass...** to think to oneself that...
③ *(urteilen)* to think; ***wie ~ Sie darüber?*** what do you think [of [*or* about] it]?; ***ich denke genauso darüber*** that's exactly what I think; **anders über etw** *akk* **~** to think differently about sth; ***ich denke darüber ganz anders*** I see it differently; **gut/schlecht über jdn** [*o* **von jdm**] **~** to think well/ill of sb
④ *(eingestellt sein)* **edel/engstirnig/kleinlich/liberal ~** to be noble-/narrow-/petty-/liberal-minded; **gemein/negativ ~** to be mean/negative; ***denk nicht immer so negativ!*** don't be so negative about everything!; **reaktionär ~** to have reactionary views
⑤ *(vorsehen, sich vorstellen)* ▪**an jdn/etw ~** to think of sb/sth; ***an was für ein Geschenk hast du denn gedacht?*** what sort of gift did you have in

mind [*or* where you thinking of]?; ***ich darf gar nicht daran ~, was das alles kostet!*** I daren't think of the cost!, the cost doesn't bear thinking about!; ***die viele Arbeit, ich darf gar nicht daran ~!*** all that work, it doesn't bear thinking about!
⑥ *(sich erinnern)* to think; ***solange ich ~ kann*** [for] as long as I can remember [*or* think]; ***die wird noch an mich ~!*** she won't forget me in a hurry!; ***wenn ich so an früher denke ...*** when I think back ...; ***ich denke mit Entsetzen daran, wie es damals war*** I shudder to think what it was like then; ***daran hatte ich gar nicht mehr gedacht!*** I had completely forgotten about it/that!
⑦ *(nicht vergessen)* ■**an etw** *akk* **~** to bear sth in mind, to think of sth; ***denk an die Telefonrechnung!*** remember [*or* don't forget] [to pay] the telephone bill!; ■**denk daran, dass/zu ...** remember [*or* don't forget] that/to ...
⑧ *(beabsichtigen)* ■**an etw** *akk* **~** to think of [*or* consider] sth; ***daran ist gar nicht zu ~!*** that's [quite] out of the question!; ***ich denke [gar] nicht daran!*** no way! *fam,* not on your life! *fam;* ***denk nicht mal dran!*** *(fam)* don't even think of it!; **an Selbstmord ~** to think of [*or* consider] suicide; ■**daran ~, etw zu tun** to think of doing sth; ***ich denke [gar] nicht daran, das/es zu tun*** I don't have the least intention of doing that/it; ***ich denke [gar] nicht im Traum daran, das/es zu tun*** I wouldn't dream of doing that/it
⑨ *(im Sinn haben)* ■**[nur] an jdn/etw/sich ~** to [only] think of sb/sth/oneself; ***ich muss an meine Kinder ~*** I have to think of my children; **nur an seinen Vorteil ~** to only think of [*or* to look out for] oneself
▸WENDUNGEN: **denk mal!** *(fam)* just imagine!, imagine that!; ***denk mal, Michael und Carmen wollen heiraten!*** just think, Michael and Carmen want to get married!
II. *vt* ① *(überlegen)* ■**etw ~** to think of sth; ***was denkst du jetzt?*** what are you thinking [of]?; *(nachgrüblerisch a.)* a penny for your thoughts?; ***das wage ich kaum zu ~*** I don't dare think [about it]
② *(glauben, meinen)* ■**etw ~** *dat* to think sth; ***wer hätte das [von ihr] gedacht!*** who'd have thought [*or* believed] it [of her]?; ***was sollen bloß die Leute ~!*** what will people think!; ***da weiß man nicht, was man ~ soll*** what is one supposed to make of it?; ***denkste!*** *(fam)* that's what you think [*or* thought]!; **Gutes/Schlechtes/das Beste/das Schlechteste von jdm ~** to think well/ill/the best/the worst of sb
③ *(annehmen, vermuten)* ■**[sich** *dat***] etw ~** to think sth; ***das habe ich mir gedacht*** I thought so; ***das habe ich mir [beinahe] [o beinahe schon] gedacht*** I thought as much; ***das habe ich mir gleich [schon] gedacht!, ich habe [mir] das ja schon gleich gedacht!*** I thought as much!, that's just what I thought!; ***dachte ich mir's doch!*** I [just] knew it!, I thought as much!; ***das habe ich mir schon lange gedacht*** I thought [*or* suspected] as much for quite some time; ***das hätte ich mir ~ können!*** I might have known it!; ***du hättest dir doch ~ können, dass ...*** you should have realized that ...; ***sich** dat **seinen Teil ~*** to draw one's own conclusions; ***ich denke mir meinen Teil*** I can put two and two together, I can work things out for myself
④ *(sich vorstellen)* ■**sich** *dat* **etw ~** to imagine sth; ***das kann ich mir nicht ~*** I cannot believe that; ***ich kann mir ~, dass/warum ...*** I can imagine that/why ...; ***ich habe mir das so gedacht: ...*** this is what I had in mind: ...; ***das hast du dir [so] gedacht!*** *(fam)* that's what you think [*or* thought]!; ***wie denkst du dir das [eigentlich]?*** how exactly are you going to do it/is it supposed to happen?; ***den Käse musst du dir ~!*** *(hum)* cheese would go down well with that, but we'll have to do without
⑤ *(beabsichtigen)* ■**sich** *dat* **etw bei etw** *dat* **~** to mean sth by sth; ***was hast du dir bei der Bemerkung gedacht?*** what did you mean by this remark?; ***was habt ihr euch bei dem Projekt gedacht?*** what was your intention with this project; ***sie denkt sich nichts dabei*** she doesn't think anything of it; ***ich habe mir nichts Böses dabei gedacht[, als ...]*** I meant no harm [when ...]
⑥ *(bestimmt, vorgesehen)* ■**für jdn/etw gedacht sein** to be meant [*or* intended] for sb/sth; ***so war das [aber] nicht [von mir/ihm] gedacht*** that wasn't what I/he had in mind

Den·ken <-s> ['dɛŋkn̩] *nt kein pl* ① *(das Überlegen)* thinking *no pl*
② *(Denkweise)* [way of] thinking, reasoning, thought, train of thought
③ *(Gedanken)* thoughts *pl;* **positives ~** positive thinking
④ *(Denkvermögen)* understanding; **zu klarem ~ kommen** to start thinking clearly

Den·ker(in) <-s, -> *m(f)* thinker; *(Philosoph a.)* philosopher; *s. a.* **Volk**

Den·ker·fal·te *f meist pl (hum)* furrow on one's brow; **die Stirn in ~n ziehen** to furrow one's brow [thinking]

Den·ke·rin <-, -nen> *f fem form von* **Denker**

Den·ker·stirn *f (hum)* lofty brow *liter*

Denk·fa·brik *f* think tank **denk·faul** *adj* [mentally] lazy, too lazy to think *pred a. hum;* ***sei nicht so ~!*** use your brain! *fam* **Denk·faul·heit** *f* [mental] laziness **Denk·feh·ler** *m* error in one's/the logic, flaw in one's/the reasoning, fallacy *spec;* **einen ~ begehen** [*o* **machen**] to make an error in one's logic, to commit a fallacy *spec* **Denk·fi·gur** *f (geh)* conceived idea **Denk·ge·setz** *nt* JUR rule of logic **Denk·hil·fe** *f* clue, hint; *(Gedächtnisstütze)* reminder; **jdm eine ~ geben** to give sb a clue; **jdm einen Hinweis** [*o* **Tipp**] **als ~ geben** to give sb a clue

Denk·mal <-s, Denkmäler *o liter* -e> ['dɛŋkma:l, *pl* 'dɛŋkmɛ:lɐ] *nt* ① *(Monument)* monument (+*gen/***für** +*akk* to), memorial; *(Statue)* statue; **jdm ein ~ errichten** [*o* **setzen**] to erect [*or sep* put up] a memorial/statue to sb, to erect a memorial in sb's honour [*or* AM -or] [*or* in honour of sb]; **etw** *dat* **ein ~ errichten** [*o* **setzen**] *(fig)* to erect a monument to sth; **sich** *dat* **[selbst] [mit etw** *dat***] ein ~ errichten** [*o* **setzen**] *(fig)* to leave a memorial [to oneself] [with [*or* in the form of] sth]
② *(Zeugnis)* monument (+*gen* to)

denk·mal·ge·schützt *adj inv* ARCHIT under a preservation order BRIT, listed for preservation **Denk·mal·pfle·ge** *f* preservation of [historical] monuments **Denk·mal·pfle·ger(in)** *m(f)* curator of monuments **Denk·mal·schutz** *m* protection of historical monuments; **unter ~ stehen** to be listed, BRIT *a.* to be under a preservation order; *Gebäude a.* to be a listed [*or* AM landmarked] building; **etw unter ~ stellen** to classify sth as an historical monument **Denk·mal·schüt·zer(in)** *m(f)* [architectural] conservationist

Denk·mo·dell *nt* hypothesis; *(Vorstufe zur Realisierung)* working hypothesis **Denk·mus·ter** *nt meist pl* thought pattern, way of thinking **Denk·pau·se** *f* pause for thought; *(bei Verhandlungen etc. a.)* break; *(länger)* adjournment; **eine ~ einlegen** to have [*or* take] a break to think things over, to adjourn for further thought *form* **Denk·pro·zess**RR *m* thought process **Denk·rich·tung** *f* way of thinking, line of thought; ***Intellektuelle aller ~en*** intellectuals of all persuasions **Denk·sche·ma** *nt* thought pattern **Denk·schrift** *f* memorandum *form*

Denk·sport *m* mental exercise [*or hum* acrobatics + *sing vb*] **Denk·sport·auf·ga·be** *f s.* **Denkaufgabe**

denk·ste ['dɛŋkstə] *interj s.* **denken II 2**

Denk·übung *f* mental exercise *no pl, no indef art* **Denk·ver·mö·gen** *nt kein pl* intellectual capacity *no art,* capacity for thought **Denk·wei·se** *f* way of thinking, mindset, mentality *a. pej;* ***was ist denn das für eine ~!*** what kind of attitude is that?

denk·wür·dig *adj* memorable, notable, noteworthy *form;* **ein ~er Tag** a memorable [*or* red-letter] day **Denk·wür·dig·keit** *f* memorability, notability, noteworthiness *form*

Denk·zettel *m (fam)* [unpleasant] warning; **jdm einen ~ geben** [*o* **verpassen**] to give sb a warning [he/she/etc. won't forget in a hurry *fam*]; ***das soll dir ein ~ sein!*** let that be a warning to you!

denn ['dɛn] **I.** *konj* ① *(weil)* because, for *liter;* **~ sonst** otherwise
② *(jedoch)* ■**es sei ~, [dass]** ... unless ...
③ *(geh: als)* than; **kräftiger/schöner/etc. ~ je** stronger/more beautiful/etc. than ever
II. *adv* NORDD *(fam: dann)* then; ***... und so passierte es ~ auch*** ... and so it happened
III. *part* ① *gewöhnlich nicht übersetzt (eigentlich)* ***hast du ~ immer noch nicht genug?*** have you still not had enough?; ***wie geht's ~ so?*** how are you [*or* things [then]]?, how's it going [then]?; ***wo bleibt sie ~?*** where's she got to?; ***was soll das ~?*** what's all this [then]?; ■**wann/was/wer/wie/wieso/wo/etc. ~?** when/what/who/how/why/where/etc.?; *(ungläubig, trotzig)* when/what/who/how/why/where then?; ***wieso ~?*** why?, how come? [*or* so]; ***wieso ~ nicht?*** why not?; *(trotzig)* why not then?
② *verstärkend (sonst)* ■**was/wen/wo/wohin ~ sonst?** what/who[m *form*]/where/where else?; *(ungläubig, trotzig a.)* what/who[m *form*]/where/where else then?

den·noch ['dɛnɔx] *adv* still, nevertheless *form,* nonetheless *form;* ***~ hat sie es versucht*** yet [*or* but] she still tried, she tried nonetheless [*or* nevertheless] *form;* **und ~, ...** [and] yet ...

De·no·mi·na·ti·on <-, -en> [denomina'tsi̯o:n] *f* ① *(Konfession)* [religious] denomination
② FIN **~ einer Banknote** denomination of a bank note

De·no·mi·nie·rung *f s.* **Denomination**

den·sel·ben **I.** *pron akk von* **derselbe** the same [one]; *auf männliche Personen bezogen a.* the same man/boy/etc.
II. *pron dat von* **dieselben** the same [ones] + *pl vb; auf männliche Personen bezogen a.* the same men/boys/etc.
III. *pron dem akk von* **derselbe** the same ...
IV. *pron dem dat von* **dieselben** the same ...

den·tal [dɛn'ta:l] *adj* ① LING dental *spec; (im Englischen a.)* alveolar *spec*
② MED dental

Den·tal <-s, -e> [dɛn'ta:l] *m* LING dental [consonant] *spec; (im Englischen a.)* alveolar [consonant] *spec*

Den·tal·hy·gi·e·ni·ker(in) [dɛn'ta:lhygi̯e:nikɐ] *m(f)* [dental [*or* oral]] hygienist **Den·tal·la·bor** *nt* dental laboratory

De·nun·zi·ant(in) <-en, -en> [denʊn'tsi̯ant] *m(f)* *(pej)* informer *pej,* stool pigeon *sl*

De·nun·zi·an·ten·tum <-s> *nt kein pl (pej)* ■**das ~** informing *a. pej; (Denunzianten)* informers *pl pej*

De·nun·zi·a·ti·on <-, -en> [denʊntsi̯a'tsi̯o:n] *f* *(pej)* ① *(das Anschwärzen)* informing *no pl a. pej*
② *(denunzierende Anzeige)* denunciation

de·nun·zie·ren* [denʊn'tsi:rən] *vt* ① *(pej: anzeigen)* ■**jdn [bei jdm] [als etw** *akk***] ~** to denounce sb [as sth] [to sb], to inform on [*or* against] sb
② *(geh: brandmarken)* ■**etw als etw** *akk* **~** to condemn [*or* denounce] sth as [being] sth

Deo <-s, -s> ['de:o] *nt (fam)* deodorant

De·o·do·rant <-s, -s *o* -e> [deʔodo'rant] *nt* deodorant

de·o·do·rie·rend [deʔodo'ri:rənt] **I.** *adj* deodorizing, deodorant *attr*
II. *adv* **~ wirken** to have a deodorizing [*or* deodorant] effect

Deo·rol·ler *m* roll-on [deodorant] **Deo·spray** *nt o m* deodorant spray **Deo·stift** *m* deodorant stick

De·par·te·ment <-s, -s> [departə'mã:] *nt* *(in Frankreich)* département *spec; (in der Schweiz)* department; *(Bundesverwaltung)* ministry

De·pen·dance <-, -n> [depã'dã:s] *f* ① *(Nebengebäude)* annexe BRIT, annex
② *(geh: Zweigstelle)* branch

De·pe·sche <-, -n> [de'pɛʃə] *f (veraltet)* telegram BRIT, wire

de·pla·ciert [depla'si:ɐ̯t] *adj s.* **deplatziert**
De·plas·mo·ly·se <-, -n> [deplasmo'ly:zə] *f* BIOL flaccidity
de·plat·ziert[RR], **de·pla·ziert**[ALT] [depla'tsi:ɐ̯t] *adj* misplaced; **sich** *akk* **[vollkommen] ~ fühlen** to feel [completely] out of place
De·po·la·ri·sa·ti·on <-, -en> [depolariza'tsi̯o:n] *f* SCI depolarization
de·po·la·ri·sie·ren [depolari'zi:rən] *vt* ■**etw** ~ to depolarize sth
De·po·nie <-, -n> [depo'ni:, *pl* depo'ni:ən] *f* dump, disposal site
de·po·nie·ren* [depo'ni:rən] *vt* ① *(hinterlegen)* ■**etw [bei jdm/in etw** *dat*] ~ to deposit sth [with sb/in sth]
② *(hinstellen)* **etw auf etw** *dat*/**vor etw** *dat* ~ to deposit [*or sep* put down] sth on/in front of sth
De·por·ta·ti·on <-, -en> [depɔrta'tsi̯o:n] *f* deportation
De·port·ge·schäft [de'pɔrt-] *nt* BÖRSE backwardation business
de·por·tie·ren* [depɔr'ti:rən] *vt* ■**jdn** ~ to deport sb
De·por·tier·te(r) *f(m) dekl wie adj* deportee
De·port·kurs [de'pɔrt-] *m* BÖRSE backwardation rate
De·po·si·tar [depozi'ta:ɐ̯] *m* JUR depositary
De·po·si·ten [depo'zi:tn̩] *pl* FIN deposits *pl;* **kurzfristige** ~ deposits at short notice
De·po·si·ten·ein·la·gen *pl* ÖKON consigned [*or* trust] money, deposit **De·po·si·ten·ge·schäft** *nt* FIN deposit business **De·po·si·ten·kas·se** *f* FIN [urban [*or* city]] branch **De·po·si·ten·kon·ten** *pl* FIN deposit accounts *pl* **De·po·si·ten·quit·tung** *f* FIN deposit receipt **De·po·si·ten·schein** *m* FIN deposit certificate
De·pot <-s, -s> [de'po:] *nt* ① *(Lager)* depot, depository
② *(Stahlkammer)* [bank's] strongroom
③ *(Sammelstelle für öffentliche Verkehrsmittel)* [bus/tram] depot
④ *(Bodensatz)* deposit, dregs *npl*
⑤ SCHWEIZ *(Flaschenpfand)* deposit
De·pot·ab·re·de *f* FIN portfolio agreement **De·pot·be·sitz** *m* FIN securities portfolio **De·pot·buch** *nt* FIN securities [*or* security deposit] ledger **De·pot·ge·bühr** *f* FIN custody fee, custody service charge **De·pot·ge·schäft** *nt* FIN deposit banking, custodian business **De·pot·ge·setz** *nt* JUR Securities Deposit Act **De·pot·stimm·recht** *nt* FIN proxy vote **De·pot·struk·tur** [de'po:-] *f* FIN portfolio structure **De·pot·ver·pfän·dung** *f* FIN pledging of deposited securities **De·pot·ver·trag** *m* FIN safe-custody contract **De·pot·ver·zeich·nis** *nt* FIN memorandum of deposits, deposit list **De·pot·wech·sel** *m* FIN deposited [*or* collateral] bill
Depp <-en *o* -s, -e[n]> ['dɛp] *m* SÜDD, ÖSTERR, SCHWEIZ *(fam)* twit *fam*
dep·pert ['dɛpɐt] SÜDD, ÖSTERR **I.** *adj (fam)* stupid; **ein ~er Kerl** a dopey [*or* stupid] guy, a dope
II. *adv (fam)* stupidly; **sich** *akk* **~ anstellen** to be stupid [*or* dopey]
De·pres·si·on <-, -en> [deprɛ'si̯o:n] *f* ① *(seelische Gedrücktheit)* depression *no pl, no indef art;* ■**~en** fits of depression
② FIN, POL, ÖKON depression, slackness of business
de·pres·siv [deprɛ'si:f] **I.** *adj* depressive; *(deprimiert)* depressed
II. *adv* **~ gestimmt/veranlagt sein** to be depressed/be prone to depression
De·pres·sor <-, -en> [de'prɛzo:ɐ̯] *m* MED depressor
de·pri·mie·ren* [depri'mi:rən] *vt* ■**jdn** ~ to depress sb; **jdn richtig** ~ to really get sb down
de·pri·mie·rend *adj* depressing; **~e Aussichten** black [*or* depressing] prospects
de·pri·miert *adj* depressed; ***sei nicht so ~!*** don't let it get you down!, come on, cheer up!; **in ~er Stimmung sein** to be depressed [*or* in low spirits]
De·pu·tat <-[e]s, -e> [depu'ta:t] *nt* SCH teaching load
De·pu·ta·ti·on <-, -en> [deputa'tsi̯o:n] *f (veraltet)* deputation + *sing/pl vb*
de·pu·tie·ren [depu'ti:rən] *vt* ■**jdn** ~ to depute sb
De·pu·tier·te(r) *f(m) dekl wie adj* deputy
der[1] [de:ɐ̯] **I.** *art def, nom sing m* ① *(allgemein)* the; ***~ Hund/Mann/Tisch*** the dog/man/table; ***~ Mai*** [the month of] May; ***~ Angeber!*** that show-off!
② *(bei Körperteilen)* ***mir tut ~ Hals weh*** my throat hurts
③ *(bei Abstrakta)* ***~ Hunger/Irrsinn/Tod*** hunger/madness/death; ***~ Tod des Ikaros*** the death of Icarus
④ *(bei allgemeinen Stoffen)* ***~ Stahl wird auch mit anderen Elementen legiert*** steel is also alloyed with other elements; *(bei spezifischen Stoffen)* the; ***~ Sauerstoff in der Luft*** the oxygen in the air
⑤ *(einmalig)* ***~ Mann des Tages*** the man of the moment; ***das ist ~ Augenblick, auf den wir gewartet haben*** that's [just] the moment we've been waiting for
⑥ *(bei Eigennamen)* ***~ Irak/Iran*** Iraq/Iran; ***~ Sudan*** The Sudan; ***~ Kongo vor der Kolonialzeit*** pre-colonial Congo; ***~ kleine Peter*** little Peter; ***~ spätere Dickens*** the later Dickens; ***er war nicht mehr ~ Uli, der ...*** he was no longer the Uli who ...
⑦ *(fam: vor Personennamen)* ***das ist ~ Klaus*** that's Klaus; ***~ Papa sagt, ...*** [my] dad says ...
⑧ *(verallgemeinernd)* ***~ Mensch heute*** man today; ***~ Franzose isst gern gut*** the French like to eat well
⑨ *(nach Angaben)* ***5 Euro ~ Liter*** €5 a [*or* per] litre
⑩ *(vor Angaben)* ***~ 14. August 2003*** 14th August 2003, August 14th, 2003; *(gesprochen)* the fourteenth of August 2003; ***Heinrich ~ Achte*** Henry the Eighth
⑪ *(vor Substantiviertem)* ***~ Kleine*** the little boy/one; ***~ Älteste*** the oldest [one]
II. *pron dem, nom sing m* ① *attr, betont* ***~ Mann war es!*** it was that man!; ***~ Hut gefällt mir am besten*** I like that/this hat [*or* that/this hat I like] the most; ***~ Stift da*** that pen [there]; ***~ Stift hier*** this pen [here]; ***~ und ~ Experte*** such and such an expert
② *(hinweisend)* ***~ war es!*** it was him!; ***~ hat es getan!*** it was him that [*or* who] did it!; ***~ sagte mir, ...*** he told me ...; ***welcher Stift? ~ da? oder ~ hier?*** which pen? that one [there]? or this one [here]?; ***wer ist denn ~ ?*** *(fam)* who on earth is he [*or* that]?; ***~ und joggen?*** him, jogging?; ***~ und ~*** such and such
③ *(unterscheidend)* ***~ mit der Brille*** the one [*or fam* him] with the glasses; ***welcher Ball? — ~ mit den Punkten*** which ball? – the/this/that one with the spots; ***ach ~!*** *(pej)* oh him!
④ *(wiederholend)* ***der Chef? ~ ist nicht da*** the boss? he's not there; ***dein Vater, ~ ist nicht gekommen*** your father, he didn't come; ***mein Schuh! ~ ist weg!*** my shoe! it's gone!; ***der Scheißkerl, ~!*** the bastard!; ***der Grund ist ~, dass ...*** the reason is that [*or* because] ...; ***~, den ich meinte*** the one I meant
⑤ *(fam: ersetzt Pronomen)* ***wo ist dein Bruder? — ~ ist oben*** where's your brother? – he's upstairs; ***das ist ein neuer Drucker! warum druckt ~ nicht?*** that's a new printer! why isn't it working?; ***beißt ~ ?*** does it/he/she bite?
III. *pron rel, nom sing m* ① that; *(Person a.)* who/whom *form;* *(Gegenstand, Tier a.)* which; ***ich hörte/sah einen Wagen, ~ um die Ecke fuhr*** I heard/saw a car driving around the corner; ***ein Film, ~ gut ankommt*** a much-acclaimed film; ***ein Roman, ~ von Millionen gelesen wurde*** a novel [that has been] read by millions; ***der König, ~ vierzig Jahre herrschte, ...*** *(einschränkend)* the king who [*or* that] reigned for forty years ...; *(nicht einschränkend)* the king, who reigned for forty years, ...; ***der Mantel, ~ zum Trocknen aufgehängt war, ...*** *(einschränkend)* the coat that [*or* which] was hung up to dry ...; *(nicht einschränkend)* the coat, which was hung up to dry, ...; ***der Mörder, ~ von der Polizei gesucht wird, ...*** *(einschränkend)* the murderer [who [*or* that]] the police are searching for ..., the murderer for whom the police are searching ... *form;* *(nicht einschränkend)* the murderer, who the police are searching for, ..., the murderer, for whom the police are searching, ... *form;* ***der Fall, ~ von den Ermittlern untersucht werden soll, ...*** *(einschränkend)* the case [that [*or* which]] the investigators have to look into ..., the case into which the investigators have to look ... *form;* *(nicht einschränkend)* the case, which the investigators have to look into, ..., the case, into which the investigators have to look, ... *form*
② *(derjenige)* ***~ mir jetzt hilft, wird belohnt*** anyone helping [*or form* he who helps] me now will be rewarded; ***~ diesen Brief geschrieben hat, kann gut Deutsch*** the person/man who wrote this letter knows good German; ***~ zu so etwas fähig ist, ...*** people who are capable of such things ...; *s. a.* **das, die**
der[2] ['de:ɐ̯] *art def, gen sing f* ① *(allgemein)* ***der Hund ~ alten Frau*** the old woman's dog; ***die Hitze ~ Sonne*** the heat of the sun, the sun's heat; ***das Schnurren ~ fetten Katze*** the fat cat's purring, the purring of the fat cat; ***die Lösung ~ Formel hier*** the solution to this formula, this formula's solution; ***der Einspruch ~ Frau da*** that woman's objection, the objection from that woman
② *(bei Körperteilen)* ***die Farbe ~ Zunge deutete auf seine Krankheit*** the colour of his tongue indicated his illness
③ *(bei Abstrakta)* ***ein Opfer ~ Liebe*** a victim of love; ***ein Zeichen ~ Hoffnung*** a sign of hope
④ *(bei allgemeinen Stoffen)* ***das Kämmen ~ Wolle*** the combing of wool
⑤ *(bei Eigennamen)* ***die Berge ~ Schweiz*** the mountains of Switzerland; ***die Puppe ~ kleinen Sabine*** little Sabine's doll
⑥ *(fam: vor Personennamen)* ***ich ruf an wegen ~ Anna*** I'm calling to talk to you about Anna
⑦ *(bei Berühmtheiten)* ***die Arien ~ Callas*** Callas' arias
⑧ *(form: vor Namen)* ***ein Antrag ~ Ute Kley*** a petition from Ute Kley
⑨ *(verallgemeinernd)* ***die Rolle ~ Frau in Management*** women's role [*or* the role of women] in management; ***die Trinkfestigkeit ~ Engländerin*** the ability of the Englishwoman to hold her drink
⑩ *(geh: nach Angaben)* ***10 Meter ~ kostbarsten Seide*** 10 metres of the most precious silk
⑪ *(vor Substantiviertem)* ***das Spielzeug ~ Kleinen*** the little one's [*or* girl's] toys; ***die Weisheit ~ Ältesten*** the wisdom of the eldest [woman]; *s. a.* **das, die**
der[3] **I.** *art def, dat sing f* ① *siehe auch vb (allgemein)* ***sie redeten mit/von ~ Nachbarin*** they were talking with/about the neighbour; ***ich klopfte an ~ Tür*** I knocked at the door; ***das Bild hängt an ~ Wand*** the picture is hanging on the wall; ***sie folgte ~ Frau/Menge*** she followed the woman/crowd; ***er gab ~ Großmutter den Brief*** he gave his grandmother the letter, he gave the letter to his grandmother; ***es gehört ~ Frau da*** it belongs to that woman; ***es entspricht ~ Textstelle hier*** it corresponds to this passage in the text
② *(bei Körperteilen)* ***er schlug den Tisch mit ~ Faust*** he thumped the table with his fist
③ *(bei Abstrakta)* ***er widmete ~ Liebe ein Gedicht*** he dedicated a poem to love; ***mit ~ Hoffnung eines Verzweifelten*** with the hope of a desperate man
④ *(bei allgemeinen Stoffen)* ***~ Bronze wird auch Phosphor beigemischt*** phosphorus is also added to bronze; *(bei spezifischen Stoffen)* ***mit ~ Wolle dieses Schafs*** with the wool from this sheep, with this sheep's wool
⑤ *(bei Eigennamen)* ***wir segelten mit ~ ‚Nordwind'*** we sailed on the [yacht] 'Nordwind'; ***in ~ Schweiz [der Zwischenkriegsjahre]*** in [interwar] Switzerland; ***~ kleinen Jenny geht's nicht gut*** little Jenny isn't feeling well
⑥ *(fam: vor Personennamen)* ***sie ist bei ~ Kati*** she's at Kati's place
⑦ *(bei Berühmtheiten)* ***er hat ~ Callas mal die***

D

Hand geküsst he once kissed Callas' hand
⑧ *(verallgemeinernd)* ***von ~ Frau in der Industrie*** of women in industry; ***als das Pferd ~ Maschine wich*** when the horse gave way to the engine
⑨ *(nach Angaben)* ***mit 20 Flaschen ~ Kiste*** with 20 bottles a [*or* per] crate
⑩ *(vor Substantiviertem)* ***gib ~ Kleinen einen Kuss*** give the little one a kiss; ***wir gingen zu ~ Ältesten*** we went to the elder
II. *pron dem, dat sing f* ① *attr, betont ~* ***Pflanze muss man Dünger geben*** that plant must be given fertilizer; ~ ***Frau hast du es erzählt?*** you told it to that woman?; ***zu ~ und ~ Zeit*** at such and such a time
② *(fam: ersetzt Pronomen)* ***glaub ~ bloß nicht!*** don't believe her [of all people]!
III. *pron rel, dat sing f, siehe auch vb* ***meine Kollegin, ~ die Aufgabe zugeteilt wurde, ...*** *(einschränkend)* my colleague who [*or* that] was assigned the task ...; *(nicht einschränkend)* my colleague, who was assigned the task, ...; ***die Lösung, ~ der Alkohol entzogen war, ...*** *(einschränkend)* the solution that [*or* which] had its alcohol extracted ...; *(nicht einschränkend)* the solution, which had its alcohol extracted, ...; ***die Abgeordnete, ~ ich oft schrieb, ...*** *(einschränkend)* the MP [who [*or* that]] I often wrote to ..., the MP to whom I often wrote ... *form; (nicht einschränkend)* the MP, who I often wrote to, ..., the MP, to whom I often wrote, ... *form;* ***die Grippe, unter ~ sie leiden, ...*** *(einschränkend)* the flu [that [*or* which]] they're suffering from ..., the flu from which they're suffering ... *form; (nicht einschränkend)* the flu, which they're suffering from, ..., the flu, from which they're suffering, ... *form; s. a.* **das, die**

der[4] *art def, gen pl* ① *siehe auch n (allgemein)* ***die Anstrengungen ~ Schüler*** the pupils' efforts, the efforts of the pupils; ***die Zeichnungen ~ beiden Schwestern*** the two sisters' drawings, the drawings by the two sisters; ***das Gezwitscher ~ Vögel*** the twittering of the birds; ***das Gewicht ~ Platten*** the weight of the slabs; ***die Wohnung ~ Eltern*** my/his/her etc. parents' flat; ***die Lösungen ~ Formeln hier*** the solutions to these formulae; ***der Einspruch ~ Frauen da*** those women's objection, the objection from those women
② *(bei Körperteilen)* ***die Farbe ~ Haare gefiel ihr nicht*** she didn't like the colour of her hair
③ *(bei Eigennamen)* ***die Sprachen ~ Niederlande*** the languages of [*or* spoken in] the Netherlands; ***das Haus ~ Müllers*** the Millers' house
④ *(form: vor Namen)* ***ein Antrag ~ Heinz und Ute Kley*** a petition from Heinz and Ute Kley
⑤ *(verallgemeinernd)* ***die Rolle ~ Pflanzen in der Medizin*** the role of plants in medicine
⑥ *(geh: nach Angaben)* ***10 Kisten ~ feinsten Äpfel*** 10 crates of the finest apples
⑦ *(vor Substantiviertem)* ***das Spielzeug ~ Kleinen*** the little ones' toys; ***die Weisheit ~ Ältesten*** the wisdom of the elders; *s. a.* **das, die**

der·art ['de:ɐ̯ʔa:ɐ̯t] *adv* ① *vor vb* ■**etw ~ tun, dass ...** to do sth so much [*or* to such an extent] that ...; **sich** *akk* **~ benehmen, dass ...** to behave so badly that ...; ~ ***vorbereitet trat sie zuversichtlich die Prüfung an*** thus prepared[,] she confidently began the exam
② *vor adj* **~ ekelhaft/heiß/etc. sein, dass ...** to be so disgusting/hot/etc. that ...; ***sie ist eine ~ unzuverlässige Frau, dass ...*** she is so unreliable that ...

der·ar·tig ['de:ɐ̯ʔa:ɐ̯tɪç] I. *adj* such; **eine ~e Frechheit** such impertinence, real cheek *fam;* **bei ~en Versuchen** in such experiments [*or* experiments of that kind]; ■**[etwas] D~es** something/things like that [*or* of the kind]; [***etwas***] ***D~es habe ich noch nie gesehen*** I've never seen anything like it [*or* the like]
II. *adv* such; **eine ~ hohe Summe, dass ...** such a high sum [that ...]; **ein ~ schönes Wetter[, dass/wie ...]** such beautiful weather [that/as ...]

derb ['dɛrp] I. *adj* ① *(grob)* coarse, rough; **~e Manieren** rough [*or pej* uncouth] manners; **~e Ausdrucksweise/Sprache** earthy [*or pej* crude] choice of words/language; **~er Witz** earthy [*or pej* crude] joke
② *(fest)* strong; **~es Material** tough [*or* strong] material; **~e Schuhe** stout [*or* strong] shoes
③ *(einfach und kräftig)* coarse
II. *adv* ① *(heftig)* roughly; **jdn ~ anfahren** to snap at sb, to bite sb's head off *fam;* **jdn ~ anfassen** to handle sb roughly, to manhandle sb; **jdn ~ behandeln** to treat sb roughly, to give sb rough treatment
② *(grob)* crudely; **sich** *akk* **~ ausdrücken** to be crude; ***um es ~ auszudrücken ...*** to put it crudely,...

Derb·heit <-, -en> *f* ① *kein pl (Grobheit)* coarseness, roughness; *von Manieren a.* uncouthness *pej; von Witz* earthiness *no pl,* crudeness *no pl pej; von Ausdrucksweise, Sprache a.* roughness *no pl,* earthiness *no pl*
② *kein pl (feste Beschaffenheit)* strength, toughness *no pl; von Schuhen a.* stoutness *no pl*
③ *(grobe Äußerung)* ***dass er sich in ihrer Gegenwart solche ~en leistet, ist ja allerhand*** I'm shocked that he uses such crude language in her presence

Der·by <-s, -s> ['dɛrbi] *nt* derby *(horse race for three-year-olds)*

de·re·gu·lie·ren* [deregu'li:rən] *vt* POL, ÖKON ■**etw** ~ *Markt, Arbeitsverhältnisse* to deregulate sth

De·re·gu·lie·rung *f* deregulation

der·einst [de:ɐ̯'ʔainst] *adv (geh)* one [*or* some] day

De·re·lik·ti·on <-, -en> [derelɪk'tsi̯o:n] *f* JUR *(Eigentumsaufgabe)* dereliction

de·re·lin·quie·ren [derelɪŋ'kvi:rən] *vt* JUR to abandon movable goods

de·ren[1] ['de:rən] *pron dem gen pl von* **der, die, das** their; **~ Hintermänner** the men behind them

de·ren[2] ['de:rən] *pron rel gen sing von* **die** whose; *auf Gegenstand bezogen a.* of which

de·ren[3] ['de:rən] *pron rel gen pl von rel pron* **der, die, das** *auf Personen bezogen* whose; *auf Sachen bezogen a.* of which

de·rent·we·gen [de:rənt've:gn̩] *adv,* **de·rent·hal·ben** [de:rənt'halbn̩] *adv (veraltet)* on whose account, on account of whom *form* [*or* because]; *auf Sachen bezogen* because [*or* on account] of which

de·rent·wil·len ['de:rənt'vɪlən] *adv* ■**um ~** *auf Person bezogen* for whose sake [*or form* the sake of whom]; *auf Sachen bezogen* for the sake of which

de·rer ['de:rɐ] *pron gen pl von dem pron* **der, die, das** ① *(derjenigen)* ■**~, die ...** of those who ...
② *(geh: der Herren und Frauen)* ■**das Geschlecht ~ von Werringen** the von Werringen family

der·ge·stalt ['de:ɐ̯gəʃtalt] *adv (geh)* thus *form;* ■**etw ~ tun, dass ...** to do sth so much [*or* to such an extent] that ...

der·glei·chen [de:ɐ̯'glaiçn̩] *pron dem, inv* ① *adjektivisch* such, like that *pred,* of that kind *pred*
② *substantivisch* that sort of thing; **nichts ~** nothing like it [*or* of that kind]; ~ ***ist mir noch nicht passiert*** never has that [*or* anything like that] happened to me before; ***ich will nichts ~ hören!*** I don't want to hear any of it; ■**und ~ [mehr]** and suchlike

De·ri·vat <-[e]s, -e> [deri'va:t] *nt* CHEM, LING derivative

De·ri·va·te·markt *m* BÖRSE, FIN derivative market

de·ri·va·tiv [deriva'ti:f] *adj* JUR derivative

De·ri·va·tiv <-s, -e> [deriva'ti:f, *pl* deriva'ti:və] *nt* LING derivative

der·je·ni·ge ['de:ɐ̯je:nɪgə], **die·je·ni·ge** ['di:je:nɪgə], **das·je·ni·ge** <*gen* desjenigen, derjenigen, desjenigen, *pl* derjenigen; *dat* demjenigen, derjenigen, demjenigen, *pl* denjenigen; *akk* denjenigen, diejenige, dasjenige, *pl* diejenigen> ['das-je:nɪgə] *pron dem* ① *substantivisch: nominativ* ■**~, der/den .../diejenige, die ...** *auf Personen bezogen* the one [*or* he/she] who [*or* that]/who[m *form*] [*or* that] ...; *auf Sachen bezogen* the one that [*or* which] ...; ■**diejenigen/denjenigen, die ...** *auf Personen bezogen* the ones [*or* they] who [*or* that]/who[m *form*] [*or* that] ...; *auf Sachen bezogen* the ones which [*or* that] ...; ***ist das derjenige,welcher .../ diejenige, welche ...?*** *(fam)* is[n't] that the one who ...?; ***ach, ~, welcher!*** oh, him!; ***etwa diejenige, welche?*** you mean her?
② *adjektivisch (geh)* that; ***derjenige Mann, der ...*** that man who ...

der·lei ['de:ɐ̯lai] *pron inv* such, that kind of, like that *pred;* ~ ***Worte sollte man für sich behalten*** such words should be kept to oneself

Der·mab·ra·si·on <-> ['dɛrmabrazi̯on] *f (Hautabschürfung)* dermabrasion

der·mal·einst ['de:ɐ̯ma:l'ʔainst] *adv (veraltend geh)* at some time in the future, one fine day

der·ma·ßen ['de:ɐ̯ma:sn̩] *adv* **eine ~ lächerliche Frage** such a ridiculous question; **~ schön, dass ...** so beautiful that ...; **jdn ~ unter Druck setzen, dass ...** to put sb under so much pressure that ...; **jdn ~ misshandeln, dass ...** to abuse sb so badly that ...

Der·ma·to·lo·ge, Der·ma·to·lo·gin <-n, -n> [dɛrmato'lo:gə, -'lo:gɪn] *m, f* dermatologist

Der·ma·to·lo·gie <-> [dɛrmatolo'gi:] *f kein pl* ■**die** ~ dermatology

Der·ma·to·lo·gin <-, -nen> [dɛrmato'lo:gɪn] *f fem form von* **Dermatologe**

der·ma·to·lo·gisch *adj* **~ getestet** dermatologically tested

De·ro·ga·ti·on <-, -en> [deroga'tsi̯o:n] *f* JUR *(teilweise Aufhebung eines Gesetzes)* derogation, part-repeal of a statute

de·ro·gie·ren* [dero'gi:rən] *vt* JUR ■**etw** ~ to derogate sth, to repeal parts of a statute

der·sel·be [de:ɐ̯'zɛlbə], **die·sel·be** [di:'zɛlbə], **das·sel·be** <*gen* desselben, derselben, desselben, *pl* derselben; *dat* demselben, derselben, demselben, *pl* denselben; *akk* denselben, dieselbe, dasselbe, *pl* dieselben> [das'zɛlbə] *pron dem* ① *(ebender, ebendie, ebendas)* ■**~ +** *substantiv* the same + *noun*
② *substantivisch (fam)* the same; **ein und ~** one and the same; ***nicht schon wieder dasselbe!*** not this [stuff *fam*] again!; ***sie fallen immer auf dasselbe rein*** they're always falling for the same things; ***immer dieselben kriegen den Ärger*** it's always the same people who get into trouble; ***noch mal dasselbe, bitte!*** *(fam)* [the] same again please!; **es sind immer dieselben, die ...** it's always the same ones [*or* people] who [*or* that] ...

der·wei·l(en) [de:ɐ̯'vail(ən)] I. *adv* meanwhile, in the meantime
II. *konj (veraltend)* while, whilst

Der·wisch <-es, -e> ['dɛrvɪʃ] *m* dervish

Der·wisch·bund *m* HIST, REL dervish group

der·zeit ['de:ɐ̯tsait] *adv* SÜDD, ÖSTERR at present [*or* the moment]

der·zei·tig ['de:ɐ̯tsaitɪç] *adj attr* present; *(aktuell a.)* current

DES <-> *m kein pl Abk von* **Data Encryption Standard** DES

des[1] ['dɛs] *pron def gen von* **der, das** *siehe auch Substantive* **das Aussehen ~ Kindes/Mannes** the child's/man's appearance; **ein Zeichen ~ Unbehagens** a sign of uneasiness; **das ständige Krähen ~ Hahnes** the constant crowing of the cock [*or* cock's constant crowing]

des[2] <-> *nt,* **Des** <-> ['dɛs] *nt kein pl* MUS ■**das ~** D flat

De·sas·ter <-s, -> [de'zastɐ] *nt* disaster, calamity; **mit einem ~ enden** to end in disaster [*or* calamity]

de·sas·trös *adj (geh)* disastrous, catastrophic

de·sen·si·bi·li·sie·ren* [dezɛnzibili'zi:rən] *vt* MED ■**jdn [gegen etw** *akk*] ~ to desensitize sb [against sth]

De·ser·teur(in) <-s, -e> [dezɛr'tø:ɐ] *m(f)* MIL deserter

de·ser·tie·ren* [dezɛr'ti:rən] *vi sein o selten haben* MIL ■**[von etw** *dat*] ~ to desert [sth]; ■**zu jdm ~** to desert [*or* go over] to sb

De·ser·ti·fi·ka·ti·on <-, -en> [dezɛrtifika'tsi̯o:n] *f* GEOL desertification

De·ser·ti·on <-, -en> [dezɛr'tsi̯o:n] *f* MIL desertion
des·glei·chen [dɛs'glaiçn̩] *adv* likewise, also; ***er ist Mitglied dieser Kirche, seine Verwandten*** ~ he's a member of this church, as are his family
des·halb ['dɛs'halp] *adv* ❶ *(daher)* therefore ❷ *(aus dem Grunde)* because of it; ~ ***frage ich ja*** that's why I'm asking; ***also*** ~*!,* ~ ***also!*** so that's why! [*or* the reason!]; ***ich bin*** ~ ***hergekommen, weil ich dich sprechen wollte*** what I came here for was to speak to you, the reason I came here was that I wanted to speak to you
De·sign <-s, -s> [di'zai̯n] *nt* design; MODE *a.* cut
de·si·gnen* [di'zainən] *vt* ■**etw** ~ to design sth
De·si·gner(in) <-s, -> [di'zainɐ] *m(f)* designer
De·si·gner·dro·ge *f* designer drug
De·si·gne·rin <-, -nen> [de'zainərɪn] *f fem form von* **Designer**
De·si·gner·mö·bel *nt meist pl* designer furniture *no pl* **De·si·gner·mo·de** *f kein pl* designer fashion **De·si·gner·pflan·ze** *f* designer plant
de·si·gniert [dezɪ'gni:ɐt] *adj attr* designated
des·il·lu·si·o·nie·ren* [dɛsʔɪluzio'ni:rən, dezɪlu-] *vt* ■**jdn** ~ to disillusion sb
Des·il·lu·si·o·nie·rung <-, -en> *f* disillusion[ment]
Des·in·fek·ti·on <-, -en> [dɛsʔɪnfɛk'tsi̯o:n, dezɪnfɛk'tsi̯o:n] *f s.* **Desinfizierung**
Des·in·fek·ti·ons·mit·tel *nt* disinfectant; *(für Wunden a.)* antiseptic **Des·in·fek·ti·ons·spray** *nt* disinfectant spray
des·in·fi·zie·ren* [dɛsʔɪnfi'tsi:rən, dezɪnfi'tsi:rən] *vt* ■**etw** ~ to disinfect sth; **Instrumente** ~ to sterilize instruments
Des·in·fi·zie·rung <-, -en> *f* disinfection
Des·in·fla·ti·on <-, -en> *f* FIN disinflation
Des·in·for·ma·ti·on [dɛsʔɪnfɔrma'tsi̯o:n, dezɪnfɔrma'tsi̯o:n] *f* disinformation *no pl, no indef art* **Des·in·for·ma·ti·ons·kam·pa·gne** *f* disinformation campaign, campaign of disinformation
Des·in·te·gra·ti·on [dɛsʔɪntegra'tsi̯o:n, dezɪntegra'tsi̯o:n] *f (geh)* disintegration
Des·in·ter·es·se ['dɛsʔɪntərɛsə, 'dezɪntərɛsə] *nt* lack of interest, indifference; ■**jds** ~ [**an jdm/etw**] sb's lack of interest [for sb/in sth], sb's indifference [towards sb/sth]; **sein** ~ **an etw** *dat* **bekunden** [*o* **zeigen**] to demonstrate one's indifference to [*or* lack of interest in] sth; **auf** ~ **stoßen** to meet with indifference
des·in·ter·es·siert ['dɛsʔɪntərɛsi:ɐt, dezɪntərɛsi:ɐt] *adj* uninterested, indifferent; **ein** ~**es Gesicht** a bored face; ■**an jdm/etw** ~ **sein** to be uninterested in [*or* indifferent to] sb/sth
Des·in·vest·ment ['dɛsʔɪnvɛstmənt, dezɪnvɛstmənt] *nt* disinvestment
Desk·top·com·pu·ter ['dɛsktɔpkɔmpju:tɐ] *m* desktop computer **Desk·top-Pu·bli·shing**[RR], **Desk·top pu·bli·shing**[ALT] <-> ['dɛsktɔp-pablɪʃɪŋ] *nt kein pl* ■[**das**] ~ desktop publishing, DTP
des·o·do·rie·ren* [dɛsʔodo'ri:rən, dezodo'ri:rən] *vt* ■**jdn/etw** ~ to deodorize sb/sth
de·so·lat [dezo'la:t] *adj (geh)* ❶ *(trostlos)* bleak ❷ *(verzweifelt)* wretched, desperate
des·ori·en·tiert [dɛsʔɔri̯ɛn'ti:ɐt, dezɔ-] *adj inv* disorientated
Des·ori·en·tie·rung [dɛsʔɔ-, dezɔ-] *f* ❶ *(Verwirrung)* disorientation, confusion ❷ *(Störung der Orientierungsfähigkeit)* disorientation
Des·oxy·ri·bo·nuk·le·in·säu·re [dɛsʔɔksyribonukle'i:n-, dezɔksy-] *f,* **DNA** [de:ʔɛn'a:] *f* CHEM, BIOL deoxyribonucleic acid *spec,* DNA
de·spek·tier·lich [despɛk'ti:ɐlɪç] *adj (geh)* disrespectful; *(stärker)* contemptuous
De·spe·ra·do <-s, -s> [dɛspe'ra:do] *m (geh)* desperado
Des·pot(in) <-en, -en> [dɛs'po:t] *m(f)* despot, tyrant
des·po·tisch [dɛs'po:tɪʃ] **I.** *adj* despotic, tyrannical **II.** *adv* despotically, tyrannically; **sich** *akk* ~ **aufführen** to domineer
des·sel·ben [dɛs'zɛlbn̩] *pron gen von* **derselbe, dasselbe**

des·sen ['dɛsn̩] **I.** *pron dem gen von* **der²**, **das** his/its; ~ **ungeachtet** *(geh)* nevertheless, nonetheless, notwithstanding this *form*
II. *pron rel gen von* **der²**, **das** whose; *(von Sachen a.)* of which
des·sent·wil·len ['dɛsn̩t'vɪlən] *adv* **um** ~ for whose sake [*or form* the sake of whom]
des·sen·un·ge·ach·tet[ALT] *adv (geh) s.* **dessen I**
Des·sert <-s, -s> [dɛ'se:ɐ, dɛ'sɛ:ɐ] *nt o* SCHWEIZ *m* dessert; ***was gibt es zum*** ~*?* what's for dessert? [*or* BRIT *a.* pudding]
Des·sert·tel·ler *m* dessert plate
Des·sin <-s, -s> [dɛ'sɛ̃:] *nt* MODE pattern, design; *von Vorhängen a.* print
Des·sous <-, -> [dɛ'su:, *pl* dɛ'su:s] *nt meist pl* undergarment, item of lingerie *no pl, no indef art,* underwear *no pl, no indef art*
de·sta·bi·li·sie·ren [destabili'zi:rən] *vt* ■**etw** ~ to destabilize sth
De·sta·bi·li·sie·rung <-, -en> *f (geh)* destabilization
De·stil·lat <-[e]s, -e> [dɛstɪ'la:t] *nt* CHEM distillation, distillate *spec*
De·stil·la·ti·on <-, -en> [dɛstɪla'tsi̯o:n] *f* ❶ *(Brennen)* distillation ❷ CHEM distillation
de·stil·lie·ren* [dɛstɪ'li:rən] *vt* CHEM ■**etw** ~ to distil [*or* AM -ll] sth
De·stil·lier·kol·ben *m* CHEM distilling [*or* distillation] flask [*or* retort] **De·stil·lier·säu·le** *f* CHEM fractionating column
des·to ['dɛsto] *konj* ~ **besser** all the better; ~ **eher** the earlier; ~ **schlimmer!** so much the worse!; *s. a.* **je**
de·struk·tiv [destrʊk'ti:f] *adj* destructive
des·we·gen ['dɛs've:gn̩] *adv s.* **deshalb**
De·szen·dent <-en, -en> [destsɛn'dɛnt] *m* ASTROL descendant; JUR descendant
De·tail <-s, -s> [de'tai̯, de'ta:j] *nt* detail; ■**die** ~**s** the details [*or* particulars]; **im** ~ in detail; ***die Schwierigkeiten liegen im*** ~ it's the details that are most difficult; **in allen** ~**s** in the greatest detail; **etw in allen** ~**s berichten** to report sth in full detail, to give a fully detailed account of sth; **ins** ~ **gehen** to go into detail[s]; *(sich daranmachen)* to get down to details
De·tail·fra·ge [de'tai̯-] *f* question of detail **de·tail·ge·nau** [de'tai̯-] *adj* down to the last detail **de·tail·ge·treu** [de'tai̯-] *adj* accurate in every detail **De·tail·han·del** [de'tai̯-] *m* HANDEL O SCHWEIZ retail trade **De·tail·kennt·nis·se** [de'tai̯-] *pl* detailed knowledge *no pl, no indef art*
de·tail·lie·ren* [deta'ji:rən] *vt* ❶ *(genaue Angaben machen)* ■[**jdm**] **etw** ~ to give [sb] full details [*or* particulars] of sth, to specify sth; [**jdm**] **etw genauer** [*o* **näher**] ~ to give [sb] more [*or* fuller] details of sth, to specify sth more precisely [to sb], to expand [up]on sth [to sb]
❷ HANDEL ■**etw** ~ to sell sth by retail, to retail sth
de·tail·liert [deta'ji:ɐt] **I.** *adj* detailed; ~**e Angaben** details, particulars; **nicht** ~ **genug sein** to be lacking in detail
II. *adv* in detail; **etw** ~ **beschreiben** to describe sth in detail, to give a detailed description of sth; **etw** ~ **erklären** to explain sth in detail, to expound sth *form*
De·tail·liert·heit <-> *f kein pl* detail; **in aller** ~ in the greatest detail; **etw in aller** ~ **berichten** to report sth in full detail
De·tail·list(in) <-en, -en> [deta'jɪst] *m(f)* SCHWEIZ *(Einzelhändler)* retailer
De·tail·pla·nung [de'tai̯-] *f* detailed planning **De·tail·zwi·schen·händ·ler(in)** [de'tai̯-] *m(f)* HANDEL retail middleman
De·tek·tei <-, -en> [detɛk'tai̯] *f* [private] detective agency, firm of [private] investigators; ***„~ Schlupps & Partner"*** "Schlupps & Partners, Private Investigators"
De·tek·tiv(in) <-s, -e> [detɛk'ti:f, *pl* detɛk'ti:və] *m(f)* ❶ *(Privatdetektiv)* private investigator [*or* detective] [*or fam* eye], AM *a.* gumshoe *fam*
❷ *(Zivilfahnder)* plain-clothes policeman

De·tek·tiv·bü·ro *nt s.* **Detektei** **De·tek·tiv·film** *m* detective film
De·tek·ti·vin <-, -nen> [detɛk'ti:vɪn] *f fem form von* **Detektiv**
de·tek·ti·visch [detɛk'ti:vɪʃ] **I.** *adj* ~**e Kleinarbeit** detailed detection work; ~**er Scharfsinn** a detective's keen perception
II. *adv* like a detective
De·tek·tiv·ro·man *m* detective novel; *(bes. mit Mörder)* whodun[n]it *fam*
De·tek·tor <-s, -oren> [de'tɛktoɐ̯, *pl* detɛk'to:rən] *m* TECH, PHYS detector
De·ter·gens [de'tɛrgɛns] *nt* CHEM detergent
De·ter·mi·nan·te <-, -n> [detɛrmi'nantə] *f (geh)* determinant
de·ter·mi·nie·ren* [detɛrmi'ni:rən] *vt (geh)* ■**etw** ~ to determine sth; **etw** [**im Voraus**] ~ to [pre]determine sth *form*
De·ter·mi·nis·mus <-> [detɛrmi'nɪsmʊs] *m kein pl* PHILOS ■**der** ~ determinism
de·ter·mi·nis·tisch *adj* PHILOS deterministic *spec*
De·to·na·ti·on <-, -en> [detona'tsi̯o:n] *f* explosion; *(nur hörbar vernommen a.)* blast; **die** ~ **der Bombe** the bomb blast; **etw zur** ~ **bringen** to detonate sth
de·to·nie·ren* [deto'ni:rən] *vi sein* to explode, to detonate
De·tri·tus <-> [de'tri:tʊs] *m kein pl* BIOL detritus *no pl*
De·tri·tus·fres·ser *m* BIOL deposit feeder
Deu·bel <-s, -> ['dɔybl̩] *m* DIAL *s.* **Teufel**
deucht ['dɔyçt] *(veraltet) 3. pers. sing von* **dünken**
De·us ex Ma·chi·na[RR] <- - -, Dei - -> ['de:ʊs ɛks 'maxina, *pl* 'de:i -] *m (geh)* deus ex machina *liter*
Deut ['dɔyt] *m (bisschen, das Geringste)* **keinen** [*o* **nicht einen**] ~ **wert sein** to be not worth tuppence [*or* AM diddly] *fam;* **um keinen** ~ [**besser**] not one bit [*or form* whit] [*or fam* a jot] [better]; ***daran ist kein*** ~ ***wahr*** there's not a grain of truth in it; ***sie versteht nicht einen*** ~ ***davon*** she doesn't know the first thing about it
deut·bar *adj* interpretable; **kaum/nicht** ~ [**sein**] [to be] difficult/impossible to interpret *pred;* ***es ist nicht anders*** [***als so***] ~ it cannot be explained in any other way
deu·teln ['dɔytl̩n] *vi (geh)* ■**an etw** *dat* ~ to quibble over sth *pej;* ***daran gibt es nichts zu*** ~*!* there are no ifs and buts about it!
deu·ten ['dɔytn̩] **I.** *vt* ■[**jdm**] **etw** ~ to interpret sth [for sb]; **die Zukunft/jdm die Zukunft** ~ to read the/sb's future; **etw falsch** ~ to misinterpret sth; **sich** *dat* **die Zukunft** [**von jdm**] ~ **lassen** to have one's future read [by sb], to get sb to read one's future
II. *vi* ❶ *(zeigen)* ■[**mit etw** *dat*] **auf jdn/etw** ~ to point [sth] at sb/sth; **mit dem** [**Zeige**]**finger auf jdn/etw** ~ to point [one's finger] at sb/sth
❷ *(hinweisen)* ■**auf jdn/etw** ~ to point to sb/sth; ***alles deutet auf Frost*** everything points to frost, all the signs are that there's going to be frost; **alles deutet darauf** [**hin**], **dass ...** all the indications are that ..., everything indicates that ..., there is every indication that ...
deu·te·rie·ren *vt* CHEM ■**etw** ~ to deuterize sth
Deu·te·ri·um <-s> [dɔy'te:ri̯ʊm] *nt kein pl* CHEM deuterium
deut·lich ['dɔytlɪç] **I.** *adj* ❶ *(klar)* clear; [**un**]~**e Schrift** [il]legible writing; ~**e Umrisse** distinct [*or* clear] [*or* sharp] outlines; [**jdm**] ~ **werden** to become clear [to sb]
❷ *(eindeutig)* clear; ***das war*** ~*!* that was clear [*or* plain] enough!; ~ **werden** to make oneself clear [*or* plain], to use words of one syllable *a. iron;* ***muss ich*** ~***er werden?*** have I not made myself clear [enough]?; ***ich hoffe, ich muss nicht*** ~***er werden!*** I hope I won't have to spell it out
II. *adv* ❶ *(klar)* clearly, plainly; **etw** ~ **fühlen** to distinctly feel sth; ~ **sprechen** to speak clearly [*or* distinctly]; **etw** ~ **zeichnen** to draw sth in sharp detail/contrast
❷ *(eindeutig)* clearly, plainly; **sich** *akk* ~ **ausdrü-**

D

cken to make oneself clear [*or* plain]; ~ **fühlen, dass ...** to have the distinct feeling that ...

Deut·lich·keit <-, -en> *f* ① *kein pl (Klarheit)* clarity; *von Schrift* legibility; *von Zeichnung* sharp contrast [*or* detail]; **in** [*o* **mit**] **aller** ~ in all clarity, in all its/their detail

② *(Eindeutigkeit)* plainness; [**jdm**] **etw in** [*o* **mit**] **aller ~ sagen** [*o* **zu verstehen geben**] to make sth perfectly clear [*or* plain] [to sb]; **jdm in** [*o* **mit**] **aller ~ zu verstehen geben, dass ...** to make it perfectly clear [*or* plain] to sb that ...

deutsch ['dɔytʃ] *adj* ① *(Deutschland betreffend)* German; **~er Abstammung sein** to be of German origin; **~e Gründlichkeit** German [*or* Teutonic] thoroughness [*or* efficiency]; **die ~e Sprache** German, the German language; **die ~e Staatsbürgerschaft besitzen** [*o* **haben**] to have German citizenship, to be a German citizen; **das ~e Volk** the Germans, the German people[s *pl*]; **die ~e Wiedervereinigung** German Reunification, the reunification of Germany; **~ denken** to have a [very] German way of thinking; **typisch ~ sein** to be typically German

② LING German; **die ~e Schweiz** German-speaking Switzerland; **~ sprechen** to speak [in] German; **~ sprechen können** to [be able to] speak German; **etw ~ aussprechen** to pronounce sth with a German accent, to give sth a German pronunciation

▸WENDUNGEN: **mit jdm ~ reden** [*o* **sprechen**] *(fam)* to be blunt with sb, to speak bluntly with sb

Deutsch ['dɔytʃ] *nt dekl wie adj* ① LING German; ***können Sie ~?*** do you speak/understand German?; **~ lernen/sprechen** to learn/speak German; ***er spricht akzentfrei*** ~ he speaks German without an accent; ***sie spricht fließend*** ~ she speaks German fluently, her German is fluent; ***er spricht ein sehr gepflegtes*** ~ his German is very refined; **~ verstehen/kein ~ verstehen** to understand/not understand [a word of [*or* any]] German; **~ sprechend** German-speaking, who speak/speaks German; **auf ~** in German; **sich** *akk* **auf ~ unterhalten** to speak [*or* converse] in German; **etw auf ~ sagen/aussprechen** to say/pronounce sth in German; **in ~ abgefasst sein** *(geh)* to be written in German; **etw in ~ schreiben** to write sth in German; **zu ~** in German

② *(Fach)* German; **~ unterrichten** [*o* **geben**] to teach German

▸WENDUNGEN: **auf gut ~** [**gesagt**] *(fam)* in plain English; **nicht mehr ~** [*o* **kein ~ mehr**] **verstehen** *(fam)* to not understand plain English

Deut·sche <-n> *nt* ■**das** ~ German, the German language; **etw ins ~/aus dem** [*o* **vom**] **~n ins Englische übersetzen** to translate sth into German/from [the] German into English; **die Aussprache des ~n** German pronunciation, the pronunciation of German words

Deut·sche(r) *f(m) dekl wie adj* German; ***er hat eine ~ geheiratet*** he married a German [woman]; ■**die ~n** the Germans; **~ sein** to be [a] German, to be from Germany; [**schon**] **ein halber ~r sein** to be German by formation

Deut·sche De·mo·kra·ti·sche Re·pu·blik *f* HIST German Democratic Republic

Deut·schen·feind(in) *m(f)* anti-German; *(krankhaft a.)* Germanophobe *form; (im Krieg)* enemy of the Germans [*or* Germany] **Deut·schen·freund(in)** *m(f)* pro-German, Germanophile *form,* German-lover *a. pej; (im Krieg)* friend of the German people **deutsch-eng·lisch** *adj* ① POL Anglo-German ② LING German-English, English-German **Deut·schen·hass**[RR] *m* Germanophobia *form,* hatred of Germany [*or* the Germans] **Deut·schen·has·ser(in)** <-s, -> *m(f)* German-hater, Germanophobe *form*

Deut·scher Ak·ti·en·in·dex® *m* German share index

deutsch·feind·lich *adj* anti-German, Germanophobic *form* **Deutsch·feind·lich·keit** *f* hostility to Germany, Germanophobia *form* **deutsch-fran·zö·sisch** *adj* ① POL Franco-German ② LING German-French, French-German **deutsch·freund·lich** *adj* pro-German, Germanophile *form,* German-loving *attr a. pej* **Deutsch·freund·lich·keit** *f* love of Germany, Germanophilia *form* **Deutsch·kennt·nis·se** *pl* knowledge of German; ***ein paar*** ~ a smattering of German

Deutsch·land <-s> ['dɔytʃlant] *nt* Germany; **aus ~ kommen** to come from Germany; **in ~ leben** to live in Germany

Deutsch·land·fra·ge *f* HIST ■**die** ~ the German question **Deutsch·land·lied** *nt* ■**das** ~ the German national anthem **Deutsch·land·po·li·tik** *f* *(innerdeutsche Politik)* [German] home affairs [*or* domestic policy]; *(gegenüber Deutschland)* policy on [*or* towards] Germany **deutsch·land·po·li·tisch** *adj inv* related to intra-German affairs **deutsch·land·weit** *adj inv, attr* throughout Germany *pred*

Deutsch·leh·rer(in) ['dɔytʃle:rɐ] *m(f)* German teacher **deutsch·na·ti·o·nal** *adj* HIST German National; ■**~ sein** to be a German National **Deutsch·or·dens·rit·ter** [dɔytʃˈʔɔrdn̩srɪtɐ] *m* HIST Teutonic Knight **deutsch-rus·sisch** *adj* ① POL Russo-German ② LING Russian-German, German-Russian **Deutsch·schweiz** *f* ■**die** ~ German-speaking Switzerland **Deutsch·schwei·zer(in)** *m(f)* German Swiss; ■**die** ~ the German Swiss + *pl vb* **deutsch·schwei·ze·risch** ['dɔytʃʃvaitsərɪʃ] *adj* German-Swiss **deutsch-spa·nisch** *adj* German-Spanish, Spanish-German

deutsch·spra·chig ['dɔytʃʃpra:xɪç] *adj* ① *(Deutsch sprechend)* German-speaking *attr;* ■**~ sein** to speak German

② *(in deutscher Sprache)* German[-language] *attr;* **~e Literatur** German literature; **~er Unterricht** lessons given in German; ■**~ sein** to be in German; *Unterricht a.* to be given in German

deutsch·sprach·lich ['dɔytʃʃpra:xlɪç] *adj* German *attr;* **der ~e Unterricht** German, the German lesson **deutsch·spre·chend** *adj attr* German-speaking

deutsch·stäm·mig *adj* of German origin [*or* stock] *pred*

Deutsch·stäm·mi·ge(r) *f(m) dekl wie adj* ethnic German

Deutsch·tum <-s> ['dɔytʃtu:m] *nt kein pl* Germanness; *(Kultur)* German culture

Deu·tung <-, -en> ['dɔytʊŋ] *f* ① *(das Deuten)* interpretation; *(Erläuterung)* explanation; *von Horoskop, Zukunft* reading

② *(Interpretation)* interpretation; *von Text a.* exegesis *spec;* **eine falsche ~** a misinterpretation

Deu·tungs·ho·heit *f kein pl* SOZIOL *(geh)* sovereignty of interpretation **Deu·tungs·ver·such** *m* attempt at an interpretation; **einen ~ machen** [*o geh* **unternehmen**] to attempt an interpretation

De·va·lu·a·ti·on <-, -en> [devalu̯a'tsi̯o:n] *f,* **De·val·va·ti·on** <-, -en> [devalva'tsi̯o:n] *f* ÖKON devaluation

De·vi·se <-, -n> [de'vi:zə] *f* ① *(Motto)* maxim, motto; ■**nach der ~ ...** according to the motto...; ***nach der ~: der Zweck heiligt die Mittel*** as the saying goes: the end justifies the means

② *pl* FIN currency; **blockierte/freie ~n** frozen [*or* blocked]/floating foreign exchange; **harte ~n** hard currency; **zahlbar in ~** payable in currency; **~n bringend** exchange-earning, producing foreign exchange *pred;* **~n bringender Bereich/~n bringende Branche** field/branch producing foreign exchange

De·vi·sen·an·la·ge *f* FIN foreign exchange investments *pl* **De·vi·sen·aus·ga·ben** *pl* FIN foreign exchange spending **De·vi·sen·be·darf** *m* need for foreign currency **De·vi·sen·be·schaf·fer** *m* hard currency agent **De·vi·sen·be·schrän·kung** *f* FIN foreign exchange [*or* currency-control] [*or* exchange-control] restriction **De·vi·sen·be·stand** *m* FIN foreign exchange asset **De·vi·sen·be·stim·mun·gen** *pl* foreign exchange control regulations *pl*

De·vi·sen·be·wirt·schaf·tung *f* FIN control of foreign exchange, currency restrictions *pl* **De·vi·sen·be·wirt·schaf·tungs·maß·nah·men** *pl* FIN measures to control the foreign exchange

De·vi·sen·bi·lanz *f* FIN foreign exchange balance **De·vi·sen·bör·se** *f* FIN foreign exchange market **de·vi·sen·brin·gend** *adj s.* **Devise 2**

De·vi·sen·brin·ger <-s, -> *m (fam)* foreign-exchange earner, earner of foreign exchange [*or* currency]

De·vi·sen·clea·ring [de'vi:zənkli:rɪŋ] *nt* FIN foreign exchange clearing **De·vi·sen·de·fi·zit** *nt* FIN foreign exchange deficit **De·vi·sen·er·wirt·schaf·tung** *f* FIN returns *pl* on foreign exchange **De·vi·sen·ge·gen·wert** *m* FIN foreign exchange value **De·vi·sen·ge·schäft** *nt* ■**das ~** foreign exchange dealing **De·vi·sen·ge·setz** *nt* JUR foreign exchange act **De·vi·sen·ge·setz·ge·bung** *f* JUR foreign exchange legislation **de·vi·sen·güns·tig** *adj inv* FIN promoting foreign exchange *pred* **De·vi·sen·han·del** *m* ■**der** ~ foreign currency [*or* exchange] dealings *npl,* sale and purchase of currencies *form* **De·vi·sen·händ·ler(in)** *m(f)* FIN cambist, dealer in foreign exchange **De·vi·sen·kas·sa·kurs** *m* FIN spot exchange rate **De·vi·sen·kas·sa·markt** *m* FIN spot exchange market

De·vi·sen·kauf *m* FIN purchase of foreign exchange **De·vi·sen·kauf·op·ti·on** *f* FIN foreign exchange option

De·vi·sen·knapp·heit *f* shortage of foreign exchange **De·vi·sen·kon·to** *nt* FIN foreign currency account **De·vi·sen·kon·trakt** *m* JUR foreign exchange deal **De·vi·sen·kon·trol·le** *f* FIN exchange control

De·vi·sen·kurs *m* [foreign] exchange rate, rate of exchange **De·vi·sen·kurs·zet·tel** *m* FIN list of foreign exchange

De·vi·sen·mak·ler(in) *m(f)* FIN foreign exchange broker **De·vi·sen·man·gel** *m* FIN scarcity of foreign exchange

De·vi·sen·markt *m* foreign exchange market **De·vi·sen·markt·kurs** *m* FIN middle rate

De·vi·sen·mit·tel *pl* FIN foreign exchange currency **De·vi·sen·rech·nung** *f* FIN exchange calculation **De·vi·sen·recht** *nt kein pl* JUR currency law **De·vi·sen·re·ge·lung** *f* FIN currency regulation[s] **De·vi·sen·reg·le·men·tie·rung** *f* FIN regulating foreign exchange **De·vi·sen·ren·ta·bi·li·tät** *f kein pl* FIN profitability of foreign exchange **De·vi·sen·re·ser·ve** *f* foreign exchange [*or* currency] reserves *pl* **De·vi·sen·schie·ber(in)** *m(f)* FIN *(pej)* currency [*or* foreign exchange] profiteer *pej* **De·vi·sen·schmug·gel** *m kein pl* currency smuggling *no pl* **de·vi·sen·schwach** *adj inv* FIN lacking currency reserves *pred;* **~es Land** deficit [*or* soft-currency] nation **De·vi·sen·spe·ku·la·ti·on** *f* foreign exchange [*or* currency] speculation **De·vi·sen·sper·re** *f* FIN exchange embargo **de·vi·sen·stark** *adj* hard-currency *attr spec* **De·vi·sen·swap** <-[s], -s> [-svɔp] *m* FIN foreign exchange swap

De·vi·sen·ter·min·han·del *m* FIN forward exchange rating **De·vi·sen·ter·min·kon·trak·te** *pl* FIN currency futures **De·vi·sen·ter·min·kurs** *m* FIN forward exchange market

De·vi·sen·trans·fer *m* FIN foreign exchange transfer **De·vi·sen·um·rech·nungs·fak·tor** *m* FIN currency conversion factor **De·vi·sen·ver·bind·lich·kei·ten** *pl* FIN currency liabilities **De·vi·sen·ver·ge·hen** *nt* breach [*or* violation] of exchange control regulations **De·vi·sen·ver·kauf** *m* FIN sale of foreign exchange **De·vi·sen·wert** *m* FIN foreign exchange asset **De·vi·sen·zu·tei·lung** *f* FIN currency allowance, allocation of foreign exchange

De·von <-s> ['dɛvn] *nt* Devon

devot [de'vo:t] *adj (pej geh)* obsequious *pej form*

De·vo·ti·o·na·li·en [devotsi̯o'na:li̯ən] *pl* REL devotional objects [*or* articles]

Dex·tro·se <-> [dɛks'tro:zə] *f kein pl* CHEM dextrose *spec,* dextroglucose *spec*

De·zem·ber <-s, -> [de'tsɛmbɐ] *m* December; *s. a.* **Februar**

de·zent [de'tsɛnt] **I.** *adj* ① *(unaufdringlich)* discreet;

~**e Farbe** subdued [*or* discreet] colour [*or* AM -or]; ~**e Kleidung** modest [*or* discreet] wear
② *(zurückhaltend)* discreet
II. *adv* ① *(unaufdringlich)* discreetly; **sich** *akk* ~ **kleiden** to dress modestly [*or* discreetly]
② *(zurückhaltend)* discreetly

de·zen·tral [detsɛn'tra:l] I. *adj* decentralized
II. *adv* **etw ~ entsorgen** to send sth to a decentralized disposal system; **etw ~ versorgen** to supply sth from decentralized outlets; **etw ~ verwalten** to govern sth in a decentralized system

de·zen·tra·li·sie·ren* [detsɛntrali'zi:rən] *vt* ■**etw ~** to decentralize sth

De·zen·tra·li·sie·rung <-, -en> *f* decentralization; ■**die ~ einer S.** *gen* the decentralization of sth

De·zer·nat <-[e]s, -e> [detsɛr'na:t] *nt* department

De·zer·nent(in) <-en, -en> [detsɛr'nɛnt] *m(f)* department head

De·zi·bel <-s, -> [detsi'bɛl] *nt* PHYS decibel

de·zi·diert [detsi'di:ɐ̯t] I. *adj bes* ÖSTERR *(geh)* determined, firm
II. *adv bes* ÖSTERR *(geh)* firmly, with determination

De·zi·gramm [detsi'gram] *nt* decigram[me]

De·zi·li·ter [detsi'li:tɐ] *m o nt* decilitre [*or* AM -er] *spec*

de·zi·mal [detsi'ma:l] *adj* decimal

De·zi·mal·bruch *m* decimal [fraction] **De·zi·mal·rech·nung** *f kein pl* MATH decimals *pl* **De·zi·mal·stel·le** *f* decimal place; **auf 5 ~n genau** correct to 5 decimal places **De·zi·mal·sys·tem** *nt* ■**das ~** the decimal system **De·zi·mal·zahl** *f* decimal number; *(zwischen 0 und 1 a.)* decimal fraction

De·zi·me <-, -n> [de'tsi:mə] *f* MUS tenth

De·zi·me·ter ['de:tsime:tɐ] *m o nt* decimetre [*or* AM -er] *spec*

de·zi·mie·ren* [detsi'mi:rən] *vt* ■**etw ~** to decimate sth

De·zi·mie·rung <-, -en> *f* decimation (+*gen* of), the decimation of sth

DFB <-> [de:ɛf'be:] *m kein pl Abk von* **Deutscher Fußball-Bund** German Football Association

DFÜ <-> [de:ɛf'y:] *f kein pl Abk von* **Datenfernübertragung** remote data transmission, data telecommunication

DFÜ-Ein·rich·tung *f* telecommunication facilities *pl*

DGB <-s> [de:ge:'be:] *m kein pl Abk von* **Deutscher Gewerkschaftsbund**: ■**der ~** the Federation of German Trade Unions

dgl. *pron Abk von* **dergleichen, desgleichen** the like

d. Gr. *Abk von* **der Große** *s.* **groß I 10**

d. h. *Abk von* **das heißt** i.e.

Dha·ka <-s> ['daka] *nt* Dhaka, Dacca

Dia <-s, -s> ['di:a] *nt* slide, [positive *form*] transparency, diapositive *spec*

Di·a·be·tes <-> [dia'be:tɛs] *m kein pl* MED diabetes [mellitus *spec*]

Di·a·be·ti·ker(in) <-s, -> [dia'be:tikɐ] *m(f)* MED diabetic

di·a·be·tisch [dia'be:tɪʃ] MED I. *adj* diabetic; **ein ~er Mensch** a diabetic
II. *adv* **~ bedingt [sein]** [to be] caused by diabetes *pred*

Dia·be·trach·ter *m* TYPO slide viewer

di·a·bo·lisch [dia'bo:lɪʃ] *(geh)* I. *adj* ① *(boshaft)* evil, malicious
② *(teuflisch)* diabolical, diabolic, fiendish
II. *adv* ① *(boshaft)* evilly, maliciously
② *(teuflisch)* diabolically, fiendishly

dia·chron [dia'kro:n], **dia·chro·nisch** [dia'kro:nɪʃ] *adj* LING diachronic

Di·a·dem <-s, -e> [dia'de:m] *nt* diadem; *(für Frau a.)* tiara

Di·a·do·chen [dia'dɔxən] *pl* ■**die ~** ① HIST the Diadochi *spec*
② *(fig geh)* rivals in a power struggle

Di·a·do·chen·kämp·fe *pl (geh)* power struggle

Di·a·gno·se <-, -n> [dia'kno:zə] *f* diagnosis; **eine ~ stellen** to make a diagnosis

Di·a·gno·se·zen·trum *nt* diagnostic centre [*or* AM -er]

Di·a·gnos·tik <-> [dia'gnɔstɪk] *f kein pl* MED ■**die ~** diagnostics + *sing vb spec*; **die ~ von Tumoren** the diagnosis of tumours [*or* AM -ors]

di·a·gnos·tisch [dia'gnɔstɪʃ] *adj* MED diagnostic

di·a·gnos·ti·zie·ren* [diagnɔsti'tsi:rən] *vt* ■**etw [bei jdm] ~** to diagnose sth [in sb]

dia·go·nal [diago'na:l] *adj* diagonal; **eine ~e Gerade** a diagonal [line]

Dia·go·na·le <-, -n> [diago'na:lə] *f* diagonal [line]

Dia·go·nal·rei·fen *m* AUTO cross ply tire **Dia·go·nal·schritt** *m* SPORT *(beim Langlauf)* diagonal walking

Dia·gramm <-s, -e> [dia'gram] *nt* graph, chart, diagram

Di·a·kon(in) <-s *o* -en, -e[n]> [dia'ko:n] *m(f)* REL deacon

Di·a·ko·nat <-[e]s, -e> [diako'na:t] *nt* REL diaconate

Di·a·ko·nie <-> [diako'ni:] *f kein pl* REL **die ~** social welfare work

Di·a·ko·nin <-, -nen> [dia'ko:nɪn] *f fem form von* **Diakon**

di·a·ko·nisch [dia'ko:nɪʃ] *adj inv, attr* welfare and social

Di·a·ko·nis·se <-, -n> [diako'nɪsə] *f*, **Di·a·ko·nis·sin** <-, -nen> [diako'nɪsɪn] *f* REL deaconess

dia·kri·tisch [dia'kri:tɪʃ] *adj* diacritic; **ein ~es Zeichen** a diacritical mark

Di·a·lekt <-[e]s, -e> [dia'lɛkt] *m* dialect

di·a·lek·tal [dialɛk'ta:l] *adj* dialectal

Di·a·lekt·aus·druck *m* dialect expression

Di·a·lek·tik <-> [dia'lɛktɪk] *f kein pl* dialectic, dialectics + *sing vb*

di·a·lek·tisch [dia'lɛktɪʃ] *adj* ① PHILOS dialectical
② LING *s.* **dialektal**

Di·a·log <-[e]s, -e> [dia'lo:k, *pl* dia'lo:gə] *m (geh)* dialogue [*or* AM *a.* -og]; **interessanter ~** interesting discussion; **in einen ~ [über etw** *akk*] **eintreten** to discuss [sth], to enter into discussion [about sth]; **mit jdm einen ~ führen** to have a discussion with sb

Di·a·log·be·reit·schaft *f kein pl* openness to dialogue **Di·a·log·be·trieb** *m* INFORM dialogue, interactive [*or* conversational] mode; **im ~** online **Di·a·log·fä·hig·keit** *f kein pl* openness to dialogue

Di·a·log·fens·ter *nt* INFORM dialog box [*or* BRIT *a.* dialogue], pop-up window

Dia·ly·sa·tor [dialy'za:to:ɐ̯] *m* CHEM dialyzer

Dia·ly·se <-, -n> [dia'ly:zə] *f* dialysis

Dia·ma·gne·tis·mus [diamagne'tɪsmʊs] *m kein pl* PHYS diamagnetism

Di·a·mant <-en, -en> [dia'mant] *f* diamond; **geschliffene/ungeschliffene ~en** cut/uncut diamonds; **gespaltener ~** cleft diamond

di·a·man·ten [dia'mantn̩] *adj attr* ① *(wie Diamanten funkelnd)* like diamonds; **in/mit ~em Glanz funkeln** to sparkle like diamonds
② *(mit Diamanten besetzt)* diamond, set with diamonds

Di·a·mant-Fahr·zeug *nt* REL Diamond Vehicle, Vajrayana **Di·a·mant·ring** *m* diamond ring **Di·a·mant·schlei·fer(in)** *m(f)* diamond cutter **Di·a·mant·schliff** *m* diamond cutting **Di·a·mant·staub** *m* diamond dust

dia·me·tral [diame'tra:l] I. *adj (geh)* diametrical
II. *adv (geh)* diametrically; **~ entgegengesetzt sein** to be diametrically opposed [*or* opposite]

Dia·phrag·ma <-s, -s> [dia'fragma] *nt* diaphragm, Dutch cap BRIT

Dia·po·si·tiv [diapozi'ti:f] *nt* slide **Dia·pro·jek·tor** *m* slide projector **Dia·rah·men** *m* slide frame

Di·ar·rhö <-, -en>, **Di·ar·rhöe** <-, -n> [dia'rø:, -'rø:ən] *f* diarrhoea *no pl, no art* BRIT, diarrhea *no pl, no art* AM

Di·a·spo·ra <-> [di'aspora] *f kein pl* ① REL Diaspora
② *(fig)* backwater, back of beyond BRIT

Dia·sto·le <-, -n> [di'astole, dia'sto:lə] *f* diastole

dia·sto·lisch [dia'sto:lɪʃ] *adj* diastolic

di·ät^ALT^ [di'ɛ:t] *adv s.* **Diät**

Di·ät <-, -en> [di'ɛ:t] *f* diet; **eine fettarme ~** a diet low in fat, a low-fat diet; **eine salzlose ~** a salt-free diet; **eine strenge ~** a strict diet; **~ halten** to keep to a diet; **~ kochen** to cook according to a diet; **~ leben** to keep to a diet; **auf ~ sein** *(fam)* to be on a diet, to diet; **mit einer ~ anfangen** to go on a diet; **nach einer ~ leben** to keep to a diet; **jdn auf ~ setzen** *(fam)* to put sb on a diet

Di·ät·as·sis·tent(in) *m(f) sb trained to advise in and oversee the setting-up of diet programmes in hospitals and clinics* **Di·ät·bier** *nt* lite [*or* BRIT *a.* diet] beer

Di·ä·ten [di'ɛ:tn̩] *pl* POL [sessional] expenses *pl* **Di·ä·ten·er·hö·hung** *f* increase in [parliamentary] allowances

Di·ä·te·tik <-, -en> [diɛ'te:tɪk] *f* dietetics + *sing vb*

di·ä·te·tisch [diɛ'te:tɪʃ] *adj* dietetic

Di·ät·fahr·plan *m (fam)* diet, diet plan, regime[n]

Di·ät·kost *f* diet food **Di·ät·kur** *f* dietary cure **Di·ät·mar·ga·ri·ne** *f* dietary margarine *(high in polyunsaturates)*

dia·to·nisch [dia'to:nɪʃ] *adj* diatonic; **die ~e Tonleiter** the diatonic scale

Di·ät·waa·ge *f* food scale

Dia·vor·trag *nt* slide show

di·azo·tie·ren* *vt* CHEM **ein Molekül ~** to diazotize a molecule

DIB[1] <-> *f kein pl Abk von* **Deutsche Industrievereinigung Biotechnologie** German Biotech Industry Association

DIB[2] <-, -s> *nt* INFORM *Akr von* **dual-independent bus** DIB

DIB-Ar·chi·tek·tur *f* DIB architecture

dich ['dɪç] I. *pron pers akk von* **du** you
II. *pron refl* yourself

dicht ['dɪçt] I. *adj* ① *(ohne Lücken)* thick, dense; *(zusammengedrängt)* dense; **eine ~e Atmosphäre** PHYS a dense atmosphere; **~er Baumwollstoff** closely woven cotton fabric; **in ~er Folge** in quick [*or* rapid] succession; **ein ~es Gedränge** a tight [*or* dense] crowd; **~es Gewebe** tight [*or* close] weave; **~es Haar** thick hair; **~er Verkehr** heavy [*or* dense] traffic; **im ~en Verkehr festsitzen** to be stuck in a traffic jam
② *(fig: konzentriert)* dense; *(voll ausgefüllt)* full; *(effizient)* tight; **a ~e Atmosphäre/Stimmung/Szene** a dense atmosphere/mood/scene; **ein ~er Dialog** a dense dialogue; **~e Lyrik/Prosa** dense poetry/prose; **ein ~es soziales Netz** a tight [*or* compact] social network; **ein ~es Programm** a full programme [*or* AM program]
③ *(undurchsichtig)* thick, dense; **~er Nebel** thick [*or* dense] fog; **~er Schneefall** heavy snowfall; **~es Schweigen** *(fig liter)* complete silence
④ *(undurchlässig)* tight; *Vorhänge* thick, heavy; *Rollladen* heavy; *(luftdicht)* airtight; *(wasserdicht)* watertight; *(wasserabweisend)* waterproof; **etw ~ machen** *(versiegeln)* to seal sth; *(luftdicht machen)* to make sth airtight; *(wasserabweisend machen)* to waterproof sth; *(wasserdicht machen)* to make sth watertight; **ein Dach ~ machen** to repair [*or* seal] a leaking roof; **ein Fenster ~ machen** to repair [*or* seal] a window; **Fugen ~ machen** to seal joints; **nicht mehr ~ sein** to leak; *Fenster* to be cracked [*or* broken]; *Blende* to let in [the] light
⑤ *(fig: ausgebucht)* full, packed
⑥ *pred, inv (fam: geschlossen)* closed; *Laden a.* shut
▶WENDUNGEN: **nicht ganz ~ sein** *(pej fam)* to be off one's head *pej fam*
II. *adv* ① *(ohne Lücken)* thickly, densely; *(zusammengedrängt)* densely; ***wir standen ~ gedrängt im Bus*** we stood squeezed together in the bus; **~ an [*o* bei] ~** close together; **~ an [*o* bei] ~ stehen** to be [*or* stand] close together; **~ bebaut** heavily built up; **~ behaart** [very] hairy; **ein ~ behaarter Kopf** a good head of hair; **~ behaart sein** to have a lot of hair; **auf der Brust ~ behaart sein** to have a very hairy chest; **~ belaubt sein** to be covered in dense foliage; **~ mit Rosen bepflanzt sein** to be full of roses; **~ besetzt** full, packed; **~ besiedelt [*o* bevölkert]** densely [*or* heavily] populated; **~ bewaldet** thickly wooded, densely forested; **~ bewölkt** very cloudy, heavily overcast; **~ mit Efeu/Moos**

bewachsen overgrown with ivy/moss; ~ **gepackt** tightly packed; ~ **gewebt** tightly [*or* closely] woven; ~ **mit etw** *dat* **übersät sein** to be thickly strewn with sth

❷ *(fig: voll)* ~ **gedrängt** *Zeitplan* packed, full

❸ *(undurchlässig)* tightly; **die Gardinen ~ zuziehen** to draw the curtains to, to close the curtains properly; ~ **halten** *Schuhe, Verschluss* to keep out [the] water, to be watertight; ~ **schließen** to close properly; ***Behälter ~ geschlossen halten*** keep container tightly closed; ~ **verhängt** thickly draped; *Fenster* thickly curtained

❹ *(nah)* closely; ~ **auffahren** to tailgate, to drive too closely to the car in front; ~ **beieinander/hintereinander** close together; ~ **gefolgt von jdm/etw** followed closely by sb/sth; ■ ~ **an etw/jdm** close to sb/sth; ■ ~ **hinter jdm/etw** just [*or* right] behind sb/sth; ~ **hinter jdm sein** to be right behind sb; ■ ~ **neben jdm/etw** just [*or* right] beside sb/sth, just [*or* right] next to sb/sth; ■ ~ **über/unter etw/jdm** just above/under sth/sb; ~ **über etw** *akk* **hängen** to hang just over sth; ■ ~ **vor jdm/etw** just [*or* right] in front of sb/sth

❺ *(bald)* ~ **bevorstehen** to be coming up soon; *Gefahr* to be imminent; ***Weihnachten steht ~ bevor*** it's not long till Christmas, Christmas is just around the corner *fam;* **an etw** *dat* ~ **dran sein** *(fam)* to be close to sth; ~ **dran sein, etw zu tun** *(fam)* to be just about to do sth, to be on the point of doing sth

dicht·auf *adv* ~ **folgen** to follow close behind

dicht·be·haart *adj attr s.* **dicht II 1 dicht·be·laubt** *adj attr s.* **dicht II 1 dicht·be·sie·delt, dicht·be·völ·kert** *adj attr s.* **dicht II 1 dicht·be·wölkt** *adj attr s.* **dicht II 1**

Dich·te <-, -n> ['dɪçtə] *f* ❶ *kein pl* density; ~ **des Gedränges** dense crowd; ~ **des Nebels** dense [*or* thick] fog

❷ PHYS density; **spezifische** ~ specific gravity

Dich·te·gra·di·ent *m* SCI density gradient **Dich·te·gra·di·en·ten·zen·tri·fu·ga·ti·on** *f* SCI density gradient centrifugation

dich·ten[1] ['dɪçtn̩] **I.** *vt* ■**etw** [**auf jdn/etw**] ~ to write [*or form* compose] poetry [to sb/sth]; ***ich habe ein paar Verse zu deinem Geburtstag gedichtet*** I've written a few verses for your birthday

II. *vi* to write poetry

dich·ten[2] ['dɪçtn̩] *vt (dicht machen)* ■**etw** [**gegen etw** *akk*] ~ to seal sth [against sth]; **Fugen** ~ to grout cracks

Dich·ter(in) <-s, -> ['dɪçtɐ] *m(f)* poet

dich·te·risch ['dɪçtərɪʃ] **I.** *adj* poetic[al]; *s. a.* **Freiheit**

II. *adv* ❶ *(was die Dichtkunst betrifft)* poetically; ~ **begabt sein** to have a flair [*or* talent] for writing [poetry]

❷ *(in Art eines Gedichtes)* in poetry [*or* a poem], poetically; **etw ~ darstellen/wiedergeben** to present sth in the form of a poem

Dich·ter·le·sung *f* reading *(by a poet from his own work)* **Dich·ter·wort** <-worte> *nt* lines of a poem, piece of poetry

dicht·ge·drängt *adj attr s.* **dicht II 1, 2**

dicht|hal·ten ['dɪçthaltn̩] *vi irreg (sl: den Mund halten)* to keep quiet [*or fam* one's mouth shut]; *(bei Verhör)* not to give away any information; **nicht** ~ to spill the beans, to let the cat out of the bag

Dicht·kunst *f* poetic art, poetry

dicht|ma·chen *vt, vi (fam)* ■[**etw**] ~ ❶ *(schließen)* to close [*or* shut] [sth]

❷ *(den Betrieb einstellen)* to close [*or* shut] [sth] [down]

Dich·tung[1] <-, -en> ['dɪçtʊŋ] *f* ❶ *kein pl (Dichtkunst)* poetry; **die ~ der Renaissance** Renaissance poetry

❷ *(episches Gedicht)* epic poem; ~ **und Wahrheit** fact and fiction

Dich·tung[2] <-, -en> ['dɪçtʊŋ] *f* seal, sealing; *(Dichtring)* washer; *(von Ventildeckel)* gasket; *(von Zylinderkopf)* head gasket

Dich·tungs·bahn *f* BAU sealing felt **Dich·tungs·mas·se** *f* sealing compound; **Fugen mit ~ verschmieren** to smear grout in the cracks **Dich·tungs·mit·tel** *nt* sealant, sealing material **Dich·tungs·pro·fil** *nt* AUTO draught excluder BRIT, weatherstrip **Dich·tungs·ring** *m,* **Dich·tungs·schei·be** *f* washer **Dich·tungs·schnur** *f* BAU sealing chord

dick ['dɪk] **I.** *adj* ❶ *(beleibt, fett)* fat; *person a.* stout BRIT, corpulent *form; Körperteile a.* big; **~e Backen/Wangen** chubby cheeks; **einen ~en Bauch haben** to have a fat [*or* big] belly; ~ **und fett** [*o* **rund**] **sein** *(fam)* to be round and fat; **etw macht** [**jdn**] ~ *Speisen, Getränke* sth makes [sb] fat, sth is fattening; *Kleidung* sth makes sb look fat; ■[**von etw** *dat*] ~ **werden** to put on weight [from sth], to get fat [from sth]

❷ *(groß)* big; **~er** [**Baby**]**bauch** big belly; **ein ~er Band/ein ~es Buch** a thick volume/book; **ein ~er Baum/Stamm** a thick tree/trunk; **ein ~es Bündel Banknoten** *(fam)* a fat [*or* thick] [*or* big] bundle of bank notes; **eine ~e Limousine** *(fam)* a big limousine; **eine ~e Zigarre** *(fam)* a big [*or fam* fat] cigar

❸ *(fig fam: beträchtlich)* big; **eine ~e Belohnung** *(fam)* a big fat reward *fam;* **ein ~es Lob** [**für etw** *akk*] **bekommen** to be praised highly [*or* to the high heavens] [for sth]; **ein ~er Tadel/Verweis** a severe [*or* sharp] reprimand

❹ *(einen großen Querschnitt aufweisend)* thick; **eine ~e Eisdecke** a thick ice layer; **ein ~er Stoff** a heavy fabric

❺ *nach Maßangaben (stark)* thick; ***die Salbe ist 1 mm ~ aufzutragen*** you have to spread the ointment 1 mm thick; **eine 7 Meter ~e Schicht** a 7 metres thick layer [*or* a layer 7 metres thick]

❻ *(geschwollen)* swollen; **eine ~e Backe** a swollen cheek; **eine ~e Beule** a big lump

❼ *(zähflüssig)* thick; **eine ~e Soße** a thick sauce; **~e Tränen vergießen** *(fig)* to shed large tears

❽ *(a. fig fam: dicht)* thick *a. fig;* **~e Luft** thick air; *(fig fam)* tense [*or* bad] atmosphere; ***in der Firma herrscht heute ~e Luft*** *(fig fam)* there's a tense atmosphere at work today; **~er Nebel/Rauch** dense [*or* thick] fog/smoke

❾ *(fam: eng)* close; **~e Freunde** close friends

▸WENDUNGEN: **eine ~ <u>Brieftasche</u> haben** *(fam)* to have a fat wallet *fam;* **mit jdm durch ~ und <u>dünn</u> gehen** to go through thick and thin with sb; **sich** *fam* ~ **<u>machen</u>** to spread oneself out; ***mach dich nicht so ~!*** don't take so much space!

II. *adv* ❶ *(warm)* warmly; **sich** *akk* ~ **anziehen** to dress warmly

❷ *(reichlich)* thickly; **etw ~ mit etw** *dat* **bestreichen** to spread a thick layer of sth on sth; ***er bestrich das Brot ~ mit Butter*** he spread a thick layer of butter on the bread; ~ **geschminkt** heavily made up; ~ **mit Schnee/Staub bedeckt sein** to be thickly covered with snow/dust

❸ *(fam: sehr)* very; **jdm etw ~ ankreiden** to really hold sth against sb; **mit jdm ~**[**e**] **befreundet sein** *(fam)* to be as thick as thieves with sb *fam;* **mit jdm ~ im Geschäft sein** to be well in with sb *fam;* ~ **geschwollen** badly swollen

▸WENDUNGEN: ~ **<u>auftragen</u>** *(pej fam)* to lay it on thick [*or* with a trowel] *fam;* **jdn/etw ~**[**e**] **<u>haben</u>** *(fam)* to be sick of [*or* fed up with] *fam* sb/sth; **es** [**nicht so**] **~**[**e**] **<u>haben</u>** *(sl: reich sein)* to be [not that] loaded *fam;* **es <u>kommt</u> immer gleich ganz ~**[**e**] *(fam)* it never rains but it pours *prov*

dick·bau·chig *adj* pot-bellied; **~er Krug** big jug

dick·bäu·chig *adj* pot-bellied; ■ ~ **sein** to have a big belly *fam* [*or* stomach]

Dick·darm *m* colon

di·cke ['dɪkə] *adv (fam) (reichlich)* ~ **genug haben** to have more than enough; ***das reicht ~*** that's more than enough

▸WENDUNGEN: **jdn/etw ~ <u>haben</u>** to be sick and tired of sb/sth *fam,* to be fed up to the back teeth with sb/sth *fam*

Di·cke <-, -n> ['dɪkə] *f* ❶ *(Stärke)* thickness; **eine ~ von rund 3 Metern** a thickness of about 3 metres [*or* AM -ers]

❷ *(dicke Beschaffenheit)* size, stoutness BRIT, corpulence, obesity *form*

Di·cke(r) ['dɪkə] *f(m) dekl wie adj (fam)* fatso *pej fam,* fatty *pej fam*

Di·cker·chen <-s, -> *nt (fam) s.* **Dicke(r)**

dick·fel·lig *adj (pej fam)* thick-skinned *pej,* insensitive; ■ ~ **sein** to be thick-skinned *pej,* to be insensitive, to have a hide like a rhinoceros BRIT *pej*

Dick·fel·lig·keit <-> *f kein pl (pej fam)* insensitivity

dick·flüs·sig *adj* thick; **~es Öl** viscous oil

Dick·häu·ter <-s, -> *m (hum fam)* ❶ *(Tier)* pachyderm

❷ *(fig)* **ein ~ sein** to have a thick skin

Di·ckicht <-[e]s, -e> ['dɪkɪçt] *nt* ❶ *(dichtes Gebüsch)* thicket, brushwood

❷ *(unübersichtliches Konglomerat)* maze, labyrinth

Dick·kopf *m (fam)* ❶ *(dickköpfiger Mensch)* stubborn [*or* obstinate] [*or* pigheaded] fool; **ein kleiner ~ sein** to be stubborn

❷ *(Starrsinn)* stubbornness, obstinacy, pigheadedness; **seinen ~ bekommen** [*o* **seinen ~ aufsetzen**] to dig one's heels in; **einen ~ haben** to be stubborn [*or* obstinate] [*or* pig-headed], to be as stubborn as a mule; **seinen ~ durchsetzen** to have one's way

dick·köp·fig *adj* stubborn, obstinate, pig-headed

dick·lei·big *adj (geh)* ❶ *(korpulent)* stout BRIT, corpulent, obese *form*

❷ *(gewichtig)* heavy, bulky

Dick·lei·big·keit <-> *f kein pl (geh)* corpulence, obesity *form,* stoutness BRIT

dick·lich *adj* ❶ *(etwas dick)* plump, chubby, podgy BRIT *fam,* pudgy *fam;* **~es Kind** chubby child

❷ *(dickflüssig)* thick; SCI viscous; ■ ~ **werden** to get/become thick

dick·lip·pig *adj* thick-lipped

Dick·ma·dam <-, -s *o* -en> *f (pej)* fat lady **Dick·milch** *f* curds *pl* **Dick·mit·tel** *nt* thickening agent **Dick·schä·del** *m (fam) s.* **Dickkopf**

dick·scha·lig *adj* with a thick skin; ■ ~ **sein** to have a thick skin

dick·wan·dig *adj* thick-walled; ■ ~ **sein** to be thick-walled, to have thick walls

Dick·wanst *m (pej fam)* fatso *pej fam,* fatty *pej fam,* butterball AM *usu pej fam*

Dic·ty·o·som <-s, -en> [dɪkty'so:m] *m* BIOL dictyosome

Di·dak·tik <-, -en> [di'daktɪk] *f* teaching methodology, didactics + *sing vb form*

di·dak·tisch [di'daktɪʃ] **I.** *adj* didactic *form*

II. *adv* didactically *form*

die[1] [di:] **I.** *art def, nom und akk sing f* ❶ *(allgemein)* the; ~ ***Mutter/Pflanze/Theorie*** the mother/plant/theory; ***durch ~ Luft/Menge/Tür*** through the air/crowd/door

❷ *(bei Körperteilen)* ***ihr blutet ~ Nase*** her nose is bleeding; **sich** *dat* **~ Hand verletzen** to injure one's hand

❸ *(bei Abstrakta)* ~ ***Demokratie/Geschichte/Kunst*** democracy/history/art; ~ ***Hoffnung/Liebe/Verzweiflung*** hope/love/desperation

❹ *(bei allgemeinen Stoffen)* ~ ***Bronze/Wolle*** bronze/wool; *(bei spezifischen Stoffen)* the; ~ ***Wolle dieses Schafs*** the wool from this sheep

❺ *(einmalig)* ~ ***Frau des Jahres*** the woman of the year; ***das ist ~ Idee!*** that's just the idea we've been looking for!

❻ *(bei Eigennamen)* ~ ***Donau*** the Danube; ~ ***Franzstraße*** Franzstraße; ~ ***Schweiz/Türkei*** Switzerland/Turkey; ~ ***Schweiz der Zwischenkriegszeit*** interwar Switzerland; ~ ***‚Alinghi' gewann 2003 den America's Cup*** the 'Alinghi' won the 2003 America's Cup; ~ ***junge Bettina*** young Bettina; ~ ***frühere Blyton*** the earlier Blyton; ***sie war nicht mehr ~ Martina, die ...*** she was no longer the Martina who ...

❼ *(fam: vor Personennamen)* ***ich bin ~ Susi*** I'm Susi; ***hast du ~ Mutti gesehen?*** have you seen [my] mum?

❽ *(bei Berühmtheiten)* ~ ***Callas/Knef/Piaf*** Callas/Knef/Piaf

⑨ *(verallgemeinernd)* ~ ***Frau in der Gesellschaft*** women in society; ***als ~ Dampfmaschine Europa eroberte*** when the steam engine took Europe by storm
⑩ *(nach Angaben)* ***20 Kilogramm ~ Kiste*** 20 kilograms a [*or* per] crate
⑪ *(vor Angaben)* ***Elisabeth ~ Erste*** Elizabeth the First
⑫ *(vor Substantiviertem)* ~ ***Hübsche*** the pretty girl/one; ~ ***Älteste/Jüngste*** the oldest/youngest [one]; ~ ***Arme!*** the poor girl/woman [*or* thing]!
II. *pron dem, nom und akk sing f* ① *attr, betont* ~ ***Frau war es!*** it was that woman!; ~ ***Halskette will ich kaufen*** I want to buy this/that necklace; ~ ***Marke da*** that brand [there]; ~ ***Marke hier*** this brand [here]; ***um ~ und ~ Zeit*** at such and such a time; *s. a.* **das, der**
② *(hinweisend)* ~ ***war es!*** it was her!; ~ ***hat es getan!*** it was her that [*or* who] did it!; ~ ***sagte mir, ...*** she told me ...; ***welche Tür? ~ da? oder ~ hier?*** which door? that one [there]? or this one [here]?; ***wer ist denn ~*** [***da***]? *(fam)* who on earth is she [*or* that]?; ~ ***und joggen?*** her, jogging?; ~ **und** ~ such and such
③ *(unterscheidend)* ~ ***mit dem Hund*** the one [*or fam* her] with the dog; ***welche Pfanne? — ~ mit dem Deckel*** which pan? – the/this/that one with the lid; ***ach ~ !*** *(pej)* oh her!
④ *(wiederholend)* ***die Chefin? ~ ist nicht da*** the boss? she's not there; ***deine Tochter, ~ ist nicht gekommen*** your daughter, she didn't come; ***meine Brosche! ~ ist weg!*** my brooch! it's gone!; ***die dumme Gans, ~!*** the silly goose!; ***die Geschichte ist ~: ...*** the story is as follows: ...; ***~, die ich meinte*** the one I meant
⑤ *(fam: ersetzt Pronomen)* ***wo ist deine Schwester? — ~ kommt gleich*** where's your sister? – she'll be here soon; ***eine gute Frage! aber wie können wir ~ beantworten?*** a good question! but how can we answer it?; ***willst du meine Katze streichen? — kratzt ~ ?*** do you want to stroke my cat? – does it/he/she scratch?
III. *pron rel, nom und akk sing f* ① that; *(Person a.)* who/whom *form;* *(Gegenstand, Tier a.)* which; ***eine Geschichte, ~ Millionen gelesen haben*** [*o* ***von Millionen gelesen wurde***] a story [that has been] read by millions [*or* [that] millions have read]; ***ich sah eine Wolke, ~ hinter dem Berg verschwand*** I saw a cloud disappear behind the mountain; ***eine Show, ~ gut ankommt*** a much-acclaimed show; ***die Königin, ~ vierzig Jahre herrschte, ...*** *(einschränkend)* the queen who [*or* that] reigned for forty years ...; *(nicht einschränkend)* the queen, who reigned for forty years, ...; ***die Liste, ~ ich gestern erstellt hatte, ...*** *(einschränkend)* the list that [*or* which] I had drawn up yesterday ...; *(nicht einschränkend)* the list, which I had drawn up yesterday, ...; ***die Mörderin, ~ von der Polizei gesucht wird, ...*** *(einschränkend)* the murderess [who [*or* that]] the police are searching for ..., the murderess for whom the police are searching ... *form;* *(nicht einschränkend)* the murderess, who the police are searching for, ..., the murderess, for whom the police are searching, ... *form;* ***die verbrecherische Tat, ~ von den Ermittlern untersucht werden soll, ...*** *(einschränkend)* the crime [that [*or* which]] the investigators have to look into ..., the crime into which the investigators have to look ... *form;* *(nicht einschränkend)* the crime, which the investigators have to look into, ..., the crime, into which the investigators have to look, ... *form*
② *(diejenige)* ~ ***mir jetzt hilft, wird belohnt*** anyone helping [*or form* she who helps] me now will be rewarded; ~ ***diesen Brief geschrieben hat, kann gut Deutsch*** the person/woman who wrote this letter knows good German; ~ ***zu so etwas fähig ist, ...*** people who are capable of such things ...
die[2] **I.** *art def, nom und akk pl* ① *(allgemein)* the; ~ ***Männer/Mütter/Pferde*** the men/mothers/horses; ***durch ~ Flüsse/Türen/Wälder*** through the rivers/doors/woods; ~ ***Engländer/Franzosen/Spanier*** the English/French/Spanish *pl*
② *(bei Körperteilen)* ***mir tun ~ Füße weh*** my feet are aching; **sich** *dat* ~ **Haare schneiden** to cut one's hair
③ *(bei Eigennamen)* ~ ***Everglades/Niederlande*** the Everglades/Netherlands
④ *(fam: vor Personennamen)* ***das sind ~ Werners*** these/those are the Werners; ***kennen Sie ~ Grübers?*** do you know the Grübers?
⑤ *(verallgemeinernd)* ~ ***Bäume geben Sauerstoff ab*** trees give off oxygen
⑥ *(vor Substantiviertem)* ~ ***Auserwählten*** the chosen ones; ~ ***Besten*** the best [ones]; ~ ***Toten*** the dead *pl*
II. *pron dem, nom und akk pl* ① *attr, betont* ~ ***zwei Männer waren es!*** it was those two men!; ~ ***Schuhe trage ich nie mehr!*** I won't be wearing these/those shoes [*or* these/those shoes I won't be wearing] any more!; ~ ***Ohrringe da*** those earrings [there]; ~ ***Ohrringe hier*** these earrings [here]
② *(hinweisend)* ~ ***waren es!*** it was them!; ~ ***haben es getan!*** it was them that [*or* who] did it!; ~ ***sagten mir, ...*** they told me ...; ~ ***da oben*** the high-ups *fam;* ***welche Bücher? ~ da? oder ~ hier?*** which books? those [ones] [there]? or these [ones] [here]?; ***wer sind denn ~*** [***da***]? *(fam)* who on earth are they?; ~ ***und joggen?*** them, jogging?; ~ **und** ~ such and such
③ *(unterscheidend)* ~ ***in dem Auto*** the ones [*or fam* them] in the car; ***welche Zettel? — ~ auf dem Tisch*** which notes? – the ones/these [ones]/those [ones] on the table; ***ach ~ !*** *(pej)* oh them!
④ *(wiederholend)* ***die Schmidts? ~ sind nicht da*** the Schmidts? they're not there; ***deine Eltern, wo sind ~?*** your parents, where are they?; ***meine Socken! ~ sind weg!*** my socks! they're gone!; **die Scheißkerle, ~!** the bastards!; ***die Gründe sind ~: ...*** the reasons are as follows: ...; ***~, die ich meinte*** the ones I meant
⑤ *(fam: ersetzt Pronomen)* ***was machen deine Brüder? — ~ arbeiten*** what do your brothers do? – they work; ***gute Fragen! aber wie können wir ~ beantworten?*** good questions! but how can we answer them?; ***habe ich dir meine Hamster gezeigt? — wo sind ~ ?*** have I shown you my hamsters? – where are they?
III. *pron rel, nom und akk pl* ① that; *(Person a.)* who/whom *form;* *(Gegenstand, Tier a.)* which; ***Geschichten, ~ Millionen gelesen haben*** [*o* ***von Millionen gelesen wurden***] stories [that have been] read by millions [*or* [that] millions have read]; ***ich sah zwei Autos, ~ um die Ecke fuhren*** I saw two cars driving around the corner; ***Taten, ~ gut ankommen*** much-acclaimed deeds; ***die Abgeordneten, ~ dagegenstimmten, ...*** *(einschränkend)* the MPs who [*or* that] voted against ...; *(nicht einschränkend)* the MPs, who voted against, ...; ***die Möbel, ~ wir morgen liefern müssen, ...*** *(einschränkend)* the furniture that [*or* which] we have to deliver tomorrow ...; *(nicht einschränkend)* the furniture, which we have to deliver tomorrow, ...; ***die Bankräuber, ~ von der Polizei gesucht werden, ...*** *(einschränkend)* the bank robbers [who [*or* that]] the police are searching for ..., the bank robbers for whom the police are searching ... *form;* *(nicht einschränkend)* the bank robbers, who the police are searching for, ..., the bank robbers, for whom the police are searching, ... *form;* ***die Verbrechen, ~ von den Ermittlern untersucht werden sollen, ...*** *(einschränkend)* the crimes [that [*or* which]] the investigators have to look into ..., the crimes into which the investigators have to look ... *form;* *(nicht einschränkend)* the crimes, which the investigators have to look into, ..., the crimes, into which the investigators have to look, ... *form*
② *(diejenigen)* ~ ***diese Stadt gebaut haben, verdienen einen Platz in der Geschichte*** the people/men/women [*or form* those] who built this town deserve a place in history; *s. a.* **das, der**

Dieb(in) <-[e]s, -e> ['di:p, *pl* 'di:bə] *m(f)* *(Räuber)* thief; *(Bankräuber)* bank robber; *(Einbrecher)* burglar; **zum ~ werden** to become a thief, to take to stealing; **als ~ verurteilt werden** to be convicted as a thief; **sich** *akk* **wie ein ~ davonmachen** to creep away like a thief in the night; **haltet den ~!** "stop thief!"; *s. a.* **Gelegenheit**
▶WENDUNGEN: **die Kleinen, ~e hängt man, die Großen lässt man laufen** *(prov)* little thieves are hanged but great ones escape *prov old*

Die·be·rei <-, -en> [di:bə'rai] *f* *(pej fam)* [constant] thieving; **kleine ~** petty theft, pilfering
Die·bes·ban·de *f* *(pej)* gang [*or* band] of thieves **Die·bes·fal·le** *f* JUR thieves' snare **Die·bes·ge·sin·del** *nt* thieving rabble **Die·bes·gut** *nt kein pl* stolen goods *npl* **Die·bes·nest** *nt* *(veraltend)* thieves' hideout [*or* den], nest of thieves BRIT **Die·bes·pack** *nt kein pl (pej)* pack of thieves *pej*
Die·bin <-, -nen> ['di:bɪn] *f fem form von* **Dieb**
die·bisch ['di:bɪʃ] **I.** *adj* ① *(stehlend)* thieving
② *(fam: heimlich)* malicious, fiendish, diabolic; **mit ~er Freude** with fiendish joy
II. *adv* *(schadenfroh)* maliciously, fiendishly; **sich** *akk* ~ [**über etw** *akk*] **freuen** to take a mischievous pleasure in sth
Dieb·stahl <-[e]s, -stähle> ['di:pʃta:l, *pl* -ʃtɛ:lə] *m* theft, robbery; **geistiger ~** plagiarism; **schwerer ~** aggravated robbery; **einen ~ begehen** to commit a robbery [*or* theft]
Dieb·stahls·de·likt *nt* larceny offence, case of theft
Dieb·stahl·si·che·rung *f* AUTO anti-theft device
Dieb·stahls·vor·satz *m* JUR intent to commit theft
Dieb·stahl·ver·si·che·rung *f* insurance against theft
die·je·ni·ge ['di:je:nɪgə] *pron dem s.* **derjenige**
Die·le <-, -n> ['di:lə] *f* ① *(Vorraum)* hall
② NORDD *central living room*
③ *(Fußbodenbrett)* floorboard
Die·lek·tri·zi·täts·kons·tan·te [dielɛktrɪtsi'tɛ:tskɔnstantə] *f* PHYS dielectric constant, relative permittivity
Die·len·schrank *m* [hall] cupboard
die·nen ['di:nən] *vi* ① *(nützlich sein)* ■**etw** *dat* ~ to be [important] for sth; **jds Interessen ~** to serve sb's interests; **jds Sicherheit ~** for sb's safety; **zum Verständnis einer S.** *gen* ~ to help in understanding sth; **einem guten Zweck ~** to be for a good cause
② *(behilflich sein)* **jdm mit etw** *dat* **~ können** to help sb with sth; ***womit kann ich Ihnen ~ ?*** how can I help you?; ***damit können wir im Moment leider nicht ~*** I'm afraid we can't help you there; ■**jdm ist mit etw** *dat* **gedient** sth is of use to sb; **jd ist mit etw** *dat* **nicht/kaum gedient** sth is of no/little use to sb, sth doesn't help sb/help sb much; ***wäre Ihnen vielleicht hiermit gedient?*** is this perhaps what you're looking for?
③ *(verwendet werden)* ■[**jdm**] **als etw ~** to serve [sb] as sth; ***lassen Sie es sich als Warnung ~*** let this be [*or* serve as] a warning to you
④ *(herbeiführen)* ■**zu etw** *dat* ~ to make for [*or* be conducive to] sth; **der allgemeinen Erheiterung ~** to serve to amuse everyone; **einem Zweck ~** to serve a purpose
⑤ *(Militärdienst leisten)* ■[**bei etw** *dat*/**unter jdm**] ~ to do military service [in sth/under sb]
⑥ *(veraltet: Knecht sein)* ■**jdm** [**als jd**] ~ to serve sb [as sb]
⑦ *(angestellt sein)* ■**bei jdm/etw ~** to be in service to sb/sth
Die·ner <-s, -> ['di:nɐ] *m* *(fam)* bow; [**vor jdm**] **einen ~ machen** to make a bow [to sb], to bow [to sb]
Die·ner(in) <-s, -> ['di:nɐ] *m(f)* servant; **~ Gottes** servant of God; **Ihr** [**treu**] **ergebener ~** *(veraltet)* your [humble] servant *old*
die·nern ['di:nɐn] *vi (pej)* ■[**vor jdm**] ~ to bow and scrape [to sb] *pej*
Die·ner·schaft <-, -en> *f* [domestic] servants *pl*
dien·lich *adj* useful, helpful; ■**jdm/etw ~ sein** to be useful [*or* of use] to sb/sth; ***das kann dir kaum ~ sein*** this can't be of much use for you; ***kann ich Ihnen noch mit irgendetwas ~ sein?*** can I do anything else for you?

Dienst <-[e]s, -e> ['di:nst] *m* ① *kein pl (berufliche Tätigkeit)* work *no pl; (Pflichten)* duties *pl; (Stelle)* post; **seinen ~ antreten** to start work; **außer ~** retired; **Steuerberater außer ~** retired tax consultant; **beim/im ~** at work; **zum ~ gehen/kommen** to go/come to work; **~ haben** to be at work; ***wie lange hast du heute ~?*** how long do you have to work today?; **~ machen** [*o* **tun**] to be working; **zum ~ müssen** to have to go to work; **nach/vor dem ~** after/before work; **den** [*o* **seinen**] **~ quittieren** to resign one's post; **~ nach Vorschrift** work to rule; **~ nach Vorschrift machen** to work to rule
② *kein pl (Militärdienst)* service; **aus dem ~ ausscheiden** to leave the service[s]; **aus dem aktiven ~ ausscheiden** to leave active service; **außer ~** retired; **Oberst außer ~** retired colonel; **jdn vom ~ beurlauben** to grant sb leave of absence; **den** [*o* **seinen**] **~ quittieren** to leave the service[s]; *Offizier a.* to resign one's commission; **nicht mehr im ~ sein** to have left the service[s]; **~ tun** to be serving; **~ am Vaterland** service to one's country; **~ mit** [*o* **an**] **der Waffe** military service
③ *kein pl (Bereitschaftsdienst)* duty *no pl;* **seinen ~ antreten** to go on duty; **zum ~ gehen** to go on duty; **~ haben** to be on duty; *Arzt* to be on call; *Notpersonal* to be on standby; *Apotheke* to be open; **der ~ habende** [*o* **tuende**] **Arzt/Offizier** the doctor/officer on duty; **im/nicht im ~** on/off duty; **jdn vom ~ suspendieren** to suspend sb from duty; **vom ~** duty; **Chef vom ~** VERLAG duty editor; **Kinderaufpasser vom ~** *(hum fam)* resident childminder *hum fam;* **Offizier vom ~** duty officer; **Unteroffizier vom ~** NCO in charge
④ *kein pl (Amtsdienst)* service *no pl;* **außer ~** retired; **Diplomat außer ~** retired diplomat; **diplomatischer** [*o* **auswärtiger**] **~** diplomatic service; **der mittlere/gehobene/höhere ~** *the clerical/higher/senior sections of the civil service;* **der öffentliche ~** the civil service
⑤ *(Arbeitsverhältnis)* service *no pl;* **jdn aus dem ~** [*o* **seinen ~en**] **entlassen** to dismiss sb; **jdn in** [**seinen**] **~** [*o* **in seine ~e**] **nehmen** to take sb into service; **in jds** [*o* **bei jdm in**] **~[en]** [*o* **stehen**] **sein** *(veraltend)* to be in sb's service; **in jds ~[e] treten** to enter sb's service; **jdm den ~ verweigern** to refuse to work for sb
⑥ *kein pl (Service)* service *no pl;* **einen ~ leisten** to perform [*or* render] a service; **~ am Kunden** *(usu hum fam)* customer service
⑦ *(Hilfe)* service, help *no pl;* ***danke für deine ~e!*** thanks for your help!; ***was steht zu ~en?*** *(geh)* how may I be of service?; **jdm seinen ~** [*o* **seine ~e**] **anbieten** to offer to help sb; **jdm einen ~ erweisen** [*o* **tun**] to help sb; **jdm einen guten ~ erweisen** [*o* **tun**] to do sb a good turn, to render sb a valuable service; **jdm** [**mit etw** *dat*] **einen schlechten ~ erweisen** to do sb a bad turn [*or* a disservice] with sth; **jdm gute ~e leisten** [*o* **tun**] to stand sb in good stead; **jdm zu** [*o* **zu jds**] **~en stehen** [*o* **sein**] to be at sb's service [*or* disposal]; [***ich stehe***] ***zu ~en!*** at your service!; **auf jds ~e zurückgreifen** to fall back on sb's services
⑧ *(Einrichtung)* service; *(Nachrichtendienst)* [intelligence] service; **der technische ~** technical services *pl*
⑨ *kein pl (Förderung)* service *no pl;* **sich** *akk* **im ~[e] einer S.** *gen* **aufopfern** to sacrifice oneself in the service of sth; **im ~[e] einer S.** *gen* **stehen** to be at the service of sth; ***wir stehen im ~ einer guten Sache*** it's for a good cause; **sich** *akk* **in den ~ einer S.** *gen* **stellen** to devote oneself to the service [*or* cause] of sth, to embrace the cause
⑩ *kein pl (Betrieb)* service *no pl;* **etw außer ~ stellen** to take sth out of service; *Schiff, Waffe* to decommission sth; **etw in ~ stellen** to put sth into service; *Maschine* to commission sth; *Schiff a.* to put sth into commission; **seinen ~** [*o* **seine ~e**] **tun** to serve its purpose; **seinen ~ versagen** to fail
⑪ ARCHIT respond *spec*
▶WENDUNGEN: **~ ist ~, und Schnaps ist Schnaps** *(prov)* don't mix business and pleasure

Dienst·ab·teil *nt* staff compartment
Diens·tag ['di:nsta:k] *m* Tuesday; ***wir haben heute ~*** it's Tuesday today; ***treffen wir uns ~?*** shall we get together on Tuesday?; **in der Nacht** [**von Montag**] **auf** [*o* **zu**] **~** on Monday night, in the early hours of Tuesday morning; **~ in acht Tagen** a week on Tuesday, Tuesday week BRIT; **~ vor acht Tagen** a week last [*or* BRIT *a.* [ago] on] Tuesday, Tuesday before last; **diesen** [*o* **an diesem**] **~** this Tuesday; **eines ~s** one Tuesday; **den ganzen ~ über** all day Tuesday; **jeden ~** every Tuesday; **letzten** [*o* **vorigen**] **~** last Tuesday; **seit letzten** [*o* **letztem**] **~** since last Tuesday; [**am**] **nächsten ~** next Tuesday; **ab nächsten** [*o* **nächstem**] **~** from next Tuesday [on]; **am ~** on Tuesday; [**am**] **~ früh** early Tuesday [morning]; **an ~en** on Tuesdays; **an einem ~** one [*or* on a] Tuesday; **am ~, den 4. März** *(Datumsangabe: geschrieben)* on Tuesday 4th March [*or* March 4]; *(gesprochen)* on Tuesday the 4th of March [*or* March 4th]
Diens·tag·abendRR [di:nsta:g'?a:bnt] *m* Tuesday evening **diens·tag·abends**RR *adv* [on] Tuesday evenings **Diens·tag·mit·tag**RR *m* [around] noon on Tuesday **diens·tag·mit·tags**RR *adv* [around] noon on Tuesdays **Diens·tag·mor·gen**RR *m* Tuesday morning **diens·tag·mor·gens**RR *adv* [on] Tuesday mornings **Diens·tag·nach·mit·tag**RR *m* Tuesday afternoon **diens·tag·nach·mit·tags**RR *adv* [on] Tuesday afternoons **Diens·tag·nacht**RR *f* Tuesday night **diens·tag·nachts**RR *adv* [on] Tuesday nights
diens·tags ['di:nsta:ks] *adv* [on] Tuesdays; **~ abends/nachmittags/vormittags** [on] Tuesday evenings/afternoons/mornings
Diens·tag·vor·mit·tagRR *m* Tuesday morning **diens·tag·vor·mit·tags**RR *adv* [on] Tuesday mornings
Dienst·al·ter *nt* length of service **Dienst·äl·tes·te(r)** *f(m) dekl wie adj person who has been in service the longest* **Dienst·an·tritt** *m* **bei/nach/vor ~** as/after/before work begins [*or* starts]; *(Antreten eines Amtes)* taking up [of] office *form* [*or* a position] **Dienst·an·wei·sung** *f* [civil] service regulations **Dienst·auf·fas·sung** *f* attitude to work; **nach jds ~** according to sb's attitude to work [*or* how sb views work]
Dienst·auf·sicht *f* supervisory authority; **die ~ über etw** *akk* **haben** to be the supervisory authority for sth
Dienst·auf·sichts·be·schwer·de *f* JUR disciplinary [*or* formal] complaint **Dienst·auf·sichts·ver·fah·ren** *nt* JUR disciplinary proceedings *pl*
Dienst·auf·wands·ent·schä·di·gung *f* ÖKON office allowance **Dienst·aus·weis** *m* ADMIN official identity card
dienst·bar *adj* **sich** *dat*/**etw jdn/etw ~ machen** to make use of sb/sth, to utilize sb/sth; ***durch eine Prämie machte er sich die Belegschaft ~*** he guaranteed his workers' loyalty by paying them a bonus; *s. a.* **Geist**
Dienst·bar·keit <-, -en> *f* JUR easement
dienst·be·flis·sen *adj* diligent, assiduous **dienst·be·reit** *adj* ① *(im Bereitschaftsdienst)* on call; **~er Arzt** doctor on call ② *(veraltend)* ready to be of service; ***ich bin gerne ~*** I'm glad to be of service **Dienst·be·reit·schaft** *f* ① *(Abrufbereitschaft)* standby duty; **~ haben** to be on call; ***welche Apotheke hat dieses Wochenende ~?*** which is the emergency pharmacy this weekend?, which pharmacy is open after hours this weekend? ② *(Bereitschaft zur Hilfe)* willingness to help, helpfulness **Dienst·be·zü·ge** *pl* earnings *npl,* salary
Dienst·bo·te, -bo·tin *m, f (veraltend)* [domestic] servant; **die ~n** the domestic staff **Dienst·bo·ten·ein·gang** *m (veraltend)* tradesmen's [*or* servants'] entrance
Dienst·bo·tin *f fem form von* **Dienstbote Dienst·büch·lein** <-s, -> *nt* MIL SCHWEIZ *(Wehrpass)* service record [book] **Dienst·eid** *m* oath of service, official oath ▶WENDUNGEN: **etw auf seinen ~ nehmen** to swear sth, to take an oath on sth **Dienst·ei·fer** *m* diligence, assiduousness **dienst·eif·rig** *adj s.* **dienstbeflissen Dienst·ein·kom·men** *nt* FIN salary **Dienst·ent·he·bung** *f* JUR suspension from office; **vorläufige ~** temporary suspension from office **Dienst·er·fin·dung** *f* employee [*or* service] invention **dienst·frei** *adj* free; **~er Tag** day off; **~ bekommen** [*o* **haben**] to get [*or* have] time off; **~ nehmen** to take time off **Dienst·ge·brauch** *m* official use; **nur für den ~** for official use only
Dienst·ge·heim·nis *nt* ① *(dienstliche Angelegenheit)* official secret; **~se ausplaudern** to disclose secret information ② *kein pl (Schweigepflicht)* official secrecy *no pl;* **Verletzung des ~ses** breach of confidence; **das ~ verletzen** to cause a breach of confidence **Dienst·ge·spräch** *nt* business call [*or* talks]; ADMIN official call [*or* talks]
Dienst·grad *m* ① *(Rangstufe)* grade; MIL rank ② *(Mensch, Militär)* officer; **höherer ~** higher rank; **unterer ~** lower rank **Dienst·grad·ab·zei·chen** *nt* insignia, badge of rank
dienst·ha·bend *adj attr s.* **Dienst 3**
Dienst·ha·ben·de(r) *f(m) dekl wie adj* **der ~** MIL the officer on duty
Dienst·herr(in) *m(f)* ① *(Arbeitgeber)* employer ② *(vorgesetzte Dienstbehörde)* superior authority **Dienst·jahr** *nt meist pl* year of service **Dienst·ju·bi·lä·um** *nt* anniversary [of employment]; **20-jähriges ~** anniversary of 20 years' service **Dienst·klei·dung** *f* working clothes; **in ~** in uniform **Dienst·leis·ter** *m* service provider
Dienst·leis·tung *f* ① *meist pl* ÖKON services *pl;* **industrielle ~en** industrial services
② *(Gefälligkeit)* favour [*or* AM -or]
Dienst·leis·tungs·abend *m* HIST late night shopping *(formerly Thursday nights when stores were open until 8.30 p.m.)* **Dienst·leis·tungs·ab·kom·men** *nt* JUR service agreement **Dienst·leis·tungs·an·ge·bot** *nt* ÖKON range of services **Dienst·leis·tungs·be·reich** *m* ÖKON service sector **Dienst·leis·tungs·be·ruf** *m* job [*or* career] in the service industries **Dienst·leis·tungs·be·trieb** *m* services business [*or* enterprise] **Dienst·leis·tungs·bi·lanz** *f* ÖKON balance of invisible trade **Dienst·leis·tungs·bün·del** *nt* HANDEL service package **Dienst·leis·tungs·er·brin·ger** *m* HANDEL provider of services **Dienst·leis·tungs·er·trag** *m* ÖKON commission income **Dienst·leis·tungs·frei·heit** *f kein pl* HANDEL freedom to provide services **Dienst·leis·tungs·ge·schäft** *nt* ÖKON ① *(Transaktion)* service transaction ② *(Sektor)* service sector **Dienst·leis·tungs·ge·sell·schaft** *f* ÖKON service economy **Dienst·leis·tungs·ge·wer·be** *nt,* **Dienst·leis·tungs·in·dus·trie** *f* service industries *pl,* service industries sector **Dienst·leis·tungs·ge·werk·schaft** *f* ÖKON **vereinte ~** combined trade union for the service industry **Dienst·leis·tungs·kon·zern** *m* service group **Dienst·leis·tungs·mar·ke** *f* JUR service badge [*or* mark] **Dienst·leis·tungs·mo·no·pol** *nt* JUR service monopoly **Dienst·leis·tungs·sek·tor** *m* service sector **Dienst·leis·tungs·spek·trum** *nt* ÖKON spectrum of services **Dienst·leis·tungs·un·ter·neh·men** *nt* service company **Dienst·leis·tungs·ver·kehr** *m kein pl* HANDEL service transactions *pl* **Dienst·leis·tungs·ver·trag** *m* ÖKON service [*or* employment] contract **Dienst·leis·tungs·wirt·schaft** *f* ÖKON service [*or* tertiary] economy **Dienst·leis·tungs·zen·trum** *nt* service centre [*or* AM -er] **Dienst·leis·tungs·zo·ne** *f* service zone [*or* sector]
dienst·lich I. *adj* official; **~er Befehl/~es Schreiben/~e Zwecke** official order [*or* command]/letter/purposes; **~ werden** *(fam)* to get official [*or* formal] *fam*
II. *adv* officially, on business; **~ unterwegs sein** to be away on business; **~** [**irgendwo**] **zu tun haben** to have business to attend to [somewhere]; **jdn ~ sprechen** to speak to sb about a business matter
Dienst·mäd·chen *nt (veraltend)* maid, servant *old*
Dienst·mann <-männer *o* -leute> *m (veraltend)* porter **Dienst·müt·ze** *f* cap **Dienst·per·so·nal**

nt kein pl service personnel **Dienst·pflicht** *f* ① *(Bürgerpflicht)* civic duty ② *(Pflicht im Dienstverhältnis)* [official] duty; **seine ~en verletzen** to not carry out one's work properly **Dienst·plan** *m* [work] schedule, duty roster **Dienst·pro·gramm** *nt* INFORM utility [programme] **Dienst·rang** *m s.* **Dienstgrad Dienst·recht** *nt* POL employment law [for civil servants and government employees] **dienst·recht·lich** *adj inv* with respect to employment law [for civil servants and government employees]; ~ ***gerügt*** officially reprimanded **Dienst·rei·se** *f* business trip; ADMIN official trip; **auf ~ gehen** [*o* **sich** *akk* **auf ~ begeben**] to go on a business trip; ADMIN to go on an official trip **Dienst·sa·che** *f* ÖKON official business **Dienst·schluss**^{RR} *m* closing time; ***wir haben jetzt ~!*** it's closing time!; **nach/vor ~** after/before closing time **Dienst·sie·gel** *nt* official seal **Dienst·stel·le** *f* office, department; ***ich werde mich bei einer höheren ~ über Sie beschweren!*** I shall complain about you to a higher authority! **Dienst·stem·pel** *m* official stamp

Dienst·straf·ge·richt *nt* JUR disciplinary tribunal **Dienst·straf·ver·fah·ren** *nt* JUR disciplinary proceedings *pl*

Dienst·stun·den *pl* office hours *npl* **dienst·taug·lich** *adj* fit [for service], medically fit, able-bodied; **voll** [*o* **uneingeschränkt**] **~ sein** to be completely fit [for service]; **beschränkt** [*o* **eingeschränkt**] **~ sein** to be not completely fit [for service]

dienst·tu·end *adj s.* **Dienst 3**

dienst·un·fä·hig *adj* unfit for work/service **Dienst·un·fall** *m* occupational [*or* industrial] accident **dienst·un·taug·lich** *adj* unfit for military service **Dienst·ver·ein·ba·rung** *f* JUR service agreement **Dienst·ver·ge·hen** *nt* JUR disciplinary offence, neglect of duty **Dienst·ver·hält·nis** *nt* contract of employment; **ein ~ beenden** to terminate a contract of employment **Dienst·ver·hin·de·rung** *f* inability to carry out one's duties **dienst·ver·pflich·ten*** *vt* ■**jdn ~** to conscript sb; ■**dienstverpflichtet werden** to be conscripted **Dienst·ver·pflich·te·te(r)** *f(m) dekl wie adj* party obliged to render a service **Dienst·ver·säum·nis** *nt* dereliction of duty **Dienst·ver·schaf·fungs·ver·trag** *m* JUR contract for the procurement of services

Dienst·ver·trag *m* service contract

Dienst·ver·trags·klau·sel *f* JUR service contract clause **Dienst·ver·trags·recht** *nt* JUR service contract law

Dienst·vil·la *f* POL house used for official purposes **Dienst·vor·ge·setz·te(r)** *f(m) dekl wie adj* superior **Dienst·vor·schrift** *f* service regulations [*or* rules] *pl* **Dienst·wa·gen** *m* ① ADMIN official car; ÖKON company car ② BAHN staff compartment **Dienst·weg** *m* official channels *pl;* **auf dem ~** through official channels; **den ~ einhalten** to go through the official [*or* proper] channels

dienst·wid·rig I. *adj* irregular, contrary to regulations *pred;* **~es Verhalten/~e Anordnung** irregularity/irregular order

II. *adv* contrary to regulations; **sich** *akk* **~ verhalten** to go against the regulations

Dienst·woh·nung *f* company flat [*or* AM apartment]; ADMIN government flat [*or* AM apartment] **Dienst·zeit** *f* ① ADMIN length of service; **30-jährige ~** 30 years of service; **nach Ende der ~** after leaving the [civil] service; **während jds ~** during sb's time in the [civil] service ② *(Arbeitszeit)* working hours *pl* **Dienst·zeug·nis** *nt* testimonial, reference

dies ['di:s] *pron dem, inv* ① *(das hier)* this; **~ [hier] alles** all this

② *(das da)* that [one]; ***~es Benehmen gefällt mir ganz und gar nicht!*** I don't like that kind of behaviour at all!; **~ [da] alles** all that; **~ und das** this and that

③ *pl (diese hier)* these; ***~ sind mein Bruder und meine Schwester!*** this is my brother and my sister!

④ *pl (diese da)* those

dies·be·züg·lich ['di:sbətsy:klɪç] I. *adj (geh)* relating to [*or* concerning] this, in connection with this; ***ich lehne jede Aussage ~ ab!*** I refuse to make any statement about this matter!; **~e Recherchen** [*o* **Ermittlungen**] investigation[s] into this [matter]

II. *adv* in this connection, with respect to this *form;* ***können Sie uns ~ nähere Angaben machen?*** could you give us more details about this?

die·se(r, s) ['di:zə] *pron dem* ① *substantivisch (der/die/das hier)* this one

② *substantivisch (der/die/das dort)* that one; ***kennst du ~n [Witz]?*** do you know [*or* have you heard] this one?; ***ich fragte einen Polizisten — ~r sagte mir...*** I asked a policeman and he told me...

③ *substantivisch, pl (die hier)* these [ones]; ■**~ [hier]** these [ones] [here]

④ *substantivisch, pl (die dort)* those [ones]; ■**~ [da]** those [ones] there

⑤ *attr, sing (der/die/das hier)* this; **bis Ende ~r Woche** by the end of the [*or* this] week; **[nur] ~s eine Mal** [just] this once

⑥ *attr, pl (die hier)* these; **~ Frauen/Männer** these women/these men

⑦ *attr, sing (der/die/das dort)* that; **~ und jenes** this and that; **~r verdammte Kerl** that wretched man; **~ Birgit!** that Birgit!

⑧ *attr, pl (die dort)* those; *s. a.* **Nacht, Tag**

Die·sel^{1} <-s> ['di:zl̩] *nt kein pl (fam)* diesel

Die·sel^{2} <-s, -> ['di:zl̩] *m* ① *(Wagen mit Dieselmotor)* car run on diesel BRIT, diesel *fam;* **einen ~ fahren** to drive a [car which runs on] diesel

② *(Motor) s.* **Dieselmotor**

Die·sel·an·trieb *m* **mit ~** diesel-powered

die·sel·be [di:'zɛlbə], **die·sel·bi·ge** [di:'zɛlbɪgə] *pron dem (veraltend) s.* **derselbe**

Die·sel·kraft·stoff *m kein pl* diesel fuel **Die·sel·lo·ko·mo·ti·ve, Die·sel·lok** *f* diesel locomotive **Die·sel·mo·tor** *m* diesel engine, diesel *fam* **Die·sel·öl** *nt* diesel **Die·sel·ruß** ['di:zl̩ru:s] *m* diesel soot

die·ser, die·ses *pron dem s.* **diese(r, s)**

die·sig ['di:zɪç] *adj* misty; **leicht ~** hazy

dies·jäh·rig ['di:sjɛ:rɪç] *adj attr* this year's

dies·mal ['di:sma:l] *adv* this time; **für ~** this once

dies·sei·tig ['di:szaitɪç] *adj* ① *(auf dieser Seite gelegen)* on this side; **am ~en Ufer** on the near bank

② *(geh: irdisch)* worldly, earthly

dies·seits ['di:szaits] *präp* ■**~ einer S.** *gen* this side of sth

Dies·seits <-> ['di:szaits] *nt kein pl* ■**das ~** earthly [*or* worldly] existence, this life; **im ~** here on earth

Diet·rich <-s, -e> ['di:trɪç] *m* picklock

die·weil [di:'vail] I. *adv (veraltend)* meanwhile, in the meantime

II. *konj* ① *(veraltend: während)* while

② *(veraltet: alldieweil)* because

dif·fa·mie·ren* [dɪfa'mi:rən] *vt* ■**jdn/etw [als jdn/etw] ~** to blacken sb's/sth's name/reputation [as sb/sth], to malign [*or* vilify] sb; ■**jdn/etw ~** to drag sb's/sth's name [*or* reputation] through the mud

dif·fa·mie·rend *adj* injurious, defamatory; *(mündlich a.)* slanderous; *(schriftlich a.)* libellous, libelous AM; **sich** *akk* **über jdn ~ äußern** to speak [*or* write] about sb in injurious terms

Dif·fa·mie·rung <-, -en> *f* ① *(das Diffamieren)* defamation, vilification

② *(Verleumdung)* aspersion, slur, lies *pl,* calumny *form;* *(mündliche a.)* slander; *(schriftliche a.)* libel

Dif·fe·ren·ti·al <-s, -e> [dɪfərɛn'tsi̯a:l] *nt s.* **Differenzial**

Dif·fe·ren·ti·a·ti·on <-, -en> [dɪfərɛntsia'tsi̯o:n] *f s.* **Differenziation**

Dif·fe·renz <-, -en> [dɪfə'rɛnts] *f* ① *(Unterschied)* difference

② *meist pl (Meinungsverschiedenheit)* difference of opinion, disagreement

Dif·fe·renz·be·trag *m* difference; **für den ~ aufkommen** to pay the difference **Dif·fe·renz·ge·schäft** *nt* BÖRSE margin business, gambling in futures

Dif·fe·ren·zi·al^{RR} <-s, -e> [dɪfərɛn'tsi̯a:l] *nt* ① MATH differential

② AUTO *(Getriebe)* differential [gear]

Dif·fe·ren·zi·al·ge·trie·be^{RR} *nt* differential [gear] **Dif·fe·ren·zi·al·glei·chung**^{RR} *f* MATH differential equation **Dif·fe·ren·zi·al·kal·kül**^{RR} *m* MATH differential calculus **Dif·fe·ren·zi·al·rech·nung**^{RR} *f* differential calculus **Dif·fe·ren·zi·al·sper·re**^{RR} *f* AUTO differential lock

Dif·fe·ren·zi·al- und In·te·gral·rech·nung^{RR} *f* MATH calculus

Dif·fe·ren·zi·a·ti·on^{RR} <-, -en> [dɪfərɛntsia'tsi̯o:n] *f* GEOL differentiation

dif·fe·ren·zie·ren* [dɪfərɛn'tsi:rən] I. *vt (geh: modifizieren)* ■**etw ~** to adjust [*or* modify] sth

II. *vi (geh: Unterschiede machen)* ■**[bei etw** *dat*] ~ to discriminate [*or* differentiate] [in doing sth]; **zwischen Dingen ~** to discriminate [*or* make a distinction] [*or* distinguish] between things

III. *vr (sich vielfältig entwickeln)* ■**sich** *akk* **~** to differentiate

dif·fe·ren·ziert I. *adj (geh: fein unterscheidend)* discriminating, differentiating

II. *adv (geh)* **etw ~ beurteilen** to differentiate in making judgements; **etw ~ sehen** to see sth [more] discriminately; **die Dinge ~er sehen** to be more discriminating

Dif·fe·ren·zie·rung <-, -en> *f* ① *(geh: Unterscheidung)* distinction, differentiation

② MATH differentiation

Dif·fe·renz·the·o·rie *f* JUR balance theory **Dif·fe·renz·zah·lung** *f* FIN marginal payment

dif·fe·rie·ren* [dɪfə'ri:rən] *vi (geh: sich unterscheiden)* ■**~ [in etw** *dat*] to differ [in sth]; ■**um etw** *akk* **~** to differ by sth

dif·fi·zil [dɪfi'tsi:l] *adj (geh)* ① *(schwierig)* difficult, awkward, demanding

② *(kompliziert)* complicated; **ein ~er Mensch** a difficult [*or* BRIT *a.* contrary] [*or form* intractable] person; **ein ~es Problem** a tricky [*or* BRIT *fam* knotty] problem

Dif·frak·ti·on <-, -en> [dɪfrak'tsi̯o:n] *f* PHYS diffraction

dif·fus [dɪ'fu:s] I. *adj* ① *(zerstreut)* diffuse[d]

② *(verschwommen)* diffuse, vague

II. *adv (unklar)* diffusely; **sich** *akk* **~ ausdrücken** to express oneself vaguely [*or* diffusely]

di·gi·tal [digi'ta:l] I. *adj* digital

II. *adv* digitally; **etw ~ darstellen** to represent sth digitally, to digitize sth

Di·gi·tal-Ana·log-Wand·ler *m* INFORM digital-to-analogue converter **Di·gi·tal·arm·band·uhr** *f* digital watch **Di·gi·tal·fern·se·hen** *nt* digital TV

di·gi·ta·li·sier·bar *adj* digitizable

di·gi·ta·li·sie·ren* [digitali'zi:rən] *vt* ■**etw ~** to represent sth digitally, to digitize sth; ■**digitalisiert** digitized

Di·gi·ta·li·sier·ta·blett *nt* INFORM digitizing tablet

Di·gi·ta·li·sie·rung <-, -en> *f* digitalization **Di·gi·ta·li·sie·rungs·pro·gramm** *nt* INFORM digitizing software

Di·gi·tal·ka·me·ra *f* FOTO, FILM, INFORM digital camera **Di·gi·tal-Oral-Wand·ler** *m* INFORM digital-to-speech converter **Di·gi·tal·rech·ner** *m (veraltend)* digital calculator **Di·gi·tal·uhr** *f* ① INFORM digital clock ② TECH digital watch **Di·gi·tal·zeit·al·ter** *nt* digital age

Di·glos·sie <-, -n> [diglɔ'si:, *pl* diglɔ'si:ən] *f* LING diglossia

Dik·dik <-, -s> ['dɪkdɪk] *nt* ZOOL dik-dik

Dik·tat <-[e]s, -e> [dɪk'ta:t] *nt* ① *(in der Schule)* dictation; **ein ~ schreiben** to do [*or* write] a dictation

② *(Text für Stenotypistin)* dictation; **ein ~ aufnehmen** to take a dictation; **ein ~ auf Band sprechen** to dictate onto a tape; ***Fr. Schulze bitte zum ~!*** Ms Schulze, please take a letter!; **nach ~ verreist** *on official communications indicating that the signatory is no longer available*

③ *(geh: Gebot)* dictate[s] *form;* **sich** *akk* **dem ~ [von jdm/etw] fügen** to follow the dictates [of sb/sth]; **~ der Vernunft** dictated by logic

④ POL despotism; **dem ~ der Sieger ausgeliefert sein** to be the mercy of the winner's bidding

Dik·ta·tor, Dik·ta·to·rin <-s, -toren> [dɪk'ta:to:ɐ̯, -'to:rɪn, *pl* -'to:rən] *m, f* despot *form*

dik·ta·to·risch [dɪkta'to:rɪʃ] I. *adj* dictatorial; **mit ~en Vollmachten** with the authority of a dictator
II. *adv* like a dictator

Dik·ta·tur <-, -en> [dɪkta'tu:ɐ̯] *f* dictatorship; **die ~ des Proletariats** the dictatorship of the proletariat

dik·tie·ren* [dɪk'ti:rən] *vt* ■[**jdm**] **etw ~** ❶ *(durch Diktat ansagen)* to dictate sth [to sb]
❷ *(pej: oktroyieren)* to dictate sth [to sb], to impose sth [on sb]

Dik·tier·ge·rät *nt* Dictaphone®

Dik·ti·on <-, -en> [dɪk'tsi̯o:n] *f (geh)* diction, mode of expression

di·la·to·risch [dila'to:rɪʃ] *adj inv* JUR dilatory

Dil·do <-s, -s> ['dɪldo] *m* dildo *fam*

Di·lem·ma <-s, -s *o* -ta> [di'lɛma, *pl* di'lɛmata] *nt (geh)* dilemma; **sich** *akk* **in einem ~ befinden** [*o* **in einem ~ stecken**] to be [*or* find oneself] in a dilemma, to be on the horns of a dilemma; **in ein ~ geraten** to run into a dilemma; **vor einem ~ stehen** to be faced with a dilemma

Di·let·tant(in) <-en, -en> [dilɛ'tant] *m(f)* ❶ *(pej: Stümper)* dilettante *pej*, bungler *fam;* **du ~!** you've bungled it! *fam*
❷ *(geh: Amateur)* amateur

di·let·tan·tisch [dilɛ'tantɪʃ] I. *adj (pej)* dilettante, dilettantish *pej*, amateurish *fam;* **eine ~e Arbeit** a botched [*or* bungled] job *fam*
II. *adv (pej)* amateurishly; **~ arbeiten** to make a real mess of sth, to do a sloppy job

Di·let·tan·tis·mus <-> [dilɛtan'tɪsmʊs] *m kein pl* dilettantism, amateurism

Dill <-s, -e> ['dɪl] *m*, **Dille** <-, -n> ['dɪlə] *f* ÖSTERR dill

di·lu·tiert *adj (geh)* diluted

Di·men·si·on <-, -en> [dimɛn'zi̯o:n] *f* ❶ *(Ausdehnung)* dimension
❷ *pl (Ausmaße)* ■**~en** dimensions *pl;* **von gewaltigen ~en** of enormous proportions; **bestimmte ~en annehmen** to take on [*or* assume] particular dimensions; **epische ~en annehmen** to assume epic dimensions [*or* proportions]; **ungeahnte ~en annehmen** to take on unimagined dimensions

di·mer [di'me:ɐ̯] *adj* CHEM dimeric; **~e Verbindung** dimeric compound

Di·mi·nu·tiv·form [diminu'ti:f-] *f* diminutive

dim·men ['dɪmən] *vt* ■**etw ~** *Licht* to dim sth

Dim·mer <-s, -> ['dɪmɐ] *m* dimmer [switch]

DIN [di:n] **~ A4 hoch** A 4 portrait [*or* up[right]]; **~ A4 quer** A 4 broadside [*or* landscape] [*or* oblong]

DIN® <-> [di:n] *f kein pl Akr von* **Deutsche Industrie-Norm(en)** DIN, German Industrial Standard(s)

Di·nar <-s, -e> [di'na:ɐ̯] *m* dinar

Di·na·ri·sches Ge·bir·ge <-schen -ges> [di'na:rɪʃəs] *nt* Dinaric Alps *pl*

Di·ner <-s, -s> [di'ne:] *nt (geh)* dinner, dinner party; ***er lud seine Gäste zu einem ~ ein*** he invited his guests to a banquet

DIN-For·mat *nt* DIN format [*or* size]

Ding <-[e]s, -e *o fam* -er> ['dɪŋ] *nt* ❶ *(Gegenstand)* thing; **persönliche ~e** personal effects [*or* items]
❷ *(Angelegenheiten, Vorgänge, Ereignisse)* ■**~e** *pl* things; ***reden wir von anderen ~en*** let's talk about something else; ***sie hat vor dem Urlaub noch tausend ~e zu erledigen*** she has a thousand things to be do before going on holiday; ***in diesen ~en bin ich eigen!*** I'm very particular about these matters!; ***wie ich die ~e sehe, hast du Unrecht*** as I see it, you are wrong; ***es waren seltsame ~e vorgekommen*** weird things had happened; ***die ~e sind nun mal nicht so*** things aren't like that; ***das ist der Lauf der ~e*** that's the way things go; **vor allen ~en** above all [things], first and foremost; **berufliche/private Dinge** professional/private matters; **der ~e harren, die da kommen** [**sollen**] to wait and see [what happens]; ***er harrte der ~e, die da kommen sollten*** he waited to see what would happen; **in ~en der/des ...** in ... matters, where ... is concerned; ***in ~en des Geschmacks*** in matters of taste; **nach Lage der ~e** the way things are; **über praktische ~e sprechen** to talk about practical things; **so wie die ~e liegen** [*o* **stehen**] as things stand [at the moment]; **~e des täglichen Lebens** routine [*or* everyday] matters; *pl;* **in Voraussicht der kommenden ~e** in view of matters to come
❸ *(fam: unbestimmte Sache)* thing; ***was ist das denn für ein ~?*** what's that thing?; **das ~ da** that thing [over] there; ***das war vielleicht ein ~!*** *(fam)* that was quite something!; ***das ist ja ein ~!*** *(fam)* now there's a thing!; **nicht jds ~ sein** to not be sb's thing *fam;* ***das ist nicht so ganz mein ~*** that's not really my thing *fam;* **ein tolles ~** something fantastic/amazing; ***ein tolles Ding!*** great!; ■**~er** *pl* things *pl*, stuff *no pl;* ***die ~er taugen nichts*** these things are no use
❹ *(fam: Mädchen)* **ein dummes/junges ~** a silly/young thing
❺ PHILOS thing; **Gott, der Schöpfer aller ~e** God, the creator of everything [*or* of all things]; **das ~ an sich** the thing-in-itself; **die Welt der ~e** the world of material objects
▸WENDUNGEN: **vor allen ~en** above all; **aller guten ~e sind drei** all good things come in threes; **ein** [**krummes**] **~ drehen** *(fam)* to do a job *fam;* **es geht bei etw** *dat* **nicht mit rechten ~en zu** there's sth fishy [*or* funny] about sth *fam;* ***hier geht es nicht mit rechten ~en zu!*** there's something fishy here!; **gut ~ will Weile haben** *(prov)* slow and steady wins the race; **guter ~e sein** to be in a good mood [*or* in good spirits]; **krumme ~er** *(fam)* funny business *fam;* **krumme ~er machen** [*o* **drehen**] *(fam)* to do something dodgy *fam;* **sich** *dat* **ein ~ leisten** *(fam)* to do a silly [*or fam* stupid] thing; ***da hast du dir aber ein ~ geleistet!*** that was quite something you got up to! *fam;* **mach keine ~er!** don't get up to any nonsense!; **was machst du bloß für ~er?** the things you do!; **die ~e beim** [**rechten**] **Namen nennen** to call a spade a spade; **über den ~en stehen** to be above it all; **ein ~ der Unmöglichkeit sein** to be quite impossible; **unverrichteter ~e** without having achieved anything; ***er musste unverrichteter ~e wieder gehen*** he had to leave without achieving what he'd wanted to; **jdm ein ~ verpassen** *(fam)* to let sb have it *fam*, to give sb what for BRIT *fam;* **jedes ~ hat zwei Seiten** there are two sides to everything

Din·gel·chen <-s, -> ['dɪŋl̩çən] *nt (fam)* knick-knack, bric-a-brac

din·gen <dang *o* dingte, gedungen> ['dɪŋən] *vt* ❶ *(veraltend: anheuern)* ■**jdn ~** to hire sb
❷ *(pej geh)* **einen Mörder ~** to hire a killer

Din·gens <-, -> *nt* DIAL *(fam) s.* **Dings**[1]

ding·fest *adj* behind bars; **jdn ~ machen** to put sb behind bars

Din·gi <-s, -s> ['dɪŋgi] *nt* dinghy

ding·lich *adj* JUR in rem; **~es Recht** property right, right in rem

Din·go <-s, -s> ['dɪŋgo] *m* ZOOL dingo

Dings[1] <-> ['dɪŋs] *nt kein pl (fam)* thing, whatchamacallit, whatsit BRIT, thingamabob BRIT, thingamajig

Dings[2] <-> ['dɪŋs] *m o f kein pl (fam)* thingamabob; **Herr ~** Mr What's-his-name [*or* -face], Mr What-d'you-call-him; **Frau ~** Ms [*or* Mrs] What's-her-name [*or* -face], Ms [*or* Mrs] What-d'you-call-her; **die ~ Familie** the What's-their-name family, the What-d'you-call-them family

Dings·bums <-> ['dɪŋsbʊms] *nt kein pl (fam) s.* **Dings**[1]

Dings·da[1] <-> ['dɪŋsda:] *nt kein pl s.* **Dings**[1]

Dings·da[2] <-> ['dɪŋsda:] *m o f kein pl s.* **Dings**[2]

di·nie·ren* [di'ni:rən] *vi (geh)* to dine *form;* ■[**bei/mit jdm**] **~** to dine [at sb's/with sb]; **bei jdm zum D~ eingeladen sein** to have been invited to dine at sb's

Dink <-s, -s> ['dɪŋk] *m meist pl* SOZIOL *Akr von* **double income, no kids** dinky

Din·ka[1] <-, -> ['dɪŋka] *m o f* Dinka

Din·ka[2] <-> ['dɪŋka] *nt* ■**das ~** Dinka

Din·kel <-s> ['dɪŋkl̩] *m kein pl* spelt

DIN-Norm *f meist pl* DIN Standards *pl*

DINO <-> ['di:no:] *f kein pl* INET *Akr von* **Deutsche Internet Organisation** German Internet Organization

Di·no·sau·ri·er [dino'zauri̯ɐ] *m* dinosaur

Di·o·de <-, -n> [di'ʔo:də] *f* diode

di·o·ny·sisch [di̯o'ny:zɪʃ] *adj inv* ❶ REL *(Dionysos betreffend)* Dionysian
❷ *(fig geh: rauschhaft, ekstatisch)* Dionysian

dio·phan·tisch [di̯o'fantɪʃ] *adj inv* MATH **~e Gleichung** Diophantine equation

Di·op·trie <-, -n> [diɔp'tri:, *pl* -'tri:ən] *f* dioptre [*or* AM -er]

Di·oxid <-s, -e> ['di:ʔɔksi:t, *pl* 'di:ʔɔksi:də] *nt* dioxide

Di·oxin <-s, -e> [diɔ'ksi:n] *nt* dioxin

di·oxin·hal·tig *adj inv* containing dioxins

Di·oxyd <-s, -e> ['di:ʔɔksy:t, *pl* 'di:ʔɔksy:də] *nt* CHEM dioxide

di·ö·ze·san [diøtse'za:n] *adj inv* diocesan

Di·ö·ze·se <-, -n> [diø'tse:zə] *f* diocese

Diph·the·rie <-, -n> [dɪfte'ri:, *pl* -'ri:ən] *f* diphtheria

Di·phthong <-s, -e> [dɪf'tɔŋ] *m* diphthong

Dipl. ['dɪpl] *Abk von* **Diplom**

Dipl.-Ing. ['dɪpl ɪŋ] *Abk von* **Diplomingenieur**

Dipl.-Kfm. *Abk von* **Diplomkaufmann** [male] business school graduate

di·plo·id [diplo'i:t] *adj* BIOL diploid

Di·plom <-s, -e> [di'plo:m] *nt* ❶ *(Hochschulzeugnis)* degree; *(Zeugnis)* certificate, diploma; **ein ~** [**in etw** *dat*] **machen** *Hochschulstudium* to get a degree [in sth]; *Ausbildung* to get a diploma [*or* certificate] [in sth]
❷ *(Ehrenurkunde)* diploma, certificate

Di·plom·ar·beit *f* thesis [for a degree]

Di·plo·mat(in) <-en, -en> [diplo'ma:t] *m(f)* ❶ *(Person im auswärtigen Dienst)* diplomat
❷ *(geschickter Taktierer)* diplomat, diplomatist *form*

Di·plo·ma·ten·kof·fer *m* briefcase **Di·plo·ma·ten·lauf·bahn** *f* diplomatic career, career as a diplomat

Di·plo·ma·tie <-> [diploma'ti:] *f kein pl* diplomacy

Di·plo·ma·tin <-, -nen> [diplo'ma:tɪn] *f fem form von* **Diplomat**

di·plo·ma·tisch [diplo'ma:tɪʃ] I. *adj* ❶ *(die Diplomatie betreffend)* diplomatic; **~e Beziehungen abbrechen/aufnehmen** to break off/establish diplomatic relations
❷ *(geh: taktisch geschickt)* diplomatic; **~es Vorgehen** diplomacy
II. *adv* diplomatically; **~ vorgehen** to proceed diplomatically, to act with diplomacy; **einen Staat ~ anerkennen** to give a country official recognition

Di·plom·bi·blio·the·kar(in) *m(f)* qualified librarian **Di·plom·bio·lo·ge, -bi·o·lo·gin** *m, f* graduate [*or* qualified] biologist

di·plo·mie·ren* [diplo'mi:rən] *vi* SCHWEIZ ■**in etw** *dat* **~** *(ein Diplom machen)* to take a diploma in sth; *(ein Hochschulexamen machen)* to take a degree in sth; ***sie diplomierte an der Universität Bern*** her degree was awarded by the University of Bern

di·plo·miert *adj* qualified; *(mit Hochschulabschluss)* graduate

Di·plo·mier·te(r) *f(m) dekl wie adj* graduate

Di·plom·in·ge·ni·eur(in) [-ɪnʒeni̯ø:ɐ̯] *m(f)* graduate [*or* qualified] engineer; ***er ist ~*** he has a degree in engineering **Di·plom·kauf·frau** *f fem form von* **Diplomkaufmann** [female] business school graduate **Di·plom·kauf·mann** *m* [male] business school graduate **Di·plom-Öko·nom, -Ö·ko·no·min** *m, f* holder of a master's degree in business economics **Di·plom·prü·fung** *f* final exam[ination]s *pl*, finals *pl fam* **Di·plom·über·set·zer(in)** *m(f)* graduate [*or* qualified] translator

Di·plont <-s, -en> [di'plɔnt] *m* BIOL diplont

DIR *nt* INFORM *Abk von* **directory** DIR

dir[1] ['di:ɐ̯] *pron pers dat von* **du** you; ***ich hoffe, es geht ~ wieder besser*** I hope you feel better; *nach Präpositionen;* **hinter/neben/über/unter/vor ~** behind/next to/above/under/in front of you

dir[2] ['di:ɐ̯] *pron refl dat von* **sich** you

Di·rect·mai·ling, Di·rect Mai·ling <-s> [dɪ'rɛkt-

'meːlɪŋ] *nt kein pl* direct mailing

di·rekt [di'rɛkt] **I.** *adj* ① *(durchgehende Verbindung)* direct; **eine ~e Flugverbindung/Zugverbindung** a direct flight/through train; ***Sie haben ~en Anschluss nach Paris*** you have a direct connection to Paris
② *(unmittelbar)* direct, immediate; **in ~er Verbindung mit jdm stehen** to be in direct contact with sb; **in ~er Verbindung zu etw** *dat* **stehen** to have directly to do with sth; ***er ging ~ nach Hause*** he went straight home [*or* home immediately]; **ein ~er Hinweis auf etw** *akk* a direct reference to sth
③ *(unverblümt)* direct, straightforward, blunt *pej*
④ *(Übertragung)* live; **eine ~e Übertragung** a live broadcast; *s. a.* **Rede**
II. *adv* ① *(geradezu)* almost; ***das war ja ~ lustig*** that was actually funny for a change; ***die Bemerkung war ja ~ unverschämt*** the comment was really impertinent
② *(ausgesprochen)* exactly; **etw nicht ~ verneinen** to not really deny sth; **etw ~ zugeben** to admit sth outright; ***das war ja ~ genial!*** that was just amazing!
③ *(unverblümt)* directly, plainly, bluntly *pej; **bitte sei etwas ~ er!*** don't beat about the bush!
④ *(mit Ortsangabe)* direct[ly], straight; **~ von A nach B fliegen** to fly direct from A to B; ***diese Straße geht ~ zum Bahnhof*** this road goes straight to the station
⑤ *(übertragen)* live; **~ übertragen** to broadcast live
⑥ *(unverzüglich)* immediately, directly, right away

Di·rekt·ab·bu·chung *f* HANDEL direct debiting **Di·rekt·ab·neh·mer** *m* HANDEL direct taker **Di·rekt·ab·satz** *m* HANDEL direct marketing **Di·rekt·ab·schluss**RR *m* FIN direct contract **Di·rekt·an·la·ge** *f* FIN direct investment **Di·rekt·an·le·ger, -an·le·ge·rin** *m, f* FIN direct investor **Di·rekt·an·spruch** *m* FIN direct claim **Di·rekt·aus·fuhr** *f kein pl* ÖKON direct export **Di·rekt·bank** *f telephone and internet based commercial bank* **Di·rekt·ban·king** <-[s]> [-bæŋkɪŋ] *nt kein pl* FIN direct banking

Di·rekt·be·lie·fe·rung *f* HANDEL direct supply **Di·rekt·be·lie·fe·rungs·vor·be·halt** *m* HANDEL reservation concerning direct supply

Di·rekt·be·steu·e·rung *f* FIN direct taxation **Di·rekt·er·fas·sung** *f* INFORM direct data entry, DDE **Di·rekt·flug** *m* direct flight **Di·rekt·ge·schäft** *nt* HANDEL direct business **Di·rekt·han·del** *m kein pl* HANDEL direct commerce **Di·rekt·in·ves·ti·ti·on** *f* FIN direct investment

Di·rek·ti·on <-, -en> [dirɛk'tsi̯oːn] *f* ① *(Leitung)* management; **die ~ der Schule** the head of the school
② *(Direktoren, Vorstand)* board of directors
③ *(fam: Büro des Direktors)* manager's [*or* director's] office
④ SCHWEIZ *(Ressort)* department

Di·rek·ti·ons·recht *nt* JUR executive prerogative, right to issue instructions

Di·rek·ti·ve <-n, -n> [dirɛk'tiːvə] *f (geh)* directive *form*, instructions *pl;* **eine ~ ausgeben** to issue a directive *form*

Di·rekt·kan·di·dat(in) *m(f)* POL direct[ly elected] candidate **Di·rekt·lei·tung** *f* **eine ~ zu jdm haben** to have a direct line to sb **Di·rekt·lie·fe·rung** *f* HANDEL drop [*or* direct] shipment **Di·rekt·man·dat** *nt* ≈ direct mandate *(i.e. voted for directly by the electorate and not through party quotas as is possible in German parliamentary voting system)*

Di·rek·tor, Di·rek·to·rin <-s, -toren> [di'rɛktoːɐ̯, -'toːrɪn, *pl* -'toːrən] *m, f* ① SCH *einer Schule* principal, head BRIT, headmaster *masc* BRIT, headmistress *fem* BRIT
② UNIV *einer Universität* principal, rector BRIT, president AM
③ *(Leiter eines Unternehmens)* manager; **der kaufmännische/leitende ~** the business/managing director; *(Mitglied der Leitung)* director; **der ~ der Konzernabteilung/Forschungsabteilung** the head of department/the research department
④ *(Leiter einer öffentlichen Einrichtung)* head, director; **der ~ des Museums** the museum director; **der ~ der Haftanstalt** the prison director [*or* AM warden]

Di·rek·to·rat <-[e]s, -e> [dirɛkto'raːt] *nt* SCH ① *(geh: Amt)* headship BRIT, position of principal [*or* BRIT *a.* head]; **jdm das ~ übertragen** to appoint sb as principal
② *(Amtszeit)* principalship, BRIT *a.* headship
③ *(Diensträume)* principal's [*or* BRIT *a.* head's] office

Di·rek·to·rin <-, -nen> [dirɛk'toːrɪn] *f fem form von* **Direktor**

Di·rek·to·ri·um <-s, -rien> [dirɛk'toːri̯ʊm, *pl* dirɛk'toːri̯ən] *nt* ① ÖKON board of directors, managing [*or* executive] board
② HIST Directoire, French Directorate

Di·rekt·ras·te·rung *f* TYPO direct half-tone separation

Di·rek·tri·ce <-, -n> [dirɛk'triːsə] *f manager in the clothing industry who is a qualified tailor and who designs clothes*

Di·rekt·über·tra·gung *f* live broadcast **Di·rekt·ver·bin·dung** *f* direct train [*or* flight]; **eine ~ von A nach B haben** to have a direct train from A to B [*or* a non-stop flight from A to B] **Di·rekt·ver·kauf** *m* HANDEL direct selling **Di·rekt·ver·si·che·rer** *m* FIN direct insurer **Di·rekt·ver·si·che·rung** *f* FIN direct insurance **Di·rekt·ver·trieb** *m* direct marketing **Di·rekt·wahl** *f* direct election **Di·rekt·wer·bung** *f kein pl* HANDEL direct advertising

Di·rekt·zu·griff *m kein pl* INFORM direct memory access, DMA **Di·rekt·zu·griffs·spei·cher** *m* random access memory, RAM, direct access storage device, DASD

Di·ri·gent(in) <-en, -en> [diri'gɛnt] *m(f)* conductor

Di·ri·gen·ten·stab *m* conductor's baton

Di·ri·gen·tin <-, -nen> [diri'gɛntɪn] *f fem form von* **Dirigent**

di·ri·gie·ren* [diri'giːrən] **I.** *vt* ① MUS **etw/ein Orchester ~** to conduct sth/an orchestra
② *(einweisen)* ■**jdn/etw ~** to direct sb/sth
③ *(leiten)* ■**jdn/etw ~** to lead [*or* steer] sb/sth; **Touristen durch etw** *akk* **~** to conduct tourists through sth; **die Unternehmenspolitik ~** to steer [*or* control] company policy
II. *vi* MUS to conduct

Di·ri·gis·mus <-> [diri'gɪsmʊs] *m kein pl* state-controlled [*or* planned] economy, dirigisme *form*

di·ri·gis·tisch [diri'gɪstɪʃ] *adj* ÖKON dirigiste

Dirndl <-s, -> ['dɪrndl̩] *nt* ① *s.* **Dirndlkleid**
② SÜDD, ÖSTERR *(Mädchen)* lass BRIT DIAL, gal AM

Dirndl·kleid *nt* dirndl

Dir·ne <-, -n> ['dɪrnə] *f (geh)* prostitute, call girl

Dir·nen·mi·lieu *nt* prostitution scene

dis <-, -> *nt,* **Dis** <-, -> ['dɪs] *nt* D sharp

Dis·agio <-s, -s> [dɪs'ʔaːdʒo] *nt* discount

Dis·agio·be·trag [dɪs'ʔaːdʒo-] *m* FIN discount **Dis·agio·ge·winn** [dɪs'ʔaːdʒo-] *m* FIN profit resulting from discount purchase price

Dis·co <-, -s> ['dɪsko] *f (fam) s.* **Disko**

Dis·count- [dɪs'kau̯nt] *in Komposita* discount **Dis·count·bro·ker(in)** [dɪs'kau̯ntbroːkɐ] *m(f)* discount broker

Dis·coun·ter <-s, -> [dɪs'kau̯ntɐ] *m (fam)* discounter

Dis·count·ge·schäft [dɪs'kau̯nt-] *nt* ÖKON *(Laden)* discount shop [*or* AM store] **Dis·count·la·den** [dɪs'kau̯nt-] *m* discount shop

Dis·har·mo·nie [dɪsharmo'niː] *f* disharmony, discord; **~ zwischen Freunden** discord among friends; **~ in einer Familie** family discord, domestic strife

dis·har·mo·nisch [dɪshar'moːnɪʃ] *adj* disharmonious, dissonant, discordant

dis·junkt [dɪs'jʊŋkt] *adj inv* MATH disjunct

Dis·kant <-s, -e> [dɪs'kant] *m* descant, treble; **eine ~blockflöte** a descant recorder; **eine ~flöte** a treble flute

Dis·ken [dɪskn̩] *pl von* **Diskus**

Dis·ket·te <-, -n> [dɪs'kɛtə] *f* diskette, floppy [disk]; **eine ~ in das Laufwerk legen** to put a diskette into the driver

Dis·ket·ten·auf·kle·ber *m* diskette label **Dis·ket·ten·box** *f* diskette storage box **Dis·ket·ten·eti·kett** *nt* diskette label, floppy disk label **Dis·ket·ten·hül·le** *f* floppy disk jacket, protective envelope **Dis·ket·ten·lauf·werk** *nt* disk drive **Dis·ket·ten·ver·sand·hül·le** *f* diskette mailer

Disk·jo·ckey ['dɪskdʒɔke, -dʒɔki] *m* disc jockey

Dis·ko <-, -s> ['dɪsko] *f (fam)* disco

Dis·ko·gra·fieRR, **Dis·ko·gra·phie** <-, -ien> [dɪskogra'fiː] *f* discography

Dis·kont <-s, -e> [dɪs'kɔnt] *m* ① *(Rabatt)* discount
② *s.* **Diskontsatz**

Dis·kont·ab·rech·nung *f* FIN discount note **dis·kont·fä·hig** *adj* FIN discountable **Dis·kont·ge·schäft** *nt* JUR discount business

dis·kon·tie·ren* [dɪskɔn'tiːrən] *vt* FIN ■**etw ~** to discount sth; **einen Wechsel ~** to discount a bill of exchange

Dis·kon·tie·rung <-, -en> *f* FIN discounting

Dis·kon·tie·rungs·fak·tor *m* FIN discount factor **Dis·kon·tie·rungs·satz** *m* FIN discounting rate

dis·kon·ti·nu·ier·lich [dɪskɔntinu'iːɐ̯lɪç] *adj* ① SCI discontinuous, intermittent
② ELEK **~er Regelkreis** discontinuous control system
③ PHYS **~es Spektrum** discontinuous [*or* line] spectrum

Dis·kont·kre·dit *m* FIN discount credit **Dis·kont·pro·vi·si·on** *f* FIN discount commission **Dis·kont·satz** *m* bank rate **Dis·kont·sen·kung** *f* ÖKON fall [*or* reduction] in the discount rate **Dis·kont·spe·sen** *pl* FIN discount charges **Dis·kont·um·satz** *m* FIN discount turnover **Dis·kont·ver·bind·lich·kei·ten** *pl* FIN discounts, bills discounted **Dis·kont·wech·sel** *m* FIN discounts *pl* **Dis·kont·wert** *m* FIN discounted value

Dis·ko·thek <-, -en> [dɪsko'teːk] *f* disco, discotheque BRIT

dis·kre·di·tie·ren* [dɪskredi'tiːrən] *vt (geh)* ■**jdn/etw ~** to discredit sb/sth; ■**diskreditiert** discredited

Dis·kre·panz <-, -en> [dɪskre'pants] *f (geh)* discrepancy; **eine Zeit~** a time lag

dis·kret [dɪs'kreːt] **I.** *adj* ① *(vertraulich)* confidential; **in einer ~en Angelegenheit** on a confidential matter; **etwas D~es** something confidential
② *(unauffällig)* discreet; **ein ~er Mensch** a discreet [*or* tactful] person; **eine ~ Farbe** an unobtrusive [*or* quiet] colour [*or* AM -or]
II. *adv* **~ behandeln** to treat confidentially; **sich** *akk* **~ verhalten** to behave discreetly

Dis·kre·ti·on <-> [dɪskre'tsi̯oːn] *f kein pl (geh)* discretion; [**in einer Sache**] **äußerste** [*o* **strengste**] **~ wahren** to exercise [*or* show] complete discretion [in a matter]; **~** [**ist**] **Ehrensache** you can count on my/our discretion

dis·kri·mi·nie·ren* [dɪskrimi'niːrən] *vt (geh)* ① *(benachteiligen)* ■**jdn ~** to discriminate against sb
② *(herabwürdigen)* ■**jdn ~** to belittle sb; ■**etw ~** to disparage sth

dis·kri·mi·nie·rend *adj* ① *(benachteiligend)* discriminatory; **~e Behandlung** discrimination
② *(herabwürdigend)* discriminatory, disparaging

Dis·kri·mi·nie·rung <-, -en> *f* ① *(Benachteiligung)* discrimination; **~ der Frau/des Mannes** sex[ual] discrimination, discrimination against women/men; **~ anderer Rassen** racial discrimination; **~ von Minderheiten** discrimination against minorities
② *(pej: Herabwürdigung)* disparagement, insult

Dis·kri·mi·nie·rungs·ver·bot *nt* JUR discrimination ban

Dis·kurs <-es, -e> [dɪs'kʊrs, *pl* dɪs'kʊrzə] *m (geh)* discourse *form;* **mit jdm einen ~ haben** [*o* **führen**] to have a discussion with sb, to discuss [sth] with sb

Dis·kus <-, -se *o* Disken> ['dɪskʊs, *pl* 'dɪskʊsə, 'dɪskən] *m* discus

Dis·kus·si·on <-, -en> [dɪskʊ'si̯oːn] *f* ① *(Meinungsaustausch)* discussion, debate; *(Streitgespräch)* lively debate; *(emotionales Streitgespräch)* argument, fight, row BRIT; **zur ~ stehen** to be dis-

cussed; **etw zur ~ stellen** to put sth up for discussion; **keine ~[en]!** no arguments!
❷ *(öffentliche Auseinandersetzung)* discussion, debate

Dis·kus·si·o̱ns·bei·trag *m* contribution to a discussion **Dis·kus·si·o̱ns·fo·rum** <-s, -foren> [dɪskʊ'si̯o:nsfo:rʊm, *pl* -fo:rən] *nt* discussion forum, forum for discussion

dis·kus·si·o̱ns·los *adv bes* SCHWEIZ without discussion

Dis·kus·si·o̱ns·pa·pier *nt* working paper **Dis·kus·si·o̱ns·run·de** *f* discussion[s *pl*] **Dis·kus·si·o̱ns·teil·neh·mer(in)** *m(f)* participant in a discussion; *in Fernseh-/Rundfunksendung* panel member BRIT; **die ~ bei einer Debatte** the speakers in a debate **Dis·kus·si·o̱ns·ver·an·stal·tung** *f* discussion

Dịs·kus·wer·fen <-s> *nt kein pl* discus throwing **Dịs·kus·wer·fer(in)** *m(f)* discus thrower

dis·ku·ta·bel [dɪsku'ta:bl̩] *adj (geh)* worth considering [*or* thinking about], interesting; **nicht ~** out of the question; **etw für ~ halten** to consider sth worth discussing, to regard sth as worthy of discussion *form*

dis·ku·tie·ren* [dɪsku'ti:rən] **I.** *vt* ■**etw ~** to discuss sth; **etw abschließend ~** to discuss sth conclusively; **etw ausgiebig ~** to discuss sth at length; **etw erschöpfend ~** to have exhaustive discussions about sth; **etw zu Ende ~** to finish discussing sth
II. *vi* ■**[über etw** *akk*] ~ to discuss sth, to have a discussion about sth; ***was gibt's denn da noch zu ~?*** what else is there [*or* what's left] to discuss?

Dis·mem·bra·ti·o̱n [dɪsmɛmbra'tsi̯o:n] *f* JUR dismemberment

Dis·pache <-, -en> [dɪs'paʃə] *f* ÖKON average adjustment

Dis·pa·cheur <-s, -e> [dɪspa'ʃø:ɐ̯] *m*, **Dis·pat·cher** <-s, -e> [dɪs'pɛtʃɐ] *m* ÖKON average adjuster

dis·pa·rat [dɪspa'ra:t] *adj (geh)* disparate

Dis·pat·cher·dienst [dɪs'pɛtʃɐ-] *m* ÖKON dispatch[ing] services *pl* **Dis·pat·cher·sys·tem** [dɪs'pɛtʃɐ-] *nt* ÖKON dispatch system

Dis·pens <-es, -e> [dɪs'pɛns, *pl* dɪs'pɛnzə] *f* JUR dispensation, exemption

dis·pen·sie·ren* [dɪspɛn'zi:rən] *vt (geh)* ■**jdn von etw** *dat* ~ to excuse sb from sth

Dis·per·si·o̱n <-, -en> [dɪspɛr'zi̯o:n] *f* dispersion

Dis·per·si·o̱ns·far·be *f* emulsion paint **Dis·per·si·o̱ns·kle·ber** *m* dispersion glue, water-based adhesive **Dis·per·si·o̱ns·lack** *m* dispersion coating [*or* varnish]

Dis·play <-s, -s> [dɪs'ple:] *nt* display

Dis·po·kre·dit ['dɪspo-] *m (fam) s.* **Dispositionskredit**

Dis·po·nent(in) <-en, -en> [dɪspo'nɛnt] *m(f)* ÖKON managing clerk

dis·po·ni·bel [dɪspo'ni:bl̩] *adj* ÖKON available, disposable; ***die Ware ist ~*** the product is available

dis·po·ni̱er·bar *adj* FIN disposable

dis·po·nie·ren* [dɪspo'ni:rən] *vi (geh)* ❶ *(verfügen)* ■**[frei] über etw** *akk* ~ to dispose [at will] of sth; **über ein Bankkonto ~** to have access to a bank account; **über Geld ~** to have money at one's disposal, to spend money; **über seine Zeit ~** to dispose of one's time, to arrange one's time as one likes
❷ *(planen)* to organize oneself; ■**über etw** *akk* ~ to arrange sth

Dis·po·si·ti·o̱n <-, -en> [dɪspozi'tsi̯o:n] *f* disposal; **~ über etw** *akk* **haben** *(geh)* to have sth at one's disposal; **jdn/etw zu seiner ~ haben** to have sb/sth at one's disposal; **zur ~ stehen** to be available; *(in Frage gestellt werden)* to be a matter of debate; ***diese Arbeitsstellen stehen zur ~*** employees are needed for these jobs; **jdm zur ~ stehen** to be at sb's disposal; **etw zur ~ stellen** to put sth at sb's disposal; **sein Amt/eine Stelle zur ~ stellen** to stand down from one's position [as ...]; **seine ~en treffen** to make one's arrangements, to plan

Dis·po·si·ti·o̱ns·be·fug·nis *f* HANDEL managerial powers **Dis·po·si·ti·o̱ns·frei·heit** *f* HANDEL authority **Dis·po·si·ti·o̱ns·grund·satz** *m* JUR principle of party disposition **Dis·po·si·ti·o̱ns·kre·dit** *m* overdraft facility **Dis·po·si·ti·o̱ns·ma·xi·me** *f* JUR principle [*or* dictum] of party disposition **Dis·po·si·ti·o̱ns·recht** *nt kein pl* HANDEL managerial right

Dis·put <-[e]s, -e> [dɪs'pu:t] *m (geh)* dispute; **einen ~ [über etw** *akk*] **führen** to have a dispute [about [*or* over] sth]

Dis·pu·tant(in) <-en, -en> [dɪspu'tant] *m(f)* disputant

dis·pu·tie·ren* [dɪspu'ti:rən] *vi (geh)* ■**[mit jdm] [über etw** *akk*] ~ to dispute [with sb] [about [*or* over] sth]; **endlos ~** to have a lengthy [*or* never-ending] dispute; **hitzig ~** to have a heated argument; **über ein Angebot ~** to discuss an offer; **über eine Streitfrage ~** to dispute an issue

Dis·qua·li·fi·ka·ti·o̱n <-, -en> [dɪskvalifika'tsi̯o:n] *f* disqualification; ■**~ wegen einer S.** *gen* disqualification on account of sth; ~ ***wegen Missachtung der Regeln*** disqualified for disregarding the rules

dis·qua·li·fi·zie·ren* [dɪskvalifi'tsi:rən] *vt* ❶ SPORT ■**jdn/etw ~ [wegen einer S.** *gen*] to disqualify sb/sth [for doing sth]; ***der Läufer wurde wegen Verlassens der Bahn disqualifiziert*** the runner was disqualified for running outside his lane
❷ *(geh)* ■**jdn/etw für etw** *akk* ~ to disqualify sb/sth for sth, to rule out sb/sth *sep* as sth

Dis·qua·li·fi·zi̱e·rung <-, -en> *f s.* **Disqualifikation**

dis·sen ['dɪsn̩] *vi (sl)* to diss *sl*

Dis·sens <-es, -e> [dɪ'sɛns, *pl* dɪ'sɛnzə] *m* JUR lack of agreement, dissent; **offener/versteckter ~** open/latent lack of agreement

Dis·ser·ta·ti·o̱n <-, -en> [dɪsɛrta'tsi̯o:n] *f* dissertation, thesis

Dis·si·dent(in) <-en, -en> [dɪsi'dɛnt] *m(f)* ❶ *(Andersdenkender)* dissident
❷ REL dissenter

Dis·si·mi·la·ti·o̱n <-, -en> [dɪsimila'tsi̯o:n] *f* ❶ LING dissimilation
❷ BIOL dissimilation, catabolism

dis·so·nant [dɪso'nant] *adj inv* ❶ MUS dissonant
❷ *(geh: unstimmig, unschön)* dissonant

Dis·so·nanz <-, -en> [dɪso'nants] *f s.* **Disharmonie**

dis·so·zi·ie·ren [dɪsotsi'i:rən] *vi* CHEM to dissociate; **in Ionen ~** to dissociate into ions

Dis·tanz <-, -en> [dɪs'tants] *f* ❶ *(Entfernung)* distance; **eine große ~** a good [*or* great] distance
❷ SPORT distance
❸ *kein pl (Zurückhaltung)* distance, reserve; **mit einer gewissen ~** with a certain amount of reserve; **~ halten** [*o* **wahren**] *(geh)* to keep a [*or* one's] distance
❹ *(geh: Abstand)* detachment, distance; **aus der ~ betrachtet** with the benefit of hindsight; **[zu jdm/etw] auf ~ gehen** to distance [*or* dissociate] oneself [from sb/sth]

Dis·tạnz·de·likt *nt* JUR offence committed under a different jurisdiction **Dis·tạnz·ge·schäft** *nt* HANDEL non-local business

dis·tan·zie·ren* [dɪstan'tsi:rən] *vr* ■**sich** *akk* **von jdm/etw ~** to distance oneself from sb/sth; ***ich distanziere mich ausdrücklich davon*** I want nothing to do with this

dis·tan·zi̱ert **I.** *adj (geh: zurückhaltend)* reserved, distant, aloof
II. *adv* distantly, aloofly; **sich** *akk* **~ verhalten** to be reserved [*or* distant] [*or* aloof]

Dis·tan·zi̱e·rung <-, -en> *f* distancing

Dis·tạnz·scheck *m* JUR out-of-town cheque **Dis·tạnz·wech·sel** *m* FIN out-of-town bill

Dis·tel <-, -n> ['dɪstl̩] *f* thistle

Dịs·tel·fal·ter *m* ZOOL painted lady **Dịs·tel·fink** *m* goldfinch **Dịs·tel·öl** *nt* safflower oil

di·stin·gu·i̱ert [dɪstɪŋ'gi:ɐt] **I.** *adj (geh)* distinguished
II. *adv (geh)* in a distinguished way [*or* fashion]

Dis·tri·bu·ti·o̱n <-, -en> [dɪstribu'tsi̯o:n] *f (geh)* distribution

Dis·tri·bu·ti·o·na·lis·mus <-> [dɪstributsi̯ona'lɪsmʊs] *m kein pl* PHILOS distributionalism

Dis·tri·bu·ti·o̱ns·kos·ten [dɪstribu'tsi̯o:ns-] *pl* HANDEL distribution costs **Dis·tri·bu·ti·o̱ns·weg** *m* HANDEL distribution path

Di·strikt <-[e]s, -e> [dɪs'trɪkt] *m* district

Dis·zi·plin <-, -en> [dɪstsi'pli:n] *f* ❶ *kein pl (Zucht)* discipline; **eiserne ~** iron discipline; **[strikte] ~ halten** to maintain [strict] discipline
❷ *(Sportart)* discipline, event
❸ *(Teilbereich)* discipline, branch

Dis·zi·pli·na̱r·ge·richt *nt* JUR disciplinary court **Dis·zi·pli·na̱r·ge·walt** *f* JUR disciplinary authority

dis·zi·pli·na·risch [dɪstsipli'na:rɪʃ] **I.** *adj* disciplinary; **~e Maßnahmen ergreifen** to take disciplinary measures
II. *adv* ❶ *(wegen Verstoß gegen Dienstvorschriften)* **gegen jdn ~ vorgehen** to take disciplinary action against sb
❷ *(besonders hart)* **jdn ~ bestrafen** to discipline sb

Dis·zi·pli·na̱r·maß·nah·men *pl* JUR disciplinary action; **~ ergreifen** to take disciplinary action **Dis·zi·pli·na̱r·recht** *nt* JUR disciplinary law **Dis·zi·pli·na̱r·stra·fe** *f* disciplinary action; **gegen jdn eine ~ verhängen** to take disciplinary action against sb **Dis·zi·pli·na̱r·ver·fah·ren** *nt* disciplinary hearing **Dis·zi·pli·na̱r·vor·ge·setz·te(r)** *f(m)* JUR disciplinary superior of a public servant **Dis·zi·pli·na̱r·vor·schrift** *f* JUR disciplinary code

dis·zi·pli·nie·ren* [dɪstsipli'ni:rən] *vt (geh)* ■**jdn/sich ~** to discipline sb/oneself

dis·zi·pli·niert [dɪstsipli'ni:ɐ̯t] **I.** *adj (geh)* disciplined
II. *adv (geh)* in a disciplined fashion [*or* way]

Dis·zi·pli·ni̱ert·heit <-> *f kein pl (geh)* discipline

Dis·zi·pli·ni̱e·rung <-, -en> *f* disciplining

dis·zi·pli̱n·los **I.** *adj* undisciplined, disorderly, unruly BRIT
II. *adv* in an undisciplined [*or* a disorderly] [*or* BRIT *a.* an unruly] fashion [*or* way]; **sich** *akk* **~ verhalten** to behave in an undisciplined [*or* unruly] [*or* a disorderly] fashion

Dis·zi·pli̱n·lo·sig·keit <-, -en> *f* ❶ *(undiszipliniertes Verhalten)* disorderliness, unruliness BRIT
❷ *(undisziplinierte Handlung)* indiscipline, lack of discipline, disorderly conduct

di·to ['di:to] *adv* ditto *fam;* ***ich soll dir von Angelika schöne Grüße bestellen! — ihr ~!*** Angelika asked me to give you her love! — please give her mine back!; ***danke für das Gespräch! — ~!*** thanks for the call! — thank you too!

Di·u·re·ti·kum <-s, Diuretika> [diu're:tikʊm, *pl* diu're:tika] *nt* MED diuretic

Di·va <-, -s *o* Diven> ['di:va, *pl* 'di:vən] *f* ≈ prima donna *(actress or singer whose theatrical airs and graces make her a subject of discussion)*

Di·ver·genz <-, -en> [divɛr'gɛnts] *f* ❶ *(geh: Abweichung)* divergence
❷ MATH divergence
❸ PHYS divergence

Di·ver·gẹnz·re·vi·si·on *f* JUR appeal on points of law due to conflicting precedents

di·ver·gie·ren* [divɛr'gi:rən] *vi* to diverge; ■**~d** divergent; ■**von etw** *dat* ~ to diverge from sth; ***ihre Sicht der Dinge divergiert stark von der meinen*** her way of looking at things is very different from [*or* to] mine

di·vers [di'vɛrs] *adj attr* diverse; **~e Fragen/Möglichkeiten/Ursachen** several [*or* various] questions/possibilities/reasons

Di·ver·ses [di'vɛrzəs] *pl* ❶ *(Verschiedenes)* several [*or* various] things; ***ich muss noch ~ einkaufen*** I've still got to buy a few things
❷ *(auf Tagesordnung)* miscellaneous

Di·ver·si·fi·ka·ti·on <-, -en> [divɛrzifika'tsi̯o:n] *f* diversification

di·ver·si·fi·zie·ren [divɛrzifi'tsi:rən] *vt* ÖKON ■**etw ~** to diversify sth

Di·ver·si·fi·zi̱e·rung <-, -en> *f (geh)* diversification

Di·ver·si·on [divɛr'zi̯o:n] *f* JUR diversion

Di·vi·dend <-en, -en> [divi'dɛnt, *pl* divi'dɛndn̩] *m*

MATH dividend

Di·vi·den·de <-, -n> [divi'dɛndə] *f* dividend

Di·vi·den·den·ak·tie *f* FIN participating share **Di·vi·den·den·an·spruch** *m* FIN dividend claim; **~ haben** to qualify for dividend **Di·vi·den·den·aus·schüt·tung** *f* payment of a dividend [*or* dividends] **di·vi·den·den·be·rech·tigt** *adj inv* FIN entitled to a dividend **Di·vi·den·den·er·hö·hung** *f* FIN dividend increase **Di·vi·den·den·er·klä·rung** *f* FIN declaration of a dividend **Di·vi·den·den·er·trag** *m* FIN dividend yield **Di·vi·den·den·fä·hig·keit** *f* ability to pay a dividend **Di·vi·den·den·kou·pon** *m* FIN dividend warrant **Di·vi·den·den·kür·zung** *f* FIN dividend cut **Di·vi·den·den·pa·pie·re** *pl* FIN equity securities, dividend-bearing shares **Di·vi·den·den·ren·di·te** *f* FIN dividend yield **Di·vi·den·den·schein** *m* FIN dividend coupon **Di·vi·den·den·strip·ping** <-[s], -[s]> [-strɪpɪŋ] *nt* FIN dividend stripping **Di·vi·den·den·vor·schlag** *m* recommended dividend **Di·vi·den·den·wer·te** *pl* FIN dividend-bearing securities **Di·vi·den·den·zah·lung** *f* FIN dividend payment

di·vi·die·ren* [divi'di:rən] *vt, vi* ■ [etw] [**durch etw** *akk*] ~ to divide [sth] [by [*or* into] sth]

Di·vis <-es, -e> [di'vi:s, *pl* di'vi:zə] *nt* hyphen

Di·vi·si·on <-, -en> [divi'zi̯o:n] *f* division

Di·vi·si·o·när(in) <-s, -e> [divizi̯o'nɛ:ɐ̯] *m(f)* SCHWEIZ *(Befehlshaber einer Division)* divisional commander

Di·vi·si·ons·stab *m* [staff] officers of a division

Di·vi·sor <-s, -en> [di'vi:zo:ɐ̯, *pl* divi:'zo:rən] *m* divisor

DIVX <-> *m kein pl Abk von* **Digital Video Express** DIVX

Di·wan <-s, -e> ['di:va:n] *m (veraltend)* divan

DJ <-s, -s> ['di:dʒeɪ] *m (fam)* DJ, deejay

d. J.[1] *Abk von* **dieses Jahres** of this year

d. J.[2] *Abk von* **der Jüngere** the younger

DJH <-[s]> *nt Abk von* **Deutsches Jugendherbergswerk** ≈ YHA BRIT

Dji·bou·ti <-s> [dʒi'buti] *nt* SCHWEIZ *s.* **Dschibuti**

dji·bou·tisch [dʒi'butɪʃ] *adj* SCHWEIZ *s.* **dschibutisch**

DKP <-> [de:ka:'pe:] *f kein pl Abk von* **Deutsche Kommunistische Partei** *German communist party*

dl *Abk von* **Deziliter** dl

DLP <-> *nt o f kein pl Abk von* **digital light processing** DLP

DLR <-> *nt kein pl Abk von* **Deutsches Forschungszentrum für Luft- und Raumfahrt** German Research Centre for Air and Space Travel

DLRG <-> [de:ɛlɛr'ge:] *f kein pl* SPORT *Abk von* **Deutsche Lebens-Rettungs-Gesellschaft** ≈ RNLI BRIT

DM <-, -> [de:'ɛm] *kein art* HIST *Abk von* **Deutsche Mark** Deutschmark, German mark

d.M. *Abk von* **dieses Monats** of this month

D-Mark <-, -> ['de:mark] *f* HIST D-mark

DMD <-, -s> *nt Abk von* **Digital Mirror Device** DMD

DMD-Pro·jek·tor *m* TV DMD projector

d-Moll <-s> ['de:mɔl] *nt kein pl* MUS D flat minor

DNA <-, -s> [de:ʔɛn'a:] *f Abk von* **Desoxyribonukleinsäure** DNA

DNA-Iden·ti·täts·fest·stel·lung *f* JUR establishment of identity through DNA testing

D-Netz [de:-] *nt network for mobile telephones throughout Europe*

DNS <-, -> [de:ʔɛn'ɛs] *f Abk von* **Desoxyribonukleinsäure** DNA

DNS-Ab·schnitt *m* BIOL DNA section [*or* sequence] [*or* fragment] **DNS-Ana·ly·se** *f* DNA analysis **DNS-Chip** [-tʃɪp] *nt* DNA chip **DNS-Di·a·gno·se·chip** *nt* DNA diagnostic chip **DNS-Dop·pel·he·lix** *f* DNA double helix **DNS-Impf·stoff** *m* DNA vaccine **DNS-Pro·fil** *nt* DNA profile

Dö·bel <-s, -> ['dø:bl̩] *m* ZOOL, KOCHK chub

Do·ber·mann <-s, -männer> ['do:bɐman] *m* ZOOL Dobermann [pinscher]

doch [dɔx] **I.** *konj (jedoch)* but; ***ich habe alles versucht, ~ ich konnte sie nicht überzeugen*** I tried everything, but I couldn't convince her, I
II. *adv* ❶ *(dennoch)* even so, all the same; ***ich habe aber ~ angerufen*** but even so, I called, but I called all the same; **... und ~ ...** ... and yet ...; ***sie sagte es mit Entschiedenheit und ~ freundlich*** she said it firmly yet in a friendly way; ***ich lehnte höflich ~ bestimmt ab*** I refused politely yet determinedly; **~ noch** after all; **und ~, ...** even so ..., all the same ...; ***ich weiß, der Job ist gut bezahlt, und ~, ich will ihn nicht*** [*o* ***und ~ will ich ihn nicht***] I know, the job is well paid, even so [*or* all the same], I don't want it
❷ *(sowieso)* anyway; ***du wirst es ja ~ erfahren*** you will find out anyway
❸ *(einräumend)* after all; ***ich wollte es ja nicht glauben, aber du hattest ~ Recht*** I didn't want to believe it but you were right [after all]; ***es ist also ~ wahr*** then it is true after all; ***zum Glück ist aber ~ nichts passiert*** fortunately, nothing happened; ***jetzt ist sie ~ noch gekommen*** now she has come after all; ***es war ~ nicht so wie du dachtest*** it turned out not to be the way you thought it was; ***also ~! ich habe es dir ja gleich gesagt*** you see! I told you straightaway
❹ *(geh: begründend)* ***er ging, spürte er ~, dass er nicht willkommen war*** he went, as he felt that he wasn't welcome; ***er fühlte sich fremd, war er ~ gerade erst angekommen*** he felt a stranger, but then he had only just arrived
❺ *(widersprechend)* yes; ***er hat das nicht gesagt — ~, ich weiß genau, dass er das gesagt hat*** he didn't say that — yes, he did, I know he did; ***du gehst jetzt ins Bett — nein! — ~!*** go to bed now — no! — yes!
❻ *(ja)* yes; ***hast du keine Lust, mit in die Spielbank zu kommen? — ~, schon, aber leider nicht genug Geld*** wouldn't you like to come with me to the casino? — yes, I would, but I haven't got enough money; ***hat es dir nicht gefallen? — ~***[***, ~***]***!*** didn't you enjoy it? — yes, I did!; ***darf ich bei Ihnen rauchen? — ~, warum nicht?*** may I smoke here? — yes, sure [*or* certainly]
III. *part* ❶ *(Nachdruck verleihend)* ***das ist ~ unsere Nachbarin da drüben!*** look, there's our neighbour over there; ***das habe ich mir ~ schon gedacht*** I thought so all along; ***er rief an, wo er ~ genau wusste, dass ich nicht zu Hause war*** he called, knowing very well that I wasn't at home; ***jetzt komm ~ endlich*** come on!; ***kommen Sie ~ bitte morgen wieder*** please could you come back tomorrow; ***seid ~ endlich still!*** for goodness' sake, be quiet!; ***sei ~ nicht immer so geizig*** don't be so stingy; ***sie will dir kündigen! — soll sie ~, das macht mir auch nichts aus*** she's going to sack you! — let her, I don't care; ***du weißt ~, wie es ist*** you know how it is; ***wäre es ~ schon endlich Sommer!*** if only the summer would come; ***wenn ~ nur schon Freitag wäre!*** if only it was Friday!; ***wenn er ~ nur endlich mal den Mund halten würde!*** if only he would shut up!; ***das habe ich dir ~ gleich gesagt*** I told you before; ***setzen Sie sich ~!*** won't you sit down!; ***nehmen Sie sich ~ bitte!*** do help yourself!; ***nicht ~!*** don't; ***ja ~!*** yes, all right!; ***nein ~!*** no, of course not!
❷ *(Unmut ausdrückend)* ***es wäre ~ schön, wenn du mir endlich mal die Wahrheit sagen würdest*** it would be nice if you'd [finally] tell me the truth; ***du weißt ja ~ immer alles besser!*** you always know better!; ***du hast ihr ~ nicht etwa von unserem Geheimnis erzählt?*** you haven't told her our secret?, you haven't gone and told her our secret? *fam;* ***das ist ~ gar nicht wahr!*** that's not true!; ***das ist ~ wirklich eine Frechheit!*** what a cheek!; ***das kann ~ nicht dein Ernst sein!*** you're not serious, are you?; ***das ist ~ die Höhe*** [*o* ***das Letzte***]***!*** *(fam)* that's the limit!
❸ *(Zustimmung erwartend)* ***das ist ~ unsere Nachbarin da drüben, oder?*** isn't that our neighbour over there?; ***du kommst ~ morgen?*** you will come tomorrow, won't you?; ***das war ~ gar nicht so schlimm, oder?*** it wasn't so bad, was it?; ***das ist Ihnen aber ~ bekannt gewesen, oder?*** but you knew that, didn't you?
❹ *(noch)* ***wie war ~*** [***gleich***] ***Ihr Name?*** sorry, what did you say your name was?, what was your name again?

Docht <-[e]s, -e> ['dɔxt] *m* wick

Dock <-s, -s *o* -e> ['dɔk] *nt* dock

Dock·ar·bei·ter *m* dockworker, docker, AM *a.* longshoreman

Do·cker(in) <-s, -> *m(f)* docker

do·cking·fä·hig ['dɔkɪŋ-] *adj inv* INFORM dockable

Dock·ingsta·tion <-, -s> ['dɔkɪŋsteɪʃn] *f* INFORM docking station [*or* unit]

Do·de·ka·eder [dodeka'ʔe:dɐ] *m kein pl* SCI dodecahedron

Do·ge <-n, -n> ['do:ʒə] *m* HIST doge

Dog·ge <-, -n> ['dɔgə] *f* mastiff

Dog·ma <-s, -men> ['dɔgma, *pl* 'dɔgmən] *nt* ❶ REL dogma, doctrine, article of faith
❷ *(geh)* dogma *pej*, doctrine *pej*; **etw zum ~ erheben** [*o* **machen**] to make a dogma [*or* doctrine] out of sth

dog·ma·tisch [dɔ'gma:tɪʃ] *adj (pej geh)* dogmatic *pej*

Dog·ma·tis·mus <-> [dɔgma'tɪsmʊs] *m kein pl (pej)* dogmatism

Dogmen ['dɔgmən] *pl von* **Dogma** dogmas [*or* dogmata] *pl*

Doh·le <-, -n> ['do:lə] *f* jackdaw

Do-it-your·self ['du: ɪt ju:ɐ̯'zɛlf] *adj* do-it-yourself

Dok·tor, Dok·to·rin <-s, -toren> ['dɔkto:ɐ̯, -'to:rɪn, *pl* -'to:rən] *m, f* ❶ *(Arzt)* doctor; **ich hätte gerne** [**den**] **Herrn ~ gesprochen** I'd like to speak to the doctor, please; **guten Tag, Frau/Herr ~** good afternoon, Doctor; **den ~ aufsuchen** to go to [*or* visit] the doctor
❷ *(Träger eines Doktortitels)* doctor; **er ist ~ der Physik** he's got a PhD in physics; **den ~ haben** to have a PhD [*or* Ph.D.] [*or form* Doctor of Philosophy]; **den** [*o* **seinen**] **~ machen** to do one's doctorate

Dok·to·rand(in) <-en, -en> [dɔkto'rant, *pl* dɔkto'randn̩] *m(f)* doctoral candidate

Dok·tor·ar·beit *f* doctorate, doctoral dissertation **Dok·tor·di·plom** *nt* doctor's diploma [*or* certificate] **Dok·tor·ex·a·men** *nt s.* **Doktorprüfung** **Dok·tor·grad** *m* doctorate; **den ~ erwerben** to earn a doctorate, to be awarded a PhD [*or* Ph.D.]; **jdm den ~ verleihen** to award sb a PhD [*or* Ph.D.], to confer a PhD [*or* Ph.D.] on sb *form* **Dok·tor·hut** *m* doctoral cap; **den ~ erwerben** *(geh)* to be awarded a doctorate

Dok·to·rin <-, -nen> [dɔk'to:rɪn] *f fem form von* **Doktor**

Dok·tor·mut·ter *f fem form von* **Doktorvater** [female] supervisor [of a doctoral candidate] **Dok·tor·prü·fung** *f* doctorate examination **Dok·tor·spie·le** *pl (hum fam: Sexspiele)* sex games *pl* **Dok·tor·ti·tel** *m* doctorate; **den ~ führen** to be a Doctor of ..., to have a PhD [*or* Ph.D.]; **jdm den ~ verleihen** to award sb a doctorate, to confer a doctorate on sb **Dok·tor·va·ter, -mut·ter** *m, f* supervisor [of a doctoral candidate] **Dok·tor·wür·de** *f (veraltend) s.* **Doktortitel**

Dok·trin <-, -en> [dɔk'tri:n] *f* doctrine, dogma *pej;* **die katholische ~** the Catholic doctrine [*or* faith]

dok·tri·när [dɔktri'nɛ:ɐ̯] *adj (pej geh)* doctrinaire *pej form;* **~e Ansichten vertreten** to apply doctrinaire principles

Do·ku·ment <-[e]s, -e> [doku'mɛnt] *nt* ❶ *(amtliches Schriftstück)* papers *pl*, document
❷ *(geh: Zeugnis)* proof, record
❸ INFORM *(Textdatei)* document
❹ FIN **~e gegen Akzept** documents against acceptance, D/A; **~e gegen Bezahlung** documents against payment, D/P

Do·ku·men·tar(in) <-s, -e> [dokumɛn'ta:ɐ̯] *m(f)* documentalist

Do·ku·men·tar·auf·nah·me *f* documentary record **Do·ku·men·tar·film** *m* documentary film **Do·ku·men·tar·fil·mer(in)** *m(f)* documentary [film] maker

Do·ku·men·ta·rin <-, -nen> [dokumɛnˈtaːrɪn] *f fem form von* **Dokumentar**

do·ku·men·ta·risch [dokumɛnˈtaːrɪʃ] **I.** *adj* documentary
II. *adv (mit Dokumenten)* by providing documentary evidence; **etw ~ beweisen** to prove sth by providing documentary evidence

Do·ku·men·ta·ti·on <-, -en> [dokumɛntaˈtsi̯oːn] *f* ① *(Sammlung von Nachweisen)* documentation ② *(Beschreibung)* documents *pl*, documentation ③ *(geh: Zeugnis)* proof

Do·ku·men·ta·ti·ons·be·stand *m* documentation inventory **Do·ku·men·ta·ti·ons·fern·se·hen** *nt* documentary TV **Do·ku·men·ta·ti·ons·zen·trum** *nt* documentation centre [*or* AM -er]

Do·ku·men·ten·ak·kre·di·tiv *nt* FIN documentary letter of credit **do·ku·men·ten·echt** *adj* indelible **Do·ku·men·ten·in·kas·so** *nt* FIN collection of bills **Do·ku·men·ten·ma·nage·ment** [-mɛnɪtʃmənt] *m kein pl* document management **Do·ku·men·ten·map·pe** *f* document folder, portfolio **Do·ku·men·ten·prü·fung** *f* document check

Do·ku·ment·for·mat *nt* INFORM document format **Do·ku·ment·grö·ße** *f* INFORM document size

do·ku·men·tie·ren* [dokumɛnˈtiːrən] **I.** *vt* ① *(durch Dokumente belegen)* ■**etw ~** to document sth ② *(fig: zeigen)* ■**etw ~** to reveal [*or* demonstrate] sth
II. *vr (zum Ausdruck kommen)* ■**etw dokumentiert sich in etw** *dat* sth reveals itself [*or* is revealed] [*or* is shown] in sth

Do·ku·ment·vor·la·ge *f* INFORM document template

Dol·by® <-s> [ˈdɔlbi] *nt kein pl* TECH Dolby®

Dol·ce Vi·ta[RR], **Dol·ce vi·ta**[ALT] <-> [ˈdɔltʃəˈviːta] *nt o f kein pl* dolce vita, good life

Dolch <-[e]s, -e> [dɔlç] *m* dagger *old*, knife; **einen ~ ziehen** to draw a dagger *old*, to pull a knife

Dolch·stoß *m* ① *(Stoß mit dem Dolch)* stab wound; **jdm einen ~ versetzen** to stab sb ② *(hinterhältiger Anschlag)* stab in the back; **jdm einen ~ versetzen** to stab sb in the back

Dolch·stoß·le·gen·de *f* HIST ■**die ~** *widespread theory in Germany at the end of WWI that Germany lost the war not through military conquest but through treason*

Dol·de <-, -n> [ˈdɔldə] *f* umbel

Dol·den·blüt·ler <-s, -> [-blyːtlɐ] *m* BOT umbellifer **Dol·den·trau·be** *f* BOT corymb

Do·le <-, -n> [ˈdoːlə] *f* ① *(Abwasserkanal)* culvert, drain ② SCHWEIZ *(Sinkkasten)* catch pit

doll [dɔl] **I.** *adj (fam)* ① *(schlimm)* dreadful *fam*, awful *fam*, terrible *fam* ② *(großartig)* fantastic *fam*, terrific *fam*, great *sl* ③ *(unerhört)* outrageous; ***das ist ja ~!*** that's a bit much!, that's going a little overboard!; ***das wird ja immer ~er!*** it gets better and better! *iron*; ***das ist ja schon ein ~es Ding!*** that's incredible!; ■**das D~ste** the best [of it] *iron*; ***das D~ste kommt erst noch!*** the best is [yet] to come! *iron*
II. *adv* DIAL *(sl)* like hell [*or* BRIT mad] *fam*; **sich** *akk* **über etw** *akk* **~ freuen** to be delighted about sth; **sich** *akk* **~ stoßen/wehtun** to knock/hurt oneself badly; ***es stürmt immer ~er*** the storm's getting worse and worse

Dol·lar <-[s], -s> [ˈdɔlar] *m* dollar; **der kanadische ~** the Canadian dollar

Dol·lar·auf·kom·men *nt* FIN returns *pl* on dollar transactions **Dol·lar·gut·ha·ben** *nt* FIN dollar balance **Dol·lar·kre·dit** *m* FIN dollar loan **Dol·lar·kurs** *m* dollar exchange rate **Dol·lar·land** *nt*, **Dol·lar·raum** *m* ÖKON dollar area; **Handel mit dem ~** commerce with the dollar area **Dol·lar·re·ser·ven** *pl* FIN dollar reserves *pl* **Dol·lar·schwä·che** *f* BÖRSE, FIN dollar weakness, weakened dollar **Dol·lar·ver·knap·pung** *f* ÖKON dollar shortage; **künstliche ~** artificially induced shortage of dollars **Dol·lar·zei·chen** *nt* dollar sign

Dol·le <-, -n> [ˈdɔlə] *f* rowlock

Dol·men <-s, -> [ˈdɔlmən] *m* ARCHÄOL dolmen

dol·met·schen [ˈdɔlmɛtʃn̩] **I.** *vi* to interpret, to act as interpreter
II. *vt* ■**etw ~** to interpret sth

Dol·met·scher(in) <-s, -> [ˈdɔlmɛtʃɐ] *m(f)* interpreter

Dol·met·scher·in·sti·tut *nt*, **Dol·met·scher·schu·le** *f* school of interpreting

Do·lo·mit <-s, -e> [doloˈmiːt] *m* ① *(Stein)* dolomite ② GEOL dolomite, magnesian limestone BRIT

Do·lo·mi·ten [doloˈmiːtn̩] *pl* ■**die ~** the Dolomites *pl*, Dolomite Mountains *pl*

Do·lus <-> [ˈdoːlʊs] *m* JUR *(Vorsatz)* intent; *(Arglist)* malice; **~ eventualis** contingent intent

Dom <-[e]s, -e> [doːm] *m* ① *(große Kirche)* cathedral ② ARCHIT dome, cupola

Do·main <-, -s> [dəˈmeɪn] *f* INET domain

Do·mä·ne <-, -n> [doˈmɛːnə] *f* ① *(Staatsgut)* state property ② *(geh: Spezialgebiet)* domain, area

Do·mä·nen·na·me *m* INFORM domain name

Do·mes·ti·ka·ti·on <-, -en> [domɛstikaˈtsi̯oːn] *f* BIOL domestication

Do·mes·ti·zie·rung *f* domestication

Dom·herr *m s.* **Domkapitular**

Do·mi·na <-, -s> [ˈdoːmina] *f prostitute that carries out sadistic sexual acts against a masochist*

do·mi·nant [domiˈnant] *adj* dominant, assertive; **ein ~er Mensch** an assertive [*or usu pej* domineering] person; **ein ~es Merkmal** a dominant feature [*or* characteristic]

Do·mi·nan·te <-, -n> [domiˈnantə] *f* ① MUS dominant ② *(vorherrschendes Merkmal)* dominant

Do·mi·nanz <-, -en> [domiˈnants] *f* ① *(geh: dominantes Wesen)* assertiveness, dominance *usu pej* ② BIOL dominance

Do·mi·ni·ca <-s> [doˈmiːnika] *nt* Dominica

do·mi·nie·ren* [domiˈniːrən] **I.** *vi* ① *(geh: vorherrschen)* to dominate, to be in control ② *(geh: überwiegen)* ■[**in etw** *dat*] **~** to prevail [*or* predominate] [*or* dominate] [in sth], to be dominant [*or* predominate] [in sth]
II. *vt (geh: beherrschen)* ■**jdn/etw ~** to dominate sb/sth, to be dominant over sb/sth

do·mi·nie·rend *adj* dominating *usu pej*, predominating, prevailing, dominant

Do·mi·ni·ka·ner(in) <-s, -> [dominiˈkaːnɐ] *m(f)* ① REL member of the Dominican order ② GEOG, POL Dominican

Do·mi·ni·ka·ner·mönch *m* Dominican friar

do·mi·ni·ka·nisch [dominiˈkaːnɪʃ] *adj* Dominican

Do·mi·ni·ka·ni·sche Re·pu·blik *f* Dominican Republic; **in der Dominikanischen Republik** in the Dominican Republic; **in die ~ fahren** to go [*or* travel] to the Dominican Republic; **in der Dominikanischen Republik leben** to live in the Dominican Republic

Do·mi·no[1] <-s, -s> [ˈdoːmino] *m* domino

Do·mi·no[2] <-s, -s> [ˈdoːmino] *nt* dominoes + *sing vb*; **~ spielen** to have a game of [*or* to play] dominoes

Do·mi·no·ef·fekt *m* domino effect **Do·mi·no·spiel** *nt* dominoes + *sing vb* **Do·mi·no·stein** *m* ① *(Spiel)* domino ② *(Weihnachtsgebäck) cube-shaped sweet made of Lebkuchen, filled with marzipan and jam and covered with chocolate*

Do·mi·zil <-s, -e> [domiˈtsiːl] *nt (geh)* ① *(Wohnung)* residence, domicile *form*, abode *hum* ② *(Sitz)* residence

do·mi·zi·lie·ren* [domitsiˈliːrən] **I.** *vt* FIN ■**etw ~** to make sth payable, to domicile sth; **einen Wechsel ~** to domicile a bill of exchange
II. *vi (geh o hum: wohnen)* to domicile *form*

do·mi·zi·liert *adj* ADMIN SCHWEIZ *(wohnhaft)* resident

Do·mi·zil·prin·zip *nt* FIN domicile principle **Do·mi·zil·ver·merk** *m* FIN domicile clause **Do·mi·zil·wech·sel** *m* FIN domiciled bill

Dom·ka·pi·tel *nt* chapter [of a cathedral]

Dom·ka·pi·tu·lar <-s, -e> [-kapituˈlaːɐ̯] *m* canon

Dom·pfaff <-en *o* -s, -en> [ˈdoːmpfaf] *m* bullfinch

Domp·teur(in) <-s, -e> [dɔmpˈtøːɐ̯] *m(f)*, **Domp·teu·se** <-, -n> [dɔmpˈtøːzə] *f* animal trainer

Do·na·tor, Do·na·to·rin <-s, -toren> [doˈnaːtoːɐ̯, -ˈtoːrɪn, *pl* -ˈtoːrən] *m, f* SCHWEIZ *(Schenker)* donator

Do·nau <-> [ˈdoːnau̯] *f* ■**die ~** the Danube

Do·nau-Del·ta <-s> *nt* Danube Delta **Do·nau·lachs** *m* Danube salmon **Do·nau·mon·ar·chie** *f kein pl former Austro-Hungarian monarchy*

Do·ne·gal <-s> [doneˈgaːl] *nt* Donegal

Dö·ner <-[s], -> [ˈdøːnɐ] *m*, **Dö·ner·ke·bab** <-[s], -s> [døːnɐkeˈbap] *m* [doner] kebab

Don Ju·an <-[s], -[s]> [dɔn ˈxu̯an] *m* Don Juan

Don·ju·a·nis·mus [dɔnxu̯aˈnɪsmʊs] *m kein pl* Don Juan syndrome

Don·ner <-s, -> [ˈdɔnɐ] *m pl selten* thunder
►WENDUNGEN: **wie vom ~ gerührt sein** *(fam)* to be thunderstruck [*or* dumbfounded] [*or fam* flabbergasted]

Don·ner·bal·ken *m* MIL *(hum sl)* thunderbox BRIT *sl*, [portable] outhouse **Don·ner·büch·se** *f* ≈ blunderbuss **Don·ner·gott** *m* Thor, god of thunder **Don·ner·grol·len** *nt kein pl (geh)* roll [*or* rumble] [*or* peal] of thunder **Don·ner·keil** *m* thunderbolt

don·nern [ˈdɔnɐn] **I.** *vi impers haben* to thunder; ***hörst du, wie es donnert?*** can you hear the thunder?
II. *vi* ① *haben (poltern)* ■[**mit etw** *dat*] **an etw** *akk*/**gegen etw** *akk* **~** to bang *fam* [*or* hammer] [*or* pound] on/at sth [with sth] ② *sein (krachend prallen)* ■[**mit etw** *dat*] **gegen etw** *akk*/**in etw** *akk* **~** to crash into sth [with sth]; **genau** [*o* **direkt**] [*o* **voll**] **gegen etw** *akk*/**in etw** *akk* **~** to crash straight [*or* right] into sth; ■**auf etw** *akk*/**gegen etw** *akk* **~** to crash onto/against sth; ***der Fußball donnerte genau gegen die Schaufensterscheibe*** the football slammed into the shop window ③ *sein (sich polternd bewegen)* to thunder; ■**an jdm vorbei~** to thunder past sb; ***ein schwerer Laster donnerte heran*** a heavy lorry came thundering by
III. *vt haben (schleudern)* ■**etw ~** to hurl [*or* slam] [*or fam* fling] sth
►WENDUNGEN: **jdm eine ~** *(sl)* to clout [*or* wallop] sb BRIT *fam*, to plaster sb *fam*

don·nernd *adj* thundering

Don·ner·rol·len *nt kein pl s.* **Donnergrollen** **Don·ner·schlag** *m* ① METEO clap of thunder ② *(Ausdruck des Erstaunens)* ■**~!** *(veraltend fam)* I'll be blowed! *dated*, blow me down! *dated* ►WENDUNGEN: **einen ~ loslassen** to unleash a thunderbolt; **jdn wie ein ~ treffen** to hit sb out of the blue, to leave sb thunderstruck [*or* struck dumb [with astonishment/shock]]

Don·ners·tag [ˈdɔnɐstaːk] *m* Thursday; **schmutziger ~** DIAL, SCHWEIZ, SÜDD *(Altweiberfastnacht) (part of the carnival celebrations: last Thursday before ash Wednesday, when women assume control)*; *s. a.* **Dienstag**

Don·ners·tag·abend[RR] *m* Thursday evening; *s. a.* **Dienstag** **don·ners·tag·abends**[RR] *adv* [on] Thursday evenings **Don·ners·tag·mit·tag**[RR] *m* [around] noon on Thursday; *s. a.* **Dienstag** **don·ners·tag·mit·tags**[RR] *adv* [around] noon on Thursdays **Don·ners·tag·mor·gen**[RR] *m* Thursday morning; *s. a.* **Dienstag** **don·ners·tag·mor·gens**[RR] *adv* [on] Thursday mornings **Don·ners·tag·nach·mit·tag**[RR] *m* Thursday afternoon; *s. a.* **Dienstag** **don·ners·tag·nach·mit·tags**[RR] *adv* [on] Thursday afternoons **Don·ners·tag·nacht**[RR] *f* Thursday night; *s. a.* **Dienstag** **don·ners·tag·nachts**[RR] *adv* [on] Thursday nights

don·ners·tags *adv* [on] Thursdays; **~ abends/nachmittags/vormittags** [on] Thursday evenings/afternoons/mornings

Don·ners·tag·vor·mit·tag[RR] *m* Thursday morning; *s. a.* **Dienstag** **don·ners·tag·vor·mit·tags**[RR] *adv* [on] Thursday mornings

Don·ner·wet·ter [ˈdɔnɐvɛtɐ] *nt* ① *(veraltend: Gewitter)* thunderstorm

2 *(fam: Schelte)* unholy row BRIT *fam,* an awful bawling out; **ein ~ über sich** *akk* **ergehen lassen** to be bawled out, to get a dressing down BRIT, to be hauled over the coals BRIT
3 *(fam: alle Achtung!)* I'll be damned! *fam,* gosh! BRIT *fam*
4 *(in Ausrufen)* [**zum**] **~!** *(fam)* damn it! *fam,* bloody hell! BRIT *sl*

doof <doofer *o* döfer, doofste *o* döfste> ['do:f] *adj (fam)* 1 *(blöd)* stupid, silly, brainless
2 *(verflixt)* stupid, damn, bloody BRIT *sl,* fucking *vulg;* ■**jdm ist etw zu ~** sb finds sth stupid [*or* ridiculous]; ***das Ganze wird mir langsam zu ~*** I'm beginning to find the whole business ridiculous; **zu ~** [**aber auch**]! oh no!, what a pain ! *sl,* what a nuisance BRIT *fam*

Doof·heit <-, -en> *f (fam)* stupidity, brainlessness, silliness BRIT, foolishness

Doo·fi <-[s], -s> ['do:fi] *m (fam)* dummy, twit, num[b]skull, BRIT silly nit; **Klein ~** ≈ Simple Simon

Doof·kopp <-s, -köppe> [-kɔp, *pl* -køpə] *m (sl),* **Doof·mann** <-s, -männer> *m (sl)* twit, fool

Dope <-s, -s> [do:p] *nt (sl)* pot *sl,* hash *fam*

do·pen ['do:pn̩, 'dɔpn̩] *vt* ■**jdn/etw ~** to dope sb/sth; ■[**sich** *akk*] ~ to dope [oneself]

Do·ping <-s, -s> ['do:pɪŋ] *nt illicit use of drugs before sporting events*

Do·ping·fach·leu·te ['do:pɪŋ-] *m o f pl* [anti-]doping experts **Do·ping·kon·trol·le** ['do:pɪŋ-] *f,* **Do·ping·test** ['do:pɪŋ-] *m* drugs test **Do·ping·mit·tel** ['do:pɪŋ-] *nt* [performance-enhancing] drug **Do·ping·ver·dacht** ['do:pɪŋ-] *m* SPORT ***bei der Tennisspielerin besteht ~*** the tennis player is suspected of having taken drugs

Dop·pel <-s, -> ['dɔpl] *nt* 1 *(Duplikat)* ■**das/ein ~ einer S.** *gen* [**zu etw** *dat*] the/a duplicate [*or* copy] [of sth]
2 SPORT *(Spiel mit 4 Spielern)* doubles; *(Mannschaft von 2 Spielern)* doubles team; **gemischtes ~** mixed doubles

Dop·pel·ab·tre·tung *f* JUR double assignment **Dop·pel·ad·ler** *m two-headed eagle on a coat of arms or coin* **Dop·pel·agent(in)** *m(f)* double agent **Dop·pel·al·bum** *nt* MUS double album **Dop·pel·band** *m* 1 *(doppelter Umfang)* double volume 2 *(zwei Bände)* set of two volumes **Dop·pel·be·ga·bung** *f* PSYCH, MUS double talent **Dop·pel·be·las·tung** *f* double [*or* BRIT twofold] burden [*or* pressure] [*or* load] **Dop·pel·be·lich·tung** *f* FILM double exposure **Dop·pel·be·schluss**[RR] *m* MIL twin-track decision

Dop·pel·be·steu·e·rung *f* double taxation **Dop·pel·be·steu·e·rungs·ab·kom·men** *nt* FIN double taxation agreement [*or* treaty]

Dop·pel·bett *nt* double bed **Dop·pel·bild** *nt* TYPO ghost image **Dop·pel·bin·dung** *f* CHEM double bond **Dop·pel·bock** *nt o m very strong German beer* **Dop·pel·bo·den** *m* ARCHIT false bottom **Dop·pel·buch·sta·be** *m* double letter **Dop·pel·bür·ger(in)** <-s, -> *m(f)* JUR SCHWEIZ *(Doppelstaater)* dual national, person of dual nationality

Dop·pel·de·cker <-s, -> *m* 1 *(Flugzeug)* biplane
2 *(fam: Omnibus)* double-decker [bus]
3 *(fam: Butterbrot)* double-decker [sandwich] BRIT

dop·pel·deu·tig ['dɔp|dɔytɪç] *adj* ambiguous, equivocal

Dop·pel·deu·tig·keit <-, -en> *f* ambiguity, equivocation, equivocalness

Dop·pel·feh·ler *m* double fault **Dop·pel·fens·ter** *nt* double glazing

Dop·pel·gän·ger(in) <-s, -> [-gɛŋɐ] *m(f)* double, look-alike; ■**jds ~** sb's double [*or* look-alike]; **einen ~ haben** to have a double [*or* a look-alike]

Dop·pel·ge·sell·schaft *f* FIN syndicate

Dop·pel·ge·viert *nt* TYPO *(Satz)* two-em quad

Dop·pel·glas·fens·ter *nt* window with double glazing

Dop·pel·gleis *nt* double track

dop·pel·glei·sig *adj* 1 *(auf 2 Gleisen befahrbar)* double-tracked
2 *(zwei Vorgehensweisen verfolgen)* **~ fahren** to have two tactics

Dop·pel·haus *nt* two semi-detached houses *pl* BRIT, duplex house AM **Dop·pel·haus·häl·fte** *f* semi-detached house BRIT, duplex AM

Dop·pel·haus·halt *m* ÖKON two-family household **Dop·pel·he·lix** *f* BIOL double helix **Dop·pel·ka·bi·ne** *f* NAUT double-berth cabin **Dop·pel·kinn** *nt* double chin; **ein ~ bekommen** [*o* **kriegen**]/**haben** *(fam)* to get/have a double chin **Dop·pel·klick** *m* INFORM *Maus* double click **dop·pel|kli·cken** *vi* to double-click **Dop·pel·kon·so·nant** *m* double consonant **Dop·pel·kopf** *m kein pl card game with 4 players and two packs of 24 cards* **Dop·pel·korn** *m schnapps made out of grain, with 38% alcohol instead of the usual 32%* **Dop·pel·laut** *m* 1 *(Diphthong)* diphthong 2 *(Doppelkonsonant)* double consonant; *(Doppelvokal)* double vowel **Dop·pel·le·ben** *nt* double life; **ein ~ führen** to lead a double life **Dop·pel·mo·ral** *f* double standards *pl* **Dop·pel·mord** *m* double murder; **einen ~ begehen** [*o* **verüben**] *(geh)* to commit a double murder *form* **Dop·pel·na·me** *m (Nachname)* double-barrelled [*or* hyphenated] [sur]name; *(Vorname)* double first [*or* BRIT *a.* Christian] name **Dop·pel·pack** *m* twin-pack **Dop·pel·pass**[RR] *m kein pl* POL dual citizenship **Dop·pel·pa·ten·tie·rung** *f* double patenting **Dop·pel·punkt** *m* colon **Dop·pel·raf·fi·na·de** *f* KOCHK [doubly-]refined sugar **Dop·pel·rol·le** *f* double role; **eine ~ spielen** to play a double role [*or* two roles]

Dop·pel·rumpf *m* twin fuselage **Dop·pel·rumpf·flug·zeug** *nt* twin-boom aircraft

Dop·pel·sank·ti·on *f* double sanction

dop·pel·scha·lig *adj inv* BAU *Wand* double-shell

Dop·pel·schicht *f* ÖKON *(in der Industrie)* double shift **Dop·pel·schutz** *m* simultaneous protection **Dop·pel·sei·te** *f* TYPO centre [*or* AM -er] spread

dop·pel·sei·tig *adj* 1 *(beide Hälften betreffend)* double; **eine ~e Lungenentzündung haben** to have double pneumonia; **~e Lähmung** diplegia
2 *(beide Seiten betreffend)* double-paged; *(in der Zeitschriftenmitte)* centrefold BRIT, centerfold AM

Dop·pel·sinn *m* double meaning, ambiguity, equivocation

dop·pel·sin·nig *adj s.* **doppeldeutig**

Dop·pel·son·de *f* RAUM double probe **Dop·pel·spiel** *nt (pej)* double-dealing *pej;* **mit jdm ein ~ treiben** to double-cross sb; *(jdn sexuell betrügen)* to two-time sb **Dop·pel·spit·ze** *f* POL dual [party] leadership **Dop·pel·spur** <-, -en> *f* BAHN SCHWEIZ *(zweigleisige Eisenbahnlinie)* double-track railway

dop·pel·spu·rig *adj* SCHWEIZ *s.* **zweigleisig**

Dop·pel·staa·ter *m* JUR person of dual nationality

Dop·pel·ste·cker *m* twin socket **Dop·pel·stern·sys·tem** *nt* ASTRON double-star system

Dop·pel·stock·au·to·trans·port·wa·gen *m* BAHN double-deck car wagon [*or* BRIT *a.* waggon] **Dop·pel·stock·bus** *m* double-decker

dop·pel·stö·ckig *adj* 1 ARCHIT two-storeyed
2 *(mit 2 Etagen versehen)* **~es Bett** bunk beds; **~er Bus** double-decker bus
3 KOCHK *(fam)* double

Dop·pel·stock·schub *m* SKI *shove with both ski sticks at the same time*

dop·pel·strah·lig *adj inv Flugzeug* twin-jet

Dop·pel·stück *nt* KOCHK *(vom Lamm)* [lamb] double **Dop·pel·stun·de** *f* double lesson [*or* period]

dop·pelt ['dɔp|t] **I.** *adj* 1 *(zweite)* second; **ein ~es Gehalt** a second [*or* BRIT double] income; **eine ~e Staatsangehörigkeit haben** to have dual nationality
2 *(zweifach)* double, twice; **der ~e Preis** double [*or* twice] the price; **aus ~em Grunde** for two reasons; **einem ~en Zweck dienen** to serve a dual purpose; **etw ~ haben** to have sth double [*or* two of sth]; **~ so viel** [**von etw** *dat*/**einer S.** *gen*] *(fig)* twice as much/many [sth]; *s. a.* **Ausfertigung, Hinsicht, Boden, Moral, Verneinung**
3 *(verdoppelt)* doubled; **mit ~em Einsatz arbeiten** to double one's efforts

II. *adv* 1 *direkt vor adj (zweimal)* twice; **~ so groß/klein sein wie etw** to be twice as big/small as sth; **~ so viel bezahlen** to pay double [*or* twice] the price, to pay twice as much
2 *(zweifach)* twice; **~ sehen** to see double; **~ versichert sein** to have two insurance policies; **~ und dreifach** doubly [and more]; ***dem habe ich's aber heimgezahlt, und zwar ~ und dreifach!*** I really gave it to him, with knobs on! *sl*
3 *(umso mehr)* doubly; **sich** *akk* **~ in Acht nehmen/vorsichtig sein** to be doubly careful; **sich** *akk* **~ entschuldigen** to apologize twice
▶WENDUNGEN: **~ gemoppelt sein** *(fam)* to be the same thing [said twice]; **~ gemoppelt hält besser!** *(fam)* better [to be] safe than sorry *prov*

Dop·pel·te(r) *m dekl wie adj (fam)* ***einen ~n, bitte!*** a double, please!

Dop·pel·te(s) *nt dekl wie adj* ■**das ~** double, twice; ***ich will mindestens das ~*** I want at least double [*or* twice] that [amount]; **das ~ wiegen** to weigh twice as much; **auf das ~ ansteigen** to double

Dop·pel·tür *f* double door[s]

Dop·pe·lung <-, -en> *f* duplication

Dop·pel·ver·die·ner(in) *m(f)* 1 *(Person mit zwei Einkünften)* double wage earner 2 *pl (Paar mit zwei Gehältern)* two-income [*or* double-income] couple **Dop·pel·ver·si·che·rung** *f* JUR double insurance **Dop·pel·ver·tre·tung** *f* double representation **Dop·pel·vo·kal** *m* double vowel

Dop·pel·wäh·rung *f* FIN double currency [*or* monetary standard] **Dop·pel·wäh·rungs·pha·se** *f* FIN dual currency phase

Dop·pel·zent·ner *m* ≈ 2 hundred weights BRIT *(100 kilos)* **Dop·pel·zim·mer** *nt* double [room]; ***ein ~ bitte!*** a double room, please!

dop·pel·zün·gig ['dɔp|tsʏŋɪç] **I.** *adj (pej)* devious, two-faced, double-dealing
II. *adv (pej)* **~ reden** to speak with a forked tongue *fam,* to be two-faced

Dop·pel·zün·gig·keit <-, -en> *f kein pl (pej)* double-dealing, two-facedness, deviousness

Dop·pel·zu·stän·dig·keit *f* JUR double competence [*or* jurisdiction]

Dop·pik <-> ['dɔpɪk] *f* FIN double-entry bookkeeping

Dop·pler·ef·fekt ['dɔplɐ-] *m* Doppler effect

Do·ra·de <-, -n> [do'ra:də] *f* ZOOL, KOCHK gilthead

Do·ra·do <-s, -s> [do'ra:do] *nt s.* **Eldorado**

Dorf <-[e]s, Dörfer> ['dɔrf, *pl* 'dœrfɐ] *nt* 1 *(kleine Ortschaft)* village BRIT, AM *usu* [small] town
2 *(die Dorfbewohner)* village BRIT, AM *usu* town, the villagers BRIT, AM *usu* the town inhabitants; **das Olympische ~** the Olympic village; **das Leben auf dem ~** country [*or* BRIT *a.* village] life; **auf dem ~** in the country; **vom ~** from the country; ***sie ist offenbar vom ~*** she's obviously a country girl *fam*
▶WENDUNGEN: **für jdn böhmische Dörfer sein** to be all Greek [*or* BRIT double Dutch] to sb; **Potemkinsche Dörfer** *(geh)* a façade, a sham

Dorf·äl·tes·te(r) *f(m) dekl wie adj* 1 *(Ältester eines Dorfes)* ≈ oldest person in a village 2 *(veraltend: Vorsteher eines Dorfes)* village elder[s] **Dorf·beiz** <-, -en> [-baits] *f* SCHWEIZ *(Dorfschenke)* village pub BRIT, local bar AM **Dorf·be·woh·ner(in)** *m(f)* villager, village inhabitant

Dörf·chen <-s, -> ['dœrfçən] *nt dim von* **Dorf** hamlet

Dorf·ju·gend *f* village [*or* country] youth, young hicks *pej,* young people of the village [*or* in the country] **Dorf·krug** *m* NORDD *(Gaststätte in einem Dorf)* village pub BRIT, local bar AM

dörf·lich *adj* rural, rustic *liter;* **eine ~e Landschaft** rural scenery, a rural landscape; **eine ~e Umgebung** a rural [*or* country] area; ■**~ sein** to be rural

Dorf·platz *m* town square, village square BRIT

Dorf·schaft <-, -en> *f* SCHWEIZ village BRIT, [small] town AM

Dorf·schen·ke <-, -n> *f* village pub BRIT, local bar AM **Dorf·schö·ne, Dorf·schön·heit** *f (euph, a. iron)* rustic beauty *euph* **Dorf·schu·le** *f* village school **Dorf·schul·ze** <-n, -n> [-ʃʊltsə] *m (veraltet)* village elder **Dorf·tes·ta·ment** *nt* JUR last will

D

executed before a village mayor **Dorf·trot·tel** *m (fam)* local [*or* village] idiot

do·risch ['do:rɪʃ] *adj* ① *(Kunst der Dorier betreffend)* Doric, Dorian
② *(Musik)* Dorian; **die ~e Tonart** the Dorian mode

Dorn[1] <-[e]s, -en> ['dɔrn] *m* thorn; **ohne ~en** without thorns, thornless
▸WENDUNGEN: **jdm ein ~ im Auge sein** to be a thorn in sb's side, to be a pain in the neck [*or* BRIT *vulg* arse] [*or* AM *vulg* ass]

Dorn[2] <-[e], -e> ['dɔrn] *m* ① *(Metallstift)* [hinged] spike
② *(Werkzeug)* awl

Dorn·busch *m* thorn bush

Dor·nen·ge·strüpp *nt* bramble[s], briar **Dor·nen·he·cke** *f* thorn hedge, hedge of thorns **Dor·nen·kro·ne** *f* crown of thorns

Dorn·fort·satz *m* BIOL, MED neural spine **Dorn·gra·die·rung** *f* TECH graduation by brambles, thorn graduation **Dorn·gras·mü·cke** *f* ORN whitethroat **Dorn·hai** *m* ZOOL, KOCHK spiny dogfish

dor·nig ['dɔrnɪç] *adj* ① *(viele Dornen aufweisend)* thorny; **~es Gestrüpp** brambles *pl*
② *(geh: schwierig)* thorny

Dorn·rös·chen <-> [-'rø:sçən] *nt kein pl* Sleeping Beauty

Dorn·rös·chen·schlaf *f* ≈ sleepy way of life BRIT; **aus seinem ~ erwachen** [*o* **aufwachen**] to wake up, to be shaken out of a sleepy way of life; *(aufwachen aus der Lethargie)* to become aware of sth, to wake up and smell the coffee AM; **in einen ~ versinken** to fall into a deep sleep; **wieder in einen ~ versinken** to return to a sleepy way of life; *(lethargisch werden)* to fall into a stupor

Dorn·strauch·sa·van·ne *f* thornbush savanna[h]

Dörr·ap·pa·rat *m* KOCHK desiccating machine **Dörr·boh·ne** *f* KOCHK dried broad bean

dor·ren ['dɔrən] *vi sein (geh)* to dry [up]

dör·ren ['dœrən] **I.** *vt haben* ■**etw ~** to dry [out] sth *sep*
II. *vi sein* to dry out, to wither

Dörr·fisch *m* dried fish **Dörr·fleisch** *nt* DIAL dried meat, [smoked] bacon **Dörr·obst** *nt* dried fruit **Dörr·pflau·me** *f* prune

Dorsch <-[e]s, -e> ['dɔrʃ] *m* cod

Dor·schen ['dɔrʃn̩] *m* BOT, KOCHK swede

dort ['dɔrt] *adv hinweisend* there; ***schau mal ~!*** look at that!; ***hast du meine Brille gesehen? — ja, sie liegt ~*** have you seen my glasses? — yes, they're over there; **~ drüben** over there; **nach ~** there; **von ~** from there; **von ~ aus** from there; *s. a.* **da I 1**

dort|be·hal·ten* *vt irreg* ■**jdn ~** to keep sb there

dort|blei·ben *vi irreg sein* to stay there

dort·her ['dɔrt'he:ɐ̯] *adv* from there

dort·hin ['dɔrt'hɪn] *adv* there; ***können Sie mir sagen, wie ich ~ komme?*** can you tell me how to get there?; **bis ~** as far as there, up to there; ***wie weit ist es bis ~?*** how far is it to there?

dort·hin·ab ['dɔrthɪ'nap] *adv s.* **dorthinunter**

dort·hin·auf *adv* up there

dort·hin·aus ['dɔrthɪ'naus] *adv (dahinaus)* there, that way, in that direction
▸WENDUNGEN: **bis ~** *(fam)* really, dreadfully, awfully; ***das ärgert mich bis ~!*** that makes me furious!, that drives me up the wall!, that really gets on my nerves!

dort·hin·ein *adv* over there

dort·hin·un·ter *adv* down there

dor·tig ['dɔrtɪç] *adj attr* local; **die ~en Verhältnisse kennen** to know the local situation [*or* the situation there]; **für ~e Verhältnisse** for the local circumstances

Dort·mund <-s> ['dɔrtmʊnt] *nt* Dortmund

DOS <-> ['dɔs] *nt kein pl* INFORM *Akr von* **disk operating system** DOS

DOS-Be·triebs·sys·tem *nt* INFORM DOS operating system

Dös·chen <-s, -> ['dø:sçən] *nt dim von* **Dose** little tin [*or* box] [*or* can]

Do·se <-, -n> ['do:zə] *f* ① *(Büchse)* box; *(Blechdose)* tin BRIT, can; **in ~n** in tins
② *(Steckdose)* socket; *(Verteilerdose)* distribution [*or* junction] box

Do·sen *pl von* **Dosis**

dö·sen ['dø:zn̩] *vi (fam)* ■[**vor sich** *akk* **hin**] **~** to doze [away], to drowse

Do·sen·bier *nt kein pl* canned beer **Do·sen·lo·cher** *m* KOCHK can punch **Do·sen·milch** *f* tinned [*or* evaporated] [*or* condensed] milk **Do·sen·mu·sik** *f (hum fam)* muzak®, canned [*or* piped] music *pej; (im Gegensatz zu Livemusik)* recorded music **Do·sen·nah·rung** *f* tinned food **Do·sen·öff·ner** *m* tin opener **Do·sen·pfand** *nt kein pl* deposit on cans **Do·sen·sup·pe** *f* canned soup

do·sier·bar *adj* measurable; **eine genau ~e Menge von etw** *dat* an exact dose of sth

do·sie·ren* [do'zi:rən] *vt* ① *(abmessen)* ■**etw ~** to measure out sth *sep;* **Arzneimittel ~** to measure out medicine [in doses]; **etw sparsam ~** to be sparing with sth
② *(zumessen)* ■**etw ~** to measure [*or* hand] out sth, to hand out in measured doses

Do·sier·spen·der *m* dispenser

Do·sie·rung <-, -en> *f* dose, dosage

dö·sig ['dø:zɪç] *adj (fam)* ① *(blöd)* dozy; ***stell dich nicht so ~ an*** don't be so dozy
② *(dösend)* sleepy, dozy, drowsy

Do·si·me·ter <-s, -> [dozi'me:tɐ] *nt* dosimeter, dosemeter BRIT

Do·sis <-, Dosen> ['do:zɪs, *pl* 'do:zn̩] *f* dose, dosage; **in kleinen Dosen** in small doses

Dös·kopp <-s, -köppe> [-kɔp] *m* NORDD *(fam)* dozy nit BRIT *fam,* dope

Dos·sier <-s, -s> [dɔ'sie:] *nt* file, dossier

Do·ta·ti·on <-, -en> [dota'tsi̯o:n] *f (geh: Schenkung)* present; *(für Wohltätigkeitszwecke)* donation; *(ein regelmäßiges Einkommen erzeugend)* endowment

Dot·com <-, -s> ['dɒtkɒm] *f* ÖKON, INET *(sl)* dotcom, dot com

Dot·com-Un·ter·neh·men ['dɒtkɒm-] *nt* INET *(sl)* dotcom [business [*or* company]] *sl*

do·tie·ren* [do'ti:rən] *vt* ① *(honorieren)* **eine Stelle** [**mit etw** *dat*] **~** to remunerate a position [with sth]; ■**dotiert** salaried
② *(ausstatten)* **mit Euro ... dotiert sein** to be worth ... euros; ***der erste Preis war mit Euro 25.000 dotiert*** the first prize was 25,000 euros

dotiert I. *pp von* **dotieren**
II. *adj inv* paid; **eine hoch ~e Stellung** a highly-paid [*or* well-paid] job

Do·tie·rung <-, -en> *f* FIN allocation

Dot·ter <-s, -> ['dɔtɐ] *m o nt* yolk

Dot·ter·blu·me *f s.* **Sumpfdotterblume**

dou·beln ['du:bln] **I.** *vt* ■**jdn ~** to double for sb; **sich** *akk* **von jdm ~ lassen** to let sb double one; ***Schauspieler lassen sich oft von Stuntmen ~*** actors often let stuntmen double for them; ■**etw** [**für jdn**] **~** to play sth [for sb]; ***ein Stuntman hat die Szene für ihn gedoubelt*** a stuntman played the scene for him
II. *vi* to work as a double

Dou·ble <-s, -s> ['du:bl] *nt* ① FILM double, stand-in
② *(Doppelgänger)* double, doppelgänger

dou·blie·ren [du'bli:rən] *vt* KOCHK ■**etw ~** to double sth; **Gebäckstücke ~** to place pastries on top of each other

Dou·glas·fich·te *f,* **Dou·glas·tan·ne** ['duglas-] *f* Douglas fir

Dow-Jones-In·dex [dau'dʒo:nz-] *m* Dow Jones [Index]

Down <-s, -s> [daun] *nt* NUKL *(Elementarladung)* down

down [daun] *adj pred (sl)* down, miserable; **~ sein/sich** *akk* **~ fühlen** to feel down [*or* low] [*or* miserable]

Down·hill-Moun·tain·bi·king ['daunhil'mauntinbaɪkɪŋ] *nt* downhill mountain biking

Down·link ['daunlɪŋk] *nt* TELEK downlink **Down·load** <-s, -s> ['daunloud] *m* INET download **down·loa·den** ['daunloudn̩] *vt* INFORM ■**etw** [**auf etw** *akk*/**von etw** *dat*] **~** to download sth [to/from sth]

Down·loa·der <-s, -> *m* INFORM downloader

Down·stream·ge·schäft ['daunstri:m-] *nt* ÖKON downstream business

Down·syn·drom *nt* MED Down's syndrome

Do·zent(in) <-en, -en> [do'tsɛnt] *m(f)* ① *(Universität)* lecturer
② *(Lehrer an einer Volkshochschule)* teacher, instructor; ■**~ für etw** *akk* **sein** to be a teacher of sth

Do·zen·tur <-, -en> [dotsɛn'tu:ɐ̯] *f (geh)* lectureship

do·zie·ren* [do'tsi:rən] *vi* ① *(an der Universität)* to lecture, to deliver a lecture [*or* lectures]; ■**über etw** *akk* **~** to lecture about sth, to deliver a lecture on
② *(geh: belehren)* to lecture, to preach *pej;* ■**~d** lecturing; **in ~dem Ton** in a lecturing tone of voice

D/P HANDEL *Abk von* **Dokumente gegen Bezahlung** documents against payment, D/P

dpa <-> [de:pe:'a:] *f kein pl Abk von* **Deutsche Presse-Agentur** *leading German press agency*

DPG <-> *f kein pl Abk von* **Deutsche Postgewerkschaft** German Postal Workers' Union

dpi TYPO *Abk von* **dots per inch** dpi

dpt *Abk von* **Dioptrie** dioptre [*or* AM diopter]

Dr. *Abk von* **Doktor** Dr

Dra·che <-n, -n> ['draxə] *m (Fabeltier)* dragon

Dra·chen <-s, -> ['draxn̩] *m* ① *(Spielzeug)* kite; **einen ~ steigen lassen** to fly a kite
② *(Fluggerät)* hang-glider
③ *(fam: zänkisches Weib)* dragon *fam*

Dra·chen·flie·gen *nt* hang-gliding **Dra·chen·flie·ger(in)** *m(f)* hang-glider **Dra·chen·kopf** *m* ZOOL, KOCHK scorpion fish

Drach·me <-, -n> ['draxmə] *f* drachma

Dra·gee, Dra·gée <-s, -s> [dra'ʒe:] *nt* ① PHARM dragée *form,* sugar-coated pill
② KOCHK sugar-coated sweet BRIT

Dra·go·ner <-s, -> [dra'go:nɐ] *m* ① *(Angehöriger einer leichten Reitertruppe)* dragoon
② *(derbe Frau)* battleaxe [*or* AM -ax] *fam,* dragon *fam*

Draht <-[e]s, Drähte> ['dra:t, *pl* 'drɛ:tə] *m* wire; *(sehr dünn)* filament; *(Telefondraht)* telephone cable
▸WENDUNGEN: [**schwer**] **auf ~ sein** *(fam)* to be on the ball *fam* [*or* on one's toes]; **zu jdm einen guten ~ haben** to be on good terms with sb; **der heiße ~** the hot line

Draht·be·span·nung *f* wire grille **Draht·bürs·te** *f* wire brush **Draht·esel** *nt (fam)* bike **Draht·ge·flecht** *nt* wire mesh **Draht·git·ter** *nt* wire grating **Draht·glas** *nt* BAU wire glass **Draht·hef·tung** *f* TYPO wire-stitching

drah·tig *adj* wiry

draht·los *adj* wireless, cordless; **~es Telefon** mobile [tele]phone BRIT, mobile BRIT, cellular [tele]phone AM, cellphone AM

Draht·sche·re *f* wire cutters *npl*

Draht·seil *nt* wire cable; *s. a.* **Nerv Draht·seil·akt** *m (geh)* high wire act **Draht·seil·bahn** *f* cable railway [*or* car], gondola AM

Draht·ver·hau *m* wire entanglement **Draht·zaun** *m* wire fence

Draht·zie·her(in) <-s, -> *m(f)* sb pulling the strings

Drai·na·ge <-, -n> [drɛ'na:ʒə] *f* ① MED drainage
② SCHWEIZ *(Dränung)* drainage
③ *s.* **Dränage**

drai·nie·ren* [drɛ'ni:rən] *vt s.* **dränieren**

Drai·si·ne <-, -n> [drɛ'zi:nə] *f* HIST ① BAHN rail trolley
② *(zweirädriges Fahrzeug)* draisine, dandy-horse *hist*

dra·ko·nisch [dra'ko:nɪʃ] **I.** *adj (unbarmherzig hart)* Draconian, harsh; **~e Strafe** Draconian measure [as punishment]; **~e Strenge** harshness
II. *adv* harshly

drall ['dral] *adj* well-rounded, shapely; **ein ~es Mädchen** a shapely girl, a buxom lass BRIT

Drall <-[e]s, -e> ['dral] *m* ① *(Rotation)* spin, twist; **einen ~ nach links/rechts haben** to have a spin to the left/right
② *(bei Gewehr)* rifling, groove

Dra·lon® <-[s]> ['dra:lɔn] *nt kein pl* Dralon® *esp* BRIT

DRAM <-, -s> *nt* INFORM *Akr von* **dynamic RAM** D-RAM

Dra·ma <-s, -men> ['dra:ma, *pl* 'dra:mən] *nt* ❶ *(Bühnenspiel)* drama, play
❷ *(erschütterndes Ereignis)* drama, tragedy; ***es ist ein ~, dass...*** it is a disaster that...; **ein ~ aus etw** *dat* **machen** to make a drama out of sth [*or* mountain out of a molehill]

Dra·ma·tik <-> [dra'ma:tɪk] *f kein pl* ❶ *(fig: große Spannung)* drama; ***die letzten Minuten des Matches waren von großer ~*** the last minutes of the match were very dramatic [*or* full of drama]
❷ LIT *(dramatische Dichtkunst)* drama

Dra·ma·ti·ker(in) <-s, -> [dra'ma:tikɐ] *m(f)* playwright, dramatist

dra·ma·tisch [dra'ma:tɪʃ] **I.** *adj* dramatic, drama-laden *form;* ***mach's nicht so ~!*** don't be so theatrical!
II. *adv* dramatically

dra·ma·ti·sie·ren* [dramati'zi:rən] *vt* ■**etw ~** ❶ LIT *Stoff, Roman* to dramatize sth
❷ *(fig: übertreiben)* to express [*or* react to] sth in a dramatic way

Dra·ma·ti·sie·rung <-, -en> *f* dramatization; ***das ist doch wirklich kein Anlass zur ~!*** there is really no call for dramatization!

Dra·ma·turg(in) <-en, -en> [drama'tʊrk, *pl* drama'tʊrgn̩] *m(f)* dramatic advisor, dramaturg[e]

Dra·ma·tur·gie <-, -en> [dramatʊr'gi:, *pl* drama-tʊr'gi:ən] *f* ❶ *(Lehre des Dramas)* dramaturgy
❷ *(Bearbeitung eines Dramas)* dramatization
❸ *(Abteilung)* dramaturgy dept

Dra·ma·tur·gin <-, -nen> [drama'tʊrgɪn] *f fem form von* **Dramaturg**

dra·ma·tur·gisch [drama'tʊrgɪʃ] *adj* dramaturgic[al] *form;* **~e Gestaltung** dramatization

Dra·men ['dra:mən] *pl s.* **Drama** dramas *pl*

dran ['dran] *adv (fam)* ❶ *(daran)* [**zu**] **früh/spät ~ sein** to be [too] early/late; **gut ~ sein** to be well off [*or* sitting pretty] [*or* in a privileged position]; ***sie ist besser ~ als er*** she's better off than he is; **schlecht ~ sein** *(gesundheitlich)* to be off colour [*or* AM -or] [*or* BRIT poorly], to not be very well; *(schlechte Möglichkeiten haben)* to be in a bad position, to have a hard time [of it]
❷ *(an der Reihe sein)* ■**~ sein** to have a turn; ***jetzt bist du ~!*** now it's your turn!; ***wer ist als Nächster ~?*** whose turn is it next?, who's next?; ***ich war [zuerst] ~*** it's my turn [first]; [**bei jdm**] **~ sein:** ***heute ist Latein ~*** we've got Latin today
❸ *(fam: an den Kragen gehen)* ■**~ sein** to be for it *fam;* ***wenn ich ihr das nachweisen kann, dann ist sie ~!*** if I can prove it, then she'll really get it!; *(sterben müssen)* to be next
❹ *(vorhanden sein)* **nichts ~ sein an jdm** to be [very] thin [*or* nothing but skin and bones]; *(ohne Reize)* to be not very appealing, to not have much appeal; ■**etw ~ sein an jdm** to have sth [special]; ***was ist an ihm ~?*** what's so special about him?; **etw ~ sein an etw** *dat* to be sth to sth; ***an dieser Wachtel ist ja kaum was ~!*** there's hardly any meat to this quail!
❺ *(zutreffen)* ■**etw ~ sein an etw** *dat* to be sth in it; ***ob an diesem Gerücht doch etwas ~ sein könnte?*** could there be anything in this rumour?; **nichts ~ sein an etw** *dat* to be nothing in sth

Drä·na·ge <-, -n> [drɛ'na:ʒə] *f* ❶ *(Entwässerungsleitung)* drainage [pipes]
❷ *(System von Entwässerungsgräben)* drainage [ditches]

dran|blei·ben *vi irreg sein (fam)* ❶ *(dicht an jdm bleiben)* ■**an jdm ~** to keep [*or* stay] [*or* stick] close to sb
❷ *(am Telefon bleiben)* to hold the line BRIT, to hold

drang ['draŋ] *imp von* **dringen**

Drang <-[e]s, Dränge> ['draŋ, *pl* 'drɛŋə] *m* ❶ *(innerer Antrieb)* longing, desire; ■**jds ~, etw zu tun** sb's urge [*or* itch] [*or* longing] to do sth; **ein ~ nach Bewegung** an urge to do some [physical] exercise; **~ nach Wissen** thirst for knowledge; **~ nach Freiheit** longing [*or liter* yearning] for freedom; **ein starker ~** a strong desire [*or* urge], a great longing; **einen ~ haben[, etw zu tun]** to feel an urge [to do sth], to have a desire [to do sth]
❷ *(Harndrang)* urgent need [*or* urge] to go to the toilet; **einem ~ nachgeben** to answer a call of nature
❸ *(geh: Druck)* ■**der ~ einer S.** *gen* the pressure of sth; **der ~ der Umstände** the force of circumstances

dran|ge·hen *vi irreg sein (fam)* ❶ *(sich zu schaffen machen)* ■[**an etw** *akk*] **~** to touch [sth]
❷ *s.* **darangehen**

Drän·ge·lei <-, -en> [drɛŋə'lai] *f (pej fam)* ❶ *(lästiges Drängeln)* pushing [and shoving], jostling
❷ *(lästiges Drängen)* nagging, pestering; ***hör auf mit dieser ~!*** stop pestering me!

drän·geln ['drɛŋl̩n] **I.** *vi (fam)* to push [*or* shove]; ***drängle nicht!*** don't push!, stop pushing!
II. *vt, vi (fam)* ■[**jdn**] **~** to pester [*or* badger] [sb]; ■**jdn ~** to give sb a hard time *fam;* ***ich lasse mich von ihm nicht ~*** I will not be pestered [*or* badgered] by him; **ständiges D~** constant pestering
III. *vr (fam)* ❶ *(sich drängen) s.* **drängen III 1**
❷ *(sich bemühen)* ■**sich** *akk* [**darum**] **~, etw zu tun** to push oneself forward to do sth, to be keen to do sth

drän·gen ['drɛŋən] **I.** *vi* ❶ *(schiebend drücken)* to push [*or* shove] [*or* jostle]; **durch die Menge ~** to force [*or* elbow] [*or* BRIT shoulder] one's way through the crowd; **in die S-Bahn ~** to force [*or* elbow] [*or* BRIT shoulder] one's way into the train; **nach vorne ~** to push to the front, to force [*or* elbow] [*or* BRIT shoulder] one's way to the front [*or* forwards]; **zum Ausgang/zur Kasse ~** to force [*or* elbow] [*or* BRIT shoulder] one's way to the exit/the till [*or* BRIT cash desk] [*or* cash register]
❷ *(fordern)* ■**auf etw** *akk* **~** to insist on [*or form* press for] sth; **auf eine baldige Entscheidung ~** to ask for a speedy decision; ■**bei jdm auf etw** *akk* **~** to press sb to do sth; ■**zu etw** *dat* **~** to want to do sth; ***warum drängst du so zur Eile?*** why are you in such a hurry?; ■**darauf ~, dass jd etw tut/dass etw getan wird** to insist that sb does sth/that sth gets done
❸ *(pressieren)* to be short [time]; **die Zeit drängt** time is running out [*or* short]; ***es drängt nicht*** there's no hurry
II. *vt* ❶ *(schiebend drücken)* ■**jdn ~** to push [*or* shove] [*or* thrust] sb; **jdn zur Seite ~** to push [*or* shove] [*or* thrust] sb aside
❷ *(auffordern)* ■**jdn** [**zu etw** *dat*] **~** to pressurize [*or* pressure] sb [into sth], to twist sb's arm *fam;* ■**jdn ~, etw zu tun** to pressurize sb into doing sth, to apply pressure to [*or* put pressure on] sb to do sth
❸ *(treiben)* ■**jdn** [**zu etw** *dat*] **~** to force sb [to sth]; ***was drängt dich denn so?*** what's the hurry [*or* rush]?; ■**jdn ~, etw zu tun** to compel [*or* oblige] sb to do sth, to twist sb's arm to do sth *fam;* **sich** *akk* [**von jdm**] **gedrängt fühlen** to feel pressurized [*or* pressured] by sb, to feel sb is trying to pressurize [*or* pressure] one
III. *vr* ❶ *(sich drängeln)* ■**sich** *akk* **~** to crowd [*or* press]; ***vor den Theaterkassen drängten sich die Leute nach Karten*** a throng of people in front of the box office were trying to get tickets; ■**sich** *akk* **irgendwohin ~** to force one's way somewhere; **sich** *akk* **durch die Menschenmassen ~** to force [*or* elbow] [*or* BRIT shoulder] one's way through the crowd; **sich** *akk* **in den Bus/in die S-Bahn ~** to crowd [*or fam* pile] into the bus/train; **sich nach vorne ~** to press forwards
❷ *(sich häufen)* ■**sich** *akk* **~** to pile [*or* mount] up
❸ *(unbedingt wollen)* ■**sich** *akk* **nach etw** *dat* **~** to put [*or* push] oneself forward for sth

Drän·gen <-s> ['drɛŋən] *nt kein pl* pleading, begging, beseeching *form;* **auf jds ~** [**hin**] because of sb's pleading [*or* begging]; *(Nörgelei)* pestering *fam;* ***schließlich gab er ihrem ~ nach*** he finally gave in to her

drän·gend *adj* ❶ *(dringend)* urgent, pressing
❷ *(dringlich)* insistent, urgent, compelling, forceful; **mit ~er Stimme** to speak in an insistent tone

Drang·sal <-, -e> ['draŋza:l] *f (geh)* suffering

drang·sa·lie·ren* [draŋza'li:rən] *vt (plagen)* ■**jdn** [**mit etw** *dat*] **~** to plague [*or* harass] sb [with sth]

dran|hal·ten *irreg* **I.** *vt (fam: an etw halten)* ■**etw** [**an etw** *akk*] **~** hold sth up [to sth]
II. *vr (fam: sich ranhalten)* ■**sich** *akk* **~** to keep at it [*or* sth], to not let up, to persevere

dran|hän·gen **I.** *vt (fam)* ❶ *(an etw hängen)* ■**etw** [**an etw** *akk*] **~** to hang sth [on sth]
❷ *(mehr aufwenden)* ■[**bei etw** *dat*] **etw ~** to add on sth [to sth]; ***wir wurden nicht rechtzeitig fertig und mussten noch zwei Stunden ~*** we didn't finish in time and had to put in another two hours
II. *vi irreg (fam: an etw hängen)* ■[**an etw** *dat*] **~** to hang [on sth]; ***es hing ein Zettel dran*** a tag was attached
III. *vr (fam: verfolgen)* ■**sich** *akk* [**an jdn**] **~** to follow [sb], to stick close [to sb]

drä·nie·ren* [drɛ'ni:rən] *vt* ■**etw ~** to drain sth

dran|kom·men *vi irreg sein (fam)* ❶ *(an die Reihe kommen)* to be sb's turn; ***Sie kommen noch nicht dran*** it's not your turn yet; ***warte bis du drankommst*** wait your turn
❷ *(aufgerufen werden)* ■[**bei etw** *dat*/**mit etw** *dat*] **~** to be asked [sth]; ***bei der Lehrerin komme ich nie dran*** this teacher never asks me anything
❸ DIAL *(erreichen können)* ■[**an etw** *akk*] **~** to reach [*or* get at] [sth]; ***versuche mal, ob du drankommst*** see if you can reach it

dran|krie·gen *vt (fam)* ❶ *(zu etw veranlassen)* ■**jdn ~** to get sb to do sth, to make sb do sth; **jdn zur Arbeit ~** to get sb working
❷ *(reinlegen)* ■**jdn ~** to fool sb, to take sb in

dran|las·sen *vt irreg (fam)* ❶ *(an etw belassen)* ■**etw** [**an etw** *dat*] **~** to leave sth [on sth]
❷ *s.* **ranlassen**

dran|ma·chen **I.** *vr (fam: mit etw beginnen)* ■**sich** *akk* [**an etw** *akk*] **~** to get started [*or* cracking] with sth [*or* going]
II. *vt (fam: befestigen)* ■**etw** [**an etw** *akk*] **~** to fix sth [to sth]; **einen Aufkleber/Etikett an etw** *akk* **~** to stick a sticker/a label on sth; **eine Steckdose ~** to put in [*or* install] a socket

dran|neh·men *vt irreg (fam)* ■**jdn ~** ❶ *(zur Mitarbeit auffordern)* to ask sb
❷ *(zur Behandlung nehmen)* to take sb; ***können Sie mich nicht vorher ~?*** can't you take me first?

Drän·plat·te *f* BAU drain tile

dran|set·zen **I.** *vt (fam)* ❶ *(anfügen)* ■**etw** [**an etw** *akk*] **~** to add sth [on] [to sth]; **ein Stück/Teil an etw** *akk* **~** to add a piece/part [on] [to sth]
❷ *(einsetzen)* ■**etw ~** to put [one's] sth into; ***seine ganze Kraft/sein gesamtes Vermögen ~, um sein Ziel zu erreichen*** to put all one's effort/fortune into reaching one's goal; ***wir müssen alles ~!*** we must do everything [*or* make every effort]!
❸ *(beschäftigen)* ■**jdn ~** to put sb onto the job [*or* it]
II. *vr (fam)* ❶ *(sich nahe an etw setzen)* ■**sich** *akk* [**an jdn/etw**] **~** to sit [down] [next to sb/sth]
❷ *(fam: mit etw beginnen)* ■**sich** *akk* [**an etw** *akk*] **~** to get started [*or* cracking] with sth [*or* going]

Drä·nung <-, -en> ['drɛ:nʊŋ] *f* TECH drainage

dran|wa·gen *vr (fam)* ■**sich** *akk* [**an jdn/etw**] **~** to dare approach [*or fam* touch] sb

dra·pie·ren* [dra'pi:rən] *vt* ❶ *(aufwendig falten)* ■**etw** [**um etw** *akk*] **~** to drape sth [around sth]; **Stoffe ~** to drape fabrics
❷ *(schmücken)* ■**etw** [**mit etw** *dat*] **~** to drape sth [with sth]

Dra·pie·rung <-, -en> *f* ❶ *(das Drapieren) Vorhang* draping
❷ *(Verzierung durch Stoff)* drape, drapery

dras·tisch ['drastɪʃ] **I.** *adj* ❶ *(einschneidend)* drastic
❷ *(eindeutig)* blunt
II. *adv* ❶ *(einschneidend)* drastically
❷ *(deutlich)* bluntly; **~ demonstrieren/zeigen** to demonstrate/show clearly

drauf ['drauf] *adv (fam)* on it [*or* them]; ***zu dritt warfen sie sich auf ihn ~, um ihn zu verprügeln***

D

three of them launched themselves upon him in order to beat him up
▶WENDUNGEN: ~ **und dran sein, etw zu tun** to be on the verge [*or* point] of doing sth; **immer feste ~!** let him have it!, give him what for! BRIT, show him who's boss; **gut/komisch/schlecht ~ sein** *(fam)* to feel good/strange/bad; ***wie ist der denn heute ~?*** *(fam)* what's up with [*or* got into] him today?; **etw ~ haben** *(fam: mit etw fahren)* to do [*or* be doing] sth; ***der Sportwagen hatte bestimmt 250 Sachen/ Kilometer ~!*** the sports car must have been doing at least 250!; ***zu viel ~ haben*** to be driving too fast; *(etw beherrschen)* to be well up on sth; ***Mathe hat er ~*** he's brilliant at maths

drauf|be·kom·men* *vt irreg (fam)* ■**etw [auf etw akk] ~** to fit sth on [to sth]
▶WENDUNGEN: **eins ~** to get [*or* be given] a smack BRIT, to get it; *(geschimpft werden)* to get it in the neck BRIT *fam,* to get it

Drauf·ga·be *f* ÖSTERR encore

Drauf·gän·ger(in) <-s, -> ['draufgɛŋɐ] *m(f)* go-getter *fam*

drauf·gän·ge·risch ['draufgɛŋərɪʃ] *adj* go-getting *fam*

drauf|ge·hen ['draufge:ən] *vi irreg sein (sl)* ❶ *(sterben)* ■**[bei etw dat/in etw dat] ~** to kick the bucket [during [*or* in] sth] *sl;* **im Krieg ~** to fall [*or* be lost] in [the] war
❷ *(verbraucht werden)* ■**[bei etw dat] ~** to be spent [on sth]
❸ *(kaputtgehen)* ■**[bei etw dat] ~** to get [*or* be] broken [at sth]; ***ein paar Gläser gehen bei solchen Veranstaltungen immer drauf*** a few glasses always get [*or* are always] broken at functions like these

drauf|ha·ben *vt irreg (fam)* ❶ *(Kenntnisse haben)* ■**etwas/nichts/viel ~** to know sth/nothing/a lot; ***sie hat zwar nicht so viel drauf, dafür ist sie ein herzensguter Mensch*** she may not be all that bright [*or fam* have that much up top], but she's a good-hearted soul
❷ *(von sich geben)* ■**etw ~** to come out with sth; **dumme Sprüche ~** to make [*or* BRIT *a.* come out with] stupid remarks; **Witze ~** to tell jokes; ***sie hat immer einen flotten Spruch drauf*** she's always ready with a smart remark [*or* full of smart remarks]

drauf|hal·ten *irreg* **I.** *vt (fam)* ■**etw [auf etw akk] ~** to hold sth [on sth]
II. *vi (fam)* ■**[mit etw dat] [auf jdn/etw] ~** to aim [at sb/sth] [with sth]

drauf|hau·en *vi irreg (fam)* ■**[auf jdn/etw] ~** to hit [sb/sth]; **jdm eins ~** to hit sb, to fetch sb a blow *dated fam*

drauf|kom·men *vi irreg sein (fam)* ❶ *(herausbekommen)* to get it *fam,* to figure it out *fam*
❷ *(sich erinnern)* to remember [*or* recall]

drauf|krie·gen *vt (fam) s.* **draufbekommen**

drauf|las·sen *vt irreg (fam)* ■**etw [auf etw dat] ~** to leave sth on [sth]

drauf|le·gen *vt (fam)* ❶ *(zusätzlich geben)* ■**etw ~** to fork out sth more *fam;* ***wenn Sie noch 5000 ~, können Sie das Auto haben!*** for another 5,000 the car is yours!
❷ *(auf etw legen)* ■**etw [auf etw akk] ~** to put sth on [sth]

drauf·los *adv* **[nur] immer feste [*o* munter] ~!** *(drauf)* keep it up!; *(voran)* [just] keep at it!; ***wir schaffen das schon, nur immer munter ~*** we'll manage [it], as long as we [just] keep at it!

drauf·los|ar·bei·ten *vi (fam)* to get straight down to work **drauf·los|fah·ren** *vi (fam)* to start driving **drauf·los|ge·hen** *vi irreg sein (fam: ohne Ziel)* to set off **drauf·los|re·den** *vi (fam)* to start talking **drauf·los|schie·ßen** *vi (fam)* to open fire blindly **drauf·los|schla·gen** *vi irreg (fam)* ■**[auf jdn/etw] ~** to hit out [*or fam* let fly] [at sb/sth]

drauf|ma·chen *vt (fam)* ■**etw [auf etw akk] ~** to put sth on [sth]; ***den Deckel wieder auf die Flasche ~*** to put the lid back on the bottle
▶WENDUNGEN: **einen ~** *(sl)* to paint the town red *fam*

drauf|sein[ALT] *vi irreg sein (fam) s.* **drauf**

drauf|set·zen *vt (fam)* ■**jdn/etw [auf ein Tier/etw akk] ~** to put [*or* place] sb/sth on [an animal/sth]; ■**sich akk [auf ein Tier/etw akk] ~** to sit [on an animal/sth]
▶WENDUNGEN: **[noch] eins ~** *(sl: hinzufügen)* to add sth more [*or* else], to cap it all off

Drauf|sicht *f (fachspr)* top view

drauf|sprin·gen *vi irreg* ■**[auf etw akk] ~** ❶ *(auf etw springen)* to jump on [sth]
❷ *(pej fam: eine Gelegenheit ergreifen mitzumachen)* jump on board [sth]

drauf|ste·hen *vi irreg (fam)* ❶ *(auf etw stehen)* ■**auf etw dat ~** to stand on sth
❷ *(gedruckt/geschrieben stehen)* ■**auf etw dat ~** to be on sth; ***ich kann nicht lesen, was da auf dem Etikett draufsteht*** I can't read what's [*or* what it says] on the label

drauf|sto·ßen *irreg* **I.** *vi sein (fam)* to come to it; ***zum Bahnhof? — geradeaus, dann links, dann stoßen Sie genau drauf*** the station? — straight ahead, then left and you can't miss it [*or* it's right [there] in front of you]
II. *vt haben (fam)* ■**jdn ~** to point it out to sb

drauf|zah·len *vi (fam) (drauflegen)* ■**etw [auf etw akk] ~** to add sth [to sth]; ***der Teppich gehört Ihnen, wenn Sie noch zwei Hunderter ~*** the carpet is yours if you up [*or* improve] your offer by a couple of hundred
▶WENDUNGEN: **~ müssen** *(eine Einbuße erleiden)* to make a loss; *(seelisch betroffen sein)* to suffer [the most]

draus ['draus] *adv (fam) s.* **daraus**

draus|brin·gen *vt irreg* ÖSTERR, SCHWEIZ, SÜDD ■**jdn ~** to distract sb, make sb lose their track [of thought]

draus|kom·men *vi irreg sein* ÖSTERR, SCHWEIZ, SÜDD ❶ *(aus dem Konzept geraten)* to become distracted, to lose one's track [of thought] ❷ *(aus etwas schlau werden)* ■**aus etw dat ~** to understand sth

drau·ßen ['drausn̩] *adv* ❶ *(im Freien)* outside; **~ bleiben** to wait [*or* stay] outside; **nach ~** outside; **von ~** from outside; ***da ist doch jemand ~ am Fenster/ vor der Tür*** there's sb [outside] at the window/door
❷ *(weit entfernt)* out there; ***ich wohne [weit] ~ auf dem Lande*** I live [way] out in the country; ***das Lokal liegt noch weiter ~*** the pub is even further away; ***~ auf dem Meer*** out at sea

Dra·wi·da <-[s], -[s]> [dra'vi:da] *m* Dravidian

Dread·locks ['drɛd-] *pl* dreadlocks *pl*

drech·seln ['drɛksl̩n] **I.** *vt* ■**etw ~** to turn sth
II. *vi* to turn

Drechs·ler(in) <-s, -> ['drɛkslɐ] *m(f)* turner

Drechs·ler·bank <-bänke> *f* lathe

Drechs·le·rei <-, -en> [drɛkslə'rai] *f* turner's workshop

Drechs·le·rin <-, -nen> ['drɛkslərɪn] *f fem form von* **Drechsler**

Dreck <-[e]s> ['drɛk] *m kein pl* ❶ *(Erde)* dirt; ***die Wege sind vom Regen aufgeweicht, du bleibst bestimmt im ~ stecken*** the roads have been softened by the rain, you'll most probably get stuck in the mud; *(Schmutz)* mess, dirt, muck BRIT *fam;* **~ machen** to make a mess; **vor ~ starren** to be covered in dirt [*or* muck]
❷ *(Schund)* rubbish BRIT, trash AM
▶WENDUNGEN: **seinen ~ alleine machen** *(fam)* to do one's own dirty work; **jdn einen [feuchten] ~ angehen** *(fam)* to be none of sb's [damned] business; **einen ~** *(sl)* fuck all *sl,* naff [*or* sod] all BRIT; **einen ~ verstehen/wert sein/wissen** to not understand/be worth/know a damn thing *fam!* [*or* BRIT sod [*or* naff] all]; **frech wie ~** *(fam)* a real cheeky monkey BRIT, a lippy little devil; **aus dem gröbsten ~ heraus sein** *(fam)* to be over the worst; **mit jedem ~** *(fam)* with every little thing; **sich akk einen ~ um jdn/etw kümmern [*o* scheren]** *(fam)* to not give a damn about sb/sth; **jdn wie den letzten ~ behandeln** *(fam)* to treat sb like dirt; **der letzte ~ sein** *(sl)* to be the lowest of the low; **im ~ sitzen [*o* stecken]** *(fam)* to be in a mess [*or* BRIT *a.* the mire]; **~ am Stecken haben** *(fam)* to have a skeleton in the cupboard [*or* AM closet]; **jdn/etw in [*o* durch] den ~ ziehen** *(fam)* to drag sb's name/sth through the mud

Dreck·ar·beit *f (fam)* dirty work; *(pej a.)* menial work **Dreck·fin·ger** *pl (fam)* dirty fingers [*or esp* AM hands] *pl* **Dreck·fink** *m* ❶ *(fam: Kind)* mucky pup BRIT *fam,* grubby urchin ❷ *(fam: unmoralischer Mensch)* dirty [*or* filthy] beggar *sl*

dre·ckig **I.** *adj* ❶ *(schmutzig)* dirty; **sich akk [an etw dat] ~ machen** to make oneself dirty [*or* dirty oneself] [on sth]
❷ *(fam: gemein)* dirty; **~es Schwein** filthy swine; **~er Verbrecher/Verräter** low-down criminal/traitor
❸ *(fam: abstoßend)* dirty
II. *adv (fam)* nastily
▶WENDUNGEN: **jdm geht es ~** *(fam)* sb feels bad [*or* terrible]; *(finanziell schlecht dastehen)* sb is badly off; *(Übles bevorstehen)* sb is [in] for it *fam;* ***wenn er erwischt wird, geht es ihm ~!*** if he's caught he'll be [in] for it!

Dreck·loch *nt (pej sl)* hovel, dump *fam* **Dreck·nest** *nt (pej sl)* hole, dump *fam* **Dreck·pfo·ten** *pl (sl)* dirty fingers *pl,* grubby paws *pl* **Dreck·sack** *m (pej)* bastard

Drecks·ar·beit *f (fam) s.* **Dreckarbeit**

Dreck·sau *m (pej sl)* filthy swine *pej sl* **Dreck·schleu·der** *f (pej)* ❶ *(verleumderische Person)* slanderer ❷ *(Umweltverschmutzer)* industrial polluter **Dreck·schwein** *nt (fam) s.* **Drecksau**

Drecks·kerl *m (fam) s.* **Drecksack**

Dreck·spatz *m (fam Kind)* mucky [*or* messy] pup BRIT *fam; (pej Erwachsener)* filthy beggar

Drecks·wet·ter *nt (pej fam)* foul [*or* BRIT *a.* filthy] weather

Dreh <-s, -s *o* -e> ['dre:] *m* ❶ FILM, TV shooting *no pl;* **mitten im ~** in the middle of shooting
❷ *(fam)* trick
▶WENDUNGEN: **den [richtigen] ~ heraushaben** *(fam)* to get the knack [*or fam* hang] of it; **[so] um den ~** *(fam)* about then [*or* that]; ***wir treffen uns morgen Abend um acht, jedenfalls [so] um den ~*** we're meeting at round about eight tomorrow evening

Dreh·ar·beit *f meist pl* FILM shooting *no pl* **Dreh·back·ofen** *m* revolving tray oven, reel oven **Dreh·bank** <-bänke> *f* TECH lathe

dreh·bar **I.** *adj* revolving; **~er Sessel/Stuhl** swivel chair
II. *adv* revolving; **~ gelagert** pivoted

Dreh·be·we·gung *f* rotation, rotary motion; **eine ~ machen** to turn [*or* rotate] **Dreh·blei·stift** *m* propelling [*or* AM mechanical] pencil **Dreh·brü·cke** *f* TECH swing bridge

Dreh·buch *nt* FILM screenplay **Dreh·buch·au·tor(in)** *m(f)* FILM screenplay writer

Dreh·büh·ne *f* THEAT revolving stage

dre·hen ['dre:ən] **I.** *vt* ❶ *(herumdrehen)* ■**etw ~** to turn sth; **den Schlüssel im Schloss ~** to turn the key in the lock
❷ *(verdrehen)* ■**etw ~** to turn [*or* move] sth; **den Kopf ~** to turn [*or* move] one's head
❸ *(rollen und formen)* **Pillen ~** to roll pills; **Seile ~** to twist ropes; **[sich dat] eine [Zigarette] ~** to roll one's own
❹ FILM *(aufnehmen)* **einen Film/Szene ~** to shoot a film/scene
❺ *(einstellen)* ■**etw ~** to turn sth; **das Gas hoch/auf klein ~** to turn the gas up high/down low; **die Heizung höher ~** to turn the heating up; **das Radio lauter/leiser ~** to turn the radio up/down; **den Schalter nach rechts ~** to turn the switch to the right
❻ *(fam: hinkriegen)* ■**etw ~** to manage sth; ***keine Sorge, ich werde es schon irgendwie ~, dass keiner etwas merkt*** don't worry, I'll make sure somehow that nobody notices; ***sie hat es so gedreht, dass sie nicht zahlen muss*** she managed to get away without paying; ***das hat sie sehr geschickt gedreht*** she worked it out very well; ***daran ist nichts zu ~ und zu deuteln*** there are

no two ways about it
❼ *(pej sl: Unrechtmäßiges tun)* ▪ **etw ~** to get up to sth; **ein [krummes] ~ drehen** *(fam)* to do a job *fam*
▸ WENDUNGEN: **wie man es auch dreht und wendet, man kann es [*o* die Sache] ~ und wenden, wie man will** whichever way [*or* no matter how] you look at it
II. *vi* ❶ FILM *(Aufnahmen machen)* to shoot; ***sie ~ gerade in Como*** they are filming [*or* shooting] in Como
❷ *(einstellen)* ▪ **an etw** *dat* **~** to turn sth; **an der Heizung ~** to adjust the heating; **am Radio ~** *(Sendereinstellung)* to tune the radio; *(Lautstärke)* to change the volume; **am Schalter ~** to turn the switch; ***wer hat an der Heizung/am Radio/am Schalter gedreht?*** who's been fiddling with the heating/radio/switch?
❸ *(die Richtung ändern)* *Fahrzeug* to turn [round]; *Wind* to change; ***der Fahrer drehte und fuhr zurück*** the driver turned round and drove back; ***das Schiff hat nach Süden gedreht*** the ship turned southward; ***der Wind hat gedreht*** the wind has changed
❹ *(fam: manipulieren)* ▪ **an etw** *dat* **~** to fiddle about [*or* to mess around] with sth; ***da muss doch einer dran gedreht haben*** somebody must have fiddled about with it
▸ WENDUNGEN: **an etw** *dat* **ist [*o* gibt es] nichts zu ~ und zu deuteln** there are no two ways about it; ***daran ist nichts zu ~ und zu deuteln*** there are no two ways about it
III. *vr* ❶ *(rotieren)* to rotate [*or* revolve]; ▪ **sich** *akk* **[um etw** *akk*] **~** to turn [about sth]; ***die Erde dreht sich um die Sonne*** the earth turns about [*or* goes round] the sun; ***das Auto geriet bei Glatteis ins Schleudern und drehte sich mehrmals*** the car skidded on the ice and spun [round] several times; **sich** *akk* **im Kreis ~** to turn round and round; **sich** *akk* **im Tanz ~** to spin around
❷ *(sich wenden)* ▪ **sich** *akk* **~** to turn; **sich** *akk* **zur Seite/auf den Bauch/nach rechts ~** to turn to the side/on to one's stomach/to the right
❸ *(zum Gegenstand haben)* ▪ **sich** *akk* **um jdn/etw ~** to be about sb/sth; ***worum dreht es sich?*** what is it about?; ***es dreht sich um etwas Wichtiges*** it is about something important; ***in dem Film dreht es sich um Liebe und Eifersucht*** the film is about love and jealousy; ***das Gespräch drehte sich nur um Sport*** the conversation only revolved around sport; ***es dreht sich hier nicht darum, alle zu überzeugen, aber wir brauchen eine Entscheidung*** it's not about convincing everybody, but we need a decision; ***es dreht sich [im Grunde] darum, dass ...*** the point is that ...; ***alles dreht sich immer um sie*** everything revolves around her; *(sie steht im Mittelpunkt)* she's always the centre of attention [*or* interest]
❹ ÖSTERR *(fam: aufbrechen, sich entfernen)* ▪ **sich** *akk* **~** to push off *fam*
▸ WENDUNGEN: **jdm dreht sich alles** sb's head is spinning [*or* BRIT *a.* swimming]; **sich** *akk* **~ und winden** to try to wriggle out [of it]

Dre·her(in) <-s, -> ['dre:ɐ] *m(f)* lathe operator
Dreh·er·laub·nis *f kein pl* FILM permission to film [*or* shoot]; **eine ~ erhalten** to be granted permission to film [*or* shoot]
Dreh·flü·gel *m* BAU turn sash, casement
dreh·freu·dig *adj* AUTO free-revving, willing to rev *pred,* revving willingly *pred* **Dreh·ge·neh·mi·gung** <-, -en> *f* FILM permission to film [*or* shoot]; **eine ~ erhalten** to be granted permission to film [*or* shoot]
Dreh·kar·tei *f* rotary file **Dreh·kipp·fens·ter** *nt* BAU turn-and-tilt window **Dreh·kran** *m* TECH rotary [*or* slewing] [*or* sluing] crane **Dreh·kreuz** *nt* turnstile **Dreh·lei·ter** *f* turntable ladder
Dreh·mo·ment *nt kein pl* AUTO, PHYS torque **Dreh·mo·ment·wand·ler** *m* AUTO torque converter, TC
Dreh·or·gel *f* MUS barrel organ
Dreh·ort *m* FILM location **Dreh·pau·se** *f* FILM break in shooting
Dreh·re·stau·rant *nt* revolving restaurant **Dreh·rie·gel·ver·schluss**^RR *m* BAU hasp lock **Dreh·schal·ter** *m* ELEK rotary switch **Dreh·schalt·griff** *m* rotary switch **Dreh·schei·be** *f* ❶ *(fig: Angelpunkt, Zentrum)* hub ❷ *(runde, sich drehende Vorrichtung)* revolving disc ❸ *(Töpferscheibe)* potter's wheel **Dreh·spieß** *m* spit **Dreh·stan·gen·schloss**^RR *nt* BAU cremone bolt lock
Dreh·strom *m* ELEK three-phase current **Dreh·strom·ge·ne·ra·tor** *m* AUTO alternator, ALT
Dreh·stuhl *m* swivel chair
Dreh·tag *m* day of shooting
Dreh·tür *f* BAU revolving door
Dreh- und An·gel·punkt *m* key [*or* central] issue
Dre·hung <-, -en> *f* ❶ *(Bewegung)* revolution; ***eine Pirouette besteht aus einer Vielzahl rascher ~ en um die eigene Achse*** you perform a pirouette by spinning round quickly a number of times; **eine ~ machen** to turn
❷ CHEM rotation, twisting; **spezifische ~** CHEM, PHYS specific rotation
Dreh·wurm *m* ▸ WENDUNGEN: **einen [*o* den] ~ haben [*o* kriegen]** *(fam)* to feel giddy
Dreh·zahl *f* AUTO, PHYS [number of] revolutions [*or* revs] **Dreh·zahl·be·reich** *m* AUTO rev [*or* [engine] speed] range; **hoher/niedriger ~** high revs [*or* [engine] speed] **Dreh·zahl·mes·ser** *m* AUTO rev[olution] counter
drei ['drai] *adj* three; ***sie arbeitet für ~*** she works for [*or* does the work of] three; **~ viertel** three quarters; **~ viertel ...** quarter to ... BRIT, quarter before ... AM; ***es ist ~ viertel vier*** it's quarter to four [*or* 3:45]; *s. a.* **acht**¹
▸ WENDUNGEN: **aussehen, als könne man nicht bis ~ zählen** to look pretty empty-headed; **ehe man bis ~ zählen konnte** in the twinkling [*or* blink] of an eye, before you could say Jack Robinson [*or* AM lickety-split] *dated*
Drei <-, -en> ['drai] *f* ❶ *(Zahl)* three
❷ KARTEN three; *s. a.* **Acht**¹ **4**
❸ *(auf Würfel)* **eine ~ würfeln** to roll a three
❹ *(Zeugnisnote)* C, satisfactory; ***er hat in Deutsch eine ~*** he got a C in German
❺ *(Verkehrslinie)* ▪ **die ~** the [number] three
Drei·ach·tel·takt [drai'ʔaxtl̩takt] *m* MUS three-eight time
drei·bän·dig *adj inv* LIT in three volumes *pred,* three-volume *attr*
Drei·bett·zim·mer *nt* three-bed room
Drei·bruch·falz *m* TYPO three-directional fold **Drei·bruch-Fens·ter·falz** *m* TYPO three-directional gatefold **Drei·bruch-Kreuz·falz** *m* TYPO three-directional right-angle fold
Drei-D-Ab·bil·dung *f* three-dimensional picture **Drei-D-Dar·stel·lung** *f* three-dimensional display
drei·di·men·si·o·nal *adj* three-dimensional
Drei·eck ['draiʔɛk] *nt* MATH triangle; **gleichschenkliges ~** isosceles triangle; **ungleichschenkliges ~** scalene [triangle]
▸ WENDUNGEN: **im ~ springen** *(fam)* to go off the deep end [*or* berserk] [*or* ballistic] *fam*
drei·eckig, 3-eckig^RR ['draiʔɛkɪç] *adj* triangular
Drei·ecks·ge·schäft *nt* ÖKON triangular transaction **Drei·ecks·han·del** *m* triangular transaction **Drei·ecks·tuch** *nt* ❶ MODE triangular shawl ❷ MED triangular bandage **Drei·ecks·ver·hält·nis** *nt* love [*or* BRIT *a.* eternal] triangle, ménage à trois; **ein ~ haben** to be [involved] in an eternal triangle
drei·ein·halb ['draiʔain'halp] *adj* ❶ *(3,5)* three and a half
❷ *(fam)* three and a half grand *no pl sl,* three and a half thou *fam sl; s. a.* **achteinhalb**
drei·ei·nig [drai'ʔainɪç] *adj s.* **dreifaltig**
Drei·ei·nig·keit <-> [drai'ʔainɪçkait] *f kein pl s.* **Dreifaltigkeit**
Drei·er <-s, -> ['draiɐ] *m* ❶ *(fam: drei Richtige im Lotto)* three winning numbers [in the lottery]
❷ SCH *(fam)* [a] satisfactory [mark [*or* AM grade]]
▸ WENDUNGEN: **ein flotter ~** *(sl)* a threesome *fam,* three-in-a-bed sex BRIT *sl*
Drei·er·kon·fe·renz *f* TELEK three-way conference
drei·er·lei ['draiɐlai] *adj inv, attr* three [different]; *s. a.* **achterlei**
Drei·er·pack *m* pack of three **Drei·er·rei·he** *f* row of three; ***die Ehrenkompanie war in ~ angetreten*** the guard of honour fell in three abreast **Drei·er·zim·mer** <-s, -> *nt* SCHWEIZ *(Dreibettzimmer)* three-bed room
drei·fach, 3-fach ['draifax] **I.** *adj* ❶ *(dreimal)* threefold; **in ~er Ausführung** in triplet, three copies of; **die ~e Menge** three times [*or* BRIT *a.* treble] the amount
❷ CHEM ternary
II. *adv* threefold, three times over
Drei·fach·bin·dung *f* CHEM triple bond
Drei·fa·che, 3-fa·che *nt dekl wie adj* three times [*or* BRIT *a.* treble] the amount; *s. a.* **Achtfache**
Drei·fach·ste·cker *m* three-way adapter
drei·fal·tig *adj* REL triune
Drei·fal·tig·keit <-> [drai'faltɪçkait] *f kein pl* REL Trinity; **die Heilige ~** the Holy Trinity
Drei·far·ben·druck [drai'farbn̩drʊk] *m* TYPO ❶ *kein pl (Verfahren)* three-colour [*or* AM -or] printing
❷ *(Bild)* three-colour print
Drei·fel·der·wirt·schaft [drai'fɛldɐvɪrtʃaft] *f kein pl* AGR crop rotation [with three crops]
Drei·fin·ger·re·gel *f* PHYS *direction of electromagnetic force, current and field*
Drei·fuß ['draifu:s] *m* ❶ *(Schemel)* three-legged stool
❷ *(Untergestell)* trivet, tripod
Drei·gang·ge·trie·be *nt* three-speed gears *pl*
Drei·gang·schal·tung *f* three-speed; **ein Fahrrad mit ~** a three-speed [bicycle]
Drei·ge·spann *nt* ❶ *(Troika)* troika, three-horse carriage
❷ *(fam)* threesome; ***dieser Verlag wird von einem ~ aus Vater und zwei Söhnen geleitet*** this publishing house is run by a father and his two sons
Drei·ge·stirn *nt (poet)* triple star
Drei·gro·schen·heft(·chen) *nt (pej)* a Mills and Boone BRIT, a Harlequin romance novel AM **Drei·gro·schen·oper** [drai'grɔʃn̩ʔo:pɐ] *f (pej)* threepenny opera
drei·hun·dert ['drai'hʊndɐt] *adj* three hundred; *s. a.* **hundert**
drei·hun·dert·jäh·rig *adj* three-hundred-year-old *attr;* **das ~e Bestehen von etw** *dat* **feiern** to celebrate the tercentenary [*or* tercentennial] of sth
Drei·jah·res·frist *f* FIN three-year period
drei·jäh·rig, 3-jäh·rig^RR *adj* ❶ *(Alter)* three-year-old *attr,* three years old *pred; s. a.* **achtjährig 1**
❷ *(Zeitspanne)* three-year *attr; s. a.* **achtjährig 2**
Drei·jäh·ri·ge(r), 3-Jäh·ri·ge(r)^RR *f(m) dekl wie adj* three-year-old
Drei·kampf *m* SPORT three-event [athletics] competition *(100-metre sprint, long jump and shot put)*
Drei·kä·se·hoch <-s, -[s]> [drai'kɛ:zəho:x] *m (pej)* tiny tot, squirt
Drei·klang *m* MUS triad
Drei·kö·ni·ge [drai'kø:nɪgə] *pl* REL Epiphany *no pl* **Drei·kö·nigs·fest** *nt* REL [feast of] Epiphany **Drei·kö·nigs·tag** *m* REL Epiphany, Twelfth Night
drei·köp·fig *adj inv* three-headed; *s. a.* **achtköpfig**
Drei·korb *m* REL *(Sammlung von Texten im Buddhismus)* Tripitaka
Drei·län·der·eck *nt* GEOG *region where three countries meet*
Drei-Li·ter-Au·to *nt* three-litre [*or* AM -er] car *(extremely economical small car: 3 litres/100 km)*
Drei·mäch·te·pakt *m* HIST *(1940)* Axis pact *(pact between Germany, Italy and Japan)*
drei·mal, 3-mal^RR ['draima:l] *adv* three times, thrice *dated; s. a.* **achtmal**
▸ WENDUNGEN: **~ darfst du raten!** *(fam)* I'll give you three guesses; **jdm alles erst ~ sagen müssen** *(fam)* to always have to repeat everything to sb, to always have to tell sb twice
drei·ma·lig, 3-ma·lig ['draima:lɪç] *adj* three times over; *s. a.* **achtmalig**
Drei·mas·ter <-s, -> ['draimastɐ] *m* NAUT three-master

Drei·mei·len·zo·ne [drai̯ˈmai̯ləntsoːnə] *f* JUR three-mile limit; **außerhalb/innerhalb der ~** outside/inside the three-mile limit

Drei·mes·ser·au·to·mat *m* TYPO automatic three-knife trimmer

Drei·me·ter·brett *nt* three-metre [*or* AM -er] board

Drei·mi·nu·ten·ei *nt* KOCHK soft-boiled egg

drei·mo·na·tig *adj inv* three-monthly

Drei·mo·nats·geld *nt* FIN three months [*or* ninety day] loan

drein [ˈdrai̯n] *adv (fam) s.* **darein**

drein|bli·cken [ˈdrai̯nblɪkn̩] *vi* look **drein|fü·gen** *vr* ■ **sich** *akk* ~ to accept [*or* fit in with] it

Drein·ga·be <-, -n> *f* MUS, THEAT DIAL, SCHWEIZ *(Zugabe)* encore

drein|re·den *vi* DIAL ■ **jdm** [**bei etw** *dat*] ~ ① *(dazwischenreden)* to interrupt sb [during/in sth]
② *(sich einmischen)* to interfere in sb's else's business

drein|schau·en *vi s.* **dreinblicken** **drein|schla·gen** *vi irreg* DIAL to restore order using [*or* by] force

Drei-Pass-Ver·fah·ren *nt* INFORM three pass scanner

Drei·pha·sen·strom [drai̯ˈfaːzn̩ʃtroːm] *m* three-phase current

Drei·punkt·(si·cher·heits·)gurt *m* AUTO lap and shoulder [*or* AM diagonal] seat belt

Drei·rad *nt (fam)* tricycle

drei·rä·de·rig, drei·räd·rig *adj* three-wheeled

Drei·satz *m kein pl* MATH rule [*or* proportion] of three **Drei·satz·rech·nung** *f* MATH rule of three [calculation]

Drei·sei·ten·be·schnitt *m* TYPO three-sided trimming

Drei·spei·chen·lenk·rad *nt* AUTO three-spoke steering wheel

Drei·spitz <-es, -e> *m* HIST tricorn[e], three-cornered hat

Drei·sprung *m* SPORT *kein pl* triple jump

drei·spu·rig *adj inv* three-lane *attr,* having [*or* with] three lanes *pred*

drei·ßig [ˈdrai̯sɪç] *adj* ① *(Zahl)* thirty; *s. a.* **achtzig 1**
② *(fam: Stundenkilometer)* thirty [kilometres [*or* AM -meters] an hour]; *s. a.* **achtzig 2**

Drei·ßig <-, -en> [ˈdrai̯sɪç] *f* thirty

drei·ßi·ger, 30·er *adj attr, inv* **die ~ Jahre** the thirties [*or* '30s] *pl; s. a.* **achtziger**

Drei·ßi·ger[1] <-s, -> *m* ■ **ein ~** a '30s vintage

Drei·ßi·ger[2] <-, -> *f* thirty-cent stamp

Drei·ßi·ger[3] *pl* **in den ~n/Mitte der ~ sein** to be in one's thirties/mid-thirties; *s. a.* **Achtziger**[3]

Drei·ßi·ger(in) <-s, -> *m(f)* *(Mensch in den Dreißigern)* thirty-year-old [man/woman]

Drei·ßi·ger·jah·re *pl* ■ **die ~** the thirties [*or* '30s]

drei·ßig·jäh·rig, 30-jäh·rig^RR [ˈdrai̯sɪçjɛːrɪç] *adj attr* ① *(Alter)* thirty-year-old *attr,* thirty years old *pred*
② *(Zeitspanne)* thirty-year *attr*

Drei·ßig·jäh·ri·ge(r), 30-Jäh·ri·ge(r)^RR *f(m) dekl wie adj* thirty-year-old

drei·ßigs·te(r, s) *adj* thirtieth; *s. a.* **achte(r, s)**

dreist [ˈdrai̯st] *adj (pej)* brazen *pej;* **~e Anspielung/Behauptung/Weise** barefaced [*or* shameless] allusion/claim/way; ■ **~ sein/werden** to be/become bold [*or pej* brazen]

drei·stel·lig, 3-stel·lig^RR *adj inv* three-figure *attr*

Dreis·tig·keit <-, -en> *f* ① *kein pl (dreiste Art)* brazenness, shamelessness, barefacedness; **die ~ besitzen** [*o* **haben**], **etw zu tun** to have the audacity [*or* nerve] [*or* BRIT cheek] to do sth
② *(dreiste Handlung)* brazen act

drei·stim·mig *adj* MUS **ein ~es Lied** a song composed for three voices; **ein ~er Chor** a three-part choir

drei·stö·ckig, 3-stö·ckig^RR *adj inv* three-storey *attr* [*or* AM *a.* -story], with three storeys

drei·stu·fig *adj* ① *Leiter, Treppe* with [*or* having] three steps
② *Abschnitt* three-stage *attr*

drei·stün·dig, 3-stün·dig^RR *adj* three-hour *attr; s. a.* **achtstündig**

Drei·ta·ge·bart *m* designer stubble

drei·tä·gig, 3-tä·gig^RR *adj* three-day *attr*

Drei-Tas·ten-Maus *f* INFORM three-buttoned mouse

drei·tau·send [ˈdrai̯ˈtau̯znt] *adj* ① *(Zahl)* three thousand; *s. a.* **tausend 1** ② *(fam: Geld)* three grand *no pl,* three thou *no pl sl,* three G's [*or* K's] AM *sl* **Drei·tau·sen·der** [ˈdrai̯ˈtau̯zndɐ] *m* mountain over 3,000 metres [*or* AM meters]

drei·tei·lig, 3-tei·lig^RR *adj* FILM three-part; *Besteck* three-piece

Drei·tü·rer <-s, -> *m* AUTO *(fam)* three-door car [*or* model]

drei·tü·rig *adj* AUTO three-door *attr,* with three doors *pred*

drei·vier·tel^ALT *adj, adv inv s.* **drei, viertel**

Drei·vier·tel *nt* **in einem ~ ...** in three-quarters ...; ***in einem ~ der Zeit*** in three-quarters [of] the time; ***ich könnte Ihnen das zu einem ~ der Summe anbieten*** I could offer you that at three-quarters [of] the price

Drei·vier·tel·arm *m* three-quarter sleeve **Drei·vier·tel·är·mel** *m* MODE three-quarter [length] sleeve **drei·vier·tel·lang** [drai̯ˈfiːrtl̩laŋ] *adj* MODE three-quarter [length] **Drei·vier·tel·li·ter·fla·sche** [drai̯fɪrtl̩ˈliːtɐflaʃə] *f* three-quarter-litre [*or* AM -er] bottle **Drei·vier·tel·mehr·heit** [drai̯ˈfiːrtl̩meːɐ̯hai̯t] *f* three-quarter[s] majority **Drei·vier·tel·stun·de** [ˈdrai̯fɪrtl̩ˈʃtʊndə] *f* three-quarters of an hour, 45 minutes **Drei·vier·tel·takt** [drai̯ˈfiːrtl̩takt] *m* MUS three-four [*or* AM three-quarter] time

Drei·we·ge·ka·ta·ly·sa·tor [drai̯ˈveːgəkatalyzaːtoːɐ̯] *m* AUTO three-way catalytic converter [*or* catalyst]

drei·wö·chig *adj inv, attr* ① *(3 Wochen dauernd)* three-week
② *(3 Wochen alt)* three-week-old

Drei·zack <-s, -e> *m* trident

Drei·ze·hen·mö·we *f* ORN kittiwake

drei·zehn [ˈdrai̯tseːn] *adj* thirteen; **~ Uhr** 1pm, 1300hrs *written,* thirteen hundred hours *spoken; s. a.* **acht**[1]
▶ WENDUNGEN: **jetzt schlägt's aber ~** *(fam)* enough is enough

drei·zehn·jäh·rig *adj inv, attr* thirteen-year-old; *s. a.* **achtjährig**

drei·zehn·te(r, s) *adj* thirteenth; *s. a.* **achte(r, s)**

Drei·zehn·tel *nt a.* MATH thirteenth; *s. a.* **Achtel**

Drei·zim·mer·woh·nung [drai̯ˈtsɪmɐvoːnʊŋ] *f* three-room apartment [*or* BRIT *also* flat] *(excluding bathroom and kitchen)*

Drell <-s, -e> [ˈdrɛl] *m* NORDD *(Drillich)* drill

Drem·pel·wand [ˈdrɛmpl̩-] *f* BAU jamb wall

Dres. *pl Abk von* **doctores** Drs *pl (PhDs)*

Dre·sche <-> [ˈdrɛʃə] *f kein pl (fam)* thrashing, licking; **~ bekommen** [*o* **kriegen**] to get a thrashing

dre·schen <drischt, drosch, gedroschen> [ˈdrɛʃn̩]
I. *vt* ① AGR ■ **etw ~** to thresh sth; *s. a.* **Phrase**
② *(fam: prügeln)* ■ **jdn ~** to thrash sb; **jd grün und blau ~** to beat sb black and blue; **jdm eine ~** *(fam)* to land sb one BRIT; ■ **sich** *akk* **~** to fight [one another]
II. *vi* ① AGR to thresh
② *(fam: schlagen)* to hit out
③ *(fam: treten)* to kick out

Dre·scher(in) <-s, -> *m(f)* thresher

Dresch·fle·gel *m* AGR flail **Dresch·ma·schi·ne** *f* AGR threshing machine

Dres·den <-s> [ˈdreːsdn̩] *nt* GEOG Dresden

Dress^RR <-es, -e> *m o* ÖSTERR *f,* **Dreß**^ALT <-sses, -sse> [ˈdrɛs] *m* SPORT [sports] kit; *(Fußball)* kit, BRIT *a.* strip

Dres·sier·beu·tel *m s.* **Spritzbeutel**

dres·sie·ren* [drɛˈsiːrən] *vt* ① *(abrichten)* ■ **ein Tier ~** *akk* to train an animal; ■ **ein Tier** [**darauf**] **~, etw zu tun** to train an animal to do sth; *s. a.* **Mann 1**
② *(pej: disziplinierend zwingen)* ■ **jdn ~** to drill sb
③ KOCHK *(mit Spritzbeutel auftragen)* ■ **etw ~** to pipe sth
④ KOCHK *(bratfertig binden)* **einen Vogel/Braten ~** to truss a bird/roast

Dres·sing <-s, -s> [ˈdrɛsɪŋ] *nt* KOCHK ① *(Salatsoße)* dressing
② *(Kräuter- oder Gewürzmischung)* marinade

Dress·man <-s, -men> [ˈdrɛsmən] *m* MODE male model

Dres·sur <-, -en> [drɛˈsuːɐ̯] *f* ① *(das Dressieren)* training
② *(eingeübte Fertigkeit)* trick
③ *(pej: das Abrichten)* disciplining, conditioning

Dres·sur·rei·ten *nt* SPORT dressage

drib·beln [ˈdrɪbl̩n] *vi* SPORT to dribble

Dribb·ling <-s, -s> [ˈdrɪblɪŋ] *nt* SPORT dribbling, dribble; **zu einem ~ ansetzen** to start dribbling, BRIT *a.* to set off on a dribble

drif·ten [ˈdrɪftn̩] *vi sein (a. fig)* to drift *a. fig*

Drill <-[e]s> [ˈdrɪl] *m kein pl* drill

Drill·boh·rer *m* drill

dril·len [ˈdrɪlən] *vt* ■ **jdn ~** to drill sb; ■ **jdn auf etw** *akk* **~** to drill sb in sth [*or* sth into sb]; ■ **auf etw** *akk* **gedrillt sein** *(fam)* to be drilled in sth

Dril·lich <-s, -e> [ˈdrɪlɪç] *m* MODE drill

Dril·lich·an·zug *m* MODE dungarees *npl* **Dril·lich·zeug** *nt kein pl* MODE dungarees *npl,* overalls *npl*

Dril·ling <-s, -e> [ˈdrɪlɪŋ] *m* ① *(Geschwister)* triplet; ■ **~e** [a set of] triplets; **~e bekommen** to have triplets
② JAGD triple-barrelled [*or* AM -eled] shotgun

Drill·schrau·ben·zie·her *m* spiral screwdriver

drin [ˈdrɪn] *adv (fam)* ① *(darin)* in it; ***im Krug ist noch etwas ~*** there's still something left in the jug
② *(drinnen)* inside; ***ich bin hier ~*** I'm in here; ***du bleibst ~, du warst unartig!*** you're staying indoors [*or* inside], you've been naughty!
▶ WENDUNGEN: **bei jdm ist alles ~** anything is possible with sb; **für jdn ist noch alles ~** anything is still possible for sb; **in etw** *dat* **~ sein** to get into sth; **etw ist** [**bei jdm**] **~** *(fam)* sth is possible [from sb]; ***so viel ist bei mir nicht ~!*** I can't afford [to pay] that much!

drin·gen <drang, gedrungen> [ˈdrɪŋən] *vi* ① *sein (stoßen)* ■ **durch etw** *akk*/**in etw** *akk* **~** to penetrate sth; **durch die Bewölkung/den Nebel/in den Nachthimmel ~** to pierce the clouds/fog/the night sky
② *sein (durch etw vorwärtskommen)* ■ **durch etw** *akk* **~** to force one's/it's way through sth
③ *sein (vordringen)* ■ **an etw** *akk*/**zu jdm ~** to get through to [*or* reach] sth/sb; ***an die Öffentlichkeit ~*** to leak to the public
④ *haben (auf etw bestehen)* ■ **auf etw** *akk* **~** to insist on sth; **auf mehr Gehalt ~** to demand more pay [*or* a higher salary]; ■ **darauf ~, etw zu tun/dass etw getan wird** to insist on sth being done/that sth be done
⑤ *sein (bestürmen)* ■ [**mit etw** *dat*] **in jdn ~** to press sb [with sth]; **mit Bitten/Fragen in jdn ~** to bombard sb with requests/questions

drin·gend [ˈdrɪŋənt] I. *adj* ① *(schnell erforderlich)* urgent, pressing; **etw ~ machen** *(fam)* to make sth a priority; **ein ~er Fall/eine ~e Operation** MED an emergency
② *(nachdrücklich, zwingend)* strong; **~er Aufruf/~e Bitte** urgent call/request; **~e Gründe** compelling reasons; **~e Warnung** dire warning
II. *adv* ① *(schnellstens)* urgently
② *(nachdrücklich)* strongly
③ *(unbedingt)* absolutely; ***ich muss dich ~ sehen*** I really need to [*or* must] see you

dring·lich [ˈdrɪŋlɪç] *adj s.* **dringend 1**

Dring·lich·keit <-> *f kein pl* urgency

Dring·lich·keits·an·fra·ge *f* POL emergency question **Dring·lich·keits·an·trag** *m* POL emergency motion **Dring·lich·keits·sit·zung** *f* emergency session **Dring·lich·keits·ver·merk** *m* urgent note

drin|hän·gen *vi irreg (fam) s.* **drinstecken 3, 4**

Drink <-s, -s> [ˈdrɪŋk] *m* drink; **jdm einen ~ machen** [*o* **mixen**] to make [*or* mix] [*or fam* fix] sb a drink

drin·nen [ˈdrɪnən] *adv (in einem Raum)* inside; **dort** [*o* **da**]/**hier ~** in there/here; *(im Haus)* indoors, inside; ***ich gehe jetzt nach ~*** I'm going indoors [*or* inside] now; **von** ~ from [the] inside

drin|sein[ALT] *vi irreg (fam) s.* **drin**

drin|sit·zen ['drɪnzɪtsn̩] *vi irreg* SÜDD, ÖSTERR *(fam)* to be in [a bit of] a jam, to be in a real [*or* right] [*or* pretty] pickle BRIT, to be up the creek *fam*

drin|ste·cken *vi (fam)* ■**in etw** *dat* ~ ① *(sich in etw befinden)* to be in sth
② *(investiert sein)* to go into sth; ***man merkt, dass da viel Arbeit/ Liebe drinsteckt*** you can see that a lot of work/love has gone [*or* been put] into that
③ *(direkt mit etw befasst sein)* to be involved in sth; *s. a.* **Ohr**
④ *(verwickelt sein)* to be involved [*or* mixed up] in sth

drin|ste·hen *vi* ① *(in etw stehen)* to be in it; ■**in etw** *dat* ~ to be in sth
② *(verzeichnet sein)* ■**in etw** *dat* ~ to be in sth; ***es stand also in dieser Zeitung drin?*** it was in this paper, was it?

drisch ['drɪʃ] *imper sing von* **dreschen**

dritt ['drɪt] *adv* ■**zu** ~ **sein** to be three together; ***wir waren zu*** ~ there were three of us

dritt·äl·tes·te(r, s) *adj* third oldest; ~**r Nachkomme** third eldest [*or* oldest] descendant

Dritt·an·spruch *m* JUR third-party claim **Dritt·auf·wand** *m* FIN third-party expenditure **Dritt·bank** *f* FIN third-party bank **Dritt·be·güns·tig·te(r)** *f(m) dekl wie adj* JUR third-party beneficiary **Dritt·be·güns·ti·gung** *f* JUR third-party preference

drit·te(r, s) ['drɪtə] *adj* ① *(nach dem zweiten kommend)* third; **die** ~ **Klasse** primary three BRIT, third grade AM; *s. a.* **achte(r, s) 1**
② *(Datum)* third, 3rd; *s. a.* **achte(r, s) 2**

Drit·te(r) ['drɪtə] *f(m) dekl wie adj* ① *(dritte Person)* third; *(Unbeteiligter)* third party; **der** ~ **im Bunde sein** to make up a trio [*or* threesome]; *s. a.* **Achte(r) 1**
② *(bei Datumsangaben)* ■**der** ~ [*o geschrieben* **der 3.**] the third *spoken,* the 3rd *written; s. a.* **Achte(r) 2**
③ *(Namenszusatz)* **Ludwig der** ~ *gesprochen* Louis the Third; **Ludwig III.** *geschrieben* Louis III
④ SCH **die** ~ *(fam)* primary three BRIT, third grade AM
▸WENDUNGEN: **der lachende** ~ the lucky bystander, third party who benefits from a dispute; **wenn zwei sich streiten, freut sich der** ~ *(prov)* when two people quarrel, a third rejoices *prov*

drit·tel ['drɪtl̩] *adj* third

Drit·tel <-s, -> ['drɪtl̩] *nt o* SCHWEIZ *m* third; *s. a.* **Achtel**

Drit·tel·be·tei·li·gung *f* FIN one-third interest

drit·teln ['drɪtl̩n] *vt* ■**etw** ~ to divide [*or* split] sth three ways [*or* into three parts]

drit·tens ['drɪtn̩s] *adv* thirdly

Drit·te-Welt-La·den *m* Third World import store *(shop which sells products from the Third World countries to support them)* **Drit·te-Welt-Land** *nt* Third World country

Dritt·gläu·bi·ger·an·spruch *m* FIN third-party creditor claim

dritt·grö·ßte(r, s) *adj* third-largest [*or* biggest]

Dritt·haf·tung *f* FIN third-party liability **dritt·höchs·te(r, s)** *adj* third-highest

dritt·klas·sig *adj (pej)* third-rate *pej*

Dritt·kläss·ler(in)[RR], **Dritt·kläß·ler(in)**[ALT] <-s, -> *m(f)* SCH *(fam)* primary three [*or* P3] pupil BRIT, third-grader AM

Dritt·land *nt meist pl* third [*or* non-member] country **Dritt·lands·ge·biet** *nt* HANDEL third country [territory]

dritt·letz·te(r, s) *adj* ■**der/die/das** ~ the third [from] last

Dritt·mit·tel *pl* third party funds *pl;* **etw aus** ~**n finanzieren** to fund sth from [*or* with] third party resources **Dritt·per·son** <-, -en> *f bes* SCHWEIZ *(dritte Person)* third party

Dritt·scha·den *m* JUR third-party damage **Dritt·scha·dens·li·qui·da·ti·on** *f* FIN third-party damage refund

Dritt·schuld·ner(in) *m(f)* JUR third-party debtor **Dritt·schuld·ner·pro·zess** *m* JUR litigation involving a third-party debtor

Dritt·staat *m meist pl* third [*or* non-member] country **Dritt·ver·wah·rer** *m* FIN third-party depositary **Dritt·ver·wah·rung** *f* FIN third-party custody **Dritt·wäh·rung** *f* FIN third currency

Dritt·wi·der·spruch *m* JUR third-party opposition **Dritt·wi·der·spruchs·kla·ge** *f* JUR third-party counterclaim proceedings *pl*

Dritt·wir·kung *f* JUR effect on third party

Drive-in <-s, -s> ['draifɪn] *nt* drive-in [restaurant]

DRK <-> [de:ɛr'ka:] *nt kein pl Abk von* **Deutsches Rotes Kreuz** German Red Cross

dro·ben ['dro:bn̩] *adv (geh)* up there; **dort** ~ up there

Dro·ge <-, -n> ['dro:gə] *f* PHARM ① *(Rauschgift)* drug *a. fig;* ***für einen Arbeitswütigen ist die Arbeit eine*** ~ work is like a drug for a workaholic; ~**n nehmen** to take [*or sl* do] drugs; **unter** ~**n stehen** to be on drugs
② *(Arzneistoff)* drug

drö·ge ['drø:gə] *adj* NORDD ① *(trocken)* dry
② *(langweilig)* boring

Drö·ge·ler(in) <-s, -> *m(f)* SCHWEIZ drug addict

dro·gen·ab·hän·gig *adj* addicted to drugs *pred;* ■~ **sein** to be a drug addict; **jdn** ~ **machen** to get sb addicted to drugs; **Crack/ein Dealer hat ihn** ~ **gemacht** crack/a dealer got him addicted to [*or* hooked on] drugs [*or* turned him into a drug addict]

Dro·gen·ab·hän·gi·ge(r) *f(m) dekl wie adj* drug addict **Dro·gen·ab·hän·gig·keit** *f* drug addiction **Dro·gen·be·kämp·fung** *f kein pl* war on [*or* BRIT *a.* fight against] drugs **Dro·gen·be·ra·tungs·stel·le** *f* drug-advice centre [*or* AM -er] **Dro·gen·boss**[RR] *m* drug baron, drugs boss **Dro·gen·dea·ler(in)** [-di:lɐ] *m(f)* drug dealer **Dro·gen·ge·schäft** *nt* drug dealing; **das** ~ the drug business **Dro·gen·han·del** *m* drug trafficking [*or* trade] **Dro·gen·händ·ler(in)** *m(f)* drug dealer **Dro·gen·hil·fe** *f* drug advice **Dro·gen·kon·sum** *m* drug-taking **Dro·gen·kon·su·ment(in)** *m(f)* drug consumer [*or* user] **Dro·gen·ma·fia** *f* drug mafia **Dro·gen·miss·brauch**[RR] *f kein pl* drug abuse **Dro·gen·po·li·tik** *f kein pl* drug policy, policy on drugs **Dro·gen·pro·blem** *nt* drug[-related] problem **Dro·gen·strich** *m* drug-related prostitution **Dro·gen·sucht** *f s.* **Drogenabhängigkeit dro·gen·süch·tig** *adj s.* **drogenabhängig Dro·gen·süch·ti·ge(r)** *f(m) dekl wie adj* drug addict **Dro·gen·sze·ne** *f* drug scene **dro·gen·the·ra·peu·tisch** *adj inv, attr* drug therapy *attr* **Dro·gen·tod** *m* death from an overdose [of drugs] **dro·gen·tot** *adj inv* dead from a drug overdose **Dro·gen·to·te(r)** *f(m) dekl wie adj sb who died of drug abuse*

Dro·ge·rie <-, -n> [drogə'ri:, *pl* drogə'ri:ən] *f* chemist's [shop] BRIT, drugstore AM

Dro·gist(in) <-en, -en> [dro'gɪst] *m(f)* chemist

Droh·brief *m* threatening letter

dro·hen ['dro:ən] **I.** *vi* ① *(physisch und moralisch bedrohen)* ■**[jdm] mit etw** *dat* ~ to threaten [sb] with sth; ***die Arbeiter drohten mit Streik*** the union threatened to strike; ■**[jdm]** ~, **etw zu tun** to threaten to do sth [to sb]
② *(unangenehmerweise bevorstehen)* ■**[jdm]** ~ to threaten [sb]; ***es droht ein Gewitter*** a storm is threatening [*or* about to break]; ***ein neuer Konflikt/ Krieg droht*** there is the threat of renewed conflict/war; **jdm droht etw** sb is threatened by [*or* in danger of] sth; ***dir droht Gefahr/ der Tod*** you're in danger/mortal danger [*or* danger of being killed]; **etw** *dat* **droht [etw]** sth threatens [sth]; ***vielen schönen Altbauten droht der Abriss*** a number of beautiful old buildings are under threat of being demolished
II. *aux vb* ■~, **etw zu tun** to be in danger of doing sth; ***die Zeitbombe drohte jeden Moment zu explodieren*** the time bomb was threatening to explode at any moment

dro·hend **I.** *adj* ① *(einschüchternd)* threatening, menacing
② *(bevorstehend)* impending, imminent
II. *adv* threateningly

Droh·ge·bär·de *f* ① *(drohende Gebärde)* threatening gesture
② *(drohende Aktion)* threatening move

Droh·ne <-, -n> ['dro:nə] *f* ① *(männliche Biene)* drone
② *(pej: Schmarotzer)* parasite, sponger

dröh·nen ['drø:nən] *vi* ① *(dumpf klingen)* to roar; *Donner* to roll, to rumble; *Lautsprecher, Musik, Stimme* to boom
② *(dumpf widerhallen)* **jdm dröhnt der Kopf** [*o* **Schädel**]/**dröhnen die Ohren** sb's head is/ears are ringing
③ *(dumpf vibrieren)* to reverberate

dröh·nend *adj* reverberating; ~**er Applaus** resounding [*or* echoing] applause; ~**er Lärm** droning noise; ~**es Gelächter** raucous laughter; ~**e Stimme** booming voice

Dro·hung <-, -en> ['dro:ʊŋ] *f* threat; **eine leere/keine leere** ~ an/no empty threat; **eine offene** ~ an explicit [*or* overt] threat; **eine versteckte** ~ a veiled [*or* an implicit] threat

drol·lig ['drɔlɪç] *adj* ① *(belustigend)* funny, amusing [*or* comical]
② *(niedlich)* sweet *esp* BRIT, cute *esp* AM
▸WENDUNGEN: **werd nicht** ~! don't get funny

Dro·me·dar <-s, -e> [drome'da:ɐ̯] *nt* ZOOL dromedary

Drops <-, - *o* -e> ['drɔps] *m o nt* fruit drop; **saure** ~ acid drops

drosch ['drɔʃ] *imp von* **dreschen**

Drosch·ke <-, -n> ['drɔʃkə] *f (veraltend)* ① *(Pferdedroschke)* hackney cab [*or* carriage], coach
② *(veraltend: Taxi)* [taxi-]cab

Dro·so·phi·la <-, -s> [dro'zo:fila] *f* ZOOL drosophila

Dros·sel <-, -n> ['drɔsl̩] *f* ORN thrush

Dros·sel·klap·pe *f* AUTO throttle valve

dros·seln ['drɔsl̩n] *vt* ① *(kleiner stellen)* ■**etw** ~ to decrease sth; **die Heizung** ~ to turn the heating [*or* AM heater] down
② *(verringern)* ■**etw [auf etw** *akk*/**um etw** *akk*] ~ *Einfuhr, Produktion, Tempo* to reduce sth [to sth/by sth]

Dros·se·lung <-, -en> *f s.* **Drosslung**

Dros·sel·ven·til *nt* throttle valve

Dross·lung[RR], **Droß·lung**[ALT] <-, -en> *f* reduction, cutback; ***eine*** ~ ***der Importe*** a reduction [*or* cutback] in imports

drü·ben ['dry:bn̩] *adv* over there; **da** ~ over there; **nach** ~ over there; **von** ~ from over there

drü·ber ['dry:bɐ] *adv (fam)* across [*or* over] [there]; ***ich muss da*** ~ I must get across [*or* over] [that]

drü·ber|hüp·fen *vi (fam)* to hop over **drü·ber|sprin·gen** *vi (fam)* to jump over

Druck[1] <-[e]s, Drücke> ['drʊk, *pl* 'drʏkə] *m* ① PHYS pressure; **unter** ~ **stehen** to be under pressure
② *kein pl (Zwang)* pressure; ~ **bekommen** *(fam)* to be put under pressure; **in** ~ **sein, unter** ~ **stehen** to be pressed for time; ~ **[hinter etw** *akk*] **machen** *(fam)* to put some pressure [*or* bring some pressure to bear] on [sth]; **jdn unter** ~ **setzen** [*o* ~ **auf jdn ausüben**] to put [*or* exert] pressure on sb, to pressurize sb
③ *(drückendes Gefühl)* pressure; ***ich habe so einen*** ~ ***im Kopf*** I have such a feeling of pressure in my head
④ *(das Drücken)* pressure; ***die Raketen werden durch einen*** ~ ***auf jenen Knopf dort gestartet*** the missiles are released by pressing this button; ~ **auf etw** *akk* **ausüben** *(geh)* to put [*or* exert] pressure on sth
⑤ *(sl: Rauschgiftspritze)* fix *sl*
▸WENDUNGEN: ~ **erzeugt Gegendruck** pressure creates resistance

Druck[2] <-[e]s, -e> ['drʊk] *m* ① TYPO *(das Drucken)* printing; ***Satz und*** ~ ***von F. Schmidtmann & Söhne*** [type-]setting and printing by F. Schmidtmann & Sons; **in** ~ **gehen** to go into print [*or* to press]; **etw in** ~ **geben** to send sth to print [*or* press]; **im** ~ **sein** to be in print
② TYPO *(Druckwerk)* printed work, publication; *(Kunstdruck)* [art] print

③ TYPO *(Art des Drucks)* print
④ MODE *(bedruckter Stoff)* print

Druck·ab·fall *m* PHYS pressure drop, fall [*or* drop] in pressure **Druck·an·stieg** *m* PHYS rise [*or* increase] in pressure **Druck·an·zug** *m* pressure suit

Druck·auf·la·ge *f* TYPO print [*or* production] run **Druck·auf·trag** *m* INFORM printing task; **Druckaufträge gruppieren** group printing

Druck·aus·gleich *m* PHYS pressure balance **Druck·aus·übung** *f* exertion of pressure **Druck·be·häl·ter** *m* TECH pressure tank **Druck·be·reich** *m* INFORM print area

Druck·be·stäu·bungs·pu·der *nt* TYPO anti-set-off [*or* spray] powder

Druck·blei·stift *m* propelling [*or* AM mechanical] pencil

Druck·bo·gen *m* printed sheet **Druck·brei·te** *f* TYPO image [*or* printing] width **Druck·buch·sta·be** *m* printed letter; **in ~n** in block capitals; ***„das Blatt bitte in ~n ausfüllen"*** "please fill out the form in block capitals"

Drü·cke·ber·ger <-s, -> *m (pej fam)* shirker *pej*

Drü·cke·ber·ge·rei <-> *f kein pl (pej fam)* shirking *pej*

druck·emp·find·lich *adj* sensitive to pressure *pred;* **eine ~e Frucht** a fruit that is easily bruised

dru·cken ['drʊkn̩] **I.** *vt* ① *(vervielfältigen)* ■**[jdm] etw ~** to print sth [for sb]
② *(aufdrucken)* ■**etw auf etw** *dat* **~** to print sth on sth
II. *vi* TYPO to print

drü·cken ['drʏkn̩], **dru·cken** ['drʊkn̩] DIAL **I.** *vt* ① *(pressen)* ■**etw ~** to press sth; **einen Knopf ~** to push [*or* BRIT *a.* press] a button; ***bei Alarm Knopf ~*** please press the button in case of alarm; ■**etw aus etw** *dat* **~** to squeeze sth out of sth; **den Saft aus einer Zitrone ~** to squeeze the juice from a lemon [*or* out of]
② *(körperlich)* **jdm die Hand ~** to shake sb's hand; ■**jdn [an sich** *akk*] **~** to hug sb; **jdn an die Brust/sein Herz ~** to clasp sb to one's breast, to hug sb; ■**etw an/in etw** *akk* **~** to press sth against/into sth; **die** [*o* **seine**] **Nase an die Scheibe ~** to press one's nose against the glass; **den Rücken an die Wand ~** to press one's back against the wall; **sein Gesicht in die Kissen ~** to press one's face into the pillow
③ *(schieben)* ■**jdn/etw ~** to push sb/sth; **jdn/etw nach hinten/zur Seite ~** to push sb/sth back/aside; ■**jdn/etw gegen/in/unter etw** *akk* **~** to push sb against/into/under sth; **jdm Geld in die Hand ~** to press [*or* slip] money into sb's hand; ***er drückte den Hut in die Stirn*** he pulled his hat down over his forehead [*or* brow]; **jdn unter die Oberfläche ~** to push sb under the surface; **jdn gegen die Wand ~** to push sb against the wall; **jdn unter Wasser ~** to push sb under water
④ *(an Gewicht heben)* **150 Kilo ~** to press 150 kilo
⑤ *(ein Druckgefühl auslösen)* ■**jdn ~** to be too tight for sb; ***die Schuhe ~ mich*** the shoes are pinching my feet; ***das fette Essen drückte ihn*** the fatty food lay heavily on his stomach; ***mich drückt der Magen*** my stomach feels heavy; ***der Rucksack/Sack drückte ihn*** the backpack/sack weighed him down
⑥ *(fig: bedrücken)* ■**jdn ~** to weigh heavily on sb; ***mein [schlechtes] Gewissen drückt mich*** my conscience weighs heavily [on me]; ***die Sorgen drückten sie schwer*** she was weighed down by worries
⑦ *(fig fam: beeinträchtigen)* **die [allgemeine] Stimmung ~** to dampen the atmosphere; **jds** [*o* **die**] **Stimmung ~** to dampen sb's mood
⑧ *(fam: unterdrücken)* ■**jdn ~** to keep sb down
⑨ *(herabsetzen, verringern)* ■**etw ~** to lower sth, to bring sth down; **das Niveau ~** to bring down the level; **die Preise ~** to cut [*or* lower] prices; **einen Rekord ~** lower [*or* better] a record; ***der Läufer drückte den Rekord auf 9,56 Sekunden*** the sprinter bettered the record to 9.56 seconds
⑩ LUFT **das Flugzeug ~** to lower the plane
⑪ *(auf-, eindrücken)* ■**etw auf/in etw** *akk* **~** to impress sth onto/in sth; **ein Siegel auf etw** *akk* **~** to stamp a seal on sth
⑫ *(sl)* [**sich** *dat*] **Heroin ~** to shoot heroin *sl;* **sich** *dat* **einen Schuss ~** to shoot up *sl;* **eine Überdosis ~** to OD *sl*
II. *vi* ① *(pressen)* ■[**auf etw** *akk*] **~** to press [sth]; ***„bitte ~"*** "push"; **auf die Hupe ~** to blow the horn; **auf einen Knopf ~** to push [*or* BRIT *a.* press] a button; ■**an etw** *dat* **~** to squeeze sth; ***bitte drück nicht an dem Pustel*** don't squeeze the spot, please
② *(Druck hervorrufen)* to pinch; ***der Rucksack drückt auf den Schultern*** the rucksack is weighing heavily on my shoulders; **auf die Blase ~** to make sb urinate; **im Magen ~** to lay heavily on one's stomach BRIT; ***mein Magen drückt*** my stomach feels heavy
③ *(fig: schwül sein)* to be oppressive; ***die Sonne drückt heute aber wieder!*** the sun is really oppressive today!
④ *(fig: schwer lasten)* to weigh heavily; ***sein [schlechtes] Gewissen drückt, weil ...*** his conscience weighs heavily because ...
⑤ *(fig: beeinträchtigen)* **aufs/auf jds Gemüt ~** to dampen the/one's spirits; **auf die [allgemeine] Stimmung ~** to dampen the atmosphere; **auf jds** [*o* **die**] **Stimmung ~** to dampen sb's mood
⑥ *(fig: verringern)* ■**auf etw** *akk* **~** to push sth down; ***höhere Steuern ~ auf die Realeinkommen*** higher taxes lower real income; **auf die Preise ~** to push prices down
⑦ *(Druck auf den Darm ausüben)* to push
⑧ *(sl: Rauschgift spritzen)* to shoot up *sl*
III. *vr* ① *(sich quetschen)* ■**sich** *akk* **an etw** *akk* **~** to squeeze up against; **sich** *akk* **an die Wand ~** to squeeze up against the wall; ■**sich** *akk* **aus etw** *dat* **~** to slip out of sth; **sich** *akk* **aus dem Zimmer ~** to slip out of the room; ■**sich** *akk* **in etw** *akk* **~** to squeeze into sth; *(Schutz suchend)* to huddle in sth; **sich** *akk* **in einen Hausgang ~** to huddle in a doorway
② *(fam: sich entziehen)* ■**sich** *akk* [**vor etw** *dat*] **~** to shirk [*or* dodge] [sth]; ***er möchte sich davor ~*** he would love to avoid it; **sich** *akk* **vor der Arbeit ~** to dodge work; **sich** *akk* **vor seinen Aufgaben/Pflichten ~** to shirk one's duties; **sich** *akk* **vor der Verantwortung ~** to shirk responsibility; ■**sich** *akk* **um etw** *akk* **~** to shirk [*or* get out of] [*or* avoid] doing sth; **sich** *akk* **ums Aufräumen/Bezahlen ~** to get out of [*or* to avoid] tidying, to shirk from tidying

Drü·cken <-s> ['drʏkn̩] *nt kein pl* SPORT *(Gewichtheben)* press

drü·ckend *adj* ① *(lastend)* heavy; **~e Armut** grinding [*or* extreme] poverty *esp* AM; **~e Sorgen** serious [*or* grave] concerns; **~e Stimmung** oppressive atmosphere
② METEO oppressive

Dru·cker <-s, -> *m* INFORM printer

Dru·cker(in) <-s, -> *m(f)* printer

Drü·cker <-s, -> *m* ① ELEK [push-]button
② *(Abzug)* trigger
③ TECH *(Klinke)* handle; *(am Türschloss)* latch
▸WENDUNGEN: **auf den letzten ~** *(fam)* at the last minute; **am ~ sitzen** [*o* **sein**] *(fam)* to be in charge

Drü·cker(in) <-s, -> *m(f) (fam)* door-to-door salesman for [*or* BRIT *a.* hawker of] newspaper/magazine subscriptions

Dru·cker·an·schluss[RR] *m* INFORM printer connector **Dru·cker·aus·ga·be** *f* INFORM hard copy

Dru·cke·rei <-, -en> [drʊkə'rai] *f* printing house [*or* BRIT *a.* works], printer's, printery

Drü·cker·fisch *m* ZOOL triggerfish **Drü·cker·gar·ni·tur** *f* BAU door handle

Dru·cke·rin <-, -nen> *f fem form von* **Drucker**

Drü·cke·rin <-, -nen> *f fem form von* **Drücker**

Dru·cker·ka·bel *nt* INFORM printer cable

Drü·cker·ko·lon·ne *f (fam)* group of newspaper/magazine subscription salespeople [*or* BRIT *a.* hawkers]

Druck·er·laub·nis *f* MEDIA permission to print, imprimatur

Dru·cker·port *m* INFORM printer port **Dru·cker·pres·se** *f* printing press **Dru·cker·schnitt·stel·le** *f* INFORM printerfacing **Dru·cker·schwär·ze** *f* TYPO printer's [*or* printing] ink **Dru·cker·trei·ber** *m* INFORM printer driver

Druck·er·zeug·nis *nt* TYPO printing product **Druck·fah·ne** *f* galley proof, galley **Druck·far·be** *f* printing colour [*or* AM -or] **Druck·feh·ler** *m* MEDIA misprint, typographical [*or* printer's] error **druck·fer·tig** *adj inv* TYPO ready to print [*or* for press] *pred*

Druck·for·mat *nt* INFORM, TYPO printing format **Druck·form·mon·ta·ge** *f* TYPO form[e] assembly **druck·frei** *adj inv* TYPO **~er Rand** image-free margin **druck·frisch** *adj* MEDIA hot off the press *pred* **Druck·funk·ti·on** *f* INFORM printing function

druck|ga·ren *vt* ■**etw ~** KOCHK to pressure-cook sth

Druck·ga·rer *m,* **Druck·koch·topf** *m* pressure cooker

Druck·ge·fühl *nt* feeling of pressure

Druck·in·dus·trie *f* printing industry

Druck·ka·bi·ne *f* LUFT, RAUM pressurized cabin

Druck·kal·ku·la·ti·on *f* TYPO printing estimating

Druck·knopf *m* MODE press stud BRIT, snap fastener **Druck·knopf·ver·schluss**[RR] *m* press-stud fastener

Druck·kor·rek·tur *f* TYPO machine [*or* press] proof **Druck·kos·ten** *pl* MEDIA printing costs *pl* **Druck·le·gung** <-, -en> *f* ① VERLAG printing ② TYPO printing, press date

Druck·luft *f kein pl* PHYS compressed air **Druck·luft·boh·rer** *m* pneumatic drill **Druck·luft·brem·se** *f* AUTO air brake

Druck·ma·schi·ne *f* printing press

Druck·mes·ser *m* TECH pressure gauge **Druck·mit·tel** *nt* means of bringing pressure to bear; **jdn/etw als ~ benutzen** [*o* **einsetzen**] to use sb/sth as a means of exerting pressure

Druck·per·fo·ra·ti·on *f* TYPO in-line [*or* rule] perforation **Druck·plat·te** *f* printing plate **Druck·pres·se** *f s.* **Druckmaschine** **Druck·pro·be** *f* TYPO printing specimen, sample print

Druck·pum·pe *f* pressure pump

Druck·qua·li·tät *f* INFORM, TYPO printer quality

Druck·reg·ler *m* pressure regulator

druck·reif *adj* MEDIA ready for publication [*or* press] *pred* **Druck·sa·che** *f* printed matter; **als ~ schicken** [*o* **versenden**] to send at printed matter rate [*or* as printed matter] **Druck·schrift** *f* ① TYPO print type[s]; **in ~ ausfüllen/schreiben** to print ② *(geheftetes Druckerzeugnis)* pamphlet

druck·sen ['drʊksn̩] *vi (fam)* to be indecisive, to hum and haw BRIT

Druck·stel·le *f* mark [where pressure has been applied]; ***sie suchte sich nur Pfirsiche ohne ~n aus*** she chose only the peaches without bruises

Druck·tas·te *f* INFORM print-screen key **Druck·ty·pe** *f* type

druck·un·emp·find·lich *adj* insensitive to pressure *pred*

Druck·ver·ar·bei·tung *f* TYPO finishing, paper converting

Druck·ver·band *m* MED pressure bandage

Druck·ver·bot *nt* JUR prohibition to print **Druck·ver·fah·ren** *nt* printing process **Druck·ver·merk** *m* TYPO imprint **Druck·vor·la·ge** *f* INFORM, TYPO printing template

Druck·was·ser·re·ak·tor *m* TECH pressurized water reactor

Druck·wei·ter·ver·ar·bei·tung *f* TYPO post-press processing

Druck·wel·le *f* PHYS shock wave

Druck·werk *nt* MEDIA printed work, publication **Druck·wie·der·ga·be** *f* TYPO printed reproduction **Druck·zo·ne** *f* TYPO contact area, printing zone

Dru·den·fuß ['dru:dn̩-] *m* pentagram

druff ['drʊf] *adv* DIAL *(fam) s.* **drauf**

Dru·i·de <-n, -n> [dru'i:də] *m* REL, HIST druid

drum ['drʊm] *adv (fam)* that's why; ***... ~ frage ich ja!*** ... that's why I'm asking!

▶WENDUNGEN: **das ~ und Dran** the whole works, everything to do with sth; **alles/das [ganze] D~ und Dran** all the details [*or* no beating about the bush]; **mit allem D~ und Dran** with all the trimmings; ~ **rum** [*o* **herum**] all [a]round; **sei's ~!** be that as it may

Drum·her·um <-s> ['drʊmhɛ'rʊm] *nt kein pl (fam)* ■**das [ganze] ~** all the trappings

Drum·mer(in) <-s, -> ['drame] *m(f)* MUS drummer

drun·ten ['drʊntn̩] *adv* DIAL *(da unten)* down there

drun·ter ['drʊnte] *adv* ❶ *(fam: unter einem Gegenstand)* underneath
❷ *(fam: unter einem Begriff)* ***da kann ich mir nichts ~ vorstellen*** that means nothing to me, I can't make head [n]or tail of it
▶WENDUNGEN: **alles geht ~ und drüber** everything is at sixes and sevens [*or* in confusion], I'm [he's/she's/etc.] all at sea; **das D~ und Drüber** the confusion

Drü·se <-, -n> ['dry:zə] *f* ANAT gland; **etw mit den ~n haben** *(fam)* to have sth wrong with one's glands [*or* gland trouble]

Drü·sen·zel·le *f* BIOL glandular cell

DSB <-s> [de:ɛs'be:] *m kein pl Abk von* **Deutscher Sportbund** *German umbrella organization for sports*

Dschai·na ['dʒaina] *m o f* REL Jain[a]

Dschai·nis·mus <-> [dʒai'nɪsmʊs] *m kein pl* REL Jainism

dschai·nis·tisch *adj* REL Jainist, Jain[a]

Dschi·bu·ti <-s> [dʒi'bu:ti] *nt* GEOG ❶ *(Republik in Ostafrika)* Djibouti, Jibuti
❷ *(Hauptstadt)* Djibouti, Jibuti

Dschi·bu·tier(in) <-s, -> *m(f)* Djiboutian

dschi·bu·tisch *adj* BRD, ÖSTERR Djiboutian

Dschi·had <-s> [dʒi'ha:t] *m* REL *(heiliger Krieg)* jihad, jehad

Dschi·ha·dis·mus <-> [dʒɪha'dɪsmʊs] *m kein pl (militanter Islamismus)* jihadism

Dschin·gis Khan <-s> ['dʒɪŋgɪs 'ka:n] *m* HIST Genghis [*or* Jenghis] Khan

Dschun·gel <-s, -> ['dʒʊŋl̩] *m* GEOG jungle
▶WENDUNGEN: **der ~ der Großstadt** *(geh)* the city jungle BRIT; **der ~ der Paragraphen** *(geh)* the maze of legal bureaucracy

Dschun·ke <-, -n> ['dʒʊŋkə] *f* NAUT junk

DSR <-, -> [de:ʔɛs'ɛr] *nt Abk von* **Digitales Satellitenradio** DSR

dto. *adv Abk von* **dito** do.

DTP <-> [de:te:'pe:] *nt kein pl* INFORM *Abk von* **Desktoppublishing** DTP

DTP-Soft·ware [-zɔftvɛ:ɐ̯] *f* INFORM DTP software **DTP-Sys·tem** *nt* INFORM DTP system

dt(sch). *adj Abk von* **deutsch** G

Dtzd. *Abk von* **Dutzend** doz.

du <*gen* deiner, *dat* dir, *akk* dich> ['du:] *pron pers* ❶ *2. pers. sing* you; ***he, ~ da!*** hey, you there!; ***~, kann ich dich mal was fragen?*** listen, can I ask you something?; ***~, der ~ es erlebt hast*** you, who have experienced it; ***~ bist es*** it's you; ***bist ~ das, Peter?*** is it you Peter?; ***mach ~ das doch gefälligst selber!*** do it yourself!; ***~, kannst ~ mir mal helfen?*** hey, can you help me?; ***~, ich muss jetzt aber gehen!*** look [*or* listen], I have to go now!; ■**... und ~?** what about you?; ■**~ ...!** you ...!; ***~ Idiot!*** you idiot!; **mit jdm per ~ sein** to use the "du" form [*or* familiar form of address] with sb; **~ [zu jdm] sagen** to use the "du" form [*or* familiar form of address] with sb; **~, ~!** *(fam)* watch it
❷ *(poet)* thou; ***sei mir gegrüßt, ~ meine Heimat/mein Vaterland!*** greetings, thou, my homeland/fatherland!
❸ *(man)* you; ***ob ~ willst oder nicht, ...*** whether you want to or not [*or* like it or not], ...

Du <-[s], -[s]> ['du:] *nt* you, "du" *(familiar form of address)*; **jdm das ~ anbieten** to suggest that sb use the familiar form of address [*or* uses the "du" form]

du·al [du'a:l] *adj* dual

Du·al·band·ge·rät *nt* TELEK dual-channel machine

Du·al Cur·ren·cy Bond <-[s], -s> ['dju:əl'kʌrənsɪbɔnd] *m* FIN *(Doppelwährungsanleihe)* dual currency bond

Du·a·lis·mus <-> [dua'lɪsmʊs] *m kein pl* PHILOS dualism

Du·al·mode <-[s], -s> ['dʒu̯əlmoʊd] *m* TELEK dual mode **Du·al·mode-Han·dy** ['dʒu̯əlmoʊd-] *nt* dual-mode mobile [phone]

Du·al·rate <-, -s> ['dju:əlreɪt] *f* TELEK dual rate **Du·al·rate-Ge·rät** [dʒu̯əlreɪt-] *nt* dual-rate machine

Du·al·sys·tem *nt* MATH binary system

Du·al-Use Gü·ter ['dju:əl'ju:s-] *pl* dual-use goods *npl*

Du·al·zahl *f* binary number

Dü·bel <-s, -> ['dy:bl̩] *m* BAU dowel, plug

dü·beln ['dy:bl̩n] *vt* ■**etw [an etw** *akk*] ~ to fix [*or* attach] sth [to sth] using plugs [*or* dowels]

du·bi·os [du'bi̯o:s] *adj (geh)* dubious

Du·bi·o·sa [du'bi̯o:za] *pl* FIN *(zweifelhafte Forderungen)* bad [*or* doubtful] debts

Du·blee <-s, -s> [du'ble:] *nt* rolled gold

Du·blet·te <-, -n> [du'blɛtə] *f* ❶ *(doppeltes Exemplar)* duplicate
❷ *(Edelsteinimitat)* doublet

Du·blie·ren <-s> [du'bli:rən] *nt kein pl* TYPO ghosting, slur

Dub·lin <-s> ['dablɪn] *nt* GEOG Dublin

du·cken ['dʊkn̩] **I.** *vr* ❶ *(sich rasch bücken)* ■**sich** *akk* [**vor etw** *dat*] ~ to duck [sth]; **den Kopf ~** to duck [*or* lower] one's head; ***das Kind duckte sich ängstlich in eine Ecke*** the child cowered in a corner
❷ *(den Kopf einziehen)* ■**sich** *akk* ~ to stoop
❸ *(pej: sich unterwürfig zeigen)* ■**sich** *akk* ~ to humble oneself
II. *vt* ❶ *(einziehen)* ■**etw** ~ to duck sth; **den Kopf ~** to duck [*or* lower] one's head
❷ *(unterdrücken)* ■**jdn** ~ to oppress sb
III. *vi (pej)* to submit

Duck·mäu·ser(in) <-s, -> ['dʊkmɔy̯ze] *m(f) (pej)* yes-man

duck·mäu·se·risch **I.** *adj (pej)* grovelling [*or* AM -l-], obsequious *form*
II. *adv (pej)* grovellingly [*or* AM -l-], obsequiously *form*

Du·de·lei <-, -en> [du:də'la̯i] *f (pej)* racket *fam; von Flöte* tootling; *von Lautsprecher* blare

du·deln ['du:dl̩n] **I.** *vi (pej fam)* to drone [on]; *Drehorgel* to grind away; *Flöte* to tootle; *Lautsprecher* to blare
II. *vt (pej fam)* ■**etw** ~ to drone [sth] on and on; ***die Lautsprecher dudelten immer wieder die gleichen Lieder*** the loudspeakers blared out the same songs over and over again; *(auf der Flöte spielen)* to tootle sth [on the flute]

Du·del·sack ['du:dl̩zak] *m* MUS bagpipes *pl* **Du·del·sack·spie·ler(in)** *m(f)* MUS bagpipe-player, [bag]piper

Du·ell <-s, -e> [du'ɛl] *nt* duel; **ein ~ [mit jdm] austragen** to fight a duel [with sb]; **jdn zum ~ [heraus]fordern** to challenge sb to a duel

Du·el·lant(in) <-en, -en> [duɛ'lant] *m(f)* duellist, duelist AM

du·el·lie·ren* [duɛ'li:rən] *vr* ■**sich** *akk* ~ to [fight a] duel; ■**sich** *akk* **[mit jdm]** ~ to [fight a] duel [with sb]

Du·ett <-[e]s, -e> [du'ɛt] *nt* MUS duet; **[etw] im ~ singen** to sing [sth] as a duet

Duf·fin·boh·ne *f* KOCHK lima bean

Duf·fle·coat <-s, -s> ['dafl̩ko:t] *m* MODE duffel [*or* duffle] coat

Duft <-[e]s, Düfte> ['dʊft, *pl* 'dʏftə] *m* [pleasant] smell; *einer Blume* fragrance, scent, perfume; *von Parfüm* scent; *von Essen, Kaffee* aroma, smell; *von Gewürzen* aroma, fragrance

duf·te ['dʊftə] *adj* DIAL *(sl: hervorragend)* great *fam*, smashing BRIT *fam*; ***guck mal, die Frau da, ist die nicht ~?*** look at her, isn't she a cracker? *fam*; ***das finde ich ~*** [I think] that's great [*or* smashing] *fam*

duf·ten ['dʊftn̩] **I.** *vi* ■**[nach etw** *dat*] **duften** to smell [of sth]; ***hm, wie gut du duftest*** mmm, you smell nice
II. *vi impers* ■**es duftet [nach etw** *dat*] it smells [*or* there is a smell] [of sth]

duf·tend *adj attr* fragrant

duf·tig ['dʊftɪç] *adj* MODE gossamer

Duft·mar·ke *f* JAGD scent mark **Duft·mi·schung** *f* potpourri **Duft·no·te** *f* ❶ *(Duft von besonderer Prägung)* [a particular type of] scent [*or* fragrance]; **eine schwere/etwas herbe/süßliche ~** a strong/slightly acrid/sweet scent [*or* fragrance] ❷ *(pej: Ausdünstung)* smell, odour [*or* AM -or] **Duft·reis** *m* basmati rice **Duft·sen·sa·ti·on** *f* fragrant sensation **Duft·stoff** *m* ❶ CHEM aromatic substance ❷ BIOL scent, odour [*or* AM -or] **Duft·strei·fen** *m* fragrance strip **Duft·was·ser** *nt (hum)* perfume, scent, BRIT toilet water **Duft·wol·ke** *f* cloud of perfume

Duis·burg <-s> ['dy:sbʊrk] *nt* Duisburg

Du·ka·ten <-s, -> [du'ka:tn̩] *m* HIST ducat

Du·ka·ten·gold *nt* fine [*or* ducat] gold **Du·ka·ten·schei·ßer** *m* ▶WENDUNGEN: **einen ~ haben** *(sl)* to be [absolutely] loaded [*or* stinking rich] *fam*; **ein ~ sein** *(sl)* to be made of money [*or fam* loaded]

dul·den ['dʊldn̩] **I.** *vi (geh)* to suffer; **klaglos/widerspruchslos ~** to suffer in silence
II. *vt* ❶ *(zulassen)* ■**etw** ~ to tolerate sth
❷ *(tolerieren)* ■**jdn** ~ to tolerate sb; ***ich will dich für ein paar Tage ~*** I'll put up with [*or* tolerate] you for a few days
❸ *(geh: erdulden)* ■**etw** ~ to endure sth

Dul·der(in) <-s, -> *m(f) (geh)* silent sufferer

Dul·der·mie·ne *f (iron)* martyred expression; **eine ~ aufsetzen** to put on a martyred expression [*or* an air of silent suffering]; **mit ~** with a martyred expression [*or* an air of silent suffering]

duld·sam ['dʊltza:m] *adj* ■**~ [jdm/etw gegenüber] sein** to be tolerant [of [*or* towards] sb/sth]

Duld·sam·keit <-> *f kein pl* tolerance *no pl*

Dul·dung <-, -en> *f pl selten* toleration; **mit [*o* unter] [stillschweigender/offizieller] ~** with [tacit/official] permission

Dul·dungs·be·scheid *m* JUR sufferance note **Dul·dungs·pflicht** *f* JUR obligation to tolerate **Dul·dungs·pro·ku·ra** *f* JUR agency by estoppel **Dul·dungs·ti·tel** *m* JUR *judgement, deed or court settlement requiring sb to tolerate sth* **Dul·dungs·voll·macht** *f* JUR authority by estoppel

Du·ma <-> ['du:ma] *f kein pl (russische Parlament)* ■**die ~** the Duma

Dum·dum·ge·schoss[RR] [dʊm'dʊm-] *nt* dumdum [bullet]

dumm <dümmer, dümmste> ['dʊm] **I.** *adj* ❶ *(geistig beschränkt)* stupid, thick, dense
❷ *(unklug, unvernünftig)* foolish; ***wirklich kein ~er Vorschlag*** that's not a bad idea at all; ■**es wäre ~, etw zu tun** it would be foolish to do sth; ■**so ~ sein, etw zu tun** stupid enough to do sth; ■**etwas D~es** something foolish; ***so etwas D~ es!*** how foolish!; *s. a.* **Gesicht**
❸ *(albern)* silly; ■**jdm zu ~ sein/werden** to be/become too much for sb; ***diese Warterei wird mir jetzt zu ~, ich gehe!*** I've had enough of waiting around [*or* I've been waiting around long enough], I'm going [*or* off]!
❹ *(ärgerlich, unangenehm)* *Gefühl* nasty; *Geschichte, Sache* unpleasant; **zu ~** *(fam)* ***es ist zu ~, dass er nicht kommen kann*** [it's] too bad that he can't come; ***zu ~, jetzt habe ich mein Geld vergessen!*** [oh] how stupid [of me], I've forgotten my money; [***es ist***] ***~ [, dass]*** it's a pity [that]
II. *adv* stupidly; ***frag nicht so ~*** don't ask such stupid questions
▶WENDUNGEN: **~ und dämlich** *(fam)* **sich** *akk* **~ und dämlich reden** to talk until one is blue in the face; **sich** *akk* **~ und dämlich suchen** to search high and low; **sich ~ und dämlich verdienen** to earn a fortune; **~ dastehen** to look [*or* to be left looking] stupid, to not lift a little finger to help; **jdm ~ kommen** *(fam)* to be insolent [*or* BRIT *a.* cheeky] to sb; **sich** *akk* **~ stellen** to act stupid; **jdn für ~ verkaufen** *(fam)* to take sb for a ride

Dumm·chen <-s, -> *nt (fam) s.* **Dummerchen**

dumm·dreist ['dʊmdra̯ist] *adj* impudent

Dum·me(r) *f(m) dekl wie adj (fam)* idiot, fool *esp*

D

BRIT, goof AM; ***der muss einer von den ganz ~n sein*** he must be a right [*or* prize] idiot BRIT; ***dann kannst du aber kein ganz ~r sein*** you can't be that [*or* completely] stupid; **einen ~n finden** to find some idiot [*or* BRIT a mug] *fam;* **der ~ sein** to be left holding the baby [*or* BRIT carrying the can] *fig,* take responsibility for a mistake

▸WENDUNGEN: **die ~n sterben nicht aus, die ~n werden nicht alle** there's one born every minute

Dum·me·jun·gen·streich [dʊmə'jʊŋənʃtraiç] *m (fam)* foolish [*or* silly] childish prank

Dụm·men·fang *m kein pl (pej)* attempt to dupe gullible people; **auf ~ ausgehen** [*o* **sein**] to attempt to dupe gullible people

Dụm·mer·chen <-s, -> *nt (fam)* silly little boy *masc* [*or fem* girl], silly billy BRIT

dụm·mer·wei·se *adv* ① *(leider)* unfortunately
② *(unklugerweise)* stupidly, foolishly

Dụmm·heit <-, -en> *f* ① *kein pl (geringe Intelligenz)* stupidity; **mit ~ geschlagen sein** to be stupid
② *kein pl (unkluges Verhalten)* foolishness *no pl;* ***so eine ~ [von dir]!*** such foolishness [on your part]!, you acted like a real goof there!
③ *(unkluge Handlung)* foolish [*or* stupid] action; ***das war eine große ~ von dir*** that was foolish of you; **eine ~ machen** [*o* **begehen**] to do sth foolish [*or* stupid]; **~en machen** to do sth foolish [*or* stupid]; ***mach bloß keine ~en!*** don't do anything foolish [*or* stupid]!

▸WENDUNGEN: **~ und Stolz wachsen auf einem Holz** *(prov)* arrogance and stupidity go hand in hand *prov*

Dụmm·kopf *m (pej fam: Trottel)* idiot, *esp* BRIT fool, goof[ball] AM; ***sei kein ~!*** don't be [such] an idiot

dümm·lich ['dʏmlɪç] I. *adj* simple-minded; **ein ~es Grinsen** a foolish grin
II. *adv* simple-mindedly; ***sie grinste nur ~*** she just grinned foolishly [*or* like the village idiot], she gave a goofy grin

Dụmm·schwät·zer(in) *m(f) (pej)* blither

Dum·my <-, -s> ['dami] *m* AUTO [crash-test] dummy

düm·peln ['dʏmpl̩n] *vi* NAUT to roll [gently]

dumpf ['dʊmpf] I. *adj* ① *(hohl klingend)* dull; **~es Geräusch/~er Ton** muffled noise/sound
② *(unbestimmt)* vague; **~e Ahnung** sneaking [*or* vague] suspicion; **~e Erinnerung** vague [*or* hazy] recollection; **~es Gefühl** sneaking feeling; **~er Schmerz** dull pain
③ *(stumpfsinnig)* dulled, lifeless
④ *(feucht-muffig)* musty; **~e Atmosphäre/Luft** oppressive atmosphere/air
II. *adv* ① *(hohl)* ***die Lautsprecher klingen ~*** the loudspeakers sound muffled; ***als sie gegen das leere Fass klopfte, klang es ~*** when she tapped the empty barrel, it sounded hollow
② *(stumpfsinnig)* dully, lifelessly

Dụmpf·ba·cke *f (pej)* bonehead

Dụmpf·heit *f kein pl* ① *(von Geräusch)* muffledness
② *(von Luft)* stuffiness
③ *(von Geschmack, Geruch)* mustiness
④ *(von Menschen)* torpor, apathy; *(Benommenheit)* numbness

dump·fig ['dʊmpfɪç] *adj* musty

Dum·ping <-s> ['dampɪŋ] *nt* ÖKON dumping; **~ betreiben** to dump, to practice dumping

Dum·ping·ab·wehr ['dampɪŋ-] *f* ÖKON anti-dumping measure[s] **Dum·ping·be·kämp·fungs·zoll** ['dampɪŋ-] *m* FIN anti-dumping tariff **Dum·ping·preis** ['dampɪŋ-] *m* ÖKON dumping price; **zu ~en** at dumping prices **Dum·ping·ver·bot** ['dampɪŋ-] *nt* JUR ban on dumping **Dum·ping·ver·fah·ren** ['dampɪŋ-] *nt* JUR dumping proceedings *pl* **Dum·ping·wa·ren** ['dampɪŋ-] *pl* HANDEL dumped goods

Dü·ne <-, -n> ['dy:nə] *f* dune

Dü̱·nen·be·fes·ti·gung *f* dune fixation **Dü̱·nen·be·pflan·zung** *f* dune plants **Dü̱·nen·gras** *nt* beach [*or* marram] grass **Dü̱·nen·sand** *m* dune [*or* drift] sand

Dung <-[e]s> [dʊŋ] *m kein pl* dung *no pl,* manure *no pl*

Dụ̈n·ge·mit·tel *nt* CHEM fertilizer

dün·gen ['dʏŋən] I. *vt* ■**etw [mit etw** *dat*] ~ to fertilize sth [with sth]
II. *vi* ① *(mit Dünger versehen)* ■**[mit etw** *dat*] ~ to fertilize [with sth]
② *(düngende Wirkung haben)* to fertilize; **gut/schlecht ~** to be a good/poor fertilizer

Dụ̈n·ger <-s, -> *m* fertilizer, manure *no pl*

Dụ̈n·gung <-, -en> *f* fertilizing, fertilization

dun·kel ['dʊŋkl̩] I. *adj* ① *(ohne Licht)* dark; ■**~ sein/werden** to be/get dark
② *(düster in der Farbe)* dark; **dunkles Brot** brown bread; ***ein Dunkles, bitte!*** ≈ a dark beer, please!, ≈ a [pint/half of] bitter, please! BRIT
③ *(tief)* deep
④ *(unklar)* vague
⑤ *(pej: zwielichtig)* shady; **ein dunkles Kapitel der Geschichte** a dark chapter in history

▸WENDUNGEN: **im D~n ist gut munkeln** *(prov)* the dark is good for lovers; **jdn im D~n lassen** to leave sb in the dark; **noch im D~n liegen** to remain to be seen; **im D~n tappen** to be groping around [*or* about] in the dark
II. *adv* darkly

Dun·kel <-s> ['dʊŋkl̩] *nt kein pl (geh)* ① *(Dunkelheit)* darkness; **das ~ der Nacht** *(liter)* the darkness of the night *liter*
② *(Undurchschaubarkeit)* mystery

▸WENDUNGEN: **im ~ der Vorzeit** in the mists of time [*or* dim and distant past]; **in ~ gehüllt sein** to be shrouded in mystery

Dün·kel <-s> ['dʏŋkl̩] *m kein pl (pej)* arrogance

dun·kel·blau ['dʊŋkl̩blau] *adj* dark blue **dụn·kel·blond** I. *adj* light brown II. *adv* light brown; **etw ~ färben** to dye sth [a] light brown [colour [*or* AM -or]] **dụn·kel·braun** *adj* dark brown **dụn·kel·grau** *adj* dark grey [*or* AM gray] **dụn·kel·grün** *adj* dark green

dụn·kel·haa·rig *adj* dark-haired

dün·kel·haft ['dʏŋkl̩haft] *adj (pej)* conceited

dụn·kel·häu·tig *adj* dark-skinned

Dụn·kel·heit <-> *f kein pl* darkness *no pl;* ***die ~ bricht herein*** *(geh)* darkness is descending, night is falling; **bei einbrechender ~** at nightfall; *s. a.* **Einbruch, Schutz**

Dụn·kel·kam·mer *f* FOTO darkroom **Dụn·kel·mann** *m (pej)* shady character

dun·keln ['dʊŋkl̩n] I. *vi* ① *haben impers (geh: Abend werden)* to grow dark
② *sein (nachdunkeln)* to become darker, to darken
II. *vt haben (selten: künstlich nachdunkeln)* ■**etw ~** to darken sth

Dụn·kel·re·ak·ti·on *f* BIOL dark reaction **dụn·kel·rot** *adj* dark red; ***sie wurde ~ vor Scham*** she went dark red [*or* blushed deeply] with shame **Dụn·kel·zif·fer** *f* number of unreported cases

dün·ken <dünkte, gedünkt> ['dʏŋkn̩] I. *vt, vi impers (veraltend)* ■**jdn** [*o* **jdm**] **dünkt etw** sth seems to sb; **das dünkt mich** [*o* **mir**] **...** this seems to me ...; ■**jdm dünkt, dass ...** it seems to sb that ...; ***mir dünkt, dass ...*** methinks that ... *old*
II. *vr* ■**sich** *akk* **etw ~** to think [*or* imagine] oneself sth, to regard oneself as sth

Dün·kir·chen <-s> ['dy:nkɪrçn̩] *nt* GEOG Dunkirk

dünn ['dʏn] I. *adj* ① *(eine geringe Stärke aufweisend)* thin; **~es Buch** slim volume; **eine ~e Schneedecke** light covering of snow
② *(nicht konzentriert)* weak; **~es Bier** weak [*or* watery] beer; **~er Brei/~e Suppe** thin [*or* watery] pulp/soup
③ MODE *(fein)* light; **~er Schleier/~e Strümpfe** fine veil/tights
④ *(spärlich)* thin; ***sein Haarwuchs ist schon ~ geworden*** he's [already] gone a bit thin on top

▸WENDUNGEN: **sich** *akk* **~ machen** *(sl)* to breathe in; ***he, mach dich mal ~, wir wollen mit dem Schrank da vorbei!*** hey, breathe in, we want to get past [you] with this cupboard!; ***wenn du dich ein bisschen ~ machst, passen wir auch noch auf die Bank*** if you squeeze up a bit, we'll [be able to] fit on the bench too
II. *adv* sparsely; **~ besiedelt** [*o* **bevölkert**] sparsely populated; **~ gesät** thinly scattered; *(fig)* thin on the ground, few and far between; *s. a.* **dick, dünnmachen**

dụnn·be·sie·delt, dụnn·be·völ·kert *adj attr s.* **dünn II**

Dụ̈nn·bett·ver·fah·ren *nt* BAU thin-set application

Dụ̈nn·brett·boh·rer *m (pej sl)* ① *(Drückeberger)* slacker; ***er ist ein richtiger ~*** he always chooses the path of least resistance ② *(unintelligenter Mensch)* idiot, fool *esp* BRIT

Dụ̈nn·darm *m* ANAT small intestine

Dụ̈nn·druck·aus·ga·be *f* MEDIA India paper edition **Dụ̈nn·druck·pa·pier** *nt* India [*or* airmail] paper, onion skin

dün·ne|ma·chen *vr (fam)* ■**sich** *akk* **~** to beat it [*or* BRIT *a.* scarper] *fam*

dụ̈nn·flüs·sig *adj* runny; **~er Brei/~e Suppe** thin [*or* watery] pulp/soup; **~er Teig** liquid [*or* runny] dough

dụ̈nn·ge·sät *adj s.* **dünn II**

dụ̈nn·häu·tig *adj* ① *(mit dünner Haut versehen)* thin-skinned
② *(zart besaitet)* sensitive

dụ̈nn|ma·chen *vr (sl: abhauen)* ■**sich** *akk* **~** to make oneself scarce *fam*

Dụ̈nn·pfiff <-[e]s> *m kein pl (fam)* the runs *npl fam*

Dụ̈nn·säu·re *f* CHEM dilute acid **Dụ̈nn·säu·re·ver·klap·pung** *f* dumping of dilute acids

dụ̈nn·scha·lig *adj* thin-skinned; **~e Nuss/~es Ei** thin-shelled nut/egg

Dụ̈nn·schicht·chro·ma·to·gra·phie *f* BIOL thin-layer chromatography

Dụ̈nn·schiss[RR] *m (sl)* the runs *npl fam,* the shits *npl fam!*

dụ̈nn·wan·dig *adj* thin-walled; **aus ~em Glas** made from thin[-walled] glass; **ein ~es Haus** a house with thin walls; ■**~ sein** to have thin walls

Dunst <-[e]s, Dünste> ['dʊnst, *pl* 'dʏnstə] *m*
① *(leichter Nebel)* mist, haze; *(durch Abgase)* fumes *npl*
② *(Dampf)* steam
③ *(Geruch)* smell; *(Ausdünstung)* odour [*or* AM -or]

▸WENDUNGEN: **keinen blassen ~ von etw** *dat* **haben** *(fam)* to not have the slightest [*or* faintest] [*or* BRIT *fam a.* foggiest] idea [*or* clue] about sth; **jdm blauen ~ vormachen** *(fam)* to pull the wool over sb's eyes [*or* BRIT throw dust in sb's eyes]

Dụnst·ab·zugs·hau·be *f* TECH extractor hood

düns·ten ['dʏnstn̩] *vt* KOCHK ■**etw ~** to steam sth; **Fleisch ~** to braise meat; **Früchte ~** to stew fruit

Dụ̈ns·ter *m* KOCHK steamer

Dụnst·glo·cke *f* pall [*or* blanket] of smog

duns·tig ['dʊnstɪç] *adj* ① METEO misty, hazy
② *(viele Ausdünstungen aufweisend)* stuffy; ***in dieser ~en Kneipe sah man kaum die Hand vor den Augen*** you could hardly see your hand in front of your face in that smoky pub

Dụnst·kreis *m (geh)* ■**jds ~** sb's entourage **Dụnst·obst** *nt* stewed fruit **Dụnst·schlei·er** *m* [thin] layer of mist [*or* haze] **Dụnst·wol·ke** *f* cloud of smog; *(in einem Raum)* fug BRIT *fam*

Dü·nung <-, -en> ['dy:nʊŋ] *f* NAUT swell

Duo <-s, -s> ['du:o] *nt* ① *(Paar)* pair, duo; ***Bonnie und Clyde waren ein berüchtigtes ~*** Bonnie and Clyde were an infamous [*or* a notorious] couple; **ein feines** [*o* **sauberes**] **~** *(iron)* a fine pair *iron*
② MUS duet

Duo·de·zi·mal·sys·tem *nt kein pl* duodecimal system

dü·pie·ren* [dy'pi:rən] *vt (geh)* ■**jdn ~** to dupe sb; ■**der/die Düpierte** the dupe

Du·pli·kat <-[e]s, -e> [dupli'ka:t] *nt* duplicate

Du·pli·zie·rung <-, -en> [dupli'tsi:rʊŋ] *f (geh)* duplication

Dur <-, -> ['du:ɐ] *nt* MUS major; **in ~** in a major key; ***die Symphonie ist in G-~*** the symphony is in G major

durch ['dʊrç] I. *präp +akk* ① *(räumlich: während)* through; **direkt/quer ~ etw** right through [the middle of] sth; **~ einen Fluss waten** to wade across a river; **mitten ~ etw** *akk* through the middle of sth;

etw ~ ein Sieb gießen to pass sth through a sieve
② *(räumlich: durchquerend)* through; **~ ganz Deutschland/das ganze Land reisen** to travel around [*or* all over] Germany/the country; ***auf seinen Reisen reiste er ~ das ganze Land*** on his travels he went all over the country; **kreuz und quer ~ Europa reisen** to travel around [*or* throughout] [*or* all over] Europe; **~ die Stadt/die Straßen bummeln** to stroll through the town/streets
③ *(zeitlich: hindurch)* through; ***der Prozess ging ~ drei Instanzen*** the case lasted for [*or* took] three hearings; ***damit kommen wir nicht ~ den Winter*** we won't last [*or* get through] the winter with that; **sich** *akk* **~s Leben schlagen** to struggle through life
④ ÖSTERR *(zeitlich: während)* for; **~ zwei Jahre/Wochen** for two years/weeks
⑤ *(modal: via)* through; ***Sie werden von mir ~ meinen Anwalt hören!*** you will be hearing from [me through] my lawyer!; ***er ist ~ das Fernsehen bekannt geworden*** he became famous through television; **etw ~ Beziehungen/Freunde bekommen** to get sth through connections/friends; **etw ~ den Lautsprecher bekannt geben** to announce sth through the loudspeaker; **jdm etw ~ die Post schicken** to send sth to sb by post [*or* mail], to post sth to sb
⑥ *(mittels)* by [means of]; **~ *dich bin ich zu einer neuen Wohnung gekommen!*** it's you I have to thank for the new flat!; **~ *die landesweite Fahndung konnten die Täter ausfindig gemacht werden*** thanks to a nationwide search the culprits were tracked down; **Tod ~ Ertrinken/eine Giftinjektion/den Strang** death by drowning/lethal injection/hanging; **etw ~ das Los entscheiden** to decide sth by lot; **~ [einen] Zufall** by chance
⑦ *in Passivkonstruktionen (von)* by; **~ *Gottes Güte wurden sie gerettet*** they were saved by the grace of God; ***Tausende wurden ~ das Erdbeben obdachlos*** thousands were made homeless by the earthquake; **~ Bomben zerstört werden** to be destroyed by bombs
⑧ MATH *(dividiert)* divided by; ***27 ~ 3 macht 9*** 27 divided by 3 is 9
II. *adv* ① *(zeitlich: hindurch)* through; **die ganze Nacht ~** through[out] [*or* all through] the night; **die halbe Nacht ~** half the night; **den ganzen Tag ~** all day [long], the whole day [through]; **die ganze Zeit ~** all the time, the whole time
② *(fam: vorbei)* gone BRIT; ***es ist schon 12 Uhr ~*** it's already past [*or* BRIT *a.* gone] 12 [o'clock]
③ *(fam: räumlich: hindurch)* ■ **~ etw ~** through sth
④ *(fam: hindurchgelangt)* ■ **~ sein** to be through; ***wenn ihr ~ den Tunnel ~ seid, seid ihr fast da*** once you're through the tunnel you're nearly there
⑤ *(fam: durchgefahren)* ■ **~ sein** to have gone through; *Zug* to have passed through; ***der Zug ist schon ~*** the train has just passed through; ***Biberach? da sind wir schon lange ~!*** Biberach? we passed that a long time ago!
⑥ *(fam: fertig)* **~ [*o* mit] etw ~ sein** to be through with sth *fam;* ***mit der Wirtschaftszeitung bin ich ~*** I'm through with the financial paper *fam*
⑦ *(fam: genehmigt)* ■ **~ sein** *Entwurf, Gesetz* to have gone [*or* got] through; *Antrag a.* to have been approved
⑧ *(fam: bestanden haben)* ■ **~ sein** to be [*or* have got] through
⑨ *(fam: außer Gefahr)* ■ **~ sein** to have pulled through, to be out of danger
⑩ KOCHK **~ sein** *Fleisch* to be done; *Käse* to be ripe [*or* mature]; **ein gut ~er Käse** *(sl)* a well mature cheese
⑪ *(fam: durchgescheuert)* **~ sein** *Stoff* to be worn out; *Schuhsohlen* to be worn through
▸WENDUNGEN: **~ und ~** *(fam)* through and through; ***er ist ~ und ~ verlogen*** he is an out and out liar; **jdm ~ und ~ gehen** to go right through sb *fig;* ***der Anblick ging mir ~ und ~*** the sight chilled me through and through; **jdn/etw ~ und ~ kennen** to know sb/sth through and through [*or* inside and out]; **~ und ~ nass sein/werden** to be/get soaked [*or* BRIT wet through]; **~ und ~ überzeugt sein** to be completely [*or* totally] [*or* utterly] convinced; **bei jdm unten ~ sein** *(fam)* to be in sb's bad books *fig fam*

durch|a·ckern ['dʊrç?akɐn] **I.** *vt* *(fam)* ■ **etw ~** to plough [*or* AM plow] through sth
II. *vr* *(fam)* ■ **sich** *akk* **[durch etw** *akk*] **~** to plough [*or* AM plow] one's way [through sth]

durch|ar·bei·ten ['dʊrç?arbaitn̩] **I.** *vt* ■ **etw ~** ① *(sich mit etw beschäftigen)* to go [*or* work] through sth
② *(durchkneten)* to knead [*or* work] sth thoroughly
II. *vi* to work through
III. *vr* ■ **sich** *akk* **durch etw** *akk* **~** ① *(durch Erledigung bearbeiten)* to work one's way through sth
② *(durchschlagen)* to fight one's way through sth

durch|at·men ['dʊrç?a:tmən] *vi* to breathe deeply, take deep breaths
▸WENDUNGEN: **[wieder] ~ können** to be able to breathe freely [*or* relax] [again]

durch·aus ['dʊrç?aus, dʊrç'?aus] *adv* ① *bejahend (unbedingt)* absolutely; *(ganz bestimmt)* definitely; ***sie beharrt ~ auf ihrer Meinung*** she is sticking absolutely [*or* resolutely] to her opinion; ***wenn Sie es ~ wünschen ...*** if you [really [*or* absolutely]] insist ...; ***muss das wirklich sein? — ja ~*** is that really necessary? — yes, absolutely [*or* definitely]; ***hast du Interesse? — ~!*** are you interested? — yes, definitely
② *bejahend (wirklich)* quite; ***du hast ~ Recht*** you're quite right; ***das ließe sich ~ machen*** that sounds feasible [*or* possible]; ***ich hätte ~ Lust, es zu versuchen*** I would like to give it a try; ***ich bin ja ~ Ihrer Meinung, aber ...*** I quite [*or* entirely] agree with you but ...; ***man muss ~ annehmen, dass ...*** it's highly likely [*or* we can assume] that ...; ***es ist ihm ~ ernst damit*** he is quite serious about it; **~ möglich** quite [*or* perfectly] possible; **~ richtig** quite right
③ *(völlig)* absolutely; *(durch und durch)* thoroughly; ***du hast ~ Recht!*** you're absolutely right!; ***es ist ihm ~ ernst damit*** he is perfectly serious about it; ***hat er sich anständig benommen? — ja ~*** did he behave himself [properly]? — yes, perfectly [*or* absolutely]; **~ gelungen** highly successful; **~ richtig** absolutely right; **~ unerfreulich** thoroughly [*or* downright] unpleasant; **~ verständlich** completely [*or* totally] understandable; **~ zufrieden** completely [*or* perfectly] [*or* thoroughly] satisfied
④ *verneinend (absolut)* ■ **~ nicht** by no means; ***er wollte seinen Irrtum ~ nicht einsehen*** he absolutely refused to [*or* there was no way he would] admit his mistake; ***bist du zufrieden? — ~ nicht*** are you satisfied? — not in the least; ***wir konnten sie ~ nicht vom Gegenteil überzeugen*** we were completely unable to [*or* there was no way we could] convince her otherwise; ***wenn er das ~ nicht tun will, müssen wir jemand anderen finden*** if he absolutely refuses to do it [*or* if there is no possibility of him doing it], we'll have to find someone else; ***ich weiß, das ist ~ nicht [so] einfach für dich*** I know, it is by no means [*or* it is not so] easy for you; ***er ist ~ nicht so klug, wie alle meinen*** he is by no means as clever as everybody thinks
⑤ *verneinend (sicherlich)* ■ **~ kein ...** by no means a ...; ***sie ist ~ kein schlechter Mensch*** she is by no means a bad person [*or* far from being a bad person]; ***das ist ~ kein schlechtes Angebot*** that's not a bad offer [at all]; ***das ist ~ kein Witz*** that is no joking matter, that's certainly no joke

durch|bei·ßen ['dʊrçbaisn̩] *irreg* **I.** *vt* ■ **etw ~** to bite through sth
II. *vr* *(fam)* ■ **sich** *akk* **[durch etw** *akk*] **~** to struggle one's way through [sth]

durch|be·kom·men* ['dʊrçbəkɔmən] *vt irreg (fam)* ① *(durchtrennen)* ■ **etw ~** to cut through sth
② *s.* **durchbringen**

durch|be·ra·ten* *vt bes* SCHWEIZ ■ **etw ~** ① *(in allen Einzelheiten)* to discuss sth in detail
② *(nacheinander beraten)* to discuss one point after the other

durch|bie·gen ['dʊrçbi:gn̩] *irreg* **I.** *vt* ■ **etw ~** to bend sth; **den Rücken ~** to arch one's back
II. *vr* ■ **sich** *akk* **~** to sag

durch|bla·sen ['dʊrçbla:zn̩] *irreg* **I.** *vt* ■ **etw ~** to clear sth by blowing [through it]
II. *vi* to blows through sth

durch|blät·tern ['dʊrçblɛtɐn], **durch·blät·tern*** [dʊrç'blɛtɐn] *vt* ■ **etw ~** to leaf [*or* flick] through sth; INFORM to scroll sth; **etw nach oben/unten ~** to scroll sth up/down

Durch·blick ['dʊrçblɪk] *m* ① *(Ausblick)* ■ **der/ein ~ auf etw** *akk* the/a view of sth; **ein malerischer/schöner ~** a picturesque/beautiful view
② *(fam)* overall view; **den ~ [bei etw** *dat*] **haben** *(fam)* to know what's going on [in sth]; ***ich habe den [nötigen/völligen] ~*** I know [just/exactly] what's going on; **den ~ [bei etw** *dat*] **verlieren** to lose track of what's going on [in sth]; **sich** *dat* **einen ~ [bei etw** *dat*] **verschaffen** to get an idea of what's going on [in sth]

durch|bli·cken ['dʊrçblɪkn̩] *vi* ① *(hindurchsehen)* ■ **[durch etw** *akk*] **~** to look through [sth]
② *(geh: zum Vorschein kommen)* to show [*or* peep through]
③ *(fam: den Überblick haben)* to know what's going on, to make head or tail of it BRIT
④ *(andeuten)* **etw ~ lassen** to hint at [*or* intimate] sth; **~ lassen, dass** to intimate that

durch·blu·ten*[1] [dʊrç'blu:tn̩] *vt* ANAT ■ **etw ~** to supply sth with blood; ■ **durchblutet** supplied with blood; **mangelhaft/ungenügend durchblutet** with poor circulation

durch|blu·ten[2] ['dʊrçblu:tn̩] *vi* to soak through; ***der Verband blutet durch*** the blood is soaking through the bandage

Durch·blu·tung [dʊrç'blu:tʊŋ] *f* ANAT circulation, supply [*or* flow] of blood

durch·blu·tungs·för·dernd *adj inv* ■ **etw ist ~** sth stimulates the circulation **Durch·blu·tungs·stö·rung** *f* MED circulatory problem, disturbance in blood supply [*or* flow]

durch·boh·ren*[1] [dʊrç'bo:rən] *vt* ■ **jdn/etw [mit etw** *dat*] **~** to run sb through/to pierce sth [with sth]; *(ganz durchdringen)* to go through sb/sth; *s. a.* **Blick**
▸WENDUNGEN: **jdn ansehen, als wollte man ihn/sie ~** to look angrily at sb, to look daggers at sb BRIT

durch|boh·ren[2] ['dʊrçbo:rən] **I.** *vt* ■ **etw durch etw** *akk* **~** to drill sth through sth; ***er bohrte ein kleines Loch durch die Wand durch*** he drilled a small hole right through the wall
II. *vr* ■ **sich** *akk* **durch etw** *akk* **~** to go through sth; ***die Borkenkäfer bohren sich durch die Rinde von Bäumen durch*** bark beetles chew [their way] through the bark of trees

durch·boh·rend *adj* **~e Blicke** piercing [*or* penetrating] looks

durch|bo·xen ['dʊrçbɔksn̩] **I.** *vt* *(fam)* ■ **etw [bei jdm] ~** to push [*or* force] sth through [with sb]
II. *vr* *(fam)* ① *(sich boxend durchdrängen)* ■ **sich** *akk* **[irgendwohin] ~** to fight one's way through [to somewhere]
② *(sich durchschlagen)* ■ **sich** *akk* **~** to fight *fig;* **sich** *akk* **nach oben/an die Spitze ~** to fight one's way up/to the top

durch|bra·ten ['dʊrçbra:tn̩] *irreg* **I.** *vt haben* ■ **etw ~** to cook sth until it is well done [*or* thoroughly]; ■ **durchgebraten** well-done
II. *vi sein* KOCHK to cook until [sth is] well done

durch|brau·sen ['dʊrçbrauzn̩] *vi sein* ■ **[durch etw** *akk*] **~** to speed [*or* tear] through [sth]; ***das Auto brauste [durch die Sperre] durch*** the car sped [*or* tore] through [the barrier]

durch|bre·chen[1] ['dʊrçbrɛçn̩] *irreg* **I.** *vt* *haben* ① *(in zwei Teile brechen)* ■ **etw ~** to break sth in two
② KOCHK **Fleisch/Gemüse ~** to mince [*or* chop] meat/vegetables
II. *vi sein* ① *(entzweibrechen)* ■ **[unter etw** *dat*] **~** to break in two [under sth]; **unter dem Gewicht ~**

to break in two under the weight [of sth]
② *(einbrechen)* ■[**bei etw** *dat*] ~ to fall through [while doing sth]
③ *(hervorkommen)* ■[**durch etw** *akk*] ~ to appear [through sth]; *Zähne* to come through; *Sonne* to break through [the clouds]
④ *(sich zeigen)* to reveal [*or* show] itself
⑤ MED to burst [*or* rupture]

durch·bre·chen*[2] [dʊrç'brɛçn̩] *vt irreg* ① *(gewaltsam durch etw dringen)* ■**etw** [**mit etw** *dat*] ~ to crash through sth [with sth]
② *(überwinden)* ■**etw** ~ to break through sth; **die Schallmauer** ~ to break the sound barrier

Durch·bre·chung [dʊrç'brɛçʊŋ] *f* breaking through *no pl;* ~ **der Schallmauer** breaking [of] the sound barrier

durch|bren·nen ['dʊrçbrɛnən] *vi irreg* ① *haben (weiterbrennen)* to stay alight [*or* keep burning]
② *sein* ELEK to burn out; ***die Sicherung ist durchgebrannt*** the fuse has blown
③ *sein (fam)* ■[**jdm**] ~ to run away [from sb]; ■[**jdm**] ~ to run off [from sb] [*or* leave [sb]]; ***der arme Kerl, seine Frau ist ihm mit einem anderen Mann durchgebrannt!*** poor fellow, his wife has run off with [*or* has left him for] another man!

durch|brin·gen ['dʊrçbrɪŋən] *vt irreg* ① *(durchsetzen)* ■**etw** [**bei jdm**] ~ to push sth through [with sb]; **einen Änderungsantrag im Parlament** ~ to have an amendment ratified in parliament; ***sie hat beim Chef ihre Gehaltserhöhung durchgebracht*** she managed to get the boss to approve her pay rise; ■**jdn** ~ to get sb elected
② *(für Unterhalt sorgen)* ■**jdn** ~ to support [*or* provide for] sb; ■**sich** *akk* ~ to get by; **sich** *akk* **mehr schlecht als recht** [*o* **kümmerlich**] [*o* **mühsam**] ~ to scrape by
③ *(ausgeben)* ■**etw** [**für etw** *akk*] ~ to get through [*or fam* blow] sth [on sth]

durch·bro·chen [dʊrç'brɔçn̩] *adj* MODE open-work *attr;* ~**e Schuhe/Stickerei/Spitzen/Strümpfe** open-work shoes/embroidery/lace/stockings

Durch·bruch ['dʊrçbrʊx] *m* ① *(entscheidender Erfolg)* ■**der/jds** ~ [**zu etw** *dat*] the/sb's breakthrough [into sth]; **zum ~ kommen** *Idee, Sache* to be gaining acceptance; *Charaktereigenschaft, Naturell, Natur* to come to the fore BRIT [*or* reveal itself [for what it is]]; **jdm/etw zum ~ verhelfen** to help sb/sth on the road to success
② MIL breakthrough
③ *(das Hindurchkommen)* appearance; *Zahn* coming through *no pl*
④ MED rupture, bursting
⑤ *(durchgebrochene Öffnung)* opening

durch|che·cken ['dʊrçtʃɛkn̩] *vt* ① *(fam)* ■**jdn** ~ to screen sb; **sich** *akk* ~ **lassen** to have a check-up; ■**etw** ~ to check through sth
② LUFT *(registrieren)* ■**etw** ~ to check sth in

durch·dacht *adj* thought-out; **eine gut ~e Idee** a well thought-out idea

durch|de·kli·nie·ren* *vt (sl)* ■**etw** ~ to run through sth from A to Z

durch|den·ken ['dʊrçdɛŋkn̩], **durch·den·ken*** [dʊrç'dɛŋkn̩] *vt irreg* ■**etw** ~ *irreg* to think sth through [*or* over]

durch·de·signt [-di'zaint] *adj* MODE *(sl: gestylt)* styled

durch|dis·ku·tie·ren* ['dʊrçdɪskuti:rən] *vt* ■**etw** [**mit jdm**] ~ to discuss sth thoroughly [*or* talk sth through] [with sb]

durch|drän·geln ['dʊrçdrɛŋl̩n] *vr (fam),* **durch|drän·gen** ['dʊrçdrɛŋən] *vr* ■**sich** *akk* [**durch etw** *akk*] ~ to push [*or* force] one's way through [sth]; **sich** *akk* **nach vorn** ~ to push one's way [through] to the front [*or* push through to the front]

Durch·dre·hen <-s> ['dʊrçdre:ən] *nt kein pl der Räder* tire spinning

durch|dre·hen ['dʊrçdre:ən] **I.** *vi* ① AUTO to spin
② *(fam)* to crack up *fam,* lose it *sl;* **durchgedreht sein** to have cracked up *fam* [*or sl* lost it]
II. *vt* KOCHK ■**etw** ~ to mince sth; **Fleisch** ~ to mince [*or* grind] meat, to put meat through the mincer [*or* grinder]; **Obst/Gemüse** ~ to purée fruit/vegetables, to put fruit/vegetables through the blender

durch|drin·gen[1] ['dʊrçdrɪŋən] *vi irreg sein* ① *(durch etw dringen)* ■[**durch etw** *akk*] ~ to come through [sth]
② *(vordringen)* ■[**bis zu jdm**] ~ to carry through [as far as sb]; ***ihre Stimmen drangen durch die dünne Wand bis zu den Nachbarn durch*** their voices carried through the thin wall as far as the[ir] neighbours [*or* reached the neighbours through the thin wall]
③ *(erreichen)* ■**zu jdm** ~ to get as far as sb; ***der Präsident ist zu gut abgeschirmt, zu ihm kann kein Attentäter*** ~ the president is too well protected for any [potential] assassin to get close to him
④ *(sich durchsetzen)* ■[**bei jdm/in etw** *dat*] **mit etw** *dat* ~ to get sth accepted [by sb/sth]

durch·drin·gen*[2] [dʊrç'drɪŋən] *vt irreg* ① *(durch etw dringen)* ■**etw** ~ to penetrate sth
② *(geh)* ■**jdn** ~ to pervade sb

durch·drin·gend *adj* piercing; ~**er Blick/~es Geräusch/~e Stimme** piercing [*or* penetrating] gaze/noise/voice; ~**er Geruch** pungent [*or* penetrating] smell; ~**er Gestank** penetrating stench; ~**e Kälte/~er Wind** biting cold/wind; ~**er Schmerz** excruciating pain

Durch·drin·gung <-> ['dʊrçdrɪŋʊŋ] *f kein pl*
① *(Eindringen)* penetration
② *(Sättigung)* saturation
③ *(Erfassung)* grasp, understanding

durch|drü·cken ['dʊrçdrʏkn̩] *vt* ■**etw** ~ ① *(fam: erzwingen)* to push [*or* force] sth through; ■[**es**] [**bei jdm**] ~, **dass** to get [it] accepted [by sb] that; ***wie hast du es denn [beim Chef] durchgedrückt, dass du eine Gehaltserhöhung bekommst?*** how did you manage to get a pay rise [out of the boss]?
② *(straffen)* to straighten sth

durch·drun·gen [dʊrç'drʊŋən] *adj pred* ■**von etw** *dat* ~ **sein** to be imbued [*or* filled] with sth

durch|dür·fen ['dʊrçdʏrfn̩] *vi irreg (fam)* to be allowed through; ***„entschuldigen Sie, darf ich mal durch?"*** "excuse me, can I get through [*or* past]?"

durch·ei·nan·der [dʊrç?ai'nandɐ] *adj pred (fam)* ■~ **sein** ① *(nicht ordentlich)* to be in a mess [*or* BRIT *a.* muddle]; *(völlig unaufgeräumt)* to be very untidy [*or* in a complete mess]
② *(fam: verwirrt)* to be confused [*or* in a state of confusion]

Durch·ei·nan·der <-s> [dʊrç?ai'nandɐ] *nt kein pl*
① *(Unordnung)* mess, BRIT *esp* muddle
② *(Wirrwarr)* confusion

durch·ei·nan·der|brin·gen *vt irreg* ① *(in Unordnung bringen)* ■**etw** ~ to get sth in a mess [*or esp* BRIT muddle]; *(verwechseln)* to mix [*or esp* BRIT muddle] up sth *sep,* to get sth mixed [*or esp* BRIT muddled] up ② *(verwechseln)* ■**jdn/etw** [**mit etw** *dat*] ~ to confuse sb/sth [with sth] **durch·ei·nan·der|es·sen** *vt irreg* ■**etw** ~ to eat sth indiscriminately **durch·ei·nan·der|ge·ra·ten*** *vi irreg sein* ① *(in Unordnung)* to get mixed [*or esp* BRIT muddled] up ② *(verwirrt)* to get confused **durch·ei·nan·der|kom·men** *vi irreg sein (fam) s.* **durcheinandergeraten** **durch·ei·nan·der|lau·fen** *vi irreg sein* to be a mess; *(planlos rumrennen)* to run around all over the place; ***es lief alles total durcheinander*** the whole affair was total chaos **durch·ei·nan·der|lie·gen** *vi irreg* to be all over the place **durch·ei·nan·der|re·den** *vi* to all talk at once [*or* the same time] **durch·ei·nan·der|schrei·en** *vi irreg* to all shout at once [*or* the same time] **durch·ei·nan·der|trin·ken** *vt irreg* ■**etw** ~ to drink sth indiscriminately; **alles** ~ to mix one's drinks **durch·ei·nan·der|wer·fen** *vt irreg (fam)* ① *(in Unordnung bringen)* ■[**jdm**] **etw** ~ to get sth [of sb's] in a mess [*or esp* BRIT muddle] ② *(verwechseln)* ■**jdn/etw** [**mit etw** *dat*] ~ to confuse sb/sth [with sth] **durch·ei·nan·der|wir·beln** *vt* ① *(in Unordnung bringen)* ■**etw** ~ to scatter sth in all directions ② *(fam: in Unruhe versetzen)* ■**jdn/etw** ~ to shake sb/sth up

durch|ex·er·zie·ren* ['dʊrç?ɛksɛrtsi:rən] *vt* ■**etw** [**mit jdm**] ~ ① *(wiederholend üben)* to practise [*or* AM -ice] [*or* go through] sth [with sb]
② *(durchspielen)* to rehearse [*or* go through] sth [with sb]

durch|fah·ren[1] ['dʊrçfa:rən] *vi irreg sein* ① *(zwischen etw fahren)* ■**zwischen etw** *dat* ~ to go [*or* drive] between [*or* through] sth
② *(fahrend durchbrechen)* ■**durch etw** *akk* ~ to crash through sth
③ *(nicht anhalten)* ■[**bei etw** *dat*] ~ to travel straight through; ***das Auto fuhr bei Rot durch*** the car drove [straight] through the red light [*or* ran the red light]; **die Nacht** ~ to drive through the night
④ *(unterqueren)* ■**unter etw** *dat* ~ to travel [*or* pass] under sth; ***das hohe Fahrzeug kann unter dieser Brücke nicht*** ~ this high vehicle can't drive under the bridge

durch·fah·ren*[2] [dʊrç'fa:rən] *vt irreg* ■**jdn** ~
① *(plötzlich bewusst werden)* to flash through sb's mind
② *(von Empfindung ergriffen werden)* to go through sb

Durch·fahrt ['dʊrçfa:ɐ̯t] *f* ① *(Öffnung zum Durchfahren)* entrance
② *(das Durchfahren)* thoroughfare; ***für Lkws ist hier keine*** ~ there's no access [*or* thoroughfare] for trucks here!; ~ **bitte freihalten** please do not obstruct [*or* keep clear]; ~ **verboten** no thoroughfare; **auf der ~ sein** to be passing through

Durch·fahrts·recht *nt* JUR right of way **Durch·fahrts·stra·ße** *f* TRANSP through road **Durch·fahrts·ver·kehr** *m* traffic in transit

Durch·fall ['dʊrçfal] *m* ① MED diarrhoea BRIT, diarrhea AM; ~ **haben** [*o* **an ~ leiden**] to have [an attack of] diarrhoea
② *(fam)* fail, failure

durch|fal·len ['dʊrçfalən] *vi irreg sein* ① *(durch etw stürzen)* ■[**durch etw** *akk*] ~ to fall through [sth]
② *(fam)* ■**bei** [*o* **in**] **etw** *dat* ~ to fail sth; **bei** [*o* **in**] **einer Prüfung** ~ to fail an exam
③ *(einen Misserfolg haben)* ■[**bei jdm/etw**] ~ to [be a] failure [*or esp* BRIT flop] [with sb/sth]

durch|fau·len ['dʊrçfaulən] *vi sein* to rot through

durch|fech·ten ['dʊrçfɛçtn̩] *vt irreg* ■**etw** ~ to fight [*or* see] sth through [to the end]

durch|fei·ern[1] ['dʊrçfaiɐn] *vi (fam)* to celebrate [*or* party] non-stop; ***wir haben die ganze Woche durchgefeiert*** the whole week was just one big party; **die Nacht** ~ to celebrate [*or* party] all night [long] [*or* through the night]

durch·fei·ern*[2] [dʊrç'faiɐn] *vt* ■**etw** ~ to celebrate sth without a break; **eine durchfeierte Nacht** a night of celebrations

durch|fei·len ['dʊrçfailən] *vt* ■**etw** ~ to file through sth

durch|feuch·ten* [dʊrç'fɔyçtn̩] *vt* ■**etw** ~ to soak sth; ■**von etw** *dat* **durchfeuchtet sein** to be soaked [through] with sth; **durchfeuchtete Wände** damp-ridden walls

durch|fin·den ['dʊrçfɪndn̩] *vi, vr irreg* ■[**sich** *akk*] [**durch etw** *akk*/**in etw** *dat*] ~ to find one's way [through sth/in sth]; ***durch dieses/bei diesem Durcheinander finde ich langsam nicht mehr durch*** I'm finding it increasingly hard to keep track in this chaos

durch|flie·gen[1] ['dʊrçfli:gn̩] *vi irreg sein* ① LUFT to fly non-stop [*or* direct]
② *(fam: nicht schaffen)* ■**durch etw** *akk* ~ *Prüfung* to fail [*or* flunk] sth; ■**in etw** *dat* ~ *Examen* to fail [*or* flunk] sth

durch·flie·gen*[2] [dʊrç'fli:gn̩] *vt irreg* ■**etw** ~ to fly through sth

durch|flie·ßen[1] ['dʊrçfli:sn̩] *vi irreg sein* to flow through

durch·flie·ßen*[2] [dʊrç'fli:sn̩] *vt irreg* ■**etw** ~ to flow through sth

Durch·flug ['dʊrçflu:k] *m* LUFT ■**der ~ durch etw** *akk* flying over *no pl* sth; **auf dem** ~ in transit

Durch·fluss[RR] *m* ① *(fließende Menge)* flow

2 *(das Durchfließen)* flow
3 *(Öffnung zum Durchfließen)* opening, outlet
durch·flu·ten* [dʊrçˈfluːtn̩] *vt (geh)* 1 *(ganz erhellen)* ■ **etw ~** to flood sth
2 *(durchströmen)* ■ **jdn ~** to flow through [*or* pervade] sb
durch·for·schen* [dʊrçˈfɔrʃn̩] *vt* 1 *(durchstreifen)* ■ **etw ~** to explore sth
2 *(durchsuchen)* ■ **etw** [**nach etw** *dat*] **~** to search through sth [for sth]
durch·fors·ten* [ˈdʊrçfɔrstn̩] *vt (fam)* ■ **etw** [**nach etw** *dat*] **~** to sift through sth [for sth]
durch|fra·gen [ˈdʊrçfraːgn̩] *vr* ■ [**sich** *akk* **durch etw** *akk*/**zu jdm/etw**] **~** to find one's way [through sth/to sb/sth] by asking
durch|fres·sen [ˈdʊrçfrɛsn̩] *irreg* **I.** *vr* 1 *(korrodieren)* ■ **sich** *akk* [**durch etw** *akk*] **~** to corrode [*or* eat through] [sth]
2 *(sich durch etw nagen)* ■ **sich** *akk* [**durch etw** *akk*] **~** *Tier* to eat [its way] through [sth]
3 *(pej fam: essend schmarotzen)* ■ **sich** *akk* [**bei jdm**] **~** to live on sb's hospitality, to eat sb out of house and home
II. *vt* ■ **etw frisst durch etw durch** sth eats through sth; ***die Motten haben ein Loch durch das Gewebe gefressen*** the moths have eaten a hole through the fabric; *Rost, Säure etc.* sth corrodes through sth
Durch·fuhr [ˈdʊrçfuːɐ̯] *f* transit
durch·führ·bar *adj* feasible, workable, practicable
Durch·führ·bar·keits·ana·ly·se *f* ÖKON feasibility [*or* pre-investment] study
Durch·fuhr·be·schrän·kung *f* restriction on transit
durch|füh·ren [ˈdʊrçfyːrən] **I.** *vt* 1 *(abhalten)* ■ **etw ~** to carry out sth; **eine Untersuchung ~** to carry out [*or* conduct] an examination; **ein Experiment ~** to carry out [*or* conduct] [*or* perform] an experiment; **eine Haussuchung ~** to search a house, to conduct [*or* do] a house search BRIT; **eine Messung ~** to take a measurement; **eine Sammlung ~** to take up collecting sth
2 *(verwirklichen)* ■ **etw ~** to carry out sth
3 *(hindurchführen)* ■ **jdn** [**durch etw** *akk*] **~** to guide sb round [sth] [*or* show sb [a]round]
4 *(durchleiten)* ■ **etw durch etw** *dat*/**unter etw** *dat* **~** to pass [*or* run] sth through sth/under sth; ***eine neue Autobahn soll quer durch das Gebirge durchgeführt werden*** a new motorway is to be built straight through the mountains; ***die Gasleitung/das Kanalrohr/das Stromkabel wurde unter der Straße durchgeführt*** the gas pipe/sewage pipe/power cable was laid under the street
II. *vi* ■ **durch etw** *akk* **~** to pass [*or* run] through sth
Durch·fuhr·er·laub·nis *f* transit permit **Durch·fuhr·frei·heit** *f kein pl* HANDEL freedom of transit **Durch·fuhr·han·del** *m* HANDEL transit trade **Durch·fuhr·recht** *nt* JUR right of passage
Durch·füh·rung *f* 1 *(Verwirklichung)* carrying out *no pl;* **etw zur ~ bringen** *(geh)* to carry out sth; **ein Gesetz zur ~ bringen** to apply [*or* enforce] a law; **zur ~ kommen** [*o* **gelangen**] *(geh)* to come into force
2 *(Abhaltung)* carrying out *no pl; Erhebung, Untersuchung a.* conducting *no pl; Experiment* performing; *Messungen* taking
Durch·füh·rungs·ab·kom·men *nt* JUR implementing agreement [*or* convention] **Durch·füh·rungs·be·fug·nis** *f* JUR implementing power[s] **Durch·füh·rungs·be·stim·mun·gen** *pl* JUR implementing regulations **Durch·füh·rungs·ver·ord·nung** *f* JUR implementing order **Durch·füh·rungs·vor·schrift** *f* JUR implementation rule
Durch·fuhr·ver·bot *nt* HANDEL prohibition of transit
durch|füt·tern [ˈdʊrçfʏtɐn] *vt (fam)* ■ **jdn ~** to support sb; ■ **sich** *akk* **von jdm ~ lassen** to live off sb
Durch·ga·be *f* 1 *(das Durchgeben)* passing on *no pl; Telegramm* phoning in [*or* through] *no pl*
2 *(Nachricht)* announcement; *Telefon* message; *Lottozahlen* reading

Durch·gang [ˈdʊrçgaŋ] *m* 1 *(Passage)* path[way]
2 *(das Durchgehen)* entry; **kein ~!, ~ nicht gestattet!** no thoroughfare [*or* right of way]!; *(an Türen)* no entry!, do not proceed beyond this point!
3 POL *(Phase)* round
durch·gän·gig [ˈdʊrçgɛŋɪç] **I.** *adj* general, universal; **~e Besonderheit** constant exceptional [*or* unusual] feature
II. *adv* universally, generally; ***diese Eigenart des Satzbaus ist in ihren Gedichten ~ feststellbar*** this characteristic syntax is evident [*or* to be found] throughout [all of] her poetry
Durch·gangs·bahn·hof *m* through station
Durch·gangs·fracht *f* HANDEL transit cargo [*or* freight] **Durch·gangs·fracht·brief** *m* HANDEL through bill of lading
Durch·gangs·ge·bühr *f* HANDEL transit charges [*or* costs] *pl* **Durch·gangs·kon·nos·se·ment** *nt* HANDEL through bill of lading **Durch·gangs·la·ger** *nt* transit camp **Durch·gangs·maß** *nt* BAU clear opening **Durch·gangs·prü·fer** *m* continuity tester **Durch·gangs·stra·ße** *f* TRANSP through road, thoroughfare **Durch·gangs·ver·kehr** *m* TRANSP 1 *(durchgehender Ortsverkehr)* through traffic
2 *(Transitverkehr)* transit traffic
durch·ge·ar·bei·tet *adj* spent working *pred;* ***nach zwei ~en Nächten/Wochenenden*** after two [whole] nights/weekends spent working, after working through two [whole] nights/weekends
durch|ge·ben [ˈdʊrçgeːbn̩] *vt irreg* RADIO, TV ■ [**jdm**] **etw ~** to pass sth on [to sb]; **die Lottozahlen ~** to read the lottery numbers; **eine Meldung ~** to make an announcement; **die Wetteraussichten ~** to give the weather forecast; ***Telegramme werden telefonisch durchgegeben*** telegraphs are [usually] phoned in; ***lass dir telefonisch die Wetteraussichten ~!*** ring up and get the weather report; ■ **jdm ~, dass** to tell sb that
durch·ge·fro·ren *adj* frozen stiff *pred*
durch|ge·hen [ˈdʊrçgeːən] *irreg* **I.** *vi sein* 1 *(gehen)* ■ [**durch etw** *akk*] **~** to go through [sth]; ***bitte ~!*** move right to the back, please!; *(im Bus)* move right down [the bus] please!; ***darf ich ~?*** may I come through, please?
2 *(fam: durchpassen)* ■ [**durch etw** *akk*] **~** to go [*or* fit] through [sth]; ***der Faden geht nicht durch das Nadelöhr durch*** the thread won't fit [*or* go] through the eye of the needle; ■ **zwischen/unter etw** *dat* **~** to go [*or* fit] between/under sth
3 *(durchdringen)* ■ [**durch jdn/etw**] **~** to go through [sb/sth]; ***der Regen geht schon durch die Hose durch*** the rain has already soaked my trousers
4 BAHN *(ohne Unterbrechung fahren)* ■ **bis zu etw** *dat* **~** to go non-stop [*or* BRIT to go direct] to sth; ***geht dieser Zug bis zur Hauptstadt durch?*** does this train go non-stop [*or* go direct] to the capital?; ***der Zug geht bis Wien durch*** the train won't stop till Vienna
5 *(verlaufen)* ■ **bis zu etw** *dat* **~** to go right through to sth [*or* all the way [through] to sth]; ***geht der Weg bis zur Schule durch?*** does the path go all the way [through] to the school?; ***das Kabel muss bis zum anderen Ende des Raumes ~*** the cable has to go right through to [*or* all the way [through] to] the other side of the room
6 *(fig: sich durchziehen)* ■ **durch etw** *akk* **~** to run through sth; ***der Gedanke geht durch den ganzen Roman durch*** the idea runs through the whole novel
7 *(fam: andauern)* to go straight through to [*or* until] sth; ***die Besprechung geht bis zum Abend durch*** the meeting will last [*or* go through] until the evening
8 *(angenommen werden)* to go through; POL *Antrag* to be carried [*or* passed]; *Gesetz* to be passed; ***der Antrag wird im Parlament so nicht ~*** the motion in its current form won't be carried [*or* passed] in parliament; ***ist dein Antrag auf Wohngeld durchgegangen?*** did your application for housing benefit go through?

9 *(fam: weglaufen)* ■ [**jdm**] **mit jdm/etw ~** to run off [from sb] with sb/sth; ***seine Frau war ihm mit einem jüngeren Mann einfach durchgegangen*** his wife simply upped and left him for a younger man *fam;* **mit dem Geld ~** to run off with the money; ***meine Frau ist mit ihrem Liebhaber durchgegangen*** my wife has left me for her lover
10 *(außer Kontrolle geraten)* ■ **mit jdm ~** to get the better of sb; **die Fantasie geht/Gefühle gehen mit jdm durch** sb's imagination runs/feelings run wild
11 *(gehalten werden)* ■ **für etw** *akk* **~** to be taken [*or* to pass] for sth; ***du könntest für 30 ~*** you could be taken [*or* pass] for 30
12 *(fam o fig: dulden)* **etw ~ lassen** to tolerate [*or* overlook] sth; **jdm etw ~ lassen** to let sb get away with sth; ***diese Fehler können wir Ihnen auf Dauer nicht ~ lassen, Herr Lang!*** we can't tolerate [*or* overlook] these mistakes forever, Mr Lang!; ***für dieses eine Mal will ich Ihnen das noch mal ~ lassen!*** I'll let it pass [*or* I'll overlook it] [just] this once!
13 *Reittiere* to bolt; ***mein Pferd ist mir durchgegangen*** my horse bolted
II. *vt sein o haben* ■ **etw** [**mit jdm**] **~** to go [*or* look] through sth [with sb]; **seine Notizen ~** to go [*or* look] through one's notes
durch·ge·hend [ˈdʊrçgeːənt] **I.** *adj* 1 *(nicht unterbrochen)* continuous; ***manche Kaufhäuser haben ~e Öffnungszeiten von 9 bis 18 Uhr 30*** some stores stay [*or* remain] open from 9am till 6:30pm
2 BAHN through, direct, non-stop
II. *adv* all the time; ***die Bereitschaftspolizei hat ~ Dienst*** the riot police are on call [a]round-the-clock [*or* 24 hours a day]; **~ geöffnet** open right through
durch·geis·tigt [dʊçˈgaistɪçt] *adj (geh)* intellectual
durch·ge·knallt *adj (sl)* ■ **~ sein** to have gone crazy [*or fam* cracked up] [*or sl* lost it]; ***jetzt ist sie völlig ~!*** she's gone completely crazy [*or sl* completely lost it] now! **durch·ge·knöpft** *adj inv* button-through
durch·ge·ses·sen [ˈdʊrçgəzɛsn̩] *adj inv Sessel, Sofa* worn-out, threadbare
durch|gie·ßen *vt irreg* ■ **etw ~** to pour through sth *sep;* ■ **etw durch etw** *akk* **~** to pour sth through sth
durch|gra·ben [ˈdʊrçgraːbn̩] *irreg* **I.** *vt* ■ **etw durch etw** *akk* **~** to dig sth through sth; **einen Tunnel durch etw ~** to dig a tunnel through sth
II. *vr* ■ **sich** *akk* **~** to dig through *sep* one's way; ■ **sich** *akk* **durch etw** *akk*/**unter etw** *dat* **~** to dig one's way [*or* a tunnel] through/under sth
durch|grei·fen [ˈdʊrçgraifn̩] *vi irreg* 1 *(wirksam vorgehen)* to take drastic [*or* decisive] action; **hart ~** to crack down [hard]
2 *(hindurchfassen)* ■ [**durch etw** *akk*] **~** to reach through [sth]
durch·grei·fend **I.** *adj* drastic
II. *adv* drastically, radically
Durch·griff *m* FIN enforcement of liability
Durch·griffs·er·in·ne·rung *f* JUR exception to a ruling **Durch·griffs·wir·kung** *f* FIN direct enforcement
durch|gu·cken [ˈdʊrçgʊkn̩] *vi (fam) s.* **durchblicken 1, 2**
durch|ha·ben [ˈdʊrçhaːbn̩] *vt irreg (fam)* ■ **etw ~**
1 *(durchgelesen haben)* to be through [*or* have finished] [reading] sth
2 *(durchgearbeitet haben)* to have finished [*or* got through] sth
3 *(durchtrennt haben)* to have got through sth
durch|ha·cken *vt* ■ **etw ~** to chop [*or* hack] through sth
durch|hal·ten [ˈdʊrçhaltn̩] *irreg* **I.** *vt* ■ **etw ~** 1 *(ertragen)* to stand sth
2 *(weiterhin durchführen)* to keep sth going
3 *(beibehalten)* to keep up sth *sep;* **das Tempo ~** to be able to stand [*or* BRIT last] the pace
4 *(aushalten)* to [with]stand sth
II. *vi* 1 *(standhalten)* to hold out, to stick it out *fam*
2 *(funktionieren) Maschine* to last
Durch·hal·te·pa·ro·le *f* appeal to stand firm

D

Dụrch·hal·te·ver·mö·gen *nt* stamina, staying power; ~ **haben** to have stamina [*or* staying power]

durch|hän·gen ['dʊrçhɛŋən] *vi irreg sein o haben* ❶ *(nach unten hängen)* ■**[nach unten]** ~ to sag ❷ *(fam: erschlafft sein)* to be drained ❸ *(fam: deprimiert sein)* to be down [*or* on a downer] *fam;* ***lass dich nicht so*** ~ don't mope about like this

Dụrch·hän·ger <-s, -> *m* **einen [totalen]** ~ **haben** *(fam)* to be on a [real] downer *fam*

durch|hau·en ['dʊrçhau̯ən] *irreg* **I.** *vt* ❶ *(spalten)* ■**etw [mit etw** *dat*] ~ to chop [*or* hack] sth in two [with sth], to split sth [in two] [with sth] ❷ *(fam: verprügeln)* ■**jdn** ~ to give sb a good [*or fam* one hell of a] hiding [*or* thrashing]
II. *vr* ■**sich** *akk* [**durch etw** *akk*] ~ to get by [through sth]

durch|he·cheln ['dʊrçhɛçl̩n] *vt (pej fam)* ■**etw** ~ to gossip about sth; ***intime Details von Prominenten werden in den Klatschspalten immer durchgehechelt*** intimate details of prominent people are always picked over in the gossip columns

durch|hei·zen ['dʊrçhai̯tsn̩] **I.** *vi* ❶ *(gründlich heizen)* to heat thoroughly ❷ *(kontinuierlich heizen)* to heat continuously [*or* day and night]
II. *vt* ■**etw** ~ ❶ *(gründlich heizen)* to heat [up *sep*] sth thoroughly ❷ *(kontinuierlich heizen)* to heat sth continuously [*or* day and night]

durch|hel·fen ['dʊrçhɛlfn̩] *irreg* **I.** *vi* ❶ *(durch etw helfen)* ■**jdm [durch etw** *akk*] ~ to help sb through [sth] ❷ *(heraushelfen)* ■**jdm** ~ to help sb through; ■**jdm durch etw** ~ to help sb through [*or* out of] sth; **jdm durch eine schwierige Lage** ~ to help sb through [*or* out of] a difficult situation
II. *vr* ■**sich** *dat* ~ to get by [*or* along], to manage

dụrch|hö·ren *vt* ❶ *(heraushören)* ■[**bei jdm**] **etw** ~ to detect [*or* sense] sth [in sb] ❷ *(durch etw hören)* ■**etw [durch etw** *dat*] ~ to hear sth [through sth]

durch|ixen ['dʊrçʔɪksn̩] *vt (fam)* ■**etw** ~ to cross [*or* x] out sth *sep*

durch|käm·men¹ ['dʊrçkɛmən] *vt* ■**etw** ~ to comb through sth *sep;* **sich/jdm die Haare** ~ to give one's/sb's hair a good comb[ing]

durch·käm·men*² [dʊrç'kɛmən] *vt* ■**etw [nach jdm]** ~ to comb sth [for sb]

durch|kämp·fen ['dʊrçkɛmpfn̩] **I.** *vt* ■**etw** ~ to force [*or* push] through sth *sep*
II. *vr* ❶ *(mühselig durchackern)* ■**sich** *akk* ~ to battle [*or* fight] one's way through; ■**sich** *akk* **durch etw** *akk* ~ to battle [*or* fight] one's way through sth ❷ *(sich durchringen)* ■**sich** *akk* **zu etw** *dat* ~ to bring oneself to do sth; **sich** *akk* **zu einem Entschluss** ~ to bring oneself to make [*or* force oneself to [make]] a decision
III. *vi* to fight continuously

durch|kau·en ['dʊrçkau̯ən] *vt* ❶ *(gründlich kauen)* ■**etw** ~ to chew sth thoroughly ❷ *(fam: erschöpfend besprechen)* ■**etw [mit jdm]** ~ to discuss sth thoroughly [*or fam* have sth out] [with sb]

durch|klet·tern ['dʊrçklɛtɐn] *vi sein* ■**[durch etw** *akk*] ~ to climb through [sth]

durch|klin·gen ['dʊrçklɪŋən] *vi irreg sein o haben Gemütszustand* to come across; ~ **lassen, dass ...** to intimate [*or* create the impression] that ...

dụrch|kne·ten *vt* ❶ *(gründlich kneten)* ■**etw** ~ to knead sth thoroughly ❷ *(kräftig massieren)* ■**jdn/etw** ~ to give sb/sth a thorough massage

durch|kom·men ['dʊrçkɔmən] *vi irreg sein* ❶ *(durchfahren)* ■**[durch etw** *akk*] ~ to come through [*or* past] [sth]; ***nach 300 Metern kommen Sie durch einen Tunnel durch*** after 300 metres you go through a tunnel ❷ *(vorbei dürfen)* to come past [*or* through] ❸ *(durchdringen)* ■**[durch etw** *akk*] ~ *Regen, Sonne* to come through [sth] ❹ *(sichtbar werden)* ■**[durch etw** *akk*] ~ to show through [sth]; *Sonne* to come out [from behind sth] ❺ *(in Erscheinung treten)* ■**[bei jdm]** ~ *Charakterzug* to become noticeable [*or* show through] [in sb]; ■**in jdm** ~ to come [*or* show] through in sb ❻ *(Erfolg haben)* ■**[bei jdm] mit etw** *dat* ~ to get away with sth [with sb]; ***mit so einem Trick kommen Sie bei ihm nicht durch*** you won't get away with a dodge like that with him ❼ *(gelangen)* ■**[mit etw** *dat*] ~ to get through [*sep* sth]; ■**[mit etw** *dat*] **durch etw** *akk* ~ to get [sth] through sth; ***ich komme mit meiner Hand nicht durch das Loch durch*** I can't get my hand through the hole; ■**kein D~ für jdn sein** to be no way through for sb ❽ *(Prüfung bestehen)* ■**[bei jdm/in etw** *dat*] ~ to get through [sb's exam/sth], to pass [sb's exam/sth] ❾ *(überleben)* to pull [*or* come] through, to survive; **nach einer Operation** ~ to survive an operation, to pull through ❿ *(durchgesagt werden)* ■**[in etw** *dat*] ~ to be announced [on sth]

durch|kön·nen ['dʊrçkœnən] *vi irreg (fam)* ■**[durch etw** *akk*] ~ to be able to get through [sth]

durch·kreu·zen*¹ [dʊrç'krɔytsn̩] *vt* ■**etw** ~ ❶ *(vereiteln)* to foil [*or* frustrate] [*or* thwart] sth ❷ *(durchqueren)* to cross sth

durch|kreu·zen² ['dʊrçkrɔytsn̩] *vt* ■**jdn/etw** ~ to cross out sb/sth *sep;* **jdn aus der Liste** ~ to cross sb['s name] off the list

durch|krie·chen ['dʊrçkriːçn̩] *vi irreg sein* ■**[durch etw** *akk*] ~ to crawl [*or* creep] through [sth]; ■**[unter etw** *dat*] ~ to crawl [*or* creep] under[neath] [sth]

dụrch|krie·gen *vt (fam) s.* **durchbekommen**

Dụrch·la·de·mög·lich·keit *f* AUTO long-cargo channel

durch|la·den ['dʊrçlaːdn̩] *irreg* **I.** *vt* ■**etw** ~ to charge [*or* prime] sth
II. *vi* to charge, to prime

dụrch|lan·gen *(fam)* **I.** *vi* to reach through, to put through *sep* one's hand; ■**durch etw** *akk* ~ to reach [*or* put one's hand] through sth
II. *vt (durchreichen)* ■**[jdm] etw** ~ to pass through *sep* sth [to sb]

Dụrch·lass^RR <-es, Durchlässe>, **Dụrch·laß^ALT** <-sses, Durchlässe> ['dʊrçlas, *pl* 'dʊrçlɛsə] *m* ❶ *(Durchgang)* passage[way]; *(Eingang)* way through [*or* in] ❷ *(Zugang)* access *no pl, no art;* **jdm/sich** ~ **verschaffen** to obtain permission for sb/oneself to pass, to gain admittance for sb/oneself; *mit Ausweis* to gain sb/oneself admittance; **sich** *dat* **mit Gewalt** ~ **verschaffen** to force one's way through [*or* in] *sep*

durch|las·sen ['dʊrçlasn̩] *vt irreg* ❶ *(vorbei lassen)* ■**jdn/etw [durch etw** *akk*] ~ to let [*or* allow] sb/sth through [sth]; ***er ließ jeden durch die Absperrung durch*** he let everybody through the barrier ❷ *(durchdringen lassen)* ■**etw** ~ to let through sth *sep* ❸ *(fam: durchgehen lassen)* ■**jdm etw** ~ to let sb get away with sth

durch·läs·sig ['dʊrçlɛsɪç] *adj* ❶ *(porös)* porous, permeable (**für** +*akk* to) ❷ *(offen)* ■~ **sein** *Grenze* to be open ❸ *(Veränderungen zulassend)* **etw** ~ **gestalten** *System* to make sth interchangeable

Dụrch·läs·sig·keit <-> *f kein pl* ❶ *(Porosität)* porosity *no pl,* permeability *no pl* (**für** +*akk* to) ❷ *(Offenheit)* ■**seine** ~ one's open nature [*or* openness]

Durch·laucht <-, -en> ['dʊrçlau̯xt] *f* ■**Seine/Ihre/Euer** ~ His [Serene]/Your Highness

Dụrch·lauf *m* ❶ INFORM run ❷ SKI heat

durch|lau·fen¹ ['dʊrçlau̯fn̩] *irreg* **I.** *vi sein* ❶ *(durcheilen)* ■**[durch etw** *akk*] ~ to run through [sth] ❷ *(durchrinnen)* ■**[durch etw** *akk*] ~ to run through [sth] ❸ *(im Lauf passieren)* ■**[bei jdm]** ~ to pass by [*or* run past] [sb]; ■**durch etw** *akk* ~ to run through sth; *(passieren a.)* to pass through sth
II. *vt haben* ■**etw** ~ to go through sth, to wear through sth *sep;* ■**durchgelaufen** worn [through]

durch·lau·fen*² [dʊrç'lau̯fn̩] *vt irreg* ❶ *(im Lauf durchqueren)* ■**etw** ~ to run through sth ❷ *(zurücklegen)* ■**etw** ~ to cover [*or* run] sth; ***sie durchlief die 100 Meter als Beste*** she was the fastest over the 100 metres ❸ *(absolvieren)* ■**etw** ~ to go through sth; ***nach D~ einer 2-jährigen Schulung*** after completing a two-year training course ❹ *(erfassen)* ■**jdn** ~ to run through sb; ***es durchlief mich siedend heiß*** I suddenly felt hot all over

dụrch·lau·fend *adj* continuous

Dụrch·lauf·er·hit·zer <-s, -> *m* flow heater, continuous-flow water heater *form* **Dụrch·lauf·kon·to** *nt* interim account **Dụrch·lauf·zeit** *f* HANDEL time from receipt of order till dispatch

dụrch|la·vie·ren* *vr (fam)* ■**sich** *akk* [**durch etw** *akk/***in etw** *dat*] ~ to steer a course [*or* to manoeuvre [*or* AM maneuver] one's way] through sth

durch·le·ben* [dʊrç'leːbn̩] *vt* ■**etw** ~ ❶ *(bis zu Ende erleben)* to go through sth ❷ *(durchmachen)* to experience sth; **schwere Zeiten** ~ to go [*or* live] through hard times

durch·lei·den* [dʊrç'laidn̩] *vt irreg* ■**etw** ~ to endure [*or* suffer] sth

dụrch|lei·ten *vt* ■**etw [durch etw** *akk*] ~ to direct [*or* transmit] sth through [sth]

Dụrch·lei·tung <-, -en> *f* PHYS, ELEK through [*or* onwards] transmission

Dụrch·lei·tungs·ge·bühr *f für Energiedurchleitung* through-[*or* onwards-]transmission charge **Dụrch·lei·tungs·pflicht** *f kein pl* ELEK *bei Energieversorgung* obligation to provide through [*or* onwards] transmission

durch|le·sen ['dʊrçleːzn̩] *vt irreg* ■**[sich** *dat*] **etw [genau]** ~ to read through sth *sep* [carefully]; **[sich** *dat*] **ein Manuskript auf Fehler hin** ~ to read through *sep* a manuscript for errors, to proofread a manuscript

durch·leuch·ten*¹ [dʊrç'lɔyçtn̩] *vt* ❶ *(röntgen)* ■**jdn [auf etw** *akk* **hin]** ~ to X-ray sb [for sth]; **eine Lunge auf Krebs** ~ to X-ray a lung for cancer; ■**jdm etw** ~ to X-ray sb's sth; ■**sich** *akk* **[von jdm]** ~ **lassen** to be [*or* get] X-rayed [by sb]; ■**sich** *dat* **etw** ~ **lassen** to have [*or* get] one's sth X-rayed ❷ *(fam: kritisch betrachten)* ■**jdn/etw** ~ to investigate sb/sth, to probe into sb's records/sth

durch|leuch·ten² ['dʊrçlɔyçtn̩] *vi* ■**[durch etw** *akk*] ~ to shine through [sth]

Durch·leuch·tung <-, -en> [dʊrç'lɔyçtʊŋ] *f* ❶ *(das Röntgen)* X-ray [examination] ❷ *(Untersuchung)* investigation (+*gen* into); *von Bewerbern* vetting

durch|lie·gen ['dʊrçliːgn̩] *irreg* **I.** *vt* ■**etw** ~ to wear out *sep* sth [by lying on it]; ■**durchgelegen** worn out; **ein durchgelegenes Bett** a bed sagging in the middle
II. *vr* ■**sich** *akk* ~ to develop [*or* get] bedsores; **ein durchgelegener Rücken** a back covered with [*or* in] bedsores; **einen durchgelegenen Rücken haben** to have bedsores on one's back

durch·lö·chern* [dʊrç'lœçɐn] *vt* ■**jdn/etw [mit etw** *dat*] ~ to riddle sb/sth [with sth]; ■**durchlöchert** full of holes

dụrch|lot·sen *vt (fam)* ■**jdn [durch etw** *akk/***bis zu etw** *dat*] ~ to guide sb [through/to sth]; *(als Reiseführer)* to give sb a guided tour [through/to [*or* finishing at] sth]

durch|lüf·ten ['dʊrçlʏftn̩] **I.** *vt* ■**etw** ~ to air sth thoroughly; **einen Raum** ~ to air out a room
II. *vi* to air thoroughly

durch|ma·chen ['dʊrçmaxn̩] **I.** *vt* ■**etw** ~ ❶ *(erleiden)* to go through sth; **eine Krankheit** ~ to have an illness; **harte Zeiten** ~ to go through hard times ❷ *(durchlaufen)* to undergo [*or* go through] sth; **eine Ausbildung** ~ to go through [*or* undergo] training
II. *vi (fam)* ❶ *(durchfeiern)* **bis zum anderen Morgen/die ganze Nacht** ~ to make a night of it, to have an all-night party

② *(durcharbeiten)* to work right through

durch|ma·nö·vrie·ren* *vr* ■**sich** [**durch etw** *akk*] ~ to manoeuvre one's way [through sth]

Durch·marsch ['dʊrçmarʃ] *m* ① *(lit)* ■**jds** ~ [**durch etw** *akk*] sb's march through [sth]; **auf dem** ~ while [*or* when] marching through; **auf dem ~ sein** to be marching through
② *(fam: Sieg)* landslide [victory]
③ *(sl: Durchfall)* the runs *npl fam;* ~ **haben** *(sl)* to have the runs *fam*

durch|mar·schie·ren* ['dʊrçmarʃiːrən] *vi sein* ■[**durch etw** *akk*] ~ to march through [sth]

durch·mes·sen* [dʊrç'mɛsn̩] *vt irreg (geh)* ■**etw** ~ to cross [*or* stride across] sth; **ein Zimmer mehrmals** ~ to pace a room

Durch·mes·ser <-s, -> ['dʊrçmɛsɐ] *m* diameter; **im** ~ in diameter

durch|mi·schen[1] ['dʊrçmɪʃn̩] *vt* ■**etw** ~ to mix sth thoroughly

durch·mi·schen*[2] [dʊrç'mɪʃn̩] *vt* ■**etw mit etw** *dat* ~ to mix sth with sth

durch|mo·geln *(fam)* **I.** *vr* ■**sich** *akk* ~ to wangle [*or* finagle] one's way through *fam;* ■**sich** *akk* **durch etw** *akk* ~ to wangle one's way through sth *fam;* **sich** *akk* **an der Grenze** ~ to smuggle oneself across [*or* over] the border
II. *vt* ■**jdn/etw** ~ to smuggle through sb/sth *sep;* ■**jdn/etw durch etw** *akk* ~ to smuggle sb/sth through sth; **Zigaretten durch die Grenzkontrolle** ~ to smuggle cigarettes over the border

durch|müs·sen ['dʊrçmʏsn̩] *vi irreg (fam)* ① *(durchgehen müssen)* ■[**durch etw** *akk*] ~ to have to get [*or* go] through [sth]; ***machen Sie bitte Platz, ich muss hier durch!*** make way please, I have to get through here
② *(durchmachen müssen)* ■**durch etw** *akk* ~ to have to go through sth; **durch schwere Zeiten** ~ to have to go through hard times

Durch·mus·te·rung <-, -en> ['dʊrçmʊstərʊŋ] *f* ① *von Waren, Vorräten* thorough check, scrutiny
② PHYS *von Sternen mit Infrarot* close examination

durch|na·gen ['dʊrçnaːgn̩] *vt* ■**etw** ~ to gnaw through sth *sep*

durch·näs·sen* [dʊrç'nɛsn̩] *vt* ■**jdn/etw** ~ to drench [*or* soak] sb/sth

durch·nässt[RR], **durch·näßt**[ALT] *adj inv* soaked; **bis auf die Haut** ~ soaked to the skin

durch|neh·men ['dʊrçneːmən] *vt irreg* ■**etw** [**in etw** *dat*] ~ to do sth [in sth]; ***wir nehmen in Latein demnächst Cäsar durch*** we'll be doing Caesar soon in Latin

durch|num·me·rie·ren*[RR] ['dʊrçnʊməriːrən] *vt* ■**etw** [**von 1 bis 20**] ~ to number sth consecutively [from 1 to 20]

durch|or·ga·ni·sie·ren* ['dʊrçʔɔrganiziːrən] *vt* ■**etw** ~ to organize sth thoroughly [*or* down to the last detail]; ■**durchorganisiert** thoroughly organized, well-planned; *Bürokratie* [strictly] regimented

durch|pas·sie·ren *vt* ■**etw** ~ KOCHK to strain sth [through a sieve]

durch|pau·ken *vt (fam)* ① *(gründlich durchnehmen)* ■**etw** ~ to swot up on sth BRIT *fam;* *(übereilt)* to cram for sth
② *(durchsetzen)* ■**jdn/etw** ~ to push [*or* force] through sb/sth *sep;* **ein neues Konzept** ~ to push [*or* force] through a new concept
③ *(heraushelfen)* ■**jdn** ~ to get sb off

durch|pau·sen ['dʊrçpauzn̩] *vt* ■**etw** ~ to trace sth

durch|peit·schen ['dʊrçpaitʃn̩] *vt* ① *(auspeitschen)* ■**jdn** ~ to flog sb
② *(schnell durchbringen)* ■**etw** ~ to railroad [*or* push] through sth *sep;* **die** [*o* **seine**] **eigenen Interessen** ~ to push through *sep* one's own interests

durch·pflü·gen* [dʊrç'pflyːgn̩] *vt* ■**etw** ~ ① *(gründlich pflügen)* to plough [*or* AM plow] sth thoroughly
② *(durch etw pflügen)* to plough through sth
③ *(geh: genau prüfen)* to scour [through *sep*] sth

durch|plump·sen *vi sein (fam) s.* **durchfallen 2**

durch|pro·bie·ren* *vt* ■**etw** ~ to try sth in turn [*or* one after the other]; **alle Möglichkeiten** ~ to go through all the possibilities

durch|prü·geln ['dʊrçpryːgl̩n] *vt* ■**jdn** ~ to give sb a good thrashing, to beat sb [to a pulp *fam*]

durch|pus·ten *vt (fam) s.* **durchblasen**

durch·que·ren* [dʊrç'kveːrən] *vt* ■**etw** ~ to cross [*or form* traverse] sth; **einen Wald** ~ to pass through a wood

durch|quet·schen *(fam)* **I.** *vr* ■**sich** *akk* [**durch etw** *akk*] ~ to squeeze [a [*or* one's] way] through [sth]
II. *vt* ■**etw** ~ to squeeze [*or* press] through sth *sep;* ■**etw durch etw** ~ to squeeze [*or* press] sth through sth

durch|ra·sen ['dʊrçraːzn̩] *vi sein (fam)* ■[**durch etw** *akk*] ~ to race [*or* tear] through [sth]

durch|ras·seln *vi sein (sl) s.* **durchfallen 2**

durch|rech·nen ['dʊrçrɛçnən] *vt* ■**etw** ~ to calculate sth [carefully]; *(überprüfen)* to check sth thoroughly

durch|reg·nen ['dʊrçreːgnən] *vi impers* ① *(Regen durchlassen)* ■[**durch etw** *akk*] ~ to rain through [sth]
② *(ununterbrochen regnen)* to rain continuously

Durch·rei·che <-, -n> *f* [serving] hatch, pass-through AM

durch|rei·chen ['dʊrçraiçn̩] *vt* ■**etw** ~ to hand [*or* pass] through sth *sep;* ■**etw durch etw** *akk* ~ to hand [*or* pass] sth through sth; ■**jdm etw** [**durch etw** *akk*] ~ to hand [*or* pass] sb sth [*or* sth to sb] [through sth], to hand [*or* pass] through sth to sb *sep*

Durch·rei·se ['dʊrçraizə] *f* journey through; **auf der** ~ on the way through, while [*or* when] passing through; **auf der ~ sein** to be passing through

durch|rei·sen[1] ['dʊrçraizn̩] *vi sein* ■[**durch etw** *akk*] ~ to pass [*or* travel] through [sth]; **bis Berlin** ~ to be travelling [*or* AM -eling] through to Berlin

durch·rei·sen*[2] [dʊrç'raizn̩] *vt* ■**etw** ~ to travel across [*or* through] sth; **die ganze Welt** ~ to travel all over the world

Durch·rei·sen·de(r) *f(m) dekl wie adj* traveller [*or* AM traveler] [passing through], transient; ~ ***nach Bangkok*** through passengers to Bangkok; ■**ein ~r/eine ~ sein** to be travelling [*or* passing] through

Durch·rei·se·vi·sum *nt* transit visa

durch|rei·ßen ['dʊrçraisn̩] *irreg* **I.** *vt haben* ■**etw** [**mitten/in der Mitte**] ~ to tear sth in two [*or* in half] [*or* down the middle]
II. *vi sein* ■[**mitten/in der Mitte**] ~ to tear [in half [*or* two]]; *Seil* to snap [*or* break] [in two]

durch|rie·seln[1] ['dʊrçriːzl̩n] *vi sein* ■[**durch etw** *akk*] ~ to trickle through [sth]; ■**etw zwischen etw** *dat* ~ **lassen** to let sth trickle through sth

durch·rie·seln*[2] [dʊrç'riːzl̩n] *vt (geh)* ■**jdn** ~ to run through sb

durch|rin·gen ['dʊrçrɪŋən] *vr irreg* ■**sich** *akk* **zu etw** *dat* ~ to finally manage to do sth; **sich** *akk* **zu einer Entscheidung** ~ to force oneself to [make] a decision; ■**sich** *akk* **dazu ~, etw zu tun** to bring [*or* force] oneself to do sth

durch|ros·ten ['dʊrçrɔstn̩] *vi sein* to rust through

Durch·ros·tung <-, -en> *f* AUTO corrosion perforation

durch|ru·fen *vi irreg (fam)* to call, BRIT *a.* to ring [-up]; *(kurz Bescheid sagen)* to give sb a ring [*or* call]

durch|rüh·ren *vt* ■**etw** ~ to stir sth well; *(durchmischen)* to mix sth thoroughly; **etw gut** ~ to give sth a good stir

durch|rut·schen ['dʊrçrʊtʃn̩] *vi sein* ① *(durchgleiten)* ■[**durch etw** *akk*] ~ to slip through [sth]
② *(fam)* **durch eine Prüfung** ~ to scrape through an exam[ination]

durch|rüt·teln ['dʊrçrʏtl̩n] *vt* ■**jdn** ~ ① *(gründlich rütteln)* to shake sb violently
② *(hin und her schaukeln)* to shake sb about

durchs ['dʊrçs] *(fam)* = **durch das** *s.* **durch**

durch|sa·cken *vi sein* LUFT to lose height suddenly

Durch·sa·ge ['dʊrçzaːgə] *f* message; *(Radioansage)* announcement; **eine ~ machen** to give an announcement; *(Telefonauskunft)* recorded message

durch|sa·gen ['dʊrçzaːgn̩] *vt* ① *(übermitteln)* ■**etw** ~ to announce sth; **die Ergebnisse** ~ to give [*or* announce] the results
② *(mündlich weitergeben)* ■**etw** [**nach vorne**] ~ to pass on *sep* sth [to the front]

durch|sä·gen *vt* ■**etw** ~ to saw through sth *sep*

durch|sau·fen ['dʊrçzaufn̩] *irreg (sl)* **I.** *vi* to booze continuously *fam,* to be on a bender *fam* [*or fam!* the piss]; **die ganze Nacht** ~ to booze all night *fam,* to piss away the night *sep fam!*
II. *vr* ■**sich** *akk* [**bei jdm**] ~ to booze [at sb's expense] BRIT *fam,* to ponce [*or* AM mooch] drinks [off sb] *pej sl*

durch|sau·sen *vi sein (fam) s.* **durchfallen 2**

durch·schau·bar [dʊrç'ʃaubaːɐ̯] *adj* ① *(durchsichtig)* clear, transparent
② *(zu durchschauen)* obvious, transparent; **leicht** ~ easy to see through; **schwer** ~ enigmatic, inscrutable; **schwer ~ sein** to be an enigma

durch·schau·en*[1] [dʊrç'ʃauən] *vt* ① *(erkennen)* ■**etw** ~ to see through sth
② *(jds Absichten erkennen)* ■**jdn** ~ to see through sb; ■**leicht/schwer zu ~ sein** to be easy/difficult to see through; **du bist durchschaut!** I know what you're up to!, you've been rumbled! BRIT *fam*

durch|schau·en[2] ['dʊrçʃauən] *vt s.* **durchsehen**

durch|schei·nen ['dʊrçʃainən] *vi irreg* ① *(durch etw scheinen)* ■~ *Licht, Sonne* to shine through
② *(sichtbar sein)* ■~ *Farbe, Muster* to show [through]; ■[**unter etw** *dat*] ~ to show through [under [*or* beneath] sth]

durch·schei·nend *adj* ~**es Papier** translucent paper

durch|scheu·ern ['dʊrçʃɔyɐn] **I.** *vt* ① *(verschleißen)* ■**etw** ~ to wear through sth *sep;* ***die Jacke war an den Ärmeln durchgescheuert*** the jacket was worn [through] at the elbows
② *(wund scheuern)* ■[**sich** *dat*] **etw** ~ to chafe [one's] sth
II. *vr (verschleißen)* ■**sich** *akk* [**an etw** *dat*] ~ to wear through [at sth]

durch|schie·ben *vt irreg* ■**etw** ~ to push through sth *sep;* ■**etw durch etw** *akk*/**unter etw** *dat* ~ to push sth through/under sth; ■**jdm etw** ~ to push sth through to sb

durch|schie·ßen[1] ['dʊrçʃiːsn̩] *vi irreg* ■**durch etw** *akk* ~ to shoot through sth

durch·schie·ßen*[2] [dʊrç'ʃiːsn̩] *vt irreg* ① *(mit Kugeln durchbohren)* ■[**jdm**] **etw** ~ to shoot sb through sth; ***ihm wurde die Schulter durchschossen*** he was shot through the shoulder
② *(plötzlich einfallen)* ■**jdn** ~ to flash through sb's mind
③ TYPO ■**etw** ~ to space [*or* set] out sth *sep*

durch|schim·mern ['dʊrçʃɪmɐn] *vi* ■[**durch etw** *akk*] ~ to shimmer [*or* shine] through [sth]; *Farbe* to show through [sth]

durch|schla·fen ['dʊrçʃlaːfn̩] *vi irreg* to sleep through [it]; *(ausschlafen)* to get [*or* have] a good night's sleep

Durch·schlag ['dʊrçʃlaːk] *m* ① *(Kopie)* copy
② *(Sieb)* colander, cullender; *(für Nudeln)* strainer

Durch·schla·gen <-s> ['dʊrçʃlaːgn̩] *nt kein pl* TYPO *(Farbe)* show-[*or* strike]through

durch|schla·gen[1] ['dʊrçʃlaːgn̩] *irreg* **I.** *vt haben* ① *(durchbrechen)* ■**etw** ~ to chop sth in two, to split sth [in two]; **eine Wand** ~ to knock a hole [*or* an opening] through a wall
② *(durchtreiben)* ■**etw** ~ to knock through sth *sep;* ■**etw durch etw** *akk* ~ to knock sth through sth; **einen Nagel durch etw** *akk* ~ to knock a nail through sth
II. *vi* ① *sein (durchkommen)* ■[**bei/in jdm**] ~ to show through [in sb]; ***in ihm schlägt der Lehrer durch*** you can see the teacher in him
② *sein (durchdringen)* ■[**durch etw** *akk*] ~ to come [*or* go] through [sth]; *Geschoss a.* to pierce sth
③ *haben (fam: abführen)* ■[**bei jdm**] ~ to go [*or* run] straight through [sb] *fam*
④ *sein (sich auswirken)* ■[**auf etw** *akk*] ~ to have an effect [*or* make one's/its mark [felt]] [on sth]
III. *vr haben* ① *(Dasein fristen)* ■**sich** *akk* ~ to struggle along; **sich allein/irgendwie** ~ to struggle on alone/to get by somehow; **sich nur mit Mühe** ~

to only get by with difficulty
❷ *(ans Ziel gelangen)* ■**sich** *akk* ~ to make one's way through; *(durchkämpfen)* to fight through *sep* one's way; ■**sich** *akk* **durch etw** *akk* ~ to make/fight one's way through sth; **sich** *akk* **mit Müh und Not durch sein Leben** ~ to make one's way through life with great difficulty

durch·schla·gen*[2] [dʊrçˈʃla:gn̩] *vt irreg* ❶ *(durchtrennen)* ■**etw** [**mit etw** *dat*] ~ to chop through sth [with sth]
❷ *(durchdringen)* ■**etw** ~ to penetrate [*or* pierce] sth; ***die Kugel durchschlug das Fenster*** the bullet smashed through the window

durch·schla·gend [ˈdʊrçʃla:gn̩t] *adj* ❶ *(überwältigend)* sweeping; **ein** ~**er Erfolg** a huge [*or* resounding] [*or* tremendous] success; **eine** ~**e Wirkung haben** to be extremely effective
❷ *(überzeugend)* convincing; **ein** ~**es Argument** a convincing [*or* persuasive] argument; **ein** ~**er Beweis** conclusive evidence

Durch·schlag·pa·pier *nt* ❶ *(für Kopien)* copy paper
❷ *(Kohlepapier)* carbon paper

Durch·schlags·kraft *f* ❶ *(Wucht)* penetration
❷ *(fig)* effectiveness; **ohne** ~ **sein** to be ineffective

durch·schlags·kräf·tig *adj* decisive; ~**e Beweise** conclusive evidence

durch|schlän·geln *vr* ■**sich** *akk* [**zu jdm/etw**] ~ *Mensch* to thread one's way through [to sb/sth]; **sich** *akk* **durch ein Tal** ~ *Fluss* to meander [*or* wind its way] through a valley

durch|schlep·pen *vt* ❶ *(durchhelfen)* ■**jdn** [**mit**] ~ to carry along *sep* sb [with one]; *(aktiv)* to help along sb *sep*
❷ *(unterhalten)* ■**jdn** [**mit**] ~ to support sb

durch|schleu·sen [ˈdʊrçʃlɔyzn̩] *vt (fam)* ■**jdn** ~ to smuggle through sb *sep;* ■**jdn durch etw** *akk* ~ to smuggle sb through sth; **jdn durch eine Ausstellung** ~ to hurry [*or* rush] sb through an exhibition

Durch·schlupf <-[e]s, -schlüpfe> [ˈdʊrçʃlʊpf, *pl* -ʃlʏpfə] *m* way through [*or* in]; *(Spalte a.)* gap; *(Loch a.)* hole

durch|schlüp·fen [ˈdʊrçʃlʏpfn̩] *vi sein* ❶ *(durch etw schlüpfen)* ■[**durch etw** *akk*] ~ to slip through [sth]; ■**unter etw** *dat* ~ to slip [through] under sth
❷ *(sich durchmogeln)* ■[**durch etw** *akk*] ~ to slip through [sth]; **durch die Polizeikontrollen** ~ to slip through the fingers of the police, to give the police the slip *fam*

durch|schme·cken I. *vt* ■**etw** ~ to taste sth
II. *vi* to come through

durch|schmug·geln [ˈdʊrçʃmʊgl̩n] *vt* ■**etw** ~ to smuggle through sth *sep;* ■**etw durch etw** *akk* ~ to smuggle sth through sth

durch|schnei·den[1] [ˈdʊrçʃnaidn̩] *vt irreg* ■**etw** [**in der Mitte**] ~ to cut sth through [*or* down the middle], to cut sth in half [*or* two]

durch·schnei·den*[2] [dʊrçˈʃnaidn̩] *vt irreg* ■**etw** ~
❶ *(entzweischneiden)* to cut through sth *sep,* to cut sth in two
❷ *(durchziehen)* to cut through [*or* intersect] sth; *(willkürlich a.)* to criss-cross sth
❸ *(geh: durchpflügen)* to plough [*or* AM plow] [*or* slice] through sth
❹ *(geh: laut durchdringen)* to pierce sth

Durch·schnitt [ˈdʊrçʃnɪt] *m* average; MATH *a.* [arithmetic *spec*] mean; **guter** ~ **sein** [*o* **zum guten** ~ **gehören**] to be a good average; ~ **sein** to be average; **im** ~ on average; **über/unter dem** ~ **liegen** to be above/below average

durch·schnitt·lich [ˈdʊrçʃnɪtlɪç] I. *adj* ❶ *(Mittelwert betreffend)* average *attr,* mean *attr;* ■~ **sein** to be a mean [*or* an average] value
❷ *(mittelmäßig)* ordinary; ~**e Verhältnisse** modest circumstances
II. *adv* ❶ *(im Schnitt)* on average; ~ **verdienen** to earn an average wage
❷ *(mäßig)* moderately; ~ **intelligent** of average intelligence

Durch·schnitts·al·ter *nt* average age **Durch·schnitts·be·wer·tung** *f* FIN inventory valuation at average prices **Durch·schnitts·bür·ger(in)** *m(f)* average citizen; ■**der** ~ the average citizen, Joe Bloggs BRIT *fam,* Joe Blow AM *fam* **Durch·schnitts·ein·kom·men** *nt* average income **Durch·schnitts·ge·schwin·dig·keit** *f* average speed, mean velocity *spec* **Durch·schnitts·ge·sicht** *nt* ordinary [*or* nondescript] face **Durch·schnitts·ge·winn** *m* FIN average profit **Durch·schnitts·grö·ße** *f* medium size **Durch·schnitts·kos·ten** *pl* FIN average costs **Durch·schnitts·kurs** *m* BÖRSE market average **Durch·schnitts·mensch** *m* average person; ■**der** ~ the average person, Joe Bloggs [*or* AM Blow] *fam* **Durch·schnitts·no·tie·rung** *f* BÖRSE average quotation **Durch·schnitts·preis** *m* average price **Durch·schnitts·pro·duk·ti·vi·tät** *f* ÖKON average productivity **Durch·schnitts·qua·li·tät** *f* standard quality **Durch·schnitts·ren·di·te** *f* FIN average return **Durch·schnitts·satz·be·steu·e·rung** *f* FIN average rate method of tax computation **Durch·schnitts·schü·ler(in)** *m(f)* average pupil **Durch·schnitts·steu·er·satz** *m* FIN average rate of tax **Durch·schnitts·tem·pe·ra·tur** *f* average [*or* mean] temperature **Durch·schnitts·um·satz** *m* FIN average turnover [*or* sales] *pl* **Durch·schnitts·ver·brauch** *m* average consumption **Durch·schnitts·ver·zin·sung** *f* FIN average interest rate **Durch·schnitts·wachs·tum** *m* FIN, ÖKON average growth rate **Durch·schnitts·wa·re** *f* standard [quality] article **Durch·schnitts·wert** *m* average [*or* mean] value

durch·schnüf·feln* [dʊrçˈʃnʏfl̩n], **durch|schnüf·feln** [ˈdʊrçʃnʏfl̩n] *vt (pej fam)* ■**etw** ~ to nose through sth BRIT *fam;* **jds Zimmer** ~ to nose [*or* poke] around [in] sb's room *fam*

Durch·schrei·be·block *m* duplicating pad

durch|schrei·ben [ˈdʊrçʃraibn̩] *vi irreg* to print through

Durch·schrei·be·pa·pier *nt* self-copying [*or* carbon] paper

durch·schrei·ten* [dʊrçˈʃraitn̩] *vt irreg (geh)* ■**etw** ~ to stride through sth; **ein Feld** ~ to stride across a field; *(bemessen)* to pace across a field

Durch·schrift *f* [carbon] copy

Durch·schuss[RR] [ˈdʊrçʃʊs] *m* ❶ *(durchgehender Schuss)* ***es war ein glatter*** ~ the shot had passed clean [*or* right] through
❷ TYPO *(Zwischenraum)* leading *spec*

durch|schüt·teln [ˈdʊrçʃʏtl̩n] *vt* ❶ *(anhaltend schütteln)* ■**etw** ~ to shake sth thoroughly; **etw kurz** ~ to give sth a shake
❷ *(kräftig rütteln)* ■**jdn** ~ to give sb a good shaking, to shake sb till her/his teeth rattle *fam*
❸ *(durchrütteln)* ■[**in etw** *dat*] **durchgeschüttelt werden** to be shaken about [all over the place *fam*] [in sth]

durch·schwei·fen* [dʊrçˈʃvaifn̩] *vt (poet)* ■**etw** ~ to roam [*or* wander] through sth

durch|schwen·ken *vt* ■**etw** ~ KOCHK to toss in butter

durch|schwim·men[1] [ˈdʊrçʃvɪmən] *vi irreg sein* ❶ *(hindurchschwimmen)* ■**unter etw** *dat/***zwischen etw** *dat* ~ to swim [through] under/between sth; *(hindurchgetragen werden)* to float [through] under/between sth
❷ *(ohne Pause schwimmen)* to swim without stopping

durch·schwim·men*[2] [dʊrçˈʃvɪmən] *vt irreg* ■**etw** ~ to swim sth; **den Ärmelkanal** ~ to swim the Channel; **einen See** ~ to swim [across] a lake

durch·schwit·zen* [dʊrçˈʃvɪtsn̩], **durch|schwit·zen** [ˈdʊrçʃvɪtsn̩] *vt* ■**etw** ~ to soak sth in sweat; ■**durchgeschwitzt** sweaty, soaked in sweat

durch|se·geln [ˈdʊrçze:gl̩n] *vi sein* ❶ *(lit)* ■**unter etw** *dat/***zwischen etw** *dat* ~ to sail [through] between/under sth
❷ *(fam) s.* **durchfallen 2**

durch|se·hen [ˈdʊrçze:ən] *irreg* I. *vt* ■**etw** ~ to go over [*or sep* look through] [*or sep* check through] sth; **einen Text auf Druckfehler** ~ to look over a text for printing errors, to proofread a text
II. *vi* ❶ *(hindurchsehen)* ■[**durch etw** *akk*] ~ to look through [sth]; ***sieh mal hier durch!*** take [*or* have] a look through this/these; ■**zwischen etw** *dat* ~ to look out from between sth; **zwischen den Fingern** ~ to peep [out] [from] between one's fingers
❷ *(fam: durchblicken)* to grasp [*or fam* get] it; ***ich sehe da nicht mehr durch!*** I can't make any sense of it any more!

durch|sei·hen *vt* ■**etw** [**durch etw** *akk*] ~ to strain sth [through sth]

durch|sein[ALT] *vi irreg sein (fam) s.* **durch II 4, 5, 6, 7, 8, 9, 10, 11**

durch·setz·bar *adj inv* JUR enforceable

Durch·setz·bar·keit *f kein pl* JUR enforceability

durch|set·zen[1] [ˈdʊrçzɛtsn̩] I. *vt* ❶ *(erzwingen)* ■**etw** ~ to get [*or* push] through sth *sep;* **Maßnahmen** ~ to impose measures; **Reformen** ~ to carry out [*or* effect] reforms; **seinen Willen** [**gegen jdn**] ~ to get one's own way [with sb], to impose one's will [on sb]; **seine Ziele** ~ to achieve [*or* accomplish] one's goals
❷ *(bewilligt bekommen)* ■**etw** [**bei jdm**] ~ to get sth through [sb], to get sb to agree to sth; **etw bei der Mehrzahl** ~ to get sth past the majority, to elbow through sth *sep;* ■[**es**] [**bei jdm**] ~, **dass etw getan wird** to get sb to agree to [do] sth; ***er konnte ~, dass seine Ansprüche anerkannt wurden*** he was able to get his claims recognized
II. *vr* ❶ *(sich Geltung verschaffen)* ■**sich** *akk* [**bei jdm/gegen jdn**] ~ to assert oneself [with/against sb]; ■**sich** *akk* **mit etw** *dat* ~ to be successful with sth; ***sie hat sich mit ihren verrückten Ideen nicht ~ können*** her crazy ideas didn't meet with much success
❷ *(Gültigkeit erreichen)* ■**sich** *akk* ~ to be accepted, to gain acceptance; *Trend* to catch on

durch·set·zen*[2] [dʊrçˈzɛtsn̩] *vt (einstreuen)* ■**etw mit etw** *dat* ~ to intersperse sth with sth; *mit Spitzeln* to infiltrate sth with sth; ■**mit** [*o* **von**] **jdm durchsetzt sein** to be infiltrated by [*or* with] sb

Durch·set·zung <-> *f kein pl* implementation; ■**die** ~ [**einer S.** *gen/***von etw** *dat*] the implementation [of sth], implementing [*or sep* putting through] sth; **eine gerichtliche** ~ a legal enforcement

Durch·set·zungs·ver·mö·gen <-s> *nt kein pl* assertiveness

durch·seu·chen* [dʊrçˈzɔyçn̩] *vt* **ein Gebiet** ~ to heavily [*or* thoroughly] contaminate an area; **völlig durchseucht sein** to be heavily contaminated

Durch·seu·chung <-> *f kein pl* spread *no pl* of infection

Durch·sicht [ˈdʊrçzɪçt] *f* examination, inspection; **zur** ~ for inspection [*or* examination]; ***hier ist die Post zur*** ~ here's the post to look through

durch·sich·tig [ˈdʊrçzɪçtɪç] *adj* ❶ *(transparent)* transparent
❷ *(offensichtlich)* obvious, apparent

Durch·sich·tig·keit <-> *f kein pl* transparency

durch|si·ckern [ˈdʊrçzɪkɐn] *vi sein* ❶ *(lit)* ■[**durch etw** *akk*] ~ to seep [*or* trickle] through [sth]; ■**etw** ~ **lassen** to let sth seep [*or* trickle] through; *Behälter* to leak [sth]
❷ *(allmählich bekannt werden)* ■[**zu jdm/in etw** *akk*] ~ to leak out [to sb/sth]; **Informationen** ~ **lassen** to leak information; ■~, **dass ...** to get out that ...

durch|sie·ben[1] [ˈdʊrçzi:bn̩] *vt* ❶ *(lit)* ■**etw** ~ to sieve [*or* sift] sth
❷ *(ausmustern)* ■**jdn** ~ to sift through sb; *(genau überprüfen)* to screen sb

durch·sie·ben*[2] [dʊrçˈzi:bn̩] *vt (fam)* ■**jdn/etw** [**mit etw** *dat*] ~ to riddle sb/sth [with sth]

durch|spie·len *vt* ❶ THEAT, MUS **ein Musik-/Theaterstück** ~ to play/act through *sep* a piece/play once
❷ *(durchdenken)* ■**etw** ~ to go [*or* run] through [*or* over] sth

durch|spre·chen [ˈdʊrçʃprɛçn̩] *vt irreg* ■**etw** [**mit jdm**] ~ to discuss sth thoroughly [*or fam* have sth out] [with sb]

durch|spü·len *vt* ■**etw** ~ to rinse [out *sep*] sth

thoroughly; ■[sich/jdm] etw ~ to rinse [out *sep*] one's/sb's sth thoroughly
durch|star·ten ['dʊrçʃtartn̩] *vi* ❶ LUFT to [pull up and] go round again
❷ AUTO to rev up
durch|ste·chen¹ ['dʊrçʃtɛçn̩] *vt irreg* ■**etw** ~ to stick through sth *sep;* ■**etw durch etw** *akk* ~ to stick sth through sth
durch·ste·chen*² [dʊrç'ʃtɛçn̩] *vt irreg* ■**etw [mit etw** *dat*] ~ to pierce sth [with sth]; **sich** *dat* **die Ohrläppchen ~ lassen** to have [*or* get] one's ears pierced
Durch·ste·che·rei [dʊrçʃtɛçə'rai] *f (pej: Betrügerei im Dienst)* malfeasance *geh,* official corruption
durch|ste·cken *vt* ■**etw** ~ to stick [*or* put] through sth *sep;* ■**etw durch etw** *akk* ~ to stick [*or* put] sth through sth
durch|ste·hen ['dʊrçʃte:ən] *vt irreg* ■**etw** ~ ❶ *(ertragen)* to get through sth; **Qualen ~** to endure great pains; **Schwierigkeiten ~** to cope with difficulties
❷ *(standhalten)* to [with]stand sth; **das Tempo ~** to stand the pace, to hold out
durch|stei·gen ['dʊrçʃtaign̩] *vi irreg sein* ❶ *(durch etw steigen)* ■**[durch etw** *akk*] ~ to climb through [sth]
❷ *(fam: verstehen)* to get it *fam;* ■**bei etw** *dat* ~ to get sth *fam;* ***da soll mal einer ~!*** just let someone try and understand that lot!
durch|stel·len **I.** *vt* ■**jdn/etw** ~ to put through sb/sth *sep;* **ein Gespräch ~** to put a call through; ***ein Augenblick bitte, ich stelle Sie durch*** one moment please, I'll just put you through
II. *vi* ***soll ich ~?*** shall I put the call through?
Durch·stieg <-[e]s, -e> ['dʊrçʃti:k, *pl* -ʃti:gə] *m* opening; *(Durchgang)* passage[way]
durch·stie·ren *vt* SCHWEIZ *(durchdrücken)* ■**etw** ~ to push [*or* force] through sth *sep*
durch·stö·bern* [dʊrç'ʃtø:bɐn], **durch|stö·bern** ['dʊrçʃtø:bɐn] *vt* ■**etw [nach etw** *dat*] ~ to rummage [*or* root] through sth [for sth]
Durch·stoß ['dʊrçʃto:s] *m* breakthrough
durch·sto·ßen*¹ [dʊrç'ʃto:sn̩] *vt irreg* ❶ *(durchbohren)* ■**jdn/etw** ~ to stab sb/sth; *(spitzer Gegenstand)* to go through sb/sth; *(Pfahl a.)* to impale sb/sth; ■**jdn/etw mit etw** *dat* ~ to stab sb/sth with sth; **jdn/ein Tier mit seiner Lanze/seinem Schwert ~** to run sb/an animal through, to impale sb/an animal on one's lance/sword
❷ *(durchbrechen)* ■**etw** ~ to penetrate [*or* break through] sth; **die feindlichen Linien ~** to break [*or* breach] the enemy lines
durch|sto·ßen² ['dʊrçʃto:sn̩] *irreg* **I.** *vi sein* ❶ *(durchdringen)* ■**[bis zu etw** *dat*] ~ to penetrate [as far as sth]
❷ *(vorstoßen)* ■**[bis zu etw** *dat*/**durch etw** *akk*/**zu etw** *dat*] ~ to advance [as far as/through/to sth]
II. *vt haben* ■**etw** ~ to drive through sth *sep;* ■**etw durch etw** *akk* ~ to drive sth through sth; **einen Pfahl durch etw ~** to drive a stake through sth
durch|strei·chen ['dʊrçʃtraiçn̩] *vt irreg* ■**etw** ~ to cross out [*or* through] sth *sep,* to delete sth
durch·strei·fen* [dʊrç'ʃtraifn̩] *vt (geh)* ■**etw** ~ to roam [*or* wander] through sth; **die Welt ~** to rove the world
durch|strö·men¹ ['dʊrçʃtrø:mən] *vi sein* ■**[durch etw** *akk*/**zu etw** *dat*] ~ to stream through [sth/to sth]
durch·strö·men*² [dʊrç'ʃtrø:mən] *vt (geh)* ❶ *(durchfließen)* ■**etw** ~ to flow [*or* run] through sth
❷ *(durchdringen)* ■**jdn** ~ to flow [*or* run] through sb; **von neuer Hoffnung durchströmt** imbued with new hope *form*
durch|sty·len [-stailən] *vt (sl)* ■**jdn/etw** ~ to give style to sb/sth; ■**durchgestylt** fully [*or* completely] styled
durch·su·chen* [dʊrçzu:xn̩] *vt* ■**jdn [nach etw** *dat*] ~ to search sb [for sth], to frisk sb; ■**jdn nach Drogen/Waffen ~** to search sb for drugs/weapons; ■**etw [nach jdm/etw]** ~ to search sth [for sb/sth]
Durch·su·chung <-, -en> [dʊrç'zu:xʊŋ] *f* search
Durch·su·chungs·be·fehl *m* search warrant
durch|tan·zen¹ ['dʊrçtantsn̩] *vi* to dance continuously; **die ganze Nacht ~** to dance all night [long]
durch·tan·zen*² [dʊrç'tantsn̩] *vt* ■**etw** ~ to spend sth dancing; **eine durchtanzte Nacht** a night of dancing
durch|trai·nie·ren* [-treni:rən, -trɛ-] *vt* ■**etw** ~ to get sth into peak condition; ■**[gut] durchtrainiert** well-conditioned; ***er hat einen gut durchtrainierten Körper*** his body is in peak condition
durch·trai·niert *adj* thoroughly fit
durch·trän·ken* [dʊrçtrɛŋkn̩] *vt* ■**etw** ~ to soak sth [completely], to saturate sth; ■**etw mit etw** *dat* ~ to soak sth in sth; **ein Tuch mit Wasser ~** to soak a cloth in water
durch|tren·nen ['dʊrçtrɛnən], **durch·tren·nen*** [dʊrç'trɛnən] *vt* ■**etw** ~ to cut [through *sep*] sth, to cut sth in two, to sever sth
durch|treten ['dʊrçtre:tn̩] *irreg* **I.** *vt haben* ■**etw** ~
❶ *(fest betätigen)* **die Bremse ~** to step on the brakes; **das Gaspedal ~** to step on the accelerator, to hit the gas AM *fam*
❷ *(abnutzen)* to wear through sth *sep*
II. *vi sein* ❶ *(geh: durchgehen)* to go [*or* walk] through; ***bitte treten Sie [hier] durch, meine Herrschaften!*** ladies and gentlemen, please step this way!
❷ *(durchsickern)* ■**[durch etw** *akk*] ~ to come [*or* seep] through [sth]
durch·trie·ben [dʊrç'tri:bn̩] *adj (pej)* cunning, crafty, sly
Durch·trie·ben·heit <-> *f kein pl (pej)* cunningness *no pl,* craftiness *no pl,* slyness *no pl*
durch|trop·fen *vi sein* ■**[durch etw** *akk*] ~ to drip through [sth]
durch·wa·chen* [dʊrç'vaxn̩] *vt* ■**etw** ~ to stay awake through sth; **viele Nächte an jds Bett ~** to spend many nights awake at sb's bedside
durch|wach·sen¹ ['dʊrçvaksn̩] *vi irreg sein* ■**[durch etw** *akk*] ~ to grow through [sth]
durch·wach·sen² [dʊrç'vaksn̩] *adj* ❶ *(mit Fett durchzogen)* **~er Speck** streaky bacon BRIT
❷ *pred (hum fam: mittelmäßig)* so-so *fam;* ***wie war das Wetter? — ~!*** what was the weather like? — mixed!; ***die Stimmung im Büro ist zurzeit ~*** the atmosphere at work is not always good
Durch·wahl *f* ❶ *(fam: Durchwahlnummer)* extension number
❷ *(das Durchwählen)* direct dialling [*or* AM -ling] *no pl, no art*
durch|wäh·len ['dʊrçvɛ:lən] **I.** *vi* to dial direct; **nach London ~** to dial London direct
II. *vt* ■**etw** ~ to dial sth direct
Durch·wahl·num·mer *f* extension number
durch|wan·dern¹ ['dʊrçvandɐn] *vi sein* ■**[bis zu etw** *dat*] ~ to continue [*or* carry on] hiking [as far as sth]; ■**durch etw** *akk* ~ to hike through sth
durch·wan·dern*² [dʊrç'vandɐn] *vt* ■**etw** ~ to hike [*or* walk] through sth; **die ganze/halbe Welt ~** to wander [*or* walk] round/half way round the world
durch|wa·schen *vt irreg (fam)* ■**etw** ~ to give sth a thorough wash
durch|wa·ten¹ ['dʊrçva:tn̩] *vi sein* ■**[durch etw** *akk*] ~ to wade through [sth]
durch·wa·ten*² [dʊrç'va:tn̩] *vt* ■**etw** ~ to wade across sth
durch·we·ben* [dʊrç've:bn̩] *vt irreg* ❶ *(lit)* ■**etw mit etw** *dat* ~ to interweave sth with sth
❷ *(fig geh)* ■**mit** [*o* **von**] **etw** *dat* **durchwoben sein** to be interspersed with sth
durch·weg ['dʊrçvɛk] *adv,* **durch·wegs** ['dʊrçve:ks] *adv* ÖSTERR without exception; **~ allen Anforderungen entsprechen** to meet [*or* match] all of the requirements
durchwegs *adv* ÖSTERR, SCHWEIZ *s.* **durchweg**
durch·we·hen* [dʊrç've:ən] *vt (geh)* ■**etw** ~ to blow through sth
durch|wei·chen¹ ['dʊrçvaiçn̩] *vi sein* to get drenched [*or* soaked]; ■**durchgeweicht sein** to be sodden BRIT
durch·wei·chen² [dʊrç'vaiçn̩] *vt (geh)* ■**etw** ~ to drench [*or* soak] sth
durch|wet·zen *vt* ■**durchgewetzt** worn [through]; **ein durchgewetzter Kragen** a frayed collar
durch|win·den ['dʊrçvɪndn̩] *vr irreg* ❶ *(lit)* ■**sich** *akk* **durch etw** *akk* ~ to meander [*or* wind one's way] through sth; ■**sich** *akk* **zwischen etw** *dat* ~ to thread [*or* worm] one's way between sth
❷ *(fig)* ■**sich** *akk* **[durch etw** *akk*] ~ to find one's way through [sth]
durch·wir·ken* [dʊrç'vɪrkn̩] *vt (geh) s.* **durchweben**
durch|wol·len ['dʊrçvɔlən] *vi (fam)* ■**[durch etw** *akk*] ~ to want to come/go [*or* get] through [sth]; ■**zwischen** *dat*/**unter etw** *dat* ~ to want to get [*or* go] between/under sth
durch|wüh·len¹ ['dʊrçvy:lən] **I.** *vt* ■**etw [nach etw** *dat*] ~ to rummage through [*or* about in] sth [in search of sth]; **ein Haus ~** to ransack a house
II. *vr* ❶ *(sich durcharbeiten)* ■**sich** *akk* **[durch etw** *akk*] ~ to plough [*or* AM plow] through [sth]
❷ *(durch Wühlen gelangen)* ■**sich** *akk* **[durch etw** *akk*] ~ to burrow through [sth]; ■**sich** *akk* **unter etw** *dat* ~ to burrow [through] under sth
durch·wüh·len*² [dʊrç'vy:lən] *vt* ■**etw [nach etw** *dat*] ~ ❶ *(durchstöbern)* to comb sth [for sth]
❷ *(aufwühlen)* to churn [*or* dig] up sth [in search of sth] *sep*
durch|wursch·teln, durch|wurs·teln *vr (sl)* ■**sich** *akk* **irgendwie ~** to muddle through somehow BRIT
durch|zäh·len ['dʊrçtsɛ:lən] *vt, vi* ■**[etw]** ~ to count out [*or* up] sth *sep;* ■**[jdn]** ~ to count sb
durch·ze·chen* [dʊrç'tsɛçn̩] *vt (fam)* ■**etw** ~ to drink [*or fam* booze] through sth; *(weiter trinken)* to carry on drinking [*or fam* boozing] through sth; **die ganze Nacht ~** to drink all night [long], to piss away BRIT the night *sep fam!;* **eine durchzechte Nacht** a night of drinking, a night on the drink [*or* BRIT *fam!* piss]
durch|zie·hen¹ ['dʊrçtsi:ən] *irreg* **I.** *vt haben*
❶ *(hindurchziehen)* ■**etw** ~ to pull [*or* draw] through sth *sep;* ■**etw durch etw** *akk* ~ to pull [*or* draw] sth through sth
❷ *(fam: vollenden)* ■**etw** ~ to see sth through; ■**durchgezogen werden** to be brought to a conclusion
❸ *(sl: rauchen)* ■**etw** ~ to smoke sth
II. *vi sein* ❶ *(durchqueren)* ■**[durch etw** *akk*] ~ to come/go [*or* pass] through [sth]; *Truppe a.* to march through [sth]
❷ KOCHK **gebratenes Fleisch ~ lassen** to place fried meat in a preheated oven, in order to re-soak escaped juices
III. *vr haben* ■**sich** *akk* **durch etw** *akk* ~ to occur throughout sth
durch·zie·hen*² [dʊrç'tsi:ən] *vt irreg* ■**etw** ~
❶ *(durchqueren)* to go [*or* pass] [*or* travel] through sth; **ganze Erdteile ~** to travel across entire continents
❷ *(konsequent verwendet werden)* to run through sth
❸ *(durch etw verlaufen)* to criss-cross sth
durch·zo·gen *adj* SCHWEIZ *(durchwachsen)* **~er Speck** streaky bacon
durch·zu·cken* [dʊrç'tsʊkn̩] *vt* ❶ *(geh: zuckend durchleuchten)* ■**etw** ~ to flash across sth
❷ *(plötzlich ins Bewusstsein kommen)* ■**jdn** ~ to flash through sb's mind
Durch·zug ['dʊrçtsu:k] *m* ❶ *kein pl (Luftzug)* draught BRIT, draft AM; **~ machen** to create a through draught
❷ *von Truppen* march through
▸WENDUNGEN: **auf ~ schalten** *(fam)* to let sth go in one ear and out the other *fam*
durch·zugs·stark *adj* **~er Motor** powerful-engine
dür·fen ['dʏrfn̩] **I.** *modal vb* <darf, durfte, dürfen>
❶ *(Erlaubnis haben)* ■**etw [nicht] tun** ~ to [not] be allowed to do sth; ***darf man hier parken?*** are you allowed [*or* is it permitted] to park here?; ***hier darf man nicht rauchen*** smoking is not allowed [*or* per-

D

mitted] here; ***darf ich heute Abend ins Kino gehen?*** can I go to the cinema tonight?

② *verneint (nicht sollen, müssen)* ■ **jd/etw darf etw nicht tun** sb/sth mustn't do sth [*or form* ought not [to] do sth]; ***du darfst jetzt nicht aufgeben*** you mustn't give up now; ***das darf man nicht tun!*** that's not allowed!, one mustn't do that!; ***du darfst ihm das nicht übel nehmen*** you mustn't hold that against him; ***wir ~ den Zug nicht verpassen*** we mustn't [*or form* ought not [to]] miss the train; ***das darf nicht wieder vorkommen*** this mustn't happen again; ***man darf sich nicht wundern, wenn ...*** it shouldn't come as a surprise when/if ...

③ *(höflich anfragend)* ■ **darf** [*o* **dürfte**] **ich/dürfen** [*o* **dürften**] **wir ...?** may [*or* might] I/we ....?; ***darf ich Sie bitten, das Formular auszufüllen?*** would you fill in the form, please?; ***darf ich bitten?*** *(zum Tanz)* may I [have the pleasure]?; *(zum Essen)* dinner is served!; ***alle mal herhören, wenn ich bitten darf!*** *(fam)* would everybody please listen!; ***dürfte ich wohl noch ein Stück Kuchen haben?*** I wonder if I might [*or* could] have another piece of cake?; ***dürfte ich mir die Frage erlauben, warum ...*** may I ask, why ...; ***darf man fragen, wie lange es noch dauert?*** *(iron)* may I ask how long it's going to take?; ***darf ich mir noch ein Stück Fleisch nehmen?*** may [*or* can] I help myself to another piece of meat?; ***darf ich auch mal sehen/probieren?*** may I have a look/try too?; ***darf*** [*o* ***dürfte***] ***ich wohl wissen, warum?*** may [*or* might] I know why?

④ *(können)* ■ **jd darf etw tun** sb can do sth; *(Veranlassung haben)* sb has reason to do sth; ***wir ~ es bezweifeln*** we have reason to doubt; ***man darf erwarten, dass ...*** it is to be expected that ...; ***du darfst mir das ruhig glauben*** you can [*or* may] take it from me; ***wir freuen uns, Ihnen mitteilen zu ~, dass ...*** we are pleased to be able to tell you that ...; ***ich darf wohl sagen, dass ...*** I think I can say that ...

⑤ *im Konjunktiv (sollen)* ■ **das/es dürfte ...** that/it should [*or form* ought to] ...; ***das dürfte genügen*** [*o* ***reichen***] that should be enough; ***es dürfte eigentlich genügen, wenn ich dir sage, dass...*** suffice it to say that ... *form,* it should be enough, if I tell you that ...; ***es klingelt, das dürfte Ulrike sein*** there's a ring at the door, that must be Ulrike; ***es dürfte wohl das Beste sein, wenn ...*** it would probably be best when/if ...; ***das dürfte der Grund sein*** that is probably why; ***es dürfte schon Mitternacht sein*** it must be about midnight; ***es dürfte ihnen bekannt sein, dass ...*** you might be aware of the fact that ...

▸ WENDUNGEN: **es darf nicht sein, dass ...** it can't be [*or* it's not right] that ...; **das darf doch nicht wahr sein!** *(fam)* that can't be [true]!; **was darf es sein?** what would you like?

II. *vi* <darf, durfte, gedurft> ***darf ich*** [***auch mal***]? may I [too]?; ***ja, Sie ~*** yes, you may; ***sie hat nicht gedurft*** she wasn't allowed to; ***darf ich nach draußen?*** may [*or* can] I go outside?

III. *vt* <darf, durfte, gedurft> ■ **etw ~** to be allowed to do sth; ***darfst du das?*** are you allowed to?; ***das darf man nicht!*** that's not allowed!; ***nein, das darfst du definitiv nicht!*** no, you may definitely not!; ***das darfst du auf gar keinen Fall!*** you can't possibly do that!

dürf·tig ['dʏrftɪç] I. *adj* ① *(kärglich)* paltry *a. pej,* meagre [*or* AM -er]; ~**e Unterkunft** poor accommodation

② *(pej: schwach)* poor; **eine ~e Ausrede** a feeble excuse; ~**e Kenntnisse** scanty knowledge

③ *(spärlich)* sparse

II. *adv* scantily; ~ **ausfallen** to be a poor outcome

Dürf·tig·keit <-> *f kein pl* meagreness *no pl* BRIT, meagerness *no pl* AM **Dürf·tig·keits·ein·re·de** *f* JUR plea of insufficient assets in an estate

dürr ['dʏr] *adj* ① *(trocken)* dry; ~**es Laub** withered leaves

② *(a. fig: unfruchtbar)* barren; ~**e Jahre** arid [*or* lean] years

③ *(mager)* [painfully] thin, skinny *fam; (durch Krankheit)* gaunt

④ *(knapp)* meagre [*or* AM -er]; ***die ~en Jahre*** *(fig)* the lean years

Dür·re <-, -n> ['dʏrə] *f* drought *no pl*

Dür·re·jahr *nt* year of drought **Dür·re·ka·ta·stro·phe** *f* catastrophic [*or* disastrous] drought **Dür·re·pe·ri·o·de** *f* [period of] drought; *(fig)* barren period

Durst <-[e]s> ['dʊrst] *m kein pl* thirst *no pl;* ■ **~ haben** to be thirsty; **jd bekommt** [*o fam* **kriegt**] [**von etw** *dat*] ~ sb gets thirsty [*or* a thirst] [from sth], sth makes sb thirsty; ~ **auf etw** *akk* **haben** to feel like drinking sth; ***ich hätte ~ auf ein kühles Bier*** I could do with a chilled beer; **seinen** [*o* **den**] ~ [**mit etw** *dat*] **löschen** [*o* **stillen**] to quench [*or* BRIT slake] one's thirst [with sth]; ***das macht*** ~ that makes you thirsty [*or* gives you a thirst]

▸ WENDUNGEN: **einen** [*o* **ein Glas**] **über den ~ trinken** *(fam)* to have one too many

durs·ten ['dʊrstn̩] *vi (geh)* to be thirsty; ~ **müssen** to have to go thirsty

dürs·ten ['dʏrstn̩] *(geh)* I. *vt impers* ① *(Durst haben)* ■ **jdn dürstet** [**es**] sb is thirsty, sb thirsts *liter*

② *(inständig verlangen)* ■ **es dürstet jdn nach etw** *dat* sb thirsts for sth

II. *vi* ■ **nach etw** *dat* ~ to be thirsty for sth; ■ **jds D~ nach etw** *dat* sb's thirst for sth

Durst·ge·fühl *nt* feeling of thirst

durs·tig ['dʊrstɪç] *adj* thirsty; ■ ~ **sein** to be thirsty; [**jdn**] ~ **machen** to make sb thirsty; ■ **jd wird** [**von etw** *dat*] ~ sb gets thirsty [*or* a thirst] [from sth], sth makes sb thirsty; ***von salzigen Speisen wird man*** ~ salty food makes you thirsty

durst·lö·schend *adj inv* thirst-quenching **durst·stil·lend** *adj* thirst-quenching **Durst·stre·cke** *f* lean period **Durst·streik** *m* refusal of [*or* to take] liquid; **sich** *akk* **im ~ befinden** to refuse to take liquid

Du·rum·wei·zen ['du:rʊm-] *m* durum wheat

Du·schan·be <-s> [duʃam'bɛ] *nt* Dushanbe

Du·sche <-, -n> ['du:ʃə] *f* ① *(Apparatur)* shower

② *(das Duschen)* shower; **eine heiße/kalte ~** a hot/cold shower; **wie eine kalte ~** [*o* [**auf jdn**] **wirken**] to pour cold water on sb; ***ihr plötzliches Nein wirkte auf ihn wie eine kalte ~*** her sudden no brought him down to earth; **unter die ~ gehen, eine ~ nehmen** to have [*or* take] a shower; **unter der ~ sein** [*o* **stehen**] to be in the shower, to be taking [*or* having] a shower

du·schen ['du:ʃn̩] I. *vi* to shower; **kalt/warm ~** to have [*or* take] a cold/hot shower

II. *vr* ■ **sich** *akk* ~ to have [*or* take] a shower

III. *vt* ■ **jdn ~** to give sb a shower

Dusch·gel *nt* shower gel

Dusch·hau·be *f* shower cap **Dusch·ka·bi·ne** *f* shower cubicle [*or* cabin] **Dusch·raum** *m* shower room, showers *pl* **Dusch·vor·hang** *m* shower curtain **Dusch·vor·la·ge** *f* shower mat **Dusch·wan·ne** *f* shower tray [*or* pan] **Dusch·zel·le** *f* BAU shower stall

Dü·se <-, -n> ['dy:zə] *f* ① TECH nozzle

② LUFT jet

Du·sel <-s> ['du:zl̩] *m kein pl (fam)* ① *(unverdientes Glück)* ~ **haben** to be lucky; [**reiner**] ~ **sein** to be [pure] good fortune [*or* [sheer] luck]; ***es war reiner ~, dass ...*** it was sheer luck that ...; ***so ein ~!*** that was lucky!, what luck!

② SÜDD, SCHWEIZ ■ **im ~** *(benommen)* in a daze; *(schläfrig)* drowsy/drowsily; *(angetrunken)* tipsy; ***das hat er mir im ~ erzählt*** he told me that after he had had a few

du·s(e)·lig ['du:z(ə)lɪç] *adj (fam)* ■ ~ **sein/werden** *(schläfrig)* to be/get [*or* become] drowsy; *(angetrunken)* to be/get [*or* become] tipsy; ***mir wird ~*** I'm feeling dizzy, to become dizzy

du·seln ['du:zl̩n] *vi (fam)* to doze

dü·sen ['dy:zn̩] *vi sein (fam: fliegen)* to jet; *(fahren)* to race; *(schnell gehen)* to dash; **nach Rom/zu einer Sitzung ~** to jet/race/dash off to Rome/a meeting

Dü·sen·an·trieb *m* jet propulsion *no pl, no art;* **mit ~** with jet propulsion; **ein Flugzeug mit ~** a jet[-propelled] aircraft **Dü·sen·flug·zeug** *nt* jet [aircraft] **Dü·sen·jä·ger** *m* jet fighter **Dü·sen·trieb·werk** *nt* jet engine

Dus·sel <-s, -> ['dʊsl̩] *m (fam)* twit *fam,* prat BRIT *fam,* dork *fam*

Düs·sel·dorf <-s> ['dʏsl̩dɔrf] *nt* Düsseldorf

dus·se·lig *adj, adv (fam) s.* **dusslig**

Dus·se·lig·keit <-, -en> *f (fam) s.* **Dussligkeit**

duss·lig[RR], **duß·lig**[ALT] ['dʊslɪç] *(fam)* I. *adj* daft *fam,* stupid

II. *adv* ① *(dämlich)* stupidly; **sich** *akk* **~ anstellen** to act stupidly [*or fam* stupid]

② *(enorm viel)* **sich** *akk* **~ arbeiten** to work oneself silly; **sich** *akk* **~ verdienen** to earn a fantastic amount, to rake it in *fam; s. a.* **dumm**

Duss·lig·keit[RR], **Duß·lig·keit**[ALT] <-, -en> *f (fam)* stupidity *no pl*

düs·ter ['dy:stɐ] *adj* ① *(finster)* dark, gloomy; **ein ~er Himmel** a gloomy [*or* an overcast] [*or* BRIT a heavy] sky; **~es Wetter** dismal [*or* gloomy] weather

② *(bedrückend)* gloomy, melancholy; **~e Gestalten** melancholy figures; **eine ~e Ahnung** a foreboding; **~e Prognosen** gloomy predictions; **ein ~es Szenario** a gloomy scenario

③ *(schwermütig)* black, gloomy, melancholy; **eine ~e Miene** a gloomy [*or* melancholy] face; **~e Gedanken** black thoughts; **eine ~e Stimmung** a black [*or* melancholy] mood

Düs·ter·keit <-> *f kein pl* ① *(Dunkelheit)* darkness, gloominess; **von ~ erfüllt** gloomy; ***der Himmel war von großer ~*** the sky appeared really gloomy

② *(Schwermütigkeit)* gloominess; **Gedanken voller ~** gloomy thoughts

Dutt <-[e]s, -s *o* -e> ['dʊt] *m* DIAL *(Haarknoten)* bun

Du·ty-free-Shop <-s, -s> ['dju:ti'fri:ʃɔp] *m* duty-free shop

Dut·zend <-s, -e> ['dʊtsn̩t, *pl* 'dʊtsn̩də] *nt* ① *(zwölf Stück)* dozen; **ein ~** [*o* **d~**] **Mal** a dozen times; **zu einem ~ verpackt** packed in dozens; **ein halbes ~** half a dozen; **ein rundes ~** a full [*or* BRIT round] dozen; **im ~** *(fam)* by the dozen; ***die Eier sind im ~ billiger*** the eggs are cheaper by the dozen

② *pl (fam: jede Menge)* dozens; ***kaum sagt jemand was von Freibier, kommen gleich ~e*** as soon as somebody mentions free beer dozens turn up; **zu ~en** in [their] dozens

dut·zen·d(e)·mal *adv (fam)* dozens of times

dut·zend·fach I. *adj* dozens of

II. *adv* dozens of times

Dut·zend·ge·sicht *nt (pej)* ordinary [*or* run-of-the-mill] face **Dut·zend·wa·re** *f (pej)* mass-produced [*or* mass-market] item

dut·zend·wei·se ['dʊtsn̩tvaizə] *adv* by the dozen, in dozens

Du·vet <-s, -s> ['dyvɛ] *nt* SCHWEIZ *(Federbett)* duvet BRIT, continental quilt BRIT, comforter AM

du·zen ['du:tsn̩] *vt* ■ **jdn ~** to address sb as [*or* with] “Du”, ≈ to be on Christian [*or* first] name terms with sb; ■ **sich** *akk* [**von jdm**] **~ lassen** to allow sb to be on familiar [*or* first name] terms with one; ■ **sich** *akk* ~ to be on familiar [*or* first name] terms with each other

Duz·freund(in) *m(f)* close [*or* good] friend; **alte ~e** old friends

DV <-> [de:'fau] *f kein pl Abk von* **Datenverarbeitung** DP

DVD <-, -s> [de:fau'de:] *f Abk von* **digital versatile disk** DVD

DVD-Lauf·werk *nt* INFORM DVD drive **DVD-PCRW** *nt* INFORM *Abk von* **DVD phase change rewritable disk** DVD-PCRW **DVD-Play·er** <-s, -> [-ple:ɐ] *m* DVD player **DVD-RAM** <-, -s> [de:faude:'ram] *nt* INFORM *Abk von* **DVD random access memory** DVD-RAM **DVD-ROM** [de:faude:'rɔm] *f* INFORM *Abk von* **DVD read only memory drive** DVD-ROM **DVD-ROM-Lauf·werk** *nt* INFORM DVD-ROM drive

Dy·na·mik <-> [dy'na:mɪk] *f kein pl* ① PHYS dynamics + *sing vb*

② *(fig)* dynamism *no pl;* ***die ~ dieser Entwicklung***

war nicht mehr zu bremsen this development was too dynamic to be slowed down
dy·na·misch [dy'na:mɪʃ] I. *adj* ❶ *(schwungvoll)* dynamic
❷ *(vorwärtsdrängend)* dynamic
❸ *(regelmäßig angepasst)* index-linked
❹ FIN **~e Lebensversicherung** dynamic life insurance; **~e Rente** wage-related pension
II. *adv* dynamically
dy·na·mi·sie·ren* [dynami'zi:rən] *vt (geh)* ■**etw ~** to index-link sth
Dy·na·mi·sie·rung <-, -en> *f (geh)* index-linking *no pl;* ***das neue Gesetz erfordert die ~ der Renten*** the new act requires pensions to be index-linked
Dy·na·mit <-s> [dyna'mi:t] *nt kein pl* ❶ *(lit)* dynamite
❷ *(fig)* dynamite; ***da steckt ~ drin!*** it's dynamite!
Dy·na·mit·stan·ge *f* stick of dynamite
Dy·na·mo <-s, -s> [dy'na:mo] *m* dynamo
Dy·na·mo·ma·schi·ne *f* dynamo **Dy·na·mo·me·ter** [dynamo'me:tɐ] *nt* dynamometer
Dy·nas·tie <-, -n> [dynas'ti:, *pl* dynas'ti:ən] *f* dynasty
dys·funk·ti·o·nal [dʏsfʊŋktsi̯o'na:l] *adj (geh)* dysfunctional
Dys·me·nor·rhö <-, -en> [dʏsmenɔ'rø:, *pl* dʏsmenɔ'rø:ən] *f* MED *(schmerzhafte Monatsblutung)* dysmenorrhoea BRIT, dysmenorrhea AM
Dys·pro·si·um <-s> [dʏs'pro:zi̯ʊm] *nt kein pl* CHEM dysprosium *no pl*
D-Zug ['de:tsu:k] *m (veraltend)* express, fast train; ***lauf doch nicht so schnell, ich bin doch kein ~!*** *(hum fam)* not so fast, I can't run as fast as I used to!
D-Zug-Tem·po *nt* ▸WENDUNGEN: **im ~** *(fam)* like [*or* as quick as] a shot

E

E, e <-, - *o fam* -s, -s> [e:] *nt* ❶ *(Buchstabe)* E, e; **~ wie Emil** E for [*or* as in] Edward; *s. a.* **A 1**
❷ MUS ■**das ~** [the note] E; *s. a.* **A 2**
EAN <-> [e:ʔa:ʔɛn] *f kein pl Abk von* **europäische Artikelnummerierung** EAN
Ea·sy Lis·te·ning <-s> ['i:zɪ 'lɪs(ə)nɪŋ] *nt kein pl* MUS easy listening
Eau de Co·lo·gne <- - -> ['o:dəko'lɔnjə] *nt kein pl* eau de cologne *no pl,* cologne *no pl*
E-Ban·king <-[s]> ['i:bæŋkɪŋ] *nt kein pl* e-banking, electronic banking
Eb·be <-, -n> ['ɛbə] *f* ebb [*or* low] tide; *(Wasserstand)* low water; **~ und Flut** the tides *pl;* **~ sein** to be low tide; **bei ~** at low tide, when the tide goes out/has gone out; **mit der ~** with the ebb tide; **mit der ~ auslaufen** to leave on the ebb tide
▸WENDUNGEN: **bei jdm herrscht** [*o* **ist**] **~** *(fam)* sb's finances are at a low ebb; ***in meinem Portmonee ist ~*** my finances are at a low ebb
ebd. *Abk von* **ebenda** ib., ibid.
eben¹ ['e:bn̩] I. *adj* ❶ *(flach)* even, flat
❷ *(glatt)* level
II. *adv* evenly
eben² ['e:bn̩] I. *adv* ❶ *zeitlich* just; ***der Zug ist ~ erst abgefahren*** the train has only just left; ***~ war sie noch hier*** she was here just a moment ago; ***was meintest du ~?*** what did you say just now?
❷ *(nun einmal)* just, simply; ***das ist ~ so*** that's [just] the way it is [*or* things are]
❸ *(gerade noch)* just [about]; ***das wird*** [***so***] ***~ noch reichen*** that'll just about be enough
❹ *(kurz)* **mal ~** [*o* **~ mal**] for a minute [*or* second]; ***komm mal ~ mit!*** come with me a second; ***entschuldigen Sie mich mal ~*** excuse me for a minute
II. *part* ❶ *(genau das)* exactly, precisely; ***das ist es ja ~*** that's precisely [*or* exactly] it; ***war es das, was du meintest? — nein, das ~ nicht*** was that what you meant? — no, not exactly [that]; **~ *das wollte ich sagen*** that's precisely [*or* exactly] what I wanted to say; [**na**] **~!** exactly
❷ *(Abschwächung von Verneinung)* ***das ist nicht ~ billig*** it's not exactly cheap
Eben·bild *nt* image; ■**jds ~** sb's image; **jds** [**genaues**] **~ sein** to be the [very [*or* spitting]] image of sb
eben·bür·tig ['e:bn̩bʏrtɪç] *adj* equal; ■**jdm** [**an etw** *dat*] **~ sein** to be sb's equal [in sth]; **einander** [**nicht**] **~ sein** [un]evenly matched
Eben·bür·tig·keit <-> *f kein pl* equality *no pl*
eben·da ['e:bn̩'da:] *adv* ❶ *(genau dort)* exactly there; ***Bad Tölz? ja, ~ ist sie*** Bad Tölz? yes, that's exactly where she is
❷ *(bei Zitat)* ibidem; *(geschrieben a.)* ibid[.]
eben·da·hin [e:bn̩da'hɪn] *adv* **~ *fahre ich ja*** that's exactly where I'm going **eben·da·rum** [e:bn̩'da:rʊm] *adv* for that very reason; **~ *frage ich ja!*** that is exactly why I'm asking **eben·der** [e:bn̩'de:ɐ̯], **eben·die** [e:bn̩'di:], **eben·das** [e:bn̩'das] *pron* he/she/it; ***ist das deine Traumfrau? ebendie ist es*** is that the woman of your dreams? yes, she's the one **eben·des·halb** [e:bn̩'dɛs'halp], **eben·des·we·gen** [e:bn̩dɛs've:gn̩] *adv s.* **ebendarum** **eben·die·se**(**r**, **s**) [e:bn̩'di:zə] *pron (geh)* he/she/it; ***der Mann da vorne? — du sagst es, ~r!*** that man up front there? — you've said it, the very one!
Ebe·ne <-, -n> [e:bənə] *f* ❶ *(Tiefebene)* plain; *(Hochebene)* plateau
❷ MATH, PHYS plane; **schiefe ~** inclined plane
❸ *(Schicht)* level; **sich** *akk* [**nicht**] **auf jds ~ begeben** *(geh)* to [not] come down to sb's level; **auf wissenschaftlicher ~** at the scientific level
eben·er·dig *adj* ■**~ sein** to be at ground level [*or* level with the ground]; **eine ~e Wohnung** a residence at ground level; **ein ~er Hauseingang** an entrance level with the ground [*or* at ground level]
eben·falls [e:bn̩fals] *adv* also, as well, likewise, too; ***ich hätte es ~ getan*** I would have done it too [*or* as well], I would also have done it; ***ich ~!*** me too!; ***danke, ~!*** thanks, [and] the same to you
Eben·holz [e:bn̩hɔlts] *nt* ebony; **schwarz wie ~** as black as ebony
eben·je·ne(**r**, **s**) [e:bn̩'je:nə] *pron (geh) substantivisch* he/she/it; ***war er der Täter? — ja, ~r war es!*** was he the culprit? — yes, he was the very one!; *adjektivisch;* **~ *Frau heiratete er*** that's the very woman he married
Eben·maß *nt kein pl (geh)* evenness *no pl,* regularity; *von Gesichtszügen* regularity *no pl; des Körpers* perfect proportions *pl*
eben·mä·ßig I. *adj* regular, symmetrical, well-proportioned, evenly proportioned; **von ~em Wuchs** of even proportions; **~e Zähne** evenly proportioned teeth
II. *adv* proportionately, symmetrically
eben·so ['e:bn̩zo:] *adv* ❶ *(genauso)* just as; ***ich habe eine ~ schöne Wohnung*** I have just as nice a flat; **~ gern** just as well/much; ***meinen Vater mag ich ~ gern wie meine Mutter*** I like my father just as much as my mother; **~ gut** [just] as well; ***ich kann ~ gut darauf verzichten*** I can just as well go without it; **~ lang**[**e**] just as long; **~ oft** just as frequently [*or* often]; **~ sehr** just as much; ***ich habe dich ~ sehr lieb wie du mich*** I'm just as much fond of you as you are of me; **~ viel** just as much; **~ wenig**: ***das ist ~ wenig angebracht*** this is just as inappropriate
❷ *(auch)* also, likewise, as well; ***die Geschäfte sind geschlossen, ~ alle Kinos*** the shops are closed, as are all the cinemas; ***diese Waschmaschine ist ~ zu teuer*** that washing machine is too expensive as well
eben·so·gern^ALT *adv s.* **ebenso 1** **eben·so·gut**^ALT *adv s.* **ebenso 1** **eben·so·lang**^ALT *adv s.* **ebenso 1** **eben·so·oft**^ALT [-zoʔɔft] *adv s.* **ebenso 1** **eben·so·sehr**^ALT *adv s.* **ebenso 1** **eben·so·viel**^ALT *adv s.* **ebenso 1** **eben·so·we·nig**^ALT *adv s.* **ebenso 1**
Eber <-s, -> ['e:bɐ] *m* boar
Eber·esche ['e:bɐʔɛʃə] *f* BOT mountain ash [*or* rowan]
eb·nen ['e:bnən] *vt (eben machen)* ■**etw ~** to level sth [*or sep* level off sth], to make sth level
▸WENDUNGEN: **jdm/etw den Weg ~** to smooth [*or* pave] the way for sb/sth
Ebo·la-Vi·rus [e:bola'vi:rʊs] *nt* MED Ebola virus
E-Busi·ness <-> ['i:'bɪznɪs] *f kein pl* INET e-business
EC¹ <-s, -s> [e:'tse:] *m Abk von* **Eurocity** Eurocity train *(linking major European cities)*
EC² <-s, -s> [e:'tse:] *m* ❶ *Abk von* **Electronic Cash** electronic cash
❷ HIST *Abk von* **Euroscheck** eurocheque
E-Cash <-> [i:'kæʃ] *nt kein pl* e-cash, electronic cash
echauf·fie·ren* [eʃɔ'fi:rən] *vr (geh)* ■**sich** *akk* [**über jdn/etw**] **~** to get worked up [*or form* to excite oneself] [about sb/sth]
Echo <-s, -s> ['ɛço] *nt* ❶ *(Effekt)* echo
❷ *(Reaktion)* response (**auf** +*akk* to); **ein** [**großes**] **~ finden** to meet with a [big] response
❸ *(Nachbeter)* echoer; **von jdm das ~** [*o* **jds ~**] **sein** to echo sb's words
Echo·lot *nt* sonar, echo sounder
Ech·se <-, -n> ['ɛksə] *f* saurian *spec; (Eidechse)* lizard
echt ['ɛçt] I. *adj* ❶ *(nicht künstlich)* real; *(nicht gefälscht)* genuine; **eine ~e Blondine** a natural blonde
❷ *(aufrichtig) Freundschaft, Schmerz* sincere
❸ *(typisch)* typical
❹ *(beständig)* **~e Farben** fast colours [*or* AM -ors]
❺ *(wirklich)* real
II. *adv* ❶ *(typisch)* typically
❷ *(rein)* pure; ***das Armband ist ~ Platin!*** the bracelet is pure platinum!
❸ *(fam: wirklich)* really
❹ *(kindersprache)* **in ~** for real *fam*
Echt·far·ben·dar·stel·lung *f* true colour [*or* AM -or] display
Echt·heit <-> *f kein pl* ❶ *(das Echtsein)* authenticity, genuineness
❷ *(Aufrichtigkeit)* sincerity
❸ TYPO *(Farbe)* ■**~en** *pl* fastness properties *pl*
Echt·heits·be·weis *m* JUR proof of authenticity **Echt·heits·bürg·schaft** *f* JUR warranty of genuineness **Echt·heits·prü·fung** *f* test of genuineness, authenticity test **Echt·heits·zeug·nis** *nt* certificate of authenticity
Echt·zeit *f* INFORM real time **Echt·zeit·spiel** *nt* INFORM real-time game
Eck <-[e]s, -e> ['ɛk] *nt* ❶ SÜDD, ÖSTERR *(Ecke)* corner
❷ SPORT corner [of the goal]; **das kurze/lange ~** the near/far corner [of the goal]
▸WENDUNGEN: **über ~** diagonally
EC-Kar·te *f* ❶ *(Debitkarte)* cash card, cash-point card
❷ HIST Eurocheque card
Eck·ball *m* SPORT corner; **einen ~ geben/schießen** to award [*or* give]/take a corner; **einen ~ verwandeln** to score from a corner **Eck·bank** *f* corner bench **Eck·da·ten** *pl s.* **Eckwert**
Ecke <-, -n> ['ɛkə] *f* ❶ *(spitze Kante)* corner; *eines Kragens* point; **sich** *akk* **an der ~ eines Tisches stoßen** to knock oneself on the edge of a table; **~n und Kanten** *(fig)* rough edges
❷ *(Straßenecke)* corner; ***gleich um die ~*** just [a]round the corner
❸ *(Zimmerecke)* corner; **jdn in die ~ stellen** to make sb stand in the corner; ***ab in die ~!*** go and stand in the corner!
❹ *(Käseecke)* wedge
❺ *(fam: Gegend)* area; ***wir kommen aus der gleichen ~*** we come from the same corner of the world
❻ *(fam: Entfernung)* distance, stretch; ***bis dahin ist es noch eine ganz schöne ~*** it's still a fair old distance away; **mit jdm um/über sieben ~n verwandt sein** *(fam)* to be distantly related to sb
❼ SPORT corner; **eine kurze/lange ~** a short/long corner; **die neutrale ~** the neutral corner

E

▶WENDUNGEN: **an allen ~n und Enden** *(fam)* everywhere; **jdn um die ~ bringen** *(fam)* to do sb in *fam;* **jdn in die ~ drängen** to push sb aside; **eine ganze ~** *(fam)* quite a bit; **mit ~n und Kanten** with a mind of one's own
Ecker <-, -n> ['ɛkɐ] *f* BOT beechnut
Eck·fens·ter *nt* corner window **Eck·haus** *nt* corner house, house on [*or* at] the corner
eckig ['ɛkɪç] *adj* ❶ *(nicht rund)* square; *(verwinkelt)* angular; **ein ~es Gesicht** an angular face
❷ *(ungelenk)* jerky; **mit ~en Bewegungen gehen** to walk jerkily [*or* with a jerk]
❸ KOCHK rough
Eck·knei·pe *f* corner pub [*or* bar], pub on the corner **Eck·lohn** *m* standard [*or* basic] rate of pay **Eck·pfei·ler** *m* ❶ *(lit)* corner pillar ❷ *(fig)* cornerstone **Eck·pfos·ten** *m* corner post **Eck·punkt** *m* corner **Eck·re·gal** *nt* corner shelf [*or* shelving] **Eck·rohr·zan·ge** *f* rib joint pliers *npl* **Eck·schrank** *m* corner cupboard **Eck·schutz·leis·te** *f* BAU corner bead **Eck·schutz·schie·ne** *f* BAU corner guard **Eck·stein** ['ɛkʃtain] *m* ❶ *(lit)* cornerstone ❷ *(fig)* cornerstone **Eck·stoß** *m s.* **Eckball** **Eck·stun·de** *f* first/last lesson [*or* class] of the day **Eck·tisch** *m* corner table **Eck·wert** *m meist pl* benchmark figure; *(fig)* basis **Eck·wurf** *m* SPORT corner throw **Eck·zahn** *m* canine [tooth], eyetooth; *(Hauer)* fang **Eck·zins** *m* FIN bank base rate
ECO·FIN-Rat ['e:kofinra:t] *m kein pl* ÖKON ECOFIN council *(council coordinating the economic policy of the European Union)*
E-Com·merce <-> ['i:'kɔmɜ:s] *m kein pl* e-commerce **E-Com·merce-Kar·te** ['i:'kɔmɜ:s-] *f* e-commerce card
Eco·no·my·class [ɪ'kɔnəmikla:s] *f,* **Eco·no·my-Klas·se** [ikɔnəmi'klasə] *f* LUFT economy class
ECOSOC <-> ['e:ko:sɔk] *m kein pl Akr von* **UN Economic and Social Council** ECOSOC
ecru [e'kry:] *adj pred s.* **ekrü** raw, undyed, ecru
Ec·sta·sy <-, -s> ['ɛkstəzi] *f* ecstasy, E *fam*
Ecu, ECU <-[s], -[s]> [e'ky:] *m (hist) Akr von* **European Currency Unit** ECU
Ecu·a·dor <-s> [ekua'do:ɐ] *nt* Ecuador
Ecu·a·do·ri·a·ner(in) <-s, -> [ekuado'ri̯a:nɐ] *m(f)* Ecuadorean
ecu·a·do·ri·a·nisch [ekuado'ri̯a:nɪʃ] *adj* Ecuadorean
ed. *Abk von* **edited** ed.
Eda·mer <-s, -> ['e:damɐ] *m* Edam [cheese] *no pl, no art*
Ed·da <-> ['ɛda] *f kein pl* LIT, MYTH Edda
edel ['e:dl̩] **I.** *adj* ❶ *(großherzig)* generous
❷ *(hochwertig)* fine, high-grade
❸ *(aristokratisch)* noble
❹ *attr (veraltend: vornehm)* noble; **von edler Abkunft sein** to be of noble origin
II. *adv* nobly; **~ geformte Züge** aristocratic features
Edel·bou·tique *f* high-class [*or fam* classy] boutique **Edel·fa·ser** *f* high-grade fibre [*or* AM -er] **Edel·frau** *f* noblewoman
Edel·gas *nt* CHEM inert [*or* rare] [*or* noble] gas **Edel·gas·scha·le** *f* CHEM, PHYS inert [*or* noble] [*or* rare gas] shell
Edel·holz *nt* high-grade [*or* precious] wood *no pl* **Edel·kas·ta·nie** *f* sweet [*or* Spanish] chestnut **Edel·kitsch** *m (iron)* ostentatious rubbish [*or* kitsch] **Edel·klas·se** *f* ■**die ~** the crème de la crème
Edel·leu·te *pl (geh: Adlige)* members of the nobility, nobles *pl* **Edel·mann** <-leute> ['e:dl̩man, *pl* -lɔytə] *m* nobleman
Edel·me·tall *nt* precious metal **Edel·me·tall·han·del** *m* bullions trade, precious metals dealing
Edel·mut ['e:dl̩mu:t] *m kein pl (geh)* magnanimity *no pl form,* noble-mindedness *no pl*
edel·mü·tig ['e:dl̩my:tɪç] **I.** *adj (geh)* magnanimous *form,* noble-minded
II. *adv* magnanimously *form*
Edel·pilz·kä·se *m* blue [vein] cheese **Edel·ro·se** *f* prize rose **Edel·schnul·ze** *f (iron)* sentimental ballad, pretentious sob stuff *no pl, no indef art* BRIT *pej*
Edel·stahl *m* stainless [*or* high-grade] steel **Edel·stein** *m* precious stone **Edel·tan·ne** *f* silver fir
Edel·weiß <-[es], -e> ['e:dl̩vais] *nt* BOT edelweiss
Eden <-s> ['e:dn̩] *nt kein pl (geh)* Eden *no pl;* **ein blühendes ~** a flowering paradise
edie·ren* [e'di:rən] *vt* ■**etw ~** to publish sth
Edikt <-[e]s, -e> [e'dɪkt] *nt* edict
Edin·burg <-s> ['e:dɪnbʊrk] *nt* Edinburgh
edi·tie·ren* [edi'ti:rən] *vt* INFORM *(Daten aufbereiten)* ■**etw ~** to edit sth
Edi·ti·on <-, -en> [edi'tsi̯o:n] *f* ❶ *(das Herausgeben)* publication; *(die Ausgabe)* edition
❷ *(Verlag)* publishing house
Edi·tor <-s, -s> ['ɛdɪtɐ] *m* INFORM [text] editor
Edi·tor, Edi·to·rin <-s, -toren> ['e:ditoːɐ, edi'to:rɪn, *pl* edi'to:rən] *m, f (geh)* publisher
Edi·to·ri·al <-s, -s> [edito'ri̯a:l, edi'to:ri̯əl] *nt* editorial
Edi·to·rin <-, -nen> [edi'to:rɪn] *f fem form von* **Editor**
edi·to·risch [edi'to:rɪʃ] *adj* publishing *attr*
Edo <-> ['e:do] *nt* ■**das ~** Edo
EDO-RAM <-[s], -s> [e:do:'ram] *nt* INFORM *Akr von* **enhanced data out random access memory** EDO-RAM
Edu·tain·ment <-s> [ɛdju'te:nmənt] *nt kein pl* edutainment
EDV <-> [e:de:'fau̯] *f kein pl* INFORM *Abk von* **elektronische Datenverarbeitung** EDP
EDV-An·la·ge [e:de:'fau̯-] *f* computer system, EDP equipment **EDV-Bran·che** [e:de:'fau̯-] *f* computing business **EDV-Fach·mann, -Fach·frau** [e:de:fau̯-] *m, f* computer specialist **EDV-Freak** <-s, -s> [e:de:fau̯'fri:k] *m* INFORM computer addict **EDV-ge·stützt** [e:de:'fau̯-] *adj* EDP-assisted [*or* -aided] **EDV-Sys·tem** [e:de:fau̯-] *nt* INFORM electronic information processing system
EEF <-> [e:e:'ɛf] *m kein pl* EU *Abk von* **Europäischer Entwicklungsfonds** EDF, European Development Fund
EEG <-s, -s> [e:e:'ge:] *nt* MED *Abk von* **Elektroenzephalogramm** EEG
EEPROM <-[s], -s> *nt* INFORM *Akr von* **electrically erasable programmable read-only memory** EEPROM
Efeu <-s> ['e:fɔy] *m o* SCHWEIZ, ÖSTERR *nt kein pl* ivy *no pl, no indef art*
Eff·eff <-> ['ɛf?ɛf] *nt kein pl* ▶WENDUNGEN: **aus dem ~** *(fam)* inside out *fam;* **etw aus dem ~ beherrschen/kennen** to know sth backwards [*or* inside out]
Ef·fekt <-[e]s, -e> [ɛ'fɛkt] *m* ❶ *(Wirkung)* effect; ***der ~ war gleich null*** it had no effect whatsoever; **im ~** in the end
❷ *(Erscheinung)* effect; ■**~e** effects, FX *sl; (in Film)* special effects [*or sl* FX]
Ef·fek·ten [ɛ'fɛktn̩] *pl* FIN securities *pl,* stocks and shares *pl*
Ef·fek·ten·ab·tei·lung *f* FIN securities department [*or* division] **Ef·fek·ten·bör·se** *f* stock exchange **Ef·fek·ten·han·del** *m* BÖRSE stock trading *no art* **Ef·fek·ten·händ·ler(in)** <-s, -> *m(f)* FIN securities dealer **Ef·fek·ten·haus** *nt* FIN securities trading house
Ef·fekt·ha·sche·rei <-, -en> [ɛfɛkthaʃə'rai̯] *f (fam)* cheap showmanship *no pl, no indef art*
ef·fekt·ha·sche·risch *adj (pej)* sensationalist
ef·fek·tiv [ɛfɛk'ti:f] **I.** *adj* ❶ *(wirksam)* effective
❷ *attr (tatsächlich)* actual *attr;* **~e Kosten** FIN explicit cost *sing*
II. *adv* ❶ *(wirksam)* effectively; **sich** *akk* **als ~ erweisen** [*o* **herausstellen**] to prove [*or* turn out to be] effective
❷ *(tatsächlich)* actually; **Euro 5.000 ~ verdienen** to gross 5,000 euros
Ef·fek·tiv·ge·schäft *nt* BÖRSE spot transaction
ef·fek·ti·vie·ren* [ɛfɛkti'vi:rən] *vt (geh)* ■**etw ~** to make sth more effective
Ef·fek·ti·vi·tät <-> [ɛfɛktivi'tɛ:t] *f kein pl* effectiveness *no pl*
Ef·fek·ti·vi·täts·prin·zip *nt* JUR principle of de facto effectiveness
Ef·fek·tiv·leis·tung *f* effective power **Ef·fek·tiv·lohn** *m* ÖKON actual [*or* real] wage **Ef·fek·tiv·preis** *m* HANDEL cash price **Ef·fek·tiv·ver·dienst** *m* actual earnings *pl* **Ef·fek·tiv·ver·schul·dung** *f* FIN actual indebtedness **Ef·fek·tiv·ver·zin·sung** *f* FIN effective rate [*or* annual yield], yield rate **Ef·fek·tiv·zins** *m* FIN annualized percentage rate
ef·fekt·voll *adj* effective
Ef·fi·lier·mes·ser [ɛfi'li:r-] *nt* thinning razor **Ef·fi·lier·sche·re** [ɛfi'li:r-] *f* thinning scissors *npl*
ef·fi·zi·ent [ɛfi'tsi̯ɛnt] *(geh)* **I.** *adj* efficient
II. *adv* efficiently
Ef·fi·zi·enz <-, -en> [ɛfi'tsi̯ɛnts] *f (geh)* efficiency
Ef·fi·zi·enz·ein·bu·ße *f* ÖKON deadweight [*or* efficiency] loss **Ef·fi·zi·enz·stei·ge·rung** *f* ÖKON improvement [*or* increase] in efficiency
Ef·fu·si·on <-, -en> [ɛfu'zi̯o:n] *f* GEOL, MED effusion
Efik <-> ['ɛfɪk] *nt* ■**das ~** Efik
EFR <-, -s> [e:ɛf'ɛr] *m* INFORM *Abk von* **Enhanced-Fullrate-Codec** EFR
EFRE <-> [e:ɛfɛr'e:] *m kein pl Abk von* **Europäischer Fonds für regionale Entwicklung** EFRD, European Fund for Regional Development
EFTA <-> ['ɛfta] *f kein pl Akr von* **European Free Trade Association** EFTA *no pl*
EFWZ <-> [ɛfve:'tsɛt] *m kein pl Abk von* **Europäischer Fonds für Währungszusammenarbeit** EFCC, European Currency Cooperation Fund
EG[1] <-> [e:'ge:] *f kein pl (hist) Abk von* **Europäische Gemeinschaft** EC
EG[2] <-, -s> [e:'ge:] *f* ÖKON *Abk von* **eingetragene Genossenschaft** registered cooperative society
egal [e'ga:l] *(fam)* **I.** *adj* ❶ *(gleichgültig)* ■**jdm ~ sein** to be all the same to sb; ***das ist mir ~*** I don't mind; *(unhöflicher)* I couldn't care less; ***es ist mir ~, ob/dass ...*** I don't care [*or* it makes no difference to me] whether/that ...; ***es kann dir doch nicht ~ sein!*** how can you not care?, it can't be a matter of indifference to you
❷ *(gleich aussehend)* identical; ■**~ sein** to be identical [*or* the same]
▶WENDUNGEN: **~, was/wie/wo/warum ...** no matter what/how/where/why ...
II. *adv* ❶ DIAL *(gleich)* identically; **~ groß/lang** identical in size/length
❷ DIAL *(ständig)* constantly; ***in unserem Urlaub hat es ~ geregnet*** it rained continuously during our holiday
ega·li·sie·ren* [egali'zi:rən] *vt* **Gemüse/Obst ~** KOCHK to cut vegetables/fruit into equal-sized pieces
Ega·li·tät <-> [egali'tɛ:t] *f (Gleichheit)* equality
EG-Bei·tritts·ver·trag [e:ge:-] *m* JUR EC membership agreement
Egel <-s, -> ['e:gl̩] *m* leech
Eg·ge <-, -n> ['ɛgə] *f* harrow
eg·gen ['ɛgn̩] **I.** *vt* ■**etw ~** to harrow sth
II. *vi* to do harrowing
EGKS <-> [e:ge:ka:'ɛs] *f kein pl Abk von* **Europäische Gemeinschaft für Kohle und Stahl** EDSC, European Coal and Steel Community
Eg·li <-s, -> ['e:gli] *m o nt* SCHWEIZ *(Flussbarsch)* common [*or* river] perch
Ego <-s, -s> ['e:go] *nt (pej)* ego *a. pej*
Ego·is·mus <-, -ismen> [ego'ɪsmʊs] *m* ego[t]ism *pej*
Ego·ist(in) <-en, -en> [ego'ɪst] *m(f)* ego[t]ist *pej*
ego·is·tisch [ego'ɪstɪʃ] **I.** *adj* ego[t]istical *pej*
II. *adv* ego[t]istically *pej*
Ego·ma·ne, Ego·ma·nin <-n, -n> *m, f* egomaniac
Ego·ma·nie <-> [egoma'ni:] *f* egomania *no pl, no art*
Ego·ma·nin <-, -nen> *f fem form von* **Egomane**
Ego-Shooter <-s, -> ['e:goʃu:tɐ] *m* INFORM first-person shooter
Ego·trip <-s, -s> ['e:gotrɪp] *m* ego trip *pej;* **auf dem ~ sein** *(fam)* to be on an ego trip *pej*
Ego·zen·trik <-> [ego'tsɛntrɪk] *f kein pl* egocentricity
Ego·zen·tri·ker(in) <-s, -> [ego'tsɛntrikɐ] *m(f)* *(geh)* egocentric

ego·zen·trisch [ego'tsɛntrɪʃ] *adj (geh)* egocentric
EG-Staat [eː'geːʃtaːt] *m (hist)* EC country
eh¹ ['eː] *interj (sl)* ❶ *(Anrede)* hey; **~, *du da!*** hey [*or* BRIT *fam* oy], you there!
❷ *(was?)* eh?
eh² [eː] **I.** *adv bes* ÖSTERR, SÜDD *(sowieso)* anyway; ***ich habe ~ keine Lust!*** I don't feel like it anyway!
▶WENDUNGEN: **seit ~ und je** since time immemorial, for donkey's years BRIT *fam*, since the year dot BRIT *dated fam;* **wie ~ und je** as always
II. *konj (ehe)* before
ehe ['eːə] *konj* before; ■**~ ... nicht** until ...; ***~ es nicht aufhört zu regnen, setze ich keinen Fuß vor die Tür!*** I'm not stepping outside until it stops raining!
Ehe <-, -n> ['eːə] *f* marriage; **~ ohne Trauschein** common law marriage; **offene ~** modern marriage; **wilde ~** *(veraltend)* living together; **in wilder ~ leben** to be living together; **die ~ brechen** to commit adultery; **[mit jdm] die ~ eingehen** to marry [sb], to get married [to sb]; **[mit jdm] eine ~ führen** to be married [to sb]; **eine unglückliche ~ führen** to have an unhappy marriage; **die ~ schließen** to get married, to marry; **mit jdm die ~ schließen** *(geh)* to enter into marriage with sb *form;* **jdm die ~ versprechen** to promise to marry sb; **aus der/erster ~** from a/one's first marriage
ehe·ähn·lich *adj* similar to marriage; **[mit jdm] in einer ~en Gemeinschaft leben** to cohabit [with sb] *form* **Ehe·auf·he·bungs·kla·ge** *f* JUR petition to dissolve a marriage **Ehe·be·ra·ter(in)** *m(f)* marriage [guidance] counsellor, marriage counselor AM **Ehe·be·ra·tung** *f* ❶ *(das Beraten)* marriage guidance [*or* AM counseling] ❷ *(Beratungsstelle)* marriage guidance council BRIT **Ehe·bett** *nt* double [*or form* matrimonial] bed **ehe·bre·chen** *vi nur infin* to commit adultery **Ehe·bre·cher(in)** <-s, -> *m(f)* adulterer *masc*, adulteress *fem*
ehe·bre·che·risch *adj* adulterous
Ehe·bruch *m* adultery; **~ begehen** to commit adultery
ehe·dem ['eːə'deːm] *adv* formerly, in former times; ■**von ~** *(geh)* of [*or* in] former times; ■**wie ~** *(geh)* as in former times
Ehe·fä·hig·keit *f* JUR capacity to marry **Ehe·fä·hig·keits·zeug·nis** *nt* JUR certificate of no impediment
Ehe·frau *f fem form von* **Ehemann** wife
Ehe·gat·te *m (geh)* ❶ *s.* **Ehemann**
❷ *pl (Ehepartner)* ■**die ~n** [married] partners *pl*
Ehe·gat·ten·be·steu·e·rung *f* FIN taxation of spouses [*or* husband and wife] **Ehe·gat·ten·split·ting** <-[s]> [-splɪtɪŋ, -ʃplɪtɪŋ] *nt kein pl* separate taxation for married couples **Ehe·gat·ten·zu·schlag** *m* JUR premium for married couples
Ehe·gat·tin *f (geh) fem form von* **Ehegatte** **Ehe·ge·setz** *nt* JUR matrimonial law **Ehe·glück** *nt* married [*or hum* domestic] bliss **Ehe·gü·ter·recht** *nt* JUR matrimonial property regime **Ehe·her·stel·lungs·kla·ge** *f* JUR petition for restitution of conjugal rights **Ehe·hin·der·nis** *nt* impediment to marriage **Ehe·krach** *m (fam)* marital row [*or* fight] **Ehe·kri·se** *f* marriage crisis **Ehe·krüp·pel** *m (fam)* casualty of married life *hum fam; (Pantoffelheld)* henpecked husband **Ehe·le·ben** *nt kein pl* married life **Ehe·leu·te** *pl (geh)* married couple + *sing/pl vb*
ehe·lich ['eːəlɪç] **I.** *adj* marital; **ein ~es Kind** a legitimate child
II. *adv* legitimately; **~ geborene Kinder** legitimate children, children born in wedlock *old*
ehe·li·chen ['eːəlɪçn̩] *vt (hum)* ■**jdn ~** to wed sb *liter*
Ehe·lich·keits·an·fech·tung *f* JUR denial of legitimacy
ehe·los *adv* single, unmarried
Ehe·lo·sig·keit <-> *f kein pl* unmarried state *no pl; (Zölibat)* celibacy *no pl, no art*
ehe·ma·lig ['eːəmaːlɪç] *adj attr* former; **jds E~er/E~e** *(hum fam)* sb's ex *fam;* ■**die E~en** *pl* SCH the former pupils *pl*
ehe·mals ['eːəmaːls] *adv (geh)* formerly, previously
Ehe·mann <-männer> *m* husband **Ehe·na·me** *m* married name
Ehe·nich·tig·keit *f* JUR nullity of marriage
Ehe·nich·tig·keits·an·trag *m* JUR nullity suit **Ehe·nich·tig·keits·er·klä·rung** *f* JUR annulment of marriage **Ehe·nich·tig·keits·grund** *m* JUR diriment impediment **Ehe·nich·tig·keits·kla·ge** *f* JUR petition for nullity of marriage **Ehe·nich·tig·keits·ur·teil** *nt* JUR decree of nullity; **endgültiges/vorläufiges ~** decree absolute/nisi
Ehe·paar *nt* [married] couple + *sing/pl vb;* ***das ~ Peisert*** Mr and Mrs Peisert + *pl vb* **Ehe·part·ner(in)** *m(f)* husband *masc*, wife *fem*, spouse *form*
eher ['eːɐ] *adv* ❶ *(früher)* earlier, sooner; **je ~, desto besser** the sooner the better; **~ ..., als ...** earlier [*or* sooner] than ...
❷ *(wahrscheinlicher)* more likely
❸ *(mehr)* more; ***das lässt sich schon ~ hören!*** that sounds more like it!
❹ *(lieber)* rather, sooner; ***soll ich ~ am Abend hingehen?*** would it be better if I went in the evening?; **~ ..., als ...** rather [*or* sooner] ... than ...
E-Herd *m kurz für* **Elektroherd** electric cooker
Ehe·recht *nt kein pl* marriage law **Ehe·ring** *m* wedding ring
ehern ['eːɐn] *adj (geh)* ❶ *(lit)* metal
❷ *(fig)* iron; **~ bleiben** to remain firm; **ein ~es Gesetz** an unshak[e]able law; **ein ~er Wille** an iron will
Ehe·schei·dung *f* divorce
Ehe·schei·dungs·ge·setz *nt* JUR Matrimonial Causes Act BRIT **Ehe·schei·dungs·kla·ge** *f* JUR divorce petition; **eine ~ einleiten** to institute divorce proceedings **Ehe·schei·dungs·recht** *nt kein pl* JUR divorce law
Ehe·schlie·ßung *f (geh)* marriage ceremony, wedding
ehest ['eːəst] *adv* ÖSTERR *(baldigst)* as soon as possible
Ehe·stand *m kein pl (geh)* marriage *no pl, no art*, matrimony *no pl, no art form;* **in den ~ treten** to enter into matrimony *form*
ehes·te(r, s) **I.** *adj attr* earliest; **bei ~r Gelegenheit** at the earliest opportunity
II. *adv* ■**am ~n** ❶ *(am wahrscheinlichsten)* [the] most likely; ***das scheint am ~n möglich*** that seems [the] most likely
❷ *(zuerst)* the first; ***sie ist am ~n da gewesen*** she was the first here
ehes·tens ['eːəstn̩s] *adv* ❶ *(frühestens)* at the earliest
❷ ÖSTERR *(baldigst) s.* **ehest**
Ehe·ver·kün·di·gung *f* SCHWEIZ *(Aufgebot)* announcement of marriage
Ehe·ver·mitt·lung *f* ❶ *kein pl (Gewerbe)* arrangement of marriages, matchmaking *no pl, no art;* **in der ~ tätig sein** to arrange marriages ❷ *(Büro)* marriage bureau BRIT **Ehe·ver·mitt·lungs·in·sti·tut** *nt* marriage bureau BRIT
Ehe·ver·spre·chen *nt* promise of marriage **Ehe·ver·trag** *m* marriage contract **Ehe·weib** *nt (hum fam)* wife, old woman [*or* lady] *fam;* ■**mein ~** the wife, the missus BRIT *fam*, the old woman [*or* lady] *fam*
ehr·ab·schnei·dend *adj inv (pej)* degrading, humiliating
Ehr·ab·schnei·der(in) <-s, -> *m(f) (pej geh)* slanderer, calumniator *form*
ehr·bar ['eːɐ̯baːɐ̯] *adj* respectable
Ehr·be·griff *m kein pl* sense of honour [*or* AM -or]
Eh·re <-, -n> ['eːrə] *f* ❶ *(Ansehen)* honour [*or* AM -or] *no pl;* **jdm zur ~ gereichen** *(geh)* to bring sb honour [*or* honour to sb]; **etw in ~n halten** to cherish [*or* treasure] sth; **wieder zu ~n kommen** *(geh)* to come back into favour [*or* AM -or]; **jdm ~ machen** to do sb credit; ***er hat seiner Familie ~ gemacht*** he brought honour on his family; **jdm wenig ~ machen** to not do sb any credit; **seine ~ verlieren/wahren** to lose/preserve one's honour
❷ *(Anerkennung)* honour [*or* AM -or]; ***darf ich um die ~ bitten, mit Ihnen zu speisen?*** *(form o iron)* may I have the honour of dining with you? *form or iron;* **sich** *dat* **etw zur ~ anrechnen** *(geh)* to consider sth an honour; **mit etw [bei jdm] ~ einlegen** *(geh)* to make a good impression [on sb] with sth; ***damit kannst du [bei ihr] keine ~ einlegen*** that won't gain you any credit [with her]; **jdm die letzte ~ erweisen** *(geh)* to pay sb one's last respects [*or* one's last respects to sb]; **sich** *dat* **die ~ geben, etw zu tun** *(geh)* to have the honour of doing sth; **mit militärischen ~n** with military honours; **jdm eine ~ sein** to be an honour for sb; ***es war mir eine ~*** it was an honour for me; **jdm eine besondere [*o* große] ~ sein** to be a great honour for sb; **zu jds ~n/zu ~n einer S.** in honour of sb/sth; ***zu ihrer ~ muss ich sagen, dass ...*** in her defence I must say that ...; **jdm wird die ~ zuteil, etw zu tun** sb is given the honour of doing sth
❸ *kein pl (Ehrgefühl)* sense of honour *no pl; (Stolz)* pride *no pl; (Selbstachtung)* self-respect *no pl;* **eine Frau/ein Mann von ~ sein** to be a woman/man of honour; **jdn in seiner ~ kränken** to wound sb's honour; ***sie fühlte sich dadurch in ihrer ~ gekränkt*** it hurt her pride
▶WENDUNGEN: **in ~n ergraut sein** *(geh)* to have reached a venerable old age *form;* **~, wem ~ gebührt** *(prov)* honour where honour is due *prov;* **auf ~ und Gewissen** *(geh)* on one's honour *form;* ***auf ~ und Gewissen?*** on your honour? *form;* ***auf ~ und Gewissen, ich weiß nicht, wo sie ist!*** I swear [*or form* on my honour], I don't know where she is!; **etw auf ~ und Gewissen beteuern** to assert sth; **~ sei Gott in der Höhe** glory to God in the highest; **habe die ~!** SÜDD, ÖSTERR [I'm] pleased to meet you; **mit wem habe ich die ~?** *(geh o iron)* with whom do I have the honour [of speaking]? *form or iron*, to have not a shred of self-respect; **... in [allen] ~n** with [all] due respect to ...; ***seine Meinung in allen ~n, aber ich kann ihm nicht so recht zustimmen*** with [all] due respect to his opinion, I feel I can't agree; ***dein Mut in allen ~n, aber du gehst eindeutig zu weit!*** with [all] due respect to your courage, you are definitely going too far!; ***sein Wort [o seine Aufrichtigkeit] in [allen] ~n, aber du solltest dir eine eigene Meinung bilden*** his honesty is not in doubt, but you should form your own opinion; **jdn bei seiner ~ packen** to appeal to sb's sense of honour; **was verschafft mir die ~?** *(geh o iron)* to what do I owe the honour? *form or iron;* **[das ist] zu viel der ~!** you do me too great an honour! *a. hum;* **um der Wahrheit die ~ zu geben** *(geh)* to be quite honest, to tell the truth
eh·ren ['eːrən] *vt* ❶ *(würdigen)* ■**jdn [durch etw** *akk* [*o* **mit** *dat*]] **~** to honour [*or* AM -or] sb [with sth]
❷ *(Ehre machen)* ■**jdn ~** to make sb feel honoured [*or* AM -ored]; ***dieser Besuch ehrt uns sehr*** we are very much honoured by this visit
Eh·ren·amt *nt* honorary office [*or* post] **eh·ren·amt·lich** **I.** *adj* honorary; **~e Tätigkeiten** voluntary work **II.** *adv* in an honorary capacity, on a voluntary basis **Eh·ren·an·nah·me** *f* FIN *(bei Wechsel)* acceptance for honour [*or* supra protest]
Eh·ren·bür·ger(in) *m(f)* freeman, honorary citizen; **jdn zum ~ der Stadt ernennen** to give sb the freedom of [*or* key to] the city **Eh·ren·bür·ger·recht** *nt* freedom; **jdm das ~ verleihen** to award [*or* give] sb the freedom of the town
Eh·ren·dok·tor, -dok·to·rin *m, f* ❶ *(Titel)* honorary doctor ❷ *(Inhaber)* honorary doctor; ■**~ sein** to be an honorary doctor **Eh·ren·dok·tor·wür·de** *f* honorary doctorate; **jdm die ~ verleihen** to make sb an honorary doctor, to give sb an honorary doctorate
Eh·ren·ein·tritt *m* FIN *(bei Wechsel)* act of honour **Eh·ren·er·klä·rung** *f* ❶ JUR formal apology ❷ *(Vertrauensausspruch)* declaration of confidence **Eh·ren·for·ma·ti·on** *f* MIL guard of honour **Eh·ren·gast** *m* guest of honour **Eh·ren·ge·richt** *nt* JUR professional tribunal
eh·ren·haft ['eːrənhaft] **I.** *adj* honourable [*or* AM -orable]
II. *adv* honourably [*or* AM -orably]
Eh·ren·haf·tig·keit <-> *f kein pl* honourableness

E

[*or* AM -orableness] *no pl*

eh·ren·hal·ber *adv* ① *(als Ehrung)* as an honour [*or* AM -or]; **einen Titel ~ verleihen** to award an honorary title; **jdn ~ zum Vorsitzenden ernennen** to appoint sb honorary chairman
② *(ohne Bezahlung)* on a voluntary basis

Eh·ren·ko·dex *m* code of honour [*or* AM honor]

Eh·ren·le·gi·on *f* legion of honour **Eh·ren·lo·ge** *f* VIP [*or* BRIT royal] box **Eh·ren·mal** *nt* [war] memorial **Eh·ren·mann** *m* man of honour **Eh·ren·mit·glied** *nt* honorary member **Eh·ren·platz** *m* ① *(bevorzugter Sitz)* place [*or* seat] of honour ② *(besonderer Platz)* special place **Eh·ren·preis** *nt* BOT speedwell BRIT, veronica BRIT, consolation prize **Eh·ren·rech·te** *pl* **bürgerliche ~** civil rights **Eh·ren·ret·tung** *f* retrieval of one's honour; **zu jds ~** in sb's defence [*or* AM defense]; ***zu seiner ~ sei gesagt, dass ...*** let it be said in his defence that ...; **zu jds ~ dienen** to serve to clear sb's name **Eh·ren·run·de** *f* ① SPORT lap of honour; **eine ~ drehen** to run a lap of honour ② SCH *(fam: Wiederholung einer Klasse)* staying down [*or* repeating] a year **Eh·ren·sa·che** *f* matter of honour; **~!** *(fam)* you can count on me! **Eh·ren·sal·ve** [-zalvə] *f* salute **Eh·ren·sold** *m* JUR honorary pension **Eh·ren·tag** *m (geh)* special day **Eh·ren·tor** *m* consolation goal **Eh·ren·tri·bü·ne** *f* VIP stand [*or* rostrum] **Eh·ren·ur·kun·de** *f* certificate of honour **eh·ren·voll** *adj* ① *(ehrend)* honourable; **es als ~ betrachten, etw zu tun** to consider it an honour to do sth ② MIL **ein ~er Friede[n]** an honourable peace **Eh·ren·vor·sitz** *m kein pl* POL, SOZIOL honorary chairmanship **Eh·ren·vor·sit·zen·de(r)** *f(m) dekl wie adj* honorary chair[person], honorary chairman *masc* [*or fem* chairwoman] **Eh·ren·wa·che** *f* guard of honour; [**an etw** *dat*] **die ~ halten** to keep vigil [at sth] **eh·ren·wert** *adj (geh) s.* **ehrbar** **Eh·ren·wort** <-worte> *nt* word of honour; **sein ~ brechen/halten** to break/keep one's word; [**jdm**] **sein ~ geben** to give [sb] one's word [of honour]; **~?** *(fam)* promise? *fam,* cross your heart [and hope to die]? *hum fam;* [**großes**] **~!** *(fam)* scout's honour! *hum fam;* **mein ~!** you have my word! **Eh·ren·zah·ler(in)** *m(f)* FIN *(bei Wechsel)* payer for honour **Eh·ren·zah·lung** *f* FIN *(bei Wechsel)* payment for honour

ehr·er·bie·tig I. *adj (geh)* respectful, deferential
II. *adv (geh)* respectfully, deferentially

Ehr·er·bie·tung <-, -en> *f (geh)* respect, deference

Ehr·furcht *f kein pl* respect; *(fromme Scheu)* reverence; ■**jds ~ vor jdm/etw** sb's respect [*or* reverence] for sb/sth; **vor jdm/etw** *dat* **~ haben** to have [great] respect for sb/sth, to revere sb; **~ gebietend** awe-inspiring; **eine ~ gebietende Geste/Stimme** an imperious gesture/voice

ehr·furcht·ge·bie·tend *adj s.* **Ehrfurcht**

ehr·fürch·tig ['eːɐ̯fʏrçtɪç], **ehr·furchts·voll** I. *adj* reverent
II. *adv* reverentially

Ehr·ge·fühl *nt kein pl* sense of honour [*or* AM -or]

Ehr·geiz ['eːɐ̯gaits] *m kein pl* ambition; **krankhafter ~** morbid ambition; **keinen ~ haben** to have no [*or* be lacking in] ambition; ***er ist ein Mann von sehr großem ~*** he is a man of boundless [*or* unbridled] ambition; **seinen ~ dareinsetzen, etw zu tun** to make it one's [sole] ambition to do sth

ehr·gei·zig ['eːɐ̯gaitsɪç] *adj* ambitious

ehr·lich ['eːɐ̯lɪç] I. *adj* honest; **~e Absichten** honorable intentions; **~e Besorgnis/Zuneigung** genuine concern/affection; **es ~ mit jdm meinen** to have good intentions towards [*or* mean well by] sb; ***ich hatte die ~e Absicht zu kommen*** I really did mean [*or* intend] to come; ***der ~e Finder wird einen Finderlohn erhalten*** anybody finding and returning it will receive a reward; **um ~ zu sein ...** to be [quite] honest ...
▸WENDUNGEN: **~ währt am längsten** *(prov)* honesty is the best policy *prov*
II. *adv* ① *(legal, vorschriftsmäßig)* fairly; **~ gesagt ...** to be [quite] honest ...; **~ spielen** to play fair; **~ verdientes Geld** honestly earned money
② *(fam: wirklich)* honestly; **~!** honestly!, really!

ehr·li·cher·wei·se *adv* in all honesty

Ehr·lich·keit *f kein pl* ① *(Aufrichtigkeit)* sincerity, genuineness; ***sie zweifelte an der ~ seiner Absichten*** she doubted that his intentions were honourable
② *(Zuverlässigkeit)* honesty

ehr·los I. *adj* dishonourable [*or* AM -orable]
II. *adv* dishonourably [*or* AM -orably]

Ehr·lo·sig·keit <-> *f kein pl* dishonourableness [*or* AM -orableness]

Eh·rung <-, -en> *f* ① *(Anerkennung)* recognition; ***die ~ der Sieger*** the presentation of medals to the winners, the presentation ceremony
② *(Beweis der Wertschätzung)* honour [*or* AM -or]; **mit ~en überhäuft werden** to be loaded with honours

Ehr·wür·den <*bei Voranstellung* -[s] *o bei Nachstellung* -> ['eːɐ̯vʏrdn̩] *m kein pl, ohne art* REL *(veraltend)* Reverend; **Euer/Eure ~** Reverend Father/Mother

ehr·wür·dig ['eːɐ̯vʏrdɪç] *adj* ① *(achtenswert)* venerable; **ein ~es Alter erreichen** to reach a grand [*or* ripe] old age
② REL *(verehrungswürdig)* reverend; **die ~e Mutter** [**Oberin**] the Reverend Mother [Superior]

Ehr·wür·dig·keit *f* venerability, venerableness

ei [ai] *interj* ① *(oha!)* well[, well]!, oho!
② *(brav!)* there, there; ***~, ~, so, jetzt tut es gar nicht mehr weh!*** there, there [*or* there now], now it's stopped hurting!; **bei einem Tier/jdm ~** [**~**] **machen** *(kindersprache)* to stroke an animal/sb, to pet an animal

Ei <-[e]s, -er> [ai] *nt* ① *(Vogelei, Schlangenei)* egg; **faules ~** rotten egg; **ein hartes/hart gekochtes ~** a hard-boiled egg; **ein weiches/weich gekochtes ~** a soft-boiled egg; **aus dem ~ kriechen** to hatch [out]; **ein ~ legen** to lay an egg; **pochierte** [*o* **verlorene**] **~er** poached eggs; **russische ~er** egg mayonnaise, eggs Russian style; **~er legend** egg-laying, oviparous *spec*
② *(Eizelle)* ovum
③ *pl (sl: Hoden)* balls *pl sl;* **jdm einen Tritt in die ~er geben** [*o* **versetzen**] to kick sb [*or* give sb a kick] in the balls *sl*
④ *pl (sl: Geld)* ≈ quid *no pl* BRIT *fam,* ≈ bucks *pl* AM *fam;* ***das kostet dich 500 ~er!*** that'll cost you 500 quid!
▸WENDUNGEN: **das ist ein dickes ~!** *(fam)* that's a bit much!; **ach, du dickes ~!** *(fam)* damn [it]!; **wie auf ~ern gehen** *(fam: ungeschickt gehen)* to teeter around BRIT; *(vorsichtig, ängstlich gehen)* to walk carefully [*or* BRIT gingerly]; **wie aus dem ~ gepellt** *(fam)* [to be] dressed up to the nines [*or* BRIT as smart as a guardsman]; **sich** [*o* **einander**] **gleichen wie ein ~ dem anderen** to be as [a]like as two peas in a pod; **das ~ will klüger sein als die Henne!** [don't] try and teach your grandmother to suck eggs!; **das ist das ~ des Kolumbus** that's just the thing; **jdm die ~er polieren** *(sl)* to beat up sb *sep fam,* to give sb a good hiding *fam;* **jdn wie ein rohes ~ behandeln** to handle sb with kid gloves; **das sind doch noch ungelegte ~er, kümmere dich nicht um ungelegte ~er** we'll cross that bridge when we come to it

Ei·ab·la·ge *f* [egg] laying

EIB <-> [eːʔiːˈbeː] *f kein pl Abk von* **Europäische Investitionsbank** EIB, European Investment Bank

Ei·be <-, -n> ['aibə] *f* BOT yew [tree]

Ei·bisch <-[e]s, -e> ['aibɪʃ] *m* BOT marsh mallow

Eich·amt *nt* ADMIN Office of Weights and Measures BRIT, Bureau of Standards AM

Eich·blatt·sa·lat *m* KOCHK oak leaf lettuce

Ei·che <-, -n> ['aiçə] *f* ① *(Baumart)* oak [tree]
② *kein pl (Eichenholz)* oak

Ei·chel <-, -n> ['aiçl̩] *f* ① BOT *(Frucht der Eiche)* acorn
② ANAT glans
③ *pl* KARTEN ≈ clubs *pl (suit on old German playing cards equivalent to clubs)*

Ei·chel·ent·zün·dung *f* MED inflammation of the glans **Ei·chel·hä·her** ['aiçlhɛːɐ] *m* ORN jay

ei·chen[1] ['aiçn̩] *adj* oak, oaken *dated*

ei·chen[2] ['aiçn̩] *vt* ① *(einstellen)* ■**etw ~** to gauge sth; **ein Instrument/Messgerät/eine Waage ~** to calibrate an instrument/a gauge/scales; **Gewichte/Maße ~** to adjust [*or* gauge] weights/measures
② *(fam)* ■**auf etw** *akk* **geeicht sein** to be well up on sth *fam;* ***darauf ist er geeicht!*** that's [right] up his street!

Ei·ch(en)·baum *m (veraltend geh)* oak tree **Ei·chen·blatt** *nt* oak leaf **Ei·chen·holz** *nt* oak[wood] **Ei·chen·laub** *nt* ① BOT *(Laub der Eiche)* oak leaves *pl* ② MIL *(Auszeichnung)* oak-leaf garland, the Oak Leaves *pl* **Ei·chen·wald** *m* oak wood [*or* forest]

Eich·ge·wicht *nt* standard weight **Eich·hörn·chen** ['aiçhœrnçən] *nt,* **Eich·kätz·chen** *nt* DIAL squirrel

Eich·kat·ze ['aiçkatsə] *f,* **Eich·kätz·chen** ['aiçkɛtsçən] *nt* DIAL *(Eichhörnchen)* squirrel **Eich·maß** *nt* standard measure **Eich·recht** *nt* JUR law on weights and measurements **Eich·strich** *m* line showing the correct [*or* standard] measure

Ei·chung <-, -en> *f* ADMIN gauging; *von Instrumenten, Messgeräten* calibration; *von Gewichten, Maßen* adjusting, gauging

Eid <-[e]s, -e> ['ait, *pl* 'aidə] *m* oath; **ein feierlicher/heiliger ~** a solemn oath; **an ~es statt** JUR in lieu [*or* instead] of [an] oath; **an ~es statt erklären** [*o* **versichern**] to declare solemnly [*or* in lieu of [an] oath]; **eine Erklärung an ~es statt** an affirmation in lieu of [an] oath; ***ich erkläre an ~es statt, dass ...*** I do solemnly declare that ...; **einen falschen ~ schwören** to perjure oneself [*or* commit perjury]; **einen ~ ablegen** [*o* **leisten**] [*o* **schwören**] to swear [*or* take] an oath; **einen ~ auf jdn/etw** *akk* **leisten** to swear [*or* take] an oath of allegiance to sb/sth; **jdm einen ~ abnehmen** to administer an oath to sb [*or* swear sb in]; **etw auf seinen ~ nehmen** to swear to sth; **jeden ~ schwören, dass ...** to swear on one's mother's grave that ...; **darauf kann ich einen ~ schwören** I would swear [an oath] to it; **es steht ~ gegen ~** it's one person's word against another's; **unter ~** [**stehen**] [to be] under [*or* BRIT on] oath

Eid·bruch *m* breach of [one's [*or* an]] oath, perjury; **einen ~ begehen** to break one's [*or* an] oath, to commit perjury

eid·brü·chig *adj* oath-breaking; ■**~ werden** to break one's [*or* an] oath

Ei·dech·se ['aidɛksə] *f* lizard

Ei·dech·sen·haut *f* lizard skin

Ei·der·en·te ['aidɐ-] *f* eider [duck]

Ei·des·be·leh·rung *f* JUR caution concerning an oath **Ei·des·de·likt** *f* JUR offence of false swearing **ei·des·fä·hig** *adj* JUR eligible for swearing an oath **Ei·des·fä·hig·keit** *f kein pl* JUR eligibility for swearing an oath **Ei·des·for·mel** *f* JUR standard form of oath, wording [*or* form] of the oath; **jdm die ~ vorsprechen/nachsprechen** to say the oath for sb to repeat/repeat the oath to sb **ei·des·gleich** *adj* JUR solemn **Ei·des·leis·tung** *f* JUR swearing of an oath; **nach ~** after an oath has been taken **Ei·des·mün·dig·keit** *f* JUR legal age to take an oath **Ei·des·pflicht** *f* JUR legal duty to swear the oath **ei·des·statt·lich** JUR I. *adj* in lieu of [an] oath; **~e Erklärung** [*o* **Versicherung**] affirmation in lieu of [an] oath, solemn affirmation II. *adv* **etw ~ erklären** to declare sth under oath **Ei·des·un·fä·hig·keit** *f* JUR incapacity of taking an oath **Ei·des·ver·let·zung** *f* JUR violation of an oath

Eid·ge·nos·se, -ge·nos·sin ['aitgənɔsə, -gənɔsɪn] *m, f* Swiss [citizen] **Eid·ge·nos·sen·schaft** *f* **Schweizerische ~** the Swiss Confederation

eid·ge·nös·sisch ['aitgənœsɪʃ] *adj* Swiss; **E~e Technische Hochschule** SCHWEIZ university of technology in Switzerland

eid·lich ['aitlɪç] I. *adj* [made] under [*or* BRIT on] oath *pred,* sworn *attr;* **~e Erklärung** statement under oath, sworn statement
II. *adv* under [*or* BRIT on] oath; **~ gebunden** [*o* **verpflichtet**] **sein** to be bound by [an] oath

Ei·dot·ter *m o nt* egg yolk
Ei·er·ap·fel *m* KOCHK aubergine BRIT, eggplant AM **Ei·er·be·cher** *m* egg cup **Ei·er·bri·kett** *nt* ovoid [of coal]
Ei·e·rei <-> [aiə'rai] *f kein pl (pej sl)* [political] manoeuvering **Ei·er·flip** <-s, -s> [-flɪp] *m* egg-nog **Ei·er·hand·gra·na·te** *f* hand grenade, pineapple *sl,* Mills bomb *hist* **Ei·er·ko·cher** *m* egg cooker **Ei·er·koh·le** *f* egg[-shaped] coal **Ei·er·kopf** *m (meist pej sl)* egghead *pej fam* **Ei·er·köp·fer** *m* KOCHK egg cutter **Ei·er·korb** *m* egg basket **Ei·er·ku·chen** *m* pancake **Ei·er·li·kör** *m* egg liqueur, advocaat **Ei·er·löf·fel** *m* egg spoon
ei·ern ['aiɐn] *vi (fam)* to wobble
Ei·er·pfan·ne *m* KOCHK omelette pan **Ei·er·pfann·ku·chen** *m* pancake **Ei·er·pro·dukt** *nt* KOCHK egg product **Ei·er·sa·lat** *m* egg salad **Ei·er·scha·le** *f* eggshell **Ei·er·schnei·der** <-s, -> *m* egg slicer **Ei·er·schwamm** <-s, -schwämme> *m* ÖSTERR, **Ei·er·schwam·merl** <-s, -> [-ʃvaml] *nt* ÖSTERR *(fam: Pfifferling)* chanterelle **Ei·er·spei·se** *f* egg dish
Ei·er·stock *m* ANAT ovary **Ei·er·stock·ent·zün·dung** *f* MED ovaritis, oophoritis
Ei·er·tanz *m (fam)* treading carefully *fig;* [**um etw** *akk*] **einen** [**regelrechten**] ~ **aufführen** to tread [very] carefully [in sth] **Ei·er·teig·wa·ren** *pl* egg noodles *pl,* egg-based pasta + *sing vb* **Ei·er·tei·ler** *m* egg slicer **Ei·er·uhr** *f* egg timer **Ei·er·wär·mer** *m* egg cosy
Ei·fel <-> ['aifl] *f* ■ **die** ~ the Eifel
Ei·fer <-s> ['aifɐ] *m kein pl* enthusiasm; **mit** ~ enthusiastically [*or* with enthusiasm]; **im** ~ in one's excitement
▸WENDUNGEN: **blinder** ~ **schadet nur** *(prov)* more haste, less speed *prov;* **im** ~ **des Gefechts** *(fam)* in the heat of the moment
Ei·fe·rer <-s, -> *m* zealot
Ei·fe·rin <-, -nen> *f fem form von* **Eiferer** zealot
ei·fern ['aifɐn] *vi (geh)* (1) *(wettern)* ■ **gegen etw** *akk* ~ to rail [*or* BRIT inveigh] against sth
(2) *(veraltend: streben)* ■ **nach etw** *dat* ~ to strive for sth
Ei·fer·sucht ['aifɐzʊxt] *f kein pl* jealousy; ■ **jds** ~ **auf jdn** sb's jealousy of sb; **aus** ~ out of jealousy
Ei·fer·süch·te·lei <-, -en> [aifɐzʏçtə'lai] *f (pej)* petty jealousy
ei·fer·süch·teln [aifɐzʏçtl̩n] *vi* to be [a little] jealous
ei·fer·süch·tig ['aifɐzʏçtɪç] *adj* jealous; ■ ~ [**auf jdn/etw**] **sein** to be jealous [of sb/sth]; **jdn** ~ **machen** to make sb jealous
Ei·fer·suchts·sze·ne *f* scene [caused by jealousy], jealous scene
▸WENDUNGEN: **jdm eine** ~ **machen** to make a scene [in a fit of jealousy]
Eif·fel·turm ['aifl̩tʊrm] *m kein pl* ■ **der** ~ the Eiffel Tower
ei·för·mig *adj* egg-shaped, oval, ovoid
eif·rig ['aifrɪç] **I.** *adj* enthusiastic, keen; **ein** ~**er Leser/Sammler** an avid reader/collector; ~**e Suche** assiduous [*or* industrious] searching
II. *adv* eagerly; **sich** *akk* ~ **bemühen/beteiligen/an die Arbeit machen** to try hard/take part/set about one's work enthusiastically; ~ **lernen/üben** to learn/practise assiduously [*or* industriously]
Ei·gelb <-s, -e *o bei Zahlenangabe* -> *nt* egg yolk; ***man nimmt 6 ~ ...*** take 6 egg yolks [*or* the yolks of 6 eggs] ...
ei·gen ['aign̩] *adj* (1) *(jdm gehörig)* own; **seine** ~**e Meinung/Wohnung haben** to have one's own opinion/flat [*or* an opinion/a flat of one's own]; **etw sein E~ nennen** *(geh)* to own sth
(2) *(separat)* separate; **mit** ~**em Eingang** with a separate entrance
(3) *(typisch, kennzeichnend)* ■ [**etw ist**] **jdm** ~ [sth is] characteristic of sb; ***mit dem ihr ~en Optimismus ...*** with her characteristic optimism [*or* the optimism which is characteristic of her] ...; **sich** *dat* **etw zu** ~ **machen** to make sth a habit, to make a habit of sth
(4) *(eigenartig)* peculiar; ***er ist ein ganz ~er Mensch*** he's a rather peculiar chap
(5) *(penibel)* ■ **jd ist in etw** *dat* ~ sb is particular in sth; ***darin*** [*o* ***was das angeht,***] ***bin ich*** [***sehr***] ~ I am [very] particular about that
Ei·gen·ab·sorp·ti·on *f* NUKL, PHYS self-absorption
Ei·gen·an·teil *m (bei Vollkaskoversicherung)* excess BRIT, deductible AM **Ei·gen·an·zei·ge** *f* JUR self-accusation
Ei·gen·art ['aign̩ʔa:ɐ̯t] *f* (1) *(besonderer Wesenszug)* characteristic
(2) *(Flair)* individuality
ei·gen·ar·tig ['aign̩ʔa:ɐ̯tɪç] **I.** *adj* peculiar, strange; **das ist aber** ~**!** that's strange [*or* odd] [*or* unusual]!
II. *adv* peculiarly, strangely; ~ **aussehen** to look strange [*or* peculiar]
Ei·gen·bau *m kein pl (selbst angebaut)* **etw im** ~ **züchten** to grow sth oneself [*or* to grow one's own sth]; **Gemüse im** ~ home-grown vegetables; **Bier Marke** ~ home brew; **Wein Marke** ~ home-made wine; **ein Fahrrad Marke** ~ a home-made bicycle
Ei·gen·be·darf *m* (1) *(der eigene Bedarf)* [one's own] personal needs; **zum** [*o* **für den**] ~ for one's [own] personal use
(2) JUR ***jdm/eine Wohnung wegen ~s kündigen*** to give sb notice because one needs a flat for oneself; ~ **geltend machen** to declare [*or* state] that one needs a flat [*or esp* AM apartment]/house for oneself
Ei·gen·be·darfs·kla·ge *f* JUR action for self-possession **Ei·gen·be·darfs·kün·di·gung** *f* JUR notice on the grounds of self-possession
Ei·gen·be·richt *m* report from a newspaper's own correspondent [*or* journalist] **Ei·gen·be·sitz** *m kein pl* JUR proprietary possession [*or* ownership] **Ei·gen·be·sit·zer(in)** *m(f)* JUR proprietary possessor **Ei·gen·be·trieb** *m* JUR, FIN owner-operated enterprise **Ei·gen·be·weg·lich·keit** *f* PHYS intrinsic mobility **Ei·gen·be·we·gung** *f* ASTRON *von Sternen* proper motion **Ei·gen·blut** *nt* MED one's own blood
Ei·gen·bröt·ler(in) <-s, -> ['aign̩brø:tlɐ] *m(f)* loner, lone wolf
ei·gen·bröt·le·risch ['aign̩brø:tlərɪʃ] *adj* reclusive; ~**e Besonderheiten/Verhaltensweisen** eccentricities
Ei·gen·dy·na·mik *f* momentum of its/their own; **eine** ~ **entfalten** [*o* **entwickeln**] to gather [a] momentum of its/their own **Ei·gen·er·spar·nis** *f* FIN own saving **ei·gen·er·wirt·schaf·tet** *adj* ~**e Mittel** FIN internally generated funds **Ei·gen·er·zeu·gung** *nt* ÖKON domestic production **Ei·gen·fi·nan·zie·rung** *f* FIN, ÖKON self-financing **Ei·gen·fre·quenz** *f* PHYS natural frequency [*or* oscillation]; **gedämpfte** ~ damped natural frequency **Ei·gen·ge·brauch** *m* JUR own [*or* personal] use; **unrechtmäßiger** ~ conversion **ei·gen·ge·nutzt** *adj* JUR owner-occupied **Ei·gen·ge·schäft** *nt* FIN transaction on own account **Ei·gen·ge·sell·schaft** *f* ÖKON proprietary company **ei·gen·ge·setz·lich** *adj (Dynamik)* autonomous, according to its own laws **Ei·gen·ge·wicht** *nt eines Fahrrades, Lkws* unladen [*or* service] weight; *von Waren* net weight **Ei·gen·gut** *nt* FIN fee simple, freehold **Ei·gen·haf·tung** *f* JUR owner's liability **Ei·gen·han·del** *m kein pl* HANDEL private trade; FIN trading on [*or* for] own account
ei·gen·hän·dig ['aign̩hɛndɪç] **I.** *adj* personal; **ein** ~**er Brief** a handwritten letter; **ein** ~**es Testament** a holographic will; **eine** ~**e Widmung** a personally inscribed dedication
II. *adv* personally; ***die Bäume habe ich ~ gepflanzt*** I planted the trees myself [*or* personally planted the trees]
Ei·gen·händ·ler(in) *m(f)* FIN trader on own account **Ei·gen·händ·ler·ver·trag** *m* FIN exclusive dealer contract
Ei·gen·heim *nt* home of one's own; **die Besitzer von** ~**en** homeowners **Ei·gen·heim·zu·la·ge** *f* owner-occupied home bonus
Ei·gen·heit <-, -en> *f s.* **Eigenart**
Ei·gen·in·i·ti·a·ti·ve *f (jds eigene Initiative)* initiative of one's own; **auf** [*o* **in**] ~ on one's own initiative **Ei·gen·in·ter·es·se** *nt* self-interest, own interest
Ei·gen·ka·pi·tal *nt* FIN *(einer Person)* one's own capital; *(einer Firma)* equity capital **Ei·gen·ka·pi·tal·be·darf** *m* FIN required equity **Ei·gen·ka·pi·tal·be·schaf·fung** *f* FIN raising equity capital **Ei·gen·ka·pi·tal·bil·dung** *f* FIN equity capital formation **Ei·gen·ka·pi·tal·er·satz·fi·nan·zie·rung** *f* FIN equity-substitute finance **Ei·gen·ka·pi·tal·kon·ten** *pl* FIN proprietary accounts **Ei·gen·ka·pi·tal·min·de·rung** *f* FIN decrease in equity
Ei·gen·kre·a·ti·on *f* one's own creation **Ei·gen·le·ben** *nt kein pl (Privatleben)* private life; *(selbstständige Existenz)* independent existence **Ei·gen·leis·tung** *f (eigene kreative Leistung)* one's own work; *(selbst finanzierte Arbeiten, Reparaturen)* one's own payment [*or* [personal] contribution] **Ei·gen·lenk·ver·hal·ten** *nt* AUTO self-steering effect **Ei·gen·lie·be** *f* PSYCH (1) *(Liebe zu sich selbst)* self-love (2) *(Eitelkeit, Egoismus)* love of one's self, amour propre **Ei·gen·lob** *nt* self-praise, self-importance; ~ **stinkt!** *(fam)* don't blow your own trumpet! *prov*
Ei·gen·macht *f kein pl* JUR self-given authority
ei·gen·mäch·tig ['aign̩mɛçtɪç] **I.** *adj* high-handed
II. *adv* high-handedly
Ei·gen·mäch·tig·keit <-, -en> *f* (1) *kein pl (Selbstherrlichkeit)* high-handedness
(2) *(eigenmächtige Handlung)* unauthorized act[ion]
Ei·gen·mit·tel *pl* FIN *(geh)* [one's] own resources; **aus** ~**n** from [*or* out of] one's own resources **Ei·gen·mit·tel·be·tei·li·gung** *f* FIN stake in capital resources **Ei·gen·mit·tel·fi·nan·zie·rung** *f* FIN financing one's own resources
Ei·gen·mo·ti·va·ti·on *f kein pl* self-motivation
Ei·gen·na·me *m* LING proper noun [*or* name] **Ei·gen·nutz** <-es> *m kein pl* self-interest; **aus** ~ out of self-interest; **ohne** [**jeden**] ~ without [any] self-interest [*or* any thought for oneself] **ei·gen·nüt·zig** ['aign̩nʏtsɪç] **I.** *adj* selfish **II.** *adv* selfishly **Ei·gen·pro·duk·ti·on** *f* **aus** ~ home-produced; *(Obst, Gemüse)* home-grown
Ei·gen·re·gie <-> ['aign̩reʒi:] *f kein pl* **in** ~ off one's own bat; **etw in** ~ **durchführen** to carry out sth oneself
ei·gens ['aign̩s] *adv* (1) *(extra)* [e]specially
(2) *(ausschließlich)* solely; ***das ist ~ für dich*** this is just [*or* [e]specially] for you
Ei·gen·schaft <-, -en> ['aign̩ʃaft] *f* (1) *(Charakteristik)* quality; **gute/schlechte** ~**en** good/bad qualities; **zugesicherte** ~ JUR warranted quality
(2) CHEM, PHYS *(Merkmal)* property
(3) *(Funktion)* capacity; **in jds** ~ **als ...** in sb's capacity as ...; ***ich bin in amtlicher ~ hier*** I am here in an official capacity
Ei·gen·schafts·wort <-wörter> *nt* LING adjective **Ei·gen·schafts·zu·si·che·rung** *f* JUR, HANDEL warranty of assured quality
Ei·gen·schwin·gung *f* PHYS self-oscillation **Ei·gen·sinn** *m kein pl* stubbornness, obstinacy; **aus** ~ out of stubbornness [*or* obstinacy] **ei·gen·sin·nig** ['aign̩zɪnɪç] **I.** *adj* stubborn, obstinate **II.** *adv* stubbornly, obstinately **ei·gen·staat·lich** *adj* sovereign **Ei·gen·staat·lich·keit** *f* sovereignty
ei·gen·stän·dig ['aign̩ʃtɛndɪç] **I.** *adj* independent
II. *adv* independently
Ei·gen·stän·dig·keit <-> *f kein pl* independence
Ei·gen·sucht *f kein pl (Selbstsucht)* self-seeking, selfishness
ei·gent·lich ['aign̩tlɪç] **I.** *adj* (1) *(wirklich, tatsächlich)* real; **der** ~**e Wert** the real [*or* true] value; **jds** ~**es Wesen** sb's true nature
(2) *(ursprünglich)* original; **im** ~**en Sinne des Wortes** in the original meaning of the word
II. *adv* (1) *(normalerweise)* really; ***das müsstest du doch ~ wissen!*** you really ought to [*or* should] know that!; ***da hast du ~ recht*** you may be right there; ~ ***schon*** theoretically [yes]
(2) *(wirklich)* actually; ***ich bin ~ nicht müde*** I'm not actually tired
III. *part (überhaupt)* anyway; ***was fällt dir ~ ein!*** what [on earth] do you think you're doing!; ***was wollen Sie ~ hier?*** what do you [actually] [*or* [ex-

actly] do you] want here?; ***wie reden Sie ~ mit mir!*** how dare you talk to me like that!; ***was ist ~ mit dir los?*** what [on earth] is wrong [*or fam* up] with you?; ***wie alt bist du ~ ?*** [exactly [*or* just]] how old are you?

Ei·gen·tor *nt* SPORT own goal
▸WENDUNGEN: **ein ~ schießen** to shoot oneself in the foot

Ei·gen·tum <-s> ['aigntu:m] *nt* ❶ *(Gegenstand)* property; ■**jds ~** sb's property; ***wessen ~ ist diese Villa?*** who owns this villa?; ■**das ~ an etw** *dat* the ownership of sth; ***das ~ an einem Konzern*** the assets of a company; **bewegliches ~** chattels, movables; **geistiges/gewerbliches/kommerzielles ~** intellectual/industrial/commercial property; **gemeinschaftliches ~** joint ownership; **öffentliches ~** public property [*or* assets]; **~ an etw** *dat* **erwerben** to acquire ownership of sth; **~ verletzen** to trespass upon [*or* infringe] sb's property; **in jds ~ vollstrecken** to distrain upon sb's property
❷ *(Recht)* title, ownership

Ei·gen·tü·mer(in) <-s, -> ['aignty:mɐ] *m(f)* owner

Ei·gen·tü·mer-Be·sit·zer-Ver·hält·nis *nt* JUR owner-possessor relationship **Ei·gen·tü·mer·ge·brauch** *m* JUR proprietary use **Ei·gen·tü·mer·ge·mein·schaft** *f* JUR joint owners *pl* [*or* ownership] **Ei·gen·tü·mer·grund·schuld** *f* JUR owner's [land] charge **Ei·gen·tü·mer·hy·po·thek** *f* FIN owner's mortgage **Ei·gen·tü·mer·in·ter·es·se** *nt* JUR owner interest

ei·gen·tüm·lich ['aignty:mlɪç] **I.** *adj* ❶ *(merkwürdig)* strange, odd, peculiar; ■**jdm ist/wird ~** sb has/gets a strange [*or* odd] feeling
❷ *(geh: typisch)* ■**jdm/etw ~** characteristic of [*or* peculiar to] sb/sth; ***mit der ihm ~en Sorgfalt*** with characteristic care
❸ *(übel)* ■**jdm ist/wird ~** sb feels strange [*or* odd]
II. *adv* strangely, oddly, peculiarly; **~ aussehen** to look odd [*or* strange] [*or* peculiar]

Ei·gen·tüm·lich·keit <-, -en> *f* ❶ *(Besonderheit)* characteristic
❷ *(Eigenheit)* peculiarity
❸ *kein pl (Merkwürdigkeit)* peculiarity, strangeness

Ei·gen·tums·ab·lei·tung *f* JUR **gültige ~** good root of title; **urkundliche ~** root of title **Ei·gen·tums·an·teil** *m* ownership interest **Ei·gen·tums·be·ein·träch·ti·gung** *f* JUR *eines Grundstücks* trespass **Ei·gen·tums·be·schrän·kung** *f* JUR restriction on title **Ei·gen·tums·bil·dung** *f kein pl* POL creation [*or* formation] of ownership **Ei·gen·tums·de·likt** *nt* JUR property offence [*or* AM -se] **Ei·gen·tums·er·werb** *m* JUR acquisition of property **Ei·gen·tums·fest·stel·lungs·kla·ge** *f* JUR title suit **Ei·gen·tums·fest·stel·lungs·ver·fah·ren** *nt* JUR title proceedings *pl* **Ei·gen·tums·fol·ge** *f* JUR devolution of title **Ei·gen·tums·för·de·rung** *f* POL promotion of [private] ownership **Ei·gen·tums·ga·ran·tie** *f* JUR property guarantee **Ei·gen·tums·her·aus·ga·be·an·spruch** *m* JUR claim for possession based on ownership **Ei·gen·tums·kla·ge** *f* JUR property [*or* ownership] suit **Ei·gen·tums·nach·weis** *m* JUR proof of ownership, evidence of title **Ei·gen·tums·ord·nung** *f,* **Ei·gen·tums·re·ge·lung** *f* JUR property regime **Ei·gen·tums·recht** *nt* JUR property right, right of ownership; ■**jds ~ an jdm/etw** sb's right of ownership of sb/sth; **dingliches/fehlerhaftes/verbrieftes ~** absolute/bad/chartered title **Ei·gen·tums·schutz** *m kein pl* JUR [legal] protection of ownership **Ei·gen·tums·stö·rung** *f* JUR infringement of property rights; *(von Grundbesitz)* [land] trespass **Ei·gen·tums·streu·ung** *f* disposal of ownership **Ei·gen·tums·über·gang** *m* JUR passing [*or* devolution] of ownership; **~ von Todes wegen** transfer by death **Ei·gen·tums·über·tra·gung** *f* JUR transfer of ownership **Ei·gen·tums·ver·hält·nis** *nt* JUR distribution of property, [pattern of] ownership **Ei·gen·tums·ver·let·zung** *f* JUR trespass, violation of property rights **Ei·gen·tums·ver·lust** *m* JUR loss of property **Ei·gen·tums·ver·mu·tung** *f* JUR presumption of property

Ei·gen·tums·vor·be·halt *m* JUR reservation of ownership [*or* title] [*or* proprietary rights]; **erweiterter ~** extended reservation of proprietary rights; **~ machen** to reserve one's proprietary rights

Ei·gen·tums·vor·be·halts·kauf *m* JUR conditional sale **Ei·gen·tums·vor·be·halts·klau·sel** *f* JUR retention of title clause **Ei·gen·tums·vor·be·halts·re·gis·ter** *nt* JUR retention of title register

Ei·gen·tums·wech·sel *m* JUR change of ownership

Ei·gen·tums·woh·nung *f* JUR owner-occupied [*or* freehold] flat [*or esp* AM apartment], AM *also* condominium

Ei·gen·vek·tor *m* MATH eigenvector **ei·gen·ver·ant·wort·lich** **I.** *adj* with sole responsibility *pred;* **eine ~e Tätigkeit** a responsible job **II.** *adv* on one's own authority **Ei·gen·ver·ant·wort·lich·keit** *f,* **Ei·gen·ver·ant·wor·tung** *f* own responsibility, personal responsibility, self-responsibility; ■**in ~** on one's own authority **Ei·gen·ver·brauch** *m kein pl* HANDEL personal [*or* private] consumption

Ei·gen·ver·lag *m kein pl* VERLAG **im ~** self-published; ***er möchte eine Zeitschrift im ~ herausgeben*** he wants to self-publish a magazine **Ei·gen·wech·sel** *m* FIN promissory note **ei·gen·wil·lig** ['aignvɪlɪç] *adj* ❶ *(eigensinnig)* stubborn, obstinate ❷ *(unkonventionell)* unconventional, original **Ei·gen·wil·lig·keit** <-> *f kein pl* ❶ *(Eigensinn)* stubbornness, obstinacy ❷ *(unkonventionelle Art)* unconventionality, originality

eig·nen ['aignən] *vr* ■**sich** *akk* **für etw** *akk* [*o* **zu** *dat*] **~** to be suitable for [*or* suited to] sth; ■**etw eignet sich als** [*o* **zu**] **etw** sth can be of use [*or* could be used] as sth; ***dieses Buch eignet sich [sehr gut] zum Verschenken*** this book would make a [very] good [*or* suitable] present

Eig·ner(in) <-s, -> ['aignɐ] *m(f) (geh)* owner

Eig·nung <-, -en> ['aignʊŋ] *f* ■**jds ~ für etw** *akk* [*o* **zu etw** *dat*] sb's suitability for sth; ***er besitzt die ~ zum Übersetzer*** he would make a good translator; ■**die ~ einer S.** *gen* **für etw** *akk* the suitability of sth for sth

Eig·nungs·ab·klä·rung <-, -en> *f* SCHWEIZ *(Eignungsprüfung)* aptitude test **Eig·nungs·an·for·de·rung** *f* FIN required qualifications *pl* **Eig·nungs·klau·sel** *f* JUR eligibility clause **Eig·nungs·prü·fung** *f,* **Eig·nungs·test** *m* aptitude test

Ei·klar <-s, -> *nt* SÜDD, ÖSTERR egg white

Ei·land <-[e]s, -e> ['ailant, *pl* 'ailandə] *nt (liter)* island, isle BRIT *liter*

Eil·be·schluss^RR *m* JUR quick decision

Eil·bo·te, -bo·tin *m, f* express messenger; **per** [*o* **durch**] **~n** by express delivery, express **Eil·brief** *m* express letter; **als ~** express, by express [delivery]

Ei·le <-> ['ailə] *f kein pl* haste; ***warum die ~?*** why such haste?, what's the hurry?; **~/keine ~ haben** to be in a/no hurry; **etw hat ~** sth is urgent; **mit etw** *dat* **~ haben** sth is [extremely] urgent; **in ~ sein** to be in a hurry; **jdn zur ~ mahnen/treiben** to hurry sb up [*or* urge sb to hurry [up]]; **in der/aller/jds ~** in the hurry [*or* sb's haste]/in [the] great haste/in sb's haste; **in großer ~** in great haste [*or* a great hurry]; **nur keine ~!** there's no rush!

Ei·lei·ter <-s, -> *m* ANAT Fallopian tube

Ei·lei·ter·ent·zün·dung *f* MED salpingitis **Ei·lei·ter·schwan·ger·schaft** *f* MED ectopic [*or* tubal] pregnancy **Ei·lei·ter·un·ter·bin·dung** *f* MED salpingectomy

ei·len ['ailən] **I.** *vi* ❶ *sein (schnell gehen)* ■**irgendwohin ~** to hurry somewhere
❷ *haben (dringlich sein)* ■**etw eilt** sth is urgent; **eilt!** urgent!
II. *vi impers haben* ■**es eilt** [**mit etw** *dat*] *(es hat Eile)* it's urgent, sth is urgent; ***eilt es?*** is it urgent?; ■**es eilt jdm** sb is in a hurry

ei·lends ['ailənts] *adv* at once, immediately, straight away

eil·fer·tig ['ailfɛrtɪç] **I.** *adj (geh)* assiduous, zealous
II. *adv* assiduously, zealously

Eil·fer·tig·keit *f kein pl (geh)* assiduousness, zealousness

Eil·gut *nt kein pl* express [*or* fast] freight *no pl*

ei·lig ['ailɪç] **I.** *adj* ❶ *(schnell, rasch)* hurried; ***nur nicht so ~!*** don't be in such a hurry [*or* rush]!
❷ *(dringend)* urgent; ***er hatte nichts E~eres zu tun, als ...*** he had nothing better to do than ...; **in ~en Geschäften** on urgent business; **es** [**mit etw** *dat*] **~ haben** to be in a hurry [*or* rush] [with sth]
II. *adv* quickly; **sehr ~ verschwinden** to beat a hasty retreat

ei·ligst *adv* at once, immediately, straight away

Eil·marsch *m* fast march **Eil·päck·chen** *nt* express parcel **Eil·sen·dung** *f* express delivery, express mail [*or* BRIT post] *no pl* **Eil·tem·po** *nt* **im ~** *(fam)* as quickly as possible **Eil·über·wei·sung** *f* rapid money transfer **Eil·ver·fah·ren** *nt* JUR accelerated proceedings *pl* **Eil·zug** *m* BAHN ≈ fast stopping train **Eil·zu·stän·dig·keit** *f* JUR competence for urgent matters **Eil·zu·stel·lung** *f* express delivery

Ei·mer <-s, -> ['aimɐ] *m* bucket, pail; *(Milcheimer)* pail; *(Mülleimer)* [rubbish] bin BRIT, garbage can AM
▸WENDUNGEN: **es gießt wie mit** [*o* **aus**] **~n** *(fam)* it's raining cats and dogs *fam,* it's bucketing down BRIT *fam;* **etw ist im ~** *(sl)* sth is bust [*or* kaput] *fam*

ei·mer·wei·se *adv* by the bucketful, in bucketfuls

ein[1] ['ain] *adv (eingeschaltet)* on; ***E~/Aus*** on/off

ein[2] ['ain], **ei·ne** ['ainə], **ein** ['ain] **I.** *adj* one; ***~ Cent ist heutzutage nicht mehr viel Geld*** one [*or* a] cent isn't worth very much [*or* doesn't go very far] nowadays; ***es ist genau ~ Uhr*** it's one [o'clock] on the dot [*or* exactly one [o'clock]]
▸WENDUNGEN: **~ für allemal** once and for all; **jds E~ und Alles** to be sb's all and everything BRIT, to mean everything to sb; ***meine Liebste, mein E~ und Alles!*** my love, my all and everything [*or* you mean everything to me]!; **~ und derselbe/dieselbe/dasselbe** one and the same
II. *art indef* ❶ *(einzeln)* a/an; **~ *Europäer/Hotel/Umschlag*** a European/a hotel/an envelope; ***~ Mann/~e Frau*** a man/woman; ***was bist du doch für ~ Dummkopf!*** what an idiot!; ***das ist ~ interessanter Vorschlag*** that's an interesting suggestion; ***die Tochter ~es Pfarrers*** the daughter of a priest, a priest's daughter; ***~e Hitze ist das hier!*** it's very hot [*or* sweltering] [in] here!; ***was für ~ Lärm!*** what a noise!
❷ *(jeder)* a/an; ***~e Wüste ist immer trocken*** a desert is [*or* deserts are] always dry

ein·ach·sig [-aksɪç] *adj* TECH single-axle, two-wheel

Ein·ak·ter <-s, -> ['ainʔaktɐ] *m* THEAT one-act play

ein·an·der [ai'nandɐ] *pron* each other, one another; ***die Aussagen widersprechen ~ [nicht]*** the statements are [not] mutually contradictory

ein|ar·bei·ten **I.** *vr* ■**sich** *akk* [**in etw** *akk*] **~** to get used to [sth], to familiarize oneself [with sth]
II. *vt* ❶ *(praktisch vertraut machen)* ■**jdn** [**in etw** *akk*] **~** to train sb [for sth], to familiarize sb [with sth]
❷ *(einfügen)* ■**etw** [**in etw** *akk*] **~** to add sth in[to sth]; **eine Ergänzung/ein Zitat** [**in etw** *akk*] **~** to incorporate an amendment/quotation [into sth]
❸ ÖSTERR *(nachholen, vorarbeiten)* ■**etw ~** *Zeitverlust* to make up [for] sth

Ein·ar·bei·tungs·zeit *f* training period

ein·ar·mig ['ainʔarmɪç] *adj* one-armed

ein|ä·schern ['ainʔɛʃɐn] *vt* ❶ *(kremieren)* ■**jdn ~** to cremate sb
❷ *(durch Feuer vernichten)* ■**etw ~** to burn sth to the ground, to burn down sth *sep,* to reduce sth to ashes

Ein·äsche·rung <-, -en> *f* cremation

ein|at·men **I.** *vt* ■**etw ~** to breathe in sth *sep,* to inhale sth
II. *vi* to breathe in, to inhale

ein·ato·mar *adj* CHEM monatomic

Ein·auf·ga·be·sys·tem *nt* INFORM single tasking system

ein·äu·gig ['ainʔɔygɪç] *adj* one-eyed; ■**der/die E~e** the one-eyed man/woman

Ein·bahn·stra·ße *f* one-way street

ein|bal·sa·mie·ren* *vt* ❶ *(mit konservierenden Mitteln behandeln)* ■**jdn ~** to embalm sb

② *(hum fam: einreiben)* ■**sich** *akk* [**mit etw** *dat*] ~ to apply [sth] liberally; **sich** *akk* **mit Duftwasser** ~ to splash on the toilet water [*or* cologne]
▶WENDUNGEN: **sich** *akk* ~ **lassen können** *(fam)* to be a dead loss

Ein·bal·sa·mie·rung <-, -en> *f* embalming, embalmment

Ein·band <-bände> ['ainbant, *pl* -bɛndə] *m* [book] cover; **flexibler** ~ flexible binding [*or* cover]

ein·bän·dig ['ainbɛndɪç] *adj* VERLAG one-volume *attr,* in one volume *pred*

Ein·band·stoff *m* TYPO binding cloth

Ein·bau <-bauten> *m* ① *kein pl (das Einbauen)* fitting *no pl; einer Batterie, eines Getriebes, Motors* installation *no pl*
② *meist pl (eingebautes Teil)* fitting *usu pl*

ein|bau·en *vt* ① *(installieren)* ■**etw** [**in etw** *akk*] ~ to build sth in[to sth], to fit sth [in sth]; ■**eingebaut** built-in; **eine Batterie** ~ to install [*or* BRIT fit] a battery; **ein Getriebe/einen Motor** ~ to install a transmission/engine
② *(fam: sinnvoll einfügen)* ■**etw** [**in etw** *akk*] ~ to incorporate sth [into sth]

Ein·bau·herd *m* built-in oven **Ein·bau·kü·che** *f* fitted kitchen

Ein·baum *m* dugout [canoe]

Ein·bau·mo·tor *m* built-in [*or* inboard] motor, built-in engine; *(Austauschmotor)* replacement engine **Ein·bau·platz** *m* INFORM slot **Ein·bau·schrank** *m* fitted cupboard, built-in cupboard; *(im Schlafzimmer)* built-in wardrobe

Ein·be·halt <-[e]s, -e> ['ainbəhalt] *m* JUR, ÖKON retainer

ein|be·hal·ten* *vt irreg* ■**etw** ~ *Abgaben, Steuern etc.* to withhold sth

Ein·be·hal·tung <-, -en> *f* withholding

ein·bei·nig *adj* one-legged

Ein·be·nut·zer·sys·tem *nt* INFORM single user system

ein|be·rech·nen* *vt* ■**etw** ~ to figure in sth *sep*

ein|be·ru·fen* *vt irreg* ① *(zusammentreten lassen)* ■**etw** ~ to convene [*or* call] sth
② MIL ■**jdn** ~ to conscript [*or sep* call up] sb

Ein·be·ru·fe·ne(r) *f(m) dekl wie adj* MIL conscript

Ein·be·ru·fung *f* ① *(das Einberufen)* convention, calling
② MIL call-up papers *pl* BRIT, draft card AM

Ein·be·ru·fungs·be·fehl *m* MIL call-up papers BRIT *pl,* draft card AM **Ein·be·ru·fungs·be·scheid** *m* MIL call-up papers *pl* BRIT, draft card AM

ein|be·stel·len *vt (geh)* ■**jdn** ~ to summon sb

ein|be·to·nie·ren* *vt* ■**jdn/etw** [**in etw** *akk*] ~ to concrete sb/sth in[to sth], to embed sb/sth in concrete

ein|bet·ten *vt* ■**etw in etw** *akk* ~ to embed sth in sth

Ein·bett·zim·mer *nt* single room

ein|beu·len I. *vt* ■[**jdm**] **etw** ~ to dent sth [of sb's], to make [*or* put] a dent in sb's sth; **ein eingebeulter Hut** a battered hat
II. *vr* ■**sich** *akk* ~ to become dented

ein|be·zah·len *vt* DIAL, SCHWEIZ *(einzahlen)* **etw** [**auf ein Konto**] ~ to pay sth [into an account]; ■**einbezahlt** paid-in

ein|be·zie·hen* *vt irreg* ■**jdn** [**in etw** *akk*] [**mit**] ~ to include sb [in sth]; **jdn in eine Aufführung/Diskussion** ~ to involve sb in a performance/discussion; ■**etw** [**in etw** *akk*] [**mit**] ~ to include sth [in sth]

Ein·be·zie·hung <-> *f kein pl* inclusion; **stillschweigende** ~ JUR tacit inclusion; **unter** ~ **von etw** *dat* including sth

Ein·be·zug <-[e]s> *m kein pl* SCHWEIZ *(unter Einbeziehung)* **unter** ~ **von etw** *dat* including sth

ein|bie·gen *vi irreg sein* ■[**in etw** *akk*] ~ to turn [off] [into sth]; ***er bog* [*nach links*] *in eine Fußgängerpassage ein*** he turned [left] into a pedestrian precinct; ■**in etw** *akk*/**nach ...** ~ to turn into sth/to bend to ...; ***diese Straße biegt in die Hauptstraße ein*** this street joins [up] [*or* links up] with the main road

ein|bil·den *vr* ① *(fälschlicherweise glauben)* ■**sich** *dat* **etw** ~ to imagine [*or* think] sth; ***was hast du dir eigentlich eingebildet!*** what were you thinking [of]!; ■**sich** *dat* ~, **dass ...** to imagine [*or* think] that ...; ***du hast dir doch nicht etwa im Ernst eingebildet, dass ...*** did you [*or* you didn't] really think that ...
② *(fantasieren)* ■**sich** *dat* **etw** ~ to imagine sth
③ *(stolz sein)* ■**sich** *dat* **etw auf etw** *akk* ~ to be proud of sth; ***darauf brauchst du dir nichts einzubilden*** that's nothing to write home [*or* BRIT to crow] about
▶WENDUNGEN: **du bildest dir wohl viel ein!** you think a lot of yourself!, you fancy yourself a bit! BRIT *fam;* **was bildest du dir eigentlich ein?** *(fam)* what's got into your head?, what are you thinking [of]?

Ein·bil·dung *f* ① *kein pl (Fantasie)* imagination; ***das ist* [*bloße* [*o reine*]] ~*!*** it's all in the mind!
② *kein pl (Arroganz)* conceitedness
▶WENDUNGEN: ~ **ist auch eine Bildung!** *(fam)* what arrogance!; **du leidest wohl an ~!** *(hum fam)* you must be joking!

Ein·bil·dungs·kraft *f kein pl* [powers of] imagination

ein|bim·sen [-bɪmzn̩] *vt (fam)* ■**jdm etw** ~ to drum sth into sb

ein|bin·den *vt irreg* ① VERLAG ■**etw** [**in etw** *akk*] ~ to bind sth [in sth]; **etw neu** ~ to rebind sth
② *(einbeziehen)* ■**jdn/etw** [**in etw** *akk*] ~ to integrate sb/sth [into sth]

Ein·bin·dung *f kein pl* integration

ein|bla·sen *vt irreg (fam)* ■**jdm etw** ~ to put sth into sb's head; **jdm Blödheiten** ~ to fill sb's head with nonsense

ein|bläu·enRR *vt (fam)* ■**jdm etw** ~ ① *(einschärfen)* to drum [*or* hammer] sth into sb['s head]
② *(einprügeln)* to beat sth into sb

ein|blen·den I. *vt* FILM, TV, RADIO to insert; **Geräusche/Musik** ~ to dub in sounds/music; **eine Durchsage** [**in etw** *akk*] ~ to interrupt [sth] with an announcement
II. *vr* TV, RADIO ■**sich** *akk* [**in etw** *akk*] ~ *(sich einschalten)* to interrupt [sth]; *(sich dazuschalten)* to go over to [*or* link up with] [sth]

Ein·blen·dung *f* FILM, TV, RADIO ① *(das Einblenden) von Verkehrsdurchsagen, von Werbung* insertion
② *(eingeblendeter Teil)* insert

ein|bleu·enALT *vt (fam) s.* **einbläuen**

Ein·blick *m* insight; ■~ **in etw** *akk* insight into sth; **etw eröffnet jdm** [...] ~**e** sth provides sb with a/an [...] insight; **jdm** ~ **in etw** *akk* **gewähren** to allow sb to look at sth; *(fig)* to allow sb to gain an insight into sth; ~ **in etw** *akk* **gewinnen** to gain an insight into sth; ~ **in etw** *akk* **haben** to be able to see into sth; *(informiert sein)* to have an insight into sth; ~ **in etw** *akk* **nehmen** *(geh)* to look at sth

ein|bre·chen *irreg* **I.** *vi* ① *sein o haben (Einbruch verüben)* ■[**bei jdm/in etw** *akk o dat*] ~ to break in[to sb's home/sth]; ***beim Juwelier ist eingebrochen worden*** the jeweller's has been broken into, there has been a break-in at the jeweller's; ***bei mir ist eingebrochen worden, man hat bei mir eingebrochen*** I've had a break-in, my house [*or* flat] has been broken into
② *sein (plötzlich beginnen) Dämmerung, Dunkelheit, Nacht* to fall
③ *sein (eindringen)* ■[**in etw** *akk*] ~ *Wasser* to break through [into sth]
④ *sein (nach unten durchbrechen)* ■[**auf etw** *dat*] ~ to fall through [sth]
⑤ *sein (einstürzen)* to fall [*or* cave] in
⑥ *sein (Misserfolg haben)* to come a cropper BRIT *sl,* to suffer a setback
II. *vt haben* ■**etw** ~ to break down sth *sep*

Ein·bre·cher(in) <-s, -> *m(f)* burglar

Ein·bren·ne ['ainbrɛnə] *f* KOCHK roux

ein|bren·nen *irreg* **I.** *vt* ■**etw** [**in etw** *akk*] ~ ① KOCHK to bind sth in a roux; **Mehl** ~ to brown flour; **eine Soße** ~ to make a roux
② *(mit einem Mal versehen)* ■**jdm/etw etw** ~ to brand sth into sb/sth; **einem Tier ein Zeichen** ~ to brand an animal
③ INFORM *(Daten prägen)* to burn in sth *sep,* to burn sth into sth
II. *vr (sich einprägen)* **sich** *akk* [**in jds Gedächtnis**] ~ to engrave [*or* etch] itself in sb's memory [*or* on sb's mind]

Ein·brenn·la·ckie·rung *f* BAU baked enamel finish

ein|brin·gen *irreg* **I.** *vt* ① *(eintragen)* ■[**jdm**] **etw** ~ to bring [sb] sth; **Zinsen** ~ to earn [*or* yield] interest
② *(einfließen lassen)* ■**etw** [**in etw** *akk*] ~ to bring sth in[to sth], to bring sth to bear in sth; **Kapital in ein Unternehmen** ~ to contribute capital to a company; **seine Erfahrung** ~ to bring one's experience to bear in sth
③ AGR *(hineinbringen)* ■**etw** ~ *Ernte* to bring [*or* gather] in sth
④ POL *(vorschlagen)* ■**etw** [**in etw** *dat*] ~ to introduce [*or* propose] sth [in sth]; **einen Antrag** ~ to table a motion
⑤ *(aufholen, wettmachen)* **Zeit** ~ to catch [*or* make] up [on] time
II. *vr* ■**sich** *akk* ~ to contribute

Ein·brin·gung <-> *f* FIN *(Einzahlung)* investment; JUR *(Beitragen)* contribution; ~ **der Arbeitskraft** contribution of labour; ~ **von Eigenkapital/Sachwerten** contribution to equity/in kind; ~ **in eine Gesellschaft** transfer to a company

Ein·brin·gungs·ak·tie *f* FIN share *(in exchange for property transfer)* **Ein·brin·gungs·bi·lanz** *f* FIN bringing-in balance sheet **Ein·brin·gungs·wert** *m* FIN bringing-in value

ein|bro·cken *vt (fam)* ■**jdm etw** ~ to land sb in it [*or* BRIT the soup] *fam;* ■**sich** *dat* **etw** ~ to land oneself in it [*or* BRIT the soup] *fam;* ***das hast du dir selber eingebrockt!*** you've only yourself to thank for that!, you brought that on yourself!

ein|brö·seln *vt* KOCHK *s.* **panieren**

Ein·bruch ['ainbrʊx, *pl* ainbrʏçə] *m* ① JUR *(das Einbrechen)* break-in; ■**der/ein** ~ **in etw** *akk* the/a break-in somewhere; **ein** ~ **in die Bank** a break-in at the bank; **einen** ~ [**in etw** *akk*] **begehen** [*o* **verüben**] to break in [somewhere]
② *(das Eindringen)* penetration; **ein** ~ **von Kaltluft** an influx of cold air
③ *(Einsturz) Mauer etc.* collapse, caving in
④ BÖRSE, ÖKON slump, sharp fall [*or* drop]
⑤ *(plötzlicher Beginn)* onset; **bei** ~ **der Dunkelheit** [*o* **Nacht**] [at] nightfall; **vor** ~ **der Dunkelheit** [*o* **Nacht**] before nightfall

Ein·bruch·dieb·stahl·ver·si·che·rung *f* burglary insurance **Ein·bruch·falz** *m* TYPO one-directional fold **Ein·bruch(s)·dieb·stahl** *m* JUR burglary, breaking and entering; **einen** ~ **begehen** [*o* **verüben**] to commit [a] burglary **ein·bruch(s)·si·cher** *adj* burglar-proof **Ein·bruch(s)·werk·zeug** *nt* house-breaking tool/tools

ein|buch·ten ['ainbuxtn̩] *vt (sl)* ■**jdn** ~ to put sb away *fam,* to lock [*or* BRIT *sl* bang] sb up

Ein·buch·tung <-, -en> *f* ① *(Delle)* dent
② *(Aussparung)* indentation
③ *(Bucht)* bay, inlet

ein|bud·deln *vt (fam)* ■**jdn/etw** ~ to bury sb/sth; ■**sich** *akk* ~ to dig oneself in

ein|bun·kern *vr (fig fam)* ■**sich** *akk* ~ to cut oneself off from one's surroundings

ein|bür·gern ['ainbʏrgɐn] **I.** *vt* ① ADMIN *(eine Staatsangehörigkeit verleihen)* ■**jdn** ~ to naturalize sb
② *(heimisch werden)* ■**eingebürgert werden** to become established
II. *vr* ① *(übernommen werden)* ■**sich** *akk* ~ to become established
② *(zur Regel werden)* ■**es hat sich** [**bei jdm/irgendwo**] **so eingebürgert** it has become a habit [*or* the practice] [*or* custom] [with sb/somewhere]

Ein·bür·ge·rung <-, -en> *f* ① ADMIN *(das Einbürgern)* naturalization
② BOT *einer Pflanze, eines Tieres* naturalization
③ *(das Üblichmachen)* establishment; **die** ~ **einer Sitte** the adoption of a custom

Ein·bür·ge·rungs·an·trag *m* application for naturalization

Ein·bür·ge·rungs·ge·such <-[e]s, -e> *nt* JUR SCHWEIZ *(Einbürgerungsantrag)* application for naturalization

Ein·bür·ge·rungs·ur·kun·de *f* JUR certificate of naturalization

Ein·bu·ße *f* loss; **[mit etw** *dat***] ~n erleiden** to suffer [*or* sustain] [*or* incur] losses [on sth]; **etw tut jdm/etw [schwere] ~** *(geh)* sth causes sb/sth to lose sth; ***der Skandal hat seinem Ansehen schwere ~ getan*** he lost a lot of respect because of the scandal

ein|bü·ßen I. *vt* ■**etw ~** to lose sth

II. *vi* ■**an etw** *dat* **~** to lose sth; **nichts an Zuverlässigkeit ~** to lose none of its reliability

Ein·cent·stück, 1-Cent-Stück *nt* one-cent piece [*or* coin]

ein|che·cken [-tʃɛkn̩] **I.** *vi* to check in; **am Flughafen ~** to check in at the airport

II. *vt* ■**etw/jdn ~** to check in sth/sb *sep*

ein|cre·men [ˈainkreːmən] *vt* ■**[jdm] etw ~** to put cream on [sb's] sth; ■**sich** *dat* **etw** *akk* **~** to put cream on sth; ■**sich** *akk* **[mit etw** *dat***] ~** to put cream on [oneself]

ein|däm·men *vt* ■**etw ~** to dam sth, to contain sth; **die Ausbreitung einer Krankheit/eines Virus ~** to check [*or* stem] the spread of a disease/virus; **Inflation ~** to curb [*or* control] inflation

ein·däm·mern *vi impers* SCHWEIZ *(dunkel werden)* ■**es dämmert ein** dusk is falling

Ein·däm·mung *f* *(Verhinderung)* checking, stemming; *(das Eindämmen)* containment; **die ~ der Inflation** curbing [*or* controlling] inflation

Ein·däm·mungs·po·li·tik *f* policy of containment

ein|de·cken I. *vr* ■**sich** *akk* **[mit etw** *dat***] ~** to stock up [on sth]; **sich** *akk* **mit Holz/Kohle ~** to lay [*or* get] in stocks [*or* supplies] of wood/coal

II. *vt* ① BAU ■**etw [mit etw** *dat***] ~** to cover sth [with sth]; **ein mit Stroh eingedecktes Dach** a thatched roof

② *(fam: überhäufen)* ■**jdn mit etw** *dat* **~** to swamp sb with sth; ■**mit etw** *dat* **eingedeckt sein** to be inundated [*or* BRIT snowed under] with sth

Ein·de·cker <-s, -> *m* LUFT monoplane

ein|dei·chen [ˈaindaiçn̩] *vt* BAU ■**etw ~** to dike [*or* dyke] sth; **einen Fluss ~** to embank [*or* dike] [*or* BRIT dyke] a river

ein|del·len [ˈaindɛlən] *vt* *(fam)* ■**[jdm] etw ~** *Auto, Hut* to dent sth [of sb's], to make a dent in sth [of sb's]

ein·deu·tig [ˈaindɔytɪç] **I.** *adj* ① *(unmissverständlich)* unambiguous, unequivocal; **die ~e Absicht** the clear [*or* definite] intention

② *(unzweifelhaft)* clear; **~er Beweis** clear [*or* definite] proof; **eine ~e Niederlage** a resounding defeat; **ein ~er Sieg** a clear [*or* resounding] victory; **ein ~er Umstand** an incontestable [*or* indisputable] fact

II. *adv* ① *(unmissverständlich)* unambiguously; ***ich hoffe, ich habe mich ~ ausgedrückt!*** I hope I have made myself clear[ly understood]!

② *(klar)* clearly; ***das stimmt aber ganz ~ nicht!*** that's clearly [*or* obviously] not true [at all]!

Ein·deu·tig·keit <-> *f kein pl* ① *(Unmissverständlichkeit)* unambiguity, unequivocalness

② *(Unzweifelhaftigkeit)* clarity; **die ~ der Beweise** the clarity [*or* definiteness] of the proof

Ein·deu·tig·keits·satz *m* MATH uniqueness theorem

ein|deut·schen [ˈaindɔytʃn̩] *vt* ① *(dem Deutschen anpassen)* ■**etw ~** to Germanize sth; ■**eingedeutscht** Germanized; ***Frisör ist eingedeutscht für Friseur*** Frisör is the Germanized version of Friseur

② *(deutsch machen)* ■**jdn/etw ~** to Germanize sb/sth

ein|di·cken [ˈaindɪkn̩] **I.** *vt haben* KOCHK ■**etw ~** to thicken sth

II. *vi sein* to thicken

ein·di·men·si·o·nal *adj* ① MATH one-dimensional, unidimensional

② *(eingleisig)* one-dimensional

ein|do·sen [ˈaindoːzn̩] *vt* ■**etw ~** to tin [*or* can] sth

ein|dö·sen *vi sein (fam)* to doze [*or* drop] [*or fam* nod] off

ein|drän·gen *vi sein* ① *(bedrängen)* ■**auf jdn ~** to crowd around sb *fig*

② *(sich aufdrängen)* to crowd in on sb *fig*

ein|dre·cken [ˈaindrɛkn̩] **I.** *vi sein (fam)* to get dirty

II. *vr (fam)* ■**sich** *akk* **~** to get [oneself] dirty

ein|dre·hen *vt* ① *(einschrauben)* ■**etw [in etw** *akk***] ~** to screw sth in[to sth]

② *(auf Lockenwickler wickeln)* **jdm/sich die Haare ~** to put sb's/one's hair in curlers [*or* rollers]

ein|dre·schen *vi irreg (fam)* ■**auf jdn ~** to lay into sb *fam*

ein|drin·gen *vi irreg sein* ① *(einbrechen)* ■**in etw** *akk* **~** to force one's way [*or* an entry] into sth

② *(vordringen)* ■**in etw** *akk* **~** to force one's way into sth; MIL to penetrate [into] sth

③ *(hineindringen, hineinsickern)* ■**in etw** *akk* **~** to penetrate [into] sth; ***Grundwasser drang in den Tunnel ein*** groundwater got [*or* seeped] into the tunnel

④ *(sich kundig machen)* ■**in etw** *akk* **~** to get to know sth

⑤ *(sich verbreiten)* ■**in etw** *akk* **~** to find its/their way into sth

⑥ *(bestürmen)* ■**[mit etw** *dat***] auf jdn ~** to besiege sb [with sth]

ein·dring·lich I. *adj* *(nachdrücklich)* forceful, powerful; **eine ~e Schilderung** a vivid account

II. *adv* strongly

Ein·dring·lich·keit *f* forcefulness; **eine Schilderung von großer ~** a very vivid account [*or* an account of great vividness]

Ein·dring·ling <-s, -e> [ˈaindrɪŋlɪŋ] *m* intruder; *(in Gesellschaft etc.)* interloper

Ein·druck <-drücke> [ˈaindrʊk, *pl* -drʏkə] *m* ① *(Vorstellung)* impression; **den ~ erwecken, als [*o* dass] ...** to give the impression that ...; **sich** *akk* **des ~s nicht erwehren können, dass ...** *(geh)* to have the strong impression that ...; **[von jdm/etw** *dat***] einen ~/den ~ gewinnen, dass ...** to gain an/the impression [from sb/sth] that ...; **den ~ haben, dass ...** to have the impression that ...; **ich habe nicht den/diesen ~** I don't have that impression; **[auf jdn] einen ... ~ machen** to give the impression of being ... [to sb]; ***sie machte einen nervösen ~*** she gave the impression of being [*or* she seemed] nervous; **[auf jdn] den ~ eines ... machen** to give the impression of being a ... [to sb]; **[...] ~ auf jdn machen** to make a/an [...] impression on sb; **einen großen ~ auf jdn machen** to make a great [*or* big] impression on sb; **[bei jdm] ~ machen wollen** [*o fam* **~ schinden**] to be out to impress [sb]; **Eindrücke sammeln** to gain impressions; **unter dem ~ von etw** *dat* **stehen** to be under the effect of [*or* affected by] sth; **seinen ~ auf jdn nicht verfehlen** to have [*or* achieve] the desired effect on sb; **jdm einen ~ [von etw** *dat***] vermitteln** to give sb an idea [about sth]

② *(selten: eingedrückte Spur)* impression, imprint

ein|drü·cken I. *vt* ① *(nach innen drücken)* ■**etw ~** to push in sth *sep;* **das Auto/den Kotflügel ~** to dent the car/[car] wing [*or* AM fender]; **den Damm ~** to break through the dam; **die Fenster ~** to break [*or* shatter] the windows; **die Mauer/Tür ~** to break down the wall/door

② *(verletzen)* ■**jdm etw ~** to crush sb's sth; **jdm den Brustkorb/Schädel ~** to crush sb's chest/skull [*or* head]; **jdm die Nase ~** to flatten sb's nose

II. *vr (einen Abdruck hinterlassen)* ■**sich** *akk* **in etw** *akk* **~** to make an impression [*or* imprint] in sth

ein·drück·lich [ˈaindrʏklɪç] *adj* SCHWEIZ *(eindrucksvoll)* impressive

ein·drucks·voll I. *adj* impressive; **ein ~er Appell** a stirring appeal

II. *adv* impressively

Ein·dun·keln <-s> *nt kein pl* SCHWEIZ *(abendliche Dämmerung)* dusk

ei·ne(r, s) [ˈainə] *pron indef* ① *(jemand)* someone, somebody; ***es hat geklingelt, ist da ~r?*** the door-bell rang, is there someone [*or* somebody] [*or* anybody]?; ***~s von den Kindern*** one of the children; ■**der/die/das ~** [the] one; ***das ~ Buch habe ich schon gelesen*** I've already read one of the books [*or* the one book]; ***die ~n sagen das eine, die anderen gerade das Gegenteil*** one lot [*or* some] say one thing, the other lot say [*or* [the] others [say]] exactly the opposite

② *(fam: man)* one; ***und das soll noch ~r glauben?*** and I'm/we're expected to swallow [*or* believe] that?

③ *(ein Punkt)* ■**~s** [*o* **eins**] one thing; ***~s gefällt mir nicht an ihm*** [there's] one thing I don't like about him; ***~s muss klar sein*** let's make one thing clear; ***~s sag ich dir*** I'll tell you one thing; ***halt, noch eins[, ehe ich's vergesse]*** and there's one more [*or* other] thing [before I forget]

▸WENDUNGEN: **~r für alle, alle für ~n** *(prov)* all for one and one for all *prov;* **du bist mir [...] ~(r)!** *(fam)* you're a/an [...] one! BRIT; ***du bist mir aber/ja/vielleicht ~r!*** you're a right one!; **das ist ~r!** he's quite a man [*or* one]!

ein|eb·nen *vt* ■**etw ~** to level [*or* flatten] sth [off]

Ein·ehe *f* monogamy *no pl, no art*

ein·ei·ig [ˈainʔaiɪç] *adj* BIOL identical; **~e Zwillinge** identical twins

ein·ein·halb [ˈainʔainˈhalp] *adj* one and a half; *s. a.* **achteinhalb**

ein·ein·halb·mal *adv* one and a half times; **~ schneller** one and a half times faster; **~ so viel** one and a half times as much

Ein·el·tern·fa·mi·lie *f* one-parent [*or* single-parent] family

ei·nen [ˈainən] *vt (geh)* ■**etw ~** to unite sth

Ein·en·der <-s, -> *m* JAGD one-pointer

ein|en·gen [ˈainɛŋən] *vt* ① *(beschränken)* ■**jdn in etw** *dat* **~** to restrict [*or* cramp] sb in sth; **jdn in seiner Freiheit ~** to curb sb's freedom; **sich** *akk* **eingeengt fühlen** to feel cramped [*or* restricted]

② *(drücken)* ■**jdn ~** to restrict sb's movement[s]

③ *(begrenzen)* ■**etw [auf etw** *akk***] ~** to restrict [*or sep* narrow down] sth [to sth]

Ein·en·gung <-, -en> *f* ① *(Bedrängung)* cramping [of sb's style] *hum fam*

② *(Beschränkung)* restriction, limitation

ei·ner [ˈainɐ] *pron s.* **eine(r, s)**

Ei·ner <-s, -> [ˈainɐ] *m* ① MATH unit

② SPORT *(einsitziges Ruderboot)* single scull

③ *(fam: im Schwimmbad)* one-meter [diving] board; **vom ~ springen** to dive from the one-meter board

ei·ner·lei [ˈainɐˈlai] *adj pred (egal)* ■**jdm ~ sein** to be all the same to sb; ***das ist mir ganz ~*** it's all the same [*or* doesn't matter] to me, it makes no difference to me, I don't mind; ■**~, ob ...** it doesn't [*or* no] matter whether ...

Ei·ner·lei <-s> [ˈainɐˈlai] *nt kein pl* monotony; ***das ~ des [grauen] Alltags*** the monotony of daily [*or* everyday] life [*or* the daily grind]

ei·ner·seits [ˈainɐzaits] *adv* **~ ... andererseits ...** on the one hand ..., on the other hand ...

ei·nes [ˈainəs] *pron s.* **eine(r, s)**

ei·nes·teils [ˈainəstails] *adv* **~ ... ander[e]nteils** on the one hand ..., on the other hand ...

Ein-Eu·ro-Job [-dʒɔb] *m job with a charitable or non-profit organization specifically for someone who's been unemployed long-term and for which they earn 1 to 2 euros per hour maximum to supplement unemployment benefit*

Ein·eu·ro·stück, 1-Eu·ro-Stück *nt* one-euro piece [*or* coin]

ein·fach [ˈainfax] **I.** *adj* ① *(leicht)* easy, simple; ***das hat einen ~en Grund*** there's a simple reason [*or* an easy explanation] for that; **es sich** *dat* **[mit etw** *dat***] zu ~ machen** to make it too easy for oneself [with sth]

② *(unkompliziert)* straightforward, uncomplicated; ***warum ~, wenn's auch umständlich geht?*** *(iron)* why do things the easy way [when you can make them [*or* it] difficult]?

③ *(gewöhnlich)* simple; **~es Essen** plain [*or* simple] food; **ein ~es Hemd/eine ~e Hose** a plain shirt/

plain trousers; **ein ~er Mensch** a simple [*or* an ordinary] person
④ *(nur einmal gemacht)* single; **eine ~e Fahrkarte** a one-way [*or* BRIT single] ticket; ***einmal ~ nach Regensburg*** a single [ticket] to Regensburg; **~er Fahrpreis** single fare [*or* ticket]; **in ~er Ausfertigung** a single copy [of sth]; **~e Buchführung** single-entry bookkeeping; **~er Faden** plain [*or* simple] stitch; **ein ~er Knoten** a simple knot; **~-periodisch** MATH single-periodic
II. *adv* ① *(leicht)* simply, easily; ***es ist nicht ~ zu verstehen*** it's not easy [*or* simple] to understand
② *(schlicht)* simply, plainly
③ *(einmal)* once; **~ zusammenfalten** to fold once
III. *part* ① *(emph: geradezu)* simply, just; **~ herrlich/lächerlich** simply [*or* just] wonderful/laughable
② *(ohne weiteres)* simply, just; ***he, du kannst doch nicht ~ weggehen!*** hey, you can't just [*or* simply] leave [like that]!
③ *mit Verneinung (zur Verstärkung)* simply, just; ***ich kann es ~ nicht verstehen*** I just [*or* simply] can't understand it

Ein·fach·fens·ter *nt* BAU single-glazed window

Ein·fach·heit <-> *f kein pl* ① *(Unkompliziertheit)* straightforwardness
② *(Schlichtheit)* plainness, simplicity
▸WENDUNGEN: **der ~ halber** for the sake of simplicity [*or* simplicity's sake]

Ein·fach·nut·zen *m* TYPO one-up

ein|fä·deln ['ainfɛ:dl̩n] **I.** *vt* ① *(in etw fädeln)* ■**etw [in etw** *akk*] ~ to thread sth [through sth]; **eine Nadel ~** to thread a needle; **einen Film ~** to wind on a film; **ein Tonband ~** to spool on a tape
② *(fam: anbahnen)* ■**etw ~** to engineer sth *fig*
II. *vi* SKI to become entangled in a gate
III. *vr* AUTO ■**sich** *akk* **[in etw** *akk*] ~ to filter [*or* merge] in[to sth]

ein|fah·ren *irreg* **I.** *vi sein* ① *(hineinfahren)* ■**[in etw** *akk*] ~ to come [*or* pull] in[to sth]; **auf einem Gleis ~** to arrive at [*or* come into] a platform; **in einen Hafen ~** to sail into a harbour [*or* AM -or]
② BERGB *(hinunterfahren)* to go down; **in eine Grube/einen Schacht ~** to go down a pit/shaft
II. *vt haben* ■**etw ~** ① *(kaputtfahren)* to [drive into and] knock down sth *sep*
② *(einziehen) Antenne, Objektiv etc.* to retract sth
③ *(einbringen)* to make sth; **einen Gewinn/Verlust ~** to make a profit/loss
④ AGR *(einbringen)* to bring in sth; **das Heu/Korn ~** to bring in [*or* harvest] the corn/hay

Ein·fahrt *f kein pl* ① *(das Einfahren)* entry; **die ~ in den Hafen** sailing [*or* coming] into the harbour; **bei der ~ in die Zielgerade** entering the final straight; **die ~ eines Zuges** the arrival of a train
② *(Zufahrt)* entrance; **~ freihalten!** [please] keep [entrance] clear!

Ein·fall ['ainfal] *m* ① *(Idee)* idea; **auf den ~ kommen, etw zu tun** to have [*or* get] the idea of doing sth
② MIL *(das Eindringen)* ■**~ in etw** *akk* invasion of sth
③ *(das Eindringen)* incidence; ***der ~ der Sonnenstrahlen*** the way the sun's rays fall

Ein·fall·do·sis *f* PHYS incident dose

ein|fal·len *vi irreg sein* ① *(in den Sinn kommen)* ■**etw fällt jdm ein** sb thinks of sth; **sich** *dat* **etwas ~ lassen** to think of sth; ***was fällt Ihnen ein!*** what do you think you're doing!
② *(in Erinnerung kommen)* ■**etw fällt jdm ein** sb remembers sth; ***der Name will mir einfach nicht ~!*** the name just won't come to me!
③ *(einstürzen)* to collapse [*or* cave in]
④ *(eindringen)* **in ein Land ~** to invade a country; **in die feindlichen Reihen ~** to penetrate enemy lines
⑤ *(hereinströmen)* ■**[in etw** *akk*] ~ to come in[to sth]
⑥ *(einsetzen)* ■**[in etw** *akk*] ~ *Chor, Instrument, Singstimmen* to join in [sth]; *(dazwischenreden)* to interrupt [sth] [*or* break in [on sth]]
⑦ *(einsinken)* to become sunken [*or* hollow]

Ein·fall·quer·schnitt *m* NUKL absorption [*or* capture] cross section

ein·falls·los I. *adj* unimaginative
II. *adv* unimaginatively

Ein·falls·lo·sig·keit <-> *f kein pl* unimaginativeness, lack of imagination

ein·falls·reich I. *adj* imaginative **II.** *adv* imaginatively **Ein·falls·reich·tum** *m kein pl* imaginativeness

Ein·fall(s)·win·kel *m* angle of incidence

Ein·falt <-> ['ainfalt] *f kein pl (arglose Naivität)* naivety
▸WENDUNGEN: **[oh** [*o* **du**]] **heilige ~!** what stunning naivety!, how naive can you be!

ein·fäl·tig ['ainfɛltɪç] **I.** *adj* naive
II. *adv* naively; ***tu doch nicht so ~*** don't act so naively

Ein·falts·pin·sel *m (pej fam)* simpleton

Ein·fa·mi·li·en·haus *nt* single family house, detached [family] house BRIT

ein|fan·gen *irreg* **I.** *vt* ① *(wieder fangen)* ■**jdn/ein Tier [wieder] ~** to [re]capture sb/an animal
② *(wiedergeben)* ■**etw [in etw** *dat*] ~ to capture sth [in sth] *fig*
II. *vr (fam)* ■**sich** *dat* **etw** *akk* ~ to catch sth; **eine Erkältung ~** to catch a cold; **eine Grippe ~** to come down with [the] flu

ein|fär·ben *vt* ① *(neu färben)* ■**etw [...] ~** *Haare, Stoff* to dye sth [...]
② TYPO *(mit Druckfarbe versehen)* ■**etw [mit etw** *dat*] ~ to ink sth [with sth]

ein·far·big *adj* monochrome, all one colour [*or* AM -or], in [*or* of] one colour [*or* AM -or] *pred*

ein|fas·sen *vt* ■**etw [mit etw** *dat*] ~ ① *(umgeben)* to border [*or* edge] sth [with sth]; **einen Garten mit einer Hecke/einem Zaun ~** to enclose [*or* surround] a garden with a hedge/fence
② *(umsäumen)* to hem sth [with sth]
③ *(fassen)* to set sth [in sth]
④ TYPO ■**etw ~** *Rand* to border [*or* box] sth

Ein·fas·sung *f* ① *(das Einfassen)* enclosure, enclosing
② *(Umgrenzung)* border, edging

ein|fe·dern *vt* **ein Auto ~** to tilt a car *(by compression of the suspension, as when swerving vigorously)*

ein|fet·ten *vt* ① *(mit Fett bestreichen)* ■**etw ~** to grease sth; *(Leder mit Fett behandeln)* to dubbin sth
② *(eincremen)* ■**jdn ~** to put [*or* rub] cream on sb, to cream sb BRIT; ■**sich** *akk* ~ apply [a] cream; ■**sich** *dat* **etw** *akk* ~ to rub [*or* apply] cream onto sth

ein|fin·den *vr irreg (geh)* ■**sich** *akk* **[irgendwo] ~** to arrive [somewhere]

ein|flech·ten *vt irreg* ① *(einfließen lassen)* ■**etw [in etw** *akk*] ~ to work sth in[to sth] *sep;* ■**~, dass ...** to add that ...
② *(hineinflechten)* ■**etw [in etw** *akk*] ~ to plait [*or* braid] sth in[to sth]; **ein Muster [in etw** *akk*] ~ to weave a pattern in[to sth]

ein|flie·gen *irreg* **I.** *vt haben* ① *(mit Flugzeug, Hubschrauber)* ■**jdn/etw [in etw** *akk*] ~ to fly sb/sth in[to sth]; ***die Militärtransporter flogen Munition/Nachschub ein*** the military transport planes flew [*or* airlifted] munitions/reinforcements in
② *(erwirtschaften)* ■**etw ~** to make sth; **einen Gewinn/Verlust ~** to make a profit/loss
II. *vi sein* to fly in

ein|flie·ßen *vi irreg sein* ① *(hineinströmen) Flüssigkeit* to flow in
② *(als Zuschuss gewährt werden)* ■**[in etw** *akk*] ~ to pour in[to sth]
③ METEO ■**irgendwohin ~** to move [*or* come] into sth; ***von Westen fließt Kaltluft nach Europa*** a cold westerly airstream is moving into Europe
▸WENDUNGEN: **~ lassen, dass ...** to let slip that ...

ein|flö·ßen *vt* ① *(langsam eingeben)* ■**jdm etw ~** to give sb sth; **einem Kranken Essen ~** to feed the patient; **jdm etw mit Gewalt ~** to force-feed sb [with] sth
② *(erwecken)* ■**jdm etw ~** to instil sth in sb; **jdm Angst/Vertrauen ~** to instil [*or* inspire] fear/confidence in sb; **jdm Ehrfurcht ~** to instil respect in sb, to command sb's respect

Ein·flug·schnei·se *f* LUFT approach path

Ein·fluss[RR] <-es, Einflüsse>, **Ein·fluß**[ALT] <-sses, Einflüsse> *m* ① *(Einwirkung)* ■**jds ~ [auf jdn]** sb's influence [on sb]; ■**der ~ einer S.** *gen* the influence of sth; **auf etw/jdn ~ haben** to have an influence on sth/sb; **~ auf etw/jdn ausüben** to exert an influence on sth/sb; **auf etw** *akk* **~ nehmen** to influence sth; **unter jds ~ geraten** to fall under sb's influence; **unter dem ~ von jdm/etw stehen** to be under sb's influence [*or* the influence of sb/sth]; **unter dem ~ von jdm/etw** under the influence of sb/sth
② *(Beziehungen)* influence, pull *fig*, sway; **seinen ~ geltend machen** to use one's influence [*or* pull] [*or* sway]; **[...] ~ besitzen** [*o* **haben**] to have [...] influence [*or* pull] [*or* sway]

Ein·fluss·be·reich[RR] *m* ① POL sphere of influence
② METEO ***Frankreich liegt im ~ eines atlantischen Tiefs*** an Atlantic depression is affecting the weather over France

ein·fluss·los[RR] *adj* uninfluential, without [*or* lacking in] influence *pred*

Ein·fluss·nah·me[RR] <-, -n> *pl selten f (geh)* ■**jds ~ [auf etw** *akk*] sb's exertion of influence [on sth]

ein·fluss·reich[RR] *adj* influential

Ein·fluss·zo·ne[RR] *f* radius, zone of influence

ein|flüs·tern *vt (pej)* ■**jdm etw ~** *(suggerieren)* to put sth into sb's head; *(flüsternd vorsagen)* to whisper sth to sb

Ein·flüs·te·rung <-, -en> *f (pej)* suggestion

ein|for·dern *vt (geh)* ■**etw [von jdm] ~** to demand payment of [*or sep* call in] sth [from sb]; **von jdm ein Versprechen ~, etw zu tun** to keep sb to their promise to do sth

Ein·for·de·rung <-, -en> *f* JUR, ÖKON *von Zahlungen* call for payment

ein·för·mig ['ainfœrmɪç] **I.** *adj* monotonous; **~e Landschaft/Umgebung** uniform landscape/surroundings
II. *adv* monotonously

Ein·för·mig·keit <-, -en> *f* monotony; **die ~ der Landschaft/Umgebung** the uniformity of the landscape/surroundings

ein|frie·den ['ainfri:dn̩] *vt (geh)* ■**etw [mit etw** *dat*] ~ to enclose [*or* surround] sth [with sth]

Ein·frie·dung <-, -en> *f (geh)* ① *(das Einfrieden)* enclosure, enclosing
② *(die Umzäunung)* means of enclosure

ein|frie·ren *irreg* **I.** *vi sein* ① *(zufrieren)* to freeze up
② *(von Eis eingeschlossen werden)* ■**in etw** *dat* ~ to freeze into sth [*or* become ice-bound in sth]
II. *vt haben* ■**etw ~** ① *(konservieren)* to [deep-]freeze sth
② *(suspendieren)* to suspend sth; **diplomatische Beziehungen ~** to break off [*or* suspend] diplomatic relations; **ein Projekt/die Planung ~** to shelve a project/the plans
③ ÖKON *(festlegen)* to freeze sth

Ein·frie·rung <-, -en> *f* ① *(Suspendierung)* suspension; *diplomatische Beziehungen* breaking off, suspension; *Projekt* shelving
② ÖKON *(die Festlegung)* freezing

Ein·fü·ge·mar·ke *f* INFORM cursor

ein|fü·gen I. *vt* ① *(einpassen)* ■**etw [in etw** *akk*] ~ to fit sth [in[to] sth] [*or* insert sth [in sth]]
② *(einfließen lassen)* ■**etw [in etw** *akk*] ~ to add sth [to sth]; ***lassen Sie mich gleich an dieser Stelle ~, ...*** let me just say at this point ...; ***darf ich an dieser Stelle kurz ~, dass ...*** can I just quickly point out that ...
II. *vr* ① *(sich anpassen)* ■**sich** *akk* **[in etw** *akk*] ~ to adapt [oneself] [to sth]
② *(hineinpassen)* ■**sich** *akk* **[in etw** *akk*] ~ to fit in [with sth]

Ein·fü·ge·tas·te *f* INFORM insert key

Ein·fü·gung *nt* JUR insertion, embodiment

ein|füh·len *vr* ■**sich** *akk* **in jdn ~** to empathize with sb; ■**sich** *akk* **in etw** *akk* ~ to get into the spirit of sth

ein·fühl·sam I. *adj* sensitive; ~**e Worte** understanding [*or* sympathetic] words; **ein ~er Mensch** an empathetic person
II. *adv* sensitively

Ein·füh·lungs·ver·mö·gen *nt* empathy

Ein·fuhr <-, -en> ['ainfu:ɐ̯] *f* ① *(das Importieren)* import, importing, importation
② *(das Eingeführte)* import

ein·führ·bar *adj* ÖKON importable

Ein·fuhr·be·darf *m* ÖKON import requirements *pl* **Ein·fuhr·be·rei·che** *pl* ÖKON import areas **Ein·fuhr·be·schrän·kung** *f* import restriction, restriction on imports **Ein·fuhr·be·stim·mun·gen** *pl* ÖKON import regulations *pl* **Ein·fuhr·be·wil·li·gungs·ver·fah·ren** *nt* JUR import licensing procedure *pl*

ein|füh·ren I. *vt* ① ÖKON *(importieren)* ■**etw** ~ to import sth
② *(bekannt machen)* ■**etw** [**irgendwo**] ~ to introduce sth [somewhere]; **einen Artikel/eine Firma** [**auf dem Markt**] ~ to establish a product/company [on the market]
③ *(vertraut machen)* ■**jdn** [**in etw** *akk*] ~ to introduce sb [to sth] [*or* initiate sb [into sth]]
④ *(hineinschieben)* ■**etw** [**in etw** *akk*] ~ to insert [*or* introduce] sth [into sth]
II. *vr* ■**sich** *akk* [...] ~ to make a [...] start; ***sie hat sich gut eingeführt*** she's made a good start
III. *vi* ■**in etw** *akk* ~ to serve as an introduction [*or* insight] into sth; ■~**d** introductory; ~**de Worte** introductory words, words of introduction

Ein·fuhr·er·schwe·rung *f* ÖKON import difficulties *pl* **Ein·fuhr·frei·heit** *f kein pl* ÖKON freedom to import **Ein·fuhr·frei·lis·te** *f* ÖKON free list **Ein·fuhr·ge·neh·mi·gung** *f* import licence [*or* AM -se] [*or* permit] **Ein·fuhr·gü·ter** *pl* import goods *npl*, imported articles *pl*, imports *pl* **Ein·fuhr·ha·fen** *m* port of entry **Ein·fuhr·kar·tell** *nt* ÖKON import cartel **Ein·fuhr·kon·tin·gent** *nt* ÖKON import quota **Ein·fuhr·kon·tin·gen·tie·rung** *f* ÖKON fixing of import quotas **Ein·fuhr·land** *nt* ÖKON importing country **Ein·fuhr·li·zenz** *f* ÖKON import licence **Ein·fuhr·mo·no·pol** *nt* HANDEL import monopoly **Ein·fuhr·preis** *m* HANDEL import price **Ein·fuhr·rech·te** *pl* HANDEL import rights; **ausschließliche** ~ exclusive import rights **Ein·fuhr·re·ge·lun·gen** *pl* HANDEL import rules; **gemeinsame** ~ *(in der EU)* common import regime **Ein·fuhr·spar·ten** *pl* ÖKON import categories **Ein·fuhr·sper·re** *f* ÖKON ban on imports, embargo **Ein·fuhr·um·satz·steu·er** *f* FIN turnover tax on imports, import sales tax

Ein·füh·rung *f* ① *(das Einführen)* introduction; ■**jds** ~ [**in etw** *akk*] sb's introduction [to sth] [*or* initiation [into sth]]; ~ **in ein Amt** installation in an office
② *(Einleitung)* introduction; **Worte zur** ~ words of introduction, introductory words

Ein·füh·rungs·ge·setz *nt* JUR introductory act **Ein·füh·rungs·kurs** *m* introductory course **Ein·füh·rungs·lehr·gang** *m* introductory course **Ein·füh·rungs·pa·tent** *nt* introductory patent **Ein·füh·rungs·preis** *m* introductory price **Ein·füh·rungs·se·mi·nar** *nt* introductory seminar

Ein·fuhr·ver·bot *nt* ban [*or* embargo] on imports **Ein·fuhr·zoll** *m* ÖKON import duty

ein|fül·len *vt* ■**etw** [**in etw** *akk*] ~ to pour [*or* put] sth in[to sth]

Ein·füll·öff·nung *f* filler opening [*or* inlet] **Ein·füll·stut·zen** *m* AUTO filler neck [*or* pipe] **Ein·füll·trich·ter** *m* funnel tube

Ein·ga·be <-, -en> *f* ① ADMIN *(Petition)* ■~ [**an jdn**] petition [to sb]; **eine** ~ [**an jdn**] **machen** to file a petition [with sb] [*or* present a petition [to sb]]
② *kein pl (das Verabreichen) Arznei* administration
③ *kein pl* INFORM *Daten, Informationen* input, entry; **zeilenweise** ~ line input

Ein·ga·be·auf·for·de·rung *f* INFORM prompt character, [system] prompt **Ein·ga·be·da·ten** *pl* INFORM input data *usu + sing vb* **Ein·ga·be·ein·heit** *f* INFORM input unit **Ein·ga·be·feld** *nt* INFORM input box [*or* field] **Ein·ga·be·ge·rät** *nt* INFORM input device **Ein·ga·be·me·di·um** *nt* INFORM *(Eingabedatenträger)* input device [*or* medium] **Ein·ga·be·mo·dus** *m* INFORM entry mode **Ein·ga·be·pa·ra·me·ter** *m* INFORM input parameter **Ein·ga·be·tas·te** *f* INFORM enter [*or* return] key

Ein·gang <-gänge> ['aingaŋ, *pl* -gɛŋə] *m* ① *(Tür, Tor, Zugang)* entrance; *eines Waldes* opening; **„kein ~!"** "no entry!"; **jdm/sich ~ in etw** *akk* **verschaffen** to gain sb[/oneself] entry to sth; **in etw** *akk* ~ **finden** *(geh)* to find its way into sth
② *pl (eingetroffene Sendungen)* incoming mail [*or* BRIT post] *sing*
③ *kein pl (Erhalt)* receipt; **beim** ~ on receipt
④ *kein pl (Beginn)* start; ***gleich zu ~ möchte ich sagen ...*** I would like to start by saying [*or* say from the very outset] ...
⑤ INFORM *(Dateneingabe)* ~ **für Audio und Video** audio and video entry [*or* input]

ein·gän·gig I. *adj* ① *(einprägsam)* catchy
② *(verständlich)* comprehensible; **eine ~e Erklärung** a clear [*or* comprehensible] explanation
II. *adv* clearly

ein·gangs ['aingaŋs] I. *adv* at the start [*or* beginning]
II. *präp +gen* at the start [*or* beginning] of

Ein·gangs·ab·ga·be *f* FIN import duty
Ein·gangs·be·reich *m* entrance area, foyer; *(im Hotel)* lobby **Ein·gangs·be·stä·ti·gung** *f* ADMIN acknowledgement [*or* confirmation] of receipt **Ein·gangs·bi·lanz** *f* FIN balance of receipts **Ein·gangs·da·tum** *nt* date of receipt **Ein·gangs·for·mel** *f* JUR preamble **Ein·gangs·fracht** *f* carriage inward, freight in[ward] **Ein·gangs·ha·fen** *m* port of entry **Ein·gangs·hal·le** *f* entrance hall; *eines Hotels* lobby, foyer **Ein·gangs·ka·pi·tel** *nt* first chapter **Ein·gangs·kon·trol·le** *f* HANDEL incoming examination **Ein·gangs·prü·fung** *f* HANDEL receiving inspection **Ein·gangs·stem·pel** *m* date stamp **Ein·gangs·steu·er·satz** *m* basic tax rate **Ein·gangs·tür** *f* [entrance] door; *eines Hauses, einer Wohnung* front door **Ein·gangs·ver·merk** *m* notice of receipt

ein·ge·baut I. *pp von* **einbauen**
II. *adj Radio, Möbel* built-in

ein|ge·ben *irreg vt* ① *(verabreichen)* ■**jdm etw** ~ to give sb sth [*or* administer sth to sb]
② INFORM *(übertragen)* ■**etw** [**in etw** *akk*] ~ to input sth [into sth], to enter sth [into sth]; **Daten in einen Computer** ~ to enter [*or* input] data into a computer; **etw erneut** ~ to enter sth again
③ *(geh: inspirieren)* ■**jdm etw** ~ to put sth into sb's head; **von Gott eingegeben** inspired by God

ein·ge·bil·det *adj* ① *(pej: hochmütig)* conceited; ■**auf etw** *akk* ~ **sein** to be conceited about sth
② *(imaginär)* imaginary; **eine ~e Schwangerschaft** a false pregnancy

ein·ge·bo·ren[1] ['aingəbo:rən] *adj* native
ein·ge·bo·ren[2] ['aingəbo:rən] *adj* REL **Gottes ~er Sohn** the only begotten Son of God

Ein·ge·bo·re·ne(r) *f(m) dekl wie adj* native
Ein·ge·bo·re·nen·spra·che *f* native language
Ein·ge·bung <-, -en> *f* *(Inspiration)* inspiration; ***einer plötzlichen ~ folgend*** acting on a sudden impulse
▸WENDUNGEN: **göttliche** ~ divine inspiration

ein·ge·denk ['aingədɛŋk] *adj pred (geh) (in Anbetracht)* ■~ **einer S.** *gen* bearing in mind [*or* remembering] sth; ***~ dessen, was vorgefallen war ...*** bearing in mind what had happened ...
▸WENDUNGEN: **einer S.** *gen* ~ **sein/bleiben** *(etw im Gedächtnis behalten)* to be mindful of sth [*or* bear sth in mind]

ein·ge·fah·ren *adj* well-worn
ein·ge·fal·len *adj* hollow, sunken; **ein ~es Gesicht** a gaunt face

ein·ge·fleischt ['aingəflaiʃt] *adj attr* ① *(überzeugt)* confirmed; **ein ~er Junggeselle** a confirmed bachelor; **einer ~er Kommunist** a dyed-in-the-wool communist BRIT; **ein ~er Optimist** an incurable optimist
② *(zur zweiten Natur geworden)* deep-rooted, ingrained

ein·ge·fuchst ['aingəfʊkst] *adj* DIAL *Student* initiated

ein·ge·gos·sen I. *pp von* **eingießen**
II. *adj* cast en bloc

ein|ge·hen *irreg* I. *vi sein* ① *(Aufnahme finden)* ■**in etw** *akk* ~ to find one's way into sth; **in die Annalen/in die Geschichte** ~ to go down in the annals/in history; **in die Ewigkeit** ~ to pass into eternity; **in das Reich Gottes** ~ to enter the kingdom of Heaven; **zur ewigen Ruhe** ~ to go to one's rest
② *(ankommen)* to arrive; *(zugestellt werden)* to be received; ***der anonyme Anruf ging heute Morgen in der Schule ein*** the school received the anonymous call this morning; ~**de Anrufe/Post/Waren** incoming calls/mail/goods; **eingegangene Spenden** donations received; ■**etw geht bei jdm ein** sb receives sth; ***sämtliche Bestellungen, die bei uns ~, werden sofort bearbeitet*** all orders we receive are processed immediately; ***soeben geht bei mir eine wichtige Meldung ein*** I'm just receiving an important report
③ FIN *(gutgeschrieben werden)* to arrive, to be received; ■**auf etw** *dat* ~ to be paid in sth; ***die Miete für diesen Monat ist auf meinem Konto immer noch nicht eingegangen*** this month's rent has still not been paid into my account yet; ■**etw geht bei jdm ein** sb receives sth; ***wann ist das Geld bei dir eingegangen?*** when did your receive the money?
④ *(sterben)* to die; ***es ist unglaublich schwül hier drinnen, ich geh noch ein!*** *(fam)* the closeness in here is killing me!; ***in dieser langweiligen Umgebung würde ich ~*** *(fam)* I would die of boredom in this environment; ■**an etw** *dat* ~ to die of [*or* from] sth
⑤ *(fam: sich wirtschaftlich nicht halten)* to fold
⑥ *(fam: scheitern)* to come a cropper *fam;* ***sie sind gegen die Mannschaft aus Venezuela ganz schön eingegangen*** they really came a cropper against the team from Venezuela
⑦ *(fam: verstanden werden)* ■**jdm** ~ to be grasped by sb; ***diese Argumente gehen einem leicht ein*** these arguments can be easily grasped; ***ihm will es nicht ~*** he can't [*or* fails to] grasp it; ***es will mir einfach nicht ~, wieso*** I just can't see why
⑧ *(fam: positiv aufgenommen werden)* to go down well *fam;* ***das Lob ging ihr glatt ein*** the praise went down well with her *fam,* she was pleased about the praise
⑨ *(einlaufen)* to shrink; ***die Sofabezüge sind mir bei der Wäsche eingegangen*** the sofa covers shrank in the wash
⑩ *(sich beschäftigen mit)* ■**auf jdn** ~ to pay some attention to sb; ■**auf etw** *akk* ~ to deal with [*or* go into] sth; ***du gehst überhaupt nicht auf deine Kinder ein*** you don't pay your kids any attention; ***auf diesen Punkt gehe ich zum Schluss noch näher ein*** I would like to deal with [*or* go into] this point in more detail at the end; ***er ging nicht auf meine Frage ein*** he ignored my question
⑪ *(sich einlassen)* ■**auf etw** *akk* ~ to accept sth; *(zustimmen)* to agree to sth; **auf ein Geschäft** ~ to agree to a deal; **auf jds Vorschlag eingehen** to accept sb's suggestion
II. *vt sein* ① *(sich einlassen)* ■**etw** ~ to enter into sth; **ein Risiko** ~ to take a risk; **eine Verpflichtung** ~ to enter into an obligation; **eine Wette** ~ to make a bet; ***ich gehe jede Wette ein, dass er wieder zu spät kommt*** I'll bet [you] anything [you like] that he'll arrive late again
② JUR *(abschließen)* ■**etw** [**mit jdm**] ~ to enter into sth [with sb]; [**mit jdm**] **ein Bündnis** ~ to enter into alliance [with sb]; **einen Vergleich** ~ to reach a settlement; **einen Vertrag** [**mit jdm**] ~ to enter into contract [with sb]

ein·ge·hend ['ainge:ənt] I. *adj* detailed; **ein ~er Bericht** a detailed [*or* an exhaustive] report; **eine ~e Erörterung** a lengthy discussion; **eine ~e Prüfung** an exhaustive [*or* extensive] [*or* a thorough] test; ~**e Studien** detailed [*or* in-depth] [*or* thorough]

studies; ~e **Untersuchungen** comprehensive surveys
II. *adv* in detail; ~ **besprechen/diskutieren/erörtern** to discuss at length; ~ **studieren** to study thoroughly
Ein·ge·hungs·be·trug *m* JUR fraudulent representation to obtain a contract
ein·ge·keilt *adj* hemmed [*or* wedged] in; ***das Auto ist ~ worden*** the car has been boxed in
Ein·ge·mach·te(s) *nt dekl wie adj* KOCHK *(eingemachtes Obst)* preserved fruit
▶WENDUNGEN: **ans ~ gehen** to draw on one's reserves; **es geht ans ~** *(fam)* the crunch has come
ein|ge·mein·den* ['aingəmaindn̩] *vt* ADMIN ■**etw** [**in etw** *akk*] ~ to incorporate sth [into sth]
Ein·ge·mein·dung <-, -en> *f* ADMIN incorporation
ein·ge·nom·men *adj pred* ❶ *(positiv beeindruckt)* ■**von jdm/etw ~ sein** to be taken with sb/sth
❷ *(voreingenommen)* ■**gegen jdn/etw ~ sein** to be biased [*or* prejudiced] against sb/sth
❸ *(überzeugt)* ■**von sich** *dat* [**selbst**]/**von etw** *dat* ~ **sein** to think a lot of oneself/sth
❹ *(eingebildet)* ■**von sich** *dat* ~ **sein** to be conceited
ein·ge·ros·tet *adj* ❶ *(fest sitzend)* rusted up
❷ *(fam: steif)* stiff
❸ *(hum: aus der Übung gekommen)* rusty
ein·ge·schlech·tig ['aingəʃlɛçtɪç] *adj* BOT unisexual
ein·ge·schnappt *adj (pej fam)* cross; ■~ **sein** to be miffed, to be in a huff BRIT *fam*
ein·ge·schneit *adj* snowed in
ein·ge·schränkt *adj* limited; ■[**in etw** *dat*] ~ **sein** to be limited [*or* restricted] [in sth]
ein·ge·schrie·ben I. *adj (eingetragen)* registered; ~**es Mitglied sein** to be enrolled [*or* registered] as a member; **eine ~e Sendung** registered mail
II. *adv* ~ **schicken** [*o* **versenden**] to send as [*or* by] registered post [*or* AM mail]
ein·ge·schwo·ren *adj* ❶ *(einander durch Schwur verpflichtet)* ~**er Freund/Gegner** sworn friend/enemy
❷ *(fest zusammenhaltend)* close-knit
❸ *(festgelegt)* ■**auf etw** *akk* ~ **sein** to swear by sth
ein·ge·ses·sen *adj* old[*or* long]-established
ein·ge·setzt *adj* ~**e Tasche** inset pocket
Ein·ge·sot·te·ne(s) *nt dekl wie adj* ÖSTERR *(Eingemachtes)* preserved fruit
ein·ge·spannt *adj pred* ■[**sehr**] ~ **sein** to be [very] busy
ein·ge·spielt *adj* operating well together; **ein ~es Ehepaar/Team** a [married] couple/team which work[s] well together; **eine ~e Mannschaft** a team that plays well together; ■**aufeinander ~ sein** to be used to one another
ein·ge·stan·de·ner·ma·ßen *adv (geh: wie zugegeben wird)* admittedly
Ein·ge·ständ·nis ['aingəʃtɛntnɪs] *nt* admission, confession
ein|ge·ste·hen* *irreg* I. *vt* ■[**jdm**] **etw ~** to admit sth [to sb]; **die Schuld/das Versagen ~** to admit [*or* confess] one's guilt/failure
II. *vr* ■**sich** *dat* ~, **dass ...** to admit to oneself that ...; **sich** *dat* **etw nicht ~ wollen** to be unable to accept sth; **sich** *dat* **nicht ~ wollen, dass ...** to refuse to accept [*or* admit] that ...
ein·ge·stellt *adj* ❶ *(orientiert, gesinnt)* **fortschrittlich/ökologisch ~** progressively/environmentally minded; **jd ist kommunistisch/religiös ~** sb is a Communist/religious, sb has Communist leanings/is religiously minded; ■**jd ist gegen jdn ~** sb is set against sb
❷ *(vorbereitet)* ■**auf etw** *akk* ~ **sein** to be prepared for sth; ***ich war nur auf drei Personen ~*** I was only expecting three people
❸ *(ausgerichtet, interessiert)* ■**auf etw** *akk* ~ **sein** to only be interested in [*or* only have time for] sth
ein·ge·tra·gen *adj Mitglied, Verein, Warenzeichen* registered; **amtlich/handelsgerichtlich ~** registered, incorporated; **gerichtlich ~** registered with the court; **nicht ~** unregistered, unincorporated
Ein·ge·wei·de <-s, -> ['aingəvaidə] *nt meist pl* ANAT entrails *npl*, innards *npl*; ***dieser Schnaps brennt einem ja richtig in den ~ n!*** this schnapps certainly takes your breath away!
ein·ge·weiht *adj* ❶ *(nach Fertigstellung feierlich übergeben)* christened, officially opened
❷ *(informiert)* ■**in etw** *akk* ~ **sein** to be initiated into sth; ***sie ist ~*** she knows all about it
Ein·ge·weih·te(r) *f(m) dekl wie adj* ❶ *(Adept)* initiate
❷ *(Experte)* ***diese Theorien sind wohl nur etwas für ein paar/wenige ~*** these theories can probably only be understood by a select [*or* chosen] few
ein|ge·wöh·nen* *vr* ■**sich** *akk* [**in etw** *akk*] ~ to settle in[to sth]
Ein·ge·wöh·nung <-> *f kein pl* settling in
Ein·ge·wöh·nungs·zeit *f* settling-in period
ein·ge·zo·gen *adj* ~**e Marginalie** TYPO cut-in marginal notes *pl*
ein|gie·ßen *vt irreg* ■[**jdm**] **etw** [**in etw** *akk*] ~ to pour [sb] sth [into sth]; ***darf ich Ihnen noch Kaffee ~?*** can I pour you some more coffee?; ■**sich** *dat* [**etw**] ~ to pour [oneself] sth
ein|gip·sen *vt* ❶ MED *(mit Gips bestreichen)* ■[**jdm**] **etw ~** to put [*or* set] [sb's] sth in plaster
❷ BAU *(in Gips betten)* ■**etw** [**in etw** *akk*] ~ to fix sth in[to sth] with plaster [*or* plaster sth in[to sth]]
ein·glei·sig ['ainglaizɪç] I. *adj* single-track
II. *adv* ❶ *(auf einem Gleis)* single-track
❷ *(in einer Richtung)* narrow-mindedly
ein|glie·dern I. *vt* ❶ *(integrieren)* ■**jdn** [**wieder**] [**in etw** *akk*] ~ to [re]integrate sb [into sth]
❷ ADMIN, POL *(einbeziehen)* ■**etw** [**in etw** *akk*] ~ to incorporate sth [into sth]
II. *vr* ■**sich** *akk* [**in etw** *akk*] ~ to integrate oneself [into sth]
Ein·glie·de·rung *f* ❶ *(Integration)* integration
❷ ADMIN, POL *(Einbeziehung)* incorporation
Ein·glie·de·rungs·geld *nt* integration money BRIT
Ein·glie·de·rungs·hil·fe *f* integration aid BRIT
ein|gra·ben *irreg* I. *vt* ❶ *(vergraben)* ■**jdn/etw** [**in etw** *akk*] ~ to bury sb/sth [in sth]; **einen Pfahl** [**in etw** *akk*] ~ to sink a post [*or* stake] [into sth]
❷ *(geh: einmeißeln)* ■**etw** [**in etw** *akk*] ~ to carve sth [in sth]
II. *vr* ❶ MIL *(sich verschanzen)* ■**sich** *akk* ~ to dig [oneself] in
❷ *(durch Erosion eindringen)* ■**sich** *akk* [**in etw** *akk*] ~ to carve a channel [in sth]
❸ *(sich einprägen)* ■**sich** *akk* ~ to engrave itself; **sich** *akk* **in jds Gedächtnis ~** to engrave itself on sb's memory
❹ *(eindringen)* ■**sich** *akk* **in etw** *akk* ~ to dig into sth
ein|gra·vie·ren* ['aingraviːrn̩] *vt* ■**etw** [**in etw** *akk*] ~ to engrave sth [on sth]
Ein·grei·fen <-> *nt kein pl* intervention, interference; ~ **einer Behörde/des Staates** official/state [*or* government] intervention; **gerichtliches ~** judicial intervention
ein|grei·fen *vi irreg* ❶ *(einschreiten)* to intervene
❷ *(sich einschalten)* ■[**in etw** *akk*] ~ to intervene [in sth]
❸ *(beschneiden)* ■**in etw** *akk* ~ to intrude [up]on sth; **in jmds Rechte ~** to infringe sb's rights
❹ TECH *(sich hineinschieben)* ■**in etw** *akk* ~ to mesh with sth
Ein·greif·kri·te·ri·en *pl* ÖKON, POL intervention criteria **Ein·greif·trup·pe** *f* strike [*or* intervention] force
ein|gren·zen *vt* ■**etw** [**auf etw** *akk*] ~ to limit [*or sep* narrow down] sth [to sth]
Ein·griff *m* ❶ JUR *(Einschreiten)* intervention, interference; **mittelbarer/unmittelbarer ~** indirect/direct intervention; **enteignungsgleicher ~** *unlawful interference with private property by a government agency;* ■**ein ~ in etw** *akk* [an] intervention in sth; **restriktiver ~** government interference
❷ JUR *(Übergriff)* [rights] encroachment; ■**ein ~ in jds ...** an intrusion [up]on sb's ...; **ein ~ in jds Rechte** an infringement of sb's rights; **enteignungsgleicher ~** inverse condemnation
❸ MED *(Operation)* operation; **sich** *akk* **einem medizinischen ~ unterziehen** to have [*or* undergo] an operation
Ein·griffs·be·fug·nis *f*, **Ein·griffs·er·mäch·ti·gung** *f* JUR power to intervene **Ein·griffs·klau·sel** *f* JUR intervention clause **Ein·griffs·rech·te** *pl* JUR powers of intervention **Ein·griffs·ver·wal·tung** *f* JUR executive administration
ein|grup·pie·ren* *vt* ■**jdn** [**in etw** *akk*] ~ to group sb [in sth]
Ein·grup·pie·rung *f* grouping, classification
ein·ha·gen *vt* SCHWEIZ *(einzäunen)* ■**etw ~** to fence in sth *sep*
ein|ha·ken I. *vt* ■**etw** [**in etw** *akk*] ~ to hook sth in[to sth]
II. *vi (fam)* ■[**bei etw** *dat*/**an etw** *dat*] ~ to butt in [on sth] *fam*
III. *vr* ■**sich** *akk* [**bei jdm**] ~ to link arms [with sb]; **eingehakt gehen** to walk arm in arm
Ein·halt ['ainhalt] *m kein pl* **jdm/etw ~ gebieten** *(geh)* to put a stop to sb/sth
ein|hal·ten *irreg* I. *vt* ■**etw ~** ❶ *(beachten)* to keep to sth; **eine Diät/einen Vertrag ~** to keep to a diet/treaty; **die Spielregeln/Vorschriften ~** to obey [*or* observe] the rules; **einen Termin ~** to keep an appointment/a deadline; **Verpflichtungen ~** to meet commitments
❷ *(beibehalten)* to maintain
II. *vi (geh)* ■[**mit etw** *dat*] ~ to stop [doing sth]
Ein·hal·tung <-, -en> *f* ❶ *(das Beachten)* keeping; *von Spielregeln, Vorschriften* obeying, observing; **die ~ von Verpflichtungen** meeting commitments
❷ *(Beibehaltung)* maintaining
ein|häm·mern I. *vt* ■**jdm etw ~** to hammer [*or* drum] sth into sb['s head]; ■**sich** *dat* ~, **dass ...** to hammer [*or* drum] into oneself that ...
II. *vi* ❶ *(einschlagen)* ■[**mit etw** *dat*] **auf etw** *akk* ~ to hammer on sth [with sth]; ■**auf jdn ~** to pound sb
❷ *(dröhnend einwirken)* to pound [in] sb's ears
ein|han·deln I. *vt* ■**etw gegen** [*o* **für**] **etw** *akk* ~ to barter [*or* trade] sth for sth
II. *vr* ■**sich** *dat* **etw** [**für etw** *akk*] ~ *(fam)* to get sth [for sth]; **sich** *dat* **eine Krankheit ~** to catch a disease
ein·hän·dig ['ainhɛndɪç] I. *adj* one-handed
II. *adv* with one hand
ein|hän·di·gen ['ainhɛndɪgn̩] *vt (geh)* ■**jdm etw ~** to hand over sth *sep* to sb
Ein·hand·rohr·zan·ge *f* pipe wrench
Ein·hän·ge·lei·ter *f* hook ladder **Ein·hän·ge·ma·schi·ne** *f* TYPO casing-in machine
ein|hän·gen I. *vt* ❶ *(einsetzen)* ■**etw** [**in etw** *akk*] ~ to hang sth [on sth]; **ein Fenster ~** to fit a window
❷ *(auflegen)* **den Hörer ~** to hang up [the receiver] [*or* replace the receiver]
II. *vi* TELEK to hang up
III. *vr* ■**sich** *akk* [**bei jdm**] ~ to link arms [with sb]
ein|hau·chen *vt (geh)* ■**jdm etw ~** to breathe sth into sb
ein|hau·en *irreg* I. *vt* ❶ *(einschlagen)* ■**etw ~** to smash in sth *sep*; **eine Tür ~** to knock down a door
❷ *(einmeißeln)* ■**etw** [**in etw** *akk*] ~ to carve sth [in sth]
II. *vi* ■**auf jdn/etw ~** to lay into sb [*or* go at sth]
ein|hef·ten *vt* ❶ *(einordnen, Ablegen)* ■**etw** [**in etw** *akk*] ~ to file sth [in sth]
❷ *(einnähen)* ■**etw ~** to tack in sth *sep*
ein·hei·misch ['ainhaimɪʃ] *adj* ❶ *(ortsansässig)* local; **die ~e Bevölkerung** the local residents [*or* population]; *(in dem Land, der Gegend ansässig)* native, indigenous
❷ *(aus dem Lande stammend)* local
❸ BOT, ZOOL *(natürlich vorkommend)* native, indigenous
Ein·hei·mi·sche(r) *f(m) dekl wie adj (Ortsansässiger)* local; *(Inländer)* native [citizen]
ein|heim·sen ['ainhaimzn̩] *vt (fam: erlangen)* ■**etw ~** to collect sth; **einen Auftrag ~** to win [*or* clinch] an order; [**einen**] **Erfolg ~** to score a success; [**ein**] **Gewinn ~** to rake in profits

E

Ein·hei·rat *f* ▪**jds ~ in etw** *akk* sb's marriage into sth

ein|hei·ra·ten *vi* ▪**in etw** *akk* ~ to marry into sth

Ein·heit <-, -en> ['ainhait] *f* ❶ *(Gesamtheit)* unity; **eine geschlossene ~** an integrated whole
❷ *(Einigkeit)* unity; **die deutsche ~** German reunification
❸ MIL *(militärische Formation)* unit
❹ PHARM *(Teilmenge)* unit
❺ *(Telefoneinheit)* unit
❻ TECH unit; **einsteckbare ~** plug-in unit
❼ JUR *(Einheitlichkeit)* unity; **~ der Rechtsordnung** unity of the legal system; **[untrennbare] rechtliche ~** separate legal unit

Ein·hei·ten·an·zei·ge *f* display of units used

ein·heit·lich ['ainhaitlɪç] **I.** *adj* ❶ *(gleich)* uniform, standard; **in ~er Kleidung** dressed the same [*or* alike]; **die E~e Europäische Akte** the Single European Act
❷ *(in sich geschlossen)* integrated; **eine ~e Front** a united front
❸ CHEM homogeneous, unary
II. *adv* the same; **~ gekleidet** dressed the same [*or* alike]; **~ gestaltet** designed along the same lines; **~ handeln** [*o* **vorgehen**] to act in a similar way

Ein·heit·lich·keit <-> *f kein pl* ❶ *(Gleichheit)* uniformity
❷ *(Geschlossenheit)* unity; *von Design, Gestaltung* standardization, homogeneity; **~ der Erfindung** FIN unity of invention

Ein·heits·be·din·gung *f* JUR standard condition **Ein·heits·be·wer·tung** *f* JUR standard evaluation **Ein·heits·fracht·satz** *m* HANDEL standard freight rate **Ein·heits·ge·bühr** *f* standard [*or* fixed] charge **Ein·heits·klei·dung** *f* uniform **Ein·heits·kurs** *m* BÖRSE cash settlement price, daily [*or* standard] quotation **Ein·heits·la·dung** *f* PHYS unit charge **Ein·heits·lis·te** *f* POL single [*or* unified] list [of candidates] **Ein·heits·maß** *nt* TECH unit measure **Ein·heits·ma·trix** *f* MATH unit [*or* identity] matrix **Ein·heits·no·tie·rung** *f* BÖRSE single quotation **Ein·heits·par·tei** *f* unity party **Ein·heits·preis** *m* standard [*or* uniform] price **Ein·heits·pri·vat·recht** *nt* JUR harmonized private law **Ein·heits·recht** *nt* JUR harmonized law **Ein·heits·satz** *m* ÖKON flat rate **Ein·heits·schu·le** *f* comprehensive [school] BRIT **Ein·heits·span·nung** *f* ELEK specific load **Ein·heits·steu·er** *f* FIN unit [*or* specific] tax **Ein·heits·steu·er·satz** *m* FIN unit [*or* specific] tax rate **Ein·heits·stra·fe** *f* JUR consolidated single penalty **Ein·heits·ta·rif** *m* standard [*or* uniform] tariff, flat rate **Ein·heits·ver·pa·ckung** *f* HANDEL standard packaging **Ein·heits·ver·trag** *m* JUR standard form contract **Ein·heits·wäh·rung** *f* single currency **Ein·heits·wa·re** *f* HANDEL standard article **Ein·heits·wert** *m* FIN assessed [*or* rateable] value

ein|hei·zen *vi* ❶ *(gründlich heizen)* to turn the heater on, to put the heating on BRIT; **tüchtig ~** to turn the heating [*or* heater] right up
❷ *(fam: die Meinung sagen)* ▪**jdm ~** to haul sb over the coals; *(zu schaffen machen)* to cause sb a lot of trouble

Ein·hei·zer(in) *m(f)* heater

ein·hel·lig ['ainhɛlɪç] **I.** *adj* unanimous
II. *adv* unanimously

Ein·hel·lig·keit <-> *f kein pl* unanimity

ein·her *adv* ÖSTERR *(herein)* in

ein·her|ge·hen *vi irreg sein (geh)* ▪**mit etw** *dat* ~ to be accompanied by sth

ein|ho·len I. *vt* ❶ *(einziehen)* ▪**etw ~** to pull in sth *sep;* **eine Fahne/ein Segel ~** to lower [*or sep* take down] a flag/sail
❷ *(anfordern)* ▪**etw ~** to ask for [*or* seek] sth; **eine Baugenehmigung ~** to apply for planning permission [*or* a building permit]
❸ *(erreichen, nachholen)* ▪**jdn/etw ~** to catch up with sb/sth
❹ *(wettmachen)* ▪**etw [wieder] ~** to make up sth [again]
II. *vt, vi* DIAL *(einkaufen)* ▪**[etw] ~** to go shopping [for sth]

Ein·ho·lung <-, -en> *f* ❶ *(das Herunterziehen)* lowering, taking down; **die ~ der Flagge** the lowering of the flag
❷ *(das Anfordern)* seeking, asking for; **die ~ einer Genehmigung** obtaining permission

Ein·horn ['ainhɔrn] *nt* unicorn

ein|hül·len *vt (geh)* ▪**jdn/etw [in etw** *akk*] ~ to wrap [up] sb/sth [in sth]; ▪**sich** *akk* **[in etw** *akk*] ~ to wrap oneself up [in sth]

ein·hun·dert ['ain'hʊndɐt] *adj (geh)* one hundred; *s. a.* **hundert**

ein·hun·dert·jäh·rig *adj* one hundred-year-old *attr;* **das ~e Bestehen von etw** *dat* **feiern** to celebrate the centenary [*or* centennial] of sth

ei·nig ['ainɪç] *adj* ❶ *(geeint)* united
❷ *pred (einer Meinung)* ▪**sich** *dat* **[über etw** *akk*] **~ sein/werden** to be in/reach agreement [on sth]; ▪**sich** *dat* **[darüber** [*o* **darin**]] **~ sein, dass ...** to be in agreement [*or* agreed] that ...

ei·ni·ge(r, s) ['ainɪgə] *pron indef* ❶ *sing, adjektivisch (ziemlich)* some; **aus ~r Entfernung** [from] some distance away; **nach ~r Zeit** after some time [*or* a [little] while]; ***das wird ~s Geld kosten*** that will cost quite a [*or* a fair] bit of money; *(etwas)* a little; ***mit ~m guten Willen*** with a little goodwill
❷ *sing, substantivisch (viel)* ▪**~s** quite a lot; ***ich könnte dir ~s über ihn erzählen*** I could tell you a thing or two about him; ***das wird aber ~s kosten!*** that will cost a pretty penny!; ***dazu gehört schon ~s an Mut*** that takes some [*or* more than a little] courage
❸ *pl, adjektivisch (mehrere)* several; ***mit Ausnahme ~r weniger*** with a few exceptions; **~ Mal** several times; **an ~n Stellen** in some places; **in ~n Tagen** in a few days; **vor ~n Tagen** a few days ago, the other day
❹ *pl, substantivisch (Menschen)* some; ***~ von euch*** some of you; ***er hat es ~n erzählt*** he has told some of them; *(Dinge)* some; **[nur] ~ davon** [only [*or* just]] a few of them; **~ wenige** a few

ein|igeln ['ainʔiːgl̩n] *vr* ▪**sich** *akk* ~ ❶ *(sich zusammenrollen)* to curl up into a ball
❷ *(sich zurückziehen)* to shut oneself away
❸ MIL *Einheit, Truppen* to take up a position of all-round defence [*or* AM -se]

ei·ni·ge·mal^ALT *adv s.* **einige(r, s) 3**

ei·ni·gen ['ainɪgn̩] **I.** *vt (einen)* ▪**etw ~** to unite sth
II. *vr (sich einig werden)* ▪**sich** *akk* **[auf etw** *akk*/ **über etw** *akk*] ~ to agree [*or* reach [an] agreement] [on sth]; ▪**sich** *akk* **[dahingehend] ~, dass ...** to agree that ...

ei·ni·ger·ma·ßen ['ainɪgɐ'maːsn̩] **I.** *adv* ❶ *(ziemlich)* fairly; **mit etw** *dat* **~ zufrieden sein** to be reasonably happy with sth; ***darin kenne ich mich ~ aus*** I know my way around this subject to some extent [*or* degree]
❷ *(leidlich)* all right, OK *fam,* okay *fam;* ***wie geht's dir? — ~*** how are you? — all right [*or* okay] [*or* not [too] bad]; ***er hat die Prüfung so ~ geschafft*** he did reasonably well [*or* all right] in the exam
II. *adj pred (fam: leidlich)* all right, OK *fam,* okay *fam;* ***dein Zeugnis ist immerhin ~*** your report is at least not too bad

ei·ni·ges *pron s.* **einige(r, s)**

ei·nig|ge·hen *vi irreg sein* ▪**mit jdm [in etw** *dat*] ~ to agree [*or* be agreed] with sb [on sth]

Ei·nig·keit <-> ['ainɪçkait] *f kein pl* ❶ *(Eintracht)* unity
❷ *(Übereinstimmung)* agreement; **es herrscht ~ darüber, dass ...** there is agreement that ...
▸ WENDUNGEN: **~ macht stark** *(prov)* unity is strength *prov,* strength through unity *prov*

Ei·ni·gung <-, -en> *f* ❶ POL *(das Einigen)* unification
❷ *(Übereinstimmung)* agreement; *(Regelung)* settlement; **außergerichtliche ~** JUR out-of-court settlement; **gütliche ~** amicable settlement; JUR settlement out of court; **[eine] ~ [über etw** *akk*] **erzielen** to reach [an] agreement [*or* settlement] [on sth]

ei·ni·gungs·be·dingt *adj* associated with [*or* due to] unification **Ei·ni·gungs·man·gel** *m* JUR lack of agreement **Ei·ni·gungs·pro·zess**^RR *m* unification process **Ei·ni·gungs·stel·le** *f* JUR *(zur Schlichtung)* conciliation board **Ei·ni·gungs·ver·fah·ren** *nt* JUR conciliation proceedings *pl* **Ei·ni·gungs·ver·trag** *m* POL unification treaty

ein|imp·fen *vt* ▪**jdm etw ~** to drum sth into sb; ▪**jdm ~, dass ...** to drum into sb that ...

ein|ja·gen *vt* **jdm Angst/Furcht/Schrecken ~** to scare/frighten/terrify sb

ein·jäh·rig, 1-jäh·rig^RR ['ainjɛːrɪç] *adj* ❶ *(Alter)* one-year-old *attr,* one year old *pred; s. a.* **achtjährig 1**
❷ BOT *(ein Jahr alt werdend)* annual
❸ *(Zeitspanne)* one-year *attr,* [of] one [*or* a] year *pred; s. a.* **achtjährig 2**

Ein·jäh·ri·ge(r), 1-Jäh·ri·ge(r) ^RR *f(m) dekl wie adj* one-year-old

ein|kal·ku·lie·ren* *vt* ❶ *(mit einbeziehen)* ▪**etw [mit] ~** to take sth into account; ▪**[mit] ~, dass ...** to take into account that ..., to allow for the fact that ...
❷ *(mit einrechnen)* ▪**etw [mit] ~** to take sth into account, to include sth

Ein·kam·mer·sys·tem *nt* POL unicameral system

ein|kap·seln ['ainkapsl̩n] **I.** *vt* PHARM ▪**etw ~** to encapsulate sth [*or* enclose sth in a capsule]
II. *vr* MED ▪**sich** *akk* **[in etw** *dat*] ~ *krankes Gewebe* to encyst itself [in sth]

ein|kas·sie·ren* *vt* ▪**etw [bei/von jdm] ~** ❶ *(kassieren)* to collect sth [from sb]
❷ *(fam: wegnehmen)* to confiscate sth [from sb]; ***he, wer hat meinen neuen Füller einkassiert?*** hey, who's pinched [*or* nicked] my new pen? *fam*

Ein·kauf *m* ❶ *(das Einkaufen)* shopping **(von** *+dat* of); ***ich muss noch einige Einkäufe erledigen*** I've still got a few [more] things to buy [*or* some [more] shopping to do]; **Einkäufe machen** [*o geh* **tätigen**] to do one's [*or* go] shopping
❷ *(eingekaufter Artikel)* purchase; ***ein günstiger ~!*** a good buy!; ***ich stelle gleich die Einkäufe in der Küche ab*** I'll take the shopping straight into the kitchen
❸ *kein pl* ADMIN *(Abteilung)* purchasing [*or* BRIT buying] [department]

ein|kau·fen I. *vt (käuflich erwerben)* ▪**etw ~** to buy sth; **etw billig/günstiger/teuer ~** to buy sth cheaply/at a more favourable price/at an expensive price [*or* to pay little/less/a lot for sth]
II. *vi* ▪**[bei jdm/in etw** *dat*] ~ to shop [at sb's/sth]; **~ gehen** to go shopping
III. *vr (einen Anteil erwerben)* ▪**sich** *akk* **in etw** *akk* ~ to buy [one's way] into sth

Ein·käu·fer(in) *m(f)* buyer, purchaser

Ein·kaufs·be·din·gun·gen *pl* HANDEL conditions of purchase **Ein·kaufs·buch** *nt* purchase ledger **Ein·kaufs·bum·mel** *m* shopping trip [*or* expedition] **Ein·kaufs·ge·mein·schaft** *f* HANDEL buying group, purchasing combine **Ein·kaufs·ge·nos·sen·schaft** *f* ÖKON wholesale [*or* purchasing] cooperative **Ein·kaufs·gut·schein** *m* shopping voucher **Ein·kaufs·kar·tell** *nt* ÖKON purchasing cartel **Ein·kaufs·kom·mis·si·on** *f* JUR buying commission **Ein·kaufs·lei·ter(in)** *m(f)* chief buyer [*or* purchaser] **Ein·kaufs·mei·le** *f* ÖKON shopping mile **Ein·kaufs·mög·lich·keit** *f* shopping facilities BRIT **Ein·kaufs·netz** *nt* string bag

Ein·kaufs·pa·last *m* retail palace **Ein·kaufs·pas·sa·ge** [-pasaːʒə] *f* shopping arcade BRIT **Ein·kaufs·preis** *m* purchase price; **zum ~** at cost [*or* price] **Ein·kaufs·pro·fil** *nt* ÖKON shopping profile **Ein·kaufs·quel·le** *f* **eine gute ~ für etw** *akk* a good place to buy sth **Ein·kaufs·selbst·kos·ten** *pl* FIN cost price for purchases **Ein·kaufs·stra·ße** *f* shopping [*or* pedestrian] precinct [*or* district] **Ein·kaufs·ta·sche** *f* shopping bag **Ein·kaufs·wa·gen** *m* [shopping] trolley [*or* AM cart] **Ein·kaufs·zei·le** *f* row of shops [*or* AM *usu* stores]; *(Haupteinkaufsstraße)* high [*or* main] street **Ein·kaufs·zen·trum** *nt* [out-of-town] shopping centre [*or* AM -er] [*or* mall] **Ein·kaufs·zet·tel** *m* shopping list

Ein·kehr <-> ['ainkeːɐ̯] *f kein pl (geh)* reflection;

innere ~ contemplation [of oneself]; **jdn zur ~ bringen** to make sb reflect; ~ **halten** to search one's soul [*or* heart]

ein|keh·ren *vi sein* ① *(veraltend: besuchen)* ■**[irgendwo/in etw** *dat*] ~ to stop off [somewhere/at sth]
② *(geh: sich einstellen)* ■**[bei jdm] [wieder]** ~ to reign [again] [at sb's]; ***hoffentlich kehrt bald [wieder] Ruhe ein*** hopefully peace will reign [again] soon; *(kommen)* to set in; ***der Herbst kehrt [wieder] ein*** autumn is setting in [again]

ein|kei·len *vt s.* **eingekeilt**

ein·keim·blätt·rig *adj* BOT monocotyledonous

ein|kel·lern ['ainkɛlɐn] *vt* ■**etw** ~ to store sth in the/a cellar

ein|ker·ben *vt* ■**etw [in etw** *akk*] ~ to cut [*or* carve] sth in[to sth]

Ein·ker·bung *f* cutting, carving

ein|ker·kern ['ainkɛrkɐn] *vt (geh)* ■**jdn** ~ to incarcerate sb

ein|kes·seln ['ainkɛsl̩n] *vt* MIL ■**jd kesselt jdn/etw ein** sb surrounds [*or* encircles] sb/sth

Ein·kes·se·lung <-, -en> *f* MIL encirclement, surrounding

ein·klag·bar *adj* JUR actionable, suable, legally recoverable; **ein ~er Anspruch** a cause of action; **eine ~e Forderung** an actionable [*or* enforceable] claim; **selbstständig** ~ actionable per se; **nicht** ~ non-actionable

Ein·klag·bar·keit <-> *f kein pl* JUR enforceability *no pl*, suability *no pl*

ein|kla·gen *vt* JUR ■**etw** ~ to sue for sth, to bring an action for [the recovery of] sth; **Euro 100** ~ to sue [sb] for 100 euros; **einen Anspruch** ~ to sue for a debt, to prosecute a claim

Ein·kla·gung <-, -en> *f* JUR action at law; ~ **der Vertragserfüllung** action for performance of contract

ein|klam·mern *vt* ■**etw** ~ to bracket sth, to put brackets around sth, to put sth in brackets

Ein·klang *m (geh)* harmony; **etw [mit etw** *dat*/**miteinander] in ~ bringen** to harmonize sth [with sth/with each other]; **in [*o* im] ~ mit etw** *dat* **stehen** to be in accord with sth; **im ~ mit jdm/etw** in harmony with sb/sth

ein|kle·ben *vt* ■**etw [in etw** *akk*] ~ to stick sth in[to sth]

ein|klei·den *vt* ① *(mit Kleidung ausstatten)* ■**jdn/sich [neu]** ~ to fit [*or* BRIT kit] out sb/oneself [with a [new] set of clothes]
② *(geh: fassen)* ■**etw in etw** *akk* ~ to couch sth in sth

Ein·klei·dung *f* fitting [*or* BRIT kitting] out [with a [new] set of clothes]

ein|klem·men *vt* ① *(quetschen)* ■**jdm etw** ~ *Daumen etc.* to catch sb's sth; ■**[sich** *dat*] **etw** ~ to catch [one's] sth; ***die Fahrerin war hinter dem Steuer eingeklemmt*** the driver was pinned behind the [steering] wheel
② *(festdrücken)* ■**etw [in etw** *akk*] ~ to clamp sth [in sth]

ein|kli·cken *vr* INET *(fam)* ■**sich** *akk* **in etw** *akk* ~ *Webseite* to click in *fam*

ein|klin·ken ['ainklɪŋkn̩] **I.** *vt* ① *(mit der Klinke schließen)* ■**etw** ~ to latch sth
② *(einrasten lassen)* ■**etw [in etw** *akk*] ~ *Sicherheitsgurt, Verschluss* to hook sth in[to sth]
II. *vi* to latch
III. *vr* ■**sich** *akk* **in etw** *akk* ~ to work one's way into sth; INFORM to access sth

ein|kni·cken I. *vt haben* ① *(umbiegen, umknicken)* ■**etw [an etw** *dat*] ~ to crease sth [at [*or* along] sth]
② *(fast zerbrechen)* ■**etw** ~ to snap sth
II. *vi sein* ① *(umknicken)* to buckle, to give way; ***er knickte ständig in den Knien ein*** his knees were constantly buckling [*or* giving way]; *(sich einwinkeln)* to turn; ***mein Knöchel/Fuß knickt dauernd ein*** I'm always going over on [*or* turning] my ankle
② *(einen Knick bekommen)* ■**[an etw** *dat*] ~ to crease [along sth]; **an der Ecke** ~ to crease [at] the corner
③ *(nachgeben, umfallen)* to give way

ein·knöpf·bar *adj* MODE button-in

ein|knöp·fen *vt* ■**etw [in etw** *akk*] ~ to button sth in[to sth]

ein|knüp·peln *vi* ■**[mit etw** *dat*] **auf jdn** ~ to beat [*or* club] [*or* cudgel] sb [with sth]

ein|ko·chen I. *vt haben* ■**etw** ~ ① KOCHK to preserve sth
② CHEM to reduce sth [by boiling], to concentrate sth
II. *vi sein* KOCHK to thicken

Ein·koch·topf *m* preserving pan

ein|kom·men *vi irreg sein (geh)* ■**[bei jdm] um etw** *akk* ~ to apply [to sb] for sth

Ein·kom·men <-s, -> *nt* income *no pl;* ~ **aus selbstständiger Tätigkeit** income arising from any employment of profit; ~ **vor Abzug der Steuern** pre-tax income; ~ **aus Direktinvestitionen** direct investment income; ~ **aus Kapitalvermögen** unearned income; ~ **aus Unternehmertätigkeit** entrepreneurial income; ~ **der privaten Haushalte** personal income; **beitragspflichtiges/nicht erarbeitetes** ~ income liable to subscription/unearned income; **festes/steuerpflichtiges** ~ regular/taxable income; **permanentes/persönliches** ~ permanent/personal income

Ein·kom·mens·an·teil *m* FIN income share **Ein·kom·mens·bei·hil·fe** *f* FIN income support [*or* supplement] **Ein·kom·mens·ein·bu·ße** *f* loss of income [*or* earnings] **Ein·kom·mens·ent·wick·lung** *f* ÖKON growth of income **Ein·kom·mens·er·mitt·lung** *f* ÖKON income determination **Ein·kom·mens·ge·fäl·le** *nt* disparity of income **Ein·kom·mens·gren·ze** *f* FIN income limit **Ein·kom·mens·grup·pe** *f* income bracket

Ein·kom·mens·klas·se *f* income bracket **Ein·kom·mens·ma·xi·mie·rung** *f* FIN income maximization **Ein·kom·mens·ni·veau** [-nivo:] *nt* FIN income level **Ein·kom·mens·po·li·tik** *f* ÖKON income policy **Ein·kom·mens·quel·le** *f* ÖKON source of income **Ein·kom·mens·re·a·li·sie·rung** *f* ÖKON disposal of income **Ein·kom·mens·rück·gang** *m* ÖKON decline in [*or* of] income **Ein·kom·mens·schich·tung** *f* ÖKON income stratification **ein·kom·mens·schwach** *adj* FIN low-income *attr* **ein·kom·mens·stark** *adj* FIN high-income *attr* **Ein·kom·mens·stu·fe** *f* ÖKON income bracket

Ein·kom·men·steu·er *f* income tax **Ein·kom·men·steu·er·an·teil** *m* FIN income tax component **Ein·kom·men·steu·er·be·hör·de** *f* FIN Inland Revenue Department BRIT, Internal Revenue Service AM **Ein·kom·men·steu·er·be·scheid** *m* income tax assessment **Ein·kom·men·steu·er·er·klä·rung** *f* income tax return [*or* declaration] **Ein·kom·men·steu·er·ge·setz** *nt* German income tax act **Ein·kom·men·steu·er·grup·pe** *f* ÖKON income [tax] bracket **Ein·kom·men·steu·er·pflicht** *f* FIN liability for income tax; **beschränkte** ~ non-resident's income tax liability **ein·kom·men·steu·er·pflich·tig** *adj* FIN liable to [pay] income tax **Ein·kom·men·steu·er·recht** *nt* JUR income tax law **Ein·kom·men·steu·er·richt·li·nie** *f* JUR, POL German income tax regulation **Ein·kom·men·steu·er·richt·li·ni·en** *pl* JUR income tax regulations *pl* **Ein·kom·men·steu·er·satz** *m* ÖKON income tax rate **Ein·kom·men·steu·er·ta·rif** *m* JUR, POL income tax scale **Ein·kom·men·steu·er·ver·an·la·gung** *f* JUR income tax assessment

Ein·kom·mens·ver·bes·se·rung *f* increased income **Ein·kom·mens·ver·hält·nis·se** *pl* income levels *pl* **Ein·kom·mens·ver·tei·lung** *f kein pl* ÖKON distribution of income **Ein·kom·mens·ver·wen·dung** *f* ÖKON application of income **Ein·kom·mens·ver·zicht** *m* ÖKON relinquishment of income **Ein·kom·mens·ziel** *nt* ÖKON income target, target income **Ein·kom·mens·zu·schlag** *m* ÖKON income allowance

Ein·korn <-[e]s> *nt kein pl* AGR single corn [wheat]

ein|krei·sen *vt* ① *(einkringeln)* ■**etw** ~ to circle sth, to put a circle round sth
② *(umschließen)* ■**jdn/ein Tier** ~ to surround sb/an animal
③ *(eingrenzen)* ■**etw** ~ to circumscribe sth *form*

Ein·krei·sung <-, -en> *f* surrounding, encirclement; *einer Frage, eines Problems* circumscription *form*

ein|krie·gen *vr meist verneint (fam)* **sich** *akk* **nicht [mehr] ~ [können]** to not be able to contain oneself [any more]; ***krieg dich wieder ein!*** get a grip on yourself!

ein|krin·geln *vt* ■**etw** ~ to circle sth, to put a circle round sth

Ein·künf·te ['ainkʏnftə] *pl* ÖKON income *no pl*, earnings; **außerordentliche/feste** ~ extraordinary/fixed income; **lohnsteuerpflichtige/steuerfreie** ~ income liable to PAYE tax BRIT/tax-exempt income; **steuerlich begünstigte** ~ preference income; **unerwartete** ~ windfall profits; ~ **aus selbstständiger/nicht selbstständiger Arbeit** self-employment/wage [*or* earned] income; ~ **aus Kapitalvermögen** unearned income *sing;* ~ **aus Vermietung und Verpachtung** rental income *sing;* ~ **aus dem Personenverkehr** passenger revenues *pl*

Ein·künf·te·er·zie·lung *f* FIN earning

Ein·kunfts·art *f* FIN type of income **Ein·kunfts·quel·le** *f* FIN source of income **Ein·kunfts·ta·bel·le** *f* FIN income schedule

ein|kup·peln *vi* to engage the clutch

ein|la·den[1] *irreg* **I.** *vt* ① *(zum Besuch auffordern)* ■**jdn [zu etw** *dat*/**in etw** *akk*] ~ to invite sb [to sth]; ***ich bin zu meinem Cousin in die USA eingeladen*** my cousin [who lives] in the USA has invited me to stay with him; ***wir sind morgen eingeladen*** we've been invited out tomorrow
② *(kostenlos teilnehmen lassen)* ■**jdn zu etw** *dat*/**in etw** *akk* ~ to invite sb for/[out] to sth; **jdn zum Essen** ~ to take sb out to [*or* invite sb [out] for] dinner; **jdn ins Theater** ~ to invite [*or* take] sb to the theatre [*or* AM -er]; ***ich lade dich ein*** it's my treat [*or* on me]; ***darf ich Sie zu einem Wein ~?*** can I get you a glass of wine?; ■**eingeladen sein** to be invited [*or* asked] out; ***du bist eingeladen*** this is on me [*or* my treat]
II. *vi (geh)* ■**etw lädt zu etw** *dat* **ein** sth invites [*or* tempts] one to do sth

ein|la·den[2] ['ainla:dn̩] *vt irreg (in etw laden)* ■**etw [in etw** *akk*] ~ to load sth in[to sth]

ein·la·dend I. *adj* ① *(auffordernd)* inviting *attr*
② *(appetitlich)* appetizing
II. *adv* invitingly

Ein·la·dung *f* ① *(Aufforderung zum Besuch)* invitation; **einer ~ Folge leisten** *(geh)* to accept an invitation
② *(Einladungsschreiben)* [letter of] invitation

Ein·la·dungs·kar·te *f* invitation [card] **Ein·la·dungs·schrei·ben** *nt* [letter of] invitation

Ein·la·ge <-, -n> *f* ① *meist pl (eingezahltes Geld)* deposit; **~n in eine Gesellschaft** share of a company; **~n mit Kündigungsfrist** deposits at short notice; **befristete** ~ deposit with agreed terms; **verzinsliche ~n** interest-bearing deposits
② FIN investment
③ *(Schuheinlage)* insole
④ KUNST inlay, inlaid work; ***Elfenbein mit ~n aus Silber*** ivory inlaid with silver
⑤ THEAT interlude
⑥ KOCHK *solid ingredients [such as noodles, egg, vegetables, etc.] added to soup*
⑦ *(Beilage)* enclosure; **etw als ~ in einen Brief legen** to enclose sth in a letter
⑧ *(provisorische Zahnfüllung)* temporary filling

Ein·la·ge·min·de·rung *f* FIN reduction of deposits

Ein·la·gen·bank *f* FIN deposits bank **Ein·la·gen·ge·schäft** *nt* FIN deposit banking **Ein·la·gen·sät·ze** *pl* FIN deposit rates **Ein·la·gen·si·che·rung** *f* FIN protection [*or* securing] of deposits, deposit insurance scheme **Ein·la·gen·ter·min·ge·schäf·te** *pl* FIN deposit futures *pl* **Ein·la·gen·vo·lu·men** *nt* FIN total deposits *pl* **Ein·la·gen·zer·ti·fi·kat** *nt* FIN certificate of deposit, CD **Ein·la·gen·zu·fluss**[RR] *m* FIN inflow of deposits

E

ein|la·gern *vt* ■**etw** ~ to store sth, to put down a store of sth BRIT; ■**eingelagert** stored

Ein·la·ge·rung <-, -en> *f* ① *(das Einlagern) Kartoffeln* storing, storage
② CHEM, GEOL deposit
③ HANDEL storage, warehousing; ~ **unter Zollverschluss** bonding

Ein·la·ge·rungs·ge·büh·ren *pl* FIN storage [*or* warehouse] charges **Ein·la·ge·rungs·wech·sel** *m* FIN storage [*or* warehouse] bill

ein|lan·gen *vi sein* ÖSTERR *(eintreffen)* to arrive

Ein·lass^RR <-es, Einlässe>, **Ein·laß**^ALT <-sses, Einlässe> ['ainlas, *pl* 'ainlɛsə] *m* ① *kein pl (Zutritt)* admission; *(zu einem privaten Ort)* admittance; **jdm ~ verweigern** to refuse sb admission [*or* admittance]; ~ **[in etw** *akk*] **begehren** to seek admission [to sth]; ~ **finden** to be allowed in [*or* admitted], to gain admission; **auf ~ warten** to want to be let in; **jdm ~ [in etw** *akk*] **gewähren** to allow [*or* let] sb in[to sth], to admit sb [to sth]; **sich** *dat* ~ **[in etw** *akk*] **verschaffen** to gain admission [to sth]; *(mit Gewalt)* to force one's way in[to sth]
② TECH inlet

ein|las·sen *irreg* **I.** *vt* ① *(eintreten lassen)* ■**jdn** ~ to let sb in, to admit sb
② *(einströmen lassen)* ■**etw** ~ to let sth in
③ *(einlaufen lassen)* ■**etw in etw** *akk* ~ to run sth into sth; **jdm ein Bad** [*o* **das Badewasser**] ~ to run sb a bath, to run [*or dated* draw] sb's bath *form;* ■**sich** *dat* **etw** ~ *Bad* to run [oneself] sth
④ *(einfügen)* ■**etw [in etw** *akk*] ~ to set sth [in sth]; **einen Edelstein in etw** *akk* ~ to set [*or* mount] a stone in sth
II. *vr* ① *(auf etw eingehen)* ■**sich** *akk* **auf etw** *akk* ~ to get involved in sth; **sich** *akk* **auf ein Abenteuer** ~ to embark on an adventure; **sich** *akk* **auf ein Gespräch/eine Diskussion** ~ to get involved in [*or* enter into] a conversation/discussion; **sich** *akk* **auf einen Kompromiss** ~ to accept a compromise
② *(bes pej: Kontakt aufnehmen)* ■**sich** *akk* **mit jdm** ~ to get involved [*or* mixed up] with sb
③ JUR ■**sich** *akk* **[zu etw** *dat*] ~ to make a statement about sth

Ein·lass·grund^RR *m* BAU deep solvent primer

Ein·las·sung <-, -en> *f* JUR statement, testimony; ~ **zur Hauptsache** plea to the merits of the plaintiff's claim

Ein·las·sungs·frist *f* JUR period for filing a defence

Ein·lass·ven·til^RR *nt* AUTO intake valve

Ein·lauf <-[e]s> *m* ① MED enema; **jdm einen ~ machen** to give sb an enema
② *kein pl* SPORT run-in, finish; ***beim ~ in die Zielgerade*** entering the home [*or* finishing] straight

Ein·lauf·blech *nt* BAU eaves flashing

ein|lau·fen *irreg* **I.** *vi sein* ① *(schrumpfen)* to shrink; ■**eingelaufen** shrunk[en]
② *(hineinströmen)* to run; ***das Badewasser läuft schon ein*** the bathwater's running; **[jdm] ein Bad** [*o* **das Badewasser**] ~ **lassen** to run [*or form* draw] [sb] a bath
③ *(eintreffen)* ■**[bei jdm]** ~ *Bewerbungen, Spenden* to be received [by sb], to arrive [*or* come in]
④ SPORT to run in; ■**in etw** *akk* ~ to run into sth; **in die Zielgerade** ~ to enter [*or* come into] the finishing [*or* home] straight; **als Erster** ~ to finish [*or* come in] first
⑤ *(einfahren)* ■**[in etw** *akk*] ~ to enter [sth], to arrive; ***das Schiff läuft in den Hafen ein*** the ship is sailing [*or* putting] into harbour
II. *vt haben (durch Tragen anpassen)* ■**etw** ~ to wear sth in; ■**eingelaufen** worn-in

ein|läu·ten *vt* ① *(durch Läuten anzeigen)* ■**etw** ~ to ring sth in
② SPORT ■**etw** ~ to sound the bell for sth

ein|le·ben *vr* ■**sich** *akk* **[bei jdm/in etw** *akk o dat*] ~ to settle in [with sb/in sth], to feel at home [with sb/in sth] *fam*

Ein·le·ge·ar·beit *f* ① *(Möbelstück mit Intarsien)* furniture with marquetry [*or* inlaid work] ② *(Intarsie)* inlay, inlaid work *no pl,* marquetry *no pl* **Ein·le·ge·bo·den** *m* removable shelf

ein|le·gen *vt* ① *(hineintun)* ■**etw [in etw** *akk*] ~ to put sth in [sth], to lay [*or form* place] sth in sth; **eine Kassette/eine CD** ~ to put on a cassette/a CD; **einen Film [in etw** *akk*] ~ to put a film in [sth], to insert a film [in sth]; **einen Film in die Kamera** ~ to put [*or* load] a film into the camera, to load the camera [with a film]; ■**eingelegt** inserted *form*
② AUTO to engage *form;* **den zweiten Gang** ~ to engage second gear, to change [*or* put it] into second [gear]; ■**eingelegt** engaged *form*
③ KOCHK ■**etw [in etw** *akk o dat*] ~ to pickle sth [in sth]; **eingelegte Heringe/Gurken** pickled herrings/gherkins
④ *(zwischendurch machen)* **eine Pause** ~ to have [*or* take] a break [*or fam* breather]; **eine Mittagspause** ~ to have [*or* take] a lunch break; **ein Schläfchen** ~ to have forty winks
⑤ *(einreichen)* **ein Veto** ~ to exercise [*or* use] a veto; **einen Protest [bei jdm]** ~ to lodge [*or* make] a protest [with sb]; **einen Vorbehalt** ~ to add a proviso; JUR to file sth; **etw bei einem Gericht** ~ to file sth at a court; **Berufung** ~ to [lodge an] appeal; ■**eingelegt** filed
⑥ FIN *(einzahlen)* ■**etw [in etw** *akk*] ~ to deposit sth [in sth], to invest sth [in sth]
⑦ *(intarsieren)* ■**etw** ~ to inlay sth; ■**eingelegt** inlaid

Ein·le·ger(in) <-s, -> *m(f)* FIN depositor

Ein·le·ge·soh·le *f* inner sole, insole

Ein·le·gung <-, -en> *f* ① FIN *(von Geld)* deposit
② JUR lodging, filing; ~ **eines Rechtsmittels** lodging of an appeal

ein|lei·ten *vt* ① *(in die Wege leiten)* ■**etw [gegen jdn]** ~ to introduce sth [against sb]; **Schritte [gegen jdn]** ~ to take steps [against sb]; JUR to initiate [*or* institute] sth [against sb]; **einen Prozess [gegen jdn]** ~ to start proceedings [against sb]; ■**eingeleitet** initiated, instituted
② MED *(künstlich auslösen)* ■**etw** ~ to induce sth
③ *(eröffnen)* ■**etw [mit etw** *dat*] ~ to open [*or* begin] [*or form* commence] sth [with sth]
④ *(beginnen lassen)* ■**etw** ~ to usher sth in, to introduce sth; CHEM **eine Reaktion** ~ to trigger a reaction
⑤ *(einleitend kommentieren)* ■**etw** ~ *Buch, Werk* to preface sth
⑥ *(hineinfließen lassen)* ■**etw in etw** *akk* ~ to empty sth into sth; SCI, TECH to lead [*or* pass] sth into sth; ***Abwässer in einen Fluss*** ~ to discharge effluent into a river

ein·lei·tend I. *adj* introductory, opening
II. *adv* as an introduction [*or* opening]; ***wie ich ~ bereits bemerkte, ...*** as I have already said in my introduction, ...

Ein·lei·tung *f* ① JUR *(Einleiten)* introduction; ~ **eines gerichtlichen Verfahrens** [*o* **gerichtlicher Schritte**]/**Strafverfahrens** institution of legal proceedings/of a prosecution; **die ~ eines Konkursverfahrens beantragen** to file a petition in bankruptcy; **die ~ einer Untersuchung** the opening of an inquiry [*or* investigation] ② *(Vorwort)* introduction, preface ③ ÖKOL ■**die ~ von etw** *dat* **[in etw** *akk*] the discharge [*or* emptying] of sth [into sth]

Ein·lei·tungs·for·mel *f einer Urkunde* caption, preamble

ein|len·ken *vi* ① *(nachgeben)* ■**[in etw** *dat*] ~ to give way [*or* in] [in sth], to make concessions [in sth], to capitulate *form,* to yield [in sth] *liter;* **jdn zum E~ bringen** to persuade sb to give way [*or* make concessions]
② *(einbiegen)* ■**[in etw** *akk*] ~ *Straße* to turn [*or* go] [into sth]

ein|le·sen *irreg* **I.** *vt* INFORM ■**etw [in etw** *akk*] ~ *Daten, Informationen* to read sth in[to sth]
II. *vr (durch Lesen vertraut werden)* ■**sich** *akk* **in etw** *akk* ~ to familiarize oneself with sth; **sich** *akk* **in ein Buch** ~ to get into a book

ein|leuch·ten *vi* ■**[jdm]** ~ to be clear [*or* logical] [to sb], to make sense [to sb]; ***das leuchtet mir ein*** I can see [*or* understand] that; ■**es leuchtet [jdm] ein, dass ...** it makes sense [to sb] that ...; ***es will mir einfach nicht ~, dass ...*** I just don't understand why ...

ein·leuch·tend I. *adj* clear, logical, evident; **ein ~es Argument** a persuasive [*or* convincing] argument; **eine ~e Erklärung** a plausible explanation
II. *adv* clearly, logically

ein|lie·fern *vt* ① *(stationär aufnehmen lassen)* ■**jdn [in etw** *akk*] ~ *ins Gefängnis, Krankenhaus* to admit sb [to sth]; ■**eingeliefert** admitted
② JUR **jdn in eine Haftanstalt** ~ to send [*or form* commit] sb to prison; ■**eingeliefert** imprisoned
③ *(aufgeben)* ■**etw [bei etw** *dat*] ~ to hand sth in [at sth]

Ein·lie·fe·rung *f* ① MED admission ② JUR committal [to prison], internment ③ *(von Sendungen) Brief, Paket etc.* handing-in **Ein·lie·fe·rungs·schein** *m* certificate of posting BRIT, postal receipt AM

ein|lo·chen *vt* ① *(sl: inhaftieren)* ■**jdn [wegen einer S.** *gen*] ~ to lock sb up [*or* away] [for sth] *fam,* to put sb away [*or* behind bars] [for sth] *fam*
② SPORT *Golf* to hole [out] BRIT; *Billard, Snooker* to pot

ein|log·gen ['ainlɔgn̩] **I.** *vi* ■**[sich** *akk*] **[in etw** *akk*] ~ *System* to log in [*or* on] [to sth]
II. *vr* ■**sich** *akk* ~ to log in [*or* on]; **sich** *akk* **ins Internet** ~ to log into the internet

ein·lös·bar *adj* redeemable; **ein ~er Gutschein** a [redeemable] coupon [*or* voucher]; ■**etw ist [gegen etw** *akk*] ~ sth can be exchanged [for sth]; **etw ist gegen Geld** ~ sth can be cashed in

ein|lö·sen *vt* ① *(vergüten)* ■**etw** ~ to honour [*or* AM -or] sth, to meet sth; **einen Scheck** ~ to honour a cheque BRIT, to honor [*or* cash] a check AM
② *(auslösen)* ■**etw [bei jdm]** ~ to redeem sth [from sb]; **ein Pfand** ~ to redeem a pledge
③ *(wahr machen)* ■**etw** ~ to honour [*or* AM -or] sth; **ein Versprechen** ~ to keep a promise

Ein·lö·sung *f* ① *(das Vergüten)* payment; **einen Schuldschein/Scheck zur ~ vorlegen** to present a promissory note/cheque for payment
② *(Auslösung)* redemption; **die ~ eines Schmuckstücks** the redemption of a piece of jewellery
③ *(das Wahrmachen)* ■**die ~ von etw** *dat* the honouring [*or* AM -oring] of sth, the keeping of sth; ***muss ich dich erst an die ~ deines Wortes erinnern?*** do I have to remind you what you promised [*or* of your promise]?

Ein·lö·sungs·frist *f* FIN time of redemption **Ein·lö·sungs·kurs** *m* FIN redemption rate **Ein·lö·sungs·pflicht** *f* FIN obligation to convert **Ein·lö·sungs·recht** *nt* FIN right of redemption **Ein·lö·sungs·ter·min** *m* FIN redemption date

ein|lul·len ['ainlʊlən] *vt* ① *(schläfrig machen)* ■**jdn** ~ to lull sb to sleep; ■**~d** *als adj verwendet* lullaby-like; *als adv verwendet* like a lullaby
② *(willfährig machen)* ■**jdn [mit etw** *dat*] ~ to lull sb into a false sense of security [with sth]

ein|ma·chen I. *vt* ■**etw** ~ to preserve sth; **Obst** ~ to can [*or* BRIT bottle] fruit; **Kompott/Marmelade** ~ to make fruit compôte [*or* marmalade]/jam; **etw in Essig** ~ to pickle sth; ■**eingemacht** preserved, bottled
II. *vi* to bottle up, to make jam, to preserve [sth]

Ein·mach·glas *nt* [preserving] jar **Ein·mach·ring** *m* [rubber] seal **Ein·mach·zu·cker** *m* preserving sugar

ein·mal^1, **1-mal**^RR ['ainma:l] *adv* ① *(ein Mal)* once; *s. a.* **achtmal**
② *(ein einziges Mal)* once; ***wenn du auch nur ~ auf mich hören würdest!*** if you would only listen to me, just once!; ***das gibt's nur ~*** *(fam)* it's [really] unique, it's a one-off; ***~ Hamburg und zurück, bitte*** one return to Hamburg, please; ***~ Tee und zwei Kaffee, bitte!*** one tea and two coffees, please!; ~ **im Monat/am Tag/in der Woche** once a month/day/week; ~ **und nie wieder** once and once only [*or* and never again]; **noch** ~ once more, one more time
③ *(zunächst)* first; ~ ***sagst du dies und dann wieder das*** first you say one thing and then another
④ *(ein weiteres Mal)* **noch ~** again; ***soll ich es [dir]***

noch ~ erklären? shall I explain it [to you] you again?; **~ mehr** once again
⑤ *(früher irgendwann)* once; ***sie waren ~ glücklich*** they used to be happy [once]; ***das Hotel ist nicht mehr das, was es ~ war*** the hotel is not what it used to be; ***warst du schon ~ in Wien?*** have you ever been to Vienna?; ***es war ~ ein König, der hatte drei Töchter*** once upon a time, there was a king who had three daughters; ***das war ~!*** that's over!, that's a thing of the past!; **schon ~** ever; ***hast du schon ~ daran gedacht auszuwandern?*** have you ever thought of emigrating?
⑥ *(später irgendwann)* sometime, some [*or* one] day; ***du wirst ~ an meine Worte denken!*** you'll remember my words one day!; ***es kommt ~ der Tag, an dem ...*** the day will come when ...; ***ich will ~ Pilot werden*** I want to be a pilot [some day]
▸WENDUNGEN: **auf ~** *(plötzlich)* all at once, suddenly, all of a sudden; *(zugleich)* all at once; ***schreit nicht alle auf ~*** don't all shout at once; **~ ist keinmal** *(prov)* just once doesn't count

ein·mal[2] ['ainma:l] *part* ① *(eben)* ***so liegen die Dinge nun ~*** that's the way things are; ***alle ~ herhören!*** listen, everyone!; ***sag ~, ist das wahr?*** tell me, is it true?; ***sei doch ~ so lieb und reiche mir die Kaffeekanne!*** could you just pass me the pot of coffee?; ***komm doch ~ her!*** come here a minute!; ***kannst du ~ halten?*** can you hold onto this for a minute?; ***wie heißt der Autor noch ~?*** what's the name of the author again?; ***so ist das nun ~*** that's the way it is; ***damit musst du dich nun ~ abfinden*** that you have to accept
② *(einschränkend)* **erst ~** first; ***ich werde es erst ~ überschlafen und dir morgen meine Entscheidung mitteilen*** I'll sleep on it [first] and will let you know my decision tomorrow; ***lass uns erst ~ abwarten*** let's wait and see; **nicht ~** not even; ***er hat sich nicht ~ bedankt*** he didn't even say thank you; **wieder ~** [once] again; ***du hast wieder ~ Recht!*** [once] again, you're right!

Ein·mal·ab·zug *m* FIN one-time deduction **Ein·mal·auf·wen·dun·gen** *pl* one-off expenditure *no pl* **Ein·mal·be·steck** *nt* disposable cutlery, plastic knives, forks and spoons **Ein·mal·ein·nah·me** *f* FIN one-off revenue

Ein·mal·eins <-> [ainma:l'ʔains] *nt kein pl* ■**das ~** ① MATH [multiplication] tables *pl;* ***er kann bereits das ~*** he already knows his tables; **das kleine/große ~** the tables from one to ten/eleven to twenty, the one to ten/eleven to twenty times tables
② *(die Grundzüge)* basics *pl*
③ *(Routinearbeit)* ***das tägliche ~ eines Anwalts*** a lawyer's routine [*or* bread-and-butter] work

Ein·mal·ge·schirr *nt* disposable crockery, paper/plastic plates etc. **Ein·mal·hand·schuh** *m* disposable glove **Ein·mal·hand·tuch** *nt* disposable towel

ein·ma·lig ['ainma:lɪç] **I.** *adj* ① *(nicht wiederkehrend)* unique, unparalleled, unequalled; **ein ~es Angebot** a unique [*or* an exclusive] offer; **eine ~e Chance** [*o* **Gelegenheit**] **haben** to have a unique opportunity [*or* a once-in-a-lifetime chance]
② *(nur einmal getätigt)* once only, single; **eine ~e Zahlung** a one-off payment, payment of a lump sum; **eine ~e Anschaffung** a one-off [*or* non-recurring] purchase; *s. a.* **achtmalig**
③ *(fam: ausgezeichnet)* unique, second to none, unsurpassed *form;* **eine ~e Leistung** an outstanding achievement; ■**etwas E~es** something unique
④ *(fam: göttlich, köstlich)* terrific *fam,* fantastic *fam,* far-out *sl;* ***der Kerl ist ~!*** the lad is quite a character [*or* really something]!
II. *adv (besonders)* really; **~ gut** exceptional; ***dieses Gericht schmeckt ~ gut*** this dish tastes out of this world *fam;* **~ schön** of singular beauty *liter,* uniquely beautiful *form,* really fantastic [*or* superb] *fam*

Ein·ma·lig·keit <-> *f kein pl* uniqueness

Ein·mal·lin·se *f* disposable lens **Ein·mal·sprit·ze** *f* disposable syringe **Ein·mal·win·del** *f* disposable nappy [*or* AM diaper] **Ein·mal·zah·lung** *f* one-off payment

Ein·mann·be·trieb *m* ① *(Einzelunternehmen)* one-man business [*or* company] [*or fam* show]
② TRANSP one-man operation **Ein·mann·bus** *m* one-man bus, bus with a one-man crew **Ein·mann·ge·sell·schaft** *f* HANDEL one-man company [*or* corporation] **Ein·mann·ka·pel·le** *f* one-man band

Ein·mark·stück [ain'markʃtʏk] *nt* HIST one-mark coin [*or* piece]

Ein·marsch *m* ① *(das Einmarschieren)* invasion; ■**jds ~ in etw** *akk* sb's invasion of sth
② *(Einzug)* entrance; ■**jds ~** [**in etw** *akk*] sb's entrance [into sth]

ein|mar·schie·ren* *vi sein* ① *(in etw marschieren)* ■[**in etw** *akk*] ~ to invade [sth]
② *(einziehen)* ■**in etw** *akk* ~ to march into sth; ■**~d** marching

ein|mas·sie·ren* *vt* ■**etw ~** to rub sth in; ■[**jdm**] **etw in etw** *akk* ~ to rub sth into [sb's] sth; **Kurspülung in das Haar ~** to work [*or* massage] conditioner into the hair; **Massageöl in die Haut ~** to massage oil into the skin

ein|mau·ern *vt* ① *(einlassen)* ■**etw** [**in etw** *akk*] **mit ~** to build [*or* embed] [*or* fix] sth [into sth]
② *(ummauern)* ■**jdn/etw** [**in etw** *akk*] ~ to wall sb/sth up [in sth], to immure sb/sth [in sth] *form*

Ein-Me·ga·bit-Chip [-'me:gabɪt tʃɪp] *m* INFORM one-megabit chip

ein|mei·ßeln *vt* ■**etw** [**in etw** *akk*] ~ to carve sth [into sth] [with a chisel]; ■**eingemeißelt** carved, chiselled BRIT, chiseled AM

ein|men·gen *vr (einmischen)* ■**sich** *akk* [**in etw** *akk*] ~ to interfere [with sth]

Ein·me·ter·brett [ain'me:tɐbrɛt] *nt* one-metre [*or* AM -er] [diving] board

ein|mie·ten *vr* ■**sich** *akk* [**bei jdm/in etw** *dat*] ~ to move into accommodation [with sb/in sth]; **sich** *dat* **bei einer Familie ~** to lodge with a family, to find lodgings [*or esp* BRIT *fam* digs] with a family

ein|mi·schen *vr (eingreifen)* ■**sich** *akk* [**bei etw** *dat*/**in etw** *akk*] ~ to interfere [in sth]; ***misch dich ja nicht ein!*** don't interfere [*or fam* meddle] [*or fam* poke your nose in [where it's not wanted]]!; *(um zu schlichten)* to intervene [in sth]

Ein·mi·schung *f (das Eingreifen)* ■**jds ~ in etw** *akk* sb's interference [*or fam* meddling] in sth; *(um zu schlichten)* sb's intervention in sth

ein·mo·na·tig *adj attr* ① *(einen Monat dauernd)* one-month *attr,* lasting one month *pred;* **eine ~e Unterbrechung** a break [*or* an interval] of one month; **~e Dauer** one month's duration
② *(einen Monat alt)* one-month-old *attr,* one month old *pred*

ein·mo·nat·lich **I.** *adj* monthly
II. *adv* monthly, once a month

ein|mon·tie·ren* *vt* ■**etw ~** to install [*or* AM *a.* instal] sth; ■**etw in etw** *akk* ~ to put sth into sth, to mount sth in sth; ■**etw** [**in etw** *akk*] **wieder ~** to replace sth [in sth]

ein·mo·to·rig *adj Flugzeug* single-engined

ein|mot·ten ['ainmɔtṇ] *vt* ① MIL ■**etw ~** to mothball [*or* BRIT cocoon] sth; ■**eingemottet** mothballed, cocooned BRIT
② *(einlagern)* ■**etw ~** to put sth in mothballs

ein|mum·me(l)n *vt (fam: einhüllen)* ■**jdn** [**in etw** *akk*] ~ to wrap sb up [warm] [in sth]; ■**eingemummt** wrapped up, muffled; ■**sich** *akk* ~ to wrap up [warm]; **sich** *akk* **ganz dick** [*o* **gut**] [*o* **warm**] ~ to wrap up warmly [*or* well]

ein|mün·den *vi sein* ① *(auf etw führen)* ■**in etw** *akk* ~ to lead into sth, to join sth, to intersect with sth; ■**~d:** ***achten Sie bitte auf die von rechts ~de Straße!*** please watch out for the road joining from the right!
② *(in etw münden)* ■**in etw** *akk* ~ to empty [*or* discharge] [*or* flow] into sth

Ein·mün·dung *f* ① *(Einfahrt)* entry, road leading up to a junction; **die ~ in die Autobahn** the slip road to the motorway BRIT, the entrance to the highway AM
② *(Mündung) Fluss* confluence

ein·mü·tig ['ainmy:tɪç] **I.** *adj* unanimous
II. *adv* unanimously, with one voice *liter;* **~ zusammenstehen** to stand united

Ein·mü·tig·keit <-> *f kein pl* unanimity, solidarity

ein|nä·hen *vt* MODE ① *(in etw nähen)* ■**etw** [**in etw** *akk*] ~ to sew sth [into sth]; ■**eingenäht** sewn in
② *(enger machen)* ■**etw ~** to take sth in

Ein·nah·me <-, -n> ['ainna:mə] *f* ① *meist pl* FIN earnings; *bei einem Geschäft* takings *npl* BRIT; *bei einem Konzern* receipts *pl; bei einem Individuum* income *no pl; bei dem Staat* revenue[s]; **~n und Ausgaben** income and expenditure; **außerordentliche ~** extraordinary income
② *kein pl (geh: das Einnehmen) Arzneimittel, Mahlzeiten* taking
③ *(Eroberung)* taking, capture

Ein·nah·me·aus·fall *m* ÖKON loss of income **Ein·nah·me·er·war·tung** *f* ÖKON expected income

Ein·nah·men *pl* income *no pl;* **~ und Ausgaben** income and expenditure

Ein·nah·men·aus·fall *m* FIN revenue shortfall **Ein·nah·men-/Aus·ga·ben·rech·nung** *f* FIN cash [basis] accounting

Ein·nah·me·quel·le *f* source of income; *des Staates* source of revenue; [**sich** *dat*] **zusätzliche ~n erschließen** to find additional sources of income **Ein·nah·me·rück·gang** *m* ÖKON decline [*or* shortfall] in revenue; FIN drop in revenue

Ein·nah·me·über·schuss[RR] *m* JUR, FIN surplus revenue **Ein·nah·me-/Ü·ber·schuss·rech·nung** *f* FIN cash receipts and disbursement method, net income method

ein|neh·men *vt irreg* ① ÖKON ■**etw ~** *Geld* to take sth; *Steuern* to collect sth; ■**eingenommen** collected
② *(zu sich nehmen)* ■**etw ~** to take sth; **die Antibabypille ~** to be on the pill; **eine Mahlzeit ~** to have a meal
③ *(geh: besetzen)* ■**etw ~** to take sth; ***bitte, nehmen Sie Ihre Plätze ein*** please take your seats [*or form* be seated]
④ *(vertreten)* **einen Standpunkt ~** to hold an opinion [*or* a view]; ■**jd nimmt den Standpunkt ein, dass ...** sb takes the view that ...; **eine Haltung ~** to assume an attitude
⑤ *(innehaben)* ■**etw ~** to hold [*or* occupy] sth; **die Stelle des Chefs ~** to take over the position of boss
⑥ SPORT ■**etw ~** to hold sth; ***Platz 5 in der Tabelle ~*** to be lying fifth in the table
⑦ *(erobern)* ■**etw ~** to take [*or* capture] sth; ■**eingenommen** taken, captured
⑧ *(beeinflussen)* **jdn für sich** *akk* ~ to win favour [*or* AM -or] with sb, to charm sb; **jdn gegen sich/jdn/etw ~** to turn sb against oneself/sb/sth
⑨ *(als Raum beanspruchen, ausfüllen)* to take up; **viel Platz ~** to take up a lot of space
⑩ NAUT *(veraltend: laden)* to load

ein·neh·mend ['ainne:mənt] *adj* charming, engaging; **~er Charme** engaging charm; **~es Lächeln** winning [*or* engaging] smile; ***er war ein Mensch von ~em Wesen*** he was a person with charming [*or* engaging] manners [*or* with winning ways]; ***ihre Art war nicht sehr ~*** she was rather unprepossessing; ***er hatte etwas E~es an sich*** there was something very charming about him

Ein·neh·mer(in) <-s, -> *m(f)* ÖKON receiver

ein|ni·cken *vi sein (fam)* to doze [*or* drop] [*or* nod] off *fam*

ein|nis·ten *vr* ① *(sich niederlassen)* ■**sich** *akk* **bei jdm ~** to ensconce oneself [*or* to settle in] [with sb]
② *(sich festsetzen)* ■**sich** *akk* [**bei jdm**] ~ *Ungeziefer* to nest [*or* build a nest] [in sb's home]
③ *(einwachsen)* ■**sich** *akk* ~ *Eizelle, Parasiten* to lodge

Ein·öde ['ainʔø:də] *f* waste, wasteland; **eine menschenleere ~** a deserted wasteland; ***er lebt in der ~ des schottischen Hochlands*** he lives in the wilds of the Scottish Highlands

Ein·öd·hof ['ainʔø:tho:f] *m* isolated [*or* secluded] [*or* out-of-the-way] farm

ein|ö·len *vt (mit Öl bestreichen)* ■**etw** [**mit etw** *dat*] ~ to oil [*or* lubricate] [*or* grease] sth [with sth];

■ jdn ~ to put [*or* rub] oil on sb; ■ **eingeölt** oiled, lubricated; ■ **sich** *akk* ~ to put [*or* rub] oil on oneself, to rub oneself with oil; **sich** *akk* **mit Sonnenöl** ~ to put suntan oil on [oneself], to rub suntan oil in[to one's skin]

ein|ord·nen I. *vt* ❶ *(einsortieren)* ■ **etw** [**in etw** *akk*] ~ to put sth [in sth] in order, to organize sth [in sth]; **etw alphabetisch** ~ to file sth alphabetically
❷ *(klassifizieren)* ■ **jdn/etw** [**unter etw** *dat*] ~ to classify sb/sth [under sth], to categorize sb/sth [under sth], to pigeonhole sb/sth, to put sb/sth under a certain heading *fam;* **ein Kunstwerk zeitlich** ~ to date a work of art
II. *vr* ❶ *(sich einfügen)* ■ **sich** *akk* [**in etw** *akk*] ~ to fit in[to sth], to integrate [into sth]
❷ *(Fahrspur wechseln)* ■ **sich** *akk* **links/rechts** ~ to get into the left-/right-hand lane, to move [over] [*or* get] into the correct lane; ***bitte*** ~ get in lane

ein|pa·cken I. *vt* ❶ *(verpacken)* ■ **etw** [**in etw** *akk*] ~ to wrap sth [in sth]; *(um zu verschicken)* to pack sth [*or* parcel sth up] [in sth]; *(um zu verkaufen)* to package sth; ■ **etw** ~ **lassen** to have sth wrapped; ■ **eingepackt** wrapped, packed, parcelled up, packaged
❷ *(einstecken)* ■ [**jdm**] **etw** ~ to pack sth [for sb], to put sth in [for sb]; ■ [**sich** *dat*] **etw** ~ to pack sth, to put sth in; ■ **eingepackt** packed
❸ *(fam: einmummeln)* ■ **jdn** [**in etw** *akk*] ~ to wrap sb up [in sth]; ■ **sich** *akk* [**in etw** *akk*] ~ to wrap [oneself] up [in sth]; **sich** *akk* **in warme Kleidung** ~ to wrap [oneself] up warm
▸WENDUNGEN: **sich** *akk* [**mit etw** *dat*] ~ **lassen können** *(sl)* to pack up and go home [after/because of/with sth] *fig fam,* to pack it [all] in [*or* forget it] *fam*
II. *vi (Koffer etc. füllen)* to pack [one's things] [up]
▸WENDUNGEN: ~ **können** *(sl)* to pack up and go home *fig fam,* to have had it *fam*

ein|par·ken I. *vi* ■ [**irgendwie**] ~ to park [somehow]; **richtig** ~ to park correctly [*or* properly]; **rückwärts** ~ to back [*or* reverse] into a parking space BRIT; **vorwärts** ~ to pull into a parking space
II. *vt* ■ **etw** ~ to park sth; **etw rückwärts** ~ to back [*or* reverse] into a parking space BRIT; **etw vorwärts** ~ to pull into a parking space; ■ **es lässt sich** [**irgendwie**] ~ it's ... to park; ***dieser Wagen lässt sich schlecht*** ~ this car's difficult to park

Ein·par·tei·en·re·gie·rung *f* one-party government **Ein·par·tei·en·staat** *m* one-party state **Ein·par·tei·en·sys·tem** [ainpar'taiənzʏste:m] *nt* one-party system

ein|pas·sen I. *vt* ■ **etw** [**in etw** *akk*] ~ to fit sth [into sth]
II. *vr* ■ **sich** *akk* [**in etw** *akk*] ~ to integrate [into sth], to adjust [oneself] [to sth]

Ein-Pass-Scan·ner [-skɛnɐ] *m* INFORM single pass scanner **Ein-Pass-Ver·fah·ren** *nt* INFORM single pass method

ein|pau·ken *vt (fam)* ■ **sich** *dat* **etw** ~ to cram [*or* BRIT *fam* bone up on] sth; ■ **jdm etw** ~ *(veraltend)* to drum sth into sb's head

Ein·peit·scher(in) *m(f)* ❶ *(meist pej)* rabble-rouser
❷ POL *(im britischen Parlament)* whip

ein|pen·deln *vr* ■ **sich** *akk* [**auf etw** *akk*] ~ to level off, to even out [at sth]; **sich** *akk* **auf ein bestimmtes Niveau** ~ to find a certain level, to even out at a certain level

ein|pen·nen *vi sein (sl)* to drop [*or* doze] [*or* nod] off *fam*

Ein·per·so·nen·ge·sell·schaft *f* HANDEL single-member company **Ein·per·so·nen-GmbH** [-ge:ʔɛmbe:ha:] *f* HANDEL sole trader private limited company **Ein·per·so·nen·haus·halt** *m (geh)* one-person [*or* single-person] household **Ein·per·so·nen·stück** *nt* one-person show

ein|pfer·chen *vt* to cram in; **Tiere** [**in etw** *akk*] ~ to pen animals [in [sth]]; **Menschen** [**in etw** *akk*] ~ to coop people up [together] [in sth]; ■ **eingepfercht** crammed in, penned [in], cooped up; **eingepfercht stehen/sitzen** to stand/sit packed together like sardines [in a can]

ein|pflan·zen *vt* ❶ *(in etw pflanzen)* ■ **etw** [**in etw** *dat*] ~ to plant sth [in sth]; **etw wieder** ~ to replant sth; ■ **eingepflanzt** planted
❷ MED ■ [**jdm**] **etw** ~ to implant sth [in sb]

ein·pfle·gen *vt* **Daten in etw** *akk* ~ to add data to sth, to update sth with [new] data

Ein·pha·sen·strom ['ainfa:zn̩ʃtro:m] *m* single-phase current

ein·pha·sig *adj* ELEK single-phase

ein|pin·seln *vt* ❶ MED ■ [**jdm**] **etw** [**mit etw** *dat*] ~ to swab [sb's] sth [with sth]
❷ KOCHK ■ **etw** [**mit etw** *dat*] ~ to brush sth [with sth]

ein|pla·nen *vt* ❶ *(einbeziehen)* to plan, to schedule; ■ **etw** [**mit**] ~ to take sth into consideration, to allow for sth
❷ *(im Voraus planen)* ■ **etw** [**mit**] ~ to plan sth [in advance]

ein|pö·keln *vt* KOCHK *(zur Konservierung einsalzen)* ■ **etw** ~ *Fleisch* to salt sth

ein|prä·gen I. *vr* ❶ *(sich etw einschärfen)* ■ **sich** *dat* **etw** ~ to remember [*or* make a mental note of] sth, to fix sth in your memory; ***sich dat die Formeln gut*** ~ to really learn [*or* memorize] the formulae
❷ *(im Gedächtnis haften)* ■ **sich** *akk* **jdm** ~ *Bilder, Eindrücke, Worte* to be imprinted on sb's memory, to be engraved in sb's mind; ***die Worte haben sich mir unauslöschlich eingeprägt*** the words made an indelible impression on me, I'll remember those words till the end of my days
II. *vt* ❶ *(einschärfen)* ■ **jdm etw** ~ to drum [*or* get] sth into sb's head *fam,* to drive sth home [to sb], to impress sth on sb; ■ **jdm** ~, **etw zu tun** to urge sb to do sth
❷ *(in etw prägen)* ■ **etw** [**in etw** *akk*] ~ *Inschrift, Muster* to imprint sth [on sth]; **etw in Metall** ~ to engrave sth on metal

ein·präg·sam ['ainprɛ:kza:m] *adj* easy to remember *pred;* ~**e Melodie** catchy melody [*or* tune]

ein|pras·seln *vi (fam)* ■ **auf jdn** ~ to rain down on sb

ein|pro·gram·mie·ren* *vt* INFORM **Daten** ~ to feed in data; ■ **einprogrammiert** programmed

ein|prü·geln I. *vt (fam)* ■ **jdm etw** ~ to beat [*or* knock] sth into sb *fam*
II. *vi (fam: immer wieder prügeln)* ■ [**mit etw** *dat*] **auf jdn** ~ to beat up sb *sep* [with sth]

ein|pu·dern *vt* ■ **sich** *dat* **etw** ~ to powder sth; **sich** *dat* **die Nase** ~ to powder one's nose; ■ [**jdm**] **etw** ~ to powder [sb's] sth; **dem Baby den Po** ~ to powder the baby's bottom; ■ **eingepudert** powdered

ein|quar·tie·ren* ['ainkvarti:rən] I. *vt* ❶ *(unterbringen)* ■ **jdn** [**bei jdm**] ~ to put sb up [*or* house sb] [*or* find accommodation for sb] [with sb [*or* at sb's]]
❷ MIL ■ **jdn irgendwo** ~ to billet sb somewhere
II. *vr* ■ **sich** *akk* **bei jdm** ~ to move in with sb

Ein·rad *nt* unicycle

ein|rah·men *vt* ❶ *(in Rahmen fassen)* ■ [**jdm**] **etw** ~ to frame sth [for sb]; **ein Foto** ~ **lassen** to have a photo framed; ■ **eingerahmt** framed
❷ *(fam: links und rechts begleiten)* ■ **jdn** ~ to flank sb
▸WENDUNGEN: **das kannst du dir** ~ **lassen!** *(fam)* you can hang that in the toilet! BRIT *fam*

ein|ram·men *vt* ■ **etw** [**in etw** *akk*] ~ to ram [*or* drive] sth in[to sth] [*or* home]

ein|ras·ten *vi sein* to click home [*or* into place], to engage *form*

ein|räu·men *vt* ❶ *(in etw räumen)* ■ **etw** [**in etw** *akk*] ~ to put sth away [in sth], to clear sth away [into sth]; **die Möbel** [**wieder**] ~ to move the furniture [back] in[to the room]
❷ *(füllen)* ■ **etw** ~ to fill sth; ***der Schrank ist eingeräumt*** the cupboard is full [up]
❸ *(mit Möbeln füllen)* ■ [**jdm**] **etw** ~ to arrange sth [for sb]; ***bei einem Umzug räumen einem die Packer das Haus gleich wieder ein*** when you move, the packers set up everything again in the new house for you
❹ *(zugestehen)* ■ [**jdm gegenüber**] **etw** ~ to concede [*or* acknowledge] sth [to sb]; ■ [**jdm gegenüber**] ~, **dass ...** to admit [*or* acknowledge] [*or* concede] [to sb] that ...
❺ *(gewähren)* ■ **jdm etw** ~ *Frist, Kredit* to give [*or* grant] sb sth
❻ *(zugestehen)* ■ **jdm etw** ~ *Freiheiten, Rechte etc.* to allow [*or* grant] sb sth

Ein·räu·mung <-, -en> *f* ❶ *kein pl* JUR *(Gewähren) eines Rechts* granting; ~ **von Gewährleistungsrechten/von Nutzungsrechten** granting of warranty rights/licences; **die** ~ **eines Zahlungsziels verweigern** to refuse credit
❷ *(Zugeständnis)* admission, concession; ~**en machen** to make allowances

ein|rech·nen *vt* ❶ *(mit einbeziehen)* ■ **jdn** [**mit**] ~ to include sb, to count sb; ***dich mit eingerechnet sind wir 9 Personen*** counting [*or* including] you, there'll be 9 of us; ■ **etw** [**mit**] ~ to allow for [*or* include] sth; ***ich habe die Getränke noch nicht mit eingerechnet*** I haven't allowed for the drinks yet
❷ *(als inklusiv rechnen)* ■ **etw** [**mit**] ~ to include sth; ***Steuer und Bedienung sind bereits mit eingerechnet*** tax and service included

Ein·re·de <-, -n> *f* JUR *(Einspruch)* objection, plea, AM exception; **aufschiebende** [*o* **dilatorische**] ~ dilatory plea; **peremptorische** ~ peremptory plea; **prozessbehindernde** ~ legal objection to an action; ~ **der Rechtskraft** plea of res judicata; ~ **der Verjährung** plea that a/the claim is statute-barred

ein|re·den I. *vt (durch Reden glauben machen)* ■ **jdm etw** ~ to talk [*or* persuade] sb into thinking sth; ***wer hat dir denn diesen Unsinn eingeredet?*** who told you that nonsense?; ■ **jdm** ~, **dass ...** to talk sb into thinking that ...; ***rede mir nicht immer ein, dass nur deine Meinung richtig sei!*** don't try and tell me that your opinion is the only right one!
II. *vi (bedrängen)* ■ **auf jdn** ~ to talk to sb in an insistent tone of voice, to keep on at sb *fam*
III. *vr (sich etw immer wieder sagen)* ■ **sich** *dat* **etw** ~ to talk [*or* persuade] oneself into thinking sth; ***rede dir doch so was nicht ein!*** put that idea out of your head!; ■ **sich** *dat* ~, **dass ...** to talk [*or* persuade] oneself into thinking that ...

ein|reg·nen *vr impers* ■ **es hat sich eingeregnet** the rain has set in

Ein·rei·be·mit·tel *nt* embrocation, liniment, [medicinal] ointment, BRIT *a.* rub

ein|rei·ben *vt irreg* ❶ *(in etw reiben)* ■ [**jdm**] **etw irgendwo/irgendwohin** ~ to rub sth in[to] somewhere [for sb] [*or* into [sb's] somewhere]; ***reibst du mir die Salbe hier am Rücken ein?*** could you rub this cream into my back for me?
❷ *(einmassieren)* ■ **jdn/sich** [**mit etw** *dat*] ~ to massage sb/oneself [with sth]; **jdn mit Sonnenöl** ~ to put suntan oil on sb; **sich** *akk* **mit Salbe** ~ to rub cream in[to oneself]; **sich** *akk* **mit Sonnenschutzöl** ~ to put on suntan oil; ■ **sich** *dat* **etw mit etw** *dat* ~ to put sth on sth, to rub sth into sth

Ein·rei·bung <-, -en> *f (Lotion, Salbe, Öl)* rubbing in, application by rubbing; *(Behandlung)* embrocation treatment

ein|rei·chen *vt* ❶ *(übersenden)* ■ **etw** [**bei jdm**] ~ to submit [*or* present] sth [to sb], to send in sth *sep* [to sb]; **etw schriftlich** ~ to submit [*or* present] sth in writing; **etw persönlich** ~ to hand in sth *sep;* JUR to submit sth; ■ **eingereicht** submitted
❷ *(darum bitten)* ■ **etw** ~ to submit sth; **seine Kündigung** ~ to hand in [*or* tender] one's resignation; **eine Pensionierung/Versetzung** ~ to submit [*or* present] a request for retirement/a transfer

Ein·rei·chung <-, -en> *pl selten f* ❶ *(das Einreichen) Gesuch, Unterlagen* submission, presentation; JUR submission; ~ **der Klage** filing of the action; ~ **von Schriftsätzen** delivery of pleadings; ~ **einer Strafanzeige** bringing a criminal charge against sb
❷ *(die Beantragung)* submission, presentation; **die** ~ **seines Rücktritts** to hand in [*or* offer] one's resignation

ein|rei·hen I. *vt (zuordnen)* ■ **jdn/etw irgendwie/unter etw** *akk* ~ to classify [*or fam* put] sb/sth

somehow/under sth
II. *vr (sich einfügen)* ■ **sich** *akk* **in etw** *akk* ~ to join [*or* get into] sth; **sich** *akk* **in eine Schlange** ~ to join a queue, to get into line

Ein·rei·her <-s, -> *m* a single-breasted jacket

ein·rei·hig ['ainraiç] *adj* in a single row; *(Jackett)* single-breasted

Ein·rei·se *f (das Einreisen)* entry [into a country]; **jdm die ~ verweigern** to refuse sb entry; ***ihm wurde die ~ nach Deutschland verweigert*** he was refused entry into [*or* not allowed to enter] Germany

Ein·rei·se·be·stim·mun·gen *pl* entry requirements **Ein·rei·se·be·wil·li·gung** *f* entry approval **Ein·rei·se·er·laub·nis** *f* entry permit; **eine/keine ~ haben** to have/not have an entry permit **Ein·rei·se·ge·neh·mi·gung** *f* entry permit

ein|rei·sen *vi sein (geh)* ■ **[nach .../in etw** *akk*] ~ to enter [somewhere]; **in ein Land ~** to enter a country

Ein·rei·se·ver·bot *nt* refusal of entry; **~ haben** to have received a refusal of entry, to have been refused entry **Ein·rei·se·vi·sum** *nt* [entry] visa

ein|rei·ßen *irreg* **I.** *vi sein* 1 *(einen Riss bekommen)* to tear; *Haut* to crack; ■ **eingerissen** torn; **eingerissene Haut** cracked skin
2 *(fam: zur Gewohnheit werden)* to become a habit; **etw ~ lassen** to make a habit of sth, to let sth become a habit; ***wir wollen das hier gar nicht erst ~ lassen!*** we don't want that kind of behaviour here!
II. *vt haben* 1 *(niederreißen)* ■ **etw** ~ to tear [*or* pull] sth down, to demolish sth
2 *(mit Riss versehen)* ■ **etw** ~ to tear sth
III. *vr haben* ■ **sich** *dat* **etw [an etw** *dat*] ~ to tear the skin of sth [on sth]; **die Haut an dem Finger ~** to cut [the skin on] one's finger

ein|rei·ten *irreg* **I.** *vt haben* ■ **ein Pferd** ~ to break in a horse
II. *vi sein (in etw reiten)* ■ **[in etw** *akk*] ~ to ride in[to sth]

ein|ren·ken ['ainrɛŋkn̩] **I.** *vt* 1 MED *(wieder ins Gelenk drehen)* ■ **[jdm] etw** ~ to set [*or spec* reduce] sth [for sb]; ***der Arzt hat ihm die Schulter [wieder] eingerenkt*** the doctor [re]set his shoulder
2 *(fam: bereinigen)* ■ **etw [wieder]** ~ to straighten sth out [again], to iron sth out *fig*, to put things right [again], to sort sth out, to get sth sorted *sl*
II. *vr (fam: ins Lot kommen)* ■ **sich** *akk* **wieder** ~ to sort itself out, to straighten itself out; ***das renkt sich schon wieder ein*** it'll be all right

ein|ren·nen *irreg* **I.** *vr (fam: sich anstoßen)* ■ **sich** *dat* **etw [an etw** *dat*] ~ to knock [*or fam* bash] sth [on sth]; **sich** *dat* **den Kopf/die Stirn an etw** *dat* ~ to crack [*or* knock] one's head/forehead on sth
II. *vt (veraltend fam: einstoßen)* ■ **etw** ~ to break down sth *sep; s. a.* **Tür**

ein|rich·ten **I.** *vt* 1 *(möblieren)* ■ **[jdm] etw [irgendwie]** ~ to furnish sth [somehow] [for sb]; ***die Wohnung war schon fertig eingerichtet*** the flat was already furnished; **etw anders ~** to furnish sth differently; **etw neu ~** to refurnish [*or* refit] sth; **eine Apotheke/eine Praxis/ein Labor ~** to fit out *sep* [*or* equip] a pharmacy/surgery/laboratory; ■ **irgendwie eingerichtet sein** to be furnished in a certain style, to have some kind of furniture; **antik eingerichtet sein** to have antique furniture; ■ **irgendwie eingerichtet** somehow furnished; **ein gut eingerichtetes Büro** a well-appointed office *form*
2 *(ausstatten)* ■ **[jdm] etw** ~ to install sth [for sb]; **ein Spielzimmer/Arbeitszimmer ~** to fit out [*or* furnish] a playroom/workroom
3 *(gründen)* ■ **etw** ~ to set up *sep* [*or* establish] [*or* open] sth; **einen Lehrstuhl ~** to establish [*or* found] a chair; ■ **[neu] eingerichtet** [newly] set-up [*or* established] [*or* opened]; ■ **einzurichtend** to be set up [*or* established] [*or* opened]
4 FIN ■ **[jdm] etw [bei jdm]** ~ to open sth [for sb] [with sb]; **ein Konto bei einer Bank ~** to open an account at a bank
5 TECH, INFORM *(einstellen)* ■ **etw** ~ to set up *sep* [*or* adjust] sth
6 TRANSP ■ **etw** ~ to open [*or* establish] [*or* start] sth
7 *(arrangieren)* ■ **es ~, dass ...** arrange [*or* fix] it so that ...; **es lässt sich ~** that can be arranged [*or* BRIT fixed [up]]; ***wenn es sich irgendwie ~ lässt, dann komme ich*** if it can be arranged, I'll come
8 *(bearbeiten) Musikstück* to arrange; *Theaterstück, Text* to adapt
9 MED ■ **[jdm] etw** ~ to set sth [for sb]; **einen gebrochenen Arm ~** to set a broken arm
10 *(vorbereitet sein)* ■ **auf etw** *akk* **eingerichtet sein** to be prepared [*or* geared up] for sth; ***darauf war ich nicht eingerichtet*** I wasn't prepared for that
II. *vr* 1 *(sich möblieren)* ■ **sich** *akk* **[irgendwie]** ~ to furnish sth [somehow]; ***ich richte mich völlig neu ein*** I'm completely refurnishing my home
2 *(sich einbauen)* ■ **sich** *dat* **etw** ~ to install sth; ***er richtet sich eine kleine Atelierwohnung ein*** he's putting in a small studio flat
3 *(sich der Lage anpassen)* ■ **sich** *akk* ~ to adapt [to a situation], to get accustomed to a situation
4 *(sich einstellen)* ■ **sich** *akk* **auf etw** *akk* ~ to be prepared for sth; **sich** *akk* **auf eine lange Wartezeit ~** to be ready [*or* prepared] for a long wait

Ein·rich·te·zeit *f* set-up time

Ein·rich·tung <-, -en> *f* 1 *(Wohnungseinrichtung)* [fittings and] furnishings *npl; (Ausstattung)* fittings *npl*
2 *(das Möblieren)* furnishing; **die ~ eines Hauses** the furnishing of a house; *(das Ausstatten)* fitting-out, equipping; ***die komplette ~ eines Labors*** the fitting-out of a complete laboratory
3 *(das Installieren)* installation
4 ADMIN *(Eröffnung)* opening; *eines Lehrstuhles* establishment, foundation
5 FIN opening; **die ~ eines Kontos** to open an account
6 TRANSP opening, establishment
7 *(Institution)* organization, agency
8 *Musikstück* arrangement; *Theaterstück, Text* adaptation

Ein·rich·tungs·ge·gen·stand *m Wohnung* furnishings *npl*, fittings *npl; Labor, Apotheke, Praxis* piece of equipment **Ein·rich·tungs·haus** *nt* furniture shop [*or* store] **Ein·rich·tungs·kos·ten** *pl* FIN installation costs; *(Gründungskosten)* initial capital expenditure

ein|rie·sen ['ainri:zn̩] *vt* TYPO ■ **etw** ~ *Papier* to pack sth in reams

ein|rit·zen *vt* ■ **etw [in etw** *akk*] ~ to carve [*or* scratch] sth [in sth]; ***seinen Namen [in einen Baum]*** ~ to scratch one's name [on a tree]

ein|rol·len **I.** *vr haben* ■ **sich** *akk* ~ to curl [*or* roll] up; ■ **eingerollt** curled [*or* rolled] up; **sich** *akk* **auf dem Sofa ~** to snuggle [*or* curl] up on the sofa
II. *vi sein (einfahren)* to pull in; ***der Zug rollt gerade ein*** the train is just approaching

ein|ros·ten *vi sein* 1 *(rostig werden)* to rust [*or* go rusty]; ■ **eingerostet** rusty
2 *(ungelenkig werden)* to get stiff, to stiffen up; ■ **etw ~ lassen** to let sth get stiff [*or* stiffen up], to allow sth to get stiff [*or* to stiffen up]; ■ **eingerostet** stiff

ein|rü·cken **I.** *vi sein* 1 MIL ■ **[in etw** *akk*] ~ to march [into sth], to enter [sth]; ***Panzer rückten in die Hauptstadt ein*** tanks moved into [*or* entered] the capital; ■ **etw ~ lassen** *Truppen* to send sth
2 *(zurückkehren)* ■ **[wieder] [in etw** *akk*] ~ to move [back] [to [*or* into] somewhere]; ***die Feuerwehr rückte wieder ein*** the fire brigade returned to base
3 *(eingezogen werden)* ■ **[zu etw** *dat*] ~ to join up [to sth], to enlist [in sth]; **zum Militär ~** to join the services [*or* BRIT *also* forces] [*or* armed forces]
II. *vt haben* 1 *(vom Rand entfernen)* ■ **etw** ~ to indent sth; **eine Zeile ~** to indent a line
2 VERLAG ■ **[jdm] etw** ~ to print sth [for sb], to put sth in [for sb]; ***rücken Sie mir die Anzeige noch mal ein?*** could you put the advert in again for me?

Ein·rü·ckung <-, -en> *f* TYPO, INFORM indent

ein|rüh·ren *vt* ■ **etw [in etw** *akk*] ~ to stir [*or* mix] sth [in[to sth]], to mix sth [with sth]; KOCHK *a.* to add sth [to sth]; **etw mit einem Quirl ~** to whisk [*or* beat] sth in[to sth]; ■ **eingerührt** stirred in, mixed in

Ein·rumpf·boot *nt* monohull

ein|rüs·ten *vt* ■ **etw** ~ *Gebäude* to put up scaffolding around sth *sep*

eins ['ains] **I.** *adj* one; *s. a.* **acht**[1]
▶WENDUNGEN: **~ A** *(fam)* first class [*or* rate], first-class *attr*, first-rate *attr;* **~ A Ware** first-class goods; **es kommt ~ zum anderen** it's [just] one thing after another; **das kommt** [*o* **läuft**] **auf ~ hinaus** *(fam)* it doesn't make any difference, it all amounts to the same thing; **~, zwei, drei** *(fam)* hey presto *fam*, in no time at all, as quick as a flash; ***halt mal fest und ~, zwei, drei habe ich den Dorn entfernt*** keep still and before you can say "ouch!" I'll have the thorn out
II. *adj pred* 1 *(eine Ganzheit)* [all] one
2 *(egal)* ■ **etw ist jdm ~** sth is all one to sb, sth makes no difference to sb
3 *(einig)* ■ **~ mit jdm/sich/etw sein** to be [at] one with sb/oneself/sth; **sich** *akk* **~ mit jdm wissen/fühlen** to know/feel that one is in agreement with sb
▶WENDUNGEN: **das ist alles ~** *(fam)* it doesn't matter, it's all the same [thing]

Eins <-, -en> ['ains] *f* 1 *(Zahl)* one
2 *(auf Würfel)* **lauter ~en würfeln** to throw nothing but ones
3 *(Verkehrslinie)* ■ **die ~** the [number] one
4 *(Zeugnisnote)* ■ **eine ~ bekommen** to get [an] A, to get [an] excellent [*or* an excellent mark]

ein|sa·cken[1] *vt (fam)* 1 *(an sich bringen)* ■ **etw** ~ to bag [*or* pocket] sth; **eine Menge Geld ~** to rake in *sep* a lot of money
2 *(einheimsen)* ■ **etw** ~ to walk off with sth, to pocket [*or* claim] sth

ein|sa·cken[2] *vi sein* ■ **[in etw** *akk*] ~ to subside [into sth]

ein|sal·ben *vt (mit Salbe bestreichen)* ■ **jdn [mit etw** *dat*] ~ to rub sb [with sth]; ■ **[jdm] etw [mit etw** *dat*] ~ to put [sth] on [sb's] sth; ***kannst du mir die Füße ~?*** could you put some ointment on my feet?; ■ **sich** *akk* ~ to rub ointment on [oneself]; ■ **sich** *dat* **etw** ~ to put ointment on one's sth

ein|sal·zen *vt* ■ **etw** ~ to salt sth; ■ **eingesalzt** salted

ein·sam ['ainza:m] **I.** *adj* 1 *(verlassen)* lonely, AM *also* lonesome; **ein ~es Leben** a solitary life; **~ und verlassen** lonely and forlorn; **ein ~es Gefühl** a feeling of loneliness; ■ **~ sein** to be lonely; **es wird ~ um jdn** sb's becoming isolated *fig*, people are distancing themselves from sb *fig*
2 *(allein getroffen)* **einen ~en Entschluss fassen** [*o* **treffen**] to make a decision on one's own [*or* without consultation]
3 *(vereinzelt)* single, lone, solitary
4 *(abgelegen)* isolated, remote; ***siehst du dort das ~e Haus?*** you see that house standing alone?
5 *(menschenleer)* deserted, lonely, desolate *pej;* **eine ~e Insel** a desert island
6 *(fam: absolut)* absolute, outright; ***es war ~e Spitze!*** it was absolutely fantastic!; ***sie ist ~e Klasse*** she's in a class of her own
II. *adv (abgelegen)* **~ leben** to live a solitary life; **~ liegen** to be situated in a remote [*or* isolated] place; ***dieser Gasthof liegt doch etwas ~*** this pub is right off the beaten track [*or* very remote]

Ein·sam·keit <-, -en> *pl selten f* 1 *(Verlassenheit)* loneliness; ***er mag die ~*** he likes solitude; **die ~ des Alters** the loneliness of old age; **in jds ~** in sb's loneliness
2 *(Abgeschiedenheit)* remoteness, solitariness, isolation

ein|sam·meln *vt* 1 *(sich aushändigen lassen)* ■ **etw** ~ to collect [in *sep*] sth; **die Schulhefte ~** to collect [in/up] the exercise books
2 *(aufsammeln)* ■ **etw** ~ to pick [*or* collect] [*or* gather] up sth *sep*

E

ein|san·den ['ainzandn̩] *vt* BAU ■**etw** ~ to embed sth in sand

ein|sar·gen ['ainzargn̩] *vt* ■**jdn** ~ to put [*or* place] sb in a coffin
▸WENDUNGEN: **jd kann sich** *akk* **mit etw** *dat* ~ **lassen** *(sl)* sb can just as well give up [the ghost] with sth

Ein·satz <-es, Einsätze> *m* ① *(eingesetzte Leistung)* effort; ~ **zeigen** to show commitment; **unter ~ aller seiner Kräfte** with a superhuman effort, using [*or* by summoning up] all his strength; ***unter ~ ihres Lebens*** by putting her own life at risk
② *beim Glücksspiel* bet, stake; ***bitte Ihre Einsätze!*** please make [*or* place] your bets!
③ FIN *(Kapitaleinsatz)* deposit
④ *(Verwendung)* use; MIL employment; ***der ~ des Ersatztorwarts war erforderlich*** a replacement [goalie] had to be brought on; **zum ~ kommen** to be used [*or* employed] [*or* deployed]; ***Spezialeinheiten der Polizei kamen zum ~*** special police units were deployed [*or* brought into action]; ■**der ~ von jdm/etw** *beim Militär* the deployment [*or* use] of sb/sth; ***unter massiertem ~ von Artillerie*** through massive use of artillery
⑤ *(Aktion)* assignment, mission; **im ~ sein** to be on duty; ***die Feuerwehrleute waren rund um die Uhr im ~*** the fire brigade worked [*or* were in action] round the clock; *(Aktion militärischer Art)* operation, campaign; **im ~ sein** to be in action; ***ich war damals auch in Vietnam im ~*** I was also [in action] [*or* on active service] in Vietnam, I too saw action in Vietnam
⑥ *(das musikalische Einsetzen)* entry; ***der ~ der Trompeten war verspätet*** the trumpets came in too late; **den ~ geben** to cue [*or* bring] sth in
⑦ *(eingesetztes Teil)* inset; **Schubladen~** tray; **der Tisch~** the table extension leaf
⑧ *(eingelassenes Stück)* insert, inserted part

Ein·satz-Aus·stoß-Ana·ly·se *f* FIN input-output analysis

Ein·satz·be·fehl *m* order to go into action; MIL *a.* combat order; ***ohne ~ darf die Polizei nicht eingreifen*** without the order the police may not intervene; **den ~ geben** to give the order [to go into action] **ein·satz·be·reit** *adj* ready for use *pred,* on standby *pred;* **jederzeit** [*o* **ständig**] ~ always on standby; *Menschen* ready for action [*or* duty] *pred;* MIL ready for combat *pred,* combat-ready *attr,* operational **Ein·satz·be·reit·schaft** *f (Bereitschaft)* willingness; ***ihre ~ bei diesem Projekt ist bewundernswürdig*** her willingness to work for this project is admirable; *(zur Aktion)* readiness for action; **die ~ der Truppen** the troops' readiness for action; ***die ~ der Maschinen sollte überprüft werden*** the machines' readiness for use should be checked; **in ~ sein** [*o* **sich** *akk* **in ~ befinden**] to be on standby; ***die Feuerwehr muss sich in ständiger ~ befinden*** the fire brigade must be on constant standby **ein·satz·fä·hig** *adj* ① SPORT able to play *pred;* **die ~en Spieler** the players still able to play [*or* the remaining fit players] ② *(im Einsatz verwendungsfähig)* serviceable, in working order *pred* ③ *Mensch* fit for action *pred* **Ein·satz·freu·de** *f* enthusiasm; ~ **erkennen/vermissen lassen** to show/lack enthusiasm **Ein·satz·kom·man·do** *nt* task force; **mobiles** ~ mobile task force

Ein·satz·kraft *f* ADMIN, MIL emergency task force **Ein·satz·lei·ter(in)** *m(f)* officer in charge [of operations] **Ein·satz·men·gen** *pl* input *no pl* **Ein·satz·vor·be·rei·tung** *f* preparations *pl* for deployment **Ein·satz·wa·gen** *m (speziell/zusätzlich eingesetzter Wagen)* special/extra carriage, special/extra [*or* relief] tram/bus; *Polizeifahrzeug* squad car **Ein·satz·zen·tra·le** *f* centre [*or* AM -er] of operations

ein|sau·gen *vt* ■**etw** [**in etw** *akk*] ~ to inhale sth, to breathe in sth *sep,* to draw [*or* suck] sth into sth

Ein·scan·nen <-s> [-skɛnən] *nt kein pl* INFORM scanning

ein|scan·nen [-skɛnən] *vt* INFORM ■**etw** ~ to scan sth; **eine Zeichnung** ~ to scan an image

ein|schal·ten I. *vt* ① *(in Betrieb setzen)* ■**etw** ~ to switch [*or* turn] on *sep* sth; **den Computer** ~ to turn the computer on; **den Fernseher** ~ to put [*or* switch] [*or* turn] on *sep* the TV; **den ersten Gang** ~ to engage first gear *form,* to put the car in first gear; **den Motor** ~ to start the engine
② *(hinzuziehen)* ■**jdn** [**in etw** *akk*] ~ to call in sb *sep,* to call sb into sth; ***du solltest besser einen Anwalt ~*** you'd better get a lawyer
③ *(einfügen)* **eine Pause** ~ to take a break
II. *vr* ① RADIO, TV ■**sich** *akk* [**in etw** *akk*] ~ to tune in[to sth]; ***es wird sich auch der österreichische Rundfunk ~*** Austrian Radio will also be tuning in [*or* taking the broadcast]
② *(sich einmischen)* ■**sich** *akk* [**in etw** *akk*] ~ to intervene [in sth]; ***sie schaltet sich gern in Diskussionen ein*** she likes to join in discussions

Ein·schalt·quo·te *f* [audience] ratings *npl*

Ein·schal·tung *f* ① *(das Einschalten)* turning [*or* switching] on; ***die ~ der Alarmanlage erfolgt automatisch*** the alarm is switched on [*or* goes off] automatically
② *(Hinzuziehung)* calling in; **die ~ eines Anwalts** to call in a lawyer
③ *(Eingreifen) von Organisationen, Personen* intervention, calling in

ein|schär·fen I. *vt (zu etw ermahnen)* ■**jdm etw** ~ to impress on [*or* upon] sb the importance of sth, to stress to sb the importance of sth, to drum sth into sb's head *fam;* ***ich hatte dir doch absolutes Stillschweigen eingeschärft!*** I told you how important absolute confidentiality is!; ■**jdm ~, etw zu tun** to urge [*or* tell] [*or form* exhort] sb to do sth; ***wie oft muss ich dir noch ~, nicht immer so geschwätzig zu sein!*** how often do I have to tell you not to be so talkative!
II. *vr* ■**sich** *dat* **etw** ~ to remember sth, to engrave sth on one's memory *form;* ***diese Regel musst du dir unbedingt ~*** you must make a point of remembering this rule

ein|schät·zen *vt* ■**jdn irgendwie** ~ to judge sb [*or* assess sb's character] somehow, to consider sb to be something, to think sb is something; ■**etw irgendwie** ~ to appraise [*or* assess] [*or* evaluate] sth somehow; ***Sie haben ihn richtig eingeschätzt*** your opinion of him was right; ***du solltest sie nicht falsch ~*** don't misjudge her; **jdn/etw zu hoch** ~ to overrate sb/sth; **jdn/etw zu niedrig** ~ to underrate sb/sth; **jdn zur Steuer** ~ to assess sb for tax [purposes]

Ein·schät·zung *f* appraisal, assessment, evaluation, opinion, view; *einer Person* opinion, appraisal [*or* assessment] of character; **zu einer bestimmten ~** [**einer S.** *gen*] **kommen** to come to [*or* form] a particular opinion [about sth]; **nach jds ~** in sb's opinion [*or* view], as far as sb's concerned; ***nach allgemeiner ~ ...*** the popular opinion is that ...

ein|schen·ken *vt (geh: eingießen)* ■**jdm etw** ~ to give sb sth, to pour sb sth, to pour sth for sb, to help sb to sth *form;* ***schenkst du mir bitte noch etwas Kaffee ein?*** could you give me some more coffee?; ***darf ich Ihnen etwas Tee ~*** can I help you to some tea? *form;* ■**sich** *dat* ~ **lassen** to let one's glass/cup be filled/refilled; *s. a.* **Wein**

ein|sche·ren *vi* to merge

ein|schi·cken *vt* ■**etw** [**an jdn/etw**] ~ to send sth in [to sb/sth]

ein|schie·ben *vt irreg* ① *(in etw schieben)* ■**etw** [**in etw** *akk*] ~ to insert sth [into sth], to push sth in[to sth]; **ein Backblech/einen Grillrost in den Backofen** ~ to put a baking tray/a grilling rack in the oven, to slide a baking tray/a grilling rack into the oven
② TRANSP ■**etw** ~ to run [*or sep* put on] sth
③ *(zwischendurch drannehmen)* ■**jdn** ~ to fit [*or* slip] [*or* squeeze] sb in
④ *(zwischendurch einfügen)* ■**etw** ~ to fit sth in; **eine Pause** [*o* **Unterbrechung**] ~ to have [*or* take] a break

Ein·schie·nen·bahn *f* monorail, single-track railway

ein|schie·ßen *irreg* I. *vt haben* ① *(zerschießen)* ■**etw** [**mit etw** *dat*] ~ to shoot sth to pieces [with sth]; **eine Tür mit einem Revolver** ~ to shoot down a door *sep;* **die Schaufensterscheibe mit dem Ball** ~ to kick the football through the shop window
② *(durch Schießen funktionssicher machen)* ■**etw** ~ *Gewehr, Pistole etc.* to test sth
③ *(zwischendurch einheften)* ■**etw** ~ to insert sth
II. *vr haben* ① *(durch Schießen treffsicher werden)* ■**sich** *akk* ~ to practise [*or* AM -ce]; ■**sich** *akk* **auf jdn/etw** ~ to get [*or* find] the range of sb/sth
② *(sich jdn als Ziel wählen)* ■**sich** *akk* **auf jdn/etw** ~ to get/have sb/sth in one's sights; ***die Presse hatte sich auf den korrupten Politiker eingeschossen*** the press had the corrupt politician in their sights
III. *vi* ① *haben (ins Tor schießen)* ■**zu etw** *dat* ~ to make the score sth, to bring the score to sth; ***er schoss zum 3:0 ein*** he made the score 3:0
② *sein* MED ■[**in etw** *akk*] ~ to flow into sth
③ *sein (hineinströmen)* ■**in etw** *akk* ~ to pour [*or* shoot] into sth

ein|schif·fen I. *vt* ■**jdn/etw** ~ to take sb/sth on board
II. *vr (an Bord gehen)* ■**sich** *akk* ~ to embark; **sich** *akk* **nach ...** ~ to go on board a ship bound for ...

Ein·schif·fung *f (von Personen)* boarding; *(von Waren)* loading **Ein·schif·fungs·ha·fen** *m* HANDEL port of embarkation

ein|schir·ren ['ainʃɪrən] *vt* ■**etw** ~ to harness [*or* put the harness on] sth

einschl. *Abk von* **einschließlich** inc[l].

ein|schla·fen *vi irreg sein* ① *(in Schlaf fallen)* ■[**bei** [*o* **über**] **etw** *dat*] ~ to fall asleep [during [*or* over] sth]; **schlecht** [*o* **schwer**] ~ **können** to have trouble getting off to sleep [*or* falling asleep]; ***ich kann nicht ~*** I can't sleep; ***schlaf nicht ein!*** *(fam)* wake up! *fam;* ***die Tropfen sind vor dem E~ zu nehmen*** the drops are to be taken before going to sleep
② *(euph: sterben)* to pass away
③ *(taub werden)* to go to sleep, to be[come] numb; ***autsch, mir ist das Bein eingeschlafen!*** ow, my leg's gone to sleep [*or* I've got pins and needles in my leg]!
④ *(nachlassen)* to die a [natural] death, to peter out; ***wir wollen unsere Freundschaft nicht ~ lassen*** we don't want to let our friendship peter out [*or* tail off]

ein|schlä·fern ['ainʃlɛːfɐn] *vt* ① *(jds Schlaf herbeiführen)* ■**jdn** ~ to lull sb to sleep; **ein Kind** ~ to get a child off to sleep
② *(schläfrig machen)* ■**jdn** ~ to send sb to sleep, to have a soporific effect on sb
③ MED *(narkotisieren)* ■**jdn** ~ to put sb to sleep, to knock sb out *fam*
④ *(euph: töten)* ■**ein Tier** ~ to put an animal to sleep *euph;* ■**ein Tier ~ lassen** to have an animal put to sleep [*or* put down]

ein·schlä·fernd ['ainʃlɛːfɐnt] *adj* ① MED **ein ~es Mittel** a sleeping pill, a sleep-inducing drug
② *(langweilig)* ■~ **sein** to have a soporific effect; ■**es ist ~, etw zu tun** doing sth has a soporific effect

Ein·schlaf·stö·run·gen *pl* MED problems *pl* with falling asleep

Ein·schlag *m* ① METEO *eines Blitzes* striking
② MIL shot; *einer Granate* burst of shellfire
③ *(Schussloch)* hole; *einer Kugel* bullet hole; ***dieser Trichter ist der ~ einer Granate*** this crater is where a shell struck
④ *(Anteil)* strain; ***diese Sprache hat einen arabischen ~*** this language contains elements of Arabic
⑤ *(Drehung der Vorderräder)* lock

ein|schla·gen *irreg* I. *vt haben* ① *(in etw schlagen)* ■**etw** ~ to hammer [*or* drive] [*or* knock] in sth *sep*
② *(durch Schläge öffnen)* ■[**jdm**] **etw** ~ to smash [sb's] sth in; **ein Tor/eine Tür** ~ to break [*or* beat] down *sep* a gate/door, to smash a gate/door in; ■**eingeschlagen** smashed-in; **ein eingeschlagenes Fenster** a smashed-in window, a window

which has been smashed in
③ *(zerschmettern)* ■ **jdm etw ~** to break sb's sth, to smash sb's sth [in]; **jdm die Nase ~** to smash sb's nose, to plaster sb's nose across [*or* over] their face *fam;* **jdm die Zähne ~** to knock sb's teeth in [*or* out]; ■ **eingeschlagen** broken, smashed
④ *(einwickeln)* ■ **etw [in etw** *akk*] ~ to wrap sth [in sth], to do sth up [in sth]; **eingeschlagene Klappe** *(Buchumschlag)* folded-in flap, tipped-in card
⑤ *(wählen)* ■ **etw ~** to take sth; **eine Laufbahn ~** to choose a career; **eine bestimmte Richtung ~** to go in [*or* take] a particular direction; **einen Weg ~** to choose [*or* follow] a way [*or* path]; ■ **eingeschlagen** chosen; ***das Schiff änderte den eingeschlagenen Kurs*** the ship changed course
⑥ AUTO ■ **etw ~** to turn sth; ■ **eingeschlagen** turned
⑦ MODE to take in/up
⑧ HORT to heel in
II. *vi* ① *sein o haben* METEO ■ [**in etw** *akk*] ~ *Blitz* to strike [sth]
② *sein* MIL to fall; ■ [**in etw** *akk*] ~ to strike [sth]; ***rings um die Soldaten schlugen Granaten ein*** shells fell all round the soldiers
③ *sein o haben (eine durchschlagende Wirkung haben)* to have an impact; ***die Nachricht hat eingeschlagen wie eine Bombe!*** the news has caused a sensation [*or* an uproar]!
④ *haben (einprügeln)* ■ **auf jdn ~** to hit sb; ■ **auf etw** *akk* ~ to pound [on] sth [with one's fists]
⑤ *haben (einen Handschlag geben)* to shake [hands] on it; ***lass uns ~, die Wette gilt*** you're on: shake hands, let's bet on it
⑥ *haben (Anklang finden)* to catch on, to be well received

ein·schlä·gig ['aɪnʃlɛːgɪç] I. *adj (entsprechend)* relevant, respective, pertinent; **~e Literatur** relevant literature
II. *adv* JUR in this connection; **~ vorbestraft** previously convicted

Ein·schläm·mung *f* illuviation

ein|schlei·chen *vr irreg* ① *(in etw schleichen)* ■ **sich** *akk* [**in etw** *akk*] ~ to creep [*or* slip] [*or* sneak] in[to sth], to steal in[to sth] *form*
② *(unbemerkt auftreten)* ■ **sich** *akk* [**in etw** *akk*] ~ to creep in[to sth]; **der Verdacht schleicht sich ein, dass ...** one has a sneaking suspicion that ...

ein|schlei·fen *vt irreg* SCH ■ **etw ~** to drill sth; **eine schlechte Gewohnheit ~ lassen** to let a bad habit become established

ein|schlep·pen *vt* ■ **etw [in etw** *akk*/**nach ...**] ~ *Krankheiten, Ungeziefer* to bring sth in[to sth]

ein|schleu·sen *vt* ① *(heimlich hineinbringen)* ■ **jdn [in etw** *akk*/**nach ...**] ~ *Agenten, Spione* to smuggle sb in[to sth], to infiltrate sb into sth
② *(illegal hineinbringen)* ■ **jdn/etw [in etw** *akk*/**nach ...**] ~ *Falschgeld, Personen* to smuggle sb/sth in[to sth]

ein|schlie·ßen *vt irreg* ① *(in einen Raum schließen)* ■ **jdn [in etw** *akk o dat*] ~ to shut [*or* lock] sb up [*or* in] [*or* [up] in sth]; ■ **sich** *akk* **irgendwo ~ lassen** to let oneself be [*or* to allow oneself to be] shut [*or* locked] in somewhere
② *(wegschließen)* ■ **etw [in etw** *akk*] ~ to lock sth up [*or* away] [in sth]; ■ **eingeschlossen** locked away [*or* up]
③ *(einbegreifen)* ■ **jdn [in etw** *akk*] ~ to include sb [in sth]; ■ [**in etw** *dat*] **eingeschlossen sein** to be included [in sth]; ***die Bedienung ist im Preis eingeschlossen*** service is included in the price
④ *(einkesseln)* ■ **jdn/etw ~** to surround [*or* encircle] sb/sth

ein·schließ·lich ['aɪnʃliːslɪç] I. *präp* +*gen (inklusive)* ■ **~ einer S.** *gen* inclusive of [*or* including] sth
II. *adv (inbegriffen)* inclusive, including; ***vom 5. Januar bis ~ 2. Februar geschlossen*** closed from 5th January until 2nd February inclusive

ein|schlum·mern *vi sein (geh)* ① *(einschlafen)* to doze [*or* drop] off
② *(euph: sterben)* to pass away; **friedlich ~** to pass away peacefully

Ein·schlussRR <-es, -schlüsse>, **Ein·schluß**ALT <-sses, -schlüsse> *m* ① *(mit)* inclusion; **mit [*o* unter] ~ von etw** *dat (geh)* including sth
② *(nach Schuss)* bullet hole; *(Wunde)* entry wound; MED point of entry
③ CHEM occlusion

Ein·schluss·ver·bin·dung *f* CHEM adduct, inclusion compound

ein|schmei·cheln *vr (sich durch Schmeicheln beliebt machen)* ■ **sich** *akk* [**bei jdm**] ~ to ingratiate oneself [with sb], to curry favour [*or* AM -or] [with sb], to butter sb up *fam*

ein·schmei·chelnd *adj* fawning, ingratiating, obsequious; **eine ~e Stimme** a mellifluous [*or* seductive] voice; **mit einer ~en Stimme** in dulcet [*or pej* honeyed] tones

ein|schmei·ßen *vt irreg (fam: einwerfen)* ■ [**jdm**] **etw ~** *Fenster* to smash [sb's] sth in *fam;* ■ **eingeschmissen** smashed in

ein|schmel·zen *vt irreg (wieder schmelzen)* ■ **etw [zu etw** *dat*] ~ *Metall* to melt sth down [into sth]; ■ **eingeschmolzen** melted down

Ein·schmelz·rohr *nt* CHEM sealed tube

ein|schmie·ren *vt* ① *(einölen)* ■ **etw ~** to lubricate [*or* grease] sth
② *(einreiben)* ■ **etw [mit etw** *dat*] ~ to rub sth [with sth]; *mit Öl* to oil sth; **etw mit Salbe ~** to rub cream into sth, to put cream on sth
③ *(beschmieren)* ■ **sich** *akk* [**mit etw** *dat*] ~ to smear [*or* cover] oneself with sth; ***wo habt ihr euch denn wieder so eingeschmiert?*** where did you get [yourselves] so mucky?; ■ **sich** *dat* **etw ~** to get [*or* make] one's sth mucky/greasy, to get covered in muck/grease

ein|schmug·geln *vt* ① *(einschleusen)* ■ **jdn [in etw** *akk*] ~ to smuggle sb in[to sth]; **Agenten in ein Land ~** to infiltrate a country with spies, to infiltrate spies into a country; ■ **sich** *akk* [**irgendwo/in etw** *akk*] ~ to smuggle oneself in [somewhere/to sth]
② *(heimlich hineinschaffen)* ■ **etw [in etw** *akk*] ~ *Drogen, Zigaretten etc.* to smuggle sth in[to sth]

ein·schnap·pen *vi sein* ① *(ins Schloss fallen)* to click to [*or* shut]
② *(fam: beleidigt sein)* to get in a huff [*or* huffy] *fam,* to get het up *fam,* to be offended; ■ **eingeschnappt** in a huff *pred fam,* offended

ein|schnei·den *irreg* I. *vt* ① *(einen Schnitt in etw machen)* ■ **etw ~** *Papier, Stoff etc.* to snip sth, to make a cut [*or* an incision] in sth, to slash sth
② *(einkerben)* ■ **etw [in etw** *akk*] ~ to carve [*or* cut] [*or* engrave] sth [in[to] sth]; ■ **in etw** *akk* **eingeschnitten sein** to be cut into sth; **ein tief eingeschnittener Hohlweg** a deep cutting [*or* defile]
③ *(klein schneiden und hineintun)* ■ **etw in etw** *akk* ~ to chop sth and put it in sth [*or* add it to sth]; ***in den Kohl werden noch Apfelstücke eingeschnitten*** pieces of apple are chopped into the cabbage
II. *vi (schmerzhaft eindringen)* ■ [**in etw** *akk*] ~ to cut in[to sth]; ***die Ausgaben schneiden tief in unsere Finanzen ein*** expenses are cutting deeply into [*or* making deep holes in] our finances

ein·schnei·dend ['aɪnʃnaɪdn̩t] *adj* **von ~er Bedeutung** of great [*or* utmost] importance; **eine ~e Veränderung** a drastic [*or* marked] [*or* radical] change; **eine ~e Wirkung** a far-reaching [*or* dramatic] [*or* profound] effect

ein|schnei·en *vi sein* ■ [**in etw** *akk*] **eingeschneit werden** to get snowed in [somewhere]; ***in dem Schneesturm wurden viele Fahrzeuge eingeschneit*** many vehicles were snowed in by the blizzard

Ein·schnitt *m* ① MED incision; **einen ~ [in etw** *akk*] **machen** to make an incision [in sth]
② *(eingeschnittene Stelle)* cut; **einen ~ [in etw** *akk*] **machen** to cut [into sth]
③ *(Zäsur)* watershed, turning-point

ein|schnü·ren *vt* ① *(zusammenbinden)* ■ **etw ~** to tie sth up
② *(einengen)* ■ **jdn ~** to constrict sb; ■ **jdm etw ~** to constrict sb's sth; **jdm den Hals ~** to choke [*or* strangle] sb; ***der Gürtel schnürte ihr die Taille ein*** the belt pulled in her waist tightly

ein|schrän·ken ['aɪnʃrɛŋkn̩] I. *vt* ① *(reduzieren)* ■ **etw ~** to cut [back on] sth, to reduce sth; **Ausgaben ~** to curtail spending; ■ **eingeschränkt** reduced; **in eingeschränkten Verhältnissen leben** to live in reduced circumstances
② *(beschränken)* ■ **etw ~** to curb [*or* limit] [*or* restrict] sth, to impose a restriction on sth, to put a check on sth; ■ **jdn in etw** *dat* ~ to curb [*or* limit] [*or* restrict] sb's sth, to impose a restriction on sb's sth, to put a check on sb's sth; **in seiner Bewegungsfreiheit eingeschränkt sein** to have limited freedom of movement
II. *vr* ■ **sich** *akk* [**in etw** *dat*] ~ to cut back [*or* down] [on sth]; **sich** *akk* **im Konsum von etw** *dat* ~ to reduce one's consumption of sth *form;* **sich** *akk* **in den Ausgaben ~** to curtail one's spending

ein·schrän·kend I. *adj (beschränkend)* restrictive; **ein ~er Satz** a qualifying sentence
II. *adv* ***ich muss aber ~ bemerken/sagen, dass ...*** I have to qualify that and say that ... [*or* by saying that ...]

Ein·schrän·kung <-, -en> *f* ① *(Beschränkung)* limit, restriction; **ohne ~en** without restrictions; *(Beschränkung der Rechte)* restriction; **eine ~/~en machen** to impose a restriction/restrictions; **mit ~[en]** with restriction/restrictions
② *(Vorbehalt)* reservation; ***mit ~en musste ich gestehen, dass ...*** with certain reservations, I had to admit that ...; **ohne ~[en]** without reservation[s], unreservedly
③ *(das Reduzieren)* reduction

ein|schrau·ben *vt* ■ **etw ~** to screw sth in

Ein·schrei·be·brief *m* registered letter; **als ~** as registered post BRIT, as a registered letter **Ein·schrei·be·ge·bühr** *f* registration fee

ein|schrei·ben *irreg* I. *vt* ■ **etw ~** to register sth; ■ **eingeschrieben** registered
II. *vr* ① *(sich eintragen)* ■ **sich** *akk* [**in etw** *akk*/**für etw** *akk*] ~ to put one's name down [*or* BRIT enrol] [*or* AM enroll] [in sth/for sth]; **sich** *akk* **in eine Liste ~** to put one's name on a list; **sich** *akk* **für ein Kurs bei einem Verein ~** to register [*or* put one's name down] for a course at an organization; **sich** *akk* **bei einem Verein ~** to enrol [*or* AM -ll] in a club
② SCH *(sich immatrikulieren)* ■ **sich** *akk* [**für etw** *akk*] ~ to register [*or* BRIT enrol] [*or* AM enroll] [for sth]; **sich** *akk* **bei einer Universität ~** to register at a university; **sich** *akk* **für ein Fach/einen Studiengang ~** to put one's name down [*or* BRIT enrol] [*or* AM enroll] for a subject/course

Ein·schrei·ben *nt (eingeschriebene Sendung)* registered post [*or* letter]; **~ mit Rückschein** *registered letter with reply to show receipt;* **etw als [*o* per] ~ schicken** to send sth by registered post; ***den Brief hier will ich per ~ schicken*** I want to send this as a registered letter

Ein·schrei·be·sen·dung *f* registered post [*or* AM mail]

Ein·schrei·bung *f* SCH registration, enrolment BRIT, enrollment AM

ein|schrei·en *vi irreg* ■ **auf jdn ~** to scream [*or* yell] [one's head off] at sb

ein|schrei·ten *vi irreg sein* ■ [**gegen jdn/etw**] ~ to do sth [about sb/sth], to take steps [against sb/sth]; **energisch gegen etw** *akk* ~ to crack down on sth; ***die Polizei schritt mit Wasserwerfern und Tränengas gegen die Rowdies ein*** the police used water canons and tear gas against the vandals

Ein·schrei·ten <-s> *nt kein pl* action; *(um etw zu verhindern)* intervention

ein|schrum·peln *vi sein (fam)* to shrivel [up]; ***ab 40 schrumpelt die Haut ein*** at 40 the skin begins to wrinkle; ■ **eingeschrumpelt** shrivelled [up] BRIT, shriveled [up] AM

ein|schrump·fen *vi sein* ① *(schrumpfen)* to shrivel [up]; ■ **eingeschrumpft** shrivelled [up]
② *(weniger werden)* to shrink; ***unsere Vorräte sind eingeschrumpft*** our supplies have shrunk

Ein·schub *m* insertion

E

Ein·schub·leis·te *f (im Ofen)* shelf

ein|schüch·tern ['ainʃʏçtɐn] *vt* ■**jdn [durch etw** *akk* [*o* **mit etw** *dat*]] ~ to intimidate [*or* scare] [*or* frighten] sb [with sth/by doing sth]; **jdn mit Gewalt** ~ to menace [*or* bully] sb

Ein·schüch·te·rung <-, -en> *f* intimidation, browbeating **Ein·schüch·te·rungs·ver·such** *m* attempt to intimidate [*or* at intimidation]

ein|schu·len *vt* to send to school, to enrol [*or* AM enroll] at [primary] school; ■**eingeschult werden** to be sent to [*or* enrolled at] school

Ein·schu·lung *f* enrolment [*or* AM enrollment] at [primary] school; ***die ~ erfolgt meist mit 6 Jahren*** most children start school at 6

Ein·schussRR <-es, Einschüsse>, **Ein·schuß**ALT <-sses, Einschüsse> *m (Schussloch)* bullet hole; *(Einschussstelle)* entry point of a bullet

Ein·schuss·lochRR *nt* bullet hole **Ein·schuss·stel·le**RR *f* bullet hole, wound at point of entry

Ein·schuss·win·kelRR *m* angle of entry

ein|schüt·ten *vt* ■**[jdm] etw [in etw** *akk*] ~ to pour [sb] sth [into sth]; ■**sich** *dat* **etw** ~ to pour oneself sth

ein|schwei·ßen *vt* ① *(versiegeln)* ■**etw [in etw** *akk*] ~ *Nahrungsmittel, Bücher etc.* to seal sth [in sth]; ■**eingeschweißt** sealed
② TECH *(durch Schweißen einfügen)* ■**etw irgendwo** ~ to weld sth [on[to]] somewhere

Ein·schweiß·fo·lie [-fo:li̯ə] *f* plastic [wrapping]

ein|schwö·ren *vt irreg* ① *(verpflichten)* ■**jdn auf etw** *akk* ~ to bind sb to [do] sth; **jdn auf Geheimhaltung** ~ to swear sb to secrecy; **jdn auf die Parteilinie** ~ to persuade [*or* oblige] sb to take [*or* toe] the party line; ■**jdn** ~ JUR to swear sb in
② *(festgelegt sein)* ■**auf etw** *akk* **eingeschworen sein** to be a [confirmed] stalwart [*or* supporter] of sth; ***er ist auf Porsche eingeschworen*** he's a Porsche fan

ein|seg·nen *vt* REL ① *(konfirmieren)* ■**jdn** ~ to confirm sb
② *(weihen)* ■**etw** ~ to bless sth

Ein·seg·nung *f* REL ① *(Konfirmation)* confirmation
② *(die Weihe)* blessing

ein·seh·bar *adj Gelände, Raum* visible

ein|se·hen *vt irreg* ① *(begreifen)* ■**etw** ~ to see [*or* understand] sth; ***das sehe ich nicht ein*** I don't see why [*or* accept that]; ■**~, dass ...** to realize that ..., to see [*or* understand] that ...; ***du solltest langsam ~, dass ...*** it's time you realized [*or* saw] [*or* understood] that ...
② *(geh: prüfen)* ■**etw** ~ to examine [*or* inspect] sth, to have a look at sth
③ *(in etw hineinsehen)* ■**etw** ~ to look into sth [from outside]; ***unser Garten kann von den Nachbarn nicht eingesehen werden*** our garden is not overlooked, you cannot be overlooked in our garden

Ein·se·hen <-> *nt kein pl* understanding; ***haben Sie doch ein ~!*** please understand!; ***so haben Sie doch ein ~!*** please be reasonable [*or fam* have a heart]!; **[mit etw** *dat*] **[k]ein ~ haben** to show [no] understanding [*or* consideration] [for sth]; ***dieser starrköpfige Kerl will einfach kein ~ haben*** the stubborn fool just doesn't want to understand

ein|sei·fen *vt* ① *(mit Seife einreiben)* ■**jdn** ~ to soap sb, to lather sb with soap; ■**sich** *akk* ~ to soap oneself, to lather oneself with soap; ■**jdm etw** ~ to soap sb's sth, to lather sb's sth with soap; **jdm den Kopf** ~ to shampoo sb's hair; **jdm [das Gesicht] mit Schnee** ~ to rub snow into sb's face [*or* sb's face with snow]; ■**sich** *akk* **von jdm ~ lassen** to have sb soap one [*or* lather one with soap]; ■**sich** *dat* **etw** ~ to soap one's sth; **sich** *dat* **gründlich den ganzen Körper** ~ to soap oneself thoroughly
② *(fam: hintergehen)* ■**jdn** ~ to take sb for a ride *fig;* ***der Verkäufer hat dich eingeseift*** the salesman ripped you off *fam*

ein·sei·tig ['ainzaitɪç] **I.** *adj* ① *(nur einen betreffend)* one-sided; JUR, POL *a.* unilateral; **~e Erklärungen** declarations made by one party
② MED one-sided; **eine ~e Lähmung** paralysis of one side of the body
③ *(beschränkt)* one-sided; **eine ~e Ernährung** an unbalanced diet
④ *(voreingenommen)* bias[s]ed, one-sided; ■**~ [in etw** *dat*] **sein** to be biased [in sth]
II. *adv* ① *(auf einer Seite)* on one side; ***die Folie ist ~ bedruckt*** the transparency is printed on one side
② *(beschränkt)* in a one-sided way; **jdn ~ ausbilden** to educate [*or* train] sb in a one-sided fashion; **sich** *akk* **~ ernähren** to have an unbalanced diet
③ *(parteiisch)* from a one-sided point of view, one-sidedly; **~ informiert sein** to have heard only one side of the argument

Ein·sei·tig·keit <-, -en> *pl selten f* ① *(Voreingenommenheit)* one-sidedness, bias
② *(Beschränktheit)* one-sidedness; *Ernährung* imbalance

ein|sen·den *vt irreg* ■**etw [an jdn/etw]** ~ to send sth [in] [to sb/sth]

Ein·sen·der(in) *m(f)* sender

Ein·sen·de·schlussRR *m* closing date [for entries]; **irgendwann ist** ~ the closing date is sometime

Ein·sen·dung *f* ① *kein pl (das Einsenden)* submission
② *(Zuschrift)* reply, answer

Ein·ser <-s, -> ['ainzɐ] *m* SCH *(fam)* grade one

Ein·ser·schü·ler(in) *m(f)* SCH *(fam)* straight-A student [*or* BRIT *a.* pupil]

ein·setz·bar *adj* applicable, usable

Ein·set·zen <-s> *nt kein pl* ① *(Hinzufügen)* insertion; **~ einer Klausel** JUR insertion of a clause
② *(Ernennen)* nomination, appointment; **~ eines Begünstigten** nomination of a beneficiary; **testamentarisches** ~ appointment by will

ein|set·zen I. *vt* ① *(einfügen)* ■**etw [in etw** *akk*] ~ to insert sth [in sth], to put sth in [sth]; **Blumen in ein Beet** ~ to plant flowers in a flowerbed; **Edelsteine in ein Kollier/einen Ring** ~ to inset [*or* mount] jewels in a necklace/ring; **Maschinenteile** ~ to mount component parts; **eine Scheibe in den Fensterrahmen** ~ to put a pane in the window frame; **eine Variable** ~ MATH to put in a variable; **ein Wort in einen Satz** ~ to insert a word in a sentence
② *(ins Leben rufen)* ■**etw** ~ to establish sth, to set sth up; ***zur Untersuchung des Falles wurde eine Kommission eingesetzt*** a commission was set up to investigate the case; **einen Ausschuss** ~ to establish [*or* form] a committee; **eine Regierung** ~ to constitute a government
③ *(ernennen)* ■**jdn [als etw]** ~ to appoint [*or* BRIT install] [*or* AM instal] sb [as sth]; **jdn in sein Amt** ~ to inaugurate sb in office; **jdn als Direktor** ~ to install [*or* AM instal] sb as director; **jdn als Erben** ~ to name [*or* appoint] sb a inheritor; **als Geschworene** ~ to impanel a jury
④ *(beschäftigen)* ■**jd** ~ to employ sb; **jd in der Buchhaltung/PR-Abteilung** ~ to assign sb to the accounts/PR department
⑤ *(zum Einsatz bringen)* ■**jdn/etw [gegen jdn]** ~ to use sb/sth [*or* bring sb/sth in] [against sb]; **Gas/Gummigeschosse/Schlagstöcke/Waffen** ~ to use gas/rubber bullets/truncheons/weapons; ***die Polizei setzte Tränengas gegen die Demonstranten ein*** the police used tear gas against the demonstrators; **[freiwillige] Helfer** ~ to bring in [voluntary] helpers
⑥ *(einnähen)* ■**etw [in einen Stoff]** ~ to sew sth in[to a cloth]; ***er ließ sich vom Schneider einen Zwickel in die Hose einsetzen*** he had a gusset inserted into his trousers by his tailor; **einen Ärmel** ~ to set in a sleeve; **einen Flicken in die Hose** ~ to sew a patch on a pair of trousers
⑦ *(zusätzlich fahren lassen)* ■**etw** ~ to put sth on, to run sth; ■**eingesetzt** put on *pred,* run *pred;* **einen Sonderzug** ~ to run a relief train
⑧ *(aufbieten)* ■**etw** ~ to use [*or* exert] sth; **seinen Einfluss/sein Können einsetzen** to bring one's influence/skill into play; **Energie/Kraft** ~ to exert energy/power
⑨ *(riskieren)* ■**etw** ~ to use [*or* employ] sth; **das Leben [für etw** *akk*] ~ to put one's life at risk [*or* be ready to die] [for sth]
⑩ *(als Pfand)* ■**etw** ~ to pledge [*or* pawn] sth; ***er setzte die Wohnung als Sicherheit für den Kredit ein*** he pledged his flat as security for the loan
⑪ SPORT *Ersatzspieler* to bring on sb *sep,* to use sb; *Spieler* to put sb on a team, to field sb; ***in der zweiten Halbzeit setzte der Trainer Jackson ein*** in the second half, the trainer brought Jackson on
⑫ KARTEN *(benutzen)* ■**etw** ~ to use [*or* employ] sth; *(aufwenden)* to use sth up; *(wetten)* to bet sth, to wager
⑬ MIL **Truppen** ~ *(mobilisieren)* to mobilize troops; *(aufstellen)* to deploy troops
II. *vi* ① *(anheben)* to start [up], to begin, to commence; ***die Regenzeit setzt im Oktober ein*** the monsoon rains start in October; **die ~de Ebbe/Flut** the turning ebb tide/flood tide; ***die Ebbe setzt oft ganz unmerklich ein*** the tide often starts to ebb quite imperceptibly
② MED to begin; ■**etw setzt bei jdm ein** sb gets sth; ***gegen Abend hat bei ihm heftiges Fieber eingesetzt*** towards evening he was running a very high temperature; ***die Leichenstarre hat bereits eingesetzt*** rigor mortis has already set in; ***bei Leichen setzt die Verwesung oft schon nach zwei Tagen ein*** bodies often begin to decay after only two days
③ MUS to begin to play, to come in; ***die Violine setzt im zweiten Satz ein*** the violin comes in in the second movement; **zu früh** ~ to come in too early
④ LIT begin, start
III. *vr* ① *(sich engagieren)* ■**sich** *akk* ~ to make an effort, to exert oneself, to work hard; ***Sie sollten sich mehr*** ~ you should make a bigger effort [*or* work harder]; **sich** *akk* **besonders** ~ to make a special effort, to work particularly hard; **sich** *akk* **voll** ~ to make a wholehearted effort [*or* every effort], to work wholeheartedly
② *(sich verwenden für)* ■**sich** *akk* **für jdn/etw** ~ to be active on sb's/sth's behalf, to stand up for [*or* support] sb/sth; ***sie hat sich immer öffentlich für die Abschaffung des Gesetzes eingesetzt*** she has always spoken out in favour of getting rid of this law; ■**sich** *akk* **bei jdm für jdn/etw** ~ to intercede with sb on sb's/sth's behalf; ***ich werde mich beim Direktor für dich*** ~ I'll have a word with the director on your behalf; ■**sich** *akk* **dafür ~, dass ...** to speak out for [*or* in favour of] sth; ***er versprach, sich dafür einzusetzen, dass die Haftbedingungen erleichtert würden*** he promised to do what he could to make sure prison conditions were improved; ***kannst du dich nicht bei ihm dafür einsetzen, dass er mir den Betrag noch etwas stundet?*** can't you have a word with him so that he gives me time to pay?

Ein·set·zung <-, -en> *f (geh: Ernennung)* appointment, instalment, AM *also* installment; ■**jds ~ in etw** *akk* sb's appointment to [*or* instalment in] [*or* AM *also* installment in] sth

Ein·sicht *f* ① *(Erkenntnis)* insight; **jdn zur ~ bringen** to make sb see sense [*or* reason], to persuade sb; **zur ~ kommen** [*o* **gelangen**] to be reasonable, to see sense [*or* reason], to listen to reason; ***komm doch endlich zur ~!*** come on, be reasonable!; **zu der ~ kommen, dass ...** to see [*or* realize] that ...
② *(prüfende Durchsicht)* ■**~ [in etw** *akk*] inspection [*or* examination] [of sth]; **jdm ~ in die Akten gewähren/verwehren** to grant/refuse sb access to the files; **~ in etw** *akk* **nehmen** to have access to [*or* inspect] sth; **~ in etw** *akk* **verlangen** to demand access to sth; **zur** ~ for inspection [*or* examination]
③ *(Einblick)* view; ***der Zaun verwehrte Passanten die ~ in den Garten*** the fence stopped passers-by looking into the garden

ein·sich·tig ['ainzɪçtɪç] *adj* ① *(verständlich)* reasonable, understandable; **ein ~er Grund** a valid reason; ■**etw ist** ~ sth is understandable; ***es müsste [Ihnen] ~ sein, dass ...*** you must see that ...; ■**es ist nicht ~, warum ...** it is difficult [*or* not easy] to see why ...

❷ *(vernünftig)* reasonable; ■ **~ sein** to be reasonable; ■ **so ~ sein, etw zu tun** to be reasonable enough to do sth

Ein·sicht·nah·me <-, -n> *f (geh: Einsicht 2.)* ■ **die/jds ~ in etw** *akk Akten* the/sb's inspection [*or* examination] of sth

Ein·sichts·fä·hig·keit *f* JUR *capacity to understand the wrongfulness of an act* **Ein·sichts·recht** *nt* JUR **Einsichts- und Prüfungsrecht** right of inspection

ein|si·ckern *vi (Flüssigkeit)* to seep in

Ein·sied·ler(in) [ˈa͜inziːdlɐ] *m(f)* hermit, recluse

ein·sied·le·risch I. *adj* solitary, hermit-like, reclusive

II. *adv* like a hermit [*or* hermits], solitarily

Ein·sied·ler·krebs *m* ZOOL hermit crab

ein·sil·big [ˈa͜inzɪlbɪç] *adj* ❶ LING monosyllabic; **ein ~es Wort** a monosyllable, a monosyllabic word

❷ *(wenig redselig)* monosyllabic, taciturn, quiet; ***er ist ein sehr ~ er Mensch*** he's a man of few words

❸ *(knapp und wenig aussagekräftig)* monosyllabic; **~e Antwort geben** to answer in monosyllables; ■ **etw ist zu ~** sth is too brief

Ein·sil·big·keit <-> *f kein pl Wort* monosyllabism; *Mensch* taciturnity, uncommunicativeness; *Reim* masculinity

ein|sin·ken *vi irreg sein (in etw sinken)* ■ **[in etw** *akk o dat*] **~** *Morast, Schnee etc.* to sink in[to sth]

Ein·sitz <-es, -e> *m* SCHWEIZ *(form)* ❶ *(Beitritt)* accession; **in einem Ausschuss ~ nehmen** to join a committee

❷ *(Sitz in einem Ausschuss)* seat

ein|sit·zen *vi irreg (geh)* to serve a [prison] sentence *form*, to be imprisoned *form*

ein|sor·tie·ren* *vt (in etw sortieren)* ■ **etw [in etw** *akk*] **~** to sort sth [out] [into sth]

ein|span·nen *vt* ❶ *(heranziehen)* ■ **jdn [für etw** *akk*] **~** to rope sb in [for sth]; ***manche Leute verstehen es, andere für sich einzuspannen*** some people know how to get others to work for them [*or* to rope others in]; **sich** *akk* **für jdn/etw ~ lassen** to let oneself be roped in for sb/sth

❷ *(in etw spannen)* ■ **etw ~** to insert sth; *in einen Schraubstock* to clamp [*or* fix] sth

❸ *(ins Geschirr spannen)* ■ **Tiere ~** to harness animals; ■ **eingespannt** harnessed

❹ *(viel zu tun haben)* ■ **sehr eingespannt sein** to be very busy

Ein·spän·ner <-s, -> [ˈa͜inʃpɛnɐ] *m* ❶ *(einspännige Kutsche)* one-horse carriage

❷ KOCHK ÖSTERR *black coffee with whipped cream*

ein·spän·nig [ˈa͜inʃpɛnɪç] *adj* one-horse, harnessed with one horse *pred;* ■ **etw ist ~** sth is with [*or* pulled by] one horse; **~ fahren** to drive out in a carriage with one horse, to drive a one-horse carriage

ein|spa·ren *vt* ❶ *(ersparen)* ■ **etw ~** to save sth

❷ *(kürzen)* ■ **etw ~** to save [*or* cut down] on sth, to economize on sth

Ein·spar·po·ten·zi·al^RR *nt* saving potential

Ein·spa·rung <-, -en> *f* ❶ *(das Einsparen)* saving, economizing; **die ~ von Rohstoffen/Strom** to save raw materials/electricity

❷ *(Kürzung)* cutting down/out, economizing, saving

Ein·spa·rungs·ef·fekt *m* FIN savings effect

ein|spei·chen [ˈa͜inʃpa͜içən] *vt* TECH ■ **ein Rad ~** to lace a wheel

ein|spei·chern *vt* ■ **etw [in etw** *akk*] **~** to store sth [in sth]; **Daten in einen Computer ~** to feed [*or* input] data into a computer

ein|spei·sen *vt* ❶ *(einleiten)* ■ **etw [in etw** *akk*] **~** to feed sth in[to sth]

❷ *(einspeichern)* ■ **etw [in etw** *akk*] **~** to store sth [in sth]

Ein·spei·sung <-, -en> *f* ELEK, INFORM feeding [in]

Ein·spei·sungs·ge·setz *nt (Stromnetz)* law on feeding power into the grid

ein|sper·ren *vt* ❶ *(in etw sperren)* ■ **jdn/ein Tier [in etw** *akk*] **~** to lock [*or* shut] sb/an animal up [in sth] [*or* in [sth]]; ■ **eingesperrt sein** to be locked in [*or* up], to be shut in

❷ *(inhaftieren)* ■ **jdn ~** to lock sb up, to put sb behind bars; ***er gehört eingesperrt*** he belongs behind bars

ein|spie·len I. *vr* ❶ *(einstellen)* ■ **sich** *akk* **~** *Methode, Regelung* to get into full swing, to get going [properly], to get into one's stride

❷ *(sich aneinander gewöhnen)* ■ **sich** *akk* **aufeinander ~** to get used to each other

❸ SPORT *(sich warm spielen)* ■ **sich** *akk* **~** to warm up

II. *vt* ❶ FILM ■ **etw ~** to bring in sth; **die Aufwendungen/Produktionskosten ~** to cover the expenses/production costs

❷ RADIO, TV ■ **etw ~** *Wetter, Interview etc.* to start [*or* begin] sth; ■ **sich** *dat* **etw ~ lassen** to play sth

❸ INFORM **Daten [in etw** *akk*] **~** to load data [into sth]

Ein·spiel·er·geb·nis *nt* FILM, THEAT box-office receipts *pl*

Ein·spra·che *f* JUR SCHWEIZ *(Einspruch)* objection

Ein·spra·che·frist <-, -en> *f* JUR ÖSTERR, SCHWEIZ *(Einspruchsfrist)* period for objection

ein·spra·chig *adj* monolingual

ein|spre·chen *vi irreg* ■ **auf jdn ~** to speak to sb persuasively

Ein·spre·chen·de(r) *f(m) dekl wie adj* JUR opponent; **unzulässig ~** unauthorized opponent

ein|spren·gen *vt* ■ **etw [mit etw** *dat*] **~** to sprinkle sth [with sth]; ■ **jdn mit etw** *dat* **~** to sprinkle sb with sth

ein|sprin·gen *vi irreg sein (fam)* ❶ *(vertreten)* ■ **[irgendwo/für jdn] ~** to stand in [*or* help out] [*or* step into the breach] [somewhere/for sb]

❷ *(aushelfen)* ■ **[mit etw** *dat*] **~** to help out [with sth]

Ein·spritz·an·la·ge *f* fuel injection [system] **Ein·spritz·dü·se** *f* injection nozzle

ein|sprit·zen *vt* ❶ MED ■ **jdm etw ~** to inject sb with sth; ■ **sich** *dat* **etw ~** to inject oneself with sth

❷ AUTO ■ **etw ~** to inject sth

Ein·sprit·zer <-s, -> *m (fam)* car with fuel injection [*or* a fuel injection system], fuel-injected car *fam*

Ein·spritz·mo·tor *m* AUTO fuel injection [*or* fuel-injected] engine **Ein·spritz·pum·pe** *f* [fuel] injection pump, injector **Ein·spritz·ven·til** *nt* AUTO injector **Ein·spritz·ver·fah·ren** *nt* AUTO fuel injection

Ein·spruch *m* ❶ *(Protest)* objection

❷ JUR *(Einwand)* objection; **~!** objection!; **[gegen etw** *akk*] **~ erheben** to lodge [*or* make] [*or* raise] an objection [against sth]; [***ich erhebe***] ***~, Euer Ehren!*** objection, Your Honour!; **einem ~ stattgeben** to uphold [*or* allow] an objection; ***dem ~ wird stattgegeben!*** objection sustained!; **einen ~ nicht gelten lassen** to overrule an objection; ***~ abgelehnt!*** objection overruled!

❸ JUR *(Berufung)* appeal; **[gegen etw** *akk*] **~ einlegen** *gegen Entscheidung, Urteil* to appeal [*or* lodge an appeal] [against sth]; **einen ~ verwerfen** to reject [*or* disallow] an appeal

Ein·spruchs·ab·tei·lung *f des Patentamtes* opposition division **Ein·spruchs·be·grün·dung** *f (bei Patentverletzung)* grounds for opposition **Ein·spruchs·ein·le·gung** *f* JUR filing of the objection; *(im Patentrecht)* notice of opposition **Ein·spruchs·ent·scheid** *m* decision on an opposition **Ein·spruchs·er·he·ben·de(r)** *f(m) dekl wie adj* JUR objector **Ein·spruchs·er·he·bung** *f* JUR appeal **Ein·spruchs·er·klä·rung** *f* JUR notice of opposition **Ein·spruchs·er·wi·de·rung** *f* JUR counterstatement in opposition proceedings; *(im Patentrecht)* rejoinder to an opposition **Ein·spruchs·frist** *f* JUR period for objection; *(im Patentrecht)* opposition period **Ein·spruchs·par·tei** *f* JUR party in opposition **Ein·spruchs·recht** *nt* JUR right of appeal [*or* of veto] [*or* to object] **Ein·spruchs·ver·fah·ren** *nt* JUR opposition proceedings *pl*

ein|sprü·hen *vt* ■ **etw ~** to spray sth; **die Wäsche ~** *to damp washing prior to ironing it*

ein·spu·ren *vi* TRANSP SCHWEIZ *(sich einordnen)* to move [over] [*or* get] into the correct lane; ***bitte ~!*** get in lane!; **links/rechts ~** to get into the left-/right-hand lane

ein·spu·rig [ˈa͜inʃpuːrɪç] I. *adj* ❶ TRANSP one-lane

❷ *(pej: eingleisig)* one-track; **~es Denken** one-track mind

II. *adv* ❶ TRANSP ***die Straße ist nur ~ befahrbar*** only one lane of the road is open

❷ *(pej: eingleisig)* in a narrow-minded way; ***er denkt so ~*** he's so blinkered

einst [a͜inst] *adv* ❶ *(früher)* once

❷ *(geh: in Zukunft)* one [*or* some] day

ein|stamp·fen *vt* MEDIA ■ **etw ~** to pulp sth

Ein·stand *m* ❶ *bes* SÜDD, ÖSTERR *(Arbeitsanfang)* start of a new job; ***wir müssen noch deinen ~ feiern*** we must celebrate your new job; **seinen ~ geben** to celebrate getting [*or* starting] a new job

❷ TENNIS deuce **Ein·stands·preis** *m* HANDEL cost price

ein|ste·chen I. *vi irreg* ❶ *(mit einer Stichwaffe)* ■ **[mit etw** *dat*] **auf jdn ~** to stab sb [repeatedly] [with sth]

❷ *(in etw hineinstechen)* ■ **[mit etw** *dat*] **in etw** *akk* **~** *Nadel* to insert [*or* stick] sth into sth; **mit der Gabel in die Kartoffeln ~** to prick the potatoes [with a fork]

❸ *(durch Stechen etw hervorbringen)* ■ **[mit etw** *dat*] **in etw** *akk* **~** to pierce [*or* make a hole in] sth [with sth]

❹ KARTEN to [play a] trump

II. *vt irreg* ■ **etw in etw** *akk* **~** to stick [*or* insert] sth into sth; **die Nadel in die Vene ~** to insert the needle into the vein; ■ **etw [mit etw** *dat*] **~** KOCHK to prick sth [with sth]; **den Teig mehrmals mit einer Gabel ~** to prick the dough several times with a fork

Ein·steck·bei·la·ge *f* TYPO loose insert

ein|ste·cken *vt* ❶ *(in die Tasche stecken)* ■ **etw ~** to put sth in one's pocket; ***er hat das Geld einfach eingesteckt!*** he's just pocketed the money!; ***hast du deinen Pass eingesteckt?*** have you got your passport?; ***stecken Sie Ihren Revolver mal wieder ein!*** put your revolver away!

❷ *(einwerfen)* ■ **etw ~** to post [*or* mail] sth

❸ *(fam: hinnehmen)* ■ **etw ~** to put up with [*or* swallow] [*or* take] sth

❹ *(verkraften)* ■ **etw ~** to take sth

❺ ELEK ■ **etw ~** to plug in sth *sep*

Ein·steck·kar·te *f* smart card **Ein·steck·klap·pe** *f* TYPO flap **Ein·steck·mo·dul** *nt* TECH plug-in module **Ein·steck·schlitz** *m* TYPO flap slot **Ein·steck·schloss**^RR *nt* BAU mortise lock **Ein·steck·tuch** *nt* pocket handkerchief

ein|ste·hen *vi irreg sein* ❶ *(sich verbürgen)* ■ **für jdn/etw ~** to vouch for sb/sth; ***ich stehe [voll] für ihn ein, er wird Sie schon nicht enttäuschen*** I can guarantee that he won't disappoint you; ■ **[jdm] dafür ~, dass ...** to promise [*or* guarantee] [sb] that ...; ■ **dafür ~, dass ...** to vouch for the fact that ...

❷ *(aufkommen)* ■ **für etw** *akk* **~** to take responsibility for sth; **für Schulden ~** to assume liability for debts

Ein·stei·ge·kar·te *f* boarding card [*or* pass]

Ein·stei·gen <-s> *nt kein pl in das Flugzeug* boarding

ein|stei·gen *vi irreg sein* ❶ *(besteigen)* ■ **[in etw** *akk*] **~** to get on [sth]; **in ein Auto/Taxi ~** to get in[to] a car/taxi; **in einen Zug ~** to get on [*or form* board] a train; **~!** all aboard!

❷ *(fam: hineinklettern)* ■ **[in etw** *akk*] **~** to climb [*or* get] in[to sth]

❸ ÖKON ■ **in etw** *akk* **~** to buy into [*or* take a stake in] sth

❹ *(sich engagieren)* ■ **in etw** *akk* **~** to go into sth; **in eine Bewegung ~** to get [*or* become] involved in a movement

Ein·stei·ger(in) <-s, -> *m(f)* newcomer, beginner

Ein·stei·ni·um <-s> [a͜inˈʃta͜iniʊm] *nt kein pl* einsteinium

ein·stell·bar *adj* adjustable; ■ **auf jdn/etw ~** adjustable [to sb/sth]

Ein·stell·be·reich *m* TECH setting range

ein|stel·len I. *vt* ❶ *(anstellen)* ■ **jdn [als etw] ~** to employ [*or* take on] sb [as sth]; **Arbeitskräfte ~** to

E

take on employees; ***sie wurde als Redaktionsassistentin eingestellt*** she was given a job as [an] editorial assistant

❷ *(beenden)* ■ **etw ~** to stop [*or* break off] sth; **eine Suche ~** to call off [*or* abandon] a search; **eine Planung/ein Projekt ~** to shelve a plan/project; ***die Firma hat die Arbeit eingestellt*** the company has closed

❸ MIL ■ **etw ~** to stop sth; **Feindseligkeiten ~** to suspend hostilities; **das Feuer ~** to cease fire; **Kampfhandlungen ~** to cease hostilities [*or* fighting]

❹ JUR ■ **etw ~** to abandon sth

❺ FOTO, ORN ■ **etw [auf etw** *akk*] **~** to adjust [*or* set] sth [to sth]; **etw auf eine Entfernung ~** to focus sth

❻ ELEK ■ **etw [auf etw** *akk*] **~** to set sth [at sth] [*or* adjust sth [to sth]]

❼ TV, RADIO ■ **[jdm] etw [auf etw** *akk*] **~** to tune [sb's] sth [to sth]; ***der Videorekorder ist auf Aufnahme eingestellt*** the video recorder is programmed to record

❽ AUTO ■ **[jdm] etw ~** to adjust [sb's] sth; **die Zündung ~** to set [*or* adjust] the [ignition] timing; ■ **sich** *dat* **etw ~ lassen** to have sth adjusted

❾ TECH ■ **[jdm] etw [irgendwie] ~** to adjust [sb's] sth [somehow]; **etw in der Höhe ~** to adjust the height of sth; **die Lehnenneigung ~** to adjust the angle of a rest

❿ *(hineinstellen)* ■ **etw [in etw** *akk*] **~** to put sth away [in sth]; ***in den Carport können zwei Autos eingestellt werden*** the carport can accommodate two cars; **ein Buch ins Regal ~** to put a book away [on the shelf]

⓫ SPORT *(egalisieren)* ■ **etw ~** to equal sth; **den Rekord ~** to equal the record

II. *vr* ❶ *(auftreten)* ■ **sich** *akk* **~** *Bedenken* to begin; MED *Fieber, Symptome, Übelkeit etc.* to develop, to begin; ***Symptome haben sich eingestellt*** symptoms have appeared [*or* developed]

❷ *(sich anpassen)* ■ **sich** *akk* **auf jdn/etw ~** to adapt to sb/sth; ■ **sich** *akk* **auf etw** *akk* **~** to adjust to sth

❸ *(sich vorbereiten)* ■ **sich** *akk* **auf etw** *akk* **~** to prepare oneself for sth

❹ *(geh: sich einfinden)* ■ **sich** *akk* **~** to arrive, to present oneself *form*

III. *vi (beschäftigen)* to take on [*or* hire] people, we have vacancies for bricklayers

Ein·stell·ge·nau·ig·keit *f* TECH setting accuracy **Ein·stell·hal·le** <-, -n> *f* SCHWEIZ *(Tiefgarage)* underground car park BRIT, underground parking lot AM

ein·stel·lig *adj* single-digit *attr;* **~e Zahl** single-digit number

Ein·stell·knopf *m* control knob; ■ **die Einstellknöpfe** the controls [*or* control knobs] **Ein·stell·platz** *m* ❶ *(Platz zum Unterstellen)* carport ❷ *(Stellplatz)* parking space **Ein·stell·rad** *nt* adjusting [*or* focussing] ring **Ein·stell·schrau·be** *f* AUTO setting [*or* adjustment] screw

Ein·stel·lung *f* ❶ *(Anstellung)* taking on, employment; ***die ~ zusätzlicher Mitarbeiter*** taking on [*or* employing] extra staff; ***bei ihrer ~*** when she started the job

❷ *(Beendigung)* stopping, termination *form;* **~ einer Suche** abandoning [*or* abandonment] of a search

❸ JUR *(Aussetzung)* stay; *(Aussetzen)* suspension; *(Aufgabe)* abandonment; **~ eines Rechtsanspruchs** abandonment of a claim; **~ der Geschäftstätigkeit** suspension of business; **~ des Verfahrens** stay of proceedings; *(Strafprozess)* nolle prosequi; **einstweilige ~** provisional stay of the proceedings

❹ FOTO adjustment

❺ ELEK setting

❻ AUTO adjustment; **~ der Zündung** setting the timing

❼ TECH *(Regulierung)* adjustment

❽ TV, RADIO tuning; ***die ~ des Videorekorders*** to programme the video recorder

❾ FILM shot, take

❿ *(Gesinnung, Haltung)* attitude; **die richtige ~ mitbringen** to have the right attitude; ***das ist nicht die richtige ~!*** that's not the right attitude!; **eine ganz andere ~ haben** to think [*or* see it] differently; **politische/religiöse ~en** political/religious opinions [*or* views]; **eine kritische ~** a critical stance; **kritische ~en** critical views; **keine ~ zu etw** *dat* **haben** to hold no opinion about sth

Ein·stel·lungs·be·din·gung *f* condition of employment *usu pl,* requirement for employment *usu pl* **Ein·stel·lungs·be·scheid** *m* JUR stoppage order **Ein·stel·lungs·ge·spräch** *nt* interview **Ein·stel·lungs·prak·ti·ken** *pl* ÖKON employment practices **Ein·stel·lungs·stopp** *m* freeze on recruitment, stop to new appointments; **einen ~ verhängen** to impose a freeze on recruitment; **einen ~ für Lehrer anordnen** to order a stop to the appointment of new teachers **Ein·stel·lungs·ter·min** *m* starting date **Ein·stel·lungs·test** *m test to be passed as a condition of employment* **Ein·stel·lungs·ver·fü·gung** *f* JUR writ of supersedeas [*or* AM of prohibition]

Ein·stich *m* ❶ *(das Einstechen)* insertion ❷ *(Einstichstelle)* puncture, prick

Ein·stieg <-[e]s, -e> ['ainʃtiːk, *pl* 'ainʃtiːgə] *m* ❶ *kein pl (das Einsteigen)* getting in; ■ **jds ~ in etw** *akk* sb's getting in[to] [*or form* entry into/to] sth; **jds ~ in einen Bus/Zug** sb's getting on[to] [*or form* entering] a bus/train; **~ nur mit Fahrausweis** all passengers are required to have a ticket; ***„hier kein ~!"*** "no entry!", "exit only!"; ***„~ nur vorn!"*** "entry only at the front!"

❷ *(Tür zum Einsteigen) Bahn* door; *Bus a.* entrance; *Panzer* hatch

❸ *(Zugang)* ■ **jds ~ in etw** *akk* sb's getting to grips with [*or fam* getting into] sth; ***ich habe bisher noch keinen ~ in diese schwierige Materie gefunden*** till now I've found no way of approaching [*or* getting to grips with] this difficult material

❹ *(Aufnahme)* start; **der ~ in einen Markt** the penetration of a market; ***der ~ in die Kernenergie*** to adopt [*or* start] a nuclear energy programme

❺ *(an einer Bergwand o.Ä.)* ■ **jds ~ in etw** *akk* sb's assault on sth

Ein·stieg·lu·ke *f* BAU access hatch **Ein·stiegs·dro·ge** *f* soft drug *(which can supposedly lead on to harder drugs)*

Ein·stiegs·ge·halt *nt* ÖKON starting salary

eins·tig ['ainstɪç] *adj attr* former *attr*

ein|stim·men I. *vi* ■ **[in etw** *akk*] **~** to join in [sth]; **in ein Lied ~** to join in the singing; **in eine Klage** [*o* **Beschwerde**] **~** to join in [*or* add one's voice to] a protest [*or* a complaint]

II. *vt (innerlich einstellen)* ■ **jdn auf etw** *akk* **~** to get sb in the right mood [*or* in the right frame of mind] [*or fam* psyched up] for sth

ein·stim·mig¹ ['ainʃtɪmɪç] **I.** *adj* MUS **ein ~es Lied** a song for one voice

II. *adv* MUS in unison, with one voice; **~ singen** to sing in unison

ein·stim·mig² ['ainʃtɪmɪç] **I.** *adj* unanimous

II. *adv* unanimously; **etw ~ beschließen** to come to a unanimous decision on sth

Ein·stim·mig·keit <-> *f kein pl* unanimity; **~ erzielen** to achieve unanimity, to come to a unanimous agreement **Ein·stim·mig·keits·re·gel** *f* ÖKON unanimity rule

Ein·stim·mung *f kein pl* **zur ~ auf etw** *akk* to get in the right frame of mind [*or* the right mood] for sth; ***er sprach einige Worte zur ~ auf den Filmabend*** he said a few words as an introduction to the film evening

einst·mals ['ainstmaːls] *adv (geh) s.* **einst**

ein·stö·ckig ['ainʃtœkɪç] *adj* single-storey *attr* [*or* AM *also* -story], one-storey *attr*

ein|stöp·seln *vt* ELEK *(fam)* ■ **etw ~** to plug sth in; ***wo kann ich den Stecker hier ~?*** where's the socket?

ein|sto·ßen *vt irreg (stoßend eindrücken)* ■ **etw ~** to break sth down; **ein Fenster ~** to smash a window; **jdm die Zähne ~** to knock in sb's teeth [unintentionally] *sep;* **den Kopf ~** to bang one's head

Ein·strah·lung <-, -en> *f* METEO irradiation

ein|strei·chen *vt irreg* ❶ *(fam: einheimsen)* ■ **etw ~** to pocket sth *fam;* ***in dem Geschäft streicht er Unsummen ein*** in that business he's raking it in [*or* BRIT he's coining it [in]] *fam*

❷ *(bestreichen)* ■ **etw [mit etw** *dat*] **~** to paint [*or* coat] sth [with sth]; **Brot mit Butter ~** to butter [*or* spread butter on] a piece of bread

ein|streu·en *vt* ❶ *(einflechten)* ■ **etw [in etw** *akk*] **~** to work sth in[to sth]; **Zitate in ein Vortrag ~** to sprinkle a lecture with quotations; **geschickt eingestreute Bemerkungen** shrewdly placed remarks

❷ *(ganz bestreuen)* ■ **etw [mit etw** *dat*] **~** to scatter [*or* strew] sth [with sth]; **die Rasenfläche mit Dünger ~** to scatter [*or* strew] fertilizer on the lawn

Ein·strip·pen <-s> ['ainʃtrɪpn̩] *nt kein pl* TYPO *(von Text)* stripping-in

ein|strö·men *vi sein* ❶ METEO *(in etw strömen)* ■ **[irgendwohin] ~** to stream [*or* surge] [*or* pour] in[to somewhere]

❷ *(rasch hineinfließen)* ■ **[in etw** *akk*] **~** to pour [*or* flood] in[to sth]

ein|stu·die·ren* *vt* ■ **etw ~** to rehearse [*or* BRIT *also* practise] [*or* AM *also* practice] sth; **etw vor dem Spiegel ~** to rehearse sth in front of the mirror; ■ **einstudiert** rehearsed

ein|stu·fen ['ainʃtuːfn̩] *vt* ❶ *(eingruppieren)* ■ **jdn [in etw** *akk*] **~** to grade sb [in sth]; ■ **jdn in etw** *akk* **~** to put sb in sth; **jdn in eine bestimmte Steuerklasse ~** to assess sb as being in a particular tax bracket; **jdn in eine Gehaltsgruppe ~** to give sb a [salary] grade

❷ *(zuordnen)* ■ **etw in etw** *akk* **~** to categorize [*or* grade] sth as sth

Ein·stu·fung <-, -en> *f* categorization, classification; **jds ~ in eine bestimmte Gehaltsklasse** sb's assessment as a particular salary grade

ein·stün·dig, 1-stün·dig[RR] *adj* one-hour *attr,* lasting one hour *pred; s. a.* **achtstündig**

ein|stür·men *vi sein* ❶ *(bestürmen)* ■ **[mit etw** *dat*] **auf jdn ~** to bombard [*or* besiege] sb [with sth]; **mit Fragen/Bitten auf jdn ~** to bombard [*or* besiege] sb with questions/requests

❷ *(eindringen)* ■ **auf jdn ~** to overwhelm sb; ***nach dem Urlaub stürmten eine Vielzahl von Verpflichtungen auf ihn ein*** after the holiday he was swamped [*or* inundated] with engagements

Ein·sturz *m* collapse; *einer Decke a.* caving-in, falling-in; *einer Mauer* falling-down, falling-in; **etw zum ~ bringen** to cause sth to collapse [*or* the collapse of sth]

ein|stür·zen *vi sein* ❶ *(zusammenbrechen)* to collapse; *Decke a.* cave in, fall down; **etw zum E~ bringen** to cause sth to collapse

❷ *(heftig eindringen)* ■ **auf jdn ~** to overwhelm [*or* swamp] [*or* crowd in on] sb

Ein·sturz·ge·fahr *f kein pl* danger of collapse; ***„Vorsicht ~!"*** "building unsafe!"; **es besteht ~** sth is threatening to [*or* is in danger of] collapse; **wegen ~** because sth is threatening to [*or* is in danger of] collapse

einst·wei·len ['ainst'vailən] *adv* ❶ *(vorläufig)* for the time being; **jdn ~ auf freien Fuß setzen** to release sb temporarily

❷ *(in der Zwischenzeit)* in the meantime, meanwhile

einst·wei·lig ['ainst'vailɪç] *adj attr* temporary; **eine ~e Anordnung** [*o* **Verfügung**] a temporary [*or* interim] order/injunction

ein|sug·ge·rie·ren* *vt (fam)* ■ **jdm etw ~** to suggest sth to sb, to persuade sb of sth; ■ **jdm ~, dass ...** to suggest to [*or* persuade] sb that ...

Ein-Ta·ges-En·ga·ge·ment [-ãgaʒəmãː] *nt* BÖRSE intra-day position

ein·tä·gig, 1-tä·gig[RR] *adj* one-day *attr,* lasting one day *pred*

Ein·tags·flie·ge *f* ❶ ZOOL mayfly

❷ *(von kurzer Dauer)* nine days' wonder; ***sein Erfolg war nur eine ~*** his success was just a flash in the pan

ein|tä·to·wie·ren* *vt* ■[jdm] etw ~ to tattoo sth [on sb]; ■**sich** *dat* **etw ~ lassen** to have a tattoo of sth; ***er ließ sich seine Initialen ~*** he had a tattoo of his initials; ■**eintätowiert** tattooed

ein|tau·chen I. *vt haben* ■**jdn [in etw** *akk*] ~ to immerse sb [in sth]; ■**etw [in etw** *akk*] ~ to dip sth in [sth]; *Lebensmittel* to dip [*or fam* dunk] sth [in sth] **II.** *vi sein* ■[**in etw** *akk*] ~ to dive [*or* plunge] in[to sth], to dive [*or* submerge]

Ein·tausch *m* exchange; ***Hinweis: „~ von Gutscheinen"*** sign: "vouchers exchanged here"; **im ~ gegen etw** *akk* in exchange [*or* return] for sth

ein|tau·schen *vt* ❶ *(tauschen)* ■**etw [gegen etw** *akk*/**für etw** *akk*] ~ to exchange sth [for sth]; **ein Gebrauchtwagen gegen einen neuen** ~ to trade in a second-hand car for a new one ❷ *(umtauschen)* ■**etw [gegen etw** *akk*] ~ to [ex]change sth [for sth]

ein·tau·send ['ain'tauzn̩t] *adj* one thousand; *s. a.* **tausend 1**

Ein·tau·sen·der <-s, -> *m* mountain over 1,000 metres [*or* AM -ers]

ein|tei·len I. *vt* ❶ *(unterteilen)* ■**etw in etw** *akk* ~ to divide sth up into sth; ***ich habe die Pastete in sechs Stücke eingeteilt*** I've divided [*or* cut] the pie [up] into six pieces ❷ *(sinnvoll aufteilen)* ■[**sich** *dat*] **etw** ~ *Geld, Vorräte, Zeit* to be careful with sth; ■**etw** ~ to plan sth [out]; ***die Vorräte müssen so eingeteilt werden, dass sie uns zwei Wochen reichen*** we'll have to organize [*or* divide up] the supplies so that they last two weeks; **das Geld** ~ to budget, to manage [*or* organize] one's money [*or* finances]; **die Zeit/den Urlaub** ~ to arrange one's time/holiday; **die Zeit gut** ~ to make good use of one's time, to use one's time well; **sich** *dat* **die Zeit** ~ to plan [*or* organize] [*or* arrange] one's time; **sich** *dat* **die Arbeit** ~ to arrange [*or* organize] one's work ❸ *(für etw verpflichten)* ■**jdn zu etw** *dat* ~ to assign sb to sth **II.** *vi (fam: haushalten)* to budget

Ein·tei·ler <-s, -> *m (Badeanzug)* one-piece [swimsuit]

ein·tei·lig, 1-tei·lig^RR^ ['aintailɪç] *adj* one-piece *attr*

Ein·tei·lung *f* ❶ *(Aufteilung)* management, planning, organization; ***bei besserer ~ deiner Zeit hättest du sicher mehr Freizeit*** if you organized your time better, you would have more free time ❷ *(Verpflichtung)* ■**jds ~ zu etw** *dat* sb's assignment to sth

ein|tip·pen *vt* ■**etw [in etw** *akk*] ~ to key [*or* type] sth in[to sth]

ein·tö·nig ['aintø:nɪç] **I.** *adj* monotonous; **~e Arbeit** monotonous [*or* tedious] work; **~es Leben** humdrum [*or* dull] [*or* monotonous] life **II.** *adv* monotonously; ~ **klingen** to sound monotonous; ~ **vortragen** to read in a monotone

Ein·tö·nig·keit <-> *f kein pl* monotony; **die ~ einer bestimmten Arbeit** the monotony [*or* sameness] [*or* tedium] of a particular job; **die ~ einer bestimmten Art Leben** the monotony [*or* dullness] [*or* dreariness] of a particular way of life

Ein·topf *m*, **Ein·topf·ge·richt** *nt* stew

Ein·tracht <-> ['aintraxt] *f kein pl* ❶ *(harmonisches Einvernehmen)* harmony, peace, concord *form;* **in [Frieden und] ~ zusammenleben** to live together in [peace and] harmony ❷ SPORT *(in Vereinsnamen)* ≈ United

ein·träch·tig ['aintrɛçtɪç] **I.** *adj* harmonious, peaceful; **ein ~es Zusammenleben** a harmonious [*or* peaceful] life together **II.** *adv* harmoniously, peacefully

Ein·trag <-[e]s, Einträge> ['aintra:k, *pl* 'aintrɛ:gə] *m* ❶ *kein pl (Vermerk)* note, entry *form;* ~ **ins Logbuch** entry in the logbook ❷ *(im Wörterbuch, Nachschlagewerk)* entry ❸ ADMIN registration, record; ~ **ins Handelsregister** record in the register of companies

ein|tra·gen *vt irreg* ❶ *(einschreiben)* ■**jdn [in etw** *akk*] ~ to enter [*or* record] sb's name [in sth], to put sb's name down [in sth], to enter sb [in sth]; ■**sich** *akk* [**in etw** *akk*] ~ to write one's name [in sth] ❷ *(amtlich registrieren)* ■**jdn/etw in etw** *akk* ~ to register sb/sth in sth; **ins Handelsregister** ~ to record in the register of companies [*or* commercial register]; ■**sich** *akk* ~ **lassen** to register ❸ *(einzeichnen)* ■**etw [auf etw** *dat*] ~ to note [*or* record] sth [on sth], to write sth in [on sth] ❹ *(geh: einbringen)* ■**jdm etw** ~ to bring [*or* earn] [*or* win] sb sth; ***sein Verhalten hat ihm allseits Achtung eingetragen*** his behaviour earned respect on all sides

ein·träg·lich ['aintrɛ:klɪç] *adj* profitable, lucrative, remunerative; **eine ~e Arbeit** a well-paid job

Ein·tra·gung *f* JUR *(form)* entry, registration; ~ **ins Handelsregister** entry into the commercial register, registration of the business name; ~ **in das Vereinsregister** entry in the Register of Associations; **amtliche** ~ registration; **beschleunigte** ~ [**eines Warenzeichens**] urgent registration [of a trademark] by summary proceedings; **handelsgerichtliche** ~ registration, incorporation

Ein·tra·gungs·be·schei·ni·gung *f* JUR certificate of registration **Ein·tra·gungs·be·wil·li·gung** *f* JUR grant of consent for entry in the register **Ein·tra·gungs·buch** *nt* register **ein·tra·gungs·fä·hig** *adj* JUR registrable, recordable **Ein·tra·gungs·ge·bühr** *f* FIN registration [*or* incorporation] fee **Ein·tra·gungs·hin·der·nis** *nt* JUR bar to registration **Ein·tra·gungs·num·mer** *f* registration number **ein·tra·gungs·pflich·tig** *adj* JUR *in Grundbuch, Register* subject to [*or* requiring] registration **Ein·tra·gungs·ver·fah·ren** *nt* JUR registration procedure

ein·trai·niert *adj (einstudiert)* practised, rehearsed

ein|träu·feln *vt* **jdm Tropfen in etw** *akk* ~ to put drops in sb's sth, to administer drops to sb's sth *form*

ein|tref·fen *vi irreg sein* ❶ *(ankommen)* ■[**irgendwo/bei jdm**] ~ to arrive [somewhere/at sb's]; **mit Verspätung** ~ to arrive late; **frisch eingetroffen** just arrived [*or* in] ❷ *(in Erfüllung gehen)* to come true, to be fulfilled; ***die Katastrophe traf doch nicht ein*** the catastrophe didn't happen after all

ein·treib·bar ['aintraipba:ɐ̯] *adj* FIN recoverable, collectible; **nicht** ~ non-collectible

Ein·treib·bar·keit *f kein pl* FIN recoverability *no pl*

ein|trei·ben *vt irreg* ■**etw [bei/von jdm]** ~ to collect sth [from sb]; **Schulden** ~ to collect [*or* recover] debts; **die Unkosten** ~ to recover the costs

Ein·trei·bung <-, -en> *f* collection; ~ **einer Schuld** collection [*or* recovery] of a debt

ein|tre·ten *irreg* **I.** *vi* ❶ *sein (betreten)* ■[**in etw** *akk*] ~ to go in [*or* enter] [sth]; ***bitte treten Sie ein!*** please step this way!; ***wir treten in ein neues Zeitalter ein*** we are entering a new era ❷ *sein (beitreten)* ■[**in etw** *akk*] ~ to join [sth] ❸ *sein (Mitarbeiter werden)* to start somewhere; ■**bei jdm/in etw** *akk o dat* ~ to start working for sb/somewhere; **bei einem Arbeitgeber** ~ to start working for sb; **bei einer Firma** ~ to join [*or* start working at] a company ❹ *sein (aufnehmen)* ■**in etw** *akk* ~ **in Diskussionen/Verhandlungen** ~ to enter into discussions/negotiations; **in Gespräche** ~ to hold talks ❺ *sein (sich ereignen)* to occur, to ensue; ***eine Katastrophe ist eingetreten*** a catastrophe has happened; ***es ist noch keine Besserung seines Zustandes eingetreten*** his condition has not improved; **sollte der Fall ~, dass ...** if it should happen that ...; **der Fall kann ~, dass ...** it may happen that ...; ***dieser Fall ist noch nie eingetreten*** that has never happened ❻ *sein (auftreten)* to set in; ***das Tauwetter ist eingetreten*** the thaw has set in; ***dann trat urplötzlich Stille ein*** then there was a sudden silence [*or* silence fell] ❼ *sein* RAUM ■**in etw** *akk* ~ to enter [*or* move into] sth ❽ *sein (sich einsetzen)* ■**für jdn/etw** ~ to stand [*or fam* stick] up for sb/sth, to champion sb/sth *form* ❾ *haben (jdn/etw wiederholt treten)* ■**auf jdn/ein Tier** ~ to kick sb/an animal [repeatedly] **II.** *vt haben* ❶ *(durch Treten zerstören)* ■**etw** ~ to kick sth in ❷ *(sich durch Treten eindrücken)* ■**sich** *dat* **etw** ~ to get sth in one's foot; ***ich habe mir einen Glassplitter eingetreten*** I've trodden on a splinter of glass

Ein·tre·ten <-s> *nt kein pl* standing [*or fam* sticking] up (**für** +*akk* for), championing *form* (**für** +*akk* of)

Ein·tre·ten·de(r) *f(m) dekl wie adj* HANDEL incoming partner [*or* party]

ein|trich·tern ['aintrɪçtɐn] *vt (fam)* ■**jdm etw** ~ to drum sth into sb *fam;* ***du brauchst mir das nicht immer wieder einzutrichtern*** you don't need to keep on at me

Ein·tritt *m* ❶ *(geh: das Betreten)* ■**jds ~ in etw** *akk* sb's entrance into sth *form;* ~ **verboten** no admission ❷ *(Beitritt)* accession; ■**jds ~ in etw** *akk* sb's joining sth; ***wann hat er sich denn zum ~ in die Partei entschlossen?*** so when did he decide to join the party? ❸ *(Eintrittsgeld)* entrance fee, admission; ~ **frei** admission free ❹ *(Einlass)* ■**jds ~ [zu etw** *dat*/**in etw** *akk*] sb's admission [to sth]; ■**der ~ [zu etw** *dat*/**in etw** *akk*] admission [to sth] ❺ *(Beginn)* onset; **bei/vor ~ der Dunkelheit** when/before darkness falls [*or* nightfall]; **nach ~ der Dunkelheit** after dark, after darkness has fallen; **der ~ des Todes** *(geh)* death ❻ *(Erfüllen)* fulfilment [*or* AM -fill-]; ~ **einer Bedingung** fulfilment of a condition

Ein·tritts·al·ter *nt (bei Versicherung)* age at entry **Ein·tritts·be·din·gung(en)** *f(pl)* entry condition[s *pl*], condition[s *pl*] of entry **Ein·tritts·geld** *nt* entrance [*or* admission] [fee [*or* charge]] **Ein·tritts·kar·te** *f* [admission [*or* entrance]] ticket **Ein·tritts·klau·sel** *f* JUR accession clause **Ein·tritts·preis** *m* admission [*or* entrance] [fee [*or* charge]] **Ein·tritts·recht** *nt* JUR right of access; **befristetes** ~ option

ein|tro·cknen *vi sein Farbe, Blut* to dry; *Wasser* to dry up; *Obst* to dry out [*or* shrivel up]; ■**eingetrocknet** dried, dried-up

ein|trü·ben *vr impers* ■**sich** *akk* ~ to cloud over, to become overcast

Ein·trü·bung *f* cloud, cloudy spell

ein|tru·deln *vi sein (fam)* to roll [*or* show] [*or* turn] up *fam*, to drift [*or* wander] in *fam*

ein|tun·ken *vt* DIAL *(eintauchen)* ■**etw [in etw** *akk*] ~ to dunk sth [in sth] *fam*, to dip sth in sth; **einen Pinsel in Farbe** ~ to dip a [paint]brush in paint

ein|tup·pern ['aintupɐn] *vt* KOCHK *(fam)* ■**etw** ~ to box up sth *sep* [in Tupperware®], to put sth in a Tupperware® box

ein|tü·ten ['ainty:tn̩] *vt* ❶ *(in eine Tüte tun)* ■**etw** ~ bag up *sep* sth ❷ *(fig hum sl: ins Bett bringen)* **ein kleines Kind** ~ to put a small child away for the night *fam*

ein|ü·ben *vt* ■**etw** ~ to practise [*or* AM -ce] sth; **eine Rolle/ein Stück** ~ to rehearse a role/play; **gut eingeübt** well-rehearsed, well-studied

ein|ver·lei·ben* ['ainfɛɐ̯laibn̩] **I.** *vt* ❶ *(eingliedern)* ■**etw etw** *dat* ~ *Gebiet, Land* to incorporate sth into sth, to annex sth ❷ *(hinzufügen)* ■**etw etw** *dat* ~ to incorporate sth into sth, to feed sth with sth *fam* **II.** *vr* ❶ POL *(annektieren)* ■**sich** *dat* **etw** ~ to annex sth; ÖKON to incorporate sth ❷ *(hum fam: verzehren)* ■**sich** *dat* **etw** ~ to put sth away, to guzzle sth *hum fam;* ***ich habe mir soeben den ganzen Kuchen einverleibt*** I've just hoovered the whole cake up *hum fam*

Ein·ver·lei·bung <-, -en> *f* POL annexation; ÖKON incorporation, takeover

Ein·ver·nah·me <-, -n> ['ainfɛɐ̯na:mə] *f* JUR *bes* ÖSTERR, SCHWEIZ *(Vernehmung)* examination; *(durch die Polizei)* questioning; *(aggressive Vernehmung)* interrogation

ein|ver·neh·men* ['ainfɛɐ̯ne:mən] *vt irreg* JUR *bes* ÖSTERR, SCHWEIZ *(vernehmen)* to examine; ***die Poli-***

zei hat den Zeugen einvernommen the police questioned the witness; *(aggressiv vernehmen)* to interrogate

Ein·ver·neh·men <-s> *nt kein pl* agreement; JUR *a.* [good] understanding; ***bestand nicht immer ~ darüber, dass ...?*** didn't we have an understanding that ...?; **in gegenseitigem** [*o* **beiderseitigem**] **~** by mutual agreement; **in gutem** [*o* **bestem**] **~** [**mit jdm**] **stehen** to be on good [*or* the best] terms [with sb]; **im ~ mit jdm** in agreement with sb; **ein stillschweigendes ~** a tacit agreement [*or* understanding]

Ein·ver·neh·mens·er·klä·rung *f* JUR declaration of understanding

ein·ver·nehm·lich I. *adj (geh)* mutual, joint; **zu einer ~en Regelung gelangen** to come to an agreed ruling
II. *adv (geh)* by [*or* in] mutual agreement

ein·ver·stan·den ['ainfɛɐʃtandn̩] *adj pred* ■[**mit jdm/etw**] **~ sein** to be in agreement [with sb/sth], to agree [with sb/sth]; ■[**damit**] **~ sein, dass ...** to be in agreement that ..., to agree that; **sich** *akk* **mit etw** *dat* **~ erklären** to agree with sth; **~!** agreed!, OK! *fam*

Ein·ver·ständ·nis ['ainfɛɐʃtɛntnɪs] *nt* 1 *(Zustimmung)* approval, consent; **ohne jds ~** without sb's consent; **sein ~** [**mit etw** *dat*] **erklären** to voice one's approval [of sth], to give one's approval [*or* consent]; **mit Ihrem ~** with your approval; **im ~ mit jdm** with sb's approval; **in ~ mit jdm handeln** to act with sb's approval [*or* consent]
2 *(Übereinstimmung)* agreement; **völliges ~** complete [*or* full] agreement; **mit Ihrem ~** with your agreement; ***findet dieser Vorschlag auch Ihr ~?*** are you in agreement with this proposal?; **stillschweigendes ~** tacit agreement; **in gegenseitigem** [*o* **beiderseitigem**] **~** by mutual agreement; **sein ~ mit etw** *dat* **erklären** to express one's agreement with sth; **im ~ mit jdm** in agreement with sb; ***zwischen uns herrscht ~*** there is agreement between us *form*, we are in agreement

Ein·ver·ständ·nis·er·klä·rung *f* declaration of consent

Ein·waa·ge ['ainva:gə] *f kein pl* ÖKON 1 *(Reingewicht)* weight of the contents
2 *(Gewichtsverlust)* loss of weight

Ein·waa·ge·feh·ler *m* CHEM, TECH weighing error

ein|wach·sen[1] ['ainvaksn̩] *vt* ■**etw ~** to wax sth

ein|wach·sen[2] ['ainvaksn̩] *vi irreg sein* ■[**jdm**] **~** to grow in; **eingewachsene Zehennägel** ingrowing [*or esp* AM ingrown] toenails

ein·wä·gen *vt* CHEM ■**etw ~** *Substanz* to weigh-in sth

ein|wäh·len *vr* TELEK ■**sich** *akk* [**bei etw** *dat*] **~** to connect [to sth]

Ein·wahl·kno·ten *m* INFORM, TELEK point of presence

Ein·wahl·num·mer *f* INET dial-up number

Ein·wand <-[e]s, Einwände> ['ainvant, *pl* 'ainvɛndə] *m* objection; **einen ~** [**gegen etw** *akk*] **haben** to object [*or* to have an objection] [to sth]; ***haben Sie einen ~?*** have you got any objections?; **einen ~** [**gegen etw** *akk*] **machen** [*o* **vorbringen**] to make [*or* lodge] an objection [to sth]; **einen ~** [**gegen etw** *akk*] **erheben** to raise an objection [to sth]; JUR to demur

Ein·wan·de·rer, -wan·d[**r**]**e·rin** *m, f* immigrant

ein|wan·dern *vi sein* 1 *(immigrieren)* ■[**nach .../in etw** *akk*] **~** to immigrate [to .../into sth]
2 *(einziehen)* ■[**nach .../in etw** *akk*] **~** to migrate [to .../into sth]

Ein·wan·de·rung <-, -en> *f* ■**jds ~ nach .../in etw** *akk* sb's immigration to .../into sth

Ein·wan·de·rungs·be·hör·de *f* immigration authorities *usu pl* **Ein·wan·de·rungs·ge·setz** *nt* immigration laws *usu pl* **Ein·wan·de·rungs·land** *nt country which attracts a large number of immigrants;* ***die USA werden heute noch als begehrtes ~ betrachtet*** the USA is still seen today as a popular country to emigrate [*or* immigrate] to **Ein·wan·de·rungs·po·li·tik** *f kein pl* POL immigration policy **Ein·wan·de·rungs·vi·sum** *nt* immigration visa

ein·wand·frei ['ainvantfrai] I. *adj* 1 *(tadellos)* flawless, perfect; *Obst* perfect, without a blemish; *Fleisch a.* [perfectly] fresh; **~e Qualität** excellent [*or* superior] quality; **in einem ~en Zustand** in perfect condition; **~es Benehmen** impeccable [*or* model] behaviour [*or* AM -or]; **ein ~er Leumund** an excellent [*or* impeccable] character [*or* reputation]
2 *(unzweifelhaft)* indisputable, irrefutable, undeniable, incontrovertible; **eine ~e Beweisführung** a conclusive [*or* compelling] argumentation [*or* line of argument]
II. *adv* 1 *(tadellos)* flawlessly, perfectly; **sich** *akk* **~ verhalten** to behave impeccably
2 *(unzweifelhaft)* indisputably, irrefutably, undeniably; **~ beweisen** to prove conclusively [*or* beyond a shadow of a doubt]; **~ nachweisen** to provide conclusive [*or* indisputable] [*or* irrefutable] evidence; **~ feststehen** to be absolutely certain; ■**es steht ~ fest, dass ...** it is an indisputable [*or* irrefutable] [*or* undeniable] fact that ...; **~ erfunden** [*o* **erlogen**] **sein** to be a downright [*or* complete] lie; **~ Betrug sein** to be [a] complete [*or* a clear case of] fraud, to be a complete swindle

ein·wärts ['ainvɛrts] *adv* inwards, in

Ein·wärts·schie·len *nt* cross-eye, BRIT *a.* convergent squint

ein|wäs·sern *vt* KOCHK *s.* **wässern**

ein|we·ben *vt irreg* ■**etw** [**in etw** *akk*] **~** to weave [*or* work] sth in[to sth]; ■**eingewebt** woven-in *attr,* worked-in *attr*

ein|wech·seln ['ainvɛksl̩n] *vt* 1 FIN ■[**jdm**] **etw ~** to change sth [for sb]; ***können Sie mir 200 Euro in*** [*o* ***gegen***] ***Dollar ~?*** could you change 200 euros into dollars for me?
2 SPORT ■**jdn** [**für jdn**] **~** to bring on sb [for sb] *sep*

ein|we·cken *vt* DIAL ■**etw ~** to bottle [*or* preserve] sth; ■**eingeweckt** bottled

Ein·weck·glas *nt* KOCHK preserving [*or* canning] jar

Ein·weg·er·zeug·nis *nt* throwaway [*or* disposable] [*or* BRIT *a.* one-way] product **Ein·weg·fla·sche** *f* non-returnable bottle **Ein·weg·ge·schirr** *nt* disposable tableware

Ein·weg·ka·me·ra *f* single-use [*or* disposable] camera **Ein·weg·ra·sie·rer** *m* disposable razor **Ein·weg·sprit·ze** *f* disposable needle [*or* syringe] **Ein·weg·ver·pa·ckung** *f* disposable packaging

ein|wei·chen *vt* ■**etw** [**in etw** *dat*] **~** to soak sth [in sth]; ■**eingeweicht** soaked

ein|wei·hen *vt* 1 *(offiziell eröffnen)* ■**etw ~** to open sth [officially], to inaugurate sth *form*
2 *(vertraut machen)* ■**jdn** [**in etw** *akk*] **~** to initiate sb [into sth]; **jdn in ein Geheimnis ~** to tell sb about [*or* let sb in on] a secret, to divulge a secret to sb; **jdn in einen Plan ~** to outline [*or* unveil] [*or* present] a plan to sb

Ein·wei·hung <-, -en> *f* 1 *(das Eröffnen)* [official] opening, inauguration
2 *(das Vertrautmachen)* initiation

Ein·wei·hungs·fei·er *f* official opening, inauguration

ein|wei·sen *vt irreg* 1 MED ■**jdn** [**in etw** *akk*] **~** to send sb [to sth]; **jdn ins Krankenhaus ~** to send sb to hospital; ***der Patient wurde gestern eingewiesen*** the patient was admitted yesterday; **jdn in eine psychiatrische Klinik ~** to commit sb to a mental hospital
2 *(unterweisen)* ■**jdn** [**in etw** *akk*] **~** to brief sb [about sth], to show sb [what sth entails]; ***Ihre Kollegin wird Sie in Ihre neue Tätigkeit ~*** your colleague will show you what your new job entails
3 AUTO ■**jdn** [**in etw** *akk*] **~** to direct [*or* guide] sb [into sth]; ■**sich** *akk* **in etw** *akk* **~ lassen** to have sb direct [*or* guide] one into sth; ***in enge Parklücken sollte man sich besser ~ lassen*** it's better to be guided into tight parking spaces

Ein·wei·sung *f* 1 MED ■**jds ~ in etw** *akk* sb's admission to sth; **~ in eine psychiatrische Klinik** committal to a mental hospital
2 *(Unterweisung)* ■**jds ~** [**in etw** *akk*] sb's briefing [*or* instruction] [about sth]
3 AUTO **die ~ in eine Parklücke** the guiding into a tight parking space

ein|wen·den *vt irreg* ■**etw** [**gegen jdn/etw**] **~** to object [*or* make [*or* raise] an objection] [to sb/sth]; ■[**dagegen**] **~, dass ...** to point out [*or* add] that ...; **etwas** [**gegen jdn/etw**] **einzuwenden haben** to have an objection [to sb/sth]; ***du hast aber auch immer etwas einzuwenden!*** you're always raising some objection or other!; **nichts** [**gegen jdn/etw**] **einzuwenden haben** to have no objection [to sb/sth]; ***ich habe nichts*** [***dagegen***] ***einzuwenden*** I have no objection, I don't object, I have nothing against it; **dagegen lässt sich ~, dass ...** an objection could be made that ..., one could object that ...; **dagegen lässt sich einiges ~** there are a number of things to be said against it/that; **dagegen lässt sich nichts ~** there can be no objection toit/that

Ein·wen·dung *f* 1 *(Einwand)* objection (**gegen** +*akk* to); **keine ~en machen** to have no objections, to not object
2 JUR objection; **rechtsvernichtende ~** plea in bar; **~en** [**gegen etw** *akk*] **machen** to lodge an objection [to sth], to demur [to [*or* at] sth]

Ein·wen·dungs·durch·griff *m* JUR right to put up a/one's defence

ein|wer·fen *irreg* I. *vt* 1 *(abschicken)* ■**etw** [**in etw** *akk*] **~** *Brief* to post [*or* AM mail] sth
2 *(durch Wurf zerschlagen)* ■[**jdm**] **etw** [**mit etw** *dat*] **~** to break [sb's] sth [with sth]; **eine Fensterscheibe ~** to smash a window
3 SPORT ■**etw ~** to throw sth in
4 *(etw zwischendurch bemerken)* ■**etw ~** to throw sth in; **eine Bemerkung ~** to throw in a comment [*or* remark], to interject *form*
5 *(sl: einnehmen)* ■**etw ~** *Tablette* to take sth, to knock sth back *fam*
II. *vi* 1 SPORT to throw in
2 *(zwischendurch bemerken)* ■**~, dass ...** to throw in [*or* interject] that ...

ein·wer·tig ['ainve:ɐtɪç] *adj* CHEM monovalent, univalent; **~er Alkohol** monohydric alcohol; **~e Säure** primary acid

Ein·wer·tig·keit *f kein pl* CHEM monovalency

ein|wi·ckeln *vt* 1 *(in etw wickeln)* ■**etw** [**in etw** *akk*] **~** to wrap [up] sth in sth
2 *(einhüllen)* ■**jdn** [**in etw** *akk*] **~** to wrap sb up [in sth]; ***wickle das Kind in diese Decke ein*** wrap the child [up] in this blanket; ■**sich** *akk* [**in etw** *akk*] **~** to wrap oneself up [in sth]; ***wickle dich schön warm ein!*** wrap yourself up warmly!
3 *(fam: überlisten)* ■**jdn** [**durch etw** *akk*] **~** to fool sb [with sth]; *(fam)* to take sb in; **jdn durch Schmeicheleien ~** to butter up to sb; ■**sich** *akk* [**von jdm/etw**] **~ lassen** to be fooled [*or* taken in] [by sb/sth]

Ein·wi·ckel·pa·pier *nt* wrapping paper

ein·wie·gen *vt* CHEM ■**etw ~** to weigh out sth into something; ■**eingewogen** weighed-in

ein|wil·li·gen ['ainvɪlɪgn̩] *vi* ■[**in etw** *akk*] **~** to consent [*or* agree] [to sth]

Ein·wil·li·gung <-, -en> *f (Zustimmung)* consent, agreement; ***ohne meine ~*** without my consent; ■**jds ~ in etw** *akk* sb's consent [*or* agreement] to sth; **seine ~** [**zu etw** *dat*] **geben** to give one's blessing [*or* consent] [to sth]

ein|win·tern ['ainvɪntɐn] *vi* SCHWEIZ *(Winter werden)* to become winter; ■**es wintert ein** winter is coming

ein|wir·ken I. *vi* 1 *(beeinflussen)* ■**auf jdn/etw ~** to have an effect [*or* influence] on sb/sth; **etw auf sich** *akk* **~ lassen** to let sth soak in; ***er ließ das Kunstwerk auf sich ~*** he soaked the work in
2 PHYS, CHEM *(Wirkung entfalten)* ■**auf etw** *akk* **~** to react to sth; **etw ~ lassen** to let sth work in; ***du musst die Creme auftragen und ~ lassen*** apply the cream and let it be absorbed
II. *vt (fachspr: einweben)* ■**etw in etw** *akk* **~ ein Muster in einen Stoff ~** to work a pattern into a cloth

Ein·wir·kung *f* ■**jds ~ auf jdn** sb's influence on sb; **unter** [**der**] **~ von etw** *dat*/**einer S.** *gen* under the influence of sth; ***unter*** [***der***] ***~ von Drogen*** under the influence of drugs; ***sie stand unter [der] ~ eines Schocks*** she was suffering from [the effects of] shock; ***nach ~ der Salbe*** when the ointment has worked in

Ein·wir·kungs·fak·tor *m* influential factor **Ein·wir·kungs·mög·lich·keit** *f (Möglichkeit der Einwirkung)* influence; ***ich sah da keinerlei ~en meinerseits*** I had no influence on [*or* no say in] the matter, I didn't think there was anything I could do about it; **eine ~/~en haben** to bring influence to bear on sth

ein·wö·chig *adj* one-week *attr,* lasting one week *pred*

Ein·woh·ner(in) <-s, -> ['ainvo:nɐ] *m(f)* inhabitant

Ein·woh·ner·ge·mein·de <-, -n> *f* ADMIN SCHWEIZ *(Einwohnerschaft)* population, inhabitants *pl* **Ein·woh·ner·kon·trol·le** *f* SCHWEIZ *s.* **Einwohnermeldeamt Ein·woh·ner·mel·de·amt** *nt* ADMIN *residents' registration office* **Ein·woh·ner·rat** *m* ADMIN SCHWEIZ ❶ *(Gemeindeparlament in einigen Kantonen) regional parliament in large cantons* ❷ *(Mitglied des Gemeindeparlaments) member of the regional parliament*

Ein·woh·ner·schaft <-, -en> *meist pl f (geh)* population *no pl,* inhabitants

Ein·woh·ner·schwund *m* falling [*or* declining] number of inhabitants; *eines Landes* declining population; **ein starker ~** a sharp [*or* drastic] drop in the number of inhabitants **Ein·woh·ner·zahl** *f* population, number of inhabitants

Ein·wurf *m* ❶ *(geh: das Hineinstecken) Münzen* insertion; *Briefe, Pakete* posting; ***denk bitte an den ~ des Briefes*** don't forget to post the letter; **~ 2 Euro** insert 2 euros [into the slot]; **~ hier** [*o* **hier ~**] insert here
❷ SPORT throw-in; **falscher ~** foul throw
❸ *(Zwischenbemerkung)* interjection
❹ *(schlitzartige Öffnung)* slit

ein|wur·zeln *vi sein* FORST, HORT to take root

Ein·zahl ['aintsa:l] *f* LING singular

ein|zah·len *vt* FIN ■**etw [auf etw** *akk*] **~** to pay sth [into sth]; ***die Spenden können auf ein Konto eingezahlt werden*** donations can be paid into an account

Ein·zah·ler(in) <-s, -> *m(f)* FIN depositor

Ein·zah·lung *f* FIN *(das Einzahlen)* payment, deposit

Ein·zah·lungs·auf·for·de·rung *f* BÖRSE call letter; HANDEL request for payment **Ein·zah·lungs·be·leg** *m* FIN credit slip **Ein·zah·lungs·be·trag** *m* FIN deposit amount **Ein·zah·lungs·for·mu·lar** *nt* FIN paying-in slip BRIT, deposit slip AM **Ein·zah·lungs·frist** *f* FIN deadline for payment; BÖRSE subscription payment period **Ein·zah·lungs·pflicht** *f* BÖRSE obligation to pay subscription **Ein·zah·lungs·schal·ter** *m* FIN paying-in [*or* AM deposit] counter **Ein·zah·lungs·schein** *m* ❶ FIN stub, counterfoil *esp* BRIT ❷ SCHWEIZ *s.* **Zahlkarte**

ein|zäu·nen ['aintsɔynən] *vt* ■**etw ~** to fence sth in; ■**eingezäunt** fenced in

Ein·zäu·nung <-, -en> *f* ❶ *(Zaun)* fence
❷ *(das Einzäunen)* fencing

ein|zeich·nen *vt* ■**etw [auf etw** *dat*] **~** to draw [*or* mark] sth in [on sth]; ■**eingezeichnet sein** to be drawn [*or* marked] in; ***ist der Ort auf der Karte eingezeichnet?*** is the place marked on the map?

Ein·zel <-s, -> ['aintsl̩] *nt* TENNIS singles + *sing vb;* ***sie gewann das ~ gegen die Weltranglisten-dritte*** she won her singles against the world's number three; **im ~** at singles

Ein·zel·ab·re·de *f* HANDEL special arrangement **Ein·zel·ab·schrei·bung** *f* FIN individual depreciation **Ein·zel·ab·teil** *nt* BAHN single compartment **Ein·zel·ak·ti·o·när(in)** *m(f)* single shareholder [*or esp* AM stockholder] **Ein·zel·an·ge·bot** *nt* **im ~** available singly **Ein·zel·an·mel·der(in)** *m(f)* FIN *(Patent)* single [*or* individual] applicant **Ein·zel·ar·beits·ver·trag** *m* JUR individual employment contract **Ein·zel·auf·stel·lung** *f* detailed statement **Ein·zel·aus·ga·be** *f* MEDIA separate edition, special edition **Ein·zel·aus·ge·bot** *nt* JUR invitation of separate bids **Ein·zel·band** *m* single volume **Ein·zel·be·fug·nis** *f* JUR individual authority **Ein·zel·be·trag** *m* single amount **Ein·zel·bett** *nt* single bed **Ein·zel·be·wer·tung** *f (bei Versicherung)* single [unit] valuation **Ein·zel·bi·lanz** *f* FIN individual balance sheet

Ein·zel·blatt *nt* single sheet **Ein·zel·blatt·ein·zug** *m* TYPO cut-sheet feed, single sheet feed **Ein·zel·blatt·zu·füh·rung** *f* TYPO *s.* **Einzelblatteinzug**

Ein·zel·bürg·schaft *f* JUR individual guarantee **Ein·zel·er·fin·der(in)** *m(f)* sole inventor **Ein·zel·er·mäch·ti·gung** *f* JUR individual authorization **Ein·zel·fahr·schein** *m* single ticket BRIT, one-way ticket

Ein·zel·fall *m* individual case; ***das Gericht muss jeden ~ prüfen*** the court must look at each case individually; **im ~** in each case; **kein ~ sein** to be no exception, to not be an isolated case; ***damit bist du kein ~*** you're not the only one **Ein·zel·fall·be·trach·tung** *f* study of individual cases **Ein·zel·fall·ent·schei·dung** *f* JUR decision in an individual case **Ein·zel·fall·prü·fung** *f* JUR individual case [study]; *(Asylrecht)* examination of each individual case

Ein·zel·fir·ma <-, -firmen> *f* HANDEL sole proprietorship **Ein·zel·fra·ge** *f meist pl* detailed question **Ein·zel·fun·da·ment** *nt* BAU footing

Ein·zel·gän·ger(in) <-s, -> *m(f) (Mensch, Tier)* loner, lone wolf

Ein·zel·ge·schäfts·füh·rung *f* HANDEL individual conduct of business

Ein·zel·ge·spräch *nt* one-to-one conversation [*or* discussion] **Ein·zel·ge·werk·schaft** *f* ÖKON single [trade] union **Ein·zel·haft** *f* JUR solitary confinement; **jdn in ~ halten** to keep sb in solitary confinement

Ein·zel·han·del *m* ÖKON retail trade; ***das ist der Preis für den ~*** that is the retail price; **im ~** retail; ***diese Artikel sind nur im ~ erhältlich*** these items are only available retail; ***im ~ kostet die Uhr Euro 4.500*** the watch retails at 4,500 euros

Ein·zel·han·dels·ge·schäft *nt* ÖKON retail outlet [*or* shop] **Ein·zel·han·dels·kauf·mann, -kauf·frau** *m, f* trained retail salesman *masc,* trained retail saleswoman *fem* **Ein·zel·han·dels·preis** *m* ÖKON retail price **Ein·zel·han·dels·preis·in·dex** *m* ÖKON retail price index **Ein·zel·han·dels·span·ne** *f* HANDEL retail profit margin **Ein·zel·han·dels·um·satz** *m* HANDEL retail sales *pl* **Ein·zel·han·dels·ver·band** *m* retail[ers'] association

Ein·zel·händ·ler(in) *m(f)* ÖKON retailer, retail trader **Ein·zel·haus** <-es, -häuser> *nt* detached house

Ein·zel·heit <-, -en> *f* detail; ***ich kann nicht jede ~ behalten*** I can't remember all the details; ***in der Dunkelheit kann man keine ~en sehen*** in the dark you cannot see anything in detail; **auf ~en eingehen** to go into detail[s]; **in allen ~en beschreiben** [*o* **schildern**] to describe in [great] detail; **bis in die kleinsten ~en** right down to the last detail; **sich** *akk* **in ~en verlieren** to get bogged down in detail

Ein·zel·in·i·ti·a·ti·ve <-, -n> *f* JUR, POL SCHWEIZ *legislative initiative advocated by a single person*

Ein·zel·in·ter·es·sen *pl* individual interests [*or* concerns] **Ein·zel·in·ves·ti·ti·on** *f* FIN single investment **Ein·zel·ka·bi·ne** *f* ❶ NAUT single cabin ❷ *(Umkleidekabine)* [individual] cubicle **Ein·zel·kal·ku·la·ti·on** *f* FIN unit calculation **Ein·zel·kampf** *m* SPORT individual competition; MIL single combat **Ein·zel·kauf·mann** *m* HANDEL owner-manager, sole trader **Ein·zel·kind** *nt* only child

Ein·zel·kla·ge *f* JUR individual action **Ein·zel·kör·per·schaft** *f* JUR corporation sole **Ein·zel·leis·tung** *f* individual performance

Ein·zel·ler <-s, -> ['aintsɛlɐ] *m* BIOL single-celled [*or* unicellular] organism

ein·zel·lig ['aintsɛlɪç] *adj* BIOL single-cell[ed], unicellular

Ein·zel·maß·nah·me *f* individual measure

ein·zeln ['aintsl̩n] **I.** *adj inv* ❶ *(für sich allein)* individual, single; *(gesondert)* separate; ***~e Teile des Geschirrs können nachgekauft werden*** individual pieces of this crockery can be purchased at a later date; ***ein ~er Mensch könnte nicht alles schaffen*** one person alone could not do all the work; **die ~en Bundesländer** the individual federal states; **jedes ~e Dokument** every single [*or* each individual] document; **im ~en Fall** in the particular case
❷ *(bei Paaren)* odd; **ein ~er Schuh** an odd shoe
❸ *(allein stehend)* solitary *inv,* single *inv;* ***im Feld stand eine ~e Eiche*** a solitary oak tree stood in the field; ***in dem Raum stand nur ein ~es Sofa*** in the room stood a solitary sofa; ***die ganzen Felder gehören zu dem ~en Gehöft dort*** all the fields belong to that one farm; ***als ich zurückkam, saß nur noch eine ~e Frau im Warteraum*** when I came back, there was only one single woman in the waiting room
❹ *(einige)* ■**~e** *pl* some; *(einige wenige)* a few; ***erst waren es nur ~e Arbeiter*** at the beginning there were only a few workers; ***es gab ~e Demonstrationen*** there were demonstrations here and there
❺ METEO ■**~e** *pl* scattered; **~e Schauer** scattered showers
❻ *substantivisch (Detail)* **vom E~en zum Allgemeinen** from the particular to the general; **im E~en** in detail; ***im E~en kann ich darauf nicht eingehen*** I can't go into any more detail; ***an E~es erinnere ich mich noch gut*** I can remember some things very well
❼ *substantivisch (Individuum)* ■**der/die E~e** the individual; ■**ein E~er/eine E~e** an individual; *(ein einziger Mensch)* a single person, one [single] person; ***was kann ein E~er schon dagegen ausrichten?*** what can one [single] person [*or* a single person] do on their own?; **als E~er** as an individual; **jede(r, s) E~e** each individual; *(ausnahmslos jeder)* each single person, each single [*or* each and every] one; ***ich erwarte von jedem E~en von Ihnen, dass er seine Pflicht tut*** I expect [each and] every one of you to do your duty

II. *adv (für sich allein)* individually; *(separat)* separately; ***soll ich die Geschenke ~ verpacken?*** shall I pack each present individually?; ***wir kamen ~*** we came separately; ***bitte ~ eintreten!*** please come in one at a time; **etw ~ aufführen** to list sth separately; **~ stehend** solitary

Ein·zel·per·son *f (geh)* single person **Ein·zel·pro·ku·ra** *f* JUR sole power of attorney **Ein·zel·rad·auf·hän·gung** *f* AUTO independent suspension

Ein·zel·rech·ner *m* INFORM stand-alone [terminal] **Ein·zel·rech·ner·be·triebs·sys·tem** *nt* single-user [operating] system, stand-alone system

Ein·zel·rechts·nach·fol·ge *f* JUR singular succession **Ein·zel·rei·sen·de(r)** *f(m) dekl wie adj* individual passenger **Ein·zel·rich·ter(in)** *m(f)* JUR single judge **Ein·zel·sta·tut** *nt* JUR individual statute **Ein·zel·stra·fe** *f* JUR individual sentence **Ein·zel·stück** *nt* unique object [*or* piece], individual item; ***~e verkaufen wir nicht*** we do not sell these items singly **Ein·zel·tä·ter(in)** *m(f)* JUR lone operator

Ein·zel·teil *nt (einzelnes Teil)* separate [*or* individual] part; ***ein Puzzle besteht aus vielen ~en*** a jigsaw puzzle has many separate parts; *Ersatzteil* spare [*or* replacement] part; **etw in seine ~e zerlegen** to take sth to pieces **Ein·zel·teil·fer·ti·gung** *f kein pl* manufacture of single parts

Ein·zel·the·ra·pie *f* individual therapy **Ein·zel·un·ter·neh·men** *nt* ÖKON single enterprise, sole proprietorship **Ein·zel·ver·tre·tungs·be·fug·nis** *f* JUR individual power of representation **Ein·zel·wert** *m* individual value **Ein·zel·zel·le** *f* JUR, BIOL single cell **Ein·zel·zim·mer** *nt* MED, TOURIST single room **Ein·zel·zu·stän·dig·keit** *f* JUR individual responsibility **Ein·zel·zwangs·voll·stre·ckung** *f* JUR individual enforcement [*or* execution]

ein|ze·men·tie·ren* *vt* BAU ■**etw [in etw** *akk*] **~** to cement sth [into sth]; **etw in die Wand ~** to set sth into the wall; ***der Safe ist einzementiert*** the safe is built [*or* set] into the concrete

ein·zieh·bar *adj* recoverable, collectable; ~**e Schulden/Steuern** recoverable debts/taxes

ein|zie·hen *irreg* **I.** *vt haben* ① *(zurückziehen)* ■**etw** ~ to draw in sth *sep;* ***zieh den Bauch ein!*** keep your tummy in!; ***der Hund zog den Schwanz ein*** the dog put its tail between its legs; **mit eingezogenem Schwanz** *(a. fig)* with his/her/its tail between his/her/its legs; **die Fühler/Krallen** ~ to retract [*or* draw in] its feelers/claws; **den Kopf** ~ to duck one's head
② AUTO, NAUT *(einfahren)* **die Ruder** ~ to ship oars; **die Segel** ~ to lower sail; **das Fahrgestell** ~ to retract the landing gear
③ *(hineinziehen, einfädeln)* ■**etw [in etw** *akk***]** ~ to thread sth [into sth]
④ *(hineinstecken)* to put in sth *sep;* ■**etw in etw** *akk* ~ to put sth in sth; **ein Kissen in den Bezug** ~ to put a pillow in the pillowcase
⑤ *(einbauen)* **eine Decke/Wand** ~ to put in a ceiling/wall *sep*
⑥ *(einsaugen)* ■**etw** ~ to draw [*or* suck] up sth *sep;* **Luft** ~ *Person* to breathe in; *Gerät* to take in air *sep*
⑦ *(kassieren)* ■**etw** ~ to collect sth; **Beiträge/Gelder** ~ to collect fees/money
⑧ *(einholen)* **Erkundigungen** ~ to make enquiries
⑨ *(aus dem Verkehr ziehen)* ■**etw** ~ to withdraw sth, to call in sth *sep;* ***die alten Banknoten wurden eingezogen*** the old banknotes were withdrawn from circulation [*or* were called in]
⑩ *(beschlagnahmen)* ■**etw** ~ to take away sth *sep;* **einen Führerschein** ~ to take away a driving licence; **Vermögen** ~ to confiscate property
⑪ *(einberufen)* **jdn [zum Militär]** ~ to conscript [*or* call up] [*or* AM draft] sb [into the army]
⑫ TYPO *(einrücken)* **einen Absatz/eine Zeile** ~ to indent a paragraph/a line
⑬ *(nach innen ziehen)* ■**etw** ~ to take in sth *sep;* ***der Kopierer zieht die Blätter einzeln ein*** the photocopier takes in the sheets one by one
II. *vi sein* ① *(in etw ziehen)* ■**[bei jdm/in etw** *akk***]** ~ to move in [with sb/into sth]; ***wer ist im dritten Stock eingezogen?*** who has moved in on the third floor?
② POL ■**in etw** *akk* ~ to take office in sth; ***er wurde gewählt und zog ins Parlament ein*** he was elected and took his seat in parliament
③ *(einmarschieren)* ■**in etw** *akk* ~ to march into sth; SPORT *a.* to parade into sth; ***die einzelnen Mannschaften zogen in das Olympiastadion ein*** the individual teams marched [*or* paraded] into the Olympic stadium
④ *(einkehren)* to reign; ***hoffentlich zieht bald [wieder] Frieden/Ruhe ein*** hopefully peace will reign [again] soon; ***wann wird in der Region endlich Frieden ~?*** when will the region have peace?; ***nach dem Krieg zogen wieder Ruhe und Ordnung im Land ein*** after the war law and order returned to the country; ■**bei jdm** ~ to come to sb; ***bald zieht bei uns wieder Ruhe ein*** soon we'll have peace and quiet again; ***mit ihr zog eine schlechte Stimmung bei uns ein*** she brought a bad atmosphere with her
⑤ *(eindringen)* to soak in; **eine schnell ~de Lotion** a quickly absorbed lotion; ■**in etw** *akk* ~ to soak into sth

Ein·zie·hung *f* ① *(Beschlagnahme)* confiscation, seizure
② *(Anfordern) Gelder, Steuern* collection; *Gebühren a.* recovery; *(aus dem Verkehr)* withdrawal; ~ **einer Forderung** collection of a claim; *(Schulden)* recovery of a debt
③ MIL conscription, call-up, drafting AM; *Fahrzeug* requisitioning

Ein·zie·hungs·be·nach·rich·ti·gung *f* FIN advice of collection **Ein·zie·hungs·be·schluss**[RR] *m,* **Ein·zie·hungs·ver·fü·gung** *f* FIN sequestration order

ein·zig ['aintsɪç] **I.** *adj* ① *attr* only, sole; ***wir haben nur eine ~e Möglichkeit*** there is only one thing we can do, we have only one chance; **jds ~es Kind** sb's only child
② *(alleinige)* ■**der/die E~e** the only one; ***du bist der E~e, dem ich vertraue*** you are the only one I trust; ***das ist das E~e, was zählt*** that is the only thing that counts; ***er hat als E~er das Ziel erreicht*** he was the only one to reach the finish; ***das ~ Gute wäre, das Auto zu verkaufen*** the best thing to do would be to sell the car; ***kein ~er Gast blieb nach dem Essen*** not one solitary guest stayed behind after the meal; ***nur noch ein ~er Apfel ist übrig geblieben*** there is still one solitary apple left
③ *(fam: unglaublich)* ■**ein ~er/eine ~e/ein ~es ...** a complete/ an absolute ...; ***seine Wohnung ist eine ~e Sauerei*** his flat is an absolute [*or* BRIT *fam!* bloody] disgrace; ***12 Stunden täglich am Monitor, das ist eine ~e Quälerei*** 12 hours a day at the computer is sheer murder; ***die Situation ist ein ~er Schlamassel*** the situation is a right [*or* an absolute] mess
④ *pred (einzigartig)* ■~ **sein** to be unique
II. *adv (ausschließlich)* only, solely; ***das hat er ~ dir zu verdanken*** he owes that entirely to you; **die ~ mögliche Lösung** the only possible solution; ~ **und allein** solely; ***es liegt ~ und allein an Ihnen*** it is entirely up to you

ein·zig·ar·tig ['aintsɪçʔa:ɐ̯tɪç] **I.** *adj* unique; ***das Bild war ~ schön*** the painting was astoundingly beautiful
II. *adv* astoundingly

Ein·zig·ar·tig·keit <-> *f kein pl* uniqueness

Ein·zim·mer·woh·nung *f* one-room flat [*or* AM *esp* apartment]

ein|zo·nen *vt* ■**etw** ~ ADMIN SCHWEIZ to divide into zones [*or* areas]; **eine Fläche** ~ to zone an area

ein|zu·ckern *vt* ■**etw** ~ to sugar sth

Ein·zug <-[e]s, Einzüge> *m* ① *(das Einziehen)* ■**der/jds** ~ **[in etw** *akk***]** the/sb's move [into sth]; **der ~ in ein Haus/eine Wohnung etc.** the/sb's move into a house/flat BRIT [*or* AM *esp* apartment]
② POL ***bei dieser Wahl gelang der Partei der ~ ins Parlament*** at this election the party won seats in Parliament
③ *(der Beginn)* **seinen ~ halten** to arrive; ***der Winter hat ~ gehalten*** winter arrived
④ MIL *(Einmarsch)* entry
⑤ FIN *(das Kassieren)* collection
⑥ TYPO indentation; **hängender** ~ hanging indent

Ein·zü·ger ['aintsy:gɐ] *m* SCHWEIZ debt collector

Ein·zugs·be·reich *m* catchment area **Ein·zugs·er·mäch·ti·gung** *f* FIN direct debit authorization **Ein·zugs·ge·biet** *nt* ① HANDEL *s.* **Einzugsbereich** ② GEOG *eines Flusses* drainage basin **Ein·zugs·ge·schäft** *nt* FIN collection business **Ein·zugs·pa·pier** *nt* FIN collection item **Ein·zugs·ver·fah·ren** *nt* FIN direct debit[ing] **Ein·zugs·ver·kehr** *m* ÖKON collecting business

ein|zwän·gen **I.** *vt* ① *(beengen)* ■**jdn** ~ to constrain [*or* constrict] sb
② *(in etw zwängen)* ■**etw [in etw** *akk***]** ~ to jam [*or* squeeze] [*or* wedge] sth [into sth]
③ *(hineinzwingen)* ■**jdn [in etw** *akk***]** ~ to squeeze sb [into sth]; **jdn in ein Korsett** ~ to squeeze sb into a corset
II. *vr (sich hineinzwängen)* ■**sich** *akk* **in etw** *akk* ~ to squeeze oneself into sth

Ein·zy·lin·der·mo·tor *m* TECH one-[*or* single-]cylinder engine

Eis <-es> ['ais] *nt kein pl* ① *(gefrorenes Wasser)* ice; **zu ~ gefrieren** to freeze [*or* turn] to ice
② *(Eisdecke)* ice; **aufs ~ gehen** to go onto the ice
③ KOCHK *(Eiswürfel)* ice [cube]; ***eine Cola mit ~, bitte!*** a coke with ice, please; ***einen Whisky mit ~, bitte!*** a whisky on the rocks, please; *(Nachtisch)* ice [cream]; ~ **am Stiel** KOCHK ice[d] lolly BRIT, Popsicle® AM
▶WENDUNGEN: **das ~ brechen** to break the ice; **jdn aufs ~ führen** to take sb for a ride *fam,* to lead sb up the garden path; **etw auf ~ legen** *(fam)* to put something on ice; **auf ~ liegen** to be on hold

Eis·bahn *f* SPORT ice rink **Eis·bär** *m* ZOOL polar bear **Eis·be·cher** *m* KOCHK ① *(Pappbecher)* [ice-cream] tub; *(Metallschale)* sundae dish ② *(Eiscreme)* sundae **Eis·bein** *nt* KOCHK knuckle of pork **Eis·berg** *m* GEOG iceberg; *s. a.* **Spitze** **Eis·beu·tel** *m* ice pack **Eis·block** *m* block of ice **Eis·blu·me** *f meist pl (an Fensterscheiben)* frost pattern [*or* work] *no pl,* BRIT *a.* ice-ferns *pl* **Eis·bom·be** *f* KOCHK bombe glacée **Eis·bre·cher** *m* NAUT icebreaker **Eis·ca·fé** *nt* ① *(Eisdiele)* ice cream parlour [*or* AM -or] ② *s.* **Eiskaffee**

Ei·schnee *m* KOCHK beaten egg white

Eis·creme, Eis·krem [-kre:m] *f* KOCHK ice cream **Eis·de·cke** *f* sheet of ice **Eis·die·le** *f* ice cream parlour [*or* AM -or]

Ei·sen <-s, -> ['aizn̩] *nt* ① *kein pl* CHEM, BERGB iron; ***der Zaun ist aus ~*** the fence is made of iron
② TECH *(Eisenbeschlag)* iron fitting
③ *(beim Golf)* iron
▶WENDUNGEN: **noch ein/mehrere ~ im Feuer haben** *(fam)* to have another/more than one iron in the fire; **zum alten ~ gehören** [*o* **zählen**] *(fam)* to be on the scrap heap *fam;* **ein heißes ~** a hot potato; **ein heißes ~ anfassen** to take the bull by the horns; **man muss das ~ schmieden, solange es heiß ist** *(prov)* one must strike while the iron is hot *prov*

Ei·sen·bahn ['aizn̩ba:n] *f* ① *(Zug)* train
② *(Spielzeug)* train set
▶WENDUNGEN: **es ist [aller]höchste ~** *(fam)* it is high time, there is no more time to waste

Ei·sen·bahn·ab·teil *nt* [train] compartment **Ei·sen·bahn·ak·tie** *pl* rails *pl,* railway shares *pl* [*or* stocks] *pl* **Ei·sen·bahn·an·schluss**[RR] *m* rail connection **Ei·sen·bahn·ar·bei·ter(in)** *m(f)* railway worker, BRIT *a.* railwayman **Ei·sen·bahn·bau** *m* railway construction [*or* engineering], AM *a.* railroading **Ei·sen·bahn·be·am·te(r)** *f(m) dekl wie adj* railway official **Ei·sen·bahn·be·diens·te·te(r)** *f(m)* railway employee **Ei·sen·bahn·be·nut·zer(in)** *m(f)* railway user **Ei·sen·bahn·be·trieb** *m* railway operation **Ei·sen·bahn·brü·cke** *f* railway bridge **Ei·sen·bahn·di·rek·ti·on** *f* railway management [*or* head office]

Ei·sen·bah·ner(in) <-s, -> *m(f) (fam)* railway employee, railroader AM **Ei·sen·bah·ner·ge·werk·schaft** *f* railway[men's] union BRIT, railroad brotherhood AM

Ei·sen·bahn·fäh·re *f* train ferry **Ei·sen·bahn·fahr·kar·te** *f* railway [*or* train] ticket **Ei·sen·bahn·fern·stre·cke** *f* railway trunk line

Ei·sen·bahn·fracht *f* railway freight **Ei·sen·bahn·fracht·brief** *m* HANDEL rail[way] [*or* AM railroad] bill, waybill **Ei·sen·bahn·fracht·ge·schäft** *nt* rail transport

Ei·sen·bahn·ge·län·de *nt* railway property **Ei·sen·bahn·ge·sell·schaft** *f* railway company **Ei·sen·bahn·ge·setz** *nt* JUR Railways Act **Ei·sen·bahn·gleis** *nt* railway track **Ei·sen·bahn·gü·ter·ver·kehr** *m* rail freight [*or* railway goods] traffic **Ei·sen·bahn·kes·sel·wa·gen** *m* railroad tank car **Ei·sen·bahn·kno·ten·punkt** *m* railway junction

Ei·sen·bähn·ler *m* SCHWEIZ *(fam) s.* **Eisenbahner**

Ei·sen·bahn·li·nie *f* rail road, railway line **Ei·sen·bahn·netz** *nt* rail[way] network [*or* BRIT *a.* system] **Ei·sen·bahn·ober·bau** *f* roadbed, BRIT *a.* permanent way **Ei·sen·bahn·schaff·ner(in)** *m(f)* railway guard [*or* conductor], ticket inspector **Ei·sen·bahn·schie·ne** *f* [railway] rail **Ei·sen·bahn·schot·ter** *m* track ballast **Ei·sen·bahn·schran·ke** *f* [level-crossing] barrier [*or* gate] **Ei·sen·bahn·schwel·le** *f* sleeper BRIT, tie AM **Ei·sen·bahn·sta·ti·on** *f* railway station **Ei·sen·bahn·stre·cke** *f* railway line, track section, AM *a.* track **Ei·sen·bahn·tank·wa·gen** *m* railroad tank car **Ei·sen·bahn·ta·rif** *m* railway rates *pl; (für Güter)* railway tariff; *(für Personen)* railway fares *pl* **Ei·sen·bahn·tech·nik** *f* railway engineering **Ei·sen·bahn·trans·port** *f* rail transport, carriage by rail **Ei·sen·bahn·tun·nel** *m* railway tunnel **Ei·sen·bahn·über·füh·rung** *f für Kfz* railway overpass; *für Fußgänger* footbridge, overbridge BRIT, overpass **Ei·**

sen·bahn·über·gang *f* railway [*or* BRIT level] [*or* AM grade] crossing **Ei·sen·bahn·un·glück** *nt* railway disaster [*or* accident], train disaster [*or* crash] **Ei·sen·bahn·un·ter·bau** *m* roadbed, railway substructure **Ei·sen·bahn·un·ter·füh·rung** *f* railway underpass, BRIT *a.* subway **Ei·sen·bahn·un·ter·neh·mer** *m* railway contractor **Ei·sen·bahn·ver·bin·dung** *f* rail link [*or* connection] **Ei·sen·bahn·ver·kehr** *m* rail[way] traffic, rail transport [*or* service] **Ei·sen·bahn·ver·sand** *m* trail transport **Ei·sen·bahn·ver·wal·tung** *f* railway management **Ei·sen·bahn·wa·gen** *m* *(für Personen)* railway carriage BRIT, railroad [*or* passenger] car AM; *(für Güter)* goods [*or* railway] wagon BRIT, railroad [*or* freight] car AM **Ei·sen·bahn·wag·gon** *m* railway car [*or* BRIT *a.* carriage]; *(für Personen)* railway coach; *(für Güter)* goods wagon, freight car **Ei·sen·bahn·zug** *m* [railway] train

Ei·sen·be·darf *m* iron requirement **Ei·sen·be·schlag** *m* iron band **ei·sen·be·schla·gen** *adj* with iron fittings; ~**e Stiefel** steel-capped [*or* -toed] boots **Ei·sen·blech** *nt* sheet iron **Ei·sen·draht** *m* steel wire **Ei·sen·erz** ['aizn̩?ɛʦ] *nt* CHEM, BERGB iron ore **Ei·sen·ge·halt** *m* CHEM iron content **Ei·sen·gie·ße·rei** *f* TECH iron foundry **Ei·sen·git·ter** *nt* iron bars *pl*, iron grating [*or* BRIT *a.* railings] *pl*

ei·sen·hal·tig ['aizn̩haltɪç], **ei·sen·häl·tig** ['aizn̩hɛltɪç] *adj* ÖSTERR CHEM iron-bearing, ferruginous *form*; ■~ **sein** to contain iron

Ei·sen·hut ['aizn̩hu:t] *m* ① HIST iron helmet ② BOT **blauer** ~ monk's hood, aconite **Ei·sen·hüt·ten·werk** *nt* ironworks + *sing/pl vb*, iron foundry **Ei·sen·in·dus·trie** *f* ÖKON *s.* **Eisen- und Stahlindustrie** **Ei·sen·kraut** *nt* BOT verbena **Ei·sen·man·gel** *m* MED iron deficiency **Ei·sen·oxid** *nt* CHEM ferric oxide **Ei·sen·prä·pa·rat** *nt* PHARM iron tablets **Ei·sen·rah·men·kon·struk·ti·on** *f* BAU steel frame construction **Ei·sen·spä·ne** *pl* iron filings **Ei·sen·stan·ge** *f* iron bar **Ei·sen·ta·blet·te** *f* iron tablet **Ei·sen·trä·ger** *m* BAU iron girder **Ei·sen- und Stahl·in·dus·trie** *f* ÖKON iron and steel industry **Ei·sen·ver·bin·dung** *f* CHEM iron compound

Ei·sen·wa·ren *pl* ÖKON ironmongery *no pl, no art* BRIT, hardware *no pl, no art* **Ei·sen·wa·ren·händ·ler(in)** *m(f)* ÖKON ironmonger BRIT, hardware dealer **Ei·sen·wa·ren·hand·lung** *f* ÖKON ironmonger's [shop] BRIT, AM *usu* hardware store

Ei·sen·zeit *f kein pl* HIST Iron Age

ei·sern ['aizɐn] I. *adj* ① *attr* CHEM iron
② *(unnachgiebig)* iron, resolute; ~**e Energie** unflagging [*or* indefatigable] energy; ~**e Ruhe** unshakeable patience; ■~ **sein** [*o* **bleiben**] to be/remain resolute; ***und wenn du noch so bettelst, da bin/bleibe ich ~!*** however much you beg, I will not change my mind; **mit** ~**em Besen auskehren** *(fig)* to make a clean sweep
③ *(fest)* firm
④ *attr (für Notfälle)* iron; **jds** ~**e Reserve** sb's nest egg
▸WENDUNGEN: **aber** ~**!** *(fam)* of course [*or* absolutely]
II. *adv* resolutely; ***sie hat sich ~ an den Plan gehalten*** she stuck firmly [*or* steadfastly] to the plan

Ei·ses·käl·te *f (geh)* icy cold

Eis·fach *nt* freezer compartment **Eis·flä·che** *f* [surface of the] ice **eis·frei** *adj* METEO, GEOG free of ice; ~ **bleiben** to remain ice-free **Eis·gang** *m* ice drift **eis·ge·kühlt** *adj* KOCHK ice-cold; ***ist das Bier ~?*** is that beer really cold [*or* out of the fridge]? **Eis·glät·te** *f* black ice **Eis·hei·li·gen** ['aishailɪgn̩] *pl* ■**die** [**drei**] ~ *days in May with supposedly an increased risk of frost — in N. Germany 11-13th, in S. Germany 12-15th* **Eis·ho·ckey** *nt* SPORT ice hockey

Eis·ho·ckey·a·ner(in) <-s, -> *m(f)* SCHWEIZ *(Eishockeyspieler)* ice hockey player

Eis·ho·ckey·spie·ler(in) <-s, -> *m(f)* ice hockey player

ei·sig ['aizɪç] I. *adj* ① *(bitterkalt)* icy; **ein** ~**er Wind** an icy [*or* bitter] wind
② *(abweisend)* icy; **ein** ~**es Schweigen** a frosty [*or* chilly] silence; **eine** ~**e Ablehnung** cold rejection
③ *(jäh)* chilling; ***ein ~er Schreck durchfuhr sie*** a cold shiver ran through her
④ *(frostig)* icy, cold; **ein** ~**es Lächeln** a frosty smile
II. *adv* coolly

Eis·kaf·fee *m* KOCHK ① *(selten)* iced coffee ② *(Kaffee mit Vanilleeis und Schlagsahne) chilled coffee with vanilla ice cream and whipped cream* **eis·kalt** ['aiskalt] I. *adj* ① *(bitterkalt)* ice-cold; ***du hast ja ~e Füße*** your feet are ice-cold [*or fam* like blocks of ice]
② *(kalt und berechnend)* cold and calculating, cold-blooded; ***dieser ~e Mörder*** this cold-blooded murderer ③ *(dreist)* cool; **eine** ~**e Abfuhr bekommen** to be snubbed [*or* rebuffed] by sb II. *adv (kalt und berechnend)* coolly; **jdn** ~ **anblicken** to look coolly at sb; ***sie macht das ~*** she does it without turning a hair **Eis·kap·pe** *f* GEOL ice cap **Eis·kas·ten** *m* ÖSTERR refrigerator **Eis·klet·tern** *nt* SPORT ice climbing **Eis·krat·zer** *m* AUTO ice scratch **Eis·kris·tall** *nt* ice crystal **Eis·kü·bel** *m* ice bucket **Eis·kunst·lauf** *m* SPORT figure-skating **Eis·kunst·läu·fer(in)** *m(f)* SPORT figure-skater **eis|lau·fen** *vi irreg sein* to ice-skate **Eis·lau·fen** <-s> *nt kein pl* ice skating **Eis·läu·fer(in)** *m(f)* ice-skater **Eis·ma·schi·ne** *f* KOCHK ice cream machine **Eis·meer** ['aisme:ɐ̯] *nt* GEOG polar sea; **Nördliches/Südliches** ~ Arctic/Antarctic Ocean **Eis·müh·le** *f* ice crusher **Eis·ne·bel** *m* METEO freezing fog **Eis·pi·ckel** *m* SPORT ice axe [*or* pick]

Ei·sprung *m* MED ovulation

Eis·re·gen *m* METEO sleet **Eis·re·vue** [-revy:] *f* SPORT ice show **Eis·sa·lat** *m* iceberg lettuce **Eis·sa·lon** [-zalõ:] *m* DIAL *(veraltend) s.* **Eisdiele** **Eis·schicht** *f*, **Eis·schich·te** *f* ÖSTERR layer of ice **Eis·schie·ßen** *nt* SPORT curling

Eis·schnelllaufALT *m* SPORT *s.* **Eisschnelllauf** **Eis·schnelllauf·bahn**ALT *f s.* **Eisschnelllaufbahn** **Eis·schnelläu·fer(in)**ALT *m(f)* SPORT *s.* **Eisschnellläufer**

Eis·schnell·laufRR *m* SPORT speed skating **Eis·schnell·lauf·bahn**RR *f* speed skating circuit **Eis·schnell·läu·fer(in)**RR *m(f)* SPORT speed skater

Eis·schol·le *f* ice floe **Eis·schrank** *m (veraltend) s.* **Kühlschrank**

Eis·speed·way [-spi:tve:] *nt (Sportdisziplin)* speedway ice racing; *(Bahn)* ice speedway **Eis·speed·way·fah·rer(in)** [-spi:tve:-] *m(f)* speedway ice racer

Eis·sport *m* ice sports *pl* **Eis·sta·di·on** *nt* SPORT ice rink **Eis·stoß** *m* ÖSTERR *(Eisstau) blockage in river caused by ice floes* **Eis·sturm·vo·gel** *m* ORN northern fulmar **Eis·tor·te** *f* KOCHK ice cream cake **Eis·ver·käu·fer(in)** *m(f)* ice cream man **Eis·vo·gel** *m* ORN kingfisher; ZOOL *(Schmetterling)* white admiral **Eis·waf·fel** *f* ice cream wafer; *(Eistüte)* wafer cone **Eis·was·ser** *nt* icy water; ***ein Glas ~*** a glass of ice-cold water **Eis·wein** *m* KOCHK *wine made from grapes hardened by frost*

Eis·wür·fel *m* ice cube; ***nehmen Sie ~ in die Cola?*** do you have ice in your coke? **Eis·wür·fel·scha·le** *f* ice-cube tray

Eis·zap·fen *m* METEO icicle **Eis·zeit** *f* ① GEOL Ice Age, glacial epoch *form* ② POL cold war **eis·zeit·lich** *adj* GEOL Ice Age, of the Ice Age

ei·tel ['aitl̩] *adj* ① *(pej: selbstgefällig)* vain; *(eingebildet)* conceited; *s. a.* **Pfau**
② *(veraltend geh)* vain; ***seine Hoffnungen erwiesen sich als ~*** his hopes proved to be all in vain

Ei·tel·keit <-, -en> ['aitl̩kait] *f (pej)* vanity

Ei·ter <-s> ['aitɐ] *m kein pl* MED pus *no pl, no indef art*

Ei·ter·beu·le *f* ① MED boil ② *(fig: Übelstand)* canker *fig* **Ei·ter·bil·dung** *f* MED pyosis **Ei·ter·bläs·chen** *nt* MED pustule **Ei·ter·er·re·ger** *m* MED pyogenic organism **Ei·ter·herd** *m* MED suppurative focus

ei·te·rig ['aitərɪç], **eit·rig** ['aitrɪç] *adj* MED *Ausfluss* purulent; *Geschwür, Pickel, Wunde* festering, suppurating; ■~ **sein** to fester, to suppurate; *(mit Eiter getränkt)* pus-covered

ei·tern ['aitɐn] *vi* MED to fester, to discharge pus, to suppurate

Ei·ter·pi·ckel *m* MED pimple [with pus]

eit·rig ['aitrɪç] *adj s.* **eiterig**

Ei·weiß ['aivais] *nt* ① CHEM protein
② KOCHK [egg] white, white of an egg; ~ **schaumig** [*o* **steif**] [*o* **zu Schnee**] **schlagen** to beat the egg white until it is stiff

ei·weiß·arm I. *adj* low in protein; ~**e Kost** a low-protein diet II. *adv (mit zu wenig Protein)* low in protein; ***Sie ernähren sich zu ~*** you are not getting enough protein **Ei·weiß·auf·spal·tung** *f* CHEM proteolysis

ei·weiß·hal·tig *adj* containing protein

ei·weiß·reich *adj* rich in protein *pred*

Ei·zel·le *f* BIOL ovum, egg cell *fam*

Eja·ku·lat <-[e]s, -e> [ejaku'la:t] *nt* MED ejaculate, ejaculated semen

Eja·ku·la·ti·on <-, -en> [ejakula'tsi̯o:n] *f* BIOL ejaculation; **zur** ~ **kommen** to ejaculate, to climax **Eja·ku·la·ti·ons·stö·rung** *f* MED ejaculation disorder [*or* trouble]

eja·ku·lie·ren* [ejaku'li:rən] *vi* BIOL to ejaculate

Ekel[1] <-s> ['e:kl̩] *m kein pl* disgust, revulsion; ***der ~ würgte ihn*** he was overcome by nausea [*or* felt nauseous]; ~ **erregend** nauseating, revolting, disgusting; **vor jdm/etw einen** ~ **haben** [*o* **empfinden**] to loathe sb/sth; **vor** ~ in disgust [*or* revulsion]; ***sie musste sich vor ~ übergeben*** she was so nauseated that she vomited

Ekel[2] <-s, -> ['e:kl̩] *nt (fam)* revolting person

ekel·er·re·gend *adj s.* **Ekel**[1] **Ekel·fern·seh·en** *nt television programmes in which people test their limits by voluntarily doing something revolting*

ekel·haft I. *adj* ① *(widerlich)* disgusting, revolting; ***ich habe so einen ~en Geschmack im Mund*** I have got a nasty [*or* vile] taste in my mouth; ***so etwas E~es wie diese Würmer*** such revolting things like these worms
② *(fam: unangenehm)* nasty; ***sei nicht so ~ zu ihr*** don't be so nasty to her
II. *adv* ① *(widerlich)* disgusting; ***der Käse riecht ~*** the cheese smells awful
② *(fam: unangenehm)* horribly

eke·lig ['e:kəlɪç], **ek·lig** ['e:klɪç] *adj s.* **ekelhaft 1**

ekeln ['e:kl̩n] I. *vt* ■**jdn** ~ to disgust [*or* revolt] [*or* nauseate] sb
II. *vt impers* ■**es ekelt jdn** [**vor jdm/etw**] sb/sth disgusts sb; ***es ekelt mich vor diesem Anblick*** the sight of it disgusts me
III. *vr* ■**sich** *akk* [**vor jdm/etw**] ~ to find sth/sb disgusting [*or* revolting] [*or* nauseating]; ***sie ekelte sich vor seinen Frettchen*** she found his ferrets revolting

Ekel·pa·ket *nt (pej)* mean bastard

EKG <-s, -s> [e:ka:'ge:] *nt* MED *Abk von* **Elektrokardiogramm** ECG; [**sich** *dat*] **ein** ~ **machen lassen** to have an ECG; **jdm ein** ~ **machen** to do an ECG for sb

Eklat <-s, -s> [e'kla:] *m (geh)* sensation; **einen** ~ **verursachen** to cause a stir [*or* sensation]; ***es kam zu einem ~*** a dispute broke out

ekla·tant <-er, -este> [ekla'tant] *adj (geh)* **ein** ~**es Beispiel** a striking example; **ein** ~**er Fall** a spectacular [*or* sensational] case; **ein** ~**er Fehler** a glaring error

Ek·lek·ti·ker(in) <-s, -> [ɛk'lɛktikɐ, e'klɛktikɐ] *m(f)* PHILOS eclectic, eclecticist

Ek·lek·ti·zis·mus <-> [eklɛkti'tsɪsmʊs] *m kein pl* KUNST, PHILOS eclecticism

Ek·lip·se <-, -n> [e'klɪpsə] *f* ASTRON eclipse

ekrü [e'kry:] *adj pred* ① *(ungebleicht)* raw, undyed
② *(gelblich weiß)* ecru

Ek·sta·se <-, -n> [ɛk'sta:zə] *f* ecstasy; [**über etw** *dat*] **in** ~ **geraten** to go into ecstasies [over sth]; **jdn zur** ~ **treiben** to drive sb to the limits; *(jdn zum Orgasmus bringen)* to drive sb wild; **jdn in** ~ **versetzen** to send sb into ecstasies

ek·sta·tisch [ɛk'sta:tɪʃ] *adj (geh)* ecstatic

Eku·a·dor <-s> [ekua'do:ɐ̯] *nt kein pl s.* **Ecuador**

Eku·a·do·ri·a·ner(in) <-s, -> [ekuado'ri̯a:nɐ] *m(f) s.* **Ecuadorianer**

eku·a·do·ri·a·nisch [ekuado'ri̯a:nɪʃ] *adj s.* **ecuadorianisch**

E

Ek·zem <-s, -e> [ɛk'tse:m] *nt* MED eczema

Ela·bo·rat <-[e]s, -e> [elabo'ra:t] *nt (pej geh)* concoction

Elan <-s> [e'la:n] *m kein pl* élan, zest, vigour [*or* AM -or]; **mit ~** with élan [*or* vigour]; **etw mit viel ~ tun** to do sth vigorously

Elast <-[e]s, -e> [e'last] *meist pl m o nt* SCHWEIZ elastic

elas·tisch [e'lastɪʃ] I. *adj* ❶ *(flexibel)* elastic, flexible; *Federkern, Karosserieaufhängung, Lattenrost* springy; *Stoff, Binde* stretchy
❷ *(spannkräftig) Gelenk, Muskel, Mensch* supple; *Gang* springy; ***im Alter ist man nicht mehr so ~*** when you are old you are no longer supple
II. *adv* supply; ***der Bügel schnellte ~ zurück*** the safety catch sprang back easily

Elas·ti·zi·tät <-, -en> [elastitsi'tɛ:t] *meist sing f* ❶ *(elastische Beschaffenheit)* elasticity; *Lattenrost, Federkern* springiness
❷ *(Spannkraft) Muskel, Mensch, Leder* suppleness; *Gang* springiness

El·ba <-s> ['ɛlba] *nt* Elba

El·be <-> ['ɛlbə] *f* GEOG river Elbe

Elb-Flo·renz *nt (hum fam) nickname for Dresden*

Elch <-[e]s, -e> ['ɛlç] *m* ZOOL elk

Elch·test *m kein pl* AUTO moose accident test

El·do·ra·do <-s, -s> [ɛldo'ra:do] *nt* eldorado; ***Las Vegas gilt als das ~ der Spieler*** Las Vegas is known as the gambler's paradise [*or* eldorado]

Elec·tro·nic Ban·king <-> [ɪlɛk'trɔnɪk'bɛŋkɪŋ] *nt kein pl* electronic banking **Elec·tro·nic Cash** [ɪlɛk'trɔnɪk 'kæʃ] *nt* electronic cash **Elec·tro·nic Pu·bli·shing** [ɪlɛk'trɔnɪk 'pʌblɪʃɪŋ] *nt* electronic publishing **Elec·tro·nic Tra·ding** <-[s]> [ɪlɛk'trɔnɪk 'treɪdɪŋ] *nt kein pl* BÖRSE e-trading, electronic trading

Ele·fant <-en, -en> [ele'fant] *m* ZOOL elephant
▸WENDUNGEN: **wie ein ~ im Porzellanladen** *(fam)* like a bull in a china shop

Ele·fan·ten·ba·by [-be:bi] *nt* ❶ ZOOL baby elephant
❷ *(pej fam)* baby; ***er hat die Körpergröße eines Mannes, aber er ist das reinste ~*** he is the size of a man but he is still only a baby **Ele·fan·ten·bul·le** *m* ZOOL bull elephant **Ele·fan·ten·hoch·zeit** *f* ÖKON *(fam)* mega [*or* giant] merger, juggernaut marriage *fam* **Ele·fan·ten·kuh** *f* ZOOL cow elephant **Ele·fan·ten·rüs·sel** *m* ZOOL elephant's trunk

ele·gant [ele'gant] I. *adj* ❶ *(vornehm)* elegant; **die ~e Welt** *(veraltet)* high society
❷ *(gewandt)* elegant; **die Probleme auf ~e Weise lösen** to find an elegant solution to the problems
II. *adv* ❶ MODE elegantly
❷ *(geschickt)* nimbly; ***er zog sich ~ aus der Affäre*** he deftly extricated himself from the incident

Ele·ganz <-> [ele'gants] *f kein pl* ❶ *(geschmackvolle Beschaffenheit)* elegance
❷ *(Gewandtheit)* deftness

Ele·gie <-, -ien> [ele'gi:, *pl* ele'gi:ən] *f* LIT elegy

ele·gisch [e'le:gɪʃ] *adj* ❶ LIT elegiac
❷ *(fig)* elegiac; *Stimmung* melancholy

Elek·to·rat <-[e]s, -e> [elɛkto'ra:t] *nt (hist: Kurfürstenwürde, Kurwürde)* rank of elector, electoral prince

elek·tri·fi·zie·ren* [elɛktrifi'tsi:rən] *vt* BAHN ■**etw ~** to electrify sth

elek·tri·fi·ziert *adj* **~e Eisenbahn** electric railway [*or* AM railroad]

Elek·tri·fi·zie·rung <-, -en> *f* BAHN electrification

Elek·trik <-, -en> [e'lɛktrɪk] *f* ❶ *(elektrische Ausstattung)* electrical system
❷ *(Elektrotechnik)* electrics

Elek·tri·ker(in) <-s, -> [e'lɛktrikɐ] *m(f)* electrician; **~ sein** to be an electrician

elek·trisch [e'lɛktrɪʃ] I. *adj* ❶ *(durch Strom bewirkt)* electric; **~e Entladung/~es Feld/~er Widerstand** electrical discharge/field/resistance; **~er Schlag/Strom** electric shock/current
❷ *(mit Strom betrieben)* electrical; **~e Geräte** electrical appliances
❸ *(Strom führend)* **~e Leitung/~es Kabel** electric wire/cable
II. *adv (mit elektrischem Strom)* electric; ***er rasiert sich lieber ~ als nass*** he prefers an electric razor to having a wet shave; **~ betrieben** powered by electricity; **das geht alles ~** it's all automatic; **~ geladen** electrified

elek·tri·sie·ren* [elɛktri'zi:rən] I. *vt* ❶ *(fig)* to electrify
❷ *(aufladen)* to charge with electricity
❸ MED ■**jdn ~** to treat sb with electricity
II. *vr (einen elektrischen Schlag bekommen)* ■**sich** *akk* [**an etw** *dat*] **~** to give oneself an electric shock [on sth]; **wie elektrisiert** [as if he had been] electrified

Elek·tri·zi·tät <-> [elɛktritsi'tɛ:t] *f kein pl* electricity; **statische ~** static electricity

Elek·tri·zi·täts·ge·sell·schaft *f* ÖKON electric power company **Elek·tri·zi·täts·ver·sor·gung** *f* ELEK [electric] power supply **Elek·tri·zi·täts·werk** *nt* ❶ ELEK *(Anlage)* [electric] power station ❷ *s.* **Elektrizitätsgesellschaft**

Elek·tro·aku·punk·tur *f* electro-acupuncture **elek·tro·akus·tisch** [e'lɛktroʔakʊstɪʃ] *adj* TECH electroacoustic, acoustoelectronic **Elek·tro·an·trieb** *m* AUTO electric drive **Elek·tro·ar·ti·kel** *m* ÖKON electrical appliance **Elek·tro·au·to** *nt* electric car **Elek·tro·bus** *m* electric bus **Elek·tro·che·mie** [e'lɛktroçemi:] *f* CHEM electrochemistry **elek·tro·che·misch** [elɛktro'çe:mɪʃ] *adj* CHEM electrochemical; **~e Reihe** electrochemical [*or* contact] [*or* displacement] series

Elek·tro·de <-, -n> [elɛk'tro:də] *f* electrode

Elek·tro·den·ab·stand *m* ELEK electrode gap **Elek·tro·den·strom** *m* ELEK electrode current

Elek·tro·dy·na·mik [elɛktrody'na:mɪk] *f* PHYS electrodynamics *+ sing vb* **Elek·tro·en·ze·pha·lo·gramm** [elɛktroʔɛntsefalo'gram] *nt*, **EEG** [e:ʔe:'ge:] *nt* MED electroencephalogram, EEG **Elek·tro·fahr·zeug** *nt* AUTO electric vehicle **Elek·tro·fil·ter** *m* electrostatic filter **Elek·tro·ge·rät** *nt* TECH electrical appliance **Elek·tro·ge·schäft** *nt* electrical shop [*or esp* AM store] **Elek·tro·groß·han·del** *m* electrical wholesale **Elek·tro·herd** [e'lɛktrohe:ɐ̯t] *m* ELEK electric cooker **Elek·tro·in·dus·trie** [e'lɛktroʔɪndʊstri:] *f* ÖKON electrical industry **Elek·tro·in·gen·ieur(in)** [-ɪnʒeni̯øːɐ̯] *m(f)* electrical engineer **Elek·tro·in·stal·la·teur(in)** *m(f)* electrician **Elek·tro·kar·dio·gramm** [elɛktrokardi̯o'gram] *nt*, **EKG** [e:ka:'ge:] *nt* MED electrocardiogram, ECG **Elek·tro·kar·ren** *m* AUTO small electric truck **Elek·tro·ki·ne·tik** *f* PHYS electrokinetics *+ sing vb* **Elek·tro·krampf·the·ra·pie** *f* MED electro-convulsive therapy **Elek·tro·lok** *f* electric locomotive

Elek·tro·ly·se <-, -n> [elɛktro'ly:zə] *f* electrolysis

Elek·tro·lyt <-en, -e[n]> [elɛktro'ly:t] *m* CHEM, MED electrolyte

Elek·tro·lyt·ge·tränk *nt* electrolytic drink

elek·tro·ly·tisch *adj* electrolytic; **~e Auflösung** electrodissolution

Elek·tro·ma·gnet [e'lɛktromagne:t] *m* electromagnet **elek·tro·ma·gne·tisch** I. *adj* electromagnetic II. *adv* electromagnetically **Elek·tro·ma·gne·tis·mus** [elɛktromagne'tɪsmʊs] *m* PHYS electromagnetism **Elek·tro·me·tall·ur·gie** [e'lɛktrometalʊrgi:] *f kein pl* TECH electrometallurgy **Elek·tro·me·ter** [elɛktro'me:tɐ] *nt*, **E-Me·ter** [e:'me:tɐ] *nt* ELEK electrometer **Elek·tro·mo·bil** [elɛktromo'bi:l] *nt* electric car **Elek·tro·mon·teur(in)** <-s, -e> *m(f)* SCHWEIZ *(Elektroinstallateur)* electrician **Elek·tro·mo·tor** [e'lɛktro,mo:to:ɐ̯] *m* electric motor

Elek·tron <-s, -tronen> ['e:lɛktrɔn, e'lɛktrɔn, elɛk'tro:n] *nt* NUKL electron

Elek·tro·nen·ab·ga·be *f* CHEM, PHYS electron emission **Elek·tro·nen·af·fi·ni·tät** *f* CHEM electron affinity **Elek·tro·nen·an·re·gung** *f* CHEM, PHYS electron excitation **Elek·tro·nen·bahn** *f* CHEM, PHYS electron orbit **Elek·tro·nen·be·schleu·ni·ger** <-s, -> *m* NUKL electron accelerator

Elek·tro·nen·blitz *m* TECH electronic flash **Elek·tro·nen·blitz·ge·rät** *nt (veraltend) s.* **Elektronenblitz**

Elek·tro·nen·hül·le *f* NUKL electron shell [*or* cloud] **Elek·tro·nen·mi·kro·skop** *nt* SCI electron microscope **Elek·tro·nen·rech·ner** *m* electronic computer **Elek·tro·nen·röh·re** *f* electron tube **Elek·tro·nen·strahl** *m* PHYS electron [*or* cathode] ray **Elek·tro·nen·streu·ung** *f* PHYS electron scattering **Elek·tro·nen·trans·port** *m* BIOL electron transport **Elek·tro·nen·volt** *nt* NUKL electronvolt **Elek·tro·nen·wol·ke** *f* PHYS electron cloud

Elek·tro·nik <-, -en> [elɛk'tro:nɪk] *f* ❶ *kein pl* electronics *+ sing vb*
❷ *(elektronische Teile)* electronics *pl*

Elek·tro·nik·ab·hän·gig·keit *f kein pl* dependency on electronics; **~ der Medizin** electronic dependency in medicine **Elek·tro·nik·in·dus·trie** *f* electronics industry **Elek·tro·nik·mul·ti** <-s,-s> *m* ÖKON electronics multinational [*or* giant] **Elek·tro·nik·schrott** *m* ÖKOL electronic scrap [*or* junk]

elek·tro·nisch [elɛk'tro:nɪʃ] I. *adj* electronic; **~es Geld** e-money, electronic money; **~er Geschäftsverkehr** e-business, electronic business, e-commerce, electronic commerce; **~es Lastschriftverfahren** electronic automatic debit transfer [*or* direct debiting service]; **~e Unterschrift** encrypted email signature; **~er Zahlungsverkehr** electronic funds transfer
II. *adv* electronically

Elek·tron·neu·tri·no [elɛk'tro:nʔnɔytri:no] *nt* NUKL electron neutrino

elek·tro·phil [elɛktro'fi:l] *adj* CHEM electrophilic

Elek·tro·pho·re·se <-> [elɛktrofo're:zə] *f kein pl* PHYS electrophoresis *no pl*, cataphoresis *no pl*

Elek·tro·ra·sie·rer *m* electric razor [*or* BRIT shaver]

Elek·tro·schock [e'lɛktroʃɔk] *m* MED electroshock

Elek·tro·schock·be·hand·lung *f* MED electric shock [*or* electroshock] treatment

Elek·tro·schrott [e'lɛktroʃrɔt] *m kein pl* electronic waste

elek·tro·schwach *adj* PHYS **~e Wechselwirkung** electroweak interaction **Elek·tro·schwei·ßen** <-s> *nt kein pl* arc welding

elek·tro·sen·si·bel [elɛktrozɛn'zi:bl] *adj* sensitive to electromagnetic waves

Elek·tro·skop <-s, -e> [elɛktro'sko:p] *nt* PHYS electroscope

Elek·tro·smog [-smɔk] *m* ÖKOL electrosmog **Elek·tro·sta·tik** [elɛktro'sta:tɪk] *f* PHYS electrostatics *+ sing vb* **elek·tro·sta·tisch** [elɛktro'sta:tɪʃ] PHYS I. *adj* electrostatic II. *adv* electrostatically **Elek·tro·tech·nik** [elɛktro'tɛçnɪk] *f* electrical engineering **Elek·tro·tech·ni·ker(in)** *m(f)* ❶ *(mit Hochschulabschluss)* electrical engineer ❷ *(Elektriker)* electrician **elek·tro·tech·nisch** *adj* ELEK electrical, electrotechnical *rare* **Elek·tro·the·ra·pie** [e'lɛktroterapi:] *f* MED electrotherapy

Elek·tro·zaun [e'lɛktrotsaun] *m* electric fence

Ele·ment <-[e]s, -e> [ele'mɛnt] *nt* ❶ BAU, CHEM element
❷ *(geh: Komponente)* element
❸ *pl (geh: Naturgewalten)* ■**die ~e** the elements; **die tobenden ~e** the raging elements; **das nasse ~** *(geh)* water; [**ganz**] **in seinem ~ sein** *(fig)* to be in one's element
❹ *(pej: Person)* **kriminelle/subversive ~e** criminal/subversive elements

ele·men·tar [elemɛn'ta:ɐ̯] *adj* ❶ *(wesentlich)* elementary
❷ *(urwüchsig)* elemental; **~er Hass/~e Leidenschaft** violent [*or* strong] hate/passion

Ele·men·tar·be·griff *m* elementary concept **Ele·men·tar·ge·walt** *f (geh)* elemental force **Ele·men·tar·kennt·nis·se** *pl* elementary knowledge *no pl* **Ele·men·tar·la·dung** *f* PHYS unit charge **Ele·men·tar·ri·si·ko** *nt (bei Versicherung)* elementary risk **Ele·men·tar·schu·le** *f (Grundschule)* primary school BRIT, elementary school BRIT *dated or* AM **Ele·men·tar·teil·chen** *nt* NUKL elementary particle

Ele·ment·bau <-s> *m kein pl* SCHWEIZ *s.* **Fertigbau**

Ele·ment·be·zie·hung *f* MATH element-set relation **ele·ment·fremd** *adj* MATH disjunct

Elen·an·ti·lo·pe ['e:lɛn-] *f* ZOOL eland

elend ['e:lɛnt] **I.** *adj* ① *(beklagenswert)* wretched, miserable; **ein ~es Leben führen** to lead a miserable life
② *(krank)* awful, wretched; **sich** *akk* **~ fühlen** to feel wretched [*or* awful] [*or* miserable]; **~ aussehen** to look awful; **es geht jdm ~** [*o* **jdm ist ~** [**zumute**]] ***mir wird ganz ~, wenn ich daran denke*** I feel ill when I think about it, just thinking about it makes me feel sick
③ *(erbärmlich)* dreadful, awful; **sich** *akk* **in einer ~en Verfassung befinden** to be in a dreadful state; ***in dieser ~en Hütte sollen wir leben?*** are we supposed to live in this dump?
④ *(pej: gemein)* miserable, mean; ***du ~es Schwein!*** you miserable scumbag! *fam!*
⑤ *(fam: sehr groß, schlecht)* awful [*or* dreadful]; ***ich habe selten so ein ~es Wetter erlebt!*** I have rarely seen such awful weather
II. *adv (fam)* awfully, dreadfully; **~ heiß/kalt** awfully [*or* dreadfully] hot/cold

Elend <-[e]s> ['e:lɛnt] *nt kein pl (Not)* misery [*or* distress]; ***es gibt ja so viel ~ auf dieser Welt*** there is so much misery in the world; **ins ~ geraten** to become destitute, to fall into poverty, *form* to be reduced to penury; **im** [**bitteren/schrecklichen**] **~ leben** to live in [abject] poverty [*or* squalor] [*or* misery]; **jdn/sich selbst ins ~ stürzen** to plunge sb/oneself into misery [*or* poverty]
▸WENDUNGEN: **das heulende ~** *(fam)* the blues *pl;* ***da kann man das heulende ~ kriegen*** it's enough to make you scream; **ein ~ sein, dass ...** *(fam)* to be heartbreaking that ...; ***es ist einfach ein ~ mit ihm*** he makes you want to scream [*or* he is hopeless]

elen·dig ['e:lɛndɪç] *adj* DIAL *s.* **elend**

elen·dig·lich ['e:lɛndɪklɪç] *adv (geh)* wretchedly; **~ zugrunde gehen** to come to a dismal [*or* miserable] [*or* wretched] end

Elends·quar·tier *nt (pej)* slum [dwelling] [*or* squalid dwelling] **Elends·vier·tel** *nt* slums *pl,* slum area

Ele·ve, Ele·vin <-n, -n> [e'le:və, e'le:vɪn] *m, f* ① *(veraltend geh)* student
② *(Schauspiel-, Ballettschüler)* drama/ballet student
③ AGR, FORST farming/forestry trainee

elf ['ɛlf] *adj* eleven; *s. a.* **acht** [1]

Elf[1] <-, -en> ['ɛlf] *f* ① *(Zahl)* eleven
② *(Verkehrslinie)* ■**die ~** the [number] eleven
③ FBALL team [*or* eleven]

Elf[2] <-en, -en> ['ɛlf] *m,* **El·fe** <-, -n> ['ɛlfə] *f* LIT elf

El·fen·bein ['ɛlfn̩bain] *nt* ivory

el·fen·bei·nern *adj* ivory [*or* made of ivory]

el·fen·bein·far·ben *adj* ivory-coloured [*or* AM -ored] **El·fen·bein·küs·te** ['ɛlfn̩bainkʏstə] *f* Ivory Coast; **die Republik ~** the Ivory Coast, Republic of the Ivory Coast [*or* Côte d'Ivoire] **El·fen·bein·turm** *m (geh)* ivory tower *fig*

El·fer <-s, -> *m* FBALL *(fam)* penalty [kick]

elf·mal, 11-mal[RR] ['ɛlfma:l] *adv* eleven times

Elf·me·ter [ɛlf'me:tɐ] *m* FBALL penalty [kick]; **einen ~ schießen** to take a penalty; **einen ~ verschießen** to miss a penalty; **einen ~ verwandeln** to score from a penalty

Elf·me·ter·mar·ke *f* FBALL penalty spot **Elf·me·ter·punkt** *m* FBALL penalty spot **Elf·me·ter·schie·ßen** *nt* FBALL penalty; **durch ~ entscheiden** to decide a game on penalties [*or* in a penalty shoot-out]

elf·te(r, s) ['ɛlftə] *adj* ① *(nach dem Zehnten kommend)* eleventh; **die ~ Klasse** fifth year [*or* form] BRIT *(in secondary school); s. a.* **achte(r, s) 1**
② *(bei Datumsangabe)* eleventh, 11th; *s. a.* **achte(r, s) 2**

Elf·te(r) ['ɛlftə] *f(m) dekl wie adj* ① eleventh; *s. a.* **Achte(r) 1**
② *(bei Datumsangabe)* ■**der ~** [*o geschrieben* **der 11.**] the eleventh *spoken,* the 11th *written; s. a.* **Achte(r) 2**
③ SCH **die ~** *(fam)* fifth year [*or* form] BRIT *(in secondary school)*

eli·mi·nie·ren* [elimi'ni:rən] *vt* ① *(liquidieren)* ■**jdn ~** to eliminate sb [*or fam* to get rid of sb]
② *(beseitigen)* ■**etw ~** to eliminate sth; **Unklarheiten ~** to sort [*or* smooth] out uncertainties

Eli·mi·nie·rung <-, -en> *f* ① *(Liquidierung) von Feinden, Konkurrenten* elimination
② *(Beseitigung) Fehler* elimination, eradication; *Unklarheiten* smoothing [*or* sorting] out; ***sorgen Sie für die ~ dieser Probleme*** sort these problems out, get these problems sorted out

Eli·sa·beth [e'li:zabɛt] *f* Elizabeth

eli·sa·be·tha·nisch [elizabe'ta:nɪʃ] *adj* Elizabethan

eli·tär [eli'tɛ:ɐ̯] **I.** *adj* ① *(eine Elite betreffend)* elitist
② *(pej: arrogant)* elitist
II. *adv (im Sinne der eigenen Elite)* in an elitist way

Eli·te <-, -n> [e'li:tə] *f* elite

Eli·te·den·ken *nt kein pl* elitism **Eli·te·ein·heit** *f* MIL elite troops *pl;* ***die Marines sind eine ~*** the marines are an elite unit **Eli·te·trup·pe** *f* MIL crack [*or* elite] troops *pl* **Eli·te·uni·ver·si·tät** *f* elite university

Eli·xier <-s, -e> [elɪ'ksi:ɐ̯] *nt* elixir

ell·bö·geln ['ɛlbø:gl̩n] *vi* SCHWEIZ *(sich rücksichtslos durchsetzen)* to be ruthless

Ell·bo·gen <-s, -> ['ɛlbo:gn̩] *m* ① ANAT elbow; ***er bahnte sich seinen Weg mit den ~ durch die Menge*** he elbowed his way through the crowd
② **die/seine ~ gebrauchen** to be ruthless; **keine ~ haben** to be soft-hearted

Ell·bo·gen·frei·heit *f* elbow room; ***als Angestellte hatte sie wenig ~*** as an employee she had little room to manoeuvre **Ell·bo·gen·ge·sell·schaft** *f* dog-eat-dog society **Ell·bo·gen·mensch** *m* ruthless [*or fam* pushy] person **Ell·bo·gen·schüt·zer** *m* elbow-pad, elbow protector

El·le <-, -n> ['ɛlə] *f* ① ANAT ulna
② *(Maßstock)* yardstick
③ HIST *(altes Längenmaß)* cubit
▸WENDUNGEN: **alles mit der gleichen** [*o* **mit gleicher**] **~ messen** to measure everything by the same yardstick

El·len·bo·gen <-bogen> ['ɛlənbo:gn̩] *m s.* **Ellbogen** **El·len·bo·gen·frei·heit** *f kein pl s.* **Ellbogenfreiheit** **El·len·bo·gen·ge·sell·schaft** *f s.* **Ellbogengesellschaft** **El·len·bo·gen·mensch** *m s.* **Ellbogenmensch**

El·len·bo·gen·men·ta·li·tät *f kein pl (pej)* selfish and aggressive mindset **El·len·bo·gen·schüt·zer** *m s.* **Ellbogenschützer** **el·len·lang** *adj (fam: überaus lang)* incredibly long; **eine ~e Liste** a list a mile long [*or* as long as my arm]; ***dieser Roman ist ~*** this novel is interminable [*or* lengthy]; **ein ~er Kerl/Mensch** an incredibly tall bloke/person

El·lip·se <-, -n> [ɛ'lɪpsə] *f* MATH ellipse; LING ellipsis

el·lip·tisch [ɛ'lɪptɪʃ] *adj* ① MATH elliptic[al]; **~e Funktion** elliptic function; **~e Galaxie** ASTRON elliptical galaxy
② LING *(unvollständig) Satz* elliptic[al]

E-Lok <-, -s> ['e:lɔk] *f s.* **elektrische Lokomotive** electric locomotive [*or* engine]

elo·quent [elo'kvɛnt] **I.** *adj (geh)* eloquent
II. *adv (geh)* eloquently

Elo·quenz <-> [elo'kvɛnts] *f kein pl (geh)* eloquence

El Sal·va·dor <-s> [ɛl zalva'do:ɐ̯] *nt* El Salvador

El·sass[RR] <- *o* -es>, **El·saß**[ALT] <- *o* -sses> ['ɛlzas] *nt* GEOG ■**das ~** Alsace

El·säs·ser(in) <-s, -> ['ɛlzɛsɐ] *m(f)* GEOG Alsatian, inhabitant of Alsace

el·säs·sisch ['ɛlzɛsɪʃ] *adj* ① GEOG Alsatian
② LING Alsatian

El·sass-Loth·rin·gen[RR] *nt* GEOG Alsace-Lorraine

Els·ter <-, -n> ['ɛlstɐ] *f* ORN magpie; **eine diebische ~ sein** to be a thief; **geschwätzig wie eine ~ sein** to chatter like a magpie, to be a chatterbox; **wie eine ~ stehlen** to have sticky fingers *fam*

el·ter·lich *adj* parental

El·tern ['ɛltɐn] *pl* parents *pl*
▸WENDUNGEN: **nicht von schlechten ~ sein** *(fam)* to be quite a good one *fam;* ***dieser Wein ist nicht von schlechten ~*** *(fam)* this wine is a bit of alright [*or* quite a good one] *fam*

El·tern·abend *m* SCH parents' evening BRIT, parent-teacher conference **El·tern·bei·rat** *m* SCH parent's council BRIT, parent-teacher association **El·tern·ge·ne·ra·ti·on** *f* BIOL parental generation, P generation **El·tern·haus** *nt* ① *(Familie)* family; ***er kommt*** [*o* ***stammt***] ***aus gutem ~*** he comes from a good home ② *(Haus)* [parental] home **El·tern·lie·be** *f* parental love

el·tern·los **I.** *adj* orphaned, parentless
II. *adv* as an orphan

El·tern·recht *nt* JUR parental right

El·tern·schaft <-> *f kein pl (geh)* parents *pl*

El·tern·sprech·stun·de *f* SCH consultation hour [for parents] **El·tern·sprech·tag** *m* SCH parents' evening **El·tern·teil** *m* parent **El·tern·ur·laub** *m* paid leave given to a new mother or father

elu·ie·ren* [elu'i:rən] *vt* CHEM **eine Verbindung ~** to elute a compound

ELV [e:ʔɛl'fau] *nt Abk von* **elektronisches Lastschriftverfahren** electronic automatic debit transfer [*or* direct debiting service]

Email <-s, -s> [e'mai̯, e'ma:j] *nt* enamel

E-Mail <-, -s> ['i:me:l] *f o bes* ÖSTERR *nt* e-mail, email

E-Mail-Ac·count <-s, -s> ['i:me:lɛkau̯nt] *nt* INFORM e-mail account **E-Mail-Adres·se** ['i:me:l-] *f* INFORM e-mail address **E-Mail-Be·nut·zer(in)** ['i:me:l-] *m(f)* e-mail user **E-Mail-Kom·mu·ni·ka·ti·on** [i:me:l-] *f* communication by e-mail

Email·lack *m* enamel paint

Email·le <-, -n> [e'maljə, e'mai̯, e'ma:j] *f s.* **Email**

email·lie·ren* [emal'ji:rən, emai̯'ji:rən] *vt* ■**etw ~** to enamel sth

E-Mail-Mög·lich·keit [i:me:l-] *f* e-mail facility **E-Mail-Pro·gramm** ['i:me:l-] *nt* e-mail program **E-Mail-Soft·ware** ['i:me:lzɔftvɛ:ɐ̯] *f* e-mail software

Eman·ze <-, -n> [e'mantsə] *f (fam)* women's libber

Eman·zi·pa·ti·on <-, -en> [emantsipa'tsi̯o:n] *f* ① *(Gleichstellung der Frau)* emancipation ② *(Befreiung aus Abhängigkeit)* liberation **Eman·zi·pa·ti·ons·be·we·gung** *f* emancipation movement

eman·zi·pa·to·risch [emantsipa'to:rɪʃ] *adj (geh)* emancipatory

eman·zi·pie·ren* [emantsi'pi:rən] *vr* ■**sich** *akk* [**von etw** *dat*] **~** to emancipate oneself [from sth]; ***es wird Zeit, dass sich nun auch die Männer ~*** it's time men became emancipated

eman·zi·piert *adj* SOZIOL ① *(Gleichberechtigung anstrebend)* emancipated
② *(pej veraltet: unweiblich)* butch

Em·bar·go <-s, -s> [ɛm'bargo] *nt* embargo; **ein ~** [**über ein Land**] **verhängen** to impose [*or* place] an embargo [on a country]; **ein ~ aufheben/nicht beachten** to lift/to defy an embargo

Em·blem <-[e]s, -e> [ɛm'ble:m, ã'ble:m] *nt* ① *(Zeichen)* emblem
② *(Sinnbild)* symbol

Em·bo·lie <-, -n> [ɛmbo'li:, *pl* ɛmbo'li:ən] *f* MED embolism

Em·bryo <-s, -s *o* -bryonen> ['ɛmbryo, *pl* ɛmbry'o:nən] *m o* ÖSTERR *nt* embryo

Em·bryo·lo·gie <-> [ɛmbryolo'gi:] *f kein pl* embryology *no pl, no indef art*

em·bry·o·nal [ɛmbryo'na:l] *adj* ① MED, BIOL embryonic; *(unterentwickelt)* embryonic
② *(in Ansätzen)* embryonic

Em·bry·o·nal·ent·wick·lung *f kein pl* BIOL, ZOOL embryonic development

Em·bryo·nen·for·schung *f kein pl* BIOL, MED embryo research

Em·bry·o·nen·schutz [ɛmbry'o:nən-] *m* embryo protection **Em·bryo·nen·trans·fer** *m* BIOL, MED embryo transfer

Em·bryo·split·ting <-s, -s> [-splɪtɪŋ] *nt* BIOL, MED embryo splitting

eme·ri·tie·ren* [emeri'ti:rən] *vt* ■**jdn ~** to confer emeritus status on sb; ***er ist emeritierter Professor*** he is a professor emeritus [*or* an emeritus professor]

E-Me·ter <-s, -> *nt* electrometer

Emi·grant(in) <-en, -en> [emi'grant] *m(f)* ① *(Auswanderer)* emigrant

② *(politischer Flüchtling)* émigré

Emi·gra·ti·on <-, -en> [emigra'tsi̯o:n] *f* ① *(das Emigrieren)* emigration; **in die ~ gehen** to emigrate; **in die innere ~ gehen** *(geh) to withdraw from current political or religious life in order to express one's opposition*
② *kein pl (die Emigranten)* emigrant community

emi·grie·ren* [emi'gri:rən] *vi sein* to emigrate

emi·nent [emi'nɛnt] **I.** *adj (geh)* eminent; **von ~er Bedeutung sein** to be of great significance; **von ~er Wichtigkeit sein** to be of paramount [*or* the utmost] importance; **ein ~er Unterschied** a considerable difference
II. *adv* extremely

Emi·nenz <-, -en> [emi'nɛnts] *f* REL **Seine/Eure ~** His/Your Eminence
▸WENDUNGEN: **graue ~** éminence grise, grey eminence

Emir <-s, -e> ['e:mɪr, *pl* 'e:mi:rə] *m* emir

Emi·rat <-[e]s, -e> [emi'ra:t] *nt* emirate; **die Vereinigten Arabischen ~e** the United Arab Emirates, U.A.E.

Emis·sär(in) <-s, -e> [emɪ'sɛ:ɐ̯] *m(f)* POL *(geh)* emissary

Emis·si·on <-, -en> [emɪ'si̯o:n] *f* ① *(von Abgasen)* emission; ***Filteranlagen können die ~ von CO_2 verringern*** filters reduce CO_2 emissions
② FIN *(Wertpapier)* security; **die ~ von Wertpapieren** the issue [*or* issuing] of securities

Emis·si·o·när [emɪsi̯o'nɛ:ɐ̯] *m* FIN issuer

Emis·si·ons·ab·ga·be *f* BÖRSE stamp duty **Emis·si·ons·an·zei·ge** *f* BÖRSE tombstone advertising **Emis·si·ons·bank** *f* FIN issuing bank **Emis·si·ons·da·tum** *nt* BÖRSE issuing date **Emis·si·ons·er·lös** *m* BÖRSE issuing proceeds *pl* **Emis·si·ons·ge·schäft** *nt* FIN issuing [*or* underwriting] business **Emis·si·ons·ge·winn** *m* BÖRSE underwriting profit

Emis·si·ons·han·del [emɪ'si̯o:ns-] *m* BÖRSE emission[s] trading **Emis·si·ons·haus** *nt* BÖRSE issuer **Emis·si·ons·kos·ten** *pl* FIN cost of issue **Emis·si·ons·kre·dit** *m* FIN *credit granted by issuing bank to issuer* **Emis·si·ons·kurs** *m* FIN initial offering [*or* issue] price **Emis·si·ons·markt** *m* FIN new issue market **Emis·si·ons·mo·da·li·tä·ten** *pl* FIN terms of an issue **Emis·si·ons·mo·no·pol** *nt* FIN monopoly on issues **Emis·si·ons·pau·se** *f* FIN pause before a new issue **Emis·si·ons·prä·mie** *f* FIN issue premium **Emis·si·ons·preis** *m* BÖRSE issuing price **Emis·si·ons·quel·le** *f* ÖKOL source of the/an emission

Emis·si·ons·ra·te <-, -n> [emɪ'si̯o:ns-] *f* PHYS emission rate **Emis·si·ons·recht** *nt* ① FIN right of issue ② ÖKOL waste emission right **Emis·si·ons·re·ser·ve** *f* FIN potential stock **Emis·si·ons·ri·si·ko** *nt* BÖRSE underwriting risk **Emis·si·ons·ver·mei·dung** *f* avoidance of emissions **Emis·si·ons·wert** *m* FIN declared value **Emis·si·ons·zer·ti·fi·kat** *nt* ÖKOL waste emissions certificate

Emit·tent [emɪ'tɛnt] *m* FIN issuer

emit·tie·ren* [emɪ'ti:rən] *vt* ■**etw ~** ① FIN *(Wertpapiere ausgeben)* to issue sth
② ÖKOL *(ausstoßen)* to emit sth
③ PHYS to emit sth

Em·men·ta·ler <-s, -> ['ɛmənta:lɐ] *m* Emment[h]al[er] [cheese]

Em·mer <-s> ['ɛmɐ] *m kein pl* AGR Emmer

e-Moll <-s> ['e:mɔl] *nt kein pl* MUS E flat minor

Emo·ti·con <-s, -s> [e'mo:tikon] *nt* INET emoticon

Emo·ti·on <-, -en> [emo'tsi̯o:n] *f* emotion

emo·ti·o·nal I. *adj* emotional; ■**~ sein** to be emotional; **eine ~e Reaktion** an emotive reaction
II. *adv* emotionally

emo·ti·o·na·li·sie·ren* *vt (geh)* ■**etw ~** *Diskussion, Thema* to emotionalize sth

Emo·ti·o·na·li·tät <-> [emotsi̯onali'tɛ:t] *f kein pl* PSYCH emotionalism, emotionality

emo·ti·o·nell *adj s.* **emotional**

emo·ti·ons·ge·la·den *adj* emotionally charged

emo·ti·ons·los *adj* emotionless, unemotional

Em·pa·thie <-> [ɛmpa'ti:] *f kein pl (geh)* empathy

em·pa·thisch [ɛm'pa:tɪʃ] *adj (geh)* empathic

emp·fahl [ɛm'pfa:l] *imp von* **empfehlen**

emp·fand [ɛm'pfant] *imp von* **empfinden**

Emp·fang <-[e]s, Empfänge> [ɛm'pfaŋ, *pl* ɛm'pfɛŋə] *m* ① TV, RADIO, TELEK reception; **~/keinen ~ haben** to have reception/no reception, to get/not get a signal; **ein Sprechfunkgerät auf ~ schalten** to switch a radiotelephone to 'receive'
② *(das Entgegennehmen)* receipt; **zahlbar nach** [*o* **bei**] **~** payable on receipt; **etw in ~ nehmen** to take receipt [*or* delivery] of sth, to receive sth
③ *(Hotelrezeption)* reception [desk]
④ *(Begrüßung)* reception; **einen ~ geben** [*o* **veranstalten**] to give [*or* hold] a reception; **jdn in ~ nehmen** to greet [*or esp form* receive] sb

emp·fan·gen <empfing, empfangen> [ɛm'pfaŋən] *vt* ① *(auffangen)* ■**etw ~** to receive sth; ■**etw lässt sich ~** sth can be received; ***das 4. Programm lässt sich nicht gut ~*** Channel 4 is difficult to receive
② *(begrüßen)* ■**jdn ~** to welcome [*or* greet] [*or form* receive] sb; ■**jdn mit etw** *dat* **~** to receive sb with sth; ***sie empfingen den Sprecher mit lauten Buhrufen*** they greeted the speaker with loud boos
③ *(geh: schwanger werden)* **ein Kind ~** to conceive a child

Emp·fän·ger(in) <-s, -> [ɛm'pfɛŋɐ] *m(f)* ① *(Adressat)* addressee, consignee; **~ unbekannt** not known at this address; **~ verzogen** gone away; **Fracht zahlt ~** HANDEL charges forward
② FIN payee
③ MED recipient

Emp·fän·ger·ab·schnitt *m* FIN receipt slip **Emp·fän·ger·land** *nt* HANDEL receiving country

emp·fäng·lich [ɛm'pfɛŋlɪç] *adj* ① *(zugänglich)* ■**für etw** *akk* **~ sein** to be receptive to sth
② *(beeinflussbar, anfällig)* ■**für etw** *akk* **~ sein** to be susceptible to sth

Emp·fang·nah·me <-> *f kein pl* receipt

Emp·fäng·nis <-> [ɛm'pfɛŋnɪs] *f pl selten* conception; **die Unbefleckte** [*o* **Mariä**] [*o* **Mariens**] **~** the Immaculate Conception

emp·fäng·nis·ver·hü·tend I. *adj* contraceptive
II. *adv* **~ wirken** to have a contraceptive effect, to act as a contraceptive

Emp·fäng·nis·ver·hü·tung *f* contraception **Emp·fäng·nis·ver·hü·tungs·mit·tel** *nt* contraceptive

Emp·fangs·be·kennt·nis *nt* JUR acknowledgement of receipt **emp·fangs·be·rech·tigt** *adj* authorized to receive sth **Emp·fangs·be·rech·tig·te(r)** *f(m) dekl wie adj* authorized recipient; ***diese Lieferung darf nur an ~ ausgehändigt werden*** this delivery can only be handed over to an authorized person **Emp·fangs·be·reich** *m* reception area **Emp·fangs·be·schei·ni·gung** *f,* **Emp·fangs·be·stä·ti·gung** *f* HANDEL [confirmation [*or* acknowledgment] of] receipt **Emp·fangs·be·voll·mäch·tig·te(r)** *f(m) dekl wie adj* JUR receiving agent, person authorized to take delivery **Emp·fangs·bo·te** *m* JUR receiving agent **Emp·fangs·chef(in)** *m(f)* head receptionist **Emp·fangs·da·me** *f* receptionist **Emp·fangs·er·mäch·ti·gung** *f* JUR authorization to receive **Emp·fangs·ge·rät** *nt* RADIO, TV receiver **Emp·fangs·kon·nos·se·ment** *nt* HANDEL received-for-shipment bill of lading **Emp·fangs·schüs·sel** *f* TV satellite dish **Emp·fangs·spe·di·teur(in)** *m(f)* receiving agent **Emp·fangs·sta·ti·on** *f* ① *(Bestimmungsort)* destination ② RADIO, TV receiving station **Emp·fangs·ver·merk** *m* HANDEL receipt note **Emp·fangs·zim·mer** *nt* reception room

emp·feh·len <empfahl, empfohlen> [ɛm'pfe:lən] **I.** *vt* ① *(vorschlagen)* ■[**jdm**] **etw ~** to recommend sth to sb; ■**zu ~ sein** to be recommended; ***dieses Hotel ist zu ~*** this hotel is [to be] recommended; ■**jdm jdn** [**als etw**] **~** to recommend sb to sb [as sth]; ***ich empfehle Ihnen diese junge Dame*** [***als neue Mitarbeiterin***] I recommend this young lady to you [as a colleague]; ■**~, etw zu tun** to recommend [*or* advise] doing sth; ■**jdm ~, etw zu tun** to recommend [*or* advise] sb to do sth; ***ich ~ Ihnen, sofort zum Arzt zu gehen*** I recommend [*or* advise] you to go to the doctor at once
② *(veraltend geh: anvertrauen)* ■**jdn jdm ~** to entrust sb to sb; ***er empfahl seine Kinder der Obhut seines Bruders*** he entrusted his children to the care of his brother
▸WENDUNGEN: **~ Sie mich/uns ...!** *(geh)* give my regards [*or form* convey my respects] to ...!; ***bitte ~ Sie mich Ihrer Frau Gemahlin!*** please give my regards to your wife
II. *vr impers* ■**es empfiehlt sich, etw zu tun** it is advisable to do sth; ***es empfiehlt sich immer, einen Experten hinzuzuziehen*** it is always a good idea to bring in an expert
III. *vr* ① *(sich anempfehlen)* ■**sich** *akk* [**jdm**] **als etw ~** to recommend oneself [to sb] as sth; ***er empfahl sich uns als Experte für Autoreparaturen*** he offered us his services as an expert in car repairs
② *(geh o hum)* ■**sich** *akk* **~** to take one's leave

emp·feh·lens·wert *adj* ① *(wert, empfohlen zu werden)* recommendable, to be recommended *pred;* ***das ist ein sehr ~es Hotel*** that is a highly recommendable hotel; ***die Ausstellung ist wirklich ~*** the exhibition is really to be recommended
② *(ratsam)* ■**es ist ~, etw zu tun** it is advisable to do sth; ***es ist ~, einen Schutzhelm zu tragen*** it is a good idea to wear a protective helmet

Emp·feh·lung <-, -en> *f* ① *(Vorschlag)* recommendation
② *(Referenz)* reference, testimonial; **auf ~ von jdm** [*o* **auf jds ~**] on the recommendation of sb [*or* on sb's recommendation]
③ *(geh)* **mit den besten ~en** with best regards; **meine/unsere ~ an jdn** my/our [best] regards to sb

Emp·feh·lungs·schrei·ben *nt* letter of recommendation, testimonial **Emp·feh·lungs·ver·bot** *nt* JUR prohibition to issue recommendations

emp·fiehl [ɛm'pfi:l] *imper sing von* **empfehlen**

emp·fin·den <empfand, empfunden> [ɛm'pfɪndn̩] *vt* ① *(fühlen)* ■**etw** [**bei etw** *dat*] **~** to feel [*or* experience] sth [when doing/seeing sth etc.]; **Abscheu/Furcht vor etw** *dat* **~** to loathe/fear sth; **Freude an etw** *dat* **~** to derive pleasure from sth; **große Freude ~** to be filled with happiness; **Liebe/Hass für jdn ~** to feel love/hate for sb, to love/hate sb; **viel für jdn ~** to like sb a great deal, to be very fond of sb
② *(auffassen)* ■**jdn/etw als etw ~** to feel sb/sth to be sth, to find sb/sth sth; ***ich empfinde das als Beleidigung*** I feel that to be insulting, I find that insulting; ***sie empfanden ihn als Störenfried*** they felt him to be [*or* thought of him as] a troublemaker; ***wie empfindest du das?*** how do you feel about it?

Emp·fin·den <-s> [ɛm'pfɪndn̩] *nt kein pl* feeling; **meinem ~ nach** [*o* **für mein ~**] to my mind

emp·find·lich [ɛm'pfɪntlɪç] **I.** *adj* ① *(auf Reize leicht reagierend)* sensitive (**gegen** +*akk* to); **~e Haut** delicate [*or* sensitive] skin
② FOTO *(lichtempfindlich)* sensitive; **~er Film** higher speed film, film with high light sensitivity
③ *(leicht verletzbar)* sensitive; *(reizbar)* touchy, oversensitive; **jdn an seiner ~en Stelle treffen** to touch sb's sore spot; ***in dieser Gelegenheit ist sie sehr ~*** she's very touchy in this matter
④ *(anfällig) Gesundheit* delicate; **~ gegen Kälte** sensitive to cold
II. *adv* ① *(sensibel)* **auf** *akk* **etw ~ reagieren** to be very sensitive to sth
② *(spürbar)* severely; ***es ist ~ kalt*** it's bitterly cold

Emp·find·lich·keit <-> *f kein pl* ① *(Feinfühligkeit)* sensitiveness
② *(Lichtempfindlichkeit)* [light] sensitivity
③ *(Verletzbarkeit)* sensitivity; *(Reizbarkeit)* touchiness, oversensitivity
④ *(Anfälligkeit)* delicateness

emp·find·sam [ɛm'pfɪntza:m] *adj* ① *(von feinem Empfinden)* sensitive; *(einfühlsam)* empathetic
② *(sentimental) Geschichte* sentimental

Emp·find·sam·keit <-> *f kein pl* ① *(Feinfühligkeit)* sensitivity
② LIT *(Geistesströmung)* sentimentalism

Emp·fin·dung <-, -en> *f* ① *(Wahrnehmung)* sensation, perception, impression
② *(Gefühl)* feeling, emotion; ***sie erwiderte seine ~en*** she reciprocated his love for her
emp·fin·dungs·los *adj* ① *(taub)* numb, without sensation *pred*
② *(gefühllos)* unfeeling [*or* insensitive]
Emp·fin·dungs·lo·sig·keit <-> *f kein pl* ① *(körperliche Gefühllosigkeit) der Glieder* numbness
② *(Gefühlskälte)* insensitivity
Emp·fin·dungs·ver·mö·gen *nt (geh)* ① *(Gefühl)* faculty of sensation, sensory perception
② *(fig)* sensitivity
emp·fing [ɛmˈpfɪŋ] *imp von* **empfangen**
emp·foh·len [ɛmˈpfoːlən] I. *pp von* **empfehlen**
II. *adj* **sehr** [*o* **besonders**] ~ highly recommended
emp·fun·den [ɛmˈpfʊndn̩] *pp von* **empfinden**
Em·pha·se <-, -n> [ɛmˈfaːzə] *f (geh)* emphasis
em·pha·tisch [ɛmˈfaːtɪʃ] I. *adj (geh)* emphatic; ***er hielt eine ~e Rede*** he made a vigorous speech
II. *adv (geh)* emphatically; ***sie brachte es sehr ~ zum Ausdruck*** she expressed it very vigorously
Em·pire[1] <-[s]> [ãˈpiːr] *nt kein pl* ① HIST the French Napoleonic Empire
② KUNST *Stilepoche* Empire [style]
Em·pire[2] <-[s]> [ˈɛmpai̯ɐ] *nt kein pl (das britische Weltreich)* [British] Empire
Em·pi·rie <-> [ɛmpiˈriː] *f kein pl (geh)* ① *(Methode)* empirical method
② *(Erfahrungswissen)* empirical knowledge
em·pi·risch [ɛmˈpiːrɪʃ] I. *adj (geh)* empirical
II. *adv (geh)* empirically
Em·pi·ris·mus <-> [ɛmpiˈrɪsmʊs] *m kein pl* PHILOS empiricism
em·por [ɛmˈpoːɐ̯] *adv (geh)* upwards, up; ***zu den Sternen ~*** up to the stars
em·por|ar·bei·ten *vr (geh)* ■**sich** [**zu etw** *dat*] ~ to work one's way up [to become sth]; ***er hat sich zum Millionär emporgearbeitet*** he worked his way up to become a millionaire **em·por|bli·cken** *vi* ■[**zu jdm/etw**] ~ to look up [at sb/sth]
Em·po·re <-, -n> [ɛmˈpoːrə] *f* ARCHIT gallery
em·pö·ren* [ɛmˈpøːrən] I. *vt* ■**jdn** ~ to outrage [*or* incense] sb, to fill sb with indignation
II. *vr* ① *(sich entrüsten)* ■**sich** *akk* [**über jdn/etw**] ~ to be outraged about [*or* by] sb/sth, to be incensed by sb/sth, to be filled with indignation by sb/sth; ***sie empörte sich über sein Benehmen*** his behaviour outraged her
② *(veraltet: rebellieren)* ■**sich** *akk* [**gegen jdn/etw**] ~ to rebel against sb/sth
em·pö·rend *adj* outrageous, scandalous
em·por|he·ben *vt irreg (geh)* ■**jdn/etw zu jdm/etw** ~ to raise sb/sth to sb/sth, to lift sb/sth up to sb/sth **em·por|kom·men** [ɛmˈpoːɐ̯kɔmən] *vi irreg sein (geh)* ① *(vorankommen)* ■[**in etw** *dat*] ~ to get on [*or* rise] in sth; ***wer [im Beruf] ~ will, muss mehr leisten als andere*** if you want to get on in your profession you have to do more than the others
② *(an die Oberfläche kommen)* to rise [up]
Em·por·kömm·ling <-s, -e> [-kœmlɪŋ] *m (pej)* upstart, parvenu
em·por|lo·dern *vi sein (geh)* to blaze up **em·por|ra·gen** *vi sein o haben (geh)* ■[**über etw** *akk*] ~ to tower above sth **em·por|schwin·gen** *vr irreg (geh)* ■**sich** *akk* ~ to swing upwards [*or liter* aloft] *fig;* ■**sich** *akk* **zu etw** *dat* ~ to achieve sth; ***sie schwang sich zum Chefsessel empor*** she rose right up to take over the boss's chair **em·por|stei·gen** *irreg* I. *vi sein (geh)* to rise; ***Zweifel stiegen in ihm empor*** doubts rose in his mind; *(aufsteigen)* to rise [up]; ***der Rauch stieg in die Luft empor*** the smoke rose up into the air II. *vt sein (geh)* ■**etw** ~ to climb [up] sth
em·pört I. *adj* outraged, scandalized; ■[**über jdn/etw**] ~ **sein** to be scandalized by sb/sth, to be highly indignant about sb/sth; **mit ~er Stimme** in a tone of outrage
II. *adv* indignantly
Em·pö·rung <-, -en> *f* ① *kein pl (Entrüstung)* ■~ **über jdn/etw** outrage [*or* indignation] about sb/sth; [**über etw** *akk*] **in ~ geraten** to become indignant about sth; **vor ~ zittern** to tremble with indignation
② *(liter: Rebellion)* ■**jds ~ gegen jdn/etw** sb's rebellion [*or* uprising] against sb/sth
em·por|zie·hen *vt irreg (geh)* ■**jdn/etw** ~ to draw [*or* pull] sb/sth up
em·sig [ˈɛmzɪç] I. *adj* busy, industrious; **~e Ameisen** hard-working ants; **~er Fleiß** diligence
II. *adv* industriously; ***überall wird ~ gebaut*** they are busy building everywhere
Em·sig·keit <-> *f kein pl* industriousness, industry; **unermüdliche ~** untiring zeal
Emu <-s, -s> [ˈeːmu] *m* ORN emu
Emu·la·ti·on <-> [emulaˈtsi̯oːn] *f kein pl* INFORM emulation
Emul·ga·tor <-s, -en> [emʊlˈgaːtoːɐ̯, *pl* emʊlgaˈtoːrən] *m* CHEM emulsifier, emulsifying agent
emul·gie·ren* [emʊlˈgiːrən] *vt* CHEM ■**etw** [**in etw** *dat*] ~ to emulsify sth [in sth]
emu·lie·ren* [emuˈliːrən] *vt* INFORM ■**etw** ~ to emulate sth
Emul·si·on <-, -en> [emʊlˈzi̯oːn] *f* CHEM emulsion
E-Mu·sik [ˈeː-] *f (ernste Musik)* serious music
En·an·tio·mer <-s, -e> [ɛnanti̯oˈmeːɐ̯] *nt* CHEM enantiomer
en bloc [ãˈblɔk] *adv* en bloc
End·ab·neh·mer *m* end customer [*or* purchaser], ultimate buyer **End·ab·rech·nung** *f* final account [*or* invoice] **End·aus·schei·dung** *f* final qualification round **End·bahn·hof** *m* terminus **end·be·han·deln*** *vt* BAU ■**etw** ~ to finish-treat sth **End·be·nut·zer(in)** *m(f)* end user **End·be·stand** *m* final [*or* closing] inventory **End·be·trag** *m* final amount [*or* sum] **End·bi·lanz** *f* closing [*or* final] balance **End·darm** *m* ANAT rectum
En·de <-s, -n> [ˈɛndə] *nt* ① *(räumlich)* end; ***er setzte sich ganz ans ~ des Tisches*** he sat down at the far end of the table; **das äußerste ~** the extreme end; **von allen ~n** from all parts; **am ~** at the end; ***sie wohnt ganz am ~ der Straße*** she lives at the far end of the road; ***sie ging am ~ der Prozession*** she walked at the tail of the procession; ***das Telefon befindet sich am ~ des Zuges*** the telephone is at the end [*or* rear] of the train; **das obere/untere ~ der Treppe** the head/foot end of the stairs; **am unteren/oberen ~ des Tisches** at the far end/the head of the table; **am ~ der Seite** at the foot [*or* the bottom] of the page; **etw zu ~ lesen/schreiben** to finish reading/writing sth; **das spitze ~ eines Bleistifts** the tip of a pencil
② *kein pl (Zeitpunkt)* end *no pl;* **~ August/des Monats/2004** [at] the end of August/the month/2004; ***sie kommt gegen ~ August*** she's coming towards the end of August; **das ~ des Jahrhunderts** the end [*or* close] of the century; ***sie ist ~ 1948 geboren*** she was born at the end of 1948; **bis ans ~ aller Tage** [*o* **Zeiten**] until the end of time; **~ zwanzig** [*o* **20**] **sein** to be in one's late twenties [*or* 20s]; **am ~ der zwanziger** [*o* **20er**] **Jahre** in the late twenties [*or* 20s]
③ *kein pl (Schluss, Abschluss)* end *no pl;* ***„~ der Durchsage"*** "end of the message"; ***es ist kein ~ abzusehen*** there is no end in sight; ***damit muss es jetzt ein ~ haben*** this must stop now; ***~ des Zitats*** end of the quotation; **am ~** *(fam)* finally, at [*or* in] the end; **bis zum bitteren ~** to the bitter end; **ein böses** [*o* **kein gutes**] [*o* **ein unrühmliches**] **~ nehmen** to come to a bad end; **bei** [*o* **mit**] **etw** *dat* **kein ~ finden** *(fam)* to not stop doing sth; **einer S.** *dat* **ein ~ machen** [*o* **bereiten**] to put an end to sth; **das ~ nahen fühlen** to feel the end approaching; **ein ~ nehmen** *(fam)* to come to an end; ***das nimmt gar kein ~*** there's no end to it; **ohne ~** without end, endless; ***Fehler ohne ~*** any number of mistakes; ***Qualen ohne ~*** suffering without end, endless suffering; **sich** *akk* **ohne ~ freuen** to be terribly pleased, to be delighted; **das ~ eines Projekts** the conclusion of a project; **etw zu ~ bringen** [*o* **führen**] to complete sth; **dem ~ zu gehen** to draw to a close; **etw geht zu ~** sth is nearly finished; ***alles geht mal zu*** [*o* ***hat mal ein***] **~** nothing lasts forever, all things must come to an end; *(Angenehmes)* all good things must come to an end [some time]; **etw zu einem guten ~ bringen** [*o* **führen**] to complete sth successfully; **etw zu ~ lesen** to finish reading sth; **zu ~ sein** to finish, to end; *(vorbei sein)* to be over; ***wo ist die Straße zu ~?*** where does the road end?; ***der Film ist bald zu ~*** the film finishes soon; ***unser Urlaub ist leider zu ~*** unfortunately, our holiday is over [*or* is finished]; ***wann ist die Schule/das Spiel zu ~?*** when is school/the game over?, when does school/the game finish?; ***das Spiel ist bald zu ~*** the game will end soon; ***die Stunde ist in 10 Minuten zu ~*** the lesson will end [*or* finish] in ten minutes; ***meine Geduld ist zu ~*** my patience has run out
④ FILM, LIT *(Ausgang)* ending; ***die Geschichte hat ein gutes ~*** the story has a happy ending
⑤ *kein pl* JUR termination *no pl; (Ablauf)* expiry *no pl;* **bei ~ des Vertrags** [up]on termination of the contract
⑥ *kein pl (geh: Tod)* end *no pl;* ***er fand ein tragisches ~*** he met a tragic end *form;* ***sie fühlte ihr ~ nahen*** she felt that her end was near; ***es geht mit ihr zu ~*** she is nearing her end *form;* **seinem Leben ein ~ setzen** to put an end to one's life *form,* to commit suicide
⑦ *(Stückchen)* **ein ~ Brot** a crust of bread
⑧ *kein pl (fam: Strecke)* way *no pl;* ***von hier bis zum See ist es ein ganzes ~*** it's quite a way from here to the lake; ***wir haben noch ein schönes ~ Weges vor uns*** we have a considerable way [*or fam* a pretty long way] to go yet
⑨ JAGD *(Geweihende)* point, tine *spec;* ***das Geweih dieses Hirsches hat zwölf ~n*** this stag's antlers have twelve points
▶ WENDUNGEN: **am ~** [**seiner Kräfte**] **sein** *(fam)* to be at the end of one's tether *fam;* **mit etw** *dat* **am ~ sein** to run out of sth; ***er war bei dieser Frage mit seinem Wissen am ~*** this question baffled him; ***ich bin mit meiner Geduld/Weisheit am ~*** I've run out of patience/ideas; **das dicke ~** *(fam)* the worst; **das ~ der Fahnenstange** *(fam)* as far as one can go, the limit; ***~ der Fahnenstange!*** that's the limit!; **etw** *akk* **am falschen ~ anfassen** to begin at the wrong end, to go about sth the wrong way; **~ gut, alles gut** *(prov)* all's well that ends well *prov;* **letzten ~s** *(zuletzt)* in the end; *(immerhin)* after all, at the end of the day *fig fam;* **das ~ vom Lied** *(fam)* the upshot; **lieber ein ~ mit Schrecken als ein Schrecken ohne ~** *(prov)* it's better to end with a short, sharp shock than to prolong the agony; **am ~ der Welt** *(fam)* at the back of beyond *fam,* in the middle of nowhere *fam;* ***sie wohnt am ~ der Welt*** she lives at the back of beyond *fam;* **das ~ der Welt ist nahe!** the end of the world is nigh! *poet;* **jdm bis ans ~ der Welt folgen** to follow sb to the ends of the earth
End·ef·fekt [ˈɛntʔɛfɛkt] *m* ■**der ~ einer S.** *gen* the final result [*or* outcome] of sth; **im ~** *(fam)* in the final analysis, in the end
En·de·mie <-, -n> [ɛndeˈmiː, *pl* ɛndeˈmiːən] *f* MED endemic disease
en·de·misch [ɛnˈdeːmɪʃ] *adj* MED, BIOL endemic
En·de·mit <-s, -en> [ɛndeˈmiːt, *pl* ɛndeˈmiːtn̩] *m* BIOL endemic species
en·de·mi·tisch *adj* MED endemic
en·den [ˈɛndn̩] *vi* ① *haben (nicht mehr weiterführen)* stop, end; ***die Straße endete nach 40 Kilometern*** after 40 kilometres the road came to an end; ***der Rock endet knapp oberhalb des Knies*** the skirt ends just above the knee
② *haben (auslaufen)* expire, run out, end; ***die Frist endet morgen*** tomorrow is the deadline
③ *haben (nicht mehr weiterfahren)* end, stop; ***dieser Zug endet hier!*** this train terminates here!
④ *haben* LING *(ausgehen)* ■**auf** [*o* **mit**] **etw** *akk* ~ to end with sth; ***das Wort endet auf ein „o"*** the word ends with an "o"
⑤ *sein (fam: landen)* end [up]
⑥ *haben (zu etw führen)* ■**in etw** *dat*/**irgendwo** ~

to end up in sth/somewhere; ***das wird böse ~!*** that will end in tears [*or* disaster]!; **jd wird schlimm ~** sb will come to a bad end, sb will come to no good; **nicht ~ wollend** endless; ***es endete damit, dass sie sich verprügelten*** they ended up fighting, in the end they came to blows; **wie soll/wird es mit jdm noch mal ~?** what will happen to sb?, whatever will come of sb

End·er·geb·nis *nt* final result; **im ~** in the final analysis

en·der·go·nisch [ɛndɐ'go:nɪʃ] *adj* MED endergonic

End·er·zeug·nis *nt* ÖKON end [*or* final] product

en dé·tail [ã'de'taj] *adv* HANDEL retail

En-dé·tail-Han·del [ãde'taj-] *m kein pl* HANDEL retail trade

En·de·tas·te *f* INFORM end key

End·ge·halt *nt* final salary **End·ge·rät** *nt* TECH terminal **End·ge·schwin·dig·keit** *f* ❶ TECH terminal velocity ❷ *(erreichbare Höchstgeschwindigkeit)* top speed **End·glied** *nt* MATH final term

end·gül·tig I. *adj* final; **eine ~e Antwort** a definitive answer; **ein ~er Beweis** conclusive evidence; ■**etwas/nichts E~es** something/nothing definite
II. *adv* finally; **~ entscheiden** to decide once and for all; **sich** *akk* **~ trennen** to separate for good; **~ aus** [*o* **vorbei**] **sein** to be over [and done with]

End·gül·tig·keit <-> *f kein pl* finality; **die ~ einer Entscheidung** the conclusiveness of a decision

End·hal·te·stel·le *f* final stop [*or* terminus] **End·hand·lung** *f* BIOL consummatory action

En·di·vie <-, -n> [ɛn'di:vi̯ə] *f* endive **En·di·vi·en·sa·lat** *m* endive

End·kampf *m* ❶ SPORT final ❷ MIL final battle **End·la·ger** *nt* ÖKOL permanent disposal [*or* storage] site **end·la·gern** *vt* ÖKOL ■**etw [irgendwo] ~** to permanently store sth [somewhere] **End·la·ge·rung** *f* permanent disposal [*or* storage]

end·lich ['ɛntlɪç] I. *adv* ❶ *(nunmehr)* at last; ***~ kommt der Bus!*** there's the bus at last!; ***lass mich ~ in Ruhe!*** can't you leave me in peace!; ***hör ~ auf!*** will you stop that!; ***komm doch ~!*** come on!, get a move on!
❷ *(schließlich)* finally; **na ~!** *(fam)* at [long] last!
II. *adj* ASTRON, MATH, PHILOS finite; **~er Dezimalbruch** terminating decimal; **~e Menge** finite set; **~e Zahl** finite number

end·los I. *adj* ❶ *(lange dauernd)* endless, interminable
❷ *(unbegrenzt)* infinite, endless
II. *adv* interminably; **~ lange** interminably long; ***ich musste ~ lange warten*** I had to wait ages

end·los|fal·zen *vt* TYPO ■**etw ~** to fan-fold sth

End·los·for·mu·lar *nt* INFORM continuous form **End·los·for·mu·lar·druck** *m* TYPO continuous forms printing

End·lo·sig·keit <-> *f kein pl* endlessness, infinity

End·los·pa·pier *nt* INFORM continuous paper **End·los·per·len·ket·te** *f* rope

End·los·schlei·fe *f* TECH [tape] loop **End·los·text** *m* TYPO unjustified [*or* endless] text **End·lö·sung** *f* HIST ■**die ~** the Final Solution *(extermination of European Jews by the Nazis)*

End·mon·ta·ge ['ɛndmɔnta:ʒə] *f* MECH final assembly **End·mo·rä·ne** *f* GEOL terminal moraine

En·do·cy·to·se <-, -n> [ɛndotsy'to:zə] *f* BIOL endocytosis

en·do·gen [ɛndo'ge:n] *adj* endogenous

En·do·karp <-[e]s, -e> [ɛndo'karp] *nt* BOT endocarp

en·do·krin [ɛndo'kri:n] *adj* MED endocrine, endocrinal

en·do·plas·ma·tisch [ɛndoplas'ma:tɪʃ] *adj* BIOL, MED endoplasmic; **~es Retikulum** endoplasmic reticulum

En·dor·phin <-s, -e> [ɛndɔr'fi:n] *nt meist pl* endorphin

En·do·skop <-s, -e> [ɛndo'sko:p] *nt* MED endoscope

En·do·sko·pie <-, -n> [ɛndosko'pi:, *pl* ɛndosko'pi:ən] *f* MED endoscopy

en·do·sko·pisch *inv* MED I. *adj* endoscopic
II. *adv* endoscopically

En·do·sperm <-s, -e> [ɛndo'spɛrm] *nt* BOT endosperm

En·do·to·xin ['ɛndotɔksin] *nt* BIOL, MED endotoxin

End·pha·se *f* final stage; **sich** *akk* **in der/seiner ~ befinden** to be in its final stage[s]; **in die/seine ~ eintreten** to enter its final stage[s] **End·preis** *m* final price **End·pro·dukt** *nt* end [*or* final] product **End·punkt** *m* ❶ *(äußerster Punkt)* end; **der ~ einer Rundfahrt** the last stop of a tour ❷ *(Endhaltestelle)* terminus; **der ~ einer Eisenbahnlinie** the end of a railway line **End·reim** *m* end rhyme **End·re·sul·tat** *nt* final result **End·run·de** *f* SPORT **die ~ einer Fußballmeisterschaft** the finals of a football championship; **die ~ eines Boxkampfes** the final round of a boxing match; **die ~ eines Autorennens** the final lap of a motor race **End·sal·do** *m* FIN closing balance **End·sieg** *m* final [*or* ultimate] victory **End·sil·be** *f* final syllable **End·spiel** *nt* SPORT final; **das ~ erreichen** [*o* **ins ~ kommen**] to reach [*or* get into] the final; SCHACH endgame **End·spurt** *m* SPORT final spurt, finish; **zum ~ ansetzen** to start the final spurt **End·sta·di·um** *nt* final stage; MED terminal stage; **Krebs im ~** the final stages of cancer **End·stand** *m* SPORT final result [*or* score]

end·stän·dig *adj* CHEM terminal; **~e Gruppe** terminal group

End·sta·ti·on *f* ❶ TRANSP terminus ❷ *(letztliche Bestimmung)* the end of the line; ***für ihn heißt es: ~ Krankenhaus!*** he's going to end up in hospital!
End·sum·me *f* [sum] total **End·ter·min** *m* HANDEL deadline

En·dung <-, -en> *f* ending

En·du·ro <-, -s> [ɛn'du:ro] *f* SPORT endurance

En·du·ro-Ren·nen *nt* SPORT *(Motorradsport)* endurance race

End·ur·teil *nt* final verdict [*or* judgement]; **eine Entscheidung dem ~ vorbehalten** to reserve the decision for the final judgment

end·ver·ar·bei·ten* *vt* ■**etw ~** to finish sth [off]
End·ver·brauch *m* ÖKON final consumption
End·ver·brau·cher(in) *m(f)* consumer, end-user
End·ver·brau·cher·preis *m*, **EVP** *m* fixed retail price

End·ver·kaufs·preis *m* HANDEL final sales price
End·ver·mö·gen *nt* FIN *(bei Konkurs)* ultimate net worth **End·vier·zi·ger(in)** *dekl wie adj m(f)* man/woman in his/her late forties **End·wert** *m* FIN end [*or* final] value **End·zei·le** *f* TYPO *(Satz)* break

End·zeit *f* REL last days of the world

End·zeit·cha·os <-> *nt kein pl* chaos at the end[ing] of the world **end·zeit·lich** *adj attr* REL apocalyptic **End·zeit·stim·mung** *f* apocalyptic mood

End·ziel *nt* ❶ *(einer Reise)* destination ❷ *(Zweck)* ultimate goal [*or* aim] [*or* objective] **End·zif·fer** *f* final number **End·zu·stand** *m* final state; **im ~** in its final state **End·zweck** *m* ultimate aim [*or* purpose] [*or* object]

Ener·gie <-, -n> [enɛr'gi:, *pl* -'gi:ən] *f* ❶ PHYS energy; **~ sparend** energy-saving; **kinetische ~** kinetic energy; **potenzielle ~** potential energy
❷ *(Tatkraft)* energy, vigour [*or* AM -or], vitality; **viel ~ haben** to be full of energy; **wenig ~ haben** to lack energy; **etw mit aller** [*o* **ganzer**] **~ tun** to throw all one's energy into doing sth

Ener·gie·auf·wand *m kein pl* expenditure of energy **ener·gie·auf·wän·dig**^RR^ *adj* using a lot of energy *pred;* **~e Herstellungsmethode/Produktion** manufacturing method/production which uses a lot of energy; **etw ~/zu ~ produzieren** to produce sth using a lot/using too much energy **Ener·gie·aus·beu·te** *f* energy yield **Ener·gie·be·darf** *m* energy requirement[s *pl*] **Ener·gie·berg** *m* CHEM, PHYS energy barrier **ener·gie·be·wusst**^RR^ I. *adj* energy-conscious; **~es Verhalten** energy-conscious [*or* energy-aware] behaviour [*or* AM -or] II. *adv* **~ bauen/kochen** to build/cook saving energy **Ener·gie·bi·lanz** *f* overview of energy consumption **Ener·gie·bin·nen·markt** *m* internal [*or* domestic] market for energy, single market for energy **Ener·gie·bün·del** *nt (fam)* bundle of energy **Ener·gie·char·ta** *f* energy charter **Ener·gie·durch·lei·tung** *f* through-transmission of energy **Ener·gie·ef·fi·zi·enz** *f* energy efficiency **Ener·gie·ein·spa·rung** *f* saving of energy **Ener·gie·er·zeu·gung** *f* power generation, generation of energy

Ener·gie·feld *nt* energy field **Ener·gie·fonds** [-fõ:] *m* FIN energy fund **Ener·gie·ge·win·nung** *f kein pl* generation of energy **Ener·gie·haf·tungs·recht** *nt* JUR energy liability law **Ener·gie·haus·halt** *m* ANAT energy balance **Ener·gie·in·ten·si·tät** *f* energy intensity **ener·gie·in·ten·siv** *adj* energy-intensive *attr;* **~e Herstellungsmethode/Produktion** energy-intensive manufacturing method/production **Ener·gie·kar·tell·recht** *nt* JUR energy cartel law **Ener·gie·kos·ten** *pl* cost of energy *sing* **Ener·gie·kri·se** *f* energy crisis **Ener·gie·lie·fe·rant** *m* energy supplier **Ener·gie·lie·fe·rungs·ver·trag** *m* JUR energy supply contract **Ener·gie·markt** *m* ÖKON energy market **Ener·gie·mi·nis·te·ri·um** *nt* Ministry [*or* AM Department] of Energy **Ener·gie·ni·veau** [-nivo:] *nt* energy level **Ener·gie·ord·nung** *f* ÖKON energy regime

Ener·gie·pflan·ze *f* energy crop **Ener·gie·po·li·tik** *f* energy policy **ener·gie·po·li·tisch** *adj* related to energy policy *pred* **Ener·gie·preis** *m* energy price **Ener·gie·quel·le** *f* energy source, source of energy; **regenerative ~n** regenerative energy sources **Ener·gie·recht** *nt* JUR energy law **Ener·gie·sek·tor** *m* energy sector **Ener·gie·spa·ren** *nt* energy saving, saving of energy **ener·gie·spa·rend** *adj* ÖKOL *s.* **Energie 1**

Ener·gie·spar·lam·pe *f* low-energy [*or* energy-saving] [electric] bulb **Ener·gie·spar·maß·nah·me** *f* energy-saving measure **Ener·gie·spar·po·ten·zi·al**^RR^ *nt* energy-saving potential **Ener·gie·spar·pro·gramm** *nt* energy-saving programme [*or* AM -am]

Ener·gie·steu·er *f* energy tax **Ener·gie·trä·ger** *m* energy source **Ener·gie·um·wand·lung** *f* energy conversion **Ener·gie·ver·brauch** *m* energy consumption **Ener·gie·ver·geu·dung** *f* wasting of energy **Ener·gie·ver·schwen·dung** *f kein pl* energy waste **Ener·gie·ver·sor·ger** *m* energy supplier

Ener·gie·ver·sor·gung *f* supply of energy, energy supply **Ener·gie·ver·sor·gungs·un·ter·neh·men** *nt*, **EVU** *nt* energy supplying company, public utility

Ener·gie·vor·kom·men *nt* energy source **Ener·gie·vor·rä·te** *pl* energy supplies *pl*

Ener·gie·wirt·schaft *f* energy industry [*or* sector]

Ener·gie·wirt·schafts·ge·setz *nt* JUR Energy Industry Act **Ener·gie·wirt·schafts·recht** *nt* JUR energy industry law

Ener·gie·zu·fuhr *f kein pl* energy supply

ener·gisch [e'nɛrgɪʃ] I. *adj* ❶ *(Tatkraft ausdrückend)* energetic; **ein ~er Griff** a vigorous [*or* firm] grip; **ein ~er Mensch** a vigorous person
❷ *(entschlossen)* firm; ■**jd ist ~** sb is firm; **~e Maßnahmen** vigorous [*or* firm] measures; **~e Proteste** strong protests; **~e Worte** forceful words; ■**jd wird ~** sb puts his/her foot down
II. *adv* vigorously; **etw ~ betonen** to stress sth vigorously; **etw ~ dementieren** to hotly [*or* vigorously] deny sth; **~ durchgreifen** to take firm [*or* vigorous] action

Ener·gy-Drink ['ɛnədʒidrɪŋk] *m* energy drink

En·fant ter·ri·ble <-, -*o* -s, -s> [ãfãtɛ'ribl] *nt (geh)* enfant terrible

eng ['ɛŋ] I. *adj* ❶ *(schmal)* narrow
❷ *(knapp sitzend)* tight [*or* close-fitting]; ■**etw ist [jdm] zu ~** sth is too tight for sb
❸ *(beengt)* cramped; ■**bei jdm ist es sehr ~** sb's home/room is very cramped
❹ *(beschränkt)* narrow, restricted
❺ *(wenig Zwischenraum habend)* close together *pred*
❻ *(intim)* close
❼ *(eingeschränkt)* limited, restricted; **im ~eren Sinn** in the stricter sense; **in die ~ere Wahl kom-**

men to get on to the short-list, to be short-listed; ***die Hochzeit fand in ~em Familienkreis statt*** the wedding was attended by close relatives only
▸WENDUNGEN: **es wird ~** [**für jdn**] *(fam)* sb faces problems
II. *adv* 1 *(knapp)* closely; **~ anliegen** [*o* **sitzen**] to fit closely; **ein ~ anliegendes Kleid** a close-fitting dress; **eine ~ anliegende Hose** very tight trousers; [**jdm**] **etw ~er machen** *Kleidungsstück* to take sth in [for sb]
2 *(dicht)* densely; **~ bedruckt** closely [*or* densely] printed; **~ beschrieben** closely written; **~ nebeneinander** right next to each other; **~ nebeneinander-/beisammen-/zusammenstehen** to stand close to each other
3 *(intim)* closely; **~ befreundet sein** to be close friends
4 *(akribisch)* narrowly; **etwas zu ~ sehen** to take too narrow a view of sth; ***du siehst das zu ~*** there's more to it than that

En·ga·din <-s> [ˈɛŋgadiːn] *nt* Engadine

En·ga·ge·ment <-s, -s> [ãgaʒəˈmãː] *nt* 1 *(Eintreten)* commitment (**für** *+akk* to)
2 THEAT *(Anstellung)* engagement

en·ga·gie·ren* [ãgaˈʒiːrən] **I.** *vt* ■**jdn** [**für etw** *akk*/**als jdn**] ~ to engage sb [for sth/as sb]; ***sie engagierte einen Privatdetektiv für die Aufgabe*** she engaged a private detective for the task; ***wir engagierten ihn als Leibwächter*** we took him on as a bodyguard
II. *vr* ■**sich** *akk* [**für jdn/etw**] ~ to be [*or* become] committed [to sb/sth], to commit oneself [to sth]; ■**sich** *akk* **dafür ~, dass ...** to support an idea that ...; **sich** *akk* **in der Öffentlichkeit für etw** *akk* ~ to speak out [in public] in favour [*or* AM -or] of sth

en·ga·giert [ãgaˈʒiːɐt] *adj (geh)* **politisch/sozial ~** politically/socially committed; **christlich ~ sein** to be a committed Christian; **politisch ~ sein** to be [heavily] involved in politics; **ökologisch ~ sein** to be involved in ecological matters

eng·an·lie·gend *adj attr s.* **eng II 1** **eng·be·druckt** *adj attr s.* **eng II 2** **eng·be·freun·det** *adj attr s.* **eng II 3** **eng·be·schrie·ben** *adj attr s.* **eng II 2**

En·ge <-, -n> [ˈɛŋə] *f* 1 *kein pl (schmale Beschaffenheit)* narrowness
2 *kein pl (Beschränktheit: räumlich)* confinement; **in großer räumlicher ~** in very cramped conditions; *(geistig)* narrowness; *(zeitlich)* closeness; **aufgrund der ~ eines Termins** because a deadline is so close; **jdn in die ~ treiben** to drive sb into a corner

En·gel <-s, -> [ˈɛŋl̩] *m* angel; **ein gefallener ~** a fallen angel; **ein guter** [*o* **rettender**] **~** a rescuing angel; **ein ~ sein** *(fam)* to be an angel; **nicht gerade ein ~ sein** *(fam)* to be no angel
▸WENDUNGEN: **ich hörte die ~ im Himmel singen** *(fam)* it hurt like mad [*or* hell] *fam*

En·gel·ma·cher(in) *m(f) (euph fam)* backstreet abortionist

En·gel(s)·ge·duld *f* **eine** [**wahre**] **~ haben** [*o* **zeigen**] to have [*or* display] the patience of Job [*or* a saint] **En·gel(s)·zun·gen** *pl* [**wie**] **mit ~ reden** to use all one's powers of persuasion

En·gel·wurz *f* [root] angelica

En·ger·ling <-s, -e> [ˈɛŋɐlɪŋ] *m* ZOOL cockchafer grub

eng·her·zig *adj (pej)* ■[**in etw** *dat*] **~ sein** to be petty [about sth]

Eng·her·zig·keit <-> *f kein pl (pej)* pettiness

engl. *Abk von* **englisch** Eng.

Eng·land <-s> [ˈɛŋlant] *nt* 1 *(Teil Großbritanniens)* England
2 *(falsch für Großbritannien)* Great Britain

Eng·län·der <-s, -> [ˈɛŋlɛndɐ] *m* TECH adjustable spanner, monkey wrench

Eng·län·der(in) <-s, -> [ˈɛŋlɛndɐ] *m(f)* Englishman *masc,* Englishwoman *fem;* **~ sein** to be English; ■**die ~** the English

eng·lisch [ˈɛŋlɪʃ] *adj* 1 *(England betreffend)* English
2 LING English
3 KOCHK *(Garstufe)* underdone; **sehr ~** bloody
4 TYPO **~e Anführungszeichen** inverted commas

Eng·lisch [ˈɛŋlɪʃ] *nt dekl wie adj* 1 LING English; **~ sprechend** English-speaking
2 *(Fach)* English

Eng·li·sche <-n> *nt* ■**das ~** English

eng·lisch·spra·chig *adj* English-speaking **eng·lisch·spre·chend** *adj* English-speaking

eng·ma·schig [ˈɛŋmaʃɪç] *adj* close-meshed

Eng·pass[RR] <-es, Engpässe>, **Eng·paß**[ALT] <-sses, Engpässe> *m* 1 GEOG [narrow] pass, defile
2 *(Fahrbahnverengung)* bottleneck
3 *(Verknappung)* bottleneck; ***es besteht bei dieser Ware derzeit ein ~*** these goods are at present in short supply

Eng·pass·fak·tor[RR] *m* ÖKON bottleneck factor **Eng·pass·ma·te·ri·al**[RR] *nt* material in short supply

en gros [ãˈgro] *adv* ÖKON wholesale

En·gros·ab·neh·mer(in) [ãˈgro-] *m(f)* HANDEL wholesale buyer [*or* customer]

eng·stir·nig [ˈɛŋʃtɪrnɪç] **I.** *adj (pej)* ■**jd ist ~** sb is narrow-minded [*or* insular]; ■**es ist ~, etw zu tun** it is narrow-minded to do sth
II. *adv (pej)* narrow-mindedly; **~ denken/handeln** to think/act in a narrow-minded way [*or* fashion]

Eng·stirn·ig·keit <-> *f kein pl* narrow-mindedness

En·hanced Mode [ɪnˈhaːnstməʊd] *m* INFORM enhanced mode

En·jam·be·ment <-s, -s> [ãjãbəˈmãː] *nt* enjambement

En·kel(in)[1] <-s, -> [ˈɛŋkl̩] *m(f)* 1 *(Kind des Kindes)* grandchild
2 *(später Nachfahr)* descendant; **politischer ~** political heir

En·kel[2] <-s, -> [ˈɛŋkl̩] *m* DIAL *(Fußknöchel)* ankle

En·kel·kind *nt* grandchild **En·kel·sohn** *m (geh)* grandson **En·kel·toch·ter** *f (geh) fem form von* **Enkelsohn** granddaughter

En·kla·ve <-, -n> [ɛnˈklaːvə] *f* enclave

en masse [ã ˈmas] *adv (fam)* en masse

en·net [ˈɛnət] *präp +gen o dat* SCHWEIZ *s.* **jenseits**

enorm [eˈnɔrm] **I.** *adj* 1 *(groß)* enormous; **~e Anstrengung/Belastung** immense [*or* massive] effort/strain; **~e Geschwindigkeit/Hitze/Kälte** tremendous speed/heat/cold; **eine ~e Summe** a vast sum
2 *pred (fam: herrlich, toll)* fantastic
II. *adv (fam)* tremendously; **~ viel/viele** a tremendous amount/number, an enormous amount/number

en pas·sant [ãpaˈsãː] *adv* en passant, in passing

En·quete <-, -n> [ãˈkeːtə, ãˈkɛːtə] *f* 1 *(Umfrage)* survey
2 ÖSTERR *(geh: Arbeitstagung)* symposium

En·quete·kom·mis·si·on [ãˈkɛːt(ə)-] *f* POL commission of enquiry, select [*or* BRIT inquest] committee

En·sem·ble <-s, -s> [ãˈsãbl] *nt* ensemble

ent·ar·ten* [ɛntˈaːɐ̯tn̩] *vi sein* ■[**zu etw** *dat*] ~ to degenerate [into sth]

Ent·ar·tung <-, -en> *f* degeneration

ent·äu·ßern* *vr (geh)* ■**sich** *akk* **einer S.** *gen* ~ to relinquish [*or* divest oneself of] sth

ent·bar·ten* [ˈɛntbartn̩] *vt* KOCHK **Schaltiere ~** to debeard shellfish

ent·beh·ren* [ɛntˈbeːrən] **I.** *vt* 1 *(ohne auskommen)* ■**jdn/etw ~ können** to be able to do [*or* manage] without sb/sth, to be able to spare sb/sth
2 *(geh: vermissen)* ■**jdn/etw ~** to miss sb/sth
3 *(überflüssig sein)* ■**zu ~ sein** to not be necessary; ***er ist wirklich nicht zu ~*** I really can't do without him
II. *vi (geh)* 1 *(Not leiden)* to go without
2 *(ohne etw sein)* ■**etw entbehrt einer S.** *gen* sth is lacking sth

ent·behr·lich *adj* dispensable, unnecessary

Ent·beh·rung <-, -en> *f meist pl* deprivation, privation; **~en auf sich** *akk* **nehmen** to make sacrifices

ent·beh·rungs·reich *adj (geh)* **~e Jahre** years of privation

ent·bie·ten* *vt irreg (geh)* ■[**jdm**] **etw ~** to offer [sb] sth; **jdm seine Grüße ~** to present one's compliments to sb

ent·bin·den* *irreg* **I.** *vt* 1 MED ■**jdn** [**von einem Kind**] ~ to deliver sb, to deliver sb's baby [*or* child]; ■[**von einem Kind**] **entbunden werden** to give birth to a baby [*or* child]
2 JUR *(dispensieren)* ■**jdn** [**von etw** *dat*] ~ to release sb [from sth], to discharge sb [of sth]; ***er wurde von seinem Amt entbunden*** he was relieved of his duties; **jdn von einer Pflicht entbinden** to discharge sb of his/her duty
II. *vi* give birth

Ent·bin·dung *f* 1 MED delivery, birth; ***sie wurde zur ~ ins Krankenhaus eingeliefert*** she went to hospital to have the baby
2 *(Befreiung)* ■**~ von etw** *dat* release from sth; ***er bat um ~ von seinem Versprechen*** he asked to be released from his promise

Ent·bin·dungs·kli·nik *f* maternity clinic **Ent·bin·dungs·sta·ti·on** *f* maternity ward; **auf der ~ liegen** to be on the maternity ward

ent·blät·tern* *vr* 1 *(die Blätter abwerfen)* to shed its leaves
2 *(hum fam: sich ausziehen)* ■**sich** *akk* [**vor jdm**] ~ to strip [off] [in front of sb]

ent·blö·den* [ɛntˈbløːdn̩] *vr* ■**sich** *akk* **nicht ~, etw zu tun** *(pej geh)* to have the effrontery [*or* audacity] to do sth

ent·blö·ßen* [ɛntˈbløːsn̩] *vt (geh)* ■**etw ~** to expose sth; **einen Arm ~** to uncover an arm; **den Kopf ~** to bare one's head; **die Gedanken ~** to reveal one's thoughts; ■**sich** *akk* ~ to take one's clothes off; ■**sich** *akk* **vor jdm ~** *(geh)* to expose oneself to sb

ent·blößt **I.** *adj (geh)* bare, exposed; **mit ~er Brust/~em Kopf** with bared breast/bared head
II. *adv (geh)* **~ umhergehen** to walk around with no clothes on

ent·bren·nen* *vi irreg sein (geh)* 1 *(ausbrechen)* to break out; *Streit* to flare up; *Diskussion* to ensue
2 *(heftig ergriffen sein)* ■**für jdn ~** *(geh)* to fall passionately in love with sb; **von Wut ~** to be inflamed with anger

Ent·bün·de·lung <-, -en> *f* unbundling

ent·bü·ro·kra·ti·sie·ren* *vt* ■**etw/jdn ~** to free sth/sb of bureaucracy

Ent·bü·ro·kra·ti·sie·rung <-> *f kein pl* cutting red tape

Ent·chen <-s, -> [ˈɛntçən] *nt* ZOOL *dim von* **Ente** duckling

ent·de·cken* **I.** *vt* 1 *(zum ersten Mal finden)* ■**etw ~** to discover sth
2 *(ausfindig machen)* ■**jdn/etw ~** to find sb/sth; **einen Fehler ~** to spot a mistake
3 *(veraltend: offenbaren)* ■**jdm etw ~** to reveal sth to sb
II. *vr (geh o veraltend)* ■**sich** *akk* **jdm ~** to reveal oneself to sb

Ent·de·cker(in) <-s, -> [ɛntˈdɛkɐ] *m(f)* discoverer; **der berühmte ~ Captain Cook** the famous explorer Captain Cook

Ent·de·ckung *f* discovery; ***er zeigte uns seine neueste ~*** he showed us his latest find

Ent·de·ckungs·rei·se *f* voyage of discovery; ***sie machten eine ~ ins Landesinnere*** they went on an expedition into the interior [of the country]; **auf ~ gehen** *(hum fam)* to go exploring

En·te <-, -n> [ˈɛntə] *f* 1 ORN duck
2 *(fam: Falschmeldung)* spoof, canard
3 AUTO *(fam: Citroen 2 CV)* "deux-chevaux"
▸WENDUNGEN: **lahme ~** *(fam)* slowcoach

ent·eh·ren* *vt* ■**jdn/etw ~** to dishonour [*or* AM -or] sb/sth; ■**~d** degrading; **eine ~de Anschuldigung** a defamatory accusation

Ent·eh·rung <-, -en> *f* dishonouring BRIT, dishonoring AM

ent·eig·nen* *vt* JUR ■**jdn ~** to dispossess sb, to seize sb's possessions; ■**etw ~** to expropriate sth

ent·eig·nend *adj* JUR expropriatory

ent·eig·net **I.** *pp von* **enteignen**
II. *adj Grundstück* expropriated

Ent·eig·nung <-, -en> *f* JUR ■**~ von jdm** dispossession of sb; ■ ~ **von etw** *dat* expropriation [*or* seizure] of sth, BRIT compulsory purchase of sth; **de-facto-~** de facto expropriation; **direkte/indirekte** ~ direct/indirect expropriation; **drohende/entschädigungslose** ~ threat of expropriation/expropriation without compensation

Ent·eig·nungs·be·fug·nis *f* JUR *staatlich* eminent domain **Ent·eig·nungs·be·schluss**RR *m* JUR expropriation [*or* compulsory purchase] order **Ent·eig·nungs·ent·schä·di·gung** *f* FIN compensation for expropriation, condemnation award **Ent·eig·nungs·ge·setz** *nt* JUR Compulsory Purchase Act BRIT **ent·eig·nungs·gleich** *adj* JUR expropriatory, equivalent to expropriation **Ent·eig·nungs·recht** *nt* JUR *des Staates* eminent domain **Ent·eig·nungs·schutz** *m* JUR protection against expropriation **Ent·eig·nungs·ver·bot** *nt* JUR ban on expropriation **Ent·eig·nungs·ver·fah·ren** *nt* JUR expropriation proceedings **Ent·eig·nungs·ver·fü·gung** *f* JUR compulsory purchase order

ent·ei·len* *vi sein (geh)* hurry [*or* hasten] away

ent·ei·sen* [ɛntˈʔaizn̩] *vt* ■ **etw** ~ to de-ice sth; **eine Gefriertruhe** ~ to defrost a freezer

Ent·ei·sung <-, -en> *f* de-icing

En·ten·bra·ten *m* roast duck **En·ten·ei** *nt* duck's egg **En·ten·grüt·ze** *f* BOT duckweed **En·ten·kü·ken** *nt* duckling

En·tente <-, -n> [ãˈtãtə] *f* entente

En·ten·vö·gel *pl* KOCHK, ZOOL *(fachspr)* fowl, wildfowl

ent·er·ben* *vt* ■ **jdn** ~ to disinherit sb

Ent·er·bung <-, -en> *f* JUR disinheritance

En·ter·ha·ken *m* HIST, NAUT grappling iron [*or* hook]

En·te·rich <-s, -e> [ˈɛntərɪç] *m* ORN drake

en·tern [ˈɛntɐn] **I.** *vt haben* board; **ein Schiff** ~ to board a ship [with violence]

II. *vi sein* board; **den Befehl zum E~ geben** to give the order to board

En·ter·tai·ner(in) <-s, -> [ɛntɐˈteːnɐ] *m(f)* entertainer

En·ter·tas·te [ˈɛntɐ-] *f* INFORM enter key

ent·fa·chen* [ɛntˈfaxn̩] *vt (geh)* ① *(zum Brennen bringen)* ■ **etw** ~ to kindle [*or* light] sth; **ein Feuer** ~ to kindle a fire; **einen Brand** ~ to start a fire

② *(entfesseln)* ■ **etw** ~ to provoke [*or* start] sth; **eine Leidenschaft** ~ to arouse a passion

ent·fah·ren* *vi irreg sein* ■ **etw entfährt jdm** sth slips out, sth escapes sb's lips; ***das Wort ist ihm nur so ~*** the word just escaped his lips, he just used the word inadvertently

ent·fal·len* *vi irreg sein* ① *(dem Gedächtnis entschwinden)* ■ **jdm** ~ to escape sb, to slip sb's mind, to forget sth; ***der Name ist mir gerade ~*** the name escapes me, the name has slipped my mind

② *(wegfallen)* to be dropped; ***dieser Punkt der Tagesordnung entfällt*** this point has been dropped from the agenda

③ *(als Anteil zustehen)* ■ **auf jdn** ~ to be allotted to sb; ***auf jeden entfallen 50 Euro*** each person will receive/pay 50 euros; ***auf diese Partei ~ 5 Sitze*** this party receives 5 seats

④ *(geh: herunterfallen)* ■ **jdm** ~ to slip [*or* fall] from sb's hand[s]

ent·fal·ten* **I.** *vt* ① *(auseinanderfalten)* ■ **etw** ~ *Landkarte, Brief* to unfold [*or* open [out]] sth

② *(beginnen, entwickeln)* ■ **etw** [**zu etw** *dat*] ~ to develop sth [into sth]

③ *(darlegen)* ■ **etw** [**vor jdm**] ~ to set sth forth, to expound sth

④ *(zur Geltung bringen)* ■ **etw** ~ to display sth

II. *vr* ① *(sich öffnen)* ■ **sich** *akk* [**zu etw** *dat*] ~ *Blüte, Fallschirm* to open [into sth]

② *(zur Geltung bringen)* ■ **sich** *akk* ~ to develop

③ *(sich voll entwickeln)* ■ **sich** *akk* ~ to develop to the full

Ent·fal·tung <-, -en> *f* ① *(das Entfalten)* unfolding; ~ **einer Blüte** opening of a flower

② *(Entwicklung)* development; **Recht auf freie ~ der Persönlichkeit** JUR right to the free development of one's personality; **etw zur ~ bringen** to help [sb] develop sth; **zur ~ kommen** [*o* **gelangen**] to develop

③ *(Darstellung)* presentation

④ *(Demonstration)* display

ent·fär·ben* **I.** *vt* ■ **etw** ~ to remove the colour [*or* AM -or] from sth, to take the colour [*or* AM -or] out of sth

II. *vr* ■ **sich** *akk* ~ to lose its colour [*or* AM -or], to fade

Ent·fär·ber <-s, -> *m* dye remover

Ent·fär·bungs·mit·tel *nt s.* **Entfärber**

ent·fer·nen* [ɛntˈfɛrnən] **I.** *vt* ① *(beseitigen)* ■ **etw** [**aus etw** *dat*/**von etw** *dat*] ~ to remove sth [from sth]

② MED *(herausoperieren)* ■ [**jdm**] **etw** ~ to take out sb's sth; **jdm den Blinddarm** ~ to take out [*or* remove] sb's appendix

③ ADMIN *(geh)* ■ **jdn aus** [*o* **von**] **etw** ~ *dat* to remove sb from sth; **jdn aus der Schule** ~ to expel sb [from school]

④ *(weit abbringen)* ■ **jdn von etw** *dat* ~ to take sb away from sth; ***das entfernt uns vom Thema*** that takes us off the subject

II. *vr* ① *(weggehen)* ■ **sich** *akk* [**von etw** *dat*/**aus etw** *dat*] ~ to go away [from sth], to leave [sth]; **sich** *akk* **vom Weg** ~ to go off the path

② *(nicht bei etw bleiben)* ■ **sich** *dat* **von etw** *akk* ~ to depart from sth

ent·fernt **I.** *adj* ① *(weitläufig)* distant; **ein ~er Verwandter** a distant relative

② *(gering, leise)* slight, vague; **eine ~e Ähnlichkeit** a slight similarity; **eine ~e Ahnung** a vague idea; **ein ~er Verdacht** a remote suspicion

③ *(abgelegen)* remote; **ein ~er Teil eines Landes** a remote part of a country; ■ **von jdm ~ sein** to be [far] away from sb; [**...**] ~ [**von etw** *dat*] **liegen** [*o* **sein**] to be [...] away [*or* [away] from sth]; ***7 Kilometer von hier ~*** 7 kilometres [away] from here; **zu weit** ~ too far [away]

II. *adv* vaguely; ***sie erinnert mich ~ an meine Tante*** she vaguely reminds me of my aunt; **nicht im E~esten** not in the least [*or* slightest]; **nicht ~ so ...** nothing like as ... BRIT; **weit davon ~ sein, etw zu tun** to not have the slightest intention of doing sth

Ent·fer·nung <-, -en> *f* ① *(Distanz)* distance; **auf eine bestimmte** ~ from a certain distance; **auf eine ~ von 30 Metern** [*o* **auf 30 Meter ~**] from a distance of 30 metres [*or* AM -ers]; **aus der** ~ from a distance; **aus kurzer/einiger** ~ from a short/considerable distance; **in beträchtlicher** ~ at some [considerable] distance; **in einer ~ von 1 000 Metern** at a distance [*or* range] of 1,000 metres [*or* AM -ers], 1,000 metres [*or* AM -ers] away ② ADMIN *(geh: Ausschluss)* ~ **aus/von der Schule** expulsion [from school]; ~ **aus dem Amt** removal from office ③ JUR removal, expulsion; ~ **des Angeklagten aus der Hauptverhandlung** removal of the defendant from the trial proceedings ④ MIL **unerlaubte** ~ [**von der Truppe**] absence without leave, AWOL **Ent·fer·nungs·mes·ser** <-s, -> *m* rangefinder

ent·fes·seln* *vt (auslösen)* ■ **etw** ~ to unleash sth

ent·fes·selt *adj* unleashed; **~e Elemente** raging elements; **~e Leidenschaft** unbridled passion

ent·fet·ten* *vt* ■ **etw** ~ KOCHK to remove the grease from sth

Ent·fet·tungs·kur *f (fam)* weight-reducing diet

Ent·feuch·ter <-s, -> *m* dehumidifier

ent·flamm·bar *adj* ① *(leicht zu entflammen)* inflammable

② *(fig fam)* easily roused

Ent·flamm·bar·keit *f kein pl* TECH flammability, incentivity

ent·flam·men* [ɛntˈflamən] **I.** *vt haben* ① *(anzünden, in Flammen setzen)* ■ **etw** ~ to light sth; **ein Streichholz** ~ to light [*or* strike] a match

② *(entfachen)* ■ **etw** ~ *Leidenschaft* to [a]rouse sth

③ *(geh: begeistern)* ■ **jdn für etw** *akk* ~ to arouse sb's enthusiasm for sth

④ *(verliebt machen)* ■ **jdn** [**für jdn**] ~ to enrapture sb

II. *vr haben* ① *(sich entzünden)* ■ **sich** *akk* [**an etw** *dat*] ~: ***das Gasgemisch hat sich entflammt*** the gas mixture burst into flames

② *(sich begeistern)* ■ **sich** *akk* **für etw** *akk* ~: ***sie entflammte sich für seine Idee*** she was filled with enthusiasm for his idea

III. *vi sein (geh: plötzlich entstehen)* ***ein Kampf um die Macht ist entflammt*** a struggle for power has broken out

ent·flech·ten* *vt irreg* ■ **etw** ~ to decartelize sth; **ein Kartell** ~ to break up a cartel; **Interessen** ~ to disentangle interests; **Verkehr** ~ to ease the traffic flow

Ent·flech·tung <-, -en> *f* decartelization, demerger; *eines Kartells* break[ing] up of a cartel

Ent·flech·tungs·an·ord·nung *f* JUR *von Kartellen* divesting order **Ent·flech·tungs·be·hör·de** *f* JUR decartelization agency **Ent·flech·tungs·ge·setz** *nt* JUR demerger act **Ent·flech·tungs·ver·hand·lun·gen** *pl* JUR disengagement negotiations

ent·flie·gen* *vi irreg sein (geh)* ■ **ein Vogel entfliegt** [**jdm/aus etw** *dat*] a bird flies away [from sb/sth]; **ein entflogener Papagei** an escaped parrot

ent·flie·hen* *vi irreg sein* ① *(geh: fliehen)* ■ [**aus etw** *dat*] ~ [*o* **etw** *dat* ~] to escape [*or* flee] from sth

② *(vergehen) Jugend, Zeit etc.* to fly by; ***die Zeit entflieht so rasch*** time flies by so fast

ent·frem·den* [ɛntˈfrɛmdn̩] **I.** *vt* ■ **etw entfremdet sie einander** sth estranges them [from each other]; ***die lange Trennung hat sie [einander] entfremdet*** the long separation has estranged them [from each other]; ■ **etw seinem Zweck** *dat* ~ to use sth for a different purpose; *(falscher Zweck)* to use sth for the wrong purpose

II. *vr* ■ **sich** *akk* **jdm** ~ to become estranged from sb; ***er hat sich seiner Frau ganz entfremdet*** he has become estranged from his wife, he and his wife have grown apart

ent·frem·det **I.** *pp von* **entfremden**

II. *adj* alienated

Ent·frem·dung <-, -en> *f* estrangement, alienation

ent·fros·ten* [ɛntˈfrɔstn̩] *vt* AUTO ■ **etw** ~ to defrost sth

Ent·fros·ter <-s, -> *m* defroster

ent·füh·ren* *vt* ① *(mit Gewalt fortschaffen)* ■ **jdn** ~ to abduct [*or* kidnap] sb; **ein Fahrzeug/Flugzeug** ~ to hijack a car/plane

② *(fam: wegnehmen)* ■ **jdm jdn/etw** ~ to steal sth/sb from sb, to make off with sb's sth/sb; ***darf ich Ihnen eben mal Ihre Kollegin ~?*** can I just steal your colleague for a moment?

Ent·füh·rer(in) *m(f)* kidnapper, abductor; *Fahrzeug/Flugzeug* hijacker

ent·führt **I.** *pp von* **entführen**

II. *adj Person* abducted, kidnapped; *Fahrzeug, Flugzeug* hijacked

Ent·füh·rung *f* kidnapping, abduction; *Fahrzeug/Flugzeug* hijacking

ent·ge·gen [ɛntˈgeːgn̩] **I.** *adv (geh)* ■ **etw** *dat* ~ towards sth; **neuen Abenteuern/Ufern** ~ on to new adventures/shores

II. *präp +dat* against; ~ ***meiner Bitte*** contrary to my request; ~ **allen Erwartungen** against [*or* contrary to] all expectations

ent·ge·gen|ar·bei·ten *vt* ■ **etw** *dat* ~ to oppose sth, to work against sth **ent·ge·gen|brin·gen** *vt irreg (bezeigen)* ■ **jdm etw** ~ to show sth for sb, to display sth towards [*or* for] sb; **jdm Vertrauen** ~ to put one's trust in so; **einer Idee/einem Vorschlag Interesse** ~ to show [*or* display] interest in an idea/a suggestion; **jdm viel Liebe/Verständnis** ~ to show [*or* display] much love/understanding for [*or* towards] sb **ent·ge·gen|ei·len** *vi sein (geh)* ■ **jdm** ~ to rush [*or* hurry] to meet sb; ■ **jdm entgegengeeilt kommen** to rush [*or* hurry] to meet sb; ■ **etw** *dat* ~ to rush towards sth **ent·ge·gen|fah·ren** *vi irreg sein* ■ **jdm** ~ to go [*or* come] to meet sb; **jdm mit dem Auto/Fahrrad** ~ to go [*or* come] to meet sb by car/bicycle; ■ **jdm entgegengefahren kommen** to drive [*or* go] to meet sb **ent·ge·gen|fie·bern*** *vi* ■ **etw** *dat* ~ to feverishly look forward to sth **ent·ge·gen|ge·hen** *vi irreg sein* ■ **jdm** ~ to go to meet sb; **dem Ende/seiner Voll-**

endung ~ to near [*or* approach] an end/completion; ■**jdm entgegengegangen kommen** to walk [*or* come] to meet sb; **seinem Untergang** ~ to go to one's death; **dem sicheren Tod** ~ to face certain death **ent·ge·gen·ge·rich·tet** *f* PHYS opposite; **~e Kraft** opposite force **ent·ge·gen·ge·setzt** [ɛnt'ge:gn̩gəzɛtst] **I.** *adj* ① *(gegenüberliegend, umgekehrt)* opposite; **am ~en Ende des Tisches** at the opposite end of the table; **in der ~en Richtung** in the opposite direction ② *(einander widersprechend)* opposing, conflicting; **~e Auffassungen/Interessen/Meinungen** conflicting views/interests/opinions, opposed *pred* **II.** *adv* ~ **denken/handeln** to think/do the exact opposite; ~ **reagieren** to react in exactly the opposite way **ent·ge·gen|hal·ten** *vt irreg* ① *(in eine bestimmte Richtung halten)* ■**jdm/etw etw** ~ to hold out sth towards sb/sth; ***er hielt ihr die Hand entgegen*** he held out his hand to her ② *(einwenden)* **jdm/etw einen Einwand** ~ to express an objection to sb/sth; **einem Vorschlag einen anderen** ~ to counter one suggestion with another; ■**jdm ~, dass ....** to object to sb that ... **ent·ge·gen|hop·peln** *vi* ■**jdm/etw** ~ *Kaninchen* to hop towards sth/sb **ent·ge·gen|kom·men** [ɛnt'ge:gn̩kɔmən] *vi irreg sein* ① *(in jds Richtung kommen)* ■**jdm** ~ to come to meet sb ② *(entgegenfahren)* ■**jdm** ~ to drive towards sb; **der uns ~de Wagen** the car coming in the opposite direction ③ *(Zugeständnisse machen)* ■**jdm/etw** ~ to accommodate sb/sth; **jds Bitte/Wunsch** ~ to comply with sb's request/wish, to accede to sb's request/wish; **jdm auf halbem Wege** ~ to meet sb halfway ④ *(entsprechen)* ■**jdm/etw** ~ to fit in with sb/sth; ***das kommt unseren Plänen entgegen*** that fits in with our plans **Ent·ge·gen·kom·men** <-s, -> [ɛnt'ge:gn̩kɔmən] *nt* ① *(gefällige Haltung)* cooperation, willingness to cooperate ② *(Zugeständnis)* concession; ***er ist zu einem gewissen ~ bereit*** he is willing to make certain concessions **ent·ge·gen·kom·mend** *adj* obliging, accommodating **ent·ge·gen·kom·men·der·wei·se** *adv* obligingly **ent·ge·gen|lau·fen** *vi irreg sein* ① *(in jds Richtung laufen)* ■**jdm** ~ to run to meet sb; ■**jdm entgegengelaufen kommen** to run towards sb ② *(im Gegensatz stehen)* ■**etw** *dat* ~ to run contrary [*or* counter] to sth **Ent·ge·gen·nah·me** <-, -n> *f* *(geh)* receipt; ~ ***eines Schmiergelds*** acceptance of a bribe **Ent·ge·gen·nah·me·pflicht** *f* HANDEL obligation to accept, duty to take delivery **ent·ge·gen|neh·men** *vt irreg* ■**etw** [**von jdm/für jdn**] ~ *Lieferung* to receive sth [from sb/for sb] **ent·ge·gen|schla·gen** *vi irreg sein* ■**jdm** ~ to confront [*or* meet] sb; ***die Flammen schlugen ihnen entgegen*** the flames leapt to meet them; ***ihm schlug eine Welle der Begeisterung entgegen*** he was met by a wave of enthusiasm **ent·ge·gen|se·hen** *vi irreg* ① *(geh: erwarten)* ■**etw** *dat* ~ to await sth; ***ich sehe Ihrer Antwort entgegen*** I look forward to receiving your reply, I await your reply; ***er sieht der Entscheidung mit Skepsis entgegen*** he doesn't expect much from the decision ② *(in jds Richtung sehen)* ■**jdm/etw** ~ to watch sb; ***er sah dem ankommenden Schiff entgegen*** he watched the ship approaching **ent·ge·gen|set·zen I.** *vt* ■**etw** *dat* **etw** ~ to oppose sth with sth; **Anklagen etw** ~ to reply to accusations; **einer Forderung etw** ~ to counter a claim; **etw** *dat* **Alternativen** ~ to put forward alternatives to sth; **etw** *dat* **Widerstand** ~ to resist sth, to offer resistance to sth **II.** *vr* ■**sich** *akk* **etw** *dat* ~ to resist [*or* oppose] sth **ent·ge·gen|ste·hen** *vi irreg* ■**etw** *dat* ~ to stand in the way of sth; **dem steht nichts entgegen** there's no obstacle to that, there's nothing against that **ent·ge·gen|stel·len** *vr* ■**sich** *akk* **jdm/etw** ~ to resist [*or* oppose] sb/sth **ent·ge·gen|stem·men** *vr* ■**sich** *akk* **jdm/etw** ~ to oppose [*or* resist] sb/sth **ent·ge·gen|steu·ern** *vi* ■**etw** *dat* ~ to act [*or* fight] against sth; *Entwicklung, Trend* to counter sth; ***die Aktion soll dem Trend zur Zersiedelung*** ~ the campaign is set to counter the trend towards overdevelopment; **dem Altern** ~ to counteract the ageing process **ent·ge·gen|stre·cken** *vt* ■**jdm etw** ~ to hold sth out to[wards] sb **ent·ge·gen|tre·ten** *vi irreg sein* ① *(in den Weg treten)* ■**jdm** ~ to walk up to sb; **einem Feind/Gegner** ~ to go into action against an enemy/opponent ② *(sich zur Wehr setzen)* ■**einer S.** *dat* ~ to counter **ent·ge·gen|wir·ken** *vi* ■**etw** *dat* ~ to oppose [*or* counteract] sth

ent·geg·nen* [ɛnt'ge:gnən] *vt* ■[**jdm**] **etw** [**auf etw** *akk*] ~ to reply sth [to sb/sth]; **auf eine Anschuldigung/Vorwurf** ~ to respond to an accusation/criticism; **jdm ärgerlich** ~ to retort to sb; ***sie entgegnete*** [***ihm***] ***nichts*** she didn't respond [to him]; ***er wusste darauf nichts zu*** ~ he didn't know what to reply

Ent·geg·nung <-, -en> *f* reply; **eine offizielle** ~ an official response

ent·ge·hen* *vi irreg sein* ① *(entkommen)* ■**jdm** ~ to escape [*or form* elude] sb ② *(entrinnen)* ■**etw** *dat* ~ to escape [*or* avoid] sth; **dem Tod** ~ to escape death ③ *(nicht bemerkt werden)* ■**etw entgeht jdm** [*o* **es entgeht jdm etw**] sth escapes sb['s notice], sb fails to notice sth; ***mir ist kein einziges Wort entgangen*** I haven't missed a single word; ■**es entgeht jdm nicht, dass ...** it hasn't escaped sb's notice that ...; ***dir entgeht aber auch gar nichts!*** you really don't miss a trick, do you? ④ *(versäumen)* ■**sich** *dat* **etw ~ lassen** to miss sth; ***schade, dass du dir dieses Konzert hast ~ lassen müssen*** [it's a] pity that you had to miss this concert

ent·geis·tert [ɛnt'gaistɐt] **I.** *adj* dumbfounded, thunderstruck, flabbergasted *fam* **II.** *adv* in amazement [*or* astonishment]

Ent·gelt <-[e]s, -e> [ɛnt'gɛlt] *nt* ① *(Bezahlung)* payment, remuneration *form;* **als** [*o* **zum**] ~ *(Anerkennung)* as a reward; *(Entschädigung)* as compensation [*or* recompense] ② *(Gebühr)* **gegen** ~ for a fee; **ohne** ~ for nothing

Ent·gelt·auf·kom·men *nt* FIN amount of compensation

ent·gel·ten* *vt irreg (geh)* ① *(vergüten)* ■**jdm etw** ~ to recompense sb for sth ② *(büßen)* ■**etw** ~ to pay [*or form* atone] for sth

ent·gelt·lich *adj* FIN for a consideration; HANDEL against payment; ~ **oder unentgeltlich** gratuitously or for a consideration

ent·gif·ten* [ɛnt'gɪftn̩] *vt* ■**etw** ~ ① ÖKOL *(von Giften befreien)* to decontaminate sth ② MED to detoxify [*or* detoxicate] sth; **Blut** ~ to purify blood

Ent·gif·tung <-, -en> *f* ① ÖKOL *(das Entgiften)* decontamination ② MED *(Befreiung von Stoffwechselgiften)* detoxification, detoxication, detox *fam*

Ent·gif·tungs·an·la·ge *f* decontamination plant **Ent·gif·tungs·mit·tel** *nt* ① ÖKOL decontamination agent ② MED detoxi[fi]cation agent

ent·glei·sen* [ɛnt'glaizn̩] *vi sein* ① *(aus den Gleisen springen)* to be derailed; **einen Zug zum E~ bringen** [*o* ~ **lassen**] to derail a train ② *(geh: ausfallend werden)* to make a gaffe [*or* faux pas], to drop a clanger BRIT *fam*

Ent·glei·sung <-, -en> *f* ① *(das Entgleisen)* derailment ② *(Taktlosigkeit)* gaffe, faux pas, clanger BRIT *fam* **ent·glei·sungs·si·cher** *adj* non-derailable; **~er Zug** non-derailable train

ent·glei·ten* *vi irreg sein* ① *(geh: aus den Händen gleiten)* ■**etw entgleitet jdm** sb loses his/her grip on sth, sth slips out of [*or* from] sb's grip [*or* grasp] ② *(verloren gehen)* ■**jdm** ~ to slip away from sb

ent·grä·ten* [ɛnt'grɛ:tn̩] *vt* ■**etw** ~ to fillet [*or* bone] sth

ent·haa·ren* *vt* ■**etw** ~ to remove unwanted hair from sth, to depilate sth; ***ich habe mir gestern die Beine enthaart*** I shaved/waxed my legs yesterday

Ent·haa·rung <-, -en> *f* the removal of unwanted hair, depilation

Ent·haa·rungs·creme *f* depilatory cream **Ent·haa·rungs·mit·tel** *nt* hair remover, depilator **Ent·haa·rungs·wachs** *nt* depilatory wax

Ent·haf·tung <-, -en> *f* JUR disclaimer of liability

En·thal·pie <-, -n> [ɛntal'pi:] *f* CHEM enthalpy

ent·hal·ten* *irreg* **I.** *vt* ■**etw** ~ ① *(in sich haben)* to contain sth ② *(umfassen)* to include sth; ■**in etw** *dat* [**mit**] ~ **sein** to be included in [with] sth **II.** *vr* ① POL *(nicht abstimmen)* ■**sich** *akk* ~ to abstain ② *(geh: verzichten)* ■**sich** *akk* **einer S.** *gen* ~ to refrain from sth; **sich** *akk* **des Alkohols/Rauchens** ~ to abstain from alcohol/smoking; **sich** *akk* [**nicht**] ~ **können, etw zu tun** [not] to be able to refrain from doing sth

ent·halt·sam [ɛnt'haltza:m] **I.** *adj* [self-]restrained; *(genügsam)* abstinent, abstemious; *(keusch)* chaste, abstinent **II.** *adv* in an abstinent manner; **völlig ~ leben** to live a completely abstinent life

Ent·halt·sam·keit <-> *f kein pl* abstinence, abstention, abstemiousness; *(sexuelle Abstinenz)* abstinence, chastity

Ent·hal·tung *f* POL abstention

ent·här·ten* *vt* ■**etw** ~ to soften sth

Ent·här·ter <-s, -> *m* softener

ent·haup·ten* [ɛnt'hauptn̩] *vt* ■**jdn** ~ *(durch Scharfrichter)* to behead [*or* guillotine] [*or* execute] sb; *(durch Unfall)* to decapitate sb

Ent·haup·tung <-, -en> *f* *(durch Scharfrichter)* beheading, execution; *(durch Unfall)* decapitation

ent·häu·ten* *vt* ■**etw** ~ ① KOCHK *(von der Haut befreien)* to skin sth ② JAGD *(abhäuten)* to skin sth

ent·he·ben* *vt irreg* ■**jdn einer S.** *gen* ~ ① *(suspendieren)* to relieve sb of sth ② *(geh: entbinden)* to release sb from sth

ent·hem·men* **I.** *vt* *(von Hemmungen befreien)* ■**jdn** ~ to make sb lose [*or* to free sb from] their inhibitions; ■**~d** disinhibitory, disinhibiting **II.** *vi* *(enthemmend wirken)* to have a disinhibitory [*or* disinhibiting] effect

ent·hem·mend *adj* disinhibiting, making one lose one's inhibitions

ent·hemmt I. *adj* ① *(von Hemmungen befreit)* disinhibited; ■ **~ sein** to have lost one's inhibitions ② TECH *(von einer Blockierung befreit)* uninhibited **II.** *adv* *(von Hemmungen befreit)* uninhibitedly

Ent·hem·mung *f kein pl* loss of inhibitions

ent·hül·len* **I.** *vt* ■[**jdm**] **etw** ~ ① *(aufdecken)* to reveal sth [to sb] ② *(von einer Bedeckung befreien)* to unveil [*or* reveal] sth [to sb] **II.** *vr* *(sich erweisen)* ■**sich** *akk* **jdm** ~ to reveal oneself to sb; ***endlich hat sich mir sein wahrer Charakter enthüllt*** his true character was finally revealed to me

Ent·hül·lung <-, -en> *f* ① *(die Aufdeckung)* disclosure; *von Skandal, Lüge* revelation, exposure *no pl, no indef art* ② *(das Enthüllen) von Denkmal, Gesicht* unveiling, revealing **Ent·hül·lungs·jour·na·lis·mus** <-> *f kein pl* investigative journalism

En·thu·si·as·mus <-> [ɛntu'zi̯asmʊs] *m kein pl* enthusiasm; **jds ~** *akk* **bremsen** [*o* **dämpfen**] [*o* **zügeln**] to dampen sb's enthusiasm

En·thu·si·ast(in) <-en, -en> [ɛntu'zi̯ast] *m(f)* enthusiast

en·thu·si·as·tisch I. *adj* enthusiastic **II.** *adv* enthusiastically

ent·ideo·lo·gi·sie·ren* [ɛnt?ideologi'zi:rən] *vt* ■**etw/jdn** ~ to de-ideologize sth/sb

Ent·ideo·lo·gi·sie·rung <-, -en> *f* de-ideologization

ent·jung·fern* [ɛnt'jʊŋfɐn] *vt* ■**jdn** ~ to deflower sb

Ent·jung·fe·rung <-, -en> *f* defloration

ent·kal·ken* *vt* ■**etw** ~ to decalcify sth

ent·kei·men* *vt* ■**etw** ~ to sterilize sth

ent·ker·nen* [ɛnt'kɛrnən] *vt* ■**etw** ~ ① *(von Kernen befreien)* to stone sth; **einen Apfel** ~ to core an apple; **Trauben** ~ to remove the pips from grapes

② ARCHIT to remove the core of sth

ent·kernt I. *pp von* **entkernen**
II. *adj* denucleated; **~e Eizelle** denucleated egg cell

ent·klei·den* *vt (geh)* ■**jdn** ~ to undress sb; ■**sich** *akk* ~ to get undressed, to undress [oneself]

ent·kno·ten* *vt* ■**etw** ~ to untie [*or* undo] sth

ent·kof·fe·i·niert [ɛntkɔfeiˈniːɐ̯t] *adj* decaffeinated

ent·ko·lo·ni·a·li·sie·ren* *vt* to decolonize

Ent·ko·lo·ni·a·li·sie·rung *f* decolonization

ent·kom·men* *vi irreg sein* ■[**jdm/aus etw** *dat/* **irgendwohin**] ~ to escape [from sb/sth/to somewhere]; ***sie konnte über die Grenze ~*** she was able to escape across the border; ■**jdm** ~ to escape from sb; ***der Hirsch entkam den Jägern*** the deer escaped [from] the hunters

Ent·kom·men <-> *nt kein pl* escape; **es gibt [für jdn] kein ~ aus** [*o* **von**] **etw** *dat* there is no escape [for sb] from sth

ent·kom·pri·mie·ren *vt* INFORM ■**etw** ~ to decompress sth

Ent·kom·pri·mie·rung <-, -en> *f* INFORM decompression

ent·kop·peln* *vt* ■**etw** ~ to decouple sth

Ent·kopp·lung, Ent·kop·pe·lung <-> [ɛntˈkɔp(ə)lʊŋ] *f kein pl* decoupling

ent·kor·ken* [ɛntˈkɔrkn̩] *vt* ■**etw** ~ to uncork sth

ent·kräf·ten* [ɛntˈkrɛftn̩] *vt* ① *(kraftlos machen)* ■**jdn** ~ *(durch Anstrengung)* to weaken sb; *(durch Krankheit)* to debilitate sb *form*
② *(widerlegen)* ■**etw** ~ to refute [*or* invalidate] sth

Ent·kräf·tung <-, -en> *f* ① *(Erschöpfung)* weakening, debilitation *form,* exhaustion
② *(fig: Widerlegung)* refutation, invalidation

ent·kramp·fen* I. *vt* ■**etw** ~ ① *(lockern)* to relax sth
② *(entspannen)* to ease sth; **in entkrampfter Atmosphäre** in a relaxed atmosphere
II. *vr* ■**sich** *akk* ~ ① MED *(sich lockern)* to relax
② *(sich entspannen) Krise, Situation* to ease

Ent·kramp·fung <-, -en> *f* ① *(Lockerung)* relaxation
② *(Entspannung)* easing

ent·kri·mi·na·li·sie·ren* *vt* ■**etw** ~ to decriminalize sth

Ent·kri·mi·na·li·sie·rung [ɛntkriminaliˈziːrʊŋ] *f* JUR decriminalization

Ent·lad <-[e]s> [ɛntˈlaːd] *m kein pl* SCHWEIZ *(Ausladen)* unloading

ent·la·den* *irreg* I. *vt* ■**etw** ~ ① *(Ladung herausnehmen)* to unload sth
② ELEK *(Ladung entnehmen)* to drain sth
③ *(Munition entfernen)* to unload sth
II. *vr* ① *(zum Ausbruch kommen)* ■**sich** *akk* [**über jdm/etw**] ~ *Gewitter, Sturm* to break [over sb/sth]
② ELEK *(Ladung abgeben)* ■**sich** *akk* ~ *Akku, Batterie* to run down
③ *(fig: plötzlich ausbrechen)* ■**sich** *akk* [**über jdm**] ~ *Begeisterung, Zorn etc.* to be vented [on sb]

Ent·la·dung *f* ① *(das Entladen)* unloading ② ELEK discharge **Ent·la·dungs·ha·fen** *m* port of discharge

ent·lang [ɛntˈlaŋ] I. *präp (längs)* ■**~ einer S.** *gen* along sth; ■**etw** ~ along sth; **den Fluss** ~ along the river
II. *adv* ■**an etw** *dat* ~ along; ***sie wanderten am Fluss*** ~ they wandered along the river; **hier** ~ this/that way

ent·lang|fah·ren *vt irreg sein* ① *(eine Länge abfahren)* **eine Straße/einen Weg etc.** ~ to drive along a road/a path etc.; **an einem Fluss/einem Wald etc.** ~ to drive along a river/[the edge of] a wood etc. ② *(eine Linie nachziehen)* ■[**an**] **etw** [**mit dem Finger**] ~ to trace [*or* go along] sth [with one's finger]

ent·lang|ge·hen *irreg* I. *vt sein (zu Fuß folgen)* ■**etw** ~ to go [*or* walk] along sth II. *vi sein* ■**an etw** *dat* ~ ① *(parallel zu etw gehen)* to go [*or* walk] along the side of sth ② *(parallel zu etw verlaufen)* to run alongside sth

ent·lar·ven* [ɛntˈlarfn̩] *vt (enttarnen)* ■**jdn/etw** [**als etw**] ~ *Dieb, Spion* to expose [*or* unmask] sb/sth [as sth]; ***das verlockende Angebot wurde als Falle entlarvt*** the tempting offer was revealed to be a trap; ■**sich** *akk* ~ to reveal one's true character [*or* BRIT colours] [*or* AM colors]; ■**sich** *akk* [**selbst**] **als etw** ~ to show oneself to be sth; ***sie entlarvte sich als Lügnerin*** she showed herself to be a liar

Ent·lar·vung <-, -en> *f (Enttarnung, Aufdeckung)* exposure, unmasking; ■**jds ~ als etw** sb's exposure as sth

ent·las·sen* *vt irreg* ① *(kündigen)* ■**jdn** ~ *(Stellen abbauen)* to make sb redundant; *(gehen lassen)* to dismiss
② *(geh: gehen lassen)* ■**jdn** ~ to dismiss sb; MED, MIL to discharge sb; SCH to expel sb; ***die Schüler wurden ins Berufsleben ~*** the pupils left school to start working life
③ *(geh: entbinden)* ■**jdn aus etw** *dat* ~ to release sb from sth

Ent·las·sung *f (von der Arbeit)* dismissal, discharge; *(aus der Haft)* release; **bedingte/bedingungslose** ~ conditional/absolute discharge; **fristlose** [*o* **sofortige**] ~ instant dismissal, dismissal without notice; **grundlose** ~ dismissal without cause; **widerrechtliche** [*o* **unrechtmäßige**] ~ wrongful dismissal; **seine ~ einreichen** to tender one's resignation

Ent·las·sungs·ab·fin·dung *f,* **Ent·las·sungs·aus·gleich** *m,* **Ent·las·sungs·ent·schä·di·gung** *f* ÖKON severance [*or* dismissal] pay **Ent·las·sungs·ge·such** *nt* [letter of] resignation **Ent·las·sungs·grund** *m* ÖKON grounds *pl* for dismissal [*or* discharge] **Ent·las·sungs·ver·bot** *nt* JUR ban on dismissal **Ent·las·sungs·ver·fah·ren** *nt* JUR discharge proceedings *pl* **Ent·las·sungs·ver·fü·gung** *f* JUR release order **Ent·las·sungs·zeug·nis** *nt* SCH *last report before leaving school*

ent·las·ten* *vt* ① JUR *(vom Verdacht befreien)* ■**jdn** [**von etw** *dat*] ~ to exonerate sb [from sth], to clear sb [of sth]
② *(von einer Belastung befreien)* ■**jdn** ~ to lighten sb's load, to relieve sb; **den Vorstand** ~ to discharge the board
③ FIN *(ausgleichen)* ■**etw** ~ to settle sth; **ein Konto** ~ to credit an account
④ *(Geschäftsführung genehmigen)* ■**jdn** ~ to approve sb's activities [*or* actions]

Ent·las·tung <-, -en> *f* ① JUR *(Verdachtsbefreiung)* exoneration; **zu jds** ~ in sb's defence [*or* AM -se]
② *(das Entlasten)* relief; **zu jds** ~ in order to lighten sb's load
③ *(Genehmigung der Geschäftsführung)* approval
④ FIN grant of discharge; *(von Schulden)* acquittance; ~ **des Vorstands/des Geschäftsführers** discharge of the board of managers/chief executive

Ent·las·tungs·an·trag *m* JUR petition of discharge **Ent·las·tungs·be·weis** *m* JUR exculpatory [*or* exonerating] evidence **Ent·las·tungs·ma·te·ri·al** *nt* JUR evidence for the defence [*or* AM -se] **Ent·las·tungs·stra·ße** *f* bypass **Ent·las·tungs·zeu·ge, -zeu·gin** *m, f* JUR defence [*or* AM -se] witness, witness for the defence [*or* AM -se] **Ent·las·tungs·zug** *m* relief train

ent·lau·ben* [ɛntˈlaubn̩] I. *vt (von den Blättern befreien)* ■**etw** ~ to strip sth of leaves, to defoliate sth *spec*
II. *vr (das Laub verlieren)* ■**sich** *akk* ~ to shed its leaves; ■**entlaubt** stripped of leaves; **entlaubte Äste** bare branches

ent·lau·fen*[1] *vi irreg sein (weglaufen)* ■**jdm** ~ to run away from sb; ***„Hund entlaufen, Euro 50 Belohnung"*** "missing dog, 50 euros reward"

ent·lau·fen[2] *adj (entflohen)* escaped; *(weggelaufen)* on the run

ent·lau·sen *vt* ■**jdn/sich** ~ to delouse sb/oneself

ent·le·di·gen* [ɛntˈleːdɪgn̩] *vr* ① *(euph: umbringen)* ■**sich** *akk* **jds** ~ to dispose of sb
② *(geh: ablegen)* ■**sich** *akk* **einer S.** *gen* ~ to put sth down; *Kleidungsstück* to remove sth; ***wo kann ich mich hier meiner Tasche ~?*** where can I leave my bag here?
③ *(loswerden)* ■**sich** *akk* **einer S.** *gen* ~ to carry out [*or* discharge] sth

ent·lee·ren* *vt* ■**etw** ~ ① *(vom Inhalt befreien)* to empty sth
② PHYSIOL *(leer machen)* to evacuate sth

Ent·lee·rung *f* ① *(das Entleeren)* emptying
② PHYSIOL *(das Entleeren)* evacuation

ent·le·gen [ɛntˈleːgn̩] *adj* ① *(abgelegen)* remote
② *(eigenartig) Idee, Vorschlag* odd

ent·leh·nen* *vt* ① LING ■**etw aus etw** *dat* ~ to borrow sth from sth
② SCHWEIZ *(entleihen)* ■**etw** [**von jdm/aus etw** *dat*] ~ to borrow sth [from sb/sth]

Ent·leh·nung <-, -en> *f* LING ① *(das Entlehnen)* borrowing
② *(Lehnwort)* loan word

ent·lei·ben* [ɛntˈlaibn̩] *vr (geh)* ■**sich** *akk* ~ to commit suicide; ***die Grünen haben sich auf politischer Bühne entleibt*** the Greens have committed political suicide

ent·lei·hen* *vt irreg* ■**etw** [**von jdm/aus etw** *dat*] ~ to borrow sth [from sb/sth]

Ent·lei·her(in) <-s, -> *m(f) (geh)* borrower

Ent·lei·hung <-, -en> *f* borrowing

Ent·lein <-s, -> *nt* duckling

ent·lo·ben* *vr* ■**sich** *akk* ~ to break off one's engagement

Ent·lo·bung <-, -en> *f* breaking off of one's engagement

ent·lo·cken* *vt* ① *(herausholen)* ■**jdm etw** ~ to elicit sth from sb; **jdm ein Geheimnis** ~ to coax a secret out of sb; **jdm Geld** ~ to worm money out of sb
② *(hum: zu etw veranlassen)* ■**etw** *dat* **etw** ~ to entice sth out of sth; ***versuch mal, ob du dem Spielautomaten nicht noch ein paar Märker ~ kannst!*** see if you can squeeze a few more quid out of the fruit machine

ent·loh·nen* *vt* ① *(bezahlen)* ■**jdn** [**für etw** *akk*] ~ to pay sb [for sth]
② *(entgelten)* to reward sb [for sth]

ent·löh·nen* *vt* SCHWEIZ *(entlohnen)* to pay

Ent·loh·nung <-, -en> *f* FIN *(form)* payment, remuneration *form, esp* AM compensation

Ent·löh·nung <-, -en> *f* SCHWEIZ *(Entlohnung)* payment

ent·lüf·ten* *vt* ① *(verbrauchte Luft herauslassen)* ■**etw** ~ to ventilate sth
② *(Luftblasen entfernen)* ■**etw** ~ to bleed sth

Ent·lüf·tung <-, -en> *f* TECH ① *(Ventilation)* ventilation
② *(Entfernung von Luftblasen)* bleeding

Ent·lüf·tungs·hau·be *f* BAU vent hood **Ent·lüf·tungs·ka·nal** *m* BAU ventilation duct

ent·mach·ten* [ɛntˈmaxtn̩] *vt* ■**jdn/etw** ~ to deprive sb/sth of power, to disempower sb/sth

Ent·mach·tung <-, -en> *f* deprivation of power, disempowerment

ent·man·nen* [ɛntˈmanən] *vt (geh: kastrieren)* ■**jdn** ~ to castrate [*or* emasculate] sb

ent·ma·te·ri·a·li·sie·ren* [ɛntmateri̯aliˈziːrən] *vr* ■**sich** *akk* ~ to dematerialize

Ent·mensch·li·chung <-> *f kein pl* dehumanization

ent·menscht [ɛntˈmɛnʃt] *adj* bestial, inhuman

ent·mi·li·ta·ri·sie·ren* [ɛntmilitariˈziːrən] *vt* ■**etw** ~ to demilitarize sth

Ent·mi·li·ta·ri·sie·rung *f* demilitarization

Ent·mo·no·po·li·sie·rung *f* ÖKON demonopolization

ent·mün·di·gen* [ɛntˈmʏndɪgn̩] *vt* JUR ■**jdn** [**wegen einer S.** *gen*] ~ to declare sb legally incapable [on account of sth]; ■**jdn ~ lassen** to have sb declared legally incapable

Ent·mün·dig·te(r) *f(m) dekl wie adj* JUR person deprived of legal capacity

Ent·mün·di·gung <-, -en> *f* ① JUR *(Entzug des Selbstbestimmungsrechts)* ■**jds** ~ [**wegen einer S.** *gen*] sb's legal incapacitation [on account of sth]
② *(Bevormundung)* deprivation of the right of decision-making

ent·mu·ti·gen* [ɛntˈmuːtɪgn̩] *vt* ■**jdn** ~ to discourage sb; ■**sich** *akk* ~ **lassen** to be discouraged

Ent·mu̲·ti·gung <-, -en> *f* discouragement
ent·my·tho·lo·gi·sie·ren* [ɛntmytologiˈziːrən] *vt (geh)* ■**etw/jdn** ~ to demythologize sth/sb
Ent·my·tho·lo·gi·sie·rung [ɛntmytologiˈziːrʊŋ] *f kein pl* PHILOS demythologization
Ent·nah·me <-, -n> [ɛntˈnaːmə] *f* ① FIN *(geh: das Abheben)* withdrawal
② MED *von Blut* extraction; *von Gewebe* removal
Ent·na̲h·me·kos·ten *pl* FIN pick cost *sing* **Ent·na̲h·me·lis·te** *f* picking list **Ent·na̲h·me·recht** *nt* JUR drawing right
Ent·na·zi·fi·zie̲·rung <-> *f kein pl* denazification
ent·ne̲h·men* *vt irreg* ① *(herausnehmen)* ■[**etw** *dat*] **etw** ~ to take sth [from sth]
② FIN *(abheben)* ■**etw** [**aus etw** *dat*] ~ to withdraw sth [from sth]
③ MED *(abnehmen)* ■**jdm etw** ~ to extract sth from sb; **jdm eine Gewebeprobe** ~ to remove a tissue sample from sb
④ *(fig: aus etw schließen)* ■**etw aus etw** *dat* ~ to infer *form* [*or* gather] sth from sth; ■**aus etw** *dat* ~, **dass ...** to gather from sth that ...
ent·ne̲r·ven* *vt (pej)* ■**jdn** ~ *(der Nerven beraubend)* to be nerve-[w]racking for sb; *(der Kraft beraubend)* to enervate sb
ent·ne̲r·vend *adj (der Nerven beraubend)* nerve-[w]racking; *(der Kraft beraubend)* enervating
ent·ne̲rvt I. *adj (der Nerven beraubt)* nerve-[w]racked; *(der Kraft beraubt)* enervated
II. *adv* out of nervous exhaustion
ent·ö̲len *vt* ■**etw** ~ to remove the fat from sth; **entölter Kakao** fat-reduced cocoa
En·to·mo·lo·gie <-> [ɛntomoloˈgiː] *f kein pl (Insektenkunde)* entomology
En·tou·ra·ge <-> [ãtuˈraːʒə] *f kein pl (geh)* entourage
ent·po·li·ti·sie̲·ren* *vt* ■**etw** ~ to depoliticize sth
ent·pup·pen* [ɛntˈpʊpn̩] *vr (sich enthüllen)* ■**sich** *akk* [**als etw**] ~ to turn out to be sth
ent·rah·men* *vt* ■**etw** ~ to skim sth
ent·ra̲hmt *adj (Milch)* skimmed
ent·rä̲t·seln* *vt* ■**etw** ~ ① *(ein Geheimnis lösen)* to unravel [*or* solve] sth
② *(einen Sinn herausfinden)* to work out sth *sep*
③ *(eine Schrift entschlüsseln)* to decipher sth
ent·rech·ten* [ɛntˈrɛçtn̩] *vt* ■**jdn** ~ to deprive sb of their rights
Ent·re̲ch·te·te(r) *f(m) dekl wie adj, meist pl* person deprived of their rights
Ent·re̲ch·tung <-, -en> *f* deprivation of rights
ent·rei̲·ßen* *vt irreg* ① *(wegreißen)* ■**jdm etw** ~ to snatch sth [away] from sb
② *(geh: retten)* ■**jdn etw** *dat* ~ to rescue sb from sth; ***in letzter Minute wurde er dem Tode entrissen*** at the last moment he was snatched from the jaws of death
ent·ri̲ch·ten* *vt (form: zahlen)* pay; **Beiträge an die Sozialversicherung** ~ to pay contributions into the scheme; **eine Gebühr** ~ to pay a fee; **Zoll auf etw** *akk* ~ to pay duty on sth
Ent·ri̲ch·tung *f* JUR *(geh)* payment
ent·ri̲n·gen* *vt irreg (geh)* ■**jdm etw** ~ to wrest sth from sb *liter*
Ent·ri̲n·nen *nt* ***es gab kein E~ mehr*** there was no escape
ent·ri̲n·nen* *vi irreg sein (geh: entkommen)* ■**jdm/etw** ~ to escape from sb/sth; **es gibt** [**für jdn**] **kein** ~ [**vor etw** *dat*] there's no escape [for sb] [from sth]
ent·ro̲l·len* I. *vt haben* ■**etw** ~ to unroll sth; **eine Fahne** ~ to unfurl a flag
II. *vr haben (geh)* ■**sich** *akk* ~ to unfold, to reveal [itself]
En·tro·pie <-, -n> [ɛntroˈpiː, *pl* ɛntroˈpiːən] *f* PHYS entropy
ent·ro̲s·ten* *vt* ■**etw** ~ to remove the rust from sth, to derust sth
ent·rü̲·cken* *vt (geh)* ■**jdn etw** *dat* ~ to carry sb away from sth, to transport sb away from sth; **der Realität ganz entrückt sein** to be totally removed from reality, to be on another planet *fam*
ent·rü̲ckt *adj (geh)* enraptured, transported
ent·rüm·peln* [ɛntˈrʏmpl̩n] *vt* ■**etw** ~ ① *(von Gerümpel befreien)* to clear sth out *sep*
② *(fig: von Unnützem befreien, revidieren)* to tidy sth up *sep*, to overhaul sth
Ent·rü̲m·pe·lung, Ent·rü̲m·plung <-, -en> *f (das Entrümpeln)* clearing out
ent·rü̲s·ten* I. *vt (empören)* ■**jdn** ~ to make sb indignant, to fill sb with indignation; *(stärker)* to outrage sb
II. *vr (sich empören)* ■**sich** *akk* **über jdn/etw** ~ to be indignant about [*or* at] sb/sth; *(stärker)* to be outraged by sb/sth
ent·rü̲s·tet I. *adj* indignant (**über** +*akk* about/at)
II. *adv* indignantly
Ent·rü̲s·tung *f* indignation; ■**jds** ~ **über jdn/etw** sb's indignation about [*or* at] sb/sth; **voller** ~ indignantly; ***er stand voller** ~ **auf*** he stood up filled with indignation
ent·saf·ten* [ɛntˈzaftn̩] *vt* KOCHK ■**etw** ~ ① *(auspressen)* to extract the juice from sth
② *(auskochen)* to boil sth
Ent·sa̲f·ter <-s, -> *m* juicer, BRIT *a.* juice extractor
ent·sa̲·gen* *vi (geh)* ■**etw** *dat* ~ to renounce [*or form* forgo] sth; ***dem Weine kann ich nicht** ~* I cannot forgo wine
Ent·sa̲·gung <-, -en> *f (geh)* renunciation *form;* **voller** ~ full of self-denial
ent·sa̲·gungs·voll *adj (geh)* ① *(Irdischem entsagend)* full of self-denial
② *(Verzicht ausdrückend)* full of resignation
ent·sa̲l·zen* *vt* ■**etw** ~ to desalinate sth
Ent·sa̲l·zung <-, -en> *f* desalination
ent·schä̲·di·gen* *vt* ① *(Schadensersatz leisten)* ■**jdn** [**für etw** *akk*] ~ to compensate sb [for sth]; ■**etw** [**durch etw** *akk/***mit etw** *dat*] ~ to compensate for sth [with sth]
② *(ein lohnender Ausgleich sein)* ■**jdn** [**für etw** *akk*] ~ to make up to sb [for sth]
ent·schä̲·digt *adj* FIN compensated, indemnified; **nicht** ~ unrecompensed
Ent·schä̲·di·gung <-, -en> *f (das Entschädigen)* compensation *no pl, no indef art,* indemnification; **angemessene** ~ just compensation; ~ **für Verdienstausfall** compensation for loss of earnings; **jdm eine** ~ **zahlen** to pay sb compensation; *(Leistung)* [compensation] payment [*or* settlement]
Ent·schä̲·di·gungs·an·ge·bot *nt* JUR offer of compensation **Ent·schä̲·di·gungs·an·spruch** *m* claim for compensation **ent·schä̲·di·gungs·be·rech·tigt** *adj* JUR entitled to compensation **Ent·schä̲·di·gungs·be·rech·tig·te(r)** *f(m)* JUR indemnitee **Ent·schä̲·di·gungs·be·trag** *m* FIN indemnity, amount of compensation **Ent·schä̲·di·gungs·fonds** [-fõː] *m* compensation fund **Ent·schä̲·di·gungs·for·de·rung** *f* claim for compensation **Ent·schä̲·di·gungs·ge·setz** *nt* JUR indemnification act **Ent·schä̲·di·gungs·kla·ge** *f* JUR action for compensation **Ent·schä̲·di·gungs·leis·tung** *f* compensation payment [*or* settlement] **Ent·schä̲·di·gungs·pflich·ti·ge(r)** *f(m) dekl wie adj* JUR party liable to pay compensation **Ent·schä̲·di·gungs·prä·mie** *f* FIN indemnification premium **Ent·schä̲·di·gungs·sum·me** *f* [amount of] compensation **Ent·schä̲·di·gungs·trä·ger(in)** *m(f)* JUR indemnifying party **Ent·schä̲·di·gungs·ver·fah·ren** *nt* JUR compensation proceedings *pl* **Ent·schä̲·di·gungs·zah·lung** *f* JUR compensatory payment **Ent·schä̲·di·gungs·zeit·raum** *m* FIN compensation period
ent·schä̲r·fen* *vt* ■**etw** ~ ① *(den Zünder entfernen)* to defuse sth
② *(weniger kritisch machen)* to defuse sth; *(weniger anstößig machen)* to tone sth down *sep*
Ent·scheid <-[e]s, -e> [ɛntˈʃait, *pl* ɛntˈʃaidə] *m (geh) s.* **Entscheidung**
ent·schei̲·den* *irreg* I. *vt* ① *(beschließen)* ■~, **dass/ob/was/wann/wie ...** to decide that/whether/what/when/how ...; *(gerichtlich)* to rule that/whether/what/when/how ...
② *(endgültig klären)* ■**etw** ~ to settle sth; ■**etw** [**für jdn** [*o* **zugunsten einer Person**]] ~ to settle sth [in sb's favour [*or* AM -or]]; ■**entschieden sein** to be decided; ***noch ist nichts endgültig entschieden*** nothing has been finally decided yet
③ *(gewinnen)* ■**etw für sich** *akk* ~ to win sth; ***die Mannschaft konnte drei Spiele für sich** ~* the team secured victory in three games
II. *vi (beschließen)* to decide; ***hier entscheide ich!*** I make the decisions here!; ■**für/gegen jdn/etw** ~ to decide in favour [*or* AM -or] /against sb/sth; *(gerichtlich)* to rule in favour [*or* AM -or] /against sb/sth; ■**über etw** *akk* ~ to decide on sth
III. *vr* ① *(eine Entscheidung treffen)* ■**sich** *akk* ~ to decide (**zwischen** +*dat* between), to reach [*or* come to] a decision; ■**sich** *akk* [**dazu**] ~, **etw zu tun** to decide to do sth; ***ich habe mich dazu entschieden, das Angebot anzunehmen*** I have decided to accept the offer; ■**sich** *akk* **für/gegen jdn/etw** ~ to decide in favour [*or* AM -or] /against sb/sth
② *(sich herausstellen)* ■**sich** *akk* ~, **ob/wann/wer/wie/wie viel ...** to be decided whether/when/who/how/how much ...; ***es hat sich noch nicht entschieden, wer die Stelle bekommen wird*** it hasn't been decided who will get the job
ent·schei·dend [ɛntˈʃaidn̩t] I. *adj* ① *(ausschlaggebend)* decisive; ■**für jdn/etw** ~ **sein** to be crucial for sb/sth
② *(gewichtig)* big, crucial
II. *adv (in entschiedenem Maße)* decisively
Ent·schei̲d·fin·dung <-, -en> *f* SCHWEIZ *(Entscheidungsfindung)* decision-making
Ent·schei̲·dung *f* ① *(Beschluss)* decision; ~ **am grünen Tisch** armchair decision; **es geht um die** ~, **ob/wer/wie ...** the decision will be whether/who/how ...; **zu einer** ~ **kommen** [*o* **gelangen**] to reach [*or* come to] [*or* arrive at] a decision; **die/eine** ~ **liegt bei jdm** it is for sb to decide; ***die** ~ **liegt beim Chef*** it's up to the boss to decide; **vor einer** ~ **stehen** to be confronted with a decision; **jdn vor eine** ~ **stellen** to leave a decision to sb; **eine** ~ **treffen** to make [*or* take] a decision
② JUR decision; *(gerichtlich)* ruling; *(richterlich)* judgment; *(Votum der Geschworenen)* verdict; ***die** ~ **fiel zugunsten der Angeklagten aus*** the verdict was in favour of the accused; **außergerichtliche** ~ out-of-court decision; **rechtskräftige** ~ irreversible ruling; **eine** ~ **anfechten** to contest a decision; **eine** ~ **in der Berufungsinstanz aufheben/bestätigen** to squash a sentence/to uphold a decision on appeal; **eine** ~ **fällen** to render judgment; **einen Fall zur weiteren** ~ **zurückweisen** to remit a case for further prosecution; **bis zu einer weiteren** ~ pending a further decision
③ SPORT *(Ausgang eines Spiels)* result; **um die** ~ **spielen** to play the deciding match [*or* BRIT decider]
Ent·schei̲·dungs·be·fug·nis *f* decision-making powers *npl;* **die** ~ **haben** to have the power to make decisions **Ent·schei̲·dungs·be·grün·dung** *f* JUR legal findings of the court **Ent·schei̲·dungs·be·hör·de** *f* decision-making authority **Ent·schei̲·dungs·be·reich** *m* decision area, scope of decision **Ent·schei̲·dungs·ebe·ne** *f* decision-making level **Ent·schei̲·dungs·er·heb·lich·keit** *f* JUR relevance to the issues of the case **Ent·schei̲·dungs·fin·dung** *f* decision-making **Ent·schei̲·dungs·frei·heit** *f kein pl* discretion, freedom of decision-making **ent·schei̲·dungs·freu·dig** *adj* willing to make a decision **Ent·schei̲·dungs·ge·walt** *f* JUR power of decision, jurisdiction **Ent·schei̲·dungs·grund** *m* JUR ratio decidendi, reason for the decision **Ent·schei̲·dungs·kom·pe·tenz** *f* decision-making powers *pl* **Ent·schei̲·dungs·kri·te·ri·um** *nt* decision factor, criterion **Ent·schei̲·dungs·pro·blem** *nt* decision problem **Ent·schei̲·dungs·pro·zess**[RR] *m* JUR decision-making process **Ent·schei̲·dungs·recht** *nt s.* **Entscheidungskompetenz** **ent·schei̲·dungs·reif** *adj* ready for the decision process *pred;* ~**e Projekte** projects ready for the decision process **Ent·schei̲·dungs·schlacht** *f* ① MIL decisive battle ② *(Kraftprobe)* showdown *fam* **Ent·**

schei·dungs·spiel *nt* decider BRIT, deciding match **Ent·schei·dungs·spiel·raum** *m* scope for making a decision **Ent·schei·dungs·trä·ger(in)** *m(f)* decision-maker
ent·schei·dungs·un·fä·hig *adj* incapable of making decisions **Ent·schei·dungs·ver·fü·gung** *f* JUR decision, award **Ent·schei·dungs·vor·be·halt** *m* JUR reservation with regard to decisions **Ent·schei·dungs·zeit·punkt** *m* decision point **Ent·schei·dungs·zu·stän·dig·keit** *f* JUR decision-making competence
ent·schie·den [ɛnt'ʃi:dn̩] I. *pp von* **entscheiden**
II. *adj* ❶ *(entschlossen)* determined, resolute; **ein ~er Befürworter** a staunch supporter; **ein ~er Gegner** a resolute opponent
❷ *(eindeutig)* definite
III. *adv* ❶ *(entschlossen)* firmly, resolutely; ***den Vorschlag lehne ich ganz ~ ab*** I categorically reject the proposal
❷ *(eindeutig)* definitely; ***diesmal bist du ~ zu weit gegangen*** this time you've definitely gone too far
Ent·schie·den·heit <-, -en> *f* determination, resolution; **mit [aller] ~** in the strongest possible way; **etw mit [aller] ~ ablehnen** to refuse sth flatly; **mit ~ dementieren** to deny categorically
ent·schla·cken* [ɛnt'ʃlakn̩] I. *vt* MED *(von Schlacken befreien)* ■**etw ~** to purify [*or* cleanse] sth
II. *vi* MED *(entschlackend wirken)* to have a purifying [*or* cleansing] effect
Ent·schla·ckung <-, -en> *f* MED purification, cleansing **Ent·schla·ckungs·kur** *f* detox treatment
ent·schla·fen* *vi irreg sein (euph geh: sterben)* to pass away [*or* over] [*or* on] *euph*
Ent·schla·fe·ne(r) *f(m) dekl wie adj (euph geh: gestorbene Person)* ■**der/die ~/die ~n** the deceased, the departed
ent·schlei·ern* [ɛnt'ʃlaiən] *vt (geh)* ■**etw ~** to uncover [*or* reveal] sth
ent·schlie·ßen *vr irreg (sich entscheiden)* ■**sich** *akk* **[zu etw** *dat***] ~** to decide [on sth]; ■**sich** *akk* **[dazu] ~, etw zu tun** to decide to do sth; **sich** *akk* **zu nichts ~ können** to be unable to make up one's mind; ***ich kann mich so auf die Schnelle zu nichts ~!*** I can't make up my mind about anything so quickly!
Ent·schlie·ßung *f (geh: Entschluss)* decision; **zu einer ~ gelangen** *(geh)* to come to [*or* reach] a decision; **eine ~ einbringen** POL to propose a resolution; **eine ~ annehmen** POL to pass a resolution **Ent·schlie·ßungs·an·trag** *m* resolution proposal
ent·schlos·sen [ənt'ʃlɔsn̩] I. *pp von* **entschließen**
II. *adj (zielbewusst)* determined, resolute, determined [*or* resolute] measures; **fest ~** absolutely determined; **kurz ~ sein** to decide without hesitating [*or* a moment's hesitation]; **etw kurz ~ tun** [to decide] to do sth straight away [*or* on the spur of the moment]; ***sie ist immer kurz ~*** she always decides without a single hesitation; **wild ~** *(fam)* fiercely determined, with fierce determination; **zu allem ~** determined to do anything
III. *adv* resolutely, with determination
Ent·schlos·sen·heit <-> *f kein pl* determination, resolution; **mit wilder ~** *(fam)* with fierce determination
ent·schlum·mern* *vi sein* ❶ *(euph geh: sterben)* to go to sleep *euph*
❷ *(veraltend geh)* to fall asleep
ent·schlüp·fen* *vi sein* ❶ *(entkommen)* ■**[jdm] ~** to escape [from sb]
❷ *(fig: entfahren)* ■**etw entschlüpft jdm** *Bemerkung, Worte* sb lets sth slip
Ent·schluss^RR <-es, Entschlüsse>, **Ent·schluß**^ALT <-sses, Entschlüsse> [ɛnt'ʃlʊs] *m* decision, resolution; **aus eigenem ~ handeln** to act on one's own initiative; **jds fester ~ sein, etw [nicht] zu tun** to be sb's firm intention [not] to do sth; **ein löblicher/weiser ~** a commendable/wise decision; **seinen ~ ändern** to change one's mind; **einen ~ fassen** to make [*or* take] a decision; **zu einem ~ kommen [*o* gelangen]** to reach [*or* come to] a decision; **zu keinem ~ kommen [*o* gelangen]** to be unable to come to a decision
ent·schlüs·seln* [ɛnt'ʃlʏsl̩n] *vt* ■**etw ~** to decode [*or* decipher] sth
Ent·schlüs·se·lung <-, -en> *f* deciphering, decoding **Ent·schlüs·se·lungs·ge·rät** *nt* TV decoder, set-top box
Ent·schluss·fä·hig·keit^RR *f* decision-making capability **ent·schluss·freu·dig**^RR *adj* decisive **Ent·schluss·freu·dig·keit**^RR <-> *f kein pl* decisiveness **Ent·schluss·kraft**^RR *f kein pl* decisiveness; **~ besitzen [*o* haben]** to be decisive; **es fehlt [*o* mangelt] jdm an [genügend] ~** sb is not decisive [enough]
ent·schluss·los^RR I. *adj* indecisive
II. *adv* indecisively
ent·scho·ten ['əntʃotn̩] *vt* ■**etw ~** KOCHK to pod sth
ent·schuld·bar [ɛnt'ʃʊltba:ɐ̯] *adj* excusable, pardonable
ent·schul·di·gen* [ɛnt'ʃʊldɪgn̩] I. *vi (als Höflichkeitsformel)* ***~ Sie, können Sie mir sagen, wie ich zum Bahnhof komme?*** excuse me, could you tell me how to get to the station?; ***~ Sie bitte, was sagten Sie da gerade?*** sorry, what were you just saying there?
II. *vr* ❶ *(um Verzeihung bitten)* ■**sich** *akk* **[bei jdm] [für etw** *akk*/**wegen einer S.** *gen***] ~** to apologize [to sb] [for sth], to say sorry [to sb] [for sth]; ***ich muss mich bei Ihnen wegen meines Zuspätkommens ~*** I'm terribly sorry I'm so late
❷ *(eine Abwesenheit begründen)* ■**sich** *akk* **[bei jdm] ~** to ask [sb] to be excused; ***ich möchte mich für die nächste Schulstunde ~*** may I be excused from the next lesson?; ■**sich** *akk* **[bei/von jdm] ~ lassen** to send one's apologies [*or* BRIT excuses], to [ask sb to] convey one's apologies [*or* BRIT excuses]
III. *vt* ❶ *(als verzeihlich begründen)* ■**etw mit etw** *dat* **~** to use sth as an excuse for sth; ***Ihr Verhalten ist durch nichts zu ~!*** nothing can excuse your behaviour!
❷ *(eine Abwesenheit begründen)* ■**jdn/etw [bei jdm] ~** to ask [sb] to excuse sb/sth; ***ich möchte meine Tochter für morgen ~*** I'd like to ask if my daughter can be excused tomorrow; ■**jdn ~** to excuse sb; ***ich bitte, mich zu ~*** please excuse me
❸ *(als verständlich erscheinen lassen)* ■**etw ~** to excuse sth; ***das kann Ihr Zuspätkommen nicht ~!*** that is no excuse for your late arrival!; *(einen Regelverstoß hinnehmen)* to excuse [*or* forgive] sth; ***bitte ~ Sie die Störung*** please excuse [*or* forgive] the interruption
ent·schul·di·gend *adj* apologetic
Ent·schul·di·gung <-, -en> *f* ❶ *(Bitte um Verzeihung)* apology; **[jdn] [wegen einer S.** *gen***] um ~ bitten** to apologize [to sb] [for sth]; ***ich bitte um ~, aber ...?*** excuse me, ...; **um ~ bitten, dass/weil ...** to apologize for being .../because ...; ***ich bitte vielmals um ~, dass ich mich verspätet habe!*** I do apologize for being late! ❷ *(Begründung, Rechtfertigung)* **als [*o* zur] ~ für etw** *akk* as an excuse for sth; **zu jds ~** in sb's defence [*or* AM -se]; ***was haben Sie zu Ihrer ~ zu sagen?*** what have you got to say in your defence? ❸ *(als Höflichkeitsformel)* **~!** sorry!; ***o, ~, ich habe Sie angerempelt!*** oh! sorry for bumping into you!; **~, ...?** excuse me, ...? ❹ SCH *(Schreiben)* note, letter of excuse *form;* **jdm eine ~ schreiben** to write sb a note; **ohne ~** without an excuse **Ent·schul·di·gungs·brief** *m* letter of apology
Ent·schul·dung <-, -en> *f* FIN debt clearance [*or* relief]
ent·schwe·ben* *vi sein (hum geh)* to float away *hum*
ent·schwe·feln* *vt* ■**etw ~** to desulphurize sth
Ent·schwe·fe·lung <-, -en> *f* desulphurization **Ent·schwe·fe·lungs·an·la·ge** *f* desulphurization plant
ent·schwin·den* *vi irreg sein (geh)* ❶ *(verschwinden)* to disappear [*or* vanish]
❷ *(rasch vergehen)* to pass quickly
ent·seelt [ɛnt'ze:lt] I. *adj (geh)* lifeless, dead
II. *adv (geh)* lifelessly
Ent·seel·te(r) *f(m) dekl wie adj (geh)* ■**der/die ~/die ~n** the deceased, the departed
ent·sen·den* *vt irreg o reg* ❶ *(abordnen)* ■**jdn in etw** *akk* **[*o* zu etw** *dat***] ~** to send sb to sth
❷ *(schicken)* ■**jdn [zu jdm] ~** to send [*or form* dispatch] sb [to sb]
Ent·sen·dung *f* ❶ POL *(von Abgeordneten)* dispatch
❷ *(das Wegschicken)* sending, dispatch *form*
ent·set·zen* I. *vt (in Grauen versetzen)* ■**jdn ~** to horrify sb
II. *vr (die Fassung verlieren)* ■**sich** *akk* **[über jdn/etw] ~** to be horrified [at sb/sth]
Ent·set·zen <-s> *nt kein pl (Erschrecken)* horror, dismay; **voller ~** filled with horror [*or* dismay], horror-struck [*or* -stricken]; **mit ~** horrified, dismayed; **[bleich/kreideweiß/versteinert] vor ~** [pale/as white as a sheet/petrified] with horror; **zu jds [großen [*o* größten]] ~** to sb's [great] horror [*or* dismay] **Ent·set·zens·schrei** *m* cry of horror
ent·setz·lich [ɛnt'zɛtslɪç] I. *adj* ❶ *(schrecklich)* horrible, awful, dreadful, terrible; ***wie ~!*** how dreadful [*or* terrible] [*or* awful]!
❷ *(fam: sehr stark)* awful, terrible; ***ich habe einen ~en Durst!*** I am terribly thirsty!
II. *adv* ❶ *(in furchtbarer Weise)* awfully, terribly; **~ aussehen** to look awful [*or* terrible]
❷ *intensivierend (fam)* awfully, terribly; ***diese Bluse ist ~ bunt*** this blouse is awfully garish
ent·setzt I. *adj* horrified; ■**~ [über jdn/etw] sein** to be horrified [*or* appalled] [at [*or* by] sb/sth]
II. *adv (großes Entsetzen zeigend)* in a horrified manner; ***sie schrie ~ auf*** she let out a horrified scream
ent·seu·chen* [ɛnt'zɔyçn̩] *vt* ÖKOL ■**etw ~** to decontaminate [*or* disinfect] sth
ent·si·chern* *vt* ■**etw ~** to release the safety catch on sth; **eine entsicherte Pistole** a pistol with the safety catch off
Ent·sie·ge·lung *f* JUR taking off the seal[s]
ent·sin·nen* *vr irreg (geh)* ■**sich** *akk* **[einer S.** *gen*/**jds [*o* an jdn/etw]] ~** to remember [sth/sb]; **wenn ich mich recht entsinne** if I remember correctly, if my memory serves me right
Ent·so·li·da·ri·sie·rung [ɛntzolidari'zi:rʊŋ] *f kein pl* disintegration *(of a group/society)*
ent·sor·gen* *vt* ÖKOL ■**etw ~** ❶ *(wegschaffen)* to dispose of sth
❷ *(von Abfallstoffen befreien)* ■**eine Industrieanlage/eine Stadt ~** to dispose of an industrial site's/a town's waste [*or* refuse and sewage]
Ent·sor·ger *m* waste remover
Ent·sor·gung <-, -en> *f (das Entsorgen)* waste disposal; **die ~ von Schmutzwasser** the disposal of waste water
Ent·sor·gungs·be·trieb *m* waste disposal plant **Ent·sor·gungs·leis·tung** *f* ÖKON waste disposal service **Ent·sor·gungs·park** *m* waste disposal site **Ent·sor·gungs·pflicht** *f* ÖKOL disposal requirement **Ent·sor·gungs·pro·ble·ma·tik** *f* problems *pl* of waste disposal **Ent·sor·gungs·stel·le** *f* [waste] disposal [*or* recycling] point **Ent·sor·gungs·un·ter·neh·men** *nt* ÖKON waste disposal company **Ent·sor·gungs·ver·fah·ren** *nt* ÖKOL disposal method **Ent·sor·gungs·ver·trag** *m* JUR disposal agreement **Ent·sor·gungs·wirt·schaft** *f kein pl* ÖKOL waste management, refuse disposal industry
ent·span·nen* I. *vr* ■**sich** *akk* **~** ❶ *(relaxen)* to relax, to unwind
❷ *(sich glätten)* to relax, to release, to loosen; ***ihre Gesichtszüge entspannten sich*** her features relaxed
❸ POL *a. (sich beruhigen)* to ease
II. *vt* ■**etw ~** ❶ *(lockern)* to relax sth
❷ *(die kritische Spannung beseitigen)* to ease sth; ***das Friedensangebot entspannte die Lage*** the peace offer eased the situation
ent·spannt I. *pp von* **entspannen**
II. *adj* relaxed; *Atmosphäre a.* easy-going; *politische*

Lage calm

Ent·spạn·nung *f* ① *(innerliche Ruhe)* relaxation; **zur** ~ for relaxation; ***nach der Arbeit sehe ich zur ~ etwas fern*** I watch a bit of television to unwind [*or esp* AM *fam* chill out] after work
② POL *(Abbau von Spannungen)* easing of [*or* reduction in] tension

Ent·spạn·nungs·me·tho·de *f* relaxation method **Ent·spạn·nungs·mit·tel** *nt* means + *sing vb* of relaxation, relaxation medium **ent·spạn·nungs·ori·en·tiert** *adj* FIN geared to ease the financial situation *pred;* ~**e Geldpolitik** monetary policy geared to ease the financial situation **Ent·spạn·nungs·po·li·tik** *f* policy of détente **Ent·spạn·nungs·tech·nik** *f* relaxation technique **Ent·spạn·nungs·ten·denz** *f* ÖKON easing tendency **Ent·spạn·nungs·the·ra·pie** *f* relaxation therapy **Ent·spạn·nungs·übung** *f meist pl* relaxation exercise

Ent·spie·ge·lung *f* anti-reflection

ent·spịn·nen* *vr irreg (sich ergeben)* ■**sich** *akk* [**aus etw** *dat*] ~ to develop [*or* arise] [from sth]

ent·spre·chen* *vi irreg* ■**etw** *dat* ~ ① *(übereinstimmen)* to correspond to [*or* tally with] sth; ***der Artikel in der Zeitung entsprach nicht ganz den Tatsachen*** the article in the newspaper wasn't quite in accordance with the facts
② *(genügen)* to fulfil [*or* AM *usu* -ll] [*or* meet] [*or* answer] sth; ***die wenigsten der Bewerber entsprachen den Anforderungen*** very few of the applicants fulfilled the requirements
③ *(geh: nachkommen)* to comply with sth; ***der geäußerten Bitte können wir nicht ~*** we cannot comply with the request made

ent·spre·chend [ɛntˈʃprɛçn̩t] **I.** *adj* ① *(angemessen)* appropriate, corresponding
② *(zuständig)* relevant
II. *präp* +*dat* in accordance with, according to, corresponding to; **den Bestimmungen ~** in accordance with regulations

Ent·spre·chung <-, -en> *f* correspondence, equivalence

ent·sprịn·gen* *vi irreg sein* ■**etw** *dat* ~ ① GEOG *(seine Quelle haben)* to rise from sth
② *(seinen Ursprung haben)* to arise [*or* spring] from sth

ent·stạm·men* *vi sein* ■**etw** *dat* ~ ① *(aus etw stammen)* to come [*or* stem] from sth; **einer wohlhabenden Familie ~** to come from an affluent family
② *(aus einer bestimmten Zeit stammen)* to originate from sth; *(abgeleitet sein)* to be derived from sth; ***die Skulptur entstammt der viktorianischen Epoche*** the sculpture originates from the Victorian era

ent·stạn·den I. *pp von* **entstehen**
II. *adj* ~**e Unkosten** costs incurred

ent·stau·ben* *vt* ■**etw** ~ to remove the dust from sth, to dust sth

ent·ste·hen* *vi irreg sein* ■[**aus etw** *dat*/**durch etw** *akk*] ~ ① *(zu existieren beginnen)* to come into being [from sth], to be created [from sth]; ***aus diesem kleinen Pflänzchen wird ein großer Baum ~*** a great tree will grow from this sapling; ***das Haus war in nur 8 Monaten entstanden*** the house was built in only eight months; **im E~ begriffen sein** *(geh)* to be in the process of development [*or* emerging]
② *(verursacht werden)* to arise [*or* result] [from sth]; ***beträchtliche Unruhe entstand unter der Bevölkerung*** considerable unrest arose amongst the people
③ CHEM *(sich bilden)* to be produced [from/through/via sth]
④ *(sich ergeben)* to arise [*or* result] [from sth]; ~ ***mir irgendwelche Verpflichtungen?*** am I committing myself to anything?

Ent·ste·hung <-, -en> *f* ① *(das Werden)* creation; *des Lebens* origin; *eines Gebäudes* construction, building
② *(Verursachung)* creation, cause; ***die Nachrichten sorgten für die ~ von Unruhe*** the news created unrest
③ CHEM *(Bildung)* formation

Ent·ste·hungs·ge·schich·te *f* genesis, history of the origins of sth **Ent·ste·hungs·ort** *m* place of origin

ent·stei·gen* *vi irreg sein (geh)* ■**etw** *dat* ~ ① *(aussteigen)* to alight from sth *form;* **dem Bad/Wasser ~** to emerge from the bath/water *form*
② *(aufsteigen) Dampf, Rauch* to rise from sth

ent·stei·nen* [ɛntˈʃtainən] *vt* ■**etw** ~ to stone sth

Ent·stei·ner *m* pitting machine

ent·stel·len* *vt* ■**etw** ~ ① *(verunstalten)* to disfigure sth; **jds Gesicht ~** to disfigure sb's face
② *(verzerren)* to contort [*or* distort] sth; ***der Schmerz entstellte ihre Züge*** her features were contorted with pain
③ *(verzerrt wiedergeben)* **etw entstellt wiedergeben** to distort [*or* misrepresent] sth

ent·stel·lend *adj (Narbe)* disfiguring

Ent·stel·lung *f* ① *(entstellende Narbe)* disfigurement
② *(Verzerrung) der Tatsachen, Wahrheit* distortion

ent·stị·cken *vt* CHEM ■**etw** ~ to denitrify [*or* denitrate] sth

Ent·stị·ckung <-, -en> *f* CHEM denitrification, denitration

ent·stö·ren* *vt* ■**etw** ~ ① TELEK *(von Störungen befreien)* to eliminate interference in sth, to free sth from interference
② ELEK *(von Interferenzen befreien)* to fit a suppressor to sth; **entstörte** [**Elektro**]**geräte** [electrical] appliances fitted with a suppressor

Ent·stö·rung *f* ① TELEK *(das Entstören)* fault clearance, freeing from interference ② ELEK fitting of a suppressor **Ent·stö·rungs·stel·le** *f s.* **Störungsstelle**

Ent·strị·ckung *f* JUR release from attachment

ent·strö·men* *vi sein (geh)* ■**etw** *dat* ~ to pour [*or* gush] out of sth; *Gas, Luft* to escape [*or form* issue] from sth

ent·ta·bu·i·sie·ren* *vt (geh)* ■**etw** ~ to free sth from taboos

ent·tar·nen* *vt* ■**jdn** [**als etw**] ~ to expose sb [as sth]

ent·täu·schen* **I.** *vt* ① *(Erwartungen nicht erfüllen)* ■**jdn** ~ to disappoint sb
② *(nicht entsprechen)* **jds Hoffnungen ~** to dash sb's hopes; **jds Vertrauen ~** to betray sb's trust
II. *vi (enttäuschend sein)* to be disappointing; ***die Mannschaft hat sehr enttäuscht*** the team was very disappointing

ent·täu·schend *adj* disappointing

ent·täuscht I. *adj* disappointed (**über** +*akk*/**von** +*dat* in/with); ~ **aussehen** to look disappointed
II. *adv* disappointedly, full of disappointment

Ent·täu·schung *f* disappointment; **eine große ~** a big disappointment; **jdm eine ~ bereiten** to disappoint sb; **zu jds ~** to sb's disappointment; ***zu ihrer großen ~ erhielt sie die Stelle nicht*** to her great disappointment she didn't get the job

ent·thro·nen* *vt (geh)* ■**jdn** ~ to dethrone sb

ent·völ·kern* [ɛntˈfœlkɐn] **I.** *vt (menschenleer machen)* ■**etw** ~ to depopulate sth; ***durch die Epidemie wurden ganze Gebiete entvölkert*** whole areas became depopulated as a result of the epidemic; *(hum)* to clear sth of people; ***der strömende Regen hatte die Innenstadt praktisch entvölkert*** pouring rain had practically cleared the town centre of people
II. *vr (hum: menschenleer werden)* ■**sich** *akk* ~ to become deserted

Ent·völ·ke·rung <-> *f kein pl* depopulation

ent·wach·sen* [ɛntˈvaksn̩] *vi irreg sein (geh)* ■**etw** *dat* ~ to grow out of sth, to outgrow sth

ent·waff·nen* [ɛntˈvafnən] *vt* ■**jdn** ~ ① *(die Waffen abnehmen)* to disarm sb
② *(fig: mild stimmen)* to disarm sb

ent·waff·nend I. *adj* disarming
II. *adv* disarmingly

Ent·waff·nung <-, -en> *f* disarming; *(eines Landes)* disarmament

Ent·wal·dung <-, -en> *f* GEOL deforestation

ent·war·nen* *vi* to give [*or* sound] the all-clear

Ent·war·nung *f* all-clear; ~ **geben** to give [*or* sound] the all-clear

ent·wäs·sern* *vt* ■**etw** ~ ① AGR *(trockenlegen)* to drain sth
② BAU *(leer pumpen)* to drain [*or* pump out] sth
③ MED *(von Wasseransammlung befreien)* to dehydrate sth

Ent·wäs·se·rung <-, -en> *f* ① *(Entwässern)* drainage
② *(Kanalisation)* drainage [system]
③ *kein pl* TYPO dehydration, dewatering

Ent·wäs·se·rungs·gra·ben *m* drainage ditch **Ent·wäs·se·rungs·mit·tel** *nt* dehydrating agent **Ent·wäs·se·rungs·sys·tem** *nt* drainage system

ent·we·der [ɛntˈveːdɐ] *konj* ~ **... oder ...** either ... or ...; ~ **oder!** yes or no!; ***entscheide dich jetzt endlich — ~ oder!*** will you finally make a decision one way or the other!

Ent·we·der-oder[RR] <-, -> [ˈɛntveːdɐ-ˈʔoːdɐ] *nt* alternative; ***du hast keine Wahl, es gibt kein ~!*** you have no choice, there are no two ways about it!

ent·wei·chen* *vi irreg sein* ① *(sich verflüchtigen)* ■[**aus etw** *dat*] ~ to leak [*or* escape] [from sth]; ***entweicht da Gas aus der Leitung?*** is gas escaping from the pipe there?
② *(geh: fliehen)* ■[**aus etw** *dat*] ~ to escape [*or* run away] [from sth]

ent·wei·hen* *vt* ■**etw** ~ to desecrate [*or* profane] sth

Ent·wei·hung *f* desecration

ent·wen·den* *vt (geh)* ① *(stehlen)* ■[**jdm**] **etw** ~ to purloin sth [from sb] *form*
② *(hum: an sich nehmen)* ■**jdm etw** ~ to purloin sth from sb *hum form,* to steal [*or* BRIT *fam* nick] sth from sb

ent·wer·fen* *vt irreg* ① *(zeichnerisch gestalten)* to sketch; ■[**jdm**] **etw** ~ to design sth [for sb]
② *(designen)* ■**etw** ~ to design sth
③ *(im Entwurf erstellen)* ■**etw** ~ to draft [*or* draw up] sth

ent·wer·ten* *vt* ■**etw** ~ ① *(ungültig machen)* to cancel [*or* invalidate] sth; **Banknoten ~** to demonetize banknotes
② *(weniger wert machen)* **Preise ~** to devalue prices
③ *(fig: im Wert mindern)* **ein Argument ~** to undermine an argument

Ent·wer·ter <-s, -> *m* ticket-cancelling machine

Ent·wer·tung *f* ① *(das Entwerten)* cancellation, invalidation; *(Wertminderung)* devaluation
② *(fig: Wertminderung)* undermining

ent·wị·ckeln* **I.** *vt* ■**etw** ~ ① *(erfinden)* to develop sth
② *(entwerfen)* to develop sth; **einen Plan ~** to develop [*or* devise] a plan
③ FOTO **einen Film ~** to develop a film
④ CHEM *(entstehen lassen)* to produce sth
II. *vr* ① *(zur Entfaltung kommen)* ■**sich** *akk* [**zu etw** *dat*] ~ to develop [into sth]; ***Ihre Tochter hat sich zu einer bemerkenswerten jungen Dame entwickelt*** your daughter has turned out to be a remarkable young lady
② *(pej fam: sich entpuppen)* ■**sich** *akk* ~ to turn out [*or* show [oneself]] to be
③ *(vorankommen)* ■**sich** *akk* [**irgendwie**] ~ to progress [*or* evolve] [in a certain manner]; ***na, wie entwickelt sich euer Projekt?*** well, how is your project coming along?
④ POL *(zivilisatorisch fortschreiten)* ■**sich** *akk* [**zu etw** *dat*] ~ to develop [into sth]
⑤ CHEM *(entstehen)* ■**sich** *akk* ~ to be produced

Ent·wịck·ler <-s, -> *m* FOTO developer

Ent·wịck·lung <-, -en> *f* ① *(das Entwickeln)* development; [**noch**] **in der ~ sein** [*o* **sich** *akk* **befinden**] to be [still] in the development stage; **in der ~** in one's [*or* during] adolescence
② *(das Entwerfen) eines Plans, einer Theorie* evolution, development

③ FOTO development, processing
④ *(das Vorankommen)* progress, progression; ***die ~ der Verhandlungen wird positiv beurteilt*** the negotiations are judged to be progressing positively
⑤ ÖKON, POL *(Fortschritt)* development; **die ~ eines Landes** the development of a country
⑥ CHEM *(Entstehung)* production, generation; **die ~ entzündlicher Flüssigkeiten** the production of inflammable liquids
⑦ ÖKON, POL trend; **eine rückläufige ~ der Arbeitslosenzahlen** a falling trend in unemployment figures

Ent·wick·lungs·ab·schnitt *m* phase [*or* stage] of sb's career **Ent·wick·lungs·be·reit·schaft** *f* willingness to advance **Ent·wick·lungs·dienst** *m* development aid service, ≈ Voluntary Service Overseas BRIT **ent·wick·lungs·fä·hig** *adj* capable of development **Ent·wick·lungs·ge·schich·te** *f* BIOL evolution **ent·wick·lungs·ge·schicht·lich** *adj* evolutionary **Ent·wick·lungs·hel·fer(in)** *m(f)* development aid worker, ≈ VSO worker BRIT **Ent·wick·lungs·hil·fe** *f* ① POL *(Unterstützung unterentwickelter Länder)* development aid ② FIN *(finanzielle Zuwendungen an Staaten)* foreign aid **Ent·wick·lungs·jah·re** *pl* adolescence *no pl, no indef art;* **in den ~n sein** [*o* **sich** *akk* **in den ~n befinden**] to be in adolescence [*or* the teenage years] **Ent·wick·lungs·kos·ten** *pl* ÖKON development cost[s] **Ent·wick·lungs·land** *nt* developing country **Ent·wick·lungs·maß·nah·me** *f* development measure **Ent·wick·lungs·pha·se** *f* development stage **Ent·wick·lungs·phy·sio·lo·gie** *f* developmental physiology **Ent·wick·lungs·pla·nung** *f* development planning **Ent·wick·lungs·po·li·tik** *f* development policy **ent·wick·lungs·po·li·tisch** *adj* related to development policy **Ent·wick·lungs·pro·gno·se** *f* ÖKON economic forecast **Ent·wick·lungs·pro·gramm** *nt* development programme [*or* AM -am]; **das ~ der Vereinten Nationen** United Nations Development Programme

Ent·wick·lungs·psy·cho·lo·ge, -psy·cho·lo·gin *m, f* developmental psychologist

Ent·wick·lungs·psy·cho·lo·gie *f kein pl* PSYCH developmental psychology

Ent·wick·lungs·ro·man *m* LIT novel of personal development **Ent·wick·lungs·rück·stand** *m* MED delayed development, underdevelopment **ent·wick·lungs·schwach** *adj* ÖKON suffering from underdevelopment *pred;* **~e Region** region suffering from underdevelopment

Ent·wick·lungs·staat *m,* **Ent·wick·lungs·land** *nt* developing country **Ent·wick·lungs·sta·di·um** *nt* development stage **Ent·wick·lungs·stand** *m* stage of development **Ent·wick·lungs·stu·fe** *f* stage of development **Ent·wick·lungs·tem·po** *nt* pace of development **Ent·wick·lungs·ten·denz** *f* development trend **Ent·wick·lungs·ver·fah·ren** *nt* method of development **Ent·wick·lungs·vor·ha·ben** *nt* JUR development project **Ent·wick·lungs·zeit** *f* ① *(Entwicklungsjahre)* adolescent years ② FOTO developing time

ent·win·den* *irreg* **I.** *vt (geh: aus jds Griff winden)* ■**jdm etw ~** to wrest sth from sb *liter*
II. *vr (geh: sich herauswinden)* ■**sich** *akk* **jdm/etw ~** to free oneself from sb/from sth

ent·wir·ren* [ɛnt'vɪrən] *vt* ■**etw ~** ① *(auflösen)* to disentangle [*or* unravel] sth
② *(klarmachen)* to sort sth out *sep*

ent·wi·schen* *vi sein* ■[**jdm/aus etw** *dat*] **~** to escape [from sb/sth]

ent·wöh·nen* [ɛnt'vø:nən] *vt* ① *(der Mutterbrust)* **einen Säugling ~** to wean an infant
② *(nicht mehr gewöhnt sein)* ■[**einer S.** *gen*] **entwöhnt sein** to be weaned off [*or* from] sth, to lose the habit [of doing sth]; ***er war jeglicher Ordnung völlig entwöhnt*** he had grown unaccustomed to any kind of order

Ent·wöh·nung <-> *f kein pl* ① *bei Sucht* weaning, curing ② *eines Babys* weaning **Ent·wöh·nungs·kur** *f* anti-addiction course [of treatment]

ent·wür·di·gen* *vt* ■**jdn ~** to degrade sb

ent·wür·di·gend I. *adj* degrading
II. *adv* degradingly

Ent·wür·di·gung *f* degradation

Ent·wurf *m* ① *(Skizze)* sketch
② *(Design)* design
③ *(schriftliche Planung)* draft; **im ~** in the planning stage; ***das neue Gesetz ist im ~*** the new act is being drafted
④ INFORM *(Entwicklung)* **computerunterstützter ~** computer aided design, CAD; **computerunterstützter ~ und Fertigung** computer aided design and manufacturing, CAD/CAM

ent·wur·zeln* *vt* ① *(aus dem Boden reißen)* ■**etw ~** to uproot sth
② *(heimatlos machen)* ■**jdn ~** to uproot sb

Ent·wur·zel·te(r) *f(m) dekl wie adj* displaced person

Ent·wur·ze·lung <-, -en> *f* ① *(das Entwurzeln)* uprooting
② *(das Entwurzeltsein)* rootlessness

ent·zau·bern* *vt* ① *(den romantischen Glanz nehmen)* ■**jdn/etw ~** to deprive sb/sth of their/its mystique; ***ihre romantischen Vorstellungen wurden durch die harte Realität entzaubert*** her romantic notions were shattered by harsh reality
② *(geh: von einem Bann befreien)* ■**jdn ~** to free sb from a spell, to break the spell on sb

ent·zer·ren* *vt* ■**etw ~** ① *(zeitlich auseinanderziehen)* to stagger sth
② TRANSP *(nicht überlappen lassen)* to regulate the flow of sth; **die Verkehrsströme ~** to regulate the flow of traffic
③ TECH *(verständlicher machen)* to rectify sth

Ent·zer·rung *f* ① *(zeitliche Auseinanderziehung)* staggering
② TRANSP regulation of traffic
③ TECH *(Verständlichmachung)* rectification

ent·zie·hen* *irreg* **I.** *vt* ① ADMIN *(aberkennen)* ■**jdm etw ~** to withdraw *form* [*or* take away] sth from sb; **jdm den Führerschein ~** to revoke sb's driving licence [*or* AM driver's license]
② *(nicht länger geben)* ■**jdm etw ~** to withdraw sth from sb
③ *(wegziehen)* ■**jdm etw ~** to remove sth from sb; ***sie entzog ihm ihren Arm*** she removed her arm from him
④ AGR, FORST *(aus etw entnehmen)* ■**etw** *dat* **etw ~** to remove sth from sth; ***dieses Getreide entzieht dem Boden viele Nährstoffe*** this grain removes a lot of nutrients from the soil
⑤ CHEM *(extrahieren)* ■**etw** *dat* **etw ~** to extract sth from sth
II. *vr* ① *(sich losmachen)* ■**sich** *akk* **jdm/etw ~** to evade sb/sth; ***sie wollte ihn streicheln, doch er entzog sich ihr*** she wanted to caress him, but he resisted her
② *(nicht berühren)* ■**sich** *akk* **etw** *dat* **~** to be beyond sth; ***das entzieht sich meiner Kenntnis*** that's beyond my knowledge

Ent·zie·hung *f* ① JUR *(Aberkennung)* withdrawal, revocation; **~ des Besitzes** dispossession; **~ einer Konzession/der Fahrerlaubnis** withdrawal of a licence/of the driving licence; **~ der Staatsangehörigkeit** expatriation
② *(Entzug)* withdrawal
③ MED *(Entziehungskur)* withdrawal treatment, cure for an addiction; **eine ~ machen** to undergo withdrawal treatment

Ent·zie·hungs·an·stalt *f* drug rehabilitation centre [*or* AM -er] **Ent·zie·hungs·kur** *f* cure for an addiction; **eine ~ machen** to undergo a cure for an addiction

ent·zif·fer·bar *adj* decipherable; **nicht ~** indecipherable

ent·zif·fern* [ɛnt'tsɪfɐn] *vt* ■**etw ~** ① *(mühsam lesen)* to decipher sth
② *(entschlüsseln)* to decipher [*or* decode] sth

Ent·zif·fe·rung <-, -en> *f* ① *(das Entziffern)* deciphering
② *(das Entschlüsseln)* deciphering, decoding

ent·zü·cken* *vt (begeistern)* ■**jdn ~** to delight sb; ***ich muss sagen, das entzückt mich*** I must say, I find that delightful; ■[**von jdm/etw** [*o* **über jdn/etw**]] **entzückt sein** to be delighted [by [*or* at] sb/sth]; [**von etw** *dat*] **wenig entzückt sein** *(iron)* not to be very pleased [about sth] *iron*

Ent·zü·cken <-s> *nt kein pl (Begeisterung)* delight; [**über etw** *akk*] **in ~ geraten** to go into raptures [over sth]; **zu jds** [**größten**] **~** to sb's great delight [*or* joy]

ent·zü·ckend [ɛnt'tsʏkn̩t] *adj* delightful; **das ist ja ~!** *(iron)* that's charming!

Ent·zug <-[e]s> *m kein pl* ① ADMIN *(das Entziehen)* withdrawal, revocation
② MED *(das Entziehen)* withdrawal; *(Entziehungskur)* withdrawal treatment, cure for an addiction; **kalter ~** *(sl)* cold turkey *sl;* **auf ~ sein** *(sl)* to go [through] cold turkey *sl*

Ent·zugs·er·schei·nung *f* withdrawal symptom *usu pl*

Ent·zugs·kli·nik *f* detoxification clinic **Ent·zugs·schmer·zen** *pl* withdrawal pains *pl* **Ent·zugs·symp·tom** *nt (selten)* withdrawal symptom

ent·zünd·bar *adj* inflammable; **leicht ~** highly inflammable

ent·zün·den* **I.** *vt* ■**etw ~** ① MED *(infizieren)* to inflame sth
② *(geh: anzünden)* to light sth
II. *vr* ① MED *(sich infizieren)* ■**sich** *akk* **~** to become inflamed
② *(in Brand geraten)* ■**sich** *akk* **~** to catch fire
③ *(fig: aufflackern)* ■**sich** *akk* **an etw** *dat* **~** to be sparked off by sth; *Begeisterung* to be kindled by sth

ent·zün·det *adj* MED inflamed; *(Augen a.)* sore

ent·zünd·lich [ɛnt'tsʏntlɪç] *adj* ① MED *(infektiös)* inflammatory; *(sich leicht entzündend)* inflammatory; ***die Mandeln sind leicht ~*** the tonsils become easily inflamed
② *(entzündbar)* inflammable

Ent·zün·dung *f* MED inflammation

ent·zün·dungs·hem·mend *adj* MED anti-inflammatory **Ent·zün·dungs·herd** *m* MED focus of inflammation **Ent·zün·dungs·pro·zess**RR *m* MED inflammation [process]

ent·zwei [ɛnt'tsvai] *adj pred* in two [pieces], in half; *(zersprungen)* broken; *(zerrissen)* torn

ent·zwei|bre·chen *irreg* **I.** *vi sein (zerbrechen)* to break into pieces
II. *vt haben (zerbrechen)* ■**etw ~** to break sth into pieces, to break sth in two [*or* half]

ent·zwei·en* [ɛnt'tsvaiən] **I.** *vt (auseinanderbringen)* ■**jdn ~** to divide people, to set people against each other; ***sie entzweiten sich wegen einer Frau*** they fell out [with each other] over a woman
II. *vr (sich überwerfen)* ■**sich** *akk* **mit jdm ~** to fall out with sb

ent·zwei|ge·hen *vi irreg sein* to break [in two [*or* half]]

Ent·zwei·ung <-, -en> *f* ① *(Bruch)* split, break
② *(Streit)* quarrel

En·vi·ron·ment <-s, -s> [ɛn'vairənmənt] *nt* KUNST environment

en vogue [ã'vo:k] *adj pred (geh)* in vogue [*or* fashion]

En·ze·pha·li·tis <-, -tiden> [ɛntsefa'li:tɪs, *pl* -li:'tɪdn̩] *f* MED encephalitis

En·ze·pha·lo·gramm <-gramme> [ɛntsefa-lo'gram] *nt* MED encephalogram

En·zi·an <-s, -e> ['ɛntsia:n] *m* ① BOT gentian
② KOCHK *(Schnaps) spirit distilled from the roots of gentian*

En·zy·kli·ka <-, Enzykliken> [ɛn'tsy:klika, *pl* ɛn'tsy:klikn̩] *f* REL encyclical

En·zy·klo·pä·die <-, -n> [ɛntsyklopɛ'di:, *pl* -'di:ən] *f* encyclopaedia, encyclopedia *esp* AM

en·zy·klo·pä·disch [ɛntsyklo'pɛ:dɪʃ] **I.** *adj* encyclopaedic, encyclopedic *esp* AM
II. *adv* encyclopaedically, encyclopedically *esp* AM

En·zy·klo·pä·dist <-en, -en> [ɛntsyklopɛ'dɪst] *m* HIST Encyclopedist *(a contributor to the 18th-century French "encyclopédie")*

En·zym <-s, -e> [ɛn'tsy:m] *nt* enzyme

En·zym·ak·ti·vi·tät *f* BIOL enzyme activity

En·zym·re·gu·la·ti·on *f* BIOL enzyme regulation
Ep·ak·te <-, -n> [e'paktə] *f* ASTRON *(Mondphase)* epact
Epen ['e:pən] *pl von* **Epos**
EPG <-[s], -s> [e:pe:'ge:] *m Abk von* **elektronischer Programmführer** EPG
EPI [e:pe:'i:] *m* ÖKON *Abk von* **Erzeugerpreisindex** PPI
Epi·de·mie <-, -n> [epide'mi:, *pl* -'mi:ən] *f* MED epidemic
Epi·de·mio·lo·ge, Epi·de·mio·lo·gin <-n, -n> [epidemi̯o'lo:gə, epidemi̯o'lo:gɪn] *m, f* MED epidemiologist
Epi·de·mio·lo·gie <-> [epidemi̯olo'gi:] *f kein pl* MED epidemiology
Epi·de·mio·lo·gin <-, -nen> [epidemi̯o'lo:gɪn] *f* MED *fem form von* **Epidemiologe**
epi·de·mio·lo·gisch [epidemi̯o'lo:gɪʃ] *adj* MED epidemiological
epi·de·misch [epi'de:mɪʃ] *adj* MED epidemic; *(fig: seuchenartig)* epidemic; **sich** *akk* **~ verbreiten** to spread like an epidemic
epi·der·mal [epidɛr'ma:l] *adj* MED epidermal
Epi·der·mis <-, -men> [epi'dɛrmɪs] *f* BIOL epidermis
Epi·ge·ne·se <-, -n> [epige'ne:zə] *f* BIOL epigenesis
Epi·go·ne <-n, -n> [epi'go:nə] *m* epigone *liter,* imitator
Epi·gramm <-gramme> [epi'gram] *nt* ① LIT epigram ② KOCHK *(Bruststück vom Lamm)* [lamb] epigram
Epik <-> ['e:pɪk] *f kein pl* epic poetry
Epi·ku·re·er(in) <-s, -> [epiku're:ɐ] *m(f)* ① *(geh: Genussmensch)* epicurean *form* ② PHILOS Epicurean
epi·ku·re·isch [epiku're:ɪʃ] *adj inv* ① PHILOS *(die Lehre Epikurs betreffend)* epicurean ② *(geh: hedonistisch)* elicurean
Epi·la·ti·on <-, -en> [epila'tsi̯o:n] *f* MED epilation
Epi·lep·sie <-, -n> [epilɛ'psi:, *pl* -'psi:ən] *f* epilepsy
Epi·lep·ti·ker(in) <-s, -> [epi'lɛptikɐ] *m(f)* epileptic
epi·lep·tisch [epi'lɛptɪʃ] **I.** *adj* epileptic
II. *adv* inclined to have epileptic fits, to have a tendency towards epileptic fits
epi·lie·ren* [epi'li:rən] *vi haben (Körperhaare entfernen)* ■**sich** *dat* **etw ~** to epilate one's sth
Epi·lier·ge·rät *nt* depilator
Epi·log <-s, -e> [epi'lo:k, *pl* epi'lo:gə] *m* epilogue
Epi·pha·ni·as <-> [epi'fa:ni̯as] *nt* REL *(Dreikönigsfest)* Epiphany
Epi·phy·se <-, -n> [epi'fy:zə] *f* MED epiphysis
Epi·phyt <-en, -en> [epi'fy:t] *m* BOT epiphyte
Epi·ro·ge·ne·se <-, -n> [epiroge'ne:zə] *f* GEOL epeirogeny, epeirogenesis
epi·ro·tisch [epi'ro:tɪʃ] *adj* Epirotic
Epi·rus <-> [e'pi:rʊs] *m* Epirus
episch ['e:pɪʃ] *adj* ① *(das Epos betreffend)* epic ② *(geh: endlos ausschmückend)* of epic proportions; **~ werden** to take on epic proportions
Epi·sko·pa·list(in) <-en, -en> [epɪskopa'lɪst] *m(f)* REL Episcopalian
Epi·sko·pal·kir·che [epɪsko'pa:l-] *f* REL Episcopal Church
Epi·sko·pat <-[e]s, -e> [epɪsko'pa:t] *m o nt* REL ① *kein pl (Amt des Bischofs)* episcopate ② *(Gesamtheit der Bischöfe)* episcopate, episcopacy
Epi·so·de <-, -n> [epi'zo:də] *f* episode
Epi·so·den·film *m* episodic film
epi·so·den·haft *adj (kurzzeitig)* short-lived; **~e Erscheinung** brief appearance
Epi·stel <-, -n> [e'pɪstl̩] *f* REL Epistle; **apostolische ~n** apostolic Epistles
Epi·ste·mo·lo·gie <-> [epɪstemolo'gi:] *f kein pl* PHILOS *(Theorie des Wissens)* epistemology
Epi·taph <-s, -e> [epi'ta:f] *nt (geh)* ① *(Gedenktafel)* memorial plaque ② *(Grabinschrift)* epitaph
Epi·zen·trum [epi'tsɛntrʊm] *nt* epicentre [*or* AM -er]
epo·chal [epɔ'xa:l] *adj s.* **epochemachend**
Epo·che <-, -n> [e'pɔxə] *f* epoch; **~ machen** to be epoch-making; **~ machend** epoch-making
epo·che·ma·chend *adj s.* **Epoche**
Epos <-, Epen> ['e:pɔs, *pl* 'e:pən] *nt* epic
EPR <-> [,e:pe:'ɛr] *m kein pl Abk von* **Europäischer Druckwasserreaktor** EPR
EPROM <-, -s> *nt* INFORM *Akr von* **erasable programmable read-only memory** EPROM
Ep·stein-Barr-Vi·rus ['ɛpʃtain-bar-] *nt* Epstein-Barr [*or* EB] virus
Equi·pe <-, -n> [e'ki:p, *pl* e'ki:pn̩] *f* team
er <*gen* seiner, *dat* ihm, *akk* ihn> ['e:ɐ̯] *pron pers* ① *(männliche Person bezeichnend)* he; ***sie ist ein Jahr jünger als ~*** she is a year younger than him; ***nicht möglich, ~ ist es wirklich!*** unbelievable, it really is him!; ***wer hat das gemacht? — ~!*** who did that? — he did!; ***ich war's doch gar nicht, ~ da war's!*** it certainly wasn't me, it was him there!; ***wenn ich ~ wäre, ...*** if I were him ... ② *(Sache bezeichnend)* it; ***kauf dir doch auch einen Computer, ~ ist ein nützliches Hilfsmittel*** do buy yourself a computer, it's a useful aid ③ *(Tier bezeichnend)* it; *(bei männlichen Tieren)* he; ***das ist mein Rabe, ~ heißt Fridolin*** that's my raven, he's called Fridolin; ***es ist ein E~*** *(hum fam)* it's a he *hum fam*
ER <-s, -s> [e:'ɛr] *nt Abk von* **endoplasmatisches Retikulum** ER *no pl*
er·ach·ten* [ɛɐ̯'ʔaxtn̩] *vt (geh)* ■**es als etw ~** to consider [*or form* deem] it to be sth; ***ich habe es als meine Pflicht erachtet, dir das mitzuteilen*** I deemed it [to be] my duty to inform you about that
Er·ach·ten <-s> [ɛɐ̯'ʔaxtn̩] *nt kein pl* **meines ~s** [*o* **nach meinem ~**] in my opinion
er·ah·nen* *vt (geh: ahnen)* ■**etw ~** to guess [*or* imagine] sth; ■**etw ~ lassen** to give an idea of sth; ***der Marmorblock lässt die Proportionen des späteren Kunstwerks ~*** the marble block gives an idea of the size of the eventual work of art; ■**sich** *akk* **~ lassen** to be sensed
er·ar·bei·ten* *vt* ① *(durch Arbeit erwerben)* ■[**sich** *dat*] **etw ~** to work for sth ② *(erstellen)* ■**etw ~** to work out sth; **einen Plan ~** to work out a plan
Er·ar·bei·tung <-, -en> *f meist sing* preparation, drawing up
Erb·adel ['ɛrpʔa:dl̩] *m* hereditary nobility
Erb·an·fall *m* JUR inheritance, hereditary succession **Erb·an·fall·steu·er** *f* FIN inheritance tax
Erb·an·la·ge *f meist pl* hereditary factor [*or* characteristic] *usu pl* **Erb·an·spruch** *m* JUR claim to an inheritance
Erb·an·teil *m* FIN share in an estate, portion
erb·an·teils·be·rech·tigt *adj* JUR ■**~ sein** to have an interest in an estate **Erb·an·teils·steu·er** *f* FIN legacy duty **Erb·an·teils·ver·äu·ße·rung** *f* FIN disposal of an inheritance
Erb·an·tritt *m* JUR succession to an estate, assumption of succession
er·bar·men* [ɛɐ̯'barmən] **I.** *vt (leidtun)* ■**jdn ~** to arouse sb's pity, to move sb to pity; ■**es erbarmt mich, wenn ...** I feel pity when[ever] ...
II. *vr* ① *(Mitleid haben)* ■**sich** *akk* **jds/einer S.** *gen* **~** to take pity on sb/sth; ***Herr, erbarme dich unser*** Lord, have mercy upon us ② *(hum fam: sich annehmen)* ■**sich** *akk* [**einer S.** *gen*] **~** to take care of [sth] *hum fam;* ***ein Stück Kuchen ist noch übrig, wer erbarmt sich und isst es?*** there's a piece of cake left over, who's going to take care of it?
Er·bar·men <-s> [ɛɐ̯'barmən] *nt kein pl* pity, compassion; ■**~ mit jdm/etw** [**haben**] [to have] pity for sb/[to show] compassion for sth; **kein ~** [**mit jdm**] **kennen** [*o* **haben**] to show [sb] no mercy; **aus ~** out of pity; **voller ~** full of pity; **ohne ~** pitiless, merciless; ***dieser Killer tötet ohne das geringste ~*** this murderer kills without showing the slightest [sign of] pity; **zum ~** *(fam)* pitiful, pathetic; ***Mund zu, du singst ja zum ~!*** keep your mouth shut, your singing is pitiful!; **~!** mercy!
er·bar·mens·wert *adj (geh)* pitiful, wretched
er·bärm·lich [ɛɐ̯'bɛrmlɪç] **I.** *adj (pej)* ① *(fam: gemein)* miserable, mean; ***du ~es Schwein!*** you miserable swine!; ***ich hätte nie gedacht, dass einer so ~ sein kann*** I would never have thought that anyone could be so mean ② *(furchtbar)* terrible; **~e Angst haben** to be terribly afraid ③ *(jämmerlich)* miserable, wretched; **sich** *akk* **in einem ~en Zustand befinden** to be in a wretched condition; [**in etw** *dat*] **~ aussehen** *(fam)* to look terrible [in sth]
II. *adv (pej)* ① *(gemein)* wretchedly, abominably; ***er hat sich ~ verhalten!*** he behaved abominably! ② *(fam: furchtbar)* terribly; ***draußen ist es ~ kalt!*** it's terribly cold outside; ***die Wunde tut ~ weh!*** the wound hurts terribly!
Er·bärm·lich·keit <-> *f kein pl* ① *(Gemeinheit)* meanness, wretchedness ② *(Jämmerlichkeit)* awfulness, wretchedness
er·bar·mungs·los [ɛɐ̯'barmʊŋslo:s] **I.** *adj* pitiless, merciless
II. *adv* pitilessly, mercilessly, without mercy
er·bar·mungs·voll **I.** *adj* compassionate, full of pity
II. *adv* compassionately
er·bar·mungs·wür·dig *adj (geh)* pitiable, pitiful
er·bau·en* **I.** *vt* ① *(errichten)* ■**etw ~** to build sth ② *(seelisch bereichern)* ■**jdn ~** to uplift sb ③ *(fam: begeistert sein)* ■[**von etw** *dat* [*o* **über etw** *akk*]] **erbaut sein** to be enthusiastic [about sth]; ■[**von etw** *dat* [*o* **über etw** *akk*]] **nicht** [**besonders**] **erbaut sein** not to be [particularly] pleased [about sth] [*or* delighted [by sth]]
II. *vr (sich innerlich erfreuen)* ■**sich** *akk* **an etw** *dat* **~** to be uplifted by sth
Er·bau·er(in) <-s, -> *m(f)* architect
er·bau·lich *adj (geh)* edifying *form;* **nicht gerade** [*o* **sehr**] **~** *(iron)* not exactly [*or* very] encouraging *iron*
Erb·aus·ein·an·der·set·zung *f* JUR partition of an inheritance **Erb·aus·ein·an·der·set·zungs·kla·ge** *f* JUR petition to distribute an estate
Erb·aus·gleich *m* JUR settlement of claims on the estate **Erb·aus·schla·gung** *f* JUR repudiation of an inheritance **Erb·aus·schlie·ßung** *f* JUR exclusion from an inheritance
er·baut **I.** *pp und 3. pers. sing von* **erbauen**
II. *adj* edified
▶WENDUNGEN: **von etw** *dat* [*o* **über etw** *akk*] **nicht gerade ~ sein** *(fam)* to not be particularly thrilled by [*or* about] sth
Er·bau·ung <-, -en> *f* ① *(Errichtung)* building ② *(seelische Bereicherung)* edification; **zur ~** for one's edification
Erb·bau·grund·buch *nt* JUR land register for building leases **Erb·bau·recht** *nt* JUR building lease [in perpetuity], AM mixed estate **Erb·bau·zins** *m* JUR ground rent **erb·be·rech·tigt** *adj* entitled to the/an inheritance, entitled to inherit **Erb·be·rech·tig·te(r)** *f(m) dekl wie adj* JUR person entitled to inherit, beneficiary; **nächster ~** first heir **Erb·be·rech·ti·gung** *f* JUR right to inheritance **Erb·bio·lo·gie** *f* genetics + *sing vb, no art* **erb·bio·lo·gisch** *adj* genetic; **ein ~es Gutachten** a genetic test report
Er·be <-s> ['ɛrbə] *nt kein pl* ① *(Erbschaft)* inheritance *no pl;* **das ~ ausschlagen** to turn down [*or form* waive] an inheritance ② *(fig: Hinterlassenschaft)* legacy
Er·be, Er·bin <-n, -n> ['ɛrbə, 'ɛrbɪn, *pl* 'ɛrbn̩] *m, f* JUR heir *masc,* heiress *fem;* **alleiniger ~** the sole heir; **direkter ~** direct heir; **gesetzlicher ~** rightful heir; **die lachenden ~n** *(hum)* the joyful heirs; **leiblicher ~** blood-related heir; **pflichtteilsberechtigter ~** heir entitled to a compulsory portion; **jdn/ein Tier als ~n einsetzen** to appoint sb/an animal as heir
er·be·ben* *vi sein (geh)* ① *(beben)* to shake, to tremble, to shudder ② *(zittern)* ■[**vor etw** *dat*] **~** to shake [*or* tremble] [with sth]; ***ihre Stimme erbebte vor Wut*** her voice was shaking with anger
Erb·ein·set·zung *f* JUR appointment of an heir
er·ben ['ɛrbn̩] **I.** *vt* ① *(als Erbe erhalten)* ■**etw** [**von jdm**] **~** to inherit sth [from sb] ② *(fam: geschenkt bekommen)* ■**etw** [**bei/von**

jdm] ~ to be given sth [by sb]
③ *(als Erbanlage bekommen)* ■ **etw von jdm** ~ to inherit sth from sb
II. *vi (Erbe sein)* to receive an inheritance; ***die müssen im Lotto gewonnen oder geerbt haben!*** they must have either won the lottery or have been left some money!

Er·ben·ge·mein·schaft *f* community of joint heirs **Er·ben·haf·tung** *f* JUR liability of an heir
Er·ben·lo·sig·keit *f* JUR default of heirs
Er·ben·mehr·heit *f* JUR plurality of heirs
Erb·er·satz·an·spruch *m* JUR substituted inheritance right **Erb·er·satz·steu·er** *f* FIN surrogate estate duty
Erb·er·schlei·chung *f* JUR legacy-hunting
er·bet·teln* *vt (durch Bitten erhalten)* ■[**sich** *dat*] **etw** ~ to obtain [*or* get] sth by begging; ***sie ließen nicht nach, bis sie sich von ihren Eltern den Kinobesuch erbettelt hatten*** they didn't give up until they had wheedled their parents into taking them to the cinema; **sich** *dat* **eine Mahlzeit** ~ to beg for a meal
er·beu·ten* [ɛɐ̯ˈbɔytn̩] *vt* ■**etw** ~ ① *(als Beute erhalten)* to get away with sth
② *(als Kriegsbeute bekommen)* to capture [*or* take] sth
③ *(als Beute fangen)* to carry off sth *sep*
Erb·fak·tor *m* hereditary factor [*or* gene] **Erb·fall** *m* JUR succession, devolution of an inheritance **Erb·feh·ler** *m* hereditary defect **Erb·feind(in)** *m(f)* arch-enemy **Erb·fol·ge** *f* JUR [line of] succession; **gesetzliche** ~ intestate succession; **vorweggenommene** ~ advance settlement of rights of succession; **die** ~ **aufheben** to dock the entail; **jdn von der** ~ **ausschließen** to bar sb from succession
Erb·gut *nt kein pl* genotype, genetic make-up
Erb·gut·ana·ly·se [ˈɛrbguːtanalyːzə] *f* MED genotype analysis **Erb·gut·schä·den** *pl* genetic abnormality **erb·gut·schä·di·gend** *adj* genetically harmful
er·bie·ten* *vr irreg (geh)* ■**sich** *akk* ~**, etw zu tun** to offer [*or* volunteer] to do sth
Er·bin <-, -nen> [ˈɛrbɪn] *f fem form von* **Erbe** heiress
Erbin·for·ma·ti·on *f* genetic information
er·bit·ten* *vt irreg (geh)* ■**etw** [**von jdm**] ~ to ask for [*or form* request] sth [from sb]
er·bit·tern* [ɛɐ̯ˈbɪtɐn] *vt* ■**jdn** ~ to enrage [*or* incense] sb
er·bit·tert I. *adj* bitter; ~**en Widerstand leisten** to put up a bitter resistance; ~**e Gegner** bitter opponents
II. *adv* bitterly; ***sie wehrten sich ~ bis zu ihrem Untergang*** they fought to the bitter end
Er·bit·te·rung <-> *f kein pl* ① *(entschlossene Wut)* bitterness
② *(selten: Heftigkeit)* fierceness
Er·bi·um <-s> [ˈɛrbi̯ʊm] *nt kein pl* CHEM erbium
Erb·krank·heit *f* hereditary disease
er·blas·sen* [ɛɐ̯ˈblasn̩] *vi sein (erbleichen)* ■[**vor etw** *dat*] ~ to go [*or* turn] pale [with sth]; ***sie erblasste vor Schreck*** she turned pale with fright; ■**jdn** ~ **lassen** to make sb go [*or* turn] pale
Erb·las·ser(in) <-s, -> [ˈɛrplasɐ] *m(f)* JUR testator
Erb·last *f (fig: Hinterlassenschaft)* legacy; ***der radioaktive Müll ist eine gefährliche*** ~ radioactive waste is a dangerous legacy
er·blei·chen* *vi sein (geh)* ■[**vor etw** *dat*] ~ to go [*or* turn] pale [with sth]; ***er erbleichte vor Zorn*** he turned pale with anger
erb·lich [ˈɛrplɪç] **I.** *adj* hereditary; **eine** ~**e Krankheit** a hereditary disease
II. *adv* by inheritance; ~ **weitergeben** to pass on as a hereditary condition; ***Krampfadern sind ~ bedingt*** varicose veins are inherited; ~ **belastet** MED having a hereditary disease; ~ [**vor**]**belastet sein** *(hum)* to run in the family
er·bli·cken* *vt (geh)* ① *(plötzlich sehen)* ■**jdn/etw** ~ to see [*or* catch sight of] [*or* spot] sb/sth
② *(fig: erkennen)* ■ **in jdm/etw etw** ~ to see sb/sth as sth
er·blin·den* [ɛɐ̯ˈblɪndn̩] *vi sein* ■[**von etw** *dat/* **durch etw** *akk*] ~ to go blind [as a result of sth]
Er·blin·de·te(r) *f(m) dekl wie adj* blind person
Er·blin·dung <-, -en> *f* loss of sight; **die** ~ **auf einem Auge** the loss of sight in one eye; **zur** ~**/zu einer bestimmten** ~ **führen** to lead to blindness/to a certain type of blindness
er·blü·hen* *vi sein (geh)* to bloom [*or* blossom]; ***der Kirschbaum war voll erblüht*** the cherry tree was in full blossom
Erb·mas·se *f* genotype, genetic make-up **Erb·nach·lass·steu·er**[RR] *f* FIN estate duty **Erb·on·kel** *m (hum fam)* rich uncle *hum fam*
er·bo·sen* [ɛɐ̯ˈboːzn̩] **I.** *vt (geh: wütend machen)* ■**jdn** ~ to anger [*or* infuriate] sb; ■**erbost** [**über jdn/etw**] **sein** to be furious [*or* infuriated] [with sb/about sth]
II. *vr (geh: wütend werden)* ■**sich** *akk* **über jdn/etw** ~ to become furious [*or* infuriated] with sb/about sth
er·bost [ɛɐ̯ˈboːst] *adj* furious, infuriated
Erb·pacht *f* hereditary lease **Erb·pacht·recht** *nt* JUR right of inheritable tenancy
er·bre·chen¹ *irreg* **I.** *vt (ausspucken)* ■**etw** ~ to bring up sth *sep*; **etw bis zum E~ tun** *(pej fam)* to do sth ad nauseam; ***ich habe mir deine ewigen Klagen bis zum E~ mit anhören müssen!*** I'm absolutely sick of listening to your constant moaning; **etw ist zum E~** *(fam)* sth is disgusting [*or* revolting]
II. *vi (den Mageninhalt erbrechen)* to throw up *sl*
III. *vr (sich übergeben)* ■**sich** *akk* ~ to be sick; ***ich muss mich ~!*** I'm going to be sick!
er·bre·chen*² *irreg vt (geh o veraltet)* ■**etw** ~ to break open sth *sep*; **ein Türschloss** ~ to force a lock
Erb·recht *nt* law of inheritance **Erb·rechts·fra·ge** *f* inheritance matter
er·brin·gen* *vt* ■**etw** ~ *irreg* ① *(aufbringen)* to raise sth; **eine hohe Leistung** ~ to perform well
② FIN *(als Erlös erzielen)* to raise sth
③ *(als Resultat zeitigen)* to produce [*or* yield] sth
④ JUR *(beibringen)* to produce sth
Er·brin·gung <-> *f* performance; ~ **von Dienstleistungen** performance of services
Er·bro·che·ne(s) *nt dekl wie adj* vomit
Erb·scha·den *m* MED hereditary defect
Erb·schaft <-, -en> [ˈɛrpʃaft] *f* inheritance; **eine** ~ **machen** to come into an inheritance
Erb·schafts·an·nah·me *f* JUR acceptance of an inheritance **Erb·schafts·an·spruch** *m* JUR claim to an inheritance **Erb·schafts·an·teil** *m* share in the inheritance; **gleicher** ~ coparceny **Erb·schafts·aus·schla·gung** *f* JUR renunciation of inheritance, disclaimer [of an estate] **Erb·schafts·ge·gen·stän·de** *pl* items of property in the estate; **bewegliche/unbewegliche** ~ corporeal/incorporeal hereditaments **Erb·schafts·kla·ge** *f* JUR inheritance suit
Erb·schaft(s)·steu·er *f* estate [*or* death] duty [*or* duties], inheritance tax, death tax AM **Erb·schafts·steu·er·ver·an·la·gung** *f* FIN assessment for inheritance tax [*or* estate duty]
Erb·schafts·über·gang *m* JUR devolution of an estate **Erb·schaft(s)- und Schen·kungs·steu·er** *f* JUR, POL estate, inheritance and gift taxes *pl* **Erb·schafts·ver·fah·ren** *nt* JUR probate proceedings *pl* **Erb·schafts·ver·wal·ter(in)** *m(f)* JUR executor
Erb·schein *m* JUR grant of probate, certificate of inheritance; **jdm einen** ~ **ausstellen** to grant probate of will, to issue sb with a certificate of inheritance
Erb·schein·er·tei·lung *f* JUR granting of probate
Erb·schlei·cher(in) <-s, -> *m(f) (pej)* legacy-hunter *pej*
Erb·schlei·che·rei *f* legacy-hunting
Erb·se <-, -n> [ˈɛrpsə] *f* pea; **gelbe** ~ yellow pea
erb·sen·groß *adj* pea-size, the size of a pea **Erb·sen·sup·pe** *f* pea soup **Erb·sen·zäh·ler(in)** *m(f)* *(pej sl)* pedant
Erb·sen·zäh·le·rei <-, -en> *f (pej fam)* bean counting *fam*
Erb·stück *nt* heirloom
Erb·sub·stanz [ˈɛrbzʊpstants] *f* BIOL genome **Erb·sün·de** *f* REL original sin **Erb·tan·te** *f (hum fam)* rich aunt *hum fam*
Erb·teil *nt* ① JUR *(Anteil an einer Erbschaft)* share of an inheritance ② MED, PSYCH *(Veranlagung)* inherited trait [*or* characteristics] **Erb·teils·über·tra·gung** *f* JUR conveyance of an estate
Erb·ver·mö·gen *nt* JUR estate **Erb·ver·trag** *m* JUR contract of inheritance **Erb·ver·zicht** *m* JUR relinquishment of an inheritance, disclaimer [of an estate]
Erd·ach·se [ˈeːɐ̯taksə] *f* earth's axis
er·dacht [ɛɐ̯ˈdaxt] *adj* invented, made-up
Erd·al·ter·tum *nt* GEOL Palaeozoic [*or* AM Paleozoic] [era] **Erd·an·zie·hung** *f kein pl* gravitational pull of the earth **Erd·ap·fel** *m* SÜDD, ÖSTERR *(Kartoffel)* potato **Erd·ar·bei·ten** *pl* excavation work **Erd·ar·bei·ter(in)** *m(f) im Bahn- und Straßenbau* navvy BRIT, ditchdigger **Erd·at·mo·sphä·re** *f* earth's atmosphere
er·dau·ern *vt* SCHWEIZ ■**etw** ~ ① *(gründlich prüfen)* to consider [*or* examine] sth thoroughly
② *(durch Warten verdienen)* to have one's patience rewarded by sth
Erd·aus·hub *m* BAU excavation
Erd·bahn *f* Earth's orbit **Erd·bahn·kreu·zer** *m* ASTRON asteroid that crosses the orbit of the Earth
Erd·ball *m (geh) s.* **Erdkugel**
Erd·be·ben *nt* earthquake
erd·be·ben·ge·fähr·det *adj Gebiet* earthquake-prone **Erd·be·ben·herd** *m* seismic focus centre [*or* AM -er] **erd·be·ben·si·cher** *adj* earthquake-proof **Erd·be·ben·vor·her·sa·ge** *f* earthquake forecast **Erd·be·ben·war·te** *f* seismological station
Erd·bee·re [ˈeːɐ̯tbeːrə] *f* ① *(Pflanze und Frucht)* strawberry
② *(Erdbeereis)* strawberry ice cream
erd·beer·far·ben *adj* strawberry-coloured [*or* AM -ored] **Erd·beer·si·rup** *m* strawberry syrup
Erd·be·schleu·ni·gung *f* acceleration of free fall [*or* gravity] **Erd·be·stat·tung** *f* burial, interment **Erd·be·völ·ke·rung** *f* population of the earth, earth's population **Erd·be·we·gung** *f* motion of the earth in its orbit **Erd·be·woh·ner(in)** *m(f)* inhabitant of the earth **Erd·bo·den** *m* ground; **etw dem** ~ **gleichmachen** to raze sth to the ground; **als hätte ihn/sie der** ~ **verschluckt** as if the earth had swallowed him/her up
Er·de <-, -n> [ˈeːɐ̯də] *f* ① *kein pl (Welt)* earth; **der Planet** ~ the planet Earth; **auf der ganzen** ~ in the whole world; **auf der ganzen** ~ **bekannt** known throughout the world
② *(Erdreich)* earth, soil; **in fremder/heimatlicher** ~ **ruhen** *(geh)* to be buried in foreign/one's native soil *form*
③ *(Grund, Boden)* ground; **auf der** ~ on the ground; **zu ebener** ~ at street level; [**mit etw** *dat*] **unter die** ~ **gehen** BAU to build sth below ground; **etw aus der** ~ **stampfen** *(fam)* to produce sth out of thin air *fam*; ***die neuen Wohnblocks wurden in einem Jahr buchstäblich aus der ~ gestampft*** the new blocks of flats were literally thrown up in a year
④ *(Art des Bodens)* soil; **feuchte/fruchtbare** ~ damp/fertile soil
⑤ ELEK *(Erdung)* earth
⑥ CHEM earth; **seltene** ~**n** rare earths
▸ WENDUNGEN: **jdn unter die** ~ **bringen** to be the death of sb
er·den [ˈeːɐ̯dn̩] *vt* ELEK ■**etw** ~ to earth sth
Er·den·bür·ger(in) *m(f)* mortal; **ein neuer** ~ *(hum)* a new member of the human race *hum*
er·den·ken* *vt irreg* ■**etw** ~ to devise [*or* think up] sth
er·denk·lich *adj attr (nur denkbar)* conceivable, imaginable; [**jdm**] **alles** ~ **Gute/Schlechte/Böse** [**wünschen**] [to wish sb] all the very best/every conceivable misfortune/ill; **alles E~e tun** to do everything conceivable [*or* imaginable]
Erd·er·kun·dung *f* reconnaissance of the Earth [from space] **erd·far·ben** *adj* earth-coloured [*or* AM

-ored] **Erd·fer·kel** *nt* ZOOL aardvark **Erd·funk·stel·le** *f* ground radio station
Erd·gas *nt* natural gas **Erd·gas·ge·win·nung** *f* gas production **Erd·gas·lei·tung** *f* [natural] gas pipeline **Erd·gas·ver·sor·gung** *f kein pl* gas supply
Erd·geist *m* earth spirit **Erd·ge·ruch** *m* earthy smell **Erd·ge·schich·te** *f kein pl* geological history, history of the earth **erd·ge·schicht·lich** **I.** *adj attr* geological **II.** *adv* geologically **Erd·ge·schoss**RR *nt* ground [*or* AM first] floor; **im ~** on the ground [*or* AM first] floor **Erd·hau·fen** *m* mound of earth
Erd·hörn·chen *nt* ZOOL ground squirrel
er·dich·ten* *vt* (*geh*) ■**etw ~** to fabricate sth, to make sth up *sep*
er·dig ['e:ɐ̯dɪç] **I.** *adj* ❶ (*nach Erde riechend/schmeckend*) earthy
❷ (*mit Erde beschmutzt*) muddy
II. *adv* earthily; **~ schmecken** to have an earthy taste
Erd·in·ne·re(s) *nt dekl wie adj* interior [*or* bowels] of the earth *npl* **Erd·ka·bel** *nt* underground cable **Erd·kar·te** *f* map of the earth **Erd·kern** *m* earth's core **Erd·klum·pen** *m* clod of earth **Erd·kreis** *m* [entire] world, globe **Erd·krö·te** *f* ZOOL common toad **Erd·krus·te** *f* earth's crust **Erd·ku·gel** *f* globe, world **Erd·kun·de** *f* geography **erd·kund·lich** *adj* geographical **Erd·ma·gne·tis·mus** *m* geomagnetism, terrestrial magnetism **Erd·männ·chen** ['e:ɐ̯tmɛnçən] *nt* ZOOL meerkat **Erd·man·tel** *m* mantle **Erd·mit·tel·al·ter** *nt* GEOL Mesozoic [era] **Erd·mit·tel·punkt** *m* centre of the earth **erd·nah** **I.** *adj* close to the Earth *pred* **II.** *adv* close to the Earth; **~ stationierter Satellit** satellite in low earth orbit
Erd·nussRR *f* (*Pflanze und Frucht*) peanut
Erd·nuss·but·terRR *f* peanut butter **Erd·nuss·öl**RR *nt* peanut oil
Erd·ober·flä·che *f* earth's surface, surface of the earth **Erd·öl** *nt* oil, petroleum; **~ exportierende Länder** oil-exporting countries
er·dol·chen* [ɛɐ̯'dɔlçn̩] *vt* (*geh*) ■**jdn ~** to stab sb [to death]
Erd·öl·em·bar·go *nt* oil embargo **erd·öl·ex·por·tie·rend** *adj attr s.* **Erdöl** **Erd·öl·ge·biet** *nt* oil field **Erd·öl·ge·win·nung** *f* oil production **Erd·öl·in·dus·trie** *f* oil industry **Erd·öl·lei·tung** *f* oil pipeline **Erd·öl·raf·fi·ne·rie** *f* oil refinery **Erd·öl·ver·ar·bei·tung** *f* processing of crude oil **Erd·öl·vor·kom·men** *nt* oil deposit **Erd·öl·zo·ne** *f* oil belt
Erd·reich *nt* earth, soil
er·dreis·ten* [ɛɐ̯'draɪstn̩] *vr* ■**sich** *akk* **~** to take liberties; ***was erdreistest du dich?*** how dare you!; ■**sich** *akk* **~, etw zu tun** to have the audacity to do sth
Erd·rin·de *f s.* **Erdkruste**
er·dröh·nen* *vi sein* ❶ (*dröhnend widerhallen*) ■[**von etw** *dat*] **~** to resound [with sth]; ***die ganze Disko erdröhnte von dem Lärm*** the whole disco resounded with the noise
❷ (*dröhnen*) *Lautsprecher* to boom; *Wand, Decke* to resound
er·dros·seln* *vt* ■**jdn ~** to strangle [*or* throttle] sb
Er·dros·sel·te(r) *f(m) dekl wie adj* strangled person
Er·dros·se·lungs·steu·er *f* FIN prohibition tax
er·drü·cken* *vt* ❶ (*zu Tode drücken*) ■**jdn/ein Tier ~** to crush sb/an animal to death
❷ (*fam: Eigenständigkeit nehmen*) ■**jdn** [**mit etw** *dat*] **~** to stifle sb [with sth]; ***merkst du nicht, dass du dein Kind mit deiner Liebe fast erdrückst?*** can't you see that you're almost stifling the child with love
❸ (*sehr stark belasten*) ■**jdn ~** to overwhelm sb; ***die Schulden drohten ihn zu ~*** he's up to his ears in debts
er·drü·ckend *adj* overwhelming; **~e Beweise** overwhelming evidence
Erd·rutsch *m* (*fig a.: überwältigender Wahlsieg*) landslide **erd·rutsch·ar·tig** *adj* landslide; **ein ~er Wahlsieg** a landslide election victory **Erd·rutsch·sieg** *m* landslide victory
Erd·sa·tel·lit *m* earth satellite **Erd·schat·ten** *m* shadow of the earth **Erd·schicht** *f* ❶ (*eine Schicht Erde*) layer of earth ❷ GEOL stratum **Erd·schol·le** *f* clod [of earth] **Erd·spal·te** *f* crevice **Erd·spross**RR *m* BOT underground shoot **Erd·sta·ti·on** *f* ground station **Erd·stoß** *m* seismic shock **Erd·strah·len** *pl* lines *pl* of energy **Erd·strom** *m* PHYS earth current **Erd·teil** *m* continent **Erd·tra·bant** *m* satellite of the Earth, moon
er·dul·den* *vt* ■**etw** [**von jdm**] **~** *Kränkungen, Leid* to endure [*or* suffer] sth [from sb]
Erd·um·dre·hung *f* rotation [*or* revolution] of the earth **Erd·um·fang** *m* circumference of the earth **Erd·um·krei·sung** *f* orbit around the earth
Erd·um·lauf *m* revolution of the earth **Erd·um·lauf·bahn** *f* [earth] orbit
Erd·um·se·ge·lung *f* sailing round the world, circumnavigation of the earth
Er·dung <-, -en> *f* ELEK ❶ (*das Erden*) earthing [*or* AM grounding]
❷ (*Strom leitende Verbindung*) earth
Erd·wall *m* earth embankment **Erd·wär·me** *f* geothermal heat **Erd·zeit·al·ter** *nt* geological era
er·ei·fern* *vr* ■**sich** *akk* [**über etw** *akk*] **~** to get excited [*or* worked up] [about [*or* over] sth]
er·eig·nen* [ɛɐ̯'ʔaignən] *vr* ■**sich** *akk* **~** to occur [*or* happen]
Er·eig·nis <-ses, -se> [ɛɐ̯'ʔaignɪs, *pl* -nɪsə] *nt* event, occurrence, incident; (*etw Besonderes*) occasion; **der Gang der ~se** the course of events; **das ~ des Jahrhunderts** the event of the century; **bedeutendes/historisches ~** important/historical incident; **ein freudiges ~** a happy event; **unabwendbares ~** unavoidable accident, inevitable event
er·eig·nis·los **I.** *adj* uneventful
II. *adv* uneventfully
Er·eig·nis·pro·gramm *nt* programme [*or* AM -am] of events **er·eig·nis·reich** *adj* eventful, a life full of incident
er·ei·len* *vt* (*geh*) ■**jdn ereilt etw** sth overtakes sb *form*; ***plötzlich ereilte ihn der Tod*** he was suddenly overtaken by death
erek·til [erɛk'ti:l] *adj inv* ANAT (*fachspr*) *Organ, Gewebe* erectile
Erek·ti·on <-, -en> [erɛk'tsi̯o:n] *f* erection; **eine ~ haben** to have an erection **Erek·ti·ons·stö·rung** *f* erectile dysfunction
Ere·mit(in) <-en, -en> [ere'mi:t] *m(f)* hermit
er·fah·ren1 [ɛɐ̯'fa:rən] *irreg* **I.** *vt* ❶ (*zu hören bekommen*) ■**etw** [**von jdm**] [**über jdn/etw**] **~** *Nachricht, Neuigkeit etc.* to hear [*or* find out] sth [from sb] [about sb/sth]; ■**etw ~** to learn of sth; ***darf man Ihre Absichten ~?*** might we enquire as to your intentions?
❷ (*geh: erleben*) ■**etw ~** to experience sth; ***in seinem Leben hat er viel Liebe ~*** he experienced a lot of love in his life
❸ (*geh: mit sich geschehen lassen*) ■**etw ~** to undergo sth
II. *vi* (*Kenntnis erhalten*) ■**von etw** *dat*/**über etw** *akk* **~** to learn of [*or* about] sth
er·fah·ren2 [ɛɐ̯'fa:rən] *adj* (*versiert*) experienced; ■[**in etw** *dat*/**auf einem Gebiet**] **~ sein** to be experienced [in sth/in a field]
Er·fah·ren·heit <-> *f kein pl* (*geh*) experience
Er·fah·rung <-, -en> *f* ❶ (*prägendes Erlebnis*) experience; ***ich bin wieder um eine ~ reicher!*** I'm the wiser for it!; ■**jds ~en mit jdm/etw** sb's experience of sb/sth; **die/diese ~ machen**[**, dass ...**] to have the/that experience [of ...]; **die ~ machen, dass ...** to find that ...; [**seine**] **~en machen** [*o* **sammeln**] to gain experience [for oneself]; **nach meiner ~** in my experience
❷ (*Übung*) experience; **jahrelange ~** years of experience; **aus ~ sprechen** to speak from experience; **mit** [**entsprechender**] **~** with [the appropriate] experience
❸ (*Kenntnis*) **etw in ~ bringen** to learn [*or sep* find out] sth
▸WENDUNGEN: **durch ~ wird man klug** (*prov*) one learns by experience
Er·fah·rungs·aus·tausch *m* exchange of experiences **Er·fah·rungs·be·richt** *m* report of one's experiences **er·fah·rungs·ge·mäß** *adv* in sb's experience; **~ *ist ...*** experience shows that ... **Er·fah·rungs·ho·ri·zont** *m* experience horizon **Er·fah·rungs·wert** *m meist pl* empirical value
er·fass·barRR, **er·faß·bar**ALT *adj* ❶ (*begreifbar*) conceivable
❷ (*zu ermittelnd*) ascertainable, detectable
er·fas·sen* *vt* ❶ (*mitreißen*) ■**etw/jdn ~** *Auto, Strömung* to catch sth/sb
❷ (*befallen*) ■**jdn ~** to seize sb; ***sie wurde von Furcht erfasst*** she was seized by fear; ***eine tiefe Traurigkeit erfasste ihn*** he was overcome with great sadness
❸ (*begreifen*) ■**etw ~** to understand [*or* grasp] sth; ***genau, du hast's erfasst!*** exactly, you've got it!
❹ ADMIN (*registrieren*) ■**etw ~** to record sth; **etw statistisch ~** to record sth statistically
❺ INFORM (*eingeben*) ■**etw ~** to capture sth; **etw erneut ~** to recapture sth; *Daten, Text* to enter sth
Er·fas·sung <-, -en> *f* ❶ ADMIN (*Registrierung*) recording ❷ INFORM (*das Erfassen*) *Daten, Text* entry
Er·fas·sungs·be·reich *m* scope
er·fin·den* *vt irreg* ■**etw ~** ❶ (*neu hervorbringen*) to invent sth
❷ (*erdichten*) to invent [*or sep* make up] sth; **frei erfunden sein** to be completely fictitious
Er·fin·der(in) [ɛɐ̯'fɪndɐ] *m(f)* inventor
Er·fin·der·ei·gen·schaft *f* inventorship, inventive skill **Er·fin·der·geist** *m kein pl* inventive genius
Er·fin·de·rin <-, -nen> [ɛɐ̯'fɪndərɪn] *f fem form von* **Erfinder**
er·fin·de·risch [ɛɐ̯'fɪndərɪʃ] *adj* inventive; *s. a.* **Not**
Er·fin·der·nen·nung *f* identification of the inventor **Er·fin·der·nen·nungs·prin·zip** *nt* first-to-invent system
Er·fin·der·schein *m* inventor's certificate **Er·fin·der·schutz** *m* JUR protection of inventors **Er·fin·der·ver·gü·tungs·sys·tem** *nt* FIN inventor award system
Er·fin·dung <-, -en> *f* ❶ *kein pl* (*das Erfinden*) invention; **eine ~ machen** to invent sth
❷ (*etwas Erfundenes*) invention; **Recht an der ~** right to exploit the invention; **eine sensationelle ~** a sensational invention; **eine ~ zum Patent anmelden** to file a patent application for an invention; **eine ~ patentieren lassen** to take out a patent for an invention
❸ (*Erdichtung, Lüge*) fabrication, fiction; ***das Ganze ist doch reine ~!*** the whole lot is pure fiction!
Er·fin·dungs·ga·be *f* inventiveness **Er·fin·dungs·ge·dan·ke** *m* inventive idea **Er·fin·dungs·ge·gen·stand** *m* subject matter of the invention **Er·fin·dungs·hö·he** *f* JUR (*Patentrecht*) level of invention, inventive level; **Einspruch wegen mangelnder ~** allegation of obviousness **Er·fin·dungs·pa·tent** *nt* patent for an invention **Er·fin·dungs·reich·tum** *m* ingenuity, invention, inventiveness **Er·fin·dungs·wert** *m* JUR invention value
er·fle·hen* *vt* (*geh*) ■**etw** [**von jdm**] **~** to beg [*or liter* beseech] [sb] for sth
Er·flie·gen <-s> *nt kein pl* **~ eines Leitstrahls** bracketing
Er·folg <-[e]s, -e> [ɛɐ̯'fɔlk, *pl* -fɔlgə] *m* ❶ (*positives Ergebnis*) success; **~ versprechend** promising; **etw ist ein voller** [*o* **durchschlagender**] **~** sth is a complete success; **etw als ~ buchen** [*o* **verbuchen**] to chalk sth up as a success; **~** [**mit etw** *dat*] **haben** to be successful [with sth]; **~ bei jdm haben** to have success [*or* be successful] with sb; **mit ~** successfully; **viel ~!** good luck!; **keinen ~** [**mit etw** *dat*/**bei jdm**] **haben** to have no success [*or* be unsuccessful] [with sth/sb]; **ohne ~** without success, unsuccessfully
❷ (*Folge*) result, outcome; **mit dem ~, dass ...** with the result that ...

E

er·fo̱l·gen* *vi sein (geh)* to occur, to take place; ***bisher ist auf meine Anfrage keine Antwort erfolgt*** so far there has been no reply to my enquiry

er·folg·los [ɛɐ̯ˈfɔlkloːs] *adj* ❶ *(ohne Erfolg)* unsuccessful, without success
❷ *(vergeblich)* futile; **unsere ~en Bestrebungen** our futile efforts

E̱r·folg·lo·sig·keit <-> *f kein pl* ❶ *(mangelnder Erfolg)* lack of success
❷ *(Vergeblichkeit)* futility; ***sie sah die ~ ihrer Bestrebungen*** she saw the futility of her efforts; [**etw ist**] **zur ~ verdammt** [sth is] condemned to failure

e̱r·folg·reich *adj* successful

er·fo̱lgs·ab·hän·gig *adj* performance-related **Er·fo̱lgs·an·teil·sys·tem** *nt* FIN bonus [*or* profit-sharing] system **E̱r·folgs·aus·sich·ten** *pl* prospects *pl* of success **Er·fo̱lgs·au·tor(in)** *m(f)* successful [*or* best-selling] author **E̱r·folgs·bi·lanz** *f* success record **Er·fo̱lgs·de·likt** *nt* JUR objective crime **E̱r·folgs·den·ken** <-s> *nt kein pl* positive thinking **Er·fo̱lgs·druck** *m kein pl* performance pressure **Er·fo̱lgs·er·leb·nis** *nt* PSYCH sense of achievement; **ein ~ haben** to have a sense of achievement; **etw ist ein ~** sth is an achievement **Er·fo̱lgs·ge·heim·nis** *nt* secret of [*or* to] success **Er·fo̱lgs·ge·schich·te** *f* success story **Er·fo̱lgs·haf·tung** *f* JUR strict liability **Er·fo̱lgs·ho·no·rar** *nt* contingent fee **Er·fo̱lgs·in·di·ka·tor** *m* FIN performance indicator **Er·fo̱lgs·kom·po·nen·te** *f* FIN performance component **Er·fo̱lgs·kon·trol·le** *f* ÖKON performance review; FIN cost-revenue control **Er·fo̱lgs·mel·dung** *f* news of success *no pl, no indef art* **Er·fo̱lgs·mensch** *m* successful person **Er·fo̱lgs·ort** *m* JUR place of performance **E̱r·folgs·re·zept** *nt (fam)* recipe for success

er·fo̱lgs·ver·wöhnt *adj* spoilt by success *pred*

er·fo̱lg·ver·spre·chend *adj* promising; **äußerst ~ sein** to be extremely promising; **wenig ~ sein** to promise little

er·for·der·lich [ɛɐ̯ˈfɔrdɐlɪç] *adj* ❶ *(notwendig)* necessary; ■**es ist ~, dass ...** it is necessary that ...; **etw ~ machen** to make sth necessary; **alles E~e veranlassen** to do everything necessary [*or* required]
❷ *(bereitzustellend)* necessary; **die ~en Mittel** the necessary resources

er·fo̱r·dern* *vt* ■**etw ~** to require sth

Er·for·der·nis [ɛɐ̯ˈfɔrdɐnɪs] *f* JUR requirement; **gesetzliche/zwingende ~se** legal formalities/binding requirements; **technische ~se** technical requirements; **den ~sen entsprechen** to conform to [*or* satisfy] the requirements; **allen ~sen genügen** to meet all requirements

er·fo̱r·schen* *vt* ■**etw ~** ❶ *(durchstreifen und untersuchen)* to explore sth
❷ *(prüfen)* to investigate sth; **sein Gewissen ~** to examine one's conscience

Er·fo̱r·schung *f* ❶ *(das Erforschen)* exploration
❷ *(das Prüfen)* investigation

er·fra̱·gen* *vt* ■**etw** [**von jdm**] **~** to ask [sb] about sth, to enquire [about] sth [from [*or form* of] sb]; **den Weg ~** to ask the way; **Einzelheiten ~** to obtain [*or form* ascertain] details

er·freu̱·en* **I.** *vt (freudig stimmen)* ■**jdn ~** to please [*or* delight] sb
II. *vr* ❶ *(Freude haben)* ■**sich** *akk* **an etw** *dat* **~** to enjoy [*or* take pleasure in] sth
❷ *(geh: genießen)* ■**sich** *akk* **einer S.** *gen* **~** to enjoy sth, to take pleasure in sth

er·freu·lich [ɛɐ̯ˈfrɔylɪç] **I.** *adj Anblick* pleasant; *Nachricht* welcome; ***das ist wirklich ~!*** that's really nice!; ■**es ist/wäre ~, dass/falls/wenn ...** it is/would be nice [*or* good] that/if ...; **etw ist alles andere als ~** sth is not welcome news by any means; **wie ~!** how nice!
II. *adv* happily; ***an meinem Vortrag hat sie ~ wenig kritisiert*** fortunately enough for me she didn't criticize my paper too much

er·freu̱·li·cher·wei̱·se *adv* happily

er·freu̱t **I.** *adj* pleased, delighted (**über** +*akk* about); **ein ~er Blick** a pleased look; **sehr ~!** *(geh)* pleased to meet you!, delighted! *form*
II. *adv* delightedly

er·frie̱·ren* *vi irreg sein* ❶ *(durch Frost eingehen)* to be killed by frost
❷ *(durch Frost absterben) Gliedmaßen* to get frostbitten; ■**erfroren** frozen
❸ *(an Kälte sterben) Person/Tier* to freeze to death, to die of exposure

Er·frie̱·rung <-, -en> *f meist pl* frostbite

er·fri·schen* [ɛɐ̯ˈfrɪʃən] **I.** *vt* ■**jdn ~** ❶ *(abkühlen)* to refresh sb
❷ *(beleben)* to refresh sb
II. *vi (abkühlen)* to be refreshing
III. *vr (sich abkühlen)* ■**sich** *akk* **~** to refresh oneself

er·fri̱·schend *adj* refreshing

Er·fri̱·schung <-, -en> *f* ❶ *(Abkühlung, Belebung)* refreshment *no pl*
❷ KOCHK *(erfrischendes Getränk)* refreshment; **zur ~** as refreshments; ***zur ~ wurde eisgekühlter Tee gereicht*** iced tea was served as a refreshment

Er·fri̱·schungs·creme *f* toning cream **Er·fri̱·schungs·ge·tränk** *nt* refreshment **Er·fri̱·schungs·raum** *m* snack bar, refreshment room **Er·fri̱·schungs·stand** *m* refreshment stand [*or* BRIT *a.* stall] **Er·fri̱·schungs·tuch** *nt* tissue wipe

er·fü̱l·len* **I.** *vt* ❶ *(ausführen)* ■**etw ~** to fulfil [*or* AM *usu* -ll] [*or* carry out] sth; ***welche Funktion erfüllt sie im Betrieb?*** what is her function in the company?; ***mein altes Auto erfüllt seinen Zweck*** my old car serves its purpose
❷ *(durchdringen)* ■**jdn ~** to come over sb; ***von Ekel erfüllt wandte sie sich ab*** filled with disgust she turned away
❸ *(anfüllen)* ■**etw ~** to fill sth; ***das Giftgas erfüllte das ganze Gebäude*** the poisonous gas filled the whole building
II. *vr (sich bewahrheiten)* ■**sich** *akk* **~** to be fulfilled, to come true; ***möge sich dein Wunsch ~!*** may your wish come true!

Er·fü̱l·lung *f* ❶ JUR *(die Ausführung)* realization; *von Amtspflichten* execution; *eines Vertrages* fulfilment [*or* AM -fill-], [contract] performance; **vergleichsweise ~** accord and satisfaction; **~ einer Bedingung** fulfilment of a condition; **~ Zug um Zug** contemporaneous performance; **etw bis zur ~ einer Vertragsbedingung hinterlegen** to place sth in escrow; **in ~ einer S.** *gen (geh)* in the performance of sth
❷ *(innere Befriedigung)* fulfilment BRIT [*or* AM -fill-]; **etw geht in ~** sth is fulfilled [*or* comes true]
❸ *(Wahrwerden) von Traum* fulfilment BRIT [*or* AM -fill-]

Er·fü̱l·lungs·an·spruch *m* JUR claim to performance **Er·fü̱l·lungs·be·trug** *m* JUR fraud in the performance **Er·fü̱l·lungs·bürg·schaft** *f* JUR performance warranty **Er·fü̱l·lungs·frist** *f* JUR, ÖKON delivery time **Er·fü̱l·lungs·ge·gen·stand** *m* JUR object of performance **Er·fü̱l·lungs·ge·hil·fe, -ge·hil·fin** *m, f* JUR accomplice, vicarious agent; **sich** *akk* **zum ~n einer Person** *gen/* **einer S.** *gen* **machen** *(pej geh)* to become the instrument [*or* henchman] of a person/agent for sth *pej form* **Er·fü̱l·lungs·ge·schäft** *nt* JUR transaction in fulfilment of an obligation **Er·fü̱l·lungs·haf·tung** *f* JUR liability for performance **er·fü̱l·lungs·hal·ber** *adv* JUR on account of performance **Er·fü̱l·lungs·in·ter·es·se** *nt* JUR positive interest **Er·fü̱l·lungs·kla·ge** *f* JUR action of assumpsit **Er·fü̱l·lungs·kri·te·ri·um** *nt* JUR, ÖKON benefit [*or* performance] criterion **Er·fü̱l·lungs·man·gel** *m* JUR failure of performance **Er·fü̱l·lungs·ort** *m* JUR place of performance **Er·fü̱l·lungs·tag** *m* FIN day of performance **Er·fü̱l·lungs·ter·min** *m* JUR compliance date **Er·fü̱l·lungs·ver·wei·ge·rung** *f* JUR repudiation [of a contract] **Er·fü̱l·lungs·zeit·punkt** *m* JUR time [*or* date] of performance

er·fu̱n·den **I.** *pp von* **erfinden**
II. *adj* fictitious, made up; **frei ~** completely fictitious

Erg <-s, -> [ɛrk] *nt* PHYS erg

er·gän·zen* [ɛɐ̯ˈgɛntsn̩] *vt* ❶ *(auffüllen)* ■**etw** [**um etw** *akk*] **~** to replenish sth [with sth], to fill in sth *sep; (vollenden)* to complete sth
❷ *(vervollständigen, bereichern)* ■**etw durch etw** *akk* **~** to replenish sth with sth; **eine Sammlung durch etw** *akk* **~** to complete a collection with sth
❸ *(erweitern)* ■**etw um etw** *akk* **~** to complete sth with sth
❹ *(ausgleichen)* ■**sie ~ sich** [*o* **einander**] they complement each other [*or* one another]
❺ INFORM *(anfügen)* ■**etw ~** to append sth

er·gä̱n·zend **I.** *adj* additional; **ein ~er Satz** an additional sentence; **eine ~e Bemerkung** a further comment
II. *adv* additionally

er·gänzt **I.** *pp und 1., 2. pers. sing von* **ergänzen**
II. *adj* expanded; *Ausgabe, Liste* supplemented

Er·gän·zung <-, -en> *f* ❶ *(das Auffüllen)* replenishment
❷ *(Bereicherung, Vervollständigung)* replenishment; *einer Sammlung* completion; **zur ~ einer S.** *gen* for the completion of sth
❸ *(das Ergänzen, Hinzufügen)* supplementing
❹ *(Zusatz)* addition
❺ LING *(Objekt)* complement
❻ INFORM appendix

Er·gän·zungs·ab·ga·be *f* ❶ FIN, POL supplementary tax ❷ JUR special levy **Er·gä̱n·zungs·an·spruch** *m* JUR notice of performance **Er·gän·zungs·band** <-bände> *m* supplementary volume **Er·gän·zungs·be·scheid** *m* JUR supplementary ruling **Er·gä̱n·zungs·bi·lanz** *f* FIN supplementary statement

Er·gä̱n·zungs·fut·ter *nt* AGR feed supplement **Er·gä̱n·zungs·haus·halt** *m* ÖKON supplementary budget **Er·gän·zungs·rich·ter(in)** *m(f)* JUR substitute judge **Er·gä̱n·zungs·schöf·fe, -schöf·fin** *m, f* JUR substitute lay judge **Er·gä̱n·zungs·sta·tut** *nt* JUR by-law, bye-law **Er·gä̱n·zungs·steu·er** *f* FIN additional tax **Er·gä̱n·zungs·ur·teil** *nt* JUR supplementary judgement **Er·gä̱n·zungs·ver·trag** *m* JUR complemental agreement **Er·gän·zungs·vor·la·ge** *f* JUR amending bill **Er·gän·zungs·zu·wei·sung** *f* JUR additional grant

er·gat·tern* [ɛɐ̯ˈgatɐn] *vt (fam)* ■**etw ~** to get hold of sth *fam*

er·gau·nern* [ɛɐ̯ˈgaunɐn] *vt (fam)* ■[**sich** *dat*] **etw ~** to obtain sth by underhand [*or* dishonest] means, to scrounge sth *fam*

er·ge·ben*[1] *irreg* **I.** *vt* ❶ MATH *(ausmachen)* ■**etw** [**für jdn**] **~** to amount [*or* come] to sth [for sb]
❷ *(als Resultat haben)* ■**etw ergibt etw** sth produces sth; ***die Nachforschungen haben bisher nichts ~*** the investigations have produced nothing so far; ■**~, dass ...** to reveal that ...
II. *vr* ❶ MIL *(kapitulieren)* ■**sich** *akk* [**jdm**] **~** to surrender [to sb]
❷ *(sich fügen)* ■**sich** *akk* **in etw** *akk* **~** to submit to sth; **sich** *akk* **in sein Schicksal ~** to resign oneself to one's fate
❸ *(sich hingeben)* ■**sich** *akk* **etw** *dat* **~** to take to sth; **sich** *akk* **dem Glücksspiel ~** to take to gambling; **etw** *dat* **~ sein** to be addicted to sth
❹ *(daraus folgen)* ■**sich** *akk* **aus etw** *dat* **~** to result [*or* arise] from sth
III. *vr impers (sich herausstellen)* ■**es ergibt sich, dass ...** it transpires [*or* turns out] that ...

er·ge·ben[2] *adj* ❶ *(demütig)* humble
❷ *(treu)* devoted; **Ihr/Ihre** [**sehr**] **~er/~e ...** *(veraltend)* your [most] obedient servant *dated*

Er·ge̱·ben·heit <-> *f kein pl* ❶ *(Demut)* humility
❷ *(Treue)* devotion

Er·geb·nis <-ses, -se> [ɛɐ̯ˈgeːpnɪs, *pl* -nɪsə] *nt (Ausgang, Resultat)* result, outcome; **zu einem/keinem ~ führen** to produce a result/lead nowhere; ***die Verhandlungen führten bisher zu keinem ~*** negotiations have been inconclusive so far; **zu dem ~ führen, dass ...** to result in ...; **zu einem/keinem ~ kommen** to reach/fail to reach a conclusion; **im ~** ultimately, in the final analysis; **ohne ~** without result [*or* unsuccessful]; SPORT result

Er·ge̱b·nis·er·mitt·lung *f* determination of results

Er·geb·nis·fuß·ball *m* SPORT kill-the-clock football [*or* AM soccer]

er·geb·nis·los I. *adj* unsuccessful, without result; ~ **bleiben** to come to nothing
II. *adv* without result

Er·geb·nis·rech·nung *f* ÖKON profit and loss accounting; *(Bilanz)* profit and loss statement **Er·geb·nis·ver·bes·se·rung** *f* FIN profit [*or* performance] improvement **Er·geb·nis·ver·schlech·te·rung** *f* FIN deterioration of profits [*or* performance]

er·ge·hen* *irreg* I. *vi sein* ① *(geh: abgesandt werden)* ■[**an jdn**] ~ to be sent [to sb]
② *(offiziell erlassen)* ■**etw** ~ **lassen** to issue sth
③ *(geduldig hinnehmen)* **etw über sich** *akk* ~ **lassen** to endure sth
II. *vi impers sein (widerfahren)* ■**es ergeht jdm in einer bestimmten Weise** sb gets on in a certain way; ***und wie ist es euch im Urlaub so ergangen?*** how did you fare on your holidays?; ***wehe, du verrätst etwas, dann wird es dir schlecht ~!*** woe betide you if you reveal anything, you'll be for it then!
III. *vr haben* ① *(sich auslassen)* ■**sich** *akk* **in etw** *dat* [**gegen jdn/etw**] ~ to pour forth sth [against sb/sth]; ***er erging sich in Schmähungen*** he poured forth a tirade of abuse
② *(geh: spazieren gehen)* ■**sich** *akk* **irgendwo** ~ to go for a walk [*or* stroll] somewhere

er·gie·big [ɛɐ̯ˈgiːbɪç] *adj* ① *(sparsam im Verbrauch)* economical
② *(nützlich)* productive, fruitful

Er·gie·big·keit <-> *f kein pl (Sparsamkeit im Verbrauch)* economicalness; ***dank neuer Inhaltsstoffe konnte die ~ unseres Shampoos weiter gesteigert werden*** thanks to new ingredients our shampoo goes even further

er·gie·ßen *irreg* I. *vt (geh: verströmen)* ■**etw** ~ to pour forth sth *liter;* ■**etw über etw** *akk* ~ to pour sth over sth
II. *vr (in großer Menge fließen)* ■**sich** *akk* ~ to pour [out]; ■**sich** *akk* **in etw** *akk* ~ to pour forth [*or* out] in sth; ***der Nil ergießt sich ins Mittelmeer*** the Nile flows into the Mediterranean; ■**sich** *akk* **über jdn/etw** ~ to pour down on sb/sth; ***ein Schwall von Schimpfwörtern ergoss sich über ihn*** *(fig)* he was subjected to a torrent of abuse

er·glän·zen* *vi sein (geh)* to gleam [*or* shine]

er·glü·hen* *vi sein (geh)* ■[**vor etw** *dat*] ~ to flush [with sth]; ***sie erglühte feuerrot vor Freude*** she went bright red with joy

er·go [ˈɛrgo] *konj* ergo, therefore

Er·go·me·ter <-s, -> [ɛrgoˈmeːtɐ] *nt* MED ergometer **Er·go·no·mie** <-> [ɛrgonoˈmiː] *f kein pl* ergonomics + *sing vb* **er·go·no·misch** I. *adj* ergonomic II. *adv* ergonomically **Er·go·the·ra·peut(in)** <-en, -en> [ɛrgoteraˈpɔyt] *m(f)* occupational therapist, ergotherapist **Er·go·the·ra·pie** [ˈɛrgoterapiː] *f* occupational therapy, ergotherapy

er·göt·zen* [ɛɐ̯ˈgœtsn̩] I. *vt (geh: vergnügen)* ■**jdn** ~ to amuse sb; **zu jds E~** to sb's amusement [*or* delight]
II. *vr (sich vergnügen)* ■**sich** *akk* [**an etw** *dat*] ~ to take delight [in sth], to derive pleasure [from sth]

er·grau·en* *vi sein (grauhaarig werden)* to turn [*or* go] grey

er·grei·fen* *vt irreg* ① *(fassen)* ■**etw** ~ to grab [*or* seize] sth
② *(dingfest machen)* ■**jdn** ~ to apprehend sb
③ *(übergreifen)* ■**etw** ~ *Feuer* to engulf sth
④ *(fig: wahrnehmen)* ■**etw** ~ to seize sth
⑤ *(in die Wege leiten)* ■**etw** ~ to take sth; ***es müssen dringend Maßnahmen ergriffen werden*** measures must urgently be taken!
⑥ *(gefühlsmäßig bewegen)* ■**jdn** ~ to seize sb; *(Angst)* to grip sb

er·grei·fend *adj* moving, touching

Er·grei·fung <-, -en> *f* ① *(Festnahme)* capture
② *(Übernahme)* seizure

er·grif·fen [ɛɐ̯ˈgrɪfn̩] *adj* moved, touched

Er·grif·fen·heit <-> *f kein pl* emotion

er·grün·den* *vt* ■**etw** ~ to discover [*or* unearth] [*or form* ascertain] sth; *(verstehen)* to fathom sth [out]

Er·guss^RR <-es, Ergüsse>, **Er·guß**^ALT <-sses, Ergüsse> *m* ① *(Ejakulation)* ejaculation; **vorzeitiger** ~ premature ejaculation; **einen ~ haben** to have an ejaculation
② MED bruise

er·ha·ben [ɛɐ̯ˈhaːbn̩] *adj* ① *(feierlich stimmend) Gedanken* lofty; *Anblick* awe-inspiring; *Augenblick* solemn; *Schönheit* sublime
② *(würdevoll)* illustrious
③ TYPO *(die Fläche überragend)* embossed
④ *(über etw stehend)* ■**über etw** *akk* ~ **sein** to be above [*or* beyond] sth; **über jede Kritik/jeden Vorwurf ~ sein** to be above [*or* beyond] criticism/reproach

Er·ha·ben·heit <-> *f kein pl* grandeur; *eines Augenblicks* solemnity; *von Schönheit* sublimity

Er·halt <-[e]s> *m kein pl (geh)* ① *(das Bekommen)* receipt; **zahlbar bei ~** payable on receipt; **den ~ von etw** *dat* **bestätigen** *(geh)* to confirm receipt of sth; **nach/vor ~ einer S.** *gen* on/before receipt of sth
② *(das Aufrechterhalten)* maintenance; **der ~ der Macht** the maintenance of power

er·hal·ten* *irreg* I. *vt* ① *(bekommen)* ■**etw** [**von jdm**] ~ to receive sth [from sb]; *Antwort, Brief, Geschenk* receive; *Befehl* to be issued with [*or* receive]; **den Auftrag ~, etw zu tun** to be given [*or* assigned] the task of doing sth; **eine Nachricht** ~ to receive [*or* get] a message; **einen Orden** ~ to be decorated
② *(erteilt bekommen)* ■**etw** [**für etw** *akk*] ~ to receive sth [for sth]; **ein Lob/eine Rüge/eine Strafe** [**für etw** *akk*] ~ to be praised/reprimanded/punished [for sth]; **einen neuen Namen** ~ to be given a new name [*or* renamed]; ***er erhielt 3 Jahre Gefängnis*** he got [*or* was sentenced to] 3 years in prison; ■**etw** [**von jdm**] ~ *Aufenthaltsgenehmigung, Erlaubnis* to be granted sth [by sb]
③ *(eine Vorstellung gewinnen)* **einen Eindruck** [**von jdm/etw**] ~ to gain an impression [of sb/sth]
④ *(bewahren)* ■**etw** ~ to maintain sth; *Vitamine/Wirkstoffe* to retain; [**durch etw** *akk*] ~ **bleiben** to be preserved [by sth]; ■[**sich** *dat*] **etw** ~ to keep sth; ***ich sehe, du hast dir deinen Optimismus ~*** I see you're still an optimist
⑤ BAU *(bewahren)* ■**etw** ~ to preserve sth; ■**etw ist** ~ sth is preserved; **gut ~ sein** *(hum fam)* to be well-preserved *hum fam;* [**durch etw** *akk*] ~ **bleiben** to remain preserved [by means of sth]; **jdm ~ bleiben** to be with sb; *(iron)* to be with sb, to not lose sb
⑥ *(ausgestattet werden)* **eine andere** [*o* **neue**] **Fassung** ~ to be adapted [*or* reworked]
II. *vr* ① *(sich halten)* ■**sich** *akk* **irgendwie** ~ to keep [oneself] in a certain way; **sich gesund** ~ to keep [oneself] healthy
② *(bewahrt bleiben)* ■**sich** *akk* ~ to remain preserved

er·hält·lich [ɛɐ̯ˈhɛltlɪç] *adj* obtainable; ■**irgendwo/bei jdm ~ sein** to be obtainable/from sb somewhere; ***wissen Sie, bei welcher Firma dieser Artikel ~ ist?*** do you know which company stocks this article?; ***„jetzt ~!"*** "out now!" BRIT, "now available!"

Er·hal·tung *f kein pl* ① *(das Erhalten)* preservation, maintenance
② *(Aufrechterhaltung)* maintenance
③ *(Versorgung)* support; ***sein Lohn reichte nicht aus für die ~ der Großfamilie*** his wage was not enough to support his large family

Er·hal·tungs·auf·wand *m*, **Er·hal·tungs·auf·wen·dun·gen** *pl* FIN maintenance costs [*or* expenditures] *pl* **Er·hal·tungs·in·ves·ti·ti·on** *f* ÖKON maintenance investment **Er·hal·tungs·maß·nah·me** *f* conservation measure **Er·hal·tungs·pflicht** *f* JUR preservation duty **Er·hal·tungs·satz** *f* CHEM, PHYS, MATH conservation law

er·hän·gen* I. *vt* ■**jdn** ~ to hang sb; **... durch E~** ... by hanging
II. *vr* ■**sich** *akk* ~ to hang oneself

er·här·ten* I. *vt* ■**etw** ~ to support [*or* strengthen] sth
II. *vr* ■**sich** *akk* ~ to be reinforced

Er·här·tung <-, -en> *f* ① *(Bekräftigung)* support; **die ~ eines Verdachts** the confirmation of sb's suspicions
② *(das Erhärten) Beton* hardening

er·ha·schen* *vt (geh)* ① *(ergreifen)* ■**etw** ~ to grab
② *(wahrnehmen)* ■**etw** ~ to catch sth

er·he·ben* *irreg* I. *vt* ① *(hochheben)* ■**etw** ~ to raise sth; **ein Messer** [**gegen jdn**] ~ to pull a knife [on sb]; **eine Schusswaffe** [**gegen jdn**] **erheben** to draw a gun [on sb]
② *(hochrecken)* **den Arm/die Hand/die Faust** [**zum Gruß**] ~ to raise an arm/a hand/a fist [in greeting]
③ *(einfordern)* ■**etw** [**auf etw** *akk*/**von jdm**] ~ to levy sth [on sth/sb]
④ *(sammeln)* ■**etw** ~ to collect sth, to gather sth
⑤ *(machen)* ■**etw** ~ to render sth; **etw zu einem Prinzip** ~ to make sth into a principle
⑥ *(zum Ausdruck bringen)* **ein Geschrei/Gejammer** ~ to kick up [*or* to make] a fuss/to start whing[e]ing BRIT; *Protest* voice; *Einspruch* raise
II. *vr* ① *(aufstehen)* ■**sich** *akk* [**von etw** *dat*] ~ to get up [from sth]
② *(sich auflehnen)* ■**sich** *akk* [**gegen jdn/etw**] ~ to rise up [against sb/sth]
③ *(aufragen)* ■**sich** *akk* [**über etw** *dat*] ~ to rise up [above sth]
④ *(geh: sich erhöhen)* ■**sich** *akk* **über jdn** ~ to believe oneself above sb; ***Luzifer hatte sich über Gott erhoben*** Satan raised himself above God
⑤ *(entstehen, aufkommen)* ■**sich** *akk* ~ to start; *Brise* to come up; *Wind* to pick up; *Sturm* to blow up, to arise; ***ein großes Geschrei/eine Wehklage erhob sich*** a cry/wail arose; ***es erhebt sich aber immer noch die Frage, ...*** the question still remains ...

er·he·bend *adj (geh)* uplifting

er·heb·lich [ɛɐ̯ˈheːplɪç] I. *adj* ① *(beträchtlich)* considerable; *Nachteil, Vorteil* great, major; *Stau* huge; *Störung, Verspätung* major; *Verletzung* serious
② *(relevant)* relevant
II. *adv* ① *(beträchtlich)* considerably; ***bei dem Unfall wurde das Auto ~ beschädigt*** the accident caused considerable damage to the car
② *(deutlich)* considerably

Er·he·bung[1] *f* ① *(Aufstand)* uprising; **eine bewaffnete ~** an armed revolt
② *(das Erheben) von Abgaben, Steuern etc.* levying
③ *(amtliche Ermittlung)* collection, gathering; **eine ~** [**über etw** *akk*] **machen** [*o* **anstellen**] [*o* **durchführen**] to collect [*or* gather] statistics [about sth], to carry out a survey [on sth]

Er·he·bung[2] *f (Bodenerhebung)* elevation

Er·he·bungs·form *f* FIN mode of collection **Er·he·bungs·jahr** *nt* FIN, POL levy year **Er·he·bungs·ver·fah·ren** *nt* FIN taxation system, collection method; ~ **für Zölle und Belastungen** method of levying duties and charges

er·hei·tern* [ɛɐ̯ˈhaiten] I. *vt (belustigen)* ■**jdn** ~ to amuse sb
II. *vr (heiter werden)* ■**sich** *akk* ~ to light up; *(Wetter)* to brighten up

er·hei·ternd *adj* entertaining, amusing

Er·hei·te·rung <-, -en> *pl selten f* amusement; **zu jds ~** for sb's amusement

er·hel·len* [ɛɐ̯ˈhɛlən] I. *vt* ■**etw** ~ ① *(hell machen)* to light up sth
② *(klären)* to throw light on sth
II. *vr* ■**sich** *akk* ~ to clear

Er·hel·lung <-, -en> *pl selten f* explanation, insight; **die ~ der Gründe einer S.** *gen* the explanation of/insight into the reasons for sth

er·hit·zen* [ɛɐ̯ˈhɪtsn̩] I. *vt* ① *(heiß machen)* ■**etw** [**auf etw** *akk*] ~ to heat sth [to sth]
② *(zum Schwitzen bringen)* ■**jdn** ~ to make sb sweat; ■**erhitzt** sweaty; ■[**von etw** *dat*] **erhitzt sein** to be sweaty [from sth]

II. *vr (sich erregen)* ■ **sich** *akk* [**an etw** *dat*] ~ to get excited [about sth]

Er·hit·zung <-, -en> *pl selten f* ❶ *(das Erhitzen)* heating
❷ *(Erregung)* excitement

er·hof·fen* *vt* ■ [**sich** *dat*] **etw** [**von jdm/etw**] ~ to hope for sth [from sb/sth]

er·hö·hen* [ɛɐ̯'hø:ən] **I.** *vt* ❶ *(höher machen, aufstocken)* ■ **etw** [**um etw** *akk*] ~ to raise sth [by sth]; ***die Mauern wurden um zwei Meter erhöht*** the walls were raised by two metres
❷ *(anheben)* ■ **etw** [**auf etw** *akk*/**um etw** *akk*] ~ to increase sth [to sth/by sth]
❸ *(verstärken)* ■ **etw** ~ to heighten sth
❹ MUS ■ **etw** ~ to sharpen sth
II. *vr* ❶ *(steigen)* ■ **sich** *akk* [**auf etw** *akk*/**um etw** *akk*] ~ to increase [to sth/by sth]
❷ *(sich verstärken)* ■ **sich** *akk* ~ to increase

er·höht *adj* ❶ *(verstärkt)* high; *Ausscheidung* increased; *Herzschlag, Puls* rapid
❷ *(gesteigert)* increased

Er·hö·hung <-, -en> *f* ❶ *(Steigerung)* increase; ***die ~ der Mehrwertsteuer*** the increase of the VAT
❷ *(Anhebung)* raising; ***die ~ des Zaunes wurde von den Nachbarn missbilligt*** the neighbours objected to the fence being raised higher
❸ *(Verstärkung)* heightening, increase

Er·hö·hungs·zei·chen *nt* MUS sharp sign

er·ho·len* *vr* ❶ *(wieder zu Kräften kommen)* ■ **sich** *akk* [**von etw** *dat*] ~ to recover [from sth]
❷ *(ausspannen)* ■ **sich** *akk* [**von etw** *dat*] ~ to take a break [from sth]; ***nach dem Urlaub sah sie erholt aus*** after the holiday she looked relaxed
❸ BÖRSE ■ **sich** *akk* ~ to rally
❹ HORT ■ **sich** *akk* ~ to recover

er·hol·sam [ɛɐ̯'ho:lza:m] *adj* relaxing

Er·ho·lung <-> *f kein pl* ❶ *(das Schöpfen neuer Kräfte)* relaxation; ***gute ~!*** have a good holiday!; **zur ~ da sein** to be for relaxation; **zur ~ irgendwo sein/hinfahren** to be/go somewhere to relax; **jdm etw zur ~ verschreiben** to prescribe sb sth for stress [*or* relaxing]
❷ BÖRSE rallying

Er·ho·lungs·auf·ent·halt *m* break **er·ho·lungs·be·dürf·tig** *adj* in need of relaxation *pred* **Er·ho·lungs·flä·che** *f* recreation area **Er·ho·lungs·ge·biet** *nt* recreation area **Er·ho·lungs·heim** *nt* rest [*or* convalescent] home **Er·ho·lungs·kur** *f* [relaxation] cure; **eine ~ machen** to take a relaxation cure **Er·ho·lungs·ort** *m* [holiday [*or* AM vacation]] resort **Er·ho·lungs·pau·se** *f* break; **eine ~ machen** [*o* **einlegen**] to take a break **Er·ho·lungs·ur·laub** *m* holiday BRIT, vacation AM **Er·ho·lungs·wert** *m kein pl* recreational value

er·hö·ren* *vt (geh)* ❶ *(nachkommen) Bitte* grant; *Flehen, Gebete* answer
❷ *(sich hingeben)* ■ **jdn** ~ to give oneself to sb

Erie·see ['ɪəri-] *m* Lake Erie

eri·gie·ren* [eri'gi:rən] *vi* to become erect

eri·giert *adj* erect

Eri·ka <-, Eriken> ['e:rika, *pl* 'e:rikən] *f* heather

er·in·ner·lich [ɛɐ̯'ʔɪnɐlɪç] *adj pred (geh)* ■ **etw ist jdm** ~ somebody remembers sth; ***soviel mir ~ ist*** as far as I can remember, if [my] memory serves me right *form*

er·in·nern* [ɛɐ̯'ʔɪnɐn] **I.** *vt* ❶ *(zu denken veranlassen)* ■ **jdn an etw** *akk* ~ to remind sb about sth; ■ **jdn daran ~, etw zu tun** to remind sb to do sth
❷ *(denken lassen)* ■ **jdn an jdn/etw** ~ to remind sb of sb/sth
II. *vr (sich entsinnen)* ■ **sich** *akk* **an jdn/etw** ~ to remember sb/sth; ***wenn ich mich recht erinnere, ...*** if I remember correctly ..., if [my] memory serves me correctly *form;* ***soweit ich mich ~ kann*** as far as I can remember
III. *vi* ❶ *(in Erinnerung bringen)* ■ **an jdn** ~ to be reminiscent of sb *form;* ■ **an etw** *akk* ~ to call sth to mind, to be reminiscent of sth *form*
❷ *(ins Gedächtnis rufen)* ■ **daran ~, dass ...** to point out that ...

Er·in·ne·rung <-, -en> *f* ❶ *(Gedächtnis)* memory; **jds ~ nachhelfen** to jog sb's memory; **sich** *akk* [**bei jdm**] [**mit etw** *dat*] **in ~ bringen** to remind [sb] of oneself [with sth]; **jdn/etw in bestimmter ~ haben** [*o* **behalten**] to have certain memories of sth; ***behalte mich in guter ~*** remember the good times; **zur ~ an etw** *akk* in memory of sth; **eine/keine ~ an jdn/etw haben** to have memories/no memory of sb/sth
❷ *pl (Eindrücke von Erlebnissen)* memories *pl;* **~en austauschen** to talk about old times
❸ *pl (Memoiren)* memoirs *npl*
❹ *(geh: Mahnung)* reminder

Er·in·ne·rungs·lü·cke *f* gap in one's memory **Er·in·ne·rungs·stück** *nt* memento **Er·in·ne·rungs·ver·mö·gen** *nt kein pl* memory

Eri·trea <-s> [eri'tre:a] *nt* Eritrea

Eri·tre·er(in) <-s, -> [eri'tre:ɐ] *m(f)* Eritrean

eri·tre·isch [eri'tre:ɪʃ] *adj* Eritrean

Eri·wan <-s> [eri'va:n] *nt* Yerevan, Erevan

er·kal·ten* [ɛɐ̯'kaltn̩] *vi sein* ❶ *(kalt werden)* to become cold
❷ *(abkühlen)* to cool [down]
❸ *(geh: nachlassen)* to wane

er·käl·ten* [ɛɐ̯'kɛltn̩] **I.** *vr (eine Erkältung bekommen)* ■ **sich** *akk* ~ to catch a cold
II. *vt (unterkühlen)* ■ **sich** *dat* **etw** ~ to catch a chill in one's sth

er·käl·tet I. *adj* with a cold *pred;* ■ [**irgendwie**] ~ **sein** to have a [...] cold
II. *adv* as if [*or* like] one has a cold *pred;* ***du hörst dich ziemlich ~ an*** you sound as if [*or* like] you've got quite a bad cold

Er·käl·tung <-, -en> *f* cold; **eine ~ bekommen** [*o* **kriegen**] to catch a cold; **eine ~ haben** to have a cold; **sich** *dat* **eine ~ zuziehen** *(geh)* to catch a cold

Er·käl·tungs·bad *nt hot herbal medicinal bath taken to combat a cold* **Er·käl·tungs·krank·heit** *f* cold

er·kämp·fen* *vt (erringen)* ■ [**jdm**] **etw** ~ to obtain sth [for sb] [with some effort]; ■ [**sich** *dat*] **etw** ~ to obtain sth [with some effort], to fight tooth and nail for sth; ■ **etw** [**für jdn/etw**] ~ to win sth [for sb/sth] [by fighting/trying hard]; ■ **irgendwie erkämpft ...** won; ***es war ein hart erkämpfter zweiter Platz*** it was a hard-won second place

er·kau·fen* *vt* ❶ *(durch Bezahlung erhalten)* ■ **etw** ~ to buy sth
❷ *(durch Opfer erlangen)* ■ **etw** [**irgendwie**] ~ to pay for sth [somehow]; ***die Stellung hat sie teuer*** [***genug***] ***erkauft*** she paid dearly for the post

er·kenn·bar *adj* ❶ *(sichtbar)* discernible
❷ *(wahrnehmbar)* ■ **für jdn/etw ~ sein** to be perceptible to sb/sth; ■ **an etw** *dat* **~ sein, dass ...** to be perceptible from sth that ...; ***an seiner Gereiztheit ist ~, dass irgendetwas Unangenehmes vorgefallen sein muss*** you can tell from his touchiness that something unpleasant must have happened

er·ken·nen* *irreg* **I.** *vt* ❶ *(wahrnehmen)* ■ **jdn/etw** ~ to discern sb/sth; ***er ist der Täter, ich habe ihn gleich erkannt!*** he's the culprit, I recognized him straight away; **etw ~ lassen** to show sth; **jdm zu ~ geben, dass ...** to make it clear to sb that ...
❷ *(identifizieren)* ■ **jdn/etw** [**an etw** *dat*] ~ to recognize sb/sth [by sth]; **sich** *akk* [**jdm**] [**als jd**] **zu ~ geben** to reveal one's identity [to sb], to reveal [to sb] that one is sb; ***er gab sich als ihr Vater zu ~*** he revealed that he was her father; ■ **sich** *akk* [**selbst**] ~ to understand oneself
❸ *(einsehen)* ■ **etw** ~ to recognize sth; **einen Fehler/Irrtum ~** to realize one's mistake; ■ **etw** [**als etw**] ~ to recognize [*or* realize] sth [as being sth]
❹ *(feststellen)* ■ **etw** ~ to detect sth; ■ **sich** *akk* **durch etw** *akk* **~ lassen** to be detectable using sth
▸ WENDUNGEN: **du bist erkannt!** I know what you're up to!
II. *vi* ❶ *(wahrnehmen)* ■ **~, ob/um was/wen ...** to see whether/what/who...
❷ *(einsehen)* ■ **~, dass/wie ...** to realize that/how ...; **~ lassen, dass ...** to show that ...
❸ JUR *(durch Urteil verhängen)* ■ **auf etw** *akk* ~ to pronounce sth; ***der Richter erkannte auf Freispruch*** the judge pronounced an acquittal
❹ SPORT ■ **auf etw** *akk* ~ to award sth; ***der Schiedsrichter erkannte auf Freistoß*** the referee awarded a free kick

er·kennt·lich [ɛɐ̯'kɛntlɪç] *adj* appreciative, grateful; ■ **sich** *akk* [**jdm**] [**für etw** *akk*] **~ zeigen** to show [sb] one's appreciation [*or* gratitude] for sth

Er·kennt·lich·keit <-, -en> *f kein pl* token of appreciation [*or* gratitude]

Er·kennt·nis [ɛɐ̯'kɛntnɪs] *f* ❶ *(Einsicht)* insight, realization; **nach** [*o* **laut**] **den neusten wissenschaftlichen ~sen ...** according to the latest scientific findings ...; **eine gesicherte ~** a certain insight; **zu der/einer ~ kommen** [*o* **gelangen**] to realize sth; ***bist du schon zu einer ~ gelangt?*** have you managed to gain some insight?; **zu der ~ kommen** [*o* **gelangen**], **dass ...** to realize [*or* to come to the realization] that ...
❷ PHILOS, PSYCH *(das Erkennen)* understanding

Er·kennt·nis·stand *m kein pl (geh)* status of the investigation **Er·kennt·nis·ver·fah·ren** *nt* JUR contentious proceedings

Er·ken·nung <-> *f kein pl* recognition

Er·ken·nungs·dienst *m* police identification [*or* records] department **er·ken·nungs·dienst·lich I.** *adj* belonging [*or* related] to the police identification [*or* records] department *pred;* **~e Arbeit** identification work **II.** *adv* by the police identification [*or* records] department *pred* **Er·ken·nungs·mar·ke** *f* identification [*or* ID] tag *fam* **Er·ken·nungs·me·lo·die** *f* signature tune **Er·ken·nungs·ra·te** *f* INFORM recognition rate **Er·ken·nungs·zei·chen** *nt* identification mark

Er·ker <-s, -> ['ɛrkɐ] *m* oriel

Er·ker·fens·ter *nt* oriel window, bay window **Er·ker·zim·mer** *nt* oriel, room with a bay window

er·klär·bar *adj* explicable

er·klä·ren* **I.** *vt* ❶ *(erläutern)* ■ [**jdm**] **etw** [**an etw** *dat*] ~ to explain sth [to sb] [using sth]; ■ **jdm ~, dass/wieso ...** to explain to sb that/why ...
❷ *(interpretieren)* ■ [**jdm**] **etw** ~ to interpret sth [to sb]
❸ *(klarmachen)* ■ **etw** ~ to explain sth
❹ *(bekannt geben)* ■ **etw** ~ to announce sth; ***ich erkläre hiermit mein Einverständnis*** I hereby give my consent; ■ **etw für etw** *akk* ~ to declare sth sth; ***die Ausstellung wurde von der Königin für eröffnet erklärt*** the queen declared the exhibition open
❺ JUR **etw für** [**null und**] **nichtig ~** to declare sth null and void; **etw eidlich ~** to state sth under oath; **etw eidesstattlich ~** to make a solemn declaration on [*or* about] sth; **etw für rechtsgültig/ungültig ~** to validate/invalidate [*or* repeal] sth
❻ *(offiziell bezeichnen)* ■ **jdn für etw** *akk* ~ to pronounce sb sth; **jdn für vermisst ~** to declare sb missing; ■ **etw für etw** *akk* ~ to declare sth sth
II. *vr* ❶ *(sich deuten)* ■ **sich** *dat* **etw** ~ to understand sth; ***wie ~ Sie sich, dass ...*** how do you explain that ...
❷ *(sich aufklären)* ■ **sich** *akk* ~ to become clear
❸ *(sich bezeichnen)* ■ **sich** *akk* **irgendwie** ~ to declare oneself sth

er·klä·rend I. *adj* explanatory
II. *adv* as an explanation; ***ich muss ~ bemerken, dass ...*** I should explain that ...

er·klär·lich *adj* explainable, understandable; ■ **etw ist jdm** ~ sb can explain sth, sb can understand sth

er·klärt *adj attr* declared

Er·klä·rung *f* ❶ *(Darlegung der Zusammenhänge)* explanation; ***sie bemühte sich um eine ~*** she attempted to explain; **es gibt für etw** *akk* **eine/keine ~** there is an/no explanation for sth; **es gibt für alles eine ~** there is an explanation for everything; **eine/keine ~ für etw** *akk* **haben** to be able/not be able to explain sth; **für alles eine ~ haben** to be able to explain everything
❷ *(Mitteilung)* statement; **eine ~** [**zu etw** *dat*] **abgeben** *(geh)* to make a statement [about sth]
❸ JUR *(unter Eid)* deposition; **dem Eid gleichge-**

stellte ~ solemn affirmation equivalent to an oath; **eidliche/gesetzliche** ~ deposition on oath/statutory declaration; **eidesstattliche** ~ [*o* ~ **an Eides statt**] affidavit

er·klä·rungs·be·dürf·tig *adj* non-intuitive

Er·klä·rungs·bo·te *m* JUR communicating messenger **Er·klä·rungs·frist** *f* JUR deadline for reply

Er·klä·rungs·mus·ter *nt (geh)* explanatory model

Er·klä·rungs·not *f kein pl* trouble [*or* difficulty] in explaining; **in** ~ **geraten/kommen** to have trouble [*or* difficulty] explaining; ***der Fund brachte sie in*** ~ the discovery left her at a loss for an explanation **Er·klä·rungs·pflicht** *f* JUR obligation to plead

er·klet·tern *vt* **einen Berg/Felsen/eine Mauer** ~ to scale a mountain/rock/wall; **einen Gipfel** ~ to climb to [*or* reach] the summit

er·klim·men* *vt irreg (geh)* ■**etw** ~ ① *(ersteigen)* to climb sth, to ascend sth *form*
② *(erreichen)* to reach sth

er·klin·gen* *vi irreg sein (geh)* to sound

er·kor [ɛɐ̯ˈkoːɐ̯] *imp von* **erküren**

er·ko·ren [ɛɐ̯ˈkoːrən] *pp von* **erküren**

er·kran·ken* *vi* ① *(krank werden)* ■[**an etw** *dat*] ~ to be taken ill [with sth]; ***sie ist plötzlich an Krebs erkrankt*** she suddenly contracted cancer; ***die Stadt hat viele an Aids erkrankte Einwohner*** the town has many inhabitants with Aids
② HORT *(befallen werden)* ■**an etw** *dat* ~ to be diseased [with sth]

Er·kran·kung <-, -en> *f* ① *(Krankheitsfall)* illness
② FORST, HORT *(Befall)* disease

er·küh·nen* [ɛɐ̯ˈkyːnən] *vr (geh)* ■**sich** *akk* ~, **etw zu tun** to dare to do sth; ***was*** ~ ***Sie sich!*** how dare you!

er·kun·den* [ɛɐ̯ˈkʊndn̩] *vt* ■**etw** ~ ① *(auskundschaften)* to scout out sth *sep*
② *(in Erfahrung bringen)* to discover sth

er·kun·di·gen* [ɛɐ̯ˈkʊndɪɡn̩] *vr* ■**sich** *akk* [**bei jdm**] [**nach jdm/etw**] ~ to ask [sb] [about sb/sth]; ***du musst dich vorher*** ~ you have to find out beforehand; ■**sich** *akk* [**bei jdm**] **über jdn/etw** ~ to make enquiries [*or* AM *usu* inquiries] [of sb] about sb/sth

Er·kun·di·gung <-, -en> *f* enquiry, AM *usu* inquiry; [**bei jdm**] ~**en** [**über jdn/etw**] **einholen** [*o* **einziehen**] *(geh)* to make enquiries [*or* AM *usu* inquiries] [of sb] [about sb/sth]

Er·kun·dung <-, -en> *f* MIL reconnaissance, scouting

er·kü·ren* <erkor, erkoren> *vt* ■**jdn zu etw** *dat* ~ ① *(veraltend geh: auswählen)* to choose sb to be sth
② *(hum: machen)* to make sb sth

Er·lag·schein [ɛɐ̯ˈlaːk-] *m* ÖSTERR *(Zahlkarte)* postal money order

er·lah·men* *vi sein* ① *(kraftlos werden)* to tire; *Kräfte* ebb [away]
② *(nachlassen)* to wane

er·lan·gen* [ɛɐ̯ˈlaŋən] *vt (geh)* ■**etw** ~ to obtain sth; **jds Freistellung** ~ to secure sb's release

Er·lass^RR <-es, -e *o* ÖSTERR Erlässe>, **Er·laß**^ALT <-sses, -sse *o* ÖSTERR Erlässe> [ɛɐ̯ˈlas, *pl* ɛɐ̯ˈlɛsə] *m* ① JUR *(Verfügung)* decree, mandate, remission; ~ **eines Urteils** rendering a judgment; ~ **eines Gesetzes** promulgation of a law; ~ **einer Verfügung** issue of a writ; ~ **einer einstweiligen Verfügung** grant of an injunction
② JUR *(Erlassung)* remission, release

er·las·sen* *vt irreg* ① *(verfügen)* ■**etw** ~ to issue sth
② *(von etw befreien)* ■**jdm etw** ~ to remit sb's sth

Er·lass·jahr^RR *nt* ~ **2000** *(Schuldenerlass der Dritten Welt)* Jubilee 2000

Er·las·sung <-, -en> *f* JUR waiving, remitting

Er·lass·ver·trag^RR *m* JUR release agreement

er·lau·ben* [ɛɐ̯ˈlaubn̩] **I.** *vt* ① *(gestatten)* ■**jdm etw** ~ to allow [*or* permit] sb to do sth; ***du erlaubst deinem Kind zu viel*** you let your child get away with too much; ■**jdm** ~, **etw zu tun** to allow [*or* permit] sb to do sth; ■**etw ist** [**nicht**] **erlaubt** sth is [not] allowed [*or* permitted]; ■**es ist** [**nicht**] **erlaubt, etw irgendwo zu tun** it is [not] permissible to do sth somewhere; ■**etw ist jdm erlaubt** sb is allowed [*or* permitted] sth; ~ **Sie/erlaubst du, dass ich etw tue?** would you allow [*or* permit] me to do sth?; ~ ***Sie, dass ich mich vorstelle*** allow me to introduce myself; ~ ***Sie?, Sie*** ~ ***doch?*** *(geh)* may I/we etc.?
② *(geh: zulassen)* ■[**jdm**] **etw** ~ to allow [*or* permit] [sb] sth; ~ ***deine Finanzen noch ein Abendessen zu zweit?*** are you sure you have enough money for a dinner for two?; ■**es jdm** ~, **etw zu tun** to permit sb to do sth; ***ich komme, soweit es meine Zeit erlaubt*** if I have enough time, I'll come
▶WENDUNGEN: ~ **Sie mal!** what do you think you're doing?
II. *vr* ① *(sich gönnen)* ■**sich** *dat* **etw** ~ to allow oneself sth
② *(geh: wagen)* ■**sich** *dat* **etw** ~ to venture to do sth *form;* ***wenn ich mir die folgende Bemerkung*** ~ ***darf*** if I might venture to make the following comment
③ *(sich herausnehmen)* ■**sich** *dat* ~, **etw zu tun** to take the liberty of doing sth; ***was die Jugend sich heutzutage alles erlaubt!*** the things that young people get up to nowadays!; ***was*** ~ ***Sie sich*** [***eigentlich***]! what do you think you're doing!

Er·laub·nis <-, -se> *pl selten f* ① *(Genehmigung)* permission; [**jdn**] **um** ~ **bitten** [*o* **fragen**] to ask [sb's] permission; **jdm die** ~ **geben** [*o* **erteilen**] [**zu etw** *dat*/, **etw zu tun**] to give [*or* grant] sb permission [to do sth]; **jds/die** ~ **haben, etw zu tun** to have [sb's] permission to do sth; **mit jds** ~ with sb's permission; **mit Ihrer** [**freundlichen/gütigen**] ~ *(geh)* if you don't mind; **ohne jds** ~ without sb's permission
② *(genehmigendes Schriftstück)* permit

Er·laub·nis·an·trag *m* JUR application for permission **Er·laub·nis·kar·tell** *nt* ÖKON authorized cartel **Er·laub·nis·pflicht** *f* JUR statutory permission

Er·laub·nis·schein *m* JUR permit **Er·laub·nis·schein·in·ha·ber(in)** *m(f)* JUR permit holder

Er·laub·nis·vor·be·halt *m* JUR reservation with regard to granting permission

er·laubt [ɛɐ̯ˈlaupt] **I.** *pp und 1. pers. sing von* **erlauben**
II. *adj* allowed, permitted

er·laucht [ɛɐ̯ˈlauxt] *adj (illuster)* illustrious

er·läu·tern* *vt* ■[**jdm**] **etw** ~ to explain sth [to sb]

er·läu·ternd I. *adj* explanatory
II. *adv* as an explanation; ***... zuerst will ich aber folgende Dinge*** ~ ***bemerken*** ... but first I want to explain the following points

Er·läu·te·rung <-, -en> *f* explanation; [**jdm**] ~**en** [**zu etw** *dat*] **geben** to give [sb] explanations [of sth], to explain [sth] [to sb]; **nähere** ~**en geben** to give detailed explanations; **ohne** ~ without explanation; **zur** ~ by way of explanation; ***zur*** ~ ***meiner Idee habe ich einige Materialien zusammengestellt*** in order to better illustrate my point I've put together some physical examples

Er·le <-, -n> [ˈɛrlə] *f* ① *(Baum)* alder [tree]
② *kein pl (Holz)* alder; **aus** [*o* **in**] ~ made from alder *pred*

er·le·ben* *vt* ① *(im Leben mitmachen)* ■**etw** ~ to live to see sth; ***dass ich das*** [***noch***] ~ ***muss!*** couldn't I have been spared that?!
② *(erfahren)* ■**etw** ~ to experience sth; **wunderschöne Tage/einen wunderschönen Urlaub irgendwo** ~ to have a wonderful time/holiday somewhere; ***was hast du denn alles in Dänemark erlebt?*** what did you do/see in Denmark?; ***unser Land hat schon bessere Zeiten erlebt*** our country has seen better times; [**mal**] **etw** ~ **wollen** to want to do sth exciting [for once]; ***wenn Sie hier was*** ~ ***wollen, müssen Sie in die Stadt fahren*** if you're looking for some excitement here, you have to go into town
③ *(pej: durchmachen)* ■**etw** ~ to go through sth; **eine** [**große**] **Enttäuschung** ~ to be [bitterly [*or* sorely]] disappointed; **einen Misserfolg** ~ to experience failure; **eine Niederlage** ~ to suffer defeat
④ *(mit ansehen)* ■**es** ~, **dass/wie ...** to see that/how ...
⑤ *(kennen lernen)* ■**jdn** ~ to get to know sb; *Musiker, Redner* to hear sb; *Schauspieler* to see an actor; ■**jdn irgendwie** ~ to see somebody a certain way; ***so wütend habe ich ihn noch nie erlebt*** I've never seen him so furious
▶WENDUNGEN: **hat man so** [**et**]**was schon** [**mal**] **erlebt!** *(fam)* well, I'll be damned! *sl,* well, I never! BRIT *fam;* **der/die kann was** ~**!** *(fam)* he/she'll get what for! BRIT *fam,* he/she'll really get it *fam;* **das möchte ich** ~**!** *(fam)* that'll be the day! *fam;* **das muss man erlebt haben!** you have to see it [to believe it]!

Er·leb·nis <-ses, -se> [ɛɐ̯ˈleːpnɪs, *pl* -nɪsə] *nt* ① *(Geschehen)* experience
② *(Erfahrung)* experience

Er·leb·nis·auf·satz *m* essay *(with the aim of practising clearly relating personal experiences)* **Er·leb·nis·be·reich** *m* zone of experience *(in the Millennium Dome)*

Er·leb·nis·gas·tro·no·mie *f gastronomical concept of being entertained as well as fed* **Er·leb·nis·park** *m* TOURIST amusement park **Er·leb·nis·welt** *f* PSYCH **die** ~ **eines Kindes** the world of a child

er·le·di·gen* [ɛɐ̯ˈleːdɪɡn̩] **I.** *vt* ① *(ausführen)* ■**etw** ~ to carry out sth; **Besorgungen** ~ to do some [*or* the] shopping; **Formalitäten** ~ to complete formalities; **wird erledigt!** *(fam)* I'll/we'll etc. get on [*or* BRIT on to] it [right away]!; ■**erledigt** done; ***die erledigte Post kommt in die Ablage*** the post which has been dealt with goes in the tray; **zu** ~ to be done
② *(fam: erschöpfen)* ■**jdn** ~ to tire sb out, to wear sb out
③ *(sl: umbringen)* ■**jdn** ~ to do away with sb, to bump sb off
④ *(sl: k.o. schlagen)* ■**jdn mit etw** *dat* ~ to knock sb out with sth
II. *vr* ■**etw erledigt sich** [**von selbst**] sth sorts itself out [on its own]

er·le·digt [ɛɐ̯ˈleːdɪçt] *adj pred* ① *(fam: erschöpft)* shattered *fam,* worn out
② *(sl: am Ende)* ■**erledigt sein** to have had it *fam*
③ *(abgehakt)* ■**jd ist** [**für jdn**] ~ to be history [as far as sb is concerned]; ■**etw ist** [**für jdn**] **erledigt** something is over and done with [as far as sb is concerned]; *(schon vergessen)* sth is forgotten [*or* dead and buried] [as far as sb is concerned]

Er·le·di·gung <-, -en> *f* ① *(Ausführung)* execution, carrying out, conducting, dealing with; **die** ~ **der Korrespondenz** dealing with the correspondence; **in** ~ **einer S.** *gen (geh)* further to sth *form;* ***in*** ~ ***Ihrer Anfrage vom 17. Mai ...*** further to your inquiry dated 17th May ... ② *(Besorgung)* purchase; ***ich habe noch ein paar*** ~***en zu machen*** I still have to buy a few things ③ JUR arrangement, settlement; **gütliche** ~ amicable arrangement **Er·le·di·gungs·ge·bühr** *f* JUR fee for out-of-court settlement

er·le·gen* *vt* ① *(zur Strecke bringen)* ■**ein Tier** ~ to bag an animal *spec,* to kill an animal; ■**erlegt** bagged *spec,* killed
② ÖSTERR *(bezahlen)* ■**etw** ~ to pay sth

er·leich·tern* [ɛɐ̯ˈlaiçtɐn] **I.** *vt* ① *(ertragbarer machen)* ■[**jdm**] **etw** ~ to make sth easier [for sb], to make sth more bearable [for sb]; *s. a.* **Herz**
② *(innerlich beruhigen)* ■**jdn** ~ to be of relief to sb; ***es hat mich sehr erleichtert zu erfahren, dass ...*** I was greatly relieved to hear that ...
③ *(fam: beklauen)* ■**jdn um etw** *akk* ~ to relieve sb of sth *hum*
④ *(hum fam: erbitten)* ■**jdn um etw** *akk* ~ to borrow sth from sb
II. *vr (euph geh)* ■**sich** *akk* ~ to relieve oneself

er·leich·tert I. *adj* relieved; ***er stieß einen*** ~***en Seufzer aus*** he gave a sigh of relief
II. *adv* in a relieved manner; ~ **aufatmen** to breathe a sigh of relief

Er·leich·te·rung <-, -en> *f* ① *(Linderung)* relief; **jdm** ~ **verschaffen** to bring/give sb relief
② *kein pl (Beruhigung)* relief; **mit** [*o* **voller**] ~ with [great] relief; **zu jds** ~ to sb's relief

E

❸ *(Vereinfachung)* simplification; ***zur ~ der Aufgabe gebe ich euch einige Tipps*** to simplify the task I'll give you a few hints

er·lei·den* *vt irreg* ■ **etw ~** ❶ *(hinnehmen müssen)* to suffer [*or* put up with] sth; *s. a.* **Schiffbruch**
❷ *(geh: erdulden)* to suffer [*or* endure] sth

Er·len·mey·er·kol·ben [ˈɛrlənmai̯ɐ-] *m* CHEM Erlenmeyer flask

er·lern·bar [ɛɐ̯ˈlɛrnbaːɐ̯] *adj* learnable; ■ **[irgendwie] ~ sein** to be learnable [in a certain way]; ***diese Tricks sind ohne weiteres ~*** you can [easily] learn these tricks; ***im Kindesalter sind fremde Sprachen leichter ~*** children can learn to speak a foreign language more easily than adults

er·ler·nen* *vt* ■ **etw ~** to learn sth

er·le·sen *adj* exquisite

er·leuch·ten* *vt* ❶ *(erhellen)* ■ **etw ~** to light [up] sth, to illuminate sth *form;* ■ **erleuchtet** lit, illuminated *form*
❷ *(inspirieren)* ■ **jdn ~** to inspire sb; ■ **erleuchtet** inspired

Er·leuch·tung <-, -en> *f (Inspiration)* inspiration; **eine ~ haben** to have an inspiration

er·lie·gen* *vi irreg sein* ❶ *(verfallen)* ■ **etw** *dat* **~** to fall prey to sth
❷ *(geh: zum Opfer fallen)* ■ **etw** *dat* **~** to fall victim to sth
▸ WENDUNGEN: **etw zum E~ bringen** to bring sth to a standstill; ***der Generalstreik hatte die Wirtschaft zum E~ gebracht*** the general strike had brought the economy to its knees; **zum E~ kommen** to come to a standstill

er·lischt [ɛɐ̯ˈlɪʃt] *3. pers. pres von* **erlöschen**

Er·lös [ɛɐ̯ˈløːs] *m* FIN proceeds *npl*, returns *pl;* **~ aus Kapitalvermögen** returns *pl* on capital assets; **~ des Geschäftes** proceeds *pl* from business; **~ eines Patents** royalties *pl* on a patent; **~e aus Veräußerungen** sales returns

Er·lös·ab·füh·rungs·ver·pflich·tung *f* JUR obligation to transfer proceeds **Er·lös·an·spruch** *m* JUR claim to proceeds **Er·lös·bin·dung** *f* JUR tying up proceeds

er·losch [ɛɐ̯ˈlɔʃ] *imp von* **erlöschen**

er·lo·schen [ɛɐ̯ˈlɔʃn̩] *pp von* **erlöschen**

Er·lö·schen <-s> *nt kein pl* JUR expiry BRIT, expiration AM; *einer Firma* extinction; *eines Patents* [patent] expiry, lapse; *einer Schuld* extinguishment; **~ der Ansprüche** expiration of claims; **~ der Zollschuld** extinction of customs debt; **bei ~** on expiry

er·lö·schen <erlischt, erlosch, erloschen> *vi sein*
❶ *(zu brennen aufhören)* to stop burning, to go out; ***dieser Vulkan ist vor 100 Jahren erloschen*** the volcano became dormant 100 years ago
❷ *(vergehen)* to fizzle out
❸ *(seine Gültigkeit verlieren)* to expire; *Ansprüche* become invalid

er·lö·sen* *vt* ❶ *(befreien)* ■ **jdn [aus etw** *dat*/**von etw** *dat*] **~** to release sb [from sth]
❷ REL ■ **jdn [aus etw** *dat*/**von etw** *dat*] **~** to redeem sb [from sth]
❸ *(einnehmen)* ■ **etw [aus etw** *dat*] **~** to make [*or* earn] sth [from sth]

er·lö·send I. *adj* relieving
II. *adv (befreiend)* in a liberating manner *pred,* in a relieving manner *pred*

Er·lö·ser(in) <-s, -> *m(f)* ■ **der ~** the Redeemer

Er·lö·sung *f* ❶ *(Erleichterung)* relief
❷ REL redemption

er·mäch·ti·gen* [ɛɐ̯ˈmɛçtɪgn̩] *vt* ■ **jdn [zu etw** *dat*] **~** to authorize sb [to do sth], to empower sb [to do sth]; ■ **jdn dazu ~, etw zu tun** to authorize sb to do sth, to empower sb to do sth; ■ **zu etw** *dat* **ermächtigt sein** to be authorized to do sth, to be empowered to do sth

Er·mäch·ti·gung <-, -en> *f* authorization, empowerment; **~ zum Erlass von Rechtsverordnungen** delegated powers to issue legal regulations

Er·mäch·ti·gungs·ge·setz *nt* JUR, POL enabling act; ■ **~e** enabling legislation **Er·mäch·ti·gungs·klau·sel** *f* FIN enabling clause **Er·mäch·ti·gungs·recht** *nt* JUR empowering law **Er·mäch·ti·gungs·ver·fah·ren** *nt* JUR empowering procedure

er·mah·nen* *vt* ❶ *(warnend mahnen)* ■ **jdn ~** to warn sb; ***sei doch artig, muss ich dich denn immer ~?*** be a good child, why do I have to scold you constantly?; ■ **jdn ~, etw zu tun** to tell sb to do sth
❷ *(anhalten)* ■ **jdn zu etw** *dat* **~** to admonish sb to do sth

Er·mah·nung *f* warning

er·man·geln *vi (geh)* ■ **einer S.** *gen* **~** to lack sth

Er·man·g(e)·lung <-> *f kein pl* **in ~ eines Besseren** in the absence of a better alternative; **in ~ einer S.** *gen (geh)* in the absence of sth *form*

er·man·nen* [ɛɐ̯ˈmanən] *vr* ■ **sich** *akk* **~** to pull oneself together; ■ **sich** *akk* **zu etw** *dat* **~** to summon up [the] courage to do sth

er·mä·ßi·gen* I. *vt* ■ **[jdm] etw [auf etw** *akk*/**um etw** *akk*] **~** to reduce sth [to sth/by sth] [for sb]; ■ **ermäßigt** reduced
II. *vr* ■ **sich** *akk* **[auf etw** *akk*/**um etw** *akk*] **~** to be reduced [to sth/by sth]; ***bei Kindern unter 12 Jahren ermäßigt sich der Eintritt*** there is a reduction for children under the age of 12

er·mä·ßigt I. *pp und 1. pers. sing von* **ermäßigen**
II. *adj* reduced; **~e Eintrittskarte** reduced-price ticket; **~er Steuersatz** rate of relief

Er·mä·ßi·gung <-, -en> *f* reduction; **~ haben** to be entitled to a reduction **Er·mä·ßi·gungs·an·spruch** *m* JUR reduction claim

er·mat·ten* [ɛɐ̯ˈmatn̩] I. *vt haben (geh)* ■ **jdn ~** to exhaust sb, to wear sb out; ■ **[von etw** *dat*] **ermattet sein** to be exhausted [*or* worn out] [by sth]
II. *vi sein (geh)* to tire; ***die Bewegungen des Schwimmers ermatteten*** the swimmer's movements slowed down

er·mat·tet *adj (geh)* exhausted

er·mes·sen* *vt irreg* ■ **etw ~** to comprehend sth

Er·mes·sen <-s> *nt kein pl* discretion; **nach jds ~** in sb's estimation; **nach freiem [*o* eigenem] ~** at one's [own] discretion; **nach menschlichem ~** as far as one can tell; **in jds ~ liegen [*o* stehen]** to be at [*or* left to] sb's discretion; ***es steht in Ihrem eigenen ~, ob Sie bleiben oder gehen wollen*** it's up to you whether you stay or go; **etw in jds ~ stellen** to leave sth to sb's discretion; ***die Entscheidung stelle ich ganz in Ihr ~*** I leave the decision completely up to you [*or* at your discretion]

Er·mes·sens·ent·schei·dung *f* FIN discretionary decision, decision ex aequo et bono **Er·mes·sens·feh·ler** *m* JUR abuse of discretion **Er·mes·sens·fra·ge** *f* matter of discretion **Er·mes·sens·frei·heit** *f kein pl* JUR discretionary powers *pl;* **eingeschränkte ~** bounded discretion; **die ~ missbrauchen** to abuse one's discretionary powers **Er·mes·sens·ge·brauch** *m* JUR exercise of discretion

er·mes·sens·mä·ßig *adj* JUR discretionary

Er·mes·sens·miss·brauchRR *m* JUR abuse of discretion **Er·mes·sens·recht** *nt* JUR discretionary powers *pl* **Er·mes·sens·spiel·raum** *m* powers *pl* of discretion, discretionary powers *pl* **Er·mes·sens·über·schrei·tung** *f* JUR exceeding one's scope of discretion

er·mit·teln* I. *vt* ■ **etw ~** ❶ *(herausfinden)* to find out sth *sep,* to establish sth; ■ **jdn ~** to establish sb's identity; ***der Täter konnte durch die Polizei ermittelt werden*** the police were able to establish the culprit's identity
❷ *(errechnen)* to determine [*or* calculate] sth; ■ **jdn ~** to decide on sb; *den Gewinner* decide [on]
II. *vi (eine Untersuchung durchführen)* ■ **[gegen jdn] [wegen einer S.** *gen*] **~** to investigate [sb] [for sth]

Er·mitt·ler(in) <-s, -> *m(f)* investigator; **verdeckter ~** undercover investigator

Er·mitt·lung <-, -en> *f* ❶ *kein pl (das Ausfindigmachen)* determining
❷ *(Untersuchung)* investigation; **verdeckte ~** undercover investigation; **~en durchführen [*o* anstellen]** to carry out [*or* to conduct] investigations

Er·mitt·lungs·ar·beit *f* FIN detection **Er·mitt·lungs·aus·schuss**RR *m* committee of enquiry **Er·mitt·lungs·be·am·te(r)** *f(m) dekl wie adj* investigator, investigating official **Er·mitt·lungs·be·hör·de** *f* investigating authority

Er·mitt·lungs·be·reich *m* investigation unit **Er·mitt·lungs·er·geb·nis** *nt* JUR result of the investigations **Er·mitt·lungs·grund·satz** *m* JUR principle of ex-officio enquiries **Er·mitt·lungs·kom·mis·si·on** *f* committee of enquiry **Er·mitt·lungs·rich·ter(in)** *m(f)* leader of a judicial inquiry, examining magistrate BRIT **Er·mitt·lungs·schritt** *m* JUR step of inquiry **Er·mitt·lungs·ver·fah·ren** *nt* preliminary proceedings; **ein ~ gegen jdn einleiten** to institute preliminary [*or* initiate] proceedings against sb **Er·mitt·lungs·zeit·raum** *m* investigating period

er·mög·li·chen* [ɛɐ̯ˈmøːklɪçn̩] *vt* ■ **jdm etw ~** to enable sb to do sth; ***sie hat jahrelang gespart, um ihrem Sohn das Studium zu ~*** she saved for years so that her son could go to university; ■ **es jdm ~, etw zu tun** to enable sb to do sth; ■ **es ~, etw zu tun** *(geh)* to make it possible for sth to be done; ***können Sie es ~, um 9 Uhr an unserem Stand auf der Buchmesse zu sein?*** can you be at our stand at the book fair at 9 o'clock?

er·mor·den* *vt* ■ **jdn ~** to murder sb

Er·mor·de·te(r) *f(m) dekl wie adj* victim of murder, murder victim

Er·mor·dung <-, -en> *f* murder

er·mü·den* [ɛɐ̯ˈmyːdn̩] I. *vt haben* ■ **jdn ~** to tire sb [out]
II. *vi sein* ❶ *(müde werden)* to become tired
❷ *(Spannung verlieren)* to wear, to fatigue

er·mü·dend *adj* tiring

Er·mü·dung <-, -en> *pl selten f* ❶ *(das Ermüden)* tiredness, fatigue; **vor ~** from tiredness ❷ TECH *(Verlust der Spannung)* wearing, fatigue **Er·mü·dungs·er·schei·nung** *f* sign of fatigue *form* [*or* tiredness]

er·mun·tern* [ɛɐ̯ˈmʊntɐn] *vt* ❶ *(ermutigen)* ■ **jdn [zu etw** *dat*] **~** to encourage sb [to do sth]; ***dieser Erfolg ermunterte ihn zu weiteren Versuchen*** this success encouraged him to make further attempts
❷ *(beleben)* ■ **jdn ~** to perk sb up; **sich** *akk* **ermuntert fühlen** to feel perked up

Er·mun·te·rung <-, -en> *f* encouragement; **zu jds ~** to encourage sb

er·mu·ti·gen* [ɛɐ̯ˈmuːtɪgn̩] *vt* ■ **jdn [zu etw** *dat*] **~** to encourage sb [to do sth]; ***dieser Erfolg ermutigte sie zur Weiterarbeit an dem Projekt*** this success encouraged her to continue working on the project

er·mu·ti·gend I. *adj* encouraging
II. *adv* encouragingly

Er·mu·ti·gung <-, -en> *f* encouragement; ***dieser unerwartete Erfolg war eine ~ für alle*** this unexpected success gave everybody renewed hope

er·näh·ren* I. *vt* ❶ *(mit Nahrung versorgen)* ■ **jdn/ein Tier ~** to feed sb/an animal; ***sie ernährt ihre Kinder rein vegetarisch*** she gives her children vegetarian food only
❷ *(unterhalten)* ■ **jdn ~** to provide for sb, to support sb; ***die Schriftstellerei allein kann keinen ~*** writing on its own doesn't bring in enough to live on
II. *vr* ❶ *(essen)* ■ **sich** *akk* **von etw** *dat* **~** to eat sth, to feed [*or* live] on sth; ■ **sich** *akk* **irgendwie ~** to eat in a certain manner; ***du musst dich vitaminreicher ~!*** you need more vitamins in your diet!
❷ *(sich finanzieren)* ■ **sich** *akk* **[von etw** *dat*] **~** to support oneself [by doing/on sth]; ***sie muss sich von Gelegenheitsjobs ~*** she has to support herself by doing odd jobs

Er·näh·rer(in) <-s, -> [ɛɐ̯ˈnɛːrɐ] *m(f)* provider, breadwinner

Er·näh·rung <-> *f kein pl* ❶ *(das Ernähren)* feeding
❷ *(Nahrung)* diet; **falsche/richtige ~** incorrect/correct diet; **pflanzliche ~** plant-based diet
❸ *(Unterhalt)* support; ***von einem so dürftigen Gehalt ist die ~ einer Familie nicht möglich*** it's impossible to support a family on such a meagre salary

Er·näh·rungs·be·ra·ter(in) *m(f)* nutritionist
Er·näh·rungs·for·schung *f* nutritional research
Er·näh·rungs·ge·wohn·hei·ten *pl* eating habits *npl,* nutritional habits *npl* **Er·näh·rungs·gü·ter** *pl* foodstuffs *pl* **Er·näh·rungs·leh·re** *f* nutritional science, dietetics *spec* **Er·näh·rungs·stö·rung** *f* eating disorder **Er·näh·rungs·wei·se** *f* diet; **eine gesunde ~** a healthy diet **Er·näh·rungs·wis·sen·schaft** *f* nutritional science, dietetics *spec* **Er·näh·rungs·wis·sen·schaft·ler(in)** *m(f)* dietitian [*or* dietician], nutritionist, nutritional scientist
er·nen·nen* *vt irreg* ■**jdn [zu etw** *dat*] ~ to appoint sb [as sth]
Er·nen·nung *f* appointment (**zu** +*dat* as); **~ eines Stellvertreters** nomination of a deputy; ***mit seiner ~ zum Parteivorsitzenden hatte keiner gerechnet*** nobody had counted on his being appointed head of the party
Er·nen·nungs·schrei·ben *nt* letter of appointment **Er·nen·nungs·ur·kun·de** *f* certificate of appointment
er·neu·er·bar *adj* ❶ *(sich erneuern lassend)* renewable, replaceable
❷ *(regenerativ)* renewable; **~e Energien** renewable energy [sources]
Er·neu·e·rer, Er·neu·e·rin <-s, -> *m, f* modernizer, revivalist; **~ einer Institution/Organisation** modernizer of an institution/organization
er·neu·ern* [ɛɐ̯ˈnɔyɐn] *vt* ❶ *(auswechseln)* ■**etw ~** to change sth, to replace sth
❷ *(renovieren)* to renovate; *Fenster/Leitungen* repair; ■**etw ~ lassen** to have sth renovated [*or* repaired]
❸ *(verlängern)* ■**etw ~** to renew sth
❹ *(restaurieren)* ■**etw ~** to restore sth
er·neu·ert I. *pp und 1. pers. sing von* **erneuern**
II. *adj* renewed; **rundum ~** completely renewed
Er·neu·e·rung *f* ❶ *(das Auswechseln)* changing
❷ *(Renovierung)* renovation; **~ der Heizung/Leitungen** repair to the heating system/pipes
❸ *(Verlängerung) Pass, Vertrag etc.* renewal
❹ *(Restaurierung) Gebäude* restoration
❺ *(Wandel)* rejuvenation; ***in diesem Urlaub erlebte sie eine regelrechte ~*** she was completely rejuvenated as a result of that holiday
er·neu·e·rungs·fä·hig *adj* renewable **Er·neu·e·rungs·op·ti·on** *f* BÖRSE renewal option **Er·neu·e·rungs·pro·gramm** *nt* renovation programme [*or* AM -am], programme of renovation **Er·neu·e·rungs·schein** *m* FIN renewal certificate [*or* coupon]
er·neut [ɛɐ̯ˈnɔyt] I. *adj attr* repeated
II. *adv* again
er·nied·ri·gen* [ɛɐ̯ˈniːdrɪɡn̩] *vt* ❶ *(demütigen)* ■**jdn/sich ~** to degrade sb/oneself, to demean sb/oneself
❷ MUS ■**etw ~** to give sth a flatter tone, to play sth less sharp
Er·nied·ri·gung <-, -en> *f* ❶ *(Demütigung)* degradation, humiliation, abasement ❷ MUS flattening **Er·nied·ri·gungs·zei·chen** *nt* MUS flat sign
ernst [ˈɛrnst] *adj* ❶ *(gravierend)* serious; **es steht ~ um jdn** sb is seriously ill; ***diesmal ist es etwas E~es*** it's serious this time; **nichts E~es** *(keine ernste Erkrankung)* nothing serious; *(keine ernsthafte Beziehung)* not serious
❷ *(Ernst zeigend)* serious; **~ bleiben** to keep a straight face
❸ *(aufrichtig, wahr)* genuine, sincere, true; ***ich bin der ~en Ansicht/Überzeugung, dass ...*** I genuinely [*or* sincerely] [*or* truly] believe/am genuinely convinced that ...; **~ gemeint** serious, genuine; ***„bitte nur ~ gemeinte Zuschriften!"*** "genuine replies only please!"; **es ~ meinen [mit jdm/etw]** to be serious [about sb/sth]; **jdn/etw ~ nehmen** to take sb/sth seriously
❹ *(bedeutungsvoll)* solemn
Ernst <-[e]s> [ˈɛrnst] *m kein pl* ❶ *(ernster Wille, aufrichtige Meinung)* seriousness; ■**etw ist jds ~** sb is serious about sth; ***ist das dein ~?*** are you serious [about it/that]?, do you mean it/that [seriously]?; **das kann doch nicht dein/Ihr ~ sein!** you can't be serious!, you must be joking!; **allen ~es** in all seriousness; **feierlicher ~** dead seriousness; **jds voller** [*o* **völliger**] **~ sein** sb is completely serious about sth; **etw ist ~** sth is serious; **jdm ist es ~ mit etw** *dat* sb is serious about sth; **im ~** seriously; ***das kannst du doch nicht im ~ glauben!*** you can't seriously believe that!
❷ *(Ernsthaftigkeit)* seriousness; ■**jds ~/der ~ einer S.** *gen* sb's seriousness/the seriousness of sth; **mit ~ bei der Sache sein** to take sth seriously
❸ *(Bedrohlichkeit)* seriousness, gravity; ■**der ~ einer S.** *gen* the seriousness [*or* gravity] of sth; **der ~ des Lebens** the serious part of life; **~ mit etw** *dat* **machen** to be serious about sth
Ernst·fall *m* emergency; **den ~ proben** to practise [*or* AM *a.* -ice] for an emergency; **im ~** in an emergency, in case of emergency
ernst·ge·meint *adj attr s.* **ernst 3**
ernst·haft I. *adj* ❶ *(gravierend)* serious
❷ *(aufrichtig)* genuine, sincere
II. *adv* ❶ *(wirklich)* seriously
❷ *(gravierend)* seriously; ***im Urlaub erkrankte er ~*** he became seriously ill while on holiday
❸ *(eindringlich)* urgently
Ernst·haf·tig·keit <-> *f kein pl* seriousness
Ernst·kampf *m* BIOL *s.* **Beschädigungskampf**
ernst·lich I. *adj attr* serious; **die ~e Absicht haben, etw zu tun** to seriously intend to do sth
II. *adv s.* **ernsthaft II**
Ern·te <-, -n> [ˈɛrntə] *f* AGR, HORT ❶ *(Ertrag)* harvest; **die ~ einbringen** *(geh)* to bring in the harvest
❷ *(das Ernten)* harvest
Ern·te·(dank·)fest *nt* harvest festival, AM *a.* Thanksgiving **Ern·te·dank·tag** *m* harvest festival [day]
Ern·te·ein·bu·ße *f* AGR crop loss **Ern·te·er·trag** *m* AGR, ÖKON crop, yield **Ern·te·flä·che** *f* AGR, ÖKON area for harvesting
Ern·te·hel·fer(in) *m(f)* harvest hand, picker, seasonal worker **Ern·te·kre·dit** *m* FIN crop credit
ern·ten [ˈɛrntn̩] *vt* ❶ *(einbringen)* ■**etw ~** to harvest sth; **Äpfel ~** to pick [*or* harvest] apples
❷ *(erzielen)* ■**etw ~** to earn sth; **Anerkennung ~** to gain [*or* receive] recognition; **Applaus ~** to win [*or* get] applause; **die Früchte seiner Arbeit ~** to reap the fruits of one's labour [*or* AM -or]; **Lob/Spott ~** to earn praise/scorn; **Undank ~** to get little thanks
Ern·te·schä·den *pl* crop damage *no pl*
er·nüch·tern* [ɛɐ̯ˈnʏçtɐn] *vt* ■**jdn ~** ❶ *(wieder nüchtern machen)* to sober up sb *sep*
❷ *(in die Realität zurückholen)* to bring sb back to reality [*or* back [*or* back] down] to earth]; ■**~d** sobering; ■**~d [für jdn] sein** to be sobering [for sb]
Er·nüch·te·rung <-, -en> *f* disillusionment; ***auf den Erfolg folgte schnell die ~*** he/she etc. experienced disillusionment shortly after success
Er·obe·rer, Er·ob(r)e·rin <-s, -> *m, f* conqueror
er·obern* [ɛɐ̯ˈʔoːbɐn] *vt* ❶ *(mit Waffengewalt besetzen)* ■**etw ~** to conquer sth
❷ *(durch Bemühung erlangen)* ■**etw ~** to win sth [with some effort]
❸ *(für sich einnehmen)* ■**jdn/etw ~** to win sb/sth over
Er·obe·rung <-, -en> *f* ❶ *(das Erobern)* conquest
❷ *(erobertes Gebiet)* conquered territory ❸ *(fam: eroberte Person)* conquest *hum;* **eine ~ machen** to make a conquest **Er·obe·rungs·krieg** *m* war of conquest
er·öff·nen* I. *vt* ❶ *(zugänglich machen)* ■**etw ~** to open sth
❷ *(in die Wege leiten)* ■**etw ~** to open sth, to institute sth
❸ *(beginnen)* ■**etw ~** to open sth; **etw für eröffnet erklären** *(geh)* to declare sth open *form*
❹ *(hum: mitteilen)* ■**jdm etw ~** to reveal sth to sb *hum,* to tell sb sth
❺ *(bieten)* ■**jdm etw ~** to open up sth to sb
❻ *(beginnen)* ■**etw ~** to commence sth; **das Feuer [auf jdn] eröffnen** to open fire [on sb]
II. *vr (sich bieten)* ■**sich** *akk* **jdm [durch etw** *akk*] ~ to open up to sb [through sth]
III. *vi* FIN ■**irgendwie ~** to be a certain way at the start of trading; ■**mit etw** *dat* **~** to open at sth
er·öff·net I. *pp und 1. pers. sing von* **eröffnen**
II. *adj* open[ed]; **etw für ~ erklären** to declare sth open
Er·öff·nung *f* ❶ *(das Eröffnen)* opening; ***bei der ~ der Galerie herrschte großer Andrang*** many people came to the opening of the gallery
❷ JUR *(Einleiten)* opening, institution; **~ der Gesamtvollstreckung/des Konkursverfahrens** commencement of enforcement proceedings/bankruptcy proceedings; **~ des Hauptverfahrens** committal for trial
❸ *(Beginn)* opening; **bei ~ der Börse** at the opening of the stock exchange
❹ *(Beginn)* commencing; **die ~ des Feuers** the opening of fire
❺ *(geh: Mitteilung)* revelation; **jdm eine ~ machen** to reveal sth to sb
Er·öff·nungs·an·spra·che *f* opening address, opening speech **Er·öff·nungs·an·trag** *m* JUR petition to institute proceedings **Er·öff·nungs·auf·trag** *m* BÖRSE, FIN application form **Er·öff·nungs·be·schluss**[RR] *m* JUR committal for trial; *(bei Konkurs)* bankruptcy order, adjudication in bankruptcy; **jdm einen gerichtlichen ~ zustellen** to serve a process on sb **Er·öff·nungs·be·stand** *m* FIN opening stock **Er·öff·nungs·be·trag** *m* FIN opening value **Er·öff·nungs·bi·lanz** *f* FIN opening balance [sheet] **Er·öff·nungs·bu·chung** *f* FIN opening entry **Er·öff·nungs·ge·bot** *nt* FIN opening bid **Er·öff·nungs·kurs** *m* BÖRSE opening price **Er·öff·nungs·pe·ri·o·de** *f* MED first stage of labour [*or* AM -or] **Er·öff·nungs·preis** *m* BÖRSE opening price
Er·öff·nungs·re·de *f* opening speech **Er·öff·nungs·sit·zung** *f* FIN opening session **Er·öff·nungs·ter·min** *m* HANDEL **~ für Angebote** opening day for offers
ero·gen [eroˈɡeːn] *adj* erogenous
er·ör·tern* [ɛɐ̯ˈœrtɐn] *vt* ■**etw ~** to discuss sth [in detail], to examine sth
Er·ör·te·rung <-, -en> *f* discussion, examination; **rechtliche ~** legal discussion
Eros <-> [ˈeːrɔs] *m* Eros
Eros-Cen·ter <-s, -> [ˈeːrɔs sɛntɐ] *nt (euph)* brothel
Ero·si·on <-, -en> [eroˈzi̯oːn] *f* erosion
Ero·si·ons·schutz *m* protection against erosion, erosion control [*or* prevention]
Ero·tik <-> [eˈroːtɪk] *f kein pl* eroticism
Ero·ti·ka [eˈroːtika] *pl* erotica
Ero·tik·blatt *nt* erotica magazine **Ero·tik·ka·nal** *m* TV erotica channel
ero·tisch [eˈroːtɪʃ] *adj* ❶ *(die Erotik betreffend)* erotic
❷ *(sexuell erregend)* erotic
Ero·to·ma·ne(in) <-n, -n> [erotoˈmaːnə] *m(f)* PSYCH *(geh)* erotomaniac
Er·pel <-s, -> [ˈɛrpl̩] *m* drake
er·picht [ɛɐ̯ˈpɪçt] *adj* ■**auf etw** *akk* **~ sein** to be after sth; ■**[nicht] darauf ~ sein, etw zu tun** to [not] be interested in doing sth
er·press·bar[RR], **er·preß·bar**[ALT] *adj* subject to blackmail
er·pres·sen* *vt* ❶ *(durch Drohung nötigen)* ■**jdn ~** to blackmail sb
❷ *(abpressen)* ■**etw [von jdm] ~** to extort sth [from sb]
Er·pres·ser(in) <-s, -> *m(f)* blackmailer, extortioner [*or* extortionist]
Er·pres·ser·brief *m* blackmail letter
er·pres·se·risch [ɛɐ̯ˈprɛsərɪʃ] I. *adj (Mensch)* blackmailing, extortive; **~es Verhalten** [*o* **Vorgehen**] blackmail
II. *adv* in an extortive manner
Er·pres·sung <-, -en> *f* blackmail; *(unter Anwendung der Gewalt)* extortion; **~ im Amt** JUR extortion by public officials; **räuberische ~** JUR extortion, robbery **Er·pres·sungs·ver·such** *m* attempted blackmail *no pl,* attempted extortion

er·pro·ben* *vt* ■**etw** ~ to test sth; ■**etw [an jdm/an einem Tier]** ~ to test sth [on sb/on an animal]

er·probt *adj* ① *(erfahren)* experienced
② *(zuverlässig)* reliable

Er·pro·bung <-, -en> *f* testing, test, trial

er·qui·cken* [ɛɐ̯'kvɪkn̩] *vt (geh)* ■**jdn** ~ to refresh sb; **sich** *akk* **erquickt fühlen** to feel refreshed

er·qui·ckend *adj (geh)* refreshing

er·quick·lich *adj (iron geh)* joyous *iron liter*

Er·qui·ckung <-, -en> *f (geh)* refreshment; **zur ~/zu jds ~** for refreshment/to refresh sb

Er·ra·ta [ɛ'ra:ta] *pl* errata *npl*

er·ra·ten* *vt irreg* ■**etw** ~ to guess sth, to work sth out [by guessing]; ***das war nicht schwer zu ~!*** it wasn't difficult to work that out!; ***du hast's ~!*** *(fam)* you guessed [*or fam* got] it!

er·rech·nen* *vt* ■**etw** ~ to calculate sth

er·reg·bar *adj* ① *(leicht aufzuregen)* excitable
② *(sexuell zu erregen)* ■**[irgendwie] ~ sein** to be able to be aroused [in a certain way]

Er·reg·bar·keit <-> *f kein pl* excitability

er·re·gen* I. *vt* ① *(aufregen)* ■**jdn** ~ to irritate sb, to annoy sb
② *(sexuell anregen)* ■**jdn** ~ to arouse sb
③ *(hervorrufen)* ■**etw** ~ to engender sth *form,* to cause
II. *vr* ■**sich** *akk* **über jdn/etw** ~ to get annoyed about sb/sth

Er·re·ger <-s, -> *m (Krankheitserreger)* pathogen, causative organism

er·regt I. *adj* ① *(aufgeregt geführt)* heated
② *(aufgeregt)* irritated, annoyed
II. *adv* in an irritated [*or* annoyed] manner

Er·re·gung *f* ① *(erregter Zustand)* irritation, annoyance; **in ~ geraten** to become irritated, to get annoyed; **jdn in ~ versetzen** to irritate sb, to annoy sb; **vor ~** with anger
② *(sexuell erregter Zustand)* arousal; ***bereits ihr Anblick versetzte ihn in ~*** the sight of her alone was enough to arouse him
③ *kein pl (Erzeugung)* engendering, causing; **~ öffentlichen Ärgernisses** public indecency

er·reich·bar *adj* ① *(telefonisch zu erreichen)* ■**[für jdn] ~ sein** to be able to be reached [*or* contacted] [by sb]
② *(zu erreichen)* ■**[irgendwie] ~ sein** to be reachable [in a certain way]; ***die Hütte ist zu Fuß nicht ~*** the hut cannot be reached on foot

Er·reich·bar·keit <-> *f kein pl* accessibility, reachability; *telefonisch* contactability; ***aufgrund einer Schulungsmaßnahme ist unsere telefonische Erreichbarkeit am 20.04.05 nur sehr eingeschränkt gegeben*** due to a workshop we will be operating restricted telephone hours on the 20.04.05

er·rei·chen* *vt* ① *(rechtzeitig hinkommen)* ■**etw** ~ to catch sth
② *(hingelangen)* ■**etw** ~ to get to sth
③ *(antreffen)* ■**jdn** ~ to reach sb, to contact sb, to get hold of sb *fam;* ***Ihr Brief/Ihre Nachricht hat mich nicht rechtzeitig erreicht*** your letter/message didn't reach me on time, I didn't receive your letter/message on time
④ *(eintreffen)* ■**etw** ~ to reach sth; ***wir werden Paris in einer halben Stunde ~*** in half an hour we will arrive in Paris
⑤ *(erzielen)* ■**etw** ~ to reach sth; ***ich weiß immer noch nicht, was du ~ willst*** I still don't know what you want to achieve
⑥ *(einholen)* ■**jdn** ~ to catch sb up BRIT, to catch up with sb
⑦ *(bewirken)* ■**etw [bei jdm]** ~ to get somewhere [with sb]; ***hast du beim Chef etwas ~ können?*** did you manage to get anywhere with the boss?
⑧ *(an etw reichen)* ■**etw [mit etw** *dat***]** ~ to reach sth [with sth]

Er·rei·chung <-> *f kein pl (geh)* ① *(das Erreichen)* reaching
② *(das Erleben)* reaching; ***bei ~ des 60. Lebensjahres*** on one's 60th birthday/when one turns 60/at 60

er·ret·ten* *vt (geh)* ① *(befreien)* ■**jdn [aus etw** *dat***]** ~ to rescue sb [from sth], to deliver sb [from sth] *form*
② *(retten)* ■**jdn vor etw** *dat* ~ to save sb from sth

Er·ret·ter(in) *m(f) (geh)* deliverer *form*

Er·ret·tung *f kein pl (geh)* ■**jds ~ [aus etw** *dat***]** sb's rescue [*or* deliverance] [from sth] *form*

er·rich·ten* *vt* ■**etw** ~ ① *(aufstellen)* to erect sth *form,* to put sth up *sep*
② *(erbauen)* to erect sth *form,* to construct sth; ■**etw ~ lassen** to have sth erected
③ *(begründen)* to found sth, to set up sth *sep*

Er·rich·tung *f* ① *(Aufstellung) Barrikade, Gerüst, Podium* erection *form,* putting up ② *(Erbauung) Denkmal, Gebäude* erection *form,* construction
③ *(Begründung) Gesellschaft, Stiftung* foundation, setting up **Er·rich·tungs·kos·ten** *pl* ÖKON costs of construction

er·rin·gen* *vt irreg* ■**etw** ~ to win sth [with a struggle]

er·ror in per·so·na ['ɛrɔr ɪn pɛr'zo:na] JUR *offender's mistake about the identity of his victim*

er·rö·ten* *vi sein* ■**[vor etw** *dat***]** ~ to blush [with sth]; **jdn zum E~ bringen** to make sb blush

Er·run·gen·schaft <-, -en> [ɛɐ̯'rʊŋənʃaft] *f* ① *(bedeutender Erfolg)* achievement; **geistige ~** JUR intellectual achievement
② *(hum fam: Anschaffung)* acquisition, investment *fam*

Er·satz <-es> [ɛɐ̯'zats] *m kein pl* ① *(ersetzender Mensch)* substitute; *(ersetzender Gegenstand)* replacement; **als ~ für jdn** as a substitute for sb; **als ~ [für etw]** as a replacement [for sth]
② *(Entschädigung)* compensation; **~ für etw** *akk* **leisten** to pay compensation for sth

Er·satz·an·spruch *m* JUR right to [recover] damages; **Ersatzansprüche geltend machen** to assert a claim for damages [*or* a compensation claim] **Er·satz·auf·trag** *m* ÖKON replacement purchase order **Er·satz·aus·son·de·rung** *f* JUR substitutional segregation

Er·satz·bank *f* SPORT bench; **auf der ~ sitzen** to sit on the bench **Er·satz·be·darf** *m* surrogate need **Er·satz·be·frie·di·gung** *f* vicarious satisfaction **Er·satz·be·schaf·fung** *f kein pl* ÖKON replacement **Er·satz·bril·le** *f* spare pair of glasses **Er·satz·dienst** *m non-military service for conscientious objectors* **Er·satz·dro·ge** *f* ① MED *(Ersatzrauschmittel)* substitute drug ② *(fam)* substitute **Er·satz·er·be, -er·bin** *m, f* JUR substitute heir [*or fem* heiress] **Er·satz·er·zeug·nis** *nt* ÖKON substitute **er·satz·fä·hig** *adj* ÖKON substitutable **Er·satz·fahr·zeug** *nt* AUTO replacement vehicle **Er·satz·for·de·rung** *f* JUR claim for compensation, damage claim **Er·satz·frei·heits·stra·fe** *f* JUR imprisonment in default of payment of fine **Er·satz·geld** *nt* JUR token money **er·satz·ge·schwächt** *adj* SPORT *Mannschaft* weakened by substitute players *pred* **Er·satz·in·su·lin** *nt kein pl* surrogate insulin **Er·satz·in·ves·ti·ti·on** *f* ÖKON replacement investment **Er·satz·kas·se** *f* substitute health insurance scheme **Er·satz·land** *nt* JUR lieu land[s]

Er·satz·lie·fe·rung *f* ÖKON replacement, substitute delivery; **kostenlose ~** replacement free of charge **Er·satz·lie·fe·rungs·an·spruch** *m* JUR claim to substitute delivery

er·satz·los *adj* without replacement; **etw ~ streichen** to cancel sth

Er·satz·lö·sung *f* alternative solution **Er·satz·mann** <-männer *o* -leute> *m* ① *(Vertreter)* substitute ② *s.* **Ersatzspieler Er·satz·mi·ne** *f* refill **Er·satz·mit·glied** *nt* ÖKON replacement [*or* substitute] member **Er·satz·mit·tel** *nt* substitute **Er·satz·pflicht** *f* JUR liability to pay damages; **die ~ ausschließen** to preclude liability for damages **er·satz·pflich·tig** *adj* JUR liable to pay damages **Er·satz·prä·pa·rat** *nt* surrogate preparation **Er·satz·rausch·mit·tel** *nt* drug surrogate **Er·satz·recht** *nt kein pl* JUR substitute law **Er·satz·rei·fen** *m* spare wheel **Er·satz·re·vi·si·on** *f* JUR writ of error in lieu of appeal **Er·satz·schlüs·sel** *m* spare key **Er·satz·spie·ler(in)** *m(f)* substitute

Er·satz·teil *nt* spare [*or* replacement] part **Er·satz·teil·la·ger** *nt* spare parts storeroom [*or* warehouse], BRIT *a.* [spares] store **Er·satz·teil·lis·te** *f* AUTO parts list

Er·satz·tor·wart(in) *m(f)* substitute goalkeeper **Er·satz·ur·kun·de** *f* JUR substitute document **Er·satz·ver·mächt·nis** *nt* FIN substitutional legacy **Er·satz·vor·nah·me** *f* JUR substitute performance **Er·satz·wa·ren** *pl* ÖKON equivalent [*or* substitute] goods

er·satz·wei·se *adv* as a replacement [*or* an alternative]

Er·satz·zu·stel·lung *f* ÖKON substituted service

er·sau·fen* *vi irreg sein (sl)* to drown

er·säu·fen* [ɛɐ̯'zɔyfn̩] *vt* ① *(ertränken)* ■**jdn/ein Tier** ~ to drown sb/an animal
② *(fam: betäuben)* ■**etw in etw** *dat* ~ to drown sth in sth

er·schaf·fen *vt irreg (geh)* ■**jdn/etw** ~ to create sb/sth

Er·schaf·fung *f* creation

er·schal·len *vi sein (geh)* to sound; ***aus dem Saal erschallten fröhliche Stimmen/erschallte fröhliches Lachen*** joyful voices/laughter could be heard coming from the hall

er·schau·dern* *vi sein (geh)* ■**[vor etw** *dat***]** ~ to shudder [with sth]

er·schau·ern* *vi sein (geh)* ■**[vor etw** *dat***]** ~ to shiver [with sth]; ■**einen ~ lassen** to make one shiver

er·schei·nen* *vi irreg sein* ① *(auftreten)* to appear; ***du sollst sofort beim Chef ~!*** the boss wants to see you straight away!; ***sie war des Öfteren unpünktlich erschienen*** she had often arrived late
② *(sichtbar werden)* to be able to be seen; ***am sechsten Tag erschien endlich Land am Horizont*** on the sixth day we/they etc. finally sighted land
③ *(veröffentlicht werden)* to come out
④ *(sich verkörpern)* ■**jdm** ~ to appear to sb; ***manchmal ~ einem im Traum die seltsamsten Dinge*** one sometimes sees the strangest things in dreams
⑤ *(scheinen)* ■**jdm irgendwie** ~ to seem a certain way to sb; ***diese Hypothese erscheint mir recht weit hergeholt*** this hypothesis seems quite far-fetched to me; ■**jdm wie etw** ~ to seem like sth to sb

Er·schei·nen <-s> *nt kein pl* ① *a.* JUR *(das Auftreten)* appearance; ***sie dankte den Gästen für ihr ~*** she thanked the guests for coming; ***um rechtzeitiges ~ wird gebeten!*** please be punctual!; **persönliches ~ der Parteien** personal appearance of the parties; **~ vor Gericht** appearance in court; **Anordnung persönlichen ~s vor Gericht** judicial order to appear in court; **~ von Zeugen** attendance of witnesses
② *(die Verkörperung)* appearance
③ *(die Veröffentlichung)* publication

Er·schei·nung <-, -en> *f* ① *(Phänomen)* phenomenon
② *(Persönlichkeit)* ■**eine bestimmte ~** a certain figure
③ *(Vision)* vision; **eine ~ haben** to have a vision
▸ WENDUNGEN: **in ~ treten** to appear

Er·schei·nungs·bild *nt* appearance **Er·schei·nungs·form** *f* manifestation **Er·schei·nungs·jahr** *nt* year of publication **Er·schei·nungs·ort** *m* place of publication

er·schie·ßen* *irreg vt* ■**jdn** ~ to shoot sb dead; ■**sich** *akk* ~ to shoot oneself [dead]

Er·schie·ßung <-, -en> *f* shooting; **standrechtliche ~** shooting by order of a court martial **Er·schie·ßungs·kom·man·do** *nt* firing squad

er·schlaf·fen* [ɛɐ̯'ʃlafn̩] *vi sein* ① *(schlaff werden)* to become limp; ■**etw ~ lassen** to let sth go limp [*or* relax]
② *(die Straffheit verlieren)* to become loose
③ *(welk werden)* to wither, to become withered

Er·schlaf·fung <-> *f* becoming limp [*or* slack],

limpness, slackness

er·schla·gen*[1] *vt* ■**jdn** ~ *irreg* ① *(totschlagen)* to beat sb to death
② *(durch Darauffallen töten)* to fall [down] and kill sb [in the process]; ***die Säule fiel um und erschlug ihn*** the pillar fell down and killed him
③ *(überwältigen)* to overwhelm sb
▶WENDUNGEN: **du kannst mich ~, aber ...** *(fam)* you can do what you want to me but ...

er·schla·gen[2] *adj (fam)* ■**~ sein** to be dead beat *sl,* BRIT *sl a.* to be knackered

er·schlei·chen* *vr irreg* ■**sich** *dat* **etw** ~ to fiddle sth; ***es gelang ihr, sich seine Gunst/sein Vertrauen zu ~*** she managed to gain his favour/trust by tricking him

Er·schlei·chen <-s> *nt kein pl* JUR subreption, obtaining under false pretences; ~ **von Beihilfen** subreption of support; ~ **einer Erbschaft** subreption of a legacy

er·schließ·bar *adj (Märkte)* capable of being opened up

er·schlie·ßen* *irreg* **I.** *vt* ① *(mit Installationen versehen)* ■**etw** ~ to develop sth; ■**erschlossen** developed
② *(nutzbar machen)* ■**[jdm] etw** ~ to exploit sth [for sb]
II. *vr* ■**sich** *dat* **jdm** ~ to reveal oneself to sb, to be revealed to sb

Er·schlie·ßung *f* ① BAU, ÖKON, ADMIN *(das Zugänglichmachen)* opening up; *eines Gebiets* development
② GEOL, ÖKON *(das Nutzbarmachen)* tapping
③ LING *(Schlussregel)* inference

Er·schlie·ßungs·kos·ten *pl* FIN development costs *pl* **Er·schlie·ßungs·ver·trag** *m* FIN development contract **Er·schlie·ßungs·wert** *m* FIN development value

er·scholl [ɛɐ̯ˈʃɔl] *imp von* **erschallen**

erschollen [ɛɐ̯ˈʃɔlṇ] *pp von* **erschallen**

er·schöpf·bar *adj (Reserven)* finite

er·schöp·fen* **I.** *vt* ① *(ermüden)* ■**jdn** ~ to exhaust sb
② *(aufbrauchen)* ■**etw** ~ to exhaust sth; ■**erschöpft sein** to be exhausted
II. *vr* ① *(zu Ende gehen)* ■**sich** *akk* ~ to run out; ***das Interesse der Bevölkerung erschöpfte sich schnell*** the people quickly lost interest
② *(etw umfassen)* ■**sich** *akk* **in etw** *dat* ~ to consist only of sth; ■**sich** *akk* **darin ~, dass jd etw tut** to only go as far as sb doing sth; ***meine Möglichkeiten ~ sich darin, dass ich versuchen kann, für Sie zu intervenieren*** the only thing I can do is try to intervene on your behalf

er·schöp·fend **I.** *adj* ■**~ sein** ① *(zur Erschöpfung führend)* exhausting
② *(ausführlich)* exhaustive
II. *adv* exhaustively

er·schöpft **I.** *pp und 1. pers. sing von* **erschöpfen**
II. *adj* exhausted; **völlig** [*o* **restlos**] [*o* **zu Tode**] ~ completely [*or* absolutely] exhausted [*or* BRIT *fam a.* knackered]

Er·schöp·fung <-, -en> *pl selten f* ① *(völlige Ermüdung)* exhaustion; **bis zur [völligen] ~ arbeiten** to work until one is [completely] exhausted [*or* ready to drop] *fam;* **vor ~** with exhaustion
② *(das Aufbrauchen) Mittel, Vorräte* running out, exhaustion
③ JUR *(Ausschöpfen)* exhaustion; **~ des Patentrechts/der Rechtsmittel** exhaustion of patent rights/legal remedies

Er·schöp·fungs·ein·re·de *f* JUR plea of depletion of the estate **Er·schöp·fungs·zu·stand** *m* **sich** *akk* **in einem ~ befinden** to be in a state of exhaustion; **an Erschöpfungszuständen leiden** to suffer from exhaustion

er·schos·sen [ɛɐ̯ˈʃɔsṇ] *adj (fam)* bushed *fam,* BRIT *fam a.* knackered; ■**[völlig] ~ sein** to be [completely] bushed [*or* BRIT *sl a.* knackered]

Er·schos·se·ne(r) *f(m) dekl wie adj* victim of shooting

er·schrak [ɛɐ̯ˈʃraːk] *imp von* **erschrecken II**

er·schre·cken **I.** *vt* <erschreckte, erschreckt> *haben* ① *(in Schrecken versetzen)* ■**jdn** ~ to give sb a fright
② *(bestürzen)* ■**jdn** ~ to alarm sb, to shock sb
II. *vi* <erschrickt, erschreckte *o* erschrak, erschreckt *o* erschrocken> *sein* ■**[vor jdm/etw]** ~ to get a fright [from sb/sth]; ~ ***Sie nicht, ich bin's nur!*** don't get a fright, it's only me!
III. *vr* <erschrickt, erschreckte, erschreckt *o* erschrocken> *haben (fam: einen Schrecken bekommen)* ■**sich** *akk* **[über etw** *akk***]** ~ to be shocked [by sth]

Er·schre·cken *nt kein pl* fear, terror

er·schre·ckend **I.** *adj* alarming; ■**~ sein** to be alarming
II. *adv* ① *(schrecklich)* terrible
② *(fam: unglaublich)* incredibly

er·schrickt *3. pers. pres von* **erschrecken**

er·schro·cken **I.** *pp von* **erschrecken II, III**
II. *adj* alarmed, shocked; ■**~ sein** to be alarmed
III. *adv* with a start *pred*

er·schüt·tern [ɛɐ̯ˈʃʏtɐn] *vt* ① *(zum Beben bringen)* ■**etw** ~ to shake sth
② *(in Frage stellen)* ■**etw** ~ to shake sth; *Ansehen* damage; *Glaubwürdigkeit* undermine
③ *(tief bewegen)* ■**jdn** ~ to shake sb, to distress sb; **jdn kann nichts mehr ~** nothing can shake [*or* distress] sb anymore; **sich** *akk* **durch nichts ~ lassen** to let nothing shake [*or* distress] oneself

er·schüt·ternd *adj* distressing

er·schüt·tert *adj* shaken, distressed; ■**[über etw** *akk***] erschüttert sein** to be shaken [*or* distressed] [by sth]

Er·schüt·te·rung <-, -en> *f* ① *(erschütternde Bewegung)* shake
② *(Destabilisierung)* destabilization *no pl;* ***dieses skandalöse Urteil bewirkte eine ~ der gesamten Rechtsprechung*** this scandalous judgement has given the whole justice system a shake-up
③ *(das Erschüttern) Vertrauen* shaking
④ *(seelische Ergriffenheit)* distress; ***ihre ~ war ihr deutlich anzumerken*** it was easy to see that she was in distress

er·schwe·ren* [ɛɐ̯ˈʃveːrən] *vt* ■**[jdm] etw** ~ to make sth more difficult [for sb]; ***das Problem erschwerte ihm die Aufgabe*** the problem complicated the task for him

er·schwe·rend **I.** *adj* complicating
II. *adv* ■**sich** *akk* ~ **auswirken** to make things difficult; ~ ***kommt noch hinzu ...*** to make matters [*or* things] worse...

Er·schwer·nis <-, -se> [ɛɐ̯ˈʃveːɐ̯nɪs, *pl* nɪsə] *f (geh)* [additional] difficulty

Er·schwer·nis·zu·la·ge *f* JUR extra pay for difficult working conditions

Er·schwe·rung <-, -en> *f* ■**die ~ einer S.** *gen* the hindrance to sth

er·schwin·deln* *vt* ■**[sich** *dat***] etw von jdm** ~ to con sth [for oneself] out of sb

er·schwing·lich [ɛɐ̯ˈʃvɪŋlɪç] *adj* affordable; ■**~ sein** to be affordable

er·se·hen* *vt irreg (geh)* ■**etw aus etw** *dat* ~ to see sth from sth; ***alles weitere können Sie aus meinem Lebenslauf ~*** you'll find additional information in my CV; ■**aus etw** *dat* **~, dass ...** to see from sth that ...

er·seh·nen* *vt (geh)* ■**etw** ~ to long for sth, to yearn for sth; ■**ersehnt** longed for, yearned for

er·setz·bar [ɛɐ̯ˈzɛtsbaːɐ̯] *adj* replaceable; ■**~ sein** to be replaceable

er·set·zen* *vt* ① *(austauschen)* ■**etw [durch etw** *akk***]** ~ to replace sth [with sth]
② *(vertreten)* ■**[jdm] jdn/etw** ~ to replace [sb's] sb/sth; ***er ersetzt dem Kind den Vater*** he's a replacement father to the child
③ *(erstatten)* ■**jdm etw** ~ to reimburse sb for sth

er·set·zend *adj* JUR substitute

Er·set·zung <-, -en> *f* JUR *(Ersatz)* replacement, substitution; **dingliche ~** physical substitution **Er·set·zungs·be·fug·nis** *f* JUR right to offer alternative performance

er·sicht·lich *adj* apparent; ■**aus etw** *dat* **~ sein, dass ...** to be apparent [*or* clear] from sth that ...

er·sin·nen* *vt irreg (geh)* ■**etw** ~ to concoct sth; *Plan* devise

er·sit·zen* *vt irreg* JUR ■**etw** ~ to acquire sth by adverse possession

Er·sit·zung <-, -en> *f* JUR adverse possession, [acquisitive] prescription **Er·sit·zungs·recht** *nt* JUR title by prescription; **~e geltend machen** to prescribe

er·spä·hen* *vt* ■**jdn/etw [unter etw** *dat***]** ~ to spot sb/sth [among sth]

er·spa·ren* *vt* ① *(von Ärger verschonen)* ■**jdm etw** ~ to spare sb sth; ***ich kann Ihnen die Wartezeit leider nicht ~*** I'm afraid you'll have to wait; ■**sich** *dat* **etw** ~ to save oneself sth; ***den Ärger hättest du dir ~ können*** you could have spared yourself this trouble; **jdm bleibt etw/nichts erspart** sb is spared sth/not spared anything; ***schon wieder dieser Ärger, mir bleibt aber auch nichts erspart!*** not this again! the things I have to put up with!
② *(durch Sparen erwerben)* ■**[sich** *dat***] etw** ~ to save up [to buy] sth

Er·spar·nis <-, -se *o* ÖSTERR -ses, -se> [ɛɐ̯ˈʃpaːɐ̯nɪs, *pl* -nɪsə] *f o* ÖSTERR *nt* ① *kein pl (Einsparung)* ■**die/eine ~ an etw** *dat* the/a saving in [*or* of] [*or* on] sth
② *meist pl (erspartes Geld)* savings *npl*

Er·spar·nis·bil·dung *f* FIN formation [*or* generation] of savings

Er·spar·te(s) *nt dekl wie adj* savings *npl*

er·sprieß·lich [ɛɐ̯ˈʃpriːslɪç] *adj (geh)* useful, helpful; *Zusammenarbeit* successful; ■**irgendwie ~ sein** to be useful [*or* helpful] in some way

erst [ˈeːɐ̯st] **I.** *adv* ① *(zuerst)* [at] first; ~ ***sagst du ja, dann wieder nein!*** first you say yes, then you say no again!; ~ ***schien noch die Sonne, aber dann fing es bald an zu regnen*** at first it was sunny but it soon started to rain; ***mach ~ [ein]mal die Arbeit fertig*** finish your work first; ***wenn du das ~ einmal hinter dir hast*** once you've got that over with
② *(nicht früher als)* only; ***wecken Sie mich bitte ~ um 8 Uhr!*** please don't wake me until 8 o'clock!; ***er hat mich ~ darauf aufmerksam gemacht, als es schon zu spät war*** he didn't draw my attention to it until it was too late; ***ich brauche die Rechnung ~ in 5 Wochen zu bezahlen*** I don't need to pay the bill for another 5 weeks; **~ gestern/heute/morgen** only yesterday/today/tomorrow; ***der nächste Zug fährt ~ morgen*** the next train doesn't leave until tomorrow; **~ jetzt** only now; **eben/gerade ~** [only] just; **~ vor kurzem** only recently, only just; **~ als ...** only when ...; **~ wenn** only if; **~ ..., wenn** only ... if
③ *(bloß)* only
II. *part (verstärkend)* ***an deiner Stelle würde ich ~ gar nicht anfangen*** if I was in your shoes I wouldn't even start; ***wenn wir zu Hause sind, dann kannst du ~ was erleben!*** when we get home you'll be in real trouble!
▶WENDUNGEN: **~ recht** all the more; **jetzt ~ recht/recht nicht!** ***jetzt zeigst du es ihr ~ recht!*** now you can really show her!; ***tu, was man dir sagt! — nein, jetzt ~ recht nicht!*** do what you're told! no, now I definitely won't do it!

Erst·an·mel·de·da·tum *nt* JUR *(Patentrecht)* original filing date **Erst·an·mel·der(in)** *m(f)* JUR *eines Patents* first applicant **Erst·an·mel·dung** *f* JUR *eines Patents* original application [*or* filing]

er·star·ken* [ɛɐ̯ˈʃtarkṇ] *vi sein (geh)* ① *(stärker werden)* to gain strength
② *(intensiver werden)* to become stronger; *(von Hoffnung/Zuversicht)* to increase

er·star·ren* *vi sein* ① *(fest werden)* to harden, to solidify; ***bei 0 °C erstarrt Wasser zu Eis*** at 0 °C water freezes and becomes ice
② *(wie gefroren sein)* to freeze; ***Dracula bot einen Anblick, der jedem das Blut in den Adern ~ ließ*** the sight of Dracula made everybody's blood freeze [in their veins]
③ *(vor Kälte steif werden)* to freeze

④ *(starr werden)* ■ [**vor etw** *dat*] ~ to freeze [with sth]

Er·st̲ar·rung <-> *f kein pl* ① *(Starrwerden)* solidification; *Blut* congealing, congelation
② *(Starrsein, Starrheit)* numbness, stiffness

er·stat·ten* [ɛɐ̯'ʃtatn̩] *vt* ① *(ersetzen)* ■ [**jdm**] **etw** ~ to reimburse [sb] for sth
② *(geh: mitteilen)* **Anzeige** ~ to report a crime; **Anzeige gegen jdn** ~ to report sb; **jdm Bericht/Meldung** [**über etw** *akk*] ~ to report to sb/notify sb [about sth]

Er·st̲at·tung <-, -en> *f von Auslagen, Unkosten* reimbursement

Er·st̲at·tungs·an·spruch *m* JUR claim for reimbursement **Er·st̲at·tungs·be·schluss**RR *m* JUR restitution order **Er·st̲at·tungs·be·trag** *m* HANDEL refund, amount refunded **er·st̲at·tungs·fä·hig** *adj* JUR refundable, recoverable, repayable; **~er Betrag/~e Ausgaben** recoverable sum/expenses; **nicht** ~ non-refundable **Er·st̲at·tungs·ge·setz** *nt* JUR Recovery of Public Funds Act **er·st̲at·tungs·pflich·tig** *adj* JUR reimbursable

e̲rst·auf·füh·ren *vt nur infin, pp* to première; ■ **erstaufgeführt** premièred **E̲rst·auf·füh·rung** *f* première **E̲rst·auf·la·ge** *f* first print[-run] **E̲rst·auf·trag** *m* ÖKON initial [*or* first] order

er·stau̲·nen* I. *vt haben* ■ **jdn** ~ to amaze sb; ***dieses Angebot erstaunt mich*** I find this offer amazing
II. *vi sein* ■ **über etw** *akk* ~ to be amazed by sth

Er·stau̲·nen *nt* amazement; **voller** ~ full of amazement; **jdn in** ~ **versetzen** to amaze sb; **zu jds** ~ to sb's amazement

er·staun·lich [ɛɐ̯'ʃtau̯nlɪç] I. *adj* amazing, astonishing; ■ **~ sein, dass/was/wie ...** to be amazing that/what/how ... *pl*
II. *adv* amazingly, astonishingly

er·staun·li·cher·wei·se *adv* astonishingly [*or* amazingly] [enough]

er·stau̲nt I. *adj* amazed; ***du machst so ein ~es Gesicht*** you look so amazed; ■ [**über jdn/etw**] ~ **sein** to be amazed [by sb/sth]
II. *adv* in amazement

E̲rst·aus·fer·ti·gung *f* original

E̲rst·aus·ga·be *f* ① *(erste Veröffentlichung)* first edition ② *(Buch)* first edition **E̲rst·aus·ga·be·preis** *m* BÖRSE issue price

E̲rst·be·rech·ti·gung *f* JUR first title **erst·bes·te(r, s)** *adj attr* first; ■ **der/die/das E~** the first one sees [*or* comes across], the next best **E̲rst·be·stei·gung** *f* first ascent **E̲rst·de·lin·quent** *m* first offender

ers·te(r, s) ['eːɐ̯stə] *adj* ① *(an erster Stelle kommend)* first; ***die ~ n fünf/ die fünf ~ n Bäume*** the first five trees; **das E~, was ...** the first thing that ...; **die ~ Klasse** [*o fam* **die E~**] primary one BRIT, first grade AM; *s. a.* **achte(r, s) 1**
② *(Datum)* first, 1st; *s. a.* **achte(r, s) 2**
③ *(führend)* leading, number one, top; ***das ~ Haus am Platz*** *(Hotel)* the best [*or* finest] hotel in town; *(Laden)* the top [*or* best] store in town
▸ WENDUNGEN: **der/die/das ~ beste** the first one sees [*or* comes across], the next best; ***bei der ersten besten Gelegenheit*** at the first opportunity that comes along [*or* presents itself]; **fürs E~** to begin with, for the time being, for starters *fam;* **zum E~n, zum Zweiten, zum Dritten** going once, going twice, sold

Ers·te(r) ['ɛrstə] *f(m) dekl wie adj* ① first; *s. a.* **Achte(r) 1**
② *(bei Datumsangabe)* ■ **der** ~ [*o geschrieben* **der 1.**] the first *spoken,* the 1st *written; s. a.* **Achte(r) 2**
③ *(Namenszusatz)* **Ludwig der** ~ *geschrieben* Louis the First; **Ludwig I.** *geschrieben* Louis I
④ *(beste)* the best, the leader; ***in Mathematik war sie die ~ in der Klasse*** she was top of the class in maths; ***der Porsche ist wieder ~ r geworden*** the Porsche won again
▸ WENDUNGEN: ~ **unter Gleichen** first among equals

er·ste̲·chen* *vt irreg* ■ **jdn** [**mit etw** *dat*] ~ to stab sb to death [with sth]

er·ste·hen* [ɛɐ̯'ʃteːən] *irreg* I. *vt haben (fam)* ■ **etw** ~ to pick up sth *sep*
II. *vi sein* ① *(geh: neu entstehen)* to be rebuilt
② *(geh: erwachsen)* ■ **jdm** [**aus etw** *dat*] ~ to arise for sb [from sth]; ***daraus würden Ihnen nur Unannehmlichkeiten*** ~ it would only cause you difficulties

Ers·te-Hil·fe-Kas·ten [eːɐ̯stə'hɪlfəkastn̩] *m* first-aid box **Ers·te-Hil·fe-Kurs** [eːɐ̯stə'hɪlfəkʊrs] *m* first-aid course **Ers·te-Hil·fe-Leis·tung** [eːɐ̯stə'hɪlfəlai̯stʊŋ] *f* first aid *no pl*

er·stei̲·gen* *vt irreg* ■ **etw** ~ to climb sth; ***die höchsten Stufen des Ruhmes*** ~ to rise to the dizzy heights of fame

er·stei̲·gern *vt* ■ **etw** ~ to buy sth [at an auction]

Er·stei̲·gung *f Berg* climbing

E̲rst·ein·ga·be *f* first entry **E̲rst·ein·la·ge** *f* BÖRSE, FIN initial deposit **E̲rst·ein·satz** *m* first use, first deployment

Ers·te-Kla̲s·se-Ab·teil *nt* first class compartment **Ers·te-Kla̲s·se-Wa·gen** *m* first class carriage

er·ste̲l·len* *vt* ① *(geh: errichten)* ■ **etw** [**in etw** *dat*] ~ to build sth [in sth]
② *(anfertigen)* ■ [**jdm**] **etw** ~ to draw up, to write, to produce; ■ **sich** *dat* **etw** [**von jdm**] ~ **lassen** to have sth drawn up/written/produced [by sb]
③ TECH, INFORM ■ **etw** ~ to create [*or* construct] sth

Er·ste̲l·lung <-, -en> *f* ① *(geh: Errichtung) Gebäude, Wohnungen* building ② *(Anfertigung)* drawing up, writing, production; **die ~ eines genauen Konzeptes** to draw up an exact plan **Er·ste̲l·lungs·da·tum** *nt* FIN creation date

e̲r·ste·malALT *adv s.* **Mal**

E̲rst·emis·si·on *f* BÖRSE initial public offering

e̲r·sten·malALT *adv s.* **Mal**

ers·tens ['eːɐ̯stn̩s] *adv* firstly

ers·te·re(r, s) *adj* ■ **der/die/das E~** the former; ***fliegen Sie mit der Maschine um 9:00 oder um 14:00? — mit E~ r*** are you taking the plane at 9 AM or 2 PM? — the one at 9 [*or* the former]

erst·ge·bä·rend *adj* primigravida *spec* **E̲rst·ge·bä·ren·de** *f dekl wie adj* first-time mother, primipara *spec* **e̲rst·ge·bo·ren** *adj attr* first-born; ■ **der/die E~e** the first-born [child] **e̲rst·ge·nannt** *adj attr* first, first mentioned **E̲rst·hy·po·thek** *f* FIN first [*or* senior] mortgage

er·sti̲·cken* I. *vt haben* ① *(durch Erstickung töten)* ■ **jdn** ~ to suffocate sb
② *(erlöschen lassen)* ■ **etw** ~ to extinguish sth
③ *(dämpfen)* ■ **etw** ~ to deaden sth
④ *(unterdrücken)* ■ **etw** ~ to crush sth
II. *vi sein* ① *(durch Erstickung sterben)* ■ **an etw** *dat* ~ to choke to death on sth, to be suffocated by sth; ***das Kind ist an einer Fischgräte erstickt*** the child choked to death on a fish bone; ***die Luft ist zum E~ hier*** it's suffocating in here
② *(erlöschen)* to go out
③ *(übermäßig viel haben)* ■ **in etw** *dat* ~ to drown in sth; ***Deutschlands Städte ~ im Verkehr*** Germany's towns are overflowing with traffic

Er·sti̲·cken *nt kein pl* choking, suffocating

er·sti̲ckt *adj* stifled; ***sie sprach mit halb von Tränen ~er Stimme*** she could hardly speak through all her tears

Er·sti̲ck·te(r) *f(m) dekl wie adj* victim of suffocation [*or* choking]

Er·sti̲·ckung <-> *f kein pl* ① *(von Lebewesen)* suffocation *no pl* [*or* choking] ② *(von Feuer)* suffocation; ***die ~ der Flammen gelang ihnen nur mit Mühe*** they were able to put out the flames only with difficulty **Er·sti̲·ckungs·an·fall** *m* choking fit

E̲rst·in·stal·la·ti·on *f* INFORM new installation, setting up **e̲rst·in·stanz·lich** *adj* of first instance *pred* **E̲rst·in·ves·ti·ti·on** *f* FIN start-up investment

E̲rst·klas·ser(in) <-s, -> [-klasɐ] *m(f)* ÖSTERR *s.* **Erstklässler**

erst·klas·sig ['eːɐ̯stklasɪç] I. *adj* first-class
II. *adv* first class, excellently

E̲rst·klass·ler(in)RR, **E̲rst·klaß·ler(in)**ALT <-s, -> [-klaslɐ] *m(f) s.* **Erstklässler**

E̲rst·kläss·ler(in)RR, **E̲rst·kläß·ler(in)**ALT <-s, -> [-klɛslɐ] *m(f)* primary one pupil BRIT, first grader AM

E̲rst·kom·mu·ni·kant(in) *m(f)* REL first communicant **E̲rst·kom·mu·ni·on** *f* first communion **E̲rst·kon·su·ment(in)** *m(f) von Drogen* first-time user **E̲rst·kon·takt** *m* ÖKON initial approach [*or* contact] **E̲rst·kun·de, kun·din** *m, f* HANDEL first customer **E̲rst·la·ge·rung** *f* initial storage

E̲rst·ling <-s, -e> ['eːɐ̯stlɪŋ] *m* ① *(erstes Werk)* first work
② *(erstgeborenes Kind)* first[-born *dated*] child

E̲rst·lings·schüh·chen <-s, -> [-ʃyːçən] *nt* bootees *pl* **E̲rst·lings·werk** *nt* first book [*or* work]

erst·ma·lig ['eːɐ̯stmaːlɪç] I. *adj* first
II. *adv (geh) s.* **erstmals**

erst·mals ['eːɐ̯stmaːls] *adv* for the first time

Er·sto·che·ne(r) [ɛɐ̯'ʃtɔxənə] *f(m) dekl wie adj* victim of fatal stabbing

er·stra̲h·len* *vi sein (geh)* ■ [**in etw** *dat*] ~ to be aglow [with sth]

erst·ran·gig ['eːɐ̯straŋɪç] *adj* ① *(sehr wichtig)* major
② *(erstklassig)* first-class, first-rate

er·stre̲·ben* *vt (geh)* ■ **etw** ~ to strive for sth

er·stre·bens·wert [ɛɐ̯'ʃtreːbn̩sveːɐ̯t] *adj* worth striving for *pred;* ■ [**für jdn**] ~ **sein** to be worth striving for [in sb's opinion]; ■ **es ist ~, etw zu sein** it is worth striving for to be sth; ■ **etwas/nichts E~es** something/nothing worth striving for

er·stre̲·cken* I. *vr* ① *(sich ausdehnen)* ■ **sich** *akk* [**in etw** *akk/***über etw** *akk*] ~ to extend [in sth/over sth]
② *(betreffen)* ■ **sich** *akk* **auf etw** *akk* ~ to include sth
II. *vt* SCHWEIZ *(verlängern)* ■ **etw** ~ to extend sth

er·strei̲·ten* *vt irreg* ■ **etw** ~ to fight to get sth

E̲rst·schlag *m* first strike **E̲rst·schlag·op·ti·on** *f* MIL first-strike option

E̲rst·stim·me *f* first vote *(given for a candidate in the voter's constituency in the first round of the Bundestag elections)*

E̲rst·tags·brief *m* first-day cover

E̲rst·tä·ter(in) *m(f)* first offender

er·stun·ken [ɛɐ̯'ʃtʊŋkn̩] *adj* ▸ WENDUNGEN: **das ist ~ und erlogen** *(fam)* that's a pack of lies, that's the biggest lie I've ever heard BRIT

e̲r·stür·men* *vt* ① MIL *(durch Sturmangriff einnehmen)* ■ **etw** ~ to storm sth
② *(fig o selten: ein Ziel erreichen)* ■ **etw** ~ to conquer sth

E̲rst·ver·mie·tung *f kein pl* first-time letting

E̲rst·ver·öf·fent·li·chung *f* first publication **E̲rst·ver·öf·fent·li·chungs·recht** *nt* first publication rights *pl*

E̲rst·ver·si·che·rer *m* FIN primary insurer **E̲rst·wäh·ler(in)** *m(f)* first-time voter **E̲rst·zu·las·sung** *f* AUTO initial registration

er·su̲·chen* *vt (geh)* ① *(auffordern)* ■ **jdn um etw** *akk* ~ to request sth from sb; ■ **jdn** [**darum**] **~, etw zu tun** to request sb to do sth
② *(bitten)* ■ [**jdn** [*o* **bei jdm**]] **um etw** *akk* ~ to request sth [from sb]

Er·su̲·chen <-s, -> *nt* JUR *(geh)* request; **förmliches** ~ requisition; **richterliches** ~ letters rogatory; **ein ~ an jdn richten** [*o* **stellen**] to file a request with sb, to submit a request to sb; **auf ~ der/des ...** at the request of the ...

er·ta̲p·pen* I. *vt* ■ **jdn** [**bei etw** *dat*] ~ to catch sb [doing sth]
II. *vr* ■ **sich** *akk* **bei etw** *dat* ~ to catch oneself doing sth

er·tei̲·len* *vt (geh)* ■ [**jdm**] **etw** ~ to give [sb] sth

Er·tei̲·lung <-, -en> *f* JUR *(Übertragen)* grant; *(Ausstellen)* issue; ~ **eines Auftrags** placing of an order; ~ **einer Auskunft** provision of information; **Ersuchen auf ~ eines Patents** petition for the grant of a patent; ~ **der Handlungsvollmacht** conferring power of attorney

Er·tei̲·lungs·an·trag *m (für Patent)* request for a grant **Er·tei̲·lungs·be·schluss**RR *m (für Patent)* decision of grant **Er·tei̲·lungs·ge·bühr** *f (für Patent)* patent fee **Er·tei̲·lungs·ver·fah·ren** *nt (Patentrecht)* granting procedure

er·tö·nen* *vi sein (geh)* ① *(zu hören sein)* to sound; ***vom Nachbarhaus her ertönte laute Musik*** loud music was coming from the neighbouring house; ■ **etw ~ lassen** to let sth sound
② *(widerhallen)* ■ **von etw** *dat* ~ to resound with sth

Er·trag <-[e]s, Erträge> [ɛɐ̯ˈtraːk, *pl* ɛɐ̯ˈtrɛːgə] *m* ① *(Ernte)* yield; ~ **bringen** [*o* **abwerfen**] to bring yields
② *meist pl* revenue; ~ **bringen** [*o* **abwerfen**] to bring in revenue

er·tra·gen* *vt irreg* ■ **etw** ~ to bear sth; **nicht zu ~ sein** to be unbearable

er·trag·fä·hig *adj* ① AGR *Boden* fertile, productive ② FIN *Geldanlage* [potentially] profitable **Er·trag·fä·hig·keit** <-> *f kein pl* ① AGR fertility, productivity ② FIN [potential] profitability, earning potential [*or* capacity]

er·träg·lich [ɛɐ̯ˈtrɛːklɪç] *adj* bearable; ■ **[irgendwie] ~ sein** to be bearable [in a certain way]; **schwer ~ sein** to find it difficult to cope with sth

er·trag·los *adj* FIN unprofitable; **~es Geschäft** unprofitable transaction

er·trag·reich *adv* productive; *Land* fertile

Er·trags·an·teil *m* FIN share of earnings **Er·trags·aus·schüt·tung** *f* dividend distribution **Er·trags·aus·sich·ten** *pl* FIN prospects for making a profit **Er·trags·be·steu·e·rung** *f* FIN taxation of earnings **Er·trags·bi·lanz** *f* FIN net earning power **Er·trags·chan·ce** [-ʃãːsə, -ʃãːs, -ʃaŋs(ə)] *f* ÖKON revenue chance **Er·trags·ein·bruch** *m* FIN sharp drop in earnings **Er·trags·ein·bu·ße** *f* ÖKON loss of income **Er·trags·ent·wick·lung** *f* FIN trend of earnings, development of profits **Er·trags·er·war·tung** *f* ÖKON earnings expectation **Er·trags·er·war·tun·gen** *pl* FIN earnings [*or* profit] expectations **er·trags·fä·hig** *adj* FIN productive, profitable; **~e Geldanlage** profitable investment of money **Er·trags·gren·ze** *f* FIN profit margin **Er·trags·kraft** *f* FIN earning power, profitability **Er·trags·la·ge** *f* FIN profitability, profit situation **Er·trags·leis·tung** *f* FIN earnings performance **Er·trags·min·de·rung** *f* ÖKON decrease in profits **Er·trags·ni·veau** [-nivoː] *nt* FIN profit situation **Er·trags·quel·le** *f* ÖKON ① *(Ursprung für Einkommen)* source of income ② *(zum Geldverdienen)* revenue generator **Er·trags·rück·gang** *m* ÖKON drop in earnings **er·trags·schwach** *adj* FIN low-yield *attr,* weak in earning power **Er·trags·span·ne** *f* margin of return **er·trags·stark** *adj* FIN high-yield *attr,* highly profitable **Er·trags·stei·ge·rung** *f* profits increase

Er·trags·steu·er *f* FIN profits tax, tax on profits **er·trags·steu·er·be·güns·tigt** *adj* FIN income tax-privileged **Er·trags·steu·er·bi·lanz** *f* FIN earnings-tax balance sheet

Er·trags·ver·bes·se·rung *f* ÖKON profit increase **Er·trags·ver·schlech·te·rung** *f* ÖKON weakening of profitability **Er·trags·wachs·tum** *nt* ÖKON earnings growth

Er·trags·wert *m* FIN capitalized earning power [*or* value of potential revenue] **Er·trags·wert·an·satz** *m* FIN income value appraisal method **Er·trags·wert·ver·fah·ren** *nt* FIN gross rental method

Er·trags·zah·len *pl* FIN earnings *pl* **Er·trags·zin·sen** *pl* FIN interest *kein pl* received **Er·trags·zu·wachs** *m* ÖKON growth in income

er·trän·ken* I. *vt* ① *(ersäufen)* ■ **jdn/ein Tier** ~ to drown sb/an animal
② *(betäuben)* ■ **etw [in etw** *dat*] ~ to drown sth [in sth]
II. *vr* ■ **sich** *akk* ~ to drown oneself

er·träu·men* *vt* ■ **[sich** *dat*] **jdn/etw** ~ to dream about [*or* of] sb/sth

er·trin·ken* *vi irreg sein* ■ **[in etw** *dat*] ~ to drown [in sth]

Er·trin·ken <-s> *nt kein pl* drowning

er·trot·zen* *vt (geh)* ■ **[sich** *dat*] **etw** ~ to obtain by forceful means

Er·trun·ke·ne(r) *f(m) dekl wie adj* victim of drowning

er·tüch·ti·gen* [ɛɐ̯ˈtʏçtɪgn̩] I. *vt (geh)* ■ **jdn** ~ to strengthen sb
II. *vr* ■ **sich** *akk* ~ to strengthen oneself

Er·tüch·ti·gung <-, -en> *f* strengthening; **körperliche** ~ physical strengthening

er·üb·ri·gen* [ɛɐ̯ˈʔyːbrɪgn̩] I. *vr* ■ **sich** *akk* ~ to be superfluous; ■ **es erübrigt sich, etw zu tun** it is not necessary to do sth
II. *vt (aufbringen)* **etw ~ können** *Geld, Zeit* to spare sth

eru·ie·ren* [eruˈiːrən] *vt (geh)* ① *(in Erfahrung bringen)* ■ **etw** ~ to find out sth *sep;* ■ **[bei jdm] ~, wann/wer ...** to find out [from sb] when/who ...
② ÖSTERR, SCHWEIZ *(ausfindig machen)* ■ **jdn** ~ to find sb

Erup·ti·on <-, -en> [erʊpˈtsi̯oːn] *f* eruption

Erup·tiv·ge·stein [erʊpˈtiːf-] *nt* GEOL eruptive [*or* extrusive] [*or* igneous] rock

er·wa·chen* *vi sein* ① *(geh: aufwachen)* ■ **[aus etw** *dat*] ~ to wake up [from sth]; **aus der Narkose** ~ to come round from the anaesthetic [*or* AM *esp* anesthetic]; **aus einer Ohnmacht** ~ to come to; ■ **von etw** *dat* ~ to be woken by sth
② *(sich regen)* ■ **in jdn** ~ *Gefühle* to awaken in sb
▸ WENDUNGEN: **ein böses E~** a rude awakening

Er·wa·chen *nt kein pl (geh)* awakening

er·wach·sen*[1] [ɛɐ̯ˈvaksn̩] *vi irreg sein (geh)* ■ **jdm** ~ to arise for sb; ■ **etw erwächst jdm aus etw** *dat* sth causes sth for sb; **jdm ~ Kosten [aus etw** *dat*] sb incurs costs [as a result of sth]

er·wach·sen[2] [ɛɐ̯ˈvaksn̩] *adj* adult, grown-up; **~ sein/werden** to be grown-up/to grow up

Er·wach·se·ne(r) *f(m) dekl wie adj* adult, grown-up

Er·wach·se·nen·bil·dung [ɛɐ̯ˈvaksenən-] *f* adult education

Er·wach·se·nen·straf·recht *nt kein pl* JUR adult criminal law **Er·wach·se·nen·tau·fe** *f* adult christening

er·wä·gen* *vt irreg* ① *(in Betracht ziehen)* consider
② *(überlegen)* ■ **etw** ~ to consider sth; ■ **~, etw zu tun** to consider doing sth

Er·wä·gung <-, -en> *f* consideration; **etw in ~ ziehen** to give sth one's consideration, to consider sth; **in ~ ziehen, etw zu tun** to consider doing sth; **aus bestimmten ~en [heraus]** for certain reasons

er·wäh·nen* *vt* ■ **jdn/etw** ~ to mention sb/sth; ■ **[jdm gegenüber] ~, dass ...** to mention [to sb] that ...

er·wäh·nens·wert *adj* worth mentioning *pred,* noteworthy; ***ich hielt es nicht für*** ~ I didn't think it worth mentioning

Er·wäh·nung <-, -en> *f* mentioning; **~ finden** *(geh)* to be mentioned

Er·wah·rung <-, -en> [ɛɐ̯ˈvaːrʊŋ] *f* POL SCHWEIZ *official confirmation of election results*

er·wär·men* I. *vt* ① *(warm machen)* ■ **etw** ~ to warm sth [up]
② *(begeistern)* ■ **jdn für etw** *akk* ~ to arouse [*or* kindle] enthusiasm in sb for sth
II. *vr* ① *(warm werden)* ■ **sich** *akk* **[auf etw** *akk*] ~ to warm up [to sth]
② *(sich begeistern)* ■ **sich** *akk* **für jdn/etw** ~ to work up enthusiasm for sb/sth

Er·wär·mung <-, -en> *f* warming, heating up

er·war·ten* I. *vt* ① *(entgegensehen)* ■ **jdn/etw** ~ to expect sb/sth
② *(dem Eintritt von etw entgegensehen)* ■ **etw** ~ to wait for [*or form* to await] sth
③ *(voraussetzen)* ■ **etw von jdm** ~ to expect sth from sb; ■ **von jdm ~, dass ...** to expect sb to do sth; **von jdm zu ~ sein** to be expected from sb; ***von ihr ist bestimmt keine Hilfe zu*** ~ she definitely won't [want to] help
④ *(mit etw rechnen)* ■ **etw erwartet einen** sth awaits one; **zu ~ sein** [*o geh* **stehen**], **dass ...** to be expected that ...; **etw war zu ~** sth was to be expected; **wider E~** contrary to [all] expectation[s]
⑤ *(bekommen)* ■ **etw [von jdm]** ~ to expect [sb's] sth; ***sie erwartet ein Baby von ihm*** she's expecting his baby
II. *vr (sich versprechen)* ■ **sich** *dat* **etw von jdm/etw** ~ to expect sth from [*or* of] sb/sth

Er·war·tung <-, -en> *f* ① *kein pl (Ungeduld)* anticipation; **in gespannter** ~ in eager anticipation
② *pl (Hoffnung)* expectations *pl;* **jds ~en gerecht werden** to live up to sb's expectations; **seine ~en zu hoch spannen** to raise one's hopes too high; **voller** ~ full of expectation; **zu bestimmten ~en berechtigen** to give grounds for certain expectations; **hinter jds ~en zurückbleiben** to not come up to sb's expectations; **den ~en entsprechen** to fulfil [*or* AM *usu* fulfill] the expectations; **jds ~en enttäuschen** to not come [*or* live] up to sb's expectations; **große ~en an etw** *akk* **knüpfen** to place high hopes on sth; **alle ~en übertreffen** to exceed all expectations, to go beyond all expectations
③ *(Entgegensehen)* ■ **in ~ einer S.** *gen (geh)* in anticipation of sth

Er·war·tungs·druck <-[e]s> *m kein pl* **unter ~ stehen** to be under pressure to perform **er·war·tungs·ge·mäß** *adv* as expected **Er·war·tungs·hal·tung** *f* expectation **Er·war·tungs·ho·ri·zont** *m* level of expectations **er·war·tungs·voll** I. *adj* expectant, full of expectation *pred;* ***ich fürchte, du bist zu*** ~ I fear you're expecting too much II. *adv* expectantly **Er·war·tungs·wert** *m* ÖKON expectation [value]

er·we·cken* *vt* ① *(hervorrufen)* ■ **etw** ~ to arouse sth; **den Eindruck ~, ...** to give the impression ..., to create the impression ...; **Zweifel** ~ to raise doubts
② *(geh: aufwecken)* ■ **jdn [aus etw** *dat*] ~ to wake sb [from sth]
③ *(auferwecken)* **jdn vom Toten** [*o* **von den Toten**] ~ to raise sb from the dead

er·weh·ren* *vr (geh)* ■ **sich** *akk* **jds/einer S.** *gen* ~ to fight off sb/sth *sep;* **sich** *akk* **einer S.** *gen* **nicht/kaum ~ können** to not/hardly be able to hold back sth; **sich** *akk* **eines Eindrucks/eines Gedanken nicht ~ können** to not be able to help thinking sth

er·wei·chen* *vt* ① *(umstimmen)* ■ **jdn** ~ to make sb change their mind; **sich** *akk* **~ lassen** to let oneself be persuaded
② KOCHK *(weich machen)* ■ **etw** ~ to soften sth

er·wei·sen* *irreg* I. *vt* ① *(nachweisen)* ■ **etw** ~ to prove sth; ■ **~, dass ...** to prove that ...; ■ **erwiesen** proved
② *(zeigen)* ■ **etw wird ~, dass/ob ...** sth will show that/whether ...
③ *(geh: entgegenbringen)* ■ **[jdm] etw** ~ to express sth [to sb]; **jdm einen Dienst/Gefallen tun** to do somebody a service/favour [*or* AM -or]
II. *vr* ① *(sich herausstellen)* ■ **sich** *akk* **[als etw]** ~ to prove oneself [sth]; ***dieser Mitarbeiter hat sich als zuverlässig erwiesen*** this employee has proved himself reliable; ■ **es erweist sich, dass ...** it is evident that ...
② *(sich zeigen)* ■ **sich** *akk* **[gegen jdn** [*o* **jdm gegenüber**]] **als etw** ~ to be sth [to sb]; ***sie sollte sich eigentlich dankbar [gegen ihn/ ihm gegenüber]*** ~ she should really be grateful [to him]

er·wei·ter·bar *adj* expandable; INFORM *a.* extensible

er·wei·tern* [ɛɐ̯ˈvaitɐn] I. *vt* ① *(verbreitern)* ■ **etw [auf etw** *akk***/um etw** *akk*] ~ to widen sth [to sth/by sth]
② *(vergrößern)* ■ **etw [auf etw** *akk***/um etw** *akk*] ~ to expand [*or* enhance] sth [to sth/by sth]
③ *(weiter machen)* ■ **etw [um etw** *akk*] ~ to widen sth [by sth]; ■ **sich** *dat* **etw ~ lassen** to have sth widened
④ *(umfangreicher machen)* ■ **etw [auf etw** *akk***/um etw** *akk*] ~ to increase [*or* expand] [by sth/to sth]
II. *vr* ① *(sich verbreitern)* ■ **sich** *akk* **[auf etw** *akk***/um etw** *akk*] ~ to widen [to sth/by sth]
② MED, ANAT ■ **sich** *akk* ~ to dilate

er·wei·tert I. *pp und 1. pers. sing von* **erweitern**
II. *adj* extended; **ein krankhaft ~es Herz** a dangerously distended heart; **~e Poren** dilated pores; **ein Wort im ~en Sinne verwenden** to use a word in a broad [*or* extended] sense

Er·wei·te·rung <-, -en> *f* ① *(Verbreiterung) Anlagen, Fahrbahn* widening

② *(Vergrößerung)* expansion, enhancement, extension
③ *(Ausweitung)* increase
④ MED, ANAT dilation
Er·wei·te·rungs·bau *m* extension **Er·wei·te·rungs·bus** *m* INFORM expansion bus **er·wei·te·rungs·fä·hig** *adj* expandable **Er·wei·te·rungs·in·ves·ti·ti·on** *f* FIN capital expenditure on extension **Er·wei·te·rungs·kar·te** *f* INFORM expansion card
Er·wei·te·rungs·spei·cher *m* INFORM extension memory **Er·wei·te·rungs·spei·cher·ma·na·ger** *m* INFORM extended memory manager
Er·wei·te·rungs·ver·bot *nt* JUR extension ban
Er·werb <-[e]s, -e> [ɛɐ̯ˈvɛrp, *pl* ɛɐ̯ˈvɛrbə] *m* ① *kein pl (geh: Kauf)* ■**der ~ einer S.** *gen* acquisition of sth *form*, purchase of sth; **gutgläubiger ~** bona fide purchase, acquisition in good faith
② *(berufliche Tätigkeit)* ■**jds ~** sb's occupation; **einem/keinem ~ nachgehen** *(geh)* to have an/no occupation
er·wer·ben* *vt irreg* ① *(kaufen)* ■**etw [für etw** *akk*] ~ to acquire sth [for sth], to purchase sth [for sth]
② *(an sich bringen)* ■**etw [durch etw** *akk*] ~ to acquire sth [through sth]; **einen Titel ~** to receive a title
③ *(gewinnen)* ■**[sich** *dat*] **etw ~** to earn sth; **jds Vertrauen ~** to win sb's trust
Er·wer·ber(in) *m(f)* JUR *(Käufer)* purchaser; *(durch Übertragung)* transferee; *(von Grundbesitz)* grantee
Er·wer·ber·mo·dell *nt an investment plan in which sb purchases property and pays a reduced amount of tax through amortization*
Er·werbs·ar·beit *f* gainful employment, waged work
Er·werbs·aus·fall <-[e]s, -fälle> *m* ÖKON *bes* SCHWEIZ *(Verdienstausfall)* loss of earnings **Er·werbs·aus·fall·ver·si·che·rung** *f* JUR, ÖKON disability insurance
Er·werbs·be·schrän·kung *f* ÖKON partial disablement; ■**~en** occupational restrictions **Er·werbs·be·völ·ke·rung** *f* working population **er·werbs·fä·hig** *adj (geh)* fit for gainful employment *form pred*, able to participate in gainful employment *form pred*, fit for work *pred*, able to work *pred* **Er·werbs·fä·hig·keit** *f kein pl* ÖKON ability [*or* capacity] to work; **eingeschränkte/verminderte ~** restricted earning power/partial disability **Er·werbs·ge·nos·sen·schaft** *f* JUR **Erwerbs- und Wirtschaftsgenossenschaft** commercial cooperative **Er·werbs·ge·schäft** *nt* ÖKON commercial undertaking **Er·werbs·ge·sell·schaft** *f* HANDEL acquisitive society, [firm] purchase association **Er·werbs·grund·la·ge** *f* ÖKON means *pl* of livelihood **Er·werbs·kal·kül** *nt* ÖKON acquisition consideration **Er·werbs·kos·ten** *pl* FIN acquisition cost *sing* **Er·werbs·le·ben** *nt* working life; **im ~ stehen** to lead a working life
er·werbs·los *adj (geh)* unemployed
Er·werbs·lo·se(r) *f(m) dekl wie adj* unemployed person
Er·werbs·lo·sig·keit *f kein pl* ÖKON unemployment
Er·werbs·min·de·rungs·ren·te *f* ÖKON, POL limited incapacity benefit **Er·werbs·mög·lich·kei·ten** *pl* ÖKON job opportunities **Er·werbs·ne·ben·kos·ten** *pl* FIN incidental acquisition costs *pl* **Er·werbs·per·so·nen** *pl* ÖKON gainfully employed **Er·werbs·preis** *m* ÖKON purchase price **Er·werbs·steu·er** *f* FIN profit tax, earned income tax **er·werbs·tä·tig** *adj* working, gainfully employed; **die ~e Bevölkerung** the working population **Er·werbs·tä·ti·ge(r)** *f(m) dekl wie adj* ÖKON gainfully employed [person], BRIT *a.* person in work; **selbstständig ~** self-employed [person] **Er·werbs·tä·tig·keit** *f kein pl* ÖKON gainful employment, remunerative occupation; **selbstständige ~** self-employment **er·werbs·un·fä·hig** *adj (geh)* unfit for gainful employment *form pred*, unable to participate in gainful employment *form pred*, unfit for work *pred*, unable to work *pred*; **jdn ~ machen** to render sb unfit for work [*or* unable to work]

Er·werbs·un·fä·hig·keit <-> *f kein pl* ÖKON inability to work, total disability; **~ oder Minderung der Erwerbsfähigkeit** total disability or reduced earning capacity
Er·werbs·un·fä·hig·keits·klau·sel *f* JUR disability clause **Er·werbs·un·fä·hig·keits·ren·te** *f* FIN invalidity pension BRIT, disability [pension [*or* pay]]
Er·werbs·zeit·punkt *m* FIN date [*or* time] of acquisition **Er·werbs·zeit·raum** *m* FIN subscription period **Er·werbs·zweig** *m* line of business
Er·wer·bung *f* ① *(Kauf)* acquisition, purchase
② *(erworbener Gegenstand)* acquisition
er·wi·dern* [ɛɐ̯ˈviːdɐn] *vt* ① *(antworten)* ■**[jdm] etw [auf etw** *akk*] ~ to give [sb] a reply [to sth]; ■**[auf etw** *akk*] ~ to reply [to sth]; ***... erwiderte sie frech*** ... she replied cheekily; ***was haben Sie zu diesen Vorwürfen zu ~?*** what do you have to say in response to these accusations?; ■**[auf etw** *akk*] **~, dass ...** to reply [to sth] by saying [that] ...; ***auf meine Frage erwiderte sie ...*** she replied to my question by saying ...
② *(zurückgeben)* ■**etw ~** to return sth
Er·wi·de·rung <-, -en> *f* ① *(Antwort)* reply ② *(das Erwidern)* returning; **die ~ jds Liebe** returning of sb's love ③ JUR *(Duplik) des Beklagten* rejoinder; *des Klägers* replication **Er·wi·de·rungs·recht** *nt* JUR right of reply
er·wie·se·ner·ma·ßen [ɛɐ̯viːzənɐˈmaːsn̩] *adv* as has been proved
er·wir·ken* [ɛɐ̯ˈvɪrkn̩] *vt (geh)* ■**etw [gegen jdn] ~** to obtain sth [against sb]
er·wirt·schaf·ten* *vt* ■**etw ~** to make
er·wi·schen* [ɛɐ̯ˈvɪʃn̩] *vt (fam)* ① *(ertappen)* ■**jdn [bei etw** *dat*] ~ to catch sb [doing sth]
② *(ergreifen, erreichen)* ■**jdn/etw ~** to catch sb/sth; ***hast du den Bus noch erwischt?*** did you manage to catch the bus?
③ *(treffen)* ■**jdn [an etw** *dat*] ~ to hit sb['s sth]
▸ WENDUNGEN: **jdn hat's erwischt** *(sl: total verliebt sein)* sb has got it bad; *(plötzlich erkrankt sein)* sb has really come down with it *fam*; *(unerwartet umgekommen sein)* sb has snuffed it *fam*
er·wor·ben *adj* acquired
er·wünscht [ɛɐ̯ˈvʏnʃt] *adj* ① *(gewünscht)* desired
② *(willkommen)* welcome, desirable; **eine ~e Gelegenheit** a welcome opportunity; ***Ihre Anwesenheit ist zwar kein Muss, aber durchaus ~*** your presence is not compulsory though definitely desirable; ***Sie sind hier nicht ~!*** you are not welcome here!; ***Rauchen nicht ~!*** smoking not permitted!
er·wür·gen* *vt* ■**jdn ~** to strangle sb
Er·wür·gte(r) *f(m) dekl wie adj* victim of strangling
Ery·thro·my·cin <-s> [erytromyˈtsiːn] *nt* MED erythromycin
Ery·thro·zyt <-s, -en> [erytroˈtsyːt] *m* BIOL, MED erythrocyte
Erz <-es, -e> [ˈeːɐ̯ts] *nt* ore
Erz·ader *f* vein of ore
er·zäh·len* **I.** *vt* ① *(anschaulich berichten)* explain
② *(sagen)* tell, relate; ■**[jdm] etw ~** to tell [sb sth]; **[jdm] seine Erlebnisse ~** to tell [sb] about one's experiences; ■**[jdm] ~, was/wie/wer ...** to tell [sb] what/how/who ...; ***was erzählst du da?*** what are you saying?; **es wird erzählt, dass ...** they say that ..., there is a rumour [*or* AM -or] that ...
▸ WENDUNGEN: **das kannst du anderen** [*o* **sonst wem**] [*o* **einem anderen**] **~!** *(fam)* you can tell that to the marines!, tell me another! BRIT; **mir kannst du viel ~** *(fam)* say what you like!; **wem ~ Sie/erzählst du das!** *(fam)* you're telling me!; **dem/der werd ich was ~!** *(fam)* I'll give him/her a piece of my mind!
II. *vi* to tell a story/stories
Er·zäh·ler(in) [ɛɐ̯ˈtsɛːlɐ] *m(f)* ① *(jd, der erzählt)* storyteller
② *(Schriftsteller)* storyteller, author; *(Romanperson)* narrator
er·zäh·le·risch *adj* narrative
Er·zähl·per·spek·ti·ve [ɛɐ̯ˈtsɛːlpɛrspɛktiːvə] *f* LIT narrative perspective

Er·zäh·lung *f* ① *(Geschichte)* story
② *kein pl (das Erzählen)* telling; ***darf ich jetzt in meiner ~ fortfahren?*** may I continue telling my joke/story now?
Erz·berg·werk *nt* ore mine
Erz·bi·schof, Erz·bi·schö·fin [ˈɛrtsbɪʃɔf, ˈɛrtsbɪʃœfɪn] *m, f* archbishop **erz·bi·schöf·lich** *adj attr* archiepiscopal **Erz·bis·tum** *nt* archbishopric **Erz·di·a·kon, -di·a·ko·nis·se** *m, f* archdeacon *masc*, archdeaconess *fem* **Erz·di·ö·ze·se** [ˈɛrtsdiøtseːzə] *f* archdiocese **Erz·en·gel** [ˈɛrtsʔɛŋl̩] *m* archangel
er·zeu·gen* *vt* ■**etw ~** ① *bes* ÖSTERR *(produzieren)* to produce sth
② CHEM, ELEK, PHYS to generate sth
③ *(hervorrufen)* to create sth; **Ärger ~** to cause trouble; ■**etw bei jdm ~** to result in sb's sth; **Langeweile bei jdm ~** to result in sb's becoming bored
Er·zeu·ger(in) <-s, -> *m(f)* ① *bes* ÖSTERR *(geh: Produzent)* producer
② *(hum fam: Vater)* father
Er·zeu·ger·ge·mein·schaft *f* ÖKON producers' [*or* manufacturers'] association [*or* cooperative] **Er·zeu·ger·land** *nt* ÖKON country of origin **Er·zeu·ger·markt** *m* ÖKON producers' market **Er·zeu·ger·min·dest·preis** *m* ÖKON minimum producer price **Er·zeu·ger·mit·glied·staat** *m* POL *der EU* producer member state
Er·zeu·ger·preis *m* ÖKON manufacturer's price **Er·zeu·ger·preis·in·dex** *m*, **EPI** ÖKON producer price index, PPI
Er·zeu·ger·ri·si·ko *nt* ÖKON producer's risk
Er·zeug·nis [ɛɐ̯ˈtsɔyknɪs] *nt* HANDEL product; **~ mit Warenzeichen** trademark[ed] product; **einheimisches ~** domestic product; **handelsübliches ~** commercially available product
Er·zeug·nis·selbst·kos·ten *pl* FIN manufacturer's direct [prime] costs **Er·zeug·nis·sor·ti·ment** *nt* HANDEL product range **Er·zeug·nis·vor·kal·ku·la·ti·on** *f* FIN product cost accounting
Er·zeu·gung <-, -en> *f* ① *kein pl* CHEM, ELEK, PHYS generation
② *(Produktion)* production
Er·zeu·gungs·de·fi·zit *nt* FIN production deficit **Er·zeu·gungs·quo·te** *f* ÖKON production quota
Erz·feind(in) *m(f)* arch-enemy **Erz·gau·ner** *m (pej)* out-and-out rogue
Erz·ge·bir·ge [ˈɛrtsgəbɪrgə] *nt* Erzgebirge, Erz [*or* Ore] Mountains *pl (mountain range on the border between Germany and the Czech Republic)*
Erz·ge·win·nung *f* ore mining
Erz·gru·be *f* ore mine
Erz·her·zog(in) [ˈɛrtshɛrtsoːk, ˈɛrtshɛrtsoːgɪn] *m(f)* archduke *masc*, archduchess *fem*
er·zieh·bar *adj* educable; ■**irgendwie ~ sein** to be educable in a certain way; ***Kinder sind nicht immer leicht ~*** bringing children up isn't always easy
er·zie·hen* *vt irreg* ① *(aufziehen)* ■**jdn ~** to bring up sb *sep*; ***meinen Mann werde ich schon noch ~!*** *(hum)* I'll get my husband trained, don't you worry!; **gut/schlecht erzogen sein** to be well/badly brought-up
② *(anleiten)* ■**jdn zu etw** *dat* ~ to teach sb to be sth; ***ihre Eltern hatten sie zur Pünktlichkeit erzogen*** her parents had taught her to be punctual
Er·zie·her(in) <-s, -> [ɛɐ̯ˈtsiːɐ] *m(f)* educator, teacher
er·zie·he·risch *adj* educative
Er·zie·hung *f kein pl* ① *(das Erziehen)* education *no pl*, teaching; ■**jds ~ zu jdm/etw** teaching sb to be sb/sth
② *(Aufzucht)* upbringing
③ *(anerzogene Manieren)* manners *npl*; ***wo ist deine gute ~ geblieben?*** where are your manners?; **keine ~ haben** [*o* **jdm fehlt die ~**] to not be brought up properly, to not have any manners
Er·zie·hungs·auf·ga·be *f* job [*or* task] of educating [*or* bringing up]
Er·zie·hungs·auf·trag *m duty of a school to assist in the upbringing (not just the education) of pupils*
Er·zie·hungs·bei·hil·fe *f* education grant; *für*

Lehrlinge training allowance BRIT **Er·zie·hungs·bei·stand** *m* JUR educational supervisor **er·zie·hungs·be·rech·tigt** *adj* acting as legal guardian *pred* **Er·zie·hungs·be·rech·tig·te(r)** *f(m) dekl wie adj* legal guardian, parent or legal guardian; ***Unterschrift des/ der ~ n*** signature of parent or legal guardian **Er·zie·hungs·geld** *nt* child benefit *(paid for at least 6 months after the child's birth to compensate the parent who takes time off work to look after the child)* **Er·zie·hungs·ge·walt** *nt* JUR parental authority **Er·zie·hungs·heim** *nt* community home **Er·zie·hungs·jahr** *nt year taken off work after the birth of a child to look after the child* **Er·zie·hungs·maß·re·gel** *f* JUR disciplinary measure[s *pl*] for juvenile delinquents **Er·zie·hungs·me·tho·de** *f* method of education **Er·zie·hungs·recht** *nt* JUR right of care and custody **Er·zie·hungs·ur·laub** *m* maternity [*or* paternity] leave *(a period of up to three years taken by either the father or mother after the birth)* **Er·zie·hungs·we·sen** *nt kein pl* education system **Er·zie·hungs·wis·sen·schaft** *f kein pl* education, educational studies *npl* **Er·zie·hungs·wis·sen·schaft·ler(in)** *m(f)* educationalist BRIT, educational theorist; *(Pädagoge)* educator

er·zie·len* *vt* ① *(erreichen)* ■**etw ~** to reach sth, to achieve sth; ***es konnte bisher noch keine Einigung erzielt werden*** no agreement has been reached yet; **einen Erfolg ~** to achieve success; ***sie erzielte den ersten Preis*** she won the first prize
② SPORT ■**etw [gegen jdn] ~** to score sth [against sth]; **eine Bestzeit/einen Rekord ~** to establish a personal best/record

Er·zie·lung *f* making, realization; **~ eines Gewinns** profitmaking

er·zit·tern* *vi sein (geh)* ① *(zu zittern beginnen)* ■**[vor etw** *dat*] ~ to start trembling [with sth]
② *(erbeben)* to shake; ■**etw ~ lassen** to make sth shake

Erz·kon·kur·rent(in) *m(f) (pej)* arch-rival **erz·kon·ser·va·tiv** *adj* ultra-conservative

Erz·la·ger *nt* ore deposit

Erz·pries·ter(in) ['e:ɐ̯tspri:stɐ] *m(f)* archpriest *masc*, archpriestess *fem*

erz·re·ak·ti·o·när *adj* POL, SOZIOL *(pej)* ultrareactionary **Erz·ri·va·le, -ri·va·lin** *m, f (pej)* arch-rival **Erz·schur·ke, -schur·kin** *m, f (pej)* arch-villain

er·zür·nen* *(geh)* **I.** *vt* ■**jdn ~** to anger sb; **jdn sehr ~** to anger sb greatly, to incense sb
II. *vr* ■**sich** *akk* **über jdn/etw ~** to get [*or* become] angry at sb/about [*or* at] sth

Erz·ver·bre·cher(in) *m(f) (pej)* arch-villain *masc*, arch-villainess *fem*

Erz·vor·kom·men *nt* ore deposit

er·zwing·bar *adj* JUR *gerichtlich* enforceable

er·zwin·gen* *vt irreg* ■**etw [von jdm] ~** [*o* **[jds] etw ~**] to get [*or* obtain] sth [from sb] by force, to force sth from [*or* out of] sb; **jds Einverständnis ~** to make sb [*or* force sb to] agree, to make sb see reason; **eine Entscheidung ~** to force an issue; **jds Zuneigung ~** to force sb's affections; **ein Geständnis/eine Unterschrift [von jdm] ~** to make sb confess/sign, to force sb to confess/sign; **[von jdm] ein Zugeständnis ~** to wring [*or liter* wrest] a concession [from sb]

Er·zwin·gung <-> *f* JUR enforcement

Er·zwin·gungs·geld *nt* FIN contempt fine **Er·zwin·gungs·haft** *f* JUR arrest to enforce a court order **Er·zwin·gungs·stra·fe** *f* JUR punishment to enforce a court order

er·zwun·gen I. *pp von* **erzwingen**
II. *adj* forced; **~es Geständnis** a confession made under duress

es <*gen* seiner, *dat* ihm, *akk* es> [ɛs] *pron pers* ① *(für sächliche subst)* it; *(wenn Geschlecht bekannt)* he/she; *(fam emotional für Schiffe)* she; ***wo ist mein Buch? — ~ liegt auf dem Tisch*** where's my book? — it's [lying] on the table; ***ein schreckliches Kind! ~ muss immer im Mittelpunkt stehen*** what a terrible child! he/she always has to be the centre of attention
② *(bezogen auf vorangehendes pron, subst)* it; ***wer ist da? — ich bin ~*** who's there? — it's me; ***ich höre jemanden kommen, ~ müssen die Kinder sein*** I hear somebody coming, it must be the children; ***wer ist dieser Mann? — ~ ist mein Onkel*** who is this man? — it's my uncle
③ *(auf vorangehendes adj bezogen)* ***ihr seid müde, wir sind ~ auch*** you're tired, so are we
④ *(auf das Gemeinte bezogen)* it; **~ reicht** [*o* ***ist genug***]***!*** that's enough!; ***~ ist gut so*** it's ok; ***ich bin ~ leid*** I'm tired of it; ***gib nicht auf, du schaffst ~!*** don't give up, you'll make it!
⑤ *(auf vorangehenden Satzinhalt bezogen)* it; ***alle fanden das Urteil ungerecht, aber niemand sagte ~*** everyone found the verdict unjust, but nobody said so; ***kommt er auch? — ich hoffe ~*** is he coming too? — I hope so
⑥ *(rein formales Subjekt)* **~ *freut mich, dass …*** I am glad [*or* pleased] that …; ***~ interessiert mich, warum du das getan hast*** I'm interested to know why you did that; ***~ scheint ihr egal zu sein, ob …*** she doesn't seem to care whether …; ***~ ist kalt/7 Uhr/28° Celsius*** it's cold/7 o'clock/28° celsius; ***~ ist zu dumm, aber …*** it's too bad, but …; ***~ ist schade, dass …*** it's a pity [*or* shame] that …; ***~ war immerhin ich, die auf die Idee kam*** after all it was me who had the idea; **jdm gefällt ~, etw zu tun** sb likes doing sth
⑦ *(Einleitewort mit folgendem Subjekt)* ***~ geschah ein Unglück*** there was an accident; ***~ geschieht manchmal ein Wunder*** a miracle happens sometimes; ***~ kamen alle*** everybody came; ***~ waren Tausende*** there were thousands; ***~ war ~ ein König, der hatte drei Töchter*** once upon a time, there was a king who had three daughters
⑧ *(Subjekt bei unpersönlichen Ausdrücken)* it; ***~ regnet*** it's raining; ***~ reist sich bequem in diesen neuen Zügen*** it's comfortable travelling in those new trains; ***~ klopft*** there's a knock [*or* there's somebody knocking] [*or* somebody's knocking] at the door; ***hat ~ geklingelt?*** did somebody ring?; ***~ wurde getanzt*** there was dancing; ***~ wird immer noch nicht genug getan*** there's still not enough being done; ***~ friert mich*** I am cold
⑨ *(rein formales Objekt)* ***er hat ~ gut*** he's got it made; ***wir haben ~ schon längst kommen sehen*** we saw it coming for a long time; ***sie hat ~ an der Blase*** she has bladder trouble

Es <-, -> [ɛs] *nt* MUS E flat

ESA <-> ['e:za] *f kein pl Akr von* **European Space Agency** ESA

Es·cape·tas·te [ɪs'ke:p-] *f* INFORM *s.* **ESC-Taste**

Esche <-, -n> ['ɛʃə] *f* ① *(Baumart)* ash [tree]
② *(Holz)* ash; **ein Tisch in ~** an ash table

Eschen·holz *nt* ash

ESC-Tas·te *f* INFORM escape key

Es·cu·do <-[s], -[s]> [ɛs'ku:do] *m* escudo

Esel(in) <-s, -> ['e:zl] *m(f)* ① *(Tier)* donkey, ass *old*, she-ass *fem old*, jenny [ass] *fem old*
② *nur masc (fam: Dummkopf)* idiot; ***ich ~!*** I'm an idiot!, silly [old] me! *a. hum;* [***du***] ***alter ~!*** [you] idiot!

Esels·brü·cke *f (fam)* aide-memoire, mnemonic; *(gereimt)* jingle; **jdm/sich eine ~ bauen** to give sb a hint [*or* clue]/to use a mnemonic device **Esels·ohr** *nt* dog-ear, turned-down corner; ***das Buch hat ja lauter ~en!*** the book has dog-eared pages all over the place!

ESF <-> [e:ʔɛsˈʔɛf] *m kein pl* EU *Abk von* **Europäischer Sozialfonds** ESF, European Social Fund

Es·ka·la·ti·on <-, -en> [ɛskala'tsi̯o:n] *f* escalation

es·ka·lie·ren* [ɛska'li:rən] **I.** *vi* ■**[zu etw** *dat*] ~ to escalate [into sth]; ***der Wortwechsel eskalierte schnell zum Streit*** the exchange of words quickly escalated into an argument
II. *vt* ■**etw ~** to escalate sth

Es·ka·pa·de <-, -n> [ɛska'pa:də] *f* ① *(geh: mutwillige Unternehmung)* escapade
② *(Dressursprung beim Pferd)* caprice

Es·ka·pis·mus <-> [ɛska'pɪsmʊs] *m kein pl* SOZIOL *(geh)* escapism

Es·ki·mo, -frau <-s, -s> ['ɛskimo] *m, f* Eskimo; ■**die ~s** the Eskimo[s]

Es·ki·mo·frau ['ɛskimofrau̯] *f fem form von* **Eskimo** [female] Eskimo, Eskimo woman

es·komp·tie·ren* [ɛskɔ̃'ti:rən] *vt* HANDEL ■**etw ~** to discount sth

Es·kor·te <-, -n> [ɛs'kɔrtə] *f* escort

es·kor·tie·ren* [ɛskɔr'ti:rən] *vt* ■**jdn ~** to escort sb; ■**etw ~** to convoy [*or* escort] sth

ESO <-> ['e:zo:] *f kein pl Akr von* **Europäische Südsternwarte** ESO

Eso·te·rik <-> [ezo'te:rɪk] *f kein pl* ■**die ~** esotericism

Eso·te·ri·ker(in) <-s, -> [ezo'te:rikɐ] *m(f)* REL esoterist, esotericist, mystic

eso·te·risch [ezo'te:rɪʃ] *adj* esoteric

ESP <-, -s> [e:ʔɛs'pe:] *nt* AUTO *Abk von* **elektronisches Stabilitätsprogramm/Stabilisierungsprogramm** ESP

Es·pa·dril·le <-, -s> [ɛspa'dri:j] *f* espadrille

Es·pe <-, -n> ['ɛspə] *f* aspen, trembling poplar

Es·pen·laub *nt* aspen leaves *pl;* **zittern wie ~** to be shaking like a leaf

Es·pe·ran·to <-s> [ɛspe'ranto] *nt kein pl* Esperanto

Es·pres·so <-[s], -s *o* Espressi> [ɛs'prɛso, *pl* ɛs'prɛsi] *m* espresso

Es·pres·so·ma·schi·ne *f* espresso [machine]

Es·prit <-s> [ɛs'pri:] *m kein pl (geh)* wit; **eine Frau/ein Mann von ~** a [woman/man of] wit, a spirited woman/man

Es·say <-s, -s> ['ɛse, ɛ'se:] *m o nt* essay

ess·bar[RR], **eß·bar**[ALT] *adj* edible; **nicht ~** inedible; ■**etwas E~es** something to eat

Ess·be·steck[RR] *nt* cutlery set

Ess-Brech-Sucht[RR] *f kein pl* bulimia; **an ~ leiden** to suffer from bulimia

es·sen <isst, aß, gegessen> ['ɛsn̩] **I.** *vt (Nahrung zu sich nehmen)* ■**etw ~** to eat sth; ***~ Sie gern Äpfel?*** do you like apples?; ***ich esse am liebsten Schokoladeneis*** I like chocolate ice cream most [*or* best] of all; **etw zum Nachtisch ~** to have sth for dessert
▶WENDUNGEN: **gegessen sein** *(fam)* to be dead and buried
II. *vi* to eat; *(dinieren)* to dine *form;* ■**von etw** *dat* **~** to eat some of sth, to eat of sth *old; (probieren)* to try sth, to have some of sth; ***in diesem Restaurant kann man gut ~*** this restaurant does good food; ***ich habe noch nirgends so schlecht gegessen*** nowhere have I had such a poor meal; ***ich bin ~*** *(fam)* I've gone to eat; ***iss mal tüchtig!*** tuck in! *fam*, get stuck in! *fam;* ***~ kommen!*** come and eat!; **in der Kantine/einem Restaurant ~** to eat in the canteen/a restaurant, to take one's meals/a meal in the canteen/a restaurant; **von einem Teller ~** to eat off a plate; **griechisch/italienisch ~** to have a Greek/an Italian meal; ***lass uns chinesisch ~*** let's have a Chinese *fam;* **gutbürgerlich ~** to eat good plain food; **kalt/warm ~** to have a cold/hot meal; **~ gehen** [*o* **zum E~ gehen**] to go to eat; ***ich geh jetzt erst mal ~*** *(fam)* I'm just going for something to eat now; *(im Lokal speisen)* to eat [*or form* dine] out; **[gerade] beim E~ sein** to be in the middle of eating [*or* a meal]

Es·sen <-s, -> ['ɛsn̩] *nt* ① *(zubereitete Mahlzeit, Speise)* meal, repast *form; (Arbeitsessen)* working lunch/dinner; *(Festessen)* dinner; *(offizielles Dinner)* banquet, formal [*or* official] dinner; **~ auf Rädern** meals on wheels; **zum ~ bleiben** to stay for [*or* BRIT to] lunch/dinner, to stay for a meal; **das ~ auf den Tisch bringen** to serve up [lunch/dinner] *sep;* **jdn zum ~ einladen** to invite sb to [*or* for] lunch/dinner, to invite sb for a meal; **~ fassen** MIL to draw rations; *(fam)* to come and get one's meal; **ein ~ [für jdn] geben** to give [*or* throw] a banquet [for sb]; **das ~ kochen** [*o fam* **machen**] to cook [*or fam* get] the meal; **zum ~ kommen** to come and eat
② *(Nahrung)* food *no pl, no indef art;* **fettes ~** fatty food

Es·sen·fas·sen <-s> *nt kein pl* MIL picking up of one's food; ***genau 24 Minuten haben die Kadetten Zeit fürs ~*** the cadets have precisely 24 minutes to pick up their food

Ẹs·sen(s)·aus·ga·be *f* ❶ *(Schalter)* serving counter ❷ *kein pl (Verteilung einer Mahlzeit)* serving of meals; ***die ~ ist morgens um 7*** meals are served every morning at 7 **Ẹs·sen(s)·mar·ke** *f* meal voucher [*or* ticket] **Ẹs·sens·zeit** *f* mealtime

Es·sen·ti·a·lịs·mus <-> *m kein pl s.* **Essenzialismus**

es·sen·ti·ell [ɛsɛnˈtsi̯ɛl] *adj, adv s.* **essenziell**

Es·senz <-, -en> [ɛˈsɛnts] *f* KOCHK, CHEM essence

Es·sen·zi·a·lis·mus[RR] <-> [ɛsɛntsi̯aˈlɪsmʊs] *m kein pl* PHILOS essentialism

es·sen·zi·ell[RR] [ɛsɛnˈtsi̯ɛl] **I.** *adj* ❶ *(geh: wesentlich)* essential; **von ~er Bedeutung sein** to be of vital importance
❷ BIOL, CHEM, MED essential
II. *adv* PHILOS essentially

Es·ser(in) <-s, -> [ˈɛsɐ] *m(f)* mouth to feed; **ein guter/schlechter ~/eine gute/ schlechte ~in sein** to be a big [*or* BRIT great]/poor eater; ***auf einen ~ mehr kommt es auch nicht an*** one more person won't make any difference

Ẹss·ge·schirr[RR] *nt (Service)* dinner service; MIL *(Besteck)* mess tin [*or* kit]

ess·ge·stört[RR] [ˈɛsgəʃtøːrt] *adj inv* MED suffering from an eating disorder **Ẹss·ge·wohn·hei·ten**[RR] *pl* eating habits *pl*

Es·sig <-s, -e> [ˈɛsɪç, *pl* ˈɛsɪgə] *m (saure Flüssigkeit)* vinegar, acetum *spec*
▶WENDUNGEN: **mit etw** *dat* **ist es ~** *(fam)* it's all up with sth *fam;* ***damit ist es nun ~*** it's all off; ***mit dem neuen Auto ist es ~*** we/they etc. can forget the new car

Ẹs·sig·es·senz *f* vinegar concentrate [*or* essence] **Ẹs·sig·gur·ke** *f* [pickled] gherkin **ẹs·sig·sau·er** *adj* CHEM acetic; **essigsaure Tonerde** [basic] aluminium acetate **Ẹs·sig·säu·re** *f* acetic [*or spec* ethanoic] acid

Ẹss·kas·ta·nie[RR] [-kastaːni̯ə] *f* sweet chestnut, marron **Ẹss·kul·tur**[RR] *f kein pl* gastronomic culture **Ẹss·löf·fel**[RR] *m* ❶ *(Essbesteck)* dessert spoon; *(zum Suppe essen)* soup spoon ❷ *(Maßeinheit beim Kochen)* tablespoon; ***man nehme einen ~ Zucker*** take a tablespoon of sugar **ẹss·löf·fel·wei·se**[RR] *adv* by the spoonful **Ẹss·stäb·chen**[RR] *nt meist pl* chopstick **Ẹss·stö·rung**[RR] *f meist pl* eating disorder **Ẹss·sucht**[RR] *f kein pl* compulsive eating **Ẹss·tisch**[RR] *m* dining table **Ẹss·wa·ren**[RR] *pl* food *no pl, no indef art,* provisions **Ẹss·zim·mer**[RR] *nt* dining room

Es·ta·blish·ment <-s, -s> [ɪsˈtɛblɪʃmənt] *nt* ■**das ~** the Establishment

Es·te, Es·tin <-n, -n> [ˈeːstə, ˈeːstɪn] *m, f* Estonian

Es·ter <-s, -> [ˈɛstɐ] *m* CHEM ester

Est·land <-s> [ˈeːstlant] *nt* Estonia

est·nisch [ˈeːstnɪʃ] *adj* Estonian

EStR JUR, POL *Abk von* **Einkommensteuerrichtlinie** German income tax regulation

Es·tra·gon <-s> [ˈɛstragɔn] *m kein pl* tarragon

Ẹs·tra·gon·es·sig *m* tarragon vinegar **Ẹs·tra·gon·öl** *nt* tarragon oil

Es·tre·ma·du·ra [ɛstremaˈduːra] *f* Estremadura

Est·rich <-s, -e> [ˈɛstrɪç] *m* ❶ *(Fußbodenbelag)* concrete floor
❷ SCHWEIZ *(Dachboden)* attic, loft

ESZB <-[s]> [eːʔɛstsɛtˈbeː] *nt kein pl* FIN *Abk von* **Europäisches System der Zentralbanken** ESCB

ES-Zel·le [eːˈɛstsɛlə] *f* BIOL embryonic stem cell

Es·zett <-, -> [ɛsˈtsɛt] *nt* eszett, [the letter] ß

eta·blie·ren* [etaˈbliːrən] *(geh)* **I.** *vt* ■**etw ~** to establish sth
II. *vr* ❶ *(einen festen Platz gewinnen)* ■**sich** *akk* **[fest] ~** to become [firmly] established, to establish oneself
❷ *(sich niederlassen)* ■**sich** *akk* **~** to settle down
❸ *(ein Geschäft gründen)* ■**sich** *akk* **als etw ~** to set oneself up as sth

eta·bliert *adj (geh)* established; **die ~e Oberschicht** the ruling class

Eta·blis·se·ment <-s, -s> [etablɪsəˈmãː] *nt (geh)*
❶ *(Lokal)* establishment
❷ *(euph: Bordell)* house of pleasure *euph,* bordello *liter*

Eta·ge <-, -n> [eˈtaːʒə] *f* floor; **auf** [*o* **in**] **der 5. ~** on the 5th floor BRIT, on the 6th floor AM

Eta·gen·bett [eˈtaːʒən-] *nt* bunk bed **Eta·gen·hei·zung** [eˈtaːʒən-] *f* single-storey heating system **Eta·gen·woh·nung** [eˈtaːʒən-] *f* flat BRIT, apartment AM *(occupying a whole floor)*

et al. *Abk von* **et alii** et al.

Etap·pe <-, -n> [eˈtapə] *f* ❶ *(Abschnitt)* phase; **in ~n arbeiten** to work in stages
❷ *(Teilstrecke)* leg, stage
❸ MIL communications zone

Etạp·pen·sieg *m* SPORT stage-win; *(fig)* partial victory **Etạp·pen·sie·ger(in)** *m(f)* SPORT stage-winner

Etạp·pen·ziel *nt* interim target; **ein ~ erreichen** to reach an interim target

Etap·pie·rung <-, -en> [etaˈpiːrʊŋ] *f* ADMIN SCHWEIZ *eines Gebietes, Projekts* division into stages

Etat <-s, -s> [eˈtaː] *m* POL budget; **einen ~ aufstellen** to prepare [*or sep* draw up] a budget; **den ~ kürzen** to trim the budget

Etat·ent·wurf [eˈtaː-] *m* budgetary estimates *pl* **Etat·jahr** [eˈtaː-] *nt* ÖKON financial year **Etat·kür·zung** [eˈtaː-] *f* FIN budget cut

etat·mä·ßig [eˈtaː-] *adj* ÖKON budgetary; **~e Ausgaben** budget spending

Etat·über·schuss[RR] [eˈtaː-] *m* ÖKON budget surplus

etc. [ɛtˈtseːtera] *Abk von* **et cetera** etc.

ete·pe·te·te [eːtəpeˈteːtə] *adj pred (fam)* finicky *fam,* pernickety *fam*

Eter·nit® <-s> [etɛrˈniːt] *m* asbestos cement

ETH <-, -s> [eːteːˈhaː] *f* SCHWEIZ *Abk von* **Eidgenössische Technische Hochschule** university [*or* college] of technology in Switzerland

ethe̱·risch *adj* CHEM etheric; **~e Lösung** etheral solution

Ethik <-> [ˈeːtɪk] *f kein pl* ❶ *(Wissenschaft)* ethics + *sing vb*
❷ *(moralische Haltung)* ethics *npl*
❸ *(bestimmte Werte)* ethic; **christliche ~** Christian ethic

Ethik·kom·mis·si·on [ˈeːtɪkkɔmɪsi̯oːn] *f* ethics committee

E̱thik·un·ter·richt *m kein pl* SCH *(Unterricht)* ethics teaching, teaching of ethics; *(Stunden)* ethics lessons [*or* classes] *pl*

ethisch [ˈeːtɪʃ] *adj* ethical

Eth·nie <-, -n> [ɛtˈniː, *pl* ɛtˈniːən] *f* SOZIOL ethnos, ethnic group

eth·nisch [ˈɛtnɪʃ] *adj* ethnic

Eth·no·gra·fie[RR], **Eth·no·gra·phie** <-, -n> [ɛtnograˈfiː, *pl* -ˈfiːən] *f* ethnography

Eth·no·lo·ge, Eth·no·lo·gin <-n, -n> [ɛtnoˈloːgə, ɛtnoˈloːgɪn] *m, f* ethnologist

Eth·no·lo·gie <-, -n> [ɛtnoloˈgiː, *pl* -ˈgiːən] *f kein pl* ethnology *no pl*

Eth·no·lo·gin [ɛtnoˈloːgɪn] *f fem form von* **Ethnologe**

Etho·gramm <-s, -e> [etoˈgram] *nt* BIOL ethogram

Etho·lo·gie <-> [etoloˈgiː] *f kein pl* ethology *no pl*

Ethos <-> [ˈeːtɔs] *nt kein pl (geh)* ethos; **berufliches ~** professional ethics *npl*

Eti·kett <-[e]s, -e> [etiˈkɛt] *nt* ❶ *(Preisschild)* price tag
❷ *(Aufnäher)* label
❸ *(Aufkleber)* external label

Eti·ket·te <-, -n> [etiˈkɛtə] *f (geh)* etiquette; **gegen die ~ verstoßen** to offend against etiquette

Eti·kẹt·ten·schwin·del *m* ❶ *(falsch etikettieren)* false labelling; *(Etiketten vertauschen)* fraudulent exchange of labels
❷ *(fig: Augenwischerei)* conmanship; ***was dieser Politiker redet ist reinster ~*** this politician is purely juggling with names

eti·ket·tie·ren* [etikɛˈtiːrən] *vt* ■**etw ~** to label sth; *Preis* to price-tag sth

Eti·ket·ti̱e·rung <-, -en> *f* HANDEL labelling

et·li·che(r, s) [ˈɛtlɪçə] *pron indef* ❶ *adjektivisch, sing/pl* quite a lot of; **~ Mal** *(geh)* several [*or* quite a few] times
❷ *substantivisch, pl* quite a few
❸ *substantivisch, sing* ■**~s** quite a lot; **um ~s älter/größer als jdn** quite a lot older/bigger than sb

et·li·che·mal[ALT] *adv (geh) s.* **etliche(r, s) 1**

E-Tra·ding [ˈiːtreɪdɪŋ] *nt* e-trading, electronic trading

Etrus·ker(in) <-s, -> [eˈtrʊskɐ] *m(f)* Etruscan, Etrurian

etrus·kisch [eˈtrʊskɪʃ] *adj* Etruscan [*or* Etrurian]

Etrus·kisch <-en> [eˈtrʊskɪʃ] *nt* LING ■**~/ das ~e** Etruscan [*or* Etrurian]

Etü·de <-, -n> [eˈtyːdə] *f* MUS étude

Etui <-s, -s> [ɛtˈviː, eˈtÿiː] *nt* case; *(verziert a.)* etui

Etui·kleid *nt* MODE box [*or* sheath] dress

Etui·rock *m* sheath skirt

et·wa [ˈɛtva] **I.** *adv* ❶ *(ungefähr, annähernd)* about; **in ~** more or less; **so ~** [*o* **~ so**] roughly [*or* more or less] like this; ***so ~ könnte es passiert sein*** it could have happened roughly like this
❷ *(zum Beispiel)* for instance; ***wie ~ mein Bruder*** like my brother for instance
II. *part* ❶ *(womöglich)* ***ist das ~ alles, was Sie haben?*** are you trying to tell me [*or* do you mean to say] that's all you've got?; ***soll das ~ heißen, dass ...?*** is that supposed to mean [that] ...?; ***willst du ~ schon gehen?*** [surely] you don't want to go already!; ***das haben Sie wohl nicht mit Absicht gesagt, oder ~ doch?*** you didn't say that on purpose — or did you?; ***bleibst du nun hier oder kommst du ~ doch mit?*** do you want to stay here, or are you coming after all?
❷ *(Verstärkung der Verneinung)* ***ist das ~ nicht wahr?*** do you mean to say it's not true?

et·wa·ig [ɛtˈvaːɪç] *adj attr* any

Ẹt·wa·preis *m* HANDEL approximate price

et·was [ˈɛtvas] *pron indef* ❶ *substantivisch (eine unbestimmte Sache)* something; ***hast du nicht eben auch ~ gehört?*** didn't you hear something then as well?; ***hast du ~ ?*** are you feeling all right?; ***merken Sie ~ ?*** do you notice anything?; **~ sein** to be something; ***das ist doch schon mal ~ !*** that's something [*or* not bad] for a start! *fam;* ***das will ~ heißen*** that's saying something; ***sein Wort gilt ~ beim Chef*** his word counts for something with the boss; **~ miteinander haben** to have something going for each other
❷ *adjektivisch (nicht näher bestimmt)* something; **~ anderes** something else; **~ Dummes/Neues** something stupid/new; ***dass ich das vergessen konnte, so ~ Dummes!*** I'm an idiot for forgetting that; **~ *Schöneres habe ich noch nie gesehen*** I have never seen anything more beautiful; *(ein bisschen)* a bit; **[noch] ~ Geld/Kaffee** some [more] money/coffee; ***nimm dir ~ von dem Kuchen*** have a bit of cake
❸ *adverbial (ein wenig)* a little, somewhat; ***du könntest dich ruhig ~ anstrengen*** you might make a bit of an effort; ***kannst du dich nicht ~ beeilen?*** can't you hurry up a little?; ***sie scheint ~ sauer zu sein*** she seems to be somewhat [*or* a little] annoyed; **~ *seltsam ist das schon, oder?*** that's a little strange, don't you think?

Et·was <-> [ˈɛtvas] *nt kein pl* **ein hartes/spitzes/ ... ~** something hard/sharp/...; **das gewisse ~** that certain something [*or liter* je ne sais quoi]; **ein winziges ~** a tiny little thing

Ety·mo·lo·gie <-, -n> [etymoloˈgiː, *pl* -ˈgiːən] *f* ❶ *kein pl (Wissenschaft)* ■**die ~** etymology *no pl*
❷ *(Herkunft)* etymology *no pl;* ***die ~ dieses Wortes ist unklar*** the etymology of this word is unclear

ety·mo·lo·gisch [etymoˈloːgɪʃ] *adj* etymological

EU <-> [eːˈuː] *f kein pl Abk von* **Europäische Union** EU

EU-Be·hö̱r·de *f* EU authority **EU-Bei̱·tritt** *m* joining of the EU **EU-Bü̱r·ger(in)** *m(f)* EU citizen, citizen of the EU **EU-Bü̱r·ger·schaft** *f* EU citizenship

euch [ˈɔyç] **I.** *pron pers akk, dat von* **ihr** you; ***wie ist das bei ~ in Frankreich mit den Ferien?*** what are your holidays like in France?; **ein Freund/eine**

Freundin von ~ a friend of yours
II. *pron refl* ***beeilt ~!*** hurry [up]!; ***macht ~ fertig!*** get [*fam* yourselves] ready!; ***wascht ~!*** get [*fam* yourselves] washed!; ***putzt ~ die Zähne!*** brush your teeth!
Eu·cha·ris·tie <-> [ɔyçarɪs'ti:] *f kein pl* REL Eucharist *no pl, no indef art*
EU-ein·heit·lich *adj* EU-standard
eu·er ['ɔyɐ] I. *pron poss* your; ***es ist ~/eu[e]re/~[e]s*** it's yours; ***viele Grüße, ~ Martin!*** best wishes, [yours,] Martin; **E~ [*o* Eu[e]re] Eminenz/Gnaden/Majestät** your Eminence/Grace/Majesty
II. *pron pers (geh) gen von* **ihr**: ***wir werden ~ gedenken*** we will think of you
eue·re(r, s) ['ɔyərə] *pron poss s.* **eure(r, s)**
EU-Füh·rer·schein *m* EU driving licence [*or* AM driver's license]
Eu·ge·nik <-> [ɔy'ge:nɪk] *f kein pl* MED eugenics + *sing vb*
eu·ge·nisch [ɔy'ge:nɪʃ] *adj* MED eugenic
EuGH <-> *m Abk von* **Europäischer Gerichtshof** *kein pl* European Court of Justice
EU-Gip·fel *m* EU summit
EU-Gip·fel·tref·fen *nt* EU summit
Eu·ka·lyp·tus <-, -lypten> [ɔyka'lyptʊs] *m* ❶ *(Baum)* eucalyptus [tree]
❷ *(Öl)* eucalyptus [oil]
Eu·ka·lyp·tus·bon·bon [-bɔŋbɔŋ, -bõbõ:] *m o nt* eucalyptus lozenge **Eu·ka·lyp·tus·ho·nig** *m* eucalyptus honey
EU-Kar·tell·recht *nt* JUR EU cartel law
Eu·ka·ry·ont <-en, -en> [ɔyka'ry̆ɔnt] *m meist pl* BIOL eukaryote
eu·kli·disch [ɔy'kli:dɪʃ] *adj* MATH **~e Geometrie** Euclidean geometry
EU-Kom·mis·sar(in) *m(f)* EU commissioner **EU-Kom·mis·si·on** *f* EU Commission **EU-Land** *nt* EU country
Eu·le <-, -n> ['ɔylə] *f* ❶ *(Vogel)* owl
❷ *(pej: Frau)* **alte ~** old crow [*or pej* crone]
▶WENDUNGEN: **~n nach Athen tragen** *(prov)* to carry coals to Newcastle BRIT *prov*
Eu·len·spie·gel ['ɔylənʃpi:gl] *m* joker; ***unser Sohn ist ein richtiger ~*** our son is a right little rascal; **Till ~** Till Eulenspiegel *liter*
Eu·len·spie·ge·lei <-, -en> [ɔylənʃpi:gə'lai] *f* caper, trick
EU-Mi·nis·ter(in) *m(f)* EU minister
EU-Mi·nis·ter·rat *m* EU Council of Ministers **EU-Mit·glieds·land** *nt* EU member state **EU-Norm** *f* EU standard
Eu·nuch <-en, -en> [ɔy'nu:x] *m* eunuch
Eu·phe·mis·mus <-, -mismen> [ɔyfe'mɪsmʊs] *m* euphemism
eu·phe·mis·tisch [ɔyfe'mɪstɪʃ] *adj* euphemistic
Eu·pho·rie <-, -n> [ɔyfo'ri:, *pl* -'ri:ən] *f* euphoria
Eu·pho·ri·ker(in) <-s, -> [ɔy'fo:rike] *m(f) (geh)* sb *who is very euphoric about sth*
eu·pho·risch [ɔy'fo:rɪʃ] *adj* euphoric
eu·pho·ri·sie·rend [ɔyfori'zi:rənt] *adj* MED euphorigenic, euphoriant, euphoretic *spec*
Eu·ra·si·en <-s> [ɔy'ra:zi̯ən] *nt kein pl* Eurasia
eu·ra·sisch [ɔy'ra:zɪʃ] *adj inv* Eurasian
Eu·ra·tom <-> [ɔyra'to:m] *f kein pl Akr von* **Europäische Atomgemeinschaft** Euratom
eu·re(r, s) ['ɔyrə] *pron poss (geh)* ■**[der/die/das] E~** yours; **[stets [*o* immer]] der/die E~** yours [ever]; ***Onkel August, immer der E~*** yours ever, Uncle August; ***tut ihr das E~*** you do your bit; ***kümmert ihr euch um das Eu[e]re!*** you attend to your own business
EU-Recht *nt* JUR EU law
Eu·re·ka <-> ['ɔyreka] *f kein pl Akr von* **European Research Coordination Agency** Eureka
eu·rer·seits ['ɔyre'zaits] *adv (soweit es euch angeht)* for your part; *(von eurer Seite aus)* on your part
eu·res·glei·chen ['ɔyrəs'glaiçn̩] *pron (pej)* your like [*or pej* sort]
eu·ret·we·gen ['ɔyrət've:gn̩] *adv (wegen euch)* because of you, on your account; *(euch zuliebe)* for your sake[s]
eu·ret·wil·len ['ɔyrətvɪlən] *adv* for your sake
Eu·rex® <-> ['ɔyrɛks] *f kein pl* BÖRSE *Akr von* **European Exchange Organization** Eurex® *(futures and options market for euro denominated derivative instruments)*
Eu·rhyth·mie <-> [ɔyrʏt'mi:] *f kein pl* eurhythmics + *sing vb*
EU-Richt·li·nie *f* EU directive
eu·ri·ge ['ɔyrɪgə] *pron (geh)* yours
Eu·ro <-[s], -[s]> ['ɔyro] *m* euro; ***30 ~ 50*** 30 euros fifty [cents]
▶WENDUNGEN: **jeden ~ umdrehen [*o* mit jedem ~ rechnen] müssen** *(fam)* to think twice before spending anything
Eu·ro·an·lei·he *f,* **Eu·ro·bond** *m* Eurobond **Eu·ro·bank·no·te** *f* euro [bank]note **Eu·ro·card** <-, -s> [-ka:d] *f (Kreditkarte)* eurocard **Eu·ro·cent** *m* cent **Eu·ro·cheque** [-ʃɛk] *m* HIST *s.* **Euroscheck**
Eu·ro·ci·ty ['ɔyrosɪti] *m,* **Eu·ro·ci·ty·zug**[RR] *m,* **EC** [e:'tse:] *m* Eurocity train *(connecting major European cities)* **Eu·ro-De·vi·sen** *pl* FIN Eurocurrencies
Eu·ro·dol·lar *m* Eurodollar **Eu·ro·dol·lar·markt** *m* FIN Eurodollar market
Eu·ro·ein·füh·rung *f* introduction [*or* launch] of the Euro **Eu·ro-Ein·füh·rungs·ge·setz** *nt* law concerning the introduction of the euro
Eu·ro·figh·ter <-s, -> ['ɔyrofaitɐ] *m* LUFT Eurofighter, BRIT *a.* [Eurofighter] Typhoon
Eu·ro·ge·biet *nt* Euro region [*or* zone]
Eu·ro·geld *nt* Eurocurrency **Eu·ro·geld·händ·ler(in)** *m(f)* FIN Eurocurrency dealer **Eu·ro·geld·markt** *m* FIN Eurocurrency market
Eu·ro-II-Norm *f* Euro II standard *(exhaust emission standard)*
Eu·ro·i·sie·rung <-> [ɔyroi'zi:rʊŋ] *f kein pl* FIN euroization
Eu·ro·ka·pi·tal·markt *m* FIN Eurocapital market
Eu·ro·korps <-> [-ko:ɐ̯] *nt kein pl* MIL Eurocorps + *sing/pl vb*
Eu·ro·krat(in) <-en, -en> [ɔyro'kra:t] *m(f)* Eurocrat
Eu·ro·kra·tie *f* POL eurocracy
Eu·ro·kre·dit *m* FIN Eurocredit **Eu·ro·land** *nt* ÖKON EU country **Eu·ro·mark** *f kein pl* FIN euromark **Eu·ro·markt** *m* Euromarket **Eu·ro·mün·ze** *f* euro coin **Eu·ro·no·te** *f* Euro note
Eu·ro·pa <-s> [ɔy'ro:pa] *nt* Europe
Eu·ro·pa·ab·ge·ord·ne·te(r) *f(m) dekl wie adj* Member of the European Parliament, MEP **Eu·ro·pa·cup** [-kap] *m s.* **Europapokal**
Eu·ro·pä·er(in) <-s, -> [ɔyro'pɛ:ɐ] *m(f)* European
Eu·ro·pa·fan [-fɛn] *m* Europhile **Eu·ro·pa·fra·ge** *f* European question **Eu·ro·pa·geg·ner(in)** *m(f)* Europhobe
eu·ro·pä·isch [ɔyro'pɛ:ɪʃ] *adj* European; **E~e Atomgemeinschaft** European Atomic Energy Community, Euratom; **E~e Einheitswährung** single European currency, the euro; **E~er Entwicklungsfonds** European Development Fund, EDF; **E~er Fonds für Währungszusammenarbeit** European Monetary Co-operation Fund; **E~er Fonds für währungspolitische Zusammenarbeit** European Monetary Cooperation Fund; **E~e Freihandelszone** European Free Trade Area; **E~e Freihandelsgemeinschaft** European Free Trade Association; **E~e Gemeinschaft** European Community; **E~e Gemeinschaft für Kohle und Stahl** European Coal and Steel Community; **E~er Gerichtshof** European Court of Justice; **E~er Gewerkschaftsbund** European Trade Union Confederation; **E~e Investitionsbank** European Investment Bank; **E~e Kommission** European Commission; **E~e Marktordnung** European market regulations *pl;* **E~e Menschenrechtskommission** European Commission for Human Rights; **E~e Organisation für wirtschaftliche Zusammenarbeit** Organization for European Economic Cooperation; **E~es Parlament** European Parliament; **E~er Rat** European Council; **E~e Rechnungseinheit** European Unit of Account; **E~er Sozialfonds** European Social Fund; **E~e Verteidigungsgemeinschaft** European Defence [*or* AM -se] Council; **E~es Währungsabkommen** European Monetary Agreement; **E~e Währungseinheit** European Currency Unit; **E~er Währungsfonds** European Monetary Fund, EMF; **E~es Währungssystem** European Monetary System, EMS; **E~e [Wirtschafts- und] Währungsunion** European [Economic and] Monetary Union, EMU; **E~er Wechselkursverbund** Currency Snake; **E~e Weltraumbehörde** European Space Agency; **E~e Wirtschaftsgemeinschaft** European Economic Community, [European] Common Market; **E~er Wirtschaftsrat** European Economic Council; **E~er Wirtschaftsraum** European Economic Area, ECA; **E~e Zentralbank** European Central Bank, ECB; **E~e Zollunion** European Customs Union
Eu·ro·pä·i·sche Uni·on *f,* **EU** [e:'u:] *f* European Union
eu·ro·pä·i·sie·ren* [ɔyropɛi'zi:rən] *vt* ■**etw/jdn ~** to Europeanize sth/sb
Eu·ro·pä·i·sie·rung *f kein pl* Europeanization
Eu·ro·pa·li·ga *f* European League **Eu·ro·pa·meis·ter(in)** *m(f) (als Einzelner)* European champion; *(als Team, Land)* European champions *pl* **Eu·ro·pa·meis·ter·schaft** *f* European championship **Eu·ro·pa·mi·nis·ter(in)** *m(f)* minister for European affairs **Eu·ro·pa·par·la·ment** *nt* ■**das ~** the European Parliament **Eu·ro·pa·pass**[RR] *m* European passport **Eu·ro·pa·po·kal** *m* European cup **Eu·ro·pa·po·li·tik** *f* European policy, policy on Europe **Eu·ro·pa·po·li·ti·ker(in)** *m(f)* Euro MP BRIT **Eu·ro·pa·rat** *m kein pl* Council of Europe *no pl, no indef art* **Eu·ro·pa·recht** *nt kein pl* JUR European law **Eu·ro·pa·ska·la** *f* TYPO European colour [*or* AM -or] scale, Euroscale **Eu·ro·pa·stra·ße** *f main European arterial route* **Eu·ro·pa·ver·trag, EU-Ver·trag** *m* JUR Treaty of Rome **Eu·ro·pa·wahl** *f* European elections *pl* **eu·ro·pa·weit** *adj* Europe-wide, pan-European, throughout Europe *pred*
Eu·ro·pi·um <-s> [ɔy'ro:pi̯ʊm] *nt kein pl* europium
Eu·ro·pol ['ɔyropo:l] *f* Europol
Euro·re·gi·on *f* Euro region [*or* zone]
Eu·ro·scheck *m* HIST Eurocheque **Eu·ro·scheck·kar·te** *f* HIST Eurocheque card
Eu·ro·si·gnal *nt* TELEK European call signal **Eu·ro·skep·ti·ker(in)** *m(f)* Euro-sceptic
Eu·ro-Stoxx <-> *m kein pl (Aktienindex)* Euro Stoxx
Eu·ro·tun·nel *m* Channel tunnel **Eu·ro·um·rech·nungs·kurs** *m* Euro conversion rate **Eu·ro·um·stel·lung** *f* changeover to the Euro
Eu·ro·vi·si·on [ɔyrovi'zi̯o:n] *f* Eurovision **Eu·ro·vi·si·ons·sen·dung** [-vi-] *f* Eurovision broadcast [*or* BRIT programme] [*or* AM program]
Eu·ro·wäh·rung *f* European currency **Eu·ro·wäh·rungs·markt** *m* ÖKON Eurocurrency market
Eu·ro·wert·pa·pier *nt* BÖRSE Euro commercial paper, Euro CP, ECP **Eu·ro·zeit·al·ter** *nt* age of the Euro
eu·ro·zen·trisch *adj* Eurocentric
Eu·ro·zo·ne <-> *f kein pl* Euro-zone
EU-Staat *m* EU country
Eu·ter <-s, -> ['ɔytɐ] *nt o m* udder
Eu·tha·na·sie <-> [ɔytana'zi:] *f kein pl* euthanasia *no pl, no art,* mercy killing *fam*
eu·troph [ɔy'tro:f] *adj* ÖKOL eutrophic
Eu·tro·phie·rung <-, -en> [ɔytro'fi:rʊŋ] *f* ÖKOL eutrophication
EU-Ver·ord·nung *f* EU decree **EU-Wäh·rung** *f* EU currency **EU-Wett·be·werbs·recht** *nt kein pl* JUR EU competition law
ev. *Abk von* **evangelisch**
e.V., E.V. [e:'fau̯] *Abk von* **eingetragener Verein** registered association
Eva <-s> ['e:fa, 'e:va] *f* ❶ *(Frauenname)* Eve
❷ *(hum fam: Frau)* **eine richtige kleine ~** a proper little madam BRIT *hum*
Eva·kos·tüm *nt s.* **Evaskostüm**
eva·ku·ie·ren* [evaku'i:rən] *vt* ❶ *(an sicheren Ort bringen)* ■**jdn/etw ~** to evacuate sb/remove sth

(**aus** +*dat* from, **in/auf** +*akk* to); **jdn aufs Land ~** to evacuate sb to the country

❷ *(auslagern)* ■**etw ~** to remove sth (**in** +*akk* to)

Eva·ku·ier·te(r) *f(m) dekl wie adj* evacuee

Eva·ku·ie·rung <-, -en> [-va-] *f* evacuation

Eva·lu·ie·rung <-, -en> *f (geh)* evaluation

Evan·ge·le <-n, -n> [evaŋ'ge:lə] *m o f (oft pej fam)* evangelical

Evan·ge·li·ka·le(r) [evaŋgeli'ka:lə(ɐ)] *f(m) dekl wie adj* REL evangelical

evan·ge·lisch [evaŋ'ge:lɪʃ] *adj* Protestant; ■**~ sein** to be a Protestant

evan·ge·lisch-lu·the·risch *adj* Lutheran-Protestant

Evan·ge·li·sie·rung <-> *f kein pl* evangelizing

Evan·ge·list <-en, -en> [evaŋge'lɪst] *m* evangelist

Evan·ge·li·um <-s, -lien> [evaŋ'ge:liʊm, *pl* -liən] *nt* Gospel; *(fig)* gospel

Eva·po·ra·ti·on <-, -en> [evapora'tsi̯o:n] *f* evaporation

Evas·kos·tüm *nt* **im ~** *(hum)* in her birthday suit *hum*, in the altogether BRIT *hum*

Event <-s, -s> [ɪ'vɛnt] *m* event

Event·be·reich [ɪ'vent-] *m* events area; *(Präsentationsräume)* presentation rooms *pl*; *(Partyräume)* party rooms *pl*

Event-Kul·tur [ɪ'vɛntkʊltu:ɐ̯] *f* event culture

Even·tu·al·an·trag [evɛn'tu̯a:l-] *m* POL secondary motion **Even·tu·al·auf·rech·nung** [evɛn'tu̯a:l-] *f* JUR cautionary setting-off **Even·tu·al·bud·get** [evɛn'tu̯a:lbʏdʒe:] *nt s.* **Eventualhaushalt Even·tu·al·fall** [evɛn'tu̯a:l-] *m* eventuality, contingency; **für den ~ gerüstet sein** to be ready for the eventuality [*or* contingency]; **im ~** in the eventuality **Even·tu·al·haf·tung** *f* JUR, FIN contingent liability **Even·tu·al·haus·halt** [evɛn'tu̯a:l-] *m* FIN, POL emergency [*or* contingency] budget

Even·tu·a·li·tät <-, -en> [evɛntu̯ali'tɛ:t] *f* eventuality, contingency; **für alle ~en gerüstet sein** to be ready for all eventualities

Even·tu·al·klau·sel *f* JUR, FIN contingency clause **Even·tu·al·ma·xi·me** [evɛn'tu̯a:l-] *f* JUR alternative pleading **Even·tu·al·ver·bind·lich·keit** *f*, **Even·tu·al·ver·pflich·tung** [evɛn'tu̯a:l-] *f* FIN contingent [*or* secondary] liability, contingency **Even·tu·al·ver·trag** [evɛn'tu̯a:l-] *m* JUR aleatory contract

even·tu·ell [evɛn'tu̯ɛl] **I.** *adj attr* possible; ***bei ~en Rückfragen wenden Sie sich bitte an die Direktion*** if you have any queries please contact the management

II. *adv* possibly, perhaps; ***ich komme ~ etwas später*** I might [possibly] come a little later; ***könntest du mir ~ 500 Euro leihen?*** could you lend me 500 euros, by any chance?

Ever·green <-s, -s> ['ɛvegri:n] *m* evergreen

Eve·ry·bo·dy's Dar·ling <- -s, - -s> ['ɛvrɪbɔdɪz 'da:ɐ̯lɪŋ] *m (hum)* everybody's darling

evi·dent [evi'dɛnt] *adj (geh)* obvious, patent *attr form*; ■**~ sein, dass ...** to be obvious that ...

Evik·ti·on <-, -en> [evɪk'tsi̯o:n] *f* JUR eviction

ev.-luth. *Abk von* **evangelisch-lutherisch**

Evo·lu·ti·on <-, -en> [evolu'tsi̯o:n] *f* evolution

Evo·lu·ti·ons·fak·tor *m* BIOL evolution factor **Evo·lu·ti·ons·the·o·rie** *f* BIOL theory of evolution; **darwinsche ~** Darwinian theory [of evolution], Darwinism

evo·zie·ren* [evo'tsi:rən] *vt (geh: hervorrufen)* ■**etw ~** to evoke sth

EVP <-, -s> [e:fau̯'pe:] *m* HANDEL *Abk von* **Endverbraucherpreis** fixed retail price

evtl. *Abk von* **eventuell**

EVU <-[s], -s> [e:fau̯'ʔu:] *nt Abk von* **Energieversorgungsunternehmen** energy supply company, public utility

E-Werk ['e:vɛrk] *nt s.* **Elektrizitätswerk**

EWF [e:ve:'ɛf] *m Abk von* **Europäischer Währungsfonds** EMF

EWG <-> [e:ve:'ge:] *f kein pl Abk von* **Europäische Wirtschaftsgemeinschaft** EEC

EWI <-[s]> [e:ve:'i:] *nt kein pl Abk von* **Europäisches Währungsinstitut** EMI, European Monetary Institute

ewig ['e:vɪç] **I.** *adj* ❶ *(immer während)* eternal; **~es Eis/~er Schnee** perpetual ice/snow; **das ~e Leben** eternal [*or* everlasting] life; **~e Liebe** undying love; **die E~ Stadt** the Eternal City

❷ *(pej fam: ständig)* **~es Gejammer** never-ending [*or* non-stop] moaning and groaning

II. *adv* ❶ *(dauernd)* eternally; *(seit jeher)* always; [**schon**] **~ bestehen** to have always existed; *(für immer)* for ever, forever; **jdm ~ dankbar sein** to be eternally grateful to sb; **schwören, jdn ~ zu lieben** to swear one's undying love to sb; **auf ~** for ever

❷ *(fam: ständig)* always; ***in der Kantine gibt es ~ denselben Fraß*** *(fam)* the canteen always dishes up the same [old] grub *fam*

❸ *(fam: lange Zeitspanne)* for ages; ***den habe ich schon ~ nicht mehr gesehen*** I haven't seen him in [*or* for] ages *fam*; ***das dauert [ja] ~!*** it's taking ages [and ages]! *fam*

▸WENDUNGEN: **drum prüfe, wer sich ~ bindet** *(prov)* marry in haste, repent at leisure *prov*

Ewig·ges·tri·ge(r) *f(m) dekl wie adj (pej)* stick-in-the-mud *pej*

Ewig·keit <-, -en> ['e:vɪçkai̯t] *f* eternity *no pl, no def art*, everlastingness *no pl, no def art*; **eine [halbe] ~ dauern** *(hum fam)* to last an age [*or* an eternity]; **in die ~ eingehen** *(geh)* to pass into eternity *liter*, to enter into eternal life *liter*; **bis in alle ~** *(für alle Zeit)* for ever [*or liter* all eternity]; *(wer weiß wie lange)* for ever [and ever]; ***soll ich vielleicht bis in alle ~ warten?*** am I supposed to wait for ever?; **seit ~en** [*o* **einer ~**] *(fam)* for ages *fam*

Ewig·keits·ga·ran·tie *f kein pl* POL *des Grundgesetzes* guarantee in perpetuity

EWR <-> [e:ve:'ɛr] *m Abk von* **Europäischer Wirtschaftsraum** EEA

EWS <-> [e:ve:'ɛs] *nt kein pl Abk von* **Europäisches Währungssystem** EMS

EWU <-> [e:ve:'u:] *f kein pl Abk von* **Europäische Währungsunion** EMU

EWWU [e:ve:ve:'ʔu:] *f kein pl* EU *Abk von* **Europäische Wirtschafts- und Währungsunion** EEMU

EWWU-Teil·neh·mer·land *nt*, **EWWU-Teil·neh·mer·staat** *m* EEMU member state

Ex <-, -> ['ɛks] *m o f (früherer Freund, frühere Freundin)* ex *fam*

ex ['ɛks] *adv* ❶ *(vorüber)* ■**mit etw** *dat* **ist es ~** it's [all] over with sth; ■**~ sein** *(fam)* to be done for *fam*

❷ *(auf einmal)* **etw [auf] ~ trinken** to down sth in one; [***aber***] [***trink***] ***~!*** bottoms up!, down the hatch! *fam*

▸WENDUNGEN: **~ und hopp** *(fam)* here today, gone tomorrow

ex·akt [ɛ'ksakt] **I.** *adj* exact; ***das ist ~, was ich gemeint habe*** that's precisely [*or* exactly] what I meant

II. *adv* exactly; **~ arbeiten** to be accurate [*or* exact] in one's work

Ex·akt·heit <-> *f kein pl* exactness *no pl*, precision *no pl*

ex·al·tiert [ɛksal'ti:rt] *adj (geh)* effusive *form*

Ex·a·men <-s, - *o* Examina> [ɛ'ksa:mən, *pl* ɛ'ksa:mina] *nt* final exam[ination]s *pl*, finals *npl*; **mündliches ~** oral exam[ination]; **schriftliches ~** [written] exam[ination]; **das [*o* sein] ~ bestehen** to pass one's finals; **das [*o* sein] ~ mit Auszeichnung bestehen** to pass one's finals with distinction; **das [*o* sein] ~ mit Eins bestehen [*o* machen]** ≈ to get a First [*or* AM an A]; **durch das ~ fallen** to fail [in] one's finals; **~ machen** to do [*or* take] one's finals

Ex·a·mens·angst *f* pre-exam anxiety; **unter ~ leiden** to suffer from pre-exam anxiety **Ex·a·mens·ar·beit** *f prior written work as part of an examination* **Ex·a·mens·kan·di·dat(in)** *m(f)* examinee, [examination] candidate

Exa·mi·na [ɛ'ksa:mina] *pl von* **Examen**

ex·a·mi·nie·ren* [ɛksami'ni:rən] *vt (geh)* ❶ *(prüfen)* ■**jdn [in etw** *dat*] **~** to examine sb [in sth]; **jdn über ein Thema ~** to examine sb in a subject; **eine examinierte Krankenschwester** a qualified nurse

❷ *(ausforschen)* **jdn [streng] ~** to grill sb *fam*, to question sb closely

Ex-Di·vi·den·de *f* BÖRSE ex dividend

Ex·e·ge·se <-, -n> [ɛkse'ge:zə] *f (geh)* exegesis

exe·ku·tie·ren* [ɛkseku'ti:rən] *vt (geh)* ■**jdn ~** to execute sb; **jdn durch Erhängen ~** to hang sb; **jdn durch Erschießen ~** to execute sb by firing squad

Exe·ku·ti·on <-, -en> [ɛkseku'tsi̯o:n] *f (geh)* execution; **eine ~ vollziehen** to carry out an execution; **~ durch Erschießen** execution by firing squad

Exe·ku·ti·ons·kom·man·do *nt (geh)* firing [*or* execution] squad

Exe·ku·ti·ve <-n, -n> [ɛkseku'ti:və] *f* JUR executive authority [*or* power]

Ex·em·pel <-s, -> [ɛ'ksɛmpl̩] *nt* ❶ *(geh: Beispiel)* [warning] example; **an jdm/mit etw** *dat* **ein ~ statuieren** to make an example of sb/use sth as a warning

❷ *(veraltet: Übungsaufgabe)* [mathematical] problem

Ex·em·plar <-s, -e> [ɛksɛm'pla:ɐ̯] *nt* ❶ *(einzelnes Stück)* specimen; **ein besonders schönes/gut erhaltenes/seltenes ~** a particularly lovely/well-preserved/rare specimen; ***Marc ist ein merkwürdiges ~*** Marc is a funny character

❷ *(Ausgabe) Buch, Heft* copy; *Zeitung* issue, number

ex·em·pla·risch [ɛksɛm'pla:rɪʃ] **I.** *adj* ❶ *(beispielhaft)* exemplary, model *attr*

❷ *(typisch)* ■**~ für jdn/etw sein** to be typical [*or* characteristic] of sb/sth

II. *adv* as an example; **jdn ~ bestrafen** to punish sb as an example [to others]

Ex·emp·ti·on <-, -en> [ɛksɛmp'tsi̯o:n] *f* JUR *(Freistellung)* exemption

Exe·qua·tur·ver·fah·ren [ɛkse'kva:tʊr-] *nt* JUR *(Völkerrecht)* exequatur procedure

ex·er·zie·ren* [ɛksɛr'tsi:rən] MIL **I.** *vi* to drill

II. *vt (geh)* ■**etw ~** to practise [*or* AM -ice] sth

Ex·er·zier·platz *m* MIL parade ground

Ex·er·zi·ti·en [ɛksɛr'tsi:tsi̯ən] *pl* REL spiritual exercise[s *pl*]

Ex·frau *f fem form von* **Exmann** ex[-wife] **Ex·freund** *m* ex[-boyfriend] **Ex·freun·din** *f fem form von* **Exfreund** ex[-girlfriend]

Ex·hi·bi·ti·o·nis·mus <-> [ɛkshibitsi̯o'nɪsmʊs] *m kein pl* exhibitionism *no pl*

Ex·hi·bi·ti·o·nist(in) <-en, -en> [ɛkshibitsi̯o'nɪst] *m(f)* exhibitionist, flasher *pej sl*

ex·hu·mie·ren* [ɛkshu'mi:rən] *vt (geh)* ■**jdn ~** to exhume [*or form* disinter] sb

Ex·hu·mie·rung <-, -en> *f (geh)* exhumation *form*, disinterment *form*

Exil <-s, -e> [ɛ'ksi:l] *nt* exile; **ins ~ gehen** to go into exile; **ins amerikanische ~ gehen** to be exiled to America; [**in Amerika**] **im ~ leben** to live in exile [in America]

Exil·li·te·ra·tur *f* literature written in exile **Exil·re·gie·rung** *f* government in exile

exis·tent [ɛksɪs'tɛnt] *adj (geh)* existent

Exis·ten·ti·a·lis·mus <-> [ɛksɪstɛntsi̯a'lɪsmʊs] *m kein pl s.* **Existenzialismus**

Exis·ten·ti·a·list(in) <-en, -en> [ɛksɪstɛntsi̯a'lɪst] *m(f) s.* **Existenzialist**

exis·ten·ti·a·lis·tisch *adj s.* **existenzialistisch**

exis·ten·ti·ell [ɛksɪstɛn'tsi̯ɛl] *adj (geh) s.* **existenziell**

Exis·tenz <-, -en> [ɛksɪs'tɛnts] *f* ❶ *kein pl (das Vorhandensein)* existence *no pl*; ■**die ~ von jdm/etw** [*o* **jds ~/die ~ einer S.**] *gen* the existence of sb/sth

❷ *(Lebensgrundlage, Auskommen)* livelihood; **eine gesicherte ~** a secure livelihood

❸ *(Dasein, Leben)* life; **eine gescheiterte** [*o fam* **verkrachte**] **~** a failure [in life]; **sich** *dat* **eine neue ~ aufbauen** to create a new life for oneself; **eine kärgliche ~ fristen** to eke out a meagre [*or* AM -er] existence

Exis·tenz·angst *f (geh)* angst, fear for one's existence **Exis·tenz·be·rech·ti·gung** *f kein pl* right to exist **Exis·tenz·grün·der(in)** *m(f)* ÖKON founder of a new business, person starting up a new business **Exis·tenz·grund·la·ge** *f* basis of one's livelihood

Exis·tẹnz·grün·dung *f* setting up of self-employed business activities
Exis·tẹnz·grün·dungs·be·ra·tung *f* ÖKON [business] start-up advice **Exis·tẹnz·grün·dungs·bör·se** *f* ÖKON *forum for forging and promoting relations between established and start-up businesses* **Exis·tẹnz·grün·dungs·se·mi·nar** *nt* ÖKON *workshop for those wishing to set up on their own in business*
Exis·ten·zi·a·lis·musRR <-> [ɛksɪstɛntsi̯aˈlɪsmʊs] *m kein pl* existentialism *no pl*
Exis·ten·zi·a·list(in)RR <-en, -en> [ɛksɪstɛntsi̯aˈlɪst] *m(f)* existentialist
exis·ten·zi·a·lis·tischRR *adj* existential[ist]
exis·ten·zi·ellRR [ɛksɪstɛntsi̯ɛl] *adj (geh)* existential; **von ~er Bedeutung/Wichtigkeit** of vital significance/importance
Exis·tẹnz·kampf *m* struggle for survival **Exis·tẹnz·mi·ni·mum** *nt* subsistence level, breadline BRIT
Exis·tẹnz·not *f* fear for one's own [economic] survival
Exis·tẹnz·recht *nt kein pl* right to existence **Exis·tẹnz·satz** *m* MATH existence theorem **Exis·tẹnz·si·che·rung** *f kein pl* guarantee of a continued existence; ***das Grundrecht auf ~ wurde anerkannt*** the basic right to a minimum standard of subsistence was recognized; ***das geringe Einkommen reicht gerade für unsere ~ aus*** we just about manage to get by with this small amount of money
exis·tie·ren* [ɛksɪsˈtiːrən] *vi* ① *(vorhanden sein)* to exist, to be in existence
② *(sein Auskommen haben)* ■[**von etw** *dat*] ~ to live [on sth], to keep alive [on sth] *iron*
Ex·i·tus <-> [ˈɛksitʊs] *m kein pl* MED *(fachspr)* death, exitus *spec*
Ex·kla·ve <-, -n> [ɛksˈklaːvə] *f* POL exclave
ex·klu·siv [ɛkskluˈziːf] *adj* exclusive, select
Ex·klu·siv·be·richt *m* exclusive [report [*or* story]]
Ex·klu·siv·bin·dung *f* ÖKON exclusive dealing
ex·klu·si·ve [ɛkskluˈziːvə] **I.** *präp +gen* ÖKON exclusive of, excluding
II. *adv (geh)* exclusively
Ex·klu·siv·han·del *m* ÖKON exclusive dealership
Ex·klu·si·vi·tät <-> [ɛkskluziviˈtɛːt] *f kein pl (geh)* exclusiveness, selectness
Ex·klu·siv·recht *nt* exclusive rights *pl,* exclusivity *no pl,* sole right **Ex·klu·siv·ver·ein·ba·rung** *f* JUR exclusive [*or* sole contractor] agreement **Ex·klu·siv·ver·kaufs·recht** *nt* HANDEL dealer franchise **Ex·klu·siv·ver·mark·tung** *f* HANDEL exclusive dealing **Ex·klu·siv·ver·trag** *m* JUR exclusive agreement, tying [*or* full requirements] contract
Ex·kom·mu·ni·ka·ti·on [ɛkskɔmunikaˈtsi̯oːn] *f* REL excommunication
ex·kom·mu·ni·zie·ren* [ɛkskɔmuniˈtsiːrən] *vt* REL ■**jdn** ~ to excommunicate sb
Ex·kre·ment <-[e]s, -e> [ɛkskreˈmɛnt] *nt meist pl (geh)* excrement *no pl,* excreta *npl form*
Ex·kul·pa·ti·on [ɛkskʊlpaˈtsi̯oːn] *f* JUR exculpation
Ex·kurs [ɛksˈkʊrs] *m* digression, excursus
Ex·kur·si·on <-, -en> [ɛkskʊrˈzi̯oːn] *f (geh)* study trip BRIT; SCH field trip
Ex·li·bris <-, -> [ɛksˈliːbriːs] *nt* ex libris, bookplate
Ex·mann *m* ex[-husband]
Ex·ma·tri·ku·la·ti·on <-, -en> [ɛksmatrikulaˈtsi̯oːn] *f removal of sb's name from the university register*
ex·ma·tri·ku·lie·ren* [ɛksmatrikuˈliːrən] **I.** *vt* ■**jdn** ~ to take sb off the university register
II. *vr* ■**sich** *akk* ~ to have one's name taken off the university register
Ex-nunc-Wir·kung [ɛks ˈnʊŋk-] *f* ÖKON ex-nunc effect
Exo·cy·to·se <-, -n> [ɛksotsyˈtoːzə] *f* BIOL exocytosis
Ex·o·dus <-, -se> [ˈɛksodʊs, *pl* -dʊsə] *m (geh)* exodus
ex of·fi·cio [ɛks ɔˈfiːtsi̯o] JUR ex officio
exo·gen [ɛksoˈgeːn] *adj* MED, BOT, GEOL exogenous
Ex·on <-s, -s> [ˈɛksɔn] *nt* BIOL exon
Exo·pla·net [ɛkso-] *m* ASTRON exoplanet
ex·or·bi·tant [ɛksɔrbiˈtant] *adj (geh)* exorbitant
Ex·or·zist(in) <-en, -en> [ɛksɔrˈtsɪst] *m(f)* exorcist
Exot(in) <-en, -en> [ɛˈksoːt] *m(f)* ① *(aus fernem Land: Mensch)* exotic foreigner; *(Pflanze oder Tier)* exotic [plant/animal]
② *(fam: Rarität, ausgefallenes Exemplar)* rarity; *(Person)* eccentric; **wie ein ~ wirken** *(euph)* to look like something from outer space *hum,* to look out of place
③ *pl (Wertpapiere)* exotics *npl*
exo·tisch [ɛˈksoːtɪʃ] *adj* ① *(aus fernem Land)* exotic
② *(fam: ausgefallen)* unusual, bizarre
Ex·pan·der <-s, -> [ɛksˈpandɐ] *m* chest expander
ex·pan·die·ren* [ɛkspanˈdiːrən] *vi* to expand
Ex·pan·si·on <-, -en> [ɛkspanˈzi̯oːn] *f* expansion
Ex·pan·si·ons·mög·lich·keit *f* ÖKON expansion opportunity [*or* possibility] **Ex·pan·si·ons·pe·ri·o·de** *f* ÖKON period of expansion **Ex·pan·si·ons·plan** *m* ÖKON expansion plan **Ex·pan·si·ons·po·li·tik** *f kein pl* expansionism, expansionist policies *pl* **Ex·pan·si·ons·ra·te** *f* ÖKON rate of expansion **Ex·pan·si·ons·schwä·che** *f* low growth [rates] **Ex·pan·si·ons·spei·cher** *m* INFORM expanded memory **Ex·pan·si·ons·stra·te·gie** *f* ÖKON strategy of expansion; **forsche ~** energetic expansion strategy **Ex·pan·si·ons·tem·po** *nt* ÖKON pace of expansion
ex·pan·siv [ɛkspanˈziːf] *adj* expanding; *(weit reichend)* far-reaching; **~e Einflüsse** far-reaching influence
Ex·pe·di·ti·on <-, -en> [ɛkspediˈtsi̯oːn] *f* ① *(Forschungsreise)* expedition
② *(Versandabteilung)* forwarding department
Ex·pe·ri·ment <-[e]s, -e> [ɛksperiˈmɛnt] *nt* experiment; **ein ~/~e machen** to carry out [*or* do] an experiment/experiments
Ex·pe·ri·men·ta·tor(in) [ɛksperimɛnˈtaːtoːɐ̯] *m(f)* SCI experimenter
ex·pe·ri·men·tell [eksperimɛnˈtɛl] **I.** *adj* experimental
II. *adv* by [way of] experiment; **etw ~ nachweisen** to prove sth by [way of] experiment
ex·pe·ri·men·tie·ren* [ɛksperimɛnˈtiːrən] *vi* ■[**an etw** *dat*/**mit etw** *dat*] ~ to experiment [on/with sth]
Ex·pe·ri·men·tier·feld *nt* field of experimentation
Ex·pe·ri·men·tier·freu·de *f kein pl* eagerness to experiment, willingness to try something new
ex·pe·ri·men·tier·freu·dig *adj* keen to experiment
Ex·pe·ri·men·tier·pha·se <-, -n> *f* experimental phase
Ex·per·te, Ex·per·tin <-n, -n> [ɛksˈpɛrtə, ɛksˈpɛrtɪn] *m, f* expert
Ex·pẹr·ten·an·hö·rung *f* specialist hearing **Ex·pẹr·ten·auf·fas·sung** *f* expert opinion; **nach ~** according to the opinion of experts **Ex·pẹr·ten·aus·schuss**RR *m,* **Ex·pẹr·ten·grup·pe** *f* panel of experts **Ex·pẹr·ten·be·fra·gung** *f* consultation with experts
Ex·pẹr·ten·be·richt *m* experts' report **Ex·pẹr·ten·ein·schät·zung** *f* estimates *pl* by experts **Ex·pẹr·ten·grup·pe** *f* panel of experts **Ex·pẹr·ten·gut·ach·ten** *nt* expert's report **Ex·pẹr·ten·hea·ring** [-hiːrɪŋ] *nt* specialist hearing
Ex·pẹr·ten·kreis *m* expert circles *pl* **Ex·pẹr·ten·rat** *m* brains trust, think tank **Ex·pẹr·ten·stab** *m* professional staff **Ex·pẹr·ten·sys·tem** *nt* INFORM expert system **Ex·pẹr·ten·tref·fen** *nt* meeting of experts
Ex·per·tin <-, -nen> [ɛksˈpɛrtɪn] *f fem form von* **Experte**
Ex·per·ti·se <-, -n> [ɛkspɛrˈtiːzə] *f* expert's report
ex·pli·zit [ɛkspliˈtsiːt] *adj (geh)* explicit
ex·plo·die·ren* [ɛksploˈdiːrən] *vi sein* to explode *a. fig,* to detonate; **die Kosten/Preise ~** *(fig)* costs/prices are rocketing
Ex·plo·rer <-s, -> [ɛksˈploːrɐ] *m* INFORM explorer
Ex·plo·si·on <-, -en> [ɛksploˈzi̯oːn] *f* detonation, explosion *a. fig;* **etw zur ~ bringen** to detonate [*or* explode] sth
ex·plo·si·ons·ar·tig **I.** *adv* explosively; ***in den letzten Jahren ist das Internet ~ gewachsen*** the last few years have seen the internet just keep on growing; **sich ~ verbreiten** *Gerücht, Virus* to spread like wildfire **II.** *adj* explosive; *Zunahme* phenomenal **Ex·plo·si·ons·ge·fahr** *f* danger of explosion
ex·plo·siv [ɛksploˈziːf] *adj* explosive
Ex·plo·siv <-s, -e> *m,* **Ex·plo·siv·laut** [ɛksploˈziːf-] *m* LING plosive
Ex·plo·siv·stoff *m* explosive
Ex·po·nat <-[e]s, -e> [ɛkspoˈnaːt] *nt* exhibit
Ex·po·nent <-en, -en> [ɛkspoˈnɛnt] *m* MATH exponent
Ex·po·nent(in) <-en, -en> [ɛkspoˈnɛnt] *m(f)* exponent, advocate
Ex·po·nen·ti·al·funk·ti·on [ɛksponɛnˈtsi̯aːl-] *f* MATH exponential function
ex·po·nie·ren [ɛkspoˈniːrən] *vt* ① *(geh: aussetzen)* ■**jdn** [**etw** *dat*] ~ to expose sb [to sth]
② *(voranstellen)* ■**etw** ~ to introduce sth
Ex·port <-[e]s, -e> [ɛksˈpɔrt] *m* ① *kein pl (Ausfuhr)* export
② *(ausgeführte Ware)* exports *npl*
③ INFORM *(Übertragung von Daten)* export
Ex·pọrt·ab·tei·lung *f* export department **Ex·pọrt·ak·kre·di·tiv** *nt* FIN export letter of credit **Ex·pọrt·ar·ti·kel** *m* exported article [*or* item]; *pl* exports **Ex·pọrt·aus·füh·rung** *f* export model [*or* version] **Ex·pọrt·bei·hil·fe** *f* export subsidy **Ex·pọrt·bran·che** [-brãːʃə] *f* ÖKON export sector **Ex·pọrt·er·lös** *m* ÖKON export earning [*or* proceeds *pl*] **Ex·pọrt·er·stat·tung** *f* ÖKON export restitution
Ex·por·teur(in) <-s, -e> [ɛkspɔrˈtøːɐ̯] *m(f)* exporter
Ex·pọrt·fil·ter *m* INFORM export filter **Ex·pọrt·fi·nan·zie·rung** *f* FIN export financing **Ex·pọrt·fir·ma** *f* exporter, export house
Ex·pọrt·för·de·rung *f* ÖKON export promotion **Ex·pọrt·för·de·rungs·kre·dit** *m* FIN export promotion credit
ex·pọrt·freu·dig *adj* export-minded **Ex·pọrt·ga·ran·tie** *f* ÖKON export guarantee **Ex·pọrt·ge·mein·schaft** *f* ÖKON export association **Ex·pọrt·ge·neh·mi·gung** *f* export permit [*or* BRIT licence] [*or* AM license] **Ex·pọrt·ge·schäft** *nt* export business **Ex·pọrt·ha·fen** *m* port of exportation **Ex·pọrt·han·del** *m* export trade [*or* business]
ex·por·tie·ren* [ɛkspɔrˈtiːrən] *vt* ① *(ausführen)* ■**etw** ~ to export sth; **Arbeitslosigkeit in ein Land ~** to bring unemployment to a country; **Baumwolle/Bananen/Kaffee in ein Land ~** to export cotton/bananas/coffee to a country
② INFORM *(überspielen)* ■**etw** ~ to export sth
ex·pọrt·in·ten·siv *adj* ÖKON *Wirtschaftszweig, Branche* exporting *attr* **Ex·pọrt·kar·tell** *nt* ÖKON export cartel **Ex·pọrt·kauf·frau** *f fem form von* **Exportkaufmann** exporter, export trader **Ex·pọrt·kauf·mann, -kauf·frau** *m, f* exporter, export merchant **Ex·pọrt·kon·tin·gent** *nt* ÖKON export quota
Ex·pọrt·kre·dit *m* FIN export credit **Ex·pọrt·kre·dit·ver·si·che·rung** *f* export credit guarantee
Ex·pọrt·kun·den·dienst *m* ÖKON services *pl* for export customers
ex·pọrt·las·tig *adj* ÖKON top-heavy in exports *pred;* **~er Wirtschaftszweig/~e Branche** sector of the economy/line of business in which exports predominate
Ex·pọrt·li·zenz *f* JUR export licence **Ex·pọrt·nach·fra·ge** *f* ÖKON export demand **Ex·pọrt·na·ti·on** *f* exporting nation [*or* country] **ex·pọrt·ori·en·tiert** **I.** *adj* ÖKON export-oriented; **~er Wirtschaftszweig/~e Branche** exporting industry/line **II.** *adv* ÖKON geared [*or* directed] to exports; **~ vorgehen/produzieren** to proceed with a view to exports/to run production geared to exports **Ex·pọrt·preis·lis·te** *f* HANDEL price index of exports **Ex·pọrt·quo·te** *f* ÖKON export quota **Ex·pọrt·re·ge·lung** *f* ÖKON control of exports **Ex·pọrt·ren·ta·bi·li·tät** *f kein pl* FIN export profitability **Ex·pọrt·schla·ger** *m (fam)* export hit **Ex·pọrt·sen·dung** *f* HANDEL export consignment **Ex·pọrt·sper·re** *f* ÖKON export ban, embargo on exports **Ex·pọrt·trat·te** *f*

HANDEL export draft **Ex·port·über·hang** *m* ÖKON export surplus **Ex·port·über·schuss**[RR] *m* export surplus **Ex·port·ver·bot** *nt* export ban, prohibition of [*or* ban on] exports **Ex·port·ver·trag** *m* export contract **Ex·port·wachs·tum** *nt* ÖKON export growth **Ex·port·wa·re** *f* ❶ *(eine bestimmte Ware)* export commodity [*or* article] [*or* item] ❷ *kein pl (alle für den Export bestimmten Waren)* exports *pl*

Ex·po·sé, Ex·po·see[RR] <-s, -s> [ɛkspo'zeː] *nt* memo[randum]

Ex·po·si·ti·on <-, -en> [ɛkspozi'tsi̯oːn] *f* exposition

Ex·press[RR] <-es>, **Ex·preß**[ALT] <-sses> [ɛks'prɛs] *m kein pl* ❶ *(Eilzug)* express [train] ❷ *(schnell)* **etw per ~ senden** [*o* **schicken**] to send sth [by] express [delivery]

Ex·press·gut[RR] *nt* express goods *npl* [*or* parcels] *pl;* **etw als ~ versenden** [*o* **verschicken**] to send sth [by] express [delivery]

Ex·press·gut·ab·fer·ti·gung[RR] *f* express goods office **Ex·press·gut·dienst**[RR] *m* express freight service **Ex·press·gut·ver·kehr** *m* HANDEL express delivery service

Ex·pres·si·o·nis·mus <-> [ɛksprɛsi̯o'nɪsmʊs] *m kein pl* expressionism *no pl, no indef art*

Ex·pres·si·o·nist(in) <-en, -en> [ɛksprɛsi̯o'nɪst] *m(f)* expressionist

ex·pres·si·o·nis·tisch *adj* expressionist[ic]

Ex·pres·si·ons·vek·tor [ɛksprɛ'si̯oːns-] *m* BIOL expression vector

ex·pres·sis ver·bis [ɛks'prɛsiːs 'vɛrbiːs] *adv (geh)* explicitly, expressly

ex·pres·siv [ɛksprɛ'siːf] *adj (geh)* expressive

Ex·press·stra·ße *f* SCHWEIZ expressway **Ex·press·zug**[RR] *m* express train

ex·qui·sit [ɛkskvi'ziːt] *(geh)* **I.** *adj* exquisite, choice *attr*
II. *adv* exquisitely; **~ essen** [*o geh* **speisen**] to have an exquisite [*or* choice] meal

Ex·sik·ka·tor [ɛkszɪ'kaːtoːɐ̯] *m* CHEM desiccator

Ex·ten·si·on <-, -en> [ɛkstɛn'zi̯oːn] *f (geh)* extension

ex·ten·siv [ɛkstɛn'ziːf] *adj (geh)* extensive

ex·tern [ɛks'tɛrn] *adj* external; **ein ~er Schüler/eine ~e Schülerin** a day boy/girl BRIT, a non-residential pupil

Ex·ter·ne(r) *f(m) dekl wie adj* SCH day boy/girl BRIT, non-residential pupil

Ex·tern·spei·cher *m* INFORM external memory

ex·ter·ri·to·ri·al [ɛkstɛrito'ri̯aːl] *adj* JUR ex[tra]territorial

Ex·ter·ri·to·ri·a·li·tät <-> [ɛkstɛritori̯ali'tɛːt] *f kein pl* POL, JUR exterritoriality *no pl,* extraterritoriality *no pl*

ex·tra ['ɛkstra] *adv* ❶ *(besonders)* extra, [e]specially ❷ *(zusätzlich)* extra, to boot; ***ich gebe Ihnen noch ein Exemplar ~*** I'll give you an extra copy [*or* a copy to boot] ❸ *(eigens)* just, [e]specially; ***du brauchst mich nicht ~ anzurufen, wenn du ankommst*** you don't need to call me just to say you've arrived ❹ *(fam: absichtlich)* on purpose, deliberately; **etw ~ machen** to do sth on purpose ❺ *(gesondert)* separately; **etw ~ berechnen** to charge sth separately; **etw ~ legen** to put sth in a separate place

Ex·tra <-s, -s> ['ɛkstra] *nt* extra; *Auto* optional extra

Ex·tra·aus·ga·be *f* ❶ MEDIA *(Sonderausgabe)* special edition ❷ FIN *(Zusatzkosten)* sundry expenses *npl* **Ex·tra·aus·stat·tung** *f* extras *pl* **Ex·tra·blatt** *nt* special supplement **Ex·tra·fahrt** *f* SCHWEIZ *(Sonderfahrt)* special excursion **ex·tra·fein** ['ɛkstrafai̯n] *adj* superfine; *(fam)* really nice *fam*

ex·tra·ga·lak·tisch [ɛkstraga'laktɪʃ] *adj* ASTRON extragalactic; **~e Radioquellen** extragalactic radio sources

ex·tra·hie·ren* [ɛkstra'hiːrən] *vt* ❶ MED *(entfernen)* ■**etw ~** to extract sth ❷ CHEM, PHARM ■**etw [aus etw *dat*] ~** to extract sth [from sth] ❸ *(aus einem Text herausarbeiten)* ■**etw [aus etw *dat*] ~** to extract sth [from sth]

ex·tra·kor·po·ral [ɛkstrakɔrpo'raːl] *adj* MED extracorporeal

Ex·trakt <-[e]s, -e> [ɛks'trakt] *m o nt* extract

Ex·tra·net <-s, -s> [-nɛt] *nt* INFORM extranet

ex·tra·ute·rin [ɛkstraʔute'riːn] *adj* MED extrauterine

ex·tra·va·gant [ɛkstrava'gant, 'ɛkstravagant] **I.** *adj* extravagant; **~e Kleidung** extravagant [*or* flamboyant] clothes
II. *adv* extravagantly; **~ angezogen** flamboyantly dressed

Ex·tra·va·ganz <-, -en> [ɛkstrava'gants] *f* extravagance; *von Kleidung a.* flamboyance

ex·tra·ver·tiert [ɛkstravɛr'tiːɐ̯t] *adj* extrovert[ed]

Ex·tra·wurst *f* ❶ *(fam: Sonderwunsch)* **jdm eine ~ braten** to make an exception for sb; **immer eine ~ [gebraten haben] wollen** to always want special treatment ❷ ÖSTERR *(Lyoner)* pork [*or* veal] sausage

ex·tra·zel·lu·lär [ɛkstratsɛlu'lɛːɐ̯] *adj* BIOL extracellular

Ex·tra·zug *f* SCHWEIZ *(Sonderzug)* special train

ex·trem [ɛks'treːm] **I.** *adj* extreme; **~e Anforderungen** excessive demands; **eine ~e Belastung für jdn darstellen** to be an excessive burden on sb
II. *adv (sehr)* extremely; **~ links/rechts** POL ultra-left/right; **~ sinken/sich** *akk* **~ verschlechtern** to drop/deteriorate drastically; **~ steigen/sich** *akk* **~ verbessern** to rise/improve considerably

Ex·trem <-s, -e> [ɛks'treːm] *nt* extreme; **von einem ~ ins andere fallen** to go from one extreme to another [*or* the other]

Ex·trem·fall *m* extreme [case]; **im ~** in the extreme case

Ex·tre·mis·mus <-, -men> [ɛkstre'mɪsmʊs] *m pl selten* extremism *no pl, no indef art*

Ex·tre·mist(in) <-en, -en> [ɛkstre'mɪst] *m(f)* extremist

ex·tre·mis·tisch *adj* extremist

Ex·tre·mi·tä·ten [ɛkstremi'tɛːtn̩] *pl* extremities *npl*

Ex·trem·punkt *m* MATH extreme point

Ex·trem·si·tu·a·ti·on *f* extreme situation

Ex·trem·sport *m* extreme sport, X-sport **Ex·trem·sport·art** *f* adventure sport

Ex·trem·sport·ler(in) *m(f)* SPORT extreme sports[wo]man, X-sports[wo]man

Ex·trem·tou·ris·mus *m* extreme sports tourism

Ex·trem·wert *m* extreme [value], extremum

Ex·tro·ver·si·on <-> [ɛkstrovɛr'zi̯oːn] *f kein pl* PSYCH *(fachspr)* extroversion

ex·tro·ver·tiert [ɛkstrovɛr'tiːɐ̯t] *adj s.* **extravertiert**

Ex·tro·ver·tiert·heit [ɛkstrovɛr'tiːɐ̯thai̯t] *f kein pl* PSYCH extrovertedness

Ex-und-Hopp <-s> *nt kein pl (fam)* **die ~-Mentalität** the mentality of the throwaway society

Ex-und-Hopp-Ver·pa·ckung *f (fam)* throwaway [*or* disposable] packaging

ex·zel·lent [ɛkstsɛ'lɛnt] *(geh)* **I.** *adj* excellent, superior *form*
II. *adv* excellently; **sich** *akk* **~ fühlen** to feel on top form; **~ speisen** to eat very well; **~ schmecken** to taste delicious [*or* divine]

Ex·zel·lenz <-, -en> [ɛkstsɛ'lɛnts] *f* Excellency; **Seine/Euer** [*o* **Eu[e]re**] **~** His/Your Excellency; ***ganz wie Euer ~ wünschen!*** as Your Excellency wishes!

ex·zen·trisch [ɛks'tsɛntrɪʃ] *adj (geh)* eccentric

ex·zer·pie·ren* [ɛkstsɛr'piːrən] *vt (geh)* ■**etw [aus etw *dat*] ~** to extract [*or* select] sth [from sth]; *Textstelle* to excerpt [*or* extract] sth [from sth]

Ex·zerpt <-[e]s, -e> [ɛks'tsɛrpt] *nt (geh)* excerpt

Ex·zess[RR] <-es, -e>, **Ex·zeß**[ALT] <-sses, -sse> [ɛks'tsɛs] *m meist pl* ❶ *(Ausschweifung)* excess, extremes *pl;* **etw bis zum ~ treiben** to take sth to extremes ❷ *(Ausschreitung)* excess, violence *no pl*

ex·zes·siv [ɛkstsɛ'siːf] *adj (geh)* excessive

Eye·li·ner <-s, -> ['aɪlaɪnɐ] *m* eyeliner

EZB <-> [eːtsɛt'beː] *f kein pl* FIN *Abk von* **Europäische Zentralbank** ECB, European Central Bank

EZU <-> [eːtsɛt'ʔuː] *f kein pl Abk von* **Europäische Zahlungsunion** EPU, European Payments Union

E-Zug ['eːtsuːk] *m kurz für* **Eilzug** fast train, express

F

f. ❶ *Abk von* **folgende [Seite]** [the] following [page] ❷ *Abk von* **für**

F, f <-, - *o fam* -s, -s> [ɛf] *nt* ❶ *(Buchstabe)* F, f; **~ wie Friedrich** F for [*or* as in] Frederick; *s. a.* **A 1** ❷ MUS [the note] F; *s. a.* **A 2**

Fa. *Abk von* **Firma** Co.

Fa·bel <-, -n> ['faːbl̩] *f* ❶ LIT fable ❷ *(fam)* tale, story

fa·bel·haft ['faːbl̩haft] **I.** *adj* marvellous, AM marvelous, fabulous; ***das ist ja ~!*** *(fam)* that's marvellous
II. *adv* marvellously

fa·beln ['faːbl̩n] **I.** *vt* ■**etw ~** to fabricate [*or sep* make up] sth
II. *vi* ■**[von etw *dat*] ~** to fantasize [about sth]

Fa·bel·tier *nt,* **Fa·bel·we·sen** *nt* mythical creature

Fa·brik <-, -en> [fa'briːk] *f* factory; **in die ~ gehen** *(fam)* to work in a factory

Fa·brik·ab·fäl·le *pl* industrial waste *no pl* **Fa·brik·ab·satz** *m* HANDEL direct sale to the public **Fa·brik·an·ge·stell·te(r)** *f(m) dekl wie adj* ÖKON factory worker **Fa·brik·an·la·ge** *f* [manufacturing] plant

Fa·bri·kant(in) <-en, -en> [fabri'kant] *m(f)* ❶ *(Fabrikbesitzer)* industrialist, factory owner ❷ *(Hersteller)* manufacturer, maker

Fa·brik·ar·beit *f* factory work **Fa·brik·ar·bei·ter(in)** *m(f)* industrial [*or* factory] worker

Fa·bri·kat <-[e]s, -e> [fabri'kaːt] *nt* ❶ *(Marke)* make; *bes. von Autos* marque ❷ *(Produkt)* product; *(Modell)* model

Fa·bri·ka·ti·on <-, -en> [fabrika'tsi̯oːn] *f* production, manufacture

Fa·bri·ka·ti·ons·be·trieb *f* production plant **Fa·bri·ka·ti·ons·feh·ler** *m* manufacturing defect [*or* fault] **Fa·bri·ka·ti·ons·num·mer** *f* HANDEL serial number

Fa·brik·be·sit·zer(in) *m(f)* industrialist, factory owner [*or* proprietor] **Fa·brik·di·rek·tor(in)** *m(f)* plant manager **Fa·brik·er·zeug·nis** *nt* manufactured article, product **fa·brik·fer·tig** *adj* BAU factory-assembled **Fa·brik·ge·bäu·de** *nt* factory [building] **Fa·brik·ge·län·de** *nt* factory site [*or pl* premises] **Fa·brik·hal·le** *f* factory building; **in der ~** in the workshop

fa·brik·mä·ßig *adj* mass-; **ein ~ hergestelltes Auto** a mass-produced car

fa·brik·neu *adj* brand-new **Fa·brik·schiff** *nt* factory ship **Fa·brik·schorn·stein** *m* [factory] smokestack, factory chimney **Fa·brik·ver·kauf** *m* factory outlet **Fa·brik·wa·re** *f* manufactured [*or* machine-made] goods *pl;* ***das ist reine ~*** it's all machine-made

fa·bri·zie·ren* [fabri'tsiːrən] *vt (fam)* ■**etw ~** ❶ *(anfertigen)* to manufacture sth ❷ *(anstellen)* **Blödsinn ~** to do sth silly; ***was hast du denn da fabriziert?*** what have you [gone and] done now?, what have you managed to do now?

fa·bu·lie·ren [fabu'liːrən] *vi (geh: erzählen)* to spin a yarn [*or* yarns]

Face·lif·ting <-s, -s> ['feːslɪftɪŋ] *nt (fig)* facelift

Fa·cet·te <-, -n> [fa'sɛtə] *f* facet

Fa·cet·ten·au·ge [fa'sɛtn-] *nt* compound eye

fa·cet·tie·ren* [fasɛ'tiːrən] *vt (geh)* ■**etw ~** to dissect [*or* scrutinize] sth

Fach <-[e]s, Fächer> [fax, *pl* fɛçɐ] *nt* ❶ *(Unterteilung) Tasche, Brieftasche, Portmonee* pocket; *Schrank, Regal* shelf; *(Ablegefach)* pigeonhole; *Automat* drawer ❷ *(Wissens-, Sachgebiet)* subject; **vom ~ sein** to be a specialist; **sein ~ verstehen** to understand one's subject, to know one's stuff [*or* BRIT onions] *fam;* ***das ist nicht mein ~/ich bin nicht vom ~*** that's not my line

Fach·ab·tei·lung *f* technical department

Fach·ar·bei·ter(in) *m(f)* skilled worker **Fach·ar·bei·ter·brief** *m* certificate of proficiency

Fach·arzt, -ärz·tin *m, f* specialist, [medical] consultant (**für** +*akk* in) **fach·ärzt·lich** I. *adj* specialist *attr;* **ein ~es Gutachten** a specialist's report; **ein ~es Attest** a [medical] certificate from a specialist; **eine ~e Untersuchung** an examination by a specialist II. *adv* **sich** *akk* **~ behandeln/untersuchen lassen** to be examined/treated by a specialist

Fach·auf·sicht *f* specialist [*or* expert] supervision **Fach·auf·sichts·be·hör·de** *f* ÖKON industry regulator

Fach·aus·druck *m* technical [*or* specialist] term; **juristischer/medizinischer ~** legal/medical term **Fach·aus·schuss**RR *m* panel [*or* committee] of experts **Fach·aus·weis** <-es, -e> *m* SCHWEIZ *official certificate confirming an individual's professional qualifications* **Fach·be·ra·ter(in)** *m(f)* [technical] consultant **Fach·be·ra·tung** *f* expert advice

Fach·be·reich *m* ① *(Sachgebiet)* [specialist] field ② *(Fakultät)* faculty **Fach·be·reichs·lei·ter(in)** *m(f)* head of section

Fach·be·such·er(in) *m(f)* HANDEL *auf Messe* specialist visitor **fach·be·zo·gen** *adj* specialized **Fach·bib·lio·thek** *f* specialist library **Fach·blatt** *nt* ① *(Zeitschrift)* specialist journal ② *(Industriezweig)* trade ③ *Ärzte, Rechtsanwälte usw.* professional

Fach·buch *nt* reference book; *(Lehrbuch)* textbook; **ein juristisches/medizinisches ~** a specialist book on law/medicine **Fach·buch·hand·lung** *f* specialist bookshop; **~ für Medizin/Naturwissenschaften** bookshop specializing in medicine/the natural sciences

fä·cheln ['fɛçl̩n] *(geh)* I. *vt* ■**etw ~** to fan sth; **sich/jdm den Kopf/die Stirn ~** to fan one's/sb's head/forehead
II. *vi* to fan; **sich/jdm [mit Fächern/Palmwedeln] ~** to fan oneself/sb [with fans/palm leaves]

Fä·cher <-s, -> ['fɛçɐ] *m* fan; **ein zusammenklappbarer ~** a folding fan

Fä·cher·pal·me *f* fan palm

fä·cher·über·grei·fend *adj* interdisciplinary

Fa·ch·frau *f fem form von* **Fachmann fach·fremd** I. *adj* **~e Aufgaben** tasks outside the/one's field; **~e Mitarbeiter** untrained staff, staff with no background in the field; **~en Unterricht erteilen** to give lessons in a subject other than one's own II. *adv* **jdn ~ beschäftigen/einsetzen** to employ sb in a field not his/her own; **~ unterrichten** to give lessons in a subject other than one's own

Fach·ge·biet *nt* [specialist] field **Fach·ge·biets·lei·ter(in)** *m(f)* HANDEL line manager

fach·ge·bun·den *adj* related [to the/one's field *pred*]; **ein ~es Studium** course of study related to a specialist field **fach·ge·recht** I. *adj* expert, professional II. *adv* expertly, professionally; **etw ~ ausführen** to make a professional [*or* an expert] job of sth **Fach·ge·schäft** *nt* specialist shop, stockist

Fach·ge·sell·schaft *f* specialist company **Fach·grup·pe** *f* team of specialists **Fach·han·del** *m* specialist shop [*or* trade] **Fach·händ·ler(in)** *m(f)* specialist supplier **Fach·hoch·schu·le** *f* ≈ technical college of higher education **Fach·i·di·ot(in)** *m(f) (pej)* nerd, blinkered specialist BRIT *(a specialist who is not interested in anything outside his/her field)* **Fach·jar·gon** *m* jargon, lingo *fam* **Fach·kennt·nis** *f meist pl* professional expertise, specialized knowledge **Fach·kom·pe·tenz** *f* professional expertise [*or* skill] **Fach·kraft** *f* qualified employee **Fach·krei·se** *pl* specialist circles *pl,* experts *pl;* **medizinische ~** medical experts; **in [maßgeblichen/wissenschaftlichen] ~n** among [leading/scientific] experts **fach·kun·dig** I. *adj* informed; ■**~ sein** to be an expert II. *adv* **jdn ~ beraten** to give sb informed [*or* specialist] advice **fach·kund·lich** *adj* specialist *attr;* **~en Unterricht geben** to teach specialized subjects **Fach·leh·rer(in)** *m(f)* specialist [subject] teacher **Fach·lehr·gang** *m* technical course **Fach·lei·ter(in)** *m(f) Gymnasium* course supervisor; *Studienseminare* head of department, department head **Fach·leu·te** *pl* experts *pl*

fach·lich I. *adj* ① *(fachbezogen) Wissen, Ausbildung* specialist; *(spezialisiert)* technical ② *(kompetent)* informed; **ein ~er Rat** informed advice
II. *adv* professionally; **~ hervorragend sein** to be an expert in one's field; **~ qualifizierte Mitarbeiter** staff [members] who are qualified in their field; **~ auf dem Laufenden bleiben** to keep up to date in one's field; **sich** *akk* **~ qualifizieren** to gain qualifications in one's field

Fach·li·te·ratur *f* specialist [*or* specialized] literature; **die ~ durcharbeiten** to work through the relevant specialist literature **Fach·mann, -frau** <-leute *o selten* -männer> *m, f* expert, specialist **fach·män·nisch** I. *adj* expert; **~e Ausführung** expert workmanship II. *adv* professionally; **jdn ~ beraten** to give sb expert advice; **etw ~ betrachten** to appraise sth with an expert's eye **Fach·mes·se** *f* trade [*or* AM show] fair **Fach·or·gan** *nt* MEDIA trade paper **Fach·per·son** <-, -en> *f* SCHWEIZ *(geschulte Person)* person qualified in his/her field **Fach·pla·nung** *nt* JUR sector planning **Fach·pres·se** *f* specialist publications *pl* **Fach·prü·fung** *f* professional [*or* qualifying] examination **Fach·rich·tung** *f* subject area

Fach·schaft <-, -en> *f* students *pl* of a/the department

Fach·schu·le *f* technical college **Fach·schul·rei·fe** *f leaving certificate awarded to students at a vocational training school*

Fach·sim·pe·lei [faxzɪmpəˈlai̯] *f (fam)* shoptalk *no pl*

fach·sim·peln [faxzɪmpl̩n] *vi (fam)* ■**[mit jdm] ~** to talk shop [with sb]

fach·spe·zi·fisch I. *adj* subject-specific II. *adv* **~ arbeiten** to work as a specialist; **jdn ~ ausbilden** to train sb in the field; **sich** *akk* **~ weiterbilden** to gain further qualifications in one's/the field **Fach·spra·che** *f* technical jargon; **die mathematische ~** the jargon of mathematics **fach·sprach·lich** *adj* technical, in [*or* with regard to] technical language **Fach·stu·di·um** *nt* specialized studies *npl* **Fach·ta·gung** *f* specialist conference, trade convention **Fach·text** *m* technical [*or* specialist] text **fach·über·grei·fend** *adj* interdisciplinary; **~er Unterricht** interdisciplinary lessons [*or* classes] **Fach·ver·band** *m* ① *(Industrieverband)* trade association ② *(Berufsverband)* professional association **Fach·vo·ka·bu·lar** *nt* technical [*or* specialist] vocabulary **Fach·welt** *f kein pl* ① *(Berufsexperten)* profession, [professional] experts *pl* ② *(Industrieexperten)* trade, [trade] experts *pl*

Fachwerk *nt kein pl* half-timbering; **in ~ ausgeführt sein** to be half-timbered

Fach·werk·bau·wei·se <-> *f kein pl* half-timbering **Fach·werk·haus** *nt* half-timbered house

Fach·wis·sen *nt* specialized knowledge [of one's/the subject] **Fach·wort** *nt* technical [*or* specialist] word [*or* term] **Fach·wör·ter·buch** *nt* specialist [*or* technical] dictionary; **ein medizinisches ~** a dictionary of medical terms **Fach·zeit·schrift** *f* specialist journal; **eine medizinische ~** a medical journal; *(für bestimmte Berufe)* trade journal

Fa·ckel <-, -n> ['fakl̩] *f* torch

fa·ckeln ['fakl̩n] *vi (fam)* to dither [about], to faff about [*or* BRIT around] *fam*

Fa·ckel·schein *m* torchlight; **im ~** by torchlight **Fa·ckel·zug** *m* torchlight procession

Fac·tor <-[s], -s> ['fæktɐ] *m* FIN *(spezielles Finanzinstitut)* forfaiter, factor

Fac·to·ring <-s> ['fɛktərɪŋ] *nt kein pl* FIN factoring; **echtes/verdecktes ~** non-recourse/non-notification factoring

Fac·to·ring·ge·sell·schaft ['fæktərɪŋ-] *f* FIN factor, factoring company **Fac·to·ring-Ver·trag** *m* FIN factoring contract

Fac·to·ry-Out·let, FactoryoutletRR <-s, -s> ['fɛktərɪˈau̯tlət] *nt* factory outlet

fad [fa:t] *adj* SÜDD, ÖSTERR insipid, tasteless

Fäd·chen <-s, -> ['fɛtçən] *nt dim von* **Faden** [small] thread

fa·de ['fa:də] *adj* ① *(nach nichts schmeckend)* **~s Essen** bland [*or* tasteless] food; **~r Geschmack** insipid taste
② *(langweilig)* dull, colourless BRIT, colorless AM

fä·deln ['fɛdl̩n] *vt* ■**etw durch etw** *akk*/**auf etw** *akk* **~** to thread sth through/onto sth; **einen Faden in eine Nadel ~** to thread a needle

Fa·den <-s, Fäden> ['fa:dn̩, *pl* fɛdn̩] *m* ① *(Wollfaden, Zwirnfaden)* thread; *Marionette* string; **dünner/dicker ~** fine/coarse thread
② MED stitch, suture *spec;* **die Fäden ziehen** to remove [*or sep* take out] the stitches [*or spec* sutures]
③ *(von Raupe, Spinne)* thread, filament; *s. a.* **Leben**
④ *(geh: einzelnes Haar)* strand
▶WENDUNGEN: **keinen guten ~ an jdm/etw lassen** *(fam)* to tear sb/sth to pieces [*or* shreds], to rip into sb/sth; **alle Fäden [fest] in der Hand halten/behalten** to hold/hold on to the reins; **alle Fäden laufen in jds Hand zusammen** sb pulls all the strings; **der rote ~** the central [*or* recurrent] theme; **keinen trockenen ~ am Leib haben** to be soaked to the skin; **den ~ verlieren** to lose the thread; **[hinter den Kulissen] die Fäden ziehen** *(fam)* to pull the strings [behind the scenes]

Fa·den·hef·tung <-, -en> *f* TYPO sewing, thread-stitching **Fa·den·kreuz** *nt* cross hairs *pl;* **jdn mit dem ~ anvisieren** to focus one's cross hairs on sb; **ins ~ geraten** *(fig)* to come under fire *fig;* **jdn/etw im ~ haben** *(fig)* to have sb/sth in one's sights **Fa·den·nu·deln** *pl* vermicelli + *sing/pl vb*

fa·den·schei·nig ['fa:dn̩ʃai̯nɪç] *adj* ① *(pej: nicht glaubhaft)* poor, full of holes *pred;* **eine ~e Ausrede** a poor [*or* lame] excuse
② *(abgetragen)* threadbare

Fa·den·schnei·der *m* KOCHK canelle knife **Fa·den·wurm** *m* threadworm, nematode *spec* **Fa·den·zäh·ler** *m* TYPO linen tester, magnifier

Fad·heit <-> ['fa:thai̯t] *f kein pl (pej: Fadesein)* insipidness; *(fig)* dullness, banality

Fa·gott <-[e]s, -e> [faˈgɔt] *nt* bassoon

Fa·gott·blä·ser(in) *m(f)* bassoonist

Fa·got·tist(in) <-en, -en> [fagɔˈtɪst] *m(f)* bassoonist

fä·hig ['fɛɪç] *adj* able, competent; ■**[nicht] ~ sein, etw zu tun** [not] to be able to do sth; *(imstande)* capable; ■**zu etw** *dat* **[nicht] ~ sein** to be [in]capable of sth; **zu allem ~ sein** to be capable of anything

Fä·hig·keit <-, -en> *f* ability *no pl;* **schauspielerische ~en** acting talent [*or* ability] *no pl;* **die ~ haben, etw zu tun** to be capable of doing sth; **bei deinen ~en ...** with your talents ... **Fä·hig·keits·aus·weis** <-es, -e> *m* SCHWEIZ *(Leistungsnachweis)* certificate of achievement

fahl [fa:l] *adj (geh)* pale, wan *liter*

fahl·häu·tig [-hɔytɪç] *adj* sallow[-skinned]

Fähn·chen1 <-s, -> ['fɛnçən] *nt dim von* **Fahne** [little] flag

Fähn·chen2 <-s, -> ['fɛnçən] *nt* ① *(Wimpel)* pennant
② *(pej fam: Kleid)* flimsy dress
▶WENDUNGEN: **sein ~ nach dem Wind hängen** to swim with the tide BRIT, to howl with the wolves BRIT, to go with the flow

fahn·den ['fa:ndn̩] *vi* ■**nach jdm/etw ~** to search [*or* hunt] for sb/sth

Fahn·der(in) <-s, -> *m(f)* investigator

Fahn·dung <-, -en> *f* search (**nach** +*dat* for), hunt (**nach** +*dat* for); **eine ~ nach jdm einleiten** to conduct a search for sb, to put out an APB on sb AM; **jd ist zur ~ ausgeschrieben** a warrant for sb' arrest has been issued

Fahn·dungs·com·pu·ter *m* police computer **Fahn·dungs·druck** *m kein pl* police efforts *pl* [*or* pressure] *(to apprehend suspected criminals)* **Fahn·dungs·er·folg** *m* police success *(in apprehending suspected criminals)* **Fahn·dungs·fo·to** *nt* photo of a wanted person, mug-shot *sl* **Fahn·dungs·lis·te** *f* wanted [persons] list; **auf der ~ stehen** to be on the wanted [persons] list

Fah·ne <-, -n> ['fa:nə] *f* ① *(Banner, Nationalfahne)* flag, standard; MIL *a.* colours [*or* AM -ors] *npl*
② *(fig fam: Alkoholgeruch)* smell of alcohol; *(von*

F

Bier a.) beery breath *no indef art;* **eine ~ haben** to smell of alcohol [*or* BRIT the bottle]
③ TYPO galley [proof]; **~n lesen** to proofread
▸WENDUNGEN: **mit fliegenden ~n zu jdm [über]wechseln** [*o* **wehenden**] to go over to sb quite openly; **etw auf seine ~ schreiben** to take up the cause of sth

Fah·nen·ab·zug *m* TYPO galley [proof] **Fahn·en·eid** *m* MIL oath of allegiance; **den ~ schwören** to take the oath [of allegiance] **Fah·nen·flucht** *f kein pl* MIL desertion; **~ begehen** to desert, to be a deserter **fah·nen·flüch·tig** *adj* MIL **ein ~er Soldat** a deserter; **~ sein** to be a deserter; **~ werden** to desert **Fah·nen·flüch·ti·ge(r)** *f(m) dekl wie adj* MIL deserter **Fah·nen·hal·ter** *m (Halterung)* flag holder **Fah·nen·kor·rek·tur** *f* TYPO proof **Fah·nen·mast** *m* flagpole, [flag]staff **Fah·nen·stan·ge** *f* [flag]staff; *s. a.* **Ende Fah·nen·trä·ger(in)** *m(f)* standard-bearer, colour-bearer [*or* AM color-]

Fähn·lein[1] <-s, -> ['fɛːnlain] *nt (selten) dim von* **Fahne** [little] flag

Fähn·lein[2] <-s, -> ['fɛːnlain] *nt* MIL, HIST troop

Fähn·rich <-s, -e> ['fɛːnrɪç] *m* MIL sergeant; **~ zur See** petty officer

Fahr·aus·weis *m* ① *(geh: Fahrkarte)* ticket; ***„Kontrolle, die ~e bitte!“*** “tickets please!”
② SCHWEIZ *(Führerschein)* driving licence [*or* AM -se]

Fahr·bahn *f* road; **von der ~ abkommen** to leave the road **Fahr·bahn·be·nut·zer(in)** *m(f)* road user **Fahr·bahn·ver·en·gung** *f* lane closure **fahr·bar** *adj* mobile, on castors *pred;* **ein ~er Büroschrank** an office cabinet on castors

Fahr·be·reich *m* driving [*or* cruising] range, action radius **fahr·be·reit** *adj* in running order *pred;* **in einem ~en Zustand sein** to be in good running condition [*or* order] **Fahr·be·reit·schaft** *f* motor pool

Fähr·be·trieb *m* ferryboat [*or* ferry] service **Fähr·boot** *nt* ferryboat

Fahr·damm *m* road[way], carriageway BRIT, pavement AM

Fähr·damp·fer *m* steam ferry

Fahr·dienst *m* ① *(der Dienst)* [train] crew duty
② *(die Diensttuenden)* crew on duty

Fähr·dienst *m* ferryboat [*or* ferry] service

Fahr·dienst·lei·ter(in) *m(f)* BAHN train controller **Fahr·dy·na·mik** *m kein pl* AUTO drivability, driving characteristics *pl*

Fäh·re <-, -n> ['fɛːrə] *f* ferry; **fliegende ~** flying bridge

Fahr·ei·gen·schaf·ten *pl* roadability, road performance, driving properties *pl*

fah·ren ['faːrən]

I. INTRANSITIVES VERB II. TRANSITIVES VERB III. REFLEXIVES VERB

I. INTRANSITIVES VERB

① <fährt, fuhr, gefahren> *sein (sich fortbewegen: als Fahrgast)* to go; **mit dem Bus/der Straßenbahn/dem Taxi/dem Zug ~** to go by bus/tram/taxi/train; **erster/zweiter Klasse ~** to travel [*or* go] first/second class; *(als Fahrer)* to drive; **zur Arbeit ~** to drive to work; *(mit dem Fahrrad)* to cycle to work; **mit dem Auto ~** to drive, to go by car; **mit dem [Fahr]rad/Motorrad fahren** to cycle/motorcycle, to go by bike/motorcycle; **links/rechts ~** to drive on the left/right; **gegen einen Baum/eine Wand ~** to drive [*or* go] into a tree/wall; ***wie fährt man von hier am besten zum Bahnhof?*** what's the best way to the station from here?; ***wer fährt?*** who's driving?; ***~ Sie nach Heidelberg/zum Flughafen?*** are you going to Heidelberg/tothe airport?; ***~ wir oder laufen wir?*** shall we go by car/bus etc. or walk?; ***wie lange fährt man von hier nach München?*** how long does it take to get to Munich from here?; *(auf Karussell, Achterbahn)* ***ich will nochmal ~!*** I want to have another ride!; ***fahr doch bitte langsamer!*** please slow down!; ***sie fährt gut*** she's a good driver; ***ich fahre lieber auf der Autobahn*** I prefer to drive on the motorway; ***mein Auto fährt nicht*** my car won't go; ***heutzutage ~ alle Bahnen elektrisch*** all railways are electrified these days; ***die Rolltreppe fährt bis in den obersten Stock*** the escalator goes up to the top floor; *s. a.* **Teufel**
② <fährt, fuhr, gefahren> *sein (losfahren)* to go, to leave; ***wir ~ in 5 Minuten*** we'll be going [*or* leaving] in 5 minutes; ***wann fährst du morgen früh?*** when are you leaving tomorrow morning?
③ <fährt, fuhr, gefahren> *sein (verkehren)* to run; ***wann fährt der nächste Zug nach Berlin?*** when is the next train to Berlin?; ***der nächste Bus fährt [erst] in 20 Minuten*** the next bus [only] leaves in twenty minutes; ***die Bahn fährt alle 20 Minuten*** the train runs [*or* goes] every 20 minutes; ***von Lübeck nach Travemünde ~ täglich drei Busse*** there are three busses a day from Lübeck to Travemünde; ***diese Fähre fährt zwischen Ostende und Dover*** this ferry runs between Ostend and Dover; ***auf der Strecke Berlin-Bremen fährt ein ICE*** a high speed train runs between Berlin and Bremen; ***dieser Bus fährt nur bis Hegelplatz*** this bus only goes as far as Hegelplatz; ***der Intercity 501 fährt heute nur bis Köln*** the intercity 501 will only run as far as Cologne today
④ <fährt, fuhr, gefahren> *sein (reisen)* **in [den] Urlaub ~** to go on holiday; **ins Wochenende ~** to leave for the weekend; *(tatsächlich wegfahren)* to go away for the weekend; ***fährst du mit dem Auto nach Italien?*** are you taking the car to Italy?, are you going to Italy by car?; ***fahrt ihr nächstes Jahr wieder nach Norwegen?*** are you going to Norway again next year?
⑤ <fährt, fuhr, gefahren> *sein (bestimmtes Fahrverhalten haben)* ***dieser Wagen fährt sehr schnell*** this car can go very fast, this car is a real goer *fam;* ***das Auto hier fährt sehr ruhig*** this car is a very quiet runner
⑥ <fährt, fuhr, gefahren> *sein (blitzschnell bewegen)* **aus dem Bett ~** to leap out of bed; **in die Höhe ~** to jump up with a start; **jdm an die Kehle fahren** *Hund* to leap at sb's throat; **in die Kleider ~** to dress hastily; **aus dem Schlaf ~** to wake with a start; ***blitzartig fuhr es ihm durch den Kopf, dass ...*** the thought suddenly flashed through his mind that ...; ***diese Idee fuhr mir durch den Kopf, als ich die Bilder sah*** that idea came to me when I saw the pictures; ***der Schreck fuhr ihr durch alle Glieder*** the shock made her tremble all over; ***was ist denn in dich gefahren?*** what's got into you?; ***es fuhr mir in den Rücken*** suddenly I felt a stabbing pain in my back; ***der Blitz fuhr in den Baum*** the lightning struck the tree; *s. a.* **Mund, Haut**
⑦ <fährt, fuhr, gefahren> *sein o haben (streichen, wischen)* **sich** *dat* **mit der Hand über die Stirn ~** to pass one's hand over one's brow; ***sie fuhr mit dem Tuch über den Tisch*** she ran the cloth over the table; ***sie fuhr sich mit der Hand durchs Haar*** she run her fingers through her hair
⑧ <fährt, fuhr, gefahren> *sein (zurechtkommen)* **[mit etw** *dat*] **gut/schlecht ~** to do well/badly [with sth]; ***mit dieser Methode sind wir immer gut gefahren*** this method has always worked well for us; **mit jdm gut ~** to get on all right with sb, to fare well with sb; **mit jdm schlecht ~** to not fare [*or* get on] very well with sb; ***mit ihr sind wir ganz schlecht gefahren*** she was a total loser

II. TRANSITIVES VERB

① <fährt, fuhr, gefahren> *haben (lenken)* ■**etw ~** to drive sth; **ein Auto ~** to drive a car; **ein Fahrrad/Motorrad ~** to ride a bicycle/motorbike; ***wer von Ihnen hat das Auto gefahren?*** who drove?; ***sie fährt einen roten Jaguar*** she drives a red Jaguar
② <fährt, fuhr, gefahren> *sein (sich mit etw fortbewegen)* ■**etw ~** to drive sth; **Auto ~** to drive [a car]; **Bus ~** to ride on a bus; **Fahrrad/Motorrad ~** to ride a bicycle/motorbike; **Schlitten ~** to go tobogganing; **Schlittschuh fahren** to skate; **Ski ~** to ski; **Zug ~** to go on a train
③ <fährt, fuhr, gefahren> *haben (verwenden)* ■**etw ~** *Kraftstoff* to use sth; ***ich fahre nur Diesel*** I only use diesel; ***fährst du noch immer Sommerreifen?*** are you still using [*or* driving on] normal tyres
④ <fährt, fuhr, gefahren> *haben (befördern, mitnehmen)* ■**jdn ~** to take [*or* drive] sb; **jdn ins Krankenhaus ~** to take sb to hospital; ***ich fahre noch schnell die Kinder in die Schule*** I'll just take the kids to school; ***ich fahr' dich nach Hause*** I'll take [*or* drive] you home, I'll give you a lift home; ■**etw ~** *Sand, Mist, Waren* to take [*or* transport] sth
⑤ <fährt, fuhr, gefahren> *sein (eine Strecke zurücklegen)* **Autobahn ~** to drive on a motorway BRIT [*or* AM freeway]; **eine Umleitung ~** to follow a diversion; **einen Umweg ~** to make a detour; ***der 84er fährt jetzt eine andere Strecke*** the 84 takes a different route now; ***diese Strecke darf man nur mit Schneeketten ~*** you need snow chains to drive on this route
⑥ <fährt, fuhr, gefahren> *sein (mit bestimmter Geschwindigkeit)* **90 km/h ~** to be doing 90 km/h; ***hier darf man nur 30 km/h ~*** the speed limit here is 30 km/h; ***dieser Wagen hier fährt 240 km/h*** this car will do 240 km/h; ***was/wie viel fährt der Wagen denn Spitze?*** what's the car's top speed?
⑦ <fährt, fuhr, gefahren> *sein o haben* SPORT **ein Rennen ~** to take part in a race; **die beste Zeit ~** to do [*or* clock] the best time; ***mit nur 4 Stunden fuhr er Bestzeit*** his time of only four hours was the best; ***die Rennfahrerin fuhr einen neuen Weltrekord*** the racing driver set a new world record; ***die Wagen ~ jetzt die achte Runde*** the cars are now on the eighth lap
⑧ <fährt, fuhr, gefahren> *haben* TECH ■**etw ~** to operate sth; **einen Hochofen ~** to control a blast furnace
⑨ <fährt, fuhr, gefahren> *haben (fachspr sl: ablaufen lassen)* **ein Angebot/Sortiment nach oben/unten ~** to increase/reduce an offer/a product range; **die Produktion mit 50 % ~** to run production at 50%; **die Produktion nach oben/unten ~** to step up/cut down production; **ein neues Programm ~** to start [*or* launch] a new programme [*or* AM -gram]
⑩ <fährt, fuhr, gefahren> *haben (sl: arbeiten)* **eine Sonderschicht in der Fabrik ~** to put on an extra shift at the factory; **Überstunden ~** to do overtime
⑪ <fährt, fuhr, gefahren> *haben* RADIO ■**etw ~** to broadcast sth
⑫ <fährt, fuhr, gefahren> *haben (kaputt machen)* **eine Beule in etw** *akk* **~** to dent sth
▸WENDUNGEN: **einen harten Kurs ~** to take a hard line; **einen ~ lassen** *(fam)* to let [one] off *fam*

III. REFLEXIVES VERB

<fährt, fuhr, gefahren> *haben* ■**etw fährt sich** *akk* **...**: ***dieser Wagen/dieses Fahrrad fährt sich gut*** [*o* ***mit diesem Wagen/Fahrrad fährt es sich gut***] it's nice to drive this car/to ride this bicycle; ***bei solch einem Wetter fährt es sich herrlich*** it's wonderful to drive in that kind of weather; ***mit einer Servolenkung fährt es sich viel leichter*** it's much easier to drive with power steering

fah·rend *adj* itinerant, wandering, peripatetic *form;* **ein ~es Volk** a wandering people + *pl vb*

Fah·ren·heit ['faːrənhait] *kein art* Fahrenheit

fah·ren|las·sen* *vt irreg s.* **fahren II 13**

Fah·rens·mann <-leute *o* -männer> *m* DIAL sailor; **ein alter ~** an old salt [*or* BRIT *fam* tar]

Fah·rer(in) <-s, -> ['faːrɐ] *m(f)* ① *(Autofahrer)* driver, motorist; *(Motorradfahrer)* motorbike rider, motorcyclist, biker *fam;* *(Rennfahrer)* racing driver; *(Radrennfahrer)* racing cyclist
② *(Chauffeur)* driver, chauffeur *masc,* chauffeuse *fem*

Fah·re·rei <-, -en> ['faːrərai] *f (pej)* driving [about];

(Fahren langer Strecken) long hours of driving

Fah·rer·flucht *f* hit-and-run offence [*or* AM -se]; ~ **begehen** to fail to stop after being involved in an accident, to be a hit-and-run driver; **wegen ~ verurteilt werden** to be convicted on a hit-and-run charge **fah·rer·flüch·tig** *adj* absconding, hit-and-run **Fah·rer·haus** *nt* [driver's] cab[in] **Fah·rer·la·ger** *nt* SPORT racer's quarters *npl*

Fahr·er·laub·nis *f (geh)* driving licence BRIT, driver's license AM

Fah·rer·sitz *m* driver's seat

Fahr·gast *m* passenger

fahr·gast·arm *adj (geh)* not busy *pred;* **~e Zeiten** off-peak hours [*or* times] **Fahr·gast·auf·kom·men** *nt (geh)* number of passengers **Fahr·gast·ka·pa·zi·tät** *f* passenger capacity **Fahr·gast·schiff** *nt* passenger ship [*or* vessel], liner **Fahr·gast·zah·len** *pl (geh)* number of passengers **Fahr·gast·zel·le** *f* AUTO occupant cell *spec,* passenger compartment *spec*

Fähr·geld *nt* ferry dues *pl,* ferriage

Fahr·geld *nt* fare; ***„bitte das ~ passend bereithalten"*** "please tender the exact fare" *form,* "please have the exact fare ready"

Fahr·geld·ein·nah·men *pl* fare receipts *pl*

Fahr·ge·le·gen·heit *f* lift **Fahr·ge·mein·schaft** *f* **eine ~ bilden** to share a car to work, to carpool AM **Fahr·ge·räusch** *nt eines Zugs* rail noise **Fahr·ge·schwin·dig·keit** *f* speed; *Auto a.* driving [*or* running] speed

Fahr·ge·stell *nt s.* **Fahrwerk** **Fahr·ge·stell·num·mer** *f* AUTO vehicle identification number, VIN

Fähr·haus *nt* ferry house

fah·rig ['faːrɪç] *adj* jumpy, jittery *fam;* **~e Bewegungen** nervous movements; *(unkonzentriert)* distracted

Fahr·kar·te *f* ticket (**nach** +*dat* to); **eine ~ erster/zweiter Klasse** a first-/second-class ticket

Fahr·kar·ten·aus·ga·be *f s.* **Fahrkartenschalter** **Fahr·kar·ten·au·to·mat** *m* ticket machine **Fahr·kar·ten·block** *m* book of tickets **Fahr·kar·ten·heft** *nt* book of tickets **Fahr·kar·ten·kon·trol·le** *f* ticket control [*or* inspection] **Fahr·kar·ten·kon·trol·leur(in)** *m(f)* ticket inspector; *(an der Sperre)* ticket collector **Fahr·kar·ten·schal·ter** *m* ticket office **Fahr·kar·ten·zan·ge** *f* ticket punch

Fahr·ki·lo·me·ter *m* kilometre [*or* AM -er] of driving distance, mileage covered **Fahr·kom·fort** *m* [driving] comfort **Fahr·kos·ten** *pl* fare, travel expenses *pl* **Fahr·kunst** *f* art of driving; *(eines Fahrers)* driving skill

fahr·läs·sig ['faːɐ̯lɛsɪç] **I.** *adj* negligent; **~e Körperverletzung** negligent bodily injury; **~e Tötung** negligent homicide, involuntary manslaughter; **grob ~** grossly negligent, reckless

II. *adv* negligently; **~ handeln** to act with negligence

Fahr·läs·sig·keit <-, -en> *f* JUR negligence *no pl;* **bewusste ~** conscious negligence; **grobe** [*o* **schwere**] **~** recklessness, gross negligence; **leichte ~** ordinary negligence; **schuldhafte/strafbare ~** culpable/criminal negligence

Fahr·läs·sig·keits·de·likt *nt* JUR act [*or* tort] of negligence **Fahr·läs·sig·keits·grad** *m* JUR degree of negligence **Fahr·läs·sig·keits·tat** *f* JUR act of negligence

Fahr·leh·rer(in) *m(f)* driving instructor **Fahr·leis·tung** *f* ① *eines Autos* road performance *no pl* ② *von Kraftstoff* economy

Fähr·mann <-männer *o* -leute> *m* ferryman

Fahr·mo·tor *m* traction motor

Fahr·nis <-, -se> ['faːɐ̯nɪs] *f* JUR personal property

Fahr·pe·dal *nt* accelerator [pedal], AM *a.* gas pedal

Fahr·per·so·nal *nt* train [*or* bus] crew

Fahr·plan *m* ① *(Ankunfts-/Abfahrtstabelle)* timetable, schedule

② *(fam: Programm)* plans *pl*

Fahr·plan·aus·zug *m* train timetable **Fahr·plan·jahr** *nt* TRANSP yearly timetable

fahr·plan·mä·ßig **I.** *adj* scheduled; **bei ~er Abfahrt/Ankunft des Zuges** if the train departs/arrives on time [*or* schedule]

II. *adv* as scheduled; *(rechtzeitig a.)* on time [*or* schedule]

Fahr·plan·sys·tem *nt* TRANSP network timetable **Fahr·plan·ver·zeich·nis** *nt* list of timetables

Fahr·pra·xis *f kein pl* driving experience *no pl*

Fahr·preis *m* fare; **~ für eine einfache Fahrt** single fare

Fahr·preis·er·mä·ßi·gung *f* fare reduction **Fahr·preis·zo·ne** *f* fare stage [*or* zone]

Fahr·prü·fung *f* driving test

Fahr·rad ['faːɐ̯raːt] *nt* [bi]cycle, bike *fam;* [**mit dem**] **~ fahren** to ride a bicycle [*or fam* bike], to cycle

Fahr·rad·er·go·me·ter <-s, -> *m* bicycle ergometer

Fahr·rad·fah·rer(in) *m(f)* cyclist, bicyclist *form* **Fahr·rad·händ·ler(in)** *m(f)* ① *(Geschäftsmann/-frau)* bicycle dealer ② *(Laden)* bicycle shop [*or* AM *usu* store] **Fahr·rad·helm** *m* [bi]cycle helmet **Fahr·rad·ket·te** *f* bicycle [*or fam* bike] chain **Fahr·rad·klin·gel** *f* [bicycle] bell **Fahr·rad·ku·rier(in)** *m(f)* bicycle courier **Fahr·rad·pum·pe** *f* bicycle [*or* AM tire] pump **Fahr·rad·stän·der** *m* [bi]cycle [*or fam* bike] stand, kickstand **Fahr·rad·weg** *m* [bi]cycle [*or fam* bike] path, cycleway

Fahr·rich·tung *f* SCHWEIZ *(Fahrtrichtung)* direction of travel **Fahr·rin·ne** *f* shipping [*or* navigable] channel, fairway

Fahr·schein *m* ticket; ***„Kontrolle, ~e bitte!"*** "tickets please!"

Fahr·schein·au·to·mat *m* ticket machine **Fahr·schein·ent·wer·ter** *m* ticket stamping machine

Fähr·schiff *nt s.* **Fähre**

Fahr·schu·le *f* ① *(Firma eines Fahrlehrers)* driving school; **in die** [*o* **zur**] **~ gehen** to take driving lessons ② *(Fahrunterricht)* driving lessons *pl;* ***ich habe heute ~*** I have a driving lesson today **Fahr·schü·ler(in)** *m(f)* ① *(Schüler einer Fahrschule)* learner [*or* AM student] driver ② SCH *pupil who commutes to school* **Fahr·si·cher·heit** *f kein pl* safe driving, road safety; *(eines Autos)* roadworthiness **Fahr·si·mu·la·tor** *m* ride simulator **Fahr·spur** *f* [traffic] lane **Fahr·stil** *m* style of driving **Fahr·stra·ße** *f* [paved] road; *(eines Zugs)* [running] line **Fahr·stre·cke** *f* ① *(Distanz)* distance to be covered ② *(Schienenverlauf) eines Zugs* route ③ *(Reiseweg)* route

Fahr·stuhl *m* lift BRIT, elevator AM **Fahr·stuhl·füh·rer(in)** *m(f)* lift-boy [*or fem* -girl] BRIT, lift-man [*or fem* -woman] BRIT, elevator operator AM, elevator boy [*or fem* girl] AM, elevator man [*or fem* woman] AM

Fahr·stuhl·mu·sik *f* MUS *(pej)* elevator music *pej,* muzak *pej* **Fahr·stuhl·schacht** *m* lift [*or* AM elevator] shaft

Fahr·stun·de *f* driving lesson; **eine ~/~n nehmen** to take a driving lesson/driving lessons

Fahrt <-, -en> [faːɐ̯t] *f* ① *(das Fahren)* journey; ***„während der ~ nicht hinauslehnen"*** "do not lean out of the window while the train is in motion"; **freie ~** BAHN "go" signal, green light; AUTO clear run; *(fig)* green light, go-ahead

② NAUT *(Fahrgeschwindigkeit)* speed; **halbe/volle/wenig ~ machen** to sail at half/full/reduced speed; **volle/halbe ~ voraus!** full/half speed ahead!; **~ aufnehmen** to pick up speed; **~ machen** to make headway; **mit voller ~** AUTO, BAHN at full [*or* top] speed

③ *(Reise)* journey; ***gute ~!*** bon voyage!, [have a] safe journey!; **eine einfache ~** a single [*or* one-way] [ticket [*or* fare]]; ***was kostet eine ~/eine einfache ~ nach Stuttgart?*** how much is it/a single [ticket] to Stuttgart?, what is the fare/the single fare to Stuttgart?; **eine ~/~en machen** to go on a trip/trips; **eine ~ ins Blaue** a mystery tour

④ *(Kamerafahrt)* tracking shot

► WENDUNGEN: **jdn in ~ bringen** *(fam)* to get sb riled [up] *fam,* to wind sb up *fam;* **in ~ kommen** [*o* **geraten**]/**sein** *(fam: wütend werden/sein)* to get/be riled [up] *fam; (in Schwung kommen)* to get/have got going

fährt [fɛːɐ̯t] *3. pers. pres von* **fahren**

Fahrt·an·tritt *m (geh)* start of a/the journey

fahr·taug·lich *adj* fit [*or* able] to drive *pred* **Fahr·taug·lich·keit** *f* fitness [*or* ability] to drive

Fahrt·aus·weis *m* ticket **Fahrt·dau·er** *f* journey time, duration of the journey; **eine ~ von drei Stunden** a three-hour journey, a journey of three hours

Fähr·te <-, -n> ['fɛːɐ̯tə] *f* trail, tracks *pl,* spoor *spec;* **jdn auf die richtige ~ bringen** *(fig)* to put sb on the right track *fig;* **jdn auf eine falsche ~ locken** *(fig)* to throw sb off the scent *fig;* **auf der falschen ~ sein** *(fig)* to be on the wrong track *fig,* to be barking up the wrong tree *fig fam;* **auf der richtigen ~ sein** *(fig)* to be on the right track *fig;* **eine ~ verfolgen** *(a. fig)* to follow a trail *a. fig*

Fahr·tech·nik *f* driving technique

Fahr·ten·buch *nt* driver's log; *(Tagebuch)* diary of a trip **Fahr·ten·mes·ser** *nt* sheath knife **Fahr·ten·schrei·ber** *m* tachometer, *esp* BRIT tachograph

Fahr·test *m* AUTO road test

Fahrt·kos·ten *pl* travelling [*or* AM traveling] expenses *npl* **Fahrt·mes·ser** *m im Flugzeug* airspeed indicator; *(beim Schiff)* speedometer

Fahrt·rich·tung *f* direction of travel; **ein Sitz in ~** a forward facing seat; **die Züge in ~ Norden/Süden** the northbound/southbound trains; ***die Autobahn ist in ~ Norden gesperrt*** the northbound carriageway [*or* section] of the motorway is closed; **entgegen der/in ~ sitzen** *Bus* to sit facing backwards/the front; *Zug* to sit with one's back to the engine/facing the engine

Fahrt·rich·tungs·än·de·rung *f* change of direction **Fahrt·rich·tungs·an·zei·ger** *m* AUTO *(Blinker)* [direction] indicator, turn [signal] light AM

Fahrt·stun·de *f* hour's travel; ***bis Berlin müssen Sie von hier aus mit drei ~n rechnen*** you should allow three hours for the journey from here to Berlin

fahr·tüch·tig *adj* **~er Wagen** roadworthy car; **~er Mensch** person who is fit [*or* able] to drive **Fahr·tüch·tig·keit** *f Wagen* roadworthiness; *Mensch* fitness [*or* ability] to drive

Fahrt·un·ter·bre·chung *f* stop, break **Fahr(t)·wind** *m* headwind

Fahr·un·ter·richt *m* driving instruction [*or pl* lessons] **fahr·un·tüch·tig** *adj* **~er Mensch** person who is unfit [*or* unable] to drive; **~es Fahrzeug** unroadworthy vehicle **Fahr·un·tüch·tig·keit** *f* JUR unfit state to drive **Fahr·ver·bot** *nt* driving ban; **befristetes ~** suspension of one's driving licence [*or* AM driver's license]; [**gegen jdn**] **ein** [**dreijähriges**] **~ verhängen** to ban [*or* disqualify] sb from driving [for three years] **Fahr·ver·hal·ten** *nt kein pl* ① AUTO, TRANSP *eines Fahrers* driving behaviour [*or* AM -or] ② *eines Fahrzeugs* road behaviour [*or* AM -or], vehicle dynamics *pl* **Fahr·was·ser** *nt* NAUT *s.* **Fahrrinne** ► WENDUNGEN: **in ein ganz anderes ~ geraten** to get on[to] a completely different tack; **in gefährliches ~ geraten** to get on to dangerous ground, to tread on thin ice; **in politisches ~ geraten** to get involved in politics; **in jds ~** *dat* **schwimmen** [*o* **segeln**] to follow in sb's wake **Fahr·weg** *m* roadway **Fahr·wei·se** *f* ■**jds ~** sb's driving, the way sb drives **Fahr·werk** *nt* ① LUFT landing gear *no pl,* undercarriage; **das ~ ausfahren/einfahren** to let down *sep*/retract the landing gear [*or* undercarriage] ② AUTO chassis **Fahr·wi·der·stand** *m* ① *(Luftwiderstand)* wind resistance ② *(Straßenreibung)* road resistance **Fahr·zeit** *f s.* **Fahrtdauer**

Fahr·zeug <-s, -e> *nt* vehicle

Fahr·zeug·aus·weis <-es, -e> *m* SCHWEIZ *(Fahrzeugschein)* registration document BRIT [*or* AM card] **Fahr·zeug·bau** *m kein pl* ① *(Industrie)* automobile [*or* automotive] industry ② *(Tätigkeit)* car manufacturing **Fahr·zeug·brief** *m* registration document **Fahr·zeug·hal·ter(in)** *m(f)* vehicle owner **Fahr·zeug·in·dus·trie** *f* AUTO automobile [*or* car] industry **Fahr·zeug·ko·lon·ne** *f* column [*or* line] of vehicles **Fahr·zeug·lea·sing** [-liːzɪŋ] *nt* vehicle leasing **Fahr·zeug·len·ker(in)** *m(f)* SCHWEIZ *(Fahrer)* driver of a/the vehicle **Fahr·zeug·mo·tor** *m* car [*or* automotive] engine **Fahr·zeug·num·mer** *f* vehicle identification number, VIN **Fahr·zeug·pa·pie·re** *pl* registration papers *npl* **Fahr·zeug·park** *m (geh)* [vehicle] fleet **Fahr·zeug·schein** *m* AUTO registration document BRIT [*or* card] **Fahr·zeug·schlan·ge** *f* column [*or* line] of vehicles **Fahr·zeug·seg·ment** *nt* vehicle section

Fahr·zeug·tech·nik *f kein pl* vehicle technology **Fahr·zeug·ver·kehr** *m* vehicular [*or* wheeled] traffic **Fahr·zeug·ver·si·che·rung** *f* vehicle insurance

Fahr·zeug·zu·be·hör *m* car accessories *pl* **Fahr·zeug·zu·be·hör·teil** *nt* car accessory

Fahr·zeug·zu·las·sung *f* AUTO ❶ *(Schein)* road licence
❷ *kein pl (Zulassen)* vehicle registration

Fai·ble <-s, -s> ['fɛ:bl̩] *nt (geh)* liking, foible *liter;* ▪**jds ~ für jdn/etw** sb's liking [*or liter* foible] for sb/sth; **ein ~ für jdn/etw haben** to be partial to sb/sth

fair [fɛ:ɐ̯] *adj* fair; ▪**[jdm gegenüber] ~ sein** to be fair [to sb]; ***das ist nicht ~!*** that's not fair!

Fair·nessRR, **Fair·neß**ALT <-> ['fɛ:ɐ̯nɛs] *f kein pl* fairness *no pl;* ▪**aus ~ [jdm gegenüber]** in fairness [to sb]

Fair·play <-> [fɛ:ɐ̯'ple:] *nt kein pl* fairness; SPORT *a.* fair play

fair-trial-Grund·satz [fɛ:ɐ̯'traiəl-] *m* JUR fair trial principle

Fair Value <-[s], -s> ['fɛ:ɐ̯'vælju:] *m* BÖRSE, FIN fair value

Fair·way <-s, -s> ['fɛ:ɐ̯ve:] *nt (beim Golf)* fairway *spec*

Fä·ka·li·en [fɛ'ka:li̯ən] *pl* faeces BRIT, feces AM

Fake·fur <-s> ['fe:kfɜ:r] *nt kein pl* MODE fake fur

fa·ken ['fe:kn̩] *vt (fam)* ▪**etw ~** to fake sth

Fa·kir <-s, -e> ['fa:ki:ɐ̯] *m* fakir

Fak·si·mi·le <-s, -s> [fak'zi:mile] *nt* facsimile

Fak·si·mi·le·aus·ga·be *f* facsimile edition **Fak·si·mi·le·stem·pel** *m* JUR signature stamp

Fak·ten ['faktn̩] *pl von* **Faktum** facts *pl;* **harte ~** hard facts

Fak·ten·hu·ber(in) ['faktn̩hu:bɐ] *m(f) (pej o iron sl)* anorak BRIT *pej,* wonk AM *pej*

fak·tisch ['faktɪʃ] **I.** *adj* ❶ *attr* real, effective
❷ JUR actual, de facto
II. *adv* basically, effectively, practically

Fak·tor <-s, -toren> ['fakto:ɐ̯, *pl* fak'to:rən] *m* factor; **ein wesentlicher ~** an essential factor

Fak·to·ren·ma·trix *f* ÖKON production-factor matrix **Fak·tor·ge·schäft** *nt* ÖKON factoring business

Fak·to·ri·sie·rung <-, -en> *f* MATH factorization

Fak·tor·kos·ten *pl* ÖKON factor costs **Fak·tor·pro·por·ti·o·nen·the·o·rem** *nt* MATH factor proportion theorem

Fak·to·tum <-s, -s *o* Faktoten *o* Faktotums> [fak'to:tʊm, *pl* fak'to:tən, *pl* fak'to:tʊms] *nt* ❶ *(Arbeitskraft)* factotum *a. hum*
❷ *(fam: älterer Mensch)* funny old bird *fam*

Fak·tum <-s, Fakten> ['faktʊm, *pl* 'faktn̩] *nt (geh)* [proven] fact

Fak·tur <-, -en> [fak'tu:ɐ̯] *f* FIN invoice

Fak·tu·ra <-, Fakturen> [fak'tu:ra] *f* FIN ÖSTERR, SCHWEIZ *(o veraltet)* invoice

fak·tu·rie·ren* [faktu'ri:rən] *vt* ÖKON ▪**etw ~** to invoice [*or* bill] sth

Fak·tu·rie·rung <-, -en> *f* FIN billing, invoicing

Fa·kul·tas <-, Fakultäten> [fa'kʊltas, *pl* -'tɛtn̩] *f (geh: Lehrbefähigung)* ▪**~ [in etw *dat*]** qualification to teach [sth]; **die ~ für etw *akk* haben** to be qualified to teach sth

Fa·kul·tät <-, -en> [fakʊl'tɛ:t] *f (zusammengehörende Wissenschaftsgebiete)* faculty; **medizinische ~** faculty of medicine
▸WENDUNGEN: **von der anderen ~ sein** *(hum: von anderer Weltanschauung sein)* to be from the other camp *iron; (homosexuell)* to be queer *pej,* to be one of them *pej*

fa·kul·ta·tiv [fakʊlta:'ti:f] *adj (geh)* optional

Fa·lan·ge <-> [fa'laŋə] *f kein pl* HIST *(Staatspartei Spaniens)* Falange

Fa·la·scha <-s, -s> [fa'laʃa] *m o f* REL Falasha

Fal·be <-n, -n> ['falbə] *m* BIOL dun [horse]

Falb·kat·ze *f* ZOOL African wild cat

Fal·ke <-n, -n> ['falkə] *m* falcon, hawk

Falk·land·in·seln ['falklant?ɪnzl̩n] *pl* ▪**die ~** the Falklands *pl,* the Falkland Islands *pl;* **auf den ~** on the Falklands; **auf die ~ fahren** to go to the Falklands; **auf den ~ leben** to live on the Falklands; **von den ~ stammen** to come from the Falklands

Falk·ner(in) <-s, -> ['falknɐ] *m(f)* falconer

Fall1 <-[e]s, Fälle> [fal, *pl* 'fɛlə] *m* ❶ *kein pl (das Hinunterfallen)* fall; **der freie ~** free fall; **im freien ~** in free fall
❷ *(Sturz)* fall; **jdn zu ~ bringen** *(geh)* to make sb fall, to trip up sb *sep;* **zu ~ kommen** *(geh)* to fall; **sich *akk* bei einem ~ verletzen** to fall and injure oneself, to injure oneself [when] falling
❸ *(Untergang)* downfall; *Festung* fall; **Aufstieg und ~** rise and fall; **etw zu ~ bringen** to bring down sth *sep;* **ein Gesetz zu ~ bringen** to defeat a bill; **jds Pläne zu ~ bringen** to thwart sb's plans; **eine Regierung zu ~ bringen** to bring down [*or* overthrow] a government

Fall2 <-[e]s, Fälle> [fal, *pl* 'fɛlə] *m* ❶ *(Umstand, Angelegenheit)* case, circumstance, instance; **ein hoffnungsloser/schwieriger ~ sein** to be a hopeless/difficult case; **klarer ~!** *(fam)* you bet! *fam;* **sollte der ~ eintreten, dass ...** if the case should arise that ...; **[nicht] der ~ sein** [not] to be the case; ***sollte es der ~ sein, dass ...*** if it's true that ...; **auf alle Fälle** in any case; *(unbedingt)* at all events; **auf jeden [*o* in jedem] ~** always; **auf keinen [*o* in keinem] ~** never, under no circumstances; **für alle Fälle** just in case; **für den ~ einer Notlage** in case of emergency [*or pl* emergencies]; **für den ~ meines/seines Todes** in case I die/he dies; **für den ~, dass jd etw tut** in case sb does sth; **gesetzt den ~, dass ...** assuming [*or* supposing] [that]...; **im äußersten ~[e]** at the worst; **im günstigsten/schlimmsten [*o* ungünstigsten] ~[e]** at best/worst; **im ~e eines ~es** if it comes [down] to it; **in diesem/dem ~** in this/that case; **in so einem ~** in a case like that; **von ~ zu ~** from case to case, as the case may be
❷ JUR *(Rechtssache)* case; **schwebender ~** pending case, lis pendens; **vorliegender ~** case at issue; **einen ~ übernehmen** to take on a case; **einen ~ verhandeln** to hear [*or* try] a case; **seinen ~ vortragen** to plead one's case
❸ MED case
❹ LING *(Kasus)* case; **der erste/zweite ~** the nominative/genitive case
▸WENDUNGEN: **[nicht] jds ~ sein** *(fam)* [not] to be to sb's liking, [not] to be sb's cup of tea *fam*

Fäll·bad *nt* TECH precipitation bath

fäll·bar *adj* CHEM precipitable; **~e Verbindung** precipitable compound

Fall·beil *nt* guillotine; **jdn durch das ~ hinrichten** to guillotine sb

Fall·bei·spiel *nt* example [for a particular case]

Fal·le <-, -n> ['falə] *f* ❶ *(Fangmechanismus)* trap; **~n legen [*o* stellen]** to lay [*or* set] traps *a. fig;* **eine ~ aufstellen** to set a trap *a. fig;* **jdm in die ~ gehen [*o* in jds ~ geraten] [*o* gehen]** to fall [*or* walk] into sb's trap *a. fig,* to get caught in sb's trap *a. fig;* **jdn in eine ~ locken** to lure sb into a trap *a. fig;* **in der ~ sitzen** to be trapped *a. fig;* **jdm eine ~ stellen** to set a trap for sb *a. fig;* **in eine ~ tappen** *(a. fig)* to blunder into a trap *a. fig*
❷ *(sl: Bett)* bed, pit BRIT *sl;* ***ab in die ~!*** off to bed!; **in die ~ gehen** to turn in, to hit the sack *fam;* **in der ~ liegen [*o* sein]** to be [lying] in bed [*or* BRIT *sl* one's pit]

fal·len <fällt, fiel, gefallen> ['falən] *vi sein* ❶ *(herunterfallen)* to fall; *Gegenstand a.* to drop; **etw ~ lassen** to drop sth; **jdn ~ lassen** to let go of sb; ***Sie haben Ihren Geldbeutel ~ gelassen*** you've dropped your purse
❷ *(fam: legen, setzen)* **sich *akk* auf/in etw *akk* ~ lassen** to flop onto/into sth *fam;* **sich *akk* aufs Bett/in den Sessel/auf einen Stuhl ~ lassen** to flop onto the bed/into the armchair/down onto a chair *fam*
❸ *(niedergehen) Beil* to fall; *Klappe, Vorhang* to drop, to come down; *(Hammer)* to come down
❹ *(fam: durchfallen)* **durch eine Prüfung ~** to fail [*or* AM *fam* flunk] an exam; **jdn durch eine Prüfung ~ lassen** to fail sb in an exam
❺ *(fig: aufgeben)* **jdn/etw ~ lassen** to drop sb/sth
❻ *(stürzen)* to fall; ***Achtung, auf dem nassen Boden kann man leicht ~!*** be careful, it's easy to slip on the wet floor; ***er fiel unglücklich*** he fell badly; ▪**über etw *akk* ~** to trip over [*or* on] sth
❼ *(hängen) Vorhang, Kleid* to hang; ***die Haare fielen ihm ins Gesicht/bis auf die Schultern*** his hair fell into his face/reached his shoulders
❽ *(sterben)* to fall *liter,* to be killed; ***sein Großvater ist im Krieg gefallen*** his grandfather was killed in the war
❾ *(erobert werden)* to fall; ***nach langem Kampf fiel die Stadt schließlich*** after a prolonged fight the town finally fell
❿ *(sinken, abfallen)* to fall, to drop; *Fieber* to go down, to subside; *Nachfrage* to decrease; **im Preis/Wert ~** to go down [*or* drop] [*or* fall] in price/value
⓫ *(treffen)* ▪**auf jdn ~** to fall on sb; ***der Verdacht fiel auf den Gärtner*** the suspicion fell on the gardener; ***die Wahl der Chefin fiel auf den ersten Bewerber*** the boss chose the first applicant
⓬ *(dringen)* ▪**auf/durch/in etw *akk* ~** *[Sonnen]strahlen* to shine on[to]/through/into sth; ***Licht fiel durch ein kleines Fenster*** light came in through a small window
⓭ *(stattfinden, sich ereignen)* ▪**auf etw *akk* ~** to fall on sth; ***der 1. April fällt dieses Jahr auf einen Montag*** April 1st falls on a Monday this year; **in eine Epoche ~** to belong to an era
⓮ *(zufallen)* ▪**an jdn ~** to be annexed by sb; *(nach Verhandlungen)* to go to sb; ***nach dem Krieg fielen viele Teile Ostdeutschlands an Polen*** after the war many parts of East Germany were annexed by Poland; ***nach seinem Tod fiel die Versicherungssumme an die Bank*** after his death the insurance money went to the bank
⓯ *(einbezogen werden)* ▪**in etw *akk* ~** to be channelled into sth; ***sein Privatvermögen fällt nicht in das gemeinschaftliche Vermögen*** his private means are not channelled into the collective property
⓰ *(ergehen) Entscheidung* to be made; *Urteil* to be given; ***die Entscheidung ist gefallen, wir verkaufen*** a decision has been made, we're selling; ***morgen fällt das Urteil im Mordfall Maier*** tomorrow the verdict in the Maier murder case will be given
⓱ SPORT to be scored; ***das zweite Tor fiel fünf Minuten vor Spielende*** the second goal was scored five minutes before the end
⓲ *(abgegeben werden) Schuss* to be fired; ***sie hörten, wie die Schüsse fielen*** they heard the shots being fired
⓳ *(ausgesprochen werden)* to be spoken; *(geäußert werden)* to be uttered; *(erwähnt werden)* to be mentioned; ***sein Name fiel während der Sitzung mehrere Male*** his name was mentioned several times during the meeting; ***bei dem Treffen seiner geschiedenen Eltern fiel kein einziges böses Wort*** when his divorced parents met, not a single harsh word was said [*or* spoken] [*or* uttered]; **eine Andeutung ~ lassen** to mention something; ***er hat letzte Woche so eine Andeutung ~ lassen*** he mentioned something [like that] last week; **eine Andeutung ~ lassen, dass ...** to let it drop that ...; **eine Bemerkung ~ lassen** to make [*or* drop] a remark
⓴ *(verfallen)* **in einen Dialekt ~** to lapse into a dialect; **in eine andere Gangart ~** to change one's pace; **in Schlaf ~** to fall asleep; **in eine andere Tonart ~** to adopt a different tone [of voice]
㉑ *(dazugehören)* ▪**unter etw *akk* ~** to be part of sth; **unter einen Begriff/eine Kategorie ~** to fall in [*or* under] a category; **nicht in jds Kompetenz [*o*

Zuständigkeitsbereich] ~ to be outside sb's responsibility

22 *(ungültig werden) Gesetz, Verbot* to be dropped; *Tabu* to disappear; *Regierung* to fall

23 *(heftige Bewegung)* **ins Schloss** ~ to slam shut; [**vor jdm**] **auf die Knie** ~ to fall one one's knees [in front of sb]; **jdm um den Hals** ~ to throw one's arms around sb's neck; **einem Pferd in die Zügel** ~ to grab a horse's reins

fäl·len ['fɛlən] *vt* 1 *(umhauen)* ■**etw** ~ to fell sth

2 *(entscheiden)* ■**etw** ~ to reach [*or* come to] sth; **ein Urteil** ~ to reach [*or* pass] a verdict

3 MATH **das ~ auf eine Gerade fällen** to drop a perpendicular; **eine Senkrechte** ~ to drop [*or* draw] a perpendicular

4 CHEM ■**etw** ~ to precipitate sth

fal·len|las·sen* *vt irreg s.* **fallen 1, 2, 4, 5, 19**

Fal·len·schlossRR *nt* BAU latch lock **Fal·len·stel·ler(in)** *m(f)* trapper

Fall·frist *f* JUR set period

Fall·ge·schwin·dig·keit *f* speed [*or* rate] of fall **Fall·ge·setz** *nt* PHYS law of falling bodies **Fall·gru·be** *f* pit[fall]

fäl·lig ['fɛlɪç] *adj* 1 *(anstehend)* due *usu pred;* FIN *a.* payable; ***die Zahlungen sind am 23.~*** the payments are due on 23rd *form;* **~e Beträge/Forderung/Zahlungen** *pl* amounts/debts/payments due; **längst** ~ long overdue; ~ **werden** to mature

2 *(fam: dran sein, geliefert sein)* ■**~ sein** to be [in] for it *fam*

Fäl·lig·keit <-, -en> *f* JUR maturity, settlement [*or* due] date; ~ **der Annahme** acceptance due date; **Zahlung vor Eintritt der** ~ payment before due date; **bei/nach ~ zahlen** to pay by/after the settlement date; **vor ~ zahlen** to pay in advance

Fäl·lig·keits·an·spruch *m* JUR maturity claim **Fäl·lig·keits·da·tum** *nt* FIN, JUR *(bei einer Forderung, Schuld)* due [*or* maturity] date **Fäl·lig·keits·klau·sel** *f* FIN accelerating [*or* acceleration] clause **Fäl·lig·keits·mo·nat** *m* BÖRSE contract [*or* delivery] month **Fäl·lig·keits·steu·ern** *pl* FIN taxes payable by operation of law **Fäl·lig·keits·tag** *m,* **Fäl·lig·keits·ter·min** *m* FIN due date, date of maturity **Fäl·lig·keits·ver·fah·ren** *nt* FIN aging method **Fäl·lig·keits·zin·sen** *pl* FIN interest after due date

Fal·li·ment <-s, -e> [fali'mɛnt] *nt* JUR *(veraltet)* bankruptcy

Fäll·mit·tel *nt* CHEM precipitant, precipitating agent

Fall·obst *nt kein pl* windfall

Fall-outRR, **Fall·out** <-s, -s> [fo:l'ʔaut] *m* fall[-]out

Fall·reep <-s, -s> ['falre:p] *nt* NAUT rope ladder

Fall·rohr *nt* BAU downspout

falls [fals] *konj* if; ~ **möglich/nötig** if possible/necessary

Fall·schirm *m* parachute, chute *fam;* **mit dem ~ abspringen** to parachute, to make a parachute jump; **etw mit dem ~ abwerfen** to drop sth by parachute

Fall·schirm·ab·sprung *m* parachute jump **Fall·schirm·jä·ger(in)** *m(f)* paratrooper; ■**die** ~ the paratroop[er]s **Fall·schirm·sprin·gen** *nt* parachuting **Fall·schirm·sprin·ger(in)** *m(f)* parachutist

Fall·si·che·rung *f* SPORT security rope **Fall·strick** *m* trap, snare; **jdm ~e legen** to set a trap [*or* snare] for sb, to ensnare sb **Fall·stu·die** *f* case study

fällt [fɛlt] *3. pers. pres von* **fallen**

Fall·tritt *m* SPORT *im Rugby* punt **Fall·tür** *f* trapdoor

Fäll·ung <-, -en> *f* 1 *(Fällen von Bäumen)* felling

2 CHEM *(Ausfällen)* precipitation

Fall·wind *m* fall [*or spec* katabatic] wind

Fal·sa De·mons·tra·tio ['falza dɛmɔns'tratsi̯o:] JUR false description

falsch [falʃ] **I.** *adj* 1 *(verkehrt)* wrong; **einen ~en Ton anschlagen** to hit a wrong note; **~e Vorstellung** wrong idea, misconception; **bei jdm an den F~en/die F~e geraten** to pick the wrong person in sb; ***Sie sind hier falsch*** *(Ort)* you are in the wrong place; *(am Telefon)* you have the wrong number; ***wie man's macht, ist es ~!*** *(fam)* [regardless of] whatever I/you etc. do, it's [bound to be] wrong!

2 *(unzutreffend)* false; **eine ~e Anschuldigung** a false accusation; **einen ~en Namen angeben** to give a false name

3 *(unecht, nachgemacht)* fake, imitation *attr;* **~er Schmuck** fake [*or* paste] jewellery [*or* AM jewelry]; *(gefälscht)* forged, fake; **~es Geld** counterfeit money; **~e Würfel** loaded dice

4 *(pej: hinterhältig)* two-faced; **ein ~er Hund/eine ~e Schlange** a snake in the grass, two-faced git [*or* scumbag]

5 *(unaufrichtig, unangebracht)* false; **~es Pathos** *(geh)* false pathos, bathos; **~er Scham** false shame

II. *adv* wrongly; **etw ~ aussprechen/schreiben/verstehen** to pronounce/spell/understand sth wrongly, to mispronounce/misspell/misunderstand sth; **jdn ~ informieren** to misinform sb, to give sb wrong information; **alles ~ machen** to do everything wrong; ~ **singen** to sing out of tune

Falsch·aus·sa·ge *f* JUR **eine** [**uneidliche**] ~ false testimony; **uneidliche** ~ unsworn false testimony

Falsch·be·ur·kun·dung *f* JUR making false entry, false certification **Falsch·be·zeich·nung** *f* HANDEL *von Waren* misbranding of goods **Falsch·bu·chung** *f* false [*or* fraudulent] entry **Falsch·dar·stel·lung** *f* JUR misrepresentation; **fahrlässige/unwissentliche/wissentliche** ~ negligent/innocent/fraudulent misrepresentation **Falsch·eid** *m* JUR false oath

fäl·schen ['fɛlʃn̩] *vt* ■**etw** ~ to forge [*or* fake] sth; **gefälschte Papiere** forged [*or* fake] papers; ÖKON to falsify sth; **die Bücher** ~ to falsify [*or* BRIT *fam* cook] the books; **Geld** ~ to counterfeit money

Fäl·scher(in) <-s, -> *m(f)* forger; *Geld* counterfeiter

Falsch·fahrer(in) *m(f) person driving on the wrong side of the road*

Falsch·geld *nt kein pl* counterfeit [*or* forged] money *no pl* **Falsch·geld·her·stel·lung** *f kein pl* counterfeiting **Falsch·geld·über·wa·chungs·sys·tem** *nt* JUR counterfeit monitoring system

Falsch·heit <-> *f kein pl* falseness, falsity; *(pej) Charakter* falseness, deceitfulness

fälsch·lich I. *adj* 1 *(irrtümlich)* mistaken, erroneous

2 *(unzutreffend)* false

II. *adv s.* **fälschlicherweise**

fälsch·li·cher·wei·se *adv* 1 *(irrtümlicherweise)* mistakenly, erroneously

2 *(zu Unrecht)* wrongly

Falsch·lie·fe·rung *f* HANDEL misdelivery

falsch|lie·gen *vi irreg (fam)* ■[**mit etw** *dat*] [**bei jdm**] ~ to be wrong [about sb/in sth]; **mit seiner Meinung** ~ to bark up the wrong tree with one's opinion

Falsch·mel·dung *f* false report **Falsch·mün·zer(in)** <-s, -> *m(f)* counterfeiter, forger **Falsch·mün·ze·rei** <-> [falʃmʏntsə'rai] *f kein pl* counterfeiting *no pl,* forgery **Falsch·par·ker(in)** *m(f)* parking offender

falsch|spie·len *vi (betrügen)* to cheat

Falsch·spie·ler(in) *m(f)* cheat; *(professioneller Falschspieler)* [card]sharp[er] BRIT, card shark

Fäl·schung <-, -en> *f* 1 *kein pl (das Fälschen)* counterfeiting, forgery; ***die ~ von Banknoten ist verboten*** the counterfeiting of banknotes is forbidden

2 *(gefälschte Sache)* forgery, fake

fäl·schungs·si·cher *adj* forgery-proof **Fäl·schungs·si·cher·heit** *f* JUR protection against counterfeiting

Fal·sett <-[e]s, -e> [fal'zɛt] *nt* falsetto; ~ **singen** to sing falsetto

Fal·si·fi·kat <-[e]s, -e> [falzifi'ka:t] *nt (geh)* forgery, fake

Fal·si·fi·ka·ti·on <-, -en> [falzifika'tsi̯o:n] *f* JUR *(geh)* falsification

Fal·si·fi·zier·bar·keit *f* PHILOS falsification

fal·si·fi·zie·ren* [falzifi'tsi:rən] *vt* JUR *(geh)* ■**etw** ~ to counterfeit [*or* falsify] sth

Fal·sus Pro·cu·ra·tor ['falsus proku'ra:to:ɐ̯] JUR attorney-in-fact without proper authority

Falt·blatt *nt* leaflet **Falt·boot** *nt* collapsible boat

Fält·chen <-s, -> *nt* fine wrinkle [*or* line]; ~ **um die Augen** crow's feet

Falt·dach *nt (Verdeck)* convertible top, soft top; *(textiles Schiebedach)* sun roof top

Fal·te <-, -n> ['faltə] *f* 1 *(in Kleidung: Knitterfalte, Bügelfalte)* crease; *(Rockfalte)* pleat; **~n bekommen** to get [*or* become] creased; **etw in ~n legen** to pleat sth

2 *(in Stoff, Vorhang)* fold; **~n werfen** to fall in folds, to drape

3 *(Linie in der Haut)* wrinkle; **die Stirn in ~n legen** [*o* **ziehen**] to furrow [*or* BRIT knit] one's brows; **kaum/viele ~n haben** to have scarcely any/many wrinkles; **tiefe ~n** deep lines [*or* furrows]; **~n bekommen** to get wrinkles

fal·ten ['faltn̩] *vt* 1 *(zusammenfalten)* ■**etw** ~ to fold sth; **die Hände** ~ to fold one's hands

2 *(in Falten legen)* **die Stirn** ~ to furrow [*or* BRIT knit] one's brow

fal·ten·frei *adj* skintight, clinging; ~ **sitzen** to fit tightly [*or* snugly] **Fal·ten·ge·bir·ge** *nt* GEOL fold mountains *pl*

fal·ten·los *adj* unlined; **~e Haut** unlined [*or* smooth] skin

fal·ten·reich *adj* 1 *Stirn* wrinkled 2 *Gewand* with many pleats **Fal·ten·rock** *m* pleated skirt **Fal·ten·tie·fe** *f* wrinkle depth **Fal·ten·wurf** *m* MODE fall of the folds

Fal·ter <-s, -> ['faltɐ] *m (Tagfalter)* butterfly; *(Nachtfalter)* moth

fal·tig ['faltɪç] *adj* 1 *(zerknittert)* creased, crumpled

2 *(das Gesicht voller Falten)* wrinkled

Falt·kar·ton *m* collapsible [*or* folding] box **Falt·pro·spekt** *m* fold-out brochure **Falt·schach·tel** *f* folding box

Falz <-es, -e> [falts] *m* 1 TYPO *(Buchdeckel)* joint; *(Papier)* fold

2 TECH join, [lock] seam

Falz·bo·gen *m* TYPO folded section [*or* sheet]

falz·en ['faltsn̩] *vt* BAU ■**etw** ~ to fold [*or* rebate] sth

Falz·kle·ben <-s> *nt kein pl* TYPO fold gluing

Fam. *Abk von* **Familie**

fa·mi·li·är [fami'li̯ɛɐ̯] **I.** *adj* 1 *(die Familie betreffend)* family *attr;* **aus ~en Gründen** for family reasons

2 *(zwanglos)* familiar; **in ~er Atmosphäre** in an informal atmosphere

II. *adv* **mit jdm ~ verkehren** to be on close [*or* familiar] terms with sb

Fa·mi·lie <-, -n> [fa'mi:li̯ə] *f* family; **aus guter ~ sein** to come from [*or* to be of] a good family, to be of good stock *form;* **eine kinderreiche** ~ a large family, a family with many children; **eine vierköpfige** ~ a family of four; **in[nerhalb] der ~ bleiben** to stay in the family; **zur ~ gehören** to be one of the family; **eine ~ gründen** *(geh)* to start a family; ~ **haben** *(fam)* to have a family; **das liegt in der ~** it runs in the family; ***das kommt in den besten ~n vor*** *(fam)* it can happen in the best of families; ***„~ Lang"*** "The Lang Family", "Mr and Mrs Lang and family"

Fa·mi·li·en-AG *f* ÖKON family-owned company **Fa·mi·li·en·ähn·lich·keit** *f* family resemblance **Fa·mi·li·en·al·bum** *nt* family album **Fa·mi·li·en·an·ge·hö·ri·ge(r)** *f(m) dekl wie adj* relative **Fa·mi·li·en·an·schluss**RR *m kein pl* **eine Unterkunft mit ~** *accommodation with a family where one is treated as a member of the family* **Fa·mi·li·en·an·zei·ge** *f* personal announcement **Fa·mi·li·en·aus·weis** *m* family pass

Fa·mi·li·en·be·ra·tung *f* family counselling **Fa·mi·li·en·be·ra·tungs·stel·le** *f* family counselling office

Fa·mi·li·en·be·sitz *m* family property; **in ~ sein** [*o* **sich** *akk* **in ~ befinden**] to be owned by the family **Fa·mi·li·en·be·steu·e·rung** *f* FIN family taxation **Fa·mi·li·en·be·trieb** *m* family concern [*or* business] **Fa·mi·li·en·buch** *nt* genealogical register

Fa·mi·li·en·clan *m (pej o iron)* clan, tribe *pej o iron* **Fa·mi·li·en·dieb·stahl** *m* JUR larceny from members of the family

F

Fa·mi·li·en·epos <-, -epen *o* -es, -epen> *nt* LIT family epic [*or* saga] **Fa·mi·li·en·fei·er** *f* family party [*or* BRIT *fam* do] **Fa·mi·li·en·fest** *nt* family celebration **Fa·mi·li·en·form** *f* type of family **Fa·mi·li·en·fra·gen** *pl* family issues *pl* **Fa·mi·li·en·ge·richt** *nt* JUR family court **Fa·mi·li·en·ge·sell·schaft** *f* ÖKON family-owned company [*or* corporation], family partnership **Fa·mi·li·en·glück** *nt* domestic bliss **Fa·mi·li·en-GmbH** *f* ÖKON family-owned Ltd **Fa·mi·li·en·grab** *nt* family grave [*or* plot] **Fa·mi·li·en·gruft** *f* family vault **Fa·mi·li·en·han·dels·ge·sell·schaft** *f* ÖKON family-owned trading company **Fa·mi·li·en·heim·ge·setz** *nt* JUR law on family accommodation **Fa·mi·li·en·hil·fe** *f* family assistance *(afforded by health insurance)* **Fa·mi·li·en·ka·pi·tal·ge·sell·schaft** *f* ÖKON family-owned limited company **Fa·mi·li·en·kreis** *m* family circle; ***die Beerdigung fand im engsten ~ statt*** only the immediate family were present at the funeral **Fa·mi·li·en·le·ben** *nt kein pl* family [*or* domestic] life *no pl* **Fa·mi·li·en·mi·nis·ter(in)** *m(f)* minister for family affairs BRIT **Fa·mi·li·en·mi·nis·te·ri·um** *nt* Ministry for Family Affairs BRIT **Fa·mi·li·en·mit·glied** *nt* member of the family; **ein neues ~ bekommen/bekommen haben** to be getting/to have had a new addition to the family **Fa·mi·li·en·nach·zug** *m* joining one's family

Fa·mi·li·en·nach·züg·ler(in) *m(f)* SOZIOL immigrant's relative who immigrates later **Fa·mi·li·en·na·me** *m* surname, last name **Fa·mi·li·en·ober·haupt** *nt* head of the family, pater familias *masc form* **Fa·mi·li·en·pa·ckung** *f* family[-size] pack **Fa·mi·li·en·pla·nung** *f* family planning *no art* **Fa·mi·li·en·po·li·tik** *kein pl f* family policy

Fa·mi·li·en·recht *nt* JUR family law **Fa·mi·li·en·rechts·än·de·rungs·ge·setz** *nt* JUR Family Law Alteration Act

Fa·mi·li·en·rich·ter(in) *m(f)* JUR family court judge **Fa·mi·li·en·ro·man** *m* [family] saga **Fa·mi·li·en·schmuck** *m* family jewels *pl* **Fa·mi·li·en·seel·sor·ge** *f* family pastoral care **Fa·mi·li·en·se·rie** *f* family series **Fa·mi·li·en·sitz** *m* family estate [*or* seat] **Fa·mi·li·en·stand** *m* marital status **Fa·mi·li·en·stück** *nt* family heirloom **Fa·mi·li·en·tra·gö·die** *f* family tragedy **Fa·mi·li·en·un·ter·neh·men** *nt* family[-owned] business [*or* enterprise] **Fa·mi·li·en·un·ter·stüt·zung** *f s.* **Familienzulage** **Fa·mi·li·en·va·ter** *m* father [of a/the family] **Fa·mi·li·en·ver·hält·nis·se** *pl* family background *no pl;* **aus geordneten/zerrütteten ~n kommen** to come from a well-ordered background/broken home **Fa·mi·li·en·ver·si·che·rung** *f (Krankenversicherungsmodell)* family health insurance **Fa·mi·li·en·ver·trag** *m* JUR family contract **Fa·mi·li·en·vor·stand** *m (geh) s.* **Familienoberhaupt** **Fa·mi·li·en·wap·pen** *nt* family coat of arms, family arms *npl* BRIT **Fa·mi·li·en·zu·la·ge** *f* family allowance **Fa·mi·li·en·zu·sam·men·füh·rung** *f* organized family reunion **Fa·mi·li·en·zu·satz·dar·le·hen** *nt* JUR additional loan for a family **Fa·mi·li·en·zu·schlag** *m* JUR additional family allowance **Fa·mi·li·en·zu·wachs** *m* addition to the family; **~ erwarten/bekommen** [*o fam* **kriegen**]/**bekommen haben** to be expecting/getting/have had an addition to the family

fa·mos [fa'mo:s] *adj (veraltend fam)* capital *dated fam;* **ein ~er Mensch** a brick *dated fam*

Fa·mu·lus <-, Famuli> ['fa:mulʊs, *pl* 'fa:muli] *m* MED *(veraltend geh) medical student doing practical work in a clinic*

Fan <-s, -s> [fɛn] *m* fan; *(Fußballfan a.)* supporter

Fa·nal <-s, -e> [fa'na:l] *nt (geh)* signal; **mit etw** *dat* **ein ~ setzen** to send a signal by doing sth

Fa·na·ti·ker(in) <-s, -> [fa'na:tikɐ] *m(f)* fanatic; **ein politischer ~** an extremist; **ein religiöser ~** a religious fanatic, a [religious] zealot

fa·na·tisch [fa'na:tɪʃ] **I.** *adj* fanatical; **ein ~er Anhänger** a fanatical [*or pej* rabid] supporter
II. *adv* fanatically

fa·na·ti·siert [fanati'zi:ɐt] *adj* fanaticized

Fa·na·tis·mus <-> [fana'tɪsmʊs] *m kein pl* fanaticism

Fan·club ['fɛnklʊb] *m s.* **Fanklub**

fand ['fant] *imp von* **finden**

Fan·fa·re <-, -n> [fan'fa:rə] *f* ❶ *(Trompete)* ceremonial trumpet, fanfare
❷ *(Trompetensignal aus Dreiklangtönen)* fanfare; **eine ~ schmettern** to play a fanfare
❸ *(Musikstück)* fanfare
❹ *(zusätzliche Hupe im Auto)* multi-tone horn

Fang[1] <-[e]s, Fänge> [faŋ, *pl* 'fɛŋə] *m* ❶ *kein pl (das Fangen)* catching, trapping; **zum ~ auslaufen** to go fishing
❷ *kein pl (Beute)* catch; *Fisch* haul
▶WENDUNGEN: **[mit jdm/etw] einen guten ~ machen** to make a good catch [with sb/sth]

Fang[2] <-[e]s, Fänge> [faŋ, *pl* 'fɛŋə] *m meist pl (Kralle)* talon; *(Reißzahn)* fang
▶WENDUNGEN: **jd in seinen Fängen haben** *(fam)* to have sb in one's clutches

Fang·arm *m* tentacle

Fan·ge·mein·de *f* fan club, supporters *pl*

fan·gen <fängt, fing, gefangen> ['faŋən] **I.** *vt*
❶ *(festnehmen)* ■**jdn ~** to catch [*or* apprehend] sb; **einen Dieb ~** to catch a thief
❷ *(erjagen)* ■**etw ~** to catch sth
❸ *(erhaschen)* ■**etw ~** to catch sth
II. *vi* ❶ *(erhaschen)* to catch
❷ *(Spiel)* **F~ spielen** to play catch
III. *vr* ❶ *(verfangen)* ■**sich** *akk* **in etw** *dat* **~** to be caught in sth
❷ *(das Gleichgewicht wiedererlangen)* ■**sich** *akk* **~** to catch oneself; *(seelisch)* to pull oneself together [again]

Fang·flot·te *f* fishing fleet **Fang·fra·ge** *f* trick [*or* BRIT catch] question; **[jdm] eine ~ stellen** to ask [sb] a trick question **fang·frisch** *adj* **~e Fische** fresh fish **Fang·grün·de** *pl* fishing grounds *npl* **Fang·heu·schre·cke** *f* ZOOL mantis **Fang·lei·ne** *f* NAUT hawser

Fan·glo·me·rat <-[e]s, -e> [fanglome'ra:t] *nt* GEOL fanglomerate

Fang·netz *nt* [fishing] net **Fang·quo·te** *f* [fishing] quota **Fang·schal·tung** *f* interception circuit **Fang·schiff** *nt* fishing boat **Fang·schuss**[RR] *m* finishing shot, coup de grâce

fängt [fɛŋt] *3. pers. pres von* **fangen**

Fang·vor·rich·tung *f* ❶ *(Fangschaltung)* intercepting device ❷ *(Einrichtung in Aufzügen)* gripping device, safety catch **Fang·zahn** *m* fang

Fan·klub ['fɛnklʊp] *m* fan club

Fan·mei·le ['fɛn-] *f* fan mile **Fan·post** *f* fan mail

Fan·ta·sie[RR] <-, -n> [fanta'zi:, *pl* -'zi:ən] *f* ❶ *kein pl (Einbildungsvermögen)* imagination *no pl;* **eine lebhafte** [*o* **blühende**]**/krankhafte/schmutzige ~ haben** to have a wild imagination/sick/filthy mind [*or* filthy imagination]
❷ *meist pl (Fantasterei)* fantasy

Fan·ta·sie <-, -n> [fanta'zi:, *pl* -'zi:ən] *f* MUS fantasia

fan·ta·sie·be·gabt[RR] *adj (geh) s.* **fantasievoll** **Fan·ta·sie·ge·bil·de**[RR] *nt* fantastic form

fan·ta·sie·los[RR] *adj* unimaginative; ■**~ sein** to be unimaginative, to be lacking in imagination

Fan·ta·sie·lo·sig·keit[RR] <-> *f kein pl* unimaginativeness *no pl,* lack of imagination *no pl*

Fan·ta·sie·preis[RR] *nt (fam)* outrageous[ly high] price **Fan·ta·sie·rei·se**[RR] *f* fantasy trip [*or* journey]

fan·ta·sie·ren[RR]* [fanta'zi:rən] **I.** *vi* ❶ *(fabulieren)* ■**[von jdm/etw] ~** to fantasize [about sb/sth]
❷ MED to be delirious
II. *vt* ■**etw ~** to imagine sth, to dream sth up

fan·ta·sie·voll[RR] *adj* [highly] imaginative **Fan·ta·sie·welt**[RR] *f* fantasy world

Fan·tast(in)[RR] <-en, -en> [fan'tast] *m(f)* dreamer

Fan·tas·te·rei[RR] <-, -en> [fantastə'rai] *f (geh)* fantasy

Fan·tas·til·li·ar·de[RR] <-, -n> [fan'tastɪliardə] *f (hum fam)* gazillion *hum fam*

Fan·tas·tin[RR] <-, -nen> *f fem form von* **Fantast**

fan·tas·tisch[RR] [fan'tastɪʃ] **I.** *adj* ❶ *(fam: toll)* fantastic
❷ *(fam: sagenhaft)* fantastic
❸ *attr (unglaublich)* incredible
❹ *(geh)* unreal
II. *adv* ❶ *(fam: toll, sagenhaft)* wonderfully, fantastically
❷ *(unglaublich)* incredibly; ***das klingt ~*** that sounds incredible

Fan·ta·sy·ro·man ['fɛntəzi-] *m* fantasy novel

Fan·zi·ne <-s, -s> ['fɛnzi:n] *nt* fanzine

FAO <-> [ɛfʔa:ʔo:] *f kein pl Abk von* **Food and Agriculture Organization of the UN** FAO

FAQ [efʔeɪ'ʔkju:] *pl* INET *Abk von* **Frequently Asked Questions** FAQ

Fa·rad <-[s], -> [fa'ra:t] *nt* PHYS farad

Farb·ab·fall *m* TYPO gradual ink fade, ink fading **Farb·ab·stim·mung** *f* TYPO colour matching **Farb·ab·zug** *m* FOTO colour print **Farb·auf·nah·me** *f* colour photo[graph] **Farb·auf·sichts·bild** *nt* TYPO colour reflection original, colour print **Farb·auf·trag** *m* TYPO ink application, inking **Farb·aus·wahl** *f* colour option **Farb·aus·zü·ge** *pl* TYPO *(Repro)* colour separation *no pl,* separation films *pl*

Farb·band <-bänder> *nt* typewriter ribbon **Farb·band·kas·set·te** *f* typewriter ribbon cassette

Farb·beu·tel *m* paint bomb **Farb·bild·schirm** *m* colour screen **Farb·bril·lanz** *f* FOTO brilliant colours **Farb·dar·stel·lung** *f* colour display **Farb·dis·play** *nt* colour display **Farb·druck** *m (Druckverfahren)* colour printing; *(Bild)* colour print **Farb·dru·cker** *m* colour printer

Far·be <-, -n> ['farbə] *f* ❶ *(Farbton)* colour [*or* AM -or]; **in ~** in colour [*or* AM -or]; **sanfte ~n** soft hues
❷ *(Anstreichmittel)* paint; *(Färbemittel)* colour [*or* AM -or], dye
❸ *pl (optisches Symbol)* colours [*or* AM -ors]
❹ KARTEN suit; **~ bedienen** to follow suit
▶WENDUNGEN: **~ bekennen** to come clean, to put one's cards on the table; **~ bekommen** to get a [sun]tan; **etw in den schwärzesten ~n malen** [*o* **schildern**] to paint a black [*or* gloomy] picture of sth

farb·echt *adj* colourfast **Farb·echt·heit** *f* colour fastness

Fär·be·mit·tel *nt* dye

fär·ben ['fɛrbn̩] **I.** *vt* ❶ *(andersfarbig machen)* ■**etw ~** to dye sth; **sich** *dat* **die Haare blond ~** to bleach one's hair blond; **sich** *dat* **die Haare schwarz ~** to dye one's hair black
❷ *(etw eine bestimmte Note geben)* **etw humoristisch/politisch/rassistisch ~** to give sth humorous/political/racist overtones; ■**politisch/rassistisch gefärbt sein** to have political/racist overtones
II. *vi (abfärben)* to run
III. *vr* ■**sich** *akk* **~** to change colour [*or* AM -or]; *Himmel* to turn colour [*or* AM -or]; ***die Blätter ~ sich gelb*** the leaves are turning yellow

far·ben·blind *adj* colour blind **Far·ben·blind·heit** *f* BIOL colour blindness **Far·ben·druck** *m* multi-colour printing **far·ben·freu·dig** *adj* ❶ *(bunt)* colourful ❷ *(kräftige Farben bevorzugend)* loving bright colours **far·ben·froh** *adj* colourful **Far·ben·kas·ten** *m* paintbox **Far·ben·leh·re** *f* theory of colour **Far·ben·mi·schen** <-s> *nt kein pl* TYPO blending of colours, ink mixing **Far·ben·pa·let·te** *f* ❶ KUNST palette ❷ *(Farbauswahl)* colour range **Far·ben·pracht** *f (geh)* blaze of colour **far·ben·präch·tig** *adj (geh) s.* **farbenfroh** **Far·ben·reich·tum** *m* wealth of colours **Far·ben·spiel** *nt* play of colours

Fär·ber(in) <-s, -> ['fɛrbɐ] *m(f)* dyer

Fär·be·rei <-, -en> [fɛrbə'rai] *f* dye-works

Farb·fä·cher *m* TYPO specimen book of coloured ink **Farb·fern·se·hen** *nt* colour television [*or* TV] **Farb·fern·se·her** *m (fam)* colour television [set] [*or fam* TV] **Farb·fern·seh·ge·rät** *nt* colour television [*or* TV] set **Farb·film** *m* colour film **Farb·fil·ter** *m* SCI colour filter **Farb·fol·ge** *f* TYPO colour [*or* ink] sequence **Farb·fo·to** *nt* colour photograph **Farb·fo·to·gra·fie** *f* colour photography **Farb·gra·phik·ad·ap·ter** *m* INFORM colour graphics adapter, CGA **Farb·haf·tung** *f* BAU adhesion of paint

far·big ['farbɪç] I. *adj* 1 *(bunt)* coloured, colourful; *(für Farbabbildungen)* colour; **eine ~e Postkarte** a colour postcard; **ein ~es Passbild** a colour passport photo
2 *(anschaulich)* colourful
3 *attr (Hautfarbe betreffend)* coloured; **die ~e Bevölkerung** coloured people
II. *adv* 1 *(bunt)* in colour
2 *(anschaulich)* colourfully

fär·big *adj* ÖSTERR *s.* **farbig 1**

Far·bi·ge(r) *f(m) dekl wie adj* coloured person, non-white

Farb·kas·ten *m* paint box **Farb·kis·sen** *nt* inkpad **Farb·ko·pie·rer** *m* colour copier **Farb·kor·rek·tur** *f* TYPO *(Druck)* inking correction; *(Repro)* colour [*or* AM -or] editing [*or* retouche] **Farb·la·dung** *f* NUKL colour [*or* AM -or] charge **Farb·la·ser·dru·cker** *m* colour laser printer

Farb·leh·re <-, -n> *f s.* **Farbenlehre**

farb·lich ['farplɪç] I. *adj* colour
II. *adv* in colour; ***sie stimmte die Vorhänge ~ auf die Tapete ab*** she matched the colours of the curtains and the carpet

farb·los ['farplo:s] *adj* 1 *(ohne Farbe)* colourless; **ein ~er Lippenstift** a clear lipstick
2 *(unauffällig, langweilig)* dull; **eine ~ Frau** a drab woman

Farb·mo·ni·tor *m* colour monitor **Farb·norm** *f* TYPO colour standard **Farb·nu·an·ce** *f* colour shade **Farb·pa·let·te** *f* gamut of colours **Farb·prä·ge·fo·lie** *f* TYPO colour stamping foil **Farb·rol·ler** *m* paint roller **Farb·sät·ti·gung** *f* colour saturation **Farb·scan·ner** *m* INFORM colour scanner **Farb·ska·la** *f* colour range **Farb·stift** *m* coloured pen [*or* pencil] **Farb·stoff** *m* 1 *(Färbemittel)* dye; *(in Nahrungsmitteln)* artificial colouring 2 *(Pigment)* pigment **Farb·ta·bel·le** *f* INFORM colour display **Farb·tie·fe** *f* colour depth **Farb·tin·ten·strahl·dru·cker** *m* colour ink-jet printer

Farb·ton *m* shade **Farb·ton·re·gis·ter** *nt* BAU colour chart

Farb·tö·nung *f* hue, shade, tint **Farb·tren·nung** *f* TYPO *(Repro)* colour separation **Farb·tup·fer** *m* splash of colour

Fär·bung <-, -en> *f* 1 *kein pl (das Färben)* colouring
2 *(Tönung)* shade; *(von Blättern)* hue
3 *(Einschlag)* bias, slant *fig*

Farb·wert *m* chromatic [*or* colour] [*or* AM -or] value **Farb·wert·kor·rek·tur** *f* TYPO colour value correction

Far·ce <-, -n> ['farsə] *f* 1 *(Lustspiel)* farce
2 *(lächerliche Karikatur)* farce; **eine einzige ~ sein** it's just a farce!
3 KOCHK stuffing, filling

far·cie·ren [far'si:rən] *vt* KOCHK ■**etw ~** to stuff [*or* fill] sth

Fa·rin·zu·cker [fa'ri:n-] *m s.* **Rohrzucker**

Farm <-, -en> [farm] *f* 1 *(Bauernhof)* farm
2 *(Zuchtbetrieb)* farm

Far·mer(in) <-s, -> ['farmɐ] *m(f)* farmer

Farm·haus *nt* farmhouse

Farn <-[e]s, -e> [farn] *m,* **Farn·kraut** *nt* fern

Farn·pflan·ze *f* BOT fern

Fa·rö·er In·seln [fɛ'rø:ɐ, 'fɛ:røɐ] *pl* Faroe Islands *pl*

Fär·se <-, -n> ['fɛrzə] *f* heifer

Fa·san <-s, -e[n]> [fa'za:n] *m* pheasant

Fa·sa·ne·rie <-, -n> [fazanə'ri:] *f* 1 *(Gehege)* pheasant run
2 *(Gebäude)* pheasant house

fa·schie·ren* [fa'ʃi:rən] *vt* ÖSTERR *(durch den Wolf drehen)* ■**etw ~** to mince [*or* grind] sth

Fa·schier·te(s) *nt dekl wie adj* ÖSTERR *(Hackfleisch)* mince, minced [*or* ground] meat

Fa·sching <-s, -e *o* -s> ['faʃɪŋ] *m* SÜDD *(Fastnacht)* carnival

Fa·schings·diens·tag *m* Shrove Tuesday **Fa·schings·krap·fen** *m* jam [*or* AM jelly] doughnut

Fa·schis·mus <-> [fa'ʃɪsmʊs] *m kein pl* fascism

Fa·schist(in) <-en, -en> [fa'ʃɪst] *m(f)* fascist

fa·schis·tisch [fa'ʃɪstɪʃ] *adj* POL, HIST 1 *(den Faschismus betreffend)* fascist
2 *(pej: vom Faschismus geprägt)* fascist

fa·schis·to·id [faʃɪsto'i:d] *adj* POL *(pej)* fascistic *pej*

Fa·sel·boh·ne ['fa:zl̩-] *f s.* **Helmbohne**

Fa·se·lei <-, -en> [fa:zə'lai] *f (pej fam)* drivel *pej fam*

fa·seln ['fa:zl̩n] I. *vi (pej fam)* to babble *pej fam;* ***hör auf zu ~!*** stop babbling on!
II. *vt (pej fam)* ■**etw ~** to spout on about sth *pej fam;* ***was faselt er da ständig?*** what's he going on about?

fa·sen ['fa:zn̩] *vt* BAU ■**etw ~** to chamfer sth

Fa·ser <-, -n> ['fa:zɐ] *f* 1 *(synthetisch erzeugter Faden)* fibre [*or* AM -er]
2 *(Gewebezelle)* fibre [*or* AM -er]

fa·se·rig ['fa:zərɪç], **fas·rig** ['fa:zrɪç] *adj* fibrous

fa·sern ['fa:zen] *vi* to fray

Fa·ser·rich·tung *f (Papier)* grain [direction] **Fa·ser·roh·stoff** *m (Papier)* fibre [*or* AM -er] raw material **Fa·ser·schrei·ber** *m* felt-tip [pen] **Fa·ser·stift** *m* felt-tip [pen] **Fa·ser·stoff·blei·chung** *f (Papier)* pulp bleaching

fa·ser·ver·stärkt *adj inv* TECH *Kunststoff* fibre-reinforced

Fas·nacht ['fa:znaxt] *f kein pl s.* **Fastnacht**

fas·rig ['fa:zrɪç] *adj s.* **faserig**

Fass[RR] <-es, Fässer>, **Faß**[ALT] <-sses, Fässer> [fas, *pl* fɛsɐ] *nt (Gefäß)* barrel, vat, cask; **etw in Fässer füllen** to barrel sth, to put sth into barrels; **vom ~** on draught [*or* AM draft], on tap; **Bier vom ~** draught [*or* AM draft] beer; **Wein vom ~** wine from the wood
▶WENDUNGEN: **ein ~ ohne Boden** a bottomless pit; **das schlägt dem ~ den Boden aus!** that really is the limit!; **das ~ zum Überlaufen bringen** to be the final [*or* last] straw, the straw that broke the camel's back

Fas·sa·de <-, -n> [fa'sa:də] *f* 1 *(Vorderfront eines Gebäudes)* façade, front
2 *(äußerer Schein)* façade, front; **nur ~ sein** to be just [a] show

fass·bar[RR], **faß·bar**[ALT] *adj* 1 *(konkret)* concrete, tangible
2 *(verständlich)* comprehensible

Fass·bier[RR] *nt* draught [*or* AM draft] beer

Fäss·chen[RR], **Fäß·chen**[ALT] <-s, -> ['fɛsçən] *nt dim von* **Fass** cask, keg

fas·sen ['fasn̩] I. *vt* 1 *(ergreifen)* ■**etw ~** to grasp sth; **jds Hand ~** to take sb's hand; ■**jdn an/bei etw** *dat* **~** to seize sb by sth; **jdn am Arm ~** to seize sb's arm [*or* sb by the arm]; **jdn bei der Hand ~** to take sb by the hand; ■**etw an etw** *dat* **~** to take hold of sth by sth
2 *(festnehmen)* ■**jdn ~** to apprehend [*or* seize] [*or* catch] sb; ***die Täter konnten bisher nicht gefasst werden*** so far the culprits have not been apprehended
3 *(zu etw gelangen)* ■**etw ~** to take sth; **einen Entschluss ~** to make a decision; **einen Vorsatz ~** to make [*or* come to] a resolution; **keinen klaren Gedanken ~ können** not able to think clearly
4 *(begreifen)* ■**etw ~** to comprehend sth; ***er konnte sein Glück kaum fassen*** he could scarcely believe his luck; ***ich fasse es einfach nicht!*** I just don't believe it!; **es nicht ~ können[, dass ...]** not to be able to understand [*or* believe] [that ...]; **[das ist] nicht zu ~!** it's incredible [*or* unbelievable!]
5 *(etw enthalten)* ■**etw ~** to contain sth; ***wie viel Liter Öl fasst der Tank?*** how many litres of oil does the tank hold?
6 *(einfassen)* ■**etw [in etw** *akk*] **~** to mount [*or* set] sth [in sth]
II. *vi* 1 *(greifen)* to grip, to grasp; *Zahnrad, Schraube* to bite; ***die Reifen fassen nicht in dem tiefen Schnee*** the tyres won't grip in the deep snow
2 *(berühren)* ■**an etw** *akk*/**in etw** *akk* **~** to touch sth/to feel inside sth; ***sie fasste in das Loch*** she felt inside the hole
3 *(schnappen) von Hund* to bite; ***fass!*** get [*or* grab] [him/her]!
III. *vr* ■**sich** *akk* **~** to pull oneself together; **sich** *akk* **kaum mehr ~ können** to scarcely be able to contain oneself

fäs·ser·wei·se *adv* by the barrel[ful] [*or* gallon]

Fas·set·te[RR] <-, -n> [fa'sɛtə] *f s.* **Facette**

fass·lich[RR], **faß·lich**[ALT] ['faslɪç] *adj (begreifbar)* comprehensible

Fasson <-, -s> [fa'sõ:] *f (normale Form)* shape; **aus der ~ geraten** *(fam)* to let oneself go *fam*
▶WENDUNGEN: **jeder soll nach seiner** [*o* **auf seine**] **~ selig werden** *(prov)* each must live as he sees fit

Fass·reif[RR], **Fass·rei·fen**[RR] *m* [barrel] hoop

Fas·sung <-, -en> *f* 1 *(Rahmen)* mounting, setting
2 *(Brillengestell)* frame; **eine Brille mit einer goldenen ~** a pair of glasses with gold frames
3 ELEK socket
4 *(Bearbeitung)* version
5 *kein pl (Selbstbeherrschung)* composure; **die ~ bewahren** to maintain one's composure, to keep one's cool *sl;* **jdn aus der ~ bringen** to unsettle [*or* disconcert] [*or* throw] sb; **außer ~ geraten** to lose one's composure [*or* self-control], to become rattled *fam;* **etw mit ~ tragen** to bear [*or* take] sth calmly; ***trag es mit ~*** don't let it get to you; **die ~ verlieren** to lose one's self-control, to lose one's cool *sl*

Fas·sungs·kraft *f kein pl* comprehension, understanding

fas·sungs·los I. *adj* staggered, stunned
II. *adv* in bewilderment; **~ zusehen, wie ...** to watch in shocked amazement as ...

Fas·sungs·lo·sig·keit <-> *f kein pl* complete bewilderment

Fas·sungs·ver·mö·gen *nt* capacity

Fass·wein[RR] *m* wine from the wood

fass·wei·se[RR] *adv* by the barrel[ful]

fast [fast] *adv* almost, nearly; ***ich konnte ~ nichts sehen*** I almost couldn't see anything; **~ *nie*** hardly ever

Fas·tel·ovend <-s> ['fastl̩ʔo:vn̩t] *m kein pl* DIAL carnival *(in the Rhineland)*

fas·ten ['fastn̩] *vi* to fast

Fas·ten·bre·chen *nt kein pl* 1 *(nach Fasten)* start eating again after fasting
2 REL *(im Islam)* **das Fest des ~s** feast [*or* festival] of breaking the fast, Id al-Fitr

Fas·ten·kur *f* diet; **eine ~ machen** to go on a diet

Fas·ten·mo·nat *m* REL month of fasting **Fas·ten·spei·se** *f* KOCHK, REL fasting [*or* Lenten] food **Fas·ten·zeit** *f* REL Lent, period of fasting

Fast·food[RR], **Fast Food**[RR], **Fast food**[ALT] <-> ['fa:stfu:t] *nt kein pl* fast food

Fast·food·ket·te ['fa:stfu:d-] *f* chain of fast food restaurants

Fast·nacht ['fastnaxt] *f kein pl* DIAL carnival

Fast·nachts·diens·tag *m* Shrove Tuesday **Fast·nachts·krap·fen** *m* jam [*or* AM jelly] doughnut **Fast·nachts·zeit** *f* carnival season

Fast·tag *m* day of fasting; **einen ~ einlegen** to go on a day of fasting; **einen ~ machen** to fast for a day

Fas·zi·na·ti·on <-> [fastsina'tsi̯o:n] *f kein pl* fascination; **[eine] ~ auf jdn ausüben** to fascinate sb

fas·zi·nie·ren* [fastsi'ni:rən] I. *vt* ■**jdn ~** to fascinate sb; ***was fasziniert dich so an ihm?*** why do you find him so fascinating?; ***er war von ihrem Lächeln fasziniert*** he was captivated by her smile
II. *vi* to fascinate

fas·zi·nie·rend *adj* fascinating

Fas·zi·no·sum <-s> [fastsi'no:zʊm] *nt kein pl (geh)* object of fascination

fa·tal [fa'ta:l] *adj (geh)* 1 *(verhängnisvoll)* fatal; **sich** *akk* **~ [auf etw** *akk*] **auswirken** to have fatal repercussions; **~e Folgen haben** to have fatal repercussions
2 *(peinlich)* embarrassing, awkward; **ein ~es Gefühl** an awkward feeling; **in eine ~e Lage geraten** to be in an awkward position

Fa·ta·lis·mus <-> [fata'lɪsmʊs] *m kein pl (geh)* fatalism

Fa·ta·list(in) <-en, -en> [fata'lɪst] *m(f)* fatalist

fa·ta·lis·tisch *adj (geh)* fatalistic

Fa·ta Mor·ga·na <- -, - Morganen *o* -s> ['fa:ta

F

mɔr'ga:na, *pl* -'ga:nən] *f* ❶ *(Luftspiegelung)* mirage, fata morgana
❷ *(Wahnvorstellung)* hallucination

Fat·wa <-, -s> ['fatva] *f* REL fatwa

Fatz·ke <-n *o* -s, -n> ['fatskə] *m (pej fam)* pompous twit

fau·chen ['fau̯xn̩] *vi* ❶ *(Tierlaut)* to hiss
❷ *(wütend zischen)* to spit

faul [fau̯l] *adj* ❶ *(nicht fleißig)* idle, lazy; **~er Sack** *(pej)* lazy slob
❷ *(verfault)* rotten [*or* bad]; *(verrottet)* decayed, rotten; **~e Blätter** dead leaves; *(faulig)* foul
❸ *(pej fam: nicht einwandfrei)* feeble; **ein ~er Kompromiss** a shabby compromise; **ein ~er Kredit** a bad credit; **ein ~er Kunde** a shady customer; ■ **an etw** *dat* **ist etw ~** sth is fishy about sth; ***an diesem Angebot ist irgendwas ~*** there's something fishy about this offer
❹ *(ohne zu zögern)* **nicht ~** not slow
▸ WENDUNGEN: **etw ist ~ im Staate Dänemark** *(prov)* there's something rotten in the State of Denmark

Faul·baum *m* BOT black alder, alder buckthorn

Fäu·le <-> ['fɔy̯lə] *f kein pl (geh: Fäulnis)* rot; *(Zahnfäule)* decay

fau·len ['fau̯lən] *vi sein o haben* to rot; *Überreste* to decay; *Wasser* to stagnate; *Gemüse, Obst* to rot

fau·len·zen ['fau̯lɛntsn̩] *vi* to laze about [*or* around] BRIT, to loaf around [*or* BRIT about] *pej sl*

Fau·len·zer(in) <-s, -> ['fau̯lɛntsɐ] *m(f) (pej)* layabout BRIT *pej fam,* lazybones *fam,* loafer *pej sl,* idler

Fau·len·ze·rei <-, -en> [fau̯lɛntsə'rai̯] *f pl selten (pej)* idleness

Faul·gas *nt* sludge [*or* fermentation] gas

Faul·heit <-> *f kein pl* idleness, laziness; **vor ~ stinken** *(pej fam)* to be bone idle BRIT *pej fam*

fau·lig ['fau̯lɪç] *adj* rotten; **ein ~er Geruch** a foul smell; **ein ~er Geschmack** a foul taste; **~es Wasser** stagnant water; **~ riechen/schmecken** to smell/taste foul

Fäul·nis <-> ['fɔy̯lnɪs] *f kein pl* decay, rot; ***man muss das Holz gegen ~ schützen*** the wood must be protected from rotting; **im Zustand der ~** in a state of decay

Fäul·nis·pro·zess^RR *m* decomposition, rotting

Faul·pelz *m (pej fam)* layabout BRIT *pej fam,* loafer *pej sl,* lazybones

Faul·schlamm *m* sludge

Faul·tier *nt* ❶ *(Tier)* sloth
❷ *(fam) s.* **Faulpelz**

Faun <-[e]s, -e> [fau̯n] *m* faun

Fau·na <-, Faunen> ['fau̯na, *pl* 'fau̯nən] *f* fauna

Faust <-, Fäuste> [fau̯st, *pl* fɔy̯stə] *f (geballte Hand)* fist; **die [Hand zur] ~ ballen** to clench one's fist; ***es flogen die Fäuste*** *(fam)* fists were flying
▸ WENDUNGEN: **wie die ~ aufs Auge passen** *(nicht passen)* to clash horribly; *(perfekt passen)* to be a perfect match; *(passend sein)* to be [very] convenient; **auf eigene ~** off one's own bat BRIT, on one's own initiative [*or* under our own steam]; **mit eiserner ~** with an iron fist [*or* hand]; **jds ~ im Nacken spüren** to have sb breathing down your neck; **die ~/Fäuste in der Tasche ballen** to hold [*or* choke] back [*or* bottle up] one's anger; **mit der ~ auf den Tisch schlagen** to bang [*or* thump] the table with one's fist

Faust·ball *m kein pl* fistball *(team game in which the ball is hit over a cord with the fist or forearm)*

Fäust·chen <-s, -> ['fɔy̯stçən] *nt dim von* **Faust** little fist; **sich** *dat* **ins ~ lachen** *(fig fam)* to laugh up one's sleeve *fam*

faust·dick ['fau̯st'dɪk] *adj (fam)* ❶ *(dick wie eine Faust) s.* **faustgroß**
❷ *(fam: unerhört)* whopping; ***das ist eine ~e Lüge!*** that's a real whopper!, that's a whopping lie!
▸ WENDUNGEN: **~ auftragen** *(fam)* to lay it on thick *fam;* **es ~ hinter den Ohren haben** to be crafty, to be a sly dog

Fäus·tel <-s, -> ['fɔy̯stl̩] *m* mallet

Faust·feu·er·waf·fe *f* handgun **faust·groß** ['fau̯stgro:s] *adj* the size of [*or* as big as] a fist **Faust·hand·schuh** *m* mitten

Faust·hieb *m* punch **Faust·keil** *m* hand-axe

Fäust·ling <-s, -e> *m s.* **Fausthandschuh**

Faust·pfand *nt* security **Faust·pfand·prin·zip** *nt* ÖKON pledge principle **Faust·pfand·recht** *nt* JUR law of pledge

Faust·recht *nt kein pl* law of the jungle **Faust·re·gel** *f* rule of thumb **Faust·schlag** *m* blow, punch

Fau·teuil <-s, -s> [fo'tœj] *m* ÖSTERR, SCHWEIZ *(Polstersessel)* [upholstered] armchair, easy chair

Faut·fracht ['fau̯tfraxt] *f* HANDEL dead freight

Fau·vis·mus <-> [fo'vɪsmʊs] *m kein pl* KUNST Fauvism

Faux·pas <-, -> [fo'pa] *m (geh)* faux pas, gaffe; **einen ~ begehen** to make a gaffe, to make [*or* commit] a faux pas

Fa·ve <-, -n> ['fa:və] *f* KOCHK young broad bean

Fa·ve·la <-, -s> [fa've:la] *f (Elendsquartier)* favela

fa·vo·ri·sie·ren* [favori'zi:rən] *vt (geh)* ■ **jdn ~** to favour [*or* AM -or] sb

Fa·vo·rit(in) <-en, -en> [favo'ri:t, *pl* -'ri:tn̩] *m(f)* ❶ *(Liebling)* favourite [*or* AM -orite]
❷ SPORT favourite [*or* AM -orite]

Fax <-, -e> [faks] *nt* ❶ *(Schriftstück)* fax
❷ *(Gerät)* fax [machine]; ***schick mir den Vertrag per ~ zu*** send me the contract by fax

fa·xen ['faksn̩] **I.** *vi* ■ **[jdm] ~** to fax [sb], to send a fax to sb
II. *vt* ■ **etw ~** to fax sth; ■ **etw an jdn** [*o* **jdm etw**] **~** to fax sth to sb [*or* sb sth], to send a fax to sb

Fa·xen ['faksn̩] *pl* ❶ *(Unsinn, Albereien)* clowning around; ***lass die ~!*** stop clowning around!; **nichts als [dumme] ~ im Kopf haben** to still fool around; **~ machen** *(sl: Schwierigkeiten machen)* to give sb trouble
❷ *(fam: Grimassen)* grimaces *pl;* ***lass die ~!*** stop pulling [*or* making] faces!; **~ machen** to make [*or* BRIT pull] faces
▸ WENDUNGEN: **die ~ dick[e] haben** *(fam)* to have had it up to here *sl*

Fax·ge·rät *nt* fax machine **Fax·kar·te** *f* INFORM fax card [*or* board] **Fax·mo·dem** *nt* INFORM fax modem **Fax·post** *f kein pl* TELEK fax, facsimile **Fax·rol·le** *f* fax roll

Fa·yen·ce <-, -n> [fa'jã:s] *f* faïence

FAZ <-> [ɛfʔa:'ʔtsɛt] *f kein pl Abk von* **Frankfurter Allgemeine Zeitung** *broadsheet daily newspaper*

Fa·zi·li·tät <-, -en> [fatsili'tɛ:t] *f* FIN [financing] facility

Fa·zit <-s, -s *o* -e> ['fa:tsɪt] *nt* result, upshot, summary, conclusion *fam;* **das ~ aus etw** *dat* **ziehen** to sum up sth *sep; (Bilanz ziehen)* to take stock of sth

FC <-[s], -s> [ɛf'tse:] *m Abk von* **Fußballclub** FC, Football Club

FCKW <-s, -s> [ɛftse:ka:'ve:] *m Abk von* **Fluorchlorkohlenwasserstoff** CFC

FCKW-frei *adj* CFC-free

FDP <-> [ɛfde:'pe:] *f kein pl Abk von* **Freie Demokratische Partei** FDP

Fea·ture <-s, -s> ['fi:tʃɐ] *nt* feature programme [*or* AM -am]

Fe·ber <-s, -> ['fe:bɐ] *m* ÖSTERR *(Februar)* February

Feb·ru·ar <-[s], -e> ['fe:brua:ɐ̯] *m pl selten* February; **Anfang/Ende ~** at the beginning/end of February; **Mitte ~** in the middle of February, mid-February; **~ sein** to be February; **~ haben** to be February; ***jetzt haben wir*** [*o* ***ist es***] ***schon ~ und ich habe noch immer nichts geschafft*** it's February already and I still haven't achieved anything; **im ~** in February; **im Laufe des ~s** [*o* **des Monats ~**] during the course of February, in February; **im Monat ~** in [the month of] February; **in den ~ fallen/legen** to be in February/to schedule for February; **etw auf den ~ verlegen** to move sth to February; **diesen** [*o* **in diesem**] **~** this February; **jeden ~** every February; **bis in den ~ [hinein]** until [well] into February; **den ganzen ~ über** for the whole of [*or* throughout] February; **am 14. ~** *(Datumsangabe: geschrieben)* on [the] 14th February [*or* February 14th] BRIT, on February 14 AM; *(gesprochen)* on the 14th of February [*or* AM February the 14th]; ***am Freitag, dem*** [*o* ***den***] ***14. Februar*** on Friday, February [the] 14th; ***Dorothee hat am 12. ~ Geburtstag*** Dorothee's birthday is on February 12th; **auf den 14. ~ fallen/legen** to fall on/to schedule for February 14th; ***Hamburg, den 14. ~ 2000*** Hamburg, 14th February 2000 BRIT, Hamburg, February 14, 2000 *esp* AM

fech·ten <fechtet *o* ficht, focht, gefochten> ['fɛçtn̩] *vi* ❶ SPORT ■ **[mit etw** *dat*] **~** to fence [with sth]; ■ **gegen jdn ~** to fence against sb
❷ *(geh: kämpfen)* ■ **[für jdn/etw/unter jdm] ~** to fight [for sb/sth/under sb]

Fech·ten <-s> ['fɛçtn̩] *nt kein pl* fencing

Fech·ter(in) <-s, -> ['fɛçtɐ] *m(f)* fencer

Fecht·meis·ter(in) *m(f)* fencing master **Fecht·saal** *m* fencing hall **Fecht·sport** *m* fencing

Fe·der <-, -n> ['fe:dɐ] *f* ❶ *(Teil des Gefieders)* feather; *(lange Hutfeder)* long feathers, plume; **leicht wie eine ~** as light as a feather
❷ *(Schreibfeder)* nib, quill; **eine spitze ~ führen** to wield a sharp pen; **zur ~ greifen** to put pen to paper; **aus jds ~ stammen** to come from sb's pen
❸ *(elastisches Metallteil)* spring
❹ *(Bett)* **noch in den ~n liegen** *(fam)* to still be in bed; ***raus aus den ~n!*** *(fam)* rise and shine! *fam*
▸ WENDUNGEN: **sich** *akk* **mit fremden ~n schmücken** to take the credit for sb else's efforts; **~n lassen müssen** *(fam)* not to escape unscathed

Fe·der·ball *m* ❶ *kein pl (Spiel)* badminton; **~ spielen** to play badminton ❷ *(leichter Gummiball)* shuttlecock **Fe·der·ball·schlä·ger** *m* badminton racket

Fe·der·bein *nt* TECH, AUTO suspension strut **Fe·der·bett** *nt* continental quilt BRIT, duvet BRIT, comforter AM **Fe·der·boa** *f* feather boa **Fe·der·busch** *m* ❶ *(Federn auf Vogelkopf)* crest ❷ *(Federn auf Kopfbedeckung)* plume **Fe·der·de·cke** *f s.* **Federbett** **Fe·der·flü·gel** *m* spring wing **Fe·der·fuch·ser(in)** <-s, -> *m(f) (pej)* petty pen pusher *pej* **fe·der·füh·rend** *adj* in charge; ■ **[bei etw** *dat*/**für etw** *akk*] **~ sein** to be in charge [of sth]; HANDEL to act as central coordinator [of sth] **Fe·der·füh·rung** *f* overall control; HANDEL central coordination; **unter der ~ von jdm/etw ...** under the overall control of sb/sth ... **Fe·der·ge·wicht** *nt* SPORT ❶ *kein pl (niedrige Körpergewichtsklasse)* featherweight ❷ *(Sportler) s.* **Federgewichtler** **Fe·der·ge·wicht·ler(in)** <-s, -> *m(f)* SPORT featherweight **Fe·der·hal·ter** *m* fountain pen, pen holder **Fe·der·kern·ma·trat·ze** *f* interior-sprung mattress, inner-spring mattress AM **Fe·der·kiel** *m* ❶ *(Teil einer Feder)* quill ❷ *(Schreibgerät)* quill **Fe·der·kis·sen** *nt* feather pillow **fe·der·leicht** ['fe:dɐ'lai̯çt] *adj* as light as a feather *pred* **Fe·der·le·sen** *nt* **ohne langes ~** without further ado; **ohne viel ~s** without much ceremony; **nicht viel ~s mit jdm/etw machen** to waste no time on sb/sth **Fe·der·mäpp·chen** <-s, -> *nt* pencil case

fe·dern ['fe:dɐn] **I.** *vi* ❶ *(nachgeben)* to give slightly, to be springy
❷ SPORT to flex; **[in den Knien] ~** to bend [at the knees]
II. *vt* ■ **etw ~** to fit sth with suspension

fe·dernd *adj* flexible, springy; **einen jugendlich ~en Gang haben** to have a youthful spring in one's step

Fe·der·ring *m* spring washer **Fe·der·stahl** *m* spring steel **Fe·der·strich** *m* stroke of the pen; **mit einem ~** with a single stroke of the pen

Fe·de·rung <-, -en> *f* springing; *(für Auto a.)* suspension

Fe·der·vieh *nt (fam)* poultry

Fe·der·wei·ße(r) ['fe:dɐ'vai̯sə, -sɐ] *m dekl wie adj* new wine

Fe·der·wild *nt* feathered game **Fe·der·zeich·nung** *f* pen-and-ink drawing

Fee <-, -n> [fe:, *pl* 'fe:ən] *f* fairy; **die gute/böse ~** the good/bad fairy

Feed-back^RR, **Feed·back** <-s, -s> ['fi:tbɛk] *nt* feedback *no indef art, no pl;* **jdm [ein] ~ geben** to give sb feedback

Fee·ling <-s> ['fi:lɪŋ] *nt kein pl* ❶ *(Gefühl)* feeling

❷ *(Gefühl für etw)* feel; **ein ~ für etw** *akk* **haben** to have a feel for sth; **ein ~ für etw** *akk* **entwickeln** to develop a feel for sth
fe̲·en·haft *adj* fairylike
Fe̲·ge·feuer ['fe:gə-] *nt* ■**das ~** purgatory **Fe̲·ge·leis·te** *f* BAU molding
fe̲·gen ['fe:gn̩] **I.** *vt haben* ❶ *(kehren)* ■**etw ~** to sweep sth; ■**etw von etw** *dat* **~** to sweep sth off sth
❷ *(fortschieben)* ■**etw ~** to sweep sth away
❸ SCHWEIZ *(feucht wischen)* ■**etw irgendwohin ~** to wipe sth [with a damp cloth]
II. *vi* ❶ *haben (ausfegen)* to sweep up
❷ *haben* SCHWEIZ *(feucht wischen)* to wipe
❸ *sein (fam: schnell fahren)* to sweep, to tear; ***er kam um die Ecke gefegt*** he came tearing round the corner
❹ *(stark wehen)* to sweep; ***der Sturm fegte durch das Geäst*** the storm swept through the boughs of the trees
Feh·de <-, -n> ['fe:də] *f* ❶ *(Konflikt)* feud; **eine ~ mit jdm austragen** [*o* **fechten**] *(geh)* to carry on a feud with sb; **mit jdm in ~ liegen** *(geh)* to be feuding with sb
❷ HIST *(privater Krieg im Mittelalter)* feud
Feh̲·de·hand·schuh *m* gauntlet; **jdm den ~ hinwerfen** *(fig geh)* to throw down the gauntlet to sb *fig;* **den ~ aufheben** [*o* **nehmen**] *(fig geh)* to pick up the gauntlet *fig*
fehl [fe:l] *adj* **~ am Platz[e]** [**sein**] [to be] out of place
Fehl [fe:l] *m* **ohne ~** [**und Tadel**] *(geh)* to be immaculate; **ein Mensch ohne ~ und Tadel** a person without blemish or blame
Fe̲hl·alarm *m* false alarm **Fe̲hl·an·pas·sung** *f* maladjustment **Fe̲hl·an·zei·ge** *f (fam)* dead loss *fam;* ■**~!** wrong!
fe̲hl·bar *adj* fallible
Fe̲hl·be·rech·nung *f* miscalculation
fe̲hl·be·setzt *adj Rolle, Schauspieler* miscast **Fe̲hl·be·set·zung** *f* wrong appointment; **eine ~ machen** [*o* **vornehmen**] to make a wrong appointment; *(bei Schauspielern)* miscasting; ***als Hamlet ist er eine totale ~*** he was totally miscast in the role as Hamlet **Fe̲hl·be·stand** *m* HANDEL deficiency, shortage **Fe̲hl·be·trag** *m* ❶ FIN *(fehlender Betrag)* shortfall ❷ ÖKON *(Defizit)* deficit
Fe̲hl·bil·dung *f* malformation, abnormality **Fe̲hl·bil·dungs·syn·drom** *nt* MED malformation [*or* deformity] syndrome
Fe̲hl·bo·gen *m* TYPO imperfect [*or* spoil] sheet **Fe̲hl·da·tie·rung** *f* incorrect dating **Fe̲hl·di·a·gno·se** *f* wrong [*or* false] diagnosis **Fe̲hl·dis·po·si·ti·on** *f* misplanning, misguided action **Fe̲hl·druck** *m* TYPO misprint, imperfect impression **Fe̲hl·ein·schät·zung** *f* misjudgement, false estimation
feh̲·len ['fe:lən] **I.** *vi* ❶ *(nicht vorhanden sein)* to be missing; ***besondere Kennzeichen*** **~** there are no distinguishing marks; ***du kannst ihm den ~ den Vater nicht ersetzen*** you can't replace his father; ***und wieder ein Zitat deiner Mutter, das durfte ja nicht ~!*** *(iron)* you couldn't leave that out, you had to quote your mother!
❷ *(mangeln)* ■**etw fehlt jdm** sb is lacking sth; ***ihm fehlt jeder Sinn für Humor*** he is lacking any sense of humour; ***ihr fehlt der nötige Ernst*** she is just not serious enough; ***mir ~ die Worte*** words are failing me; ***ihm fehlt die Mutter*** he has no mother; ***ihr fehlt eine strenge Hand*** she needs a strict hand
❸ *(erforderlich sein)* to be needed; ■**jdm/etw fehlt etw** sb/sth needs sth; ***diesem Satz fehlt noch der letzte Schliff*** this sentence still needs a finishing touch; ***ihr fehlt noch ein Punkt zum Sieg*** she needs one more point, and she has won; ***ihr ~ noch drei Jahre zur Volljährigkeit*** it is another three years before she comes of age; ***mir ~ noch einige Münzen*** I still need [*or* I'm still looking for] a few coins; ***das hat*** [***mir/uns***] ***gerade noch gefehlt!*** *(iron)* that's all I/we needed [*or* wanted]! *iron;* **es fehlt noch viel, bis ...** it will take some time, before ...; ***es fehlt noch viel, bis sie Englisch kann*** it will take her some time before she masters the English language; **es fehlte nicht viel, und ... ...** almost ...; ***es hat nicht viel gefehlt, und du hättest die Kaffeekanne umgestoßen!*** you almost knocked the coffee potover
❹ *(abhandengekommen sein)* to be missing; ***sie stellte fest, dass einige Bücher fehlten*** she discovered that some books were missing; ***fehlt noch etwas?*** anything missing [*or* else]?; ***an dem Hemd fehlt ein Knopf*** the shirt misses a button; ***es ~ 500 Euro aus der Kassette*** 500 euros are missing from the cashbox; ■**jdm fehlt etw** sb is missing sth; ***mir ~ 100 Euro*** I'm missing 100 euros; ***ihm fehlen fünf Zähne*** he has lost five teeth
❺ *(abwesend sein)* ■[**in etw** *dat*] **~** to be missing [from sth]; ***sie fehlt auch nie, wenn es darum geht, Spaß zu haben*** she is always around when there's fun to have; ***Thomas Müller! — fehlt!*** Thomas Müller — absent [*or* not here]!; **entschuldigt/unentschuldigt ~** SCH to be absent with/without an excuse; **unentschuldigt ~** MIL to be absent without leave
❻ *(vermisst werden)* ■**jd/etw fehlt jdm** sb/sth misses sb; ***du fehlst mir*** I miss you; ***eure Hilfe wird uns sehr ~*** we will badly miss your help
❼ *(gesundheitlich beeinträchtigen)* ■**jdm fehlt etw** sth is wrong with sb; ***ich glaube, mir fehlt etwas*** I think there is something wrong with me; ***fehlt Ihnen etwas?*** is there anything wrong [*or* anything the matter] with you?; ***nein, mir fehlt wirklich nichts*** no, there is nothing wrong [*or* nothing the matter] with me
▶WENDUNGEN: **weit gefehlt!** way off the mark!, far from it!
II. *vi impers* ■**es fehlt an etw** *dat* sth is lacking; ***jetzt fehlt es sogar an Brot*** there's even a lack of bread now; ***das Haus müsste mal wieder gestrichen werden, aber es fehlt eben an Geld*** the house should be repainted, but we just don't have enough money; ***es fehlte an jeder Zusammenarbeit*** there was no co-operation at all; ■**jdm fehlt es an etw** *dat* sb is lacking sth; ***es fehlte ihr nie an einer Ausrede*** she was never at a lack for an excuse; **jdm fehlt es an** [**gar**] **nichts** *(geh)* sb wants for nothing; ***während unserer Reise fehlte es uns an nichts*** during our journey we really had everything
▶WENDUNGEN: **es jdm an nichts ~ lassen** to do everything possible for sb; ***sie ließ es ihren Gästen an nichts fehlen*** she saw to it that her guests wanted for nothing; **wo fehlt es?** what's the matter?, what's wrong? *fam*
Feh̲l·en <-s> ['fe:lən] *nt kein pl* lack; **~ der zugesicherten Eigenschaft** JUR lack of promised quality
Fe̲hl·ent·scheid <-[e]s, -e> *m* SCHWEIZ *(Fehlentscheidung)* wrong decision **Fe̲hl·ent·schei·dung** *f* wrong decision **Fe̲hl·ent·wick·lung** *f* mistake, wrong turn
Feh̲·ler <-s, -> ['fe:lɐ] *m* ❶ *(Irrtum)* error, mistake; **einen ~ auffangen** to trap an error; **einen ~ beheben** to remove a mistake; **einen ~ machen** [*o* **begehen**] to make a mistake; **jds ~ sein** to be sb's fault; **jdm ist ein ~ unterlaufen** sb has made a mistake
❷ SCH error, mistake
❸ JUR *a. (Mangel)* defect; **einen ~ haben** to have a defect, to be defect
❹ *(schlechte Eigenschaft)* fault; **jeder hat** [**seine**] **~** everyone has [their] faults; **den ~** [**an sich** *dat*] **haben, etw zu tun** to have the fault of doing sth; ***du hast den ~, dass du immer mehr verlangst*** the trouble with you is, you're always asking for more
❺ SPORT fault; **auf ~ erkennen** [*o* **entscheiden**] to indicate a foul
❻ INFORM bug
Feh̲·ler·ana·lyse *f* INFORM error analysis **feh̲·ler·an·fäl·lig** *adj* prone to errors *pred;* ***das ist ein sehr ~ es Computerprogramm*** this computer program is prone to errors **Feh̲·ler·an·zei·ge** *f* INFORM error message **Feh̲·ler·be·hand·lungs·rou·ti·ne** *f* INFORM error handling routine **Feh̲·ler·be·he·bung** *f* TECH error correction [*or* management] **Feh̲·ler·be·sei·ti·gung** *f kein pl von Mäkeln* elimination of errors; *von Betriebsstörungen* troubleshooting **Feh̲·ler·di·a·gno·se** *f* TECH error diagnosis **Feh̲·ler·do·ku·men·ta·ti·on** *f* INFORM error documentation **Feh̲·ler·ein·gren·zung** *f* localization of an error
Feh̲·ler·er·ken·nung *f* INFORM error detection; **~ und -behebung** error detection and correction, EDAC **Feh̲·ler·er·ken·nungs·pro·gramm** *nt* INFORM error-detecting [*or* diagnostic] program
feh̲·ler·frei *adj s.* **fehlerlos Feh̲·ler·gre·nze** *f* margin of error
feh̲·ler·haft *adj* ❶ *(mangelhaft)* poor, imperfect, substandard; *(bei Waren)* defective; **~es Exemplar** TYPO defective [*or* imperfect] copy
❷ *(falsch)* incorrect
Feh̲·ler·haf·tig·keit <-> *f kein pl* JUR faultiness, defective condition
Feh̲·ler·häu·fig·keit *f* INFORM error rate **Feh̲·ler·kon·trol·le** *f* INFORM error check
Feh̲·ler·kor·rek·tur *f* INFORM error correction **Feh̲·ler·kor·rek·tur·mo·dus** *m* INFORM error correction mode, ECM
Feh̲·ler·lis·te *f* INFORM error list
feh̲·ler·los *adj* faultless, perfect
Feh̲·ler·mel·dung *f* INFORM error message **Feh̲·ler·quel·le** *f* source [*or* cause] of error **Feh̲·ler·quo·te** *f* error rate **Feh̲·ler·ra·te** *f* INFORM error rate **Feh̲·ler·su·che** *f* INFORM troubleshooting; INFORM debugging **Feh̲·ler·such·pro·gramm** *nt* INFORM debugger **Feh̲·ler·to·le·ranz** *f* INFORM error tolerance **Feh̲·ler·ur·sa·che** *f* INFORM error cause **Feh̲·ler·wahr·schein·lich·keit** *f kein pl* error probability
Fe̲hl·fa·bri·kat *nt* HANDEL defective product **Fe̲hl·far·be** *f* ❶ KARTEN missing suit ❷ *(Zigarre) cigar with a discoloured wrapper* **Fe̲hl·funk·ti·on** *f* defective function **Fe̲hl·ge·burt** *f* miscarriage; **eine ~ haben** [*o* **erleiden**] to have a miscarriage **fe̲hl|ge·hen** *vi irreg sein (geh)* ❶ *(sich irren)* to be mistaken, to err; ■**in etw** *dat* **~** to be mistaken [*or* wrong] about sth; **fehl in der Annahme gehen, dass ...** to be mistaken [*or* wrong] in assuming that ... ❷ *(sich verlaufen)* to go wrong ❸ *(das Ziel verfehlen)* to go wide, to miss
fe̲hl·ge·lei·tet *adj inv* misguided **Fe̲hl·ge·wicht** *nt kein pl* HANDEL underweight **Fe̲hl·griff** *m* mistake; **einen ~ tun** to make a mistake **Fe̲hl·in·for·ma·ti·on** *f* incorrect [*or* false] information *no indef art, no pl* **Fe̲hl·in·ter·pre·ta·ti·on** *f* misinterpretation **Fe̲hl·in·ves·ti·ti·on** *f* bad investment **Fe̲hl·kal·ku·la·ti·on** *f* miscalculation; **eine schwerwiegende ~** a grave miscalculation **Fe̲hl·kon·struk·ti·on** *f (pej)* flawed product; **eine totale ~ sein** to be extremely badly designed **Fe̲hl·leis·tung** *f* mistake, slip; **freudsche ~** Freudian slip **fe̲hl·lei·ten** *vt* to misdirect **Fe̲hl·lei·tung** *f* misdirection, misrouting **Fe̲hl·men·ge** *f* HANDEL deficit, shortage **Fe̲hl·pass**[RR] *m* SPORT bad pass **Fe̲hl·pla·nung** *f* bad planning **Fe̲hl·pro·dukt** *nt* HANDEL defective product **Fe̲hl·rip·pe** *f* KOCHK rib **Fe̲hl·schal·tung** *f* faulty circuit **Fe̲hl·schlag** *m* failure **fe̲hl|schla·gen** *vi irreg sein* to fail; ***alle Bemühungen, den Streik zu verhindern, schlugen fehl*** all efforts to avert the strike came to nothing **Fe̲hl·schluss**[RR] *m* wrong [*or* false] conclusion **Fe̲hl·spe·ku·la·ti·on** *f* bad [*or* unlucky] speculation [*or* misplaced] **Fe̲hl·start** *m* ❶ LUFT faulty launch ❷ SPORT false start
Fe̲hl·tag *m* ÖKON, SCH absence; **~e am Arbeitsplatz** days off work **Fe̲hl·tritt** *m (geh)* ❶ *(Fauxpas)* lapse, slip ❷ *(Ehebruch)* indiscretion **Fe̲hl·ur·teil** *nt* ❶ JUR miscarriage of justice ❷ *(falsche Beurteilung)* misjudgement; **ein ~ fällen** to form [*or* come to] [*or* make] an incorrect judgement **Fe̲hl·ver·hal·ten** *nt* ❶ *(falsches Verhalten)* inappropriate behaviour [*or* AM -or] ❷ PSYCH, SOZIOL aberrant [*or* abnormal] behaviour [*or* AM -or]
Fe̲hl·zeit *f meist pl* absence
Fe̲hl·zei·ten·quo·te *f* ÖKON absentee rate **Fe̲hl·zün·dung** *f* misfiring; **~ haben** to misfire

F

Fei·er <-, -n> ['faiɐ] *f* ❶ *(festliche Veranstaltung)* celebration, party; **zur ~ einer S.** *gen* to celebrate sth
❷ *(würdiges Begehen)* ceremony; **zur ~ des Tages** in honour [*or* AM -or] of the occasion

Fei·er·abend ['faiɐʔa:bn̩t] *m* ❶ *(Arbeitsschluss)* end of work, closing time *fam; **hoffentlich ist bald ~*** I hope it's time to go home soon; ***so, für mich ist jetzt ~*** OK, (it's) time for me to go!, OK, I think I'll call it a day!; ■ **~!** that's it for today!; **~ haben** to be time for sb to finish work; **~ machen** to finish work for the day; **nach ~** after work ❷ *(Zeit nach Arbeitsschluss)* evening; ***schönen Feierabend!*** have a nice evening! ▸WENDUNGEN: **jetzt ist** [**damit**] **aber ~!** *(fam)* that's enough! *fam* **Fei·er·abend·haus** *nt* old people's home, residential home for the elderly

Fei·er·lau·ne *f kein pl* party mood

fei·er·lich ['faiɐlɪç] **I.** *adj* ❶ *(erhebend)* ceremonial, formal; **ein ~er Akt** a ceremonial act; **ein ~er Anlass** a formal occasion
❷ *(nachdrücklich)* solemn; **~e Beteuerungen** solemn declaration; **ein ~er Schwur** a solemn oath
▸WENDUNGEN: **nicht mehr ~ sein** *(fam)* to go beyond a joke, to be no longer funny *fam*
II. *adv* ❶ *(würdig)* formally; **etw ~ begehen** to celebrate sth
❷ *(nachdrücklich)* solemnly

Fei·er·lich·keit <-, -en> *f* ❶ *kein pl (würdevolle Beschaffenheit)* solemnity, festiveness
❷ *meist pl (Feier)* celebrations, festivities

fei·ern ['faiɐn] **I.** *vt* ❶ *(festlich begehen)* ■ **etw ~** to celebrate sth; **seinen Geburtstag ~** to celebrate one's birthday; **eine Party ~** to have a party
❷ *(umjubeln)* ■ **jdn ~** to acclaim sb
II. *vi* to celebrate, to have a party

Fei·er·schicht *f (ausgefallene Schicht)* cancelled [*or* AM canceled] shift; **eine ~ fahren** [*o* **einlegen**] to miss [*or* cancel] a shift **Fei·er·stun·de** *f* ceremony

Fei·er·tag ['faiɐta:k] *m* holiday; **gesetzlicher ~** bank holiday; **kirchlicher ~** church festival

fei·er·tags ['faiɐta:ks] *adv* on holidays

Fei·er·tags·re·ge·lung *f* ÖKON holiday rules *pl* **Fei·er·tags·zu·la·ge** *f* ÖKON holiday pay

feig [faik], **fei·ge** ['faigə] **I.** *adj* cowardly; ***los, sei nicht ~!*** come on, don't be a coward!; **~r Hund** *(pej)* cowardly dog
II. *adv* cowardly

Fei·ge <-, -n> ['faigə] *f* ❶ *(Baum)* fig tree
❷ *(Frucht)* fig

Fei·gen·baum *m* fig tree **Fei·gen·blatt** *nt* ❶ *(Blatt des Feigenbaums)* fig leaf ❷ *(dürftige Tarnung)* front; **etw als ~ benutzen** to use sth as a front [to hide sth] **Fei·gen·kak·tus** *m* BOT prickly pear, opuntia

Feig·heit <-, -en> *f kein pl* cowardice; **~ vor dem Feind** cowardice in the face of the enemy

Feig·ling <-s, -e> ['faiklɪŋ] *m (pej)* coward *pej*

feil [fail] *adj pred (veraltend o pej geh: käuflich)* [up] for sale, can be bought *pred; (verkäuflich)* saleable; **etw ist jdm für eine bestimmte Summe ~** sth can be had for a [certain] price

feil|bie·ten *vt irreg (geh)* ■ **etw ~** to offer sth for sale

Feil·block *m* sanding block

Fei·le <-, -n> ['failə] *f* file

fei·len ['failən] **I.** *vt* ■ **etw ~** to file sth; **seine Fingernägel ~** to file one's nails
II. *vi* ■ **an etw** *dat* **~** ❶ *(mit einer Feile bearbeiten)* to file sth
❷ *(verbessern, vervollkommnen)* to polish, to make improvements, to improve; ***ich muss noch etwas an meinem Referat ~*** I have to polish up my oral presentation

Feil·hal·ten *nt* HANDEL *(geh) von Ware* offering for sale

feil·schen ['failʃn̩] *vi (pej)* ■ [**mit jdm**] [**um etw** *akk*] **~** to haggle [with sb] [over sth]

Feil·spä·ne *pl* TECH filings *pl* **Feil·staub** *m* fine filings *pl*

fein ['fain] **I.** *adj* ❶ *(nicht grob)* fine; *(zart)* delicate; **~es Haar** fine hair
❷ *(vornehm)* distinguished; **~e Dame/~er Herr** a distinguished lady/gentleman; **~er Pinkel** *(pej fam)* a person who gives himself airs BRIT; **sich** *dat* **für etw** *akk* **zu ~ sein** sth is beneath one
❸ *(von hoher Qualität)* exquisite, excellent, choice; **das F~ste vom F~en** the best [of the best], the crème de la crème; **vom F~sten** of the highest quality; *(rein)* pure; **aus ~em Gold/Silber** made out of pure gold/silver
❹ *(fam: anständig)* decent; *(iron)* fine *iron; **du bist mir ja ein ~er Freund!*** you're a fine friend! *iron*
❺ *(scharf, feinsinnig)* keen, acute, sensitive; **ein ~es Gehör haben** to have an acute sense of hearing; **eine ~e Nase haben** to have a very keen [*or* acute] sense of smell
❻ *(dezent)* delicate; **~er Humor** delicate sense of humour [*or* AM -or]; **~e Ironie** subtle irony
❼ *(fam: erfreulich)* fine, super, perfect, great; ***~!*** great!; **~, dass ...** it's great that ...
▸WENDUNGEN: **~ heraus** [*o* **raus**] **sein** *(fam)* to be in a nice position
II. *adv* ❶ *vor adj, adv (kindersprache: hübsch)* nice and ..., just *childspeak; **seid ~ artig!*** just be good now!
❷ *(genau)* fine, precise; **~ säuberlich** accurate
❸ *(zart, klein)* finely; **~ gemahlen** fine-ground, finely ground
❹ *(elegant)* **sich** *akk* **~ machen** to dress up

Fein·ab·stim·mung *f* TECH fine tuning **Fein·an·teil** *m* KOCHK fines *npl* **Fein·ar·beit** *f* precision work **Fein·auf·lö·sung** *f kein pl* fine resolution **Fein·aus·zeich·nung** *f* HANDEL additional classification **Fein·bä·cke·rei** *f* patisserie, cake [*or* pastry] shop **Fein·che·mi·ka·lie** *f* fine chemical

Feind(in) <-[e]s, -e> ['faint, *pl* faində] *m(f)* ❶ *(Gegner)* enemy, foe; **jdn zum ~ haben** to have sb as an enemy; **sich** *dat* **jdn zum ~ machen** to make an enemy of sb; **sich** *dat* **~e schaffen** to make enemies
❷ *(Opponent)* opponent; ■ **ein ~ einer S.** *gen* an opponent of sth
▸WENDUNGEN: **viel ~, viel Ehr** the greater the opposition, the greater the prestige; **liebet eure ~e** REL love thine enemies; **ran an den ~!** *(fam)* up and at them! *fam*

Feind·bild *nt* concept of an/the enemy

Fein·des·land *nt (geh)* enemy territory

Fein·des·lie·be *f kein pl* love of one's enemy

feind·lich I. *adj* ❶ *(gegnerisch)* enemy *attr; Stellung* enemy position
❷ *(feindselig)* hostile; **eine ~e Haltung gegenüber jdm/etw einnehmen** to be hostile towards [*or* to] sb/sth; **jdm/etw ~ gegenüberstehen** to be hostile to sb/sth
II. *adv* **jdm/etw gegenüber ~ eingestellt sein** to have a hostile attitude towards [*or* to] sb/sth

Feind·schaft <-, -en> *f kein pl* animosity, hostility; **mit jdm in ~ leben** to be at daggers drawn with sb *fam*

feind·se·lig ['faintze:lɪç] **I.** *adj* hostile
II. *adv* hostilely; **sich** *akk* **~ verhalten** to behave in a hostile manner

Feind·se·lig·keit <-, -en> *f* ❶ *kein pl (feindselige Haltung)* hostility
❷ *pl (Kampfhandlungen)* hostilities *npl*

Fein·ein·stel·lung *f* fine tuning

fein·füh·lend *adj* sensitive, delicate

fein·füh·lig ['fainfy:lɪç] *adj* sensitive

Fein·ge·fühl *nt kein pl* sensitivity, delicacy, tact; **etw mit viel ~ behandeln** to handle sth with a great deal of tact; **etw verlangt viel ~** this requires [*or* demands] a great deal of tact **Fein·ge·halt** *m* fineness

Fein·geist *m* intellectual **fein·ge·mah·len** *adj attr s.* **fein II 3**

fein·glie·de·rig ['faingli:dərɪç], **fein·glied·rig** ['faingli:drɪç] *adj* delicate, slender; *Knabe, Hand* fine-boned; **von ~er Gestalt sein** to have a slender figure

Fein·gold *nt* pure gold

Fein·heit <-, -en> *f* ❶ *(Feinkörnigkeit)* fineness; *(Zartheit)* delicacy; *(von Stoff)* superior quality
❷ *(Scharfsinnigkeit)* acuteness, keenness
❸ *(Dezentheit)* subtle
❹ *pl (Nuancen)* subtleties, nuances *pl; **das sind eben die gewissen ~en, die man beachten muss*** it's the little things that make the difference

fein·kör·nig *adj* ❶ *(aus kleinen Teilen)* fine-grained; **~er Sand** fine sand
❷ FOTO fine-grain

Fein·kost *f* delicacies **Fein·kost·ge·schäft** *nt* delicatessen

fein|ma·chen *vr s.* **fein II 4** **fein·ma·schig I.** *adj* fine; *Netz* with a fine mesh, fine-meshed; ***ein ~er Pullover*** a finely knitted sweater, sweater made of a fine knit **II.** *adv* finely knitted **Fein·me·cha·nik** *f* precision engineering **Fein·me·cha·ni·ker(in)** *m(f)* precision engineer

Fein·mo·to·rik <-> *f kein pl* fine motor function **fein·mo·to·risch** *adj* ANAT fine-motor *attr spec* **Fein·putz** *m* BAU finish plaster

Fein·ripp <-> *m kein pl* men's fine-ribbed cotton underwear

Fein·schme·cker(in) <-s, -> *m(f)* gourmet

Fein·schme·cker·re·stau·rant [-rɛsto'rã:] *nt* gourmet restaurant

Fein·sil·ber *nt* pure silver **fein·sin·nig** *adj (geh)* sensitive

Fein·spitz *m* ÖSTERR *(fam)* gourmet **Fein·staub** *m* ÖKOL fine dust, particulate matter *spec,* environmental [micro]particles *pl* **Fein·steu·e·rung** *f* TECH ❶ *(Gerät)* fine control system ❷ *(Steuern)* fine control **Fein·struk·tur** *f* NUKL, PHYS fine structure, microstructure **Fein·strumpf·ho·se** *f* fine-mesh tights *npl* **Fein·un·ze** *f (31,10 g)* troy ounce **Fein·wä·sche** *f* delicates *npl* **Fein·wasch·mit·tel** *nt* mild detergent

feist [faist] *adj* fat

fei·xen ['faiksn̩] *vi (fam)* to smirk

Fel·chen <-s, -> ['fɛlçn̩] *m* whitefish

Feld <-[e]s, -er> [fɛlt, *pl* 'fɛldɐ] *nt* ❶ *(offenes Gelände, unbebautes Land)* field; **freies** [*o* **offenes**] [*o* **weites**] **~** open country; **auf freiem ~** in the open country
❷ *(Acker)* field; **das ~/die ~er bestellen** to cultivate [*or* till] the land
❸ *(abgeteilte Fläche)* section, field; **die ~er in einem Formular ausfüllen** to fill out all the fields in a form; *(auf Spielbrett)* square; *(Hintergrund)* background; INFORM field
❹ *(Spielfeld)* field
❺ *(Ölfeld)* oilfield
❻ *kein pl (Schlachtfeld)* [battle]field; **im ~** in battle
❼ *(Bereich)* area, field; **ein weites ~ sein** to be a broad subject
❽ SPORT *(Gruppe)* field; **das ~ anführen** to lead the field
❾ PHYS field; **ein elektromagnetisches ~** an electromagnetic field
❿ INFORM *(Datenfeld)* array; **dynamisches ~** dynamic array
▸WENDUNGEN: **das ~ behaupten** to stand one's ground; **etw ins ~ führen** *(geh)* to put sth forward; **das ~ räumen** *(weggehen)* to quit the field, to leave; *(seine Stellung aufgeben)* to give up, to quit; **jdn aus dem ~ schlagen** to get rid of sb; **jdm/etw das ~ überlassen** to leave the field open to a thing/sb; **gegen jdn/etw zu ~e ziehen** *(geh)* to campaign against sb/sth

Feld·ahorn *m* common maple **Feld·ar·beit** *f* work in the fields **Feld·bahn** *f* narrow-gauge railway **Feld·bett** *nt* camp bed **Feld·blu·me** *f* wild flower **Feld·dich·te** *f* ELEK, PHYS field density **Feld·fla·sche** *f* canteen, water bottle **Feld·flur** *f agricultural land of a community* **Feld·for·schung** *f* field research; **~ betreiben** to carry out field research **Feld·frucht** <-, -früchte> *f meist pl* agricultural [*or* arable] crop **Feld·geist·li·che(r)** *f(m) dekl wie adj (veraltet: Militärpfarrer)* army chaplain **Feld·gras·wirt·schaft** *f kein pl* AGR ley farming **Feld·gril·le** *f* ZOOL field cricket **Feld·grö·ße** *f* MATH field size **Feld·ha·se** *m* ZOOL hare **Feld·herr(in)** *m(f)* MIL, HIST general, strategist **Feld·ho·ckey** *nt* hockey

BRIT, field hockey AM **Feld·huhn** *nt* partridge **Feld·jä·ger(in)** *m(f)* ❶ *pl (Truppe)* military police + *sing/pl vb* ❷ *(Truppenangehöriger)* military policeman **Feld·kon·stan·te** *f* PHYS space constant; **elektrische** ~ absolute permittivity of the vacuum **Feld·kü·che** *f* MIL field kitchen **Feld·la·ger** *nt* HIST *(Heerlager)* encampment, camp **Feld·la·za·rett** *nt* MIL field hospital **Feld·ler·che** *f* ORN skylark

Feld·li·nie *f* PHYS, ELEK line of force

Feld·mar·schall(in) ['fɛltmarʃal] *m(f)* field marshal

Feld·maus *f* field mouse **Feld·mes·ser** *nt (veraltet)* [land] surveyor **Feld·post** *f* MIL [armed] forces' postal service **Feld·sa·lat** *m* lamb's lettuce **Feld·span·nung** *f* ELEK field voltage **Feld·spat** ['fɛltʃpa:t] *m* feldspar **Feld·stär·ke** *f* field strength; ~**e Feldstärke** electric field strength **Feld·ste·cher** <-s, -> *m* binoculars *npl; (beim Militär a.)* field glasses *npl* **Feld·stu·die** *f* field study **Feld·the·o·rie** *f* PHYS, PSYCH, LING field theory **Feld·thy·mi·an** *m* wild thyme **Feld·ver·such** *m* field trial

Feld·we·bel(in) <-s, -> ['fɛltve:bl̩] *m(f)* sergeant major

Feld·weg *m* field path, country lane

Feld·wei·bel <-s, -> [-vaibl] *m* SCHWEIZ MIL ❶ *(höchster Unteroffiziersgrad)* sergeant major ❷ *(Unteroffizier) a non-commissioned officer responsible for the internal administration of a regiment or battalion*

Feld·zei·chen *nt* MIL, HIST standard

Feld·zug *m* ❶ MIL campaign ❷ *((Werbe)Kampagne)* campaign

Fel·ge <-, -n> ['fɛlgə] *f* rim

Fel·gen·brem·se *f* rim brake **Fel·gen·grö·ße** *f* AUTO rim size

Fell <-[e]s, -e> [fɛl] *nt (Tierhaut)* fur; *(abgezogener Tierpelz)* hide; **einem Tier das ~ abziehen** to skin an animal
▶WENDUNGEN: **ein dickes ~ haben** *(fam)* to be thick-skinned, to have a thick skin; **sich** *dat* **ein dickes ~ anschaffen** *(fam)* to grow a thick skin; **jdm das ~ gerben** [*o* **versohlen**] *(fam)* to give sb a good hiding [*or* spanking] *sl;* **jdn** [*o* **jdm**] **juckt das ~** *(fam)* sb's asking for it [*or* a good hiding]; **jdm das ~ über die Ohren ziehen** *(fam)* to take sb to the cleaners; **jdm schwimmen alle** [*o* **die**] ~**e weg** *(fam)* [all] one's hopes are dashed

Fel·la·che, Fel·la·chin <-n, -n> [fɛ'laxə, fɛ'laxɪn] *m, f* fellah

Fel·la·tio <-> [fɛ'la:tsi̯o] *f kein pl* fellatio *no pl*

Fels <-en, -en> [fɛls] *m (geh) s.* **Felsen** cliff; *(Gestein)* rock
▶WENDUNGEN: **wie ein ~ in der Brandung dastehen** to stand as firm as a rock

Fels·block <-blöcke> *m* boulder **Fels·bro·cken** *m* lump of rock

Fel·sen <-s, -> *m* cliff

Fel·sen·bee·re *f* juneberry

fel·sen·fest ['fɛlsn̩'fɛst] I. *adj* firm, rock solid, steadfast, solid as a rock
II. *adv* firmly, steadfastly; ~ **von etw** *dat* **überzeugt sein** to be firmly convinced of sth

Fel·sen·ge·bir·ge *nt* rocky mountain range **Fel·sen·hahn** *m* ORN cock-of-the-rock **Fel·sen·riff** *nt* rocky reef **Fel·sen·schlucht, Felsschlucht** *f* rocky gorge [*or* ravine] **Fel·sen·tau·be** *f* ORN rock dove **Fel·sen·wand** *f* rock face

Fels·ge·stein *nt* rock

fel·sig ['fɛlzɪç] *adj* rocky

Fels·ma·le·rei *f* rock painting **Fels·mas·siv** *nt* rock massif **Fels·riff** *nt s.* **Felsenriff Fels·schlucht** *f s.* **Felsenschlucht Fels·spal·te** *f* cleft [*or* crevice] in the rock **Fels·vor·sprung** *m* ledge **Fels·wand** *f* rock face

Fe·me <-, -n> ['fe:mə] *f (mittelalterliches Gericht)* vehme

Fe·me·ge·richt ['fe:məgərɪçt] *nt (mittelalterliches Gericht)* vehmic court *(a court in mediaeval Westphalia famous for executing those accused immediately after finding them guilty)* **Fe·me·mord** *m* murder committed under the vehmic system, sectarian killing **Fem·ge·richt** ['fe:m-] *nt s.* **Femegericht**

Fe·mi·nat <-[e]s, -e> [femi'na:t] *nt* female committee

fe·mi·nin [femi'ni:n] *adj* ❶ LING feminine ❷ *(geh: fraulich)* feminine ❸ *(pej: weibisch)* effeminate *pej*

Fe·mi·ni·num <-s, Feminina> ['fe:mini:nʊm] *nt* LING feminine noun

Fe·mi·nis·mus <-> [femi'nɪsmʊs] *m kein pl* feminism

Fe·mi·nist(in) <-en, -en> [femi'nɪst] *m(f)* feminist

Fe·mi·nis·tin <-, -nen> *f fem form von* **Feminist** feminist

fe·mi·nis·tisch *adj* feminist

Femme fa·tale <- -, -s -s> [famfa'tal] *f* femme fatale

Fen·chel <-s> ['fɛnçl̩] *m kein pl* BOT fennel

Fen·chel·öl *nt* fennel oil **Fen·chel·sa·men** *m* fennel seed

Fen·nek <-s, -s> ['fɛnɛk] *m* ZOOL fennec

Fens·ter <-s, -> ['fɛnstɐ] *nt* ❶ *(zum Hinausschauen)* window ❷ INFORM window; **aktives ~** active window
▶WENDUNGEN: **weg vom ~ sein** *(fam)* to be out of the running; **sich** [**zu**] **weit aus dem ~ lehnen** to take too big a risk; *s. a.* **Geld**

Fens·ter·bank <-bänke> *f* window-sill **Fens·ter·brett** *nt* window-sill **Fens·ter·brief·um·schlag** *m* window envelope **Fens·ter·brüs·tung** *f* BAU breast **Fens·ter·falz** *m* TYPO [double] gatefold **Fens·ter·flü·gel** *m* casement **Fens·ter·front** *f* glass façade **Fens·ter·git·ter** *nt* BAU window bars *pl* **Fens·ter·glas** *nt* window glass, window pane **Fens·ter·he·ber** <-s, -> *m* window regulator [*or* lift] **Fens·ter·kitt** *m* window putty **Fens·ter·kreuz** *nt* mullion and transom **Fens·ter·kur·bel** *f* window crank [handle] *(window handle for winding car windows)* **Fens·ter·la·den** *m* [window] shutter **Fens·ter·le·der** *nt* shammy (leather), chamois (leather)

fens·terln ['fɛnstɐln] *vi* SÜDD, ÖSTERR to climb in one's lover's window

fens·ter·los *adj* windowless

Fens·ter·ni·sche *f* [window] niche **Fens·ter·platz** *m* window seat **Fens·ter·put·zer(in)** <-s, -> *m(f)* window cleaner [*or* washer] **Fens·ter·rah·men** *m* window frame **Fens·ter·re·de** *f* SOZIOL, POL *(pej fam)* soapbox speech **Fens·ter·schei·be** *f* window pane **Fens·ter·sims** *m o nt* window ledge **Fens·ter·stock** *m* ÖSTERR *(Fensterrahmen)* window frame **Fens·ter·sturz** *m* ❶ ARCHIT [window] lintel ❷ *(Sturz aus einem Fenster)* fall from a window ▶WENDUNGEN: **der Prager ~** HIST the Defenestration of Prague **Fens·ter·tag** *m* ÖSTERR *(Brückentag) extra day off to bridge single working day between a bank holiday and the weekend* **Fens·ter·tech·nik** *f* INFORM windowing

Fe·ri·en ['fe:ri̯ən] *pl* ❶ *(Schulferien)* [school] holidays *pl* BRIT, [school] summer vacation AM; **die großen ~** the summer holidays BRIT; **~ haben** to be on holiday [*or* AM vacation]
❷ *(Urlaub)* holidays *pl,* vacation AM; ***habt ihr schon irgendwelche Pläne für die ~?*** have you made any plans for the holidays [*or* your vacation]?; **in die ~ fahren** to go on holiday [*or* AM vacation]; **~ machen** to have [*or* take] a holiday, to go on vacation

Fe·ri·en·adres·se *f* address while on holiday

Fe·ri·en·dorf *nt* holiday resort BRIT, resort [complex] **Fe·ri·en·frei·zeit** *f* TOURIST *subsidized holiday for underprivileged children* [*in a holiday camp*] **Fe·ri·en·gast** *m* holiday-maker **Fe·ri·en·haus** *nt* holiday home, cottage **Fe·ri·en·heim** *nt* holiday [*or* AM vacation] home **Fe·ri·en·kurs** *m* vacation course BRIT, summer school AM **Fe·ri·en·la·ger** *nt* [children's] holiday camp; **in ein ~ gehen** [*o* **an einem ~ teilnehmen**] to join a summer [*or* BRIT *a.* holiday] camp **Fe·ri·en·ort** *m* holiday resort

Fe·ri·en·park *m* TOURIST holiday park BRIT, tourist resort AM **Fe·ri·en·rei·se** *f* holiday BRIT, vacation AM **Fe·ri·en·sa·che** *f* JUR vacation business **Fe·ri·en·tag** *m* holiday, day off work; ***morgen ist der letzte ~*** tomorrow is the last day of the holidays **Fe·ri·en·woh·nung** *f* holiday flat BRIT, vacation apartment AM **Fe·ri·en·zeit** *f* holiday period [*or* season]

Fer·kel <-s, -> ['fɛrkl̩] *nt* ❶ *(junges Schwein)* piglet ❷ *(pej fam: unsauberer Mensch)* pig, mucky pup BRIT *fam* ❸ *(pej fam: obszöner Mensch)* filthy pig *pej fam*

Fer·ke·lei <-, -en> *f (pej fam)* ❶ *(Unsauberkeit)* mess; *(unordentliches Benehmen)* filthy behaviour [*or* AM -or] ❷ *(obszöner Witz)* dirty joke

fer·keln ['fɛrkl̩n] *vi* ❶ *(Ferkel werfen)* to litter ❷ *(Dreck machen)* to make a mess ❸ *(pej fam: sich unanständig benehmen)* to be acting like a pig, to be dirty [*or* disgusting] [*or* filthy]

Fer·ma·te <-, -n> [fɛr'ma:tə] *f* MUS pause

Fer·ment <-s, -e> [fɛr'mɛnt] *nt (veraltend)* enzyme

Fer·mi·um <-s> ['fɛrmi̯ʊm] *nt kein pl* CHEM fermium

fern [fɛrn] I. *adj* ❶ *(räumlich entfernt)* faraway, far off, distant; *Länder* distant lands; **von ~ beobachtet** to observe from afar [*or* a distance]; **von ~ betrachtet** viewed from a distance
❷ *(zeitlich entfernt)* distant; **in nicht allzu ~er Zeit** in the not too distant future
▶WENDUNGEN: **das sei ~ von mir!** by no means!, far be it from me!
II. *präp +dat* far [away] from; **~ eines Menschen/einer S.** *gen* far [away] from a person/thing

Fern·ab·fra·ge *f* remote access [*or* call-in] **Fern·amt** *nt* telephone exchange **Fern·bahn** *f* mainline service, long-distance train **Fern·be·die·nung** *f* remote control **Fern·be·fund** *m* MED remote diagnosis, diagnosis from a distance **Fern·be·zie·hung** *f* SOZIOL long-distance relationship **fern|blei·ben** *vi irreg sein (geh)* ■[**jdm/etw**] ~ to stay away [from sb/sth] **Fern·blei·ben** *nt kein pl* absence; ***sein ~ von dem Vortrag wurde nicht bemerkt*** nobody noticed his non-attendance of the lecture **Fern·blick** *m* vista, distant view, panorama

fer·ne ['fɛrnə] *adv (veraltend geh) s.* **fern**

Fer·ne <-, -n> ['fɛrnə] *f pl selten* ❶ *(Entfernung)* distance; **aus der ~** from a distance; **in der ~** in the distance
❷ *(geh: ferne Länder)* distant lands [*or* distant climes] *form;* **in die ~ ziehen** to seek out distant climes [*or* far-off shores]; **aus der ~** from abroad; **in der ~** abroad
❸ *(längst vergangen)* [**schon**] **in weiter ~ liegen** it already happened such a long time ago
❹ *(in ferner Zukunft)* [**noch**] **in weiter ~ liegen** there is still a long way to go

Fern·emp·fang *m* RADIO, TV long-distance reception

fer·ner ['fɛrnɐ] I. *adj komp von* **fern** more distant; *(künftig, weiter)* in [the] future; **in der ~en Zukunft** in the long-term, in the distant future; **unter ~ liefen** *(fig fam)* to be a runner-up
II. *adv* in the future; ■**... auch ~ etw tun werden** to continue to do sth in the future; ***ich werde auch ~ zu meinem Versprechen stehen*** I shall continue to keep my promise
III. *konj* furthermore, in addition; ~ ***möchte ich Sie daran erinnern, dass ...*** furthermore I would like to remind you that ...

fer·ner·hin ['fɛrnɐhɪn] I. *adv (veraltend geh) s.* **ferner II**
II. *konj (veraltend geh) s.* **ferner III**

fer·ner|lie·genRR *vi irreg* **nichts liegt** [*o* **läge**] **mir ferner, als ...** nothing could be further from my mind than to ...

Fern·fah·rer(in) *m(f)* long-distance lorry [*or* truck] driver **Fern·fahrt** *f* long-distance trip; *mit Zug, LKW* long-distance journey; *mit Auto, Motorrad* long-distance drive; *mit Schiff* cruise **Fern·flug** *m* long-distance flight **Fern·gas** *nt* gas from the national grid BRIT **fern·ge·lenkt** *adj* remote-controlled, radio-controlled **Fern·ge·spräch** *nt* long-distance call **fern·ge·steu·ert** *adj* remote-controlled, radio-controlled **Fern·glas** *nt* [pair of] binoculars **fern|gu·cken** *vi (fam: fernsehen)* to watch TV [*or* BRIT *fam a.* telly] **fern|hal·ten**

irreg **I.** *vt* ■**jdn von jdm/etw** ~ to keep sb away from sb/sth **II.** *vr* ■**sich** *akk* **von jdm/etw** ~ to keep away from sb/sth; ***halte dich lieber von mir fern, ich habe eine Erkältung!*** you better not come too close, I've got a bad cold **Fẹrn·hei·zung** *f* district heating **Fẹrn·ko·pie** *f s.* **Telefax**

fẹrn|ko·pie·ren *vt (faxen)* ■**etw** ~ to fax [*or* send sth by] sth **Fẹrn·ko·pie·rer** *m (Faxgerät)* fax machine **Fẹrn·kurs** *m,* **Fẹrn·kur·sus** *m* correspondence course **Fẹrn·las·ter** *m (fam)* long-distance lorry [*or* truck] **Fẹrn·last·ver·kehr** *m* long-distance commercial haulage **Fẹrn·last·wa·gen** *m* long-distance lorry BRIT, long-haul truck **Fẹrn·last·zug** *m* long-distance road train **Fẹrn·lei·he** <-, -> *f kein pl* SCH *(Leihverkehr zwischen Bibliotheken)* inter-library loan

Fẹrn·lei·tung *f* TELEK long-distance line, BRIT *a.* trunk line **Fẹrn·lei·tungs·netz** *nt* TELEK long-distance network

fẹrn|len·ken *vt* ■**etw** ~ to operate sth by remote control **Fẹrn·len·kung** *f* remote control; **eine Rakete mit** ~ a remote-controlled rocket **Fẹrn·licht** *nt* full beam BRIT, high beams AM; **mit** ~ **fahren** to drive on full beam BRIT, to drive with your high beams on AM; [**das**] ~ **an haben** to be on full beam BRIT, to have your high beams on AM **fẹrn|lie·gen** *vi irreg* ■**etw liegt jdm fern** sth is far from sb's mind; ■**jdm liegt es fern, etw zu tun** to be far from sb's thoughts; **jdm nicht** ~ to not be far from one's thoughts

Fẹrn·mel·de·amt *nt* telephone exchange **Fẹrn·mel·de·dienst** *m* telecommunications service **Fẹrn·mel·de·ge·heim·nis** *nt* confidentiality [*or* secrecy] of telecommunications; **das** ~ **verletzen/wahren** to infringe/maintain the confidentiality of telecommunications **Fẹrn·mel·de·ge·sell·schaft** *f* telecommunications company **Fẹrn·mel·de·sa·tel·lit** *m* communications satellite **Fẹrn·mel·de·tech·nik** *f kein pl* telecommunications engineering **Fẹrn·mel·de·trup·pe** *f* signals [*or* AM signal] corps **Fẹrn·mel·de·turm** *m* telecommunications tower [*or* mast] **Fẹrn·mel·de·we·sen** *nt kein pl* telecommunications + *sing vb*

fẹrn·münd·lich **I.** *adj (geh)* by telephone
II. *adv (geh)* by telephone; ***wir haben uns ~ für den 18. verabredet*** we set a date on the [tele]phone to meet on the 18th

Fẹrn·ost ['fɛrn'ʔɔst] *kein art* **aus/in/nach** ~ from/in/to the Far East **fẹrn·öst·lich** ['fɛrn'ʔœstlɪç] *adj* Far Eastern

Fẹrn·rohr *nt* telescope **Fẹrn·ruf** *m (geh)* telephone number; ***Fernruf: 555-129*** Telephone: 555 129 **Fẹrn·schnell·zug** *m* long-distance express [train] **Fẹrn·schrei·ben** *nt* telex [message] **Fẹrn·schrei·ber** *m* telex [machine] **Fẹrn·schreib·netz** *nt* telex network **fẹrn·schrift·lich** *adj* by telex

Fẹrn·schu·le *f* SCH correspondence school

Fẹrn·seh·an·sa·ger(in) *m(f)* television announcer **Fẹrn·seh·an·stalt** *f* broadcasting company **Fẹrn·seh·an·ten·ne** *f* television aerial **Fẹrn·seh·ap·pa·rat** *m (geh) s.* **Fernseher** **Fẹrn·seh·auf·nah·me** *f* television recording **Fẹrn·seh·bei·trag** *m (Bericht)* TV comment **Fẹrn·seh·bild** *nt kein pl* television picture; **ein gutes/schlechtes** ~ a good/poor picture

fẹrn|se·hen ['fɛrnze:ən] *vi irreg* to watch television; **stundenlang** ~ to watch television for hours on end

Fẹrn·se·hen <-s> ['fɛrnze:ən] *nt kein pl* ① *(die Technik der Bildübertragung)* television
② *(die Sendeanstalten, das Programm)* television; ***das ~ bringt nur Wiederholungen*** they're only showing repeats [*or* reruns] on the TV; **beim** ~ **arbeiten** [*o* **sein**] to work [*or* be] in television; ~ **gucken** *(fam)* to watch the boob tube AM; **im** ~ **kommen** to be on television; ***was kommt heute im ~?*** what's on telly [*or* TV] today?; **etw im** ~ **sehen** to see sth on television
③ *(fam: Fernsehapparat)* ~ **haben** to have television

Fẹrn·se·her <-s, -> *m (fam)* television [set]; **vor dem** ~ **hocken** [*o* **sitzen**] to sit in front of the television

Fẹrn·seh·film *m* television [*or* TV] movie **Fẹrn·seh·ge·bühr** *f meist pl* television licence [*or* AM -se] fee **Fẹrn·seh·ge·rät** *nt (geh)* television set **Fẹrn·seh·ge·sell·schaft** *f* television company **Fẹrn·seh·haus·halt** *m* ① *(Haushalt mit Fernseher)* household with TV ② *kein pl* ÖKON *(selten)* TV budget **Fẹrn·seh·in·ter·view** *nt* television interview **Fẹrn·seh·jour·na·list(in)** *m(f)* television reporter **Fẹrn·seh·ka·me·ra** *f* television camera **Fẹrn·seh·ka·nal** *m* television channel

Fẹrn·seh·koch, -kö·chin *m, f* MEDIA, TV TV chef **Fẹrn·seh·kom·mis·sar** *m detective or policeman in a TV series* **Fẹrn·seh·ma·ga·zin** *nt* [television] magazine programme [*or* AM -am] **Fẹrn·seh·nach·rich·ten** *pl* television news + *sing vb* **Fẹrn·seh·netz** *nt* television network **Fẹrn·seh·pre·di·ger(in)** *m(f)* televangelist AM **Fẹrn·seh·preis** *m* ① *(Auszeichnung)* television prize ② *(Preis eines Fernsehgerätes)* price of a TV **Fẹrn·seh·pro·gramm** *nt* ① *(Programm im Fernsehen)* television programme [*or* AM -am] ② *(Kanal)* [television] channel **Fẹrn·seh·pro·jek·tor** *m* television projector **Fẹrn·seh·rech·te** *pl* JUR television rights **Fẹrn·seh·sa·tel·lit** *m* television satellite

Fẹrn·seh·schirm *m* television screen **Fẹrn·seh·sen·der** *m* television station **Fẹrn·seh·sen·dung** *f* television programme [*or* AM -am] **Fẹrn·seh·se·rie** *f* television series **Fẹrn·seh·sperr·frist** *f* delay before a cinema film can be shown on TV **Fẹrn·seh·spiel** *nt* television drama, made-for-TV movie **Fẹrn·seh·stu·dio** *nt* television studio **Fẹrn·seh·team** *nt* television team **Fẹrn·seh·tech·nik** *f* TV technology **Fẹrn·seh·tech·ni·ker(in)** *m(f)* TV engineer **Fẹrn·seh·teil·neh·mer(in)** *m(f) (form)* television viewer **Fẹrn·seh·tru·he** *f* TV television cabinet **Fẹrn·seh·turm** *m* television tower **Fẹrn·seh·über·tra·gung** *f* television broadcast **Fẹrn·seh·über·wa·chungs·an·la·ge** *f* CCTV, closed circuit TV **Fẹrn·seh·wer·bung** *f* TV commercials *pl* **Fẹrn·seh·zeit·schrift** *f* television [*or* TV] guide **Fẹrn·seh·zu·schau·er(in)** *m(f)* viewer

Fẹrn·sicht *f* view; **gute/keine/schlechte** ~ **haben** to have a good/no/poor [*or* bad] view; **bei guter** ~ by good visibility

Fẹrn·sprech·amt *nt (form)* telephone office [*or* exchange] **Fẹrn·sprech·an·la·ge** *f (geh)* telephone **Fẹrn·sprech·an·sa·ge·dienst** *m* telephone information [*or* announcement] service **Fẹrn·sprech·an·schluss**[RR] *m (geh)* telephone connection **Fẹrn·sprech·ap·pa·rat** *m (form: Telefonapparat)* telephone **Fẹrn·sprech·auf·trags·dienst** *m* automatic telephone answering service **Fẹrns·prech·aus·kunft** *f* TELEK *(form)* directory enquiries [*or* AM assistance] *pl*

Fẹrn·spre·cher ['fɛrnʃprɛçɐ] *m* ADMIN telephone

Fẹrn·sprech·ge·bühr *f (geh)* telephone charges *pl* **Fẹrn·sprech·ge·heim·nis** *nt* right to telephone privacy, BRIT *a.* secrecy of the telephone **Fẹrn·sprech·netz** *nt* telephone network **Fẹrn·sprech·teil·neh·mer(in)** *m(f) (form)* telephone customer [*or* subscriber]; *(Besitzer eines Telefons)* telephone owner **Fẹrn·sprech·ver·kehr** *m kein pl* TELEK telephone service **Fẹrn·sprech·we·sen** *nt* telephony **Fẹrn·sprech·zel·le** *f (form)* telephone booth [*or* BRIT *a.* box] **Fẹrn·sprech·zen·tra·le** *f* telephone switchboard

fẹrn|ste·hen *vi irreg* ■**jdm/etw** ~ *(geh)* to have no contact with sb/a thing **fẹrn|steu·ern** *vt* ■**etw** ~ to operate sth by remote control **Fẹrn·steu·e·rung** *f* ① *(das Fernsteuern)* remote control ② *(Gerät)* remote-control system; ~ **haben** to be remote-controlled; **ein Fernseher mit** ~ a TV with a remote control **Fẹrn·stra·ße** *f* arterial road, highway, motorway BRIT, freeway AM, interstate AM; ***auf den Autobahnen und ~n liegen keine Störungen vor*** there are no delays on any motorways or major roads **Fẹrn·stre·cke** *f* railway [*or* AM railroad] trunk line **Fẹrn·stu·di·um** *nt* correspondence course **Fẹrn·trans·port** *m* long-distance [*or* long-haul] transport

fẹrn·über·wa·chen* *vt* ■**etw/jdn** ~ to monitor sth/sb remotely [*or* from a distance] **Fẹrn·über·wa·chung** *f* remote monitoring **Fẹrn·uni·ver·si·tät** *f* Open University **Fẹrn·ver·bin·dung** *f* long-distance traffic, AM *a.* long hauls *pl*

Fẹrn·ver·kehr *m* long-distance traffic

Fẹrn·ver·kehrs·flug·zeug *nt* long-range aircraft **Fẹrn·ver·kehrs·om·ni·bus** *m* long-distance coach [*or* bus], cross-country bus **Fẹrn·ver·kehrs·stra·ße** *f* arterial [*or* trunk] [*or* main] road, motorway BRIT, freeway AM

Fẹrn·wär·me *f kein pl* district heating *spec* **Fẹrn·wär·me·ver·sor·gung** *f* district heating, supply of long-distance thermal energy

Fẹrn·weh <-[e]s> *nt kein pl (geh)* wanderlust **Fẹrn·wir·kung** *f (zeitlich)* long-term effect; PHYS long-distance effect **Fẹrn·ziel** *nt* long-term objective **Fẹrn·zug** *m* long-distance [express] train **Fẹrn·zu·gang** *m* INFORM remote access

Fer·ro·ma·gne·tis·mus [fɛromagne:'tɪsmʊs] *m* PHYS ferromagnetism

Fer·se <-, -n> ['fɛrzə] *f (Teil des Fußes)* heel
▸WENDUNGEN: **sich** *akk* **jdm an die ~n hängen** to stick close to sb; **sich** *akk* **an jds ~n heften** to stick hard on [*or* to dog] sb's heels; **jdm** [**dicht**] **auf den ~n sein** [*o* **bleiben**] to be [hot] on sb's tail

Fẹr·sen·bein *nt* calcaneus, heel bone **Fẹr·sen·geld** *nt* ▸WENDUNGEN: ~ **geben** *(fam)* to take to one's heels *fam* **Fẹr·sen·rie·men** *m* ankle-strap

fer·tig ['fɛrtɪç] **I.** *adj* ① *(abgeschlossen, vollendet)* finished; ***das Essen ist in ein paar Minuten ~*** the food will be done [*or* ready] in a few minutes; **etw** ~ **haben** to have finished sth; ***haben Sie die Briefe schon ~?*** have you finished the letters yet?; **etw** ~ **kaufen** to buy a finished product; ~ **montierte Seite** TYPO fully assembled sheet; **mit etw** *dat* ~ **sein** to be finished with sth; **mit etw** *dat* ~ **werden** to finish sth
② *(bereit)* ready; ***ich bin schon lange ~!*** I've been ready for ages!; ***ich bin ~, wir können gehen*** I'm ready, let's go
③ *(ausgebildet)* trained; **Lehrer** qualified
④ *(fam: erschöpft)* exhausted, shattered BRIT *fam,* knackered BRIT *sl,* dog-tired; *(verblüfft)* amazed, gobsmacked BRIT, shocked by surprise BRIT *fam*
⑤ *(fam: Beziehung beendet)* ■**mit jdm** ~ **sein** to be through [*or* finished] with sb
⑥ *(fam: basta)* ~**!** that's that [*or* the end of it]!
II. *adv* ① *(zu Ende)* **etw** ~ **bekommen** [*o* **bringen**] [*o fam* **kriegen**] *(vollenden)* to complete [*or* finish] sth; **etw** ~ **machen** [*o* **tun**] to finish sth; ***lass mich wenigstens noch in Ruhe ~ frühstücken!*** let me at least finish breakfast in peace; **etw** ~ **stellen** to finish [*or* complete] sth; ~ **gestellt** completed
② *(bereit)* [**jdm**] **etw** ~ **machen** to have sth ready [for sb]; **etw rechtzeitig** ~ **machen** to finish sth [*or* have sth ready] on time; **sich** *akk* [**für etw** *akk*] ~ **machen** to get ready [for sth]
▸WENDUNGEN: **auf die Plätze, ~, los!** on your marks, get set, go!, ready, steady, go!

Fẹr·tig·bau <-bauten> *m* ① *kein pl (Bauweise)* prefabricated construction ② *(Gebäude)* prefab **Fẹr·tig·bau·wei·se** *f kein pl* prefabricated building

Fẹr·tig·be·ar·bei·tung *f* finish[ing] **fẹr·tig|be·kom·men*** *vt irreg* ① *(vollenden) s.* **fertig II 1** ② *(tatsächlich ausführen)* ■**etw** ~ to carry out sth; *(etw schaffen)* to be capable of sth; ■**es** ~**, etw zu tun** to manage to do sth; ***der bekommt es fertig und verlangt auch noch Geld dafür!*** and he even has the cheek [*or* audacity] to ask for money **Fẹr·tig·be·schnitt** *m* TYPO final trim [*or* cut] **Fẹr·tig·be·ton** *m* ready-mixed concrete **fẹr·tig|brin·gen** *vt irreg* ① *s.* **fertig II 1** ② *s.* **fertigbekommen**

fer·ti·gen ['fɛrtɪgn] *vt (geh)* ■**etw** ~ to manufacture sth; **etw** ~ **lassen** to have sth manufactured

Fẹr·tig·er·zeug·nis *nt* HANDEL finished product **Fẹr·tig·fa·bri·kat** *nt* finished product **Fẹr·tig·fuß·bo·den** *m* BAU finished floor **Fẹr·tig·ge·richt** *nt* instant meal, ready-to-eat meal **Fẹr·tig·haus** *nt*

prefabricated house, prefab *fam*
Fer·tig·keit <-, -en> *f* ❶ *kein pl (Geschicklichkeit)* skill
❷ *pl (Fähigkeiten)* competence, skills; ***dafür braucht man besondere ~en*** this requires special skills
fer·tig|krie·gen *vt (fam)* ❶ *s.* fertig II 1 ❷ *s.* fertigbekommen **fer·tig|ma·chen** *vt* ❶ *s.* fertig II 1, 2
❷ *(fig: zermürben)* ■**etw macht jdn fertig** sth wears out sb *sep* ❸ *(schikanieren)* ■**jdn ~** to wear sb down *sep; (sl: zusammenschlagen)* to beat up sb *sep* **Fer·tig·mon·ta·ge** *f* TECH final assembly **Fer·tig·mör·tel** *m* BAU ready mix mortar **Fer·tig·nah·rung** *f* convenience food **Fer·tig·pro·dukt** *nt* finished product
fer·tig|stel·len *vt s.* fertig II 1
Fer·tig·stel·lung *f* completion
Fer·tig·stel·lungs·ga·ran·tie *f* HANDEL completion guarantee **Fer·tig·stel·lungs·pflicht** *f* JUR duty to complete **Fer·tig·stel·lungs·pha·se** *f eines Projekts* completion stage [*or* phase] **Fer·tig·stel·lungs·ter·min** *m* HANDEL completion date
Fer·tig·teil *nt* prefabricated component [*or* part]
Fer·ti·gung <-, -en> *f* manufacture
Fer·ti·gungs·ab·schnitt *m* production stage **Fer·ti·gungs·an·la·gen** *pl* production plant *no pl* **Fer·ti·gungs·be·ruf** *m* ÖKON production job **Fer·ti·gungs·be·trieb** *m* production plant, factory **Fer·ti·gungs·kos·ten** *pl* production costs *pl* **Fer·ti·gungs·maß** *nt* BAU construction measurements *pl* **Fer·ti·gungs·mus·ter** *nt* production pattern **Fer·ti·gungs·se·rie** *f* line, run **Fer·ti·gungs·stand·ort** *m* production [*or* manufacturing] site **Fer·ti·gungs·stra·ße** *f* production line **Fer·ti·gungs·teil** *nt* production part **Fer·ti·gungs·ver·fah·ren** *nt* manufacturing [*or* production] process
Fer·tig·wa·re *f* HANDEL finished product
fer·tig|wer·den^RR *vt (fam: zurechtkommen)* ■**mit jdm/etw ~** to cope with sb/sth
Fes <-, -> [fe:s] *nt* MUS F flat
fesch [fɛʃ] *adj* ❶ SÜDD, ÖSTERR *(fam: flott)* smart; **ein ~er Kerl** a smart-looking fellow
❷ ÖSTERR *(fam: nett)* **sei ~!** be a sport!
Fes·sel <-, -n> [ˈfɛsl̩] *f* ❶ *(Schnur)* bond, fetter; *(Kette)* shackles *npl;* **eiserne ~n** iron shackles; **jdm ~n anlegen** *aus Schnur* to tie sb up; **jdn in ~n legen** [*o liter* **schlagen**] to put sb in chains *fig;* **seine ~n sprengen** to throw off one's chains *fig*
❷ ANAT *(geh: von Mensch)* ankle; *(von Huftier)* pastern
Fes·sel·ballon [-balɔŋ] *m* captive balloon
fes·seln [ˈfɛsl̩n] *vt* ❶ *(Fesseln anlegen)* ■**jdn** [**mit etw** *dat*] **~** to bind [*or* tie [up *sep*]] sb [with sth]; ■**jdn an etw** *akk* **~** to bind [*or* tie [up *sep*]] sb to sth, to shackle, to handcuff; ***er wurde mit gefesselten Händen vorgeführt*** he was brought in with his hands tied
❷ *(geh: binden)* ■**jdn an sich** *akk* **~** to tie sb to oneself
❸ *(faszinieren)* ■**etw fesselt jdn** [**an jdm/etw**] sb is captivated [by sb/sth]; *(in Bann halten)* to captivate
fes·selnd *adj* captivating, spellbinding
fest [fɛst] I. *adj* ❶ *(hart, stabil)* strong, tough; **ein Buch mit ~em Einband** a hardcover [book]; **~es Gewebe/Tuch** hard-wearing tissue/fabric; [**wieder**] **~es Land unter den Füßen haben** to get back on terra firma [again]; **~e Schuhe** sturdy shoes
❷ *(nicht flüssig)* solid; *(erstarrt)* solidified; ***der Zement ist noch nicht ~*** the cement has not set yet; **~es Eis** solid ice; **~er Körper** PHYS solid body; **~e Nahrung** solid food
❸ *(sicher, entschlossen)* firm; ***wir treffen uns also morgen, ist das ~?*** we'll meet tomorrow then, is that definite?; **die ~e Absicht** the firm intention; **~er Blick** steady gaze; **~er Charakter** strength of character; **ein ~er Entschluss** a firm resolve; **~er Halt** *(a. fig)* firm hold; **der ~en Meinung sein, dass ...** to be firmly convinced that ...; **mit ~en Schritten** firmly; **mit ~er Stimme sprechen** to speak with a firm [*or* unfaltering] voice
❹ *(unerschütterlich)* unshakeable; **~er Charakter** strength of character; **~er Glaube** unshakeable faith; **~er Grundsatz** firm principle
❺ *(verbindlich)* binding; **eine ~ Abmachung** a binding agreement; **ein ~es Angebot** a binding offer; **eine ~e Redewendung** a fixed idiom; **~e Regeln** binding rules; **eine ~e Zusage** a definite okay
❻ *(kräftig)* firm; **ein ~er Händedruck** a sturdy handshake
❼ *(nicht locker)* tight; **ein ~er Knoten/Verband** a tight knot/bandage; **~er Schlaf** sound sleep
❽ *(starr)* fixed; **ein ~er Punkt** a fixed point
❾ *(konstant, ständig)* permanent; *(eng, dauerhaft)* lasting; *(festgesetzt)* fixed; **eine ~e Anstellung** a permanent job; **ein ~es Einkommen** a fixed income; **ein ~er Freund/eine ~e Freundin** a steady boyfriend/girlfriend; **eine ~e Freundschaft** a lasting friendship; **in ~en Händen sein** *(fig)* to have a steady boyfriend/girlfriend; **~e Kosten/Preise** fixed costs/prices; **ein ~er Kunde/eine ~e Kundin** a regular customer; **ein ~er Mitarbeiter/eine ~e Mitarbeiterin** a permanent employee; **ein ~er Wohnsitz** a permanent residence *no pl*
❿ ÖKON stable; **~e Anlagen** long-time investment; **~e Währung** stable currency
II. *adv* ❶ *(nicht locker)* tightly; ***sie zog ihren Mantel ~ um sich*** she wrapped herself tightly in her coat; **etw ~ anziehen** to screw in sth tightly; **etw ~ binden/verankern** to tie/moor sth tightly; **~ schlafen** to sleep deeply; **~ sitzen** to be fixed; ***der Hut sitzt nicht ~*** the hat is loose
❷ *(kräftig)* firmly; **~ an-/zupacken** to firmly grasp; **jdn ~ an sich** *akk* **drücken** to give someone a big hug; **eine Sache ~ in die Hand nehmen** to take a matter firmly in hand; **das Fenster/die Tür ~ zuschlagen** to close the window/door with a bang
❸ *(mit Nachdruck)* firmly; **~ auf etw** *dat* **beharren** to firmly insist on sth; **steif und ~ behaupten, dass ...** to maintain firmly that ...; **~ entschlossen sein** to be absolutely determined; **~ an etw** *akk* **gebunden sein** to be firmly tied to sth; **jdm etw ~ versprechen** to make sb a firm promise, to give sb one's word; **~ davon überzeugt sein, dass ...** to be absolutely convinced that ...; **etw ~ zusagen** to promise firmly
❹ *(dauerhaft)* permanently; **~ angestellt sein** to have a permanent job; **Kapital ~ anlegen** to tie up capital; **~ in einem Gesetz verankert sein** to be stipulated in a law; **etw ~ vereinbaren** to fix sth
❺ *(ordentlich)* hard; ***er hat ~ gefeiert*** he has partied wildly; ***sie hat den ganzen Tag ~ gearbeitet*** she has worked hard all day; ***du musst ~ essen*** you have to eat properly
❻ *(präzise)* **~ umrissen** clearly defined
Fest <-[e]s, -e> [fɛst] *nt* ❶ *(Feier)* celebration; **ein ~ geben** to have [*or* throw] a party
❷ *(kirchlicher Feiertag)* feast, festival; **bewegliches/unbewegliches ~** movable/immovable feast; **frohes ~!** Happy [*or* Merry] Christmas/Happy Easter, etc.; **ein kirchliches ~** a religious festival [*or* feast]
▸ WENDUNGEN: **man soll die ~e feiern, wie sie fallen** *(prov)* one should make hay while the sun shines *prov*
Fest·akt *m* ceremony
Fest·an·ge·bot *nt* HANDEL firm [*or* binding] offer
fest·an·ge·stellt *adj s.* fest II 4 **Fest·an·ge·stell·te(r)** *f(m) dekl wie adj* permanent employee
Fest·an·spra·che *f s.* Festrede
Fest·an·stel·lung *f* steady employment **Fest·auf·trag** *m* HANDEL firm [*or* standing] order
fest|bei·ßen *vr irreg* ❶ *(sich verbeißen)* ■**sich** *akk* [**an jdm/etw**] **~** to get a firm grip [on sb/sth] with one's teeth
❷ *(nicht weiterkommen)* ■**sich** *akk* [**an etw** *dat*] **~** to get stuck [on sth]
Fest·be·leuch·tung *f* ❶ *(festliche Beleuchtung)* festive lighting [*or* lights]
❷ *(hum fam: zu helle Beleuchtung)* bright lights
Fest·be·trag *m* HANDEL fixed sum **Fest·be·wer·tung** *f* FIN permanent evaluation, stating of an item at a fixed value over time **Fest·be·zü·ge** *pl* ÖKON emoluments
fest|bin·den *vt irreg* ■**jdn/etw/ein Tier** [**an etw** *dat*] **~** to tie [*or* fasten] sb/sth/an animal [to sth] **fest|blei·ben** *vi irreg sein* to stand one's ground
Fest·dar·le·hen *nt* FIN fixed loan
fes·te [ˈfɛstə] *adv (fam)* like mad; **immer ~ drauf!** let him/them, etc. have it!
Fes·te <-, -n> [ˈfɛstə] *f (veraltet) s.* **Festung**
Fest·es·sen *nt* banquet
fest|fah·ren I. *vr irreg* ■**sich** *akk* [**in etw** *dat*] **~** to get stuck [in sth] II. *vi irreg* to get stuck; ***das Auto ist im Schlamm festgefahren*** the car got stuck in the mud **fest|frie·ren** *vi irreg sein* ■ [**an etw** *dat*] **~** to freeze [solid] [to sth] **fest·ga·ren** *vt* ■**etw ~** to boil sth until firm **fest·ge·fah·ren** I. *pp von* **festfahren** stuck, bogged down II. *adj* ❶ *Verhandlungen* in [a] deadlock, deadlocked ❷ *Situation* in an impasse ❸ *Ansichten* set, intransigent, hard-line
Fest·ge·la·ge *nt (geh)* banquet, feast
Fest·geld *nt* FIN fixed-term deposit **Fest·geld·an·la·ge** *f* FIN fixed term [*or* time] deposit [investment] **Fest·geld·kon·to** *nt* ÖKON, FIN term account, time deposit account
fest·ge·nom·men I. *pp von* **festnehmen**
II. *adj* arrested, detained
Fest·ge·schäft *nt* HANDEL, BÖRSE firm deal [*or* bargain]
fest·ge·setzt *adj* **~er Termin** fixed date **fest·ge·wur·zelt** *adj* **er stand wie ~ da** he stood rooted to the spot **fest|ha·ken** I. *vt (mit einem Haken befestigen)* ■**etw** [**an etw** *dat*] **~** to hook sth [to sth] II. *vr (hängen bleiben)* ■**sich** *akk* **an etw** *dat*/**in etw** *dat* **~** to get caught on/in sth
Fest·hal·le *f* [festival] hall
fest|hal·ten *irreg* I. *vt* ❶ *(fest ergreifen)* ■**jdn** [**an etw** *dat*] **~** to grab [*or* seize] sb [by sth]; ***er hielt sie am Ärmel fest*** he grabbed her by the sleeve
❷ *(gefangen halten)* ■**jdn ~** to detain [*or* hold] sb
❸ *(konstatieren)* ■**~, dass ...** to record the fact that ...; ■**etw ~** to record [*or* make a note of] sth; ***diesen Punkt sollten wir unbedingt ~*** we should certainly make a note of this point
II. *vi* ■**an etw** *dat* **~** to adhere [*or* stick] to sth; **hartnäckig an etw** *dat* **~** to stubbornly cling to sth
III. *vr* ■**sich** *akk* [**an jdm/etw**] **~** to hold on [to sb/sth]
Fest·hy·po·thek *f* FIN fixed date mortgage loan, fixed rate mortgage
fes·ti·gen [ˈfɛstɪgn̩] I. *vt* ■**etw ~** to strengthen sth; *Freundschaft* to establish; *Stellung* secure
II. *vr (sich stabilisieren)* ■**sich** *akk* **~** to become more firmly established
Fes·ti·ger <-s, -> *m* setting lotion
Fes·tig·keit <-> [ˈfɛstɪçkait] *f kein pl* ❶ *(Stabilität)* strength
❷ *(Unnachgiebigkeit, Entschlossenheit)* resoluteness, steadfastness; **mit ~ auftreten** to appear resolute
❸ *(Standhaftigkeit)* firmness; **die ~ von jds Glauben** sb's firm belief
Fes·ti·gung <-, -en> *f* consolidation
Fes·ti·val <-s, -s> [ˈfɛstivl̩] *nt* festival
fest|klam·mern I. *vt (mit Klammern befestigen)* ■**etw** [**an etw** *dat*] **~** to clip sth [to sth] II. *vr (nicht mehr loslassen)* ■**sich** *akk* [**an jdm/etw**] **~** to cling [*or* hang on] [to sb/sth] **fest|kle·ben** I. *vt haben (durch Kleben befestigen)* ■**etw ~** to stick sth [on]; **festgeklebt sein** to be stuck on [*or* to] II. *vi sein (klebend haften)* ■ [**an etw** *dat*] **~** to stick [to sth]
Fest·kör·per *m* PHYS solid **Fest·kos·ten** *pl* ÖKON overhead expenses
fest|kral·len *vr* ■**sich** *akk* [**an jdm/etw**] **~** to cling [on] [to sb/sth]; ***die Katze krallte sich an ihrem Pullover fest*** the cat dug its claws into her pullover
Fest·land [ˈfɛstlant] *nt kein pl* ❶ *(Kontinent etc.)* continent, mainland; ***nach Wochen auf See tauchte endlich das ~ auf*** after weeks at sea land was finally sighted ❷ *(feste Erdoberfläche)* dry land

Fẹst·land(s)·so·ckel *m* continental shelf

fẹst|le·gen I. *vt* ① *(bestimmen)* ■**etw** ~ to determine [*or* establish] [*or* define] sth; ■~, **dass ...** to stipulate that ...; ***die Rechte der Bürger sind im Bürgerlichen Gesetzbuch festgelegt*** the rights of every citizen are laid down in the Civil Code ② FIN *(unkündbar anlegen) Geld* to tie up *sep* ③ *(bindend verpflichten)* ■**jdn** [**auf etw** *akk*] ~ to tie sb down [to sth]; ***er will sich nicht ~ lassen*** he does not want to commit himself to anything **II.** *vr (sich verpflichten)* ■**sich** *akk* [**auf etw** *akk*] ~ to commit oneself [to sth] **Fẹst·le·gung** <-, -en> *f* determining, establishing, fixing, laying down; ***er war zuständig für die ~ der Tagesordnung*** he was responsible for creating [*or* defining] the agenda

fẹst·lich I. *adj* ① *(feierlich)* festive
② *(glanzvoll)* magnificent, splendid; *Beleuchtung* festive
II. *adv* festively; **etw ~ begehen** *(geh)* to celebrate sth; ~ **gekleidet sein** to be dressed up

Fẹst·lich·keit <-, -en> *f* celebration, festivity, festive atmosphere

fẹst|lie·gen *vi irreg* ① *(festgesetzt sein)* to be determined [*or* established]; ***die Termine liegen jetzt fest*** the schedules have now been fixed ② *(nicht weiterkönnen)* to be stranded [*or* stuck] ③ FIN *(fest angelegt sein)* to be tied up **fẹst·lie·gend** *adj* locked, tied up; ~**e Gelder** tied-up funds; ~**es Kapital** frozen capital **fẹst|ma·chen I.** *vt* ① *(befestigen)* ■**etw** [**an etw** *dat*] ~ to fasten [*or* secure] sth [to sth] ② *(vereinbaren)* ■**etw** ~ to arrange sth; **ein Geschäft** ~ to close a deal ③ *(ableiten, herleiten)* ■**etw an etw** *dat* ~ to link sth to sth **II.** *vi* NAUT *(anlegen)* ■[**an etw** *dat*] ~ to tie up [to sth], to moor

Fẹst·mahl *nt (geh)* feast, banquet

Fẹst·me·ter *m o nt* AGR cubic metre [*or* AM -er]

fẹst|na·geln *vt* ① *(mit Nägeln befestigen)* ■**etw** [**an etw** *dat*] ~ to nail sth [to sth] ② *(fam: festlegen)* ■**jdn** [**auf etw** *akk*] ~ to nail [*or* pin] sb down [to sth] **Fest·nah·me** <-, -n> ['fɛstna:mə] *f* arrest, apprehension; ~ **auf frischer Tat** apprehension in the very act; **vorläufige** ~ provisional [*or* temporary] detention, summary arrest **fẹst|neh·men** *vt irreg* **jdn** ~ to take sb into custody; **jdn vorläufig** ~ to take sb into [temporary] custody, to detain sb provisionally [*or* temporarily]; ***Sie sind [vorläufig] festgenommen*** I'm arresting you

Fẹst·netz *nt* TELEK ground[-based] [*or* terrestrial] network **Fẹst·netz·be·trei·ber** *m* TELEK terrestrial network operator

Fẹst·plat·te *f* INFORM hard disk; **etw auf ~ sichern** to back-up sth on disk

Fẹst·plat·ten·ge·schwin·dig·keit *f* INFORM hard disk velocity **Fẹst·plat·ten·ka·pa·zi·tät** *f* INFORM hard disk capacity **Fẹst·plat·ten·kom·pri·mie·rungs·pro·gramm** *nt* INFORM hard disk compression program **Fẹst·plat·ten·lauf·werk** *nt* INFORM hard disk drive

Fẹst·platz *m* fairground

Fẹst·preis *m* HANDEL fixed price **Fẹst·preis·ab·rech·nung** *f* FIN, ÖKON fixed price accounting **Fẹst·preis·ab·re·de** *f* HANDEL fixed-price agreement **Fẹst·preis·ga·ran·tie** *f* HANDEL, JUR fixed-price guarantee **Fẹst·preis·kar·tell** *nt* ÖKON fixed-price cartel **Fẹst·preis·ver·ein·ba·rung** *f* HANDEL fixed-price agreement [*or* arrangement] **Fẹst·preis·ver·trag** *m* JUR fixed-price contract

Fẹst·punkt *m* fixed point

Fẹst·re·de *f* official speech; **die ~ halten** to give a formal address **Fẹst·red·ner(in)** *m(f)* official speaker **Fẹst·saal** *m* banquet hall

fẹst|sau·gen *vr* ■**sich** *akk* **an jdm/etw** ~ to cling to [sb/sth], to attach to sb/sth firmly **fẹst|schnal·len I.** *vt* ■**jdn/etw** ~ to strap [*or* buckle] in sb/sth *sep; Kleinkind* to strap up sb/sth *sep* BRIT **II.** *vr* ■**sich** *akk* ~ to fasten one's seat belt, to buckle up; **schnallen Sie sich bitte fest!** fasten your seat belt, please! **fẹst|schrau·ben** *vt* ■**etw** ~ to screw on sth tightly *sep* **fẹst|schrei·ben** *vt irreg* ■**etw** ~ to establish sth; ***das Abkommen schreibt den genauen Verlauf der Grenze zwischen den beiden Ländern fest*** the treaty defines the exact borders between the two countries **Fẹst·schrei·bung** *f* establishment

Fẹst·schrift *f* commemorative publication

fẹst|set·zen I. *vt (bestimmen)* ■**etw** ~ to determine [*or* define] sth
II. *vr (fest anhaften)* ■**sich** *akk* ~ to collect, to settle; ***in den Ritzen hat sich Dreck festgesetzt*** dirt has collected in the cracks

Fẹst·set·zung <-, -en> *f* determination, fixing **Fẹst·set·zungs·frist** *f* FIN assessment period

fẹst|sit·zen *vi irreg* ① *(sich nicht bewegen lassen)* to be stuck; ***die Halterung muss richtig ~*** the bracket must be secure
② *(festkleben)* to be stuck on
③ *(stecken geblieben sein)* to be stuck

Fẹst·spei·cher *m* INFORM read only memory, ROM

Fẹst·spiel *nt* ① *(Bühnenstück)* festival production ② *pl (Festival)* ■~**e** festival **Fẹst·spiel·haus** *nt* festival theatre [*or* AM -er]

fẹst|ste·cken I. *vt* ■**etw** ~ to pin sth; **sich** *dat* **die Haare** ~ to pin up one's hair **II.** *vi sein* to be stuck **fẹst|ste·hen** *vi irreg* ① *(festgelegt sein)* to be certain [*or* fixed]; ***steht das genaue Datum schon fest?*** has the exact date been fixed already? ② *(sich entschlossen haben)* to be firm; ***mein Entschluss steht fest*** my decision is firm [*or* final] ③ *(sicher sein)* ■~, **dass ...** to be certain that ...; ***eines steht jedenfalls fest — ...*** one thing is for certain [*or* sure] ... **fẹst·ste·hend** *adj attr* established, fixed

fẹst·stell·bar *adj* ① *(herauszufinden)* ■~ **sein** to be ascertainable
② *(arretierbar)* lockable

Fẹst·stell·brem·se *f* AUTO parking brake

fẹst|stel·len *vt* ① *(ermitteln)* ■**jdn/etw** ~ to identify sb/sth; **jds Personalien** ~ to ascertain sb's personal data; **den Täter** ~ to identify the guilty party
② *(bemerken)* ■**etw** ~ to detect sth
③ *(diagnostizieren)* ■[**bei jdm**] **etw** ~ to diagnose sb with sth; ***haben Sie irgendetwas Ungewöhnliches festgestellt?*** did you notice anything unusual?; ■~, **dass ...** to see that ...; ***zu meinem Erstaunen muss ich ~, dass ...*** I am astounded to see that ...
④ *(arretieren)* ■**etw** ~ to lock sth

Fẹst·stel·ler *f* BAU door stop, stay roller

Fẹst·stell·rie·gel *m* BAU fixing bolt **Fẹst·stell·tas·te** *f* INFORM caps [*or* shift] lock

Fẹst·stel·lung *f* ① *(Bemerkung)* remark; ***erlauben Sie mir die ~, dass ..*** allow me to comment that ...
② JUR *(Ermittlung)* ascertainment, establishment
③ *(Wahrnehmung, Beobachtung)* observation; ~**en machen** to make observations; **die ~ machen, dass ...** *(geh)* to see that ..., to notice that ...
④ *(Ergebnis)* **zu der ~ kommen** [*o* **gelangen**], **dass ...** to come to the conclusion that ...
⑤ JUR *des Gerichts* finding, declaration; ~ **eines Zeugen** identification of a witness; ~ **eines Rechts/Rechtsanspruchs** proof of a right/of title; **gerichtliche/rechtliche** ~ court/legal finding[s]; **rechtskräftige** ~ non-appealable declaratory judgment

Fẹst·stel·lungs·an·spruch *m* JUR entitlement to a declaratory judgment **Fẹst·stel·lungs·be·scheid** *m* FIN [tax] notice of assessment **Fẹst·stel·lungs·be·schluss**[RR] *m* JUR declaratory decision **Fẹst·stel·lungs·frist** *f* FIN declaratory deadline **Fẹst·stel·lungs·in·te·res·se** *nt* JUR interest to seek a declaratory judgment **Fẹst·stel·lungs·kla·ge** *f* JUR declaratory action; **negative/positive** ~ negative/positive declaratory action **Fẹst·stel·lungs·ur·teil** *nt* JUR declaratory judgment **Fẹst·stel·lungs·ver·fah·ren** *nt* JUR declaratory proceedings *pl* **Fẹst·stel·lungs·ver·jäh·rung** *f* JUR limitation of prescription **Fẹst·stel·lungs·wir·kung** *f* JUR declaratory effect; ~ **ausländischer Urteile** declaratory effect of foreign judgments

Fẹst·stim·mung *f* festive atmosphere; **in ~ sein** to be in a festive mood

Fẹst·stoff *m* CHEM, PHYS solid matter

Fẹst·ta·fel *f (geh)* banquet table *form* **Fẹst·tag** *m* ① *(Ehrentag)* special day ② *(Feiertag)* holiday; ***wir sind die ~e über verreist*** we're away for the holiday period; **frohe ~e!** *(Ostern)* Happy Easter; *(Weihnachten)* Merry [*or* Happy] Christmas

fẹst·tags *adv* on holidays

Fẹst·tags·stim·mung *f s.* **Feststimmung**

fẹst|tre·ten *vt irreg* to tread [*or* trample] sth down *sep;* **sich** *akk* ~ to become trodden down; ***geht nicht quer durch das Beet - die Erde tritt sich sonst fest!*** don't walk across the flower-bed, otherwise the earth will get trodden down!
▸WENDUNGEN: **das tritt sich ~!** *(hum sl)* don't worry, you'll get used to it!

fẹst·um·ris·sen *adj attr s.* **fest II 6**

Fes·tung <-, -en> ['fɛstʊŋ] *f* fortress

fẹst·ver·zins·lich *adj* FIN fixed-interest *attr,* at a fixed rate of interest *pred;* ~**e Wertpapiere** fixed-interest securities **Fẹst·wäh·rung** *f* FIN fixed currency

Fẹst·wert *m* fixed value **Fẹst·wert·spei·cher** *m* INFORM read only memory, ROM

Fẹst·wie·se *f s.* **Festplatz Fẹst·wirt·schaft** <-, -en> *f* SCHWEIZ party drinks service **Fẹst·wo·che** *f* festival [week] **Fẹst·zelt** *nt* marquee

fẹst|zie·hen *vt irreg* ■**etw** ~ *(zusammenziehen)* to tighten sth; *(festdrehen)* to tighten

Fẹst·zins *m* fixed interest **Fẹst·zins·an·lei·he** *f* FIN fixed interest security **Fẹst·zins·dar·le·hen** *nt* FIN fixed rate mortgage **Fẹst·zins·kre·dit** *m* FIN fixed rate loan **Fẹst·zins·ri·si·ko** *nt* FIN fixed interest risk **Fẹst·zins·satz** *m* FIN fixed interest rate

Fẹst·zug *m* procession, parade

fẹst|zur·ren *vt* to lash sth down [*or* together]; ***du musst den Sicherheitsgurt ~*** you must tighten your seat-belt

Fe·te <-, -n> ['fe:tə] *f* party; **eine ~ machen** [*o* **feiern**] to have [*or* throw] a party

Fe·tisch <-[e]s, -e> ['fe:tɪʃ] *m* fetish

Fe·ti·schis·mus <-> [fetɪ'ʃɪsmʊs] *m kein pl* fetishism *no def art*

Fe·ti·schist(in) <-en, -en> [fetɪ'ʃɪst] *m(f)* fetishist

fett [fɛt] *adj* ① *(fetthaltig)* fatty; *Essen, Speisen* fatty
② *(pej: dick)* fat
③ TYPO bold; ~ **gedruckt** in bold [type] *pred;* ~**e Schrift** bold face; *Überschrift* printed in bold
④ *(üppig)* fertile, rich; *Ackerboden* fertile; **Beute** *(fam)* rich; **die ~en Jahre** the fat years; *Weide* rich
⑤ *(von Auto)* rich; ***wow, ist das ein fetter Wagen!*** wow, what a car!
⑥ *(sl: super)* phat *sl*

Fett <-[e]s, -e> [fɛt] *nt* ① *(Fettgewebe)* fat; ~ **ansetzen** *Mensch* to gain weight; *Tier* to put on fat
② *(zum Schmieren)* grease; **pflanzliches/tierisches** ~ vegetable/animal fat; **etw in schwimmendem ~ backen** to deep-fry sth
▸WENDUNGEN: **sein ~ abbekommen** [*o* **abkriegen**] *(fam)* to get one's come-uppance *fam;* **sein ~ [weg]haben** *(fam)* to get what is coming to you *fam*

Fẹtt·an·satz *m* layers of fat; **zu ~ neigen** to tend to put on weight [easily] **fẹtt·arm I.** *adj* low-fat **II.** *adv* low-fat; ~ **essen** to eat low-fat foods

Fẹtt·arsch *m (pej vulg)* ① *(Po)* fat arse *pej vulg* ② *(Person)* fatso *sl or pej vulg* **Fẹtt·au·ge** *nt* fatty globule **Fẹtt·ba·cke** *f (pej)* fat slob **Fẹtt·bauch** *m (pej fam)* ① *(fetter Bauch)* paunch ② *(fetter Mann)* fatso *pej fam* **Fẹtt·cre·me** *f* skin cream with oil **Fẹtt·druck** *m* bold [type] **Fẹtt·em·bo·lie** *f* MED fat embolism

fet·ten ['fɛtn̩] **I.** *vt (einfetten)* to grease
II. *vi (Fett absondern)* to become greasy

Fẹtt·film *m* greasy film **Fẹtt·fleck** *m,* **Fẹtt·fle·cken** *m* grease mark [*or* spot], smudge **Fẹtt·ge·ba·cke·nes** *nt* choux pastries *pl* **fẹtt·ge·druckt** *adj attr s.* **fett 3 Fẹtt·ge·halt** *m* fat content **Fẹtt·ge·we·be** *nt* fatty tissue **Fẹtt·grie·be** *f* crackling

fẹtt·hal·tig *adj* fatty

Fẹtt·hen·ne *f* BOT stonecrop

fet·tig ['fɛtɪç] *adj* greasy

Fẹtt·kil·ler *m* PHARM *(fam: Mittel zur Reduzierung des Gewichts)* slimming product [*or* aid] **Fẹtt·kloß** *m (pej)* fatso *pej fam,* fatty *pej fam* **Fẹtt·klum·pen**

m lump of fat **Fett·kraut** *nt* BOT butterwort **Fett·le·ber** *f* fatty liver

fett·lei·big ['fɛtlaibɪç] *adj (geh)* corpulent *form,* obese

Fett·lei·big·keit *f (geh)* corpulence *form,* obesity

Fett·lö·ser *m* CHEM fat dissolving agent

fett·lös·lich *adj* fat-soluble; CHEM liposoluble; **~e Vitamine** fat-soluble vitamins **Fett·lös·lich·keit** *f kein pl* CHEM liposolubility **Fett·näpf·chen** *nt* ▸WENDUNGEN: [**bei jdm**] **ins ~ treten** *(fam)* to put one's foot in it [with sb] **Fett·pfänn·chen** *nt* butter pan **Fett·pols·ter** *nt (fam)* cushion of fat **Fett·pres·se** *f* grease gun **fett·reich** **I.** *adj* rich **II.** *adv* richly; **~ essen** to eat foods with a very high fat content

Fett·rol·le *f (pej fam)* roll of fat; *(am Bauch)* spare tyre *fam* **Fett·sack** *m (sl)* fat slob *pej fam!,* fatso *pej fam!; **he, ~!*** hey, fatso! **Fett·sal·be** *f* fat-based ointment **Fett·säu·re** *f* fatty acid **Fett·schicht** *f* layer of fat **Fett·schwein** *nt* porker **Fettstoff·wech·sel** *m* lipid metabolism **Fett·sucht** *f kein pl* obesity

fett·süch·tig *adj* MED [chronically] obese **fett·trie·fend** *adj* dripping with fat **Fett·wanst** *m (pej)* fatso *pej fam*

Fett·zel·le *f* BIOL, ANAT fat cell; ■ **~n** *pl* adipose tissue

Fe·tus <-[ses], Feten *o* -se *o* Föten> ['fe:tʊs, *pl* 'fe:tən, *pl* 'fø:tən] *m* foetus, fetus AM

fet·zen ['fɛtsn̩] **I.** *vt haben* ① *(reißen)* ■ **etw** [**von etw** *dat*] [**irgendwohin**] ~ to rip [*or* tear] sth [off sth] [and put it somewhere else]

② *(fam: prügeln)* ■ **sich** *akk* ~ to tear apart; ***hört auf, euch zu ~!*** stop tearing each other apart!

II. *vi haben (sl: mitreißen)* ■ **das fetzt** this is mind-blowing

Fet·zen <-s, -> ['fɛtsn̩] *m* ① *([abgerissenes] Stück)* scrap, shred; *Haut* patch, piece; **Papier/Stoff** scrap, piece; **etw in ~ reißen** to tear sth to pieces [*or* shreds]

② *(zusammenhangsloser Ausschnitt)* snatches *pl* BRIT, fragments; ***ab und zu drang ein ~ des Gesprächs an sein Ohr*** now and again he heard snatches [*or* bits and pieces] of the conversation

③ *(sl: billiges Kleid)* rag

▸WENDUNGEN: **... dass die ~ fliegen** *(fam)* ... like mad; ***die beiden haben sich gestritten, dass die ~ flogen*** the two of them had a row and the sparks flew

fet·zig ['fɛtsɪç] *adj (sl: mitreißend)* fantastic; *Musik* hot; *(schick, flott)* trendy; *Typ* cool

feucht [fɔyçt] *adj* ① *(leicht nass)* damp; *Hände, Stirn* clammy, sweaty; *Vagina* wet; ***ihre Augen wurden ~*** her eyes were misty [*or* moist]; **~er Traum** *(fam)* wet dream *fam*

② *(humid)* humid; *Klima, Luft* humid

③ *(nicht angetrocknet)* ■ **noch ~ sein** to still be wet [*or* damp]; ***Achtung, die Farbe ist noch ~!*** Attention, wet paint!

Feucht·bio·top *f* damp biotope **Feucht·bo·den** *m* damp ground **Feucht·deh·nung** *f* TYPO moisture [*or* wet] expansion

feuch·teln ['fɔyçtl̩n] *vi* SCHWEIZ *(nach Feuchtigkeit riechen)* to smell of dampness

feucht·fröh·lich ['fɔyçt'frø:lɪç] **I.** *adj (hum fam)* merry

II. *adv (hum fam)* merrily; **~ feiern** to have a booze up BRIT, to go out drinking

Feucht·ge·biet *nt* marshland

feucht·heiß *adj* hot and humid

Feuch·tig·keit <-> ['fɔyçtɪçkait] *f kein pl* ① *(leichte Nässe)* dampness

② *(Wassergehalt)* moisture, humidity; **die ~ der Luft** humidity [in the air]

Feuch·tig·keits·auf·nah·me *f* TYPO *(von Papier)* moisture pick-up **feuch·tig·keits·be·stän·dig** *adj* TECH *Isolierung, Verpackung, Material* moisture-resistant **Feuch·tig·keits·cre·me** [-kre:m] *f* moisturizing cream **feuch·tig·keits·emp·find·lich** *adj* hygroscopic, moisture-sensitive **Feuch·tig·keits·emul·si·on** *f* moisturizing emulsion **Feuch·tig·keits·fak·tor** *m* **natürlicher ~** natural moisturizing factor **feuch·tig·keits·fest** *adj* moisture-proof **Feuch·tig·keits·ge·halt** *m* moisture content; **der ~ der Luft** the humidity in the air **Feuch·tig·keits·lo·ti·on** *f* moisturizing lotion **Feuch·tig·keits·pfle·ge** *f* moisturizing care **feuch·tig·keits·re·gu·lie·rend** *adj Creme* moisture-regulating **feuch·tig·keits·si·cher** *adj* TECH *Isolierung, Verpackung, Material* moisture-proofed, protected from moisture *pred* **feuch·tig·keits·spei·chernd** *adj Creme* moisture-retaining **feuch·tig·keits·spen·dend** *adj Creme* moisturizing **Feuch·tig·keits·ver·lust** *m* moisture loss **feucht·kalt** *adj* damp and cold **feucht·warm** *adj* warm and humid

Feucht·was·ser *nt* TYPO damping [*or* fountain] water **Feucht·was·ser·kas·ten** *m* TYPO damping water fountain

Feucht·wie·se *f* marshland

feu·dal [fɔy'da:l] *adj* ① HIST feudal

② *(fam: prächtig)* magnificent; *Essen* sumptuous; *Wohnung* plush, exclusive, luxurious

Feu·dal·herr *m* feudal lord

Feu·dal·herr·schaft *f* feudalism

Feu·da·lis·mus <-> [fɔyda'lɪsmʊs] *m kein pl s.* **Feudalherrschaft**

Feu·del <-s, -> ['fɔydl̩] *m* NORDD floorcloth

feu·deln ['fɔydl̩n] *vt* NORDD ■ **etw ~** *Boden* to wipe sth

Feu·er <-s, -> ['fɔyɐ] *nt* ① *(Flamme)* fire; **bengalisches ~** Bengal light *(a thick sparkler with a wooden stem that burns with a green or red light)*; **das olympische ~** the Olympic flame; **~ speien** to spit fire; GEOL *Vulkan* to spew out fire; LIT *Drachen* to breathe fire; **~ speiend** GEOL *Vulkan* spewing fire *pred;* LIT *Drachen* fire-breathing *attr;* **~ machen** to make a fire; **am ~** by the fire

② *(für Zigarette)* **jdm ~ geben** to give sb a light; **~ haben** to have a light; ***Entschuldigung, haben Sie mal ~?*** excuse me please, have you got a light?

③ *(Kochstelle, Herd)* **etw auf offenem ~ kochen** to cook sth on an open fire; **etw vom ~ nehmen** to take sth off the heat; **etw aufs ~ stellen** to put sth on to cook

④ *(Brand)* fire; **~!** fire!; **~ fangen** to catch [on] fire; **etw in ~ legen** to set alight [*or* fire] [to sth] [*or* to set sth on fire]

⑤ MIL *(Beschuss)* fire; **jdn unter ~ nehmen** to open fire on sb/sth; **~ frei!** open fire!; **das ~ einstellen** to cease fire; ***„~ einstellen!“*** “cease fire!”; **das ~ eröffnen** to open fire; **~ geben** to open fire; ***„[gebt] ~!“*** “fire!”

⑥ *(Schwung)* ardour [*or* AM -or]; **jugendliches ~** youthful vigour [*or* AM -or]

⑦ *(geh: Glanz) Augen* sparkle

▸WENDUNGEN: **wie ~ brennen** to sting like mad, to burn; [**bei jdm**] **~ fangen** to be smitten [by sb]; **~ und Flamme** [**für jdn/etw**] **sein** *(fam)* to be enthusiastic [about sb/sth]; **für jdn durchs ~ gehen** to go through hell and high water for sb; **jdm ~ unter dem Hintern** *fam* [*o* **Arsch** *sl*] **machen** to put a rocket under sb *fam;* **jdn/etw unter ~ nehmen** *(fam)* to blast [*or* BRIT *fam* slate] sb/sth; **mit dem ~ spielen** to play with fire; **wie ~ und Wasser sein** to be as different as night and day, to be as different as chalk and cheese BRIT

Feu·er·alarm *m* fire alarm; **~ geben** to give out the fire alarm **Feuer·an·zün·der** *m* firelighter, AM *usu* fire starter **Feu·er·ball** *m* fireball **Feu·er·be·fehl** *m* MIL order to fire; **den ~ geben** to give the order to fire **feu·er·be·stän·dig** *adj* fireproof [*or* -resistant] **Feu·er·be·stat·tung** *f* cremation **Feu·er·boh·ne** *f* scarlet runner bean **Feu·er·ei·fer** *m* zeal[ousness]; **mit [wahrem] ~** with [true] zest **Feu·er·ein·stel·lung** *f* MIL cease-fire **feu·er·fest** *adj* fireproof; **~es Geschirr** ovenproof [*or* heat-resistant] dishes **Feu·er·gas·se** *f* fire lane [*or* break] **Feu·er·ge·fahr** *f* fire hazard; ***bei ~ benutzen Sie den Notausgang*** please use the emergency exit in the event of fire **feu·er·ge·fähr·lich** *adj* [highly] [in]flammable [*or* combustible]; **~e Ladung** inflammable cargo **Feu·er·ge·fecht** *nt* MIL gun fight **Feu·er·glo·cke** *f (veraltet)* fire bell **Feu·er·ha·ken** *m* poker **feu·er·hem·mend** *adj* BAU fire-retardant **Feu·er·holz** *nt kein pl* firewood *no pl*

Feu·er·land ['fɔyɐlant] *nt* Tierra del Fuego

Feu·er·lei·ter *f* ① *(Fluchtweg)* fire escape ② *(auf einem Feuerwehrauto)* [fire engine's] ladder **Feu·er·lö·scher** *m* fire extinguisher **Feu·er·lösch·fahr·zeug** *nt* fire-fighting vehicle, fire engine; *(beim Flugzeug)* fire tender **Feu·er·mal** *nt* MED *a red or blue-red mark* **Feu·er·mel·der** <-s, -> *m* fire alarm

feu·ern **I.** *vi* ■ [**auf jdn/etw**] ~ to fire [at sb/sth]

II. *vt (fam)* ① *(werfen)* ■ **etw irgendwohin ~** to fling [*or* sling] sth [somewhere] *fam*

② *(fam: entlassen)* ■ **jdn ~** to fire [*or* sack] sb; ■ **gefeuert werden** to be fired, to get the sack

Feu·er·pat·sche *f* fire-beater **Feu·er·pau·se** *f* MIL cease-fire **Feu·er·po·li·zei** <-> *f kein pl* ÖSTERR, SCHWEIZ *(Brandschutzbehörde)* ≈ fire service BRIT, ≈ fire department AM **Feu·er·pro·be** *f* acid test; **die/eine ~ bestehen** to pass the acid test **Feu·er·qual·le** *f* stinging jellyfish

Feu·er·rei·fen *m* ring of fire **feu·er·rot** ['fɔyɐ'ro:t] *adj* ① *(Farbe)* fiery red, scarlet; **~es Haar** flaming [red] hair ② *(sich schämen)* ■ **~ werden** to turn crimson [*or* scarlet] **Feu·er·sa·la·man·der** *m* [European] fire salamander **Feu·er·säu·le** *f* pillar of fire

Feu·ers·brunst *f (geh)* conflagration

Feu·er·scha·den *m s.* **Brandschaden** **Feu·er·schein** *m* glow of [a/the] fire **Feu·er·schiff** *nt* lightship **Feu·er·schlu·cker(in)** <-s, -> *m(f)* fire-eater **Feu·er·schutz·be·stim·mun·gen** *pl* JUR fire prevention regulations **Feu·er·schutz·steu·er** *f* FIN fire protection tax

Feu·ers·ge·fahr *f s.* **Feuergefahr**

feu·er·si·cher ['fɔyɐzɪçɐ] *adj* ① *(widerstandsfähig gegen Feuer)* fireproof ② *(geschützt vor Feuer)* safe from fire *pred* **feu·er·spei·end** *adj attr s.* **Feuer 1**

Feu·er·sprit·ze *f* fire hose **Feu·er·stein** *m* ① *(Zündstein)* flint ② GEOL flint, chert *spec* **Feu·er·stel·le** *f* fireplace; *(draußen)* campfire site **Feu·er·sturm** *m kein pl* MIL *(fam)* firestorm **Feu·er·tau·fe** *f kein pl* MIL *(fig a.)* baptism of fire **Feu·er·tod** *m* ■ **der ~** [death at] the stake; **den ~ sterben** to be burned at the stake **Feu·er·trep·pe** *f* BAU fire escape **Feu·er·tür** *f* fire door

Feu·e·rung <-, -en> *f* ① *kein pl (Brennstoff)* fuel

② *(Heizung)* heating system, heater

Feu·er·ver·si·che·rung *f* fire insurance **feu·er·ver·zinkt** *adj* galvanized **Feu·er·wa·che** *f* fire station **Feu·er·waf·fe** *f* firearm **Feu·er·was·ser** *nt (fam)* firewater *hum fam*

Feu·er·wehr <-, -en> *f* ① *(zur Feuerbekämpfung)* fire brigade + *sing/pl vb;* **die freiwillige ~** the voluntary fire brigade + *sing/pl vb*

② *(Nothelfer)* rescue; ***jetzt kann ich wieder ~ spielen*** now I'm supposed to come to the rescue again

▸WENDUNGEN: **wie die ~ fahren** *(fam)* to drive like the clappers BRIT *fam*

Feu·er·wehr·au·to *nt* fire engine **Feu·er·wehr·lei·ter** *f* fire ladder **Feu·er·wehr·leu·te** *pl von* **Feuerwehrmann** fire-fighters, firemen **Feu·er·wehr·mann, -frau** <-leute *o* -männer> *m, f* fire-fighter, fireman **Feu·er·wehr·schlauch** *m* fire hose **Feu·er·wehr·übung** *f* firefighting exercise

Feu·er·werk *nt* fireworks *npl* [display]; **ein ~ veranstalten** to have [*or* BRIT let off] [*or* set off] a fireworks display

Feu·er·wer·ker(in) <-s, -> *m(f)* firework-maker

Feu·er·werks·kör·per *m* firework

Feu·er·zan·ge *f* fire tongs *npl* **Feu·er·zan·gen·bow·le** *f a hot red wine punch with a sugar cone soaked in rum lit above it*

Feu·er·zeug *nt* [cigar/cigarette/pipe] lighter **Feu·er·zeug·ben·zin** *nt* lighter fuel **Feu·er·zeug·gas** *nt* lighter gas

Feuil·le·ton <-s, -s> [fœjə'tõ:] *nt (Zeitungsteil)* culture [*or* feature] section [*or pl* pages]

Feuil·le·to·nist(in) <-en, -en> [fœjəto'nɪst] *m(f)*

F

feature writer

feu·rig ['fɔyrɪç] *adj* ① *(temperamentvoll)* fiery
② *(veraltend: glühend)* glowing

Fez <-[es], -[e]> [fe:ts] *m* fez

ff. [ɛfʔɛf] *Abk von* **folgende Seiten**: [***auf*** ***Seite 200***] ~ from page 200, pages [*or* pp[.]] 200 ff[.]

FH <-, -s> [ɛfha:] *f Abk von* **Fachhochschule** ≈ *technical college of higher education*

Fi·a·ker <-s, -> ['fi̯akɐ] *m* ÖSTERR ① *(Kutsche)* [BRIT hackney] cab
② *(Kutscher)* cab driver, cabby *fam*

Fi·as·ko <-s, -s> ['fi̯asko] *nt (fam)* fiasco; [**mit etw** *dat*] **ein ~ erleben** to end [up] in a fiasco [over sth]

Fi·bel[1] <-, -n> ['fi:bl̩] *f (Lesebuch)* primer; *(Leitfaden)* introduction; **„~ für Gartenfreunde“** “Introduction to Gardening”

Fi·bel[2] <-, -n> ['fi:bl̩] *f* ARCHÄOL fibula

Fi·ber <-, -n> ['fi:bɐ] *f* ① *(Faser)* fibre [*or* AM -er]
② *kein pl (Kunstfaser)* [synthetic] fibre [*or* AM -er]
▶WENDUNGEN: **mit jeder ~ ihres/seines Herzens** *(geh)* with every fibre [*or* AM -er] of her/his heart

Fi·ber·glas·ge·we·be *nt* BAU fibreglass fabric

FI·BOR <-[s]> ['fi:bo̯ɐ] *m kein pl* FIN *(deutscher Referenzzinssatz) Akr von* **Frankfurt interbank offered rate** FIBOR

Fi·brin <-s> [fi'bri:n] *nt kein pl* MED fibrin *spec*

Fi·brom <-s, -e> [fi'bro:m] *nt* MED fibroma *spec*

Fi·bro·se <-, -n> [fi'bro:zə] *f* MED fibrosis

fi·cel·lie·ren [fisə'li:rən] *vt* KOCHK ■**etw ~** to secure sth with kitchen string

Fiche <-s> [fi:ʃ] *m o nt* [micro]fiche

ficht [fɪçt] *3. pers. pres von* **fechten**

Fich·te <-, -n> [fɪçtə] *f* spruce

Fich·tel·ge·bir·ge ['fɪçtl̩gəbɪrgə] *nt* Spruce Mountains *pl*

fich·ten ['fɪçtn̩] *adj* spruce[wood]

Fich·ten·holz *nt* spruce[wood] **Fich·ten·kreuz·schna·bel** *m* ORN red crossbill, common crossbill **Fich·ten·na·del·ex·trakt** *m* pine essence **Fich·ten·zap·fen** *m* spruce cone

Fick <-s, -s> [fɪk] *m (vulg)* fuck *vulg*

fi·cken ['fɪkn̩] *(vulg)* **I.** *vi* ■[**mit jdm**] **~** to fuck [sb] *vulg*
II. *vt* ■**jdn ~** to fuck sb *vulg;* ■**gefickt werden** to get [*or* be] fucked *vulg;* ■**sich** *akk* **~ lassen** to [let oneself] get fucked *vulg*

fi·cke·rig, fick·rig DIAL **I.** *adj* fidgety
II. *adv* in a fluster [*or* flutter]

Fi·dei·kom·miss[RR] [fideikɔ'mɪs] *nt* JUR entail, entailed estate; **einen ~ auflösen** to break an entail; **etw als ~ besitzen** to hold sth in trust

fi·del [fi'de:l] *adj (fam)* merry, jolly *a. hum*

Fi·di·bus <- *o* -ses, - *o* -se> ['fi:dibʊs] *m* spill

Fi·dschi <-s> ['fɪdʒi] *nt* Fiji

Fi·dschi·a·ner(in) <-s, -> [fɪdʒi̯a:nɐ] *m(f)* Fijian

fi·dschi·a·nisch [fɪdʒi̯a:nɪʃ] *adj* Fijian

Fi·dschi·in·seln *pl* Fiji Islands *pl*

fi·du·zi·a·risch [fidu'tsi̯a:rɪʃ] *adj* JUR fiduciary; **~es Geschäft** fiduciary transaction

Fie·ber <-s, -> ['fi:bɐ] *nt* ① *(erhöhte Temperatur)* fever; **~ haben** to have a temperature, to be feverish [*or* running a fever [*or* temperature]]; [**jdm**] **das ~ messen** to measure [*or* take] sb's temperature
② *(geh: Besessenheit)* fever

Fie·ber·an·fall *m* bout [*or* attack] of fever, pyrexia *spec* **Fie·ber·bla·se(n)** *f(pl)* fever blister[s *pl*] **Fie·ber·fan·ta·si·en**[RR] *pl* fevered dreams *pl*, feverish wanderings [*or* ravings] *npl* **fie·ber·frei** *adj* free of [*or* from] fever *pred*, apyretic *spec;* ■**~ sein** to not have a fever **Fie·ber·frost** *m* feverish chill [*or* shivering *no art, no pl*], ague *spec*

fie·ber·haft I. *adj* ① *(hektisch)* feverish, febrile *liter*
② *(fiebrig)* feverish, febrile *form*
II. *adv* feverishly

fie·be·rig ['fi:bərɪç], **fie·brig** ['fi:brɪç] *adj* ① *(krank)* feverish, febrile *form;* ***du siehst so ~ aus*** you look as though you might have a temperature
② *(aufgeregt)* feverish

fie·ber·krank *adj* feverish **Fie·ber·kur·ve** *f* temperature curve **Fie·ber·mes·ser** *m s.* **Fieberthermometer** **Fie·ber·mit·tel** *nt* anti[-]fever drug, antipyretic [drug [*or* agent]] *spec*

fie·bern ['fi:bɐn] *vi* ① *(Fieber haben)* to have a temperature [*or* fever]
② *(aufgeregt sein)* **vor Erregung/Ungeduld ~** to be in a fever of excitement/impatience
③ *(geh: sehnsüchtig verlangen)* ■**nach etw** *dat* **~** to long feverishly for sth

Fie·ber·phan·ta·si·en *pl s.* **Fieberfantasien** **fie·ber·sen·kend** *adj* fever-reducing, antipyretic *spec;* **~es Medikament** medicine to reduce [*or sep* bring down] fever, antipyretic [drug [*or* agent]] *spec* **Fie·ber·ther·mo·me·ter** *nt* [clinical] thermometer

fieb·rig ['fi:brɪç] *adj s.* **fieberig**

Fie·del <-, -n> ['fi:dl̩] *f (veraltet)* fiddle *fam*

fie·deln ['fi:dl̩n] *vt, vi (hum o pej)* ■[**etw**] **~** to fiddle *fam*, to play [sth] on the fiddle *fam*

Fie·der·blatt ['fi:dɐ-] *nt* BOT compound leaf

fiel [fi:l] *imp von* **fallen**

fie·pen ['fi:pn̩] *vi* ① *(kläglich tönen)* to whimper; *Vogel* to cheep
② *Pieper* to b[l]eep

fies [fi:s] *adj (pej fam)* ① *(abstoßend)* horrible, horrid *fam*, nasty; *(gemein)* mean, nasty; ***sei nicht so ~!*** don't be so mean [*or fam* horrid]
② *(ekelhaft)* horrible, disgusting

Fies·ling <-s, -e> *m (fam)* [mean] bastard *fam!*

Fi·fa, FI·FA <-> ['fi:fa] *f kein pl Akr von* **Fédération Internationale de Football Association** FIFA

Fi·fo-Me·tho·de ['fi:fo-] *f* ÖKON *(first-in first-out)* FIFO method, first-in, first-out

FIFO-Ver·fah·ren *nt* ÖKON FIFO [*or* first-in, first-out] method

fif·ty-fif·ty ['fɪftɪ'fɪftɪ] *adv (fam)* fifty-fifty; **~** [**mit jdm**] **machen** to go fifty-fifty [with sb]; **~ stehen** to be fifty-fifty; ***es steht ~*** it is [*or* the chances are] fifty-fifty

Fi·ga·ro <-s, -s> ['fi:garo] *m (hum: Friseur)* hairdresser

figh·ten ['fai̯tn̩] *vi* to fight

Fi·gur <-, -en> [fi'gu:ɐ̯] *f* ① *(Bildwerk)* figure
② *(Karikatur)* figure
③ *(Gestalt)* figure, physique; **auf seine ~ achten** to watch one's figure; *(sl: Typ)* character *fam*
④ FILM, LIT *(Charakter)* character
⑤ SPORT figure
▶WENDUNGEN: **eine gute/schlechte/jämmerliche ~ abgeben** [*o* **machen**] to cut a good/bad/sorry figure

fi·gu·ra·tiv [figura'ti:f] **I.** *adj* figurative
II. *adv* figuratively

fi·gur·be·tont *adj* figure-hugging

Fi·gür·chen <-s, -> [fi'gy:ɐ̯çən] *nt dim von* **Figur** figure; **ein reizendes ~** a nice little figure

fi·gu·rie·ren [figu'ri:rən] **I.** *vi (geh)* to figure
II. *vt* MUS ■**etw ~** to figure sth

Fi·gu·ri·ne <-, -n> [figu'ri:nə] *f* KUNST figurine

fi·gür·lich [fi'gy:ɐ̯lɪç] *adj* ① *(figurbezogen)* regarding the/his/her figure
② *(übertragen)* figurative

Fi·gur·pro·ble·me *pl* weight problems *pl*

Fik·ti·on <-, -en> [fɪk'tsi̯o:n] *f* ① *(geh: Erfundenes)* fiction
② JUR fiction; **~ des Kennens** imputed knowledge; **gesetzliche/juristische ~** legal fiction/fiction of jurisprudence

fik·ti·o·nal [fɪktsi̯o'na:l] *adj inv (geh)* fictional **Fik·ti·ons·the·o·rie** *f* JUR legal fiction theory

fik·tiv [fɪk'ti:f] *adj (geh)* fictitious

Fik·tiv·kauf·mann, -kauf·frau *m, f* HANDEL fictitious merchant

Fi·le <-s, -s> [fai̯l] *nt* INET file

Fi·let <-s, -s> [fi'le:] *nt* fillet; **falsches ~** clod, shoulder

Fi·let·bra·ten *m* fillet roast

Fi·le·tier·mes·ser [file'ti:ɐ̯-] *nt* filleting knife

Fi·let·steak [fi'le:ste:k] *nt* fillet steak

Fi·le-Vi·rus ['faɪl-] *nt* INFORM file virus

Fi·lia <-, -s> ['fi:li̯a] *f (hum) fem form von* **Filius**

Fi·li·al·ab·tei·lung [fi'li̯a:l-] *f* ÖKON branch office **Fi·li·al·bank** *f* ÖKON branch bank **Fi·li·al·be·reich** *m* ÖKON branch network

Fi·li·a·le <-, -n> [fi'li̯a:lə] *f* branch

Fi·li·al·er·öff·nung *f* ÖKON branch opening **Fi·li·al·ge·ne·ra·ti·on** *f* BIOL *(in der Genetik Nachkommen aus der Kreuzung reinerbiger Eltern)* F1 generation **Fi·li·al·ge·schäft** *nt* ÖKON *(Niederlassung)* branch; *einer Kette* chain store **Fi·li·al·lei·ter(in)** *m(f)* branch manager **Fi·li·al·netz** *nt* branch network **Fi·li·al·pro·ku·ra** *f* JUR branch signing power

fi·lie·ren [fi'li:rən] *vt* KOCHK ■**etw ~** to fillet sth

Fi·lier·mes·ser *nt s.* **Filetiermesser**

Fi·li·gran <-s, -e> [fili'gra:n] *nt* filigree

fi·li·gran [fili'gra:n] *adj* filigree *attr*

Fi·li·gran·ar·beit *f* filigree work *no pl*, piece of filigree work

Fi·li·pi·no, Fi·li·pi·na <-s, -s> [fili'pi:no, fili'pi:na] *m, f* Filipino

Fi·li·us <-, -se> ['fi:li̯ʊs] *m (hum)* offspring *hum*, son

Film <-[e]s, -e> [fɪlm] *m* ① *(Spielfilm)* film, motion picture, movie AM; **in einen ~ gehen** to go and see [*or* to go to] a film; ***im Fernsehen läuft ein guter ~*** there's a good film on television
② FOTO film; **einen ~ entwickeln lassen** to get [*or* have] a film developed
③ *(Filmbranche)* film industry; **beim ~ arbeiten** [*o* **sein**] to work in the film industry [*or* in films]; **zum ~ gehen** to go into films
④ *(dünne Schicht)* film; CHEM *a.* surface film, coating; ***ein Fett-/Öl-/Staub~*** a film of grease/oil/dust
▶WENDUNGEN: **ich glaub', ich bin im falschen ~!** *(sl)* I don't believe it!, I have the feeling I'm not in Kansas anymore AM *hum;* **bei jdm reißt der ~** *(fam: sich nicht erinnern)* sb has a mental blackout; *(ausflippen)* something snaps [in sb] *fam*

Film·ar·chiv *nt* film archives *pl* **Film·ate·lier** *nt* film studio **Film·auf·nah·me** *f* film recording, recording on film **Film·au·tor(in)** *m(f)* screenwriter **Film·de·cker** *m* TYPO film overlay **Film·di·va** *f* screen goddess [*or* diva]

Fil·me·ma·cher(in) *m(f) (sl)* film-maker

Film·emp·find·lich·keit *f* FOTO film speed

fil·men ['fɪlmən] **I.** *vt* ■**jdn/etw ~** to film sb/sth
II. *vi* to film

Fil·mer(in) ['fɪlmɐ] *m(f)* film-maker

Film·fest *nt* film festival **Film·fes·ti·val** *nt* film festival **Film·fest·spie·le** *nt pl* film festival *nsing* **Film·för·de·rung** *f kein pl* film promotion **Film·ge·schäft** *nt kein pl* film business **Film·ge·schich·te** *f* ① *(Handlung eines Films)* plot ② *kein pl (Geschichte der Filmkunst)* history of cinema[tography] **Film·held(in)** *m(f)* screen [*or* AM movie] hero **Film·in·dust·rie** *f* film industry

fil·misch ['fɪlmɪʃ] **I.** *adj* cinematic
II. *adv* from a cinematic point of view; **~ ausgezeichnet** superb from a cinematic point of view

Film·ka·me·ra *f* film [*or* AM movie] camera **Film·kan·te** *f* TYPO film edge **Film·kar·rie·re** *f* career as an actor/actress **Film·kas·set·te** *f* film cassette **Film·kle·ber** *m* TYPO film glue **Film·kom·men·tar** *m* voice-over **Film·kon·takt·ras·ter** *m* TYPO *(Repro)* film contact screen **Film·korn** *nt* film grain **Film·kri·tik** *f* film review **Film·kri·ti·ker(in)** *m(f)* film critic **Film·kunst** *f kein pl* cinematic art

film·los *adj* **~e Plattenkopie** TYPO computer to plate, filmless platemaking

Film·ma·te·ri·al *nt* film [coverage] *no pl* **Film·mon·ta·ge** *f* film assembly [*or* paste-up] **Film·mu·se·um** *nt* film museum, museum of cinema[tography] **Film·mu·sik** *f* film music, soundtrack **Film·pa·ket** *nt* film package **Film·preis** *m* film award **Film·pro·duk·ti·on** *f* film production **Film·pro·du·zent(in)** *m(f)* film [*or* AM movie] producer **Film·pro·jek·tor** *m* film projector **Film·prüf·stel·le** *f* film censorship office **Film·rech·te** *nt pl* film rights *npl* **Film·re·gis·seur(in)** *m(f)* film [*or* AM movie] director

film·reif *adj Geschichte, Story* to be film material; *(fig)* **eine ~e Leistung** outstanding performance

Film·re·por·ta·ge *f* film report **Film·riss**[RR] *m (sl)* mental blackout; ■**einen ~ haben** to have a mental blackout **Film·rol·le** *f* ① *(Part)* [film] part [*or* role], part [*or* role] in a/the film ② *(Spule)* roll [*or* spool] of film **Film·schaf·fen·de(r)** *f(m) dekl wie*

adj film-maker **Film·schau·spie·ler(in)** *m(f)* film [*or* AM movie] actor *masc* [*or fem* actress] **Film·se·quenz** *f* sequence **Film·spu·le** *f* film reel **Film·stan·ze** *f* film punch **Film·star** *m* film [*or* AM movie] star **Film·stu·dio** *nt* film [*or* AM movie] studio **Film·tag** *m* film festival **Film·team** *nt* crew **Film·the·a·ter** *nt (geh)* cinema, movie theater AM **Film·trans·port** *m* film wind on

Film- und Fern·seh·in·dust·rie *f* entertainment industry

Film·ver·ar·bei·tung *f* film handling [*or* processing] **Film·ver·leih** *m* film distributors *pl* **Film·vor·füh·rer(in)** *m(f)* projectionist **Film·vor·führ·ge·rät** *nt (geh)* projector **Film·vor·füh·rung** *f* film showing **Film·vor·schau** *f* [film] preview **Film·vor·stel·lung** *f* film show **Film·wirt·schaft** *f kein pl* film business [*or* industry] **Film·zen·sur** *f* film censorship

Fi·lo·fax® <-, -e> ['faịlofɛks] *nt* filofax®, personal organizer

Fi·lo-Me·tho·de ['fi:lo-] *f* ÖKON *(first-in last-out)* FILO method, first-in, last-out

Filou <-s, -s> [fi'lu:] *m (fam)* devil *fam*

Fi·lo·vi·rus *nt* MED filovirus

Fil·ter <-s, -> ['fɪltɐ] *nt o m* ❶ TECH filter ❷ *(Kaffee-/Teefilter)* filter ❸ *(Zigarettenfilter)* filter

Fil·ter·an·la·ge *f* filter **Fil·ter·ein·satz** *m* filter element, filter pad; AUTO strainer screen **Fil·ter·kaf·fee** *m* filter [*or* AM drip] coffee **Fil·ter·mund·stück** *nt* filter tip

fil·tern ['fɪltɐn] *vt* ■**etw** ~ to filter sth

Fil·ter·pa·pier *nt* filter paper **Fil·ter·tü·te** *f* filter bag **Fil·ter·zi·ga·ret·te** *f* filter[-tipped] cigarette

Fil·trat <-[e]s, -e> [fɪl'tra:t] *nt* filtrate

Fil·tra·ti·on <-, -en> [fɪltra'tsi̯o:n] *f* filtration; CHEM percolation

fil·trie·ren* [fɪl'tri:rən] *vt* ■**etw** ~ to filter sth

Filz <-es, -e> [fɪlts] *m* ❶ *(Stoff)* felt ❷ *(verwobene Masse)* felt ❸ *(fam: Bierdeckel)* beer mat BRIT, coaster ❹ POL *(pej)* spoils system

fil·zen ['fɪltsn̩] **I.** *vi* to felt, to go felty **II.** *vt (fam: durchsuchen)* ■**jdn/etw** ~ to search sb/sth, to frisk sb; ■**etw nach etw** *dat* ~ to go through sth for sth

Fil·zer <-s, -> ['fɪltsɐ] *m (fam)* felt-tip [pen]

Filz·hut *m* trilby, felt hat

fil·zig *adj* felty, feltlike

Filz·laus *f* crab [*or* pubic] louse

Fil·zo·kra·tie <-, -n> [fɪltsokra'ti:] *f* POL web of patronage and nepotism, spoils system AM

Filz·pan·tof·fel *m* carpet slipper **Filz·schrei·ber** *m s.* **Filzstift** **Filz·sei·te** *f (Papier)* felt side **Filz·stift** *m* felt-tip [pen], BRIT *a.* fibre-tip [pen]

Fim·mel <-s, -> ['fɪml̩] *m (fam)* mania, obsession; **einen ~ haben** to have a screw loose *hum fam,* to be crazy [*or esp* BRIT mad] *fam;* **den ~ haben, etw zu tun** to have a thing about doing sth *fam*

fi·nal [fi'na:l] *adj (geh)* final

Fi·na·le <-s, -s *o* -> [fi'na:lə] *nt* ❶ *(Endkampf)* final ❷ MUS finale

Fi·nal·satz *m* LING final clause **Fi·nal·wert** *m* FIN, MATH final value

Fi·nan·ci·er <-s, -s> [finã'si̯e:] *m (geh) s.* **Finanzier**

Fi·nanz <-> [fi'nants] *f kein pl* ÖKON ❶ *(Finanzwesen)* financial world ❷ *(Fachleute)* financial people

Fi·nanz·ab·kom·men *nt* FIN financing agreement **Fi·nanz·ab·tei·lung** *f* FIN finance department **Fi·nanz·amt** *nt* tax [and revenue] office; ■**das ~** the Inland Revenue BRIT, Internal Revenue Service AM **Fi·nanz·ana·ly·se** *f* financial analysis **Fi·nanz·an·la·ge** *f* financial [*or* non-trading] asset, financial investment **Fi·nanz·auf·wand** *m* financial expense **Fi·nanz·aus·gleich** *m* ≈ revenue sharing AM *(redistribution of revenue between the government, the federal states (Länder) and local authorities)* **Fi·nanz·aus·schuss^RR** *m* FIN finance committee **Fi·nanz·aus·stat·tung** *f* FIN funding **Fi·nanz·au·to·no·mie** *f* FIN financial autonomy **Fi·nanz·be·am·te(r), -be·am·tin** *m, f* tax official **Fi·nanz·be·darf** *m* financial requirements [*or* needs] *pl* **Fi·nanz·be·hör·de** *f* tax authority **Fi·nanz·be·ra·ter(in)** *m(f) s.* **Steuerberater** **Fi·nanz·be·ra·tung** *f* financial counselling [*or* AM counseling] **Fi·nanz·be·reich** *m* financial domain **Fi·nanz·be·richt** *m* FIN financial report **Fi·nanz·buch·hal·tung** *f* accounts [*or* accounting] department **Fi·nanz-Cen·ter** [-sɛntɐ] *nt* finance center **Fi·nanz·chef(in)** *m(f)* FIN director [*or* head] of finance **Fi·nanz·de·ri·vat** *nt* FIN derivative financial instrument **Fi·nanz·dienst·leis·ter** *m* financial service provider

Fi·nanz·dienst·leis·tung *f* FIN financial service

Fi·nanz·dienst·leis·tungs·sek·tor *m* ÖKON financial services [sector] **Fi·nanz·dienst·leis·tungs·un·ter·neh·men** *nt* ÖKON financial services company [*or* provider]

Fi·nan·zen [fi'nantsn̩] *pl* ❶ *(Einkünfte)* finances *npl* ❷ *(Geldmittel)* ■**jds ~** sb's means *npl;* **jds ~ über·steigen** to be beyond sb's means

Fi·nanz·ent·wick·lung *f* ÖKON financial development

Fi·nanz·er·trä·ge *pl* FIN financial income **Fi·nanz·ex·per·te, -ex·per·tin** *m, f* financial expert, expert in financial management **Fi·nanz·ge·ba·ren** *nt kein pl* FIN management of finances **Fi·nanz·ge·nie** *nt* financial genius [*or* wizard]; ■**ein ~ sein** to be a financial genius [*or* wizard], to have a genius for finance

Fi·nanz·ge·richt *nt* tax [*or form* fiscal] court

Fi·nanz·ge·richts·bar·keit *f* JUR fiscal jurisdiction **Fi·nanz·ge·richts·ord·nung** *f* JUR code of procedure for fiscal courts

Fi·nanz·ge·schäft *nt meist pl s.* **Geldgeschäft** **Fi·nanz·ge·sell·schaft** *f* ÖKON financial institution **Fi·nanz·ge·setz** *nt* JUR Finance Act **Fi·nanz·ge·wer·be** *nt* ÖKON financial [services] industry **Fi·nanz·grup·pe** *f* financial syndicate **Fi·nanz·haus·halt** *m* FIN financial budget **Fi·nanz·hil·fe** *f* financial assistance [*or* support], financing aid **Fi·nanz·ho·heit** *f* financial sovereignty *form* **Fi·nanz·hol·ding-Ge·sell·schaft** *f* JUR financial holding company

fi·nan·zi·ell [finan'tsi̯ɛl] **I.** *adj* financial; **~e Schwierigkeiten** financial difficulties; **~e Unterstützung** financial aid; **~e Verhältnisse** financial situation; **~e Zusicherungen machen** to promise financial support **II.** *adv* FIN financially; **~ gesund/leistungsfähig** financially sound/able; **~ schlecht gestellt sein** to be in a weak financial position; **jdn ~ unterstützen** to back sb financially

Fi·nan·zier <-s, -s> [finan'tsi̯e:] *m (geh)* financier

fi·nan·zier·bar *adj* FIN, ÖKON suitable for funding, fundable, able to be financed

fi·nan·zie·ren* [finan'tsi:rən] *vt* ■**etw ~** ❶ *(bezahlen)* to finance sth; *(sich leisten können)* to be able to afford sth; **frei finanziert** privately financed ❷ *(durch Kredit)* to pay sth with credit; ■**finanziert sein** to be bought on credit

Fi·nan·zie·rung <-, -en> *f* ■**die ~** [**einer S.** *gen* [*o* **von etw** *dat*]] financing [sth]; ***für die ~ eines Eigenheimes braucht man erhebliche Fremdmittel*** considerable outside means are necessary to finance buying a house

Fi·nan·zie·rungs·ab·wick·lung *f* funding **Fi·nan·zie·rungs·al·ter·na·ti·ve** *f* financing alternative **Fi·nan·zie·rungs·art** *f* method [*or* type] of financing **Fi·nan·zie·rungs·auf·wand** *m kein pl* FIN financial expenditure **Fi·nan·zie·rungs·bank** *f* FIN issuing [*or* financing] house **Fi·nan·zie·rungs·be·darf** *m* financing need [*or* requirement] **Fi·nan·zie·rungs·bei·trag** *m* JUR financial contribution **Fi·nan·zie·rungs·de·fi·zit** *nt* FIN financing deficit **Fi·nan·zie·rungs·form** *f* FIN method of financing **Fi·nan·zie·rungs·funk·ti·on** *f* FIN finance function **Fi·nan·zie·rungs·ge·schäft** *nt* FIN ❶ *(Leistung)* financing transaction ❷ *(Institut)* financing business **Fi·nan·zie·rungs·ge·sell·schaft** *f,* **Fi·nan·zie·rungs·in·sti·tut** *nt* FIN finance company **Fi·nan·zie·rungs·in·stru·ment** *nt* FIN financing instrument [*or* vehicle] **Fi·nan·zie·rungs·kos·ten** *pl* cost *sing* of finance

Fi·nan·zie·rungs·lea·sing *f* FIN finance leasing **Fi·nan·zie·rungs·lea·sing·ver·trag** *m* FIN finance leasing contract

Fi·nan·zie·rungs·lö·sung *f* financing solution **Fi·nan·zie·rungs·lü·cke** *f* financing gap **Fi·nan·zie·rungs·maß·nah·me** *f* financing measure **Fi·nan·zie·rungs·mit·tel** *pl* FIN funds **Fi·nan·zie·rungs·mög·lich·keit** *f* FIN source of finance **Fi·nan·zie·rungs·pa·ket** *nt* FIN financial package **Fi·nan·zie·rungs·plan** *m* financing scheme [*or* plan] **Fi·nan·zie·rungs·pla·nung** *f* financing planning **Fi·nan·zie·rungs·pro·blem** *nt* financial problem **Fi·nan·zie·rungs·quel·le** *f* FIN ❶ *(Institut)* financing source ❷ *(Ressource)* source of finance **Fi·nan·zie·rungs·sal·do** *m* ÖKON financing balance **Fi·nan·zie·rungs·ver·ein·ba·rung** *f* FIN financing [*or* funding] agreement

Fi·nanz·in·sti·tut *nt* FIN financial institution **Fi·nanz·in·stru·ment** *nt* financial instrument **Fi·nanz·jahr** *nt* financial [*or spec* fiscal] year **Fi·nanz·kal·kül** *nt* FIN financial calculations

Fi·nanz·kauf *m* FIN instalment [*or* AM installment] purchase **Fi·nanz·kon·sor·ti·um** *nt* FIN finance syndicate **Fi·nanz·kon·trol·le** *f* FIN budgetary control **Fi·nanz·kon·zern** *m* ÖKON finance [*or* financial] group **fi·nanz·kräf·tig** *adj* financially strong; **sehr ~** financially very strong **Fi·nanz·kreis·lauf** *m* monetary [*or* financial] circulation **Fi·nanz·kri·se** *f* financial crisis **Fi·nanz·la·ge** *f* financial situation **Fi·nanz·last** *f* FIN financial burden

Fi·nanz·loch *nt* deficit, lack of cash **Fi·nanz·lö·sung** *f* financing solution **Fi·nanz·lü·cke** *f* finance gap **Fi·nanz·mak·ler(in)** *m(f)* FIN finance broker **Fi·nanz·ma·na·ger(in)** *m(f)* FIN manager of finances

Fi·nanz·markt *m* FIN financial market **Fi·nanz·markt·för·de·rung** *f* boost to the finance [*or* money] market **Fi·nanz·markt·kri·se** *f* financial market crisis

fi·nanz·ma·the·ma·tisch *adj* actuarial **Fi·nanz·mi·nis·ter(in)** *m(f)* finance minister, chancellor of the exchequer BRIT, secretary of the treasury AM **Fi·nanz·mi·nis·te·ri·um** *nt* tax and finance ministry, treasury BRIT, Department of the Treasury AM **Fi·nanz·mit·tel** *pl* financial resources *pl,* funds *pl* **Fi·nanz·mo·no·pol** *nt* FIN fiscal [*or* financial] monopoly **Fi·nanz·not** *f* financial straits *npl* [*or pl* difficulties] **Fi·nanz·pa·ket** *nt* financial [*or* financing] package **Fi·nanz·plan** *m* JUR finance plan

Fi·nanz·pla·nung *f* financial planning [*or* forecasting], fiscal planning **Fi·nanz·pla·nungs·rat** *m* JUR Financial Planning Council

Fi·nanz·platz *m* FIN financial centre [*or* AM -er]; **internationaler ~** centre for international finance **Fi·nanz·po·li·tik** *f kein pl* ❶ *(Teil der Politik)* financial [*or* fiscal] policy [*or* policies] ❷ *(Wissenschaft)* politics + *sing vb* of finance **fi·nanz·po·li·tisch** **I.** *adj* FIN financial [*or* fiscal] policy; **~e Maßnahmen** fiscal measures **II.** *adv* FIN **~** ***gesehen, ist diese Reform richtig*** this reform is in line with fiscal policy; **unter ~en Gesichtspunkten** from a financial point of view; **mit ~en Kriterien** with the criteria of financial policy; **ein ~ falscher Kurs** a course contrary to financial policy; **etw ~ betrachten** to consider sth from a financial point of view **Fi·nanz·pro·dukt** *nt* financial product **Fi·nanz·pro·gno·se** *f* FIN financial forecasting **Fi·nanz·prü·fung** *f* FIN financial review **Fi·nanz·quel·le** *f* source of finance **Fi·nanz·recht** *nt* JUR fiscal [*or* financial] law **Fi·nanz·res·sort** *nt* finance department **fi·nanz·schwach** *adj* financially weak; **sehr ~** financially very weak **Fi·nanz·schwä·che** *f* ÖKON financial weakness **Fi·nanz·sek·tor** *m* ÖKON finance sector **Fi·nanz·se·na·tor(in)** *m(f)* senator responsible for financial issues **Fi·nanz·sprit·ze** *f* cash infusion [*or* injection], injection of fresh funds [*or* capital]; ***die Firma könnte eine ~***

vertragen the business could do with a shot in the arm *fam* **fi·nanz·stark** *adj s.* **finanzkräftig** **Fi·nanz·stär·ke** *f* ÖKON financial strength **fi·nanz·tech·nisch** *adj* FIN financial; **aus ~en Gründen** for financial reasons **Fi·nanz·ter·min·ge·schäft** *nt* financial future **Fi·nanz·trans·fer** *m* FIN transfer of finance **Fi·nanz·über·sicht** *f* FIN financial statement

Fi·nanz·ver·fas·sung *f* FIN financial system **Fi·nanz·ver·fas·sungs·recht** *nt* FIN financial constitution law

Fi·nanz·ver·hält·nis·se *pl* FIN financial conditions **Fi·nanz·ver·wal·ter(in)** *m(f)* FIN treasurer

Fi·nanz·ver·wal·tung *f* FIN fiscal [*or* financial] administration, tax and revenue authorities *pl*, Board of Inland Revenue BRIT, Finance Department AM **Fi·nanz·ver·wal·tungs·recht** *nt* FIN fiscal administrative law

Fi·nanz·vor·stand *m* financial manager [*or* executive] **Fi·nanz·welt** *f* FIN financial community **Fi·nanz·we·sen** *nt kein pl* financial system **Fi·nanz·wirt·schaft** *f kein pl* public finance **fi·nanz·wirt·schaft·lich** *adj* FIN financial; **~e Kennzahlen** financial ratios **Fi·nanz·wis·sen·schaft** *f* FIN public finance **Fi·nanz·zu·sam·men·bruch** *m* financial collapse

Fin·del·kind ['fɪndl̩kɪnt] *nt (veraltet)* foundling

fin·den <fand, gefunden> ['fɪndn̩] **I.** *vt* ① *(entdecken)* ■**jdn/etw ~** to find sb/sth; ***es muss doch [irgendwo] zu ~ sein!*** it has to be [found] somewhere!; ***ich finde das [richtige] Wort nicht*** I can't find [*or* think of] the [right] word; ***die Polizei fand eine heiße Spur*** the police discovered a firm lead
② *(bekommen, erlangen)* ■**jdn/etw ~** to find sb/sth; ***sie hat hier viele Freunde gefunden*** she found a lot of new friends here; **Arbeit/eine Wohnung ~** to find a job/a flat
③ *(herausfinden)* ■**etw ~** to find sth; **einen Anlass/Grund/Vorwand [für etw** *akk*] **~** to find an occasion/a reason/an excuse [for sth]; **die Lösung eines Problems ~** to find the solution to a problem
④ *(feststellen)* ■**etw ~** to find sth; ■**etw an jdm ~** to see sth in sb; ***in letzter Zeit finde ich unerklärliche Veränderungen an ihm*** I see inexplicable changes in him recently; **eine Ursache ~** to find a cause
⑤ *(vorfinden)* ■**jdn/etw ~** to find sb/sth; ***sie fanden ihn bei der Arbeit*** they found him at work; ***sie fanden ihre Wohnung durchwühlt*** they found their apartment turned upside down; **jdn bewusstlos/müde/tot ~** to find sb unconscious/tired/dead
⑥ *in Verbindung mit subst siehe auch dort (erhalten)* ■**etw [bei jdm] ~** to find sth [with sb]; **[großen/reißenden] Absatz ~** to sell [well/like hot cakes]; **seinen Abschluss/ein Ende ~** to come to a conclusion/an end; **sein Auskommen ~** to make a living; **Berücksichtigung ~** to be taken into consideration; **Gefallen an etw** *dat* **~** to enjoy doing sth; **Unterstützung ~** to receive [*or* win] [*or* get] support; **[bei jdm] Verständnis ~** to find understanding [with sb]; **keine Worte ~ können** to be at a loss for words, words are failing me/him/etc.; **[bei jdm] Zustimmung ~** to meet with approval [from sb] [*or* sb's approval]; ***dieser Vorschlag fand bei den Delegierten breite Zustimmung*** this suggestion met widespread support from the delegates
⑦ *(aufbringen)* ■**etw ~** to find sth; **die Kraft/den Mut ~, etw zu tun** to find the strength/courage to do sth
⑧ *(einschätzen, empfinden)* ■**jdn/etw ... ~** to think [*or* find] [that] sb/sth is ...; ***wie findest du das?*** what do you think [of that]?; ***ich finde das Wetter gar nicht mal so übel*** I find the weather is not too bad, I don't think the weather is all that bad; ***ich fände es besser, wenn ...*** I think it would be better when [*or* if] ...; **jdn angenehm/blöd/nett ~** to think [that] sb is pleasant/stupid/nice; **etw billig/gut/unmöglich ~** to think [*or* find] sth is cheap/good/impossible; **es kalt/warm ~** to find it cold/warm; **nichts an etw/jdm ~** to not think much of sth/sb; **nichts dabei ~, etw zu tun** to not see any harm in doing sth, to see nothing wrong with doing sth
⑨ *(an einen Ort gelangen)* ■**irgendwohin ~** to find a place; **nach Hause ~** to find one's way home
▶WENDUNGEN: **das wird sich alles finden** everything will be all right, we'll see; **wer suchet, der findet** he who seeks shall find
II. *vi* ① *(den Weg finden)* ■**zu jdm/etw ~** to find one's way to sb/sth; ***ich habe leicht zu euch gefunden*** your place was easy to find; ***sie findet in der Früh nicht aus dem Bett*** she can never get up in the morning
② *(meinen)* to think; ■**~, [dass] ...** to think that ...; ***~ Sie?*** [do] you think so?
III. *vr* ■**sich** *akk* **~** ① *(anzutreffen sein)* to be found; ***es fand sich niemand, der es tun wollte*** nobody was willing to do it; ***dieses Zitat findet sich bei Shakespeare*** this quotation is from Shakespeare; ***in seinem Brief fand sich kein Wort über die Hochzeit*** he didn't say a word about the wedding in his letter
② *(in Ordnung kommen)* to sort itself out; ***es wird sich schon alles ~*** it will all sort itself out [in time]
③ *(fig: sich entwickeln)* **[zu] sich** *dat* **[selbst] ~** to find oneself, to sort oneself out; ***er hat sich noch nicht gefunden*** he has not sorted himself out yet
④ *(sich abfinden mit)* ■**sich** *akk* **in etw** *akk* **~** to resign oneself to sth; **sich** *akk* **in sein Schicksal ~** to resign oneself to one's fate; **sich** *akk* **in eine neue Umgebung ~** to get accustomed to a new environment

Fin·der(in) <-s, -> *m(f)* finder; **der ehrliche ~** the honest finder

Fin·der·lohn *m* reward for the finder

Fin de Siècle[RR], **Fin de siècle**[ALT] <-> [fɛ̃ də 'sjɛːkl] *nt kein pl* fin de siècle *no pl*; **die Kunst/Literatur des ~** fin de siècle art/literature

fin·dig ['fɪndɪç] *adj* resourceful

Fin·dig·keit <-> *f kein pl* resourcefulness

Find·ling <-s, -e> ['fɪntlɪŋ] *m* GEOL erratic [boulder] *spec*

Fi·nes·se <-, -n> [fi'nɛsə] *f (geh)* ① *pl (Kunstgriffe)* finesse *nsing*
② *pl (Ausstattungsdetails)* refinement *nsing*; **mit allen ~n** with every refinement
③ *kein pl (Schlauheit)* finesse *no pl*

fing ['fɪŋ] *imp von* **fangen**

Fin·ger <-s, -> ['fɪŋɐ] *m* finger, finger; **der kleine ~** the [*or* one's] little finger, the [*or* one's] pinkie *fam*; ***[nimm/lass die] ~ weg!*** [get/take your] hands off!; ***~ weg davon!*** hands off [it]!; **den ~ am Abzug haben** to hold the trigger; **jdm mit dem ~ drohen** to wag one's finger at sb; **jdm was [*o* eins] auf die ~ geben** to give sb a rap [*or* to rap sb] across [*or* on] the knuckles; **[sich** *dat*] **den ~ in den Hals stecken** to stick one's finger down one's throat; **den ~ heben** to lift one's finger; **mit den ~n knipsen [*o* schnippen]** to snap one's fingers; **mit dem ~ auf jdn/etw zeigen** to point [one's finger] at sb/sth
▶WENDUNGEN: **[sich** *dat*] **etw an den [fünf [*o* zehn]] Fingern abzählen können** *(fam)* to know sth straight away; ***das hättest du dir an den fünf ~n abzählen können!*** a five-year-old could have worked that out! *fam*; ***den Grund kann man sich ja wohl an den ~n abzählen*** the reason is quite obvious; **etw in die ~ bekommen [*o* kriegen]** *(fam)* to get one's fingers on sth; **jdn in die ~ bekommen [*o fam* kriegen]** to get one's hands on sb, to get a hold of sb; ***wenn ich den in die ~ kriege!*** wait till I get my hands on him!; **der elfte ~** *(hum fam)* one's third leg *hum fam*; **jdm in die ~ fallen [*o* geraten]** *(fam)* to fall into sb's hands; **sich** *akk* **in den ~ geschnitten haben** *(fam)* to be wrong; ***da hast du dir aber gründlich in den ~ geschnitten!*** you have another think coming! *fam*; **einen/eine [*o* zehn] an jedem ~ haben** *(hum fam)* to have a woman/man for every day of the week; **jdn [*o* jdm] juckt [*o* zuckt] es in den ~n[, etw zu tun]** *(fam)* sb is dying [*or* itching] to do sth *fam*; **wenn man ihm den kleinen ~ gibt, [dann] nimmt er [gleich] die ganze Hand** *(prov)* give him an inch and he'll take a mile *prov*; **etw mit dem kleinen ~ machen [*o* im kleinen ~ haben]** *(fam)* to do sth with one's eyes shut *fig*; **jdm auf die ~ klopfen** *(fam)* to give sb a rap across [*or* on] the knuckles *fig*, to rap sb's knuckles *fig*; **[für jdn] keinen ~ krummmachen [*o* rühren]** *(fam)* to not lift a finger [for sb] *fig*; **lange ~ machen** *(hum fam)* to be light-[*or* nimble-]fingered; **die ~ von jdm/etw lassen** *(fam)* to keep away from sb/sth; **sich** *dat* **die [*o* alle] ~ nach etw** *dat* **lecken** *(fam)* to be dying for sth *fam*; ***andre lecken sich nach so einer Chance die ~!*** others would kill for an opportunity like that! *fam*; **den ~ dorthin legen, wo es wehtut** *(fam)* to hit the nail on the head; **sich** *dat* **etw aus den ~n saugen** *(fam)* to conjure up sth *sep*; **sich** *dat* **nicht die ~ schmutzig machen** to not get one's hands dirty *fig*; **jdm [scharf] auf die ~ sehen** to keep a watchful eye [*or* an eye] on sb; **überall seine ~ im Spiel [*o* drin] haben** *(fam)* to have a finger in every pie *fig fam*; **etw mit spitzen ~n anfassen** to pick up sth with two fingers *fig*; **sich** *dat* **bei [*o* an] etw** *dat* **die ~ verbrennen** *(fam)* to get one's fingers burnt over sth *fig*; **jdn um den [kleinen] ~ wickeln** *(fam)* to wrap sb [a]round one's little finger; **sich** *dat* **die ~ wund schreiben** to write one's fingers to the bone *fig fam*; **jdm zerrinnt etw zwischen den ~n** sth runs through sb's fingers *fig*

Fin·ger·ab·druck *m* fingerprint; **jds [*o* von jdm die] Fingerabdrücke nehmen** to fingerprint sb, to take sb's fingerprints; **genetischer ~** genetic fingerprint, GWB **Fin·ger·bow·le** *f* finger basin **Fin·ger·breit** <-, -> *m* finger['s]breadth ▶WENDUNGEN: **keinen ~** not an [*or* one] inch **fin·ger·dick** **I.** *adj* as thick as a finger *pred* **II.** *adv* fingerthick **Fin·ger·far·be** *f* finger paint **fin·ger·fer·tig** *adj* nimble-[*or* quick-]fingered, dexterous **Fin·ger·fer·tig·keit** *f* dexterity **Fin·ger·ge·lenk** *nt* finger joint; *(Knöchel)* knuckle **Fin·ger·glied** *nt* phalanx [of a/the finger] *spec* **Fin·ger·ha·keln** *nt* finger-wrestling **Fin·ger·hand·schuh** *m* glove **Fin·ger·hut** *m* ① *(fürs Nähen)* thimble; **ein ~ [voll]** a thimbleful ② BOT foxglove **Fin·ger·knö·chel** *m* knuckle **Fin·ger·kno·chen** *m* finger bone, phalanx *spec* **Fin·ger·kraut** *nt* BOT cinquefoil **Fin·ger·kup·pe** *f* fingertip

Fin·ger·ling <-s, -e> ['fɪŋɐlɪŋ] *m* fingerstall

fin·gern ['fɪŋɐn] **I.** *vi* ■**an etw** *dat*/**mit etw** *dat* **~** to fiddle with sth; ■**in etw** *dat* **[nach etw** *dat*] **~** to fumble around in sth [for sth]
II. *vt* ① *(hervorholen)* ■**etw aus etw** *dat* **~** to fish sth out of sth
② *(fam: tricksen)* ■**etw ~** to fiddle sth *fam*

Fin·ger·na·gel *m* fingernail; **an den Fingernägeln kauen** to bite [*or* chew] one's nails **Fin·ger·na·gel·pro·be** *f* TYPO fingernail test

Fin·ger·spit·ze *f* fingertip ▶WENDUNGEN: **das muss man in den ~n haben** you have to have a feel for it; **jdm juckt [*o* kribbelt] es in den ~n, etw zu tun** sb is itching to do sth *fam* **Fin·ger·spit·zen·ge·fühl** *nt kein pl* fine feeling *no pl*, instinctive feel *no pl*, tact [and sensitivity] *no pl*; ***das fordert sehr viel ~*** that demands a lot of tact; **~/kein ~ haben** to be tactful/tactless

Fin·ger·übung *f* MUS finger exercise; *(Etüde)* étude

Fin·ger·zeig <-s, -e> *m* hint, pointer; **von jdm einen ~ bekommen [*o* erhalten]** to get [*or* receive] a hint from sb; **jdm einen ~ geben** to give sb a hint; **etw als [einen] ~ [Gottes/des Schicksals] empfinden** to regard sth [meant] as a sign [from God/of fate]

fin·gie·ren* [fɪŋ'giːrən] *vt* ■**etw ~** to fake [*or* fabricate] sth; ■**fingiert** bogus, fictitious

Fi·nish <-s, -s> ['fɪnɪʃ] *nt* ① *(Politur)* finish
② SPORT finish

Fi·nis·sa·ge <-, -n> [finɪ'saːʒə] *f (geh)* grand finale

Fink <-en, -en> [fɪŋk] *m* ① *(Vogel)* finch
② SCHWEIZ *(pej: Lump)* rogue *dated*, scoundrel *dated*

Fin·ne <-, -n> ['fɪnə] *f* ① ZOOL *(Stadium des Bandwurms)* bladder worm, cysticercus *spec*

② MED *(Mitesser)* pimple
③ *(Flosse)* fin

Fin·ne, Fin·nin <-n, -n> ['fɪnə, 'fɪnɪn] *m, f* Finn, Finnish man/woman/boy/girl; ■ ~ **sein** to be Finnish

fin·nisch ['fɪnɪʃ] *adj* Finnish; **auf ~** in Finnish

Fin·nisch ['fɪnɪʃ] *nt dekl wie adj* Finnish; ■ **das ~e** Finnish, the Finnish language; **auf ~** in Finnish; **ins ~e/aus dem ~en übersetzen** to translate into/from Finnish [*or* the Finnish language]

Fin·ni·sche Se·en·plat·te <-n -> *f* Finnish Lakes *pl*

Finn·land <-s> ['fɪnlant] *nt* Finland

Finn·mark <-> ['fɪnmark] *f* *(Verwaltungsbezirk in Norwegen)* Finnmark

Finn·wal *m* finback, rorqual

fins·ter ['fɪnstɐ] *adj* ① *(düster)* dark; **im F~en** in the dark
② *(mürrisch)* grim; **~ entschlossen sein** to be grimly determined
③ *(schrecklich)* dark; **das ~e Mittelalter** the Dark Ages *npl*
④ *(unheimlich)* sinister, shady
▸WENDUNGEN: **~ [für jdn] aussehen** to look bleak [for sb]

Fins·ter·ling <-s, -e> ['fɪnstelɪŋ] *m* *(pej)* sinister character

Fins·ter·nis <-, -se> ['fɪnstenɪs] *f* ① *kein pl (Dunkelheit)* darkness *no pl*
② *(Sonnenfinsternis)* eclipse; **partielle/totale ~** partial/total eclipse

Fin·te <-, -n> ['fɪntə] *f* subterfuge, trick

Fi·re·wall <-, -s> ['faiəwɔ:l] *f* INET firewall

Fir·le·fanz <-es> ['fɪrləfants] *m kein pl (fam)*
① *(Krempel)* trumpery
② *(Quatsch)* nonsense *no art, no pl*

firm [fɪrm] *adj pred* ■ **in etw** *dat* **~ sein** to have a sound knowledge of sth

Fir·ma <-, Firmen> ['fɪrma, *pl* 'fɪrmən] *f* ① *(Unternehmen)* company, firm, business; **erloschene ~** dissolved firm
② *(Handelsname)* company name

Fir·ma·ment <-s> [fɪrma'mɛnt] *nt kein pl (poet)* ■ **das ~** the firmament *liter,* the heavens *npl*

fir·men ['fɪrmən] *vt* ■ **jdn ~** to confirm sb

Fir·men ['fɪrmən] *pl von* **Firma**

Fir·men·än·de·rung *f* HANDEL change of a firm's name **Fir·men·an·ga·ben** *pl* company particulars *npl* **Fir·men·an·mel·dung** *f* HANDEL company registration **Fir·men·an·se·hen** *nt kein pl* goodwill *no pl, no indef art,* company reputation **Fir·men·aus·schließ·lich·keit** *f kein pl* JUR exclusive right to a company's [*or* firm's] name **Fir·men·bank·ge·schäft** *nt* FIN, ÖKON corporate banking **Fir·men·be·reich** *m* ÖKON company range **Fir·men·chef(in)** *m(f)* head of a/the company [*or* firm] [*or* business] **Fir·men·da·ten** *pl* ÖKON company information *no indef art, no pl* **fir·men·ei·gen** *adj* company *attr;* ■ **~ sein** to belong to the company **Fir·men·ei·gen·tum** *nt* company property **Fir·men·ein·druck** *m* company name imprint **Fir·men·ein·satz** *m* ① *(Einsatz einer Firma)* use of a company ② *(Einsatz von Geräten in einer Firma)* deployment in a/the company **Fir·men·ein·tra·gung** *f* JUR company registration **Fir·men·er·werb** *m* HANDEL acquisition of a company **Fir·men·fort·füh·rung** *f* HANDEL continued existence [of a firm] **Fir·men·ge·winn** *m* company gain **Fir·men·grün·der(in)** *m(f)* company founder **Fir·men·grün·dung** *f* formation [*or* establishment] of a/the business [*or* company] **Fir·men·grup·pe** *f* group of firms [*or* companies] **Fir·men·in·ha·ber(in)** *m(f)* owner [*or* proprietor] of a/the company **Fir·men·kon·zept** *nt* corporate concept **Fir·men·kopf** *m* business [*or* company] letterhead

Fir·men·kun·de, -kun·din *m, f* corporate client [*or* customer] **Fir·men·kun·den·be·ra·ter, -be·ra·te·rin** *m, f* ÖKON relationship manager

Fir·men·lei·ter *m s.* **Geschäftsleiter Fir·men·lei·tung** *f* company management [*or* direction] **Fir·men·lo·go** *nt* company [*or* business] logo **Fir·men·man·tel** *m* shell company **Fir·men·na·me** *m* company name **Fir·men·netz·werk** *nt* network of companies **Fir·men·plei·te** *f* ÖKON business failure **Fir·men·rech·ner** *m* INFORM company computer system **Fir·men·rech·te** *pl* JUR trade rights **Fir·men·re·gis·ter** *nt* HANDEL company register **Fir·men·schild** *nt* company [*or* firm] [*or* business] plaque **Fir·men·schutz** *m kein pl* JUR legal protection of trade [*or* firm] names **Fir·men·sie·gel** *nt* common [*or* company's] seal **Fir·men·sig·net** [-zɪnje:] *nt* company logo **Fir·men·sitz** *m* company seat, company headquarters **Fir·men·spre·cher(in)** *m(f)* company spokesperson [*or masc* spokesman] [*or fem* spokeswoman] **Fir·men·stand·ort** *m* company location **Fir·men·stem·pel** *m* company stamp **Fir·men·über·nah·me** *f* ÖKON company takeover **Fir·men·ver·bind·lich·kei·ten** *pl* company liabilities *pl* **Fir·men·ver·let·zung** *f* JUR violation of the rights of a firm's name **Fir·men·ver·mö·gen** *nt* FIN company assets *pl* **Fir·men·vor·stand** *m* ADMIN board of directors **Fir·men·wa·gen** *m* company car **Fir·men·wert** *m kein pl* goodwill *no pl, no indef art* **Fir·men·zei·chen** *nt* company logo, trademark **Fir·men·zu·ge·hö·rig·keit** *f* length [*or* period] of employment; ***in seiner 12-jährigen ~ ...*** during [*or* in] his twelve years with the firm ... **Fir·men·zu·sam·men·schluss**^RR *m* company merger **Fir·men·zu·satz** *m* HANDEL addition to a company's name; **täuschender/unterscheidender ~** deceptive [*or* misleading]/distinguishing addition to a company's name

fir·mie·ren* [fɪr'mi:rən] *vi* ■ **als** [*o* **mit**] **XYZ ~** to trade under the name of XYZ

Firm·ling <-s, -e> ['fɪrmlɪŋ] *m* candidate for confirmation

Fir·mung <-, -en> *f* confirmation

Firm·ware ['fø:ɐ̯mvɛ:ɐ̯] *f* INFORM firmware

Firn <-[e]s, -e> [fɪrn] *m* firn *spec,* névé *spec*

Fir·nis <-ses, -se> ['fɪrnɪs] *m* [oil-]varnish

fir·nis·sen ['fɪrnɪsn̩] *vt* ■ **etw ~** to varnish [*or* BRIT oil] sth

First <-[e]s, -e> [fɪrst] *m* roof ridge, crest of a/the roof

First·bal·ken *m* BAU ridge pole **First·zie·gel** *m* ridge tile

Fis <-, -> [fɪs] *nt* MUS F sharp

Fisch <-[e]s, -e> [fɪʃ] *m* ① *(Tier)* fish; **~ verarbeitend** fish-processing *attr*
② *kein pl* ASTROL Pisces, no art, no pl; **[ein] ~ sein** to be [a] Pisces
▸WENDUNGEN: **weder ~ noch Fleisch sein** *(fam)* to be neither fish nor fowl, to be in fine fettle BRIT; **ein großer** [*o* **dicker**] **~** a big fish; **ein kleiner ~** one of the small fry; **das sind kleine ~e** that's child's play; **munter wie ein ~ im Wasser sein** to be as happy as a pig in mud *fam;* **ein [kalter] ~ sein** to be a cold fish; **stumm wie ein ~ sein** [*o* **bleiben**] to be as silent as a post

Fisch·ad·ler <-s, -> *m* osprey **fisch·arm** *adj* low in fish *pred* **Fisch·au·ge** *nt* ① *(Auge)* fish eye ② FOTO fish-eye lens **Fisch·bein** *nt kein pl* whalebone *no pl* **Fisch·be·stand** *m* fish population; *(kommerziell)* fish stock[s *pl*] **Fisch·be·steck** *nt* fish knife and fork **Fisch·bla·se** *f* air [*or* swim] bladder **Fisch·damp·fer** *m* trawler

fi·scheln ['fɪʃl̩n] *vi* ÖSTERR, SCHWEIZ *(nach Fisch riechen)* to smell of fish

fi·schen ['fɪʃn̩] **I.** *vi* to fish
II. *vt* ① *(fangen)* ■ **etw ~** to catch sth
② *(herausnehmen)* ■ **etw aus etw** *dat* **~** *dat* to fish sth out of

Fi·scher(in) <-s, -> ['fɪʃɐ] *m(f)* fisher, fisherman *masc,* fisherwoman *fem*

Fi·scher·boot *nt* fishing boat **Fi·scher·dorf** *nt* fishing village

Fi·sche·rei <-> [fɪʃə'rai] *f kein pl* fishing *no art, no pl*

Fi·sche·rei·amt *nt* fishing office **Fi·sche·rei·be·trieb** *m* fishery, fish farm **Fi·sche·rei·er·laub·nis** *f* fishing permit [*or* license] **Fi·sche·rei·ha·fen** *m* fishing port **Fi·sche·rei·pacht·ver·trag** *m* JUR fishing lease **Fi·sche·rei·streit** *m* POL fishing dispute **Fi·sche·rei·we·sen** *nt* fishing *no art, no pl*
Fi·sche·rei·zo·ne *f* POL fishing zone

Fi·scher·netz *nt* fishing net

Fisch·fang *m kein pl* fishing *no art, no pl;* **zum ~ auslaufen** to set off for the fishing grounds; **auf ~ gehen** to go fishing; **vom ~ leben** to live from [*or* by] fishing **Fisch·fang·flot·te** *f* fishing fleet **Fisch·fang·ge·biet** *nt* fishing grounds *npl*

Fisch·farm ['fɪʃfarm] *f* fish farm

Fisch·fi·let [-file:] *nt* fillet of fish

Fischfond [-fõ:] *m* KOCHK fish stock **Fisch·fut·ter** *nt* fish food **Fisch·ge·ruch** *m* fishy smell, smell of fish **Fisch·ge·schäft** *nt* fish shop BRIT, fishmongers' [shop] BRIT, fish dealer [*or* AM *also* store]

Fisch·grä·te *f* fish bone **Fisch·grä·ten·mus·ter** *nt* herringbone [pattern]

Fisch·grün·de *pl* NAUT fisheries, fishing grounds **Fisch·han·del** *m kein pl* HANDEL fish trade **Fisch·händ·ler(in)** *m(f)* ÖKON fishmonger BRIT, fish dealer; *wholesaler* fish merchant **Fisch·he·ber** *m* fish lifter **Fisch·kes·sel** *m* fish steamer **Fisch·kon·ser·ve** *f* canned [*or* BRIT *a.* tinned] fish **Fisch·kut·ter** *m* fishing cutter **Fisch·laich** *m* fish spawn, fish roe **Fisch·markt** *m* fish market **Fisch·mehl** *nt* fish meal **Fisch·mes·ser** *nt* fish knife **Fisch·netz** *nt* fishing net **Fisch·ot·ter** *m* otter **Fisch·pfan·ne** *f* fish frying pan **fisch·reich** *adj* **~e Gewässer** rich fishing grounds **Fisch·reich·tum** *m kein pl* abundance of fish **Fisch·rei·her** *m* grey heron **Fisch·reu·se** *f* weir basket, fish trap **Fisch·ro·gen** *m* fish [*or spec* hard] roe

Fisch·sau·ri·er <-s, -> *m* BIOL ichthyosaur **Fisch·schup·pe** *f* [fish] scale **Fisch·schwarm** *m* shoal of fish **Fisch·stäb·chen** *nt* fish finger BRIT, fish stick AM **Fisch·ster·ben** *nt* dying [*or* death] of fish; *(als Statistik)* fish mortality *no indef art, no pl spec* **Fisch·sud** *m* fish stock **Fisch·sup·pe** *f* fish soup **Fisch·teich** *m* fish pond **fisch·ver·ar·bei·tend** *adj attr s.* **Fisch 1 Fisch·ver·gif·tung** *f* fish poisoning **Fisch·wil·de·rei** *f* JUR fish poaching **Fisch·wirt·schaft** *f kein pl* ÖKON fishing industry **Fisch·zucht** *f* fish-farming **Fisch·zug** *m* raid; **einen [guten] ~ machen** to make a [good] foray

Fi·si·ma·ten·ten [fizima'tɛntn̩] *pl (fam)* ① *(Umstände)* fuss *nsing;* **~ machen** to make [*or* create] [*or fam* kick up] a fuss, to mess about; ***mach keine ~!*** don't make [*or fam* kick up] [such] a fuss!
② *(Albernheiten)* nonsense *nsing*

Fis·kal·ein·nah·men *pl* FIN SCHWEIZ *(Steuereinnahmen)* taxation revenue *sing*

fis·ka·lisch [fɪs'ka:lɪʃ] *adj* FIN fiscal, financial; **~er Anreiz** financial incentive

Fis·kal·jahr *nt* FIN fiscal year **Fis·kal·po·li·tik** *f* FIN fiscal policy **fis·kal·po·li·tisch** *adj* FIN, POL fiscal

Fis·kus <-, -se *o* Fisken> ['fɪskʊs, *pl* 'sɪskən] *m* ■ **der ~** the treasury, BRIT exchequer

Fi·so·le <-, -n> [fi'zo:lə] *f* ÖSTERR *(grüne Bohne)* French [*or* green] beans *pl*

Fis·sur <-, -en> [fɪ'su:ɐ̯] *f* crack

Fis·tel <-, -n> ['fɪstl̩] *f* MED fistula *spec*

Fistelstimme *f* piping voice, falsetto [voice]

fit [fɪt] *adj pred* fit; **sich** *akk* **~ halten/machen** to keep/get fit

Fi·tis <-, -se> ['fi:tɪs] *m* ORN willow warbler

Fit·ness^RR, **Fit·neß**^ALT <-> ['fɪtnɛs] *f kein pl*
① *(Leistungsfähigkeit)* fitness *no art, no pl*
② BIOL fitness *no pl,* adaptive value

Fit·ness·cen·ter^RR [-sɛntɐ] *nt* health [*or* fitness] centre [*or* AM -er]

Fit·ness·ge·rät^RR ['fɪtnɛs-] *nt* SPORT fitness [*or* gym] equipment *no pl* **Fit·ness·raum**^RR *m* fitness room **Fit·ness·stu·dio**^RR *m s.* **Fitnesscenter Fit·ness·trai·ning**^RR *nt* fitness training

Fit·tich <-[e]s, -e> ['fɪtɪç] *m (liter)* wing
▸WENDUNGEN: **jdn unter die** [*o* **seine**] **~e nehmen** *(hum)* to take sb under one's wing

Fit·zel ['fɪtsl̩] *m o nt,* **Fit·zel·chen** <-s, -> ['fɪtslçən] *nt* DIAL *(Stückchen)* little bit

fix [fɪks] **I.** *adj* ① *(feststehend)* fixed
② *(fam: flink)* quick, nippy BRIT *fam;* **~ *sein*** to be quick [*or* BRIT *fam* nippy]; **~ gehen** to not take long

[doing [*or* to do] sth]; ~ **machen** to hurry up; ***mach aber ~!*** hurry up!, don't take your time about it!
▶WENDUNGEN: ~ **und fertig sein** *(erschöpft)* to be exhausted [*or fam* shattered] [*or* BRIT *sl a.* knackered]; *(am Ende)* to be at the end of one's tether; **jdn ~ und fertig machen** *(fam: erschöpfen)* to do in sb *sep fam; (erschöpfen)* to wear [*or* BRIT *fam* fag] out sb *sep;* ~ **und foxi sein** *(sl)* to be worn out [*or* BRIT *fam* shattered]
II. *adv* quickly
Fi·xa ['fɪksa] *pl von* **Fixum**
Fi·xa·ti·on <-, -en> [fiksa'tsi̯o:n] *f* ① PSYCH fixation ② SCHWEIZ *(Befestigung)* fastening
Fix·be·las·tung *f* FIN fixed burden
fi·xen ['fɪksn̩] *vi (sl)* to fix *sl* [*or* to shoot] *sl*
Fi·xer(in) <-s, -> ['fɪksɐ] *m(f)* ① *(sl: Drogenabhängiger)* fixer BRIT *sl,* junkie ② BÖRSE *(Spekulant)* short seller
Fi·xer·be·steck *nt* fixing tools *pl* BRIT *sl*
Fi·xer·raum *m (kontrollierter Drogenkonsum) place where addicts can use a medically controlled quantity of drugs under the supervision of social workers* **Fi·xer·stu·be** *f* fixers' club *(informal name for a clean, [state-]controlled environment where addicts can inject themselves)*
Fix·fak·tor *m* MATH fixed factor **Fix·ge·schäft** *nt* HANDEL, BÖRSE firm deal [*or* bargain], time bargain *(transaction for delivery by a fixed date)*
Fi·xier·bad *nt* FOTO fixer
fi·xie·ren* [fɪ'ksi:rən] *vt* ① *(anstarren)* ■**jdn/etw ~** to fix one's eyes [*or* one's gaze] on sb/sth, to stare [at sb/sth] ② PSYCH *(auf jdn/etw völlig ausgerichtet sein)* ■**auf jdn/etw fixiert sein** to be fixated on sb/sth; ■**darauf fixiert sein, etw zu tun** to be fixated with doing sth ③ FOTO ■**etw ~** to fix sth ④ *(geh: festlegen)* ■**etw ~** to fix sth ⑤ *(schriftlich niederlegen)* ■**etw ~** to record sth; ***ich habe die Besprechung auf Montag fixiert*** I've fixed the appointment for Monday ⑥ SCHWEIZ *(befestigen)* ■**etw ~** to fix sth
Fi·xier·mit·tel *nt* FOTO fixative **Fi·xier·spray** *nt o m* holding spray
Fi·xie·rung <-, -en> *f* ① *(Festlegung)* specification, specifying, recording, setting out *sep* ② PSYCH *(Ausrichtung)* fixation; ■**jds ~ auf jdn/etw** sb's fixation on sb/sth
Fi·xig·keit <-> *f kein pl (fam)* speed
Fi·xing <-s, -s> *nt* fixing *no art, no pl*
Fix·kauf *m* ① HANDEL fixed-date purchase ② BÖRSE time bargain
Fix·kos·ten *pl* fixed costs *pl* **Fix·kos·ten·de·gres·si·on** *f* FIN fix cost degression
Fix·preis *m* fixed [*or* set] price **Fix·preis·sys·tem** *nt* fixed price system
Fix·punkt *m* fixed point **Fix·stern** *m* fixed star
Fi·xum <-s, Fixa> ['fɪksʊm, *pl* 'fɪksa] *nt* basic salary; *(Zuschuss)* fixed allowance
Fjeld·hoch·flä·che <-> ['fjɛlt-] *f* Icelandic Fjelds *pl,* Fjeld plain
Fjord <-[e]s, -e> [fjɔrt] *m* fjord, fiord
FKK <-> [ɛfka:'ka:] *kein art, kein pl Abk von* **Freikörperkultur** nudism *no pl*
FKK-An·hän·ger(in) *m(f)* naturist, nudist; ~ **sein** to be a naturist [*or* nudist] **FKK-Strand** *m* nudist beach
Flab <-> [flap] *f kein pl* ÖKON, POL SCHWEIZ *kurz für* **Fliegerabwehr** air defence [*or* AM -se]
flach [flax] *adj* ① *(eben, platt)* flat; *(nicht hoch)* low; *(nicht steil)* gentle; ~ [**zu etw** *dat*] **abfallen** to slope down gently [into [*or* towards] sth]; **sich** *akk* ~ **hinlegen** to lie [down] flat; ~ **liegen** [*o* **schlafen**] to sleep without a pillow ② *(nicht tief)* shallow; ~ **atmen** to take shallow breaths ③ *(oberflächlich)* shallow ④ TYPO ~**e Gradation** soft gradation; ~**es Negativ** soft negative
Flach·band·ka·bel *nt* INFORM flat cable **Flach·bau** *m* low building
Flach·bett·druck·ma·schi·ne *f* TYPO flat-bed printing press **Flach·bett-Off·set·an·druck·ma·schi·ne** *f* TYPO flat-bed offset proofpress **Flach·bett·plot·ter** *m* INFORM flatbed plotter **Flach·bett·scan·ner** *m* INFORM flatbed scanner **Flach·bett·stan·zen** <-s> *nt kein pl* TYPO flat-bed die-cutting
Flach·bild·schirm *m* flat screen
flach·brüs·tig *adj* flat-chested
Flach·dach *nt* flat roof; *(Terrasse)* terrace **Flach·draht** *m* flat wire **Flach·druck** *m* TYPO ① *kein pl (Verfahren)* planography *no pl spec* ② *(Produkt)* planograph *spec*
Flä·che <-, -n> ['flɛçə] *f* ① *(flache Außenseite)* surface; *(Würfelfläche)* face; **versteckte ~** INFORM hidden surface ② *(Gebiet)* expanse; *(mit Maßangaben)* area
Flach·ei·sen *nt* ① *(flaches Metall)* flat bar, flat *spec* ② *(Werkzeug)* flat-bladed chisel
Flä·chen·aus·deh·nung *f* surface area **Flä·chen·be·an·spru·chung** *f (form)* land use
Flä·chen·bom·bar·de·ment ['flɛçənbɔmbardə'mã:] *nt* MIL carpet bombing **Flä·chen·brand** *m* wildfire; **sich** *akk* **zu einem ~ ausweiten** to spread to a large-scale fire; *(fig)* to spread like wildfire **flä·chen·de·ckend** *adj* covering the needs *pred;* ***in unterentwickelten Ländern ist keine ~e medizinische Versorgung gewährleistet*** there is no sufficient coverage of medical supplies in undeveloped countries **Flä·chen·de·ckung** *f* TYPO area coverage, dot area **Flä·chen·de·ckungs·grad** *m* TYPO dot percentage, percent dot area **Flä·chen·druck** *m* TYPO area [*or* large-image] printing **Flä·chen·er·trag** *m* ÖKON yield per unit of area **Flä·chen·ge·wicht** *nt* grammage **flä·chen·gleich** *adj* equal in area *pred* **Flä·chen·in·halt** *m* [surface] area **Flä·chen·kon·so·li·die·rung** *f* ADMIN consolidation of floor space **Flä·chen·land** *nt large-area land with a low population density* **Flä·chen·maß** *nt* [unit of] square measure
Flä·chen·nut·zung *f* land use, land utilization
Flä·chen·nut·zungs·ge·setz *nt* JUR Town and Country Planning Act BRIT, Zoning Law AM **Flä·chen·nut·zungs·plan** *m* land utilization [*or* development] plan; *(in einer Stadt)* local [*or* AM zoning] plan
Flä·chen·preis *m* FIN land price **Flä·chen·re·cyc·ling** *nt* ÖKOL land recycling **Flä·chen·staat** *m* state
Flä·chen·still·le·gungRR *f* setting aside land, laying land fallow **Flä·chen·still·le·gungs·pro·gramm**RR *nt* area reduction programme [*or* AM -am]
Flä·chen·streik *m* general strike
Flä·chen·ta·rif·ver·ein·ba·rung *f* JUR, ÖKON collective bargaining agreement, union contract **Flä·chen·ta·rif·ver·hand·lung** *f* ÖKON collective bargaining **Flä·chen·ta·rif·ver·trag** *m* JUR local union agreement **flä·chen·va·ri·a·bel** *adj* **flächenvariabler Tiefdruck** TYPO halftone gravure [process]
flach|fal·len *vi sep irreg sein (fam)* to not come off *fam*
Flach·glas *nt* sheet glass *no pl* **Flach·hang** *m* gentle slope
Flach·heit <-> *f kein pl* flatness *no pl,* planeness *no pl spec*
flä·chig ['flɛçɪç] *adj* ① *(breit)* flat ② *(ausgedehnt)* extensive
Flach·kopf·schrau·be *f* TECH *(Blechschraube)* pan head screw AM *spec; (Senkschraube)* countersunk bolt/screw *spec* **Flach·küs·te** *f* flat coast **Flach·land** *nt* lowland, plain **flach|le·gen** *(fam)* I. *vt* ■**jdn ~** to knock out sb *sep,* to floor sb BRIT II. *vr* ■**sich** *akk* ~ *(sich hinlegen)* to lie down; *(flach hinfallen)* to fall flat [on one's face] **flach|lie·gen** *vi irreg (fam)* to be laid up [in bed] **Flach·mann** *m (fam)* hipflask **Flach·mei·ßel** *m* flat [*or spec* cold] chisel **Flach·rü·cken** *m (Buch)* flat spine, square back
Flachs <-es> [flaks] *m kein pl* ① *(Pflanze)* flax *no art, no pl* ② *(fam: Witzelei)* kidding *no art, no pl fam,* joke; ~ **machen** to kid around *fam;* [**jetzt mal ganz**] **ohne ~** joking aside
flachs·blond *adj* flax-coloured [*or* AM -ored], flaxen *liter*
Flach·schlitz·schrau·ben·dre·her *m* [slotted] screwdriver **Flach·schlitz·schrau·ben·zie·her** *m* slotted[-head] screwdriver, plain slot [*or* AM flat tip] screwdriver
Flach·se <-, -n> ['flaksə] *f* SÜDD, ÖSTERR tendon
flach·sen ['flaksn̩] *vi (fam)* to kid around *fam;* ■[**mit jdm**] ~ to kid sb on *fam*
Flach·sinn *m kein pl* shallowness *no pl* **Flach·stahl** *m* BAU flat steel **Flach·wa·gen** *m* flat wagon [*or* BRIT *a.* waggon]; *(eines Zugs)* flat car **Flach·zan·ge** *f* flat[-nosed] pliers *npl*
fla·ckern ['flakɐn] *vi* to flicker
Fla·den <-s, -> ['fla:dn̩] *m* ① KOCHK round flat dough-cake ② *(fam: breiige Masse)* flat blob; *(Kuhfladen)* cowpat
Fla·den·brot *nt* round flat loaf [of bread], ≈ Turkish bread, no art, no pl
Fla·geo·lett·boh·ne [flaʒo'lɛt-] *f* flageolet bean
Flag·ge <-, -n> ['flagə] *f* flag; **die englische/französische ~ führen** to fly the English/French flag [*or* BRIT colours] [*or* AM colors]; **die ~ streichen** to strike the flag
▶WENDUNGEN: ~ **zeigen** to nail one's colours [*or* AM -ors] to the mast
flag·gen ['flagn̩] *vi* to fly a flag/flags
Flag·gen·al·pha·bet *nt* semaphore *no art, no pl* **Flag·gen·mast** *m* flagpole, flagstaff **Flag·gen·miss·brauch**RR *m* JUR misuse of flag **Flag·gen·sig·nal** *nt* flag signal; **ein ~ geben** to give a flag signal
Flagg·schiff *nt* flagship
fla·grant [fla'grant] *adj (geh)* flagrant
Flair <-s> [flɛ:ɐ̯] *nt o selten m kein pl (geh)* aura
Flak <-, -[s]> [flak] *f Akr von* **Flugabwehrkanone** ① *(Kanone)* anti-aircraft [*or hist* ack-ack] gun ② *(Einheit)* anti-aircraft [*or hist* ack-ack] unit
Flak·hel·fer(in) *m(f)* HIST anti-aircraft auxiliary
Fla·kon <-s, -s> [fla'kõ:] *nt o m (geh)* [small] bottle, flacon *spec*
fla·mbie·ren* [flam'bi:rən] *vt* ■**etw ~** to flambé[e] sth
Flam·bier·pfan·ne *f* flaming [*or* flambéing] pan
Fla·me, Fla·min *o* **Flä·min** <-n, -n> ['flamə, fla:mɪn, flɛ:mɪn] *m, f* Fleming, Flemish man/woman/boy/girl
Flä·min <-, -nen> [flɛ:mɪn] *f fem form von* **Flame**
Fla·min·go <-s, -s> [fla'mɪŋgo] *m* flamingo
flä·misch ['flɛmɪʃ] *adj* Flemish; **auf ~** in Flemish
Flä·misch ['flɛmɪʃ] *nt dekl wie adj* Flemish; ■**das ~e** Flemish; **auf ~** in Flemish, the Flemish language
Flam·me <-, -n> ['flamə] *f* ① *(Feuer)* flame; **in ~n aufgehen** to go up in flames; **leuchtende ~** PHYS luminous flame; **mit ruhiger/flackernder ~ brennen** to burn with a steady/flickering flame; **etw auf großer/kleiner ~ kochen** to cook sth on a high/low heat; **in [hellen] ~n stehen** to be ablaze/in flames ② *(veraltend fam: Geliebte)* flame *dated*
flam·mend *adj (lit)* flaming
Flam·men·meer *nt (geh)* sea of flames [*or* fire] **Flam·men·schutz** *m* flame prevention **Flam·men·tod** *m (geh)* ■**der ~** death by burning; **den ~ erleiden** to be burned [*or* burnt] to death; *(auf dem Scheiterhaufen)* to be burned [*or* burnt] at the stake **Flam·men·wer·fer** <-s, -> *m* flamethrower
Flamm·pro·be *f* CHEM flame reaction [*or* test]
Flamm·schutz·mit·tel *nt* TECH, CHEM flame retardant
Flan·dern <-s> ['flandɐn] *nt* Flanders + *sing vb*
fland·risch ['flandrɪʃ] *adj* Flemish
Fla·nell <-s, -e> [fla'nɛl] *m* flannel
Fla·neur <-s, -e> [fla'nø:ɐ̯] *m,* **Fla·neu·se** <-, -n> [fla'nø:zə] *f (geh)* flâneur, saunterer, stroller
fla·nie·ren* [fla'ni:rən] *vi sein o haben* to stroll; *(bummeln)* to go for a stroll; ***sie flanierten an den Schaufenstern entlang*** they went window-shop-

ping

Fla·nier·mei·le *f (fam)* promenade

Flan·ke <-, -n> ['flaŋkə] *f* ❶ ANAT flank
❷ AUTO *(selten)* side
❸ FBALL cross
❹ MIL *einer Stellung* flank; **eine offene ~** an open flank

flan·ken ['flaŋkn̩] *vi* FBALL to centre [*or* AM -er]

Flan·ken·schutz *m* MIL protection on the flank; **jdm ~ geben** to give sb added support

flan·kie·ren* [flaŋ'ki:rən] *vt* ❶ *(begleiten)* ■**jdn ~** to flank [*or* accompany] sb
❷ *(seitlich begrenzen)* ■**etw ~** to flank sth
❸ *(ergänzen)* ■**etw** [**mit etw** *dat*] **~** to support sth [with sth]

Flansch <-[e]s, -e> [flanʃ] *m* TECH flange

Flap·pe <-, -n> ['flapə] *f* DIAL pout; **eine ~ ziehen** to pout, to look petulant

flap·sen ['flapsn̩] *vi (fam)* to joke

flap·sig ['flapsɪç] *(fam)* **I.** *adj* cheeky BRIT; **eine ~e Bemerkung** an offhand [*or* a flippant] remark
II. *adv* cheekily BRIT

Fläsch·chen <-s, -> ['flɛʃçən] *nt dim von* **Flasche** [small] bottle

Fläsch·chen·stän·der *m* bottle storage rack

Fla·sche <-, -n> ['flaʃə] *f* ❶ *(Behälter)* bottle; **etw in ~n füllen** to bottle sth, to fill sth into bottles; **einem Kind die ~ geben** to bottle-feed a child, to give [*or* feed] a child its bottle; **aus der ~ trinken** to drink straight from [*or* out of] the bottle; **Bier/Wein auf ~n ziehen** to bottle beer/wine
❷ *(fam: Versager)* dead loss BRIT *fam,* loser *fam;* *(einfältiger Mensch)* pillock BRIT *pej fam,* dork *pej fam*
▶WENDUNGEN: **zur ~ greifen** to take to [*or fam* hit] the bottle

Fla·schen·bier *nt* bottled beer **Fla·schen·bürs·te** *f* bottle-brush

Fla·schen·dre·hen <-s> *nt kein pl* spinning the bottle **Fla·schen·gä·rung** *f* fermentation in the bottle, secondary fermentation *spec* **Fla·schen·ge·stell** *nt* bottle rack **fla·schen·grün** *adj* bottle-green **Fla·schen·hals** *m* ❶ *(Teil einer Flasche)* bottleneck, neck [of a/the bottle] ❷ *(fig)* bottleneck **Fla·schen·kind** *nt* bottle-fed baby **Fla·schen·kür·bis** *m* bottle gourd, calabash **Fla·schen·milch** *f* bottled milk, milk [sold] in bottles **Fla·schen·nah·rung** *f* baby milk, formula **Fla·schen·öff·ner** *m* bottle-opener **Fla·schen·pfand** *m* deposit [*or* refund] on a/the bottle **Fla·schen·post** *f* message in a bottle **Fla·schen·re·gal** *nt* wine rack **Fla·schen·to·ma·te** *f* plum tomato **Fla·schen·ver·schluss**[RR] *m* bottle top

fla·schen·wei·se *adv* by the bottle

Fla·schen·zug *m* TECH block and tackle [*or* pulley]

Flasch·ner(in) <-s, -> *m(f)* SÜDD, SCHWEIZ *(Klempner)* plumber

Flash·back <-s, -s> ['flɛʃbɛk] *nt o m* FILM flashback

Flash-Spei·cher *m* INFORM flash memory

Flat·rate <-, -s> [flɛt'reɪt] *f* INET flat rate

Flat·ter ['flatɐ] *f* **die ~ machen** *(sl)* to beat it *fam*

Flat·ter·bin·se *f* BOT soft rush

flat·ter·haft *adj (pej)* fickle *pej*

Flat·ter·haf·tig·keit <-> *f kein pl (pej)* fickleness *no pl pej*

Flat·ter·mann <-männer> *m (hum fam)* chicken

Flat·ter·mar·ke *f* TYPO collating mark

flat·tern ['flatɐn] *vi* ❶ *haben (mit den Flügeln schlagen)* to flap [*or* flutter] [its wings]
❷ *haben (vom Wind bewegt)* ■[**im Winde**] **~** to flutter [*or* flap] [in the wind]; *lange Haare* to stream [in the wind]
❸ *sein (durch die Luft getragen)* ■**irgendwohin ~** to fly [*or* float] [*or* be blown] somewhere
❹ *sein (fam: zugestellt werden)* ■**jdm** [**irgendwohin**] **~** to land [*or* turn up] [*or* arrive] somewhere; ***heute flatterte eine Rechnung ins Haus*** a bill landed on the mat today
❺ *haben* AUTO *(hin und her schlagen)* to wobble, to shimmy

Flat·ter·satz *m* unjustified text [*or* print] *no art, no pl*

flat·tie·ren [fla'ti:rən] *vt, vi* SCHWEIZ *(o veraltet: schmeicheln)* ■**jdn** [*o* **jdm**] **flattieren** to flatter sb

flau [flau̯] *adj* ❶ *(leicht unwohl)* queasy; **jdm ist ~** [**im Magen**] sb feels queasy; ***mir wurde ganz ~ im Magen*** I started to feel queasy
❷ *(träge)* slack; ***heute war das Geschäft sehr ~*** business was very slack today
❸ TYPO **~es Original** faint [*or* low-contrast] original

Flau·heit <-> *f kein pl* ❶ *(Geschmacksarmut)* insipidness, insipidity
❷ *(Übelkeit)* queasiness
❸ ÖKON *(Marktbewegung)* slackness

Flaum <-[e]s> [flau̯m] *m kein pl* down *no art, no pl*

Flaum·fe·der *f* down feather

flau·mig ['flau̯mɪç] *adj* downy

Flausch <-[e]s, -e> ['flau̯ʃ] *m* fleece *no pl*

flau·schig *adj* fleecy, soft

Flau·sen ['flau̯zən] *pl (fam)* ❶ *(Unsinn)* nonsense *nsing;* *(Illusionen)* fancy [*or* crazy] ideas *pl;* **~ im Kopf haben** to have crazy ideas; **jdm die ~ austreiben** to get sb to return to reality, to knock some sense into sb *fam*
❷ *(Ausflüchte)* excuses *pl;* ***verschone mich mit deinen ~!*** save [*or* spare me] your excuses!

Flau·te <-, -n> ['flau̯tə] *f* ❶ *(Windstille)* calm *no pl;* ■**~n** calm periods *pl*
❷ *(mangelnde Nachfrage)* lull, period of slackness [*or* reduced activity]

flä·zen ['flɛtsn̩] *vr (fam)* ■**sich** *akk* [**auf etw** *akk/***in etw** *akk*] **~** to sprawl [oneself *fam*] [on/in sth] *a. pej*

Flech·se <-, -n> ['flɛksə] *f (Sehne)* tendon

Flech·te <-, -n> ['flɛçtə] *f* ❶ BOT lichen
❷ MED lichen *no pl;* *(Herpes)* herpes *no pl;* *(Ekzem)* eczema *no pl*
❸ *(geh)* plait, *esp* AM braid

flech·ten <flocht, geflochten> ['flɛçtn̩] *vt* ■**etw ~** to plait [*or esp* AM braid] sth; **sich/jdm die Haare** [**zu Zöpfen** [*o* **in Zöpfe**]] **~** to plait [*or esp* AM braid] one's/sb's hair; **einen Korb/Kranz/eine Matte ~** to weave [*or* make] a basket/wreath/mat; ■**etw zu etw** *dat* **~** to plait [*or* weave] sth into sth; **Blumen zu einem Kranz ~** to weave flowers into a garland; ■**geflochten** woven

Flecht·werk *nt kein pl* wickerwork *no art, no pl*

Fleck <-[e]s, -e *o* -en> [flɛk] *m* ❶ *(Schmutzfleck)* stain; **~en machen** to stain
❷ *(dunkle Stelle)* mark; *(auf Stirn vom Pferd)* blaze; **ein blauer ~** a bruise; **~en haben** to be bruised; *Apfel a.* to be blemished
❸ *(Stelle)* spot, place; **sich** *akk* **nicht vom ~ rühren** to not move [*or fam* budge] [an inch]; ***rühr dich nicht vom ~, ich bin sofort wieder da!*** stay where you are, I'll be right back!
▶WENDUNGEN: **der blinde ~** the blind spot; [**mit etw** *dat*] **nicht vom ~ kommen** to not get any further [with sth]; **vom ~ weg** on the spot; **einen ~ auf der** [**weißen**] **Weste haben** to have blotted one's copybook BRIT; *s. a.* **Herz**

Fleck·chen[1] <-s, -> *nt dim von* **Fleck** mark, stain

Fleck·chen[2] <-s, -> *nt (Gegend)* spot; **ein schönes** [*o* **herrliches**] **~ Erde** a nice [*or* lovely] little spot

Fle·cken <-s, -> ['flɛkn̩] *m* ❶ *(veraltet: Marktflecken)* small town
❷ *s.* **Fleck 1, 2**

Fle·cken·ent·fer·ner *m* stain-remover **Fle·cken·fal·ter** *m* ZOOL fritillary

fle·cken·los *adj* spotless

Fleck·ent·fer·ner <-s, -> *m* stain remover

Fle·cken·was·ser *nt* stain remover

Fle·ckerl·tep·pich ['flɛkɐl-] *m* SÜDD, ÖSTERR rag rug

Fleck·fie·ber *nt* typhus [fever], fleckfieber *spec*

fle·ckig ['flɛkɪç] *adj* ❶ *(befleckt)* marked, stained
❷ *(voller dunkler Stellen)* blemished; **~e Haut** blotchy skin

Fleck·ty·phus *m* MED typhus fever

fled·dern [flɛdɐn] *vt* ❶ *(pej fam: durchwühlen)* ■**etw ~** to rummage through sth; ■**jdn/etw ~** to harm sb/sth
❷ **eine Leiche ~** to rob a dead body

Fle·der·maus ['fle:dɐmau̯s] *f* ❶ *(Tier)* bat
❷ KOCHK ÖSTERR *(Fleischstück)* round steak

Fle·der·maus·är·mel *m* batwing sleeve

Fleece <-> [fli:s] *nt kein pl* fleece

Fleet <-[e]s, -e> [fle:t] *nt* NORDD canal

Fle·gel <-s, -> ['fle:gl̩] *m (pej: Lümmel)* lout *fam,* yob[bo] BRIT *fam;* *(ungezogenes Kind)* brat *pej fam*

Fle·gel·al·ter *nt* adolescence *no indef art, no pl;* ■**im ~ sein** to be [an] adolescent [*or* in one's adolescence]

Fle·ge·lei <-, -en> [fle:gə'lai̯] *f (pej)* uncouthness *no art, no pl,* uncouth [*or fam* loutish] behaviour [*or* AM -or] *no pl*

fle·gel·haft *adj (pej)* uncouth, loutish *fam*

Fle·gel·jah·re *pl* awkward age

fle·geln ['fle:gl̩n] *vr (fam)* ■**sich** *akk* [**auf etw** *akk/***in etw** *akk*] **~** to sprawl [oneself *fam*] on [*or* [all] over] sth *a. pej*

fle·hen ['fle:ən] *vi (geh)* ■[**bei jdm**] [**um etw** *akk*] **~** to beg [sb] [for sth]

Fle·hen ['fle:ən] *nt (geh)* plea, entreaty

fle·hent·lich ['fle:əntlɪç] **I.** *adj (geh)* pleading, imploring
II. *adv* pleadingly; **jdn ~ bitten, etw zu tun** to implore [*or* entreat] sb to do sth

Fleisch <-[e]s> ['flai̯ʃ] *nt kein pl* ❶ *(Nahrungsmittel)* meat *no art, no pl;* **~ fressend** carnivorous, meat-eating *attr;* **~ fressende Pflanze** carnivorous plant, carnivore
❷ *(Gewebe, Muskelfleisch)* flesh *no indef art, no pl*
❸ *(Fruchtfleisch)* flesh *no indef art, no pl*
❹ TYPO *(Satz) Schrift* beard
▶WENDUNGEN: **jdm in ~ und Blut übergehen** to become sb's second nature; **jds eigen[es] ~ und Blut** *(geh)* sb's own flesh and blood; **sich** *akk o dat* [**mit etw** *dat*] **ins eigene ~ schneiden** to cut off one's nose to spite one's face, to harm one's own interests; **vom ~[e] fallen** to lose a lot of weight

fleisch·arm *adj* low-meat *attr,* containing little meat *pred,* with a low meat content *pred;* [**sehr**] **~ essen** to eat [very] little meat **Fleisch·be·schau** *f* ❶ ADMIN meat inspection ❷ *(hum fam)* cattle [*or* meat] market *hum fam* **Fleisch·be·schau·er(in)** <-s, -> *m(f)* meat inspector **Fleisch·blut·ma·gen** *m* blood sausage **Fleisch·brat·ling** *m* rissole, burger **Fleisch·brü·he** *f* ❶ *(Bouillon)* bouillon, beef stock ❷ *(Fond)* meat stock **Fleisch·brüh·wür·fel** *m* stock [*or* bouillon] cube **Fleisch·dau·er·wa·re** *f kein pl* preserved meats *pl* **Fleisch·dün·nung** *f* flank **Fleisch·ein·waa·ge** *f* meat content

Flei·scher(in) <-s, -> ['flai̯ʃɐ] *m(f)* butcher

Flei·scher·beil *nt* [meat] cleaver

Flei·sche·rei <-, -en> [flai̯ʃə'rai̯] *f* butcher's [shop BRIT]

Flei·sche·rin <-, -nen> *f fem form von* **Fleischer**

Flei·scher·mes·ser *nt* butcher's knife

Fleisch·es·ser(in) *m(f)* meat eater **Fleisch·ex·trakt** *m* meat extract **fleisch·far·ben** *adj* flesh-coloured [*or* AM -ored] **Fleisch·far·ce** *f* meat filling **Fleisch·fon·due** *nt* meat fondue **fleisch·fres·send** *adj s.* **Fleisch 1** **Fleisch·fres·ser** <-s, -> *m* carnivore, meat-eater **Fleisch·ga·bel** *f* meat fork **Fleisch·ge·lee** *nt* meat jelly **Fleisch·glace** *nt s.* **Jus**

Fleisch·hau·er(in) <-s, -> *m(f)* ÖSTERR *(Fleischer)* butcher's [shop BRIT]

Fleisch·hau·e·rei <-, -en> *f* ÖSTERR *(Fleischerei)* butcher's [shop BRIT]

Fleisch·hy·gi·e·ne·ge·setz *nt* JUR meat hygiene law

flei·schig ['flai̯ʃɪç] *adj* fleshy

Fleisch·jus *m s.* **Jus** **Fleisch·kä·se** *m* meatloaf **Fleisch·klop·fer** <-s, -> *m* steak hammer **Fleisch·kloß** *m* ❶ KOCHK meatball ❷ *(fam: fetter Mensch)* mountain of flesh **Fleisch·klöß·chen** *nt* [small] meatball **Fleisch·knepp** *m* meat ball *(flavoured with herbs)* **Fleisch·kraut** *nt* BOT winter chicory

fleisch·lich *adj attr* ❶ *(von Fleisch)* consisting of/containing meat *pred;* **~e Genüsse** meat delicacies
❷ *(liter: sexuell)* carnal, of the flesh *pred;* **~e**

F

Begierden carnal desires, desires of the flesh
flei̲sch·los I. *adj* vegetarian, meatless
II. *adv* ~ **kochen** to cook vegetarian
Flei̲sch·no·ckerl [-nɔkɐl] *pl* SÜDD meat balls *(poached in pig's stomach)* **Flei̲sch·pas·te·te** *f* meat vol-au-vent [*or* BRIT pasty] **Flei̲sch·saft** *m* meat juices *pl* **Flei̲sch·sa·lat** *m a salad of diced sausage or ham, gherkins and mayonnaise* **Flei̲sch·spieß** *m (Stab)* meat skewer; *(Gericht)* skewered meat, meat on a skewer [*or* stick], shish kebab **Flei̲sch·stück** *nt,* **Flei̲sch·stück·chen** *nt* piece of meat **Flei̲sch·tee** *m* beef tea, Bovril® **Flei̲sch·ther·mo·me·ter** *nt* meat thermometer **Flei̲sch·to·ma·te** *f* beef[steak] tomato **Flei̲sch·topf** *m* meat pan **Flei̲sch·ver·gif·tung** *f* meat poisoning BRIT **Flei̲sch·vo·gel** *m* SCHWEIZ *(Roulade)* beef olive **Flei̲sch·wa·ren** *pl* meat produce *nsing* [*or pl* products] **Flei̲sch·wolf** *m* mincer BRIT, grinder; **etw durch den ~ drehen** to mince [*or* grind] sth ▸WENDUNGEN: **jdn durch den ~ drehen** *(fam)* to put sb through the mill **Flei̲sch·wun·de** *f* flesh wound **Flei̲sch·wurst** *f* ≈ pork sausage
Flei̲ß <-[e]s> [flais] *m kein pl* hard work *no art, no pl,* diligence *no art, no pl,* industriousness *no art, no pl,* application *no art, no pl form*
▸WENDUNGEN: **mit ~** SÜDD on purpose; **ohne ~ kein Preis** *(prov)* success doesn't come easily; SPORT no pain, no gain!
Flei̲ß·ar·beit *f* laborious task; **eine** [**reine**] **~** *(pej)* a grind BRIT *fam*
flei̲·ßig ['flaisɪç] I. *adj* ❶ *(hart arbeitend)* industrious, hard-working
❷ *(Fleiß zeigend)* diligent, painstaking; **eine ~e Leistung** a painstaking effort
❸ *(fam: eifrig)* keen
II. *adv* ❶ *(arbeitsam)* diligently, industriously
❷ *(fam: unverdrossen)* assiduously
flek·tie·ren* [flɛk'ti:rən] I. *vt* LING ■**etw ~** *(deklinieren)* to decline sth; *(konjugieren)* to conjugate sth *spec*
II. *vi* to inflect; ■**schwach/stark ~** to be [conjugated as] a weak/strong verb
flen·nen ['flɛnən] *vi (pej fam)* to blubber *pej,* to blub BRIT *pej fam*
Flens·burg <-s> ['flɛnsburk] *nt* Flensburg
Flep·pe <-, -n> ['flɛpə] *f* DIAL *(sl: Ausweispapiere)* identity card; *(Führerschein)* driving licence BRIT, driver's license AM
flet·schen ['flɛtʃn̩] *vt* **die Zähne ~** to show [*or* bare] one's/its teeth
fleucht [flɔyçt] *(veraltet poet) 3. pers. sing von* **fliegen** *s. a.* **kreucht**
Fleu·rop® <-> ['flɔyrɔp] *f kein pl* Interflora® *no art, no pl*
fle·xi·bel [flɛ'ksi:bl] *adj* ❶ *(anpassungsfähig)* flexible
❷ *(nicht fest)* flexible
❸ *(elastisch)* pliable
fle·xi·bi·li·sie̲·ren *vt* ■**etw ~** to adapt sth [to sth]; **die Arbeitszeit ~** to introduce flexible working hours
Fle̲·xi·bi·li·sie·rung <-, -en> *f* **die ~ der Altersgrenze/Arbeitszeit/Ladenschlusszeiten** the transition to a flexible age limit/to flexible opening/working hours
Fle·xi·bi·li·tät <-> [flɛksibili'tɛ:t] *f kein pl* ❶ *(Anpassungsfähigkeit)* flexibility *no art, no pl*
❷ *(Elastizität)* pliability *no art, no pl*
Fle·xi·on <-, -en> [flɛ'ksi̯o:n] *f (Deklinieren)* inflection; *(Konjugieren)* conjugation *spec*
Fle·xi·o̲ns·en·dung *f* inflectional ending [*or* suffix]
Fle̲·xo·druck *m* TYPO flexo[graphic] printing, flexography
flicht *imper sing und 3. pers. sing pres von* **flechten**
Fli̲ck·ar·beit [flɪk-] *f* mending
fli·cken ['flɪkn̩] *vt* ■**etw** [**mit etw** *dat*] **~** to mend sth [with sth]; **einen Fahrradschlauch ~** to patch [up *sep*] a bicycle tube; *s. a.* **Zeug**
Fli·cken <-s, -> ['flɪkn̩] *m* patch
Fli̲·cken·tep·pich *m* rag rug
Fli̲ck·schus·ter(in) *m(f) (pej fam)* bungler, bungling idiot *pej* **Fli̲ck·werk** *nt kein pl (pej)* **ein ~ sein** to have been carried out piecemeal **Fli̲ck·wort** *nt (Füllwort)* filler **Fli̲ck·zeug** *nt kein pl* ❶ *(für Fahrräder)* [puncture] repair kit [*or* outfit] ❷ *(Nähzeug)* sewing kit
Flie·der <-s, -> ['fli:dɐ] *m* lilac
Flie̲·der·busch *m* lilac **flie̲·der·far·ben** *adj* lilac
Flie·ge <-, -n> ['fli:gə] *f* ❶ *(Insekt)* fly
❷ MODE bow tie [*or* dickie [*or* dick[e]y] bow] BRIT *fam*
▸WENDUNGEN: **zwei ~n mit einer Klappe schlagen** *(fam)* to kill two birds with one stone; **die** [*o sl* **'ne**] **~ machen** to beat [*or* leg] it *fam;* ***he, mach die ~!*** get lost!, piss off! BRIT *fam!;* **wie die ~n sterben** to fall [*or* drop [off]] like flies; **jdn stört die ~ an der Wand** sb is irritated by every little thing; **wie die ~n umfallen** to go down like ninepins BRIT, to drop [off] like flies
flie·gen <flog, geflogen> ['fli:gn̩] I. *vi sein* ❶ *(mit Flügeln)* to fly
❷ *(im Flugzeug)* ■[**irgendwohin**] **~** to fly [somewhere]; ***wann fliegt die nächste Maschine*** [***nach Paris***]? when is the next flight [to Paris]?
❸ *(sl: hinausgeworfen werden)* ■[**aus etw** *dat*] **~** to get kicked [*or fam* chucked] out [of sth]; **aus einer Firma ~** to get [*or* be given] the sack [*or fam* the boot]
❹ *(fam: schnell fallen)* ■**jdm aus etw** *dat*/**von etw** *dat* **~** to fall out of/off sb's sth
❺ *(fam: fallen)* to fall; **von der Leiter ~** to fall off a ladder
❻ *(wehen)* to fly
❼ *(eilen)* to fly
❽ *(geworfen werden)* to fly, to be flung; ***die Schneebälle flogen wild hin und her*** snowballs were flying about all over the place
▸WENDUNGEN: **auf jdn/etw ~** *(fam)* to go for sb/sth *fam;* **ich kann doch nicht ~!** *(fam)* I can't fly [*or fam* haven't got wings], you know!
II. *vt* ❶ *sein o haben (steuern)* ■**etw ~** to fly sth
❷ *haben (befördern)* ■**jdn/etw irgendwohin ~** to fly sb/sth somewhere
❸ *sein o haben (zurücklegen)* ■**etw ~** to fly sth; ***wir sind heute eine weite Strecke geflogen*** we flew a long way today
flie̲·gend *adj* ❶ *attr* mobile; **die ~e Pommesbude** the chippie van BRIT *fam,* the roach coach AM
❷ TYPO **~er Vorsatz** fly-leaf, inner endpaper; **~er Rollenwechsel** flying reel change
Flie̲·gen·dreck *m* fly spot/spots, fly droppings *npl* **Flie̲·gen·fän·ger** *m* flypaper **Flie̲·gen·fens·ter** *nt* [window with a] fly screen
Flie̲·gen·fi·schen <-s> *nt* SPORT fly fishing
Flie̲·gen·fi·scher, -fi·sche·rin *m, f* SPORT fly fisher **Flie̲·gen·ge·wicht** *nt* ❶ *kein pl (Gewichtsklasse)* flyweight *no indef art, no pl* ❷ *(Sportler)* flyweight
Flie̲·gen·ge·wicht·ler(in) <-s, -> *m(f)* flyweight
Flie̲·gen·git·ter *nt* flyscreen BRIT, screen **Flie̲·gen·klat·sche** *f* fly swatter, BRIT *a.* fly swat
Flie̲·gen·pa·pier *nt* flypaper **Flie̲·gen·pat·sche** *f* [fly] swatter, BRIT *a.* swat **Flie̲·gen·pilz** *m* fly agaric *no indef art, no pl spec* **Flie̲·gen·schutz·git·ter** *nt* BAU insect screen
Flie̲·ger[1] <-s, -> *m (sl)* plane, bird *sl*
Flie̲·ger(in)[2] <-s, -> *m(f)* ❶ *(Pilot)* pilot, airman *masc,* airwoman *fem*
❷ *(Dienstgrad)* aircraftman BRIT, airman basic AM
❸ *(fam: Luftwaffe)* ■**die ~** the air force + *sing/pl vb*
Flie̲·ger·alarm *m* air-raid warning **Flie̲·ger·an·griff** *m* air raid
Flie·ge·rei <-> [fli:gə'rai] *f kein pl* flying *no art, no pl*
Flie̲·ger·horst *m* military airfield [*or* BRIT *a.* aerodrome]
flie̲·ge·risch *adj attr* aeronautical
Flie̲·ger·staf·fel *f* MIL *(Einheit der Luftwaffe)* air force squadron
flie·hen <floh, geflohen> ['fli:ən] I. *vi sein* ❶ *(entkommen)* to escape, to flee; **aus dem Gefängnis ~** to escape from prison
❷ *(davoneilen)* to flee; **vor der Polizei/einem Sturm ~** to flee from the police/before a storm
II. *vt haben (liter)* ■**etw ~** to shun sth, to flee [*or* get away] from sth; **jds Gegenwart/Nähe ~** to avoid sb
flie̲·hend *adj* receding; **ein ~es Kinn** a receding chin; **eine ~e Stirn** a sloping forehead
Flie̲h·kraft *f kein pl* centrifugal force **Flie̲h·kraft·reg·ler** *m* TECH centrifugal control
Flie·se <-, -n> [fli:zə] *f* tile; **etw mit ~n auslegen** to tile sth; **~n legen** to lay tiles
flie·sen ['fli:zn̩] *vt* ■**etw ~** to tile sth; ■**gefliest** tiled
Flie̲·sen·bo·den, Flie̲·sen·fuß·bo·den *m* tiled floor **Flie̲·sen·le·ger(in)** <-s, -> *m(f)* tiler **Flie̲·sen·spie·gel** *m* BAU tiled section
Flie̲ß·band <-bänder> *nt* assembly [*or* production] line; *(Förderband)* conveyer [belt]; **am ~ arbeiten** [*o fam* **stehen**] to work on a/the production line **Flie̲ß·band·ar·beit** *f* work on a production [*or* assembly] line **Flie̲ß·band·fer·ti·gung** *f* belt production, assembly line production
Flie̲ß·dia·gramm *nt* flow chart **Flie̲ß·ei·gen·schaf·ten** *pl* TECH flow properties *pl*
flie·ßen <floss, geflossen> ['fli:sn̩] *vi sein* ❶ *(strömen)* to flow; ***es fließt kein Wasser aus dem Hahn*** there's no water coming from the tap; *(sich dahinbewegen)* to flow, to move; **alles fließt** PHILOS all is in a state of flux; METEO *(einströmen)* to move
❷ *(eingehen)* ***aus China ~ die Informationen immer spärlicher*** the flow of information from China is getting minimal
flie̲·ßend I. *adj* ❶ *(flüssig)* fluent; **eine ~e Rede** a fluent speech; **ein ~es Französisch sprechen** to speak fluent French [*or* French fluently]
❷ *(übergangslos)* fluid
II. *adv* ❶ *(bei Wasser)* **~ warmes und kaltes Wasser** running hot and cold water
❷ *(ohne zu stocken)* fluently; **~ Französisch sprechen** to speak fluent French [*or* French fluently]
Flie̲ß·fer·ti·gung *f* ❶ *(Anlage)* continuous production line ❷ *(Verfahren)* assembly line production **Flie̲ß·gleich·ge·wicht** *nt* CHEM equilibrium of flow **Flie̲ß·heck** *nt* AUTO fastback **Flie̲ß·kom·ma·pro·zes·sor** *m* INFORM floating point unit [*or* processor] **Flie̲ß·pa·pier** *nt (Löschpapier)* blotting paper **Flie̲ß·pha·se** *f* CHEM liquid phase **Flie̲ß·satz** *m* TYPO classified ad matter, composition of classified ads **Flie̲ß·ze·ment** *m* BAU cement slurry
fli̲m·mer·frei *adj* flicker-free **Fli̲m·mer·kis·te** *f* *(fam)* TV, telly BRIT *fam;* ■**die ~** the box BRIT *fam,* boob tube AM *fam*
flim·mern ['flɪmɐn] *vi* ❶ *(unruhig leuchten)* to flicker
❷ *(flirren)* to shimmer
flink [flɪŋk] *adj* quick, nippy BRIT *fam;* **eine ~e Zunge/ein ~es Mundwerk haben** to have a quick [*or* BRIT ready] tongue/mouth
Flin·te <-, -n> ['flɪntə] *f* ❶ *(Schrotflinte)* shotgun
❷ *(veraltet: Gewehr)* gun
▸WENDUNGEN: **jdn/etw vor die ~ bekommen** *(fam)* to get hold of sb/sth; **die ~ ins Korn werfen** *(fam)* to throw in the towel
Fli̲n·ten·weib *nt (a. pej)* gunwoman
Flip·chart <-, -s> ['flɪptʃart] *f* flipchart
Flip·flops ['flɪpflɔps] *pl* MODE flipflops
Flip·per <-s, -> ['flɪpɐ] *m* pinball machine
Fli̲p·per·au·to·mat *m* pinball machine
flip·pern ['flɪpɐn] *vi* to play pinball
flip·pig *adj (fam)* hip *fam*
flir·ren ['flɪrən] *vi* to whirr [*or esp* AM whir]; **~de Luft/Hitze** shimmering air/heat
Flirt <-s, -s> [flø:ɐ̯t] *m* flirt[ation]
flir·ten ['flø:ɐ̯tn̩] *vi* ■[**mit jdm**] **~** to flirt [with sb]
Flirt·fak·tor ['flœrtfakto:ɐ̯, 'flɪrt-] *m kein pl (fam)* flirt factor *fam*
Flit·tchen <-s, -> ['flɪtçən] *nt (pej fam)* slut *pej,* hussy *a. hum*
Flit·ter <-s, -> ['flɪtɐ] *m* ❶ *(Pailletten)* sequins *pl*
❷ *kein pl (pej: Tand)* trash *no art, no pl pej fam,* trumpery *no pl*
Fli̲t·ter·gold *nt* gold foil **Fli̲t·ter·wo·chen** *pl* honeymoon *nsing;* **in die ~ fahren** to go on [one's] honeymoon; **in den ~ sein** to be on [one's] honeymoon; **die ~ in Paris verbringen** to [spend one's] honeymoon in Paris

Flit·zbo·gen [flɪts-], **Flit·ze·bo·gen** [flɪtsə-] *m (fam)* bow and arrow[s *pl*]
▶WENDUNGEN: **gespannt wie ein ~ sein** to be dying with suspense

flit·zen ['flɪtsn̩] *vi sein* ❶ *(sich schnell bewegen)* ■**[irgendwohin] ~** to dash [*or fam* whizz] [*or esp* AM whiz] [somewhere]
❷ *(fam: abhauen)* to run off, to leg it *fam*
❸ *(fam: nackt laufen)* to streak

Flit·zer <-s, -> *m (fam)* snappy [*or* sharp] little sports car *fam*

floa·ten ['flo:tn̩] *vi* ÖKON to float

Floa·ter <-s, -> ['flo:tɐ] *m* floater

Floa·ting <-> ['flo:tɪŋ] *nt kein pl* ■**das ~ [einer S.** *gen* [*o* **von etw** *dat*]] floating [sth]

flocht ['flɔxt] *imp von* **flechten**

Flöck·chen <-s, -> ['flœkçən] *nt dim von* **Flocke** flake; **ein ~ Butter** a knob [*or* hunk] of butter

Flo·cke <-, -n> ['flɔkə] *f* ❶ *(Schneeflocke)* snowflake
❷ *(Staubflocke)* ball of fluff

Flo·cken·blu·me *f* BOT knapweed

flo·ckig ['flɔkɪç] *adj* fluffy

Flo·ckungs·mit·tel *f* CHEM, TECH flocculent, flocculator **Flo·ckungs·punkt** *f* CHEM, TECH flocculation

flog ['flo:k] *imp von* **fliegen**

floh ['flo:] *imp von* **fliehen**

Floh <-[e]s, Flöhe> [flo:, *pl* 'flø:ə] *m* ❶ *(Tier)* flea; **Flöhe haben/knacken** to have/squash fleas
❷ *pl (sl: Geld)* dough *nsing dated fam,* bread *nsing fam,* dosh BRIT *sl*
▶WENDUNGEN: **die Flöhe husten hören** to imagine things; **jdm einen ~ ins Ohr setzen** *(fam)* to put an idea into sb's head

Floh·kraut *nt* BOT pennyroyal **Floh·krebs** *m* ZOOL sand hopper **Floh·markt** *m* flea market, jumble [*or* AM rummage] sale **Floh·zir·kus** *m* flea circus

Flo·ka·ti <-s, -s> [flo'ka:ti] *m (griechischer Teppich)* flokati

Flom <-s> ['flo:m] *m,* **Flo·men** <-s> ['flo:mən] *m kein pl* DIAL *(Schweineschmalz)* lard *no art, no pl*

Floo·ding <-[s], -s> ['flʌdɪŋ] *nt* INFORM flooding

Flop <-s, -s> [flɔp] *m (fam)* flop *fam;* **mit etw** *dat* **einen ~ landen** to suffer [*or* land] a flop with sth *fam*

flop·pen ['flɔpn̩] *vi* ÖKON *(fam) Projekt, Film, CD* to flop *fam*

Flop·py·disk^RR^, **Flop·py Disk**^RR^, **Flop·py dis·k**^ALT^ ['flɔpidɪsk] *f* INFORM floppy disk

Flor <-s, -e *o selten* Flöre> [flo:ɐ̯, *pl* 'flørə] *m* ❶ *(dünnes Gewebe)* gauze
❷ *(Teppich-/Samtflor)* pile

Flo·ra <-, Floren> ['flo:ra, *pl* 'flo:rən] *f* flora *npl spec*

Flo·ren·reich *nt* BOT floral region

Flo·ren·ti·ner <-s, -> [florɛn'ti:nɐ] *m* ❶ *(Gebäck)* Florentine
❷ MODE *(Strohhut)* picture hat

Flo·renz <-> [flo'rɛnts] *nt kein pl* Florence

Flo·rett <-[e]s, -e> [flo'rɛt] *nt* foil; *(Sport)* foil-fencing

Flo·rett·fech·ten *nt* foil-fencing

Flor·flie·ge *f* ZOOL lacewing

flo·rie·ren* [flo'ri:rən] *vi* to flourish; ■**~d** flourishing

Flo·rist(in) <-en, -en> [flo'rɪst] *m(f)* florist

Flos·kel <-, -n> ['flɔskl̩] *f* set phrase; *(klischeehaft)* cliché; ***eine höfliche/abgedroschene ~*** a polite but meaningless phrase, a hackneyed phrase *pej*

Floß <-es, Flöße> [flo:s, *pl* 'flø:sə] *nt* raft

floss^RR^, **floß**^ALT^ ['flɔs] *imp von* **fließen**

Flos·se <-, -n> ['flɔsə] *f* ❶ *(Fischflosse)* fin
❷ *(Schwimmflosse)* flipper
❸ *(sl: Hand)* paw *hum fam,* mitt *pej fam*

Flös·sel·hecht *m* ZOOL bichir

flö·ßen ['flø:sn̩] *vt* ❶ *(auf dem Wasser)* ■**etw ~** to raft sth
❷ *(einflößen)* **jdm die Suppe/Medizin in den Mund ~** to give sb his/her soup/medicine

Flö·ßer(in) <-s, -> ['flø:sɐ] *m(f)* raftsman *masc,* raftswoman *fem*

Flö·te <-, -n> ['flø:tə] *f* ❶ *(Musikinstrument)* pipe; *(Querflöte)* flute; *(Blockflöte)* recorder; *(Panflöte)* panpipes *npl;* **~ spielen** [*o* **blasen**] to play the pipe/flute/recorder/panpipes
❷ *(Kelchglas)* flute [glass] *spec*

flö·ten ['flø:tn̩] **I.** *vi* ❶ *(Flöte spielen)* to play the flute
❷ *(trillern)* to whistle
❸ *(hum fam: süß sprechen)* to warble, to flute
▶WENDUNGEN: **etw geht jdm ~** sb loses sth
II. *vt* ■**etw ~** ❶ *(mit der Flöte)* to play sth on the flute
❷ *(pfeifen)* to whistle sth

Flö·ten·blä·ser(in) *m(f)* piper; *(Querflötenbläser)* flautist, flutist; *(Blockflötenbläser)* recorder player

flö·ten|ge·hen^ALT^ *vi irreg sein (sl) s.* **flöten I**

Flö·ten·kes·sel *m* whistling kettle **Flö·ten·spiel** *nt* piece for the pipe/flute/recorder/panpipes **Flö·ten·spie·ler(in)** *m(f)* piper; *(Querflötenspieler)* flute player, flautist *form; (Blockflötenspieler)* recorder player **Flö·ten·ton** *m* sound of a/the flute/of flutes ▶WENDUNGEN: **jdm die Flötentöne beibringen** *(fam)* to tell [*or* teach] sb what's what *fam*

Flö·tist(in) <-en, -en> [flø'tɪst] *m(f)* flautist *form*

flott [flɔt] **I.** *adj* ❶ *(zügig)* quick, nippy BRIT *fam;* **eine ~e Fahrt** a fast drive; **ein ~es Tempo** [a] high speed; **eine ~e Bedienung** quick [*or* speedy] service; ***aber ein bisschen ~!*** *(fam)* make it snappy! *fam*
❷ *(schwungvoll)* lively
❸ *(schick)* smart, chic
❹ *(verschwenderisch)* fast-living; **ein ~es Leben führen** to live life in the fast lane
❺ *pred (manövrierfähig)* in working order *pred*
❻ *(flüssig)* racy
❼ KOCHK **~e Lotte** mouli-légumes, food mill
II. *adv* ❶ *(zügig)* fast; *(hurtig a.)* quickly
❷ *(schick)* smartly, chic

flott|be·kom·men* *vt irreg* ■**etw ~** to get sth working; **ein Schiff ~** to float off *sep* a ship; **ein Auto ~** to get a car on the road

Flot·te <-, -n> ['flɔtə] *f* ❶ NAUT, LUFT fleet
❷ CHEM, TECH liquor, float

Flot·ten·ab·kom·men *nt* naval treaty **Flot·ten·stütz·punkt** *m* naval base **Flot·ten·ver·band** *m* naval unit

Flot·til·le <-, -n> [flɔ'tɪlə] *f* ❶ MIL flotilla
❷ NAUT fleet

flott|krie·gen *vt (fam) s.* **flottbekommen**

flott|ma·chen *vt* ■**etw ~** to get sth back in working order; **ein Schiff [wieder] ~** to [re]float a ship; **ein Auto [wieder] ~** to get a car back on the road; **eine Firma [wieder] ~** to get a company [back] on its feet

flott·weg ['flɔt'vɛk] *adv (fam)* non-stop

Flöz <-es, -e> [flø:ts] *nt* BERGB seam

Fluch <-[e]s, Flüche> [flu:x, *pl* 'fly:çə] *m* ❶ *(Schimpfwort)* curse, oath *dated*
❷ *(Verwünschung)* curse
▶WENDUNGEN: **das [eben] ist der ~ der bösen Tat** *(prov)* evil begets evil *prov*

fluch·be·la·den *adj (geh)* cursed

flu·chen ['flu:xn̩] *vi* ❶ *(schimpfen)* ■**[auf/über jdn/etw] ~** to curse [*or* swear] at sb/sth
❷ *(geh: verwünschen)* ■**jdn/etw ~** to curse sb/sth

Flucht^1^ <-, -en> [flʊxt] *f* escape; **jdm glückt die ~** sb escapes [successfully]; **die ~ vor der Realität/Verantwortung** an escape from reality/responsibility; ■**die ~ in etw** *akk* refuge in sth; **die ~ in den Selbstbetrug** a resort to self-defiance; **die ~ ergreifen** *(geh)* to take flight, to flee; **auf der ~ erschossen werden** to be shot trying to escape [*or* on the run]; **auf der ~ sein** [*o* **sich** *akk* **auf der ~ befinden**] to be on the run; **jdn in die ~ schlagen** to put sb to flight, to chase away sb *sep;* **jdm zur ~ verhelfen** to help sb [to] escape; **auf der ~ vor jdm sein** to be fleeing [*or* on the run] from sb; **in kopfloser/wilder ~** in a stampede; **die ~ nach Ägypten** REL the flight to Egypt; **die ~ nach vorn antreten** to take the bull by the horns

Flucht^2^ <-, -en> [flʊxt] *f* ❶ *(Fluchtlinie)* alignment; *(Häuserflucht)* row
❷ *(geh: Zimmerflucht)* suite

flucht·ar·tig I. *adj* hasty, hurried **II.** *adv* hastily, hurriedly, in a hurry **Flucht·au·to** *nt* getaway car *fam,* escape vehicle

flüch·ten ['flʏçtn̩] **I.** *vi sein* to flee, to get away; *(aus der Gefangenschaft, einer Gefahr)* to escape
II. *vr haben* ❶ *(Schutz suchen)* ■**sich** *akk* **[vor etw** *dat*] **irgendwohin ~** to seek refuge [from sth] somewhere; **sich** *akk* **vor einem Unwetter in eine Scheune ~** to [seek] shelter from a storm in a barn
❷ *(fig: ausweichen)* ■**sich** *akk* **in etw** *akk* **~** to take refuge in sth; **sich** *akk* **in Ausreden ~** to resort to excuses

Flucht·fahr·zeug *nt* getaway car *fam,* escape vehicle **Flucht·ge·fahr** *f* JUR danger of absconding; **bei jdm besteht ~** sb is always trying [*or* attempting] to escape **Flucht·gel·der** *pl* FIN flight [*or* runaway] capital *no pl* **flucht·ge·recht** *adj* BAU truly aligned **Flucht·hel·fer(in)** *m(f)* accomplice in an/the escape **Flucht·hil·fe** *f* escape aid

flüch·tig ['flʏçtɪç] **I.** *adj* ❶ *(geflüchtet)* fugitive *attr;* ■**~ sein** to be a fugitive [*or* on the run] [*or* at large]
❷ *(kurz)* fleeting, brief; **ein ~er Blick** a fleeting glance, a glimpse; **ein ~er Kuss/Gruß** a brief [*or* passing] [*or* perfunctory] kiss/hello
❸ *(oberflächlich)* cursory, sketchy; **eine ~e Arbeit** a hurried piece of work; **eine ~e Bekanntschaft** a passing acquaintance
❹ *(schnell verdunstend)* volatile
II. *adv* ❶ *(kurz)* briefly, perfunctorily
❷ *(oberflächlich)* cursorily; **~ arbeiten** to work hastily; **etw ~ erwähnen** to mention sth in passing; **jdn ~ kennen** to have met sb briefly; **etw ~ lesen** to skim through sth *sep*

Flüch·ti·ge(r) ['flʏçtɪgə, -gɐ] *f(m) dekl wie adj* fugitive; JUR absconder

Flüch·tig·keit^1^ <-> *f kein pl* ❶ *(Kürze)* briefness *no pl,* brevity *no pl*
❷ *(Oberflächlichkeit)* cursoriness *no pl,* sketchiness *no pl;* **mit ~ arbeiten** to work hastily [*or* with hastiness]
❸ CHEM volatility *no pl*

Flüch·tig·keit^2^ <-, -en> *f (Unachtsamkeit)* carelessness *no pl;* ■**~en** careless mistakes *pl* **Flüch·tig·keits·feh·ler** *m* careless mistake; **einen ~ machen** to make a careless mistake, to slip up

Flucht·ka·pi·tal *nt* FIN flight [*or* runaway] capital *no pl*

Flücht·ling <-s, -> ['flʏçtlɪŋ] *m* refugee

Flücht·lings·aus·weis *m* refugee's identity card **Flücht·lings·camp** <-s, -s> *nt* refugee camp **Flücht·lings·heim** *nt* refugee hostel **Flücht·lings·hilfs·werk** *nt* refugee relief organization **Flücht·lings·la·ger** *nt* refugee camp **Flücht·lings·strom** *m* flood of refugees

Flucht·punkt *m* vanishing point **Flucht·ver·dacht** *m* JUR suspicion of absconding **Flucht·ver·such** *m* attempted [*or* attempt to] escape, escape attempt [*or* bid] **Flucht·weg** *m* escape route; *(fig)* means of escape + *sing vb*

fluf·fig ['flʊfɪç] *adj (fam)* fluffy

Flug <-[e]s, Flüge> [flu:k, *pl* 'fly:gə] *m* ❶ *(durch die Luft)* flight
❷ *(mit einem Flugzeug)* flight; ***ich hoffe, ihr hattet einen angenehmen ~?*** I hope you had a good flight; **einen ~ [nach ...] buchen** to book a flight [to ...]; **einen ~ stornieren** to cancel a booking; **der ~ zum Mond/Mars/zu den Sternen** a/the journey to the moon/to Mars/to the stars
▶WENDUNGEN: **wie im ~[e]** in a flash *fam*

Flug·ab·kom·men *nt* air agreement **Flug·ab·stand** *m* spacing between aircraft

Flug·ab·wehr *f* air defence [*or* AM -se] **Flug·ab·wehr·ka·no·ne** *f,* **Flak** [flak] *f* anti-aircraft [*or hist* ack-ack] gun **Flug·ab·wehr·kör·per** *m* air defence missile **Flug·ab·wehr·ra·ke·te** *f* anti-aircraft missile

Flug·angst *f* fear of flying **Flug·asche** *f* flue ash **Flug·auf·kom·men** *nt kein pl* air traffic **Flug·bahn** *f* flight path; *(Kreisbahn)* orbit; *einer Kugel/Rakete* trajectory **flug·be·geis·tert** *adj* air-minded **Flug·be·glei·ter(in)** *m(f)* steward *masc,* stewardess *fem,* air-hostess *fem* **Flug·be·gleit·per·so·nal** *nt* flight attendant **Flug·ben·zin** *nt* aviation fuel

F

Flug·be·ra·tung *f* briefing, flight information **Flug·be·reich** *m* flying [*or* maximum] range **flug·be·reit** *adj* ready to take off [*or* for take-off] **Flug·be·reit·schaft** *f* LUFT readiness of plane[s] for take-off **Flug·be·trieb** *m kein pl* air traffic *no pl* **Flug·be·we·gung** *f* aircraft movement **Flug·blatt** *nt* leaflet, flyer, handbill **Flug·boot** *nt* flying boat **Flug·buch** *nt* logbook; *(des Piloten)* air log; *(über Flugablauf)* flight log **Flug·da·ten·schrei·ber** *m* flight recorder, black box *fam* **Flug·dau·er** *f* duration of a/the flight, flying time **Flug·deck** *nt* flight deck **Flug·dienst** *m* air[line] service, flying duty **Flug·dra·che** *m* ZOOL flying dragon **Flug·dra·chen** *m* hang-glider **Flug·ech·se** *f* pterodactyl **Flug·ei·gen·schaft** *f* flight characteristic

Flü·gel <-s, -> ['fly:gl̩] *m* (1) *(zum Fliegen)* wing; **mit den ~n schlagen** to flap its wings; *(größer a.)* to beat its wings; *(Hubschrauberflügel)* rotor, blade
(2) TECH sail *spec*, vane *spec*; **Ventilator~** blade
(3) *(seitlicher Trakt)* wing, side; *eines Altars* side-piece; *eines Fensters* casement
(4) ANAT *(Lungenflügel)* lung
(5) ARCHIT *(seitlicher Teil)* wing
(6) MIL *(seitlicher Truppenteil)* wing; SPORT *(Flanke)* wing
(7) POL *(extreme Gruppierung)* wing
(8) *(Konzertflügel)* grand piano, grand *fam*; **auf dem ~ spielen** to play the piano; **am ~: ...** at the piano: ...
▶WENDUNGEN: **jdm die ~ beschneiden** [*o* **stutzen**] to clip sb's wings; **die ~ hängen lassen** *(fam)* to lose heart; **jdm ~ verleihen** *(geh)* to lend sb wings

Flü·gel·al·tar *m* winged altar **Flü·gel·boh·ne** *f* goa bean **Flü·gel·erb·se** *f* asparagus pea **Flü·gel·fens·ter** *nt* casement window **Flü·gel·hemd** *nt* vest with short, wide sleeves **Flü·gel·horn** *nt* flugelhorn **Flü·gel·kämp·fe** *pl* factional disputes *pl* **flü·gel·lahm** *adj* injured at the wing(s) **Flü·gel·mann** <-männer *o* -leute> *m* (1) FBALL wing forward (2) MIL flank man (3) POL person on the wing of a party **Flü·gel·mut·ter** <-muttern> *f* butterfly nut **Flü·gel·schlag** *m* beat of its wings **Flü·gel·schrau·be** *f* wing bolt; *(Mutter)* wing nut **Flü·gel·spann·wei·te** *f* wing-spread [*or* -span] **Flü·gel·spit·ze** *f* wing tip **Flü·gel·tür** *f* double door, French door **Flü·gel·tur·bi·ne** *f* propeller-type turbine

Flug·ent·fer·nung *f* air distance, distance to be flown **Flug·er·pro·bungs·sta·di·um** *nt* flight-testing stage **flug·fä·hig** *adj* airworthy **Flug·feld** *nt* airfield **Flug·fern·mel·de·dienst** *m* aeronautical telecommunication service **Flug·fern·mel·de·stel·le** *f* aeronautical telecommunication station **Flug·frosch** *m* flying frog **Flug·funk·leit·stel·le** *f* air-ground control radio station **Flug·funk·ver·kehr** *m* air-ground communication

Flug·gast *m* passenger **Flug·gast·auf·kom·men** *nt* passenger figures *pl* **Flug·gast·ka·pa·zi·tät** *f* passenger capacity **Flug·gast·ki·lo·me·ter** *m* passenger kilometre [*or* AM -er] **Flug·gast·raum** *m* passenger cabin

flüg·ge ['flʏgə] *adj pred* fledged; ■[**noch nicht**] **~ sein** *(fig fam)* to be [not yet] ready to leave the nest

Flug·ge·län·de *nt* flying terrain [*or* ground] **Flug·ge·päck** *nt* luggage

Flug·ge·rät *nt* flying machine **Flug·ge·rä·te·markt** *m* aircraft market

Flug·ge·schwin·dig·keit *f* *(von Flugzeug)* flying speed; *(von Rakete, Geschoss)* velocity; *(von Vögeln)* speed of flight **Flug·ge·sell·schaft** *f* airline **Flug·ge·wicht** *nt* take-off weight

Flug·ha·fen *m* airport; **auf dem ~ landen** to land at the airport **Flug·ha·fen·be·trei·ber** *m* airport operator **Flug·ha·fen·ho·tel** *nt* airport hotel, airtel **Flug·ha·fen-Vor·feld** *nt* apron

Flug·hal·le *f* hangar **Flug·hö·he** *f* altitude; ***„unsere ~ beträgt derzeit 32.000 Fuß"*** "we are currently flying at an altitude of 32,000 feet" **Flug·hörn·chen** *nt* ZOOL flying squirrel **Flug·hund** *m* flying fox **Flug·ka·pi·tän(in)** *m(f)* captain **Flug·kar·te** *f* (1) *(Ticket)* flight ticket (2) *(Landkarte)* aeronautical map **Flug·ka·ta·stro·phe** *f* air disaster **Flug·ki·lo·me·ter** *m* air kilometre [*or* AM -er] **flug·klar** *adj* ready for take-off **Flug·kör·per** *m* projectile **Flug·kor·ri·dor** *m* air lane **Flug·kraft** *f* power of flight **Flug·la·ge** *f* flying attitude

Flug·lärm *m* aircraft noise **Flug·lärm·mes·sung** *f* aircraft noise measurement

Flug·leh·rer(in) *m(f)* flying instructor **Flug·leis·tung** *f* flying performance **Flug·lei·ter(in)** *m(f)* air-traffic controller **Flug·leit·sys·tem** *nt* flight control system **Flug·lei·tung** *f* flight [*or* air-traffic] control **Flug·li·nie** *f* (1) *(Strecke)* air route; **festgelegte ~** air corridor (2) *(Fluggesellschaft)* airline **Flug·lot·se, -lot·sin** *m, f* flight controller, air traffic controller **Flug·me·cha·nik** *f* aeromechanics + *sing vb* **Flug·mei·le** *f* passenger mile **Flug·mei·len** *pl* passenger mileage **Flug·mel·de·dienst** *m* aircraft reporting service

Flug·mo·tor *m* aircraft engine, aero-engine **Flug·mo·to·ren·her·stel·ler** *m* aircraft [*or* aero] engine maker

Flug·mus·kel *m* ZOOL flight muscle

Flug·na·vi·ga·ti·on *f* air navigation

Flug·na·vi·ga·ti·ons·ein·rich·tun·gen *pl* air navigation facilities *pl* **Flug·na·vi·ga·ti·ons·hil·fe** *f* aid to air navigation

Flug·netz *nt* network of air routes **Flug·num·mer** *f* flight number **Flug·ob·jekt** *nt* **unbekanntes ~** unidentified flying object, UFO **Flug·pas·sa·gier(in)** *m(f)* air passenger **Flug·per·so·nal** *nt* aircrew **Flug·plan** *m* flight plan **Flug·platz** *m* airfield **Flug·pra·xis** *f* (1) *(Training)* flying practice (2) *(Erfahrung)* flying experience **Flug·preis** *m* [air] fare **Flug·raum** *m* air space **Flug·rech·te** *pl* air rights *pl* **Flug·reg·ler** *m* automatic pilot, autopilot **Flug·rei·se** *f* flight, air journey [*or* travel]; **eine ~ machen** to travel by air **Flug·rei·sen·de(r)** *f(m) dekl wie adj* air passenger, person travelling by air [*or* plane] **Flug·rich·tung** *f* (1) *(Richtung)* direction of flight (2) *(Kurs)* heading **Flug·rost** *m* AUTO flash rust **Flug·rou·te** *f* air corridor

flugs [flʊks] *adv (veraltend)* at once, immediately

Flug·sand *m* shifting sand **Flug·sau·ri·er** *m* ARCHÄOL pterosaur **Flug·schal·ter** *m* flight desk **Flug·schein** *m* (1) *(Pilotenschein)* pilot's licence [*or* AM -se] (2) *(Ticket)* [plane] ticket **Flug·schnei·se** *f* air corridor [*or* lane], flight lane **Flug·schrei·ber** *m* flight recorder, black box *fam* **Flug·schrift** *f* leaflet, flyer, flier **Flug·schu·le** *f* flying school **Flug·schü·ler(in)** *m(f)* pupil pilot **Flug·si·cher·heit** *f kein pl* air safety, aviation security

Flug·si·che·rung *f* flight control, air traffic control

Flug·si·che·rungs·dienst *m* air traffic control [service] **Flug·si·che·rungs·ra·dar·an·la·ge** *f* air traffic control radar system

Flug·sicht *f* flight visibility **Flug·si·mu·la·tor** *m* flight simulator **Flug·steig** <-s, -e> *m* gate **Flug·stra·ße** *f* air corridor **Flug·stre·cke** *f* (1) *(Distanz)* flight [*or* air] route, flying distance (2) *(Etappe)* leg (3) *(Route)* route **Flug·stun·de** *f* (1) *(Flugzeit von einer Stunde)* hour's flight; **drei ~n entfernt sein** to be three hours away by air (2) *(Unterricht)* flying lesson; [**bei jdm**] **~n nehmen** to take flying lessons [with sb] **Flug·sys·tem** *nt* aircraft **Flug·ta·ge·buch** *nt* logbook; *(des Piloten)* air log; *(über Flugablauf)* flight log **flug·taug·lich** *adj* fit to fly *pred* **Flug·taug·lich·keit** *f* (1) *von Personen* fitness for flying (2) *des Flugzeugs* airworthiness **Flug·ta·xi** *nt* air taxi, taxiplane **Flug·tech·nik** *f* (1) *(Fertigkeit)* flying technique (2) *(Technik)* **angewandte ~** aircraft engineering **Flug·tech·ni·ker(in)** *m(f)* aeronautical engineer **flug·tech·nisch** *adj* aeronautical **Flug·ti·cket** *nt* [plane] ticket **flug·tüch·tig** *adj* airworthy **Flug·tüch·tig·keit** *f* airworthiness **Flug·über·wa·chung** *f* air-traffic control; *(an Bord)* flight supervision

Flug·un·fall *m* flying accident **Flug·un·fall·ent·schä·di·gung** *f* air accident compensation

Flug·un·ter·bre·chung *f* break in flight **Flug·ver·bin·dung** *f* [flight [*or* air]] connection

Flug·ver·bot *nt* (1) *(Zivil) Menschen* flying ban; *Flugzeug* aircraft grounding (2) MIL, POL *(Flugverbotszone)* no-fly zone **Flug·ver·bots·zo·ne** *f area with a flying ban*

Flug·ver·kehr *m* air traffic

Flug·ver·kehrs·dienst *m* air traffic service **Flug·ver·kehrs·dienst·stel·le** *f* air traffic services unit **Flug·ver·kehrs·leit·dienst** *m* air traffic control service **Flug·ver·kehrs·lei·ter(in)** *m(f)* air traffic controller **Flug·ver·kehrs·leit·stel·le** *f* air traffic control unit **Flug·ver·kehrs·li·nie** *f* airway, airline

Flug·ver·such *m* (1) *(bei Vögeln)* attempt to fly (2) *(beim Flugzeug)* flight experiment **Flug·waf·fe** *f* SCHWEIZ *(Luftwaffe)* Swiss Air Force

Flug·weg *m* air route, flight path **Flug·weg·schrei·ber** *m* flight recorder

Flug·we·sen *nt kein pl* (1) *(Luftfahrt)* flying, aviation (2) *(Wissenschaft)* aeronautics + *sing vb*

Flug·wet·ter *nt* flying weather **Flug·wet·ter·dienst** *m* aviation weather service **Flug·wet·ter·war·te** *f* aeronautical meteorological office

Flug·wi·der·stand *m* air [*or* aviation] drag **Flug·wild** *nt kein pl* feathered game **Flug·zeit** *f* flight time **Flug·zet·tel** *m* ÖSTERR leaflet

Flug·zeug <-[e]s, -e> *nt* [aero]plane BRIT, [air]plane AM; **einmotoriges/zweimotoriges/dreimotoriges ~** single/twin/three engine[d] [aero]plane; **im ~** in an/the aeroplane; **mit dem ~** by [aero]plane

Flug·zeug·ab·sturz *m* plane [*or* BRIT air] crash **Flug·zeug·an·ten·nen·feh·ler** *m* aeroplane effect **Flug·zeug·bau** *m kein pl* aircraft construction **Flug·zeug·bau·er(in)** *m(f)* (1) *(Firma)* aircraft manufacturer (2) *(Person)* aircraft engineer [*or* builder] **Flug·zeug·be·sat·zung** *f* flight [*or* air] crew **Flug·zeug·dün·gung** *f* airplane fertilizing **Flug·zeug·ent·füh·rer(in)** *m(f)* [aircraft] hijacker, skyjacker **Flug·zeug·ent·füh·rung** *f* [aircraft] hijacking **Flug·zeug·er·ken·nung** *f* aircraft recognition and identification **Flug·zeug·fa·brik** *f* aircraft factory, aircraft construction works *pl* **Flug·zeug·füh·rer(in)** *m(f)* [aircraft] pilot **Flug·zeug·hal·le** *f* hangar **Flug·zeug·in·dust·rie** *f* aircraft industry **Flug·zeug·kan·zel** *f* cockpit **Flug·zeug·kas·ko·ver·si·che·rung** *f* aircraft hull insurance **Flug·zeug·ka·ta·stro·phe** *f* air disaster **Flug·zeug·kon·struk·teur(in)** *m(f)* aircraft designer **Flug·zeug·la·dung** *f* aircraft cargo **Flug·zeug·lärm·be·kämp·fung** *f* aircraft noise abatement **Flug·zeug·me·cha·ni·ker(in)** *m(f) im Flugzeug* aircraft mechanic; *am Boden* ground mechanic **Flug·zeug·mo·dell** *nt* model aircraft [*or* plane] **Flug·zeug·mo·tor** *m* aero-engine, aircraft engine **Flug·zeug·trä·ger** *m* aircraft carrier **Flug·zeug·treib·stoff** *m* aircraft fuel **Flug·zeug·typ** *m* model of aircraft **Flug·zeug·un·glück** *nt* plane [*or* BRIT air] crash **Flug·zeug·wart** *m* aircraft mechanic **Flug·zeug·wrack** *nt* aircraft wreckage *no pl*

Flug·ziel *nt* [flight] destination **Flug·zu·stand** *m* flying condition

Flu·i·dum <-s, Fluida> ['flu:idʊm, *pl* -ida] *nt Stadt, Ort* atmosphere; *Person* aura

Fluk·tu·a·ti·on <-, -en> [flʊktu̯a'tsi̯o:n] *f (geh)* fluctuation; **die ~ der Mitarbeiter** the turnover of staff

Fluk·tu·a·ti·ons·ar·beits·lo·sig·keit *f kein pl* ÖKON frictional unemployment **Fluk·tu·a·ti·ons·kos·ten** *pl* FIN fluctuation costs **Fluk·tu·a·ti·ons·ra·te** *f* ÖKON *(von Personal)* fluctuation rate, staff turnover

Fluk·tu·ie·ren [flʊktu'i:rən] *nt* fluctuation

fluk·tu·ie·ren* [flʊktu'i:rən] *vi (geh)* to fluctuate; ***die Zahl der Beschäftigten fluktuiert sehr stark*** there is a very high turnover of employees

Flun·der <-, -n> ['flʊndɐ] *f (Fisch)* flounder
▶WENDUNGEN: **platt wie eine ~ sein** *(fam)* to be [completely] flabbergasted *fam*

Flun·ke·rei <-, -en> [flʊŋkə'rai̯] *f (fam)* (1) *kein pl (das Flunkern)* fibbing *fam*
(2) *(kleine Lüge)* fib *fam*

flun·kern ['flʊŋkɐn] *vi (fam)* to fib *fam*

Flunsch <-[e]s, -e> [flʊnʃ] *m (fam)* pout; **einen ~ ziehen/machen** to pout

Flu·or <-s> ['flu:o:ɐ̯] *nt kein pl* fluorine
Flu̲·or·chlor·koh·len·wa̲s·ser·stoff *m*, **FCKW** *m* chlorofluorocarbon, CFC
Flu·o·res·zenz <-> [fluorɛs'tsɛnts] *f kein pl* fluorescence
flu·o·res·zie·ren* [fluorɛs'tsi:rən] *vi* to fluoresce
flu·o·res·zie̲·rend *adj* fluorescent
Flu̲·or·gel *nt* fluoric gel
Flu·o·rid <-[e]s, -e> [fluo'ri:t] *nt* fluoride
Flu̲·or·koh·len·was·ser·stoff *m* fluorocarbon **Flu̲·or·lack** *m* fluoric varnish **Flu·or·ta·blet·te** *f* fluoric tablet **Flu·or·wa̲s·ser·stoff** *m kein pl* CHEM hydrogen fluoride
Flup·pe <-, -n> ['flʊpə] *f* DIAL *(sl)* ciggy *fam,* fag BRIT *fam*
Flur¹ <-[e]s, -e> [flu:ɐ̯] *m* corridor; *(Hausflur)* entrance hall
Flur² <-, -en> [flu:ɐ̯] *f* ① *(im Bebauungsplan festgelegtes Gebiet)* plot
② *(geh: freies Land)* open fields *pl;* **durch Feld, Wald und ~ schweifen** to roam the open countryside
▸WENDUNGEN: **allein auf weiter ~ sein** to be [all] on one's tod BRIT *fam;* **mit etw** *dat* **allein auf weiter ~ stehen** to be all on one's own with sth
Flu̲r·be·rei·ni·gung *f* land consolidation, reallocation of agricultural land **Flu̲r·buch** *nt* cadastral survey register **Flu̲r·funk** *m* office grapevine; *(Bürotratsch)* office gossip, water-cooler debate [*or* gossip] **Flu̲r·na·me** *m* plot name **Flu̲r·scha·den** *m* damage to [fields and] crops
Flu·se <-, -n> ['flu:zə] *f* TYPO piece of fluff **flu·sen·frei** *adj* **~es Schneiden** TYPO fluff-free cutting
Fluss^RR <-es, Flüsse>, **Fluß^ALT** <-sses, Flüsse> [flʊs, *pl* 'flʏsə] *m* ① *(Wasserlauf)* river; **den ~ aufwärts-/abwärtsfahren** to travel upriver/downriver [*or* upstream/downstream]; **jdn/etw über den ~ setzen** to ferry sb/sth across the river; **am ~** next to the river
② *(kontinuierlicher Verlauf)* flow; **Verkehrs~** flow of traffic; **sich** *akk* **im ~ befinden** to be in a state of flux; **etw [wieder] in ~ bringen** to get sth going [again]; **[wieder] in ~ kommen, geraten** to get going [again]; **[noch] im ~ sein** *(sich verändern)* to be [still] in a state of flux; *(im Gange sein)* to be in progress
fluss·ab^RR [flʊs'ʔap], **fluss·ab·wärts^RR** [flʊs'ʔapvɛrts] *adv* downriver, downstream
Flu̲ss·arm^RR *m* arm [*or* branch] of a river **fluss·auf·wärts^RR** [flʊs'ʔau̯fvɛrts] *adv* upriver, upstream **Flu̲ss·barsch^RR** *m* ZOOL common [*or* river] perch **Flu̲ss·be·cken^RR** *nt* river basin **Flu̲ss·be·gra·di·gung^RR** *f* river straightening [*or* channelization] **Flu̲ss·bett^RR** *nt* riverbed **Flu̲ss·bie·gung^RR** *f* bend in a/the river
Flüss·chen^RR, **Flüß·chen^ALT** <-s, -> ['flʏsçən] *nt dim von* **Fluss 1** stream
Flu̲ss·damp·fer^RR *m* steamboat, steamer **Flu̲ss·del·ta^RR** *nt* delta **Flu̲ss·dia·gramm^RR** *nt* flow chart, flow diagram **Flu̲ss·ebe·ne^RR** *f* flood plain **Flu̲ss·fisch^RR** *m* freshwater fish **Flu̲ss·ga·be·lung^RR** *f* bifurcation **Flu̲ss·ha·fen^RR** *m* river [*or* close] port **Flu̲ss·hecht^RR** *m* ZOOL northern pike
flüs·sig ['flʏsɪç] **I.** *adj* ① *(nicht fest)* liquid; **~es Glas** molten glass; **~er Stahl** molten steel; **etw ~ machen** to melt sth; **~ werden** to melt
② *(fließend)* flowing; **ein ~er Stil** a flowing [*or* fluid] style; **~er Verkehr** moving traffic
③ FIN *(fam)* liquid; **[nicht] ~ sein** [not] to have a lot of money
II. *adv* flowingly; **~ lesen** to read effortlessly; **~ sprechen** to speak fluently; **~ Französisch sprechen** to speak fluent French
Flü̲s·sig·ei *nt* egg mixture **Flü̲s·sig·erd·gas** *nt* liquid natural gas **Flü̲s·sig·gas** *nt* liquid gas
Flü̲s·sig·keit <-, -en> *f* ① *(flüssiger Stoff)* liquid, fluid
② *kein pl (fließende Beschaffenheit)* liquidity, liquidness; *Rede, Sprache* fluency
Flü̲s·sig·keits·brem·se *f* hydraulic brake **Flü̲s·sig·keits·er·satz** *m* substitute for fluids **Flü̲s·sig·keits·haus·halt** <-s, -e> *m* MED fluid balance **Flü̲s·sig·keits·maß** *nt* fluid [*or* liquid] measure **Flü̲s·sig·keits·men·ge** *f* amount of fluid [*or* liquid] **Flü̲s·sig·keits·ther·mo·me·ter** *nt* liquid thermometer
Flü̲s·sig·kle·ber *m* liquid adhesive
Flü̲s·sig·kris·tall *m* liquid crystal **Flü̲s·sig·kris·tall·an·zei·ge** *f* liquid crystal display, LCD **Flü̲s·sig·kris·tall·bild·schirm** *m* liquid crystal display, LCD **Flü̲s·sig·kris·tall·bril·le** *f* LCD-goggles *npl*
flü̲s·sig|ma·chen *vt* ① *(verflüssigen) s.* **flüssig I 1**
② *Geld* ■**etw ~** to mobilize sth
Flü̲s·sig-Make-up *nt* liquid make-up **Flü̲s·sig·sei·fe** *f* liquid soap **Flü̲s·sig·wasch·mit·tel** *nt* liquid detergent
flü̲s·sig|wer·den *vi s.* **flüssig I 1**
Flu̲ss·kraft·werk^RR *nt* power station by a river **Flu̲ss·krebs^RR** *m* crayfish **Flu̲ss·land·schaft^RR** *f* ① *(Gebiet)* riverside [area] ② *(Bild)* riverside scene **Flu̲ss·lauf^RR** *m* course of a river **Flu̲ss·mün·dung^RR** *f* river mouth **Flu̲ss·netz^RR** *nt* river system, network of rivers
Flu̲ss·neun·au·ge^RR *nt* ZOOL lamprey
Flu̲ss·nie·de·rung^RR *f* fluvial plain **Flu̲ss·pferd^RR** *nt* hippopotamus **Flu̲ss·re·gu·lie·rung^RR** *f* river control **Flu̲ss·sand^RR** *m* river-sand **Flu̲ss·schiff^RR** *nt* river boat **Flu̲ss·schiff·fahrt^RR** *f* river navigation, shipping traffic **Flu̲ss·see·schwal·be^RR** *f* ORN common tern **Fluss·spat^RR** ['flʊsʃpa:t] *m* fluorite, fluorspar **Flu̲ss·über·gang^RR** *m* ① *(Überquerung)* river crossing ② *(Furt)* ford **Flu̲ss·ufer^RR** *nt* river bank
Flü̲s·ter·as·phalt *m* TRANSP *(fam)* whisper[ing] asphalt
flüs·tern ['flʏstɐn] **I.** *vi* to whisper; **miteinander ~** to whisper to one another; **sich** *akk* **~d unterhalten** to talk in whispers [to one another]; *(fig poet)*
II. *vt* ① *(sehr leise sprechen)* ■**etw ~** to whisper sth
② *(munkeln, sich erzählen)* ■**man flüstert** [*o* **es wird geflüstert**], **dass ...** it is whispered that ..., rumour [*or* AM -or] [*or* word] has it that ...
▸WENDUNGEN: **das kann ich dir ~!** *(fam: darauf kannst du dich verlassen)* that's a promise!; *(na und ob!)* you bet!; **jdm [et]was flüstern** *(fam)* to give sb a good talking-to; ***dem werde ich was ~!*** I'll give him a piece of my mind!
Flü̲s·ter·pro·pa·gan·da *f* underground propaganda **Flü̲s·ter·stim·me** *f* whispered voice; **mit [leiser] ~** in a [soft] whisper **Flü̲s·ter·ton** *m* whisper; **im ~** in whispers **Flü̲s·ter·tü·te** *f (hum fam)* megaphone
Flut <-, -en> [flu:t] *f* ① *(angestiegener Wasserstand)* high tide; *(ansteigender Wasserstand)* incoming tide; **die ~ geht zurück** the tide is going out; **es ist [*o* herrscht] ~** the tide's in; **die ~ kommt [*o* steigt]** the tide is coming in; **bei ~** at high tide
② *meist pl (geh: Wassermassen)* torrent; **sich** *akk* **in die [kühlen] ~en stürzen** *(hum geh)* to jump in the water
③ *(große Menge)* ■**eine ~ von etw** *dat* a flood of sth
flu·ten ['flu:tn̩] **I.** *vi sein (geh)* **über die Dämme/in den Keller ~** to flood the banks/cellar
II. *vt haben* ■**etw ~** to flood sth
Flu̲t·hil·fe *f* flood relief
Flu̲t·ka·ta·stro·phe *f* flood disaster
Flu̲t·licht *nt kein pl* floodlight **Flu̲t·licht·an·la·ge** *f* floodlights *pl;* **die ~ anschalten** to turn on the floodlights
Flu̲t·licht·strah·ler *m* ELEK floodlight
Flu̲t·op·fer *nt* flood victim
flut·schen ['flʊtʃn̩] **I.** *vi sein (fam: rutschen)* ■**[aus der Hand/ins Wasser] ~** to slip [out of one's hand/into the water]
II. *vi impers sein o haben (fam)* to go smoothly
Flu̲t·wel·le *f* tidal wave, tsunami
flu·vi·al [flu'vi̯a:l] *adj* GEOL fluvial
Fly-and-drive [flai̯ən'drai̯v] *nt* fly-and-drive [holiday]
Fly·er <-s, -> ['flai̯ɐ] *m* flyer
f-Moll <-s, -> ['ɛfmɔl] *nt kein pl* MUS F flat minor
fob [fɔp] HANDEL *Akr von* **free on board** f.o.b.; **~ Hamburg** f.o.b. Hamburg
fo̲b-Kal·ku·la·ti·o̲n *f* HANDEL f.o.b. calculations *pl* **fo̲b-Kla̲u·sel** *f* HANDEL f.o.b. clause **fo̲b-Lie̲·fe·rung** *f* HANDEL f.o.b. delivery **fo̲b-Preis** *m* HANDEL f.o.b. price
focht ['fɔxt] *imp von* **fechten**
Fock <-, -en> [fɔk] *f* NAUT foresail
Fo̲ck·mast *m* foremast **Fo̲ck·se·gel** *nt* NAUT foresail
fö·de·ral [føde'ra:l] *adj s.* **föderativ** federal
Fö·de·ra·lis·mus <-> [fødera:'lɪsmʊs] *m kein pl* federalism *no pl*
fö·de·ra·lis·tisch [fødera:'lɪstɪʃ] *adj* federalist
Fö·de·ra·ti·on <-, -en> [fødera'tsi̯o:n] *f* federation
fö·de·ra·tiv [fødera'ti:f] *adj* federative, federal
Fö·de·ra·tiv·ver·band <-[e]s, -verbände> *m* SCHWEIZ federative union *(parent organization representing the interests of public sector workers)*
foh·len ['fo:lən] *vi* to foal
Foh·len <-s, -> ['fo:lən] *nt* foal; *(männlich a.)* colt; *(weiblich a.)* filly
Föhn¹ <-[e]s, -e> [fø:n] *m* föhn, foehn; **bei ~** during a föhn wind
Föhn^RR2 <-[e]s, -s *o* -e> [fø:n] *m* hair-dryer [*or* drier]
föh·nen^RR ['fø:nən] *vt* [**jdm/sich**] **die Haare ~** to dry [sb's/one's] hair with a hair drier [*or* dryer], to blow-dry [sb's/one's] hair
Fö̲hn·fes·ti·ger^RR *m* setting [*or* styling] lotion [*or* gel] **Fö̲hn·fri·sur^RR** *f* blow-dry style
föh·nig ['fønɪç] *adj* ■**es ist ~** there is a föhn [*or* foehn]
Fö̲hn·lo·ti·on^RR *f* blow-drying lotion
Fö̲hn·wel·le^RR *f* blow-dried style
Föh·re <-, -n> ['fø:rə] *f* DIAL pine tree
Fo·kus <-, -se> ['fo:kʊs] *m* focus
Fo·kus·sie̲·rung <-, -en> *f (geh)* focusing
Fol·ge <-, -n> ['fɔlgə] *f* ① *(Auswirkung)* consequence; **für die ~n aufkommen** to suffer [*or* take] the consequences; **ohne ~n bleiben** to have no [negative] consequences; **nicht ohne ~n bleiben** not to be without consequences, to have repercussions; **etw zur ~ haben** to result in sth; **an den ~n einer S.** *gen* **sterben, den ~n einer S.** *gen* **erliegen** *(geh)* to die as a result of sth; **etw zieht böse/unangenehme ~n nach sich** sth has nasty/unpleasant consequences; **als ~ von etw** *dat* as a consequence/result of sth
② *(Abfolge)* series; *von Bildern, Tönen a.* sequence; **in rascher ~** in quick succession
③ *(Teil einer TV-/Radio-Serie)* episode; **ein Spielfilm in drei ~n** a film in three parts
④ *(geh: einer Aufforderung nachkommen)* **etw** *dat* **~ leisten** to comply with sth; **einer Einladung ~ leisten** to accept an invitation; **einer Vorladung ~ leisten** to answer a summons
⑤ *(im Weiteren)* **in der [*o* für die] ~** subsequently
Fo̲l·ge·auf·trag *m* HANDEL follow-up order **Fo̲l·ge·be·darf** *m kein pl* ÖKON following demand **Fo̲l·ge·be·scheid** *m* FIN follow-up notice **Fo̲l·ge·er·schei·nung** *f* consequence **Fo̲l·ge·ge·schäft** *nt* FIN follow-up deal [*or* transaction] **Fo̲l·ge·in·ves·ti·ti·on** *f meist pl* FIN follow-up investment **Fo̲l·ge·jahr** *nt* following year; ***im ~ steigerten sich die Umsätze um ...*** the following year profits rose by ... **Fo̲l·ge·kos·ten** *pl* FIN follow-up [*or* resulting] costs *pl* **Fo̲l·ge·las·ten** *pl* resulting [*or* consequential] costs **Fo̲l·ge·mi·nu·te** *f* TELEK ensuing [*or* following] minute **Fo̲l·ge·mis·si·on** *f* MIL follow-up mission
fol·gen ['fɔlgn̩] *vi* ① *sein (nachgehen/-fahren)* ■**jdm/etw ~** to follow sb/sth; ***~ Sie mir unauffällig!*** follow me quietly
② *sein (als Nächstes kommen)* ■**[auf etw/jdn] ~** to follow [sth/sb]; ***es folgt die Ziehung der Lottozahlen*** the lottery draw will follow; ■**auf etw** *akk* **~** to come after sth; **wie folgt** as follows; ***wir werden wie folgt vorgehen*** we will proceed as follows
③ *haben (gehorchen)* ■**[jdm] ~** to be obedient [to sb]; **einer Anordnung/einem Befehl ~** to follow

F

[*or* obey] an order
④ *sein (verstehen)* ■**jdm ~** to follow sb; **jdm/etw ~ können** to be able to follow sb/sth
⑤ *sein (sich richten nach)* ■**etw** *dat* **~** to follow sth; **jds Kurs/einer Politik ~** to follow sb's line/pursue a policy; **einem Vorschlag ~** to act on a suggestion
⑥ *sein (hervorgehen)* ■**es folgt, dass ...** it follows that; ■**aus etw** *dat* **folgt, dass ...** the consequences of sth are that...

Fol·gen·be·sei·ti·gung *f (form)* elimination of consequential effects **Fol·gen·be·sei·ti·gungs·an·spruch** *m* JUR claim to remedial action

fol·gend ['fɔlgn̩t] *adj* following; ***weitere Angaben entnehmen Sie bitte den ~en Erklärungen*** for further information please refer to the following explanations; ■**F~es** the following; **im F~en** in the following [speech/text]

fol·gen·der·ma·ßen ['fɔlgn̩dɐ'ma:sn̩] *adv* as follows

fol·gen·der·wei·se ['fɔlgn̩dɐ'vai̯zə] *adv* as follows, like this

fol·gen·los *adj pred* without consequence; **~ blei·ben** not to have any consequences [*or* repercussions]; **nicht ~ bleiben** to have consequences [*or* repercussions]

fol·gen·reich *adj* momentous; **eine ~e Entschei·dung** a momentous decision **fol·gen·schwer** *adj* serious; **eine ~e Entscheidung treffen** to make a momentous decision

Fol·ge·prä·mie *f* ÖKON renewal premium **Fol·ge·pro·dukt** *nt* follow-up product **Fol·ge·pro·vi·si·on** *f* FIN *(bei Versicherung)* instalment [*or* AM *also* -ll-] commission **Fol·ge·recht** *nt* JUR droit de suite **fol·ge·rich·tig** *adj* logical **Fol·ge·rich·tig·keit** *f* logical consistency; *(einer Handlung)* consistency

fol·gern ['fɔlgɐn] **I.** *vt* ■**etw [aus etw** *dat*] **~** to conclude sth [from sth]; ■**[aus etw** *dat*] **~, dass ...** to conclude [from sth] that ...
II. *vi* to draw a conclusion [*or* conclusions]; **vor·schnell ~** to jump to conclusions

Fol·ge·rung <-, -en> *f* conclusion; **eine ~ aus etw** *dat* **ziehen** to draw a conclusion from sth

Fol·ge·sa·chen *pl* JUR ancillary proceedings **Fol·ge·satz** *m* consecutive clause **Fol·ge·scha·den** *m* JUR consequential damage [*or* loss] **Fol·ge·schrei·ben** *nt* ADMIN follow-up letter **Fol·ge·ver·trag** *m* JUR follow-up contract **fol·ge·wid·rig** *adj (geh)* illogical; *Verhalten* inconsistent

Fol·ge·wir·kung *f* consequential effect **Fol·ge·zeit** *f (Zukunft)* future; *(darauf folgende Zeit)* following period; **für die ~** for the future; **in der ~** *(in der Zukunft)* in [the] future; *(in der darauf folgenden Zeit)* afterwards

folg·lich ['fɔlklɪç] *adv* therefore, consequently

folg·sam ['fɔlkza:m] *adj* obedient

Folg·sam·keit <-> *f kein pl* obedience *no pl*

Fo·li·ant <-en, -en> [fo'li̯ant] *m* tome

Fo·lie <-, -n> ['fo:li̯ə] *f* ① *(Plastikfolie)* [plastic] film; *(Metallfolie)* foil; **Kartoffeln/Fisch in der ~** potatoes/fish baked in foil
② *(Projektorfolie)* [projector] slide
③ *(geh: geistiger Hintergrund)* backdrop

Fo·li·en·be·schich·tung *f* foil coating **Fo·li·en·ka·schie·rung** *f* film [*or* foil] laminating **Fo·li·en·prä·gung** *f* foil stamping **Fo·li·en·schweiß·ge·rät** *nt* sealing device **Fo·li·en·tas·ta·tur** *f* INFORM touch pad

Fo·lio <-s, -s *o* Folien> ['fo:li̯o, *pl* -li̯ən] *nt* folio

Fol·klo·re <-> [fɔlk'lo:rə] *f kein pl* folklore; *(folkloristische Tänze)* folk dance; *(folkloristische Lieder)* folk songs

fol·klo·ris·tisch *adj* folkloristic [*or* folklorist]

Folk·sän·ger(in) ['fo:k-] *m(f)* folk singer **Folk·song** ['fo:k-] *m* folk song

Fol·li·kel <-s, -> [fɔ'li:kl̩] *m* follicle

Fol·li·kel·sprung *m* ovulation

Fol·säu·re ['fo:lzɔyrə] *f kein pl* folic acid, folacin

Fol·ter <-, -n> ['fɔltɐ] *f* torture; **die reinste ~ sein** *(fig)* to be sheer torture *fig;* **[bei jdm] die ~ anwen·den** to use torture [on sb]
▸ WENDUNGEN: **jdn auf die ~ spannen** to keep sb on tenterhooks

Fol·ter·bank <-bänke> *f* rack

Fol·te·rer, Fol·te·rin <-s, -> *m, f* torturer

Fol·ter·ge·fäng·nis *nt* torture prison **Fol·ter·in·stru·ment** *nt* instrument of torture **Fol·ter·kam·mer** *f* torture chamber **Fol·ter·kel·ler** *m* torture chamber [in a cellar] **Fol·ter·knecht** *m* torturer **Fol·ter·me·tho·de** *f* method of torture

fol·tern ['fɔltɐn] **I.** *vt* ■**jdn ~** to torture sb
II. *vi* to use torture

Fol·ter·op·fer *nt* victim of torture

Fol·te·rung <-, -en> *f* ① *kein pl (das Foltern)* torture *no pl*
② *(das Gefoltertwerden)* torture *no pl*

Fol·ter·werk·zeug *nt* instrument of torture

Fon[1] [fo:n] *nt (fam) kurz für* **Telefon** phone

Fon[RR2] <-s, -s *o nach Zahlenangabe* -> [fo:n] *nt* phon

Fon[3] <-> ['fɔn] *nt,* **Fong** <-> ['fɔŋ] *nt* ■**das ~** Fon, Dahomey

Fön[ALT], **Fön**® <-[e]s, -s *o* -e> [fø:n] *m s.* **Föhn**[2]

Fond <-s, -s> [fõ:] *m* ① *(Hintergrund)* background
② *(Untergrund bei Stoffen)* base, background
③ *(Fleischsaft)* meat juice
④ AUTO *(geh)* rear compartment

Fonds <-, -> [fõ:, *pl* fõ:s] *m* ① FIN *(Geldreserve für bestimmten Zweck)* fund; *(Kapital)* funds *pl;* **gemischter ~** mixed equity; **geschlossener ~** closed-end fund
② *(geh: geistiger Grundstock)* wealth; **ein ~ an Erfahrung** a wealth of experience

Fonds·ak·tie ['fõ:-] *f* BÖRSE fund share **Fonds·an·bie·ter, -an·bie·te·rin** ['fõ:-] *m, f* FIN fund manager **Fonds·an·la·ge** ['fõ:-] *f* FIN fund investment **Fonds·an·le·ger, -an·le·ge·rin** ['fõ:-] *m, f* FIN fund investor **Fonds·an·teil** ['fõ:-] *m* FIN fund share [*or* unit] **Fonds·art** ['fõ:-] *f* FIN fund type **Fonds·auf·la·ge** ['fõ:-] *f* FIN launched fund **fonds·ba·siert** ['fõ:-] *adj* FIN based on investment funds **Fonds·er·trag** *m* FIN income of a fund **fonds·ge·bun·den** ['fõ:-] *adj* FIN fund-based, fund-linked **Fonds·ge·sell·schaft** *f* FIN investment company **Fonds·kon·zept** ['fõ:-] *nt* FIN fund-based solution **Fonds·lö·sung** ['fõ:-] *f* FIN fund-based solution **Fonds·ma·na·ger(in)** ['fõ:mɛnɪdʒɐ] *m(f)* ÖKON, BÖRSE fund manager **Fonds·son·der·ver·mö·gen** ['fõ:-] *nt* FIN special fund assets *pl* **Fonds·sor·ti·ment** ['fõ:-] *nt* FIN funds range **Fonds·spa·ren** <-s> ['fõ:-] *nt kein pl* FIN funds saving **Fonds·typ** ['fõ:-] *m* FIN type of fund **Fonds·ver·mö·gen** ['fõ:-] *nt* FIN fund assets *pl* **Fonds·vo·lu·men** ['fõ:-] *nt* FIN fund volume **Fonds·zu·sam·men·set·zung** ['fõ:-] *f* FIN fund composition

Fon·due <-s, -s> [fõ'dy:] *nt* fondue

Fo·nem[RR] <-s, -e> *nt* phoneme

fö·nen[ALT] *vt s.* **föhnen**

Fo·ne·tik[RR] <-> [fo'ne:tɪk] *f kein pl* phonetics + *sing vb*

fo·ne·tisch[RR] [fo'ne:tɪʃ] *adj* phonetic; **~e Schrift** phonetic composition [*or* typesetting]

Fo·no·lo·gie[RR] <-> [fonolo'gi:] *f kein pl* phonology *no pl*

fo·no·lo·gisch[RR] [fono'lo:gɪʃ] *adj* phonological

Fo·no·ty·pist(in)[RR] <-en, -en> [fonoty'pɪst] *m(f)* audio typist

Font <-s, -s> [fɔnt] *m* INFORM fount, font

Fon·tä·ne <-, -n> [fɔn'tɛ:nə] *f* fountain

Fon·ta·nel·le <-, -n> [fɔnta'nɛlə] *f* fontanel[le]

föp·peln ['fœpl̩n] *vt* SCHWEIZ *(foppen)* ■**jdn ~** to pull sb's leg *fam*

fop·pen ['fɔpn̩] *vt (fam)* ■**jdn [mit etw** *dat*] **~** to pull sb's leg [about sth] *fam*

Fo·ra ['fo:ra] *pl von* **Forum**

Force ma·jeure <- -> [fɔrs ma'ʒø:ɐ̯] *f* JUR *(höhere Gewalt)* force majeure

for·cie·ren* [fɔr'si:rən] *vt (geh)* ■**etw ~** to push ahead with sth; **den Export/die Produktion ~** to boost exports/production

for·ciert [fɔr'si:rt] *adj (geh)* forced

För·de <-, -n> ['fø:ɐ̯də] *f* firth

För·der·an·la·ge *f* conveyor **För·der·an·reiz** *m* ÖKON development incentive **För·der·band** <-bän·der> *nt* conveyor belt

För·de·rer, För·de·rin <-s, -> *m, f* sponsor

för·der·fä·hig *adj* FIN subsidizable **För·der·ge·biet** *nt* POL development area **För·der·gel·der** *pl* ADMIN development funds **För·der·klas·se** *f* SCH special class **För·der·korb** *m* hoisting cage **För·der·kos·ten** *pl* development costs *pl;* BERGB hauling [*or* winning] costs *pl* **För·der·kreis** *m* sponsors' association, support group **För·der·kurs** *m,* **För·der·kur·sus** *m* SCH remedial course; *(für Schüler)* special classes *pl* **För·der·land** *nt (im Bergbau)* coal producing country; *(für Ölförderung)* oil producing country **För·der·leis·tung** *f* BERGB ① *(Ertrag)* yield ② *(Kapazität) einer Transportanlage* carrying capacity ③ *(Produktion)* production

för·der·lich *adj* useful; ■**etw** *dat* **~ sein** to be useful [*or* good] for sth

För·der·ma·schi·ne *f* hoist **För·der·men·ge** *f* BERGB output **För·der·mit·tel** *pl* means of conveyance, promotional funds *pl*

for·dern ['fɔrdɐn] **I.** *vt* ① *(verlangen)* ■**etw [von jdm] ~** to demand sth [from sb]
② *(erfordern)* ■**etw [von jdm] ~** to require sth [of [*or* from] sb]
③ *(kosten)* ■**etw ~** to claim sth; ***der Flugzeugabsturz forderte 123 Menschenleben*** the [aero]plane crash claimed 123 lives
④ *(Leistung abverlangen)* ■**jdn/ein Tier ~** to make demands on sb/an animal
⑤ *(herausfordern)* ■**jdn [zu etw** *dat*] **~** to challenge sb [to sth]; **jdn zum Duell/Kampf ~** to challenge sb to a duel/fight
II. *vi (verlangen)* to make demands; ■**[von jdm] ~, dass ...** to demand [of sb] that ...; **mit allem Nachdruck ~, dass ...** to insist that ...

för·dern ['fœrdɐn] *vt* ① *(unterstützen)* ■**etw ~** to support sth; **den Handel ~** to promote trade; **jds Karriere/Talent ~** to further sb's career/talent; ■**jdn ~** *Gönner, Förderer* to sponsor sb; *Eltern, Verwandte* to support sb
② *(förderlich sein)* ■**etw ~** to help sth along; MED to stimulate; **den Stoffwechsel/die Verdauung ~** to aid the metabolism/digestion
③ *(steigern)* ■**etw ~** to promote sth; **die Konjunktur/den Umsatz ~** to boost the economy/turnover
④ *(aus der Tiefe abbauen)* ■**etw ~** to mine for sth; **Erdöl ~** to drill for oil

for·dernd I. *adj* overbearing, domineering *fam*
II. *adv* in a domineering [*or* an overbearing] manner *pred*

För·der·ni·veau *nt* BERGB production level **För·der·preis** *m* promotion prize **För·der·pro·gramm** *nt* ÖKON development [*or* promotion] programme [*or* AM -am] **För·der·schacht** *m* winding shaft **För·der·seil** *nt* winding cable [*or* rope] **För·der·stu·fe** *f* transition stage *(from junior to senior school)* **För·der·turm** *m* winding tower

For·de·rung <-, -en> *f* ① *(nachdrücklicher Wunsch)* demand; **jds ~ erfüllen** to meet sb's demands; **einer ~ nachkommen** to act as requested; **eine ~/~en nach etw** *dat* **erheben** to demand sth; **~en [an jdn] haben** to demand sth [of sb]; **~en [an jdn/etw] stellen** to make demands [on sb/sth]
② ÖKON, JUR *(Anspruch)* claim, debt [claim [*or* due]]; ■**~en** *pl (Posten in einer Bilanz)* claims *pl,* loans and advances *pl;* **ausstehende ~en** active debts; **unpfändbare ~** ungarnishable third-party debts; **eine ~ anmelden/abtreten** to file/to assign a claim; **eine ~ einklagen** [*o* **eintreiben**] to sue for a debt; **~en [an jdn] haben** to have claims against sb; **eine ~ regulieren/zurückweisen** to settle/to repudiate a claim
③ *(Erfordernis)* requirement
④ *(hist: Herausforderung zum Duell)* challenge to a duel

För·de·rung <-, -en> *f* ① *(Unterstützung)* promotion, support
② *(das Fördern)* promotion
③ MED *(Anregung)* stimulation
④ BERGB mining; **die ~ von Erdöl** drilling for oil

For·de·rungs·ab·tre·tung *f* JUR assignment of a claim [*or* debt] **for·de·rungs·be·rech·tigt** *adj* entitled to assert a claim **For·de·rungs·be·rech·tig·te(r)** *f(m) dekl wie adj* JUR rightful claimant **For·de·rungs·ein·zie·hung** *f*, **For·de·rungs·ein·zug** *m* FIN debt collection, collection of accounts receivables **For·de·rungs·ent·eig·nung** *f* JUR entry of a claim **For·de·rungs·er·lass**RR *m* JUR relinquishment of a claim

För·de·rungs·ge·biet *nt* POL development area

For·de·rungs·gläu·bi·ger(in) *m(f)* FIN garnisher, creditor **For·de·rungs·ka·ta·log** *m* catalogue [*or* AM *also* -og] of demands [*or* requirements] **For·de·rungs·kauf** *m* JUR purchase of accounts receivable

För·de·rungs·maß·nah·men *pl* assistance, supportive measures *pl* **För·de·rungs·mit·tel** *pl* aid *no pl*, funds for financial support

For·de·rungs·pfand·recht *nt* JUR right of attachment **For·de·rungs·pfän·dung** *f* JUR attachment of debts, equitable garnishment; **eine ~ durchführen** to garnish

För·de·rungs·pro·gramm *nt* aid [*or* financial support] programme [*or* AM -am]

For·de·rungs·sur·ro·gat *nt* JUR substitute claim **For·de·rungs·über·gang** *m* JUR subrogation, assignment of a claim; **gesetzlicher ~** legal subrogation **For·de·rungs·über·tra·gung** *f* JUR assignment [*or* transfer] of a claim **For·de·rungs·ver·let·zung** *f* JUR breach of an obligation; **positive ~** breach of an obligation other than by delay or impossibility

For·de·rungs·ver·zicht *m* JUR remission [*or* waiver] of a claim **For·de·rungs·ver·zichts·klau·sel** *f* JUR waiver clause

för·de·rungs·wür·dig *adj* worthy of aid [*or* financial support]

För·der·un·ter·richt *m kein pl* special tuition **För·der·ver·ein** *m* aid [*or* support] association **För·der·wa·gen** *m* BERGB mine car, tram

Fo·rel·le <-, -n> [fo'rɛlə] *f* trout

Fo·rel·len·barsch *m* black bass, moss bass **Fo·rel·len·teich** *m* trout pond **Fo·rel·len·zucht** *f* trout farming

Fo·ren ['foːrən] *pl von* **Forum**

Fo·ren·mas·ter <-s, -> ['foːrənmaːstɐ] *m* INET forum moderator

fo·ren·sisch [fo'rɛnzɪʃ] *adj* forensic

For·fait <-s, -s> [fɔr'fɛː] *nt bes* SPORT SCHWEIZ *(Absage)* withdrawal; **~ geben** to bow out

For·fai·teur <-[s], -s> [fɔrfɛ'tøːɐ̯] *m* FIN *(spezielles Finanzinstitut)* forfeiter, factor

for·fai·tie·ren* [fɔrfɛ'tiːrən] *vt* HANDEL ■**etw ~** to forfeit sth

For·fai·tie·rung <-, -en> [fɔrfɛ'tiːrʊŋ] *f* HANDEL forfeiting, non-recourse financing **For·fai·tie·rungs·ge·schäft** *nt* FIN forfeiting transaction

For·fai·tier·ver·trag *m* JUR forfeiting agreement

For·ke <-, -n> ['fɔrkə] *f* NORDD pitch fork

Form <-, -en> [fɔrm] *f* ❶ *(äußere Gestalt)* shape; **etw in ~ bringen** to knock sth into shape; **eine bizarre/eigenwillige ~ haben** to have a bizarre/unconventional shape; **seine ~ verlieren** [*o* **aus der ~ geraten**] to lose shape
❷ *pl (Rundungen)* curves *pl*
❸ *(Kunstform)* form
❹ *(Substanz, Ausmaße)* **~ annehmen** to take shape; **allmählich/langsam ~ annehmen** to be slowly/gradually taking shape; **in ~ einer S.** *gen*, **in ~ von etw** *dat* in the form of sth
❺ *(Art und Weise)* form; ***welche ~ der Zusammenarbeit schlagen Sie vor?*** what form of co-operation do you suggest?; **in mündlicher/schriftlicher ~** verbally/in writing
❻ *pl (Manieren)* manners
❼ *(fixierte Verhaltensweise)* conventions *pl*; **in aller ~** formally; **sich** *akk* **in aller ~ entschuldigen** to apologize formally, to make a formal apology; **um der ~ zu genügen** for form's sake, as a matter of form; **die ~ wahren** *(geh)* to remain polite; **der ~ wegen** [*o* **halber**] for form's sake, as a matter of form
❽ *(Kondition)* form, shape *fam*; **in ~ bleiben/kommen** to stay in form/get into form, to stay in shape/get into shape *fam*; [**nicht**] **in ~ sein** to be out of shape *fam*; **in guter/schlechter ~** in good/bad shape *fam*; ***ich bin heute nicht gut in ~*** I'm not really on form today
❾ *(Gussform)* mould, mold AM
❿ *(Förmlichkeit)* form; **in der vom Gesetz vorgeschriebenen ~** in the manner specified by law; **~ der Geltendmachung/der Klage** form of claim/suit

for·mal [fɔr'maːl] **I.** *adj* ❶ *(die Gestaltung betreffend)* formal; **der ~e Aufbau eines Gedichts** the formal structure of a poem
❷ *(Formsache betreffend)* technical; ***der Antrag wurde aus rein ~en Gründen abgelehnt*** the application was refused for purely technical reasons
II. *adv* ❶ *(der äußeren Gestaltung nach)* formally
❷ *(nach den Vorschriften)* formally, technically

For·mal·be·lei·di·gung *f* JUR verbal insult

Form·al·de·hyd <-s> ['fɔrmʔaldehyːt] *m kein pl* formaldehyde *no pl*

For·mal·ein·wand *nt* JUR technical traverse, special exception **For·mal·er·for·der·nis·se** *pl* JUR formal requirements

For·ma·lie <-, -n> [fɔr'maːli̯ə] *f meist pl* formality

For·ma·lis·mus[1] <-> [fɔrma'lɪsmʊs] *m kein pl* *(Überbetonung der Form)* formalism *no pl*

For·ma·lis·mus[2] <-, -men> [fɔrma'lɪsmʊs] *m (Formalität)* formality

For·ma·li·tät <-, -en> [fɔrmali'tɛt] *f* ❶ *(Formsache)* formality; ***der Rest ist eine reine ~*** the rest is a pure formality
❷ JUR *(Vorschrift)* formality, form; **gerichtliche/gesetzliche ~en** forms of court/legal formalities; **die/alle ~en erledigen** to complete [*or* go through] the/all the formalities; **ohne ~en** summarily

for·mal·ju·ris·tisch **I.** *adj* legalistic, technical **II.** *adv* by the letter of the law **For·mal·prü·fung** *f* JUR examination as to formal requirements

For·mat <-[e]s, -e> [fɔr'maːt] *nt* ❶ *(Größenverhältnis)* format; **im ~ DIN A 4** in A 4 format
❷ *(Bedeutung)* distinction; **ein Komponist/eine Komponistin von ~** a composer of distinction
❸ *(Niveau)* quality; **ein Politiker/eine Politikerin von ~** a politician of stature; **internationales ~** international standing; [**kein**] **~ haben** to have [no] class

For·mat·bo·gen *m* TYPO trimmed sheet **For·mat·buch** *nt* TYPO dummy, sample binding [*or* volume]

for·ma·tie·ren* [fɔrma'tiːrən] *vt* INFORM ■**etw ~** to format sth; **eine Diskette/eine Festplatte/einen Text ~** to format a disc/a hard disc/a text

For·ma·tie·rung <-, -en> *f* INFORM formatting **For·ma·tie·rungs·pro·gramm** *nt* INFORM formatter

For·ma·ti·on <-, -en> [fɔrma'tsi̯oːn] *f* ❶ *(Gruppierung)* formation; **geschlossene ~** close formation; **in gestaffelter ~** in staggered formation ❷ GEOL formation ❸ MUS line-up **For·ma·ti·ons·sprin·gen** *nt* SPORT formation sky-diving

For·mat·pa·pier *nt* TYPO paper cut to size, sheet paper

form·bar *adj* malleable

Form·bar·keit <-> *f kein pl (a. fig)* malleability

form·be·stän·dig *adj* dimensionally stable **Form·blatt** *nt* HANDEL form, blank **Form·bü·gel** *m* shaped [clothes] hanger

For·mel <-, -n> ['fɔrml̩] *f* ❶ *(Kürzel)* formula
❷ *(Wortlaut)* wording
❸ *(kurz gefasster Ausdruck)* set phrase; **etw auf eine einfache ~ bringen** to reduce sth to a simple formula
❹ CHEM notation
❺ MATH formula

For·mel-1-Pi·lot(in) ['fɔrml̩'ʔai̯ns-] *m(f)* Formula One driver **For·mel-1-Ren·nen** *nt* Formula One racing **For·mel-1-Wa·gen** *m* Formula One racing car

For·mel-1-Zir·kus <-> [-'ai̯ns-] *m kein pl* SPORT *(fam)* Formula 1 circus

for·mel·haft **I.** *adj* stereotyped **II.** *adv* in a stereotyped manner; **~ klingen** to sound stereotyped

For·mel·kram *m kein pl (pej fam)* stupid formulae [*or* formulas] *pl pej*

for·mell [fɔr'mɛl] **I.** *adj* ❶ *(offiziell)* official; **eine ~e Stellungnahme** an official statement
❷ *(förmlich)* formal
II. *adv* ❶ *(offiziell)* officially; **zu etw** *dat* **~ Stellung nehmen** to comment officially on sth
❷ *(nach den Vorschriften)* formally, technically

For·mel·samm·lung *f* MATH formulary **For·mel·satz** *nt* TYPO composition of scientific formulae, maths setting **For·mel·zei·chen** *nt* CHEM symbol

for·men [fɔrmən] **I.** *vt* ❶ *(modellieren)* ■**etw** [**aus etw** *dat*] **~** to mould [*or* AM mold] sth [from sth]; **hübsch/wohl geformt** beautifully/well formed
❷ *(bilden)* ■**etw ~** to form sth; **Sätze ~** to form sentences
❸ *(prägen)* ■**jdn/etw ~** to mould [*or* AM mold] sb/sth
II. *vr* ■**sich** *akk* **~** to form

For·men·leh·re *f* ❶ LING morphology ❷ MUS musical form **for·men·reich** *adj* with a great variety of forms **For·men·reich·tum** *m* variety of forms **For·men·sinn** *m* sense of form

For·men·te·ra [fɔrmen'tera] *nt* Formentera

For·mer(in) <-s, -> *m(f)* TECH moulder, molder AM

For·me·rei <-, -en> [fɔrmə'rai̯] *f* TECH moulding [*or* AM molding] shop

Form·er·for·der·nis *nt* JUR formal requirement, requisite of form **Form·feh·ler** *m* ❶ *(Verstoß gegen formale Vorschriften)* irregularity; JUR formal defect ❷ *(Verstoß gegen Etikette)* breach of etiquette, faux pas **Form·frei·heit** *f kein pl* JUR freedom of form **Form·ge·bung** *f* design **form·ge·recht** *adj* JUR in due form; **form- und fristgerecht** in due form and time **Form·han·dels·ge·sell·schaft** *f* HANDEL pro-forma trading company

for·mi·da·bel [fɔrmi'daːbl̩] *adj (geh)* formidable, superb

for·mie·ren* [fɔr'miːrən] **I.** *vr* ❶ *(sich ordnen)* ■**sich** *akk* [**zu etw** *dat*] **~** to form up [into sth]
❷ *(sich bilden, zusammentun)* ■**sich** *akk* **~** to form
II. *vt* ■**etw ~** to form sth; **eine Mannschaft ~** SPORT to position the players of a team

For·mie·rung <-, -en> *f* formation

Form·kauf·mann *m* JUR merchant by legal form

Form·kri·se *f* SPORT loss of form, slump

förm·lich ['fœrmlɪç] **I.** *adj* ❶ *(offiziell)* official, formal; **~e Bitte/Entschuldigung** an official/a formal request/apology
❷ *(steif, unpersönlich)* formal
II. *adv* ❶ *(steif, unpersönlich)* formally
❷ *(geradezu)* really

Förm·lich·keit <-, -en> *f* ❶ *kein pl (förmliche Art)* formality
❷ *meist pl (gesellschaftliche Umgangsformen)* formality *usu pl*

form·los *adj* ❶ *(gestaltlos)* formless; *(nur die äußere Gestalt betreffend)* shapeless
❷ *(zwanglos)* informal; **~e Begrüßung/Zeremonie** informal greeting/ceremony; ***schicken Sie uns einfach einen ~en Antrag*** just simply send us an informal application

Form·lo·sig·keit <-> *f kein pl* ❶ *(Gestaltlosigkeit)* formlessness; *(nur der äußeren Gestalt)* shapelessness
❷ *(Zwanglosigkeit)* informality

Form·man·gel *m* JUR insufficiency of [*or* deficiency in] form **Form·sa·che** *f* formality; **eine** [**reine**] **~ sein** to be a [mere] formality **form·schön** *adj* well-shaped, well-designed **Form·schwä·che** *f* ■**eine ~ haben** to be in [*or* on] poor form **form·sta·bil** *adj* AUTO stiff **Form·tief** *nt* low; **sich** *akk* **in einem ~ befinden** *(geh)*, **ein ~ haben** to experience a low

For·mu·lar <-s, -e> [fɔrmu'laːɐ̯] *nt* form

For·mu·lar·ar·beits·ver·trag *m* JUR model form of employment contract **For·mu·lar·druck** *m* business forms [*or* stationary] printing **For·mu·lar·steu·e·rung** *f* form feed **For·mu·lar·ver·trag** *m*

JUR standard[-form] contract **For·mu·lar·vor·druck** *m* form template, printed form

for·mu·lie·ren* [fɔrmu'li:rən] I. *vt* ■**etw** ~ to formulate sth; ***... wenn ich es mal so ~ darf*** ... if I might put it like that
II. *vi* to express oneself

For·mu·lie·rung <-, -en> *f* ❶ *kein pl (das Formulieren)* wording; ***kannst du mir mal bei der ~ dieses Briefes helfen?*** can you help me with the wording of this letter?
❷ *(textlicher Ausdruck)* formulation, phraseology; ***welche ~ würden Sie hier wählen?*** what phraseology would you choose here?

For·mung <-, -en> *f kein pl* shaping; ~ **des Charakters/der Persönlichkeit** moulding [*or* AM molding] [*or* shaping] of the character/personality

form·voll·en·det I. *adj* perfect[ly shaped] II. *adv* perfectly **Form·vor·schrif·ten** *pl* JUR formal requirements **form·wid·rig** I. *adj* JUR *Verhalten, Vorgehen, Praktik* irregular, contrary to form *pred* II. *adv* incorrectly; **einen Vertrag ~ abfassen** to commit irregularities in preparing a contract; **sich** *akk* ~ **verhalten** to commit irregularities

for·my·lie·ren *vt* CHEM **ein Molekül** ~ to formylate a molecule

forsch [fɔrʃ] I. *adj* bold
II. *adv* boldly, in a bold manner; ~ **daherreden** to waffle confidently; ~ **klingen** to sound bold

for·schen ['fɔrʃn̩] *vi* ❶ *(Forschung betreiben)* to research, to conduct [*or* carry out] research
❷ *(suchen)* ■**nach jdm/etw** ~ to search for sb/sth; *(versuchen herauszufinden)* to investigate sb/sth

for·schend I. *adj* inquiring
II. *adv* inquiringly

For·scher(in) <-s, -> *m(f)* ❶ *(Wissenschaftler)* researcher
❷ *(Forschungsreisender)* explorer

For·scher·drang *m* urge to research **For·scher·team** *nt* research team, team of researchers

Forsch·heit <-> *f kein pl* boldness *no pl*

For·schung <-, -en> *f* ❶ *kein pl (die forschende Wissenschaft)* scientific research; **die moderne ~** modern research
❷ *(Untersuchung)* research; ~ **und Lehre** research and teaching; **~en betreiben** to conduct [*or* carry out] research

For·schungs·ab·tei·lung *f* research and development department, R & D department **For·schungs·an·stalt** *f* research institution **For·schungs·ar·beit** *f* ❶ *(Tätigkeit)* research [work] ❷ *(Veröffentlichung)* research paper **For·schungs·auf·trag** *m* research assignment **For·schungs·be·reich** *m s.* **Forschungsgebiet For·schungs·be·richt** *m* research report **For·schungs·bud·get** *nt* FIN research budget **For·schungs·ein·rich·tung** *f* research facility [*or* institution] **For·schungs·er·geb·nis** *nt* result of the research; **nach neuesten ~sen** according to the latest research **For·schungs·fonds** *m* FIN research fund; **betrieblicher ~** internal research fund **For·schungs·ge·biet** *nt* area of research **For·schungs·gel·der** *pl* research grant **For·schungs·ge·mein·schaft** *f* research council [*or* group] **For·schungs·grup·pe** *f* research group **For·schungs·in·sti·tut** *nt* research institute **For·schungs·in·ves·ti·ti·o·nen** *pl* FIN investments in research **For·schungs·ko·ope·ra·ti·on** *f* co-operation on research **For·schungs·la·bor** *nt* research laboratory **For·schungs·la·bo·ra·to·ri·um** *nt* research laboratory **For·schungs·me·tho·de** *f* research method **For·schungs·mi·nis·ter(in)** *m(f)* Minister for Research BRIT, Research Secretary AM **For·schungs·mi·nis·te·ri·um** *nt* Ministry of Research and Development BRIT **For·schungs·mit·tel** *pl* means for research **For·schungs·mo·dul** *nt* research module **For·schungs·öko·no·mie** *f* ÖKON research funds management **For·schungs·or·ga·ni·sa·ti·on** *f* research organization **For·schungs·park** *m* research park **For·schungs·platt·form** *f* RAUM research platform **For·schungs·pro·gramm** *nt* research programme [*or* AM -am] **For·schungs·pro·jekt** *nt* research project **For·schungs·ra·ke·te** *f* research rocket **For·schungs·re·ak·tor** *m* research [*or* test] reactor **For·schungs·rei·se** *f* expedition **For·schungs·rei·se·nde(r)** *f(m) dekl wie adj* explorer **For·schungs·rich·tung** *f* branch of research **For·schungs·sa·tel·lit** *m* research satellite **For·schungs·schiff** *nt* research vessel **For·schungs·sek·tor** *m* research sector **For·schungs·se·mes·ter** *nt* sabbatical term, sabbatical *fam* **For·schungs·sta·ti·on** *f* research station **For·schungs·stät·te** *f* research establishment **For·schungs·stel·le** *f* research post **For·schungs·sti·pen·di·um** *nt* research grant **For·schungs·ur·laub** *m* sabbatical leave **For·schungs·vor·ha·ben** *nt* research project **For·schungs·zen·trum** *nt* research centre [*or* AM -er] **For·schungs·zweck** *m* purpose of the research **For·schungs·zweig** *m* branch of research

Forst <-[e]s, -e[n]> [fɔrst] *m* [commercial] forest

Forst·amt *nt* forestry office, forestry service **Forst·amts·chef(in)** *m(f)* head of a/the local forestry office; ***der Murrhardter ~*** head of the Murrhardt Forestry Office

Forst·ar·bei·ter(in) *m(f)* forest labourer **Forst·auf·se·her(in)** *m(f)* forest attendant **Forst·be·am·te(r), -be·am·tin** *m, f* forestry official **Forst·be·wirt·schaf·tung** *f* forestry *no pl, no indef art*

Förs·ter(in) <-s, -> ['fœrstɐ] *m(f)* forester, forest warden

Förs·te·rei <-, -en> [fœrstə'rai] *f* forest warden's [*or* AM forest ranger's] lodge

Forst·fre·vel *m* JUR *offence against the forest laws* **Forst·haus** *nt* forester's house **Forst·recht** *nt kein pl* forest law **Forst·re·vier** *nt* forestry district **Forst·scha·den** *m* forest damage **Forst·schäd·ling** *m* forest pest **Forst·ver·wal·tung** *f* forest management **Forst·we·sen** *nt kein pl* forestry *no pl* **Forst·wi·der·stand** *m* JUR obstruction of a forestry officer **Forst·wirt(in)** *m(f)* forester **Forst·wirt·schaft** *f kein pl* forestry *no pl*, silviculture *no pl* **Forst·wis·sen·schaft** *f* forestry *no pl*, forest science **Forst·wis·sen·schaft·ler(in)** *m(f)* forestry scientist

For·sy·thie <-, -n> [fɔr'zy:tsi̯ə] *f* Forsythia

fort [fɔrt] *adv* ❶ *(weg)* ***nur ~ von hier!*** *(geh)* let's get away!; *(verreist)* away; ***er wird noch eine Woche ~ sein*** he will be away for another week; ■~ **sein** DIAL *(nicht zu Hause)* to be gone
❷ *(weiter)* **und so ~** and so on; **in einem ~** constantly; ***gestern hat mein Telefon in einem ~ geklingelt*** my telephone rang non-stop yesterday

Fort <-s, -s> [fo:ɐ̯] *nt* fort

fort·an [fɔrt'ʔan] *adv (geh)* from now on, henceforth *form*

fort|be·ge·ben* *vr irreg (geh)* ■**sich** *akk* [**von irgendwo**] ~ to depart [from somewhere] *form*, to leave [somewhere] **Fort·be·stand** *m kein pl* continued existence *no pl*, survival *no pl* **fort|be·ste·hen*** *vi irreg (weiterhin bestehen)* to survive; *(andauern)* to continue **Fort·be·ste·hen** <-s> *nt kein pl* ÖKON continuance, continuation; ~ **des Erfüllungsanspruchs/des Zahlungsanspruchs** continuation of the claim to performance/for payment **fort|be·we·gen*** I. *vt* ■**etw** ~ to move sth, to convey sth II. *vr* ■**sich** *akk* ~ to move

Fort·be·we·gung *f kein pl* movement, locomotion **Fort·be·we·gungs·mit·tel** *nt* means of locomotion

fort|bil·den *vt* ■**sich** *akk* ~ to take [*or* go on] [further] education courses, to take [*or* go on] [further] training courses; ■**jdn** ~ to provide sb with further education [*or* training]

Fort·bil·dung *f* further education; **berufliche ~** advanced vocational training; **betriebliche ~** in-house training

Fort·bil·dungs·kon·zept *nt* further education programme **Fort·bil·dungs·kurs** *m*, **Fort·bil·dungs·kur·sus** *m* further education course; *(beruflich)* training course **Fort·bil·dungs·lehr·gang** *m* [re]training course **Fort·bil·dungs·se·mi·nar** *nt* further vocational training course

fort|blei·ben *vi irreg sein* ■[**von irgendwo**] ~ to stay away [from sth [*or* somewhere]], to stay out [of sth] **Fort·blei·ben** <-s> *nt kein pl* absence

fort|brin·gen ['fɔrtbrɪŋən] *vt irreg* ■**jdn/etw** ~ ❶ *(wegbringen)* to take away sb/sth *sep*; *(zur Reparatur)* to take in sth *sep*; **einen Brief/ein Paket ~** to post [*or esp* AM mail] a letter/a parcel
❷ *(bewegen)* to move sb/sth

Fort·dau·er *f* continuation, continuance **fort|dau·ern** *vi* to continue **fort·dau·ernd** I. *adj* continuous II. *adv* continuously, constantly

Fort·druck *m* TYPO final [*or* production] run, production printing **Fort·druck·bo·gen** *m* TYPO production sheet **fort·druck·ge·recht** *adj* TYPO **~er Andruck** production-true print proof

for·te ['fɔrtə] *adv* ❶ MUS forte
❷ PHARM extra

fort|ent·wi·ckeln* I. *vt* ■**etw** ~ to develop sth [further] II. *vr* ■**sich** *akk* ~ to develop [further] **Fort·ent·wick·lung** *f kein pl* development

fort|fah·ren I. *vi* ❶ *sein (wegfahren)* to go [*or* drive] [away/off]; ***diesmal fahren wir im Urlaub nicht fort*** we're not going away on holiday this time
❷ *sein o haben (weiterreden)* to continue
❸ *sein o haben (weitermachen)* ■**~, etw zu tun** [*o* **mit etw** *dat* ~] to continue to do [*or* doing] sth, to keep [on] doing sth
II. *vt haben* ■**jdn/etw** ~ to drive sb/sth away

Fort·fall *m (Wegfall)* discontinuation, ending **fort|fal·len** *vi irreg sein* ■**etw fällt [für jdn] fort** sth does not apply [to sb] **fort|flie·gen** *vi sein* to fly away **fort|füh·ren** *vt* ❶ *(fortsetzen)* ■**etw** ~ to continue sth; **fortgeführter Anschaffungspreis** FIN unchanged purchase price ❷ *(wegführen)* ■**jdn** ~ to lead sb away

Fort·füh·rung *f* continuation **Fort·füh·rungs·in·ves·ti·ti·on** *f* going concern investment

Fort·gang *m kein pl* ❶ *(weiterer Verlauf)* continuation *no pl*; ***der ~ der Verhandlungen ist noch völlig offen*** it cannot yet be estimated how the negotiations will continue [*or* progress]; **seinen ~ nehmen** *(geh)* to progress ❷ *(Weggang)* departure **fort|ge·ben** *vt irreg s.* **weggeben fort|ge·hen** *vi sein* to leave, to go away **fort|gel·ten** *vi* JUR to continue to be valid **Fort·gel·tung** *f* JUR continued validity

fort·ge·schrit·ten *adj* advanced; **im ~en Alter** at an advanced age **Fort·ge·schrit·te·ne(r)** *f(m) dekl wie adj* advanced student **Fort·ge·schrit·ten·en·kurs** *m*, **Fort·ge·schrit·ten·en·kur·sus** *m* advanced course

fort·ge·setzt *adj* constant

fort|ja·gen I. *vt haben* ■**jdn/ein Tier** ~ to chase sb/an animal away II. *vi sein* to scarper BRIT *sl*, run away **fort|kom·men** *vi sein* ❶ *(fam: wegkommen)* ■[**aus etw** *dat*/**von etw** *dat*] ~ to get out of/away from sth; ***mach, dass du fortkommst!*** *(fam)* get lost! *fam* ❷ *(abhandenkommen)* to go missing, to get lost ❸ *(beruflich vorankommen)* to get on **Fort·kom·men** *nt* progress, career [*or* professional] advancement; **jdn an jds ~ hindern** to hinder sb's career [*or* professional] advancement **fort|kön·nen** *vi irreg* to be able to go, to be able to leave; ***du kannst jetzt nicht fort, draußen gießt es in Strömen!*** you can't leave now, it's pouring down outside

fort|las·sen *vt irreg* ❶ *(weggehen lassen)* ■**jdn** ~ to let sb go ❷ *(weg-/auslassen)* ■**etw** ~ to leave sth out, to omit sth **fort|lau·fen** *vi irreg sein* to run away; **von zu Hause ~** to run away from home; ■**jdm** ~ to go missing; ***uns ist unsere Katze fortgelaufen*** our cat has gone missing; *(verlassen)* to leave sb; ***ihm ist seine Frau fortgelaufen*** his wife has left him **fort·lau·fend** I. *adj (ständig wiederholt)* continual; *(ohne Unterbrechung)* continuous II. *adv (ständig)* constantly; *(in Serie)* consecutively

fort|le·ben *vi (liter)* to live on; ■**in jdm/etw** ~ to live on in sb/sth **fort|lo·ben** *vt* ■**jdn** ~ to get rid of sb by praising them **fort|müs·sen** *vi irreg* ❶ *(weg-*

gehen müssen) to have to go [*or* leave] ❷ *(weggebracht werden müssen)* to have to go **fort|neh·men** *vt irreg* ■ [jdm] etw ~ to take sth away [from sb] **fort|pflan·zen** *vr* ■ **sich** *akk* ~ ❶ *(sich vermehren)* to reproduce ❷ *(sich verbreiten)* to spread

Fort·pflan·zung *f kein pl* reproduction *no pl*

fort·pflan·zungs·fä·hig *adj* able to reproduce *pred*, capable of reproduction *pred*; **im ~en Alter sein** to be at an age where reproduction is possible **Fort·pflan·zungs·fä·hig·keit** *f* capacity of reproduction, ability to reproduce, reproductiveness **Fort·pflan·zungs·ge·schwin·dig·keit** *f* PHYS velocity of propagation

Fort·pflan·zungs·kli·nik *f* MED IVF [*or* fertility] clinic **Fort·pflan·zungs·me·di·zin** *f* reproductive medicine **Fort·pflan·zungs·or·gan** *nt (geh)* reproductive organ **Fort·pflan·zungs·tech·no·lo·gie** *f* reproductive technology **fort·pflan·zungs·un·fä·hig** *adj* incapable of reproduction *pred*; **~e Männer/Frauen** men who cannot have children/women who cannot conceive

fort|räu·men *vt* ■ **etw** ~ to clear away sth *sep*

fort|rei·ßen *vt irreg* ■ **jdn/etw mit sich** *dat* ~ to sweep away sb/sth *sep*; **sich** *akk* **von seinen Gefühlen ~ lassen** to allow oneself to get swept away by one's emotions **fort|ren·nen** *vi irreg sein (fam)* to run away

Fort·satz *m* ANAT process

fort|schaf·fen *vt* ■ **jdn/etw** ~ to get rid of sb/sth

fort|sche·ren *vr (veraltet fam)* ■ **sich** *akk* [**von irgendwo**] ~ to clear off [from somewhere]; ***scher dich fort von hier!*** get lost! **fort|schi·cken** *vt* ■ **jdn/etw** ~ to send sb/sth away **fort|schrei·ben** *vt irreg* ■ **etw** ~ ❶ *(fortlaufend ergänzen)* to update sth ❷ *(weiterführen)* to continue sth **Fort·schrei·bung** *f* ❶ *(das Ergänzen)* updating ❷ *(Weiterführung)* continuation **fort|schrei·ten** *vi irreg sein* to progress **fort·schrei·tend** *adj* progressive

Fort·schritt [ˈfɔrtʃrɪt] *m* ❶ *(Schritt nach vorn)* step forward; [**gute**] **~e machen** to make progress *no pl* ❷ *(Verbesserung)* improvement

fort·schritt·lich I. *adj* progressive
II. *adv* progressively; **eine ~ eingestellte Person** a person with a progressive attitude, a forward-thinking person

Fort·schritt·lich·keit <-> *f kein pl* progressiveness

fort·schritts·feind·lich *adj* anti-progressive, opposed to progress *pred* **Fort·schritts·glau·be** *m* belief in progress **fort·schritts·gläu·big** *adj* having belief in progress *pred*

fort|set·zen I. *vt* ■ **etw** ~ to continue [*or sep* carry on] sth
II. *vr (zeitlich, räumlich)* ■ **sich** *akk* ~ to continue, to carry on

Fort·set·zung <-, -en> [ˈfɔrtzɛtsʊŋ] *f* ❶ *kein pl (das Fortsetzen)* continuation; ***die Zeugen wurden zur ~ der Gerichtsverhandlung in den Saal gerufen*** the witnesses were summoned to the courtroom for the continuation of the proceedings; **~ der mündlichen Verhandlung** JUR resumption of the hearing ❷ *(darauf folgender Teil)* **die ~ eines Buches/Films** the sequel to [*or* of] a book/film; **eine ~ einer Fernsehserie/eines Hörspiels** an episode of a television series/radio play; **„~ folgt"** "to be continued"; **ein Roman in drei ~en** a novel in three parts

Fort·set·zungs·be·schlussRR *m* ÖKON decision to continue proceedings **Fort·set·zungs·ge·schich·te** *f* serial **Fort·set·zungs·klau·sel** *f* JUR **automatische ~** automatic renewal clause **Fort·set·zungs·rei·he** *f* series **Fort·set·zungs·ro·man** *m* serialized novel **Fort·set·zungs·se·rie** *f* series

fort|steh·len *vr irreg* ■ **sich** *akk* ~ to steal away; ***sie stahl sich leise fort*** she slipped away quietly **fort|tra·gen** *vt irreg* ■ **jdn/etw** ~ to carry away sb/sth *sep*

fort|trei·ben *irreg* I. *vt haben* ❶ *(verjagen)* ■ **jdn/ein Tier** ~ to chase sb/an animal away ❷ *(an einen anderen Ort treiben)* ■ **jdn/etw** ~ to sweep sb/sth away; ***der Sturm hat das Boot fortgetrieben*** the storm swept the boat away
II. *vi sein* to drift away

For·tu·na <-> [fɔrˈtuːna] *f kein pl* Fortune

For·tü·ne <-> [fɔrˈtyːnə] *f kein pl (geh)* [good] fortune [*or* luck]; **~ haben** to be lucky; **keine ~ haben** to be unlucky, to be out of luck

fort·wäh·rend [ˈfɔrtvɛːrənt] I. *adj attr* constant
II. *adv* constantly; ***bitte unterbrich mich nicht ~*** please don't keep interrupting me

fort|wer·fen *vt irreg* ■ **etw** ~ to throw away sth *sep* **fort|wir·ken** *vi* to continue to have an effect **fort|wol·len** *vi* ■ [**aus etw** *dat*/**von etw** *dat*] ~ to want to leave [sth], to want to go [away from somewhere] **fort|zie·hen** *irreg* I. *vt haben* ■ **jdn/etw** ~ to pull sb/sth away II. *vi sein* to move [away]

Fo·rum <-s, Foren *o* Fora> [ˈfoːrʊm, *pl* ˈfoːrən, *pl* ˈfoːra] *nt* ❶ *(Personenkreis)* audience; **vor einem ~ sprechen** to speak in front of an audience ❷ *pl (öffentliche Diskussion)* public discussion ❸ *(Ort für öffentliche Diskussion)* forum ❹ *(Platz in altrömischen Stätten)* forum; **das ~ Romanum** the Forum ❺ INET [discussion] forum

Fo·rums·dis·kus·sion *f* forum discussion **Fo·rums·ge·spräch** *nt* public discussion

fos·sil [fɔˈsiːl] *adj attr* fossil

Fos·sil <-s, -ien> [fɔˈsiːl, *pl* -i̯ən] *nt* ❶ *(Versteinerung)* fossil ❷ *(überalterte Person)* dinosaur

Fö·ten [ˈføːtən] *pl von* **Fötus**

Fo·to <-s, -s> [ˈfoːto] *nt* photograph, photo *fam*; **ein ~ [von jdm/etw] machen** to take a photo [of sb/sth]

Fo·to·al·bum *nt* photo album **Fo·to·ama·teur(in)** *m(f)* amateur photographer **Fo·to·ap·pa·rat** *m* camera **Fo·to·ar·chiv** *nt* photo archives **Fo·to·ar·ti·kel** *m* item of photographic equipment **Fo·to·ate·lier** *nt* photographic studio **Fo·to·aus·stel·lung** *f* exhibition of photography **Fo·to·bio·lo·gie**RR *f* photobiology **Fo·to-CD** *f* photo CD **Fo·to·che·mie**RR *f* photochemistry **fo·to·che·misch**RR I. *adj* photochemical II. *adv* photochemically; **~ abbaubar** photochemically degradable **Fo·to·de·sign** *nt* photo design **Fo·to·ecke** *f* mounts *pl* **Fo·to·ef·fekt**RR *m* PHYS photoelectric effect **Fo·to·elek·tri·zi·tät** *f* photoelectricity **Fo·to·elek·tro·nen·spek·tro·sko·pie** *f*, **ESCA** *kein pl* CHEM, PHYS electron spectroscopy for chemical analysis, ESCA **Fo·to·ele·ment**RR *nt* photoconductor **Fo·to·fi·nish** [-fɪnɪʃ] *nt* photo finish

fo·to·gen [fotoˈgeːn] *adj* photogenic

Fo·to·graf(in) <-en, -en> [fotoˈgraːf] *m(f)* photographer

Fo·to·gra·fie <-, -n> [fotograˈfiː, *pl* fotograˈfiːən] *f* ❶ *kein pl (Verfahren)* photography *no pl* ❷ *(Bild)* photograph

fo·to·gra·fie·ren* [fotograˈfiːrən] I. *vt* ■ **jdn/etw** ~ to take a photograph/photographs of sb/sth; **sich** *akk* [**von jdm**] **~ lassen** to have one's photograph taken [by sb]
II. *vi* to take photographs

fo·to·gra·fisch [fotoˈgraːfɪʃ] I. *adj* photographic; **~e Effekte/Tricks** photographic effects/trick photography
II. *adv* photographically; **etw ~ abbilden** [*o* **darstellen**] to illustrate sth with photographs

Fo·to·halb·lei·ter·schicht *f* TYPO photo semi-conductor coating **Fo·to·in·dust·rie** *f* photographic industry **Fo·to·ko·pie** [fotokoˈpiː] *f* photocopy **fo·to·ko·pie·ren*** [fotokoˈpiːrən] *vt (geh)* ■ **etw** ~ to photocopy sth **Fo·to·ko·pie·rer** *m (fam)* photocopier, copier *fam* **Fo·to·ko·pier·ge·rät** *nt* photocopier **Fo·to·la·bor** *nt* photographic [processing] laboratory

Fo·to-Love·sto·ry <-, -s *o* -stories> [-ˈlavstɔːri, -ˈlʌv-] *f* photo-lovestory **Fo·to·ma·te·ri·al** *nt* photographic material **fo·to·me·cha·nisch** *adj* photomechanical **Fo·to·mo·dell** [ˈfoːtomodɛl] *nt* photographic model **Fo·to·mon·ta·ge** *f* photo montage

Fo·tonRR <-s, -tonen> [ˈfoːtɔn, foˈtoːn] *nt* photon

Fo·to·pa·pier *nt* photographic paper **Fo·to·phos·pho·ry·lie·rung**RR <-, -en> *f* BIOL photophosphorylation

fo·to·re·a·lis·tisch *adj inv* KUNST *Gemälde, Grafik* photorealist[ic], photoreal *fam* **Fo·to·re·por·ta·ge** *f* photo report **Fo·to·re·por·ter(in)** *m(f)* press photographer **Fo·to·sa·fa·ri** *f* photographic safari **Fo·to·satz** *m* INFORM filmsetting, phototypesetting **Fo·to·satz·schrift** *f* photocomposition typeface, phototypesetting font **Fo·to·setz·ma·schi·ne** *f* TYPO phototypesetting machine, phototypesetter **Fo·to·shoo·ting** <-s, -s> [-ʃuːtɪŋ] *nt (Fototermin)* photo call [*or* shoot] **Fo·to·sphä·re**RR *f* ASTRON photosphere

Fo·to·sto·ry <-, -s> [-stoːri, -stɔri] *f* photo story **Fo·to·stre·cke** *f* FOTO, MODE photo series **Fo·to·syn·the·se**RR *f* photosynthesis **Fo·to·ter·min** *m* photo session

Fo·to·thek <-, -en> [fotoˈteːk] *f* photographic library **Fo·to·vol·ta·ik**RR <-> [fotovɔlˈtaːɪk] *f kein pl* photovoltaic conversion

Fo·to·zeit·schrift *f* photographic magazine **Fo·to·zel·le**RR *f* photoelectric cell, photocell

Fö·tus <-[ses], Föten *o* -se> [ˈføːtʊs, *pl* ˈføːtən, *pl* ˈføːtʊsə] *m* foetus BRIT, fetus AM

Fot·ze <-, -n> [ˈfɔtsə] *f (vulg)* cunt *vulg*

fou·cault·sches Pen·del [fuˈkoʃəs-] *nt kein pl* PHYS Foucault pendulum

Foul <-s, -s> [faul] *nt* foul; **ein ~ begehen** to commit a foul

Fou·lard <-s, -s> [fuˈlaːɐ̯] *m o nt* ❶ SCHWEIZ *(Seidentuch)* foulard *no pl*, silk scarf ❷ TECH *(Färbereimaschine)* padding machine

Foul·elf·me·ter [ˈfaul-] *m* penalty

fou·len [ˈfaulən] I. *vt* ■ **jdn** ~ to foul sb
II. *vi* to foul

Foul·pe·nal·ty <-[s], -s> [ˈfaulpɛnl̩ti] *m* SPORT SCHWEIZ *(Foulelfmeter)* penalty **Foul·spiel** [faul-] *nt* SPORT foul play

Fox·trott <-s, -e *o* -s> [ˈfɔkstrɔt] *m* foxtrot

Fo·yer <-s, -s> [foaˈjeː] *nt* foyer

FPÖ <-> [ɛfpeːˈøː] *f kein pl* ÖSTERR *Abk von* **Freiheitliche Partei Österreichs** Austrian Freedom Party

Fr. *Abk von* **Frau** Mrs, Ms *(feminist address)*

Fracht <-, -en> [ˈfraxt] *f* ❶ *(Ladung)* cargo, freight; *(giftig, gefährlich)* load ❷ *(Beförderungspreis)* carriage, freight[age]; **~ bezahlt Empfänger** freight forward; **~ vorausbezahlt** carriage paid

Fracht·ab·schlussRR *m* freight fixing **Fracht·an·spruch** *m* freight claim **Fracht·auf·se·her(in)** *m(f)* cargo superintendent **Fracht·aus·schuss**RR *m* freight bureau **Fracht·be·för·de·rung** *f* carriage of goods **Fracht·brief** *m* HANDEL bill of freight, consignment note **Fracht·buch** *nt* cargo book **Fracht·bu·chung** *f* freight booking **Fracht·damp·fer** *m* cargo boat [*or* vessel] **Fracht·emp·fän·ger** *m* HANDEL consignee

Frach·ten·aus·gleich *m* ÖKON equalization of freight rates **Frach·ten·bahn·hof** *m* ÖSTERR *(Güterbahnhof)* goods depot

Frach·ter <-s, -> [ˈfraxtɐ] *m* cargo boat [*or* ship], freighter

Fracht·flug *m* cargo flight **Fracht·flug·zeug** *nt* cargo plane, air freighter **fracht·frei** I. *adj* HANDEL *Lieferung, Zustellung* carriage [pre]paid II. *adv* carriage [pre]paid [*or* free]; **etw ~ liefern** *(ohne Frachtkosten)* to deliver sth carriage free **Fracht·füh·rer(in)** *m(f)* HANDEL carrier, [vehicle] haulage contractor **Fracht·ga·ran·tie** *f* HANDEL freight guarantee **Fracht·ge·bühr** *f* HANDEL freight [*or* carriage] [charge] **Fracht·geld** *nt* carriage **Fracht·ge·schäft** *nt* HANDEL carriage [*or* freight] business **Fracht·ge·wer·be** *nt* carrying trade **Fracht·gut** *nt* freight **Fracht·kahn** *m* barge **Fracht·kon·sor·ti·um** *nt* cargo syndicate **Fracht·kos·ten** *pl* HANDEL freight charges, freightage, carriage; **Fracht- und Löschungskosten** freight and landing charges; **durchgehende/volle ~** through freight/full cargo; **etw in ~ nehmen** to freight sth **Fracht·lis·te** *f* cargo list, tally **Fracht·lohn** *m* cartage **Fracht·luft·fahrt** *f* air freight [*or* cargo] transport

Fracht·mak·ler(in) *m(f)* freight broker **Fracht·mak·ler·ge·bühr** *f* freight brokerage **Fracht·mak·ler·ge·schäft** *nt* freight broking
Fracht·nach·nah·me *f* HANDEL carriage forward
Fracht·raum *m Schiff* cargo hold; *Flugzeug* cargo compartment **Fracht·raum·zu·tei·lung** *f* space allocation
Fracht·recht *nt* JUR carriage of goods law **Fracht·schiff** *nt* cargo boat; *(groß)* cargo ship, freighter; **~ für Bulkladung** bulk carrier **Fracht·schiff·fahrt**[RR] *f* freight shipping **Fracht·spe·di·teur** *m* cargo agent **Fracht·stück** *nt* piece of freight **Fracht·ta·rif** *m* freight rate **Fracht·ton·ne** *f* cargo ton **Fracht·trans·port·un·ter·neh·men** *nt* freight company [*or* forwarder], cargo shipper **Fracht·ver·kehr** *m* goods traffic **Fracht·ver·merk** *m* freight clause **Fracht·ver·sen·der** *m* HANDEL consignor; *(auf See)* shipper **Fracht·ver·si·che·rer** *m* cargo underwriter
Fracht·ver·si·che·rung *f* ÖKON freight [*or* cargo] insurance **Fracht·ver·si·che·rungs·po·li·ce** *f* cargo policy
Fracht·ver·trag *m* HANDEL freight contract, contract of carriage **Fracht·zu·schlag** *m* HANDEL primage, excess freight
Frack <-[e]s, Fräcke *o* -s> [frak, *pl* 'frɛkə] *m* tails *npl;* **einen ~ tragen** to wear tails; **im ~** in tails
Frack·sau·sen <-s> *nt* **~ haben/bekommen** *(fam)* to be/become scared stiff **Frackzwang** *nt kein pl* obligation to wear tails; ***es herrscht ~*** tails must be worn
Fra·ge <-, -n> ['fra:gə] *f* ① *(zu beantwortende Äußerung)* question; **das ist die [große] ~!** that's the [sixty-four thousand dollar] question; **~n über ~n!** questions and more questions!; **gute ~!** [that's a] [very] good question!; **eine ~ zu etw** *dat* **haben** to have a question about [*or* concerning] sth; **eine ~/~n [an jdn] haben** to have a question/questions [for sb]; **mit einer ~/mit ~n kommen** to come with a question/questions; **jdm eine ~ stellen** [*o* **eine ~ an jdn stellen**] [*o geh* **richten**] to ask sb a question, to put a question to sb
② *(Problem)* question, problem, issue; **das ist eine ~ des Anstandes/des Geldes/der Zeit** this is a question of decency/money/time; **keine ~** no problem; **ohne ~** without doubt; **etw steht** [*o* **ist**] **außer ~** [**für jdn**] there is no question [*or* doubt] about sth [as far as sb is concerned]; **die großen ~n unserer Zeit** the great issues of our time; **eine strittige ~** a contentious issue; **ungelöste ~n** unsolved issues; **~n aufwerfen** to prompt [*or* raise] questions
③ *(Betracht)* [**für jdn/etw**] **in ~ kommen** to be worthy of consideration [for sb/sth]; ***für diese schwierige Aufgabe kommt nur eine Spezialistin/ein Spezialist in ~*** only an expert can be considered for this difficult task; [**für jdn/etw**] **nicht in ~ kommen** to be out of the question [for sb/sth]; [***das***] ***kommt nicht in ~!*** that's [completely] out of the question!; **es steht** [*o* **ist**] **außer ~, dass ...** there is no question [*or* doubt] that ...
④ *(Zweifel)* ■**etw in Frage stellen** to question [*or* query] [*or* challenge] sth, to call sth into question; ***wegen seines Unfalls wird unsere Reise nach Australien in ~ gestellt*** there's a question mark hanging over our trip to Australia [*or* it's doubtful whether our trip to Australia will take place] on account of his accident
▶WENDUNGEN: **auf eine dumme ~ gibt es [immer] eine dumme Antwort** *(prov)* ask a silly question[, get a silly answer]
Fra·ge·bo·gen *m* questionnaire **Fra·ge·bo·gen·ak·ti·on** *f* poll [using questionnaires], survey
Fra·ge·für·wort *nt* LING interrogative pronoun
fra·gen ['fra:gn̩] **I.** *vi* ① *(eine Frage stellen)* to ask; ***da fragst du mich zu viel*** *(fam)* you've got me there *fam;* ***da müssen Sie woanders ~*** you'll have to ask someone else; ***man wird ja wohl noch ~ dürfen*** *(fam)* I was only asking; **ohne [lange] zu ~** without asking [a lot of] questions; **ohne nach etw** *dat* **zu ~** without bothering about the consequences of sth
② *(sich erkundigen)* ■**nach jdm ~** to ask for sb; ***hat während meiner Abwesenheit irgendwer nach mir gefragt?*** did anyone ask for me while I was away?; ■**nach etw** *dat* **~** to enquire [*or* ask] about sth; **nach der Uhrzeit ~** to ask the time; **nach dem Weg ~** to ask for directions; **nach jds Gesundheit ~** to enquire [*or* ask] about [*or* BRIT *a.* after] sb's health; ***dürfte ich Sie wohl nach Ihrem Alter/Beruf ~?*** may I enquire how old you are/what you do for a living?; ■**nicht nach etw** *dat* **~** to not be bothered about sth
II. *vr* ■**sich** *akk* **~, ob/wann/wie ...** to wonder whether/when/how ...; ■**es fragt sich, ob ...** it is doubtful whether ...
III. *vt* ■[**jdn**] **etwas ~** to ask [sb] sth; ■**jdn ~, ob/wann/...** to ask sb whether/when ...
fra·gend I. *adj Blick* questioning, inquiring
II. *adv* **jdn ~ ansehen** to give sb a questioning look
Fra·ge·pro·no·men *nt* interrogative pronoun **Fra·ge·recht** *nt* JUR right to interrogate
Fra·ge·rei <-, -en> [fra:gə'rai] *f (pej)* questions *pl;* ***deine ~ geht mir auf die Nerven!*** your stupid questions get on my nerves!
Fra·ge·satz *m* LING interrogative clause **Fra·ge·stel·ler(in)** <-s, -> *m(f)* questioner **Fra·ge·stel·lung** *f* ① *(Formulierung)* formulation of a question ② *(Problem)* problem **Fra·ge·stun·de** *f* question time **Fra·ge·wort** *nt* LING interrogative particle **Fra·ge·zei·chen** *nt* question mark; **ein ~ setzen** to write [*or* put] a question mark; **ein [dickes/großes] ~ hinter etw** *akk* **setzen** *(fig)* to call sth into question; **etw ist mit einem [dicken/großen] ~ versehen** *(fig)* a [big] question mark hangs over sth *fig*
fra·gil [fra'gi:l] *adj (geh)* fragile
Fra·gi·li·tät <-> [fragili'tɛ:t] *f kein pl (geh)* fragility
frag·lich ['fra:klɪç] *adj* ① *(fragwürdig)* **eine ~e Angelegenheit** a suspect matter
② *(unsicher)* doubtful; ***es ist ~, ob sie überhaupt noch kommen wird*** it's doubtful [*or* I doubt] whether she's going to come at all
③ *attr (betreffend)* in question *pred;* **zur ~en Zeit** at the time in question
frag·los ['fra:klo:s] *adv* unquestionably, undoubtedly
Frag·ment <-[e]s, -e> [fra'gmɛnt] *nt* fragment
frag·men·ta·risch [fragmɛn'ta:rɪʃ] **I.** *adj* fragmentary
II. *adv* in fragments
frag·men·tie·ren* [fragmɛn'ti:rən] *vt (geh)* ■**etw ~** to fragment sth
frag·wür·dig ['fra:kvʏrdɪç] *adj (pej)* dubious, shady *fam*
Frag·wür·dig·keit <-, -en> *f (pej)* dubiousness, dubious nature
frak·tal [frak'ta:l] *adj* MATH fractal; **~e Geometrie** fractal geometry
Frak·ti·on <-, -en> [frak'tsio:n] *f* ① POL parliamentary party [*or* BRIT *a.* group], congressional faction AM ② *(Sondergruppe)* faction *pej*
frak·ti·o·nie·ren* [fraktsio'ni:rən] *vt* CHEM, TECH ■**etw ~** to fractionate sth
frak·ti·o·niert *adj* CHEM, TECH fractional; **~e Destillation** fractional distillation, plate-distillation
Frak·ti·ons·aus·schuss[RR] *m* parliamentary party committee **Frak·ti·ons·be·schluss**[RR] *m* resolution adopted by a parliamentary party **Frak·ti·ons·bil·dung** *f* formation of a parliamentary party **Frak·ti·ons·chef(in)** *m(f) s.* **Fraktionsvorsitzende(r)** **Frak·ti·ons·füh·rer(in)** *m(f) s.* **Fraktionsvorsitzende(r)** **Frak·ti·ons·ge·schäfts·füh·rer(in)** *m(f)* secretary of a/the parliamentary party
frak·ti·ons·los *adj* POL independent
Frak·ti·ons·mit·glied *nt* member of a parliamentary party **Frak·ti·ons·ord·nung** *f* parliamentary party rules **Frak·ti·ons·prä·si·dent(in)** <-en, -en> *m(f)* SCHWEIZ *(Fraktionsvorsitzender)* chairman [*or* leader] of a parliamentary party [*or* caucus] **Frak·ti·ons·sit·zung** *f* parliamentary party meeting **Frak·ti·ons·spre·cher(in)** *m(f)* parliamentary party [*or* group] spokesperson [*or fem* spokeswoman] [*or masc* spokesman] **Frak·ti·ons·stär·ke** *f* ① *(Größe in Mitgliederzahlen)* party membership ② *(zur Parteibildung benötigte Mitgliederzahl) numerical strength required to form a parliamentary party* **Frak·ti·ons·sta·tus** *m* parliamentary party status **frak·ti·ons·über·grei·fend** *adj* all-party; **~e parlamentarische Initiative** all-party parliamentary initiative **Frak·ti·ons·ver·samm·lung** *f s.* **Fraktionssitzung** **Frak·ti·ons·vor·sit·zen·de(r)** *f(m) dekl wie adj* chairman [*or* leader] of a parliamentary party [*or* caucus] **Frak·ti·ons·vor·stand** *m* parliamentary party [*or* group] executive **Frak·ti·ons·zwang** *m* three-line whip BRIT *(obligation to vote according to parliamentary party policy);* **Abstimmung ohne ~** free vote
Frak·tur <-, -en> [frak'tu:ɐ̯] *f* ① TYPO Gothic type ② MED fracture
▶WENDUNGEN: **mit jdm ~ reden** *(fam)* to talk straight to sb
Frame <-s, -s> [fre:m] *m o nt* INFORM frame
Franc <-, -s *o bei Zahlenangabe* -> [frã:] *m* franc
Fran·chise <-, -n> ['frɛntʃais] *f* franchise
Fran·chise·ba·sis *f* ÖKON **etw auf ~ vergeben** to franchise sth **Fran·chise·ge·ber(in)** *m(f)* HANDEL franchiser, franchisor **Fran·chise·ge·bühr** *f* HANDEL franchise fee **Fran·chise·ge·schäft** *nt* HANDEL franchising **Fran·chise·kon·zept** *nt* ÖKON franchising concept **Fran·chise·mak·ler(in)** *m(f)* FIN franchise broker **Fran·chise·neh·mer(in)** *m(f)* ÖKON franchisee **Fran·chise·pro·dukt** *nt* ÖKON franchised product **Fran·chise·ver·trag** *m* FIN franchise [*or* franchising] agreement
Fran·chi·sing <-s> ['frɛntʃaizɪŋ] *nt kein pl* franchising
Fran·ci·um <-s> ['frantsium] *nt kein pl* francium *no pl*
frank [fraŋk] *adv* frank; **~ und frei antworten** to give a frank answer
Fran·ke, Frän·kin <-n, -n> ['fraŋkə, 'frɛŋkɪn] *m, f* ① *(aus Franken)* Franconian ② HIST *(westgermanischer Stamm)* Frank
Fran·ken[1] <-s, -> ['fraŋkn̩] *m (Geldstück)* franc
Fran·ken[2] <-s> ['fraŋkn̩] *nt (Gebiet in Deutschland)* Franconia
Frank·furt <-s> ['fraŋkfurt] *nt* Frankfurt; **~er Börse** Frankfurt stock exchange
Frank·fur·ter <-, -> ['fraŋkfurtɐ] *f* Frankfurter [sausage]
Frank·fur·ter Kranz *m ring-shaped, layered cake with cream filling*
Frank·fur·ter-Kranz-Form *f* ≈ savarin tin
fran·kie·ren* [fraŋ'ki:rən] *vt* ■**etw ~** to stamp sth; *(mit Frankiermaschine)* to frank sth; ***könnten Sie mir bitte diesen Brief ~?*** could you frank this letter for me?; ***„bitte mit 1 Euro ~"*** "please put a one euro stamp on this"
Fran·kier·ma·schi·ne *f* franking machine
Fran·kie·rung <-, -en> *f* ① *(das Frankieren)* franking ② *(Porto)* postage
Frän·kin <-, -nen> ['frɛŋkɪn] *f fem form von* **Franke**
frän·kisch ['frɛŋkɪʃ] *adj* ① *(aus Franken)* Franconian; **die F~e Alb** *scenic hilly area in Franconia;* **die F~e Schweiz** *natural park in Franconia* ② HIST Frankish
fran·ko ['fraŋko] *adv* ÖKON prepaid; **~ Fracht und Zoll** carriage and duty prepaid
Fran·ko·brief ['fraŋko-] *m* free-paid letter
Fran·ko·ka·na·di·er(in) ['fraŋkokana:diɐ] *m(f)* French-Canadian **fran·ko·ka·na·disch** *adj* French-Canadian **fran·ko·phil** [fraŋko'fi:l] *adj (geh)* Francophile **Fran·ko·phi·lie** <-> [fraŋkofi'li:] *f kein pl (geh)* francophilia **fran·ko·phon** [fraŋko'fo:n] *adj (geh)* francophone
Fran·ko·preis *m* charge prepaid by sender **Fran·ko·ver·merk** *m* note of prepayment
Frank·reich <-s> ['fraŋkraiç] *nt* France
Fran·se <-, -n> ['franzə] *f* fringe
fran·sen ['franzn̩] *vi* to fray
Fran·sen·bob <-s, [-s]> *m* MODE fringed [*or* feathered] bob
Fran·sen·fri·sur *f* feathered cut

fran·sig ['franzɪç] *adj* frayed
Franz [frants] *m* Francis
Franz·brannt·wein *m* alcoholic liniment BRIT, rubbing alcohol AM
Fran·zis·ka·ner(in) <-s, -> [frantsɪs'ka:nɐ] *m(f)* Franciscan
Fran·zis·ka·ner·or·den *m* Franciscan Order
Fran·zo·se[1] <-n, -n> [fran'tso:zə] *m* adjustable spanner
Fran·zose, Fran·zö·sin[2] <-n, -n> [fran'tso:zə, fran'tsø:zɪn] *m, f* Frenchman *masc,* Frenchwoman *fem;* ~ **sein** to be French [*or* from France]; ■**die** ~**n** the French
Fran·zo·sen·krank·heit *f (veraltet)* French pox *old*
fran·zö·sisch [fran'tsø:zɪʃ] *adj* 1 *(Frankreich betreffend)* French; ~**es Bett** double bed
2 LING French; **die** ~**e Schweiz** French Switzerland
3 *(sl: Oralsex betreffend)* ~**er Verkehr** Frenching *sl,* oral sex; **es jdm** ~ **machen** *Mann* to give sb a blow job *vulg sl; Frau* to go down on sb *vulg sl*
▸WENDUNGEN: **sich** *akk* ~ **empfehlen** [*o* **verabschieden**] to leave without saying goodbye
Fran·zö·sisch [fran'tsø:zɪʃ] *nt dekl wie adj* 1 LING French
2 *(Fach)* French
▸WENDUNGEN: **sich** *akk* **auf** ~ **empfehlen** [*o* **verabschieden**] to leave without saying goodbye
fran·zö·sisch·spra·chig *adj* French-speaking
frap·pant [fra'pant] *adj (geh)* striking, noticeable; **eine** ~**e Wendung nehmen** to take a surprising turn
Frap·pé, Frap·pee[RR] <-s, -s> [fra'pe:] *nt* SCHWEIZ milk shake
frap·pie·ren* [fra'pi:rən] *vt* 1 *(geh: überraschen)* ■**jdn** ~ to amaze sb; *(stärker)* to stun sb
2 KOCHK to cool sth rapidly with crushed ice
frap·pie·rend *adj* 1 *(verblüffend)* amazing...
2 *s.* **frappant**
Frä·se <-, -n> ['frɛ:zə] *f* TECH mortising machine
frä·sen ['frɛ:zn̩] *vt* ■**etw** ~ to mill sth; **Holz** ~ to sink wood
Frä·ser <-s, -> ['frɛ:zɐ] *m* milling cutter
Frä·ser(in) <-s, -> ['frɛ:zɐ] *m(f)* milling worker
Fräs·ma·schi·ne *f s.* Fräse **Fräs·rand** *m* TYPO routing edge
fraß ['fra:s] *imp von* **fressen**
Fraß <-es, *selten* -e> [fra:s] *m* 1 *(pej fam: schlechtes Essen)* muck *fam;* **einem Tier jdn/etw zum** ~ **vorwerfen** to feed sb/sth to an animal
2 *(Schaden durch Insekten)* damage by insects
Fraß·feind *m* BIOL predator
fra·ter·ni·sie·ren* [fratɛrni'zi:rən] *vi (geh)* ■**mit jdm** ~ to fraternize with sb
Fra·ter·ni·sie·rung <-> *f kein pl (geh)* fraternization
Fratz <-es, -e *o* ÖSTERR -en, -en> [frats] *m* 1 *(fam: niedliches Kind)* little sweetie [*or* cutie]
2 *bes* ÖSTERR, SÜDD *(pej: lästiges Kind)* little brat
Frat·ze <-, -n> ['fratsə] *f* 1 *(ekelhaft hässliches Gesicht)* grotesque face
2 *(pej sl: Typ)* [ugly] mug *pej sl*
3 *(Grimasse)* grimace; [**jdm**] **eine** ~ **schneiden** to pull a face [at sb]
frau [frau̯] *pron* one *(feminist alternative to the German masculine form man);* ***das sollte man/~ nicht so ernst nehmen*** it should not be taken so seriously
Frau <-, -en> [frau̯] *f* 1 *(weiblicher Mensch)* woman; ***sie ist die ~ meines Lebens*** she's the woman of my dreams; **selbst ist die** ~**!** self-reliance is the thing!; **eine** ~ **schneller Entschlüsse/der Tat** a woman who is quick to decide/act; **junge** ~**!** young lady!; **Unsere Liebe** ~ REL our Lady; **eine verheiratete** ~ a married woman; **eine** ~ **von Format** a woman of stature; **eine** ~ **mit Grundsätzen** a woman with principles, a principled woman; **die** ~ **von heute** today's woman; **eine** ~ **von Welt** a woman of the world; **jdn zur** ~ **machen** *(fig)* to take sb's virginity; **zur** ~ **werden** to become a woman
2 *(Ehefrau)* wife; ***darf ich vorstellen — meine ~!*** may I introduce my wife; **jds** [**ehemalige/zukünftige**] ~ sb's [ex- [*or* former]/future] wife; **jdn zur** ~ **haben** to be married to sb; **jdn zur** ~ **nehmen** to take sb for one's wife; ***willst du meine ~ werden?*** will you be my wife?
3 *(Anrede)* Mrs, Ms *(feminist version of Mrs);* ~ **Doktor** Doctor; **Ihre** ~ **Gemahlin** *(geh)* your lady wife BRIT *form;* **Ihre** ~ **Mutter** *(geh)* your mother; **gnädige** ~ *(geh)* my dear lady *form;* **die gnädige** ~ *(veraltend)* the lady of the house *dated*
Frau·chen <-s, -> ['frau̯çən] *nt (fam) dim von* **Frau**
1 *(fam: Kosename)* wifie *fam*
2 *(Haustierbesitzerin)* mistress; ***komm zu ~!*** come to your mistress
frau·du·lös [frau̯du'lø:s] *adj* JUR fraudulent
Frau·en·an·teil *m* proportion of women **Frau·en·ar·beit** *f* women's work; **schlecht bezahlte** ~ poorly paid jobs for women **Frau·en·arzt, -ärz·tin** *m, f* gynaecologist BRIT, gynecologist AM **Frau·en·be·auf·trag·te(r)** *f(m) dekl wie adj* women's representative *(official responsible for woman's affairs)* **Frau·en·be·ra·tungs·stel·le** *f* women's advice centre [*or* AM -er] **Frau·en·be·ruf** *m* female profession **frau·en·be·wegt** *adj* feminist **Frau·en·be·we·gung** *f kein pl* women's movement *no pl* **Frau·en·chor** *m* female voice choir **Frau·en·col·lege** *nt (in USA)* women's college **Frau·en·eman·zi·pa·ti·on** *f* women's [*or* female] emancipation **Frau·en·er·werbs·quo·te** *f* ÖKON proportion of women in employment, gender balance **Frau·en·feind** *m* woman hater, misogynist **frau·en·feind·lich** *adj* anti-women, misogynist[ic] **Frau·en·för·de·rung** *f* promotion of women **Frau·en·for·schung** *f kein pl* research into women's issues **Frau·en·fra·ge** *f* women's issue, question of women's rights **Frau·en·funk** *m* radio programmes [*or* AM programs] for women **Frau·en·ge·fäng·nis** *nt* women's prison **Frau·en·ge·schich·ten** *pl* affairs **Frau·en·grup·pe** *f* women's group **Frau·en·haar** *nt* 1 *(Haar von Frauen)* woman's hair 2 *(Moos)* **Goldenes** ~ haircap moss, golden maidenhair **Frau·en·hand** *f (geh)* **von** [**zarter**] ~ by the [delicate] hand of a woman **Frau·en·han·del** *m* [illegal] trafficking of women **Frau·en·has·ser** *m s.* **Frauenfeind** **Frau·en·haus** *nt* women's refuge **Frau·en·heil·kun·de** *f* gynaecology BRIT, gynecology AM **Frau·en·held** *m* ladies' man **Frau·en·ken·ner** *m* connoisseur of women **Frau·en·klei·dung** *f* women's [*or* ladies'] clothing **Frau·en·kli·nik** *f* gynaecological [*or* AM gynecological] clinic **Frau·en·klos·ter** *nt* convent **Frau·en·krank·heit** *f* female disease, gynaecological disorder **Frau·en·lei·den** *nt s.* **Frauenkrankheit** **Frau·en·mi·nis·ter(in)** *m(f)* Minister for Women BRIT, Secretary for Women's Affairs AM **Frau·en·mi·nis·te·ri·um** *nt* Ministry for Women's Affairs BRIT **Frau·en·mör·der** *m* murderer of women **Frau·en·or·den** *m* REL women's order **Frau·en·po·li·tik** *f kein pl* feminist politics *pl,* policy on women's issues **frau·en·po·li·tisch** *adj* pertaining [*or* relating] to women's issues *pred; (feministisch)* feminist **Frau·en·pow·er** <-> ['frau̯ənpau̯ɐ] *f kein pl (hum fam)* women power **Frau·en·pro·jekt** *nt* women's project **Frau·en·quo·te** *f* proportion of women *(working in a certain sector)* **Frau·en·recht·ler(in)** <-s, -> *m(f)* women's rights' activist **Frau·en·rie·ge** <-, -n> *f* SPORT SCHWEIZ *(Damenmannschaft)* ladies' team
Frau·en·sa·che *f* ***das ist*** ~ that's a woman's job; ***worüber habt ihr geredet? – oh, das ist*** ~ what were you talking about? — ah, girls talk **Frau·en·schuh** *m kein pl* lady's slipper **Frau·en·stim·me** *f* 1 *(Stimme einer Frau)* female voice 2 *(weibliche Wählerstimme)* woman's vote **Frau·en·tag** *m* women's festival **Frau·en·ta·xi** *nt* women's taxi *(driven by female taxi drivers for women only)*
Frau·en·typ *m* 1 *(bestimmter Typ von Frauen)* type of woman 2 *(fam: anziehender Mann)* ladies' man **Frau·en·über·schuss**[RR] *m* surplus of women **Frau·en·uni·ver·si·tät** *f* women's university **Frau·en·ver·band** *m* women's association **Frau·en·ver·ein** *m s.* **Frauenverband** **Frau·en·wahl·recht** *nt* women's suffrage **Frau·en·zeit·schrift** *f* women's magazine **Frau·en·zen·trum** *nt* woman's centre [*or* AM -er] **Frau·en·zim·mer** *nt* 1 *(veraltet: weibliche Person)* woman 2 *(pej: Frau)* bird
Fräu·lein <-s, - *o* -s> ['frɔy̯lai̯n] *nt (fam)* 1 *(veraltend: unverheiratete weibliche Person)* young [unmarried] woman; **ein altes** [*o* **älteres**] ~ an old maid [*or pej* spinster]
2 *(veraltend: Anrede)* Miss; **mein hochverehrtes** ~ my dear Miss; **Ihr** ~ **Tochter** your daughter; **das** ~ **Braut** the [young] bride
3 *(veraltend: Verkäuferin)* assistant; *(Kellnerin)* waitress; ~**!** excuse me!, Miss!; ~***, bitte zahlen!*** excuse me, I'd/we'd/etc. like to pay, please; **das** ~ **vom Amt** the girl on the switchboard
Fräu·lein·wun·der <-s> *nt kein pl* Fräulein [*or* Fraulein] wonder
frau·lich ['frau̯lɪç] *adj* womanly
Frau·lich·keit <-> *f kein pl* womanliness
frdl. *Abk von* **freundlich: mit** ~ **Grüßen** best wishes
Freak <-s, -s> [fri:k] *m (fam)* freak
frea·kig ['fri:kɪç] *adj (ausgeflippt)* freaky
frech [frɛç] **I.** *adj* 1 *(dreist)* cheeky BRIT, fresh; ***werd bloß nicht ~!*** don't get cheeky [*or* fresh]!; **eine** ~**e Lüge** a barefaced lie
2 *(kess)* daring; **eine** ~**e Frisur** a peppy hairstyle
II. *adv* 1 *(dreist)* cheekily BRIT, freshly; **jdn** ~ **anlügen** to tell sb a barefaced lie/barefaced lies; **jdm** ~ **kommen** to be cheeky [*or* fresh] to sb
2 *(kess)* daringly; ~ **angezogen sein** to be provocatively dressed; ~ **frisiert sein** to have a peppy hairstyle
Frech·dachs *m (fam)* cheeky [little] monkey BRIT *fam,* cheeky chops + *sing vb* BRIT *fam*
Frech·heit <-, -en> *f* 1 *kein pl (Dreistigkeit)* impudence, cheekiness BRIT; *(Unverfrorenheit)* barefacedness; **die** ~ **haben** [*o* **besitzen**], **etw zu tun** to have the nerve [*or* BRIT cheek] to do sth, to be cheeky enough to do sth BRIT
2 *(freche Äußerung)* cheeky remark BRIT; *(freche Handlung)* insolent [*or* BRIT *a.* cheeky] behaviour [*or* AM -or]; **sich** *dat* **einige** ~**en erlauben** to be a bit cheeky BRIT [*or* fresh]
free·clim·ben ['fri:klai̯mən] *vi* SPORT to free-climb
Free·clim·bing[RR], **Free Clim·bing**[RR], **Free clim·bing**[ALT] <-s, -> ['fri:klaɪmɪŋ] *nt kein pl* free climbing **Free-Flyer** ['fri:flai̯ɐ] *m* SPORT freeflyer
Free-Fly·ing ['fri:flai̯ɪŋ] *nt* freeflying *(type of skydiving where the parachute is opened very late in the descent)*
Free·ri·den <-s> ['fri:raɪdn̩] *nt kein pl* SKI freeriding
Free·ri·der(in) <-s, -> ['fri:raidɐ] *m(f)* SKI freerider
Free·sie <-, -n> ['fre:zi̯ə] *f* freesia
Free·ware <-, -s> ['fri:vɛɐ̯] *f* INFORM freeware
Fre·gat·te <-, -n> [fre'gatə] *f* frigate **Fre·gat·ten·ka·pi·tän** *m* MIL *(Marineoffizier)* commander
frei [frai̯] **I.** *adj* 1 *(nicht gefangen, unabhängig)* free; ~**er Autor/Übersetzer** freelance writer/translator; **die** ~**e Hansestadt Hamburg** the Free Hanseatic City of Hamburg; ~**e Kirche** free church; **ein** ~**er Mann/eine** ~**e Frau** a free man/woman; **ein** ~**er Gedanke** free thought; [**Recht auf**] ~**e Meinungsäußerung** [right to] freedom of speech; **ein** ~**er Mensch** a free person; ~**er Mitarbeiter/**~**e Mitarbeiterin** freelance[r]; **eine** ~**e Übersetzung** a free translation; **etw zur** ~**en Verfügung haben** to have sth at free disposal; ~**e Wahl haben** to be free to choose; **aus** ~**em Willen** [*o* ~**en Stücken**] of one's own free will; ***es war sein ~er Wille auszuwandern*** he emigrated of his own free will; ~ **und ungebunden** footloose and fancy-free; **sich** *akk* **von etw** *dat* ~ **machen** to free oneself from sth
2 *(freie Zeit)* free; **ein** ~**er Tag** a holiday; *(von Schule, Job)* a day off; **drei Tage/eine Woche** ~ **haben** to have three days/a week off; ***nächsten Donnerstag ist ~, da ist Feiertag*** we've got next Thursday off - it's a holiday; [**sich** *dat*] **drei Tage/eine Woche** ~ **machen** [*o* **nehmen**] to take three

days/a week off; ***er hat sich ~ genommen, da seine Tochter krank ist*** he's taken [some] time off because his daughter is ill; **~e Zeit haben** to have spare time
③ *(verfügbar)* available; ***es sind noch Mittel für kulturelle Veranstaltungen*** ~ there are still funds available for cultural events; ***der Film ist ab 14 Jahren*** ~ the film is suitable for children from 14 years on; **sich** *akk* **[für jdn/etw] ~ machen** to make oneself available [for sb/sth]; ■ **~ [für jdn] sein** to be free [to see/speak to sb]
④ *(nicht besetzt/belegt)* free; *am WC* vacant; ***ist dieser Platz noch ~ ?*** is this seat [already] taken?; ***haben Sie noch ein Zimmer ~ ?*** do you still have a room available?; **den Eingang ~ machen** to clear the entrance; **einen Platz ~ lassen** to keep a seat free; **einen Platz ~ machen** to vacate a seat *form;* **eine ~e Stelle** a vacant position; **ein ~es Zimmer** a vacant room; **„Zimmer frei"** "rooms to rent"
⑤ *(kostenlos)* free; *Lieferung* free [of charge]; *Postsendung* prepaid; ***der Eintritt ist*** ~ entrance is free; ***Kinder unter 6 Jahren sind*** ~ children below the age of six are admitted free; ***20 kg Gepäck sind*** ~ 20 kg of luggage are allowed; **„Eintritt ~"** "admission free"; **„Lieferung ~ Haus"** free home delivery
⑥ *(ohne etw)* ■ **~ von etw** *dat* **sein** to be free of sth; ***die Straßen sind ~ von Eis*** the streets are clear of ice; ***kein Mensch ist ~ von Fehlern*** nobody is perfect; **~ von Konservierungsstoffen** free from preservatives; **~ von Schmerzen sein** not to suffer any pain, to be free of pain; **~ von Schuld** blameless
⑦ *(ohne Hilfsmittel)* off-the-cuff; **etw mit ~er Hand zeichnen** to draw sth freehand; **~e Rede/~er Vortrag** impromptu speech/lecture; **eine ~e Rede halten** to speak off-the-cut
⑧ *(auslassen)* **eine Zeile ~ lassen** to leave a line free
⑨ *(offen)* open; ***der Zug hält auf ~ er Strecke*** the train stops in the open country; **~e Aussicht** [*o* **~er Blick**] unhampered view; **~es Gelände** open country; **unter ~em Himmel** open air; **das ~e Meer** the open sea
⑩ *(ungezwungen)* free and easy; ***ihre Auffassungen sind mir doch etwas zu*** ~ her views are a little too liberal for me; ***er ist viel ~ er geworden*** he has loosened up a lot *fam;* ***hier herrscht ein ~er Ton*** the atmosphere is very liberal here; **~e Liebe** free love; **ich bin so ~** *(geh)* if I may; ***ich bin so ~ und nehme mir noch ein Stück*** I'll have another piece if I may
⑪ *(unbehindert)* unhampered, unrestrained; **~e Entwicklung** free development
⑫ *(unbekleidet)* bare; ***machen Sie bitte Ihren Arm*** ~ please roll up your sleeve; ***machen Sie bitte ihren Bauch*** ~ please uncover your stomach; **sich** *akk* **~ machen** to get undressed
⑬ *(unbeschrieben)* blank; **ein ~es Blatt** a blank sheet of paper; **Platz ~ lassen** to leave a blank
⑭ *(nicht gebunden)* free, single; ***seit er sich von seiner Freundin getrennt hat, ist er wieder frei*** since he has split up with his girl-friend, he is single again
⑮ ÖKON free; **~er Kapital-/Warenverkehr** free movement of capital/goods; **~e Marktwirtschaft** free market economy; **~er Wechselkurs** freely floating exchange rate
⑯ CHEM, PHYS released; ***Kräfte werden*** ~ forces are set free [*or* released]; **~er Kohlenstoff/~e Wärme** uncombined carbon/heat; **~e Radikale** free radicals
⑰ *(ungefähr)* **~ nach ...** roughly quoting...
II. *adv* ① *(unbeeinträchtigt)* freely; ***das Haus steht ganz*** ~ the house stands completely on its own; ***die Mörderin läuft immer noch ~ herum!*** the murderess is still on the loose!; **~ atmen** to breathe easy; **sich** *akk* **~ entscheiden** to decide freely; **~ finanziert** privately financed; **~ stehen** to stand alone [*or* by itself]; **~ verkäuflich** for sale without restrictions; **~ zugänglich** accessible from all sides
② *(ungezwungen)* freely, openly; **~ erzogen** liberally educated; **~ heraus sprechen** to speak frankly; **~ improvisieren** to improvise freely
③ *(uneingeschränkt)* casually; **sich** *akk* **~ bewegen können** to be able to move in an uninhibited manner
④ *(nach eigenem Belieben)* ~ **erfunden** to be completely made up
⑤ *(gratis)* free; ***Kinder unter 6 Jahren fahren*** ~ children below the age of six travel free; **etw ~ bekommen** to get sth free
⑥ *(ohne Hilfsmittel)* **ein Kabel ~ verlegen** to lay a cable uncovered; **~ in der Luft schweben** to hover unsupported in the air; **~ sprechen** to speak off-the-cuff
⑦ *(nicht gefangen)* freely; **~ laufend** *Tiere* free-range; ***Eier von ~ laufenden Hühnern*** eggs from free-range chickens; **~ lebend** living in the wild

Frei·bad *nt* outdoor swimming pool, lido **frei|be·kom·men*** *vt irreg* ① *(fam: nicht arbeiten müssen)* **einen Tag/eine Woche [von jdm] ~** to be given a day/a week off [by sb] ② *(befreien)* ■**jdn ~** to have sb released **Frei·be·ruf·ler(in)** <-s, -> *m(f)* freelance[r] **frei·be·ruf·lich I.** *adj* freelance **II.** *adv* freelance **Frei·be·trag** *m* ÖKON, FIN [tax] allowance

Frei·beu·ter(in) <-s, -> ['fraibɔytɐ] *m(f)* buccaneer

Frei·beu·te·rei <-> *f kein pl* piracy

Frei·be·weis *m* JUR moral evidence **Frei·bier** *nt* free beer **frei·blei·bend** HANDEL **I.** *adj* subject to change; **~es Angebot** conditional offer **II.** *adv* without engagement; **etw ~ anbieten** to offer sth without engagement **Frei·brief** *m (Urkunde)* charter ▸WENDUNGEN: **jdm einen ~ für etw** *akk* **ausstellen** to give sb carte blanche to do sth; **etw als einen ~ für etw** *dat* **betrachten** [*o* **ansehen**] to see sth as carte blanche to do sth; **kein ~ für jdn sein** to not give sb carte blanche

Frei·burg <-s> ['fraibʊrk] *nt* ① *(in Deutschland)* Freiburg
② *(in der Schweiz)* Fribourg

Frei·de·mo·krat(in) *m(f)* Free Democrat, member of the Free Democratic Party **Frei·den·ker(in)** *m(f)* freethinker

Frei·e(r) *f(m) dekl wie adj* freeman

Frei·e(s) *nt dekl wie adj* **jdn ins ~ befördern** to throw sb out; **im ~n** in the open air; ***bei schönem Wetter findet die Party im ~ statt*** the party takes place outdoors when the weather is fine; **ins ~** outside

frei·en ['fraiən] *(veraltet)* **I.** *vt* ■**jdn ~** to marry sb **II.** *vi* ■ **um jdn ~** to court [*or dated* woo] sb; *s. a.* **jung**

Frei·er <-s, -> *m* ① *(euph: Kunde einer Hure)* punter BRIT, john ② *(veraltet: Bewerber)* suitor **Frei·ers·fü·ße** *pl* ▸WENDUNGEN: **auf ~n wandeln** [*o* **gehen**] *(hum)* to be on the lookout for a wife

Frei·ex·em·plar *nt* free copy **Frei·fahr·kar·te** *f* free ticket **Frei·fahr·schein** *m s.* **Freifahrkarte** **Frei·fahrt** *f (kostenlose Fahrt)* free trip [*or* journey]; **eine ~ haben** to travel free **frei·fi·nan·ziert** *adj* privately-financed **Frei·flä·che** *f* ① *(offene Fläche)* open space ② *(unbebaute Fläche)* unbuilt land **Frei·frau** *f fem form von* **Freiherr** baroness

Frei·ga·be *f* release; FIN unblocking, unfreezing; **~ des Wechselkurses** floating of the exchange rate; ***die ~ der Preise*** the lifting of price controls **Frei·ga·be·an·spruch** *m* JUR release claim **Frei·ga·be·an·trag** *m* JUR *(bei Pfand)* replevin **Frei·ga·be·da·tum** *nt* BÖRSE release date **Frei·ga·be·fik·ti·on** *f* JUR fictitious release **Frei·ga·be·klau·sel** *f* JUR release clause **Frei·ga·be·ver·fü·gung** *f* FIN *(bei Pfand)* replevy, replevin **Frei·ga·be·ver·spre·chen** *nt* HANDEL release undertaking

Frei·gang *m* day-release from imprisonment *(the prisoner may go out to work during the day but has to return for the night)*

Frei·gän·ger(in) <-s, -> *m(f)* prisoner on day-release *(allowed to go out to work during the day but obliged to return at night)*

frei|ge·ben *irreg* **I.** *vt* ① *(nicht mehr zurückhalten)* ■**etw ~** to unblock [*or* unfreeze] sth; **Wechselkurs[e] ~** to float the exchange rate[s]; *(zur Verfügung stellen)* to make accessible; ***die Straße wurde wieder freigegeben*** the street was opened up again
② *(Urlaub geben)* ■**jdm einen Tag/eine Woche etc. ~** to give sb a day/a week etc. off
③ JUR, FIN *(herausgeben)* **ein Pfand ~** to replevy [*or* replevin] a security
④ INFORM *(Sperre aufheben)* ■**etw ~** to release [*or* deallocate] sth
II. *vi* ■**jdm ~** to give sb time off

frei·ge·big ['fraige:bɪç] *adj* generous

Frei·ge·big·keit <-> *f kein pl* generosity

Frei·ge·he·ge *nt* open-air enclosure **Frei·geist** ['fraigaist] *m s.* **Freidenker** **Frei·ge·las·se·ne(r)** *f(m) dekl wie adj* released person; *(aus der Sklaverei)* freedman, freedwoman **Frei·ge·päck** *nt* luggage allowance **Frei·gren·ze** *f* exemption limit **Frei·gut** *nt* duty-free goods **frei|ha·ben** *vi irreg* to have time off, to be off; ***ich habe heute frei*** I've got the day off today

Frei·ha·fen *m* free port [area] **Frei·ha·fen·ge·biet** *nt* free port area **Frei·ha·fen·la·ger** *nt* free port warehouse

frei|hal·ten *vt irreg* ① *(nicht versperren)* ■**etw ~** to keep sth clear; ***„Einfahrt ~ "*** "do not obstruct the entrance", " private entrance — no parking"
② *(reservieren)* **[jdm/für jdn] einen Platz ~** to save [*or* reserve] [sb] a seat, to save [*or* reserve] a seat [for sb]
③ *(jds Zeche begleichen)* ■**jdn ~** to pay for sb; **sich** *akk* **~ lassen** to have one's bill paid; **sich** *akk* **von jdm ~ lassen** to let sb pay for one

Frei·han·del *m* free trade

Frei·han·dels·ab·kom·men *nt* free trade agreement **Frei·han·dels·sys·tem** *nt* ÖKON free [*or* open] trade **Frei·han·dels·zo·ne** *f* free trade area; **die Europäische ~** European Free Trade Area

frei·hän·dig ['fraihɛndɪç] **I.** *adj* ① *(ohne Hände)* with no hands *pred*
② *(ohne Hilfsmittel)* freehand; **~es Zeichnen** to draw freehand; **~es Schießen** offhand shooting
II. *adv* ① *(ohne Hände)* without the use of one's hands; **~ Rad fahren** to cycle with no hands
② *(ohne Hilfsmittel)* freehand; **~ zeichnen** to draw freehand; **~ schießen** to shoot offhand

frei·hän·di·ger *adj* HANDEL by private contract; **~er Verkauf** FIN direct offering [*or* sale]

Frei-Haus-Lie·fe·rung *f* HANDEL carriage-free delivery

Frei·heit <-, -en> ['fraihait] *f* ① *kein pl (das Nichtgefangensein)* freedom *no pl,* liberty *no pl form;* **~, Gleichheit, Brüderlichkeit** liberty, equality, fraternity; **jdm/einem Tier die ~ schenken** to free sb/an animal; **in ~ lebende Tiere** animals living in the wild; **in ~ sein** to have escaped
② *(Vorrecht)* liberty, privilege; **sich** *dat* **~en erlauben** to take liberties; **besondere ~en genießen** to enjoy certain liberties; **sich** *dat* **die ~ nehmen** [*o* **herausnehmen**], **etw zu tun** to take the liberty of doing sth *form*
③ *(nach eigenem Willen handeln können)* freedom *no pl;* **dichterische ~** poetic licence [*or* AM -se]; **sich** *akk* **in seiner persönlichen ~ eingeschränkt fühlen** to feel one's personal freedom is restricted; **alle ~en haben** to be free to do as one pleases; **die ~ haben** [*o geh* **genießen**], **etw zu tun** to be at liberty to do sth *form*
④ *(Recht)* liberty, freedom; **wirtschaftliche ~** economic freedom; **~ des Wettbewerbs** ÖKON free competition; **~ des Zahlungsverkehrs** FIN freedom of financial transaction

frei·heit·lich *adj* liberal

Frei·heits·be·rau·bung *f* false imprisonment, unlawful detention **Frei·heits·drang** *m* urge to be free, urge for freedom **Frei·heits·ent·zug** *m* imprisonment **Frei·heits·grad** *m* CHEM, PHYS degree of freedom **Frei·heits·kampf** *m* struggle for freedom **Frei·heits·kämp·fer(in)** *m(f)* freedom fighter **Frei·heits·krieg** *m* HIST war of independence [*or* liberation]; ■**die ~e** the Wars of Liberation **Frei·heits·lie·be** *f* love of freedom **frei·heits·lie·bend** *adj* freedom-loving **Frei·heits·raum** *m* sphere of freedom [*or* liberty] **Frei·heits·recht** *nt* JUR civil rights and liberties **Frei·heits·schutz** *m kein pl* JUR guarantee of freedom **Frei·heits·sta·tue** *f* ■**die [amerikanische]** ~ the [American] Statue of Liberty **Frei·heits·stra·fe** *f* JUR prison sentence, imprisonment; **Aussetzung der ~ zur Bewährung** suspension of sentence on probation; **kurzfristige** ~ short term of imprisonment; **lebenslange** ~ life sentence; **zeitige** ~ determinate sentence **Frei·heits·ver·bür·gung** *f* JUR security for freedom to ... **Frei·heits·ver·mu·tung** *f* JUR assumption of freedom

frei·he·raus [fraihɛ'raus] *adv* frankly

Frei·herr *m* baron

frei·herr·lich *adj attr* baronial

Frei·jahr *nt* FIN grace period **Frei·kar·te** *f* free ticket **frei|kau·fen** *vt* ① *(loskaufen)* ■**jdn** ~ to pay for sb's release; **eine Geisel** ~ to pay for the release of a hostage; ■**sich** *akk* ~ to buy one's freedom ② *(entledigen)* ■**sich** *akk* **von etw** *dat* ~ to buy one's way out of sth **Frei·kir·che** *f* free church **Frei·klet·tern** *nt* cliff hanging **frei|kom·men** *vi irreg sein* ■**[aus etw** *dat***]** ~ to be freed [from sth], to be released [from sth] **Frei·kör·per·kul·tur** *f kein pl* nudism *no pl* **Frei·korps** *nt* volunteer corps

Frei·land *nt* open land; **auf/im/ins** ~ outdoors, in the open **Frei·land·ge·mü·se** *nt* vegetables grown outdoors

Frei·land·hal·tung *f* free-range husbandry; **Eier aus** ~ free-range eggs **Frei·land·huhn** *nt* free-range hen **Frei·land·kul·tur** *f* cultivation of outdoor crops **Frei·land·mu·se·um** *nt* open-air museum **Frei·land·pflan·ze** *f* plant grown outdoors **Frei·land·ver·such** *m* AGR, SCI field trial

frei|las·sen *vt irreg* ① *(befreien)* ■**jdn/ein Tier** ~ to free [*or* release] sb/an animal
② JUR *(aus der Haft entlassen)* ■**jdn** ~ to release sb; **jdn bedingt** ~ to release sb conditionally

Frei·las·sung <-, -en> *f* release

Frei·lauf *m Fahrrad* free-wheeling mechanism; *Maschinen* free-running mechanism **frei·lau·fend** *adj s.* **frei II 7 frei·le·bend** *adj s.* **frei II 7 frei|le·gen** *vt* ■**etw** ~ *Grundmauern* to uncover [*or* unearth] sth; **ein Organ** ~ to expose organ **Frei·le·gung** <-, -en> *f Grundmauern* uncovering, unearthing; *Organ* exposing **Frei·lei·tung** *f* overhead line

frei·lich ['frailɪç] *adv* ① *(allerdings)* though, however; ***bei dem Preis kannst du ~ keine Spitzenqualität erwarten*** at that price, though, you can't really expect to get top quality
② *bes* SÜDD *(natürlich)* **[ja]** ~**!** [but] of course

Frei·licht·büh·ne *f* open-air theatre [*or* AM -er] **Frei·licht-Dis·co**, **Frei·licht-Dis·ko** *f* open-air disco **Frei·licht·ki·no** *nt* open-air cinema **Frei·licht·mu·se·um** *nt* open-air exhibition **Frei·licht·spie·le** *pl* open-air theatre *no pl* **Frei·licht·the·a·ter** *nt s.* **Freilichtbühne**

Frei·los *nt* free draw

Frei·luft·be·hand·lung *f* MED fresh air [and exercise] therapy

Frei·luft·ki·no *nt* open-air cinema **Frei·luft·kon·zert** *nt* open-air concert **Frei·luft·schach** *nt* outdoor chess

frei|ma·chen I. *vt* ■**etw** ~ to stamp sth; *(without stamping)* to frank sth
II. *vi (fam)* to take time off
III. *vr* ① *(fam: freinehmen)* ■**sich** *akk* ~ to take time off; ***kannst du dich morgen für ein paar Stunden ~?*** can you take a couple of hours off tomorrow?
② *(sich ausziehen)* ■**sich** *akk* **freimachen** to undress; ***machen Sie sich bitte kurz obenherum frei*** please take off your sweater/shirt/t-shirt etc. for a moment

Frei·mau·rer ['fraimaurɐ] *m* Freemason

Frei·mau·re·rei <-> [fraimaurə'rai] *f kein pl* Freemasonry *no pl*

frei·mau·re·risch ['fraimaurərɪʃ] *adj* Masonic

Frei·mau·rer·lo·ge *f* Masonic lodge

Frei·mut ['fraimu:t] *m kein pl* frankness; **mit allem** ~ in all frankness

frei·mü·tig ['fraimy:tɪç] *adj* frank

Frei·mü·tig·keit <-> *f kein pl* frankness

Frei·pass <-es> *m kein pl* SCHWEIZ *(Freischein)* carte blanche

frei|pau·ken *vt* JUR *(sl)* ■**jdn** ~ to engineer sb's acquittal **Frei·plas·tik** *f* outdoors sculpture **Frei·platz** *m* ① *(kostenloser Platz)* free seat ② *(Stipendium)* scholarship **frei|pres·sen** *vt* ■**jdn** ~ to secure sb's release by menaces **Frei·raum** *m* freedom; **mehr ~ brauchen** to need more freedom; **jdm viel ~ geben** to give sb a lot of freedom; **jdm den ~ nehmen** to invade sb's personal space **frei·re·li·gi·ös** *adj* non-denominational **frei·schaf·fend** *adj attr* freelance **Frei·schaf·fen·de(r)** *f(m) dekl wie adj* freelance[r] **frei|schal·ten** *vt* ■**etw** ~ *Leitung* to activate [*or* clear] sth; *Handy* to connect sth

Frei·schär·ler(in) <-s, -> ['fraiʃɛ:ɐlɐ] *m(f)* guerilla

frei|schau·feln *vt* ■**etw** ~ to shovel sth free

Frei·schein <-s> *m kein pl* carte blanche **frei|schie·ben** *vt* KOCHK **Brot** ~ *to bake bread loaves freely spaced out to form dark crusts along the sides* **frei|schie·ßen** *vt irreg* ■**jdn** ~ to free sb in a shootout **frei|schwim·men** *vr irreg* ■**sich** *akk* ~ to get one's swimming certificate *(certificate for which one must swim for 15 minutes)*

Frei·schwim·mer(in) *m(f)* ① *(jd mit einem Freischwimmer)* person who has his/her swimming certificate *(swimming certificate for which one must swim for 15 minutes)* ② *(fam: Bescheinigung) swimming certificate for which one must swim for 15 minutes;* **den ~ haben** to have one's swimming certificate; **den ~ machen** to do the test for the swimming certificate **Frei·schwim·mer·zeug·nis** *nt* swimming certificate

frei|set·zen *vt* ① *(entfesseln)* ■**[bei jdm] etw** ~ to release sth [in sb]
② CHEM ■**etw** ~ to release sth
③ *(euph: entlassen)* ■**jdn** ~ to make sb redundant, to have to let sb go *euph*

Frei·set·zung <-, -en> *f* ① *(Entfesselung)* release
② CHEM release
③ *(euph: Entlassung)* redundancy

Frei·sinn <-s> *m kein pl*, **Freisinnig-demokratische Partei** <-> *f kein pl* SCHWEIZ Swiss liberal party **frei·sin·nig** *adj (veraltet)* liberal

Frei·sprech·ein·rich·tung *f* TELEK hands-free kit [*or* equipment] **frei|spre·chen** *vt irreg* ① JUR ■**jdn** ~ to acquit sb; ***sie wurde im Urteil in allen Punkten der Anklage freigesprochen*** she was acquitted on all accounts ② *(lossprechen)* ■**jdn von etw** *dat* ~ to clear sb of sth ③ *(zum Gesellen etc. erklären)* ■**jdn** ~ to present sb with his/her skilled trades certificate etc. **Frei·sprech·mi·kro·fon** *nt* TECH wireless headset

Frei·spruch *m* JUR acquittal; ~ **aus Mangel an Beweisen** discharge; ~ **wegen erwiesener Unschuld** honourable acquittal; ~ **beantragen** to apply for an acquittal; **auf ~ plädieren** to plead for an acquittal **Frei·staat** *m (veraltend)* free state; **der ~ Bayern** the Free State of Bavaria **Frei·statt** *f*, **Frei·stät·te** *f (geh)* sanctuary **frei|ste·hen** *vi irreg* ① *(überlassen sein)* ■**jdm steht es frei, etw zu tun** sb is free to do sth; ***wenn du gehen willst, bitte, das steht dir völlig frei*** if you want to go that's completely up to you ② *(leer stehen)* to be [*or* stand] empty **frei|stel·len** *vt* ① *(selbst entscheiden lassen)* ■**jdm etw** ~ to leave sth up to sb ② *(euph: entlassen)* ■**jdn** ~ to make sb redundant ③ *(befreien)* ■**jdn [von etw** *dat***]** ~ to exempt [*or* release] [*or* excuse] sb [from sth]; ■**jdn für etw** *akk* ~ to release sb [for sth]; **jdn vom Wehrdienst** ~ to exempt sb from military service ④ TYPO ■**etw** ~ to cut [*or* mask] out *sep* [*or* isolate] sth **Frei·stel·ler** <-s, -> *m* TYPO mask, overlay

Frei·stel·lung *f* ① *(das Ausnehmen)* exemption; ~ **vom Wehrdienst** exemption from military service; ~ **von Haftung** indemnity against liability
② *(Freigeben)* release, exemption; ~ **abgestimmter Verhaltensweisen** exemption of collusive behaviour; *von Mitteln, Arbeitern* release; *von Arbeitskräften* lay-offs *pl*, BRIT *a.* redundancies *pl;* **jds ~ erbitten** request sb's release

Frei·stel·lungs·an·spruch *m* JUR right of indemnity **Frei·stel·lungs·auf·trag** *m* FIN *tax exemption for interest accrued from various types of savings account, the total of which may not exceed the amount stipulated by the government* **Frei·stel·lungs·be·scheid** *m* FIN notice of non-liability for tax **Frei·stel·lungs·er·klä·rung** *f* FIN declaration of exemption **Frei·stel·lungs·klau·sel** *f* FIN exemption clause **Frei·stel·lungs·re·ge·lung** *f* FIN exemption [*or* release] regime **Frei·stel·lungs·schein** *m* FIN exemption note **Frei·stel·lungs·ver·pflich·tung** *f* FIN indemnity obligation **Frei·stel·lungs·vo·lu·men** *nt* FIN exemption volume **Frei·stel·lungs·vor·aus·set·zung** *f* FIN exemption requirement **Frei·stel·lungs·zeit·raum** *m* FIN exemption period

Frei·stem·pel *m* postmark

Frei·stil *m kein pl* SPORT ① *(Freistilschwimmen)* freestyle ② *(Freistilringen)* freestyle, all-in wrestling **Frei·stil·rin·gen** *nt* freestyle wrestling **Frei·stil·schwim·men** *nt* freestyle [swimming]

Frei·stoß *m* free kick; **einen ~ verhängen, auf ~ entscheiden** to award a free kick; **einen ~ verwandeln** to put a free kick away; **direkter/indirekter** ~ direct/indirect free kick **Frei·stück** *nt s.* **Freiexemplar Frei·stun·de** *f* SCH free period; **eine ~/~n haben** to have a free period/free periods

Frei·tag <- [e]s, -e> ['fraita:k, *pl* -ta:gə] *m* Friday; **Schwarzer** ~ *(Börsenkrach)* Black Friday; *s. a.* **Dienstag**

Frei·tag·abendRR *m* Friday evening; *s. a.* **Dienstag frei·tag·abends**RR *adv* [on] Friday evenings

frei·tä·gig *adj* on Friday

frei·täg·lich *adj* [regular] Friday *attr*

Frei·tag·mit·tagRR *m* [around] noon on Friday; *s. a.* **Dienstag frei·tag·mit·tags**RR *adv* [around] noon on Fridays **Frei·tag·mor·gen**RR *m* Friday morning; *s. a.* **Dienstag frei·tag·mor·gens**RR *adv* [on] Friday mornings **Frei·tag·nach·mit·tag**RR *m* Friday afternoon; *s. a.* **Dienstag frei·tag·nach·mit·tags**RR *adv* [on] Friday afternoons **Frei·tag·nacht**RR *f* Friday night; *s. a.* **Dienstag frei·tag·nachts**RR *adv* [on] Friday nights

frei·tags ['fraita:ks] *adv* [on] Fridays; ~ **abends/nachts/vormittags** on Friday evenings/nights/mornings

Frei·tags·ge·bet *nt* REL Friday prayers

Frei·tag·vor·mit·tagRR *m* Friday morning; *s. a.* **Dienstag frei·tag·vor·mit·tags**RR *adv* [on] Friday mornings

Frei·tod *m (euph)* suicide; **den ~ wählen** to commit suicide **Frei·tod·hil·fe** *f* assisted suicide

frei·tra·gend *adj* self-supporting **Frei·trep·pe** *f* flight of stairs **Frei·übung** *f* SPORT exercise; **~en machen** to exercise **Frei·um·schlag** *m* stamped addressed envelope

Frei·ver·kehr *m kein pl* BÖRSE *(geregelt)* over-the-counter market; *(ungeregelt)* unofficial dealing [*or* trading]

Frei·ver·kehrs·be·schei·ni·gung *f* free circulation certificate **Frei·ver·kehrs·händ·ler(in)** *m(f)* BÖRSE dealer in unlisted securities

frei|weg *adv (fam)* openly, frankly, straight out; ***er behauptete ~, dass er 10.000 Euro gewonnen hätte*** without batting an eyelid he claimed to have won 10,000 euros

Frei·wild *nt* fair game

frei·wil·lig ['fraivɪlɪç] **I.** *adj* voluntary; **~er Helfer** voluntary helper; **~e Versicherung** voluntary insurance
II. *adv* voluntarily; **etw ~ tun** to do sth voluntarily; **sich** *akk* **~ versichern** to take out voluntary insurance

Frei·wil·li·ge(r) ['fraivɪlɪgə, 'fraivɪlɪgɐ] *f(m) dekl wie adj a.* MIL volunteer; **~ vor!** volunteers one pace forwards!

Frei·wil·li·gen·agen·tur *f* voluntary agency

F

Frei·wil·lig·keit <-> *f kein pl* voluntary nature

Frei·wurf *m* free throw **Frei·zei·chen** *nt* ringing tone

Frei·zeich·nung *f* JUR non-liability

Frei·zeich·nungs·klau·sel *f* JUR [guarantee] non-warranty clause **Frei·zeich·nungs·ver·bot** *nt* JUR non-warranty ban

Frei·zeit *f* ① *(arbeitsfreie Zeit)* free time, leisure [time]
② *(Zusammenkommen einer Gruppe)* weekend/holiday course; **auf eine ~ gehen** to attend a weekend/holiday course; **eine ~ veranstalten** to organize a weekend/holiday course

Frei·zeit·ak·ti·vi·tä·ten *pl* leisure time activities *pl* **Frei·zeit·an·zug** *m s.* **Freizeitkleidung Frei·zeit·aus·gleich** *m* time off in lieu **Frei·zeit·be·klei·dung** *f* casual clothes *npl* **Frei·zeit·be·schäf·ti·gung** *f s.* **Freizeitgestaltung Frei·zeit·block** *m bei Ganztagsarbeit in Teilzeitstelle* block of free time [*or* time off] **Frei·zeit·boom** *m* leisure boom **Frei·zeit·ein·rich·tung** *f* leisure [*or* recreational] facility; *(Freizeitzentrum)* leisure centre, recreation center AM **Frei·zeit·ge·sell·schaft** *f* leisure society **Frei·zeit·ge·stal·tung** *f* free-time activities, leisure activities **Frei·zeit·hemd** *nt* casual shirt **Frei·zeit·in·dust·rie** *f* leisure industry **Frei·zeit·klei·dung** *f* leisure wear **frei·zeit·pä·da·go·gisch** *adj* recreationally instructive **Frei·zeit·park** *m* amusement park **Frei·zeit·wert** *m* value in terms of leisure

Frei·zo·ne *f* ÖKON free zone

frei·zü·gig *adj* ① *(großzügig)* liberal, generous
② *(moralisch liberal)* liberal, tolerant, permissive; *(offenherzig)* revealing *a. hum;* **~er Ausschnitt** a revealing[ly low] [*or* daring] neckline
③ *(frei in der Wahl des Wohnsitzes)* free to move [*or* roam]

Frei·zü·gig·keit <-> *f kein pl* ① *(großzügige Beschaffenheit)* liberalness, generosity
② *(moralisch lockere Einstellung)* liberalness, permissiveness
③ *(Freiheit in der Wahl des Wohnortes)* freedom of movement

fremd [frɛmt] *adj* ① *(anderen gehörig)* somebody else's; ***ich schlafe nicht gern in ~en Betten*** I don't like sleeping in strange beds; **~es Eigentum** somebody else's property, property of another *form; s. a.* **Ohr**
② *(fremdländisch) Gegend, Länder, Sitten* foreign; *bes* ADMIN alien
③ *(unbekannt)* strange, unfamiliar, alien; ***ich bin hier*** ~ I'm not from round here [*or* these parts]

fremd·ar·tig ['frɛmtʔa:ɐ̯tɪç] *adj (ungewöhnlich)* strange, outlandish; *(exotisch)* exotic

Fremd·ar·tig·keit <-> *f kein pl (Ungewöhnlichkeit)* strangeness, outlandishness; *(exotische Art)* exoticism

Fremd·auf·wen·dun·gen *pl* FIN extraneous expenses **Fremd·be·ein·flus·sung** *f* external [*or* outside] influence

fremd·be·herrscht *adj inv* POL foreign-ruled **Fremd·be·leg** *m* FIN external voucher **Fremd·be·schaf·fung** *f* FIN *von Betriebsleistungen* contracting out, outsourcing **Fremd·be·stäu·bung** *f* cross-pollination [*or* -fertilization] **fremd·be·stimmt I.** *adj* nonautonomous, directed by others; *Land* heteronomous **II.** *adv* **~ handeln** to act under orders; ***sein Handeln war ~*** he acted under orders

Fremd·be·stim·mung *f* foreign control **Fremd·be·zug** *m* HANDEL external purchase; **~ von Handelsware** purchase of goods from outside suppliers

Frem·de <-> ['frɛmdə] *f kein pl (geh)* ■**die ~** foreign [*or* distant] parts *npl;* **in die ~ gehen** to go abroad; **in der ~ sein** to be abroad [*or* BRIT in foreign parts]

Frem·de(r) ['frɛmdə, -dɐ] *f(m) dekl wie adj* stranger; *(Ausländer)* foreigner

Fremd·ein·wir·kung *f* outside [*or* external] influence **Fremd·ei·weiß** *nt* foreign protein

frem·deln ['frɛmdl̩n] *vi* to be shy [*or* frightened] of strangers

Fremd·emis·si·on *f* FIN securities issue for account of another

frem·den ['frɛmdn̩] *vi* SCHWEIZ *(fremdeln)* to be scared of strangers

frem·den·feind·lich *adj* hostile to strangers *pred,* xenophobic; **ein ~er Anschlag** a racist [*or* racially-provoked] attack **Frem·den·feind·lich·keit** *f* hostility to strangers, xenophobia **Frem·den·füh·rer(in)** *m(f)* [tourist] guide **Frem·den·hass**RR *m* xenophobia **Frem·den·le·gi·on** *f kein pl* ■**die ~** the [French] Foreign Legion; **zur ~ gehen** to join the Foreign Legion **Frem·den·le·gi·o·när** *m* Foreign Legionnaire **Frem·den·po·li·zei** <-> *f kein pl* ÖSTERR, SCHWEIZ *(Polizeidezernat)* aliens' branch [of the police] **Frem·den·recht** *nt* JUR aliens law

Fremd·ent·sor·ger *m (Entsorgungsfirma)* waste disposal firm

Frem·den·ver·kehr *m* ■[**der**] ~ tourism *no indef art, no pl,* [the] tourist trade

Frem·den·ver·kehrs·amt *nt* tourist office **Frem·den·ver·kehrs·bü·ro** *nt* tourist office **Frem·den·ver·kehrs·ge·wer·be** *nt* tourist trade **Frem·den·ver·kehrs·steu·er** *f* FIN tourist tax **Frem·den·ver·kehrs·ver·ein** *m* tourist association **Frem·den·ver·kehrs·zen·trum** *nt* tourist centre

Frem·den·zim·mer *nt* ① *s.* **Gästezimmer**
② *(veraltend: Zimmer in Pension)* room; **„~"** "vacancies"

fremd|fi·nan·zie·ren* *vt* FIN ■**etw ~** to borrow sth **fremd·fi·nan·ziert** *adj* leveraged **Fremd·fi·nan·zie·rung** *f* outside [*or spec* debt] financing **Fremd·fir·ma** *f* outside company **fremd|ge·hen** *vi irreg sein (fam)* to be unfaithful, to two-time sb *fam*

Fremd·ge·her(in) *m(f)* philanderer **Fremd·geld** *nt* FIN trust fund **Fremd·gen** *nt* BIOL *(Gen, welches einem anderen Organismus übertragen worden ist)* heterologous gene

fremd·ge·steu·ert *adj inv* externally controlled **Fremd·haf·tung** *f* JUR third-party liability

Fremd·heit <-, -en> *pl selten f* strangeness, foreignness

Fremd·herr·schaft *f kein pl* foreign rule [*or* domination] **Fremd·in·ves·ti·ti·on** *f* FIN external investment

Fremd·ka·pi·tal *nt* outside [*or* borrowed] capital **Fremd·ka·pi·tal·auf·nah·me** *f* FIN borrowing **Fremd·ka·pi·tal·ge·ber, -ge·be·rin** *m, f* FIN debt capital provider

Fremd·kon·to *nt* FIN third-party account **Fremd·kör·per** *m* ① MED foreign body; **einen ~ im Auge haben** to have a foreign body in one's eye ② *(fig: jd, der sich nicht dazugehörig fühlt)* alien element; **sich** *akk* **als** [*o* **wie ein**] **~ fühlen** to feel out of place

fremd·län·disch ['frɛmtlɛndɪʃ] *adj* foreign, exotic

Fremd·ling <-s, -e> ['frɛmtlɪŋ] *m (veraltend geh)* stranger

Fremd·mit·tel *pl* FIN outside [*or* borrowed] funds **Fremd·nut·zer** *m* INFORM host user **Fremd·nut·zung** *f* JUR third-party use **Fremd·ren·te** *f für Aussiedler* foreign pension

Fremd·spra·che *f* foreign language; **~n studieren/unterrichten** to study/teach [modern] languages

Fremd·spra·chen·kor·res·pon·dent(in) *m(f)* bilingual [*or* multilingual] secretary **Fremd·spra·chen·satz** *m* TYPO composition of foreign language work **Fremd·spra·chen·se·kre·tär(in)** *m(f)* bilingual [*or* multilingual] secretary **Fremd·spra·chen·un·ter·richt** *m* language teaching; **~ geben** [*o geh* **erteilen**] to give language classes

fremd·spra·chig *adj* foreign-language *attr;* **~e Literatur** foreign literature; **~e Texte** foreign-language texts **fremd·sprach·lich** *adj* foreign-language *attr;* **~er Unterricht** teaching in a foreign language **Fremd·ver·gleich** *m* FIN dealing at arm's-length rule **Fremd·ver·mu·tung** *f* FIN non-property presumption **Fremd·ver·schul·den** *nt* third-party responsibility **fremd·ver·schul·det** *adj* caused by another person

Fremd·wäh·rung *f* FIN foreign currency

Fremd·wäh·rungs·an·lei·he *f* FIN currency bond, foreign currency loan issue **Fremd·wäh·rungs·kon·to** *nt* FIN foreign exchange account **Fremd·wäh·rungs·schuld** *f* FIN foreign currency debt **Fremd·wäh·rungs·ver·bind·lich·kei·ten** *pl* FIN foreign currency liabilities

Fremd·wort *nt* borrowed [*or* foreign] word, borrowing; ***Höflichkeit ist für dich wohl ein ~!*** politeness isn't part of your vocabulary!, I see you never went to charm school! *iron* **Fremd·wör·ter·buch** *nt* dictionary of borrowed [*or* foreign] words

fre·ne·tisch [fre'ne:tɪʃ] **I.** *adj* frenetic, frenzied; **~er Beifall** wild applause
II. *adv* frenetically; **jdn/etw ~ beklatschen** to applaud sb/sth wildly, to give sb/sth wild applause

fre·quen·tie·ren* [frekvɛn'ti:rən] *vt (geh)* ■**etw** [**häufig**] **~** *Kneipe, Lokal etc.* to [often] frequent sth [*or* patronize]

Fre·quenz [fre'kvɛnts] *f* ① *(Häufigkeit)* frequency
② PHYS frequency
③ *(Zahl des Puls- o Herzschlags)* [pulse] rate
④ *(Verkehrsstärke)* volume of traffic

Fre·quenz·mo·du·la·ti·on *f* RADIO frequency modulation, FM **Fre·quenz·ver·tei·lung** *f* allotment of frequencies **Fre·quenz·zu·tei·lung** *f* assignment of frequencies **Fre·quenz·zu·wei·sung** *f* allocation of frequencies

Fres·ko <-s, Fresken> ['frɛsko, *pl* 'frɛskən] *nt* fresco

Fres·ko·ma·le·rei *f* fresco wall-painting

Fres·sa·li·en [frɛ'sa:li̯ən] *pl (fam)* grub *no indef art, no pl fam,* nosh *no indef art, no pl fam*

Fres·se <-, -n> ['frɛsə] *f (derb)* ① *(Mund)* gob BRIT *sl,* trap *sl,* cakehole BRIT *sl*
② *(Gesicht)* mug *fam,* phiz[og] BRIT *sl*
▸ WENDUNGEN: **auf die ~ fallen** *(derb)* to fall flat on one's face *a. fig;* **eine große ~ haben** to shoot one's mouth off *sl,* to be a loudmouth *fam;* **die ~ halten** to shut one's gob BRIT *sl* [*or sl* face] [*or sl* mouth]; ***halt die ~!*** shut your face!; **jdm eins** [*o* **was**] **in die ~ hauen, jdm die ~ polieren** to smash sb's face in *fam;* **ach du meine ~!** Jesus [*or hum sl* Jesus H.] Christ!

fres·sen <fraß, gefressen> ['frɛsn̩] **I.** *vi* ① *(Nahrung verzehren)* ■[**aus etw** *dat*/**von etw** *dat*] **~** *Tiere* to eat [*or* feed] [out of/from sth]
② *(pej derb: in sich hineinschlingen)* [**gierig**] **~** to guzzle *fam,* to scoff *fam;* **für drei ~** to eat enough for a whole army *fam*
③ *(fig: langsam zerstören)* ■[**an etw** *dat*] **~** to eat away at sth [*or* into], to attack sth
④ *(fig geh: an jdm nagen)* ■**in jdm ~** to eat [*or* gnaw] at sb
II. *vt* ■**etw ~** ① *(Nahrung verzehren) Tiere* to eat sth; *(sich ernähren von)* to feed on sth; **etw leer ~** to lick sth clean; **etw zu ~ bekommen** [*o* **kriegen**] *(pej fam: bei Menschen)* to get [*or* be given] sth to eat
② *(pej derb: in sich hineinschlingen)* to scoff [*or* guzzle] sth *fam*
③ *(fig: verbrauchen)* to gobble up sth *sep fam;* **Benzin/Öl ~** to gobble up *sep* [*or* guzzle] petrol/oil *fam;* [**viel**] **Geld ~** *Anschaffungen, Vorhaben* sth is swallowing [up *sep*] [a lot of] money
▸ WENDUNGEN: **jdn ansehen, als ob man ihn/sie ~ will** *(fam)* to look daggers at sb BRIT, to give sb a murderous look; **jdn zum F~ gernhaben** *(fam)* sb is good enough to eat *fam;* **jdn/etw gefressen haben** *(fam)* to have had one's fill with sb/sth, to have had just about as much as one can take of sb/sth; **endlich hat sie/er... es gefressen!** *(fam)* she/he... got there [*or* it] at last!, at last the penny's dropped! BRIT; **ich werd dich schon nicht gleich ~** *(fam)* I'm not going to eat you *fam*
III. *vr* ① *(fig: sich vorarbeiten)* ■**sich** *akk* **in etw** *akk*/**durch etw** *akk* **~** to work into/through sth
② *(fig: langsam zerstören)* ■**sich** *akk* **durch etw** *akk* **~** to eat through sth
③ *(Nahrung aufnehmen)* **sich** *akk* **satt ~** to eat one's fill, to gorge oneself; *(Menschen a.)* to stuff oneself

Fres·sen <-s> ['frɛsn̩] *nt kein pl* ① *(Tierfutter)* food

❷ *(pej sl: Fraß)* muck *fam,* yuk BRIT *fam; (Festessen)* blowout *fam,* nosh-up BRIT *fam*
▸WENDUNGEN: **ein gefundenes ~ für jdn sein** *(fam)* to be handed to sb on a plate

Fres·ser(in) <-s, -> *m(f) (fig sl)* glutton, greedyguts BRIT, bottomless pit *fam;* **ein unnützer ~** an idle mouth to feed

Fres·se·rei <-, -en> [frɛsəˈrai] *f (pej sl)* guzzling *fam,* gluttony

Fress·feind[RR] *m* BIOL predator

Fress·gier[RR] *f (pej)* greediness, gluttony **Fress·korb**[RR] *m (fam)* food hamper [*or* basket]; *(für Picknick)* [picnic] basket [*or* BRIT hamper] **Fress·napf**[RR] *m* [feeding] bowl **Fress·pa·ket**[RR] *nt (fam)* food parcel **Fress·sack**[RR] *m (fam o pej)* hog *fam,* greedyguts BRIT *fam* **Fress·sucht**[RR] *f* gluttony; **an ~ leiden** to suffer from a craving for food, to be a compulsive eater

fresst[RR], **freßt**[ALT] *imper pl von* **fressen**

Fress·werk·zeu·ge[RR] *pl* mouthparts **Fress·zel·le**[RR] *f* MED phagocyte

Frett·chen <-s, -> [ˈfrɛtçən] *nt* ferret

Freu·de <-, -n> [ˈfrɔydə] *f* ❶ *kein pl (freudige Gemütsverfassung)* pleasure, joy, delight; ***was für eine ~, dich wiederzusehen!*** what a pleasure to see you again!; ***es ist mir eine ~, Ihnen behilflich sein zu können*** it gives me [great [*or* real]] pleasure to be of help [to you]; ***da kommt ~ auf*** it's a joy to see [*or* behold]; ***alles wird sich in eitel ~ auflösen*** everything will end up just fine; ***es herrschte eitel ~*** *(veraltend)* everything was sheer bliss; *(hum)* everything was just peachy *hum;* **nur** [*o* **bloß**] **die halbe ~ sein** to be only half the pleasure; **seine helle ~ an etw** *dat* **haben** to get sheer pleasure out of sth; **keine reine ~ sein, etw zu tun, aber ...** to be not exactly a pleasure to do sth, but ... *a. iron;* **eine wahre** [*o* **die reinste**] **~ sein, etw zu tun** it is a real joy [*or* pleasure] to do sth; **~ an etw** *dat* **haben** to derive pleasure from sth; **~ am Leben haben** to enjoy life; **keine ~ am Leben haben** to get no joy out of life; **jdm eine** [**große**] **~ machen** [*o geh* **bereiten**] to make sb [very] happy, to be a [great] joy to sb; **etw macht jdm ~** sb enjoys [doing] sth; ***das macht mir keine ~*** I don't enjoy it at all; **von ~ erfüllt werden** to be filled with pleasure [*or* joy] [*or* delight]; ■**jds ~ an etw** *dat* the joy [*or* pleasure] sb gets from sth; **aus ~ an der Sache** *(fam)* for the love of it; ■**jds ~ über etw** *akk* sb's joy [*or* delight] at sth; **vor ~** with joy [*or* delight]; **vor ~ in die Luft springen können** to want to jump for joy; **vor ~ weinen** to weep for [*or* with] joy; **zu unserer großen ~** to our great delight; ***zu meiner*** [***aller***]***größten ~ kann ich Ihnen mitteilen ...*** it gives me the greatest of pleasure to be able to inform you ...
❷ *pl (Vergnügungen)* **die ~n des Ehelebens/der Liebe** the pleasures [*or* joys] of married life/of love; **die kleinen ~n** [**des Lebens**] the little pleasures [in life]; **mit ~n** with pleasure; **herrlich und in ~n leben** to live a life of ease [*or* in the lap of luxury]; **etw herrlich und in ~n genießen** to enjoy sth to the full
▸WENDUNGEN: **Freud und Leid mit jdm teilen** to share one's joys and sorrows with sb; **in Freud und Leid zueinanderhalten** to stand by each other through thick and thin

Freu·den·bot·schaft *f (geh)* good news *no pl, no indef art,* glad tidings *npl liter* **Freu·den·fest** *nt* [joyful] celebration **Freu·den·feu·er** *nt* bonfire **Freu·den·ge·schrei** *nt* cries of joy, cheering *no indef art, no pl;* **ein ~ erheben** *(geh)* to give a cheer **Freu·den·haus** *nt (euph veraltend)* brothel **Freu·den·mäd·chen** *nt (euph veraltend)* prostitute, lady of the night *dated* **Freu·den·schrei** *m* joyful cry, cry of joy; **in ~e ausbrechen** to start cheering [for joy] **Freu·den·sprung** *m* joyful leap; **Freudensprünge/einen ~ machen** to jump for joy **Freu·den·tag** *m* happy [*or* joyful *liter*] day, red-letter day BRIT **Freu·den·tanz** *m* dance of joy; **Freudentänze/einen ~ aufführen** [*o* **vollführen**] to dance with joy; **wilde Freudentänze aufführen** [*o* **vollführen**] to dance with wild abandon **Freu·den·tau·mel** *m* ecstasy [of joy], raptures *npl* [*or* euphoria]; **in einen** [**wahren**] **~ verfallen** to become [absolutely] euphoric, to go into raptures [*or* transports of delight] **Freu·den·trä·nen** *pl* tears of joy; **~ weinen** [*o* **vergießen**] to cry for joy, to shed tears of joy

freu·de·strah·lend I. *adj nicht pred* beaming [with delight], radiant
II. *adv* joyfully, with great joy

freu·dig [ˈfrɔydɪç] I. *adj* ❶ *(voller Freude)* joyful, happy; **in ~er Erwartung** looking forward to sth with great pleasure, in joyful expectation *form;* **ein ~es Gefühl** a delightful feeling
❷ *(erfreulich)* pleasant, joyful *liter;* **eine ~e Entwicklung** a happy [*or* pleasing] development
II. *adv* with joy [*or* delight]; **~ erregt** excited; **~ überrascht** pleasantly surprised

freud·los [ˈfrɔytloːs] *adj (pej)* cheerless, joyless, bleak

Freud·lo·sig·keit *f kein pl* cheerlessness, joylessness

freu·en [ˈfrɔyən] I. *vr* ❶ *(voller Freude sein)* ■**sich** *akk* [**über etw** *akk*] **~** to be glad [*or* pleased] [about sth]; **sich** *akk* **über ein Geschenk ~** to be pleased with a present; **sich** *akk* **sehr** [**über etw** *akk*] **~** to be delighted [with sth]; ■**sich** *akk* **für jdn ~** to be pleased [*or* glad] for sb['s sake]; ■**sich** *akk* **mit jdm ~** to share sb's happiness; **sich** *akk* **~, etw tun zu dürfen/können** to be pleased to be able to do sth
❷ *(freudig erwarten)* ■**sich** *akk* **auf jdn ~** to look forward to seeing sb; ■**sich** *akk* **auf etw** *akk* **~** to look forward to [doing] sth
▸WENDUNGEN: **sich** *akk* **zu früh ~** to get one's hopes up too soon; ***freu dich nicht zu früh!*** don't get your hopes up too soon!, don't count your chickens before they're hatched! *fig*
II. *vt* ❶ *(erfreuen)* ■**jdn ~** to please sb, to be a cause of pleasure to sb *form*
❷ *impers* ■**es freut mich, dass ...** I'm pleased [*or* glad] that ...; ***es freut mich, dir helfen zu können*** I'm pleased to be able to help you; [***das***] ***freut mich für dich*** I'm pleased [*or* happy] for you, that's great; **freut mich**[**, Ihre Bekanntschaft zu machen**] [I'm] pleased to meet you

Freund(in) <-[e]s, -e> [ˈfrɔynt, ˈfrɔyndɪn, *pl* ˈfrɔyndə] *m(f)* ❶ *(Kamerad)* friend; ***ist das ein ~ von dir?*** is that a friend of yours?; ***du bist mir ja ein schöner ~*** *(iron fam)* a fine friend you are *iron;* ***mein lieber ~!*** *(iron)* my dear fellow! *iron dated;* ***sie sind alte ~e*** they're old friends; **~ und Feind** friend and foe; **jdn zum ~ gewinnen** to gain sb's friendship [*or* sb as a friend]; **mit jdm gut ~ sein** to be good friends with sb; **unter ~en** *(fam)* among friends
❷ *(intimer Bekannter)* boyfriend; *(intime Bekannte)* girlfriend; **jdn zum ~ haben** to be [going out] with sb
❸ *(fig: Anhänger)* lover; **ein ~ der Natur** a nature-lover, a lover of nature; **kein ~ von etw** *dat* **sein** to not be one for sth; **kein ~ von vielen Worten sein** to not be one for talking much, to be a man/woman of few words

Freund·chen <-s, -> *nt (fam)* my [fine] friend *iron,* sonny [Jim] BRIT *iron;* **~!** watch it, pal! [*or* BRIT mate] *fam*

freund·eid·ge·nös·sisch *adj* SCHWEIZ *(geh)* ≈ [politically] reconciliatory *(what is deemed proper for friends - Freunde - and politically responsible citizens - Eidgenossen - to promote unity between the disparate Swiss cantons)*

Freun·des·kreis *m* circle of friends; **im engsten ~** with one's closest friends

Freund-Feind-Den·ken *nt* attitude of "if you're not for us, you're against us"

freund·lich [ˈfrɔyntlɪç] I. *adj* ❶ *(liebenswürdig)* kind; ■**~** [**zu jdm**] **sein** to be kind [to sb], to be good to sb; ***das ist sehr ~ von Ihnen*** that's very kind [*or* good] of you; ***würden Sie so ~ sein, mir zu helfen?*** would you be so kind [*or* good] as to help me?
❷ *(hell, heiter)* pleasant; **ein ~er Himmel** a beckoning sky; **~es Wetter** pleasant [*or* fine] weather; ***bitte recht ~!*** smile please!, say cheese! *fam;* *(ansprechend)* cheerful; **ein ~es Ambiente** a friendly [*or* congenial] atmosphere; **~e Farben** cheerful colours [*or* AM -ors]
❸ *(wohlwollend)* friendly; **eine ~e Einstellung gegenüber etw/jdm haben** to have a friendly [*or* an obliging] attitude towards sb/sth
II. *adv* in a friendly way, kindly; **jdn ~ behandeln** to treat sb in a friendly [*or* kindly] way, to be friendly to[wards *form*] [*or* kind to] sb

freund·li·cher·wei·se *adv* kindly; ***er trug uns ~ die Koffer*** he was kind enough to carry our cases [for us]

Freund·lich·keit <-, -en> *f* ❶ *kein pl (liebenswürdige Art)* friendliness *no pl, no indef art*
❷ *(liebenswürdige Handlung)* kindness; ***danke für die ~!*** thank you for your kindness!; ***würden Sie*** [***wohl***] ***die ~ haben, das zu tun?*** would you be kind [*or* good] enough to do that? *form,* would you be so kind [*or* good] as to do that? *form*
❸ *meist pl (freundliche Bemerkung)* kind word [*or* remark]

Freund·schaft <-, -en> *f kein pl* friendship; ***da hört die ~ auf!*** *(fam)* friendship doesn't extend that far!; **auf gute ~ trinken** to drink to a lasting friendship; [***prost,***] ***auf gute ~!*** [cheers,] here's to good friends [*or* a lasting friendship]!; **jdm die** [*o* **seine**] **~ anbieten** to offer sb one's friendship; **jdm die ~ kündigen** to break off [*or liter* sever] one's friendship with sb; **eine ~ pflegen** to cultivate a friendship; [**mit jdm**] **~ schließen** to make [*or* become] friends [with sb], to form a friendship [with sb]; **in aller ~** in all friendliness

freund·schaft·lich I. *adj* friendly; **~e Gefühle** feelings of friendship
II. *adv* **jdm ~ auf die Schulter klopfen** to give sb a friendly slap on the back; **jdm ~ gesinnt sein** to be well-disposed towards sb; **mit jdm ~ verbunden sein** to be close friends with sb; **mit jdm ~ verkehren** to be on friendly terms with sb

Freund·schafts·ban·de *pl (geh)* ties [*or* bonds] of friendship **Freund·schafts·be·such** *m* POL goodwill visit **Freund·schafts·dienst** *m* favour [*or* AM -or] [*or* good turn] to a friend; **jdm einen ~ erweisen** to do sb a favour [*or* AM -or] [*or* good turn] **Freund·schafts·preis** *m* [special] price for a friend; ***ich mache dir einen ~*** seeing as we're friends, I'll let you have it for a special price **Freund·schafts·spiel** *nt* friendly match [*or* game], friendly *fam* **Freund·schafts·ver·trag** *m* POL treaty of friendship

Fre·vel <-s, -> [ˈfreːfl̩] *m (geh)* ❶ *(Verstoß gegen menschliche Ordnung)* heinous crime, outrage; **einen ~ begehen** to commit a heinous crime [*or* an outrage]
❷ REL sacrilege, desecration; **einen ~ begehen** to commit an outrage

fre·vel·haft *adj (geh: schändlich)* flagrant, outrageous; **~er Leichtsinn** wanton carelessness; **eine ~e Tat** an outrageous [*or* a disgraceful] deed; **~e Verschwendung** wanton extravagance

Fre·vel·haf·tig·keit <-> *f kein pl (geh)* ❶ *(schändliche Handlung)* outrageousness, wantonness *liter*
❷ REL sinfulness *no pl, no indef art*

fre·veln [ˈfreːfl̩n] *vi (geh)* ■[**gegen jdn/etw**] **~**
❶ *(eine schändliche Tat begehen)* to commit a crime [*or* an outrage] [against sb/sth]
❷ REL to sin [against sb/sth]

Fre·vel·tat *f (geh)* ❶ *(schändliche Tat)* outrage, wicked deed; **~en/eine ~ begehen** to commit outrages/an outrage
❷ REL sacrilege; **~en/eine ~ begehen** to commit [a] sacrilege

Frev·ler(in) <-s, -> [ˈfreːflɐ] *m(f)* REL *(geh)* sinner

frev·le·risch [ˈfreːflərɪʃ] *adj (veraltend) s.* **frevelhaft**

Frie·de <-ns, -n> [ˈfriːdə] *m (veraltend)* peace; **~ seiner/ihrer Asche** God rest his/her soul; **~ sei mit euch!** peace be with [*or old* unto] you!
▸WENDUNGEN: **~, Freude, Eierkuchen** *(hum)* and everybody was happy *hum*

Frie·den <-s, -> [ˈfriːdn̩] *m* ❶ *(Gegenteil von Krieg)*

peace; **dauerhafter ~** lasting [*or* enduring] peace; **sozialer ~** social harmony; **[mit jdm] ~ schließen** to make peace [with sb]; **im ~** in peacetime, in time[s] of peace; **in ~ leben** to live in peace
❷ *(Friedensschluss)* peace treaty; **den ~ diktieren** to dictate the peace terms; **über den ~ verhandeln** to hold peace negotiations; **der Westfälische ~** HIST the Peace of Westphalia
❸ *(Harmonie)* peace, tranquillity; **in ~ und Freundschaft** [*o* **Eintracht**] **leben** to live in peace and harmony; **der häusliche ~** domestic harmony; **seinen ~ mit jdm machen** *(geh)* to make one's peace with sb; **~ [zwischen jdm] stiften** to bring about peace [between sb], to reconcile sb
❹ *(Ruhe)* peace [and quiet], peace of mind; **um des lieben ~s willen** *(fam)* for the sake of peace and quiet; **seinen ~ finden** to be at peace; **jdn in ~ lassen** to leave sb in peace; ***lasst mich mit eurem Klatsch in ~!*** spare me your gossip!; **[er/sie] ruhe in ~!** [may he/she] rest in peace, RIP, requiescat in pace *form;* ***ich traue dem ~ nicht*** *(fam)* there's something fishy going on *fam,* I smell a rat *fam*

Frie·dens·ab·kom·men *nt* peace agreement **Frie·dens·ak·ti·vist(in)** *m(f)* peace campaigner, peacenik *sl* **Frie·dens·be·din·gun·gen** *pl* peace terms; **~ aushandeln** to negotiate [the] terms of peace **Frie·dens·be·mü·hun·gen** *pl* efforts *pl* to bring about peace **Frie·dens·be·reit·schaft** *f* readiness for [*or* openness to] peace **Frie·dens·be·we·gung** *f* peace movement **Frie·dens·bruch** *m* POL violation of the peace **Frie·dens·bü·ro** *nt* **Internationales ~** International Peace Bureau **Frie·dens·dik·tat** *nt* dictated peace, peace dictate

Frie·dens·ein·satz *m* MIL peacekeeping troops *pl* **Frie·dens·fah·ne** *f* white flag **Frie·dens·for·scher(in)** *m(f)* peace researcher

Frie·dens·for·schung *f* peace studies + *sing vb* **Frie·dens·for·schungs·in·sti·tut** *nt* peace studies institute

Frie·dens·ge·spräch *nt meist pl* peace talks *pl* **Frie·dens·gren·ze** *f (ehem. DDR) the Oder-Neiße-Line, officially called the Border of Peace and Friendship between the former GDR and Poland* **Frie·dens·in·it·ia·ti·ve** *f* peace initiative **Frie·dens·kon·fe·renz** *f* peace conference **Frie·dens·kuss**[RR] *m* REL kiss of peace, pax **Frie·dens·lie·be** *f* love of peace **Frie·dens·marsch** *m* peace march **Frie·dens·mis·si·on** *f* peace mission **Frie·dens·no·bel·preis** *m* Nobel peace prize **Frie·dens·ord·nung** *f* keeping of the peace **Frie·dens·pfei·fe** *f* peace pipe, pipe of peace; **mit jdm/miteinander die ~ rauchen** *(hum fam)* to make [one's] peace with sb, to bury the hatchet **Frie·dens·pflicht** *f* ÖKON *obligation of the parties involved in a collective agreement to keep industrial peace;* **die ~ verletzen** to violate the obligation to keep industrial peace **Frie·dens·plan** *m* peace plan **Frie·dens·po·li·tik** *f* policy of peace; **eine aktive ~ verfolgen** [*o* **betreiben**] to pro-actively pursue a policy of peace **Frie·dens·preis** *m* peace prize **Frie·dens·pro·zess**[RR] *m* peace process **Frie·dens·rich·ter(in)** *m(f)* ❶ *(Einzelrichter in USA, Großbritannien)* justice of the peace, JP ❷ SCHWEIZ *(Laienrichter)* lay justice **Frie·dens·schluss**[RR] *m* peace agreement [*or* treaty] **Frie·dens·si·che·rung** *f* keeping of the peace **Frie·dens·stär·ke** *f* MIL peacetime strength **frie·den(s)·stif·tend** *adj* peacemaking **Frie·den(s)·stif·ter(in)** *m(f)* peacemaker **Frie·dens·tau·be** *f* dove of peace

Frie·dens·trup·pen *pl* peacekeeping force[s *npl*] **Frie·dens·ver·hand·lun·gen** *pl* POL peace negotiations [*or* talks] *pl* **Frie·dens·ver·rat** *m kein pl* JUR treasonably endangering the pacific status **Frie·dens·ver·trag** *m* peace treaty; **[mit jdm] einen ~ schließen** to sign a peace treaty [with sb] **Frie·dens·vor·schlag** *m* peace proposal, proposal for peace **Frie·dens·wil·le** *m* desire [*or* wish] for peace **Frie·dens·zeit** *f* period of peace; **in ~en** in peacetime, in times of peace

fried·fer·tig *adj* peaceable, peace-loving

Fried·fer·tig·keit *f kein pl* peaceableness

Fried·hof *m* graveyard; *(in Städten)* cemetery; **auf den ~ gehen** to go to [*or* visit] the graveyard [*or* cemetery]; **auf dem ~ [liegen]** [to be buried] in the graveyard [*or* cemetery]

Fried·hofs·ka·pel·le *f* cemetery chapel **Fried·hofs·ru·he** *f (liter)* peace of the graveyard [*or* cemetery]; *(fig)* deathly quiet [*or* silence]

fried·lich ['fri:tlɪç] **I.** *adj* ❶ *(gewaltlos) Lösung* peaceful; **die ~e Nutzung von Kernenergie** the utilization of nuclear energy for peaceful purposes
❷ *(friedfertig)* peaceable, peace-loving; ***er ist eigentlich ein ganz ~ er Mensch*** he's really a very amiable person; *Tier* placid, docile; ***sei doch ~!*** take it easy!, calm down!; ***wirst du wohl ~ sein!*** will you give it a rest!
❸ *(friedvoll, ruhig)* peaceful; **eine ~e Gegend** a peaceful area
II. *adv* ❶ *(gewaltlos)* peacefully; **~ demonstrieren** to demonstrate peacefully; **einen Konflikt ~ lösen** to settle a conflict amicably
❷ *(friedvoll, in Ruhe)* **~ sterben** [*o euph* **einschlafen**] to die in peace [*or* peacefully]

fried·lie·bend *adj* peace-loving

Fried·rich <-s> ['fri:drɪç] *m* Frederick; **~ der Große** Frederick the Great; **seinen ~ Wilhelm unter etw** *akk* **setzen** *(fam)* to put one's signature to [*or* AM *sl* one's John Hancock at the bottom of] sth

frie·meln ['fri:mln] *vt (fam)* ■**etw ~** to manoeuvre sth with great dexterity

frie·ren <fror, gefroren> ['fri:rən] **I.** *vi* ❶ *haben (sich kalt fühlen)* ■**jd friert** [*o* **jdn friert es**] sb is cold; ■**jd friert** [*o* **jdn friert es**] **an etw** *dat* sb's sth is cold; ***mach das Fenster zu, mich friert es am ganzen Körper!*** shut the window, I'm cold all over! [*or* through and through]
❷ *sein (gefrieren)* to freeze
II. *vi haben impers* ■**es friert** it's freezing; ***heute Nacht hat es gefroren*** it was below zero [*or* freezing] last night

Fries <-es, -e> [fri:s, *pl* 'fri:zə] *m* ARCHIT frieze

Frie·se, Frie·sin <-n, -n> ['fri:zə, 'fri:zɪn] *m, f* Fri[e]sian

frie·sisch ['fri:zɪʃ] *adj* Fri[e]sian

Fries·land ['fri:slant] *nt* Friesland

fri·gid [fri'gi:t], **fri·gi·de** [fri'gi:də] *adj* frigid

Fri·gi·di·tät <-> [frigidi'tɛ:t] *f kein pl* frigidity

Fri·ka·del·le <-, -n> [frika'dɛlə] *f* KOCHK rissole BRIT, meatball

Fri·kas·see <-s, -s> [frika'se:] *nt* fricassee

Fri·ka·tiv <-s, -e> [frika'ti:f] *m,* **Fri·ka·tiv·laut** *m* LING fricative, spirant

Frik·ti·on <-, -en> [frɪk'tsi̯o:n] *f (a. fig geh)* friction *no pl*

Fris·bee® <-, -s> ['frɪsbi] *nt,* **Fris·bee-Schei·be** *f* frisbee

frisch [frɪʃ] **I.** *adj* ❶ *(noch nicht alt)* fresh; **~e Brötchen** fresh[ly baked] rolls; **~es Obst** fresh[-picked] fruit; **~ bedruckt** TYPO freshly printed, hot off the press
❷ *(neu, rein) Handtuch, Wäsche* fresh, clean; **ein ~es Blatt Papier** a new [*or* blank] sheet [of paper]; **sich** *akk* **~ machen** to freshen up
❸ *(noch nicht getrocknet) Farbe* wet
❹ *(gesund) Hautfarbe* fresh, healthy; **~ und munter sein** *(fam)* to be [as] fresh as a daisy
❺ *(unverbraucht) Luft* fresh; **mit ~en Kräften** with fresh [*or* renewed] strength [*or* vigour] [*or* AM -or]
❻ *(gerade erst entstanden) Fleck, Wunde* fresh; ***die Erinnerung ist noch ~*** the memory is still fresh in my mind
❼ *(kühl) Brise, Wind* fresh, cool; *s. a.* **Luft**
II. *adv* ❶ *(gerade erst, neu)* freshly; **die Betten ~ beziehen** to change the beds, to make the beds with fresh sheets; **~ gebacken** freshly-baked; **~ gefallener Schnee** freshly [*or* newly] fallen snow; **~ geschlachtet** freshly slaughtered; *Geflügel* freshly killed; **~ gestrichen** newly painted; ***„~ gestrichen!"*** "wet paint"; **~ gewaschene Hände** clean hands; **ein ~ gewaschenes Hemd** a clean [*or* freshly washed [*or* laundered]] shirt; **Bier ~ vom Fass** beer on tap, beer [straight] from the barrel
❷ *(immer weiter)* ***immer ~ drauflos!*** keep at it!, don't hold back!
▸ WENDUNGEN: **~ gewagt ist halb gewonnen** *(prov)* a good start is half the battle *prov*

Fri·sche <-> ['frɪʃə] *f kein pl* ❶ *(frische Beschaffenheit) Backwaren, Obst etc.* freshness
❷ *(Feuchtigkeit) von Farbe* wetness
❸ *(Kühle) der Luft, des Waldes etc.* freshness, coolness
❹ *(Sauberkeit, gutes Gefühl)* freshness, cleanness; **ein Gefühl von ~** a feeling of freshness, a fresh feeling
❺ *(volle körperliche und geistige Fitness)* health, vigour [*or* AM -or]; **in alter ~** *(fam)* as always; **in geistiger/körperlicher ~** with perfect mental clarity/in perfect physical health; **in voller körperlicher und geistiger ~** in perfect physical and mental health

Frisch·ei *nt* fresh [*or* newly laid] [*or* new-laid] egg **Frisch·fisch** *m* fresh fish **Frisch·fleisch** *nt* fresh meat **frisch·ge·ba·cken** *adj* ❶ *Brot, Kuchen s.* **frisch II 1** ❷ *(fig)* **eine ~e Ehefrau** a newly married wife; **ein ~er Lehrer/Rechtsanwalt** a teacher/lawyer straight [*or* fresh] from university **Frisch·ge·mü·se** *nt* fresh vegetables *pl* **Frisch·hal·te·beu·tel** *m* airtight bag **Frisch·hal·te·box** *f* airtight box **Frisch·hal·te·do·se** *f* airtight container **Frisch·hal·te·fo·lie** *f* cling film **Frisch·hal·te·pa·ckung** *f* airtight pack; **in einer ~** vacuum-packed **Frisch·kä·se** *m* cream cheese

Frisch·ling <-s, -e> ['frɪʃlɪŋ] *m* ❶ JAGD young wild boar *(of less than one year)*
❷ *(hum fam)* newcomer

Frisch·luft *f* fresh air **Frisch·milch** *f* fresh milk **Frisch·wa·ren·markt** *m* HANDEL fresh market **Frisch·was·ser** *nt* fresh [*or* drinking] water

frisch·weg [frɪʃ'vɛk] *adv* straight out [*or* off] *fam*

Frisch·wurst *f unsmoked, undried sausage*

Frisch·zel·le *f* MED live cell **Frisch·zel·len·the·ra·pie** *f* MED live cell therapy, Niehans' therapy

Fri·seur <-s, -e> [fri'zø:ɐ̯] *m (Friseursalon)* hairdresser's; *(Herrensalon)* barber's; **zum ~ gehen** to go to the hairdresser's/barber's

Fri·seur(in) <-s, -e> [fri'zø:ɐ̯] *m(f),* **Fri·seu·se** <-, -n> [fri'zø:zə] *f (Haarschneider)* hairdresser; *(Herrenfriseur)* barber

Fri·seur·sa·lon [fri'zø:ɐ̯zalɔŋ] *m* hairdresser's, hairdressing salon

Fri·seu·se <-, -n> [fri'zø:zə] *f fem form von* **Friseur**

fri·sie·ren* [fri'zi:rən] *vt* ❶ *(formend kämmen)* ■**jdn/sich ~** to do sb's/one's hair; **[jdm] das Haar** [*o* **die Haare**] [*o* **den Kopf**] **~** to do sb's hair; **elegant frisiert sein** to have an elegant hairstyle [*or* hairdo] *fam;* ***sie ist stets gut frisiert*** her hair is always beautifully done
❷ *(fig fam: fälschen)* ■**etw ~** to fiddle sth; **einen Bericht/den Beweis ~** to doctor a report/the evidence *fam;* **die Bilanzen ~** to cook the books *fam*
❸ AUTO **ein Auto/Mofa ~** to soup up a car/moped *sep;* **den Motor ~** to hot up [*or* soup up] an engine *sep*

Fri·sier·kom·mo·de *f* dressing table **Fri·sier·man·tel** *m* [hairdressing] cape **Fri·sier·sa·lon** *m* hair stylist['s]; *(für Damen)* hairdresser's, hairdressing salon BRIT, beauty salon [*or* parlor] AM; *(für Herren)* barber's [shop] **Fri·sier·spie·gel** *m* dressing [table] mirror

Fri·sör <-s, -e> [fri'zø:ɐ̯] *m,* **Fri·sö·se** <-, -n> [fri'zø:zə] *f s.* **Friseur**

friss[RR], **friß**[ALT] *imper sing von* **fressen**

Frist <-, -en> [frɪst] *f* ❶ *(festgelegte Zeitspanne)* period [of time], time [limit]; **~ zur Klageerhebung/zur Klageerwiderung** time for commencement of action/for defence; **festgesetzte ~** fixed time; **gesetzliche ~** statutory period; **nach/vor Ablauf der gesetzlich festgelegten ~** on/prior to expiry of the statutory period of time; **gerichtliche ~** period of time for the taking of any procedural step; **innerhalb kürzester ~** *(geh)* without delay; **innerhalb einer ~ von zwei Wochen/Monaten** within

[a period of] two weeks/months *form;* **eine ~ einhalten** to pay within the stipulated period; **eine ~ verstreichen lassen** to not pay within the stipulated period
② *(Aufschub)* respite, period of grace; *(bei Zahlung)* extension; **jdm eine letzte ~ einräumen** to grant sb a final extension

Frist·ab·lauf *m* deadline, expiration of [a period of] time **Frist·be·ginn** *m* beginning of [a period of] time, dies a quo **Frist·be·rech·nung** *f* calculation of the time allowed **Frist·be·stim·mung** *f* setting a deadline **Frist·ein·hal·tung** *f* meeting the deadline, compliance with a period of time **Frist·ein·la·gen** *pl* FIN term shares [*or* deposits]

fris·ten ['frɪstn̩] *vt* **sein Dasein** [*o* **Leben**] ~ to eke out an existence [*or* a living]; **ein kümmerliches Dasein** ~ to eke out a miserable existence, to scrape a living

Frist·en·de *nt* time limit, termination of a period

Fris·ten·ka·len·der *m* JUR timetable **Fris·ten·lö·sung** *f*, **Fris·ten·re·ge·lung** *f* JUR *law permitting an abortion within the first three months of pregnancy*

frist·ge·mäß, **frist·ge·recht** I. *adj* in due course, on the due date; *(innerhalb vorgegebener Frist)* within the stipulated period *pred; (pünktlich)* punctual; **~e Entlassung** instant dismissal; **nicht ~e Lieferungen** late deliveries; **frist- und formgerecht** in due course and time
II. *adv* in due course, on the due date; *(innerhalb vorgegebener Frist)* within the stipulated period; *(pünktlich)* punctually, on time; **etw ~ bearbeiten** to process sth to meet [*or* for] the deadline [*or* on time] **Frist·klau·sel** *f* JUR deadline clause

frist·los I. *adj* instant, without notice *pred;* **~e Kündigung** instant dismissal
II. *adv* at a minute's warning, without notice; **jdn ~ entlassen** [*o* **jdm ~ kündigen**] to fire sb on the spot; ***Sie sind ~ entlassen!*** you're fired!

Frist·set·zung *f* JUR appointment of a date, fixing of a time limit; **gerichtliche ~** peremptory order of time **Frist·tag** *m* JUR, ÖKON grace day **Frist·ver·län·ge·rung** *f* extension **Frist·ver·säum·nis** *nt*, **Frist·ver·säu·mung** *f* default [in respect of time], failure to observe the time limit **Frist·wah·rung** *f* JUR compliance with the time-limit, observance of the deadline **Frist·wech·sel** *m* FIN time bill

Fri·sur <-, -en> [fri'zu:ɐ̯] *f* hairstyle, hairdo *fam*

Fri·teu·se^ALT <-, -n> [fri'tø:zə] *f s.* **Fritteuse**

fri·tie·ren*^ALT [frɪ'ti:rən] *vt s.* **frittieren**

Frit·te ['frɪtə] *f* CHEM frit

Frit·ten ['frɪtn̩] *pl (fam)* chips BRIT, fries *fam*

Frit·ten·bu·de *f (fam)* chippie BRIT *fam*

Frit·teu·se^RR <-, -n> [frɪ'tø:zə] *f* deep [*or* BRIT *a.* deep-fat] fryer

frit·tie·ren^RR* [frɪ'ti:rən] *vt* ■**etw ~** to [deep-]fry sth

Frit·tier·pa·let·te^RR *f* frying pallet

Frit·tü·re^RR, **Fri·tü·re**^ALT <-, -n> [frɪ'ty:rə] *f* ① *(Fritteuse)* deep-fat fryer
② *(heißes Fett)* fat
③ *(im Fett Gebackenes)* fried food

fri·vol [fri'vo:l] *adj* ① *(anzüglich)* suggestive, lewd, risqué
② *(leichtfertig)* irresponsible, frivolous; **in ~er Weise** irresponsibly, frivolously

Fri·vo·li·tät <-, -en> [frivoli'tɛ:t] *f* ① *kein pl (anzügliches Verhalten)* lewdness, suggestiveness
② *kein pl (anzügliche Bemerkung)* suggestive remark
③ *(Bedenkenlosigkeit)* irresponsibility, frivolousness

Frl. *(veraltend) Abk von* **Fräulein** Miss

froh [fro:] *adj* ① *(erfreut)* happy; ■**~** [**über etw** *akk* [*o* SÜDD, ÖSTERR, SCHWEIZ **um etw** *akk*]] **sein** to be pleased [with/about sth]; ■**~** [**darüber**] **sein, dass ...** to be pleased [*or* glad] that ...; **~ gelaunt** [*o geh* **gestimmt**] cheerful, joyful *liter*
② *(erfreulich)* pleasing, joyful *liter;* **die F~e Botschaft** the Gospel; **eine ~e Nachricht** good [*or* pleasing] [*or liter* joyful] news
③ *(glücklich)* happy; **~e *Feiertage!*** have a pleasant [*or* nice] holiday!, happy holidays *esp* AM; **~e *Ostern!*** Happy Easter!; **~e *Weihnachten!*** Merry [*or* Happy] Christmas!

Froh·bot·schaft *f (veraltend)* ■**die ~** the Gospel **froh·ge·launt** *adj s.* **froh 1** **froh·ge·stimmt** *adj (geh) s.* **froh 1**

fröh·lich ['frø:lɪç] I. *adj* ① *(von heiterem Gemüt)* cheerful, merry; **ein ~er Mensch** a cheerful [*or* happy] person
② *(vergnügt)* merry; *Lieder, Musik* cheerful, jolly *dated;* **~es Treiben** merry-making *liter,* merriment, gaiety *dated*
③ *(glücklich) s.* **froh 3**
II. *adv (fam)* merrily, cheerfully

Fröh·lich·keit <-> *f kein pl* cheerfulness, happiness

froh·lo·cken* [fro'lɔkn̩] *vi (geh)* ■[**über etw** *akk*] ~ ① *(Schadenfreude empfinden)* to gloat [over sth]
② *(jubeln)* to rejoice [over [*or* at] sth] *liter*

Froh·na·tur *f (geh)* ① *(fröhliche Wesensart)* cheerful [*or* happy-go-lucky] [*or liter* blithe] nature
② *(fröhlicher Mensch)* cheerful [*or* happy] soul

Froh·sinn *m kein pl s.* **Frohnatur 1**

fromm <frömmer *o* frommer, frömmste *o* frommste> [frɔm] *adj* ① *(gottesfürchtig)* religious, practising [*or* AM -icing], devout; **ein ~er Katholik** a devout Catholic
② *(religiös)* religious

Fröm·me·lei <-, -en> [frœmə'laɪ̯] *f (pej)* false piety, pietism *pej*

fröm·meln ['frœml̩n] *vi (pej)* to affect piety, to act piously

Fröm·mig·keit <-> ['frœmɪçkaɪ̯t] *f kein pl* devoutness, piety

Frömm·ler(in) *m(f) (pej)* sanctimonious hypocrite

Fron <-, -en> [fro:n] *f* ① *(geh)* drudge[ry]
② HIST compulsory labour [*or* AM labor], corvee

Fron·ar·beit *f* ① SCHWEIZ unpaid voluntary work
② HIST compulsory labour [*or* AM labor], corvee

Fron·de <-, -n> ['frõ:də] *f (politische Opposition)* faction

Fron·dienst ['fro:ndi:nst] *m* ① SCHWEIZ unpaid voluntary work
② HIST compulsory labour [*or* AM labor], corvee

fro·nen ['fro:nən] *vi (geh)* to toil, to drudge

frö·nen ['frø:nən] *vi (geh)* ■**etw** *dat* **~** to indulge in sth; **seiner** [**eigenen**] **Eitelkeit ~** to indulge one's [own] vanity

Fron·leich·nam <-[e]s> [fro:n'laɪ̯çna:m] *m kein pl, meist ohne art* [the Feast of] Corpus Christi

Fron·leich·nams·fest *nt* ■**das ~** the Feast of Corpus Christi **Fron·leich·nams·pro·zes·sion** *f* Corpus Christi procession

Front <-, -en> [frɔnt] *f* ① *(Vorderseite) Gebäude* face, front, frontage; **die hintere** [*o* **rückwärtige**] **~** the back [*or* rear]
② MIL front; **auf breiter ~** along a wide front; **die gegnerische ~** the opposing front; **in vorderster ~ stehen** to be in the front line; **jdn/etw an die ~ schicken** to send sb/sth to the front [lines]
③ *(politische Opposition)* front; **eine geschlossene ~ bilden** to put up a united front; [**geschlossen**] **~ gegen jdn/etw machen** to make a [united] stand against sb/sth
④ METEO *(Wetterlage)* front
⑤ SPORT *(Führung)* **in ~ liegen/gehen** to be in/go into [*or* take] the lead
▶WENDUNGEN: **eine** [**geschlossene**] **~** **bilden** to form a [continuous] front; **klare ~en schaffen** to clarify the/one's position; **die ~en verhärten sich** [the] attitudes are hardening

Front·ab·schnitt *m* MIL section of the front

fron·tal [frɔn'ta:l] I. *adj attr* frontal; **ein ~er Zusammenstoß** a head-on collision
II. *adv* frontally; **~ zusammenstoßen** to collide head-on; **jdn ~ angreifen** to make a frontal attack on sb; **etw ~ darstellen** to depict sth from the front

Fron·tal·an·griff *m* frontal attack **Fron·tal·auf·prall** *m* AUTO front-end impact **Fron·tal·un·ter·richt** *m* SCH didactic teaching, chalk and talk *fam* **Fron·tal·zu·sam·men·stoß** *m* head-on collision

Front·an·trieb *m* AUTO front-wheel drive, FWD *spec;* **mit ~** with front-wheel drive **Front·be·richt** *m* report from the front

front·ge·trie·ben [frɔntgə'tri:bn̩] *adj inv* AUTO front-wheel drive **Front·hau·be** *f* AUTO bonnet BRIT, hood AM

Fron·ti·spiz <-es, -e> [frɔnti'spi:ts] *nt* ARCHIT, TYPO frontispiece

Front·mo·tor *m* front[-mounted] engine **Front·pas·sa·gier(in)** *m(f)* front[-seat] passenger **Front·schei·be** *f* AUTO windscreen BRIT, windshield AM **Front·sei·te** <-, -n> *f* front [side] **Front·sitz** *m* AUTO front seat; *(geschrieben a.)* f/seat **Front·sol·dat(in)** *m(f)* front-line soldier **Front·spoi·ler** *m* AUTO front spoiler **Front·ur·laub** *m* leave [of absence] [*or spec* furlough] from the front **Front·wand** *f* frontage **Front·wech·sel** *m (fig)* about-turn, volte-face *liter*

fror ['fro:ɐ̯] *imp von* **frieren**

Frosch <-[e]s, Frösche> [frɔʃ, *pl* 'frœʃə] *m* ① ZOOL frog
② *(Feuerwerkskörper)* [fire]cracker, jumping jack
▶WENDUNGEN: **einen ~ im Hals haben** *(fam)* to have a frog in one's throat; **sei kein ~!** *(fam)* be a sport!, don't be a spoilsport! [*or fam* party-pooper]

Frosch·au·ge *nt* ① *(Auge des Frosches)* frog's eye; *(fig: Glupschaugen)* pop-eye ② AUTO frogeye *fam,* bugeye AM **Frosch·biss**^RR *m* BOT frogbit **Frosch·kö·nig** *m* Frog Prince **Frosch·laich** *m* frogspawn **Frosch·mann** *m (Taucher)* frogman **Frosch·per·spek·ti·ve** *f* worm's-eye view; **etw aus der ~ betrachten** to have a worm's-eye view of sth; **etw aus der ~ fotografieren** to photograph sth from a worm's-eye view **Frosch·schen·kel** *m* frog's leg

Frost <-[e]s, Fröste> [frɔst, *pl* 'frœstə] *m* frost; ***es herrscht strenger ~*** there's a heavy [*or* hard] frost; **bei eisigem ~** in heavy frost; **~ abbekommen** to get [*or* become] frostbitten; **~ vertragen können** to be able to stand [the] frost

Frost·beu·le *f* chilblain **Frost·bo·den** *m* frozen ground; *(ständig)* permafrost

frös·te·lig ['frœstəlɪç], **fröst·lig** ['frœstlɪç] *adj (fam)* chilly; **sie ist ein ~er Mensch** she's a chilly soul, she feels the cold

frös·teln ['frœstl̩n] I. *vi* ■[**vor Kälte**] ~ to shiver [with cold]
II. *vt impers* ■**jdn fröstelt es** sb is shivering; **jdn fröstelt es vor Angst** sb is trembling with fear; **jdn fröstelt es vor Entsetzen** sb is shuddering with horror

Fros·ter ['frɔste] *nt* freezer compartment

frost·frei I. *adj* frost-free, free of [*or* from] frost; ***die Nacht war ~*** there was no frost overnight II. *adv* **Fundamente ~ gründen** to sink foundations to a frost-free depth; **Pflanzen ~ halten** to keep plants protected against [*or* from] [the] frost **Frost·ge·fahr** *f* danger of frost; **bei ~** with frost expected

fros·tig ['frɔstɪç] *adj (a. fig geh)* frosty, chilly; **ein ~er Wind** an icy [*or liter* a chill] wind

Fros·tig·keit <-> *f kein pl (a. fig geh)* frostiness, chilliness; *(von Wind)* iciness

frost·klar *adj* clear and frosty

fröst·lig ['frœstlɪç] *adj (fam) s.* **fröstelig**

Frost·sal·be *f* frost ointment **Frost·scha·den** *m* frost damage **Frost·schutz·mit·tel** *nt* AUTO anti-freeze **Frost·wet·ter** *nt* frost[y weather]

Frot·ta·ge <-, -n> [frɔ'ta:ʒə] *f* KUNST frottage

Frot·tee <-s, -s> [frɔ'te:] *nt o m (Stoffart)* terry towelling [*or* cloth]

Frot·tee·hand·tuch *m* terry [*or* terry-cloth] towel **Frot·tee·kleid** *nt* towelling [*or* AM toweling] dress **Frot·tee·win·del** *f* terry nappy

frot·tie·ren* [frɔ'ti:rən] *vt* ■**jdn/sich** [**mit etw** *dat*] ~ to rub down *sep* sb/oneself [with sth]; *(massieren)* to massage sb [with sth]; ■**etw** [**mit etw** *dat*] ~ to rub sth [with sth]; *(massieren)* to massage sth [with sth]

Frot·tier·hand·tuch *nt* terry towel

Frot·ze·lei <-, -en> [frɔtsə'laɪ̯] *f (fam)* ① *kein pl (anzügliches Necken)* [constant] ribbing [*or* teasing]
② *(anzügliche Bemerkung)* sniggering [*or* barbed] remark

frot·zeln ['frɔtsl̩n] *vi (fam)* ■[**über jdn/etw**] ~ to tease [*or* rib] [sb/sth], to make fun of sb/sth

Frucht <-, Früchte> [frʊxt, *pl* 'frʏçtə] *f* ❶ *(Teil von Pflanze)* fruit; ■**Früchte** *(Obst)* fruit *no pl, no indef art;* **kandierte Früchte** candied fruit *no pl, no indef art;* SÜDD, SCHWEIZ *(Getreide)* crops *pl;* ***die ~ steht gut*** the crops are looking good; **Früchte tragen** to bear [*or* yield] fruit *no pl*

❷ *(fig geh: Ergebnis)* fruit, product; **Früchte tragen** to bear fruit

▸WENDUNGEN: **verbotene Früchte** forbidden fruit[s *pl*]

Frucht·an·satz *m* BOT fruit buds *pl*

frucht·bar ['frʊxtba:ɐ̯] *adj* ❶ *(vermehrungsfähig)* fertile, prolific

❷ *(ertragreich)* fertile, fecund *form*

❸ *(künstlerisch produktiv)* prolific, voluminous *form*

❹ *(fig: nutzbringend)* fruitful, productive; **eine ~e Aussprache** a fruitful discussion; **etw für jdn/etw ~ machen** to use sth for the benefit of sb/sth

Frucht·bar·keit <-> *f kein pl* ❶ *(Vermehrungsfähigkeit)* fertility ❷ *(Ertragreichtum)* fertility, fecundity *form* **Frucht·bar·keits·zif·fer** *f* ÖKON fertility index

Frucht·be·cher *m* ❶ BOT cup[ule] ❷ *(Eisbecher mit Früchten)* fruit sundae **Frucht·bla·se** *f* ANAT amniotic sac **Frucht·blatt** *nt* BOT carpel

Frücht·chen <-s, -> *nt (fam)* good-for-nothing; ***du bist mir ja ein sauberes ~*** *(iron)* you're a [right] one BRIT

Früch·te·be·cher *m (Eisbecher mit Früchten)* fruit sundae **Früch·te·brot** *nt* fruit loaf

fruch·ten ['frʊxtn̩] *vi meist negiert* ■[**bei jdm**] ~ to be of use [to sb]; **nichts/wenig ~** to be of no/little use [*or* avail]

Früch·te·tee *m* fruit tea **Früch·te·zie·hung** *f* FIN *(bei Zahlungsverzug)* reaping the benefits

Frucht·fleisch *nt* [fruit] pulp [*or* flesh] **Frucht·flie·ge** *f* fruit fly **Frucht·fol·ge** *f* AGR crop rotation **Frucht·gum·mi** *nt (Bonbon)* fruit gum

fruch·tig *adj* fruity; **~ schmecken** to taste fruity

Frucht·jo·ghurt *m o nt* fruit yogurt **Frucht·kap·sel** *f* BOT capsule **Frucht·kno·ten** *m* BOT ovary

frucht·los *adj (fig)* fruitless

Frucht·lo·sig·keit *f kein pl* fruitlessness

Frucht·mark *nt* [concentrated] [fruit] pulp **Frucht·nek·tar** *m fruit drink with 50% fruit juice* **Frucht·pres·se** *f* fruit press **Frucht·saft** *m* fruit juice **Frucht·säu·re** *f* fruit acid **Frucht·stand** *m* BOT multiple fruit, syncarp *spec*

Frucht·was·ser *nt* MED amniotic fluid, the waters *pl* **Frucht·was·ser·spie·ge·lung** *f* MED amniocentesis **Frucht·was·ser·un·ter·su·chung** *f* MED amniocentesis *spec*

Frucht·wech·sel *m* AGR crop rotation, succession of crops **Frucht·zu·cker** *m* fructose

fru·gal [fru'ga:l] **I.** *adj (geh)* frugal

II. *adv* frugally

früh [fry:] **I.** *adj* ❶ *(nicht spät)* early; **~ am** [*o* **am ~en**] **Morgen** early in the morning; **in ~er/~[e]ster Kindheit** in one's early childhood/very early in one's childhood

❷ *(vorzeitig)* early; **ein ~er Tod** an early [*or* untimely] death

❸ *(am Anfang stehend) Person* young; **der ~e Goethe** the young Goethe; *Werke* early; **ein ~er Picasso** an early Picasso; **ein Werk des ~en Mozart** an early work by Mozart, a work by the young Mozart

II. *adv* early; **Montag ~** Monday morning; **~ genug** in good time; ***daran wirst du dich noch ~ genug gewöhnen müssen*** there's no two ways about it. you'll just have to get used to it; **etw nicht ~ genug tun** to not do sth soon enough; **sich** *akk* **zu ~ freuen, zu ~ jubeln** to crow too soon; ***freu' dich bloß nicht zu ~!*** don't count your chickens before they're hatched *prov;* **von ~ bis spät** from morning till night, from dawn till dusk

Früh <-> [fry:] *f kein pl* SÜDD, ÖSTERR [early] morning; **in der ~** [early] in the morning

Früh·an·ti·ke *f* early classical period

früh·auf *adv* **von ~** from early childhood, from childhood on

Früh·auf·ste·her(in) <-s, -> *m(f)* early riser [*or hum* bird] **Früh·beet** *nt* cold frame

Früh·bu·chung *f* TRANSP early booking

Früh·chen *nt* premature baby

früh·christ·lich *adj* early Christian **Früh·di·a·gno·se** *f* early diagnosis **Früh·dienst** *m* early duty; *(in der Fabrik)* morning [*or* early] shift; **~ haben** to be on early duty; *(in der Fabrik)* to do [*or* have] [*or* be on] the morning shift

Frü·he <-> ['fry:ə] *f kein pl* **in aller ~, gleich in der ~** at the crack of dawn, at the break of day; SÜDD, ÖSTERR **in der ~** early in the morning; **um sieben in der ~** at seven in the morning

frü·her ['fry:ɐ] **I.** *adj* ❶ *(vergangen)* earlier; **in ~en Jahren** [*o* **Zeiten**] in the past, in former times

❷ *(ehemalig)* former, previous; **~e Adresse** previous [*or* last] address; **~er Freund/~e Freundin** ex[-boyfriend]/[-girlfriend]

II. *adv* ❶ *(eher)* earlier; ***~ als 6 Uhr kann ich nicht kommen*** I can't come before [*or* earlier than] 6 o'clock; ***~ geht's nicht*** it can't be done [*or* I/he/she etc. can't make it] any earlier; **~ oder später** sooner or later

❷ *(ehemals)* ***ich habe ihn ~*** [***mal***] ***gekannt*** I used to know him; ***~ hast du so etwas nie gemacht*** you never used to do that kind of thing [before]; ***~ war das alles anders*** things were different in the old days; **Bekannte von ~** old acquaintances; **Erinnerungen an ~** memories of times gone by [*or* of bygone days *liter*]; **genau wie ~, als ...** exactly as it/he etc. used to [be/do] as ...; **von ~** from former times [*or* days]; ***ich kenne sie von ~*** I've known her for some time

Früh·er·ken·nung *f* MED early diagnosis [*or* recognition]

Früh·er·ken·nungs·un·ter·su·chung *f* MED early diagnostic examination

frü·hes·tens *adv* at the earliest; **~ in drei Wochen** in three weeks at the soonest [*or* earliest]

frü·hest·mög·lich *adj attr* earliest possible

Früh·ge·burt *f* ❶ *(zu frühe Geburt)* premature birth; **eine ~ haben** to give birth prematurely ❷ *(zu früh geborenes Kind)* premature baby; **eine ~ sein** to be premature [*or* born prematurely] **Früh·ge·mü·se** *nt* early vegetables *pl* **Früh·ge·schich·te** *f* ❶ *kein pl (Zeitabschnitt der Geschichte)* early [*or* ancient] history ❷ *(frühe Phase)* early stages *pl*

Früh·go·tik *f* early Gothic period **Früh·herbst** *m* early autumn [*or* AM fall] **früh·herbst·lich** *adj* early autumn [*or* AM fall] *attr;* **~e Stimmung** an atmosphere of early autumn **früh·in·dust·ri·ell** *adj* ÖKON early industrial

Früh·jahr ['fry:ja:ɐ̯] *nt* spring; **im späten/zeitigen ~** in [the] late/early spring

Früh·jahrs·kol·lek·ti·on *f* MODE spring collection

Früh·jahrs·mü·dig·keit *f* springtime lethargy

Früh·jahrs·putz *m* spring-clean[ing]; [**den**] **~ machen** to do the spring-cleaning

Früh·ka·pi·ta·lis·mus *m* early capitalism **Früh·kar·tof·fel** *f* new [*or* early] potato **früh·kind·lich** *adj* **~e Entwicklung/Sexualität** development/sexuality in early childhood; **~e Erlebnisse/Traumen** experiences/traumas from early childhood

Früh·kul·tur *f* early culture

Früh·ling <-s, -e> ['fry:lɪŋ] *m* spring[time]; ***es wird ~*** spring is coming; **im ~** in [the] spring[time]; **seinen zweiten ~ erleben** *(hum)* to go through one's second adolescence

Früh·lings·an·fang *m* first day of spring; **bei/nach ~** on/after the first day of spring; **vor ~** before [the] spring

Früh·lings·er·wa·chen <-s> *nt kein pl* spring awakening **Früh·lings·ge·fühl** *nt meist pl (Gefühl der Gelöstheit)* spring feeling ▸WENDUNGEN: **~ haben** [*o* **bekommen**] *(hum fam)* to be [*or* get] frisky *fam*

früh·lings·haft *adj* springlike

Früh·lings·rol·le *f* KOCHK spring [*or* AM egg] roll **Früh·lings·sup·pe** *f* spring vegetables soup **Früh·lings·zeit** *f kein pl (geh)* spring[time], springtide *liter*

Früh·mensch *m* SCI early man **früh·mor·gens** [fry:'mɔrgn̩s] *adv* early in the morning **Früh·ne·bel** *m* early morning mist [*or* fog] **Früh·obst** *f* early fruit **Früh·pen·si·on** *f* early retirement; **~ nehmen, in ~ gehen** to take early retirement **Früh·pen·si·o·nie·rung** *f* early retirement **früh·reif** *adj* precocious; *(körperlich)* [sexually] mature [at an early age *pred*]; **~es Früchtchen** *(pej)* a precocious little thing *pej; (Mädchen)* a proper little madam BRIT *pej* **Früh·rei·fe** *f (frühe Entwicklung)* early maturity; *(geistig)* precocity, precociousness **Früh·rent·ner(in)** *m(f) person who has retired early;* ***er ist ~*** he has retired early **Früh·ro·man·tik** *f* early Romanticism **Früh·schicht** *f* early [*or* morning] shift; **~ haben** to do [*or* have] [*or* be on] the morning shift **Früh·schop·pen** *m* morning pint BRIT, eye-opener AM *fam* **Früh·som·mer** *m* early summer; **im ~** in [the] early summer **früh·som·mer·lich** *adj* early summer *attr;* ***draußen ist es schon so richtig schön ~*** there's already a real feel of early summer in the air **Früh·sport** *m* [early] morning workout [*or* exercise]; **~ treiben** [*o* **machen**] to have a[n early] morning workout, to get some [early] morning exercise **Früh·sta·di·um** *nt* early stage; **im ~** in the early stages *pl* **Früh·start** *m* SPORT false start; **~ begehen** [*o* **machen**] to jump the gun

Früh·stück <-s, -e> ['fry:ʃtʏk] *nt* breakfast; ***um 8 Uhr gibt's ~*** breakfast is at 8 o'clock; **zum ~** for breakfast; ***die ganze Familie saß beim ~*** the whole family were having breakfast; ***der Preis versteht sich inklusive ~*** the price includes breakfast; **zweites ~** midmorning snack, elevenses *npl* BRIT *fam;* **das zweite ~ einnehmen** to have [one's] elevenses BRIT *fam*

früh·stü·cken ['fry:ʃtʏkn̩] **I.** *vi* to have [one's] breakfast, to breakfast *form;* ***sie ~ immer um 8 Uhr*** they always have breakfast at 8 o'clock

II. *vt* ■**etw ~** to have sth for breakfast, to breakfast on sth *form*

Früh·stücks·brett *nt* wooden board *(on which breakfast is eaten)* **Früh·stücks·brot** *nt* sandwich *(for one's morning snack)* **Früh·stücks·bü·fett** *nt* breakfast buffet **Früh·stücks·fern·se·hen** *nt* breakfast television [*or* TV] **Früh·stücks·fleisch** *nt* luncheon [*or* AM lunch] meat **Früh·stücks·pau·se** *f* morning [*or* coffee] break; **~ machen** to have a morning [*or* coffee] break **Früh·stücks·zim·mer** *nt* breakfast room

Früh·ver·ren·tung *f* early retirement

Früh·warn·in·di·ka·tor *m* early warning indicator **Früh·warn·sys·tem** *nt* early warning system

Früh·werk *nt kein pl eines Künstlers* early work **Früh·zeit** *f* early days; **die ~ einer Kultur** the early period of a culture; **die ~ des Christentums** early Christian times; **die ~ menschlicher Zivilisation** the early days of human civilization **früh·zei·tig** ['fry:tsaitɪç] **I.** *adj* early; *Tod* early, untimely **II.** *adv* ❶ *(früh genug)* in good time; **möglichst ~** as soon as possible ❷ *(vorzeitig)* prematurely

Fruk·to·se [frʊk'to:zə] *f kein pl* CHEM fructose

Frust <-[e]s> [frʊst] *m kein pl (fam)* frustration *no indef art, no pl;* **einen ~ haben/bekommen** [*o fam* **kriegen**] to be/become [*or* get] frustrated

frus·ten *vt (fam)* ■**jdn frustet es** sth is frustrating sb; ***das hat mich total gefrustet*** I found that very frustrating

Frus·tra·ti·on <-, -en> [frʊstra'tsi̯o:n] *f* frustration

frus·trie·ren* [frʊs'tri:rən] *vt (fam)* ■**jdn frustriert etw** sth is frustrating sb; ■**~d** frustrating

frus·trie·rend *adj* frustrating

frus·triert **I.** *pp und 3. pers. sing von* **frustrieren**

II. *adj* frustrated; **sich** *akk* **~ fühlen** to feel frustrated

frz. *Abk von* **französisch** Fr., French

F-Schlüs·sel ['ɛf-] *m* MUS F [*or* bass] clef

FTP <-, -s> [ɛfte:'pe:] *nt* INET *Abk von* **File Transfer Protocol** FTP

Fuchs, Füch·sin <-es, Füchse> [fʊks, 'fʏksɪn, *pl* 'fʏksə] *m, f* ❶ *(Tier)* fox; *(weibliches Tier)* vixen

❷ *(Fuchspelz)* fox [fur]

❸ *(Pferd)* chestnut; *(mit hellerem Schwanz und heller Mähne)* sorrel
❹ *(fam: schlauer Mensch)* cunning [old] devil [*or* fox] *fam;* **ein alter** [*o* **schlauer**] ~ *(fam)* a cunning [old] devil [*or* fox] *fam,* a sly one
▸WENDUNGEN: **wo sich Hase und ~ gute Nacht sagen** [*o* **wo sich die Füchse gute Nacht sagen**] *(hum)* at the back of beyond BRIT, out in the sticks [*or* AM boondocks] *fam*

Fuchs·bau *m* [fox's] earth

fuch·sen ['fʊksn̩] *vt (fam)* ■**jdn fuchst etw** sth is riling sb *fam,* to piss off sb *sep sl*

Fuch·sie <-, -n> ['fʊksi̯ə] *f* fuchsia

Füch·sin ['fʏksɪn] *f fem form von* **Fuchs** vixen

Fuchs·jagd *f* fox-hunt[ing]; **auf die ~ gehen** to go fox-hunting **Fuchs·pelz** *m* fox [fur] **fuchs·rot** ['fʊksroːt] *adj (Haare)* ginger, auburn; *(Fell)* red, red-brown, reddish-brown; *(Pferd)* chestnut

Fuchs·schwanz *m* ❶ *(Schwanz des Fuchses)* [fox's] tail [*or* brush] BRIT ❷ *(Säge)* [straight back] handsaw **Fuchs·schwanz·gras** *nt* BOT foxtail

fuchs·teu·fels·wild ['fʊks'tɔyfl̩s'vɪlt] *adj (fam)* mad as hell *fam,* hopping mad *fam;* **jdn ~ machen** to make sb mad [as hell] *fam,* to piss off sb *sl*

Fuch·tel <-, -n> ['fʊxtl̩] *f* SÜDD, ÖSTERR *(fam)* shrew *pej;* **unter jds ~ stehen** to be [well] under sb's control

fuch·teln ['fʊxtl̩n] *vi (fam)* ■**mit etw** *dat* ~ to wave sth about [wildly] *fam; (drohend)* to brandish sth; [**mit den Händen**] ~ to wave one's hands about [wildly] *fam*

fuch·tig ['fʊxtɪç] *adj (fam)* [hopping] mad *fam,* pissed off *sl*

Fu·der <-s, -> ['fuːdɐ] *nt* ❶ *(Wagenladung)* cartload; **ein ~ Heu** a [cart]load of hay
❷ *(Hohlmaß für Wein)* tun [of wine]

fu·der·wei·se *adv (hum fam)* by the cartload; **~ belegte Brote vertilgen** to polish off tons of sandwiches *fam*

Fu·er·te·ven·tu·ra [fu̯ɛrtevenˈtura] *nt* Fuerteventura

Füess·li <-, -s> ['fyːɛsli] *nt* SCHWEIZ *(Schweinefuß)* pig's trotter

fuff·zig ['fʊftsɪç] *(fam) s.* **fünfzig**

Fuff·zi·ger <-s, -> ['fʊftsɪgɐ] *m* DIAL fifty-cent piece
▸WENDUNGEN: **ein falscher ~ sein** *(pej sl)* to be a real crook *fam,* to be [as] bent as they come BRIT *sl*

Fug [fuːk] *m* **mit ~ und Recht** *(geh)* with complete justification

Fu·ge[1] <-, -n> ['fuːgə] *f* join, gap; **aus den ~n geraten** *(fig) Menschheit* to go awry *liter; Welt* to be out of joint; **in allen ~n krachen** to creak at the joints [*or* in every joint]

Fu·ge[2] <-, -n> ['fuːgə] *f* MUS fugue

fü·gen ['fyːgn̩] **I.** *vt* ❶ *(geh: anfügen)* ■**etw an etw** *akk* ~ to add sth to sth; ■**etw auf etw** *akk* ~ to lay sth on sth; **Wort an Wort ~** to string words together, to cast a sentence
❷ *(geh: bewirken)* ■**etw fügt etw** sth ordains sth; ***der Zufall fügte es, dass wir uns wiedersahen*** coincidence had it that we met [*or* saw each other] again
II. *vr* ❶ *(sich unterordnen)* to toe the line; ■**sich** *akk* **jdm/etw** ~ to bow to sb/sth; **sich** *akk* **den Anordnungen ~** to obey instructions
❷ *(geh: akzeptieren)* ■**sich** *akk* **in etw** *akk* ~ to submit to [*or* accept] sth
❸ *(passen)* ■**sich** *akk* **in etw** *akk* ~ to fit into sth
❹ *impers (geh: geschehen)* ■**es fügt sich** it so happened; ***sei getrost, es wird sich schon alles ~*** never fear, it'll all work out in the end

Fu·gen·band *nt* BAU joint tape **Fu·gen·fül·ler** *m* BAU caulking **Fu·gen·kel·le** *f* joint filler

fu·gen·los I. *adj* smooth
II. *adv* without gaps [*or* BRIT joins]/a gap [*or* BRIT a join]

füg·sam ['fyːkzaːm] *adj (geh)* obedient; *Kind a.* tractable *form*

Füg·sam·keit <-> *f kein pl* obedience, docility

Fü·gung <-, -en> *f* ❶ *(Bestimmung)* stroke of fate; **eine ~ Gottes/des Schicksals** an act of divine providence/of fate; **eine göttliche ~** divine providence *no indef art, no pl;* **eine glückliche ~** a stroke of luck [*or* good fortune]
❷ LING *(Wortgruppe)* construction

fühl·bar *adj (merklich)* perceptible, noticeable, marked

füh·len ['fyːlən] **I.** *vt* ❶ *(körperlich spüren, wahrnehmen)* ■**etw ~** to feel sth
❷ *(seelisch empfinden)* to feel sth; **Achtung/Verachtung für jdn ~** to feel respect/contempt for sb; **Erbarmen/Mitleid mit jdm ~** to feel pity/sympathy for sb; ■**~, dass ...** to feel [that] ...
❸ *(ertasten)* ■**etw ~** to feel sth; **jds Puls ~** to take sb's pulse
II. *vi* ■**nach etw** *dat* ~ to feel for sth
III. *vr* ■**sich** *akk* [**irgendwie**] ~ to feel [somehow]
❶ *(das Empfinden haben)* **wie ~ *Sie sich?*** how are you feeling [*or* do you feel]?; **sich** *akk* **besser/benachteiligt/schuldig/unwohl/verantwortlich ~** to feel better/disadvantaged/guilty/unwell/responsible
❷ *(sich einschätzen)* ■**sich** *akk* **als jd ~** to regard [*or* consider] oneself as sb; ***wie ~ Sie sich jetzt als Direktorin?*** how do you feel now [that] you're director? *fam*
❸ *(stolz sein)* ■**sich** *akk* [**wunder wie** [*o* **was**]] ~ to think the world of oneself *fam*

Füh·ler <-s, -> *m* ❶ *(Tastorgan)* antenna, feeler; *(von Schnecke)* horn; **die ~ ausstrecken/einziehen** to put out [*or* extend]/retract its horns [*or* feelers]
❷ *(Messfühler)* sensor, probe
▸WENDUNGEN: **seine** [*o* **die**] ~ [**nach etw** *dat*] **ausstrecken** *(fam)* to put out [one's] feelers [towards sth]

Füh·lung <-, -en> *f* contact; **mit jdm in ~ bleiben/stehen** to stay [*or* remain]/be in touch [*or* contact] with sb; **mit jdm ~ aufnehmen** to contact sb, to get in touch with sb

Füh·lung·nah·me <-, -n> *f* [an initial] contact

fuhr ['fuːɐ̯] *imp von* **fahren**

Fuh·re <-, -n> ['fuːrə] *f* ❶ *(Wagenladung)* [cart]load; **zwei ~n Stroh** two [cart]loads of straw
❷ *(Taxifahrt)* fare

füh·ren ['fyːrən] **I.** *vt* ❶ *(bringen, begleiten)* ■**jdn aus etw** *dat*/**in etw** *akk* ~ to lead sb into/out of sth; **jdn in einen Raum ~** to lead [*or* usher] sb into a room; ■**jdn durch/über etw** *akk* ~ to lead sb through/across [*or* over] sth; **eine alte Dame über die Straße ~** to help an old lady across [*or* over] the road; ■**jdn zu etw/jdm ~** *(hinbringen)* to take sb to sth/sb; *(herbringen)* to bring sb to sth/sb; *(vorangehen)* to lead sb to sth/sb; ***was führt Sie zu mir?*** *(geh)* what brings you to me? *form;* **jdn zu seinem Platz ~** to lead [*or* usher] sb to their seat; **jdn zum Traualtar ~** to lead sb to the altar
❷ *(umherführen, den Weg zeigen)* ■**jdn ~** to guide sb; **einen Blinden ~** to guide a blind person; **jdn durch ein Museum/ein Schloss/eine Stadt ~** to show sb round a museum/a castle/a town; ***er führte uns durch London*** he was our guide in London
❸ *(leiten)* ■**jdn ~** to lead sb/sth; **eine Armee ~** to command an army; **eine Expedition/eine Gruppe/eine Mannschaft ~** to lead an expedition/a group/a team; ■**etw ~** to run sth; **einen Betrieb/ein Geschäft ~** to run [*or* manage] a company/a business
❹ *(anleiten)* ■**jdn ~** to lead sb; ***er führt seine Angestellten mit fester Hand*** he leads [*or* directs] his employees with a firm hand; ***sie weiß die Schüler zu ~*** she knows how to lead the students
❺ *(bringen, lenken)* ■**jdn auf etw** *akk* ~ to lead sb to sth; ***der Hinweis führte die Polizei auf die Spur des Diebes*** the tip put the police on the trail of the thief; ***das führt uns auf das Thema ...*** that brings [*or* leads] us on[to] the subject ...; **jdn auf Abwege ~** to lead sb astray; **etw zu Ende ~** to complete sth
❻ *(laufend ergänzen)* **eine Liste/ein Verzeichnis ~** to keep a list/a register
❼ *(registriert haben)* **jdn/etw auf einer Liste/in einem Verzeichnis ~** to have a record of sb/sth on a list/in a register; ***wir ~ keinen Schmidt in unserer Kartei*** we have no [record of a] Schmidt on our files
❽ *(bewegen)* **einen Bogen** [**über die Saiten**] ~ to wield a bow [across the strings]; **die Kamera** [**an etw** *akk*] ~ to guide the camera [towards sth]; *(durch Teleobjektiv)* to zoom in [on sth]; **die Kamera ruhig ~** to operate the camera with a steady hand; **etw zum Mund**[**e**] ~ to raise sth to one's mouth; ***sie führte ihr Glas zum Mund*** she raised her glass to her lips; **einen Pinsel** [**über etw** *akk*] ~ to wield a brush [over sth]
❾ *(entlangführen)* ■**etw durch/über etw** *akk* ~ to lay sth through/across [*or* over] sth; ***er führte das Satellitenkabel durch die Wand*** he laid [*or* fed] the satellite cable through the wall
❿ *(geh: steuern)* **ein Flugzeug ~** to fly a plane; **ein Kraftfahrzeug/einen Zug ~** to drive a motor vehicle/a train; **einen Kran/eine Maschine ~** to operate a crane/a machine
⓫ *(geh: tragen)* **einen Namen ~** to go by [*or form* to bear] a name; ***verheiratete Frauen ~ oft ihren Mädchennamen weiter*** married women often retain [*or* still go by] their maiden name; ***welchen Namen wirst du nach der Hochzeit ~?*** which name will you use when you're married?; ***unser Mann führt den Decknamen ‚Hans'*** our man goes by the alias of 'Hans'; **einen Titel ~** to hold [*or form* bear] a title; **etw im Wappen ~** to bear sth on one's coat of arms *form*
⓬ *(geh: haben)* **Gepäck bei** [*o* **mit**] **sich** *dat* ~ to be carrying luggage; **seine Papiere/eine Schusswaffe bei** [*o* **mit**] **sich** *dat* ~ to carry one's papers/a firearm on one, to carry around one's papers/a firearm *sep*
⓭ *(im Angebot haben)* ■**etw ~** to stock [*or spec* carry] sth; *(verkaufen)* to sell sth
⓮ *(durchführen)* **einen Prozess/Verhandlungen ~** to conduct a case/negotiations
II. *vi* ❶ *(in Führung liegen)* to be in the lead; **mit drei Punkten/einer halben Runde ~** to have a lead of [*or* to be in the lead by] three points/half a lap
❷ *(verlaufen)* to lead, to go; ***wohin führt diese Straße/dieser Weg?*** where does this road/this path lead [*or* go] to?; ***die Straße führt am Fluss entlang*** the road runs [*or* goes] along the river; ■**durch/über etw** *akk* ~ *Weg* to lead [*or* go] through/over sth; *Straße* to lead [*or* go] [*or* run] through/over sth; *Kabel, Pipeline* to run through/over sth; *Spuren* to lead through/across sth; ***die Brücke führt über den Rhein*** the bridge crosses [over] [*or* spans] the Rhine [*or* goes over]
❸ *(als Ergebnis haben)* ■**zu etw** *dat* ~ to lead to sth, to result in sth; ***das führte dazu, dass er entlassen wurde*** this led to [*or* resulted in] his [*or* him] being dismissed; [***all***] ***das führt*** [***euch/uns***] ***doch zu nichts*** that will [all] get you/us nowhere
III. *vr (geh: sich benehmen)* ■**sich** *akk* ~ to conduct oneself *form;* **sich** *akk* **gut/schlecht ~** to conduct oneself well/badly [*or* to misbehave]

füh·rend *adj* leading *attr;* ***diese Firma ist im Stahlbau ~*** this is one of the leading companies in steel construction; **eine ~e Persönlichkeit/Rolle** a prominent [*or* leading] personality/role; **der ~e Wissenschaftler auf diesem Gebiet** the most prominent scientist in this field

Füh·rer <-s, -> ['fyːrɐ] *m* guide[book]; **ein ~ durch Deutschland** a guide to Germany

Füh·rer(in) <-s, -> ['fyːrɐ] *m(f)* ❶ *(Leiter)* leader; *(Oberhaupt einer Bewegung etc.)* head [honcho AM *fam*]; ■**der ~** HIST *(Hitler)* the Führer [*or* Fuehrer]
❷ *(Fremdenführer, Bergführer)* guide
❸ *(geh: Lenker)* driver; *(von Kran)* operator

Füh·rer·aus·weis *m* SCHWEIZ *(Führerschein)* driving licence BRIT, driver's license AM **Füh·rer·flucht** *m* SCHWEIZ *(Fahrerflucht)* a hit-and-run [accident] **Füh·rer·haus** *nt* AUTO [driver's] cab; *(von Kran)* cabin

füh·rer·los I. *adj* ❶ *(ohne Führung)* leaderless, with-

out a leader *pred*
❷ *(geh: ohne Lenkenden)* driverless, without a driver *pred; (auf Schiff)* with no one at the helm
II. *adv* without a driver; *(auf Schiff)* with no one at the helm
Füh·rer·schein *m* driving licence BRIT, driver's license AM; **jdm den ~ entziehen** to take away [*or form* withdraw] sb's driving licence, to disqualify sb from driving; **den** [*o* **seinen/ihren**] **~ machen** *(das Fahren lernen)* to learn to drive; *(die Fahrprüfung ablegen)* to take one's driving test **Füh·rer·schein·ent·zug** *m* driving ban, disqualification from driving **Füh·rer·schein·neu·ling** *m* novice driver **Füh·rer·schein·prü·fung** *f* driving test **Füh·rer·schein·recht** *nt kein pl* JUR driving licence [*or* AM -se] law
Füh·rer·stand *m* BAHN [driver's] cab
Fuhr·geld *nt* carriage, cartage **Fuhr·ge·schäft** *nt* carriage **Fuhr·mann** <-leute> *m* ❶ *(Lenkender)* carter; *(Kutscher)* coachman ❷ ASTRON ■**der ~** the Charioteer, Auriga **Fuhr·park** *m* fleet [of vehicles]
Füh·rung <-, -en> *f* ❶ *kein pl (Leitung)* leadership; MIL command; **innere ~** MIL morale; **unter jds ~** under sb's leadership of, led [*or* headed] by sb; MIL under command of sb, commanded by sb
❷ *kein pl (die Direktion)* management, directors *pl;* MIL commanding officers *pl*
❸ *(Besichtigung)* guided tour (**durch** +*akk* of)
❹ *kein pl (Vorsprung)* lead; *(in einer Liga o. Tabelle)* leading position; **seine ~ ausbauen** to increase one's lead; *(in einer Liga o. Tabelle)* to strengthen [*or* consolidate] one's leading position; **in ~ gehen** [*o* **die ~ übernehmen**] to go into [*or* take] the lead; **in ~ liegen** to be in the lead [*or* the leading position]
❺ *kein pl (Betragen)* conduct; **bei** [*o* **wegen**] **guter ~** on/for good conduct; **wegen guter ~ vorzeitig entlassen werden** to get a couple of years'/a few months' etc. remission for good conduct
❻ *kein pl (geh: Lenkung)* ***der Führerschein berechtigt zur ~ eines Kraftfahrzeuges der angegebenen Klasse*** to be licensed to drive a motor vehicle of a given class
❼ TECH *(Schiene)* guide
❽ *kein pl (das fortlaufende Eintragen)* **die ~ der Akten/Bücher** keeping the files/books
❾ *kein pl (das Tragen eines Namens o. Titels)* use; ***die ~ des Doktortitels ist erst nach Erhalt der Urkunde erlaubt*** only after the awarding of the certificate is one permitted to have the title of doctor
Füh·rungs·an·spruch *m* claim to leadership **Füh·rungs·auf·ga·be** *f* executive duty [*or* function] **Füh·rungs·auf·sicht** *f* JUR supervision of conduct; *bei Bewährungsstrafe* probationary supervision **Füh·rungs·be·reich** *m* ÖKON management sector **Füh·rungs·ebe·ne** *f* top level [management] **Füh·rungs·ei·gen·schaf·ten** *pl* managerial qualities **Füh·rungs·eli·te** *f* POL leadership [*or* governing] elite; **die albanische ~** the elite leaders *pl* of Albania **Füh·rungs·eta·ge** *f* management level **Füh·rungs·ge·schick** *nt* leadership skill **Füh·rungs·gre·mi·um** *nt* controlling [*or* governing] body **Füh·rungs·kraft** *f* ❶ *kein pl (Fähigkeit, Position auszufüllen)* leadership ❷ ÖKON executive [officer]; ■**Führungskräfte** *pl* managerial staff *sing* **Füh·rungs·kri·se** *f* crisis of leadership **Füh·rungs·macht** *f* leading power **Füh·rungs·mann·schaft** *f* ADMIN management team **Füh·rungs·of·fi·zier** *m* supervising [*or* controlling] officer **Füh·rungs·po·si·ti·on** *f* ADMIN managerial [*or* leadership] position **Füh·rungs·qua·li·tä·ten** *pl* leadership qualities *pl* **Füh·rungs·rol·le** *f* leading role; [**in etw** *dat*] **eine ~ spielen** to play a leading role [in sth] **Füh·rungs·schicht** *f* the ruling classes *pl* **Füh·rungs·schie·ne** *f (an Maschinen)* guide rail **Füh·rungs·schwä·che** *f* weak leadership
Füh·rungs·spie·ler(in) *m(f)* SPORT leading player **Füh·rungs·spit·ze** *f* higher echelons *pl; (von Unternehmen)* top[-level] management **Füh·rungs·stab** *m* MIL operations staff + *sing/pl vb* **Füh·rungs·stär·ke** *f* strong leadership **Füh·rungs·stil** *m* style of leadership; *(in einer Firma)* management style **Füh·rungs·struk·tur** *f* ÖKON management [and control] structure **Füh·rungs·wech·sel** *m* change of leadership; *(in einer Firma)* change of management **Füh·rungs·zeug·nis** *nt* good-conduct certificate; **polizeiliches ~** clearance certificate BRIT
Füh·rungs·zir·kel *m* inner circle [*or* leadership]
Fuhr·un·ter·neh·men [fuːɐ̯-] *nt* haulage business BRIT, hauliers *pl* BRIT, trucking company **Fuhr·un·ter·neh·mer(in)** [fuːɐ̯-] *m(f)* haulage contractor BRIT, haulier BRIT, trucking company, trucker AM
Fuhr·werk [fuːɐ̯-] *nt* wag[g]on; *(mit Pferden)* horse and cart; *(mit Ochsen)* oxcart **fuhr·wer·ken** [fuːɐ̯-] *vi (fam: ungestüm hantieren)* ■[**mit etw** *dat*] **~** to wave sth about
Ful·be[1] ['fʊlbə] *m o f* Fula, Fulani
Ful·be[2] <-> ['fʊlbə] *nt* ■**das ~** Fula, Fulani
Fül·le <-> ['fʏlə] *f kein pl* ❶ *(Körperfülle)* corpulence *form,* portliness *hum*
❷ *(Intensität)* richness, ful[l]ness; *(Volumen) Haar* volume
❸ *(Menge)* wealth, abundance; ■**eine ~ von etw** *dat* a whole host of sth; **in** [**Hülle und**] **~** in abundance
fül·len ['fʏlən] I. *vt* ❶ *(vollmachen)* ■**etw** [**mit etw** *dat*] **~** to fill sth [with sth]; **halb gefüllt** half-full
❷ KOCHK *(eine Speise mit Füllung versehen)* ■**etw** [**mit etw** *dat*] **~** to stuff sth [with sth]
❸ *(einfüllen)* ■**etw in etw** *akk* **~** to put sth into sth, to fill sth with sth; **etw in Flaschen ~** to bottle sth; **etw in Säcke ~** to put sth into sacks, to sack sth
❹ *(Platz in Anspruch nehmen)* ■**etw ~** to fill sth; ***meine Bücher ~ ganze drei Regale*** my books take up the whole of three shelves
II. *vr* ■**sich** *akk* [**mit etw** *dat*] **~** to fill [up] [with sth]; **sich** *akk* [**mit Menschen**] **~** to fill [up] [with people]
Fül·len <-s, -> ['fʏlən] *nt (veraltend) s.* **Fohlen**
Fül·ler <-s, -> ['fʏlɐ] *m* ❶ *(Schreibgerät)* fountain pen; *(mit Tintenpatrone)* cartridge pen
❷ AUTO primer coat, basecoat, filler
Füll·fe·der <-, -n> *f* ÖSTERR, SCHWEIZ, SÜDD *(Füllfederhalter)* fountain pen
Füll·fe·der·hal·ter *m s.* **Füller**
Füll·ge·wicht *nt* ❶ ÖKON net weight ❷ *(Fassungsvermögen einer Waschmaschine)* maximum load, capacity **Füll·horn** *nt* cornucopia
fül·lig ['fʏlɪç] *adj* ❶ *(von Mensch: rundlich)* plump, corpulent *form,* portly *hum;* **ein ~er Busen/eine ~e Figur** an ample [*or* a generous] bosom/figure
❷ *(voluminös)* **eine ~e Frisur** a bouffant hairstyle
Füll·ma·te·ri·al *nt* ❶ *(allgemein)* filling; *(für Kissen)* stuffing ❷ TYPO spacing material **Füll·men·ge** *f* quantity when filled
Full·rate-Über·tra·gung ['fʊlreːt-] *f* TELEK fullrate transmission
Füll·sel ['fʏlzl̩] *nt* filler *no indef art, no pl,* padding *no indef art, no pl*
Full·time·job[RR], **Full·time-Job**[RR] <-s, -s> ['fʊltaɪmdʒɔb] *m* full-time job
Fül·lung <-, -en> *f* ❶ KOCHK *(Masse in einer Speise)* stuffing
❷ *(ausfüllende Masse) von Matrazen, Federbetten* stuffing; *(von Kissen a.)* filling
❸ *(Türfüllung)* panel
❹ *(Zahnfüllung)* filling
Füll·wort <-wörter> *nt* filler [word], expletive *spec*
ful·mi·nant [fʊlmi'nant] *adj (geh)* brilliant
Fum·mel <-s, -> [fʊml̩] *m (sl)* cheap frock, rag *pej*
Fum·me·lei <-, -en> *f (fam)* fumbling, fiddling
fum·meln ['fʊml̩n] *vi (fam)* ❶ *(hantieren)* ■[**an etw** *dat/***mit etw** *dat*] **~** to fumble [around], to fiddle [about BRIT] [*or* fumble [around]] with sth
❷ *(Petting betreiben)* to pet, to grope *fam*
Fum·mel·tri·ne <-, -n> ['fʊml̩triːnə] *f (sl)* tranny *sl*
Fun <-s> [fʌn] *m* fun
Fund <-[e]s, -e> [fʊnt, *pl* 'fʊndə] *m* ❶ *kein pl (geh: das Entdecken)* discovery
❷ *(das Gefundene)* find; **einen ~ machen** *(geh)* to make a find
Fun·da·ment <-[e]s, -e> [fʊnda'mɛnt] *nt* ❶ *(tragfähiger Untergrund)* foundation[s *npl*]
❷ *(fig: geistige Grundlage)* basis, foundation[s *npl*]; **das ~ für etw** *akk* **sein** to form a basis for sth; **das ~ zu etw** *dat* **legen, das ~ für etw** *akk* **schaffen** to lay the foundations for sth
fun·da·men·tal [fʊndamɛn'taːl] I. *adj* fundamental
II. *adv* fundamentally; **sich** *akk* **~ irren** to make a fundamental error; **sich** *akk* **~ unterscheiden** to be significantly [*or* fundamentally] different
Fun·da·men·ta·lis·mus <-> [fʊndamɛnta'lɪsmʊs] *m kein pl* fundamentalism *no indef art, no pl*
Fun·da·men·ta·list(in) <-en, -en> [fʊndamɛnta'lɪst] *m(f)* fundamentalist
fun·da·men·ta·lis·tisch *adj* fundamentalist
Fun·da·men·tal·on·to·lo·gie *f* PHILOS fundamental ontology
Fun·da·ment·be·ton *m* BAU foundation concrete
fun·da·men·tie·ren* [fʊndamɛn'tiːrən] *vi* to lay the foundations
Fun·da·ment·plat·te *f* BAU foundation slab
Fund·bü·ro *nt* lost property office BRIT, lost-and-found office AM **Fund·ei·gen·tum** *nt* JUR title by discovery **Fund·gru·be** *f* treasure trove
Fun·di <-s, -s> ['fʊndi] *m* POL fundamentalist, hard-liner *(of the Green Party)*
fun·die·ren [fʊn'diːrən] *vt* ■**etw ~** ❶ *(finanziell sichern)* to strengthen sth financially
❷ *(untermauern)* to underpin sth; **eine Politik ~** to back up a policy
❸ *(geh: festigen)* to sustain sth
fun·diert *adj* sound; **gut ~** well founded; **schlecht ~** unsound; **~e Staatsanleihe** FIN funds *pl,* BRIT Consols *pl*
fün·dig ['fʏndɪç] *adj* **~ werden** to discover what one is looking for
Fund·ort *m* ■**der ~ von etw** *dat* [the place] where sth is/was found **Fund·sa·che** *f* found object; *(in Fundbüro)* piece [*or* item] of lost property; ■**~n** lost property *no pl, no indef art* **Fund·stät·te** *f (geh) s.* **Fundort** **Fund·stück** *nt* find **Fund·un·ter·schla·gung** *f* JUR larceny by finder
Fun·dus <-, -> ['fʊndʊs] *m* ❶ *(geistiger Grundstock)* fund *a. fig;* **einen reichen ~ an Erfahrungen haben** to have a wealth of experience
❷ THEAT basic [*or* general] equipment
fünf [fʏnf] *adj* five; *s. a.* **acht**[1]
▸WENDUNGEN: [**alle**] **~e gerade sein lassen** *(fam: etw nicht so genau nehmen)* to turn a blind eye, to look the other way; **es ist ~** [**Minuten**] **vor zwölf** it's almost too late, it's high time
Fünf <-, -en> [fʏnf] *f* ❶ *(Zahl)* five
❷ *(Karten)* five; *s. a.* **Acht**[1] **4**
❸ *(Verkehrslinie)* ■**die ~** the [number] five
❹ *(Zeugnisnote)* "unsatisfactory", ≈ F BRIT *(the lowest examination grade in the German school system)*
fünf·bän·dig *adj* five-volume *attr,* of five volumes *pred*
Fünf·cent·stück, 5-Cent-Stück *nt* five-cent piece [*or* coin] **Fünf·eck** *nt* pentagon **fünf·eckig** *adj* pentagonal, five-cornered
fünf·ein·halb ['fʏnfʔain'halp] *adj* ❶ *(Bruchzahl)* five and a half; *s. a.* **anderthalb**
❷ *(fam: Geld)* five and a half thousand [*or* grand] [*or* K] [*or* AM G's] *fam*
Fün·fer <-s, -> ['fʏnfɐ] *m (fam)* ❶ SCH *(Note: mangelhaft)* "unsatisfactory", ≈ "E" BRIT
❷ *(Lottogewinn)* [score of] 5 correct
❸ *(Geldstück)* five-cent piece; *(Geldschein)* five-euro note
fün·fer·lei ['fʏnfɐ'lai] *adj attr* five [different]; *s. a.* **achterlei**
Fün·fer·pack *m* pack of five, five-pack
Fünf·eu·ro·schein, 5-Eu·ro-Schein *m* five-euro note [*or* AM *usu* bill]
fünf·fach, 5fach ['fʏnffax] I. *adj* fivefold; **die ~e Menge/Summe** five times the amount/sum
II. *adv* fivefold, five times; **~ ausgefertigt** issued in five copies [*or form* quintuplicate]
Fünf·fa·che, 5fache *nt dekl wie adj* ■**das ~** five

times as much [*or* that amount]; *s. a.* **Achtfache**

fünf·fü·ßig *adj (liter: Versmaß)* pentametrical; **~er Jambus** iambic pentameter

Fünf·gang·ge·trie·be *nt* five-speed gearbox [*or* transmission] **Fünf·gang-Schal·tung** *f* TECH [vehicle] gearbox with five gears

fünf·hun·dert ['fʏnf'hʊndɐt] *adj* five hundred; *s. a.* **hundert**

Fünf·hun·dert·eu·ro·schein, 500-Eu·ro-Schein *m* five-hundred-euro note [*or* AM *usu* bill]

fünf·hun·dert·jäh·rig *adj* five hundred-year-old *attr*

Fünf·jah·res·zeit·raum *m* five-year period

fünf·jäh·rig, 5-jäh·rig[RR] *adj* ① *(Alter)* five-year-old *attr,* five years old *pred; s. a.* **achtjährig 1** ② *(Zeitspanne)* five-year *attr; s. a.* **achtjährig 2**

Fünf·jäh·ri·ge(r), 5-Jäh·ri·ge(r)[RR] *f(m) dekl wie adj* five-year-old

Fünf·kampf *m* pentathlon; **Moderner ~** modern pentathlon

fünf·köp·fig *adj* five-person *attr; s. a.* **achtköpfig**

Fünf·li·ber <-s, -> [fʏnf'li:bɐ] *m* SCHWEIZ *(Fünffrankenstück)* five-franc piece

Fünf·ling <-s, -e> *m* quin[tuplet]

fünf·mal, 5-mal[RR] *adv* five times; *s. a.* **achtmal**

fünf·ma·lig *adj* fifth; *s. a.* **achtmalig**

Fünf·mark·schein [fʏnf'mark-] *m (hist)* five-mark note **Fünf·mark·stück** *nt (hist)* five-mark piece **Fünf·me·ter·brett** *nt* five-metre [*or* AM -er] [diving] board **Fünf·pro·zent·hür·de** *f* POL five-percent hurdle **Fünf·pro·zent·klau·sel** *f* POL five-percent rule [*or* clause]

fünf·sei·tig *adj* five-sided, pentagonal; *(von Brief)* five-page *attr,* of five pages *pred*

fünf·spal·tig *adj* five-column *attr,* [extending] over five columns *pred*

fünf·stel·lig *adj* five-digit *attr;* **ein ~es Einkommen** a five-figure income

Fünf-Ster·ne-Ho·tel, Fünf·ster·ne·ho·tel *nt* five-star hotel

fünf·stö·ckig *adj* five-storey *attr* [*or* AM *also* -story], with five storeys

fünf·stün·dig, 5-stün·dig[RR] *adj* five-hour *attr; s. a.* **achtstündig**

fünf·stünd·lich *adj* every five hours *pred*

fünft [fʏnft] *adv* **zu ~ sein** to be a party of five

Fünf·ta·ge·wo·che *f* five-day week

fünf·tä·gig, 5-tä·gig[RR] *adj* five-day *attr*

fünf·tau·send ['fʏnf'taʊznt] *adj* ① *(Zahl)* five thousand; *s. a.* **tausend 1** ② *(fam: Geld)* five grand *no pl,* five thou *no pl sl,* five K's [*or* AM G's] *no pl sl*

Fünf·tau·sen·der *m* five-thousand-metre [*or* AM -er] peak [*or* mountain]

fünf·te(r, s) ['fʏnftə, 'fʏnftɐ, 'fʏnftəs] *adj* ① *(nach dem vierten kommend)* fifth; **die ~ Klasse** [*o fam* **die ~**] primary, elementary AM; *s. a.* **achte(r, s) 1** ② *(Datum)* fifth, 5th; *s. a.* **achte(r, s) 2**

Fünf·te(r) ['fʏnftə, 'fʏnftɐ] *f(m) dekl wie adj* ① *(Person)* fifth; *s. a.* **Achte(r) 1** ② *(bei Datumsangabe)* ■ **der ~/am ~en** [*o geschrieben* **der 5./am 5.**] the/on the fifth *spoken,* the 5th *written; s. a.* **Achte(r) 2** ③ *(Namenszusatz)* **Ludwig der ~** *gesprochen* Louis the Fifth; **Ludwig V.** *geschrieben* Louis V

fünf·tei·lig *adj* five-part [*or* -piece] *attr;* **~ sein** to be in five parts, to consist of five pieces

fünf·tel ['fʏnftl] *adj* fifth

Fünf·tel <-s, -> ['fʏnftl] *nt o* SCHWEIZ *m* fifth; *s. a.* **Achtel**

fünf·tens ['fʏnftns] *adv* fifth[ly], in [the] fifth place

fünf·tü·rig *adj* five-door; **ein ~es Auto** a five-door car *attr;* **~ sein** to have five doors

Fünf·uhr·tee [fʏnf?u:ɐte:] *m* [afternoon] tea

Fünf·und·drei·ßig·stun·den·wo·che, 35-Stun·den-Wo·che *f* thirty-five-hour week

fünf·wer·tig *adj* CHEM pentavalent

fünf·wö·chig *adj* five-week; **von ~er Dauer sein** to take [*or* last] five weeks

fünf·zehn ['fʏnftse:n] *adj* fifteen; **~ Uhr** 3pm, 1500hrs *written,* fifteen hundred hours *spoken; s. a.* **acht**[1]

fünf·zehn·te(r, s) *adj* fifteenth; *s. a.* **achte(r, s)**

Fünf·zei·ler *m* LIT five-line poem/stanza, pentastich *spec*

fünf·zei·lig *adj* five-line *attr,* of five lines *pred*

fünf·zig ['fʏnftsɪç] *adj* ① *(Zahl)* fifty; *s. a.* **achtzig 1** ② *(Stundenkilometer)* thirty [kilometres [*or* AM -meters] an hour]; *s. a.* **achtzig 2**

Fünf·zig <-, -en> ['fʏnftsɪç] *f* fifty

Fünf·zig·cent·stück, 50-Cent-Stück *nt* fifty-cent piece [*or* coin]

fünf·zi·ger *adj,* **50er** ['fʏnftsɪgɐ] *adj attr, inv* ■ **die ~ Jahre** [*o* **die 50er-Jahre**] the fifties

Fünf·zi·ger[1] <-s, -> ['fʏnftsɪgɐ] *m* ① *(fam: Fünfzigcentstück)* fifty-cent piece [*or* coin]; *(Geldschein)* fifty-euros note ② *(Wein aus dem Jahrgang -50)* fifties vintage

Fünf·zi·ger[2] <-, -> ['fʏnftsɪgɐ] *f (fam: Fünfzigcentbriefmarke)* fifty-cent stamp

Fünf·zi·ger(in)[3] <-s, -> ['fʏnftsɪgɐ] *m(f)* person in their fifties, fifty-year-old

Fünf·zi·ger·jah·re *pl* ■ **die ~** the fifties [*or* '50s]

Fünf·zig·eu·ro·schein, 50-Eu·ro-Schein *m* fifty-euro note [*or* AM *usu* bill]

fünf·zig·jäh·rig, 50-jäh·rig[RR] *adj attr* ① *(Alter)* fifty-year-old *attr,* fifty years old *pred* ② *(Zeitspanne)* **~er Frieden** fifty years of peace; **nach ~er Besatzung** after a/the fifty-year occupation

Fünf·zig·jäh·ri·ge(r), 50-Jäh·ri·ge(r)[RR] *f(m) dekl wie adj* fifty-year-old

Fünf·zig·mark·schein *m (hist)* fifty-mark note

fünf·zig·ste(r, s) *adj* fiftieth; *s. a.* **achte(r, s)**

fun·gi·bel [fʊŋ'gi:bl] *adj* HANDEL fungible, marketable; **fungible Waren** fungibles, fungible goods; **fungible Wertpapiere** marketable securities

fun·gie·ren* [fʊŋ'gi:rən] *vi* ■ **etw fungiert als etw** sth functions as sth; **als Dach ~** to serve [*or* make do] as a roof; **als Mittelsmann ~** to function as a middleman

Fun·gi·zid <-s, -e> [fʊŋgi'tsi:t, *pl* -'tsi:də] *nt* fungicide

Funk <-s> [fʊŋk] *m kein pl* radio; **etw über ~ durchgeben** to announce sth on the radio

Funk·ama·teur(in) *m(f)* radio ham, amateur radio enthusiast **Funk·aus·stel·lung** *f* radio and television exhibition

Fünk·chen <-s, -> ['fʏŋçən] *nt dim von* **Funke** [tiny] spark; *(geringes Maß)* **es besteht ein/kein ~ Hoffnung** there's a glimmer of hope; **es besteht kein ~ Hoffnung** there's not a scrap of hope; **ein/kein ~ Wahrheit** a grain/not a shred of truth

Fun·ke <-ns, -n> ['fʊŋkə] *m* ① *(glimmendes Teilchen)* spark *a. fig;* **~n sprühen** to emit [*or sep* send out] sparks, to spark; **~n sprühend** emitting sparks *pred,* sparking; **der zündende ~** *(fig)* the vital [*or* igniting] spark ② *(geringes Maß)* scrap; **ein ~ [von] Anstand** a scrap of decency; **ein ~ Hoffnung** a gleam [*or* glimmer] [*or* ray] of hope; **ein/kein ~ Wahrheit** a grain/not a shred of truth

▸WENDUNGEN: **etw [so] tun, dass die ~n fliegen** *(fam)* to work like mad [*or* crazy] *fam;* **der ~ springt [zwischen zwei Menschen/den beiden] über** *(fam)* something clicked [between two people/the two] *fam*

fun·keln ['fʊŋkln] *vi* to sparkle; *Sterne a.* to twinkle; *Edelsteine* to glitter, to flash; *Gold* to glitter, to gleam; **vor Freude ~** *Augen* to gleam [*or* sparkle] with joy; **vor Zorn ~** to glitter [*or* flash] with anger

fun·kel·na·gel·neu ['fʊŋkl'na:gl'nɔy] *adj (fam)* brand-new, spanking-new

funk·en ['fʊŋkn] **I.** *vt* ■ **etw ~** to radio sth; **SOS ~** to send out *sep* [*or* radio] an SOS

II. *vi* ① *(senden)* to radio; **um Hilfe ~** to radio for help ② *(Funken sprühen)* to emit [*or sep* send out] sparks, to spark ③ *(fam: richtig funktionieren)* to work; ***das Radio funkt wieder*** the radio's going again ④ *(sich verlieben)* to click; ***zwischen den beiden hat's gefunkt*** there's a special chemistry between those two, those two have really clicked

III. *vi impers (fam)* ① *(Prügel geben)* to be in for it; ***noch eine Bemerkung und es funkt!*** another remark and you'll be in for it ② *(verstehen)* to click; ***endlich hat es bei ihm gefunkt!*** it finally clicked [with him] *fam*

Funk·en <-s, -> ['fʊŋkn] *m s.* **Funke**

Fun·ken·flug *m* flying sparks *pl* **fun·ken·sprü·hend** *adj s.* **Funke 1**

funk·ent·stört *adj* with noise suppression *pred*

Fun·ker(in) <-s, -> *m(f)* radio operator

Funk·feu·er *nt* radio beacon **Funk·ge·rät** *nt* ① *(Sende- und Empfangsgerät)* RT unit ② *(Sprechfunkgerät)* radio set, walkie-talkie **funk·ge·steu·ert** *adj* ELEK, TECH radio-controlled **Funk·han·dy** *nt* personal mobile radio **Funk·haus** *nt* studios *pl,* broadcasting centre [*or* AM -er] **Funk·kol·leg** *nt* educational [*or* BRIT ≈ Open University] radio broadcasts **Funk·kon·takt** *m* radio contact

Funk·loch *nt* [signal] shadow

Funk·mast *m* TECH, TELEK radio [antenna] mast **Funk·na·vi·ga·ti·on** *f* radio navigation **Funk·netz** *nt* radio network **Funk·pei·lung** *f* [radio] direction finding **Funk·sig·nal** *nt* radio signal **Funk·sprech·ge·rät** *nt* walkie-talkie **Funk·sprech·ver·kehr** *m* radiotelephony **Funk·spruch** *m* radio message **Funk·sta·ti·on** *f* radio station **Funk·stil·le** *f* radio silence; **bei jdm herrscht ~** *(fig)* sb is [completely] incommunicado; ***und dann herrschte ~*** *(fig)* and then there was silence

Funk·strei·fe *f* [police] radio patrol **Funk·strei·fen·wa·gen** *m (veraltend)* [police] radio patrol [*or* squad] car

Funk·ta·xi *nt* radio taxi [*or* cab] **Funk·tech·nik** *f* radio technology **Funk·te·le·fon** *nt* cordless [tele]phone

Funk·ti·on <-, -en> [fʊŋk'tsi̯o:n] *f* ① *kein pl (Zweck, Aufgabe)* function; **eine bestimmte ~ haben** to have a particular function ② *(Stellung, Amt)* position; **in ~ treten** *Gremium etc.* to come into operation; *Person* to begin [*or* take up] work; **in jds ~ als etw** in sb's capacity as sth ③ MATH function ④ *(Benutzbarkeit)* function; **außer/in ~ sein** not to be working [*or* to be out of order] [*or* functioning]/to be working; *Stromkreis* not to be/to be switched on [*or* activated]; **etw außer/in/wieder in ~ setzen** *Stromkreis* to deactivate [*or sep* switch off]/activate [*or sep* switch on]/reactivate sth

funk·ti·o·nal [fʊŋktsi̯o'na:l] *adj s.* **funktionell**

Funk·ti·o·na·lis·mus <-> [fʊŋktsi̯ona'lɪsmʊs] *m kein pl* PHILOS functionalism

Funk·ti·o·na·li·tät <-, -en> [fʊŋktsi̯onali'tɛt] *f* practicality

Funk·ti·o·när(in) <-s, -e> [fʊŋktsi̯o'nɛ:ɐ] *m(f)* functionary *form,* official; **ein hoher ~** a high-ranking official; **die [politischen] ~e** the [political] machine

funk·ti·o·nell [fʊŋktsi̯o'nɛl] *adj* ① MED functional; **~e Gruppe** CHEM functional group; **eine ~e Störung** a dysfunction *spec* ② *(funktionsgerecht)* practical, functional

Funk·ti·o·nen·leh·re *f* JUR doctrine of functions

funk·ti·o·nie·ren* [fʊŋktsi̯o'ni:rən] *vi* ① *(betrieben werden, aufgebaut sein)* to work; ***wie funktioniert dieses Gerät?*** how does this device work?; *Maschine a.* to operate, to function ② *(reibungslos ablaufen, intakt sein)* to work out; *Organisation* to run smoothly ③ *(fam: gehorchen)* to obey [without question] ④ *(fam: möglich sein)* ***wie soll denn das ~?*** how [on earth] is that going to work?

Funk·ti·ons·bild *nt* job profile **Funk·ti·ons·er·wei·te·rung** *f* expansion of functions **funk·ti·ons·fä·hig** *adj* in working order *pred; Anlage* operative; *Maschinen, Schusswaffen* in working order; **voll ~** fully operative, in full working order **funk·ti·ons·ge·recht** *adj* functional **Funk·ti·ons·nach·fol·ge** *f* JUR succession in governmental functions **Funk·ti·ons·pa·let·te** *f* INFORM palette of functions **Funk·ti·ons·stö·rung** *f* MED functional disorder, dysfunction *spec* **Funk·ti·o̲ns·tas·te** *f* INFORM function key; **frei belegbare ~** programmable function key **funk·ti·o̲ns·tüch·tig** *adj s.* **funktionsfähig** **Funk·ti·o̲ns·wei·se** *f* functioning *no pl;* **die ~ des Gehirns** the functioning of the brain

Fu̲nk·turm *m* radio tower **Fu̲nk·uhr** *f* radio clock **Fu̲nk·ver·bin·dung** *f* radio contact; **mit jdm/etw in ~ stehen** [*o* **sein**] to have [*or* be in] radio contact with sb/sth **Fu̲nk·ver·kehr** *m* radio communication [*or* traffic] *no art* **Fu̲nk·wa·gen** *m* radio car

Fun·sport·art ['fʌn-] *f* fun sports

Fun·zel <-, -n> ['fʊnts|] *f* (*pej fam*) dim light

für [fy:ɐ̯] *präp* +*akk* ❶ *(Bestimmung, Zuordnung)* for; ***kann ich sonst noch etwas ~ Sie tun?*** can I do anything else for you?, will there be anything else?; ***ich würde alles ~ dich tun/geben*** I would do/give anything for you; ***das ist nichts ~ mich*** that's not for me; **~ jdn/etw bestimmt sein** to be meant for sb/sth; **Lehrer/Minister/Professor ~ etw** *akk* **sein** to be a teacher/minister/professor of sth; **~ sich** *akk* **[allein]** for oneself; ***sie ist am liebsten ganz ~ sich*** she prefers to be quite alone; ***jetzt hat er ein Zimmer ganz ~ sich*** now he's got a room all to himself; ***das muss jeder ~ sich [alleine] entscheiden*** everyone has to make this decision for themselves; **etw ~ sich** *akk* **behalten** to keep sth to oneself; **~ sich** *akk* **bleiben** to remain by oneself

❷ *(Zweck, Ziel)* for; **~ *was ist denn dieses Werkzeug?*** *(fam)* what's this tool [used] for?; **~ *was soll es gut sein?*** *(fam)* what good is that? *fam;* **zu alt/jung ~ etw** *akk* **sein** to be too old/young for sth; **~ etw** *akk* **kämpfen/trainieren** to fight/train for sth

❸ *(gegen)* for; ***das ist gut ~ Husten*** that's good for coughs

❹ *(zuliebe, zugunsten)* for; **etw ~ jdn aufgeben** to give up sth for sb; **~ etw Geld spenden** to donate money for sth; **~ jdn auf etw** *akk* **verzichten** to renounce sth for sb

❺ *(aufgrund, wegen)* for; **~ etw bekannt sein** to be known for sth; **~ seine Tat/sein Verhalten verurteilt werden** to be condemned for one's action/behaviour [*or* AM -or]

❻ *(pro, zugunsten)* for, in favour [*or* AM -or] of; ***sind Sie ~ den Gemeinsamen Markt?*** do you support the Common Market?; ***was Sie da sagen, hat manches ~ sich*** there's something in what you're saying; **sich** *akk* **~ etw** *akk* **entscheiden** to decide in favour of sth; **~ etw/jdn sein/stimmen** to be/vote for [*or* in favour of] sth/sb

❼ *(in Anbetracht)* for; **~ *ihr Alter ist sie noch erstaunlich rüstig*** she's still surprisingly sprightly for her age; **~ *einen Japaner ist er ziemlich groß*** he's quite tall for a Japanese; **~ *diese Jahreszeit ist es ziemlich kalt*** it's rather cold for this time of year; ***ich ~ meine Person*** [*o* ***meinen Teil***] ***denke, dass ....*** for my part I think thank ...

❽ *(Gegenleistung)* for; ***er hat es ~ 45 Euro bekommen/gekauft*** he got/bought it for 45 euros; **~ umsonst** *(fam)*, **~ umme** *(sl)* for nothing

❾ *(anstelle)* for, in place of; **~ jdn einspringen** to stand in for sb; **~ jdn eine Erklärung abgeben** to make an announcement on sb's behalf; **sich** *akk* **~ jdn freuen/schämen** to be pleased/ashamed for sb; **~ zwei arbeiten** to do the work of two people

❿ *(als)* ***ich halte sie ~ intelligent*** I think she is intelligent; **jdn ~ tot erklären** to declare sb dead; **etw ~ ungültig/zulässig erklären** to declare sth invalid/admissible

⓫ *(um)* **Jahr ~ Jahr/Tag ~ Tag** year after year/day after day; **Punkt ~ Punkt/Schritt ~ Schritt** point by point/step by step; **Wort ~ Wort** word for word

⓬ *mit Zeitangaben* **~ einmal** SCHWEIZ *(ausnahmsweise)* for once; *(einstweilen)* for the time being; **~s Erste** for the moment; **~ gewöhnlich** usually; **~ immer** [*o* SCHWEIZ **ganz**] for ever, for good; **~ 10 Minuten/2 Tage** for 10 minutes/two days; **~s nächste Mal** *(fam)* next time

⓭ *(welch)* ***was ~ ein Blödsinn!*** what nonsense!; ***was ~ ein Pilz ist das?*** what kind [*or* sort] of mushroom is that?

▸WENDUNGEN: **~ <u>nichts</u> und wieder nichts** for absolutely nothing

Für <-> [fy:ɐ̯] *nt* **das ~ und Wider [einer S.** *gen*] the pros and cons [of sth], the reasons for and against [sth]

Fu·ran <-s, -e> [fu'ra:n] *nt* CHEM fur[fur]an

Fü̲r·bit·te ['fy:ɐ̯bɪtə] *f* REL *a.* intercession, plea; **[bei jdm] für jdn ~ einlegen** to intercede [*or* plead] [with sb] for [*or* on behalf of] sb

Fur·che <-, -n> ['fʊrçə] *f* ❶ *(Ackerfurche)* furrow; **~n ziehen** to plough [*or* AM plow] furrows

❷ *(Wagenspur)* rut

❸ *(Gesichtsfalte)* furrow

fur·chen ['fʊrçn̩] *vt (geh)* ▪**etw ~** ❶ *(in Falten legen) Stirn* to furrow sth

❷ *(mit Furchen versehen)* to furrow sth

Furcht <-> ['fʊrçt] *f kein pl* fear; **jdm sitzt die ~ im Nacken** sb's frightened out of his/her wits; **~ [vor jdm/etw] haben** [*o geh* **empfinden**] to be afraid of sb/sth, to fear sb/sth; ***hab' keine ~!*** don't be afraid!, fear not! *hum;* ***sei ohne ~!*** *(geh)* do not fear! *form,* fear not! *hum;* **~ einflößend** [*o* **erregend**] terrifying; **jdn in ~ versetzen** to frighten sb; **jdm ~ einflößen** to strike fear into sb *form;* **vor ~ zittern** to tremble with fear; **aus ~ vor jdm/etw** for fear of sb/sth

fu̲rcht·bar I. *adj* terrible, dreadful; **einen ~en Durst/Hunger haben** to be parched/famished *form* [*or fam* terribly thirsty/hungry]; **~ aussehen** to look awful [*or* dreadful]

II. *adv* ❶ *(äußerst)* terribly; **~ kalt/unangenehm** terribly cold/unpleasant

❷ *(schrecklich)* terribly, horribly; **~ durstig/hungrig sein** to be terribly thirsty/hungry

fu̲rcht·ein·flö·ßend *adj s.* **Furcht**

fürch·ten ['fʏrçtn̩] I. *vt* ❶ *(sich ängstigen)* ▪**jdn/etw ~** to fear [*or* be afraid of] sb/sth; ▪**gefürchtet sein** to be feared; **jdn das F~ lehren** to teach sb the meaning of fear

❷ *(befürchten)* ▪**etw ~** to fear sth; ▪**~, dass ...** to fear that ...; ▪**zum F~** *(furchtbar)* frightful; **zum F~ aussehen** to look frightful [*or fam* a fright]; ***das ist ja zum F~*** that's really frightful

II. *vr* ▪**sich** *akk* **[vor jdm/etw] ~** to be afraid [of sb/sth]; **sich** *akk* **im Dunkeln ~** to be afraid of the dark; ***fürchtet euch nicht!*** don't be afraid!, fear not! *old*

III. *vi* ▪**um jdn/etw ~** *(geh)* to fear for sb/sth *form*

fürch·ter·lich *adj s.* **furchtbar**

fu̲rcht·er·re·gend *adj s.* **Furcht**

fu̲rcht·los I. *adj* fearless, dauntless *liter;* *(von Mensch a.)* intrepid

II. *adv* **~ kämpfen/etw** *dat* **~ standhalten** to fight/withstand sth fearlessly [*or* without fear]

Fu̲rcht·lo·sig·keit <-> *f kein pl* fearlessness

furcht·sam ['fʊrçtza:m] *adj (geh)* timorous *liter,* fearful

Fu̲rcht·sam·keit <-, -en> *pl selten f (geh)* timorousness *liter,* fearfulness

für·der·hin ['fʏrdɐhɪn] *adv (veraltet)* in [the] future, hereafter *form*

für·ein·an·der [fy:ɐ̯ʔai̯'nandɐ] *adv* for each other [*or form* one another]; **~ einspringen** to help each other [*or* one another] out

Fu·rie <-, -n> ['fu:ri̯ə] *f* ❶ *(pej: wütende Frau)* hellcat, termagant *pej*

❷ *(mythisches Wesen)* fury; **... wie von ~n gejagt** [*o* **gehetzt**] ... as if the devil himself were after him/her etc.; ***sie gingen wie ~n aufeinander los*** they went for each other['s throats] like [wild]cats

fu·ri·os <-er, -este> [fu'ri̯o:s, -zɐ, -zestə] *adj* ❶ *(hitzig) Mensch* hot-headed

❷ *(mitreißend) Vorstellung* rousing, passionate

Fur·nier <-s, -e> [fʊr'ni:ɐ̯] *nt* veneer

fur·nie·ren* [fʊr'ni:rən] *vt* ▪**etw ~** to veneer sth; **mit Walnussholz furniert** with [a] walnut veneer

Fu·ror <-s> ['fu:ro:ɐ̯] *m* fury, rage

Fu·ro·re [fu'ro:rə] ▸WENDUNGEN: **~ <u>machen</u>, für ~ <u>sorgen</u>** *(fam)* to cause a sensation

Für·sor·ge ['fy:ɐ̯zɔrgə] *f kein pl* ❶ *(Betreuung)* care

❷ *(fam: Sozialamt)* welfare services *npl,* welfare *no art fam*

❸ *(fam: Sozialhilfe)* social security *no art,* welfare AM; **von der ~ leben** to live on benefits

Fü̲r·sor·ge·amt *nt* SCHWEIZ *(Sozialamt)* welfare services *npl* **Fü̲r·sor·ge·pflicht** *f* JUR duty in respect of care and supervision; **~ des Arbeitgebers/Dienstherrn** employer's duty of care *(employer's obligation to provide welfare services)* **Fü̲r·sor·ge·prin·zip** *nt* JUR welfare principle

Fü̲r·sor·ger(in) <-s, -> *m(f) (veraltet) s.* **Sozialarbeiter**

für·sorg·lich ['fy:ɐ̯zɔrklɪç] I. *adj* considerate (**zu** +*dat* towards); *(von Mensch a.)* solicitous *form* (**zu** +*dat* of)

II. *adv* with [solicitous *form*] care

Fü̲r·sorg·lich·keit <-> *f kein pl* care; *(von Mensch a.)* solicitude *form*

Für·spra·che ['fy:ɐ̯ʃpra:xə] *f* recommendation; **[bei jdm] ~ für jdn einlegen** to recommend sb [to sb], to put in a word for sb [with sb] *fam;* **auf jds ~** on sb's recommendation **Für·sprech** <-s, -e> ['fy:ɐ̯ʃprɛç] *m* SCHWEIZ *(Rechtsanwalt)* lawyer, solicitor BRIT, attorney AM **Für·spre·cher(in)** ['fy:ɐ̯ʃprɛçɐ] *m(f)* ❶ *(Interessenvertreter)* advocate ❷ JUR SCHWEIZ *(Anwalt)* barrister BRIT, attorney AM

Fürst(in) <-en, -en> [fʏrst] *m(f)* ❶ *(Adliger)* prince; **~ Bismarck** Prince Bismarck; **wie ein ~/die ~en leben** to live like a lord [*or* king]/lords [*or* kings]

❷ *(Herrscher)* ruler; **der ~ der Finsternis** [*o* **dieser Welt**] *(euph geh: Satan)* the Prince of Darkness *liter;* **geistlicher ~** prince bishop

Fü̲rs·ten·ge·schlecht *nt,* **Fü̲rs·ten·haus** *nt* house [*or* dynasty] of princes

Fü̲rs·ten·tum *nt* principality; **das ~ Monaco** the principality of Monaco

Fü̲rs·tin <-, -nen> *f fem form von* **Fürst** *(Adlige)* princess; *(Herrscherin)* ruler

fürst·lich ['fʏrstlɪç] I. *adj* ❶ *(den Fürsten betreffend)* princely; **eine ~e Kutsche/ein ~es Schloss** a prince's coach/castle; **eure ~e Durchlaucht/Gnaden** Your Highness

❷ *(fig: prächtig)* lavish; *Gehalt, Trinkgeld* lavish, handsome *form*

II. *adv (prächtig)* lavishly; **jdn ~ bewirten** to entertain sb lavishly [*or* [right] royally]; **~ leben/speisen** to live/eat like lords [*or* kings]/a lord [*or* king]

Furt <-, -en> ['fʊrt] *f* ford

fu̲r·tum <u>usus</u> JUR larceny for temporary use

Fu·run·kel <-s, -> [fu'rʊŋk|] *nt o m* MED boil, furuncle *spec*

für·wahr [fy:ɐ̯'va:ɐ̯] *adv (veraltet)* forsooth *old liter,* in truth

Für·wort <-wörter> ['fy:ɐ̯vɔrt, *pl* -vœrtɐ] *nt* LING pronoun

Furz <-[e]s, Fürze> [fʊrts, *pl* 'fʏrtsə] *m (derb)* fart *fam!;* **einen ~ lassen** to [let off a] fart *fam!*

fur·zen ['fʊrtsn̩] *vi (derb)* to fart *fam!*

fu̲rz·tro·cken *adj (sl)* ❶ *(sehr trocken) Brot, Tabak* [as] dry as dust, dried out, stale

❷ *(fig: nüchtern) Person* very dry and dull

❸ *(fig: unverblümt) Humor* very dry

Fu·sel <-s, -> ['fu:z|] *m (pej)* rotgut *sl,* bad liquor, hooch *fam*

Fu·si·on <-, -en> [fu'zi̯o:n] *f* ❶ ÖKON merger, amalgamation

❷ PHYS fusion

fu·si·o·nie·ren* [fuzi̯o'ni:rən] *vi* ÖKON ▪**[zu etw** *dat*] **~** to merge [*or* amalgamate] [into sth]; ▪**mit etw** *dat* **~** to merge [*or* amalgamate] with sth

Fu·si·o·ni̲e·rung <-, -en> *f* ÖKON merger, consolidation

Fu·si·o̲ns·be·ra·tung *f* ÖKON mergers and acquisitions [*or* M&A] advisory **Fu·si·o̲ns·bi·lanz** *f* FIN merger [*or* consolidated] balance sheet **Fu·si·o̲ns·fie·ber** *nt* ÖKON merger mania **Fu·si·o̲ns·ge·rücht** *nt* ÖKON merger rumour [*or* AM -or] **Fu·si·o̲ns·kon·trol·le** *f* JUR, ÖKON merger control; **europäische/präventive ~** European/pre-emptive merger control **Fu·si·o̲ns·kon·troll·or·gan** *nt* JUR, ÖKON merger control body **Fu·si·o̲ns·part·ner,**

-part·ne·rin *m, f* ÖKON partner to the merger **Fu·si·ons·re·ak·tor** *m* PHYS fusion reactor **Fu·si·ons·richt·li·ni·en** *pl* ÖKON merger guidelines [*or* directives] **Fu·si·ons·ver·bot** *nt* ÖKON merger ban **Fu·si·ons·ver·ein·ba·rung** *f* JUR, ÖKON merger accord **Fu·si·ons·ver·trag** *m* JUR, FIN consolidation [*or* merger] agreement **Fu·si·ons·wel·le** *f* wave of mergers

Fuß <-es, Füße> [fu:s, *pl* 'fy:sə] *m* 1 *(Körperteil)* foot; ***meine Füße tun mir weh*** my feet are aching; ***bei ~!*** heel!; **mit bloßen Füßen** with bare feet; **zu ~ zu erreichen sein** to be within walking distance; **jdm zu Füßen fallen** [*o* **sinken**] *(a. fig liter)* to go down on one's knees to [*or* before] sb *a. fig;* **zu ~ gehen/kommen** to walk, to go/come on foot; **jdm zwischen die Füße geraten** [*o* **kommen**] to get under sb's feet; **gut/schlecht zu ~ sein** to be steady/not so steady on one's feet; *Wanderer* to be a good/poor walker; **so schnell einen die Füße tragen** as fast/far as one's legs can carry one; ***er rannte so schnell/weit ihn die*** [*o* ***seine***] ***Füße trugen*** he ran as fast/far as his legs could carry him; **den ~ auf festen Boden/die Erde/den Mond setzen** to set foot on solid ground/the earth/the moon; **seinen ~ über jds Schwelle setzen** to set foot in sb's house; **keinen ~ mehr über jds Schwelle setzen** to not set foot in sb's house again; **keinen ~ vor die Tür setzen** to not set foot outside; **jdm zu Füßen sitzen** to sit at sb's feet; **über seine [eigenen] Füße stolpern** to trip [*or* fall] over one's own feet; *(fig)* to get tied up in knots *fig fam;* **jdm auf die Füße treten** to stand on sb's feet, to tread on sb's toes; **trockenen ~es** without getting one's feet wet; **den ~ in** [*o* **zwischen**] **die Tür stellen** to put [*or* get] one's foot in the door; **sich** *dat* **den ~ verstauchen** to sprain one's ankle; **sich** *akk* **jdm zu Füßen werfen** to throw oneself at sb's feet, to prostrate oneself before sb
2 *kein pl (Längenmaß)* foot; ***sie ist sechs ~ groß*** she's six feet [*or* foot] tall; **ein sechs ~ großer Mann** a six-foot man, a six-footer *fam*
3 *(Teil eines Strumpfes)* foot
4 SÜDD, ÖSTERR *(Bein)* leg
5 KOCHK *(vom Schwein)* trotter; *(vom Lamm)* foot
6 *(unterer Teil) von Betten, Bergen, Treppen* foot; *von Lampen, Säulen* base; *von Sesseln, Tischen* leg
7 LIT *(Versfuß)* [metrical] foot
▸WENDUNGEN: **sich** *dat* **die Füße abfrieren** *(fam)* to freeze one's feet off *fam;* **sich** *dat* **die Füße nach etw** *dat* **ablaufen** [*o* **wund laufen**] to hunt high and low for sth; **auf eigenen Füßen stehen** to stand on one's own [two] feet *fig;* **sich** *akk* **auf eigene Füße stellen** to become independent; **wie eingeschlafene Füße schmecken** *(fam)* to taste of nothing; **[immer wieder] auf die Füße fallen** to fall on one's feet [again] *fig;* **jdn auf dem falschen ~ erwischen** to catch sb on the wrong foot; **~ fassen** to gain a foothold; **jdm/etw auf dem ~e folgen** to follow sb/sth closely, to follow hard on sb/sth; **sich** *akk* **auf freiem ~[e] befinden, auf freiem Fuß[e] sein** to be free; *Ausbrecher* to be at large; **jdn auf freien ~ setzen** to release sb, to set sb free; **mit jdm auf freundschaftlichem/gespannten/gutem ~ stehen** to be on friendly/less than friendly/good terms with sb; **mit einem ~ im Grabe stehen** to have one foot in the grave; **auf großem ~[e] leben** to live the high life; **kalte Füße bekommen** to get cold feet *fig;* **jdm etw zu Füßen legen** *(geh)* to lay sth at sb's feet *fig;* **jdm zu Füßen liegen** to adore [*or* worship] sb; ***das Publikum lag ihr zu Füßen*** she had the audience at her feet *fig;* **auf schwachen** [*o* **tönernen**] [*o* **wackligen**] **Füßen stehen** to rest on shaky foundations *fig;* **stehenden ~es** *(geh)* forthwith *form;* **die Füße unter jds Tisch strecken** to have one's feet under sb'stable *fig;* **jdm auf die Füße treten** *(fam: zu nahe treten)* to tread [*or* step] on sb's toes *fig; (zurechtweisen)* to give sb a good talking-to *fam; (antreiben)* to hurry sb up; **sich** *dat* **auf die Füße getreten fühlen** to feel offended; **jdn/etw mit Füßen treten** to trample on [*or* over] sb/sth *fig;* **sich** *dat* **die Füße vertreten** to stretch one's legs *fig;* **jdm etw vor die Füße werfen** to tell sb to keep sth; ***ich bot ihm Geld an, aber er war sie mir vor die Füße*** I offered him some money, but he told me I could keep it

Fuß·ab·druck <-abdrücke> *m* footprint **Fuß·ab·strei·fer** <-s, -> *m,* **Fuß·ab·tre·ter** <-s, -> *m* foot scraper [*or* grating]; *(Matte)* doormat **Fuß·am·pu·ta·ti·on** *f* MED foot amputation **Fuß·an·gel** *f* mantrap **Fuß·bad** *nt* 1 *(das Baden der Füße)* footbath; **ein ~ nehmen** to take a footbath, to wash one's feet 2 *(Wasser zum Baden der Füße)* footbath 3 *(hum fam: verschütteter Tee o. Kaffee)* tea/coffee spilt in the saucer

Fuß·ball ['fu:sbal] *m* 1 *kein pl (Spiel)* football BRIT, soccer; **~ spielen** to play football 2 *(Ball)* football BRIT, soccer ball **Fuß·ball·club** *m,* **Fuß·ball·klub** *m,* **FC** *m* football club

Fuß·bal·ler(in) <-s, -> ['fu:sbalɐ] *m(f) (fam)* footballer

Fuß·ball·fan *m* football fan **Fuß·ball·mann·schaft** *f* football team **Fuß·ball·meis·ter·schaft** *f* football league championship **Fuß·ball·platz** *m* football pitch BRIT, soccer field **Fuß·ball·pro·fi** *m* professional footballer **Fuß·ball·row·dy** [-raudi] *m* football hooligan **Fuß·ball·spiel** *nt* football match **Fuß·ball·spie·ler(in)** *m(f)* football player **Fuß·ball·sta·di·on** *nt* football stadium **Fuß·ball·to·to** *m o nt* the [football] pools *npl;* **~ spielen** to play the pools

Fuß·ball·über·tra·gung *f* TV football coverage **Fuß·ball·über·tra·gungs·rech·te** *pl* TV football broadcasting rights *pl*

Fuß·ball·ver·band *m* football association **Fuß·ball·ver·ein** *m* football club **Fuß·ball·welt·meis·ter·schaft** *f* football world championship

Fuß·bank <-bänke> *f* footrest **Fuß·be·schnitt** *m* TYPO tail trim[ming]

Fuß·bo·den *m* floor **Fuß·bo·den·be·lag** *m* floor covering **Fuß·bo·den·hei·zung** *f* [under]floor heating

Fuß·breit <-> ['fu:sbrait] *m kein pl* 1 *(Breite des Fußes)* width of a foot, foot 2 *(fig: bisschen)* inch *fig;* **keinen ~ weichen** to not budge an inch **Fuß·brem·se** *f* footbrake

Fus·sel <-, -n *o m* -s, -[n]> ['fʊsl] *f o m* fluff *no pl;* **ein[e] ~** a bit of fluff

fus·se·lig ['fʊsəlɪç] *adj* fluffy *attr,* full of fluff *pred;* **ein ~er Stoff** a fluffy material; *s. a.* **Mund**

fus·seln ['fʊsln] *vi* to get fuzzy; *(von Wolle a.)* to pill *spec*

fu·ßen ['fu:sn] *vi* **auf etw** *dat* **~** to rest [*or* be based] on sth

Fuß·en·de *nt* foot [of a/the bed] **Fuß·fes·seln** *pl* shackles

Fuß·gän·ger(in) <-s, -> *m(f)* pedestrian **Fuß·gän·ger·am·pel** *f* pedestrian [*or* BRIT pelican] crossing **Fuß·gän·ger·brü·cke** *f* footbridge, pedestrian bridge **Fuß·gän·ger·strei·fen** *m* SCHWEIZ, **Fuß·gän·ger·über·weg** *m* pedestrian crossing

Fuß·gän·ger·tun·nel *m* pedestrian subway **Fuß·gän·ger·über·gang** *m* 1 *(Überweg)* pedestrian crossing BRIT, crosswalk AM 2 *(Überführung)* pedestrian bridge **Fuß·gän·ger·zo·ne** *f* pedestrian precinct

Fuß·ge·lenk *nt* ankle **Fuß·he·bel** *m* TECH [foot] pedal **fuß·hoch** ['fu:sho:x] **I.** *adj* ankle-deep **II.** *adv* ankle-deep **fuß·kalt** *adj* **~ sein** *Boden* to be cold on one's/the feet; *Wohnung* to have a cold floor **Fuß·kett·chen** <-s, -> *nt* anklet **Fuß·lap·pen** *m* footcloth

fuß·läu·fig *adj (zu Fuß)* on foot

Fuß·leis·te *f* skirting [board] BRIT, baseboard AM

fuss·ligRR, **fuß·lig**ALT ['fʊslɪç] *adj s.* **fusselig**

Fuß·marsch *m* 1 MIL march 2 *(anstrengender Marsch)* long hike **Fuß·mat·te** *f* doormat

Fuß·na·gel *m* toenail **Fuß·na·gel·sche·re** *f* foot nail [*or* toenail] scissors *npl*

Fuß·no·te *f* LIT footnote **Fuß·pfad** *m* footpath **Fuß·pfle·ge** *f* care of one's/the feet; *(professionell)* pedicure **Fuß·pfle·ger(in)** *m(f)* chiropodist **Fuß·pilz** *m kein pl* athlete's foot **Fuß·pu·der** *m* foot powder **Fuß·re·flex·zo·nen·mas·sa·ge** *f* reflexology massage **Fuß·schal·ter** *m* foot[-operated] switch **Fuß·schal·tung** *f* foot gear-change control **Fuß·schweiß** *m* foot sweat; **an ~ leiden** to suffer from sweaty feet **Fuß·soh·le** *f* sole [of a/the foot] **Fuß·spit·ze** *f* toes *pl;* ***passen die Schuhe? — nein, ich stoße mit der ~ an*** do the shoes fit? no, my toes are pressing at the end **Fuß·spur** *f meist pl* footprints *pl* **Fuß·stap·fen** <-s, -> *m* footprint; **in jds ~ treten** *(fig)* to follow in sb's footsteps *fig* **Fuß·stüt·ze** *f* 1 *(Stütze beim Sitzen)* footrest 2 *(in Schuhen)* arch support **Fuß·tritt** *m* kick; **einen ~ bekommen** [*o fam* **kriegen**] to get kicked [*or* a kick]; **jdm einen ~ geben** [*o geh* **versetzen**] to give sb a kick, to kick sb **Fuß·volk** *nt kein pl* 1 MIL *(veraltet)* infantry, foot soldiers *pl* 2 *(pej: bedeutungslose Masse)* **das ~** the rank and file **Fuß·weg** *m* 1 *(Pfad)* footpath 2 *(beanspruchte Zeit zu Fuß)* ***es sind nur 15 Minuten ~*** it's only 15 minutes [*or* a 15-minute] walk **Fuß·zei·le** *f* INFORM footer, footing

Fu·ton <-s, -s> ['fu:tɔn] *m* futon

Fu·ton·bett *nt* futon bed **Fu·ton·ge·stell** *nt* futon frame

futsch [fʊtʃ] *adj pred* bust *fam;* **~ sein** to have had it *fam; verspieltes Geld a.* to be blown *fam*

Fut·ter1 <-s, -> ['fʊtɐ] *nt* (*(tierische) Nahrung)* [animal] feed; **dem Hund/der Katze ~ geben** to feed the dog/cat; *von Pferd, Vieh a.* fodder
▸WENDUNGEN: **gut im ~ sein** [*o* **stehen**] to be well-fed [*or* -fattened]

Fut·ter2 <-s> ['fʊtɐ] *nt kein pl* 1 *(Innenstoff, Auskleidung)* lining
2 BAU *(Fensterfutter)* casement; *(Türfutter)* jamb
3 *(Spannfutter)* chuck

Fut·te·ral <-s, -e> [fʊtə'ra:l] *nt* case

Fut·ter·ge·trei·de *nt* fodder [*or* forage] cereal **Fut·ter·krip·pe** *f (Futterbehälter)* manger ▸WENDUNGEN: **an der ~ sitzen** *(fam)* to have got it easy **Fut·ter·mais** *m* forage maize [*or* AM corn]

fut·tern ['fʊtɐn] **I.** *vi (hum fam)* to stuff oneself *fam* **II.** *vt (hum fam)* **etw ~** to scoff sth

füt·tern1 ['fʏtɐn] *vt* **jdn [mit etw** *dat***] ~** to feed sb [with [*or* on] sth]; **ein Tier [mit etw** *dat***] ~** [*o* **einem Tier etw ~**] to feed an animal on sth, to give an animal sth [to eat]; **„~ verboten"** "do not feed the animals"; **Hafer/Klee ~** to feed an animal with [*or* on] oats/clover

füt·tern2 ['fʏtɐn] *vt (mit einem Stofffutter versehen)* **etw [mit etw** *dat***] ~** to line sth [with sth]; **etw neu ~** to re[-]line sth

Füt·tern <-s> ['fʏtɐn] *nt kein pl (mit der Flasche) Baby* bottle feeding

Fut·ter·napf *m* [feeding] bowl **Fut·ter·neid** *m* 1 ZOOL envy of another animal's food 2 PSYCH jealousy; **~ haben** *(fig)* to be jealous **Fut·ter·pflan·ze** *f* fodder crop, forage plant [*or* crop] **Fut·ter·rohr** *nt* BAU sleeve pipe **Fut·ter·rü·be** *f* fodder beet, mangold **Fut·ter·sack** *m* nosebag **Fut·ter·stoff** *m* lining [material] **Fut·ter·trog** *m* feeding trough

Füt·te·rung <-, -en> *f* feeding

Fut·ter·zu·satz *m* AGR feed supplement

Fu·tur <-s, -e> [fu'tu:ɐ̯] *nt* LING future [tense]

Future <-[s], -s> ['fju:tʃə] *m* BÖRSE *(Terminkontrakt auf Finanztitel)* future

Fu·ture·bör·se ['fju:tʃɐ-] *f* futures market **Fu·ture·preis** ['fju:tʃə-] *m* BÖRSE future price

Fu·tures ['fju:tʃɐz] *pl* FIN futures *pl*

Fu·tures-Markt ['fju:tʃəz-] *m* BÖRSE futures market

fu·tu·risch [fu'tu:rɪʃ] *adj* LING future *attr*

Fu·tu·ris·mus <-> [futu'rɪsmʊs] *m kein pl* KUNST futurism

fu·tu·ris·tisch [futu'rɪstɪʃ] *adj* futurist[ic]

Fu·tu·ro·lo·ge, Fu·tu·ro·lo·gin <-n, -n> [futuro'lo:gə, futuro'lo:gɪn] *m, f* futurologist

Fu·tu·ro·lo·gie <-> [futurolo'gi:] *f kein pl* futurology *no pl*

Fuz·zi <-s, -s> ['fʊtsi] *m (pej)* stupid little idiot

Fuz·zy·lo·gikRR ['fazɪ-], **Fuz·zy Lo·gic**RR <-> ['fazɪlɔdʒɪk] *nt kein pl* INFORM fuzzy logic

G

G, g <-, - o fam -s, -s> [ge:] *nt* ❶ *(Buchstabe)* G, g; ~ **wie Gustav** G for [*or* as in] George; *s. a.* **A 1**
❷ MUS G, g; *s. a.* **A 2**
g *Abk von* **Gramm** g, gram, BRIT *a.* gramme
gab ['ga:p] *imp von* **geben**
Ga·bar·di·ne <-s> ['gabardi:n] *m kein pl* gabardine, gaberdine
Ga·be <-, -n> ['ga:bə] *f* ❶ *(geh: Geschenk)* gift, present; REL offering; **eine milde** ~ alms *pl*, a small donation *hum*
❷ *(Begabung)* gift; **die ~ haben, etw zu tun** to have a [natural] gift of doing sth
❸ *kein pl* MED *(das Verabreichen)* administering *no indef art, no pl*
❹ SCHWEIZ *(Preis, Gewinn)* prize
Ga·bel <-, -n> ['ga:bl̩] *f* ❶ *(Essensgabel)* fork
❷ *(Heugabel, Mistgabel)* pitchfork
❸ *(Gabeldeichsel)* shafts *pl*; *(Radgabel)* fork
❹ TELEK cradle, rest; ***du hast den Hörer nicht richtig auf die ~ gelegt*** you haven't replaced the receiver properly
❺ JAGD spire
Ga·bel·bis·sen *m* ❶ *(Heringsfilet)* rollmop ❷ *(Appetithappen)* canapé **Ga·bel·früh·stück** *nt* mid-morning snack, elevenses + *sing/pl vb* BRIT *fam*
ga·beln ['ga:bl̩n] *vr* ■**sich** *akk* ~ to fork; ***hier gabelt sich der Weg*** the path [*or* road] forks here
Ga·bel·ring·schlüs·sel *m* combination spanner [*or* wrench] **Ga·bel·schlüs·sel** *m* open end spanner [*or* wrench] **Ga·bel·stap·ler** <-s, -> [-ʃta:plɐ] *m* fork-lift truck
Ga·be·lung <-, -en> ['ga:bəlʊŋ] *f* fork
Ga·ben·tisch *m table for laying out presents*
Ga·bun <-s> [ga'bu:n] *nt* Gabon
Ga·bu·ner(in) <-s, -> [ga'bu:nɐ] *m(f)* Gabonese
ga·bu·nisch [ga'bu:nɪʃ] *adj* Gabonese
G-8 [ge:?axt] *f* ÖKON, POL *(Gemeinschaft führender Industrienationen)* G-8, Group of Eight; **~-Gipfel** G-8 summit; **~-Treffen** meeting of the G-8 members
ga·ckern ['gakɐn] *vi* ❶ *Huhn* to cluck
❷ *(fig fam)* to cackle *fig*
Ga·do·li·ni·um <-s> [gado'li:ni̯ʊm] *nt kein pl* CHEM gadolinium *no pl, no art*
gaf·fen ['gafn̩] *vi (pej)* ■[**nach jdm/etw**] ~ *(fam)* to gape [*or* BRIT *pej fam* gawp] [at sb/sth], to stare [at sb/sth]; ***was gaffst du so?*** what are you gawping [*or* gaping] at!
Gaf·fer(in) <-s, -> *m(f) (pej)* gaper, gawper BRIT *pej*
Gag <-s, -s> [gɛk] *m (fam)* joke, gag; **~s über jdn/etw machen** to do gags about sb/sth; *(Spaß)* stunt, gag
ga·ga [ga'ga] *adj pred, inv (pej fam)* gaga *pej fam*
Ga·ge <-, -n> ['ga:ʒə] *f bes* THEAT fee
gäh·nen ['gɛ:nən] *vi* ❶ *(Müdigkeit, Langeweile)* yawn; **das/ein G~ unterdrücken** to stifle a yawn; **zum G~** [**langweilig**] **sein** to be one big yawn
❷ *(geh: sich auftun)* to yawn; **ein ~des Loch** a gaping hole
GAL <-> [ge:?a:'ɛl] *f kein pl Abk von* **Grün-Alternative-Liste** *electoral pact of green and alternative parties*
Ga·la <-, -s> ['ga:la] *f* ❶ *kein pl* formal [*or* festive] dress *no pl*; **sich** *akk* **in ~ werfen** [*o fam* **schmeißen**] to get all dressed up [to the nines] *fam*, to put on one's Sunday best *fam*
❷ *s.* **Galavorstellung**
Ga·la·abend *m* gala evening **Ga·la·an·zug** *m kein pl* ❶ *(festliche Kleidung)* formal [*or* evening] dress ❷ MIL ceremonial dress **Ga·la·di·ner** [-dine:] *nt* formal dinner **Ga·la·emp·fang** *m* formal reception
ga·lak·tisch [ga'laktɪʃ] *adj* ASTRON galactic; **~e Scheibe** galactic plane
ga·lant [ga'lant] *adj (veraltend)* ❶ *(betont höflich gegenüber Damen)* chivalrous *dated*
❷ *(amourös)* amorous; **ein ~es Abenteuer** an amorous adventure
Ga·la·pa·gos·fink [ga'lapagɔs-] *m s.* **Darwinfink**
Ga·la·pa·gos·in·seln [ga'la:pagɔs-] *pl* GEOG ■**die** ~ the Galapagos Islands *pl*
Ga·la·uni·form *f* ceremonial [*or* full dress] uniform **Ga·la·vor·stel·lung** *f* THEAT gala performance
Ga·la·xie <-, -n> [gala'ksi:, *pl* gala'ksi:ən] *f* ASTRON galaxy **Ga·la·xi·en·hau·fen** *m* ASTRON galactic cluster
Ga·la·xis <-s, Galaxien> [ga'laksɪs, *pl* gala'ksi:ən] *f* ASTRON ❶ *(Galaxie)* galaxy
❷ *kein pl (Milchstraße)* ■**die** ~ the Galaxy, the Milky Way System
Ga·lee·re <-, -n> [ga'le:rə] *f* galley
Ga·lee·ren·skla·ve, -skla·vin *m, f* galley slave **Ga·lee·ren·sträf·ling** *m* galley slave
Ga·le·o·ne <-, -n> [gale'o:nə] *f* HIST galleon
Ga·le·rie <-, -n> [galə'ri:, *pl* -'ri:ən] *f* ❶ ARCHIT gallery
❷ *(Gemäldegalerie)* art gallery; *(Kunsthandlung)* art dealer's
❸ *(a. hum: Menge, Reihe)* collection; ***meine Oma besitzt eine ganze ~ hässlicher Vasen*** my granny has quite a collection of ugly vases
❹ *(Geschäftspassage)* arcade
❺ ÖSTERR, SCHWEIZ *(Tunnel mit fensterartigen Öffnungen)* gallery
Ga·le·rist(in) <-en, -en> [galə'rɪst] *m(f)* proprietor of an art dealer's [shop], proprietor of a gallery
Gal·gen <-s, -> ['galgn̩] *m* ❶ *(zum Erhängen)* gallows + *sing vb*, gibbet; **jdn an den ~ bringen** to send sb to the gallows; **jdn am ~ hinrichten** to hang sb [from the gallows]
❷ FILM *(galgenähnliche Vorrichtung, an der etwas aufgehängt werden kann)* boom
Gal·gen·frist *f (fam)* stay of execution, reprieve; **eine ~ erhalten** to receive a stay of execution; **jdm eine ~** [*o geh* **einräumen**] **geben** to grant sb a reprieve [*or* stay of execution] **Gal·gen·hu·mor** *m* gallows humour [*or* AM -or]
Gal·gen·strick *m (fam)* ❶ *(veraltend: Taugenichts)* gallows bird ❷ *(listige Person)* rogue **Gal·gen·vo·gel** *m (pej veraltend)* gallows bird *old*, rogue *dated*
Ga·li·ci·en [ga'li:tsi̯ən] *nt* Galicia
Ga·li·ci·er(in) [ga'li:tsi̯ɐ] *m(f)* Galician
ga·li·cisch [ga'li:tsɪʃ] *adj* Galician
Ga·li·cisch [ga'li:tsɪʃ] *nt dekl wie adj* Galician
Ga·li·ci·sche <-n> *nt* ■**das** ~ Galician, the Galician language
Ga·li·läa <-s> [gali'lɛ:a] *nt kein pl* Galilee
Ga·li·ons·fi·gur [ga'li̯o:ns-] *f (a. fig)* figurehead *a. fig*
Gä·lisch ['gɛ:lɪʃ] *nt dekl wie adj* Gaelic
gä·lisch ['gɛ:lɪʃ] *adj* ❶ *(keltisch)* Gaelic
❷ LING Gaelic
Gä·li·sche <-n> *nt* ■**das** ~ Gaelic, the Gaelic language
Ga·li·zi·en <-s> [ga'li:tsi̯ən] *nt* Galicia
Ga·li·zi·er <-s, -> *m*, **Ga·li·zi·er·krebs** <-es, -e> [ga'li:tsi̯ɐ(-)] *m* freshwater crayfish
Ga·li·zi·er(in) <-s, -> [ga'li:tsi̯ɐ] *m(f)* Galician
ga·li·zisch [ga'li:tsɪʃ] *adj* Galician
Gall·ap·fel ['gal-] *m* oak gall, oak apple, gallnut
Gal·le <-, -n> ['galə] *f* ❶ *(Gallenblase)* gall-bladder
❷ *(Eichengalle) s.* **Gallapfel**
❸ *(Gallenflüssigkeit)* bile, gall; **bitter wie ~** as bitter as gall [*or old* wormwood]
▶ WENDUNGEN: **jdm kommt die ~ hoch** sb's blood begins to boil; **jdm läuft die ~ über** sb is seething [*or* livid]; **~ verspritzen** to pour out one's venom
gal·le(n)·bit·ter ['galə(n)'bɪtɐ] *adj (äußerst bitter)* as bitter as gall, extremely bitter, caustic; **~er Humor** a caustic sense of humour [*or* AM -or] **Gal·len·bla·se** *f* gall bladder **Gal·len·gang** *m* bile duct **Gal·len·grieß** *m* small gallstones *pl* **Gal·len·ko·lik** *f* biliary colic **Gal·len·lei·den** *nt* gall bladder complaint **Gal·len·säu·re** *f* bile acid; BOT gallic acid **Gal·len·stein** *m* gallstone
Gal·lert <-[e]s, -e> ['galɐt, ga'lɛrt] *nt*, **Gal·ler·te** <-, -n> [ga'lɛrte, 'galɐtə] *f* jelly
gal·lert·ar·tig [ga'lɛrt-] *adj* gelatinous
Gal·li·en <-s> ['gali̯ən] *nt* HIST Gaul
Gal·li·er(in) <-s, -> ['gali̯ɐ] *m(f)* HIST Gaul
gal·lig ['galɪç] *adj* caustic; **eine ~e Bemerkung** a caustic remark; **~er Humor** a caustic sense of humour [*or* AM -or]
gal·lisch ['galɪʃ] *adj* Gallic
Gal·li·um <-s> ['gali̯ʊm] *nt kein pl* CHEM gallium *no pl*
Gal·lo·ne <-, -n> [ga'lo:nə] *f* gallon
Gall·wes·pe ['gal-] *f* ZOOL gall wasp
Ga·lopp <-s, -s *o* -e> [ga'lɔp] *m* ❶ *(Pferdegangart)* gallop; **in gestrecktem ~** at full gallop; **in ~ fallen** to break into a gallop; **im ~** *(a. fig)* at a gallop, at top [*or* full] speed *fig*; ***sie erledigte die Einkäufe im ~*** she did the shopping at top speed; **langsamer ~** canter
❷ *(Tanz)* galop
ga·lop·pie·ren* [galɔ'pi:rən] *vi sein o haben* to gallop; **~de Inflation** galloping inflation
ga·lop·pie·rend [galɔ'pi:rənd] *adj inv (fig) Inflation, Arbeitslosigkeit* galloping
galt ['galt] *imp von* **gelten**
Gal·va·ni·sa·ti·on <-, -en> [galvaniza'tsi̯o:n] *f* MED galvanization
gal·va·nisch [gal'va:nɪʃ] *adj* galvanic
Gal·va·ni·seur(in) <-s, -e> [galvani'zø:ɐ̯] *m(f)* electroplater, galvanizer
gal·va·ni·sie·ren* [galvani'zi:rən] *vt* ■**etw** ~ to electroplate sth, to galvanize sth
Gal·va·no·me·ter [galvano'me:tɐ] *nt* TECH galvanometer
Ga·ma·sche <-, -n> [ga'maʃə] *f (veraltet)* gaiter *dated*; **kurze ~** spat; **Wickel~** puttee
Gam·be <-, -n> ['gambə] *f* MUS viola da gamba
Gam·bia <-s> ['gambi̯a] *nt* the Gambia
Gam·bi·er(in) <-s, -> ['gambi̯ɐ] *m(f)* Gambian
gam·bisch ['gambɪʃ] *adj* Gambian
Game·boy® <-s, -s> ['ge:mbɔy] *m* Gameboy® **Game·port** <-s, -s> ['ge:mpɔrt] *nt* INFORM game port **Game·show** <-, -s> ['ge:mʃo:] *f* game show
Gam·ma <-[s], -s> ['gama] *nt* gamma
Gam·ma·strah·len *pl* PHYS, MED gamma rays *pl* **Gam·ma·strah·lung** *f* PHYS gamma radiation
gam·me·lig ['gaməlɪç] *adj (pej fam)* ❶ *(ungenießbar)* bad, rotten; **ein ~es Stück Käse** a piece of stale cheese
❷ *(unordentlich)* scruffy; **ein ~es Auto** an old banger *fam*; **~e Kleidung** scruffy [*or* grotty] clothes BRIT; **~ herumlaufen** to walk around looking scruffy
gam·meln ['gaml̩n] *vi* ❶ *(ungenießbar werden)* to go off, to spoil
❷ *(fam: herumhängen)* to laze [*or fam* loaf] [*or sl* bum] around
Gamm·ler(in) <-s, -> ['gamlɐ] *m(f) (veraltend fam)* layabout *fam*, loafer *fam*
Gams <-, -[en]> ['gams] *f* JAGD SÜDD, ÖSTERR *(Gämse)* chamois
Gams·bart, Gäms·bart[RR] *m* JAGD, MODE *tuft of chamois hair worn as a hat decoration* **Gams·bock, Gäms·bock**[RR] *m* chamois buck
Gäm·se[RR] <-, -n> ['gɛmzə] *f* chamois
Gams·le·der, Gäms·le·der[RR] *nt* chamois leather
GAN <-> *nt kein pl* INFORM *Akr von* **global area network** GAN
Gand <-s, Gänder> [gant, *pl* 'gɛndɐ] *nt*, **Gand** <-, -en> *f* ÖSTERR, SCHWEIZ *(Geröllhalde)* scree [slope]
Gan·da <-, -> ['ganda] *m o f* Ganda
gang ['gaŋ] *adj* ~ **und gäbe sein** to be customary, to be the norm
Gang[1] <-[e]s, Gänge> ['gaŋ, *pl* 'gɛŋə] *m* ❶ *kein pl (Gehweise)* walk *no pl*, gait *no pl*, way *no pl* of walking; ***ich erkenne ihn schon am ~*** I recognize him from the way he walks; **aufrechter ~** upright carriage; **seinen ~ beschleunigen** to quicken one's pace, to speed up; **einen federnden ~ haben** to have a spring in one's step; **einen schnellen/hinkenden ~ haben** to walk quickly/with a limp; **einen unsicheren ~ haben** to be unsteady on one's feet; **seinen ~ verlangsamen** to slow down
❷ *(Weg zu einem Ort)* walk; ***sein erster ~ war der zum Frühstückstisch*** the first thing he did was to go to the breakfast table; ***mein erster ~ führte***

mich in das Büro des Chefs the first place I went to was the bosses office; ***ihr erster ~ führte sie zu mir*** the first person she went to was me; ***ich traf sie auf dem ~ zum Arzt*** I bumped into her on the way to the doctor's; **der ~ nach Canossa** HIST the pilgrimage to Canossa; **den ~ nach Canossa antreten** *(fig)* to eat humble pie *fam;* **einen schweren ~ tun** [**müssen**] to [have to] do something difficult

❸ *(Besorgung)* errand; **jdm einen ~ abnehmen** to do an errand for sb; **einen ~ machen** [*o* **tun**] to go on an errand; ***ich habe heute in der Stadt noch einige Gänge zu machen*** I must do [*or* go on] a few errands in town today; ***könntest du für mich einen ~ zur Bank machen?*** could you go to the bank for me?

❹ *kein pl (Bewegung)* operation *no pl;* ***die Uhr hat einen gleichmäßigen ~*** the clock operates smoothly; ***der Motor hat einen ruhigen ~*** the engine runs quietly; **etw in ~ bringen** [*o* **setzen**] *(a. fig)* to get sth going *a. fig;* ***mit diesem Schalter wird die Anlage in ~ gesetzt*** this switch starts up the plant; ***kannst du den Motor wieder in ~ bringen?*** can you get the engine going [*or* running] again?; ***sein Angebot hat die Verhandlungen wieder in ~ gebracht*** his offer got the negotiations going again; **etw in ~ halten** *(a. fig)* to keep sth going *a. fig;* **den Motor in ~ halten** to keep the engine running; **in ~ kommen** *(a. fig)* to get going *a. fig;* ***endlich sind die Verhandlungen in ~ gekommen*** finally the negotiations have got going; ***die Vorbereitungen sind endlich in ~ gekommen*** the preparations are finally underway; **in ~ sein** *(a. fig)* to be going *a. fig; Motor* to be running

❺ *kein pl (Ablauf)* course *no pl; (Entwicklung, Handlung)* development *no pl;* ***er verfolgte den ~ der Geschäfte*** he followed the company's development; **der ~ der Dinge** the course of events; **seinen gewohnten** [*o* **alten**] **~ gehen** to run its usual course; ***alles geht wieder seinen gewohnten ~*** everything is proceeding as normal; **in** [**vollem**] **~ sein** to be well underway; *Feier* to be in full swing

❻ KOCHK *(bei einem Menü)* course

❼ TECH, AUTO gear; *(beim Fahrrad a.)* speed; ***hast du den zweiten ~ drin?*** *(fam)* are you in second gear?; **einen ~ einlegen** to engage a gear; ***vorsichtig den ersten ~ einlegen!*** carefully engage first gear!; **den ~ herausnehmen** to put the car into neutral, to engage neutral; **in den 2. ~ schalten** to change into 2nd gear

❽ *(Korridor)* corridor; *(Hausflur)* [entrance] hall; *(Durch-, Verbindungsgang)* passage[way], corridor; *(im Flugzeug, Theater, Zug, in der Kirche)* aisle, gangway BRIT; *(Säulengang)* colonnade, passage; *(in einem Bergwerk)* tunnel, gallery; ***bitte warten Sie draußen auf dem ~*** please wait outside in the corridor; ***lass die Schuhe bitte draußen im ~ stehen*** please leave your shoes outside in the hall; ***könnte ich einen Platz am ~ haben?*** could I have an aisle seat?; ***rings um das Atrium führte ein überdachter ~*** there was a covered walkway all around the atrium

❾ GEOL *(Erzgang)* vein

❿ ANAT duct; *(Gehörgang)* meatus *spec*

⓫ TECH *(eines Gewindes)* thread

⓬ SPORT *(in einem Rennen)* heat

▸WENDUNGEN: **in die Gänge <u>kommen</u>** *(fam)* to get going; ***er braucht 6 Tassen Kaffee, um morgens in die Gänge zu kommen*** he needs 6 cups of coffee to get going in the morning; **<u>im</u> ~e sein** to be going on; ***da ist etwas im ~e*** something's up; **gegen jdn ist etwas im ~**[**e**] moves are being made against sb; ***gegen sie scheint eine Verschwörung im ~[e] zu sein*** there seems to be a conspiracy against her; **einen ~ <u>zulegen</u>** *(fam)* to get a move on *fam;* **einen ~ <u>zurückschalten</u>** *(fam)* to shift down a gear *fig,* to take things a bit easier

Gang² <-, -s> [gɛŋ] *f* gang

Gang·art *f* ❶ *(Art des Gehens)* gait, walk, way of walking; *(bei Pferden)* gait, pace; ***er hat eine etwas schleppende ~*** he drags his feet when he walks; **in eine andere ~ fallen** to change pace; **eine harte ~ anschlagen** *(fig)* to take a tough stance [*or* line] *fig;* **eine schnellere ~ anschlagen** to quicken one's pace, to walk faster

❷ SPORT *(Verhaltensweise)* action

gang·bar *adj* ❶ *(begehbar)* passable

❷ *(fig)* practicable; **etw für einen ~en Weg halten** to view sth as a practicable plan of action; **eine ~e Lösung** a practicable solution

Gän·gel·band <-[e]s, *selten* -bänder> *nt* **jdn am ~ führen/haben/halten** *(pej)* to keep sb tied to one's apron strings *pej*

Gän·ge·lei <-, -en> [gɛŋə'lai] *f (pej)* ≈ nagging *pej*

gän·geln ['gɛŋl̩n] *vt (pej)* ■**jdn ~** to treat sb like a child *pej*

Gang·ge·stein *nt* GEOL gangue [*or* gang] rock

gän·gig ['gɛŋɪç] *adj* ❶ *(üblich)* common; **ein ~er Brauch** a common custom

❷ *(gut verkäuflich)* in demand, popular; **die ~ste Ausführung** the bestselling model

❸ *(im Umlauf befindlich)* current; **die ~e Währung** the currency in circulation, the accepted currency; *(im Ausland)* the local currency

Gan·gli·en ['gaŋliən] *pl* ANAT ganglia *pl*

Gan·gli·on <-s, -lien> ['gaŋliɔn, *pl* 'gaŋliən] *nt* MED ganglion

Gang·schal·tung *f* gears *pl*

Gangs·ter <-s, -> ['gɛŋstɐ] *m (pej)* gangster *pej*

Gangs·ter·ban·de ['gɛŋstɐ-] *f* gang [*or* band] of criminals **Gangs·ter·boss**^RR^ ['gɛŋstɐ-] *m* gangland boss **Gangs·ter·me·tho·den** ['gɛŋstɐ-] *pl (pej)* gangster methods *pl pej*

Gang·way <-, -s> ['gɛŋve:] *f* gangway

Ga·no·ve <-n, -n> [ga'no:və] *m* ❶ *(pej fam: Verbrecher)* crook *pej fam*

❷ *(hum fam: listiger Kerl)* sly old devil *hum fam*

Ga·no·ven·eh·re *f* honour [*or* AM -or] among[st] thieves **Ga·no·ven·spra·che** *f* thieves' argot *no pl*

Gans <-, Gänse> ['gans, *pl* 'gɛnzə] *f* ❶ *(Tier)* goose; *(Gänsebraten)* roast goose

❷ *(Schimpfwort)* **blöde** [*o* **dumme**] **~** *(pej fam)* silly goose *pej fam*

Gans·bra·ten *m* ÖSTERR *(Gänsebraten)* roast goose

Gäns·chen <-s, -> ['gɛnsçən] *nt dim von* **Gans** gosling

Gän·se·blüm·chen *nt* daisy **Gän·se·bra·ten** *m* roast goose **Gän·se·brä·ter** *m oval roasting tin for roasting goose* **Gän·se·brust** *f* goose breast **Gän·se·con·fit** *nt* goose confit **Gän·se·fe·der** *f* goose feather [*or* quill] **Gän·se·fuß** *m* BOT goosefoot **Gän·se·füß·chen** *pl (fam)* inverted commas *pl,* quotation marks *pl,* quotes *pl fam* **Gän·se·gei·er** *m* griffon vulture **Gän·se·haut** *f kein pl* goose-pimples *pl,* goose flesh *no pl, esp* AM goose bumps *pl;* **eine ~ bekommen** [*o fam* **kriegen**] to go all goose-pimply, to get goose-pimples [*or esp* AM bumps] **Gän·se·keu·le** *f* leg of goose **Gän·se·kiel** *m* goose-quill **Gän·se·klein** <-s> *nt kein pl* goose giblets *pl*

Gän·se·le·ber *f* goose liver **Gän·se·le·ber·pas·te·te** *f* pâté de foie gras

Gän·se·marsch *m kein pl* single file; **im ~** in single file

Gän·se·rich <-s, -e> ['gɛnzərɪç] *m* gander

Gän·se·sä·ger *m* ORN goosander, common merganser **Gän·se·schmalz** *nt* goose dripping **Gän·se·wein** *m kein pl (hum veraltend: Wasser)* Adam's ale *hum dated*

Gant <-, -en> *f* SCHWEIZ ❶ *(Versteigerung)* auction, public sale

❷ *(Konkurs)* bankruptcy

Gan·ter <-s, -> ['gantɐ] *m* NORDD *(Gänserich)* gander

ganz ['gants] **I.** *adj inv* ❶ *attr, + sing n (gesamt)* all, whole; *(vollständig)* entire; ***er widmete dem Projekt seine ~e Energie*** he dedicated all his energy to the project; ***es regnet schon den ~en Tag*** it's been raining all [*or* the whole] [*or* the entire] day; ***ist das Ihre ~e Auswahl an CDs?*** are those all the CDs you've got?; ***~ Berlin schaute zu, als das letzte Stück Mauer entfernt wurde*** the whole of [*or* all] Berlin looked on as the last piece of the wall was removed; ***der ~e Schrott wanderte in den Müll*** all that [*or* the entire] rubbish ended up on the scrap heap; ***das ~e Theater wegen einer Frau!*** all that fuss over a woman!; **die ~e Arbeit** all the work; **~ Deutschland/England** the whole of Germany/England; ***diese Verordnung gilt in ~ Europa*** this regulation applies throughout [*or* to the whole of] Europe; ***wir fuhren durch ~ Italien*** we travelled all over Italy; **ein ~er Mann** a real man; **die ~e Wahrheit** the whole truth; **die ~e Zeit** all the time, the whole time

❷ *attr, + pl n (fam: alle)* all; ***die ~en Autos in unserer Straße wurden beschädigt*** all the cars in our street where damaged; ***wo kamen denn plötzlich die ~en Menschen her?*** where did all these people suddenly come from?; ***man hat mir die ~en 500 Euro geklaut!*** all my 500 euros were stolen!

❸ *attr (mit Zahlwort)* **eine ~e Drehung** a complete turn; **eine ~e Note** a semibreve, a whole note AM; **~e Zahl** whole number, integer

❹ *attr (fam: ziemlich)* **eine ~e Menge/Weile** quite a lot/while

❺ *(fam: unbeschädigt)* intact; ***hoffentlich sind unsere guten Gläser noch ~*** I hope our good glasses are still in one piece; ***sie gab mir nur ihre kaputten Spielsachen und behielt die ~en*** she only gave me her broken toys and kept the intact ones; **etw wieder ~ machen** to mend sth; **wieder ~ sein** to be mended; ***das Auto ist wieder ~*** the car has been repaired

❻ *attr (fam: gerade mal)* all of; *(nicht mehr als)* no more than; ***der Fernseher hat ~e 50 Euro gekostet*** the television cost all of 50 euros; ***sie verdient ~e 3.200 Euro im Monat*** she earns all of 3,200 euros a month; ***er hat dafür gerade mal ~e zehn Minuten gebraucht*** it didn't take him more than ten minutes; ***für fünf Stunden Schwerarbeit habe ich ~e 50 Euro bekommen*** all I got for five hours' heavy work was 50 euros

II. *adv* ❶ *(wirklich)* really; *(sehr)* very; ***das war ~ lieb von dir*** that was really kind of you; ***er sagte etwas ~ Dummes*** he said something really stupid; ***er ist ein ~ Ausgebuffter*** *(fam)* he's really a shrewd one; ***das hast du ja ~ toll hinbekommen!*** *(a. iron)* you've made a really good job of that! *a. iron;* ***der Kuchen ist dir ~ wunderbar gelungen*** you've made a really good job of this cake; ***ist das auch ~ bestimmt die Wahrheit?*** are you sure you're telling the whole truth?; **~ besonders** particularly, especially; ***das war ~ besonders ungeschickt von dir*** that was particularly careless of you!; **ein ~ kleines bisschen** [*o* **klein wenig**] just a little bit

❷ *(ziemlich)* quite; ***ich verdiene eigentlich ein ~ gutes Gehalt*** I earn quite a good salary really; ***der Vorschlag ist ~ interessant*** the proposal is quite interesting; ***es hat ihr hier ~ gut gefallen*** she quite liked it here; ***das hat ~ schön lang gedauert*** *(fam)* it took quite a time; ***die Kinder waren ~ schön dreckig*** *(fam)* the children were pretty dirty

❸ *(vollständig)* ■**etw ~ tun**: ***du musst das Bild nicht ~ ausmalen*** you don't have to colour [*or* AM -or] in all the picture; ***ich habe den Film nicht ~ gesehen*** I didn't see all the film; ***hast du die Wand schon ~ gestrichen?*** have you painted all the wall?, have you finished painting the wall?; **etw ~ lesen** to read sth from cover to cover; ***ich habe die Zeitschrift noch nicht ~ gelesen*** I haven't finished reading the magazine yet

❹ *(über und über, durch und durch)* completely, totally; **~ nass sein** to be all wet; **~ mit Schlamm bedeckt sein** to be completely [*or* totally] covered in mud

❺ *(absolut)* completely, totally; ***er ist ~ der Vater*** he is just like his father; ***sie war ganz Aufmerksamkeit*** she was all attention; [***ich bin***] ***~ Ihrer Meinung*** I quite agree; ***~ wie Sie meinen/wünschen*** just as you think best/wish; **~ allein sein** to be all alone; **~ und gar** completely, utterly; ***das ist ~***

und gar etwas anderes that is something completely [*or* totally] different; ~ **und gar nicht** not at all, not in the least; **etw ~ oder gar nicht machen** to do sth properly or not at all; ~ **gewiss** definitely; ~ **gleich** no matter; ~ ***gleich, was passiert, ich bleibe bei dir*** no matter what happens, I stay with you; ***ich muss diesen Wagen haben, ~ gleich, was er kostet!*** I must have this car, no matter what it costs; **jdm ~ gleich sein** to be all the same to sb; ***das ist mir ~ gleich*** it's all the same to me; **nicht ~** not quite; ***es ist noch nicht ~ Mitternacht*** it is not quite midnight yet; ***er ist noch nicht ~ achtzehn*** he is just under eighteen; ***das ist nicht ~ dasselbe*** that's not quite the same thing; ~ **Recht haben** to be quite [*or* absolutely] right
⑥ *(unmittelbar)* ~ **hinten/vorne** right at the back/front

Ganz·auf·nah·me *f* full-length photograph **Ganz·bild·schirm** *m* INFORM total screen

Gan·ze(s) *nt dekl wie adj* ① *(alles zusammen)* whole; **etw als ~ sehen** to see sth as a whole; ***was macht das ~?*** how much is that all together?; **im ~n** on the whole, all in all; ***das Essen war im ~n gut*** on the whole the meal was good
② *(die ganze Angelegenheit)* the whole business; ***das ~ hängt mir zum Halse heraus*** I've had it up to here with everything!; ***das ist nichts ~s und nichts Halbes*** that's neither one thing nor the other
▶WENDUNGEN: **aufs ~ gehen** *(fam)* to go for broke; **es geht [für jdn] ums ~** everything is at stake [for sb]; **im Großen und ~n** on the whole; **im großen ~n** all in all; **das ~ halt!** MIL company halt!

Gän·ze <-> ['gɛntsə] *f kein pl (geh)* entirety; **in seiner/ihrer ~** in its entirety; **zur ~** completely, entirely

Ganz·fa·bri·kat *nt* finished product **ganz·flä·chig** *adj* all over

Ganz·heit <-, -en> *pl selten f (Einheit)* unity; *(Vollständigkeit)* entirety; **in seiner/ihrer ~** in its entirety; ***man muss das Ökosystem in seiner ~ betrachten*** you have to look at the ecosystem as a whole

ganz·heit·lich I. *adj* integral *attr;* **eine ~e Betrachtungsweise** an integral way of viewing things
II. *adv* all in all; **etw ~ betrachten** to look at sth in its entirety

Ganz·heits·kos·me·tik *f* integral cosmetics *pl* **Ganz·heits·me·di·zin** *f kein pl* holistic medicine *no pl* **Ganz·heits·me·tho·de** *f kein pl* SCH "look and say" method

Ganz·jah·res·rei·fen *m* AUTO all-season tire

ganz·jäh·rig *adj* all [the] year round

Ganz·kör·per·be·strah·lung *f* whole [*or* total] body irradiation **Ganz·le·der·band** *m* leather binding

Ganz·lei·nen *nt* pure linen **Ganz·lei·nen·band** *m* cloth binding

gänz·lich ['gɛntslɪç] I. *adj (selten)* complete, total
II. *adv* completely, totally; **jdm/etw ~ zustimmen** to unreservedly agree with sb/to sth

Ganz·sei·ten·be·lich·tung *f* TYPO full-page exposure [*or* output] **Ganz·sei·ten·über·tra·gung** *f* TYPO full-page transmission **Ganz·sei·ten·um·bruch** *m* TYPO full-page make-up

ganz·sei·tig *adj* full-page

ganz·tä·gig I. *adj* all-day; **~e Betreuung** round-the-clock supervision; **eine ~e Stelle** a full-time job
II. *adv* all day; ***das Schwimmbad ist ~ geöffnet*** the swimming pool is open all day

Ganz·tags·be·treu·ung *f* full-time childcare

Ganz·tags·schu·le *f* full-time day school

ganz·tei·lig ['gantstailɪç] *adj inv Badeanzug, Kostüm* one-piece

Ganz·ton *m* MUS whole tone

ganz·zah·lig *adj* MATH integral; **~es Polynom** integral polynomial; **~es Vielfaches** integral multiple

GAP <-> [ge:ʔa:'pe:] *f kein pl Abk von* **Gemeinsame Agrarpolitik** CAP, Common Agricultural Policy

gar[1] ['ga:ɐ̯] *adj* ① KOCHK done, cooked; **nicht ~** underdone; **etw ~ kochen** to cook [*or* boil] sth [until done]; **etw auf kleiner Flamme ~ kochen** to simmer sth until it's done; **etw ~ schwenken** to sauté sth
② *(bei Leder)* dressed, tanned
③ SÜDD, ÖSTERR *(aufgebraucht)* finished
④ AGR *Boden* well-prepared

gar[2] ['ga:ɐ̯] *adv* ① *(überhaupt)* at all, whatsoever; ~ **keine[r]** no one at all [*or* whatsoever]; ~ ***keiner hat die Tat beobachtet*** no one whatsoever saw the crime; ~ **keine[n/s]** none at all [*or* whatsoever]; ***hattest du denn ~ keine Angst?*** weren't you frightened at all?; ~ **mancher/manchmal** *(liter)* many a person/time; ~ **nicht** not at all; ***er hat sich ~ nicht gefreut*** he wasn't at all pleased; ~ ***nicht so übel*** not bad at all; ***wir kommen ~ nicht voran*** we're not making any progress whatsoever; ~ **nichts** nothing at all [*or* whatsoever]; ***du hast noch ~ nichts [dazu] gesagt*** you still haven't said anything at all [about it]; ~ **nie** never ever; ~ **niemand** not a soul, nobody [*or* no one] at all [*or* whatsoever]
② *(verstärkend)* really, so; ***es war ~ so kalt*** it really was so cold; ***er wäre ~ zu gern gekommen*** he would so have liked to come
③ SÜDD, ÖSTERR, SCHWEIZ *(sehr)* really; **ein ~ feinfühliger Mensch** a very sensitive person
④ *(geh: etwa)* perhaps, by any chance; ***bin ich dir mit meiner Bemerkung ~ zu nahe getreten?*** did my remark offend you by any chance?; ***sie wird doch nicht ~ im Lotto gewonnen haben?*** she hasn't won the lottery, has she?
⑤ *(sogar)* even; ***diesen Sommer will er ~ nach Jamaika*** this summer he even wants to travel to Jamaica; ***hast du eine Wohnung, oder ~ ein eigenes Haus?*** do you have a flat, or even your own house?
⑥ *(emph: erst)* even worse, even more so, to say nothing of; ***die Suppe schmeckte schon nicht und ~ das Hauptgericht!*** the soup didn't taste nice and the main course was even worse; ***sie ist schon hässlich genug, aber ~ ihr Mann!*** she's ugly enough, to say nothing of her husband!

Ga·ra·ge <-, -n> [ga'ra:ʒə] *f* garage

Ga·ra·gen·ge·wer·be [ga'ra:ʒən-] *nt* AUTO garage trade; **Tankstellen- und ~** petrol [*o* AM gas[oline]] station and garage trade **Ga·ra·gen·tor** <-[e]s, -e> *nt* garage gate

Ga·ra·ge·tor <-[e]s, -e> *nt* SCHWEIZ *(Garagentor)* garage gate

Ga·ra·gist(in) <-en, -en> ['garaʒɪst] *m(f)* SCHWEIZ garage owner

Ga·rant(in) <-en, -en> [ga'rant] *m(f)* guarantor

Ga·ran·ten·pflicht *f* JUR guarantor's obligation

Ga·ran·tie <-, -n> [garan'ti:, *pl* -'ti:ən] *f* ① ÖKON guarantee, warranty; **jdm ~ auf [*o* für] etw** *akk* **geben** to guarantee sth for sb; ~ **haben** to be guaranteed; ***unsere Elektrogeräte haben ein Jahr ~*** our electrical appliances are guaranteed for a year [*or* have a year's guarantee]; **die ~ läuft ab** the guarantee expires [*or* runs out]; **auf ~** under guarantee
② *(Sicherheit)* guarantee; **für etw** *akk* **~ übernehmen** to give a guarantee for sth; **unter ~** *(fam: ganz bestimmt)* absolutely certain

Ga·ran·tie·ab·kom·men *nt* JUR covenant of warranty, guarantee agreement **Ga·ran·tie·be·trag** *m* FIN amount guaranteed **Ga·ran·tie·emp·fän·ger(in)** *m(f)* JUR guarantee, warrantee **Ga·ran·tie·er·klä·rung** *f* JUR warranty, guarantee bond **Ga·ran·tie·fonds** [-fõ:] *m* FIN guarantee **Ga·ran·tie·frist** *f* HANDEL warranty [*or* guarantee] period **Ga·ran·tie·ge·ber, -ge·be·rin** *m, f* FIN guarantor **Ga·ran·tie·haf·tung** *f* JUR liability under a guarantee

Ga·ran·tie·ho·no·rar *nt* ÖKON advance **Ga·ran·tie·ka·pi·tal** *nt* FIN capital plus reserves **Ga·ran·tie·klau·sel** *f* JUR warranty clause **Ga·ran·tie·kon·sor·ti·um** *nt* FIN underwriting syndicate

Ga·ran·tie·leis·tung *f* ÖKON warranty work, work done under a guarantee **Ga·ran·tie·neh·mer, -neh·me·rin** *m, f* FIN warrantee **Ga·ran·tie·pflicht** *f* JUR, FIN guarantee, warranty; **einer ~ nachkommen** to implement a guarantee

ga·ran·tie·ren* [garan'ti:rən] I. *vt (zusichern)* ■**[jdm] etw ~** to guarantee [sb] sth; ■**jdm ~, dass** to guarantee sb that
II. *vi (für etw stehen)* ■**für etw** *akk* **~** to guarantee sth; **für die Qualität ~** to guarantee good quality

ga·ran·tiert *adv (fam)* for sure; ***er hat den Termin ~ vergessen*** I bet he has forgotten the appointment *fam*

Ga·ran·tie·schein *m* guarantee [*or* warranty] [certificate] **Ga·ran·tie·ver·ein·ba·rung** *f* JUR indemnity contract **Ga·ran·tie·ver·let·zung** *f* JUR breach of warranty **Ga·ran·tie·ver·pflich·tung** *f* JUR guarantee obligation [*or* commitment]; **eine ~ eingehen** to enter into a surety bond **Ga·ran·tie·ver·trag** *m* JUR contract of indemnity [*or* guarantee] **Ga·ran·tie·war·tung** *f* HANDEL maintenance under a warranty **Ga·ran·tie·wech·sel** *m* FIN security bill **Ga·ran·tie·zu·sa·ge** *f* HANDEL guarantee; **Garantie- und Gewährleistungszusage** warranty assurance

Ga·ran·tin <-, -nen> [ga'rantɪn] *f fem form von* **Garant**

Gar·aus ['ga:ɐ̯ʔaus] *m* ▶WENDUNGEN: **jdm den ~ machen** *(fam)* to do sb in *fam,* to bump sb off *fam;* **etw** *dat* **den ~ machen** to put an end to [*or* stop] sth

Gar·be <-, -n> ['garbə] *f* ① *(Getreidebündel)* sheaf
② MIL **eine ~ abgeben** to fire a short burst

Gar·da·see ['garda-] *m* Lake Garda

Gar·de <-, -n> ['gardə] *f* guard; **die königliche ~** the household troops; **bei der ~** in the Guards; **noch von der alten ~ sein** *(fig)* to be one of the old guard *fig*

Gar·de·maß *nt kein pl eligible height to join the Guards* ▶WENDUNGEN: **~ haben** *(fam)* to be as tall as a tree *fam* **Gar·de·of·fi·zier** *m* Guards officer **Gar·de·re·gi·ment** *nt* Guards regiment

Gar·de·ro·be <-, -n> [gardə'ro:bə] *f* ① *(Kleiderablage)* hall-stand; *(Aufbewahrungsraum)* cloakroom
② *kein pl (geh: Kleidung)* wardrobe
③ THEAT *(Ankleideraum)* dressing-room

Gar·de·ro·ben·frau <-, -frauen> *f fem form von* **Garderobenmann** **Gar·de·ro·ben·ha·ken** *m* coat hook **Gar·de·ro·ben·mann, -frau** <-s, -männer> *m, f* cloakroom attendant **Gar·de·ro·ben·mar·ke** *f* cloakroom disc [*or* number] **Gar·de·ro·ben·schrank** *m* hall cupboard **Gar·de·ro·ben·stän·der** *m* hat-stand

Gar·de·ro·bier <-s, -s> [gardəro'bie:] *m* THEAT dresser

Gar·de·ro·bie·re <-, -n> [gardəro'bie:rə] *f* ① THEAT dresser
② *(veraltend) s.* **Garderobenfrau**

Gar·di·ne <-, -n> [gar'di:nə] *f* net curtain
▶WENDUNGEN: **hinter schwedischen ~n** *(hum fam)* behind bars *fam*

Gar·di·nen·leis·te *f* curtain rail **Gar·di·nen·pre·digt** *f (hum fam)* telling-off *fam;* **jdm eine ~ halten** to give sb a telling-off [*or* dressing down] **Gar·di·nen·stan·ge** *f* curtain rod

Gar·dist <-en, -en> [gar'dɪst] *m* MIL guardsman

ga·ren ['ga:rən] I. *vt* ■**etw ~** to cook sth
II. *vi* to cook; **auf kleiner Flamme ~** to simmer

gä·ren ['gɛ:rən] *vi sein o haben* ① *(sich in Gärung befinden)* to ferment
② *(fig)* to seethe; **etw gärt in jdm** sth is making sb seethe; ***die Wut hatte schon lange in ihm gegärt*** he had been seething with fury a long time

Ga·ret·te <-, -n> [ga'rɛtə] *f* SCHWEIZ wheelbarrow

Gar·flüs·sig·keit *f* cooking liquids *pl* **Gar·fo·lie** *f* baking foil **gar|ko·chen** *vt s.* **gar**[1] 1

Gar·kü·che *f (einfaches Speiselokal)* eating house

Garn <-[e]s, -e> ['garn] *nt* ① *(Faden)* thread
② NAUT yarn; **ein ~ spinnen** to spin a yarn *fig*
▶WENDUNGEN: **jdm ins ~ gehen** to fall [*or* walk] into sb's trap; **jdn ins ~ locken** to lure sb into a trap

Gar·ne·le <-, -n> [gar'ne:lə] *f* prawn

gar·ni [gar'ni:] *s.* **Hotel garni**

gar·nie·ren* [gar'ni:rən] *vt* ■**etw [mit etw** *dat***] ~** ① KOCHK *(verzieren)* to garnish sth [with sth]
② *(fig: aufbessern)* to embellish sth with sth

Gar·nier·kamm *m* decorating scraper **Gar·nier·**

mes·ser *nt* citrus zester **Gar·nier·tül·le** *f* piping bag

Gar·nie·rung <-, -en> *f* ① *kein pl (das Garnieren)* garnishing
② *(Material zur Garnierung)* garnish

Gar·ni·son <-, -en> [garni'zo:n] *f* garrison; **in ~ liegen** [*o* **sein**]/**legen** to be garrisoned **Gar·ni·son(s)·stadt** *f* garrison town

Gar·ni·tur <-, -en> [garni'tu:ɐ̯] *f* ① *(Satz)* set; **eine ~ Unterwäsche** a set of underwear; **eine Couch~** a three-piece suite
② *(fam: Klasse, Kategorie)* representative; **die erste ~** the pick of the bunch *fig;* **erste/zweite ~ sein** to be first-rate/second-rate

Garn·knäu·el *m o nt* ball of thread [*or* yarn] **Garn·rol·le** *f* cotton reel, spool of cotton

Ga·rot·te *f,* **Gar·rot·te** <-, -n> [ga'rɔtə] *f* garrotte

Gär·pro·zess *m* fermentative process

gar|schwen·ken *vt s.* **gar¹ 1**

gars·tig ['garstɪç] *adj (veraltend)* ① *(ungezogen)* bad; **ein ~es Kind** a naughty child
② *(abscheulich)* horrible, nasty; **ein ~er Wind** a biting wind

Gar·ten <-s, Gärten> ['gartn̩, *pl* 'gɛrtn̩] *m* garden; **botanischer/zoologischer ~** botanical/zoological gardens; **im ~ arbeiten** to work in the garden, to do some gardening; **der ~ Eden** the Garden of Eden

Gar·ten·an·la·ge *f* gardens *pl,* park **Gar·ten·ar·beit** *f* gardening *no pl* **Gar·ten·ar·chi·tekt(in)** *m(f)* landscape gardener [*or* architect] **Gar·ten·bau** *m kein pl* horticulture *no pl* **Gar·ten·beiz** <-, -en> *f* SCHWEIZ *(Gartenwirtschaft)* open-air restaurant, beer garden **Gar·ten·blu·me** *f* garden [*or* cultivated] flower **Gar·ten·erb·se** *f* garden pea **Gar·ten·fest** *nt* garden party **Gar·ten·ge·mü·se** *nt* garden vegetable **Gar·ten·ge·rät** *nt* gardening implement [*or* tool] **Gar·ten·ge·stal·tung** *f* landscaping, garden design **Gar·ten·hag** <-häge> [-ha:k, *pl* -hɛ:gə] *m* SCHWEIZ *(Garteneinfriedung)* garden hedge [*or* fence] **Gar·ten·haus** *nt* ① *(kleines Haus im Garten)* summer house; *(Geräteschuppen)* [garden] shed ② *(fam: Hinterhaus mit Garten)* building at the back [*or* rear] **Gar·ten·he·cke** *f* garden hedge **Gar·ten·kräu·ter** *pl* pot-herbs **Gar·ten·kres·se** *f* garden cress **Gar·ten·lau·be** *f* ① *(Geräteschuppen)* [garden] shed; *(kleines Haus im Garten)* summer house ② *(Pergola)* arbour [*or* AM -or], bower **Gar·ten·lo·kal** *nt* open-air restaurant, beer garden **Gar·ten·mes·ser** *nt* garden knife **Gar·ten·mö·bel** *pl* garden furniture **Gar·ten·rot·schwanz** *m* ORN redstart **Gar·ten·sa·lat** *m* round lettuce **Gar·ten·schau** *f* horticultural [*or* gardening] show **Gar·ten·sche·re** *f* garden [*or* pruning] shears *npl,* secateurs *npl* BRIT **Gar·ten·schlauch** *m* garden hose **Gar·ten·sitz·platz** *m* SCHWEIZ *(Terrasse)* patio **Gar·ten·stadt** *f* garden city BRIT **Gar·ten·tor** *nt* garden gate **Gar·ten·wirt·schaft** <-, -en> *f* open-air restaurant, beer garden **Gar·ten·zaun** *m* ① HORT *(den Garten abgrenzender Zaun)* garden [*or* picket] fence; **eine Unterhaltung über den ~ haben** to have a conversation across the garden fence ② SPORT *(Hindernis beim Pferdesprung)* picket fence ③ INFORM hash [sign] **Gar·ten·zwerg** *m* ① HORT garden gnome ② *(pej: Kleinwüchsiger)* little squirt *pej*

Gärt·ner(in) <-s, -> ['gɛrtnɐ] *m(f)* ① *(Berufsgärtner)* horticulturist
② *(Freizeitgärtner)* gardener; *s. a.* **Bock¹**

Gärt·ne·rei <-, -en> [gɛrtnə'rai] *f* ① *(Gartenfachbetrieb für Setzlinge)* nursery; *(für Obst, Gemüse, Schnittblumen)* market garden
② *kein pl (fam: Gartenarbeit)* gardening

gärt·ne·risch I. *adj attr* gardening; **eine ~e Ausbildung** horticultural training; **~e Gestaltung** landscaping; **~e Pflege** upkeep of the garden
II. *adv* in terms of gardening

gärt·nern ['gɛrtnɐn] *vi (fam)* to do [a bit of] gardening

Gä·rung <-, -en> ['gɛ:rʊŋ] *f* fermentation; **in ~ sein** *(a. fig)* to be fermenting, to be in turmoil *fig;* **in ~ übergehen** to start to ferment

gar|zie·hen *vt irreg* ■**etw ~** to sauté/poach sth

Gas <-es, -e> ['ga:s, *pl* 'ga:zə] *nt* ① *(luftförmiger Stoff)* gas; **mit ~ kochen** to have gas [for cooking]; **jdn mit ~ vergiften** to gas sb
② *(fam: Gaspedal)* accelerator; **~ geben** to accelerate; ***gib' ~!*** put your foot down! *fam;* **[das] ~ wegnehmen** to take one's foot off the accelerator, to decelerate

Gas·alarm *m* warning of a gas attack **Gas·an·griff** *m* gas attack **Gas·an·zün·der** *m* gas lighter **Gas·au·to** *nt* gas-powered car **Gas·be·häl·ter** *m* gasometer, gasholder **Gas·be·leuch·tung** *f* ① *(Licht)* gas light ② *(Beleuchten)* gas lighting **Gas·be·ton** *m* BAU aerated [*or* porous] concrete **gas·be·trie·ben** *adj* gas-powered **Gas·bren·ner** *m* gas burner

Gas·cogne <-> [gas'kɔɲ] *f* Gascony

Gas·cog·ner(in) <-s, -> *m(f)* Gascon

gas·cog·ner *adj* Gascon

Gas·cog·nisch *dekl wie adj nt* Gascon

Gas·cog·ni·sche <-n> *nt* ■**das ~** Gascon

Gas·druck·stoß·dämp·fer *m* AUTO gas shock [absorber] **Gas·ent·wick·lung** *f* generation of gas **Gas·er·zeu·gung** *f* gas production **Gas·feu·er·zeug** *nt* gas lighter **Gas·flam·me** *f* gas flame **Gas·fla·sche** *f* gas canister, cylinder **gas·för·mig** *adj* gaseous; **~e Stoffe** compressible fluids **Gas·ge·ruch** *m* smell of gas **Gas·hahn** *m* gas tap; **den ~ aufdrehen** *(euph)* to stick one's head in the [gas] oven *euph* **Gas·he·bel** *m* accelerator [pedal] BRIT, gas pedal AM **Gas·hei·zung** *f* gas heater; *(ganzes System)* gas heating **Gas·herd** *m* gas cooker **Gas·hül·le** *f* atmosphere **Gas·kam·mer** *f* HIST gas chamber **Gas·ko·cher** *m* camping stove **Gas·krieg** *m* gas warfare **Gas·lam·pe** *f* gas lamp **Gas·la·ter·ne** *f* gas [street] lamp **Gas·lei·tung** *f* gas pipe; *(Hauptrohr)* gas main **Gas·licht** *nt* gaslight **Gas-Luft-Ge·misch** *nt* gas-air [*or* air-fuel] mixture **Gas·mann** *m (fam)* gasman *fam* **Gas·mas·ke** *f* gas mask **Gas·mo·tor** *m* gas engine **Gas·ofen** *m (Heizungsofen)* gas-fired furnace; *(Backofen)* gas oven; *(Herd)* gas cooker [*or* stove]

Ga·so·lin <-s> [gazo'li:n] *nt kein pl* petroleum ether

Ga·so·me·ter <-s, -> [gazo'me:tɐ] *m (veraltend)* gasometer

Gas·pe·dal *nt* accelerator [pedal] **Gas·pe·dal·sper·re** *f* AUTO accelerator interlock

Gas·pel·dorn ['gaspl̩-] *m* BOT gorse bush

Gas·pis·to·le *f* tear gas gun **Gas·pla·net** *m* gas[eous] planet **Gas·rohr** *nt* gas pipe; *(Hauptleitung)* gas main

Gäss·chen^RR^ *nt,* **Gäß·chen**^ALT^ <-s, -> ['gɛsçən] *nt dim von* **Gasse** small alley

Gas·se <-, -n> ['gasə] *f* ① *(schmale Straße)* alley [*or* alleyway]
② *(Durchgang)* way through; **eine ~ bilden** to clear a path [*or* make way]; SPORT line-out; **sich** *dat* **eine ~ bahnen** to force one's way through
③ *(die Bewohner einer Gasse)* street
④ ÖSTERR *(Straße)* street; **auf der ~** on the street; **über die ~** to take away

Gas·sen·hau·er *m (Lied)* popular song; *(einfach)* ditty; *(Musik)* popular tune

Gas·sen·jar·gon [-ʒargõ:] *m (pej)* street slang **Gas·sen·jun·ge** *m (pej)* street urchin **Gas·sen·kü·che** <-, -n> *f* SCHWEIZ *(für Obdachlose)* soup kitchen

Gas·si ['gasi] **[mit einem Hund] ~ gehen** *(fam)* to take a dog for a walk [*or* BRIT *a. fam* walkies]

Gast <-es, Gäste> ['gast, *pl* 'gɛstə] *m* ① *(eingeladene Person)* guest; **ein willkommener** [*o* **gern gesehener**] **~ sein** to be a welcome guest; **geladener ~** invited guest; **ungeladener ~** uninvited guest, gatecrasher *fam;* ***betrachten Sie sich als mein ~!*** this one's on me! *fam;* **jdn zu ~ haben** *(geh)* to have sb staying [*or* BRIT round]; **bei jdm zu ~ sein** *(geh)* to be sb's guest[s]; **jdn zu ~[e] laden** [*o* **bitten**] *(geh)* to request the pleasure of sb's company *form;* *(Gaststar)* special guest; **Ehren~** guest of honour [*or* AM -or]; **ein seltener ~** a rare visitor
② *(Besucher einer fremden Umgebung)* **~ in einer Stadt/einem Land sein** to be a visitor to a city/country
③ *(Besucher eines Lokals, Hotels)* customer; ***wir bitten alle Gäste, ihre Zimmer bis spätestens 12 Uhr zu räumen*** all guests are kindly requested to vacate their rooms by midday; **einen ~ bedienen** to serve a customer

Gast·ar·bei·ter(in) *m(f)* guest worker **Gast·do·zent(in)** *m(f)* guest [*or* visiting] lecturer

Gäs·te·buch *nt* guest book, visitors' book *esp* BRIT **Gäs·te·hand·tuch** *nt* towel [reserved] for guests **Gäs·te·haus** *nt* guesthouse **Gäs·te·sei·fe** *f* soap [reserved] for guests **Gäs·te·to·i·let·te** *f* toilet [reserved] for guests **Gäs·te·zim·mer** *nt* guestroom, spare room

gast·frei *adj (gastfreundlich)* hospitable **gast·freund·lich** *adj* hospitable **Gast·freund·schaft** *f* hospitality; ***danke für deine ~!*** thanks for your hospitality [*or* having me] **Gast·ge·ber(in)** <-s, -> *m(f)* host *masc,* hostess *fem* **Gast·ge·schenk** *nt* present for one's host **Gast·ge·wer·be** *nt* catering industry **Gast·haus** *nt,* **Gast·hof** *m* inn **Gast·hö·rer(in)** *m(f)* SCH observer, auditor AM

gas·tie·ren* [gas'ti:rən] *vi* to make a guest appearance

Gast·kon·zert *nt* guest concert **Gast·land** *nt* host country

gast·lich ['gastlɪç] *(geh)* I. *adj* hospitable; **ein ~es Haus** a welcoming place
II. *adv* hospitably; **jdn ~ empfangen** [*o* **aufnehmen**] to welcome sb into one's home

Gast·mann·schaft *f* visiting team, visitors *pl*

Gas·tod *m* death as a result of gas poisoning

Gast·pro·fes·sor(in) *m(f)* visiting professor **Gast·pro·fes·sur** *f* SCH guest professorship **Gast·recht** *nt kein pl* right to hospitality; **~ genießen** to be accorded the right to hospitality; **das ~ missbrauchen** to abuse sb's right to hospitality

Gas·tri·tis <-, Gastritiden> [gas'tri:tɪs, *pl* gastri'ti:dn̩] *f* gastritis

Gast·rol·le *f* THEAT guest part [*or* role]; **eine ~ geben** [*o* **spielen**] to make a guest appearance

Gas·tro·nom(in) <-en, -en> [gastro'no:m] *m(f)* restaurateur, restaurant proprietor

Gas·tro·no·mie <-, -n> [gastrono'mi:, *pl* -'mi:ən] *f* ① *(geh: Gaststättengewerbe)* catering trade
② *(geh: Kochkunst)* gastronomy

Gas·tro·no·mie·un·ter·neh·men *nt* gastronomy [*or* catering] business

gas·tro·no·misch *adj* gastronomic

Gast·spiel *nt* ① THEAT guest performance; **auf ~reise sein** to be on tour; **ein ~ geben** to give a guest performance; *(fig fam: nur kurz angestellt sein)* to be with a company for a brief period
② SPORT *(Auswärtsspiel)* away game [*or* match]

Gast·stät·te *f* restaurant

Gast·stät·ten·er·laub·nis *f* JUR licence to operate a bar [*or* restaurant] [*or* inn] **Gast·stät·ten·ge·setz** *nt* JUR Licensing Act BRIT **Gast·stät·ten·ge·wer·be** *nt* restaurant business, catering trade **Gast·stät·ten·recht** *nt* JUR catering law

Gast·stu·be *f Bar* lounge; *Restaurant* restaurant

Gas·tur·bi·ne *f* gas turbine

Gast·vor·le·sung *f* SCH guest lecture **Gast·wirt(in)** *m(f) (Besitzer)* restaurant owner, proprietor; *(Pächter)* restaurant manager; *(Kneipe* landlord *masc,* landlady *fem* **Gast·wirt·schaft** *f s.* **Gaststätte Gast·zu·gang** *m* INFORM guest access

Gas·uhr *f (fam) s.* **Gaszähler Gas·ver·brauch** *m* gas consumption **Gas·ver·gif·tung** *f* gas poisoning **Gas·ver·sor·gung** *f* gas supply **Gas·werk** *nt* gasworks + *sing vb* **Gas·wol·ke** *f* gas cloud **Gas·zäh·ler** *m* gas meter

GATT <-> ['gat] *nt kein pl* ÖKON *(allgemeines Zoll- und Handelsabkommen) Akr von* **General Agreement on Tariffs and Trade** GATT

Gat·te, Gat·tin <-n, -n> ['gatə, 'gatɪn] *m, f (geh)* spouse *form*

Gat·ter <-s, -> ['gatɐ] *nt* ① *(Holztor)* gate
② *(Holzzaun)* fence
③ *(Rost)* grating, grid
④ JAGD [game] preserve

G

Gat·tin <-, -nen> ['gatɪn] *f (geh) fem form von* **Gatte** wife

GATT-Li·be·ra·li·sie·rung *f* ÖKON GATT decontrol **GATT-Raum** *m* ÖKON GATT area

Gat·tung <-, -en> ['gatʊŋ] *f* ❶ BIOL genus ❷ KUNST, LIT category, genre

Gat·tungs·be·griff *m* generic concept **Gat·tungs·kauf** *m* purchase by description **Gat·tungs·na·me** *m* ❶ *(Name einer Gattung)* generic name ❷ LING appellative **Gat·tungs·schen·kung** *f* generic donation **Gat·tungs·schuld** *f* FIN obligation in kind **Gat·tungs·ver·mächt·nis** *nt* JUR general legacy

GATT-Ver·ein·ba·run·gen *pl* ÖKON GATT agreements

Gau <-[e]s, -e> ['gau̯] *m o nt* HIST ❶ *(Bezirk)* district *(administrative district during the Nazi period)* ❷ *(Siedlungsbereich eines germanischen Stammes)* region, area *(a tribal district in Germanic times)*

GAU <-s, -s> ['gau̯] *m Akr von* **größter anzunehmender Unfall** MCA

Gau·be <-, -n> ['gau̯bə] *f* BAU dormer **Gau·ben·fens·ter** *nt* BAU dormer window

Gauch·heil ['gau̯xhai̯l] *m* BOT pimpernel

Gau·cho <-[s], -s> ['gau̯tʃo] *m* gaucho

Gau·di <-> ['gau̯di] *f o nt kein pl* SÜDD, ÖSTERR *(fam: Spaß)* fun; ***das war eine ~!*** that was such good fun!; **sich** *dat* **eine ~ aus etw** *dat* **machen** to get a kick out of doing sth *fam*

Gauk·ler(in) <-s, -> ['gau̯klɐ] *m(f)* ❶ *(veraltet: Artist, Akrobat, Erzähler)* travelling [*or* AM traveling] entertainer [*or* performer] ❷ ORN bateleur eagle

Gaul <-[e]s, Gäule> ['gau̯l, *pl* 'gɔy̯lə] *m (pej: minderwertiges Pferd)* nag *pej,* hack *pej;* **Acker~** workhorse

▸WENDUNGEN: **einem <u>geschenkten</u> ~ sieht** [*o* **schaut**] **man nicht ins Maul** *(prov)* never look a gift-horse in the mouth *prov*

Gau·lei·ter(in) <-s, -> *m(f)* HIST *head of an administrative district during the Nazi period*

Gaul·lis·mus <-> [go'lɪsmʊs] *m kein pl* Gaullism *no pl*

Gaul·list(in) <-en, -en> [go'lɪst] *m(f)* Gaullist

Gau·men <-s, -> ['gau̯mən] *m* ANAT palate; **harter/weicher ~** hard/soft palate; **einen feinen ~ haben** to have a discerning palate, to enjoy good food; **etw für den** [*o* **seinen**] **verwöhnten ~** a delicacy for the gourmet [*or* connoisseur]

Gau·men·freu·de *f (geh)* culinary delight **Gau·men·kit·zel** *m (fam)* treat for the taste buds *fam* **Gau·men·laut** *m* LING palatal [sound] **Gau·men·se·gel** *nt* soft palate **Gau·men·zäpf·chen** *nt* uvula

Gau·ner(in) <-s, -> ['gau̯nɐ] *m(f) (pej)* ❶ *(Betrüger)* crook *pej,* rogue *pej,* scoundrel *pej* ❷ *(Schelm)* rogue, picaro *liter* ❸ *(fam: gerissener Kerl)* crafty customer

Gau·ne·rei <-, -en> [gau̯nə'rai̯] *f (pej)* cheating *no pl pej,* swindling *no pl pej*

Gau·ner·spra·che *f* thieves' argot

Gau·pe <-, -n> ['gau̯pə] *f s.* **Gaube**

gaußsch [gau̯sʃ] *adj inv, attr* MATH Gaussian; **~e Normalverteilung** Gaussian distribution curve; **~es Rauschen** Gaussian noise

Gau·ta·ma <-> [gau̯'ta:ma] *m* REL *(Buddha)* Gautama

GAV <-> [ge:ʔa:'fau] *m kein pl* SCHWEIZ ÖKON *Abk von* **Gesamtarbeitsvertrag** collective agreement

Ga·za·strei·fen ['ga:za-] *m* Gaza Strip

Ga·ze <-, -n> ['ga:zə] *f* gauze

Ga·zel·le <-, -n> [ga'tsɛlə] *f* gazelle; **flink wie eine ~** as light-footed as a gazelle

Ga·zet·te <-, -n> [ga'tsətə, ga'zɛtə] *f (veraltet: Zeitung)* gazette

Gbyte <-[s], -s> *nt* INFORM *Abk von* **Gigabyte** Gb

GDI <-, -s> [ge:de:'ʔi:] *nt* INFORM *Abk von* **grafik device interface** GDI

GDI-Dru·cker *m* INFORM GDI printer

Ge·äch·te·te(r) <-n, -n> [gə'ʔɛçtətə] *f(m) dekl wie adj (a. fig)* outlaw, outcast *a. fig*

ge·ädert [gə'ʔɛ:dɐt] *adj* ANAT, BOT veined

ge·ar·tet [gə'ʔa:ɐ̯tət] *adj* ❶ *(veranlagt)* disposed, natured; **gut ~e Kinder** good-natured children ❷ *(beschaffen)* constituted; ***dieser Fall ist anders ~*** the nature of this problem is different

Ge·äst <-[e]s> [gə'ʔɛst] *nt kein pl* boughs *pl,* branches *pl*

geb. *Abk von* **geboren** née

Ge·bäck <-[e]s, -e> [gə'bɛk] *nt pl selten (Plätzchen)* biscuits *pl; (Teilchen)* pastries *pl; (kleine Kuchen)* cakes *pl*

Ge·bäck·zan·ge *f* pastry tongs *npl*

Ge·bälk <-[e]s, -e> [gə'bɛlk] *nt pl selten (Balkenwerk)* timberwork *no pl,* beams *pl*

▸WENDUNGEN: **es <u>knistert</u> im ~** *(fam)* there's trouble brewing [*or* afoot]

ge·ballt I. *adj* ❶ *(konzentriert)* concentrated ❷ *(zur Faust gemacht)* **~e Fäuste** clenched fists
II. *adv* in concentration; ***solche Probleme treten immer ~ auf*** these kinds of problems never occur singly

ge·bannt *adj (gespannt)* fascinated, spellbound; **mit ~em Interesse** with fascination; **vor Schreck ~** rigid with fear; **wie ~** as if spellbound

ge·bar [gə'ba:ɐ̯] *imp von* **gebären**

Ge·bär·de <-, -n> [gə'bɛ:ɐ̯də] *f* gesture, gesticulation; **eine drohende/beschwichtigende ~ machen** to make a threatening/soothing [*or* calming] gesture

ge·bär·den* [gə'bɛ:ɐ̯dn̩] **I.** *vr haben* ■**sich** *akk* **~** to behave
II. *vi (mittels Gebärdensprache sprechen)* to sign
III. *vt* ■**etw ~** to sign sth

Ge·bär·den·spra·che *f* LING sign language

Ge·ba·ren <-s> [gə'ba:rən] *nt kein pl* behaviour [*or* AM -or]; ***du legst ein sonderbares ~ an den Tag*** you are behaving strangely today; **geschäftliches ~** businesslike conduct; **ein weltmännisches ~ haben** to conduct oneself [*or* behave] like a man of the world

ge·bä·ren <gebiert, gebar, geboren> [gə'bɛ:rən]
I. *vt* ❶ *(zur Welt bringen)* ■**geboren werden** to be born; ***das Kind wurde einen Monat zu früh geboren*** the child was born four weeks premature; ■**[jdm] ein Kind ~** *(veraltend)* to bear [sb] a child *dated* ❷ *(eine natürliche Begabung haben)* ■**zu etw** *dat* **geboren sein** to be born to sth; ***er ist zum Schauspieler geboren*** he is a born actor
II. *vi* to give birth

Ge·bär·en·de <-n, -n> *f* ■**eine ~** a woman giving birth, a woman in labour [*or* AM -or] **ge·bär·fä·hig** *adj* capable of child-bearing; **im ~en Alter sein** to be of childbearing age

Ge·bär·mut·ter <-mütter> *f* ANAT uterus, womb **Ge·bär·mut·ter·hals** *m* cervix, neck of the uterus [*or* womb] **Ge·bär·mut·ter·krebs** *m* cancer of the womb [*or* uterus], uterine cancer **Ge·bär·mut·ter·mund** *m* mouth of the uterus **Ge·bär·mut·ter·schleim·haut** *f* uterine mucous membrane

ge·bauch·pin·selt [gə'bau̯xpɪnzl̩t] *adj (hum fam)* flattered; **sich** *akk* **~ fühlen** to feel flattered

Ge·bäu·de <-s, -> [gə'bɔy̯də] *nt* ❶ *(Bauwerk)* building ❷ *(Gefüge)* structure; **ein ~ von Lügen** a web [*or* BRIT tissue] of lies; **ein ~ von fantastischen Ideen und Wahnvorstellungen** a mental edifice [*or* construct] of fantastic ideas and delusions

Ge·bäu·de·be·stand *m* housing stock, stock of buildings **Ge·bäu·de·be·wirt·schaf·tung** *f kein pl* housing [*or* property] management **Ge·bäu·de·ei·gen·tum** *nt* [housing] property **Ge·bäu·de·ei·gen·tü·mer(in)** *m(f)* property owner **Ge·bäu·de·er·trags·wert** *m* JUR annual value of buildings **Ge·bäu·de·kom·plex** *m* building complex **Ge·bäu·de·rei·ni·gung** *f* ❶ *(das Reinigen)* industrial cleaning ❷ *(Betrieb)* cleaning contractors *pl* **Ge·bäu·de·sa·nie·rung** *f* building renovation *no indef art, no pl* **Ge·bäu·de·teil** *m* part of a building **Ge·bäu·de·über·eig·nung** *m* JUR conveyance [*or* transfer] of property **Ge·bäu·de·ver·äu·ße·rung** *f* FIN sale of property **Ge·bäu·de·ver·si·che·rung** *f* building insurance

Ge·bäu·de·wert *m* FIN property value **Ge·bäu·de·wert·er·mitt·lung** *f* FIN determination of the property value

Ge·bäu·de·zu·stand *m* condition [*or* state] of a building

Ge·bäu·lich·kei·ten [gə'bɔy̯lɪçkai̯tn̩] *pl* SÜDD, SCHWEIZ *(Gebäude)* buildings

ge·baut *adj* built; ■**gut/stark ~ sein** to be well-built; **so wie jd ~ ist** *(hum fam)* sb like you/him/her

ge·be·freu·dig *adj* generous

Ge·bein <-[e]s, -e> [gə'bai̯n] *nt* ❶ *(Skelett)* skeleton ❷ *(Knochen)* ■**~e** *pl* bones *pl,* mortal remains *pl form; eines Heiligen* relics *pl*

▸WENDUNGEN: **der <u>Schreck</u> fuhr ihm ins** [*o* **durchs**] **~** *(veraltet)* his body shook with fear

ge·beizt *adj Holz* stained

Ge·bell(e) <-s> [gə'bɛl(ə)] *nt kein pl (pej fam)* incessant barking, bellowing

ge·ben ['ge:bn̩]

I. TRANSITIVES VERB	**II.** INTRANSITIVES VERB
III. UNPERSÖNLICHES TRANSITIVES VERB	**IV.** REFLEXIVES VERB

I. TRANSITIVES VERB

❶ <gibt, gab, gegeben> *(reichen)* ■**jdm etw ~** to give sb sth, to give sth to sb; ***gibst du mir bitte mal das Brot?*** could you give [*or* hand] me the bread, please? [*or* pass]; ***ich würde alles darum ~, ihn noch einmal zu sehen*** I would give anything to see him again; *(beim Kartenspiel)* to deal; ***du hast mir 3 Joker gegeben*** you've dealt me 3 jokers; ***wer gibt jetzt?*** whose turn is it to deal?

❷ <gibt, gab, gegeben> *(schenken)* to give [as a present]

❸ <gibt, gab, gegeben> *(mitteilen)* **jdm die** [*o* **seine**] **Telefonnummer ~** to give sb one's telephone number; ■**sich** *dat* **etw [von jdm] ~ lassen** to ask [sb] for sth; ***er ließ sich die Speisekarte ~*** he asked for the menu

❹ <gibt, gab, gegeben> ÖKON *(verkaufen)* ■**jdm etw ~** to get sb sth; *(bezahlen)* ■**[jdm] etw für etw** *akk* **~** to give [sb] sth for sth; **was darf ich Ihnen ~?** what can I get you?; ***darf ich Ihnen sonst noch was ~?*** can I get you anything else?; **~ *Sie mir bitte fünf Brötchen*** I'd like five bread rolls please; ***ich gebe Ihnen 500 Euro für das Bild*** I'll give you [*or* let you have] 500 euros for the picture; **Preisnachlass/Skonto ~** to give a reduction/cash discount

❺ <gibt, gab, gegeben> *(spenden)* ■**etw gibt jdm etw** sth gives [sb] sth; **Schutz/Schatten ~** to give [*or* provide] protection/shade

❻ <gibt, gab, gegeben> *(verleihen)* **einen Preis ~** to award a prize; **Titel/Namen ~** to give a title/name; ***diese erfreuliche Nachricht gab ihr neue Zuversicht*** this welcome piece of news gave her new confidence; ***der Gedanke an eine Rettung gab uns immer wieder Kraft*** the thought of being rescued always gave us strength

❼ <gibt, gab, gegeben> TELEK *(telefonisch verbinden)* ■**jdm jdn ~** to put sb through to sb; **~ *Sie mir bitte Frau Schmidt*** can I speak to Mrs Smith, please

❽ <gibt, gab, gegeben> *(stellen)* ■**jdm etw ~** to give [*or* set] sb sth; **eine Aufgabe/ein Problem/ein Thema ~** to set a task/problem/topic

❾ <gibt, gab, gegeben> *(abhalten)* ■**etw ~** to give sth; ***der Minister wird eine Pressekonferenz ~*** the minister will give [*or* hold] a press conference

❿ <gibt, gab, gegeben> *(bieten, gewähren, zukommen lassen)* ■**jd gibt [jdm] etw** sb gives [*or* allows] [sb] sth; **jdm einen Namen ~** to name a person; **jdm ein Interview ~** to grant sb an interview; **jdm eine Verwarnung ~** to give sb a warning; SPORT to book sb; ***der Schiedsrichter gab dem Spieler eine Verwarnung wegen Foulspiels*** the

referee booked the player for a foul; **einen Freistoß ~** FBALL to award a free-kick
⑪ <gibt, gab, gegeben> *(aufführen)* **ein Theaterstück ~** to put on a play
⑫ <gibt, gab, gegeben> *(veranstalten)* **ein Fest ~** to give a party
⑬ <gibt, gab, gegeben> DIAL *(abgeben, vorübergehend weggehen)* ■ **etw/jdn irgendwohin ~** *akk* to send sth/sb somewhere; **sein Auto in [die] Reparatur ~** to have one's car repaired; **sein Kind in ein Internat ~** to send one's child to boarding school; ***dürfen wir während unseres Urlaubs unsere Katze zu euch ~?*** can you take our cat while we're away?
⑭ <gibt, gab, gegeben> KOCHK *(fam: tun)* ■ **etw in etw** *akk*/**an etw** *akk* **~**, ■ **etw zu etw** *dat* **~** to add sth to sth; **Wein in die Soße ~** to add wine to the sauce
⑮ <gibt, gab, gegeben> *(ergeben)* ■ **etw ~** to produce sth; ***sieben mal sieben gibt neunundvierzig*** seven times seven equals forty-nine, seven sevens are forty-nine; ***Rotwein gibt Flecken*** red wine stains [*or* leaves stains]; **keinen Sinn ~** that makes no sense; ***ein Wort gab das andere*** one word led to another
⑯ <gibt, gab, gegeben> *(erteilen)* ■ **etw ~** to teach sth; **Nachhilfestunden ~** to give private tuition; **Unterricht ~** to teach; **jdm etw zu tun ~** to give sb sth to do
⑰ <gibt, gab, gegeben> *(äußern)* ■ **etw von sich** *dat* **~** to utter sth; ***er gab wenig Worte von sich*** he said very little
⑱ <gibt, gab, gegeben> *(euph fam: sich erbrechen)* ■ **etw [wieder] von sich** *dat* **~** to throw up [sth], to bring up sth *sep* [again] *euph*
▸WENDUNGEN: **es jdm ~** *(fam)* to let sb have it *fam;* **gib's ihm!** let him have it!; **jdm ist etw nicht gegeben** sth is not given to sb; ***nicht allen ist es gegeben, einem solchen Ereignis beizuwohnen*** not everybody gets the opportunity to be present at such an event; ***es war ihm nicht gegeben, seine Heimatstadt wiederzusehen*** he was not destined to see his home town again; **nichts auf etw** *akk* **~** to think nothing of sth; **jdm etw zu tun ~** to give sb sth to do; ***das wird ihm für die nächsten Monate zu tun geben!*** that'll keep him busy for the next few months!; ***das sollte der Firmenleitung zu denken ~*** that should give the company management something to think about!; **viel/nicht viel auf etw** *akk* **~** to set great/not much store by sth; ***ich gebe nicht viel auf die Gerüchte*** I don't pay much attention to rumours

II. INTRANSITIVES VERB

① <gibt, gab, gegeben> KARTEN *(austeilen)* to deal; ***jetzt hast du genug gemischt, gib endlich!*** you've shuffled enough now, just deal them!
② <gibt, gab, gegeben> SPORT *(Aufschlag haben)* to serve; ***du gibst!*** it's your serve

III. UNPERSÖNLICHES TRANSITIVES VERB

① <gibt, gab, gegeben> *(gereicht werden)* ■ **es gibt etw** there is sth; ***hoffentlich gibt es bald was zu essen!*** I hope there's something to eat soon!; ***was gibt es zum Frühstück?*** what's for breakfast?; ***freitags gibt es bei uns immer Fisch*** we always have fish on Fridays
② <gibt, gab, gegeben> *(eintreten)* ■ **es gibt etw** there is sth; ***heute gibt es noch Regen*** it'll rain today; ***hat es sonst noch etwas gegeben, als ich weg war?*** has anything else happened while I was away; ***was wird das noch geben?*** where will it all lead to?; ***gleich gibt es was*** *(fam)* there's going to be trouble
③ <gibt, gab, gegeben> *(existieren, passieren)* ■ **etw/jdn gibt es** there's sth/sb; ***das gibt's nicht!*** *(fam)* no way!, nothing doing!, forget it!; ***das gibt es nicht, dass du einfach meinen Wagen nimmst*** there's no way that you're taking [*or* using] my car; ***ein Bär mit zwei Köpfen? das gibt es nicht!*** a bear with two heads? there's no such thing!; ***das gibt's doch nicht!*** *(fam)* that's unbelievable; ***so was gibt es bei uns nicht!*** that's not on [as far as we're concerned]!; **was gibt's?** *(fam)* what's the matter, what's up *fam;* ***was es nicht alles gibt!*** *(fam)* well, I'll be damned! *fam,* stone me! *sl,* stone the crows BRIT *sl*
▸WENDUNGEN: **da gibt es nichts!** *(fam)* there are no two ways about it; ***seine Lieder sind einmalig, da gibt es nichts!*** there's no doubt about it, his songs are unique

IV. REFLEXIVES VERB

① <gibt, gab, gegeben> *(nachlassen)* ■ **etw gibt sich** sth eases [off] [*or* lets up]; **das gibt sich** it will sort itself out; ***die Kopfschmerzen werden sich ~*** your headache will go off; ***diese Aufsässigkeit wird sich bald von ganz alleine ~*** this rebelliousness will soon die down of its own accord; *(sich erledigen)* to sort itself out; ***manches gibt sich von selbst wieder*** some things sort themselves out; ***das wird sich schon ~*** it will all work out [for the best]
② <gibt, gab, gegeben> *(sich benehmen, aufführen)* ■ **sich** *akk* **als etw ~** to behave in a certain way; ***sie gab sich sehr überrascht*** she acted very surprised; ***nach außen gab er sich heiter*** outwardly he behaved cheerfully; ***sie gibt sich, wie sie ist*** she doesn't try to be anything she isn't; **sich** *akk* **von der besten Seite ~** to show one's best side
③ <gibt, gab, gegeben> *(sich finden, ergeben)* ■ **etw gibt sich** sth arises; ***es wird sich schon noch eine Gelegenheit ~*** there's sure to be another opportunity

Ge·be·ne·dei·te <-n> [gəbene'daitə] *f kein pl* REL ■ **die ~** the Blessed Virgin
Ge̲·ber(in) <-s, -> *m(f)* ① KARTEN dealer
② TELEK transmitter
Ge̲·ber·land *nt* ÖKON donor country **Ge̲·ber·lau·ne** *f kein pl* generous mood; **in ~ sein** to be in a generous mood [*or* feeling generous]
Ge·bet <-[e]s, -e> [gə'be:t] *nt (religiöses Ritual)* prayer; **ein ~ sprechen** to say a prayer; **sein ~ sprechen** [*o* **verrichten**] to say one's prayers; **zum ~** in prayer; **den Kopf zum ~ neigen** to lower one's head in prayer; **das ~ des Herrn** *(geh)* the Lord's Prayer
▸WENDUNGEN: **jdn ins ~ nehmen** *(fam)* to give sb a good talking to, to take sb to task
Ge·be̲t·buch *nt* ① *(Büchlein mit Gebeten)* prayer book
② *(hum fam: Spielkarten)* pack of [playing] cards
▸WENDUNGEN: **das falsche ~ haben** to belong to the wrong denomination
Ge·be̲ts·käpp·chen *nt* REL *(fam: jüdisch)* skullcap; *(islamisch)* prayer cap
Ge·be̲ts·ket·te *f* REL rosary
Ge·be̲ts·müh·le *f* prayer wheel
ge·be̲ts·müh·len·haft **I.** *adj (pej fam)* constant, continual
II. *adv (pej fam)* constantly, continually
Ge·be̲ts·ni·sche *f* REL mihrab
Ge·be̲ts·ruf *m* REL call to prayer
Ge·be̲ts·tep·pich *m* prayer mat [*or* rug]
ge·be̲ugt **I.** *adj* bowed, stooping; **ein ~er Kopf** a bowed head; **~e Schultern** rounded shoulders
II. *adv* in a stooping posture; **~ sitzen** to sit hunched up
ge·biert [gə'bi:ɐ̯t] *3. pers. pres von* **gebären**
Ge·biet <-[e]s, -e> [gə'bi:t] *nt* ① *(Fläche)* area; *(Region)* a. region; *(Staatsgebiet)* territory
② *(Fach)* field; ***auf dem ~ der Kernphysik ist er Spezialist*** he's a specialist in the field of nuclear physics
ge·bie·ten* [gə'bi:tn̩] *irreg (geh)* **I.** *vt* ① *(befehlen)* ■ **[jdm] etw ~** to command [*or* order] [sb] to do sth; **Einhalt ~** to put an end to [*or* stop] sth
② *(verlangen, erfordern)* ■ **etw ~** to demand sth; **der Anstand/die Situation gebietet es** decency/the situation demands it; ***es ist Vorsicht geboten*** care must be taken
II. *vi* ① *(herrschen)* ■ **über jdn/etw ~** to have control over sb/sth *liter,* to have dominion over sb/sth
② *(verfügen)* ■ **über etw** *akk* **~** to have sth at one's disposal; **über Geldmittel ~** to have financial resources at one's disposal; **über Wissen ~** to have knowledge at one's command
Ge·bie̲·ter(in) <-s, -> *m(f) (veraltet geh)* lord *form,* master *form; s. a.* **Herr**
ge·bie·te·risch [gə'bi:tərɪʃ] *(geh)* **I.** *adj* domineering, peremptory
II. *adv* domineeringly, in a domineering manner
Ge·biets·ab·gren·zung *f* demarcation, zoning **Ge·bi̲ets·an·säs·si·ge(r)** *f(m) dekl wie adj* ADMIN [local] resident **Ge·bi̲ets·an·spruch** *m* territorial claim; **einen ~/Gebietsansprüche haben** [*o* **erheben**] [*o* **geltend machen**] to make a territorial claim/ territorial claims **Ge·bi̲ets·auf·tei·lung** *f* zoning **Ge·bi̲ets·ent·wick·lungs·plan** *m* JUR subregional development plan **Ge·bi̲ets·frem·de(r)** *f(m) dekl wie adj* non-resident [person] **Ge·bi̲ets·ho·heit** *f kein pl* JUR territorial jurisdiction [*or* sovereignty]; **~ besitzen** to have territorial jurisdiction **Ge·bi̲ets·kar·tell** *nt* ÖKON regional cartel **Ge·bi̲ets·kör·per·schaft** *f* JUR local [*or* regional] authority; **~en** central, regional or local authorities **Ge·bi̲ets·lei·ter(in)** *m(f)* ADMIN area manager **Ge·bi̲ets·re·form** *f* local government restructuring
Ge·biets·schutz *m kein pl* territory protection **Ge·bi̲ets·schutz·ab·kom·men** *nt,* **Ge·bi̲ets·schutz·ab·re·de** *f* JUR district boundaries agreement
Ge·bi̲ets·ver·ant·wort·li·che(r) *f(m) dekl wie adj* area manager
ge·bi̲ets·wei·se *adv* locally, in places; ***~ kann es auf einigen Strecken zu Glatteisbildung kommen*** icy roads could develop in some places
ge·big *adj* SCHWEIZ ① *(praktisch)* practical
② *(prima)* terrific
Ge·bil·de <-s, -> [gə'bɪldə] *nt* ① *(Ding)* thing, object
② *(Form)* shape; *(Struktur)* structure
③ *(Muster)* pattern
④ *(Schöpfung)* creation
⑤ *(Staatsgebilde)* entity
⑥ JUR entity; **nicht rechtsfähiges ~** non-legal entity; **parafiskalisches ~** auxiliary fiscal agent
ge·bi̲l·det *adj* educated, learned, erudite *form;* **ein ~er Mensch** a refined [*or* cultured] person; **vielseitig ~ sein** to have a broad education; **ein ~es Benehmen** to be well bred
Ge·bi̲l·de·te(r) *f(m) dekl wie adj* educated person
Ge·bim·mel <-s,> [gə'bɪml̩] *nt kein pl (pej fam)* [continual] ringing
Ge·bin·de <-s, -> [gə'bɪndə] *nt (geh)* bunch; **ein ~ aus Blumen und Zweigen** an arrangement of flowers and twigs; **ein großes ~ Möhren** a large bunch of carrots; *(Blumenkranz)* wreath; *(Getreidegebinde)* sheaf
Ge·bir·ge <-s, -> [gə'bɪrgə] *nt* mountains *pl,* mountain range
ge·bir·gig [gə'bɪrgɪç] *adj* mountainous
Ge·bi̲rgs·bach *m* mountain stream **Ge·bi̲rgs·bahn** *f* mountain railway **Ge·bi̲rgs·be·woh·ner(in)** *m(f)* mountain dweller **Ge·bi̲rgs·bil·dung** *f* mountain formation **Ge·bi̲rgs·dorf** *nt* mountain village **Ge·bi̲rgs·jä·ger(in)** *m(f)* MIL ① *(einzelner Soldat)* mountain soldier ② *pl (Einheit des Heeres)* mountain troops *npl* **Ge·bi̲rgs·kamm** *m* mountain ridge [*or* crest] **Ge·bi̲rgs·ket·te** *f* mountain chain [*or* range] **Ge·bi̲rgs·land·schaft** *f* mountainous region **Ge·bi̲rgs·mas·siv** *nt* massif **Ge·bi̲rgs·rü·cken** *m* mountain ridge **Ge·bi̲rgs·stra·ße** *f* mountain road **Ge·bi̲rgs·zug** *m* mountain range
Ge·biss[RR] <-es, -e> *nt,* **Ge·biß**[ALT] <-sses, -sse> [gə'bɪs] *nt* ① *(Zähne)* [set of] teeth; **ein gesundes/kräftiges ~ haben** to have healthy/strong teeth
② *(Zahnprothese)* dentures *npl;* **künstliches** [*o fam* **falsches**] **~** false teeth *pl*
③ *(Mundstück am Pferdezaum)* bit
Ge·bi̲ss·ab·druck[RR] <-abdrücke> *m* dental impression

G

Ge·blä·se <-s, -> [gəˈblɛːzə] *nt* blower, fan

Ge·blö·del <-s> [gəˈbløːdl̩] *nt kein pl (pej fam)* twaddle *pej,* baloney; *von Komikern* patter

ge·blümt [gəˈblyːmt], **ge·blumt** [gəˈbluːmt] *adj* ÖSTERR ① *(mit Blumenmuster)* flowered, floral; **eine ~e Tischdecke** a tablecloth with a floral pattern; **~es Kleid** dress with a floral design

② *(fig: kunstvoll, blumenreich)* flowery; **ein ~er Stil** a flowery style

Ge·blüt <-[e]s> [gəˈblyːt] *nt kein pl* ① *(Abstammung)* descent, lineage; **von edlem ~** of noble blood *form*

② *(Veranlagung)* **etw liegt jdm im ~** sth is in sb's blood

ge·bo·gen [gəˈboːgn̩] **I.** *pp von* **biegen**

II. *adj* bent; **ein ~es Kinn** a pointed chin; **eine ~e Nase** a hooked [*or* Roman] nose

ge·bo·ren [gəˈboːrən] **I.** *pp von* **gebären**

II. *adj* ① *(gebürtig)* by birth; **ein ~er Prinz sein** to be a prince by birth, to be born a prince

② *(eine natürliche Begabung haben)* **der ~e Koch sein** to be a born cook

ge·bor·gen [gəˈbɔrgn̩] **I.** *pp von* **bergen**

II. *adj* safe, secure; **sich** *akk* **~ fühlen** [*o geh* **wissen**] to feel safe; **bei jdm ~ sein** to be safe and sound with sb

Ge·bor·gen·heit <-> *f kein pl* security; **häusliche ~** secure place

Ge·bot <-[e]s, -e> [gəˈboːt] *nt* ① *(Regel, Vorschrift)* regulation, rule; **ein ~ missachten/befolgen** to break [*or* disregard]/obey [*or* observe] a rule

② REL *(moralische Regel o Gesetz)* commandment; **die zehn ~e** the ten commandments; **göttliches ~** divine law; **~ der Menschheit/Vernunft** law of humanity/reason; **das ~ der Nächstenliebe** the commandment to love one's neighbour [*or* AM -or]

③ *(geh: Erfordernis)* requirement; **das ~ der Stunde** the dictates of the moment; **ein ~ der Vernunft** the dictates of reason

④ ÖKON, HANDEL *(Angebot)* bid; ***gibt es ein höheres ~?*** does anyone bid more?

⑤ *(Gesetz)* law; *(Verordnung)* decree

▸WENDUNGEN: **jdm zu ~[e] stehen** to be at sb's disposal

ge·bo·ten [gəˈboːtn̩] **I.** ① *pp von* **bieten, gebieten**

② *pp von* **bieten**

II. *adj (geh: notwendig)* necessary; *(angebracht)* advisable; **dringend ~** imperative; **bei aller ~en Achtung** with all due respect

Ge·bots·preis *m* ÖKON bid price **Ge·bots·schild** <-[e]s, -er> *nt* mandatory sign

Gebr. *Abk von* **Gebrüder** Bros.

Ge·brab·bel <-s> [gəˈbrabl̩] *nt kein pl (pej fam)* jabbering *pej fam*

ge·brannt [gəˈbrant] **I.** *pp von* **brennen**

II. *adj* burned, burnt; **~er Gips** burnt gypsum; **~er Kalk** burnt [*or* caustic] [*or* quick] lime; **~e Magnesia** calcinated magnesia; **~e Mandeln** roasted almonds; *s. a.* **Kind**

Ge·bra·te·ne(s) [gəˈbraːtənə] *nt dekl wie adj* fried food

Ge·bräu <-[e]s, -e> [gəˈbrɔy] *nt (pej)* brew, concoction *pej*

Ge·brauch <-[e]s, Gebräuche> [gəˈbraux, *pl* gəˈbrɔyçə] *m* ① *kein pl (Verwendung)* use; *(Anwendung)* application; **zum äußerlichen/innerlichen ~** to be applied externally/to be taken internally; **falscher ~** improper use, misuse; **sparsam im ~** economical; **etw in** [*o* **im**] **~ haben** to use sth; **von etw** *dat* **~ machen** to make use of sth; **etw in ~ nehmen** *(geh)* to start using sth; **vor ~ schütteln** shake well before use; **in** [*o* **im**] **~ sein** to be used; *Auto* to be running; **in ~ kommen** to become fashionable; **außer/aus dem ~ kommen** to fall into disuse, to become outdated; **nach ~** after use; LING usage

② *usu pl (Brauch, Gepflogenheit)* custom; **Sitten und Gebräuche** manners and customs

ge·brau·chen* [gəˈbrauxn̩] *vt* ① *(verwenden)* ■**etw ~** to use sth; **ein gebrauchtes Auto** a used [*or* second-hand] car; **nicht mehr zu ~ sein** to be no longer [of] any use, to be useless; ***das kann ich gut ~*** I can really use that, I can make good use of that; **zu nichts zu ~ sein** to be no use at all; **sich** *akk* **zu etw** *dat* **~ lassen** to let oneself be used for sth

② *(fam: benötigen, brauchen)* ■**etw/jd könnte etw ~** sth/sb could need sth; ***dein Wagen könnte eine Wäsche ~*** your car could do with a wash again

ge·bräuch·lich [gəˈbrɔyçlɪç] *adj* ① *(allgemein üblich)* customary, usual, common; *(in Gebrauch)* in use; LING in general use; ***„okay" ist ein sehr ~er Ausdruck*** "okay" is a very common expression

② *(herkömmlich)* conventional

Ge·brauchs·ab·nah·me *f* HANDEL acceptance test, inspection and approval **Ge·brauchs·ab·nah·me·be·schei·ni·gung** *f* HANDEL acceptance certificate

Ge·brauchs·an·lei·tung *f* directions [*or* instructions] [for use] **Ge·brauchs·an·wei·sung** *f* operating instructions **Ge·brauchs·ar·ti·kel** *m* basic consumer item **Ge·brauchs·dieb·stahl** *m* JUR stealing for temporary use **Ge·brauchs·ei·gen·schaf·ten** *pl* useful properties **ge·brauchs·fer·tig** *adj* ready for use **Ge·brauchs·ge·gen·stand** *m* basic commodity **Ge·brauchs·gra·fik** *f* advertising [*or* commercial] art **Ge·brauchs·gü·ter** *pl* ÖKON consumer goods *pl* **Ge·brauchs·li·te·ra·tur** *f literature published for a particular purpose* **Ge·brauchs·li·zenz** *f* JUR licence [*or* AM -se] for use **Ge·brauchs·mus·ter** *nt* JUR utility model; **eingetragenes ~** registered pattern **Ge·brauchs·mus·ter·ge·setz** *nt* JUR Designs Act BRIT, Protection of Inventions Act AM **Ge·brauchs·mus·ter·hilfs·an·mel·dung** *f* JUR auxiliary utility model registration **Ge·brauchs·mus·ter·rol·le** *f* JUR register of utility models **Ge·brauchs·mus·ter·schutz** *m* JUR protection of utility patents **Ge·brauchs·mus·ter·stel·le** *f* JUR utility model department **Ge·brauchs·mus·ter·zer·ti·fi·kat** *nt* JUR utility certificate

Ge·brauchs·recht *nt* JUR right of user **Ge·brauchs·re·ge·lung** *f* utilization arrangement

Ge·brauchs·über·las·sung *f* JUR loan [*or* transfer] of use **Ge·brauchs·über·las·sungs·ver·trag** *m* JUR loan contract

Ge·brauchs·wert *m kein pl* utility value, value in use; HANDEL practical value **Ge·brauchs·wert-Kos·ten·ana·ly·se** *f* HANDEL value-costs analysis **Ge·brauchs·wert·min·de·rung** *f* FIN depreciation in utility value

ge·braucht *adj* second-hand

Ge·braucht·markt *m* second-hand market

Ge·braucht·teil *nt* AUTO second-hand part

Ge·braucht·wa·gen *m* second-hand [*or* used] car **Ge·braucht·wa·gen·händ·ler(in)** *m(f)* AUTO used-car dealer

Ge·braucht·wa·ren·han·del *m kein pl* HANDEL business in second-hand goods

ge·bre·chen* [gəˈbrɛçn̩] *vi irreg haben (geh)* ■**jdm gebricht es an etw** *dat* sb is lacking sth; **jdm gebricht es an Geld/Mut** sb lacks money/courage

Ge·bre·chen <-s, -> [gəˈbrɛçn̩] *nt (geh)* affliction; **ein körperliches/geistiges ~ haben** to have a physical/mental affliction

ge·brech·lich [gəˈbrɛçlɪç] *adj* frail, infirm

Ge·brech·lich·keit <-> *f kein pl* frailty, infirmity

ge·bro·chen I. *pp von* **brechen: ~e Schrift** TYPO black letter

II. *adj* ① *(völlig entmutigt)* broken, crushed; **ein ~er Mann** a broken man; **ein ~es Herz** *(fig)* a broken heart *fig*

② *(sehr fehlerhaft)* broken; **in ~em Englisch** in broken English

③ MATH **~e Zahl** fraction

III. *adv* imperfectly; ***sie sprach nur ~ Deutsch*** she only spoke broken German

Ge·brü·der [gəˈbryːdɐ] *pl (veraltet)* brothers; **die ~ Grimm** the Brothers Grimm

Ge·brüll <-[e]s> [gəˈbrʏl] *nt kein pl* bellowing; *Esel* braying; *Löwe* roaring; *(pej) Kind* bawling; *Mensch* screaming; ***auf ihn mit ~!*** *(fam)* go get him! *fam*

Ge·brum·m(e) <-[e]s> [gəˈbrʊm(ə)] *nt kein pl (fam)* humming; *Flugzeug* droning

ge·bückt I. *pp von* **bücken**

II. *adj* bowed, stooped; **einen ~en Gang haben** to walk with a stoop

III. *adv* with bad posture

ge·bügelt I. *pp von* **bügeln**

II. *adj (sl: baff)* gobsmacked BRIT *fam,* speechless

Ge·bühr <-, -en> [gəˈbyːɐ̯] *f* charge; *(Honorar, Beitrag)* fee; *für eine Vermittlung* commission; *für eine Postsendung* postage; *(Gebühr zahlt Empfänger)* postage to be paid by addressee; **amtliche/symbolische ~** official/nominal fee; **fällige ~** fee due; **ermäßigte ~** reduced charges/fee; **eine ~ berechnen** to charge a fee; **eine ~ bezahlen** [*o* **entrichten**] to pay a charge/fee; **~en einziehen** to collect a fee; **eine ~ erheben** to levy [*or* make] a charge; **nach ~** appropriately, suitably; **über ~** excessively, unduly

ge·büh·ren* [gəˈbyːrən] *(geh)* **I.** *vi (zukommen, zustehen)* ■**jdm/etw gebührt etw** sb/sth deserves [*or* is due] sth; ***ihm gebührt unsere Anerkennung*** he deserves our recognition

II. *vr* ■**sich** *akk* [**für jdn**] **~** to be fitting [*or* proper] [for sb]; **wie es sich gebührt** as is fitting [*or* proper]

Ge·büh·ren·an·sa·ge *f* TELEK "advise duration and charge" call **Ge·büh·ren·an·zei·ger** *m* call-charge indicator **Ge·büh·ren·auf·kom·men** *nt* FIN fee [*or* brokerage] income

ge·büh·rend I. *adj (zustehend)* due, owed; *(angemessen)* appropriate, fitting, suitable; **etw in ~er Weise würdigen** to show suitable appreciation of sth

II. *adv (angemessen)* appropriately, fittingly, suitably

Ge·büh·ren·ein·heit *f* TELEK [tariff] unit

Ge·büh·ren·ein·zugs·zen·tra·le *f* collection centre for radio and television licence fees **Ge·büh·ren·er·hö·hung** *f* increase in charges [*or* fees] **Ge·büh·ren·er·lass**^{RR} *m* remission of charges [*or* fees] **Ge·büh·ren·er·mä·ßi·gung** *f* reduction of charges [*or* fees] **Ge·büh·ren·er·stat·tung** *f* refund of charges **ge·büh·ren·frei** *adj, adv* free of charge; **~er Anruf** Freephone, AM toll-free call **Ge·büh·ren·frei·heit** *f* JUR exemption from charges **Ge·büh·ren·kal·ku·la·ti·on** *f* ÖKON calculation of charges **Ge·büh·ren·mar·ke** *f* revenue stamp **Ge·büh·ren·ord·nung** *f* scale [*or* schedule] of charges [*or* fees], tariff, fee scale; **verbindliche ~** fixed scale of charges **ge·büh·ren·pflich·tig I.** *adj* subject [*or* liable] to a charge; **~e Verwarnung** fine; **~e Straße** toll road **II.** *adv* **jdn ~ verwarnen** to fine sb **Ge·büh·ren·po·li·tik** *f kein pl* HANDEL fee policy **Ge·büh·ren·streit·wert** *m* JUR litigation fee value **Ge·büh·ren·ta·bel·le** *f* JUR scale of fees **Ge·büh·ren·über·he·bung** *f* JUR excessive rates **Ge·büh·ren·um·satz** *m* ÖKON total fees received **Ge·büh·ren·ver·ein·ba·rung** *f* ÖKON fee arrangement **Ge·büh·ren·ver·ord·nung** *f* JUR fee ordinance **Ge·büh·ren·ver·zeich·nis** *nt* JUR fee schedule **Ge·büh·ren·vor·schuss**^{RR} *m* JUR retaining fee **Ge·büh·ren·zäh·ler** *m* TELEK meter

ge·bun·den [gəˈbʊndn̩] **I.** *pp von* **binden**

II. *adj* ① *(fixiert, fest)* fixed, set; **~es Buch** hardcover, BRIT *a.* hardback; **~e Preise** controlled prices; **durch Verpflichtungen ~ sein** to be tied down by duties; **anderweitig ~ sein** to be otherwise engaged; **vertraglich ~ sein** to be bound by contract; **zeitlich ~ sein** to be restricted as regards time

② PHYS bound

③ CHEM ■**mit etw** *dat* **~ sein** to be combined with [*or* attached to] sth; **chemisch ~er Kohlenstoff** combined carbon; **~es Elektron** bound electron

Ge·burt <-, -en> [gəˈbuːɐ̯t] *f* ① *(Entbindung)* birth; **bei der ~** at the birth; **von ~ an** from birth

② *(Abstammung)* birth; **von ~ Deutscher sein** to be German by birth; **von niedriger/hoher ~ sein** to be of low/noble birth; **die Gnade der späten ~** *to be lucky not to have been born at a certain time in history, e.g. World War Two*

▸WENDUNGEN: **das war eine schwere ~!** *(fam)* that took some doing! *fam*

Ge·bur·ten·an·stieg *m* rise in the birth rate; **schlagartiger ~** baby boom **Ge·bur·ten·be·schrän·kung** *f* population control **Ge·bur·ten·buch** *nt* JUR register of births
Ge·bur·ten·knick *m* drop [*or* dip] in the birth rate **Ge·bur·ten·kon·trol·le** *f kein pl* birth control **Ge·bur·ten·ra·te** *f* birth rate; **die ~ steigt** the birth rate is up; **die ~ fällt** the birth rate is falling **Ge·bur·ten·re·ge·lung** *f kein pl* birth control **Ge·bur·ten·rück·gang** *m* decline [*or* drop] in the birth rate **ge·bur·ten·schwach** *adj* with a low birth rate; **ein ~er Jahrgang** a year in which there is a low birth rate **ge·bur·ten·stark** *adj* with a high birth rate **Ge·bur·ten·über·schuss**RR *m* excess of births over deaths **Ge·bur·ten·zahl** *f* birth rate **Ge·bur·ten·zif·fer** *f* birth rate **Ge·bur·ten·zu·wachs** *f* birth increase
ge·bür·tig [gəˈbʏrtɪç] *adj* by birth; ***er ist ~er Londoner*** he was born in London, he is a native Londoner; **aus Berlin ~ sein** to have been born in Berlin
Ge·burts·an·zei·ge *f* birth announcement **Ge·burts·da·tum** *nt* date of birth **Ge·burts·ein·lei·tung** *f* birth induction **Ge·burts·feh·ler** *m* congenital defect **Ge·burts·haus** *nt* birthplace; ***das ~ von Beethoven steht in Bonn*** the house where Beethoven was born is in Bonn
Ge·burts·hel·fer(in) *m(f)* obstetrician **Ge·burts·hel·fer·krö·te** *f* ZOOL midwife toad
Ge·burts·hil·fe *f kein pl* obstetrics; **~ leisten** to assist at a birth **Ge·burts·jahr** *nt* year of birth **Ge·burts·land** *nt* country of origin **Ge·burts·ort** *m* birthplace, place of birth **Ge·burts·ra·te** *f* birth rate **Ge·burts·recht** *nt* JUR ■ **das ~** *right of a child born in Germany to claim German nationality irrespective of the parents' nationality* **Ge·burts·stadt** *f* hometown, native city [*or* town] **Ge·burts·sta·ti·on** *f* obstetrics ward **Ge·burts·stun·de** *f* time of birth
Ge·burts·tag *m* birthday; *(Geburtsdatum)* date of birth; **herzlichen Glückwunsch zum ~** happy birthday to you; **[seinen/jds] ~ feiern** to celebrate one's/sb's birthday; **ein runder ~** *the number of years to be celebrated ends in a zero;* **jdm zum/zu jds ~ gratulieren** to wish sb many happy returns [*or* a happy birthday]; **~ haben** to be one's birthday; ***wann hast du ~?*** when is your birthday?; **jdm etw zum ~ schenken** to give sb a present for his/her birthday
Ge·burts·tags·fei·er *f* birthday celebration *form* [*or* party] **Ge·burts·tags·ge·schenk** *nt* birthday present **Ge·burts·tags·kar·te** *f* birthday card **Ge·burts·tags·kind** *nt (hum)* birthday boy/girl **Ge·burts·tags·ku·chen** *m* birthday cake **Ge·burts·tags·par·ty** *f* birthday party **Ge·burts·tags·tor·te** *f* birthday cake
Ge·burts·ter·min *m* due date; **den ~ errechnen** [*o* **bestimmen**] to calculate the date of birth **Ge·burts·ur·kun·de** *f* birth certificate **Ge·burts·vor·be·rei·tung** *f* ante-natal preparation **Ge·burts·we·hen** *pl* labour [*or* AM -or] pains *pl* **Ge·burts·zan·ge** *f* MED obstetric[al] forceps *npl*
Ge·büsch <-[e]s, -e> [gəˈbʏʃ] *nt* bushes *pl; (Unterholz)* undergrowth
Geck <-en, -en> [ˈgɛk] *m (pej)* dandy *pej old,* fop *pej old,* toff BRIT *pej sl*
Ge·cko <-s, -s> [ˈgɛko] *m* gecko
Ge·dächt·nis <-ses, -se> [gəˈdɛçtnɪs, *pl* gəˈdɛçtnɪsə] *nt* ❶ *(Informationsspeicherung im Gehirn)* memory; **ein gutes/schlechtes ~ [für etw** *akk*] **haben** to have a good/poor memory [for sth]; **ein kurzes ~ haben** *(fam)* to have a short memory; **sein ~ anstrengen** to make a real effort to remember sth; **etw im ~ behalten** [*o geh* **bewahren**] to remember sth; **jds ~ entfallen** to slip one's mind; **ein ~ wie ein Sieb haben** *(fam)* to have a memory like a sieve *fam;* **etw aus dem ~ hersagen** to recite [*or* quote] sth from memory; **wenn mich mein ~ nicht täuscht** [*o* **trügt**] if my memory serves me right; **sein ~ verlieren** to lose one's memory; **jdn/etw aus dem ~ verlieren** to erase sb/sth from one's memory; **jdm/sich etw ins ~ zurückrufen** to remind sb of sth/to recall sth
❷ *(Andenken, Gedenken)* memory, remembrance; **zum ~ der Toten** in memory [*or* remembrance] of the dead
Ge·dächt·nis·hil·fe *f* aide-memoire, mnemonic; **jdm eine ~ geben** to jog sb's memory; **als ~** as a reminder **Ge·dächt·nis·lü·cke** *f* gap in one's memory; **eine ~ haben** to not remember anything; MED localized amnesia **Ge·dächt·nis·pro·to·koll** *nt* minutes taken from memory **Ge·dächt·nis·schwund** *m* amnesia, loss of memory; **an ~ leiden** *(fam)* to suffer from amnesia, to suffer a loss of memory **Ge·dächt·nis·stüt·ze** *f* memory aid **Ge·dächt·nis·trai·ning** *nt kein pl* memory training **Ge·dächt·nis·ver·lust** *m kein pl* loss of memory
ge·dämpft I. *pp von* **dämpfen**
II. *adj* ❶ *Geräusch* muffled, muted, low; **~er Aufprall** softened impact; **~er Schall** muffled echo; **mit ~er Stimme** in a low voice
❷ *Farben, Licht, Stimmung* muted, subdued
❸ TECH, PHYS *Schwingung* damped; **~e Eigenfrequenz** damped natural frequency; **~e Schwingung** damped oscillation
❹ ÖKON **~er Bedarf** checked demand
Ge·dan·ke <-ns, -n> [gəˈdaŋkə] *m* ❶ *(das Gedachte, Überlegung)* thought; **der bloße ~ an jdn/etw** the mere thought of sb/sth; **in ~n vertieft** [*o* **versunken**] [*o geh* **verloren**] deep [*or* sunk] [*or* lost] in thought; **sich** *akk* **mit einem ~n vertraut machen** to get used to an idea; **jdn auf andere ~n bringen** to take sb's mind off sth; **jdn auf einen ~n bringen** to put an idea into sb's head; **einen ~n fassen** to form an idea; ***ich kann keinen vernünftigen ~n fassen*** I just can't think properly; **den ~n fassen, etw zu tun** to form [*or* have] the idea of doing sth; **jds ~n lesen** to read sb's thoughts; **sich** *dat* **über etw** *akk* **~n machen** to be worried about sth; ***mach dir darüber keine ~n*** don't worry [about it]; **sich** *dat* **so seine ~n machen** *(fam)* to begin to wonder; **jdn aus seinen ~n reißen** to interrupt sb's thoughts; **in ~n bei jdm/etw sein** to be in sb's thoughts/to have one's mind on sth; ***in ~n bin ich stets bei dir*** my thoughts are with you; **ganz in ~n sein** to be lost in thought; **mit seinen ~n woanders sein** to have one's mind on sth else; ***wo hast du nur deine ~n?*** whatever are you thinking about?; **etw ganz in ~n tun** to do sth while lost in thought [*or* while one's thoughts are far away]; ***kein ~*** [***daran***]! certainly not!, no way!, out of the question!
❷ *(Einfall, Plan)* idea, plan; **einen ~n in die Tat umsetzen** to put a plan [*or* an idea] into action; **jdm kommt ein ~** the thought occurs to sb, sb has [*or* hits upon] an idea; ***mir kommt da gerade ein ~!*** I've just had an idea!; **der rettende ~** the idea that saves the day; ***plötzlich kam mir der rettende ~*** suddenly I came up with an idea to save the day; **auf einen ~n kommen** to have an idea; **auf dumme ~n kommen** *(fam)* to get up to mischief *fam;* **mit dem ~n spielen, etw zu tun** to toy with the idea of doing sth
❸ *(Begriff)* concept; ***der europäische ~ ist die Idee von einem vereinten Europa*** the European idea is the concept of a united Europe
Ge·dan·ken·as·so·zi·a·ti·on *f* association of ideas **Ge·dan·ken·aus·tausch** *m* exchange of ideas **Ge·dan·ken·blitz** *m (hum fam)* brain wave *fam;* **einen ~ haben** to have a brain wave **Ge·dan·ken·frei·heit** *f kein pl* freedom of thought *no pl* **Ge·dan·ken·gang** *m* thought process, train of thought; **einem ~ folgen** to follow a train of thought **Ge·dan·ken·ge·bäu·de** *nt (geh)* edifice of ideas; *einer Philosophie* concepts *pl* **Ge·dan·ken·gut** *nt kein pl* philosophy; **christliches ~** Christian thinking; **braunes ~** *(fig)* National socialist ideas **Ge·dan·ken·ket·te** *f* chain of thought **Ge·dan·ken·klar·heit** *f* clarity of thought
ge·dan·ken·los I. *adj (unüberlegt)* unconsidered, thoughtless
II. *adv* thoughtlessly
Ge·dan·ken·lo·sig·keit <-, -en> *f* ❶ *kein pl (Unüberlegtheit)* lack of thought *no pl; (Zerstreutheit)* absent-mindedness *no pl*
❷ *(unüberlegte Äußerung)* thoughtlessness *no pl*
Ge·dan·ken·schritt *m* logical step **Ge·dan·ken·sprung** *m* jump from one idea to another, mental leap; **einen ~/Gedankensprünge machen** to jump from one idea to another **Ge·dan·ken·strich** *m* dash **Ge·dan·ken·über·tra·gung** *f* telepathy *no indef art,* thought transference **ge·dan·ken·ver·lo·ren** *(geh)* I. *adj* lost in thought II. *adv* lost in thought; ***sie rührte ~ ihren Kaffee um*** she stirred her coffee, completely lost in thought **ge·dan·ken·voll** I. *adj attr* pensive II. *adv* pensively **Ge·dan·ken·welt** *f* thought *no pl;* **jds eigene ~** a world of one's own
ge·dank·lich [gəˈdaŋklɪç] *adj* intellectual; **eine ~e Anstrengung** a mental effort; **die ~e Klarheit** the clarity of thought; **in keinem ~en Zusammenhang stehen** to be disjointed [*or* incoherent]
Ge·därm <-[e]s, -e> *nt,* **Ge·där·me** <-s, -> [gəˈdɛrm(ə)] *nt* intestines *pl,* bowels *pl,* entrails *pl old liter;* ***da drehen sich einem ja die ~e um!*** it's enough to make your stomach turn!
Ge·deck <-[e]s, -e> [gəˈdɛk] *nt* ❶ *(Tischgedeck)* cover, place; **die ~e abräumen** to clear the table; **ein ~ auflegen** to lay [*or* set] a place; **eine Tafel mit vier ~en** a table laid for four
❷ *(Menü)* set menu; **das ~ bestellen** to order the set menu
❸ *(obligates Getränk)* drink with a cover charge
ge·deckt I. *pp von* **decken**
II. *adj* ❶ *(matt)* muted; **~e Farben** muted colours [*or* AM -ors]
❷ FIN secured, covered; **~er Kredit** collateral credit
Ge·deih [gəˈdai] ▸WENDUNGEN: **auf ~ und Verderb** for better or [for] worse; ***ich bin der Bank auf ~ und Verderb ausgeliefert*** I am completely at the mercy of the bank
ge·dei·hen <gedieh, gediehen> [gəˈdaiən] *vi sein*
❶ *(sich gut entwickeln)* to flourish, to thrive
❷ *(vorankommen)* to make headway [*or* progress]
Ge·dei·hen <-s> [gəˈdaiən] *nt kein pl (geh)* ❶ *(gute Entwicklung)* flourishing, thriving
❷ *(Gelingen)* success; **jdm gutes ~ wünschen** to wish sb every success
ge·deih·lich [gəˈdailɪç] *adj (geh)* successful; *(vorteilhaft)* advantageous, beneficial
Ge·denk·aus·ga·be *f* commemorative edition **Ge·denk·aus·stel·lung** *f* commemorative exhibition
ge·den·ken* [gəˈdɛŋkn̩] *vi irreg* ❶ *(geh: ehrend zurückdenken)* ■**jds/einer S.** *gen* **~** to remember [*or* commemorate] sb/sth; *(lobend erwähnen)* to mention sb/sth in glowing terms
❷ *(beabsichtigen)* ■**~, etw zu tun** to intend [*or* propose] to do sth; ***was gedenkst du, jetzt zu tun?*** what are you going to do now?
Ge·den·ken <-s> [gəˈdɛŋkn̩] *nt kein pl* memory, remembrance; **in ~** in memory [*or* remembrance]; **zum** [*o* **im**] **~ an jdn/etw** in memory [*or* remembrance] of sb/sth; **jdn/etw in gutem ~ behalten** to treasure the memory of sb/sth
Ge·denk·fei·er *f* commemorative ceremony **Ge·denk·got·tes·dienst** *m* commemorative [*or* memorial] service **Ge·denk·mar·ke** *f* commemorative stamp **Ge·denk·mi·nu·te** *f* minute's silence **Ge·denk·mün·ze** *f* commemorative coin **Ge·denk·re·de** *f* commemorative speech **Ge·denk·stät·te** *f* memorial **Ge·denk·stein** *m* commemorative [*or* memorial] stone **Ge·denk·stun·de** *f* hour of commemoration **Ge·denk·ta·fel** *f* commemorative plaque **Ge·denk·tag** *m* day of remembrance **Ge·denk·ver·an·stal·tung** *f* memorial [*or* commemorative] event
Ge·dicht <-[e]s, -e> [gəˈdɪçt] *nt* poem; **ein ~ aufsagen** [*o geh* **vortragen**] to recite a poem; **[jdm] ein ~ schreiben** to write [sb] a poem; **~e schreiben** to write poetry; **ein ~ sein** *(fig fam)* to be sheer poetry *fig*
Ge·dicht·band <-bände> *m* volume of poems **Ge·dicht·form** *f* poetic form; **in ~** in verse **Ge·dicht·**

in·ter·pre·ta·ti·on *f* interpretation of verse [*or* the/a poem] **Ge·dicht·samm·lung** *f (eines Dichters)* collection of poems; *(verschiedener Dichter)* anthology of poetry [*or* verse]

ge·die·gen [gəˈdiːgn̩] *adj* ❶ *(rein)* pure; **~es Gold** pure gold
❷ *(solide gearbeitet)* solidly constructed, high quality
❸ *(geschmackvoll)* tasteful
❹ *(gründlich, gut)* sound; **~e Kenntnisse haben** to have sound knowledge
❺ *(gut und verlässlich)* **ein ~er Mensch** an upright person
❻ *(fam: lustig)* funny; *(wunderlich)* strange

Ge·die·gen·heit <-> *f kein pl* ❶ *(Solidität)* sound construction
❷ *(Gründlichkeit)* thoroughness

ge·dieh [gəˈdiː] *imp von* **gedeihen**

ge·die·hen [gəˈdiːən] *pp von* **gedeihen**

ge·dient I. *pp von* **dienen**
II. *adj* having completed one's military service; **ein ~er Soldat** a former soldier

Ge·döns <-es> [gəˈdøːns] *nt kein pl* NORDD *(fam)* ❶ *(Krempel)* stuff, things; **lauter ~ kaufen** to buy a load of knick-knacks
❷ *(Aufheben)* **viel ~ [um etw** *akk*] **machen** to make a lot of fuss [about sth]; ***was soll das ganze ~?*** what's all the fuss about?

ge·dou·belt [gəˈduːblt] *adj* **~e Szene** stunt

Ge·drän·ge <-s> [gəˈdrɛŋə] *nt kein pl* ❶ *(drängende Menschenmenge)* crowd, crush; ***es herrscht ein ~*** there is a crowd; **im ~ untertauchen** [*o* **verschwinden**] to disappear into the crowd
❷ *(das Drängen)* jostling; SPORT bunching; ***ein offenes ~*** an open scrum[mage]
▶WENDUNGEN: **[mit etw** *dat*] **ins ~ geraten** [*o* **kommen**] to get into [*or* a fix] difficulties [with sth]

Ge·drän·gel <-s> [gəˈdrɛŋl̩] *nt kein pl (fam)* crush

ge·drängt I. *adj* ❶ *(kurz)* brief, concise, short
❷ *(voll)* packed
II. *adv* ❶ *(kurz)* briefly, concisely
❷ *(voll)* packed; **~ voll sein** to be packed full [*or fam* jam-packed]

Ge·dröh·n(e) <-[e]s> [gəˈdrøːn(ə)] *nt kein pl (fam)* droning; *Musik, Kanonen* booming

ge·druckt *adj (als Druckwerk)* printed; **wie ~** as if printed
▶WENDUNGEN: **lügen wie ~** to lie one's head off *fam*

ge·drückt *adj* weak, dejected, depressed; **~er Markt** BÖRSE depressed market; **~er Stimmung sein** to be in low spirits [*or* depressed]

Ge·drückt·heit <-> *f kein pl* dejection, depression

ge·drun·gen [gəˈdrʊŋən] I. *pp von* **dringen**
II. *adj* stocky, sturdy; **von ~em Wuchs** of stocky build

Ge·drun·gen·heit <-> *f kein pl* stockiness, sturdiness

ge·duckt I. *adj* crouching; **mit ~em Kopf** with his/her head bowed
II. *adv* crouching

Ge·du·del <-s> [gəˈduːdl̩] *nt kein pl (pej fam)* [incessant] tootling

Ge·duld <-> [gəˈdʊlt] *f kein pl (Ausdauer)* patience; **eine engelhafte ~ haben** to have the patience of a saint; **eine große ~ haben** to have great patience; **jds ~ ist erschöpft** sb has lost patience; **sich** *akk* **in ~ fassen** [*o* **üben**] *(geh)* to have patience *form;* ***Sie müssen sich etwas in ~ üben*** you must be patient for a while; ***hab' ~!*** be patient!; **mit jdm/etw ~ haben** to be patient with sb/sth; **keine ~ [zu etw** *dat*] **haben** to have no patience [with sth]; **jdm fehlt die ~** sb's patience is wearing thin; **jdm reißt die ~** *(fam)* sb runs out of patience; **gleich reißt mir die ~** you're trying my patience; **~ üben** [*o* **lernen**] *(geh)* to learn to be patient *form;* **die ~ verlieren** to lose one's patience; **sich** *akk* **mit ~ wappnen** *(geh)* to summon up one's patience; ***~!*** be patient!
▶WENDUNGEN: **mit ~ und Spucke fängt man eine Mucke** *(prov)* patience and snare catch many a hare *rare*

ge·dul·den* [gəˈdʊldn̩] *vr* ■**sich** *akk* **~** to be patient

ge·dul·dig [gəˈdʊldɪç] *adj* patient; **~ wie ein Lamm** meek as a lamb

Ge·dulds·fa·den *m* ▶WENDUNGEN: **jdm reißt der ~** *(fam)* sb is at the end of his/her tether **Ge·dulds·pro·be** *f* test of one's patience **Ge·dulds·spiel** *nt* puzzle

ge·dun·sen [gəˈdʊnzn̩] *adj* bloated

ge·ehrt *adj* honoured [*or* AM -ored]; ***sehr ~e Damen, sehr ~e Herren!*** ladies and gentlemen!; *(Anrede in Briefen)* dear; ***sehr ~e Damen und Herren!*** Dear Sir or Madam

ge·eig·net [gəˈʔaignət] *adj (passend)* suitable; ***jetzt ist nicht der ~e Augenblick, darüber zu sprechen*** it's not the right time to talk about it; ■**für etw** *akk*/**zu etw** *dat* **~ sein** to be suited to sth

Geest <-, -en> *f,* **Geest·land** [ˈgeːst(lant)] *nt sandy uplands on the German North Sea coast*

Ge·fahr <-, -en> [gəˈfaːɐ̯] *f* ❶ *(Bedrohung)* danger; *(Risiko)* threat, risk; **die ~en des Straßenverkehrs/Dschungels** the dangers [*or* perils] [*or* hazards] of the traffic/jungle; **eine ~ abwenden** to avert danger; **sich** *akk* **~en** [*o* **einer ~**] **aussetzen** to expose oneself to danger; **sich** *akk* **in ~ begeben** to put oneself at risk; **es besteht die ~ einer S.** *gen* there is a risk of sth; **jdn in ~ bringen** to endanger sb; **eine ~ darstellen** to constitute [*or* pose] a threat; **~ laufen, etw zu tun** to run the risk of doing sth; **außer ~ sein** to be out of danger; **in ~ sein** [*o geh* **schweben**] to be in danger; **auf die ~ hin, etw zu tun** at the risk of doing sth; ***ich werde es tun, auch auf die ~ hin, zu scheitern*** I'll do it even at the risk of failing; **bei ~** in case of emergency
❷ JUR risk, hazard, peril; **auf ~ des Absenders/Eigentümers** at consignor's [*or* sender's]/owner's risk; **~ im Verzug** increased danger in any delay; **dringende ~** imminent danger; **gegenwärtige ~** present danger; **gemeine ~** common danger; **auf eigene ~** at one's own risk
▶WENDUNGEN: **wer sich in ~ begibt, kommt darin um** *(prov)* if you play with fire you get burnt *prov*

ge·fähr·den* [gəˈfɛːɐ̯dn̩] *vt* ■**sich/jdn/etw ~** to endanger oneself/sb/sth [*or* to jeopardize oneself/sb/sth]; **jds Leben ~** to endanger sb's life; **den Erfolg einer S.** *gen* **~** to jeopardize [*or* threaten] the success of sth

Ge·fähr·der <-s, -> [gəˈfɛːɐ̯dɐ] *m* JUR potential offender [who poses a threat to public safety]

ge·fähr·det *adj* endangered; **eine ~e Tierart** an endangered species [of animal]

Ge·fähr·dung <-, -en> *f* danger, threat, endangering

Ge·fähr·dungs·de·likt *nt* JUR strict liability tort **Ge·fähr·dungs·haf·tung** *f* JUR strict [*or* absolute] liability [*or* risk]

ge·fah·ren *pp von* **fahren**

Ge·fah·ren·ab·wehr *f* protection against threats [to public safety] **Ge·fah·ren·er·hö·hung** *f* FIN *(Versicherung)* increase of risk, extended risk **Ge·fah·ren·ge·biet** *nt* danger zone **Ge·fah·ren·ge·mein·schaft** *f* JUR community of risks **Ge·fah·ren·herd** *m* source of danger, danger area **Ge·fah·ren·klau·sel** *f* JUR *(Versicherung)* perils clause **Ge·fah·ren·mo·ment** *nt* potential danger **Ge·fah·ren·quel·le** *f* source of danger **Ge·fah·ren·stel·le** *f* danger spot **Ge·fah·ren·trä·ger, -trä·ge·rin** *m, f* risk taker **Ge·fah·ren·über·tra·gung** *f* JUR passing of a risk **Ge·fah·ren·zo·ne** *f* danger area [*or* zone] **Ge·fah·ren·zu·la·ge** *f* danger money BRIT, hazardous [duty] pay AM

Ge·fahr·gut *nt* hazardous [*or* dangerous] material **Ge·fahr·gut·trans·port** *m* dangerous goods transport **Ge·fahr·gut·un·fall** *m* accident involving hazardous goods

ge·fähr·lich [gəˈfɛːɐ̯lɪç] I. *adj* dangerous; *(risikoreich)* risky; **für jdn/etw ~ sein** to be dangerous for sb/sth; **jdm ~ werden** *(eine Gefahr darstellen)* to be a threat to sb; *(fam: erotisch anziehend sein)* to fall for sb; **sich** *akk* **im ~en Alter befinden** *(hum, a. fig)* to be at a dangerous age *fig;* **ein ~er Plan** a risky plan
II. *adv* dangerously; **~ aussehen** to look dangerous; **~ leben** to live dangerously

Ge·fähr·lich·keit <-> *f kein pl* danger, riskiness *no pl*

ge·fahr·los [gəˈfaːɐ̯loːs] *adj* safe, harmless

Ge·fährt <-[e]s, -e> [gəˈfɛːɐ̯t] *nt (geh)* vehicle, wagon, carriage *old*

Ge·fähr·te, Ge·fähr·tin <-n, -n> [gəˈfɛːɐ̯tə, gəˈfɛːɐ̯tɪn] *m, f (geh)* companion; **jds ~ sein** to be sb's companion; **ein treuer ~** a faithful companion; *(Lebensgefährte)* partner [in life]; *(Spielgefährte)* playmate; **einen neuen ~n finden** to find a new friend

Ge·fahr·tra·gung *f* JUR risk taking **Ge·fahr·tra·gungs·re·geln** *pl* JUR risk taking rules

Ge·fahr·über·gang *m* JUR passing of a risk **Ge·fahr·über·nah·me** *f* JUR acceptance of the risk, assumption of risk; **gemeinschaftliche ~** pooling of risks **ge·fahr·voll** *adj (geh)* dangerous, fraught with danger

ge·faket [gefeːkt] *adj (sl)* fake

Ge·fäl·le <-s, -> [gəˈfɛlə] *nt* ❶ *(Neigungsgrad)* gradient; **ein starkes ~** a steep gradient; *Land* slope; *Fluss* drop
❷ *(fig: Unterschied)* difference; **geistiges ~** difference in intellect; **soziales ~** difference in social class

Ge·fäl·le·be·ton *m* BAU sloping concrete **Ge·fäl·le·est·rich** *m* BAU sloping topping

ge·fal·len¹ [gəˈfalən] *pp von* **fallen**

ge·fal·len² <gefiel, gefallen> [gəˈfalən] I. *vi* ■**jdm ~** to please sb; ***gefällt dir mein Kleid?*** do you like my dress?; ■**durch etw** *akk* **~** to be popular as a result of sth; ■**etw könnte jdm ~** sb could fancy sth; ***so ein Sportwagen könnte mir auch ~*** I could fancy [*or* wouldn't mind] a sports car like that; **du gefällst mir gar nicht** *(fig fam)* you don't look well; ***die Sache gefällt mir nicht*** *(fam)* I don't like the look of that; ***das gefällt mir schon besser!*** *(fam)* that's more like it! *fam;* **der Wunsch zu ~** the desire to please
II. *vr* ❶ *(etw hinnehmen)* ■**sich** *dat* **etw ~ lassen** *(fam)* to put up with sth; *(etw akzeptabel finden)* to be happy with sth; ***das lasse ich mir ~*** there's nothing I like better, that'll do nicely, that's just the ticket
❷ *(sich mögen)* ■**sich** *dat* **[in etw** *dat*] **~** to fancy oneself [in sth]
❸ *(sich hervortun)* ■**sich** *dat* **in etw** *dat* **~** to like to play the part of sth; ***er gefällt sich in der Rolle des Märtyrers*** he likes to play the martyr

Ge·fal·len¹ <-s, -> [gəˈfalən] *m* favour [*or* AM -or]; **jdn um einen ~ bitten** to ask sb for a favour, to ask a favour of sb; **jdm einen ~ tun** [*o geh* **erweisen**] to do sb a favour

Ge·fal·len² <-s> [gəˈfalən] *nt kein pl (geh)* pleasure; **an etw** *dat* **~ finden** [*o* **haben**] to enjoy sth/doing sth, to derive pleasure from sth/doing sth *form;* **allgemein ~ finden** to go down well; **an jdm/einander ~ finden** [*o* **haben**] to become fond of sb/each other; **jdm/etw zu ~ tun** to do sth to please sb; **nach ~** arbitrarily

Ge·fal·le·ne(r) *f(m) dekl wie adj* soldier killed in action **Ge·fal·le·nen·denk·mal** *nt* war memorial

ge·fäl·lig [gəˈfɛlɪç] *adj* ❶ *(hilfsbereit)* helpful, obliging; ■**jdm ~ sein** to help [*or form* oblige] sb; **sich** *akk* **jdm ~ zeigen** [*o geh* **erweisen**] to show oneself willing to help [*or form* oblige]
❷ *(ansprechend)* pleasant, pleasing; **~e Kleidung** smart clothes; **ein ~es Äußeres** a pleasant appearance
❸ *(form o iron: gewünscht)* ***Zigarette ~?*** would you care for a cigarette? *form;* **wenn's ~ ist** *(iron)* if you don't mind *iron;* ***wir würden jetzt gerne gehen, wenn's ~ ist*** we would like to go now if you don't mind

Ge·fäl·lig·keit <-, -en> *f* ❶ *(Gefallen)* favour [*or* AM -or]; **jdm eine ~ erweisen** to do sb a favour
❷ *kein pl (Hilfsbereitschaft)* helpfulness; **aus ~** out of the kindness of one's heart

Ge·fäl·lig·keits·ak·zept *nt* JUR accommodation acceptance **Ge·fäl·lig·keits·flag·ge** *f* courtesy gesture **Ge·fäl·lig·keits·ver·ein·ba·rung** *f* JUR accommodation **Ge·fäl·lig·keits·ver·hält·nis** *nt* JUR courtesy-relationship **Ge·fäl·lig·keits·wech·sel** *m* FIN accommodation bill

ge·fäl·ligst [gəˈfɛlɪçst] *adv (euph pej fam)* kindly *euph;* ***sei ~ still!*** kindly be quiet!; ***würden Sie mich ~ ausreden lassen!*** would you kindly let me finish [speaking]!

Ge·fäll·stre·cke *f* incline

ge·fälscht I. *pp von* **fälschen**
II. *adj* forged, counterfeit; *Pass, Papiere* forged, false

ge·fäl·zelt [gəˈfɛltsl̩t] *adj* TYPO *Buch* back-stripped, spine-lined

ge·falzt *adj* folded; **~e Seiten** TYPO folded edge *no pl*

ge·fälzt [gəˈfɛlst] *adj* BAU rebated

ge·fan·gen [gəˈfaŋən] I. *pp von* **fangen**
II. *adj* ❶ *(in Gefangenschaft)* **jdn ~ halten** to hold sb captive [*or* prisoner]; **ein Tier ~ halten** to keep an animal in captivity; **jdn ~ nehmen** MIL to take sb prisoner, to capture sb; JUR *(verhaften)* to arrest sb
❷ *(beeindruckt)* **jdn ~ halten** [*o* **nehmen**] to captivate sb; ***ihre Bücher nehmen mich ganz ~*** I find her books captivating [*or* riveting]

Ge·fan·ge·ne(r) *f(m) dekl wie adj* captive; *(im Gefängnis)* prisoner; *(im Krieg)* prisoner of war; **~ machen** to take prisoners; **keine ~n machen** *(euph, a. fig)* to take no prisoners [alive] *euph, a. fig*

Ge·fan·ge·nen·ar·beit *f kein pl* prison work, work in prison **Ge·fan·ge·nen·aus·tausch** *m* exchange of prisoners **Ge·fan·ge·nen·be·frei·ung** *f* JUR aiding and abetting a gaolbreak [*or* jailbreak] **Ge·fan·ge·nen·la·ger** *nt* prisoner camp **Ge·fan·ge·nen·trans·port·wa·gen** *m* prisoner van, patrol wagon

ge·fan·gen|hal·ten^ALT *vt irreg s.* **gefangen II 1, 2**

Ge·fan·gen·nah·me <-, -n> *f* ❶ MIL *(das Gefangennehmen)* capture
❷ JUR *(Verhaftung)* arrest

ge·fan·gen|neh·men^ALT *vt irreg s.* **gefangen II 1, 2**

Ge·fan·gen·schaft <-, -en> *pl selten f* ❶ MIL *(Kriegsgefangenschaft)* captivity; **in ~ geraten** [*o* **kommen**] to be taken prisoner; **in ~ sein** to be held in captivity; **aus der ~ zurückkehren** [*o* **heimkehren**] to return home from captivity
❷ *(im Käfig)* captivity; **in ~ gehalten werden** to be kept in captivity

Ge·fäng·nis <-ses, -se> [gəˈfɛŋnɪs, *pl* gəˈfɛŋnɪsə] *nt* ❶ *(Haftanstalt)* prison, jail, gaol BRIT; **im ~ sein** [*o fam* **sitzen**] to be in prison, to be inside *sl;* **jdn ins ~ bringen** to have sb sent to prison, to get sb sent down *fam;* **ins ~ kommen** to be sent to prison, to go down *sl;* **aus dem ~ ausbrechen** to break out of prison
❷ *kein pl (Haftstrafe)* imprisonment *no pl;* **zwei Jahre ~ bekommen** to get two years imprisonment [*or* in prison]; **auf etw** *akk* **steht ~** sth is punishable by imprisonment; ***auf Mord steht lebenslänglich ~*** murder carries a life sentence; **jdn zu zwei Jahren ~ verurteilen** to sentence sb to two years imprisonment [*or* in prison]

Ge·fäng·nis·auf·se·her(in) *m(f)* prison officer [*or* warder] BRIT, jailer *old,* corrections officer AM **Ge·fäng·nis·di·rek·tor(in)** *m(f)* prison governor BRIT, warden AM **Ge·fäng·nis·hof** *m* prison yard **Ge·fäng·nis·in·sas·se, -in·sas·sin** *m, f* inmate **Ge·fäng·nis·mau·er** *f* prison wall **Ge·fäng·nis·re·vol·te** *f* prison riot **Ge·fäng·nis·seel·sor·ge** *f* pastoral care in prison **Ge·fäng·nis·stra·fe** *f* prison sentence; **eine ~ verbüßen** [*o fam* **absitzen**] to spend time in prison, to do time [*or* BRIT *fam* porridge]; **jdn zu einer ~ verurteilen** to give sb a prison sentence **Ge·fäng·nis·wär·ter(in)** *m(f) s.* **Gefängnisaufseher Ge·fäng·nis·zel·le** *f* prison cell

Ge·fa·sel <-s> [gəˈfa:zl̩] *nt kein pl (pej fam)* drivel *pej,* twaddle *pej*

Ge·fäß <-es, -e> [gəˈfɛ:s] *nt* ❶ *(kleinerer Behälter)* container, receptacle *form;* **etw in ein ~ füllen** to fill a container with sth
❷ *(Ader)* vessel

Ge·fäß·chir·urg(in) *m(f)* vascular surgeon **ge·fäß·er·wei·ternd** MED, PHARM I. *adj* vasodilatory II. *adv* vasodilatory **Ge·fäß·er·wei·te·rung** *f* vasodilation **Ge·fäß·in·nen·haut** *f* internal membrane of a vessel **Ge·fäß·krank·heit** *f* vascular disease **Ge·fäß·ope·ra·ti·on** *f* vascular operation **Ge·fäß·pflan·ze** *f* BOT vascular plant **ge·fäß·schä·di·gend** *adj* causing vascular damage **Ge·fäß·sys·tem** *nt* vascular system

ge·fasst^RR, **ge·faßt**^ALT I. *adj* ❶ *(beherrscht)* composed, calm; **einen ~en Eindruck machen** to appear calm and collected
❷ *(eingestellt)* ■**auf etw** *akk* **~ sein** to be prepared for sth; **sich** *akk* **auf etw** *akk* **~ machen** to prepare oneself for sth; **sich** *akk* **darauf ~ machen, dass** to be prepared [*or* ready] for sth; **sich** *akk* **auf etw** *akk* **~ machen können** *(fam)* to be in for it *fam*
II. *adv* calmly, with composure

Ge·fasst·heit^RR, **Ge·faßt·heit**^ALT <-> *f kein pl* composure, calmness

ge·fäß·ver·en·gend MED I. *adj* vasoconstrictive II. *adv* **~ wirken** to have a vasoconstrictive effect **Ge·fäß·ver·en·gung** *f* vascular constriction **Ge·fäß·ver·kal·kung** *f* vascular hardening [*or* sclerosis], arteriosclerosis **Ge·fäß·ver·let·zung** *f* vascular injury **Ge·fäß·ver·schluss**^RR *m* embolism **Ge·fäß·ver·stop·fung** *f* embolism **Ge·fäß·wand** *f* vascular wall

Ge·fecht <-[e]s, -e> [gəˈfɛçt] *nt (a. fig)* battle; MIL engagement, encounter; **in schwere ~e verwickelt werden** to be engaged in fierce fighting; **etw ins ~ führen** *(geh)* to bring sth into the argument [*or* equation]; **jdm ein ~ liefern** to engage sb in battle, to do battle with sb; **jdn außer ~ setzen** to put sb out of action; *s. a.* **Eifer, Hitze**

Ge·fechts·aus·bil·dung *f* MIL combat training **ge·fechts·be·reit** *adj* ready for action [*or* battle]; **etw ~ machen** to get sth ready for action **ge·fechts·klar** *adj* NAUT cleared for action; **ein Schiff ~ machen** to clear a ship for action **Ge·fechts·kopf** *m* MIL warhead **Ge·fechts·pau·se** *f* MIL lull [*or* break] in [the] fighting **Ge·fechts·stand** *m* MIL command post

ge·fei·ert *adj* celebrated

ge·feit [gəˈfait] *adj* ■**gegen etw** *akk* **~ sein** to be immune to sth

ge·fes·tigt *adj* ❶ *(etabliert)* **~e Traditionen** established traditions
❷ *(sittlich stark)* staunch, steadfast

Ge·fie·del <-s> [gəˈfi:dl̩] *nt kein pl (pej fam)* fiddling *fam,* scraping, sawing *pej*

Ge·fie·der <-s, -> [gəˈfi:dɐ] *nt* plumage *no indef art, no pl,* feathers *pl*

ge·fie·dert [gəˈfi:dɐt] *adj* ❶ BOT pinnate
❷ *(geh)* feathered; **unsere ~en Freunde** our feathered friends

ge·fiel [gəˈfi:l] *imp von* **gefallen**

Ge·fil·de <-s, -> [gəˈfɪldə] *nt (geh)* scenery; **heimatliche ~** *(hum)* home pastures

ge·fin·kelt [gəˈfɪŋkl̩t] *adj* ÖSTERR *(schlau)* cunning, crafty, sly

ge·fitzt *adj* SCHWEIZ *(gewitzt)* cunning

ge·flasht [gəˈflɛʃt] *adj (sl)* ■**etw hat jdn [total] ~** sb really digs sth *fam;* ***welches Album hat dich am meisten ~?*** which album did you dig the best?

Ge·flecht <-[e]s, -e> [gəˈflɛçt] *nt* ❶ *(Flechtwerk)* wickerwork
❷ *(Gewirr)* tangle

ge·fleckt *adj* spotted; **ein ~es Gefieder** speckled plumage; **eine ~e Haut** blotchy skin

Ge·flim·mer <-s> [gəˈflɪmɐ] *nt kein pl* ❶ FILM, TV flickering
❷ *(flimmernde Luft)* shimmering

ge·flis·sent·lich [gəˈflɪsn̩tlɪç] *adv (geh)* deliberately

ge·floch·ten [gəˈflɔxtn̩] *pp von* **flechten**

ge·flo·gen [gəˈflo:gn̩] *pp von* **fliegen**

ge·flo·hen [gəˈflo:ən] *pp von* **fliehen**

ge·flos·sen [gəˈflɔsn̩] *pp von* **fließen**

Ge·flü·gel <-s> [gəˈfly:gl̩] *nt kein pl* ❶ ORN poultry *no indef art, no pl,* fowl *no pl*
❷ KOCHK poultry *no indef art, no pl*

Ge·flü·gel·brü·he *f* chicken/turkey etc. broth **Ge·flü·gel·creme·sup·pe** *f* cream of chicken/turkey etc. soup **Ge·flü·gel·fleisch** *nt* poultry [meat] **Ge·flü·gel·hal·tung** *f* poultry farming **Ge·flü·gel·händ·ler(in)** *m(f)* poulterer, poultry dealer **Ge·flü·gel·hand·lung** *f* poulterer's **Ge·flü·gel·klein** *nt* giblets *npl* **Ge·flü·gel·le·ber** *f* chicken/turkey etc. liver **Ge·flü·gel·pres·se** *f* poultry press **Ge·flü·gel·sa·lat** *m* chicken/turkey etc. salad **Ge·flü·gel·sche·re** *f* poultry shears *npl*

ge·flü·gelt [gəˈfly:gl̩t] *adj* winged; *s. a.* **Wort**

Ge·flü·gel·zucht *f* poultry farm[ing]

Ge·flun·ker <-s> [gəˈflʊŋkɐ] *nt kein pl (pej fam)* fibbing *fam*

Ge·flüs·ter <-s> [gəˈflʏstɐ] *nt kein pl* whispering

ge·foch·ten [gəˈfɔxtn̩] *pp von* **fechten**

Ge·fol·ge <-s, -> [gəˈfɔlgə] *nt* retinue, entourage; **etw im ~ haben** to lead to [*or* result in] sth; **im ~ einer S.** *gen (geh)* in the wake of sth

Ge·folg·schaft <-, -en> *f* ❶ *(Anhängerschaft)* followers *pl,* following *no pl*
❷ HIST retinue, entourage
❸ *kein pl (veraltend: Treue)* loyalty, allegiance (**gegenüber** *+dat* to); **jdm ~ leisten** to obey sb; **jdm die ~ verweigern** to refuse to obey sb

Ge·folgs·mann, -frau <-[e]s, -leute> *m, f* follower

Ge·fra·ge <-s> [gəˈfra:gə] *nt kein pl (pej)* questions *pl*

ge·fragt *adj* in demand *pred;* **nicht ~ sein:** ***du bist jetzt nicht ~*** I'm not asking you

ge·frä·ßig [gəˈfrɛ:sɪç] *adj* ❶ *(fressgierig)* voracious
❷ *(pej: unersättlich)* greedy, gluttonous

Ge·frä·ßig·keit <-> *f kein pl* ❶ *(Fressgier)* voracity, voraciousness
❷ *(pej: Unersättlichkeit)* gluttony

Ge·frei·te(r) [gəˈfraitə] *f(m) dekl wie adj* ❶ MIL ≈ lance corporal BRIT, private AM *(sb holding the second lowest rank in the armed forces)*
❷ NAUT able seaman
❸ LUFT leading aircraftman BRIT, airman first class AM

ge·fres·sen [gəˈfrɛsn̩] *pp von* **fressen**

ge·freut *adj* SCHWEIZ *s.* **erfreulich**

Ge·frier·an·la·ge *f* freezing plant **Ge·frier·beu·tel** *m* freezer bag

ge·frie·ren* [gəˈfri:rən] *vi irreg sein* to freeze; *s. a.* **Blut**

Ge·frier·er·nie·dri·gung *f* PHYS freezing point depression **Ge·frier·fach** *nt* freezer compartment **Ge·frier·fleisch** *nt* frozen meat **Ge·frier·ge·mü·se** *nt* frozen vegetables *pl* **ge·frier·ge·trock·net** *adj* freeze-dried **Ge·frier·la·dung** *f* frozen cargo **Ge·frier·mi·schung** *f* PHYS freezing mixture **Ge·frier·punkt** *m* freezing point; **über dem ~** above freezing [*or* BRIT zero]; **um den ~** around freezing [*or* BRIT zero]; **unter dem/den ~** below freezing [*or* BRIT zero] **Ge·frier·schrank** *m* upright freezer **ge·frier·trock·nen** *vt* ■**etw ~** to freeze-dry sth **Ge·frier·trock·nung** *f* freeze-drying **Ge·frier·tru·he** *f* chest freezer

ge·fro·ren [gəˈfro:rən] *pp von* **frieren, gefrieren**

Ge·fuch·tel <-s> [gəˈfʊxtl̩] *nt kein pl (pej)* gesticulating

Ge·fü·ge <-s, -> [gəˈfy:gə] *nt (geh)* structure; ***das wirtschaftliche und soziale ~ eines Staates*** a country's economic and social fabric

ge·fü·gig [gəˈfy:gɪç] *adj* submissive, compliant; [**sich** *dat*] **jdn ~ machen** to make sb submit [*or* bend] to one's will

Ge·fü·gig·keit <-> *f kein pl* submissiveness, compliance

Ge·fühl <-[e]s, -e> [gəˈfy:l] *nt* ❶ *(Sinneswahrnehmung)* feeling
❷ *(seelische Empfindung, Instinkt)* feeling; ■**ein ~ einer S.** *gen* a feeling [*or* sense] of sth; **das [...] ~ haben, dass/als ob** to have the [...] feeling that/as though; **das ~ nicht loswerden, dass** to not get rid of the feeling that; ***ich werde das ~ nicht los, dass*** I cannot help feeling that; **mit ~** with feeling [*or* sensitivity], carefully; **mit gemischten ~en** with

G

mixed feelings; **mit widerstrebenden ~en** with [some] reluctance; **jds ~e erwidern** to reciprocate sb's feelings, to return sb's affections; **jds ~e verletzen** to hurt sb's feelings; **~[e] in jdn/etw investieren** *(fam)* to become emotionally involved with sb/sth; **etw im ~ haben** to feel sth instinctively; ***mein ~ täuscht mich nie*** my instinct is never wrong
③ *(Sinn)* sense; **ein ~ für etw** *akk* **[haben]** [to have] a feeling for [*or* sense of] sth; **ein ~ für Zahlen/Kunst/Musik** a feeling for figures/art/music; **ein ~ für Gerechtigkeit** a sense of justice; ***Tiere haben ein ~ dafür, wer sie mag*** animals can sense who likes them
▶WENDUNGEN: **das ist ein ~ wie Weihnachten** *(hum fam)* it feels [just] like Christmas; **seinen ~en keinen Zwang antun** *(fam)* to not hide one's feelings; **das höchste der ~e** *(fam)* the maximum, the final offer

ge·fühl·los I. *adj* ① *(ohne Sinneswahrnehmung)* numb
② *(herzlos)* insensitive, callous
II. *adv* insensitively, callously

Ge·fühl·lo·sig·keit <-, -en> *f* ① *(Herzlosigkeit)* insensitivity, callousness
② *(physischer Zustand)* numbness

Ge·fühls·an·wand·lung *f* rush of emotion **Ge·fühls·aus·bruch** *m* outburst of emotion, emotional outburst **ge·fühls·be·tont** *adj* emotional

Ge·fühls·cha·os [gəˈfy:lska:ɔs] *nt kein pl (fam)* emotional turmoil **Ge·fühls·du·se·lei** <-, -en> [-du:zəˈlai] *f (pej fam)* mawkishness, overweening sentimentality

ge·fühls·du·se·lig, ge·fühls·dus·lig *adj (pej fam)* mawkish **ge·fühls·echt** *adj* ultrasensitive; **eine Packung Kondome „London ~"** a pack of "London ultrasensitive" condoms **Ge·fühls·haus·halt** *m* emotional balance [*or* equilibrium] **ge·fühls·kalt** *adj* ① *(frigide)* frigid ② *(eiskalt)* cold, unfeeling **Ge·fühls·käl·te** *f* ① *(Frigidität)* frigidity ② *(Gefühllosigkeit)* coldness, unfeelingness **Ge·fühls·le·ben** *nt kein pl* emotional life; **das ~ abstumpfen** to numb one's emotions

ge·fühls·mä·ßig *adv* instinctively, by instinct

Ge·fühls·mensch *m* person guided [*or* ruled] by emotion, emotionalist **Ge·fühls·re·gung** *f* [stirring of] emotion **Ge·fühls·sa·che** *f* matter of feel [*or* instinct]; ***das ist reine ~*** you have to have a feel for it

Ge·fühls·wal·lung *f* emotional outburst

Ge·fühls·welt *f* [array of] emotions

ge·fühl·voll I. *adj (empfindsam)* sensitive
II. *adv* expressively, with feeling

ge·füllt *adj* ① *(mit einer Füllung versehen)* stuffed; **~e Paprikaschoten/Tomaten** stuffed peppers/tomatoes; **~e Kekse** biscuits with a filling; **[mit Kirschgeist, Weinbrand etc.] ~e Pralinen** liqueur chocolates
② *(voll)* full; **eine gut ~e Brieftasche** a well-stuffed wallet

Ge·fum·mel <-s> [gəˈfʊml] *nt kein pl (fam)* ① *(lästiges Hantieren)* fiddling, fumbling
② *(sexuelle Berührung)* fumbling, groping *fam*, pawing *fam*

ge·fun·den [gəˈfʊndn̩] *pp von* **finden**

ge·füt·tert *adj* lined

Ge·ga·cker <-s> [gəˈgakɐ] *nt kein pl* cackling

ge·gan·gen [gəˈgaŋən] *pp von* **gehen**

ge·ge·ben [gəˈge:bn̩] **I.** *pp von* **geben**
II. *adj* ① *(geeignet)* right
② *(vorhanden)* given; **die ~en Tatsachen** the facts at hand; **unter den ~en Umständen** under [*or* in] these circumstances; **in diesem ~en Fall** in this case; **unter Berücksichtigung der ~en Lage** in view of [*or* given] the situation; **etw als ~ voraussetzen** to take sth for granted
③ *(das Nächstliegende)* ■**das G~e sein** to be the right thing

ge·ge·be·nen·falls [gəˈge:bənənˈfals] *adv* if necessary [*or* need be], should the need [*or* occasion] arise; ***vielen Dank für Ihr Angebot, wir kommen ~ wieder darauf zurück*** thank you for your offer, we may possibly come back to you on it [*or* we will get back to you if applicable]

Ge·ge·ben·heit <-, -en> *f meist pl (die Realitäten)* fact; **die wirtschaftlichen/sozialen ~en** the economic/social conditions; **die politischen ~en** the political reality

ge·gelt [gəˈge:lt] *adj* MODE *Haare, Frisur* gelled

ge·gen [ˈge:gn̩] **I.** *präp +akk* ① *(wider)* against; ***ich brauche etwas ~ meine Erkältung*** I need sth for my cold
② SPORT ■**X ~ Y** X versus [*or* against] Y
③ *(ablehnend)* ■**~ jdn/etw sein** to be against [*or* opposed to] sb/sth; **nichts ~ jdn haben** to have nothing against sb
④ *(entgegen)* contrary to; **~ alle Vernunft** against all reason
⑤ JUR versus
⑥ *(an)* against; ***der Regen klatscht ~ die Fenster*** the rain beats against the windows; **~ die Wand stoßen** to run into the wall; **~ die Tür schlagen** to hammer on the door; **etw ~ das Licht halten** to hold sth up to the light
⑦ *(im Austausch mit)* for; **~ bar** for cash; **~ Kaution/Quittung** against a deposit/receipt
⑧ *(verglichen mit)* compared with [*or* to], in comparison with
⑨ *(zum ..., zu ...)* towards; **~ Morgen/Mittag/Abend** towards morning/afternoon/evening; **~ Westen** towards the west
⑩ *(auf jdn/etw zu)* towards, to
⑪ *(in entgegengesetzter Richtung)* against
⑫ *(veraltend: gegenüber)* towards, to; **~ jdn höflich sein** to be polite towards sb
II. *adv* about, around; ***er kommt ~ drei Uhr an*** he's arriving around three o'clock

Ge·gen·an·ge·bot *nt* counteroffer; **jdm ein ~ machen** to make sb a counteroffer **Ge·gen·an·griff** *m* counterattack **Ge·gen·an·sicht** *f* opposite [*or* different] opinion **Ge·gen·an·spruch** *m* JUR counterclaim; **einen ~ geltend machen** to make a counterclaim **Ge·gen·an·trag** *m* ① *(im Parlament)* countermotion ② JUR counterclaim **Ge·gen·an·zei·ge** *f* MED contraindication **Ge·gen·ar·gu·ment** *nt* counterargument **Ge·gen·be·haup·tung** *f* counterclaim; **eine ~ machen** [*o* **aufstellen**] to make [*or* bring] [*or* enter] a counterclaim **Ge·gen·bei·spiel** *nt* counterexample; **[jdm] ein ~ bringen** to provide [sb with] an example to the contrary **Ge·gen·be·ru·fung** *f* JUR cross-appeal; **~ einlegen** to cross-appeal **Ge·gen·be·such** *m* return visit; **jdm einen ~ machen** to return sb's visit **Ge·gen·be·we·gung** *f* countermovement **Ge·gen·be·weis** *m* counterevidence; **[jdm] den ~ [zu etw** *dat*] **erbringen** [*o* **antreten**] to put forward counterevidence, to furnish [sb] with [*or* to offer sb] evidence to the contrary **Ge·gen·bu·chung** *f* FIN cross [*or* contra] entry **Ge·gen·bürg·schaft** *f* JUR countersecurity

Ge·gend <-, -en> [ˈge:gn̩t, *pl* ˈge:gn̩dən] *f* ① *(geographisches Gebiet)* region, area
② *(Wohngegend)* area, neighbourhood BRIT, neighborhood AM, district; **die ~ unsicher machen** *(fam)* to be on the loose [in the area], to paint the town red *fam*
③ *(fam: Richtung)* direction
④ *(Nähe)* area; **in der Münchner ~** [*o* **~ von München**] in the Munich area; **in der ~ um etw** *akk (sl)* in the region of sth, approximately; ***in der ~ um Ostern/um den 15.*** around about Easter/the 15th
⑤ ANAT region
⑥ *(Gebiet um jdn herum)* **in der ~ herumbrüllen** to yell one's head off; **durch die ~ laufen/fahren** *(fam)* to stroll about/drive around; **in die ~** *(fam)* anywhere; ***heb das Papier auf, das kannst du nicht einfach so in die ~ werfen*** pick that paper up, you can't just throw it anywhere

Ge·gen·dar·stel·lung *f* ① MEDIA reply; ***nach dem Pressegesetz sind wir verpflichtet, eine ~ abzudrucken*** according to press law we are obliged to print a reply ② *(gegensätzliche Darstellung)* account [of sth] from an opposing point of view; **eine ~ machen** to dispute [sth] **Ge·gen·dar·stel·lungs·recht** *nt* JUR right of counter-statement

Ge·gen·de·mons·trant(in) *m(f)* counter-demonstrator

Ge·gen·de·mon·stra·ti·on *f* counterdemonstration **Ge·gen·dienst** *m* favour [*or* AM -or] in return; **jdm einen ~ erweisen** to do sb a favour [*or* AM -or] in return

Ge·gen·druck *m* TECH counterpressure; *(fig)* resistance **Ge·gen·druck·zy·lin·der** *m* TYPO impression cylinder

ge·gen·ein·an·der [ge:gn̩ʔaiˈnandɐ] *adv* ① *(einer gegen den anderen)* against each other [*or* one another]; **etwas ~ haben** *(fam)* to have sth against each other; ***habt ihr 'was ~?*** have you got something against each other?
② *(für den anderen)* for each other [*or* one another]

Ge·gen·ei·nan·der <-s> [ge:gn̩ʔaiˈnandɐ] *nt kein pl* conflict

ge·gen·ein·an·der|hal·ten *vt irreg* ■**etw ~** to hold up side by side [*or* together] **ge·gen·ei·nan·der·lau·fend** *adj* **~e Walzen** counter-rotation rollers **ge·gen·ei·nan·der|pral·len** *vi sein* to collide **ge·gen·ei·nan·der|ste·hen** *vi irreg* to conflict; **~de Aussagen** conflicting statements **ge·gen·ei·nan·der|sto·ßen** *vi irreg sein* to knock against one another, to collide

Ge·gen·ein·la·dung *f* return invitation **Ge·gen·ein·re·de** *f* JUR counter-plea **Ge·gen·er·klä·rung** *f* JUR reply, counter statement [*or* declaration] **Ge·gen·er·wi·de·rung** *f* JUR rejoinder; **~ des Beklagten** rejoinder from the applicant **Ge·gen·fahr·bahn** *f* oncoming carriageway BRIT; *(Fahrspur)* oncoming lane **Ge·gen·feu·er** *nt* FORST backfire

ge·gen|fi·nan·zie·ren* *vt* FIN ■**etw ~** to counterfinance sth **Ge·gen·fi·nan·zie·rung** *f* FIN counter-finance, reverse financing [*or* funding] **Ge·gen·for·de·rung** *f* JUR *des Beklagten* counterdemand, counterclaim, set-off; **eine ~ erheben** to file a counterclaim, to counterclaim sth; **~en stellen** to counterclaim **Ge·gen·fra·ge** *f* counterquestion, question in return; **etw mit einer ~ beantworten** to answer a question with a[nother] question **Ge·gen·ge·bot** *nt* HANDEL counteroffer, counterbid **Ge·gen·ge·ra·de** *f* SPORT back straight, backstretch AM **Ge·gen·ge·schäft** *nt* FIN return business, offsetting transaction; HANDEL buy-back deal, counterdeal **Ge·gen·ge·walt** *f* counterviolence; **Gewalt mit ~ beantworten** to meet force with force [*or* violence with violence] **Ge·gen·ge·wicht** *nt* counterweight, counterbalance **Ge·gen·gift** *nt* antidote; **ein/kein ~ gegen etw** *akk* **sein** to be an/no antidote to sth **Ge·gen·gut·ach·ten** *nt* JUR counter-opinion, opposing [*or* counter] opinion

ge·gen|hal·ten *vi irreg* ■**[mit etw** *dat*] **~** to counter [with sth]

Ge·gen·kam·pa·gne [-kampanjə] *f* rival campaign **Ge·gen·kan·di·dat(in)** *m(f)* rival candidate; **jdn als ~en/~in [zu jdm] aufstellen** to put sb up [*or* nominate sb] as a rival candidate [to [*or* against] sb] **Ge·gen·kla·ge** *f* JUR countercharge, counterclaim, cross-charge **Ge·gen·kö·nig(in)** *m(f)* HIST rival claimant to the throne **Ge·gen·kon·to** *nt* FIN contra account

Ge·gen·kraft *f* counterforce, opposing force **Ge·gen·kul·tur** *f* counterculture **Ge·gen·kurs** *m* opposite [*or* reciprocal] course; **einen ~ steuern** to take an opposing course of action

ge·gen·läu·fig *adj* ① TECH opposed, contra-rotating
② *(entgegengesetzt)* **eine ~e Entwicklung/Tendenz** an opposite [*or* reverse] development/trend

Ge·gen·leis·tung *f (Dienstleistung)* service in return; *(Bezahlung)* payment in return, consideration; **erbrachte ~** service rendered in return; **eine/keine ~ erwarten** to expect something/nothing in return; **als ~ für etw** *akk* in return for sth

ge·gen|len·ken [ˈge:gn̩lɛŋkn̩] *vi* to countersteer, to steer into a skid **ge·gen|le·sen** *vt irreg* to check through; **ein Manuskript ~** to check [through] a manuscript

Ge·gen·licht *nt* light shining towards the viewer; **bei ~** against the light; **ein Foto bei ~ aufnehmen** to take a backlit [*or spec* contre-jour] photo[graph] **Ge·gen·licht·auf·nah·me** *f* ① *(die Aufnahme)* backlit [*or spec* contre-jour] photograph ② *(das Aufnehmen)* taking a picture against the light

Ge·gen·lie·be *f kein pl* **mit etw** *dat* **[bei jdm] keine/wenig ~ finden** to find no/little favour [*or* AM -or] [with sb] for sth; **[bei jdm] auf keine/wenig ~ stoßen** to meet with no/little approval [from sb] **Ge·gen·maß·nah·me** *f* countermeasure **Ge·gen·mehr** <-s> *nt* SCHWEIZ votes against; **ohne ~** unanimously **Ge·gen·mei·nung** *f* opposite opinion **Ge·gen·mit·tel** *nt (gegen Gift)* antidote; *(gegen Krankheit)* remedy; ■ **ein ~ gegen etw** *akk* an antidote for [*or* to] [*or* a remedy for] sth **Ge·gen·of·fen·si·ve** *f s.* Gegenangriff

Ge·gen·öf·fent·lich·keit *f* MEDIA counterpublicity; *(Forum)* countermedium [*or* -media] **Ge·gen·papst** *m* HIST antipope **Ge·gen·par·tei** *f* other [*or* opposing] side; SPORT opposing team **Ge·gen·pol** *m* opposite pole; ■ **jds ~** sb's opposite; ■ **der ~ zu jdm** the opposite of sb **Ge·gen·po·si·ti·on** *f* contra position **Ge·gen·pos·ten** *m* MATH, FIN counterpart **Ge·gen·pro·be** *f* ① *(Überprüfung)* crosscheck; **die ~ zu etw** *dat* **machen** to carry out a crosscheck on sth, to crosscheck sth ② *(bei Abstimmung)* recount using the opposite motion **Ge·gen·re·ak·ti·on** *f* counter-reaction

ge·gen|rech·nen *vt* ■ **etw mit etw** *dat* **~** to offset sth against sth, to juxtapose sth with sth **Ge·gen·rech·nung** *f* contra account; **[jdm] die/eine ~ [für etw** *akk*] **aufmachen** [*o* **aufstellen**] to present the other side of the account [to sb] [*or* offset that against]; **etw durch ~ ausgleichen** FIN to counterbalance sth **Ge·gen·re·de** *f* ① *(Widerrede)* contradiction; *(Einspruch)* objection ② *(geh: Erwiderung)* rejoinder, reply **Ge·gen·re·form** *f* counterreform **Ge·gen·re·for·ma·ti·on** *f* HIST Counter-Reformation **Ge·gen·re·gie·rung** *f* rival government **Ge·gen·rich·tung** *f* opposite direction **Ge·gen·sal·do** *m* FIN counterbalance

Ge·gen·satz *m* ① *(Gegenteil)* opposite; **einen [krassen] ~ zu etw** *dat* **bilden** to contrast [starkly] with sth, to be in stark contrast to sth; **im scharfen** [*o* **schroffen**] **~ zu etw** *dat* **stehen** to conflict sharply with sth, to be in sharp conflict with sth; **der [genaue] ~ zu jdm sein** to be the [exact] opposite of sb; **im ~ zu jdm/etw** in contrast to [*or* unlike] sb/sth ② *pl* differences; **unüberbrückbare Gegensätze** irreconcilable differences
▸ WENDUNGEN: **Gegensätze ziehen sich an** *(prov)* opposites attract

ge·gen·sätz·lich ['ge:gn̩zɛtslɪç] **I.** *adj* conflicting, differing; **den ~en Standpunkt vertreten** to represent the opposite point of view; **~e Menschen/Temperamente** different people/temperaments
II. *adv* differently

Ge·gen·sätz·lich·keit <-, -en> *f* difference[s]; **bei aller ~** in spite of all [the] differences

Ge·gen·schlag *m* retaliation; **zum ~ ausholen** to prepare to retaliate **Ge·gen·seite** *f* ① *(gegenüberliegende Seite)* other [*or* opposite] side ② *(gegnerische Partei)* other [*or* opposing] side

ge·gen·sei·tig ['ge:gn̩zaitɪç] **I.** *adj* mutual; **in ~er Abhängigkeit stehen** to be mutually dependent
II. *adv* mutually; **sich** *akk* **~ beschuldigen/helfen/unterstützen** to accuse/help/support each other [*or* one another]

Ge·gen·sei·tig·keit <-> *f kein pl* mutuality; **auf ~ beruhen** to be mutual; **ein Abkommen/Vertrag auf ~** a reciprocal agreement/treaty

Ge·gen·sei·tig·keits·ab·kom·men *nt* JUR reciprocity agreement **Ge·gen·sei·tig·keits·ge·schäft** *nt* HANDEL reciprocal deal, [barter] transaction **Ge·gen·sei·tig·keits·ge·sell·schaft** *f* HANDEL mutual company [*or* association] **Ge·gen·sei·tig·keits·prin·zip** *nt* reciprocity [*or* mutuality] principle **Ge·gen·sei·tig·keits·ver·trag** *m* JUR reciprocity contract [*or* treaty]

Ge·gen·sinn <-[e]s> *m kein pl* **im ~** in the opposite direction **Ge·gen·spie·ler(in)** *m(f)* opposite number **Ge·gen·spi·o·na·ge** *f* counterespionage **Ge·gen·sprech·an·la·ge** *f* two-way intercom, duplex system

Ge·gen·stand <-[e]s, Gegenstände> *m* ① *(Ding)* object; **Gegenstände des täglichen Bedarfs** objects [*or* articles] of everyday use; **vererbliche Gegenstände** JUR corporeal hereditaments
② *a.* JUR *(Thema)* subject; **~ der Klage** substance of the action; **~ eines Vertrags** subject-matter of a contract
③ *(Objekt)* ■ **der ~ einer S.** *gen* the object of sth; **~ der Kritik** target of criticism; **sich** *akk* **zum ~ des Gespötts machen** *(geh)* to make oneself an object of ridicule [*or* a laughing stock]

ge·gen·ständ·lich ['ge:gn̩ʃtɛntlɪç] KUNST **I.** *adj* representational
II. *adv* representationally

Ge·gen·stand·punkt *m* opposite point of view

ge·gen·stands·los *adj* ① *(unbegründet)* unfounded, groundless
② *(hinfällig)* invalid; ***bitte betrachten Sie dieses Schreiben als ~, falls ...*** please disregard this notice if ...

Ge·gen·stands·wert *m* JUR amount involved

Ge·gen·steu·er <-> *f kein pl* SCHWEIZ **~ geben** *(gegenlenken)* to countersteer, to steer into a skid

ge·gen|steu·ern *vi s.* gegenlenken

Ge·gen·stim·me *f* ① *(bei einer Abstimmung)* vote against; ***der Antrag wurde mit 323 Stimmen bei 142 ~n/ohne ~ angenommen*** the motion was carried by 323 votes to 142/unanimously ② *(kritische Meinungsäußerung)* dissenting voice **Ge·gen·stoß** *m* counterattack; **einen ~ führen** to counterattack

Ge·gen·strom *m* ① PHYS, TECH inverse [*or* reverse] current [*or* flow] ② ELEK opposite current **Ge·gen·strö·mung** *f* countercurrent, crosscurrent; *(entgegengesetzte Opposition)* current of opposition **Ge·gen·stück** *nt* companion piece, counterpart; **jds ~ sein** to be sb's opposite

Ge·gen·teil ['ge:gn̩tail] *nt* opposite; **[mit etw** *dat*] **das [genaue** [*o* **genau das**]] **~ bewirken** to achieve the [exact] opposite [*or* [exactly] the opposite] effect [by sth]; **im ~!** on the contrary!; **ganz im ~!** quite the reverse [*or* opposite]!; **ins ~ umschlagen** to change completely; **sich** *akk* **in sein ~ verkehren** to change to the opposite, to twist right round

ge·gen·tei·lig ['ge:gn̩tailɪç] **I.** *adj* opposite; ■ **etwas/nichts G~es** anything/nothing to the contrary
II. *adv* to the contrary; **sich** *akk* **~ entscheiden** to come to a different decision

Ge·gen·tor *nt* SPORT goal for the other side; **ein ~ hinnehmen müssen** to concede a goal **Ge·gen·tref·fer** *m* goal against; **einen ~ erzielen** to score; **einen ~ hinnehmen** [*o fam* **einstecken**] **müssen** to concede a goal **Ge·gen·treu·hän·der(in)** *m(f)* JUR joint trustee, cotrustee

ge·gen·über [ge:gn̩'ʔy:bɐ] **I.** *präp +dat* ① *(örtlich)* ■ **jdm/etw ~** opposite sb/sth; ***er saß ihr genau/schräg ~*** he sat directly opposite [*or* facing] her/diagonally across from her
② *(in Bezug auf)* ■ **jdm/etw ~** towards sb/sth; ***er ist allem Neuen ~ wenig aufgeschlossen*** he is not very open-minded about anything new
③ *(vor ...)* ■ **jdm ~** in front of sb
④ *(im Vergleich zu)* ■ **jdm ~** in comparison with [*or* compared to] sb; **jdm ~ im Vorteil sein** to have an advantage over sb
II. *adv* opposite; **die Leute von ~** the people [from] opposite [*or* from across the road [*or* way]]

Ge·gen·über <-s, -> [ge:gn̩'ʔy:bɐ] *nt* ■ **jds ~** ① *(Mensch)* person opposite
② *(Terrain)* land opposite; ***wir haben einen freien Ausblick und kein ~*** we have an open view with no buildings opposite

ge·gen·über|lie·gen *irreg* **I.** *vi* ■ **jdm/etw ~** to be opposite [*or* face] sb/sth **II.** *vr* ■ **sich** *dat* **~** to face each other [*or* one another] **ge·gen·über·lie·gend** *adj attr* opposite; **das ~e Gebäude** the building opposite **ge·gen·über|se·hen** *vr irreg* ■ **sich** *akk* **jdm/etw ~** to be faced with sb/sth; **sich** *akk* **einer Herausforderung/Aufgabe ~** to be confronted with a challenge/task **ge·gen·über|sit·zen** *vi irreg* ■ **jdm/sich ~** to sit opposite [*or* facing] sb/each other [*or* one another]

ge·gen·über|ste·hen *irreg* **I.** *vi* ① *(zugewandt stehen)* ■ **jdm ~** to stand opposite [*or* facing] sb; ■ **sich** *dat* **~** to stand opposite [*or* facing] each other [*or* one another]
② *(eingestellt sein)* ■ **jdm/etw [...] ~** to have a [...] attitude towards sth
II. *vr* ① *(konfrontiert sein)* ■ **sich** *dat* **als etw ~** to face [*or* confront] each other [*or* one another] as sth
② *(widerstreiten)* ■ **sich** *dat* **~** to be in opposition to each other [*or* one another]

ge·gen·über|stel·len *vt* ① *(konfrontieren)* ■ **jdm jdn ~** to confront sb with sb ② *(vergleichen)* ■ **etw** *dat* **etw ~** to compare sth with sth **Ge·gen·über·stel·lung** *f* ① *(Konfrontation)* confrontation ② *(Vergleich)* comparison **ge·gen·über|tre·ten** *vi irreg sein* ■ **jdm ~** to face sb

Ge·gen·un·ter·schrift *f* countersignature

Ge·gen·ver·an·stal·tung *f* POL counterevent **Ge·gen·ver·kehr** *m* oncoming traffic **Ge·gen·ver·pflich·tung** *f* JUR mutual promise, counterobligation **Ge·gen·ver·spre·chen** *nt* JUR counterpromise **Ge·gen·vor·mund** *m* JUR supervisory guardian **Ge·gen·vor·schlag** *m* counterproposal; **einen ~ haben/machen** to have/make a counterproposal **Ge·gen·vor·stel·lung** *f* JUR remonstration, remonstrance

Ge·gen·wart <-> ['ge:gn̩vart] *f kein pl* ① *(jetziger Augenblick)* present; **[ganz] in der ~ leben** to live in [*or* for] the present [*or* for the day]
② *(heutiges Zeitalter)* present [time [*or* day]]; **unsere ~** the present day, this day and age; **die Literatur/Kunst/Musik der ~** contemporary literature/art/music
③ LING present [tense]
④ *(Anwesenheit)* presence; **in ~ der/des ...** in the presence of the ...; **in jds ~** in sb's presence, in the presence of sb

ge·gen·wär·tig ['ge:gn̩vɛrtɪç] **I.** *adj* ① *attr (derzeitig)* present, current
② *(heutig)* present[-day]; **zur ~en Stunde** at the present time; **der ~e Tag** this day
③ *(geh: erinnerlich)* ■ **etw ist jdm ~** to remember [*or* recall] sth; ***die Adresse ist mir im Augenblick nicht ~*** I cannot remember [*or* recall] the address at the moment
④ *(präsent)* ■ **irgendwo/in etw** *dat* **~ sein** to be ever-present somewhere/in sth; ***in diesen steinernen Zeugen ist die ruhmreiche Vergangenheit der Stadt stets ~*** these stones bear constant witness to the town's glorious past
II. *adv* at present, currently

ge·gen·warts·be·zo·gen *adj* relevant to the present day; **ein ~er Mensch** a person whose life revolves around the present **Ge·gen·warts·form** *f* LING present tense **ge·gen·warts·nah** **I.** *adj (geh)* relevant to the present day, topical **II.** *adv* in a way that is relevant to the present [day], topically **Ge·gen·warts·spra·che** *f* present-day language; **die deutsche ~** modern German

Ge·gen·wech·sel *m* FIN cross bill **Ge·gen·wehr** *f* resistance; **[keine] ~ leisten** to put up [no] resistance **Ge·gen·wert** *m* equivalent; ■ **im ~ von etw** *dat* to the value of sth; **~ eines Schecks/Wechsels** countervalue of a cheque/bill; ***Dollar im ~ von Euro 1000*** 1000 euros' worth of dollars **ge·gen·wer·tig** *adj* FIN equivalent; **~er Marktpreis/Marktwert** equivalent market price/value **Ge·gen·wind** *m* headwind; ***sie hatten starken ~*** they had a strong headwind against them, there was a strong headwind

Ge·gen·zau·ber *m* counterspell **ge·gen|zeich·nen** *vt* ■ **etw ~** to countersign sth **Ge·gen·zeich·nung** *f* JUR counter-signature **Ge·gen·zeu·ge, -zeu·gin** *m, f* ① JUR counter witness, witness for the other side ② *(Zeuge für gegenteilige Meinung)*

G

sb who can witness to the contrary **Ge·gen·zug** *m* ① *(Reaktion)* counter[move]; **im ~ [zu etw** *dat*] as a counter[move] [to sth] ② *(entgegenkommender Zug)* oncoming train; *(gleicher Zug in Gegenrichtung)* corresponding train in the opposite direction

ge·ges·sen [gəˈgɛsn̩] *pp von* **essen**

ge·gli·chen [gəˈglɪçn̩] *pp von* **gleichen**

ge·glie·dert I. *pp von* **gliedern**

II. *adj* ① *(eingeteilt)* divided; **in einzelne Abschnitte ~** divided into individual sections

② GEOG **eine reich ~e Küste** a heavily indented coast[line]

③ *(unterteilt)* subdivided; **hierarchisch ~** classified according to a hierarchical system, organized in graded ranks

ge·glit·ten [gəˈglɪtn̩] *pp von* **gleiten**

ge·glom·men [gəˈglɔmən] *pp von* **glimmen**

ge·glückt I. *pp von* **glücken**

II. *adj* successful

Geg·ner(in) <-s, -> [ˈgeːgnɐ] *m(f)* ① *(Feind)* enemy; ■**ein ~/eine ~in einer S.** *gen* an opponent of sth

② *(Gegenspieler)* opponent, adversary, rival

③ JUR adversary, opponent

④ SPORT opponent, opposing team

geg·ne·risch *adj attr* ① MIL *(feindlich)* opposing, enemy *attr;* **die ~e Übermacht** the enemy's superior numbers

② JUR opposing, of the opposition [*or* opposing party]

③ SPORT opposing; **das ~e Tor** the opponent's goal

Geg·ner·schaft <-, -en> *f* ① *(feindliche Einstellung)* opposition

② *kein pl (die Gegner)* opponents; ■**die ~ einer S.** *gen* the opponents of sth

ge·gol·ten [gəˈgɔltn̩] *pp von* **gelten**

ge·go·ren [gəˈgoːrən] *pp von* **gären**

ge·gos·sen [gəˈgɔsn̩] *pp von* **gießen**

gegr. *adj Abk von* **gegründet** est.

ge·gra·ben *pp von* **graben**

ge·grif·fen [gəˈgrɪfn̩] *pp von* **greifen**

Ge·grö·le <-s> [gəˈgrøːlə] *nt kein pl (pej fam)* raucous bawling

Ge·ha·be <-s> [gəˈhaːbə] *nt kein pl (pej fam: Getue)* fuss; *(Gebaren)* affectation

ge·hackt *adj* KOCHK chopped

Ge·hack·te(s) *nt dekl wie adj* mince[d meat] BRIT, ground[meat] AM; **~s vom Schwein/Rind** minced [*or* ground] pork/beef

Ge·halt[1] <-[e]s, Gehälter> [gəˈhalt, *pl* gəˈhɛltɐ] *nt o* ÖSTERR *m* salary, pay *no indef art, no pl;* **festes ~** fixed [*or* stated] salary; **ein ~ beziehen** to draw [*or* receive] a salary

Ge·halt[2] <-[e]s, -e> [gəˈhalt] *m* ① *(Anteil)* content; ■**der ~ an etw** *dat* the ... content; ***der ~ an Kohlendioxid*** the carbon dioxide content

② *(gedanklicher Inhalt)* content, meaning

ge·hal·ten [gəˈhaltn̩] I. *pp von* **halten**

II. *adj (geh)* ■**~ sein, etw zu tun** to be required [*or* obliged] to do sth

Ge·häl·ter [gəˈhɛltɐ] *pl von* **Gehalt**[1]

ge·halt·los *adj* ① *(nährstoffarm)* non-nutritious

② *(oberflächlich)* insubstantial, lacking in substance, shallow, superficial

Ge·halts·ab·rech·nung *f* salary statement, pay slip **Ge·halts·ab·zug** *m* salary deduction **Ge·halts·an·spruch** *m meist pl* salary [*or* pay] claim; **Gehaltsansprüche [an jdn] haben** to have salary outstanding [against sb]; **Gehaltsansprüche geltend machen** to negotiate a salary claim **Ge·halts·auf·bes·se·rung** *f* pay [*or* salary] review **Ge·halts·be·schei·ni·gung** *f* salary declaration **Ge·halts·emp·fän·ger(in)** *m(f)* salaried employee, salary earner **Ge·halts·ent·wick·lung** *f* salary development **Ge·halts·er·hö·hung** *f* salary increase, rise in salary, pay rise; **jährliche/regelmäßige ~en** annual/regular increments **Ge·halts·for·de·rung** *f* salary [*or* pay] claim **Ge·halts·fort·zah·lung** *f* continued payment of salary *(during illness)* **Ge·halts·grup·pe** *f* salary bracket **Ge·halts·hö·he** *f* size of salary; **leistungsbedingte ~** performance-related pay **Ge·halts·klas·se** *f* salary class **Ge·halts·kon·to** *nt* account into which a salary is paid **Ge·halts·kür·zung** *f* salary cut, cut in salary **Ge·halts·lis·te** *f* [employee] payroll **Ge·halts·nach·zah·lung** *f* deferred payment of salary **Ge·halts·pfän·dung** *f* JUR attachment [*or* garnishment] of a salary **Ge·halts·re·vi·si·on** *f* salary [*or* pay] review **Ge·halts·scheck** *m* pay cheque **Ge·halts·ska·la** *f* salary scale **Ge·halts·stei·ge·rung** *f* pay increase **Ge·halts·stu·fe** *f* salary bracket **Ge·halts·ta·bel·le** *f* salary scale **Ge·halts·ver·hand·lun·gen** *pl* salary negotiations *pl* **Ge·halts·ver·zicht** *m (bei Altersteilzeit etc.)* deferred compensation; **erzwungener/freiwilliger ~** forced/voluntary salary cut **Ge·halts·vor·rü·ckung** *f* ÖSTERR *(Gehaltserhöhung)* salary increase, rise in salary **Ge·halts·vor·schuss**[RR] *m* advance on salary **Ge·halts·vor·stel·lung** *f* salary expectation **Ge·halts·wunsch** *m* salary requirement **Ge·halts·zah·lung** *f* salary payment **Ge·halts·zu·la·ge** *f* salary bonus

ge·halt·voll *adj* ① *(nahrhaft)* nutritious, nourishing

② *(gedankliche Tiefe aufweisend)* thought-provoking, stimulating

Ge·häm·mer <-s> [gəˈhɛmɐ] *nt kein pl (pej)* hammering

ge·han·di·kapt [gəˈhɛndikɛpt] *adj* handicapped; ■**durch etw** *akk* **~ sein** to be handicapped by sth

Ge·hän·ge <-s, -> [gəˈhɛŋə] *nt* drop earring, ear pendant

ge·han·gen [gəˈhaŋən] *pp von* **hängen**

Ge·häng·te(r) *f(m) dekl wie adj* hanged man/woman

Ge·hän·sel <-s> [gəˈhɛnzl̩] *nt kein pl (fam)* [constant] teasing

ge·har·nischt [gəˈharnɪʃt] *adj* ① *(fig)* strong, sharply-[*or* strongly-]worded

② HIST *(gepanzert)* armour [*or* AM -or] -clad; **~e Ritter** knights in armour

ge·häs·sig [gəˈhɛsɪç] I. *adj* spiteful

II. *adv* spitefully

Ge·häs·sig·keit <-, -en> *f* ① *kein pl (Boshaftigkeit)* spite[fulness]

② *(gehässige Bemerkung)* spiteful remark

ge·hau·en *pp von* **hauen**

ge·häuft I. *adj* ① *(hoch gefüllt)* heaped

② *(wiederholt)* frequent, repeated

II. *adv* in large numbers

Ge·häu·se <-s, -> [gəˈhɔyzə] *nt* ① *(Schale)* casing; *Kamera a.* body; *Lautsprecher-* cabinet

② *(Schneckengehäuse)* shell

③ *(Kerngehäuse)* core

④ INFORM case, casing; **flaches/normales/hochstehendes ~** slim-line/desk-top/tower computer

geh·be·hin·dert *adj* with a mobility handicap; **leicht/stark ~ sein** to have a slight/severe mobility handicap

Ge·he·ge <-s, -> [gəˈheːgə] *nt* ① *(im Zoo)* enclosure

② *(Wildgehege)* preserve

▶WENDUNGEN: **jdm ins ~ kommen** *(fam)* to get in sb's way [*or fam* under sb's feet]

ge·hei·ligt *adj* sacred

ge·heim [gəˈhaim] I. *adj* ① *(verborgen)* secret; **im G~en** in secret, secretly

② *(nicht allen bekannt)* secret; **„Streng ~"** "Top secret"

③ *(nicht geäußert)* secret; **meine ~sten Gedanken/Wünsche** my most secret [*or* innermost] thoughts/desires

II. *adv* secretly; **~ abstimmen** to vote by secret ballot; **etw [vor jdm] ~ halten** to keep sth secret [from sb]; **~ gehalten** classified

Ge·heim·ab·kom·men *nt* secret agreement **Ge·heim·agent(in)** *m(f)* secret agent **Ge·heim·bund** *m* secret society

Ge·heim·dienst *m* secret service BRIT, intelligence service **Ge·heim·dienst·chef(in)** *m(f)* secret service chief

Ge·heim·dienst·ler(in) <-s, -> *m(f) (fam)* secret [*or* intelligence] service man/woman, spook *fam;* ■**die ~** the secret service BRIT, the intelligence services **ge·heim·dienst·lich** *adj* secret service *attr* **Ge·heim·fach** *nt* secret compartment **Ge·heim·gang** *m* secret passage **ge·heim|hal·ten**[ALT] *vt irreg s.* **geheim II**

Ge·heim·hal·tung *f* secrecy; **~ von Erfindungen** secrecy of inventions; **zur ~ verpflichtet werden** to be sworn to secrecy

ge·heim·hal·tungs·be·dürf·tig *adj* JUR liable to secrecy **Ge·heim·hal·tungs·pflicht** *f* JUR duty of secrecy

Ge·heim·klau·sel *f* JUR secret clause **Ge·heim·kon·to** *nt* secret bank account

Ge·heim·nis <-ses, -se> [gəˈhaimnɪs, *pl* gəˈhaimnɪsə] *nt* ① *(Wissen)* secret; **ein/jds ~ bleiben** to remain a/sb's secret; **vor jdm keine ~se haben** to have no secrets from sb; **aus etw** *dat* **ein/kein ~ machen** to make a [big]/no secret of sth; **ein offenes ~** an open secret

② *(Rätsel)* ■**das ~ einer S.** *gen* the secret of sth; **das ~ des Lebens** the mystery of life; **das ganze ~ sein** *(fam)* to be all there is to it; **jdn in die ~se von etw** *dat* **einweihen** to initiate [*or* let] sb into the secrets of sth

Ge·heim·nis·krä·mer(in) <-s, -> *m(f) (fam) s.* **Geheimnistuer Ge·heim·nis·krä·me·rei** [gəhaimnɪskrɛːməˈrai] *f (pej fam)* cloak and daggers *pej,* secretiveness

ge·heim·nis·krä·me·risch [gəˈhaimnɪskrɛːməˈrɪʃ] *adj (pej)* secretive **Ge·heim·nis·schutz** *m* JUR, ÖKON secrecy safeguard **Ge·heim·nis·trä·ger(in)** *m(f)* POL person cleared for classified information **Ge·heim·nis·tu·er(in)** <-s, -> *m(f) (fam)* mystery-monger **Ge·heim·nis·tu·e·rei** <-, -en> [gehaimnɪstuːəˈrai] *f (fam)* secretiveness, secrecy **ge·heim·nis·um·wit·tert** *adj (geh)* shrouded in mystery **Ge·heim·nis·ver·rat** *m* divulgence of official secrets **ge·heim·nis·voll** I. *adj* mysterious II. *adv* mysteriously; **~ tun** to act mysteriously [*or* be mysterious]

Ge·heim·num·mer *f* ① TELEK ex-directory number ② FIN secret [account] number ③ *(geheime Kombination)* secret combination **Ge·heim·pa·tent** *nt* secret patent **Ge·heim·po·li·zei** *f* secret police **Ge·heim·po·li·zist(in)** *m(f)* member of the secret police

Ge·heim·rat, -rä·tin *m, f* HIST privy councillor [*or* AM councilor] **Ge·heim·rats·ecken** *pl (hum fam)* receding hairline; ***er hat ~*** he's receding [*or* going bald at the temples]

Ge·heim·re·zept *nt* secret recipe **Ge·heim·sa·che** *f* JUR security matter; *(Informationen)* classified information; *(Daten)* restricted [*or* classified] data **Ge·heim·schrift** *f* code, secret writing *no indef art, no pl* **Ge·heim·schutz** *m kein pl* JUR classification; **unter ~ gestellte Informationen** classified information **Ge·heim·sen·der** *m* secret transmitter **Ge·heim·stel·lung** *f* JUR imposition of secrecy **Ge·heim·tin·te** *f* invisible ink **Ge·heim·tipp**[RR] *m* inside tip **ge·heim|tun** *vi irreg (fam)* to be secretive **Ge·heim·tür** *f* secret door **Ge·heim·ver·fah·ren** *nt* JUR secret process **Ge·heim·waf·fe** *f* secret weapon **Ge·heim·wett·be·werb** *m* ÖKON secret competition **Ge·heim·zahl** *f* FIN secret number [*or* code], PIN number **Ge·heim·zif·fer** *f* secret number

Ge·heiß <-es> [gəˈhais] *nt kein pl (geh)* behest *form,* command; **auf jds ~** at sb's behest [*or* bidding]

ge·hei·ßen *pp von* **heißen**

ge·hemmt I. *adj* inhibited

II. *adv* **sich** *akk* **~ benehmen** to be inhibited, to act self-consciously; **~ sprechen** to speak with inhibitions

ge·hen <ging, gegangen> [ˈgeːən]

I. INTRANSITIVES VERB
II. UNPERSÖNLICHES INTRANSITIVES VERB
III. TRANSITIVES VERB
IV. REFLEXIVES VERB

I. INTRANSITIVES VERB

① <ging, gegangen> *sein (sich zu Fuß fortbewegen)* to walk [somewhere]; **~ *wir oder fahren wir mit dem Auto?*** shall we walk or drive?; ***die kleine***

Sarah lernt ~ little Sarah is learning to walk; **[im Zimmer] auf und ab** ~ to walk up and down [*or* to pace] [the room]; **über die Brücke/Straße** ~ to cross [over] the bridge/street; **etw geht durch die Presse** sth is in the papers; *s. a.* **Stock**

2 <ging, gegangen> *sein (sich irgendwohin begeben)* ▪**[irgendwohin]** ~ to go [somewhere]; ***geh schon!*** go on!; ~ ***wir!*** let's go!; ***ich gehe raus, frische Luft schnappen*** I'm going out for some fresh air; ***gehst du heute in die Stadt/auf die Post/zur Bank?*** are you going to town/to the post office/to the bank today?; ***ich gehe eben mal schnell auf den Dachboden*** I'm just going up to the loft quickly; ***wie lange geht man bis zur Haltestelle/zur Post?*** how far is it to the bus stop/post office?; ***könntest du für mich noch zum Metzger/Bäcker ~ ?*** could you go to the butcher['s]/baker['s] for me?; **an die Arbeit** ~ to get down to work; **einkaufen/schwimmen/tanzen** ~ to go shopping/swimming/dancing; **unter die Künstler/Säufer** ~ *(hum)* to join the ranks of artists/alcoholics; **unter Menschen** ~ to mix with people; **schlafen** ~ to go to bed; **auf die andere Straßenseite** ~ to cross over to the other side of the street; **ans Telefon** ~ to answer the telephone; **in Urlaub** ~ to go on holiday [*or* AM vacation]

3 <ging, gegangen> *sein (besuchen)* ▪**zu jdm** ~ to go and visit [*or* see] sb; ***ich gehe morgen zu meinen Eltern*** I'm going to see my parents tomorrow; **aufs Gymnasium/auf einen Lehrgang** ~ to go to [a] grammar school/on a course; **in die Kirche/Messe/Schule/ins Theater** ~ to go to church/mass/school/the theatre; **zu einer Messe/zur Schule/zu einem Vortrag** ~ to go to a [trade] fair/to school/a lecture; **an die Uni** ~ to go to university

4 <ging, gegangen> *sein (fam: liiert sein)* ▪**mit jdm** ~ to go out with sb

5 <ging, gegangen> *sein (weggehen)* to go; ***ich muss jetzt*** ~ I have to be off [*or* must go]; ***wann geht er nach Paris/ins Ausland?*** when is he going to Paris/abroad?; ***der Direktor musste*** ~ the director had to resign; ***er ist von uns gegangen*** *(euph: gestorben)* he has departed from us *euph;* **zu jdm einer anderen Firma** ~ to leave for [*or* go to] another company; ***er ist zu Klett gegangen*** he left to go to Klett; **jdn ~ lassen** to let sb go; **jdn lieber ~ als kommen sehen** to be always glad to see the back of sb; **gegangen werden** *(hum fam)* to be given the push [*or fam* the sack]; *s. a.* **Weg**

6 <ging, gegangen> *sein (abfahren)* to leave; ***wann geht der Zug nach Hamburg?*** when does the train to Hamburg leave?; ***der Zug geht um 3 Uhr*** the train leaves at 3 o'clock; ***heute geht leider keine Fähre mehr*** there are no more ferries today, I'm afraid

7 <ging, gegangen> *sein (tätig werden)* ***er geht als Kellner*** he works as a waiter; ▪**in etw** *akk* ~ to go into [*or* enter] sth; **in die Computerbranche/Industrie/Politik** ~ to go into computers/industry/politics; **in die Gewerkschaft/Partei** ~ to join the union/party; **ins Kloster** ~ to enter a monastery/convent, to become a monk/nun; ▪**an etw** *akk*/**zu etw** *dat* ~ to join sth; **zum Film/Radio/Theater/zur Oper** ~ to go into films/radio/on the stage/become an opera singer; **ans Gymnasium/an die Uni** ~ to join a grammar school/university [as a teacher/lecturer]; **zum Militär** ~ to join the army; **zur See** ~ to go to sea

8 <ging, gegangen> *sein (sich kleiden)* ▪**in etw** *dat* ~ to wear sth; ***ich gehe besser nicht in Jeans dorthin*** I'd better not go there in jeans; ***sie geht auch im Winter nur mit einer dunklen Brille*** she wears dark glasses even in winter; **gut/schlecht angezogen** ~ to be well/badly dressed; **ohne Hut/Schirm** ~ to not wear a hat/take an umbrella; ***bei dem Nieselregen würde ich nicht ohne Schirm*** ~ I wouldn't go out in this drizzle without an umbrella; **in Kurz/Lang** ~ to wear a short/long dress/skirt

9 <ging, gegangen> *sein (verkleidet sein)* **als Matrose/Prinzessin** ~ to go [dressed up] as a sailor/princess

10 <ging, gegangen> *sein (anfassen)* ▪**an etw** *akk* ~ to touch sth; ***geh [mir] nicht an meine Sachen!*** don't touch my things!; ***wer ist dieses Mal an meinen Computer gegangen?*** who's been messing around with my computer this time?; ***um ihre Schulden zu bezahlen, musste sie an ihr Erspartes*** ~ she had to raid her savings to pay off her debts

11 <ging, gegangen> *sein (führen)* ▪**irgendwohin** ~ to go somewhere; ***die Brücke geht über den Fluss*** the bridge crosses the river; ***ist das die Straße, die nach Oberstdorf geht?*** is that the road [*or* way] to Oberstdorf?; ***wohin geht dieser Weg/Geheimgang?*** where does this path/secret passage go [*or* lead [to]]?; ***die Tür geht direkt auf unseren Parkplatz*** the door leads [*or* opens] directly onto our parking space; ***die nach Biberach ~de Reise*** the trip to Biberach; ***mein Vorschlag geht dahin, dass ...*** my suggestion is that ...; **von ... bis/über etw** *akk* ~ to go from ... to/via somewhere; ***der Flug geht über München*** the flight goes via Munich; ***die Reise geht über Lausanne*** we're travelling via Lausanne; ***dieser Rundweg geht über die Höhen des Schwarzwaldes*** this circular walk takes in the highest points [*or* peaks] of the Black Forest

12 <ging, gegangen> *sein (blicken)* ▪**auf etw** *akk*/**nach ...** ~ to look onto sth; ***die Fenster ~ auf das Meer/den Strand*** the windows look [out] onto the sea/beach; ***der Balkon ging nach Süden/auf einen Parkplatz*** the balcony faced south/overlooked a car park

13 <ging, gegangen> *sein (reichen)* to go; ***die See ging hoch*** the sea was running high; ***der Schmerz geht sehr tief*** the pain goes very deep; **in die Hunderte [*o* hunderte]/Tausende [*o* tausende]** ~ to run into [the] hundreds/thousands; ▪**[jdm] bis zu etw** *dat* ~ to reach [sb's] sth; ***das Wasser geht einem bis zur Hüfte*** the water comes up to one's hips; ***der Rock geht ihr bis zum Knie*** the skirt goes down to her knee; ***die Sicht geht bis an den Horizont*** the view extends right to the horizon

14 <ging, gegangen> *sein (hineinpassen)* ▪**in etw** *akk*/**durch etw** *akk* ~ to go into/through sth; ***über 450 Besucher ~ in das neue Theater*** the new theatre holds over 450 people; ***wie viele Leute ~ in deinen Wagen?*** how many people [can] fit in[to] your car?; ***der Schrank geht nicht durch die Tür*** the cupboard won't go through the door; ***2 geht in 6 dreimal*** 2 into 6 goes 3

15 <ging, gegangen> *sein (sich bewegen)* to move; ***ich hörte, wie die Tür ging*** I heard the door [go]; ***diese Schublade geht schwer*** this drawer is stiff; ***vielleicht geht das Schloss wieder, wenn man es ölt*** perhaps the lock will work again if you oil it

16 <ging, gegangen> *sein (funktionieren)* to work; *Auto, Uhr* to go; ***die Uhr geht sehr genau*** the clock keeps good time; ***meine Uhr geht nicht mehr*** my watch has stopped; ***meine Uhr geht falsch/richtig*** my watch is wrong/right; ***kannst du mir bitte erklären, wie das Spiel geht?*** can you please explain the rules of the game to me?; **etw geht wieder/nicht mehr** sth is working again/has stopped working

17 <ging, gegangen> *sein (ertönen) Glocke, Klingel, Telefon* to ring; ***das Telefon/die Klingel geht ununterbrochen*** the telephone/the bell never stops ringing

18 <ging, gegangen> *sein (lauten)* to go; ***weißt du noch, wie das Lied ging?*** can you remember how the song went [*or* the words of the song]?; ***wie geht nochmal der Spruch?*** what's that saying again?, how does the saying go?

19 <ging, gegangen> *sein* ÖKON *(laufen)* to go; ***wie ~ die Geschäfte?*** how's business?; ***das Geschäft geht vor Weihnachten immer gut*** business is always good before Christmas; ***der Export geht nur noch schleppend*** exports are sluggish

20 <ging, gegangen> *sein (sich verkaufen)* to sell; ***diese teuren Zigarren ~ gut/nicht gut*** these expensive cigars sell/don't sell well; ***diese Pralinen ~ bei uns so schnell weg, wie sie reinkommen*** we sell these chocolates as soon as they come in

21 <ging, gegangen> *sein* KOCHK *(aufgehen)* to rise; **den Teig ~ lassen** to prove the dough

22 <ging, gegangen> *sein (dauern)* to go on; ▪**eine bestimmte Zeit** ~ to last a certain time; ***dieser Film geht drei Stunden*** this film goes on for [*or* lasts] three hours; ***der Film geht schon über eine Stunde*** the film has been on for over an hour already [*or* started over an hour ago]; ***mein Urlaub geht vom 01. bis 10. Oktober*** my holiday is [*or* runs] from the 1st to the 10th of October

23 <ging, gegangen> *sein (verlaufen)* ▪**etw geht [irgendwie] [vor sich]** sth goes on [*or* happens] [in a certain way]; ***wie ist die Prüfung gegangen?*** how was the exam [*or* did the exam go]?; ***was geht hier vor sich?*** what's going on here?; ***zurzeit geht alles drunter und drüber*** things are a bit chaotic right now; ***erkläre mir mal, wie das [vor sich] ~ soll*** now just tell me how that's going to happen [*or* how it's going to work]; ***das kann auf verschiedene Arten vor sich ~*** it can happen [*or* take place] in a variety of ways; ***kannst du mir mal erklären, wie das geht, wenn man die deutsche Staatsbürgerschaft annehmen will?*** can you explain the procedure for taking up German citizenship to me?

24 <ging, gegangen> *sein (möglich sein)* ▪**[bei jdm]** ~ to be all right [*or fam* OK] [with sb]; ***ich muss mal telefonieren — geht das?*** I have to make a phone call — would that be all right?; ***haben Sie am nächsten Mittwoch Zeit? — nein, das geht [bei mir] nicht*** are you free next Wednesday? — no, that's no good [for me] [*or* I can't manage that]; ***das wird kaum ~, wir sind über Weihnachten verreist*** that won't be possible [*or* work], we're away for Christmas; ***das geht doch nicht!*** that's not on!; ***wie soll das denn bloß ~?*** just how is that supposed to work?; **nichts geht mehr** *(beim Roulette)* no more bets; *(ist hoffnungslos)* there's nothing more to be done

25 <ging, gegangen> *sein (fam: akzeptabel sein)* to be OK; ***er geht gerade noch, aber seine Frau ist furchtbar*** he's just about OK [*or* tolerable] but his wife is awful; ***wie ist das Hotel? — es geht [so]*** how's the hotel? — it's ok; ***ist das zu klein? — nein, das geht [so]*** is it too small? — no, it's ok like this

26 <ging, gegangen> *sein (zufallen)* ▪**an jdn** ~ to go to sb; ***das Erbe/der Punkt ging an sie*** the inheritance/point went to her; ***der Vorsitz ging turnusmäßig an H. Lantermann*** H. Lantermann became chairman in rotation

27 <ging, gegangen> *sein (beeinträchtigen)* ▪**[jdm] an etw** *akk* ~ to damage [sb's] sth; ***das geht [mir] ganz schön an die Nerven*** that really gets on my nerves; ***das geht an die Kraft [o Substanz]*** that takes it out of you

28 <ging, gegangen> *sein (angreifen)* ▪**auf etw** *akk* ~ to attack sth; ***Rauchen geht auf die Lunge*** smoking affects the lungs; *(fam)* ***das Klettern geht ganz schön auf die Pumpe*** climbing really puts a strain on the old ticker *fam*

29 <ging, gegangen> *sein (gerichtet sein)* ▪**an jdn** ~ to be addressed to sb; ▪**gegen jdn/etw** ~ to be aimed [*or* directed] against sb/sth; ***das geht nicht gegen Sie, das sind nur die Vorschriften*** this isn't aimed at you, it's just the rules; ***das geht gegen meine Prinzipien/Überzeugung*** that is [*or* goes] against my principles/convictions; ***der Artikel ging gegen die Steuererhöhung*** the article criticized the tax increase

30 <ging, gegangen> *sein (auf dem Spiel stehen)* ▪**um etw** *akk* ~ to be at stake; ***die Wette geht um 100 Euro*** the bet is for 100 euros

31 <ging, gegangen> *sein (urteilen)* ▪**nach etw** *dat* ~ to go by sth; ***der Richter ging in seinem Urteil nach der bisherigen Unbescholtenheit des Angeklagten*** on passing sentence the judge

took into account the defendant's lack of previous convictions; ***nach dem, was er sagt, kann man nicht*** ~ you can't go by what he says; **nach einer Regel** ~ to follow a rule

32 <ging, gegangen> *sein (überschreiten)* ***das geht über meine Kräfte*** that's beyond my power; *(seelisch)* that's too much for me; ***das geht einfach über meine finanziellen Möglichkeiten*** I just don't have the finances for that; **über jds Geduld** ~ to exhaust sb's patience; **zu weit** ~ to go too far, to overstep the line; ***das geht zu weit!*** that's just too much!

33 <ging, gegangen> *sein (Altersangabe)* ■ **auf die ...** ~ *+ Zahl* to be approaching ...; ***er geht auf die dreißig*** he's approaching [*or* coming up for] thirty

▸WENDUNGEN: **[ach] geh, ...!** *(fam)* [oh] come on, ...!; ***ach geh, das kann doch nicht dein Ernst sein!*** oh come on, you can't be serious!; ***geh, so was kannst du sonst wem erzählen!*** go and tell that to the marines!; **geh!** SÜDD, ÖSTERR get away!; ***geh, was du nicht sagst!*** go on, you're kidding!; **in sich** *akk* ~ to turn one's gaze inward, to take stock of oneself; ***Mensch, geh in dich!*** for heaven's sake, think again!; **sich** *akk* ~ **lassen** *(sich nicht beherrschen)* to lose control of oneself [*or* one's self-control]; *(sich vernachlässigen)* to let oneself go; ~ **Sie [mir] mit ...** *(fam)* spare [me] ...; ~ ***Sie [mir] doch mit Ihren Ausreden!*** spare me your excuses, please!; **wo jd geht und steht** *(fam)* wherever [*or* no matter where] sb goes [*or* is]; **jdm über alles** ~ to mean more to sb than anything else; ***das Kind geht mir über alles!*** that child means the whole world to me!; **nichts geht über ...** there's nothing to beat ..., there's nothing better than ...; *s. a.* **Konto**

II. UNPERSÖNLICHES INTRANSITIVES VERB

1 <ging, gegangen> *sein (gesundheitlich)* ■ **jdm geht es ...** sb feels ...; ***wie geht's [denn] [so]?*** how are you [doing]?; ***danke, es geht*** all right [*or* not too bad], thanks; ***danke, mir geht es gut/ausgezeichnet*** thank you, I am well/I'm feeling marvellous; ***mir ist es schon mal besser gegangen*** I have felt better; ***es geht mir schlecht*** I'm not at all well; ***es geht mir jetzt [wieder] besser*** I'm better [again] now; ***nach der Spritze ging es ihr gleich wieder besser*** she soon felt better again after the injection; *(iron)* ***[und] sonst geht's dir gut?*** are you sure you're feeling all right? *iron*

2 <ging, gegangen> *sein (ergehen)* ■ **jdm geht es ...** it is ... with sb; ***wie geht's?*** how are things?, how's it going?; ***wie geht's sonst?*** how are things otherwise?; ***es geht*** not too bad, so-so; ***mir ist es ähnlich/genauso/nicht anders gegangen*** *(ich habe das auch erlebt)* it was the same [*or* like that]/just the same [*or* just like that]/no different with me; *(ich habe das auch empfunden)* I felt the same/just the same/no different; ***warum soll es dir etwa besser ~ als mir?*** why should you have it better than me?; ***lass es dir/lasst es euch gut ~!*** look after [*or* take care of] yourself!

3 <ging, gegangen> *sein (verlaufen)* ■ **es geht ...** it goes ...; ***wie war denn die Prüfung? — ach, es ging ganz gut*** how was the exam? — oh, it went quite well; ***es ging wie geschmiert*** it went like clockwork

4 <ging, gegangen> *sein (umgehen)* ***es geht ein starker Wind*** there's a strong wind [blowing]; ***es geht das Gerücht, dass ...*** there's a rumour going around that ...

5 <ging, gegangen> *sein (sich handeln um)* ■ **es geht [bei etw** *dat*] **um etw** *akk* sth is about sth; ***um was geht's denn?*** what's it about then?; ***worum geht's denn?*** what's it all about then?; ***wenn es um Mathematik geht ...*** when it comes to mathematics ...; ***worum geht es in diesem Film?*** what is this film about?; ***ich weiß nicht, worum es geht*** I don't know what this is about; ***es geht hier um eine wichtige Entscheidung*** there is an important decision to be made here; ***hierbei geht es um Millionen*** we're talking millions here *fam,* there are millions involved here; ***in dem Gespräch ging es um die zugesagte Gehaltserhöhung*** the conversation was about the promised increase in salary

6 <ging, gegangen> *sein (auf dem Spiel stehen)* ■ **es geht um etw** sth is at stake; ***hierbei geht es um meinen guten Ruf*** my reputation is at stake [*or* on the line] here; ***es geht um meine Ehre*** my honour is at stake; ***es geht um Leben und Tod*** it's a matter of life and death; ***es geht um 10 Millionen bei diesem Geschäft*** 10 million are at stake in the deal; ***wenn es um mein Glück geht, lasse ich mir von niemandem dreinreden*** when it comes to my happiness I don't let anyone tell me what to do; ***wenn es nur um ein paar Minuten geht, warten wir*** we'll wait if it's just a question [*or* matter] of a few minutes

7 <ging, gegangen> *sein (wichtig sein)* ■ **jdm geht es um etw** *akk* sth matters to sb; ***worum geht es dir eigentlich?*** what are you trying to say?; ***es geht mir nur ums Geld/um die Wahrheit*** I'm only interested in the money/truth; ***es geht mir ums Prinzip*** it's a matter [*or* question] of principle; ***darum geht es mir nicht*** that's not the point; ***es geht ihm immer nur um eins*** he's only interested in one thing

8 <ging, gegangen> *sein (sich machen lassen)* ■ **es geht** it's all right; ***es geht nicht*** *(ist nicht möglich)* it can't be done, it's impossible; *(kommt nicht in Frage)* it's not on; ***so geht es nicht*** that's not how it's done; *(entrüstet)* it just won't do; ***es geht einfach nicht mehr*** it won't do any more; ***morgen geht es nicht*** tomorrow's no good; ***es wird schon gehen*** I'll/he'll etc. manage; *(wird sich machen lassen)* it'll be all right; ***so geht es [eben]*** that's the way things go; ***geht es, dass ihr uns zu Weihnachten besuchen kommt?*** will it be possible for you to visit us at Christmas?; ***ich werde arbeiten, solange es geht*** I shall go on [*or* continue] working as long as possible; ***geht es, oder soll ich dir tragen helfen?*** can you manage, or shall I help you carry it?; ***passt dir Dienstag? — nein, Dienstag geht's nicht*** is Tuesday all right for you? — no, I can't manage Tuesday; ***du musst dich uns damit abfinden, es geht eben nicht anders*** there's nothing else for it, you'll just have to put up with it

9 <ging, gegangen> *sein (führen)* ■ **es geht irgendwohin:** ***erst fahren Sie über drei Ampeln, dann geht es rechts ab*** go past three traffic lights then turn right; ***wohin geht's eigentlich im Urlaub?*** just where are you off to on holiday?; ***auf, Leute, es geht wieder nach Hause*** come on people, it's time to go home; ***das nächste Mal geht's in die Berge/an die See*** we're off to [*or* heading for] the mountains/coast next time; ***im Sommer geht es immer in den Süden*** we always go [*or* head] south for the summer; ***gleich geht's ins Wochenende*** soon it'll be the weekend; ***wo geht's hier zum Flughafen?*** how do I get to the airport from here?; ***wo geht es hier raus?*** where is the exit?; ***dann geht es immer geradeaus*** *(Richtung, in der jd geht)* then you keep going straight on; *(Straßenrichtung)* then it just goes straight on; ***es geht auf 9 Uhr*** it is approaching 9 o'clock; ***es geht schon auf den Winter*** winter is drawing near

10 <ging, gegangen> *sein (nach jds Kopf gehen)* ■ **es geht nach jdm** sth goes by sb; ***wenn es nach mir ginge*** if it were up to me; ***es kann nicht immer alles nach dir*** ~ you can't always have things your own way

▸WENDUNGEN: **auf geht's!** let's go!, come on!; **es geht das Gerücht/die Sage, dass ...** rumour/legend has it that ...; **es geht nichts über jdn/etw** nothing beats sb/sth, there's nothing better than [*or* to beat] [*or* like] sb/sth; **geht's noch!?** SCHWEIZ *(iron)* are you crazy?!

III. TRANSITIVES VERB

<ging, gegangen> *sein* ■ **etw** ~ to walk sth; ***Sie haben aber noch drei Stunden/17 Kilometer zu ~!*** you've still got another three hours/17 kilometres to go!; ***ich gehe immer diesen Weg/diese Straße*** I always walk this way/take this road; **einen Umweg** ~ to make a detour; **seine eigenen Wege** ~ *(fig)* to go one's own way; ***du musst lernen, deine eigenen Wege zu ~*** you must learn to stand on your own two feet

IV. REFLEXIVES VERB

<ging, gegangen> *haben* ***es geht sich schlecht hier*** it's hard going [*or* hard to walk] here; ***in diesen Schuhen geht es sich bequem*** these shoes are very comfortable for walking [*or* to walk in]

Ge·hen <-s> ['ge:ən] *nt kein pl* 1 *(Zu-Fuß-Gehen)* walking
2 *(das Weggehen)* going, leaving; ***schon im ~, wandte sie sich noch einmal um*** she turned round once more as she left; **sein frühes/vorzeitiges** ~ his early departure
3 SPORT race walking

Ge·henk·te(r) [gə'hɛŋktə] *f(m) dekl wie adj s.* **Gehängte(r)**

ge·hen|las·sen* *vr, vt irreg s.* **gehen I 5, 21**

Ge·her(in) <-s, -> ['ge:ɐ, 'ge:ərɪn] *m(f)* SPORT walker

ge·hetzt [gə'hɛtst] *adj* harassed

ge·heu·er [gə'hɔyɐ] *adj* **[jdm] nicht [ganz]** ~ **sein** to seem [a bit] suspicious [to sb]; **jdm ist nicht ganz** ~ **[bei etw** *dat*] sb feels a little uneasy [about sth]; **irgendwo ist es jdm nicht [ganz]** ~ somewhere gives sb the creeps *fam;* **irgendwo ist es nicht** ~ somewhere is eerie [*or* spooky]

Ge·heu·l(e) <-[e]s> [gə'hɔyl(ə)] *nt kein pl (pej)* howling

Ge·hil·fe, Ge·hil·fin <-n, -n> [gə'hɪlfə, gə'hɪlfɪn] *m, f* assistant, helper; **kaufmännischer** ~ *(geh)* commercial assistant

Ge·hil·fen·brief *m* commercial assistant diploma **Ge·hil·fen·prü·fung** *f* commercial assistant examination

Ge·hil·fen·schaft <-> *f kein pl* JUR SCHWEIZ *(Beihilfe)* aiding and abetting

Ge·hil·fin <-, -nen> [gə'hɪlfɪn] *f fem form von* **Gehilfe**

Ge·hirn <-[e]s, -e> [gə'hɪrn] *nt* brain
▸WENDUNGEN: **sein** ~ **anstrengen** *(fam)* to use [*or* rack] [*or esp* AM wrack] one's brains; **kein** ~ **im Kopf haben** *(fam)* to have no sense

Ge·hirn·akro·ba·tik *f (fam)* mental acrobatics *pl*
ge·hirn·am·pu·tiert *adj (hum)* ■ ~ **sein** to be off one's head BRIT *fam* [*or* out of one's mind] **Ge·hirn·blu·tung** *f* brain [*or* cerebral] haemorrhage [*or* AM hemorrhage] **Ge·hirn·chir·ur·gie** *f* brain surgery **Ge·hirn·durch·blu·tungs·stö·rung** *f* MED disturbance of the cerebral blood supply **Ge·hirn·er·schüt·te·rung** *f* concussion **Ge·hirn·flüs·sig·keit** *f* cerebral fluid

Ge·hirn·hälf·te *f* ANAT side [*or* half] of the brain

Ge·hirn·haut *f* meninges *npl* **Ge·hirn·haut·ent·zün·dung** *f* meningitis

Ge·hirn·prel·lung *f* MED contusion of the brain **Ge·hirn·schlag** *m* MED stroke; **einen** ~ **bekommen** [*o geh* **erleiden**] to have [*or form* suffer] a stroke

Ge·hirn·schmalz *m kein pl (hum sl)* smarts *pl fam*

Ge·hirn·stüb·chen [gə'hɪrnʃty:pçən] *nt (hum veraltend fam)* brainbox *fam* **Ge·hirn·sub·stanz** *f* ANAT brain matter **Ge·hirn·tu·mor** *m* brain tumour [*or* AM -or] **Ge·hirn·wä·sche** *f* brainwashing *no indef art, no pl;* **eine** ~ **mitmachen** to undergo brainwashing, to be brainwashed; **jdn einer** ~ **unterziehen** to brainwash sb

ge·hirn·wa·schen *vt irreg, nicht im Präsens und im Imperfekt* ■ **jdn** ~ to brainwash sb **Ge·hirn·zel·le** *f* brain cell

ge·ho·ben [gə'ho:bn̩] **I.** *pp von* **heben**
II. *adj* 1 LING elevated, refined; **sich** *akk* ~ **ausdrücken** to use elevated language
2 *(anspruchsvoll)* sophisticated, refined
3 *(höher)* senior
4 *(froh)* festive; **in ~er Stimmung sein** to be in a festive mood [*or* high spirits]

Ge·höft <-[e]s, -e> [gə'hœft, gə'hø:ft] *nt* farm[stead]

ge·hol·fen [gə'hɔlfn̩] *pp von* **helfen**

Ge·hölz <-es, -e> [gəˈhœlts] *nt (geh)* copse, wood

Ge·hör <-[e]s, -e> [gəˈhøːɐ̯] *nt pl selten* ① *(das Hören)* hearing; **oder täuscht mich mein ~?** or do my ears deceive me?; **das ~ verlieren** to go deaf; **[jdn] um ~ bitten** to ask [sb] for attention [*or* a hearing]; **[mit etw *dat*] [bei jdm] ~/kein ~ finden** to gain/not to gain a hearing [with sb] [for sth], to meet with [*or* get] a/no response [from sb] [to sth]; **ein gutes/schlechtes ~ haben** to have a good/bad hearing; **jdm zu ~ kommen** to come to sb's ears [*or* attention]; **jdm/etw ~/kein ~ schenken** to listen/not to listen to sb/sth, to lend/not to lend an ear to sb/sth; **sich *dat* [bei jdm] [mit etw *dat*] ~ verschaffen** to make oneself heard [to sb] [with sth]; **nach dem ~ singen/spielen** to sing/play by ear
② MUS **absolutes ~** absolute [*or fam* perfect] pitch
③ MUS, THEAT *(geh: Vortrag)* **etw zu ~ bringen** to bring sth to the stage, to perform sth
④ JUR **rechtliches ~** full hearing, due process of law; **Anspruch auf rechtliches ~** right to be heard, right to due process of law

ge·hor·chen* [gəˈhɔrçn̩] *vi* ① *(gefügig sein)* ■ **[jdm/etw] ~** to obey [sb/sth]; **aufs Wort ~** to obey sb's every word
② *(reagieren)* ■ **jdm ~** to respond to sb

ge·hö·ren* [gəˈhøːrən] **I.** *vi* ① *(jds Eigentum sein)* ■ **jdm ~** to belong to sb, to be sb's; ***ihm ~ mehrere Häuser*** he owns several houses; ***ihre ganze Liebe gehört ihrem Sohn*** she gives all her love to her son; ***mein Herz gehört einem anderen*** my heart belongs to another *poet;* ***wem gehört der Stift?*** whose pencil is this?
② *(den richtigen Platz haben)* ■ **irgendwohin ~** to belong somewhere; ***die Kinder ~ ins Bett*** the children should be in bed; ***wohin ~ die Hemden?*** where do the shirts go?; ***die Hose gehört in den Schrank*** the trousers go in the wardrobe; ***ein Schwein gehört nicht in die Wohnung*** the flat is no place for a pig; **in eine Kategorie ~** to come [*or* fall] [*or* belong] under a category
③ *(angebracht sein)* ■ **irgendwohin ~** to be relevant somewhere; ***dieser Vorschlag gehört nicht hierher/zum Thema*** this suggestion is not relevant here/to the point; ***das gehört nicht zur Sache*** that is off the point
④ *(passend sein)* ■ **zu etw *dat* ~** to go well with sth; ***zu einem grauen Mantel gehört entweder ein grauer oder ein schwarzer Hut*** with a grey coat one should wear a grey or black hat, a grey or black hat goes with a grey coat
⑤ *(Mitglied sein)* ■ **zu jdm/etw ~** to belong to sb/sth; **~ *sie wirklich alle zu unserer Verwandtschaft?*** are they really all relatives [*or* relations] of ours [*or* related to us]?; **zur Familie ~** to be one of the family
⑥ *(Teil sein von)* ■ **zu etw *dat* ~** to be part of sth; ***es gehört zu meiner Arbeit/meinen Pflichten*** it is part of my job/one of my duties; ***gehört zu der Hose denn kein Gürtel?*** shouldn't there be a belt with these trousers?
⑦ *(Voraussetzung, nötig sein)* ■ **zu etw *dat* ~** to be called for with sth; ***zu dieser Arbeit gehört viel Konzentration*** this work calls for [*or* requires] a lot of concentration; ***dazu gehört nicht viel*** that doesn't take much, that's no big deal *fam;* ***dazu gehört [schon] einiges [o etwas]*** that takes something [*or* some doing]; ***dazu gehört [schon etwas] mehr*** there's [a bit] more to it than that!; **es gehört viel Mut dazu, ...** it takes a lot of courage ...
⑧ DIAL *(muss ... werden)* ■ **... ~** to deserve to be ...; ***er meint, dass sie ganz einfach wieder zurückgeschickt ~*** he thinks they ought simply to be sent back again
II. *vr* ■ **sich** *akk* **~** to be fitting [*or* proper] [*or* right]; ***das gehört sich auch so*** that's as it should be; ***sie weiß, was sich gehört*** she knows how to behave; **wie es sich gehört** as is right and proper, as one should; **sich *akk* [einfach/eben] nicht ~** to be [simply/just] not good manners; ***das gehört sich einfach nicht*** that's [*or* it's] just [*or* simply] not done

Ge·hör·feh·ler *m* ■ **ein ~** defective hearing, a hearing defect **Ge·hör·gang** *m* ANAT auditory canal

ge·hö·rig [gəˈhøːrɪç] **I.** *adj* ① *attr (fam: beträchtlich)* good *attr;* **eine ~e Achtung vor jdm haben** to have a healthy respect for sb; **jdm einen ~en Schrecken einjagen** to give sb a good [*or* BRIT *fam* right] fright; **jdm eine ~e Tracht Prügel verpassen** to give sb a good [*or* sound] thrashing
② *attr (entsprechend)* proper
③ *(geh: gehörend)* ■ **zu etw *akk* ~** belonging to sth; **nicht zur Sache ~ sein** not to be relevant, to be irrelevant; **alle nicht zum Thema ~en Vorschläge** all suggestions not relevant to the topic
II. *adv (fam)* good and proper *fam,* well and truly; **jdn ~ ausschimpfen** to tell sb off good and proper, to tell sb well and truly off; ***du hast dich ~ getäuscht*** you are very much mistaken

ge·hör·los *adj (geh)* deaf

Ge·hör·lo·se(r) *f(m) dekl wie adj (geh)* deaf person

Ge·hör·lo·sig·keit <-> *f kein pl (geh)* deafness

Ge·hör·nerv *m* auditory nerve

ge·hörnt [gəˈhœrnt] *adj* ① *(mit Geweih)* horned, antlered
② *(veraltend: betrogen)* cuckolded; **ein ~er Ehemann** a cuckold

ge·hor·sam [gəˈhoːɐ̯zaːm] **I.** *adj* obedient; ■ **[jdm] ~ sein** to be obedient [to sb]
II. *adv* obediently; ***melde ~st, Befehl ausgeführt*** respectfully report, order carried out

Ge·hor·sam <-s> [gəˈhoːɐ̯zaːm] *m kein pl* obedience; **sich *dat* ~ verschaffen** to gain [*or* win] obedience; **jdm den ~ verweigern** to refuse to obey sb

Ge·hor·sams·pflicht *f* JUR duty to obey

Ge·hör·scha·den *m* hearing defect **Ge·hör·schutz** *m* ear protection, ear protectors *pl* **Ge·hör·sinn** *m kein pl* sense of hearing

geh·ren [ˈgeːrən] *vt* BAU ■ **etw ~** to mitre [*or* AM miter] sth

Geh·rock *m* MODE frock coat

Geh·rung <-, -en> [ˈgeːrʊŋ] *f* TECH ① *(das Gehren)* mitring [*or* AM -ering]
② *(Eckfuge)* mitre [*or* AM -er] [joint]

Geh·rungs·an·schlag *m* mitre [*or* AM -er] gauge

Geh·rungs·naht *f* BAU mitred joint

Geh·schlitz *m* MODE *von Rock, Kleid* back-slit **Geh·steig** *m s.* **Bürgersteig**

Geht·nicht·mehr [ˈgeːtnɪçtmeːɐ̯] *nt kein pl* **bis zum ~** ad nauseam; ***ich habe ihr das bis zum ~ erklärt*** I've explained it to her till I was blue in the face

Geh·trai·ning *nt training for being able to walk again*

Ge·hu·pe <-s> [gəˈhuːpə] *nt kein pl (pej)* honking, BRIT *a.* hooting

ge·hupft *pp von* **hupfen**
▸ WENDUNGEN: **etw ist ~ wie gesprungen** it makes no difference [*or* odds] at all

Geh·weg *m* ① *s.* **Bürgersteig**
② *(Fußweg)* walk

Gei·er <-s, -> [ˈgaiɐ] *m* vulture
▸ WENDUNGEN: **weiß der ~!** *(sl)* God [*or* Christ] knows! *sl*

Gei·fer <-s> [ˈgaifɐ] *m kein pl* slaver, slobber *esp* AM

gei·fern [ˈgaifɐn] *vi* ① *(sabbern)* to slaver, to slobber *esp* AM
② *(pej: Gehässigkeiten ausstoßen)* ■ **[gegen jdn/etw] ~** to rail [against sb/sth], to rant [*or* rave] [at sb/sth], to revile [*or form* vilify] [sb/sth]

Gei·ge <-, -n> [ˈgaigə] *f* violin, fiddle *fam;* **~ spielen** to play the violin; **etw auf der ~ spielen** to play sth on the violin; **die zweite ~ spielen** to play second violin
▸ WENDUNGEN: **die erste ~ spielen** to call the tune; **die zweite ~ spielen** to play second fiddle

gei·gen [ˈgaign̩] **I.** *vi* to play the violin, to [play the] fiddle *fam*
II. *vt* ■ **etw ~** to play sth on the violin [*or fam* fiddle]

Gei·gen·bau·er(in) <-s, -> *m(f)* violin-maker **Gei·gen·bo·gen** *m* violin bow **Gei·gen·kas·ten** *m* violin case

Gei·ger(in) <-s, -> [ˈgaigɐ] *m(f)* violinist; **erster ~** first violin

Gei·ger·zäh·ler *m* Geiger counter

geil [ˈgail] **I.** *adj* ① *(lüstern)* lecherous; ■ **~ auf jdn sein** to lust after sb, to have the hots for sb; **jdn ~ machen** to make sb horny [*or* BRIT randy] *fam*
② *(sl: toll)* wicked *sl,* outstanding *sl*
③ DIAL *(veraltet: üppig wuchernd) Pflanzen* rank, luxuriant
II. *adv* ① *(lüstern)* lecherously
② *(sl)* wicked *sl*

Geil·heit <-, -en> *f* lecherousness, lechery

Gei·sel <-, -n> [ˈgaizl̩] *f* hostage; **jdn als ~ nehmen** to take sb hostage; **[jdm] ~n/jdn als ~ stellen** to provide [sb with] hostages/sb as a hostage

Gei·sel·dra·ma *nt* hostage drama [*or* crisis] **Gei·sel·gangs·ter** [-gɛŋstɐ] *m* [terrorist] hostage-taker **Gei·sel·haft** *f* captivity [as a hostage] **Gei·sel·nah·me** <-, -n> *f* hostage-taking **Gei·sel·neh·mer(in)** <-s, -> *m(f)* hostage-taker

Gei·sha <-, -s> [ˈgeːʃa, ˈgaiʃa] *f* geisha

Geiß <-, -en> [ˈgais] *f* ① SÜDD, ÖSTERR, SCHWEIZ [nanny-]goat
② JAGD [roe deer, chamois or ibex] doe

Geiß·blatt *nt* honeysuckle, woodbine **Geiß·bock** *m* SÜDD, ÖSTERR, SCHWEIZ *(Ziegenbock)* billy goat

Gei·ßel <-, -n> [ˈgaisl̩] *f* ① SCHWEIZ DIAL *(Peitsche)* scourge, whip
② *(geh: Plage)* scourge
③ BIOL flagellum

gei·ßeln [ˈgaisl̩n] *vt* ① *(mit der Geißel schlagen)* ■ **jdn/sich ~** to scourge [*or* flagellate] sb/oneself
② *(anprangern)* ■ **etw ~** to castigate sth

Gei·ßel·tier·chen *nt* BIOL flagellate

Gei·ße·lung, Geiß·lung <-, -en> *f* ① *(das Geißeln)* scourging, flagellation
② *(Anprangerung)* castigation

Geist[1] <-[e]s, -e> [ˈgaist] *m* ① *kein pl (Vernunft)* mind; ***die Rede zeugte nicht von großem ~*** the speech was no testament to a great mind; ***ihr ~ ist verwirrt*** she's mentally deranged; **seinen ~ anstrengen** to put one's mind to it; **seinen ~ aushauchen** *(euph geh)* to breathe one's last; **jdm [mit etw *dat*] auf den ~ gehen** *(fam)* to get on sb's nerves [with sth] *fam;* **im ~[e]** *(in Gedanken)* in spirit, in one's thoughts; *(in der Vorstellung)* in one's mind's eye, in one's thoughts; **etw im ~e vor sich *dat* sehen** to see sth in one's mind's eye, to picture sth; **~ und Körper** body and mind; **der menschliche ~, der ~ des Menschen** the human mind
② *kein pl (Witz)* wit; ***er sprühte vor ~*** he was as witty as could be; ***eine Rede voller ~ und Witz*** a witty speech; **~ haben** to have esprit; **ein Mann ohne/von ~** a dull/witty man; **~ versprühen** to be scintillating
③ *kein pl (Gesinnung)* spirit; ***in diesem Büro herrscht ein kollegialer ~*** there's a spirit of co-operation in this office; **an ~ und Buchstaben einer S. *gen* halten** to observe the spirit and letter of sth; **der freie ~** free thought; **in kameradschaftlichem ~** in a spirit of camaraderie [*or* comradeship]; **in jds ~** how sb would have wished; **der ~ der Zeit** the spirit of the times [*or* age]
④ *(Destillat)* spirit
▸ WENDUNGEN: **seinen [*o* den] ~ aufgeben** *(iron veraltet: sterben)* to give up the ghost, to breathe one's last; *(hum fam: kaputtgehen)* to give up the ghost; **wes ~es Kind jd ist** the kind of person sb is; **da [*o* hier] scheiden sich die ~er** opinions differ here; **der ~ ist willig, aber das Fleisch ist schwach** the spirit is willing, but the flesh is weak

Geist[2] <-[e]s, -e> *m* ① *(Denker)* mind, intellect; **große ~er stört das nicht** *(hum fam)* that doesn't bother me/us etc.; **kleiner ~** small-minded person, person of limited intellect
② *(Charakter)* spirit; **ein guter ~** an angel; **der gute ~ des Hauses** the moving [*or* guiding] spirit of the household; **ein unruhiger ~** a restive spirit, a restless creature; **verwandte ~er** kindred spirits
③ *(Wesenheit)* spirit; **der böse ~** the Evil One *old;* **dienstbarer ~** ministering spirit; **der ~ der Finsternis** *(geh)* the Prince of Darkness; **der ~ Gottes** the Spirit of God; **der Heilige ~** the Holy Ghost

G

❹ *(Gespenst)* ghost; ***ihm erschien der ~ seiner toten Mutter*** he was visited by the ghost of his dead mother; *~ **er gehen hier um*** this place is haunted; **wie ein ~ aussehen** to look very pale; *krank a.* to look like death warmed up [*or* AM over] *fam; erschreckt a.* to look as if one has seen a ghost; **einen ~ beschwören** to invoke a spirit; **böse/gute ~er** evil/good spirits

▸WENDUNGEN: **dienstbarer ~** *(hum fam)* servant; **von allen guten ~ern verlassen sein** *(fam)* to have taken leave of one's senses; **jdm als Heiliger ~ erscheinen, jdm den Heiligen ~ schicken** MIL, SCH *(veraltet sl) to don fancy dress at night and thrash sb sleeping in bed*

Geis·ter·bahn *f* ghost train **Geis·ter·be·schwö·rer(in)** *m(f)* ❶ *(Herbeirufer)* necromancer ❷ *(Austreiber)* exorcist **Geis·ter·bil·der** *pl* TV ghosts, ghost images **Geis·ter·fah·rer(in)** *m(f) (fam) sb driving down a road [often a motorway] in the wrong direction* **Geis·ter·glau·be** *m* belief in the supernatural

geis·ter·haft I. *adj* ghostly

II. *adv* eerily

Geis·ter·hand *f* ▸WENDUNGEN: **wie von** [*o* **durch**] **~** as if by magic

geis·tern ['gaistɐn] *vi sein* ❶ *(herumgehen)* ■**durch etw** *akk* **~** to wander through sth like a ghost; ***was geisterst du denn im Dunkeln durchs Haus?*** what are you doing wandering about [*or* round] the house in the dark like a ghost?

❷ *(spuken)* ■**durch etw** *akk* **~** to haunt sth; ***es geistert immer noch durch die Köpfe*** it still haunts people's minds

Geis·ter·se·her(in) *m(f)* seer, visionary **Geis·ter·stadt** *f* ghost town **Geis·ter·stim·me** *f* ghostly voice **Geis·ter·stun·de** *f* witching hour

geis·tes·ab·we·send I. *adj* absent-minded **II.** *adv* absent-mindedly **Geis·tes·ab·we·sen·heit** *f* absent-mindedness **Geis·tes·blitz** *m (fam)* brainwave *fam,* brainstorm AM *fam,* flash of inspiration **Geis·tes·ge·gen·wart** *f* presence of mind **geis·tes·ge·gen·wär·tig I.** *adj* quick-witted **II.** *adv* with great presence of mind **Geis·tes·ge·schich·te** *f kein pl* intellectual history **geis·tes·ge·stört** *adj* mentally disturbed [*or* deranged]; [**wohl**] **~ sein** *(fam)* to be not quite right in the head *fam* **Geis·tes·ge·stör·te(r)** *f(m) dekl wie adj* mentally disturbed person **Geis·tes·grö·ße** *f(m)* ❶ *kein pl (überragende Fähigkeit)* greatness of mind, intellectual genius ❷ *(Genie)* genius, great mind **Geis·tes·hal·tung** *f* attitude [of mind] **geis·tes·krank** *adj* mentally ill; ■**~ sein** to be mentally ill; [**wohl**] **~ sein** *(fam)* to be crazy [*or fam* mad] **Geis·tes·kran·ke(r)** *f(m) dekl wie adj* mentally ill person, mental patient; **wie ein ~r/eine ~** *(fam)* like a madman/madwoman *fam* **Geis·tes·krank·heit** *f* mental illness **Geis·tes·le·ben** *nt* intellectual life **Geis·tes·stö·rung** *m* mental disorder **geis·tes·ver·wandt** *adj* spiritually akin; **~ sein** to be kindred spirits **Geis·tes·ver·wir·rung** *f* mental aberration **Geis·tes·wis·sen·schaft** *f* arts [subject], humanities *pl* **Geis·tes·wis·sen·schaf·ten** *pl* arts, humanities **Geis·tes·wis·sen·schaft·ler(in)** *m(f)* ❶ *(Wissenschaftler)* arts [*or* humanities] scholar ❷ *(Student)* arts [*or* humanities] student **geis·tes·wis·sen·schaft·lich** *adj* arts **Geis·tes·zu·stand** *m* mental condition, state of mind; **jdn auf seinen ~ untersuchen** to examine sb's mental state; ***du solltest dich*** [***mal***] ***auf deinen ~ untersuchen lassen!*** *(fam)* you need your head looking at! *fam!*

Geist·hei·ler(in) *m(f)* spiritual healer

geis·tig ['gaistɪç] **I.** *adj* ❶ *(verstandesmäßig)* intellectual, mental; **~es Eigentum** JUR intellectual property

❷ *(nicht leiblich, spirituell)* spiritual

II. *adv* ❶ *(verstandesmäßig)* intellectually, mentally; **~ anspruchslos/anspruchsvoll** intellectually undemanding/demanding, low-brow/high-brow *fam*

❷ MED mentally; **~ auf der Höhe sein** to be mentally [fighting] fit; **~ behindert/zurückgeblieben** mentally handicapped/retarded, with learning difficulties

geis·tig-mo·ra·lisch *adj* spiritual and moral

geist·lich ['gaistlɪç] **I.** *adj* ❶ *(religiös)* religious

❷ *(kirchlich)* ecclesiastical; **~es Amt** religious office; **der ~e Stand** the clergy; **~er Beistand** spiritual support

II. *adv* spiritually

Geist·li·che(r) *f(m) dekl wie adj* clergyman *masc,* minister, priest, woman priest *fem*

Geist·lich·keit <-> *f kein pl* clergy

geist·los *adj* ❶ *(dumm)* stupid, witless

❷ *(einfallslos)* inane

Geist·lo·sig·keit <-, -en> *f* ❶ *kein pl (geistlose Art)* inanity

❷ *(geistlose Äußerung)* inanity, stupid remark

geist·reich *adj* ❶ *(intellektuell anspruchsvoll)* intellectually stimulating ❷ *(voller Esprit) Mensch* witty ❸ *(iron: dumm)* bright *iron;* ***das war sehr ~*** [***von dir***]! that was very bright [of you]! **geist·tö·tend** *adj (pej fam)* soul-destroying **geist·voll** *adj* ❶ *(scharfsinnig)* astute, sagacious ❷ *(intellektuell anspruchsvoll)* intellectual[ly stimulating]

Geiz <-es> ['gaits] *m kein pl* meanness BRIT, miserliness

gei·zen ['gaitsn̩] *vi* ❶ *(knauserig sein)* ■**mit etw** *dat* **~** to be mean [*or* BRIT stingy] with sth

❷ *(zurückhaltend sein)* ■**mit etw** *dat* **~** to be sparing with sth

Geiz·hals *m (pej)* miser, skinflint *fam*

gei·zig ['gaitsɪç] *adj* mean BRIT, stingy *fam,* tight-fisted *fam,* miserly, cheap AM

Geiz·kra·gen *m (fam) s.* **Geizhals**

Ge·jam·mer <-s> [gə'jamɐ] *nt kein pl (pej fam)* moaning *fam,* whingeing *fam*

Ge·joh·le <-s> [gə'jo:lə] *nt kein pl (pej)* howling; **unter lautem ~** with loud howls

ge·kannt [gə'kant] *pp von* **kennen**

Ge·kei·fe <-s> [gə'kaifə] *nt kein pl (pej)* nagging, scolding

ge·kenn·zeich·net I. *pp von* **kennzeichnen**

II. *adj Stelle* marked, labelled

Ge·ki·cher <-s> [gə'kɪçɐ] *nt kein pl (pej fam)* giggling, tittering

Ge·kläf·fe <-s> [gə'klɛfə] *nt kein pl (pej)* yapping

Ge·klap·per <-s> [gə'klapɐ] *nt kein pl (pej fam)* clatter[ing]

ge·klei·det *adj (geh)* dressed; **eine weiß ~e Dame** a lady dressed in white; ■**... ~ sein** to be ... dressed

Ge·klim·per <-s> [gə'klɪmpɐ] *nt kein pl (pej fam)* ❶ *(auf dem Klavier)* plonking *fam*

❷ *(mit Saiteninstrument)* twanging, twanking *fam*

Ge·klin·gel <-s> [gə'klɪŋl̩] *nt kein pl (pej)* ringing

Ge·klir·r(e) <-[e]s> [gə'klɪr(ə)] *nt kein pl* clinking

ge·klont *adj* cloned

Ge·knat·ter <-s> [gə'knatɐ] *nt kein pl (pej)* racket *fam*

ge·knickt *adj (fam)* glum, dejected

Ge·knis·ter <-s> [gə'knɪstɐ] *nt kein pl* ❶ *(Papier)* rustling

❷ *(Feuer)* crackling

ge·kocht I. *pp von* **kochen**

II. *adj* boiled, cooked

▸WENDUNGEN: **es wird nichts so heiß gegessen, wie es gekocht wird** *(prov)* things are never as bad as they seem [*or* first appear]

ge·konnt [gə'kɔnt] **I.** *pp von* **können**

II. *adj* masterly, accomplished; **ein ~er Schuss** an excellent shot

ge·kop·pelt *adj* CHEM, ELEK, TECH coupled, connected

Ge·kräch·ze <-es> [gə'krɛçtsə] *nt kein pl* ❶ *(eines Vogels)* cawing

❷ *(eines Menschen)* croaking

Ge·kra·kel <-s> [gə'kra:kl̩] *nt kein pl (pej fam)* ❶ *(krakelige Schrift)* scrawl, scribble

❷ *(lästiges Krakeln)* scrawling, scribbling

Ge·kreu·zig·te(r) *f(m) dekl wie adj (gekreuzigter Mensch)* crucified person; [**Jesus**] **der ~** [Jesus] the Crucified

Ge·krit·zel <-s> [gə'krɪtsl̩] *nt kein pl (pej)* ❶ *(Gekritzeltes)* scribble, scrawl

❷ *(lästiges Kritzeln)* scribbling, scrawling

Ge·krö·se <-s, -> [gə'krø:zə] *nt* ANAT mesentery

ge·küns·telt I. *adj (pej)* artificial; **~es Lächeln** forced smile; **~e Sprache/~es Benehmen** affected language/behaviour [*or* AM -or]

II. *adv (pej)* artificially, affectedly

ge·kürzt *pp von* **kürzen**: **~e Ausgabe** abridged version

Gel <-s, -e> ['ge:l] *nt* gel

Ge·la·ber(e) <-s> [gə'la:bɐ] *nt kein pl (pej fam: andauerndes Reden)* blabbering, rabbiting BRIT *fam;* ***Schluss jetzt mit dem ~*** stop blabbering [*or* BRIT rabbiting [on]]; *(dummes Gerede)* babbling [*or* babble], blather[ing], prattling [*or* prattle]

Ge·läch·ter <-s, -> [gə'lɛçtɐ] *nt* laughter; **in ~ ausbrechen** to burst into laughter [*or* out laughing]; **jdn dem** [*o geh* **jds**] **~ preisgeben** to make sb a/the laughing stock

ge·lack·mei·ert [gə'lakmaiɐt] *adj (fam)* ■**~** [*o* **der/die G~e sein**] **sein** to be the one who has been conned [*or* duped] [*or* had] *fam*

ge·la·den I. *pp von* **laden[1], laden[2]**

II. *adj (fam)* ■**~ sein** [**auf jdn**] to be furious [*or* livid] [with sb]

Ge·la·fer <-s> *nt kein pl* SCHWEIZ *(Geschwafel)* hot air *no pl fam,* waffle *no pl* BRIT *fam,* twaddle *no pl fam*

Ge·la·ge <-s, -> [gə'la:gə] *nt* blowout *fam,* binge *fam*

ge·la·gert I. *pp von* **lagern**

II. *adj* **in so ~en Fällen** in such cases; ***der Fall ist etwas anders ~*** the case is somewhat different

ge·lähmt I. *pp von* **lähmen**

II. *adj* paralyzed; **ganzseitig ~** totally paralyzed [*or* hemiplegic]; **halbseitig ~** partially paralyzed [*or* hemiplegic], paralyzed on one side [of the body]; **spastisch ~ sein** to suffer from spastic paralysis

Ge·lähm·te(r) *f(m) dekl wie adj* person who is paralyzed, paralytic

Ge·län·de <-s, -> [gə'lɛndə] *nt* ❶ *(Land)* ground, terrain; **das ~ fällt sanft/steil ab/steigt sanft/steil an** the ground falls [away]/rises gently/steeply; **bebautes/unbebautes ~** built-up/undeveloped land; **freies** [*o* **offenes**] **~** open terrain [*or* country]

❷ *(bestimmtes Stück Land)* site; **das ~ erkunden** to check out the area [*or* lie of the land]

Ge·län·de·ab·schnitt *m* grounds section **Ge·län·de·auf·nah·me** *f* land survey **Ge·län·de·fahrt** *f* cross-country [*or* off-road] drive **Ge·län·de·fahr·zeug** *nt* all-terrain vehicle, ATV, off-road vehicle **Ge·län·de·gang** *m* AUTO crawler gear **ge·län·de·gän·gig** *adj* suitable for off-road driving **Ge·län·de·gän·gig·keit** *f* AUTO off-road ability **Ge·län·de·lauf** *m* cross-country run

Ge·län·der <-s, -> [gə'lɛndɐ] *nt* railing[s]; *(Treppengeländer)* banister[s]

Ge·län·de·rei·fen *m* cross-country [*or* all-terrain] tyre [*or* AM tire] **Ge·län·de·ren·nen** *nt* cross-country run; *(Wettbewerb)* cross-country race **Ge·län·de·ritt** *m* cross-country riding

Ge·län·der·pfos·ten *m* BAU baluster

Ge·län·de·strei·fen *m* strip of land **Ge·län·de·übung** *f* MIL field exercise **Ge·län·de·wa·gen** *m* all-terrain vehicle, ATV, off-road vehicle

ge·lang [gə'laŋ] *imp von* **gelingen**

ge·lan·gen* [gə'laŋən] *vi sein* ❶ *(hinkommen)* ■**irgendwohin ~** to reach somewhere; **ans Ziel/an den Bestimmungsort ~** to reach one's destination; **in die falschen Hände ~** to fall into the wrong hands

❷ *(erwerben)* ■**zu etw** *dat* **~** to achieve [*or* acquire] sth; **zu hohem Ansehen ~** to attain high standing; **zu hohen Ehren/zu Ruhm und Reichtum ~** to gain great honour [*or* AM -or] /fame and fortune

❸ *(geh: getan werden)* ■**zu etw** *dat* **~** to come to sth; **zum Abschluss ~** to come to an end [*or* reach a conclusion]; **zum Einsatz ~** to be deployed; **zur Aufführung/Ausführung ~** to be performed/carried out

❹ SCHWEIZ ■[**mit etw** *dat*] **an jdn ~** to turn to [*or* consult] sb [about sth]

ge·lạng·weilt I. *adj* bored
II. *adv* ~ **dasitzen** to sit there bored; ***er gähnte*** ~ he gave a bored yawn, he yawned with boredom
ge·las·sen [gəˈlasn̩] I. *pp von* **lassen**
II. *adj* calm, composed
III. *adv* calmly, with composure
Ge·lạs·sen·heit <-> *f kein pl* calmness, composure
Ge·la·ti·ne <-> [ʒelaˈtiːnə] *f kein pl* gelatin[e]
ge·läu·fig [gəˈlɔyfɪç] *adj* common, familiar; ***dieser Ausdruck ist mir leider nicht*** ~ I'm afraid I'm not familiar with this expression
ge·launt [gəˈlau̯nt] *adj pred* ■**...** ~ **sein** to be in a ... mood
Ge·läu·t(e) <-[e]s> [gəˈlɔyt(ə)] *nt kein pl* pealing, chiming
gelb [ˈgɛlp] *adj* yellow; ***die Blätter werden*** ~ the leaves are turning yellow
Gelb <-s, - *o* -s> [ˈgɛlp] *nt* ❶ *(gelbe Farbe)* yellow; **ein schreiendes/grelles** ~ a loud/garish yellow ❷ *(bei Verkehrsampel)* amber; ***die Ampel stand auf*** ~ the lights were amber
Gẹlb·aus·zug *m* TYPO yellow separation
gẹlb·braun *adj* yellowish brown
Gel·be(s) [ˈgɛlbə] *nt dekl wie adj* ▸WENDUNGEN: **nicht das** ~ **vom Ei sein** *(fam)* to be nothing to write home about, to not be exactly the bee's knees BRIT *fam*
Gẹl·ber Flussᴿᴿ *m s.* Huang-he
Gel·be Sei·ten® *pl* ■**die Gelben Seiten** the Yellow Pages® *pl*
Gẹl·bes Meer *nt* Yellow Sea
Gẹlb·fie·ber *nt* yellow fever **Gẹlb·fil·ter** *m* FOTO yellow filter **gẹlb·grün** *adj* yellowish-green
gelb·lich [ˈgɛlplɪç] *adj* yellowish, yellowy; **eine** ~**e Gesichtsfarbe** a sallow complexion
Gẹlb·pflau·me *f* hog plum **gẹlb·sti·chig** *adj* ■~ **werden** to go [rather] yellow **Gẹlb·sucht** *f kein pl* jaundice, icterus *spec* **gẹlb·süch·tig** *adj* jaundiced; ■~ **sein** to have jaundice **Gẹlb·wur·z(el)** *f kein pl* turmeric
Geld <-[e]s, -er> [ˈgɛlt, *pl* ˈgɛldɐ] *nt* ❶ *kein pl (Zahlungsmittel)* money *no pl;* ***für*** ~ ***ist alles zu haben*** money buys everything; ***das ist doch hinausgeworfenes*** [*o fam* **rausgeschmissenes**] ~***!*** that's a waste of money [*or fam* money down the drain]!; ~ **aufnehmen** to raise money; **bares** ~ **wert sein** to be worth cash; **gegen bares** ~ for cash; **etwas für sein** ~ **bekommen** to get one's money's worth; **nicht mit** ~ **zu bezahlen sein** *(a. fig fam)* to be priceless *a. fig;* **etw für billiges** ~ **bekommen/kaufen** to get/buy sth cheap; **falsches** [*o* **gefälschtes**] ~ counterfeit money; **heißes** ~ *(Geld aus Kapitalflucht)* hot [*or* flight] money, footloose funds; **ins** ~ **gehen** [*o* **laufen**] *(fam)* to cost a pretty penny *fam;* **großes** ~ notes *pl;* **das große** ~ **verdienen** to earn big money *fam;* **etw ist nicht für** ~ **zu haben** *(fam)* money cannot buy sth; **hinterm** ~ **her sein** *(fam)* to be a money-grubber; ***er ist hinter ihrem*** ~ ***her*** he's after her money; **kleines** ~ change; **zu** ~ **kommen** to get hold of some money *fam;* [**mit etw** *dat*] ~ **machen** *(fam)* to make money [from sth]; **etw zu** ~ **machen** *(fam)* to turn sth into money [*or* cash], to cash in sth; **schnelles** ~ *(fam)* easy money *fam;* **um** ~ **spielen** to play for money; **etw für teures** ~ **kaufen** to pay a lot [of money] for sth; **nicht mit** ~ **umgehen können** not to be able to handle money, to be hopeless with money *fam;* **mit etw** *dat* **ist** ~ **zu verdienen** there is money in sth
❷ *kein pl (Währung)* currency; **hartes** ~ hard currency
❸ *meist pl (Mittel)* money *no pl,* funds *pl;* **ausstehende** ~**er** outstanding debts, money due, accounts receivable *spec;* ~[**er**] **einfrieren** to freeze funds; **flüssiges** ~ liquid funds *pl;* **fremde** ~**er** third-party [*or* borrowed] funds; ~**er veruntreuen** to misappropriate funds; ~ **zuschießen** to contribute money
▸WENDUNGEN: ~ **allein macht nicht glücklich** *(prov)* money isn't everything; ~ ***allein macht nicht glücklich, aber es beruhigt*** *(hum)* money isn't everything, but it helps; **das** ~ **zum Fenster hinauswerfen** *(fam)* to throw money down the drain *fig fam;* **nicht für** ~ **und gute Worte** *(fam)* not for love or money; **gutes Geld** a lot of money; **gutes** ~ **dem Schlechten nachwerfen** to throw good money after bad; ~ **wie Heu haben** *(fam)* to have money to burn [*or* stacks of money] *fam;* **sein** ~ **unter die Leute bringen** to spend one's money; ~ **regiert die Welt** *(prov)* money makes the world go round *prov;* **in** [*o* **im**] ~ **schwimmen** *(fam)* to be rolling in money [*or* in it] *fam;* ~ **stinkt nicht** *(prov)* there's nothing wrong with money; **jdm das** ~ **aus der Tasche ziehen** *(fam)* to get money out of sb; **mit** ~ **um sich werfen** [*o fam* **schmeißen**] to throw [*or fam* chuck] one's money about [*or* around] *fig*
Gẹld·ab·flussᴿᴿ *m* ÖKON efflux of funds **Gẹld·ab·wer·tung** *f* currency devaluation **Gẹld·adel** *m kein pl* financial aristocracy, plutocracy **Gẹld·ak·ku·mu·la·ti·on** *f* ÖKON accumulation of funds **Gẹld·an·ge·le·gen·heit** *f meist pl* financial [*or* money] matter; ■**jds** ~**en** sb's financial affairs; **in** ~**en** when it comes to matters of money **Gẹld·an·la·ge** *f* [financial] investment **Gẹld·an·lei·he** *f* FIN loan **Gẹld·an·wei·sung** *f* remittance; *(Postanweisung)* postal order; **telegrafische** ~ cable transfer **Gẹld·aris·to·kra·tie** *f s.* Geldadel **Gẹld·auf·nah·me** *f* FIN funds borrowing **Gẹld·auf·wer·tung** *f* currency revaluation **Gẹld·aus·ga·be·au·to·mat** *m* FIN automated teller machine, ATM, cash dispenser **Gẹld·au·to·mat** *m* cash dispenser, automated teller machine, ATM, cashpoint® BRIT **Gẹld·be·darf** *m* FIN cash requirements *pl*
Gẹld·be·schaf·fung *f* obtaining [of] money **Gẹld·be·schaf·fungs·kos·ten** *pl* FIN cost of finance
Gẹld·be·stand *m* FIN monetary holdings *pl* **Gẹld·be·trag** *m* amount [*or* sum] [of money] **Gẹld·beu·tel** *m* SÜDD *s.* Geldbörse **Gẹld·be·we·gung** *f* ÖKON currency movement **Gẹld·bom·be** *f* ≈ night-safe box **Gẹld·bör·se** *f* ÖSTERR *(sonst geh: Portmonee)* purse, wallet
Geld-Brief-Schluss·kursᴿᴿ *m* BÖRSE bid-ask close
Gẹld·brief·trä·ger(in) *m(f) postman who delivers items containing money or COD items* **Gẹld·bu·ße** *f* JUR [administrative] fine; **eine hohe/saftige** *fam* ~ a heavy/hefty fine; **jdn zu einer** ~ **verurteilen/jdm eine** ~ **auferlegen** to fine sb/to impose a pecuniary penalty on sb
Gẹld·druck·ma·schi·ne *f* ÖKON *(fig fam)* goldmine, licence BRIT [*or* AM license] to print money
Gẹld·ein·gang *m* FIN money received **Gẹld·ein·la·ge** *f* FIN money invested; *(eines Einzelnen)* cash contribution **Gẹld·emis·si·on** *f* ÖKON issue, emission **Gẹld·emp·fän·ger(in)** *m(f)* payee **Gẹld·ent·schä·di·gung** *f* JUR monetary [*or* pecuniary] compensation **Gẹld·ent·wer·tung** *f* currency depreciation, inflation
Gẹl·der *pl* moneys *pl;* **über die nötigen** ~ **verfügen** to have the necessary means
Gel·der·land <-s> [ˈɣɛldərlant] *nt* Gelderland, Guelderland, Guelders
Gẹld·er·werb *m* acquisition of money; **einem** ~ **nachgehen** to pursue an occupation, to work
Gẹld·flüs·sig·keit *f kein pl* FIN *(Zahlungsfähigkeit)* liquidity; *(von Geldmarkt)* ease in money rates
Gẹld·fonds [-föː] *m* FIN money fund **Gẹld·for·de·rung** *f* pecuniary [*or* financial] claim, demand for money; ■**eine** ~ **an jdn haben** to have a claim against sb **Gẹld·ge·ber(in)** <-s, -> *m(f)* [financial] backer, sponsor **Gẹld·ge·schäft** *nt* financial transaction **Gẹld·ge·schenk** *nt* gratuity, gift of money
Gẹld·gier *f* avarice **gẹld·gie·rig** *adj* avaricious, greedy for money **Gẹld·grün·de** *pl* ■**aus** ~**n** for reasons of money, for [*or* because of] the money
Gẹld·gür·tel *m* money belt **Gẹld·hahn** *m* ▸WENDUNGEN: **jdm/etw den** ~ **zudrehen** to cut off sb's/sth's supply of money **Gẹld·han·del** *m kein pl* FIN money trading [*or* dealing] **Gẹld·händ·ler(in)** *m(f)* FIN money dealer **Gẹld·haus** *nt* financial institution **Gẹld·hei·rat** *f (pej)* marriage for money
Gẹld·herr·schaft *f* plutocracy **Gẹld·in·sti·tut** *nt* financial institution **Gẹld·kar·te** *f* FIN money [*or* cash] card **Gẹld·kas·set·te** *f* cash box **Gẹld·knapp·heit** *f* shortage of money **Gẹld·krach** *m* ÖKON monetary collapse **Gẹld·kreis·lauf** *m* ÖKON circulation of money **Gẹld·kri·se** *f* ÖKON monetary crisis **Gẹld·kurs** *m* FIN buying [*or* bid] price; BÖRSE bid price; **Geld- und Briefkurs** bid and asked quotations **Gẹld·lei·he** *f* FIN lending business **Gẹld·leis·tung** *f* HANDEL payment; **Geld- und Sachleistungen** payment in cash and kind
geld·lich [ˈgɛltlɪç] *adj* financial
Gẹld·ma·che·rei <-, -> *f kein pl (pej fam)* money-making *pej,* profiteering *pej;* ***das ist ja alles nur*** ~***!*** they are just trying to earn a quick buck
Gẹld·man·gel *m* lack [*or* shortage] of money
Gẹld·markt *m* money [*or* financial] market **Gẹld·markt·fonds** [-föː] *m* FIN money market fund **Gẹld·markt·po·li·tik** *f kein pl* ÖKON monetary policy; ~ **der Bundesnotenbank** Federal Reserve monetary policy AM **Gẹld·markt·sät·ze** *pl* ÖKON money market rates **Gẹld·markt·schwan·kun·gen** *pl* ÖKON fluctuations in the money market **gẹld·markt·tech·nisch** *adj* ~**e Erleichterungen** FIN easing *no pl* of monetary policy
Gẹld·men·ge *f* ❶ *(Geldsumme)* amount [*or* sum] of money ❷ *(Geldumlauf)* money supply **Gẹld·men·gen·ag·gre·ga·te** *pl* FIN aggregated money supply **Gẹld·men·gen·aus·wei·tung** *f* FIN expansion of the money supply **Gẹld·men·gen·in·di·ka·tor** *m* FIN indicator of money supply **Gẹld·men·gen·po·li·tik** *f kein pl* FIN policy of money supply **Gẹld·men·gen·wachs·tum** *nt* growth in the money supply **Gẹld·men·gen·ziel** *nt* FIN monetary target
Gẹld·mit·tel *pl* funds *pl,* cash resources *pl;* **fehlende** ~ lack of funds **Gẹld·nach·fra·ge** *f* ÖKON demand for money **Gẹld·not** *f* lack of money, financial straits *npl* [*or* difficulties] *pl* **Gẹld·po·li·tik** *f* financial [*or* monetary] policy **gẹld·po·li·tisch** *adj* ÖKON monetary; ~**e Maßnahmen** monetary policy devices; *des Finanzministeriums* treasury directives BRIT **Gẹld·prä·mie** *f* [cash] bonus **Gẹld·preis** *m* cash prize, prize money **Gẹld·quel·le** *f* financial source, source of income **Gẹld·ren·te** *f* FIN annuity **Gẹld·re·ser·ve** *f* ÖKON money reserve **Gẹld·rol·le** *f* roll of coins [*or* money] **Gẹld·rück·ga·be** *f (an Automaten)* returned [*or* rejected] coins
Gẹld·schein *m* banknote, bill AM **Gẹld·schöp·fung** *f* ÖKON creation of money **Gẹld·schrank** *m* safe **Gẹld·schuld** *f* FIN money debt **Gẹld·schwie·rig·kei·ten** *pl* pecuniary [*or* financial] difficulties *pl;* **in** ~ **sein** [*o fam* **stecken**] to be hard up [*or* pushed for money] **Gẹld·se·gen** *m kein pl (emph fam)* welcome sum; *(unerwartet a.)* windfall
Gẹld·sor·gen *pl* money troubles *pl,* financial worries *pl;* ~ **haben** [*o* **in** ~ **sein**] to have money troubles [*or* financial worries] **Gẹld·sor·te** *f* FIN denomination **Gẹld·spen·de** *f* [monetary] donation [*or* contribution] **Gẹld·spiel·au·to·mat** *m* slot machine **Gẹld·sprit·ze** *f* injection of money, cash injection **Gẹld·stra·fe** *f* fine; **jdn zu einer** ~ **verurteilen** [*o* **jdn mit einer** ~ **belegen**] to fine sb, to impose a fine on sb **Gẹld·strom** *m* ÖKON monetary flow **Gẹld·stück** *nt* coin **Gẹld·summe** *f* sum of money **Gẹld·ta·sche** *f* money bag [*or* pouch] **Gẹld·trans·fer** *m* FIN transfer of funds **Gẹld·trans·por·ter** *m* security van BRIT, armored car AM **Gẹld·über·flussᴿᴿ** *m* ÖKON glut [*or* abundance] of money **Gẹld·über·hang** *m* ÖKON surplus money **Gẹld·um·lauf** *m* circulation of money, money supply **Gẹld·um·tausch** *m* exchange of money, foreign exchange **Gẹld·ver·die·ner(in)** <-s, -> *m(f)* money earner; ***solange ich der einzige*** ~ ***in der Familie bin ...*** as long as I'm the only one in the family earning any money ... [*or* the only breadwinner in the family ...] **Gẹld·ver·kehr** *m kein pl* money transactions *pl* **Gẹld·ver·knap·pung** *f* FIN money shortage, monetary squeeze **Gẹld·ver·le·gen·heit** *f* financial embarrassment *no pl;* **in** ~**en sein** to be short of money, to have a cash-flow problem *euph* **Gẹld·ver·lei·her(in)** <-s, -> *m(f)* moneylender **Gẹld·ver·meh·rung** *f* ÖKON increase of the currency **Gẹld·ver·mö·gens·bil·dung** *f* ÖKON monetary wealth formation **Gẹld·ver·mö·**

G

gens·neu·bil·dung *f* ÖKON monetary wealth reorganization **Geld·ver·schwen·dung** *f* waste of money **Geld·vo·lu·men** *nt* ÖKON money supply [*or* volume] **Geld·vor·rat** *m* ÖKON money supply; FIN cash reserve **Geld·wasch·an·la·ge** *f* money-laundering operation [*or* outfit]

Geld·wä·sche *f* money-laundering **Geld·wä·sche·ge·setz** *nt* JUR, ÖKON money laundering law

Geld·wä·scher(in) <-s, -> *m(f)* money launderer

Geld·wä·sche·rei <-, -en> *f bes* SCHWEIZ *(Geldwäsche)* money-laundering **Geld·wä·sche·rei·ver·dacht** *m* JUR, ÖKON suspicion of money laundering

Geld·wä·sche·stand·ort *m* money laundering location

Geld·wech·sel *m* exchange of money, foreign exchange; **„~"** bureau de change **geld·wert** *adj* **~er Vorteil** perk *fam,* perquisite **Geld·wert** *m* 1 *(Kaufkraft)* value of a currency 2 *(eines Gegenstandes)* cash value

Geld·wert·an·la·ge *f* FIN investment **Geld·we·sen** *nt kein pl* FIN monetary system; **Geld- und Kreditwesen** monetary and credit system **geld·wirt·schaft·lich** *adj* ÖKON monetary, according to monetary economics *pred*

Geld·zähl·ma·schi·ne *f* automatic [money] counting machine, cash counting machine **Geld·zu·wen·dun·gen** *pl* allowance

ge·leckt *adj* ▶WENDUNGEN: **wie ~ aussehen** *Mensch* to be spruced up [*or* BRIT look spruce]; *Zimmer, Boden* to be [*or* look] spick and span

Ge·lee <-s, -s> [ʒe'le:, ʒə'le:] *m o nt* jelly

Ge·lée ro·yale <-> [ʒəleroa'jal] *nt kein pl* royal jelly

Ge·le·ge <-s, -> [gə'le:gə] *nt* [clutch of] eggs

ge·le·gen [gə'le:gn̩] **I.** *pp von* **liegen**

II. *adj* *(passend)* convenient, opportune; **jdm gerade ~ kommen** *(iron)* ***du kommst mir gerade ~*** your timing is brilliant *iron,* you do pick your time *iron;* **jdm ~ kommen** to come at the right time for sb; ***diese Rechnung kommt mir nicht sehr ~*** this bill comes just at the wrong time for me

Ge·le·gen·heit <-, -en> [gə'le:gn̩hait] *f* 1 *(günstiger Moment)* opportunity; **bei der nächsten** [*o* **ersten** [**besten**]] **~** at the first opportunity; **bei nächster ~** at the next opportunity; **bei passender ~** at an opportune moment, when the opportunity arises; **jdm die ~ bieten** [*o* **geben**], **etw zu tun** to give sb the opportunity of doing [*or* to do] sth; **die ~ haben, etw zu tun** to have the opportunity of doing [*or* to do] sth; **bei ~** some time

2 *(Anlass)* occasion; **bei dieser ~** on this occasion

3 *(günstiges Angebot)* bargain

▶WENDUNGEN: **~ macht Diebe** *(prov)* opportunity makes a thief; **die ~ beim Schopf[e] fassen** [*o fam* **packen**] [*o geh* **ergreifen**] to seize [*or* grab] the opportunity with both hands

Ge·le·gen·heits·ar·beit *f* casual work **Ge·le·gen·heits·ar·bei·ter(in)** *m(f)* casual labourer [*or* AM -orer] **Ge·le·gen·heits·dieb(in)** *m(f)* occasional thief **Ge·le·gen·heits·ge·schäft** *nt* HANDEL bargain, occasional deal **Ge·le·gen·heits·kauf** *m* bargain [purchase]

ge·le·gent·lich [gə'le:gn̩tlɪç] **I.** *adj attr* occasional; **von ~en Ausnahmen abgesehen** apart from the odd exception

II. *adv* 1 *(manchmal)* occasionally

2 *(bei Gelegenheit)* some time; **wenn Sie ~ in der Nachbarschaft sind ...** if you happen to be around here ...

ge·leh·rig [gə'le:rɪç] **I.** *adj* quick to learn

II. *adv* **sich** *akk* **~ anstellen** to be quick to learn

Ge·leh·rig·keit <-> *f kein pl* ability to learn quickly

ge·lehr·sam *adj* 1 *(geh) s.* **gelehrig**

2 *(veraltet) s.* **gelehrt**

Ge·lehr·sam·keit <-> *f kein pl (geh) s.* **Gelehrtheit**

ge·lehrt *adj* 1 *(gebildet)* learned, erudite

2 *(wissenschaftlich)* scholarly

Ge·lehr·te(r) *f(m) dekl wie adj* scholar; ***darüber sind sich die ~n noch nicht einig*** [*o* ***streiten sich die ~n noch***] *(hum)* the experts cannot agree on that, that's a moot point, the jury's still out on that one *fam*

Ge·lehr·ten·streit *m (geh)* scholarly dispute, dispute among scholars

Ge·lehrt·heit <-> *f kein pl* learning, erudition, scholarship

ge·leimt *adj* **~e Pappe** TYPO pasteboard, size board; **~es Papier** TYPO sized paper

Ge·lei·se <-s, -> [gə'laizə] *nt* ÖSTERR, SCHWEIZ *(geh: Gleis)* platform

Ge·leit <-[e]s, -e> [gə'lait] *nt* **freies** [*o* **sicheres**] **~** safe-conduct; **jdm das ~ geben** *(geh)* to escort [*or* accompany] sb; **jdm das letzte ~ geben** *(fig geh)* to pay one's last respects to sb

ge·lei·ten* [gə'laitn̩] *vt (geh)* ■**jdn** [**irgendwohin**] **~** to escort [*or* accompany] sb [somewhere]

Ge·leit·schutz *m* MIL escort; **jdm/etw ~ geben** to escort sb/sth **Ge·leit·wort** <-s, -e> *nt* preface **Ge·leit·zug** *m* convoy

Ge·lenk <-[e]s, -e> [gə'lɛŋk] *nt* ANAT, TECH joint

Ge·lenk·bus *m* articulated bus **Ge·lenk·ent·zün·dung** *f* MED arthritis **Ge·lenk·fahr·zeug** *nt* articulated vehicle **Ge·lenk·fehl·stel·lung** *f* malposition of a/the joint, articular malposition **Ge·lenk·flüs·sig·keit** *f* articular fluid

ge·len·kig [gə'lɛŋkɪç] *adj* agile, supple

Ge·len·kig·keit <-> *f kein pl* agility, suppleness

Ge·lenk·kap·sel *f* joint capsule **Ge·lenk·kopf** *m s.* **Gelenkkugel** **Ge·lenk·ku·gel** *f* ANAT head [of a bone], condyle *spec* **Ge·lenk·pfan·ne** *f* ANAT socket, glenoid *spec* **Ge·lenk·pro·ble·me** *pl* MED problems *pl* with a/the joint[s], arthralgia *spec* **Ge·lenk·rheu·ma·tis·mus** *m* MED rheumatic fever, acute [*or* articular] rheumatism **Ge·lenk·schmie·re** *f* ANAT synovial fluid, synovia **Ge·lenk·wel·le** *f* TECH propeller [*or* drive] shaft, cardan shaft BRIT

ge·lernt *adj* skilled *attr;* *(qualifiziert)* trained *attr*

Ge·lich·ter <-s> [gə'lɪçtɐ] *nt kein pl (pej geh)* riffraff + *pl vb pej*

ge·liebt *adj* dear; **ihr ~er Mann** her dear [*or form a.* beloved] husband

Ge·lieb·te(r) *f(m) dekl wie adj* lover, sweetheart

ge·lie·fert *adj (fam)* ■**~ sein** to have had it *fam,* to be history *fam*

ge·lie·ren* [ʒe'li:rən, ʒə'li:rən] *vi* to gel

Ge·lier·zu·cker *m* gelling sugar

ge·lin·d(e) [gə'lɪnt, gə'lɪndə] *adj* 1 *(geh: mäßig, mild)* mild, light; **ein ~es Klima** a mild [*or* gentle] climate; **ein ~er Regen/Frost** a light rain/frost

2 *(fam: heftig)* awful

▶WENDUNGEN: **~ gesagt** to put [*or* putting] it mildly

ge·lin·gen <gelang, gelungen> [gə'lɪŋən] *vi sein* ■**jdm gelingt es, etw zu tun** sb succeeds in doing sth, sb manages to do sth; ■**jdm gelingt es nicht, etw zu tun** sb fails to do sth

Ge·lin·gen <-s> [gə'lɪŋən] *nt kein pl (geh)* success; *Projekt* successful outcome; **auf gutes ~!** to success!

gell, gel·le ['gɛl(ə)] *interj* SÜDD, SCHWEIZ right?

gel·len ['gɛlən] *vi* ■[**laut**] **~** to ring [loudly]

gel·lend **I.** *adj* piercing, shrill

II. *adv* piercingly, shrilly; **~ um Hilfe schreien** to scream for help

ge·lo·ben* [gə'lo:bn̩] *vt (geh)* ■[**jdm**] **etw ~** to vow [*or* pledge] sth [to sb]; **jdm Gefolgschaft ~** to swear [*or* pledge] [*or* vow] [one's] allegiance to sb; **ein einsichtigeres Verhalten ~** to swear to behave more reasonably; ■[**jdm**] **~, etw zu tun** to swear [*or* vow] [to sb] that one will do sth

Ge·löb·nis <-ses, -se> [gə'lø:pnɪs, *pl* gə'lø:pnɪsə] *nt* 1 *(geh)* vow; **ein ~ ablegen** to take a vow

2 MIL vow; **das ~ ablegen** to be sworn in

ge·lockt *adj* curly; **ein ~es Kind** a curly-haired child

ge·löst *adj* 1 *(entspannt)* relaxed

2 CHEM dissolved; **~er Stoff** dissolved matter, solute

Gel·se <-, -n> ['gɛlzə] *f* ÖSTERR gnat; *(größer)* mosquito

gelt ['gɛlt] *interj* SÜDD, ÖSTERR, SCHWEIZ *(nicht wahr?)* right?

Gel·te <-, -n> ['gɛltə] *f* SCHWEIZ *(Bütte)* vat, tub

gel·ten <gilt, galt, gegolten> ['gɛltn̩] **I.** *vi* 1 *(gültig sein)* ■[**für jdn**] **~** *Regelung* to be valid [for sb]; *Bestimmungen* to apply [to sb]; *Gesetz* to be in force; *Preis, Gebühr, Satz, Angebot* to be effective; *Geld* to be legal tender; **nicht mehr ~** to be no longer valid

2 *(bestimmt sein für)* ■**jdm/etw ~** to be meant for sb/sth; *Buhrufe* to be aimed at sb/sth; *Frage* to be directed at sb; ***der Applaus gilt dir!*** the applause is for you!

3 *(geh: betreffen)* ■**jdm/etw ~** to be for sb/sth; ***seine ganze Liebe galt der Kunst*** art was his greatest love

4 *(zutreffen)* ■**für jdn ~** to go [*or* hold] for sb; ***das gleiche gilt auch für mich*** the same goes for [*or* is true of] me too

5 *(gehalten werden)* ■**als** [*o selten* **für**] **etw ~** to be regarded as sth; ***er gilt als absolut zuverlässig*** he is regarded as being absolutely reliable

▶WENDUNGEN: **etw ~ lassen** to accept sth, to let sth stand; ***für diesmal werde ich es ausnahmsweise ~ lassen*** I'll let it go this time; **etw nicht ~ lassen** to disallow sth, to cease to apply

II. *vi impers (geh)* ■**es gilt, etw zu tun** it is necessary to do sth; ***jetzt gilt es zusammenzuhalten*** it is now a matter of sticking together; **es gilt!** you're on!; **jetzt gilt's!** this is it!; **das gilt nicht!** that's not allowed!; **was gilt's?** what shall we bet for?, what do you bet?

gel·tend *adj attr (gültig)* current; *(vorherrschend)* prevailing; ***es ist die ~e Meinung, dass ...*** it's the prevailing opinion that ...; **etw ~ machen** *(form)* to assert sth; *(vor Gericht)* to claim sth; **einen Einwand ~ machen** to raise an objection; **Ansprüche/Forderungen ~ machen** to make claims/demands; **sich** *akk* **~ machen** to make itself noticeable [*or* felt]

Gel·tend·ma·chen *nt kein pl,* **Gel·tend·ma·chung** *f (form)* assertion, enforcement; **~ eines Anspruchs** assertion of a claim

Gel·tung <-, -en> *f* 1 *(Gültigkeit)* validity *no indef art, no pl;* **allgemeine ~ haben** to have general application; **unmittelbare ~** immediate validity; **~ erlangen/haben** to become/be valid

2 *(Ansehen)* prestige *no indef art, no pl;* **etw zur ~ bringen** to show off *sep* sth to [its] advantage; **~ haben** [*o* **besitzen**] to have influence; [**voll**] **zur ~ kommen** to be shown to [one's/its fullest] advantage; **sich/jdm ~ verschaffen** to establish one's position/to enforce sth

Gel·tungs·an·spruch *m* JUR assertive claim **Gel·tungs·be·dürf·nis** *nt kein pl* need for admiration

gel·tungs·be·dürf·tig *adj* needing admiration *pred;* *(stärker)* desperate for admiration *pred;* ■**~ sein** to need to be admired/to be desperate for admiration **Gel·tungs·be·reich** *m Fahrkarte* zone [*or* area] of validity; *Gesetz* scope, purview *form;* **in den ~ eines Gesetzes fallen** to come within the purview of a law **Gel·tungs·dau·er** *f* [period of] validity **Gel·tungs·drang** *m kein pl* PSYCH need for recognition **Gel·tungs·sucht** *f kein pl* PSYCH craving for recognition [*or* admiration] *no pl* **Gel·tungs·trieb** *m s.* **Geltungsbedürfnis**

Ge·lüb·de <-s, -> [gə'lʏpdə] *nt (geh)* vow; **ein/sein ~ ablegen** to take a/one's vow

ge·lun·gen [gə'lʊŋən] **I.** *pp von* **gelingen**

II. *adj attr* successful; ***das ist doch eine ~e Überraschung, oder?*** wasn't that a great surprise?

Ge·lüst <-[e]s, -e> [gə'lʏst] *nt,* **Ge·lüs·te** <-s, -> [gə'lʏstə] *nt (geh)* craving; **ein ~** [**auf etw** *akk*/**nach etw** *dat*] **haben** to have a craving [for sth]

ge·lüs·ten* [gə'lʏstn̩] *vt impers (geh)* ■**jdn gelüstet es nach etw** *dat* sb craves for sth; *(schwächer)* sb fancies sth BRIT; ■**jdn gelüstet es, etw zu tun** sb is tempted to do sth

GEMA <-> ['ge:ma] *f kein pl Akr von* **Gesellschaft für musikalische Aufführungen und mechanische Vervielfältigungsrechte** *society for musical copyright enforcement*

ge·mach [gə'ma:x] *interj (liter)* no rush!, take it easy!

Ge·mach <-[e]s, Gemächer> [gə'ma:x, *pl* gə'mɛ:çɐ] *nt (liter)* chamber[s *pl*] *old;* **sich** *akk* **in seine**

Gemächer zurückziehen *(hum)* to repair to bed *hum old,* to retire to one's chamber[s] *hum old*
ge·mäch·lich [gəˈmɛːçlɪç] **I.** *adj* leisurely, unhurried; **ein ~es Leben** a quiet life
II. *adv* leisurely; ~ ***frühstücken*** to have a leisurely breakfast
ge·macht I. *pp von* **machen**
II. *adj (fertig) Bett* made, finished
▸WENDUNGEN: **sich** *akk* **ins ~e Bett legen** to have everything handed to one on a plate; **ein ~er Mann sein** to be a made man
Ge·mächt <-[e]s, -e> [gəˈmɛçt] *nt (hum veraltet: die männlichen Genitalien)* manhood, membrum virile
Ge·mahl(in) <-s, -e> [gəˈmaːl] *m(f) (geh)* spouse *form,* husband *masc,* wife *fem;* ▪**ihr Herr ~/Ihre Frau ~in** your husband/wife
ge·mah·len *adj Kaffee* ground
ge·mah·nen* [gəˈmaːnən] *vt (geh)* ❶ *(denken lassen)* ▪**jdn an etw** *akk* **~** to remind sb of sth
❷ *(ernst erinnern)* ▪**[jdn] an jdn ~** to [cause sb to] remember sb
Ge·mäl·de <-s, -> [gəˈmɛːldə] *nt* painting
Ge·mäl·de·aus·stel·lung *f* exhibition of paintings **Ge·mäl·de·ga·le·rie** *f* picture gallery **Ge·mäl·de·samm·lung** *f* art collection, collection of paintings
Ge·mar·kung <-, -en> [gəˈmarkʊŋ] *f* district
ge·ma·sert *adj* grained
ge·mäß [gəˈmɛːs] **I.** *präp +dat* in accordance with; ~ ***§ 198*** according to § 198; ~ ***Ihrem Wunsch, Ihrem Wunsch*** ~ as per your wish
II. *adj* ▪**jdm/etw ~** appropriate to sb/sth; **einem Anlass ~e Kleidung** clothes suitable for the occasion; **ein ~es Benehmen** appropriate behaviour [*or* AM -or]; **eine seinen Fähigkeiten ~e Beschäftigung** a job suited to one's abilities
ge·mäßigt *adj* ❶ METEO **ein ~es Klima** a temperate climate
❷ *(moderat)* moderate
Ge·mäu·er <-s> [gəˈmɔyɐ] *nt kein pl (geh)* masonry *no indef art, no pl,* walls *pl; (Ruine)* ruins *pl*
Ge·mau·schel [gəˈmauʃl] *nt kein pl (pej fam)* horse trading
Ge·me·cker <-s> [gəˈmɛkɐ] *nt,* **Ge·me·cke·re** <-s> [gəˈmɛkərə] *nt,* **Ge·meck·re** <-s> [gəˈmɛkrə] *nt kein pl (pej)* ❶ *(Meckern)* bleating[s *pl*]
❷ *(fam: Nörgelei)* moaning, whining *pej,* whinging *no pl* BRIT *pej fam*
ge·mein [gəˈmain] **I.** *adj* ❶ *(niederträchtig)* mean, nasty; ***das war*** ~ [***von dir***]! that was nasty [*or* mean] [of you]!
❷ *(fam: unfair)* mean; ***das ist ~!*** that's so mean!
❸ *(böse)* nasty
❹ *attr, kein komp/superl* BOT, ZOOL common
❺ *pred (geh: gemeinsam)* ▪**jdm/etw ~ sein** to be common to sb/sth; **etw mit jdm/etw ~ haben** to have sth in common with sb/sth
▸WENDUNGEN: **sich** *akk* **mit jdm ~ machen** to be in cahoots with sb *fam*
II. *adv (fam)* awfully *fam,* AM *a.* awful *fam,* horribly
Ge·mein·be·sitz *m* common property; **etw in ~ überführen** to place sth in common property
Ge·mein·de <-, -n> [gəˈmaində] *f* ❶ *(Kommune)* municipality
❷ *(fam: Gemeindebewohner)* community + *sing/pl vb*
❸ *(Pfarrgemeinde)* parish; *(Gläubige a.)* parishioners *pl*
❹ *(Anhängerschaft)* following
Ge·mein·de·ab·ga·ben *pl* [local [*or* county]] rates *pl* BRIT *hist,* municipal taxes *pl* **Ge·mein·de·am·mann** *m* SCHWEIZ *(Gemeindevorsteher)* community spokesperson [*or masc* spokesman] **Ge·mein·de·amt** *nt* local authority **Ge·mein·de·bann** *m* SCHWEIZ *(Gemeindegebiet)* district **Ge·mein·de·bau** *m* ÖSTERR council house BRIT, town hall **Ge·mein·de·be·am·te(r), -be·am·tin** *m, f* local government official [*or* officer] **Ge·mein·de·be·zirk** *m* [community [*or* municipal]] district, borough BRIT; ÖSTERR district **ge·mein·de·ei·gen** *adj* local authority *attr* **Ge·mein·de·fi·nan·zen** *pl* local authority finances *pl* **Ge·mein·de·haus** *nt* REL parish rooms *pl* **Ge·mein·de·haus·halts·recht** *nt* JUR municipal budget law **Ge·mein·de·hel·fer(in)** *m(f)* REL parish worker **Ge·mein·de·land** *nt* JUR common land [*or* ground] **Ge·mein·de·mit·glied** *nt* REL parishioner **Ge·mein·de·ord·nung** *f* by[e-]laws *pl* BRIT, municipal ordinance *no pl* **Ge·mein·de·pfle·ge·sta·ti·on** *f home nursing organized by one or more parishes* **Ge·mein·de·prä·si·dent(in)** *m(f)* SCHWEIZ mayor, *fem a.* mayoress BRIT
Ge·mein·de·rat[1] *m* district council
Ge·mein·de·rat, -rä·tin[2] *m, f (Gemeinderatsmitglied)* district councillor BRIT, councilman AM **Ge·mein·de·rats·frak·ti·on** *f* political group within a/the municipal authority
Ge·mein·de·recht *nt* JUR local government law
Ge·mein·de·saal *m* REL church hall
Ge·mein·de·schrei·ber(in) <-s, -> *m(f)* SCHWEIZ *(Verwaltungsbeamter/-beamtin)* district council clerk **Ge·mein·de·schwes·ter** *f* REL *parish nun operating as visiting nurse to the elderly and sick* **Ge·mein·de·steu·er** *f* local tax **Ge·mein·de·tes·ta·ment** *nt* JUR last will executed before the mayor **Ge·mein·de·ver·band** *m* JUR association of local authorities **Ge·mein·de·ver·samm·lung** *f* SCHWEIZ community meeting **Ge·mein·de·ver·si·che·rung** *f* ADMIN municipal insurance **Ge·mein·de·ver·wal·tung** *f* district council **Ge·mein·de·vor·stand** *m* ❶ *(Verwaltungsgremium)* aldermen *pl* BRIT *hist (elected members of a local government)* ❷ *(Bürgermeister)* mayor **Ge·mein·de·vor·ste·her(in)** *m(f) (Bürgermeister)* mayor **Ge·mein·de·wahl** *f* local election **Ge·mein·de·wirt·schaft** *f kein pl* HANDEL municipal trading *no pl* **Ge·mein·de·zen·trum** *nt* REL parish rooms *pl*
Ge·mein·ei·gen·tum *nt* JUR common property, public ownership
ge·mein·frei *adj inv* JUR *Kunstwerk, Text* in the public domain **Ge·mein·ge·brauch** *m* JUR common use **ge·mein·ge·fähr·lich** *adj (pej)* constituting a public danger *pred form;* **ein ~er Krimineller** a dangerous criminal; ▪**~ sein** to be [*or form* constitute] a danger to the public **Ge·mein·gut** *nt kein pl* common heritage [*or* property] *no pl*
Ge·mein·heit <-, -en> *f* ❶ *kein pl (Niedertracht)* meanness *no art, no pl*
❷ *(niederträchtiges Handeln)* meanness *no art, no pl;* ***so eine ~!*** that was a mean thing to do!; *(Bemerkung)* mean remark
❸ *(fam: ärgerlicher Umstand)* nuisance
ge·mein·hin *adv* generally
Ge·mein·kos·ten *pl* overheads *npl* BRIT, overhead
Ge·mein·nutz [gəˈmainnʊts] *m* ▪**der ~** the common good ▸WENDUNGEN: **~ geht vor Eigennutz** *(prov)* service before self *prov* **ge·mein·nüt·zig** [gəˈmainnʏtsɪç] *adj (dem allgemeinen Wohl dienend)* of benefit to the public, of general benefit; *(wohltätig)* charitable; *(nicht auf Gewinn ausgerichtet)* non-profit, non-profit-making, non-commercial; **~e Arbeit** community service; **~e Organisation** non-profit [*or* charitable] organization **Ge·mein·nüt·zig·keit** <-> *f kein pl* charitable benefit, non-profit-making character **Ge·mein·platz** *m* commonplace
ge·mein·sam [gəˈmainzaːm] **I.** *adj* ❶ *(mehreren gehörend)* common, mutual; ***die Liebe zu Tieren ist ihnen ~*** they both love animals; ***ihnen ist vieles ~*** they have a lot in common; **G~er Europäischer Markt** ÖKON European Economic Community, *hist* Common Market; **ein ~er Freund** a mutual friend; **ein ~es Konto** a joint account; **kleinster ~er Nenner** MATH lowest common denominator
❷ *(von mehreren unternommen)* joint *attr;* **mit jdm ~e Sache machen** to make common cause with sb; **eine ~e Wanderung machen** to go on a hike together
II. *adv* jointly, together
Ge·mein·sam·keit <-, -en> *f* ❶ *(gemeinsame Eigenschaft)* common ground *no art, no pl*
❷ *kein pl (Einvernehmen)* agreement *no pl*
Ge·mein·schaft <-, -en> *f* ❶ POL *(Zusammenschluss)* community; **in ~ mit jdm/etw** together [*or* jointly] with sb/sth; **~ unabhängiger Staaten** Commonwealth of Independent States
❷ *kein pl (gegenseitige Verbundenheit)* sense of community *no pl*
❸ JUR community, association; **~ nach Bruchteilen** community of part-owners; **eheliche ~** matrimony *form;* **häusliche ~** common household
❹ REL **die ~ der Heiligen/Gläubigen** the communion of saints/the faithful
Ge·mein·schaft der Sie·ben·ten-Tags-Ad·ven·tis·ten *f* REL Community of Seventh-day Adventists
ge·mein·schaft·lich *adj s.* **gemeinsam**
Ge·mein·schafts·an·ten·ne *f* TELEK block [*or* community] aerial BRIT **Ge·mein·schafts·ar·beit** *f* teamwork *no art, no pl;* **in ~** with teamwork **Ge·mein·schafts·auf·ga·be** *f* JUR joint task **Ge·mein·schafts·ei·gen·tum** *nt* collective property **Ge·mein·schafts·ent·wick·lung** *f* community development **Ge·mein·schafts·er·zie·hung** *f kein pl* co-education *no art, no pl* **Ge·mein·schafts·fi·nan·zie·rung** *f* FIN *(Leistung)* joint [*or* group] financing; *(Abkommen)* co-financing deal **Ge·mein·schafts·ge·fühl** *nt kein pl* sense of community *no pl* **Ge·mein·schafts·geist** *m kein pl* community spirit *no pl*
Ge·mein·schafts·ge·neh·mi·gung *f* EU JUR Community authorization **Ge·mein·schafts·ge·neh·mi·gungs·ver·fah·ren** *nt* EU JUR Community permit procedure
Ge·mein·schafts·in·stru·ment *nt* EU JUR Community instrument **Ge·mein·schafts·in·ter·es·sen** *pl* JUR joint interests **Ge·mein·schafts-Kar·tell·recht** *nt* EU FIN Community cartel law **Ge·mein·schafts·kon·to** *nt* FIN joint account **Ge·mein·schafts·kun·de** *f kein pl* SCH social studies + *sing vb* **Ge·mein·schafts·le·ben** *nt kein pl* community life *no pl*
Ge·mein·schafts·pa·tent *nt* jointly owned patent **Ge·mein·schafts·pa·tent·über·ein·kom·men** *nt* EU JUR Community Patent Convention
Ge·mein·schafts·pra·xis *f* MED joint practice [*or* AM *a.* -se] **Ge·mein·schafts·pro·duk·ti·on** *f* ❶ *kein pl* joint production; **eine deutsch-französische ~** a joint Franco-German production ❷ RADIO, TV, FILM co-production *spec* **Ge·mein·schafts·raum** *m* common room **Ge·mein·schafts·recht** *nt* EU JUR Community law **Ge·mein·schafts·schu·le** *f* inter-denominational school
Ge·mein·schafts·sinn *m kein pl* community spirit **Ge·mein·schafts·steu·er** *f* EU FIN Community tax **Ge·mein·schafts·über·ein·kom·men** *nt* EU JUR Community accord [*or* agreement] **Ge·mein·schafts·un·ter·neh·men** *nt* ÖKON joint venture [*or* undertaking] **Ge·mein·schafts·ver·fah·ren** *nt* EU JUR Community procedure **Ge·mein·schafts·ver·trag** *m* EU JUR joint contract **Ge·mein·schafts·wäh·rung** *f* ÖKON common currency **Ge·mein·schafts·zel·le** *f* communal cell
Ge·mein·schuld·ner, -schuld·ne·rin *m, f* FIN common debtor **Ge·mein·sinn** *m kein pl* public spirit *no pl* **Ge·mein·spra·che** *f* LING standard language **ge·mein·ver·ständ·lich** *adj s.* **allgemeinverständlich** **Ge·mein·we·sen** *nt* community **Ge·mein·wirt·schaft** *f kein pl* FIN non-profit-making sector **Ge·mein·wohl** *nt kein pl* ▪**das ~** the public [*or* general] welfare; **dem ~ dienen** to be in the public interest
Ge·men·ge <-s, -> [gəˈmɛŋə] *nt* ❶ *(Mischung)* mixture; ▪**ein ~ aus etw** *dat* a mixture of sth
❷ *(Gewühl)* crowd, bustle
❸ *(Durcheinander)* jumble *no pl*
▸WENDUNGEN: **mit jdm ins ~ kommen** to come to blows with sb
Ge·men·ge·la·ge <-, -n> *f* ❶ AGR scattered patches of arable land
❷ *(fig geh)* hotchpotch
ge·mes·sen [gəˈmɛsn̩] **I.** *pp von* **messen**

G

II. *adj (geh)* proper; *(würdig langsam)* measured
Ge·met·zel <-s, -> [gəˈmɛtsl̩] *nt* massacre, bloodbath
Ge·misch <-[e]s, -e> [gəˈmɪʃ] *nt* ❶ *(Mischung)* mixture; ■**ein ~ aus etw** *dat* a mixture of sth
❷ *kein pl (Durcheinander)* jumble *no pl*
❸ AUTO [air/fuel [*or* A/F]] mixture *spec;* **ein mageres/fettes ~** a lean/rich mixture
ge·mischt *adj* mixed
ge·mischt·spra·chig *adj* multilingual **Ge·mischt·wa·ren·hand·lung** *f (veraltend)* [grocery and] general shop [*or* AM store]
Gem·me <-, -n> [ˈgɛmə] *f* cameo
ge·mop·pelt [gəˈmɔpl̩t] *adj* ▸WENDUNGEN: **doppelt ~** *(fam)* saying the same thing twice over
Ge·mot·ze <-s> [gəˈmɔtsə] *nt kein pl (fam)* nagging *fam*
Gems·bart^ALT^ *m s.* **Gämsbart** **Gems·bock^ALT^** *m s.* **Gämsbock**
Gem·se^ALT^ <-, -n> [ˈgɛmzə] *f s.* **Gämse**
Gems·le·der^ALT^ *m s.* **Gämsleder**
Ge·mun·kel <-s> [gəˈmʊŋkl̩] *nt kein pl* rumour [*or* AM -or]; *(dauerndes Munkeln)* gossip
Ge·mur·mel <-s> [gəˈmʊrml̩] *nt kein pl* murmuring; *(unverständlich)* mumbling
Ge·mü·se <-s, -> [gəˈmyːzə] *nt* vegetables *pl;* ■**ein ~** a vegetable; **frisches ~** fresh vegetables *pl*
▸WENDUNGEN: **junges ~** *(hum fam)* whippersnappers *pl hum dated*
Ge·mü·se·an·bau *m* growing of vegetables **Ge·mü·se·aus·höh·ler** *m sharp serrated knife for hollowing out cucumbers and courgettes etc.* **Ge·mü·se·ba·na·ne** *f* cooking banana, plantain **Ge·mü·se·bei·la·ge** *f* vegetables *pl* **Ge·mü·se·boh·ne** *f* butter bean **Ge·mü·se·bouil·lon** <-> [-bʊljɔŋ] *f kein pl* KOCHK *bes* SCHWEIZ *(Gemüsebrühe)* vegetable consommé **Ge·mü·se·brü·he** <-> *f kein pl* vegetable consommé **Ge·mü·se·fach** *nt* vegetable compartment **Ge·mü·se·frau** *f fem form von* **Gemüsemann** **Ge·mü·se·gar·ten** *m* vegetable garden, kitchen garden ▸WENDUNGEN: **quer durch den ~** *(hum fam)* everything but the kitchen sink *hum* **Ge·mü·se·gärt·ner(in)** *m(f)* vegetable gardener **Ge·mü·se·händ·ler(in)** *m(f)* greengrocer BRIT, fruit and vegetable retailer **Ge·mü·se·ho·bel** *m* vegetable grater **Ge·mü·se·kar·de** [-kardə] *f* KOCHK cardoon **Ge·mü·se·kon·ser·ve** *f* canned [*or* BRIT *a.* tinned] vegetables *pl* **Ge·mü·se·la·den** *m* fruit and vegetable store, greengrocer's BRIT **Ge·mü·se·mann** *m* vegetable seller **Ge·mü·se·mes·ser** *nt* vegetable knife **Ge·mü·se·plat·te** *f* assorted vegetables *pl* **Ge·mü·se·saft** *m* vegetable juice **Ge·mü·se·schä·ler** *m* vegetable peeler **Ge·mü·se·sor·te** *f* type of vegetable **Ge·mü·se·sup·pe** *f* vegetable soup [*or* broth] **Ge·mü·se·zwie·bel** *f* onion
ge·mus·tert *adj* patterned; **grün und braun ~ sein** to have a green and brown pattern
Ge·müt <-[e]s, -er> [gəˈmyːt] *nt* ❶ *(Seele)* soul
❷ *(Mensch)* soul
❸ *(Emotionen)* feelings *pl;* **ein sonniges ~ haben** *(iron fam)* to be gullible; **jds ~ bewegen** *(geh)* to stir sb's emotions [*or* heart]; **die ~er erregen** [*o* **erhitzen**] to cause a stir; **sich** *dat* **etw zu ~[e] führen** *(hum: etw einnehmen)* to indulge in sth; *(etw beherzigen)* to take sth to heart; **viel ~ haben** [*o* **besitzen**] [*o* **zeigen**] to be sentimental; **jdm aufs ~ schlagen** to get to sb *fam;* **etwas fürs ~** *(hum)* something sentimental [*or* to tug at one's/sb's heartstrings]
ge·müt·lich I. *adj* ❶ *(bequem)* comfortable, comfy *fam,* cosy BRIT, AM *usu* cozy; **es sich/jdm ~ machen** to make oneself/sb comfortable, to get [oneself]/sb cosy *fam*
❷ *(gesellig)* pleasant; *(ungezwungen)* informal
II. *adv* ❶ *(gemächlich)* leisurely
❷ *(behaglich)* comfortably
Ge·müt·lich·keit <-> *f kein pl* comfortableness *no art, no pl,* snugness *no art, no pl,* cosiness *no art, no pl* BRIT, coziness *no art, no pl* AM *usu;* *(Ungezwungenheit)* informality *no art, no pl;* **in aller ~** at one's leisure
▸WENDUNGEN: **da hört doch die ~ auf!** *(fam)* that's going too far!
Ge·müts·art *f* disposition *form,* nature; **von stiller/heiterer/sanfter ~ sein** to have a quiet/happy/soft disposition [*or* nature] **Ge·müts·be·we·gung** *f* [signs *pl* of] emotion **ge·müts·krank** *adj* emotionally disturbed **Ge·müts·kran·ke(r)** *f(m)* emotionally disturbed person **Ge·müts·krank·heit** *f* emotional disturbance *no pl* **Ge·müts·la·ge** *f* mood; **je nach ~** depending on one's mood, as the mood takes me/him etc. **Ge·müts·mensch** *m (fam)* good-natured person; **du bist vielleicht ein ~!** *(iron)* you're a fine one! BRIT *fam* **Ge·müts·re·gung** *f s.* **Gemütsbewegung** **Ge·müts·ru·he** *f* calmness *no pl;* **in aller ~** *(fam)* in one's own time, leisurely; **deine ~ möchte ich haben!** *(iron)* I'd like [to have] your cool! **Ge·müts·ver·fas·sung** *f,* **Ge·müts·zu·stand** *m s.* **Gemütslage**
ge·müt·voll *adj* sentimental
gen [ˈgɛn] *präp +akk (veraltend)* towards
Gen <-s, -e> [ˈgeːn] *nt* gene
ge·nannt [gəˈnant] *pp von* **nennen**
ge·narbt *adj* grained
ge·nas [gəˈnaːs] *imp von* **genesen**
ge·nau [gəˈnau] I. *adj* ❶ *(exakt)* exact; ***haben Sie die ~e Uhrzeit?*** have you got the right [*or* exact] time?; ***man weiß noch nichts G~es*** nobody knows any details as yet
❷ *(gewissenhaft)* meticulous; ■**[in etw** *dat*] **~ sein** to be meticulous [in sth]
II. *adv* ❶ *(exakt)* exactly, precisely; **~!** *(fam)* exactly!, precisely!, quite!; **~ in der Mitte** right in the middle; **~ genommen** strictly speaking; **etw ~er betrachten** to take a closer look at sth; **~ *das Gegenteil trifft zu*** just [*or* exactly] the opposite is true; **~estens, aufs ~este** [*o* **G~este**] [right] down to the last detail; **etw [nicht] ~ wissen** to [not] know sth for certain [*or* sure]; ***so ~ wollte ich es [nun auch wieder] nicht wissen!*** *(iron)* [you can] spare me the details!; **auf den Millimeter ~** accurate to the millimetre BRIT, dead nuts AM *sl;* **auf die Minute ~** exactly [*or* dead] on time
❸ *(eben, gerade)* just; ***sie ist ~ die richtige Frau für diesen Job*** she's just the right woman for the job
▸WENDUNGEN: **es [mit etw** *dat*] **[nicht] ~ nehmen** to [not] be very particular [about sth]; **wenn man es ~ nimmt** strictly speaking
ge·nau·ge·nom·men *adv s.* **genau II 1**
Ge·nau·ig·keit <-> [gəˈnauɪçkait] *f kein pl* exactness, precision; *Daten* accuracy; *(Sorgfalt)* meticulousness
ge·nau·so [gəˈnauzoː] *adv* just [*or* exactly] the same; ***mir geht es ganz ~*** I feel exactly the same; **~ frech/kalt/klein etc. wie ...** just as cheeky BRIT /cold/small etc. as ...; **~ gut** just as well; **~ viel** just as much; **~ wenig** just as little
ge·nau·so·gut^ALT^ *adv s.* **genauso** **ge·nau·so·viel^ALT^** *adv s.* **genauso** **ge·nau·so·we·nig^ALT^** *adv s.* **genauso**
Gen·bank *f* gene bank
Gen·darm <-en, -en> [ʒanˈdarm, ʒãˈdarm] *m* ÖSTERR *(Polizist)* gendarme
Gen·dar·me·rie <-, -n> [ʒandarməˈriː, ʒãdarməˈriː, ˈriːən] *f* ÖSTERR *(Polizeistation)* gendarmerie
Gen·de·fekt *m* MED genetic defect
Gen·di·a·gno·se [geːndiaˈgnoːzə] *f* MED gene diagnosis
Ge·nea·lo·ge, Ge·nea·lo·gin <-n, -n> [geneaˈloːgə, geneaˈloːgɪn] *m, f* genealogist
Ge·nea·lo·gie <-> [genealoˈgiː, *pl* -ˈgiːən] *f kein pl* genealogy
ge·nea·lo·gisch [geneaˈloːgɪʃ] *adj* genealogical
ge·nehm [gəˈneːm] *adj (geh)* suitable, acceptable; ■**jdm ~[er] sein** to suit sb [better]; ■**jdm [nicht] ~ sein** to [not] be agreeable to sb; **wenn es ~ ist** if that is agreeable, if you don't mind
ge·neh·mi·gen* [gəˈneːmɪgn̩] I. *vt* ■**[jdm] etw ~** to grant [sb] permission for sth, to approve sth; **„genehmigt"** "approved"; **das Protokoll ~** ADMIN to approve the minutes
II. *vr* ■**sich** *dat* **etw ~** to indulge in sth; **sich** *dat* **etw von seinem Geld ~** to splash out on sth BRIT, to spend money freely; **sich** *dat* **einen ~** *(hum fam)* to have a little drink *a. hum*
ge·neh·migt [gəˈneːmɪçt] I. *pp von* **genehmigen**
II. *adj Verfahren* approved, authorized; **nicht ~** unofficial, unapproved
Ge·neh·mi·gung <-, -en> *f* ❶ *(das Genehmigen)* approval *no art, no pl;* **~ von Investitionsprojekten** approval of investment projects
❷ *(Berechtigungsschein)* permit, permission *no indef art, no pl,* licence [*or* AM -se]; *(Ermächtigung)* authorization; **eine ~ beantragen/einholen** to seek permission/to take out a licence; **eine ~ erhalten** to obtain permission; **mit amtlicher ~** by authority
Ge·neh·mi·gungs·an·trag *m* JUR application for a permit **ge·neh·mi·gungs·be·dürf·tig** *adj* JUR subject to approval **Ge·neh·mi·gungs·be·hör·de** *f* JUR approving authority, authorizing body [*or* agency] **Ge·neh·mi·gungs·er·for·der·nis·se** *pl* JUR licensing requirements **Ge·neh·mi·gungs·kar·tell** *nt* ÖKON licensing cartel **Ge·neh·mi·gungs·pflicht** *f* licence [*or* AM -se] requirement **ge·neh·mi·gungs·pflich·tig** *adj* requiring a licence [*or* AM -se] *pred;* ■**~ sein** to need [*or* require] a licence **Ge·neh·mi·gungs·stel·le** *f* JUR licensing authority [*or* agency] **Ge·neh·mi·gungs·ver·fah·ren** *nt* authorization process; JUR licensing procedure, licensure **Ge·neh·mi·gungs·zer·ti·fi·kat** *nt* JUR permit, certificate of approval
ge·neigt *adj (geh)* kind, friendly; ■**jdm ~ sein** to be well [*or* favourably] [*or* AM favorably] disposed towards sb; ■**~ sein, etw zu tun** to be inclined to do sth; **sich** *akk* **jdm ~ zeigen** to show sb kindness
Ge·neigt·heit <-> *f kein pl (geh)* ❶ *(Wohlwollen)* goodwill; ■**jds ~ jdm gegenüber** sb's goodwill towards sb
❷ *(Bereitwilligkeit)* willingness; ■**jds ~, etw zu tun** sb's willingness to do sth
Ge·ne·ra [ˈgɛnera] *pl von* **Genus**
Ge·ne·ral(in) <-[e]s, -e *o* Generäle> [genəˈraːl, *pl* genəˈrɛːlə] *m(f)* general; **der kommandierende ~** the general in command
Ge·ne·ral·abon·ne·ment <-s, -s *o* -e> [-abɔnəmãː] *nt* SCHWEIZ *(Freifahrschein) free ticket for public transport* **Ge·ne·ral·am·nes·tie** *f* general amnesty **Ge·ne·ral·an·walt, -an·wäl·tin** *m, f* JUR *(am EU-Gerichtshof)* Advocate General **Ge·ne·ral·be·voll·mäch·tig·te(r)** *f(m) dekl wie adj* general agent **Ge·ne·ral·bun·des·an·walt, -an·wäl·tin** *m, f* Federal Public Prosecutor BRIT, Chief Federal Prosecutor AM **Ge·ne·ral·di·rek·tor(in)** *m(f)* president, director general **Ge·ne·ral·hand·lungs·voll·macht** *f* JUR general power of attorney **Ge·ne·ral·in·spek·teur(in)** *m(f)* MIL inspector general **Ge·ne·ral·in·ten·dant(in)** *m(f)* THEAT, MUS director
ge·ne·ra·li·sie·ren* [genəraliˈziːrən] *vi (geh)* to generalize
Ge·ne·ra·list(in) <-en, -en> [genəraˈlɪst] *m(f)* generalist
Ge·ne·ra·li·tät <-, -en> [genəraliˈtɛːt] *f pl selten* MIL generals *pl*
Ge·ne·ral·klau·sel *f* JUR comprehensive clause **Ge·ne·ral·kon·sul(in)** *m(f)* consul general **Ge·ne·ral·kon·su·lat** *nt* consulate general **Ge·ne·ral·leut·nant(in)** [genəˈraːlɔytnant] *m(f)* lieutenant general **Ge·ne·ral·ma·jor(in)** [genəˈraːlmajoːɐ̯] *m(f)* major general BRIT, brigadier general AM **Ge·ne·ral·prä·ven·ti·on** *f* JUR crime prevention **Ge·ne·ral·pro·be** *f* THEAT dress rehearsal; MUS final rehearsal
Ge·ne·ral·schlüs·sel *m* master key **Ge·ne·ral·sek·re·tär(in)** *m(f)* general secretary; *(höchster Beamter)* Secretary-General **Ge·ne·ral·staats·an·walt, -an·wäl·tin** *m, f* ≈ district attorney AM *(chief public prosecutor at a provincial high court)* **Ge·ne·ral·staats·an·walt·schaft** *f* public prosecutor's office

Ge·ne·ral·stab *m* MIL general staff + *sing/pl vb*
Ge·ne·ral·stabs·chef(in) *m(f)* general chief of staff **Ge·ne·ral·stabs·kar·te** *f* ordnance survey map **ge·ne·ral·stabs·mä·ßig** *adv* meticulously
Ge·ne·ral·streik *m* general strike **ge·ne·ral·über·ho·len*** *vt nur infin und pp* ■ **etw** ~ to completely overhaul sth; ■ **generalüberholt werden** to have a complete overhaul; ■ **etw** ~ **lassen** to take sth in for a complete overhaul; ■ **generalüberholt** completely overhauled **Ge·ne·ral·über·ho·lung** <-> *f kein pl* TECH complete overhaul
Ge·ne·ral·un·ter·neh·mer, -un·ter·neh·me·rin *m, f* ÖKON general contractor **Ge·ne·ral·un·ter·neh·mer·ver·trag** *m* JUR lead management contract
Ge·ne·ral·un·ter·su·chung *f* complete check-up
Ge·ne·ral·ver·dacht [genəˈraːl-] *m kein pl* universal suspicion **Ge·ne·ral·ver·samm·lung** *f* general meeting; ~ **der UNO** General Assembly, GA **Ge·ne·ral·ver·tre·ter(in)** *m(f)* general representative **Ge·ne·ral·ver·tre·tung** *f* ÖKON sole [*or* general] agency **Ge·ne·ral·voll·macht** *f* general [*or* full] power of attorney
Ge·ne·ra·ti·on <-, -en> [genəraˈtsi̯oːn] *f* ❶ *(Menschenalter)* generation; **seit ~en** for generations
❷ *(Menschen einer Generation)* generation + *sing/pl vb;* **die ältere** ~ the older generation + *sing/pl vb;* **die heranwachsende** ~ the adolescent generation + *sing/pl vb;* **die junge/jüngere** ~ the young/younger generation + *sing/pl vb*
❸ SOZIOL generation
❹ TECH, INFORM generation
Ge·ne·ra·ti·o·nen·prin·zip *nt* INFORM generation method **Ge·ne·ra·ti·o·nen·ver·trag** *m younger generation's commitment to provide for the older generation, i.e. in form of pensions* **Ge·ne·ra·ti·o·nen·wech·sel** *m* new generation; BIOL alternation of generations
Ge·ne·ra·ti·ons·kon·flikt *m* generation gap **Ge·ne·ra·ti·ons·wech·sel** *m* ❶ SOZIOL change of generation ❷ BIOL alternation of generations
Ge·ne·ra·tor <-s, -toren> [genəˈraːtoːɐ̯, *pl* genəraˈtoːrən] *m* TECH generator
ge·ne·rell [genəˈrɛl] **I.** *adj* general
II. *adv* generally; ~ ***kann man sagen, ...*** generally one can say, ...
ge·ne·rie·ren* [genəˈriːrən] *vt* INFORM ■ **etw** ~ to generate sth
Ge·ne·rie·rung <-> *f kein pl* generation
Ge·ne·ri·kum <-s, -ka> [geˈneːrɪkʊm, *pl* geˈneːrɪka] *nt* PHARM generic [drug]
ge·ne·rös [genəˈrøːs, ʒenəˈrøːs] *adj (geh)* generous, munificent *form*
ge·nervt I. *pp von* **nerven**
II. *adj (fam)* ■ ~ **sein** ❶ *(nervlich strapaziert)* to be stressed out
❷ *(gereizt)* to be irritated
Ge·ne·se <-, -n> [geˈneːzə] *f* MED genesis *no pl form*
ge·ne·sen <genas, genesen> [gəˈneːzn̩] *vi sein (geh)* ■ [**nach etw** *dat*/**von etw** *dat*] ~ to recover [after/from sth], to convalesce
Ge·ne·sen·de(r) *f(m) dekl wie adj* convalescent
Ge·ne·sis <-> [ˈgeːnezɪs] *f kein pl* REL ■ **die** ~ [the Book of] Genesis
Ge·ne·sung <-, -en> [gəˈneːzʊŋ] *f pl selten (geh)* convalescence *no pl,* recovery *no pl;* **auf dem Wege der** ~ on the road to recovery; [**jdm**] **baldige** ~ **wünschen** to wish [sb] a speedy recovery
Ge·ne·sungs·ur·laub *m* MIL convalescent leave
Ge·ne·tik <-> [geˈneːtɪk] *f kein pl* genetics + *sing vb*
Ge·ne·ti·ker(in) <-s, -> [geˈneːtikɐ] *m(f)* geneticist
ge·ne·tisch [geˈneːtɪʃ] *adj* genetic; ~**er Code** genetic code; ~**er Fingerabdruck** genetic [*or* DNA] fingerprint
Genf <-s> [ˈgɛnf] *nt* Geneva
Gen·fer [ˈgɛnfɐ] *adj* Genevan, Genevese; ~ **Konvention** Geneva Convention
Gen·fer See *m* Lake Geneva
Gen·for·scher(in) *m(f)* genetic researcher **Gen·for·schung** *f* genetic research
ge·ni·al [geˈni̯aːl] *adj* ❶ *(überragend)* brilliant; *(erfinderisch)* ingenious
❷ *(erfindungsreich)* inspired
Ge·ni·a·li·tät <-> [geni̯aliˈtɛːt] *f kein pl* ❶ *(überragende Art)* genius *no pl*
❷ *(Erfindungsreichtum)* ingenuity *no art, no pl*
Ge·nick <-[e]s, -e> [gəˈnɪk] *nt* neck; **ein steifes** ~ *(fam)* a stiff neck; **jdm/sich das** ~ **brechen** to break sb's/one's neck
▶WENDUNGEN: **jdm das** ~ **brechen** *(fig)* to finish sb
Ge·nick·schussRR *m* shot in the neck **Ge·nick·star·re** *f* stiffness of the neck; ~ **haben** *(fam)* to have a stiff neck; MED [cerebral] meningitis *no pl*
Ge·nie <-s, -s> [ʒeˈniː] *nt* ❶ *(Mensch)* genius; **ein verkanntes** ~ an unrecognized genius
❷ *kein pl (Fähigkeit)* genius *no art, no pl*
Ge·ni·en [ˈgeːni̯ən] *pl von* **Genius**
ge·nie·ren* [ʒeˈniːrən] *vr* ■ **sich** *akk* [**vor jdm**] ~ to be embarrassed [*or* shy] [in front of sb]; ~ ***Sie sich nicht!*** don't be shy!; ■ **sich** *akk* **für etw** *akk* ~ to be embarrassed about sth; ■ **sich** *akk* ~, **etw zu tun** to not like doing sth
ge·nieß·bar *adj (essbar)* edible; *(trinkbar)* drinkable; **nicht** ~ **sein** *(fam)* to be unbearable
ge·nie·ßen <genoss, genossen> [gəˈniːsn̩] *vt* ❶ *(auskosten)* ■ **etw** ~ to enjoy [*or* relish] sth; *(bewusst kosten)* to savour [*or* AM -or] sth
❷ *(essen)* ■ **etw** ~ to eat sth; ■ **nicht zu** ~ **sein** to be inedible; *(trinken)* to drink
❸ *(geh: erfahren)* ■ **etw** ~ to enjoy sth
▶WENDUNGEN: **nicht zu** ~ **sein** *(fam)* to be unbearable
Ge·nie·ßer(in) <-s, -> *m(f)* gourmet; **ein stiller** ~ sb who knows how to enjoy life in his own quiet way [*or* BRIT on the quiet]; **ein stiller** ~ **sein** to know how to enjoy life on the quiet [*or* in one's quiet way]; **ein stiller** ~ **von etw** *dat* **sein** to know how to enjoy sth in one's quiet way
ge·nie·ße·risch I. *adj* appreciative
II. *adv* with pleasure [*or* relish]
Ge·nie·streich [ʒeˈniː-] *m (iron fam)* a stroke of genius *a. iron* **Ge·nie·trup·pe** [ʒeˈniː-] *f* MIL SCHWEIZ engineer corps
ge·ni·tal [geniˈtaːl] **I.** *adj* genital
II. *adv* ***sie wurde ~ untersucht*** her genitals were examined
Ge·ni·tal·be·reich *m* genital area
Ge·ni·ta·li·en [geniˈtaːli̯ən] *pl* genitals *npl,* genitalia *npl spec*
Ge·ni·tiv <-s, -e> [ˈgeːnitiːf, *pl* ˈgeːnitiːvə] *m* LING genitive [case]
Ge·ni·us <-, Genien> [ˈgeːni̯ʊs, *pl* ˈgeːni̯ən] *m* ❶ *(Genie)* genius
❷ *(schöpferischer Geist)* genius
Gen-Ko·de [-koːt] *m* genetic code **Gen·le·bens·mit·tel** *nt* genetically altered [*or* engineered] food **Gen·ma·ni·pu·la·ti·on** *f* genetic manipulation
gen·ma·ni·pu·lie·ren* [geːnmanipuˈliːrən] *vt* ■ **etw** ~ to genetically modify sth **gen·ma·ni·pu·liert** *adj* genetically engineered [*or* modified]
Ge·nom <-s, -e> [geˈnoːm] *nt* genome *spec*
Ge·nom·ana·ly·se *f* BIOL, MED genome analysis, Human Genome Project
Ge·no·mik <-> [geˈnoːmɪk] *f* BIOL genomics + *sing vb*
ge·noppt [gəˈnɔpt] *adj* nubbly; ~**es Garn** knopped yarn *spec*
ge·normt *adj* standardized
ge·nossRR, **ge·noß**ALT [gəˈnɔs] *imp von* **genießen**
Ge·nos·se, Ge·nos·sin <-n, -n> [gəˈnɔsə, gəˈnɔsɪn] *m, f* comrade; **... und ~n** *(pej)* ... and his/her posse *fam* [*or pej* cronies]
ge·nos·sen [gəˈnɔsn̩] *pp von* **genießen**
Ge·nos·sen·schaft <-, -en> [gəˈnɔsn̩ʃaft] *f* cooperative, co-op; **eingetragene** ~ registered cooperative society
Ge·nos·sen·schaft·(l)er(in) <-s, -> *m(f)* member of a cooperative
ge·nos·sen·schaft·lich I. *adj* cooperative
II. *adv* ~ **organisiert** organized as a cooperative
Ge·nos·sen·schafts·an·teil *m* ÖKON cooperative share **Ge·nos·sen·schafts·bank** <-banken> *f* cooperative [*or* AM mutual savings] bank **Ge·nos·sen·schafts·ei·gen·tum** *nt* HANDEL cooperative property **Ge·nos·sen·schafts·ge·setz** *nt* JUR, ÖKON German cooperative association law **Ge·nos·sen·schafts·recht** *nt* JUR law of cooperative societies **Ge·nos·sen·schafts·re·gis·ter** *nt* JUR Register of Cooperative Societies **Ge·nos·sen·schafts·ver·band** *m* JUR cooperative union
Ge·nos·sin [gəˈnɔsɪn] *f fem form von* **Genosse**
ge·nö·tigt *adj* forced; ■ ~ **sein, etw zu tun** to be forced [*or* obliged] to do sth; **sich** *akk* ~ **sehen, etw zu tun** to feel obliged [*or* compelled] to do sth
Ge·no·typ <-s, -en> [ˈgeːnotyːp] *m* BIOL genotype
Ge·no·zid <-[e]s, -e *o* -ien> [genoˈtsiːt, *pl* genoˈtsiːdə, genoˈtsiːdi̯ən] *m o nt (geh)* genocide *no art, no pl;* ■ ~ **an jdm** genocide against sb
ge·no·zi·dal [genotsiˈdaːl] *adj inv (geh)* genocidal
Gen·pa·tent *nt* gene patent **Gen·pool** <-s, -e> [-puːl] *m* BIOL gene pool
Gen·re <-s, -s> [ˈʒãrə] *nt* KUNST, LIT genre *spec;* **nicht jds** ~ **sein** to not be sb's thing
Gen·re·bild [ˈʒãrə-] *nt* genre painting **Gen·re·ma·le·rei** [ˈʒãrə-] *f* genre painting *no art, no pl*
Gen·schutz·ini·ti·a·ti·ve *f* gene protection initiative *(attempt by 30 Swiss environmental organizations to limit genetic engineering experiments)* **Gen·so·ja** *nt kein pl* genetically engineered soya bean **Gen·son·de** *f* BIOL, MED DNA probe
Gent <-s> [ˈgɛnt] *nt* Ghent
Gen·tech·nik *f* genetic engineering *no art, no pl* **Gen·tech·ni·ker(in)** *m(f)* genetic engineer **gen·tech·nik·frei** *adj* BIOL GM-free BRIT, not genetically engineered AM **Gen·tech·nik·geg·ner(in)** *m(f)* opponent of genetic engineering **Gen·tech·nik·ge·setz** *nt* JUR law on genetic engineering **gen·tech·nisch I.** *adj* ~**e Methoden** methods in genetic engineering **II.** *adv* using genetic engineering; **etw** ~ **manipulieren** to genetically manipulate sth, to manipulate sth by means of genetic engineering **Gen·tech·no·lo·gie** *f* genetic engineering *no art, no pl* **Gen·test** *m* genetic test **Gen·the·ra·pie** *f* MED gene [*or* genetic] therapy
Gen·tle·man's Agree·ment, Gen·tle·men's Agree·ment <- -, - -s> [ˈdʒentlmənz əˈgriːmənt] *nt* JUR gentleman's [*or* gentlemen's] agreement
Gen·trans·fer *m* BIOL, MED gene transfer **Gen·trans·port** *m* transport [*or* transfer] of genes
Ge·nua <-s> [ˈgeːnu̯a] *nt* Genoa
ge·nu·e·sisch [geˈnu̯eːzɪʃ] *adj* Genoese, Genovese
ge·nug [gəˈnuːk] *adv* enough; ~ ***jetzt/davon!*** enough of that!; ***es ist noch ~ Zeit*** there's still enough [*or* sufficient] time; **groß etc.** ~ big etc. enough; ■ ~ **einer S.** *gen* enough of sth; ***ich kann davon einfach nicht ~ bekommen*** [*o fam* ***kriegen***]**!** I just can't get enough of it; ~ **haben** to have [got] enough; [**von etw** *dat*] ~ **haben** to have had enough [of sth]; **jetzt ist['s] aber ~!** that's enough!, that does it!; **sich** *dat* **selbst** ~ **sein** to be happy with one's own company
Ge·nü·ge <-> [gəˈnyːgə] *f kein pl* **etw** *dat* ~ **tun** *(geh)* to satisfy [*or* meet [with]] sth; **zur** ~ [quite] enough; *(oft genug)* often enough
ge·nü·gen* [gəˈnyːgn̩] *vi* ❶ *(ausreichen)* ■ [**jdm**] ~ to be enough [*or* sufficient] [for sb]; ■ **für jdn** ~ to be enough for sb
❷ *(gerecht werden)* ■ **etw** *dat* ~ to fulfil [*or* AM *usu* -ll] sth
ge·nü·gend [gəˈnyːgn̩t] *adv* enough, sufficient
ge·nüg·sam [gəˈnyːkzaːm] **I.** *adj (bescheiden)* modest; *(pflegeleicht)* undemanding
II. *adv* modestly
Ge·nüg·sam·keit <-> *f kein pl* modesty, simple needs *pl*
Ge·nug·tu·ung <-, -en> [gəˈnuːktuːʊŋ] *f pl selten*
❶ *(Befriedigung)* satisfaction
❷ *(geh: Wiedergutmachung)* compensation; **für etw** *akk* ~ **leisten** to make amends for sth
ge·nu·in [genuˈiːn] *(geh)* **I.** *adj* ❶ MED *(angeboren) Krankheit* congenital
❷ *(geh: rein, unverfälscht)* authentic, genuine
II. *adv* genuinely

G

Ge·nus <-, Genera> ['gɛnʊs, *pl* 'gɛnera] *nt* LING gender *spec*

Ge·nuss^{RR} <-es, Genüsse> *m*, **Ge·nuß**^{ALT} <-sses, Genüsse> [gə'nʊs, *pl* gə'nʏsə] *m* ❶ *(Köstlichkeit)* [culinary] delight
❷ *kein pl (geh: das Zusichnehmen)* consumption *no art, no pl;* ***der übermäßige ~ von Tabak ist gesundheitsschädlich*** excessive smoking is damaging to one's health
❸ *(das Genießen)* enjoyment; **in den ~ einer S.** *gen* [*o* **von etw** *dat*] **kommen** to enjoy sth; *(aus etw Nutzen ziehen a.)* to benefit from sth; **mit ~** with relish; **etw mit ~ tun** to do sth with relish, to relish sth; **ein ~ sein, etw zu tun** to be a pleasure doing/to do sth

ge·nüss·lich^{RR}, **ge·nüß·lich**^{ALT} I. *adj* pleasurable
II. *adv* with relish

Ge·nuss·mensch^{RR} *m* hedonist **Ge·nuss·mit·tel**^{RR} *nt* luxury foods, alcohol and tobacco **Ge·nuss·recht**^{RR} *nt* JUR, FIN right of enjoyment, participating right

Ge·nuss·schein^{RR} *m* FIN [profit] participating certificate *spec* **Ge·nuss·schein·fonds** [-fõ:] *m* FIN participating certificates fund

Ge·nuss·sucht^{RR} [gə'nʊszʊxt] *f kein pl (pej)* hedonism *no art, no pl* **ge·nuss·süch·tig**^{RR} *adj (pej)* hedonistic **ge·nuss·voll**^{RR} I. *adv* appreciatively; *essen, trinken* with relish II. *adj (genüsslich)* appreciative; *(erfreulich)* highly enjoyable

gen·ver·än·dert *adj* genetically manipulated

Geo·bo·ta·nik [geobo'ta:nɪk] *f* BOT plant geography **Geo·che·mie** [geoçe'mi:] *f* geochemistry **geo·co·die·ren*** ['ge:okodi:rən] *vt* ■ **etw ~** to code sth geographically **Geo-Drei·eck** *nt*, **Geo·drei·eck**® ['ge:odraiɛk] *nt* MATH *(fam)* set square **Geo·dy·na·mik** [geody'na:mɪk] *f* GEOL geodynamics + *sing vb*

ge·öff·net I. *pp von* **öffnen**
II. *adj* open; **bis 1 Uhr ~** open till 1 a.m.

Geo·graf(in)^{RR} <-en, -en> [geo'gra:f] *m(f)* geographer

Geo·gra·fie^{RR} <-> [geogra'fi:] *f kein pl* geography *no art, no pl*

geografisch^{RR} *adj* geographic[al]

Geo·graph(in) <-en, -en> [geo'gra:f] *m(f) s.* Geograf

Geo·gra·phie <-> [geogra'fi:] *f kein pl s.* **Geografie**

geo·gra·phisch [geo'gra:fɪʃ] *adj s.* **geografisch**

Geo·lo·ge, **Geo·lo·gin** <-n, -n> [geo'lo:gə, geo'lo:gɪn] *m, f* geologist

Geo·lo·gie <-> [geolo'gi:] *f kein pl* geology *no art, no pl*

geo·lo·gisch [geo'lo:gɪʃ] *adj* geological; **~e Datierung** geological dating

Geo·mar·ke·ting ['ge:omarkətɪŋ] *nt kein pl* geo [marketing] **Geo·me·ter** <-s, -> [geo'me:tɐ] *m* MATH geometer **Geo·me·trie** <-> [geome'tri:] *f kein pl* geometry *no art, no pl* **geo·me·trisch** [geo'me:trɪʃ] *adj* geometric; **~e Addition** vector addition; **~e Fläche** face **Geo·mor·pho·lo·gie** [geomɔrfolo'gi:] *f* geomorphology, geomorphogeny **Geo·öko·lo·gie** [geo?økolo'gi:] *f* geoecology **Geo·phy·sik** [geofy'zi:k] *f* geophysics *no art, + sing vb* **Geo·po·li·tik** [geopoli'ti:k] *f* geopolitics *no art, + sing vb* **geo·po·li·tisch** [geopo'li:tɪʃ] *adj* geopolitical

Geo·ra·dar [geora'da:ɐ̯, geo'ra:da:ɐ̯] *nt o m* TECH georadar

ge·ord·net I. *pp von* **ordnen**
II. *adj* ❶ *(in einer bestimmten Weise angeordnet)* arranged; **nach Größe ~ sein** to be ordered [*or* arranged] according to size
❷ *(in angemessener Weise geregelt)* orderly, [well-]organized; **einen ~en Geschäftsablauf sichern** to insure an orderly course of business; **in ~en Verhältnissen leben** to live an orderly life; **ein ~er Rückzug** MIL an orderly retreat

Ge·org ['ge:ɔrk] *m* George

George·town <-s> ['dʒɔ:dʒtaun] *nt* George Town

Ge·or·gi·en <-s> [ge'ɔrgi̯ən] *nt* Georgia

Ge·or·gi·er(in) <-s, -> [ge'ɔrgi̯ɐ] *m(f)* Georgian

ge·or·gisch [ge'ɔrgɪʃ] *adj* Georgian

Ge·or·gisch [ge'ɔrgɪʃ] *nt dekl wie adj* Georgian

ge·or·gisch [ge'ɔrgɪʃ] *adj* Georgian

Ge·or·gi·sche <-n> *nt* ■ **das ~** Georgian, the Georgian language

geo·sta·ti·o·när [geoʃtatsi̯o'nɛ:ɐ̯] *adj* ASTRON **~er Satellit** geostationary satellite **Geo·ther·mie** <-> [geotɛr'mi:] *f kein pl* GEOL natural heat of the earth **Geo·ther·mik** [geo'tɛrmɪk] *f* geothermal studies *pl* **geo·ther·misch** [geo'tɛrmɪʃ] *adj* geothermal **Geo·wis·sen·schaft** [geo'vɪsn̩ʃaft] *f* geoscience *no art, no pl spec* **Geo·wis·sen·schaft·ler(in)** [geo'vɪsn̩ʃaftlɐ] *m(f)* geoscientist *spec* **geo·zen·trisch** [geo'tsɛntrɪʃ] *adj* ASTRON geocentric

Ge·päck <-[e]s> [gə'pɛk] *nt kein pl* luggage *no pl*, baggage *no pl esp* AM

Ge·päck·ab·fer·ti·gung *f* ❶ *kein pl (Vorgang)* luggage [*or esp* AM baggage] check-in *no pl* ❷ *(Schalter)* luggage [*or esp* AM baggage] check-in **Ge·päck·ab·la·ge** *f* luggage rack **Ge·päck·ab·teil** *nt* baggage compartment **Ge·päck·an·hän·ger** *m* baggage label [*or* tag]

Ge·päck·an·nah·me *f* ❶ *kein pl (Vorgang)* checking-in of luggage [*or esp* AM baggage] *no pl* ❷ *(Schalter)* luggage [*or esp* AM baggage] check-in **Ge·päck·an·nah·me·schal·ter** *m* left-luggage office [*or* counter] BRIT, baggage room AM

Ge·päck·auf·be·wah·rung *f* ❶ *(das Aufbewahren)* looking after left-luggage ❷ *(Schalter)* left-luggage office BRIT, baggage room AM **Ge·päck·auf·be·wah·rungs·schein** *m* left-luggage ticket BRIT, baggage check AM

Ge·päck·auf·ga·be *f* BAHN ❶ *kein pl (Aufgeben des Reisegepäcks)* handing in of unaccompanied baggage ❷ *(Schalter)* [in-counter of the] luggage [*or* baggage] office; *(das Aufgeben)* checking of baggage [*or* BRIT *a.* luggage] **Ge·päck·auf·kle·ber** *m* luggage [*or* baggage] sticker [*or* label] **Ge·päck·aus·ga·be** *f* ❶ *kein pl (Vorgang)* giving out of left-luggage ❷ *(Schalter)* luggage reclaim BRIT, baggage pickup [*or* claim] AM

Ge·päck·band *nt* baggage carousel **Ge·päck·eti·kett** *nt* baggage tag **Ge·päck·kar·ren** *m* luggage trolley BRIT, baggage cart AM **Ge·päck·kon·trol·le** *f* luggage [*or* baggage] check [*or* control] **Ge·päck·netz** *nt* luggage rack **Ge·päck·raum** *m* LUFT, NAUT baggage hold; BAHN luggage compartment **Ge·päck·schal·ter** *m* cloakroom, left-luggage office BRIT, baggage room AM **Ge·päck·schein** *m* luggage [*or esp* AM baggage] ticket **Ge·päck·schließ·fach** *nt* baggage [*or* BRIT *a.* luggage] locker **Ge·päck·stück** *nt* piece [*or* item] of luggage [*or* baggage] **Ge·päck·trä·ger**[1] *m (am Fahrrad)* carrier **Ge·päck·trä·ger(in)**[2] *m(f)* porter, baggage handler **Ge·päck·ver·si·che·rung** *f* baggage [*or* BRIT *a.* luggage] insurance **Ge·päck·wa·gen** *m* luggage van BRIT, baggage car AM

ge·pan·zert I. *pp von* **panzern**
II. *adj Fahrzeug* armoured BRIT, armored AM

Ge·pard <-s, -e> ['ge:part, *pl* 'ge:pardə] *m* cheetah

ge·pfef·fert I. *pp von* **pfeffern**
II. *adj (fam)* ❶ *(überaus hoch)* steep *fam*
❷ *(schonungslos) Kritik* harsh, sharp, unsparing
❸ *(anzüglich) Witz* crude

ge·pflas·tert [gə'pflastɐt] *adj (fam)* plastered (**mit** with)

ge·pflegt I. *adj* ❶ *(nicht vernachlässigt)* well looked after; **ein ~es Aussehen** a well-groomed appearance; **ein ~er Garten** a well-tended garden; **ein ~er Park** a well-kept park
❷ *(fam: kultiviert)* civilized; **eine ~e Atmosphäre** a sophisticated atmosphere; **eine ~e Ausdrucksweise/ein ~es Gespräch** a cultured expression/conversation
❸ *(erstklassig)* first-rate, excellent; **ein ~es Restaurant** a first-rate Restaurant; **~e Weine** excellent [*or* select] wines
II. *adv* ❶ *(kultiviert)* in a civilized way; **sich** *akk* **~ ausdrücken** to have a cultured way of speaking; **sich** *akk* **~ unterhalten** to have a civilized conversation
❷ *(erstklassig)* **~ essen gehen** to go to a first-rate restaurant; **~ wohnen** to live in style

Ge·pflegt·heit <-> *f kein pl* well-groomed appearance

Ge·pflo·gen·heit <-, -en> [gə'pflo:gn̩hai̯t] *f (geh)* habit

ge·pierct [-pi:ɐ̯st] *adj* pierced

Ge·plän·kel <-s> [gə'plɛŋkl̩] *nt kein pl* ❶ MIL *(veraltend: leichtes Gefecht)* skirmish
❷ *(harmlose Auseinandersetzung)* squabble *fam*

ge·plant I. *pp von* **planen**
II. *adj Rücktritt* planned

Ge·plap·per <-s> [gə'plapɐ] *nt kein pl* chatter[ing] *no pl*, babblings *npl pej*

Ge·plärr <-[e]s> [gə'plɛr] *nt*, **Ge·plär·re** <-s> [gə'plɛrə] *nt kein pl (pej fam)* bawling *no def art, no pl*

Ge·plät·scher <-s> [gə'plɛtʃɐ] *nt kein pl* splashing *no def art, no pl*

ge·plät·tet [gə'plɛtət] *adj inv, präd (fig sl)* flabbergasted *fam*

Ge·plau·der <-s> [gə'plaudɐ] *nt kein pl* chatt[er]ing

Ge·pol·ter <-s> [gə'pɔltɐ] *nt kein pl* banging; *(stumpf)* thudding *no pl*

Ge·prä·ge <-s> [gə'prɛ:gə] *nt kein pl (geh)* character *no pl*

ge·prüft *adj* ❶ JUR examined; *(auf Richtigkeit)* verified
❷ FIN audited

ge·punk·tet I. *pp von* **punkten**
II. *adj* ❶ *(aus Punkten bestehend) Linie* dotted
❷ *(mit Punkten versehen) Stoff* spotted, polka-dot *attr*

ge·quält I. *adj* forced
II. *adv* **~ lachen/seufzen** to give a forced [*or* to force a] smile/sigh

Ge·quas·sel <-s> [gə'kvasl̩] *nt kein pl (pej fam)* yacking *fam*, rabbiting BRIT *pej fam*

Ge·quat·sche <-s> [gə'kvatʃə] *nt kein pl (pej sl)* chattering, gabbing *no pl fam*

ge·ra·de [gə'ra:də] I. *adj* ❶ *(nicht schief)* straight; *Haltung* upright; ***sie hat eine ~ Haltung*** she's got an upright stand; ***das Bild hängt nicht ~*** the picture isn't straight; ***der Rock ist ~ geschnitten*** the skirt is cut straight; **etw ~ biegen** to straighten out sth *sep;* **~ gewachsen sein** *Mensch* to be clean-limbed; *Baum* to be straight; **etw ~ halten** to hold [*or* keep] sth straight; **sich** *akk* **~ halten** to hold oneself [up] straight; **in ~r Linie von jdm abstammen** *(fig)* to be descended in a direct line from sb; **~ sitzen** to sit up straight; ***sitz ~!*** sit up straight!; **~ stehen** to stand up straight; **den ~n Weg verfolgen** *(fig)* to keep to the straight and narrow
❷ MATH even; **~ Zahlen** even numbers
❸ *(aufrichtig)* honest; **ein ~r Mensch** an upright [*or* honest] person
❹ *attr (genau)* **das ~ Gegenteil** the exact [*or* direct] opposite; ***Anne war das ~ Gegenteil von Erika*** Anne was quite the opposite of Erika
II. *adv* ❶ *(im Augenblick, soeben)* just; ***sie telefoniert ~*** she's on the phone at the moment; ***haben Sie ~ einen Moment Zeit?*** do you have time just now?; ***da du ~ da bist, ...*** just while you're here, ...; ***ich wollte mich ~ ins Bad begeben, da...*** I was just about to get into the bath when ...; ***der Bus ist uns ~ vor der Nase weggefahren!*** we've just missed the bus!; ***da wir ~ von Geld sprechen, ...*** talking of money, ...; ***über was unterhaltet ihr euch denn da ~?*** what are you talking about just now?; ***als ich kam, war sie ~ weg zum Einkaufen*** when I arrived, she'd just gone shopping
❷ *(knapp)* just; ***sie verdient ~ so viel, dass sie davon leben kann*** she earns just enough for her to live on; ***sie hat die Prüfung ~ so bestanden*** she only just passed the exam; ***ich kam ~ [noch] rechtzeitig*** I came just in time
❸ *(genau, eben)* just; ***~ deshalb!*** that's just why!; ***das ist es ja ~!*** that's just [*or* exactly] it!; ***es war ~ umgekehrt!*** it was just [*or* exactly] the opposite; ***so ist es ~ nicht!*** that's just the way it isn't!; ***~ diese Sache beschäftigt mich sehr*** that's exactly what's on my mind; ***~ heute habe ich an dich gedacht*** I

was thinking of you only today; ~ ***Kinder brauchen viel Bewegung*** children especially need a lot of exercise; ~ ***du solltest dafür Verständnis haben*** you of all people should be understanding of that; **nicht ~ billig/groß** not exactly cheap/big
❹ *(ausgerechnet)* ***warum ~ ich?*** why me of all people?; ***warum ~ jetzt?*** why now of all times?; ~ ***du kannst dich beklagen*** *(iron)* what are *you* complaining about?
❺ *(emph fam: erst recht)* ~***, weil ...*** especially because ..., for the very reason that ...; ***jetzt ~!*** now more than ever! *fam;* ***jetzt ~ nicht!*** I'll be damned if I will! *fam;* ***das hat ~ noch gefehlt!*** *(iron)* that's all I need!

Ge·ra·de <-n, -n> [gəˈraːdə] *f* ❶ MATH straight line
❷ SPORT straight
❸ *(beim Boxen)* straight; **eine linke/rechte ~** a straight left/right

ge·ra·de·aus [gəraːdəˈʔaus] *adv* straight ahead; **~ fahren** to drive straight on **ge·ra·de|bie·gen** *vt irreg* ■**etw ~** ❶ *(in gerade Form biegen) s.* **gerade I 1** ❷ *(fam: in Ordnung bringen)* to straighten [*or* sort] out sth *sep* **ge·ra·de|hal·ten**[ALT] *vr, vt irreg s.* **gerade I 1** **ge·ra·de·her·aus** [gəraːdəhɛˈraus] **I.** *adj pred (fam)* straightforward, frank, plain-spoken **II.** *adv (fam)* frankly

ge·rä·dert *adj (fam)* ▸WENDUNGEN: **wie ~ sein, sich** *akk* **wie ~ fühlen** to be [*or* feel] completely [*or* absolutely] exhausted [*or* BRIT whacked] *fam*

ge·ra·de|rü·cken *vt (fam: richtigstellen)* ■**etw ~** to put [*or* set] sth straight, to correct sth **ge·ra·de|sit·zen**[ALT] *vi irreg s.* **gerade I 1** **ge·ra·de·so** [gəˈraːdəzoː] *adv s.* **ebenso** **ge·ra·de·so·viel**[ALT] *adv s.* **ebensoviel** **ge·ra·de|ste·hen** *vi irreg* ❶ *(aufrecht stehen) s.* **gerade I 1** ❷ *(einstehen)* ■**für jdn/etw ~** to answer for sb/sth **ge·ra·de·wegs** [gəˈraːdəveːks] *adv* straight; ~ ***nach Hause*** straight home **ge·ra·de·zu** [gəˈraːdətsuː] *adv* really, absolutely; **~ lächerlich etc.** really [*or* absolutely] [*or* nothing short of] ridiculous etc.

Ge·rad·heit <-> *f kein pl* straightforwardness, sincerity

ge·rad·ket·tig *adj* CHEM straight-chain, linear-chain **ge·rad·läu·fig** *adj* BAU straight

ge·rad·li·nig **I.** *adj* ❶ *(in gerader Richtung)* straight
❷ *(aufrichtig)* straight
II. *adv* straight; **~ verlaufen** to run in a straight line

Ge·rad·li·nig·keit *f* ❶ *(Verlaufen in gerader Richtung)* straightness
❷ *(fig: Aufrichtigkeit)* straightness, straight-laced nature

ge·rad·zah·lig *adj* MATH even-numbered

ge·ram·melt *adv* **~ voll** *(fam)* jam-packed, chock-a-block BRIT *fam*

Ge·ran·gel <-s> [gəˈraŋl] *nt kein pl* ❶ *(Balgerei)* scrapping *no art, no pl; (Geschubse)* tussle
❷ *(Auseinandersetzung)* quarrelling [*or* AM *usu* quarreling] *no art*

Ge·ra·nie <-, -n> [geˈraːni̯ə] *f* geranium

ge·rann [gəˈran] *imp von* **gerinnen**

Ge·rant(in) <-en, -en> [ʒeˈrant] *m(f)* SCHWEIZ *(Gastwirt)* restaurant proprietor

Ge·ras·sel <-s> [gəˈrasl] *nt kein pl (fam)* rattling

ge·ras·tert [gəˈrastɐt] *adj* **~er Vierfarbsatz** TYPO four colour [*or* AM -or] halftone set

Ge·rät <-[e]s, -e> [gəˈrɛːt] *nt* ❶ *(Vorrichtung)* device, gadget; *(Gartengerät)* tool
❷ ELEK, TECH piece of equipment, appliance; ■**~e** equipment *nsing; (Fernsehgerät, Radiogerät)* set
❸ SPORT *(Turngerät)* [piece of] apparatus
❹ *kein pl (Ausrüstung)* equipment *no pl; eines Handwerkers* tools *pl*

ge·ra·ten[1] <gerät, geriet, geraten> [gəˈraːtn̩] *vi sein* ❶ *(zufällig gelangen)* ■**irgendwohin ~** to get to somewhere; **in schlechte Gesellschaft/eine Schlägerei/einen Stau ~** to get into bad company/a fight/a traffic jam; **an einen Ort ~** to come to a place
❷ *(unbeabsichtigt kommen)* ■[**mit etw** *dat*] **an/in/unter etw** *akk* **~** to get [sth] caught in/under sth; **unter einen Lastwagen ~** to fall under a lorry [*or* truck]; **in einen Sturm ~** to get caught in a storm
❸ *(sich konfrontiert sehen mit)* ■**in etw** *akk* **~** to get into sth; **in Armut ~** to end up in poverty; **in eine Falle ~** to fall into a trap; **in Gefangenschaft ~** to be taken prisoner; **in Schulden/Schwierigkeiten/eine Situation ~** to get into debt[s]/difficulties/a situation
❹ *(erfüllt werden von)* ■**in etw** *akk* **~** to get into sth; **in Furcht/Verlegenheit/Wut ~** to get scared/embarrassed/angry; **in Panik ~** to start to panic
❺ *Funktionsverb (beginnen, etw zu tun)* ■**in etw** *akk* **~** to begin to do sth; **in Bewegung ~** to begin to move; **in Brand ~** to catch fire; **ins Schleudern ~** to get into a skid; **ins Schwärmen/Träumen ~** to fall into a rapture/dream; **ins Stocken ~** to come to a halt; **in Vergessenheit ~** to fall into oblivion
❻ *(ausfallen)* ***der Pulli ist mir zu groß ~*** my jumper turned out too big; ***das Essay ist zu kurz ~*** the essay turned out too short
❼ *(gelingen)* ***das Soufflé ist mir ~/mir nicht ~*** my soufflé turned/didn't turn out well; ***alle meine Kinder sind gut ~*** all my children turned out well
❽ *(fam: kennen lernen)* ■**an jdn ~** to come across sb
❾ *(arten)* ■**nach jdm ~** to take after sb
▸WENDUNGEN: [**vor etw** *dat*] [**über jdn/etw**] **außer sich** *dat* **~** to be beside oneself [with sth] [over sb/sth]

ge·ra·ten[2] [gəˈraːtn̩] **I.** *pp von* raten
II. *adj (geh)* advisable

Ge·rä·te·raum *m* equipment room **Ge·rä·te·schup·pen** *m* tool shed **Ge·rä·te·si·cher·heits·ge·setz** *nt* JUR Equipment Safety Law **Ge·rä·te·steu·e·rung** *f* INFORM device control **Ge·rä·te·tur·nen** *nt* gymnastics + *sing vb (on apparatus); (Schulübung a.)* apparatus work *no pl*

Ge·ra·te·wohl [gəraːtəˈvoːl, gəˈraːtəvoːl] *nt* ▸WENDUNGEN: **aufs ~** *(fam: auf gut Glück)* on the off-chance; *(willkürlich)* randomly; ***wir schlugen aufs ~ diesen Weg ein*** we decided to trust our luck and came this way

Ge·rät·schaf·ten *pl* tools *pl*, equipment *sing*

Ge·rat·ter <-s> [gəˈratɐ] *nt kein pl (pej fam)* clatter[ing], rattle, rattling

Ge·räu·cher·te(s) *nt dekl wie adj* smoked meat *no pl*

ge·raum [gəˈraum] *adj attr (geh)* some *attr;* **vor ~er Zeit** some time ago; **seit ~er Zeit** for some time

ge·räu·mig [gəˈrɔymɪç] *adj* spacious, roomy, capacious *form*

Ge·räu·mig·keit <-> *f kein pl* spaciousness, roominess, capaciousness *form*

Ge·räusch <-[e]s, -e> [gəˈrɔyʃ] *nt* sound; *(unerwartet, unangenehm a.)* noise

ge·räusch·arm *adj* quiet, low-noise *spec* **ge·räusch·däm·mend** *adj Wand* sound-damping **ge·räusch·emp·find·lich** *adj* sensitive to noise *pred;* TECH sound-sensitive **Ge·räusch·ku·lis·se** *f* ❶ *(Lärm)* background noise *no pl; (verschiedenartig a.)* background noise[s *pl*] ❷ FILM, RADIO, TV sound effects *pl*

ge·räusch·los **I.** *adj* silent
II. *adv* silently, noiselessly

Ge·räusch·min·de·rung *f* noise reduction **Ge·räusch·pe·gel** *m* noise level[s *pl*] **ge·räusch·voll** **I.** *adj* loud; *(unangenehm a.)* noisy **II.** *adv* loudly; *(unangenehm a.)* noisily

Ge·räus·per <-s> [gəˈrɔyspɐ] *nt kein pl* throat-clearing

ger·ben [ˈgɛrbn̩] *vt* ■**etw ~** to tan sth; **eine gegerbte Haut** a tanned hide; *eines Menschen* weather-beaten skin

Ger·ber(in) <-s, -> [ˈgɛrbɐ] *m(f)* tanner

Ger·be·rei <-, -en> [gɛrbəˈrai] *f* tannery

Gerb·säu·re *f* tannic acid

ge·recht [gəˈrɛçt] **I.** *adj* ❶ *(rechtgemäß)* just; ■**~ [gegen jdn] sein** to be fair [to sb], to be just; ■**die G~en** *pl* the just + *pl vb old*
❷ *(verdient)* just, fair; **einen ~en Lohn** *(Geld)* a fair wage; *(Anerkennung)* a just reward; ***es ist doch nur ~*** it's only fair [*or* right] [*or* just]
❸ *(berechtigt)* just, legitimate; **eine ~e Sache** a just cause; **in ~em Zorn** with righteous anger *form*
❹ *(angemessen beurteilen)* ■**jdm/etw ~ werden** to do justice to sb/sth
❺ *(eine Aufgabe erfüllen)* ■**etw** *dat* **~ werden** to fulfil [*or* AM *usu* -ll] sth; **den Anforderungen** [*o* **Bedingungen**] **~ werden** to fulfil the demands; **Erwartungen ~ werden** to fulfil/meet/come up to expectations
II. *adv* justly, fairly

ge·rech·ter·wei·se *adv* justifiably; ~ ***muss gesagt/zugestanden werden, ...*** to be fair, ...

ge·recht·fer·tigt *adj* justified

Ge·rech·tig·keit <-> [gəˈrɛçtɪçkait] *f kein pl* ❶ *(das Gerechtsein)* justice *no art, no pl; eines Urteils* justness *no art, no pl*
❷ *(Unparteilichkeit)* fairness *no art, no pl*
▸WENDUNGEN: **ausgleichende ~** poetic justice; **die ~ nimmt ihren Lauf** justice takes its course

Ge·rech·tig·keits·ge·fühl *nt* sense of justice **Ge·rech·tig·keits·lie·be** *f* love of justice **ge·rech·tig·keits·lie·bend** *adj* just; **ein ~er Mensch** a lover of justice **Ge·rech·tig·keits·sinn** *m kein pl s.* **Gerechtigkeitsgefühl**

Ge·re·de <-s> [gəˈreːdə] *nt kein pl* gossip *no indef art, no pl,* talk *no indef art, no pl;* ***kümmere dich nicht um das ~ der Leute*** don't worry about what [other] people say; **jdn ins ~ bringen** to get sb gossiped [*or* talked] about; **ins ~ kommen** [*o* **geraten**] to get oneself gossiped [*or* talked] about

ge·re·gelt *adj* regular; **ein ~es Leben** a well-ordered life; **~er Katalysator** AUTO computer-controlled catalytic converter

ge·rei·chen* [gəˈraiçn̩] *vi (geh)* **jdm zur Ehre ~** to do sb honour [*or* AM -or]; **jdm/etw zum Nachteil/Vorteil ~** to be an advantage to/a drawback for sb/sth; **jdm zum Nutzen/Schaden ~** to be beneficial/damaging to sb

ge·reizt **I.** *adj (verärgert)* irritated; *(nervös)* edgy; ***es herrschte eine ~e Stimmung*** there was a strained atmosphere
II. *adv* irritably, touchily

Ge·reizt·heit <-> *f kein pl (Verärgerung)* irritability, touchiness; *einer Stimmung* strainedness; *(Nervosität)* edginess

Ger·i·a·ter(in) <-s, -> [geˈri̯aːtɐ] *m(f)* geriatrician

Ger·i·a·trie <-> [geri̯aˈtriː] *f kein pl* geriatrics *no art,* + *sing vb*

ger·i·a·trisch [geˈri̯aːtrɪʃ] *adj* geriatric

Ge·richt[1] <-[e]s, -e> [gəˈrɪçt] *nt (Speise)* dish

Ge·richt[2] <-[e]s, -e> [gəˈrɪçt] *nt* ❶ JUR *(Behörde)* court [of justice]; *(Gebäude)* court [house], law courts *pl;* **~ erster/zweiter/letzter Instanz** court of first instance/appellate court/court of ultimate resort; **[etw] vor ~ aussagen** to testify in court; **jdn/einen Fall vor ~ bringen** to take sb/a case to court; **vor ~ erscheinen** to appear in court [*or* at the bar]; **vor ~ gehen** to litigate; **mit etw** *dat* **vor ~ gehen** *(fam)* to take legal action [*or* to go to court] about sth; **vor ~ kommen** to appear in [*or* come to] court, to appear [*or* come] before a/the court; *Fall* to come to court; **[wegen einer S.** *gen*] **vor ~ stehen** to appear in [*or* before a/the] court [for sth]; **jdn/einen Fall vor ~ vertreten** to represent sb/a case in court; **gegen jdn/etw vor ~ ziehen** *(fam)* to instigate legal proceedings against sb/sth, to take sb/sth to court; **bei ~** in court, at the bar; **vor ~** at law, on trial
❷ JUR *(die Richter)* court, bench
▸WENDUNGEN: **Hohes ~!** My Lord! BRIT, Your Honor! AM; **das Jüngste ~** REL the last Judg[e]ment, Judg[e]ment Day; **mit jdm ins ~ gehen** to sharply criticize sb; **über jdn/etw ~ halten** to pronounce judg[e]ment on sb/sth; **über jdn zu ~ sitzen** to sit in judg[e]ment on sb

ge·rich·tet **I.** *pp von* **richten**
II. *adj (vorbereitet)* prepared, organized

ge·richt·lich **I.** *adj attr* judicial, jurisdictional, court *attr;* **laut ~en Beschlusses** [*o* **~em Beschluss**] according to a/the court decision [*or* decision of a/the

court]; **eine ~e Klärung** a court settlement; **ein ~es Nachspiel** a court sequel; **auf ~em Wege** by legal steps; **etw ~ anordnen** to decree sth; **~ gegen jdn vorgehen** to take legal action against sb
II. *adv* legally, in court; **etw ~ einklagen** to sue for sth; **Schulden ~ eintreiben** to recover debts through [a/the] court order; **~ belangt werden** to be legally prosecuted; **etw ~ klären** to settle sth in court; **~ gegen jdn vorgehen** to take sb to court, to take legal proceedings [*or* to litigate] against sb, to proceed against sb

ge·richts·ähn·lich *adj* quasi-judicial **Ge·richts·ak·te** *f* court record **Ge·richts·ak·ten** *pl* court records *pl* **Ge·richts·arzt, -ärz·tin** *m, f* specialist in forensic medicine **Ge·richts·as·ses·sor(in)** *m(f) (veraltet: Richter auf Probe)* trainee judge **Ge·richts·bar·keit** <-, -en> *f* JUR ① *kein pl (Befugnis zur Rechtsprechung)* jurisdiction; **ausländische ~** foreign jurisdiction; **deutsche ~** German jurisdiction; **freiwillige ~** voluntary jurisdiction, non-contentious proceedings; **ordentliche ~** ordinary jurisdiction ② *pl (Ausübung der rechtsprechenden Gewalt)* jurisdiction **Ge·richts·be·scheid** *f* notification by the court **Ge·richts·be·schluss**[RR] *m* court decision [*or* order], decision of a/the court **Ge·richts·be·zirk** *m* court circuit, juridical district *form,* judicial circuit **Ge·richts·die·ner** *m (veraltet)* court usher **Ge·richts·dol·met·scher(in)** *m(f)* JUR court interpreter **Ge·richts·ent·scheid** *m* court decision, judicial ruling **Ge·richts·ent·schei·dung** *f* court ruling, judicial decision **Ge·richts·fe·ri·en** *pl* court recess *sing,* vacation of the courts **Ge·richts·ge·büh·ren** *pl* legal costs, court fees, court fees **Ge·richts·hof** *m* law court, court of justice, court of law *esp* AM; **der Europäische ~** the European Court of Justice; **der Internationale ~** the International Court of Justice; **der Oberste ~** the High Court of Justice BRIT, the Supreme Court [of Justice] AM; **der Ständige Internationale ~** the Permanent International Court [of Justice] **Ge·richts·ho·heit** *f* jurisdiction **Ge·richts·kas·se** *f* taxing master's office BRIT *(court office where court fees and fines are paid); (Person)* court cashier **Ge·richts·kennt·nis** *m* judicial notice; *(Kenntnisnahme)* cognizance

Ge·richts·kos·ten *pl* court [*or* legal] fees [*or* costs] *pl;* **jdm die ~ auferlegen** *(geh)* to order sb to pay the court fees [*or* costs] **Ge·richts·kos·ten·ge·setz** *nt* court fees act **Ge·richts·kos·ten·vor·schuss** *m* JUR advance of legal fees

ge·richts·kun·dig *adj* known to the court **Ge·richts·me·di·zin** *f* forensic medicine, no art, no pl, medical jurisprudence *no art, no pl form* **Ge·richts·me·di·zi·ner(in)** *m(f)* forensic scientist, medical examiner AM **ge·richts·me·di·zi·nisch** I. *adj* forensic, medicolegal *form* II. *adv* ***die Leiche wurde ~ untersucht*** the body was examined by a forensic scientist **Ge·richts·ort** *m* venue, place of court, town/city with a court; **der zuständige ~** the venue *spec* **Ge·richts·per·son** *f* JUR court official **Ge·richts·prä·si·dent(in)** <-en, -en> *m(f)* president of the court **Ge·richts·re·fe·ren·dar(in)** *m(f)* JUR judicial trainee **Ge·richts·saal** *m* courtroom **Ge·richts·schrei·ber(in)** *m(f)* clerk [of a/the court], keeper of the records **Ge·richts·sit·zung** *f* court sitting [*or* hearing]; **~ unter Ausschluss der Öffentlichkeit** court in chambers [*or* camera]

Ge·richts·stand *m (form)* [legal] venue, place [*or* court] of jurisdiction; **~ *ist Berlin*** any legal case arising from this contract shall be heard in Berlin; **~ des Erfüllungsortes** jurisdiction at the place of performance; **allgemeiner ~** place of general jurisdiction; **ausschließlicher ~** exclusive jurisdiction; **dinglicher ~** jurisdiction in rem, forum rei sitae; **fliegender ~** itinerant tribunal; **unzuständiger ~** improper venue **Ge·richts·stand·klau·sel** *f* JUR choice of jurisdiction clause **Ge·richts·stand·ver·ein·ba·rung** *f* JUR venue clause

Ge·richts·ter·min *m* date of hearing, date of a/the trial **Ge·richts·ur·teil** *nt* JUR [court] judgment **Ge·richts·ver·fah·ren** *nt* legal [*or* court] proceedings *pl;* **ein ~ gegen jdn einleiten** to take [*or form* institute] legal proceedings against sb

Ge·richts·ver·fas·sung *f* JUR, FIN constitution of the courts **Ge·richts·ver·fas·sungs·ge·setz** *nt* JUR Judicature Act

Ge·richts·ver·hand·lung *f* trial; *(zivil)* hearing **Ge·richts·ver·waltung** *f* JUR court administration **Ge·richts·voll·zie·her(in)** <-s, -> *m(f)* bailiff BRIT, U.S Marshal AM

Ge·richts·zeich·ner(in) *m(f)* court artist

ge·rie·ben [gəˈriːbn̩] I. *pp von* **reiben**
II. *adj (fam: gerissen)* cunning, crafty; *(betrügerisch)* tricky

ge·rie·ren [geˈriːrən] *vr (geh)* ■**sich** *akk* **als jd/etw ~** to show oneself to be sb/sth

ge·riet [gəˈriːt] *imp von* **geraten**[1]

ge·ring [gəˈrɪŋ] I. *adj* ① *(niedrig)* low; METEO low; **eine ~e Anzahl/Menge** a small number/amount; **~ere Liquidität** BÖRSE illiquidity; **~e Umsätze tätigen** BÖRSE to make little sales; **von ~em Wert** of little value; **~ gerechnet** at a modest estimate; **nicht das G~ste** nothing at all; **nicht im G~sten** not in the least [*or* slightest] [bit]; ***das stört mich nicht im G~sten*** it doesn't disturb me in the slightest [*or* least] [bit]
② *(unerheblich)* slight; **~e Abschwächung** BÖRSE slight decline; **~e Bedeutung** minor significance; **eine ~e Chance** a slim [*or* slight] [*or* small] chance; **~e Kursbewegung bei den Hauptwährungen** BÖRSE slight movements in the metropolitan currency rates; **~e Kursschwankungen aufweisen** BÖRSE to move in a narrow range; **~e Lohnunterschiede** slight disparity of wages
③ *(unzulänglich)* poor, low; **eine ~e Lebenserfahrung** little experience in life
▸WENDUNGEN: **kein G~erer als …** …, no less *a. hum,* no less a person than … *a. hum*
II. *adv* ① *(schlecht)* poorly; **~ von jdm denken/sprechen** to have a poor opinion/speak badly of sb
② *(wenig, kaum)* **jdn/etw ~ achten** [*o* **schätzen**] *(verachten)* to think little of sb/sth, to have a low opinion of sb/to have little regard for sth, to place little/no importance on sth; **etw ~ achten** [*o* **schätzen**] *(missachten)* to disregard sth; *(unterschätzen)* to underestimate sth

ge·ring|ach·ten *vt s.* **gering II 2**

ge·rin·gelt *adj* ringed; **~e Socken** hooped socks

ge·ring·fü·gig [gəˈrɪŋfyːgɪç] I. *adj* insignificant; **ein ~er Betrag/~es Einkommen** a small amount/income; **ein ~er Unterschied** a slight difference; **~e Verbesserungen** slight improvements; **ein ~es Vergehen/ein ~er Verstoß/eine ~e Verletzung** a minor [*or* trivial] offence/violation/injury
II. *adv* slightly

Ge·ring·fü·gig·keit <-, -en> *f* insignificance *no indef art, no pl,* slightness *no indef art, no pl,* triviality *no indef art, no pl;* **wegen ~ eingestellt werden** JUR to dismiss a case for want of sufficient ground *form*

ge·ring|schät·zen *vt s.* **gering II 2**

ge·ring·schät·zig [gəˈrɪŋʃɛtsɪç] I. *adj* contemptuous; **eine ~e Bemerkung** a disparaging remark
II. *adv* contemptuously, disparagingly; **~ über jdn/etw sprechen** to speak disparagingly of sb/sth, to deprecate sth

Ge·ring·schät·zung *f kein pl* disparagement *no indef art, no pl,* contempt[uousness] *no indef art, no pl; (Ablehnung)* disdain *no indef art, no pl;* **~ für jdn** a low opinion of sb

Ge·ring·ver·die·ner(in) *m(f)* low earner **ge·ring·wer·tig** *adj* inferior; **~e Nahrung** poor [*or* low-value] food

ge·rin·nen <gerann, geronnen> [gəˈrɪnən] *vi sein* to coagulate; *Blut a.* to clot; *Milch a.* to curdle; *(fig geh)* ■**zu etw** *dat* **~** to develop into sth

Ge·rinn·sel <-s, -> [gəˈrɪnzl̩] *nt* [blood] clot, coagulum *spec*

Ge·rin·nung <-, -en> *pl selten f* coagulation *no pl; von Blut a.* clotting *no art, no pl; von Milch a.* curdling *no art, no pl*

Ge·rin·nungs·hem·mer *m kein pl* CHEM anticoagulant **Ge·rin·nungs·mit·tel** *nt* coagulant, coagulator

Ge·rip·pe <-s, -> [gəˈrɪpə] *nt* ① *(Skelett)* skeleton
② *(innere Struktur)* skeleton, frame
③ *(Grundplan)* framework

ge·rippt *adj* MODE ribbed

ge·ris·sen [gəˈrɪsn̩] I. *pp von* **reißen**
II. *adj (fam)* crafty, cunning

Ge·ris·sen·heit <-> *f kein pl (fam)* craftiness *no art, no pl,* cunning *no art, no pl*

Germ <-s> [gɛrm] *m kein pl* ÖSTERR *(Hefe)* yeast

Ger·ma·ne, Ger·ma·nin <-n, -n> [gɛrˈmaːnə, gɛrˈmaːnɪn] *m, f* HIST Teuton

Ger·ma·nia <-> [gɛrˈmaːni̯a] *f* Germania *(symbol of the former German Reich: a female figure in armour)*

Ger·ma·ni·en <-s> [gɛrˈmaːni̯ən] *nt* HIST Germania

Ger·ma·nin [gɛrˈmaːnɪn] *f fem form von* **Germane**

ger·ma·nisch [gɛrˈmaːnɪʃ] *adj* HIST Teutonic

Ger·ma·nisch [gɛrˈmaːnɪʃ] *nt dekl wie adj* Germanic; ■**das ~e** Germanic, the Germanic language

Ger·ma·nist(in) <-en, -en> [gɛrmaˈnɪst] *m(f)*
① *(Wissenschaftler)* Germanist
② *(Student)* student of German, German student; ■**~ sein** to study German

Ger·ma·nis·tik <-> [gɛrmaˈnɪstɪk] *f kein pl* German [studies *npl*]

ger·ma·nis·tisch *adj* German; **eine ~e Fachzeitschrift** a journal on German[ic] studies

Ger·ma·ni·um <-s> [gɛrˈmaːni̯ʊm] *nt kein pl* CHEM germanium *no art, no pl spec*

ger·n(e) <lieber, am liebsten> [ˈgɛrn(ə)] *adv*
① *(freudig)* with pleasure; **~ gesehen** welcome; **jdn/sich ~ mögen** to be fond of sb/one another; ***ich mag ihn sehr ~*** I like him a lot, I'm very fond of him; **etw ~ tun** to like doing/to do sth, to enjoy doing sth; ***das mache ich doch ~ für dich!*** of course I'll do it for you!; **seine Arbeit ~ machen** to enjoy one's work; **etw ~ essen** to like [eating] sth; ***er sieht das nicht ~*** he doesn't like that; ***ich hätte ~ gewusst, …*** I would like to know …
② *(ohne weiteres)* ***das kannst du ~ haben*** you're welcome to [have] it; ***das glaube ich ~!*** I can quite believe that!, I believe that straight away!
③ *(gewöhnlich, oft)* **etw ~ tun** to tend to do sth; ***morgens lässt sie sich ~ viel Zeit*** she likes to leave herself a lot of time in the mornings; **ein ~ gehörtes Lied** a popular song; **ein ~ gelesenes Buch** a popular book
▸WENDUNGEN: **aber ~!** of course!, please do!; **~ geschehen!** don't mention it!, my pleasure!; **wie hätten** [*o* **möchten**] **Sie es** [**denn**] **~?** how would you like that?; **ja, ~!** with pleasure!; **rasend ~!** *(fam)* I'd simply love to!

Ger·ne·groß <-, -e> *m (hum fam)* somebody who likes to act big, wannabe *pej fam;* ■**ein ~ sein** to like to act big, to be a wannabe *pej fam*

gern·ge·hört *adj s.* **gern 3** **gern·ge·le·sen** *adj s.* **gern 3** **gern·ge·se·hen** *adj attr s.* **gern 1** **gern|ha·ben**[RR] *vt irreg* ■**jdn/sich ~** to be fond of sb/one another; ■**es ~, wenn …** to like it when …; **du kannst mich mal ~!** *(iron fam)* you can go to hell! *hum* [*or* BRIT *hum fam* go and whistle]

Ge·rö·chel <-s> [gəˈrœçl̩] *nt kein pl* groaning, groans *pl*

Ge·röll <-[e]s, -e> [gəˈrœl] *nt* scree *no pl spec,* talus; *(größer)* boulders *pl*

Ge·röl·la·wi·ne[ALT] *f s.* **Gerölllawine**

Ge·röll·hal·de <-, -n> *f* scree [slope]

Ge·röll·la·wi·ne[RR] *f* scree avalanche **Ge·röll·wüs·te** *f* detritus waste

ge·ron·nen[1] [gəˈrɔnən] *adj* congealed, coagulated; *(Milchprodukte)* clotted

ge·ron·nen[2] [gəˈrɔnən] *pp von* **rinnen, gerinnen**

Ge·ron·to·lo·ge, Ge·ron·to·lo·gin <-n, -n> [gerɔntoˈloːgə, gerɔntoˈloːgɪn] *m, f* MED gerontologist *spec*

Ge·ron·to·lo·gie <-> [gerɔntoloˈgiː] *f kein pl* MED gerontology *no art, no pl spec*

Gers·te <-, -n> ['gɛrstə] *f* BOT barley *no art, no pl*

Gers·ten·korn *nt* ❶ BOT barleycorn ❷ MED *(Entzündung am Lid)* sty[e] **Gers·ten·saft** *m kein pl (hum)* beer

Ger·te <-, -n> ['gɛrtə] *f* switch; **schlank wie eine ~ sein** to be as thin as a reed

ger·ten·schlank *adj* slim, willowy

Ge·ruch <-[e]s, Gerüche> [gə'rʊx, *pl* gə'rʏçə] *m* ❶ *(Duft)* smell, odour [*or* AM -or]; *einer Blume, eines Parfüms* scent; *(Gestank)* stench ❷ *kein pl (Geruchssinn)* sense of smell
▸WENDUNGEN: **in dem ~ stehen, etw zu tun** *(geh)* to be rumoured [*or* AM -ored] to be doing sth

ge·ruch·los *adj* odourless [*or* AM -orless]

Ge·ruchs·be·kämp·fung *f* stench control **Ge·ruchs·be·läs·ti·gung** *f* **das ist eine ~** the smell is a real nuisance **Ge·ruchs·emp·fin·dung** *f s.* **Geruchssinn Ge·ruchs·nerv** *m s.* **Riechnerv Ge·ruchs·or·gan** *nt s.* **Riechorgan Ge·ruchs·sinn** *m kein pl* sense of smell

Ge·ruchs·ver·bes·se·rer *m* air freshener, fragrancer **Ge·ruchs·ver·schluss**[RR] *m* odour [*or* AM -or] trap, siphon *spec*

Ge·rücht <-[e]s, -e> [gə'rʏçt] *nt* rumour [*or* AM -or]; **etw für ein ~ halten** *(fam)* to have [one's] doubts about sth; **ein ~ in die Welt setzen** to start a rumour; **es geht das ~, dass ...** there's a rumour [going round] that ... **Ge·rüch·te·kü·che** *f* rumour-mongers [*or* AM rumor-mongers] *pl*

ge·ru·hen* [gə'ru:ən] *vt (geh)* ■**~, etw zu tun** to deign *a. pej* [*or hum a. form* condescend] to do sth

ge·ruh·sam I. *adj* peaceful; **ein ~er Abend am Kamin** a quiet evening in front of the fireplace; **ein ~er Spaziergang** a leisurely walk
II. *adv* leisurely, peacefully; **~ essen** to eat in peace [and quiet]

Ge·rüm·pel <-s> [gə'rʏmpl̩] *nt kein pl (pej)* junk *no indef art, no pl*

Ge·run·di·um <-s, -ien> [ge'rʊndi̯ʊm, *pl* ge'rʊndi̯ən] *nt* LING gerund *spec*

Ge·run·div <-s, -e> [gerʊn'di:f, *pl* gerʊn'di:və] *nt*, **Ge·run·di·vum** <-s, -diva> [gerʊn'di:vʊm, *pl* gerʊn'di:va] *nt* LING gerundive *spec*

Ge·rüst <-[e]s, -e> [gə'rʏst] *nt* ❶ BAU scaffold[ing *no pl*] ❷ *(Grundplan)* framework

Ge·rüst·bau *m* ❶ *kein pl* BAU erection of scaffolding *no indef art, no pl* ❷ *(Firma)* scaffolders *pl* **Ge·rüst·bau·er(in)** <-s, -> *m(f)* scaffolder **Ge·rüst·bau·fir·ma** *f* scaffolders *pl*

ge·rüt·telt *adj* ▸WENDUNGEN: **~ voll** jam-packed, chock-a-block BRIT *fam*

ges *nt*, **Ges** <-, -> ['gɛs] *nt* MUS G flat

ge·sal·zen [gə'zaltsn̩] **I.** *pp von* **salzen**
II. *adj (fam: überteuert)* steep *fam*

ge·sam·melt *adj* ❶ *Werke* collected ❷ *Aufmerksamkeit, Kraft* collective

ge·samt [gə'zamt] *adj attr* whole, entire; **die ~e Familie** the whole [*or* entire] family + *sing/pl vb;* **die ~en Kosten** the total costs; **die ~e Verwandtschaft** all the relatives

Ge·samt·ak·ti·va *pl* FIN total assets **Ge·samt·ana·ly·se** *f* full analysis **Ge·samt·an·ge·bot** *nt* ÖKON total supply **Ge·samt·an·sicht** *f* general view **Ge·samt·ar·beits·ver·trag** *m* SCHWEIZ *(Tarifvertrag)* collective agreement **ge·samt·ar·beits·ver·trag·lich** *adj* JUR, ÖKON SCHWEIZ *(tarifvertraglich)* collectively agreed, under the collective wage agreement *pred* **Ge·samt·auf·la·ge** *f eines Buchs* total edition; *einer Zeitschrift, Zeitung* total circulation **Ge·samt·auf·wand** *m kein pl* FIN total outlay **Ge·samt·auf·wen·dun·gen** *pl* FIN total expenses *pl* **Ge·samt·aus·ga·be** *f* complete edition **Ge·samt·aus·schüt·tung** *f* FIN overall distribution of dividends **Ge·samt·be·bau·ungs·plan** *m* ADMIN overall development plan **Ge·samt·be·darf** *m kein pl* ÖKON total demand [*or* requirements] *pl* **Ge·samt·be·ra·tung** *f* global advice **Ge·samt·be·reich** *m* total range **Ge·samt·be·trag** *m* total [amount] **Ge·samt·be·triebs·rat** *m* central works council **Ge·samt·be·völ·ke·rung** *f kein pl* POL the entire [*or* whole] population, the population as a whole **Ge·samt·be·wer·tung** *f* overall evaluation **Ge·samt·be·zü·ge** *pl* FIN, ÖKON total remuneration *sing* **Ge·samt·bi·lanz** *f* FIN overall [*or* consolidated] balance sheet **Ge·samt·bild** *nt* overall [*or* general] picture **Ge·samt·brut·to·er·lö·se** *pl* HANDEL gross profit sales **Ge·samt·bu·chungs·zeit·raum** *m* FIN, ÖKON total accounting period **Ge·samt·bud·get** [-bʏdʒe:] *nt* FIN, ÖKON total budget **Ge·samt·bürg·schaft** *f* JUR comprehensive guarantee **Ge·samt·dar·stel·lung** *f* overall presentation **Ge·samt·de·ckungs·prin·zip** *nt* FIN total coverage principle **ge·samt·deutsch** [gə'zamtdɔytʃ] *adj* all-German; **die ~e Frage** the German Question **Ge·samt·deutsch·land** [gə'zamtdɔytʃlant] *nt* HIST greater Germany **Ge·samt·ei·gen·tum** *nt* JUR total property, joint title **Ge·samt·ei·gen·tü·mer(in)** *m(f)* JUR sole owner **Ge·samt·ein·druck** *m* overall [*or* general] impression **Ge·samt·ein·kauf** *m* HANDEL total purchase **Ge·samt·ein·künf·te** *pl* FIN total income [*or* revenue] **Ge·samt·ein·la·ge** *f* FIN total contribution **Ge·samt·ein·nah·men** *pl* FIN, ÖKON total revenue *sing* **Ge·samt·er·geb·nis** *nt* total outcome [*or* result] **Ge·samt·er·lös** *m* FIN total revenue **ge·samt·eu·ro·pä·isch** *adj* all-[*or* pan-]European

Ge·samt·form *f* overall form; *(aus der Summe der Teile ergebend)* whole **Ge·samt·ge·schäfts·füh·rer(in)** *m(f)* HANDEL general manager **Ge·samt·ge·schäfts·füh·rungs·be·fug·nis** *f* HANDEL general management powers *pl* **ge·samt·ge·sell·schaft·lich** *adj* related to society as a whole *pred* **Ge·samt·ge·wicht** *nt* AUTO laden [*or form* gross vehicle] weight; **zulässiges ~** gross vehicle weight rating *form*, GVWR *form* **Ge·samt·ge·winn** *m* ÖKON total profit **Ge·samt·gläu·bi·ger** *pl* JUR joint and several creditors **Ge·samt·grund·schuld** *f* JUR collective [*or* comprehensive] land charge **Ge·samt·gut** *nt* JUR *(bei Gütergemeinschaft)* common [*or* joint] property **Ge·samt·gut·ha·ben** *nt* FIN bank balance total **Ge·samt·guts·ver·wal·tung** *f* JUR administration of joint marital property **Ge·samt·hand** *f* JUR collective [*or* joint] ownership

Ge·samt·hän·der *pl* JUR joint holders of property

ge·samt·hän·de·risch *adj* JUR joint

Ge·samt·hand·lungs·voll·macht *f* JUR general power of attorney

Ge·samt·hands·ei·gen·tum *nt* JUR joint property [*or* ownership] **Ge·samt·hands·ei·gen·tü·mer(in)** *m(f)* JUR joint owner **Ge·samt·hands·ge·mein·schaft** *f* JUR joint ownership **Ge·samt·hands·gläu·bi·ger(in)** *m(f)* JUR joint creditor **Ge·samt·hands·schuld** *f* FIN joint debt **Ge·samt·hands·schuld·ner(in)** *m(f)* FIN joint debtor **Ge·samt·hands·ver·hält·nis** *nt* JUR joint-property relationship **Ge·samt·hands·ver·mö·gen** *nt* FIN joint property assets *pl*

Ge·samt·heit <-> *f kein pl* totality; ■**die ~ der ...** all the ...; **in seiner ~** as a whole, in its entirety

Ge·samt·hoch·schu·le *f* amalgamated university, ≈ polytechnic BRIT *hist* **Ge·samt·hy·po·thek** *f* JUR aggregate [*or* consolidated] mortgage **Ge·samt·in·dex** *m* overall index **Ge·samt·in·ter·es·se** *nt* ■**das ~** the general interest **Ge·samt·jahr** *nt* whole year, year as a whole **Ge·samt·ka·pi·tal** *nt* FIN overall [*or* total] capital **Ge·samt·kon·zept** *nt* overall concept **Ge·samt·kos·ten** *pl* total costs *pl* **Ge·samt·kunst·werk** *nt* synthesis of the arts **Ge·samt·last** *f* total burden **Ge·samt·lauf·zeit** *f* FIN *eines Kredits etc.* total lifetime **Ge·samt·markt** *m* overall market **Ge·samt·men·ge** *f* total quantity **Ge·samt·nach·fra·ge** *f* ÖKON overall demand **Ge·samt·nut·zungs·dau·er** *f* overall term of use **Ge·samt·per·so·nal·rat** *m* JUR combined works council **Ge·samt·pla·nung** *f* general layout **Ge·samt·preis** *m* HANDEL overall price [*or* all-in] **Ge·samt·pro·dukt** *nt* HANDEL overall product **Ge·samt·pro·duk·ti·on** *f* HANDEL total output **Ge·samt·pro·ku·ra** *f* HANDEL joint power of attorney

Ge·samt·rech·nung *f* ÖKON overall account[ing]; **volkswirtschaftliche ~** national income and product account **Ge·samt·rech·nungs·be·trag** *m* HANDEL invoice total

Ge·samt·rechts·nach·fol·ge *f* JUR universal succession **Ge·samt·rechts·nach·fol·ger(in)** *m(f)* JUR universal successor **Ge·samt·ren·ten·schuld** *f* FIN total annuity debt **Ge·samt·ri·si·ko** *nt* total risk **Ge·samt·scha·den** *m* total damage **Ge·samt·schuld** *f* JUR joint and several obligation **Ge·samt·schuld·ner(in)** *m(f)* JUR joint [and several] debtor; **als ~ haften** to be jointly and severally liable **ge·samt·schuld·ne·risch** *adj* JUR jointly and severally liable; **~e Haftung** joint and several liability; **~ mit dem Schuldner** jointly and severally with the debtor **Ge·samt·schuld·ver·hält·nis** *nt* JUR joint indebtedness **Ge·samt·schu·le** *f* ≈ comprehensive school; **integrierte ~** ≈ comprehensive school **Ge·samt·sei·ten·zahl** *f* total number of pages [*or* page count] **Ge·samt·si·cher·heit** *f* JUR comprehensive security **Ge·samt·sicht** *f* overview **Ge·samt·sie·ger(in)** *m(f)* SPORT overall winner **Ge·samt·steu·er·be·las·tung** *f* FIN total tax liability **Ge·samt·steu·er·satz** *m* FIN total tax rate **Ge·samt·stra·fe** *f* JUR overall [*or* compound] sentence *(covering individual sentences of several offences, but not exceeding maximum sentence)* **Ge·samt·stück·kos·ten** *pl* ÖKON total unit cost *sing* **Ge·samt·stück·zahl** *f* HANDEL total pieces *pl* **Ge·samt·sum·me** *f* FIN total [amount], grand total; **~ der Aktiva/Passiva** total assets *pl*/liabilities *pl;* **~ des Eigenkapitals** total capital resources *pl;* **~ der laufenden Erträge** total current revenues **Ge·samt·to·tal** <-s, -e> *nt* FIN SCHWEIZ *(Gesamtsumme)* total [amount], grand total **Ge·samt·über·schuss**[RR] *m* FIN total surplus **Ge·samt·über·sicht** *f* general survey

Ge·samt·um·fang *m* ÖKON total volume **Ge·samt·um·fangs·re·gis·ter** *nt* TYPO unit-to-unit register

Ge·samt·um·satz *m* total turnover **Ge·samt·un·ter·neh·men** *nt* company as a whole **Ge·samt·ur·kun·de** *f* JUR all-in document **Ge·samt·ver·bind·lich·kei·ten** *pl* FIN overall debt burden [*or* exposure] **Ge·samt·ver·brauch** *m kein pl* total consumption **Ge·samt·ver·ein·ba·rung** *f* ❶ JUR *(Abkommen)* blanket agreement ❷ HANDEL *(Pauschalangebot)* package deal **Ge·samt·ver·gleich** *m* JUR full settlement **Ge·samt·ver·mö·gen** *nt* FIN total estate [*or* net worth] **Ge·samt·ver·tre·tung** *f* JUR collective representation **Ge·samt·ver·wal·tung** *f* general administration **Ge·samt·ver·wei·sung** *f* JUR general referral **Ge·samt·voll·stre·ckung** *f* JUR joint enforcement **Ge·samt·vo·lu·men** *nt* ÖKON total volume **Ge·samt·vor·rat** *m* total stock **Ge·samt·vor·satz** *m* JUR general intent **Ge·samt·werk** *nt* complete works *pl* **Ge·samt·wert** *m* total value; **im ~ von ...** totalling [*or* AM *usu* totaling] ... [in value] **Ge·samt·wer·tung** *f* SPORT overall placings *pl;* **in der ~** in the overall placings **ge·samt·wirt·schaft·lich** *adj* ÖKON overall economic *attr,* of the economy as a whole; **~es Gleichgewicht** overall economic equilibrium; **~e Lage** overall economic situation; **~e Nachfrage** overall economic demand; **das ~e Wachstum** overall [economic] growth; **~ nicht vertretbar sein** not justifiable for the economy as a whole **Ge·samt·zahl** *f* total number **Ge·samt·zah·lung** *f* total payment **Ge·samt·zu·sam·men·hang** *m* general view

Ge·sand·te(r) [gə'zantə] *f(m) dekl wie adj,* **Ge·sand·tin** [gə'zantɪn] *f* envoy, legate; *(Botschafter)* ambassador; **bevollmächtigter ~r** POL minister plenipotentiary; **päpstlicher ~r** nuncio *spec*

Ge·sandt·schaft <-, -en> [gə'zantʃaft] *f* embassy

Ge·sang <-[e]s, Gesänge> [gə'zaŋ, *pl* gə'zɛŋə] *m* ❶ *kein pl (das Singen)* singing *no art, no pl* ❷ *(Lied)* song; **geistliche Gesänge** religious hymns; **ein Gregorianischer ~** a Gregorian chant ❸ LIT book; *eines Gedichts* canto *spec*

Ge·sang·buch *nt* hymn book

ge·sang·lich *adj* vocal, singing *attr*

Ge·sangs·ein·la·ge *f* musical insert

Ge·sang·stun·de *f* singing lesson; **~n geben/nehmen** to give/take singing lessons **Ge·sang·**

G

un·ter·richt *m* singing lessons *pl* **Ge·sang·ver·ein** *m* choral society, glee club

Ge·säß <-es, -e> [gəˈzɛːs] *nt* seat, bottom, posterior *hum*

Ge·säß·ba·cke *f* buttock, cheek, bun AM *fam* **Ge·säß·mus·kel** *m* gluteal [*or* gluteus] muscle *spec* **Ge·säß·ta·sche** *f* back pocket

ge·sät·tigt *adj* CHEM saturated

Ge·säu·sel <-s> [gəˈzɔyzl̩] *nt kein pl* ❶ *(anhaltendes Säuseln)* rustling *no pl,* rustle *no pl; des Windes* murmur[ing], whisper[ing], sigh[ing]
❷ *(iron: einschmeichelndes Reden)* sweet talk *no art, no pl fam*

ge·schä·digt I. *pp von* **schädigen**
II. *adj Ruf* damaged

Ge·schä·dig·te(r) *f(m) dekl wie adj* victim

Ge·schäft <-[e]s, -e> [gəˈʃɛft] *nt* ❶ *(Laden)* shop, AM *usu* store; *(Kaufhaus)* department store; **im ~** in the shop [*or* department store]
❷ *(Gewerbe, Handel)* business, trade; **[mit jdm] ~e machen** to do business [with sb]; *(Handel betreiben)* to do a deal [with sb], to strike a bargain [with sb]; **mit etw** *dat* **~e machen** to trade in sth; *(Handel mit etw betreiben)* to do a deal in sth; **für jdn die ~e führen** to manage [*or* run] the business for sb; **im ~ sein** to be in business; **mit jdm ins ~ kommen** *(eine einmalige Transaktion)* to do a deal with sb; *(dauerhaftes Geschäft)* to do business with sb; ***wie gehen die ~e?*** how's business?; **das ~ mit der Angst** trading on [people's] fears; **~ ist ~** business is business; **sein ~ verstehen** to know one's onions [*or* stuff] *fam*
❸ *(Geschäftsabschluss)* deal, transaction; **ein ~ machen** to do [*or esp* AM make] a deal; **ein gutes ~ machen** to get a good [*or* real] bargain; **für jdn ein/kein ~ sein** to be a good deal/not much of a deal for sb; **[mit jdm] ein ~ abschließen** to complete a transaction [*or* deal] [with sb]; **[mit jdm] ein ~ tätigen** to do a deal [with sb]
❹ DIAL *(Firma)* work; ***ich gehe um 8 Uhr ins ~*** I go to work at 8 o'clock
❺ DIAL *(große, mühsame Arbeit)* job *fam,* job and a half *fam*
❻ *(Angelegenheit)* business, matter
▸ WENDUNGEN: **kleines/großes ~** *(kindersprache)* number one/number two *childspeak,* pee/big job *vulg* [*or* pooh] [*or* AM poop]; **sein ~ verrichten** to do a job BRIT *vulg,* to relieve oneself, to go to the toilet *euph*

ge·schäf·te·hal·ber *adv (in Geschäften)* on business; *(wegen der Geschäfte)* because of business

Ge·schäf·te·ma·cher(in) *m(f) (pej)* profiteer, sb who is out for what he/she can get; ***er ist ein übler ~*** he'd sell his own grandmother **Ge·schäf·te·ma·che·rei** <-, -en> *f (pej)* profit-seeking, profiteering **Ge·schäf·te·ma·che·rin** <-, -nen> *f fem form von* Geschäftemacher

ge·schäf·tig [gəˈʃɛftɪç] I. *adj* busy, industrious; **ein ~es Treiben** bustling activity
II. *adv* busily, industriously

Ge·schäf·tig·keit <-> *f kein pl* bustle; ***was herrscht hier für eine ~?*** what's all this hustle and bustle?

ge·schäft·lich [gəˈʃɛftlɪç] I. *adj* ❶ ÖKON business *attr;* **~er Aufschwung** business boom; **etwas G~es besprechen** to discuss business [matters]
❷ *(unpersönlich)* business-like; **ein ~er Ton** a business-like [*or* brisk] tone
II. *adv* on business; **~ verreist** away on business

Ge·schäfts·ab·lauf *m* course of business **Ge·schäfts·ab·schluss**RR *m* conclusion of a deal **Ge·schäfts·ab·wick·lung** *f* business processing **Ge·schäfts·ab·zei·chen** *nt* HANDEL company badge **Ge·schäfts·ak·ti·vi·tä·ten** *pl* HANDEL business activities *pl*

Ge·schäfts·an·teil *m* share [in a business]; *(finanziell)* interest **Ge·schäfts·an·teils·haf·tung** *f* FIN pro-rate liability

Ge·schäfts·an·wei·sung *f* HANDEL management instruction **Ge·schäfts·art** *f* type of business [*or* transactions] **Ge·schäfts·auf·ga·be** *f* closing [*or* closure] of a/the business/shop **Ge·schäfts·auf·lö·sung** *f* closing [*or* closure] of a/the business/shop; ***„Räumungsverkauf wegen ~"*** "closing down sale" **Ge·schäfts·aus·bau** *m* business expansion **Ge·schäfts·aus·sich·ten** *pl* ÖKON business prospects *pl* **Ge·schäfts·aus·übung** *f* ÖKON practice of business **Ge·schäfts·au·to** *nt* company car **Ge·schäfts·bank** *f* FIN commercial bank **Ge·schäfts·be·din·gun·gen** *pl* trading conditions, terms and conditions of trade *pl;* **Allgemeine ~** general terms and conditions of business **Ge·schäfts·be·reich** *m* ❶ *(Zuständigkeitsbereich)* portfolio ❷ *(Sparte)* division **Ge·schäfts·be·richt** *m* company [*or* management] report **Ge·schäfts·be·sor·gungs·ver·trag** *m* JUR agency agreement, mandate **Ge·schäfts·be·such** *m* HANDEL business call **Ge·schäfts·be·trieb** *m* HANDEL conduct of business, business [establishment] **Ge·schäfts·be·zeich·nung** *f* JUR trade [*or* firm] name **Ge·schäfts·be·zie·hung** *f* business connection; **gute ~en** good business relations; **~en pflegen** to keep up business relations **Ge·schäfts·brief** *m* business letter **Ge·schäfts·buch** *nt* accounts *pl,* books *pl* **Ge·schäfts·ent·wick·lung** *f* business development **Ge·schäfts·er·öff·nung** *f* opening of a shop [*or* store] **Ge·schäfts·es·sen** *nt* business lunch/dinner **ge·schäfts·fä·hig** *adj* legally competent, competent to contract BRIT; **beschränkt/unbeschränkt ~ sein** to have limited/unlimited legal competence [*or* capacity] **Ge·schäfts·fä·hig·keit** *f* legal competence, capacity to contract BRIT **Ge·schäfts·feld** *nt* ÖKON *(Absatzfeld)* trading [*or* business] area, outlet **Ge·schäfts·fort·füh·rung** *f* HANDEL continuation of the business **Ge·schäfts·frau** *f fem form von* **Geschäftsmann** businesswoman **Ge·schäfts·freund(in)** *m(f)* business associate **ge·schäfts·füh·rend** *adj attr* ❶ *(amtierend)* acting; **eine ~e Regierung** a caretaker government ❷ *(leitend)* **~er Direktor** managing [*or* executive] director; **~e Gesellschafterin** managing partner; **~er Teilhaber** active [*or* working] partner

Ge·schäfts·füh·rer(in) *m(f)* ❶ ADMIN manager ❷ *(in einem Verein)* secretary ❸ POL chairperson **Ge·schäfts·füh·rer·haf·tung** *f* JUR managerial liability **Ge·schäfts·füh·rer·ver·gü·tung** *f* FIN management remuneration

Ge·schäfts·füh·rung *f s.* **Geschäftsleitung** **Ge·schäfts·füh·rungs·be·fug·nis** *f* HANDEL management authority **Ge·schäfts·füh·rungs·pflicht** *f* HANDEL managerial obligation [*or* duty]

Ge·schäfts·gang *m* ❶ HANDEL *(Ablauf)* course of business; **ordnungsgemäßer ~** ordinary course of business ❷ *(Besorgung)* errand **Ge·schäfts·ge·ba·ren** *nt* business practice [*or* policy], conduct of business; **betrügerisches ~** JUR fraudulent trading, business fraud; **unlauteres ~** JUR unfair trade practices **Ge·schäfts·ge·bühr** *f* JUR general fee for out-of-court work **Ge·schäfts·ge·heim·nis** *nt* business [*or* trade] [*or* industrial] secret **Ge·schäfts·ge·pflo·gen·heit** *f meist pl* HANDEL business conventions *pl* [*or* practice], commercial custom **Ge·schäfts·ge·winn** *m* FIN commercial [*or* business] profit **Ge·schäfts·grund·la·ge** *f* JUR contract [*or* business] basis; ***die ~ ist entfallen*** the contract has become frustrated; **Wegfall der ~** frustration of contract **Ge·schäfts·haus** *nt* ❶ *(Gebäude)* office block ❷ *(Firma)* company **Ge·schäfts·idee** *f* ÖKON business concept **Ge·schäfts·in·ha·ber(in)** *m(f)* owner, proprietor **Ge·schäfts·in·ter·es·se** *nt* business interest **Ge·schäfts·jahr** *nt* financial year; **im laufenden ~** in the current financial year **Ge·schäfts·ka·pi·tal** *nt* working capital **Ge·schäfts·kon·to** *nt* FIN business account **Ge·schäfts·kon·zept** *nt* ÖKON business concept **Ge·schäfts·kor·res·pon·denz** *f* HANDEL business correspondence **Ge·schäfts·kos·ten** *pl* expenses *pl;* **auf ~** on expenses **Ge·schäfts·kun·de, -kun·din** *m, f* ÖKON business client **Ge·schäfts·la·ge** *f* HANDEL state of business; **gute ~** encouraging state of business **Ge·schäfts·le·ben** *nt* business life; **im ~ stehen** to be active in the business world; **sich** *akk* **aus dem ~ zurückziehen** to retire from the business world **Ge·schäfts·lei·ter(in)** *m(f)* manager **Ge·schäfts·lei·tung** *f* ADMIN ❶ *kein pl* management, managing board; **~ ohne Auftrag** spontaneous agency without authority ❷ *(Personen)* management, executive **Ge·schäfts·leu·te** *pl von* **Geschäftsmann, -frau** businessmen, -women **Ge·schäfts·lis·te** *f* SCHWEIZ *(Tagesordnung)* agenda

Ge·schäfts·lo·sig·keit *f kein pl* ÖKON slackness in trade, stagnation of business

Ge·schäfts·mann *m* businessman

ge·schäfts·mä·ßig *adj* businesslike; *(Geschäft betreffend)* business *attr*

Ge·schäfts·me·tho·den *pl* business methods *pl* **Ge·schäfts·neu·bau·ten** *pl* modern office buildings **Ge·schäfts·ord·nung** *f* procedural rules [*or* rules of procedure] **Ge·schäfts·part·ner(in)** *m(f)* business partner **Ge·schäfts·per·spek·ti·ven** *pl* business prospects *pl* **Ge·schäfts·po·li·tik** *f kein pl* ÖKON business policy **Ge·schäfts·post** *f* commercial correspondence **Ge·schäfts·prak·ti·ken** *pl* HANDEL business practice; **übliche ~** customary business practices; **unlautere ~** sharp practice *sing;* **wettbewerbsbeschränkende ~** restrictive trade practices **Ge·schäfts·raum** *m* office [*or* floor] space, business premises *pl* **Ge·schäfts·recht** *nt* JUR management law **Ge·schäfts·re·gle·ment** <-s, -e> [-regləmɑ̃ː] *nt* SCHWEIZ *(Geschäftsordnung)* procedural rules *pl,* rules *pl* of procedure **Ge·schäfts·rei·se** *f* business trip; **auf ~ sein** to be on a business trip

Ge·schäfts·rei·sen·de(r) *f(m) dekl wie adj* business traveller BRIT [*or* AM traveler] **Ge·schäfts·re·pu·ta·ti·on** *f* HANDEL commercial reputation **Ge·schäfts·ri·si·ko** *nt* ÖKON business risk **Ge·schäfts·rück·gang** *m* downswing, downturn **ge·schäfts·schä·di·gend** I. *adj* damaging to [the interests of] a/the company [*or* bad for business] II. *adv* in a way that may damage [the interests of] a/the company [*or* in a way that may be bad for business] **Ge·schäfts·schä·di·gung** *f* damage to [the interests of] a/the company **Ge·schäfts·schluss**RR *m* ❶ *(Ladenschluss)* closing time ❷ *(Büroschluss)* **nach ~** after work [*or* [business] hours]; ***was machst du heute nach ~?*** what are you doing after work today? **Ge·schäfts·sinn** *m* business acumen [*or* sense] **Ge·schäfts·sitz** *m* place of business; *(offizieller Sitz)* registered office **Ge·schäfts·spar·te** *f* ÖKON business segment **Ge·schäfts·sta·tut** *nt* JUR company statutes *pl* **Ge·schäfts·stel·le** *f* ❶ *(Büro)* office; *(einer Bank, einer Firma)* branch [office], registry ❷ JUR court office **Ge·schäfts·sto·ckung** *f* ÖKON slackness in trade, stagnation of business **Ge·schäfts·stra·ße** *f* shopping street **Ge·schäfts·stra·te·gie** *f* business strategy **Ge·schäfts·stun·den** *pl* business hours; **~ eines Büros** office hours; **~ eines Ladens** opening hours **Ge·schäfts·tä·tig·keit** *f kein pl* HANDEL business activity; **eine rege ~** a flourishing business activity **Ge·schäfts·ten·denz** *f* ÖKON business trend **Ge·schäfts·trä·ger(in)** <-s, -> *m(f)* chargé d'affaires **ge·schäfts·tüch·tig** *adj* business-minded; **eine ~e Frau** a capable [*or* an able] businesswoman **ge·schäfts·un·fä·hig** *adj* JUR incapable of contracting, incompetent; **beschränkt ~e Person** person under a disability; **jdn für ~ erklären** to adjudge sb incompetent; **~ werden** to become legally incompetent **Ge·schäfts·un·fä·hi·ge(r)** *f(m) dekl wie adj* JUR legally incapacitated [*or* incompetent] person **Ge·schäfts·un·fä·hig·keit** *f* JUR contractual incapacity, legal disability **Ge·schäfts·un·ter·la·gen** *pl* HANDEL business records [*or* documents] **Ge·schäfts·ver·äu·ße·rung** *f* HANDEL sale of a business **Ge·schäfts·ver·bin·dung** *f meist pl s.* **Geschäftsbeziehung** **Ge·schäfts·ver·kehr** *m kein pl* HANDEL business dealings *pl;* **im gewöhnlichen ~** in the ordinary course of business **Ge·schäfts·ver·mitt·ler(in)** *m(f)* HANDEL broker

Ge·schäfts·ver·tei·lung *f* HANDEL allocation of duties **Ge·schäfts·ver·tei·lungs·plan** *m* JUR distribution of business plan
Ge·schäfts·ver·wei·ge·rung *f* HANDEL refusal to trade **Ge·schäfts·vier·tel** *nt* business district **Ge·schäfts·vo·lu·men** *nt* volume of business [*or* trade] **Ge·schäfts·vor·fall** *m* HANDEL commercial [*or* business] transaction; **Geschäftsvorfälle bearbeiten** to process transactions **Ge·schäfts·vor·gang** *m* HANDEL transaction; **abgewickelte Geschäftsvorgänge** transacted business **Ge·schäfts·wachs·tum** *nt* business growth **Ge·schäfts·wa·gen** *m* company car **Ge·schäfts·welt** *f* business world, world of business **Ge·schäfts·wert** *m* ÖKON *einer Firma* goodwill; *(bei Gerichtsverfahren)* value of the subject matter at issue **Ge·schäfts·zeit** *f* opening [*or* business] hours **Ge·schäfts·zen·trum** *nt* shopping centre [*or* AM -er] **Ge·schäfts·zim·mer** *nt* office **Ge·schäfts·zweck** *m* JUR object of a business **Ge·schäfts·zweig** *m* branch [of the business], line of business
ge·schah [gəˈʃaː] *imp von* **geschehen**
ge·schasst *adj* sacked
ge·schätzt I. *pp von* **schätzen**
II. *adj* ❶ *(eingeschätzt, vermutet)* estimated
❷ *(sehr geachtet)* valued, esteemed; **mein ~er Kollege** *(iron fam)* my esteemed [*or* dearest] colleague; **Ihr ~es Schreiben** *(veraltet form)* your esteemed letter
Ge·schau·kel <-s> [gəˈʃaukl̩] *nt kein pl* rocking; **das ~ eines Busses/einer Kutsche/einer Straßenbahn** the bumpiness of a bus/a coach/a tram
ge·scheckt [gəˈʃɛkt] *adj* skewbald; **ein schwarzweiß ~es Pferd** a piebald horse; **schwarz-weiß ~** black and white spotted
ge·sche·hen <geschah, geschehen> [gəˈʃeːən] *vi sein* ❶ *(stattfinden)* to happen, to occur; ***es muss etwas*** **~** something's got to be done
❷ *(ausgeführt werden)* to be carried out [*or* done]; **ein Mord geschieht** a murder is committed
❸ *(widerfahren)* ▪ **jdm geschieht etw** sth happens to sb; ***es wird Ihnen nichts*** **~** nothing will happen to you; ***das geschieht dir recht!*** it serves you right!
❹ *(verfahren werden)* ▪ **mit jdm/etw ~** to happen to sb/sth; ***als sie ihn sah, war es um sie*** **~** she was lost the moment she set eyes on him; **um etw** *akk* **~ sein** sth is shattered; **nicht wissen, wie einem geschieht** to not know what is happening [to one] [*or* whether one is coming or going]
Ge·sche·hen <-s, -> [gəˈʃeːən] *nt* events *pl;* **der Ort des ~s** the scene [of the event]
Ge·scheh·nis <-ses, -se> [gəˈʃeːnɪs] *nt (geh)* event, happening, occurrence
ge·scheit [gəˈʃait] *adj* clever, quick-witted, bright; ***sei*** **~*!*** be sensible!; **eine ~e Idee** a brilliant [*or* clever] [*or* ingenious] idea; **ein ~er Vorschlag** a pertinent suggestion; **etwas/nichts G~es** sth/nothing sensible; ***du bist wohl nicht [recht]*** **~*?*** *(fam)* are you off your head? *fam,* have you lost your marbles? *fam;* **~er sein** *(fam)* to be more sensible; **aus etw** *dat* **nicht ~ werden** to be unable to make head or [*or* nor] tail of sth
ge·schei·tert I. *pp von* **scheitern**
II. *adj* **etw für ~ erklären** to declare sth a failure; **eine ~e Existenz sein** to be a failure
Ge·schenk <-[e]s, -e> [gəˈʃɛŋk] *nt (Gabe)* present, gift; **jdm ein ~ machen** to give sb a present [*or* gift]; **jdm etw zum ~ machen** to make sb a present [*or* gift] of sth, to give sb sth as a present [*or* gift]
▶WENDUNGEN: **kleine ~e erhalten die Freundschaft** *(prov)* small gifts help keep a friendship alive; **ein ~ des Himmels sein** to be heaven sent; *(eine Rettung sein)* to be a godsend
Ge·schenk·ar·ti·kel *m* gift [article] **Ge·schenk·bou·tique** [-butiːk] *f* gift shop **Ge·schenk·gut·schein** *m* gift voucher **Ge·schenk·pa·ckung** *f* gift pack **Ge·schenk·pa·pier** *nt* BRD, **Ge·schenks·pa·pier** *nt* ÖSTERR [gift] wrapping paper, gift wrap
Ge·schich·te <-, -n> [gəˈʃɪçtə] *f* ❶ *kein pl (Historie)* history; **in die ~ eingehen** to go down in [the annals of] history; **Alte/Mittlere/Neue ~** ancient/medieval/modern history; **~ machen** to make history ❷ *(Erzählung)* story; **eine wahre ~** a true story; **eine ~ erzählen** to tell a story; **~n erzählen** *(fam)* to talk nonsense [*or* rubbish]; **mach keine ~n!** don't do anything stupid [*or* silly] !; **mach keine langen ~n!** stop messing [*or* dithering] about [*or* around]! ❸ *(fam: Angelegenheit, Sache)* business; **alte ~n sein** to be old hat [*or* water under the bridge]; **alte ~n wieder aufwärmen** to rake up old stories; **die ganze ~** the whole lot; **schöne ~n!** *(iron)* that's a fine state of affairs! *iron;* **~n mit jdm haben** to have an affair with sb ▶WENDUNGEN: **[und] der Rest ist ~** *(fam)* [and] the rest is history **Ge·schich·ten·er·zäh·ler(in)** *m(f)* storyteller
ge·schicht·lich [gəˈʃɪçtlɪç] I. *adj* ❶ *(die Geschichte betreffend)* historical
❷ *(bedeutend)* historic; **ein ~es Ereignis/ein ~er Vorgang** a historic occasion/event
II. *adv* historically; **~ bedeutsam** of historic importance
Ge·schichts·at·las *m* historical atlas **Ge·schichts·auf·fas·sung** *f* conception of history **Ge·schichts·be·wusst·sein**RR *nt* awareness of history **Ge·schichts·buch** *nt* history book **Ge·schichts·epo·che** *f* historical epoch **Ge·schichts·fäl·schung** *f* falsification of history **Ge·schichts·for·scher(in)** *m(f)* historical researcher **Ge·schichts·for·schung** *f* historical research **Ge·schichts·kennt·nis** *f* knowledge of history **Ge·schichts·klit·te·rung** *f* historical misrepresentation
ge·schichts·los *adj* ❶ *(ohne Geschichte)* with no past, without a history
❷ *(ohne Beziehung zur Vergangenheit)* with no sense of one's own history
Ge·schichts·phi·lo·so·phie *f* philosophy of history **ge·schichts·phi·lo·so·phisch** *adj* **ein ~es Buch** a book on the philosophy of history **Ge·schichts·schrei·ber(in)** *m(f)* chronicler **Ge·schichts·schrei·bung** *f* historiography, writing of history **ge·schichts·träch·tig** *adj* historic; **ein ~er Moment** a historic moment **Ge·schichts·un·ter·richt** *m (das Unterrichten)* history teaching; *(Unterrichtsstunde)* history lesson **Ge·schichts·wis·sen·schaft** *f* [science of] history **Ge·schichts·wis·sen·schaft·ler(in)** *m(f)* historian **Ge·schichts·zahl** *f* [historical] date
Ge·schick1 <-[e]s> [gəˈʃɪk] *nt kein pl* skill, expertise *no pl*
Ge·schick2 <-[e]s, -e> [gəˈʃɪk] *nt (Schicksal)* fate; **ein furchtbares [*o* grässliches] ~** a cruel fate; **ein schlimmes ~** a fate worse than death *usu iron*
Ge·schick·lich·keit <-> *f kein pl* skill, skilfulness, AM *usu* skillfulness *no pl,* expertise *no pl*
ge·schickt I. *adj* skilled, skilful [*or* AM *usu* skillful], expert; ▪ **mit den Händen ~ sein** to be clever with one's hands; **ein ~es Verhalten** diplomatic behaviour [*or* AM -or]
II. *adv* cleverly, adroitly, skilfully
Ge·schickt·heit <-> *f kein pl* skill, expertise *no pl*
ge·schie·den [gəˈʃiːdn̩] I. *pp von* **scheiden**
II. *adj* divorced; **jds ~e Frau/~er Mann** sb's ex-wife/husband
Ge·schie·de·ne(r) *f(m) dekl wie adj* divorcee; **ihr ~r/seine ~** *(fam)* her/his ex *fam*
Ge·schimp·fe <-[e]s> [gəˈʃɪmpfə] *nt kein pl* cursing, scolding
Ge·schirr <-[e]s, -e> [gəˈʃɪr] *nt* ❶ *kein pl (Haushaltsgefäße)* crockery *no pl,* dishes *pl;* **das benutzte ~** the dirty crockery [*or* dishes]; ***feuerfestes*** **~** ovenware
❷ *(Service)* [tea/dinner] service; **das gute ~** the best china
❸ *(Riemenzeug)* harness; ▪ **einem Tier ~ anlegen** to harness an animal, to put the harness on an animal
Ge·schirr·ab·la·ge *f* dish rack **Ge·schirr·auf·zug** *m* dumb waiter **Ge·schirr·schrank** *m* china cupboard **Ge·schirr·spü·len** *nt* washing-up **Ge·schirr·spü·ler** <-s, -> *m (fam) s.* **Geschirrspülmaschine** **Ge·schirr·spül·ma·schi·ne** *f* dishwasher **Ge·schirr·spül·mit·tel** *nt* washing-up liquid BRIT, dish soap AM **Ge·schirr·tuch** *nt* tea towel BRIT, drying-up cloth BRIT, dishcloth **Ge·schirr·wasch·ma·schi·ne** *f* SCHWEIZ *(Geschirrspülmaschine)* dishwasher
Ge·schissRR <-es> *nt,* **Ge·schiß**ALT <-sses> [gəˈʃɪs] *nt (Getue)* fuss; ***er macht um jede Kleinigkeit ein*** **~** he makes a huge fuss about the slightest thing
Ge·schlecht <-[e]s, -er> [gəˈʃlɛçt] *nt* ❶ *kein pl* BIOL sex, gender; **das andere ~** the other [*or* opposite] sex; **beiderlei ~s** of both sexes; **männlichen/weiblichen ~s** *(geh)* male/female, of the male/female sex *form;* **das schwache/schöne/zarte ~** *(hum)* the weaker/fairer/gentle sex; **das starke ~** *(hum)* the stronger sex *iron*
❷ *(liter: Geschlechtsteile)* sex *liter*
❸ *(Sippe)* family, lineage *form;* ***er stammt aus einem adligen/ alten*** **~** he comes from a noble/ancient family, he is of noble/ancient lineage; **das menschliche ~** the human race; **zukünftige/spätere/die kommenden ~er** future generations
❹ LING gender
Ge·schlech·ter·fol·ge *f* line **Ge·schlech·ter·kampf** *m* battle of the sexes **Ge·schlech·ter·kun·de** *f* genealogy **Ge·schlech·ter·rol·le** *f* gender role **Ge·schlech·ter·tren·nung** *f* separation [*or* segregation] of the sexes **Ge·schlech·ter·ver·hält·nis** *nt* SOZIOL sex [*or* gender] ratio
Ge·schlech·ter·vor·stel·lung *f* view of the sexes; **sich** *akk* **in traditionelle ~en fügen** to accept the traditional view of the sexes
ge·schlecht·lich [gəˈʃlɛçtlɪç] I. *adj* ❶ *(sexuell)* sexual; **~e Aufklärung** sex education; **~e Lust** lust; **~es Verlangen** sexual desire
❷ BIOL sexual; **~e Entwicklung** sexual development; **~e Reifung** sexual maturation; **~e Fortpflanzung** sexual reproduction
II. *adv* sexually; **~ verkehren** to have sexual intercourse; **sich** *akk* **~ fortpflanzen [*o* vermehren]** to reproduce sexually
Ge·schlechts·akt *m* sex[ual] act, sexual intercourse *no pl,* coitus *no pl form;* **[mit jdm] den ~ vollziehen** *(geh)* to have [*or* enjoy] sexual intercourse [with sb] *hum* **Ge·schlechts·be·stim·mung** *f* sex determination **Ge·schlechts·chro·mo·som** *nt* sex chromosome **Ge·schlechts·drü·se** *f* sex gland **Ge·schlechts·er·zieh·ung** *f* sex education **Ge·schlechts·ge·nos·se, -ge·nos·sin** *m, f (hum)* sb of the same sex [*or* gender] **Ge·schlechts·hor·mon** *nt* sex hormone **ge·schlechts·krank** *adj* suffering from a sexually transmitted disease **Ge·schlechts·kran·ke(r)** *f(m) dekl wie adj* sb with a sexually transmitted disease **Ge·schlechts·krank·heit** *f* MED sexually transmitted disease, STD **Ge·schlechts·le·ben** *nt kein pl* sexual habits, form, sex life *fam*
ge·schlechts·los *adj* asexual, sexless
Ge·schlechts·lust *f kein pl* [sexual] lust **Ge·schlechts·merk·mal** *nt* sex[ual] characteristic **Ge·schlechts·or·gan** *nt* sexual organ; **äußere ~e** external sex [*or* sexual] organs, genitals *npl,* genitalia *npl;* **innere ~e** internal sex [*or* sexual] organs **ge·schlechts·reif** *adj* sexually mature **Ge·schlechts·rei·fe** *f* sexual maturity **ge·schlechts·spe·zi·fisch** *adj* gender-specific; **~e Unterschiede** gender-specific differences **Ge·schlechts·teil** *nt* genitals *npl* **Ge·schlechts·trieb** *m* sex [*or* sexual] drive [*or* urge] **Ge·schlechts·um·wand·lung** *f* sex change **Ge·schlechts·ver·kehr** *m* sexual intercourse, sex *fam* **Ge·schlechts·wort** *nt* LING article **Ge·schlechts·zel·le** *f* sexual cell
ge·schlif·fen [gəˈʃlɪfn̩] I. *pp von* **schleifen**2
II. *adj* polished, faultless; **~e Manieren** faultless [*or* impeccable] manners
ge·schlos·sen [gəˈʃlɔsn̩] I. *pp von* **schließen**
II. *adj* ❶ *(gemeinsam)* united; **~e Ablehnung** unanimous rejection
❷ *(zusammenhängend)* thick; **eine ~e Wolkende-**

G

cke [*o* **~e Bewölkung**] cloudy skies; **eine ~e Schneedecke** a layer of snow
❸ *(nicht geöffnet)* closed; **eine ~e Abteilung** a closed ward
❹ *(abgerundet)* **eine ~e Persönlichkeit** a well-rounded character; **ein ~es Bild** a complete picture; **ein ~es Konzept** a [complete] concept
III. *adv (einheitlich)* unanimously; **~ für etw** *akk* **stimmen** to vote unanimously for sth

Ge·schlos·sen·heit <-> *f kein pl* ❶ *(gemeinsame Haltung)* unity
❷ *(Einheitlichkeit)* uniformity

Ge·schluch·ze [gəˈʃlʊxtsə] *nt* sobbing

Ge·schmack <-[e]s, Geschmäcke *o hum fam* Geschmäcker> [gəˈʃmak, *pl* gəˈʃmɛkə, *pl* gəˈʃmɛkɐ] *m* ❶ *kein pl (Aroma)* taste; **einen ... ~ haben** *(schmecken)* to have a ... taste
❷ *kein pl (Geschmackssinn)* sense of taste
❸ *(ästhetisches Empfinden)* taste; **mit ~ eingerichtet** tastefully furnished; **mit sicherem ~** with unerring good taste; **einen guten/keinen guten ~ haben** to have good/bad taste; **etw ist nicht mein/nach meinem ~** sth is not to my taste, sth is not my cup of tea *fam;* **an etw** *dat* **~ finden** [*o* **etw** *dat* **~ abgewinnen**] to develop [*or* acquire] a taste for sth; **auf den ~ kommen** to acquire a taste for sth, to grow to like sth; **für meinen ~** for my taste; **etw ist im ~ ...** the taste of sth is ...; **je nach ~** according to taste; **die Geschmäcker sind verschieden** tastes differ
▶WENDUNGEN: **über ~ lässt sich [nicht] streiten** *(prov)* there's no accounting for taste

Ge·schmäck·le <-s> [gəˈʃmɛklə] *nt kein pl bes* SÜDD *(pej fam)* **ein ~ haben** to detect underhand [*or fam* dodgy] dealings

ge·schmack·lich **I.** *adj* as regards [*or* in terms of] taste; **ein ~er Unterschied** a difference in taste; **eine ~e Veränderung/Verbesserung** a change/an improvement in taste
II. *adv* as regards [*or* in terms of] taste; **etw ist ~ hervorragend** the taste of sth is excellent; **etw ~ verbessern** to improve the taste of sth

ge·schmack·los *adj* ❶ KOCHK *(ohne Geschmack)* bland, tasteless
❷ *(taktlos)* tasteless, in bad taste; **ein ~er Mensch** a person lacking in good taste
❸ *(nicht ästhetisch)* in bad taste; ***wie ~!*** how tasteless!

Ge·schmack·lo·sig·keit <-, -en> *f* ❶ *kein pl (Taktlosigkeit)* tastelessness, bad taste *no pl,* lack of good taste *no pl;* **ein Witz von seltener ~** a particularly tasteless joke
❷ *(taktlose Bemerkung)* tasteless remark

Ge·schmacks·fra·ge *f* **eine ~ sein** to be a matter [*or* question] of taste; **in ~n** in matters of taste **Ge·schmacks·knos·pe** *f* taste bud

Ge·schmacks·mus·ter *nt* JUR *(bei Patent)* design patent **Ge·schmacks·mus·ter·recht** *nt* JUR patent law **Ge·schmacks·mus·ter·schutz** *m* JUR registered design protection

Ge·schmacks·nerv *m* taste bud

ge·schmacks·neu·tral *adj inv* flavourless; *(pej euph)* tasteless **Ge·schmacks·rich·tung** *f* flavour [*or* AM -or]; **jds ~ sein** *(fam)* to be sb's cup of tea *fam,* to be just the thing [for sb] *fam;* ***genau meine ~!*** my favourite! **Ge·schmacks·sa·che** *f* **~ sein** to be a matter [*or* question] of taste **Ge·schmacks·sinn** *m* sense of taste **Ge·schmacks·ur·teil** *nt* ■ **sein ~ [in etw** *dat*] one's taste [in [*or* for] sth] **Ge·schmacks·ver·ir·rung** *f* *(pej)* bad taste, eccentric taste *euph;* **unter ~ leiden** *(fam)* to have bad taste [*or* no idea of good taste]

ge·schmack·voll **I.** *adj* tasteful; **~e Bemerkung** tasteful remark, remark in good taste
II. *adv* tastefully

Ge·schmat·ze <-s> [gəˈʃmatsə] *nt kein pl* slurping, noisy eating

Ge·schmei·de <-s, -> [gəˈʃmaidə] *nt (geh)* jewellery *no pl* BRIT, AM *also* jewelry *no pl*

ge·schmei·dig [gəˈʃmaidɪç] **I.** *adj* ❶ *(schmiegsam)* sleek; **~es Haar/Fell** silky hair/coat; **~e Haut** soft [*or* smooth] skin; **~es Leder** supple leather; **~e Masse/~er Teig/~es Wachs** smooth mass/pastry/wax
❷ *(biegsam)* supple, agile, lithe, lissom
❸ *(anpassungsfähig)* adaptable
II. *adv (biegsam)* supply [*or* supplely], agilely, lithely

Ge·schmei·dig·keit <-> *f kein pl* ❶ *(Schmiegsamkeit)* sleekness; *von Haar/Fell* silkiness; *von Leder* suppleness; *von Haut* smoothness, suppleness
❷ *(Biegsamkeit)* suppleness, agility
❸ *(Anpassungsfähigkeit)* adaptability

Ge·schmeiß <-es> [gəˈʃmais] *nt kein pl (pej)* ❶ *(ekliges Ungeziefer)* bugs *pl fam,* vermin *no pl pej*
❷ *(widerliche Menschen)* vermin *no pl,* scum *fam*

Ge·schmie·r(e) <-s> [gəˈʃmiːɐ, gəˈʃmiːrə] *nt kein pl (pej fam)* ❶ *(unleserliche Handschrift)* scribble, scrawl
❷ *(kritisierter Artikel)* rubbish *no pl,* trash *no pl,* drivel *no pl*
❸ *(schlechte Malerei)* rubbish *no pl,* mess *no pl*

Ge·schmor·te <-es> *nt kein pl (fam)* braised meat

Ge·schmun·zel <-es> [gəˈʃmʊntsl̩] *nt kein pl* smiling; ***der Witz löste allgemeines ~ aus*** the joke caused everyone to smile [*or* raised a smile from everyone]

Ge·schmu·s(e) <-es> [gəˈʃmuːs, gəˈʃmuːzə] *nt kein pl (fam)* kissing and cuddling *no pl,* canoodling *no pl* BRIT

Ge·schnat·ter <-s> [gəˈʃnatɐ] *nt kein pl (pej fam: lästiges Schnattern)* cackle *no pl,* cackling *no pl;* **~ der Menschen** chatter [*or* chattering] of people

Ge·schnet·zel·te(s) *nt dekl wie adj thin, sautéed strips of meat in a sauce;* **Zür[i]cher ~s** *originating in Zurich, a dish of thin strips of veal, sautéed and served in a wine and cream sauce*

ge·schnie·gelt [gəˈʃniːglt] *adj* **~ und gebügelt** *(pej fam)* [all] dressed-up, dressed to kill *pred,* dressed to the nines *pred*

ge·schno·ben [gəˈʃnoːbn̩] *(veraltend) pp von* **schnauben**

Ge·schöpf <-[e]s, -e> [gəˈʃœpf] *nt* ❶ *(Lebewesen)* creature; **Gottes ~e** God's creatures
❷ *(Person)* creature; **ein dummes ~** a silly [*or* stupid] [little] thing; **ein bezauberndes ~** a fascinating creature
❸ *(Fantasiefigur)* creation; **jds ~ sein** to be sb's creation; *(jdm völlig ergeben sein)* to be sb's slave

Ge·schossRR1 <-es, -e> *nt,* **Ge·schoß**ALT <-sses, -sse> [gəˈʃɔs] *nt* storey [*or* AM *also* story], floor; **im ersten ~** on the first [*or* AM second] floor

Ge·schossRR2 <-es, -e> *nt,* **Ge·schoß**ALT <-sses, -sse> [gəˈʃɔs] *nt* ❶ MIL projectile; **~ aus einer Pistole** bullet from a gun; **Hagel von ~en** hail of bullets; *(Granate)* grenade, shell
❷ *(Wurfgeschoss)* missile

Ge·schoss·bahnRR *f* trajectory

Ge·schram·mel <-s> [gəˈʃraml̩] *nt kein pl* MUS *(sl: deftige Musik)* thrash; *(pej: miserable Musik)* thrashing

ge·schraubt **I.** *adj (pej)* affected, pretentious
II. *adv* affectedly, pretentiously, stiltedly

Ge·schrei <-s> [gəˈʃrai] *nt kein pl* ❶ *(Schreien)* shouting, yelling *no pl;* ***was ist denn da draußen für ein ~?*** what's all that shouting [*or* yelling] [going on] outside?; *(von Verletzten)* screaming; *(schrill)* shrieking
❷ *(fam: Lamentieren)* fuss *no pl;* [**wegen einer S.** *gen*] **ein [großes/riesiges] ~ machen** [*o geh* **erheben**] to make [*or* kick up] a [big] fuss [*or fam* to start squawking] [*or sl* to bellyache [a lot]] [about sth]; **viel ~ um nichts** a lot of fuss about nothing

ge·schult **I.** *pp von* **schulen**
II. *adj* trained, schooled; **ein ~es Auge/eine ~e Stimme haben** to have a trained eye/voice; **psychologisch ~** psychologically prepared

ge·schürzt [gəˈʃʏrtst] *adj* **leicht ~** skimpily clad [*or* clothed]

ge·schüt·telt *adj* shaken (**von** *+dat* by); ***vom Jugendwahn ~*** gripped in delusions of youth

Ge·schütz <-es, -e> [gəˈʃʏts] *nt* gun, piece of artillery; **schweres ~** big gun; **ein ~ auffahren** to bring a gun into position; **schweres** [*o* **grobes**] **~ auffahren** *(a. fig)* to bring up the big guns [*or* the artillery]

Ge·schütz·be·die·nung *f* gun crew **Ge·schütz·bet·tung** *f* gun bed **Ge·schütz·don·ner** *m* thunder of guns **Ge·schütz·feu·er** *nt* gunfire, artillery [*or* shell] fire **Ge·schütz·rohr** *nt* barrel of a gun, gun-barrel **Ge·schütz·stand** *m* gun emplacement

ge·schützt **I.** *adj* ❶ *(abgeschirmt)* sheltered
❷ *(unter Naturschutz stehend)* protected
❸ JUR protected; **gesetzlich ~** protected by law; *Warenzeichen* registered [*or* patented]; **gesetzlich nicht ~** unregistered; **urheberrechtlich ~** protected by copyright; **nicht mehr ~ sein** to be in/pass into the public domain
II. *adv* in a sheltered place; **~ stehen** to stand in a sheltered place

Ge·schütz·turm *m* gun turret

Ge·schwa·der <-s, -> [gəˈʃvaːdɐ] *nt* squadron

Ge·schwa·fel <-s> [gəˈʃvaːfl̩] *nt kein pl (pej fam)* hot air *no pl pej fam,* waffle *no pl* BRIT *pej fam,* twaddle *no pl pej fam;* ***verschone mich bitte mit diesem dummen ~*** spare me this stupid nonsense

Ge·schwätz <-es> [gəˈʃvɛts] *nt kein pl (pej fam)* ❶ *(dummes Gerede)* waffle *no pl* BRIT *pej fam,* hot air *no pl pej fam,* twaddle *no pl pej fam*
❷ *(Klatsch)* gossip *no pl*

ge·schwät·zig [gəˈʃvɛtsɪç] *adj (pej)* ❶ *(redselig)* talkative, garrulous
❷ *(Klatsch verbreitend)* gossipy *pej fam;* **ein ~er Mensch** a gossipmonger; **~ wie ein Marktweib sein** to be a real gossip

Ge·schwät·zig·keit <-> *f kein pl (pej)* ❶ *(Redseligkeit)* talkativeness, garrulousness
❷ *(Neigung zu klatschen)* love of gossip

ge·schwe·felt *adj* CHEM, TECH sulphured

ge·schweift *adj* ❶ *(mit Schwanz) Stern, Tier* with a tail
❷ *(gebogen)* curved

ge·schwei·ge [gəˈʃvaigə] *konj* ■ **~ [denn]** never mind, let alone; ***ich erwarte von ihm kein Wort des Zuspruches, ~ denn, dass er mich finanziell unterstützt*** I don't expect a word of encouragement from him, never mind [*or* let alone] financial support

ge·schwind [gəˈʃvɪnt] **I.** *adj* SÜDD *(veraltet: rasch)* quick, swift, fast
II. *adv* quickly, swiftly, fast; **~!** quickly!, hurry up!

Ge·schwin·dig·keit <-, -en> [gəˈʃvɪndɪçkait] *f* speed; **die ~ erhöhen** to speed up; **die ~ herabsetzen** to slow down; **die ~ steigern/verringern** to increase/decrease speed; **an ~ zunehmen** to increase speed, to go faster; **mit affenartiger ~** *(fam)* at the speed of light, like lightning, at an incredible speed; **mit einer ~ von ...** at a speed of ...; **überhöhte ~** excessive speed; ***er hat wegen überhöhter ~ einen Strafzettel bekommen*** he was fined for exceeding the speed limit

Ge·schwin·dig·keits·be·gren·zung *f,* **Ge·schwin·dig·keits·be·schrän·kung** *f* speed limit; **die ~ nicht einhalten** to exceed the speed limit **Ge·schwin·dig·keits·kon·trol·le** *f* speed [*or* radar] trap **Ge·schwin·dig·keits·mes·ser** *m* tachometer, speedometer **Ge·schwin·dig·keits·reg·ler** *m* AUTO cruise control **Ge·schwin·dig·keits·über·schrei·tung** *f* exceeding the speed limit

Ge·schwirr [gəˈʃvɪr] *nt* buzzing

Ge·schwis·ter [gəˈʃvɪstɐ] *pl* brothers and sisters *pl,* siblings *pl form or spec;* ***wir sind zu Hause drei ~*** there are three children in our family

ge·schwis·ter·lich **I.** *adj* brotherly/sisterly
II. *adv* like brother and sister; **etw ~ teilen** to divide sth fairly

Ge·schwis·ter·lie·be *f* brotherly/sisterly love [*or* affection] **Ge·schwis·ter·paar** *nt* brother and sister

ge·schwol·len [gəˈʃvɔlən] **I.** *pp von* **schwellen**
II. *adj (pej)* pompous *pej,* high-flown *pej,* inflated *pej;* **~e Augenlider** puffy eyes
III. *adv* in a pompous [*or* high-flown] [*or* an inflated]

way; ***rede doch nicht so ~!*** don't talk in such a pompous way!

ge·schwo·ren [gəˈʃvoːrən] **I.** *pp von* **schwören**
II. *adj attr* sworn *attr;* **ein ~er Feind/Gegner** a sworn enemy/opponent

Ge·schwo·re·ne(r) *f(m) dekl wie adj* member of the jury, juror; **die ~n** the jury

Ge·schwo·re·nen·bank <-bänke> *f* jury box **Ge·schwo·re·nen·ge·richt** *nt court with a jury;* **vor ein ~ kommen** to be tried by a jury **Ge·schwo·re·nen·lis·te** *f list of people from which the jurors are taken*

Ge·schwulst <-, Geschwülste> [gəˈʃvʊlst, *pl* gəˈʃvʏlstə] *f* tumour [*or* AM -or]

ge·schwun·gen [gəˈʃvʊŋən] **I.** *pp von* **schwingen**
II. *adj* curved; **~e Augenbrauen** arched eyebrows; **eine ~e Nase** an aquiline nose

Ge·schwür <-s, -e> [gəˈʃvyːɐ̯] *nt* abscess; *(Furunkel)* boil; **Magen~** stomach ulcer

ge·segnet *adj (geh)* blessed; ■ **~e(s)** ...! happy [*or* blessed] ...! *form;* **~ Mahlzeit!** enjoy your meal!; **~es Neues Jahr!** Happy New Year!

Ge·sei·re <-s> [gəˈzairə] *nt kein pl (pej fam)* waffle *pej fam,* twaddle *pej fam*

Ge·selch·te(s) *nt dekl wie adj* KOCHK SÜDD, ÖSTERR smoked meat

Ge·sel·le, Ge·sel·lin <-n, -n> [gəˈzɛlə, gəˈzɛlɪn] *m, f* ❶ *(Handwerksgeselle)* journeyman, worker who has completed an apprenticeship
❷ *(Kerl)* chap BRIT, guy

ge·sel·len* [gəˈzɛlən] *vr (geh)* ❶ *(sich anschließen)* ■ **sich** *akk* **zu jdm ~** to join sb; ***darf ich mich zu Ihnen ~?*** may [*or* do you mind if] I join you?
❷ *(hinzukommen)* ■ **sich** *akk* **zu etw** *dat* **~** to add to sth

Ge·sel·len·brief *m* certificate of completion of an apprenticeship **Ge·sel·len·prü·fung** *f* examination at the end of an apprenticeship **Ge·sel·len·stück** *nt piece of practical work which has to be produced at the end of an apprenticeship*

ge·sel·lig [gəˈzɛlɪç] **I.** *adj* sociable, gregarious; **ein ~er Abend** a convivial evening; **ein ~es Beisammensein** [*o* **eine ~e Runde**] a friendly get-together
II. *adv* sociably; **~ zusammensitzen** to sit together and chat [*or* talk]

Ge·sel·lig·keit <-, -en> *f* ❶ *kein pl (geselliges Leben)* **~ lieben** to enjoy company, to be a sociable sort of person
❷ *(geselliger Anlass)* social gathering, friendly get-together
❸ *(gesellige Art)* gregariousness, friendly manner

Ge·sel·lin <-, -nen> [gəˈzɛlɪn] *f fem form von* **Geselle**

Ge·sell·schaft <-, -en> [gəˈzɛlʃaft] *f* ❶ *(Gemeinschaft)* society
❷ ÖKON company, corporation; **abhängige ~** dependent company; **~ mit beschränkter Haftung** [*o* **GmbH**] limited liability company BRIT, close corporation AM; **~ des bürgerlichen Rechts** non-trading partnership, AM civil corporation, company constituted under civil law; **eine ~ handelsgerichtlich eintragen** to register [*or* incorporate] a company; **stille ~** dormant [*or* sleeping] partnership
❸ *(Vereinigung)* society, association; **die ehrenwerte ~** *(Mafia)* the Cosa Nostra
❹ *(Fest)* party; **eine ~ geben** to have [*or* give] [*or* throw] a party; **Schild: geschlossene ~** sign: private function
❺ *(Oberschicht)* **jdn in die ~ einführen** to introduce sb to society life; **eine Dame der ~** a high-society lady
❻ *(Kreis von Menschen)* group of people, crowd, bunch *fam,* lot *fam;* **eine bunte ~** a mixed crowd; **gemischte ~** *(pej)* bad crowd; **sich** *akk* [**mit etw** *dat*] **in guter ~ befinden** to be in good company [with sth]; **in schlechte ~ geraten** to get in [*or* fall in] with the wrong crowd, to get into bad company; **in zweifelhafter ~** in doubtful company; **jdm ~ leisten** to join sb; **in ~** with sb; **in ~ von jdm** in the company of sb
❼ *(Umgang)* company

Ge·sell·schaf·ter(in) <-s, -> *m(f)* ❶ *(Unterhalter)* interesting [*or* good] company; *(euph: als Begleitung angestellt)* escort; **ein amüsanter/brillanter ~** an amusing/a brilliant conversationalist
❷ *(Teilhaber)* associate; *(in Personengesellschaft)* partner; *(in Kapitalgesellschaft)* shareholder BRIT, stockholder AM; **haftender ~** risk-bearing [*or* liable] partner; **beschränkt/unbeschränkt haftender ~** special [*or* limited]/general [*or* unlimited] partner; **persönlich haftender ~** general [*or* responsible] partner; **stiller ~** sleeping [*or* dormant] [*or* AM silent] partner

Ge·sell·schaf·ter·an·teil *m* ÖKON partner's interest; BÖRSE share, business interest **Ge·sell·schaf·ter·aus·schuss**^RR^ *m* HANDEL shareholder's committee **Ge·sell·schaf·ter·be·schluss**^RR^ *m* HANDEL resolution adopted by the partners; BÖRSE shareholders' resolution [*or* decision] **Ge·sell·schaf·ter·bi·lanz** *f* FIN shareholders' accounts *pl* **Ge·sell·schaf·ter·dar·le·hen** *nt* FIN shareholders' loan **Ge·sell·schaf·ter·ebe·ne** *f* FIN shareholder level **Ge·sell·schaf·ter·for·de·rung** *f* FIN shareholders' demand **Ge·sell·schaf·ter·lis·te** *f* HANDEL *einer AG* list of shareholders **Ge·sell·schaf·ter·struk·tur** *f* FIN shareholder structure **Ge·sell·schaf·ter·ver·samm·lung** *f* HANDEL general meeting of members; BÖRSE shareholders' meeting **Ge·sell·schaf·ter·ver·trag** *m* JUR deed of partnership **Ge·sell·schaf·ter·wech·sel** *m* HANDEL change of partners [*or* shareholders]

ge·sell·schaft·lich **I.** *adj* ❶ *(die Gesellschaft betreffend)* social; **~e Schicht** social class, class of society; **den ~en Aufstieg schaffen** to move up though the social classes; **ein ~er Missstand** a social evil
❷ *(in besseren Kreisen üblich)* socially acceptable; **~e Umgangsformen** [socially] acceptable manners
II. *adv (in besseren Kreisen)* **sich** *akk* **~ unmöglich machen** to behave outrageously, to be beyond the pale BRIT

Ge·sell·schafts·abend *m* social evening **Ge·sell·schafts·an·teil** *m* JUR partner's interest, BRIT *also* share, AM *also* stock; BÖRSE share in a/the company **Ge·sell·schafts·an·zug** *m* dress suit, formal dress **Ge·sell·schafts·aus·ein·an·der·set·zung** *f* HANDEL winding-up **Ge·sell·schafts·be·schluss**^RR^ *m* HANDEL corporate resolution **Ge·sell·schafts·bi·lanz** *f* FIN company balance sheet **ge·sell·schafts·fä·hig** *adj* socially acceptable **ge·sell·schafts·feind·lich** *adj* anti-social **Ge·sell·schafts·form** *f* ❶ *(Gesellschaftsordnung)* social system, form of society ❷ ÖKON type of company **Ge·sell·schafts·gläu·bi·ger(in)** *m(f)* FIN partnership creditor, creditor of a partnership **Ge·sell·schafts·grün·dung** *f* HANDEL company formation, incorporation **Ge·sell·schafts·ka·pi·tal** *nt* corporate [*or* share] capital **Ge·sell·schafts·klei·dung** *f* formal dress **Ge·sell·schafts·kon·kurs** *m* JUR company bankruptcy **Ge·sell·schafts·kri·tik** *f* social criticism **Ge·sell·schafts·mo·dell** *nt* POL, SOZIOL, PHILOS societal model **Ge·sell·schafts·ord·nung** *f* social order **Ge·sell·schafts·or·gan** *nt* JUR company organ **Ge·sell·schafts·po·li·tik** *f* ❶ SOZIOL *(für die Gesellschaft)* social policy ❷ HANDEL *(einer Firma)* company [*or* corporate] policy **ge·sell·schafts·po·li·tisch** *adj* social policy *attr,* in terms of social policy *pred* **Ge·sell·schafts·recht** *nt kein pl* JUR law of partnership, Company Law BRIT **Ge·sell·schafts·re·gis·ter** *nt* HANDEL company [*or* stock] register **Ge·sell·schafts·rei·se** *f* group tour **Ge·sell·schafts·schicht** *f* social class **Ge·sell·schafts·schul·den** *pl* FIN corporate debts [*or* liabilities] **Ge·sell·schafts·spiel** *nt* party game **Ge·sell·schafts·sta·tu·ten** *pl* HANDEL articles of association [*or* incorporation] **Ge·sell·schafts·steu·er** *f* FIN company tax **Ge·sell·schafts·tanz** *m* ballroom dance **Ge·sell·schafts·typ** *m* ÖKON company type **Ge·sell·schafts·ver·bind·lich·kei·ten** *pl* FIN company liabilities **Ge·sell·schafts·ver·gleich** *m* JUR composition proceedings *pl* **Ge·sell·schafts·ver·hält·nis** *nt* HANDEL partnership **Ge·sell·schafts·ver·mö·gen** *nt* FIN *(von Partnern)* partnership assets *pl;* *(von Kapital)* company [*or* corporate] assets *pl* **Ge·sell·schafts·ver·samm·lung** *f* HANDEL company meeting **Ge·sell·schafts·ver·trag** *m* ❶ ÖKON partnership agreement, articles of partnership [*or* incorporation] ❷ PHILOS social contract **Ge·sell·schafts·wis·sen·schaf·ten** *pl* social sciences *pl (esp. sociology, political science, and economics)* **Ge·sell·schafts·zweck** *m* JUR objects of the company

ge·sengt *adj* **~e Sau** *(pej) someone who speeds like mad*

Ge·setz <-es, -e> [gəˈzɛts] *nt* ❶ JUR *(staatliche Vorschrift)* law, act; **~ gegen unlauteren Wettbewerb** law against unfair competition, BRIT Fair Trading Act; **~ gegen Wettbewerbsbeschränkungen** antitrust act, BRIT Restrictive Trade Practices Act; **~ über Kapitalgesellschaften** Companies' Act; **formelles ~** formally enacted law; **geltendes ~** law in force; **dem ~ unterworfen** subject to the law; **ein ~ auslegen/umgehen** to construe/to evade the law; **das ~ beachten/einhalten** to observe/obey the law; **ein ~ brechen** to break [*or* violate] the law *form;* **ein ~ einbringen** to introduce a bill; **etw wird zum ~ erklärt** sth becomes law; **~e erlassen** to legislate [*or* enact legislation]; **das ~ hüten** to uphold the law; **das ~ missachten** to take the law into one's own hands; **nach dem ~** according to the law; **ein ~ verabschieden** to pass a law; **gegen das ~ verstoßen** to break the law; **zum ~ werden** to become law; **mit dem ~ in Konflikt geraten** to fall foul of the law; **kraft ~es** by law; **nach dem ~** under the law
❷ PHYS law; **Natur~** law of nature; **das ~ der Schwerkraft** the law of gravity
❸ *(fam: Gesetzbuch)* statute book
▸ WENDUNGEN: **das ~ des Dschungels** the law of the jungle; **vor dem ~ sind alle gleich** we are all equal in the eyes of the law; **das ~ des Handelns** the need to act, the necessity for action; **das ~ der Serie** the probability that a recurring event occurs again; **jdm oberstes ~ sein** to be sb's golden rule; **ein ungeschriebenes ~** an unwritten law

Ge·setz·blatt *nt* law gazette **Ge·setz·buch** *nt* statute book; **Bürgerliches ~** Civil Code **Ge·setz·ent·wurf** *m* bill, draft legislation; **einen ~ einbringen** to present [*or* BRIT table] a bill

Ge·set·zes·än·de·rung *f* JUR amendment [to a/the law], legislative amendment **Ge·set·zes·an·wen·dung** *f* JUR application of a law **Ge·set·zes·aus·le·gung** *f* JUR construction [*or* interpretation] of a law **Ge·set·zes·be·schluss**^RR^ *m* JUR enactment **Ge·set·zes·be·stim·mun·gen** *pl* JUR provisions of a/the bill, statutory provision **Ge·set·zes·be·zeich·nung** *f* JUR title of the law **Ge·set·zes·blatt** *nt* JUR law gazette **Ge·set·zes·bre·cher(in)** <-s, -> *m(f)* law-breaker **Ge·set·zes·bruch** *m (geh)* violation of a/the law **Ge·set·zes·ent·wurf** *m* JUR draft law, bill; **einen ~ vorlegen/einbringen** to table a bill **Ge·set·zes·fik·ti·on** *f* JUR legal fiction **Ge·set·zes·hü·ter(in)** *m(f) (hum)* long arm *iron* [*or iron* BRIT guardian] of the law **Ge·set·zes·ini·ti·a·ti·ve** *f* legislative initiative **Ge·set·zes·kon·flikt** *m* JUR Conflict of Laws **Ge·set·zes·kon·kur·renz** *f* JUR concurrence of laws **Ge·set·zes·kraft** *f kein pl* JUR force of law, legal force; **~ haben** [*o* **erlangen**] to be legal, to have legal force; **die volle ~** the full power of the law **Ge·set·zes·lü·cke** *f* judicial loophole **Ge·set·zes·no·vel·le** *f* amendment [to a/the law] **Ge·set·zes·pa·ket** *nt* JUR legislative package **Ge·set·zes·recht** *nt* JUR statute law **Ge·set·zes·samm·lung** *f* legal digest; *(Gesetzbuch)* statute book BRIT, statutes at large AM; *(Korpus)* corpus **Ge·set·zes·text** *m* text [*or* wording] of a law **ge·set·zes·treu** *adj* law-abiding **Ge·set·zes·treue** *f* law-abidance **Ge·set·zes·über·tre·tung** *f* JUR infringement of the law, law-breaking **Ge·set·zes·um·ge·hung** *f* JUR evasion of a law **Ge·set·zes·ver·let·zung** *f* JUR violation of the law **Ge·set·zes·ver·zeich·nis** *nt* JUR statute book **Ge·set·zes·voll·zug** *m* JUR law enforcement **Ge·**

set·zes·vor·be·halt *m* JUR legal reservation **Ge·set·zes·vor·la·ge** *f* JUR *s.* **Gesetzentwurf** **Ge·set·zes·vor·stoß** *m* impetus towards a new [*or* reformed] law **Ge·set·zes·zweck** *m* JUR legal purpose

ge·setz·ge·bend *adj attr* legislative

Ge·setz·ge·ber <-s, -> *m* legislator, law-maker; *(Versammlung)* legislature, legislative body

ge·setz·ge·be·risch *adj* legislative

Ge·setz·ge·bung <-, -en> *f* legislation; **ausschließliche/konkurrierende ~** exclusive/concurrent legislation

Ge·setz·ge·bungs·kom·pe·tenz *f* JUR legislative authority **Ge·setz·ge·bungs·not·stand** *m* JUR legislative state of emergency **Ge·setz·ge·bungs·ver·fah·ren** *nt* legislative process

ge·setz·lich [gəˈzɛtslɪç] **I.** *adj* legal, lawful *form,* statutory; **~e Bestimmung** legal requirement; **~er Feiertag** statutory holiday; **~e Haftpflicht** legal [*or* statutory] liability; **~e Kündigungsfrist** statutory notice; **~e Regelung** legal regulation; **~e Verpflichtung** statutory duty; **~e Vorschrift** public act; **~es Zahlungsmittel** legal tender; **~ geschützt** protected by law; *Patent* patented; **~ vorgeschrieben** statutory; **etw ~ verfügen** to enact [*or* decree] sth
II. *adv* legally; **~ erlaubt/geschützt** licit/proprietary; **~ verankert sein** to be established in law; **~ verpflichtet/vorgeschrieben** duty bound/statutory; **etw ~ verfügen** to enact sth

Ge·setz·lich·keit <-> *f kein pl* ❶ *(Rechtmäßigkeit)* legality
❷ *(Rechtsordnung)* legal system

ge·setz·los *adj* lawless

Ge·setz·lo·sig·keit <-> *f kein pl* lawlessness

ge·setz·mä·ßig **I.** *adj (gesetzlich)* lawful; *(rechtmäßig)* rightful
II. *adv (einem Naturgesetz folgend)* according to the law [*or* laws] of nature, according to natural law; *(rechtmäßig)* lawfully, legally

Ge·setz·mä·ßig·keit <-, -en> *f (Gesetzlichkeit)* legality; *(Rechtmäßigkeit)* legitimacy, lawfulness

ge·setzt **I.** *adj* sober, dignified, staid *pej*
II. *konj (angenommen, ...)* ■ **~, ...** assuming that ...; *(vorausgesetzt, dass ...)* providing that ...

Ge·setzt·heit <-> *f kein pl* sedateness

ge·setz·wid·rig **I.** *adj* illegal, unlawful *form*
II. *adv* illegally, unlawfully *form*

Ge·setz·wid·rig·keit *f* illegality, unlawfulness *form*

ges. gesch. JUR *Abk von* **gesetzlich geschützt** protected by law; *(eingetragen)* registered

ge·si·chert **I.** *pp von* **sichern**
II. *adj* secure[d]; *Erkenntnisse* solid; *Fakten* indisputable, irrefutable; **~es Einkommen** fixed income; **~e Existenz** secure livelihood; **ein ~es Einkommen haben** to have a secure income

Ge·sicht[1] <-[e]s, -er> [gəˈzɪçt] *nt* ❶ *(Antlitz)* face; ***er ist im ~ etwas mager geworden*** his face has got rather thin, he's got thin in the face; **grün im ~ werden** *(fam)* to go green in the face; **mitten im ~** [right] in the middle of sb's face; **jdm ins ~ schauen** [*o* **sehen**] to look sb in the face; **jdm mitten ins ~ sehen** to look right into sb's face; **jdm ins ~ scheinen** to shine in sb's eyes; **jdm ins ~ schlagen** to hit sb in the [*or* in their] face; *(ohrfeigen a.)* to slap sb's face; ***ein Zweig schlug mir ins ~ und zerbrach meine Brille*** a branch hit me in the face and broke my glasses; **jdm mit der Faust mitten ins ~ schlagen** to punch [*or* hit] sb right in the [*or* their] face; **jdm ins ~ spucken** to spit in sb's face; **über das ganze ~ strahlen** *(fam)* to beam all over one's face; **das ~ verzerren** to contort one's face; **das ~ verziehen** to make [*or* pull] a face; **jdm das ~ zuwenden** to turn to sb, to look at sb
❷ *(fig: Person)* face *fig;* **neue ~er sehen** to see new faces
❸ *(Gesichtsausdruck)* expression; **jdm etw vom ~ ablesen/am ~ ansehen** to read/see sth from sb's expression [*or* the expression [*or* look] on sb's face]; **ein ~ machen** [*o* **ziehen**] to make [*or* pull] a face; ***was machst du denn für ein ~?*** why are you looking like that?; **ein anderes ~ machen** *(fam)* to put on a different expression; ***mach doch ein anderes ~!*** stop looking like that!; **ein böses/enttäuschtes/trauriges ~ machen** to look angry/disappointed/sad; **ein langes ~ machen** [*o* **ziehen**] to pull a [long] face
❹ *(Vorderseite)* front; **auf das ~ fallen** *Brot* to fall sticky side down
❺ *(Erscheinungsbild)* appearance; **ein anderes ~ bekommen** to take on a different character; **etw** *dat* **ein anderes ~ geben** [*o geh* **verleihen**] to make sth look different, to give sth a different character; **die verschiedenen ~er Deutschlands** the different faces of Germany
▸ WENDUNGEN: **jdm nicht ins ~ <u>blicken</u>** [*o* **<u>sehen</u>**] **können** to be unable to look sb in the face; **jdm wie aus dem ~ <u>geschnitten</u> sein** to be the spitting image of sb; **jdm im ~ <u>geschrieben</u> stehen** to be written on [*or* all over] sb's face; **jdm ins ~ <u>lachen</u>** to laugh in sb's face; **jdm ins ~ <u>lügen</u>** to tell sb a downright [*or* an outright] lie; **jdm etw** [**direkt** [*o fam* **glatt**]] **ins ~ <u>sagen</u>** to say sth [straight] to sb's face; **etw** *dat* **ins ~ <u>sehen</u>** to face sth; **den Tatsachen/der Wahrheit ins ~ sehen** to face the facts/the truth; **jdm ins ~ <u>springen</u>** *(fam: angreifen)* to go for sb; *(auffallen)* to be obvious for sb; ***der Fehler ist mir sofort ins ~ gesprungen*** I noticed the mistake immediately; **ein ~ wie drei** [*o* **acht**] **<u>Tage</u> Regenwetter machen** *(fam)* to look as miserable as sin *fam;* **das** [*o* **sein**] **~ <u>verlieren</u>** to lose face; **das** [*o* **sein**] **~ <u>wahren</u>** to keep up appearances, to save face; **sein <u>wahres</u> ~ zeigen** [*o geh* **enthüllen**] to show one's true colours [*or* one's true character] [*or* oneself in one's true colours]; **<u>zwei</u> ~er haben** to be two-faced

Ge·sicht[2] <-[e]s, -e> [gəˈzɪçt] *nt* sight; **etw zu ~ bekommen** to have sight of sth *form,* to see sth; ***ich habe diese Unterlagen nie zu ~ bekommen*** I have never seen these papers; **das zweite ~ haben** *(veraltet)* to have second sight

Ge·sichts·aus·druck <-ausdrücke> *m* expression [*or* look] [on sb's face]; **jdn am ~ erkennen** to see from sb's expression [*or* the expression [*or* look] on sb's face] **Ge·sichts·be·hand·lung** *f* facial [treatment] **Ge·sichts·creme** [-kreːm] *f* face cream **Ge·sichts·er·ken·nung** *f* **3D/automatisierte/biometrische ~** 3D/automatic/biometric facial recognition **Ge·sichts·far·be** *f* complexion; *(vorübergehende Farbe)* colour [*or* AM -or]; **eine blasse ~ haben** to look pale; **eine gesunde ~ bekommen** to acquire a healthy colour **Ge·sichts·feld** *nt* ❶ *(Blickfeld)* field of vision ❷ MED [circular] visual field [*or* field of vision] **Ge·sichts·hälf·te** *f* side [*or* half] of the face **Ge·sichts·kon·trol·le** *f (fam) visual check carried out by some bars and discos so that only appropriate guests are allowed in* **Ge·sichts·kreis** *m* ❶ *(Umkreis)* field [*or* range] of vision ❷ *(geistiger Horizont)* horizon, outlook; **ein umfassender ~** a broad outlook, wide horizons **Ge·sichts·läh·mung** *f* facial paralysis

ge·sichts·los *adj* characterless, nondescript, faceless

Ge·sichts·mas·ke *f* face mask; *(kosmetisch)* face pack; SPORT *(Schutz für das Gesicht)* face guard **Ge·sichts·milch** *f* moisturizing fluid *no pl; (zur Reinigung)* cleansing milk *no pl*

Ge·sichts·mus·ku·la·tur *f* facial muscles *pl* **Ge·sichts·pee·ling** [-piːlɪŋ] *nt* facial exfoliant **Ge·sichts·pfle·ge** *f* facial care **Ge·sichts·plas·tik** *f* cosmetic surgery **Ge·sichts·punkt** *m* point of view; **unter diesem ~ betrachtet** seen from this/that point of view **Ge·sichts·ro·se** *f* MED facial erysipelas **Ge·sichts·schlei·er** *m* [lace] veil; *(einer Moslemin a.)* yashmak **Ge·sichts·schnitt** *m* features *pl;* **ein ovaler ~** an oval face, oval features **Ge·sichts·straf·fung** *f* face-lifting **Ge·sichts·ver·lust** *m* loss of face **Ge·sichts·wah·rung** *f kein pl* face-saving **Ge·sichts·was·ser** *nt* toner; *(zur Reinigung)* cleansing lotion **Ge·sichts·win·kel** *m* ❶ *(Winkel)* visual angle ❷ *(Gesichtspunkt)* angle, point of view **Ge·sichts·zug** *m meist pl* facial feature; **edle/feine/strenge Gesichtszüge** noble/fine/severe features

Ge·sims <-es, -e> [gəˈzɪms, *pl* gəˈzɪmzə] *nt* cornice, ledge

Ge·sims·brett *nt* BAU fascia board

Ge·sin·de <-s, -> [gəˈzɪndə] *nt (veraltet)* servants *pl; (vom Bauernhof)* farmhands *pl*

Ge·sin·del <-s> [gəˈzɪndl̩] *nt kein pl (pej)* riff-raff *no pl pej,* rabble *no pl pej*

ge·sinnt [gəˈzɪnt] *adj meist pred* minded; **demokratisch ~** democratically minded; **sozial ~** socially minded, public spirited; *(gesonnen)* ■ **jdm ... ~ sein** to feel ... towards sb; **jdm gut** [*o* **freundlich**] **~ sein** to be [*or* feel] well-disposed towards sb; **jdm übel** [*o* **feindlich**] **~ sein** to be [*or* feel] ill-disposed towards sb

Ge·sin·nung <-, -en> *f* ❶ *(Einstellung)* conviction, attitude; **eine miese ~** a cavalier attitude; **wegen seiner ~ verfolgt werden** to be persecuted for one's convictions
❷ *(Charakter)* **seine wahre ~ zeigen** [*o geh* **enthüllen**] to show one's true colours [*or* AM -ors] [*or* oneself in one's true colours]

Ge·sin·nungs·ge·nos·se, -ge·nos·sin *m, f* like-minded person

ge·sin·nungs·los *adj (pej)* immoral, unprincipled, profligate *form;* ■ **sich** *akk* **~ verhalten** to behave in an unprincipled fashion [*or* immorally]

Ge·sin·nungs·schnüf·fe·lei [-ʃnʏfəlai] *f* snooping into people's political views **Ge·sin·nungs·tä·ter(in)** *m(f) sb who breaks the law out of moral conviction* **Ge·sin·nungs·wan·del** *m* change of [*or* shift in] attitude **Ge·sin·nungs·wech·sel** *m s.* **Gesinnungswandel**

ge·sit·tet [gəˈzɪtət] **I.** *adj* well-brought up, well-mannered
II. *adv* **sich** *akk* **~ aufführen** [*o* **benehmen**] to be well-behaved, to behave properly

ge·smokt [gəˈsmoːkt] *adj* MODE smocked

Ge·socks <-[es]> [gəˈzɔks] *nt kein pl bes* SÜDD *(pej sl)* riff-raff *pej,* trash *pej*

Ge·söff <-[e]s, -e> [gəˈzœf] *nt (pej sl)* pigswill, muck *no pl*

ge·son·dert [gəˈzɔndɐt] **I.** *adj* separate; *(für sich)* individual; ***jeder Gewinner erhält eine ~e Benachrichtigung*** each winner is informed individually; **eine ~e und bevorzugte Behandlung** special, individual treatment *uncountable*
II. *adv* separately; *(für sich)* individually

ge·son·nen [gəˈzɔnən] **I.** *pp von* **sinnen**
II. *adj (geh: gewillt)* ■ **~ sein, etw zu tun** to feel inclined to do sth; **keineswegs ~ sein, etw zu tun** to have no intention of doing sth, to feel in no way inclined to do sth

ge·spal·ten *adj* TECH fissured

Ge·span <-[e]s *o* -en, -en> [gəˈʃpaːn] *m* SCHWEIZ *(o veraltet: Gefährte)* companion

Ge·spann <-[e]s, -e> [gəˈʃpan] *nt* ❶ *(Zugtiere)* team [of oxen/horses]
❷ *(Wagen und Zugtier)* horse and carriage [*or* cart]
❸ *(fam: Paar)* pair, couple

ge·spannt *adj* ❶ *(sehr erwartungsvoll)* expectant; **mit ~er Aufmerksamkeit** with rapt [*or* undivided] attention; **~e Erwartung** great [*or* high] expectations *pl;* ■ **~ sein, ob/was/wie ...** to be anxious [*or* keen] to see [*or* to know] whether/what/how ...; ***ich bin sehr ~, wie er darauf reagiert*** I'm very keen [*or* I'm dying] [*or* I'm all agog] to see [*or* to know] how he reacts; ■ **~** [**auf etw** *akk*] **sein:** ***ich bin auf seine Reaktion ~*** I wonder what his reaction will be *a. iron; s. a.* **Flitzebogen**
❷ *(konfliktträchtig)* tense; **eine ~e Lage** a tense [*or* explosive] [*or* volatile] situation

Ge·spannt·heit <-> *f kein pl* ❶ *(Erwartung)* curiosity, eagerness
❷ *(Gereiztheit)* tension, tenseness

ge·spei·chert *pp von* **speichern** *Daten* stored

Ge·spenst <-[e]s, -er> [gəˈʃpɛnst] *nt* ❶ *(Geist)* ghost, apparition, spook *fam;* **an ~er glauben** to believe in ghosts; **wie ein ~ aussehen** *(fam)* to look like a ghost
❷ *(Gefahr)* spectre [*or* AM -er]; ***das ~ eines neuen***

Krieges the spectre of a new war
▸WENDUNGEN: ~**er sehen** *(fam)* to imagine [*or* see] things

Ge·spens·ter·ge·schich·te *f* ghost story

ge·spens·ter·haft *adj* ghostly, eerie, unearthly

ge·spens·tig [gəˈʃpɛnstɪç] *adj (unheimlich)* ghostly, eerie

ge·spens·tisch [gəˈʃpɛnstɪʃ] *adj* ① *(bizarr, unheimlich)* uncanny, weird, eerie; *(grausam)* grotesque
② *s.* **gespensterhaft**

ge·sperrt *pp von* **sperren** *Konto* blocked, frozen

ge·spielt *adj* feigned, assumed, pretended, sham *pej;* **mit ~er Heiterkeit** making a pretence of being cheerful

Ge·spinst <-[e]s, -e> [gəˈʃpɪnst] *nt* gossamer; ~ **[eines Insekts]** cocoon [of an insect]

ge·spornt [gəˈʃpɔrnt] *adj s.* **gestiefelt**

Ge·spött <-[e]s> [gəˈʃpœt] *nt kein pl* mockery, ridicule; **jdn/sich zum ~ [der Leute] machen** to make sb/oneself a laughing stock; **zum ~ [der Leute] werden** to be/become a laughing stock

Ge·spräch <-[e]s, -e> [gəˈʃprɛːç] *nt* ① *(Unterredung)* conversation, chat *fam;* **sich** *akk* **in ein ~ einmischen** to interfere in a conversation; **jdn in ein ~ einwickeln** to engage sb in conversation; **ein ~ mit jdm führen** to conduct [*or* hold] a conversation with sb, to converse with sb, to have a chat with sb *fam;* **das ~ auf etw** *akk* **bringen** to steer a conversation on to [the subject of] sth; **mit jdm ins ~ kommen** to get into conversation with sb; **[mit jdm] im ~ bleiben** to stay [*or* keep] in touch with sb; **ein ~ unterbrechen** to interrupt a conversation; **die Missverständnisse in einem ~ ausräumen** to overcome differences by talking about them; **ein ~ unter Frauen/Männern** a word [*or* chat] from woman to woman/man to man; **im ~ sein** to be under consideration [*or* still being considered]; **ein ~ unter vier Augen** a private conversation [*or fam* chat]
② *(Vorstellungsgespräch)* [job] interview
③ *pl (Verhandlungen)* talks *pl;* ***die ~e haben sich festgefahren*** the talks have reached a deadlock; **~e aufnehmen** to begin [*or* commence] talks *form;* **~e abbrechen** to break off talks; **mit jdm ins ~ kommen** to begin talks [*or* a dialogue]
④ *(Anruf)* [telephone/phone] call; **ein ~ führen** to make a [telephone/phone] call; ***ein ~ für dich!*** it's for you!, there's a call for you!
⑤ *(Gesprächsstoff)* **das ~ der Stadt/des Tages sein** to be the talk of the town/the subject of the day

ge·sprä·chig [gəˈʃprɛːçɪç] *adj* garrulous, talkative; ***du bist aber heute nicht sehr ~*** you haven't got much to say for yourself today; **jdn ~ machen** to loosen sb up, to make sb more expansive

Ge·sprä·chig·keit <-> *f kein pl* garrulousness, talkativeness

Ge·sprächs·ba·sis *f kein pl* basis for talks [*or* discussions] **ge·sprächs·be·reit** *adj* ready to talk; *(bereit zu verhandeln)* ready to begin talks **Ge·sprächs·be·reit·schaft** *f (geh)* readiness to talk, willingness to negotiate **Ge·sprächs·dau·er** *f* ① *(Dauer einer Unterredung)* discussion time ② *(Dauer eines Telefonates)* length of a [telephone/phone] call **Ge·sprächs·ein·heit** *f* TELEK unit **Ge·sprächs·fa·den** *m* thread of a conversation; **den ~ abreißen lassen** to break off a conversation **Ge·sprächs·fet·zen** *m* scrap [*or* snippet] of conversation **Ge·sprächs·ge·bühr** *f* call charge **Ge·sprächs·ge·gen·stand(in)** *m(f)* topic [*or* subject] of conversation **Ge·sprächs·kon·takt(in)** *m(f)* contact for talks [*or* discussions] **Ge·sprächs·kreis** *m* discussion group **Ge·sprächs·no·tiz** *f* telephone memo **Ge·sprächs·part·ner(in)** *m(f)* **die ~ bei einer Fernsehdiskussion** the guests in a TV panel discussion; **ein angenehmer ~** a pleasant person to talk to **Ge·sprächs·pau·se** *f* break in a/the conversation **Ge·sprächs·run·de** *f* round of talks **Ge·sprächs·stoff** *m* topics of conversation, things to talk about *fam;* **viel ~** plenty to talk about **Ge·sprächs·teil·neh·mer(in)** *m(f)* participant in a conversation [*or* discussion] **Ge·sprächs·the·ma** *nt* conversation topic, subject of discussion **Ge·sprächs·the·ra·pie** *f* discussion therapy **Ge·sprächs·über·nah·me** *f kein pl* call transfer

ge·sprächs·wei·se *adj* in conversation

ge·spreizt *adj s.* **affektiert**

ge·spren·kelt *adj* mottled; **ein ~es Vogelei** a speckled bird's egg; **~er Stoff** spotted cloth, cloth with spots [*or* dots] on it; **ein [rot, weiß und grün] ~es Kleidungsstück** a [red, white and green] spotted piece of clothing

Ge·spritz·te(r) *m dekl wie adj* SÜDD, ÖSTERR spritzer *(wine mixed with mineral water)*

Ge·spür <-s> [gəˈʃpyːɐ̯] *nt kein pl* instinct; **ein ~ für etw** *akk* **entwickeln** to develop a feel for sth; **ein gutes ~ für etw** *akk* **haben** to sense sth by intuition; **ein gutes ~ für Farben** a good feel for colours [*or* AM -ors]

gest. *adj Abk von* **gestorben** dec., deceased

Ge·sta·de <-s, -> [gəˈʃtaːdə] *nt (liter)* shores *pl;* **unbekannte ~** foreign shores

ge·staf·felt I. *pp von* **staffeln**
II. *adj* graded, stepped; **nach Dienstjahren ~e Gehälter** salaries graded according to length of service; **~e Rückzahlung** repayment by instalments [*or* AM *also* installments]

Ges·ta·gen <-s, -e> [gɛstaˈgeːn] *nt* gestagen, progestogen

Ge·stalt <-, -en> [gəˈʃtalt] *f* ① *(Mensch)* figure; **eine verdächtige ~** a suspicious character
② *(Wuchs)* build; **eine ebenmäßige ~** an evenly proportioned build; **... von ~ sein** [*o* **von einer ... ~ sein**] to be of a ... build
③ *(Person, Persönlichkeit)* figure, character; **in ~ von jdm** [*o* **in jds ~**] in the form of sb
▸WENDUNGEN: **[feste] ~ annehmen** to take [definite] shape; **etw** *dat* **~ geben** [*o geh* **verleihen**] to give shape and form to sth; **sich** *akk* **in seiner wahren ~ zeigen** to show one's true character [*or* true colours] [*or* AM colors]

ge·stal·ten* [gəˈʃtaltn̩] I. *vt* ■**etw irgendwie ~** ① *(einrichten)* to design; **einen Garten/einen Gartenteich/eine Terrasse ~** to lay out [*or* plan] a garden/a garden pond/a terrace; **ein Schaufenster ~** to dress a shop window; **etw neu/anders ~** to redesign sth
② *(darbieten, präsentieren)* to arrange; **ein Programm/einen Abend/Unterricht ~** to organize [*or* arrange] a programme [*or* AM -am]/an evening/a lesson [*or* lessons]; **einen Text ~** to formulate a text
③ *(organisieren)* to arrange, to organize
④ ARCHIT *(konstruieren)* to build; **eine Terrasse ~** to lay out a terrace; **einen Einrichtungsgegenstand/einen Gebrauchsgegenstand ~** to design a fitting [*or pl* furnishings]/an object of use; **ein Kunstwerk ~** to design a piece of art
II. *vr (geh)* ■**sich** *akk* **irgendwie ~** to turn out [*or* prove] to be somehow

Ge·stal·ter(in) <-s, -> *m(f)* designer

ge·stal·te·risch [gəˈʃtaltərɪʃ] I. *adj (Design betreffend)* **eine ~e Frage/ein ~es Problem** a question/problem of design; **eine ~e Begabung/ein ~es Talent** a creative [*or* an artistic] gift/talent
II. *adv (Design betreffend)* from the point of view of design; **~ einmalig** uniquely designed; **~ gelungen** well-designed; **~ hervorragend** excellently designed; *(schöpferisch)* artistically, creatively

ge·stalt·los *adj* formless

Ge·stalt·phi·lo·so·phie *f* PHILOS Gestalt philosophy **Ge·stalt·psy·cho·lo·gie** <-> *f kein pl* Gestalt psychology

Ge·stal·tung <-, -en> *f* ① *(das Einrichten)* planning, design; **die ~ eines Gartens** the laying-out of a garden; **die ~ eines Schaufensters** window dressing
② *(Darbietung)* arrangement, organization
③ *(das Organisieren)* organization
④ ARCHIT building
⑤ *(Design)* design

Ge·stal·tungs·er·klä·rung *f* JUR constitutive declaration **Ge·stal·tungs·kla·ge** *f* JUR action for modification of rights **Ge·stal·tungs·miss·brauch**[RR] *m* JUR *(Vertrag)* abuse of a dispositive right **Ge·stal·tungs·recht** *nt* JUR right to alter a legal relationship **Ge·stal·tungs·ur·teil** *nt* JUR judgment affecting a legal relationship

Ge·stam·mel <-s> [gəˈʃtaml̩] *nt kein pl* stammering and stuttering

ge·stand *imp von* **gestehen**

ge·stan·den I. *pp von* **gestehen, stehen**
II. *adj attr* experienced; **ein ~er Kämpfer/Parlamentarier** a seasoned campaigner/parliamentarian; **ein ~es Mannsbild** an older, more experienced man

ge·stän·dig [gəˈʃtɛndɪç] *adj* **ein ~er Täter** a culprit who has confessed [*or* admitted his/her crime]; ■**~ sein** to have confessed

Ge·ständ·nis <-ses, -se> [gəˈʃtɛntnɪs, *pl* gəˈʃtɛntnɪsə] *nt (das Zugeben)* admission; *(das Zugeben eines Verbrechens)* confession; **[vor jdm] ein ~ ablegen, jdm ein ~ machen** to admit sth to sb, to confess [sth] [*or hum* to make a confession [about sth]] to sb

Ge·stän·ge <-s, -> [gəˈʃtɛŋə] *nt (Gerüst)* bars, struts, rods; *(Gerüst für Kletterpflanzen)* trellis[work]; **das ~ eines Himmelbetts** the posts of a four-poster bed

Ge·stank <-[e]s> [gəˈʃtaŋk] *m kein pl* stench, stink *fam*

Ge·sta·po <-> [geˈʃtaːpo, gəˈʃtaːpo] *f kein pl s.* **Geheime Staatspolizei** Gestapo

ge·stat·ten* [gəˈʃtatn̩] I. *vt* ① *(geh: erlauben)* to allow, to permit *form;* ■**jdm etw ~** to allow [*or form* permit] sb sth; ■**jdm ~, etw zu tun** to allow [*or form* permit] sb to [*or* let sb] do sth; ■**etw ist jdm gestattet** sb is allowed [*or form* permitted] to do sth; ***das Fotografieren ist Unbefugten nicht gestattet*** no photographs are to be made without authorization
② *(geh: möglich machen)* ■**etw gestattet jdm etw** sth allows [*or form* permits] sb sth; ■**etw gestattet jdm, etw zu tun** sth allows [*or form* permits] sb to [*or* lets sb] do sth
③ *(geh: als Höflichkeitsformel)* **jdm eine Frage ~** to allow [*or form* permit] sb to [*or* let sb] ask [*or* put] a question; **~ *Sie mir den Hinweis, dass das Rauchen hier verboten ist*** may I point out that smoking is not allowed here; ■**jdm ~, etw zu tun** to allow sb to do sth
II. *vi (geh)* to not mind; ***wenn Sie ~, das war mein Platz!*** if you don't mind, that was my seat!
III. *vr (geh)* ① *(sich erlauben)* ■**sich** *dat* **etw ~** to allow oneself sth; **wenn ich mir eine Bemerkung/eine Frage ~ darf** if I may be so bold as to say something/ask a question *form,* if you don't mind me saying/asking *a. hum form;* ■**sich** *dat* **~, etw zu tun** to allow [*or* permit] oneself to do sth *form,* to take the liberty of doing sth *form*
② *(zu sich nehmen)* ■**sich** *dat* **etw ~** to allow oneself sth

ge·stat·tet I. *pp und 3. pers sing von* **gestatten**
II. *adj* permitted, allowed; **„Rauchen nicht ~"** "Smoking [is] not permitted", "No smoking"

Ges·te <-, -n> [ˈgeːstə, ˈgɛstə] *f* ① *(Körperbewegung)* gesture; **eine ablehnende/auffordernde ~** a gesture of refusal/invitation; **eine eindringliche/warnende ~** an urgent/ a warning gesture
② *(Ausdruck von etw)* gesture; **eine ~ der Höflichkeit** a mark of politeness

Ge·steck <-[e]s, -e> [gəˈʃtɛk] *nt* flower arrangement

ge·ste·hen <gestand, gestanden> [gəˈʃteːən] I. *vi* to confess; ■**[jdm] ~, etw getan zu haben** to confess to having done sth [to sb]
II. *vt* ① *(zugeben)* ■**[jdm] etw ~** to confess [*or* make a confession of] sth [to sb]; **eine Tat ~** to confess to having done sth, to confess to a deed *liter*
② *(offenbaren)* ■**[jdm] etw ~** to confess sth [to sb]; **jdm seine Gefühle ~** to reveal [*or* confess] one's feelings to sb; ■**[jdm] ~, dass ...** to confess to sb that ...

Ge·ste·hungs·kos·ten *pl* production costs

Ge·stein <-[e]s, -e> [gəˈʃtain] *nt* rock

Ge·steins·kun·de *f* petrography **Ge·steins·pro·be** *f* rock sample **Ge·steins·schicht** *f* rock stratum

Ge·stell <-[e]s, -e> [gəˈʃtɛl] *nt* ❶ *(Bretterregal)* rack, shelves *pl*
❷ *(Rahmen)* frame
❸ *(Untergestell)* frame; **das ~ eines Theodolites** the tripod of a theodolite
❹ *(Fahrgestell)* chassis
❺ *(Flugzeuggestell)* undercarriage, landing gear
❻ *(hum fam: Beine)* legs *pl,* pins *pl*

ge·stellt *adj* arranged; *(nicht echt)* posed; ***die Szene wirkt so ~*** the scene seems very posed

ge·stelzt I. *pp von* **stelzen**
II. *adj* stilted
III. *adv* stiltedly

ges·tern [gɛstɐn] *adv (der Tag vor heute)* yesterday; **~ vor einer Woche/acht Tagen** a week ago yesterday; **~ in einer Woche/acht Tagen** a week yesterday; **~ Abend/Morgen/Nachmittag** yesterday evening/morning/afternoon; **~ Mittag** yesterday lunchtime
❷ *(von früher)* yesterday's *attr,* of yesteryear *liter,* outdated; **nicht von ~ sein** *(fig fam)* to be not born yesterday; *s. a.* **Schnee**

Ges·tern <-> [gɛstɐn] *nt kein pl* ■ **das ~** yesterday, the past

ge·stie·felt *adj (Stiefel tragend)* booted, boot-clad *liter;* ■ **~ sein** to have one's boots on
▶WENDUNGEN: **~ und gespornt** *(fam)* ready and waiting, ready to go

ge·stif·tet *pp von* **stiften** *Betrag* donated, endowed

Ges·tik <-> [ˈgeːstɪk, ˈgɛstɪk] *f kein pl* gestures *pl;* **ausdrucksstarke ~** expressive body language

Ges·ti·ku·la·ti·on [gɛstikulaˈtsi̯oːn] *f* gesticulation

ges·ti·ku·lie·ren* [gɛstikuˈliːrən] *vi* to gesticulate

ge·stimmt *adj* **heiter ~** cheerful, in a cheerful mood [*or* frame of mind]; ***du bist ja heute so froh ~!*** you're happy [*or* in a happy mood [*or* frame of mind]] today!

Ge·stirn <-[e]s, -e> [gəˈʃtɪrn] *nt (geh: Himmelskörper)* heavenly body *form; (Stern)* star; *(Sternbild)* constellation

ges·tisch [geːstɪʃ, gɛstɪʃ] **I.** *adj* gesticulatory
II. *adv* as a gesture; **eine Rede ~ untermalen** to underline a speech with gestures

ge·sto·chen [gəˈʃtɔxn̩] **I.** *pp von* **stechen**
II. *adj (sehr exakt)* exact; **eine ~e Handschrift** [extremely] neat handwriting
III. *adv* **~ scharf** crystal clear; **wie ~ schreiben** to write [extremely] neatly

Ge·stöh·n(e) <-s> [gəˈʃtøːn(ə)] *nt kein pl* groaning, moaning

ge·stört *adj* PSYCH ❶ *(beeinträchtigt)* disturbed; **eine ~e Ehe** an unhappy [*or fam* a rocky] marriage; **eine ~e Familie** a disturbed [*or* problematic] family background; **ein ~es Verhältnis** an uneasy [*or* unhappy] relationship; **geistig ~ sein** to be mentally unbalanced [*or* disturbed]
❷ *(fam: verrückt)* crazy *fam,* insane *fam,* nuts *fam pred*

Ge·stot·ter <-s> [gəˈʃtɔtɐ] *nt kein pl* stammering, stuttering

Ge·sträuch <-[e]s, -e> [gəˈʃtrɔyç] *nt* bushes *pl*

ge·streift I. *pp von* **streifen**
II. *adj* ❶ *(mit Streifen versehen)* striped
❷ *(fam: Kleidung mit Streifen)* striped clothes; **ihr steht ~ gut** stripes suit her

ge·streng [gəˈʃtrɛŋ] *adj (veraltend)* stern, strict

ge·stresst^RR, **ge·streßt**^ALT *adj* stressed

ge·streut *adj* PHYS scattered; **~e Strahlung** scattered radiation

ge·stri·chelt *adj* **eine ~e Linie** a broken line

ge·stri·chen [gəˈʃtrɪçn̩] **I.** *pp von* **streichen**
II. *adj* ❶ *(bis zum Rand)* level; **ein ~er Löffel** a level spoon[ful]
❷ TYPO **~es Papier** coated paper; **zweiseitig ~es Papier** two-sided coated paper
III. *adv* **~ voll** full to the brim
▶WENDUNGEN: **die Hose ~ voll haben** to be shaking in one's shoes; **die Nase ~ voll haben** to be fed up to the back teeth

ge·strie·gelt *adj s.* **geschniegelt**

ges·trig [ˈgɛstrɪç] *adj attr* yesterday's *attr,* [of] yesterday *pred;* **Bezug nehmend auf unser ~es Telefonat** with reference to [*or* following] our phone call [of] yesterday; **das ~e Gespräch** yesterday's conversation; **der ~e Abend** yesterday evening; **der ~e Tag** yesterday; **die ewig G~en** *pl* those who [constantly] live in the past [*or* who refuse to live in the present]

Ge·strüpp <-[e]s, -e> [gəˈʃtrʏp] *nt* ❶ *(Strauchwerk)* undergrowth
❷ *(undurchsichtiger Wirrwarr)* maze

ge·stuft *adj* ❶ *(in Stufen)* terraced
❷ *(zeitlich abgestuft)* staggered, phased

Ge·stüm·per <-s> [gəˈʃtʏmpɐ] *nt* bungling; **~ auf dem Klavier** plonking away on the piano

Ge·stürm <-s> [gəˈʃtʏrm] *nt kein pl* SCHWEIZ ❶ *(lärmendes Getue)* racket
❷ *(Krawall)* riot
❸ *(Geschwätz)* hot air *no pl fam,* waffle *no pl* BRIT *fam,* twaddle *no pl fam*

ge·stürzt I. *pp von* **stürzen**
II. *adj* ❶ *(abgesetzt) Diktator* deposed, toppled
❷ TYPO **~e Buchstaben** rotated characters [*or* types]

Ge·stüt <-[e]s, -e> [gəˈʃtyːt] *nt* stud farm

ge·stylt [gəˈstailt] *adj* styled

Ge·such <-[e]s, -e> [gəˈzuːx] *nt (veraltend)* request; *(Antrag)* application; [**bei jdm**] **ein ~** [**auf etw** *akk*/**um etw** *akk*] **einreichen** to hand in [*or* submit] an application [for sth] [to sb]; **einem ~ entsprechen** *(form)* to grant a request

Ge·suchs·for·mu·lar <-s, -e> *nt* SCHWEIZ *(Antragsformular)* application form

Ge·such·stel·ler(in) <-s, -> *m(f)* ❶ JUR applicant, petitioner
❷ SCHWEIZ *(Antragsteller)* applicant

ge·sucht *adj (gefragt)* in demand *pred,* much sought-after

Ge·sül·ze <-s> [gəˈzʏltsə] *nt kein pl (sl)* waffle BRIT *sl,* drivel *sl,* claptrap

Ge·summ <-[e]s> [gəˈzʊm] *nt kein pl* buzzing, humming

ge·sund <gesünder, gesündeste> [gəˈzʊnt] *adj* healthy; **geistig und körperlich ~** sound in mind and body; **~e Organe** healthy [*or* sound] organs; **~e Zähne** healthy [sound] teeth; **~ und munter** top fit, in fine fettle, in good shape, in the pink BRIT *fam;* **eine ~e Firma** a healthy [*or* viable] company; **wirtschaftlich ~** financially sound; ***rauchen ist nicht ~*** smoking is unhealthy; ***sonst bist du ~?*** *(iron fam)* are you feeling OK? *fam,* have you lost your marbles? *sl,* are you off your chump? BRIT *sl;* **bleib** [**schön**] **~!** take care [of yourself]!, look after yourself!; **jdn ~ pflegen** to nurse sb back to health; **jdn ~ schreiben** to pass sb as fit; **wieder ~ werden** to get well again, to get better

Ge·sun·de(r) *f(m) dekl wie adj* healthy person

ge·sun·den* [gəˈzʊndn̩] *vi sein* ❶ *(geh: genesen)* to recover, to get better, to regain one's health *form*
❷ *(sich erholen)* to recover, to bounce back

Ge·sund·heit <-> *f kein pl* health; ***was macht die ~?*** how are you?; **sich** *akk* **ausgezeichneter/guter/bester ~ erfreuen** to be in excellent/good/the best of health; **eiserne/robuste ~** good/robust health; **zarte ~** frail health; **schlechte ~** poor [*or* ill] health; ***hoffentlich geht es mit deiner ~ bald wieder besser*** I hope you feel [*or* get] better soon; **bei bester/guter ~** in the best of/in good health; **eine ... ~ haben** to have a ... constitution; **eine eiserne ~ haben** to have an iron [*or* rugged] constitution; **eine unerschütterliche ~ haben** to have a strong constitution; **auf Ihre ~!** your health!; [***ich erhebe das Glas***] ***auf Ihre ~!*** [a toast] to your health!; **~!** bless you!

ge·sund·heit·lich I. *adj* **das ~e Befinden** the state of health; **ein ~es Problem** a health problem; **aus ~en Gründen** for health reasons [*or* reasons of health]; **in ~er Hinsicht** with regard to [one's] health
II. *adv (hinsichtlich der Gesundheit)* as regards health; ***wie geht es Ihnen ~?*** how are you?

Ge·sund·heits·amt *nt* local public health department [*or* BRIT office] **Ge·sund·heits·apos·tel** *m (iron)* health freak [*or* fanatic] *pej* **Ge·sund·heits·be·hör·de** *f* health authority **Ge·sund·heits·be·schä·di·gung** *f* JUR personal injury **ge·sund·heits·be·wusst**^RR *adj* health conscious **Ge·sund·heits·be·wusst·sein**^RR *nt kein pl* health awareness **Ge·sund·heits·drink** [-drɪŋk] *m* health drink **Ge·sund·heits·ex·per·te, -ex·per·tin** *m, f* health expert **ge·sund·heits·för·dernd** *adj* healthy, good for one's health *pred* **Ge·sund·heits·für·sor·ge** *f* health care **Ge·sund·heits·mi·nis·ter(in)** *m(f)* minister of health BRIT, health minister BRIT, Secretary of Health AM **Ge·sund·heits·mi·nis·te·ri·um** *nt* ministry of health BRIT, health ministry BRIT, Department of Health AM **Ge·sund·heits·pfle·ge** *f* hygiene; **öffentliche ~** public health [care] **Ge·sund·heits·po·li·tik** *f* health policy **ge·sund·heits·po·li·tisch** *adj attr* health policy **Ge·sund·heits·prü·fung** *f* medical examination **Ge·sund·heits·re·form** *f* POL [national] health reform **Ge·sund·heits·scha·den** *m meist pl* damage *no pl, no indef art* to [one's] health **ge·sund·heits·schäd·lich** *adj* detrimental [*or* damaging] to one's health *pred;* ***Rauchen ist ~*** smoking damages your health **Ge·sund·heits·se·na·tor** *m* senator responsible for health issues **Ge·sund·heits·se·na·to·rin** *f fem form von* **Gesundheitssenator** [female] senator responsible for health issues **Ge·sund·heits·sys·tem** *nt* health service, healthcare system

Ge·sund·heits·tou·rist(in) [gəˈzʊndhaitsturɪst] *m(f)* health tourist

Ge·sund·heits·ver·sor·gung *f kein pl* healthcare **Ge·sund·heits·wel·le** *f* wave of health awareness **Ge·sund·heits·we·sen** *nt* health system [*or* service] **Ge·sund·heits·zeug·nis** *nt* certificate of health, health certificate **Ge·sund·heits·zu·stand** *m kein pl* state of health; **ein ausgezeichneter/guter ~** a clean bill of health; **der ~ eines Patienten** a patient's condition

ge·sund|schrei·ben^RR *irreg vt* ■ **jdn ~** to certify sb [as being] fit **ge·sund|schrump·fen I.** *vt* ■ **etw ~** to slim down sth *sep* [*or* streamline] **II.** *vr* ■ **sich** *akk* **~** to slim down **ge·sund|sto·ßen** *vr irreg (sl)* ■ **sich** *akk* **~** to make some money *(to improve one's financial state or economic condition);* **sich** *akk* **an jdm ~** to get rich [quick] at sb's expense

Ge·sun·dung <-> *f kein pl* recovery

Ge·tä·fel <-s> [gəˈtɛːfl̩] *nt kein pl* panelling

Ge·tä·fer <-s> [gəˈtɛːfɐ] *nt kein pl* SCHWEIZ *(Getäfel)* panelling

ge·tarnt I. *pp von* **tarnen**
II. *adj* disguised, camouflaged; **gut ~** well camouflaged; **als etw ~** disguised as sth

Ge·tier <-s> [gəˈtiːɐ̯] *nt kein pl* animals *pl; (Insekten)* creepy crawlies *pl fam*

ge·ti·gert *adj* striped; **ein ~es Fell** fur striped like a tiger's

ge·tönt *adj* **~e Tagescreme** tinted day cream

Ge·tö·se <-s> [gəˈtøːzə] *nt kein pl* crash [*or* din]; *des Verkehrs* roar[ing], rumble, rumbling, thunder[ing]; *eines Wasserfalls* roar[ing], thunder[ing]; *(anhaltender Lärm)* racket; *einer Menschenmenge* roar[ing]; **mit ~** loudly, noisily; **eine Tür mit ~ zuschlagen** to slam a door noisily

ge·tra·gen [gəˈtraːgn̩] **I.** *pp von* **tragen**
II. *adj* ❶ *(feierlich)* solemn; **ein ~es Tempo** a stately tempo
❷ *(gebraucht)* second-hand

Ge·tram·pel <-s> [gəˈtrampl̩] *nt kein pl (fam)* tramping; *(als Beifall)* stamping

Ge·tränk <-[e]s, -e> [gəˈtrɛŋk] *nt* drink, beverage *form;* **alkoholische** [*o geh* **geistige**] **~e** alcoholic drinks; **nichtalkoholische ~e** soft [*or* non-alcoholic] drinks

Ge·trän·ke·ab·tei·lung *f* drinks department **Ge·trän·ke·au·to·mat** *m* drinks dispenser [*or* machine] **Ge·trän·ke·do·se** *f* drinks can **Ge·trän·**

ke·in·dus·trie *f* drinks industry **Ge·trän·ke·kar·te** *f* list of drinks [*or* beverages]; *(in einem Restaurant)* wine list **Ge·trän·ke·markt** *m* off-licence BRIT **Ge·trän·ke·steu·er** *f alcohol tax*

Ge·trap·pel <-s> [gəˈtrapl̩] *nt kein pl* clatter

Ge·trat·sch(e) <-[e]s> [gəˈtraːtʃə] *nt kein pl (pej)* gossip[ing]

ge·trau·en* [gəˈtrauən] *vr (wagen)* ■**sich** *akk* **~, etw zu tun** to dare to do sth; *(wagen, etw Unangenehmes zu tun)* to face [up to] doing sth; ■**sich** *akk* **irgendwohin ~** to venture [*or* dare to go] somewhere

Ge·trei·de <-s, -> [gəˈtraidə] *nt* cereal; *(geerntet)* grain, corn, cereal

Ge·trei·de·(an·)bau *m kein pl* farming [*or* cultivation] [*or* growing] of cereal **Ge·trei·de·art** *f* kind [*or* type] of cereal **Ge·trei·de·ern·te** *f* grain [*or* corn] harvest **Ge·trei·de·feld** *nt* field of corn BRIT, cornfield BRIT, field of grain, grain field **Ge·trei·de·han·del** *m* cereal trade **Ge·trei·de·kaf·fee** *m* cereal coffee **Ge·trei·de·korn** *nt* grain, corn **Ge·trei·de·land** *nt* ① *(Land, in dem viel Getreide angebaut wird)* cereal-producing country ② *kein pl (Acker)* cereal [*or* corn] land **Ge·trei·de·markt·ord·nung** *f* JUR cereal regime **Ge·trei·de·müh·le** *f* mill [for grinding grain] **Ge·trei·de·pro·dukt** *nt* cereal [product] **Ge·trei·de·si·lo** *nt o m* [grain] silo **Ge·trei·de·spei·cher** *m s.* **Getreidesilo** **Ge·trei·de·vor·rat** *m* cereal [*or* grain] supply, supply of cereal [*or* grain] [*or* corn]

ge·trennt I. *adj* separate; **~e Haushalte** separate [*or* independent] households
II. *adv* separately; **~ leben** [*o* **wohnen**] to live apart [*or* to be separated] [from one another]; **~ schlafen** to sleep in separate rooms
▸WENDUNGEN: **~ marschieren, vereint schlagen** united we stand, divided we fall

Ge·trennt·schrei·bung *f* writing sth as two or more words **Ge·trennt·ver·an·la·gung** *f* FIN separate assessment

ge·treu[1] [gəˈtrɔy] *adj* ① *(genau, entsprechend)* exact; **eine ~e Wiedergabe** a true [*or* faithful] reproduction
② *(geh: treu)* faithful, loyal; **ein ~er Freund** a true [*or* real] [*or* faithful] [*or* loyal] friend

ge·treu[2] [gəˈtrɔy] *präp +dat* in accordance with sth *form,* according to sth

Ge·treue(r) *f(m) dekl wie adj (geh)* faithful [*or* loyal] follower

Ge·trie·be <-s, -> [gəˈtriːbə] *nt* ① TECH transmission, gear[s] *pl,* gearbox BRIT, trans AM; **automatisches ~** automatic transmission [*or* gears]; *Uhrwerk* movement, works; **das ~ umschalten** to change gear
② *(lebhaftes Treiben)* bustle, hustle and bustle, bustling activity

Ge·trie·be·brem·se *f* gear brake **Ge·trie·be·öl** *nt* gear[box] oil **Ge·trie·be·rad** *nt* gearwheel **Ge·trie·be·scha·den** *m* damage to the gear box [*or* transmission]

Ge·tril·ler [gəˈtrɪlɐ] *nt* warbling

Ge·trip·pel [gəˈtrɪpl̩] *nt* pitter-patter

Ge·trom·mel <-s> [gəˈtrɔml̩] *nt kein pl* drumming

ge·trost [gəˈtroːst] I. *adj* confident, sure, positive; ***sei* ~** never fear, look on the bright side
II. *adv* ① *(geh: in ruhiger Gewissheit)* ■**~ etw tun** to have no qualms [*or sl* worries] about doing sth
② *(ruhig, ohne weiteres)* safely; ***du kannst dich ~ auf ihn verlassen*** take my word for it [*or* believe me], you can rely on him; **~ behaupten, dass ...** to safely say that ...

ge·trübt *adj (schlecht)* troubled; ***er hatte ein ~es Verhältnis zu seiner Chefin*** he had an unhappy relationship with his boss

Get·to <-s, -s> [ˈgɛto] *nt* ghetto

get·to·i·sie·ren [gɛtoiˈziːrən] *vt* ■**jdn ~** to ghettoize

Get·to·i·sie·rung *f (pej)* ghettoization *pej*

Ge·tue <-s> [gəˈtuːə] *nt kein pl (pej)* fuss *pej;* **ein ~ machen** to make [*or* kick up] a fuss; **ein vornehmes ~ machen** to give oneself [*or* put on] airs

Ge·tüm·mel <-s> [gəˈtʏml̩] *nt kein pl* commotion, hubbub; **ein dichtes ~** a dense mob [*or* crush] [*or* throng] [of people]; **sich** *akk* **ins ~ stürzen** *(hum)* to enter [*or* join] the fray *hum*

ge·tunt [gəˈtjuːnt] *adj* AUTO *(fam)* tuned-up

ge·tüp·felt [gəˈtʏpfəlt] *adj* spotted, dotted; *Ei, Fell* speckled

Ge·tu·schel <-s> [gəˈtʊʃl̩] *nt kein pl* whispering

ge·übt *adj* experienced; **ein ~es Auge/Ohr/~er Griff** a practised [*or* trained] eye/ear/touch; **ein ~er Pianist/Sportler/Koch** an accomplished pianist/sportsman/cook; **ein ~er Rhetoriker** a proficient speaker; **in einem Handwerk/einer Kunst ~ sein** to be accomplished in a craft/in an art form

Ge·vat·ter [gəˈfatɐ] *nt* **~ Tod** the [grim] reaper

Ge·viert [gəˈfiːɐ̯t] *nt* ① *(Raum)* square; **4 Meter im ~** 4 metres [*or* AM -ers] square
② TYPO *(Satz)* em [quad], space

Gew. *Abk von* **Gewerkschaft**

GEW <-> [geːeːˈveː] *f kein pl Abk von* **Gewerkschaft Erziehung und Wissenschaft** *trade union representing workers in education and science*

Ge·wächs <-es, -e> [gəˈvɛks] *nt* ① *(Pflanze)* plant
② *(Weinsorte)* wine
③ *(Geschwulst)* growth, tumour [*or* AM -or]; **ein bösartiges/gutartiges ~** a malignant/benign growth [*or* tumour] [*or* AM -or]

ge·wach·sen [gəˈvaksn̩] I. *pp von* **wachsen**[1]
II. *adj* ① *(ebenbürtig)* equal; ■**jdm ~ sein** to be sb's equal; **einem Gegner ~ sein** to be a match for an opponent; ■**etw** *dat* **~ sein** to be up to [*or* be able to cope with] sth
② *(mit der Zeit entstanden)* **~e außenwirtschaftliche Beziehungen** matured foreign-trade relations

Ge·wächs·haus *nt* greenhouse, glasshouse; *(Treibhaus)* hothouse

Ge·wa·ckel <-s> [gəˈvakl̩] *nt kein pl (pej fam)* rocking [backwards and forwards]; *Schwanz* wagging

ge·wagt *adj* ① *(kühn)* rash, audacious; *(gefährlich)* risky, dangerous
② *(freizügig)* risqué, daring

ge·wählt I. *adj* elegant, refined, polished
II. *adv* in an elegant [*or* in a refined] way

Ge·wählt·heit *f* elegance

ge·wahr [gəˈvaːɐ̯] *adj (geh: wahrnehmen)* ■**jds ~ werden** to catch sight of [*or* become aware of] sb; ■**einer S.** *gen* **~ werden** *(geh)* to become aware of [*or* notice] sth

Ge·währ <-> [gəˈvɛːɐ̯] *f kein pl* guarantee; **[jdm] die ~ [dafür] bieten [*o* geben], dass** to give [sb] a guarantee that, to guarantee [sb] that; **die ~ ist gegeben, dass** it is guaranteed that; **die ~ haben, dass** to have a guarantee that; **~ leisten** to guarantee; **keine ~ für etw** *akk* **übernehmen** to be unable to guarantee [*or* offer a guarantee for] sth; **„ohne ~"** subject to change; ***die Angaben erfolgen wie immer ohne ~!*** no responsibility can be taken for the correctness of this information

ge·währ·bar *adj* JUR allowable

ge·wah·ren* [gəˈvaːrən] *vt (liter)* ■**jdn ~** to catch sight of [*or* become aware of] sb; ■**etw ~** to become aware of sth

ge·wäh·ren* [gəˈvɛːrən] *vt* ① *(einräumen)* ■**[jdm] etw ~** to grant [sb] sth; **jdm einen Rabatt ~** to give sb a discount; **ein Zahlungsziel ~** to allow a credit period; **jdm einen Versuch ~** to give sb [*or* let sb have] a go; **jdn ~ lassen** *(geh)* to let sb do [*or* allow sb to do] what he/she likes [*or* wants], to give sb free [*or* full] rein *form*
② *(zuteilwerden lassen)* ■**[jdm] etw ~** to grant [*or* give] [sb] sth; **Sicherheit ~** to provide [*or* ensure] security; **Trost ~** to afford [*or* offer] consolation

Ge·währ·frist *f* JUR period of guarantee

ge·währ·leis·ten* [gəˈvɛːɐ̯laistn̩] *vt (sicherstellen)* ■**[jdm] etw ~** to guarantee [sb] sth; ■**etw ~** to ensure [*or* guarantee] sth; **Zahlung ~** to guarantee [sb] payment

Ge·währ·leis·tung *f* ① *(das Sicherstellen)* guarantee; **zur ~ einer Zahlung** as [a] guarantee of payment
② HANDEL *(Mängelhaftung)* liability for defects; ■**~ auf etw** *akk* guarantee against [*or* warranty for] sth; **~ für Sachmängel** warranty merchantable quality; **~ des Verkäufers** seller's warranty; **~ übernehmen** to provide warranty

Ge·währ·leis·tungs·an·spruch *m* JUR warranty claim **Ge·währ·leis·tungs·aus·schluss**[RR] *m* HANDEL exclusion of warranty **Ge·währ·leis·tungs·frist** *f* HANDEL warranty period, liability period for defects **Ge·währ·leis·tungs·ga·ran·tie** *f* JUR defects liability guarantee, maintenance guarantee **Ge·währ·leis·tungs·haf·tung** *f* JUR liability for breach of warranty **Ge·währ·leis·tungs·kla·ge** *f* JUR action under a warranty **Ge·währ·leis·tungs·pflicht** *f* JUR warranty obligation; *eines Vertragspartners* liability duty for defects; **Ablauf der ~** expiry of the warranty; **vertragliche oder gesetzliche ~** contractual or statutory obligation arising from a guarantee **Ge·währ·leis·tungs·ri·si·ko** *nt* HANDEL risk entailed by warranty **Ge·währ·leis·tungs·ver·pflich·tung** *f* HANDEL guarantee granted **Ge·währ·leis·tungs·ver·trag** *m* JUR contract of indemnity **Ge·währ·leis·tungs·zu·sa·ge** *f* HANDEL warrantee assurance

Ge·wahr·sam <-s> [gəˈvaːɐ̯zaːm] *m kein pl* ① *(Verwahrung)* place; **jdm [*o* bei jdm] etw in ~ geben** to give sb sth for safekeeping; **etw in ~ nehmen/haben** to take sth into/have sth in safekeeping; **in ~ sein, sich** *akk* **in ~ befinden** to be in safekeeping
② *(Haft)* custody; **jdn in ~ nehmen** to take sb into custody; **in ~ sein** to be in custody; **sich** *akk* **in ~ befinden** to find oneself [*or* be] in custody

Ge·währs·mann <-männer *o* -leute> *m* informant, source **Ge·währs·zei·chen** *nt* HANDEL guarantee mark

Ge·währ·trä·ger·haf·tung *f* JUR guarantor's liability

Ge·währ·trä·ger·schaft *f* JUR guarantors' liability

Ge·wäh·rung <-, -en> *pl selten f* granting

Ge·walt <-, -en> [gəˈvalt] *f* ① *(Machtbefugnis, Macht)* power; **die oberste ~ im Staat** the highest authority [*or* power] in the country; **gesetzgebende ~** legislative power; **höhere ~** force majeure; **mit unbeschränkter ~ ausgestattet sein** to be vested with unlimited power[s] [*or* authority]; **~ ausüben** to exercise power [*or* authority]; **~ über etw** *akk* **ausüben** to exert power over sth, to hold sway [*or* dominion] over sth *liter;* **~ über Leben und Tod bei jdm haben** to decide whether sb should live or die; **mit aller ~** *(fam)* with everything in one's power; **etw mit aller ~ erreichen** to move heaven and earth [*or* do everything in ones power] [*or* do everything one can] to get sth to happen; **die drei ~en** *the executive, legislative and judicial powers;* **die vollziehende/gesetzgebende/richterliche ~** the executive/legislative/judicial power; **elterliche ~** parental authority; **höhere ~** force majeure, Act of God, circumstances beyond one's control; **jdn in seine ~ bringen** to catch sb; **ein Land/ein Gebiet in seine ~ bringen** to bring a country/a region under one's control, to seize power over a country/a region; **jdn in seiner ~ haben** to have sb in one's power; **~ über jdn haben [*o* besitzen]** to exercise [complete] power over sb, to have [complete] control over sb; **sich** *akk* **in der ~ haben** to have oneself under control; **in jds ~ sein** to be in sb's hands [*or* power]; **die ~ über etw** *akk* **verlieren** to lose control of sth
② *kein pl (gewaltsames Vorgehen)* force; *(Gewalttätigkeit)* violence; **nackte [*o* rohe] ~** [sheer] brute force; **mit sanfter ~** gently but firmly; **etw** *dat* **~ antun** to force sth; **den Tatsachen/der Wahrheit ~ antun** to distort the truth/the facts; **einer Frau ~ antun** *(geh)* to violate a woman *euph form;* **sich** *dat* **~ antun** to force oneself; **~ anwenden** to use force; **~ verherrlichend** glorifying violence; **mit ~** *(heftig)* forcefully, with force; *(gewaltsam)* with force; *(fam: unbedingt)* desperately
③ *kein pl (Heftigkeit, Wucht)* vehemence, force; **die ~ der Brecher hat die Mauer zerstört** the force [*or* impact] of the waves has destroyed the wall

Ge·walt·akt *m* act of violence **Ge·walt·an·dro·hung** *f* threat of violence; ***unter* ~** by threatening to use force **Ge·walt·an·wen·dung** *f* use of violence [*or* force] **ge·walt·be·reit** *adj* ready for forceful intervention, prone to violence **Ge·walt·be·reit·schaft** *f* willingness to use violence [*or* force] **Ge·walt·de·likt** *nt* violent offence **Ge·walt·ein·wir·kung** *f* effect of violence [*or* force]

Ge·wal·ten·tei·lung *f* separation of powers, separation [*or* independency] of executive, legislative and judicial powers

ge·walt·frei *adj* violence-free *attr,* free of violence *pred* **Ge·walt·frei·heit** *f* freedom from violence **Ge·walt·herr·schaft** *f kein pl* tyranny, dictatorship, despotism **Ge·walt·herr·scher(in)** *m(f)* tyrant, dictator, despot

ge·wal·tig [gəˈvaltɪç] **I.** *adj* ❶ *(heftig)* enormous, tremendous; **ein ~er Orkan** a violent [*or* severe] hurricane; **eine ~e Überschwemmung** a raging flood ❷ *(wuchtig)* powerful; **ein ~er Anblick** a tremendous sight; **ein ~er Eindruck** a profound [*or* strong] impression; **eine ~e Last** a heavy load; *(riesig)* huge, tremendous, massive, colossal; **~e Bauwerke** monumental structures ❸ *(fam: sehr groß)* enormous, tremendous, colossal; **eine ~e Hitze** intense [*or* extreme] heat *no pl;* **ein ~er Unterschied** a huge [*or* substantial] difference; **eine ~e Veränderung** a sweeping change ❹ *(geh: mächtig)* powerful, mighty
II. *adv (fam: sehr)* considerably; **sich** *akk* **~ ändern** to change drastically; **sich** *akk* **~ irren** to be very much mistaken; **sich** *akk* **~ in jdn verknallen** to fall head over heels in love with sb

Ge·walt·kri·mi·na·li·tät *f kein pl* JUR violent crime **Ge·walt·kur** *f* drastic treatment [*or pl* measures]

ge·walt·los **I.** *adj* non-violent, without violence *pred*
II. *adv* without violence, peaceably

Ge·walt·lo·sig·keit <-> *f kein pl* non-violence

Ge·walt·marsch *m* route march, forced march **Ge·walt·maß·nah·me** *f* violent measure **Ge·walt·mo·no·pol** *nt* monopoly on [the use of] force **Ge·walt·po·ten·zi·al**RR *nt* potential for violence

ge·walt·sam [gəˈvaltzaːm] **I.** *adj* violent; **~es Aufbrechen** forced opening; **ein ~es Ende nehmen** to meet a violent death; **~e Vertreibung** forcible expulsion
II. *adv* by force; **etw ~ aufbrechen** to break sth open by force, to force sth open; **~ vertrieben** to drive out by force [*or* to forcibly drive out]

Ge·walt·spi·ra·le *f kein pl* spiral of violence

Ge·walt·streich *m (eigenmächtiger Gewaltakt)* coup [de force]; MIL storm **Ge·walt·tat** *f* act of violence **Ge·walt·tä·ter(in)** *m(f)* violent criminal **ge·walt·tä·tig** *adj* violent; ■**~ werden** to become [*or* get] violent **Ge·walt·tä·tig·keit** *f* ❶ *(Gewalttaten)* [acts *pl* of] violence; ***es kam zu ~en*** there were violent incidents ❷ *kein pl (Brutalität)* violence **Ge·walt·tour** [-tuːɐ̯] *f* route march **Ge·walt·ver·bre·chen** *nt* violent crime [*or* crime of violence] **Ge·walt·ver·bre·cher(in)** *m(f)* violent criminal

ge·walt·ver·herr·li·chend [gəˈvaltfɛɐ̯hɛrlɪçənd] *adj s.* Gewalt 2

Ge·walt·ver·herr·li·chung *f* glorification of violence

Ge·walt·ver·zicht *m* non-aggression **Ge·walt·ver·zichts·ab·kom·men** *nt* non-aggression treaty

Ge·walt·wel·le *f* wave of violence

Ge·wand <-[e]s, Gewänder> [gəˈvant, *pl* gəˈvɛndɐ] *nt (geh)* robe; **festliche Gewänder** ceremonial robes; *Akademiker* gown; **liturgisches ~** vestments *pl;* **in neuem ~** in a new look

ge·wan·det [gəˈvandət] *adj (hum geh)* clothed, clad *liter;* **in Seide ~** clad [*or* clothed] in silk; **ausgefallen ~** unusually dressed

ge·wandt [gəˈvant] **I.** *pp von* **wenden**
II. *adj* skilful BRIT, skillful AM; **ein ~es Auftreten** a confident manner; **eine ~e Bewegung** a deft [*or* agile] movement; **ein ~er Redner** a good [*or* articulate][*or* an effective] speaker
III. *adv* skilfully BRIT, skillfully AM; **sehr ~** with great skill; **~ auftreten** to have a confident manner; **sich** *akk* **~ ausdrücken** to express oneself articulately [*or* skilfully]; **sich** *akk* **~ bewegen** to move agilely

Ge·wandt·heit <-> *f kein pl* skill, skilfulness; **die ~ eines Redners** the articulateness [*or* skill] of a speaker; **die ~ einer Bewegung** the agility of a movement

ge·wann [gəˈvan] *imp von* **gewinnen**

ge·wär·tig [gəˈvɛrtɪç] *adj pred (geh)* prepared; ■**einer S.** *gen* **~ sein** to be prepared for sth; ■**~ sein, dass etw passiert/jd etw tut** to be prepared for sth to happen/sb to do sth

ge·wär·ti·gen* [gəˈvɛrtɪgn̩] *vt (geh)* to expect, to anticipate; ■**etw/nichts [von jdm] ~** to expect sth/nothing [from sb]; **etw zu ~ haben** to be able to expect sth; **etw ~ müssen** to have to expect [*or* reckon with] sth

Ge·wäsch <-[e]s> [gəˈvɛʃ] *nt kein pl (pej fam)* rubbish *fam,* drivel *fam,* claptrap *fam*

Ge·wäs·ser <-s, -> [gəˈvɛsɐ] *nt* stretch of water; **Verschmutzung der ~** water pollution; **in internationalen ~n** in international waters; **ein fließendes/stehendes ~** a stretch of running/standing water; **ein geschlossenes ~** an enclosed stretch of water

Ge·wäs·ser·ana·ly·se *f* analysis of bodies of water **Ge·wäs·ser·kun·de** *f* hydrography *no pl, no art* **Ge·wäs·ser·rein·hal·tung** *f* keeping the rivers and lakes pure **Ge·wäs·ser·schutz** *m* prevention of water pollution *no pl* **ge·wäs·ser·ver·träg·lich** *adj* acceptable for bodies of water

Ge·we·be <-s, -> [gəˈveːbə] *nt* ❶ *(Stoff)* cloth, material, fabric
❷ ANAT, BIOL tissue

Ge·we·be·ent·nah·me *f* tissue removal; **eine ~ durchführen** to remove a sample of tissue **Ge·we·be·kul·tur** *f* BIOL, MED tissue culture **Ge·we·be·pro·be** *f* sample of tissue, tissue sample

Ge·webs·flüs·sig·keit *f* MED tissue fluid, lymph **Ge·webs·trans·plan·ta·ti·on** *f* MED tissue graft

Ge·wehr <-[e]s, -e> [gəˈveːɐ̯] *nt* rifle; *(Schrotflinte)* shotgun; **~ bei Fuß stehen** MIL to stand at order arms; *(fig)* to be ready [*or* at the ready], to be standing by; **präsentiert das ~!** present arms!; **~ ab!** order arms!; **an die ~e!** to arms!; **das ~ über!** shoulder [*or* BRIT slope] arms!

Ge·wehr·kol·ben *m* butt of a rifle [*or* shotgun] **Ge·wehr·ku·gel** *f* rifle bullet **Ge·wehr·lauf** *m* barrel of a rifle [*or* shotgun] **Ge·wehr·mün·dung** *f* muzzle of a rifle [*or* shotgun] **Ge·wehr·schrank** *m* ≈safe storage for guns etc.

Ge·weih <-[e]s, -e> [gəˈvai̯] *nt* antlers *pl,* set of antlers

ge·weiht **I.** *pp von* **weihen**
II. *adj* consecrated, ordained; **dem Tod[e]/Untergang ~** doomed [to die/fall]; **in ~er Erde** in consecrated ground

Ge·wer·be <-s, -> [gəˈvɛrbə] *nt* [commercial [*or* industrial]] business, commercial enterprise; *(Handwerk, Handel)* trade; ***in welchem ~ sind Sie beschäftigt*** [*o* ***tätig***]***?*** what line of business are you in?; **ein ~ anmelden** to register a business; **ein ~ [be]treiben** [*o* **ausüben**] to be in business/trade; **das älteste ~ [der Welt]** *(hum),* **das horizontale ~** *(hum)* the oldest profession [in the world] *hum*

Ge·wer·be·ab·fall *m* industrial [*or* trade] waste *no pl* **Ge·wer·be·an·mel·dung** *f* HANDEL registration of a trade

Ge·wer·be·auf·sicht *f state enforcement of laws and regulations regarding working conditions and health and safety at work*

Ge·wer·be·auf·sichts·amt *nt* trade supervisory office, ≈ health and safety executive *(office with responsibility for enforcing laws regarding working conditions and health and safety at work)* **Ge·wer·be·auf·sichts·be·hör·de** *f* JUR trade supervisory authority

Ge·wer·be·aus·übung *f* HANDEL pursuit of a trade **Ge·wer·be·be·fug·nis** *f,* **Ge·wer·be·berechti·gung** *f* HANDEL trading licence, concession **Ge·wer·be·be·rech·ti·gung** *f* JUR [business [*or* trade]] licence **Ge·wer·be·be·trieb** *m* business, business enterprise [*or* commercial]; **stehender ~** stationary enterprise

Ge·wer·be·er·trag *m* HANDEL trading profit **Ge·wer·be·er·trags·steu·er** *f* FIN trade income [*or* earnings] tax [*or* business]

Ge·wer·be·fi·nan·zie·rung *f* commercial financing **Ge·wer·be·flä·che** *f floor space used for a business* **Ge·wer·be·frei·heit** *f freedom of trade* **Ge·wer·be·ge·biet** *nt* industrial estate **Ge·wer·be·ge·heim·nis** *nt* JUR trade secret **Ge·wer·be·hof** *m* trading estate BRIT, trade park *(site of several small and medium-sized enterprises in craft, commercial and service sectors, often located under one roof)*

Ge·wer·be·ka·pi·tal *nt* trading capital **Ge·wer·be·ka·pi·tal·steu·er** *f* FIN [trading] capital tax *(levied by local authority)*

Ge·wer·be·leh·rer(in) *m(f)* vocational school teacher **Ge·wer·be·li·zenz** *f* HANDEL trading licence, concession; **jdm eine ~ erteilen** to grant sb permission to trade **Ge·wer·be·nut·zung** *f* HANDEL commercial use **Ge·wer·be·ord·nung** *f* industrial code, laws regulating commercial and industrial business **Ge·wer·be·park** *m* industrial park **Ge·wer·be·po·li·zei** *f* HANDEL factory inspectorate BRIT **Ge·wer·be·recht** *nt* JUR industrial law **Ge·wer·be·schein** *m* business [*or* trade] licence [*or* AM -se] **Ge·wer·be·schu·le** *f* vocational school

Ge·wer·be·steu·er *f* trade tax **Ge·wer·be·steu·er·auf·kom·men** *nt* FIN trade tax yield **Ge·wer·be·steu·er·be·frei·ung** *f* FIN trade tax exemption **Ge·wer·be·steu·er·be·scheid** *m* FIN trade tax assessment notice **Ge·wer·be·steu·er·ent·las·tung** *f* FIN trade tax relief **Ge·wer·be·steu·er·ge·setz** *nt* FIN, ÖKON trade tax law **ge·wer·be·steu·er·pflich·tig** *adj* FIN subject to trade tax **Ge·wer·be·steu·er·satz** *m* FIN trade tax rate **Ge·wer·be·steu·er·schuld** *f* FIN trade tax owed **Ge·wer·be·steu·er·um·la·ge** *f* FIN trade tax levy

ge·wer·be·trei·bend *adj* trading *attr;* ■**ein G~er** tradesman, [sole] trader, businessman **Ge·wer·be·trei·ben·de(r)** *f(m) dekl wie adj* business person; HANDEL trader; *(Handwerker)* tradesperson **Ge·wer·be·un·ter·neh·mer(in)** *m(f)* HANDEL trader **Ge·wer·be·ver·lust** *m* FIN trading loss **Ge·wer·be·zen·tral·re·gis·ter** *nt* JUR central register of trade and industrial offences **Ge·wer·be·zen·trum** *nt* occupational centre [*or* AM -er] **Ge·wer·be·zweig** *m* branch of business [*or* trade]

ge·werb·lich **I.** *adj (handwerkliches Gewerbe)* trade; *(kaufmännisches Gewerbe)* commercial; *(industrielles Gewerbe)* industrial; **~er Arbeitnehmer** industrial employee; **~e Kreditgenossenschaft** FIN industrial finance company; **~e Schutzrechte** JUR industrial property rights
II. *adv* ***Wohnräume dürfen nicht ~ genutzt werden*** residential rooms are not to be used for commercial/trade/industrial purposes; **~ tätig sein** to work

ge·werbs·mä·ßig **I.** *adj* professional; **~e Unzucht** prostitution
II. *adv* professionally, on a commercial basis, for gain

Ge·werk·schaft <-, -en> [gəˈvɛrkʃaft] *f* [trade] union; **in die ~ gehen** to join a/the union; **~ Erziehung und Wissenschaft** *union representing workers in education and science;* **Gewerkschaft für Handel, Banken und Versicherungen** *union representing workers in commerce, banking and insurance*

Ge·werk·schaft(·l)er(in) <-s, -> [gəˈvɛrkʃaft(l)ɐ] *m(f)* trade unionist

ge·werk·schaft·lich **I.** *adj* [trade] union; **~er Organisationsgrad** level[s] of trade union membership
II. *adv* **~ organisiert** unionized; **~ organisiert sein** to be a member of [*or* belong to] a [trade] union; **~ organisierte Beschäftigte** employees who are [trade] union members; **~ tätig** to work for a/the union

Ge·werk·schafts·be·we·gung *f* trade union movement **Ge·werk·schafts·boss**RR [-bɔs] *m (pej)* trade union boss **Ge·werk·schafts·bund** *m* federation of trade unions, Trades Union Congress

BRIT **Ge·werk·schafts·füh·rer(in)** *m(f)* trade union [*or* labour] [*or* AM -or] leader **Ge·werk·schafts·funk·ti·o·när(in)** *m(f)* [trade] union official **Ge·werk·schafts·haus** *nt* trade union offices *pl* **Ge·werk·schafts·mit·glied** *nt* [trade] union member, member of a/the [trade] union **ge·werk·schafts·nah** *adj* close [*or* sympathetic] to a/the trade union **ge·werk·schafts·pflich·tig** *adj* **~er Betrieb** JUR closed [*or* union] shop **Ge·werk·schafts·sek·re·tär(in)** *m(f)* secretary of a/the [trade] union **Ge·werk·schafts·tag** *m* trade union conference **Ge·werk·schafts·ver·band** *m* JUR federation of trade unions **Ge·werk·schafts·vor·sit·zen·de(r)** *f(m)* trade union chairperson **Ge·werk·schafts·zei·tung** *f* [trade] union journal

ge·we·sen [gəˈveːzn̩] **I.** *pp von* **sein**[1]
II. *adj attr (ehemalig)* former *attr*

Ge·wicht <-[e]s, -e> [gəˈvɪçt] *nt* ① *kein pl (Schwere eines Körpers)* weight *no indef art, no pl, + sing vb;* **frachtpflichtiges ~** chargeable weight; **spezifisches ~** PHYS specific weight [*or* gravity]; **~ haben** to be heavy, to weigh a lot; **ein ~ von 100 kg haben** to weigh 100 kg; **ein großes ~ haben** to weigh a great deal, to be very heavy; **ein geringes ~ haben** to weigh little, to be very light; **etw nach ~ verkaufen** to sell sth by weight; **an ~ verlieren/zunehmen** to lose/put on [*or* gain] weight; **sein ~ halten** to stay [*or* remain] the same weight; **zu viel/zu wenig ~ auf die Waage bringen** to weigh in too heavy/too light; **unter dem ~ einer S.** *gen (a. fig)* under the weight of sth
② *kein pl (fig: Wichtigkeit, Bedeutung)* weight; **~ haben** to carry weight; **sein ganzes ~ [für jdn/etw] in die Waagschale werfen** to bring all one's influence to bear [for sb/sth], to put one's full weight [behind sb/sth]; **ins ~ fallen** to count, to make a difference; **[kaum/nicht] ins ~ fallen** to [hardly/not] count [*or* make a difference]; **auf etw** *akk* **[großes] ~ legen, etw** *dat* **[großes] ~ beimessen** to attach [great [*or* much]] significance [*or* importance] [*or* consequence] to sth, to set [great [*or* much]] store by sth; *(hervorheben)* to lay stress on sth; **[nicht] von ~** of [no] importance, [in]significant, [un]important, of [no] great consequence *form;* **eine Person von ~** a person who carries a lot of weight
③ *(Metallstück zum Beschweren)* weight

ge·wich·ten* [gəˈvɪçtn̩] *vt* ■**etw ~** to weight sth; **etw anders/neu ~** to re-evaluate sth

Ge·wicht·he·ben <-s> *nt kein pl* SPORT weightlifting *no pl* **Ge·wicht·he·ber(in)** <-s, -> *m(f)* SPORT weightlifter

ge·wich·tig [gəˈvɪçtɪç] *adj* ① *(bedeutsam)* weighty, significant
② *(veraltend: schwer u. wuchtig)* heavy, hefty

Ge·wichts·ab·nah·me *f* loss of weight **Ge·wichts·ana·ly·se** *f* CHEM gravimetric analysis **Ge·wichts·an·ga·be** *f* indication [*or* declaration] of weight **Ge·wichts·klas·se** *f* SPORT weight category **Ge·wichts·kon·trol·le** *f* weight check [*or* control]; **eine regelmäßige ~** a regular weight check **Ge·wichts·ver·lust** *m* weight loss, loss of weight **Ge·wichts·zu·nah·me** *f* increase [*or* gain] in weight

Ge·wich·tung <-, -en> *f* evaluation; **eine andere ~** a re-evaluation **Ge·wich·tungs·ver·hält·nis** *nt* weighting ratio

ge·wid·met *pp von* **widmen** *Buch* dedicated

ge·wieft [gəˈviːft] **I.** *adj (fam)* crafty, cunning, wily
II. *adv (fam)* with cunning

Ge·wie·her <-s> [gəˈviːɐ] *nt kein pl* ① *(Wiehern)* neighing
② *(pej: Gelächter)* braying laughter

ge·willt [gəˈvɪlt] *adj* ■**~ sein, etw zu tun** to be willing [*or* inclined] to do sth; *(entschlossen)* determined

Ge·wim·mel <-s> [gəˈvɪml̩] *nt kein pl Insekten* swarm[ing mass]; *Menschen* milling crowd, throng

Ge·wim·mer <-s> [gəˈvɪmɐ] *nt kein pl Kranke, Verletzte etc.* whimpering; *(fig: nervendes Klagen)* whining

Ge·win·de <-s, -> [gəˈvɪndə] *nt* TECH [screw *spec*] thread; **ein ~ schneiden** to cut a thread, to tap *spec* **Ge·win·de·boh·rer** *m* TECH [screw-]tap **Ge·win·de·gang** *m* TECH thread, turn *spec* **Ge·win·de·schaft** *m* threaded rod **Ge·win·de·schnei·der** *m* TECH thread cutter, tap *spec*

Ge·winn <-[e]s, -e> [gəˈvɪn] *m* ① ÖKON profit[s *pl*]; **~ aus Sachanlagen** income from real investments; **~ nach/vor Steuern** profit after taxes/profit before taxes [*or* pre-tax profit[s *pl*]]; **anfallender/effektiver ~** accruing/actual profit; **ausgeschüttete ~e** distributed profits; **nicht ausgewiesener ~** undisclosed [*or* unpublished] profit; **entgangener ~** lost profits; **am ~ beteiligt sein** to have an interest [*or* a share] in the profits; **~ bringend** profitable; **~ bringend investieren** to invest one's money to good account; **reiner ~** net profit; **steuerpflichtiger ~** taxable profit; **~e abschöpfen** to skim [*or* cream] off profits *sep;* **~ abwerfen** to return [*or* yield] a profit; **mit ~ arbeiten** to operate at a profit; **~ aufweisen** to show a profit; **~ bringen** [*o* **abwerfen**] to make a profit; **[mit etw** *dat*] **~e** [*o* **einen ~**] **erzielen** to make a profit [with sth]; **~e mitnehmen** to take profits; **mit ~ rechnen** to look to profit; **~ verbuchen** to register a profit; **etw mit ~ verkaufen** to sell sth at a profit; **eine Firma mit ~ wirtschaften** to manage a company profitably
② *(Preis)* prize; *(beim Lotto, Wetten)* winnings *npl;* **einen ~ machen** to win a prize; *(beim Lotto/Wetten)* to win; **einen großen ~ machen** to win a lot/a big prize
③ *kein pl (Bereicherung, Vorteil)* gain; ***die neue Spielerin ist ein großer ~ für die Mannschaft*** the new player is a valuable addition to the team

Ge·winn·ab·füh·rung *f* FIN profit transfer **Ge·winn·ab·füh·rungs·ver·trag** *m* FIN profit transfer agreement

ge·winn·ab·hän·gig *adj* FIN profit-related **Ge·winn·ab·schöp·fung** *f* FIN skimming off excess profits **Ge·winn·an·spruch** *m* ① FIN entitlement to profits ② BÖRSE dividend right

Ge·winn·an·teil *m* ÖKON dividend **Ge·winn·an·teil·schein** *m* FIN dividend coupon [*or* warrant]

Ge·winn·aus·fall *m* HANDEL loss of profit **Ge·winn·aus·schüt·tung** *f* ÖKON division [*or* distribution] of profit[s *pl*]; BÖRSE dividend payment; **verdeckte ~** disclosed channelling of profits **Ge·winn·aus·sich·ten** *pl* FIN profit prospects *pl* **Ge·winn·be·rech·nung** *f* FIN profit calculation **ge·winn·be·rech·tigt** *adj* BÖRSE profit-sharing *attr,* entitled to a share of the profits *pred;* **~e Aktien** shares entitled to dividend **Ge·winn·be·rech·ti·gung** *f* FIN entitlement to a dividend **Ge·winn·be·steu·e·rung** *f* FIN taxation of profits **Ge·winn·be·tei·li·gung** *f* ÖKON share of the profits **ge·winn·be·zo·gen** *adj* FIN profit-related **Ge·winn·be·zugs·recht** *nt* FIN profit-sharing right **ge·winn·brin·gend** *adj* profitable; **~es Unternehmen** profitable enterprise; **äußerst ~** extremely profitable, lucrative; **~ investieren** to invest one's money to good account; **etw ~ verkaufen** to sell sth at a profit **Ge·winn·chan·ce** [-ʃãːsə, -ʃãːs, -ʃaŋs(ə)] *f* chance of winning; ■**~n** chances of winning; *(beim Wetten)* odds **Ge·winn·druck** *m* ÖKON profit squeeze **Ge·winn·ein·bruch** *m* profit crash **Ge·winn·ein·bu·ßen** *pl* profit losses *pl* **Ge·winn·ein·kom·men** *nt,* **Ge·winn·ein·künf·te** *pl* FIN profit income

ge·win·nen <gewann, gewonnen> [gəˈvɪnən] **I.** *vt*
① *(als Gewinn erhalten)* ■**etw ~** to win sth
② *(für sich entscheiden)* ■**etw ~** to win sth; **ein Spiel gegen jdn ~** to beat sb in a game
③ *(überzeugen)* ■**jdn [für etw** *akk*] **~** to win sb over [to sth]; **jdn als Freund ~** to win [*or* gain] sb as a friend; **jdn als Kunden ~** to win [*or* gain] sb's custom
④ *(erzeugen)* to obtain; **Erz/Kohle/Metall [aus etw** *dat*] **~** to extract [*or spec* win] ore/coal/metal [from sth]; **recycelte Stoffe ~** to reclaim [*or* recover] recyclable materials
▶WENDUNGEN: **wie gewonnen, so zerronnen** *(prov)* easy come, easy go *prov*
II. *vi* ① *(Gewinner sein)* ■**[bei etw** *dat*/**in etw** *dat*] **~** to win [at sth]
② *(Gewinn bringen)* to be a winner
③ *(profitieren)* ■**[bei etw** *dat*] **~** to profit [from sth]
④ *(zunehmen)* to gain; **an Einfluss/Gewicht/Selbstsicherheit ~** to gain [in] influence/importance/self-confidence; **an Erfahrung/Weisheit/innerer Reife ~** to gain in experience/wisdom/maturity, to become more experienced/wiser/more mature
⑤ *(besser wirken)* to improve; ***sie gewinnt durch ihre neue Frisur*** her new hairstyle does something for her

ge·win·nend *adj* captivating, charming, winning *attr*

Ge·winn·ent·nah·me *f* FIN profit withdrawal **Ge·winn·ent·wick·lung** *f* FIN earnings performance

Ge·win·ner(in) <-s, -> *m(f)* winner; MIL *a.* victor

Ge·winn·er·mitt·lung *f* FIN determination of income

Ge·win·ner·stra·ße *f* ■**auf der ~ sein** SPORT *(sl)* to be on the road to [*or* heading for] victory

Ge·winn·er·war·tung *f* FIN profit expectations *pl* **Ge·winn·er·zie·lung** *f* FIN realization of profits **Ge·winn·er·zie·lungs·ab·sicht** *f* FIN intent to realize a profit **Ge·winn·fest·stel·lung** *f* FIN net income determination **Ge·winn·fest·stel·lungs·be·scheid** *m* FIN profit determination notice **Ge·winn·ge·mein·schaft** *f* HANDEL profit pool **Ge·winn·he·raus·ga·be·an·spruch** *m* JUR profit surrender claim **Ge·winn·hö·he** *f* FIN profit amount **Ge·winn·kar·tell** *nt* ÖKON profit cartel **Ge·winn·klas·se** *f* prize category **Ge·winn·la·ge** *f* HANDEL profit situation **Ge·winn·los** *nt* winning ticket **Ge·winn·mar·ge** <-, -n> [-ˈmarʒə] *f* ÖKON profit margin **Ge·winn·ma·xi·mie·rung** *f* maximization of profit[s *pl*], profit planning **Ge·winn·min·de·rung** *f* FIN profit reduction **Ge·winn·mit·nah·me** *f* FIN profit taking **Ge·winn·num·mer**[RR] *f* winning number

ge·winn·ori·en·tiert *adj* ÖKON *Unternehmen* profit-orientated **Ge·winn·po·ten·zi·al**[RR] *nt* HANDEL profit potential **Ge·winn·pro·gno·se** *f* FIN earnings [*or* profit] forecast **Ge·winn·quo·te** *f* ÖKON profit margin; *(bei Lotto)* dividend; *(bei Lotterie)* prize **Ge·winn·re·a·li·sie·rung** *f* FIN realization of a profit **Ge·winn·rech·nung** *f* FIN profit accounts *pl* **Ge·winn·rück·gang** *m* HANDEL drop in profits **Ge·winn·rück·la·ge** *f* FIN retained income **Ge·winn·span·ne** *f* profit margin **Ge·winn·spiel** *nt* competition; *(im Fernsehen)* game show **Ge·winn·stre·ben** *nt kein pl* profit aspirations *pl* **Ge·winn·sucht** *f* profit-seeking; **aus ~** for motives of [financial/material] gain **ge·winn·süch·tig** *adj* profit-seeking *attr,* greedy for profit *pred* **Ge·winn·tei·lung** *f* HANDEL profit sharing [*or* pooling] **ge·winn·träch·tig** *adj* profitable, profit-bearing *attr* **Ge·winn·trans·pa·renz** *f* HANDEL transparency of profits **Ge·winnum·mer**[ALT] *f s.* **Gewinnnummer** **Ge·winn·um·ver·tei·lung** *f* HANDEL redistribution of profits

Ge·winn- und Ver·lust·rech·nung *f* ÖKON income statement, BRIT profit and loss account

Ge·win·nung <-, -en> *f pl selten* ① GEOL *(Gewinnen von Bodenschätzen) von Öl, Mineralien* extraction; *von Stein* quarrying; **~ von natürlichen Rohstoffen** exploitation ② CHEM ■**die ~ von etw** *dat* **aus etw** *dat* the extraction of sth from sth **Ge·win·nungs·be·trieb** *m* BERGB mining company

Ge·winn·ver·la·ge·rung *f* FIN profit shifting **Ge·winn·ver·lust** *m* HANDEL loss [of profit] **Ge·winn·ver·tei·lung** *f* FIN profit distribution **Ge·winn·ver·tei·lungs·ab·re·de** *f* FIN profit distribution agreement **Ge·winn·ver·tei·lungs·be·schluss**[RR] *m* FIN distribution of profits resolution **Ge·winn·ver·wirk·li·chung** *f* FIN profit realization **Ge·winn·vor·trag** *m* FIN surplus brought forward; HANDEL accumulated profit **Ge·winn·wachs·tum** *nt* FIN profit growth

Ge·winn·war·nung *f* BÖRSE profit warning **Ge·winn·zahl** *f* winning number **Ge·winn·ziel** *nt*

FIN, ÖKON profit target **Ge·winn·zo·ne** *f* ÖKON break-even point, profit [area]; **in der ~ sein** to break even, to be in the black; **eine Firma wieder in die ~ bringen** to bring back *sep* a company into the black **Ge·winn·zu·wachs** *m* FIN, ÖKON profit growth

Ge·win·sel <-s> [gəˈvɪnzl̩] *nt kein pl (pej)* [constant] whining *pej*

Ge·wirr <-[e]s> [gəˈvɪr] *nt kein pl Drähte, Fäden etc.* tangle; *Klauseln* maze, confusion; *Stimmen* babble; *Straßen* maze

Ge·wis·per <-s> [gəˈvɪspɐ] *nt kein pl* whispering

ge·wiss[RR], **ge·wiß**[ALT] [gəˈvɪs] **I.** *adj* ❶ *attr (nicht näher bezeichnet)* certain; **eine ~e Frau Schmidt** a [certain] Ms Schmidt; **[bis] zu einem ~en Grad[e]** to a certain degree
❷ *(sicher, ohne Zweifel)* certain, sure *pred;* ■ **sich** *dat* **einer S.** *gen* **~ sein** *(geh)* to be certain [*or* sure] of sth
II. *adv (geh)* certainly, surely; **ganz ~** quite [*or* most] certainly [*or* surely]; [***ja***] ***~!, ~ doch!, aber ~!*** but of course!, *esp* AM sure!

Ge·wis·sen <-s> [gəˈvɪsn̩] *nt kein pl* conscience; **ein reines ~ haben** to have a clear conscience; **etw ruhigen ~s** [*o* **mit gutem ~**] **tun** to do sth with an easy conscience; **ein schlechtes ~ haben** to have a bad conscience; **schwer auf jds** [*o* **dem**] **~ lasten** to lie heavy [*or* weigh heavily] on sb's conscience; **etw mit seinem ~ ausmachen** to settle sth with one's conscience; [**etw**] **vor seinem ~ verantworten** to answer to one's own conscience [about sth]; **sein ~ erforschen** to examine [*or* search] one's conscience; **sein ~ erleichtern, sich** *dat* **das ~ erleichtern** to ease [*or* lighten] one's conscience; **jdn/etw auf dem ~ haben** to have sb/sth on one's conscience; **kein ~ haben** to have no conscience [*or pl* qualms]; **sich** *dat* **aus etw** *dat* **kein ~ machen** to have no qualms [*or* scruples] where sth is concerned; **sich** *dat* **daraus kein ~ machen, etw zu tun** to have no qualms [*or* scruples] about doing sth; **jdm ins ~ reden** to appeal to sb's conscience
▸WENDUNGEN: **ein gutes ~ ist ein sanftes Ruhekissen** *(prov)* a quiet conscience sleeps in thunder

ge·wis·sen·haft *adj* conscientious

Ge·wis·sen·haf·tig·keit <-> *f kein pl* conscientiousness

ge·wis·sen·los **I.** *adj* unscrupulous, unprincipled, without [a] conscience *pred;* ■ **~ sein** to have no conscience; **~es Handeln** irresponsible acts *pl*
II. *adv* without scruple[s *pl*]

Ge·wis·sen·lo·sig·keit <-, -en> *f* ❶ *kein pl (skrupellose Einstellung)* unscrupulousness
❷ *(skrupellose Handlung)* unscrupulous act, act without scruple[s *pl*]

Ge·wis·sens·bis·se *pl* pangs [*or* qualms] of conscience; [**wegen einer S.** *gen*] **~ bekommen/haben** to get/have a guilty conscience [about sth]; **sich** *dat* [**wegen einer S.** *gen*] **~ machen** to blame oneself [for sth]; **ohne** [**die geringsten**] **~** without feeling [the slightest bit] guilty [*or form* [the slightest] compunction] **Ge·wis·sens·ent·schei·dung** *f* question of conscience, matter for one's conscience to decide **Ge·wis·sens·er·for·schung** *f* examination [*or* searching] of [one's] conscience **Ge·wis·sens·fra·ge** *f s.* **Gewissensentscheidung** **Ge·wis·sens·frei·heit** *f* freedom of conscience **Ge·wis·sens·ge·bot** *nt* moral requirement **Ge·wis·sens·grün·de** *pl* conscientious reasons; **den Wehrdienst aus ~n verweigern** to be a conscientious objector **Ge·wis·sens·kon·flikt** *m* moral [*or* inner] conflict **Ge·wis·sens·pflicht** *f* moral obligation

ge·wis·ser·ma·ßen *adv* so to speak, as it were

Ge·wiss·heit[RR], **Ge·wiß·heit**[ALT] <-, -en> *f selten pl* certainty; **~ haben** to be certain [*or* sure]; **sich** *dat* **~** [**über etw** *akk*] **verschaffen** to find out for certain [about sth]; **~** [**über etw** *akk*] **erlangen** to attain certainty [*or* certain knowledge] of sth; **jdm die ~ geben, dass ...** to convince sb that ...; [**volle** [*o* **absolute**]] **~ über etw** *akk* **haben** to be [fully [*or* completely]] certain [*or* sure] about [*or* of] sth; **zur ~ reifen, sich** *akk* **zur ~ verdichten** *(geh)* to become a [*or liter* harden into] certainty; **mit ~** with certainty; **etw mit ~ wissen** to know sth for certain [*or* sure]

Ge·wit·ter <-s, -> [gəˈvɪtɐ] *nt* thunderstorm; **ein ~ braut sich zusammen** [*o* **zieht herauf**] a storm is brewing [*or* gathering]; ***es liegt ein ~ in der Luft*** there's a thunderstorm gathering; *(Streit)* storm

Ge·wit·ter·front *f* storm [*or* thundery] front **Ge·wit·ter·him·mel** *m* stormy sky, thunderclouds *pl*

ge·wit·te·rig [gəˈvɪtərɪç] *adj s.* **gewittrig**

ge·wit·tern* [gəˈvɪtɐn] *vi impers* ■ **es gewittert** it's thundering, there's a thunderstorm

Ge·wit·ter·re·gen *m,* **Ge·wit·ter·schau·er** *m* thunder[y] shower **Ge·wit·ter·stim·mung** *f* thundery atmosphere; *(fig)* stormy atmosphere; **es herrscht ~** there is thunder in the air *fig* **Ge·wit·ter·wol·ke** *f* thundercloud, cumulonimbus *spec*

ge·wit·trig [gəˈvɪtrɪç], **ge·wit·te·rig** [gəˈvɪtərɪç] **I.** *adj* thundery; **~e Luft** [*o* **Schwüle**] [thundery and] oppressive air; **~e Niederschläge** thundery showers
II. *adv* **~ drückend** [*o* **schwül**] [thundery and] oppressive

ge·wit·zigt [gəˈvɪtsɪçt] *adj pred* wiser [*or* wary] [from experience]; ■ [**durch etw** *akk*] **~ sein** to have learnt from experience [with sth]

ge·witzt [gəˈvɪtst] *adj* cunning, wily

Ge·witzt·heit <-> *f kein pl* cunning, wiliness

ge·wo·gen [gəˈvoːgn̩] **I.** *pp von* **wägen, wiegen**[2]
II. *adj (geh)* well-disposed, favourably [*or* AM favorably] disposed [*or* inclined]; **ein mir ~er Mensch** a person favourably disposed [*or* inclined] toward[s] me; ■ **jdm/etw ~ sein** to be well-disposed [*or* favourably disposed [*or* inclined]] toward[s] sb/sth

Ge·wo·gen·heit <-> *f kein pl (geh)* favourable [*or* AM favorable] attitude; *(persönlicher)* affection; ■ **jds ~** [**jdm gegenüber**] sb's favourable attitude [toward[s] sb], sb's affection [for sb]

ge·wöh·nen* [gəˈvøːnən] **I.** *vt* ■ **jdn an etw** *akk* **~** to make sb used [*or* accustomed] to [*or* accustom sb to] sth; **ein Tier an sich/etw** *akk* **~** to make an animal get used to one/sth; **ein Haustier an Sauberkeit ~** to house-train a pet; ■ **an jdn/etw gewöhnt sein,** ■ **jdn/etw gewöhnt sein** *(fam)* to be used [*or* accustomed] to sb/sth
II. *vr* ■ **sich** *akk* **an jdn/etw ~** to get [*or* become] used to sb/sth; *Mensch a.* to accustom oneself to sth; ■ **sich** *akk* **daran ~, etw zu tun** to get used to doing sth; *Mensch a* to get accustomed to doing sth

Ge·wohn·heit <-, -en> *f* habit; **die ~ haben, etw zu tun** to have a [*or* have got into the] habit of doing sth; **sich** *dat* **etw zur ~ machen** to make a habit of sth; **sich** *dat* **es** [*o* **es sich** *dat*] **zur ~ machen, etw zu tun** to make a [*or* get into the] habit of doing sth; **jdm zur ~ werden** to become a habit with sb; **aus** [**lauter** [*o* **reiner**]] **~** from [sheer] force of habit

ge·wohn·heits·mä·ßig **I.** *adj* habitual
II. *adv* habitually, out of habit

Ge·wohn·heits·mensch *m* creature of habit **Ge·wohn·heits·recht** *nt* JUR ❶ *(im Einzelfall)* established [*or* customary] right ❷ *(als Rechtssystem)* common law *no art* **ge·wohn·heits·recht·lich** *adj* JUR in accordance with common law **Ge·wohn·heits·tä·ter, -tä·te·rin** *m, f* JUR, PSYCH habitual offender **Ge·wohn·heits·tier** *nt* creature of habit; **der Mensch ist ein ~** *(hum fam)* we're all creatures of habit **Ge·wohn·heits·trin·ker(in)** *m(f)* habitual drinker **Ge·wohn·heits·ver·bre·cher(in)** *m(f)* habitual offender [*or* criminal]

ge·wöhn·lich [gəˈvøːnlɪç] **I.** *adj* ❶ *attr (gewohnt, üblich)* usual, customary; **zur ~en Stunde** at the usual hour
❷ *(durchschnittlich, normal)* normal, ordinary, everyday
❸ *(pej: ordinär)* common, common as muck BRIT *pred pej fam,* a dime a dozen
II. *adv* ❶ *(üblicherweise)* usually, normally; **für ~** usually, normally; **wie ~** as [per *fam*] usual
❷ *(pej: ordinär)* common *pred;* **sich** *akk* **~ ausdrücken** to use common language, to talk common *fam*

ge·wöhnt [gəˈvøːnt] **I.** *pp und 3. pers sing von* **gewöhnen**
II. *adj* used to, accustomed; ■ **an etw** *akk* **~ sein** to be used to sth

ge·wohnt [gəˈvoːnt] *adj* usual; **in ~er Umgebung** in familiar surroundings; **zu ~er Stunde/Zeit** at the usual hour/time; ■ **etw ~ sein** to be used to sth; ■ **es ~ sein, etw zu tun** to be used to doing sth; ■ **es ~ sein, dass jd etw tut** to be used to sb['s] doing sth

ge·wohn·ter·ma·ßen *adv* usually

Ge·wöh·nung <-> *f kein pl* habituation *form;* ■ **jds ~ an etw** *akk* sb's habituation to sth *form;* ***das ist eine Sache der ~, das ist*** [***alles***] ***~*** it's [all] a question of habit

ge·wöh·nungs·be·dürf·tig *adj* requiring getting used to **Ge·wöh·nungs·sa·che** *f* matter of getting used to [it]

Ge·wöl·be <-s, -> [gəˈvœlbə] *nt* ❶ *(gewölbte Decke, a. fig: Firmament)* vault
❷ *(gewölbter Raum)* vault[s *pl*], camera *spec*

ge·wölbt *adj Brust* bulging; *Dach, Decke* vaulted; *Stirn* domed; **~er Rücken** *eines Buchs* rounded back

Ge·wöl·le <-s, -> [gəˈvœlə] *nt von Nachtraubvögeln* pellet, cast[ing]

ge·wollt **I.** *adj (gekünstelt)* forced, artificial; *(absichtlich)* deliberate
II. *adv (gekünstelt)* artificially; *(absichtlich)* deliberately

GewSt FIN, ÖKON *Abk von* **Gewerbesteuer** trade tax

GewStG FIN, ÖKON *Abk von* **Gewerbesteuergesetz** trade tax law

Ge·wühl <-[e]s> [gəˈvyːl] *nt kein pl* ❶ *(Gedränge)* throng, crowd, crush; **sich** *akk* **ins ~ stürzen** to throw oneself into the throng
❷ *(pej: andauerndes Kramen)* rooting [*or* rummaging] around

ge·wun·den [gəˈvʊndn̩] **I.** *pp von* **winden**[1]
II. *adj* ❶ *(in Windungen verlaufend)* winding, serpentine *liter*
❷ *(umständlich)* roundabout, tortuous

ge·wünscht *adj* desired; **die ~e Wirkung haben** to have the desired effect

Ge·würm <-[e]s, -e> [gəˈvʏrm] *nt pl selten (pej)* worms *pl*

Ge·würz <-es, -e> [gəˈvʏrts] *nt* spice; *(Gewürzzubereitung)* condiment; *(Kräutersorte)* herb

Ge·würz·bord *m* spice rack **Ge·würz·brot** *nt* spiced rye bread *(with coriander and/or caraway seed)* **Ge·würz·es·sig** *m* seasoned vinegar; *(mit Kräutern)* herb vinegar **Ge·würz·fen·chel** *m* fennel seed **Ge·würz·gur·ke** *f* pickled gherkin **Ge·würz·han·del** *m* HIST ■ **der ~** the spice trade **Ge·würz·he·ring** *m* pickled, spiced herring **Ge·würz·kör·ner** *pl* spice seeds *pl* **Ge·würz·kraut** *nt* potherb **Ge·würz·ku·chen** *m s.* **Lebkuchen** **Ge·würz·mi·schung** *f* mixed spices *pl; (Kräutersorte)* mixed herbs *pl* **Ge·würz·nel·ke** *f* [mother *form*] clove **Ge·würz·öl** *nt* seasoned oil **Ge·würz·pap·ri·ka** *m* paprika **Ge·würz·pflan·ze** *f* spice plant; *(Kräutersorte)* herb **Ge·würz·plätz·chen** *pl* ginger biscuits *pl* **Ge·würz·prin·te** [-prɪntə] *f* hard ginger bread *(with herbs and sugar crystals)* **Ge·würz·salz** *nt* seasoned salt **Ge·würz·schin·ken** *m* spiced, cured ham **Ge·würz·senf** *m* German mustard **Ge·würz·stän·der** *m* spice rack; *(auf dem Tisch)* cruet [set] **Ge·würz·sträuß·chen** *nt* bouquet garni

ge·würzt *adj* seasoned; **stark ~e Speisen** spicy dishes; ***das Fleisch ist gut ~*** the meat is well seasoned

Ge·wu·sel <-s> [gəˈvuːzl̩] *nt kein pl* DIAL milling mass, crush

Gey·sir <-s, -e> [ˈgaizɪr] *m* geyser

gez. *Abk von* **gezeichnet** sgd

ge·zackt *adj* jagged; *Hahnenkamm* toothed; *Blatt* serrated, dentate *spec*

ge·zahnt, ge·zähnt *adj* ❶ BOT serrated, dentate *spec*
❷ TECH cogged, toothed

③ *(perforiert)* perforated

Ge·zänk [gəˈtsɛŋk] *nt,* **Ge·zan·ke** <-s> [gəˈtsaŋkə] *nt kein pl (pej fam)* quarrelling [*or* AM *a.* quarreling] *no pl,* squabbling

ge·zeich·net *adj* ① *(mit Spuren)* marked; **von etw** *dat* **~ sein** to be marked by sth
② FIN subscribed; **~es Stammkapital** subscribed capital

Ge·zei·ten [gəˈtsaitn̩] *pl* tide[s *pl*]

Ge·zei·ten·ener·gie *f* tidal energy **Ge·zei·ten·kraft·werk** *nt* tidal power station [*or* plant] **Ge·zei·ten·strom** *m* tidal current **Ge·zei·ten·strom·an·la·ge** *f* tidal power station

Ge·zei·ten·ta·fel *f* tide table, table of [the] tides **Ge·zei·ten·wech·sel** *m* turn of the tide; **beim ~** at the turn of the tide

Ge·zer·re <-s> [gəˈtsɛrə] *nt kein pl* pulling [and tugging] *no pl* (**um** +*akk* at)

Ge·ze·ter <-s> [gəˈtse:tɐ] *nt kein pl (pej fam)* rumpus *fam,* racket *fam,* commotion, clamour [*or* AM -or]; **in ~ ausbrechen** to set up a clamour, to start a commotion

ge·zielt I. *adj* ① *(zielgerichtet)* well-directed; **~e Fragen** specific questions
② MIL well-aimed; **~e Bombardierung** precision [*or spec* surgical] bombing
③ HANDEL selective; **~e Käufe** selective purchases
II. *adv* ① *(zielgerichtet)* specifically; **etw ~ forschen** to research [the] specific aspects of sth; **~ fragen** to ask questions with a specific aim in mind; **jdm ~ helfen** to offer sb specific aid
② MIL **~ schießen** to shoot with great precision; *(mit Tötungsabsicht)* to shoot to kill [*or* with deadly accuracy]

ge·zie·men* [gəˈtsi:mən] *vr (geh) impers (veraltend)* ■**es geziemt sich** it is proper [*or form* fitting] [*or form* seemly]; ■**es geziemt sich [nicht] [für jdn], etw zu tun** it is [not] fitting [for sb] to do sth *form,* it is [not] proper that sb does sth, it [ill] befits sb to do sth *dated form;* **wie es sich geziemt** as is proper; ***wie es sich für ein artiges Kind geziemt*** as befits a well-behaved child *form*

ge·zie·mend *adj (geh)* proper, due

ge·ziert I. *adj (pej)* affected *pej,* la-di-da *pred fam*
II. *adv* affectedly *pej*

Ge·zücht <-[e]s, -e> [gəˈtsʏçt] *nt (pej)* ① *(fam)* riffraff + *pl vb,* rabble + *pl vb*
② *(veraltend: widerliche Kriechtiere)* creepy-crawlies *pl fam*

Ge·zweig <-[e]s> [gəˈtsvaik] *nt kein pl (geh)* branches *pl*

Ge·zwit·scher <-s> [gəˈtsvɪtʃɐ] *nt kein pl* twittering, chir[rup]ping

ge·zwun·gen [gəˈtsvʊŋən] I. *pp von* **zwingen**
II. *adj (gekünstelt)* forced; *Atmosphäre* strained; *Benehmen* stiff, unnatural
III. *adv (gekünstelt)* stiffly, unnaturally; **~ lachen** to give a forced [*or* force a] laugh

ge·zwun·ge·ner·ma·ßen *adv* of necessity; ■**etw ~ tun** to be forced to do sth, to do sth of necessity

ggf. *Abk von* **gegebenenfalls** if need be, if necessary

Gha·na <-s> [ˈga:na] *nt* Ghana

Gha·na·er(in) <-s, -> [ˈga:naɐ] *m(f)* Ghanaian

gha·na·isch [ˈga:naɪʃ] *adj* Ghanaian

Ghet·to <-s, -s> [ˈgɛto] *nt s.* Getto

G(h)et·to·blas·ter <-s, -> [ˈgɛtobla:stə] *m (sl)* ghetto blaster BRIT, boombox

ghet·to·i·sie·ren* [gɛtoiˈzi:rən] *vt s.* **gettoisieren**

Ghet·to·i·sie·rung *f s.* **Gettoisierung**

Ghost·wri·ter(in) <-s, -> [ˈgo:straitɐ] *m(f) (geh)* ghostwriter (+*gen* for)

gib [ˈgi:p] *imper sing von* **geben**

Gib·bon <-s, -s> [ˈgɪbɔn] *m* gibbon

Gi·bral·tar <-s> [giˈbraltar] *nt* Gibraltar; **die Straße von ~** the Strait of Gibraltar; **der ~felsen** the Rock of Gibraltar

Gi·bral·ta·rer(in) <-s, -> *m(f)* Gibraltarian

gi·bral·ta·risch *adj* Gibraltarian

Gicht <-> [ˈgɪçt] *f kein pl* gout, arthrolithiasis *spec;* **die ~ haben** to suffer from gout

Gicht·an·fall *m* gout attack, attack of gout

Gicht·gas *nt kein pl* TECH blast furnace gas

Gicht·kno·ten *m* gouty node [*or* knot], tophus *spec* **gicht·krank** *adj* gouty, suffering from gout *pred* **Gicht·kran·ke(r)** *f(m) dekl wie adj* gout sufferer

Gie·bel <-s, -> [ˈgi:bl̩] *m* gable [end]

Gie·bel·dach *nt* gable[d] roof **Gie·bel·fens·ter** *nt* gable window **Gie·bel·haus** *nt* gabled house **Gie·bel·sei·te** *f* gable[d] end **Gie·bel·wand** *f* gable wall [*or* end] **Gie·bel·zim·mer** *nt* attic room; *(klein und ungemütlich)* garret *liter*

Gier <-> [ˈgi:ɐ̯] *f kein pl* greed *no pl* (**nach** +*dat* for); *(nach Reichtum a.)* avarice *no pl* (**nach** +*dat* for); *(nach etw Ungewöhnlichem)* craving (**nach** +*dat* for)

gie·ren[1] [ˈgi:rən] *vi* ■**nach etw** *dat* **~** to hunger for [*or* crave [for [*or* after]]] sth; **nach Macht/Reichtum ~** to crave [for] [*or* lust after] power/riches

gie·ren[2] [ˈgi:rən] *vi* NAUT to yaw

gie·rig [ˈgi:rɪç] I. *adj* greedy; **~ nach Macht/Reichtum sein** to crave [for] [*or* lust after] power/riches
II. *adv* greedily; **etw ~ essen** [*o* **verschlingen**] to devour sth greedily, to guzzle [down *sep*] sth *fam;* **etw ~ trinken** to gulp down sth *sep*

Giersch <-es> [ˈgi:ɐ̯ʃ] *m kein pl* BOT goutweed *no pl,* ground elder

Gieß·bach [ˈgi:sbax] *m (geh)* [mountain] torrent

gie·ßen <goss, gegossen> [ˈgi:sn̩] I. *vt* ■**etw ~**
① *(bewässern)* to water sth
② *(schütten)* to pour sth; **ein Glas randvoll ~** to fill [up *sep*] a glass to the brim; ■**etw in etw** *akk* **~** to pour sth in[to] sth; ■**etw auf etw** *akk/***über etw** *akk* **~** to pour sth on/over sth; *(verschütten)* to spill sth on/over sth
③ TECH to cast sth; **etw [in Barren/Bronze/Wachs] ~** to cast sth [into bars/in bronze/in wax]
II. *vi impers (stark regnen)* ■**es gießt [in Strömen]** it's pouring [down] [with rain] [*or fam* tipping it down]

Gie·ßer(in) <-s, -> *m(f)* TECH caster, founder

Gie·ße·rei <-, -en> [gi:səˈrai] *f* foundry

Gie·ße·rei·ar·bei·ter(in) *m(f)* foundry worker **Gie·ße·rei·be·trieb** *m s.* **Gießerei**

Gie·ße·rin <-, -nen> *f fem form von* **Gießer**

Gieß·form *f* casting mould

Gieß·kan·ne *f* watering can **Gieß·kan·nen·prin·zip** *nt kein pl* the principle of giving everybody an equal share [of sth]; **etw nach dem ~ verteilen** *(fam)* to give everybody an equal share of sth; **Subventionen nach dem ~ verteilen** to give everyone a slice of the budget

Gift <-[e]s, -e> [ˈgɪft] *nt* ① *(giftige Substanz)* poison, toxin *spec; (Schlangengift)* venom; **jdm ~ geben** to poison sb; **ein schleichendes ~** a slow[-acting] poison; **[wie] ~ für jdn sein** *(fam)* to be very bad [*or liter* poisonous] for sb; **~ nehmen** to poison oneself; **darauf kannst du ~ nehmen** *(fig fam)* you can bet your life [*or* bottom dollar] on that *fig fam*
② *(fig: Bosheit)* venom; **~ und Galle spucken** [*o* **speien**] *(fam)* to vent one's rage [*or* spleen]; **sein ~ verspritzen** to be venomous [*or* vitriolic]

Gift·am·pul·le *f* poison ampoule [*or* AM *a.* ampul[e]] **Gift·be·cher** *m* cup of poison **Gift·drü·se** *f* venom gland

gif·teln [ˈgɪftl̩n] *vi* SCHWEIZ to make spiteful comments

gif·ten [ˈgɪftn̩] *vi (fam)* ■**[gegen jdn/etw] ~** to rile [at sb/sth]

Gift·flut *f* ÖKOL poisonous [*or* toxic] flood **Gift·fracht** *f* toxic freight **Gift·gas** *nt* poison gas **Gift·gas·ka·ta·stro·phe** *f* ÖKOL [poison] gas disaster **gift·grün** *adj* bilious [*or* garish] green

gift·hal·tig, gift·häl·tig *adj* ÖSTERR poisonous, toxic; **stark ~** highly poisonous [*or* toxic]

gif·tig [ˈgɪftɪç] I. *adj* ① *(Gift enthaltend)* poisonous; **~e Stoffe/Chemikalien** toxic [*or* poisonous] substances/chemicals
② *(boshaft)* venomous, vitriolic
③ *(grell)* garish, loud *fam,* bilious *liter*
II. *adv (pej: boshaft)* viciously; **~ antworten** to give a catty [*or* an unkind] reply

Gif·tig·keit *f kein pl* ① *(mit Giftstoffen)* toxicity, poisonousness
② *(boshaftes Verhalten)* nastiness

Gift·kü·che *f (hum: Labor)* devil's workshop; *(pej: Gerüchteküche)* gossipmonger's **Gift·mi·scher(in)** <-s, -> *m(f) (pej, a. fig)* preparer of poison **Gift·mord** *m* [murder by] poisoning **Gift·mör·der(in)** *m(f)* poisoner

Gift·müll *m* toxic waste **Gift·müll·de·po·nie** *f* toxic waste repository [*or* dump] **Gift·müll·ex·port** *m* toxic waste export **Gift·müll·ver·bren·nungs·an·la·ge** *f* toxic waste incineration plant

Gift·not·ruf·zen·tra·le *f* emergency control centre for poisoning cases BRIT, poison control center AM **Gift·nu·del** *f (pej fam)* spiteful old devil [*or* BRIT *a.* git] *pej fam* **Gift·pfeil** *m* poison[ed] arrow; *(in Blasrohr)* poison[ed] dart **Gift·pflan·ze** *f* poisonous plant **Gift·pilz** *m* poisonous fungus, toadstool **Gift·pro·duk·ti·on** *f* production of poison **Gift·schlan·ge** *f* venomous [*or* poisonous] snake **Gift·schrank** *m* ① *(in Apotheken und Krankenhäusern)* poison cupboard [*or* cabinet] ② *(hum veraltet fam)* the hidey-hole for porn [mags *pl*] *fam* **Gift·sprit·ze** *f* ① MED *(Injektion)* lethal injection ② *(pej fam: Person)* spiteful old devil [*or* BRIT *a.* git] *fam,* cynical [*or* venomous] git BRIT, cynic **Gift·stoff** *m* toxic [*or* poisonous] substance, toxin *spec* **Gift·un·fall** *m accident causing the release of toxic substances into the environment* **Gift·vi·per** *f* venomous viper **Gift·wol·ke** *f* cloud of toxins **Gift·zahn** *m* [poison] fang **Gift·zwerg(in)** *m(f) (pej fam)* poison[ed] dwarf *pej fam*

Gig <-s, -s> [ˈgɪk] *m* MUS *(fam)* gig

Gi·ga·byte <-[s], -[s]> [ˈgi:gabait] *nt,* **Gbyte** *nt* INFORM gigabyte, Gb **Gi·ga·hertz** [ˈgi:gahɛrts] *nt* PHYS gigahertz, GHz

Gi·gant(in) <-en, -en> [giˈgant] *m(f)* giant; *(fig a.)* colossus

gi·gan·tisch [giˈgantɪʃ] *adj* gigantic, colossal

Gi·gan·to·ma·nie <-> [gigantomaˈni:] *f kein pl (geh)* craze for things big

Gi·gerl <-s, -[n]> [ˈgi:gɐl] *m o nt* SÜDD, ÖSTERR *(fam)* dandy *dated*

Gi·go·lo <-s, -s> [ˈʒi:golo, ˈʒɪgolo] *m* gigolo

Gi·got <-s, -s> [ʒiˈgo:] *nt* KOCHK leg of lamb

gil·ben [ˈgɪlbn̩] *vi sein (geh)* to [go [*or* become]] yellow

Gil·de <-, -n> [ˈgɪldə] *f* guild

Gi·let <-s, -s> [ʒiˈle:] *nt* DIAL, ÖSTERR, SCHWEIZ *(Weste)* waistcoat

gilt [ˈgɪlt] *3. pers. pres von* **gelten**

Gim·mick <-s, -s> [ˈgɪmɪk] *m* gimmick *fam*

Gim·pel <-s, -> [ˈgɪmpl̩] *m* ① ORN bullfinch
② *(einfältiger Mensch)* dimwit *fam*

Gin <-s, -s> [dʒɪn] *m* gin; **~ Tonic** gin and tonic

ging [ˈgɪŋ] *imp von* **gehen**

Gink·go <-s, -s> [ˈgɪŋko] *m* BOT gingko, maidenhair tree

Gin·seng <-s, -s> [ˈgɪnzɛŋ] *m* BOT ginseng

Gins·ter <-s, -> [ˈgɪnstɐ] *m* BOT broom

Gip·fel <-s, -> [ˈgɪpfl̩] *m* ① *(Bergspitze)* peak; *(höchster Punkt)* summit; DIAL *(Wipfel)* treetop
② *(fig: Zenit)* peak; **auf dem ~ der Macht/des Ruhms angelangt sein** to have reached the peak of one's power/fame; *(Höhepunkt)* height; **der ~ der Vollkommenheit sein** to be the epitome of perfection; **der ~ der Frechheit sein** to be the height of cheek; **der ~ der Geschmacklosigkeit/Perversion** the depths [*or* the height] of bad taste/perversion; ***das ist der ~!*** *(fam)* that's the limit, that [really] takes the biscuit [*or* AM cake] *fam*
③ POL summit [conference]

Gip·fel·kon·fe·renz *f* POL summit conference **Gip·fel·kreuz** *nt* cross on the summit [of a mountain]

gip·feln [ˈgɪpfl̩n] *vi* ■**in etw** *dat* **~** to culminate in sth

Gip·fel·punkt *m* ① *(höchstes erreichbares Maß)* zenith, high point ② *(höchster Punkt eines Flugkörpers)* maximum altitude **Gip·fel·tref·fen** *nt* POL summit [meeting]

Gips <-es, -e> [ˈgɪps] *m* ① *(Baumaterial)* plaster; *(in Mineralform)* gypsum; *(zum Modellieren)* plaster of Paris

② *(Kurzform für Gipsverband)* [plaster] cast; **den Arm/Fuß in ~ haben** to have one's arm/foot in a [plaster] cast; **einen Arm/Fuß in ~ legen** to put an arm/foot in plaster [*or* in a [plaster] cast]

Gips·ab·druck <-abdrücke> *m,* **Gips·ab·guss**RR <-abgüsse> *m* plaster cast **Gips·arm** *m (fam)* arm in plaster [*or* a cast] **Gips·bein** *nt (fam)* leg in plaster [*or* a cast] **Gips·büs·te** *f* plaster [of Paris] bust

gip·sen ['gɪpsn̩] *vt* ■**etw ~** ① *(mit Gips reparieren)* to plaster sth

② MED to put sth in plaster [*or* a cast]

Gip·ser(in) <-s, -> *m(f)* plasterer

gip·sern ['gɪpsɐn] *adj attr (aus Gips)* plaster

Gips·fi·gur *f* plaster [of Paris] figure **Gips·kar·ton·plat·te** *f* BAU gypsum board **Gips·kopf** *m (pej)* dimwit **Gips·kor·sett** *nt* MED plaster [of Paris] jacket **Gips·ver·band** *m* MED plaster cast [*or* bandage]; **jdm einen ~ anlegen** to put a [plaster] cast on sb's arm/leg; **den Arm/Fuß im ~ tragen** to have one's arm/foot/etc. in plaster [*or* in a [plaster] cast]

Gi·raf·fe <-, -n> [gi'rafə] *f* giraffe

Gi·ral·geld [ʒi'ra:l-] *nt* FIN money in account

Gi·rant(in) <-en, -en> [ʒi'rant] *m(f)* FIN endorser

gi·rie·ren* [ʒi'ri:rən] *vt* FIN ■**etw ~** *Scheck, Wechsel* to endorse sth

Gir·lan·de <-, -n> [gɪr'landə] *f* garland (**aus** +*akk* of)

Girl Group <-, -s> ['gø:lgru:p] *f* MUS girl group

Gir·lie <-s, -s> ['gɜli] *nt (sl)* girlie *sl,* girly *sl*

Gir·litz <-es, -e> ['gɪrlɪts] *m* ORN canary

Girl Po·wer <-> ['gø:lpaʊɐ] *f kein pl (sl)* girl power

Gi·ro <-s, -s *o* Giri> ['ʒi:ro, *pl* 'ʒi:ri] *nt* FIN ÖSTERR [bank] assignment [*or* transfer]; **etw per ~ überweisen** to transfer sth; **~ fehlt** endorsement required

Gi·ro·auf·trag ['ʒi:ro-] *m* FIN credit transfer order **Gi·ro·bank** ['ʒi:ro-] *f* FIN clearing bank **Gi·ro·ein·la·gen** ['ʒi:ro-] *pl* FIN [current account] deposits **Gi·ro·ge·schäft** ['ʒi:ro-] *nt* FIN giro business **Giro·kon·to** ['ʒi:ro-] *nt* current [*or* AM checking] account **Gi·ro·scheck** ['ʒi:ro-] *m* giro cheque [*or* AM check] **Gi·ro·ver·band** ['ʒi:ro-] *m* giro centre [*or* AM -er] association *(set up by savings banks/credit cooperatives)* **Gi·ro·ver·kehr** ['ʒi:ro-] *m* bank giro credit system; *(Girogeschäft)* giro [credit] transfer **Gi·ro·ver·trag** ['ʒi:ro-] *m* JUR bank giro contract **Gi·ro·zen·tra·le** ['ʒi:ro-] *f* clearing house

gir·ren ['gɪrən] *vi (a. fig liter: zwitschern)* to coo *a. fig*

Gis <-, -> ['gɪs] *nt* MUS G sharp

Gischt <-[e]s, -e> ['gɪʃt] *m pl selten* [sea] spray

Gi·tar·re <-, -n> [gi'tarə] *f* guitar; **an der ~** on guitar

Gi·tar·re(n)·spiel *nt* guitar-playing **Gi·tar·re(n)·spie·ler(in)** *m(f)* guitarist, guitar-player **Gi·tar·ren·ver·stär·ker** *m* guitar amplifier

Gi·tar·rist(in) <-en, -en> [gita'rɪst] *m(f)* guitarist

Git·ter <-s, -> ['gɪtɐ] *nt* ① *(Absperrung)* fencing *no pl, no indef art; (vor Türen, Fenstern: engmaschig)* grille; *(grobmaschig)* grating; *(parallel laufende Stäbe)* bars *pl; (vor dem Kamin)* fireguard; *(für Gewächse)* lattice, trellis; *(am Rohrende)* grid, grating

② *(fig fam)* bars *fam;* **jdn hinter ~ bringen** to put sb behind bars, to lock sb up; **hinter ~ kommen** to land [*or* be put] behind bars; **hinter ~n sitzen** to be behind bars [*or* doing time]

③ MATH grid

④ PHYS, CHEM lattice; **einfaches ~** elementary lattice

Git·ter·bett *nt* cot BRIT, crib AM **Git·ter·fens·ter** *nt* barred window **git·ter·för·mig** *adj* lattice shaped **Git·ter·ge·we·be** *nt* BAU coarse fabric **Git·ter·mast** *m* ELEK [lattice *spec*] pylon **Git·ter·rost** *m* grating **Git·ter·stab** *m* bar **Git·ter·tor** *nt* paled gate, iron-barred gate; *(Fallgatter)* barrier gate, portcullis **Git·ter·werk** *nt* wrought-iron work **Git·ter·zaun** *m* lattice [*or* trellis] fence

Give-away <-s, -s> [gɪvə'weɪ] *nt* giveaway

giv·rie·ren [gifri:rən] *vt* KOCHK **einen Behälter/ein Glas ~** *to cool a container/glass with ice cubes;* **eine Speise ~** *to cover a dish with grated, sugared ice;* **eine ausgehöhlte Orange ~** *to fill a hollowed orange with orange sorbet*

GKV <-, -s> [ge:ka:'faʊ] *f Abk von* **gesetzliche Krankenversicherung** statutory health insurance company

Glace <-, -n> ['glasə] *f* SCHWEIZ ice cream, BRIT *a.* ice

Gla·cé·hand·schuh, **Gla·cee·hand·schuh**RR [gla'se:-] *m* kid glove; **jdn/etw mit ~en anfassen** to handle sb/sth with kid gloves [*or* very carefully]

gla·cie·ren* [gla'si:rən] *vt* KOCHK ■**etw ~** to glaze sth; **einen Kuchen ~** to frost [*or* ice] a cake

Gla·cis <-, -> [gla'si:, *pl* gla'si:s] *nt* MIL glacis

Gla·di·a·tor <-s, -toren> [gla'di̯a:to:ɐ̯, *pl* gladi̯a'to:rən] *m* gladiator

Gla·di·o·le <-, -n> [gla'di̯o:lə] *f* BOT gladiolus

Gla·mour <-s> ['glɛmɐ] *m o nt kein pl* glamour [*or* AM *a.* -or]

Gla·mour·girl ['glɛmɐgœrl] *nt* glamour [*or* AM *a.* -or] girl

gla·mou·rös [glamu'rø:s] *adj* glamorous

Glanz <-es> ['glants] *m kein pl* ① *(das Glänzen)* gleam, shine; *Augen* sparkle, brightness; *Haar* glossiness, sheen; *Lack* gloss; *Perlen, Seide* sheen, lustre [*or* AM -er]; *(heller Schein)* light; **blendender ~** glare, dazzle

② *(herrliche Pracht)* splendour [*or* AM -or]; ***welch ~ in meiner Hütte!*** *(iron)* to what do I owe the honour [of this visit [to my humble abode]]? *iron;* **mit ~ und Gloria** *(iron fam)* in grand style *a. iron;* **ein Examen mit ~ und Gloria bestehen** to pass an exam with flying colours [*or* AM -ors]; **mit ~ und Gloria durch eine Prüfung fallen** *(iron)* to fail an exam miserably

Glanz·ab·zug *m* FOTO gloss[y] print

glän·zen ['glɛntsn̩] *vi* ① *(widerscheinen)* to shine; *(von polierter Oberfläche)* to gleam; *Augen* to sparkle; *Nase* to be shiny; *Wasseroberfläche* to glint, to glisten; *(scheinen)* to shine; *Sterne* to twinkle

② *(sich hervortun)* to shine

glän·zend ['glɛntsn̩t] **I.** *adj* ① *(widerscheinend)* shining; **~e Oberfläche** gleaming [*or* shiny] surface; **~e Augen** sparkling [*or* bright] eyes; **~es Haar** shiny [*or* lustrous] hair; **~es Papier** glossy [*or* shiny] paper; **~e Perlen** bright [*or* lustrous] pearls; **~e Seide** shining [*or* lustrous] silk; **~er See** glittering [*or* glistening] lake; **~ gestrichenes Papier** TYPO glossy coated paper

② *(blendend, hervorragend)* brilliant; **ein ~es Aussehen** dazzling looks *npl*

II. *adv (hervorragenderweise)* brilliantly, splendidly; **sich** *akk* **~ amüsieren** to have a great [*or* marvellous] time [of it]

Glanz·far·be *f* TYPO glossy ink **Glanz·kar·ton** *m* TYPO glazed [*or* glossy] board **Glanz·le·der** *nt* patent leather **Glanz·leis·tung** *f* brilliant achievement [*or* performance] *a. iron;* **eine literarische/wissenschaftliche ~** a brilliant literary/scientific achievement **Glanz·licht** *nt* highlight; **etw** *dat* **~er/ein ~ aufsetzen** to add highlights/a highlight to sth

glanz·los *adj* dull, lacklustre [*or* AM -er]; **~es Haar** lustreless [*or* AM lusterless] hair

Glanz·num·mer *f* star attraction, pièce de résistance **Glanz·pa·pier** *nt* glossy paper **Glanz·po·li·tur** *f* polish for extra shine **Glanz·re·sul·tat** <-[e]s, -e> *nt bes* SCHWEIZ *(Glanzleistung)* brilliant achievement [*or* performance] **Glanz·über·druck·lack** *m* TYPO glossy overprint varnish **glanz·voll** *adj* brilliant; **~e Aufführung/Darstellung** sparkling [*or* brilliant] performance/depiction **Glanz·zeit** *f* prime [of life]; ■**jds ~** sb's heyday [*or* prime]

Gla·rus <-> ['gla:rʊs] *nt* Glarus

Glas <-es, Gläser> ['gla:s, *pl* 'glɛ:zɐ] *nt* ① *(Werkstoff)* glass *no indef art, + sing vb;* **buntes ~** stained glass; ***„Vorsicht ~!"*** "glass — handle with care"; **unter** [*o* **hinter**] **~** under [*or* behind] glass

② *(Trinkgefäß)* glass; **zwei ~ Wein** two glasses of wine; **ein ~ über den Durst trinken, zu tief ins ~ schauen** *(fam)* to have one too many [*or fam* one over the eight]

③ *(Konservenglas)* jar, pot; **ein ~ Honig** a jar [*or* pot] of honey

④ *kein pl (Maßeinheit)* glass

⑤ *(Brillenglas)* lens; *(Fernglas)* binoculars *npl,* [field] glasses *npl; (Opernglas)* lorgnette, opera glasses *npl*

Glas·aal *m* ZOOL, KOCHK elver, silver eel **Glas·au·ge** *nt* glass eye **Glas·bau·stein** *m* glass block [*or* brick] **Glas·blä·ser(in)** *m(f)* glassblower **Glas·blä·se·rei** *f* glassworks + *sing/pl vb*

Glas·bruch *m kein pl* [glass] breakage **Glas·bruch·ver·si·che·rung** *f* glass breakage insurance

Gläs·chen ['glɛ:sçən] *nt dim von* **Glas 2** *(Maßeinheit o. Getränk)* nip, drop, tot, dram; ***darauf müssen wir ein ~ trinken*** we must drink to that, that calls for a little drink

Glas·con·tai·ner [-kɔnte:nɐ] *m* bottle bank BRIT *(container for depositing bottles for recycling)*

Gla·sen ['gla:zn̩] *pl* NAUT bells *pl*

Gla·ser(in) <-s, -> ['gla:zɐ] *m(f)* glazier

Gla·se·rei [gla:zə'rai̯] *f* glazier's workshop

Gla·se·rin <-, -nen> ['gla:zərɪn] *f fem form von* **Glaser**

glä·sern ['glɛ:zɐn] *adj* ① *(aus Glas)* glass *attr,* [made] of glass *pred*

② *(fig: seine Einnahmequellen offenlegend)* transparent

③ *(fig: ausdruckslos)* **~e Augen/~er Blick** glassy eyes/gaze

Glas·fa·brik *f* glassworks + *sing/pl vb*

Glas·fa·ser *f meist pl* glass fibre [*or* AM -er]; *(als Isolierungsstoff)* fibreglass *no pl* BRIT, fiberglass *no pl* AM **Glas·fa·ser·ka·bel** *nt* TELEK fibre [*or* AM -er] optic cable **Glas·fa·ser·lei·tung** *f* optical fibre [*or* AM -er] cable **Glas·fa·ser·netz** *nt* fibre optics network

Glas·fens·ter *nt* [glass] window; **bemaltes ~** stained-glass window **Glas·fi·ber·stab** *m* SPORT glass fibre [*or* AM -er] pole **Glas·ge·schirr** *nt* glassware **Glas·glo·cke** *f (Glocke aus Glas)* glass bell, glass dome; *(Käseglocke)* cheese cover; CHEM bell jar **Glas·haus** *nt* greenhouse; *(in botanischen Gärten)* glass house ▶WENDUNGEN: **wer [selbst] im ~ sitzt, soll nicht mit Steinen werfen** *(prov)* people living [*or* who live] in glass houses shouldn't throw stones *prov* **Glas·her·stel·ler(in)** *m(f)* glass producer [*or* manufacturer] **Glas·her·stel·lung** *f* glass production **Glas·hüt·te** ['gla:shʏtə] *f* glassworks + *sing/pl vb*

gla·sie·ren* [gla'zi:rən] *vt* ■**etw ~** ① *(Keramik: mit Glasur überziehen)* to glaze [*or spec* enamel] sth

② KOCHK *s.* **glacieren**

gla·sig ['gla:zɪç] *adj* ① *(ausdruckslos)* glassy

② KOCHK transparent

Glas·in·dus·trie *f* glass industry **Glas·kas·ten** *m* glass case; *(fam: mit Glas abgeteilter Raum)* glass box **Glas·ke·ra·mik·koch·feld** *nt* ceramic hob

glas·klar **I.** *adj* ① *(durchsichtig)* transparent, [as] clear as glass *pred;* **~e Folie** highly transparent film ② *(fig: klar und deutlich)* crystal-clear **II.** *adv (klar und deutlich)* in no uncertain terms **Glas·kno·chen·krank·heit** *f* brittle bone disease **Glas·kol·ben** *m* [glass] flask; CHEM recipient, receiver

Glas·kör·per *m* ANAT vitreous body **Glas·kör·per·trü·bung** *f* opacity of the vitreous body

Glas·ma·le·rei *f* glass painting

Glas·nost <-> ['glasnɔst] *f kein pl* POL, HIST glasnost

Glas·nu·deln *pl* Chinese noodles **Glas·per·le** *f* glass bead **Glas·plat·te** *f* glass top **Glas·röh·re** *f* glass tube **Glas·scha·le** *f* glass bowl [*or* dish] **Glas·schei·be** *f* ① *(dünne Glasplatte)* glass sheet, sheet of glass ② *(Fensterscheibe)* [glass] pane, pane of glass **Glas·scher·be** *f* [glass] shard, shard of glass **Glas·schlei·fer(in)** *m(f)* ① *(von Ornamenten)* glass cutter ② *(für optische Zwecke)* glass [*or* lens] grinder **Glas·schnei·der(in)** *m(f)* glass cutter **Glas·schrank** *m* vitrine, glass cabinet **Glas·schüs·sel** *f* glass bowl **Glas·split·ter** *m* glass splinter, splinter of glass **Glas·tür** *f* glass door

Gla·sur [gla'zu:ɐ̯] *f* ① *(Keramikglasur)* glaze, glazing

② KOCHK icing, *esp* AM frosting

Glas·ver·si·che·rung *f* [plate-]glass insurance **Glas·vlies** *nt* BAU glass fiber **Glas·wa·ren** *pl* glassware *no pl* **Glas·wol·le** *f* glass wool

glatt <-er *o fam* glätter, -este *o fam* glätteste> ['glat] I. *adj* ① *(eben) Fläche, Haut* smooth; *Fisch* slippery; **ein ~es Gesicht** an unlined face; **~es Haar** straight hair; **~e See** calm [*or* smooth] [*or* unruffled] sea; **~er Stoff** uncreased fabric; **~ rasiert** clean-shaven; **etw ~ bügeln** to iron [out *sep*] sth, to iron sth smooth; **etw ~ feilen** to file sth smooth; **etw ~ hobeln/schmirgeln** to plane down/sand down sth; **~ kämmen** to brush smooth; **~ pürieren** to puree sth until smooth; **etw ~ rühren** to stir sth until smooth; **etw ~ schleifen** to grind sth smooth; **etw ~ streichen** to smooth out sth *sep*; **sich** *dat* **die Haare ~ streichen** to smooth [*or* pat] down one's hair *sep*; **~ rechts stricken** to knit garter stitch; **etw ~ walzen** to flatten sth; **etw ~ ziehen** to smooth out sth; *Betttuch a.* to straighten [out] sth
② *(rutschig) Straße, Weg* slippery, icey
③ *(problemlos)* smooth; **ein ~er Bruch** MED a clean break; **eine ~e Landung** a smooth landing; **~ aufgehen** *Rechnung* to work out exactly
④ *attr (fam: eindeutig)* outright, sheer; **eine ~e Lüge** a downright [*or* blatant] [*or* barefaced] lie; **~er Unsinn** sheer [*or* utter] nonsense; **eine ~e Eins/Fünf [schreiben]** SCH [to get] an A/E BRIT [*or* AM an A/F]
⑤ *(pej: aalglatt)* slick, smooth
⑥ SCHWEIZ *(fam: fidel)* merry, jolly
⑦ TYPO **~er Satz** body [*or* straight] matter; **etw ~ stoßen** *Papier* to jog [*or sep* knock up] sth
II. *adv (fam: rundweg)* clearly, plainly; *(ohne Umschweife)* straight out; *leugnen* flatly; **jdm etw ~ ins Gesicht sagen** to say sth [straight] to sb's face; **etw ~ ablehnen** to turn sth down flat; **etw ~ abstreiten** [*o* **leugnen**] to flatly deny sth; **etw ~ [und sauber] vergessen** to clean forget sth
glatt|bü·geln *vt s.* **glatt I 1**
Glatt·butt *m* ZOOL, KOCHK bonnet fluke, brill
Glät·te <-> ['glɛtə] *f kein pl* ① *(Ebenheit)* smoothness; *von Haar* sleekness
② *(Rutschigkeit) von Straße, Weg etc.* slipperiness
③ *(fig: aalglatte Art)* slickness, smoothness
Glatt·eis *nt* [thin sheet of] ice; ***„Vorsicht ~!"*** "danger, black ice"
▶WENDUNGEN: **jdn aufs ~ führen** to trip up sb *sep*, to catch sb out; **aufs ~ geraten, sich** *akk* **auf ~ begeben** to skate on thin ice
Glät·tei·sen <-s, -> *nt* SCHWEIZ *(Bügeleisen)* iron
Glatt·eis·ge·fahr <-> *f kein pl* danger of black ice
glät·ten ['glɛtn̩] I. *vt* ■**etw ~** ① *(glatt streichen)* to smooth out sth *sep*, to trowel-smooth sth; **sich** *dat* **die Haare ~** to smooth [*or* pat] down one's hair *sep*
② *(besänftigen)* to allay sth *form*; **jds Zorn ~** to calm sb's anger; **jds aufgebrachte Stimmung ~** to smooth sb's ruffled feathers
II. *vr* ■**sich** *akk* **~** ① *(glatt werden) Meer, Wellen* to subside, to become calm
② *(fig: sich beruhigen) Wut, Erregung* to subside, to die down
glatt|fei·len *vt s.* **glatt I 1** **glatt|ge·hen** *vi irreg sein (fam)* to go smoothly [*or fam* OK] **Glatt·ha·fer** *m* BOT false oat grass **Glatt·hai** *m* smooth dogfish **glatt|käm·men** *vt s.* **glatt I 1** **glatt|läu·fen** *vi irreg sein (fam) s.* glattgehen **glatt|pü·rie·ren** *vt s.* **glatt I 1** **glatt·ra·siert** *adj s.* **glatt I 1** **glatt|rüh·ren** *vt s.* **glatt I 1** **glatt|schlei·fen** *vt irreg s.* **glatt I 1** **Glatt·stel·lung** *f* FIN evening-up **glatt|strei·chen** *vt irreg s.* **glatt I 1**
Glät·tungs·ef·fekt *m* ÖKON smoothing effect
glatt·weg ['glatvɛk] *adv (fam)* simply, just like that *fam*; **etw ~ ablehnen** to turn sth down flat [*or* AM *a.* flat out]; **etw ~ abstreiten** [*o* **leugnen**] to flatly deny sth
glatt|zie·hen *vt irreg s.* **glatt I 1**
Glat·ze <-, -n> ['glatsə] *f* ① *(ohne Haare)* bald head [*or hum* pate]; **eine ~ bekommen/haben** to go/be bald; **sich** *dat* **eine ~ schneiden** [*o fam* **scheren**] **lassen** to have one's head shaved; **mit ~** with a bald head, bald[-headed] ② *(pej sl: Skinhead)* skinhead *pej* **Glat·zen·bil·dung** *f* balding
Glatz·kopf *m (fam)* ① *(kahler Kopf)* bald head [*or hum* pate]
② *(fam: Mann mit Glatze)* bald[-headed] man, baldie *fam*, baldy *fam*
glatz·köp·fig ['glatskœpfɪç] *adj* bald[-headed]
Glau·be <-ns> ['glaubə] *m kein pl* ① *(Überzeugung)* belief (**an** +*akk* in); *(gefühlsmäßige Gewissheit)* faith (**an** +*akk* in); **der ~ versetzt Berge** [*o* **kann Berge versetzen**] faith can move mountains; **ein blinder/fanatischer/unerschütterlicher ~** an ardent/a fanatical/an unshakeable belief; **ein törichter ~** a false [*or* mistaken] belief; **den festen ~n haben, dass ...** to be of the firm belief [*or* conviction] that ...; **im guten ~n, in gutem ~n** in good faith; **guten ~ns sein, dass ...** to be convinced that ...; **den ~n aufgeben, dass** to give up [*or* stop] believing that ...; **jdn von seinem ~n abbringen** to dissuade sb, to shake sb's faith; **jdn bei** [*o* **in**] **dem ~n [be]lassen, dass ...** to leave sb in the belief [*or* let sb believe] that ...; **[bei jdm] ~n finden** to find credence [with sb]; **in dem ~n leben, dass ...** to live in the belief that ...; **des ~ns** [*o* **in dem ~n**] **sein, dass ...** to believe [*or* be of the opinion] that ...; **jdm/etw [keinen] ~n schenken** to [not] believe [*or form* give [no] credence to] sb/sth; **den ~n an jdn/etw verlieren** to lose faith in sb/sth; **jdn in dem ~n wiegen, dass ...** to make sb believe [wrongly] that ...; **sich** *akk* **in dem ~n wiegen, dass ...** to labour [*or* AM -or] under the illusion [*or* believe [wrongly]] that ...
② REL [religious] faith [*or* belief]; **der christliche/jüdische/muslimische etc. ~** the Christian/Jewish/Muslim etc. faith; **ein Mensch muslimischen ~ns** a person of the Muslim faith; **vom ~n abfallen** *(geh)* to renounce one's [*or* lapse from the] faith *form*, to apostatize *spec*; **seinen ~n bekennen** to profess one's faith; **für seinen ~n sterben müssen** to die for one's beliefs; **den ~n verlieren** to lose one's faith
③ JUR, HANDEL faith; **in gutem ~n handeln** to act in good faith; **böser/guter ~** bad/good faith, mala/bona fides *form*
glau·ben ['glaubn̩] I. *vt* ① *(für wahr halten)* ■**[jdm] etw ~** to believe sth [of sb's]; ***das glaubst du doch selbst nicht!*** you don't really believe that, do you! [*or* can't be serious!]; ***ob du es glaubst oder nicht, aber...*** believe it or not, but...; **jdm jedes Wort ~** to believe every word sb says; **kaum** [*o* **nicht**] **zu ~** unbelievable, incredible; **etw nicht ~ wollen** to not want to believe sth; **jdn etw ~ machen wollen** *(fam)* to try to make sb believe sth
② *(wähnen)* **sich** *akk* **in der Mehrzahl/im Recht ~** to believe oneself in the majority/to think [that] one is right; **sich** *akk* **allein/unbeobachtet ~** to think [that] one is alone/nobody is watching one
II. *vi* ① *(vertrauen)* ■**jdm ~** to believe sb; **jdm aufs Wort ~** to take sb's word for it; ■**an jdn/etw ~** to believe in sb/sth; **an jds Ehrlichkeit/das Gute im Menschen ~** to believe in sb's honesty/the good in people; **an sich selbst ~** to believe [*or* have faith] in oneself
② *(für wirklich halten)* ■**an etw** *akk* **~** to believe in sth; **an Gott/Gespenster/den Weihnachtsmann/Wunder ~** to believe in God/ghosts/Father Christmas [*or* Santa Claus]/miracles
③ *(gläubig sein)* **fest/unerschütterlich ~** to have a strong/an unshakeable faith
▶WENDUNGEN: **dran ~ müssen** *(sl: sterben müssen)* to kick the bucket *sl*, to snuff [*or* buy] it *sl*; *(weggeworfen werden müssen)* to get chucked out *sl*; *(etw tun müssen)* to be stuck with it *sl*; *(getrunken/gegessen werden müssen)* to have to go [*or hum* be sacrificed]; **wer's glaubt, wird selig** a likely story *iron*, only an idiot would buy it
Glau·ben <-s> ['glaubn̩] *m kein pl s.* **Glaube**
Glau·bens·ar·ti·kel *m* REL article of faith
Glau·bens·be·kennt·nis *nt* ① *(Religionszugehörigkeit)* profession [of faith]
② *kein pl (formelhafte Glaubenslehre)* creed, confession [of faith]; ■**das ~** The Creed
Glau·bens·bru·der, -schwes·ter *m, f* REL co-religionist, fellow-believer **Glau·bens·fra·ge** *f* question of faith; **eine reine ~** purely a question of faith; **in ~n** in questions of faith **Glau·bens·frei·heit** *f* freedom of worship, religious freedom **Glau·bens·ge·mein·schaft** *f* denomination
Glau·bens·ge·wiss·heitRR *f* article of faith, certainty **Glau·bens·kir·chen** *pl* REL Faith Churches *pl* **Glau·bens·krieg** *m* religious war **Glau·bens·kri·se** *f* religious crisis **Glau·bens·rich·tung** *f* religious persuasion
Glau·bens·satz *m* SOZIOL doctrine, dogma
Glau·bens·schwes·ter *f fem form von* **Glaubensbruder** **Glau·bens·zwei·fel** *m meist pl* religious doubt[s *pl*]
glaub·haft I. *adj* believable, credible; **eine ~e Ausrede/Story** a plausible excuse/story; **~e Informationsquellen** sound [*or* reliable] sources of information
II. *adv* convincingly
Glaub·haf·tig·keit <-> *f kein pl* credibility
Glaub·haft·ma·chung <-> *f kein pl* JUR substantiation
gläu·big ['glɔybɪç] *adj* ① *(religiös)* religious
② *(vertrauensvoll)* trusting
Gläu·bi·ge(r) *f(m) dekl wie adj* believer; ■**die ~n** the faithful + *pl vb*
Gläu·bi·ger(in) <-s, -> ['glɔybɪgɐ] *m(f)* ÖKON, JUR creditor, obligee *form*
Gläu·bi·ger·an·fech·tung *f* JUR creditor's avoidance **Gläu·bi·ger·an·spruch** *m* FIN creditor claim **Gläu·bi·ger·an·trag** *m* JUR creditor's petition **Gläu·bi·ger·aus·gleich** *f* JUR arrangement with creditors **Gläu·bi·ger·aus·schuss**RR *m* JUR committee of creditors **Gläu·bi·ger·bank** *f* ÖKON creditor bank **Gläu·bi·ger·be·güns·ti·gung** *f* JUR undue preference *(of a creditor)* **Gläu·bi·ger·for·de·rung** *f* JUR creditors' claim
Gläu·bi·ge·rin <-, -nen> ['glɔybɪgərɪn] *f fem form von* **Gläubiger**
Gläu·bi·ger·in·ter·es·se *nt* JUR creditors' claim **Gläu·bi·ger·land** *nt* creditor country **Gläu·bi·ger·schutz** *m* JUR creditors' protection; **auf ~ klagen** to file for protection of creditors **Gläu·bi·ger·ver·samm·lung** *f* JUR creditors' meeting **Gläu·bi·ger·ver·trag** *m* JUR creditor's contract [*or* agreement] **Gläu·bi·ger·ver·zeich·nis** *nt* JUR schedule of creditors **Gläu·bi·ger·ver·zug** *m* JUR creditors' delay *(in accepting performance)*
glaubl·ich *adj* credible; **kaum** [*o* **wenig**] **~ klingen/scheinen/sein** to sound/seem/be scarcely [*or* scarcely sound/seem/be] credible
glaub·wür·dig *adj* credible
Glaub·wür·dig·keit *f kein pl* credibility
Glau·kom <-s, -e> [glau'ko:m] *nt* MED glaucoma
gla·zi·al [gla'tsi̯a:l] *adj* GEOL glacial
Gla·zi·al·land·schaft *f* glacial landscape
gleich ['glaiç] I. *adj* ① *(übereinstimmend)* same *attr*; *(gleichwertig)* equal; ***zwei mal zwei [ist] ~ vier*** two times two is [*or* equals] four; ***PC ist nicht ~ PC*** PCs are not all the same; **~e Dreiecke** MATH congruent triangles *spec*; **die ~en Gesichter** the same faces; **~er Lohn für ~e Arbeit** equal pay for equal work; **in ~em Maße** to the same degree/extent; **alle Menschen sind ~[, nur einige sind ~er** *iron*] all people are equal [but some are more equal than others *iron*]; **im ~en Moment** at that very [*or* the same] moment; **~en Namens** of the same name; **am ~en Ort** at/in the same place; **~es Recht für alle** equal rights *pl* for all; **~e Rechte/Pflichten** equal rights/responsibilities; **am ~en Tag** [on] the same day, that same day; **in ~er** [*o* **auf die ~e**] **Weise** in the same way; **zur ~en Zeit** at the same time; **ein G~es tun** *(geh)* to do the same; **G~es mit G~em vergelten** to pay like with like, to give tit for tat; ■**der/die/das G~e** the same [one]; ***das G~e gilt für dich*** the same goes for [*or* applies to] you; **das G~e vorhaben/wollen** to have the same intentions/objectives; **der/die/das G~e wie ..** the same as ...
② *(einerlei)* **[ganz] ~, was/wer/wie [...]** no matter what/who/how [...]; ■**jdm ist jd/etw ~** sb does not care about sb/sth, sb/sth is all the same to sb; ***das ist mir ~*** I don't care

③ *(unverändert)* same *attr;* [**sich** *dat*] ~ **bleiben** to stay [*or* remain] the same [*or* unchanged]; *Messwert a.* to stay [*or* remain] constant [*or* steady]; ***du bist dir in deinem Wesen immer ~ geblieben*** you've always had the same nature; ***das bleibt sich doch ~*** *(fam)* it's the same thing, it makes no difference; ~ **bleibend** constant/constantly, steady/steadily; *konsequent* consistent/consistently; ***jedes Jahr waren es ~ bleibend rund 1000 Anfragen*** each year saw a consistent number of about 1000 requests; **in ~ bleibendem Abstand** at a steady distance; ■**der/die/das G~e** [**wie ...**] the same [as ...]; ***es ist immer das*** [***ewig***] ***G~e*** it's always the same [old thing]; ***sie ist immer die G~e geblieben*** she's never changed; **aufs G~e hinauslaufen** [*o* **hinauskommen**] it comes [*or* boils] down [*or* amounts] to the same thing

▶WENDUNGEN: **etw ins G~e bringen** *(geh)* to sort out sth *sep;* **G~ und G~ gesellt sich gern** *(prov)* birds of a feather flock together *prov;* **von G~ zu G~** on an equal footing

II. *adv* ① *(übereinstimmend)* ~ **alt** the same age *pred;* ~ **groß/lang** equally large/long, equal in [*or* the same] size/length *pred;* ~ **schwer** equally heavy, the same weight *pred;* ■**etw ~ tun** to do sth the same; ~ **aufgebaut/gekleidet sein** to have the same structure/to be wearing identical clothes; **jdn ~ behandeln** to treat sb alike; ~ **bezahlt werden** to be paid the same, to receive the same pay; ~ **gelagert** comparable; ~ **gesinnt** [*o* **denkend**] like-minded, of like minds *pred;* ~ **gestimmte Seelen** kindred spirits [*or* souls]; ~ **lautend** identical; *Text a.* identically worded; LING homonymous *spec;* ***der Appell wurde ~ lautend in vielen Zeitungen gedruckt*** the same appeal was printed in many newspapers

② *(bald)* just, in a minute [*or* moment]; *(sofort a.)* straight away; ~ ***nach dem Frühstück*** right [*or* straight] after breakfast; ***es ist ~ ein Uhr*** it's almost [*or* nearly] one o'clock; ***es muss nicht ~ sein*** you don't have to do it right [*or* straight] away, there's no hurry; ***bis ~!*** see you then [*or* later]!; *(sofort)* see you in a minute [*or* moment]!; ***ich komme ~!*** I'm just coming!, I'll be right there!; ***habe ich es nicht ~ gesagt!*** what did I tell you?, I told you so!; ***warum nicht ~ so?*** why didn't you say so/do that in the first place?; ~ **danach** [*o* **darauf**] soon afterwards [*or* AM *also* afterward]; *(sofort)* right away, straight [*or* right] afterwards [*or* AM *also* afterward]; ~ **jetzt** [right] now; ~ **heute/morgen** [first thing] today/tomorrow

③ *(daneben)* immediately, right; ~ **als** [*o* **nachdem**] **...** as soon as ...; ~ **dahinter** just [*or* right] behind it; ~ **danach** just [*or* right] [*or* immediately] after it; ~ **daneben** right beside [*or* next to] it

④ *usu + Zahl (zugleich)* ***sie kaufte sich ~ zwei Paar*** she bought two pairs!; ***drei Autos, nein, ~ vier besitzt sie*** she owns three – no, *four* cars

III. *part* ① *in Fragesätzen (noch)* ***wie war doch ~ Ihr Name?*** what was your name again?; ***was hast du ~ gesagt?*** what was that you were saying?

② *(resignierend)* ***wir können ~ zu Hause bleiben*** we can just [*or* might] as well stay at home; ***du brauchst nicht ~ zu weinen*** there's no need to start crying

③ *(überhaupt)* ~ **gar nicht/nichts** not/nothing at all

IV. *präp +dat (geh)* ■~ **jdm/etw** [*o* **jdm/etw ~**] like sb/sth

gleich·al·t(e)·rig ['glaiç?alt(ə)rıç] *adj* [of] the same age *pred*

gleich·ar·tig *adj* of the same kind *pred;* *(ähnlich)* similar

gleich·auf *adv* SPORT equal; **sie liegen/sind ~** *(wertungsgleich)* they're [lying] equal [*or* BRIT *a.* on level pegging]; *(auf gleicher Höhe)* they're neck and neck

gleich·be·deu·tend *adj* ■**mit etw** *dat* ~ **sein** to be synonymous with sth; *(so gut wie)* to be tantamount to sth

Gleich·be·hand·lung *f* equal treatment

Gleich·be·hand·lungs·ge·bot *nt,* **Gleich·be·hand·lungs·grund·satz** *m* principle of equal treatment **Gleich·be·hand·lungs·richt·li·nie** *f* equal treatment guideline

gleich·be·rech·tigt *adj* with equal [*or* the same] rights *pred;* ■~ **sein** to have equal rights **Gleich·be·rech·tig·te(r)** *f(m) dekl wie adj* INFORM peer; **Verbindung unter ~n** peer coupled network

Gleich·be·rech·ti·gung *f kein pl* equality *no pl,* equal rights *+ sing/pl vb* **Gleich·be·rech·ti·gungs·ge·setz** *nt* JUR act according equal rights to women

gleich|blei·benALT *vi, vr irreg sein s.* **gleich I 3**

gleich·blei·bend *adj, adv s.* **gleich I 3**

glei·chen <glich, geglichen> ['glaiçn̩] *vt* ■**jdm/etw ~** to be [just] like sb/sth; ■**sich** *dat* ~ to be alike [*or* similar]

glei·chen·orts *adv* SCHWEIZ *(am gleichen Ort)* in the same place **glei·chen·tags** *adv* SCHWEIZ on the same day

glei·cher·ma·ßen, glei·cher·wei·se *adv* equally; ■~ **... und ... sein** to be both ... and ...

gleich·falls *adv* likewise, also; ***danke ~!*** thank you, [and] the same to you *a. iron*

gleich·far·big *adj* [of] the same colour [*or* AM -or] *pred* **gleich·för·mig I.** *adj* uniform; ~**e Struktur** symmetrical structure **II.** *adv* uniformly; ~ **strukturiert sein** to have a symmetrical structure **Gleich·för·mig·keit** ['glaiçfœrmıçkait] *f* uniformity **gleich·ge·la·gert** *adj s.* **gleich II 1** **gleich·ge·schlech·tig** *adj* same-sex *attr,* of the same sex *pred;* ~**e Zwillinge** same-sex twins; ~**e Pflanzen** homogamous plants *spec* **gleich·ge·schlecht·lich** *adj* ① *(homosexuell)* homosexual ② *s.* **gleichgeschlechtig** **gleich·ge·sinnt** *adj s.* **gleich II 1** **gleich·ge·stellt I.** *pp von* **gleichstellen II.** *adj* equal to, on a par with; **rechtlich ~** equal before the law

Gleich·ge·wicht *nt kein pl* ① *eines Körpers* balance, equilibrium; **sein** [*o* **das**] ~ **halten** to keep [*or* maintain] one's balance, to maintain one's equilibrium; **im ~ sein** to be balanced [*or form* in equilibrium]; **wieder im ~ sein, sich** *akk* **wieder im ~ befinden** to regain [*or* recover] one's balance, to restore one's equilibrium; **das ~ verlieren, aus dem ~ kommen** [*o* **geraten**] to lose one's balance

② *(Stabilität, Ausgewogenheit)* balance; ÖKON equilibrium; **außenwirtschaftliches ~** external equilibrium; **militärisches/politisches ~** military/political stability; **monetäres ~** monetary equilibrium; **natürliches ~** natural balance; ÖKOL balance of nature; **ökologisches ~** ecological [*or* environmental] balance; **das ~ der Kräfte** the balance of power; **ein ~ zwischen ... und ... halten** to maintain a proper balance between ... and ...

③ *(innere Ausgeglichenheit)* **das innere** [*o* **seelische**] ~ one's equilibrium [*or* emotional balance]; **im ~** in equilibrium; **jdn aus dem ~ bringen** to throw sb off balance; **aus dem ~ geraten, das ~ verlieren, aus dem ~ kommen** to lose one's equilibrium [*or* balance]

gleich·ge·wich·tig *adj* ① *(ausgeglichen)* balanced ② *(gleich schwer)* equal in weight *pred*

Gleich·ge·wichts·kon·stan·te *f* CHEM equilibrium constant **Gleich·ge·wichts·la·ge** *f* CHEM position [*or* condition] [*or* state] of equilibrium **Gleich·ge·wichts·or·gan** *nt* organ of equilibrium, vestibular organ *spec* **Gleich·ge·wichts·sinn** *m* sense of balance, vestibular sense *spec* **Gleich·ge·wichts·stö·rung** *f* impaired balance *no pl,* vestibular disorder *spec*

gleich·gül·tig I. *adj* ① *(uninteressiert)* indifferent (**gegenüber** *+gen* to[wards]), uninterested (**gegenüber** *+gen* to[wards]); *(apathisch)* apathetic (**gegenüber** *+gen* towards); **ein ~es Gesicht machen** to look impassive [*or* disinterested]; ~**e Stimme** expressionless [*or* uninterested] voice

② *(unwichtig)* trivial, immaterial; ■**etw ist jdm ~** sb couldn't care [less] about sth; **jdm nicht ~ bleiben/sein** to not remain/be unimportant to sb

II. *adv (uninteressiert)* with indifference [*or* a lack of interest]; *(apathisch)* with apathy, apathetically

Gleich·gül·tig·keit ['glaiçgʏltıçkait] *f kein pl (Desinteresse)* indifference; *(Apathie)* apathy; ■**jds ~ gegenüber jdm/etw** [*o* **gegen jdn/etw**] sb's indifference to[wards]/apathy towards sb/sth

Gleich·heit <-, -en> *f* ① *(Übereinstimmung)* correspondence, similarity

② *kein pl (gleiche Stellung)* equality

Gleich·heits·grund·satz *m* JUR principle of equality **Gleich·heits·zei·chen** *nt* MATH equals sign

gleich|kom·men *vi irreg sein* ① *(Gleiches erreichen)* ■**jdm/etw** [**an etw** *dat*] ~ to equal [*or* match] [*or* be a match for] sb/sth [in sth]

② *(gleichbedeutend sein)* ■**etw** *dat* ~ to be tantamount [*or* equivalent] [*or* to amount] to sth

gleich·lau·tend *adj s.* **gleich II 1**

gleich|ma·chen *vt* ■**etw/alles ~** to make sth/everything the same

Gleich·ma·cher(in) *m(f) (pej)* egalitarian, leveller *pej,* AM *usu* leveler *pej*

Gleich·ma·che·rei <-, -en> [glaiçmaxə'rai] *f (pej)* egalitarianism, levelling [*or* AM *usu* leveling] down *pej*

Glei̱ch·ma·che·rin <-, -nen> *f fem form von* **Gleichmacher**

gleich·ma·che·risch *adj (pej)* egalitarianistic, BRIT levelling, AM leveling

Gleich·maß *nt kein pl* ① *(Ebenmaß)* evenness; *von Proportionen* symmetry

② *(Regelmäßigkeit)* regularity, monotony *pej*

gleich·mä·ßig I. *adj* regular, even; ~**e Bewegungen** synchronized [*or* regular] movements; ~**er Puls** steady [*or* regular] [*or* even] pulse; **mit ~en Schritten** at a steady pace; **in ~em Tempo** at a steady speed [*or* pace]; ~ **atmen** to breathe regularly; ~ **schlagen** *Herz, Puls etc.* to beat steadily [*or* regularly] [*or* evenly]

II. *adv* ① *(in gleicher Stärke/Menge)* evenly, equally; **Farbe ~ auftragen** to apply an even coat of paint [*or* paint evenly]

② *(ohne Veränderungen)* consistently

Gleich·mä·ßig·keit ['glaiçmɛːsıçkait] *f* evenness, regularity; *von Puls, Herzschlag a.* steadiness; *von Bewegungen* regularity, synchronization; *von Tempo, Schritte* steadiness

Gleich·mut *m* composure, serenity, equanimity *form* **gleich·mü·tig** ['glaiçmyːtıç] *adj* composed, serene **gleich·na·mig** *adj* of the same name *pred; Buch* of the same title *pred*

Gleich·nis <-ses, -se> ['glaiçnıs, *pl* 'glaiçnısə] *nt* allegory; *(aus der Bibel)* parable

Gleich·ord·nungs·kon·zern *m* ÖKON horizontal group

gleich·ran·gig *adj* equal in rank *pred,* at the same level *pred*

Gleich·rich·ter *m (Gerät)* rectifier

gleich·sam ['glaiçzaːm] *adv (geh)* so to speak, as it were; ■~**, als ob ...** [just] as if ...

gleich|schal·ten *vt* POL *(pej)* ■**etw ~** to bring [*or* force] sth into line; **eine gleichgeschaltete Presse** a party mouthpiece **Gleich·schal·tung** *f* POL *(pej)* bringing [*or* forcing] into line; *(unter den Nazis a.)* Gleichschaltung *spec,* elimination of all opposition **gleich·schen·ke·lig** ['glaiçʃɛŋkəlıç], **gleich·schenk·lig** ['glaiçʃɛŋklıç] *adj* MATH ~**es Dreieck** isosceles triangle **Gleich·schritt** *m kein pl* MIL marching *no pl* in step; **aus dem ~ kommen** [*o* **geraten**] to fall out of step; **im ~ marschieren** to march in step; **im ~, marsch!** forward, march! **gleich|se·hen** *vi irreg* DIAL ① *(ähnlich sehen)* ■**jdm/etw ~** to look like [*or* resemble] sb/sth ② *(fam)* ■**jdm ~** to be typical of [*or* just like] sb **gleich·sei·tig** ['glaiçzaitıç] *adj* equilateral **gleich|set·zen** *vt* ■**etw** [**mit etw** *dat*] ~ to equate sth [with sth] **Gleich·set·zung** *f* equating; *(Gleichstellung)* treating as equivalent **Gleich·span·nung** *f* direct voltage **Gleich·stand** *m kein pl* SPORT tie; **den ~ erzielen** [*o* **herstellen**] to draw level BRIT, to tie up the score [*or* game] AM; *(im Fußball)* to score the equalizer [*or* AM tying goal] **gleich|ste·hen** *vi irreg haben o* SÜDD, ÖSTERR, SCHWEIZ *sein* ■**jdm/etw ~** to be on a par with sb/sth

gleich|stel·len *vt* ■**jdn jdm** ~ to give sb the same rights as sb
Gleich·stel·lung *f kein pl* equality (+*gen* of/for)
Gleich·stel·lungs·be·auf·trag·te(r) *f(m) dekl wie adj* equal rights representative **Gleich·stel·lungs·ge·setz** *nt* parity [*or* equality] law
Gleich·strom *m* ELEK DC, direct current **Gleich·strom·ag·gre·gat** *nt* ELEK DC system **Gleich·strom·ge·ne·ra·tor** *m* AUTO generator
gleich|tun *vt impers irreg* ❶ *(imitieren, sich ebenso benehmen)* ■**es jdm** ~ to copy [*or* follow] sb['s example], to follow suit
❷ *(gleichkommen)* ■**es jdm [in etw** *dat*] ~ to match [*or* equal] sb [in [*or* at] sth], to be a match for sb [in [*or* at] sth]
Glei·chung <-, -en> ['glaiçʊŋ] *f* MATH equation; **eine ~ auflösen** to solve an equation; **eine ~ n-ten Grades** an equation of the nth degree; **eine ~ mit einer Unbekannten** an equation with one unknown
Glei·chungs·sys·tem *nt* MATH system [*or* set] of equations
Gleich·ver·tei·lung *f kein pl* MATH, PHYS equipartition
gleich·viel ['glaiçfi:l] *adv (geh: einerlei)* nonetheless, nevertheless, notwithstanding *form;* ~ **ob/wie/wie sehr/wohin** no matter whether [*or* if]/how/how much/where
gleich·wahr·schein·lich *adj* MATH equiprobable; **~er Wert** equiprobable value, median **gleich·warm** *adj* homeotherm **gleich·wer·tig** *adj* equal; ■**jdm/etw ~ sein** to be a match for sb/sth; ■**~ sein** to be equally matched; **ein ~er Gegner** an equally [*or* evenly] matched opponent **Gleich·wer·tig·keit** *f kein pl* equal value; *von Gegner, Armee* equivalence **gleich·wie** ['glaiçvi:] *konj (geh)* ❶ *(ebenso wie)* as well as ❷ *(wie)* [just] as, [just] as if
gleich·win·k(e)·lig *adj* at the same angle; MATH equiangular **gleich·wohl** ['glaiçvo:l] *adv (geh: dennoch)* nonetheless, nevertheless, notwithstanding *form* **gleich·zei·tig** I. *adj* simultaneous, concurrent II. *adv* ❶ *(zur gleichen Zeit)* simultaneously, at the same time ❷ *(ebenso, zugleich)* also, at the same time **Gleich·zei·tig·keit** *f* simultaneity, concurrence **gleich|zie·hen** *vi irreg (fam)* ■**[mit jdm]** ~ to catch up [*or* draw even [*or* level]] [with sb]
Gleis <-es, -e> ['glais, *pl* 'glaizə] *nt* BAHN line, track, rails *pl; (einzelne Schiene)* rail; *(Bahnsteig)* platform; ~ **...** platform ..., AM *a.* track ...; **aus dem ~ springen** to jump the rails, to be derailed
▸WENDUNGEN: **jdn [ganz] aus dem ~ bringen** [*o* **werfen**] to throw sb *fam,* to send sb off the rails *fam;* **etw ins [rechte] ~ bringen** to straighten [*or* sort] sth out; **aufs falsche ~ geraten** to stray from the straight and narrow, to go astray; **[völlig] aus dem ~ geraten** [*o* **kommen**] to go off the rails [*or* astray]; **[wieder] im ~ sein** to be all right [*or* back to normal] [*or* straightened out] [again]; **aus dem ~ kommen** to go off the rails *fam;* **wieder ins [rechte] ~ kommen** *(ins Lot kommen)* to sort oneself out again; *(auf die richtige Bahn kommen)* to get back on the right track; **jdn auf ein totes ~ schieben** to kick sb upstairs, to put sb out of harm's way; **etw auf ein totes ~ schieben** to shelve sth, to file sth away
Gleis·ab·schnitt *m* track section **Gleis·an·la·ge** *f* track system **Gleis·an·schluss**[RR] *m* siding **Gleis·ar·bei·ten** *pl* line [*or* track] repairs *pl,* work on the line *no pl* **Gleis·ar·bei·ter(in)** *m(f)* tracklayer **Gleis·bet·tung** *f* track bed course
Gleis·bild *nt* track diagram **Gleis·bild·stell·werk** *nt* track diagram signal-box
Gleis·fahr·zeug *nt* tracklaying [*or* crawler-type] vehicle **Gleis·grund·stück** *nt* BAHN land along which railway track runs **Gleis·kör·per** *m* track, BRIT *a.* permanent way **Gleis·netz** *nt* rail network **Gleis·plan** *m* track diagram
glei·ßen ['glaisn̩] *vi (poet: glänzen)* to blaze; **~des Licht** blinding light
glei·ßend *adj* glaring, dazzling
Gleis·über·gang *m* level [*or* AM railroad] crossing **Gleis·ver·le·gung** *f* tracklaying **Gleis·waa·ge** *f* rail weighbridge
Gleit·boot *nt* hydroplane **Gleit·creme** [-kre:m] *f* lubricating cream
glei·ten <glitt, geglitten> ['glaitn̩] *vi* ❶ *sein (schweben)* ■**[durch etw** *akk*/**über etw** *akk o dat*] ~ to glide [through/over sth]; *Wolke* to sail [through/over sth]
❷ *sein (sich leicht dahinbewegen)* ■**[durch etw** *akk*/**in etw** *akk*/**über etw** *akk*] ~ to glide [through/into/over sth]; *Schlange a.* to slide [*or* slip] [through/into/over sth]
❸ *sein (streichen, huschen)* ■**über etw** *akk* ~ *Augen* to wander [*or* travel] over sth; *Blick* to pass [*or* range] over sth; *Finger* to explore sth; *Hand* to slide over sth; **die Finger/Hand über etw** *akk* **~ lassen** to glide [*or* slide] [*or* run] one's fingers/hand over [*or* across] sth
❹ *sein (rutschen)* to slide, to slip; **zu Boden ~** to slip to the floor/ground; **ins Wasser ~** to slip into the water; **etw ins Wasser ~ lassen** to let sth slip into the water; **jdm aus den Fingern/der Hand ~** *(fig a.)* to slip out of sb's fingers/hand; **jdm auf den Boden ~** to fall to the floor [on sb *hum fam*]
❺ *haben (fam)* to be on flexitime [*or* flexihours] *fam*
Gleit·flug *m* glide; LUFT *a.* power-off glide; **im ~ niedergehen** to glide [*or* plane] down; **im ~ schweben** to glide; **eine Landung im ~ versuchen** LUFT to attempt a landing from a glide **Gleit·flug·zeug** *nt* glider **Gleit·klau·sel** *f* ÖKON escalator [*or* rise-and-fall] clause **Gleit·ku·fe** *f* LUFT landing skid **Gleit·la·ger** *nt* BAU roller, sliding bearing **Gleit·mit·tel** *nt* TECH, MED lubricant **Gleit·schie·ne** *f* slide rail
Gleit·schirm *m* hang-glider **Gleit·schirm·flie·gen** *nt* hang-gliding, paragliding **Gleit·schirm·flie·ger(in)** *m(f)* [pilot of a] hang-glider [*or* paraglider]
Gleit·schutz *m* AUTO *(Bauteil)* anti-skid device; *(der Schutz)* anti-skid protection **Gleit·zeit** *f* ADMIN ❶ *(fam)* flexitime, flexihours *pl* ❷ *(Zeitspanne außerhalb der Fixzeit) set periods outside fixed working hours in which an employee may choose to start/end work* **Gleit·zins·an·lei·he** *f* FIN variable-rate loan
Glen·check <-[s], -s> ['glɛntʃɛk] *m (Karomuster)* glen check, Scottish check fabric
Glet·scher <-s, -> ['glɛtʃɐ] *m* glacier
Glet·scher·brand *m* glacier sunburn **Glet·scher·kun·de** *f kein pl* glaciology *no pl* **Glet·scher·spal·te** *f* crevasse
Glib·ber <-s> ['glɪbɐ] *m kein pl* NORDD *(fam)* slime
glib·be·rig *adj* NORDD *(fam)* slimy
glich ['glɪç] *imp von* **gleichen**
Glied <-[e]s, -er> ['gli:t, *pl* 'gli:də] *nt* ❶ *(Körperteil)* limb, member *form; (Fingerglied, Zehenglied)* joint; *(Fingerspitze)* fingertip; **seine ~er recken** to stretch [oneself]; **kein ~ mehr rühren können** to not be able to move a muscle; **etw in allen ~ern spüren** to feel sth in one's bones; **an allen ~ern zittern** [*o geh* **beben**] to be trembling in every limb [*or* all over], to be shivering [*or* shaking] all over
❷ *(euph: Penis)* penis, [male] member *form*
❸ *(Kettenglied)* link *a. fig*
❹ *(Teil)* part, link
❺ *(Mitglied)* member
❻ *(Rang)* rank
❼ *(Generation)* generation
▸WENDUNGEN: **etw steckt/sitzt jdm [noch] in den ~ern** sth [still] sits heavily on sb's shoulders; *Krankheit* sb [still] feels sth in his/her bones
Glie·der·fü·ßer <-s, -> *m* ZOOL arthropod
glie·dern ['gli:dɐn] I. *vt* ■**etw ~** MATH to arrange sth; ■**etw [in etw** *akk*] ~ *(unterteilen)* to [sub]divide sth [into sth]; *(ordnen)* to organize sth [into sth]; *(einordnen)* to classify sth [under sth]; ■**[in etw** *akk*] **gegliedert sein** to be divided [into sth]; **eine straff gegliederte Hierarchie** a tight hierarchy; **ein wenig** [*o* **schwach**] **gegliedertes Unternehmen** a company with little structure
II. *vr* ■**sich** *akk* **in etw** *akk* ~ to be [sub]divided into sth
Glie·der·pup·pe *f* jointed doll; *(Marionette)* [string] puppet **Glie·der·schmerz** *m meist pl* rheumatic pains *pl*
Glie·de·rung <-, -en> *f* ❶ *kein pl (das Gliedern)* structuring *no pl* (**in** +*akk* into), organization (**in** +*akk* into); *(das Unterteilen)* subdivision (**in** +*akk* into); *(nach Eigenschaften a.)* classification
❷ *(Aufbau)* structure
Glied·ma·ßen *pl* limbs, arms and legs **Glied·staat** *m* member [*or* constituent] state
glim·men <glomm *o selten* glimmte, geglommen *o selten* geglimmt> ['glɪmən] *vi* ❶ *(schwach glühen)* to glow; *Feuer, Asche a.* to smoulder, AM *usu* to smolder; **~de Asche** embers, hot ashes
❷ *(schwach vorhanden sein)* ■**in jdm ~** *Hoffnung etc.* to glimmer within sb
Glim·mer <-s, -> ['glɪmɐ] *m* ❶ GEOL mica
❷ *(selten: Schimmer)* [faint] gleam [*or* glow]
glim·mern ['glɪmɐn] *vi (schimmern)* to glimmer
Glimm·stän·gel[RR], **Glimm·sten·gel**[ALT] *m (hum fam)* cig[gy] *fam,* smoke *fam,* coffin nail *hum sl,* BRIT *fam a.* fag
glimpf·lich ['glɪmpflɪç] I. *adj* ❶ *(ohne schlimmere Folgen)* without serious consequences *pred;* **[weniger] ~ sein** to be [more] serious, to have [*or form* entail] [more] serious consequences
❷ *(mild)* lenient, light, mild
II. *adv* ❶ *(ohne schlimmere Folgen)* ~ **davonkommen** to get off lightly; **~/weniger ~/~er abgehen** [*o* **ablaufen**] [*o* **verlaufen**] to pass [off] without/with more/with less serious consequences
❷ *(mild)* **mit jdm ~ umgehen** [*o* **verfahren**] to treat sb leniently [*or* mildly]; **jdn ~ bestrafen** to give sb a mild [*or* lenient] sentence
glit·schen ['glɪtʃn̩] *vi sein (fam)* to slip; **jdm aus der Hand ~** to slip out of sb's hand; **von der Hand ~** to slip out of sb's hand
glit·schig ['glɪtʃɪç] *adj (fam)* slippery; **~er Fisch** slithery fish
glitt ['glɪt] *imp von* **gleiten**
Glit·ter <-s> ['glɪtɐ] *m kein pl* glitter
Glit·zer·ef·fekt *m* glitter effect
glit·ze·rig ['glɪtsərɪç] *adj (fam)* sparkly *fam*
glit·zern ['glɪtsɐn] *vi* to sparkle, to glitter; *Stern* to twinkle
Glit·zer·welt *f* SOZIOL *(iron)* glitter world
glo·bal [glo'ba:l] I. *adj* ❶ *(weltweit)* global, worldwide; **~e Steuerung** ÖKON political economic management
❷ *(umfassend)* **~e Vorstellung/~es Wissen** general idea/knowledge
II. *adv* ❶ *(weltweit)* ~ **verbreitet** global, worldwide; ~ **vorhanden** found worldwide [*or* throughout the world]
❷ *(ungefähr)* generally; **sich** *dat* **etw ~ vorstellen** to have a general idea about sth
Glo·bal·ab·kom·men *nt* JUR omnibus agreement **Glo·bal·ana·ly·se** *f* global analysis **Glo·bal·be·wer·tung** *f* JUR, FIN summary assessment **Glo·bal·bürg·schaft** *f* FIN, JUR global guarantee **Glo·bal·ent·schä·di·gung** *f* JUR, FIN lump-sum indemnification **Glo·bal·funk** *m* global [satellite] communication **Glo·bal·funk·netz** *nt* global [satellite] communications network **Glo·bal·ge·neh·mi·gung** *f* JUR general [*or* comprehensive] permit; FIN block appropriation
glo·ba·li·siert [globali'zi:rt] *adj* globalized; ***die ~e Finanzwelt*** globalized finance
Glo·ba·li·sie·rung <-, -en> *f* globalization
Glo·ba·li·sie·rungs·geg·ner(in) [globali'zi:rʊŋs-] *m(f)* POL opponent of globalization
Glo·ba·li·sie·rungs·kri·ti·ker(in) *m(f)* POL critic of globalization
glo·ba·lis·tisch [globa'lɪstɪʃ] *adj (pej)* globalist[ic]
Glo·bal·kre·dit *m* FIN blanket loan **Glo·bal·lö·sung** <-, -en> *f bes* SCHWEIZ *(umfassende Lösung)* global solution
Glo·bal play·er ['glo:bl'ple:ɐ] *m* global player
Glo·bal·steu·e·rung *f* ADMIN overall control **Glo·bal·strah·lung** *f* global radiation **Glo·bal·zes·si·on** <-, -en> *f* JUR blanket assignment

G

Glo·bal·zu·frie·den·heit *f* global satisfaction
Glo·ben ['glo:bn̩] *pl von* **Globus**
Glo·be·trot·ter(in) <-s, -> ['glo:bətrɔtɐ, 'glo:ptrɔtɐ] *m(f)* globetrotter
Glo·bus <- *o* -ses, Globen *o* Globusse> ['glo:bʊs, *pl* 'glo:bn̩, *pl* 'glo:bʊsə] *m* globe
Glöck·chen <-s, -> ['glœkçən] *nt dim von s.* **Glocke** [little] bell
Glo·cke <-, -n> ['glɔkə] *f* ❶ *(Läutewerk)* bell; **die ~n läuten** to ring the bells; *(vor dem Feind)* to ring the tocsin
❷ *(glockenförmiger Deckel)* [glass] cover
▸WENDUNGEN: **etw an die große ~ hängen** *(fam)* to shout sth from the rooftops, to broadcast sth loudly; **etw nicht an die große ~ hängen** *(fam)* to keep mum [*or* BRIT *a.* shtum] about sth *fam*
Glo·cken·bal·ken *m* [bell] yoke **Glo·cken·blu·me** *f* bellflower, campanula **glo·cken·för·mig** *adj* bell-shaped; BOT *a.* campanulate *spec* **Glo·cken·ge·läu·t(e)** *nt kein pl* bells *pl,* peal [*or* ringing] of bells **Glo·cken·gie·ßer(in)** *m(f)* bell-founder **Glo·cken·hei·de** *f* BOT cross-leaved heather **Glo·cken·klang** *m* ringing [*or* pealing] [of bells] **Glo·cken·läu·ten** *nt* bells *pl,* peal [*or* ringing] of bells **Glo·cken·rock** *m* flared skirt **Glo·cken·schlag** *m* stroke [of a/the bell]; **mit dem ~ kommen/gehen** to arrive/leave dead on time [*or* on the dot]; **auf den** [*o* **mit dem**] ~ on the dot, precisely **Glo·cken·spiel** *nt* ❶ *(in Kirch- oder Stadttürmen)* carillon ❷ *(Musikinstrument)* glockenspiel **Glo·cken·stuhl** *m* bell cage [*or* frame] **Glo·cken·tier·chen** *nt* ZOOL vorticella **Glo·cken·turm** *m* belfry, bell-tower; *(einzelnes Gebäude)* campanile
glo·ckig ['glɔkɪç] *adj s.* **glockenförmig**
Glöck·ner(in) <-s, -> ['glœknɐ] *m(f)* bellringer; *(Kirchendiener)* sexton; **„Der ~ von Notre-Dame"** "The Hunchback of Notre Dame"
glomm ['glɔm] *imp von* **glimmen**
Glo·rie <-> ['glo:ri̯ə] *f kein pl (geh)* glory, splendour [*or* AM -or]
Glo·ri·en·schein ['glo:ri̯ən-] *m s.* **Heiligenschein**
glo·ri·fi·zie·ren* [glorifi'tsi:rən] *vt* ■**jdn/etw ~** to glorify sb/sth (**als** *+akk* as)
Glo·ri·fi·zie·rung <-, -en> *f* glorification
Glo·ri·o·le <-, -n> [glo'ri̯o:lə] *f (geh) s.* **Heiligenschein**
glo·ri·os [glo'ri̯o:s] *adj s.* **glorreich 1**
glor·reich *adj* ❶ *(meist iron)* magnificent *a. iron;* **eine ~e Idee** a terrific idea *iron*
❷ *(großartig, ruhmreich)* glorious
Glos·sar <-s, -e> [glɔ'sa:ɐ̯] *nt* glossary
Glos·se <-, -n> ['glɔsə] *f* ❶ *(knapper Kommentar)* gloss, commentary; *(polemisch)* ironic comment[ary]; *(schriftlich a.)* lampoon, squib
❷ *pl (fam: spöttische Bemerkung)* snide comments [*or* remarks]; **seine ~n über jdn/etw machen** to make snide comments [*or* remarks] about sb/sth
glos·sie·ren* [glɔ'si:rən] *vt* ■**etw ~** ❶ *(kurz kommentieren)* to commentate on sth
❷ *(spöttische Bemerkungen machen)* to sneer at sth
Glotz·au·ge *nt meist pl (fam)* goggle eye *fam;* **~n machen** to stare [goggle-eyed *fam*], to gawk *fam,* BRIT *a.* to gawp *fam;* **mit ~n auf etw** *akk* **starren** *(fam)* to stare at sth [goggle-eyed *fam*], to gawk [*or* BRIT *a.* gawp] at sth *fam*
Glot·ze <-, -n> ['glɔtsə] *f (sl: Fernseher)* one-eyed monster *pej fam,* goggle-box BRIT *fam,* telly BRIT *fam,* boob tube AM *fam; (Computerbildschirm)* [computer] screen
glot·zen ['glɔtsn̩] *vi (pej fam)* ■[**auf jdn/etw**] **~** to stare [*or* gape] [*or* BRIT *fam a.* gawp] [at sb/sth]; **in etw** *akk* [**hinein**]**~** to put [*or* stick] one's nose into sth
Glück <-[e]s> ['glʏk] *nt kein pl* ❶ *(günstige Fügung)* luck; *(Fortuna)* fortune; ***ein ~!*** *(fam)* how lucky!, what a stroke of luck!; **ein ~, dass ...** it is/was lucky that ...; **jdm zum Geburtstag ~ wünschen** to wish sb [a] happy birthday; **ein Kind des ~s sein** *(geh)* to have been born under a lucky star; **jdm ~ und Segen wünschen** *(geh)* to wish sb every good fortune; **mehr ~ als Verstand** [*o* **als sonst was**] **haben** *(fam)* to have more luck than sense [*or* brains]; **~ bringend** lucky; **großes/seltenes ~** a great/rare stroke of luck; **~ verheißend** auspicious, propitious; **wahres ~ sein, dass ...** to be really lucky [*or* a good thing] that ...; **auf sein ~ bauen** to rely on [*or* trust to] one's good fortune; **jdm ~ bringen** to bring sb luck; **viel ~** [**bei etw** *dat*/**in etw** *dat*]! good [*or* the best of] luck [with/in sth]!; **~/kein ~ haben** to be lucky [*or* in luck]/unlucky [*or* to not be in luck]; **~ *gehabt!*** *(fam)* that was lucky! [*or* a close shave!]; **das ~ haben, etw zu tun** to be lucky enough [*or* have the good fortune] to do sth; ***das ist dein ~!*** *(fam)* lucky for you!; **~ bei jdm haben** to be successful with sb; **in sein ~ hineinstolpern** *(fam)* to have the luck of the devil, to be incredibly lucky; **dem ~ ein bisschen nachhelfen** to improve [*or* help] one's/sb's luck; *(mogeln)* to cheat a bit; **sein ~** [**bei jdm**] **probieren** [*o* **versuchen**] to try one's luck [withsb]; **von ~ reden** [*o* **sagen**] **können, dass ...** to count [*or* consider] oneself lucky [*or* *fam* thank one's lucky stars] that ...; **das ~ ist jdm gewogen** [*o* **hold**] *(geh)* luck was with them, fortune smiled upon [*or form* favoured [*or* AM -ored]] them; **sein ~ verscherzen** to throw away one's good fortune [*or* chance]; **auf sein ~ vertrauen** to trust to one's luck; **noch nichts von seinem ~ wissen** [*o* **ahnen**] *(iron)* to not know what's in store for one [*or* anything about it] yet; **jdm** [**viel**] **~** [**bei etw** *dat*/**zu etw** *dat*] **wünschen** to wish sb [good] luck [with/in sth]; **~ ab!** *(Fliegergruß)* good luck!, happy [*or* safe] landing!; **~ auf!** *(Bergmannsgruß)* good luck!; **zu jds ~** luckily [*or* fortunately] for sb; **zum ~** luckily, fortunately, happily; **zu seinem/ihrem etc. ~** luckily for him/her etc.
❷ *(Freude)* happiness, joy; **jdm ~** [**und Zufriedenheit**] **wünschen** to wish sb joy; **in ~ und Unglück zusammenhalten** to stick together through thick and thin [*or* come rain or come shine]; **echtes/großes ~** true/great happiness; **eheliches/häusliches ~** marital [*or* wedded]/domestic bliss; **junges ~** young love; **kurzes ~** short-lived happiness; **ein stilles ~** bliss, a serene sense of happiness; **das vollkommene ~** perfect bliss; **tiefes ~ empfinden** to feel great [*or* deep] joy; **sein ~ finden** to find happiness; **sein ~ genießen** to enjoy [*or* bask in] one's happiness; **jds ganzes ~ sein** to be sb's [whole] life, to mean the whole world to sb; **nach ~ streben** to pursue happiness
▸WENDUNGEN: **sein ~ mit <u>Füßen</u> treten** to turn one's back on fortune; **~ und <u>Glas</u>, wie leicht bricht das!** *(prov)* glass and luck, brittle muck *prov;* **etw auf <u>gut</u> ~ tun** to do sth on the off-chance, to trust to chance; **jdm <u>lacht</u> das ~** fortune smiles on [*or* favours [*or* AM -ors]] sb; **sein ~ <u>machen</u>** to make one's fortune; **~ muss der <u>Mensch</u>** [*o* **man**] **haben!** *(fam)* this must be my/your/our etc. lucky day!, my/your/our etc. luck must be in!; **jeder ist seines ~es <u>Schmied</u>** *(prov)* life is what you make [of] it *prov,* everyone is the architect of his own fortune *prov;* **das war das ~ des <u>Tüchtigen</u>** he/she deserved his/her good luck [*or* fortune], he/she deserved the break *fam;* **~ im <u>Unglück</u> haben** it could have been much worse [for sb], to be quite lucky in [*or* under] the circumstances; **man kann niemanden zu seinem ~ <u>zwingen</u>** *(prov)* you can lead a horse to water but you cannot make him drink *prov*
glück·brin·gend *adj s.* **Glück 1**
Glu·cke <-, -n> ['glʊkə] *f* ❶ *(brütende Henne)* sitting [*or* broody] hen
❷ *(fig: besorgte Mutter)* mother hen
glü·cken ['glʏkn̩] *vi sein* ❶ *(gelingen)* to be successful [*or* a success]; **nicht ~** to be a failure, to not be successful [*or* a success]; *Plan a.* to miscarry; ■**jdm glückt etw** sb succeeds in sth; ■**jdm glückt es, etw zu tun** sb manages to do sth; ■**geglückt** successful; **eine geglückte Überraschung** a real surprise
❷ *(vorteilhaft werden)* to turn out well; ■**etw ist jdm** [**gut**] **geglückt** sb's sth has turned out [very] well
glu·cken·haft *adj (iron fam)* mollycoddling *pej fam*
glu·ckern ['glʊkɐn] *vi* ❶ *(Geräusch machen)* ■[**in etw** *dat*] **~** *Wasser* to glug [*or* gurgle] [in sth]; **~d fließen** to gurgle
❷ *(fließen)* ■**in etw** *akk* **~** *Wein* to gurgle [*or* glug] into sth
glück·lich ['glʏklɪç] **I.** *adj* ❶ *(vom Glück begünstigt, erfolgreich)* lucky, fortunate; ***ihr G~ en!*** lucky you! *a. iron;* **sich** *akk* **~ schätzen können, dass .../etw getan zu haben** to consider [*or* count] oneself lucky that .../to have done sth
❷ *(vorteilhaft, erfreulich)* happy, fortunate; **ein ~es Ende** [*o* **~er Ausgang**] a happy ending; **eine ~e Nachricht** [some] good news *+ sing vb;* **ein ~er Umstand** a fortunate circumstance; **ein ~er Zufall** a stroke of luck; **ein** [**wenig**] **~er Zeitpunkt** a [not very] happy moment
❸ *(froh)* happy; ■**~ mit jdm/etw sein** to be happy with sb/sth; ■**~ über jdn/etw sein** to be happy about sb/sth; **wunschlos ~ sein** to be happy beyond all one's wishes; **jdn ~ machen** to make sb happy, to bring sb happiness
▸WENDUNGEN: **dem G~en <u>schlägt</u> keine Stunde** time stands still for those who are happy
II. *adv* ❶ *(vorteilhaft, erfreulich)* happily; **~ gelingen** to turn out happily [*or* a success]
❷ *(froh und zufrieden)* happily; **~** [**mit jdm**] **liiert/verheiratet sein** to be happily united [with sb]/married [to sb]
❸ *(fam: zu guter Letzt)* after all
glück·li·cher·wei·se *adv* luckily, fortunately
glück·los *adj* hapless, luckless
Glücks·brin·ger <-s, -> *m* lucky charm
glück·se·lig [glʏk'ze:lɪç] *adj* blissful[ly happy]; **~es Lächeln** rapturous smile
Glück·se·lig·keit <-, -en> *f* ❶ *kein pl (überglücklicher Zustand)* bliss; **in ~ schwelgen** to float in bliss
❷ *(beglückendes Ereignis)* blissful occasion
gluck·sen ['glʊksn̩] *vi s.* **gluckern**
Glücks·fall *m* stroke of luck; **durch einen ~** by a lucky chance **Glücks·ge·fühl** *nt* ■**ein ~** [a feeling of] happiness **Glücks·göt·tin** *f* goddess of luck [*or* fortune], Fortune *no art, + sing vb* **Glücks·griff** *m* **ein** [**wahrer**] **~ sein** to have been a really good [*or* wise] choice
Glücks·hor·mon *nt (fam)* happy hormone *fam* **Glücks·kind** *nt (fam)* a lucky person; **sie war ein ~** she was born lucky **Glücks·klee** *m* four-leaf[ed] clover **Glücks·pfen·nig** *m* lucky penny **Glücks·pilz** *m (fam)* lucky devil [*or* BRIT *a.* beggar] *fam* **Glücks·rad** *nt* wheel of fortune **Glücks·rit·ter** *m* adventurer, soldier of fortune **Glücks·sa·che** *f* ■**etw ist** [**reine**] **~** sth's a matter of [sheer] luck **Glücks·schwein(·chen)** *nt* good-luck pig *(pig as a symbol of good luck)* **Glücks·spiel** *nt* game of chance; ■**~e** gambling *no pl* **Glücks·spie·ler(in)** *m(f)* gambler **Glücks·sträh·ne** *f* lucky streak, run of good luck **Glücks·tag** *m* lucky [*or* red-letter] day
glück·strah·lend *adj* radiant with happiness
Glücks·tref·fer *m* stroke of luck; *(beim Schießen)* lucky shot **Glücks·zahl** *f* ❶ *(Zahl, die Glück bringen soll)* lucky number ❷ *(Lottotreffer)* winning [lottery] number
glück·ver·hei·ßend *adj s.* **Glück 1**
Glück·wunsch *m* congratulations *npl* (**zu** *+dat* on); **jdm seinen ~ zu etw** *dat* **aussprechen** to offer sb one's congratulations on sth; **herzlichen ~!, meinen ~!** congratulations!; **herzlichen ~ zum Geburtstag!** happy birthday, many happy returns [of the day] **Glück·wunsch·kar·te** *f* greetings [*or* AM greeting] card **Glück·wunsch·te·le·gramm** *nt* greetings [*or* AM greeting] telegram
Glu·co·se <-> [glu'ko:zə] *f kein pl s.* **Glukose**
Glüh·bir·ne *f* [electric] light bulb
glü·hen ['gly:ən] *vi* ❶ *(rot vor Hitze sein)* to glow
❷ *(sehr heiß sein)* to burn; *Wangen* to glow
❸ *(geh)* ■**vor etw** *dat* **~** to burn with sth; **vor Scham ~** to be flushed [*or* to burn] with shame
glü·hend I. *adj* ❶ *(rot vor Hitze)* glowing; **~e Koh-**

len glowing [*or* [red-]hot] coals; ~**es Metall** [red-]hot metal
❷ *(brennend, sehr heiß)* burning; ~**e Hitze** blazing heat; ~**e Wangen** burning [*or* flushed] cheeks; ~**er Hass** *(fig)* burning hatred
II. *adv* ~ **heiß** scorching [hot]; **jdn** ~ **lieben** to love sb passionately; **jdn** ~ **hassen** to have a burning hatred for sb

Glüh·fa·den *m* filament **Glüh·ka·tho·de** *f* PHYS glow [*or* hot] [*or* thermionic] cathode **Glüh·ker·ze** *f* AUTO glow plug **Glüh·lam·pe** *f* *(geh)* [electric] light bulb **Glüh·wein** *m* glühwein, [hot] mulled wine **Glüh·würm·chen** <-s, -> *nt* glow-worm; *(fliegend)* firefly

Glu·ka·gon <-s> [gluka'go:n] *nt* BIOL glucagon *no pl*

Glu·ko·se <-> [glu'ko:zə] *f kein pl* glucose *no pl*

Gluon <-s, -en> [glu'o:n] *nt meist pl* PHYS gluon

Glupsch·au·ge ['glʊpʃ-] *nt* NORDD *(fam)* goggle eye; ~**n machen** [*o* **bekommen**] to stare goggle-eyed; ***sie hat*** ~***n gemacht*** she stared goggle-eyed, her eyes nearly popped out of her head

glupsch·äu·gig ['glʊpʃɔygɪç] *adj* goggle-eyed

glusch·tig ['glʊʃtɪç] *adj* SCHWEIZ *(lecker)* delicious, scrumptious, tasty

Glut <-, -en> ['glu:t] *f* ❶ *(glühende Masse)* embers *npl; Tabak* burning ash
❷ *(geh)* ardour [*or* AM -or] *form,* fervour [*or* AM -or] *form*

Glu·ta·mat <-[e]s, -e> [gluta'ma:t] *nt* [sodium] glutamate

Glu·ta·min <-s, -e> [gluta'mi:n] *nt* glutamine **Glu·ta·min·säu·re** *f* glutam[in]ic acid

glut·äu·gig *adj (geh)* fiery-eyed *attr,* with smouldering [*or* fiery] eyes *pred* **Glut·hit·ze** *f* sweltering heat **glut·rot** *adj* fiery red

Gly·ko·gen <-s> [glyko'ge:n] *nt kein pl* BIOL glycogen *no pl*

Gly·kol <-s, -e> [gly'ko:l] *nt* glycol

Gly·ze·rin <-s> [glytse'ri:n] *nt kein pl* CHEM glycerin[e]

GmbH <-, -s> [ge:ʔɛmbe:'ha:] *f Abk von* **Gesellschaft mit beschränkter Haftung** ≈ Ltd BRIT; ~ **& Co** *limited partnership;* ~ **& Co KG** *limited partnership with a private limited company as general partner;* **GmbH & Still** *private limited company with a dormant partner*

GmbH-Ge·schäfts·füh·rer(in) *m(f)* ÖKON manager of a private limited company **GmbH-Ge·setz** *nt* JUR, ÖKON private limited companies act **GmbH-Recht** *nt kein pl* JUR, ÖKON law on private limited companies **GmbH-Ver·trag** *m* JUR, ÖKON articles *pl* of association

g-Moll <-s, -> ['ge:mɔl] *nt kein pl* MUS G flat minor

Gna·de <-, -n> ['gna:də] *f* ❶ *(Gunst)* favour [*or* AM -or]; ~ **vor jds Augen finden** to find favour in sb's eyes [*or* with sb]; **von jds/Gottes** ~**n** by the grace of sb/God [*or* sb's/God's grace]; ***Euer*** ~***n!*** Your Grace!
❷ *(Milde, Nachsicht)* mercy; **etw aus** ~ **und Barmherzigkeit tun** to do sth out of the kindness [*or* goodness] of one's heart [*or* out of Christian charity]; ~ **vor Recht ergehen lassen** to temper justice with mercy; **um** ~ **bitten** to ask [*or* beg] [*or liter* crave] for mercy; **die** ~ **haben, etw zu tun** *(iron)* to graciously consent to do sth *iron;* **ohne** ~ without mercy; ~***!*** mercy!, spare me!
▸WENDUNGEN: **von eigenen** ~**n** *(iron)* self-styled, self-anointed *iron*

Gna·den·akt *m* act of mercy [*or* clemency] **Gna·den·brot** *nt kein pl* charity; **bei jdm das** ~ **bekommen** to be provided for by sb [in one's old age]; *(beim Pferd)* to have been put out to grass [by sb] **Gna·den·er·weis** *m* JUR act of pardon **Gna·den·frist** *f* [temporary] reprieve; **jdm eine** ~ **geben** [*o* **gewähren**] to give sb a [temporary] reprieve **Gna·den·ge·such** *nt* plea [*or* petition] for clemency; **ein** ~ [**bei jdm**] **einreichen** to present a plea [*or* petition] for clemency [to sb], to petition for clemency

gna·den·los I. *adj* merciless; ■~ [**gegen jdn**] **sein** to be merciless [with sb]
II. *adv* mercilessly, without mercy

Gna·den·schussRR *m,* **Gna·den·stoß** *m* coup de grâce; **einem Tier den** ~ **geben** to put an animal out of its misery, to kill an animal out of mercy **Gna·den·weg** *m* JUR pardon; **auf dem** ~ by a pardon

gnä·dig ['gnɛ:dɪç] **I.** *adj* ❶ *(herablassend)* gracious *a. iron*
❷ *(Nachsicht zeigend)* merciful; ***Gott sei ihm*** ~ [may] God have mercy on him
❸ *(veraltend: verehrt)* ~**e Frau** madam, ma'am; ~**es Fräulein** madam; *(jünger)* miss; ~**er Herr** sir; **die** ~**e Frau/das** ~**e Fräulein/der** ~**e Herr** the lady/young lady/master [*or* [young] gentleman]; **meine G~ste** *(veraltet o hum)* my dear madam, your ladyship *dated or iron*
II. *adv* ❶ *(herablassend)* graciously
❷ *(milde)* leniently; ~ **davonkommen** to get off lightly; **mach es** ~ don't be too hard

Gna·gi <-s> ['gna:gi] *nt kein pl* SCHWEIZ *salted parts of head, legs, and tail of pork*

Gneis <-es, -e> ['gnais, *pl* 'gnaizə] *m* GEOL gneiss

Gnom <-en, -en> ['gno:m] *m (pej)* gnome; *(kleiner Mensch)* dwarf, little squirt *pej fam; (Giftzwerg)* poison[ed] dwarf *pej fam*

Gno·sis <-> ['gno:zɪs] *f kein pl* HIST, REL gnosis

Gnos·tik <-> ['gnɔstɪk] *f kein pl* REL gnosticism

Gnos·ti·ker(in) <-s, -> ['gnɔstikɐ] *m(f)* REL gnostic

gnos·tisch ['gnɔstɪʃ] *adj* REL gnostic

GNS <-> [ge:ʔɛn'ʔɛs] *f kein pl Abk von* **Gesellschaft für Nuklearservice** *German nuclear waste disposal company*

Gnu <-s, -s> ['gnu:] *nt* gnu, wildebeest

Goa <-s> ['go:a] *nt kein pl* Goa

Goa·boh·ne ['go:a-] *f* asparagus pea, winged bean

Goal <-s, -s> [go:l] *nt* FBALL ÖSTERR, SCHWEIZ goal

Goal·get·ter <-s, -> ['go:lgɛtɐ] *m* FBALL ÖSTERR, SCHWEIZ scorer **Goal·kee·per** <-, -s> ['go:lki:pɐ] *m,* **Goal·mann** ['go:l-] *m* FBALL ÖSTERR, SCHWEIZ goalkeeper, goalie *fam*

GoB [ge:ʔo:'be:] *pl* FIN *Abk von* **Grundsätze ordnungsgemäßer Buchführung** GAAP

Go·be·lin <-s, -s> [gobə'lɛ̃:] *m* Gobelin [tapestry]

Go·ckel <-s, -> ['gɔkl̩] *m bes* SÜDD cock

Gof <-s, -en> [go:f] *m o nt* SCHWEIZ *(fam: Göre)* brat *fam*

Go-go-Tän·ze·rin ['go:go-] *f* go-go dancer [*or* girl]

Go·ing·pub·lic <-s> ['goɪŋ 'pʌblɪk] *nt* going public

go·jisch ['go:jɪʃ, go'jɪʃ] *adj inv* goyish

Go·kartRR *m,* **Go-Kart**ALT <-[s], -s> ['go:kart] *m* go-cart [*or* -kart]

Go·lan·hö·hen [go'la:n-] *pl* ■**die** ~ the Golan Heights

Gold <-[e]s> ['gɔlt] *nt kein pl* ❶ *(Edelmetall)* gold *no pl;* **etw mit** ~ **überziehen** to gold-plate sth, to plate sth with gold; **schwarzes** ~ black gold, crude [oil]; **treu wie** ~ **sein** to be faithful and loyal; **nicht mit** ~ **zu bezahlen** [*o* **aufzuwiegen**] **sein** to be worth one's/its weight in gold; **aus** ~ gold; **in** ~ in gold; *(ungemünzt)* in bullion
❷ SPORT *(sl)* gold, a/the gold medal (**in** +*dat* in); ~ **holen** *(sl)* to fetch gold [*or* a/the gold medal]
▸WENDUNGEN: **es ist nicht alles** ~**, was glänzt** *(prov)* all that glitters [*or* glisters] is not gold *prov,* all is not gold that glitters *prov;* **nicht für alles** ~ **der Welt** not for all the money in the world; ~ **in der Kehle haben** *(fig fam)* to have a golden voice, sb's voice is his/her fortune [*or* a goldmine]

Gold·ader *f* vein of gold; **eine ergiebige** ~ a rich vein of gold, a bonanza **Gold·am·mer** ['gɔltʔame] *f* yellowhammer **Gold·am·sel** *f* [golden] oriole **Gold·arm·band** *nt* gold bracelet **Gold·bar·ren** *m* gold ingot **Gold·barsch** *m* redfish **Gold·be·stand** *m* gold reserves *pl* **gold·be·stickt** *adj* embroidered with gold [thread] *pred* **Gold·bras·se** *f* ZOOL, KOCHK gilthead **Gold·de·ckung** *f* FIN gold backing [*or* cover] **Gold·dis·tel** *f* BOT goldenrod **Gold·du·blee** [-duble:] *nt* gold-plated metal

gol·den ['gɔldn̩] **I.** *adj attr* ❶ *(aus Gold)* gold[en *liter*]
❷ *(poet: goldfarben)* golden; *s. a.* **Mitte**
II. *adv* like gold

Gold·esel *m* ❶ LIT ass which rained gold coins ❷ *(fig fam)* bottomless source of money **Gold·fa·den** ['gɔltfa:dn̩] *m* gold thread **gold·far·ben, gold·far·big** *adj* golden, gold-coloured **Gold·farn** *m* BOT golden fern **Gold·fa·san** *m* golden pheasant **Gold·fisch** *m* gold fish **Gold·fund** *m* discovery of gold **Gold·ge·halt** *m* gold content **gold·gelb** *adj* golden yellow; KOCHK golden brown **Gold·gier** *f* greed for gold **gold·gie·rig** *adj* greedy for gold *pred* **Gold·grä·ber(in)** <-s, -> *m(f)* gold-digger **Gold·grä·ber·stim·mung** *f kein pl* SOZIOL, ÖKON euphoria **Gold·gru·be** *f* ❶ *(fig: Fundgrube)* goldmine ❷ *(liter) s.* **Goldmine** **Gold·haar** *nt* ❶ *(geh: goldblondes Haar)* golden hair ❷ BOT *(Aster)* golden aster **Gold·ha·fer** *m* golden oats *pl* **Gold·hähn·chen** *nt* ORN goldcrest

gold·hal·tig, gold·häl·tig *adj* ÖSTERR gold-bearing, auriferous *spec*

Gold·hams·ter *m* [golden] hamster

Gold·han·del *m* gold trading

gol·dig ['gɔldɪç] *adj* ❶ *(fam: allerliebst)* sweet, cute
❷ *pred* DIAL *(fam: rührend nett)* frightfully nice *a. iron*
❸ DIAL *(iron fam)* ***du bist aber*** ~***!*** you're a right one [*or* card][, you are]! BRIT *iron fam,* you're [very] funny! *iron fam*

Gold·jun·ge, -mäd·chen *m, f (fam)* ❶ *(Kind, das man besonders lieb hat)* blue-eyed [*or* golden] boy, mother's little boy/girl ❷ SPORT gold medallist **Gold·klum·pen** *m* gold nugget **Gold·kro·ne** *f* gold crown **Gold·lack** *m* BOT wallflower, gillyflower **Gold·mäd·chen** *nt (fam) fem form von* **Goldjunge** **Gold·ma·kre·le** *f* KOCHK, ZOOL dorado, dolphinfish **Gold·mark** ['gɔltmark] *f* HIST [German] gold mark

Gold·me·dail·le [-medaljə] *f* SPORT gold [medal] **Gold·me·dail·len·ge·win·ner(in)** [-medaljən-] *m(f)* SPORT gold medallist

Gold·mi·ne *f* gold mine **Gold·mün·ze** *f* gold coin **Gold·nes·sel** *f* BOT yellow archangel **Gold·pa·pier** *nt* gold [*or* gilt] paper **Gold·plom·be** *f* gold filling **Gold·prä·gung** *f* gold embossing **Gold·rah·men** *m* gilt frame **Gold·rand** *m* gold edge; *(auf Tassen)* gold [*or* gilt] rim; **mit/ohne** ~ with/without a gold edge [*or* gold [*or* gilt] rim] **Gold·rausch** *m* gold fever **Gold·rau·te** *f* BOT spiked wormwood

Gold·re·gen *m* ❶ BOT laburnum, golden rain ❷ *(Feuerwerkskörper)* Roman candle **Gold·re·gen·pfei·fer** *m* ORN golden plover

Gold·reif *m (geh)* gold bracelet **Gold·re·ser·ve** *f* FIN gold reserves *pl* **gold·rich·tig** *adj (fam)* ❶ *(völlig richtig)* dead right [*or* on] *fam;* **sich** *akk* ~ **verhalten** to behave exactly right ❷ *pred (in Ordnung)* all right *fam* **Gold·schatz** *m* ❶ *(Schatz aus goldenen Gegenständen)* golden treasure ❷ *(Kosewort)* treasure *fam*

Gold·schmied(in) *m(f)* goldsmith

Gold·schmie·de·ar·beit *f* worked gold article **Gold·schmie·de·kunst** *f kein pl* goldsmith's art **Gold·schmie·de·kurs** *m* goldsmith[e]ry course

Gold·schmie·din <-, -nen> *f fem form von* **Goldschmied**

Gold·schnitt *m kein pl* gilt edging **Gold·schnit·te** *f* KOCHK sweet French toast **Gold·stan·dard** [-ʃtandart, -standart] *m* BÖRSE gold standard **Gold·staub** *m* gold dust **Gold·strand** <-[e]s> *m* Golden Sands **Gold·stück** *nt* ❶ *(veraltet)* gold coin [*or* piece], piece of gold *old* ❷ *(Kosewort)* treasure *fam* **Gold·su·cher(in)** *m(f)* gold prospector **Gold·uhr** *f* gold watch **Gold·vor·kom·men** *nt* gold deposit **Gold·vre·ne·li** <-s, -> [-fre:nəli] *nt* HIST SCHWEIZ *obsolete Swiss gold coins embossed with the head of a young girl* **Gold·waa·ge** *f* gold balance [*or* scale[s *pl*]]; [**bei jdm**] **jedes Wort** [*o* **alles**] **auf die** ~ **legen müssen** to have to weigh one's words [with sb], to have to watch what one says [to sb]; ***du darfst*** [***bei ihm***] ***nicht jedes Wort auf die*** ~ ***legen*** you should take him with a pinch of salt, you shouldn't take what he says too seriously **Gold·wäh·rung** *f* *currency tied to the gold standard* **Gold·wa·ren** *pl* gold articles **Gold·wä·scher(in)** <-s, -> *m(f)* gold panner

Go·lem <-s> ['go:lɛm] *m kein pl* golem

Golf[1] <-[e]s, -e> ['gɔlf] *m* GEOL gulf; **der ~ von Alaska/Genua/Guinea/Mexiko/Neapel** the Gulf of Alaska/Genoa/Guinea/Mexico/Naples; **der ~ von Bengalen/Biskaya** the Bay of Bengal/Biscay; **der Persische ~, der ~** *(fam)* the [Persian] Gulf

Golf[2] <-s> ['gɔlf] *nt kein pl* SPORT golf *no pl;* **~ spielen** to [play] golf

Golf·ball *m* golf ball **Golf·club** [-klʊp] *m* golf club

Gol·fer(in) <-s, -> ['gɔlfɐ] *m(f) (fam) s.* **Golfspieler** golfer

Golf·ka·nal *m* TV, SPORT golf channel **Golf·krieg** *m* gulf war; ■**der ~** the Gulf War **Golf·kri·se** *f* ■**die ~** the Gulf Crisis

Golf Open [-'oʊp(ə)n] *nt* Golf Open

Golf·platz *m* golf course [*or* links] + *sing/pl vb;* **ein ~ mit 18 Löchern** an 18-hole golf course

Golf·po·li·tik *f* Gulf policies *pl*

Golf·schlä·ger *m* golf club **Golf·spie·ler(in)** *m(f)* golfer, golf player; **~ sein** to play golf

Golf·staat *m* ■**die ~en** the Gulf States **Golf·strom** *m* GEOL ■**der ~** the Gulf Stream

Golf·ta·sche *f* golf bag

Gol·ga·tha <-s> ['gɔlgata] *nt* Golgotha

Gol·gi-Ap·pa·rat ['gɔldʒi-] *m* BIOL Golgi apparatus [*or* body]

Go·li·ath <-[s], -s> ['go:li̯at] *m* ❶ *(Riese in der Bibel)* Goliath

❷ *(fig fam)* giant, goliath

❸ HIST *largest long-wave radio set between 1942 and 1945*

Göl·ler <-s, -> ['gœlɐ] *nt* MODE SCHWEIZ *(Schulterpasse)* yoke

Go·me·ra [go'me:ra] *nt* Gomera

Go·na·de <-, -n> [go'na:də] *f* BIOL gonad

Gond <-, -> ['gɔnt] *m o f* Gond

Gon·del <-, -n> ['gɔndl̩] *f* ❶ *(Boot in Venedig)* gondola

❷ *(Seilbahngondel)* [cable-]car

❸ *(Ballongondel)* gondola, basket

Gon·del·bahn *f* ❶ *(Seilbahn)* cable railway

❷ SCHWEIZ *(Sessellift)* chair lift

gon·deln ['gɔndl̩n] *vi sein (fam)* ■**[mit etw** *dat*] **durch etw** *akk* **~** *(per Boot reisen)* to go [*or* cruise] [leisurely] through sth [in sth], to cruise around sth

Gon·di <-> ['gɔndi] *nt* ■**das ~** Gondi

Gon·do·li·e·re <-, Gondolieri> [gɔndo'li̯e:rə, *pl* gɔndo'li̯e:ri] *m* gondolier

Gong <-s, -s> ['gɔŋ] *m* gong; SPORT bell

gon·gen ['gɔŋən] **I.** *vi impers* ***das Essen ist fertig, es hat schon gegongt!*** it's mealtime, the gong has already sounded!

II. *vi* to sound the gong

Gong·schlag *m* sound [*or* stroke] of the gong

gön·nen ['gœnən] **I.** *vt* ❶ *(gern zugestehen)* ■**jdm etw ~** not to begrudge sb sth; ***ich gönne ihm diesen Erfolg von ganzem Herzen!*** I'm absolutely delighted that he has succeeded

❷ *(iron: es gern sehen)* ■**es jdm ~, dass** to be pleased [to see] that sb *iron;* ***ich gönne ihm, dass er auch mal reingefallen ist!*** I'm pleased [to see] that he's been taken for a ride for once

II. *vr* ■**sich** *dat* **etw ~** to allow oneself sth; **sich** *dat* **ein Glas Wein/etwas Kaviar/ein paar Pralinen ~** to treat oneself to [*or* allow oneself] a glass of wine/some caviar/a few chocolates

Gön·ner(in) <-s, -> ['gœnɐ] *m(f)* patron

gön·ner·haft **I.** *adj (pej)* patronizing; **ein ~es Lächeln** a patronizing smile

II. *adv* patronizingly; **sich** *akk* **~ geben, ~ tun** to play the big benefactor

Gön·ne·rin <-, -nen> ['gœnərɪn] *f fem form von* **Gönner**

Gön·ner·lau·ne *f* generous mood; ***ich gebe heute Champagner aus, ich bin in ~*** the Champagne's on me today, I'm [feeling] in a generous mood [*or fam* feeling flush] **Gön·ner·mie·ne** *f (pej)* patronizing expression [*or* air]; **eine ~ aufsetzen** to put on a patronizing expression [*or* air]; **mit ~** with a patronizing expression [*or* air] **Gön·ner·ver·ein** <-s, -e> *m* SCHWEIZ patronizing organization

Go·no·kok·kus <-, -kokken> [gono'kɔkʊs, *pl* gono'kɔkn̩] *m meist pl* MED gonococcus

Go·nor·rhö(e) <-, -en> [gɔno'rø:] *f* MED gonorrhoea BRIT, gonorrhea AM

Good·will <-s> ['gudwil] *m kein pl* ❶ ÖKON *(Firmenwert)* goodwill *no pl*

❷ *(Wohlwollen)* goodwill *no pl*

Good·will·tour ['gudwiltu:ɐ] *f* goodwill trip

googeln ['gu:gl̩n] INET **I.** *vt* ■**jdn/etw ~** to google sb/sth

II. *vi* to google (**nach** + *dat* for)

gor ['go:ɐ̯] *imp von* **gären**

gor·disch ['gɔrdɪʃ] *adj s.* **Knoten**

Gö·re <-, -n> ['gø:rə] *f (fam)* [BRIT cheeky] little madam *fam,* brat *pej fam*

Gor·gon·zo·la <-s, -s> [gɔrgɔn'tso:la] *m* KOCHK Gorgonzola [cheese]

Go·ril·la <-s, -s> [go'rɪla] *m* ❶ *(Menschenaffe)* gorilla

❷ *(sl: Leibwächter)* heavy *sl*

Gos·pel <-s, -s> ['gɔspl̩] *nt o m* gospel

Gos·pel·sän·ger(in) *m(f)* gospel singer **Gos·pel·song** <-s, -s> [-zɔŋ] *m* gospel song

goss[RR], **goß**[ALT] ['gɔs] *imp von* **gießen**

Gos·se <-, -n> ['gɔsə] *f (veraltend: Rinnstein)* gutter

►WENDUNGEN: **jdn aus der ~ auflesen** [*o* **holen**] to drag [*or* pull] sb [up] out of the gutter; **in der ~ aufwachsen** to grow up in the gutter; **in der ~ enden** [*o* **landen**] to end up in the gutter; **aus der ~ kommen** [*o* **stammen**] to come from the gutter; **jdn** [*o* **jds Namen**] **durch die ~ ziehen** to drag sb's name through the mud

Go·te, Go·tin <-n, -n> ['go:tə, 'go:tɪn] *m, f* Goth

Go·tik <-> ['go:tɪk] *f kein pl* ARCHIT, KUNST Gothic period

Go·tin <-, -nen> ['go:tɪn] *f fem form von* **Gote**

Go·tisch <-> ['go:tɪʃ] *f kein pl* TYPO black face [*or* letter], Gothic face, old black

go·tisch ['go:tɪʃ] *adj* ❶ HIST, LING Gothic

❷ ARCHIT, KUNST *(die Epoche der Gotik betreffend)* Gothic [style]

Go·tisch ['go:tɪʃ] *nt* LING Gothic; ■**das ~e** [the] Gothic [language]

Got·land <-s> ['go:tlant] *nt* Got[h]land

Gott, Göt·tin <-es, Götter> [gɔt, 'gœtɪn, *pl* 'gœtɐ] *m, f* ❶ *kein pl* REL *(das höchste Wesen)* God; ***~ sei gepriesen*** God be praised; ***~ segne Dich!*** God bless you!; ***~ hab ihn selig!*** God rest his soul!; ***~ sei mit dir/euch!*** God be with you!; ***~ ist mein Zeuge*** *(geh)* as God is my witness; ***hier ruht in ~ ...*** here lies ...; ***bei ~ ist kein Ding unmöglich*** with God all things are possible; ***vor ~ sind alle Menschen gleich*** all men are equal before God; **~ der Allmächtige** Almighty God; **~ der Herr** the Lord; **~ [der] Vater[, der Sohn und der Heilige Geist]** God the Father[, Son and Holy Ghost]; **zu ~ beten** to pray to God; **an ~ glauben** to believe in God; **der liebe ~** *(kindersprache)* the good Lord; **im Namen ~es** in the name of God; **jds Schicksal liegt in ~es Hand** sb [*or* sb's fate] is in God's hands; **bei ~ schwören** to swear by Almighty God

❷ *(ein Gott)* god; **ein Anblick** [*o* **Bild**] **für die Götter** *(fig hum)* a sight for sore eyes; ***das war ein Bild für die Götter!*** it was priceless! *fam;* **jds ~ sein** to be sb's god; ***er ist ihr ~*** she worships him like a god; **wie ein junger ~ spielen/tanzen** to play/dance divinely

❸ *kein pl (als Ausruf)* **ach** [*o* **mein**] **~!** *(bestürzt, überrascht)* [my [*or* oh]] God!, [good [*or* oh]] Lord!; *(tröstend)* oh dear!; *(nun)* [oh] well, [oh] you know; ***ach ~, ich kann nicht klagen*** well, I can't complain; **ach du lieber ~!** [good] Heavens!, oh Lord!; ***ach du lieber ~, wie siehst du denn aus?*** good Heavens, what do you look like?; **~ behüte** [*o* **bewahre**]**!** God [*or* Heaven] forbid!; **behüt dich ~!** SÜDD, ÖSTERR good-bye!, God bless!; **bei ~!** by God!; **bete zu ~, dass ...!** pray to God that ...!; **~ sei Dank!** thank God!; **gebe ~, dass ...** pray [*or* please] God that ...; ***gebe ~, dass alles gut ausgeht*** please God, may everything turn out right; **gnade dir ~, wenn ...!, wenn ..., dann gnade dir ~!** woe betide you, if...; **großer** [*o* **gütiger**] [*o* **gerechter**] **~!** good Lord [*or* Heavens]!; **grüß [dich] ~!** SÜDD, ÖSTERR hello!, hallo!, good day [*or* morning] [*or* afternoon] [*or* evening]!; **~ im Himmel!** Heavens above!, goodness gracious!; **leider ~es** unfortunately, I'm afraid, alas; ***leider ~es, ja/nein!*** I'm afraid so/not!; **in ~es Namen!** for heaven's [*or* goodness] sake!; **oh ~!** [my [*or* oh]] God!, [good [*or* oh]] Lord!; **~ steh mir bei!** *(emph fam)* God help me!; **vergelt's ~!** *(veraltend)* God bless you!; **da sei ~ vor!** God [*or* Heaven] forbid!; **so ~ will** God willing; **um ~es willen!** *(oh je!)* oh my God!; *(bitte)* for God's [*or* Heaven's] sake!; ***sei um Gottes willen vorsichtig!*** for God's sake be careful!

►WENDUNGEN: **du bist wohl von allen Göttern verlassen!** you're quite taken leave of your senses!; **..., dass [es] ~ erbarm** ***er spielt/ kocht, dass es ~ erbarm*** his playing/cooking is abominable; ***ein Wetter, dass [es] ~ erbarm*** abominable weather; **wie ~ in Frankreich leben** *(fam)* to live in the lap of luxury, to live the life of Riley *fam;* **[nackt,] wie ~ ihn/sie geschaffen hat** *(hum fam)* naked as the day he/she was born, in his/her birthday suit *hum fam,* in the altogether *dated fam;* **den lieben ~ einen guten Mann sein lassen** to live for the day, to take things as they come; **dem lieben ~ den Tag stehlen** to laze the day[s] away; **~es Mühlen mahlen langsam** *(prov)* the mills of the Lord grind slowly[, but they grind exceeding small] *prov;* **in ~es Namen** *(fam)* in the name of God; ***halte dich in ~es Namen etwas zurück, wenn du mit ihnen sprichst*** for Heaven's [*or* goodness] sake go easy on them when you speak to them; ***dann tu es in ~es Namen!*** do it and have done with it!; **~ soll mich strafen, wenn ...** God damn me if ...; **was ~ tut, das ist wohlgetan** *(prov)* God does all things well *prov;* **~ weiß was/wie viel/wann ...** *(fam)* God knows what/how much/when ...; ***da kann man ~ weiß was finden*** one can find all sorts of [*or* God knows how many] things there; ***er hat ~ weiß was erzählt*** he said God knows what; **weiß ~ nicht ...** *(fam)* certainly not ...; ***das ist weiß ~ nicht zu teuer*** that is certainly not too expensive; ***ich bin weiß ~ nicht geizig, aber ...*** Heaven [*or* God] knows I'm not thrifty but ...; **über ~ und die Welt reden** to talk about everything under the sun; **das wissen die Götter** *(fam)* Heaven [*or* God] only knows; **dich hat ~ im Zorn erschaffen!** *(hum)* God left something out when he put you together! *hum;* **was ~ zusammengefügt hat, soll der Mensch nicht scheiden** *(prov)* those whom God hath joined together let no man put asunder *prov*

Got·te <-, -n> ['gɔtə] *f* SCHWEIZ *fem form von* **Götti** godmother

Gott·er·bar·men *nt* ►WENDUNGEN: **zum ~** *(fam: Mitleid erregend)* pitifully, pathetically; *(pej: fürchterlich)* atrociously, dreadfully, terribly

Göt·ter·bild *nt* idol **Göt·ter·bo·te** *m* messenger of the Gods **Göt·ter·däm·me·rung** *f* Götterdämmerung, twilight of the gods **Göt·ter·gat·te, -gat·tin** *m, f (hum fam)* ■**jds ~** sb's better half *hum*

gott·er·ge·ben **I.** *adj* meek

II. *adv* meekly

Göt·ter·spei·se *f* KOCHK jelly BRIT

Got·tes·acker *m (veraltet)* God's acre *dated no art,* graveyard **Got·tes·an·be·te·rin** *f* ZOOL praying mantis **Got·tes·dienst** *m* REL [church] service; **zum ~ gehen** to go to church **Got·tes·furcht** *f kein pl* REL fear of God *no pl* **got·tes·fürch·tig** ['gɔtəsfʏrçtɪç] *adj (veraltend)* God-fearing *dated*

Got·tes·haus *nt* REL house of God *esp liter, form,* place of worship, church **Got·tes·krie·ger** *m* holy warrior **Got·tes·läs·te·rer, -läs·te·rin** *m, f* blasphemer **got·tes·läs·ter·lich** *adj* blasphemous **Got·tes·läs·te·rung** *f* blasphemy

Got·tes·lohn *m* ►WENDUNGEN: **für ~** *(iron fam)* for love **Got·tes·mut·ter** *f kein pl* REL ■**[Maria,] die ~**

[Mary,] Mother of God **Got·tes·sohn** *m kein pl* REL ■[**Jesus Christus,**] **der** ~ [Jesus Christ,] Son of God **Got·tes·ur·teil** *nt* HIST trial by ordeal
gott·ge·ge·ben *adj inv* God-given
gott·ge·wollt *adj* REL willed by God, divinely ordained
Gott·heit <-, -en> *f* deity
Göt·ti <-s, -> ['gœti] *m* SCHWEIZ *(Pate)* godfather
Göt·tin <-, -nen> ['gœtɪn] *f fem form von* **Gott** goddess
gött·lich ['gœtlɪç] *adj* ❶ *(von Gott gegeben)* divine; ~**e Gnade/Vorsehung** divine mercy/providence
❷ *(einer Gottheit ähnlich)* divine, godlike
❸ *(fam: extrem gut)* divine *fam*
Gött·li·che Prin·zi·pi·en *pl* REL Divine Principles *pl*
gott·lob [gɔt'lo:p] *adv (veraltend)* thank God [*or* goodness] [*or* heaven[s]]
gott·los *adj* godless
Gott·lo·sig·keit *f* godlessness
Gott·sei·bei·uns [gɔtzaj'bai?ʊns] *m (euph veraltend)* ■**der** [**leibhaftige**] ~ the Evil One [himself], the devil [incarnate]
gotts·er·bärm·lich ['gɔts?ɛɐ̯'ɛrmlɪç] **I.** *adj (emph fam)* dreadful, terrible; **eine** ~**e Hitze** a dreadful [*or* terrible] heat
II. *adv* terribly; ***du zitterst ja ~!*** you're shaking terribly!
Gott·va·ter [gɔt'fa:tɐ] *m kein pl* God the Father *no pl* **gott·ver·dammt** *adj attr (emph sl)* damn[ed] *sl,* goddamn[ed] *esp* AM *fam* **gott·ver·las·sen** *adj (emph fam)* god-forsaken *pej* **Gott·ver·trau·en** *nt kein pl* trust in God *no pl*
Göt·ze <-n, -n> ['gœtsə] *m (pej)* ❶ *(heidnischer Gott)* idol, false god
❷ *s.* **Götzenbild**
Göt·zen·bild *nt (pej)* idol, graven image **Göt·zen·die·ner(in)** *m(f) (pej)* idolater, worshipper of idols **Göt·zen·dienst** *m kein pl* idolatry *no art*
Götz·zi·tat ['gœts-] *nt* ■**das** ~ *the verbal equivalent of the V-sign vulg*
Gour·mand <-s, -s> [gʊr'mã:] *m* gourmand, glutton
Gour·met <-s, -s> [gʊr'me:] *m* gourmet
Gour·met·tem·pel [gʊr'me:-] *m (fam)* place of pilgrimage for gourmets
gou·tie·ren* [gu'ti:rən] *vt (geh)* ■**etw/jdn** ~ to appreciate sth/sb
Gou·ver·nan·te <-, -n> [guvɛr'nantə] *f (veraltet)* governess *dated*
Gou·ver·ne·ment <-s, -s> [guvɛrnə'mã:] *nt* HIST province
Gou·ver·neur(in) <-s, -e> [guvɛr'nø:ɐ] *m(f)* governor
GPS <-> [ge:pe:'?ɛs] *nt Abk von* **Global Positioning System** GPS
Grab <-[e]s, Gräber> ['gra:p, *pl* 'grɛ:bɐ] *nt (letzte Ruhestätte)* grave; **ein** ~ **in fremder Erde finden** *(geh)* to be buried in foreign soil; **sein** ~ **in den Wellen finden, ein feuchtes** [*o* **nasses**] ~ **finden** *(geh)* to go to a watery grave [*or liter* meet a watery end]; **das Heilige** ~ REL the Holy Sepulchre [*or* AM *a.* -er]
▶WENDUNGEN: **du bringst mich noch ins** ~**!** *(fam)* you'll send me to an early grave!; **das bringt mich/dich noch ins** ~**!** *(fam)* it'll be the death of me/you yet!; **ein Geheimnis mit ins** ~ **nehmen** to carry a secret [with one] to the grave; **etw mit ins** ~ **nehmen** to take sth [with one] to the grave; **sich** *dat* **sein** ~ **selbst schaufeln** [*o* **graben**], **sich** *dat* **sein eigenes** ~ **schaufeln** [*o* **graben**] to dig one's own grave; **schweigen können wie ein** ~ to be [as] silent as the grave [*or* [be able to] keep quiet]; **jdn zu** ~**e tragen** *(geh)* to carry [*or* bear] sb to the grave, to bury sb; **jd würde sich im** ~[**e**] **umdrehen, wenn ...** *(fam)* sb would turn in their grave if ...
Grab·bei·ga·be *f* ARCHÄOL burial object
Grab·bel·tisch ['grabl-] *m* DIAL *(fam)* counter with cheap goods
gra·ben <grub, gegraben> ['gra:bn̩] **I.** *vi* ❶ *(Erde ausheben)* to dig
❷ *(durch Graben suchen)* ■**nach etw** *dat* ~ to dig for sth
II. *vt* ❶ *(ausheben)* ■**etw** ~ *Loch* to dig sth; *s. a.* **Grube**
❷ *(geh: versenken)* ■**etw in etw** *akk* ~ to sink sth into sth; ***sie grub mir ihre Fingernägel in den Arm*** she dug her fingernails into my arm
III. *vr* ■**sich** *akk* **in etw** *akk* ~ to sink into sth; ***ihre Fingernägel gruben sich in seine Haut*** her nails dug into his skin
Gra·ben <-s, Gräben> ['gra:bn̩, *pl* 'grɛ:bn̩] *m*
❶ *(Vertiefung in der Erde)* ditch
❷ MIL *(Schützengraben)* trench
❸ HIST *(Festungsgraben)* moat
❹ GEOL rift valley
Gra·ben·bruch *m* GEOL graben
Gra·bes·rand *m* graveside **Gra·bes·ru·he** *f,* **Gra·bes·stil·le** *f (geh)* deathly hush [*or* silence] **Gra·bes·stim·me** *f* ▶WENDUNGEN: **mit** ~ *(fam)* in a sepulchral voice
Grab·ge·wöl·be *nt (Krypta)* crypt, vault, tomb; *(Gruft)* tomb **Grab·hü·gel** *m* ARCHÄOL barrow, grave-mound, tumulus **Grab·in·schrift** *f* epitaph, inscription on a/the gravestone **Grab·kam·mer** *f* ARCHÄOL burial chamber **Grab·kreuz** *nt* cross on a/the grave **Grab·mal** <-mäler *o geh* -e> *nt* ❶ *(Grabstätte)* mausoleum ❷ *(Gedenkstätte)* memorial; **das** ~ **des Unbekannten Soldaten** the tomb of the Unknown Soldier [*or* BRIT Warrior] **Grab·mil·be** *f* ZOOL mange mite **Grab·plat·te** *f* memorial slab **Grab·räu·ber(in)** *m(f)* grave robber **Grab·re·de** *f* funeral speech **Grab·schän·der(in)** *m(f)* desecrator of a grave **Grab·schän·dung** *f* desecration of a grave/[the] graves; ~ **begehen** to desecrate a grave/[the] graves
grab·schen ['grabʃn̩] *vt, vi s.* **grapschen**
Grab·scher <-s, -> ['grabʃɐ] *m (pej fam) s.* **Grapscher**
Grab·stät·te *f (geh)* grave, tomb, sepulchre [*or* AM *a.* -er] *dated* **Grab·stein** *m* gravestone, tombstone **Grab·stel·le** *f* burial plot
Gra·bung <-, -en> *f* ARCHÄOL excavation
Gra·bungs·li·zenz *f* excavation licence [*or* AM license]
Grab·wes·pe *f* ZOOL sand wasp
Gracht <-, -en> ['graxt] *f* canal *(a navigable canal in Dutch towns)*
Grad <-[e]s, -e> ['gra:t, *pl* 'gra:də] *m* ❶ SCI, MATH degree
❷ GEOG degree
❸ PHYS degree; **...** ~ **unter null** [*o* **minus**] [*o* **Kälte**] degree/s below [zero]; **...** ~ **über null** [*o* **plus**] [*o* **Wärme**] ... degree/s above zero [*or* freezing]; ***Wasser gefriert bei null ~/kocht bei 100 ~ Celsius*** water freezes at zero/boils at 100 degrees Celsius
❹ SCH degree; **akademischer** ~ [university] degree
❺ *(Maß, Stufe)* level; **ersten/zweiten/dritten** ~**es** MED first-/second-/third-degree; **Verbrennungen ersten** ~**es** first-degree burns; **eine Tante/ein Onkel etc. ersten** ~**es** an immediate uncle/aunt etc.; **eine Tante/ein Onkel etc. zweiten/dritten** ~**es** an aunt/uncle etc. once/twice removed; **bis zu einem gewissen** ~[**e**] to a certain degree [*or* extent]; **im höchsten/in hohem** ~[**e**] extremely/to a great [*or* large] extent
▶WENDUNGEN: **der dritte** ~ *(euph)* the third degree *fam;* **um** [**ein**]**hundertachtzig** ~ *(fam)* complete[ly]; ***die Regierung hat sich in Bezug auf ihre politische Linie um 180 ~ gedreht*** the government has made a u-turn in respect of their policies
Gra·da·ti·on <-, -en> [grada'tsi̯o:n] *f* TYPO *(Repro)* gradation
gra·de ['gra:də] *adj, adv (fam) s.* **gerade**
Grad·ein·tei·lung *f* MATH, SCI calibration, graduation
Gra·di·ent <-en, -en> [gra'di̯ɛnt] *m* SCI *(Konzentrationsgefälle)* gradient
Gra·dier·werk *nt* TECH graduation works *pl,* thorn house
Grad·mes·ser <-s, -> *m* gauge, yardstick; **ein** ~ **für etw** *akk* **sein** a yardstick for sth
Gra·du·a·lis·mus <-> [gradu̯a'lɪsmʊs] *m kein pl* ADMIN gradualism *no pl*
gra·du·ell [gra'du̯ɛl] *adj* ❶ *(gering)* slight
❷ *(allmählich)* gradual
gra·du·iert [gradu'i:rt] *adj* SCH graduate; **ein** ~**er Betriebswirt** a business management graduate
Graf, Grä·fin[1] <-en, -en> ['gra:f, 'grɛ:fɪn] *m, f* count, earl BRIT
▶WENDUNGEN: ~ **Rotz** *(fam)* Lord Muck BRIT *hum fam*
Graf[RR2] <-en, -en> ['gra:f] *m* SCI graph
Gra·fem[RR] <-s, -e> *nt* LING grapheme
Graf·fi·to <-[s], Graffiti> [gra'fi:to, *pl* gra'fi:ti] *m o nt*
❶ KUNST graffito
❷ *pl (auf Mauerwerk aufgesprüht)* ■**Graffiti** graffiti
Gra·fik ['gra:fɪk] *f* ❶ *kein pl* KUNST *(grafische Technik)* graphic arts *pl*
❷ KUNST *(grafische Darstellung)* graphic
❸ *(Schaubild)* diagram
❹ INFORM **bildpunktorientierte** ~ screen-oriented graphics + *sing vb*
Gra·fik·adap·ter *m* INFORM graphics adapter **Gra·fik·bild·schirm** *m* graphics screen **Gra·fik·chip** [-tʃɪp] *m* INFORM graphics chip
Gra·fik·da·tei *f* INFORM graphics file **Gra·fik·da·tei·for·mat** *nt* INFORM graphics file format
Gra·fi·ker(in) <-s, -> ['gra:fikɐ] *m(f)* graphic artist
Gra·fik·kar·te *f* INFORM graphics card **Gra·fik·mo·dus** *m* INFORM graphics [*or* plotting] mode **Gra·fik·pro·gramm** *nt* INFORM graphics software **Gra·fik·pro·zes·sor** *m* INFORM graphics processor **Gra·fik·sys·tem** *nt* INFORM graphics system **Gra·fik·ta·blett** *nt* INFORM graphics tablet [*or* tray] **Gra·fik·ver·ar·bei·tung** *f* INFORM graphic data processing; **dialogfähige** ~ interactive graphics **Gra·fik·zei·chen·satz** *m* INFORM graphics primitive
Grä·fin <-, -nen> ['grɛ:fɪn] *f fem form von* **Graf** countess
gra·fisch ['gra:fɪʃ] **I.** *adj* graphic; *(schematisch)* diagrammatic
II. *adv* graphically; **etw** ~ **darstellen** to show sth by means of a graph
Gra·fit[RR] <-s, -e> [gra'fi:t] *m* CHEM graphite
gräf·lich ['grɛ:flɪç] *adj* count's *attr,* earl's *attr* BRIT, of [*or* belonging to] the count [*or* earl] *pred*
Gra·fo·lo·ge[RR], **Gra·fo·lo·gin** <-n, -n> [grafo'lo:gə, grafo'lo:gɪn] *m, f* graphologist
Gra·fo·lo·gie[RR] <-> [grafolo'gi:] *f kein pl* graphology *no pl*
Gra·fo·lo·gin[RR] <-, -nen> [grafo'lo:gɪn] *f s.* **Grafologe**
Graf·schaft <-, -en> *f* ❶ HIST count's land, earldom BRIT
❷ *(Verwaltungsbezirk in Großbritannien)* county
Gra·ham·brot ['gra:hambro:t] *nt* graham bread *(type of wholemeal bread made from unbolted wheat flour)*
Gral <-s> ['gra:l] *m kein pl* LIT ■**der** [**heilige**] ~ the [Holy] Grail
Grals·be·we·gung *f* REL Grail Movement **Grals·hü·ter(in)** *m(f)* ❶ LIT keeper of the [Holy] Grail ❷ *(Hüter)* guardian **Grals·rit·ter** *m* LIT knight of the [Holy] Grail **Grals·sa·ge** *f* LIT legend of the [Holy] Grail
gram ['gra:m] *adj pred (geh)* ■**jdm** ~ **sein** to have a grievance against sb, to bear sb ill-will
Gram <-[e]s> ['gra:m] *m kein pl (geh)* grief, sorrow
grä·men ['grɛ:mən] *(geh)* **I.** *vr* ■**sich** *akk* [**über/um jdn/etw**] ~ to grieve [over sb/sth]
II. *vt* ■**jdn** ~ to worry [*or* trouble] sb
gram·er·füllt *adj (geh)* sorrowful, grief-stricken
gräm·lich ['grɛ:mlɪç] *adj (verdrießlich)* morose, sullen
Gramm <-s, -e *o bei Zahlenangaben* -> ['gram] *nt* gram, BRIT *a.* gramme
Gram·ma·tik <-, -en> [gra'matɪk] *f* ❶ *(Teil der Sprachwissenschaft)* grammar
❷ *(Lehrbuch der Grammatik)* grammar [book]
❸ PHILOS, LING *(gesetzmäßige Struktur)* framework
gram·ma·ti·ka·lisch [gramati'ka:lɪʃ] *adj s.* **grammatisch**
Gram·ma·tik·prü·fung *f,* **Gram·ma·tik·prüf·pro·gramm** *nt* INFORM grammar checker **Gram·**

Gram·ma·tik·re·gel *f* grammatical rule, rule of grammar
gram·ma·tisch [gra'matɪʃ] *adj* grammatical
Gram·mel <-, -n> ['graml̩] *f* ÖSTERR ❶ *(Griebe)* crackling, greaves *pl*
❷ *(fam: Hure)* tart *fam,* slag BRIT *sl,* hooker AM *sl,* hustler *sl*
Gram·mo·fonRR, **Gram·mo·phon**® <-s, -e> [gramo'fo:n] *nt (veraltet)* gramophone *dated,* phonograph *old*
Gram·per(in) <-s, -> ['grampɐ] *m(f)* SCHWEIZ *railway worker responsible for levelling ballast beneath the sleepers*
gram·voll *adj s.* **gramerfüllt**
Gran <-[e]s, -e> ['gra:n] *nt* ❶ *(hist: Apothekergewicht)* grain
▸WENDUNGEN: **ein** ~ *(fig: ein klein wenig)* a grain
Gra·na <-s> ['gra:na] *m meist sing* KOCHK *(italienischer Hartkäse)* grana
Gra·nat <-[e]s, -e *o* ÖSTERR -en> [gra'na:t] *m* garnet
Gra·nat·ap·fel *m* BOT pomegranate
Gra·na·te <-, -n> [gra'na:tə] *f* MIL shell
Gra·nat·feu·er *nt* shellfire, shelling **Gra·nat·split·ter** *m* shell splinter **Gra·nat·wer·fer** <-s, -> *m* MIL mortar
Gran Ca·na·ria [graŋ ka'na:ri̯a] *nt* Gran Canary
Gran·de <-n, -n> ['grandə] *m* grandee
Gran·dez·za <-> [gran'dɛtsa] *f kein pl* grandeur; **mit** ~ in a grand manner
Grand·hotel ['grã:hotɛl] *nt* luxury [*or* five-star] hotel
gran·di·os [gran'di̯o:s] *adj* magnificent; **ein ~er Erfolg** a brilliant [*or* tremendous] success; **eine ~e Idee** a grandiose [*or* brilliant] idea; **ein ~er Vorschlag** an excellent suggestion
Grand Prix <- -, - -> [grã'pri:] *m* SPORT Grand Prix
Grand-Prix-Stim·mung [grã'pri:-] *f* ***trotz des Dauerregens herrschte weiterhin*** ~ even the persistent rain couldn't dampen the crowd's enthusiasm for the Grand Prix
Grand·sei·gneur <-s, -s *o* -e> [grãsɛn'jø:ɐ̯] *m (geh)* grand seigneur, grandee
Gra·nit <-s, -e> [gra'ni:t] *m* GEOL granite
▸WENDUNGEN: **bei jdm [mit etw** *dat*] **auf ~ beißen** *(fam)* to get nowhere with sb [with sth]
Gran·ne <-, -n> ['granə] *f* BOT awn, beard
gran·teln ['grantl̩n] *vi* SÜDD *(fam)* to grumble
gran·tig ['grantɪç] *adj (fam)* grumpy
Grant·ler(in) <-s, -> ['grantlɐ] *m(f)* SÜDD *(pej fam)* grumbler
Gra·nu·lat <-[e]s, -e> [granu'la:t] *nt* granules *pl;* **als** ~ in granulated form
gra·nu·lie·ren* [granu'li:rən] *vt* ■**etw** ~ to granulate sth
Grape·fruit <-, -s> ['gre:pfru:t] *f* grapefruit
Grape·fruit·mes·ser *nt* grapefruit knife **Grape·fruit·saft** *m* grapefruit juice
Graph <-en, -en> [gra:f] *m* SCI *s.* **Graf²**
Gra·phem <-s, -e> [gra'fe:m] *nt* LING *s.* **Grafem**
Gra·phik <-, -en> ['gra:fɪk] *f s.* **Grafik**
Gra·phi·ker(in) <-s, -> ['gra:fikɐ] *m(f) s.* **Grafiker**
Gra·phik·kar·te *f* INFORM *s.* **Grafikkarte**
gra·phisch ['gra:fɪʃ] **I.** *adj* graphic; *(schematisch)* diagrammatic
II. *adv* graphically; **etw ~ darstellen** to show sth by means of a graph
Gra·phit <-s, -e> [gra'fi:t] *m* CHEM *s.* **Grafit**
Gra·pho·lo·ge, Gra·pho·lo·gin <-n, -n> [grafo'lo:gə, grafo'lo:gɪn] *m, f s.* **Grafologe**
Gra·pho·lo·gie <-> [grafolo'gi:] *f kein pl s.* **Grafologie**
Gra·pho·lo·gin <-, -nen> [grafo'lo:gɪn] *f fem form von* Graphologe
grap·schen ['grapʃn̩] **I.** *vr (fam)* ❶ *(an sich raffen)* ■**sich** *dat* **etw** ~ to grab sth [for oneself]
❷ *(packen)* ■**sich** *dat* **jdn** ~ to grab hold of sb
II. *vi (fam)* ■**nach etw** *dat* ~ to make a grab for sth
Grap·scher <-s, -> ['grapʃɐ] *m (pej fam)* groper *pej fam*
Gras <-es, Gräser> ['gra:s, *pl* 'grɛ:zɐ] *nt* ❶ *kein pl (Gesamtheit von Gräsern)* grass
❷ *meist pl (Graspflanze)* grass
▸WENDUNGEN: **ins ~ beißen** *(sl)* to kick the bucket *sl,* to bite the dust; **das ~ wachsen hören** *(jdm entgeht nicht das Geringste)* to have a sixth sense; *(zu viel in etwas hineindeuten)* to read too much into things; **über etw** *akk* **wächst ~** *(fam)* [the] dust settles on sth; **[wo der hinhaut], da wächst kein ~ mehr** *(fam)* he puts the kiss of death on everything he touches
gras·be·wach·sen *adj* grass-covered, grassy **Gras·bü·schel** *nt* tuft of grass **Gras·de·cke** *f* covering of grass
gra·sen ['gra:zn̩] *vi* to graze
Gras·frosch *m* grass frog **gras·grün** *adj* grass-green **Gras·halm** *m* blade of grass **Gras·hüp·fer** <-s, -> *m (fam)* grasshopper **Gras·land** *nt kein pl* grassland **Gras·li·lie** *f* grass lily **Gras·mü·cke** *f* ORN warbler **Gras·nar·be** *f* grass sod, turf **Gras·nel·ke** *f* BOT thrift **Gras·pflan·ze** *f* grass, gramin[ac]eous plant
Grass <-> ['gra:s] *nt kein pl (sl)* grass *sl*
Gras·sa·men *m* grass seed
gras·sie·ren* [gra'si:rən] *vi* ❶ *(sich verbreiten)* to rage [*or* be rampant]
❷ *(um sich greifen)* to be rife
gräss·lichRR, **gräß·lich**ALT ['grɛslɪç] **I.** *adj* ❶ *(furchtbar)* horrible, terrible; **ein ~es Verbrechen** a heinous [*or* horrible] crime; **~e Verwüstungen** complete [*or* total] [*or* utter] devastation; **~e Kopfschmerzen haben** to have a splitting headache
❷ *(fam: widerlich)* horrible, beastly *fam;* ***was für ein ~es Wetter!*** what foul [*or fam* beastly] weather!; **einen ~en Geschmack haben** to have awful taste
II. *adv (fam)* terribly; **sich** *akk* **~ langweilen** to be bored stiff [*or* to death] [*or* to tears] *fam;* **~ müde** dead tired, dog-tired *fam*
Gräss·lich·keitRR, **Gräß·lich·keit**ALT <-, -en> *f* ❶ *kein pl (grässliche Art)* horribleness, terribleness; **die ~ eines Verbrechens** the heinousness [*or* horrible nature] of a crime
❷ *(grässliche Tat etc.)* atrocity
Gras·step·pe *f* [grassy] steppe, savanna[h]
Grat <-[e]s, -e> ['gra:t] *m* ❶ *(oberste Kante)* ridge
❷ TECH *(scharfkantiger Rand)* burr
❸ ARCHIT *(Schnittlinie)* hip
❹ TYPO *(Papier)* burr
Grä·te <-, -n> ['grɛ:tə] *f* [fish]bone
▸WENDUNGEN: **sich** *dat* **die ~n brechen** *(sl)* to break sth; **jdm alle ~n [im Leib] brechen** *(sl)* I'll break every bone in your body!
grat·frei *adj* **~es Schneiden** TYPO burr-free cutting
Gra·ti·fi·ka·ti·on <-, -en> [gratifika'tsi̯o:n] *f* FIN bonus; **~ in bar** cash bonus
gra·ti·nie·ren* [grati'ni:rən] *vt* KOCHK ■**etw** ~ to brown [the top of] sth; **gratinierte Zwiebelsuppe** onion soup au gratin
Gra·tin·pfan·ne [gra'tɛ̃:-] *f* gratin dish
gra·tis ['gra:tɪs] *adv* free [of charge], gratis
Gra·tis·ak·tie *f* BÖRSE bonus share [*or* AM *also* stock]
Gra·tis·ak·ti·en·aus·ga·be *f* bonus share issue
Gra·tis·an·zei·ger *m* SCHWEIZ *(Wochenblatt)* free [weekly] advertiser **Gra·tis·kar·te** *f* free [*or* complimentary] ticket **Gra·tis·pro·be** *f* free sample
Grät·sche <-, -n> ['grɛ:tʃə] *f* SPORT straddle-vault; **in die ~ gehen** to [adopt the] straddle [position]
grät·schen ['grɛ:tʃn̩] **I.** *vi sein* SPORT to straddle[-vault]; ■**das G~ [der Beine]** straddle-vaulting; ■**über etw** *akk* ~ to straddle-vault over sth
II. *vt haben* SPORT ■**etw** ~ to straddle sth; **die Beine** ~ to straddle one's legs
Grätsch·sprung *m* SPORT straddle-vault
Gra·tu·lant(in) <-en, -en> [gratu'lant] *m(f)* well-wisher
Gra·tu·la·ti·on <-, -en> [gratula'tsi̯o:n] *f* ❶ *(das Gratulieren)* congratulating
❷ *(Glückwunsch)* congratulations
gra·tu·lie·ren* [gratu'li:rən] *vi (Glück wünschen)* ■**[jdm] [zu etw** *dat*] ~ to congratulate [sb] [on sth]; **jdm zum Geburtstag** ~ to wish sb many happy returns; **[ich] gratuliere** [my] congratulations!
▸WENDUNGEN: **sich** *dat* **~ können** to be able to congratulate oneself, to be pleased [with oneself]
Grat·wan·de·rung *f* tightrope walk *fig,* balancing act
grau ['grau̯] *adj* ❶ *(Farbe)* grey, gray AM; ■**~ werden/sein** to go [*or* turn]/be grey; **~ gestreift** grey-striped; **~ meliert** *(leicht ergraut)* greying; MODE *(grau und weiß)* flecked with grey *pred*
❷ *(trostlos)* dull, drab; **der ~e Alltag** the dullness [*or* drabness] [*or* dull monotony] of everyday life; **die ~e Realität** [*o* **Wirklichkeit**] the grim [*or* harsh] reality; **~ in ~** gloomy, bleak; **alles [nur noch] ~ in ~ sehen/malen** to [just] look on the black side BRIT / paint a gloomy picture of everything
❸ *(fam: nicht ganz legal)* grey, gray AM; **~er Markt** ÖKON grey market
Grau <-s, -[s]> ['grau̯] *nt* grey [*or* AM gray] [colour [*or* AM -or]]
grau·äu·gig ['grau̯ʔɔygɪç] *adj* grey-eyed **Grau·bart** *m (fam)* greybeard **grau·bär·tig** *adj* grey-bearded, with a grey beard **grau·blau** *adj* grey-blue, greyish blue **grau·braun** *adj* greyish-brown **Grau·brot** *nt* DIAL *(Mischbrot) bread made from rye and wheat flour*
Grau·bün·den <-s> [grau̯'bʏndn̩] *nt* GEOG the Grisons
Grau·bünd·ner(in) <-s, -> [grau̯'bʏndnɐ] *m(f)* GEOG inhabitant of the Grisons
Gräu·elRR <-s, -> *m (geh: Gräueltat)* atrocity; **die ~ des Krieges** the horrors of war
▸WENDUNGEN: **jdm ist es ein ~, etw zu tun** sb detests [*or* loathes] doing sth; **jdm ein ~ sein** to be detestable [*or* loathsome] [for sb]
Gräu·el·mär·chenRR *nt (pej)* horror story **Gräu·el·pro·pa·gan·da**RR *f (pej)* atrocity [*or* horror] propaganda *(using horror stories for propaganda purposes)* **Gräu·el·tat**RR *f (pej)* atrocity
grau·en¹ ['grau̯ən] *vi (geh: dämmern)* to dawn; ***der Morgen/Tag graut*** morning is breaking/day is breaking [*or* dawning]; ■**es graut** it's getting light
grau·en² ['grau̯ən] *vi impers* ■**jdm vor jdm/etw** ~ to be terrified of sb/sth; ■**es graut jdm vor jdm/etw** sb is terrified of sb/sth
Grau·en <-s> ['grau̯ən] *nt kein pl* ❶ *(Entsetzen)* horror; ■**jds ~ vor jdm/etw** sb's dread of sb/sth; **~ erregend** terrible
❷ *(grauenhaftes Ereignis)* horror; ***die ~ des Krieges*** the horrors of war
grau·en·er·re·gend *adj s.* **Grauen 1**
grau·en·haft, grau·en·voll I. *adj* ❶ *(furchtbar)* terrible, atrocious, appalling; **ein ~es Verbrechen** a terrible crime
❷ *(fam: schlimm)* terrible, dreadful; ***er hat eine ~e Aussprache*** his pronunciation is dreadful [*or* terrible]
II. *adv* terribly, horribly; ***es war ~ kalt*** it was bitterly cold; **~ aussehen** to look ghastly; **sich ~ benehmen** to behave appallingly [*or* atrociously]
grau·er Star <-[e]s> *m kein pl* cataract
Grau·gans *f* ORN greylag [goose] **grau·ge·streift** *adj s.* **grau 1** **grau·grün** *adj* grey [*or esp* AM gray] -green, greyish green **grau·haa·rig** *adj* grey-haired; ■**~ werden** to go [*or* turn] grey
grau·len ['grau̯lən] **I.** *vi impers (fam)* ■**jdm** [*o* **jdn**] **grault vor jdm/etw** sb dreads sb/sth; ***mir grault vor morgen*** I'm dreading tomorrow
II. *vr (fam)* ■**sich** *akk* **vor jdm/etw** ~ to be scared [*or* frightened] [*or* afraid] of sb/sth
III. *vt* ■**jdn aus etw** *dat* ~ to drive sb out of sth
gräu·lich¹ ['grɔylɪç] *adj* greyish, grayish *esp* AM
gräu·lichRR2 ['grɔylɪç] **I.** *adj* ❶ *(furchtbar)* horrifying; **ein ~es Verbrechen** a heinous [*or* horrible] crime
❷ *(fam: widerlich)* **einen ~en Geschmack haben** to have awful taste
II. *adv (fam)* terribly
grau·me·liert *adj attr s.* **grau 1**
Grau·pe <-, -n> ['grau̯pə] *f meist pl* KOCHK grain of pearl barley
Grau·pel <-, -n> ['grau̯pl̩] *f meist pl* METEO soft hail pallet; **~n** soft hail
Grau·pel·schau·er *m* METEO sleet shower

Grau·pen·sup·pe *f* pearl barley soup [*or* broth]
Grau·rei·her *m* ORN grey [*or esp* AM gray] [*or* common] heron
Graus <-es> ['graus] *m kein pl* ▸WENDUNGEN: **es ist ein ~ [mit jdm/etw]** sb/sth is terrible; ***es ist wirklich ein ~ mit dir!*** you're really terrible!; **o ~!** *(hum)* oh horror! *hum*
grau·sam ['grauza:m] I. *adj* (1) *(brutal)* cruel
(2) *(furchtbar)* terrible
(3) *(fam: schlimm)* terrible; **eine ~e Hitze** a terrible heat
II. *adv* cruelly
Grau·sam·keit <-, -en> *f* (1) *kein pl (Brutalität)* cruelty
(2) *(grausame Tat)* act of cruelty
Grau·schim·mel *m* grey [*or esp* AM gray] [horse]
Grau·schlei·er *m* grey tinge
grau·sen ['grauzn̩] *vi impers* ▪**jdm vor jdm/etw ~** to be terrified of sb/sth; ▪**es graust jdm vor jdm/etw** sb is terrified of sb/sth; ***es graust mir vor der Unordnung zu Hause*** *(fam)* I shudder to think of the mess at home
Grau·sen <-s> ['grauzn̩] *nt kein pl (Entsetzen)* horror
▸WENDUNGEN: **da kann man das große [*o* kalte] ~ kriegen** *(fam)* it's enough to give you the creeps! *fam;* **jdm kommt das ~** *(fam)* sb is horrified
grau·sig ['grauzɪç] *adj s.* **grauenhaft**
graus·lich *adj bes* ÖSTERR *(grässlich)* terrible, horrible
Grau·specht *m* ORN grey [*or esp* AM gray] -headed woodpecker **Grau·stu·fe** *f* shade of grey **Grau·wal** *m* ZOOL grey whale **Grau·zo·ne** *f* grey area *fig*
Gra·veur(in) <-s, -e> [gra'vø:ɐ] *m(f)* engraver
Gra·vier·an·stalt *f* engraving establishment, engraver's **Gra·vier·ar·beit** *f* engraving
gra·vie·ren* [gra'vi:rən] *vt* ▪**etw ~** to engrave sth; ▪**etw ~ lassen** to have sth engraved; ***ich ließ meinen Namen in den Ring ~*** I had my name engraved into the ring
gra·vie·rend [gra'vi:rənt] *adj* serious; **~e Unterschiede** considerable [*or* marked] differences
Gra·vier·in·stru·ment *nt* engraving tool **Gra·vier·ma·schi·ne** *f* engraving machine **Gra·vier·na·del** *f* engraving needle
Gra·vie·rung <-, -en> *f* (1) *kein pl (das Gravieren)* engraving
(2) *(Eingraviertes)* engraving
Gra·vi·me·ter <-s, -> [gravi'me:tɐ] *nt* PHYS gravimeter
Gra·vi·me·trie <-> [gravime'tri:] *f kein pl* (1) PHYS *(Schwerkraftmessung)* gravimetry
(2) CHEM *(Gewichtsanalyse)* gravimetric analysis
Gra·vis <-, -> ['gra:vɪs] *m* LING grave [accent]
Gra·vi·ta·ti·on <-> [gravita'tsi̯o:n] *f kein pl* PHYS gravity, gravitation[al pull]
Gra·vi·ta·ti·ons·feld *nt* PHYS gravitational field **Gra·vi·ta·ti·ons·ge·setz** *nt* PHYS law of gravitation **Gra·vi·ta·ti·ons·kon·trak·ti·on** *f* PHYS gravitational contraction **Gra·vi·ta·ti·ons·kraft** *f* gravitational force **Gra·vi·ta·ti·ons·lin·se** *f* PHYS gravitation lens
gra·vi·tä·tisch [gravi'tɛ:tɪʃ] I. *adj* dignified, solemn
II. *adv* **~ einhergehen** [*o* **schreiten**] to move [about] with dignity
Gra·vi·ton <-s, Gravitonen> ['gra:vitɔn, *pl* gravi'to:nən] *nt* NUKL graviton
Gra·vur <-, -en> [gra'vu:ɐ] *f* engraving
Gra·vur·plat·te *f* engraved plate, nameplate
Graz <-> ['gra:ts] *nt* GEOG Graz
Gra·zie[1] <-> ['gra:tsi̯ə] *f kein pl (geh: Liebreiz)* grace[fulness]
Gra·zie[2] <-, -n> ['gra:tsi̯ə] *f* (1) *(hum: schöne junge Frau)* lovely *hum dated sl*
(2) *(eine der drei römischen Göttinnen der Anmut)* Grace; **die drei ~n** the Three Graces
gra·zil [gra'tsi:l] *adj (geh)* delicate
gra·zi·ös [gra'tsi̯ø:s] *adj (geh)* graceful
Green·card[RR], **Green Card**[RR], **Green card**[ALT] <-, -s> ['gri:nka:d] *f* ADMIN green card, Green Card
Green·fee <-s, -s> ['gri:nfi:] *nt* SPORT *Golf* green [*or* AM *a.* greens] fee
Green·kee·per <-s, -> ['gri:nki:pəʳ] *m (beim Golf)* greenkeeper, AM *a.* greenskeeper
Green·peace <-> ['gri:npi:s] *m kein pl* Greenpeace **Green·peace-Ak·ti·vist, -Ak·ti·vis·tin** ['gri:npi:s-akti'vɪst, -akti'vɪstɪn] *m, f* Greenpeace activist
Green·wi·cher Zeit ['grɪnɪdʒɐ-] *f* ▪**[die] ~** Greenwich Mean Time, GMT
Gre·gor ['gre:go:ɐ̯] *m* Gregory
gre·go·ri·a·nisch [grego'ri̯a:nɪʃ] *adj* Gregorian; **~er Gesang** Gregorian chant, plainsong; **der ~e Kalender** the Gregorian calendar
Greif <-[e]s *o* -en, -e[n]> ['graif] *m* ▪**ein/der [Vogel] ~** a/the griffin [*or* gryphon]
Greif·arm *m* TECH claw [*or* grip] arm **Greif·bag·ger** *m* TECH grab dredger [*or* excavator]
greif·bar *adj* (1) *pred (verfügbar)* available; **etw ~ haben/halten** to have/keep sth to hand
(2) *(konkret)* tangible, concrete; **~e Vorteile** genuine advantages
grei·fen <griff, gegriffen> ['graifn̩] I. *vt* (1) *(nehmen)* ▪**[sich *dat*] etw ~** to take sth; *Essen* to help oneself to sth; **aus dem Leben gegriffen sein** to be taken from real life
(2) *(packen)* ▪**[sich *dat*] etw [mit etw *dat*] ~** to take hold of sth [with sth]; *(schnell)* to grab [*or* seize] sth [with sth]; ▪**jdn an [*o* bei] etw *dat* ~** to take sb by sth, to take sb's sth; *(klammern)* to grasp sb's sth; ***sie griff ihn an der Hand*** she grasped [*or* took] hold of his hand
(3) *(fangen)* ▪**[sich *dat*] jdn ~** to catch sb
(4) *(spielen)* ▪**etw ~** to play sth; *(auf Gitarre a.)* to finger sth
(5) *(schätzen)* ***der Fernseher ist hoch/niedrig gegriffen noch 200 Euro wert*** the television is worth €200 at the most/least [*or* at most/least €200]; **zu hoch/niedrig gegriffen sein** to be overestimated/underestimated [*or* an overestimate/underestimate]; ***unser Ziel ist zu hoch gegriffen*** *(fig)* we've set our sights too high
(6) *(fam: stellen)* **sich *dat* [mal] jdn ~** to give sb a good talking-to *fam*
II. *vi* (1) *(geh: ergreifen)* ▪**zu etw *dat* ~** to reach for sth; ***in den Ferien greift sie gern zum Buch*** she enjoys reading a book during the holidays; **zu Drogen ~** to turn to drugs; **zur Feder ~** to take up one's pen; **zur Zigarette ~** to reach for a cigarette
(2) *(fassen)* ▪**irgendwohin ~** to reach somewhere; ▪**in etw *akk* ~** to reach into sth; ***der Fahrlehrer griff ihr ins Steuer*** the driving instructor grabbed the wheel from her; **ins Leere ~** to meet empty air; ▪**nach etw *dat* ~** to reach for sth; *(packen)* to grab sth; *(versuchen)* to [make a] grab for sth; **nach der Krone ~** to try to crown oneself king/queen; **nach der Macht ~** to try to seize power; **um sich *akk* ~** to spread
(3) *(einsetzen)* ▪**zu etw *dat* ~** to resort to sth
(4) *(berühren)* ▪**an etw *akk* ~** to touch sth; **an jds Ehre ~** *(geh)* to impugn [*or* cast a slur on] sb's honour; **jdm ans Herz ~** *(geh)* to tug at one's heartstrings; **sich *dat* an die Stirn ~** to clasp one's forehead; ▪**jdm an etw *akk* ~** to snatch at sb's sth
(5) TECH *(festsitzen)* to grip (**auf** + *dat* on); *Zahnrad* to mesh; *Zahnräder a.* to intermesh; *Schreibstift* to write (**auf** + *dat* on)
(6) *(wirken)* to take effect; **zu kurz ~** to not go far enough, to be inadequate
▸WENDUNGEN: **hinter sich ~ müssen** SPORT *(sl)* to fail to prevent a goal
Grei·fer <-s, -> *m* TECH grab[-bucket]
Greif·trupp *m* riot squad **Greif·vo·gel** *m* bird of prey
Greif·zan·ge *f* tongs *npl*
grei·nen ['grainən] *vi (pej fam)* to whine *pej,* to grizzle *pej*
greis ['grais] *adj (geh)* very aged; **ein ~es Paar** a very old couple
Greis(in) <-es, -e> ['grais, *pl* 'graizə] *m(f)* very old man
Grei·sen·al·ter *nt* extreme old age
grei·sen·haft *adj* like [that of] a very old man/woman *pred*
Grei·sin <-, -nen> ['graizɪn] *f fem form von* **Greis** very old woman
Greis·kraut *nt* BOT ragwort
grell ['grɛl] I. *adj* (1) *(sehr hell)* dazzling, glaring
(2) *(schrill klingend)* shrill, piercing
(3) *(sehr intensiv)* bright, brilliant
(4) *(Aufsehen erregend)* flashy, loud
II. *adv* (1) *(sehr hell)* dazzlingly; **~ beleuchtet** dazzlingly lit
(2) *(schrill)* **~ klingen [*o* tönen]** to sound shrill [*or* piercing]
grell·be·leuch·tet *adj attr s.* **grell II 1**
Grell·heit *f* (1) *(blendende Helligkeit)* dazzling brightness, glare
(2) *(Schrillheit)* shrillness
(3) *(große Intensität)* brightness, brilliancy
grell·rot I. *adj* bright red
II. *adv* **etw ~ anmalen/lackieren/schminken** to paint sth bright red
Gre·mi·en ['gre:mi̯ən] *pl von* **Gremium**
Gre·mi·en·mit·glied *nt* ÖKON executive and supervisory board member
Gre·mi·um <-s, -ien> ['gre:mi̯ʊm, *pl* 'gre:mi̯ən] *nt* committee
Gre·na·da <-s> [gre'na:da] *nt* Grenada
Gre·na·der(in) <-s, -> *m(f)* Grenadian
gre·na·disch *adj* Grenadian
Grenz·bahn·hof *m* border [*or* frontier] [railway [*or* train]] station **Grenz·be·las·tung** *f* TECH limit load [*or* stress] **Grenz·be·reich** *m* (1) *kein pl (Umkreis der Grenze)* border [*or* frontier] area [*or* zone] (2) *(äußerste Grenze)* fringe range, limit[s] **Grenz·be·woh·ner(in)** *m(f)* inhabitant of a border zone; **die ~** the people living near the border **Grenz·be·zirk** *m* border [*or* frontier] district
grenz·de·bil *adj (pej)* borderline ga-ga *pej fam*
Gren·ze <-, -n> ['grɛntsə] *f* (1) *(Landesgrenze)* border, frontier; **die ~ zwischen Spanien und Frankreich** the border between Spain and France, the Spanish-French border; **die ~ zu einem Land** the border with sth; **frei ~ Lieferland** HANDEL free till port/frontier of supplying country; **an der ~** on [*or* along] the border [*or* frontier]; **über die ~ gehen/fahren** to cross the border [*or* frontier]
(2) ADMIN, JUR *(Trennlinie)* border, boundary; **an der ~** at the boundary
(3) *(natürliche Abgrenzung)* boundary; ***das Gebirge bildet eine natürliche ~ zwischen den beiden Ländern*** the mountain range forms a natural boundary between the two countries
(4) *(äußerstes Maß)* limit; **eine zeitliche ~** a deadline; **die oberste/unterste ~** the upper/lower limit; **alles hat seine ~n** there is a limit [*or* are limits] to everything; **etw kennt keine ~n** sth knows no bounds; **seine ~n kennen** to know one's limitations; **an ~n stoßen** to come up against limiting factors; **die ~ des Machbaren/Möglichen/Sittlichen** the bounds of feasibility/possibility/morality; **jdm/etw sind [keine/enge] ~n gesetzt** [no/tight] restrictions are placed on sb/a thing; ***eurer Fantasie sind keine ~n gesetzt*** your imagination knows no bounds
(5) *(gedachte Trennlinie)* boundary, dividing line
▸WENDUNGEN: **grüne ~** unguarded border [*or* frontier] area [*or* zone]; **sich *akk* in ~n halten** to be limited, to keep within limits; **nasse ~** river forming the/a border [*or* frontier], water border [*or* frontier]
gren·zen ['grɛntsn̩] *vi* (1) *(angrenzen)* ▪**an etw *akk* ~** to border on sth
(2) *(beinahe sein)* ▪**an etw *akk* ~** to border [*or* verge] on sth *fig;* ***das grenzt ja an Wahnsinn!*** that borders on madness!
gren·zen·los I. *adj* (1) *(unbegrenzt)* endless; **eine ~e Weite** an endless expanse
(2) *(maßlos)* extreme; **~e Dummheit** extreme foolishness, sheer stupidity; **~e Verachtung** utter contempt; **~es Vertrauen** blind [*or* unquestioning] trust
II. *adv* extremely

G

Gren·zen·lo·sig·keit <-> *f kein pl* ❶ *(ungeheure Weite)* immensity
❷ *(Maßlosigkeit)* extremeness

Gren·zer(in) <-s, -> *m(f) (fam)* ❶ *(Zöllner)* customs officer
❷ *(Grenzsoldat)* border [*or* frontier] guard

Grenz·er·fah·rung *f* extreme experience *(where one is physically and/or mentally pushed to one's limits)*

Grenz·er·lös *m* FIN marginal proceeds *npl* **Grenz·er·trag** *m* FIN marginal revenue **Grenz·fall** *m* borderline case

Grenz·flä·che *f* CHEM, PHYS interface

grenz·flä·chen·ak·tiv *adj* CHEM **~er Stoff** surface-active agent, surfactant **Grenz·flä·chen·ak·ti·vi·tät** *f* CHEM surface activity

Grenz·gän·ger(in) <-s, -> *m(f)* ❶ *(in anderem Land arbeitend)* regular cross-border commuter; **illegaler ~** illegal border [*or* frontier] crosser ❷ *(zwischen verschied. Kunstrichtungen)* crossover artist
❸ *(an seine Grenzen gehend) somebody who pushes his/her limit to the extreme* **Grenz·ge·biet** *nt* ❶ POL border [*or* frontier] area [*or* zone] ❷ *(marginales Sachgebiet)* adjacent field **Grenz·kon·flikt** *m* POL border [*or* frontier] conflict **Grenz·kon·trol·le** *f* ❶ *(amtliche Kontrolle an der Grenze)* border [*or* frontier] control ❷ *(Person)* border [*or* frontier] guards **Grenz·kos·ten** *pl* ÖKON incremental [*or* marginal] cost **Grenz·land** *nt* border [*or* frontier] area [*or* zone] **Grenz·li·nie** *f* SPORT line [marking the edge of the playing area] **Grenz·mau·er** *f* border [*or* frontier] wall **grenz·nah** *adj* close to the border [*or* frontier] **Grenz·nut·zen·schu·le** *f* ÖKOL school of marginal utility **Grenz·pfahl** *m* boundary post **Grenz·pos·ten** *m* border [*or* frontier] guard **Grenz·preis** *m* ÖKON limit price **Grenz·schei·dungs·kla·ge** *f* JUR petition to fix a boundary **Grenz·schutz** *m* ❶ *(Sicherung der Landesgrenze)* border [*or* frontier] protection ❷ *(fam: Bundesgrenzschutz)* Federal Border Guard, border [*or* frontier] police **Grenz·si·che·rung** *f kein pl der Staatsgrenze* border security **Grenz·si·tu·a·ti·on** *f* borderline situation **Grenz·sol·dat** *m* border guard **Grenz·span·nung** *f* PHYS interfacial tension **Grenz·stadt** *f* border town **Grenz·stein** *m* ADMIN boundary stone **Grenz·steu·er·satz** *m* FIN marginal tax rate **Grenz·streit** *m*, **Grenz·strei·tig·keit** *f* boundary [*or* frontier] dispute; *(wegen einer Staatsgrenze)* border dispute **Grenz·trup·pe** *f* border guards [*or* troops] *pl* **Grenz·über·gang** *m* ADMIN ❶ *(Stelle)* border [*or* frontier] crossing-point ❷ *(Überschreiten einer Grenze)* crossing of the border [*or* frontier] **grenz·über·schrei·tend** *adj attr* JUR, HANDEL cross-border, transborder; *(international)* international; **~er Handel** international trade; **~e Produktion** international production; **~er Verkehr** cross-border [*or* cross-frontier] traffic

Grenz·über·schrei·tung *f* ❶ *(einer Staatsgrenze)* border violation ❷ *(fig)* overstepping the boundaries **Grenz·über·tritt** *m* crossing of the border; **unerlaubter ~** illegal crossing of the border **Grenz·ver·kehr** *m* [cross-]border [*or* [cross-]frontier] traffic; **kleiner ~** local [cross-]border [*or* [cross-]frontier] traffic **Grenz·ver·lauf** *m* course of the border **Grenz·ver·let·zung** *f* border [*or* frontier] violation **Grenz·vis·ko·si·tät** *f* PHYS intrinsic viscosity **Grenz·wall** *m* border [*or* frontier] rampart **Grenz·wert** *m* ❶ *(äußerster, nicht zu überschreitender Wert)* limiting value ❷ MATH *(Limes)* limit, limiting value; **oberer/unterer ~** upper/lower limit **Grenz·zei·chen** *nt* JUR land [*or* boundary] mark **Grenz·zwi·schen·fall** *m* border [*or* frontier] incident

GrESt *Abk von* **Grunderwerbssteuer** land transfer tax

Gret·chen·fra·ge ['gre:tçən-] *f kein pl (Gewissensfrage)* crucial [*or* crunch] [*or fam* sixty-four-thousand-dollar] question; **jdm die ~ stellen** to ask sb the crucial [*or fam* sixty-four-thousand-dollar] question, to put the crucial [*or fam* sixty-four-thousand-dollar] question to sb **Gret·chen·fri·sur** ['gre:tçən-] *f* [hair in] pigtails **Gret·chen·look** ['gre:tçənlʊk] *m kein pl (absichtlich naive Aufmachung)* little-girl look

Greu·el^ALT <-s, -> ['grɔyəl] *m s.* **Gräuel**

greu·lich^ALT *adj s.* **gräulich²**

Grey·er·zer <-s, -> ['graiɐtsɐ] *m* KOCHK ■**~** [**Käse**] Gruyère [cheese]

Grie·be <-, -n> ['gri:bə] *f meist pl* [bacon] crackling

Grie·ben·schmalz *nt* lard with [bacon] crackling

Grie·che, Grie·chin <-n, -n> ['gri:çə, 'gri:çɪn] *m, f* Greek

Grie·chen·land <-s> ['gri:çnlant] *nt* Greece

Grie·chin <-, -nen> ['gri:çɪn] *f fem form von* **Grieche**

grie·chisch ['gri:çɪʃ] *adj* Greek; **~e Kleidung/Tempel/Vasen** Greek [*or* Grecian] clothing/temples/vases

Grie·chisch ['gri:çɪʃ] *nt dekl wie adj* LING Greek; **~ lernen/sprechen/studieren** to learn/speak/study Greek; ■**das ~e** [the] Greek [language]; **auf ~** in Greek

Grie·chisch-Ma·ke·do·ni·en <-s> *nt* Greek Macedonia

grie·chisch-or·tho·dox ['gri:çɪʃʔɔrto'dɔks] **I.** *adj* REL Greek Orthodox **II.** *adv* REL **~ heiraten** to marry in the Greek Orthodox religion; **ein Kind ~ taufen** to baptize a child in the Greek Orthodox religion **grie·chisch-rö·misch** *adj* SPORT Graeco-Roman

Grien <-s> [gri:n] *nt kein pl* SCHWEIZ *(Kies)* gravel *no pl*

grie·nen ['gri:nən] *vi* NORDD *(fam: grinsen)* to grin

Gries·gram <-[e]s, -e> ['gri:sgra:m] *m (pej)* grouch *pej*

gries·grä·mig ['gri:sgrɛ:mɪç] *adj* grumpy, grouchy

Grieß <-es, -e> ['gri:s] *m* semolina *no pl*

Grieß·brei *m* semolina *no pl* **Grieß·klöß·chen** [-kløːsçən] *nt* semolina dumpling **Grieß·pudding** [-pʊdɪŋ] *m* semolina pudding

griff [grɪf] *imp von* **greifen**

Griff <-[e]s, -e> [grɪf] *m* ❶ *(Zugriff)* grip, grasp; **mit festem ~** with a firm grip, firmly; **~ in die [Laden]kasse tun** *(fam)* to put one's hand in the till; **ein rascher/flinker ~ [nach etw** *dat*] a quick/grab [at sth]
❷ *(Handgriff)* movement; **mit einem ~** in a flash [*or* the twinkling of an eye]; **mit wenigen ~en** with very little effort
❸ SPORT hold; **einen ~ ansetzen** to apply a hold
❹ *(Öffnungsmechanismus) Tür, Fenster, Pistole, Revolver* handle; *Messer, Dolch, Schwert* hilt; *(Gewehr)* butt
▸WENDUNGEN: **etw in den ~ bekommen** [*o fam* **kriegen**] to get the hang [*or* knack] of sth *fam;* **mit jdm/etw einen glücklichen** [*o* **guten**] **~ tun** to make a good [*or* wise] choice with sb/sth; **jdn/etw im ~ haben** to have sb/sth under control; **~e kloppen** MIL *(fam)* to do rifle drill; **der ~ nach der Macht** the attempt to seize power; **der ~ zu etw** *dat (euph: die Verwendung von etw)* to reach for sth; *(die Hinwendung zu etw)* to turn to sth; ***der ~ zur Droge/Flasche*** turning to drugs/the bottle

griff·be·reit *adj* ready to hand *pred;* **etw ~ haben** to have [*or* keep] sth ready to hand; **~ liegen** to be ready to hand **Griff·brett** *nt* MUS fingerboard

Grif·fel <-s, -> ['grɪfl̩] *m* ❶ SCH *(Schreibstift für Schiefertafeln)* slate-pencil
❷ BOT style
❸ *meist pl (sl: Finger)* finger, mitt *sl,* paw *fam*

Grif·fel·kas·ten *m* SCH pencil box [*or* case]

grif·fig ['grɪfɪç] *adj* ❶ *(festen Griff ermöglichend)* easy to grip *pred*
❷ *(Widerstand bietend)* non-slip; *Fußboden, Fahrbahn, Profil* non-skid, anti-skid
❸ *(eingängig)* useful, handy; **ein ~er Slogan** a catchy slogan
❹ *(attraktiv, sexy)* **~e Figur** voluptuous figure

Griff·loch *nt* MUS finger-hole

Griff·oli·ve *f* BAU olive

Grill <-s, -s> [grɪl] *m* ❶ *(Gerät zum Rösten von Nahrungsmitteln)* grill
❷ *(Grillrost)* barbecue; **vom ~** grilled
❸ AUTO *(Kühlergrill)* [radiator] grille

Grill·bri·kett *nt* grill [*or* barbecue] briquette

Gril·le <-, -n> ['grɪlə] *f* cricket
▸WENDUNGEN: **nichts als ~n im Kopf haben** *(veraltend fam)* to have one's head full of silly ideas

gril·len ['grɪlən] **I.** *vi* to have a barbecue
II. *vt* ■**etw ~** to grill sth

Grill·ge·richt *nt* grill[ed dish] **Grill·hähn·chen** *nt* grilled chicken

gril·lie·ren [grɪ'li:rən] *vt* ■**etw ~** to grill sth

Grill·koh·le *f* barbecue coal, charcoal **Grill·par·ty** <-, -parties> *m* barbecue, cookout AM *fam* **Grill·pfan·ne** *f* grilling pan **Grill·plausch** <-s> *m kein pl* SCHWEIZ *(Grillparty)* barbecue, cookout AM *fam* **Grill·re·stau·rant** [-rɛstorã:] *nt* grill [room] **Grill·würst·chen** *nt* barbecue sausage

Gri·mas·se <-, -n> [gri'masə] *f* grimace; **~n schneiden** [*o* **ziehen**] [*o* **machen**] to make [*or* pull] faces

Grimm <-[e]s> ['grɪm] *m kein pl (veraltend geh)* fury; **voller ~ [auf jdn] sein** to be furious [with sb]

grim·mig ['grɪmɪç] **I.** *adj* ❶ *(zornig)* furious; **ein ~es Gesicht** an angry face; **ein ~es Lachen** grim laughter
❷ *(sehr groß, heftig)* severe; *Hunger* ravenous
II. *adv* angrily; **~ lächeln** to smile grimly

Grind <-[e]s, -e> ['grɪnt, *pl* 'grɪndə] *m* ❶ MED *(krustiger Hautausschlag)* impetigo; *(Verkrustung von heilender Wunde)* scab
❷ JAGD SÜDD, SCHWEIZ *(Kopf von Gämse oder Hirsch)* head

grin·sen ['grɪnzn̩] *vi* to grin; **frech ~** to smirk; **höhnisch ~** to sneer; **schadenfroh** [*o* **vor Schadenfreude**] **~** to gloat

Grin·sen <-s> ['grɪnzn̩] *nt kein pl* grin; **freches ~** smirk; **höhnisches ~** sneer

grip·pal [grɪ'pa:l] *adj* MED influenzal

Grip·pe <-, -n> ['grɪpə] *f* influenza, flu *fam;* **mit ~ im Bett liegen** to be [laid up] in bed with [the] flu; *(fam grippaler Infekt)* flu bug *fam;* **[die/eine] ~ haben** to have [the] flu

Grip·pe·epi·de·mie *f* influenza [*or* flu] epidemic **Grip·pe·impf·stoff** *m* influenza vaccine, flu vaccine *fam* **Grip·pe·mit·tel** *nt* influenza medicine, flu medicine *fam* **Grip·pe·schutz·imp·fung** *f* influenza vaccination [*or* immunization], flu shot *fam* **Grip·pe·vi·rus** *nt o m* influenza virus **Grip·pe·wel·le** *f* wave of influenza [*or fam* flu]

Grips <-es, -e> ['grɪps] *m (fam)* intelligence *no pl,* brains *pl,* nous *fam no pl;* **~ haben** to have plenty up top *fam;* **seinen ~ anstrengen** to use one's grey [*or esp* AM gray] matter [*or* one's brains] *fam*

Gris·li·bär^RR, **Grizz·ly·bär** ['grɪsli-] *m* grizzly bear

grob <gröber, gröbste> ['gro:p] **I.** *adj* ❶ *(nicht fein)* coarse; **~e Hände** coarse [*or* rough] hands; ■**das G~e** the dirty work
❷ *(derb)* coarse, uncouth; **~e Manieren** coarse manners
❸ *(ungefähr)* rough; **eine ~e Erklärung** an approximate explanation; **~e Schätzung** rough estimate; **in ~en Umrissen** [*o* **Zügen**] roughly
❹ *(unhöflich)* rude; ■**~ werden** to become rude [*or* abusive]
❺ *(unsanft, unsensibel)* rough; **ein ~er Mensch** a rough person
❻ *(schlimm)* bad, serious; **eine ~e Lüge** a terrible lie
▸WENDUNGEN: **aus dem Gröbsten heraus sein** to be over the worst [of it] [*or* able to see the light at the end of the tunnel]
II. *adv* ❶ *(nicht fein)* coarsely; **~ gemahlen** coarsely ground *pred,* coarse-ground
❷ *(in etwa)* roughly; **~ gemessen** [*o* **gerechnet**] [*o* **geschätzt**] at a rough estimate; **etw ~ erklären** to give a rough explanation of sth [*or* explain sth roughly]; **etw ~ skizzieren** [*o* **umreißen**] to make a rough outline of sth [*or* outline sth roughly]; **etw ~ wiedergeben** to give a rough account of sth
❸ *(unhöflich)* rudely; **jdn ~ zurechtweisen** to rudely reprimand sb
❹ *(unsanft, unsensibel)* roughly; **jdn ~ behandeln**

to treat sb roughly
❺ *(schlimm)* **sich** *akk* ~ **täuschen** to be badly mistaken; **jdn ~ belügen** to lie barefaced to sb

Grob·be·rech·nung *f* rough calculation

grö·ber ['grø:bɐ] *komp von* **grob**

grob·fa·s(e)·rig *adj* coarse-fibred [*or* AM *usu* -ered]; **~es Holz** coarse-grained wood **grob·ge·mah·len** *adj attr s.* **grob II 1**

Grob·heit <-, -en> *f* ❶ *kein pl (gefühllose Art)* rudeness *no pl*
❷ *(grobe Äußerung)* rude remark
❸ *(unsanfte Art, Behandlung)* roughness

Gro·bi·an <-[e]s, -e> ['gro:bi̯a:n] *m (pej: ungehobelter Mensch)* boor; *(unsanfter Mensch)* rough person

grob·kno·chig *adj* big-boned **grob·kör·nig** *adj* ❶ *(von grober Körnung)* coarse-grained ❷ FOTO **ein ~er Film** a coarse-grained film

gröb·lich ['grø:plɪç] **I.** *adj (geh form)* gross; **~e Missachtung** wilful disregard; **~e Verletzung einer S.** *gen*, **~er Verstoß gegen etw** *akk* brazen [*or* flagrant] violation of sth
II. *adv (geh form: in grober Weise, heftig)* grossly; **~ missachten** to wilfuly disregard; **etw ~ verletzen, gegen etw** *akk* **~ verstoßen** to brazenly [*or* flagrantly] violate sth

grob·ma·schig **I.** *adj* ❶ *(mit weiten Maschen)* wide-meshed ❷ MODE *(grob gestrickt)* loose-knit
II. *adv* **~ gehäkelt/gestrickt** loose-crocheted/knit

Grob·ras·ter·ät·zung *f* TYPO coarse screen etching

grob·schläch·tig *adj (pej)* heavily built

gröbs·te ['grø:pstə] *superl von* **grob**

Grob·struk·tur *f* basic structure

Grog <-s, -s> ['grɔk] *m* grog

grog·gy ['grɔgi] *adj pred* ❶ SPORT *(schwer angeschlagen)* groggy
❷ *(fam: erschöpft)* exhausted, all in BRIT, knackered BRIT *sl*

grö·len ['grø:lən] **I.** *vi (pej fam)* to shout [loudly]; ■**~d** raucous[ly]; ***unter lautem G~ zogen die angetrunkenen Fans durch die Straßen*** shouting loudly the drunken fans made their way through the streets
II. *vt (pej fam)* ■**etw ~** to bawl sth

Groll <-[e]s> ['grɔl] *m kein pl (geh)* resentment, rancour [*or* AM -or] *form*; **[einen] ~ gegen jdn hegen** to bear [*or* harbour [*or* AM -or]] resentment [*or* a grudge] against sb

grol·len ['grɔlən] *vi (geh)* ❶ *(zürnen)* ■**[jdm] [wegen einer S.** *gen*] **~** to be resentful [of sb] [*or* angry [with sb]] [because of sth]
❷ *(dumpf hallen)* to roll [*or* rumble]

Grön·land ['grø:nlant] *nt* Greenland

Grön·län·der(in) <-s, -> ['grø:nlɛndɐ] *m(f)* Greenlander

grön·län·disch ['grø:nlɛndɪʃ] *adj* Greenlandic

Grön·land·see *f* Greenland Sea

groo·ven ['gru:vən] *vi (sl)* ■**[zu etw** *dat*] **~** to groove [to sth] *sl*

Grop·pe <-, -n> ['grɔpə] *f (Cottus)* bullhead

Gros <-, -> [gro:] *nt* ■**das ~** the majority

Gro·schen <-s, -> ['grɔʃn̩] *m* ❶ ÖSTERR groschen
❷ HIST *(fam: deutsches Zehnpfennigstück)* ten-pfennig piece; **keinen ~** *(fam)* not a penny [*or* cent]
▶WENDUNGEN: **der ~ fällt** [*o* **ist gefallen**] *(hum fam)* the penny has dropped BRIT *fam*, the big light went on AM; **sich** *dat* **ein paar ~ [dazu]verdienen** to earn [oneself] a bit of [extra] pocket money; **seine [paar] ~ zusammenhalten** to hang on to one's money

Gro·schen·blatt *nt (pej)* tabloid, [cheap] rag BRIT *pej fam* **Gro·schen·grab** *nt (hum veraltend: Parkuhr, Spielautomat etc.)* penny-eater BRIT *hum fam* **Gro·schen·heft** *nt (pej veraltend)* penny dreadful BRIT *dated*, dime novel AM *dated* **Gro·schen·ro·man** *m (pej)* cheap [*or* AM *a.* dime] novel

Gro·si <-s, -s> ['gro:si] *nt* SCHWEIZ *(fam: Oma)* gran[ny] *fam*, grandma *fam*

groß <größer, größte> ['gro:s] **I.** *adj* ❶ *(räumlich ausgedehnt) Gegenstand* large, big; *Buchstabe* big, capital; **in ~en/größeren Formaten/Größen** in large/larger formats/sizes
❷ *(hoch aufragend)* long; **ein ~er Kirchturm/Mast/Turm** a high church steeple/pylon/tower
❸ *(hoch gewachsen) Mensch* tall; ***du bist ~ geworden*** you've grown; ***wie ~ bist du?*** how tall are you?; ***er ist 1,78 m ~*** he is 5 foot 10 [*or* 1.78m] [tall]; **ein ~er Baum/eine ~e Vase** a tall tree/vase
❹ *(zeitlich ausgedehnt) Pause, Zeitraum* long; *Rede a.* lengthy; **auf ~e[r] Fahrt** on a long journey; **die ~en Ferien** the summer holidays BRIT, the summer vacation AM; **die ~e Pause** SCH mid-morning break
❺ *(älter)* big, elder, older; ■**die G~en** *pl (die Erwachsenen)* the grown-ups; *(ältere Kinder)* the older children; *(fam)* ***das ist Anita, unsere G~e*** this is Anita, our eldest; ***wenn ich ~ bin ...*** when I'm grown up ...; **mein ~er Bruder/meine ~e Schwester** my elder brother/my elder sister; **mit etw** *dat* **~ geworden sein** to have grown up with sth; **G~ und Klein** young and old [alike]
❻ *(mengenmäßig)* **im G~en einkaufen** to buy in bulk; **die ~e Masse** most [*or* the majority] of the people; **ein ~er Teil der Bevölkerung** a large part of the population
❼ *(erheblich, beträchtlich)* great; ***was für eine ~e Freude!*** how delightful!; ***du redest ganz ~en Unsinn*** you're talking complete rubbish; ***was ist denn das für ein ~er Lärm auf der Straße?*** what's all that noise in the street?; ***macht doch nicht so einen ~en Lärm!*** don't make so much noise!; **~e Angst haben** to be terribly afraid [*or* frightened]; **ein ~er Aufstieg** a meteoric rise; **eine ~e Beeinträchtigung** a major impairment; **ein ~er Betrag** a large amount; **eine ~e Dummheit** sheer stupidity; **ein ~er Durchbruch/Reinfall** a major breakthrough/disaster; **eine ~e Enttäuschung** a great [*or* deep] [*or* profound] disappointment; **mit ~er Geschwindigkeit** at high [*or* great] speed; **~en Hungerhaben** to be terribly hungry; **~es Leid** great [*or* deep] [*or* profound] sorrow; **ein ~er Misserfolg** an abject [*or* a dismal] failure; **~e Nachfrage** a big demand; **eine ~e Preissteigerung** a massive price rise [*or* increase]; **ein ~er Schrecken** a nasty fright; **~e Schwierigkeiten** serious [*or* real] trouble; **~e Wut** unbridled fury; **~er Zorn** deep [*or* profound] anger
❽ *(bedeutend)* great; **etwas/nichts G~es** something/nothing great; ***sie hat in ihrem Leben nichts G~es geleistet*** she never achieved anything great [*or* major] in her life, she did not achieve great things in her life; ***mit diesem Gemälde hat sie etwas G~es geschaffen*** she has created something great [*or* profound] with this painting; **ein ~er Konzern/ein ~es Unternehmen** a leading [*or* major] group/company
❾ *(besonders gut)* big; ***im Meckern ist sie ganz ~*** she's quite good at moaning; ***ich bin kein ~er Esser/Trinker*** I'm not a big eater/drinker; ***ich bin kein ~er Redner*** I'm no [*or* not a] great speaker
❿ *(in Eigennamen)* ■**... der G~e** ... the Great; ***Friedrich der G~e*** Frederick the Great
⓫ *(großes Glas)* large, big; **ein G~es** [*o* **ein ~es Bier**] ≈ a pint [of beer] BRIT, *rare* a large beer; ***nach den drei ~en Bier war ich ziemlich angeheitert*** I felt quite merry *fam* [*or fam* tipsy] after three pints [of beer]
▶WENDUNGEN: **im G~en und Ganzen [gesehen]** on the whole, by and large; **~es Geld** notes BRIT, bills AM; ***ich habe nur ~es Geld*** I haven't any change on me; *s. a.* **klein**
II. *adv* ❶ *(fam: besonders)* ***was ist da jetzt schon ~ dabei!*** big deal! *fam*; ***er hat sich aber nicht gerade ~ für uns eingesetzt!*** he didn't exactly do very much [*or* put himself out much] for us!; ***was soll man da schon ~ sagen?*** you can't really say very much; ***ich habe mich nie ~ für Politik interessiert*** I've never been particularly interested in politics; **~ einsteigen** to go in for sth in a big way; ***sie ist ganz ~ in die Politik eingestiegen*** she's gone into politics in a big way; **[mit etw** *dat*] **[ganz] ~ rauskommen** to have a real success [*or* big hit] with sth
❷ *(von weitem Ausmaß)* **~ angelegt** large-scale; ***eine ~ angelegte Offensive*** a full-scale offensive [*or* attack]
❸ MODE **etw größer machen** *Hosen etc.* to let out sth *sep*
❹ *(nicht klein)* **~ kariert** MODE large-checked *attr*
▶WENDUNGEN: **~ und breit** *(fam)* at great length; **~ machen** *(kindersprache fam)* to do number two [*or* BRIT a pooh] *childspeak fam*

Groß·ab·neh·mer(in) *m(f)* bulk buyer [*or* purchaser] **Groß·ak·ti·o·när(in)** *m(f)* major shareholder **Groß·alarm** *m* red alert; **~ geben** [*o* **auslösen**] to sound a red alert **groß·an·ge·legt** *adj attr s.* **groß II 2** **Groß·an·griff** *m* large-scale attack **Groß·an·la·ge** *f* INFORM mainframe **Groß·an·lass** <-es, -anlässe> *m* SCHWEIZ *(Großveranstaltung)* big event

groß·ar·tig ['gro:sʔa:ɐ̯tɪç] **I.** *adj* ❶ *(prächtig)* magnificent, splendid
❷ *(hervorragend)* brilliant, superb; **ein ~es Angebot** a superb offer
❸ *(wundervoll)* wonderful
▶WENDUNGEN: **~ tun** *(pej fam)* to put on airs [and graces] *pej*
II. *adv* magnificently, splendidly

Groß·ar·tig·keit <-> *f kein pl* magnificence, splendour [*or* AM -or]

Groß·auf·nah·me *f* FOTO, FILM close-up **Groß·auf·trag** *m (von Produkt)* bulk order; *(von Dienstleistung)* major commission, major contract **Groß·bank** *f* big [*or* major] bank **Groß·bau·er** *m* big [*or* large] farmer **Groß·bau·stel·le** *f* large building site **Groß·be·häl·ter** *m* bulk container **Groß·be·trieb** *m (großer Gewerbe- oder Industriebetrieb)* large enterprise [*or* business]; AGR *(großer landwirtschaftlicher Betrieb)* large [*or* big] farm **Groß·bild·lein·wand** *f* MEDIA large-scale video display **Groß·bild·schirm** *m* big [*or* BRIT *a.* large] screen **Groß·boot** *nt* NAUT longboat, launch **Groß·bram·se·gel** *nt* NAUT main-topgallant sail **Groß·brand** *m* large fire [*or* blaze] **Groß·bras·se** <-, -n> *f* NAUT main brace

Groß·bri·tan·ni·en <-s> [gro:sbri'tani̯ən] *nt* Great Britain

groß·bri·tan·nisch [gro:sbri'tanɪʃ] *adj* British

Groß·buch·sta·be *m* capital [letter], upper-case letter *spec*; **in ~n** capitalized **groß·bür·ger·lich** *adj* SOZIOL upper [middle]-class, grand bourgeois **Groß·bür·ger·tum** *nt kein pl* upper classes *pl*

Groß·chan·ce *f* FBALL sitter *fam* **Groß·com·pu·ter** [-kɔmpju:tɐ] *m* mainframe [computer]

Groß·cou·sin, -cou·si·ne [gro:sku'zɛ̃:, -ku'zi:nə] *m, f* second cousin **Groß·de·mon·stra·ti·on** *f* mass demonstration **groß·deutsch** *adj* HIST Pan-German; *Idee, Bewegung* Greater-German

Grö·ße <-, -n> ['grø:sə] *f* ❶ *pl selten (räumliche Ausdehnung)* size; **in voller ~** in full size
❷ *pl selten (zahlenmengenmäßiger Umfang)* size; **die ~ eines Volkes** the population of a nation
❸ *pl selten (Körpergröße)* height; **eine Frau mittlerer ~** a woman of medium size; **sich** *akk* **zu voller ~ aufrichten** to draw oneself up to one's full height
❹ *(Maß für Kleidungsstücke)* size; ***ich suche einen Mantel ~ 56*** I'm looking for a size 56 coat
❺ MATH, PHYS *(Wert)* quantity; **unbekannte ~** *(a. fig)* unknown quantity *a. fig*
❻ *pl selten (Bedeutsamkeit)* significance *no pl*, importance *no pl*; *(Erheblichkeit)* magnitude; *Problem* seriousness *no pl*; *Erfolg* extent *no pl*; *(Beträchtlichkeit)* strength; *Interesse a.* keenness; *Kummer, Leid, Zorn* depth; *Schmerz* intensity
❼ *pl selten (Großartigkeit)* greatness, generosity; ***er bewies mit seiner Geste menschliche ~*** his gesture showed true human greatness
❽ *(bedeutender Mensch)* important figure, leading light BRIT *fam*; ***zu seiner Zeit war er eine der ~n des Showgeschäfts*** in his time he was one of the show business greats
❾ ASTRON **erster/zweiter/dritter/etc. ~** first/second/third/etc. magnitude

Groß·ein·kauf *m* bulk purchase **Groß·ein·satz** *m* large-scale operation **groß·el·ter·lich** *adj attr* [one's] grandparents', grandparental *form* **Groß·el·tern** *pl* grandparents *pl*

Grö·ßen·de·gres·si·on *f* ÖKON economies *pl* of scale

Grö·ßen·fan·ta·sie^RR *f* PSYCH delusions *pl* of grandeur

Groß·en·kel(in) *m(f)* great-grandchild, great-grandson

Grö·ßen·klas·se *f* ASTRON *eines Sternes* magnitude **Grö·ßen·ord·nung** *f* ① *(Dimension)* order of magnitude ② MATH, PHYS *(Zahlenbereich)* order [of magnitude]

gro·ßen·teils *adv* largely, for the most part

Grö·ßen·un·ter·schied *m* ① *(Unterschied in der Länge)* difference in length ② *(Unterschied im Wuchs)* difference in height **Grö·ßen·ver·hält·nis** *nt* ① *(Maßstab)* scale; ***im ~ von 1:100*** on a/the scale of 1:100 ② *(Proportion)* proportions *pl* **grö·ßen·ver·stell·bar** *adj* adjustable **Grö·ßen·vor·teil** *m* ÖKON economy of scale **Grö·ßen·wahn(·sinn)** *m (pej)* megalomania; **an ~ leiden** to suffer from megalomania **grö·ßen·wahn·sin·nig** *adj (pej)* megalomaniac[al]; ■**~ sein** to be a megalomaniac

grö·ßer ['grøːsɐ] *adj komp von* **groß**

Groß·er·eig·nis *nt* major event [*or* occurrence]

grö·ße·ren·teils *adv s.* **großenteils**

Groß·er·folg <-[e]s, -e> *m* SCHWEIZ *(Riesenerfolg)* huge success

grö·ßern·teils *adv s.* **großenteils**

Gro·ßes Fahr·zeug *nt* REL Great[er] Vehicle, Large[r] Vehicle, Mahayana

Groß·fa·bri·ka·ti·on *f* large-scale production

Groß·fahn·dung *f* large-scale search, manhunt **Groß·fa·mi·lie** *f* SOZIOL extended family **groß·flä·chig** *adj* ① *(sich über eine große Fläche erstreckend)* extensive; **~e Verwüstungen** widespread devastation *sing* ② *(eine große Fläche aufweisend)* large **Groß·flug·ha·fen** *m* major [*or* intercontinental] airport **Groß·flug·zeug** *nt* giant aircraft **Groß·for·mat** *nt* TYPO large format [*or* broadsheet]; **im ~** in large format **groß·for·ma·tig** *adj* large-format **Groß·fürst(in)** ['groːsfʏrst] *m(f)* HIST Grand Duke **Groß·fu·si·on** *f* FIN jumbo merger **Groß·ge·mein·de** *f* ADMIN *municipality made up of several, formerly independent municipalities*

Groß·glock·ner <-s> ['groːsglɔknɐ] *m* GEOG Grossglockner Mountain

Groß·grund·be·sitz *m* large estate [holdings], extensive landed property **Groß·grund·be·sit·zer(in)** *m(f)* big landowner, owner of a large estate

Groß·han·del *m* wholesale trade; **etw im ~ kaufen** to buy sth wholesale; **im ~ einkaufen** to buy wholesale

Groß·han·dels·be·trieb *m* HANDEL wholesale establishment **Groß·han·dels·kauf·mann, -kauf·frau** *m, f* wholesaler, wholesale trader **Groß·han·dels·preis** *m* wholesale price **Groß·han·dels·preis·in·dex** *m* ÖKON wholesale price index, WPI **Groß·han·dels·ra·batt** *m* HANDEL wholesale discount

Groß·händ·ler(in) *m(f)* wholesaler, wholesale trader; **beim ~** at the wholesaler's **Groß·hand·lung** *f* wholesale business [*or* firm] **groß·her·zig** *adj (geh)* magnanimous *form*, generous **Groß·her·zig·keit** <-> *f kein pl (geh)* magnanimity *form*, generosity **Groß·her·zog(in)** ['groːshɛrtsoːk] *m(f)* Grand Duke **Groß·her·zog·tum** *nt* Grand Duchy **Groß·hirn** *nt* cerebrum, great brain **Groß·hirn·rin·de** *f* cerebral cortex **Groß·in·dus·trie** *f* large-scale [manufacturing] industry **groß·in·dus·tri·ell** *adj* HANDEL major industrial *attr;* **~es Unternehmen** large-scale industrial concern **Groß·in·dus·tri·el·le(r)** *f(m)* big industrialist, industrial magnate **Groß·in·qui·si·tor** *m* HIST Grand Inquisitor **Groß·in·ves·ti·ti·on** *f* large-scale investment **Groß·in·ves·tor, -in·ves·to·rin** *m, f* large-scale investor

Gros·sist(in) <-en, -en> [grɔ'sɪst] *m(f) s.* **Großhändler**

groß·ka·lib·rig ['groːskaliːbrɪç] *adj inv Pistole, Patrone* large-calibre

Groß·ka·pi·ta·list(in) *m(f)* big capitalist, tycoon **groß·ka·riert** *adj s.* **groß** II 4 **Groß·kat·ze** *f* big cat **Groß·kind** *nt* SCHWEIZ *(Enkelkind)* grandchild **Groß·kon·zern** *m* large enterprise, corporate group **Groß·kop·fe(r)·te(r)** ['groːskɔpfətə, 'groːskɔpfɐtɐ] *m dekl wie adj* SÜDD, ÖSTERR *(pej)* bigwig *fam*, big gun *fam* **groß·kot·zig** *adj (pej sl)* swanky *pej fam* **Groß·kraft·werk** *nt* large power station **Groß·kre·dit** *m* large credit [*or* loan] **Groß·kü·che** *f* large kitchen **Groß·kun·de** *m* major customer **Groß·kund·ge·bung** *f* mass rally [*or* [public] meeting] **Groß·la·ger** *nt* bulk storage **Groß·macht** *f* POL Great Power **Groß·ma·ma** *f (fam) s.* **Großmutter** **Groß·markt** *m* central [*or* wholesale] market

Groß·mars <-s, -e> *nt* NAUT maintop **Groß·mars·se·gel** *nt* NAUT main topsail

Groß·mast *m* NAUT mainmast

Groß·maul *nt (pej fam)* bigmouth *pej fam*, loudmouth *pej fam*

groß·mäu·lig ['groːsmɔylɪç] *adj (pej fam)* bigmouthed *pej fam*, loudmouthed *pej fam*

groß·mehr·heit·lich *adj* SCHWEIZ *(mit großer Mehrheit)* with a large majority *pred* **Groß·meis·ter(in)** *m(f)* grand master **Groß·mo·gul** *m* HIST Great [*or* Grand] Mogul **Groß·muf·ti** *m* HIST grand mufti

Groß·mut *f s.* **Großherzigkeit**

groß·mü·tig ['groːsmyːtɪç] *adj s.* **großherzig**

Groß·mut·ter *f* ① *(Mutter jds Vaters oder jds Mutter)* grandmother, grandma *fam*, granny *fam;* **jds ~ mütterlicherseits/väterlicherseits** sb's grandmother on one's mother's/father's side; **~ werden** to become a grandmother ② *(alte Frau)* grandma ▶WENDUNGEN: **das kannst du deiner ~ erzählen!** *(fam)* [you can] tell that to the marines *fam* **groß·müt·ter·lich** *adj attr* ① *(der Großmutter gehörend)* [one's] grandmother's *attr* ② *(in der Art einer Großmutter)* grandmotherly **Groß·nef·fe** *m* great-nephew **Groß·nich·te** *f* great-niece **Groß·of·fen·si·ve** *f* major offensive **Groß·on·kel** *m* great-uncle, grand-uncle **Groß·pa·pa** *m (fam) s.* **Großvater** **groß·po·rig** *adj* **~e Haut** coarse [*or* large-pored] skin **Groß·pro·jekt** *nt* large[-scale] project **Groß·rat, -rä·tin** *m, f* SCHWEIZ ≈ Great Councillor [*or* AM *usu* Councilor] *(member of a [Swiss] cantonal [Great Council] parliament)*

Groß·raum *m* conurbation; **im ~ Berlin** in the Berlin conurbation [*or* area], in Greater Berlin, in Berlin and its environs [*or* the surrounding area] **Groß·raum·ab·teil** *nt (Zug)* open[-plan] carriage BRIT, open[-plan] car AM **Groß·raum·bü·ro** *nt* open-plan office

Groß·raum·dis·co <-, -s> *f* large-scale disco, mega-disco **Groß·raum·flug·zeug** *nt* wide-bodied [*or* large-capacity] aircraft, superjumbo *fam*

groß·räu·mig I. *adj* ① *(mit viel Platz, geräumig)* spacious, roomy; **~e Büros** spacious offices
② *(große Flächen betreffend)* extensive
II. *adv* ***die Polizei empfiehlt, das Gebiet ~ zu umfahren*** the police recommend making a wide detour around the area

Groß·raum·li·mou·si·ne *f* multi-purpose vehicle, minivan AM **Groß·raum·trans·por·ter** *m* bulk carrier **Groß·raum·wa·gen** *m* ① BAHN open-plan carriage ② TRANSP *(Straßenbahnwagen)* articulated tram [carriage] BRIT **Groß·raum·wag·gon** *m* high-capacity wagon [*or* BRIT *a.* waggon]

Groß·rech·ner *m* INFORM mainframe [computer] **Groß·rei·ne·ma·chen** <-s> [groːs'raɪnəmaxn̩] *nt kein pl (fam)* spring clean **Groß·scha·den** *m* major damage **Groß·schiff·fahrts·weg**^RR *m* major waterway [*or* shipping lane] **Groß·schnau·ze** *f (fam)* bigmouth *fam*, loudmouth *fam* **Groß·schot** <-, -e[n]> *f* NAUT mainsheet

groß·schrei·ben^RR1 *vt irreg (mit großem Anfangsbuchstaben)* ■**etw ~** to write sth with a[n initial] capital letter

groß·schrei·ben^2 *vt irreg (fam: besonders schätzen)* ■**etw wird [bei jdm] großgeschrieben** to be high on the[/sb's] list of priorities; ***Pünktlichkeit wird bei Hahn & Haehnle großgeschrieben*** punctuality is high on Hahn & Haehnle's [*or* the Hahn & Haehnle] list of priorities

Groß·schrei·bung *f* LING, TYPO capitalization **Groß·se·gel** *nt* NAUT mainsail **Groß·se·ri·en·fer·ti·gung** *f* large-scale production **Groß·se·ri·en·pro·duk·ti·on** *f* ÖKON large-scale series production

Groß·spre·cher(in) *m(f) (pej geh)* braggart *pej*, bigmouth *pej fam* **groß·spu·rig** *adj (pej)* boastful *pej*

Groß·stadt ['groːsʃtat] *f* city, large town **Groß·stadt·be·völ·ke·rung** *f* city population

Groß·städ·ter(in) ['groːsʃtɛːtɐ] *m(f)* city-dweller **groß·städ·tisch** ['groːsʃtɛːtɪʃ] *adj* big-city *attr* **Groß·stadt·mensch** *m* city-dweller **Groß·stadt·ver·kehr** *m* city traffic **Groß·tank·stel·le** *f* major service station **Groß·tan·te** *f* great-aunt, grand-aunt **Groß·tat** *f* great feat, achievement

größ·te(r, s) ['grøːstə] *adj superl von* **groß**

groß·tech·nisch *adj* large-scale; **~e Anlage/Produktion/Erzeugung** large scale [*or* industrial] installations/production/manufacture **Groß·teil** *m* ① *(ein großer Teil)* ■**ein ~** a large part ② *(der überwiegende Teil)* ■**der ~** the majority; **zum ~** for the most part **Groß·te·le·skop** *nt* large telescope

größ·ten·teils *adv* for the most part

größt·mög·lich ['grøːst'møːklɪç] *adj attr* greatest possible

Groß·tu·e·rei [groːstuːə'raɪ] *f kein pl (pej)* bragging, boasting **groß|tun** *irreg* I. *vi (pej)* to show off, to brag, to boast II. *vr* ■**sich** *akk* **mit etw** *dat* **~** to boast [*or* brag] [*or* show off] about sth **Groß·un·ter·neh·men** *nt s.* **Großbetrieb** **Groß·un·ter·neh·mer(in)** *m(f)* big businessman *masc* [*or fem* businesswoman] **Groß·va·ter** *m* grandfather, grandpa *fam;* **~ werden** to become a grandfather **groß·vä·ter·lich** *adj* ① *(dem Großvater gehörend)* [one's] grandfather's *attr* ② *(in der Art eines Großvaters)* grandfatherly **Groß·ver·an·stal·tung** *f* big event **Groß·ver·brau·cher(in)** *m(f)* large [*or* big] consumer **Groß·ver·die·ner(in)** *m(f)* big earner **Groß·ver·tei·ler** <-s, -> *m* SCHWEIZ *(Supermarktkette)* supermarket chain **Groß·ver·trieb** *m kein pl* HANDEL large-scale distribution **Groß·we·sir** *m* HIST grand vizier **Groß·wet·ter·la·ge** *f* general weather situation; *(fig)* **die politische ~** the general political climate

Groß·wild *nt* big game **Groß·wild·jagd** *f* big-game hunting; ■**eine ~** a big-game hunt; **auf ~ gehen** to go big-game hunting

groß|zie·hen ['groːstsiːən] *vt irreg* ■**ein Kind ~** to bring up *sep* [*or* raise] a child; ■**ein Tier ~** to rear an animal

groß·zü·gig I. *adj* ① *(generös)* generous; **ein ~es Trinkgeld** a generous [*or* handsome] tip
② *(nachsichtig)* lenient
③ *(in großem Stil)* grand; **ein ~er Plan** a large-scale plan
II. *adv* ① *(generös)* generously
② *(nachsichtig)* leniently
③ *(weiträumig)* spaciously

Groß·zü·gig·keit <-> *f kein pl* ① *(Generosität)* generosity
② *(Toleranz)* leniency
③ *(Weiträumigkeit)* spaciousness *no pl; Park, Planung* large scale

gro·tesk [gro'tɛsk] *adj* grotesque

Gro·tesk <-> [gro'tɛsk] *f kein pl* TYPO grotesque, sans serif

Gro·tes·ke <-, -n> [gro'tɛskə] *f* ① KUNST grotesquerie ② LIT grotesque tale

Gro·tesk·schrif·ten *pl* grotesque [*or* sans serif] typefaces *pl*

Grot·te <-, -n> ['grɔtə] *f* grotto

Grot·ten·olm <-s, -e> *m* ZOOL olm

grot·ten·schlecht *adj inv (sl)* abysmal; **~ sein** to be the pits *sl*

Ground Ze·ro <-s> [graʊnd'zɪərəʊ] *m kein pl (Ort der Terroranschläge vom 11.9.2001)* Ground Zero, ground zero

Grou·pie <-s, -s> ['gru:pi] *nt (sl)* groupie *sl*
grub ['gru:p] *imp von* **graben**
Grüb·chen <-s, -> ['gry:pçən] *nt* dimple
Gru·be <-, -n> ['gru:bə] *f* ① *(größeres Erdloch)* pit, [large] hole
② *(Bergwerk)* pit, mine
▶ WENDUNGEN: **wer andern eine ~ gräbt, fällt selbst hinein** *(prov)* you can easily fall into your own trap *prov;* **in die ~ fahren** *(veraltet geh)* to give up the ghost
Grü·be·lei <-, -en> [gry:bə'lai] *f* brooding
grü·beln ['gry:bl̩n] *vi* ■[**über etw** *akk o dat*] ~ to brood [over [*or* about] sth]; **ins G~ geraten** [*o* **kommen**] to begin to brood
Gru·ben·ar·bei·ter *m* pitman, miner, mineworker **Gru·ben·aus·bau** *m* support of mine workings **Gru·ben·bau** *m* excavation chamber **Gru·ben·be·trieb** *m* BERGB *(Unternehmen)* mining company **Gru·ben·brand** *m* pit fire **Gru·ben·ex·plo·si·on** *f* pit [*or* mining] explosion **Gru·ben·feld** *nt* mining field **Gru·ben·för·de·rung** *f* BERGB *(Gewinnung)* mining operations *pl; (Gewonnenes)* output of a/the mine **Gru·ben·gas** *nt* firedamp, methane **Gru·ben·holz** *nt* mine [*or* pit] props **Gru·ben·kies** *m* BAU pit gravel **Gru·ben·lam·pe** *f* miner's lamp **Gru·ben·licht** *nt s.* **Grubenlampe** **Gru·ben·ot·ter** *m* ZOOL pit viper **Gru·ben·un·glück** *nt* pit [*or* mining] disaster [*or* accident]
Grüb·ler(in) <-s, -> ['gry:blɐ] *m(f)* brooder, broody person
grüb·le·risch ['gry:blərɪʃ] *adj* broody
grü·e·zi ['gry:ɛtsi] *interj* SCHWEIZ hello, hi
Gruft <-, Grüfte> [grʊft, *pl* 'grʏftə] *f* ① *(Grabgewölbe)* vault, tomb; *(Kirche)* crypt
② *(offenes Grab)* grave
Gruf·ti, Gruf·tie <-s, -s> ['grʊfti] *m* ① *(sl: alter Mensch)* crumbly *hum o pej fam,* wrinkly BRIT *fam,* old fogy [*or* fogey] *fam*
② *(Gothic)* goth
grum·me·lig *adj (fam)* grouchy *fam,* crabby *fam*
grum·meln ['grʊml̩n] *vi (fam)* ① *(brummeln)* to mumble [*or* mutter]
② *(leise rollen)* to rumble
Grum·met ['grʊmət] *nt* AGR aftermath
Grüm·pel <-s> ['grʏmpl̩] *m kein pl* SCHWEIZ *(Gerümpel)* junk *no indef art, no pl*
Grüm·pel·tur·nier <-s, -e> ['grʏmpl-] *nt* SPORT SCHWEIZ *amateur football tournament between teams formed specially for the occasion*
grün ['gry:n] *adj* ① *(Farbe)* green; ***die Bäume werden wieder ~*** the trees are starting to bud; **die ~e Grenze** *an unfenced border running through a rural area, i.e. in the mountains between Germany and Austria;* **über die ~e Grenze gehen** *(fig fam)* to cross the border illegally; **die G~e Insel** the Emerald Isle; **~e Lunge** green lung; ***das Amazonasgebiet bezeichnet man als die ~e Lunge der Erde*** the Amazon region is known as the green lung of the world; **~e Minna** *(fam)* Black Maria BRIT *sl,* paddy wagon AM *sl;* **~er Salat** lettuce; *(Blattsalat)* green salad; **die ~e Tonne** *green refuse bin for recyclable waste - in some areas only paper and cardboard and in others plastics, packaging material, cans, etc.;* **~e Weihnachten** a snow-free Christmas; **~e Welle** phased traffic lights; **etw ~ färben/streichen** to colour [*or* AM color]/paint sth green
② *(unreif)* green; *Tomaten, Pflaumen* green, immature
③ *(wenig Reife, Erfahrung besitzend)* inexperienced; **~er Junge** greenhorn *esp* AM *fam;* **noch sehr ~ sein** to lack experience
④ *(frisch, roh, nicht konserviert) Bohnen, Holz, Speck* green
⑤ POL Green
▶ WENDUNGEN: **alles ist im ~en Bereich** everything is as it should be; **sich** *akk* **~ und blau** [*o* **gelb**] **ärgern** to be furious; **jdn ~ und blau** [*o* **gelb**] **schlagen** *(fam)* to beat sb black and blue; **das ist dasselbe in ~** *(fam)* it boils down [*or* comes] to the same thing, it's the same difference *fam;* **~es Licht für etw bekommen** to be given [*or* get] the go-ahead for sth; **~ hinter den Ohren sein** to [still] be wet behind the ears; **jdm nicht ~ sein** *(fam)* to dislike [*or* not like] sb; **sich** *dat* **nicht ~ sein** *(fam)* to dislike [*or* not like] each other; *s. a.* **Tisch, Zweig**
Grün <-s, - *o fam* -s> ['gry:n] *nt* ① *(Farbe)* green; **ein grelles/schreiendes ~** a bright/garish green; **~ haben** to be [at [*or* on]] green; ***die Ampel zeigt ~*** the [traffic] lights are [at [*or* on]] green
② *(Grünflächen)* green spaces [*or* areas]; **ein ~ am Golfplatz** a green on a/the golf course
③ *(grüne Pflanzen)* greenery; **das erste ~ nach dem Winter** the first green shoots of spring
④ *(Spielfarbe im deutschen Kartenspiel)* spades *npl*
▶ WENDUNGEN: **das ist dasselbe in ~** *(fam)* it's one and the same [thing]
Grün·al·ge *f meist pl* BOT green alga [*or* algae]
grün-al·ter·na·tiv *adj* POL green alternative; **Grün-Alternative-Liste** [*o* **GAL**] *electoral pact of green and alternative parties*
Grün·an·la·ge *f* green space [*or* area] **grün·äu·gig** *adj* green-eyed; ■**~ sein** to have green eyes **grün·bär·tig** *adj* ZOOL green-gilled **grün·blau** *adj* greenish blue
Grün·brü·cke *f* wildlife overpass
Grund <-[e]s, Gründe> ['grʊnt, *pl* 'grʏndə] *m* ① *(Ursache, Veranlassung)* reason, cause; *(Beweggrund, Motiv a.)* grounds *pl;* ***jede Naturkatastrophe hat einen ~*** every natural disaster has a cause; ***der ~ für das schlechte Wetter ist ein Tiefdruckgebiet*** the reason for [*or* cause of] the bad weather is an area of low pressure; ***der ~ für den Mord war Eifersucht*** the motive for the murder was jealousy; ***eigentlich besteht kein ~ zur Klage*** there is no [real] cause for complaint; ***du hast keinen ~, dich zu beklagen*** you've no reason to complain; ***ich habe meine Gründe dafür*** I have my reasons for this; **allen** [*o* **sehr wohl**] **~ zu etw** *dat* **haben** to have every [*or* very good] reason [*or* good cause] to do sth; **ohne Angabe von Gründen** without giving [any] reasons; **Gründe für etw anführen** to give reason for sth; **~ zu der Annahme haben, dass ...** to have reason to believe [*or* grounds for believing] that ...; **auf ~ einer S.** *gen* owing to [*or* because of] sth; ***auf ~ von Zeugenaussagen*** on the basis [*or* strength] of the witnesses' testimonies; **aus diesem ~[e]** ... for this reason ...; **aus Gründen der Diplomatie** for reasons of diplomacy; **aus dem einfachen ~, weil ...** for the simple reason that ...; **aus finanziellen Gründen** for financial reasons; **aus gesundheitlichen Gründen** for reasons of health, on health grounds; **aus gutem ~** with good reason; **aus unerfindlichen Gründen** for some obscure reason; **aus welchem ~[e]** ...? for what reason ...?; **berechtigten/guten/keinen/nicht den geringsten ~ haben, etw zu tun** to have a legitimate/good/no/not the slightest reason for doing sth; ***du hast wirklich keinen ~, dich ihm gegenüber so ablehnend zu verhalten*** you have no real cause to be so stand-offish towards him; **jdm ~** [**zu etw** *dat*] **geben** to give sb reason [*or* cause] [to do sth]; **Gründe und Gegengründe** pros and cons; **ohne** [**jeden**] **~** without reason; **zwingende Gründe** JUR compelling reasons
② *kein pl (Boden eines Gewässers)* bed, bottom; ***am ~e des Sees*** on the seabed, at the bottom of the sea; ***ich habe keinen ~ mehr unter den Füßen*** I can't touch the bottom [*or* feel the bottom under my feet] any longer; **ein felsiger/steiniger ~** a rocky/stony bottom; **auf ~ laufen** [*o* **geraten**] NAUT to run aground; **ein Schiff auf ~ setzen** NAUT to scuttle a ship; **auf den ~ sinken** to sink to the bottom
③ *kein pl (Gefäßboden)* bottom; **sich** *akk* **auf dem ~ des Glases absetzen** to settle to the bottom of the glass; **etw bis auf den ~ auspumpen/austrinken/leeren** to pump sth out/drain/empty sth completely
④ *kein pl (Untergrund)* background; ***ein weißes Kreuz auf rotem ~*** a white cross on a red background
⑤ *kein pl (Erdoberfläche)* ground; **etw bis auf den ~ abtragen** to raze sth to the ground
⑥ *kein pl (veraltend: Erdreich)* soil; ***für solche Pflanzen muss der ~ sehr feucht sein*** the soil must be very moist for plants like these
⑦ *bes* ÖSTERR *(Grundbesitz)* land; *(Bauplatz)* plot [of land]; **~ erwerben** to acquire land; **den ~ bewirtschaften** to cultivate [*or* work] the land; **~ und Boden** land
⑧ *(veraltend geh: kleines Tal)* valley
▶ WENDUNGEN: **auf ~ von etw** *dat* [*o* **einer S.** *gen*] on the strength [*or* basis] of sth; **in ~ und Boden** thoroughly; ***du solltest dich in ~ und Boden schämen!*** you should be thoroughly [*or* completely] ashamed of yourself; **jdn in ~ und Boden reden** to shoot sb's arguments to pieces *fam;* **etw** *dat* **auf den ~ gehen** [*o* **kommen**] to get to the bottom of sth; **im ~e jds Herzens** *(geh)* in one's heart of hearts; **im ~e** [**genommen**] basically; **den ~ zu etw** *dat* **legen** to lay the foundations *pl* of [*or* for] sth; **von ~ auf** [*o* **aus**] completely
Grund·ab·ga·be *f* FIN ground rent, land tax **Grund·ak·kord** *m* MUS common chord, basic triad **Grund·ak·te** *f* ADMIN, JUR land register master record **grund·an·stän·dig** *adj* thoroughly decent **Grund·aus·bil·dung** *f* basic training **Grund·aus·stat·tung** *f* basic equipment **Grund·be·deu·tung** *f* basic [*or* fundamental] meaning; LING original meaning **Grund·be·din·gung** *f* basic condition **Grund·be·griff** *m meist pl* ① *(elementarer Begriff)* basic [*or* fundamental] notion [*or* concept] ② SCH *(Minimalvoraussetzung)* rudiments *npl*
Grund·be·sitz *m* landed property; **landwirtschaftlicher/städtischer ~** agricultural holding/city real estate; **jdm den ~ entziehen** to dispossess sb **Grund·be·sitz·ab·ga·be** *f* FIN real estate levy
Grund·be·sit·zer(in) *m(f)* landowner **grund·be·sitz·los** *adj* landless **Grund·be·stand** *m* HANDEL basic stock **Grund·be·stand·teil** *m* basis, basic element **Grund·be·trag** *m* HANDEL basic amount
Grund·buch *nt* JUR land register
Grund·buch·ab·schrift *f* JUR land certificate **Grund·buch·ab·tei·lung** *f* JUR *für Grunddienstbarkeiten* register of land charges **Grund·buch·amt** *nt* ADMIN Land Registry, Land Registration Office **Grund·buch·aus·zug** *m* JUR land certificate BRIT, certificate of title AM **Grund·buch·be·rich·ti·gung** *f* JUR rectification of the land register **Grund·buch·be·zirk** *m* JUR Land Register district **Grund·buch·blatt** *nt* ADMIN, JUR land register office copy **Grund·buch·ein·sicht** *f* JUR inspection of the land register **Grund·buch·ein·tra·gung** *f* JUR entry in the land register; **eine ~ vornehmen** to register a land charge **Grund·buch·lö·schung** *f* JUR cancellation of an entry in the land register **Grund·buch·ord·nung** *f* JUR Land Registry Act
Grund·dienst·bar·keit *f* JUR easement **grund·ehr·lich** [grʊnt'ʔe:ɐ̯lɪç] *adj (emph)* thoroughly honest **Grund·ei·gen·tü·mer(in)** *m(f) s.* **Grundbesitzer** **Grund·ei·gen·tums·ur·kun·de** *f* JUR title deeds *pl* **Grund·ein·stel·lung** *f* INFORM presetting, basic setting
grün·den ['grʏndn̩] **I.** *vt* ① *(neu schaffen)* ■**etw ~** to found sth; **einen Betrieb/eine Firma ~** to establish [*or* set up] a business/firm; **eine Partei ~** to form [*or* establish] a party; **eine Universität ~** to found [*or* establish] a university
② *(fußen lassen)* ■**etw auf etw** *akk* **~** to base [*or* found] sth on sth; ***worauf gründet er seine Entscheidung?*** what does he base his decision on?
II. *vr* ■**sich** *akk* **auf etw** *akk* **~** to be based [*or* founded] on sth
Grund·ent·las·tung *f* FIN absolute discharge
Grün·der(in) <-s, -> *m(f)* founder
Grün·der·ak·tie *f* BÖRSE founder's share **Grün·der·haf·tung** *f* JUR founder's liability **Grün·der·jah·re** *pl,* **Grün·der·zeit** *f* HIST *period in the last third of the 19th century when many industrial firms were established in Germany*
Grund·er·trags·steu·er *f* FIN farmer's tax
Grund·er·werb *m* acquisition [*or* purchase] of land **Grund·er·werb(s)·steu·er** *f* land transfer tax
grund·falsch ['grʊnt'falʃ] *adj (emph)* completely [*or*

totally] wrong; **eine ~e Annahme** a completely false assumption **Grụnd·far·be** *f* ① *(Primärfarbe)* primary colour [*or* Am -or] ② *(als Untergrund aufgetragene Farbe)* ground colour [*or* Am -or] **Grụnd·fes·ten** *pl (fig)* [very] foundations *pl*; **an den ~ von etw** *dat* **rütteln** to shake the [very] foundations of sth; **etw bis in die ~**[*o* **in seinen ~**] **erschüttern** to shake sth to its [*or* the] [very] foundations **Grụnd·flä·che** *f* area **Grụnd·for·de·rung** *f* basic demand **Grụnd·form** *f* ① *(elementare Form)* basic form ② LING basic form **Grụnd·fra·ge** *f* fundamental question [*or* issue] **Grụnd·frei·be·trag** *m* FIN *(Steuern)* basic exemption, tax-free [*or* Brit personal] allowance **Grụnd·ge·bühr** *f* FIN basic charge **Grụnd·ge·dan·ke** *m* basic idea **Grụnd·ge·halt** *nt* basic salary

Grụnd·ge·setz *nt* ① *(Grundprinzip)* basic [*or* fundamental] law; **physikalische/chemische ~e** the fundamental laws of physics/chemistry ② *(deutsche Verfassung)* Basic Law **Grụnd·ge·setz·än·de·rung** *f* constitutional amendment, amendment to the Basic Law **grụnd·ge·setz·wi·drig** *adj* violating [*or* contrary to] the Basic Law

grụnd·gü·tig *adj* kind-hearted **Grụnd·hal·tung** *f* basic attitude **Grụnd·han·dels·ge·wer·be** *nt* HANDEL general commercial business **Grụnd·herr** *m* HIST lord of the manor **Grụnd·idee** *f* basic idea

grun·die·ren* ['grʊn'di:rən] *vt* ■**etw ~** to prime sth

Grun·di̲e̲r·far·be *f* BAU primer paint

Grun·di̲e̲·rung <-, -en> *f* ① *kein pl (das Grundieren)* priming; *beim Schminken* foundation ② *(erster Anstrich)* primary [*or* priming] coat

Grụnd·im·mu·ni·sie·rung *f* basic immunization **Grụnd·in·dust·rie** *f* basic industry **Grụnd·in·ves·ti·ti·on** *f* FIN basic [*or* capital] project **Grụnd·ka·pi·tal** *nt* share capital Brit, stock capital Am; **genehmigtes ~** authorized capital **Grụnd·kennt·nis** *f meist pl* basic knowledge *no pl*; ***ihm fehlen die ~se in der Chemie*** he lacks [the] basic knowledge of chemistry **Grụnd·kon·sens** *m* SOZIOL, POL fundamental consensus **Grụnd·kon·zep·ti·on** *f* basic [*or* fundamental] conception [*or* idea] **Grụnd·kos·ten** *pl* FIN basic costs **Grụnd·kurs** *m* SCH basic course; *(Einführungskurs)* foundation course

Grụnd·la·ge *f* basis, foundation; **als ~ für etw** *akk* **dienen** to serve as a basis for sth; **jeder ~ entbehren** to be completely unfounded [*or* without foundation]; **auf der ~ von etw** *dat* on the basis of sth; **eine gute ~** *(fam)* a good lining for one's stomach

Grụnd·la·gen·ab·kom·men *nt* basic agreement **Grụnd·la·gen·for·schung** *f* basic research **Grụnd·la·gen·ver·trag** *m* POL foundation agreement

Grụnd·la·gen·werk *nt* handbook

Grụnd·last *f* ELEK base load

grụnd·le·gend I. *adj* ① *(wesentlich)* fundamental, basic ② *(die Grundlage bildend)* standard
II. *adv* fundamentally; ***das hat sich ~ geändert*** that has fundamentally changed

Grụnd·leis·tung *f* FIN *(Versicherung)* standard [*or* flat-rate] benefit

gründ·lich ['grʏntlɪç] I. *adj* ① *(gewissenhaft)* thorough ② *(umfassend)* thorough; **eine ~e Bildung** a broad education
II. *adv* ① *(fam: total)* completely; **sich** *akk* **~ täuschen** to be completely mistaken ② *(gewissenhaft)* thoroughly

Gründ·lich·keit <-> *f kein pl* thoroughness

Gründ·ling <-s, -e> ['grʏntlɪŋ] *m* ZOOL gudgeon

Grụnd·li·nie *f* ① MATH ground-line ② SPORT baseline ③ TYPO baseline **Grụnd·li·ni·en·spiel** *nt* SPORT baseline play **Grụnd·lohn** *m* basic pay [*or* wage]

grụnd·los I. *adj* ① *(unbegründet)* groundless, unfounded; **~es Lachen** laughter for no reason [at all] ② *(ohne festen Boden)* bottomless
II. *adv* groundlessly; **~ lachen** to laugh for no reason [at all]

Grụnd·mau·er *f (Fundament)* foundation wall; **etw bis auf die ~n niederbrennen** to burn sth to the ground; **etw bis auf die ~n niederreißen/zerstören** to raze sth to the ground **Grụnd·nah·rungs·mit·tel** *nt* basic food[stuff]

Grün·don·ners·tag [gry:n'dɔnɐsta:k] *m* REL Maundy Thursday

Grụnd·ord·nung *f* basic [*or* fundamental] order **Grụnd·pfand·gläu·bi·ger(in)** *m(f)* JUR mortgagee **Grụnd·pfand·kre·dit** *m* FIN *(Realkredit)* mortgage loan **Grụnd·pfand·recht** *nt* JUR encumbrance, charge on property, security interest in land [*or* Am real property]; **etw mit einem ~ belasten** to encumber sth with a mortgage

Grụnd·pfei·ler *m* ① BAU *(tragender Pfeiler)* supporting pillar; *Brücke* supporting pier ② *(fig: wesentliches Element)* cornerstone

Grụnd·pflicht *f* basic duty **Grụnd·prin·zip** *nt* fundamental [*or* basic] principle **Grụnd·pro·dukt** *nt* HANDEL basic product **Grụnd·pro·gramm** *nt* INFORM basic program **Grụnd·re·chen·art** *f* fundamental rule of arithmetic

Grụnd·recht *nt* basic [*or* fundamental] right

Grụnd·rechts·ga·ran·ti·en *pl* JUR constitutional guarantees of civil rights **Grụnd·rechts·ge·währ·leis·tung** *f* JUR constitutional guarantee of civil rights **Grụnd·rechts·ver·let·zung** *f* JUR violation of basic rights

Grụnd·re·gel *f* basic [*or* fundamental] rule **Grụnd·ren·te** *f* ① *(Mindestrente)* basic pension ② FIN *(Einkommen aus Eigentum von Grund und Boden)* ground rent

Grụnd·riss^RR *m* ① BAU ground-plan ② *(Abriss)* sketch, outline, summary **Grụnd·riss·zeich·nung**^RR *f* BAU floor [*or* ground] plan

Grụnd·satz ['grʊntzats] *m* principle; **Grundsätze ordnungsgemäßer Buchführung** FIN generally accepted accounting principles; **es sich** *dat* **zum ~ machen, etw zu tun** to make it a matter of principle to do sth; **aus ~** on principle **Grụnd·satz·be·schluss**^RR *m* POL policy decision **Grụnd·satz·dis·kus·si·on** *f* debate on [fundamental] principles **Grụnd·satz·ent·scheid** <-[e]s, -e> *m bes* SCHWEIZ *(Grundsatzentscheidung)* decision of general principle **Grụnd·satz·ent·schei·dung** *f* decision of general principle **Grụnd·satz·er·klä·rung** *f* POL declaration of principles **Grụnd·satz·fra·ge** *f* fundamental [*or* pivotal] issue

grund·sätz·lich ['grʊntzɛtslɪç] I. *adj* ① *(grundlegend)* fundamental; **~e Bedenken/Zweifel** serious [*or* strong] misgivings/doubts ② *(prinzipiell)* in principle *pred*
II. *adv* ① *(völlig)* completely; **~ anderer Meinung sein** to be of a completely different opinion ② *(prinzipiell)* in principle ③ *(kategorisch)* absolutely

Grụnd·satz·pa·pier *nt* written declaration of principles **Grụnd·satz·pro·gramm** *nt* basic programme [*or* Am -am]; *(Parteiprogramm)* party manifesto **Grụnd·satz·ur·teil** *nt* JUR leading decision **Grụnd·satz·ver·ein·ba·rung** *f* JUR agreement in principle **Grụnd·satz·ver·trag** *m* JUR agreement in principle; POL policy agreement

Grụnd·schrift *f* TYPO base [*or* body] type

Grụnd·schuld *f* FIN, JUR land charge **Grụnd·schuld·brief** *m* FIN land charge certificate **Grụnd·schuld·for·de·rung** *f* FIN, JUR claim for land charge

Grụnd·schu·le *f* primary [*or* Am elementary] [*or* Am grade] school **Grụnd·schü·ler(in)** *m(f)* primary school [*or* Am elementary school] [*or* Am grade school] pupil **Grụnd·schul·leh·rer(in)** *m(f)* primary[-school] teacher Brit **Grụnd·si·che·rung** *f* basic [insurance] cover [*or* level of social protection], subsistence income **grund·so·li·d(e)** *adj* very respectable

Grụnd·stein *m* foundation-stone; [**mit etw** *dat*] **den ~ zu etw** *dat* **legen** to lay the foundations for [*or* of] sth [with sth]; **der ~ zu etw** *dat* **sein** to form the foundations for [*or* of] sth **Grụnd·stein·le·gung** *f* laying of the foundation stone

Grụnd·stel·lung *f* ① SPORT *(Ausgangsstellung für eine Turnübung)* normal position ② *(Stellung der Schachfiguren am Spielanfang)* starting positions *pl*

Grụnd·steu·er *f* FIN [local] property tax, ≈ council tax Brit **Grụnd·steu·er·be·mes·sungs·be·trag** *m* FIN property tax base **Grụnd·steu·er·mess·be·scheid**^RR *m* FIN property tax assessment **Grụnd·steu·er·pflicht** *f* FIN property tax liability **grụnd·steu·er·pflich·tig** *adj* FIN rat[e]able Brit **Grụnd·steu·er·pflich·ti·ge(r)** *f(m) dekl wie adj* FIN ratepayer Brit **Grụnd·steu·er·ver·an·la·gung** *f* FIN property tax assessment

Grụnd·stim·mung *f* prevailing mood **Grụnd·stock** *m* basis, foundation

Grụnd·stoff *m* ① *(Rohstoff)* raw material ② CHEM *(Element)* element **Grụnd·stoff·in·dus·trie** *f* basic industry

Grụnd·struk·tur *f* basic structure

Grụnd·stück *nt* ① *(Baugrundstück)* plot [of land]; **bebaute ~e** developed plots [*or* sites] ② *(Anwesen)* estate, property

Grụnd·stücks·ab·schrei·bung *f* FIN depreciation on land **Grụnd·stücks·art** *f* type of real estate **Grụnd·stücks·auf·be·rei·tung** *f* land development **Grụnd·stücks·be·las·tung** *f* JUR encumbrance of property **Grụnd·stücks·be·sit·zer(in)** *m(f)* property owner **Grụnd·stücks·be·wer·tung** *f* ADMIN land valuation, valuation of real property **Grụnd·stücks·ei·gen·tum** *nt* fee simple **Grụnd·stücks·ei·gen·tü·mer(in)** *m(f)* property owner **Grụnd·stücks·er·werb** *m* land purchase, acquisition of real estate **grụnd·stücks·gleich** *adj* JUR equivalent to real property **Grụnd·stücks·grö·ße** *f* size of the property **Grụnd·stücks·kauf** *m* purchase of real estate **Grụnd·stücks·last** *f* FIN land charge **Grụnd·stücks·mak·ler(in)** *m(f)* estate agent **Grụnd·stücks·pacht** *f* JUR ground lease **Grụnd·stücks·pfand·recht** *nt* JUR hypothecary right **Grụnd·stücks·preis** *m* land price, real-estate price *usu pl* **Grụnd·stücks·recht** *nt* JUR land law, law of property **Grụnd·stücks·über·tra·gung** *f* JUR conveyance of property, transfer of land **Grụnd·stücks·über·tra·gungs·ur·kun·de** *f* JUR full covenant deed **Grụnd·stücks·ver·äu·ße·rung** *f* JUR property disposal **Grụnd·stücks·ver·kehr** *m* JUR real estate transactions **Grụnd·stück(s)·ver·kehrs·ge·setz** *nt* JUR Law on Real Estate Transactions **Grụnd·stücks·wert** *m* real estate value **Grụnd·stücks·zu·be·hör** *nt* JUR accessory to realty fixtures and fittings of the premises

Grụnd·stu·di·um *nt* basic course **Grụnd·stu·fe** *f* SCH *years 3 and 4 of primary/elementary school in Germany* **Grụnd·sub·stanz** *f* basic substance, base **Grụnd·ta·rif** *m* JUR basic rate **Grụnd·ta·xe** <-, -n> *f* FIN SCHWEIZ *(Grundgebühr)* basic charge **Grụnd·ten·denz** *f* basic trend **Grụnd·text** *m* original [text] **Grụnd·ton** *m* ① MUS *(eines Akkords)* root; *(einer Tonleiter)* keynote ② *(Grundfarbe)* ground colour [*or* Am -or] **Grụnd·übel** *nt* basic evil **Grụnd·über·zeu·gung** *f* PHILOS, SOZIOL fundamental conviction

Grụnd·um·naht *f (eines Schuhs)* lasting seam **Grụnd·um·satz** *m* MED basal metabolism

Grün·dung <-, -en> *f* ① *(das Gründen)* foundation, founding; *Betrieb* establishment, setting up; *Familie* [the] starting; *Schule, Universität* establishment, founding, foundation; **~ eines Unternehmens** formation of a company ② BAU *(Fundament)* foundation[s]; *kein pl (das Anlegen des Fundaments)* laying of the foundation[s]

Grün·dungs·akt *f* act of foundation **Grün·dungs·ak·tie** *f* BÖRSE founder's share **Grün·dungs·be·richt** *m* HANDEL *einer AG* formation [*or* statutory] report **Grün·dungs·bi·lanz** *f* FIN [founders'] formation statement **Grün·dungs·ein·la·ge** *f* FIN original investment **Grün·dungs·fei·er** *f* foundation ceremony **Grün·dungs·ge·sell·schaft** *f* HANDEL parent [*or* proprietary] company **Grün·dungs·ge·sell·schaf·ter(in)** *m(f)* founder member **Grün·dungs·in·ves·ti·ti·on** *f* FIN original investment **Grün·dungs·jahr** *nt* year of [the] foundation **Grün·dungs·ju·bi·lä·um** *nt* anniversary of the foundation **Grün·dungs·ka·pi·tal** *nt* FIN initial capital **Grün·dungs·kos·ten** *pl* FIN promotion costs, start-up expenditure **Grün·dungs·mit·glied** *nt* founding member

Grün·dungs·my·thos <-, -mythen> *m* founding myth **Grün·dungs·part·ner, -part·ne·rin** *m, f* ÖKON founding partner **Grün·dungs·pha·se** *f* HANDEL start-up period **Grün·dungs·recht** *nt* JUR law on company formation **Grün·dungs·ur·kun·de** *f,* **Grün·dungs·ver·trag** *m* JUR foundation agreement [*or* charter]; *(von Kapitalgesellschaft)* memorandum of association BRIT, certificate of incorporation AM **Grün·dungs·vor·gang** *m* HANDEL incorporation procedure

Grund·ver·gü·tung *f* FIN basic remuneration **grund·ver·kehrt** *adj* completely wrong **Grund·ver·mö·gen** *nt* FIN real estate [*or* property], landed property **grund·ver·schie·den** ['grʊntfɛɐ̯'ʃiːdn̩] *adj (emph)* completely different **Grund·ver·sor·gung** *f* basic care **Grund·ver·trag** *m* JUR principal [*or* basic] contract **Grund·vor·aus·setz·ung** *f* basic condition [*or* requirement]

Grund·was·ser *nt* ground water; **auf ~ stoßen** to come across underground water **Grund·was·ser·spie·gel** *m* ground-water level, water table

Grund·wehr·dienst *m* national service BRIT; **den ~ leisten** to do one's national service **Grund·werk·stoff** *m* TECH base [*or* parent] metal **Grund·wert** *m* ❶ FIN basic amount; *(Grundstückswert)* real-estate value ❷ *meist pl* PHILOS basic value[s *pl*]

Grund·wi·der·spruch *m* fundamental contradiction **Grund·wis·sen** *nt* basic knowledge **Grund·wort** *nt* LING root, etymon *spec* **Grund·wort·schatz** *m* basic vocabulary **Grund·zahl** *f* MATH *s.* **Kardinalzahl**

Grund·zins *m* FIN ground rent **grund·zins·pflich·tig** *adj* JUR subject to ground rent *pred*

Grund·zug *m* ❶ *(wesentliches Merkmal)* essential feature; **etw in seinen Grundzügen darstellen/erläutern** to outline/explain the essentials of sth ❷ *pl (Abriss)* the basics [*or* fundamentals]

Grü·ne(r) ['gryːnə] *f(m) dekl wie adj* POL [member of the] Green [Party]; ***die ~n*** the Green Party [*or* Greens]

Grü·ne(s) ['gryːnə(s)] *nt dekl wie adj* ❶ *(Schmuckreisig)* ■ **~s** greenery *sing* ❷ *(Gemüse)* ■ **~s** greens

▶WENDUNGEN: **ins ~ fahren** *(fam)* to drive [*or* take a trip] into the country; **im ~n** in the country

grü·nen ['gryːnən] *vi (geh)* to become [*or* turn] green; ***ist es nicht schön, dass es wieder grünt und blüht?*** isn't it nice that spring is here again?

Grün·fink *m* greenfinch

Grün·flä·che *f* green [*or* open] space **Grün·flä·chen·amt** *nt* parks department

Grün·fut·ter *nt* herbage *no pl, no indef art,* green fodder *no pl, no indef art,* soilage *no indef art spec*

Grunge [grantʃ] *m* MUS grunge

Grün·gür·tel *m* green belt **Grün·kern** *m* dried unripe spelt grain *no indef art* **Grün·kohl** *m* [curly] kale *no pl, no indef art* **Grün·land** *nt kein pl* AGR *(Wiesen)* meadowland, grassland; *(Weiden)* pastureland

grün·lich ['gryːnlɪç] *adj* greenish

Grün·ling ['gryːnlɪŋ] *m s.* **Grünfink**

Grün·pflan·ze *f* non-flowering plant **Grün·schen·kel** *m* ORN greenshank **Grün·schna·bel** *m (fam)* greenhorn *fam,* whippersnapper *fam* **Grün·span** ['gryːnʃpaːn] *m kein pl* verdigris *no pl;* **~ ansetzen** to become covered with verdigris **Grün·specht** *m* green woodpecker **Grün·strei·fen** *m* central reservation, median strip AM; *(am Straßenrand)* grass verge

grun·zen ['grʊntsn̩] **I.** *vi* to grunt
II. *vt (fam)* ■**etw ~** to grunt sth

Grün·zeug *nt (fam)* ❶ *(Kräuter)* herbs *pl* ❷ *(Salat)* green salad; *(Gemüse)* greens *pl* ❸ *(hum: Jugendliche)* green young things *pl fam,* whippersnappers *pl fam*

Grüpp·chen <-s, -> ['grʏpçən] *nt (bes pej) dim von* **Gruppe** small group [*or pej* clique]

Grup·pe <-, -n> ['grʊpə] *f* ❶ *(Anzahl von Personen, Dingen)* group; **in ~n zu sechs** [**Leuten**] in groups of six ❷ *(Zusammenschluss)* group; HANDEL *(Konzern)* group ❸ SPORT group ❹ *(Kategorie)* category, class

Grup·pen·ak·kord *m* ÖKON group piecework *no pl, no indef art* **Grup·pen·ar·beit** *f kein pl* teamwork *no pl, no indef art* **Grup·pen·auf·nah·me** *f,* **Grup·pen·bild** *nt* group photograph **Grup·pen·be·wer·tung** *f* FIN group-of-assets valuation **Grup·pen·bil·dung** *f* group formation **Grup·pen·bu·chung** *f* HANDEL block booking

Grup·pen·druck *m kein pl* peer pressure **Grup·pen·dy·na·mik** *f* PSYCH group dynamics + *sing/pl vb, no art* **grup·pen·dy·na·misch** *adj Prozess* involving group dynamics **Grup·pen·fo·to** *nt* group photo **Grup·pen·frei·stel·lung** *f* FIN group exemption **Grup·pen·füh·rer(in)** *m(f)* ❶ *(Leiter)* team [*or* group] leader ❷ HIST *(in der SS)* lieutenant-general **Grup·pen·iden·ti·tät** *f* SOZIOL group identity **Grup·pen·kla·ge** *f* JUR class action suit **Grup·pen·lei·ter(in)** *m(f)* team leader **Grup·pen·mo·ral** *f* ❶ *(sittliches Empfinden einer Gruppe)* group morals *pl,* morals of a/the group; **gegen die ~ verstoßen** to contravene group morals ❷ *(innere Haltung)* group morale *no pl, no indef art* **Grup·pen·rei·se** *f* group travel *no pl, no art* **Grup·pen·sex** *m* group sex *no pl, no art* **Grup·pen·sieg** *m* first place in the group **Grup·pen·ta·rif** *f* HANDEL blanket rate **Grup·pen·the·ra·pie** *f* ❶ MED group treatment *no pl, no indef art* ❷ PSYCH group therapy *no pl, no indef art* **Grup·pen·un·ter·richt** *m* group learning *no pl, no art*

Grup·pen·ver·ge·wal·ti·gung *f* JUR gang rape

grup·pen·wei·se *adv* in groups

Grup·pen·zwang *m* [peer] group pressure *no pl, no indef art*

grup·pie·ren* [grʊ'piːrən] **I.** *vt* ■**etw** [**um etw** *akk*] **~** to group sth [around sth]
II. *vr* ■**sich** *akk* [**zu etw** *dat*] **~** to be grouped [into sth]

Grup·pie·rung <-, -en> *f* ❶ *(Gruppe)* group ❷ *kein pl (Aufstellung)* grouping ❸ INFORM cluster[ing]

Gru·sel·film *m* horror film **Gru·sel·ge·schich·te** *f* horror story

gru·s(e)·lig ['gruːz(ə)lɪç] *adj* gruesome, spine-chilling; **~ zumute werden** to have a creepy feeling

gru·seln ['gruːzl̩n] **I.** *vt, vi impers* ■**jdn** [*o* **jdm**] **gruselt es** sb gets the creeps; ***nachts in einem unheimlichen Schloss kann man das G~ lernen*** one learns what fear is in an eerie castle at night
II. *vr* ■**sich** *akk* [**vor jdm/etw**] **~** to shudder [at the sight of sb/sth]

Gruß <-es, Grüße> ['gruːs, *pl* 'gryːsə] *m* ❶ *(Begrüßung/Verabschiedung)* greeting/farewell; MIL salute; **jdm Grüße übermitteln** [*o* **bestellen**] to pass on/give [one's] regards [*or* best wishes] to sb; ***einen*** [***schönen***] ***~ an Ihre Gattin*** [please] give my [best] regards to your wife; ***liebe Grüße auch an die Kinder*** give my love to the children, too; **jdm seine Grüße entbieten** *(geh)* to present one's compliments to sb *form;* **ohne ~** without saying hello/goodbye; **zum ~** as a greeting; ***sie reichten die Hände zum ~*** they shook hands ❷ *(Briefschluss)* regards; **mit besten Grüßen** [*o* **bestem Gruß**] Yours sincerely; **mit freundlichen Grüßen** [*o* **freundlichem ~**] Yours sincerely [*or* faithfully]; **mit kollegialen Grüßen** Yours sincerely; **herzliche Grüße** best wishes; **~ und Kuss** *(fam)* love [and kisses]

▶WENDUNGEN: **viele Grüße aus Davos** *(hum)* they say Davos [in the Alps] is good for coughs *hum;* **der Deutsche ~** HIST the Nazi salute; **der Englische ~** REL the Ave Maria; **viele Grüße vom Getriebe, Gang kommt nach!** *(hum)* greetings from the gearbox, how about using the clutch! *hum;* **Gruß und Kuss, dein Julius** *(hum)* time to close/go, with love from Rose/Joe *hum*

Gruß·adres·se *f,* **Gruß·bot·schaft** *f* message of greetings

Grüß·au·gust, -au·gus·ti·ne *m, f (pej sl)* ❶ *(um Gäste/Kunden zu empfangen)* greeter, welcomer ❷ *(Politiker)* figurehead, handshaker

grü·ßen ['gryːsn̩] **I.** *vt* ❶ *(begrüßen)* ■**jdn ~** to greet sb; MIL to salute sb; ***sei*** [***mir***] ***gegrüßt!*** *(geh)* greetings! *form;* ***grüß dich!*** *(fam)* hello there! *fam* ❷ *(Grüße übermitteln)* ■**jdn von jdm ~** to send sb sb's regards; **jdn ~ lassen** to say hello to sb
II. *vi* ❶ *(einen Gruß sagen)* to say hello; **~ lassen** to send one's regards; MIL to salute ❷ *(geh: locken, winken)* to greet; ***die Berge grüßten aus der Ferne*** the mountains greeted us from afar
III. *vr* ■**sich** *akk* **~** to say hello to one another

Gruß·for·mel *f* salutation

gruß·los *adv* without a word of greeting/farewell; ***er ging ~ an mir vorbei*** he went past me without saying hello

Gruß·wort <-worte> *nt* welcoming speech; **ein ~ an jdn richten** to address a few words of welcome to sb

Grüt·ze <-, -n> ['grʏtsə] *f* groats *npl,* grits *npl* AM; **rote ~** *red fruit slightly stewed and thickened*

▶WENDUNGEN: **~ im Kopf haben** *(fam)* to have a bit of nous *sl*

Gschwell·ti ['kʃvɛlti] *pl* SCHWEIZ *(Pellkartoffeln)* potatoes *pl* boiled in their jackets

Gu·am [gu̯am] *nt* Guam

Gu·ar·kern·mehl *nt,* **Gu·ar·mehl** ['gu̯ar-] *nt* guar gum [flour]

Gu·a·te·ma·la <-s> [gu̯ate'maːla] *nt* Guatemala

Gu·a·te·ma·la-Stadt <-> *nt* Guatemala City

Gu·a·te·mal·te·ke, Gu·a·te·mal·te·kin <-n, -n> [gu̯atemal'teːkə, gu̯atemal'teːkɪn] *m, f* Guatemalan

gu·a·te·mal·te·kisch [gu̯atemal'teːkɪʃ] *adj* Guatemalan

Gu·a·ve <-, -n> ['gu̯aːvə] *f* guava

gu·cken ['gʊkn̩] *vi* ❶ *(sehen)* ■[**in etw** *akk*/**durch etw** *akk*/**aus etw** *dat*] **~** to look [in/through/out of sth]; ***was guckst du so dumm!*** take that silly look off your face!; ***ich habe schon Weihnachtsgeschenke gekauft, aber nicht ~!*** I've already bought the Christmas presents, so no peeping! ❷ *(ragen)* ■**aus etw** *dat* **~** to stick out of sth; ***was guckt denn da aus der Tasche?*** what's that sticking out of your pocket?

Guck·loch *nt* peephole

Gue·ril·la[1] <-, -s> [ge'rɪlja] *f* guerrilla war

Gue·ril·la[2] <-[s], -s> [ge'rɪlja] *m* guerrilla

Gue·ril·la·kämp·fer(in) [ge'rɪlja-] *m(f)* guerrilla

Gue·ril·la·krieg [ge'rɪlja-] *m* guerrilla war

Guern·sey <-[s]> ['gəːnzɪ] *nt* Guernsey

Guetz·li <-s, -> ['gu̯ətslɪ] *nt* SCHWEIZ *(fam: Plätzchen)* biscuit BRIT, cookie AM

Gu·gel·hupf ['guːglhʊpf] *m* SÜDD, ÖSTERR, **Gu·gel·hopf** ['guːglhɔpf] *m* SCHWEIZ kugelhopf **Gu·gel·hupf·form** *f* SÜDD, ÖSTERR, **Gu·gel·hopf·form** *f* SCHWEIZ kugelhopf [tin]

Güg·ge·li <-s, -> ['gʏgəli] *nt* SCHWEIZ *(Brathähnchen)* fried chicken

Gug·gen·mu·sik <-, -en> ['gʊgn̩-] *f* SÜDD, SCHWEIZ *music accompanying carnival processions*

Guil·lo·ti·ne <-, -n> [gɪljo'tiːnə, gijo'tiːnə] *f* guillotine; **auf die ~ kommen** to go to the guillotine

guil·lo·ti·nie·ren* [gɪljoti'niːrən, gijoti'niːrən] *vt* ■**jdn ~** to guillotine sb

Gui·nea <-s> [gi'neːa] *nt* Guinea

Gui·nea-Bis·sau <-s> [gi'neːa-bɪ'sau̯] *nt* Guinea-Bissau

Gui·nea-Bis·sau·er(in) <-s, -> *m(f)* Guinea-Bissauan, Bissau Guinean

gui·nea-bis·sau·isch *adj* Guinea-Bissauan, Bissau Guinean

Gui·ne·er(in) <-s, -> [gi'neːɐ] *m(f)* Guinean

gui·ne·isch [gi'neːɪʃ] *adj* Guinean

Gu·lag <-[s]> ['guːlak] *m kein pl* Gulag

Gu·lasch <-[e]s, -e *o* -s> ['gʊlaʃ] *nt o m* KOCHK goulash

Gu·lasch·ka·no·ne *f (sl)* field kitchen **Gu·lasch·sup·pe** *f* goulash soup
Gul·den <-s, -> ['gʊldn̩] *m* guilder; **niederländischer** ~ [the/a] Dutch guilder
gül·den ['gʏldn̩] *adj (poet)* golden
Gül·le <-> ['gʏlə] *f kein pl* liquid manure *no pl, no indef art,* slurry *no pl*
Gül·le·fracht *f* cargo of slurry
gül·len ['gʏlən] SCHWEIZ, SÜDD **I.** *vt (jauchen)* ■**etw** ~ to manure sth
II. *vi (jauchen)* to spread manure
Gul·ly <-s, -s> ['gʊli] *m o nt* drain
Gul·ly·de·ckel ['gʊli-] *m* drain cover
gül·tig ['gʏltɪç] *adj* ❶ *(Geltung besitzend)* valid; ***diese Fahrkarte ist zwei Monate*** ~ this ticket is valid for two months; **ein ~er Vertrag** a valid contract; ***der Sommerfahrplan ist ab dem 1.4.*** ~ the summer timetable comes into effect from 1.4.
❷ *(allgemein anerkannt)* universal; **eine ~e Maxime** a universal maxim
Gül·tig·keit <-> *f kein pl* ❶ *(Geltung)* validity *no pl;* ***der Ausweis besitzt nur noch ein Jahr*** ~ the identity card is only valid for one more year; **die ~ eines Angebots** the continuance of an offer; **allgemeine** ~ general acceptance, currency; **die ~ verlieren** to expire [*or* become invalid]
❷ JUR *(gesetzliche Wirksamkeit)* legal force, validity *no pl;* ~ **ausländischen Rechts** validity of alien law; **volle ~ [eines Urteils]** full faith and credit; **die ~ eines Schiedsspruches anfechten** to contest the validity of an award
Gül·tig·keits·dau·er *f* validity [period], period of validity **Gül·tig·keits·er·klä·rung** *f* JUR validation [certificate] **Gül·tig·keits·ver·merk** *m (Scheck)* certification
Gum·mi <-s, -s> ['gʊmi] *nt o m* ❶ *(Material)* rubber *no pl, no indef art*
❷ *(fam: Radiergummi)* rubber
❸ *(fam: Gummiband)* elastic [*or* rubber] band
❹ *(Gummizug)* elastic *no pl, no indef art*
❺ *(fam: Kondom)* rubber *sl*
Gum·mi·ball *m* rubber ball **Gum·mi·band** <-bänder> *nt* elastic [*or* rubber] band **Gum·mi·bär·chen** <-s, -> [-bɛ:ɐ̯çən] *nt* jelly bear ≈ jelly baby **Gum·mi·baum** *m* ❶ *(Kautschukbaum)* rubber tree ❷ *(Zimmerpflanze)* rubber plant **Gum·mi·bund** <-[e]s, -bünde> *m* elastic waistband
gum·mie·ren* [gʊ'mi:rən] *vt* ■**etw** ~ ❶ *(Klebstoffschicht auftragen)* to gum sth; **gummierte Etiketten/Briefumschläge** gummed labels/envelopes
❷ *(Gummischicht auftragen)* to rubberize sth
Gum·mie·rung <-, -en> *f* ❶ *kein pl (das Gummieren)* gumming *no pl; (von Textilien)* rubberizing *no pl*
❷ *(Klebstoffschicht)* gummed surface; *(Gummischicht)* rubberized surface
Gum·mi·ge·schossRR *nt* rubber bullet **Gum·mi·hand·schuh** *m* rubber glove **Gum·mi·hös·chen** <-s, -> *nt* baby pants *npl* **Gum·mi·knüp·pel** *m* rubber truncheon
Gum·mi·mensch *m (fam)* rubber man/woman **Gum·mi·pa·ra·graph** *m (fam)* flexible [*or* ambiguous] clause **Gum·mi·ra·kel** *f* TYPO rubber doctor blade, squeegee **Gum·mi·rei·fen** *m* rubber tyre [*or* AM tire] **Gum·mi·ring** *m* ❶ *(Gummiband)* rubber band ❷ *für Einmachgläser* rubber seal ❸ *(Spielzeug)* rubber ring **Gum·mi·schuh** *m* rubber shoe **Gum·mi·soh·le** *f* rubber sole **Gum·mi·stie·fel** *m* rubber boot, wellington [boot], wellie BRIT *fam* **Gum·mi·strumpf** *m* elastic stocking **Gum·mi·tuch** *nt* TYPO [litho] [*or* printer's] blanket **Gum·mi·zel·le** *f* padded cell **Gum·mi·zug** *m* elastic *no pl, no indef art;* **einen ~ einziehen** to insert a piece of elastic
Gun·der·mann ['gʊndeman] *m* BOT ground ivy
Gün·sel <-s> ['gynzl̩] *m kein pl* BOT bugle
Gunst <-> ['gʊnst] *f kein pl* ❶ *(Wohlwollen)* goodwill *no pl, no indef art;* **jds ~ besitzen** [*o* **genießen**] to enjoy sb's favour [*or* AM -or]; **in jds** *dat* ~ **stehen** to be in sb's favour; **jdm eine ~ erweisen** *(geh)* to do [*or* grant] sb a favour; **sich** *dat* **jds ~ verscherzen** to lose sb's favour
❷ *(Vergünstigung)* favour [*or* AM -or]; **zu jds ~en** in sb's favour; ***er schloss eine Lebensversicherung zu ~en seiner Tochter ab*** he took out a life assurance policy for the benefit of his daughter
❸ *(günstige Konstellation)* ■**die ~ einer S.** *gen* the advantageousness of sth; ***er nutzte die ~ des Augenblicks aus*** he took advantage of the favourable moment
Gunst·be·weis *m,* **Gunst·be·zei·gung** *f* mark of favour
güns·tig ['gynstɪç] **I.** *adj* ❶ *(zeitlich gut gelegen)* convenient; ***Mittwoch ist nicht so*** ~ Wednesday is not so convenient
❷ *(begünstigend)* favourable [*or* AM -orable]; **~e Gewinnchancen** good chances for profit; **~e Tendenzen in der wirtschaftlichen Entwicklung** favourable trends in economic growth
❸ *(preisgünstig)* reasonable, good value for money
II. *adv* ❶ *(preisgünstig)* reasonably
❷ *(passend, geeignet)* favourably; **es trifft sich ~, dass** it's a stroke of luck that
güns·tigs·ten·falls *adv* at best
Günst·ling <-s, -e> ['gynstlɪŋ] *m (pej)* favourite [*or* AM -orite]
Günst·lings·wirt·schaft *f kein pl (pej)* favouritism [*or* AM -oritism] *no pl pej*
Gupf <-[e]s, -e> ['gʊpf] *m* SÜDD, ÖSTERR, SCHWEIZ *(fam)* peak; *(Kuppe)* rounded hilltop
Gup·py <-s, -s> ['gʊpi] *m* ZOOL guppy
Gur·gel <-, -n> ['gʊrgl̩] *f* throat; **jdm an die ~ gehen** [*o* **springen**] *(fam)* to go for sb's throat
▶WENDUNGEN: **sich** *dat* **die ~ ölen** [*o* **schmieren**] *(hum fam)* to wet one's whistle *hum fam*
Gur·gel·mit·tel *nt* gargle
gur·geln ['gʊrgl̩n] *vi* ❶ *(den Rachen spülen)* ■**[mit etw** *dat*] ~ to gargle [with sth]
❷ *(von ablaufender Flüssigkeit)* to gurgle; ■**~d** gurgling
Gur·gel·was·ser *nt* gargle
Gürk·chen <-s, -> ['gʏrkçən] *nt dim von* **Gurke** small [*or* cocktail] gherkin
Gur·ke <-, -n> ['gʊrkə] *f* ❶ *(Frucht)* cucumber; *(Essiggurke)* gherkin; **eingelegte** [*o* **saure**] **~n** pickled gherkins
❷ *(Pflanze)* cucumber plant
❸ *(hum fam: Nase)* conk BRIT *hum fam,* hooter BRIT *hum fam*
❹ *(sl: Penis)* knob BRIT *sl,* dick *sl*
Gur·ken·ho·bel *m* cucumber slicer **Gur·ken·sa·lat** *m* cucumber salad **Gur·ken·trei·ber** *m (pej)* simpleton
gur·ren ['gʊrən] *vi Tauben* to coo; *(fam) Mensch* to purr
Gurt <-[e]s, -e> ['gʊrt] *m* ❶ *(Riemen)* strap
❷ *(Sicherheitsgurt)* seat belt
❸ *(breiter Gürtel)* belt
Gür·tel <-s, -> ['gʏrtl̩] *m* ❶ *(Hosengürtel)* belt
❷ *(Ring, Zone)* belt
▶WENDUNGEN: **den ~ enger schnallen** *(fam)* to tighten one's belt
Gür·tel·li·nie [li:niə] *f* waist[line] ▶WENDUNGEN: **unter die ~ zielen** to aim below the belt **Gür·tel·rei·fen** *m* radial[-ply] tyre [*or* AM tire] **Gür·tel·ro·se** *f* MED shingles *no art, + sing/pl vb* **Gür·tel·schlau·fe** *f* belt loop [*or* carrier] **Gür·tel·schnal·le** *f* belt buckle **Gür·tel·ta·sche** *f* bum bag BRIT, fanny pack AM **Gür·tel·tier** *nt* armadillo
Gurt·muf·fel *m (fam) person who refuses to, or does not like to wear a seat belt* **Gurt·pflicht** *f* compulsory wearing of seat belts **Gurt·rohr·zan·ge** *f* strap wrench **Gurt·schloss**RR *nt* AUTO buckle **Gurt·span·ner** *m* AUTO seat-belt tensioner **Gurt·straf·fer** *m* AUTO seat-belt tensioner
Gu·ru <-s, -s> ['gu:ru] *m* guru
GUS <-> [gʊs, ge:ʔu:'ʔɛs] *f kein pl Akr von* **Gemeinschaft Unabhängiger Staaten** CIS
Gü·sel <-s> ['gʏsl̩] *m kein pl* SCHWEIZ *(Abfall)* rubbish *esp* BRIT, garbage *esp* AM
GussRR <-es, Güsse> *m,* **Guß**ALT <-sses, Güsse> ['gʊs, *pl* 'gʏsə] *m* ❶ *(fam: Regenguss)* downpour
❷ *(Zuckerguss)* icing
❸ *kein pl* TECH *(das Gießen)* casting
❹ *kein pl (Gusseisen)* cast iron; **aus ~** made from cast iron
❺ MED **kalte Güsse** cold affusions
▶WENDUNGEN: **[wie] aus einem ~** forming a uniform and integrated whole
Guss·ei·senRR *nt* cast iron **guss·ei·sern**RR *adj* cast-iron **Guss·form**RR *f* mould [*or* AM mold] **guss·ge·stri·chen**RR *adj* **~es Papier** cast-coated paper **Guss·stahl**RR *m* cast steel **Guss·stück**RR *nt* BAU casting
Gus·to <-s, -s> ['gʊsto] *m* ▶WENDUNGEN: **nach eigenem ~** to one's own taste; **[ganz] nach ~** *(geh)* [just] as one pleases
gut <besser, beste> ['gu:t] **I.** *adj* ❶ *(nicht schlecht)* good; ***der Käse ist noch ~/nicht mehr*** ~ the cheese is still okay/has had its day; ***es wäre ~, wenn ...*** it would be good if ...; ***mir ist nicht*** ~ I'm not feeling well; ***ihren neuen Roman finde ich sehr*** ~ I think her new novel is very good; **ein ~es Angebot** a good offer; **eine ~e Ausbildung** a good education; **ein ~es Gedächtnis** a good memory; ~ **gehen:** ***mir geht es ~/nicht*** ~ I'm well/not well; ***das geht auf die Dauer nicht*** ~ it won't turn out well in the long run; ***das kann nicht ~ gehen!*** that just won't work!, it has to go wrong!; [***aber***] ***sonst geht's dir ~?*** *(iron)* you must be mad [*or* crazy]! *iron;* **es ~ haben** to be lucky; ***er hat es in seiner Jugend nicht ~ gehabt*** he had a hard time when he was young; ***die Katze hat es doch ~ bei mir!*** the cat is well off with me!; ***du hast es ~!*** it's all right for you!; **eine ~e Idee** a good idea; ~ **werden** to turn out all right; ***sind die Fotos ~ geworden?*** did the photos turn out all right?; **wieder ~ werden** to be all right; ***sorge dich nicht um die Zukunft, es wird alles wieder*** ~ don't worry about the future, everything will be all right
❷ *(in Ordnung)* ***~!*** good!, OK!; ***~, ~!*** yes, all right!; ***also*** [*o* ***nun***] [*o* ***na***] ***~!*** well, all right then!; ***schon ~!*** *(fam)* all right!; ***~ so!*** that's it!; ***fein gemacht, ~ so!*** well done, that's it!; ***und das ist auch ~ so*** and it's a good thing too; ***es ist ganz ~, dass ...*** it's good that ...; ~ **und schön** *(fam)* well and good; ***das ist ja alles ~ und schön, aber ...*** that's all very well, but ...
❸ *(nützlich, wirksam)* good; ***wozu soll das ~ sein?*** what's the use of that?; ***wer weiß, wozu es ~ ist*** perhaps it's for the best; ■**~ gegen** [*o* **für**] **etw** *akk* **sein** *(fam)* to be good for sth; ***trink einen heißen Tee mit Rum, der ist ~ gegen Erkältung!*** drink hot tea with rum, it's good for colds
❹ SCH *(zweitbeste Note)* "B"
❺ *(leistungsfähig)* good; ***den Rechtsanwalt kann ich dir empfehlen, der ist*** ~ I can recommend this lawyer to you, he's good; ~ **in etw** *dat* **sein** to be good at sth
❻ *(zugeneigt)* good; ***wir sind ~e Bekannte/Freunde*** we are close acquaintances/friends; **jdm ~ sein** to feel a lot of affection for sb; **jdm wieder ~ sein** to be friends again with sb; **sei so ~ und ...** would you be kind enough to; ***wenn du in die Stadt gehst, sei so ~ und nimm die Post mit*** if you're going into town would you be good enough to take my post?
❼ *meist attr (untadelig)* good; **~es Benehmen** good manners; **aus ~em Hause sein** to be [*or* come] from a good family; **einen ~en Ruf haben** to have a good reputation
❽ *(fam: besonderen Anlässen vorbehalten)* ***dieses Kleid verwahre ich mir für*** ~ I keep this dress for special occasions; **die ~e Stube** the best [*or* good] room; **der ~e Anzug/die ~e Hose** the best suit/trousers
❾ *(reichlich)* good; ***bis Mürzwiehlen gehen wir noch eine ~e Stunde*** we've got another good hour's walk until we get to Mürzwiehlen; ~ **beieinander sein** *(fam)* to be a bit tubby [*or* chubby] *fam;* **so ~ wie nichts** next to nothing
❿ *(in Wünschen)* good; ***~en Morgen!*** good morn-

ing!; ~ ***en Tag!*** good morning [*or* afternoon]!; ~ ***en Abend!*** good evening!; ~ ***e Nacht!*** good night!; ~ ***en Appetit!*** enjoy your meal; ~ ***e Erholung/Besserung!*** get well soon!; ~ ***e Fahrt/Reise!*** have a good trip!; ***lass es dir ~ gehen!*** *(fam)* have a great time!; ~ ***es Gelingen!*** good luck!; ***auf ~ e Nachbarschaft!*** here's to us as neighbours!; ***ein ~ es neues Jahr!*** happy New Year!; ***einen ~ en Rutsch ins neue Jahr!*** happy New Year!; ~ ***e Unterhaltung!*** enjoy the programme!; ***auf ~ e Zusammenarbeit!*** here's to our successful co-operation!

▸WENDUNGEN: **du bist ~!** *(iron fam)* you're a fine one! *iron fam;* ~**e Frau/**~**er Mann!** *(iron)* dear lady/my good man!; **sich** *akk* **für etw** *akk* **zu ~ sein** to be too good for sth; ***manchmal packt der Chef auch mal selbst mit an, dafür ist er sich nicht zu ~*** sometimes the boss lends a hand too, that's not beneath him; ~ **er Gott!** good heavens [*or* God]!; **immer ~ für etw sein** ***er ist immer für einen Witz ~*** he's always good for a laugh; **jetzt ist es aber ~!** *(iron)* that's enough!; **es mit etw** *dat* **~ sein lassen** to leave sth at that; ***lass mal ~ sein!*** *(fam)* let's drop the subject!; ***mit dieser Verwarnung will ich es für heute ~ sein lassen!*** having warned you I'll leave it at that for today!

II. *adv* ① *(nicht schlecht)* well; ***du sprichst aber ~ Englisch!*** you really can speak good English!; ***die Geschäfte gehen*** [*o* ***laufen***] ~ business is doing well; ~ **aussehend** *attr* good-looking; ~ **bezahlt** *attr* well-paid; ~ **dotiert** *attr (geh)* well-paid; ~ **drauf sein** *(fam)* to be in a good mood [*or* in good spirits]; ~ **gehend** *attr* flourishing, thriving; ~ **gelaunt** in a good mood, cheerful; ~ **gemeint** *attr* well-meant, well-intentioned; ~ **situiert** *attr* well-to-do; ~ **unterrichtet** *attr* well-informed; ~ **verdienend** *attr* high-income *attr*

② *(geschickt)* well; **so ~ es geht** as best one can; **etw ~ machen** to do sth well; [***das hast du***] ***~ gemacht!*** well done!; ***ich mache es so ~ ich kann*** I do it as best I can

③ *(zugeneigt)* **mit jdm ~ auskommen** [*o* **stehen**] to be on good [*or* friendly] terms with sb, to get on well with sb; **es ~ meinen** to mean well; **es ~ mit jdm meinen** to have sb's interests at heart; **jdm ~ zureden** to coax sb gently

④ *(moralisch in Ordnung)* ***ich kann ihn jetzt nicht ~ im Stich lassen*** I can't very well leave him in the lurch now; ***ich kann das nicht ~ tun*** I can't very well do that; ~ **und richtig handeln** to do the right thing; **sich** *akk* **~ benehmen** to behave well

⑤ *(reichlich)* good; ***es dauert noch ~ eine Stunde, bis Sie an der Reihe sind*** it'll be a good hour before it's your turn; ***der Kürbis wiegt ~ zwei Kilo*** the pumpkin weighs a good two kilos; ~ **und gern** easily, at least; ***bis Hamburg sind es ~ und gern sechs Stunden mit dem Auto*** it's a good six hours to drive up to Hamburg

⑥ *(leicht, mühelos)* well; ***hast du die Prüfung ~ hinter dich gebracht?*** did you get through the exam all right?; ***hast du ~ hierher gefunden?*** did you find your way all right up here?; ***das Buch lässt sich ~ lesen*** the book is a good read; ***sie hat eine ~ leserliche Schrift*** she has a very legible [*or* BRIT a well-legible] handwriting; ~ **zu Fuß sein** to be a strong walker

⑦ *(angenehm)* good; ***hm, wonach riecht das denn so ~ in der Küche?*** hm, what's making the kitchen smell so lovely?; ***schmeckt es dir auch ~?*** do you like it too?

⑧ *(in Wünschen)* ***mach's ~!*** *(fam)* bye!, cheerio! BRIT; ***pass ~ auf!*** be very careful!

▸WENDUNGEN: **er/sie/es etc. hat ~ ...** ***hinterher hat man ~ reden*** it's easy to be wise after the event; ***du hast ~ lachen!*** it's all right for you to laugh!; ***du kannst*** [*o* ***hast***] ***~ reden!*** it's easy for you to talk!; **das kann ~ sein** that's quite possible; **jd täte ~ daran, etw zu tun** sb would do well [*or* be wise] to do sth; ***du tätest ~ daran, vor dem Examen noch etwas zu lernen*** you would do well to learn something before the exam; **so ~ wie** ***das Spiel ist so ~ wie gewonnen*** the match is as good as won

Gut <-[e]s, Güter> ['gu:t, *pl* 'gy:tɐ] *nt* ① *(Landgut)* estate

② *(Ware)* commodity; ■**Güter** *(Frachtgut)* goods *npl;* **bewegliche/unbewegliche Güter** JUR movables *npl*/immovables *npl;* **geistige Güter** intellectual wealth *no pl, no indef art;* **irdische Güter** *(geh)* worldly goods *npl;* **kurzlebige** [*o* **leicht verderbliche**] **Güter** HANDEL perishables, perishable goods

③ *kein pl (das Gute)* good *no pl, no indef art;* ~ **und Böse** good and evil

▸WENDUNGEN: **jenseits von ~ und Böse sein** *(iron)* to be past it *fam*

Gut·ach·ten <-s, -> ['gu:tʔaxtn̩] *nt* [expert's] report; ~ **eines Sachverständigen** expert's report

Gut·ach·ter(in) <-s, -> *m(f)* expert

Gut·ach·ter·aus·schuss[RR] *m,* **Gut·ach·ter·kom·mis·si·on** *f* HANDEL panel [*or* committee] of experts **Gut·ach·ter·be·richt** *m* JUR advisory [*or* expert] report **Gut·ach·ter·kos·ten** *pl* JUR, ÖKON costs *pl* of expert opinions

gut·ar·tig *adj* ① MED benign

② *(nicht widerspenstig)* good-natured

Gut·ar·tig·keit *f eines Geschwürs* benignity, benignancy

gut·bür·ger·lich ['gu:t'bʏrgelɪç] *adj* middle-class; KOCHK home-made; ~**e Küche** home-style cooking; ~ **essen** [**gehen**] to have some good home cooking

Gut·dün·ken <-s> *nt kein pl* discretion *no pl, no indef art;* **nach** [**eigenem**] ~ at one's own discretion

Gu·te(r) *f(m) dekl wie adj (guter Mensch)* ■**der/die ~** the good man/woman; **mein ~r/meine ~** my dear fellow/my dear *fam;* **die ~n und die Bösen** the good and the bad, the goodies and the baddies BRIT *fam*

Gu·te(s) *nt dekl wie adj* ① *(Positives)* ■~**s** good; ***man hört viel ~s über ihn*** you hear a lot of good things about him; ■**etwas ~s** something good; ***ich habe im Schrank etwas ~s für dich*** I've got something nice for you in the cupboard; ■**etwas/nichts ~s** *(eine gute/keine gute Tat)* something/nothing good; ***er tat in seinem Leben viel ~s*** he did a lot of good in his life; [**auch**] **sein ~s haben** to have its good points [*or* good side] [too]; ***ein ~s hat die Sache*** there is one good thing about it; **jdm schwant nichts ~s** sb has a nasty feeling about sth; **nichts ~s versprechen** to not sound very promising, to bode ill [*or* no good]; **jdm ~s tun** to be good to sb; ***was kann ich dir denn ~s tun?*** how can I spoil [*or* what can I do for] you?; **sich** *akk* **zum ~n wenden** to take a turn for the better; **alles ~!** all the best!; ***alles ~ und viele Grüße an deine Frau!*** all the best and give my regards to your wife; **das ~ daran** the good thing about it

② *(friedlich)* **im ~n** amicably; ***lass dir's im ~n gesagt sein, dass ich das nicht dulde*** take a bit of friendly advice, I won't put up with it!; **sich** *akk* **im ~n trennen** to part on friendly [*or* good] terms

③ *(gute Charakterzüge)* **das ~ im Menschen** the good in man; ~**s tun** to do good

▸WENDUNGEN: **im ~n wie im Bösen** *(mit Güte wie mit Strenge)* every way possible; *(in guten und schlechten Zeiten)* through good [times] and bad; ***ich habe es im ~n wie im Bösen versucht, aber sie will einfach keine Vernunft annehmen*** I've tried to do everything I can, but she simply won't see sense; ~**s mit Bösem/~m vergelten** *(geh)* to return evil/good for good; **alles hat sein ~s** *(prov)* every cloud has a silver lining *prov;* **des ~n zu viel sein** to be too much [of a good thing]; ***das ist wirklich des ~n zu viel!*** that's really overdoing things!

Gü·te <-> ['gy:tə] *f kein pl* ① *(milde Einstellung)* kindness; **die ~ haben, zu ...** *(iron geh)* to be so kind as to ... *iron form*

② *(Qualität)* [good] quality

▸WENDUNGEN: **erster ~** *(fam)* of the first order; **in ~** amicably; **ach du liebe** [*o* **meine**] **~!** *(fam)* oh my goodness! *fam*

Gü·te·an·trag *m* JUR petition for conciliation **Gü·te·ei·gen·schaf·ten** *pl* TECH quality characteristics **Gü·te·klas·se** *f* grade, class **Gü·te·merk·mal** *nt* JUR quality label, hallmark

Gu·te·nacht·ge·schich·te *f* bedtime story **Gu·te·nacht·kuss** [gu:tə'naxtkʊs] *m* goodnight kiss

Gü·te·prü·fung *f* HANDEL quality control

Gü·ter·ab·fer·ti·gung *f* ① *kein pl (das Abfertigen von Gütern)* dispatch of goods ② *(Abfertigungsstelle)* goods office, dispatch office **Gü·ter·ab·satz** *m* HANDEL goods outlet

Gü·ter·ab·wä·gung <-, -en> *f (geh)* weighing up of the choices *(often to choose the lesser of two evils)* **Gü·ter·an·nah·me** *f* freight [*or* goods receiving] office **Gü·ter·auf·kom·men** *nt* FIN **Güter- und Leistungsaufkommen** receipts from goods and services; BAHN increased volume of freight **Gü·ter·aus·ga·be** *f* freight delivery office **Gü·ter·bahn·hof** *m* goods [*or* freight] depot

Gü·ter·be·för·de·rung *f* transport [*or* conveyance] of goods, goods transport; ~ **zur See** carriage by sea **Gü·ter·be·för·de·rungs·ver·trag** *m* HANDEL transport contract

Gü·ter·fern·ver·kehr *m* long-distance haulage *no pl, no art* **Gü·ter·ge·mein·schaft** *f* JUR community of property; **fortgesetzte ~** continued marital community of goods; **vertraglich vereinbarte ~** conventional community; **in ~ leben** to have community of property **Gü·ter·hal·le** *f* goods shed, warehouse

Gu·ter Hein·rich [-'hainrɪç] *m* BOT Good King Henry

Gü·ter·kraft·ver·kehr *f* road haulage BRIT, trucking AM **Gü·ter·kraft·ver·kehrs·ge·setz** *nt* JUR Road Haulage Act

Gü·ter·nah·ver·kehr *m* short-distance haulage *no pl, no indef art*

Gü·ter·recht *nt* JUR real law; **eheliches ~** law of matrimonial property

Gü·ter·rechts·re·gis·ter *nt* JUR marriage property register **Gü·ter·rechts·sta·tut** *nt* JUR law applicable to matrimonial property **Gü·ter·recht·sta·tus** *m* JUR matrimonial property law status

Gü·ter·schiff *nt* cargo ship **Gü·ter·schup·pen** *f* goods shed, warehouse, freight depot **Gü·ter·stand** *m* JUR property regime, system of marital property; **gesetzlicher/vereinbarter ~** statutory/agreed matrimonial property regime **Gü·ter·sta·tut** *nt* JUR property statute **Gü·ter·ta·rif** *m* goods [*or* freight] tariff

Gü·ter·trans·port *m* HANDEL transport [*or* conveyance] of goods, goods transport; ~ **per Bahn** rail transport, carriage by rail **Gü·ter·trans·port·ver·si·che·rung** *f* cargo insurance

Gü·ter·tren·nung *f* JUR separation of property; **gerichtliche ~** judicial separation of property; **in ~ leben** to have separation of property **Gü·ter·um·lauf** *m kein pl* HANDEL circulation of goods; **freier ~** free circulation of goods

Gü·ter·um·schlag *m* handling of goods, cargo handling **Gü·ter·um·schlag·stel·le** *f* centre [*or* AM -er] of trade

Gü·ter·ver·kehr *m* goods traffic *no pl, no indef art,* transportation of freight **Gü·ter·ver·kehrs·frei·heit** *f kein pl* HANDEL freedom of transport

Gü·ter·ver·sand *m* shipment of goods **Gü·ter·ver·si·che·rung** *f* cargo insurance **Gü·ter·wa·gen** *m* goods truck [*or* van], freight car [*or* wagon]; **offener ~** open wagon [*or* BRIT *a.* waggon], gondola [car] AM **Gü·ter·wag·gon** *m* freight car; **gedeckter ~** box waggon BRIT, boxcar AM **Gü·ter·zug** *m* goods [*or esp* AM freight] train

Gü·te·schutz *m* JUR quality protection **Gü·te·schutz·ge·mein·schaft** *f* JUR quality protection association

Gü·te·sie·gel *nt* seal [*or* mark] of quality, kite mark BRIT **Gü·te·ver·fah·ren** *nt* JUR conciliatory proceedings *pl* **Gü·te·ver·hand·lung** *f* JUR conciliation proceedings **Gü·te·vor·schrift** *f* TECH quality specification

Gü·te·zei·chen *nt* mark of quality, kite mark BRIT **Gü·te·zei·chen·ge·mein·schaft** *f* HANDEL quality marks association **Gü·te·zei·chen·lis·te** *f* HANDEL register of quality labels

gut·ge·stelltRR *adj* ~ **sein** to be well [*or* comfortably] off
Gut·glau·ben *m* JUR good faith, bona fides
Gut·glau·bens·er·werb *m* FIN bona-fide acquisition **Gut·glau·bens·schutz** *m* JUR protection of bona-fide purchaser
gut·gläu·big *adj* ❶ *(leichtgläubig)* trusting, gullible ❷ JUR *(in gutem Glauben)* in good faith [*or* bona fide]; ~**er Besitzer/Erwerb** bona fide holder/bona fide [*or* innocent] purchase **Gut·gläu·big·keit** *f* gullibility *no pl*
gut|ha·ben *vt irreg* ■ **etw bei jdm** ~ to be owed sth by sb; ***du hast ja noch 100 Euro/ einen Gefallen bei mir gut*** I still owe you 100 euros/a favour
Gut·ha·ben <-s, -> *nt* credit balance; **eingefrorenes/gesperrtes** ~ frozen assets *pl*/blocked credit balance
Gut·ha·ben·hö·he *f* FIN supply **Gut·ha·ben·über·schuss**RR *m* FIN surplus assets *pl*
gut|hei·ßen *vt irreg* ■ **etw** ~ to approve of sth **gut·her·zig** *adj (geh)* kind-hearted
gü·tig ['gy:tɪç] *adj* kind; **würden Sie so ~ sein, zu ...** *(geh)* would you be so kind as to ... *form;* [***danke,***] ***zu ~!*** *(iron)* [thank you,] you're too kind! *iron*
güt·lich ['gy:tlɪç] **I.** *adj* amicable
II. *adv* amicably
▸WENDUNGEN: **sich** *akk* **an etw** *dat* ~ **tun** to help oneself freely to sth
gut|ma·chen *vt* ❶ *(in Ordnung bringen)* ■ **etw** ~ to put sth right; **etw an jdm gutzumachen haben** to have sth to make up to sb for
❷ *(entgelten)* ■ **etw** ~ to repay sth; ***wie kann ich das nur je ~?*** how can I ever repay you?
❸ *(wettmachen)* ■ **etw mit etw** *dat* ~ to make sth up again with sth; ■ **etw bei etw** *dat* ~ to make sth from sth
Gut·mensch *m (pej fam)* starry-eyed idealist *usu pej (sb who is, or wants to be, squeaky clean with respect to morality or political correctness)*
gut·mü·tig ['gu:tmy:tɪç] *adj* good-natured
Gut·mü·tig·keit <-> *f kein pl* good nature *no pl*
Guts·be·sit·zer(in) *m(f)* landowner **Guts·be·trieb** <-[e]s, -e> *m* SCHWEIZ *(Gutshof)* estate, manor
Gut·schein *m* coupon, voucher
gut|schrei·ben *vt irreg* FIN ■ **jdm etw** ~ to credit sb with sth; ■ **gutgeschrieben** credited; **nicht gutgeschrieben** uncredited
Gut·schrift *f* ❶ *kein pl (Vorgang)* crediting *no pl* ❷ *(Bescheinigung)* credit note ❸ *(Anlage)* credit slip ❹ *(im Haben gebuchter Betrag)* credit entry [*or* item] **Gut·schrifts·an·zei·ge** *f* FIN credit note
Gut·schrift·(s)be·trag *m* FIN credit amount
Guts·haus *nt* manor house
Guts·herr(in) *m(f)* lord/lady of the manor **Guts·her·ren·art** *f kein pl (pej fam)* **nach** ~ in the style of lord of the manor; **nach ~ regieren** to rule as one pleases
Guts·hof *m* estate, manor
gut|stel·lenRR **I.** *vt* **jdn** ~ to pay sb well
II. *vr* **sich** *akk* ~ to be well [*or* comfortably] off
Guts·ver·wal·ter(in) *m(f)* estate manager, steward, bailiff BRIT
Gut·teil *m kein pl* ÖSTERR **ein** ~ a good deal [*or* many]; **zu einem** ~ to a large extent
gut|tun *vi irreg* ■ [**jdm**] ~ to do [sb] good; ***das hat mir unheimlich gutgetan*** that did me a power [*or* world] of good; ***eine Tasse Kaffee würde mir jetzt*** ~ I could just do with a cup of coffee now; ■ **es tut jdm gut, etw zu tun** it does sb good to do sth
gut·tu·ral [gʊtu'ra:l] *adj* guttural
gut·wil·lig **I.** *adj (entgegenkommend)* willing, obliging
II. *adv (freiwillig)* voluntarily
Gu·ya·na <-s> [gu'ja:na] *nt* Guyana
Gu·ya·ner(in) <-s, -> [gu'ja:nɐ] *m(f)* Guyanese
gu·ya·nisch [gu'ja:nɪʃ] *adj* Guyanese
G-Wa·gen *m* box waggon BRIT, boxcar AM
gym·na·si·al [gymna'zi̯a:l] *adj attr* ≈ grammar-school *attr* BRIT, ≈ high-school *attr* AM
Gym·na·si·al·leh·rer(in) *m(f),* **Gym·na·si·al·pro·fes·sor(in)** *m(f)* ÖSTERR ≈ grammar-school [*or* AM ≈ high-school] teacher
Gym·na·si·ast(in) <-en, -en> [gymna'zi̯ast] *m(f)* ≈ grammar-school pupil [*or* ≈ high-school student] AM
Gym·na·si·um <-s, -sien> [gym'na:zi̯ʊm, *pl* gym'na:zi̯ən] *nt* ≈ grammar school BRIT, ≈ high school AM; **humanistisches/mathematisch-naturwissenschaftliches** ~ ≈ grammar school specializing in humanities/mathematics and natural science
Gym·nas·tik <-> [gym'nastɪk] *f* gymnastics + *sing vb*
Gym·nas·tik·an·zug *m* leotard **Gym·nas·tik·ball** *m* gymnastic[s] ball **Gym·nas·tik·un·ter·richt** *m* gymnastics + *sing vb*
gym·nas·tisch *adj* gymnastic
Gym·no·sper·me <-, -n> [gymno'spɛrmə] *f* BOT *(Nacktsamer)* gymnosperm
Gy·nä·ko·lo·ge, Gy·nä·ko·lo·gin <-n, -n> [gynɛko'lo:gə, gynɛko'lo:gɪn] *m, f* gynaecologist BRIT, gynecologist AM
Gy·nä·ko·lo·gie <-> [gynɛkolo'gi:] *f kein pl* gynaecology *no pl, no art* BRIT, gynecology *no pl, no art* AM
Gy·nä·ko·lo·gin <-, -nen> [gynɛko'lo:gɪn] *f fem form von* **Gynäkologe**
gy·nä·ko·lo·gisch [gynɛko'lo:gɪʃ] *adj* gynaecological BRIT, gynecological AM
GZT <-> [ge:tsɛt'te:] *m kein pl* ÖKON *Abk von* **Gemeinsamer Zolltarif** CCT

H

H, h <-, - *o fam* -s, -s> [ha:] *nt* ❶ *(Buchstabe)* H [*or* h]; ~ **wie Heinrich** H for [*or* as in] Harry; *s. a.* **A 1**
❷ MUS B; *s. a.* **A 2**
h *Abk von* **hora[e]** hr ❶ *gesprochen: Uhr (Stunde der Uhrzeit)* hrs; ***Abfahrt des Zuges: 9 h 17*** train departure: 9.17 a.m.
❷ *gesprochen: Stunde (Stunde)* h.; ***130 km/ h ist auf deutschen Autobahnen empfohlene Richtgeschwindigkeit*** 130 k.p.h. is the recommended speed on German motorways
ha[1] [ha:] *Abk von* **Hektar** ha
ha[2] [ha] *interj* ❶ *(triumphierend)* ha!; ***~, wusste ich's doch!*** ha! I knew it!
❷ *(überrascht, erstaunt)* oh!; ***~, guck mal, was ich da entdeckt habe!*** oh! look what I've found here!
hä *interj* SÜDD, ÖSTERR, SCHWEIZ *(fam)* eh
Haag [ha:k] *m* ■ **Den** ~ The Hague
Haar <-[e]s, -e> [ha:ɐ̯] *nt* ❶ *(einzelnes Körperhaar)* hair
❷ *sing o pl (gesamtes Kopfhaar)* hair *no pl, no indef art;* ***sie hat schönes, blondes*** ~ she's got lovely blonde hair; **graue ~e bekommen** to go grey BRIT [*or esp* AM gray]; **sich** *dat* **die ~e legen lassen** to have one's hair set; **sich** *dat* **die ~e** [*o* **das ~**] **schneiden lassen** to get [*or* have] one's hair cut
▸WENDUNGEN: **aufs** ~ exactly; ***die Zwillinge gleichen sich aufs*** ~ the twins are as alike as two peas in a pod; **sich** *dat* **die ~e ausraufen** *(fam)* to tear one's hair out; **jdm stehen die ~e zu Berge** *(fam)* sb's hair stands on end; **um kein ~ besser** not a bit better; **sich** *dat* [**über etw** *akk*] **in die ~e geraten** [*o fam* **kriegen**] to quarrel [*or* squabble] [about sth]; **sich** *dat* **über etw** *akk* **keine grauen ~e wachsen lassen** not to lose any sleep over sth; **an jdm/etw kein** [*o* **nicht ein**] **gutes ~ lassen** to pick [*or* pull] sb/sth to pieces; **etw an den ~en herbeiziehen** *(fam)* to be far-fetched; **jdm die ~e vom Kopf fressen** *(fam)* to eat sb out of house and home *fam;* **krauses ~, krauser Sinn** frizzy hair, muddled mind; **jdm kein ~ krümmen** *(fam)* not to touch a hair on sb's head; **lange ~e, kurzer Verstand** long hair, stunted mind; **~e lassen müssen** *(fam)* not to escape unscathed; **sich** *dat* [**wegen einer S.** *gen*] **in den ~en liegen** *(fam)* to be at loggerheads [about sth]; **sich** *dat* **die ~e raufen** to tear one's hair; **da sträuben sich einem ja die ~e!** *(fam)* it's enough to make your hair stand on end!; **ein ~ in der Suppe finden** *(fam)* to find fault with sth; **um ein** [*o* **ums**] ~ within a hair's breadth; **~e auf den Zähnen haben** *(fam)* to be a tough customer *fam*
Haar·an·satz *m* hairline **Haar·auf·hel·ler** *m* hair lightener **Haar·aus·fall** *m* hair loss *no pl* **Haar·band** *nt* hairband **Haar·breit** *nt* ▸WENDUNGEN: **nicht** [**um**] **ein** [*o* **um kein**] ~ not an inch; ***er wollte um kein ~ zurückweichen*** he wouldn't give an inch **Haar·bürs·te** *f* hairbrush **Haar·bü·schel** *nt* tuft of hair **Haar·clip** *m* hair clip **Haar·cur·ler** [-'kø:ɐ̯lɐ] *m* hair curler
haa·ren ['ha:rən] *vi* to moult BRIT [*or* AM molt]; ***haart der Pelzmantel?*** is the fur coat losing it's hair?
Haar·ent·fer·ner <-s, -> *m* hair remover **Haar·ent·fer·nungs·mit·tel** *nt* hair remover, depilatory
Haa·res·brei·te *f* ▸WENDUNGEN: [**nur**] **um** ~ [only] by a hair's breadth [*or* a whisker]
Haar·far·be *f* colour [*or* AM -or] of one's hair **Haar·fär·be·mit·tel** *nt* hair dye **Haar·fes·ti·ger** <-s, -> *m* setting lotion **Haar·ge·fäß** *nt* capillary **haar·ge·nau** **I.** *adj* exact; *Übereinstimmung* total, complete **II.** *adv* exactly; ***die Beschreibung trifft ~ auf ihn zu*** the description fits him to a T; **jdm etw ~ erklären** to explain sth to sb in great [*or* minute] detail; **etw ~ festlegen** to pinpoint sth exactly **Haar·gum·mi** *nt* scrunchy, hairband
haa·rig ['ha:rɪç] *adj* ❶ *(stark behaart)* hairy
❷ *(fam: heikel, vertrackt)* tricky *fam;* **eine ~e Angelegenheit** a tricky matter
❸ *(riskant, gefährlich)* hairy *fam*
❹ *(fam: extrem)* tough *fam;* ***das sind aber ~e Preise*** these prices are really steep
Haar·klam·mer *f* hair clip **haar·klein** ['ha:ɐ̯'klain] *adv* in minute detail **Haar·klem·me** *f s.* **Haarklammer** **Haar·kno·ten** *m* bun, knot **Haar·lack** *m* hairspray, BRIT *a.* hair lacquer **Haar·lift·kamm** *m* pitchfork comb
haar·los *adj* hairless
Haar·na·del *f* hairpin **Haar·na·del·kur·ve** *f* hairpin bend
Haar·netz *nt* hairnet; **flüssiges** ~ extra-hold hairspray **Haar·pfle·ge** *f* hair care; **zur ~** for the care of one's hair **Haar·pracht** *f* splendid head of hair **Haar·pro·be** *f* hair analysis **Haar·reif** *m* Alice band **Haar·riss**RR *m* hairline crack **haar·scharf** *adv* ❶ *(ganz knapp)* by a hair's breadth ❷ *(sehr exakt)* exactly **Haar·sche·re** *f* hair scissors *npl* **Haar·schlei·fe** *f* bow, hair ribbon **Haar·schnei·de·kamm** *m* barber comb **Haar·schnei·der** *m* clippers *npl* **Haar·schnei·de·sche·re** *f* haircutting scissors *npl* **Haar·schnitt** *m* ❶ *(Frisur)* hairstyle, haircut ❷ *(das Haareschneiden)* haircut **Haar·schopf** *m* mop [*or* BRIT shock] of hair **Haar·sieb** *nt* extra-fine sieve **Haar·spal·te·rei** <-, -en> [ha:ɐ̯ʃpalte'rai̯] *f (pej)* splitting hairs *no pl, no art* **Haar·span·ge** *f* hair slide **Haar·spit·ze** *f* end of a hair; **gespaltene ~n** split ends **Haar·spray** *nt o m* hairspray **Haar·spü·lung** *f* hair conditioner [*or* rinse] **Haar·ste·cker** *m* hair roller pin **Haar·stern** *m* ZOOL feather star **Haar·sträh·ne** *f* strand of hair **haar·sträu·bend** ['ha:ɐ̯ʃtrɔybn̩t] *adj* hair-raising **Haar·teil** *nt* hairpiece **Haar·tracht** *f (veraltend geh)* hairstyle **Haar·trock·ner** *m* hair dryer **Haar·wä·sche** *f* hair wash **Haar·wasch·mit·tel** *nt* shampoo **Haar·was·ser** *nt* hair lotion **Haar·wild** *nt kein pl* JAGD furred [*or* ground] game *no pl*
Haar·wuchs *m* growth of hair; **einen ... ~ haben** to have a ... head of hair; ***in meiner Jugend hatte ich einen dichteren ~ als heute*** I had a lot more hair in my youth than I have today **Haar·wuchs·mit·tel** *nt* hair restorer
Haar·wur·zel *f* root of a/the hair
Hab [ha:p] *nt* ~ **und Gut** *(geh)* belongings *npl,* possessions *pl*
Hab·acht·stel·lung *f* MIL attention *no pl, no indef*

art; **in ~ gehen** to stand to attention

Ha·be <-> ['ha:bə] *f kein pl (geh)* belongings *npl,* possessions *pl;* **bewegliche ~** movables *pl;* **persönliche/unbewegliche ~** personal belongings/immovables

ha·ben ['ha:bn̩]

I. TRANSITIVES VERB	II. UNPERSÖNLICHES TRANSITIVES VERB
III. INTRANSITIVES VERB	
IV. REFLEXIVES VERB	V. UNPERSÖNLICHES REFLEXIVES VERB
VI. AUXILIARVERB	

I. TRANSITIVES VERB

① <hatte, gehabt> *(besitzen)* ■**jdn/etw ~** to have [got] sb/sth; ***wir ~ zwei Autos*** we have [*or* we've] [got] two cars; ***sie hatte gestern Geburtstag*** it was her birthday yesterday; ***sie hat ihn zum Mann*** he is her husband; **die/wir ~s [ja]** *(hum)* they/we can afford it; *(iron a.)* [well] what's that to them/us!; **Familie ~** to have a family [to keep]; **jdn zum Freund ~** to have sb as a friend; **was man hat, das hat man** it's better than nothing; **jdn/etw ~ wollen** to want [to have] sb/sth; **jdn zur Frau/zum Mann ~ wollen** to want to make sb one's wife/husband; ■**jdn/etw nicht ~** to not have sb/sth, to have not got sb/sth; ***ich habe es nicht*** I don't have [*or* haven't got] it; ***bald hatte er kein Geld mehr*** he soon ran out of money; **man hats oder man hats nicht** *(fam)* either you have it or you don't; **nichts ~** *(fam)* to have [got] nothing, to have not got anything, to not have [*or* have not got] two pennies to rub together *fam;* ***sie spendet Geld, obwohl sie selbst fast nichts hat*** she donates money although she scarcely has any herself

② <hatte, gehabt> *(verfügen)* ■**etw ~** to have [got] sth; **gute Kenntnisse [von etw** *dat*] **~** to be knowledgeable [about sth]; **Muße ~** to have [got] time to spare; **[für jdn] Zeit ~** to have [got] time [for sb]; ***hast du eine Minute Zeit für mich?*** could you spare me a minute [of your time]?; ***ich habe Zeit*** I have [got] [the] time; **ich habe keine Zeit** I don't have [any [*or* the]] time, I've [got] no time; ***es hat Zeit*** it's not urgent, it can wait

③ <hatte, gehabt> *(lagern)* ■**etw ~** to have [got] sth

④ <hatte, gehabt> *(aufweisen)* ■**etw ~** to have [got] sth; **keine Bedeutung ~** to mean nothing, to not mean anything; **wenig Wert ~** to have [*or* be of] little value

⑤ <hatte, gehabt> *(empfinden)* ■**etw ~** to have [got] sth; ***hast du was?*** is something [*or* what's] the matter [*or* wrong]?; ***ich hab nichts!*** nothing's the matter!; ***was hat er/sie denn [o bloß] [o nur]?*** what's up with him/her? *fam,* whatever's [*or* what on earth's] the matter with him/her?; **Angst/Heimweh/Sorgen ~** to be afraid/homesick/worried; **Durst/Hunger ~** to be thirsty/hungry; **Fieber ~** to be feverish, to have a temperature *fam;* **die Hoffnung ~, etw zu tun** to hope to do sth, to have hopes of doing sth; **gute/schlechte Laune ~** to be in a good/bad mood; **Lust ~, etw zu tun** to feel like doing sth; **Sehnsucht nach etw** *dat* **~** to long for sth; **jd hat den Wunsch, etw zu tun** sb wishes [*or* it is sb's wish] to do sth; **Zweifel ~** to have doubts, to be sceptical BRIT [*or* AM skeptical]

⑥ <hatte, gehabt> *(ausdenken)* ***wer hatte die Idee, alle Fenster zu öffnen?*** whose idea was it to open all the windows?; **den Gedanken ~, etw zu tun** to consider [*or* entertain the idea of] doing sth

⑦ <hatte, gehabt> *(ausüben)* **die Pflicht ~, etw zu tun** to be one's duty to do sth; **das Recht ~, etw zu tun** to have the right to do sth

⑧ <hatte, gehabt> *(übernehmen)* ■**etw ~** to have [got] sth; ***wer hat die Stelle jetzt?*** who got the job?; **Schuld an etw** *dat* **~** to be to blame for sth; **die Verantwortung für etw** *akk* **~** to be responsible for sth

⑨ <hatte, gehabt> *+ adj* ■**es ... ~:** ***ihr habt es sicher sehr angenehm in dieser Wohngegend*** it must certainly be very pleasant for you in this residential area; ***so hast du es bequemer*** you'll be more comfortable that way; ***ich habe es etwas kalt im Haus*** my house is a bit cold; ***du hast es schön hier*** [you have a] nice place; ***glücklicher als jetzt wirst du es nie ~!*** you'll never be so happy as you are now!; ***wir hatten es prima in unsrer Jugend*** we had a great time in our youth; **es eilig ~** *(fam)* to be rushing; **es bei jdm gut ~** to be well off with sb

⑩ <hatte, gehabt> *+ infinitiv (verfügen)* ■**etw zu tun ~** to have [got] sth to do; ***wir ~ nichts zu essen*** we haven't [got] anything to eat, we've [got] nothing to eat; ***ich habe noch zu arbeiten*** I've still got work to do; ***du hast nichts zu erwarten!*** you can expect nothing!; ***sie hat kaum noch etwas zu hoffen*** she has scarcely a hope left; ***Sie ~ hier keine Fragen zu stellen!*** it's not for you to ask questions here!; ***Sie ~ hier nichts zu befehlen*** you've no right to order us about, you're not the boss around here *fam*

⑪ <hatte, gehabt> *+ infinitiv (hinstellen)* ***im Schlafzimmer hat er ein Bild [zu*** DIAL***] hängen*** he has [got] a picture hanging in his bedroom; ***ich habe über 4000 Bücher in den Regalen [zu*** DIAL***] stehen*** I've [got] over 4,000 books on the shelves

⑫ <hatte, gehabt> *+ infinitiv (müssen)* ■**etw zu tun ~** to have [got] to do sth; ***ich hab zu tun*** I'm busy; ***wir ~ noch eine Stunde zu fahren*** we've still got an hour's drive; ***du hast zu tun, was ich sage!*** you're to do what [*or* as] I say!; ***du hast zu gehorchen!*** do what I tell you!; ***als Rekrut ~ Sie sich nicht zu beschweren!*** as a recruit it's not your place to complain!

⑬ <hatte, gehabt> *(teilnehmen)* ■**etw ~** to have [got] sth; ***morgen ~ wir keine Schule*** there's no school for us tomorrow

⑭ <hatte, gehabt> *(erzielen)* ■**etw ~:** ***was hast du in Französisch?*** what did you get for [*or* in] French?; ***in der Schule hat sie immer gute Noten gehabt*** she always got good marks at school

⑮ <hatte, gehabt> *(leiten)* ■**jdn ~:** ***wen habt ihr eigentlich in Mathe?*** who have you got for maths?

⑯ <hatte, gehabt> *(herrschen)* ***wie viel Uhr ~ wir bitte?*** what time is it, please?; ***wir ~ den 13./35°C/Mai/Montag/Winter*** it's the 13th/35°C/May/Monday/winter; ***wir ~ schönes Wetter*** we've [got] beautiful weather; ***den Wievielten ~ wir heute?*** what's today's date [*or* the date today]?

⑰ <hatte, gehabt> *(enthalten)* ■**etw ~** to have sth; ***ein Meter hat 100 Zentimeter*** there are 100 centimetres in a metre; ***das Grundstück dürfte über 4.000 Quadratmeter ~*** the plot should be over 4,000 square metres

⑱ <hatte, gehabt> *(erhalten)* ***könnte ich bitte das Salz ~?*** could I have the salt please?; ***woher hast du das?*** where did you get that?; ***da hast du zehn Euro!*** there you are, there's ten euros!; ***also gut, da ~ Sie das Geld*** right, well there you are, there's the money; **da [o jetzt] hast dus!** *(fam)* see what I mean?; **hab/~ Sie Dank!** *(geh)* thank you!; **jd hätte etw gern** sb would like sth; ***ich hätte gern ein Bier*** I'd like a beer, please, can I have a beer, please?; ***wie hätten Sie es [denn] gern?*** how would you prefer it?; **zu ~ sein** *Produkt* to be available; ***ein Videorekorder ist für weniger als 100 Euro zu ~*** a video recorder can be had [*or* you can get a video recorder] for less than €100; **[noch] zu ~ sein** *(fam) Person* to be [still] available [*or* single]; **wieder zu ~ sein** *(fam) Person* to be available [*or* single] again

⑲ <hatte, gehabt> SCH *(fam: lernen)* ■**etw ~** to have [got] sth; ***Spanisch haben wir nie gehabt*** we never did Spanish

⑳ <hatte, gehabt> *(fam: pflegen)* ***solche Höflichkeit hat man heutzutage nicht mehr*** you won't see courtesy like that any more nowadays; ***man hat wieder Schlaghosen*** flares are back in fashion; ***hat man bei euch noch das Plumpsklo?*** do you still have [*or* use] earth closets where you come from?

㉑ <hatte, gehabt> *(fam: finden)* ■**jdn/etw ~** to have [got] sb/sth; ***hast du den Fehler?*** have you found the mistake?; ***das werden wir gleich ~*** we'll soon have it; ***hab [ich] dich!*** gotcha! *fam;* ***ich hab's!*** [I've] got it!; ***jetzt hab ichs!*** now I've got it!

㉒ <hatte, gehabt> *(sl: koitieren)* ■**jdn ~** to have sb *vulg sl;* **[nicht] leicht zu ~ sein** to be [not just] anyone's *fam*

㉓ <hatte, gehabt> DIAL *(geben)* ■**jdm etw ~** to have sth for sb

㉔ <hatte, gehabt> *+ präp* ■**etw an sich** *dat* **~** *Ungewisses* to have [got] sth about one; ***ich weiß nicht, was er an sich hat, dass ...*** I don't know what it is about him that ...; ***er hat einen verächtlichen Ton an sich*** he has a contemptuous tone of voice; **das hat jd so an sich** *dat (fam)* that's [just] the way sb is; ■**etw an jdm ~:** ***jetzt weiß ich, was ich an ihr habe*** now I know how lucky I am to have her; ***an diesen Idioten habe ich doch nichts!*** these idiots are useless to me!; ***an den Kindern habe ich eine große Hilfe*** the children are a great help to me; **es an/auf/in/mit etw** *dat* **~** *(leiden)* to have trouble with sth; **es auf der Brust ~** to have [got] a bad chest; **es am Herz ~** to have [got] heart trouble; **was hat es damit auf sich?** what's all this about?; **das hat nichts auf sich** that's unimportant [*or* of no importance]; ■**jdn bei sich** *dat* **~** *(leben)* to have sb living with one; *(begleiten)* to be with sb; ■**etw bei sich** *dat* **~** to have sth [on one]; **für etw** *akk* **zu haben/nicht zu ~ sein** to be/not be keen on sth; ***für eine Flasche Wein bin ich immer zu ~*** I'm always keen on a bottle of wine; ***er ist immer für einen Spaß zu ~*** he's always one for a laugh; **etwas für sich** *akk* **~:** ***keine schlechte Idee, sie hat etwas für sich*** not a bad idea, there's something to be said for it; ■**jdn/etw gegen sich** *akk* **~** to have [got] sb/sth against one; **etwas/nichts gegen jdn/etw ~** to have [got] something/nothing against sb/sth; ■**etw hinter sich** *dat* **~** to have [got] sth behind one; **etw hat es in sich** *(fam)* sth is tough; ***der Trick hat es in sich!*** the trick's a tough one!; ***der Wein hat es aber in sich!*** the wine has really got some punch!; ***das Essen muss es wohl in sich gehabt haben*** the food must have been really rich; **etwas mit jdm ~** *(fam)* to have [got] something [*or* a thing] going with sb *fam;* ***der Chef hat wohl etwas mit seiner Sekretärin*** there's something [going on] between the boss and his secretary *fam;* **es mit etw** *dat* **~** *(fam)* to have [got] a thing about sth; ■**etw von jdm ~** to have [got] sth from sb; ***die blauen Augen hat sie vom Vater*** she has [got] her father's blue eyes, she gets her blue eyes from her father; ***er hat etwas von einem Bengel [an sich]*** he's a bit of a rascal; ***ihre Skulpturen ~ viel von Rubin*** her sculpture owes much to Rubin; ***von wem hast du deine schlechten Manieren?*** who did you get your bad manners from?, who taught you such bad manners?; **mehr/viel/wenig von jdm/etw ~** to get more/a lot/little from [*or* out of] sb/sth; ***die Kinder haben bisher wenig von ihrem Vater gehabt*** the children have seen little of their father so far; ■**etw von etw** *dat* **~** to get sth out of sth; ***das Kleid hat etwas von Eleganz*** the dress has a certain elegance about it; ***das hast du nun von deiner Kompromisslosigkeit*** that's what comes of refusing to compromise; ***das hast du jetzt davon!*** now see where it's got you!; ***das hast du nun davon, dass du immer so schnell fährst!*** that's what you get for speeding all the time!; **nichts davon ~** to not gain anything from it; ■**jdn vor sich** *dat* **~** to deal with sb; ■**etw vor sich** *dat* **~** to have sth before one

▶WENDUNGEN: **jd kann etw nicht ~** *(fam)* sb cannot stand sth; **wie gehabt** *(fam)* as usual; ***hat sich was geändert? — nein, es ist alles noch wie gehabt*** has anything changed? — no, it's still just as it was; **dich hats wohl!** *(fam)* you must be crazy [*or esp* BRIT potty]! *fam*

II. UNPERSÖNLICHES TRANSITIVES VERB

<hatte, gehabt> DIAL *(geben)* ■**es hat etw** there is sth; ***hier hat es viele Restaurants*** there are many restaurants here; ***draußen hats 40°C*** it's 40°C outside

H

III. INTRANSITIVES VERB

① <hatte, gehabt> *(besitzen)* ~ **und nicht** ~ have and have not; **wer hat, der hat** *(hum, iron)* I'd/we'd rather have it than not
② <hatte, gehabt> DIAL *(sein)* **kalt/warm** ~ to be cold/warm

IV. REFLEXIVES VERB

① <hatte, gehabt> *(pej fam: aufregen)* ■**sich** *akk* [**wegen einer S.** *gen*] ~ to make a fuss [*or fam* kick up a stink] [about sth]; ***hab dich nicht so!*** don't be like that!
② <hatte, gehabt> *(fam: streiten)* ■**sich** *akk* ~ to argue, to fight
③ <hatte, gehabt> *(sl: erledigt)* ***gib mir 10 Euro dafür, und die Sache hat sich*** give me €10 for it, and we're done; ***nimm den Scheck, und die Sache hat sich*** take the cheque and we'll call it quits; **und damit hat es sich** and that's it!; ***hier sind noch mal 100 Euro, und damit hat es sich!*** here's another €100, but that's it!

V. UNPERSÖNLICHES REFLEXIVES VERB

<hatte, gehabt> ■**es hat sich wieder** *(sl)* it's all right again; ***hat es sich wieder?*** is everything all right [*or fam* OK] now?
▶WENDUNGEN: **hat sich was!** *(fam)* come off it! *fam;* ***hat sich was mit Kino — zuerst dein Zimmer aufräumen!*** you can forget the cinema till you've tidied your room!

VI. AUXILIARVERB

<hatte, gehabt> ■**etw getan** ~ to have done sth; ***sie hat es getan*** she did/has done it; ***ich habe es nicht getan*** I haven't done/didn't do it; ***nachdem sie die Schule verlassen hatten, ...*** after they had [*or* they'd] left school ...; ***hätten Sie das nicht voraussehen können?*** could you not have foreseen that?; ***du hättest den Brief früher schreiben können/sollen*** you could/should have written the letter earlier; ***also, ich hätte das nicht gemacht*** well, I wouldn't have done that; ■**etw getan** ~ **wollen** to claim to have done sth; ***sie will ihn in einem Laden gesehen*** ~ she claims to have seen him in a shop; ***ich will nichts gesagt ~, verstanden?*** I didn't say anything, OK?

Ha·ben <-s> ['ha:bn̩] *nt kein pl* credit; **mit etw** *dat* **im** ~ **sein** to be in credit by sth
Ha·be·nichts <-[es], -e> ['ha:bənɪçts] *m (fam)* have-not *usu pl,* pauper
Ha·ben·sei·te *f* credit side **Ha·ben·zins** *m oft pl* FIN credit interest, interest on credit, interest received
Hab·gier ['ha:pgi:ɐ̯] *f (pej)* greed *no pl,* avarice *no pl*
hab·gie·rig ['ha:pgi:rɪç] *adj (pej)* greedy, avaricious
hab·haft *adj (geh)* ■**jds** ~ **werden** to catch sb; ■**einer S.** *gen* ~ **werden** get hold of sth
Ha·bicht <-s, -e> ['ha:bɪçt] *m* ORN hawk
Ha·bichts·kraut *nt* BOT hawkweed
ha·bil. [ha'bi:l] *Abk von* **habilitatus** *qualified to lecture at a university*
Ha·bi·li·ta·ti·on <-, -en> [habilita'tsi̯o:n] *f* habilitation *(qualification as a university lecturer)* **Ha·bi·li·ta·ti·ons·schrift** *f postdoctoral thesis relating to qualification as a university lecturer*
ha·bi·li·tie·ren* [habili'ti:rən] **I.** *vr* ■**sich** *akk* ~ to qualify as a university lecturer
II. *vt* ■**jdn** ~ to award sb the qualification of university lecturer
ha·bi·li·tiert *pp und 3. pers sing von* **habilitieren** with a postdoctoral qualification, qualified as a university lecturer
Ha·bil·schrift *f* UNIV *postdoctoral thesis relating to qualification as a university lecturer*
Ha·bit <-s, -e> [ha'bi:t] *nt o m* ① *(Ordenskleid)* habit
② *(geh: Aufzug)* attire *no pl, no indef art*
Ha·bi·tat <-s, -e> [habi'ta:t] *nt* habitat
Ha·bi·tus <-> ['ha:bitʊs] *m kein pl* ① *(gewohnheitsmäßiges Verhalten)* habit
② BIOL, MED *Anlage, Haltung, Körperbau* disposition
Habs·bur·ger(in) <-s, -> ['ha:psbʊrgɐ] *m(f)* Hapsburg
habs·bur·gisch ['ha:psbʊrgɪʃ] *adj* Hapsburg *attr*
Hab·se·lig·kei·ten ['ha:pze:lɪçkaitn̩] *pl* [meagre [*or* AM -er]] belongings *npl,* possessions *pl,* personal effects *npl*
Hab·sucht *f s.* **Habgier**
hab·süch·tig ['ha:pzʏçtɪç] *adj s.* **habgierig**
hach [hax] *interj* huh
Ha·chel <-, -n> ['haxl̩] *f* ÖSTERR *(Küchenhobel)* slicer
ha·cheln ['haxl̩n] *vt, vi* ÖSTERR *(hobeln)* ■[**etw**] ~ to chop [*or* slice] [sth]
Hach·se <-, -n> ['haksə] *f* KOCHK DIAL *(Haxe)* knuckle [of lamb]
Hack·beil *nt* chopper, cleaver **Hack·block** *m s.* **Hackklotz** **Hack·bra·ten** *m* meat loaf **Hack·brett** *nt* ① KOCHK chopping board ② MUS dulcimer
Ha·cke¹ <-, -n> ['hakə] *f* ① DIAL *(Ferse)* heel; **die ~n zusammenschlagen** [*o* **zusammenklappen**] MIL to click one's heels
② DIAL *(Ferse an Socken, Strümpfen)* heel
▶WENDUNGEN: **sich** *dat* **die ~n** [**nach etw** *dat*] **ablaufen** *(fam)* to run [*or* walk] one's legs off [*or* wear oneself out] looking for something; **jdm nicht von den ~n gehen** to dog sb; **die ~n voll haben** [*o* **einen im ~n haben**] NORDD *(fam)* to be tanked up *fam;* **sich** *akk* **jdm an die ~n hängen** [*o* **heften**] to stick to sb's heels; **jdm** [**dicht**] **auf den ~n sein** [*o* **bleiben**] [*o* **sitzen**] *(fam)* to be [*or* stay] hard on sb's heels
Ha·cke² <-, -n> ['hakə] *f* ① *(Gartengerät)* hoe
② ÖSTERR *(Axt)* axe
Ha·cke·beil *nt s.* **Hackbeil**
ha·cken ['hakn̩] **I.** *vt* ① *(zerkleinern)* ■**etw** ~ to chop [up *sep*] sth
② *(hackend lockern)* ■**etw** ~ to hoe sth
③ *(durch Hacken herstellen)* ■**etw** [**in etw** *akk*] ~ to hack sth [in sth]
II. *vi* ① *(mit dem Schnabel schlagen)* ■[**nach jdm/etw**] ~ to peck [sb/sth]
② *(mit der Hacke arbeiten)* ■[**in etw** *dat*/**zwischen etw** *dat*] ~ to hoe [in/between sth]
③ INFORM *(sl)* ■**auf etw** *dat* ~ to sit at sth hacking away; ***er hackt schon seit Stunden auf seinem Computer*** he's been hacking away on his computer for hours
Ha·cken <-s, -> ['hakn̩] *m s.* **Hacke¹ 1**
Ha·cke·pe·ter <-s, -> *m* ① NORDD *(Hackfleisch)* mince BRIT, minced [*or* ground] meat
② KOCHK steak tartare *(seasoned lean minced beef, eaten raw)*
Ha·cker(in) <-s, -> ['hakɐ] *m(f)* INFORM *(sl: Computerpirat)* hacker; *(Computerfan)* computer freak
Hackerszene ['hakɐ-] *f* INFORM hacker scene
Hack·fleisch *nt* mince, minced [*or* ground] meat
▶WENDUNGEN: ~ **aus jdm machen** [*o* **jdn zu ~ machen**] *(sl)* to make mincemeat of sb *fam* **Hack·frucht** *f usu pl* AGR root crop **Hack·klotz** *m* chopping block **Hack·ord·nung** *f (fig a.)* pecking order
Häck·sel <-s> ['hɛksl] *nt o m kein pl* chaff *no pl, no indef art*
Häcks·ler <-s, -> ['hɛkslɐ] *m* chaff-cutter
Hack·steak ['hakste:k] *nt* hamburger **Hack·stock** *m* ÖSTERR *(Hackklotz)* chopping block
Ha·der <-s> ['ha:dɐ] *m kein pl (geh)* discord *no pl, no indef art form;* **mit jdm in ~ leben** to live in strife with sb
Ha·der·lump *m* SÜDD, ÖSTERR *(pej)* waster BRIT *pej,* good-for-nothing *pej*
ha·dern ['ha:dɐn] *vi (geh)* ■[**mit etw** *dat*] ~ to quarrel [with sth]; **mit seinem Schicksal** ~ to rail against one's fate
Ha·des <-> ['ha:dɛs] *m kein pl* Hades *no pl, no art*
Ha·dith <-s, -e> ['ha'di:t] *m* REL Hadith
Had·ri·ans·wall ['ha:dria:ns-] *m* HIST Hadrian's Wall
Hadsch <-> [hatʃ] *m kein pl* REL *(Pilgerfahrt nach Mekka)* hajj, hadj
Ha·dschi <-s, -s> ['ha:dʒi] *m* REL *(Ehrentitel für einen Mekkapilger)* haj[j]i
Ha·fen¹ <-s, Häfen> ['ha:fn̩, *pl* 'hɛ:fn̩] *m* ① *(größerer Ankerplatz)* harbour [*or* AM -or], port; ***ein Schiff läuft in den ~ ein/läuft aus dem ~ aus*** a ship enters/leaves port
② *(geh: Zufluchtsort)* [safe] haven
▶WENDUNGEN: **den ~ der Ehe ansteuern** to be looking to get married; **in den ~ der Ehe einlaufen** *(hum fam)* to finally tie the knot *hum fam;* **im ~ der Ehe landen** *(hum fam)* to get married [*or* hitched] [*or* BRIT *hum fam* spliced]
Ha·fen² <-s, Häfen *o* -> ['ha:fn̩, *pl* 'hɛ:fn̩] *m o nt* DIAL, BES ÖSTERR ① *(größerer Topf)* pan, pot
② *(Nachttopf)* chamber pot, potty BRIT
Hä·fen <-s, -> ['hɛ:fn̩] *m* ÖSTERR ① *s.* **Hafen²**
② *(sl: Gefängnis)* clink *sl*
Ha·fen·amt *nt* port [*or* harbour [*or* AM -or]] authority **Ha·fen·an·la·gen** *pl* docks *pl* **Ha·fen·ar·bei·ter(in)** *m(f)* docker **Ha·fen·be·cken** *nt* harbour basin, dock **Ha·fen·be·hör·de** *f* harbour [*or* port] authority **Ha·fen·ein·fahrt** *f* harbour entrance **Ha·fen·ge·biet** *nt* docklands *pl,* harbour district **Ha·fen·ge·bühr** <-, -en> *f* harbour charges *pl,* port dues *pl* **Ha·fen·knei·pe** *f (fam)* dockland [*or* harbour] bar [*or* BRIT pub] **Ha·fen·kon·nos·se·ment** *nt* HANDEL port bill of lading **Ha·fen·lie·ge·geld** *nt* HANDEL quayage **Ha·fen·lie·ge·zeit** *f* NAUT laydays **Ha·fen·meis·ter(in)** *m(f)* harbour master **Ha·fen·po·li·zei** *f* dock [*or* port] police + *sing/pl vb* **Ha·fen·rund·fahrt** *f* boat trip round the harbour **Ha·fen·sper·re** *f* embargo, blockade **Ha·fen·stadt** *f* port **Ha·fen·vier·tel** *nt* dock area, docklands *pl*
Ha·fer <-s, -> ['ha:fɐ] *m* oats *pl*
▶WENDUNGEN: **jdn sticht der** ~ *(fam)* sb is feeling his oats AM *sl,* sb has the wind up his tail BRIT *fam*
Ha·fer·brei *m* porridge *no pl, no indef art* **Ha·fer·flo·cken** *pl* oat flakes *pl,* rolled oats *pl; (bes. feine)* porridge oats *pl* BRIT, oatmeal **Ha·fer·grüt·ze** *f* groats *npl,* grits *npl* AM **Ha·fer·kleie** *f* oat bran *no pl, no indef art* **Ha·fer·korn** *nt* oat grain **Ha·fer·küm·mel** *m* cumin **Ha·fer·mehl** *nt* oatmeal *no pl, no indef art* **Ha·fer·sack** *m* nosebag **Ha·fer·schleim** *m* gruel *no pl* **Ha·fer·wurz** *f* salsify, vegetable oyster
Haff <-[e]s, -s *o* -e> ['haf] *nt* lagoon
Haf·ni·um <-s> ['ha:fniʊm] *nt kein pl* CHEM hafnium *no pl, no indef art*
Haft <-> [haft] *f kein pl (Strafe)* imprisonment *no pl; (Zeit)* prison sentence, term of imprisonment; **in ~ sein** [*o* **sich** *akk* **in ~ befinden**] to be in custody [*or* prison]; **aus der ~ entlassen werden** to be released from custody [*or* prison]; **jdn in ~ nehmen** to take sb into custody; **in die ~ zurückgesandt werden** to be remanded in custody
Haft·an·ord·nung *f* JUR arrest warrant; **verlängerte** ~ detainer **Haft·an·stalt** *f* detention centre [*or* AM -er], prison **Haft·auf·schub** *m* JUR stay of imprisonment **Haft·aus·set·zung** <-, -en> *f* parole *no pl, no art*
haft·bar ['haftba:ɐ̯] *adj* JUR liable; ■**für etw** *akk* ~ **sein** to be liable for sth; **beschränkt/unbeschränkt** ~ having [*or* with] limited liability/absolutely liable; **gesamtschuldnerisch** ~ jointly and severally liable; **jdn für etw** *akk* ~ **machen** to hold sb [legally] responsible [*or* liable] for sth
Haft·be·din·gun·gen *pl* terms *pl* of responsibility [*or* liability]
Haft·be·fehl *m* JUR [arrest] warrant; **einen ~ gegen jdn ausstellen** to issue a warrant for sb's arrest; **jdn mit ~ suchen** to have a warrant out for sb's arrest **Haft·be·fehls·an·trag** *m* JUR application for a warrant of arrest
Haft·be·schwer·de *f* JUR complaint against an order for arrest **Haft·(breit·)rei·fen** *m* AUTO low-section high-grip tyre [*or* AM tire] **Haft·brü·cke** *f* BAU bonding course [*or* layer] **Haft·dau·er** *f* term of imprisonment **Haft·ein·la·ge** *f* JUR liability [*or* liable] capital; **nachrangige** ~ second-ranking liable capital
Haf·tel <-s, -n> ['haftl] *nt* MODE ÖSTERR *(Häkchen und Öse)* hook and eye
Haf·tel·ma·cher *m* ÖSTERR ▶WENDUNGEN: **wie ein ~ aufpassen** to watch like a hawk
haf·ten¹ ['haftn̩] *vi* ① ÖKON ■[**mit etw** *dat*] ~ to be liable [with sth]; ***sie haftet mit ihrem ganzen Vermögen*** she is liable with the whole of her property;

auf Schadenersatz ~ to be liable for compensation; **beschränkt/unbeschränkt** ~ to have limited/unlimited liability [*or* to be liable without limitation]
② *(die Haftung übernehmen)* ■ **für jdn/etw** ~ to be responsible [*or* liable] for sb/sth, to go guarantee; ***im Falle von Schäden ~ Eltern für Ihre Kinder*** parents are responsible for their children in cases of damage; **jdm dafür ~, dass ...** to provide sb with a guarantee that ...

haf·ten[2] ['haftn̩] *vi* ① *(festkleben)* ■ [**auf etw** *dat*] ~ to adhere [*or* stick] [to sth]
② *(sich festsetzen)* ■ **an etw** *dat* ~ to cling to sth; ■ [**an etw** *dat/***auf etw** *dat*] ~ **bleiben** to adhere [*or* stick] [to sth]
③ *(hängen bleiben)* ■ **an jdm** ~ to stick to sb
④ *(verinnerlicht werden)* ■ **bei jdm** ~ to stick in sb's mind; ■ [**in jdm**] ~ **bleiben** to stick [in sb's mind]; ***die Eindrücke des Krieges werden für immer in ihm*** ~ the impressions of war will stay with him for ever

Haf·ten <-s> ['haftn̩] *nt kein pl* TYPO adherence

haf·ten|blei·ben[ALT] *vi irreg sein s.* **haften**[2] **2**

haf·ten|blei·ben[2] *vi irreg sein s.* **haften**[2] **4**

Haf·ten·de(r) *f(m) dekl wie adj* JUR liable person, obligor; **beschränkt** ~ limited partner; **persönlich** ~ personally liable person; **selbstschuldnerisch** ~ directly suable debtor

Haft·ent·las·sung *f* release from custody [*or* prison] **Haft·ent·schä·di·gung** *f* compensation for wrongful imprisonment **haft·fä·hig**[1] *adj (klebend)* adhesive **haft·fä·hig**[2] *adj* JUR fit for a custodial sentence **Haft·fä·hig·keit**[1] *f von Reifen* roadholding *no pl, no indef art* **Haft·fä·hig·keit**[2] *f* JUR fitness for a custodial sentence **Haft·fort·dau·er** *f* JUR remand [in custody] **Haft·grund** *m* ① BAU etching primer ② JUR reason for arrest

Haft·ka·pi·tal *nt* FIN, JUR liable funds *pl*

Häft·ling <-s, -e> ['hɛftlɪŋ] *m* prisoner **Häft·lings·ver·le·gung** *f* transfer of prisoners

Haft·no·tiz *f* self-adhesive note

Haft·pflicht *f* ① *(Schadenersatzpflicht)* legal liability; ~ **des Frachtführers** carrier's liability; **gesetzliche** ~ statutory [*or* legal] liability; **in einer ~ sein** to be insured against third-party risks; **die ~ ausschließen/bestreiten/beweisen** to exclude/to deny/to establish liability ② *(fam: Haftpflichtversicherung)* personal [*or* AM public] liability insurance *no pl, no art;* AUTO third-party insurance *no pl, no art* **Haft·pflicht·ge·setz** *nt* JUR Public Liability Act **haft·pflich·tig** *adj* liable **haft·pflicht·ver·si·chert** *adj* ■ ~ **sein** to have personal liability insurance; AUTO to have [*or* be covered by] third-party insurance **Haft·pflicht·ver·si·che·rung** *f* personal [*or* AM public] liability insurance *no pl, no art;* AUTO third-party insurance *no pl, no art*

Haft·prü·fung *f* JUR review of remand **Haft·prü·fungs·ter·min** *m* JUR date of review of the remand order **Haft·prü·fungs·ver·fah·ren** *nt* JUR remand proceedings *pl;* **im ~ vorgeführt werden** to appear on remand

Haft·rich·ter(in) *m(f)* JUR [committing] magistrate

Haft·scha·le *f meist pl* contact lens

Haft·stra·fe *f* JUR *(veraltend)* custodial [*or* prison] sentence; **eine ~ verbüßen** to serve a custodial sentence **Haft·sum·me** *f* FIN amount guaranteed **haft·un·fä·hig** *adj* unfit for a custodial sentence

Haf·tung[1] <-, -en> ['haftʊŋ] *f* JUR liability, responsibility; ***für Garderobe übernehmen wir keine ~*** articles are left at the owner's risk; ~ **für Arbeitsunfälle** liability for industrial accidents; ~ **des Besitzers** occupier's liability; ~ **bei Mitverschulden** liability for contributory negligence; ~ **gegenüber Dritten** third-party liability; **arbeitsrechtliche/deliktische** ~ industrial/tortious liability; **außervertragliche** ~ non-contractual liability; **beschränkte/unbeschränkte** ~ limited/unlimited liability; **gesamtschuldnerische** ~ joint and several liability; **persönliche** ~ personal liability; **verschuldensunabhängige** ~ liability without fault; **vertragliche** ~ contractual liability; **vorvertragliche** ~ pre-contractual liability

Haf·tung[2] <-> ['haftʊŋ] *f kein pl* roadholding *no pl, no indef art*

Haf·tungs·ab·gren·zung *f* JUR demarcation of liability **Haf·tungs·ab·leh·nung** *f* JUR denial of liability **Haf·tungs·an·spruch** *m* JUR liability claim **Haf·tungs·aus·schluss**[RR] *m* JUR exclusion of liability **Haf·tungs·aus·schluss·klau·sel**[RR] *f* JUR non-liability clause **Haf·tungs·be·gren·zung** *f,* **Haf·tungs·gren·ze** *f* JUR limitation of liability **Haf·tungs·be·scheid** *m* JUR notice of liability **Haf·tungs·be·schrän·kung** *f* JUR limitation of liability **Haf·tungs·be·schrän·kungs·klau·sel** *f* JUR exemption clause **Haf·tungs·be·stim·mun·gen,** **Haf·tungs·vor·schrif·ten** *pl* JUR liability provisions **Haf·tungs·durch·griff** *m* JUR piercing the corporate veil **Haf·tungs·fä·hig·keit** *f* JUR liability **Haf·tungs·fol·ge** *m* JUR ranking of liabilities **Haf·tungs·frei·stel·lung** *f* JUR *des Verkäufers* exemption from liability **Haf·tungs·frei·zeich·nung** *f* JUR contracting out of liability **Haf·tungs·frist** *f* JUR liability period **Haf·tungs·grund·sät·ze** *pl* JUR principles of liability **Haf·tungs·höchst·be·trag** *m,* **Haf·tungs·ober·gren·ze** *f* JUR aggregate limit of liability **Haf·tungs·kla·ge** *f* JUR liability action **Haf·tungs·klau·sel** *f* JUR liability clause **Haf·tungs·min·de·rung** *f* JUR reduction of liability **Haf·tungs·ord·nung** *f* JUR liability ranking **Haf·tungs·pflicht** *f* JUR statutory [*or* legal] liability **Haf·tungs·pri·vi·leg** *nt* JUR liability privilege **Haf·tungs·ri·si·ko** *nt* JUR liability risk **Haf·tungs·schuld·ner(in)** *m(f)* JUR indemnitor, person held liable **Haf·tungs·sys·tem** *nt* JUR liability system **Haf·tungs·trä·ger(in)** *m(f)* JUR liable party **Haf·tungs·über·gang** *m* JUR transfer of liability **Haf·tungs·über·nah·me** *f* JUR assumption of liability **Haf·tungs·über·nah·me·ver·trag** *m* JUR assumption of liability agreement **Haf·tungs·um·fang** *m* JUR extent of liability **Haf·tungs·ver·bind·lich·kei·ten** *pl,* **Haf·tungs·ver·hält·nis·se** *pl* JUR contingent liabilities; **wechselseitiges** Haftungsverhältnis cross liability **Haf·tungs·zeit·raum** *m* JUR liability period **Haf·tungs·zu·sa·ge** *f* JUR guarantee commitment

Haft·ur·laub *m* parole *no pl, no art* **Haft·ver·kür·zung** *f* JUR shortened sentence **Haft·ver·schluss**[RR] *m* Velcro® fastener **Haft·ver·scho·nung** *f* JUR conditional discharge, refraining from enforcement of arrest **Haft·voll·zug** *m* JUR execution of a prison sentence

Haft·wick·ler [-vɪklɐ] *m* self-grip roller **Haft·zeit** *f* term of imprisonment

Ha·ge·but·te <-, -n> ['ha:gəbutə] *f* rose hip **Ha·ge·but·ten·tee** *m* rose-hip tea

Ha·ge·dorn ['ha:gədɔrn] *m* NORDD *(Weißdorn)* hawthorn

Ha·gel <-s> ['ha:gl̩] *m kein pl* ① METEO hail *no pl, no indef art*
② *(Schauer)* hail; ■ **ein ~ von etw** *dat* a hail of sth
③ *(Kanonade)* torrent; ■ **der/ein ~ von etw** *dat* the/a stream [*or* torrent] of sth; ~ **von Flüchen und Schimpfwörtern** [*o* **Beschimpfungen**] torrent of abuse

Ha·gel·korn <-körner> *nt* hailstone

ha·geln ['ha:gl̩n] **I.** *vi impers* to hail
II. *vt impers (fam)* ■ **es hagelt etw** there is a hail of sth

Ha·gel·scha·den *m* damage caused by hail **Ha·gel·schau·er** *m* hail shower **Ha·gel·schlag** *m* hailstorm **Ha·gel·zu·cker** *m* white sugar crystals

ha·ger ['ha:gɐ] *adj* gaunt, thin; **ein ~es Gesicht** a gaunt face; ~**e Arme** thin arms

Ha·ge·stolz <-es, -e> ['ha:gəʃtɔlts] *m (hum veraltend)* confirmed bachelor

Ha·gio·gra·fie[RR] *f,* **Ha·gio·gra·phie** <-, -n> [hagi̯ogra'fi:, *pl* -'fi:ən] *f (fachspr)* hagiography

ha·ha [ha'ha:] *interj,* **ha·ha·ha** [haha'ha:] *interj* haha, ha, ha, ha

Hä·her <-s, -> ['hɛhɐ] *m* ORN jay

Hahn[1] <-[e]s, Hähne> [ha:n, *pl* 'hɛnə] *m* ① *(männliches Haushuhn)* cock, rooster AM; *(jünger)* cockerel
② *(Wetterhahn)* weathercock
▸WENDUNGEN: **der gallische** ~ the French cockerel; **ein guter ~ wird selten fett** a sexually active man remains fit; **der ~ im Korb sein** *(fam)* to be the only male in a group of females, to be cock of the walk *fam;* **nach etw** *dat* **kräht kein ~ mehr** *(fam)* no one cares two hoots about sth anymore *fam;* **jdm den roten ~ aufs Dach setzen** to set sb's house on fire

Hahn[2] <-[e]s, Hähne *o* -en> [ha:n, *pl* 'hɛnə] *m*
① *(Wasserhahn)* tap, faucet AM
② *(Vorrichtung an Schusswaffen)* hammer, cock
▸WENDUNGEN: [**jdm**] **den ~ zudrehen** to stop sb's money supply

Hähn·chen <-s, -> ['hɛnçən] *nt* chicken

Hähn·chen·brust *f* chicken breast

Hah·nen·fuß *m* BOT buttercup **Hah·nen·fuß·ge·wächs** *nt* BOT ranunculus

Hah·nen·kamm *m (Frisur a.)* cockscomb **Hah·nen·kampf** *m* cockfight **Hah·nen·schrei** *m* cockcrow; **beim** [*o* **mit dem**] **ersten** ~ at first cockcrow

Hah·nen·tritt *m (Muster)* dog-tooth check BRIT, houndstooth [check] **Hah·nen·tritt·mus·ter** *nt* MODE dog-tooth check

Hah·ni·um <-s> ['ha:ni̯ʊm] *nt kein pl* CHEM hahnium *no pl, no indef art*

Hahn·rei <-s, -e> ['ha:nrai̯] *m (hum veraltet)* cuckold *dated;* **jdn zum ~ machen** to cuckold sb *dated*

Hai <-[e]s, -e> ['hai̯] *m* shark

Hai·fisch ['hai̯fɪʃ] *m s.* **Hai** **Hai·fisch·flos·sen·sup·pe** *f* shark-fin soup

Hain <-[e]s, -e> [hai̯n] *m (geh poet)* grove; **ein heiliger** ~ a sacred grove

Hain·bu·che *f* BOT hornbeam **Hain·sim·se** <-, -n> *f* BOT woodrush

Ha·i·ti <-s> [ha'i:ti] *nt* Haiti

Ha·i·ti·a·ner(in) <-s, -> [hai̯'ti̯a:nɐ] *m(f)* Haitian

ha·i·ti·a·nisch [hai̯'ti̯a:nɪʃ] *adj* Haitian

ha·i·tisch [ha'i:tɪʃ] *adj s.* **haitianisch**

Häk·chen <-s, -> ['hɛkçən] *nt dim von s.* **Haken**
① *(kleiner Haken)* [small] hook
② *(v-förmiges Zeichen)* tick
③ LING *(fam)* diacritic
▸WENDUNGEN: **was ein ~ werden will, krümmt sich beizeiten** *(prov)* there's nothing like starting young

Hä·kel·ar·beit [hɛkl̩-] *f* ① *(Handarbeit)* crochet[ing]
② *(gehäkelter Gegenstand)* [piece of] crochet [work]

Hä·kel·garn *nt* crochet thread

Ha·kel·ma·cher <-s, -> *m* ÖKON *(pej fam)* tripster *pej fam (trick[s]y auditor)*

ha·keln ['ha:kl̩n] **I.** *vi* DIAL to finger-wrestle
II. *vt* SPORT ■ **jdn** ~ to hook sb

hä·keln ['hɛkl̩n] **I.** *vi* to crochet
II. *vt* ■ **etw** ~ to crochet sth

Hä·kel·na·del *f* crochet hook

ha·ken ['ha:kn̩] **I.** *vi* ① *(festhaken)* to have got caught [*or* stuck]; ***der Schlüssel hakt irgendwie im Schloss*** somehow the key's got stuck in the lock
② *impers (fam: schwierig sein)* ■ **es hakt** [**bei jdm**] sb is stuck
II. *vt* ① *(befestigen)* ■ **etw an etw** *akk/***auf etw** *akk/***in etw** *akk* ~ to hook sth to/on[to]/in[to] sth
② SPORT to hook

Ha·ken <-s, -> ['ha:kn̩] *m* ① *(gebogene Halterung)* hook
② *(beim Boxen)* hook
③ *(hakenförmiges Zeichen)* tick
④ *(fam: hindernde Schwierigkeit)* catch, snag; **einen ~ haben** *(fam)* to have a catch
▸WENDUNGEN: **mit ~ und Ösen** by hook or by crook; ~ **schlagen** to change tactics; **ein Hase schlägt einen** ~ a hare doubles back [*or* darts sideways]

ha·ken·för·mig *adj* hooked, hook-shaped **Ha·ken·kreuz** *nt* swastika **Ha·ken·na·se** *f* hooked nose, hooknose

Ha·ken·wurm *m* MED hookworm **Ha·ken·wurm·krank·heit** *f* hookworm disease, ancylostomiasis *spec*

Ha·la·cha <-, Halachoth> [hala'xa:, *pl* hala'xo:t] *f*

REL halakah, halacha

Ha·la·li <-s, -[s]> [hala'li:] *nt* JAGD mort

halb [halp] I. *adj* ① *(die Hälfte von)* half; ***wir haben den ~en Weg hinter uns*** we have already done half of the way; ***Kinder und Pensionisten zahlen den halben Preis*** children and old-age pensioners pay half-price; **ein ~es Brot** half a loaf [of bread]; **mit ~er Geschwindigkeit** at half speed; **~e Note** minim; **zum ~en Preis** at half-price; **~er Ton** semitone; **sich** *akk* **auf ~em Weg treffen** *(a. fig)* to meet halfway

② *(bei Zahlen und Maßen)* half; ***fünf und ein ~es Prozent*** five and a half percent; **ein ~es Dutzend** half a dozen; **ein ~er Liter** half a litre [*or* AM liter]; **ein ~er Meter** half a metre [*or* AM meter]

③ *(bei Zeitbestimmungen)* ***es ist genau ~ sieben*** it is exactly half past six; ***es hat ~ geschlagen*** the clock has struck half past [*or* the half-hour]; **eine ~e Stunde** half an hour; **zehn Minuten nach/vor ~** twenty minutes to/past

④ *kein art (ein Großteil von etw)* ■**~ ...** half of ...; **~ Irland/Österreich/etc.** half of Ireland/Austria/etc.; ■**der/die/das ~e ...** half the ...; **das ~e Dorf** half of the village

⑤ *(fig: unvollständig, teilweise)* half; ***er hat nur ~e Arbeit geleistet*** he has only done half of the job; **eine ~e Ewigkeit** half an eternity; **mit ~er Kraft voraus!** half speed ahead!; **mit ~em Herzen** half-heartedly; **~e Maßnahmen** half-hearted measures; **mit ~em Ohr zuhören** to listen with half an ear; **~e Sachen machen** to do something by halves; **die ~e Wahrheit** half the truth

⑥ *(fam: fast)* something of; ***du bist ja ein ~er Elektriker*** you're something of an electrician; ***er ist ja noch ein ~es Kind*** he is still half a child; ***sie ist nur noch ~ sie selbst*** she is only a shadow of what she once was; **~e Portion** *(pej)* sandwich short of a picnic

▸WENDUNGEN: **nichts H~es und nichts Ganzes** *(fam)* neither one thing nor the other

II. *adv* ① *vor vb (zur Hälfte)* half; **~ ..., ~ ...** half ..., half ...; ***diese Nachricht quittierte sie ~ lachend, ~ weinend*** she took this news half laughing, half crying; **etw nur ~ machen** to only half-do sth; ***er hat die Arbeit nur ~ getan*** he only did half of the job; **~ so ... sein wie** to be half as ...; ***er ist nicht ~ so schlau wie sein Vorgänger*** he's not nearly as crafty as his predecessor

② *vor adj, adv (teilweise)* half; ■**nur ~** only half; ***ich habe nur ~ verstanden, was sie sagte*** I only half understood what she said; ***die Straße biegt hier ~ rechts ab*** the street forks off to the right here; **~ blind** half blind; **~ durch/gar** KOCHK half-done; **~ fest** half solid; **~ leer/voll** half-empty/full; **~ nackt** half-naked; **~ offen** half-open; **~ tot** *(fam)* half-dead; **~ wach** half-awake

③ *(fast)* nearly; ***sie hat schon ~ zugestimmt*** she has nearly agreed; **mit ~ erstickter Stimme sprechen** to be hardly able to speak; **~ fertig** nearly finished; **sich** *akk* **~ totlachen** to nearly kill oneself laughing; **~ verdurstet/verhungert** to be nearly dying of thirst/hunger

▸WENDUNGEN: **[mit jdm] ~ und ~ [*o* ~e-~e] machen** *(fam)* to go halves with sb; **das ist ~ so schlimm** it's not that bad; **~ und ~** *(fam)* sort of

Halb·af·fe ['halp?afə] *m* ① ZOOL prosimian

② *(pej sl: blödes Arschloch)* silly arse [*or* AM ass] *pej sl*

halb·amt·lich *adj* semi-official **halb·au·to·ma·tisch** *adj* semi-automatic

halb·bat·zig [-batsɪç] *adj* SCHWEIZ *(halbherzig)* half-hearted

Halb·bil·dung *f (pej)* superficial education **halb·bit·ter** *adj Schokolade* plain **Halb·blut** *nt kein pl* ① *(Mensch)* half-caste ② *(Tier)* crossbreed **Halb·bru·der** *m* half-brother **Halb·dun·kel** ['halpdʊnkl] *nt* semi-darkness *no pl* **halb·durch·sich·tig** *adj* semi-transparent

Hal·be ['halbə] *f dekl wie adj (fam)* ■**eine ~** half a litre [*or* AM -er] of beer

Halb·edel·stein *m* semi-precious stone

hal·be-hal·be *adv* **[mit jdm] ~ machen** to go halves [with sb]

hal·ber ['halbɐ] *präp +gen nachgestellt (geh)* ■**der ... ~** for the sake of ...

halb·er·wach·sen *adj attr* adolescent **Halb·er·zeug·nis** *nt s.* **Halbfertigfabrikat** **Halb·fab·ri·kat** *nt* ÖKON semi-finished product

halb·fer·tig *adj attr* half-finished **Halb·fer·tig·fa·bri·kat** *nt* semi-finished product **Halb·fer·tig·pro·dukt** *nt* semi-finished product

halb·fest *adj attr* semi-solid **halb·fett** I. *adj* ① TYPO semibold ② KOCHK medium-fat II. *adv* TYPO in semibold **Halb·fi·nal** <-s, -s> *m* SPORT SCHWEIZ *(Halbfinale)* semi-final **Halb·fi·na·le** *nt* semi-final **halb·flüs·sig** *adj Ei* very soft-boiled **halb·ge·bil·det** *adj attr* half-educated **Halb·ge·schwis·ter** *pl* half-brother[s] and -sister[s]

Halb·glat·ze *f* tonsure; **mit ~** half-bald **Halb·gott, -göt·tin** *m, f* demigod *masc,* demigoddess *fem;* **Halbgötter** *pl* **in Weiß** *(iron, fig fam)* doctors *pl*

Halb·heit <-, -en> *f (pej)* half measure

Halb·hei·ten *pl (pej)* half measures *pl*

halb·her·zig *adj* half-hearted

Halb·her·zig·keit *f* half-heartedness *no pl*

hal·bie·ren* [hal'bi:rən] I. *vt* ① *(teilen)* ■**etw ~** to divide sth in half

② *(um die Hälfte vermindern)* ■**etw ~** to halve sth

II. *vr (sich um die Hälfte verringern)* ■**sich** *akk* **~** to halve

Hal·bie·rung <-, -en> *f* halving *no pl, no indef art*

Halb·in·sel ['halp?ɪnzl] *f* peninsula

Halb·jahr *nt* half-year

Halb·jah·res·be·richt ['halp'ja:rəs-] *m* half-yearly [*or* semi-annual] report **Halb·jah·res·er·geb·nis** *nt* ÖKON half-year result **Halb·jah·res·um·satz** *m* FIN first-half turnover

halb·jäh·rig ['halpjɛ:rɪç] *adj attr* ① *(ein halbes Jahr dauernd)* six-month *attr;* ***eine ~e Probezeit wurde vereinbart*** a six-month trial period was agreed

② *(ein halbes Jahr alt)* six-month-old *attr*

halb·jähr·lich ['halpjɛ:ɐ̯lɪç] I. *adj* half-yearly, six-monthly

II. *adv* every six months, twice a year

Halb·ju·de, -jü·din *m, f* half-Jew/Jewess; **~ sein** to be half-Jewish **Halb·kan·ton** *m* SCHWEIZ demicanton **Halb·kreis** *m* semicircle; **im ~** in a semicircle **Halb·ku·gel** *f* hemisphere; **nördliche/südliche ~** northern/southern hemisphere **halb·lang** *adj* MODE *Mantel, Rock* mid-calf length; *Haar* medium-length ▸WENDUNGEN: **[nun] mach mal ~!** *(fam)* cut it out! *fam,* stop exaggerating! **halb·laut** I. *adj* quiet II. *adv* in a low voice, quietly **Halb·le·der·band** *m* VERLAG half-leather bound [*or* half-bound] edition **Halb·lei·nen·band** *m* VERLAG half-linen bound [*or* half-cloth] edition **Halb·lei·ter** *m* ELEK semiconductor

halb·mast ['halpmast] *adv* at half mast; **auf ~** at half mast

Halb·mes·ser *m s.* **Radius** **Halb·me·tall** *nt* CHEM semimetal **Halb·mond** *m* ① ASTRON half-moon ② *(Figur)* crescent ▸WENDUNGEN: **der Rote ~** the Red Crescent **halb·mond·för·mig** *adj* crescent-shaped **halb·part** ['halppart] *adv* **[mit jdm] ~ machen** *(fam)* to go halves [with sb] **Halb·pen·si·on** *f* half-board *no pl, no art* **halb·rund** *adj* semicircular **Halb·schat·ten** *m* half shade *no pl, no indef art;* ASTRON penumbra **Halb·schlaf** *m* light sleep *no pl;* **im ~ sein** to be half-asleep **Halb·schuh** *m* shoe **Halb·schwer·ge·wicht** ['halpʃve:ɐ̯gəvɪçt] *nt* SPORT ① *kein pl (Gewichtsklasse)* light heavyweight *no pl, no art* ② *(Sportler)* light heavyweight **Halb·schwer·ge·wicht·ler(in)** *m(f) s.* **Halbschwergewicht 2** **Halb·schwes·ter** *f* half-sister

halb·sei·den *adj (pej fam)* flashily shifty *pej fam;* ***er griente wie ein ~er amerikanischer Fernsehprediger*** he grinned like a shifty flash American TV evangelist

halb·sei·tig ['halpzaitɪç] I. *adj* ① MEDIA, TYPO *(eine halbe Seite umfassend)* half-page

② *(eine Seite betreffend)* on [*or* down] one side; MED hemiplegic; **~e Lähmung** hemiplegia

II. *adv* ① MEDIA, TYPO in half-page format

② MED on [*or* down] one side; **~ gelähmt** hemiplegic

halb·staat·lich *adj* partly state-run [*or* state-owned]

halb·stark *adj pred* rowdy **Halb·star·ke(r)** *f(m) dekl wie adj (veraltend fam)* yob BRIT *fam* **Halb·stie·fel** *m* bootee **halb·stün·dig** ['halpʃtʏndɪç] *adj attr* half-hour *attr,* lasting half an hour; **in ~en Intervallen** at half-hourly intervals **halb·stünd·lich** ['halpʃtʏntlɪç] I. *adj* half-hourly II. *adv* every half-hour **Halb·stür·mer(in)** *m(f) bes* FBALL attacking midfielder

halb·tags *adv* on a part-time basis; ***sie arbeitet wieder ~ im Büro*** she's working half-day at the office again

Halb·tags·ar·beit *f* ① *kein pl (Arbeit an halben Tagen)* part-time work *no pl, no indef art* ② *s.* **Halbtagsbeschäftigung** **Halb·tags·be·schäf·ti·gung** *f* half-day [*or* part-time] job, part-time employment *no pl, no indef art* **Halb·tags·grund·schu·le** *f* half-day primary school **Halb·tags·kraft** *f* part-time worker [*or* employee]

Halb·tax-Abo <-s, -s> *nt* SCHWEIZ *subscription enabling the purchase of half-price tickets for Swiss public transport*

Halb·ton *m* ① MUS semitone ② KUNST, FOTO half-tone

Halb·ton·bild *nt* ① TYPO continuous-tone [*or* cone-tone] picture ② INFORM half-tone photograph [*or* image] **Halb·ton·farb·aus·zü·ge** *pl* TYPO continuous-tone separation *no pl*

halb·tro·cken *adj* **~er Wein** medium dry wine

Halb·vo·kal *m* semivowel **Halb·wahr·heit** *f kein pl* half-truth **Halb·wai·se** *f* child without a father/mother; **~ sein** to be fatherless/motherless **Halb·wa·ren** *pl* half-finished products

halb·wegs ['halp've:ks] *adv* ① *(einigermaßen)* partly; ***jetzt geht es mir wieder ~ besser/gut*** I'm feeling a bit better/reasonably well again now

② *(nahezu)* almost

③ *(veraltend: auf halbem Wege)* halfway

Halb·welt *f kein pl* demi-monde **Halb·wert(s)·zeit** *f* PHYS half-life **Halb·wis·sen** *nt (pej)* superficial knowledge *no pl,* smattering [of knowledge]

halb·wüch·sig *adj* adolescent

Halb·wüch·si·ge(r) *f(m) dekl wie adj* adolescent

Halb·wüs·te *f* semi-desert **Halb·zeit** *f* half-time

Hal·de <-, -n> ['haldə] *f* ① *(Müllhalde)* landfill, rubbish tip BRIT

② *(Kohlehalde)* coal tip; *(Abraumhalde)* slag heap

③ *(unverkaufte Ware)* stockpile; **etw auf ~ fertigen [*o* produzieren]** to manufacture sth for stock; **etw auf ~ legen [*o* lagern]** to stockpile sth

④ SÜDD *(Hang)* slope

half ['half] *imp von* **helfen**

Half·pipe <-, -s> ['ha:fpaip] *f* SPORT half-pipe

Half·rate-Co·dec <-[s]> ['ha:fre:tko:dək] *m kein pl* TELEK halfrate-codec **Half·rate-Tech·nik** ['ha:fre:t-] *f* TELEK halfrate technology

Hälf·te <-, -n> ['hɛlftə] *f (der halbe Teil)* half; ***die ~ von dem, was sie sagt, ist frei erfunden*** half of what she says is pure invention; ■**eine/die ~ der/des ...** half [of] ...; ***wenn nur die ~ von dem, was man liest, stimmt, wäre das ja schon entsetzlich*** if only half of what one reads were true, that would be terrible enough; **die erste/zweite ~ einer S.** *gen* the first/second half of sth; **die kleinere/größere ~** the smaller/larger half; **die vordere/hintere ~** the front/back half; **um die ~** by half, by 50%; ***die Inflation ist um die ~ gestiegen*** inflation has increased by half [*or* by 50%]; **zur ~** half, 50%; ***wieso lässt du ein noch zur ~ volles Glas stehen?*** why are you leaving a glass that's half-full?

▸WENDUNGEN: **[von etw** *dat*] **die ~ abstreichen können [*o* müssen]** *(fam)* to disregard half of sth; **jds bessere ~** *(hum fam)* sb's better half *hum fam;* ***meine bessere ~ ist zu Hause geblieben*** my better half has stayed at home

hälf·ten ['hɛlftn̩] *vt (selten) s.* **halbieren**

Half·ter[1] <-s, -> ['halftɐ] *m o nt (Zaum)* halter

Half·ter[2] <-s, - *o* -, -n> ['halftɐ] *nt o f (Pistolenta-*

sche) holster

Hall <-[e]s, -e> [hal] *m* ① *(dumpfer Schall)* reverberation
② *(Widerhall)* echo

Hal·le <-, -n> ['halə] *f* ① *(Ankunftshalle)* hall
② *(Werkshalle)* workshop
③ *(Ausstellungs-, Messehalle)* hall
④ *(Hangar)* hangar
⑤ *(Sporthalle)* sports hall; **in der ~** indoors, inside
⑥ *(großer Saal)* hall
▶WENDUNGEN: **in diesen heiligen ~n** *(iron)* within these hallowed halls *iron*

hal·le·lu·ja [hale'lu:ja] *interj* ① REL hallelujah!
② *(fam: ein Glück!)* hurray! [*or hum fam* hallelujah!]

hal·len ['halən] *vi* ■[**durch etw** *akk*/**über etw** *akk*] ~ to echo [*or* reverberate] [through/across sth]

Hal·len·bad *nt* indoor swimming pool **Hal·len·kir·che** *f church with nave and side aisles of equal height* **Hal·len·sport** *m kein pl* indoor sport **Hal·len·tur·nen** *nt* indoor gymnastics + *sing vb, no art*

Hal·lig <-, -en> ['halɪç] *f* small flat island *(esp off Schleswig-Holstein)*

Hal·li·gal·li <-s> ['haligali] *nt kein pl* ① *(stimmungsvolle Party)* lively party, rave *sl;* **~ machen** to have a rave, to really let go
② *(fam o pej: Chaos)* hubbub

Hal·li·masch <-[e]s, -e> ['halimaʃ] *m* BOT honey agaric

hal·lo [ha'lo:] *interj* ① *betont: 'hallo (zur Begrüßung)* hello
② *betont: hal'lo (überrascht)* hello

Hal·lo <-s, -s> [ha'lo:] *nt* hello

Hal·lo·dri <-[s], -[s]> [ha'lo:dri] *m* SÜDD, ÖSTERR *(fam)* playboy *fam*

Hal·lu·zi·na·ti·on <-, -en> [halutsina'tsi̯o:n] *f* hallucination; **~en haben** to have hallucinations; [**wohl**] **an ~en leiden** *(iron fam)* to suffer from hallucinations

hal·lu·zi·na·to·risch [halutsina'to:rɪʃ] *adj* PSYCH hallucinatory

hal·lu·zi·no·gen [halutsino'ge:n] *adj* hallucinogenic

Hal·lu·zi·no·gen <-s, -e> [halutsino'ge:n] *nt* hallucinogen

Halm <-[e]s, -e> [halm] *m* ① *(Stängel)* stalk, stem; ***die Felder stehen hoch im ~*** the corn etc. is almost ready for harvesting
② *(Trinkhalm)* straw

Ha·lo <-[s], -s *o* Halonen> ['ha:lo, *pl* ha'lo:nən] *m* PHYS halo

Ha·lo·gen <-s, -e> [halo'ge:n] *nt* halogen

Ha·lo·gen·bir·ne *f* halogen bulb **Ha·lo·gen·lam·pe** *nt* halogen lamp **Ha·lo·gen·leuch·te** *f* halogen lamp **Ha·lo·gen·schein·wer·fer** *m* AUTO halogen headlamp **Ha·lo·gen·strah·ler** *m* halogen light

Hals <-es, Hälse> [hals, *pl* 'hɛlzə] *m* ① ANAT neck; *(von Knochen)* collum; *(von Gebärmutter)* cervix; **sich** *dat* **den ~ brechen** *(fam)* to break one's neck; **~-Nasen-Ohren-Arzt** ear, nose and throat specialist; **den ~ recken** to crane one's neck; **einem Tier den ~ umdrehen** to wring an animal's neck; **jdm um den ~ fallen** to fling one's arms around sb's neck
② *(Kehle)* throat; **es im ~ haben** *(fam)* to have a sore throat; **jdm im ~ stecken bleiben** to become stuck in sb's throat
③ KOCHK *vom Kalb, Rind* neck; *vom Lamm a.* scrag
④ TECH neck, collar
⑤ *(Flaschenhals)* neck
⑥ *(Geigen-/Gitarrenhals)* neck
⑦ MUS *(Notenhals)* tail
▶WENDUNGEN: **bis über den ~** *(fam)* up to one's ears [*or* neck]; ***ich stecke bis über den ~ in Schulden*** I'm up to my ears in debt; **jdm mit etw** *dat* **vom ~[e] bleiben** *(fam)* not to bother sb with sth; **etw in den falschen ~ bekommen** *(fam: sich verschlucken)* to take sth the wrong way *fam;* *(etw missverstehen)* to take sth wrongly; **einer Flasche den ~ brechen** to crack a bottle; **jdn auf dem** [*o* **am**] **~ haben** *(fam)* to be saddled [*or* BRIT lumbered] with sb *fam;* **etw hängt jdm zum ~e heraus** *(fam)* sb is sick to death of sth; ***immer Spinat, langsam hängt mir das Zeug zum ~e heraus!*** spinach again! I'm getting sick to death of the stuff!; **~ über Kopf** in a hurry [*or* rush]; **jdn den ~ kosten, jdm den ~ brechen** to finish sb; **jdm/sich etw auf den ~ laden** *(fam)* to saddle [*or* BRIT lumber] sb/oneself with sth *fam;* **einen langen ~ machen** *(fam)* to crane one's neck; **sich/jdm jdn vom ~ schaffen** *(fam)* to get sb off one's/sb's back; **jdm jdn auf den ~ schicken** [*o* **hetzen**] *(fam)* to get [*or* put] sb onto sb; ***dem hetze ich die Polizei auf den ~!*** I'll get the police onto him!; **sich** *dat* **nach jdm/etw den ~ verrenken** *(fam)* to crane one's neck to see sb/sth; **aus vollem ~[e]** at the top of one's voice; **den ~ nicht voll** [**genug**] **kriegen können** *(fam)* not to be able to get enough; **sich** *akk* **jdm an den ~ werfen** *(pej fam)* to throw oneself at sb; **jdm etw an den ~ wünschen** *(fam)* to wish sth upon sb

Hals·ab·schnei·der(in) *m(f)* *(pej fam)* shark *pej fam* **Hals·aus·schnitt** *m* neckline **Hals·band** *nt* ① *(für Haustiere)* collar ② *(Samtband)* choker **hals·bre·che·risch** ['halsbrɛçərɪʃ] *adj* breakneck *attr*

Hals·bund *m* neckband **Hals·bünd·chen** *nt* neckband **Hals·ent·zün·dung** *f* sore throat **Hals·fal·ten** *pl* throat lines *pl* **Hals·ket·te** *f* necklace **Hals·krau·se** *f* ① MODE, ZOOL ruff ② MED surgical collar

Hals-Na·sen-Oh·ren-Arzt, -ärz·tin *m, f* ear, nose and throat specialist

Hals·schlag·ader *f* carotid [artery] **Hals·schmer·zen** *pl* sore throat **Hals·schmuck** *m* neck jewelery [*or* AM jewelry] [*or* adornment]

hals·star·rig ['halsʃtarɪç] *adj* *(pej)* obstinate, stubborn

Hals·star·rig·keit <-> *f kein pl* *(pej)* obstinacy *no pl,* stubbornness *no pl*

Hals·tuch *nt* scarf, cravat, neckerchief

Hals- und Bein·bruch *interj* good luck!, break a leg!

Hals·weh *nt s.* **Halsschmerzen** **Hals·wei·te** *f* neck size **Hals·wir·bel** *m* ANAT cervical vertebra

halt[1] [halt] *interj* MIL halt!

halt[2] [halt] *adv* DIAL *(eben)* just, simply; ***du musst es ~ noch mal machen*** you'll just have to do it again

Halt <-[e]s, -e> [halt] *m* ① *(Stütze)* hold; **jdm/etw ~ geben** to support sb/sth; **an jdm ~/keinen ~ haben** to have support/no support from sb; **keinen ~ haben** not to be supported; **den ~ verlieren** to lose one's hold [*or* footing]
② *(inneres Gleichgewicht)* stability, security; ***sie ist sein moralischer ~*** she is his moral support
③ *(Stopp)* stop; **ohne ~** without stopping; **~ machen** to stop, to pause; **vor nichts ~ machen** to stop at nothing; **vor niemandem ~ machen** to spare nobody

halt·bar ['haltba:ɐ̯] *adj* ① *(nicht leicht verderblich)* non-perishable; ■**~ sein** to keep; **nur begrenzt ~** perishable; **etw ~ machen** to preserve sth
② *(widerstandsfähig)* durable, hard-wearing; ■**~ sein** to be durable [*or* hard-wearing]
③ *(aufrechtzuerhalten)* tenable

Halt·bar·keit <-> *f kein pl* ① *(Lagerfähigkeit)* shelf life
② *(Widerstandsfähigkeit)* durability

Halt·bar·keits·da·tum *nt* sell-by date

Halt·bar·keits·dau·er *f kein pl* shelf life; **von nur geringer ~ sein** to have a short shelf life

Halt·bar·ma·chung *f* preservation

Hal·te·bü·gel *m* BAU securing clip **Hal·te·griff** *m* [grab] handle; *(an Badewanne)* bath handle [*or* rail]; *(am Gewehr)* grip; *(Riemen)* [grab] strap

hal·ten ['haltn̩]

I. TRANSITIVES VERB **II.** INTRANSITIVES VERB
III. REFLEXIVES VERB **IV.** UNPERSÖNLICHES INTRANSITIVES VERB

I. TRANSITIVES VERB

① <hielt, gehalten> *(festhalten)* ■[**jdm**] **jdn/etw ~** to hold sb/sth [for sb]; ***du musst das Seil ganz fest ~*** you must keep a tight grip on the rope; ***hältst du bitte kurz meine Tasche?*** would you please hold my bag for a moment?; **jdn/etw im Arm ~** to hold sb/sth in one's arms; **jdn an** [*o* **bei**] **der Hand ~** to hold sb's hand [*or* sb by the hand]; **jdm den Mantel ~** to hold sb's coat [for him/her]
② <hielt, gehalten> *(aufhalten)* ■**jdn ~** to stop sb; ***haltet den Dieb!*** stop the thief!; ***es hält dich niemand*** nobody's stopping you; ***wenn sie etwas von Sahnetorte hört, ist sie nicht mehr zu ~*** if she hears cream gateau mentioned there's no holding her!
③ <hielt, gehalten> *(zurückhalten)* ■**jdn ~** to keep sb; ***warum bleibst du noch bei dieser Firma, was hält dich noch da?*** why do you stay with the firm, what's keeping you there?; ***mich hält hier nichts*** [***mehr***] there's nothing to keep me here [any more]
④ <hielt, gehalten> *(in eine bestimmte Position bringen)* ■**etw irgendwohin/irgendwie ~** to put sth somewhere/in a certain position; ***er hielt die Hand in die Höhe*** he put his hand up; **die Hand vor den Mund ~** to put one's hand in front of one's mouth; **etw gegen das Licht ~** to hold sth up to the light; **die Hand ins Wasser ~** to put one's hand into the water
⑤ <hielt, gehalten> *(befestigen)* ■**etw ~** to hold sth; ***nur wenige Pfeiler ~ die alte Brücke*** just a few pillars support the old bridge; ***ihre Haare wurden von einer Schleife nach hinten ge~*** her hair was held back by a ribbon; ***das Regal wird von zwei Haken ge~*** the shelf is held up by two hooks
⑥ <hielt, gehalten> *(in sich behalten)* ■**etw ~** to hold sth; ***ich konnte die Tränen nicht ~*** I couldn't hold back my tears; ***das Ventil konnte den Überdruck nicht mehr ~*** the valve could no longer contain the excess pressure; ***er konnte das Wasser nicht mehr ~*** he couldn't hold his water; **Wärme/Feuchtigkeit ~** to retain heat/moisture
⑦ <hielt, gehalten> SPORT **einen Ball ~** to stop a ball; ***der Tormann konnte den Ball nicht ~*** the goalkeeper couldn't stop the ball; **einen Elfmeter ~** to save a penalty
⑧ <hielt, gehalten> *(beschäftigen)* ■**sich** *dat* **jdn ~** to employ [*or* have] sb; **sich** *dat* **eine Putzfrau ~** to have a woman to come in and clean; ***sie hält sich einen Chauffeur*** she employs a chauffeur; *(fig)* ***er hält sich eine Geliebte*** he has a mistress
⑨ <hielt, gehalten> *(besitzen)* ■[**sich** *dat*] **etw ~** to keep sth; ***er hält sich ein Privatflugzeug, eine Segeljacht und ein Rennpferd*** he keeps a private aircraft, a yacht and a racehorse; **ein Auto ~** to run a car; ***wir können uns kein Auto ~*** we can't afford a car; **Hühner/einen Hund ~** to keep chickens/a dog
⑩ <hielt, gehalten> *(geh: abonniert haben)* **eine Zeitung ~** to take a paper *form*
⑪ <hielt, gehalten> *(behandeln)* ■**jdn irgendwie ~** to treat sb in a certain way; ***er hält seine Kinder sehr streng*** he is very strict with his children
⑫ <hielt, gehalten> *(beibehalten, aufrechterhalten)* ■**etw ~** to keep sth; **die Balance** [*o* **das Gleichgewicht**] **~** to keep one's balance; **Frieden ~** to keep the peace; **die Geschwindigkeit ~** to keep up speed; **mit jdm Kontakt ~** to keep in touch [*or* contact] with sb; **den Kurs ~** to stay on course; **Ordnung ~** to keep order; **eine Position nicht ~ können** to not be able to hold a position; **einen Rekord ~** to hold a record; **Ruhe ~** to keep quiet; **den Takt ~** to keep time; **die Temperatur ~** to maintain the temperature; **den Ton ~** to stay in tune; **zu jdm die Verbindung ~** to keep in touch [*or* contact] with sb; ***diese Behauptung lässt sich nicht ~*** this statement is not tenable; ***hoffentlich kann ich den Weltrekord noch ~*** hopefully I can still hold on to the world record
⑬ <hielt, gehalten> MIL *(erfolgreich verteidigen)* ■**etw ~** to hold sth; ***die Verteidiger hielten ihre Stellungen weiterhin*** the defenders continued to hold their positions; **eine Festung ~** to hold a for-

H

tress

14 <hielt, gehalten> *(nicht aufgeben)* **ein Geschäft ~** to keep a business going

15 <hielt, gehalten> *(in einem Zustand erhalten)* **etw irgendwie ~** to keep sth in a certain condition; ***die Fußböden hält sie immer peinlich sauber*** she always keeps the floors scrupulously clean; **den Abstand gleich ~** to keep the distance the same; **jdn in Atem/in Bewegung/bei Laune ~** to keep sb in suspense/on the go/happy; **für jdn das Essen warm ~** to keep sb's meal hot; **die Getränke kalt ~** to keep the drinks chilled; **jdn jung/fit ~** to keep sb young/fit

16 <hielt, gehalten> *(gestalten)* **etw in etw** *dat* **~** to do sth in sth; **etw ist in etw** *dat* **ge~** sth is done in sth; ***das Haus war innen und außen ganz in Weiß ge~*** the house was completely white inside and out; ***das Wohnzimmer ist in Blau ge~*** the living room is decorated in blue; ***ihr Schlafzimmer ist in ganz in Kirschbaum ge~*** her bedroom is furnished entirely in cherrywood; ***die Rede war sehr allgemein ge~*** the speech was very general; **einen Brief kurz ~** to keep a letter short; **etw schlicht ~** to keep sth simple

17 <hielt, gehalten> *(abhalten)* **etw ~** to give sth; ***er hielt eine kurze Rede*** he made a short speech; **Diät ~** to keep to a diet; **einen Gottesdienst ~** to hold a service; **seinen Mittagsschlaf ~** to have an afternoon nap; **eine Rede ~** to give [*or* make] a speech; **ein Referat ~** to give [*or* present] a paper; **Selbstgespräche ~** to talk to oneself; **eine Unterrichtsstunde ~** to give a lesson; **Unterricht ~** to teach; **einen Vortrag ~** to give a talk; **seinen Winterschlaf ~** to hibernate; **Zwiesprache ~ mit jdm/etw** *(geh)* to commune with sb *form; s. a.* **Gericht**

18 <hielt, gehalten> *(einhalten, erfüllen)* **etw ~** to keep sth; ***der Film hält nicht, was der Titel verspricht*** the film doesn't live up to its title; ***man muss ~, was man verspricht*** a promise is a promise; **sein Wort/Versprechen ~** to keep one's word/a promise

19 <hielt, gehalten> *(einschätzen)* **jdn/etw für jdn/etw ~** to take sb/sth for [*or* to be] sb/sth; ***ich habe ihn für seinen Bruder ge~*** I mistook him for his brother; ***das halte ich nicht für möglich*** I don't think that is possible; ***wofür ~ Sie mich?*** what do you take me for?; **jdn für ehrlich/reich ~** to think sb is [*or* consider sb to be] honest/rich

20 <hielt, gehalten> *(denken über)* **etw von jdm/etw ~** to think sth of sb/sth; ***ich halte nichts davon, das zu tun*** I don't think much of doing that; ***er hält nichts vom Beten/Sparen*** he's not a great one for praying/saving *fam;* ***ich halte es für das beste/möglich/meine Pflicht*** I think it best/possible/my duty; **nichts/viel/wenig von jdm/etw ~** to think nothing/a lot/not think much of sb/sth

21 <hielt, gehalten> *(wertschätzen)* **etwas/viel auf jdn ~** to think quite a bit/a lot of sb; ***wenn man etwas auf sich hält ...*** if you think you're somebody ...; *s. a.* **Stück**

▸WENDUNGEN: **den** __**Mund**__ [*o fam* __**Schnabel**__] **~** to keep one's mouth shut, to hold one's tongue

II. INTRANSITIVES VERB

1 *(festhalten)* to hold; ***kannst du mal einen Moment ~?*** can you hold that for a second?

2 <hielt, gehalten> *(haltbar sein)* to keep; ***wie lange hält der Fisch noch?*** how much longer will the fish keep?; ***die Schuhe sollten noch bis nächstes Jahr ~*** these shoes should last till next year

3 <hielt, gehalten> *(dauerhaft sein)* to hold; ***der das Seil hält nicht mehr länger*** the rope won't hold much longer; ***die Tapete hält nicht*** the wallpaper won't stay on; ***diese Freundschaft hält schon lange*** this friendship has been lasting long; ***die Tür wird jetzt ~*** now the door will hold; ***das Regal hält nicht an der Wand*** the shelf keeps falling off the wall

4 <hielt, gehalten> *(stehen bleiben, anhalten)* to stop; ***~ Sie bitte an der Ecke!*** stop at the corner, please; **etw zum H~ bringen** to bring sth to a stop [*or* standstill]; ***ein ~des Fahrzeug*** a stationary vehicle

5 <hielt, gehalten> SPORT to make a save; ***unser Tormann hat heute wieder großartig ge~*** our goalkeeper made some great saves today; ***kann Peters denn gut ~?*** is Peters a good goalkeeper?

6 <hielt, gehalten> *(zielen)* **[mit etw** *dat*] **auf etw** *akk* **~** to aim at sth [with sth]; ***du musst mehr nach rechts ~*** you must aim more to the right

7 <hielt, gehalten> *(sich beherrschen)* **an sich** *akk* **~** to control oneself; ***ich musste an mich ~, um nicht zu lachen*** I had to force myself not to laugh

8 <hielt, gehalten> *(Wert legen auf)* **auf etw** *akk* **~** to attach importance to sth; **[sehr] auf Ordnung ~** to attach [a lot of] importance to tidiness

9 <hielt, gehalten> *(jdm beistehen)* **zu jdm ~** to stand [*or* stick] by sb; ***ich werde immer zu dir ~*** I will always stand by you; ***ich halte zu Manchester United, und du?*** I support Manchester United, what about you?

10 <hielt, gehalten> *(in einem Zustand erhalten)* ***Sport hält jung*** sport keeps you young; ***Alufolie hält frisch*** aluminium foil keeps things fresh

11 <hielt, gehalten> NAUT *(Kurs nehmen)* **auf etw** *akk* **halten** to head for sth; ***halte mehr nach links*** keep more to the left; **nach Norden ~** to head north

▸WENDUNGEN: **halt** __**mal**__**, ...** hang [*or* hold] on, ...; **halt** __**mal**__**, stopp!** *(hum)* hang [*or* hold] on a minute!; **jd hält** __**auf**__ **sich** *akk* ***du solltest ein bisschen mehr auf dich ~*** *(auf das Aussehen achten)* you should take more [a] pride in yourself; *(selbstbewusst sein)* you should be more self-confident

III. REFLEXIVES VERB

1 <hielt, gehalten> *(sich festhalten)* **sich** *akk* **an etw** *dat* **~** to hold on to sth; ***der Kletterer rutschte aus und konnte sich nicht mehr ~*** the climber slipped and lost his grip

2 <hielt, gehalten> *(nicht verderben)* **sich** *akk* **~** *Lebensmittel* to keep; *Blumen a.* to last; ***im Kühlschrank hält sich Milch gut drei Tage*** milk keeps for a good three days in the fridge

3 <hielt, gehalten> *(jung, gesund bleiben)* **sich** *akk* **gut ge~ haben** *(fam)* to have worn well *fam;* ***für seine 50 Jahre hat er sich gut ge~*** he has worn well for a 50-year-old

4 <hielt, gehalten> *(sich behaupten)* **sich** *akk* **gut ~** to do well, to make a good showing; ***halte dich tapfer*** be brave

5 <hielt, gehalten> *(nicht verschwinden)* **sich** *akk* **~** to last; *Schnee a.* to stay; *Geruch, Rauch* to stay, to hang around; ***manchmal kann der Nebel sich bis in die späten Vormittagsstunden ~*** sometimes the fog can last until the late morning

6 <hielt, gehalten> *(bei etw bleiben)* **sich** *akk* **an etw** *akk* **~** to stay with sth; ***ich halte mich an die alte Methode*** I'll stick to [*or* stay with] the old method; ***ich halte mich lieber an Mineralwasser*** I prefer to stay with mineral water

7 <hielt, gehalten> *(irgendwo bleiben)* **sich** *akk* **auf den Beinen/im Sattel ~** to stay on one's feet/in the saddle

8 <hielt, gehalten> *(eine Richtung beibehalten)* **sich** *akk* **irgendwo/nach ... ~** to keep to somewhere/heading towards ...; ***~ Sie sich immer in Richtung Stadtmitte*** keep going towards the centre; **sich** *akk* **rechts/links ~** to keep [to the] left/right; ***der Autofahrer hielt sich ganz rechts*** the driver kept to the right; **sich** *akk* **nach Süden ~** to keep going southwards

9 <hielt, gehalten> *(befolgen, einhalten)* **sich** *akk* **an etw** *akk* **~** to keep [*or* stick] to sth; ***er hält sich immer an die Vorschriften*** he always sticks to the rules; ***der Film hat sich nicht an die Romanvorlage gehalten*** the film didn't keep [*or* stick] to the book; **sich** *akk* **an die Tatsachen ~** to keep [*or* stick] to the facts; **sich** *akk* **an ein Versprechen ~** to keep a promise

10 <hielt, gehalten> *(sich behaupten)* **sich** *akk* **[mit etw** *dat*] **~** to prevail [with sth]; ***trotz der hauchdünnen Mehrheit hielt sich die Regierung noch über ein Jahr*** despite its wafer-thin majority the government lasted [*or* kept going for] over a year

11 <hielt, gehalten> *(bestehen)* **sich** *akk* **halten** to keep going; ***die Firma wird sich nicht ~ können*** the company won't keep going [for long]

12 <hielt, gehalten> *(eine bestimmte Körperhaltung haben)* **sich** *akk* **irgendwie ~** to carry [*or* hold] oneself in a certain manner; ***es ist nicht leicht, sich im Gleichgewicht zu ~*** it's not easy to keep one's balance; **sich** *akk* **aufrecht/gerade ~** to hold or carry oneself erect/straight

13 <hielt, gehalten> *(einschätzen)* **sich** *akk* **für jdn/etw ~** to think one is sb/sth; ***er hält sich für besonders klug/einen Fachmann*** he thinks he's very clever/a specialist

14 <hielt, gehalten> *(sich beherrschen)* **sich** *akk* **nicht ~ können** not to be able to control oneself; ***ich konnte mich nicht ~ vor Lachen bei dem Anblick*** I couldn't help laughing at this sight

▸WENDUNGEN: **sich** *akk* __**an**__ **jdn ~** *(sich an jdn wenden)* to refer to sb, to ask sb; *(jds Nähe suchen)* to stick with sb

IV. UNPERSÖNLICHES INTRANSITIVES VERB

1 <hielt, gehalten> *(handhaben)* **es [mit etw** *dat*] **irgendwie ~** to do sth in a certain way; ***wir ~ es ähnlich*** we do things in a similar way; **es mit einer Sache so/anders ~** to handle [*or* deal with] sth like this/differently; ***wie hältst du es in diesem Jahr mit Weihnachten?*** what are you doing about Christmas this year?; ***wie hältst du's mit der Kirche?*** what's your attitude towards the church?; ***das kannst du ~ wie du willst*** that's completely up to you

2 <hielt, gehalten> *(Neigung haben für)* **es [mehr** [*o* **lieber**]] **mit jdm/etw halten** to prefer sb/sth; ***sie hält es mehr mit ihrer Mutter*** she gets on better with her mother; ***er hält es nicht so mit der Sauberkeit*** he's not a great one for cleanliness

Hal·te·platz *m* stop; *für Taxis* taxi rank, taxi [*or* cab] stand **Hal·te·punkt** *m* stop

Hal·ter <-s, -> *m* holder

Hal·ter(in) <-s, -> *m(f)* 1 AUTO [registered] keeper BRIT, owner 2 *(Tierhalter)* owner

Hal·ter·haf·tung *f* JUR liability of the registered user of a vehicle

Hal·te·rung <-, -en> *f* mounting, support

Hal·ter·wech·sel *m (bei Versicherung)* change of user

Hal·te·schild *nt* stop sign **Hal·te·schlau·fe** *f (im Bus)* [hanging] strap; *(im Auto a.)* assist strap **Hal·te·stel·le** *f* stop

Hal·te·ver·bot *nt* 1 *kein pl* no stopping; **hier ist ~** this is a no stopping area; **im ~ parken** [*o* **stehen**] [*o* **halten**] to park [*or* wait] [*or* stop] in a no stopping area 2 *(Verkehr)* **absolutes** [*o* **uneingeschränktes**] **~** strictly no stopping; **eingeschränktes ~** limited waiting **Hal·te·ver·bot(s)·schild** *nt* "no stopping" sign

halt·los *adj* 1 *(labil)* weak; *Mensch* unsteady, unstable 2 *(unbegründet)* groundless, unfounded

Halt·lo·sig·keit <-> *f kein pl* 1 *(Labilität)* instability 2 *(Unbegründetheit)* groundlessness

Hal·tung[1] <-, -en> ['haltʊŋ] *f* 1 *(Körperhaltung)* posture; *bes* SPORT *(typische Stellung)* stance, style; ***für schlechte ~ wurden ihr Punkte abgezogen*** she lost marks for poor stance 2 *(Einstellung)* attitude 3 *kein pl (Verhalten)* manner, behaviour [*or* AM -or], conduct

▸WENDUNGEN: **~** __**annehmen**__ MIL to stand to [*or* at] attention; **~** __**bewahren**__ to keep one's composure

Hal·tung[2] <-> ['haltʊŋ] *f kein pl* keeping; ***der Miet-***

vertrag untersagt die ~ von Haustieren the tenancy agreement forbids the keeping of pets
Hal·tungs·feh·ler *m* bad posture **Hal·tungs·scha·den** *m* damaged posture
Ha·lun·ke <-n, -n> [ha'lʊŋkə] *m* ❶ *(pej: Gauner)* scoundrel
❷ *(hum: Schlingel)* rascal
Ha·mam <-[s], -s> [ha'ma:m] *m* Turkish bath, hamam
Hä·ma·tom <-s, -e> [hɛma'to:m] *nt* haematoma BRIT, AM hematoma
Ham·burg <-s> ['hambʊrk] *nt* Hamburg
Ham·bur·ger[1] <-s, -> ['hambʊrgɐ] *m* hamburger
Ham·bur·ger[2] ['hambʊrgɐ] *adj attr* Hamburg; ***Blankenese ist ein nobler ~ Stadtteil*** Blankenese is a posh Hamburg suburb
Ham·bur·ger(in) <-s, -> ['hambʊrgɐ] *m(f)* native of Hamburg
Hä·me <-> ['hɛ:mə] *f kein pl* malice
hä·misch ['hɛ:mɪʃ] **I.** *adj* malicious, spiteful
II. *adv* maliciously
Hämm·chen <-s, -> ['hɛmçən] *nt* KOCHK cured knuckle of pork
Ham·mel <-s, - o selten Hämmel> ['haml̩, *pl* 'hɛml̩] *m* ❶ *(kastrierter Schafbock)* wether
❷ *kein pl (Hammelfleisch)* mutton
❸ *(pej: Dummkopf)* idiot, ass *pej*
Ham·mel·bei·ne *pl* ▸WENDUNGEN: **jdn bei den ~n kriegen** [*o* **nehmen**] *(fam)* to take sb to task; **jdm die ~ lang ziehen** *(fam)* to give sb a good telling off [*or* dressing down] **Ham·mel·bra·ten** *m* roast mutton **Ham·mel·fleisch** *nt* mutton **Ham·mel·her·de** *f* flock of wethers [*or* rams]; **wie eine ~ herumlaufen** *(pej)* to walk around like a flock of sheep **Ham·mel·keu·le** *f* leg of mutton **Ham·mel·ko·te·lett** *nt* mutton chop **Ham·mel·rü·cken** *m* saddle of mutton **Ham·mel·sprung** *m* POL division **Ham·mel·talg** *m kein pl* mutton fat
Ham·mer <-s, Hämmer> ['hamɐ, *pl* 'hɛmɐ] *m*
❶ *(Werkzeug)* hammer
❷ SPORT *(Wurfgerät)* hammer
❸ ANAT hammer, malleus
❹ MUS hammer
❺ *(sl: schwerer Fehler)* howler, major error, clanger BRIT
❻ *(Unverschämtheit)* outrageous thing
▸WENDUNGEN: **zwischen Amboss und ~ geraten** to be under attack from both sides; **du hast einen ~!** *(sl)* you must be round the bend! BRIT *sl,* you must be off your rocker! *sl;* **das ist ein ~!** *(sl)* that's fantastic!; **unter den ~ kommen** *(fam)* to come under the hammer *fam;* **ein ~ sein** *(sl)* to be absurd; ***diese Unterstellung ist ja ein dicker ~!*** this insinuation is really absurd!; **~ und Sichel** hammer and sickle
Häm·mer·chen <-s, -> ['hɛmɐçən] *nt dim von* **Hammer** small hammer
Ham·mer·hai *m* ZOOL hammerhead [shark]
häm·mern ['hɛmɐn] **I.** *vi* ❶ *(mit dem Hammer arbeiten)* to hammer, to forge
❷ *(wie mit einem Hammer schlagen)* to hammer, to pound
❸ *(wie Hammerschläge ertönen)* to make a hammering noise
❹ *(fam: auf dem Klavier spielen)* to hammer away at the piano; ■**auf etw** *dat* **~** to hammer on sth
❺ *(rasch pulsieren)* to pound
II. *vt* ❶ *(mit dem Hammer bearbeiten)* ■**etw ~** to hammer sth
❷ *(wiederholt schlagen)* ■**jdm etw auf etw** *akk* **~** to pound a part of sb's body with sth; **jdm etw ins Bewusstsein ~** to hammer [*or* knock] sth into sb's head
Ham·mer·schlag *m* hammer blow **Ham·mer·stiel** *m* shaft [*or* handle] of a hammer **Ham·mer·wer·fen** <-s> *nt kein pl* hammer-throwing **Ham·mer·wer·fer(in)** <-s, -> *m(f)* hammer-thrower **Ham·mer·ze·he** *f* MED hammer toe
Ham·mond·or·gel ['hɛmənt-] *f* Hammond organ
Hä·mo·glo·bin <-s> [hɛmoglo'bi:n] *nt kein pl* haemoglobin BRIT, hemoglobin AM
Hä·mo·ly·se <-, -n> [hɛmo'ly:zə] *f* MED *(Auflösung roter Blutkörperchen)* haemolysis BRIT, hemolysis AM
Hä·mo·phi·lie <-, -n> [hɛmofi'li:, *pl* -'li:ən] *f* haemophilia BRIT, hemophilia AM
Hä·mor·ri·de <-, -n> [hɛmɔ'ri:də] *f,* **Hä·mor·rho·i·de** <-, -n> [hɛmɔro'i:də] *f meist pl* haemorrhoids *pl* BRIT, hemorrhoids *pl* AM
ham·pe·lig ['hampəlɪç] *adj* fidgety, awkward
Ham·pel·mann <-männer> ['hampl̩man, *pl* -mɛnɐ] *m* ❶ *(Spielzeug)* jumping jack
❷ *(pej fam: labiler Mensch)* gutless person, spineless creature, puppet; ***ich bin doch nicht dein ~!*** I'm not your puppet!; **jdn zu einem ~ machen, aus jdm einen ~ machen** to make sb sb's puppet
ham·peln ['hampl̩n] *vi (fam)* to fidget
Hams·ter <-s, -> ['hamstɐ] *m* hamster
Hams·ter·ba·cken *pl (fam)* chubby cheeks *fam*
Hams·te·rer, Hams·te·rin <-s, -> *m, f (fam)* hoarder
Hams·ter·kauf *m* panic buying; **Hamsterkäufe machen** to panic-buy
hams·tern ['hamstɐn] *vt, vi* to hoard; ■**[etw] ~** to panic-buy [sth]
Ha·na·fite <-en, -en> [hana'fi:t] *m* REL Hanafit
Han·ba·lit <-en, -en> [hanba'li:t] *m* REL Hanbalit
Hand <-, Hände> [hant, *pl* 'hɛndə] *f* ❶ ANAT hand; **mit seiner Hände Arbeit** *(geh)* with one's own hands; **jdm die ~ auflegen** to lay one's hands on sb; **man kann die ~ nicht vor den Augen sehen** one can't see one's hand in front of one's face; **aus der ~** *zeichnen* freehand; *essen* with one's fingers; **jdm aus der ~ fressen** *Tier* to eat out of sb's hand; **jdm rutscht die ~ aus** *(fam)* sb hits out in anger; **jdm die ~ bieten** [*o* **reichen**] *(geh)* to give sb one's hand, to extend one's hand to sb; **mit der bloßen ~, mit bloßen Händen** with one's bare hands; **jdm die ~ drücken/schütteln** to press/shake sb's hand; **jdm etw in die ~ drücken** to slip sth into sb's hand; **die ~ zur Faust ballen** to clench one's fist; **mit der flachen ~** with the flat [*or* palm] of one's hand; **keine ~ frei haben** to have both hands full; **jdm/sich die ~ geben** [*o geh* **reichen**] to shake sb's hand; ***sie reichten sich zur Begrüßung/Versöhnung die Hand*** [*o* ***Hände***] they greeted each other/made peace by shaking hands; **sich** *dat* **auf etw** *akk* **die ~ geben** to shake hands on sth; **etw in der Hand** [*o* **in** [**den**] **Händen**] **halten** [*o* **haben**] to have sth [in one's hands]; **Hände hoch** [**oder ich schieße**]! hands up [or I'll shoot]!; **eine hohle ~ machen** to cup one's hands; **aus der hohlen ~** from one's cupped hands; **~ in ~** hand in hand; **in die Hände klatschen** to clap [one's hands]; *(Beifall)* to applaud; **jdm die ~ küssen** to kiss sb's hand; **küss die ~!** ÖSTERR *(o veraltet)* your servant *old; (guten Tag)* how do you do? *form; (auf Wiedersehen)* good day; **etw aus der ~ legen** to put down sth *sep;* **jdm aus der ~ lesen** to read sb's palm [*or* hand]; **jdm die Zukunft aus der ~ lesen** to tell sb's future [by reading sb's palm [*or* hand]]; **linker/rechter ~** on the left/right; **zur linken/rechten ~** on the left-hand/right-hand side; **mit der ~** by hand; **jdn an die ~ nehmen** to take sb by the hand [*or* sb's hand]; **jdm etw aus der ~/den Händen nehmen** to take sth from [*or* off] sb, to take sth out of sb's hand/hands; ***sie nahm ihrem Kind das Messer aus der ~*** she took the knife away from her child; **jdn bei der ~ nehmen** [*o* **fassen**] to take hold of sb's hand; **etw in die** [*o* **zur**] **~ nehmen** to pick up sth *sep;* **sich** *dat* **die Hände reiben** to rub one's hands [together]; **eine ruhige** [*o* **sichere**] **~** a steady hand; *(fig)* a sure hand; **mit sanfter ~** with a gentle hand; **jdm etw aus der ~ schlagen** to knock sth out of sb's hand; **die Hände in die Seiten stemmen** to put one's hands on one's hips; **für vier Hände, zu vier Händen** MUS ***Klavierstück für vier Hände*** [*o* ***zu vier Händen***] piano piece for four hands; **zu vier Händen spielen** to play a [piano] duet; **von ~** by hand; *bedienen a.* manually; **von ~ genäht/geschrieben** hand-sewn/handwritten; **Hände weg!** *(fam)* hands [*or fam* mitts] off!
❷ <-, - *o* Hände> *(Maß)* ***ein paar ~*** [*o* ***Hände***] ***voll Kirschen*** a few handfuls of cherries; ***eine ~ voll Häuser*** *(fig)* a handful of houses; **eine ~/zwei ~** [*o* **Hände**] **breit** six inches/a foot wide; ***eine ~ breit Wein im Fass*** six inches of wine in the barrel; ***ein zwei ~*** [*o* ***Hände***] ***breiter Riss*** a foot-wide crack, a crack a foot wide
❸ *pl (Besitz)* ■**Hände** hands; ***der Besitz gelang in fremde Hände*** the property passed into foreign hands; **in jds Hände übergehen** to pass into sb's hands; **in fremde Hände übergehen** to change hands
❹ POL **die öffentliche ~, die öffentlichen Hände** *(der Staat)* the government, central government; *(die Gemeinde)* local government; ***durch die öffentliche ~ finanziert*** financed by the public sector
❺ JUR **die Tote ~** mortmain *spec;* **etw an die Tote ~ veräußern** to amortize sth *hist*
❻ *kein pl* FBALL handball; ***der Schiedsrichter erkannte auf ~*** the referee blew for handball; **~ machen** to handle the ball
❼ *(sl: Boxen)* punch
❽ *kein pl (veraltend: Handschrift)* hand
❾ ÖSTERR *(fam: Arm)* arm
▸WENDUNGEN: **die ~ für jdn/etw abhacken** [*o* **abschlagen**] **lassen** *(fam)* to stake one's life on sb/sth; **die** [*o* **seine**] **~ von jdm abziehen** *(geh)* to stop protecting sb; **an ~ einer S.** *gen* with the aid of sth; **die ~ in anderer** [*o* **fremder**] **Leute Tasche haben** to live in other people's pockets; **um jds ~ anhalten** [*o* **bitten**] *(veraltend geh)* to request [*or* ask for] sb's hand in marriage *dated;* [**bei etw** *dat*] [**selbst**] [**mit**] **~ anlegen** to lend a hand [with sth]; **jdm/etw in die ~** [*o* **Hände**] **arbeiten** to play into sb's hands/the hands of sth; [**mit jdm**] **~ in ~ arbeiten** to work hand in hand [with sb]; *(geheim)* to work hand in glove [with sb]; [**bar**] **auf die** [**flache**] **~** *(fam)* cash in hand; ***100 Euro auf die ~*** [***bekommen/gezahlt***] €100 [paid] in cash; **aus der ~** offhand; ***aus der ~ weiß ich nicht genau*** I don't know exactly offhand; **jd kann etw an beiden Händen abzählen** [*o* **abfingern**] *(fam)* sb can do sth with one hand [tied] behind their back; **jdn/etw in die ~** [*o* **Hände**] **bekommen** [*o fam* **kriegen**] to get one's hands on sb/sth; *(zufällig)* to come across sb/sth; **besser als in die hohle Hand gespuckt** *fam* [*o derb* **geschissen**] better than a slap in the face with a wet fish *hum;* **bei jdm in besten Händen sein** to be in safe hands with sb; ***bei ihr sind Sie damit in besten Händen*** you're in safe hands with her as far as that is concerned; **jdn um jds ~ bitten** *(veraltend geh)* to ask sb for sb's hand in marriage *dated;* **seine Hände mit Blut befleckt haben** *(geh)* to have blood on one's hands; **~ drauf!** *(fam)* promise!, swear!; **aus erster/zweiter ~** first-hand/second-hand; *(vom ersten/zweiten Eigentümer)* with one previous owner/two previous owners; ***Informationen aus zweiter ~*** second-hand information; **etw aus erster ~ wissen** to have first-hand knowledge of sth; **jdm in die Hände fallen** to fall into sb's hands; **jdm in die ~** [*o* **Hände**] **fallen** [*o* **kommen**] ***schaut mal, was mir zufällig in die Hände gefallen ist!*** look what I came across by chance!; **in festen Händen sein** *(fam)* to be spoken for; **für jdn/etw seine** [*o* **die**] **~ ins Feuer legen** to vouch for sb/sth; **fleißige Hände** *(fleißige Arbeiter)* hard workers; *(Bereitwillige)* willing hands; **freie ~ haben** to have a free hand; **jdm freie ~ lassen** to give sb a free hand; ***bei der Regelung dieser Angelegenheit lassen wir Ihnen freie ~*** we give you free rein in settling this matter; **von fremder ~** from a stranger; ***die Unterschrift stammt von fremder ~*** this is a stranger's signature; **jdm aus der ~ fressen** *(fam)* to eat out of sb's hand; **~ und Fuß haben** to be well thought out; **weder ~ noch Fuß haben** to have no rhyme or reason, to make no sense; ***dieser Plan hat weder ~ noch Fuß*** there's no rhyme or reason to this plan; **mit Händen und Füßen** *(hum: gestikulierend)* with gestures; *(fam: heftig)* tooth and nail; **etw mit**

H

Händen und Füßen erklären to use gestures to explain sth; **jdm etw an die ~ geben** to provide sb with sth, to make sth available to sb; **jdm auf etw** *akk* **die ~ geben** to promise sb sth [faithfully]; **jdm die ~ darauf geben, dass ...** to promise sb [faithfully] that ...; **etw aus der ~ geben** *(weggeben)* to let sth out of one's hands; *(leihen)* to lend sth; *(verzichten)* to relinquish sth; **jdn/etw in jds ~ geben** *(geh)* to place sb/sth in sb's hands; **jdm sind die Hände [und Füße] gebunden, jds Hände sind gebunden** sb's hands are tied; **jdm [bei etw** *dat*] **an die ~ gehen** to give [*or* lend] sb a hand [with sth]; **durch jds Hände** [*o* **~**] **gehen** to pass through sb's hands; [**mit etw** *dat*] **~ in ~ gehen** to go hand in hand [with sth]; **jdm geht etw gut** [*o* **leicht**] [*o fam* **flott**] **von der ~** sb finds sth easy; ***am Computer gehen einem viele Textarbeiten leicht von der ~*** working with texts is easy on a computer; **von ~ zu ~ gehen** to pass from hand to hand; **jdm zur ~ gehen** to lend sb a [helping] hand; **bei/in etw** *dat* **eine glückliche ~ haben** [*o* **beweisen**] [*o* **zeigen**] *(richtig handeln)* to know the right thing to do with sth; *(Gewinn erzielen)* to have the Midas touch with sth; *(Geschick aufweisen)* to have a [natural] flair for sth; **mit Händen zu greifen sein** to be as plain as a pikestaff [*or fam* the nose on your face]; **eine grüne ~ haben** to have green fingers BRIT *fam;* **jdn [für etw** *akk*] **an der ~ haben** *(fam)* to have sb on hand [for sth]; ***für Autoreparaturen habe ich jemand an der ~*** I've got someone on hand who can fix cars; **etw bei der ~ haben** to have sth handy [*or* to hand]; *(parat)* to have sth ready; **etw in der ~ haben** to have sth in one's hands; ***ich habe diese Entscheidung nicht in der ~*** this decision is not in [*or* is out of] my hands; **etw gegen jdn in der ~ haben** to have sth on sb; **jdn [fest] in der ~ haben** to have sb [well] in hand; **sich** *akk* **in der ~ haben** to have oneself under control [*or fam* a grip on oneself]; **etw unter den Händen haben** to be working on sth; **die [*o* seine] ~ auf etw** *dat* **halten** *(fam)* to keep a tight rein on sth; **die ~ auf der Tasche halten** *(fam: kontrollieren)* to hold the purse strings; *(geizen)* to be tight-fisted *fam;* **die [*o* seine [schützende]] ~ über jdn halten** *(geh)* to protect sb; **~ aufs Herz!** *(versprochen!)* cross my/your heart [and hope to die], [give me your/I give you my] word of honour BRIT [*or* AM honor]; *(ehrlich!)* honest/be honest!; **die [hohle] [*o* seine] ~ hinhalten** [*o* **aufhalten**] *(fam)* to hold out one's hand [for money]; **nicht in die hohle ~!** *(fam)* nothing at all; **in jds Händen sein** to be in sb's hands; [**bei jdm**] **in guten/richtigen/sicheren Händen sein** to be in good/the right/safe hands [with sb]; **klebrige Hände haben** *(fam)* to have sticky fingers *fam;* **die Hände überm Kopf zusammenschlagen** *(fam)* to throw one's hands up in amazement/horror; **von langer ~** well in advance; **jdm die ~ [zum Bund] fürs Leben reichen** *(geh)* to marry sb; **mit leeren Händen** empty-handed; **~ an jdn legen** *(geh: angreifen)* to assault sb; *(töten)* to take sb's life; **~ an sich** *akk* **legen** *(geh)* to take one's own life; **die [*o* seine] ~ auf etw** *akk* **legen** *(geh)* to lay [one's] hands on sth; **etw in jds ~ [*o* Hände] legen** *(geh)* to entrust sb with sth; **mit leichter ~** effortlessly, with ease; **leitende [*o* lenkende] ~** guiding hand; [**die**] **letzte ~ an etw** *akk* **legen** to put the finishing touches to sth; [**klar**] **auf der ~ liegen** *(fam)* to be [perfectly] obvious; **in jds ~ liegen** [*o* **stehen**] *(geh)* to be in sb's hands; **mit der linken Hand** *(fam)* easily, [as] easy as pie *fam;* **eine lockere [*o* lose] ~ haben** *(fam)* to let fly [*or* lash out] at the slightest provocation; **eine milde [*o* offene] ~ haben** to give generously, to be open-handed; **von der ~ in den Mund leben** to live from hand to mouth; **jdm etw aus der ~ nehmen** to relieve sb of sth; **etw in die ~ nehmen** *(sich darum kümmern)* to attend to [*or* take care of] sth; *(übernehmen)* to take sth in hand [oneself]; **etw allein [*o* selbst] in die [eigene] ~ nehmen** to take sth into one's own hands; **aus [*o* von] privater ~** privately, from a private individual; **„aus privater ~ abzugeben"** "private sale"; **jds rechte ~ sein** to be sb's right-hand man; **dann können wir uns** *dat* **die ~ reichen!** shake!, snap! *fam;* **sich** *dat* [*o geh* **einander**] **die Hände reichen können** to be tarred with the same brush; **keine ~ rühren** *(fam)* to not lift a finger; **jdm die Hände schmieren** [*o* **versilbern**] *(fam)* to grease sb's palm *fam;* **schmutzige Hände haben** *(geh)* to be involved in dubious practices; **mit etw** *dat* **schnell** [*o* **flink**] [*o* **gleich**] **bei der ~ sein** *(fam)* to be quick to do sth; **die Hände in den Schoß legen** [*o* **in die Taschen stecken**] to sit back and do nothing; **in jds ~ sein** to be in sb's hands; ***dieses Geschäft ist in türkischer ~*** this business is owned by Turks; [**bei etw** *dat*] **die Hand** [*o* **seine Hand**] [*o* **seine Hände**] [**mit**] **im Spiel haben** to have a hand in sth; *Eifersucht, Motiv* to have a part to play in sth; **überall seine Hand** [*o* **Hände**] **im Spiel haben** to have a [*or* one's] finger in every pie; **jdm etw in die ~** [*o* **Hände**] **spielen** to pass sth on to sb; **in die Hände spucken** *(fam)* to roll up one's sleeves *sep;* **mit starker** [*o* **fester**] **~** with a firm hand; *(strenger)* with an iron hand; **jdn auf Händen tragen** to fulfil [*or* AM fulfill] sb's every wish; **etw zu treuen Händen nehmen** *(usu hum geh)* to take sth into one's care; **jdm etw zu treuen Händen übergeben** *(usu hum geh)* to give sth to sb for safekeeping, to entrust sth to sb; **seine Hände in Unschuld waschen** *(geh)* to wash one's hands of it/sb/sth; **unter der ~** secretly, on the quiet *fam;* **etw unter der ~ erfahren** to hear sth through the grapevine; **etw unter der ~ kaufen/verkaufen** to buy/sell sth under the counter [*or* table]; **jdm etw in die ~ versprechen** to promise sb sth [faithfully]; **alle [*o* beide] Hände voll zu tun haben** *(fam)* to have one's hands full; **mit vollen Händen** *(verschwenderisch)* excessively; *(großzügig)* generously; **das [*o* sein] Geld mit vollen Händen ausgeben** to spend one's money left, right and centre [*or* AM center] [*or fam* hand over fist]; **von jds ~** *(geh)* at sb's hand; **hinter vorgehaltener ~** in confidence, off the record; **eine ~ wäscht dieandere** *(prov)* you scratch my back [and] I'll scratch yours *prov;* **jdm unter der ~** [*o* **den Händen**] **wegsterben** *(fam)* to die while under sb's care; **etw von der ~ weisen** to deny sth; **etw lässt sich** *akk* **nicht von der ~ weisen, etw ist nicht von der ~ zu weisen** sth cannot be denied; ***es lässt sich nicht von der ~ weisen*** there's no denying it; **es ist nicht von der ~ zu weisen, dass ...** there's no denying that ...; **jdm unter den Händen zerrinnen** [*o* **schmelzen**] to slip through sb's fingers; **zu Händen *zu Händen* [von] *Herrn Weissner*** For the attention of Mr Weissner, Attn: Mr Weissner; **jdm zuckt es in der ~** [*o* **den Händen**] sb's itching to hit sb *fam;* **etw zur ~ haben** to have sth handy [*or* to hand]; **zur ~ sein** to be at hand; **mit etw** *dat* **zur ~ sein** to be ready with sth; **zwei linke Hände haben** *(fam)* to have two left hands *fam,* BRIT *fam also* to be all fingers and thumbs

Hand·ak·te *f* JUR reference file **Hand·än·de·rungs·steu·er** <-, -n> *f* ADMIN, JUR SCHWEIZ *tax levied when property, shares etc. change ownership* **Hand·ap·pa·rat** *m* reference books **Hand·ar·beit** *f* ❶ *(von Hand gefertigter Gegenstand)* handicraft, handiwork; **~ sein** to be handmade, to be made by hand; **in ~** by hand ❷ *kein pl (körperliche Arbeit)* manual labour [*or* AM -or] ❸ *(Nähen, Stricken etc.)* sewing and knitting; ***neben dem Fernsehen mache ich immer irgendwelche ~en*** I always sew or knit in front of the television; SCH needlework; *(Gegenstand)* needlework **Hand·ar·bei·ten** *nt kein pl* needlework **Hand·auf·he·ben** <-s> *nt kein pl* show of hands; **durch ~** by a show of hands; ***abgestimmt wird durch ~*** voting takes place by a show of hands **Hand·auf·le·gen** <-s> *nt,* **Hand·auf·le·gung** <-> *f kein pl* laying on of hands; **durch ~** by the laying on of hands

Hand·auf·le·ger(in) <-s, -> *m(f)* layer on of hands

Hand·ball *m o fam nt* SPORT ❶ *kein pl (Spiel)* handball; **~ spielen** to play handball ❷ *(Ball)* handball **Hand·bal·len** *m* ball of the thumb **Hand·bal·ler(in)** <-s, -> *m(f) (fam) s.* **Handballspieler** **Hand·ball·spiel** *nt* SPORT ❶ *(Spiel)* game of handball ❷ *kein pl (Sportart)* handball **Hand·ball·spie·ler(in)** *m(f)* handball player **Hand·be·die·nung** *f* manual operation; **mit ~** hand-operated **Hand·be·trieb** *m kein pl* manual operation **Hand·be·we·gung** *f* movement of the hand, motion, gesture; **eine ~ machen** to move one's hand **Hand·bib·lio·thek** *f* reference library **Hand·boh·rer** *m* gimlet **Hand·brau·se** *f* hand shower **hand·breit** ['hantbrait] **I.** *adj* a few centimetres [*or* AM -ers] wide **II.** *adv* a few centimetres [*or* AM -ers]; ***die Tür ließ sich nur ~ öffnen*** the door could only be opened a few centimetres **Hand·breit** <-, -> ['hantbrait] *f* a few centimetres; ***das Wasser im Keller stand zwei ~ hoch*** there was a foot of water in the cellar **Hand·brem·se** *f* handbrake **Hand·brems·he·bel** *m* AUTO handbrake lever **Hand·buch** *nt* handbook, manual, guide, textbook

Händ·chen <-s, -> ['hɛntçən] *nt dim von* **Hand** little hand; **~ geben** to shake hands; **für etw** *akk* **ein ~ haben** *(fam)* to have a knack for sth *fam;* **~ halten** *(fam)* to hold hands; **~ haltend** holding hands

Hand·creme [-kre:m] *f* hand cream **Hand·dik·tier·ge·rät** *nt* hand-held dictating machine

Hän·de·druck <-drücke> *m* ❶ *kein pl (jds Art, jdm die Hand zu geben)* handshake; ***Sie haben aber einen kräftigen ~!*** you really have a firm handshake ❷ *(Handschlag)* handshake; ***die Gäste wurden jeweils mit ~ begrüßt*** each of the guests was greeted with a handshake ▶WENDUNGEN: **nur einen warmen ~ bekommen** *(fam)* to get just a pat on the back *fam* **Hän·de·klat·schen** *nt* applause *no pl,* clapping *no pl*

Hän·del ['hɛndl] *pl (geh)* quarrel; **mit jdm ~ haben** to quarrel with sb

Han·del[1] <-s> ['handl] *m kein pl* ❶ *(Wirtschaftszweig der Händler)* commerce ❷ ÖKON *(Warenverkehr)* trade; **freier ~** free trade; **den ~ aussetzen** BÖRSE to discontinue trade; **den ~ behindern** to intercept trade ❸ *(fam: Abmachung, Geschäft)* deal, transaction; ***auf so einen unsicheren ~ würde ich mich nicht einlassen*** I wouldn't let myself in for such a risky deal ❹ *(das Handeln)* dealing, trading; ▪**der ~ mit etw** *dat* dealing [*or* trading] in sth; ***der ~ mit Drogen ist illegal*** drug trafficking is illegal; [**mit jdm/etw**] **~ treiben** [*o* **betreiben**] to do business [with sb], to trade [in sb/sth] ❺ *(Laden)* business; **etw in den ~ bringen** to put sth on the market; **im ~ sein** to be on the market; **etw aus dem ~ ziehen** to take sth off the market

Han·del[2] <-s, Händel> ['handl, *pl* 'hɛndl] *m meist pl* argument, quarrel

hän·deln ['hɛndl̩n] *vt (fam)* ▪**jdn/etw ~** to handle sb/sth

han·deln ['handl̩n] **I.** *vi* ❶ *(kaufen und verkaufen)* ▪**mit etw** *dat*/**in etw** *dat* **~** to trade [*or* deal] in sth; ***er handelt mit [o in] Gebrauchtwagen*** he trades [*or* deals] in second-hand cars, he's in the second-hand car trade; ***sie hat einen Laden, in dem sie mit Bioprodukten handelt*** she owns a shop selling natural foods; **mit Drogen/Waffen ~** to traffic in drugs/arms; **mit Frauen/Sklaven ~** to trade in women/slaves; **en gros/en detail ~** to be in the wholesale/retail trade ❷ *(selten: mit jdm im Geschäftsverkehr stehen)* ▪**mit jdm ~** to trade with sb; ***die alten Ägypter haben mit Ländern des gesamten Mittelmeerraumes gehandelt*** the ancient Egyptians traded with countries throughout the Mediterranean area ❸ *(feilschen)* ▪[**um etw** *akk*] **~** to haggle [over sth]; ***es ist immer peinlich, mit einem Verkäufer zu ~*** it's always embarrassing to haggle with a salesman; **um den Preis ~** to haggle over the price; ***auf dem Basar wird um den Preis der Ware lange gehandelt*** a lot of haggling goes on at the bazaar over the price of goods; **mit sich** *dat* [**über etw** *akk*] **~ lassen** to be prepared to negotiate [sth]; ***wenn Sie alles nehmen, lasse ich auch noch mit mir***

über einen Rabatt ~ if you take everything I'm prepared to negotiate a discount; ***über den Preis lasse ich nicht mit mir*** ~ the price is not open to negotiation; ***meine Entscheidung steht, da lasse ich nicht mit mir*** ~ my decision stands, I'm not open to any suggestions

❹ *(tätig werden)* to act; ***wir müssen ~, ehe es zu spät ist*** we must act before it is too late; ***er ist ein schnell ~ der Mensch*** he is a quick-acting person; **im Affekt/in Notwehr** ~ to act in the heat of the moment/in self-defence; **auf Befehl** ~ to act on orders; ■**aus etw** *dat* ~ to act out of sth; ***die Frau handelte aus purer Eifersucht*** the woman acted out of pure jealousy; **aus Überzeugung** ~ to act out of conviction

❺ *(verfahren)* ■**irgendwie** ~ to act in a certain manner; ***die Regierung hätte entschlossener ~ müssen*** the government should have acted in a more decisive manner; **rechtswidrig** ~ to act illegally; **eigenmächtig/richtig/fahrlässig** ~ to act on one's own authority/correctly/carelessly

❻ *(geh: sich verhalten)* ■**irgendwie [an jdm/gegen jdn]** ~ to act [*or* behave] [towards sb] in a certain manner; ***wie konntest du so übel an ihr ~?*** how could you behave so badly towards her?; ***sie hat barmherzig gegen ihn gehandelt*** she acted in a compassionate way towards him

❼ *(zum Thema haben)* ■**von etw** *dat*/**über etw** *akk* ~ to be about sth, to deal with sth; ***der Zeitungsartikel handelte von dem Streik*** the newspaper article dealt with the strike; ***ein neues Buch? von was handelt es?*** a new book? what's it about?

II. *vr impers* ❶ *(etw Bestimmtes sein)* ■**es handelt sich** *akk* **um etw/jdn**: ***es handelt sich hier um ein Verbrechen*** it's a crime we are dealing with here; ***die Polizei vermutet, dass es sich nicht um Selbstmord handelt*** the police suspect that it was not suicide; ***es handelt sich bei diesen angeblichen UFOs um optische Täuschungen*** these alleged UFOs are simply optical illusions; ***bei den Gästen handelte es sich um entfernte Verwandte*** the guests were distant relatives; ***bei den Tätern soll es sich um Angehörige einer Terrorgruppe*** ~ the culprits are said to be members of a terrorist group

❷ *(betreffen)* ■**es handelt sich** *akk* **um etw** *akk* it is about sth, it concerns sth; ***worum handelt es sich, bitte?*** what's it about, please?; ***es handelt sich um einige Beobachtungen, die ich gemacht habe*** it's about some observations that I have made; ■**sich** *akk* **darum ~, dass ...** to be a matter of ...; ***es handelt sich jetzt darum, dass wir die veranschlagten Kosten reduzieren*** it's a matter now of reducing the estimated costs

❸ *(darauf ankommen)* ■**es handelt sich** *akk* **darum, etw zu tun** it is a question of doing sth; ***es handelt sich einzig und allein darum, über die Runden zu kommen*** it is purely and simply a question of getting by; ***es kann sich jetzt nicht darum handeln, dass ...*** it is of no importance at the moment, that ...

III. *vt* ❶ *(angeboten und verkauft werden)* ■**[für etw** *akk*] **gehandelt werden** to be traded [*or* to sell] [at sth]; ***Silber wird für Euro 216 das Kilo gehandelt*** silver is trading at 216 euros a kilo; ***an den Börsen werden Aktien gehandelt*** shares are traded on the stock exchanges

❷ *(im Gespräch sein)* ■**als jd/für etw** *akk* **gehandelt werden** to be touted as sb/for sth; ***er wird schon lange als Nachfolger für Dr. Alle gehandelt*** he has been touted for a long time as Dr. Alle's successor

Han·deln <-s> ['handl̩n] *nt kein pl* ❶ *(Feilschen)* haggling

❷ *(das Handeltreiben)* trading; ■**das ~ mit etw** *dat* trading sth; ***das ~ mit Drogen ist verboten*** drug trafficking is against the law

❸ *(Verhalten)* behaviour [*or* AM -or]

❹ *(das Tätigwerden)* action

❺ JUR *(Tun)* acting; ~ **auf eigene Gefahr** acting at one's own risk; ~ **im eigenen Namen** acting in one's own name; ~ **in fremdem Namen** acting in the name of another; ~ **unter fremdem Namen** acting under an assumed name; ~ **auf eigene Rechnung** trading on one's own account; ~ **unter falschem Recht** acting under false law; **fahrlässiges/gesetzeswidriges** ~ acting negligently/unlawfully

Han·deln·de(r) *f(m) dekl wie adj* **rechtswidrig** ~ JUR tortfeasor

Han·dels·ab·ga·ben *pl* FIN taxes on trade **Han·dels·ab·kom·men** *nt* trade agreement **Han·dels·aka·de·mie** *f* ÖSTERR *(höhere Handelsschule)* ≈ business school **Han·dels·ak·zept** *nt* HANDEL trade [*or* commercial] acceptance **Han·dels·ar·ti·kel** *m s.* **Handelsware Han·dels·at·ta·ché** *m* commercial attaché **Han·dels·aus·kunft** *f* trade reference **Han·dels·aus·kunf·tei** *f* commercial information agency **Han·dels·bank** *f* merchant bank **Han·dels·be·din·gun·gen** *pl* JUR trading conditions [*or* terms] **Han·dels·be·schrän·kung** *f,* **Han·dels·be·ein·träch·ti·gung** *f* trade restriction; ~**en einführen** [*o* **verhängen**]/**aufheben** to impose/lift restrictions **Han·dels·be·voll·mäch·tig·te(r)** *f(m) dekl wie adj* JUR authorized signatory, commercial agent **Han·dels·be·zie·hung** *f* business [*or* trade] relationship; ~**en** trade relations, trading links

Han·dels·bi·lanz *f* balance of trade; **aktive** ~ balance of trade surplus; **passive** ~ balance of trade deficit **Han·dels·bi·lanz·de·fi·zit** *nt* trade balance deficit **Han·dels·bi·lanz·sal·do** *m* trade balance bottom line **Han·dels·bi·lanz·über·schuss**[RR] *m* FIN trade balance surplus

Han·dels·block *m oft pl* HANDEL trading [*or* trade] bloc **Han·dels·brauch** *m* HANDEL commercial custom, trade use; **internationaler** ~ international commercial custom **Han·dels·bü·cher** *pl* HANDEL commercial books of account **Han·dels·de·fi·zit** *nt* trade deficit **Han·dels·ein·bu·ße** *f* HANDEL loss of trade **han·dels·ei·nig, han·dels·eins** ['handl̩sʔains] *adj pred* ■~ **sein/werden** to agree terms, to come to an agreement; ■**mit jdm ~ sein/werden** to agree terms with sb; ■**[sich** *dat*] ~ **sein/werden** to agree terms [with each other] **Han·dels·em·bar·go** *nt* ÖKON trade embargo; **ein ~ verhängen/lockern/aufheben** to lay/relax/lift an embargo on trade; **ein ~ gegen einen Staat verhängen** to impose a trade embargo on a state **han·dels·fä·hig** *adj* HANDEL marketable **Han·dels·fir·ma** *f* HANDEL commercial firm [*or* undertaking] **Han·dels·flag·ge** *f* merchant flag **Han·dels·flot·te** *f* TRANSP, ÖKON merchant fleet **Han·dels·frei·heit** *f kein pl* ❶ ÖKON *(Möglichkeit, Recht zu uneingeschränktem Handel)* freedom of trade, free trade ❷ *(selten: Handlungsfreiheit)* freedom of action [*or* to act]

han·dels·gän·gig *adj* HANDEL marketable **Han·dels·ge·biet** *nt* HANDEL trading area **Han·dels·ge·hil·fe(in)** *m(f)* JUR clerk, commercial employee **Han·dels·ge·nos·sen·schaft** *f* HANDEL traders' cooperative **Han·dels·ge·richt** *nt* JUR commercial court **Han·dels·ge·schäft** *nt* HANDEL commercial transaction; **einseitiges/beiderseitiges** ~ one-sided/bilateral commercial transaction **Han·dels·ge·sell·schaft** *f,* **HG** *f* ÖKON commercial company, trading company, commercial partnership; **offene** ~ general partnership **Han·dels·ge·setz** *nt* commercial law **Han·dels·ge·setz·buch** *nt,* **HGB** *nt* JUR Commercial Code **Han·dels·ge·wer·be** *nt* HANDEL commercial enterprise **Han·dels·ge·winn** *m* HANDEL trading profit **Han·dels·ge·wohn·heits·recht** *nt* JUR law of commercial customs **Han·dels·gren·ze** *f* trading limit **Han·dels·ha·fen** *m* trading [*or* commercial] port **Han·dels·haus** *nt* trading [*or* commercial] company **Han·dels·hemm·nis** *nt* HANDEL trade barrier, impediment to trade; **tarifäres/nicht tarifäres** ~ tariff/non-tariff barrier **Han·dels·kam·mer** *f* ÖKON chamber of commerce **Han·dels·kauf** *m* JUR mercantile sale **Han·dels·ket·te** *f* ÖKON sales [*or* marketing] chain **Han·dels·klas·se** *f* grade **Han·dels·klau·sel** *f* HANDEL trade clause [*or* term]; JUR trade stipulation; **internationale** ~ international trade stipulation **Han·dels·kon·zern** *m* business group **Han·dels·krieg** *m* trade war **Han·dels·la·bor** *nt,* **Han·dels·la·bo·ra·to·ri·um** *nt* TECH commercial laboratory **Han·dels·mak·ler(in)** *m(f)* HANDEL commercial broker **Han·dels·ma·ri·ne** *f kein pl* TRANSP, ÖKON merchant navy [*or* AM marine] **Han·dels·mar·ke** *f* trademark, brand **Han·dels·mes·se** *f* ÖKON trade fair

Han·dels·me·tro·po·le <-, -n> *f* HANDEL commercial metropolis **Han·dels·mi·nis·ter(in)** *m(f)* Minister for Trade BRIT, Trade Secretary BRIT, Secretary of Commerce AM **Han·dels·mi·nis·te·ri·um** *nt* Trade Ministry BRIT, Department of Trade [*or* AM Commerce] **Han·dels·mis·si·on** *f* trade mission **Han·dels·mo·no·pol** *nt* HANDEL trade monopoly **Han·dels·na·me** *m* HANDEL name of a firm **Han·dels·nie·der·las·sung** *f* branch **Han·dels·ord·nung** *f* HANDEL trading regime **Han·dels·part·ner(in)** *m(f) (Land)* trading partner **Han·dels·platz** *m* trading centre [*or* AM -er] **Han·dels·po·li·tik** *f kein pl* ÖKON, POL [foreign] trade [*or* commercial] policy; **gemeinsame** ~ *der EU* common commercial policy; **wettbewerbsbeschränkte** ~ restrictive trade practices **Han·dels·prak·ti·ken** *pl* JUR, FIN trade [*or* commercial] practices; **unerlaubte** [*o* **unlautere**] ~ infringement of trade customs **Han·dels·recht** *nt* JUR commercial law; **europäisches/internationales** ~ European/international commercial law **han·dels·recht·lich** *adj* pursuant to commercial law **Han·dels·re·geln** *pl* JUR business regulations

Han·dels·re·gis·ter *nt* Register of Companies [*or* Corporations], registrar of business names BRIT; **Auszug aus dem** ~ excerpt from the commercial register **Han·dels·re·gis·ter·ein·tra·gung** *f* JUR certificate of registration [*or* incorporation] **Han·dels·re·gis·ter·füh·rer** *m* JUR trade register index

Han·dels·rei·sen·de(r) *f(m) dekl wie adj* FIN commercial traveller [*or* AM -l-] **Han·dels·rich·ter(in)** *m(f)* JUR judge in a commercial court **Han·dels·sa·che** *f* JUR commercial case, trade dispute **Han·dels·schieds·ge·richts·bar·keit** *f* JUR commercial arbitration **Han·dels·schie·ne** *f* trade [*or* trading] route **Han·dels·schiff** *nt* trading ship [*or* vessel] **Han·dels·schran·ke** *f meist pl* trade barrier *usu pl* **Han·dels·schu·le** *f* ÖKON business school; **höhere** ~ commercial college BRIT **Han·dels·schü·ler(in)** *m(f)* student at a business school **Han·dels·span·ne** *f* profit margin **Han·dels·stra·ße** *f* HIST trade route **Han·dels·streit** *m* JUR trade dispute **Han·dels·tag** *m* trade convention [*or* conference]

Han·dels·trei·ben·de(r) ['handl̩straibn̩də, -dɐ] *f(m)* ÖKON *(form)* trader, business[wo]man **han·dels·üb·lich** *adj* in accordance with standard commercial practice; *Erzeugnis, Produkt, Ware* commercially available; ***250 Gramm für Konservendosen ist eine ~e Größe*** 250 grams is a standard size for tinned food **Han·dels·üb·lich·keit** *f* HANDEL trading practices *pl* **Han·dels·un·ter·neh·men** *nt* business [*or* commercial] enterprise **Han·dels·ver·band** *m* JUR trade association **Han·dels·ver·bot** *nt* POL trade embargo **Han·dels·ver·kehr** *m kein pl* HANDEL commerce, trade **Han·dels·ver·trag** *m* JUR trade agreement

Han·dels·ver·tre·ter(in) *m(f)* ÖKON commercial agent **Han·dels·ver·tre·ter·recht** *nt* JUR law of commercial agency **Han·dels·ver·tre·ter·ver·trag** *m* JUR commercial agent's contract

Han·dels·ver·tre·tung *f* trade mission **Han·dels·vo·lu·men** *nt* volume of trade, [foreign] trade volume **Han·dels·vor·schrif·ten** *pl* JUR business regulations **Han·dels·wäh·run·gen** *pl* trading currencies *pl* **Han·dels·wa·re** *f* commodity, merchandise, [commercial] article; ***ausländische ~n sind ziemlich billig*** foreign goods are fairly cheap **Han·dels·wech·sel** *m* FIN trade [*or* commercial] bill **Han·dels·wert** *m* ÖKON market [*or* commercial] value **Han·dels·zei·chen** *nt* HANDEL trademark, brand **Han·dels·zen·trum** *nt* business [*or* trading]

H

centre [*or* AM -er] **Han·dels·zweig** *m* ÖKON branch [*or* sector] [of industry]

Han·del·trei·ben·de(r) *f(m) dekl wie adj* trader

Hän·de·rin·gen <-s> *nt kein pl* wringing of one's hands **hän·de·rin·gend** **I.** *adj* wringing one's hands **II.** *adv* ❶ *(die Hände ringend)* ***er flehte ~ um Gnade*** wringing his hands he pleaded for mercy ❷ *(fam: dringend)* desperately, urgently; ***ich brauche ~ Facharbeiter*** I urgently need skilled workers **Hän·de·schüt·teln** *nt kein pl* handshaking *no pl, no indef art* **Hän·de·trock·ner** *m* hand drier [*or* dryer] **Hän·de·wa·schen** *nt kein pl* washing one's hands

Hand·fe·ger <-s, -> *m* hand brush **Hand·fer·tig·keit** *f* dexterity **hand·fest** *adj* ❶ *(deftig)* substantial; ***ich bestelle mir etwas H~eres als einen Salat*** I'm ordering something more substantial than a salad ❷ *(robust)* sturdy; ■**etwas H~es** something well-built ❸ *(ordentlich)* proper, real; ***die Affäre wuchs sich zu einem ~en Skandal aus*** the affair turned into a full-blown scandal ❹ *(hieb- und stichfest)* well-founded; ***ich hoffe, Sie haben ~e Beweise für Ihre Behauptung*** I hope you've got solid proof for your allegation **Hand·feu·er·lö·scher** *m* (hand) fire extinguisher **Hand·feu·er·waf·fe** *f* handgun, portable firearm

Hand·flä·che *f* palm of one's hand **Hand·flä·chen·com·pu·ter** *m* INFORM hand-held programmable **Hand·flä·chen·pi·lot** *m* INFORM Palm Pilot *(personal digital assistant)*

Hand·funk·ge·rät *nt* walkie-talkie **hand·ge·ar·bei·tet** *adj* handmade **hand·ge·knüpft** *adj Teppich* hand-knotted **Hand·geld** *nt* ❶ SPORT signing-on fee [*or* transfer fee] ❷ HIST bounty **Hand·ge·lenk** *nt* wrist ▸ WENDUNGEN: **aus dem ~** *(fam)* with the greatest of ease, just like that, off the cuff; **etw aus dem ~ schütteln** *(fam)* to do sth straight off, to do sth effortlessly **hand·ge·macht** *adj* handmade **hand·ge·malt** *adj* hand-painted **hand·ge·mein** *adj* ■**[mit jdm] ~ werden** to come to blows [with sb]; ■**miteinander ~ werden** to come to blows with each other **Hand·ge·men·ge** *nt* fight, scuffle **Hand·ge·päck** *nt* hand luggage **Hand·ge·rät** *nt* ❶ *(handwerkliches o.ä. Gerät)* small [hand-held] device ❷ SPORT hand apparatus **hand·ge·schöpft** *adj Papier* handmade **hand·ge·schrie·ben** *adj* handwritten **hand·ge·strickt** *adj* ❶ *(von Hand gestrickt)* hand-knitted ❷ *(amateurhaft gemacht)* homespun

hand·ge·taf·tet ['hantgətaftət] *adj* MODE of handwoven taffeta **Hand·gra·na·te** *f* hand grenade

hand·greif·lich ['hantgraiflɪç] *adj* ❶ *Auseinandersetzung, Streit* violent; ■**[gegen jdn] ~ werden** to become violent [towards sb]
❷ *(offensichtlich)* clear

Hand·greif·lich·keit <-, -en> *f* ❶ *(konkrete Fassbarkeit)* obviousness *no pl*, palpability *no pl*
❷ *kein pl (Tätlichkeit)* fight *no pl*; ***bei dem Streit kam es zu ~en*** the argument became violent

Hand·griff *m* ❶ *(Aktion)* movement; ***das ist mit ein paar ~en wieder in Ordnung gebracht*** that can be repaired with a few simple touches
❷ *(Griff)* handle; *(Tragegriff)* handle
▸ WENDUNGEN: **mit einem ~** with a flick of the wrist; ***das Fenster lässt sich mit einem ~ öffnen*** the window can be opened with a flick of the wrist; **mit ein paar ~en** in no time; ***das haben wir mit ein paar ~en wieder repariert*** we'll have that repaired again in no time

Hand·ha·be *f* tangible evidence; **[gegen jdn] eine/keine ~ haben** to have something/nothing on sb

hand·ha·ben ['hantha:bn̩] *vt* ❶ *(bedienen)* ■**etw ~** to handle [*or* manage] sth; ***die Maschine lässt sich leicht ~*** the machine can be operated easily
❷ *(anwenden)* ■**etw ~** to apply sth; ***die Vorschriften müssen strenger gehandhabt werden*** the regulations must be applied more strictly
❸ *(verfahren)* ■**etw irgendwie ~** to manage sth in a certain way; ***so wurde es hier schon immer gehandhabt*** we've always dealt with it here in this way; **etw betrügerisch ~** to rig sth

Hand·ha·bung <-> *f kein pl* ❶ *(Bedienung)* operation
❷ *(Anwendung)* application

Hand·har·mo·ni·ka *f* accordion

Hand·held <-[s], -s> ['hɛndhɛlt] *nt o m* INFORM handheld [computer]

Han·di·kap, Han·di·cap ['hɛndikɛp] *nt* ❶ *(Behinderung, Nachteil)* handicap
❷ SPORT handicap

han·di·ka·pen, han·di·ca·pen ['hɛndikɛpn̩] *vt* ■**jdn ~** to handicap sb

hän·disch ['hɛndɪʃ] *adj* ÖSTERR *(manuell)* manual

Hand·ka·me·ra *f* hand-held camera

Hand·kan·te *f* the side of the [*or* one's] hand **Hand·kan·ten·schlag** *m* karate chop

Hand·kar·ren *m* handcart **Hand·kä·se** *m* DIAL *small flat round curd cheese formed by hand;* **Handkäs mit Musik** *hand-formed small round cheese coated in marinade* **Hand·kauf** *m* HANDEL cash[-down] sale

hand·kehr·um ['hantke:ɐ̯ʔʊm] *adv* SCHWEIZ *(unversehens)* unexpectedly

Hand·kof·fer *m* small suitcase **hand·ko·lo·riert** *adj* hand-coloured [*or* AM -colored] **Hand·kreis·sä·ge** *f* circular saw **Hand·kuss**RR *m* kiss on the hand ▸ WENDUNGEN: **etw mit ~ tun** *(fam)* to do sth with pleasure

Hand·lan·ger(in) <-s, -> ['hantlaŋɐ] *m(f)* ❶ *(ungelernter Helfer)* labourer [*or* AM -orer] ❷ *(pej: Erfüllungsgehilfe)* stooge *pej* **Hand·lan·ger·dienst** *m* dirty work ▸ WENDUNGEN: **jdm ~e leisten** to do sb's dirty work

Hand·lauf *m* handrail

Händ·ler(in) <-s, -> ['hɛndlɐ] *m(f)* ❶ *(Fachhändler)* dealer
❷ AUTO *(Vertragshändler)* dealer
▸ WENDUNGEN: **fliegender ~** street trader

Händ·ler·da·ten *pl* vendor information *no indef art, no pl* **Händ·ler·grup·pe** *f* vendor group **Händ·ler·mar·ke** *f* HANDEL own [*or* private] brand **Händ·ler·preis** *m* vendor price **Händ·ler·ra·batt** *m* HANDEL dealer rebate; *(Vertriebsrabatt)* distributor discount

Hand·le·se·kunst *f* ■**[die] ~** palmistry *no pl, no art*

hand·lich ['hantlɪç] *adj* ❶ *(bequem zu handhaben) Format, Gerät* handy; *Gepäckstück* easy to manage [*or* carry], manageable
❷ *(leicht lenkbar)* manoeuvrable BRIT, maneuverable AM

Hand·lich·keit <-> *f kein pl* handiness, manageability; ***dieser Koffer lässt sich dank seiner ~ gut auf allen Reisen mitnehmen*** you can take this suitcase with you on any journey thanks to its convenient size

Hand·ling <-s> ['hændlɪŋ] *nt kein pl* handling

Hand·li·nie *f* line on the palm of the hand **Hand·li·ni·en·deu·tung** *f s.* **Handlesekunst**

Hand·lo·ti·on *f* hand lotion

Hand·lung <-, -en> ['handlʊŋ] *f* ❶ *(Tat, Akt)* act; **kriegerische ~** act of war
❷ *(Geschehen)* action, plot, story
❸ JUR act, willed conduct; **deliktsähnliche ~** quasi tort; **fortgesetzte ~** continued act; **notarielle/vorsätzliche ~** notarial/wilful [*or* voluntary] act; **rechtswidrige ~** unlawful [*or* illegal] act; **unerlaubte ~** tort; **selbständige unerlaubte ~** tort per se; **strafbare ~** criminal offence [*or* AM -se], punishable act; **unzüchtige ~** indecent act; **eine [gemeinschaftliche] unerlaubte ~ begehen** to commit a [joint] tort; **Recht der unerlaubten ~en** law of torts

Hand·lungs·ab·lauf *m* plot **Hand·lungs·ab·sicht** *f* intention **Hand·lungs·an·wei·sung** *f* instruction **Hand·lungs·be·darf** *m* need for action; **es besteht ~/kein ~** there is a need/no need for action **Hand·lungs·be·fug·nis** *f* HANDEL authority, proxy **Hand·lungs·be·voll·mäch·tig·te(r)** *f(m)* authorized agent, proxy **Hand·lungs·ein·heit** *f* JUR operating unit **hand·lungs·fä·hig** *adj* ❶ *(fähig und in der Lage, tätig zu werden)* capable of acting; **eine ~e Mehrheit** a working majority
❷ JUR having the capacity to act on one's own account **Hand·lungs·fä·hig·keit** *f* ❶ *(Möglichkeit zu handeln)* ability to act ❷ JUR capacity to act on one's own account **Hand·lungs·frei·heit** *f kein pl* freedom of action; **allgemeine ~** general freedom of action **Hand·lungs·ge·hil·fe, -ge·hil·fin** *m, f* HANDEL commercial clerk **Hand·lungs·in·ten·si·on** *f* intension of a play **Hand·lungs·leh·re** *f* JUR doctrine of criminal responsibility; **finale ~** doctrine of criminal liability for intended wrongs only **Hand·lungs·lehr·ling** *m* HANDEL commercial apprentice **Hand·lungs·mar·ge** *f* scope [of action] **Hand·lungs·mög·lich·keit** *f* opportunity [*or* possibility] for action **Hand·lungs·ort** *m* JUR lex loci contractus **Hand·lungs·pflicht** *f* JUR duty to act **Hand·lungs·spiel·raum** *m* room for manoeuvre BRIT [*or* AM maneuver]

Hand·lungs·strang *m* plot [thread] **hand·lungs·un·fä·hig** *adj* ❶ *(nicht handlungsfähig)* incapable of acting ❷ JUR *(unfähig zu handeln)* not having the capacity to act on one's own account **Hand·lungs·un·fä·hig·keit** *f* ❶ ADMIN, POL inability [*or* incapacity] to act ❷ JUR without the capacity to act on one's own account **Hand·lungs·voll·macht** *f* JUR power of attorney; **stillschweigende ~** proxy, authority **Hand·lungs·vor·gang** *m* plot **Hand·lungs·wei·se** *f* conduct, way of acting **Hand·lungs·zwang** *m* pressure for action

Hand·mi·xer *m* hand mixer **Hand·or·gel** *f* SCHWEIZ *(Handharmonika)* accordion

Hand-outRR, **Hand·out** <-s, -s> ['hɛntʔaut] *nt* handout

Hand·pfle·ge *f (Maniküre)* care of the hands, manicure **Hand·pres·se** *f* hand press **Hand·pup·pe** *f* glove [*or* hand] puppet **Hand·rei·chung** <-, -en> *f* ❶ *(Hilfe)* helping hand, assistance ❷ *(Instruktion, Richtlinien)* recommendation; *(Handout)* handout **Hand·rü·cken** *m* back of the [*or* one's] hand **Hand·rüh·rer** *m s.* **Handmixer** **Hand·rühr·ge·rät** *nt* hand mixer [*or* blender] **Hand·satz** *m kein pl* TYPO hand composition [*or* setting] **Hand·scan·ner** *m* INFORM hand scanner **Hand·schel·le** *f meist pl* handcuffs *pl*; **jdm ~n anlegen** to handcuff sb; **in ~n** in handcuffs, handcuffed; **~n tragen** to be handcuffed [*or* in handcuffs]; **jdn in ~n abführen** to take [*or* lead] sb away in handcuffs **Hand·schlag** *m* *(Händedruck)* handshake; **mit [o durch] [o per] ~** with a handshake ▸ WENDUNGEN: **goldener ~** golden handshake; **einen ~ tun** *(fam)* to lend a hand; **keinen ~ tun** *(fam)* not to lift a finger *fam*; ***er hat im Garten gelegen und keinen ~ getan!*** he lay in the garden and didn't lift a finger! **Hand·schrei·ben** *nt* handwritten letter

Hand·schrift ['hantʃrɪft] *f* ❶ *(Schrift)* handwriting; **eine bestimmte ~ haben** to have a certain style of handwriting
❷ *(Text)* manuscript
▸ WENDUNGEN: **jds ~ tragen [o verraten]** to bear sb's [trade]mark

Hand·schrif·ten·deu·tung *f* ■**[die] ~** graphology *no art* **Hand·schrift·er·ken·nung** *f* INFORM handwriting recognition

hand·schrift·lich **I.** *adj* ❶ *(von Hand geschrieben)* handwritten
❷ *(als Handschrift 2 überliefert)* in manuscript form
II. *adv* ❶ *(von Hand)* by hand; ***die Korrekturen im Text waren ~ eingefügt worden*** the corrections to the text were entered by hand
❷ *(in Form von Handschriften 2)* in manuscript form

Hand·schuh *m* glove ▸ WENDUNGEN: **den ~ aufheben** to take up the gauntlet **Hand·schuh·fach** *nt,* **Hand·schuh·kas·ten** *m* glove compartment

Hand·spie·gel *m* hand mirror **Hand·spiel** *nt kein pl* handball

Hand·stand *m* handstand; **einen ~ machen** to do a handstand **Hand·stand·über·schlag** *m* handspring; **einen ~ machen** to do a handspring

Hand·streich *m* coup de main; **in einem [o durch einen] ~** in a surprise coup **hand·streich·ar·tig** *adj* coup-style action

Hand·ta·sche *f* handbag, purse AM **Hand·ta·schen·raub** *m* [hand]bag snatching
Hand·tel·ler *m* palm [of one's [*or* the] hand]
Hand·tuch <-tücher> *nt* towel
▸WENDUNGEN: **das ~ werfen** [*o fam* **schmeißen**] SPORT to give up, to throw in the towel
hand·tuch·groß *adj inv (fig fam: sehr klein)* pocket-handkerchief[-sized] **Hand·tuch·hal·ter** *m* towel rack **Hand·tuch·spen·der** *m* towel dispenser **Hand·tuch·stan·ge** *f* towel rail
Hand·um·dre·hen ['hant?ʊmdre:ən] *nt* ▸WENDUNGEN: **im ~** in a jiffy, in no time [at all], in a trice BRIT
hand·ver·le·sen *adj* ❶ *(mit der Hand gepflückt)* hand-picked ❷ *(sorgfältig überprüft)* hand-picked; ***nur ~e Gäste waren zugelassen*** only specially invited guests were admitted **Hand·voll** <-, -> *f s.* Hand 2 **Hand·wa·gen** *m* handcart **hand·warm** I. *adj* tepid, lukewarm; ***zum Spülen nimmt sie nur ~es Wasser*** she only uses lukewarm water for rinsing II. *adv* ***das darf nur ~ gewaschen werden*** this may only be washed in lukewarm water **Hand·wasch·be·cken** *nt* washbasin, sink **Hand·wä·sche** *f* ❶ *(Vorgang)* hand-wash ❷ *kein pl (Wäschestücke)* item for hand-washing
Hand·werk *nt* ❶ *(handwerklicher Beruf)* trade ❷ *(Beschäftigung)* business ❸ *kein pl (Berufsstand der Handwerker)* trade
▸WENDUNGEN: **jdm das ~ legen** to put an end to sb's game; **das ~ nährt seinen Mann** a trade will always provide; **jdm ins ~ pfuschen** to encroach on sb's activities; **sein ~ verstehen** [*o* **beherrschen**] to know one's job [*or* stuff *sl*]
Hand·wer·ker(in) <-s, -> *m(f)* tradesman **Hand·wer·ker·in·nung** *f* HANDEL trade guild
hand·werk·lich I. *adj* relating to a trade; **eine ~e Ausbildung machen** to undergo training for a skilled trade; **~es Können** craftsmanship
II. *adv* concerning craftsmanship
Hand·werks·be·ruf *m* skilled trade **Hand·werks·be·trieb** *m* workshop **Hand·werks·kam·mer** *f* Chamber of Handicrafts **Hand·werks·kar·te** *f* JUR craftsman's card
Hand·werks·leis·tung *f* work [*or* piece of work] [done by a skilled labourer or craftsperson]; *(der Qualität nach)* workmanship **Hand·werks·meis·ter(in)** *m(f)* ÖKON master craftsman **Hand·werks·ord·nung** *f* JUR [handi]crafts code, trade guild rules *pl* **Hand·werks·rol·le** *f* JUR Register of Craftsmen **Hand·werks·zeug** *nt kein pl* tools of the trade, equipment
Hand·wur·zel *f* carpus, wrist **Hand·wur·zel·kno·chen** *m* carpal bone
Han·dy <-s, -s> ['hɛndi] *nt* mobile [phone], cellular [tele]phone
Hand·zei·chen *nt (Geste)* gesture, sign; **durch ~** by gesturing; ***sie konnten sich nur durch ~ verständigen*** they could only make themselves understood by using their hands **Hand·zeich·nung** *f eines Künstlers* original drawing; *(Skizze)* sketch **Hand·zet·tel** *m* leaflet
ha·ne·bü·chen *adj (veraltend geh)* outrageous
Hanf <-[e]s> [hanf] *m kein pl* ❶ *(Faser, Pflanze)* hemp ❷ *(Samen)* hempseed
Hänf·ling <-s, -e> ['hɛnflɪŋ] *m* ❶ ORN linnet ❷ *(fam: schwächlicher Mensch)* weakling *pej*
Hang <-[e]s, Hänge> [haŋ, *pl* 'hɛŋə] *m* ❶ *(Abhang)* slope; **schräg zum ~ fahren** SKI to ski at an angle to the slope
❷ *kein pl (Neigung)* tendency; ▪**jds ~ zu etw** *dat* sb's tendency towards sth; **einen ~ zu jdm/etw haben** to have a penchant for sb/sth; ***sie hat einen deutlichen ~ zu Übertreibungen*** she has a marked tendency to exaggerate; **den ~ haben, etw zu tun** to be inclined to do sth
Han·gar <-s, -s> ['haŋga:ɐ̯] *m* hangar
Hän·ge·ba·cken *pl* flabby cheeks *pl* **Hän·ge·bahn** *f* suspension railway, cable car lift, cableway **Hän·ge·bir·ke** *f* BOT white birch, silver birch **Hän·ge·brü·cke** *f* suspension bridge **Hän·ge·brüs·te** *pl* hanging breasts *pl* **Hän·ge·glei·ter** <-s, -> *m* hang-glider **Hän·ge·lam·pe** *f* pendant light, hanging lamp **Hän·ge·lid** *nt* drooping [*or* sagging] eyelid
han·geln ['haŋl̩n] *vi, vr vi: sein und haben* ▪[**sich** *akk*] **irgendwohin ~** to proceed hand over hand; ***er hangelte* [*sich*] *an einem Tau über den Abgrund*** he made his way across an abyss hand over hand along a rope
Hän·ge·map·pe *f* suspension file **Hän·ge·mat·te** *f* hammock

hän·gen ['hɛŋən]

I. INTRANSITIVES VERB II. TRANSITIVES VERB III. REFLEXIVES VERB

I. INTRANSITIVES VERB

❶ <hing, gehangen> *(mit dem oberen Teil angebracht sein)* to hang; ***das Bild hängt nicht gerade*** the picture's not hanging straight; *(herabhängen)* ▪**an etw** *dat*/**über etw** *akk*/**von etw** *dat* **~** to hang on sth/over sth/from sth; ***hängt die Wäsche noch an der Leine?*** is the washing still hanging on the line?; ***die Spinne hing an einem Faden von der Decke*** the spider hung by a thread from the ceiling; ***die Lampe hing direkt über dem Tisch*** the lamp hung directly above the table; **voller ... hängen** to be full of ...; ***warum muss die Wand nur so voller Bilder ~?*** why must there be so many pictures on the wall?; ***der Baum hängt voller Früchte*** the tree is laden with fruit; [**an etw** *dat*] **~ bleiben** *(befestigt bleiben)* to stay on [sth]; ***ob das Gemälde an dem Nagel ~ bleiben wird?*** I wonder if the painting will stay on that nail; *(kleben bleiben)* to stick to sth; ***der Kaugummi blieb an der Wand hängen*** the chewing gum stuck to the wall
❷ <hing, gehangen> *(gehenkt werden)* ▪**jd muss/soll ~** sb must/ought to be hanged; ***Mörder müssen ~!*** murderers must be hanged!; ***an den Galgen mit ihm, er muss ~!*** to the gallows with him, he must hang!
❸ <hing, gehangen> *(sich neigen)* ▪**in eine bestimmte Richtung ~** to lean in a certain direction; ***das Bücherregal hängt nach vorne*** the bookshelf is tilting forwards; ***der Wagen hängt nach rechts*** the car leans to the right
❹ <hing, gehangen> *(befestigt sein)* ▪**an etw** *dat* **~** to be attached to sth; ***der an dem Wagen ~de Wohnwagen schlingerte bedenklich*** the caravan attached to the car swayed alarmingly
❺ <hing, gehangen> *(fam: angeschlossen, verbunden sein)* ▪**an etw** *dat* **~** to be connected to sth; ***der Patient hängt an allen möglichen Apparaturen*** the patient is connected to every conceivable apparatus
❻ <hing, gehangen> *(fam: emotional verbunden sein)* ▪**an jdm/etw ~** to be attached to sb/sth; ***die Schüler hingen sehr an dieser Lehrerin*** the pupils were very attached to this teacher
❼ <hing, gehangen> *(festhängen)* ▪[**mit etw** *dat*] **an etw** *dat* **~** to be caught [by sth] on sth; ***ich hänge mit dem Pullover an einem Haken!*** my pullover's caught on a hook; [**mit etw** *dat*] **an etw** *dat* **~ bleiben** to get caught on sth [by sth]; ***halt, nicht weiter, du bist mit dem Pullover an einem Nagel ~ geblieben!*** wait, stay there! you've got your sweater caught on a nail
❽ <hing, gehangen> *(fam: sich aufhalten)* ▪**an etw** *dat*/**vor etw** *dat* **~** to remain on/in front of sth; ***musst du stundenlang am Telefon ~!*** must you spend hours on the phone!; ***er hängt den ganzen Tag vorm Fernseher*** he spends all day in front of the television; **~ bleiben** to be kept down; ***bist du irgendwann in einer Klasse ~ geblieben?*** did you ever have to repeat a year of school at some stage?
❾ <hing, gehangen> *(fam: zu erledigen sein)* **an jdm ~ bleiben** to be down to sb; ***ja, ja, das Putzen bleibt wie üblich an mir ~!*** oh yes, the cleaning's down to me as usual!
❿ <hing, gehangen> *(sich festsetzen)* [**an jdm**] **~ bleiben** to rest on sb; ***der Verdacht blieb an ihm ~*** the suspicion rested on him
⓫ <hing, gehangen> *(fam: in der Erinnerung bleiben)* ▪[**bei jdm**] **~ bleiben** to stick [in sb's mind]; ***vom Lateinunterricht ist bei ihm nicht viel ~ geblieben*** not much of the Latin registered in his case; ***ich hoffe, dass es nun ~ bleibt*** I hope that's sunk in now!
▸WENDUNGEN: **etw ~ lassen** to dangle sth; ***sie ließ die Beine ins Wasser ~*** she dangled her legs in the water; ***er war müde und ließ den Kopf etwas ~*** he was tired and let his head droop a little; **wo[ran] hängt es denn?** *(fam)* why is that then?; ***woran hängt es denn, dass du in Mathe immer solche Schwierigkeiten hast?*** how come you always have so much trouble in maths?; **mit H~ und Würgen** *(fam)* by the skin of one's teeth *fam*; ***die Klassenarbeit ist noch ausreichend, aber auch nur mit H~ und Würgen*** your test is satisfactory, but only just

II. TRANSITIVES VERB

❶ <hängte *o* DIAL hing, gehängt *o* DIAL gehangen> *(anbringen)* ▪**etw an etw** *akk*/**auf etw** *akk* **~** to hang sth on sth; ***wir müssen noch die Bilder an die Wand ~*** we still have to hang the pictures on the wall; ***sie hängt die Hemden immer auf Kleiderbügel*** she always hangs the shirts on clothes hangers; ***lass bitte die Wäsche nicht auf der Leine ~!*** please don't leave the washing on the line!; ***wir können die Gardinen doch nicht noch länger ~ lassen!*** we simply can't leave the curtains up any longer!; ▪**etw in etw** *akk* **~** to hang sth in sth; ***hast du die Jacke in den Kleiderschrank gehängt?*** have you hung your jacket in the wardrobe [*or* AM closet]?
❷ <hängte *o* DIAL hing, gehängt *o* DIAL gehangen> *(henken)* ▪**jdn ~** to hang sb; ***die meisten Kriegsverbrecher wurden gehängt*** most of the war criminals were hanged
❸ <hängte *o* DIAL hing, gehängt *o* DIAL gehangen> *(hängen lassen)* ▪**etw in etw** *akk* **~** to dangle sth in sth; ***er hängte den Schlauch in den Teich*** he dangled the hose in the pond; ***hoffentlich hast du deinen Schal nicht irgendwo ~ lassen*** I hope you haven't left your scarf behind somewhere
❹ <hängte *o* DIAL hing, gehängt *o* DIAL gehangen> *(anschließen)* ▪**etw an etw** *akk* **~** to attach sth to sth
❺ <hängte *o* DIAL hing, gehängt *o* DIAL gehangen> *(im Stich lassen)* ▪**jdn ~ lassen** to leave sb in the lurch, to let sb down

III. REFLEXIVES VERB

❶ <hängte *o* DIAL hing, gehängt *o* DIAL gehangen> *(sich festsetzen)* ▪**sich** *akk* **an jdn/etw ~** to hang on to sb/sth; ***das Kind hängte sich ihr an den Arm*** the child hung on to her arm; ***Blutegel hatten sich ihr an Waden und Arme gehängt*** leeches had attached themselves to her calves and arms; ***diese Bettler ~ sich an einen wie die Blutsauger!*** these beggars latch on to you like leeches!
❷ <hängte *o* DIAL hing, gehängt *o* DIAL gehangen> *(sich gefühlsmäßig binden)* ▪**sich** *akk* **an jdn/etw ~** to become attached to sb/sth
❸ <hängte *o* DIAL hing, gehängt *o* DIAL gehangen> *(verfolgen)* ▪**sich** *akk* **an jdn/etw ~** to follow sb/sth
❹ <hängte *o* DIAL hing, gehängt *o* DIAL gehangen> *(sl: sich einmischen)* ▪**sich** *akk* **in etw** *akk* **~** to meddle in sth; ***~ Sie sich nicht immer in fremder Leute Angelegenheiten!*** stop meddling in other people's affairs!
❺ <hängte *o* DIAL hing, gehängt *o* DIAL gehangen> *(sich gehen lassen)* ▪**sich** *akk* **~ lassen** to let oneself go; ***nach ihrer Heirat begann sie sich ~ zu lassen*** after her marriage she began to let herself go

Han·gen <-s> ['haŋən] *nt* ▸WENDUNGEN: **mit ~ und Bangen** *(geh)* with fear and dread
hän·gend *adj* hanging; ***er kam mit ~er Zunge an*** he arrived gasping for breath

H

Hän·ge·ohr *nt* lop-ear, drooping ears **Hän·ge·par·tie** *f* ① SCHACH adjourned game ② *(hinausgezögerte Entscheidung)* long-drawn-out affair

Hän·ger <-s, -> *m* ① AUTO *(fam: Anhänger)* trailer ② *(sl: Formtief)* downer *sl;* ***ich hab irgendwie gerade 'nen ~*** somehow I'm on a bit of a downer at the moment

Hän·ge·schrank *m* wall-cupboard **Hän·ge·schul·tern** *pl* round [*or* drooping] shoulders *pl*

hän·gig ['hɛŋɪç] *adj* SCHWEIZ ① JUR *(anhängig)* pending ② *(geh: unerledigt)* unresolved

Hang·la·ge *f* hillside location; **in ~** in a hillside location

Han·no·ver <-s> [ha'no:fɐ] *nt* Hanover

Han·no·ve·ra·ner <-s, -> [hanovə'ra:nɐ] *m* AGR Hanoverian horse

Han·no·ve·ra·ner(in) <-s, -> [hanovə'ra:nɐ] *m(f)* Hanoverian

han·no·versch [ha'no:fɐʃ] *adj attr* Hanoverian

Ha·noi <-s> [ha'nɔy] *nt* Hanoi

Hans <- *o* -ens> [hans] *m (Name)* Hans
▸WENDUNGEN: **der blanke ~** *(poet)* the North Sea; **~ im Glück** *(fam)* lucky so-and-so *fam*

Han·sa <-> ['hanza] *f kein pl s.* **Hanse** Hanseatic League

Han·sa·plast® <-[e]s> [hanza'plast] *nt kein pl* [sticking] plaster, Elastoplast®, Band-Aid®

Häns·chen <-s> ['hɛnsçən] *nt dim von* **Hans**
▸WENDUNGEN: **was ~ nicht lernt, lernt Hans nimmermehr** *(prov)* you can't teach an old dog new tricks *prov*

Hans·dampf <-[e]s, -e> [hans'dampf] *m* Jack-of-all-trades; **ein ~ in allen Gassen sein** *(fam)* to be a Jack-of-all-trades *fam*

Han·se <-> ['hanzə] *f kein pl* HIST Hanseatic League

Han·se·at(in) <-en, -en> [hanze'a:t] *m(f)* ① GEOG *(fam)* inhabitant of a Hanseatic city ② HIST Hanseatic merchant

han·se·a·tisch *adj* Hanseatic

Han·sel <-s> ['hanzl̩] *m* DIAL *(pej fam)* twit *pej fam*

Hän·sel <-s> ['hɛnzl̩] *m dim von* **Hans**
▸WENDUNGEN: **~ und Gretel** Hansel and Gretel

Hän·se·lei <-, -en> *f* [relentless] teasing

hän·seln ['hɛnzl̩n] *vt* ■**jdn** [**wegen einer S.** *gen*] **~** to tease sb [constantly] [about sth]

Han·se·stadt *f* ① *(Bremen, Hamburg und Lübeck)* Hanseatic city ② HIST city of the Hanseatic League

Hans·wurst <-[e]s, -e *o* -würste> [hans'vʊrst] *m (hum fam)* buffoon, clown

Han·tel <-, -n> ['hantl̩] *f* SPORT dumb-bell, barbell

han·teln ['hantl̩n] *vi* SPORT to exercise with dumbbells

han·tie·ren* [han'ti:rən] *vi* ① *(sich beschäftigen)* ■[**mit etw** *dat*] **~** to be busy [with sth]; ***ich hörte ihn im Keller mit Werkzeug ~*** I heard him using tools in the cellar ② *(herumhantieren)* ■[**mit etw** *dat*] **an etw** *dat* **~** to work on sth [with sth]

ha·pern ['ha:pɐn] *vi impers (fam)* ① *(fehlen)* ■**an etw** *dat* **~** to be lacking sth; ***es hapert bei uns etwas an Geld*** we're somewhat short of money ② *(schlecht bestellt sein)* ■**es hapert** [**bei jdm**] **mit etw** *dat* sb has a problem with sth; ***leider hapert es bei uns im Augenblick mit der Ersatzteilversorgung*** unfortunately we have a problem at the moment with the supply of spare parts; ■**es hapert** [**bei jdm**] **mit etw** *dat*/**in etw** *dat* sb is weak in sth; ***in Mathe hapert es bei ihr noch etwas*** she's still a bit weak in maths

Häpp·chen <-s, -> ['hɛpçən] *nt dim von* **Happen** morsel, titbit BRIT *fam,* tidbit AM **häpp·chen·wei·se** *adv (fam)* in small mouthfuls; *(nach und nach)* bit by bit

Hap·pen <-s, -> ['hapn̩] *m (fam) (kleine Mahlzeit)* snack; ***ich habe heute noch keinen ~ gegessen*** I haven't eaten a thing all day!
▸WENDUNGEN: **ein fetter ~** *(fam)* a good [*or* fine] catch

Hap·pe·ning <-s, -s> ['hɛpənɪŋ] *nt* happening; **ein ~ machen** [*o* **veranstalten**] to stage a happening

hap·pig ['hapɪç] *adj* ① *(fam: hoch)* steep; ***150 Euro für eine Bluse, das ist mir einfach zu ~*** 150 euros for a blouse, that's simply too expensive for me; ■[**ganz schön**] **~ sein** to be [pretty] steep ② *(schwierig)* tough, difficult

hap·py ['hɛpi] *adj (fam)* happy

Hap·py·end^{RR}, **Hap·py End**^{RR} <-s, -s> ['hɛpi'ʔɛnt] *nt* happy ending **Hap·py·hour**^{RR}, **Hap·py Hour**^{RR} <-s, -s> ['hɛpi'auɐ] *f* happy hour

Hap·tik <-> ['haptɪk] *f* ① *(Lehre vom Tastsinn)* haptics ② *(fam)* haptics

Ha·ra·ki·ri <-[s], -s> [hara'ki:ri] *nt* hara-kiri; **~ begehen** to commit hara-kiri

Ha·rass^{RR} <-es, -e> *m,* **Ha·raß**^{ALT} <-sses, -sse> ['haras] *m* ① *(Lattenkiste)* crate ② *(Getränkekiste)* crate

Ha·ras·se <-, -n> ['harasə] *f* SCHWEIZ *(Lattenkiste)* crate

Här·chen <-s, -> ['hɛːçən] *nt dim von* **Haar** tiny hair

Hardcopy^{RR}, **Hard Copy** <-, -s> ['ha:ɐ̯tkɔpi] *f* hard copy

Hard·core <-s, -s> *m,* **Hard·core·por·no** <-s, -s> ['ha:ɐ̯tko:ɐ̯-] *m* hardcore [porn film] **Hard·core·strei·fen** <-s,> ['ha:ɐ̯tko:ɐ̯-] *m* hardcore film

Hard·co·ver^{RR}, **Hard Co·ver**^{RR}, **Hard co·ver**^{ALT} <-s, -s> ['ha:ɐ̯tkavɐ] *nt* hardback BRIT, hardcover AM **Hard·disk**^{RR}, **Hard Disk**^{RR}, **Hard disk**^{ALT} <-, -s> ['ha:ɐ̯tdɪsk] *f* INFORM hard disk **Hard·li·ner(in)** <-s, -> ['ha:ɐ̯tlainɐ] *m(f)* hardliner **Hard·rock**^{RR}, **Hard Rock** <-, -[s]> ['ha:ɐ̯trɔk] *m* hard rock **Hard·top** <-s, -s> ['ha:ɐ̯ttɔp] *nt* AUTO ① *(abnehmbares Dach)* hardtop ② *(Cabrio mit Hardtop)* cabriolet [*or esp* AM convertible] with a hardtop

Hard·ware <-, -s> ['ha:ɐ̯tvɛɐ̯] *f* INFORM hardware **Hard·ware·aus·rüs·tung** *f* INFORM hardware equipment **Hard·ware·de·co·der** *m* INFORM hardware decoder **Hard·ware·ein·heit** *f* INFORM hardware unit **Hard·ware·feh·ler** *m* INFORM hardware defect **Hard·ware·her·stel·ler** *m* INFORM hardware firm [*or* manufacturer] **Hard·ware·kom·pa·ti·bi·li·tät** *f* INFORM hardware compatibility **Hard·ware·kon·fi·gu·ra·ti·on** *f* INFORM hardware configuration **Hard·ware·mo·ni·tor** *m* INFORM hardware monitor **Hard·ware·schnitt·stel·le** *f* INFORM hardware interface **Hard·ware·ver·träg·lich·keit** *f* INFORM hardware compatibility

Ha·rem <-s, -s> ['ha:rɛm] *m* harem

Hä·re·sie <-, -n> [hɛre'zi:, *pl* -i:ən] *f* heresy

Hä·re·ti·ker(in) <-s, -> [hɛ're:tikɐ] *m(f)* heretic

hä·re·tisch [hɛ're:tɪʃ] *adj* heretical

Har·fe <-, -n> ['harfə] *f* harp; [**auf der**] **~ spielen** to play the harp

Har·fe·nist(in) <-en, -en> [harfə'nɪst] *m(f)* harpist

Har·fen·spiel *nt kein pl* harp-playing

Har·ke <-, -n> ['harkə] *f bes* NORDD *(Gerät zur Garten- und Feldarbeit)* rake
▸WENDUNGEN: **jdm zeigen, was eine ~ ist** *(fam)* to show sb what's what

har·ken ['harkn̩] *vt bes* NORDD ■**etw ~** *Beet* to rake sth; *Laub* to rake sth [together]; ■**geharkt** raked

Har·le·kin <-s, -e> ['harleki:n] *m* Harlequin

här·men ['hɛrmən] **I.** *vr (geh: sich grämen)* ■**sich** *akk* [**um etw** *akk*] **~** to grieve [over sth]
II. *vt (veraltend: bekümmern)* ■**jdn ~** to trouble sb

harm·los I. *adj* ① *(ungefährlich)* harmless ② *(arglos)* innocent; *Frage* innocent; *Mensch* harmless
II. *adv* ① *(ungefährlich)* harmlessly ② *(arglos)* innocently

Harm·lo·sig·keit <-, -en> *f* ① *kein pl (Ungefährlichkeit)* harmlessness ② *(Arglosigkeit)* innocence; **in aller ~** in all innocence

Har·mo·nie <-, -n> [harmo'ni:, *pl* -'ni:ən] *f* ① *(Zusammenklang mehrerer Töne oder Akkorde)* harmony ② *(ausgewogenes Verhältnis)* harmony ③ *(Einklang)* harmony

Har·mo·nie·be·dürf·nis *nt kein pl* need for harmony; *(stärker)* crawing for harmony

har·mo·nie·be·dürf·tig *adj* in need of harmony, peace-loving *fig*

har·mo·nie·ren* [harmo'ni:rən] *vi* ① *(angenehm zusammenklingen)* to harmonize; ■**sie ~** they harmonize ② *(zueinander passen)* ■[**mit etw** *dat*] **~** to go with sth, to match [sth] ③ *(gut zusammenpassen)* to get on well [with each other], to gel together BRIT *sl;* ■**sie ~** [**miteinander**] they get on well with each other

Har·mo·nie·sucht *f kein pl* striving for harmony

har·mo·nie·süch·tig *adj* seeking harmony

Har·mo·ni·ka <-, -s *o* Harmoniken> [har'mo:nika] *f* accordion

har·mo·nisch [har'mo:nɪʃ] **I.** *adj (wohlklingend, ausgewogen, einträchtig)* harmonious; **eine ~e Ehe** a harmonious marriage
II. *adv* harmoniously

har·mo·ni·sie·ren* [harmoni'zi:rən] *vt* ■**etw ~** to harmonize sth

Har·mo·ni·sie·rung <-, -en> *f* JUR harmonization; **~ der Rechtsvorschriften** harmonization of legal stipulations **Har·mo·ni·sie·rungs·richt·li·nien** *pl* JUR harmonization directives

Har·mo·ni·um <-s, -ien> [har'mo:niʊm, *pl* -niən] *nt* harmonium

Harn <-[e]s, -e> [harn] *m* urine; **~ lassen** *(geh)* to urinate

Harn·bla·se *f* bladder **Harn·drang** *m (geh)* urge to urinate

har·nen ['harnən] *vi (veraltend geh)* to urinate

Har·nisch <-[e]s, -e> ['harnɪʃ] *m (Ritterrüstung)* armour [*or* AM -or]
▸WENDUNGEN: **jdn in ~ bringen** to enrage [*or* infuriate] sb, to get sb's back up BRIT; [**wegen einer S.** *gen*] **in ~ sein** to be furious about sth, to be in a fury [about sth]

Harn·las·sen <-s> *nt kein pl (geh)* urination **Harn·lei·ter** *m* ureter **Harn·röh·re** *f* urethra **Harn·säu·re** *f* uric acid **Harn·stoff** *m* urea **harn·trei·bend I.** *adj (geh)* diuretic **II.** *adv (geh)* having a diuretic effect **Harn·ver·gif·tung** *f* MED uraemia BRIT, uremia AM

Harn·we·ge *pl* urinary tract **Harn·wegs·in·fek·ti·on** *f* MED urinary tract infection

Har·pu·ne <-, -n> [har'pu:nə] *f* harpoon

Har·pu·nier(in) <-s, -e> [harpu'ni:ɐ̯] *m(f)* harpooner

har·pu·nie·ren* [harpu'ni:rən] *vt* ■**ein Tier ~** to harpoon an animal

har·ren ['harən] *vi (geh)* ① *(darauf warten)* ■**jds/einer S.** *gen* [*o* **auf jdn/etw**] **~** to await sb/a thing [*or* to wait for sb/a thing] ② *(bevorstehen)* ■**jds** [*o* **auf jdn**] **~** to await sb

harsch [harʃ] *adj* ① *(verharscht)* hard-frozen, hard-packed; *Schnee* frozen ② *(selten: rau, eisig)* cutting, biting; *Wind* harsh, raw ③ *(geh: barsch) Worte* brusque, harsh

Harsch <-[e]s> [harʃ] *m kein pl* compacted snow

har·schig *adj* hard-packed

hart <härter, härteste> [hart] **I.** *adj* ① *(opp: weich)* hard; *(straff)* firm; KOCHK *(fest im Zustand)* hard; *Bett* hard; *Matratze* firm; *Ei* hard-boiled; ***diese Früchte haben eine sehr ~e Schale*** these fruits have a very hard skin; ***eine Decke auf dem Fußboden wird ein ~es Nachtlager sein*** a blanket on the floor will be a hard surface to sleep on; *s. a.* **Nuss** ② *(heftig)* severe; **ein ~er Aufprall/Ruck** a severe impact/jolt ③ *(unmelodisch)* harsh; ***er spricht mit einem ~en Akzent*** he has a harsh accent ④ FOTO, KUNST, MUS **~e Farben** harsh colours; **~e Formen** sharp forms; **~es Licht** harsh [*or* hard] light ⑤ *(vehement, verbissen) Konflikt* violent; ***die Tarifverhandlungen werden härter als gewohnt werden*** wage negotiations will be tougher than usual

⑥ *(stark wirkend) Schnaps* strong; *Drogen* hard
⑦ *(brutal)* violent; *Pornografie* hard-core; ***das war der härteste Film, den ich je gesehen habe*** that was the most violent film I have ever seen
⑧ *(abgehärtet, robust)* tough; ***Söldner sind ~e Kerle*** mercenaries are tough fellows; ■ **~ werden** to become tough [*or* hardened]
⑨ *(stabil, sicher)* stable; **~e Währung** hard currency
⑩ *(streng, unerbittlich)* hard; *(intensiv)* severe; *Regime, Gesetze* harsh; *Strafe* harsh, severe; ***seine Mutter ist immer eine ~e Frau gewesen*** his mother has always been a hard woman; ***das sind aber ~e Worte!*** those are harsh words!; **ein ~er Winter** a severe [*or* harsh] winter; ■ **~ mit jdm sein** to be hard on sb
⑪ *(schwer zu ertragen)* cruel, hard; ***der Tod ihres Mannes war für sie ein ~er Schlag*** the death of her husband was a cruel blow for her; **~e Zeiten** hard times; **die ~e Realität/Wahrheit** the harsh reality/truth; ■ **~ für jdn sein, dass ...** to be hard on sb that ...
⑫ *(mühevoll)* hard, tough; **~e Arbeit** hard work
⑬ *(kalkhaltig)* **~es Wasser** hard water
▶WENDUNGEN: **[in etw** *dat*] **~ bleiben** to remain [*or* stand] firm [about sth]; **~ auf ~ gehen** [*o* **kommen**] to come to the crunch; ***wir werden keinen Deut nachgeben, auch wenn es ~ auf ~ geht*** we're not going to give an inch, even if it comes to the crunch; **~ im Nehmen sein** *(beim Boxen)* to be able to take a lot of punishment; *(in Bezug auf Schicksalsschläge)* to be resilient; **durch eine ~e Schule gegangen sein** to have learnt it the hard way
II. *adv* ① *(nicht weich)* hard; ***ich schlafe lieber ~*** I prefer to sleep on a firm surface; **~ gefroren** *attr* frozen hard *pred*, frozen; ***der Boden ist bis in zwei Meter Tiefe ~ gefroren*** the ground is frozen solid to a depth of two metres; **~ gekocht** *attr* hard-boiled; **~ gesotten** hard-bitten
② *(heftig)* ***bei dem Sturz ist er so ~ gefallen, dass er sich das Bein brach*** he had such a severe fall that he broke his leg; ***sie prallte ~ auf die Windschutzscheibe auf*** she hit the windscreen with tremendous force
③ *(rau)* harshly; ***die Sprache klingt in europäischen Ohren ganz ~*** the language sounds quite harsh to a European ear
④ *(streng)* severely; ***du verhältst dich ihr gegenüber zu ~*** you're behaving too harshly towards her
⑤ *(mühevoll)* hard; **~ arbeiten** to work hard
⑥ *(unmittelbar)* close; ■ **~ an etw** *dat* close to sth; ***das Auto kam ~ an dem steilen Abhang zum Stehen*** the car came to a halt just before the steep slope
▶WENDUNGEN: **jdn ~ anfassen** to treat sb severely; **jdn ~ ankommen** *(geh)* to be hard for sb; ***auch wenn es mich ~ ankommt, ich muss bei meiner Entscheidung bleiben*** even if I find it hard I must stick by [*or* to] my decision; **~ durchgreifen** to take tough [*or* rigorous] action; **~ gesotten** hardened; ***er ist ein ~ gesottener Geschäftsmann, der alle Tricks kennt*** he's a hardened businessman who knows all the tricks; **jdn ~ treffen** to hit sb hard; ***der Tod seiner Frau hat ihn doch ~ getroffen*** the death of his wife has hit him very hard; **jdm ~ zusetzen** to press sb hard

Här·te <-, -n> ['hɛrtə] *f* ① *(Härtegrad)* hardness
② *kein pl (Wucht)* force
③ *kein pl (Robustheit)* robustness
④ *kein pl (Stabilität)* stability
⑤ *kein pl (Strenge)* severity; *(Unerbittlichkeit)* relentlessness
⑥ *(schwere Erträglichkeit)* cruelty, harshness
⑦ *(Kalkgehalt)* hardness; **die ~ des Wassers** the hardness of the water
⑧ JUR hardship, severity
▶WENDUNGEN: **die ~ sein** *(sl)* to be the absolute limit; **soziale ~n** cases of social hardship

Här·te·aus·gleich *m* JUR hardship allowance
Här·te·fall *m* ① JUR *(Fall von sozialer Belastung)* case of hardship ② *(fam)* case of hardship **Här·te·fall·klau·sel** *f* hardship clause
Här·te·fonds *m* hardship fund **Här·te·grad** *m* degree of hardness **Här·te·klau·sel** *f* JUR hardship clause
här·ten ['hɛrtn̩] I. *vt (hart machen)* ■ **etw ~** to harden sth
II. *vi (erhärten)* to harden
Här·ter <-s, -> ['hɛrtɐ] *m* hardener, hardening agent
Här·te·ska·la *f* scale of hardness **Här·te·test** *m* endurance test; **jdn/etw einem ~ unterziehen** to subject sb/sth to an endurance test
Hart·fa·ser·plat·te *f* hardboard BRIT, fiberboard AM
Hart·geld *nt (geh)* coins *pl* **Hart·geld·wäh·rung** *f* ÖKON coinage
hart·ge·sot·ten ['hartgəzɔtn̩] *adj* ① *(unsensibel)* [hard]ened ② *(verstockt)* **ein ~er Sünder** an unrepentant [*or* unrepenting] sinner **Hart·gum·mi** *nt* hard rubber
hart·her·zig *adj* hard-hearted
Hart·her·zig·keit <-> *f* ① *kein pl (Gefühllosigkeit)* hard-heartedness
② *(hartherzige Tat)* hard-hearted deed
Hart·holz *nt* hardwood **Hart·kä·se** *m* KOCHK hard cheese **Hart·laub·wald** *m* BOT sclerophyllous forest
hart·lei·big *adj* constipated
Hart·lei·big·keit <-> *f kein pl* constipation
hart·nä·ckig I. *adj* ① *(beharrlich)* persistent
② *(langwierig)* stubborn; ***der Schnupfen ist doch ~er als ich dachte*** the cold is more stubborn than I thought
II. *adv (beharrlich)* persistently
Hart·nä·ckig·keit <-> *f kein pl* ① *(Beharrlichkeit)* persistence
② *(Langwierigkeit)* stubbornness, obstinacy, doggedness
Hart·platz *m* TENNIS hard court **Hart·post·pa·pier** *m* bank [*or* bond] paper **Hart·rie·gel** *m kein pl* BOT dogwood **Hart·scha·len·kof·fer** *m* hard-top suitcase **Hart·schaum·dämm·plat·te** *f* BAU rigid foam insulation board
Här·tung <-, -en> *f* hardening
Hart·wäh·rung *f* hard currency **Hart·wei·zen** *m* durum wheat **Hart·wurst** *f* hard sausage
Hartz IV [ha:ɐ̯ts'-] *German labour market reform of 2005 that regulates and brings together unemployment and social security benefits*
Har·ves·ter ['ha:vɪstɐ] *m* INET harvester
Harz¹ <-es, -e> [ha:ɐ̯ts] *nt* resin
Harz² <-es> [ha:ɐ̯ts] *m* ■ **der ~** the Harz Mountains
har·zen ['ha:ɐ̯tsn̩] I. *vt (mit Harz versetzen)* ■ **etw ~** to resinate sth
II. *vi* ① *(Harz gewinnen)* to tap for resin
② *(Harz absondern)* to exude resin
③ SCHWEIZ *(sich schleppen)* to drag on
Har·zer <-s, -> ['ha:ɐ̯tsɐ] *m* Harz cheese
Harz·es·ter *m* CHEM rosin ester, estergum
har·zig ['ha:ɐ̯tsɪç] *adj* resinous
Harz·säu·re *f kein pl* CHEM resin acid
Ha·sard <-s> [ha'zart] *nt kein pl* **[mit etw** *dat*] **~ spielen** *(geh)* to gamble [with sth]
Ha·sar·deur(in) <-s, -e> [hazar'dø:ɐ̯] *m(f)* *(pej geh)* gambler
Ha·sard·spiel *nt (geh)* game of chance, gamble
Hasch <-[s]> [haʃ] *nt kein pl (fam)* hash
Ha·schee <-s, -s> [ha'ʃe:] *nt* hash
ha·schen¹ ['haʃn̩] *vi (veraltend geh)* ■ **nach etw** *dat* **~** ① *(greifen)* to make a grab for sth
② *(streben)* to angle [*or* fish] for sth; **nach Lob ~** to fish for compliments
ha·schen² ['haʃn̩] *vi (fam)* to smoke hash
Ha·schen <-s> ['haʃn̩] *nt kein pl* DIAL *(Fangen)* catch
Hä·schen <-s, -> ['hɛ:sçən] *nt dim von* Hase young hare, bunny, leveret; *(fam: Kosename)* sweetheart
Hä·scher <-s, -> ['hɛʃɐ] *m (veraltend geh)* bailiff
Ha·scherl <-s, -[n]> ['haʃɐl] *nt* ÖSTERR *(fam: bedauernswertes Wesen)* poor soul; **armes ~** poor little thing
ha·schie·ren [ha'ʃi:rən] *vt* KOCHK ■ **etw ~** to mince sth, to hash sth
Ha·schisch <-[s]> ['haʃɪʃ] *nt o m kein pl* hashish, hash *no pl, no indef art*
Ha·se <-n, -n> ['ha:zə] *m* ① *(wild lebendes Nagetier)* hare
② KOCHK *(Hasenbraten)* roast hare
③ DIAL *(Kaninchen)* rabbit
▶WENDUNGEN: **ein alter ~ sein** *(fam)* to be an old hand; **falscher ~** KOCHK meat loaf; **da liegt der ~ im Pfeffer** *(fam)* that's the crux of the matter, that's the real cause, there's the rub BRIT; **sehen** [*o* **wissen**], **wie der ~ läuft** *(fam)* to see [*or* know] which way the wind is blowing
Ha·sel <-, -n> ['ha:zl̩] *f* hazel
Ha·sel·busch *m* hazel [tree] **Ha·sel·huhn** *nt* ORN hazel [*or* black] grouse **Ha·sel·kätz·chen** *nt* hazel catkin, lamb's-tail **Ha·sel·maus** *f* ZOOL [common] dormouse
Ha·sel·nuss^RR^ ['ha:zl̩nʊs] *f* ① *(Nuss)* hazelnut
② *(Hasel)* hazel **Ha·sel·nuss·öl**^RR^ *nt* hazelnut oil
Ha·sel·nuss·strauch^RR^ *m* hazel [tree]
Ha·sel·strauch *m s.* Hasel
Ha·sen·bra·ten *m* roast hare **Ha·sen·fuß** *m (fam)* chicken *sl*, coward
Ha·sen·fü·ßig·keit *f (fam: Feigheit)* lily-liveredness
Ha·sen·pa·nier *nt* ▶WENDUNGEN: **das ~ ergreifen** *(veraltend fam)* to take to one's heels **Ha·sen·pfef·fer** *m* jugged hare BRIT, Hasenpfeffer AM **Ha·sen·schar·te** *f* MED harelip
Hä·sin *f* doe, female hare
Häs·ling <-s, -e> *m* ZOOL dace
Has·pel <-, -n> ['haspl̩] *f* windlass, winch; *Garn* reel
has·peln ['haspl̩n] I. *vt (wickeln)* ■ **etw ~** to reel sth, to wind sth
II. *vi (fam: hastig sprechen)* to gabble
Hass^RR^ <-es> *m*, **Haß**^ALT^ <-sses> [has] *m kein pl* hate, hatred, animosity, rancour [*or* AM -or], loathing; **einen ~ auf jdn haben/kriegen** *(fam)* to be/become angry with sb; **aus ~** out of hatred; **sich** *dat* **jds ~ zuziehen, jds ~ auf sich** *akk* **ziehen** to incur sb's wrath
has·sen ['hasn̩] *vt* ① *(voller Hass ablehnen)* ■ **jdn ~** to hate sb
② *(nicht mögen)* ■ **etw ~** to hate [*or* loathe] [*or* detest] sth
③ *(widerwillig sein)* ■ **es ~, etw zu tun** to hate doing sth; *s. a.* **Pest**
has·sens·wert *adj* hateful, odious
hass·er·füllt^RR^ I. *adj* full of hate, filled [*or* seething] with hatred
II. *adv* full of hate
häss·lich^RR^, **häß·lich**^ALT^ ['hɛslɪç] I. *adj* ① *(unschön)* ugly, hideous; ***sie wohnen in einer ~en Gegend*** they don't live in a very nice area
② *(gemein)* nasty; ■ **~ zu jdm sein** to be nasty [*or* mean] to sb; ■ **~ von jdm sein** to be nasty [*or* mean] of sb
③ *(unerfreulich)* nasty, ugly, unpleasant
II. *adv (gemein)* nastily
Häss·lich·keit^RR^, **Häß·lich·keit**^ALT^ <-, -en> *f* ugliness, nastiness, hideousness
Hass·lie·be^RR^ *f* love-hate relationship
Hass·pre·digt^RR^ *f (pej)* hate sermon **Hass·ti·ra·de**^RR^ *f (pej)* tirade of hate **hass·ver·zerrt**^RR^ *adj* twisted with hatred [*or* hate]
hast [hast] *2. pers sing pres von* **haben**
Hast <-> [hast] *f kein pl (Eile)* haste, hurry; **nur keine ~!** there's no rush!; **ohne ~** without rushing; **voller ~** in a great hurry [*or* rush]; ***sie zog sich voller ~ an*** she dressed in a great hurry
▶WENDUNGEN: **in fliegender ~** in a tearing hurry
has·te ▶WENDUNGEN: **~ was, biste was** *(prov)* wealth brings status; **[was] ~ was kannste** *(fam)* as quick as possible
has·ten ['hastn̩] *vi sein (geh)* ① *(hastig sein)* to hurry [*or* rush]
② *(eilen)* ■ **irgendwohin ~** to hurry [*or* rush] somewhere
has·tig ['hastɪç] I. *adj* hurried, rushed; **nicht so ~!** not so fast!
II. *adv (eilends)* hastily, hurriedly; ***er schlang sein Essen ~ hinunter*** he bolted down his meal
hat [hat] *3. pers sing pres von* **haben**

hät·scheln ['hɛ:tʃl̩n] *vt* ① *(liebkosen)* ■**jdn** ~ to caress sb, to cuddle sb
② *(gut behandeln)* ■**jdn** ~ to pamper sb
③ *(gerne pflegen)* ■**etw** ~ to cherish sth; **eine gehätschelte Ideologie** a cherished ideology

hat·schi [ha'tʃi:] *interj* atishoo, atchoo, ahchoo; ~ **machen** *(kindersprache)* to sneeze

Hat·trick <-s, -s> ['hɛttrɪk] *m* ① SPORT *(Dreifachtreffer)* hat-trick; *(dreifacher Gewinn)* hat-trick
② *(Dreifacherfolg)* third success

Hatz <-, -en> [hats] *f* ① SÜDD, ÖSTERR *(Hetze)* rush; ***immer diese ~!*** this constant rushing around!
② *(Hetzjagd)* hunt, chase; **die ~ auf Bären** bear hunting

Hau·be <-, -n> ['haubə] *f* ① *(weibliche Kopfbedeckung)* bonnet
② *(Trockenhaube)* hair dryer
③ *(Motorhaube)* bonnet
④ SÜDD, ÖSTERR *(Mütze)* cap
⑤ ÖSTERR *(Auszeichnung von Restaurants)* star
⑥ *(Büschel von Kopffedern)* crest
⑦ *(Aufsatz)* covering
▸WENDUNGEN: **jdn unter die ~ bringen** *(hum fam)* to marry sb off; **unter die ~ kommen** *(hum fam)* to get married; ***es wird Zeit, dass du unter die ~ kommst*** it's time you got married; **unter der ~ sein** *(hum fam)* to be married

Hau·ben·ler·che *f* crested lark **Hau·ben·mei·se** *f* crested tit [*or esp* AM titmouse] **Hau·ben·tau·cher** *m* ORN great crested grebe

Hau·bit·ze <-, -n> [hau'bɪtsə] *f* MIL howitzer

Hauch <-[e]s, -e> [haux] *m (geh poet)* ① *(Atemhauch)* breath
② *(Luftzug)* breath of air
③ *(leichter Duft)* waft, whiff
④ *(Flair)* aura
⑤ *(Andeutung, Anflug)* hint, trace, touch

hauch·dünn ['haux'dʏn] **I.** *adj* ① *(äußerst dünn)* wafer-thin
② *(äußerst knapp)* extremely narrow; *Mehrheit* narrow; *Sieg* extremely narrow
II. *adv* extremely thin

hau·chen ['hauxn̩] **I.** *vi (sanft blasen)* ■**auf etw** *akk*/**gegen etw** *akk*/**in etw** *akk* ~ to breathe on/against/into sth
II. *vt* ① *(blasen)* ■**jdm etw in etw** *akk* ~ to blow sth into sb's sth
② *(flüstern)* ■**etw** ~ to whisper sth; ■**jdm etw in etw** *akk* ~ to whisper sth in sb's sth

Hauch·laut *m* LING aspirate

hauch·zart ['haux'tsa:ɐ̯t] *adj* ① *(butterweich)* extremely delicate
② MODE *(sehr leicht)* very light

Hau·de·gen ['haude:gn̩] *m* old soldier [*or* warhorse]

Haue <-, -n> ['hauə] *f* ① SÜDD, ÖSTERR, SCHWEIZ *(Hacke)* hoe
② *kein pl (fam: Prügel)* thrashing; ~ **kriegen** *(fam)* to get a good hiding, to get a thrashing; **es gibt ~** *(fam)* you'll get a good hiding

hau·en ['hauən,] **I.** *vt* ① <haute *o selten a.* hieb, gehauen> *(fam: schlagen)* ■**etw auf** [*o* **gegen**] **etw** *akk* ~ to hit sth against sth; **jdm etw auf den Kopf ~** to hit sb over the head with sth; **einen Nagel in ein Brett ~** to bang [*or* knock] a nail into a board
② <haute *o selten a.* hieb, gehauen> *(fam: verprügeln)* ■**jdn** ~ to hit [*or* clout] sb; *(wiederholt)* to beat sb; ***bitte hau mich nicht, ich tu es ja auch nicht wieder!*** don't hit me please, I won't do it again!
③ <haute, gehauen> *(meißeln)* ■**etw in etw** *akk* ~ to carve sth in sth; ***der Künstler hat diese Statue in Marmor ge~*** the artist carved this statue in marble; ***um fischen zu können, mussten sie ein Loch ins Eis ~*** in order to fish they had to cut a hole in the ice; ***die Stufen waren von Hand in den harten Fels ge~ worden*** the steps had been hewn by hand in the hard rock; **ein Loch in eine Wand ~** to knock a hole in a wall
④ <haute, gehauen> *(selten: stoßen)* ■**sich** *dat* **etw an etw** *akk o dat* ~ to hit [*or* bang] sth on sth; ***au verdammt, ich habe mir das Knie an die Tischkante ge~!*** ow damn it, I've hit my knee on the edge of the table
⑤ <haute, gehauen> *(sl: achtlos werfen)* ■**etw irgendwohin** ~ to slap sth somewhere
⑥ <haute, gehauen> DIAL *(zerkleinern)* **Holz ~** to chop wood
⑦ <haute, gehauen> BERGB **Erz ~** to cut ore; **Kohle ~** to break coal
⑧ <haute, gehauen> DIAL *(fällen)* **einen Baum ~** to hew a tree
II. *vi* ① <hieb *o fam a.* haute, gehauen> *(schlagen)* ■[**mit etw** *dat*] **auf** [*o* **gegen**] **etw** *akk* ~ to smash sth against sth; ***er nahm die Axt und hieb damit gegen das Türschloss*** he picked up the axe and smashed it against the door lock; ***hau doch nicht so auf die Klaviertasten!*** don't thump the piano keys like that!; ■**jdm auf etw** *akk*/**in etw** *akk* ~ to hit [*or* punch] sb on/in sth; ***sie hieb ihm mit der flachen Hand ins Gesicht*** she slapped his face; ***er hieb ihm mit dem Schlagstock auf den Kopf*** he hit him on the head with the baton; **jdm** [**freundschaftlich**] **auf die Schulter ~** to clap sb on the shoulder
② <haute *o selten a.* hieb, gehauen> *(fam: prügeln)* to hit out; ***bitte nicht ~!*** please don't hit me!
③ *sein (selten: stoßen)* ■[**mit etw** *dat*] **gegen etw** *akk* ~ to bang sth against [*or* on] sth; ***er ist mit dem Fuß gegen einen Stein ge~*** he banged his foot on a rock
III. *vr* ① <haute, gehauen> *(sl: sich setzen, legen)* ■**sich** *akk* **auf etw** *akk*/**in etw** *akk* ~ to throw [*or* fling] oneself onto/into sth; ***hau dich nicht so aufs Sofa!*** don't throw yourself onto the sofa like that!
② <haute, gehauen> *(fam: sich prügeln)* ■**sich** *akk* [**mit jdm**] ~ to fight [with sb]; *(sie hauen sich schon wieder)* they are fighting each other again
IV. *nt kein pl* ▸WENDUNGEN: **ein H~ und Stechen** *(fam)* a free-for-all

Hau·er[1] <-s, -> ['hauɐ] *m* MED tusk *spec; (hum: großer Zahn)* fang

Hau·er[2] <-s, -> ['hauɐ] *m* faceworker

Häuf·chen <-s, -> ['hɔyfçən] *nt dim von* **Haufen**
① *(kleiner Haufen)* small pile [*or* heap]
② *(fig fam: Person)* [**dastehen/aussehen**] **wie ein ~ Elend** [*o* **Unglück**] *(fam)* [to stand there/look] like a picture of misery; **nur noch ein ~ Elend sein** *(fam)* to be a picture of misery
▸WENDUNGEN: **ein ~ machen** to do one's business BRIT, to go to the bathroom AM

häu·feln ['hɔyfl̩] *vt* ■**etw ~** *Erde* to hill up sth BRIT; *Essen* to heap [*or* pile] up sth

Hau·fen <-s, -> ['haufn̩] *m* ① *(Anhäufung)* heap, pile
② *(fam: große Menge)* load, accumulation, mass; *Arbeit* load; ***du erzählst da einen ~ Quatsch!*** what a load of rubbish!
③ *(Schar)* crowd
④ *(Gruppe, Gemeinschaft)* crowd, bunch
▸WENDUNGEN: **auf einem ~** *(fam)* in one place; **einen ~ machen** *(euph)* to do one's business; ***Vorsicht, da hat ein Hund einen ~ gemacht!*** watch out for that dog poop [*or* pooh] [*or* doo]; **jdn/ein Tier über den ~ rennen/fahren** *(fam)* to run over sb/an animal *sep;* **jdn/ein Tier über den ~ schießen** [*o* **knallen**] *(fam)* to shoot sb/an animal down; **etw über den ~ werfen** [*o* **schmeißen**] *(fam)* to throw out sth *sep;* [**jdm**] **etw über den ~ werfen** [*o* **schmeißen**] *(fam)* to mess up sth [for sb] *sep*

häu·fen [hɔyfn̩] **I.** *vt (aufhäufen)* ■[**jdm**] **etw auf etw** *akk* ~ to pile sth on sth [for sb]
II. *vr* ① *(zahlreicher werden)* ■**sich** *akk* ~ to become more frequent, to accumulate, to multiply, to increase
② *(sich türmen)* ■**sich** *akk* [**irgendwo**] ~ to pile up [somewhere]
③ *(türmen)* ■**sich** *dat* **etw auf etw** *akk* ~ to pile sth on sth

Hau·fen·dorf *nt village that has evolved haphazardly*

hau·fen·wei·se *adv* ① *(in Haufen)* in heaps [*or* piles]
② *(fam)* in great quantities; **etw ~ haben** [*o* **besitzen**] to have loads [*or* piles] of sth; ***sie besitzt ~ Antiquitäten*** she owns loads of antiques

Hau·fen·wol·ke *f* cumulus [cloud]

häu·fig ['hɔyfɪç] **I.** *adj* frequent
II. *adv* frequently, often

Häu·fig·keit <-, -en> *f* frequency; **abnehmende/zunehmende ~** decreasing/increasing frequency

Häu·fig·keits·ver·tei·lung *f* frequency distribution **Häu·fig·keits·zahl** *f,* **Häu·fig·keits·zif·fer** *f* frequency

Häuf·lein <-s, -> *nt s.* **Häufchen**

Häu·fung <-, -en> *f* increasing number

Haupt <-[e]s, Häupter> [haupt, *pl* 'hɔyptɐ] *nt (geh)*
① *(Kopf)* head
② *(zentrale Figur)* head
▸WENDUNGEN: **entblößten ~es, mit bloßem ~** bareheaded; **gesenkten/erhobenen ~es** with one's head bowed/raised; **jdn aufs ~ schlagen** to vanquish sb; **an ~ und Gliedern** totally, drastically; ***die gesamte Verwaltung dieses Staates ist verfault an ~ und Gliedern*** the entire administration of this state is totally corrupt; **zu jds Häupten** at sb's head

Haupt·ab·tei·lung *f* main [*or* principal] department **Haupt·ab·tei·lungs·lei·ter(in)** *m(f)* departmental director

Haupt·ach·se *f* ① PHYS principal axle ② MATH principal axis **Haupt·ak·teur(in)** *m(f)* leading light, kingpin *pej* **Haupt·ak·ti·o·när(in)** *m(f)* principal [*or* main] shareholder **Haupt·ak·zent** *m* LING *(stärkste Betonung)* main stress ▸WENDUNGEN: **den ~ auf etw** *akk* **legen** to place the main emphasis on sth **Haupt·al·tar** *m* high altar **Haupt·amt** *nt* principal [*or* full-time] occupation **haupt·amt·lich I.** *adj* full-time; *(im Hauptberuf ausgeübt)* full-time; ***neben ihrer ~en Tätigkeit als Lehrerin gibt sie noch Unterricht an Volkshochschulen*** in addition to her full-time job as a teacher she teaches at adult education centres **II.** *adv* on a full-time basis **Haupt·an·ge·klag·te(r)** *f(m)* main [*or* principal] defendant **Haupt·an·lie·gen** *nt* main [*or* principal] concern **Haupt·an·mel·dung** *f* FIN *eines Patents* parent [*or* main] application **Haupt·an·schluss**[RR] *m* TELEK main extension **Haupt·an·spruch** *m* JUR principal [*or* main] claim **Haupt·an·trag** *m* JUR main request **Haupt·ar·gu·ment** *nt* main [*or* principal] argument **Haupt·as·pekt** *m* main aspect; *eines Experiments* central focus; *eines Romans* main theme **Haupt·auf·ga·be** *f* main duty [*or* task] **Haupt·au·gen·merk** *f kein pl* **sein ~ auf etw** *akk* **richten** to pay particular attention to sth **Haupt·aus·gang** *m* main exit **Haupt·aus·schuss**[RR] *m* main committee **Haupt·bahn·hof** *m* central [*or* main] station **Haupt·be·din·gung** *f* main condition **Haupt·be·las·tungs·zeu·ge, -zeu·gin** *m, f* JUR chief witness for the prosecution **Haupt·be·ruf** *m* chief [*or* main] occupation; **im ~** as one's main occupation **haupt·be·ruf·lich I.** *adj* full-time **II.** *adv* on a full-time basis **Haupt·be·ru·fung** *f* JUR main appeal **Haupt·be·stand·teil** *m* main component **Haupt·be·trof·fe·ne(r)** *f(m) dekl wie adj* main person affected [by sth] **Haupt·bi·lanz** *f* FIN general balance sheet **Haupt·buch** *nt* ÖKON [general] ledger; **~ für Sachkonten** nominal [*or* general] ledger **Haupt·dar·stel·ler(in)** *m(f)* leading man [*or* actor] **Haupt·deck** *nt* main deck

Haupt·eig·ner(in) *m(f)* ÖKON major shareholder **Haupt·ein·gang** *m* main entrance **Haupt·ein·nah·men** *pl* principal income **Haupt·ein·nah·me·quel·le** *f* ÖKON main [*or* principal] source of income

Häup·tel <-s, -[n]> ['hɔyptl̩] *nt* KOCHK ÖSTERR head; ***drei ~ Kopfsalat, bitte!*** three heads of lettuce, please

Häup·tel·sa·lat *m* ÖSTERR *(Kopfsalat)* lettuce

Haupt·er·trags·quel·le *f* main [*or* most important] source of earnings

Haupt·er·werb *m* main paid occupation, principal income **Haupt·er·werbs·bau·er, -bäu·e·rin** *m, f* AGR, ÖKON full-time farmer

Haupt·er·zeug·nis *nt* ÖKON staple commodity

Haup·tes·län·ge *f* ▸WENDUNGEN: **jdn um ~ überragen** *(geh)* to be a head taller than sb

Haupt·fach *nt* SCH ① *(Studienfach)* main [*or* principal] subject, major AM; **etw im ~ studieren** to study sth as one's main subject, to major in sth AM ② SCH *(wichtigstes Schulfach)* major subject **Haupt·fi·gur** *f* LIT central [*or* main] [*or* principal] character **Haupt·film** *m* main [*or* feature] film **Haupt·for·de·rung** *f* JUR chief [*or* principal] demand **Haupt·fried·hof** *nt* main cemetery **Haupt·gang** *m* ① *(Hauptgericht)* main course; **im ~** as a main course ② *(zentraler Gang)* main corridor ③ *(Waschgang)* main wash **Haupt·ge·bäu·de** *nt* main building **Haupt·ge·frei·ter** *m* lance corporal **Haupt·ge·richt** *nt* main course

Haupt·ge·schäft *nt* main branch

Haupt·ge·schäfts·be·reich *m* HANDEL main business area **Haupt·ge·schäfts·füh·rer(in)** *m(f)* managing director, chief executive **Haupt·ge·schäfts·sitz** *m* headquarters + *sing/pl vb* **Haupt·ge·schäfts·stel·le** *f* ÖKON head office, headquarters *npl* **Haupt·ge·schäfts·zeit** *f* peak shopping hours, main business hours

Haupt·ge·sell·schaf·ter(in) *m(f)* main [*or* principal] shareholder **Haupt·ge·wicht** *nt* main emphasis; **das ~ auf etw** *akk* **legen** to place the main emphasis on sth **Haupt·ge·winn** *m* first prize **Haupt·gläu·bi·ger(in)** *m(f) dekl wie adj* FIN chief [*or* major] creditor **Haupt·grund** *m* main [*or* principal] reason

Haupt·haar *nt kein pl (geh)* hair [on the head]

Haupt·hahn *m* main cock [*or esp* AM tap] **Haupt·han·dels·part·ner** *m* ÖKON principal business [*or* trading] partner **Haupt·hand·lung** *f* spine **Haupt·in·for·mant(in)** *m(f)* HANDEL key informant **Haupt·in·ter·ven·ti·on** *f* JUR interpleader **Haupt·kla·ge** *f* JUR main action **Haupt·klä·ger(in)** *m(f)* JUR chief [*or* principal] plaintiff **Haupt·kom·mis·sar(in)** *m(f)* chief commissioner [*or* inspector] **Haupt·kun·den·grup·pe** *f* HANDEL key account group **Haupt·last** *f* main load; ***die ~ der Steuererhöhungen werden die mittleren Einkommensgruppen zu tragen haben*** the middle-income groups will have to bear the main burden of tax increases **Haupt·lei·tung** *f* mains *pl* **Haupt·leu·te** *pl von* Hauptmann **Haupt·lie·fe·rant** *m* HANDEL principal supplier

Häupt·ling <-s, -e> [ˈhɔyptlɪŋ] *m* chief

Haupt·mahl·zeit *f* main meal **Haupt·man·gel** *m* JUR chief [*or* principal] defect **Haupt·mann** <-leute> [ˈhauptman] *m* captain **Haupt·me·nü** *nt* INFORM main menu **Haupt·merk·mal** *nt* main feature **Haupt·mie·ter(in)** *m(f)* main tenant **Haupt·nah·rungs·mit·tel** *nt* KOCHK staple food **Haupt·nen·ner** *m* common denominator **Haupt·nie·der·las·sung** *f* HANDEL head office, headquarters *npl* **Haupt·pacht·ver·trag** *m* JUR head lease **Haupt·pa·tent** *nt* main [*or* principal] patent **Haupt·per·son** *f* ① *(wichtigste Person)* central figure, most important person ② *(die tonangebende Person)* centre [*or* AM -er] of attention; *(wichtigste Person)* main person; ***er ist eindeutig die ~ bei diesem Projekt*** he's the main person on this project **Haupt·pla·ti·ne** *f* INFORM motherboard, main board **Haupt·por·tal** *nt* main portal **Haupt·post** *f (fam)*, **Haupt·post·amt** *nt* main post office **Haupt·preis** *m* leading price **Haupt·pro·blem** *nt* main [*or* principal] problem **Haupt·pro·zess** *m* JUR main trial **Haupt·quar·tier** *nt* headquarters **Haupt·re·ak·ti·on** *f* CHEM main reaction **Haupt·re·chen·chip** *nt* INFORM central processing unit **Haupt·rech·ner** *m* INFORM host [*or* master] computer **Haupt·rei·se·zeit** *f* peak travel period **Haupt·rol·le** *f* leading [*or* main] role; **[in etw** *dat*] **die ~ spielen** to play the leading role [in sth] ▸WENDUNGEN: **[bei etw** *dat*] **die ~ spielen** to play a leading part [in sth] **Haupt·sa·che** [ˈhauptzaxə] *f* ① *(das Wichtigste)* main thing [*or* point]; **in der** [*o* SCHWEIZ **zur**] **~** in the main, mainly, on the whole; **~, ...** the main thing is ...; **~, *du bist glücklich!*** the main thing is that you're happy! ② JUR substance of the case, case of action; **die ~ für erledigt erklären** to declare that the cause of action has been disposed of; **ohne der Entscheidung in der ~ vorzugreifen** without prejudice to the decision on the substance [of a case]; **in der ~ entscheiden** to give judgment on the main issue; **zur ~ verhandeln** to plead on the main issue **haupt·säch·lich** [ˈhauptzɛçlɪç] **I.** *adv* mainly, principally, especially, essentially, above all **II.** *adj* main, principal, chief, most important, essential; ***in den ~en Punkten sind wir uns einig*** we agree on the main points **Haupt·sai·son** *f* peak season; **~ haben** to be one's peak season; ***vom 23.4. bis zum 15.9. haben wir ~*** 23/04 - 15/09 is our peak season **Haupt·satz** *m* LING main clause **Haupt·schal·ter** *m* main [*or* master] switch **Haupt·schiff** *nt* ARCHIT nave **Haupt·schlag·ader** *f* aorta **Haupt·schließ·an·la·ge** *f* BAU master key system **Haupt·schlüs·sel** *m* master key, pass key **Haupt·schul·ab·gän·ger(in)** *m(f)* SCH *school-leavers/graduates from a Hauptschule* **Haupt·schul·ab·schluss**[RR] *m* SCH [*certificate of*] *completion of compulsory basic secondary schooling* **Haupt·schuld** *f kein pl* main blame; ■**die/jds ~ an etw** *dat* the/sb's principal fault regarding sth **Haupt·schul·di·ge(r)** *f(m)* person mainly to blame, person mainly at fault, major offender **Haupt·schuld·ner(in)** *m(f)* FIN principal debtor, primary obligor **Haupt·schu·le** *f* ≈ secondary modern school BRIT, ≈ junior high school AM *(covering years 5 to 9 or the last 5 years of the compulsory nine years at school in Germany or years 5 to 8 in Austria)* **Haupt·schü·ler(in)** *m(f)* ≈ secondary modern school pupil BRIT, ≈ junior-high student AM **Haupt·schul·leh·rer(in)** *m(f)* ≈ secondary modern [*or* AM ≈ junior high] school teacher **Haupt·schwie·rig·keit** *f* main problem **Haupt·se·mi·nar** *nt* seminar for advanced students **Haupt·sen·de·zeit** *f* TV, RADIO peak viewing time **Haupt·si·che·rung** *f* ELEK, TECH, BAU main fuse **Haupt·sitz** *m* headquarters + *sing/pl vb,* head office; **mit ~ in** headquartered in **Haupt·spei·cher** *m* INFORM main [*or* primary] memory [*or* storage] **Haupt·spei·se** *f* main dish **Haupt·spie·gel** *m* main; *eines Satelliten* main mirror **Haupt·spon·sor(in)** *m(f)* main [*or* principal] sponsor **Haupt·stadt** *f* capital [city] **haupt·städ·tisch** *adj* capital[-city], metropolitan **Haupt·stra·ße** *f* main street **Haupt·stre·cke** *f* main line, main route **Haupt·stu·di·um** *nt* SCH main [part of a university] course **Haupt·tä·ter(in)** *m(f)* JUR principal [*or* chief] offender, main culprit [*or* perpetrator] **Haupt·teil** *m* main [*or* major] part **Haupt·teil·ha·ber(in)** *m(f)* ÖKON principal partner **Haupt·ter·min** *m* JUR trial date **Haupt·the·ma** *nt* principal [*or* main] theme **Haupt·ti·tel** *m (Buch)* full title, title page **Haupt·tref·fer** *m* jackpot; **den ~ erzielen** to hit the jackpot **Haupt·über·tra·gungs·weg** *m* MED principal means of transmission **Haupt·ur·sa·che** *f* main [*or* chief] [*or* principal] cause **haupt·ver·ant·wort·lich** *adj* JUR primarily [*or* mainly] responsible **Haupt·ver·ant·wort·lich·keit** *f* JUR prime responsibility **Haupt·ver·band** *m* principal [*or* main] association **Haupt·ver·die·ner(in)** *m(f)* breadwinner, principal income earner **Haupt·ver·fah·ren** *nt* JUR main proceedings *pl;* **Eröffnung des ~s** opening of the trial **Haupt·ver·hand·lung** *f* JUR main hearing, trial process **Haupt·ver·kaufs·klas·se** *f* ÖKON major sales class **Haupt·ver·kehrs·stra·ße** *f* arterial road, main road [*or* highway] [*or* thoroughfare] **Haupt·ver·kehrs·zeit** *f* rush hour **Haupt·ver·pflich·te·te(r)** *f(m) dekl wie adj* JUR principal **Haupt·ver·pflich·tung** *f* JUR prime obligation

Haupt·ver·samm·lung *f* general meeting **Haupt·ver·samm·lungs·be·schluss**[RR] *m* JUR shareholders' [*or* AM stockholders'] resolution

Haupt·ver·trag *m* JUR main [*or* primary] contract **Haupt·ver·tre·ter(in)** *m(f)* HANDEL general agent **Haupt·ver·wal·tung** *f* ADMIN head office, [administrative] headquarters + *sing/pl vb* **Haupt·ver·zeich·nis** *nt* INFORM main directory **Haupt·vor·stand** *m* ADMIN executive [*or* governing] board **Haupt·wa·che** *f* main police station **Haupt·wa·ren·grup·pe** *f* HANDEL chief product group **Haupt·wä·sche** *f* main wash **Haupt·wasch·gang** *m* main wash **Haupt·wasch·mit·tel** *nt* strong-action detergent **Haupt·werk** *nt* ① *(Kunsthauptwerk)* major [*or* principal] work, magnum opus ② *(Fabrik)* main factory **Haupt·wohn·sitz** *m* main place of residence **Haupt·wort** *nt* noun **Haupt·zei·le** *f* headline, catchline **Haupt·zeu·ge, -zeu·gin** *m, f* chief [*or* principal] witness **Haupt·ziel** *nt* main [*or* principal] objective, main goal **Haupt·ziel·grup·pe** *f* ÖKON main target group **Haupt·zoll·amt** *nt* main customs office

hau ruck [ˈhau ˈrʊk] *interj* heave; ***so, jetzt ziehen wir alle gemeinsam an dem Seil — ~! ~!*** right, let's all pull on the rope together — heave-ho! heave-ho!

Hau·ruck <-s, -s> [hauˈrʊk] *nt* heave ho **Hau·ruck·ver·fah·ren** *nt* any old how; ***die haben das Gebäude im ~ hochgezogen*** they just threw up the building any old how

Haus <-es, Häuser> [haus, *pl* ˈhɔyzɐ] *nt* ① *(Wohngebäude)* house; ***das Internat bestand aus mehreren Häusern*** the boarding school consisted of several buildings; ***es wird schon kühl, lass uns ins ~ gehen*** it's getting cool, let's go indoors [*or* inside]; ***meine Klavierlehrerin kommt immer ins ~*** my piano teacher always comes to our house; ***bei der Kälte bleibe ich lieber im ~*** I prefer to stay indoors [*or* inside] when it's cold; **~ an ~** next door; ***wir wohnen ~ an ~*** we live next door to each other; **aus dem ~ gehen** to leave the house; **von ~ zu ~ gehen/wandern/ziehen** to go/wander/roam from house to house [*or* door to door]; **das ~ Gottes** [*o geh* **des Herrn**] the house of God [*or form* the Lord]; **~ und Hof verlieren** to lose house and home; **~ der Jugend** youth centre; **jd/etw kommt jdm nicht ins ~** sb does not allow sb/sth in the house; ***eine Katze kommt mir nicht ins ~!*** I'm not having a cat in the house!; **ein öffentliches ~** *(euph veraltet: Bordell)* a house of ill repute; **das Weiße ~** the White House

② *(Wohnung, Zuhause, Heim)* home; **aus dem ~ sein** to have left home; **außer ~ essen** to eat out; ***am Wochenende essen sie außer ~*** they eat out at weekends; **frei ~ liefern** ÖKON to deliver free of charge; **nichts mehr im ~ haben** to have nothing [left] [to eat/drink] in the house; **[etw] ins ~ liefern** ÖKON to deliver [sth] to the door; ***liefern Sie ins ~?*** do you make home deliveries?; **jdn ins ~ nehmen** to take sb in[to one's home]; **jdm das ~ verbieten** to not allow sb in the house; ■**nach ~e** [*o* ÖSTERR, SCHWEIZ *a.* **nachhause**[RR]] home; ***komm nicht so spät nach ~e!*** don't come home so late!; ***es ist nicht mehr weit bis nach ~e!*** we're not far from home now!; ***ich muss nach ~e!*** I must [*or* have to] go home!; ***komm mir bloß nicht damit nach ~e!*** *(fig fam)* don't you [dare] come that one with me!; **jdn nach ~e bringen** to see [*or* take] sb home; ***kannst du mich mit dem Auto nach ~e bringen?*** can you drive me home?; **jdn nach ~e schicken** *(fam)* to send sb packing *fam,* to send sb home; ***ich habe den Vertreter gleich wieder nach ~e geschickt*** I sent the rep packing straight away; ***die Lehrerin schickte den Schüler nach ~e*** the teacher sent the pupil home; ■**zu ~e** [*o* ÖSTERR, SCHWEIZ *a.* **zuhause**[RR]] at home; ***seid unbedingt vor Mitternacht wieder zu ~e!*** make sure you're back home before midnight!; ***wir können schon in drei Stunden zu ~e sein*** we can be home in three hours; ***wie geht's zu ~e?*** how are things at home?; ***ich bin für niemanden zu ~e*** I'm not at home to anybody; **von zu ~e aus arbeiten** to work from home; **bei jdm zu ~e,** ÖSTERR, SCHWEIZ *a.* **zuhause** in sb's home; ***bei euch zu ~e ist es so gemütlich*** there's such a relaxed atmosphere in your home; ***bei uns zu ~e wurde vor dem Essen gebetet*** we always said prayers before a meal in our house; **sich** *akk* **[irgendwo/bei jdm] wie zu ~e fühlen** to feel at home [somewhere/in sb's house];

fühlen Sie sich wie zu ~ e! make yourself at home; **irgendwo zu ~[e] sein** to live [*or* come from] somewhere; ***wo sind Sie eigentlich zu ~ e?*** tell me, where are you from?; ***der Pandabär ist nur in China zu ~ e*** the panda bear can only be found in China

③ *(Familie)* household; ***er ist ein alter Freund des ~ es*** he's an old friend of the family; **aus adligem ~ e** from a noble family; **aus angesehenem ~ e** from a respectable family; **aus bürgerlichem/gutem/schlechtem ~ e stammend** from a middle-class/good/bad family; **die Dame/der Herr des ~ es** the lady/master of the house; **nicht mehr Herr im eigenen ~ sein** to not be master in one's own house any more; **von ~ e aus** by birth; ***von ~ e aus ist sie musikalisch*** she comes from a musical family

④ *(Dynastie)* house; ***die Kaiser von Österreich stammten aus dem ~ e Habsburg*** the Emperors of Austria came from the House of the Hapsburgs

⑤ *(Haushalt)* house; **sein ~ bestellen** to put [*or* set] one's house in order; **jdm das ~ führen** to keep house for sb; **ein großes ~ führen** *(geh)* to entertain in style; **Haus ~** *(veraltend: den Haushalt führen)* to keep house

⑥ *(Gesamtheit der Hausbewohner)* ***das ganze ~ rannte auf die Straße*** the whole house ran onto the street

⑦ *(Villa, Gasthof)* house; ***„~ Talblick"*** "Talblick House"; **das erste ~ am Platze** the best hotel in town; **ein gepflegtes** [*o* **gut geführtes**] **~** a well-run restaurant; **eine Spezialität des ~ es** a speciality of the house

⑧ *(geh: Unternehmen)* firm, company; ***Rauchen ist im ganzen ~ verboten!*** smoking is not allowed anywhere in the company buildings; **das erste ~ am Platze** the best firm in the area; **im ~ e sein** to be in; ***Sie können mich jederzeit im Büro erreichen, ich bin den ganzen Tag im ~ e*** you can get me at the office any time, I'm in [*or* there] all day

⑨ THEAT *(Saal, Publikum)* house; **das große/kleine ~** the large/small theatre; **vor vollem** [*o* **ausverkauftem**]**/leerem ~ e spielen** to play to a full [*or* packed]/empty house

⑩ POL *(Kammer)* House; ***das Gesetz passierte das ~ ohne Gegenstimmen*** the act passed through the House without opposition; **Hohes ~!** *(geh)* honourable members! *form*

⑪ ZOOL *(Schneckenhaus)* house, shell

⑫ ASTROL *(Kraftfeld)* house

⑬ *(hum veraltend fam: Person)* chap *dated fam;* ***grüß dich Josef,*** **[*du*]** ***altes Haus!*** hallo Josef, old chap! *dated fam*

▶WENDUNGEN: **jdm das ~ einrennen** *(fam)* to be constantly on sb's doorstep *fam;* **das europäische ~** the family of Europe; **jdn ans ~ fesseln** to confine sb to the house; ***seit sie krank ist, ist sie ans ~ gefesselt*** since she's been ill she's been confined to the house; **[mit etw** *dat*] **~ halten** *(sparsam wirtschaften)* to be economical [with sth]; ***wir müssen mit den Vorräten ~ halten*** we have to be careful with our provisions; ***sie kann nicht ~ halten*** she cannot hold onto her money; *(dosiert einsetzen)* to conserve; ***ich muss mit meinen Kräften ~ halten*** I must conserve my strength; **das ~ hüten müssen** to have to stay at home; ***ich muss wegen einer Grippe das ~ hüten*** I have to stay in due to a bout of flu; **für jdn ein offenes ~ haben** to keep open house for sb; **jdm ins ~ schneien** [*o* **geschneit kommen**] *(fam)* to descend on sb; **in etw** *dat* **zu ~ e sein** to be at home in sth; ***in der Physik bin ich nicht so zu ~ e wie Sie!*** I'm not as much at home in physics as you are!; **[jdm] ins ~ stehen** to be in store [for sb]; ***vielleicht steht uns ein großer Lottogewinn ins ~*** perhaps we're in store for a big win on the lottery

Hau·sa <-> ['hausa] *nt* ① *(Volksstamm)* ■**die ~** Hausa

② *kein pl (Sprache)* Hausa

Haus·al·tar *m* family altar **Haus·an·ge·stell·te(r)** *f(m)* domestic servant, domestic *esp fem*

Haus·an·schluss^RR^ *m* private connection, mains [*or* utilities] connection **Haus·an·schluss·raum**^RR^ *m* BAU utilities room

Haus·an·ten·ne *f* outside aerial [*or esp* AM antenna] **Haus·an·zug** *m* leisure suit **Haus·apo·the·ke** *f* medicine cabinet **Haus·ar·beit** *f* ① *(Arbeit im Haushalt)* housework ② SCH *(Schulaufgaben)* homework ③ SCH *(wissenschaftliche Arbeit)* [academic] assignment **Haus·ar·rest** *m* ① *(Verbot)* confinement to the house; **~ haben** to be grounded ② *(Strafe)* house arrest **Haus·arzt, -ärz·tin** *m, f* family doctor, GP

Haus·auf·ga·be *f* piece of homework; ■**~ n** homework *no pl;* **seine ~ n machen** *(a. fig)* to do one's homework; **seine ~ n nicht gemacht haben** *(a. fig)* not to have done one's homework **Haus·auf·ga·ben·hil·fe** *f* ① *(Person)* [homework] tutor ② *kein pl (Unterstützung)* homework support [*or* tutoring]

Haus·auf·satz *m* homework essay

haus·ba·cken ['hausbakn̩] *adj* plain, unadventurous

Haus·bank *f* house bank, principal banker **Haus·bar** *f* ① *(eine Bar zu Hause)* home bar ② *(Inhalt)* range of drinks at home **Haus·bau** *m* building of a/the house

Haus·berg *m* nearby mountain

Haus·be·set·zer(in) <-s, -> *m(f)* squatter **Haus·be·set·zer·sze·ne** *f* SOZIOL, POL squatting fraternity

Haus·be·set·zung *f* squatting **Haus·be·sit·zer(in)** *m(f)* homeowner; *(Vermieter)* landlord **Haus·be·sor·ger(in)** <-s, -> *m(f)* ÖSTERR *(Hausmeister)* janitor **Haus·be·such** *m* home visit **Haus·be·woh·ner(in)** *m(f)* tenant, occupant of a house **Haus·bib·lio·thek** *f* library **Haus·boot** *nt* houseboat **Haus·brand** *m* ① *(Feuer)* house fire ② *(Brennstoff)* domestic fuel **Haus·brief·kas·ten** *m* letter box

Häus·chen <-s, -> ['hɔysçən] *nt dim von* Haus ① *(kleines Haus)* little [*or* small] house, cottage ② SCHWEIZ *(Kästchen auf kariertem Papier)* square

▶WENDUNGEN: **ganz aus dem ~ sein** *(fam)* to be beside oneself; **jdn** [**ganz**] **aus dem ~ bringen** *(fam)* to drive sb wild with excitement; **[über etw** *akk*] **ganz aus dem ~ geraten** *(fam)* to go completely wild with excitement [about sth]

Haus·dach *nt* roof **Haus·da·me** *f* housekeeper **Haus·de·tek·tiv(in)** *m(f)* store detective **Haus·die·ner(in)** *m(f)* domestic servant **Haus·dra·chen** *m (pej fam)* battleaxe *pej fam,* dragon *pej fam*

Haus·durch·su·chung *f* JUR house search **Haus·durch·su·chungs·be·fehl** *m* JUR, ADMIN ÖSTERR *(Legitimation zu einer Haussuchung)* search warrant

haus·ei·gen *adj* belonging to the establishment; ***die Gäste können den ~ en Tennisplatz benutzen*** the guests can use the hotel's own tennis court; **~ e Produktion** ÖKON company-owned production **Haus·ei·gen·tü·mer(in)** *m(f) (geh) s.* **Hausbesitzer Haus·ein·fahrt** *f* drive[way] of a/the house **Haus·ein·gang** *m* entrance [to a/the house]

hau·sen ['hauzn̩] *vi* ■**irgendwo ~** ① *(pej fam: erbärmlich wohnen)* to live [in poor conditions] somewhere

② *(wüten)* to wreak havoc somewhere

Hau·sen·bla·se *f kein pl* ZOOL, TECH isinglass, fish glue, ichthyocol *spec*

Häu·ser·block *m* block [of houses]

Häu·ser·fas·sa·de *f* facade [of a house or row of houses] **Häu·ser·front** *f* terrace front

Häu·ser·kampf *m* MIL house-to-house fighting **Häu·ser·mak·ler(in)** *m(f)* estate [*or* AM real estate] agent **Häu·ser·meer** *nt (geh)* sea of houses **Häu·ser·rei·he** *f* row of houses **Häu·ser·wand** *f* wall of houses **Häu·ser·zei·le** *f* row of houses

Haus·far·be *f* TYPO brand [*or* house] colour [*or* AM -or] **Haus·flur** *m* entrance hall **Haus·frau** *f* ① *(nicht berufstätige Frau)* housewife ② SÜDD, ÖSTERR *(Zimmerwirtin)* landlady **Haus·frau·en·art** *f* home-made style; ■**nach ~** in a home-made style **haus·frau·lich** *adj* housewifely; **~ e Aufgaben** a housewife's duties **Haus·freund(in)** *m(f)* ① *(Freund der Familie)* friend of the family ② *nur m (euph fam: Liebhaber der Ehefrau)* man-friend *euph* **Haus·frie·de(n)** *m* domestic peace; *(zwischen Hausbewohnern)* harmonious relations between tenants **Haus·frie·dens·bruch** *m* trespassing **Haus·ge·brauch** *m* domestic use; **für den ~** for domestic use; *(fam: für durchschnittliche Ansprüche)* for average requirements **Haus·ge·burt** *f* home birth **Haus·ge·hil·fe, -ge·hil·fin** *m, f* home help **Haus·ge·hil·fin** *f fem form von* **Hausgehilfe** part-time maid, day maid, BRIT *a.* home help **haus·ge·macht** *adj* ① *(im eigenen Haushalt hergestellt)* home-made ② *(intern begründet)* created by domestic factors; ***Experten bezeichnen die Inflation als zum Teil ~*** experts ascribe inflation partially to domestic factors **Haus·ge·mein·schaft** *f* household; **mit jdm in ~ leben, in einer ~ mit jdm leben** to live together with sb **Haus·gott** *m* household god

Haus·halt <-[e]s, -e> *m* ① *(Hausgemeinschaft)* household

② *(Haushaltsführung)* housekeeping; **[jdm] den ~ führen** to keep house [for sb]

③ MED, BIOL *(Kreislauf)* balance

④ FIN *(Etat)* budget; **kommunaler/öffentlicher ~** municipal/government budget

haus·hal·ten *vi irreg* ① *(sparsam wirtschaften)* ■**[mit etw** *dat*] **~** to be economical [with sth]

② *(dosiert einsetzen)* ■**mit etw** *dat* **~** to conserve sth

Haus·häl·ter(in) <-s, -> *m(f)* housekeeper

haus·häl·te·risch ['haushɛltərɪʃ] **I.** *adj* economical, thrifty

II. *adv* economically

Haus·halt·pa·pier <-s> *nt kein pl* SCHWEIZ *(Küchenrolle)* kitchen roll

Haus·halts·ab·fall *m* domestic waste **Haus·halts·ab·stri·che** *pl* FIN budget cuts **Haus·halts·ab·was·ser** *f* domestic sewage *no pl* **Haus·halts·ar·ti·kel** *m* household article [*or* item] **Haus·halts·aus·ga·ben** *pl* FIN budgetary expenditure **Haus·halts·aus·gleich** *m* FIN budget balancing **Haus·halts·aus·schuss**^RR^ *m* budget[ary] committee **Haus·halts·be·las·tung** *f* FIN budgetary pressure **Haus·halts·be·ra·tung** *f* ① *kein pl* FIN *(das Beraten)* budget debate, budget[ary] consultations [*or* deliberations] *pl* ② *(beratende Stelle)* household advice centre [*or* AM -er] **Haus·halts·be·steu·e·rung** *f* FIN taxation of households, splitting system **Haus·halts·be·wil·li·gung** *f* FIN, POL budget appropriation **haus·halts·be·zo·gen** *adj attr* budgetary **Haus·halts·buch** *nt* housekeeping book **Haus·halts·de·bat·te** *f* budget debate **Haus·halts·de·fi·zit** *nt* POL, ÖKON budget[ary] deficit **Haus·halts·ein·spa·rung** *f* FIN, POL budget saving **Haus·halts·ent·wurf** *m* FIN proposed [*or* draft] budget **Haus·halts·ex·per·te, -ex·per·tin** *m, f* budget[ary] expert **haus·halts·fi·nan·ziert** *adj* FIN financed by the budget *pred* **Haus·halts·füh·rung** *f* housekeeping; **doppelte ~** running two households **Haus·halts·geld** *nt* housekeeping money **Haus·halts·ge·rät** *nt* household [*or* domestic] appliance **Haus·halts·ge·setz** *nt* FIN Budget Act, BRIT Finance Act **Haus·halts·grund·sät·ze·ge·setz** *nt* JUR law on basic budgetary rules **Haus·halts·hil·fe** *f* home help **Haus·halts·jahr** *nt* financial [*or* fiscal] year **Haus·halts·kas·se** *f kein pl* budget account **Haus·halts·kon·so·li·die·rung** *f* budget consolidation **Haus·halts·kos·ten** *pl* FIN budgetary costs **Haus·halts·kür·zung** *f* FIN, POL budget cut **Haus·halts·la·ge** *f* budgetary position **Haus·halts·loch** *nt* budgetary gap **Haus·halts·mit·tel** *pl* ÖKON, ADMIN budget[ary] funds *pl* **Haus·halts·nach·trag** *m* FIN supplementary budget **Haus·halts·pa·ckung** *f* family[-size] pack **Haus·halts·plan** *m* budget **Haus·halts·pla·nung** *f* FIN, POL fiscal planning **Haus·halts·po·li·tik** *f* ÖKON budgetary policy **haus·halts·po·li·tisch** *adj attr* FIN on budgetary policy; ***~ gesehen ist diese Reform absolut notwendig*** this reform is crucial for the budgetary policy; ~e **Entscheidung/Maßnahmen/Reform** decision on budgetary policy/budget policy measures/budgetary reform **Haus·halts·raf·fi·na·de** *f* granulated sugar **Haus·halts·recht** *nt* JUR budget[ary] law **Haus·halts·rei·ni·ger** *m* CHEM household cleaner **Haus·halts·re·ser·ve** *f* FIN budgetary provisions *pl* **Haus·halts·sal·do** *m* ÖKON budget[ary] balance **Haus·halts·sa·nie·rung** *f* overhaul of the budget **Haus·halts·sche·re** *f* household scissors *npl* **Haus·halts·sper·re** *f* freeze on public spending **Haus·halts·tech·nik** *f kein pl* domestic automation **Haus·halts·über·schuss**RR *m* FIN budget surplus **Haus·halts·ver·fah·ren** *nt* FIN budgetary procedure **Haus·halts·vor·la·ge** *f* JUR finance bill **Haus·halts·vor·stand** *m* householder **Haus·halts·waa·ge** *f* kitchen scales *npl* **Haus·halts·wa·ren** *pl* household goods *npl* **Haus·halts·wirt·schaft** *f* JUR budget management **Haus·halts·zu·ge·hö·rig·keit** *f* FIN membership of a household

Haus·hal·tung *f* ① *kein pl (Haushaltsführung)* housekeeping *no pl, no indef art*
② *kein pl (der sparsame Einsatz)* ▪**die ~ mit etw** *dat* economizing with sth
③ *(geh: Haushalt 1)* household

Haus-Haus-Ver·kehr *m* HANDEL door-to-door delivery service

Haus·herr(in) <-en, -en> *m(f)* head of the household; *(der Gastgeber)* host

haus·hoch ['haushoːx] **I.** *adj* ① *(euph: sehr hoch)* as high as a house; **haushohe Flammen** gigantic [*or* huge] flames; **haushohe Wellen** mountainous waves
② SPORT *(eindeutig)* clear, definite; **eine haushohe Niederlage** a crushing defeat; **ein haushoher Sieg** an overwhelming victory; **ein haushoher Favorit** a hot favourite [*or* AM -orite]
II. *adv (eindeutig)* clearly, definitely; ***die gegnerische Mannschaft wurde ~ geschlagen*** the opposition was decisively defeated

hau·sie·ren* [hau'ziːrən] *vi* ▪**[mit etw** *dat*] ~ to hawk [*or* peddle] [sth]; **‚H~ verboten!'** 'No hawkers!'; **mit etw** *dat* **~ gehen** to peddle sth around; ***sie geht mit allen möglichen Gerüchten ~*** she peddles every rumour possible around

Hau·sie·rer(in) <-s, -> *m(f)* hawker, peddler

haus·in·tern *adj* in-house

Haus·ja·cke *f* casual jacket **Haus·ka·pel·le** *f* private chapel **Haus·kat·ze** *f* domestic cat **Haus·kauf** *m* house-buying *no pl, no indef art,* house purchase **Haus·keh·richt** <-s> *m kein pl* SCHWEIZ *(Hausmüll)* domestic refuse *no pl, no indef art* **Haus·kleid** *nt* house dress **Haus·kon·zert** *nt* concert given at home

Häus·le·bau·er ['hɔysləbauɐ] *m (oft iron fam)* private housebuilder *(sb who builds their own house)*

Haus·leh·rer(in) *m(f)* private tutor

Häus·ler·recht ['hɔyslɐ-] *nt* JUR ancient agricultural tenancy right

häus·lich ['hɔyslɪç] **I.** *adj* ① *(die Hausgemeinschaft betreffend)* domestic; **der ~e Frieden** domestic peace; **~e Pflichten** domestic duties
② *(das Zuhause liebend)* homely, home-loving
II. *adv* **sich** *akk* **irgendwo ~ einrichten** to make oneself at home somewhere; **sich** *akk* **irgendwo ~ niederlassen** to settle down somewhere

Häus·lich·keit <-> *f kein pl* domesticity *no pl*

Haus·ma·cher·art *f* home-made style; **nach ~** home-made-style *attr* **Haus·ma·cher·kost** *f kein pl* home cooking *no pl, no indef art*

Haus·macht *f kein pl* ① *(fig: Macht)* power base
② HIST *(Territorien)* allodium **Haus·mäd·chen** *nt* maid, BRIT *a.* home help **Haus·mann** ['hausman] *m* house husband

Haus·manns·kost *f kein pl* ① *s.* **Hausmacherkost**
② *(fam: durchschnittliche Leistung)* average performance

Haus·man·tel *m* housecoat **Haus·mar·ke** *f* ① *(Sekt eines Gastronomiebetriebes)* sparkling house wine ② *(bevorzugte Marke)* favourite [*or* AM -orite] brand **Haus·maus** *f* ZOOL house mouse **Haus·meis·ter(in)** *m(f)* caretaker, janitor **Haus·mit·tei·lung** *f* ① *(firmeninterne Mitteilung)* [internal] memo ② *(periodische Druckschrift für Kunden)* company newsletter **Haus·mit·tel** *nt* household remedy

Haus·müll *m* domestic refuse *no pl, no indef art* **Haus·müll·ton·ne** *f (geh)* dustbin BRIT, garbage can AM *(for nonrecyclable and nontoxic waste)*

Haus·mu·sik *f* music within the family circle **Haus·mut·ter** *f* housemother; *(im Internat)* housemistress **Haus·müt·ter·chen** *nt (pej)* little housewife *pej; (hum: Mädchen)* little mother *hum* **Haus·num·mer** *f* house number **Haus·ord·nung** *f* house rules *pl* **Haus·pfle·ge** *f* MED home care [*or* help] **Haus·post** *f kein pl* internal post **Haus·putz** *m* clean-out of the house

Haus·rat *m kein pl* household contents *pl* **Haus·rat·er·satz·be·schaf·fung** *f* FIN home contents replacement

Haus·rat·te *f* ZOOL black rat

Haus·rat·ver·si·che·rung *f* household contents insurance *no pl* BRIT, home owner's [*or* renter's] insurance AM

Haus·recht *nt* authority as a householder *no pl;* JUR domiciliary right *(to deny sb entry);* **von seinem ~ Gebrauch machen** to ask sb to leave **Haus·rot·schwanz** *m* ORN black redstart **Haus·samm·lung** *f* door-to-door [*or* house-to-house] collection **Haus·schlach·tung** *f* on-site domestic slaughtering **Haus·schlüs·sel** *m* front-door key **Haus·schuh** *m* slipper **Haus·schwamm** *m* dry rot

Hausse <-, -n> ['hoːs(ə)] *f* BÖRSE bull market; **auf ~ spekulieren** to bull

Haus·se·gen *m* house blessing
▶WENDUNGEN: **der ~ hängt [bei jdm] schief** *(hum fam)* there is a strained atmosphere [in sb's home]

Hausse·ge·schäft *nt* BÖRSE bull transaction; **~e tätigen** to go for a rise **Hausse·markt** ['hoːsə-] *m* BÖRSE bull[ish] market **Hausse·spe·ku·lant(in)** *m(f)* BÖRSE bull

Haus·sier <-s, -s> [(h)o'sieː] *m* BÖRSE bull

haus·sie·ren* [(h)o'siːrən] *vi* FIN *(Markt, Börse)* to boom

Haus·sper·ling *m* ORN house sparrow **Haus·stand** *m (geh)* household; **einen [eigenen] ~ gründen** to set up house [*or* home] [on one's own] **Haus·staub·al·ler·gie** *f* house-dust allergy

Haus·staub·mil·be *f* BIOL [house-]dust mite

Haus·su·chung <-, -en> *f s.* **Hausdurchsuchung** **Haus·su·chungs·be·fehl** *m* search warrant

Haus·ta·rif *m* company wage structure **Haus·ta·rif·ver·trag** *m* company collective agreement

Haus·te·le·fon *nt* internal telephone **Haus·tier** *nt* pet, domestic animal *form*

Haus·tür *f* front door; **direkt vor der ~** *(fam)* right on one's doorstep **Haus·tür·ge·schäft** *nt* door-to-door selling **Haus·tür·ver·kauf** *m* ÖKON door-to-door selling

Haus·ty·rann(in) *m(f) (pej fam)* tyrant at home, household tyrant

Haus- und Grund·stücks·ver·wal·tung *f* house and property administration

Haus·va·ter *m* housefather **Haus·ver·bot** *nt* ban from entering one's/sb's premises; **jdm ~ erteilen** to ban sb from entering one's/sb's premises; **[irgendwo/bei jdm] ~ haben** to be banned [*or* barred] [from somewhere/sb's home] **Haus·ver·mö·gen** *nt kein pl* JUR property in the form of houses **Haus·ver·wal·ter(in)** *m(f)* manager of a tenement block **Haus·ver·wal·tung** *f* management of a tenement block **Haus·wand** *f* wall of a/the building **Haus·wart(in)** <-s, -e> *m(f) s.* **Hausmeister** **Haus·wirt(in)** *m(f)* landlord **Haus·wirt·schaft** *f kein pl* domestic science *no pl, no indef art,* home economics *+ sing vb* **Haus·wirt·schaf·ter(in)** <-s, -> *m(f)* housekeeper **haus·wirt·schaft·lich** *adj* domestic **Haus·wirt·schafts·schu·le** *f* domestic science college **Haus·zelt** *nt* frame tent

Haus-zu-Haus-Ver·kauf *m* HANDEL door-to-door selling

Haut <-, Häute> [haut, *pl* 'hɔytə] *f* ① ANAT skin; **nass bis auf die ~** soaked to the skin; **viel ~ zeigen** *(hum)* to reveal a lot *hum; (gegerbtes Fell)* hide
② BOT, HORT *(dünne Schale)* peel, skin
③ *(Außenhaut)* skin
④ *(erstarrte Schicht)* skin
▶WENDUNGEN: **eine ehrliche ~ sein** *(fam)* to be an honest sort; **aus der ~ fahren** *(fam)* to hit the roof *fam;* **sich** *akk* **auf die faule ~ legen** *(fam),* **auf der faulen ~ liegen** *(fam)* to laze around [*or* BRIT about], to take it [*or* things] easy; **etw geht [jdm] unter die ~** *(fam)* sth gets under one's skin *fam;* **mit ~ und Haar[en]** *(fam)* completely, totally; **mit heiler ~ davonkommen** *(fam)* to escape unscathed; **jd kann nicht aus seiner ~ heraus** *(fam)* a leopard cannot change its spots *prov;* **nur ~ und Knochen sein** *(fam),* **nur noch aus ~ und Knochen bestehen** *(fam)* to be nothing but skin and bone; **[für jdn/etw] seine ~ zu Markte tragen** to risk one's neck [for sb/sth]; **seine [eigene] ~ retten** *(fam)* to save one's own skin; **jd möchte nicht in jds ~ stecken** sb would not like to be in sb's shoes; ***ich möchte nicht in seiner ~ stecken*** I wouldn't like to be in his shoes; **seine ~ so teuer wie möglich verkaufen** *(fam)* to make things as difficult as possible; **sich** *akk* **seiner ~ wehren** *(fam)* to stick up for oneself *fam;* **sich** *akk* **nicht wohl in seiner ~ fühlen** *(fam)* not to feel too good; **jdm ist nicht wohl in seiner ~** *(fam)* sb is not feeling too good

Haut·ab·schür·fung *f* graze **Haut·al·te·rung** *f* cutaneous [*or* skin] ag[e]ing **Haut·arzt, -ärz·tin** *m, f* dermatologist **Haut·at·mung** *f* cutaneous respiration *no pl* **Haut·aus·schlag** *m* [skin] rash **Haut·be·schaf·fen·heit** *f* skin texture

Haut·bild *nt* [general] appearance of the skin

Häut·chen <-s, -> ['hɔytçən] *nt dim von* **Haut**
① *(dünne Haut)* thin skin; *(schuppend)* flaky skin; *(Nagelhaut)* cuticle
② ORN, ZOOL membrane
③ *(erstarrte Schicht: auf Milch etc.)* skin

Haut·creme *f* skin cream

Haute Cou·ture <- -> [(h)oːt ku'tyːɐ] *f kein pl* haute couture *no pl, no art*

Haute Cui·sine <-> ['(h)oːtkyizin] *f (geh)* haute cuisine

häu·ten ['hɔytn̩] **I.** *vt* ▪**etw ~** to skin sth
II. *vr (die Haut abstreifen)* ▪**sich** *akk* ~ to shed its skin

haut·eng **I.** *adj* skintight **II.** *adv* skintight **Haut·ent·zün·dung** *f* dermatitis

Haute·vo·lee <-> [oːtvo'leː] *f kein pl* upper crust *no pl, no indef art fam*

Haut·far·be *f* skin colour [*or* AM -or] **haut·far·ben** *adj* flesh-coloured **Haut·fleck** *m* blemish, blotch **haut·freund·lich** *adj* kind to the skin

Haut·gout <-s> [o'guː] *m kein pl* ① KOCHK *(geh: scharfer Geschmack von Wildfleisch)* gamey taste ② *(fig geh: Anrüchigkeit)* taint *pej,* heady whiff **Haut·grieß** *m* grutum **Haut·klä·rer** *m* clarifier **Haut·kli·nik** *f* MED dermatological clinic [*or* hospital] **Haut·kon·takt** *m* physical contact **Haut·krank·heit** *f* MED skin disease, dermatosis *spec,* dermatopathy *spec* **Haut·krebs** *m* MED skin cancer *no pl,* skin [*or* cutaneous] carcinoma *spec* **Haut·lo·ti·on** *f* skin lotion

Haut·milz·brand *m kein pl* MED cutaneous anthrax

haut·nah **I.** *adj* ① *(sehr eng)* very close ② *(fam: wirklichkeitsnah)* vivid **II.** *adv* ① *(sehr eng)* very closely ② *(fam: wirklichkeitsnah)* vividly **Haut·pfle·ge** *f* skin care *no pl* **Haut·pilz** *m* fungal skin disorder **Haut·rei·ni·gung** *f kein pl* skin cleansing *no pl, no indef art* **Haut·rei·zung** *f* skin [*or* cutaneous] irritation **haut·scho·nend** *adj* MED kind to the [*or* one's] skin *pred* **Haut·schutz·mit·tel** *nt* skin protectant **Haut·talg** *m* sebaceous matter **Haut·trans·plan·ta·ti·on** *f* skin graft **Haut·typ** *m* PHARM, MED skin type

Häu·tung <-, -en> *f* ① *(das Häuten)* skinning, flaying
② *(das Sichhäuten)* shedding of the skin *no pl*

Haut·un·rein·heit *f* MED, PHARM skin blemish [*or*

H

flaw] **Haut·ver·bren·nung** *f* burns to the skin **Haut·ver·pflan·zung** *f* skin graft
Haut·zel·le *f* skin cell
Ha·van·na <-, -s> [ha'vana] *f*, **Ha·van·na·zi·gar·re** *f* Havana [cigar]
Ha·van·na <-s> [ha'vana] *nt* Havana
Ha·va·rie <-, -n> [hava'ri:, *pl* -'ri:ən] *f* ❶ *(Schiffsunglück)* accident ❷ ÖSTERR *(Autounfall)* [car] accident ❸ JUR average; **besondere/große ~** particular/general average **Ha·va·rie·gut·ach·ten** *nt* JUR damage survey
ha·va·riert [hava'ri:ɐt] *adj* ❶ NAUT *(verunglückt)* wrecked
❷ ÖSTERR *(im Autounfall verunglückt)* damaged
Ha·va·rist <-en, -en> [hava'rɪst] *m* NAUT damaged ship
Ha·ve·rei [havə'rai] *f* JUR average
Ha·waii <-s> [ha'vai] *nt* Hawaii
Ha·waii·aner(in) <-s, -> *m(f)* Hawaiian
Ha·waii·gi·tar·re *f* Hawaiian guitar
ha·wai·isch [ha'vaiɪʃ] *adj* Hawaiian
Ha·wai·isch [ha'vaiɪʃ] *nt dekl wie adj* Hawaiian
Ha·wai·i·sche <-n> *nt* ■**das ~** the Hawaiian language
Ha·wa·la <-> [ha'vala] *f kein pl* FIN *(Bargeldüberweisungssystem außerhalb des offiziellen Bankbetriebs)* hawala [alternative remittance system]
Ha·wa·la·bank·ingRR, **Ha·wa·la-Bank·ing**ALT [ha'valabæŋkɪŋ] *nt kein pl* FIN hawala [alternative remittance system]
Ha·xe <-, -n> ['haksə] *f* ❶ KOCHK SÜDD *(Beinteil von Kalb/Schwein)* leg
❷ *(fam: Fuß)* foot
Ha·zi·en·da <-, -s> [ha'tsiɛnda] *f* hacienda
Hbf. *Abk von* **Hauptbahnhof** central [*or* main] station
H-Bom·be ['ha:] *f* H-bomb
HBV <-> [ha:be:'fau] *f kein pl* ÖKON *Abk von* **Gewerkschaft für Handel, Banken und Versicherungen** union for commerce, banking and insurance, German Banking and Insurance Union
h.c. [ha:'ʔtse:] *Abk von* **honoris causa** h.c.
HD-Dis·ket·te [ha:'de:dɪskɛtə] *f* INFORM HD diskette
HDE <-[s]> [ha:de:'e:] *m kein pl* JUR *Abk von* **Hauptverband des deutschen Einzelhandels** HDE, German Retailers Association
HDTV <-s> [ha:de:te:'fau] *nt kein pl Abk von* **High Definition Television** HDTV
he [he:] *interj (ärgerlicher Ausruf)* oi! BRIT *fam*, hey! *fam*; **~, können Sie nicht besser aufpassen!** oi! can't you be more careful!; *(erstaunter Ausruf)* cor!; *(Aufmerksamkeit erregend)* hey!
Head·hun·ter(in) <-s, -> ['hɛthantɐ] *m(f)* ÖKON headhunter **Head·hun·ting** <-[s], -s> ['hɛthantɪŋ] *nt* ÖKON headhunting **Head·line** <-, -s> ['hɛtlain] *f* headline **Head·set** <-s, -s> ['hɛtsɛt] *nt* headset
Hea·ring <-[s], -s> ['hi:rɪŋ] *nt* hearing
hea·vy ['hɛvi] *adj pred (sl)* unbelievable *sl*
Hea·vy·me·tal, Hea·vy Me·tal <- -> ['hɛvi'mɛtl] *nt kein pl* heavy metal *no pl, no indef art* **Hea·vy·me·tal·fan** ['hɛvi'mɛtl-] *m* headbanger
Heb·am·me <-, -n> ['he:pʔamə] *f* midwife
He·be·büh·ne *f* hydraulic lift, lifting platform **He·be·ge·bühr** *f* JUR lawyer's collection fee
He·bel <-s, -> ['he:bl] *m* ❶ *(Griff)* lever
❷ SPORT *s.* **Hebelgriff**
▸WENDUNGEN: **alle ~ in Bewegung setzen, um etw zu tun** *(fam)* to move heaven and earth to do sth, to set all wheels in motion to do sth; **am längeren ~ sitzen** *(fam)* to hold the whip hand; **den ~ an der richtigen Stelle ansetzen** to set about [*or esp* AM tackle] sth in the right way; **am ~ sitzen** to be in charge [*or* control]; **an vielen ~n sitzen** to occupy several positions of power and influence; [**an etw** *dat*] **den ~ so ansetzen, dass ...** *(fam)* to tackle sth in such a way that ...
He·bel·arm *m* PHYS lever arm **He·bel·ef·fekt** *m* BÖRSE leverage [effect] **He·bel·griff** *m* SPORT lever hold ▸WENDUNGEN: [**bei jdm**] **einen ~ ansetzen** to get a lever hold [on sb] **He·bel·kraft** *f* leverage *no pl* **He·bel·ver·schluss**RR *m* BAU lever latch **He·bel·wir·kung** *f* ❶ PHYS lever action, leverage ❷ *(fig)* leverage; **~ der Finanzpolitik** FIN leverage effect
he·ben <hob, gehoben> ['he:bṇ] **I.** *vt* ❶ *(in die Höhe)* ■**etw ~** to lift [*or* raise] sth; *Hebezeug a.* to hoist sth; *(vom Boden)* to pick up sth *sep*; ***hebt eure Füße!*** pick your feet up!; **die Achseln** [*o* **Schultern**] **~** to shrug [one's shoulders]; **den Arm/das Bein/die Faust ~** to raise one's arm/leg/fist; **die Augen ~** *(geh)* to look up; **den Blick zu jdm/etw ~** *(geh)* to look up to sb/sth; **die Brauen ~** to raise one's eyebrows [*or* an eyebrow]; **die Hand gegen jdn ~** *(geh)* to raise one's hand to sb; **den Kopf ~** to raise [*or* lift] one's head; **50 kg/eine Last ~** to lift 50 kg/a load; *Hebezeug a.* to hoist 50 kg/a load; **einen Rekord ~** SPORT to lift a record weight; **die Stimme ~** *(geh)* to raise one's voice
❷ *(verlagern)* ■**jdn/etw irgendwohin ~** to lift sb/sth somewhere; **den Ball** [**über jdn/etw**] **in etw** *akk* **~** FBALL to lob the ball [over sb/sth] into sth; **etw in die Höhe ~** to lift up sth *sep*; ■**jdn/etw auf etw** *akk* **~** to lift sb/sth on [to] [*or* put sb/sth on] sth; **jdn/etw auf die Schultern ~** to lift sb/sth [up] on [to] [*or* put sb/sth on] one's shoulders, to shoulder sth; ■**jdn/etw aus etw** *dat* **~** to take sb/sth out of sth; **eine Tür aus den Angeln ~** to take a door off its hinges; ■**jdn/etw über etw** *akk* **~** to lift sb/sth over sth; ■**jdn/etw von etw** *dat* **~** to lift sb/sth [down/up] from [*or* off] sth
❸ *(bergen)* ■**etw ~** to dig up sth *sep*; **ein Wrack ~** to raise a wreck
❹ *(steigern)* ■**etw ~** to improve sth; *Umsatz a.* to increase sth; *Moral* to boost sth; *Niveau* to improve [*or* raise] sth; *Ruf* to enhance sth; *Farbe, Detail* to emphasize sth; **jds Mut ~** to give sb courage; **jds Stimmung ~** to lift [*or* improve] sb's mood, to cheer up sb *sep*
❺ *(fam: trinken)* **einen ~ gehen** to go for a drink; **einen** [**auf etw** *akk*] **~** to have a drink [to sth]; ***darauf müssen wir einen ~!*** we'll have to drink to that!; **gern einen ~** to like to have a drink
❻ *(fam: übel)* ■**jdn hebt es** sb has to puke [*or esp* AM barf] *fam*; *(brechen)* sb pukes [*or esp* AM barfs] *fam*; ***es hebt mich, wenn ich es nur sehe*** just seeing it makes me want to puke [*or esp* AM barf] *fam*
❼ DIAL *(halten)* ■**etw ~** to hold sth
❽ DIAL *(einziehen)* ■**etw ~** to levy [*or* impose] sth
II. *vr* ❶ *(hochgehen)* ■**sich** *akk* **~** to rise; *Vorhang a.* to go up; **sich** *akk* **~ und senken** to rise and fall; *Schiff a.* to pitch
❷ *(hochsteigen)* ■**sich** *akk* [**in etw** *akk*/**von etw** *dat*] **~** to rise [into/from sth]; *Nebel* to lift
❸ *(zuziehen)* **sich** *dat* **einen Bruch/Buckel ~** to get a hernia/bent back from lifting heavy loads
❹ *(geh: versetzen)* **sich** *akk* **aus dem Sitz ~** to get [*or* stand] up; ■**sich** *akk* **auf die Zehenspitzen ~** to stand on tiptoe
❺ *(geh: aufragen)* ■**sich** *akk* **aus etw** *dat*/**in etw** *akk* **~** to rise [up] from [*or* out of]/into sth
❻ *(steigern)* ■**sich** *akk* **~** to improve; *Niveau a.* to rise; *Handel* to pick up
❼ DIAL *(festhalten)* ■**sich** *akk* **an jdm/etw ~** to hold on to sb/sth
❽ MATH *(veraltet: ausgleichen)* ■**sich** *akk* **~** to cancel each other; ***neun gegen neun*** [***das***] ***hebt sich*** the two nines cancel each other
❾ *(poet: beginnen)* ■**sich** *akk* **~** *Stimme* to ring out; *Sturm* to rise
III. *vi* ❶ *(arbeiten)* to lift loads; ***er musste den ganzen Tag schwer ~*** he had to do a lot of heavy lifting all day
❷ SPORT to be a weightlifter, to do weightlifting
❸ DIAL *(halten)* to hold
❹ SÜDD *(haltbar sein)* to keep [*or* last]; ***bei dem Wetter hebt die Milch halt nicht*** the milk won't keep in this weather
He·ber <-s, -> ['he:bɐ] *m* CHEM pipette
He·ber(in) <-s, -> ['he:bɐ] *m(f) (fam) s.* **Gewichtheber**
He·be·recht *nt* FIN *(von Steuern)* taxing power[s *pl*]
He·ber·farb·werk *nt* TYPO ductor-type inking unit
He·be·satz *m* FIN *(von Steuern)* collection [*or* assessment] rate **He·be·satz·er·hö·hung** *f* FIN *(von Steuern)* increase of local tax rates
He·brä·er(in) <-s, -> [he'brɛ:ɐ] *m(f)* Hebrew
he·brä·isch [he'brɛ:ɪʃ] *adj* Hebrew; **auf ~** in Hebrew
He·brä·isch [he'brɛ:ɪʃ] *nt dekl wie adj* Hebrew; ■**das ~e** Hebrew
He·bung <-, -en> *f* ❶ *(das Hinaufbefördern)* raising *no pl*
❷ GEOL elevation *no pl*
❸ *(Verbesserung)* improvement; **eine ~ des Lebensstandards** a rise in the standard of living
❹ LIT *(betonte Silbe im Vers)* accented [*or* stressed] syllable
he·cheln ['hɛçl̩n] *vi* ❶ *(keuchen) Hund a.* to pant
❷ *(fam: herziehen)* ■**über jdn/etw ~** to pick sb/sth to pieces
Hecht <-[e]s, -e> [hɛçt] *m* pike
▸WENDUNGEN: **der ~ im Karpfenteich sein** *(fam)* to create a stir; **ein toller ~** *(fam)* an incredible bloke [*or* guy], a remarkable fellow
Hecht·barsch *m* pikeperch, AM *usu* walleye
hech·ten ['hɛçtṇ] *vi sein* ■**von etw** *dat*/**in etw** *akk* **~** to dive off/into sth; ■**über etw** *akk* **~** to do a forward dive over sth; ■**irgendwohin ~** to dive full length somewhere
Hecht·rol·le *f* dive roll **Hecht·sprung** *m* forward dive **Hecht·sup·pe** *f* ▸WENDUNGEN: **es zieht wie ~** *(fam)* there's a terrible draught [*or* AM draft]
Heck <-[e]s, -e *o* -s> [hɛk] *nt* AUTO back, rear; NAUT stern; LUFT tail
Heck·ab·la·ge *f* AUTO rear shelf **Heck·an·trieb** *m* rear-wheel drive *no pl*; **mit ~** with rear-wheel drive
He·cke <-, -n> ['hɛkə] *f* hedge
He·cken·brau·nel·le <-, -n> *f* ORN dunnock, house sparrow **He·cken·kir·sche** *f* BOT honeysuckle **He·cken·ro·se** *f* dog rose **He·cken·sche·re** *f* hedge clippers *npl* **He·cken·schüt·ze, -schüt·zin** *m, f (pej)* sniper
Heck·fens·ter *nt* AUTO rear window [*or* windscreen] **Heck·flos·se** *f* AUTO tail fin **Heck·hau·be** *f* AUTO boot BRIT, trunk AM **Heck·klap·pe** *f* AUTO tailgate
heck·las·tig *adj* tail-heavy; **ein ~es Boot** a boat weighed down at the stern
Heck·meck <-s> ['hɛkmɛk] *m kein pl (fam)* fuss *no pl*; **keinen ~ machen** to not make [*or fam* kick up] a fuss
Heck·mo·tor *m* AUTO rear engine
Heck·schei·be *f* AUTO rear window [*or* windscreen] **Heck·schei·ben·hei·zung** *f* rear window heater **Heck·schei·ben·wasch·an·la·ge** *f* AUTO rear window washer system **Heck·schei·ben·wi·scher** *m* rear windscreen wiper
Heck·spoi·ler *m* rear spoiler **Heck·tür** *f* tailgate
he·da ['he:da] *interj (veraltet)* hey there
Hedge·ge·schäft ['hɛtʃ-] *nt* ÖKON hedge transaction
Hed·ging <-s> ['hɛtʃɪŋ] *nt kein pl* FIN hedging
He·do·nis·mus <-> [hedo'nɪsmʊs] *m kein pl* hedonism *no pl*
He·do·nist(in) <-en, -en> [hedo'nɪst] *m(f) (geh)* hedonist
he·do·nis·tisch [hedo'nɪstɪʃ] *adj* hedonistic
He·dschra <-> ['hɛdʒra] *f kein pl (Beginn der islamischen Zeitrechnung)* Hegira, Hejira
Heer <-[e]s, -e> [he:ɐ̯] *nt* ❶ *(Armee)* armed forces *npl*; *(Bodenstreitkräfte)* ground forces *npl*; **stehendes ~** standing army; **beim ~** in the armed forces
❷ *(große Anzahl)* army; **ein ~ von Touristen** an army of tourists
Hee·res·be·richt *m* military communiqué **Hee·res·lei·tung** *f* army command **Hee·res·zug** *m* ❶ *(Kolonne)* army on the march ❷ *(Feldzug)* campaign
Heer·füh·rer *m* HIST military leader **Heer·la·ger** *nt* army camp; **einem ~ gleichen** to resemble a military camp **Heer·schar** *f meist pl* ❶ MIL *(veraltet: Truppe)* troop[s], legion[s]; **ganze ~en** *(fig)* horde
❷ REL **die himmlischen ~en** the heavenly host
Heer·stra·ße *f* HIST military road **Heer·zug** *m s.* **Heereszug**

He·fe <-, -n> ['he:fə] *f* yeast
▶WENDUNGEN: **die ~** [**des Volkes**] *(pej geh)* the scum [of the earth] *pej*

He·fe·ge·bäck *nt kein pl* pastries *pl (made from yeast dough)* **He·fe·ku·chen** *m* yeast cake **He·fe·pilz** *m* yeast fungus **He·fe·teig** *m* yeast dough **He·fe·teil·chen** *nt* pastry *(made with yeast dough)*

Heft[1] <-[e]s, -e> [hɛft] *nt* ① *(Schreibheft)* exercise book
② *(Zeitschrift)* magazine; *(Ausgabe)* issue, number
③ *(geheftetes Büchlein)* [stitched] booklet

Heft[2] <-[e]s, -e> [hɛft] *nt (Griffstück)* handle, grip
▶WENDUNGEN: **das ~ in der Hand behalten** *(geh)* to remain in control; **das ~ aus der Hand geben** *(geh)* to hand over control; **jdm das ~ aus der Hand nehmen** *(geh)* to seize control from sb

Heft·ap·pa·rat *m* sewing [*or* stitching] machine

Heft·chen <-s, -> *nt dim von* **Heft**[1] ① *(kleinformatiges Schreibheft)* [small] notebook, booklet
② *(Comic-Heftchen)* comic

Heft·draht *m* stitching [*or* stapling] wire

hef·ten ['hɛftn̩] **I.** *vt* ① *(befestigen)* ■**etw an etw** *akk* ~ to pin [*or* stick] sth to sth; ***er heftete einen Zettel an die Haustür*** he stuck a note on the front door; ■**jdm etw an etw** *akk* ~ to pin sth on sb
② *(nähen)* ■**etw** ~ to tack [up *sep*] sth; *Buch* to sew [*or* stitch] sth
③ *(klammern)* ■**etw** ~ to staple sth
④ *(richten)* **den Blick** [*o* **die Augen**] **auf jdn/etw** ~ to fix one's eyes on sb/sth
II. *vr* ① *(sich unverwandt richten)* ■**sich** *akk* **auf jdn/etw** ~ *Blick, Augen* to fix onto sb/sth
② *(ständig verfolgen)* ■**sich** *akk* **an jdn** ~ to stay on sb's tail

Hef·ter <-s, -> *m* ① *(Mappe)* [loose-leaf] file
② *(Heftmaschine)* stapler

Heft·fa·den *m*, **Heft·garn** *nt* tacking thread **Heft·ge·rät** *nt* stapler

hef·tig ['hɛftɪç] **I.** *adj* ① *(stark, gewaltig)* violent; **ein ~er Aufprall/Schlag** a violent impact/blow; **~e Kopfschmerzen** an intense [*or* a splitting] headache; **~e Schneefälle** heavy snowfalls; **~e Seitenstiche** a severe stitch in one's side; **ein ~er Sturm** a violent storm; **eine ~e Tracht Prügel** *(fam)* a good thrashing *fam*
② *(intensiv)* intense; **~e Auseinandersetzungen** fierce arguments; **nach ~en Kämpfen** after heavy fighting; **eine ~e Sehnsucht/Leidenschaft** an intense longing/passion
③ *(unbeherrscht)* violent; *(scharf)* vehement; ***ich hatte eine ~ere Reaktion befürchtet*** I had feared a more vehement reaction; ■**~ werden** to fly into a rage
II. *adv* violently; ***es schneite ~*** it snowed heavily; ***die Vorwürfe wurden ~ dementiert*** the accusations were vehemently denied

Hef·tig·keit <-> *f kein pl* ① *(Stärke)* violence *no pl;* ***im Tagesverlauf nahm die ~ des Sturmes noch zu*** the severity of the storm increased during the day
② *(Intensität)* intensity; *einer Diskussion* ferocity; *eines Widerstand* severity; CHEM liveliness
③ *(Unbeherrschtheit)* violence; *(Schärfe)* vehemence; ***die ~ seiner Reaktion war überraschend*** the vehemence of his reaction was surprising
④ *(heftige Äußerung)* fierceness

Heft·klam·mer *f* staple **Heft·klam·mer·ent·fer·ner** *f* staple remover

Heft·ma·schi·ne *f* stapler

Heft·pflas·ter *nt* [sticking] plaster

Heft·rand *m* TYPO filing margin

Heft·strei·fen *m* subject divider **Heft·zan·ge** *f* stapling tongs **Heft·zwe·cke** *f* drawing pin

He·ge·mon <-en, -en> ['he:gemɔn, *pl* hegе'mo:nən] *m* POL *(geh)* ① *(Fürst)* sovereign [prince]
② *(Hegemonialmacht)* hegemonial state

he·ge·mo·ni·al [hegemo'ni̯a:l] *adj inv* POL *(geh)* hegemonial

He·ge·mo·ni·al·macht [hegemo'ni̯a:lmaxt] *f* POL hegemonic power

He·ge·mo·nie <-, -n> [hegemo'ni:, *pl* -'ni:ən] *f* hegemony *no pl*

he·gen ['he:gn̩] *vt* ① JAGD *(sorgsam schützen)* **Wild** ~ to preserve wildlife
② HORT *(pflegen)* ■**etw** ~ to tend sth
③ *(sorgsam bewahren)* ■**etw** ~ to look after sth; **jdn ~ und pflegen** to lavish care and attention on sb
④ *(geh: empfinden, haben)* ■**etw gegen jdn** ~ to feel sth towards sb; **Zweifel/Bedenken** [**an etw** *dat*] ~ to have doubts/misgivings [about sth]; ***diese Hoffnung habe ich schon lange gehegt*** I've cherished this hope for a long time

Hehl [he:l] *nt o m* ▶WENDUNGEN: **kein[en]** ~ **aus etw** *dat* **machen** to make no secret of sth

Heh·ler(in) <-s, -> *m(f)* receiver [of stolen goods], fence *sl*
▶WENDUNGEN: **der ~ ist schlimmer als der Stehler** *(prov)* the fence is worse than the thief

Heh·le·rei <-, -en> [he:lə'rai̯] *f* receiving *no pl* stolen goods; **gewerbsmäßige ~** receiving of stolen goods for gain

Heh·le·rin <-, -nen> *f fem form von* **Hehler**

hehr [he:ɐ̯] *adj (veraltet geh)* ① *(erhaben)* noble; **~e Ideale** noble ideals
② *(erhebend)* impressive; **ein ~er Anblick** an impressive sight

hei [hai̯] *interj* wow

Heia <-> ['hai̯a] *f kein pl (kindersprache)* beddy-bye[s], bye-bye[s]; **in die ~ gehen** to go beddy-bye[s]; **ab in die ~!** off to bye-bye[s]!

Hei·de[1] <-, -n> ['hai̯də] *f* ① *(Heideland)* heath, moor; **die Lüneburger ~** the Lüneburg Heath
② *(Heidekraut)* heather

Hei·de, Hei·din <-n, -n> ['hai̯də, 'hai̯dɪn] *m, f* heathen, pagan

Hei·de·ho·nig *m* heather honey **Hei·de·kraut** *nt* heather **Hei·de·land** *nt* heathland, moorland

Hei·del·bee·re ['hai̯dlbe:rə] *f* bilberry; **amerikanische ~** huckleberry

Hei·de·ler·che *f* ORN woodlark

Hei·den·angst *f* mortal fear *no pl;* ■**eine ~ vor jdm/etw haben** to be scared stiff of sb/sth *fam*
Hei·den·ar·beit *f kein pl (fam)* a [*or* one] hell of a job *fam;* ■**eine ~** a devil of a job

Hei·den·be·keh·rung *f* conversion of pagans

Hei·den·geld *nt kein pl (fam)* **ein ~** a packet [*or* heck [*or fam* hell] of a lot of money] **Hei·den·lärm** *m* awful racket **Hei·den·schreck** *m* terrible fright **Hei·den·spaß** *m (fam)* terrific fun *no pl;* **einen ~ haben** to have terrific fun

Hei·den·tum *nt kein pl* ■**das ~** paganism *no pl; (die Heiden)* heathens *pl,* pagans *pl*

Hei·din <-, -nen> *f fem form von* **Heide**

heid·nisch ['hai̯dnɪʃ] **I.** *adj* heathen, pagan
II. *adv* in a pagan manner

Heid·schnu·cke <-, -n> ['hai̯tʃnʊkə] *f* German moorland sheep

hei·kel ['hai̯kl̩] *adj* ① *(schwierig, gefährlich)* delicate, awkward; **eine heikle Angelegenheit** a delicate matter; **eine heikle Frage/Situation** a tricky [*or* delicate] question/situation
② DIAL ■**in etw** *dat* ~ **sein** to be particular [*or fam* fussy] about sth

heil [hai̯l] **I.** *adj* ① *(unverletzt, gesund)* unhurt, uninjured; ■**noch ~ sein** to not have broken any bones
② *(unbeschädigt)* intact; *Tasse* unbroken; ■**noch/wieder ~ sein** to be still intact/mended again; ***hoffentlich bleiben die Gläser bei dem Umzug ~*** I hope the glasses stay in one piece during the move; **etw ~ machen** *(fam)* to repair sth
II. *adv (unverletzt)* uninjured, unscathed; *(unbeschädigt)* undamaged, intact

Heil [hai̯l] **I.** *nt* <-s> *kein pl* welfare *no pl,* well-being; **sein ~ in der Flucht suchen** to seek refuge in flight; **jds seelisches ~** sb's spiritual well-being; **sein ~ in etw** *dat* **suchen** to seek one's salvation in sth
▶WENDUNGEN: **sein ~ bei jdm versuchen** *(fam)* to try one's luck with sb
II. *interj* **~ Hitler!** HIST heil Hitler!; **~!** hail!; **~ dem Kaiser!** hail to the emperor!; **~ dir!** hail to thee! *old*

Hei·land <-[e]s, -e> ['hai̯lant] *m* Saviour [*or* AM -or]

Heil·an·stalt *f (veraltet)* ① *(Trinkerheilanstalt)* sanatorium ② *(Irrenanstalt)* mental hospital **Heil·bad** *nt* health spa

heil·bar *adj* curable

Heil·bar·keit <-> *f kein pl* MED curability

Heil·butt <-s, -e> ['hai̯lbʊt] *m* halibut

hei·len ['hai̯lən] **I.** *vi sein (gesund werden)* to heal[-up]
II. *vt* ① *(gesund machen)* ■**jdn** [**von etw** *dat*] ~ to cure sb [of sth]; ■**geheilt** cured; ■**etw ~** to cure sth
② *(kurieren)* ■**von jdm/etw geheilt sein** to have got over sb/sth

Heil·er·de *f* MED *dried mud used for its therapeutic properties* **Heil·er·folg** *m* successful cure **Heil·fas·ten** *nt kein pl* therapeutic fasting *no pl* **heil·froh** ['hai̯l'fro:] *adj pred (fam)* jolly [*or* really] glad *fam* **Heil·gym·nas·tik** *f s.* **Krankengymnastik**

Heil·haut *f* **eine gute/keine gute ~ haben** to have skin that heals well/badly

hei·lig ['hai̯lɪç] *adj* ① REL *(geweiht)* holy; **die ~e katholische Kirche** the Holy Catholic Church; **die ~e Kommunion** Holy Communion; ■**jdm ist etw ~** sth is sacred to sb; ■**jdm ist nichts ~** nothing is sacred to sb; **bei allem, was jdm ~ ist** by all that is sacred to sb
② *(bei Namen von Heiligen)* saint; **der ~e Matthäus/die ~e Katharina** Saint Matthew/Saint Catherine; **die H~e Jungfrau** the Blessed Virgin
③ *(ehrfürchtig)* awed
④ *(fam: groß)* incredible; **ein ~er Zorn** incredible anger; **ein ~er Respekt** healthy respect
▶WENDUNGEN: **etw ist jds ~e Pflicht** ***es ist deine ~e Pflicht, dich um deine alten Eltern zu kümmern*** it's your solemn duty to look after your old parents

Hei·lig·abend [hai̯lɪç'ʔa:bn̩t] *m* Christmas Eve

Hei·li·ge(r) ['hai̯lɪgə, -gɐ] *f(m) dekl wie adj* saint; **die ~n der letzten Tage** *(christliche Sekte)* the Latter-Day Saints *(Mormons)*
▶WENDUNGEN: **bei allen ~n!** *(fam)* for heaven's sake! *fam;* **nicht gerade ein ~r/eine ~ sein** *(fam)* not to be exactly a saint *fam;* **ein sonderbarer** [*o* **wunderlicher**] **~r** *(fam)* a funny customer *fam*

hei·li·gen ['hai̯lɪgn̩] *vt* ① *(weihen)* ■**etw ~** to hallow [*or* sanctify] sth; ■**geheiligt** hallowed
② *(heilighalten)* ■**etw ~** to keep sth holy

Hei·li·gen·bild *nt* picture of a saint **Hei·li·gen·bild·chen** *nt small picture of a saint printed on paper detailing his/her life with a prayer on the back* **Hei·li·gen·schein** *m* halo; **seinen ~ einbüßen** to lose one's aura of respectability; **jdn/sich mit einem ~ umgeben** to paint a saintly picture of sb/oneself **Hei·li·gen·ver·eh·rung** *f* veneration of the saints

Hei·li·ge Stuhl *m* REL ■**der ~** the Holy See

hei·lig|hal·ten *vt irreg* ■**etw ~** to keep sth holy

Hei·lig·keit <-> *f kein pl* holiness *no pl;* **Eure/Seine ~** Your/His Holiness

hei·lig|spre·chen *vt irreg* ■**jdn ~** to canonize sb

Hei·lig·spre·chung <-, -en> *f* canonization

Hei·lig·tum <-[e]s, -tümer> ['hai̯lɪçtu:m, *pl* -ty:mɐ] *nt* shrine; **jds ~ sein** *(fam)* to be sb's sanctuary

Heil·kli·ma *nt* healthy climate **Heil·kraft** *f* healing power **heil·kräf·tig** *adj* medicinal **Heil·kraut** *nt meist pl* medicinal herb **Heil·kun·de** *f kein pl* medicine *no pl* **heil·kun·dig** *adj (geh)* skilled in the art of healing **Heil·kun·di·ge(r)** *f(m) dekl wie adj* person skilled in the art of healing

heil·los ['hai̯llo:s] **I.** *adj* terrible
II. *adv* hopelessly

Heil·mit·tel *nt* remedy; **ein ~ gegen etw** *akk* a remedy for sth; *(Präparat)* medicine **Heil·pä·da·go·ge, -pä·da·go·gin** *m, f* remedial teacher, teacher for maladjusted children **Heil·pflan·ze** *f* medicinal plant **Heil·prak·ti·ker(in)** *m(f)* non-medical practitioner **Heil·quel·le** *f* medicinal [*or* mineral] spring

heil·sam ['hai̯lza:m] *adj* salutary

Heils·ar·mee *f kein pl* Salvation Army

Heils·brin·ger(in) ['hai̯lsbrɪŋɐ] *m(f)* REL healer

Heil·schlaf *m* MED hypnotherapy, healing sleep
Heils·leh·re *f* REL doctrine of salvation **Heil·stät·te** *f (geh)* sanatorium
Heils·ver·spre·chen *nt* REL promise of salvation
Hei·lung <-, -en> ['hailʊŋ] *f* ❶ *(das Kurieren)* curing *no pl*
❷ *(Genesung)* recovery *no pl*
❸ *(das Abheilen)* healing *no pl*
❹ JUR *(Beseitigung)* cure; ~ **der Nichtigkeit** curing of nullity; ~ **von Formfehlern/Zustellungsmängeln** curing of formal defects/of defects in service; ~ **des Formmangels** remedy of non-compliance with required form
Hei·lungs·kos·ten *pl* JUR medical expenses *pl* **Hei·lungs·mög·lich·keit** *f* curability; ~ **von Fehlern** curability of defects **Hei·lungs·pro·zess**[RR] *m* healing process
Heil·ver·fah·ren *nt* [course of] treatment **Heil·was·ser** *nt* NATURMED mineral [spring] water; *(mit angeblich heilender Wirkung)* medicinal water
heim [haim] *adv* DIAL home; ~ ***geht's!*** let's head home!
Heim <-[e]s, -e> [haim] *nt* ❶ *(Zuhause)* home
❷ *(Seniorenheim)* home
❸ ADMIN *(Jugendanstalt)* home
❹ *(Stätte eines Clubs)* club[house]
❺ *(Erholungsheim)* convalescent home
Heim·abend *m* social evening **Heim·ar·beit** *f kein indef art* work at home, outwork BRIT; **in ~ angefertigt** manufactured by homeworkers **Heim·ar·bei·ter(in)** *m(f)* homeworker
Hei·mat <-, -en> ['haima:t] *f* ❶ *(Gegend, Ort)* native country, home town; *(Heimatland)* home; **jds engere ~** sb's immediate home town; **fern der ~** far from home; **jdm zur zweiten ~ sein/werden** to be/become one's second home
❷ BOT, ZOOL *(Herkunftsland)* natural habitat
❸ *(Zugehörigkeit)* home; **jds geistige ~** sb's spiritual home
Hei·mat·an·schrift *f* home address **hei·mat·be·rech·tigt** *adj* SCHWEIZ *(mit Bürgerrecht)* having civil rights **Hei·mat·dich·ter(in)** *m(f)* regional writer [*or* poet] **Hei·mat·dorf** *nt* home village **Hei·mat·er·de** *f kein pl* native soil *no pl*
Hei·mat·film *m sentimental film in a regional setting* **Hei·mat·film·ka·nal** *m* romantic film channel
Hei·mat·flug·ha·fen *m* regional airport **Hei·mat·ge·mein·de** *f* native town **Hei·mat·ha·fen** *m* home port **Hei·mat·kun·de** *f kein pl* local geography and history **Hei·mat·land** *nt* native country
hei·mat·lich I. *adj* ❶ *(zur Heimat gehörend)* native; **~es Brauchtum/~e Lieder** local customs/songs
❷ *(an die Heimat erinnernd)* native
II. *adv* of home; ***die Landschaft mutet mich ~ an*** the countryside reminds me of home
Hei·mat·lie·be *f* love of one's native country
hei·mat·los *adj* homeless; POL stateless
Hei·mat·lo·se(r) *f(m) dekl wie adj* stateless person; *(durch den Krieg)* displaced person
Hei·mat·markt *m* domestic [*or* home] market **Hei·mat·mu·se·um** *nt* museum of local history **Hei·mat·ort** *m* home town [*or* village] **Hei·mat·recht** *nt kein pl* right of domicile *no pl* **Hei·mat·schein** *m* SCHWEIZ certificate of citizenship **Hei·mat·stadt** *f* home town
hei·mat·ver·bun·den *adj* attached to one's roots [*or* home]; *Person* home-loving **Hei·mat·ver·ein** *m* local history club **hei·mat·ver·trie·ben** *adj* displaced **Hei·mat·ver·trie·be·ne(r)** *f(m) dekl wie adj* displaced person, expellee
heim|be·ge·ben* *vr irreg (geh)* ■**sich** *akk* ~ to make one's way home
Heim·be·woh·ner(in) *m(f)* resident in a home, hostel resident
heim|brin·gen *vt irreg* DIAL ■**jdn** ~ to see [*or* take] sb home
Heim·chen <-s, -> ['haimçən] *nt* cricket
▶WENDUNGEN: ~ **am Herd** *(pej)* little housewife *pej*
Heim·com·pu·ter *f* INFORM home computer
hei·me·lig ['haiməlɪç] *adj* cosy
heim|fah·ren *irreg* DIAL I. *vi sein* to drive home II. *vt haben* ■**jdn** ~ to drive sb home **Heim·fahrt** *f* journey home, return journey
Heim·fall *m* JUR reversion; ~ **an den Staat** escheat; ~ **durch Erbschaft** devolution **Heim·fall·an·spruch** *m* JUR right of reversion
Heim·falls·kla·ge *f* JUR writ of escheat **Heim·falls·klau·sel** *f* JUR reversion clause **Heim·falls·recht** *nt* JUR right to reversion, escheatage AM
heim|fin·den *vi irreg* DIAL to find one's way home
heim|füh·ren *vt (geh)* ❶ *(nach Hause geleiten)* ■**jdn** ~ to take sb home ❷ *(nach Hause ziehen)* ■**jdn** ~ to bring sb home ❸ *(veraltet: heiraten)* ■**jdn [als jdn]** ~ to take sb as one's wife **heim|ge·hen** *vi irreg sein* DIAL to go home; **es geht heim** we're going home
Heim·in·dust·rie *f* cottage industry
Heim·in·sas·se, -in·sas·sin *m, f* resident of a home
hei·misch ['haimɪʃ] *adj* ❶ *(einheimisch)* indigenous, native; **die ~en Bäche** the local streams; **die ~e Bevölkerung** the native population; **die ~e Tier- und Pflanzenwelt** the indigenous flora and fauna; **etw [in etw** *dat*] ~ **machen** to establish sth [in sth]; **sich** *akk* **irgendwo ~ fühlen/sein** to feel/be at home somewhere
❷ *(bewandert)* ■**in etw** *dat* ~ **sein** to be at home with sth; ***sie ist in diesem Fachgebiet recht ~*** she's really at home in this specialist field
Heim·kehr <-> *f kein pl* homecoming *no pl,* return home *no pl*
heim|keh·ren ['haimke:rən] *vi sein (geh)* ■**[aus etw** *dat*/**von etw** *dat*] ~ to return home [from sth]
Heim·keh·rer(in) <-s, -> *m(f)* homecomer; *(Kriegsheimkehrer)* repatriated prisoner of war; *(Gastarbeiter)* returnee
Heim·kind *nt* child raised in a home; **als ~ aufwachsen** to grow up in a home
Heim·ki·no *nt* ❶ *(Filmvorführung zu Hause)* home movies *pl* ❷ *(Ausrüstung)* home movie kit **heim|kom·men** *vi irreg sein* DIAL to come [*or* return] home
Heim·lei·ter(in) *m(f)* warden of a home [*or* hostel]
heim|leuch·ten *vi (fam)* ■**jdm** ~ to give sb a piece of one's mind
heim·lich ['haimlɪç] I. *adj* ❶ *(geheim, verborgen)* secret; **ein ~es Treffen** a secret [*or* clandestine] meeting
❷ *(verstohlen)* furtive; ***sie tauschten ~e Blicke*** they exchanged furtive glances
❸ *(inoffiziell)* unofficial
II. *adv* ❶ *(unbemerkt)* secretly
❷ *(verstohlen)* furtively; **~, still und leise** *(fam)* on the quiet *fam*
heim·lich·feiß [-fais] *adj* SCHWEIZ *(verschlossen)* reserved
Heim·lich·keit <-, -en> *f* ❶ *kein pl (heimliche Art)* secrecy *no pl;* **in aller ~** secretly, in secret
❷ *(Geheimnis)* secret; **~en vor jdm haben** to keep something from sb
Heim·lich·tu·er(in) <-s, -> *m(f) (pej)* secretive person
Heim·lich·tu·e·rei <-, -en> [haimlɪçtu:ə'rai] *f (pej)* secrecy *no pl,* secretiveness *no pl*
Heim·lich·tu·e·rin <-, -nen> *f fem form von* **Heimlichtuer**
heim·lich|tun *vi irreg* ■**[mit etw** *dat*] ~ *(pej)* to be secretive [about sth]
heim|müs·sen *vi irreg* DIAL to have to go home; ***es wird mir zu spät, ich muss jetzt heim*** it's getting late for me, I must go home now **Heim·nie·der·la·ge** *f* SPORT home defeat; ***die Mannschaft erlitt eine ~*** the team suffered a home defeat [*or* were beaten [*or* lost] at home] **Heim·rei·se** *f* homeward journey, journey home **heim|rei·sen** *vi sein (geh)* to travel home **Heim·sau·na** *f* home sauna
heim|schi·cken *vt* DIAL ■**jdn** ~ to send sb home
Heim·sieg *m* SPORT home win [*or* victory] **Heim·spiel** *nt* SPORT home game [*or* match] **Heim·statt** *f (geh)* home **Heim·stät·te** *f* ❶ *pl selten (Heimstatt)* home ❷ *(Siedlung für Vertriebene)* homestead
heim|su·chen ['haimzu:xn̩] *vt* ❶ *(überfallen)* ■**jdn/etw** ~ to strike sb/sth; **von Armut/Dürre heimgesucht** poverty-/drought-stricken
❷ *(pej fam: besuchen)* ■**jdn** ~ to descend on sb *fam*
❸ *(bedrängen)* ■**jdn** ~ to haunt sb; ***sie wurde von grässlichen Albträumen heimgesucht*** she was haunted by hideous nightmares
Heim·su·chung <-, -en> *f* affliction
Heim·trai·ner [trɛ:nɐ] *m* home exercise kit
heim|trau·en *vr* DIAL ■**sich** *akk* ~ to dare to go home
Heim·tü·cke ['haimtʏkə] *f kein pl* ❶ *(heimtückische Art)* malice *no pl,* treachery
❷ *(verborgene Gefährlichkeit)* insidiousness *no pl*
heim·tü·ckisch ['haimtʏkɪʃ] I. *adj* ❶ *(verborgen tückisch)* malicious; **eine ~e Aktion** a malicious operation; **ein ~er Kollege** an insidious colleague
❷ *(verborgen gefährlich)* insidious; ***Glatteis ist besonders ~*** black ice is particularly treacherous
II. *adv* maliciously
Heim·vor·teil *m kein pl* SPORT home advantage *no pl*
heim·wärts ['haimvɛrts] *adv (geh)* homeward[s]; ***wir sollten uns langsam ~ begeben*** we should start making our way home **Heim·weg** *m* way home; **auf dem ~** on the way home; **sich** *akk* **auf den ~ machen** to set out [*or* head] for home
Heim·weh <-[e]s> *nt kein pl* homesickness *no art, no pl;* ~ **[nach jdm/etw] haben/bekommen** to be/become homesick [for sb/sth] **heim·weh·krank** *adj* homesick
heim|wer·ken *vi meist infin und 1. part* to do some DIY, to work around the house **Heim·wer·ker(in)** *m(f)* DIY enthusiast BRIT, handyman *esp* AM
heim|wol·len *vi* DIAL to want to go home
heim|zah·len *vt* ■**jdm etw** ~ to pay sb back for sth, to get even with sb for sth; ***das werd ich dir noch ~!*** I'm going to get you for that!
heim|zie·hen *irreg* I. *vi sein (geh)* to return home
II. *vt impers haben (geh)* ■**jdn** ~ to make sb want to go home
Hei·ni <-s, -s> ['haini] *m (fam)* fool, idiot
Hein·zel·männ·chen *nt* brownie
Hei·rat <-, -en> ['haira:t] *f* marriage
hei·ra·ten ['haira:tn̩] I. *vt* ■**jdn** ~ to marry sb
II. *vi* to get married; ***wir wollen nächsten Monat ~*** we want to get married next month; ***sie hat reich geheiratet*** she married into money; **„wir ~"** "we are getting married"; **in eine reiche Familie** ~ to marry into a rich family
III. *vr* ■**sich** *akk* ~ to get married
Hei·ra·ten <-s> ['haira:tn̩] *nt kein pl* marriage *no pl,* getting married *no pl*
Hei·rats·ab·sich·ten *pl* marriage plans *pl;* ~ **haben** to intend to get married **Hei·rats·al·ter** *nt* JUR minimum age for marriage; **im besten ~ sein** *(fam)* to be at the prime age to marry **Hei·rats·an·trag** *m* [marriage] proposal; **jdm einen ~ machen** to propose to sb **Hei·rats·an·zei·ge** *f* ❶ *(Briefkarte)* announcement of a forthcoming marriage
❷ *(Annonce für Partnersuche)* lonely-hearts advertisement, advertisement for a marriage partner **Hei·rats·buch** *nt* JUR register of marriages **hei·rats·fä·hig** *adj (veraltet)* of marriageable age **hei·rats·freu·dig** *adj* keen [*or* eager] to get married **Hei·rats·kan·di·dat(in)** *m(f)* suitor **Hei·rats·schwind·ler(in)** *m(f) person who proposes marriage for fraudulent reasons* **Hei·rats·ur·kun·de** *f* marriage certificate [*or* AM license] **Hei·rats·ver·mitt·ler(in)** *m(f)* marriage broker **Hei·rats·ver·mitt·lung** *f* marriage bureau
hei·schen ['haiʃn̩] *vt (geh)* ■**etw** ~ to demand sth
hei·sen·berg·sche Un·schär·fe·be·zie·hung *f kein pl* PHYS Heisenberg uncertainty [principle] [*or* indeterminacy]
hei·ser ['haizɐ] I. *adj* ❶ *(von rauer Stimme)* hoarse
❷ *(dunkel klingend)* husky, throaty
II. *adv* hoarsely, in a hoarse voice
Hei·ser·keit <-, -en> *pl selten f* hoarseness *no pl*
heiß [hais] I. *adj* ❶ *(sehr warm)* hot; **[jdm] etw ~ machen** to heat [*or* warm] up sth *sep* [for sb]; ■**jdm ist/wird es ~** sb is/gets hot; **ist das ~!** it's so hot!; **~!** *(fam: beim Erraten)* you're getting warm *fam*
❷ *(heftig)* heated; **eine ~e Debatte** a heated de-

bate; **ein ~er Kampf** a fierce fight; **~ umkämpfter Markt** hotly contested market
③ *(innig)* fervent; **eine ~e Liebe** a burning love; **ein ~er Wunsch** a fervent wish
④ *(fam: aufreizend)* hot; *Kleid* sexy
⑤ *(fam: gestohlen)* hot *fam*
⑥ *(brisant)* explosive; **ein ~es Thema** an explosive issue
⑦ *(fam: konfliktreich)* hot *fam*
⑧ *attr (fam: aussichtsreich)* hot *fam; **die Polizei ist auf einer ~en Fährte*** the police are on a hot trail
⑨ *(sl: großartig)* fantastic; *(rasant)* fast
⑩ *(fam: brünstig)* on [*or* AM in] heat
⑪ *(neugierig)* ■**auf etw** *akk* **~ sein** *(fam)* to be dying to know about sth *fam*
II. *adv* ① *(sehr warm)* hot; **~ laufen** *Maschinenteil* to overheat; *Debatte, Gespräch* to become heated; *Telefonleitungen, Drähte* to buzz
② *(innig)* ardently, fervently; **~ ersehnt** much longed for; **~ geliebt** dearly beloved; **mein ~ geliebter Mann** my dearly beloved husband
③ *(erbittert)* fiercely; **~ umkämpft** fiercely contested; **~ umstritten** hotly disputed; *(Person)* highly controversial
④ NUKL **~es Atom** hot [*or* recoil] atom; **~e Chemie** hot chemistry
▸WENDUNGEN: **es wird nichts so ~ <u>gegessen</u>, wie es gekocht wird** *(prov)* things are not as bad as they first seem; **es <u>geht</u> ~ her** *(fam)* things are getting heated, sparks are beginning to fly; **jdn <u>überläuft</u> es ~ und kalt** sb feels hot and cold all over

hei̲ßa ['haisa] *interj (veraltet) s.* **hei**

hei̲ß·blü·tig ['haisbly:tɪç] *adj* ① *(impulsiv)* hot-tempered
② *(leidenschaftlich)* ardent, passionate

hei·ßen <hieß, geheißen> ['haisn̩] I. *vi* ① *(den Namen haben)* to be called; ***wie ~ Sie?*** what's your name?; ***ich heiße Schmitz*** my name is Schmitz; ***wie soll das Baby denn ~?*** what shall we call [*or* will we name] the baby?; ***er heißt jetzt anders*** he has changed his name; ***so heißt der Ort, in dem ich geboren wurde*** that's the name of the place where I was born; ***ich glaube, der Bach heißt Kinsbeke oder so ähnlich*** I think the stream is called Kinsbeke or something like that; ***wie hieß die Straße noch, wo Sie wohnen?*** what did you say was the name of the street where you live?; ***wie heißt das Buch?*** what is the title of the book?; ■**nach jdm ~** to be named after sb; **... und wie sie alle ~** ... and the rest of them
② *(entsprechen)* to mean; ***„ja" heißt auf Japanisch „hai"*** "hai" is Japanese for "yes"; ***was heißt eigentlich „Liebe" auf Russisch?*** tell me, what's the Russian [word] for "love"?; ***ich kann die Schrift nicht lesen, was soll das ~?*** I can't read the script, what is that meant to read?
③ *(bedeuten, besagen)* to mean; ***gut, er will sich darum kümmern, aber was heißt das schon*** good, he wants to take care of it, but that doesn't mean anything; ***heißt das, Sie wollen mehr Geld?*** does that mean you want more money?; ***was soll das [denn] ~?*** what does that mean?, what's that supposed to mean?; ***das will nicht viel ~*** that doesn't really mean much; ***was heißt das schon*** that doesn't mean anything; ***das will schon etwas ~*** that's saying something; ***ich weiß, was es heißt, allein zu sein*** I know what it means to be alone; **das heißt, ...** that is to say ...; *(vorausgesetzt)* that is, ...; *(sich verbessernd)* or should I say, ..., or what I really mean is, ...; **soll** [*o* **will**] **~:** in other words
④ *(lauten)* ■**irgendwie ~** to go somehow; ***du irrst dich, das Sprichwort heißt anders*** you're wrong, the proverb goes something else; ***jetzt fällt mir wieder ein, wie der Spruch heißt*** now I remember how the motto goes
▸WENDUNGEN: **dann <u>will</u> ich ... ~!** *(fam)* then I'm a Dutchman!
II. *vi impers* ① *(zu lesen sein)* ■**irgendwo heißt es ...** it says somewhere ...; ***in ihrem Brief heißt es, dass sie die Prüfung bestanden hat*** it says in her letter that she's passed the exam; ***Auge um Auge, wie es im Alten Testament heißt*** an eye for an eye, as it says in the Old Testament; ***wie es im Faust heißt*** to quote from Faust
② *(als Gerücht kursieren)* ■**es heißt, dass ...** they say [*or* there is a rumour [*or* AM rumor]] that ...; ***bisher hieß es doch immer, dass wir eine Gehaltserhöhung bekommen sollen*** it has always been said up to now that we were to get a pay rise; ***in der Firma heißt es, dass Massenentlassungen geplant sind*** there's talk in the company that mass redundancies are planned; ***hier hast du fünfzig Euro, es soll nicht ~, dass ich geizig bin*** here's fifty euros for you, never let it be said that I'm tight-fisted
③ *(geh: nötig sein)* ■**es heißt, etw zu tun** I/we/you must do sth; ***nun heißt es handeln*** now is the time for action; ***da heißt es auf der Hut sein*** you'd better watch out
III. *vt (geh)* ① *(nennen)* ■**jdn/etw irgendwie ~** to call sb/sth sth; ***er hieß ihn einen Lügner*** he called him a liar; ***das heiße ich Pünktlichkeit*** that's what I call punctuality
② *(auffordern)* ■**jdn etw tun ~** to tell sb to [*or form* to bid sb] do sth; ***sie hieß ihn hereinkommen*** she asked him to come in

Hei̲ß·fo·li·en·prä·gung *f* TYPO hot foil stamping
Hei̲ß·hun·ger *m* ravenous hunger *no pl;* **einen ~ auf etw** *akk* **haben/verspüren** to have/feel a craving for sth; **mit ~** ravenously **hei̲ß·hung·rig** I. *adj* ravenous II. *adv* ravenously, voraciously **hei̲ß|lau·fen**^ALT^ *vi irreg sein s.* **heiß II 1** **Hei̲ß·leim** *m* hot-melt adhesive
Hei̲ß·luft *f kein pl* hot air *no pl* **Hei̲ß·luft·bal·lon** *m* hot-air balloon **Hei̲ß·luft·dämp·fer** *m* airo-steamer, combimatic oven **Hei̲ß·luft·grill** *m* hot air grill **Hei̲ß·luft·hei·zung** *f* hot-air heating *no pl* **Hei̲ß·luft·herd** *m* fan-assisted [*or esp* AM convection] oven **Hei̲ß·luft·trock·ner** *m* hot-air dryer
hei̲ß|ma·chen^RR^ *vt* ■**jdn ~** [**auf etw** *akk*] *(fam)* to get sb really interested [in sth] ▸WENDUNGEN: **was ich nicht <u>weiß</u>, macht mich nicht heiß** *(prov)* what the eye does not see, the heart does not grieve over *prov* **Hei̲ß·man·gel** <-mangeln> *f* heated mangle *esp* AM *(machine with heated rollers used to dry and press sheets and other fabrics)* **Hei̲ß·sporn** *m* hothead **Hei̲ß·strahl·trieb·werk** *nt* thermal jet engine, thermojet **Hei̲ß·was·ser·aus·tritt** *m* hot water outflow [*or* discharge] **Hei̲ß·wa̲s·ser·be·rei·ter** <-s, -> *m* water heater **Hei̲ß·wa̲s·ser·spei·cher** *m* hot water tank

hei·ter ['haite] *adj* ① *(fröhlich)* cheerful; ***sie ist von Natur aus ein ~er Mensch*** she is a cheerful person by nature
② *(fröhlich stimmend)* amusing
③ METEO *(wolkenlos und hell)* bright; ■**~ werden** to brighten up
▸WENDUNGEN: **das <u>kann</u> ja ~ werden!** *(iron)* that'll be a hoot! *iron*

Hei·ter·keit <-> *f kein pl* ① *(heitere Stimmung)* cheerfulness *no pl*
② *(Belustigung)* amusement *no pl; **die Bemerkung rief allgemeine ~ hervor*** the remark caused general amusement

Hei̲z·an·la·ge *f* BAU, TECH heating system, heater *esp* AM

heiz·bar ['haitsba:ɐ̯] *adj* ① *(beheizbar)* heated; **eine ~e Heckscheibe** a heated rear windscreen [*or* window]
② *(zu heizen)* able to be heated

Hei̲z·bett·de·cke, Hei̲z·de·cke *f* electric blanket

hei·zen ['haitsn̩] I. *vi* ① *(die Heizung betreiben)* ■[**mit etw** *dat*] **~:** ***„womit heizt ihr zu Hause?" — „wir ~ mit Gas"*** "how is your house heated?" — "it's gas-heated"
② *(Wärme abgeben)* to give off heat
II. *vt* ■**etw ~** ① *(beheizen)* to heat sth
② *(anheizen)* to stoke sth

Hei·zer(in) <-s, -> *m(f)* stoker

Hei̲z·ge·rät *nt* heater **Hei̲z·kes·sel** *m* boiler **Hei̲z·kis·sen** *nt* heating pad **Hei̲z·kör·per** *m* radiator **Hei̲z·kos·ten** *pl* heating costs *pl* **Hei̲z·kraft·werk** *nt* [combined] heating and power station, thermal power station **Hei̲z·leis·tung** *f* TECH heating [*or* calorific] power **Hei̲z·lüf·ter** *m* fan heater **Hei̲z·ma·te·ri·al** *nt* TECH fuel [for heating] **Hei̲z·ofen** *m* heater **Hei̲z·öl** *nt* fuel oil **Hei̲z·re·gis·ter** *nt* BAU convector radiator **Hei̲z·schlan·ge** *f* BAU heating coil **Hei̲z·son·ne** *f* electric fire **Hei̲z·spie·gel** *m* ADMIN heating table [*or* breakdown] **Hei̲z·strah·ler** *m* radiant heater
Hei̲z·tisch *m* BIOL, CHEM heating stage

Hei·zung <-, -en> *f* ① *(Zentralheizung)* heating *no pl*
② *(fam: Heizkörper)* radiator

Hei·zungs·an·la·ge *f* heating system **Hei·zungs·kel·ler** *m* boiler room **Hei·zungs·mon·teur(in)** *m(f)* heating engineer **Hei·zungs·rohr** *nt* heating pipe

Hei̲z·werk *nt* thermal power station **Hei̲z·wert** *m* calorific value

Hekt·ar <-s, -e *o bei Maßangabe* -> [hɛkt'a:ɐ̯] *nt o m* hectare

Hekt·a·re <-, -n> ['hɛkta:rə] *f* SCHWEIZ hectare

Hek·tik <-> ['hɛktɪk] *f kein pl* hectic pace *no pl,* mad rush *fam;* [**eine**] **~ verbreiten** [*o fam* **machen**] to do sth at a frantic pace; **mit einer** [**solchen**] **~** at [such] a hectic pace, in [such] a mad rush; **nur keine ~!** take it easy!

hek·tisch ['hɛktɪʃ] I. *adj* hectic; **nur mal nicht so ~!** *(fam)* take it easy!
II. *adv* frantically; **~ leben** to lead a hectic life; ***du isst zu ~!*** you're bolting your food down

Hek·to·graf^RR^ [hɛkto'gra:f] *m* hectograph

Hek·to·gra·fie^RR^ [hɛktogra'fi:] *f* <-, -n> ① *kein pl (Verfahren)* hectography
② *(Vervielfältigung)* hectograph copy

hek·to·gra·fie·ren^RR^ [hɛktogra'fi:rən] *vt* ■**etw ~** to hectograph sth

Hek·to·gramm [hɛkto'gram] *nt* hectogram[me]
Hek·to·graph <-en, -en> [hɛkto'gra:f] *m s.* **Hektograf** **Hek·to·gra·phie** <-, -n> [hɛktogra'fi:] *f s.* **Hektografie** **hek·to·gra·phie·ren*** [hɛktogra'fi:rən] *vt s.* **hektografieren** **Hek·to·li·ter** [hɛkto'li:te] *m o nt* hectolitre [*or* AM -er] **Hek·to·me·ter** [hɛkto'me:te] *m o nt* hectometre [*or* AM -er] **Hẹk·to·pas·cal** *nt* hectopascal **Hek·to·watt** ['hɛktovat] *nt* hectowatt

he·lau [he'lau] *interj form of greeting during the carnival period*

Held(in) <-en, -en> [hɛlt] *m(f)* ① *(kühner Recke)* hero; **in etw** *dat* **kein** [*o* **nicht gerade ein**] **~ sein** to be no great shakes at sth BRIT, to not be very good at sth; **den ~en spielen** *(fam)* to play the hero
② LIT, FILM *(Hauptperson)* hero, heroine *fem;* **der ~/die ~in des Tages sein** to be the hero/heroine of the hour
▸WENDUNGEN: **du <u>bist</u> mir ein [...] ~!** *(iron fam)* a fine one you are! *iron fam;* **die ~en sind <u>müde</u>** *(hum)* our heroes have had enough *hum*

Hẹl·den·dar·stel·ler(in) *m(f)* actor/actress playing a heroic role **Hẹl·den·dich·tung** *f kein pl* epic [*or* heroic] poetry *no pl* **Hẹl·den·epos** *nt* heroic epic **Hẹl·den·ge·dicht** *nt* heroic epic, epic poem

hẹl·den·haft *adj* heroic, valiant

Hẹl·den·lied *nt* epic [*or* heroic] song **Hẹl·den·mut** *m* heroic courage *no pl,* valour [*or* AM -or] *no pl*

hel·den·mü·tig ['hɛldn̩my:tɪç] *adj s.* **heldenhaft**

Hẹl·den·rol·le *f* part [*or* role] of a hero **Hẹl·den·sa·ge** *f* heroic saga **Hẹl·den·tat** *f* heroic deed [*or* feat] **Hẹl·den·te·nor** *m* heroic tenor **Hẹl·den·tod** *m* *(euph geh)* death in battle; **den ~ sterben** to die in battle

Hẹl·den·tum <-s> *nt kein pl* heroism *no indef art, no pl*

Hẹl·din <-, -nen> *f fem form von* **Held**

hel·fen <half, geholfen> ['hɛlfn̩] *vi* ① *(unterstützen)* ■**jdm** [**bei etw** *dat*/**in etw** *dat*] **~** to help sb [with/in sth]; ***warte mal, ich helfe dir*** wait, I'll help you; ***können/könnten Sie mir mal/bitte ~?*** could/would you help me please/a minute?; ■**jdm aus etw** *dat*/**in etw** *akk* **~** to help sb out of/into sth;

darf ich Ihnen in den Mantel ~? may I help you into your coat?; ▪**jdm aus etw** *dat* **~** to help sb out of sth; ***er half mir aus der schwierigen Lage*** he helped me out of the difficult situation
② *(dienen, nützen)* ▪**jdm ~** to help sb, to be of help to sb; ▪**jdm ist mit etw** *dat* **geholfen/nicht geholfen** sth is of help/no help to sb; ***damit ist mir nicht geholfen*** that's not much help to me; **da hilft alles nichts** [*o* **es hilft nichts**], **...** there's nothing for it, ...
③ MED *(heilen)* ▪[**jdm**] **~** to help [sb]; ▪**jdm ist nicht** [**mehr**] **zu ~** sb is beyond help; *(ein hoffnungsloser Fall)* sb is a hopeless case
④ MED *(heilsam sein)* ▪[**gegen etw** *akk*/**bei etw** *dat*] **~** to help [relieve sth]; ***Knoblauch soll gegen Arteriosklerose ~*** garlic is supposed to be good for arteriosclerosis
▸WENDUNGEN: **ich kann mir nicht ~,** [**aber**] **...** I'm sorry, but...; **was hilft's?** what can I/we/you do about it?; **ich werde dir/euch/... ~, etw zu tun!** *(fam)* I'll teach you to do sth!; **man muss sich** *dat* **nur zu ~ wissen** *(prov)* you just have to be resourceful

Hel·fer(in) <-s, -> ['hɛlfɐ] *m(f)* ① *(unterstützende Person)* helper; *(Komplize)* accomplice; **ein ~ in der Not** a friend in need
② *(fam: nützliches Gerät)* aid

Hel·fers·hel·fer(in) *m(f)* accomplice

Hel·fer·syn·drom *nt* helpers' syndrome *no pl* **Hel·fer·zel·le** *f* MED helper cell

Hel·go·land ['hɛlgolant] *nt* Heligoland *no pl*

He·li·ca·se <-, -n> *f (Enzym)* helicase

He·li·kop·ter <-s, -> [heli'kɔpte] *m* helicopter

He·lio·trop <-s, -e> [heli̯o'troːp] *nt* BOT heliotrope

He·li·um <-s> ['heːli̯ʊm] *nt kein pl* helium *no pl*

hell [hɛl] **I.** *adj* ① *(nicht dunkel)* light; **~ bleiben** to stay light; **es wird ~** it's getting light
② *(kräftig leuchtend)* bright
③ *(gering gefärbt)* light-coloured [*or* AM -ored]; **~es Haar/~e Haut** fair hair/skin; **~es Holz** light-coloured wood
④ *(hoch klingend)* clear; **eine ~e Stimme** a clear, high voice
⑤ *(fam: aufgeweckt)* bright; ***du bist ein ~es Köpfchen*** you've got brains
⑥ *attr (rein, pur)* sheer, pure; **~e Freude** sheer joy
II. *adv* ① *(licht)* brightly; **~ leuchtend** *attr* bright; ***die Fenster des Hauses waren ~ erleuchtet*** the windows of the house were brightly lit
② *(hoch)* high and clear

Hel·las ['hɛlas] *nt* Hellas *no pl*

hell·auf ['hɛl'ʔau̯f] *adv* extremely; **~ begeistert** extremely enthusiastic

hell·blau *adj* light-blue **hell·blond I.** *adj* blonde **II.** *adv* blonde; ***sind die Haare ~ gefärbt?*** is your hair dyed blonde? **Hell·dun·kel** *nt* ① *(Helldunkelmalerei)* chiaroscuro ② *(Licht und Schatten)* light and shade

Hel·le <-> ['hɛlə] *f kein pl (geh) s.* **Helligkeit**

Hel·le(s) ['hɛlə(s)] *nt dekl wie adj* ≈ lager; **ein kleines ~s** half a lager

Hel·le·bar·de <-, -n> [hɛlə'bardə] *f* HIST halberd

Hel·le·ne, Hel·le·nin <-n, -n> [hɛ'leːnə, hɛ'leːnɪn] *m, f* Hellene, Greek

hel·le·nisch [hɛ'leːnɪʃ] *adj* Hellenic

Hel·le·nis·mus <-> [hɛle'nɪsmʊs] *m kein pl* Hellenism *no pl*

hel·le·nis·tisch *adj* Hellenistic

Hel·ler <-s, -> ['hɛlɐ] *m* HIST heller
▸WENDUNGEN: **bis auf den letzten ~** *(fam)* down to the last penny; ***seine Rechnung ist korrekt, bis auf den letzten ~*** his invoice is correct down to the last penny; **auf ~ und Pfennig** *(fam)* down to the last penny; **keinen roten** [*o* **lumpigen**] [*o* **nicht einen**] **~ wert sein** *(fam)* not to be worth twopence [*or* AM a dime]; **keinen roten** [*o* **lumpigen**] **~ besitzen** [*o* **haben**] *(fam)* to not have a penny to one's name [*or* two pennies to rub together]

hell·grün *adj* light-green **hell·haa·rig** *adj* fair-haired **hell·häu·tig** *adj* fair-skinned **hell·hö·rig** ['hɛlhøːrɪç] *adj* badly soundproofed ▸WENDUNGEN: **jdn ~ machen** to make sb prick up their ears; **~ werden** to prick up one's ears

hellicht[ALT] *adj attr s.* **helllicht**

Hel·lig·keit <-, -en> *f* ① *kein pl (Lichtfülle)* lightness *no pl; (helles Licht)* [bright] light
② *(Lichtstärke)* brightness *no pl*
③ ASTRON *(Leuchtkraft)* luminosity *no pl*

Hel·lig·keits·reg·ler *m* brightness control **Hel·lig·keits·ver·stär·kung** *f* brightness magnification **Hel·lig·keits·wert** *m* INFORM brightness attribute

hell·licht[RR] ['hɛllɪçt] *adj attr (selten)* bright, pleasant; **es ist ~er Tag** it is broad daylight; **am ~en Tag** in broad daylight

Hell·raum·pro·jek·tor *m* SCHWEIZ *(Tageslichtprojektor)* overhead projector

hell·rot *adj* bright red

hell·se·hen *vi nur infin* **~ können** to be clairvoyant, to have second sight; ***du kannst wohl ~!*** *(fam)* you must be clairvoyant!; ***ich kann doch nicht ~!*** *(iron fam)* I'm not clairvoyant! *iron fam* **Hell·se·her(in)** ['hɛlzeːɐ] *m(f)* clairvoyant **Hell·se·he·rei** [hɛlzeːə'rai̯] *f (pej)* clairvoyance **hell·se·he·risch I.** *adj attr* clairvoyant **II.** *adv* using clairvoyant powers; ***dieser Mann muss ~ begabt sein!*** this man must have the gift of clairvoyance **hell·sich·tig** *adj* ① *(vorausahnend)* clairvoyant ② *(scharfsinnig)* shrewd, sharp **hell·wach** ['hɛl'vax] *adj* wide awake **Hell·wer·den** <-s> *nt kein pl* daybreak *no pl*

Helm <-[e]s, -e> ['hɛlm] *m* helmet

Helm·boh·ne *f* young runner bean **Helm·busch** *m* plume **Helm·pflicht** *f* compulsory wearing of a helmet *no pl* **Helm·schmuck** *m* crest

Hel·sin·ki <-s> ['hɛlzɪŋki] *nt* Helsinki *no pl, no art*

Hel·ve·ti·en <-s> [hɛl'veːtsi̯ən] *nt* GEOG Helvetia

Hemd <-[e]s, -en> [hɛmt, *pl* 'hɛmdən] *nt* shirt; *(Unterhemd)* vest; **nass bis aufs ~** soaked to the skin [*or* AM bone], wet through; *(Nachthemd)* nightshirt
▸WENDUNGEN: **jdn bis aufs ~ ausziehen** *(fam)* to have the shirt off sb's back; **sich** *akk* **bis aufs** [**letzte**] **~ ausziehen** *(fam)* to spend every last penny, to give the shirt off one's back [for sth] *fam;* **mach dir nicht** [**gleich**] **ins ~!** don't make such a fuss!; **das ~ ist jdm näher als der Rock** *(prov)* charity begins at home *prov;* **jdn/etw wie das** [*o* **sein**] **~ wechseln** to change sb/sth with monotonous regularity

Hemd·blu·se *f* shirt

Hemd·blu·sen·är·mel *m* shirt sleeve **Hemd·blu·sen·kleid** *nt* shirt dress **Hemd·blu·sen·kra·gen** *m* shirt collar

Hemd·brust *f* shirt front, dickey

Hemd·chen <-s, -> *nt* skimpy shirt

Hem·den·knopf *m* shirt button **Hem·den·matz** <-es, Hemdenmätze> *m (hum fam)* bare bum [*or* AM butt] *hum fam (small child dressed only in a vest)* **Hem·den·stoff** *m* shirt material *no pl*

Hemd·ho·se *f (veraltend)* combinations *npl dated,* coms *npl dated* **Hemd·kra·gen** *m* shirt collar

Hemds·är·mel *m* shirt sleeve; **in ~n** *(fam)* in shirt sleeves

hemds·är·me·lig ['hɛmtsʔɛrməlɪç] *adj (fam)* casual

He·mis·phä·re <-, -n> [hemi'sfɛːrə] *f* ① *(Erdhalbkugel)* hemisphere; **die nördliche/südliche ~** the northern/southern hemisphere
② *(Gehirnhälfte)* hemisphere; **die linke/rechte ~** the left/right hemisphere

hem·men [hɛmən] *vt* ① *(ein Hemmnis sein)* ▪**etw ~** to hinder sth
② *(bremsen)* ▪**etw ~** to stop sth
③ PSYCH *(inhibieren)* ▪**jdn ~** to inhibit sb

Hemm·nis <-ses, -se> ['hɛmnɪs] *nt (Hürde)* obstacle; *(Behinderung)* impediment, obstruction; **bürokratisches ~** HANDEL bureaucratic barrier; **mittelbares/unmittelbares ~** mediate/immediate impediment; **rechtliches** [*o* **gesetzliches**] **~** legal block

Hemm·schuh *m* ① *(keilförmige Vorrichtung)* chock ② *(fig: Hemmnis)* obstacle **Hemm·schwel·le** *f* inhibition level; **seine ~ überschreiten** to overcome one's inhibitions **Hemm·stoff** *m* CHEM inhibitor

Hem·mung <-, -en> *f* ① *kein pl (das Hemmen)* obstruction
② *pl* PSYCH inhibitions *pl*
③ *(Bedenken, Skrupel)* inhibition, scruple; **~en haben** to have scruples; ***ich habe ein bisschen ~en, ihr das so ohne weiteres ins Gesicht zu sagen*** I feel a bit awkward about saying it straight to her face; **keine ~en kennen** to have no scruples; ***nur keine ~en!*** don't hold back!; ***es ist für jeden genug da, nur keine ~en!*** there's enough for everybody there, have as much as you like!
④ JUR hindrance, obstruction; **~ der Verjährung** suspension of the statute of limitations
⑤ CHEM inhibition

hem·mungs·los I. *adj* ① *(zügellos)* uncontrolled, unrestrained
② *(skrupellos)* unscrupulous
II. *adv* ① *(zügellos)* unrestrainedly, without restraint
② *(skrupellos)* unscrupulously

Hem·mungs·lo·sig·keit <-> *f kein pl* ① *(Zügellosigkeit)* lack of restraint
② *(Skrupellosigkeit)* unscrupulousness

Hendl <-s, -[n]> ['hɛndl̩] *nt* ÖSTERR *(Brathähnchen)* roast chicken

Hengst <-[e]s, -e> [hɛŋst] *m* stallion; *(Esel, Kamel)* male

Hen·kel <-s, -> ['hɛŋkl̩] *m* handle

Hen·kel·glas *nt* glass with a handle **Hen·kel·korb** *m* basket with a handle **Hen·kel·krug** *m* jug [with a handle] **Hen·kel·mann** *m (fam) portable set of stacked containers holding hot food* **Hen·kel·topf** *m* pot/pan with a handle/handles

hen·ken ['hɛŋkn̩] *vt (veraltet)* ▪**jd ~** to hang sb

Hen·ker <-s, -> *m* executioner
▸WENDUNGEN: **hol's der ~!** *(veraltend)* damn [it]!; **scher dich** [*o* **geh**] **zum ~!** *(fam)* go to blazes! *dated;* **zum ~!** *(fam)* hang it all! *dated;* **was zum ~ ...** *(fam)* what the devil ... *fam*

Hen·ker(s)·beil *nt* executioner's axe **Hen·kers·knecht** *m* executioner's assistant **Hen·kers·mahl** *nt,* **Hen·kers·mahl·zeit** *f* ① *(letztes Essen)* last meal [before one's/sb's execution]
② *(hum fam: vor einem großen Ereignis)* final square meal, last slap-up meal BRIT

Hen·na <- *o* -[s]> ['hɛna] *f o nt kein pl* henna *no pl*

Hen·ne <-, -n> ['hɛnə] *f* hen

He·pa·ti·tis <-, Hepatitiden> [hepa'tiːtɪs, *pl* hepati'tiːdn̩] *f* hepatitis *no pl*

her [heːɐ̯] *adv* ① *(raus)* here, to me; **~ damit!** *(fam)* give it here! *fam;* **immer ~ damit!** *(fam)* keep it/them coming! *fam*
② *(herum)* ▪**um jdn ~** all around sb
③ *(von einem Punkt aus)* ▪**von etw** *dat* **~** *räumlich* from sth; **von weit ~** from a long way away [*or* off]; ***wo kommst du so plötzlich ~?*** where have you come from so suddenly?; **~ zu mir!** come here!; ▪**irgendwo ~ sein** to come [*or* be] from somewhere; ▪**von ... ~** *zeitlich* from; ***ich kenne ihn von meiner Studienzeit ~*** I know him from my time at university; **lange/nicht lange/drei Wochen ~ sein** to be long/not so long/three weeks ago; ***unser letztes Treffen ist jetzt genau neun Monate her*** we last met exactly nine months ago; **längere Zeit ~ sein, dass ...** to be a long time [ago] since ...; **lang ~ sein, dass ...** to be long ago since ...; **nicht** [**so**] **lange ~ sein, dass ...** to be not such a long time [ago]since ...; ***wie lange ist es ~, dass wir uns das letzte Mal gesehen haben?*** how long is it since we last saw each other?, how long ago did we last see each other?, when did we last see each other?; ▪**von etw** *dat* **~** *kausal* as far as sth is concerned [*or* goes]; ***von der Technik ~ ist dieser Wagen Spitzenklasse*** as far as the technology is concerned this car is top class
④ *(verfolgen)* ▪**hinter jdm/einem Tier/etw ~ sein** to be after sb/an animal/sth *fam*
⑤ *(haben wollen)* ▪**hinter jdm/etw ~ sein** to be after sb/sth *fig fam;* **hinter jdm ~ sein, etw zu tun** to keep on at sb to do sth, to keep an eye on it to see that sth is done
▸WENDUNGEN: **es ist nicht weit ~ mit jdm/etw** *(fam)* sb/sth is not up to much *fam*

he·rab [hɛˈrap] *adv (geh)* down

he·rabIbli·cken *vi (geh) s.* **herabsehen** **he·rabIfal·len** *vi irreg (geh)* ■ **[von etw** *dat*] ~ to fall down [from sth] **he·rabIfle·hen** *vt (geh)* ■ **etw auf jdn** ~ to call down sth *sep* on sb; ***der Pfarrer flehte den Segen Gottes auf seine Gemeinde herab*** the priest called down God's blessing on his congregation **he·rabIflie·ßen** *vi irreg sein* ■ **[von etw** *dat*] ~ to flow down [from sth] **he·rabIhän·gen** [hɛˈraphɛŋən] *vi irreg* ■ **[von etw** *dat*] **[auf etw** *akk*] ~ to hang down [from sth] [on sth] **he·rabIlas·sen** *irreg* **I.** *vt (geh: herunterlassen)* ■ **etw [von etw** *dat*] ~ to let down [*or* lower] sth [from sth]; ***den Schrank müssen wir aus dem Fenster*** ~ we'll have to lower the cupboard from the window **II.** *vr* ■ **sich** *akk* **[zu etw** *dat*] ~ to lower oneself [to sth]; ■ **sich** *akk* **[dazu] ~, etw zu tun** to condescend [*or* deign] to do sth

he·rab·las·send **I.** *adj* condescending, patronizing; ■ **[zu jdm] ~ sein** to be condescending [*or* patronizing] [towards sb]

II. *adv* condescendingly, patronizingly

He·rab·las·sung <-> *f kein pl* condescension *no pl*

he·rabImin·dern *vt* ■ **etw** ~ ① *(schlechtmachen)* to belittle [*or* disparage] sth ② *(bagatellisieren)* to trivialize sth **he·rabIse·hen** *vi irreg* ■ **auf jdn/etw** ~ ① *(geh: heruntersehen)* to look down on sb/sth ② *(abschätzig betrachten)* to look down on sb/sth **he·rabIset·zen** *vt* ■ **etw** ~ ① *(reduzieren)* to reduce sth; **die Geschwindigkeit** ~ to reduce speed; **herabgesetzte Preise** reduced prices ② *(herabmindern)* to belittle [*or* disparage] sth **he·rab·set·zend** *adj* disparaging **He·rab·set·zung** <-, -en> *f* ① *kein pl (das Herabsetzen)* belittling *no pl,* disparagement *no pl* ② *(Kränkung)* slight, snub ③ JUR *(Verringerung)* reduction; ~ **des Schadensersatzes** reduction of damages; ~ **des Strafmaßes** reduction of the sentence ④ HANDEL *des Preises* [price] reduction, cut; *des Werts* [value] depreciation ⑤ *(Verunglimpfung)* disparagement; ~ **der Ware des Konkurrenten** slander of goods; ~ **von Mitbewerbern** disparagement of competitors **he·rabIstei·gen** *vi irreg sein (geh)* ■ **[von etw** *dat*] ~ to climb down [*or* descend] [from sth] **He·rab·stu·fung** <-, -en> *f* ÖKON downgrading; ~ **von Arbeitsplätzen** deskilling of jobs **he·rabIwür·di·gen** **I.** *vt* ■ **jdn/etw** ~ to belittle [*or* disparage] sb/sth **II.** *vr* ■ **sich** *akk* ~ to degrade [*or* lower] oneself **He·rab·wür·di·gung** *f* belittling *no pl,* disparagement *no pl*

He·ra·klith·plat·te [heraˈkli:t-] *f* BAU excelsior slab

He·ral·dik <-> [heˈraldɪk] *f kein pl* heraldry *no pl, no indef art*

he·ral·disch [heˈraldɪʃ] *adj* heraldic

he·ran [hɛˈran] *adv verstärkend* close up, near; ***wir müssen ganz dicht an die Mauer*** ~ we must go right up to the wall

he·ranIar·bei·ten *vr* ■ **sich** *akk* **an jdn/etw** ~ to work one's way towards sb/sth **he·ranIbil·den** **I.** *vt* ■ **jdn [zu etw** *dat*] ~ to train sb [for a particular position] **II.** *vr (sich entwickeln)* ■ **sich** *akk* ~ to develop **he·ranIbrin·gen** *vt irreg* ① *(räumlich)* ■ **jdn/etw an jdn/etw** ~ to bring sb/sth [up] to sb/sth ② *(vertraut machen)* ■ **etw an jdn/etw** ~ to introduce sth to sb/sth **he·ranIfah·ren** *vi irreg sein* ■ **[an etw** *akk*] ~ to drive up [to sth]

he·ranIfüh·ren **I.** *vt* ① *(hinbringen)* ■ **jdn/etw [an jdn/etw]** ~ to bring sb/sth [up to sb/sth]; ***er führte das Heer bis auf eine Meile an den Feind*** he brought the army to within a mile of the enemy

② *(einweihen in)* ■ **jdn an etw** *akk* ~ to introduce sb to sth

II. *vi* ■ **an etw** *akk* ~ to lead to sth; ***der Weg führte fast bis ans Haus heran*** the path lead almost up to the house

he·ranIge·hen *vi irreg sein* ① *(zu etw hingehen)* ■ **[an jdn/etw]** ~ to go [up to sb/sth]; ***lass uns lieber nicht zu nahe ~!*** don't let's get too close!

② *(in Angriff nehmen)* ■ **an etw** *akk* ~ to tackle sth; ***wir müssen anders an die Sache*** ~ we'll have to tackle the matter differently

He·ran·ge·hens·wei·se *f* approach

he·ranIkom·men *vi irreg sein* ① *(herbeikommen)* ■ **[an jdn/etw]** ~ to come up [to sb/sth], to approach [sb/sth]; *(bis an etw kommen)* to get to sth; ***sie kamen nicht an die Stellungen heran*** they didn't get to the enemy positions

② *(herangelangen können)* ■ **an jdn/etw** ~ to reach sb/sth; ***man kommt nur schwer an diese Stelle heran*** it's a difficult spot to reach

③ *(sich beschaffen können)* ■ **an etw** *akk* ~ to get hold of sth

④ *(in persönlichen Kontakt kommen)* ■ **an jdn** ~ to get hold of sb; *(näher kommen)* ***man kommt einfach sehr schwer an sie heran*** it's so difficult to really get to know her

⑤ *(gleichwertig sein)* ■ **[in etw** *dat*] **an jdn/etw** ~ to be up to the standard of sb/sth [in sth]; ***in Leistung kommt das Modell an das Konkurrenzfahrzeug fast heran*** the model is almost up to the standard of the competition in performance

▶ WENDUNGEN: **alles an sich** *akk* ~ **lassen** *(fam)* to cross a bridge when one comes to it; **nichts an sich** *akk* ~ **lassen** *(fam)* not to let anything get to one *fam;* ***sie lässt nichts an sich*** ~ she doesn't let anything get to her

he·ranIma·chen *vr (fam)* ■ **sich** *akk* **an jdn** ~ to approach sb **he·ranIna·hen** *vi sein (geh)* to approach **he·ranIrei·chen** *vi* ① *(gleichkommen)* ■ **an jdn/etw** ~ to measure up to [the standard of] sb/sth ② *(bis an etw reichen)* ■ **an etw** *akk* ~ to reach [as far as] sth **he·ranIrei·fen** *vi sein (geh)* ① *(allmählich reifen)* to ripen ② *(durch Wachstum werden)* ■ **[zu jdm]** ~ to mature [into sb] ③ *(sich langsam konkretisieren)* ■ **[zu etw** *dat*] ~ to mature [into sth]

he·ranIrü·cken **I.** *vi sein* ① *(sich nähern)* ■ **[an jdn/etw]** ~ to approach [sb/sth]

② *(dicht aufrücken)* ■ **[mit etw** *dat*] **[an jdn/etw]** ~ to bring [*or* draw] sth [up to sb/sth]; ***sie rückte mit ihrem Stuhl dicht an ihn heran*** she drew her chair right up to him

II. *vt (an etw rücken)* ■ **etw an jdn/etw** ~ to move sth closer [*or* nearer] to sb/sth

he·ranIschaf·fen *vt* ■ **[jdm] jdn/etw** ~ to bring sb/sth [to sb] **he·ranIschlei·chen** *vi, vr irreg vi: sein* ■ **[sich** *akk*] **[an jdn/etw]** ~ to creep up [to [*or* on] sb/sth] **he·ranItas·ten** *vr* ① *(sich tastend nähern)* ■ **sich** *akk* **an jdn/etw** ~ to feel [*or* grope] one's way towards sb/sth ② *(sich vorsichtig heranarbeiten)* ■ **sich** *akk* **an etw** *akk* ~ to approach sth cautiously **he·ranItra·gen** *vt irreg* ① *(nahe an etw tragen)* ■ **jdn/etw an etw** *akk* ~ to take [*or* bring] sth up to sb/sth ② *(geh: vorbringen)* ■ **etw an jdn** ~ to approach sb with sth; ***dieser Wunsch ist schon verschiedentlich an die Regierung herangetragen worden*** the government has been approached with this request on several occasions **he·ranItre·ten** *vi irreg sein* ① *(in die Nähe treten)* ■ **an jdn/etw** ~ to come [*or* go] up to sb/sth ② *(konfrontieren)* ■ **an jdn** ~ to confront sb ③ *(geh: sich wenden an)* ■ **[mit etw** *dat*] **an jdn** ~ to approach sb [with sth]; ***sie ist schon mit dieser Bitte an uns herangetreten*** she has already approached us with this request **he·ranIwach·sen** *vi irreg sein (geh)* ■ **[zu jdm]** ~ to grow up [into sb]; ***sein Sohn war zu einem gut aussehenden jungen Mann herangewachsen*** his son had grown up into a handsome young man **He·ran·wach·sen·de** *pl* adolescents *pl* **he·ranIwa·gen** *vr* ① *(heranzukommen wagen)* ■ **sich** *akk* **an jdn/ein Tier** ~ to dare to come [*or* go] near sb/an animal ② *(sich zu beschäftigen wagen)* ■ **sich** *akk* **an etw** *akk* ~ to dare to attempt sth

he·ranIzie·hen *irreg* **I.** *vt* ① *(näher holen)* ■ **jdn/etw [an etw/sich** *akk*/**zu sich** *dat*] ~ to pull sb/sth [to sth/to oneself]

② *(einsetzen)* ■ **jdn/etw [zu etw** *dat*] ~ to bring sb/sth in [for sth]; ***sie wurde in der Firma zu allen möglichen niedrigen Jobs herangezogen*** the company made her do all kinds of menial jobs

③ *(anführen)* ■ **etw [für etw** *akk*/**zu etw** *dat*] ~ to consult sth [for sth]; ***für seine Promotion hat er griechische Zitate herangezogen*** he consulted Greek quotations for his PhD

④ *(aufziehen)* ■ **jdn [zu etw** *dat*] ~ to raise sb [until he/she is/becomes sth]; **ein Tier [zu etw** *dat*] ~ to rear an animal [to be sth]; ■ **etw [zu etw** *dat*] ~ to grow sth [until it becomes sth]; ***den Baum habe ich mir aus einem kleinen Sämling herangezogen*** I grew the tree from a seedling; ■ **[sich** *dat*] **jdn** ~ to raise sb to be somebody

II. *vi sein* MIL *(näher ziehen)* to advance

he·rauf [hɛˈrauf] **I.** *adv* ① *(in Richtung oben)* ■ **von ... ~:** ***was, von da unten soll ich den Sack bis oben ~ schleppen?*** what, I'm supposed to drag this sack from down here all the way up there?

② *(fam: in Richtung Norden)* **vom Süden** ~ up from the south

II. *präp +akk* up; ***sie ging die Treppe*** ~ she went up the stairs

he·raufIbe·schwö·ren* *vt irreg* ① *(wachrufen)* ■ **etw [in jdm]** ~ to evoke [*or* stir up] sth [in sb] ② *(herbeiführen)* ■ **etw** ~ to cause [*or* give rise to] sth **he·raufIbrin·gen** *vt irreg* ① *(nach oben tragen)* ■ **etw [zu jdm]** ~ to bring sth up [to sb]; ***vergiss nicht, die Zeitung mit heraufzubringen!*** don't forget to bring the newspaper up with you ② *(nach oben mitbringen)* ■ **jdn [zu jdm]** ~ to bring sb up [to sb]; ***bring doch deine Freunde mal mit herauf in die Wohnung!*** why don't you bring your friends up to the flat with you **he·raufIfüh·ren** *vt* ■ **jdn** ~ to show sb up; ***führen Sie die Herren zu mir herauf*** please show the gentlemen up to my office **he·raufIho·len** *vt* ■ **jdn/etw** ~ to bring up sb/sth *sep,* to fetch sb/sth **he·raufIkom·men** *vi irreg sein* ① *(von unten kommen)* ■ **[zu jdm]** ~ to come up [to sb]; ***komm doch später auf einen Kaffee zu mir herauf!*** come up [to my place] for a coffee later, if you like ② *(geh: aufziehen)* to approach [*or* gather]; *Nebel* to form **he·raufIset·zen** *vt* ■ **etw** ~ to put up *sep* [*or* increase] sth **he·raufIstei·gen** *vi irreg sein (geh)* ① *(nach oben steigen)* ■ **zu jdm** ~ to climb up to sb; **einen Berg/eine Treppe** ~ to climb [up] a mountain/flight of stairs ② *(aufsteigen)* to rise; ***von der Niederung stiegen Nebelschwaden herauf*** veils of mist rose out of the depression **he·raufIzie·hen** *irreg* **I.** *vt haben* ■ **jdn/etw [zu sich** *dat*] ~ to pull up *sep* sb/sth [to one] **II.** *vi sein (aufziehen)* to approach, to gather

he·raus [hɛˈraus] *adv* ① *(nach draußen)* out; ■ **aus etw** *dat* ~ out of sth; ***sie betrank sich aus einem Gefühl der Einsamkeit*** ~ she got drunk out of a feeling of loneliness; ~ **da!** *(fam)* get out!; ~ **damit!** *(fam: mit einer Antwort)* out with it!; *(mit Geld)* give it here!; ~ **mit ihm/ihr!** *(fam)* get him/her out!

② *(entfernt sein)* ■ ~ **sein** to have been taken out [*or* removed]

③ MEDIA *(veröffentlicht sein)* ■ ~ **sein** to be out

④ *(entschieden sein)* ■ ~ **sein** to have been decided

⑤ *(hinter sich haben)* ■ **aus etw** *dat* ~ **sein** to leave behind sth *sep;* ***aus dem Alter bin ich schon*** ~ that's all behind me

⑥ *(gesagt worden sein)* ■ ~ **sein** to have been said, to be out in the open; ***die Wahrheit ist*** ~ the truth has come out [*or* is out]

he·rausIar·bei·ten **I.** *vt* ① *(plastisch hervorheben)* ■ **etw [aus etw** *dat*] ~ to carve sth [out of sth]

② *(hervorheben)* ■ **etw [deutlicher/besser]** ~ to bring out sth *sep* [more clearly/better]

II. *vr* ■ **sich** *akk* **aus etw** *dat* ~ to work one's way out of sth

he·rausIbe·kom·men* *vt irreg* ① *(entfernen)* ■ **etw [aus etw** *dat*] ~ to get sth out [of sth]

② *(herausziehen)* ■ **etw [aus etw** *dat*] ~ to get sth out [of sth], to remove sth [from sth]

③ *(herausfinden)* ■ **etw** ~ to find out sth *sep*

④ *(ausgezahlt bekommen)* ■ **etw** ~ to get sth back

he·rausIbil·den *vr* ■ **sich** *akk* **[aus etw** *dat*] ~ to develop [*or* form] [out of sth] **He·raus·bil·dung** *f* formation, development **he·rausIbre·chen** **I.** *vt haben* ■ **etw [aus etw** *dat*] ~ to knock sth out [of sth] **II.** *vi sein* ■ **aus jdm** ~ to erupt from sb

he·rausIbrin·gen *vt irreg* ① *(nach draußen bringen)* ■ **[jdm] etw** ~ to bring sth out [to sb]

❷ *(auf den Markt bringen)* ■ **etw** ~ to launch sth
❸ *(der Öffentlichkeit vorstellen)* ■ **etw** ~ to publish sth
❹ *(hervorbringen)* ■ **etw** ~ to say [*or* utter] sth; ***sie brachte keinen Ton heraus*** she didn't utter a sound
❺ *(fam: ermitteln)* ■ **etw** ~ to find out sth *sep*

her·aus|bug·sie·ren* *vt* ■ **etw [aus etw** *dat*] ~ to prise [*or* AM prize] sth [out of sth], BRIT *a.* to winkle sth [out of sth]

he·raus·des·til·lie·ren *vt* CHEM **etw [aus etw** *dat*] ~ to extract sth [from sth] by distillation, to distill sth [from sth] **he·raus|dre·hen** *vt* ■ **etw [aus etw** *dat*] ~ to unscrew sth [from sth] **he·raus|drü·cken** *vt* ❶ *(durch Drücken hervorkommen lassen)* ■ **etw aus etw** *dat* ~ to squeeze sth out of sth ❷ *(durch Drücken vorwölben)* ■ **etw** ~ to stick out sth *sep*

he·raus|fah·ren *irreg* **I.** *vi sein* ❶ *(nach draußen fahren)* ■ **[aus etw** *dat*] ~ to drive out [of sth]
❷ *(entschlüpfen)* ■ **jdm** ~ to slip out
II. *vt haben* ❶ *(nach draußen fahren)* ■ **etw [aus etw** *dat*] ~ to drive sth out [of sth]
❷ *(erzielen)* ■ **etw** ~ to achieve sth

he·raus|fal·len *vi irreg* ■ **aus etw** *dat* ~ to fall [*or fig* drop] out of sth; **aus dem üblichen Rahmen** ~ *(fig)* to be different, to fall outside the usual parameters

he·raus|fil·tern *vt* ■ **etw [aus etw** *dat*] ~
❶ *(durch Filtern entnehmen)* to filter sth out [of sth]
❷ *(als brauchbar aussondern)* to sift sth out [of sth]

he·raus|fin·den *irreg* **I.** *vt* ❶ *(dahinterkommen)* ■ **etw** ~ to find out [*or* discover] sth ❷ *(herauslesen)* ■ **etw [aus etw** *dat*] ~ to find sth [from amongst sth]
II. *vi* ■ **[aus etw** *dat*] ~ to find one's way out [of sth]; ***ich begleite Sie noch zur Tür! — danke, ich finde selbst heraus*** I'll accompany you to the door — thank you, but I can find my own way out **he·raus|fi·schen I.** *vt (fam)* ■ **etw [aus etw** *dat*] ~ to fish sth out [of sth] **II.** *vr (fam)* ■ **sich** *dat* **etw [aus etw** *dat*] ~ to pick out sth *sep* [from amongst sth]

he·raus|flie·gen *irreg* **I.** *vi sein* ❶ *(nach draußen fliegen)* ■ **[aus etw** *dat*] ~ to fly out [of sth] ❷ SPORT *(fam: herausfallen)* ■ **[aus etw** *dat*] ~ to be thrown out [of sth] **II.** *vt haben* LUFT *(ausfliegen)* ■ **jdn/etw [aus etw** *dat*] ~ to fly sb/sth out [of sth]

He·raus·for·de·rer, -for·d(r)e·rin <-s, -> *m, f* challenger; **sich** *akk* **seinem** ~ **stellen** to take on one's [*or* the] challenger

he·raus|for·dern I. *vt* ❶ SPORT *(zum Kampf fordern)* ■ **jdn** ~ to challenge sb
❷ *(auffordern)* ■ **jdn zu etw** *dat* ~ to challenge sb to sth
❸ *(provozieren)* ■ **jdn [zu etw** *dat*] ~ to provoke sb [into doing sth]
❹ *(heraufbeschwören)* ■ **etw** ~ to invite sth; **Gefahr** ~ to court danger; **Kritik** ~ to invite [*or* provoke] criticism; **das Schicksal** ~ to tempt fate
II. *vi* ■ **zu etw** *dat* ~ to invite sth

he·raus·for·dernd I. *adj* provocative, challenging, inviting
II. *adv* provocatively

He·raus·for·de·rung *f* ❶ *(Aufforderung)* challenge
❷ *kein pl* SPORT *(das Herausfordern)* challenge
❸ *(Provokation)* provocation, open defiance
❹ *(Bewährungsprobe)* challenge; **sich** *akk* **einer** ~ **stellen** to take up [*or* respond to] [*or* accept] a challenge; **die** ~ **annehmen** to accept the challenge, to take up the gauntlet

he·raus|füh·ren I. *vt* ■ **jdn [aus etw** *dat*] ~ to lead sb out [of sth]
II. *vi* ■ **[aus etw** *dat*] ~ to lead out [of sth]

He·raus·ga·be <-, -n> *f* ❶ MEDIA *(Veröffentlichung)* publication
❷ *(Rückgabe)* return; *Wechselgeld* to give [back]
❸ ADMIN issue, issuing; *neue Banknoten* to issue; *(von [Brief]marken)* issue, issuing
❹ JUR *(Besitzübertragung)* surrender; ~ **der Ware** surrender of the goods; **vorläufige** ~ **gepfändeter Sachen an den Eigentümer** replevin; **auf** ~ **klagen** to replevin, to bring an action of detinue; **die** ~ **verlangen** to claim possession

He·raus·ga·be·an·spruch *m* JUR claim for restitution; ~ **bei Zahlungsverzug** claim for restitution in the event of default **He·raus·ga·be·kla·ge** *f* JUR action for possession **He·raus·ga·be·pflicht** *f* JUR obligation to surrender possession

he·raus|ge·ben *irreg* **I.** *vt* ❶ MEDIA ■ **etw** ~ *(veröffentlichen)* to publish sth; *(editieren)* to edit sth
❷ *(zurückgeben)* ■ **jdn/etw [an jdn]** ~ to return [*or sep* hand back] [*or sep* give back] sb/sth [to sb], to surrender sb/sth [to sb] *usu form,* to hand over sb/sth [to sb] *sep;* ■ **jdm etw** ~ to give sb sth [back]; ***Sie haben mir nur 12 statt 22 Euro herausgegeben!*** you've only given me [back] 12 euros instead of 22
❸ *(herausreichen)* ■ **jdm etw** ~ to pass [*or* hand out] sth to sb, to pass [*or* hand out] sb sth
II. *vi* ■ **[jdm] [auf etw** *akk*] ~ to give [sb] change [out of sth]; ***können Sie mir auf 100 Euro ~?*** can you give me change out of 100 euros?; **falsch** ~ to give the wrong change [back]

He·raus·ge·ber(in) <-s, -> *m(f)* MEDIA *(Verleger)* publisher; *(editierender Lektor)* editor

he·raus·ge·ge·ben *pp von* **herausgeben** *Buch* published

he·raus|ge·hen *vi irreg sein* ❶ *(herauskommen)* ■ **[aus etw** *dat*/**von etw** *dat*] ~ to go out [of sth]; ***ich sah ihn um 19 Uhr [aus der Wohnung] ~*** I saw him leave [the flat] at 7 pm
❷ *(entfernt werden können)* ■ **[aus etw** *dat*] ~ to come out [of sth]
❸ *(herausgezogen werden können)* ■ **[aus etw** *dat*] ~ to come out [of sth]
❹ *(lebhaft werden)* ■ **aus sich** *dat* ~ to come out of one's shell

Her·aus·geld <-[e]s> *nt kein pl bes* SCHWEIZ *(Wechselgeld)* change *no pl, no indef art*

he·raus|grei·fen *vt irreg* ■ **[sich** *dat*] **jdn [aus etw** *dat*] ~ to pick [*or* single] out *sep* [*or* select] sb [from sth]; ■ **[sich** *dat*] **etw [aus etw** *dat*] ~ to choose sth [from sth]; ***morgens greife ich mir irgendetwas aus dem Schrank heraus*** in the morning[s] I just grab any old thing out of the wardrobe **he·raus|gu·cken** *vi (fam)* ❶ *(heraussehen)* ■ **[aus etw** *dat*] ~ to look out [of sth] ❷ *(zu sehen sein) Unterhemd, Unterrock* to be showing; ***dein Hemd guckt aus der Hose heraus*** your shirt is hanging out of your trousers

he·raus|ha·ben *vt irreg (fam)* ❶ *(entfernt haben)* ■ **etw [aus etw** *dat*] ~ to have got sth out [of sth]
❷ *(gekündigt haben)* ■ **jdn aus etw** *dat* ~ to get sb out of sth
❸ *(begriffen haben)* ■ **etw** ~ to get [*or* have] the knack [*or* hang] of sth
❹ *(herausgefunden haben)* ■ **etw** ~ to have solved sth; **ein Geheimnis/einen Namen/die Ursache** ~ to have found out a secret/name/the cause; ■ **~, wann/wer/wie/warum/wo/wohin ...** to have found out when/who/how/why/where ...

he·raus|hal·ten *irreg* **I.** *vt* ❶ *(nach draußen halten)* ■ **etw [aus etw** *dat*] ~ to hold [*or* put] sth out [of sth] [*or fam* stick]
❷ *(nicht verwickeln)* ■ **jdn/etw [aus etw** *dat*] ~ to keep sb/sth out [of sth]
❸ *(fernhalten)* ■ **jdn/ein Tier [aus etw** *dat*] ~ to keep sb/an animal out [of sth]
II. *vr* ■ **sich** *akk* **[aus etw** *dat*] ~ to keep [*or* stay] out of sth; ***halt du dich [da] mal heraus!*** you [just] keep [*or* stay] out of it [*or* this]!

he·raus|hän·gen I. *vi* ■ **[aus etw** *dat*] ~ to hang out [of sth]
▸ WENDUNGEN: **jdm hängt die Zunge schon heraus** sb is completely exhausted
II. *vt* ■ **etw [aus etw** *dat*] ~ ❶ *(nach außen hängen)* to hang out sth *sep*, to hang sth out of sth
❷ *(herauskehren, zeigen)* to show off sth; ***in solchen Situationen hängt sie immer die Akademikerin heraus*** she always shows [*or* likes to show] off about being an academic in such situations
❸ DIAL *(protzen mit etw)* to show off sth; ***ich denke, er hängt sein Geld zu sehr heraus*** I think he shows his money off too much

he·raus|hau·en *vt* ❶ *(entfernen)* ■ **etw** ~ *Baum* to chop down [and clear] sth; *Stein* to knock out sth *sep*
❷ *(meißeln, bildhauern)* ■ **etw [aus etw** *dat*] ~ to carve [*or* cut] sth [out of sth]
❸ *(fam: befreien)* ■ **jdn [aus etw** *dat*] ~ to get sb out [of sth]; **jdn aus Schwierigkeiten** ~ to bail sb out of trouble

he·raus|he·ben *irreg* **I.** *vt* ❶ *(räumlich)* ■ **etw [aus etw** *dat*] ~ to lift sth out [of sth]
❷ *(hervorheben)* ■ **etw [aus etw** *dat*] ~ to bring out *sep* [*or* emphasize] sth
II. *vr* ❶ *(sich abheben)* ■ **sich** *akk* **[aus etw** *dat*] ~ to pull oneself out [of sth]; *Masse, Hintergrund* to stand out from sth
❷ *(herausragen)* ■ **sich** *akk* **[durch etw** *akk*] ~ to stand out [because of sth]

he·raus|hel·fen *vi irreg* ■ **jdm [aus etw** *dat*] ~
❶ *(auszusteigen helfen)* to help sb out [of sth]; **jdm aus dem Bus/Zug** ~ to help sb off the bus/train
❷ *(zu überwinden helfen)* to help sb out [of sth]

he·raus|ho·len *vt* ❶ *(nach draußen holen)* ■ **etw [aus etw** *dat*] ~ to bring [*or* get] sth out [of sth]; ■ **jdn [aus etw** *dat*] ~ to get sb out [of sth]
❷ *(als Aussage bekommen)* ■ **etw [aus jdm]** ~ to get sth out [of sb]; **eine Information aus jdm** ~ to extract a piece of information from sb
❸ *(durch Bemühungen erreichen)* ■ **[bei etw** *dat*] **etw** ~ to get sth [out of sth]
❹ SPORT *(durch körperlichen Einsatz erzielen)* ■ **etw** ~ to gain [*or* win] sth; **ein gutes Ergebnis** ~ to achieve a good result; **den dritten Platz** ~ to take third place; **eine gute Zeit** ~ to achieve [*or* record] a good time
❺ *(fam: an Leistung abgewinnen)* ■ **[aus jdm/etw] etw** ~ to get sth out [of sb/sth]

he·raus|hö·ren *vt* ❶ *(durch Hinhören wahrnehmen)* ■ **jdn/etw [aus etw** *dat*] ~ to hear sb/sth [in sth] ❷ *(abwägend erkennen)* ■ **etw [aus etw** *dat*] ~ to detect sth [in sth] **he·raus|keh·ren** *vt* ■ **jdn/etw** ~ to play [*or* parade] [*or* act] sb; **den Chef/väterlichen Freund/reichen Gönner** ~ to play the boss/fatherly friend/rich patron **he·raus|kit·zeln** *vt (fam)* ■ **etw** ~ to provoke sth

he·raus|kom·men [hɛrauskɔmən] *vi irreg sein*
❶ *(nach draußen kommen)* ■ **[aus etw** *dat*] ~ to come out [of sth]
❷ *(nach außen dringen)* ■ **[irgendwo]** ~ to come out [somewhere]
❸ *(etw ablegen können)* ■ **aus etw** *dat* **kaum/nicht** ~ to hardly/not have sth off [*or* be out of sth]
❹ *(etw verlassen können)* ■ **aus etw** *dat* ~ to get out of sth; ***viele Bewohner sind noch nie aus diesem Dorf herausgekommen*** many of the residents have never [even] left [*or* been out of] this village
❺ *(aufhören können)* ■ **aus etw** *dat* **kaum/nicht** ~ to hardly/not be able to stop doing sth; ***da kommt man aus dem Staunen/der Verwunderung kaum mehr heraus*** one can hardly get over one's astonishment/surprise
❻ *(fam: überwinden können)* ■ **aus etw** *dat* ~ to get out of sth; **aus den Problemen** ~ to solve one's problems; **aus den Schulden** ~ to get out of debt, to settle [*or* to clear] one's debts; **aus Schwierigkeiten/Sorgen** ~ to get over one's difficulties/worries
❼ *(auf den Markt kommen)* to come out [*or* be launched]; ■ **mit etw** *dat* ~ to come out with [*or sep* bring out] [*or* launch] sth; *(erscheinen)* to come out [*or* be published]
❽ *(bekannt gegeben werden)* to be published; *Gesetz, Verordnung* to be enacted
❾ *(bekannt werden)* to come out; ■ **es kam heraus, dass/warum/wer/wo ...** it came out that/why/who/where ...
❿ *(zur Sprache bringen)* ■ **mit etw** *dat* ~ to come out with sth
⓫ *(Resultat haben)* ■ **bei etw** *dat* ~ to come of sth; ***und was soll dabei ~?*** and what good will that do? [*or* what good is supposed to come of that?]; **auf eins** [*o* **dasselbe**] **~, auf das** [*o* **aufs**] **Gleiche** ~ to [all] amount to the same thing

⑫ SCHWEIZ *(ausgehen)* to turn out; **etw kommt gut/schlecht heraus** sth turns out well/badly
⑬ *(fam: aus der Übung kommen)* ■[**aus etw** *dat*] ~ to get out of practice [in sth], to get rusty
⑭ KARTEN *(die erste Karte ausspielen)* to lead
⑮ *(zur Geltung kommen)* ■**irgendwie** ~ to show [off] somehow; ***bei Tageslicht kommt das Muster viel besser heraus*** you can see the pattern much better in the daylight
▸WENDUNGEN: [**mit etw** *dat*] **groß** ~ *(fam)* to be a great success, to have great success with sth

he·raus|krie·gen *vt (fam) s.* **herausbekommen, rauskriegen** **he·raus|kris·tal·li·sie·ren*** **I.** *vt* ■**etw** [**aus etw** *dat*] ~ to extract sth [from sth] **II.** *vr* ■**sich** *akk* ~ to crystallize **he·raus|las·sen** *vt irreg* ① *(aus etw fortlassen)* ■**jdn/ein Tier** ~ to let out sb/an animal *sep;* ■**jdn/ein Tier** [**aus etw** *dat*] ~ to let sb/an animal out [of sth] ② *(fam: weglassen)* ■**etw** [**aus etw** *dat*] ~ to leave out sth *sep,* to leave sth out [of sth] ③ *(fam: mitteilen)* ■**etw** ~ to announce sth **he·raus|lau·fen** *irreg* **I.** *vi sein* ① *(nach draußen laufen)* ■[**aus etw** *dat*/**durch etw** *akk*] ~ to run out [of/through sth] ② *(herausfließen)* ■[**aus etw** *dat*] ~ to run out [of sth] **II.** *vt* SPORT ■**etw** ~ to gain sth; **den ersten Platz** ~ to take first place, to come first; **einen Sieg** ~ to win a victory; **einen Vorsprung** ~ to build up a lead **he·raus|le·sen** *vt irreg* ① *(durch Lesen deuten)* ■**etw aus etw** *dat* ~ to read sth into sth ② *(aussondern)* ■**etw** [**aus etw** *dat*] ~ to pick out sth [from sth] *sep* **he·raus|lo·cken** *vt* ① *(nach draußen locken)* ■**jdn/ein Tier** ~ to lure out sb/an animal *sep;* ■**jdn/ein Tier aus etw** *dat* ~ to lure [*or* to entice] sb/an animal out of sth ② *(entlocken)* ■**etw aus jdm** ~ to worm sth out of sb **he·raus|lö·sen** *vt* ■**etw** [**aus etw** *dat*] ~ ① *(loslösen)* to release sth [from sth] ② *(herausnehmen)* to remove sth [from sth]; **Wörter aus ihrem Zusammenhang** ~ to remove words from their context **He·raus·lö·sen** <-> *nt kein pl* detachment *no pl* **he·raus|ma·chen** **I.** *vt (fam)* ■**etw** [**aus etw** *dat*] ~ to get sth out [of sth] [*or* remove sth [from sth]] **II.** *vr (fam)* ■**sich** *akk* **irgendwie** ~ to turn out [*or* develop] somehow; ***Ihre Tochter hat sich aber in den letzten Jahren herausgemacht*** your daughter has really blossomed in the last few years

her·aus|mo·geln *vr (pej fam)* ■**sich** *akk* **aus etw** *dat* ~ to duck out of sth **he·raus|müs·sen** *vi irreg (fam)* ① MED *(entfernt werden müssen)* to have to come out [*or* be removed] ② *(gesagt werden müssen)* to have to come out; ***das musste mal heraus!*** I had to get that off my chest! ③ *(nach draußen müssen)* ■[**aus etw** *dat*] ~ to have to get out [of sth]; ***ab und zu muss ich einfach aus der Wohnung heraus*** sometimes I just have to get out of the apartment

he·raus·nehm·bar *adj* removable; ■[**aus etw** *dat*] ~ **sein** to be removable [from sth]

he·raus|neh·men *irreg* **I.** *vt* ① *(entnehmen)* ■**etw** [**aus etw** *dat*] ~ to take sth out [of sth]
② MED *(fam: operativ entfernen)* ■[**jdm**] **etw** ~ to take out *sep* [*or* remove] [sb's] sth; *Zahn* to pull [*or* take out] [*or* extract] [sb's] sth; ■**sich** *dat* **etw** ~ **lassen** to have one's sth taken out [*or* removed]
③ *(aus einer Umgebung entfernen)* ■**jdn aus etw** *dat* ~ to take sb away [*or* remove sb] from sth
II. *vr* ① *(pej: frech für sich reklamieren)* ■**sich** *dat* **etw** ~ to take liberties; ***also, sie hat sich in letzter Zeit ja einiges herausgenommen!*** well, she's been taking some real liberties recently!; **sich** *dat* **zu viel** ~ to go too far
② *(sich erlauben)* ■**sich** *dat* ~, **etw zu tun** to have the nerve to do sth

he·raus|pau·ken *vt (fam)* ■**jdn** [**aus etw** *dat*] ~ to bail sb out [of sth] **he·raus|pi·cken** *vt* ■[**sich** *dat*] **etw** [**aus etw** *dat*] ~ to pick sth out [of sth] **he·raus|plat·zen** *vi sein (fam)* ① *(lachen)* to burst out laughing ② *(spontan sagen)* ■**mit etw** *dat* ~ to blurt out sth *sep*

he·raus|pu·len *vt (fam)* ■**etw** [**aus etw** *dat*] ~ to pick sth out [of sth] **he·raus|put·zen** *vt* ■**jdn** ~ to smarten up sb *sep;* ■**etw** ~ to deck out sth *sep;* ■**sich** *akk* ~ to dress [*or* spruce] oneself up

her·aus|quet·schen *vt (fam)* ■**etw aus jdm** ~ *Geld, Wahrheit* to squeeze [*or* wring] sth out of sb **he·raus|ra·gen** *vi s.* **hervorragen** **he·raus|re·den** *vr* ■**sich** *akk* [**mit etw** *dat*] ~ to talk one's way out of it [by using sth as an excuse]; ■**sich** *akk* **auf etw** *akk* ~ to use sth as an excuse

he·raus|rei·ßen *vt irreg* ① *(aus etw reißen)* ■**etw** [**aus etw** *dat*] ~ to tear out sth *sep,* to tear sth out [of sth]; **einen Baum/eine Wurzel** ~ to pull [*or* root] out a tree/root; **eine Seite** [**aus einem Buch/einer Zeitung**] ~ to tear [*or* rip] a page out [of a book/newspaper]; **einen Zahn** ~ to pull [*or* extract] a tooth
② *(ablenken)* ■**jdn aus etw** *dat* ~ to tear sb away from sth; **jdn aus seiner Arbeit** ~ to interrupt sb in their work; **jdn aus seiner Konzentration** ~ to disrupt sb's concentration; **jdn aus seiner Meditation/seinen Träumen** ~ to startle sb out of their meditation/dreaming
③ *(fam: aus Bedrängnis befreien)* ■**jdn** ~ to get sb out of it *fam,* to save sb
④ *(fam: wettmachen)* ■**etw** ~ to save sth

he·raus|rü·cken **I.** *vt haben (fam)* ■**etw** [**wieder**] ~ to hand over [*or* back] sth *sep;* ***komm, rück das Buch wieder heraus, das gehört mir!*** come on, give me back the book, it belongs to me! **II.** *vi sein (fam)* ■**mit etw** *dat* ~ to come out with sth; *s. a.* **Sprache** **he·raus|rut·schen** *vi sein* ① *(aus etw rutschen)* ■[**jdm**] [**aus etw** *dat*] ~ to slip out [of sth] ② *(fam: ungewollt entschlüpfen)* ■**jdm rutscht etw heraus** sth slips out, sb lets sth slip out; ***entschuldige, das ist mir nur so herausgerutscht!*** sorry, it just slipped out! **he·raus|schä·len** **I.** *vt* ■**etw** [**aus etw** *dat*] ~ ① *(aus etw schälen)* to scrape out sth [from sth] *sep* ② *(ausschneiden)* to cut out sth [from sth] *sep;* MED to cut away sth [from sth] *sep* **II.** *vr* ■**sich** *akk* [**aus etw** *dat*] ~ to become evident [*or* apparent] [from sth], to crystallize **he·raus|schau·en** *vi* DIAL ① *(zu sehen sein)* ■[**aus etw** *dat*] ~ to be showing [through sth] ② *(nach draußen schauen)* ■[**aus etw** *dat*] ~ to look out [of sth] ③ *(fam: als Gewinn zu erwarten sein)* **etw schaut** [**für jdn**] **dabei heraus** sth is in it [for sb]; ***dabei schaut wenig/nichts heraus*** there's not much/nothing in it

her·aus|schin·den *vt irreg* ■**etw** ~ to get [*or* win] sth; **Zeit** ~ to gain time

he·raus|schla·gen *irreg* **I.** *vt haben* ① *(aus etw schlagen)* ■**etw** [**aus etw** *dat*] ~ to knock sth out [of sth]
② *(durch Schlagen entfernen)* ■**etw** ~ to knock out sth *sep*
③ *(fam: geschickt erhandeln)* ■[**bei jdm/etw**] **etw** [**für sich** *akk*] ~ to make sth [out of sb/sth] [for oneself]; **Erlaubnis/Konzessionen** ~ to get permission/concessions; **Vorteile/Zeit** ~ to gain advantages/time; **möglichst viel aus etw** *dat* ~ to get the most out of sth
II. *vi sein* ■**aus etw** *dat*/**zu etw** *dat* ~ *Flammen* to leap out of sth/through sth

he·raus|schleu·dern *vt* ① *(aus etw schleudern)* ■**etw** ~ to hurl [*or* fling] out sth *sep;* ■**etw aus etw** *dat* ~ to hurl [*or* fling] sth out of sth; ■[**aus etw** *dat*] **herausgeschleudert werden** to be thrown [*or* catapulted] from [*or* out of] sth; **aus einem Sitz/einer Kanzel herausgeschleudert werden** to be ejected from a seat/cockpit ② *(erregt aussprechen)* ■**etw** ~ to hurl out sth *fig sep* **he·raus|schlüp·fen** *vi sein* ① *(aus etw schlüpfen)* ■[**aus etw** *dat*] ~ to hatch [out of sth] ② *(herausrutschen)* ■**jdm schlüpft etw heraus** sth slips out, sb lets sth slip out **he·raus|schme·cken** **I.** *vt* ■**etw** [**aus etw** *dat*] ~ to be able to taste sth [in sth] **II.** *vi* to taste; ***der Majoran schmeckt etwas zu stark heraus*** the marjoram tastes a bit too strong [*or* the taste of [the] marjoram is too strong] **he·raus|schnei·den** *vt irreg* ■**etw** ~ to cut out sth *sep;* ■**etw aus etw** *dat* ~ to cut sth out of sth **he·raus|schrei·ben** *vt irreg* ■**etw** [**aus etw** *dat*] ~ to copy out sth *sep* [from sth] **he·raus|schrei·en** *vt irreg* ■**etw** ~ to vent [*or* give vent to] sth

he·rau·ßen *adv* SÜDD, ÖSTERR *(hier draußen)* out here

he·raus|sprin·gen *vi irreg sein* ① *(aus etw springen)* ■[**aus etw** *dat*] ~ to jump [*or* leap] out [of sth]
② *(abbrechen)* ■[**aus etw** *dat*] ~ to chip off [sth]
③ ELEK *(den Kontakt unterbrechen)* to blow
④ *(fam) s.* **herausschauen 3**

he·raus|sprit·zen *vi* to squirt out **he·raus|spru·deln** **I.** *vi sein* ■[**aus etw** *dat*] ~ to bubble out [of sth] **II.** *vt haben* ■**etw** ~ to blurt out sth *sep* **he·raus|ste·hen** *vi irreg* ■[**aus etw** *dat*] ~ to stick out [of sth], to protrude [from sth]

he·raus|stel·len **I.** *vt* ① *(nach draußen stellen)* ■**etw** ~ to put out sth *sep,* to put sth outside
② *(hervorheben)* ■**etw** [**irgendwie**] ~ to emphasize sth [somehow], to point out sth
II. *vr* ■**sich** *akk* ~ to come to light, to emerge, to become apparent; **jds Unschuld wird sich** ~ sb's innocence will be proven; ■**sich** *akk* **als etw** ~ to be shown [*or* proven] to be sth; ■**es stellte sich heraus, dass ...** it turned out [*or* it became apparent] [*or* it was found] that ...; ***ob Sie im Recht sind, muss sich erst noch*** ~ we must wait and see whether you're right; ***hat sich eigentlich schon herausgestellt, wer der Täter war?*** have they already found out who the culprit was?

he·raus|stre·cken *vt* ■**etw** ~ to stick out sth *sep;* ■**etw aus etw** *dat*/**zu etw** *dat* ~ to stick sth out [of sth] **he·raus|strei·chen** *vt irreg* ① *(aus etw tilgen)* ■**etw** ~ to cross out sth *sep;* ■**etw aus etw** *dat* ~ to delete sth [*or* cross sth out] from sth ② *(betonen)* ■**etw** ~ to stress sth **he·raus|stür·zen** *vi sein* ■[**aus etw** *dat*] ~ to rush out [of sth] **he·raus|su·chen** *vt* ■[**jdm**] **etw** [**aus etw** *dat*] ~ to pick out sth *sep* [from sth] [for sb]; ***kannst du mir mal die Textstelle*** ~, ***wo ...*** can you find me the place [in the text] where ...; ■**jdn** ~ to pick out sb *sep,* to choose [*or* select] sb **he·raus|tre·ten** *vi irreg sein* ① *(nach außen treten)* ■[**aus etw** *dat*] ~ to step out [of sth]; ***jeder, der sich freiwillig meldet,*** ~***!*** any volunteers step forward! ② *(anschwellen)* to stand out **he·raus|tröp·feln** *vi* to drip out **he·raus|wa·gen** *vr* ■**sich** *akk* [**aus etw** *dat*] ~ to venture out [of sth], to venture forth [from sth] **he·raus|wer·fen** *vt irreg* ① *(räumlich)* ■**etw** ~ to throw out sth *sep* ② *(fam: kündigen)* ■**jdn** ~ to kick out sb *sep* **he·raus|win·den** *vr irreg* ■**sich** *akk* [**aus etw** *dat*] ~ to wriggle [*or* wiggle] out [of sth] **he·raus|wirt·schaf·ten** *vt* ■**etw** ~ to make [*or* gain] sth by good management; **einen Gewinn aus der Firma** ~ to make a profit out of the firm **he·raus|wol·len** *vi* ■[**aus etw** *dat*] ~ to want to get out [of sth]; *s. a.* **Sprache**

her·aus|zie·hen **I.** *vt irreg haben* ① ■**etw** [**aus etw** *dat*] ~ to pull sth out [of sth]; **jdn aus dem Fluss** ~ to pull [*or* drag] sb out of the river; **eine Schublade** ~ to pull out [*or* open] a drawer; **den Stecker aus der Steckdose** ~ to unplug sth; **die Truppen aus einem Gebiet** ~ to pull the troops out of an area
② *(extrahieren)* ■**etw** [**aus etw** *dat*] ~ to extract sth [from sth]
II. *vi irreg sein (wegziehen)* ***sie ist aus Dublin herausgezogen*** she moved away from Dublin

herb [hɛrp] **I.** *adj* ① *(bitter-würzig)* sharp, astringent; *Duft, Parfüm* tangy; *Wein* dry
② *(schmerzlich)* bitter; *Erkenntnis* sobering
③ *(etwas streng)* severe; *Schönheit* austere
④ *(scharf)* harsh
II. *adv* ~ **schmecken** to taste sharp, to have an astringent taste; ~ **duften/riechen** to smell tangy; ***der Wein schmeckt etwas*** ~ this wine tastes somewhat dry

Her·ba·ri·um <-s, -ien> [hɛrˈbaːri̯ʊm, *pl* -ri̯ən] *nt* herbarium

her·bei [hɛɐ̯ˈbai̯] *adv (geh)* ~ **zu mir!** come [over] here [*or old* hither]!

her·bei|brin·gen *vt irreg (geh)* ■**jdn/etw** ~ to bring over sb/sth *sep* **her·bei|ei·len** *vi sein* to rush [*or* hurry] over **her·bei|füh·ren** [hɛɐ̯ˈbai̯fyːrən] *vt*

H

■**etw ~** ① *(bewirken)* to bring about sth *sep* ② MED *(verursachen)* to cause sth, to lead to sth **Her·bei·füh·rung** *f* **~ einer Straftat** JUR initiation of a crime **her·bei|ho·len** *vt (geh)* ■**jdn/etw ~** to fetch sb/sth; ***holen Sie bitte einen Arzt herbei*** please call [*or* fetch] [*or* send for] a doctor **her·bei|las·sen** *vr irreg* ■**sich** *akk* **zu etw** *dat* **~** to deign [*or* condescend] to do sth; ■**sich** *akk* **dazu ~, etw zu tun** to bring oneself to do sth **her·bei|re·den** *vt* ■**etw ~** to talk sth into happening; **Panik ~** to create panic; **den Tod ~** to conjure up death; ***hör auf, Probleme herbeizureden*** stop trying to find problems where there are none **her·bei|ru·fen** *vt irreg (geh)* ■**jdn ~** to call sb [over]; ■**etw ~** to call for sth; ***rasch, rufen Sie einen Arzt/die Polizei herbei!*** call a doctor/the police at once! **her·bei|schaf·fen** *vt (geh)* ■**jdn/etw ~** to bring sb/sth here; ***schnell, wir müssen einen Feuerlöscher ~*** hurry, we need to get a fire extinguisher **her·bei|sehn·en** *vt (geh)* ■**jdn/etw ~** to long for sb/sth **her·bei|strö·men** *vi sein* to come flocking **her·bei|win·ken** *vt* ■**jdn ~** to beckon [*or* motion] over sb *sep;* **ein Taxi ~** to hail a taxi **her·bei|wün·schen** *vt* ■**jdn/etw ~** to long for sb/sth

her|be·kom·men* *vt irreg (fam)* ■**etw ~** to get hold of sth *fam* **her|be·mü·hen*** **I.** *vr (geh)* ■**sich** *akk* **~** to take the trouble to come [here]; ***ich habe mich schließlich extra herbemüht*** after all, I did take the trouble to come here **II.** *vt (geh)* ■**jdn ~** to trouble sb to come [here]; ***wir werden den Minister persönlich ~ müssen*** we will have to trouble the minister to come here in person

Her·ber·ge <-, -n> [ˈhɛrbɛrɡə] *f* ① *(Jugendherberge)* hostel
② *kein pl (veraltend: Unterkunft)* lodging, shelter *no pl*
③ *(veraltet: einfaches Gasthaus)* inn

Her·bergs·el·tern *pl* [youth] hostel wardens *pl* **Her·bergs·mut·ter** *f* [female] [youth] hostel warden **Her·bergs·va·ter** *m* [male] [youth] hostel warden

her|be·stel·len* *vt* ■**jdn ~** to ask sb to come, to send for sb, to summon sb **her|be·ten** *vt (pej)* ■**etw ~** to recite sth mechanically, to reel [*or* rattle] sth off

Herb·heit <-> *f kein pl* sharpness, tanginess, acerbity; **die ~ eines Dufts/Parfüms** the tanginess of a smell/perfume; ***der Wein ist von zu großer ~*** this wine is too dry

her|bit·ten *vt irreg* ■**jdn ~** to ask sb to come

her·bi·vor [hɛrbiˈvoːɐ̯] *adj (Pflanzen fressend)* herbivorous

Her·bi·vor <-s, -en> [hɛrbiˈvoːɐ̯] *m* ZOOL herbivore

Her·bi·zid <-[e]s, -e> [hɛrbiˈtsiːt] *nt* herbicide

her|brin·gen *vt irreg* ■**jdn ~** to bring sb [here]; ■**jdm etw ~** to bring sb sth

Herbst <-[e]s, -e> [hɛrpst] *m* autumn, fall AM; **im ~** in [the] autumn; **der ~ des Lebens** *(liter)* the autumn of [one's] life *liter*

Herbst·an·fang *m* beginning of autumn **Herbst·as·ter** *f* BOT Michaelmas daisy **Herbst·en·de** *nt* end of autumn **Herbst·far·ben** *pl* autumn [*or* autumnal] colours [*or* AM -ors] [*or* hues] [*or* tints] *pl* **Herbst·fe·ri·en** *pl* SCH [autumn] half-term holiday[s] BRIT, [fall] midterm vacation AM **Herbst·kol·lek·ti·on** *f* MODE autumn collection **Herbst·laub** *nt* autumn leaves *pl,* fall foliage + *sing vb* AM

herbst·lich [ˈhɛrpstlɪç] *adj* autumn *attr,* autumnal; ■**~ sein/werden** to be/become autumnal

Herbst·meis·ter *m* FBALL *soccer team at the top of the league rankings at the end of the autumn season*

Herbst·mo·de *f* autumn fashion **Herbst·mo·nat** *m* autumn month **Herbst·sturm** *m* autumn storm **Herbst·tag** *m* autumn day **Herbst·wet·ter** *nt kein pl* autumn[al] weather *no pl* **Herbst·zeit·lo·se** <-n, -n> *f* BOT meadow saffron, autumn crocus

Her·cu·la·ne·um [hɛrkuˈlaːneum] *nt* GEOG Herculaneum

Herd <-[e]s, -e> [heːɐ̯t, *pl* ˈheːɐ̯də] *m* ① *(Küchenherd)* cooker, stove, range AM; **am heimischen ~** *(geh)* in the comfort of one's [own] home, by one's own fireside
② MED *(Krankheitsherd)* focus
③ GEOL *(Zentrum)* focus, epicentre [*or* AM -er]
▸WENDUNGEN: **eigener ~ ist Goldes wert** *(prov)* there's no place like home *prov*

Herd·ab·deck·plat·te *f* hob cover

Her·de <-, -n> [ˈheːɐ̯də] *f (Anzahl von Tieren gleicher Art)* herd; *Schafe* flock
▸WENDUNGEN: **mit der ~ laufen** *(pej)* to follow the crowd [*or pej* herd]

Her·den·mensch *m (pej)* sheep **Her·den·tier** *nt* ① *(Tier)* gregarious animal ② *(pej: unselbständiger Mensch)* sheep *pej,* person who follows the crowd [*or pej* herd] **Her·den·trieb** *m (pej)* herd instinct *pej*

Herd·plat·te *f* hotplate, [electric] ring, burner, stove top

he·rein [hɛˈrain] *adv* in [here]; ***„dort ~?" — „nein, diese Tür!"*** "in there?" — "no, it's this door!"; **nur** [*o* **immer**] **~!** come on in!; **~!** come in!

he·rein|be·kom·men* *vt irreg* ■**etw ~** to get in sth *sep* **he·rein|bit·ten** *vt irreg* ■**jdn [zu sich** *dat***] ~** to ask sb [to come] in[to one's office], to invite sb in[to one's office]; ***darf ich Sie gleich zu mir ~*** would you like to come straight in [*or* into my office] **he·rein|bre·chen** [hɛˈrainbrɛçn̩] *vi irreg sein* ① *(gewaltsam zusammenstürzen)* ■**[über jdn/etw] ~** to collapse [over sb/sth] ② *(hart treffen)* ■**über jdn/etw ~** *Katastrophe, Krieg, Unglück* to befall [*or* overtake] sb/sth ③ *(geh: anbrechen)* to fall; ***der Winter bricht herein*** winter is setting in **he·rein|brin·gen** *vt irreg* ① *(nach drinnen bringen)* ■**jdn/etw ~** to bring in sb/sth *sep* ② *(fam: wettmachen)* **etw wieder ~** to recoup sth; **Verluste ~** to recoup [*or* make up] losses **he·rein|dür·fen** *vi irreg (fam)* to be allowed [to come] in; ***darf ich herein?*** can [*or* may] I come in? **he·rein|fah·ren** *irreg* **I.** *vi sein* to drive in **II.** *vt haben* ■**etw [in etw** *akk***] ~** to drive sth in[to sth]; ***er fuhr das Auto in die Garage herein*** he drove the car into the garage **he·rein|fal·len** *vi irreg sein* ① *(nach innen fallen)* ■**[in etw** *akk***] ~** to fall in[to sth] ② *(fam: betrogen werden)* ■**[auf jdn/etw] ~** to be taken in [by sb/sth]; ■**mit jdm/etw ~** to be taken for a ride by sb/with sth **he·rein|füh·ren** *vt* ■**jdn [in etw** *akk***] ~** to lead [*or* bring] sb in[to sth] **he·rein|ho·len** *vt* ■**jdn/etw ~** to bring in sb/sth *sep* **he·rein|kom·men** *vi irreg sein* ■**[in etw** *akk***] ~** to come in[to sth]; ***wie bist du hier hereingekommen?*** how did you get in here? **he·rein|krie·gen** *vt (fam) s.* **hereinbekommen** **he·rein|las·sen** *vt irreg* ■**jdn ~** to let sb in **he·rein|lau·fen** *vi* to run in **he·rein|le·gen** *vt* ① *(fam: betrügen)* ■**jdn [mit etw** *dat***] ~** to cheat [*or* swindle] sb [with sth], to take sb for a ride [with sth] ② *(nach drinnen legen)* ■**[jdm] etw [in etw** *akk***] ~** to put sth in [sth] [for sb] **He·rein·nah·me** <-> *f kein pl* FIN discounting; **~ von Wechseln** discounting of bills **he·rein|neh·men** *vt irreg* ① *(mit hereinbringen)* ■**etw [mit] ~** to bring sth in; ***nimm den Hund nicht mit ins Haus herein*** don't bring the dog into the house ② *(zusätzlich aufnehmen)* ■**etw [in etw** *akk***] [mit] ~** to include sth [in sth] **he·rein|plat·zen** *vi sein (fam)* ■**[bei jdm] ~** to burst in [on sb]; ■**bei etw** *dat* **~** to burst into sth **he·rein|pol·tern** *vi* to come crashing [*or* clattering] in **he·rein|reg·nen** *vi impers sep* ■**es regnet herein** the rain's coming [*or* getting] in **he·rein|rei·ten** *irreg* **I.** *vt haben (fam)* ■**jdn/sich [in etw** *akk***] ~** to land sb/oneself in it [*or fam* in the soup] **II.** *vi sein* ■**[in etw** *akk***] ~** to ride in [to sth] **he·rein|ru·fen** *vt irreg (nach drinnen holen)* ■**jdn [zu sich** *dat***] ~** to call sb in; ***ich rufe mal die Kinder zum Essen herein*** I'll call the children in to [*or* for] dinner **he·rein|schau·en** *vi* ① DIAL *(hereinsehen)* to look in ② *(fam: besuchen)* ■**[bei jdm] ~** to look in [*or* drop in] [on sb], to drop by [sb's place] **he·rein|schnei·en** **I.** *vi impers haben* ■**es schneit herein** the snow's coming in **II.** *vi sein (fam)* ① *(unverhofft zu Besuch kommen)* to turn up out of the blue [*or* suddenly] [*or* unexpectedly] ② *(unverhofft angeliefert werden)* ■**jdm ~** to be received by sb out of the blue **he·rein|se·hen** *vi irreg* ① *(nach drinnen sehen)* ■**[in etw** *akk***] ~** to look [*or* see] in[to sth] ② *s.* **hereinschauen 2** **he·rein|spa·zie·ren*** *vi sein (fam)* ■**[in etw** *akk***] ~** to walk [*or* breeze] in[to sth]; ■**hereinspaziert!** come right in!

her·ein|spie·len *vt* ■**etw ~** *Kosten* to recover [*or* recoup] sth **he·rein|ste·cken** *vt* ■**etw [in etw** *akk***] ~** to put sth [into sth]; ***schau mal, wer da den Kopf zu uns hereinsteckt!*** look who's popped his/her head through [*or* round] the door! **he·rein|strö·men** *vi sein* ■**[in etw** *akk***] ~** ① *(geströmt kommen)* to pour [*or* flood] in[to sth] ② *(in etw gedrängt kommen)* to pour in[to sth/through sth] **he·rein|stür·men** *vi* to rush [*or* dash] in, to come rushing [*or* dashing] in; ***wütend kam er ins Zimmer hereingestürmt*** he stormed into the room angrily **he·rein|stür·zen** *vi sein* ■**[in etw** *akk***] ~** to rush [*or* burst] in[to sth] **he·rein|wa·gen** *vr* ■**sich** *akk* **[in etw** *akk***]** to venture in[to sth], to dare to come in[to sth]; ***hast du dich schon zu ihm hereingewagt?*** have you ventured into his office yet? **he·rein|wol·len** *vi (fam)* ■**[in etw** *akk*/**zu jdm] ~** to want to come in[to sth/ to sb]

He·re·ro <-, -> [heˈreːro] *m o f* Herero, Ovaherero

her|fah·ren *irreg* **I.** *vi sein* ① *(gefahren kommen)* to drive [*or* come] here; ***wir sind gestern erst hergefahren*** we only just drove here yesterday
② *(fahrend verfolgen)* ■**hinter jdm/etw ~** to follow sb/sth [by car], to drive behind sb/sth
③ *(entlangfahren)* ■**vor jdm/etw ~** to drive [along] in front of sb/sth
II. *vt haben* ■**jdn/etw ~** to drive [*or* bring] sb/sth here

Her·fahrt *f* journey [*or* trip] here; ***die ~ war ganz schön anstrengend*** it was [*or* I had] a tough journey getting here; **auf** [*o* **während**] **der ~** on the way [*or* journey] here

her|fal·len *vi irreg sein* ① *(überfallen)* ■**über jdn ~** to attack sb
② *(bestürmen)* ■**[mit etw** *dat***] über jdn ~** to besiege [*or* pounce upon] sb [with sth]
③ *(sich hermachen)* ■**über jdn/etw ~** to attack sb/sth
④ *(sich stürzen)* ■**über etw** *akk* **~** to fall upon sth

her|fin·den *vi irreg* to find one's way here; ***hast du gut hergefunden?*** did you find your way here alright?

Her·gang <-[e]s> *m kein pl* course of events; ***schildern Sie mir genau den ~ dieses Unfalls*** tell me exactly what happened in this accident

her|ge·ben *irreg* **I.** *vt* ① *(weggeben)* ■**etw ~** to give away sth *sep,* to part with [*or* relinquish] sth
② *(überreichen, aushändigen)* ■**[jdm] etw ~** to hand over sth [to sb] *sep*
③ *(fam: erbringen)* ■**etw ~** to say sth *fam;* ***der Artikel gibt eine Fülle an Information her*** the article contains a lot of information
④ *(leihen)* **seinen guten Ruf** [*o* **Namen**] **für etw** *akk* **~** to stake one's reputation [*or* name] on sth
II. *vr* ■**sich** *akk* **zu** [*o* **für**] **etw** *akk* **~** to have something to do with sth

her·ge·bracht *adj s.* **althergebracht**

her|ge·hen *irreg* **I.** *vi sein* ① *(entlanggehen)* ■**[hinter/neben/vor jdm] ~** to walk [along] [behind/beside/in front of sb]
② *(sich erdreisten)* ■**~ und ...** to just go and ...; ***du kannst doch nicht einfach ~ und meine Anweisungen ignorieren!*** you can't just go and ignore my instructions!
③ SÜDD, ÖSTERR *(herkommen)* to come [here]
II. *vi impers sein (fam)* ① *(zugehen)* ***bei der Diskussion ging es heiß her*** it was a heated discussion [*or* sparks flew during the discussion]; ***bei ihren Feten geht es immer toll/lustig her*** her parties are always great fun
② *(kritisiert werden)* **es geht scharf über jdn/etw her** sb/sth is being pulled [*or* picked] to pieces *fam*

her|ge·hö·ren* *vi* to belong here

her·ge·lau·fen *adj attr (pej) s.* **dahergelaufen**

her·ge·stellt *pp von* **herstellen** produced, manufactured, made

her|ha·ben *vt irreg (fam)* ■ **etw irgendwo ~** to get sth [from] somewhere; ***wo haben Sie das her?*** where did you get that [from]?

her|hal·ten *irreg* I. *vt* ■ **[jdm] etw ~** to hold sth out [to sb]
II. *vi* ■ **als etw ~ müssen** to be used [*or* serve] as sth; **als Prellbock ~ müssen** to act [*or* be used] as a buffer

her|ho·len *vt (fam)* ■ **jdn/etw ~** to fetch [*or fam* get hold of] sb/sth; ***wo soll ich denn jetzt um Mitternacht noch Champagner und Kaviar ~?*** where am I supposed to get hold of champagne and caviar at midnight?

her|hö·ren *vi (fam)* to listen, to pay attention; **alle** [*o* **alles**] **mal ~!** listen everybody!

He·ring <-s, -e> ['heːrɪŋ] *m* ① ZOOL, KOCHK *(Fisch)* herring; **mager** [*o* **dünn**] **wie ein ~** *(fam)* as thin as a rake
② *(Zeltpflock)* [tent] peg

He·rings·hai *m* ZOOL, KOCHK porbeagle, beaumaris shark *esp* BRIT **He·rings·kö·nig** *m* KOCHK, ZOOL John Dory **He·rings·mö·we** *f* ORN lesser black-headed gull **He·rings·sa·lat** *m* herring salad **He·rings·topf** *m a dish of pickled herring, pickled gherkin, onion and apple, covered in a fresh cream sauce and traditionally served in a small earthenware pot*

he·rin·nen [hɛ'rɪnən] *adv* SÜDD, ÖSTERR *(drinnen, innen)* in here

her|ja·gen I. *vt haben* ■ **jdn/ein Tier ~** to drive [*or* chase] sb/an animal [here]; ■ **jdn vor sich** *dat* **~** to drive sb along in front of one
II. *vi sein* ■ **hinter jdm/einem Tier ~** to chase after sb/an animal

her|kom·men *vi irreg sein* ① *(herbeikommen)* to come here; ***kannst du mal ~?*** can you come here a minute?; ***von wo kommst du denn so spät noch her?*** where have you come from at [*or* been until] this late hour?
② *(herstammen)* ■ **von irgendwo ~** to come from somewhere
③ *(hergenommen werden können)* ■ **irgendwo ~** to come from somewhere; ***ich weiß beim besten Willen nicht, wo das Ersatzteil so schnell ~ soll*** I honestly don't know where I'm going to get my hands on the spare part so quickly

her·kömm·lich *adj* traditional, conventional

Her·ku·les <-, -se> ['hɛrkulɛs] *m* Hercules; **ein wahrer ~** a regular Hercules

Her·ku·les·ar·beit *f* herculean task **Her·ku·les·kä·fer** *m* ZOOL Hercules beetle

her·ku·lisch [hɛr'kuːlɪʃ] *adj (geh) Kraft, Arbeit, Vorhaben* herculean

Her·kunft <-, -künfte> ['heːɐ̯kʊnft, *pl* 'heːrkʏnftə] *f pl selten* ① *(Abstammung)* origins *pl,* descent, background; ***ihrer ~ nach ist sie Baskin*** she is of Basque descent [*or* extraction]; **von ... ~ sein** to be of ... origin [*or* stock]; ***er ist von bäuerlicher ~*** he comes from a family of farmers
② *(Ursprung)* origin; **von ... ~ sein** *(Ursprung)* to have a/an ... origin; ***dieses Wort ist von unklarer ~*** this word has an unclear origin

Her·kunfts·an·ga·be *f* ÖKON indication of origin **Her·kunfts·be·schei·ni·gung** *f* JUR certificate of origin **Her·kunfts·be·zeich·nung** *f* ÖKON certificate [*or* mark] of origin **Her·kunfts·land** *nt* ÖKON country of origin **Her·kunfts·staat** *m* JUR country of origin **Her·kunfts·zei·chen** *nt* ÖKON mark of origin **Her·kunfts·zer·ti·fi·kat** *nt* JUR certificate of origin

her|lau·fen *vi irreg sein* ① *(entlanglaufen)* ■ **irgendwo ~** to run along somewhere
② *(gelaufen kommen)* ■ **zu jdm ~** to run over here to sb
③ *(im Laufe begleiten)* ■ **hinter/neben/vor jdm ~** to run [along] behind/beside/in front of sb

her|lei·ten I. *vt* ■ **etw aus etw** *dat* **~** ① *(ableiten)* to derive sth from sth
② *(folgern)* to deduce [*or* infer] [*or* conclude] sth from sth
II. *vr* ■ **sich** *akk* **von etw** *dat* **~** to derive [*or* be derived] from sth

her|ma·chen I. *vr (fam)* ① *(energisch beschäftigen)* ■ **sich** *akk* **über etw** *akk* **~** to get stuck into sth *fam;* ***ich will mich doch gleich über den neuen Computer ~!*** I want to get my hands on the new computer right away!
② *(Besitz ergreifen)* ■ **sich** *akk* **über etw** *akk* **~** to fall upon sth *fam;* ***er machte sich über die Kekse her, als hätte er seit Tagen nicht gegessen*** he fell upon the cookies as if he hadn't eaten in days
③ *(herfallen)* ■ **sich** *akk* **über jdn ~** to attack [*or* fall [up]on] sb
II. *vt (fam)* to be impressive; ***das macht doch nichts/nicht viel her!*** that's not very impressive!, that's not impressive at all!; ***in dem neuen Kleid machst du wirklich viel her*** you look great [*or* really good] in the new dress; **viel von sich** *dat* **~** to be full of oneself *pej;* **wenig** [*o* **nichts**] **von sich** *dat* **~** to be modest

Her·ma·phro·dit <-en, -en> [hɛrmafro'diːt] *m* MED, BIOL hermaphrodite

Her·ma·phro·di·tis·mus *m,* **Her·ma·phro·dis·mus** <-> [hɛrmafrodi'tɪsmʊs] *m kein pl* BIOL *(Zwittrigkeit)* hermaphroditism

Her·me·lin[1] <-s, -e> [hɛrmə'liːn] *nt* ZOOL *(braun)* stoat; *(weiß)* ermine

Her·me·lin[2] <-s, -e> [hɛrmə'liːn] *m* MODE ermine

Her·me·neu·tik <-> [hɛrme'nɔy̯tɪk] *f kein pl* hermeneutics + *sing vb*

her·me·neu·tisch [hɛrme'nɔy̯tɪʃ] *adj* hermeneutic[al]

Her·mes-Bürg·schaft ['hɛrmɛs-] *f* HANDEL Hermes export credit guarantee

her·me·tisch [hɛr'meːtɪʃ] I. *adj (geh)* hermetic
II. *adv* hermetically, airtight; **~ verschlossen** hermetically sealed; **~ abgeriegelt** [*o* **abgeschlossen**] [*o* **geschlossen**] completely sealed [*or* shut] [*or* closed off]

her|müs·sen *vi irreg (fam)* to be needed urgently

her·nach [hɛɐ̯'naːx] *adv* DIAL *(danach)* afterwards, after that

her|neh·men *vt irreg* ① *(beschaffen)* ■ **etw irgendwo ~** to get [*or* find] sth somewhere; ***ich weiß nicht, wo ich so viel Geld ~ soll*** I don't know where I'm going to find [*or* get my hands on] that much money
② *(aufbringen)* ■ **etw irgendwo ~** to find sth somewhere
③ DIAL *(fam: stark fordern, belasten)* ■ **jdn ~** to overwork sb
④ DIAL *(fam: mitnehmen)* ■ **jdn ~** to take it out of sb
⑤ DIAL *(sich vornehmen)* ■ **[sich** *dat*] **jdn ~** to give sb a good talking-to *fam*

her·nie·der [hɛɐ̯'niːdɐ] *adv (liter)* down

He·ro·in <-s> [hero'iːn] *nt kein pl* heroin

He·ro·in·ab·ga·be *f* heroin handout; **kontrollierte ~** controlled handing out of heroin **he·ro·in·ab·hän·gig** *adj* heroin-dependent, addicted to heroin *pred*

He·ro·i·ne <-, -n> [hero'iːnə] *f* THEAT heroine

he·ro·isch [he'roːɪʃ] I. *adj (geh)* heroic
II. *adv (geh)* heroically

He·ro·is·mus <-> [hero'ɪsmʊs] *m kein pl (geh)* heroism

He·rold <-[e]s, -e> ['heːrɔlt, *pl* -ldə] *m* ① HIST *(Bote eines Fürsten)* herald
② *(Vorbote)* ■ **der ~ einer S.** *gen* the harbinger of sth

He·ros <-, Heroen> ['heːrɔs, *pl* he'roːən] *m* ① *(geh: Held)* hero
② *(Halbgott)* demigod

Her·pes <-> ['hɛrpɛs] *m kein pl* herpes

Her·pes·vi·rus *nt* herpes virus

her|plap·pern *vt (fam)* ■ **etw ~** to say sth without thinking, to reel [*or* rattle] off sth *sep*

Herr(in) <-n, -en> [hɛr] *m(f)* ① *nur m (männliche Anrede: vor Eigennamen)* Mr; ***die ~en Schmidt und Müller*** Messrs Schmidt and Müller; **der ~ Botschafter/Professor** the Ambassador/Professor; **~ Doktor/Kollege ...** Dr/Mr ...; ***tut mir Leid, der ~ Doktor ist heute Nachmittag nicht in der Praxis*** I'm sorry, but the doctor is not in his office this afternoon; **~ Präsident/Vorsitzender** Mr President/Chairman; **sehr geehrter ~ ...** Dear Mr ...; **sehr geehrte ~en!** Dear Sirs; **gnädiger ~** *(veraltend)* sir; **der ~ wünscht?** what can I do for you, sir?; **der ~** sir; ***hat der ~ schon gewählt?*** is sir ready to order?
② *(iron: sarkastisch)* sir *iron;* ***wenn sich der ~ für so etwas zu fein ist*** if this is beneath you, sir; **mein ~** *(geh)* sir *form;* ***bitte, mein ~, nach Ihnen*** after you, sir; **meine ~en** gentlemen; [**aber**] **meine ~en!** gentlemen, please!; **„~en"** "gentlemen", "men", "gents" BRIT
③ *nur m (in Anrede ohne Namen)* **jds ~ Onkel/Vater/Sohn etc.** sb's uncle/father/son etc.; ***ach, das ist Ihr ~ Onkel auf dem Foto?*** oh, that's your uncle in the picture?
④ *nur m (Tanzpartner, Begleiter)* [gentleman] companion, partner
⑤ *nur m (geh: Mann)* gentleman; ***wir führen alles für den modebewussten ~n*** we stock everything for the well-dressed man; **ein geistlicher ~** *(geh)* a clergyman
⑥ *(Herrscher)* ruler, sovereign; ■ **~/~in über jdn/etw sein** to be ruler of sb/sth; *(Gebieter)* master, mistress *fem;* **~ über** [**jds**] **Leben und Tod sein** to have the power of life and death [over sb]; **der ~ des Hauses** the master of the house; **~ im eigenen Hause sein** to be master in one's own house; **der gnädige ~** *(veraltet)* the master [of the house]; **der junge ~** *(geh)* the young master; **~ der Lage sein** to be master of the situation, to have the situation under control; **nicht mehr ~ seiner Sinne sein** to no longer be in control of oneself; **sein eigener ~ sein** to be one's own master [*or* boss]; **nicht ~ über jdn werden** to not be able to control [*or* master] sb
⑦ *(Besitzer)* master; ***sind Sie der ~ dieses Hundes?*** do you own this dog?, are you the owner of this dog?, does this dog belong to you?, is this your dog?
⑧ REL *(Gott)* Lord; ■ **der ~** the Lord God; **der ~ der Heerscharen** the Lord of hosts
▶ WENDUNGEN: **jds alter ~** *(hum fam)* sb's old man *sl;* **mein ~ und Gebieter** [*o* **Meister**] *(hum)* my lord and master *hum;* **wie der ~, so 's Gescherr!** *(prov)* like master, like man! *prov;* **den großen ~n spielen** [*o* **markieren**] *(fam)* to act like the lord of the manor; **~ des Himmels!** *(emph)* good Lord!; **aus aller ~en Länder[n]** from all over the world, from the four corners of the earth; **mein ~!** sir!; **die ~en der Schöpfung** *(hum)* their lordships *hum;* **man kann nicht** [*o* **niemand kann**] **zwei ~en dienen** *(prov)* no man can serve two masters *prov*

Herr·chen <-s, -> *nt (fam)* [young] master

Her·ren·ar·ti·kel *pl* ① *(Kleidung)* menswear ② *(Accessoire)* accessories *pl* for men **Her·ren·aus·stat·ter** <-s, -> *m* [gentle]men's outfitters **Her·ren·be·glei·tung** *f (geh)* **in ~** in the company of [*or* accompanied by] a gentleman, with a male companion **Her·ren·be·kannt·schaft** *f* gentleman acquaintance; **eine ~ machen** to make the acquaintance of a gentleman **Her·ren·be·klei·dung** *f* menswear **Her·ren·be·such** *m* ① *(Besucher)* gentleman visitor [*or* caller] ② *(Besuch durch einen Herrn)* visit from a gentleman **Her·ren·dop·pel** *nt* TENNIS men's doubles *pl* **Her·ren·ein·zel** *nt* TENNIS men's singles *pl* **Her·ren·(fahr·)rad** *nt* men's bicycle [*or* bike] **Her·ren·fri·seur, -fri·seu·se** *m, f* barber, men's hairdresser **Her·ren·ge·sell·schaft** *f* ① *(gesellige Runde von Herren)* all-male [*or* [gentle]men only] party [*or* gathering] ② *(Herrenbegleitung)* **in ~** in the company of [*or* accompanied by] a gentleman, with a male companion **Her·ren·halb·schuh** *m* oxford shoe **Her·ren·haus** *nt* manor house **Her·ren·hemd** *nt* men's shirt **Her·ren·ho·se** *f* men's trousers [*or* pants] *npl* **Her·ren·hut** *m* men's hat

her·ren·los *adj* abandoned; *Hund, Katze* stray

Her·ren·mo·de *f* men's fashion **Her·ren·par·füm** <-s, -s> *nt* men's fragrance

her·ren·rei·te·risch *adj* haughty **Her·ren·sa·lon**

m barber's, men's hairstylist **Her·ren·sitz** *m* manor house **Her·ren·slip** *m* briefs *pl* **Her·ren·stroh·hut** *m* boater **Her·ren·to·i·let·te** *f* men's toilet[s] [*or* AM restroom], gents BRIT **Her·ren·witz** *m* dirty joke

Herr·gott ['hɛrgɔt] *m* *(fam)* SÜDD, ÖSTERR *(Gott)* ■ **der/unser ~** God, the Lord [God]
▶WENDUNGEN: ~ [**noch mal**]! [*o* SÜDD ~ **Sakrament!**] *(fam)* for God's [*or* Heaven's] sake!

Herr·gotts·früh ['hɛrgɔtsfry:] *f,* **Herr·gotts·frü·he** ['hɛrgɔtsfry:ə] *f* **in aller ~** *(fam)* at the crack of dawn, at an unearthly hour of the morning **Herr·gotts·schnit·zer(in)** *m(f)* SÜDD, ÖSTERR *(Holzbildhauer für Kruzifixe)* carver of crucifixes **Herr·gotts·win·kel** *m* SÜDD, ÖSTERR *corner of a room [decorated] with a crucifix and other devotional objects*

her|rich·ten I. *vt* ❶ *(vorbereiten)* to arrange, to prepare; ■ [**jdm/für jdn**] **etw ~** to get sth ready [for sb]; **den Tisch ~** to set the table
❷ *(in Stand setzen, ausbessern)* ■ **etw ~** to repair [*or* fix] sth
II. *vr* DIAL *(sich zurechtmachen)* ■ **sich** *akk* **~** to get [oneself] ready

Her·rin <-, -nen> *f fem form von* **Herr** mistress, lady

her·risch ['hɛrɪʃ] I. *adj* domineering, overbearing; *Ton* imperious, commanding, peremptory
II. *adv* imperiously, peremptorily

herr·je(h) [hɛr'je:], **herr·je·mi·ne** [hɛr'je:mine] *interj* goodness gracious!, cripes!

herr·lich I. *adj* ❶ *(prächtig)* marvellous, AM marvelous; **eine ~e Aussicht** a beautiful [*or* magnificent] [*or* superb] view; **~er Sonnenschein** glorious sunshine; **~er Urlaub** delightful [*or* wonderful] holiday; *(wunderschön)* magnificent; ***ist das Wetter wieder ~ heute!*** what gorgeous [*or* excellent] weather we're having again today!
❷ *(köstlich)* delicious, exquisite
❸ *(iron)* wonderful *iron;* **das ist ja ~** *(iron)* oh great! *iron*
II. *adv* ❶ *(prächtig)* **sich** *akk* **~ amüsieren** to have a marvellous [*or* AM marvelous] [*or* excellent] time, to have great fun
❷ *(köstlich)* **~ munden** [*o* **schmecken**] to taste delicious

Herr·lich·keit <-, -en> *f* ❶ *kein pl (Schönheit, Pracht)* magnificence, splendour [*or* AM -or], grandeur; **die ~ der Landschaft** the beauty [*or* magnificence] of the landscape; **die ~ Gottes** REL the glory of God; **ist das die ganze ~?** *(iron)* is that [all there is to] it?; **die ~ wird nicht lange dauern** [*o* **anhalten**] *(fam)* it's too good to last
❷ *meist pl (prächtiger Gegenstand)* treasure
❸ *(Köstlichkeit)* delicacy

Herr·schaft <-, -en> ['hɛrʃaft] *f* ❶ *kein pl (Macht, Kontrolle)* power, rule, reign; **eine totalitäre ~** totalitarian rule; **sich** *akk* **der ~ bemächtigen** [*o* **die ~ usurpieren**] to seize power; **an die ~ gelangen** [*o* **kommen**] to come to power; **die ~ über etw** *akk*/**sich** *akk* **verlieren** to lose control of sth/oneself; **unter der ~ der/des ...** under the rule of the ...
❷ *pl (Damen und Herren)* ■ **die ~en** ladies and gentlemen; ***guten Abend, meine ~en!*** good evening, ladies and gentlemen!; ***darf ich den ~en sonst noch etwas bringen?*** can I bring sir and madam anything else?
❸ *(veraltend: Dienstherr)* ■ **~en** *pl* master *no indef art; (hum)* lordship, ladyship; ***und wann gedenken die ~en wieder nach Hause zu kommen?*** and *when* do his lord- and ladyship expect to come home again?
▶WENDUNGEN: **jds alte ~en** *(hum fam)* sb's old man and old woman *sl,* sb's folks *esp* AM; **ältere ~** *(fam)* old folks

herr·schaft·lich *adj* grand, elegant

Herr·schafts·an·spruch *m* claim to power; **der ~ des Thronfolgers** the heir's claim to the throne **Herr·schafts·be·reich** *m* territory, jurisdiction **Herr·schafts·in·stru·ment** *nt* instrument [*or* symbol] of power

herr·schen ['hɛrʃn̩] I. *vi* ❶ *(regieren)* ■ [**über jdn/etw**] **~** to rule [*or* govern] [[over] sb/sth]; ***diese Partei herrscht seit 1918*** this party has been in power since 1918
❷ *(walten, in Kraft sein)* to hold sway
❸ *(vorhanden sein)* to prevail, to be prevalent; *Ruhe, Stille* to reign; *Hunger, Krankheit, Not* to be rampant [*or* rife], to be raging; ***hoffentlich herrscht hier bald wieder Ruhe!*** hopefully we'll soon be having a bit of quiet here!; ***seit Tagen herrscht in Mitteleuropa eine drückende Hitze*** there has been an oppressive heatwave in central Europe for [some] days [now]; ***was herrscht hier wieder für eine schreckliche Unordnung!*** what a terrible mess this place is in again!
II. *vi impers* **es herrscht Zweifel, ob ...** there is doubt whether ...; ***es herrscht Stille*** silence reigns; **es herrscht Unklarheit, wann/warum/wer/wie/ob ...** there is [some] doubt as to when/why/who/how/whether ...; **es herrscht Uneinigkeit, wann/warum/wer/wie/ob ...** we/they can't agree as to when/why/who/how/whether ...

herr·schend *adj* ❶ *(regierend)* ruling, dominant
❷ *(Machthaber)* ■ **die H~en** *pl* the rulers *pl,* those *pl* in power
❸ *(in Kraft befindlich)* prevailing
❹ *(obwaltend)* prevailing, prevalent

Herr·scher(in) <-s, -> *m(f)* ruler, sovereign, monarch; ■ **~ über jdn/etw** ruler of sb/sth

Herr·scher·ge·schlecht *nt,* **Herr·scher·haus** *nt* [ruling] dynasty

Herr·sche·rin <-, -nen> *f fem form von* **Herrscher**

Herrsch·sucht *f* thirst [*or* lust] for power; PSYCH domineering nature

herrsch·süch·tig *adj* domineering

her|ru·fen *vt irreg* ❶ *(zu jdm rufen)* ■ **jdn/ein Tier** [**zu sich** *dat*] **~** to call [over *sep*] sb/an animal
❷ *(nachrufen)* ■ **etw hinter jdm ~** to call sth after sb

her|rüh·ren *vi (geh)* ■ **von etw** *dat* **~** to come from sth; **von einem Albtraum/einer Feindschaft/einem Gegensatz ~** to stem from a nightmare/animosity/a paradox

her|sa·gen *vt* ■ **etw ~** to recite sth

her|schau·en *vi* DIAL *(hersehen)* ■ [**zu jdm**] **~** to look over [at sb]; ***der Mann schaut schon die ganze Zeit zu uns her!*** that man has been looking over at us the whole time!
▶WENDUNGEN: **da schau her!** ÖSTERR *(fam: sieh mal an!)* well, I never!

her|schi·cken *vt* ❶ *(zu jdm schicken)* ■ **jdn/etw** [**zu jdm**] **~** to send sb/sth [here [*or* over]] [to sb]
❷ *(nachschicken)* ■ **jdn/etw hinter jdm/etw ~** to send sb/sth after sb/sth

her|schie·ben *irreg* I. *vt (schieben)* ■ **etw ~** to pull sth towards oneself [*or* over [to oneself]]
II. *vr* ❶ *(schieben)* ■ **etw vor sich** *dat* **~** *Kinderwagen* to push sth; ***er schob das Rad neben sich her*** he pushed his bike along
❷ *(fig: verschieben)* ■ **etw vor sich** *dat* **~** *Entscheidung, Problem* to put sth off; **eine Entscheidung vor sich** *dat* **~** to put off [*or* delay] a decision

her|se·hen *vi irreg* ❶ *(in jds Richtung sehen)* ■ [**zu jdm**] **~** to look this way [*or* over here] [at sb]; ***sieh doch mal gerade her, ich will dir was zeigen!*** look this way [*or* over here], I want to show you something!
❷ *(nachsehen)* ■ **hinter jdm/etw ~** to follow sb/sth with one's eyes

her|stam·men *vi* ❶ *(herkommen)* ■ **irgendwo ~** to come [*or* be] from somewhere
❷ *(herrühren)* ■ **von etw** *dat* **~** to come from sth
❸ *(herkommen)* ■ **von jdm/etw ~** to come from sb/sth; ***diese Aussage stammt von der Geschäftsleitung her*** that statement came from the management

her|stel·len *vt* ❶ *(erzeugen)* ■ **etw ~** to produce [*or* manufacture] sth; ***die Schnitzereien sind alle von Hand hergestellt*** the carvings are all made [*or* produced] by hand; **~de Industrie** producing industry
❷ *(zustande bringen)* ■ **etw ~** to establish [*or* make] sth
❸ *(irgendwohin stellen)* ■ **etw** [**zu jdm/etw**] **~** to put sth here [next to sb/sth]

Her·stel·ler(in) <-s, -> *m(f)* ❶ *(Produzent)* manufacturer, producer
❷ *(Mitarbeiter der Herstellung)* production department employee [*or* worker]

Her·stel·ler·an·ga·ben *pl* ÖKON manufacturer's information *no indef art, no pl* **Her·stel·ler·be·schei·ni·gung** *f* manufacturer's certificate **Her·stel·ler·fir·ma** *f* manufacturer, manufacturing firm **Her·stel·ler·haf·tung** *f* JUR manufacturer's liability

Her·stel·le·rin <-, -nen> *f fem form von* **Hersteller**

Her·stel·ler·preis *m* HANDEL producer's cost **Her·stel·ler·wer·bung** *f* HANDEL producer advertising

Her·stel·lung *f kein pl* ❶ ÖKON *(das Herstellen)* production, manufacturing, making; *(Produktion)* production, manufacture; ***am Design merkt man gleich, dass die Schuhe aus italienischer ~ sind*** you can immediately tell from the design that the[se] shoes are [*or* were] made in Italy; **serienmäßige ~** mass production; *(von Autos)* series production
❷ *(Aufbau)* establishing, establishment; **die ~ von Kontakten** establishing [*or* making] contacts; ***seine Reise nach China diente vornehmlich der ~ von Kontakten*** the main purpose of his trip to China was to establish new contacts
❸ *(Produktionsabteilung)* production department

Her·stel·lungs·auf·wand *m kein pl* FIN production costs *pl; (Steuerrecht)* [tax] construction expenditure **Her·stel·lungs·feh·ler** *m* production defect **Her·stel·lungs·gang** *m* manufacturing process **Her·stel·lungs·ga·ran·tie** *f* HANDEL manufacturer's warranty **Her·stel·lungs·kla·ge** *f* JUR action for specific performance **Her·stel·lungs·kos·ten** *pl* production [*or* manufacturing] costs *pl,* cost of production; **Erstattung der ~** reimbursement of manufacturing costs **Her·stel·lungs·land** *nt s.* **Herkunftsland** **Her·stel·lungs·li·zenz** *f* JUR manufacturing licence [*or* AM -se] **Her·stel·lungs·mus·ter** *nt* pre-production model **Her·stel·lungs·pro·zess**RR *m* manufacturing process **Her·stel·lungs·rech·te** *pl* JUR manufacturing rights

her|tra·gen *vt irreg* ❶ *(herbeitragen)* ■ **jdn/etw** [**zu jdm**] **~** to carry sth [over] here [to sb]
❷ *(entlangtragen)* ■ **etw hinter/neben/vor jdm ~** to carry sth [along] behind/beside/in front of sb

her|trau·en *vr* ■ **sich** *akk* [**zu jdm**] **~** to dare to come [here] [to sb]; ***er traut sich nicht mehr her*** he doesn't dare come here any more

Hertz <-, -> [hɛrts] *nt* hertz

Hertz·re·so·na·tor *m kein pl* PHYS circular resonator

Hertz·sprung-Rus·sell-Dia·gramm *nt* ASTRON Hertzsprung-Russell diagram

he·rü·ben *adv* SÜDD, ÖSTERR *(auf dieser Seite)* over here

he·rü·ber [hɛ'ry:bɐ] *adv* over here; ***die Flussfähre fährt ans andere Ufer hinüber und dann wieder zu uns ~*** the river boat travels over to the other bank and then back over [*or* across] [here] to us

he·rü·ber|bit·ten *vt irreg* ■ **jdn** [**zu jdm/sich**] **~** to ask sb [to come] over [to sb] **he·rü·ber|brin·gen** *vt irreg* ■ **jdn/etw** [**zu jdm**] **~** to bring sb/sth over [to sb] **he·rü·ber|dür·fen** *vi irreg* ■ [**zu jdm**] **~** to be allowed [to come] over [*or* across] [to sb]; ***darf ich zu Ihnen herüber?*** may I come over to you [*or* where you are]? **he·rü·ber|fah·ren** *irreg* I. *vi sein* ■ [**zu jdm**] **~** to drive [*or* come] over [*or* across] [to sb] II. *vt haben* ■ **jdn/etw ~** to drive sb/sth over **he·rü·ber|ge·ben** *vt irreg* ■ **etw** [**zu jdm**] **~** to pass [*or* hand] over sth *sep* [to sb] [*or* sth over [here]] **he·rü·ber|ho·len** *vt* ■ **jdn/etw** [**zu sich** *dat*] **~** to bring sb/sth over [to sb], to fetch sb/sth **he·rü·ber|kom·men** [hɛ'ry:bɐkɔmən] *vi irreg sein* ■ [**zu jdm**] **~** ❶ *(hierher kommen)* to come over [here] [to sb] ❷ *(hierher gelangen)* to get over [*or* across] [to sb] **he·rü·ber|las·sen** *vt irreg* ■ **jdn/etw ~** to allow sb/sth [to come] over [*or* across] **he·rü·ber|lau·fen** *vi irreg sein* ■ [**zu jdm**] **~** to run over [here] [to sb] **he·rü·ber|rei·chen** I. *vt (geh) s.* **herübergeben**

II. *vi* ■**[irgendwohin]** ~ to extend [*or* reach] over [somewhere] **he·rü·ber|ret·ten** *vt s.* **hinüberretten** **he·rü·ber|schi·cken** *vt* ■**jdn/etw [zu jdm]** ~ to send sb/sth over [here] [to sb]

her·über|schwap·pen *vi (fam)* ■**[aus etw** *dat* **nach/in etw** *akk***]** ~ *Welle, Trend, Seuche* to come flooding over [from somewhere to/into somewhere] **he·rü·ber|schwim·men** *vi irreg sein* ■**[über etw** *akk***] [zu jdm]** ~ to swim across [sth] [to sb] **he·rü·ber|se·hen** *vi irreg* ■**[zu jdm]** ~ to look over [*or* across] [here] [at sb] **he·rü·ber|wer·fen** *vt irreg* ■**etw [zu jdm]** ~ to throw sth over [*or* across] [here] [to sb] **he·rü·ber|wol·len** *vi* ■**[zu jdm]** ~ to want to come over [*or* across] [to sb] **he·rü·ber|zie·hen** *vt irreg* ■**jdn/etw [zu sich** *dat***]** ~ to pull sb/sth over [here] [to oneself]

he·rum [hɛ'rʊm] *adv* ① *(um etw im Kreis)* ■**um etw** *akk* ~ [a]round sth

② *(überall in jds Nähe)* ■**um jdn** ~ [all] around sb; ■**um jdn ~ sein** to be [a]round sb

③ *(gegen)* ■**um ... ~** around [*or* about] ...; ***es mögen um 45.000 Zuschauer ~ im Stadion gewesen sein*** there must have been around [*or* about] 45,000 spectators in the stadium; *(um zirka)* [at] about [*or* around] ...; ***„wie viel Uhr mag es jetzt sein?" — „ich schätze, um 17 Uhr 30 ~ "*** "what time is it?" — "I'd guess that it's about [*or* around] half past five"

④ *(vorüber sein)* ■**~ sein** to be over

⑤ *(verbreitet worden sein)* ■**~ sein** to have got [a]round [*or* about]

he·rum|al·bern *vi (fam)* to fool [*or* clown] around [*or* about] **he·rum|är·gern** *vr (fam)* ■**sich** *akk* **mit jdm/etw** ~ to keep getting worked up about [*or* annoyed with] sb/sth, to have constant trouble with sb/sth *fam* **he·rum|be·kom·men*** *vt irreg* ■**jdn [zu etw** *dat***]** ~ to talk sb round [*or esp* AM around] [to sth] **he·rum|blät·tern** *vi* ■**in etw** *dat* ~ to leaf through sth **he·rum|brül·len** *vi (fam)* to shout [*or* scream] one's head off *fam* **he·rum|bum·meln** *vi (fam)* ① *haben (trödeln)* to dawdle ② *sein (herumspazieren)* ■**[irgendwo]** ~ to stroll [*or* wander] [a]round [somewhere] **he·rum|dok·tern** *vi (fam)* ① *(zu kurieren versuchen)* ■**an jdm/etw** ~ to try treating [*or* curing] sb/sth ② *(zu reparieren versuchen)* ■**an etw** *dat* ~ to tinker [*or* fiddle] about with sth **he·rum|dre·hen** **I.** *vt* ① *(um die Achse drehen)* ■**etw** ~ to turn sth ② *(wenden)* ■**jdn/etw** ~ to turn sb/sth over **II.** *vr* ■**sich** *akk* **[zu jdm]** ~ to turn [a]round [to sb]

he·rum|drü·cken **I.** *vr (fam)* ① *(ohne Ziel aufhalten)* ■**sich** *akk* **irgendwo** ~ to hang [a]round [*or* about] [*or* out] somewhere *fam*

② *(drücken)* ■**sich** *akk* **um etw** *akk* ~ to dodge sth *fig;* ***wir können uns nicht länger um eine Entscheidung ~!*** we can't dodge making a decision any longer!

II. *vi* ■**an etw** *dat* ~ to [try and] squeeze sth

he·rum|druck·sen *vi (fam)* to hum and haw BRIT, to hem and haw AM **he·rum|er·zäh·len*** *vt (fam)* ■**etw** ~ to spread sth [a]round

he·rum|fa·ckeln *vi (mit Feuer spielen)* to mess with matches/a lighter

▸WENDUNGEN: **nicht lange ~** *(fam)* to not beat around the bush *fam*

he·rum|fah·ren *irreg* **I.** *vi* ① *sein (umherfahren)* ■**irgendwo** ~ to drive [a]round somewhere; ***ich bin ein bisschen in der Stadt herumgefahren*** I drove [*or* went] [a]round [the] town for a while

② *sein (im Kreis darum fahren)* ■**um jdn/etw** ~ to drive [a]round sb/sth

③ *sein (sich rasch umdrehen)* to spin [*or* turn] [a]round quickly

④ *sein o haben (ziellos streichen, wischen)* ■**[mit etw** *dat***] auf etw** *dat/***in etw** *dat* ~ to wipe sth [with sth]; ***er fuhr sich nervös mit den Händen im Haar herum*** he ran his hands nervously through his hair

II. *vt haben* ■**jdn** ~ to drive sb [a]round

he·rum|fle·geln *vr (fam)* ■**sich** *akk* **[irgendwo]** ~ to loll [a]round [*or* about] [somewhere] **he·rum|fra·gen** *vi (fam)* to ask around, to make inquiries **he·rum|fuch·teln** *vi (fam)* ■**[mit etw** *dat***]** ~ to wave sth around [*or* about], to fidget with sth **he·rum|füh·ren** **I.** *vt* ① *(durch die Gegend führen)* ■**jdn [in etw** *dat***]** ~ to show sb [a]round [sth] ② *meist passiv (darum herum bauen)* ■**etw um etw** *akk* ~ to build sth [a]round sth **II.** *vi* ■**um etw** *akk* ~ to go [a]round sth **he·rum|fuhr·wer·ken** *vi (fam)* ■**[mit etw** *dat***]** ~ to fiddle [*or fam* mess] about [*or* around] [with sth] **he·rum|fum·meln** *vi (fam)* ① *(anhaltend hantieren)* ■**[an etw** *dat***]** ~ to fiddle [*or fam* mess] about [*or* around] [with sth] ② *(anfassen)* ■**an jdm/etw** ~ to fiddle [*or* fumble] about with sb/sth; *(mit sexueller Absicht)* to touch [*or* feel] sb up *fam,* to grope sb **he·rum|ge·ben** *vt irreg* ■**etw** ~ to pass [*or* hand] sth [a]round, to circulate sth

he·rum|ge·hen *vi irreg sein (fam)* ① *(einen Kreis gehen)* ■**um jdn/etw** ~ to go [*or* walk] [a]round sb/sth

② *(ziellos umhergehen)* ■**[in etw** *dat***]** ~ to go for a walk [a]round [sth], to wander [*or* walk] around [sth]

③ *(herumgereicht werden)* to be passed [*or* handed] [a]round; ■**etw ~ lassen** to circulate sth

④ *(weitererzählt werden)* to go [a]round

⑤ *(vorübergehen)* to pass, to go by

he·rum|geis·tern *vi sein (fam)* ■**[in etw** *dat***]** ~ ① *(ziellos umhergehen)* to wander [a]round [sth] ② *s.* **herumspuken** **he·rum|ha·cken** *vi (fam)* ■**auf jdm** ~ to pick on sb, to get [on] at sb *fam* **he·rum|hän·gen** *vi irreg sein (sl)* ① *(ständig zu finden sein)* ■**irgendwo/in etw** *dat* ~ to hang [a]round [*or* about] [*or* out] in sth/somewhere *fam* ② *(untätig sein)* to lounge [a]round [*or* about], to bum [a]round [*or* about] *fam* **he·rum|hor·chen** *vi (fam)* to ask around, to keep one's ears open **he·rum|hu·ren** *vi (sl)* to sleep around *fam,* to go whoring *dated,* to put it about BRIT *sl;* ***die hurt doch mit jedem herum!*** she sleeps with anybody! **he·rum|ir·ren** *vi sein* to wander [a]round [*or* about] **he·rum|kom·man·die·ren*** **I.** *vt (fam)* ■**jdn** ~ to boss *pej fam* [*or* order] sb about [*or* around] **II.** *vi (fam)* to give orders

he·rum|kom·men *vi irreg sein (fam)* ① *(herumfahren können)* ■**um etw** *akk* ~ to get [a]round sth; ***kommen Sie mit Ihrem Gepäckwagen um die Säule herum?*** are you able to get around this pillar with your luggage trolley?

② *(vermeiden können)* ■**um etw** *akk* ~ to get out of sth; ***die Regierung kam um Steuererhöhungen nicht herum*** the government was unable to get [a]round raising taxes; ■**darum ~, etw zu tun** to get out of doing sth; ***wir kommen um die Tatsache nicht herum, dass er nun mal einfach kompetenter ist*** we can't get [a]round the fact that he is simply more competent

③ *(reisen)* ■**[irgendwo]** ~ to get around [*or* about] [somewhere]; **viel ~** to see a great deal, to do a lot of travelling; ***in Dänemark bin ich auf meinen Reisen viel herumgekommen*** I saw a lot of Denmark on my travels

he·rum|kra·men *vi (fam)* ■**in etw** *dat* ~ to rummage about [*or* around] in sth **he·rum|kreb·sen** *vi (fam)* to struggle [on] **he·rum|krie·gen** *vt (fam) s.* **herumbekommen** **he·rum|kut·schie·ren*** *vt (fam)* ■**jdn [in etw** *dat***]** ~ to drive sb [a]round [in sth] **he·rum|lau·fen** *vi irreg sein* ① *(herumführen)* ■**um etw** *akk* ~ to run [*or* go] [a]round sth ② *(Kreis laufen)* ■**um etw** *akk* ~ to run [a]round sth ③ *(fam: umherlaufen)* to go [a]round [*or* about]; ***um Gottes Willen, wie läufst du denn herum?*** for heaven's sake, what do you look like!; **[noch] frei ~** to be [still] at large **he·rum|lie·gen** *vi irreg (fam)* to lie about [*or* around]; ■**etw ~ lassen** to leave sth lying about [*or* around] **he·rum|lun·gern** *vi (fam)* ■**irgendwo** ~ to loaf [*or* loiter] [*or* hang] about [*or* around] somewhere *fam* **he·rum|ma·chen** **I.** *vi (fam)* ① *(herumtasten)* ■**an etw** *dat* ~ to fiddle [about [*or* around]] with sth, to monkey with sth ② *(herumnörgeln)* ■**an etw** *dat* ~ to find fault with sth; ■**an jdm** ~ to nag sb *fam* **II.** *vt (fam)* ■**etw um etw** *akk* ~ to put sth [a]round sth

her·um|mä·keln *vi* ■**an etw** *dat* ~ *(fam)* to pick holes in sth, to find fault with sth **he·rum|me·ckern** *vi (fam)* to moan, to grumble; ■**an jdm** ~ to find fault with sb, to criticize sb **he·rum|nör·geln** *vi (pej fam)* ■**[an jdm]** ~ to nag [[at] sb]; ■**an etw** *dat* ~ to find fault with sth

her·um|pfu·schen *vi (fam)* ■**[an/in etw** *dat***]** ~ to mess about [with sth] **he·rum|quä·len** *vr (fam)* ① *(sich qualvoll befassen)* ■**sich** *akk* **mit jdm/etw** ~ to battle against [*or* with] sb/sth, to struggle with sb/sth ② *(qualvoll leiden)* ■**sich** *akk* **[mit etw** *dat***]** ~ to be plagued [by sth] **he·rum|rät·seln** *vi* ■**[an etw** *dat***]** ~ to try to figure out [sth] *fam sep* **he·rum|re·den** *vi (fam)* ① *(ausweichend reden)* ■**um etw** *akk* ~ to talk round [*or* around] sth, to dodge the issue, to beat about [*or* around] the bush ② *(belangloses Zeug reden)* ■**[nur]** ~ to waffle on *pej* **he·rum|rei·chen** *vt* ① *(geh) s.* **herumgeben** ② *(fam: allen möglichen Leuten vorstellen)* ■**jdn** ~ to introduce sb to everybody [*or* everyone] **he·rum|rei·sen** *vi sein* to travel about [*or* around] **he·rum|rei·ßen** *vt irreg* ■**etw** ~ to pull sth round [*or esp* AM around] hard **he·rum|rei·ten** *vi irreg sein* ① *(umherreiten)* ■**[in etw** *dat***]** ~ to ride around [*or* about] [[in] sth] ② *(reitend umgehen)* ■**um etw** *akk* ~ to ride [a]round sth ③ *(fam: herumhacken)* ■**auf jdm** ~ to get at sb *fam;* ■**auf etw** *dat* ~ *(pej)* to harp on about sth *pej fam,* to keep bringing sth up, to keep going on about sth *fam* **he·rum|ren·nen** *vi irreg sein* ① *(fam: umherrennen)* to run around [*or* about] ② *s.* **herumlaufen 2** **he·rum|schar·wen·zeln*** *vi sein (pej fam)* ■**um jdn** ~ to dance attendance on sb BRIT, to grovel **he·rum|schla·gen** *irreg* **I.** *vt (geh) s.* **herumwickeln** **II.** *vr (fam)* ■**sich** *akk* **mit jdm/etw** ~ to keep battling against [*or* with] sb/sth, to struggle with sb/sth **he·rum|schlep·pen** *vt (fam)* ① *(umherschleppen)* ■**etw [mit sich** *dat***]** ~ to lug sth [a]round [*or* about] *fam* ② *(belastet sein)* ■**etw mit sich** *dat* ~ to be worried [*or* troubled] by sth; **eine Krankheit/Infektion/ein Virus mit sich** *dat* ~ to go [a]round [*or* about] with an illness/a cold/a virus **he·rum|schnüf·feln** *vi* ① *(anhaltend schnüffeln)* ■**[an etw** *dat***]** ~ to sniff [a]round [sth] ② *(pej fam: spionierend wühlen)* ■**[in etw** *dat***]** ~ to snoop around [*or* about] [in sth] *pej fam* **he·rum|schrei·en** *vi irreg (fam)* to scream and shout

her·um|schub·sen *vt* ■**jdn** ~ ① *(hin- und herschubsen)* to push sb around ② *(fig fam: schlecht behandeln)* to push sb around **he·rum|sit·zen** *vi irreg sein* ① *(fam: untätig dasitzen)* ■**[nur]** ~ to sit [a]round [*or* about] *fam* ② *(sitzend gruppiert sein)* ■**um jdn/etw** ~ to sit [a]round sb/sth; ***sie saßen um den Tisch herum*** they sat around the table **he·rum|spie·len** *vi* ■**mit etw** *dat* ~ to keep playing about with sth BRIT, to play [*or* keep playing] around with sth **he·rum|spre·chen** *vr irreg* ■**sich** *akk* **[bei jdm/in etw** *dat***]** ~ to get [a]round [*or* about] [sth], to reach sb; ■**es hat sich herumgesprochen, dass/was ...** it has got [a]round [*or* about] that/what ... **he·rum|sprin·gen** *vi (fam)* to jump [*or* leap] around [*or* about] **he·rum|spu·ken** *vi* ■**irgendwo** ~ to go around somewhere; ***mir spukt da wieder so eine Idee im Kopf herum*** I've got this idea going [*or* floating] around in my head **he·rum|ste·hen** *vi irreg sein* ① *(fam: in der Gegend stehen)* to stand [*or* loiter] [a]round [*or* about] ② *(stehend gruppiert sein)* ■**um jdn/etw** ~ to stand [a]round sb/sth **he·rum|stö·bern** *vi (fam)* ① *(wahllos stöbern)* ■**[in etw** *dat***]** ~ to rummage around [*or* about] [in sth] ② *s.* **herumschnüffeln 2** **he·rum|sto·chern** *vi (fam)* ■**in etw** *dat* ~ to poke [a]round [*or* about] in sth; ***er stocherte im Essen herum*** he picked at [*or* poked around in] his food **he·rum|sto·ßen** *vt irreg (fam)* ■**jdn** ~ to push sb about [*or* [a]round] **he·rum|strei·ten** *vr irreg (fam)* ■**sich** *akk* **[mit jdm]** ~ to keep quarrelling [with sb], to wrangle with sb **he·rum|streu·nen** *vi sein (pej)* to roam around [*or* about] **he·rum|su·chen** *vi* ■**nach etw** *dat* ~ to keep rummaging around for sth **he·rum|tan·zen** *vi sein* ① *(umhertanzen)* ■**[in**

H

etw *dat/*auf etw *dat*] ~ to dance [a]round [*or* about] [sth] ② *(im Kreis um jdn/etw tanzen)* ■ **um jdn/ etw** ~ to dance [a]round sb/sth; *s. a.* **Nase he·rum|to·ben** *vi (fam)* ① *sein o haben (ausgelassen umherlaufen)* ■ [**irgendwo/in etw** *dat/***auf etw** *dat*] ~ to romp around [*or* about] [somewhere/sth] ② *haben (wüst schimpfen)* to rant and rave

her·um|tol·len *vi Kinder, Hunde* to romp around [*or* about] **he·rum|tra·gen** *vt irreg* ① *(bei sich tragen)* ■ **etw mit sich** *dat* ~ to carry [a]round [*or* about] sth *sep* ② *(weitererzählen)* ■ **etw** ~ to spread sth [a]round [*or* about] **he·rum|tram·peln** *vi sein* ① *(fam: umhertrampeln)* ■ [**irgendwo/auf etw** *dat*] ~ to trample around [*or* about] [somewhere/on sth] ② *(mit Füßen treten)* ■ **auf jdm/etw** ~ to trample on sb/sth; ■ **auf jdm** ~ *(fig)* to walk all over sb *fig;* **auf jds Gefühlen** ~ to trample on sb's feelings **he·rum|trei·ben** *vr irreg* ① *(ziellos aufhalten)* ■ **sich** *akk* **irgendwo** ~ to hang [a]round [*or* about] [*or* out] somewhere *fam;* ***wo er sich nur wieder herumtreibt?*** where's he got to now? ② *(müßig die Zeit verbringen)* ■ **sich** *akk* **mit jdm** ~ to hang [a]round [*or* about] [*or* out] with sb *fam*

He·rum·trei·ber(in) <-s, -> *m(f) (pej)* ① *(Mensch ohne feste Arbeit, Wohnsitz)* down-and-out, tramp, loafer, vagrant *esp dated*
② *(fam: Streuner)* layabout, good-for-nothing

he·rum|trö·deln *vi (fam)* to dawdle around [*or* about] **he·rum|tur·nen** *vi sein (fam)* ■ **auf etw** *dat/***in etw** *dat* ~ to climb around [*or* about] on/in sth **he·rum|wer·fen** *irreg* **I.** *vt* ① *(achtlos umherstreuen)* ■ **etw** [**irgendwo**] ~ to throw sth [a]round [*or* about] [somewhere] ② *(herumreißen)* ■ **etw** ~ to pull sth round [*or esp* AM around] hard; ***schnell den Hebel ~!*** pull down the lever quickly! **II.** *vr* ■ **sich** *akk* **auf etw** *dat/***in etw** *dat* ~ to toss and turn on/ in sth **he·rum|wi·ckeln** *vt* ■ **etw** [**um jdn/etw**] ~ to wrap sth [a]round [sb/sth]; **eine Binde** [**um jdn**] ~ to wind [*or* wrap] a bandage [a]round [sb]; **Faden/ Kordel/Schnur** [**um etw** *akk*] ~ to wind thread/ cord/string [a]round [sth] **he·rum|wie·seln** *vi sein (fam)* to scurry [a]round [*or* about]; ■ **um jdn** ~ to scurry [a]round sb **he·rum|wüh·len** *vi* ■ [**in etw** *dat*] ~ to rummage [*or* BRIT root] around [*or* about] [in sth]; **in jds Vergangenheit** ~ *(fam)* to dig into sb's past **he·rum|wurs·teln** *vi (fam)* ① *(ziellos vor sich hinarbeiten)* to potter about *fam;* ***ich habe den ganzen Morgen in der Küche herumgewurstelt*** I just pottered around the kitchen this morning ② *(herummachen)* to mess [*or* BRIT *fam* faff] around [*or* about]; ***hör jetzt endlich auf, in deinen Sachen herumzuwursteln!*** stop faffing around in your things!

her·um|wu·seln *vi (fam)* to scurry about **he·rum|zei·gen** *vt* ■ **etw** ~ to show sth around **he·rum|zie·hen** *irreg* **I.** *vi sein* ① *(von Ort zu Ort ziehen)* ■ [**mit jdm/etw**] ~ to move about [*or* around] [with sb/sth] ② *(um etw ziehen)* ■ **um etw** *akk* ~ to go [a]round sth **II.** *vr haben* ■ **sich** *akk* **um etw** *akk* ~ to run [a]round sth

he·run·ten [hɛˈrʊntn̩] *adv* SÜDD, ÖSTERR *(hier unten)* down here

he·run·ter [hɛˈrʊnte] **I.** *adv* ① *(hinab)* down; ***sie liefen den Berg ~ bis zum Fluss*** they ran down the hill to the river; ~ **mit den Waffen/Händen!** drop your weapons/hands!; ~ ***mit dir!*** come [*or* get] down from there at once!
② *(heruntergeklettert sein)* ■ [**von etw** *dat*] ~ **sein** to be down [from sth]; ***bist du wohl bald vom Baum herunter!*** get down from that tree, now!
③ *(heruntergelassen sein)* ■ ~ **sein** to be down
④ *(reduziert sein)* ■ ~ **sein** to be down; ***wenn die 16 Kilogramm nur herunter wären*** if only I could lose these 16 kilograms
II. *präp nachgestellt* ■ **etw** *akk* ~ down sth; ***den Berg ~ geht es leichter als hinauf*** it's easier to go down the hill than up it

he·run·ter|be·kom·men* *vt irreg* ① *(herunterschlucken können)* ■ **etw** ~ to get sth down, to be able to eat sth
② *(abbekommen)* ■ **etw** ~ to get sth off
③ *(heruntertransportieren können)* ■ **etw** ~ to get sth down

he·run·ter|be·ten *vt (fam)* ■ **etw** ~ to recite sth mechanically **he·run·ter|bren·nen** *vi irreg* ① *haben (intensiv herniederscheinen)* ■ **auf jdn/etw** ~ to burn [*or* beat] down on sb/sth ② *sein (völlig abbrennen)* to burn down; *Feuer* to burn out **he·run·ter|brin·gen** *vt irreg* ① *(nach hier unten bringen)* ■ **jdn/etw** ~ to bring down sb/sth *sep* ② *(fam: herunterbekommen)* to get sth off

her·un·ter|dim·men *vt* ■ **etw** ~ *Licht, Lampe* to dim [down *sep*] sth **he·run·ter|drü·cken** *vt* ① *(nach unten drücken)* ■ **etw** ~ to press down sth *sep* ② *(auf ein niedrigeres Niveau zwingen)* ■ **etw** [**auf etw** *akk*] ~ to force down sth *sep* [to sth]

he·run·ter|fah·ren *irreg* **I.** *vi sein* ■ [**zu jdm**] ~ to drive [*or* come] down [to sb]; ***wir sind zu meinen Eltern in den Schwarzwald ~*** we drove down to see my parents in the Black Forest; ■ [**irgendwo**] **heruntergefahren kommen** to drive [*or* come] down [somewhere]; ***in einem höllischen Tempo kam sie die Piste heruntergefahren*** she came skiing down the piste at a hellish speed
II. *vt haben* ① *(transportieren)* ■ **jdn/etw** ~ to bring [*or* drive] down sb/sth; ***die Seilbahn hat uns heruntergefahren*** we came down on the cable car
② *(drosseln)* ■ **etw** ~ to reduce [*or sep* cut back] sth
③ INFORM *(ausschalten)* ■ **etw** ~ to power down [*or* off] sth

he·run·ter|fal·len *vi irreg sein* ■ [**von etw** *dat*] ~ to fall off [sth]; ***dass du mir bloß nicht von der Leiter herunterfällst!*** just [be careful that you] don't fall off the ladder!; ***mir ist der Hammer heruntergefallen*** I've dropped the hammer **he·run·ter|ge·ben** *vt irreg* ■ [**jdm**] **etw** ~ to pass [*or* hand] down sth *sep* [to sb]; ***gib mir den Eimer herunter*** pass [*or* hand] me down the bucket, hand [*or* pass] the bucket down to me

he·run·ter|ge·hen *vi irreg sein* ① *(hierher nach unten gehen)* ■ [**etw**] ~ to go down [sth]; **die Treppen** ~ to go down the stairs
② *(aufstehen und weggehen)* ■ **von etw** *dat* ~ to get off sth; ***was machst du da auf der Mauer? geh da sofort herunter!*** what are you doing [up there] on the wall? get down [off [*or* from] it] at once!
③ *(sinken)* to drop, to fall, to go down; **die Löhne/ Preise gehen** [**auf etw** *akk*] **herunter** the wages/ prices are dropping [*or* falling] [*or* coming down] [to sth]
④ *(Flughöhe verringern)* to descend; **auf 5000 m** ~ to descend to 5000 m
⑤ *(fam: abrücken)* ■ **von etw** *dat* ~ to soften sth; ***kommt gar nicht in Frage, von den drei Millionen gehen wir nicht herunter!*** it's out of the question, we won't go any lower than three million!
⑥ *(reduzieren)* to reduce, to lower; **mit der Geschwindigkeit/dem Tempo** [**auf etw** *akk*] ~ to slow down [*or* reduce [one's] speed] [to sth]; ***er ging mit dem Verkaufspreis noch auf Euro 10.200 herunter*** he brought the sales price down to 10,200 euros

he·run·ter·ge·kom·men *adj (pej)* ① *(abgewohnt)* run-down, dilapidated
② *(verwahrlost)* down-at-[the-]heel BRIT, down-and-out

he·run·ter·ge·wirt·schaf·tet *pp von* **herunterwirtschaften** *Hof* run-down

he·run·ter|han·deln *vt (fam)* ■ **etw** ~ to knock down sth *sep;* **einen Preis von ... auf ...** ~ to knock down a price from ... to ...; ***ich habe noch 20 Euro vom Verkaufspreis ~ können*** I managed to get 20 euros knocked off the sales price **he·run·ter|hän·gen** *vi irreg* ■ [**von etw** *dat/***auf etw** *akk*] ~ to hang down [from sth/over sth], to dangle [from sth/over sth] **he·run·ter|hau·en** *vt irreg (fam)* ■ **jdm eine** ~ to slap sb, to give sb a slap **he·run·ter|ho·len I.** *vt* ① *(fam: abschießen)* **einen Vogel** ~ to shoot [*or* bring] down a bird *sep* ② *(von oben holen)* ■ **etw** [**von irgendwo**] ~ to fetch down sth [from somewhere] *sep;* **eine Flagge** ~ to take down a flag; ***er hat die Katze vom Baum heruntergeholt*** he rescued the cat from [up] the tree **II.** *vr (vulg) s.* **runterholen**

he·run·ter|kip·pen *vt (fam)* ■ **etw** ~ *Schnaps, Bier* to down sth in one BRIT *fam,* to chug[-a-lug] sth AM *fam* **he·run·ter|klap·pen** *vt* ■ **etw** ~ to put down sth *sep;* **einen Sitz** ~ to put [*or* fold] down a seat; **einen Kragen** ~ to turn down a collar; **einen Deckel** ~ to close a lid **he·run·ter|klet·tern** *vi sein* ■ [**von etw** *dat/***irgendwohin**] ~ to climb down [from sth/somewhere]

he·run·ter|kom·men *vi irreg sein* ① *(hierher nach unten kommen)* to come [*or fam* get] down; ***ohne Hilfe wird sie den steilen Weg wohl kaum ~*** she will have trouble getting down this steep path on her own
② *(fam: verfallen)* to become run-down [*or* dilapidated]
③ *(fam: verwahrlosen)* to become down-and-out [*or* BRIT down-at-heel]; ***sie sieht völlig heruntergekommen aus*** she looks completely down-and-out
④ *(fam: wegkommen)* ■ **von etw** *dat* ~ to get off [*or* give up] sth; **von einer Gewohnheit** ~ to kick a habit *sl;* **vom Rauchen** ~ to quit *fam* [*or* give up] smoking, to kick the habit *sl;* **von einer schlechten Zensur** ~ to improve on a bad mark

he·run·ter|kön·nen *vi irreg* ■ [**von etw** *dat*] ~ to be able to get down [[from] sth]; ■ **zu jdm** ~ to be able to come down to sb **he·run·ter|krie·gen** *vt (fam) s.* **herunterbekommen he·run·ter|kur·beln** *vt* ■ **etw** ~ to wind down sth *sep*

he·run·ter·lad·bar *adj* INFORM downloadable

he·run·ter|la·den *vt* INFORM *(Daten übertragen)* ■ **etw** ~ to download sth **he·run·ter|las·sen** *vt irreg* ① *(abseilen)* ■ **jdn/etw** [**irgendwo**] ~ to lower [*or* let down] sb/sth [somewhere]; ■ **sich** *akk* [**an etw** *dat*] ~ to lower oneself [on sth] *sep* ② *(nach unten gleiten lassen)* ■ **etw** ~ to lower sth **he·run·ter|lau·fen I.** *vt irreg (abwärtsgehen)* ■ **etw** ~ to walk down sth **II.** *vi* ■ **jdm** ~ to run down; ***als sie sich verabschiedete, liefen ihr die Tränen die Wangen herunter*** tears were pouring down her cheeks when she said goodbye **he·run·ter|lei·ern** *vt (pej fam)* ■ **etw** ~ to drone out sth *sep,* to recite sth monotonously, to rattle [*or* BRIT reel] off sth **he·run·ter|ma·chen** *vt (fam)* ① *(schlechtmachen)* ■ **jdn/etw** ~ to run down sb/sth; ***im Testbericht ist der Wagen sehr heruntergemacht worden*** the car received a terrible [*or* real] slating in the test report, the car was pulled to pieces in the test report ② *(zurechtweisen)* ■ **jdn** ~ to tell sb off, to tear sb off a strip BRIT; ***der Chef machte sie so herunter, dass sie heulend aus dem Büro lief*** she received such a telling off from the boss that she ran from the office in tears **he·run·ter|neh·men** *vt irreg* ■ **etw** [**von etw** *dat*] ~ to take sth off [sth], to remove sth [from sth]; **jdn von der Schule** ~ *(fam)* to take sb out of [*or* remove sb from] school **he·run·ter|pur·zeln** *vt* **die Treppe** ~ to tumble down the stairs; **vom Baum** ~ to fall out of [*or* down off] the tree **he·run·ter|put·zen** *vt (sl) s.* **heruntermachen 2 he·run·ter|ras·seln** *vt (fam)* ■ **etw** ~ ① *(rasch aufsagen)* to rattle [*or* BRIT reel] off sth *sep* ② *s.* **herunterleiern**

her·un·ter|rat·tern *vt (fam)* ■ **etw** ~ *Gedicht, Text* to rattle sth off

he·run·ter|re·den *vt (pej fam)* ■ **etw** ~ to play down sth *sep* **he·run·ter|rei·chen I.** *vt (geh)* ■ [**jdm**] **etw** ~ to pass [*or* hand] down sth [to sb] *sep* **II.** *vi* ■ [**bis zu jdm/etw**] ~ to reach down [to sb/ sth] **he·run·ter|rei·ßen** *vt irreg* ① *(abreißen)* ■ [**jdm**] **etw** ~ to pull off [sb's] sth *sep;* **ein Foto von der Wand** ~ to tear down a photo from the wall ② *(sl: absitzen)* ■ **etw** ~ to get through sth **he·run·ter|schal·ten** *vi* AUTO to change down; **in den zweiten etc. Gang** ~ to change down [*or* AM downshift] into second gear **he·run·ter|schie·ßen** *vt irreg* **einen Vogel** ~ to shoot down a bird *sep* **he·run·ter|schlu·cken** *vt (fam) s.* **hinunterschlucken he·run·ter|schrau·ben** *vt* ① *(reduzieren)* ■ **etw** ~ to lower sth ② *s.* **abschrauben he·run·ter|se·hen** *vi irreg* ① *(herabsehen)* ■ [**zu jdm**] ~ to look down [at sb] ② *(mustern)* ■ **an jdm ~** to look sb up and down ③ *(pej) s.* **herabsehen** **he·run·ter|set·zen** *vt* ① *(fam: reduzieren)* **die Preise ~** to reduce the prices ② *(abwerten) s.* **herabsetzen 2** **he·run·ter|spie·len** *vt* ■ **etw ~** ① *(lustlos spielen) Musikstück* to rattle through sth ② *(verharmlosen) Problem* to play down sth *sep* **he·run·ter|sprin·gen** *vi irreg* ■ **[von etw** *dat***] ~** to jump down from sth; **von einer Mauer ~** to jump off [*or* down from] a wall **he·run·ter|stei·gen** *vi irreg sein* ■ **[von etw** *dat***] ~** to climb [*or* come] down [from sth]; **von einer Leiter ~** to come down off a ladder **he·run·ter|stu·fen** *vt* ■ **jdn/etw ~** to downgrade sb/sth

he·run·ter|stür·zen **I.** *vi sein (herunterfallen)* ■ **[von etw** *dat***] ~** to fall off [sth]

II. *vt haben* ① *(hierher nach unten stürzen)* ■ **jdn/etw [von etw** *dat***] ~** to push sb/sth off [sth]

② *(fam: hinunterstürzen)* to dash [*or* rush] down

III. *vr haben* ■ **sich** *akk* **[von etw** *dat***] ~** to throw oneself off [sth]

he·run·ter|wer·fen *vt irreg* ■ **etw [zu jdm] [von etw** *dat***] ~** to throw down sth [to sb] [from sth] *sep* **he·run·ter|wirt·schaf·ten** *vt (pej fam)* ■ **etw ~** to ruin sth; ***die Firma ist durch schlechtes Management bis fast zum Konkurs heruntergewirtschaftet worden*** bad management has brought the firm to the brink of bankruptcy **he·run·ter|wol·len** *vi (fam)* ■ **[zu jdm] [von etw** *dat***] ~** to want to get [*or* come] down [to sb] [from sth]

he·run·ter|zie·hen *irreg* **I.** *vt* ■ **etw ~** ① *(abziehen)* to pull down sth; ■ **etw von etw** *dat* **~** to pull sth off [*or* from] sth

② *(nach unten ziehen) Pullover etc.* to pull down sth *sep;* **jdn auf sein Niveau ~** *(fig)* to pull sb down to one's level

③ *(herunterlaufen)* to move [*or* proceed] down sth; ***der Faschingszug zog die Straße herunter*** the carnival procession proceeded down the street

II. *vi sein (umziehen)* to move down

her·vor [hɛɐ̯ˈfoːɐ̯] *interj* ■ **~ mit dir/euch!** *(geh)* out you come!, come on out!

her·vor|brin·gen *vt irreg* ■ **jdn/etw ~** to produce sb/sth **her·vor|ge·hen** *vi irreg sein* ① *(geh: entstammen)* ■ **aus etw** *dat* **~** to come from sth; ***aus der Ehe gingen vier Kinder hervor*** the marriage produced four children ② *(sich ergeben, zu folgern sein)* to follow; **aus etw** *akk* **geht hervor ...** it follows from sth ..., sth proves that ...; **aus etw** *dat* **geht hervor, wann/wer/wie/dass/ob ...** it is clear from sth when/who/how/that/whether ... **her·vor|gu·cken** *vi (fam)* ■ **unter etw** *dat* **~** to peep out from [*or* show] under sth; ***dein Unterrock guckt unterm Rock hervor*** your slip is showing under your dress **her·vor|he·ben** *vt irreg* ① *(betonen)* ■ **etw ~** to emphasize sth, to stress sth; ■ **~, wann/warum/wer/wie/dass/ob ...** to emphasize [*or* stress] when/why/who/how/that/whether ... ② *(besonders kennzeichnen)* ■ **etw ~** to make sth stand out; ***die Einträge werden durch Fettdruck hervorgehoben*** the entries stand out in bold type **her·vor|ho·len** *vt* ■ **etw [aus etw** *dat***] ~** to take out sth [from sth] *sep* **her·vor|keh·ren** *vt (geh) s.* **herauskehren** **her·vor|kom·men** *vi irreg sein* ■ **[aus etw** *dat/***hinter etw** *dat***] ~** to come out [of sth/from behind sth], to emerge [*or* appear] [from sth] **her·vor|lo·cken** *vt* ■ **ein Tier [irgendwo] ~** to entice [*or* lure] out *sep* an animal [from somewhere] **her·vor|lu·gen** *vi* to look [*or* peep] out **her·vor|ra·gen** [hɛɐ̯ˈfoːɐ̯raːgn̩] *vi* ① *(sich auszeichnen)* ■ **[unter ihnen] [durch etw** *akk***] ~** to stand out [among [*or* from] sb] [because of sth] ② *(weit vorragen)* ■ **[aus etw** *dat***] ~** to jut out [*or* protrude] [from sth]

her·vor·ra·gend **I.** *adj* excellent, outstanding, first-rate

II. *adv* excellently

her·vor|ru·fen *vt irreg* to evoke; ■ **[bei jdm [***o* **jds]] etw ~** to arouse [*or* stir up] [sb's] sth; **[bei jdm] Bestürzung ~** to cause consternation [in sb]; **[bei jdm] Unmut ~** to incur [sb's] displeasure **her·vor|se·hen** *vi irreg* ■ **[irgendwo] ~** to peep out [from somewhere]; ***dein Unterrock sieht unterm Rock hervor*** your slip is showing under your dress **her·vor|spä·hen** *vi* to look [*or* peep] out **her·vor|sprin·gen** *vi irreg sein* ① *(mit einem Sprung hervorkommen)* ■ **[hinter etw** *dat***] ~** to jump [*or* leap] out [from behind sth] ② *s.* **hervorragen 1** **her·vor|ste·chen** *vi irreg* ① *(vorstehen)* ■ **[aus etw** *dat***] ~** to stick out [of sth]; ***durch die Haut ~ de Knochen*** bones sticking out through the skin ② *(sich abheben)* ■ **[aus etw** *dat***] ~** to stand out [of sth] ③ *(auffallen)* to be striking [*or* eye-catching]; **~ de Eigenschaften** striking features

her·vor·ste·chend *adj* ① *(spitz herausstehend)* protruding; ***sie ist ziemlich dürr und hat ~ e Schulterblätter*** she's pretty skinny and has protruding shoulder blades [*or* shoulder blades which stick out]

② *(fig: sich abhebend) Schönheit, Brillianz* striking

her·vor|ste·hen *vi irreg* SÜDD, ÖSTERR, SCHWEIZ ① *(abstehen)* to stick out ② *(herausragen)* to jut out **her·vor|sto·ßen** *vt irreg* ■ **etw ~** to utter sth

her·vor|tre·ten *vi irreg sein* ① *(heraustreten)* ■ **[hinter etw** *dat***] ~** to step out [*or* emerge] [from behind sth]

② *(erhaben werden)* to stand out; *Wangenknochen, Kinn* to protrude

③ *(erkennbar werden)* to become evident

④ *(in Erscheinung treten)* to make a name for oneself, to distinguish oneself

her·vor|tun *vr irreg (fam)* ① *(sich auszeichnen)* ■ **sich** *akk* **[mit etw** *dat***] ~** to distinguish oneself [with sth] ② *(sich wichtigtun)* ■ **sich** *akk* **~** to show off **her·vor|wa·gen** *vr* ■ **sich** *akk* **~** to dare to come out, to venture forth **her·vor|zau·bern** *vt* ■ **etw [aus etw** *dat***] ~** to conjure up *sep* [*or* produce] sth [from sth]; ***es braucht Zeit, so was lässt sich nicht einfach aus dem Ärmel ~ !*** it'll take time, I can't just conjure up [*or* produce] something like that from nothing! **her·vor|zie·hen** *vt irreg* ■ **jdn/etw [aus etw** *dat***] ~** to pull out sb/sth *sep;* ■ **jdn/etw [hinter etw** *dat/***zwischen etw** *dat***] ~** to pull sb/sth [from behind/from between sth]

her|wa·gen *vr* ■ **sich** *akk* **~** to dare [*or* venture] to come here

Her·weg *m* way here; **auf dem ~** on the way here

Herz <-ens, -en> [hɛrts] *nt* ① ANAT heart; ***ihr ~ hämmerte [o pochte]*** her heart was pounding; ***sein ~ versagte*** his heart failed; **gesundes/schwaches ~** healthy/weak heart; **es am [***o* **mit dem] ~[en] haben** *(fam)* to have heart problems; **künstliches ~** MED artificial heart; **eine Operation [***o* **Chirurgie] am offenen ~[en]** open-heart surgery; **am offenen ~en operiert werden** to undergo open-heart surgery; **ein ~ verpflanzen** to transplant a heart

② *(Gemüt, Gefühl)* heart; ***du regelst immer alles nur mit dem Verstand, wo bleibt das [o dein] ~ ?*** you always listen to the voice of reason, can't you ever let your heart rule [*or* can't you follow your heart]?; ***zeig' mehr Verständnis, mehr ~ !*** show more understanding, more sensitivity!; **mit ganzem ~en** wholeheartedly; ***sie ist immer mit ganzem ~ en bei ihren Projekten*** she always puts her heart and soul into her projects; **etw mit ganzem ~en bejahen/unterstützen** to approve of/support sth wholeheartedly; **von ganzem ~en** sincerely; **von ~en gern** with pleasure; ***ja, von ~ en gern!*** yes, I'd love to!; **jdn von ~en gernhaben** to love sb dearly; **etw von ~en gern tun** to love doing sth; **ein gutes ~ haben** to have a good heart, to begood-hearted; **ein ~ für jdn/Tiere haben** to have a love of sb/animals; ***er hat ein ~ für Kinder*** he loves children; **kein ~ haben** to have no heart; ***hast du denn kein ~ ?*** haven't you got [*or* don't you have] a heart?; **auf sein ~ hören** to listen to [the voice of] one's heart; **ohne ~** without feeling

③ *(fig: innerer Teil)* heart; **das ~ einer Artischocke/eines Salats** the heart [*or* core] of an artichoke/a lettuce; **im ~en Europas** in the heart of Europe

④ *(Schatz)* **mein ~** my dear [*or* love]

⑤ *(Herzform)* heart; **ein ~ aus Gold** a heart of gold; **ein ~ aus Schokolade** a chocolate heart

⑥ *kein pl (Speise)* heart *no pl;* ***zwei Kilo ~ [vom Ochsen] bitte!*** two kilos of [ox] heart, please!

⑦ *kein pl* KARTEN *(Farbe)* hearts *pl;* ***ich habe ~ ausgespielt, du musst auch ~ bedienen!*** I led with hearts, [so] you have to follow suit [with hearts]!

⑧ *inv (Spielkarte)* heart; ***ich habe drei ~*** I have three hearts

⑨ BOT **Tränendes ~** bleeding heart

⑩ REL heart; **das Herz Jesu** the Sacred Heart

▸ WENDUNGEN: **jdm sein ~ ausschütten** to pour out one's heart to sb; **jdm wird bang ums ~** sb's heart sinks; **alles, was das ~ begehrt** everything the heart desires [*or* could wish for]; **die ~en bewegen** to move the hearts; ***was bewegt dein Herz?*** what's on your mind?; **jdm blutet das ~, jds ~ blutet** sb's heart bleeds; **blutenden ~ens** with a heavy heart; **jdm das ~ brechen** *(geh)* to break sb's heart; **es nicht übers ~ bringen [***o* **nicht das ~ haben], etw zu tun** to not have the heart to do sth; ***ich bring es nicht übers ~, ihr die Wahrheit zu sagen*** I don't have the heart [*or* I cannot bring myself] to tell her the truth; **jdm dreht sich das ~ im Leib um [***o* **jdm tut das ~ im Leibe weh]** *(geh)* sb's heart turns over; **jdn an sein ~ drücken** to clasp sb to one's breast; **sein ~ für etw/jdn entdecken** *(geh)* to start liking sth/sb; **jdm/sich sein ~ erleichtern** to get something off sb's/one's chest *fam;* **jds ~ erobern/gewinnen** *(geh)* to conquer/win sb's heart; **jds ~ erweichen** to soften up sb *sep;* **jdm fällt ein Stein vom ~** to be extremely relieved, to be a weight off sb's mind; **sich** *dat* **ein ~ fassen [***o* **nehmen]** to pluck up courage [*or* take one's courage in both hands]; **jdm fliegen die ~en [nur so] zu** *(fam)* sb is popular wherever he/she goes; **seinem ~en folgen** to follow one's heart; **an/mit gebrochenem ~en** of/with a broken heart; **jdm bis ins ~ [***o* **jdm zu ~en] gehen** to make sb's heart bleed; **jds ~ gehört jdm** *(geh)* sb's heart belongs to sb; **jds ~ gehört etw** *dat (geh)* sth loves sth; **ein ~ aus Gold haben** to have a heart of gold; **im Grunde seines ~ens** in his heart of hearts; **etw auf dem ~en haben** to have sth on one's mind; **Hand aufs ~** honestly, with all one's heart; **sein ~ an jdn/etw hängen** *(geh)* to devote oneself to sb/sth; ***häng dein ~ nicht an ihn, er spielt doch nur mit den Gefühlen der Frauen!*** don't give your heart to him, he only plays with women's feelings!; **jds ~ hängt an etw** *dat* sb is attached to sth; **jds ~ hängt an Geld** sb is preoccupied with money; **ein hartes ~ haben** to have a hard heart, to be hard-hearted; **jds ~ höherschlagen lassen** to make sb's heart beat faster; **von ~en kommen** to come from the heart; **jdm lacht das ~ im Leibe** *(geh)* sb's heart jumps for joy; **jdm etw ans ~ legen** to entrust sb with sth; **jdm ans ~ legen, etw zu tun** to strongly recommend sb to do sth; **leichten ~ens** with a light heart, light-heartedly; **jdm ist [ganz] leicht ums ~** sb feels [all] light-hearted; **jdm wird leicht ums ~** sb has a load lifted from their mind; **jdm liegt etw am ~en** sth concerns [*or* troubles] sb; **seinem ~en Luft machen** *(fam)* to give vent to one's feelings; **aus seinem ~en keine Mördergrube machen** to speak frankly; **sich** *dat* **etw zu ~en nehmen** to take sth to heart; **jdn/etw auf ~ und Nieren prüfen** *(fam)* to examine sb/sth thoroughly; **jdm sein ~ öffnen** *(geh)* to open one's heart to sb; **das ~ auf dem [***o* **am] rechten Fleck haben** to have one's heart in the right place *fig;* **sich** *dat* **etw vom ~en reden** *(geh)* to get sth off one's chest *fam;* **jdm rutscht [***o* **fällt] das ~ in die Hose** *(fam)* sb's heart sinks into their boots BRIT *fam;* **jdm sein ~ schenken** *(liter)* to give sb one's heart; **jdm schlägt das ~ bis zum Hals** sb's heart is in their mouth; **jdn in sein ~ schließen** to take sb to one's heart; **schweren ~ens** with a heavy heart; **jdm ist das ~ schwer [***o* **ist [es] schwer ums ~]** sb has a heavy heart [*or* is heavy-hearted]; **jdm wird das ~ schwer [***o* **wird [es] schwer ums ~]** sb's heart grows heavy;

jdm das ~ schwer machen to sadden sb's heart; **ein ~ und eine Seele sein** to be the best of friends; **jdm aus dem ~en sprechen** to say just what sb was thinking; **sein ~ sprechen lassen** to listen to one's heart; **ein ~ aus Stein haben** to have a heart of stone; **etw gibt jdm einen Stich ins ~** sth cuts sb to the quick; **jdm stockt das ~** sb's heart stands still [*or* misses a beat]; **seinem ~en einen Stoß geben** to [suddenly] pluck up courage; **alle ~en** [*o* **die ~en aller**] **im Sturm erobern** to capture everybody's heart; **aus tiefstem/vollem ~en** *(geh)* with all one's heart; **traurigen ~ens** with a heavy heart; **jdn ins ~ treffen** to hurt sb deeply; **sein ~ an jdn verlieren** to fall in love with sb; **jd wächst jdm ans ~** sb grows fond of [*or* becomes attached to] sb; **ein warmes ~ haben** to be kind-hearted [*or* warm-hearted]; **ein weiches ~ haben** to have a soft heart; **jdm das ~ zerreißen** *(geh)* to break sb's heart; **jds ~ will vor Freude zerspringen** sb's heart nearly bursts with joy; **das ~ auf der Zunge tragen** *(geh)* to speak one's mind

herz·al·ler·liebst ['hɛrtsʔale'li:pst] *adj (geh)* beloved, darling; ***ist dieser süße Säugling nicht ganz einfach ~?*** isn't this sweet little baby simply adorable?; ***das ist mein ~es Spielzeug*** that's my most favourite toy **Herz·al·ler·liebs·te(r)** ['hɛrtsʔale'li:pstə] *f(m) dekl wie adj (geh)* [my] darling [*or* beloved]

Herz·an·fall *m* heart attack; **einen ~ haben** to have a heart attack **Herz·ass**^RR *nt* KARTEN ace of hearts **Herz·be·schwer·den** *pl* heart trouble; **~ haben** to have heart trouble **Herz·beu·tel** *m* ANAT heart sac, pericardium *spec* **herz·be·we·gend** *adj s.* **herzerweichend** **Herz·blatt** *nt* ① HORT *(inneres Blatt einer Pflanze)* inner leaf ② *(fam: Schatz)* darling; ***mein ~!*** my darling! **Herz·blut** *nt* ▶ WENDUNGEN: **sein ~ für jdn hingeben** *(poet)* to sacrifice [*or* give] one's lifeblood [*or* all] for sb; **etw mit [seinem] ~ schreiben** to put one's heart and soul in one's writing *fig* **Herz·bu·be** *m* KARTEN jack [*or* knave] of hearts

Herz·chen <-s, -> *nt (fam)* darling

Herz·chi·rurg(in) *m(f)* heart [*or* cardiac] surgeon **Herz·chi·rur·gie** *f* heart [*or* cardiac] surgery **Herz·chi·rur·gin** <-, -nen> *f fem form von* **Herzchirurg** **Herz·da·me** *f* KARTEN queen of hearts **Herz·druck·mas·sa·ge** *f* MED cardiac pressure massage

her|zei·gen *vt* ■**[jdm] etw ~** to show [sb] sth [*or* sth [to sb]]; ***zeig doch mal her, was du da in der Hand hast!*** let me see what you've got in your hand!; ***zeig mal her!*** let me [*or* let's] see! *fam*

her·zen ['hɛrtsn̩] *vt (geh)* ■**jdn ~** to cuddle sb, to embrace [*or* hug] sb

Her·zens·an·ge·le·gen·heit *f* ① *(wichtiges Anliegen)* matter close to one's heart; **jdm eine ~ sein** to be a matter very close to sb's heart ② *(Liebe betreffende Angelegenheit)* affair of the heart, affaire de coeur **Her·zens·be·dürf·nis** *nt* **jdm ein ~ sein** to be a matter very close to sb's heart **Her·zens·bil·dung** *f kein pl (geh)* nobleness of heart *form* **Her·zens·bre·cher(in)** *m(f)* heartbreaker, ladykiller *dated* **her·zens·gut** *adj* good-hearted, kind-hearted **Her·zens·gü·te** *f kein pl (geh)* kind-heartedness, good-heartedness; ***er ist ein Mensch von großer ~*** he's a very kind-hearted [*or* good-hearted] person **Her·zens·lust** *f kein pl* **nach ~** to one's heart's content **Her·zens·wunsch** *m* dearest wish, heart's desire

herz·er·fri·schend *adj* refreshing **herz·er·grei·fend** *adj* heart-rending **herz·er·wei·chend I.** *adj* heart-rending **II.** *adv* heart-rendingly **Herz·er·wei·te·rung** *f* MED dila[ta]tion of the heart, cardiectasis *spec* **Herz·feh·ler** *m* heart [*or* cardiac] defect **Herz·flat·tern** *nt kein pl* MED ventricular flutter *usu pl spec* **Herz·flim·mern** *nt kein pl* ① MED *(Kontraktionsstörungen am Herzmuskel)* fibrillation [of the heart], cardiac fibrillation ② *(Erregung)* heart flutter; ***wenn ich ihn sehe, kriege ich ~*** when I see him my heart flutters **herz·för·mig** *adj* heart-shaped **Herz·ge·räu·sche** *nt pl* heart [*or* cardiac] murmurs *pl*

herz·haft I. *adj* ① *(würzig-kräftig)* tasty, savoury [*or* AM -ory]; **~es Essen** hearty [*or* substantial] meal; **~er Eintopf** hearty stew ② *(kräftig)* hearty; **ein ~er Kuss** a passionate kiss **II.** *adv* ① *(würzig-kräftig)* **~ schmecken** to be tasty ② *(kräftig)* heartily; **~ gähnen** to yawn loudly; **~ küssen** to kiss passionately

her|zie·hen *irreg* **I.** *vt haben* ① *(heranziehen)* ■**jdn/etw [zu sich** *dat*] **~** to pull [*or* draw] sb/sth closer [*or* nearer] ② *(mitschleppen)* ■**jdn/etw hinter/neben sich** *dat* **~** to pull [*or* drag] sb/sth [along] behind/beside one **II.** *vi* ① *sein (herlaufen)* ■**hinter/neben/vor jdm ~** to walk along behind/beside/in front of sb ② *sein (hierhin ziehen)* to move here ③ *haben (fam: sich auslassen)* ■**über jdn/etw ~** to run sb/sth down, to pull sb/sth to pieces

her·zig ['hɛrtsɪç] *adj* sweet, dear, lovely, cute

Herz·in·farkt *m* MED ① *(Verstopfung eines Herzkranzgefäßes)* heart attack, cardiac infarct[ion] *spec;* **einen ~ bekommen/haben** to have/suffer a heart attack ② *(sl: Patient)* heart attack [patient]

Herz·in·nen·haut *f* ANAT endocardium **Herz·in·nen·haut·ent·zün·dung** *f* MED endocarditis

Herz·in·suf·fi·zi·enz *f* MED cardiac insufficiency **Herz·ja·gen** *nt* MED tachycardia **Herz·kam·mer** *f* ANAT ventricle; **linke/rechte ~** left/right ventricle

Herz·kas·per *m (sl)* heart attack

Herz·ka·the·ter *m* MED balloon catheter

Herz·ka·the·ter·un·ter·su·chung *f* MED cardiac catheter examination **Herz·kir·sche** *f* HORT heart-cherry

Herz·klap·pe *f* heart [*or* cardiac] valve; **künstliche ~** artificial heart [*or* cardiac] valve **Herz·klap·pen·feh·ler** *m* MED valvular [heart] defect

Herz·klop·fen *nt kein pl* pounding of the heart, palpitations *pl;* **mit ~** with a pounding heart **Herz·kö·nig** *m* KARTEN king of hearts **herz·krank** *adj* suffering from a heart condition [*or* heart trouble] *pred;* ■**~ sein** to have a heart condition **Herz·krank·heit** *f* heart [*or* cardiac] disease

Herz·kranz·ge·fäß *nt meist pl* ANAT coronary vessel [*or* artery] **Herz·kranz·ge·fäß·ver·kal·kung** *f* MED sclerosis [*or* hardening] of the arteries

Herz-Kreis·lauf-Er·kran·kung *f* MED cardiovascular disease [*or* complaint] **Herz-Kreis·lauf-Sys·tem** *nt* MED cardiovascular system

Herz·lei·den *nt (geh) s.* **Herzkrankheit** **herz·lei·dend** *adj* ■**~ sein** to have a heart condition

herz·lich I. *adj* ① *(warmherzig)* warm; *Begrüßung* warm, friendly, cordial; **ein ~es Lächeln** a sunny [*or* cheerful] [*or* happy] smile; **ein ~es Lachen** a hearty laugh; **ein ~es Willkommen** a warm [*or* hearty] welcome ② *(in Grußformeln: aufrichtig)* kind **II.** *adv* ① *(aufrichtig)* warmly, with pleasure; **sich** *akk* **bei jdm ~ bedanken** to thank sb sincerely, to express one's sincere thanks to sb *form;* **jdn ~ Glück wünschen** to sincerely wish sb the best of luck; **jdn ~ gratulieren** to congratulate sb heartily [*or* sincerely] [*or* warmly]; ***... verbleibe ich als Ihr ~/~st grüßender A. Lang*** ... Yours sincerely,/Kind[est] regards, A. Lang ② *(recht)* thoroughly, really *fam;* **~ wenig** precious little *fam*

Herz·lich·keit <-> *f kein pl* ① *(herzliches Wesen)* warmth ② *(Aufrichtigkeit)* sincerity, cordiality

herz·los *adj* heartless, unfeeling

Herz·lo·sig·keit <-, -en> *f* heartlessness *no pl*

Herz-Lun·gen-Ma·schi·ne *f* MED heart-lung machine

Herz·mas·sa·ge *f* MED heart [*or* cardiac] massage **Herz·mit·tel** *nt* MED cardiac stimulant; *(fam)* heart pills *pl* **Herz·mu·schel** *f* ZOOL common cockle, winkle

Herz·mus·kel *m* ANAT heart [*or* cardiac] muscle, myocardium *spec* **Herz·mus·kel·mas·se** *f* cardiac muscle mass **Herz·mus·kel·schwä·che** *f* ANAT myocardial insufficiency

Her·zog(in) <-s, Herzöge *o selten* -e> ['hɛrtso:k, *pl* -tsø:gə] *m(f)* duke; **~ *Christian von Braunschweig*** Christian, Duke of Brunswick

her·zog·lich ['hɛrtso:klɪç] *adj attr* ducal, of the/a duke *pred*

Her·zog·tum <-s, -tümer> *nt* duchy, dukedom

Herz·pa·ti·ent(in) *m(f)* heart [*or* cardiac] patient **Herz·ra·sen** *nt kein pl* MED ventricular tachycardia *no pl spec*

Herz·rhyth·mus *m* heart [*or* cardiac] rhythm **Herz·rhyth·mus·stö·rung** *f* MED deviation of the heart [*or* cardiac] rhythm, ar[r]hythmia *spec;* **~en haben** to suffer from heart rhythm [*or* cardiac] deviations [*or* ar[r]hythmia]

Herz·schei·de·wand *f* ANAT interventricular septum **Herz·schlag** *m* MED ① *(Kontraktion des Herzmuskels)* heartbeat, beating of the heart; **einen ~ lang** *(geh)* for one [*or* a] fleeting moment ② *(Herzstillstand)* cardiac arrest, heart failure

Herz·schmerz *m* ① *meist pl* MED pain in the area of the heart ② *kein pl (fig, iron: in Filmen u. Ä.)* tugging at the heartstrings **Herz·schritt·ma·cher** *m* MED pacemaker **Herz·schwä·che** *f s.* **Herzinsuffizienz** **Herz·spe·zi·a·list(in)** *m(f)* MED heart specialist, cardiologist **herz·stär·kend I.** *adj* MED, PHARM stimulating to the heart **II.** *adv* **~ wirken** to have a stimulatory effect on the heart **Herz·ste·chen** *nt* stabbing pain in the chest; MED cardialgia *no pl spec,* cardiodynia *no pl spec;* **~ bekommen/haben** to get/have stabbing pains in the chest **Herz·still·stand** *m* MED cardiac arrest **Herz·stück** *nt* heart [*or* core] **Herz·tä·tig·keit** *f* MED activity of the heart, cardiac activity **Herz·tod** *m* MED death by heart [*or* cardiac] failure, cardiac death **Herz·ton** *m meist pl* heart [*or* cardiac] sound *usu pl* **Herz·trans·plan·ta·ti·on** *f* MED heart transplant **Herz·ver·fet·tung** *f* MED fatty degeneration of the heart, cardiomyoliposis *spec* **Herz·ver·sa·gen** *nt kein pl* MED heart [*or* cardiac] failure *no pl* **Herz·wand** *f* ANAT heart [*or* cardiac] wall **herz·zer·rei·ßend** *adj s.* **herzerweichend**

Hes·se <-, -n> ['hɛsə] *f* KOCHK [beef] shin

Hes·se, Hes·sin <-n, -n> ['hɛsə, 'hɛsɪn] *m, f* GEOG Hessian

Hes·sen <-s> ['hɛsn̩] *nt* GEOG Hesse

Hes·sin <-, -nen> *f fem form von* **Hesse**

hes·sisch ['hɛsɪʃ] *adj* Hessian; ***ihre Aussprache klingt ~*** she speaks with a Hessian accent, she sounds Hessian

He·te <-, -n> ['he:tə] *f (sl: Heterosexueller)* het[ero] *sl*

He·te·ro <-s, -s> ['he:tero] *m (sl)* hetero *fam,* heterosexual

he·te·ro·dox [hetero'dɔks] *adj* REL heterodox

He·te·ro·do·xie <-> [heterodɔ'ksi:] *f kein pl* REL heterodoxy

he·te·ro·gen [hetero'ge:n] *adj (geh)* heterogeneous

He·te·ro·ge·ni·tät <-> [heterogeni'tɛ:t] *f kein pl* heterogeneity *no pl*

He·te·ro·se·xu·a·li·tät <-> [heterozɛksu̯ali'tɛ:t] *f kein pl* heterosexuality *no pl* **he·te·ro·se·xu·ell** [heterozɛ'ksu̯ɛl] *adj* heterosexual

he·te·ro·zy·got [heterotsy'go:t] *adj* BIOL heterozygous

He·thi·ter(in) <-s, -> [he'ti:tɐ] *m(f)* HIST Hittite

Hetz·blatt ['hɛts-] *nt* MEDIA *(pej)* [political] smear sheet

Het·ze <-, -n> ['hɛtsə] *f* ① *kein pl (übertriebene Hast)* mad rush ② *pl selten (pej: Aufhetzung)* smear campaign; *(gegen Minderheiten)* hate campaign

het·zen ['hɛtsn̩] **I.** *vi* ① *haben (sich abhetzen)* to rush about [*or* around] ② *sein (eilen)* ■**[irgendwohin] ~** to rush [*or* race] [somewhere] ③ *haben (pej: Hass schüren)* ■**[gegen jdn/etw] ~** to stir up hatred [against sb/sth]; **gegen eine Regierung ~** to agitate against a government **II.** *vt haben* ① JAGD *(jagen)* ■**ein Tier ~** to hunt an animal

❷ *(losgehen lassen)* ■**jdn/einen Hund auf jdn ~** to sick [*or* set] sb/a dog [up]on sb
❸ *(fam: antreiben)* ■**jdn ~** to rush [*or* hurry] sb
❹ *(vertreiben)* ■**jdn von etw** *dat* **~ lassen** to have sb chased off sth
III. *vr* ■**sich** *akk* **~** to rush [*or* hurry]

Het·zer(in) <-s, -> ['hɛtsɐ] *m(f)* *(pej)* agitator, rabble-rouser

Het·ze·rei <-, -en> *f* ❶ *kein pl (ständige Hetze 1)* mad rush, rushing around *fam;* ***immer diese ~ morgens — kannst du nicht eine halbe Stunde früher aufstehen?*** it's always a mad rush every morning — can't you wake up half an hour earlier? ❷ *(ständiges Hetzen)* [continual] stirring up of hatred, malicious agitation

Het·ze·rin <-, -nen> *f fem form von* **Hetzer**

het·ze·risch *adj* inflammatory, virulent, slanderous, incendiary

Hetz·jagd *f* ❶ JAGD *(Wildjagd)* hunt ❷ *(pej: Hetze 2)* smear campaign; *(auf Minderheiten)* hate campaign; **zur ~ auf jdn blasen** to stir up a hate/smear campaign against sb ❸ *(übertriebene Hast)* mad rush **Hetz·kam·pa·gne** *f* *(pej)* smear campaign, hate campaign

Hetz·pa·ro·le *f meist pl* inflammatory slogan

Heu <-[e]s> [hɔy] *nt kein pl* AGR hay; **ins ~ gehen** to harvest the hay; **~ machen** to hay [*or* make hay]
▶WENDUNGEN: **Geld wie ~ haben** to have heaps of money

Heu·bal·len *m* AGR hay bale **Heu·bo·den** *m* hayloft **Heu·büh·ne** <-, -n> *f* SCHWEIZ *(Heuboden)* hayloft

Heu·che·lei <-, -en> [hɔyçə'lai] *f* *(pej)* ❶ *(ständiges Heucheln)* hypocrisy
❷ *(heuchlerische Äußerung)* hypocritical remark

heu·cheln ['hɔyçl̩n] **I.** *vi* to play the hypocrite, to be hypocritical
II. *vt* ■**etw ~** to feign sth

Heu·chler(in) <-s, -> ['hɔyçlɐ] *m(f)* *(pej)* hypocrite

heuch·le·risch **I.** *adj* *(pej)* ❶ *(unaufrichtig)* insincere
❷ *(geheuchelt)* hypocritical
II. *adv* *(pej)* hypocritically

heu·en ['hɔyən] *vi* AGR DIAL *(Heu ernten)* to [make] hay; ■**das H~** haymaking [*or* haying]

heu·er ['hɔyɐ] *adv* SÜDD, ÖSTERR, SCHWEIZ *(in diesem Jahr)* this year

Heu·er <-, -n> ['hɔyɐ] *f* NAUT [sailor's] pay [*or pl* wages]

Heu·ern·te *f* AGR ❶ *(das Einbringen des Heus)* harvesting of [the] hay, hay harvest, haymaking
❷ *(Ertrag)* hay crop [*or* harvest]

Heu·er·ver·trag *m* JUR shipping articles

Heu·ga·bel *f* AGR hay fork, pitchfork **Heu·hau·fen** *m* AGR *(angehäuftes Heu)* haystack, hayrick ▶WENDUNGEN: **eine Stecknadel im ~ suchen** to look for a needle in a haystack

Heul·bo·je *f* NAUT whistling buoy

heu·len ['hɔylən] *vi* ❶ *(fam: weinen)* to howl *fam,* to wail, to cry; ***es ist* [*einfach/wirklich*] *zum H~*** *(fam)* it's enough to make you cry [*or* weep]; **vor Enttäuschung ~** to cry with disappointment
❷ *(lang gezogene Laute produzieren)* to howl; *Motor* to wail; *Motorrad, Flugzeug* to roar; *Sturm* to rage

Heu·len <-s> ['hɔylən] *nt kein pl* ❶ *(fam: das Weinen)* howling *fam,* wailing, crying, bawling
❷ *(das Geheul)* howling
▶WENDUNGEN: **~ und Zähneklappern** weeping and gnashing of teeth

Heu·ler <-s, -> *m* ZOOL *(junger Seehund)* seal pup
▶WENDUNGEN: **das ist ja der letzte ~** *(sl)* that's the last [*or* final] straw

Heul·krampf *m* crying fit

Heul·su·se <-, -n> *f* *(pej fam)* crybaby *pej fam* **Heul·ton** *m* wail[ing sound]

heu·rig ['hɔyrɪç] *adj* SÜDD, ÖSTERR, SCHWEIZ *(diesjährig)* this year's; *Wein, Kartoffeln* new

Heu·ri·ge(r) *m dekl wie adj* ÖSTERR ❶ *(Weinlokal)* wine tavern
❷ *(Wein der letzten Lese)* new wine, wine of the latest vintage

Heu·schnup·fen *m* MED hay fever **Heu·scho·ber** <-s, -> *m* SÜDD, ÖSTERR, SCHWEIZ *(großer Heuhaufen)* haystack

Heu·schre·cke <-, -n> *f* grasshopper; *(Wanderheuschrecke)* locust **Heu·schre·cken·krebs** *m* mantis shrimp, squill

Heu·schre·cken·pla·ge *f* plague of locusts

Heu·schre·cken·schwarm *m* swarm of locusts

Heu·sta·del <-s, -> *m* SÜDD, ÖSTERR, SCHWEIZ *(Scheune für Heu)* barn

heut *adv* *(fam)* *s.* **heute**

heu·te ['hɔytə] *adv* ❶ *(an diesem Tag)* today; ■**ab** [*o* **seit**]**/bis ~** from/until today; ***er hat die Rechnung leider bis ~ nicht bezahlt*** unfortunately, he still hasn't paid the bill to this day; ■**von ~ ab** [*o* **an**] from [*or* as of] today; **~ Abend** this evening, tonight; **~ früh** [early] this morning; **~ Mittag** this lunchtime, today at noon, [at] midday today; **~ Morgen/Nachmittag** this morning/afternoon; **~ Nacht** *(kommend)* tonight; *(vergangen)* last night; **~ in acht Tagen** a week [from] today, today week BRIT; **~ vor acht Tagen** a week ago today; **etw von ~** today's sth; **das Brot/die Post/die Zeitung von ~** today's bread/mail/newspaper
❷ *(in dieser Zeit)* nowadays, today; ■**bis ~** to this day; **das Deutschland von ~** Germany [of] today, present-day Germany; **die Jugend von ~** the young people of today, today's youth
▶WENDUNGEN: **was du ~ kannst besorgen, das verschiebe nicht auf morgen** *(prov)* never put off till tomorrow what you can do today *prov;* **lieber ~ als morgen** *(fam)* sooner today than tomorrow; **von ~ auf morgen** overnight, all of a sudden; ***von ~ auf morgen ändert er seine Meinung*** he changes his mind from one day to the next

Heu·te <-> ['hɔytə] *nt kein pl* the present, today; ***viele Menschen leben ganz im ~*** many people live just for today [*or* the present]

heu·tig ['hɔytɪç] *adj attr* ❶ *(heute stattfindend)* today's; **die ~e Veranstaltung** today's event
❷ *(von heute) Zeitung, Nachrichten* today's; **der ~e Abend** this evening; **der ~e Anlass** this occasion; **der ~e Geburtstag:** ***ich gratuliere zu deinem ~en Geburtstag recht herzlich*** congratulations on your birthday; **der ~e Tag** today; **am ~en Tag** today; **bis zum ~en Tag** to date, to this very day
❸ *(gegenwärtig)* **die ~e Zeit** nowadays; **der ~e Stand der Technik** today's state of the art
❹ *(von heute stammend)* **die ~e Jugend** the youth of today

heut·zu·ta·ge ['hɔyttsuta:gə] *adv* nowadays, these days

Heu·wa·gen *m* hay cart [*or liter* wain] **Heu·wen·der** *m* AGR tedder, tedding machine

He·vea <-, Heveen> ['he:vea, *pl* he've:ən] *f* BOT hevea

He·xa·de·zi·mal·code [hɛksadetsi'ma:l-] *m* INFORM hexadecimal code **He·xa·de·zi·mal·sys·tem** *nt* MATH hexadecimal system [*or* notation] **He·xa·de·zi·mal·tas·ta·tur** *f* INFORM hexadecimal pad, hex pad **He·xa·de·zi·mal·zahl** *f* MATH hexadecimal number

He·xa·eder <-s, -> [hɛksa'ʔe:dɐ] *nt* hexagon

he·xa·go·nal [hɛksago'na:l] *adj* hexagonal

He·xa·me·ter [hɛ'ksa:metɐ] *m* hexameter

He·xan [hɛ'ksa:n] *nt kein pl* CHEM hexane

Hex-Buch·sta·be *m* INFORM hex, hexadecimal notation **Hex-Code** *m* INFORM *kurz für* **Hexadezimalcode** hex code

He·xe <-, -n> ['hɛksə] *f* ❶ *(böses Fabelwesen)* witch
❷ *(pej fam: bösartige Frau)* virago *pej;* *(schlecht gelaunte und zeternde Frau)* shrew *pej;* **eine alte ~** an old crone [*or* hag] [*or* bag] *pej;* **eine kleine ~** a little minx, sexy little bitch

he·xen ['hɛksn̩] **I.** *vi* to cast spells, to perform magic; ***ich kann doch nicht ~*** *(fig fam)* I can't work miracles
II. *vt* ■**jdn ~** to cast a spell on sb; ***weicht von hinnen, oder ich hexe euch die Pest an den Hals!*** go or I will bring the plague down upon you!; ■**jdn irgendwohin ~** to magic sb somewhere; ***die Hexe im Märchen hat ihn in die Wüste gehext*** the witch in the fairy tale magicked him to the desert; **wie gehext** like magic

He·xen·häus·chen *nt sort of gingerbread in the shape of a witch's cottage* **He·xen·jagd** *f* *(pej)* witch-hunt *pej* **He·xen·kes·sel** *m* *(pej)* madhouse *pej* **He·xen·meis·ter** *m* *(veraltend)* *s.* **Zauberer** **He·xen·pro·zess**[RR] *m* witch trial **He·xen·schuss**[RR] *m kein pl* MED *(fam)* lumbago *no pl* **He·xen·ver·bren·nung** *f* burning [at the stake] of a witch/witches; ***Millionen unschuldiger Frauen wurden Opfer der kirchlichen ~en*** millions of innocent women were burnt at the stake by the church **He·xen·wahn** *m irrational belief in the evil power of witches*

He·xer <-s, -> *m* sorcerer

He·xe·rei <-, -en> [hɛksə'rai] *f* magic, sorcery *pej,* witchcraft *pej*

Hex-Zei·chen *nt* MATH hex character

Hg. *Abk von* **Herausgeber** ed., editor

hg. *Abk von* **herausgegeben** ed.

HG <-, -s> [ha:'ge:] *f Abk von* **Handelsgesellschaft**

HGB <-[s]> [ha:ge:'be:] *nt kein pl* JUR *Abk von* **Handelsgesetzbuch** commercial code

hib·be·lig ['hɪbəlɪç] *adj* *(fam)* jittery, nervous

Hi·bis·kus <-, Hibisken> [hi'bɪskʊs, *pl* -skən] *m* hibiscus

hick [hɪk] *interj* *(Geräusch beim Schluckauf)* hic; **~ machen** to hiccup

Hick·hack <-s, -s> ['hɪkhak] *m o nt* *(fam)* bickering, squabbling, wrangling

hie [hi:] *adv* ▶WENDUNGEN: **~ und da** *(stellenweise)* here and there, in places; *(von Zeit zu Zeit)* now and then; **~ Tradition, da Fortschritt** on the one hand tradition, on the other progress

hieb ['hi:p] *imp von* **hauen**

Hieb <-[e]s, -e> [hi:p, *pl* 'hi:bə] *m* ❶ *(Schlag)* blow; *(Peitschenhieb)* lash [of a whip]; **jdm einen ~ versetzen** to deal sb a blow; *(mit einer Peitsche)* to lash sb with a whip; *(mit der Faust)* to punch sb
❷ *pl* *(Prügel)* beating *sing,* hiding *sing;* ***der Vater drohte ihm ~e an*** his father threatened him with a beating; ***noch ein so freches Wort, und es gibt/setzt ~e!*** one more cheeky remark like that and you'll get walloped *fam* [*or* a beating] [*or* a hiding] !
❸ DIAL *(veraltend: Schluck Alkohol)* ■**ein ~ etw** a drop of sth; ***einen ~ Wein trinken*** to drink a drop of wine
❹ DIAL *(veraltend: leichter Alkoholrausch)* **einen ~ haben** to be tipsy
❺ *kein pl* FORST *(Fällen von Bäumen zur Verjüngung)* cut[ting], felling
❻ TECH DIAL *(an Feilen)* cut
▶WENDUNGEN: **auf einen ~** *(fam)* at [*or* in] one go; **auf den ersten ~** at the first attempt; **einen ~ haben** *(sl)* to be out of one's mind; **der ~ saß** the dig [*or* gibe] hit [*or* struck] home

hieb- und stich·fest *adj* conclusive, irrefutable, incontestable; **ein ~es Alibi** a cast-iron [*or* watertight] alibi

Hieb·waf·fe *f* cutting weapon

Hie·fer·scher·zel *nt* KOCHK ÖSTERR *(Bürgermeisterstück)* topside, round **Hie·fer·schwanzl** *nt* KOCHK ÖSTERR *(Kugel vom Rind)* silverside, round

hielt ['hi:lt] *imp von* **halten**

hier [hi:ɐ̯] *adv* ❶ *(an diesem Ort)* here; ***wo sind wir denn ~? ich fürchte fast, wir haben uns verlaufen!*** where have we landed? I'm beginning to think we're lost!; ***er müsste doch schon längst wieder ~ sein!*** he should have been back ages ago!; ***wann soll der Zug ~ sein?*** when is the train due [to arrive]?; **~ draußen/drinnen** out/in here; **~ entlang** this way; **~ hinein** in here; **~ oben/unten** up/down here; **~ vorn/hinten** here at the front/at the back; **nach ~** here; **von ~ ab** from here on, from here on in *fam;* **von ~ aus** from here
❷ *(in diesem Land, in dieser Stadt)* here; *(in dieser Gegend)* here, hereabout[s]; **~ bei uns/in Deutschland** here in this country/in Germany; **von**

H

~ **sein** to be from here [*or* a local]; **nicht von ~ sein** to be a stranger here, to not be from here [*or* a local] ❸ *nachgestellt (worauf hingewiesen wird)* ***sehen Sie mal ~! entdecken Sie an dem Bild nichts Auffälliges?*** have a look at this! can you see anything strange about the picture?; **dieser Mann ~** this man
❹ *(am Telefon)* here; ~ ***ist*** [*o* ***spricht***] ***Dr. Günther*** [this is] Dr Günther, Dr Günther speaking
❺ MIL, SCH *(anwesend)* **~!** here!, present!
❻ *(da!)* here; ***gib mal die Akten rüber! — ~! — danke!*** pass me the files! — here you are! — thanks!
❼ *(in diesem Moment)* at this point; ~ ***versagte ihm die Stimme*** at this point his voice failed him; ~ **und heute** *(geh)* here and now; **von ~ an** from now on, from here on in *fam*
▸WENDUNGEN: **ein bisschen ~ sein** *(sl)* to be daft [*or* nuts] *fam,* to be off one's trolley BRIT *sl;* ~ **und da** *(stellenweise)* here and there; *(gelegentlich)* now and then; **Herr/Frau ... ~, Herr/Frau ... da** *(iron)* Mr/Mrs ... this, Mr/Mrs ... that; **jdm steht etw bis ~** [**oben**] *(fam)* sb is sick of [*or* fed up with] sth
Hier [hiːɐ̯] *nt* <-s> *kein pl* ▸WENDUNGEN: **im ~ und Heute** [*o* **Jetzt**] here and now
hier·an [ˈhiːˈran] *adv* ❶ *(an diesem Gegenstand)* on here; ***ich erinnere mich, ~ schon früher mal vorbeigekommen/vorübergegangen zu sein*** I can remember passing this way [*or* being here] once
❷ *(an diesen Gegenstand)* on here; ***Sie können das Gerät ~ anschließen*** you can connect the machine here; **etw ~ werfen** to throw sth here
❸ *(an diesem Sachverhalt)* here; ~ ***kann es keinen Zweifel geben*** there can be no doubt of that
❹ *(an dieses Ereignis)* **sich** *akk* **~ erinnern** to remember this; ***ein wundervolles Fest, ~ werde ich mich sicher noch lange erinnern*** a wonderful party, I won't forget it for a long time
Hie·rar·chie <-, -n> [hi̯erarˈçiː, *pl* -ˈçiːən] *f* hierarchy
hie·rar·chisch [hieˈrarçɪʃ] **I.** *adj* hierarchical
II. *adv* hierarchically; ***viele Großunternehmen sind streng ~ aufgebaut*** many large companies have a strict hierarchy
hie·rauf [ˈhiːˈrau̯f] *adv* ❶ *(auf diesem Gegenstand herauf)* [on] here
❷ *(auf diesen Gegenstand obendrauf)* down here, down on this; ***setz dich doch einfach ~*** just sit yourself down on this [*or* here] *fam;* **etw ~ stellen** to put sth down here
❸ *(daraufhin)* as a result of this/that, thereupon, whereupon
hie·raus [ˈhiːˈrau̯s] *adv* ❶ *(aus diesem Gegenstand)* from [*or* out of] here
❷ *(aus diesem Material)* out of [*or* from] this
❸ *(aus dem Genannten)* from this; ~ **folgt/geht hervor ...** it follows from this ...
❹ *(aus diesem Werk)* from this
hier|be·hal·ten* *vt irreg* ■**jdn/etw ~** to keep sb/sth here
hier·bei [ˈhiːɐ̯ˈbai̯] *adv* ❶ *(bei diesem Anlass, währenddessen)* while doing this [*or* that]; ***sei vorsichtig beim Holzhacken, ~ hat sich schon mancher verletzt!*** be careful when you're chopping wood, it's easy to hurt yourself doing it!
❷ *(nahe bei etw)* in the same place; ~ ***lag auch das Zeugnis, das ich jetzt suche*** the certificate I was looking for was in the same place
❸ *(dabei)* here; ***das ist also die Vorgehensweise — ~ sind gewisse Punkte besonders zu beachten*** so that's the procedure — particular attention should be paid to certain points here
hier|blei·ben *vi irreg sein* to stay here; **hiergeblieben!** you stay here!
hier·durch [ˈhiːɐ̯ˈdʊrç] *adv* ❶ *(hier hindurch)* through here
❷ *(dadurch)* in this way; ***das waren meine Vorschläge — ich hoffe, ich konnte Ihnen ~ etwas weiterhelfen*** those were my suggestions — I hope they are of use to you
hie·rein [ˈhiːˈrai̯n] **I.** *adv (in dieses Behältnis hinein)* in/into here
II. *interj (in dieses Gebäude hinein)* in here
hier·für [ˈhiːɐ̯ˈfyːɐ̯] *adv* ❶ *(im Austausch für etw)* [in exchange] for this
❷ *(für diese Sache)* for this; ~ ***interessiere ich mich nicht*** I'm not interested in this
hier·ge·gen [ˈhiːɐ̯ˈgeːgn̩] *adv* ❶ *(gegen diesen Gegenstand)* against this; ***er ist ~, gegen diesen Pfeiler, gefahren*** he drove into this pillar
❷ *(gegen diesen Sachverhalt)* against this; ***diese Behauptung ist falsch, ~ muss ich mich ausdrücklich verwehren*** this allegation is false, I refuse to accept it
❸ *(im Vergleich zu diesem)* compared to this; ***wir haben auch einen Weinkeller, aber der ist ~ doch sehr bescheiden*** we have a wine cellar too but it's pretty modest compared to this
hier·her [ˈhiːɐ̯ˈheːɐ̯] *adv* here; ***~!*** come here!; **jdn/etw ~ bringen** to bring sb/sth here; ~ **gehören** *(hier angestammt sein)* to belong here; *(hier an diese Stelle gehören)* to belong here; *(zum Thema gehören)* to be relevant; **jdn/etw ~ holen** to bring sb/sth here; ***ich habe Sie alle ~ holen lassen, um Ihnen eine erfreuliche Mitteilung zu machen*** I've had you all called here so that I can give you some good news; ~ **kommen** to come [over] here; **jdn/etw ~ schaffen** to bring sb/sth here, to get sb/sth here *pej;* ***schaffen Sie mir die Frau ~, die kann was erleben!*** get the woman here, she's in for it now!; **jdn/etw ~ schicken** to send sb/sth here; ■**etw ~ setzen** to put sth here; ■**sich** *akk* **~ setzen** to sit here; ***setz dich mal ~ zu mir*** come and sit [here] next to me; ■**etw ~ stellen** to put sth here; ***stell doch bitte mal die Leiter ~ an die Wand!*** please stand the ladder here against the wall!; ■**sich** *akk* **~ stellen** to stand here; ***musste der Laster sich ~ vor meine Einfahrt stellen?*** did the lorry have to park here in front of my drive?; **bis ~** up to here; *(so weit)* so far; **bis ~ und nicht weiter** this far and no further
hier·he·rauf [ˈhiːɐ̯hɛˈrau̯f] *adv* up here; **bis ~** up here
hier·her|kom·men^ALT *vi irreg sein s.* **hierher**
hier·he·rum [ˈhiːɐ̯hɛˈrʊm] *adv* ❶ *(in diese Richtung)* round [*or esp* AM around] this way
❷ *(fam: in dieser Gegend)* around here
hier·hin [ˈhiːɐ̯ˈhɪn] *adv* here; ***setz dich ruhig ~ auf den Sessel!*** you sit [right] here in the armchair!; ~ **und dorthin** here and there; **bis ~** up to here [*or* to this point]; **bis ~ und nicht weiter** up to here [*or* this far] and no further **hier·hi·nab** *adv* down here **hier·hi·nauf** *adv* up here **hier·hi·naus** *adv* ❶ *(an dieser Stelle hinaus)* out here; ***zum Garten geht es ~*** this is the way to the garden ❷ *(aus etw hinaus)* from here; ***wo ist der Ausgang? — bitte ~!*** where is the exit? — this way out! **hier·hi·nein** *adv* ❶ *(an dieser Stelle hinein)* in here; ***wir müssen ~*** we have to go in here ❷ *(in etw hinein)* in; ***der Umschlag ist zu klein, die Unterlagen passen nicht alle ~*** the envelope is too small, the documents won't all fit in **hier·hin·ter** *adv* behind here **hier·hi·nun·ter** *adv* ❶ *(unter diesen Gegenstand)* under here ❷ *(an dieser Stelle hinunter) s.* **hierhinab**
hie·rin [ˈhiːˈrɪn] *adv* ❶ *(in diesem Raum, Gegenstand)* in here
❷ *(was das angeht)* in this
hier|las·sen *vt irreg* ■**jdn/etw ~** to leave sb/sth here
hier·mit [ˈhiːɐ̯ˈmɪt] *adv* ❶ *(geh: durch dieses Schriftstück)* with this; ~ **erkläre ich, dass ...** I hereby declare that ...; ~ **wird bescheinigt, dass ...** this is to certify that ... ❷ *(mit diesem Gegenstand/diesen Gegenständen)* with this/these ❸ *(mit dieser Angelegenheit)* with this/these; ***das sind unsere Vorschläge, sind Sie ~ einverstanden?*** those are our proposals, are you in agreement with them? ❹ *(somit)* with this; ~ ***möchte ich dann auch die Konferenz beenden*** I declare this conference closed *form,* now I would like to bring this conference to a close; ~ **ist die Angelegenheit abgeschlossen/erledigt** that is the end of the matter **hier·nach** [ˈhiːɐ̯ˈnaːx] *adv* after this
Hie·ro·gly·phe <-, -n> [hieroˈglyːfə] *f* ❶ ARCHÄOL hieroglyph
❷ *pl (hum: schwer entzifferbare Schrift)* hieroglyphics *pl*
Hier·ro [ˈjɛrro] *nt* Hierro
Hier·sein *nt (geh)* ■**jds ~** sb's presence [*or* being here]; ***ich hatte sie ausdrücklich um ihr ~ gebeten*** I expressly asked her to be here
hie·rü·ber [ˈhiːˈryːbɐ] *adv* ❶ *(hier über diese Stelle)* over here ❷ *(genau über dieser Stelle)* above here ❸ *(geh: über diese Angelegenheit)* about this [*or form* this matter] **hie·rum** [ˈhiːˈrʊm] *adv* ❶ *(um diese Angelegenheit)* about this; ~ ***geht es mir nicht*** that's not what I'm worried about ❷ *s.* **hierherum 1 hie·run·ter** [ˈhiːˈrʊntɐ] *adv* ❶ *(unter diesem Gegenstand)* under here ❷ *(unter diesen Gegenstand)* under here ❸ *(in diese Gruppe)* among it/them; ~ **fallen** to fall into this category
hier·von [ˈhiːɐ̯ˈfɔn] *adv* ❶ *(von diesem Gegenstand)* of this/these; ***wenn Sie diesen Teppichboden nehmen wollen, ~ habe ich noch reichlich*** if you would like this carpet, I've still got a lot [of it] ❷ *(davon)* among them **hier·vor** [ˈhiːɐ̯ˈfoːɐ̯] *adv* ❶ *(vor dieser Stelle)* in front of here ❷ *(vor diese Stelle)* in front of here ❸ *s.* **davor hier·zu** [ˈhiːɐ̯ˈtsuː] *adv* ❶ *(dazu)* with it; ***hmm, Lachs, ~ gehört eigentlich ein trockener Weißwein!*** hmm, salmon, you should really drink dry white wine with it! ❷ *(zu dieser Kategorie)* ~ **gehören** [*o* **zählen**] to belong to [*or* in] this category; ~ **gehört** [*o* **zählt**] **...** this includes ... ❸ *(zu diesem Punkt)* to this; **sich** *akk* **~ äußern** to say something/anything about this; ~ ***vergleichen Sie bitte die Anmerkung auf Seite 23*** please compare this to the note on page 23 **hier·zu·lan·de, hier zu Lan·de^RR** [ˈhiːɐ̯tsuˈlandə] *adv* here in this area, here in these parts, round [*or esp* AM around] here *fam; (in diesem Land)* [here] in this country
hie·sig [ˈhiːzɪç] *adj attr* ❶ *(hier heimisch)* local; **~e Freunde/Verwandte** friends/relatives [who live around] here
❷ *(hier herrschend)* local
Hie·si·ge(r) *f(m) dekl wie adj* local
hieß [ˈhiːs] *imp von* **heißen**
hie·ven [ˈhiːfn̩] *vt* ❶ *(hochwinden)* ■**etw** [**irgendwohin**] **~** to hoist sth [somewhere]; **den Anker ~** to weigh anchor; **den Anker an Deck ~** to bring the anchor on deck
❷ *(hum fam: heben)* ■**jdn irgendwohin ~** to heave sb somewhere *fam*
Hi-Fi [ˈhai̯fi] *f* TECH *kurz für* **Highfidelity** hi-fi
Hi-Fi-An·la·ge [ˈhai̯fi-] *f* stereo [*or* sound] system, hi-fi **Hi-Fi-Fan** [ˈhai̯fi-] *m* hi-fi fan **Hi-Fi-Qua·li·tät** [ˈhai̯fi-] *f* hi-fi quality **Hi-Fi-Ton** [ˈhai̯fi-] *m* hi-fi sound **Hi-Fi-Turm** [ˈhai̯fi-] *m* hi-fi [*or* sound] system *(placed one on top of the other to form a tower)*
Hift·horn [ˈhɪfthɔrn] *nt hunting horn made out of a cattle horn*
high [hai̯] *adj pred (sl)* ❶ *(von Drogen berauscht)* high, as high as a kite *fig,* loaded *fam,* stoned *fig sl,* on a trip *fig fam*
❷ *(euphorisch)* euphoric, ecstatic, high *fig*
High De·fi·ni·tion Te·le·vi·sion [haidɛfiˈnɪʃn̩ tɛleˈvɪʃn̩] *nt* TV, TECH high-definition television
High·fly·er <-s, -> [ˈhaɪˈflai̯ɐ] *m* high-flyer **High·heels, High Heels** [ˈhaɪˈhiːls] *pl* high heels, stilettos **High·life** <-[s]> [ˈhai̯laif] *nt kein pl* **irgendwo/bei jdm ist** [*o* **herrscht**] **~** *(fam)* somewhere/at sb's place they are living it up *fam* [*or* making merry] [*or fam* whooping it up]; **~ machen** *(fam)* to live it up *fam,* to make merry, to whoop it up *fam* **High·light** <-s, -s> [ˈhai̯lai̯t] *nt (Höhepunkt)* highlight **High·ligh·ter** <-s, -> [ˈhai̯lai̯tɐ] *m* highlighter **High So·cie·ty^RR, High-So·cie·ty^ALT** <-> [ˈhai̯zoˈsai̯iti] *f kein pl* high society
High·tech^RR, High-Tech^ALT <-[s]> [ˈhaiˈtɛk] *nt kein pl* high-tech *fam* **High·tech-Aus·rüs·tung^RR** [ˈhaiˈtɛk-] *f* high-tech equipment **High-Tech-Bran·che** *f* high-tech industry [*or* sector]
Hightech-Firma^RR [ˈhaiˈtɛk-] *f* ÖKON high-tech firm

High·tech-Ge·rät[RR] ['hai̯'tɛk-] *nt* high-tech device **High·tech-Kom·po·nen·te**[RR] ['hai̯'tɛk-] *f* high-tech component **High·tech-Pro·dukt**[RR] ['hai̯'tɛk-] *nt* high-tech product

hi·hi [hi'hi:] *interj* hee hee; **~, *reingefallen!*** hee hee, got you!

hi·ja·cken ['hai̯dʒɛkn̩] *vt (fam)* ■**ein Flugzeug ~** to hijack a plane

Hi·ja·cker(in) <-s, -> ['hai̯dʒɛkɐ] *m(f)* hijacker

hilf [hɪlf] *imper sing von* **helfen**

Hil·fe <-, -n> ['hɪlfə] *f* ① *kein pl (Beistand, Unterstützung)* help *no pl,* assistance *no pl;* ***lauf und hole ~!*** go and get help!; **jds Gedächtnis zu ~ kommen** to jog sb's memory; **eine ~ für das Gedächtnis sein** to jog the memory; **jdm seine ~ anbieten** to offer sb one's help; **auf jds ~ angewiesen sein** to be dependent on sb's help; **jds ~ bedürfen** *(geh)* to need sb's help; **jdn um ~ bitten** to ask sb for help [*or* assistance]; **jdm eine [wertvolle] ~ sein** to be a [great] help to sb; **jdm zu ~ kommen** to come to sb's assistance; **[jdm] ~ leisten** *(geh)* to help [*or* assist] [sb]; **etw zu ~ nehmen** to use [*or* make use of] sth; **um ~ rufen** [*o* **schreien**] to call [*or* shout] for help; **jdn zu ~ rufen** to call sb [to help]; **sich** *akk* **~ suchend umsehen** to look round for help; **sich** *akk* **~ suchend an jdn/etw wenden** to turn to sb/sth for help; **ein ~ suchender Blick** a pleading look; **ein ~ suchender Mensch** a person seeking help; **jdm seine ~ verweigern** to refuse to help sb; **mit jds ~** with sb's help [*or* assistance]; **mit ~ einer S.** *gen* with [the help of] sth; **ohne [jds] ~** without [sb's] help; **[zu] ~!** help!; **du bist mir eine schöne ~!** *(iron)* well, you're a great help! *iron;* **ohne fremde ~** without outside help; **erste ~** first aid; **jdm erste ~ leisten** to give sb first aid

② *(Zuschuss)* **finanzielle ~** financial assistance; *(für Notleidende)* relief, aid; **wirtschaftliche ~** economic aid

③ *(Hilfsmittel)* aid

④ *(Haushaltshilfe)* help

Hil·fe·auf·ruf *m* INFORM help call **Hil·fe·fens·ter** *nt* INFORM help panel **Hil·fe·funk·ti·on** *f* INFORM help; **kontextbezogene ~** context-sensitive help **Hil·fe·leis·tung** *f (geh)* help, assistance; **zur ~ verpflichtet** obliged to help [*or* give [*or form* render] assistance]; **unterlassene ~** JUR failure to render assistance in an emergency **Hil·fe·me·nü** *nt* INFORM help menu **Hilfemodus** *m* INFORM help mode **Hil·fe·ruf** *m* cry [*or* call] [*or* shout] for help **Hil·fe·schalt·flä·che** *f* INFORM help button **Hil·fe·schrei** *m s.* **Hilferuf Hil·fe·stel·lung** *f* ① *(Unterstützung bei einer Turnübung)* ***ohne ~ springe ich nicht über das Pferd!*** I'm not jumping over that horse without help!; **jdm ~ geben** to give sb a hand ② *(Mensch)* somebody to help; **jdm ~ geben** to help sb, to give sb a hand **Hil·fe·su·chen·de(r)** *f(m) dekl wie adj* somebody looking for [*or* seeking] help; ***als Pfarrer bin ich stets für ~ da*** as a priest, I'm always available for those seeking help **Hil·fe·tas·te** *f* INFORM help key

hilf·los ['hɪlflo:s] **I.** *adj* ① *(auf Hilfe angewiesen)* helpless

② *(ratlos)* at a loss *pred;* **ein ~er Eindruck** a confused [*or* helpless] [*or* nonplussed] impression; ***ich muss gestehen, ich bin etwas ~*** I must admit I don't know what to do [*or* I'm at a loss] [*or* I'm a bit nonplussed]

II. *adv* ① *(schutzlos)* helplessly; **jdm/etw ~ ausgeliefert sein** to be at the mercy of sb/sth

② *(ratlos)* helplessly, at a loss; **offensichtlich [sehr] ~** obviously at a [complete] loss

Hilf·lo·sig·keit <-> *f kein pl* ① *(völlige Hilfsbedürftigkeit)* helplessness

② *(Ratlosigkeit)* helplessness, bafflement, perplexity; ***ich muss meine ~ eingestehen*** I have to confess I'm baffled [*or* at a loss]

hilf·reich *adj* ① *(hilfsbereit)* helpful

② *(nützlich)* helpful, useful; ■**es wäre ~, wenn ...** it would be a help if ...

Hilfs·ak·ti·on *f* aid [*or* relief] programme [*or* AM -am] **Hilfs·an·ge·bot** *nt* offer of assistance [*or* help] **Hilfs·an·spruch** *m* JUR alternative claim **Hilfs·an·trag** *m* JUR precautionary motion **Hilfs·ar·bei·ter(in)** *m(f) (veraltend)* labourer [*or* AM -orer]; *(in einer Fabrik)* unskilled worker **Hilfs·ar·beits·kräf·te** *pl* unskilled labour [*or* AM -or] **Hilfs·auf·rech·nung** *f* JUR precautionary set-off **Hilfs·be·am·ter(in)** *m(f)* JUR auxiliary official; **~ der Staatsanwaltschaft** auxiliary official of the Public Prosecutor **hilfs·be·dürf·tig** *adj* ① *(auf Hilfe angewiesen)* in need of help *pred* ② FIN *(bedürftig)* needy, in need *pred,* on one's uppers *fam pred* BRIT, short of cash *esp* AM **Hilfs·be·dürf·tig·keit** *f* need, neediness, hardship, privation **Hilfs·be·grün·dung** *f* JUR precautionary argument in support of a/the claim **Hilfs·be·leuch·tung** *f* auxiliary illumination **hilfs·be·reit** *adj* helpful; **sich** *akk* **~ zeigen** to be willing to help **Hilfs·be·reit·schaft** *f* helpfulness, willingness to help **Hilfs·be·trieb** *m* JUR ancillary plant **Hilfs·da·tei** *f* help file **Hilfs·dienst** *m* emergency service; *(bei Pannen)* breakdown [*or* towing] service, emergency breakdown service; *(bei Katastrophen)* relief service **Hilfs·fak·tor** *m* MATH auxiliary factor **Hilfs·fonds** *m* aid [*or* relief] fund **Hilfs·ge·brauchs·mus·ter** *nt* JUR auxiliary utility model **Hilfs·geld** *nt* relief *pl* funds [*or* aid] **Hilfs·gut** *nt* [material] aid, relief supplies *pl* **Hilfs·kas·se** *f* FIN provident [*or* relief] fund **Hilfs·kon·to** *nt* FIN subsidiary account **Hilfs·kon·voi** *m* relief [*or* aid] convoy **Hilfs·kraft** *f* help *no pl;* ***in der Hauptsaison beschäftigen wir mehrere Hilfskräfte*** in the high season we employ several extra staff; **~ im Haus** domestic help; **wissenschaftliche ~** *(Assistent eines Hochschullehrers)* assistant [lecturer] **Hilfs·lie·fe·rung** *f* [delivery of] relief supplies *pl* **Hilfs·li·nie** *f* INFORM help line **Hilfs·maß·nah·me** *f* aid [*or* relief] measure *usu pl* **Hilfs·mit·glied** *nt* assistant member **Hilfs·mit·tel** *nt* ① MED [health] aid ② *pl (Geldmittel zur Unterstützung)* [financial] aid [*or* relief] **Hilfs·mo·tor** *m* auxiliary engine/motor; **ein Fahrrad mit ~** a motor-assisted bicycle **Hilfs·or·ga·ni·sa·ti·on** *f* aid [*or* relief] organization **Hilfs·pa·ket** *nt* aid parcel **Hilfs·pro·gramm** *nt* ① POL, SOZIOL relief [*or* aid] programme [*or* AM -am] ② INFORM utility program **Hilfs·quel·le** *f* resource **Hilfs·rich·ter(in)** *m(f)* JUR assistant judge **Hilfs·schöf·fe(in)** *m(f)* JUR reserve juror, deputy lay judge **Hilfs·stof·fe** *pl* auxiliary materials; **Hilfs- und Betriebsstoffe** *(Verfahrensmittel)* process materials; *(Produktionsstoffe)* operating supplies **Hilfs·tat·sa·che** *f* JUR accessory fact **Hilfs·trans·port** *m* relief [*or* back-up] transport **Hilfs·trieb·werk** *nt* auxiliary gear **Hilfs·trupp** *m* troop of helpers; MIL reserve troop **Hilfs·verb** *nt* auxiliary verb

hilfs·wei·se *adv* JUR by an alternative method

Hilfs·werk *nt* SOZIOL relief [*or* aid] organization

hilfs·wil·lig *adj* helpful, willing to help *pred* **Hilfs·wil·li·ge(r)** *f(m) dekl wie adj* [willing] helper, person willing to help

Hi·ma·la·ja <-s> [hi'ma:laja, hima'la:ja] *m* Himalaya, Himalayas *npl*

Him·bee·re ['hɪmbe:rə] *f* ① *(Frucht)* raspberry

② *(Strauch)* raspberry [cane]

Him·beer·geist *m kein pl schnapps made out of raspberries* **Him·beer·ge·lee** *nt* raspberry jelly **Him·beer·saft** *m* raspberry juice **Him·beer·si·rup** *m kein pl* KOCHK raspberry syrup *no pl* **Him·beer·strauch** *m s.* **Himbeere 2**

Him·mel <-s, *poet* -> ['hɪml̩] *m* ① *(Firmament)* sky; ***der ~ hellt*** [*o* ***klärt***] ***sich auf*** the sky is brightening [*or* clearing] up; ***der ~ bezieht sich*** the sky [*or* it] is clouding over; **zwischen ~ und Erde** between the earth and sky; **unter freiem ~** under the open sky, outdoors, in the open air; **am ~ stehen** to be [up] in the sky; ***ist das der Polarstern, der da oben am ~ steht?*** is that the Pole Star up there [in the sky]?; **am ~** in the sky; **bei wolkenlosem/wolkenverhangenem ~** when the sky is clear/cloudy; **bei klarem/trübem/bedecktem ~** when the sky is clear/dull/overcast; **unter italienischem/südlichem ~** under Italian/southern skies *liter;* ***die Sonne steht hoch am ~*** the sun is high in the sky; **den Blick gen ~ richten** *(geh)* to raise one's eyes towards the heavens; **der ~ lacht** *(geh)* the sun is shining brightly; **der ~ öffnet seine Schleusen** *(geh)* the heavens open

② *(Himmelreich)* heaven; **den ~ auf Erden haben** *(geh)* to be heaven [*or* paradise] on earth for one; **der ~ ist** [*o* **sei**] **mein Zeuge** *(veraltend)* as heaven is my witness *old;* **zum ~ auffahren** [*o* **in den ~ fahren**] to ascend into heaven; **in den ~ kommen** to go to heaven; **im ~** in heaven; **dem ~ sei Dank** *(veraltend)* thank heaven[s]; **jdm hängt der ~ voller Geigen** *(geh)* sb is in paradise [*or* is walking on air] [*or* is [walking] on cloud nine] [*or* is over the moon]

③ *(Baldachin)* canopy

④ AUTO [interior] roof

▶WENDUNGEN: **~, Arsch und Zwirn!** *(sl)* bloody hell! BRIT *sl,* Christ almighty! *vulg;* **den ~ für eine Bassgeige** [*o* **einen Dudelsack**] **ansehen** DIAL *(fam: völlig betrunken sein)* to be three sails [*or* sheets] to the wind; **~ und Erde** KOCHK NORDD *north German dish of fried black pudding and liver sausage, puréed potato and apple;* **nicht [einfach] vom ~ fallen** to not fall out of the sky; **gerechter** [*o* **gütiger**] **~!** good heavens!; **jdn/etw in den ~ heben** *(fam)* to praise sb/sth [up] to the skies; **aus heiterem ~** *(fam)* out of the blue; **~ und Hölle** hopscotch; **~ und Hölle in Bewegung setzen** *(fam)* to move heaven and earth; **[ach] du lieber ~!** *(fam)*[oh] heavens!; **~ und Menschen** DIAL hordes of people; **~ noch mal!** *(fam)* for heaven's sake [*or* goodness'] sake; **zum ~ schreien** to be scandalous [*or* a scandal]; **es schreit zum ~, wie ...** it's a scandal that ...; **im sieb[en]ten ~ sein** [*o* **sich** *akk* **fühlen wie im siebenten ~**] *(fam)* to be in seventh heaven; **zum ~ stinken** *(fam)* to stink to high heaven; **eher stürzt der ~ ein, als dass ... ...** won't happen in a million years; ***eher stürzt der ~ ein, als dass er das täte*** he wouldn't do that in a million years; **[das] weiß der ~!** *(fam)* heaven knows!; **um ~s willen** *(fam)* for heaven's [*or* goodness'] sake

him·mel·angst ['hɪml̩'ʔaŋst] *adj pred* ■**jdm ist/wird ~** sb is scared to death; *(Angst in einer bestimmten Situation)* sb is shaking in their shoes

Him·mel·bett *nt* four-poster [bed] **him·mel·blau** ['hɪml̩'blau̯] *adj* sky-blue, azure [blue]; **~e Augen** blue eyes **Him·mel·don·ner·wet·ter** ['hɪml̩'dɔnɐ'vɛtɐ] *interj* ▶WENDUNGEN: **~ [noch [ein]mal]!** *(sl)* for heaven's sake!, for crying out loud! *sl*

Him·mel·fahrt *f* ascension into heaven; **Christi ~stag** Ascension Day

Him·mel·fahrts·kom·man·do *nt* MIL *(fam)* ① *(selbstmörderisches Unternehmen)* suicide [*or* kamikaze] mission [*or* operation] ② *(Angehörige eines Himmelfahrtskommandos)* suicide [*or* kamikaze] squad **Him·mel·fahrts·na·se** *f (hum fam)* turned-up nose **Him·mel·fahrts·tag** *m* Ascension Day; ■**der ~** Ascension Day

Him·mel·herr·gott *interj* ▶WENDUNGEN: **~ [noch [ein]mal]!** *(sl)* God in heaven!, [God] give me strength!, for crying out loud! *fam* **him·mel·hoch** ['hɪml̩'ho:x] **I.** *adj* sky-high, soaring, sky-scraping **II.** *adv* **jdm/etw ~ überlegen sein** to be far superior to sb/sth, to be a million times [*or* BRIT miles] better than sb/sth *fam* ▶WENDUNGEN: **~ jauchzend[, zu Tode betrübt]** on top of the world [*or* over the moon][, down in the dumps]; ***ihre Stimmung schwankt zwischen ~ jauchzend und zu Tode betrübt*** her moods change from being up one minute to down the next, one minute she's as high as a kite, the next she's down in the dumps **Him·mel·reich** *nt kein pl* REL heaven, paradise, kingdom of God; **ins ~ kommen** [*o* **eingehen**] *(geh)* to go to heaven ▶WENDUNGEN: **ein ~ für etw** *akk (fam)* ***ein ~ für einen Schluck Wasser — ich sterbe vor Durst!*** I'd give my right arm [*or* my eye teeth] [*or* anything] for a drink of water! I'm dying of thirst!

him·mel·schrei·end *adj* ① *(unerhört)* downright *attr,* appalling, monstrous; ***das ist ein ~es Unrecht!*** it's just downright wrong! ② *(skandalös)* scandalous, appalling; ***die hygienischen Verhält-***

H

nisse in den Lagern waren ~ the standard of hygiene in the camps was disgraceful

Him·mels·er·schei·nung *f* atmospheric phenomenon

Him·mels·kör·per *m* heavenly [*or* celestial] body

Him·mels·rich·tung *f* direction; **die vier ~en** the four points of the compass; **aus allen ~en** from all directions [*or liter* all four corners of the earth]; **in alle ~en** in all directions; **in alle ~en senden** to send to all four corners of the earth *liter* **Him·mels·schlüs·sel** *m o nt s.* **Schlüsselblume Him·mels·sphä·re** *f kein pl* METEO celestial sphere **Him·mels·strah·lung** *f kein pl* METEO diffuse celestial radiation [*or* light] **Him·mels·zelt** *nt (poet)* dome of the sky *liter,* firmament *liter or dated*

him·mel·trau·rig *adj* SCHWEIZ *(sehr traurig)* very sad

him·mel·weit I. *adj (fam)* enormous; **ein ~er Unterschied** a considerable [*or* world of] [*or* vast] difference II. *adv* **sich** *akk* **~ unterscheiden** to be completely different, to differ greatly [*or* considerably]; **~ voneinander entfernt** far apart from one another; **~ voneinander verschieden** to be completely different

himm·lisch [ˈhɪmlɪʃ] I. *adj* ❶ *attr (göttlich)* heavenly, divine; ***ich nehme das als ein ~es Zeichen!*** I take that as a sign from heaven!
❷ *(herrlich)* divine, heavenly; **einfach ~** perfectly divine [*or* heavenly]; ***der Urlaub war [einfach] ~*** the holiday was just heavenly [*or* divine]
II. *adv* divinely, wonderfully; **~ munden/schmecken** to taste divine [*or* wonderful]

Himm·li·sche(r) *f(m) dekl wie adj* ■**die ~n** the gods

hin [hɪn] *adv* ❶ *räumlich (zu bestimmtem Ort)* there; *(in Richtung auf)* towards; ***die Geschäfte schließen gleich, jetzt aber noch schnell ~!*** *(fam)* the shops will close soon, we'll have to get there quick!; ***wo der so plötzlich ~ ist?*** where's he gone [*or fam* disappeared to] all of a sudden?; ***wo willst du ~?*** where are you going?; **bis [zu]/nach ... ~** to [*or* as far as] ...; ***bis zu euch ~ werde ich es heute nicht schaffen*** I won't make it to you [*or* as far as your place] today; ***er hat es bis München ~ geschafft*** he made it as far as [*or* to] Munich; **bis zu dieser Stelle ~** up to here; **~ und her laufen** to run to and fro; **nach Norden ~** towards the north; **nach rechts ~** to the right; **zu jdm/etw ~** to sb/sth; ***schau mal zum Fenster ~*** look at the window; ***der Balkon liegt zur Straße ~*** the balcony faces the street
❷ *räumlich (Ausdehnung)* ■**über etw** *akk* **~** over sth; ***die Wüste erstreckt sich noch über 200 Kilometer ~*** the desert stretches another 200 kilometres
❸ *(einfache Fahrt)* ***eine Fahrkarte nach Bärben-Lohe! — nur ~ oder auch zurück?*** a ticket to Bärben-Lohe! — just a single or a return [ticket]?; **~ und zurück** there and back; ***was kostet eine Fahrkarte nach Bad Tiefenbleichen ~ und zurück?*** what does a return [ticket] to Bad Tiefenbleichen cost?
❹ *zeitlich (auf Zeitpunkt zu)* **zu etw ~** towards sth; ***zum Frühjahr ~ führen die Flüsse oft Hochwasser*** the rivers are often flooded as spring approaches
❺ *zeitlich (Dauer)* ***das ist lange ~*** that's a long time; ***wann fährt der Zug? um 21 Uhr 13? das sind ja noch fast zwei Stunden ~!*** when does the train leave? at 9.13? that's almost another two hours [to wait]!; ***wie lange ist es noch ~ bis zu deiner Prüfung?*** how long [*or* much longer] is it to your exam [*or* before you take your exam]?; ***bis dahin ist es noch lange ~*** there's a long time to go until then; ***bis Ostern sind nur noch wenige Wochen ~*** Easter is only a few weeks off; **über etw** *akk* **~** over sth; **über die Jahre ~** over the years; **über eine Woche ~** for a week; ***es ist fraglich, ob sie sich über diese lange Zeit ~ noch daran erinnern wird*** it's doubtful whether she will remember that after all this time
❻ ■**auf etw** *akk* **~** *(aufgrund)* as a result of; *(hinsichtlich)* concerning; ***auf das Versprechen ~, die Schuld in drei Wochen zurückzuzahlen, hat sie ihm das Geld geliehen*** she agreed to lend him the money when he promised to repay it within three weeks; ***auf die Gefahr ~, dass ich mich wiederhole*** at the risk of repeating myself; **auf jds Bitte/Vorschlag ~** at sb's request/suggestion; **auf etw** *akk* **~ planen** to plan with sth in mind; **jdn/etw auf etw** *akk* **~ prüfen/untersuchen** to test/examine sth for sth; ***du bist immer müde? vielleicht solltest du dich mal auf Eisenmangel ~ untersuchen lassen*** you're always tired? perhaps you should have tested yourself for iron deficiency; **auf jds Rat ~** on sb's advice
❼ *(fam: kaputt)* ■**~ sein** to have had it *fam,* to be bust *sl; mechanische Geräte* to be a write-off *fam,* to be kaput *fam*
❽ *(sl: tot)* ■**~ sein** to have kicked the bucket *fam,* to have snuffed it *fam,* to have popped one's clogs *sl*
❾ *(fam: erschöpft)* shattered *fam*
❿ *(fam: verloren)* ■**~ sein** to be gone [*or* a thing of the past]
⓫ *(fam: fasziniert)* ■**[von jdm/etw] ~ sein** to be bowled over [by sb/sth], to be taken [with sb/sth]; ■**von jdm ~ sein** to be smitten by sb
▸WENDUNGEN: **nach außen ~** outwardly; **nach außen ~ ruhig wirken** to appear calm; **auf Wirkung nach außen ~ bedacht sein** to be concerned about the impression one makes; **~ oder her** *(fam)* more or less; ***auf einen Tag ~ oder her kommt es nun auch nicht mehr an*** one day [more or less] won't make any difference; **... ~, ... her** [*o* **oder her**] ... or not [*or* no ...]; ***Arbeit ~, Arbeit her, irgendwann musst du auch mal an etwas anderes denken!*** work is all very well, but you've got to think about other things some of the time; ***Vertrag ~ oder her, so geht das nicht weiter*** contract or no contract, it can't go on like this; **das H~ und Her** *(Kommen und Gehen)* the to-ing and fro-ing; *(der ständige Wechsel)* backwards and forwards; ***ich wollte im Wartezimmer lesen, aber bei dem ständigen H~ und Her konnte ich mich nicht konzentrieren*** I wanted to read in the waiting room but with all the constant to-ing and fro-ing I couldn't concentrate; **nach einigem/langem H~ und Her** after some/a lot of discussion; **~ ist ~** *(fam)* what's bust is bust; **nichts wie ~** *(fam)* let's go!, what are we/you waiting for!; **nicht ~ und nicht her reichen** *(fam)* to be nowhere near [*or* nothing like] enough *fam;* **vor sich** *akk* **~** to oneself; **still vor sich ~ weinen** to cry quietly to oneself; **vor sich** *akk* **~ stieren** to stare [vacantly] into space; **vor sich** *akk* **~ trödeln** to wander along [absent-mindedly]; **~ und wieder** from time to time, every now and then [*or* again]

hi·nab [hɪˈnap] *adv (geh) s.* **hinunter**

Hi·na·ja·na *nt,* **Hi·na·ya·na** <-> [hinaˈjaːna] *nt kein pl* REL *(Buddhismus)* Hinayana

hin|ar·bei·ten *vi* ■**auf etw** *akk* **~** to work [one's way] towards sth; **auf ein Examen ~** to work for an exam; **gezielt auf etw** *akk* **~** to expressly work towards sth; ■**darauf ~, dass ...** to work with the aim of ...; ***wir sollten darauf ~, dass eine Einigung doch noch möglich wird*** we should work with the aim of making an agreement possible after all

hi·nauf [hɪˈnauf] *adv* up; **[die Treppe] ~gehen** to go up[stairs]; **den Fluss ~** up the river, upstream; **bis ~ zu etw** *dat (im Rang nach oben bis zu etw)* up to sth

hi·nauf|be·glei·ten* *vt* ■**jdn ~** to go up [to the top] with sb; **jdn die Treppe ~** to go upstairs with sb, to accompany sb upstairs; ***schaffst du es alleine die Treppe hoch, oder soll ich dich ~?*** can you manage the stairs alone, or shall I come with you? **hi·nauf|bli·cken** [hɪˈnaufblɪkn̩] *vi (geh)* to look up; **zum Himmel ~** to look [up] at the sky; **da/dort ~** to look up there; ■**an jdm ~** to look up at sb **hi·nauf|brin·gen** *vt irreg* ■**jdn ~** to take sb up; ■**[jdm] etw ~** to take sth up [to sb], to take [sb] sth up

hi·nauf|fah·ren *irreg* I. *vi sein (nach oben fahren)* ■**[in etw** *dat*/**mit etw** *dat*] **~** to go up [in sth/by sth]; **im Auto zur Burg ~** to drive up to the castle, to go up to the castle by car; **mit dem Aufzug in den 3. Stock ~** to go up in the lift [*or* AM elevator] to the third [*or* AM second] floor; **beim H~** during the ascent, while sb/sth is going up; ■**irgendwo ~** to go up somewhere; ***ob der Lastwagen es schafft, auf diese Rampe hinaufzufahren?*** do you think the lorry will manage to get [*or* drive] up this ramp?
II. *vt haben* ■**jdn [mit etw** *dat*] **~** to take sb up [in sth]

hi·nauf|füh·ren I. *vi* ■**[auf etw** *akk*/**irgendwo] ~** to lead [*or* go] up [to sth/somewhere]; **auf den Berg ~** to lead [*or* go] up the mountain; **aufs Dach ~** to lead [*or* go] up onto the roof
II. *vt (geh)* ■**jdn [irgendwo] ~** to take sb [up] somewhere, to accompany sb [somewhere] *form*

hi·nauf|ge·hen I. *vi irreg sein* ■**etw ~** to go up sth; **die Treppe ~** to go up the stairs [*or* upstairs]
II. *vi irreg sein* ❶ *(nach oben gehen)* ■**[auf etw** *akk*] **~** to go up [to something]
❷ *(steigen)* to go up, to increase, to rise
❸ *(hochgehen)* ■**mit etw** *dat* **~** to put sth up; **mit dem Preis ~** to put the price up, to raise the price

hi·nauf|klet·tern I. *vt sein* ■**etw ~** to climb [up] sth II. *vi sein* ■**[auf etw** *akk*/**irgendwo] ~** to climb [up] [onto sth/somewhere]; **an dieser Stelle** [*o* **hier**] **~** to climb up here

hi·nauf|kom·men I. *vt irreg sein* ■**etw ~** ❶ *(nach oben kommen)* to come up sth
❷ *(es nach oben schaffen)* [to manage] to get [*or* go] [*or* come] up [sth/to sth]; ***Oma kommt kaum die Treppe hinauf*** grandma hardly manages [*or* gets up] [*or* manages to get up] the stairs
II. *vi irreg sein* ■**[in etw** *akk*/**zu jdm] ~** to come up [into sth/to sb]

hi·nauf|lau·fen I. *vt irreg sein* ■**etw ~** to run up sth II. *vi irreg sein (nach oben laufen)* ■**[zu jdm] ~** to run up [to sb] **hi·nauf|rei·chen** I. *vi* ❶ *(nach oben reichen)* ■**[mit etw** *dat*] **[bis zu etw** *dat*] **~** to reach [up] [to sth] [with sth] ❷ *(sich erstrecken)* ■**[bis zu etw** *dat*] **~** to reach [up to sth] II. *vt (geh: nach oben angeben)* ■**jdm etw [auf etw** *akk*] **~** to hand [*or* pass] sb up sth [on sth] **hi·nauf|schau·en** *vi (geh) s.* **hinaufsehen hi·nauf|schrau·ben** I. *vt (konstant steigern)* ■**etw ~** to raise [*or* increase] sth; **Forderungen ~** to continue to increase demands II. *vr* to wind upwards **hi·nauf|se·hen** *vi irreg* ■**[zu jdm/etw] ~** to look up [to sb/sth] **hi·nauf|set·zen** *vt (erhöhen) s.* **heraufsetzen hi·nauf|stei·gen** I. *vt irreg sein* ■**etw ~** to climb [*or* go] up sth II. *vi irreg sein* ■**[auf etw** *akk*] **~** to climb [*or* go] up [onto sth] **hi·nauf|tra·gen** *vt irreg* ■**[jdm] etw [irgendwohin] ~** to carry [*or* take] sth up [somewhere] [for sb] **hi·nauf|trei·ben** *vt irreg* ■**jdn/etw [irgendwo] ~** to drive sb/sth up [somewhere]

hi·naus [hɪˈnaus] I. *interj (nach draußen)* get out!
II. *adv* ❶ *(von hier nach draußen)* out; **hier/da/dort ~ bitte!** this/that way out, please!; **da hinten/vorne ~** out the back/front way!; ***die Hintertür ist verriegelt, also geht's nur da vorne ~*** the back door is locked so we'll have to go out the front [door/way]; ***zum Ausgang die zweite Tür links ~!*** the exit is out through the second door on the left; ■**~ sein** to have gone outside; ■**aus etw** *dat* **~** out of sth; ***er trat aus dem Haus ~ in den Garten*** he stepped out of the house into the garden; ■**durch etw** *akk*/**zu etw** *dat* **~** out of sth; ***die Katze muss durch das/zum Fenster ~ entwischt sein*** the cat must have got out of the window; **nach hinten/vorne ~ liegen** to be [situated] at the back/front [of a house]; ***das Schlafzimmer geht nach hinten ~*** the bedroom is at the back; **nach hinten/vorne ~ wohnen** to live at the back/front
❷ *(fig)* ■**über etw** *akk* **~** *(weiter gehend als etw)* including sth; ■**über etw** *akk* **~ sein** *(hinter sich haben)* to be past sth; **über ein bestimmtes Stadium ~ sein** to have got beyond a particular stage; ■**über etw** *akk* **~ sein** *(zu weit gefahren sein)* to have gone past sth; **über etw** *akk* **~ reichen** to in-

clude sth; *(sich über etw erstreckend)* extending beyond sth; **sich** *akk* **über etw** *akk* **~ hinziehen** to extend [*or fam* drag on] beyond sth; **über das Notwendigste ~** beyond what is immediately necessary; ***er hat darüber ~ nichts Neues zu sagen*** other than that he has nothing new to say
❸ *(zeitlich)* **auf Jahre ~** for years to come; **über Mittag ~** till after midday; **über die Zwanzig ~** well into the [*or* one's] twenties, well over twenty; ■ **über etw** *akk* **~** *(etw übersteigend)* more than sth, well over sth; *s. a.* **darüber**

hi·naus|be·för·dern* *vt (fam: nach draußen befördern)* ■ **jdn** [**aus etw** *dat*] **~** to propel [*or* throw] [*or fam* chuck] sb out of sth [*or* outside]; ■ **jdn ~ lassen** to have sb thrown [*or fam* chucked] out **hi·naus|be·glei·ten*** *vt* ■ **jdn ~** to see sb out; ***bleiben Sie ruhig sitzen, Sie brauchen mich nicht hinauszubegleiten*** [you] stay where you are [*or* in your seat], you don't have to see me [*or* I can see myself] out **hi·naus|beu·gen** *vr, vt* ■ **sich** *akk/***etw** [**zu etw** *dat*] **~** to lean out [of sth]; ***er beugte den Kopf zum Fenster hinaus*** he stuck his head out of the window **hi·naus|bli·cken** *vi (geh) s.* **hinaussehen hi·naus|brin·gen** *vt irreg* ❶ *(nach draußen begleiten)* ■ **jdn ~** to see sb out; **jdn zur Tür ~** to see sb to the door; **jdn zum Haus/zur Wohnung ~** to see sb out of the house/the flat ❷ *(nach draußen bringen)* ■ **etw ~** to take sth out **hi·naus|drän·gen I.** *vt haben (nach draußen drängen)* ■ **jdn** [**aus etw** *dat*] **~** to push [*or* propel] sb out [of sth] **II.** *vi sein (nach draußen drängen)* to push [*or* force] one's way out; *(hetzen)* to champ at the bit *fig* **hi·naus|dür·fen** *vi irreg* ❶ *(nach draußen dürfen)* ■ [**auf etw** *akk/***in etw** *akk*] **~** to be able/allowed to go outside [to sth/in sth] ❷ *(nach draußen gebracht werden dürfen)* ■ **etw darf** [**auf etw** *akk*] **hinaus** sth can be taken/put outside [on sth] **hi·naus|e·keln** *vt (fam)* ■ **jdn** [**aus etw** *dat*] **~** to drive sb out [of sth]

hi·naus|fah·ren *irreg* **I.** *vi sein* ❶ *(nach draußen fahren)* ■ [**aus etw** *dat*] **~** to drive out [of sth]; ■ **beim H~** when driving out; ***beim H~ aus der Garage solltest du erst gucken, ob die Straße frei ist*** when you drive out of the garage, you should look first to see if the road is clear
❷ *(irgendwohin fahren)* ■ [**auf etw** *akk/***zu jdm/etw**] **~** to drive [out] [to sth/to sb]
❸ *(überfahren)* ■ **über etw** *akk* **~** to drive over sth
II. *vt haben (nach draußen fahren)* ■ **etw** [**aus etw** *dat*] **~** to drive sth out [of sth]

hi·naus|fin·den *vi irreg* ■ [**aus etw** *dat*] **~** to find one's way out [of sth]; ***finden Sie alleine hinaus?*** can you find your own way out?

hi·naus|flie·gen *vi irreg sein* ❶ *(nach draußen fliegen)* ■ [**aus etw** *dat*] **~** to fly out [of sth]
❷ *(fam: hinausfallen)* ■ [**aus etw** *dat*] **~** to fall out [of sth]
❸ *(fam: hinausgeworfen werden)* to be kicked [*or fam* chucked] out

hi·naus|füh·ren I. *vi* ❶ *(nach draußen führen)* ■ [**aus etw** *dat*] **~** to lead out [of sth]
❷ *(überschreiten)* ■ **über etw** *akk* **~** to go [*or* extend] beyond sth
II. *vt (hinausgeleiten)* ■ **jdn** [**aus etw** *dat*] **~** to show sb out [of sth]

hi·naus|ge·hen [hɪˈnausgeːən] *irreg* **I.** *vi sein* ❶ *(nach draußen gehen)* ■ [**aus etw** *dat/***auf etw** *akk*] **~** to go out [of sth]; **aus einem Gebäude ~** to go out of [*or* leave] a building; **auf die Straße ~** to go out to the road
❷ *(führen)* ■ **zu etw** *dat* **~** to lead [out] to sth
❸ *(abgeschickt werden)* ■ [**zu jdm**] **~** to be sent off [to sb]
❹ *(gerichtet sein)* ■ **auf** [*o* **nach**] **etw ~** to look out on/onto sth; **nach Osten ~** to face east
❺ *(überschreiten)* ■ [**weit**] **über etw** *akk* **~** to go [far] beyond sth, to exceed sth
II. *vi impers sein* ***wo geht es auf die Straße hinaus?*** which is the way out [*or* how can I get out] to the road?; ***es geht dort hinaus!*** that's the way out!

hi·naus|ge·lei·ten* *vt (geh)* ■ **jdn** [**aus etw** *dat/***zu etw** *dat*] **~** to show sb out [of sth/to sth] **hi·naus|gu·cken** *vi (fam) s.* **hinaussehen hi·naus|hal·ten** *vt irreg* ■ **jdn/etw** [**zu etw** *dat*] **~** to hold sb/sth out [of sth]; **den Kopf zum Fenster ~** to put [*or fam* stick] one's head out of the window **hi·naus|hän·gen** *vt* ■ **etw** [**zu etw** *dat/***auf etw** *akk*] **~** to hang sth out [of/on sth] **hi·naus|ja·gen I.** *vt haben* ■ **jdn/ein Tier** [**aus etw** *dat/***zu etw** *dat/***auf etw** *akk*] **~** to chase [*or* drive] sb/an animal out [of/to sth]; ■ **jdn** [**aus etw** *dat*] **~ lassen** to have sb removed [*or* chased] [*or* driven] [from sth] **II.** *vi sein* to rush [*or form* hasten] out **hi·naus|ka·ta·pul·tie·ren*** *vt* POL *(sl)* ■ **jdn** [**aus etw** *dat*] **~** to catapult [*or* eject] sb [out of sth] **hi·naus|klet·tern** *vi sein* ■ [**aus etw** *dat*] **~** to climb out [of sth]

hi·naus|kom·men *vi irreg sein* ❶ *(nach draußen kommen)* to get out/outside; ■ [**zu jdm**] **~** to come out [to sb]
❷ *(gelangen)* ■ **über etw** *akk* **~** to get beyond sth
❸ *(gleichbedeutend mit etw sein)* ■ **etw kommt auf etw** *akk* **hinaus** sth amounts to sth; ***das kommt auf dasselbe hinaus*** it's all the same

hi·naus|kom·pli·men·tie·ren* *vt* ■ **jdn** [**aus etw** *dat*] **~** to bow sb out [of sth], to usher out sb *sep* **hi·naus|las·sen** *vt irreg* ■ **jdn/ein Tier** [**aus etw** *dat*] **~** to let sb/an animal out [of sth]

hi·naus|lau·fen *vi irreg sein* ❶ *(nach draußen laufen)* ■ [**durch etw** *akk/***auf etw** *akk*] **~** to run out [through/to sth]; ***hiergeblieben, lauf mir ja nicht auf die Straße hinaus!*** stay here, don't run out onto the road!
❷ *(gleichbedeutend mit etw sein)* ■ **auf etw** *akk* **~** to be [*or* mean] the same as sth; ***auf was soll das ~?*** what's that supposed to mean?; **auf dasselbe** [*o* **aufs Gleiche**] **~** to be [*or* mean] the same, to come [*or* amount] to the same thing; ■ **darauf ~, etw zu tun** to lead to sth being done

hi·naus|leh·nen *vr* ■ **sich** *akk* [**aus etw** *dat*] **~** to lean out [of sth] **hi·naus|po·sau·nen*** *vt (fam) s.* **ausposaunen**

hi·naus|ra·gen *vi sein* ❶ *(nach oben ragen)* to rise; ■ **über etw** *akk* **~** to tower over sth
❷ *(nach außen ragen)* ■ [**auf etw** *akk*] **~** to jut [*or fam* stick] out [onto sth]
❸ *(überragen)* ■ **über jdn/etw ~** to stand out over sb/sth; **über ein Zeitalter ~** to stand out in a time

hi·naus|rei·chen I. *vt (geh)* ■ [**jdm**] **etw** [**durch etw** *akk/***zu etw** *dat*] **~** to pass [*or* hand] out sth *sep* [to sb] [through sth], to pass [*or* hand] [sb] out sth [through sth]; **etw durch das Fenster ~** to pass [*or* hand] sth out of [*or* through] the window
II. *vi* ❶ *(bis nach draußen reichen)* to reach; ■ **bis zu etw** *dat* **~** to reach [as far as] [*or* stretch as far as] sth
❷ *(weiterhin reichen)* ■ **über etw** *akk* **~** to be more than sth; ***der Betrag reicht weit über das hinaus, was ich kalkuliert hatte*** the amount is a lot more than what I had calculated; **über einen bestimmten Zeitraum ~** to last beyond a particular period of time

hi·naus|ren·nen *vi irreg sein (fam)* to run [*or* rush] out **hi·naus|schaf·fen** *vt (hinausbringen)* ■ **jdn/etw** [**aus etw** *dat/***auf etw** *akk*] **~** to take sb/sth out [of sth]; **eine lästige Person ~** to get a troublesome person out **hi·naus|schau·en** *vi (geh) s.* **hinaussehen hi·naus|schi·cken** *vt (nach draußen schicken)* ■ **jdn** [**aus etw** *dat/***auf etw** *akk/***in etw** *akk*] **~** to send sb out [of/to/into sth] **hi·naus|schie·ben** *vt irreg* ❶ *(nach draußen schieben)* ■ **etw** [**aus etw** *dat/***auf etw** *akk*] **~** to push sth out [of/into/onto sth] ❷ *(hinausdrängen)* ■ **jdn** [**zu etw** *dat/***auf etw** *akk*] **~** to push [*or* force] sb out [of/into/onto sth] ❸ *(auf später verschieben)* ■ **etw** [**bis irgendwann**] **~** to postpone sth [*or* put sth off] [until some time] **hi·naus|schie·ßen** *vi irreg sein* ❶ *(nach draußen schießen)* ■ [**aus etw** *dat*] **~** to fire [from sth] ❷ *(fam: hinausjagen)* ■ [**aus etw** *dat/***auf etw** *akk*] **~** to shoot out [of/onto/into sth]; *s. a.* **Ziel hi·naus|schmei·ßen** *vt irreg (fam)* ■ **jdn/etw** [**aus etw** *dat/***auf etw** *akk*] **~** to throw [*or fam* chuck] sb/sth out [of/into/onto sth]

Hi·naus·schmissRR <-sses, -sse> *m s.* **Rausschmiss**

hi·naus|schmug·geln *vt* ■ **jdn/etw** [**aus etw** *dat*] **~** to smuggle sb/sth out [of sth] **hi·naus|schrei·en** *irreg* **I.** *vi* ■ [**zu etw** *dat*] **~** to scream [out of sth] **II.** *vt (geh: schreiend kundtun)* ■ **etw ~** to cry out sth *form* **hi·naus|schwim·men** *vi irreg sein* ■ [**zu etw** *dat*] **~** to swim out [to sth] **hi·naus|se·hen** *vi irreg* ■ [**zu etw** *dat/***auf etw** *akk/***in etw** *akk*] **~** to look [*or* take a look] out [of/at sth] **hi·naus|set·zen I.** *vt* ❶ *(nach draußen setzen)* ■ **jdn/etw ~** to put sb/sth out ❷ *(hinauswerfen)* ■ **jdn ~** to throw [*or fam* chuck] sb out **II.** *vr (sich nach draußen setzen)* ■ **sich** *akk* [**auf etw** *akk/***in etw** *akk*] **~** to sit outside [on/in sth] **hi·naus|steh·len** *vr irreg (geh)* ■ **sich** *akk* **~** to slip [*or liter* steal] [*or* sneak] out **hi·naus|stei·gen** *vi irreg sein (nach draußen steigen)* ■ [**durch** *akk/***zu etw** *dat*] **~** to get out [through sth] **hi·naus|stel·len** *vt* ■ [**jdm/einem Tier**] **etw** [**auf etw** *akk*] **~** to put out sth *sep* [in/on sth] [for sb/an animal] **hi·naus|stre·cken** *vt* ■ **etw** [**aus etw** *dat/***zu etw** *dat*] **~** to stretch out sth *sep* [out of sth], to stick sth out [of sth] *fam*; **den Kopf ~** to put [*or fam* stretch] one's head out **hi·naus|stür·men** *vi sein* ■ [**aus etw** *dat/***zu etw** *dat/***auf etw** *akk*] **~** to rush out [of/to sth]; **zur Tür ~** to rush out of the door; **in Wut ~** to storm out

hi·naus|stür·zen I. *vi sein* ❶ *(geh: hinausfallen)* to fall out; **zum Fenster ~** to fall out of the window
❷ *(kopflos hinauseilen)* ■ [**aus etw** *dat/***in etw** *akk*] **~** to rush [*or* dash] out [of/into sth]; **zur Tür ~** to rush [*or* dash] out of the door
II. *vr haben* **sich** *akk* **zum Fenster ~** to throw oneself out of the window

hi·naus|tra·gen *vt irreg* ❶ *(nach draußen tragen)* ■ **jdn/etw** [**aus etw** *dat/***zu etw** *dat/***auf etw** *akk*] **~** to carry sb/sth out [of/to sth]; **jdn/etw zur Tür ~** to carry sb/sth out of the door
❷ *(geh: nach außen verbreiten)* ■ **etw ~** to broadcast sth
❸ *(weiter tragen, treiben)* ■ **jdn/etw über etw** *akk* **~** to carry sb/sth beyond sth; ***der Wagen wurde nach einer Rechtskurve über die Straßenmitte hinausgetragen*** after the right hand bend, the car was carried across the middle of the road

hi·naus|trei·ben *vt irreg* ❶ *(nach draußen treiben)* ■ **jdn/ein Tier** [**aus etw** *dat*] **~** to drive sb/an animal out [of sth] ❷ *(vom Ufer weg treiben)* ***das Kanu wurde langsam hinausgetrieben*** the canoe drifted gently away **hi·naus|tre·ten I.** *vi irreg sein (geh: nach draußen treten)* ■ [**aus etw** *dat/***in etw** *akk*] **~** to go out [of/to sth]; **auf den Hof/in den Garten ~** to go out into the yard [*or* garden]; **aus/zur Tür ~** to go out of the door **II.** *vt* **einen Ball ~** to kick a ball into touch **hi·naus|wach·sen** *vi irreg sein* ❶ *(durch Leistung übertreffen)* ■ **über jdn ~** to surpass [*or* outstrip] [*or* outshine] sb ❷ *(überwinden)* ■ **über etw** *akk* **~** to rise above sth **hi·naus|wa·gen** *vr* ■ **sich** *akk* [**aus etw** *dat/***zu etw** *dat/***in etw** *akk*] **~** to venture out[side] [of/to/into sth]; **sich** *akk* **auf den Hof/in den Garten ~** to venture out into the garden; **sich** *akk* **auf die Straße ~** to venture out onto the street/road; **sich** *akk* **aus der/zur Tür ~** to venture out of the door; **sich** *akk* **aus einem Versteck ~** to venture out of a hiding place; **sich** *akk* **in die Kälte ~** to venture out into the cold

hi·naus|wer·fen *vt irreg* ❶ *(nach draußen werfen)* ■ **etw** [**aus etw** *dat/***auf etw** *akk*] **~** to throw [*or fam* chuck] sth out [of/onto/into sth]; **etw zur Tür ~** to throw sth out of the door
❷ *(fam: fristlos kündigen)* ■ **jdn** [**aus etw** *dat*] **~** to throw [*or fam* chuck] sb out [of sth]; *(entlassen)* to throw [*or fam* chuck] sb out [of sth], to sack sb [from sth]
▸ WENDUNGEN: **Geld zum Fenster ~** to throw [*or* chuck] money out of the window [*or* down the drain]

hi·naus|wol·len *vi* ❶ *(nach draußen wollen)* ■ [**aus etw** *dat/***zu jdm**] **~** to want to go out [of/to sb]; **auf den Hof/in den Garten ~** to want to go out into

the yard/garden; **auf die Straße ~** to want to go out to the street/road; **aus der/zur Tür ~** to want to go out of the door
② *(etw anstreben)* ▪ **[mit etw** *dat*] **auf etw** *akk* ~ to get [*or* drive] at sth [with sth]; ***Sie haben Recht, genau auf diesen Punkt wollte ich ja hinaus*** you're right, that's just what I was getting [*or* driving] at

hi·naus|zie·hen *irreg* **I.** *vt haben* ① *(nach draußen ziehen)* ▪ **jdn/ein Tier/etw [aus etw** *dat*] ~ to drag [*or* pull] sb/an animal out [of sth]; **jdn am Rockärmel ~** to pull sb outside by their sleeve; **jdn sanft ~** to draw sb outside; **ein Tier/ein Kind mit Gewalt ~** to haul an animal/a child outside
② *(mit sich fort ziehen)* ▪ **jdn [auf etw** *akk*] ~ to carry sb out [to sth]
II. *vi sein* ① *(nach draußen abziehen)* to get out; ***öffne die Fenster, damit der Rauch ~ kann!*** open the window so we can get rid of this smoke!
② *(nach außerhalb ziehen)* ▪ **[auf etw** *akk/***in etw** *akk*] ~ to go off [to/into sth]; **in die weite Welt ~** to go out into the wide world; ***wir werden [aufs Land]*** ~ we will be moving out [to live in the country]
III. *vr haben (sich verzögern)* ▪ **sich** *akk* ~ to be delayed
IV. *vt impers haben* ▪ **es zieht jdn hinaus [in etw** *akk*] sb feels an urge [*or* sb is driven] to go out [in sth]; ***bei dem schönen Wetter zog es sie förmlich hinaus*** the beautiful weather awakened a great urge [*or* desire] in her to go out, the beautiful weather positively drove her outside

hi·naus|zö·gern **I.** *vt (durch Verzögern hinausschieben)* ▪ **etw** ~ to put off sth *sep,* to delay sth
II. *vr (sich durch Verzögerung verschieben)* ▪ **sich** *akk* ~ to be delayed

Hi·naus·zö·ge·rung <-, -en> *f* delay

hin|be·kom·men* *vt irreg s.* **hinkriegen** **hin|be·stel·len*** *vt* ▪ **jdn [irgendwo]** ~ to tell sb to go/be somewhere

hin|bie·gen *vt irreg (fam)* ① *(bereinigen)* ▪ **etw** ~ to sort out sth *sep;* **ein Problem ~** to iron out a problem
② *(pej: drehen)* ▪ **es so ~, dass ...** to manage [*or* BRIT *fam* wangle] [*or fam* work] it [*or* things] so that ...
③ *(entsprechend beeinflussen)* ▪ **jdn** ~ to lick [*or* knock] sb into shape *fam*

hin|blät·tern *vt (fam: hinzahlen)* ▪ **etw** ~ to pay out sth; *(viel Geld bezahlen)* to shell [*or* fork] out sth *fam,* to stump up sth BRIT *fam*

Hin·blick *m* ① *(angesichts)* **im [***o* **in] ~ auf etw** *akk* in view of [*or* considering] sth
② *(in Bezug auf)* with regard to; **im ~ darauf, dass ...** in view of the fact that ...

hin|brei·ten *vt (geh)* ▪ **etw [vor jdn]** ~ to spread out sth [in front of sth], to display sth [to sb] **hin|brin·gen** *vt irreg* ① *(bringen)* ▪ **[jdm] etw** ~ to bring/take sth [to sb]; ▪ **etw zu jdm ~ lassen** to have sth brought/delivered to sb ② *(begleiten)* ▪ **jdn** ~ to take sb

hin|däm·mern *vi (fam)* ▪ **vor sich** *akk* ~ to half-doze **hin|den·ken** *vi irreg* **wo denkst du/wo denken Sie hin!** what an idea!, what are you talking about?

hin·der·lich ['hɪndɐlɪç] **I.** *adj (geh)* ① *(behindernd)* cumbersome; ▪ **[bei etw** *dat*] ~ **sein** to be a hindrance [*or* a nuisance] [with sth/in doing sth], to get in sb's [*or* the] way [when doing sth]; ***die Stiefel sind beim schnellen Gehen doch zu ~!*** I can't walk fast in these boots!
② *(ein Hindernis darstellend)* ▪ **jdm/für etw** *akk* ~ **sein** to be an obstacle for sb/sth
II. *adv (geh: als Hinderungsgrund)* as an obstacle; **sich** *akk* ~ **auswirken** to prove to be an obstacle

hin·dern ['hɪndɐn] *vt* ① *(von etw abhalten)* ▪ **jdn [an etw** *dat/***etw zu tun]** ~ to stop [*or* prevent] [*or* hinder] sb [from doing sth]; ***machen Sie, was Sie wollen, ich kann Sie nicht*** ~ do what you want, I can't stop you
② *(stören)* ▪ **jdn [bei etw** *dat*] ~ to be a hindrance to sb [in sth/when sb is doing sth], to hamper [*or* hinder] sb [in sth/when sb is doing sth]

Hin·der·nis <-ses, -se> ['hɪndɐnɪs] *nt* ① *(Hemmnis)* obstacle, hindrance, stumbling block [*or* stone] *fig;* **ein ~ für etw** *akk* an obstacle [*or* a hindrance] to sth; **jdm ~se in den Weg legen** to put obstacles in sb's way; **gesetzliches ~** legal impediment
② *(behindernder Gegenstand)* obstacle
③ SPORT *(Barriere beim Hindernislauf)* obstacle, jump; *(bei Leichtathletik)* hurdle; *(bei Jagdrennen)* fence; *(bei Hürdenrennen)* hurdle

Hin·der·nis·lauf *m* hurdle race **Hin·der·nis·läu·fer(in)** *m(f)* steeplechaser **Hin·der·nis·ren·nen** *nt (Jagdrennen)* steeplechase; *(Hürdenrennen)* hurdle race, hurdles

Hin·de·rung *f* JUR estoppel **Hin·de·rungs·grund** *m* ① *(allgemeiner Grund)* reason [why sth cannot happen] ② JUR impediment, objection; **gesetzlicher ~** statutory bar

hin|deu·ten *vi (vermuten lassen)* ▪ **auf etw** *akk* ~ to suggest [*or* point to] sth, to be suggestive of sth; ▪ **darauf ~, dass ...** to point to the fact [*or* suggest] that ...; ***alles deutet darauf hin, dass es zu einer baldigen Einigung kommen wird*** everything points to [*or* suggests] a speedy agreement

Hin·di <-> ['hɪndi] *nt kein pl* LING Hindi; **auf ~** in Hindi

Hin·din <-, -nen> ['hɪndɪn] *f (liter)* hind

hin|dre·hen **I.** *vt (fam: ausbügeln)* ▪ **etw** ~ to sort out sth *sep,* to manipulate sth, to manage sth; ***wie hat sie das bloß wieder hingedreht?*** how on earth did she manage that?
II. *vr* ▪ **sich** *akk* **[zu jdm/etw]** ~ to turn [to sb/sth]

Hin·du <-[s], -[s]> ['hɪndu] *m* Hindu

Hin·du·gott, -göt·tin *m, f* Hindu god *masc,* Hindu goddess *fem*

Hin·du·is·mus <-> [hɪndu'ɪsmʊs] *m kein pl* Hinduism *no art*

Hin·du·ist(in) <-en, -en> [hɪndu'ɪst] *m(f)* REL Hindu

hin·du·is·tisch [hɪndu'ɪstɪʃ] **I.** *adj* Hindu
II. *adv* **ein Kind ~ erziehen** to bring a child up as a Hindu

Hin·du·ka·len·der *m* Hindu calendar

hin|düm·peln *vi (fam)* ▪ **vor sich** *akk* ~ to stagnate

Hin·du·my·tho·lo·gie *f* ▪ **die ~** Hindu mythology

hin·durch [hɪn'dʊrç] *adv* ① *räumlich (ganz durch)* through; **durch etw** *akk* ~ through sth; **durch ein Moor ~** across a moor
② *zeitlich* ▪ **etw** ~ through [*or* throughout] sth; **all die langen Jahre ~** through [*or* throughout] all those long years; **das ganze Jahr ~** throughout the year; **Monate ~** for months; **die ganze/halbe Nacht ~** the whole night [*or* all night long]/half the night; **den ganzen Tag ~** the whole day [through], all day long; **die ganze Zeit ~** all the [*or* the whole] time

hin·durch|ge·hen *vi irreg sein* ① *(durchschreiten)* ▪ **irgendwo/durch etw** *akk/***unter etw** *dat* ~ to go [*or* walk] [*or* get] through/under sth somewhere; ***ohne Sonderausweis dürfen Sie durch diesen Eingang nicht*** ~ you are not allowed to go through [*or* use] this entrance without a special permit
② *(durchdringen)* ▪ **durch jdn/etw** ~ to go [*or* pass] through sb/sth
③ *(durch etw passen)* ▪ **[durch etw** *akk*] ~ to go through [sth]

hin|dür·fen *vi irreg* ▪ **irgendwo/zu jdm** ~ to be able [*or* allowed] to go somewhere/to sb; ***morgen ist Kirmes, dürfen wir [auch] hin?*** it's the fair tomorrow, can [*or* are we allowed to] [*or form* may] we go? **hin|ei·len** *vi sein (geh: irgendwohin eilen)* ▪ **[zu jdm]** ~ to hurry [*or* rush] somewhere [to sb]; ***ich bin sofort hingeeilt*** I hurried over there at once

hi·nein [hɪ'naɪn] *adv* ▪ **irgendwo/in etw** *akk* ~ in somewhere/in sth; ***wo geht's entlang? — da/dort/drüben/hier ~, bitte!*** which way? — that way/over there/this way, please!; **~ mit dir!** *(fam)* in/into [somewhere] with you!; **nur ~!** *(fam)* come on in! *fam*

hi·nein|be·ge·ben* *vr irreg (geh: sich in etw begeben)* ▪ **sich** *akk* ~ to go [on] in [*or* inside]; ▪ **sich** *akk* **in etw** *akk* ~ to go [on] into [*or* enter] sth **hi·nein|be·kom·men*** *vt irreg (fam)* ▪ **etw [in etw** *akk*] ~ to get sth in, to get sth into sth **hi·nein|bli·cken** *vi (geh)* to look in; ▪ **durch etw** *akk/***in etw** *akk* ~ to look through sth/in/into sth, to have [*or* take] a look through sth/at sth; ***da sie keine Vorhänge haben, kann jeder in ihr Wohnzimmer ~*** since they haven't got any curtains, everyone can look [*or* see] into their living room; **in etw** *akk* **kurz ~** to have [*or* take] a quick look [*or* to glance] at sth **hi·nein|brin·gen** *vt irreg* ① *(hineintragen)* ▪ **[jdm] etw [in etw** *akk*] ~ to bring/take sth in *sep* [sth] [to sb] ② *s.* **hineinbekommen** **hi·nein|bug·sie·ren*** *vt (fam)* ▪ **etw [in etw** *akk*] ~ to manoeuvre [*or* AM maneuver] sth [in/into sth] **hi·nein|den·ken** *vr irreg* ▪ **sich** *akk* **in jdn** ~ to put oneself in sb's position, to try to understand sb/sb's position; ▪ **sich** *akk* **in etw** *akk* ~ to think one's way into sth **hi·nein|deu·ten** *vt* ▪ **etw in etw** *akk* ~ to look for sth in sth, to read sth into sth; **allzu viel in etw** *akk* ~ to read too much into sth

hi·nein|drän·gen **I.** *vt haben (in etw drängen)* ▪ **jdn [in etw** *akk*] ~ to push [*or fam* shove] sb [into sth]
II. *vi sein* ▪ **[in etw** *akk*] ~ to push one's way in[to sth]
III. *vr haben* ▪ **sich** *akk* **[irgendwo]** ~ to push one's way in [somewhere]; *(sich in eine Menschenschlange drängen)* to push in

hi·nein|fal·len *vi irreg sein* ▪ **[in etw** *akk*] ~ to fall in[to sth]

hi·nein|fin·den *irreg* **I.** *vi* ▪ **[in etw** *akk*] ~ to find one's way [in] [into sth]; ***danke, ich finde alleine/selbst hinein!*** thanks, I can find my own way [in]!
II. *vr* ① *(sich mit etw vertraut machen)* ▪ **sich** *akk* **[in etw** *akk*] ~ to familiarize oneself [with sth]; ▪ **sich** *akk* **in etw** *akk* ~ to make oneself familiar [*or* to get to grips] with sth; *(mit einer neuen Situation)* to get used to sth
② *(sich mit etw abfinden)* ▪ **sich** *akk* **in etw** *akk* ~ to get used [*or* to become reconciled] to [*or* to come to terms with] sth

hi·nein|fres·sen **I.** *vt irreg* ① *(fam: verschlingen)* ▪ **etw in sich** *akk* ~ to gobble sth [up [*or* down]], to devour [*or* BRIT bolt] sth, to wolf sth down, to guzzle [*or* scoff] sth *fam*
② *(unterdrücken)* ▪ **etw in sich** *akk* ~ to bottle up *sep* [*or* suppress] [*or* stifle] sth
II. *vr* ▪ **sich** *akk* **in etw** *akk* ~: ***die Motten haben sich in den Pullover hineingefressen*** moths have eaten their way into the pullover

hi·nein|ge·hen *vi irreg sein* ① *(etw betreten)* ▪ **[in etw** *akk*] ~ to go in[to sth], to enter [sth]; ***geht bitte schon hinein, ich komme gleich nach*** please go on in, I'll follow in a minute ② *(fam: hineinpassen)* ▪ **in etw** *akk* ~ to fit into sth; ***wie viele Leute gehen in den Bus hinein?*** how many people does the bus hold? **hi·nein|ge·ra·ten*** *vi irreg sein* ▪ **[in etw** *akk*] ~ to be drawn in[to sth]; **in eine Demonstration/Schlägerei/Unannehmlichkeit ~** to get into [*or* to find oneself in] a demonstration/a fight/difficulties **hi·nein|gie·ßen** *vt irreg* ① *(in etw gießen)* ▪ **etw [in etw** *akk*] ~ to pour sth [into sth]; **etw in den Abguss ~** to pour sth down the drain ② *(sl: sich mit etw abfüllen)* ▪ **etw in sich** *akk* ~ to pour sth down one's throat, to gulp sth down **hi·nein|grei·fen** *vi irreg* ▪ **[in etw** *akk*] ~ to put one's hand in[to sth] **hi·nein|gu·cken** *vi (fam) s.* **hineinsehen**

hi·nein|hal·ten *irreg* **I.** *vt (in etw halten)* ▪ **etw [in etw** *akk*] ~ to put sth in[to sth]; ***sie hielt ihre Hand in das Badewasser, um zu fühlen, ob es richtig temperiert war*** she tested the temperature of the bathwater with her hand
II. *vi (fam: in etw feuern)* ▪ **[mit etw** *dat*] **in etw** *akk* ~ to fire into sth [with sth]; **mitten in die Menge ~** to fire into the crowd

hin·ein|hor·chen *vi* **in sich** *akk* ~ to listen to one's inner voice

hi·nein|in·ter·pre·tie·ren* *vt* ▪ **etw in etw** *akk* ~

to read sth into sth **hi·nein|klet·tern** *vi sein (in etw klettern)* ■ **[durch etw** *akk***] [in etw** *akk***]** ~ to climb [*or* get] in[to sth] [through sth] **hi·nein|kni·en** *vr (fam)* ■ **sich** *akk* **[in etw** *akk***]** ~ to get stuck in[to sth], to get on [*or* BRIT *fig fam!* one's finger out] [with sth] **hi·nein|kom·men** *vi irreg sein* ① *(hineingelangen können)* ■ **[in etw** *akk***/auf etw** *akk***]** ~ to get in[to sth] ② *(fam: in etw gehören)* ■ **irgendwo/in etw** *akk* ~ to go [*or* belong] somewhere/in sth; ***die Briefe kommen hier hinein*** the letters go in [*or* belong] here **hi·nein|kom·pli·men·tie·ren*** *vt (höflich hineinbitten)* ■ **jdn [in etw** *akk***]** ~ to welcome sb in[to sth] **hi·nein|krie·gen** *vt (fam) s.* **hineinbekommen** **hi·nein|la·chen** *vi* ■ **in sich** *akk* ~ to laugh to oneself **hi·nein|las·sen** *vt irreg* ■ **jdn/ein Tier [in etw** *akk***]** ~ to let sb/an animal in[to sth]; ***die Wachen werden Sie nicht ins Labor*** ~ the guards won't allow [*or* let] you into the laboratory **hi·nein|lau·fen** *vi irreg sein* ① *(in etw laufen)* ■ **[in etw** *akk***]** ~ to run/walk in[to sth]; **in etw** *akk* **genau** ~ to run/walk straight into sth ② *(hineinfließen)* **etw in sich** *akk* ~ **lassen** *(sl)* to knock back sth; **Bier in sich** *akk* ~ **lassen** to swill beer

hi·nein|le·gen I. *vt* ① *(in etw legen)* ■ **etw [in etw** *akk***]** ~ to put sth in[[to] sth]; **etw wieder** ~ to put sth back
② *(investieren)* ■ **etw in etw** *akk* ~ to put sth in[to sth]
③ *(hineindeuten)* ■ **etw in etw** *akk* ~ to read sth into sth
II. *vr (sich in etw legen)* ■ **sich** *akk* **[in etw** *akk***]** ~ to lie down [in sth]

hi·nein|ma·nö·vrie·ren* *vt* ① *(in etw manövrieren)* ■ **etw [in etw** *akk***]** ~ to manoeuvre [*or* AM maneuver] sth in[to sth] ② *(durch Ungeschicktheit bringen)* ■ **jdn/sich in etw** *akk* ~ to put [*or* manage to get] sb/oneself in sth **hi·nein|pas·sen** *vi* ① *(in etw passen)* ■ **[in etw** *akk***]** ~ to fit in[to sth]; ■ **jd passt in etw** *akk* **hinein** sth fits sb; **jd passt mit den Füßen in Schuhe hinein** sb gets their feet into shoes, shoes fit [sb] ② *(harmonieren)* ■ **irgendwo/in etw** *akk* ~ to fit in somewhere/with sth **hi·nein|pfu·schen** *vi (fam)* ■ **jdm [in etw** *akk***]** ~ to meddle [*or* interfere] with sb's sth, to poke [*or* stick] one's nose in sb's sth *fam* **hi·nein|plat·zen** *vi sein (fam)* ■ **[in etw** *akk***]** ~ to burst in [on sth] **hi·nein|pres·sen** *vt* ■ **etw [in etw** *akk***]** ~ to force sth in[[to] sth] **hi·nein|pum·pen** *vt* ■ **etw [in etw** *akk***]** ~ to pump sth in[[to] sth] **hi·nein|ra·gen** *vi sein* ■ **in etw** *akk* ~ ① *(in etw ragen)* to rise up into sth, to project into sth ② *(sich in etw strecken)* to stick out into sth **hi·nein|re·den** I. *vi (dreinreden)* ■ **jdm [in etw** *akk***]** ~ to tell sb what to do [about sth], to interfere in sth II. *vr (sich durch Reden in etw versetzen)* **sich** *akk* **in Wut** ~ to talk oneself [*or* work oneself up] into [a state of] fury **hi·nein|reg·nen** *vi impers* ■ **es regnet [in etw** *akk***/durch etw** *akk***] hinein** *akk* the rain gets in [sth/through sth]

hi·nein|rei·chen I. *vt* ■ **[jdm] etw** ~ to pass [sb] sth; **etw zum Fenster** ~ to pass sth through the window
II. *vi* ① *(lang genug ausreichen)* ■ **[bis] in etw** *akk* ~ to last [until] through sth; **bis in den Januar** ~ to last into January
② *(sich bis hinein erstrecken)* ■ **[irgendwo/bis in etw** *akk***]** ~ to extend [*or* reach] [somewhere/into sth]

hi·nein|rei·ßen *vt irreg (fam)* ■ **jdn [in etw** *akk***]** ~ to drag sb in[to sth] **hi·nein|rei·ten** *irreg* I. *vi sein* ■ **[in etw** *akk***]** ~ to ride in[to sth] II. *vt haben (fam)* ■ **jdn [in etw** *akk***]** ~ to drag sb in[to sth] **hi·nein|ren·nen** *vi irreg sein (fam) s.* **hineinlaufen** **hi·nein|rie·chen** *vi irreg (fam: Einblick gewinnen)* ■ **in etw** *akk* ~ to get a taste of sth **hi·nein|schaf·fen** *vt* ■ **jdn/etw [in etw** *akk***]** ~ to get sb/sth in[to sth]; ***schaffen Sie den Verletzten hier hinein!*** bring the injured man in here! **hi·nein|schau·en** *vi* ① *(fam: kurz zu Besuch kommen)* ■ **[bei jdm]** ~ to look [*or* drop] in [on sb] ② DIAL *(hineinsehen)* to look in **hi·nein|schla·gen** *vt irreg* ■ **etw [in etw** *akk***]** ~ to knock [*or* drive] sth in[to sth] **hi·nein|schlei·chen** *vi, vr irreg vi: sein* ■ **[sich** *akk***] [in etw** *akk***]** ~ to creep [*or* steal] [*or fam* sneak] in[to sth] **hi·nein|schlin·gen** *vt irreg (in sich schlingen)* ■ **etw in sich** *akk* ~ to devour sth, to scoff sth down, to gobble sth [up [*or* down]] *fam* **hi·nein|schlit·tern** *vi sein (fam)* ① *(unversehens hineingeraten)* ■ **in etw** *akk* ~ to get [oneself] into sth; **in die Arbeitslosigkeit** ~ to become [*or* find oneself] unemployed, to have one's job disappear ② *(schlitternd in etw gleiten)* ■ **in etw** *akk* ~ to slide [*or* slither] into sth **hi·nein|schlüp·fen** *vi sein* ① *(sich rasch anziehen)* ■ **[in etw** *akk***]** ~ to slip sth on, to slip into sth ② *(in etw schlüpfen)* ■ **[in etw** *akk***/durch etw** *akk***]** ~ to slip in[to sth/through sth]; **ins Loch/in den Bau** ~ to disappear into the hole/warren **hi·nein|schmug·geln** I. *vt (in etw schmuggeln)* ■ **etw [in etw** *akk***]** ~ to smuggle sth in[to sth] II. *vr (sich in etw schmuggeln)* ■ **sich** *akk* **[in etw** *akk***]** ~ to worm one's way in[to sth], to infiltrate sth **hi·nein|schrei·ben** *vt irreg* ■ **[jdm] etw [in etw** *akk***]** ~ to write sth [in sth] [for sb] **hi·nein|schüt·ten** *vt (in etw schütten)* ■ **etw [in etw** *akk***]** ~ to pour sth in[to sth] **hi·nein|se·hen** *vi irreg* ■ **[in etw** *akk***]** ~ to look in[to sth]; **in einen Garten/in ein Zimmer** ~ **können** to be able to look [*or* see] into a garden/a room **hi·nein|set·zen** I. *vt (in etw setzen)* ■ **jdn [in etw** *akk***]** ~ to put sb in[[to] sth] II. *vr (sich in etw setzen)* ■ **sich** *akk* **[in etw** *akk***]** ~ to sit down [in sth]; **sich** *akk* **in ein Fahrzeug** ~ to get in[to] a vehicle **hi·nein|spa·zie·ren*** *vi sein (fam)* ■ **[in etw** *akk***]** ~ to walk in[[to] sth]; **nur hineinspaziert!** just go [on] in! **hi·nein|spie·len** I. *vi (bei etw zur Geltung kommen)* ■ **irgendwo/in etw** *akk* **[mit]** ~ to play a role [somewhere/in sth]; **etw spielt in etw** *akk* **hinein** sth is a contributory factor in sth; ***es spielen noch andere Aspekte in diese Entscheidung hinein*** other factors have also contributed to this decision II. *vt* SPORT **den Ball in den Strafraum** ~ to play the ball into the area

hi·nein|ste·cken *vt* ① *(in etw stecken)* ■ **etw [durch etw** *akk***/in etw** *akk***]** ~ to put sth in[to sth/through sth/sth]; **eine CD/Videokassette** ~ to put on a CD/a video; **einen Füller in die Verschlusskappe** ~ to put the cap back on a [fountain] pen; **eine Injektionsnadel [in etw** *akk***/durch etw** *akk***]** ~ to stick a needle in[to sth/sth/through sth]; **den Kopf [zum Fenster]** ~ to stick [*or* put] one's head in the window; **ein Glied ins Wasser** ~ to stick [*or* put] a limb in[to] the water
② *(in etw investieren)* ■ **etw [in etw** *akk***]** ~ to put sth in[to sth]

hi·nein|stei·gern *vr* ■ **sich** *akk* **in etw** *akk* ~ to get into sth, to allow oneself to be overwhelmed by sth; **sich** *akk* **in Wut/Hysterie** ~ to work oneself [up] into a rage [*or* state of rage]/ into a state of hysteria **hi·nein|stop·fen** *vt* ① *(in etw stopfen)* ■ **etw [in etw** *akk***]** ~ to stuff sth in[[to] sth] ② *(in sich stopfen)* ■ **etw in sich** *akk* ~ to stuff sth down, to gobble sth down [*or* up]

hi·nein|sto·ßen I. *vt irreg* ① *(in etw stoßen)* ■ **jdn [in etw** *akk***]** ~ to push [*or fam* shove] sb in[[to] sth] ② *(in etw schieben)* ■ **etw [in etw** *akk***]** ~ to put sth in[to sth]; **ein Messer in jds Leib** ~ to stab sb [with a knife]; **eine Waffe in die Scheide** ~ to sheath a weapon
II. *vi sein* **in eine Lücke** ~ to steer smartly into a space; **in ein Gebiet** ~ to penetrate a region

hi·nein|strö·men *vi sein* ■ **[in etw** *akk***/durch etw** *akk***]** ~ to pour in[to sth/sth/through sth]

hi·nein|stür·zen I. *vi sein* ① *(unversehens hineinfallen)* ■ **[in etw** *akk***]** ~ to fall in[[to] sth]
② *(nach dort drin eilen)* to rush in[[to] sth]; **in ein Zimmer** ~ to burst [*or* rush] into a room
II. *vt haben (geh)* ■ **jdn [in etw** *akk***]** ~ to push [*or fam* shove] sb in[[to] sth]
III. *vr haben (sich in etw stürzen)* ■ **sich** *akk* **[in etw** *akk***]** ~ to throw oneself in[[to] sth]; **sich** *akk* **in eine Menschenmenge** ~ to plunge into a crowd

hi·nein|tap·pen *vi sein (fam)* ■ **[in etw** *akk***]** ~ to tread in sth; **in Pfützen** ~ to walk into/through puddles; **in Pfützen absichtlich** ~ to paddle in puddles; **in eine Falle** ~ to walk right into a trap **hi·nein|tra·gen** *vt irreg* ■ **jdn/etw [in etw** *akk***]** ~ to carry sb/sth in[[to] sth] **hi·nein|tun** *vt irreg* ■ **etw [in etw** *akk***]** ~ to put sth in[[to] sth]; **etw wieder [in etw** *akk***]** ~ to put sth back in[[to] sth]

hi·nein|ver·set·zen* *vr* ① *(sich hineindenken)* ■ **sich** *akk* **in jdn** ~ to put oneself in sb's place [*or* position] [*or* shoes]
② *(sich hineindenken)* ■ **sich** *akk* **in etw** *akk* ~ to acquaint oneself with sth, to familiarize oneself with sth; **sich** *akk* **in jds Lage** ~ to put oneself in sb's place [*or* position] [*or* shoes]; **sich** *akk* **in etw** *akk* **hineinversetzt fühlen** to feel as though [*or* if] one is in sth; **sich** *akk* **in frühere Zeiten/in das Zeitalter der Renaissance hineinversetzt fühlen** to feel one has been transported back in time/to the Renaissance

hi·nein|wach·sen *vi irreg sein* ① *(sich durch Wachstum in etw ausdehnen)* ■ **in etw** *akk* ~ to grow in[to sth]; **ein in den Zeh hineingewachsener Nagel** an ingrowing toenail ② *(langsam mit etw vertraut werden)* ■ **in etw** *akk* ~ to get used to sth **hi·nein|wa·gen** *vr* ■ **sich** *akk* **[in etw** *akk***]** ~ to dare to go in[[to] sth]; ■ **sich** *akk* **zu jdm** ~ to have the courage to go and see sb **hi·nein|wol·len** *vi (fam)* ■ **[in etw** *akk***]** ~ to want to go in[[to] sth], to want to enter [sth] *form* **hi·nein|zie·hen** *irreg* I. *vt haben* ■ **jdn mit [in etw** *akk***]** ~ to involve sb [in sth]; ■ **jdn mit in etw** *akk* ~ to drag sb into sth *fam;* ■ **jd wird in etw** *akk* **hineingezogen** sb gets involved in sth, sb gets drawn [*or fam* dragged] into sth II. *vi sein (in etw dringen)* ■ **[in etw** *akk***]** ~ to drift [*or* get] in[to sth]

hi·nein|zwän·gen I. *vt (in etw zwängen)* ■ **etw [in etw** *akk***]** ~ to force sth in[[to] sth]
II. *vr (sich in etw zwängen)* ■ **sich** *akk* **[in etw** *akk***]** ~ to push [one's way] in[[to] sth], to squeeze in[[to] sth]; **sich** *akk* **in ein Kleidungsstück** ~ to force [*or* squeeze] oneself into an item of clothing; ***obwohl der Saal schon überfüllt war, versuchten sich noch viele hineinzuzwängen*** although the hall was already overcrowded a lot of people were still trying to squeeze their way in

hi·nein|zwin·gen *vt irreg (in etw zu gehen zwingen)* ■ **jdn [in etw** *akk***]** ~ to force sb to go in[[to] sth]

hin|fah·ren *irreg* I. *vi sein* ■ **[zu jdm/irgendwo]** ~ to go [to see sb/somewhere]; ■ **irgendwo** ~ to go [*or* drive] somewhere; ***ich muss sofort zu ihr*** ~ I must go and see [*or* drive over to] her at once
II. *vt haben (mit dem Auto hinbringen)* ■ **jdn [zu jdm/irgendwo]** ~ to drive sb [to sb/somewhere]

Hin·fahrt *f* drive, trip; *(lange Hinfahrt)* journey; ***gute*** ~**!** have a good trip [*or* journey]!; **auf der** ~ on the way, during the drive [*or* trip]/journey

hin|fal·len *vi irreg sein* ① *(zu Boden fallen)* to fall [over]
② *(auf den Boden fallen)* to fall; ■ **jdm fällt etw hin** sb drops sth

hin·fäl·lig *adj* ① *(gebrechlich)* frail, infirm *form*
② *(ungültig)* invalid; **ein** ~**es Argument** a spurious argument; **etw** ~ **machen** to make [*or form* render] sth invalid

Hin·fäl·lig·keit <-> *f kein pl* infirmity *no pl*, frailness *no pl*

hin|fin·den *vi irreg (fam)* ■ **[zu jdm/etw]** ~ to find one's [*or* the] way [to sb/sth]; ***finden Sie alleine hin?*** can you find your own way [*or* the way on your own]? **hin|flä·zen, hin|fle·geln** *vr (fam)* ■ **sich** *akk* ~ to flop [*or* plump] [*or* plop] down *fam*

hin|flie·gen I. *vi irreg sein* ① *(irgendwohin fliegen)* ■ **[zu jdm/irgendwo]** ~ to fly [to see sb/somewhere] ② *(fam: hinfallen)* to fall; ■ **jdm fliegt etw hin** sb drops sth II. *vt* ■ **jdn/etw irgendwo** ~ to fly sb/sth somewhere **Hin·flug** *m* flight; ***guten*** ~**!** have a good flight!; **auf dem** ~ on [*or* during] the flight **hin|füh·ren** I. *vt* ■ **jdn [zu jdm/irgendwo]** ~ to take sb [to sb/somewhere] II. *vi* ■ **[zu etw** *akk***]** ~ to lead [*or* go] [to sth] ▸ WENDUNGEN: **wo soll das** ~**?** where will it [all] end?, what will it [all] lead to?

hing ['hɪŋ] *imp von* **hängen**

H

Hịn·ga·be *f kein pl (rückhaltlose Widmung)* dedication; *(Widmung zu einem Mensch)* devotion; ***sie spielt die Flöte mit ~*** she plays the flute with passion [*or* all her soul]

Hịn·ga·be·be·reit·schaft *f kein pl* capacity for devotion [*or* self-surrender]

hịn|ge·ben *irreg* **I.** *vt (geh)* ■**etw** ~ to give sth; **einen guten Ruf** ~ to sacrifice one's reputation [*or* one's good name]
II. *vr* ① *(sich überlassen)* ■**sich** *akk* **etw** *dat* ~ to abandon oneself to sth
② *(euph geh: den Sexualakt vollziehen)* ■**sich** *akk* **jdm** ~ to give oneself to sb *euph form*

Hịn·ge·bung <-> *f kein pl s.* **Hingabe**

hịn·ge·bungs·voll **I.** *adj* dedicated; **mit ~em Blick** with a devoted look; **~e Pflege** devoted care
II. *adv* with dedication; ~ **lauschen** to listen raptly [*or* with rapt attention]; **jdn ~ pflegen** to care for sb devotedly [*or* selflessly]; **sich** *akk* **einem Menschen ~ widmen** to devote oneself [selflessly] to a person

hin·ge·gen [hɪnˈgeːgn̩] *konj (geh)* but, however; ***er raucht, seine Frau ~ nicht*** he smokes but his wife doesn't

hịn·ge·gos·sen *adj* **wie** ~ *(fam)* draped; **auf etw** *dat* **wie ~ liegen/sitzen** to drape oneself over sth

hịn|ge·hen *vi irreg sein* ① *(dorthin gehen)* to go
② *(geh: vergehen)* to pass, to go by, to elapse *form;* ***über eine Entscheidung können noch Monate*** ~ a decision could take months yet
③ *(angehen)* ■[**noch**] ~: ***diesmal mag es noch*** ~ this time we'll let it pass [*or* go]; ■**nicht ~, dass ...** to not be all right [*or* acceptable] that ...
▶WENDUNGEN: **etw ~ lassen** to let sth pass; **jdm etw ~ lassen** to let sb get away with sth; ***du lässt dem Kind zu viel ~!*** you let that child get away with too much!

hịn|ge·hö·ren* *vi (fam)* ■**irgendwo** ~ to belong [*or* go] somewhere; ■**jd gehört irgendwo hin** sb belongs somewhere **hịn|ge·ra·ten*** *vi irreg sein (an einen bestimmten Ort geraten)* ■**irgendwo** ~ to land [*or* get] somewhere; ***wo ist meine Tasche ~?*** where has my bag got to?; ***wo bin ich denn hier ~?*** what [on earth] am I doing here?, what's going on here?

hịn·ge·ris·sen **I.** *adj* spellbound; ***er war von der Geschichte*** ~ he was carried away by the story
II. *adv* raptly, with rapt attention; ~ **lauschen** to listen spellbound [*or* raptly] [*or* with rapt attention]

hịn|gu·cken *vi (fam)* to [take a] look

Hịn·gu·cker <-s, -> *m (fam sl)* ■**ein ~ sein** to be eye candy *sl*

hịn|hal·ten *vt irreg* ① *(entgegenhalten)* ■**jdm etw** ~ to hold sth out to sb
② *(aufhalten)* ■**jdn** ~ to hold sb up, to keep sb waiting; ■**sich** *akk* **von jdm** [**mit etw** *dat*] ~ **lassen** to be [*or* to let oneself be] fobbed off by sb [with sth]; **jdn mit faulen Ausreden** ~ to fob sb off with [glib] excuses

Hịn·hal·te·tak·tik *f* delaying tactics

hịn|hau·en *irreg* **I.** *vi (fam)* ① *(gut gehen)* to work, to be all right; ***Sie halten das Werkzeug falsch, das haut so nicht hin*** you're holding the tool wrong, you won't manage it like that
② *(ausreichen)* to be enough
③ *(zuschlagen)* to lash out, to take a swing; **mit einer Axt** ~ to take a swing with an axe, to swing an axe
II. *vr (sl)* ① *(schlafen)* ■**sich** *akk* [**eine bestimmte Zeit**] ~ to lie down [for a certain length of time], to lie down and have a snooze [*or* BRIT *fam* kip], to turn in *fam,* to hit the sack *fam;* ***er schläft schon, er hat sich vor einer halben Stunde hingehauen*** he's already asleep, he went to bed [*or* turned in] half an hour ago
② *(sich hinflegeln)* ■**sich** *akk* ~ to plonk down
III. *vt (fam: schlampig erledigen)* ■**etw** ~ to rush through sth; *(ein Schriftstück schlampig erledigen)* to dash off sth; ■**hingehauen** rushed through

hịn|hö·ren *vi* to listen; **genau** ~ to listen carefully

hịn|kau·ern *vr* ■**sich** *akk* [**irgendwo**] ~ to crouch [*or* squat] [somewhere]; *(ängstlich)* to cower [somewhere]

Hịn·ke·bein *nt,* **Hịnkefuß** *m (fam)* ① *(hinkendes Bein)* gammy [*or* bum] leg [*or* foot] *fam*
② *(Mensch mit einem Hinkefuß)* person who walks with a limp

Hịn·kel·stein *m* standing stone, menhir *form*

hịn·ken [ˈhɪŋkn̩] *vi* ① *haben (das Bein nachziehen)* ■[**auf etw** *dat*/**mit etw** *dat*] ~ to limp [with sth]; **mit einem Bein** ~ to have a gammy leg [*or* a limp]; ■**~d** limping
② *sein (sich hinkend fortbewegen)* ■**irgendwohin** ~ to limp [*or* hobble] somewhere
③ *haben (nicht ganz zutreffen)* to not work; ***der Vergleich hinkt*** the comparison doesn't work, you can't compare them

hịn|knal·len **I.** *vi sein (fam)* to fall heavily, to come a cropper BRIT *fam; (ohnmächtig hinfallen)* to crash to the ground, to fall heavily on the ground; **der Länge nach** ~ to measure one's length on the ground *liter*
II. *vt haben (fam)* ■[**jdm**] **etw** ~ to throw [*or* slam] sth down [in front of sb]

hịn|kni·en *vi, vr vi: sein (niederknien)* ■[**sich** *akk*] [**auf etw** *akk*/**vor jdn**] ~ to kneel down [on sth/before sb]

hịn|kom·men *vi irreg sein* ① *(irgendwohin gelangen)* ■**irgendwo** ~ to get somewhere; ***wie komme ich zu euch hin?*** how do I get to you?
② *(verloren gehen)* ■**irgendwo** ~ to get to [*or* go] somewhere; ***ich weiß nicht, wo die Brille hingekommen ist*** I don't know where the glasses have got to [*or* gone]
③ *(an bestimmten Platz gehören)* ■**irgendwo** ~ to belong [*or* go] somewhere
④ *(fam: auskommen)* ■[**mit etw** *dat*] ~ to manage [with sth]
⑤ *(fam: stimmen)* to be [about] right
▶WENDUNGEN: **wo kämen wir denn** [**da**] **hin, wenn ...!** *(fam)* where would we be [*or* finish up] if ...!; ***gegessen wird erst, wenn alle am Tisch sitzen! wo kämen wir denn da hin!*** you can start when everybody is at the table! whatever are you thinking of!

hịn|krie·gen *vt (fam)* ① *(richten)* ■**etw wieder** ~ to mend [*or* fix] sth, to put sth to rights
② *(fertigbringen)* ■**es/etw** ~ to manage it/sth; **etw gut** [*o sl* **toll**] ~ to make a good [*or* great] job of sth; ***es ist schon erstaunlich, was man so alles hinkriegt, wenn man nur will!*** it's amazing what you can do if you try!; ■**es ~, dass ...** to manage it/things so that ...
③ *(kurieren)* ■**jdn wieder** ~ to put sb right

hịn|lan·gen *vi (fam)* ① *(nach etw greifen)* to reach across/over
② *(zuschlagen)* to hit [*or* lash] out, to take a swipe
③ *(sich bedienen)* to help oneself
④ *(viel Geld verlangen)* ***da haben die aber ganz schön hingelangt!*** that's daylight robbery!
⑤ *(ausreichen)* to be enough
⑥ *(auskommen)* ■**mit etw** *dat* ~ to manage with sth; *(mit Geld auskommen)* to manage on sth

hịn·läng·lich **I.** *adj* sufficient, adequate
II. *adv* sufficiently, adequately; ~ **bekannt** sufficiently well-known

hịn|las·sen *vt irreg* ■**jdn** ~ to let sb [*or* allow sb to] go; *(in die Nähe)* to let sb near [*or* get near], to allow sb near [*or* to get near] **hịn|lau·fen** *vi irreg sein* ① *(an eine bestimmte Stelle eilen)* ■[**irgendwo/zu jdm**] ~ to run [somewhere/to sb] ② DIAL *(fam: zu Fuß gehen)* ■**irgendwo** ~ to walk somewhere, to go somewhere on foot

hịn|le·gen **I.** *vt* ① *(niederlegen)* ■**jdn/etw** ~ to put sb/sth down, to leave sb/sth
② *(vorlegen)* ■**jdm etw** ~ to put sth [down] in front of sb
③ *(flach lagern)* ■**jdn** ~ to lay sb down
④ *(ins Bett bringen)* ■**jdn** ~ to put sb to bed
⑤ *(fam: bezahlen müssen)* ■**etw** [**für etw** *akk*] ~ to pay sth [for sth], to shell [*or* fork] out sth [for sth] *fam,* to stump up sth [for sth] BRIT *fam*
⑥ *(fam: eindrucksvoll darbieten)* ■**etw** ~ to do sth *fam;* **eine brillante Rede** ~ to make [*or* do] a brilliant speech *fam;* **eine Solonummer** ~ to do a solo [number]
II. *vr* ① *(schlafen gehen)* ■**sich** *akk* [**eine bestimmte Zeit**] ~ to have a lie-down [for a certain length of time]
② *(fam: hinfallen)* ■**sich** *akk* ~ to fall [over], to come a cropper BRIT
▶WENDUNGEN: **da legst du dich** [**lang**] **hin!** *(fam)* ***rate mal, was passiert ist! da legst du dich hin!*** guess what's happened! you won't believe your ears [*or* what I'm going to tell you]!; **~!** MIL down [on the ground]!

hịn|lüm·meln *vr (fam) s.* **hinflegeln**

hịn|ma·chen **I.** *vt (fam: anbringen)* ■[**jdm**] **etw** ~ to put [*or fam* stick] sth somewhere [for sb]; **ein Bild/eine Lampe** ~ to put [*or fam* stick] up a picture/a lamp; **irgendwo Farbe** ~ to put [*or fam* stick] paint on somewhere
II. *vi (fam: Notdurft verrichten)* ■[**da**] ~ to do a job [there] [*or* one's business] [*or fam* a mess], to have [*or* take] a crap/piss *vulg*

hịn|mor·den *vt (geh)* ■**jdn** ~ to butcher [*or* slaughter] sb; **viele Menschen** ~ to massacre a lot of people **hịn|müs·sen** *vi irreg* to have to go [somewhere]

Hịn·nah·me <-> *f kein pl* acceptance

hịn·nehm·bar *adj* bearable, acceptable

hịn|neh·men *vt irreg* ① *(ertragen)* ■**etw** [**als etw**] ~ to accept [*or* tolerate] [*or* to put up with] [*or* suffer] sth [as sth]; **etw als selbstverständlich** ~ to take sth for granted; **etw ~ müssen** to have to accept [*or* put up with] sth; **eine Niederlage** ~ to [have to] suffer a defeat; **einen Verlust** ~ to [have to] suffer [*or* sustain] a loss
② *(fam: irgendwohin mitnehmen)* ■**jdn/etw mit** ~ to take sb/sth [with one]; ***ich fahre jetzt dorthin, soll ich Sie mit ~?*** I'm going there now, shall I take you [*or* would you like to come] [with me]?

hịn|nei·gen **I.** *vr* ■**sich** *akk* [**zu jdm**] ~ to lean over [to[wards] sb [*or* in sb's direction]]
II. *vt (in eine bestimmte Richtung neigen)* ■**etw zu jdm** ~ to incline sth to[wards] sb; **den Kopf** [**zu jdm**] ~ to bend [*or* incline] one's head [towards sb [*or* in sb's direction]]; **den Körper** ~ to lean over
III. *vi* ■**zu etw** *dat* ~ *(eine Neigung haben zu)* to incline towards sth

hin·nen [ˈhɪnən] *adv* ▶WENDUNGEN: **von ~ scheiden** *(veraltend geh)* to pass [*or* move] on *euph;* **von ~** from here; ***wir müssen nun wieder von ~*** we have to leave here

hịn|pas·sen *vi* ① *(sich gut einfügen)* ■**irgendwo** ~ to go somewhere; ***die Vase würde hier gut/besser ~*** the vase would look good/better here; ■**jd passt irgendwo hin** sb fits in somewhere ② *(Platz haben)* ■**irgendwo** ~ to go [*or* fit] somewhere

hịn|pfef·fern *vt (fam)* ① *(hinschleudern)* ■[**jdm**] **etw** ~ to fling [*or fam* chuck] sth down [in front of sb] ② *(in scharfer Form äußern)* **einen Artikel** ~ to write [*or* produce] a scathing [*or* withering] article; **jdm eine Kritik** ~ to level biting [*or* harsh] criticism at sb **hịn|plump·sen** *vi sein (fam)* to plump [*or* plop] down, to fall with a thud; ■**etw ~ lassen** to drop sth with a thud [*or* clunk] [*or* thump], to plunk sth down; ■**sich** *akk* ~ **lassen** to plump BRIT down, to plunk [*or* plop] oneself down **hịn|raf·fen** *vt s.* **dahinraffen** **hịn|rei·chen** **I.** *vt (geh: geben)* ■**jdm etw** ~ to pass [*or* hand] sth to sb **II.** *vi (geh: ausreichen)* to last, to hold out

hịn·rei·chend **I.** *adj* sufficient; **ein ~es Gehalt/Einkommen** an adequate salary/income
II. *adv* ① *(genügend)* ~ **lange/oft** long/often enough
② *(zur Genüge)* sufficiently, adequately

Hịn·rei·se *f* trip [*or* journey] [somewhere], outward trip [*or* journey]; *(mit dem Auto)* drive; *(mit dem Schiff)* voyage; **auf der** ~ on the way [*or* trip] [*or* journey] [*or* drive] [there], during the trip [*or* journey] [*or* drive] there; **Hin- und Rückreise** both ways *fam,* [the journey] there and back *fam; (Fahrkarte)* return journey

hịn|rei·ßen *vt irreg* ① *(begeistern)* ■**jdn** ~ to send sb into transports of delight *form,* to enchant [*or* captivate] [*or* enrapture] sb; ■ [**von jdm/etw**] **hingerissen sein** to be enchanted [*or* captivated] [*or* enraptured] [by sb/sth]; ■ **von jdm hingerissen sein** *(verliebt sein)* to be smitten [*or* infatuated] with sb; **hin- und hergerissen sein** to be unable to decide [*or* unable to make up one's mind]; ***was meinst du? — ich bin ganz hin- und hergerissen*** what do you think? — oh! I don't know [*or* I can't make up my mind]!

2 *(spontan verleiten)* ■ **jdn zu etw** *dat* ~ to drive sb to sth, to provoke sb into sth; **sich** *akk* **zu etw** *dat* ~ **lassen** to allow oneself to be [*or* to let oneself be] driven to sth/into doing sth [*or* provoked into doing sth]; **sich** *akk* ~ **lassen** to allow oneself to be carried away, to let oneself be carried away; **sich** *akk* **dazu** ~ **lassen, etw zu tun** to allow oneself to [*or* to let oneself] be provoked into doing [*or* be driven to] sth

hin·rei·ßend I. *adj* enchanting, captivating; **von** ~**er Schönheit** of striking beauty

II. *adv* enchantingly; ~ **aussehen** to look enchanting [*or* captivating]

hin|ren·nen *vi irreg sein s.* **hinlaufen 1** **hin|rich·ten** *vt* ■ **jdn** ~ to execute sb; **jdn durch den Strang** ~ to put sb to death by hanging; **jdn durch den elektrischen Stuhl** ~ to execute sb on the electric chair; ■ **hingerichtet werden** to be executed

Hin·rich·tung *f* execution; **eine** ~ **vollziehen** *(geh)* to carry out an execution

Hin·rich·tungs·kom·man·do *nt* execution squad

hin|rot·zen *vt (sl)* ■ [**jdm**] **etw** ~ to dash sth off [for sb] BRIT, to do sth [for sb] in a hurry **hin|schaf·fen** *vt* ■ **etw** [**zu jdm**] ~ to get sth somewhere/there [to sb]; *(liefern)* to deliver sth [to sb]; ■ **irgendwo hingeschafft werden** to be taken somewhere/there

hin|schau·en *vi* DIAL *(hinsehen)* to look

hin|schei·den *vi irreg (geh)* to pass away

hin|schi·cken *vt* ■ **jdn** [**zu jdm**] ~ to send sb [to sb]

Hin·schied <-s, -e> *m* SCHWEIZ *(geh: Tod)* passing *euph,* demise *form*

hin|schla·gen *vi irreg* 1 *sein (hinfallen)* to fall [flat on one's face *fam*], to collapse 2 *haben (zuschlagen)* to strike; **mit einem Gegenstand** ~ to strike out with an object **hin|schlei·chen** *vi, vr irreg vi: sein* ■ [**sich** *akk*] ~ to creep [*or* sneak] over [there]/to somewhere

hin|schlep·pen I. *vr* 1 *(sich mühselig an einen bestimmten Ort bewegen)* ■ **sich** *akk* ~ to drag oneself along; ■ **sich** *akk* **irgendwo/zu jdm** ~ to drag oneself somewhere/to sb

2 *(sich hinziehen)* ■ **sich** *akk* ~ to drag on

II. *vt* 1 *(an einen bestimmten Ort schleppen)* ■ **etw** [**zu jdm**] ~ to drag [*or fam* lug] [*or fam* cart] sth over [to sb]; ■ **etw irgendwo** ~ to drag [*or fam* lug] [*or fam* cart] sth somewhere

2 *(fam: mitnehmen)* ■ **jdn mit** ~ to drag [*or fam* cart] sb along

hin|schlu·dern *vt (pej fam)* ■ **etw** ~ to dash sth off; **einen Artikel** ~ to scribble off [*or* scrawl] [*or* BRIT dash off] an article **hin|schmei·ßen** *vt irreg (fam) s.* **hinwerfen** **hin|schmel·zen** *vi irreg sein (hum fam)* ■ [**vor etw** *dat*] ~ to [practically] swoon [with sth]; **vor Rührung** ~ to be overcome with emotion; ***wenn er sie nur sieht, schmilzt er schon hin*** when he sees her, he practically swoons

hin|schmie·ren *vt (fam)* 1 *(an eine bestimmte Stelle schmieren)* ■ [**jdm**] **etw** ~ to smear sth [somewhere]; ***schmier mir bloß diesen ganzen Dreck nicht an die Tapete*** don't [you dare] smear all that dirt on the wallpaper 2 *(pej: flüchtig malen)* ■ **etw** ~ to daub sth; **eine Parole an eine Wand** ~ to scrawl a slogan on a wall **hin|schrei·ben** *irreg* **I.** *vt (niederschreiben)* ■ [**sich** *dat*] **etw** ~ to write [*or* note] sth down **II.** *vi (fam: an eine bestimmte Stelle schreiben)* to write [in]; ***vor einer Woche habe ich hingeschrieben, ob sie mir wohl bald zurückschreiben?*** it's a week since I wrote — I wonder if they'll write back soon? **hin|se·hen** *vi irreg* to look; ***ich kann/mag gar nicht ~!*** I can't [bear to] look!; ***vom bloßen H~ wird mir schon übel!*** just the sight of it makes me feel sick!; **bei genauerem** [*o* **näherem**] **H~** on closer inspection

hin|set·zen I. *vr* 1 *(sich niederlassen)* ■ **sich** *akk* ~ to sit down; ■ **sich irgendwie** ~ to sit somehow

2 *(fam: sich bemühen)* ■ **sich** *akk* ~ to get down to it, to get one's finger out BRIT *fam!*

II. *vt* 1 *(absetzen)* ■ **etw** ~ to put [*or dated* set] sth down

2 *(niedersetzen)* ■ **jdn** ~ to put [*or* sit] sb down

Hin·sicht *f kein pl* **in beruflicher** ~ with regard to a career, career-wise *fam;* **in finanzieller** ~ financially, with regard to finances, finance-wise *fam;* **in anderer** ~ in other respects; **in gewisser** ~ in certain respects; **in jeder** ~ in every respect; **in mancher** ~ in some respects; **in sonstiger** ~ in other respects

hin·sicht·lich *präp +gen (geh)* with regard to

hin|sin·ken *vi irreg sein (geh)* to sink down/to the ground *liter* **hin·sit·zen** *vi irreg sein* SÜDD, SCHWEIZ *(hinsetzen I)* to sit [down]

Hin·spiel *nt* first game [*or* leg] *(of a series of two games)*

hin·ste·hen *vi irreg sein* SÜDD, SCHWEIZ *(hinstellen II)* to stand up straight

hin|stel·len I. *vt* 1 *(an einen bestimmten Platz stellen)* ■ [**jdm**] **etw** ~ to put [*or dated* set] sth [for sb]; **einen Sonnenschirm** ~ to put up a parasol [*or* sun umbrella]

2 *(fam: bauen)* ■ [**jdm**] **etw** ~ to put up sth [for sb] *fam*

3 *(abstellen)* ■ **etw** ~ to park [*or fam* put] sth

4 *(charakterisieren)* ■ **etw/jdn als etw/jdn** ~ to make sb out to be sth; **jdn als Beispiel** ~ to hold sb up as an example; ***er versucht, den Betrug als ein Versehen hinzustellen*** he's trying to make his fraud out to be a simple mistake

II. *vr* 1 *(sich aufrichten)* ■ **sich** *akk* ~ to stand up straight

2 *(sich an eine bestimmte Stelle stellen)* ■ **sich** *akk* **vor jdn** ~ to plant oneself in front of sb

hin|steu·ern *vi sein* ■ [**mit etw** *dat*] **auf etw** *akk* ~ to aim at sth [with sth]; ■ **auf etw** *akk* ~ to make [*or* head] for sth; ***worauf steuern Sie eigentlich*** [***mit Ihrer Argumentation***] ***hin?*** what are you getting at [with your argumentation]? **hin|strö·men** *vi sein* ■ [**zu etw** *dat*] ~ to flock [*or* swarm] somewhere; ***am Sonntag ist Pokalendspiel, da werden Zehntausende ~!*** on Sunday it's the Cup Final, there'll be thousands flocking [*or* swarming] to the game! **hin|stür·zen** *vi sein* 1 *(eilends hinlaufen)* to rush somewhere 2 *(hinfallen)* to fall [heavily]

hintan|stel·len [hɪntˈʔan-] *vt (geh)* ■ **etw** ~ to put sth last [*or* at the bottom of the list]

hin·ten [ˈhɪntn̩] *adv* 1 *(im rückwärtigen Teil)* at the back; ***er sitzt ganz ~ in der vorletzten Reihe*** he's sitting at the back in the last row but one; **sich** *akk* ~ **anstellen** to join the back [of a queue [*or* AM line]]; ~ **bleiben** to stay behind; ~ **im Bild** in the back of the picture; ~ **im Bus** in the back [*or* rear] of the bus; ~ **im Garten** at the bottom of the garden; **das Haus da** ~ the house back there; **nach** ~ **fallen** to fall backwards; ■ **von** ~ from behind

2 *(dem Ende zu)* at the end; ***das wird weiter ~ erklärt*** that's explained further towards the end; ~ **im Buch** at the back of the book; **ein Buch von vorn**[**e**] **bis** ~ **lesen** to read a book from cover to cover; **von** ~ **anfangen** to begin from the end; **etw von** ~ **aufsagen** to say sth backwards

3 *(auf der abgewandten Seite)* at the back; *(bei Medaille, Münze)* on the back [*or* reverse]; ***hast du schon bemerkt, dass du ~*** [***am Hemd***] ***einen Fleck hast?*** have you seen that there's a stain on the back [of your shirt]?; **nach** ~ **abgehen** THEAT to leave the stage; **nach** ~ **ausschlagen** *(Pferd)* to kick out; **nach** ~ **durchgehen** TRANSP to go to the back; **nach** ~ **gelegen sein/wohnen** to be/live at the back of the house; **ein Zimmer nach** ~ a room at the back; **die Stoßstange** ~ the rear bumper; **von** ~ **kommen** to come from behind; **sich** *dat* **etw von vorn und** ~ **ansehen** to look at sth from all sides

4 *(am Gesäß)* on one's behind *fam;* ~ **ein Geschwür haben** *(euph fam)* to have a boil on one's derrière *euph;* ~ **ein paar draufkriegen** *(fam)* to get a spanking

5 *(an unbedeutender Stelle)* behind; ~ **bleiben** to lag behind; **weit** ~ **liegen** to be tailed off BRIT

▶WENDUNGEN: **Frau/Herr ... ~, Frau/Herr ... vorn** *(fam)* it's Mrs/Mr ... this, Mrs/Mr ... that, it's yes Mrs/Mr ... , no Mrs/Mr ..., [three bags full, Mrs/Mr ...]; ~ **nicht mehr hochkommen** *(fam)* to be [utterly] shattered *fam* [*or* exhausted] [*or* BRIT *sl* knackered] [*or* BRIT *fam* dead beat]; **jdm** ~ **reinkriechen** *(fam)* to crawl *fam* [*or* grovel] to sb, to lick [*or* kiss] sb's arse [*or* AM ass] *vulg;* **jdn am liebsten von** ~ **sehen** *(fam)* to be glad to see the back of sb; ~ **und vorn**[**e**] *(fam)* left, right and centre [*or* AM -er]; **jdn** ~ **und vorn**[**e**] **bedienen** to wait on sb hand and foot; **weder** ~ **noch vorn**[**e**], ~ **und vorn**[**e**] **nicht** *(fam)* no way *fam;* ***das reicht doch ~ und vorne nicht!*** that's nothing like enough!; ***das stimmt doch ~ und vorn***[***e***] ***nicht*** [*o* ***weder ~ noch vorn***[***e***]] that can't [*or* there's no way that can] be right; **vorn**[**e**] **und** ~ **nichts haben** *(fam)* to be flat and skinny; **nicht mehr wissen, wo** ~ **und vorn**[**e**] **ist** to not know if one's on one's head or one's heels [*or* if one's coming or going]

hin·ten·dran [ˈhɪntn̩ˈdran] *adv (fam)* on the back

hin·ten·drauf [ˈhɪntn̩ˈdrauf] *adv (fam)* 1 *(hinten auf der Ladefläche)* at the back

2 *s.* **hintendran**

▶WENDUNGEN: **jdm eins** ~ **geben** to smack sb's bottom [*or* behind]; **eins** [**von jdm**] ~ **kriegen** to be [*or* have one's bottom] smacked [by sb]

hin·ten·he·rum [ˈhɪntn̩hɛˈrʊm] *adv* 1 *(von der hinteren Seite)* round [*or esp* AM around] the back

2 *(fam: auf Umwegen)* indirectly, in a roundabout way; ***ich habe es ~ erfahren*** a little bird told me *prov*

3 *(fam: illegal)* through the back door; ***diese Handtücher hat er ~ bekommen*** these towels fell off the back of a lorry *fig fam*

hin·ten·nach [ˈhɪntn̩ˈnax] *adv* SÜDD, ÖSTERR *(hinterdrein)* behind, at the back **hin·ten·rum** [ˈhɪntn̩rʊm] *adv (fam) s.* **hintenherum** **hin·ten·über** [ˈhɪntn̩ˈʔyːbɐ] *adv* backwards

hin·ter [ˈhɪntɐ] **I.** *präp +dat* 1 *(an der Rückseite)* behind, *esp* AM *also* back of; **jdn** ~ **sich haben** *(fig)* to have sb's backing [*or* support]; ~ **dem** [*o fam* **hinterm**] **Haus** behind [*or* at the back of] the house; ~ **jdm hergehen/herlaufen** to walk/run behind sb; ~ **etw hervortreten** to step out from behind sth; **jdn/etw** ~ **sich lassen** to leave sb/sth behind; ~ **dem Lenkrad sitzen** to be at the wheel; ~ **jdm stehen** *(fig)* to be behind sb, to back [*or* support] sb; ~ **etw stehen** *(fig)* to support sth; **eine Strecke** ~ **sich haben** to have come/gone a distance; **die Tür** ~ **sich schließen** to close the door behind [*or* after] one; **sich** *akk* ~ **etw verbergen** *(fig)* to hide behind sth

2 *(am Ende)* at the end of

3 *(jenseits)* beyond; ***der nächste Halt ~ Kamen*** the next stop after Kamen; ~ **dem Berg** on the other side of the mountain; ~ **der Grenze** on the other side of [*or* beyond] the border

4 *(außerhalb)* ***zehn Kilometer ~ Berlin machten wir eine Pause*** ten kilometres out of Berlin we had a break

5 *(in Rangfolge)* ~ **den Anforderungen zurückbleiben** to not live up to requirements; ~ **der Entwicklung zurückbleiben** to be underdeveloped; ~ **den Erwartungen zurückbleiben** to not live up to [*or* fall short of] expectations/requirements; **jdn/etw** [**weit**] ~ **sich lassen** to leave sb/sth in the dust; ~ **der Zeit zurückbleiben** to be behind the times; ~ **jdm zurückstehen** to lag behind sb

6 *(als erlebt)* **eine Arbeit** ~ **sich haben** to have got a job over [and done] with; **eine Enttäuschung** ~ **sich haben** to have got over a disappointment; **viele Enttäuschungen** ~ **sich haben** to have had [*or* experienced] many disappointments; **eine Krankheit** ~ **sich haben** to have got over an ill-

H

ness; *(ernsthaft a.)* to have pulled through [*or* BRIT *also* round]; **das Studium ~ sich haben** to have finished [*or* completed] one's studies; **etw liegt [weit] ~ jdm** sb has [long] got over sth
❼ *(nach)* after; ***5 Minuten hinter der Zeit*** DIAL 5 minutes late; **~ jdm an die Reihe kommen** to come after sb
❽ *(als Ursache)* behind; **sich** *akk* **~ etw verbergen** to lie behind sth
❾ *(verstellt als)* behind, beneath; **sich** *akk* **~ etw verbergen** to lie concealed behind sth
▶ WENDUNGEN: **~ jdm/etw her sein** to be after sb/sth
II. *präp +akk* ❶ *(auf die Rückseite)* behind; **~ etw fallen** to fall behind [*or* down the back of] sth; **~ das** [*o fam* **hinters**] **Haus** behind [*or* to the back of] the house; **sich** *akk* **~ jdn stellen** *(fig)* to stand [*or* get] behind sb, to support sb; **sich** *akk* **~ etw stellen** *(fig)* to support sth
❷ *(ans Ende)* after; ***ein Punkt wird immer ~ einen Satz gesetzt*** a sentence always ends in a full stop
❸ *(in Rangfolge)* [**in etw** *dat*] **~ jdn zurückfallen** to fall behind [sb], to fall behind with sth
❹ *(als erlebt)* **etw ~ sich bringen** to get sth over [and done] with
❺ *(vorher)* **~ etw gehen** [*o* **reichen**] to go [*or* reach] back to before sth; ***die Probleme reichten bis ~ den 2. Weltkrieg zurück*** the problems reached back to pre-war days [*or* to before the war]
❻ *(entlarvt)* **~ etw kommen** to find out about sth; *Rätsel* to get to the bottom of sth; **~ ein Geheimnis kommen** to uncover [*or sep* find out] a secret; **~ die Wahrheit kommen** to get to the truth
III. *adv* SÜDD, ÖSTERR *(nach hinten)* ***er ging ~ in den Garten*** he went out into the garden
IV. *part (fam) s.* **dahinter**

Hịn·ter·ach·se *f* back [*or* rear] axle **Hịn·ter·aus·gang** *m* back [*or* rear] exit; *(zu einem privaten Haus)* back door **Hịn·ter·ba·cke** *f meist pl (fam) (Hälfte eines Gesäßes)* buttock; ■**~n** buttocks, backside *fam,* bum BRIT *fam,* butt AM ▶ WENDUNGEN: **sich** *akk* **auf die ~n setzen** to get one's finger out BRIT *fam!,* to put one's shoulder to the wheel BRIT, to go all out **Hin·ter·bänk·ler(in)** <-s, -> ['hɪntɐbɛŋklɐ] *m(f)* POL *(pej)* ≈ backbencher *(insignificant member of parliament)* **Hịn·ter·bein** *nt* ZOOL hind [*or* back] leg ▶ WENDUNGEN: **sich** *akk* **auf die ~e stellen** [*o* **setzen**] *(fam)* to put up a fight, to take a stand

Hin·ter·blie·be·ne(r) [hɪntɐ'bli:bənə, -nɐ] *f(m) dekl wie adj* bereaved [family]; ***seine Tochter war die einzige ~*** his daughter was his only survivor; ■**die/jds ~n** the/sb's surviving dependants

Hin·ter·blie·be·nen·ren·te *f* JUR surviving dependant's pension **Hin·ter·blie·be·nen·ver·si·che·rung** *f* survivors' insurance **Hin·ter·blie·be·nen·ver·sor·gung** *f* FIN provision for dependants

hin·ter·brin·gen* ['hɪntɐbrɪŋən] *vt irreg (geh: heimlich in Kenntnis setzen)* ■**jdm etw ~** to tell sb sth confidentially, to whisper sth in sb's ear *fig*

Hịn·ter·deck *nt* NAUT afterdeck

hin·ter·drein [hɪntɐ'drain] *adv* at the back, behind

hin·te·re(r, s) ['hɪntərə, -rɐ, -rəs] *adj* ■**der/die/das ~ ...** the rear ...; **der ~ Teil eines Käses/Schinkens** the back of a cheese/ham; **das ~ Stück eines Käses/Schinkens** the last part of a cheese/ham

hin·ter·ei·nan·der [hɪntɐʔai'nandɐ] *adv* ❶ *räumlich (einer hinter dem anderen)* one behind the other [*or* after]
❷ *zeitlich (aufeinander folgend)* one after the other; **drei/mehrere Tage/Wochen/Monate ~** three/several days/weeks/months running [*or* BRIT *fam* on the trot] [*or* in succession], on three/several consecutive *form* days/weeks/months

hin·ter·ei·nạn·der|fah·ren *vi irreg sein* to go/drive/ride one behind [*or* after] the other **hin·ter·ei·nạn·der|ge·hen** *vi irreg sein* to go/walk one behind [*or* after] the other, to walk in single file

hin·ter·ei·nan·der·her *adv* one behind [*or* after] the other

hin·ter·ei·nạn·der|ste·hen *vi irreg* to stand one behind the other; ***die Kunden mussten stundenlang ~*** the customers had to queue for hours

Hịn·ter·ein·gang *m* the rear [*or* back] entrance, tradesmen's entrance *old; (zu einem privaten Haus)* back door

hin·ter·fot·zig ['hɪntɐfɔtsɪç] *adj* DIAL *(fam)* underhand, devious; **ein ~er Mensch** an underhand [*or* a devious] [*or* a shifty] person; **eine ~e Bemerkung** a snide remark

hin·ter·fra·gen* [hɪntɐ'fra:gn̩] *vt (geh)* ■**etw ~** to analyse [*or* AM analyze] [*or* question] sth

Hịn·ter·fuß *m* ZOOL hind [*or* back] foot **Hịn·ter·gau·men·laut** *m* velar [*or* back] consonant **Hịn·ter·ge·bäu·de** *nt building situated behind another;* ***die Pferde werden in dem ~ gehalten*** the horses are housed in the building at the rear [*or fam* out the back] **Hịn·ter·ge·dan·ke** *m* ulterior motive; ***ich kann mir kaum vorstellen, dass sie ohne ~n auf einmal so zuvorkommend ist*** I can't imagine that she can be so obliging without [having] an ulterior motive

hin·ter·ge·hen* ['hɪntɐge:ən] *vt irreg* ❶ *(betrügen)* ■**jdn ~** to deceive sb, to go behind sb's back; *(jdn betrügen, um Profit zu machen)* to cheat [*or* double-cross] sb; ***wie er mich hintergangen hat, und ihm habe ich so vertraut!*** I was so taken in [by him] and I really trusted him!
❷ *(sexuell betrügen)* ■**jdn** [**mit jdm**] **~** to be unfaithful to sb, to two-time sb *fam*

Hin·ter·glas·ma·le·rei [hɪntɐ'gla:sma:lərai] *f* KUNST
❶ *(Bild) pictures painted on the back of glass*
❷ *kein pl (Technik) technique of painting on the back of glass*

Hịn·ter·grund *m* ❶ *(hinterer Teil des Blickfeldes)* background; **der ~ einer Bühne/eines Raums/eines Saals** the back of a stage/a room/a hall; **im ~** in the background; **im ~ eines Raums/eines Saals** at the back of a room/a hall; **im ~ bleiben** [*o* **sich** *akk* **halten**] to stay in the background; INFORM background
❷ *(Bedingungen und Umstände)* ■**der ~ einer S.** *gen* the background to sth; **der ~ einer Geschichte** the backdrop *liter* [*or liter* setting] [*or* background] to a story; ***der Hexenwahn und der Teufelsglaube bildeten den ~ der Hexenverfolgungen*** fear of witches and belief in the devil led up to [*or* formed the background to] the witch hunts
❸ *pl (verborgene Zusammenhänge)* ■**die Hintergründe einer S.** *gen* the [true] facts [*or* story] about sth; **vor dem ~ einer S.** *gen* in/against the setting of sth, against the backdrop *liter* [*or* background] of sth
▶ WENDUNGEN: **jdn in den ~ drängen** [*o* **spielen**] to push [*or* thrust] sb into [*or* to relegate sb to] the background, to steal the limelight from sb; **im ~ stehen** to remain in the background, to be part of the furniture BRIT *fam;* **in den ~ treten** [*o* **geraten**] [*o* **rücken**] to fade [*or* recede] [*or* retreat] into the background

Hịn·ter·grund·be·rie·se·lung *f* INFORM background noise

hịn·ter·grün·dig I. *adj* enigmatic, mysterious
II. *adv* enigmatically, mysteriously

Hịn·ter·grund·mu·sik <-> *f kein pl* background music *no pl;* FILM soundtrack **Hịn·ter·grund·pro·gramm** *nt* INFORM background program **Hịn·ter·grund·ver·ar·bei·tung** *f* INFORM background processing

hịn·ter|ha·ken *vi (fam)* to question sth; ***mit dieser Antwort würde ich mich nicht zufriedengeben, da musst du ~*** I wouldn't be satisfied with that answer, you'll have to ask a few probing questions

Hịn·ter·halt *m (pej)* ambush; **in einen ~ geraten** to be ambushed, to be the victim of an ambush; **im ~ liegen** [*o* **lauern**] to lie in wait [*or* ambush]; **jdn in einen ~ locken** to lure sb into an ambush; **aus dem ~ anfallen/angreifen** to attack without warning, to make a surprise attack

hin·ter·häl·tig ['hɪntɐhɛltɪç] **I.** *adj (pej)* underhand, devious, shifty; **~e Methoden** underhand methods
II. *adv (pej)* in an underhand [*or* devious] [*or* shifty] manner [*or* way]

Hịn·ter·häl·tig·keit <-, -en> *f (pej)* ❶ *kein pl (Heimtücke)* underhandedness, deviousness, shiftiness
❷ *(heimtückische Tat)* underhand [*or* devious] [*or* shifty] act [*or fam* thing to do]

Hịn·ter·hand *f* ZOOL hindquarters *npl* ▶ WENDUNGEN: **etw in der ~ haben** to have sth up one's sleeve [*or* in reserve] **Hịn·ter·haus** *nt* back [part] of a building *(also a separate building at the back of another)*

hin·ter·her [hɪntɐ'he:ɐ̯] *adv* ❶ *räumlich* after; ***da haut einer mit deinem Fahrrad ab, los, ~!*** there's someone stealing your bike, come on, after him!; ■**jdm ~ sein** to be after sb
❷ *zeitlich* after that, afterwards; **~ *ist man immer schlauer!*** it's easy to be clever in retrospect [*or* after the event] !
❸ *(intensiv suchen)* ■**hinter etw** *dat* **~ sein** to be after [*or* look for] sth

hin·ter·hẹr|da·ckeln [-dakl̩n] *vi (fam)* ■**jdm ~** to follow sb like a poodle

hin·ter·hẹr|fah·ren *vi irreg sein* ■[**jdm/etw**] **~** to follow [*or* drive behind] [sb/sth]; ***fahren Sie hinter diesem Taxi hinterher!*** follow that taxi! **hin·ter·hẹr|he·cheln** *vi (pej fam)* ■**jdm/etw ~** to try to catch up with sb/sth *fig* **hin·ter·hẹr|hin·ken** *vi sein* ❶ *(hinter jdm/etw herhinken)* ■**jdm/etw ~** to limp after sb/sth ❷ *(mit Verzögerung nachfolgen)* ■**etw** *dat* **~** to lag behind sth

hin·ter·hẹr|kom·men *vi irreg sein* ❶ *(folgen)* ■[**jdm**] **~** to follow [behind] [sb], to come after [sb]; ***nicht so schnell, ich komme nicht hinterher!*** not so fast, I can't keep up!
❷ *(danach kommen)* to follow, to happen afterwards
❸ *(als Letzter kommen)* ■[**noch**] **~** to bring up the rear

hin·ter·her|lau·fen [hɪntɐ'he:ɐ̯laufn̩] *vi irreg sein*
❶ *(im Lauf folgen)* ■**jdm ~** to run [*or* chase] after sb
❷ *(fam: sich eifrig bemühen)* ■**jdm/etw ~** to run [*or* chase] after sb/sth **hin·ter·hẹr|schi·cken** *vt (nachschicken)* ■**jdm etw ~** to send sth [on] after sb

Hịn·ter·hof *m* courtyard, backyard; *(Garten)* back garden

Hịn·ter·in·di·en *nt* Indochina

Hịn·ter·kle·bung *f (beim Buch)* backlining **Hịn·ter·kopf** *m (hinterer Teil des Kopfes)* back of one's/the head ▶ WENDUNGEN: **etw im ~ haben/behalten** *(fam)* to keep [*or* bear] sth in mind; ***ich habe noch im ~, dass wir damals ...*** I can vaguely remember that ... **Hịn·ter·la·der** <-s, -> *m* breech-loading gun **Hịn·ter·land** *nt kein pl* hinterland

hin·ter·las·sen* [hɪntɐ'lasn̩] *vt irreg* ❶ *(vermachen)* ■**jdm etw ~** to leave [*or form* bequeath] [*or* will] sb sth
❷ *(als Hinterbliebene übrig lassen)* ■**jdn ~** to leave sb; ***er hinterlässt eine Frau und drei Kinder*** he leaves a wife and three children, he is survived by a wife and three children
❸ *(als Erbschaft übrig lassen)* ■**etw ~** to leave sth
❹ *(als literarisches Vermächtnis übrig lassen)* ■**etw ~** to leave sth behind; **die ~e Werke** the posthumous works
❺ *(hinterlegen)* ■[**jdm**] **etw ~** to leave sth [for sb]
❻ *(nach dem Verlassen zurücklassen)* ■**etw irgendwie ~** to leave sth somehow; ***wie die Kinder ihr Zimmer ~!*** the way these children leave their room!; **etw in Unordnung ~** to leave sth in a mess [*or* a muddle]
❼ *(übrig lassen)* ■[**bei jdm**] **etw ~** to leave [sb with] sth; **bei jdm einen Eindruck ~** to make an impression on sb

Hin·ter·lạs·sen·schaft <-, -en> *f* ❶ *(literarisches Vermächtnis)* posthumous works
❷ *(fam: übrig gelassene Dinge)* leftovers *pl*
❸ JUR **jds ~ antreten** to inherit sb's estate

Hin·ter·lạs·sung <-> *f kein pl* **ohne ~ einer S.** *gen (geh)* without leaving sth; **unter ~ einer S.** *gen (geh)* leaving behind sth *sep;* ***er verstarb unter ~ einer Unmenge von unbezahlten Rechnungen***

he died, leaving behind a lot of unpaid bills
Hin·ter·lauf *m* hind [*or* back] leg
hin·ter·le·gen* [hɪntɐˈleːgn̩] *vt* ■**etw** [**bei jdm**] ~ to leave sth [with sb]; **einen Betrag/eine Unterschriftsprobe/eine Sicherheitsleistung** [**bei jdm**] ~ to supply [sb with] an amount/a signature/security; **hinterlegte Kaution** JUR caution money
Hin·ter·le·ger <-s, -> *m* JUR depositor, bailor
hin·ter·legt *adj* TYPO ~**er Raster** background [*or* laid] tint
Hin·ter·le·gung <-, -en> *f* leaving behind; JUR deposit, bailment; ***das Gericht setzte im Urteil die ~ einer Summe bei der Gerichtskasse fest*** the court ordered that an amount be deposited with the court cashier; ~ **bei Gericht** lodgement [*or* deposit] in court; ~ **einer Barsicherheit** cash deposit; **gegen ~ einer S.** *gen* against a deposit of sth; **jdn gegen ~ einer Kaution auf freien Fuß setzen** to release sb on bail
Hin·ter·le·gungs·be·leg *m*, **Hin·ter·le·gungs·be·schei·ni·gung** *f* JUR certificate of deposit **hin·ter·le·gungs·fä·hig** *adj* JUR eligible to serve as collateral **Hin·ter·le·gungs·ge·bühr** *f* JUR deposit fee **Hin·ter·le·gungs·kas·se** *f* JUR deposit agency, lodgment office **Hin·ter·le·gungs·ord·nung** *f* JUR Court Deposit Regulations *pl* **Hin·ter·le·gungs·ort** *m* JUR place of lodgement **Hin·ter·le·gungs·pflicht** *f* JUR obligatory deposit; ~ **bei Einfuhren** obligatory import deposit **Hin·ter·le·gungs·recht** *nt* JUR law as to depositing in court **Hin·ter·le·gungs·schein** *m* JUR certificate of deposit **Hin·ter·le·gungs·stel·le** *f* JUR depository, custodian **Hin·ter·le·gungs·ver·fü·gung** *f* JUR lodgement order **Hin·ter·le·gungs·ver·trag** *m* JUR contract of deposit **Hin·ter·le·gungs·zeit** *f* JUR term [*or* period] of bailment
Hin·ter·list *f kein pl* ❶ *(Heimtücke)* deceit *no pl, no art,* deception *no pl, no art,* craftiness *no pl, no art,* duplicity *no pl, no art*
❷ *(Trick, List)* trick, ploy, ruse
hin·ter·lis·tig I. *adj* deceitful, deceptive, crafty, shifty
II. *adv* deceitfully, deceptively, craftily, shiftily; **aufs H~ste** in the most deceitful [*or* deceptive] [*or* crafty] [*or* shifty] way [*or* manner]
hin·term [ˈhɪntɐm] = **hinter dem** *s.* **hinter**
Hin·ter·mann <-männer> *m* ❶ *(Mensch hinter jdm in der Reihe)* ■**jds** ~ the person behind sb ❷ *pl (pej fam)* person pulling the strings *pej,* brains [behind the operation] **Hin·ter·mann·schaft** *f* defence [*or* AM -se]
hin·tern [ˈhɪntɐn] = **hinter den** *s.* **hinter**
Hin·tern <-s, -> [ˈhɪntɐn] *m (fam) (Gesäß)* bottom, behind, backside, bum BRIT *sl;* **ein paar auf den ~ bekommen** to have one's bottom smacked; [**von jdm**] **den ~ vollbekommen** to have one's bottom [*or* behind] [*or* backside] [*or* hide] tanned; **sich** *akk* **auf den ~ setzen** *(fam)* to fall on one's bottom [*or* behind] [*or* backside]; **jdm den ~ versohlen** to tan sb's bottom [*or* behind] [*or* backside] [*or* hide]
▸WENDUNGEN: **jd kann sich** *akk* **in den ~ beißen** *(sl)* sb can kick themselves; **den ~ hochkriegen** *(sl)* to get one's arse in gear BRIT *fam!,* to move [*or* get off] one's ass AM *fam;* **jdm in den ~ kriechen** *(pej sl)* to grovel [*or fam* suck up] to sb, to lick [*or* kiss] sb's arse [*or* AM ass] *vulg;* **sich** *akk* **auf den ~ setzen** *(fam)* to get one's finger out BRIT *fam,* to knuckle down to [*or fam* get stuck into] sth
Hin·ter·pfo·te *f* ZOOL hind [*or* back] paw
Hin·ter·rad *nt* rear [*or* back] wheel **Hin·ter·rad·an·trieb** *m* rear-wheel drive
Hin·ter·rei·he *f* back row
hin·ter·rücks [ˈhɪntɐrʏks] *adv* ❶ *(von hinten)* from behind
❷ *(im Verborgenen)* behind sb's back
hin·ters [ˈhɪntɐs] = **hinter das** *s.* **hinter**
Hin·ter·schin·ken *m* KOCHK ham **Hin·ter·sei·te** *f* ❶ *(Rückseite)* back, rear; **an der/zur ~ des Hauses** at/to the back [*or* rear] of the house ❷ *s.* **Hintern** **Hin·ter·sinn** *m* hidden [*or* deeper] meaning
hin·ter·sin·nen* [hɪntɐˈzɪnən] *vr irreg* SCHWEIZ ❶ *(grübeln)* ■**sich** *akk* **wo/wann/warum** ~ to rack [*or esp* AM wrack] one's brains as to where/when/why ❷ *(sich Gedanken machen)* ■**sich** *akk* ~ to think [*or* speculate] [about sth]; ***es hat keinen Wert, sich jetzt zu ~*** there's no point thinking [*or* speculating] about it now **hin·ter·sin·nig** *adj* with a deeper [*or* profound] meaning; **eine ~e Bemerkung** a profound [*or* subtle] remark, a remark with a deeper meaning; *(Bemerkung mit verschleierter Gemeinheit)* a veiled remark; ***manchmal ist er sehr~*** sometimes he's very profound; **ein ~er Sinn für Humor** a subtle sense of humour [*or* AM -or]
Hin·ter·sitz *m (Rücksitz)* back seat
hin·ters·te(r, s) [ˈhɪntɐstə, -tɐ, -təs] *adj superl von* **hintere(r, s)** *(entlegenste)* farthest [*or* furthest], deepest *hum,* the wildest parts of *hum*
▸WENDUNGEN: **das H~ zuvorderst kehren** *(fam)* to turn everything upside down
Hin·ter·ste·ven [-ʃteːvn̩] *m* NORDD *(Gesäß)* behind, bottom *fam* **Hin·ter·teil** *nt (fam) s.* **Hintern 1**
Hin·ter·tref·fen *nt kein pl* [**gegenüber jdm**] **ins ~ geraten** [*o* **kommen**] to fall behind [sb]; [**jdm gegenüber/im Vergleich mit jdm**] **im ~ sein** [*o* **sich** *akk* **befinden**] to be [*or* find oneself] at a disadvantage [to sb/in comparison to sb]
hin·ter·trei·ben* *vt irreg* ■**etw** ~ to thwart [*or* prevent] sth, to oppose sth successfully; **einen Plan ~** to foil [*or* frustrate] [*or* thwart] a plan
Hin·ter·trep·pe *f* back stairs [*or* steps] **Hin·ter·tup·fing** <-s> [hɪntɐˈtʊpfɪŋ] *nt,* **Hin·ter·tup·fin·gen** <-s> [hɪntɐˈtʊpfɪŋən] *nt kein pl (fam: Topos für rückständigen Ort)* the back of beyond BRIT, Timbuktu **Hin·ter·tür** *f* BRD, **Hin·ter·türl** <-s, -[n]> *nt* ÖSTERR ❶ *(hintere Eingangstür)* back entrance; *(zu einem privaten Haus)* back door
❷ *(fam: Ausweg)* back door, loophole *fig*
▸WENDUNGEN: **sich** *dat* [**noch**] **eine ~** [*o* **ein Hintertürchen**] [*o* ÖSTERR **ein Hintertürl**] **offen halten** [*o* **offen lassen**] to leave a back door open, to leave a loophole; **durch die Hintertür** by the back door
Hin·ter·wäld·ler(in) <-s, -> [ˈhɪntɐvɛltlɐ] *m(f) (pej fam)* country bumpkin *pej fam,* yokel *pej fam* **hin·ter·wäld·le·risch** *adj (pej fam)* country bumpkin, provincial BRIT; ~**e Ansichten** country bumpkin [*or* provincial] mentality BRIT; ■~ **sein** to be a country bumpkin [*or* provincial] BRIT
hin·ter·zie·hen* [hɪntɐˈtsiːən] *vt irreg* ■**etw** ~ to evade sth **Hin·ter·zie·hung** <-, -en> *f* FIN *von Steuern* tax evasion
Hin·ter·zim·mer *nt* ❶ *(nach hinten liegendes Zimmer)* back room, room at the back
❷ ÖKON back office
hin|tra·gen *vt irreg* ■**jdn/etw** [**zu jdm/etw**] ~ to carry sb/sth [to sb/sth] **hin|tre·ten** *vi irreg sein* ❶ *(jdm gegenübertreten)* ■**vor jdn** ~ to go up to sb, to face [*or* confront] sb ❷ *(sich jdm nähern)* ■**zu jdm** ~ to go/come up to sb ❸ *(zutreten)* to kick, to put the boot in *sl* **hin|tun** *vt irreg (fam: hinlegen)* ■[**jdm**] **etw irgendwohin** ~ to put sth somewhere [for sb]; ***wer hat mir diesen Zettel hingetan?*** who's left this note for me?
hi·nü·ber [hɪˈnyːbɐ] *adv* ❶ *(nach drüben)* across, over; ***bis zu den Hügeln ~ war die Erde kahl und ausgetrocknet*** the earth up to the hills was bare and arid; **eine Mauer/einen Zaun** ~ over a wall/a fence; ~ **und herüber** back and forth, backwards and forwards; ■[**zu jdm**] ~ **sein** *(fam)* to have gone across [*or* over] [to sb]; ***Mutter ist nur kurz ~ zu Frau Lang*** mother has popped over to Mrs Lang's *fam*
❷ *(fam: verdorben sein)* ■~ **sein** to be [*or* have gone] off, to be bad
❸ *(fam: defekt sein)* ■~ **sein** to have had it; *(ruiniert sein)* to be done for
❹ *(fam: ganz hingerissen sein)* ■~ **sein** to be bowled over; **völlig ~ sein** to be completely bowled over
❺ *(fam: tot sein)* ■~ **sein** to have had it
hi·nü·ber|bli·cken *vi* ■[**zu jdm/etw**] ~ to look over [*or* across] [at/to sb/sth] **hi·nü·ber|brin·gen** [hɪˈnyːbɐbrɪŋən] *vt irreg* ■**etw** [**zu jdm/etw**] [**über etw** *akk*] ~ to take across [*or* over] sth *sep* [to sb/sth]
hi·nü·ber|fah·ren *irreg* I. *vt haben* ■**jdn/etw** [**auf etw** *akk*] ~ to drive [*or* take] sb/sth [to sth]; **jdn/etw mit der Fähre ~** to take sb/sth by ferry
II. *vi sein (nach drüben fahren)* ■[**nach ...**] ~ to drive [*or* go] across [*or* over] [to ...]; **über die Wolga ~** to drive [*or* go] across [*or* over] the Volga; **über die Wolga mit einem Boot ~** to go over [*or* across] [*or* to cross] the Volga by boat
hi·nü·ber|füh·ren I. *vt* ■**jdn** [**nach...**] ~ to take sb across [*or* over] [to ...]; ***wenn Sie meinen Arm nehmen, führe ich Sie gerne auf die andere Straßenseite hinüber*** if you take my arm, I'll be happy to take you to the other side of the road
II. *vi* ■[**auf etw** *akk*/**über etw** *akk*] ~ to go across [*or* over] [*or* to cross] [to sth]/to go across [*or* over] [*or* to cross] [sth]; ***die Brücke führt über das Tal hinüber*** the bridge goes over [*or* across] [*or* the bridge crosses] a valley
hi·nü·ber|ge·hen *vi irreg sein (nach drüben gehen)* ■[**nach...**] ~ to go over [*or* across] [to ...]; ***man darf erst bei Grün auf die andere Straßenseite ~*** you have to wait for the green light before you cross the road **hi·nü·ber|hel·fen** *vi irreg* ■**jdm** ~ to help sb over [*or* across]; **jdn über die Straße ~** to help sb over [*or* across] the road **hi·nü·ber|kom·men** *vi irreg sein* ■[**zu jdm**] ~ to come/go over [*or* across] [to sb]; **über die Brücke ~** to come/go over [*or* across] the bridge **hi·nü·ber|las·sen** *vt irreg* ■**jdn** ~ to let sb go/drive over [*or* across] [*or* to let sb cross] [sth] **hi·nü·ber|rei·chen** I. *vt (geh)* ■[**jdm**] **etw** [**über etw** *akk*] ~ to pass sth across [*or* over] [sth] [to sb] II. *vi* ■[**über etw** *akk*] ~ to reach over [sth]; ***der Ast reicht drei Meter in Nachbars Garten hinüber!*** the branch reaches three metres over the neighbour's garden [*or* overhangs the neighbour's garden by three metres]
hi·nü·ber|ret·ten I. *vt* ❶ *(nach drüben in Sicherheit bringen)* ■**etw** ~ to save sth by getting/taking it across [*or* over]; **die Habseligkeiten in ein anderes Land ~** to save one's worldly goods by getting/taking them to another country
❷ *(erhalten und übernehmen)* ■**etw** [**in etw** *akk*] ~ to preserve [*or* keep] [*or* maintain] sth [in sth]
II. *vr* ❶ *(sich in Sicherheit bringen)* ■**sich** *akk* [**über etw** *akk*] ~ to reach safety [*or* save oneself] [by crossing sth]
❷ *(sich erhalten und übernommen werden)* ■**sich** *akk* ~ to survive
hi·nü·ber|schwim·men *vi irreg sein* ■[**zu etw** *dat*] ~ to swim across [*or* over] [to sth]; ■**über etw** *akk* ~ to swim over [*or* across] sth
hi·nü·ber|set·zen I. *vt (nach drüben setzen)* ■**jdn** ~ to seat sb over there, to set [*or* move] sb over there
II. *vi (hinüberspringen)* ■[**über etw** *akk*] ~ to jump across [sth]
III. *vr* ■**sich** *akk* ~ to sit over there; ***sie hat sich zu ihm hinübergesetzt*** she went over and sat down beside him
hi·nü·ber|sprin·gen *vi irreg* ❶ *(nach drüben springen)* ■[**über etw** *akk*] ~ to jump across sth ❷ *(fam: nach drüben laufen)* ■[**zu jdm/etw**] ~ to run across [to sb/sth] **hi·nü·ber|stei·gen** *vi irreg sein* ■[**auf etw** *akk*/**in etw** *akk*/**über etw** *akk*] ~ to climb over [onto sth/into sth/sth] **hi·nü·ber|wer·fen** *vt irreg* ■**etw** ~ *akk* to throw over sth *sep;* ■[**jdm**] **etw über etw** *akk* ~ to throw sth over sth [to sb]; ***er warf den Kindern den Ball über die Mauer hinüber*** he threw the ball over the wall to the children **hi·nü·ber|wol·len** *vi (fam)* to want to cross [*or* go across]
hin- und her|be·we·gen* [ˈhɪn ʊnt ˈheːɐ̯-] *vt* ■**etw** ~ to move sth back and forth [*or* to and fro]; ■**sich** *akk* ~ to move back and forth; **sich** *akk* **zur Musik ~** to rock [*or* move back and forth] to music/the music **hin- und her|fah·ren** *irreg* I. *vi sein* to travel back and forth [*or* to and fro] II. *vt* ■**jdn** ~ to drive sb back and forth [*or* to and fro] **Hin- und Her·fahrt** [ˈhɪnʔʊntˈheːɐ̯faːɐ̯t] *f* journey there and back BRIT, round trip **Hin·und·her·ge·re·de, Hin-**

und-Her-Ge·re·de *nt (fam)* aimless chatter; *(Streit)* argy-bargy BRIT *fam* **Hin- und Her·rei·se** *f* return trip, journey there and back BRIT, round trip **Hin- und Her·weg** *m* way there and back

Hin- und Rück·fahr·kar·te *f* return [*or* AM round-trip] ticket **Hin- und Rück·fahrt** *f* return journey; ***einfache Fahrt oder ~?*** single or return? **Hin- und Rück·flug** *m* return flight **Hin- und Rück·rei·se** *f* return trip, journey there and back BRIT, round trip **Hin- und Rück·weg** *m* round trip

hi·nun·ter [hɪ'nʊntɐ] *adv* down; ***die Treppe ~ ist es leichter als umgekehrt*** going down the stairs is easier than going up; ~ ***damit!*** get it down!; *(Bier a.)* get it down your neck! *fam*

hi·nun·ter|bli·cken *vi (geh)* to look down; ***vom Turm kann man schön in den Ort ~*** you get a lovely view of the place looking down from the tower **hi·nun·ter|brin·gen** *vt irreg* ❶ *(nach unten tragen)* ■**jdn/etw** ~ to take/bring down sb/sth *sep;* ***kannst du den schweren Sack alleine ~?*** can you bring/take that heavy sack down alone? ❷ *(fam: hinunterschlucken)* ***ich weiß nicht, ob ich das scheußliche Zeug hinunterbringe*** I don't know if I can get that hideous stuff down

hi·nun·ter|fah·ren *irreg* **I.** *vi sein* to go down; ***fährt der Fahrstuhl hoch oder hinunter?*** is the lift going up or down?
II. *vt* ❶ *haben* ■**jdn/etw [irgendwohin]** ~ to drive [*or* take] down sb/sth *sep* [somewhere]; ***ich kann Sie in die Stadt ~*** I can drive [*or* take] you down to town
❷ *sein* ■**etw** ~ to go down sth; ***diesen Abhang fahre ich nicht hinunter!*** I'm not going down that slope!

hi·nun·ter|fal·len *irreg sein* **I.** *vi* ■**etw fällt [jdm] hinunter** sth falls down/off; *(aus den Händen)* sb drops sth; **aus dem 8. Stock/von der Fensterbank** ~ to fall from the 8th floor/off the window sill **II.** *vt* ■**etw** ~ to fall down sth **hi·nun·ter·flie·gen** *vt sein* **die Treppe** ~ to go flying down the stairs *fam* **hi·nun·ter|flie·ßen** *irreg sein* **I.** *vi* ■**[in etw** *akk*] ~ to flow down [into sth] **II.** *vt* ■**etw** ~ to flow down sth **hi·nun·ter|ge·hen** [hɪ'nʊntɐge:ən] *irreg sein* **I.** *vi* ❶ *(von hier nach unten gehen)* to go down; ***geh mal schnell hinunter und hol mir eine Flasche Wein aus dem Keller*** nip down and get me a bottle of wine from the cellar ❷ *(die Flughöhe verringern)* ■**[auf etw** *akk*] ~ to descend [to sth] **II.** *vt* ■**etw** ~ to go down sth **hi·nun·ter|kip·pen** *vt (fam)* ■**etw** ~ to gulp down sth *sep;* **Schnaps** ~ to knock back schnapps *sep fam* **hi·nun·ter|klet·tern** *sein* **I.** *vi* to climb down **II.** *vt* ■**etw** ~ to climb down sth

hi·nun·ter|las·sen *vt irreg* ❶ *(nach unten hinablassen)* ■**jdn/etw** ~ *akk* to lower sb/sth
❷ *(fam: nach unten gehen lassen)* ■**jdn [in etw** *akk*] ~ to let sb down [[in]to sth]
❸ *(fam: auf den Boden lassen)* ■**jdn [auf etw** *akk*] ~ to set down sb *sep* [onto sth]

hi·nun·ter|lau·fen *irreg sein* **I.** *vi* ■**[zu jdm/irgendwohin]** ~ to run down [to sb/somewhere] **II.** *vt* ■**etw** ~ to run down sth; **die Treppe** ~ to run downstairs **hi·nun·ter|rei·chen** **I.** *vt* ■**jdm etw** ~ to hand [*or* pass] down sth *sep* to sb **II.** *vi* ■**[jdm] bis zu etw** *dat* ~ to reach down to sb's sth; ***das Kleid reicht mir bis zu den Knöcheln hinunter*** the dress reaches down to my ankles **hi·nun·ter|schal·ten** *vi* **[in den ersten/zweiten Gang]** ~ to change [*or* AM shift] down [into first/second gear] **hi·nun·ter|schau·en** *vi* DIAL *s.* **hinuntersehen** **hi·nun·ter|schlin·gen** *vt irreg (fam)* ■**etw** ~ to devour sth; **Essen** ~ to gobble [*or* BRIT bolt] down food **hi·nun·ter|schlu·cken** *vt* ■**etw** ~ ❶ *(ganz schlucken)* to swallow [down *sep*] sth, to swallow sth whole ❷ *(fam: sich verkneifen)* to suppress [*or sep* choke back] sth; **eine Erwiderung** ~ to stifle [*or sep* bite back] a reply **hi·nun·ter|schmei·ßen** *vt irreg (fam)* ■**[jdm] etw** ~ to sling [*or fam* chuck] down *sep* sth [to sb] **hi·nun·ter|schüt·ten** *vt (fam)* ■**etw** ~ to gulp down sth *sep* **hi·nun·ter|se·hen** *vi irreg* ■**[zu jdm/auf etw** *akk*] ~ to look down [at sb/sth]; ***sieh doch mal hinunter, wer unten gerade bei uns klingelt!*** have a look down and see who's ringing our doorbell

hi·nun·ter|spü·len *vt* ❶ *(nach unten wegspülen)* ■**etw** ~ to flush down sth *sep*
❷ *(mit einem Getränk hinunterschlucken)* ■**etw [mit etw** *dat*] ~ to wash down sth *sep* [with sth]
❸ *(fam: verdrängen)* ■**etw [mit etw** *dat*] ~ to ease sth [with sth]

hi·nun·ter|stür·zen **I.** *vi sein* ❶ *(heftig hinunterfallen)* ■**[auf etw** *akk*/**von etw** *dat*] ~ to fall [down] [onto sth/from/off sth]
❷ *(eilends hinunterlaufen)* to dash [*or* rush] down; ***sie stürzte hinunter, um die Tür aufzumachen*** she rushed down[stairs] to answer the door
II. *vt* ❶ *sein (schnell hinunterlaufen)* ■**etw** ~ to dash [*or* rush] down sth; **die Treppe** ~ to rush [*or* dash] down[the]stairs
❷ *haben (nach unten stürzen)* ■**jdn** ~ to throw down sb *sep*
❸ *haben (fam: in einem Zug hastig schlucken)* ■**etw** ~ to gulp down sth *sep;* **einen Schnaps** ~ to knock back a schnapps *sep fam*
III. *vr* ■**sich** *akk* ~ to throw oneself down/off; **sich** *akk* **eine Brücke/die Treppe** ~ to throw oneself off a bridge/down the stairs

hi·nun·ter|wer·fen *vt irreg* ■**[jdm] etw** ~ to throw down sth *sep* [to sb]; ***wirf mir den Schlüssel hinunter!*** throw me the key! **hi·nun·ter|wür·gen** *vt* ■**etw** ~ to choke down sth *sep*

hi·nun·ter|zie·hen *irreg* **I.** *vt haben* ■**jdn/etw** ~ to pull down sb/sth *sep*
II. *vi sein* ❶ *(nach unten umziehen)* ■**[in etw** *akk*] ~ to move down [into sth]; ***ich ziehe in eine Einzimmerwohnung im zweiten Stock hinunter*** I'm moving down into a one-room flat on the second floor
❷ *(nach Süden ziehen)* to move [down] south
III. *vr haben (abwärts verlaufen)* ■**sich** *akk* ~ to stretch [*or* extend] down; ***ihre Narbe zieht sich vom Oberschenkel bis zum Knie hinunter*** her scar stretches from the thigh down to the knee

hin|wa·gen *vr* ■**sich** *akk* **[zu jdm/etw]** ~ to dare [to] go [up to sb/sth]; ■**sich** *akk* **zu einem Tier** ~ to dare [to] approach [*or* go up to] an animal

hin·weg [hɪn'vɛk] *adv (veraltend geh)* ■~! away with you!, begone! *liter or old;* ■~ **mit jdm/etw** away with sb/sth; **über jdn/etw ~ sein** to have got over sb/sth; **über etw** *akk* **~ sein** to be over sth; **über lange Jahre** ~ for [many [long]] years

Hin·weg ['hɪnve:k] *m* way there; ***der ~ wird zehn Stunden dauern*** the journey there will take ten hours; **auf dem** ~ on the way there; ***hoffentlich werden wir auf dem ~ nicht aufgehalten!*** hopefully we won't get held up on our way

hin·weg|brin·gen *vt irreg* ■**jdn über etw** *akk* ~ to help sb [to] get over sth; **jdn über schwere Zeiten** ~ to help sb [[to] get] through difficult times **hin·weg|ge·hen** [hɪn'vɛkge:ən] *vi irreg sein* ■**über etw** *akk* ~ to disregard [*or* pass over] sth **hin·weg|hel·fen** *vi irreg* ■**jdm über etw** *akk* ~ to help sb [to] get over sth; **jdm über schwierige Zeiten** ~ to help sb [[to] get] through difficult times **hin·weg|kom·men** *vi irreg sein* ■**über etw** *akk* ~ to get over sth; ■**darüber ~, dass ...** to get over the fact that ... **hin·weg|raf·fen** *vt (geh)* ■**jdn** ~ to carry off sb *sep*

hin·weg|se·hen *vi irreg* ❶ *(unbeachtet lassen)* ■**über etw** *akk* ~ to ignore [*or* overlook] sth; ■**darüber ~, dass jd etw [nicht] tut** to ignore [*or* overlook] the fact that sb is[n't] doing sth, to overlook sb's [not] doing sth *form*
❷ *(ignorieren)* ■**über jdn/etw** ~ to ignore sb/sth, to cut sb
❸ *(schauen)* ■**über jdn/etw** ~ to see over [*or* past] sb['s head]/sth

hin·weg|set·zen *vr* ■**sich** *akk* **über etw** *akk* ~ to disregard [*or* dismiss] sth **hin·weg|täu·schen** *vt* ■**jdn über etw** *akk* ~ to deceive [*or* mislead] sb about sth; ■**jdn darüber ~, dass ...** to blind sb to the fact that ...; ■**darüber ~, dass ...** to hide [*or* obscure] the fact that ...; ■**sich** *akk* **[nicht] darüber ~ lassen, dass ...** to [not] be blind to the fact that ... **hin·weg|trös·ten** *vt* ■**jdn über etw** *akk* ~ to console sb [about sth]

Hin·weis <-es, -e> ['hɪnvais, *pl* -vaizə] *m* ❶ *(Rat)* advice *no pl, no art,* piece of advice, tip; ***ich erlaube mir den ~, dass ...*** I must point out that ...; ***detaillierte ~e finden Sie in der Gebrauchsanleitung*** you will find detailed information in the operating instructions; **unter ~ auf etw** *akk* with reference to sth
❷ *(Anhaltspunkt)* clue, indication; ***für ~e, die zur Ergreifung der Täter führen, ist eine Belohnung in Höhe von 23.000 Euro ausgesetzt*** there is a reward of 23,000 euros for information leading to the arrest of the perpetrators

hin|wei·sen *irreg* **I.** *vt* ■**jdn auf etw** *akk* ~ to point out sth *sep* to sb; ■**jdn darauf ~, dass ...** to point out [to sb] that ...
II. *vi* ■**auf jdn/etw** ~ to point to sb/sth; ■**darauf ~, dass ...** to indicate that ...

Hin·weis·pflicht *f* JUR duty to warn **Hin·weis·schild** *nt* sign **Hin·weis·ta·fel** *f* information board

hin|wen·den *irreg (geh)* **I.** *vt* ■**etw zu jdm** ~ to turn sth to[wards] sb
II. *vr* ■**sich** *akk* **zu jdm/etw** ~ to turn to[wards] sb/sth

Hin·wen·dung *f* **eine ~ zum Besseren** a turn for the better

hin|wer·fen *irreg* **I.** *vt* ❶ *(zuwerfen)* ■**jdm/einem Tier etw** ~ to throw sth to sb/an animal
❷ *(irgendwohin werfen)* ■**[jdm] etw** ~ to throw down sth [to sb] *sep; (fallen lassen)* to drop sth
❸ *(fam: aufgeben)* ■**etw** ~ to give up sth *sep,* to chuck [in *sep*] sth *fam*
❹ *(flüchtig erwähnen)* ■**etw** ~ to drop sth *fam;* ***das war nur so hingeworfen*** that was just a casual remark
❺ *(flüchtig zu Papier bringen)* ■**etw** ~ to dash off sth *sep;* ■**hingeworfen** hurried
II. *vr* ■**sich** *akk* **[vor jdn/etw]** ~ to throw oneself down [in front of [*or form* before] sb/sth]

hin|wir·ken *vi* ■**[bei jdm] auf etw** *akk* ~ to work towards [getting sb to do] sth; ***ich werde darauf ~, dass du eingestellt wirst*** I'll work towards getting you appointed **hin|wol·len** *vi (fam)* ■**[zu jdm/etw]** ~ to want to go [to sb/sth]

Hinz [hɪnts] *m* ▸WENDUNGEN: ~ **und Kunz** *(pej fam)* every Tom, Dick and Harry [*or* BRIT Harriet] *pej;* **von ~ zu Kunz** *(pej fam)* in a fruitless manner, from pillar to post BRIT

hin|zäh·len *vt* ■**jdm etw** ~ to count out sth *sep* to sb **hin|zau·bern** *vt (fam)* ■**[jdm] etw** ~ to whip [*or* rustle] up sth *sep* [for sb]; **eine Mousse au Chocolat** ~ to conjure up a chocolate mousse

hin|zie·hen *irreg* **I.** *vt haben* ❶ *(zu sich ziehen)* ■**jdn/etw zu sich** *dat* ~ to pull [*or* draw] sb/sth towards one
❷ *(anziehen)* ■**es zieht jdn zu etw** *dat* **hin** sb is attracted to sth; ***es hatte sie immer nach Köln hingezogen*** she had always been attracted to Cologne
❸ *(hinauszögern)* ■**etw** ~ to delay sth
II. *vi sein* ❶ *(sich hinbewegen)* ■**[zu etw** *dat*] ~ to move [*or* go] [to sth]; ***da zieht sie hin, die Karawane!*** there goes the caravan!
❷ *(umziehen)* ■**zu jdm/nach ...** ~ to move in with sb/to move to ...; ***du könntest doch zu uns ~*** you could move in with us
III. *vr* ❶ *(sich verzögern)* ■**sich** *akk* ~ to drag on
❷ *(sich erstrecken)* ■**sich** *akk* **entlang einer S.** *gen* ~ to extend [*or* stretch] along sth

hin|zie·len *vi* ❶ *(zum Ziel haben)* ■**auf etw** *akk* ~ to aim at sth
❷ *(auf etw gerichtet sein)* ■**auf etw** *akk* ~ to be aimed at sth, to refer to sth
❸ *(entstehen lassen wollen)* ■**[mit etw** *dat*] **auf etw** *akk* ~ to aim at sth [using sth]

hin·zu [hɪn'tsu:] *adv* in addition, besides

hin·zu|fü·gen *vt* ❶ *(beilegen)* ■**[etw** *dat*] **etw** ~ to

add sth [to sth], to enclose sth [with sth]; **einen Scheck einem Brief ~** to enclose a cheque [*or* AM check] in [*or* with] a letter
② *(zusätzlich bemerken)* ■[etw *dat*] **etw ~** to add sth [to sth]; ***das ist meine Meinung, dem habe ich nichts mehr hinzuzufügen!*** that is my opinion, I have nothing further to add to it
③ *(nachträglich hineingeben)* ■**etw ~** to add sth
Hin·zu·fü·gung *f* addition; **unter ~ einer S.** *gen (geh)* with the addition of sth
hin·zu|ge·ben *vt* ① *(zusätzlich geben)* ■**jdm etw ~** to add sth for sb ② *(beigeben)* ■[**etw** *dat*] **etw ~** to add sth [to sth] **hin·zu|ge·win·nen** *vt irreg* ■**jdn ~** to gain sb
hin·zu|kom·men [hɪn'tsu:kɔmən] *vi irreg sein* ① *(zusätzlich eintreffen)* to arrive; *(aufkreuzen)* to appear [on the scene]; ***die anderen Gäste kommen dann später hinzu*** the other guests are coming along [*or* arriving] later
② *(sich noch ereignen)* ■**es kommt** [**noch**] **hinzu, dass ...** there is also the fact that ...
③ *(dazukommen)* ***die Mehrwertsteuer kommt noch hinzu*** that's not including VAT; ***kommt sonst noch etwas hinzu?*** will there be anything else?
hin·zu|rech·nen *vt* ■**etw** [**mit**] **~** to add on sth *sep*, to include sth; ***Bedienung nicht hinzugerechnet*** service not included **Hin·zu·rech·nung** <-, -en> *f* FIN addition, inclusion **hin·zu|set·zen I.** *vt (hinzufügen)* ■**etw ~** to add sth; **noch etw hinzuzusetzen haben** to have sth to add **II.** *vr (geh: dazusetzen)* ■**sich** *akk* [**zu jdm**] **~** to join [sb] **hin·zu|zäh·len** *vt* ① *(als dazugehörig ansehen)* ■**jdn/etw** [**mit**] **~** to include sb/sth ② *s.* **hinzurechnen hin·zu|zie·hen** *vt irreg* ■**jdn/etw** [**mit**] **~** to consult sb/sth
Hin·zu·zie·hung *f kein pl* consultation; **unter ~ einer Person** *gen*/**einer S.** *gen* by/after consulting a person/sth; ***ich kann mich zu der Angelegenheit nur unter ~ eines Sachverständigen äußern*** I can only comment on the matter after consulting an expert **Hin·zu·zie·hungs·klau·sel** *f* JUR consultation clause
Hi·obs·bot·schaft ['hi:ɔps-] *f* bad news *no pl, no indef art*
hip [hɪp] *adj (sl)* hip *sl*
Hiphop <-s> ['hɪphɔp] *m kein pl* MUS, MODE hip hop *no pl, no art*
hipp, hipp, hur·ra ['hɪp 'hɪp hʊ'ra:] *interj* hip, hip, hurrah [*or* hurray]
hip·pe(**r, s**) ['hɪpə, -pɐ, -pəs] *adj (emph sl)* hip *fam*
Hipp·hipp·hur·ra <-s, -s> [hɪphɪphʊ'ra:] *nt* cheer; **ein dreifaches ~** [**auf jdn/etw**] three cheers *pl* [for sb/sth]
Hip·pie <-s, -s> ['hɪpi] *m* hippie
Hips·ter <-s, -> ['hɪpstɐ] *m (fam)* ① *(cooler Typ)* hipster *fam*, hip cat *sl*
② MODE hipster
③ *(Hiphopper)* hip-hopper
Hirn <-[e]s, -e> [hɪrn] *nt* ① *(Gehirn)* brain; **jds ~ entspringen** [*o* **entstammen**] to be sb's idea
② *(Hirnmasse)* brains *pl*
③ KOCHK brains *pl*
Hirn·an·hang·drü·se *f* pituitary [gland]
Hirn·are·al *nt* ANAT area of the brain
Hirn·be·reich *m* ANAT area of the brain
Hirn·for·scher(in) *m(f)* neuroscientist
Hirn·for·schung *f kein pl* research into the brain, neuroscience **Hirn·ge·fäß** *nt* cerebral blood vessel **Hirn·ge·spinst** *nt* fantasy; ■**~e** figments of the imagination **Hirn·ge·we·be** *nt* brain tissue
Hirn·hälf·te *f* ANAT half of the brain
Hirn·haut *f* meninx *spec*, meninges *npl spec* **Hirn·haut·ent·zün·dung** *f* meningitis
Hir·ni <-s, -s> *m (pej)* brain
hirn·los *adj (fam)* brainless
Hirn·mas·se *f* cerebral mass *spec*
Hirn·re·gi·on *f* ANAT area of the brain **Hirn·rin·de** *f* cerebral cortex *spec* **hirn·ris·sig** *adj (pej fam)* hare-brained, half-baked *pej fam*, half-arsed [*or* AM -ass[ed]] *fam!* **Hirn·schlag** *m* stroke
Hirn·schwamm *m* MED sponge-like distortion of the brain *(as a result of CJD infection)* **Hirn·stamm** *m* ANAT brainstem
Hirn·strom *m meist pl* MED brain wave activity
Hirn·strö·me *pl* MED brain waves *pl* **Hirn·tod** *m* brain death *no pl, no art* **hirn·tot** *adj* brain-dead **Hirn·to·te(r)** *f(m) dekl wie adj* brain-dead person, brain death *spec sl;* ■**ein ~r/eine ~ sein** to be brain-dead **Hirn·tu·mor** *m* brain tumour [*or* AM -or] **hirn·ver·brannt** *adj (fam) s.* **hirnrissig Hirn·win·dung** *f* convolution [of the brain] *spec*, gyrus *spec*
Hirsch <-es, -e> [hɪrʃ] *m* ① *(Rothirsch)* deer
② *(Fleisch)* venison *no art, no pl*
Hirsch·bra·ten *m* roast venison *no art, no pl* **Hirsch·fän·ger** <-s, -> *m* hunting knife **Hirsch·füt·te·rung** *f* deer feeding *no art, no pl;* **„~ verboten!"** "don't feed the deer" **Hirsch·ge·weih** *nt* antlers *pl*
Hirsch·horn *nt* horn **Hirsch·horn·salz** *nt kein pl* CHEM sal volatile
Hirsch·jagd *f* ① *(Blutsport)* ■**die ~** deer [*or* stag] hunting ② *(einzelne Jagd)* deer [*or* stag] hunt **Hirsch·kä·fer** *m* stag beetle **Hirsch·kalb** *nt* [male] fawn **Hirsch·keu·le** *f* haunch of venison **Hirsch·kuh** *f* hind **Hirsch·le·der** *nt* buckskin *no art, no pl*, deerskin *no art, no pl* **Hirsch·zie·gen·an·ti·lo·pe** *f* ZOOL blackbuck **Hirsch·zun·ge** *f* BOT hart's tongue
Hir·se <-, -n> ['hɪrzə] *f* millet *no pl, no art*
Hir·se·brei *m* millet gruel *no pl* **Hir·se·korn** *nt* millet seed
Hirt(in) <-en, -en> ['hɪrt] *m(f)* herdsman *masc; (Schafhirt)* shepherd, shepherdess *fem*
▸WENDUNGEN: **wie der ~**[**e**], **so die Herde** *(prov)* like master, like man *prov*
Hir·te <-n, -n> ['hɪrtə] *m* ① *(geh) s.* **Hirt**
② REL pastor
▸WENDUNGEN: **der Gute ~** the Good Shepherd
Hir·ten·brief *m* REL pastoral letter **Hir·ten·flö·te** *f* shepherd's pipe **Hir·ten·hund** *m* sheepdog
Hir·ten·no·ma·de, -no·ma·din ['hɪrtn̩noma:də, -noma:dɪn] *m, f* pastoral nomad **Hir·ten·stab** *m* ① *(geh) eines Hirten* shepherd's crook ② *eines Bischofs* crosier, crozier **Hir·ten·tä·schel** <-s, -> ['hɪrtn̩tɛʃl] *nt*, **Hir·ten·tä·schel·kraut** *nt* BOT shepherd's purse
Hir·tin <-, -nen> *f s.* **Hirt** shepherd[ess]
his *nt*, **His** <-, -> [hɪs] *nt* MUS B sharp
His·bol·lah <-> [hɪs'bɔla] *f kein pl* Hezbollah *no pl, + sing/pl vb*
His·pa·ni·o·la [hɪspa'ni̯o:la] *nt* Hispaniola
His·pa·nist(in) <-en, -en> [hɪspa'nɪst] *m(f)* Hispanist, Hispanicist, Spanish specialist
His·pa·nis·tik <-> [hɪspa'nɪstɪk] *f kein pl* SCH Spanish [language and literature] *no pl*
his·sen ['hɪsn̩] *vt* ■**etw ~** to hoist [*or* fly] sth
His·ta·min <-s> [hɪsta'mi:n] *nt kein pl* histamine *no pl, no art*
His·ta·min·ver·gif·tung *f* MED histamine poisoning
His·to·lo·gie <-> [hɪstolo'gi:] *f kein pl* histology *no pl, no art spec*
his·to·lo·gisch [hɪsti'lo:gɪʃ] *adj* histological *spec*
His·ton <-s, -e> [hɪs'to:n] *nt* BIOL histone
His·to·rie <-> [hɪs'to:ri̯ə] *f kein pl (geh)* history
His·to·ri·ker(in) <-s, -> [hɪs'to:rikɐ] *m(f)* historian
His·to·ri·ker·streit *m kein pl* POL disagreement [*or* dispute] among historians
His·to·rio·gra·fie[RR] *f*, **His·to·rio·gra·phie** <-> [hɪstori̯ogra'fi:] *f kein pl* historiography *no pl, no art spec*
his·to·risch [hɪs'to:rɪʃ] **I.** *adj* ① *(die Geschichte betreffend)* historical
② *(geschichtlich bedeutsam)* historic
③ *(geschichtlich belegt)* historical
II. *adv* historically; **~ belegt sein** to be historically proven [*or* a historical fact]; **etw ~ betrachten** to look at sth from a historical perspective
his·to·ri·sie·ren* [hɪstori'zi:rən] *vi (geh)* to historicize
His·to·ris·mus <-, -men> [hɪsto'rɪsmʊs] *m* historicism
His·to·ri·zis·mus <-, Historizismen> [hɪstori'tsɪsmʊs] *m* PHILOS historicism
Hit <-s, -s> [hɪt] *m (fam)* ① *(erfolgreicher Schlager)* hit
② *(Umsatzrenner)* roaring success
Hit·ler·gruß ['hɪtlɐ-] *m* HIST Nazi [*or* Hitler] salute
Hit·ler·ju·gend *f* HIST ■**die ~** the Hitler Youth **Hit·ler·zeit** *f* HIST Hitler era *no pl, no indef art*
Hit·lis·te *f* charts *npl* **Hit·pa·ra·de** *f* ① *(Musiksendung)* chart show, top of the pops *no indef art* BRIT
② *s.* **Hitliste**
hit·ver·däch·tig *adj* to have the makings of a hit
Hit·ze <-, *fachspr* -n> ['hɪtsə] *f* ① *(große Wärme)* heat *no pl, no indef art;* **bei einer bestimmten ~** KOCHK at a certain oven temperature; **bei starker/mittlerer/mäßiger ~ backen** to bake in a hot/medium/moderate oven
② *(heiße Witterung)* heat *no pl, no indef art*, hot weather *no pl, no indef art;* ***eine ~ ist das!*** *(fam)* it's really hot!; **brütende** [*o* **sengende**] **~** sweltering [*or* scorching] heat; **vor ~ umkommen** *(fam)* to die of the heat
③ ZOOL *(Zeit der Läufigkeit)* heat *no pl, no art*
▸WENDUNGEN: **in der ~ des Gefecht**[**e**]**s** in the heat of the battle; [**leicht**] **in ~ geraten** to [easily] get heated [*or* worked up]
hit·ze·be·stän·dig *adj* heat-resistant **Hit·ze·be·stän·dig·keit** *f* heat resistance **Hit·ze·bläs·chen** *nt* MED heat spot [*or* blister] **hit·ze·emp·find·lich** *adj* heat-sensitive, sensitive to heat *pred* **hit·ze·frei** *adj pred* SCH ***heute haben wir ~!*** school's out today because of the heat **Hit·ze·pe·ri·o·de** *f* ① METEO hot spell, spell [*or* period] of hot weather ② BIOL heat *no pl* **Hit·ze·schild** *m* heat shield **Hit·ze·wal·lung** *f meist pl* hot flush **Hit·ze·wel·le** *f* heat wave
hit·zig ['hɪtsɪç] **I.** *adj* ① *(leicht aufbrausend)* hot-headed, quick-tempered; ■**~ sein/werden** to be quick-tempered/to flare up; **eine ~e Reaktion** a heated reaction; **ein ~es Temperament** a fiery temperament
② *(leidenschaftlich)* passionate; **eine ~e Debatte** a heated [*or* passionate] debate
▸WENDUNGEN: **nicht so ~!** don't get so excited!
II. *adv* passionately
Hitz·kopf *m (fam)* hothead
hitz·köp·fig *adj (fam)* hot-headed; ■**~ sein** to be hot-headed [*or* a hothead]
Hitz·schlag *m* heatstroke; *(von der Sonne a.)* sunstroke; **einen ~ bekommen** [*o geh* **erleiden**] [*o fam* **kriegen**] to get heatstroke/sunstroke
HIV <-[s]> [ha:ʔi:'fau̯] *nt kein pl Abk von* **Human Immunodeficiency Virus** HIV *no pl, no art*
HIV-Fall [ha:ʔi:'fau̯-] *m* HIV case **HIV-in·fi·ziert** [ha:ʔi:'fau̯-] *adj* MED HIV-positive **HIV-ne·ga·tiv** [ha:ʔi:fau̯'-] *adj* HIV-negative **HIV-po·si·tiv** [ha:ʔi:fau̯'-] *adj* HIV-positive **HIV-Test** [ha:ʔi:'fau̯-] *m* HIV test
Hi·wi <-s, -s> ['hi:vi] *m (sl)* assistant
HKS-Farb·sys·tem *nt* TYPO HKS matching system
hl. *Abk von* **heilig**: ***der hl. Petrus*** St Peter
Hl. *Abk von* **Heilige(r)** St
hm *interj* ① *(anerkennendes Brummen)* hm; ***~, das schmeckt aber gut*** hm, that really tastes good
② *(fragendes Brummen)* er[m]
③ *(bejahendes Brummen)* hm; ***na, gefällt dir mein neues Kleid? — ~, nicht schlecht!*** well, do you like my new dress? — hm, not bad!
H-Milch ['ha:] *f* long-life milk
h-Moll ['ha:'mɔl] *nt* MUS B minor
HNO [ha:ʔɛn'ʔo:] *Abk von* **Hals, Nasen, Ohren** ENT
HNO-Arzt, -Ärz·tin [ha:ʔɛn'ʔo:-] *m, f* ENT specialist **HNO-Pra·xis** *f* ENT practice [*or* AM *a.* -se]
hob ['ho:p] *imp von* **heben**
Hob·by <-s, -s> ['hɔbi] *nt* hobby; **etw als ~ betreiben** to do sth as [*or* for] a hobby
Hob·by·fil·mer(in) *m(f)* amateur film-maker **Hob·by·fun·ker(in)** *m(f)* radio ham **Hob·by·gärt·ner(in)** *m(f)* amateur gardener **Hob·by·kel·ler** *m* hobby room in a cellar **Hob·by·koch, -kö·chin** *m, f* amateur cook **Hob·by·ma·ler(in)** *m(f)* ama-

teur artist **Hob·by·raum** *m* hobby room, workroom

Ho·bel <-s, -> ['ho:bl̩] *m* ❶ *(Werkzeug)* plane ❷ *(Küchengerät)* slicer

Ho·bel·bank <-bänke> *f* carpenter's [*or* joiner's] bench

ho·beln ['ho:bl̩n] **I.** *vt* ■**etw** ~ ❶ *(mit dem Hobel glätten)* to plane sth ❷ *(mit dem Hobel schneiden)* to slice sth **II.** *vi* ■[**an etw** *dat*] ~ to plane [sth]

Ho·bel·span *m* ❶ *meist pl (Holz, Metall)* [wood] shaving ❷ *pl* KOCHK ÖSTERR *(gebackene Süßspeise)* baked desserts *pl*

hoch <*attr* hohe(r, s), höher, *attr* höchste(r, s)> [ho:x] **I.** *adj* ❶ *(räumlich: von großer Höhe)* high, tall; ***100 m hoch*** 100 m high; **ein hoher Baum/Mensch** a tall tree/person; **eine hohe Decke** a high ceiling; **ein hohes Gebäude** a high [*or* tall] building; **hohes Gras** long grass; **ein Mann von hohem Wuchs** [*o* **von hoher Gestalt**] *(liter)* a man of tall stature *a. form;* [**gut**] **20 Meter ~ sein** to be [a good] 20 metres [*or* AM -ers] tall/high [*or* in height]; *Aufhängung, Dach* to be [a good] 20 metres [*or* AM -ers] off the ground; **eine hohe Schneedecke** deep snow; **hohe Schuhe** *(mit hohem Schaft)* high boots; *(mit hohen Absätzen)* high-heeled shoes; **eine hohe Stirn** a high forehead; ***er bekommt eine hohe Stirn*** he's receding; **ein hoher Turm** a tall [*or* high] tower; ***ein 125 Meter hoher Turm*** a tower 125 metres high ❷ *(in großer Höhe) Wolke, Ast* high; **der hohe Norden** *(fig)* the far North ❸ *(quantitativ: groß)* high; **hohe Beträge** large amounts; **ein hohes Gewicht** a heavy weight; **in hohem Maße** in [*or* to] a high degree; **hohe Miete/Kosten/Preise** high rent/costs/prices; **ein hoher Lotteriegewinn** a big lottery win ❹ *(Ausmaß: stark gesteigert)* high; **einen hohen Blutdruck haben** to have high blood pressure; **etw einem hohen Druck aussetzen** to expose sth to a high pressure; **mit höchster Eile** with the greatest urgency; **hohe Empfindlichkeit** high sensitivity; **im höchsten Fall[e]** at the most; **höchste Gefahr** extreme danger; **mit hoher Geschwindigkeit** at a high speed; **hohes Fieber haben** to be running a high temperature; **ein hoher Sachschaden** extensive damage to property; **eine hohe Strafe** a heavy fine; **hohe Temperaturen** high temperatures; **ein hoher Verlust** a big [*or* severe] loss; **mit hoher Wahrscheinlichkeit** in all probability ❺ *(bezüglich Bedeutung, Rang) Meinung, Position, Stellung* high; *Besuch, Feiertag a.* important; *Bedeutung, Konzentration* great; ***du hast aber hohe Ansprüche!*** you're very demanding [*or form* exigent]!; ***die Gesundheit ist ein hohes Gut*** health is a precious commodity; **der hohe Adel** the higher ranks of nobility; **hohe Ämter/ein hohes Amt bekleiden** to hold high office; **hohes Ansehen** great respect; **ein hoher Beamter** a high-ranking civil servant; **sich** *akk* **zu Höherem berufen fühlen** to feel called to higher things; **eine hohe Ehre** a great honour; **ein hoher Favorit** a hot favourite; **ein hoher Feiertag** an important public holiday; **eine hohe Freude** a great pleasure; **ein hoher Funktionär/eine hohe Funktionärin** a high-level official; **von hoher Geburt** of noble birth; **die hohe Jagd** deer hunt[ing]; **ein hoher Lebensstandard** a high standard of living; **das Hohe Lied** REL the Song of Songs; **ein hohes Lied auf jdn/etw singen** *(fig)* to sing sb's/sth's praises; **ein Mann von hoher Bildung** a man of high culture; **eine hohe Meinung von jdm haben** to have a high opinion of sb; **hohe Offiziere** high-ranking officers; **ein hohe Position in der Firma** a senior position in the firm; **eine hohe Persönlichkeit** a distinguished personality; **ein hohes Tier** *(fam)* a big fish *fam;* **Verhandlungen auf höchster Ebene** top-level negotiations; **das Höchste Wesen** REL the Supreme Being ❻ *(zeitlich: fortgeschritten) Alter* great; **ein hohes Alter erreichen** to live to [*or* reach] a ripe old age; ***es ist höchste Zeit, dass ...*** it is high time that ...; ***er ist ein hoher Achtziger*** he is well into his eighties ❼ MUS *Note, Stimme* high; **das hohe C** top C ❽ *(auf dem Höhepunkt)* **in hoher Blüte stehen** to be in full blossom; *Mensch* to be in one's prime; *Kultur* to be at one's zenith; *Wohlstand* to flourish; **das hohe Mittelalter** the High Middle Ages; **im hohen Mittelalter** at the height of the Middle Ages

▶WENDUNGEN: **jdm zu ~ sein** *(fam)* to be above sb's head

II. *adv* <höher, am höchsten> ❶ *(wohin: nach oben, in die Höhe)* high; ***wie ~ kannst du den Ball werfen?*** how high can you throw the ball?; ***der Berg ragt 5000 Meter ~ empor*** the mountain towers to a height of 5000 metres; ***Kopf ~!*** chin up!; ***nach Hamburg ~ sind es 7 Stunden*** it's seven hours up to Hamburg; ***ein ~ aufgeschossenes Kind*** a very tall child; **~ emporragend** towering [-up]; **~ zum Himmel zeigen** to point up at [*or* to] the sky; **~ hinauswollen** *(fig)* to aim high, to be ambitious ❷ *(wo: weit oben)* high; ***~ auf dem Berg befindet sich eine Jagdhütte*** there's a hunting lodge high up on the mountain; ***die Sterne stehen ~ am Himmel*** the stars are high up in the sky; ***wir fliegen 4.000 Meter ~*** we're flying at a height of 4,000 metres; ***wenn die Sonne am höchsten steht*** when the sun is [at its] highest; ***im Keller steht das Wasser 3 cm ~*** the water's 3 cm deep in the cellar; ***wie ~ steht das Thermometer?*** how high is the temperature?; ***der Alkoholgehalt liegt sehr ~*** the alcohol level is very high; **~ entwickelt** highly developed [*or* evolved]; ***eine ~ entwickelte Kultur*** a highly developed civilization; **~ gelegen** high-lying [*or* -altitude] *attr;* ***im ~ gelegenen Gebirgstal*** high up in the mountains; **den Kopf ~ tragen** *(fig)* to hold one's head high; **die Nase ~ tragen** *(fig)* to go around with one's nose in the air, to be toffee-nosed BRIT *fam;* **~ oben** high up; [**zu**] **~ singen** MUS to sing [too] high; **in der Rangordnung sehr ~ stehen** to be very high up in the hierarchy; **2 Treppen ~ wohnen** to live two floors up ❸ *(eine Summe bezeichnend)* highly; ***wie ~ kalkulieren Sie den Bedarf?*** how high would you put the requirements?; **wie ~ kommt das?** how much is that?; **~ besteuert** highly taxed; **~ bezahlt** highly paid, well-paid; **~ dotiert** highly remunerated *form;* **eine ~ dotierte Stelle** a highly remunerative position *form;* **~ gewinnen** to win handsomely [*or* a large amount]; SPORT to win by a large margin; **~ verschuldet** deep [*or* heavily] in debt *pred;* ***wie ~ bist du verschuldet?*** how much [*or* deep] in debt are you?; **~ verlieren** to loose a large amount; SPORT to lose by a large margin; **~ versichert** heavily insured; **~ wetten** to place high bets ❹ *(äußerst)* extremely, highly, very; ***das rechne ich ihr ~ an*** [I think] that is very much to her credit; **~ angesehen** highly regarded [*or form* esteemed]; **~ begabt** highly gifted [*or* talented]; **~ beladen** heavily laden; **~ favorisiert sein** to be the strong favourite [*or* AM -orite]; **~ geachtet** highly [*or* greatly] respected; **~ geehrt** *(geh)* highly honoured [*or* AM -ored]; ***~ geehrter Herr Präsident!*** dear Mr President!; **~ gelobt** highly praised; **~ geschätzt** highly esteemed [*or* valued], prized; **~ industrialisiert** highly industrialized; **~ kompliziert** highly complicated; **~ konzentriert arbeiten** to be completely focused on one's work; **~ motiviert** highly motivated; **~ qualifiziert** highly qualified; **~ radioaktiv** highly radioactive; **jdn** [**als jdn/etw**] **~ achten** to respect sb highly [*or* greatly] [as sb/sth]; **etw ~ achten** to respect sth highly [*or* greatly]; **jdm etw ~ anrechnen** to give sb great credit for sth; **jdn/etw ~ einschätzen** to have a high opinion of sb/sth; **~ eingeschätzt werden** to be thought highly [*or* highly thought] [*or* well] of; **jdn/etw zu ~ einschätzen** to overestimate sb/sth; **jdn/etw ~ schätzen** to appreciate sb/sth very much, to value sb/sth highly; **jdn ~ verehren** to esteem sb highly [*or* greatly] ❺ *(zeitlich fortgeschritten)* ***er ist ~ in den Achtzigern*** he's well into his eighties; ***bis ~ ins 19. Jahrhundert*** until well into the 19th century ❻ MATH *(Bezeichnung der Potenz)* ***2 ~ 4*** 2 to the power of 4 *spec;* ***x ~ 3*** x to the power of 3 *spec,* x cubed *spec*

▶WENDUNGEN: **~!** get up!; ***~, ihr Faulpelze!*** [get] up, you lazy so-and-sos!; **zu ~ gegriffen sein** to be an exaggeration; **hoch lebe der König!** long live the king!; **etw kommt jdm ~ zu stehen** sth costs sb dear; **wenn es ~ kommt** at [the] most; **~ und heilig** *(fam)* faithfully; **~ und heilig schwören, dass ...** to swear blind that ...; **etw ~ und heilig versprechen** to promise sth faithfully; **~ hergehen** *(fam)* to be lively; ***auf ihren Partys geht es immer ~ her*** there's always a lively atmosphere at her parties; [**bei etw** *dat*] **~ pokern** [*o* **reizen**] *(fam)* to take a big chance [with sth]

Hoch[1] <-s, -s> [ho:x] *nt* cheer; ***ein dreifaches ~ dem glücklichen Brautpaar*** three cheers for the happy couple; **ein ~ auf jdn ausbringen** to give sb a cheer

Hoch[2] <-s, -s> [ho:x] *nt* METEO high

Hoch·ach·tung *f* deep respect; **mit vorzüglicher ~** *(veraltend geh)* your obedient servant *dated form;* **jdm seine ~ für etw** *akk* **zollen** to pay tribute to sb for sth; **bei aller ~ vor jdm/etw** with the greatest respect for sb/sth; ***bei aller ~, die ich vor Ihnen habe, ...*** with all due respect to you, ...; **meine ~!** my compliments!, well done! **hoch·ach·tungs·voll** *adv (geh)* your obedient servant *dated form*

Hoch·adel *m* high/higher nobility **hoch·ak·tu·ell** *adj* ❶ *(äußerst aktuell)* highly topical ❷ MODE *(topmodern)* highly fashionable, all the rage *pred* **Hoch·al·tar** *m* high altar **hoch·alt·rig** *adj* very old *(over 80)* **Hoch·alt·ri·ge(r)** *f(m) dekl wie adj (Person ab 80 Jahren)* very old person *(over 80)* **Hoch·amt** *nt* ■**das ~** High Mass **hoch·an·ge·rei·chert** *adj Uran* [highly] enriched **hoch·an·ge·se·hen** *adj s.* **hoch II 4** **hoch·an·stän·dig** *adj* very decent; ■**~ von jdm sein** to be very decent of sb; **etw ~ von jdm finden** to find sth very decent of sb **hoch|ar·bei·ten** *vr* ■**sich** *akk* [**bis zu etw** *dat*] **~** to work one's way up [to [the position of] sth]

hoch·auf·ge·löst *adj inv* FOTO *Bilddatei, Foto* high-resolution **hoch·auf·lö·send** *adj* INFORM, TV high-resolution *attr;* ■**~ sein** to have a high resolution **Hoch·bahn** *f* elevated [*or* overhead] railway [*or* AM railroad], El AM *fam*

Hoch·bau *m kein pl* structural engineering *no pl, no art* **Hoch·bau·amt** *nt* building department, structural engineering department

hoch|be·kom·men* *vt irreg* ■**etw ~** to [manage to] get [*or* lift] up sth *sep;* ***ich bekomme kaum mehr den Arm hoch*** I can scarcely lift my arm up any more; **einen/keinen ~** *(sl) Erektion* to [not] get it up **hoch·be·rühmt** *adj* very famous **hoch·be·tagt** *adj (geh)* aged; ***sie ist ~*** she has reached a ripe old age; **~ sterben** to die at an advanced age **Hoch·be·trieb** *m* intense activity *no pl;* ***abends herrscht bei uns immer ~*** we are always very busy in the evenings; [**einen**] **~ haben** to be very busy **Hoch·bett** *nt* bunk [bed] **hoch·be·zahlt** <höherbezahlt, höchstbezahlt> *adj attr s.* **hoch II 3** **hoch|bin·den** *vt irreg* ■**etw ~** to tie up sth *sep* **hoch|bli·cken** *vi (geh) s.* **hochsehen** **Hoch·blü·te** *f* golden age; **seine ~ haben** [*o* **erleben**] to have its golden age, to be at its zenith **hoch|bo·cken** *vt* ■**etw ~** to jack up sth *sep*

hoch|brin·gen *vt irreg (fam)* ❶ *(nach oben bringen)* ■[**jdm**] **jdn/etw ~** to bring/take up sb/sth *sep* [to sb] ❷ *(fam: hochheben können)* ■**etw ~** to manage to lift [up *sep*] sth ❸ *(zuversichtlich machen)* ■**jdn** [**wieder**] **~** to get sb [back] on his/her feet ❹ *(sl: Erektion haben)* ***kriegt er denn [k]einen hoch?*** can['t] he get it up? *fam*

Hoch·burg *f* stronghold **hoch·deutsch** ['ho:xdɔytʃ] *adj* High [*or* standard] German **Hoch·deutsch** ['ho:xdɔytʃ] *nt* High [*or* standard] German

hoch|dre·hen *vt* ❶ AUTO ■**etw** ~ to rev sth; **den Motor auf 7000 U/min** ~ to rev the engine to 7000 rpm ❷ *s.* **hochkurbeln**
Hoch·druck[1] *m kein pl* ❶ MED high blood pressure *no pl*
❷ PHYS high pressure
▶WENDUNGEN: **mit** ~ [**an etw** *dat*] **arbeiten** to work flat out [on sth] *fam;* **etw mit** ~ **betreiben** to carry out sth *sep* at a terrific rate
Hoch·druck[2] *m kein pl* TYPO letterpress [*or* surface] [*or spec* relief] printing *no pl, no art*
Hoch·druck-Flüs·sig·keits-Chro·ma·to·gra·fie *f* CHEM high-pressure liquid chromatography
Hoch·druck·ge·biet *nt* METEO area of high pressure, high-pressure area
Hoch·ebe·ne *f* plateau **hoch·emp·find·lich** *adj* extremely [*or* very] delicate; TECH highly sensitive; FOTO high-speed, fast *attr* **hoch·er·freut** *adj* highly delighted, overjoyed **hoch·er·ho·ben** *adj attr* raised high *pred;* ~**en Hauptes** with [one's] head held high **hoch·ex·plo·siv** *adj* highly explosive
hoch|fah·ren *irreg* **I.** *vi sein* ❶ *(in ein oberes Stockwerk fahren)* to go up; ***fahren Sie hoch oder nach unten?*** are you going up or down?
❷ *(nach oben fahren)* ■[**zu etw** *dat*] ~ to go up [to sth]; **mit der Bergbahn** ~ to go up by mountain railway
❸ *(sich plötzlich aufrichten)* **aus dem Schlaf** ~ to start up from one's sleep, to wake up with a start
❹ *(aufbrausen)* to flare up
II. *vt sein* ■**etw** ~ to go up sth; **etw mit dem Rad** ~ to cycle up sth
III. *vt haben* ❶ *(nach oben fahren)* ■**jdn/etw** [**zu jdm/irgendwohin**] ~ to drive [*or* take] up sb/sth *sep* [to sb/somewhere]; ***können Sie uns nach Hamburg ~?*** can you drive us up to Hamburg?
❷ *(auf volle Leistung bringen)* ■**etw** ~ to start [*or sep* power up] sth; **die Produktion** ~ to raise [*or* increase] production; **einen Computer** ~ to boot [up *sep*] a computer *spec;* **einen Computer neu** ~ to reboot a computer
hoch·fah·rend *adj* ❶ *(geh: überheblich)* arrogant
❷ *s.* **hochfliegend**
Hoch·fi·nanz *f* high finance *no pl, no art* **Hoch·flä·che** *f s.* **Hochebene** **hoch|flie·gen** *vi irreg sein* ❶ *(in die Höhe fliegen)* to fly up [into the air]; *Vogel a.* to soar [up]; ***einige Wildenten flogen verschreckt hoch*** a few wild ducks flew off in alarm
❷ *(in die Luft geschleudert werden)* to be hurled upwards [*or* thrown up[wards]] **hoch·flie·gend** *adj (geh)* ambitious **Hoch·form** *f* top [*or* peak] form; **in** ~ **sein, sich** *akk* **in** ~ **befinden** to be in top [*or* peak] form; **zur** ~ **auflaufen** *(fam)* to approach top [*or* peak] form **Hoch·for·mat** *nt* portrait [*or* vertical] [*or* upright] format [*or* size]; **im** ~ in portrait format **Hoch·fre·quenz** *f* PHYS high frequency **Hoch·fris·ur** *f* upswept hairstyle; **eine** ~ **haben** to wear up one's hair *sep* **Hoch·ga·ra·ge** *f s.* **Parkhaus**
Hoch·ge·bir·ge *nt* high mountains *pl*
Hoch·ge·birgs·for·ma·ti·on *f* formation of mountains **Hoch·ge·birgs·ve·ge·ta·ti·on** *f* alpine vegetation
Hoch·ge·fühl *nt* elation; **ein** ~ **haben** to feel elated, to have a feeling of elation
hoch|ge·hen *irreg sein* **I.** *vi* ❶ *(hinaufgehen)* to go up; ***ich gehe wieder hoch in mein Büro*** I'll go up to my office
❷ *(fam: detonieren)* to go off; ■**etw** ~ **lassen** to blow up sth *sep*
❸ *(fam: wütend werden)* to blow one's top *fam*
❹ *(fam) Preise* to go up
❺ *(fam: enttarnt werden)* to get caught [*or* BRIT *fam* nicked]; ■**jdn/etw** ~ **lassen** to bust sb/sth *sl*
II. *vt* ■**etw** [**zu etw** *dat*] ~ to go up sth [to sth]
hoch·geis·tig **I.** *adj attr* highly intellectual **II.** *adv* intellectually; ***der Schriftsteller schreibt mir zu ~*** the author writes in a way that is much too intellectual for me **hoch·ge·lehrt** *adj (geh)* erudite *form,* very learned **hoch·ge·lobt** *adj* highly praised, lauded
hoch·ge·mut ['ho:xgəmu:t] *adj inv (geh)* cheerful, optimistic **Hoch·ge·nuss**[RR] *m* real delight; **jdm einen** ~ **bereiten** to be a real [*or* great] [*or* special] treat for sb; [**jdm**] **ein** ~ **sein** to be a real delight [for sb] **hoch·ge·schätzt** *adj s.* **hoch II 4** **hoch·ge·schlos·sen** *adj* MODE high-necked
Hoch·ge·schwin·dig·keits·com·pu·ter *m* high-speed computer **Hoch·ge·schwin·dig·keits·ma·gnet·schwe·be·bahn** *f* high-speed magnetic suspension [*or* levitation] railway **Hoch·ge·schwin·dig·keits·tras·se** *f* BAHN high-speed track **Hoch·ge·schwin·dig·keits·zug** *m* high-speed train
hoch·ge·spannt *adj (fam) Erwartungen* high, extreme; ~**e Erwartungen haben** [*o* **hegen**] to have high expectations **hoch·ge·steckt** **I.** *pp von* **hochstecken** **II.** *adj* ❶ *Haar* pinned up ❷ *Ziele* ambitious **hoch·ge·stellt** *adj attr* high-ranking, important
hoch·ge·sto·chen **I.** *adj (pej fam)* ❶ *(geschraubt)* highbrow *pej;* ***dieser Autor schreibt einen sehr ~en Stil*** this author has a very highbrow style
❷ *(eingebildet)* conceited *pej,* stuck-up *pej fam* **II.** *adv* in a highbrow way [*or* manner] **hoch·ge·wach·sen** *adj* tall
hoch·ge·züch·tet ['ho:xgətsʏçtət] *adj* AGR *(pej)* overbred *pej*
hoch·gif·tig <höchstgiftig> *adj* highly poisonous [*or* toxic]
Hoch·glanz *m* FOTO high gloss; **etw auf** ~ **bringen** [*o* **polieren**] to polish sth till it shines; **ein Zimmer auf** ~ **bringen** to make a room spick and span **Hoch·glanz·ab·zug** *m* TYPO glossy print
hoch·glän·zend *adj* BAU full gloss
Hoch·glanz·fo·to *nt* glossy print **Hoch·glanz·ka·schie·rung** *f* TYPO acetate [*or* high-gloss] laminating **Hoch·glanz·lack** *m* glossy varnish
Hoch·glanz·ma·ga·zin *nt* glossy [magazine] **Hoch·glanz·pa·pier** *nt* high-gloss paper **Hoch·glanz·po·li·tur** *f* ❶ *(Poliermittel)* furniture polish
❷ *einer Oberfläche* mirror polish [*or* finish]
hoch·gra·dig **I.** *adj* extreme **II.** *adv* extremely **hoch|gu·cken** *vi (fam) s.* **hochsehen** **hoch·ha·ckig** *adj* high-heeled; ■~ **sein** to have high heels **hoch|hal·ten** *vt irreg* ❶ *(in die Höhe halten)* ■**etw** ~ to hold up sth *sep* ❷ *(ehren)* ■**etw** ~ to uphold sth **Hoch·haus** *nt* high-rise [*or* multi-storey] [*or* AM *also* multi-story] building **hoch|he·ben** *vt irreg* ❶ *(in die Höhe heben)* ■**jdn/etw** ~ to lift up sb/sth *sep* ❷ *(emporstrecken)* ■**etw** ~ to put [*or* hold] up sth *sep,* to raise [*or* lift] sth **hoch·herr·schaft·lich** *adj* palatial, grand
hoch·her·zig ['ho:xhɛrtsɪç] *adj (geh)* generous, magnanimous *form*
Hoch·her·zig·keit <-> *f kein pl (geh)* generosity *no pl, no art,* magnanimity *no pl, no art form*
hoch·in·fek·ti·ös <-, höchstinfektiös> *adj* highly infectious **Hoch·in·fla·ti·ons·land** *nt* high-inflation country **hoch·in·tel·li·gent** *adj* highly intelligent **hoch·in·te·res·sant** *adj* most interesting **hoch|ja·gen** *vt* ❶ *(fam: sprengen)* ■**etw** ~ to blow up sth *sep* ❷ *(fam: hochdrehen)* ■**etw** ~ to rev up sth *sep* ❸ *(aufwecken)* ■**jdn** ~ to get sb up
❹ *(aufscheuchen)* **Vögel** ~ to scare [up *sep*] birds; JAGD to flush out birds *sep*
hoch|jaz·zen ['ho:xdʒæzn̩] *vt (pej sl)* ■**etw** ~ to jazz sth up *pej fam* **hoch|ju·beln** *vt (fam)* ■**jdn/etw** ~ to hype sb/sth *fam;* **einen Motor** ~ to rev up *sep* a motor
hoch·kant ['ho:xkant] *adv* on end; ~ **stehen** to stand on end; **etw** ~ **stellen** to stand sth on end
hoch·kan·tig ['hoxkantɪç] *adv* on end
Hoch·ka·rä·ter <-s, -> ['ho:xka:rɛ:tɐ] *m (fam: hochstehende Person)* VIP, big shot *fam*
hoch·ka·rä·tig *adj* ❶ *(mit einem hohen Karatgewicht)* high-carat
❷ *(mit einem hohen Feingewicht)* high-carat
❸ *(fam: äußerst qualifiziert)* top-flight, top-notch *fam*
hoch·klapp·bar *adj* folding *attr,* foldable; **ein ~er Sitz** a tip-up seat; ***die Luke ist hydraulisch ~*** the hatch is folded hydraulically **hoch|klap·pen** **I.** *vt haben* ■**etw** ~ to fold up sth *sep;* **mit hochgeklapptem Kragen** with one's collar turned up **II.** *vi sein* to tip up **hoch·klas·sig** *adj* high-class **hoch|klet·tern** *sein* **I.** *vi* ■[**an etw** *dat*] ~ to climb up sth **II.** *vt* ■**etw** ~ to climb up sth
hoch|ko·chen *vi (fam) Krise, Emotionen* to boil up [*or* come to the boil]
hoch|kom·men *irreg sein* **I.** *vi* ❶ *(fam: nach oben kommen)* to come up
❷ *(hin-, heraufkommen)* ■[**zu jdm**] ~ to come up [*or* in] [to sb]; ***kommen Sie doch zu mir ins Büro hoch*** come up to my office
❸ *(an die Oberfläche kommen)* ■[**wieder**] ~ to come up [again]; *Taucher a.* to [re]surface
❹ *(fam: aufstehen können)* ■[**aus etw** *dat*/**von etw** *dat*] ~ to get up [out of/from sth]
❺ *(fam)* ■**es kommt jdm hoch** it makes sb sick; ***wenn ich nur daran denke, kommt es mir schon hoch!*** it makes me sick just thinking about it!
❻ *(in Erscheinung treten)* ■[**in jdm**] ~ to well up [in sb]; *Betrug* to come to light
▶WENDUNGEN: **niemanden neben sich** *dat* ~ **lassen** to allow no competition
II. *vt* ■**etw** ~ to come up sth
Hoch·kom·mis·sar(in) *m(f)* high commissioner **Hoch·kom·mis·sa·ri·at** *nt* high commission **hoch·kom·pli·ziert** *adj s.* **hoch II 4** **Hoch·kon·junk·tur** *f* [economic] boom **hoch|kön·nen** *vi irreg (fam)* ❶ *(aufstehen können)* ***kannst du alleine hoch, oder soll ich dir helfen?*** can you get up on your own, or should I help you? ❷ *(hochklettern können)* ***ich kann nicht*** [***auf den Baum***] ***hoch*** I can't get up [the tree] **hoch·kon·zen·triert** *adj Säure* highly concentrated **Hoch·kos·ten·land** *nt meist pl* ÖKON high-cost country **hoch|krem·peln** *vt* ■[**sich** *dat*] **etw** ~ to roll up sth *sep;* **die Hemdsärmel** ~ to roll up one's shirtsleeves; **mit hochgekrempelten Hosenbeinen** with one's trouser [*or* pant] legs rolled up **hoch|krie·gen** *vt (fam) s.* **hochbekommen** **Hoch·kul·tur** *f* [very] advanced civilization [*or* culture] **hoch|kur·beln** *vt* ■**etw** ~ to wind up sth *sep* **hoch|la·den** *vt* INFORM ■**etw** ~ to upload sth **Hoch·land** ['ho:xlant] *nt* highland *usu pl;* **das schottische** ~ the Scottish Highlands *npl*
hoch|le·ben ['ho:xle:bn̩] *vi* **jd/etw lebe hoch!** three cheers for sb/sth!; **hoch lebe der/die ...!** three cheers for the ...!; ***hoch lebe der Kaiser!*** long live the emperor!; **jdn** ~ **lassen** to give three cheers for sb [*or* sb three cheers]
hoch|le·gen *vt* ■**etw** ~ ❶ *(höher lagern)* to put up sth *sep;* **die Beine** ~ to put up one's feet
❷ *(fam: nach oben legen)* to put sth high up; ■**etw auf etw** *akk* ~ to put sth [up] on top of sth; ***ich habe die Geschenke auf den Schrank hochgelegt*** I've put the presents up on top of the cupboard
Hoch·leis·tung *f* top-class [*or* -rate] [*or* first-class [*or* -rate]] performance
Hoch·leis·tungs·chip *m* INFORM high-speed [*or* high-performance] chip, superchip **Hoch·leis·tungs·mo·tor** *m* high-performance engine **Hoch·leis·tungs·sport** *m* top-level sport **Hoch·leis·tungs·sport·ler(in)** *m(f)* top athlete **Hoch·leis·tungs·trai·ning** *nt* hard [*or* intensive] training *no pl, no art*
Hoch·lohn·land *nt* country with high wage costs
hoch·mo·dern **I.** *adj* ultra-modern; ■~ **sein** to be the latest fashion **II.** *adv* in the latest fashion[s]; ~ **eingerichtet** furnished in the latest style **Hoch·moor** *nt* [upland] moor **hoch·mo·ti·viert** *adj s.* **hoch II 4**
Hoch·mut ['ho:xmu:t] *m (pej)* arrogance
▶WENDUNGEN: ~ **kommt vor dem Fall** *(prov)* pride goes [*or* comes] before a fall *prov*
hoch·mü·tig ['ho:xmy:tɪç] *adj (pej)* arrogant
Hoch·mü·tig·keit <-> *f kein pl s.* **Hochmut**
hoch·nä·sig ['ho:xnɛ:zɪç] **I.** *adj (pej fam)* conceited *pej,* stuck-up *pej fam,* snooty *fam*
II. *adv (pej fam)* conceitedly *pej,* snootily *fam*
Hoch·nä·sig·keit <-> *f kein pl (pej fam)* conceitedness *no pl, no art pej,* snootiness *no pl, no art fam*

H

Hoch·ne·bel *m* METEO [low] stratus *spec*
hoch|neh·men *vt irreg* ❶ *(abheben)* ■**etw** ~ to lift [up *sep*] sth
❷ *(nach oben heben)* ■**jdn/etw** ~ to lift [*or* pick] up sb/sth *sep*
❸ *(fam: auf den Arm nehmen)* ■**jdn** ~ to have [*or* put] sb on *fam*
❹ *(sl: verhaften)* ■**jdn** ~ to pick up sb *sep*
hoch·not·pein·lich *adj* cringeworthy
Hoch·ofen *m* blast furnace **Hoch·ofen·schla·cke** *f kein pl* TECH blast furnace slag, scoria
hoch|päp·peln *vt (fam)* ■**jdn/ein Tier** ~ to feed up sb/an animal *sep* **Hoch·par·ter·re** *nt* raised ground floor **Hoch·pla·teau** *nt s.* **Hochebene**
Hoch·preis·ap·par·te·ment *nt* apartment in the upper price bracket **Hoch·preis·au·to** *nt* car in the upper price range, upmarket car **Hoch·preis·markt** *m* upper price range of a/the market
hoch·pro·zen·tig *adj* ❶ *(Alkohol enthaltend)* high-proof ❷ *(konzentriert)* highly concentrated **hoch|pu·schen** *vt (sl)* ■**etw** ~ to jack up sth *sep fam* **hoch·ra·dio·ak·tiv** *adj s.* **hoch II 4 hoch|ra·gen** *vi sein o haben* to rise [*or* tower] [up]; ***die Berge ragen 4000 Meter hoch*** the mountains tower to a height of 4000 metres; ■**~d** towering
hoch·ran·gig <höherrangig, höchstrangig> *adj attr* high-ranking
hoch|rech·nen *vt* ■**etw [bis zu etw** *dat*] ~ to project sth [to sth] **Hoch·rech·nung** *f* projection
hoch|re·den *vt (fam)* ■**etw** ~ to talk sth up **Hoch·re·gal** *nt* ÖKON high rack [*or* shelf] **hoch|rei·ßen** *vt irreg* ■**etw** ~ to lift sth quickly; ***sie riss blitzschnell die Arme hoch, um den Ball zu fangen*** her arms shot up to catch the ball; LUFT to put sth into a steep climb, to hoick sth *spec fam* **Hoch·re·li·ef** *nt* KUNST high relief **hoch·ren·ta·bel** *adj* highly profitable **Hoch·rip·pe** *f* KOCHK forerībs *pl*
hoch·rot ['ho:x'ro:t] *adj* bright red; **mit ~em Gesicht** with a bright red face, with one's face as red as a beetroot [*or* beet] **Hoch·ruf** *m* cheer **hoch|rüs·ten** *vt* ❶ *(aufrüsten)* ■**etw** ~ to increase the weaponry of sth; **die Streitkräfte mit etw** *dat* ~ to equip the armed forces with sth ❷ INFORM *(ausstatten)* ■**etw** ~ to upgrade sth **Hoch·rüs·tung** *f* arms build-up **hoch|rut·schen** *vi sein* ❶ *(nach oben rutschen)* ■**[jdm]** ~ *Kleidungsstück* to ride up; ***dein Hemd ist hochgerutscht*** your shirt has ridden up ❷ *(aufrücken)* to move up **Hoch·sai·son** *f* ❶ *(Zeit stärksten Betriebes)* the busiest time; ***bei heißem Wetter haben die Eisdielen*** ~ the busiest time for ice-cream parlours is during hot weather ❷ *(Hauptsaison)* high [*or* peak] season **hoch|schal·ten** *vt* **einen Gang** ~ AUTO to shift [-up] gears **hoch|schau·keln I.** *vt* ■**etw** ~ to blow up sth *sep* **II.** *vr* ■**sich** *akk* **[gegenseitig]** ~ to get [each other] worked up **hoch|schie·ßen** *irreg* **I.** *vi sein* to shoot up [into the air] **II.** *vt haben* ■**etw** ~ to send up sth *sep* **hoch|schla·gen** *irreg* **I.** *vt haben* ■**etw** ~ to turn up sth *sep;* **mit hochgeschlagenem Kragen** with one's collar turned up **II.** *vi sein* to surge; *Flammen* to leap up; ■**~d** surging/leaping **hoch|schnel·len** *vi sein* ■**[von etw** *dat*] ~ to leap up [from/out of sth]; *Sprungfeder* to pop up [out of sth] **Hoch·schrank** *nt* tall cabinet **hoch|schrau·ben** *vt* ■**etw** ~ ❶ *(immer mehr steigern)* to force up sth *sep* ❷ *(immer größer werden lassen)* to raise sth; **seine Ansprüche** ~ to increase one's demands **hoch|schre·cken I.** *vt haben* ■**jdn** ~ to startle sb; *(aus dem Schlaf)* to wake sb rudely **II.** *vi irreg sein* to start up; *(aus dem Schlaf a.)* to awake with a start
Hoch·schul·ab·schluss[RR] *m* degree; **mit/ohne** ~ with/without a degree **Hoch·schul·ab·sol·vent(in)** <-en, -en> *m(f)* SCH college [*or* university] graduate **Hoch·schul·bau** *m* university building **Hoch·schul·bil·dung** *f* university/college education; **mit/ohne** ~ with/without a university/college education
Hoch·schu·le ['ho:xʃu:lə] *f* ❶ *(Universität)* university
❷ *(Fachhochschule)* college [of higher education]; **pädagogische** ~ teacher training college
Hoch·schü·ler(in) *m(f)* student
Hoch·schul·ge·bäu·de *nt* university/college building **Hoch·schul·ge·setz** *nt* law on higher education **Hoch·schul·grup·pe** *f* university group **Hoch·schul·leh·rer(in)** *m(f)* university/college lecturer **Hoch·schul·po·li·tik** *f* higher education policy, policy on higher education **hoch·schul·po·li·tisch** *adj attr* regarding higher education policy *after n* **Hoch·schul·pro·fes·sor(in)** *m(f)* university/college professor **Hoch·schul·rah·men·ge·setz** *nt,* **HRG** *nt* framework law on higher education, basic university act **Hoch·schul·re·form** *f* university reform **Hoch·schul·rei·fe** *f entrance requirement for higher education;* **mit/ohne** ~ with/without the requirements for further education **Hoch·schul·stu·di·um** *nt* university/college [*or* higher] education; **ein naturwissenschaftliches** ~ a university science course; **mit/ohne** ~ with/without a university/college [*or* higher] education **Hoch·schul·we·sen** *nt kein pl* SCH [system of] higher education, university and college [system]
Hoch·schul·zu·gang *m* ≈ BRIT A levels, ≈ AM high-school diploma *(qualification that entitles sb to go to university or college)* **Hoch·schul·zu·las·sung** *f* SCH entrance requirement
hoch·schwan·ger *adj* in an advanced stage of pregnancy *pred,* well advanced in pregnancy *pred*
hoch|schwap·pen *vi (fam) Wasser, Wut, Ärger* to surge [*or* well] up
Hoch·see *f kein pl* high sea[s *npl*]; **auf hoher See** on the high seas [*or* the open sea] **Hoch·see·damp·fer** *m* ocean[-going] steamer **Hoch·see·fi·sche·rei** *f* deep-sea fishing *no pl, no art* **Hoch·see·flot·te** *f* deep-sea fleet **Hoch·see·schiff·fahrt**[RR] *f* deep-sea shipping *no pl, no indef art;* **zur ~ geeignet sein** to be suitable for navigating the high seas **hoch·see·tüch·tig** *adj* ocean-going, sea-going; ■**~ sein** to be suitable for the high seas
hoch|se·hen *vi irreg* to look up; ***sie sah zu uns hoch*** she looked up to us
Hoch·seil *nt* high wire, tightrope **Hoch·seil·akt** *m* high-wire [*or* tightrope] act
hoch·sen·si·bel <höchstsensibel> *superl adj* highly sensitive
Hoch·si·cher·heits·ge·fäng·nis *nt* high-security prison **Hoch·si·cher·heits·la·bor** *nt* high-security laboratory **Hoch·si·cher·heits·trakt** *m* high-security wing
Hoch·sitz *m* JAGD [raised] hide **Hoch·som·mer** *m* high summer *no pl, no art,* height of summer *no pl, no indef art,* midsummer *no pl, no art;* **im** ~ in midsummer, at the height of summer **hoch·som·mer·lich I.** *adj* midsummer-like; **~e Temperaturen** midsummer-like temperatures **II.** *adv* as in midsummer; ***es ist fast ~ warm*** it's almost as hot as in midsummer
Hoch·span·nung *f* ❶ ELEK high voltage; **„Vorsicht ~!"** "danger — high voltage"
❷ *kein pl (Belastung)* enormous tension; **mit** ~ with a great deal of tension
Hoch·span·nungs·lei·tung *f* high-voltage [*or form* high-tension] [transmission] line **Hoch·span·nungs·mast** *m* pylon **Hoch·span·nungs·prü·fer** *m* high-voltage tester **Hoch·span·nungs·trans·for·ma·tor** *m* high-voltage transformer
hoch|spie·len *vt* ■**etw** ~ to blow up [the importance of] sth; **etw künstlich** ~ to blow up sth *sep* out of all proportion **Hoch·spra·che** *f* standard language **hoch|sprin·gen** *vi irreg sein* ❶ *(fam: aufspringen)* ■**[von etw** *dat*] ~ to jump up [from/out of sth]; ■**auf etw** *akk* ~ to jump up onto sth ❷ *(nach oben springen)* ■**an jdm/etw** ~ to jump up at sb/sth ❸ *nur infin und pp* SPORT to do the high jump **Hoch·sprin·ger(in)** *m(f)* high jumper **Hoch·sprung** *m* high jump
höchst [hø:çst] **I.** *adj s.* **höchste(r, s)**
II. *adv* most, extremely; **~ erfreut** extremely delighted
Höchst·al·ter *nt* maximum age
Hoch·stand *m s.* **Hochsitz**
Hoch·sta·pe·lei <-, -en> [ho:xʃta:pə'lai] *f (pej)* fraud *no pl, no art*
hoch|sta·peln *vi (pej)* to practise [*or* AM *usu* -ice] fraud; ***sie stapelt gerne hoch und gibt sich als Managerin aus*** she likes to deceive people and pass herself off as a manager
Hoch·stap·ler(in) <-s, -> ['ho:xʃta:plɐ] *m(f) (pej)* con man *fam,* confidence trickster [*or* man] BRIT
Höchst·be·an·spru·chung *f* TECH maximum load **Höchst·be·darf** *m* ÖKON peak of demand **Höchst·bei·trag** *m* maximum contribution **Höchst·be·trag** *m* maximum amount **Höchst·be·trags·hy·po·thek** *f* FIN maximum-sum mortgage **Höchst·bie·ten·de(r)** *f(m) dekl wie adj* highest bidder
Höchst·di·vi·den·de *f* FIN maximum dividend
höchs·te(r, s) *attr* **I.** *adj superl von* **hoch** ❶ *(die größte Höhe aufweisend)* highest, tallest; **die ~n Bäume/Menschen** the tallest trees/people; **der ~ Berg** the highest mountain
❷ *(dem Ausmaß nach bedeutendste)* highest; ***zu meiner ~n Bestürzung*** to my great consternation; ***die bisher ~ zu zahlende Entschädigung*** the largest amount of compensation payable to date; **die ~n Profite** the biggest profits; **aufs H~** extremely, most
❸ *(gravierendste)* severest, most severe; **die ~n Verluste** the highest [*or* greatest] losses
❹ *(dem Rang nach bedeutendste)* highest; **das ~ Amt** the highest office; **von ~m Ansehen** of the highest repute; **der ~ Feiertag** the most important public holiday; **der ~ Offizier** the highest-ranking officer; **die ~n Würdenträger** dignitaries of the highest level
❺ *(der Qualität nach bedeutendste)* greatest; **die ~n Ansprüche** the most stringent demands; **von ~r Bedeutung sein** to be of the utmost importance; ***die Freiheit ist das ~ Gut*** freedom is the most precious commodity
II. *adv* ❶ *(in größter Höhe)* the highest; ***mittags steht die Sonne am ~n*** the sun is highest at midday
❷ *(in größtem Ausmaß)* the most, most of all; ***er war von den Bewerbern am ~n qualifiziert*** he was the most qualified of the applicants
❸ *(die größte Summe umfassend)* the most; **die am ~n versicherten Firmen** the most heavily insured firms
hoch|ste·cken *vt* ■**etw** ~ to put [*or* pin] [*or* wear] up sth *sep;* **mit hochgesteckten Haaren** with one's hair pinned [*or* worn] up
hoch·ste·hend *adj* ❶ *Ziffer, Buchstabe* superior
❷ *(fig: auf hoher Stufe)* advanced; **eine ~ Kultur** an advanced civilization; **wirtschaftlich/wissenschaftlich** ~ economically/scientifically advanced; **gesellschaftlich ~e Leute** people of high social standing
hoch|stei·gen *irreg sein* **I.** *vt (hinaufsteigen)* ■**etw** ~ to climb up sth **II.** *vi* ❶ *(nach oben bewegen)* to rise ❷ *(fam: sich regen)* to stir; ■**in jdm** ~ *Wut, Angst, Freude* to well up in sb; ***Wut stieg in ihr hoch*** she got more and more furious **hoch|stel·len** *vt* ■**etw** ~ to put up sth *sep;* TYPO to shift sth upwards
höchs·ten *adv superl von* **hoch**
höchs·tens ['hø:çstṇs] *adv* ❶ *(bestenfalls)* at the most, at best; ***er besucht uns selten, ~ zweimal im Jahr*** he seldom visits us, twice a year at the most
❷ *(außer)* except
Höchst·fall *m* **im** ~ at the most, at best **Höchst·form** *f* top form **Höchst·frist** *f* JUR maximum period **Höchst·ge·bot** *nt* highest bid **Höchst·ge·halt** *m* CHEM maximum content **Höchst·ge·schwin·dig·keit** *f* ❶ *(höchste mögliche Geschwindigkeit)* maximum speed; *eines Autos a.* top speed ❷ *(höchste zulässige Geschwindigkeit)* speed limit **Höchst·ge·wicht** *nt* TECH maximum weight **Höchst·ge·winn** *m* HANDEL record profit **Höchst·gren·ze** *f* upper limit
hoch|sti·li·sie·ren *vt* ■**etw [zu etw** *dat*] ~ to build up sth *sep* [into sth]; ■**hochstilisiert** souped-up *attr*

fam, souped up *pred fam* **Hoch·stim·mung** *f kein pl* high spirits *npl*; **in ~** in high spirits; **in festlicher ~** in a festive mood
Höchst·kurs *m* BÖRSE maximum price **Höchst·leis·tung** *f* maximum [*or* best] performance *no pl*; **etw auf ~ trimmen** to tune sth to maximum performance **Höchst·maß** *nt* maximum amount; **ein ~ an Bequemlichkeit** a maximum amount of comfort; **ein ~ an Verantwortung** a maximum degree of responsibility **Höchst·men·ge** *f* maximum amount [*or* quantity] **höchst·per·sön·lich** *adv* personally, in person; ***es war die Königin ~*** it was the Queen in person
Höchst·preis *m* maximum [*or* top] price **Höchst·preis·bin·dung** *f* FIN maximum price fixing **Höchst·preis·vor·schrif·ten** *pl* JUR maximum price provision
höchst·rich·ter·lich *adj* of the supreme court *pred*; **ein ~es Urteil** a ruling of the supreme court **Höchst·satz** *m* maximum rate **höchst·selbst** *pron nicht dekl (veraltend o hum: höchstpersönlich)* oneself personally **Höchst·stand** *m* ❶ *(höchstes Niveau)* highest level; **beim ~ der Flut** when the tide is at its highest ❷ ÖKON *(höchster Stand)* highest level; **absolute Höchststände verzeichnen** to be [at] an all-time high **Höchst·steu·er·satz** *m* maximum tax rate **Höchst·stimm·recht** *nt* HANDEL maximum voting right **Höchst·stra·fe** *f* maximum penalty **Höchst·tem·pe·ra·tur** *f* maximum temperature **höchst·wahr·schein·lich** ['hø:çstva:ɐ̯ʃainlɪç] *adv* most likely [*or* probably] **Höchst·wert** *m* maximum [*or* peak] value
hoch|sty·len [-'stailn̩] *vt* ■**jdn/etw ~** to style sb/sth to perfection
Höchst·zins *m* FIN interest cap **Höchst·zins·satz** *m* FIN interest rate cap
höchst·zu·läs·sig *adj attr* maximum [permissible]; **das ~e Achsgewicht** the maximum [permissible] axle weight
Hoch·tech·no·lo·gie *f* high technology **Hoch·tech·no·lo·gie·In·dust·rie** *f* TECH high-tech industry
Hoch·tem·pe·ra·tur·an·la·ge *f* high-temperature plant **Hoch·tem·pe·ra·tur·re·ak·tor** *m* high-temperature reactor
Hoch·tour *f* ❶ SPORT *(Hochgebirgstour)* mountain climbing in a high mountain range [*or* area]; **eine ~ machen** to go mountain climbing in a high mountain range [*or* area] ❷ *pl* TECH *(größte Leistungsfähigkeit)* **auf ~en laufen** [*o* **arbeiten**] to operate [*or* work] at full speed; *(fig)* to be in full swing; ***die Werbekampagne lief auf ~*** the election campaign was in full swing ▸WENDUNGEN: **jdn auf ~ bringen** *(fam)* to get sb working flat out; **etw auf ~ bringen** *(fam)* to increase sth to full capacity **hoch·tou·rig** ['ho:xtu:rɪç] I. *adj* high-revving II. *adv* at high revs **hoch·tra·bend** *(pej)* I. *adj* pompous *pej* II. *adv* pompously *pej* **hoch|trei·ben** *vt irreg* ■**etw ~** to drive up sth *sep*; **Kosten/Löhne/Preise ~** to force [*or* drive] up costs/wages/prices *sep*
Hoch- und Tief·bau *m* structural and civil engineering
hoch·ver·ehrt *adj attr* highly respected [*or form* esteemed]; ***~ er Herr Vorsitzender!*** dear Mr Chairman!; ***meine ~ en Damen und Herren!*** ladies and gentlemen! **Hoch·ver·rat** *m* high treason *no pl, no art* **hoch·ver·zins·lich** *adj* yielding [*or* bearing] a high interest rate *pred* **Hoch·wald** ['ho:xvalt] *m* high forest
Hoch·was·ser *nt* ❶ *(Flut)* high tide ❷ *(überhoher Wasserstand)* high [level of] water; **~ führen** [*o* **haben**] to be in flood ❸ *(Überschwemmung)* flood **Hoch·was·ser·damm** *m* dyke, dike **Hoch·was·ser·ge·fahr** *f* danger of flooding *no pl, no indef art* **Hoch·was·ser·ka·ta·stro·phe** *f* flood disaster **Hoch·was·ser·scha·den** *m* flood damage *no pl, no indef art* **Hoch·was·ser·schutz** *m* flood protection *no pl* **Hoch·was·ser·stand** *m* METEO high-water level
hoch|wer·fen *vt irreg* ■[**jdm**] **etw ~** to throw up sth *sep* [to sb]
hoch·wer·tig ['ho:xve:ɐ̯tɪç] *adj* ❶ *(von hoher Qualität)* [of *pred*] high quality; **~er Stahl** high-grade steel
❷ *(von hohem Nährwert)* highly nutritious
Hoch·wert·re·cyc·ling *nt* high-value recycling *(recycling of valuable car components)*
Hoch·wild *nt* big game *no pl, no art* **hoch·will·kom·men** ['ho:xvɪlkɔmən] *adj attr* most [*or* very] welcome; ***der Vorschlag ist mir ~*** I very much welcome the suggestion **Hoch·zahl** *f* exponent *spec*
Hoch·zeit[1] <-, -en> ['hɔxtsait] *f* wedding; **~ feiern** [*o veraltend* **halten**] to have a wedding; **~ haben** [*o* **machen**] to get married; **diamantene/eiserne/goldene/silberne ~** diamond/65th/gold/silver wedding anniversary; **grüne ~** wedding day
▸WENDUNGEN: **man kann nicht auf zwei ~en tanzen** *(prov)* you can't have your cake and eat it; *(an zwei Orten gleichzeitig sein wollen)* you can't be in two places at once
Hoch·zeit[2] <-, -en> ['ho:xtsait] *f (geh: Blütezeit)* golden age
Hoch·zeits·fei·er *f* wedding reception **Hoch·zeits·gast** *m* wedding guest **Hoch·zeits·ge·schenk** *nt* wedding present [*or* gift]
Hoch·zeits·ge·sell·schaft <-, -en> *f* wedding party **Hoch·zeits·kleid** *nt* ❶ *(Traukleid)* wedding [*or* bridal] dress [*or* gown] ❷ ZOOL nuptial coloration; *(von Vögeln)* nuptial plumage, nuptial display **Hoch·zeits·nacht** *f* wedding night **Hoch·zeits·rei·se** *f* honeymoon *no pl*; **auf ~ sein** to be on [one's] honeymoon **Hoch·zeits·schuh** *m* wedding shoe **Hoch·zeits·ta·fel** *f* wedding table **Hoch·zeits·tag** *m* ❶ *(Tag der Hochzeit)* wedding day ❷ *(Jahrestag)* wedding anniversary
hoch|zie·hen *irreg* I. *vt* ■**etw ~** ❶ *(nach oben ziehen)* to pull up sth *sep*; ■**sich** *akk* [**an etw** *dat*] **~** to pull oneself up [on sth]
❷ *(höher ziehen)* to pull up sth *sep*
❸ LUFT *(steil steigen lassen)* to pull up sth *sep*
❹ *(fam: rasch bauen)* to build sth [rapidly]
II. *vr (pej sl: sich an etw aufgeilen)* ■**sich** *akk* **an etw** *dat* **~** to get a kick out of sth
Hoch·zins·land *nt* high interest country **Hoch·zins·pha·se** *f* period of high interest [rates] **Hoch·zins·po·li·tik** *f* high interest rate policy, policy of high interest rates [*or* of keeping interest rates high]
Ho·cke <-, -n> ['hɔkə] *f* ❶ *(Körperhaltung)* crouching [*or* squatting] position; **in die ~ gehen** to crouch [*or* squat] [*or* hunker] down; **in der ~ sitzen** to crouch, to squat
❷ SPORT *(Turnübung)* squat vault
ho·cken ['hɔkn̩] I. *vi* ❶ *haben (kauern)* ■[**an etw** *dat*/**vor etw** *dat*] **~** to crouch [*or* squat] [at sth/in front of sth]; ***sie hockte gebückt vor dem Feuer, um sich zu wärmen*** she crouched over the fire to get warm
❷ *haben (fam: sitzen)* ■[**an etw** *dat*/**auf etw** *dat*/**vor etw** *dat*] **~** to sit [at/on sth/in front of sth]; ***hock nicht so krumm am Tisch!*** don't slouch at the table!
❸ *sein* SPORT *(in der Hocke springen)* ■**über etw** *akk* **~** to squat-vault over sth
II. *vr* DIAL *(fam: sich setzen)* ■**sich** *akk* [**an etw** *akk*/**zu jdm**] **~** to sit down [at sth/next to sb]; ***hock dich hin, hier ist noch Platz!*** plonk *fam* yourself down, there's room for you here
Ho·cker <-s, -> *m* ❶ *(Stuhl ohne Lehne)* stool; *(in einer Kneipe a.)* bar stool
❷ ARCHÄOL *(Sitzgrab)* seated burial
▸WENDUNGEN: **jdn vom ~ hauen** *(fam)* to bowl sb over *fam*
Hö·cker <-s, -> ['hœkɐ] *m* ❶ *(Wulst)* hump
❷ *(fam: Buckel)* hump
❸ *(kleine Wölbung)* bump
Hö·cker·schwan *m* ORN mute swan
Ho·ckey <-s> ['hɔki] *nt kein pl* hockey *no pl, no art*, field hockey AM *no pl, no art*
Ho·ckey·ball *m* hockey ball **Ho·ckey·mann·schaft** *f* hockey team **Ho·ckey·schlä·ger** *m* hockey stick **Ho·ckey·spiel** *nt* game of hockey **Ho·ckey·spie·ler** *m* hockey player **Ho·ckey·sta·di·on** *nt* hockey stadium
Ho·de <-n, -n> ['ho:də] *m (selten) s.* **Hoden**
Ho·den <-s, -> ['ho:dn̩] *m* testicle
Ho·den·krebs *m kein pl* MED testicular cancer *no pl*
Ho·den·sack *m* MED scrotum
Hof <-[e]s, Höfe> [ho:f, *pl* 'hø:fə] *m* ❶ *(Innenhof)* courtyard; *(Schulhof)* schoolyard, playground; **auf dem/den ~** in/into the courtyard/on the playground
❷ *(Bauernhof)* farm
❸ HIST *(Fürstensitz)* court; **bei** [*o* **am**] **~e** at court
❹ HIST *(Hofstaat)* court
❺ *(Halo)* halo
❻ TYPO *(Raster)* fringe
▸WENDUNGEN: **jdm den ~ machen** *(veraltend)* to woo sb *dated*
Hof·arzt *m* HIST court physician **Hof·aus·fahrt** *f* courtyard exit **Hof·ball** *m* HIST court ball **Hof·da·me** *f* lady of the court; *(der Königin)* lady-in-waiting **Hof·ein·fahrt** *f* courtyard entrance, entrance to a/the courtyard
hof·fä·hig *adj* presentable, acceptable [at court]
hof·fen ['hɔfn̩] I. *vi* ❶ *(von Hoffnung erfüllt sein)* to hope
❷ *(erwarten)* ■**~, dass ...** to hope [that] ...
❸ *(erhoffen)* ■**auf etw** *akk* **~** to hope for sth
❹ *(auf jdn bauen)* ■**auf jdn ~** to put one's trust in sb; **auf Gott ~** to trust in God
▸WENDUNGEN: **H~ und Harren macht manchen zum Narren** *(prov)* some people never give up hoping, he who lives in hope dances to an ill tune *prov*; *(als Antwort auf Unmögliches)* [and] pigs might fly *iron*
II. *vt* ■**etw ~** to hope for sth; ***ich hoffe es wenigstens*** at least I hope so; **es bleibt zu ~, dass ...** the hope remains that ...; **nichts mehr zu ~ haben** to have no hope left; **das will ich/wollen wir ~** I/let's hope so
Hof·fens·ter *nt* courtyard window
hof·fent·lich ['hɔfn̩tlɪç] *adv* hopefully; ■**~ nicht** I/we hope not; **~!** let's hope so!
Hoff·nung <-, -en> ['hɔfnʊŋ] *f* hope (**auf** +*akk* for/of); **seine ~en begraben** to abandon [*or form* relinquish] one's hopes; **es besteht noch ~** [**auf etw** *akk*] there is still hope [of sth]; **zu den besten ~en berechtigen** to give rise to the best hopes; **sich** *akk* **von der ~ auf etw** *akk* **blenden lassen** to be blinded by one's hope for sth; **jds einzige** [*o* **letzte**] **~ sein** to be sb's only [*or* last] hope; **alle ~ fahren lassen** to abandon all hope; **sich** *akk* **an eine falsche ~ klammern** to cling to a false hope; **in seinen ~en getäuscht** [*o* **getrogen**] **werden** to have one's hopes dashed; **~ auf etw** *akk* **haben** to have hopes of sth; ***hast du denn noch ~ auf ein Gelingen unsererPläne?*** do you still have hopes that our plans will succeed?; **sich** *akk* **bestimmten ~en hingeben** to cherish certain hopes; **in der ~,** [**dass**] ... *(geh)* in the hope [that] ...; ***in der ~, recht bald wieder von Ihnen zu hören, ...*** hoping to hear from you again shortly, ...; **seine** [**letzte**] **~ auf jdn/etw setzen** to pin one's [last] hopes on sb/sth; **sich** *dat* **~en machen** to have hopes; **sich** *dat* **keine ~en machen** to not hold out any hopes; ***machen Sie sich keine großen ~en*** don't hold out any great hopes; **jdm ~ machen** to hold out hope to sb; ***die ersten Informationen machen mir ~*** the initial information gives me reason to hope; **jdm ~ machen, dass ...** to hold out hope to sb that ...; **jdm ~ auf etw** *akk* **machen** to raise sb's hopes of sth; **jdm seine ~[en] nehmen** [*o* **rauben**] to rob sb of his/her hopes; **neue ~** [**aus etw** *dat*] **schöpfen** to find fresh hope [in sth], to draw new hope from sth; **die ~ sinken lassen** *(geh)* to lose hope; **sich** *akk* **in trügerischen ~en wiegen** to nurture false hopes; **die ~ verlieren** [*o* **aufgeben**] to lose [*or* give up] hope; **guter ~ sein** *(euph)* to be expecting
hoff·nungs·froh *adj (geh)* hopeful **Hoff·nungs·fun·ke(n)** *m s.* **Hoffnungsschimmer**
hoff·nungs·los I. *adj* hopeless

H

II. *adv* ❶ *(ohne Hoffnung)* without hope
❷ *(völlig)* hopelessly; ~ **veraltet** hopelessly out of date, antediluvian *hum*
❸ *(fam: ausweglos)* hopelessly; **sich** *akk* ~ **in jdn verlieben** to fall hopelessly [*or* head over heels] in love with sb

Hoff·nungs·lo·sig·keit <-> *f kein pl* hopelessness *no pl, no art; (Verzweiflung)* despair *no pl, no art*

Hoff·nungs·schim·mer *m (geh)* glimmer of hope **Hoff·nungs·trä·ger(in)** *m(f)* sb's hope; ***sie ist unsere ~ in*** she's our hope, we've pinned our hopes on her **hoff·nungs·voll** I. *adj* hopeful; **eine ~e Karriere** a promising career II. *adv* full of hope

Hof·hund *m* watchdog

ho·fie·ren* [hoˈfiːrən] *vt* ■**jdn** ~ to pay court to sb

hö·fisch [ˈhøːfɪʃ] *adj* courtly

Hof·knicks *m* HIST court [*or* formal] curts[e]y **Hof·le·ben** *nt* HIST court life *no pl, no art*

höf·lich [ˈhøːflɪç] I. *adj* courteous, polite
II. *adv* courteously, politely; ***wir teilen Ihnen ~[st] mit, ...*** we beg to inform you ... *form*

Höf·lich·keit <-, -en> *f* ❶ *kein pl (höfliche Art)* courtesy *no pl, no art*, courteousness *no pl, no art*, politeness *no pl, no art;* **aus [reiner]** ~ out of [pure] courtesy [*or* politeness]; ***ich sage das nicht nur aus*** ~ I'm not just saying that to be polite; **mit aller** ~ courteously, politely, with the utmost politeness; ***er lehnte dankend und mit aller ~ ab*** expressing his thanks he politely declined
❷ *(höfliche Bemerkung)* compliment

Höf·lich·keits·be·such *m* courtesy visit; **jdm einen ~ abstatten** to pay sb a courtesy visit **Höf·lich·keits·flos·kel** *f* polite phrase

Hof·lie·fe·rant *m* supplier [*or form* purveyor] to the court

Höf·ling <-s, -e> [ˈhøːflɪŋ] *m* ❶ HIST courtier
❷ *(pej: Schmeichler)* sycophant *pej form*

Hof·mar·schall *m* major-domo **Hof·narr** *m* HIST court jester **Hof·rat** *m* ÖSTERR *honorary title conferred on a senior civil servant*

Hof·schran·ze <- *o* -n , -n> [ˈhoːfʃrantsə] *f o m (pej)* toady **Hof·staat** *m kein pl* HIST [royal] court **Hof·tor** *nt* courtyard gate

Hof·ze·re·mo·ni·ell <-s, -e> *nt (geh)* court ceremonial

Hö·he <-, -n> [ˈhøːə] *f* ❶ *(Ausdehnung nach oben)* height; ***die Wand hat eine ~ von 3 Metern*** the wall is 3 metres high [*or* in height]; ***er schätzte die Wand auf eine ~ von 3 Metern*** he estimated the wall to be 3 metres [*or* AM -ers] high [*or* in height]; **in die ~ schießen** to shoot up *fam;* **in die ~ wachsen** to grow tall
❷ *(Tiefe)* depth; ***diese Schicht hat eine ~ von 80 Zentimetern*** this layer is 80 centimetres deep
❸ *(vertikale Entfernung)* height; LUFT altitude; ***der Adler erhob sich in die ~*** the eagle rose into the air; ***die Baumgrenze liegt bei 2.300 m ~*** the tree line is at a height [*or* an elevation] of 2.300 m; **aus der ~** from above; **an ~ gewinnen** LUFT to gain height; **auf halber ~** halfway up; **in der ~** up there; **in die ~** into the air; ***er sah in die ~*** he looked up; **in einer ~ von** at a height of; **sich** *akk* **in die ~ schwingen** *(geh)* to soar up into the air; **in schwindelnder ~** at a dizzy[ing] height
❹ *(Hügel)* elevation
❺ *(fig: Gipfel)* summit, peak; ***er ist auf der ~ seiner Jahre*** he is in the prime of his life; ***sie ist auf der ~ ihres Erfolgs*** she is at the height of her success
❻ *(Ausmaß)* amount; **die ~ des Drucks** the amount of pressure; **die ~ eines Gehalts/einer Geldstrafe** the size of a salary/fine; **die ~ der Preise** [the] price levels; **die ~ des Schadens** the extent of the damage; **die ~ des Lebensstandards** the standard of living; **Schulden in ~ von €45.000** debts of €45,000; **Zinsen in ~ von 10 %** interest at the rate of 10%; **bis zu einer ~ von** to a maximum of; **in unbegrenzter ~** of an unlimited amount; ***er hat bei uns Kredit in unbegrenzter ~*** there is no restriction on the amount of credit he has with us
❼ *(hohes Ausmaß)* high amount; **in die ~ gehen** *Preise* to rise; **etw in die ~ schrauben** to push up sth *sep;* **seine Forderungen in die ~ schrauben** to increase one's demands; **Löhne/Preise in die ~ treiben** to force up wages/prices
❽ *(Tonhöhe)* treble
❾ *(Breitenlage)* latitude; ***das Schiff befand sich auf der ~ des Leuchtturms*** the ship was at the level of the lighthouse; **auf gleicher Höhe mit etw** *dat* **sein** to be on a level with sth; **auf der ~ von Madagaskar** NAUT off Madagascar
▸WENDUNGEN: **auf der ~ sein** to be in fine form; **nicht ganz auf der ~ sein** to be a bit under the weather; **in die ~ gehen** to flare up; **das ist doch die ~!** *(fam)* that's the limit!; **die ~n und Tiefen des Lebens** the ups and downs in life; **auf der ~ der Zeit** up-to-date

ho·he(r, s) [ˈhoːə, -ɐ, -əs] *adj s.* **hoch**

Ho·heit <-, -en> [ˈhoːhait] *f* ❶ *(Mitglied einer fürstlichen Familie)* member of a/the royal household [*or* family]; **Seine/Ihre Kaiserliche/Königliche ~** His/Your Imperial/Royal Highness
❷ *kein pl (oberste Staatsgewalt)* sovereignty *no pl, no art;* **die ~ über etw** *akk* **haben** to have sovereignty over sth

ho·heit·lich *adj* sovereign *attr*

Ho·heits·ad·ler *m* national eagle; **der deutsche ~** the German national eagle **Ho·heits·akt** *m* JUR act of state **Ho·heits·ge·biet** *nt* sovereign territory **Ho·heits·ge·walt** *f* sovereignty *no pl, no art* **Ho·heits·ge·wäs·ser** *pl* territorial waters *npl;* **außerhalb der ~** outside territorial waters **Ho·heits·recht** *nt meist pl* POL sovereign right, rights of sovereignty **Ho·heits·trä·ger** *m* JUR public authority, organ of sovereign power **ho·heits·voll** *adj (geh)* majestic **Ho·heits·zei·chen** *nt* national emblem

Hö·hen·an·ga·be *f* altitude reading; ***Wanderkarten sind immer mit genauen ~n versehen*** maps of trails always indicate the exact height of the land **Hö·hen·angst** *f* fear of heights *no pl* **Hö·hen·flug** *m* ❶ LUFT high-altitude flight ❷ *(Fantasiererei)* flight of fancy; **zu Höhenflügen ansetzen** to have lofty thoughts **Hö·hen·krank·heit** *f* MED altitude sickness **Hö·hen·leit·werk** *nt* LUFT tailplane **Hö·hen·li·nie** *f* contour [line] **Hö·hen·mes·ser** *m* LUFT altimeter **Hö·hen·ru·der** *nt* LUFT elevator **Hö·hen·son·ne** *f* ❶ *(im Gebirge)* mountain sun ❷ *(UV-Strahler)* sun lamp **Hö·hen·un·ter·schied** *m* difference in altitude **hö·hen·ver·stell·bar** *adj* height-adjustable **Hö·hen·ver·stel·lung** *f* AUTO height adjustment **Hö·hen·zug** *m* range of hills; *(größer)* mountain range

Ho·he·pries·ter(in) [hoːəˈpriːstɐ] *m(f)* high priest, high priestess *fem*

Hö·he·punkt *m* ❶ *(bedeutendster Teil)* high point; *einer Veranstaltung* highlight
❷ *(Gipfel)* height, peak; **auf dem ~ seiner Karriere** at the height of one's career; **der ~ seiner Macht** the peak of one's power; **den/seinen ~ erreichen/überschreiten** to reach/pass the/its critical stage; ***bald hatte die Krise ihren ~ erreicht*** the crisis had soon reached its climax; *(Zenith)* zenith
❸ *(Orgasmus)* climax; **jdn zum ~ bringen** to bring sb to a climax; **zum ~ kommen** to reach a climax

hö·her [ˈhøːɐ] I. *adj komp von* **hoch** ❶ *(größer an vertikaler Ausdehnung)* higher, taller; **~e Bäume/Menschen** taller trees/people; **eine ~e Decke** a higher ceiling
❷ *(dem Ausmaß nach bedeutender)* greater, larger; **ein ~er Druck** a greater pressure; **~e Forderungen** greater demands; **~e Gewinne** higher profits; **~e Preise** higher prices; **eine ~e Strafe** a severer [*or* more severe] fine; **~e Temperaturen** higher temperatures; **~e Verluste** greater losses
❸ *(dem Rang nach bedeutender)* higher; **eine ~e Funktionärin** a more senior official; **ein ~er Offizier** a higher-ranking officer
❹ *(der Qualität nach bedeutender)* higher; ***die Gesundheit ist ein ~es Gut als der Reichtum*** health is a more precious commodity than wealth
▸WENDUNGEN: **sich** *akk* **zu H~em berufen fühlen** to feel destined for higher things
II. *adv komp von* **hoch** ❶ *(weiter nach oben)* higher/taller
❷ *(mit gesteigertem Wert)* higher; **sich** *akk* **~ versichern** to increase one's insurance

hö·her·ge·stellt *adj* more senior **hö·her|schrau·ben** *vt (steigen lassen)* ■**etw** ~ to increase [*or sep* step up] sth; **seine Anforderungen ~** to increase one's demands; **Ansprüche/Erwartungen ~** to raise demands/expectations; **Preise ~** to force up prices *sep* **hö·her|stu·fen** *vt* ■**jdn [um etw** *akk*] ~ to upgrade sb [by sth] **Hö·her·stu·fung** *f* ❶ *(Beförderung) eines Angestellten* promotion ❷ FIN **~ eines Versicherten** putting a policyholder into a higher insurance category

hö·her·wer·tig *adj komp von* **hochwertig** higher-value *attr*, of higher value *pred*, more valuable

Ho·hes Venn <-n -s> [ˈfɛn] *nt* High Venn

Ho·he Tat·ra <-n -> [ˈtatra] *f* High Tatras *pl*, High Tatra Mountains *pl*

hohl [hoːl] I. *adj* ❶ *(leer)* hollow
❷ *(eine Mulde bildend)* hollow; **in der ~en Hand** in the hollow of one's hand; **mit der ~en Hand** with cupped hands; **~e Wangen** sunken cheeks
❸ *(dumpf klingend)* hollow
❹ *(pej: nichts sagend)* empty, hollow; **~e Phrasen** empty phrases
II. *adv* hollow; ***das Fass klingt ~*** the barrel sounds empty

hohl·äu·gig *adj* hollow-[*or* sunken-]eyed

Hohl·block·mau·er·werk *nt* BAU hollow-block masonry

Höh·le <-, -n> [ˈhøːlə] *f* ❶ *(Felshöhle)* cave
❷ *(Tierbehausung)* cave, lair
❸ *(Höhlung)* hollow
❹ *(Augenhöhle)* socket, orbit *spec*
▸WENDUNGEN: **sich** *akk* **in die ~ des Löwen begeben** [*o* **wagen**] to venture into the lion's den

Höh·len·be·woh·ner(in) *m(f)* ❶ *(in Höhlen lebendes Tier)* cave-dwelling animal; ■**ein ~ sein** to live in caves ❷ *s.* **Höhlenmensch** **Höh·len·for·scher(in)** *m(f)* cave explorer, speleologist **Höh·len·for·schung** *f* cave exploration, speleology **Höh·len·gang** *m* underground passage **Höh·len·ge·stein** *nt* cave rock **Höh·len·kun·de** *f* speleology **Höh·len·ma·le·rei** *f* cave painting **Höh·len·mensch** *m* cave dweller, caveman *masc*, cavewoman *fem*, troglodyte *spec*

Hohl·heit <-> *f kein pl* ❶ *(pej: Geistlosigkeit)* emptiness *no pl, no art*, hollowness *no pl, no art*, vacuousness *no pl, no art form*
❷ *(selten: hohle Beschaffenheit)* emptiness *no pl, no art*

Hohl·hip·pe *f* KOCHK *biscuit made of eggs, flour, almonds, cream, cinnamon and sugar* **Hohl·keh·le** *f* BAU coving, concave profile **Hohl·kopf** *m (pej fam)* blockhead *fam*, airhead *fam* **Hohl·ko·pie** *f* TYPO undercutting **Hohl·kör·per** *m* hollow body **Hohl·kreuz** *nt* MED hollow back; **ein ~ haben** to have a hollow back **Hohl·ku·gel** *f* hollow sphere **Hohl·maß** *nt* ❶ *(Maßeinheit für Rauminhalt)* measure of capacity, cubic measure *spec* ❷ *(Messgefäß)* dry measure **Hohl·rah·men·kon·struk·ti·on** *f* BAU hollow metal frame

Hohl·raum *m* cavity, hollow space **Hohl·raum·kon·ser·vie·rung** *f* AUTO cavity sealing **Hohl·raum·ver·sie·ge·lung** *f* AUTO cavity sealing

Hohl·saum *m* hemstitch **Hohl·spie·gel** *m* concave mirror **Hohl·stun·de** *f* SCH free period **Hohl·tau·be** *f* ORN stock dove **Hohl·tier** *nt* ZOOL coelenterate

Höh·lung <-, -en> *f* hollow

hohl·wan·gig [ˈhoːlvaŋɪç] *adj* hollow-[*or* sunken-]cheeked; ■~ **sein** to have hollow [*or* sunken] cheeks, to be hollow-[*or* sunken-]cheeked **Hohl·weg** *m* narrow pass [*or liter* defile] **Hohl·zie·gel** *m* perforated [*or* BRIT air]brick

Hohn <-[e]s> [hoːn] *m kein pl* scorn *no pl, no art*, derision *no pl, no art*, mockery *no pl, no art;* **das ist blanker** [*o* **der rein[st[e]**] **~!** *(fam)* this is utterly absurd [*or* sheer [*or* utter] mockery]; **nur ~ und Spott**

ernten to receive [*or* get] nothing but scorn and ridicule [*or* but derision]; **jdm mit ~ und Spott überschütten** to heap [*or* pour] scorn on sb; **~ lachen** to laugh scornfully; **jdm ~ sprechen** to mock [at] [*or* deride] sb; **etw** *dat* **~ sprechen** *(etw verballhornen)* to make a mockery of sth; *(einen krassen Gegensatz zu etw bilden)* to be contrary to sth; ***dieses Vorgehen spricht dem gesunden Menschenverstand*** **~** this action is contrary to [*or* goes against] all common sense; **jeder Vernunft ~ sprechen** to fly in the face of all reason

höh·nen *vi* to sneer

Hohn·ge·läch·ter *nt* scornful [*or* derisive] [*or* sneering] laughter

höh·nisch ['hø:nɪʃ] **I.** *adj* scornful, mocking, sneering **II.** *adv* scornfully, mockingly, sneeringly **Hohn·la·chen** *nt* scornful laughter *no pl;* **unter lautem ~** with loud scornful laughter

hoho [ho'ho:] *interj* oho

hoi [hɔɪ] *interj* SCHWEIZ hello, hi

Ho·kai·do·kür·bis [hɔ'kaido-] *m* hubbard squash

Ho·kus·po·kus <-> [ho:kʊs'po:kʊs] *m kein pl* ❶ *(Zauberformel)* abracadabra; *(vor dem Schluss)* hey presto BRIT *fam;* **~ fidibus!** abracadabra!, hey presto! BRIT *fam*

❷ *(fam: fauler Zauber)* hocus-pocus

❸ *(fam: Brimborium)* fuss, palaver *fam;* **einen ~ veranstalten** to make [such] a fuss [*or fam* palaver]

hold [hɔlt] *adj* ❶ *(hum: lieb)* dear, beloved, fair *hum*

❷ *(veraltend geh: anmutig)* sweet

❸ *(gewogen)* ■**jdm/etw ~ bleiben/sein** *(geh)* to be kind to sb/sth; ***mir ist Fortuna nie ~!*** [good] fortune never smiles on me!; **meine H~e** *(veraltet o iron)* [my] dear *a. iron*

Hol·der <-s, -> ['hɔldɐ] *m* SÜDD, SCHWEIZ *(Holunder)* elder

Hol·ding <-, -s> ['ho:ldɪŋ] *f,* **Hol·ding·ge·sell·schaft** *f* ÖKON holding company

Hol·ding·struk·tur *f* ÖKON holding structure

ho·len ['ho:lən] **I.** *vt* ❶ *(herbeibringen)* ■**etw ~** to get [*or* fetch] [*or* go for] sth; ***könntest du mir bitte meine Brille ~?*** could you please [go and] get me my glasses [*or* my glasses for me]

❷ *(hervorholen)* ■**etw [aus etw** *dat*/**von etw** *dat*] **~** to get sth [out of/from sth]

❸ *(kommen lassen)* ■**jdn ~** to send for sb; ***Sie können den Patienten jetzt ~*** you can send for the patient now; ***er holte seinen früheren Studenten an die Fakultät*** he brought his former student to the faculty; **jdn aus dem Bett ~** to get sb out of bed; **jdn ans Telefon ~** to get sb [to come] to the phone

❹ *(herbeirufen)* ■**jdn/etw ~** to send for sb/sth; **Hilfe ~** to get help

❺ *(einkaufen)* ■**etw ~** to get sth; ***er ist zum Bäcker gegangen, um Brot zu ~*** he's gone to the baker's to get some bread

❻ SPORT *(sl: erringen)* ■**etw [für jdn/etw] ~** to win sth [for sb/sth]; ***das Team hat olympisches Gold für Deutschland geholt*** the team won an Olympic gold for Germany

❼ *(abholen)* ■**jdn/etw ~** to collect [*or* come for] sb/sth

❽ *(euph: verhaften)* ■**jdn ~** to take sb away

▸WENDUNGEN: **bei jdm/etw ist <u>etwas</u>/<u>nichts</u> zu ~** *(fam)* something/nothing can be got out of sb/sth; ***bei dem ist nichts mehr zu ~*** you won't get any more out of him

II. *vr (fam)* ❶ *(sich nehmen)* ■**sich** *dat* **etw ~** to get oneself sth; *(selbstverständlich)* to help oneself to sth

❷ *(sich zuziehen)* ■**sich** *dat* **etw ~** to get [*or* catch] sth; ***bei dem kalten Wetter holst du dir eine Erkältung*** you'll catch a cold in this chilly weather; ***au verdammt, ich habe mir an dem blöden Gerät einen Schlag geholt!*** ow damn, I've got a shock from this stupid appliance!; *s. a.* **Tod**

❸ *(sich einhandeln)* ■**sich** *dat* **etw [von jdm] ~** to get sth [from sb]; ***er hat sich einen Anschnauzer vom Chef geholt*** he got a rollicking from the boss

ho·lis·tisch [ho'lɪstɪʃ] *adj inv (geh: ganzheitlich)* holistic

hol·la ['hɔla] *interj* **~, *wen haben wir denn da?*** hallo, who have we here?; **~, *nicht so hastig!*** hey, not so fast!

Hol·land <-s> ['hɔlant] *nt* ❶ *(Niederlande)* Holland, the Netherlands *npl*

❷ *(Provinz der Niederlande)* Holland

Hol·län·der <-s> ['hɔlɛndɐ] *m kein pl* Dutch cheese *no pl*

Hol·län·der(in) <-s, -> ['hɔlɛndɐ] *m(f)* Dutchman *masc,* Dutchwoman *fem;* ■**die ~** the Dutch + *pl vb;* **~ sein** to be Dutch [*or* a Dutchman/Dutchwoman]; **der Fliegende ~** the Flying Dutchman

hol·län·disch ['hɔlɛndɪʃ] *adj* ❶ *(Holland betreffend)* Dutch; **eine ~e Frau/ein ~er Mann** a Dutchwoman/Dutchman

❷ LING Dutch; **auf ~** in Dutch

Hol·län·disch ['hɔlɛndɪʃ] *nt dekl wie adj* Dutch

Höl·le <-, -n> ['hœlə] *f pl selten* hell *no pl, no art;* **in die ~ kommen** to go to hell; **in der ~** in hell; **jdn zur ~ jagen** *(pej fam)* to tell sb to go to hell *fam; s. a.* **Leben**

▸WENDUNGEN: **die ~ auf <u>Erden</u>** hell on earth; **<u>fahr</u> zur ~!** *(geh)* go to hell [*or* the devil]! *fam;* **die <u>grüne</u> ~** *(geh)* the tropical jungle; **jdm die ~ <u>heißmachen</u>** *(fam)* to give sb hell *fam;* **die ~ ist <u>los</u>** *(fam)* all hell has broken loose *fam;* **die [reinste] ~ <u>sein</u>** *(fam)* to be [sheer [*or* pure]] hell; **<u>zur</u> ~ mit jdm!** *(fam)* to hell with sb! *fam*

Höl·len·angst ['hœlən'ʔaŋst] *f (fam)* awful [*or* terrible] fear; **jdm eine ~ einjagen** to frighten sb to death; **eine ~ haben** to be terribly afraid, to be shitting bricks *fam!* **Höl·len·durst** *m (fam)* raging thirst **Höl·len·fürst** *m (geh)* ■**der ~** the Prince of Darkness *liter* **Höl·len·ge·stank** *m* awful stench **Höl·len·hund** *m* hellhound **Höl·len·lärm** ['hœlən'lɛrm] *m* hell of a noise *no pl, no def art fam,* terrible [*or* hellish] [*or* infernal] racket *no pl* **Höl·len·ma·schi·ne** *f (fam)* time bomb **Höl·len·qual** *f (fam)* agony *no pl, no art* **Höl·len·spek·ta·kel** *nt s.* **Höllenlärm** **Höl·len·stein** *m* CHEM silver nitrate *no pl, no art,* lunar caustic

Hol·ler <-s, -> ['hɔlɐ] *m* SÜDD, ÖSTERR *(Holunder)* elder; *(Früchte)* elderberries *pl*

höl·lisch ['hœlɪʃ] **I.** *adj* ❶ *attr* infernal; **das ~e Feuer** the fires *pl* of hell

❷ *(fam: fürchterlich)* dreadful, terrible, hell *pred;* **eine ~e Angst haben** to be scared stiff; **ein ~er Lärm** a terrible racket

II. *adv (fam)* dreadfully, terribly; **~ brennen/schmerzen** to burn/hurt terribly [*or fam* like hell]

Hol·ly·wood·schau·kel ['hɔlivʊt-] *f* garden swing

Holm <-[e]s, -e> [hɔlm] *m* ❶ SPORT *(Stange)* bar

❷ *(Rahmen)* side piece; *einer Leiter* upright

❸ *(Handlauf)* rail

❹ AUTO *(tragende Leiste)* cross member; LUFT spar

❺ *(Stiel)* shaft

Hol·mi·um <-s> ['hɔlmi̯ʊm] *nt kein pl* CHEM holmium *no pl, no art*

Ho·lo·caust <-s> ['ho:lokau̯st] *m kein pl* holocaust

Ho·lo·caust-Mahn·mal ['ho:lokau̯st-] *nt* Holocaust memorial

Ho·lo·gra·fie[RR] <-, -n> [hologra'fi:, *pl* -'fi:ən] *f* holography *no pl, no art*

Ho·lo·gramm <-e> [holo'gram] *nt* hologram

Ho·lo·gra·phie <-, -n> [hologra'fi:, *pl* -'fi:ən] *f s.* **Holografie**

hol·pe·rig ['hɔlpərɪç] *adj s.* **holprig**

hol·pern ['hɔlpɐn] *vi* ❶ *haben (holperig sein)* to bump, to jolt; ***auf der unebenen Straße hat es unterwegs sehr geholpert*** it was a very bumpy journey on the uneven road; **~d über etw** *akk* **fahren** to jolt across/over sth

❷ *sein (sich rüttelnd fortbewegen)* ■**durch etw** *akk*/**über etw** *akk* **~** to jolt [along] across/over sth

holp·rig ['hɔlprɪç], **hol·pe·rig** ['hɔlpərɪç] *adj* ❶ *(sehr uneben)* bumpy, uneven

❷ *(ungleichmäßig)* clumsy, halting; **ein ~es Versmaß** a clumsy metre [*or* AM -er]; **in ~em Deutsch** in halting German

Hol·schuld *f* ❶ JUR debt collectible by the creditor, debt to be collected at the debtor's residence

❷ *(fig: Wissenstransfer) the act of actively gathering the information necessary to do a particular job, i.e. from colleagues or superiors*

Hols·ter <-s, -> ['hɔlstɐ] *nt* holster

hol·ter·die·pol·ter [hɔltɐdi'pɔltɐ] *adv* helter-skelter; ***die Blechdose fiel*** **~ *die Treppe hinunter*** the tin can clattered down the stairs; **etw ~ hinunterfahren** to hurtle down sth

Ho·lun·der <-s, -> [ho'lʊndɐ] *m* elder

Ho·lun·der·bee·re *f* elderberry **Ho·lun·der·blü·te** *f* elder blossom **Ho·lun·der·busch** *m,* **Ho·lun·der·strauch** *m* elder bush **Ho·lun·der·wein** *m* elderberry wine

Holz <-es, Hölzer> [hɔlts, *pl* 'hœltsɐ] *nt* ❶ *kein pl (Substanz der Bäume)* wood *no pl, no art;* **neues ~** fresh wood; **~ verarbeitend** wood-processing *attr;* **~ fällen** to cut down trees *sep;* **~ sägen** to saw wood

❷ *(Holzart)* wood *no pl, no art;* **tropische Hölzer** tropical wood

❸ *pl (Bauhölzer)* timber; **aus ~** wooden; **ein Haus ganz aus ~** a completely wooden house; **massives ~** solid wood

❹ SPORT *Golf* wood; **ein Zweier ~** a [number] 2 wood

▸WENDUNGEN: **aus <u>anderem</u>/aus dem <u>gleichen</u> ~ geschnitzt sein** to be cast in a different/in the same mould [*or* AM mold]; **aus <u>hartem</u> [*o* <u>härterem</u>] [*o* <u>grobem</u>] ~ geschnitzt sein** to be a tough character; **[ordentlich] ~ vor der <u>Hütte</u>[n] haben** *(sl)* to have [really] big breasts [*or fam!* knockers]

Holz·ap·fel ['hɔlts?apfl] *m* BOT crab apple **Holz·art** *f* type [*or* kind] of wood; **eine tropische ~** a type [*or* kind] of tropical wood **Holz·au·ge** *nt* ▸WENDUNGEN: **~, sei <u>wachsam</u>** *(fam)* better watch out [*or* be careful] **Holz·bal·ken·de·cke** *f* BAU wooden joist floor **Holz·bank** *f* wooden bench **Holz·bau** *m* ❶ *kein pl (das Bauen mit Holz)* construction with timber ❷ *(Gebäude aus Holz)* wooden building

Holz·be·ar·bei·tung *f* wood processing, processing of wood **Holz·be·ar·bei·tungs·in·dust·rie** *f kein pl* ÖKON woodworking industry

Holz·bein *nt* wooden leg, peg leg *dated fam* **Holz·blä·ser(in)** *m(f)* woodwind player **Holz·blas·in·stru·ment** *nt* woodwind instrument **Holz·blen·de** *f* BAU wooden valance **Holz·bock** *m* ❶ *(Stützgestell)* wooden stand [*or* trestle] ❷ *(Bockkäfer)* wood [*or* dog] tick ❸ *(fam) s.* **Zecke** **Holz·boh·rer** *m* wood drill

Hölz·chen <-s, -> ['hœltsçən] *nt dim von* **Holz 3** small piece of wood

▸WENDUNGEN: **vom ~ aufs <u>Stöckchen</u> kommen** *(fam)* to keep digressing

Holz·de·kor *nt o m* BAU wood decor

hol·zen ['hɔltsn̩] *vi* FBALL *(pej)* to hack; ***beim Match wurde mächtig geholzt*** it was a dirty match

höl·zern ['hœltsɐn] **I.** *adj* ❶ *(aus Holz)* wooden

❷ *(steif)* wooden

II. *adv* awkwardly, woodenly; **~ tanzen** to have two wooden legs *hum*

Holz·er·zeu·gung *f* timber production **Holz·fäl·len** <-s> *nt kein pl* tree-felling *no pl, no art,* lumbering *no pl, no art* AM

Holz·fäl·ler(in) <-s, -> *m(f)* woodcutter, lumberjack AM, woodsman *masc* **Holz·fäl·ler·hemd** *nt* MODE lumberjack shirt

Holz·fa·ser *f* wood fibre [*or* AM -er] **Holz·fa·ser·plat·te** *f* fibreboard BRIT, fiberboard AM

Holz·fi·gur *f* wooden figure **holz·frei** *adj* wood-free

holz·ge·tä·felt ['hɔltsgətɛ:flt] *adj inv Raum, Wand* wood-panelled **Holz·ha·cken** *nt kein pl* chopping wood *no pl, no art* **Holz·ha·cker(in)** *m(f)* ÖSTERR *s.* **Holzfäller**

holz·hal·tig *adj* woody; **~es Papier** mechanical [*or* wood-pulp] paper

Holz·ham·mer *m* mallet ▸WENDUNGEN: **etw mit dem ~ <u>abgekriegt</u> haben** *(pej sl)* to be a bit touched *fam;* **jdm etw mit dem ~ <u>beibringen</u>** *(fam)* to hammer sth home to sb **Holz·ham·mer·me·tho·de** *f (fam)* sledgehammer approach

H

Holz·han·del *m* timber [*or* AM lumber] trade **Holz·händ·ler** *m* timber merchant BRIT, lumber dealer AM **Holz·hau·fen** *m* woodpile **Holz·haus** *nt* wooden [*or* timber] house

hol·zig ['hɔltsɪç] *adj* KOCHK stringy

Holz·kel·le *f* wooden ladle **Holz·kitt** *m* wood cement **Holz·klotz** *m* ❶ *(Klotz aus Holz)* wooden block, block of wood ❷ *(Spielzeug)* wooden brick **Holz·koh·le** *f* charcoal *no pl, no art* **Holz·koh·len·grill** *m* charcoal grill

Holz·kopf *m* ❶ *(pej fam: Schwachkopf)* blockhead *fam* ❷ *einer Spielfigur* wooden head **Holz·kü·bel** *m* wooden pail **Holz·la·dung** *f* load [consisting] of wood **Holz·la·ger** *nt* timber yard BRIT, lumberyard AM **Holz·lat·tung** *f* BAU furring, wooden lathing **Holz·leim** *m* wood glue **Holz·leis·te** *f* BAU wood lath, wooden batten **Holz·pflock** *m* wooden stake; *(kleiner)* [wooden] peg **Holz·scheit** *nt* log, piece of [fire]wood

Holz·schnitt *m* ❶ *kein pl (grafisches Verfahren)* wood engraving *no pl, no art* ❷ *(Abzug)* woodcut **holz·schnitt·ar·tig** **I.** *adj* simplistic **II.** *adv* simplistically

Holz·schnit·zer(in) *m(f)* wood carver **Holz·schnit·ze·rei** *f* wood carving **Holz·schrau·be** *f* wood screw **Holz·schuh** *m* clog, wooden shoe **Holz·schutz·mit·tel** *nt* wood preservative **Holz·split·ter** *m* splinter [of wood]; *(größer)* sliver of wood **Holz·stich** *m* woodcut **Holz·stoß** *m* pile [*or* stack] of wood **Holz·ver·tä·fe·lung** *f* wood[en] panelling [*or* AM *usu* paneling] **Holz·wa·ren** *pl* wooden articles *pl* **Holz·weg** *m* ▸WENDUNGEN: auf dem ~ sein *(fam)* to be on the wrong track, to be barking up the wrong tree *fam* **Holz·wol·le** *f* wood wool, excelsior *no pl, no art* AM **Holz·wurm** *m* woodworm **Holz·zu·wachs** *m* FORST timber growth

Home·ban·king <-[s], -s> ['ho:mbɛŋkɪŋ] *nt* FIN, INFORM home banking **Home·com·pu·ter** ['ho:mkɔmpju:tɐ] *m* home computer **Home·page** <-, -s> ['ho:mpe:tʃ] *f* INET home page

ho·me·risch [ho'me:rɪʃ] *adj* Homeric

Home·trai·ner [homtrɛ:nɐ] *m* SPORT, MED *s.* **Heimtrainer**

Ho·mi·lie <-, -ien> [homi'li:, *pl* -i:ən] *f* REL homily

Ho·mi·nid <-en, -en>, **Ho·mi·ni·de** <-n, -n> [homi'ni:d(ə)] *m* ARCHÄOL hominid

Hom·ma·ge <-, -n> [ɔ'ma:ʃ] *f (geh)* homage *no pl*

Ho·mo <-s, -s> ['ho:mo] *m (veraltend fam)* homo *fam*

Ho·mo-Ehe *f (fam)* gay marriage

Ho·mo·fon^RR^ <-s, -e> [homo'fo:n] *nt* homophone *spec*

ho·mo·gen [homo'ge:n] *adj* ❶ *(geh)* homogen[e]ous ❷ **~es Feld** PHYS uniform field; **~e Wirbelschicht** CHEM particulate fluidized bed

ho·mo·ge·ni·sie·ren* [homogeni'zi:rən] *vt* ■**etw** ~ to homogenize sth *spec*

Ho·mo·ge·ni·tät [homogeni'tɛ:t] *f (geh)* homogeneity *no pl*

Ho·mo·graf^RR^ *nt*, **Ho·mo·graph** <-s, -e> [homo'gra:f] *nt* homograph *spec*

ho·mo·log [homo'lo:k] *adj* CHEM homologous; **~e Reihe** homologous series

Ho·mo·nym <-[e]s, -e> [homo'ny:m] *nt* homonym *spec*

ho·mo·nym [homo'ny:m] *adj* LING homonym

Ho·mo oe·co·no·mi·cus <-> ['ho:mo øko'no:mikʊs] *m kein pl* PHILOS homo economicus

Ho·möo·path(in) <-en, -en> [homøo'pa:t] *m(f)* hom[o]eopath

Ho·möo·pa·thie <-> [homøopa'ti:] *f kein pl* hom[o]eopathy *no pl, no art*

ho·möo·pa·thisch [homøo'pa:tɪʃ] *adj* hom[o]eopathic

ho·möo·po·lar [homøopo'la:ɐ̯] *adj* CHEM homopolar, covalent; **~e Bindung** covalent bond

Ho·möo·sta·se <-, -n> [homøo'sta:zə] *f* MED hom[o]eostasis

ho·mo·phob [homo'fo:p] *adj* PSYCH homophobic

Ho·mo·pho·bie <-> [homofo'bi:] *f kein pl* PSYCH, SOZIOL homophobia

Ho·mo·phon <-s, -e> [homo'fo:n] *nt s.* **Homofon**

Ho·mo sa·pi·ens <-, -> ['ho:mo 'za:pi̯ɛns] *m* Homo sapiens

Ho·mo·se·xu·a·li·tät [homozɛksu̯ali'tɛ:t] *f* homosexuality *no pl, no art*

ho·mo·se·xu·ell [homozɛ'ksu̯ɛl] *adj* homosexual

Ho·mo·se·xu·el·le(r) *f(m) dekl wie adj* homosexual

Ho·mo·se·xu·el·len·ehe *f* homosexual marriage

Ho·mun·ku·lus <-, Homunkulusse *o* Homunkuli> [ho'mʊŋkulʊs, *pl* -lʊsə, -li] *m* homunculus

Hon·du·ra·ner(in) <-s, -> [hɔndu'ra:nɐ] *m(f)* GEOL Honduran

hon·du·ra·nisch [hɔndu'ra:nɪʃ] *adj* GEOL Honduran

Hon·du·ras <-> [hɔn'du:ras] *nt* GEOG Honduras

Hong·kong ['hɔŋkɔŋ] *nt* Hong Kong

Ho·nig <-s, -e> ['ho:nɪç] *m* honey *no pl, no art;* **türkischer** ~ halva[h] *no pl, no art*

▸WENDUNGEN: **jdm ~ ums Maul** [*o* **um den Bart** [*o* **Mund**]] **schmieren** *(fam)* to butter up sb *sep fam*

Ho·nig·bie·ne *f* honeybee **ho·nig·far·ben** *adj* honey-coloured [*or* AM -ored] **ho·nig·gelb** *adj* honey-yellow **Ho·nig·gras** *nt* BOT Yorkshire fog **Ho·nig·ku·chen** *m* honey cake **Ho·nig·ku·chen·pferd** *nt* simpleton ▸WENDUNGEN: **wie ein ~ grinsen** *(hum fam)* to grin like a Cheshire cat **Ho·nig·le·cken** *nt* ▸WENDUNGEN: **kein ~ sein** *(fam)* to be no picnic, to not be a piece of cake *fam* **Ho·nig·me·lo·ne** *f* honeydew melon **ho·nig·süß** *(pej)* **I.** *adj* honeyed; **mit ~er Stimme sprechen** to speak with [*or* in] honeyed [*or hum, liter* dulcet] tones **II.** *adv* as sweet as honey [*or* pie] *pej;* ***er lächelte ~*** he smiled as sweetly as honey

Ho·nig·tau *m* honeydew **Ho·nig·tau·ho·nig** *m* honeydew honey

Ho·nig·wa·be *f* honeycomb **Ho·nig·wein** *m* mead *no pl, no art*

Ho·no·rar <-s, -e> [hono'ra:ɐ̯] *nt* fee; *eines Autors* royalties *npl;* **gegen ~** on payment of a fee

Ho·no·rar·ab·re·de *f* fee arrangement

Ho·no·rar·ba·sis *f kein pl* **auf ~** for a fee **Ho·no·rar·ein·bu·ße** *f* loss of fee [*or* royalty] **Ho·no·rar·ein·nah·me** *f* FIN fee revenue **Ho·no·rar·ge·fü·ge** *nt* FIN fee structure **Ho·no·rar·kon·su·lar·be·am·ter(in)** *m(f)* JUR honorary consul official **Ho·no·rar·pro·fes·sor(in)** *m(f)* honorary professor **Ho·no·rar·stu·fe** *f* fee grade **Ho·no·rar·ver·die·ner(in)** *m(f)* fee earner **Ho·no·rar·ver·trag** *m* JUR fee contract; *eines Anwalts* special retainer **Ho·no·rar·vo·lu·men** *nt* volume of fees [*or* royalties]

Ho·no·ra·ti·o·ren [honora'tsi̯o:rən] *pl* dignitaries *pl*

ho·no·rie·ren* [hono'ri:rən] *vt* ❶ *(würdigen)* ■**etw ~** to appreciate sth; ***sein Chef wusste seine Einsatzbereitschaft zu ~*** his boss appreciated his willingness to become involved

❷ *(bezahlen)* ■**jdm etw** [**mit etw** *akk*] ~ to pay sb [sth] for sth

❸ ÖKON *(akzeptieren)* ■**etw** ~ to honour [*or* AM -or] sth

ho·no·rig [ho'no:rɪç] *adj (geh)* honourable [*or* AM -orable]

ho·no·ris cau·sa [ho'no:rɪs 'kau̯za] *adv* honorary; **Dr.** ~ honorary doctor

Hool <-s, -s> ['hu:l] *m (sl: Hooligan)* hooligan

Hoo·li·gan <-s, -s> ['hu:lɪgn̩] *m* hooligan

Hop·fen <-s, -> ['hɔpfn̩] *m* hop

▸WENDUNGEN: **bei** [*o* **an**] **jdm ist ~ und Malz verloren** *(fam)* sb is a hopeless case [*or* dead loss]

Hop·fen·an·bau *m* hop-growing *no pl, no art* **Hop·fen·stan·ge** *f* hop pole ▸WENDUNGEN: **eine** [**richtige**] ~ **sein** *(fam)* to be a [real] beanpole *hum fam* **Hop·fen·zu·satz** *m* addition of hops

Ho·pi <-, -> ['ho:pi] *mf (Indianer)* Hopi

hopp [hɔp] *(fam)* **I.** *interj* jump to it!; **~,** ***auf! wir müssen los!*** get a move on, we must be off!

II. *adv* ▸WENDUNGEN: **~, ~!** look lively!; **bei jdm muss alles ~ ~ gehen** everything has to be done in a tearing hurry with sb BRIT *fam;* **mach mal ein bisschen ~!** put a sock in it! *hum fam;* ***mach mal ein bisschen ~, dass wir loskommen!*** put a sock in it, then we can get away!

hop·peln ['hɔpl̩n] *vi sein* to lollop [along] *fam*

Hop·per <-s, -> ['hɔpɐ] *m* hopper

hopp·la ['hɔpla] *interj* ❶ *(o je!)* [wh]oops! *fam* ❷ *(Moment!)* hang on! *fam;* **~,** ***wer kommt denn da?*** hallo, who's this coming?

hopp·la·hopp *adv (fam)* in double quick time, lickety-split *fam*

hops [hɔps] **I.** *interj* jump!

II. *adj (fam)* ■**~ sein** to be lost

Hops <-es, -e> [hɔps] *m (fam)* short jump; *(auf einem Bein)* hop; **mit einem ~** with a hop

hop·sa·la ['hɔpsala], **hop·sa·sa** ['hɔpsasa] *interj (kindersprache)* [wh]oops-a-daisy *childspeak*

hop·sen ['hɔpsn̩] *vi sein (fam)* ■[**durch etw** *akk*] ~ to skip [through sth]; *(auf einem Bein)* to hop [through sth]; **auf einem Bein ~** to hop on one leg

Hop·ser <-s, -> *m (fam)* jump

hops|ge·hen *vi irreg sein (sl)* ❶ *(umkommen)* to snuff it BRIT, to kick the bucket *fam*

❷ *(verloren gehen)* to go missing

hör·bar *adj* audible

Hör·bril·le *f* hearing-aid glasses *npl*

Hör·buch *nt* audiobook, talking book

hor·chen ['hɔrçn̩] *vi* ❶ *(lauschen)* ■[**an etw** *dat*] ~ to listen [at sth]; *(heimlich a.)* to eavesdrop [at sth] ❷ *(durch Hinhören achten)* ■**horch!** listen!; ■**auf etw** *akk* ~ to listen [out] for sth

Hor·cher(in) <-s, -> *m(f)* eavesdropper

▸WENDUNGEN: **der ~ an der Wand hört seine eigne Schand** *(prov)* eavesdroppers always hear ill [*or* never hear any good] of themselves

Horch·pos·ten *m* MIL listening post

▸WENDUNGEN: **auf ~ sein** *(fam)* to keep one's ear cocked [*or* ears open], to be listening out for sth

Hor·de^1^ <-, -n> ['hɔrdə] *f* ❶ *(wilde Schar)* horde ❷ *(wandernder Volksstamm)* horde

Hor·de^2^ <-, -n> ['hɔrdə] *f* HORT rack

Hör·ein·druck *m* audio impression [*or* feeling]

hö·ren ['hø:rən] **I.** *vt* ❶ *(mit dem Gehör vernehmen)* ■**jdn/etw ~** to hear sb/sth; ***können Sie mich*** [***noch***] ***~?, ~ Sie mich*** [***noch***]? are you [still] able to hear me?; ***ich höre Sie nicht*** [***gut***] I can't understand [*or* hear] you [very well]; ■**jdn etw tun ~** to hear sb doing sth; ***ich habe dich ja gar nicht kommen ~!*** I didn't hear you coming at all; **sich** *akk* **gern reden ~** to like the sound of one's own voice *iron,* to like to hear oneself talking *iron*

❷ *(anhören)* ■**jdn/etw ~** to listen to sb/sth; ***um entscheiden zu können, muss man beide Seiten ~*** to be able to decide one has to listen to [*or* hear] both sides; **Musik/Radio ~** to listen to music/the radio; **einen Vortrag ~** to hear a lecture; ***gestern habe ich im Radio eine interessante Sendung gehört*** I heard an interesting programme on the radio yesterday; **gehört werden wollen** to want to be heard

❸ UNIV **bei jdm Chemie/Philosophie ~** to go to sb's chemistry/philosophy lectures

❹ RADIO *(empfangen)* **einen Radiosender ~** to tune in [*or* listen] to a radio station; ***welche Radiosender kannst du ~?*** which radio stations can you get?

❺ *(durch das Gehör feststellen)* ■**etw an etw** *dat* ~ to hear [*or* tell] sth from sth

❻ *(erfahren)* ■**etw** [**über jdn/etw**] ~ to hear sth [about sb/sth]; ***so etwas habe ich ja noch nie gehört!*** I've never heard anything like that before; ***das ist das erste, was ich höre*** that's the first I've heard of it; ***ich habe es sagen ~*** I've heard it said; ■**etw von jdm ~** to hear sth from sb; ***ich habe es von meiner Nachbarin gehört*** I heard it from my neighbour, my neighbour told me; ***man hat nie wieder etwas von ihrem Mann gehört*** her husband was never heard of again; ***ich habe schon viel von Ihnen gehört*** I've heard a lot about you; **etw ~ müssen** [*o* **zu ~ bekommen**] to [get to] hear about sth; ***was bekomme ich da zu ~?*** what are you telling me!; **nach allem, was ich höre** from what I've heard; **nie gehört!** *(fam)* never heard of him/her/it etc.!; **soviel ich gehört habe** as far as I've heard; **soviel man hört, ...** word has it ...; ***der***

neue Nachbar soll Arzt sein, soviel man hört our new neighbour is said to be a doctor, by all accounts; **..., wie ich höre** I hear ...; **wie man hört, ..., wie zu ~ ist, ...** I/we hear ...; **nichts gehört haben wollen** *(fam)* to pretend not to have heard anything; ***das ist geheim, ich will nichts gehört haben!*** that's confidential, I'll pretend I didn't hear that!; **etw nicht gehört haben wollen** to ignore sth; ***das will ich nicht gehört haben!*** I'll ignore that comment

▶WENDUNGEN: **etwas [von jdm] zu ~ bekommen** [*o fam* **kriegen**] to get a rollicking [from sb] BRIT *fam*, to get chewed out [by sb] BRIT *fam;* **etwas/nichts von sich** *dat* **~ lassen** to get/not get in touch; ***hat sie in letzter Zeit mal was von sich ~ lassen?*** has she been in touch recently?; **ich kann das nicht mehr ~!** I'm fed up with it!; **sich** *akk* **[schon eher] ~ lassen** *(fam)* to sound [*or* be] [a bit] more like it; ***180.000 p.a.? hm, das lässt sich ~*** 180,000 p.a.? hm, that sounds good

II. *vi* ❶ *(zuhören)* to listen; ***jetzt hör doch endlich!*** just listen will you!; ***hör mal!, ~ Sie mal!*** listen [up *fam*]!

❷ *(vernehmen)* to hear; ***schon an deinem Tonfall kann ich ~, dass du nicht die Wahrheit sagst!*** I can tell from the tone of your voice that you're lying; ***ich glaube, ich hör nicht recht!*** *(fam)* I think I must be hearing things! *fam;* ■ **~, dass jd etw tut** to hear sb doing sth; **gut ~** to have good hearing; **schlecht ~** to have poor hearing, to be hard of hearing; ■ **~, was/wie ...** to hear what/how ...

❸ *(erfahren)* ■ **~, dass ...** to hear [that] ...; **sagen ~, dass ...** to hear it said that ...; ■ **von jdm/etw ~** to hear of [*or* about] sb/sth; ■ **von jdm ~** *(Brief bekommen)* to hear from sb

❹ *(gehorchen)* to listen, to obey; ***ich sagte, herkommen! kannst du nicht ~?*** I said come here! can't you do as you're told?

❺ *(sich nach jdm/etw richten)* ■ **auf jdn/etw ~** to listen to [*or* heed] sb/sth; ***auf dich hört er!*** he listens to you!

❻ *(heißen)* ***der Hund hört auf den Namen Cäsar*** the dog answers to the name of Caesar

❼ UNIV ■ **bei jdm ~** to go to sb's lectures

▶WENDUNGEN: **hört, hört!** hear! hear!; **wer nicht ~ will, muss fühlen** *(prov)* if he/she/you etc. won't listen, he/she/you must suffer the consequences; **von sich** *dat* **~ lassen** to keep in touch; *(brieflich)* to write; *(telefonisch)* to phone; ***ich lasse jedenfalls von mir ~*** I'll be in touch anyway; **na hör/~ Sie mal!** *(euph)* now look here!; **du hörst wohl schwer** [*o* **schlecht**]**!** *(fam)* are you deaf or something?; **man höre und staune!** would you believe it!; **Sie werden [noch] von mir ~!** you'll be hearing from me!

Hö·ren <-s> ['hø:rən] *nt kein pl* ❶ *(das Vernehmen mit dem Gehör)* hearing *no pl, no art*

❷ *(das Anhören)* listening *no pl, no art*

▶WENDUNGEN: **..., dass jdm ~ und Sehen vergeht** that sb doesn't/won't know what day it is

Hö·ren·sa·gen ['hørənza:gn̩] *nt* hearsay; **vom ~** from hearsay; **etw vom ~ wissen** to get to know sth from hearsay, to have heard sth on [*or* through] the grapevine

Hö·rer <-s, -> *m (Telefonhörer)* receiver; **den ~ auflegen** to replace the receiver, to hang up [on sb]; **den ~ auf die Gabel knallen** [*o fam* **schmeißen**] to slam down the phone *sep*

Hö·rer(in) <-s, -> *m(f)* ❶ *(Zuhörer)* listener

❷ *(Student in einer Vorlesung)* student

Hö·rer·brief *m* listener's letter, letter from a listener

Hö·rer·schaft <-, -en> *f meist sing* audience; *(Radiohörerschaft)* listeners *pl*, audience, listenership

Hör·feh·ler *m* hearing defect; ***das habe ich nicht gesagt, das war ein ~!*** I didn't say that, you misheard [me] **Hör·fol·ge** *f* RADIO *(Sendung)* radio series + *sing vb; (in Fortsetzungen)* radio serial

Hör·funk *m* radio **Hör·funk·bei·trag** *m* radio report [*or* commentary] **Hör·funk·pro·gramm** *nt* radio programme [*or* AM -am]

Hör·ge·rät *nt* hearing aid

Hör·ge·rä·te·akus·ti·ker(in) *m(f)* hearing aid specialist

hö·rig ['hø:rɪç] *adj* ❶ *(sexuell abhängig)* sexually dependent; ■ **jdm ~ sein** to be sexually dependent on sb; **sich** *dat* **jdn ~ machen** to make sb sexually dependent on one

❷ HIST *(an die Scholle gebunden)* in serfdom *pred*

Hö·ri·ge(r) *f(m) dekl wie adj* HIST serf

Hö·rig·keit <-, -en> *pl selten f* ❶ *(sexuelle Abhängigkeit)* sexual dependence *no pl*

❷ *kein pl* HIST *(Rechtsverhältnis Höriger)* bondage *no pl*, serfdom *no pl*

Ho·ri·zont <-[e]s, -e> [hori'tsɔnt] *m* horizon; **am ~** on the horizon; **künstlicher ~** LUFT artificial horizon; **ein begrenzter** [*o* **beschränkter**] **~** a limited horizon; **einen begrenzten** [*o* **beschränkten**] **~ haben** to have a limited horizon; **über jds** *akk* **~ gehen** to be beyond sb['s comprehension]

ho·ri·zon·tal [horitsɔn'ta:l] *adj* horizontal; **das ~e Gewerbe** *(hum fam)* the oldest profession in the world *hum*

Ho·ri·zon·tal·auf·lö·sung *f* INFORM horizontal resolution

Ho·ri·zon·ta·le [horitsɔn'ta:lə] *f dekl wie adj* horizontal [line]; **sich** *akk* **in die ~ begeben** *(hum fam)* to lie down, to have a [bit of a] lie-down BRIT *fam*

Ho·ri·zon·tal·fre·quenz *f* INFORM line frequency **Ho·ri·zon·tal·kon·zern** *m* HANDEL horizontal group

Hor·mon <-s, -e> [hɔr'mo:n] *nt* hormone

hor·mo·nal [hɔrmo'na:l], **hor·mo·nell** [hɔrmo'nɛl]

I. *adj* hormone *attr*, hormonal

II. *adv* hormonally; **~ gesteuert** controlled by hormones

Hor·mon·aus·schüt·tung *f* hormone release **hor·mon·be·han·delt** *adj* hormone-treated, treated with hormones **Hor·mon·be·hand·lung** *f* hormone treatment [*or* therapy], hormonotherapy *spec* **Hor·mon·er·satz·the·ra·pie** *f* hormone replacement therapy, HRT **Hor·mon·fleisch** *nt* hormone-treated meat, meat that has been treated with hormones **Hor·mon·haus·halt** *m* hormone [*or* hormonal] balance **Hor·mon·kur** *f* hormone treatment **Hor·mon·prä·pa·rat** *nt* MED, PHARM, CHEM hormone preparation **Hor·mon·pro·duk·ti·on** *f* hormone production

Hor·mon·spie·gel *m kein pl* MED hormone level **Hor·mon·sprit·ze** *f* hormone injection [*or* BRIT *fam* jab] **Hor·mon·sys·tem** *nt* MED hormonal system

Hör·mu·schel *f* TELEK earpiece

Horn <-[e]s, Hörner> [hɔrn, *pl* 'hœrnɐ] *nt* ❶ *(Auswuchs)* horn; **das ~ von Afrika** the Horn of Africa; **das Goldene ~** the Golden Horn

❷ *(Material aus Horn)* horn

❸ MUS horn; **ins ~ stoßen** to sound the horn

❹ AUTO *(Hupe)* hooter BRIT, horn; *(Martinshorn)* siren

▶WENDUNGEN: **sich** *dat* **die Hörner abstoßen** *(fam)* to sow one's wild oats; **jdm Hörner aufsetzen** *(fam)* to cuckold sb *pej dated;* **ins gleiche ~ stoßen** *(fam)* to sing the same tune

Horn·blä·ser(in) *m(f)* MUS horn player **Horn·blen·de** *f* GEOL hornblende *spec* **Horn·bril·le** *f* horn-rimmed glasses [*or* spectacles] *npl*

Hörn·chen <-s, -> ['hœrnçən] *nt dim von s.* **Horn 1**

❶ *(kleines Horn)* small [*or* little] horn

❷ *(Gebäck) horn-shaped bread roll of yeast pastry; (aus Blätterteig)* croissant

Hör·ner·klang *m (geh)* sound of horns [*or* bugles]

Hör·nerv *m* auditory nerve *spec*

Horn·ge·stell *nt* spectacle frames [made] of horn; **eine Brille mit ~** horn-rimmed glasses [*or* spectacles] *pl* **Horn·griff** *m* horn handle

Horn·haut *f* ❶ *(des Auges)* cornea ❷ *(der Haut)* hard skin *no pl, no art*, callus **Horn·haut·bil·dung** *f* MED callous formation, callosity [formation] *spec*, hornification *spec* **Horn·haut·ent·zün·dung** *f* inflammation of the cornea *no pl*, keratitis *no pl, no art spec* **Horn·haut·fei·le** *f* corneal file **Horn·haut·ho·bel** *m* MED callus clipper *usu pl*, callosity plane **Horn·haut·trans·plan·ta·ti·on** *f* corneal transplant [*or* grafting] *spec* **Horn·haut·trü·bung** *f* corneal opacity *spec*

Horn·hecht *m* ZOOL, KOCHK garfish, needlefish

Hor·nis·se <-, -n> [hɔr'nɪsə] *f* hornet

Hor·nis·sen·nest *nt* hornets' nest **Hor·nis·sen·schwarm** *m* swarm of hornets **Hor·nis·sen·stich** *m* sting from a hornet

Hor·nist(in) <-en, -en> [hɔr'nɪst] *m(f)* horn player

Horn·kamm *m* horn comb **Horn·klee** *m* BOT bird's-foot trefoil **Horn·ochs(e)** *m (fam)* stupid [*or* blithering] idiot

Hör·or·gan *nt* hearing organ

Ho·ro·skop <-s, -e> [horo'sko:p] *nt* horoscope; **jdm das ~ stellen** to cast sb's horoscope; **sich** *dat* **sein ~ erstellen lassen** to have one's horoscope cast

hor·rend [hɔ'rɛnt] *adj* horrendous; ■ **~ sein, was/wie viel ...** to be horrendous what/how much ...

Hör·rohr *nt* ❶ HIST *(Hörgerät)* ear trumpet ❷ *(veraltend) s.* **Stethoskop Hör·ro·man** *m* audio book [*or* novel]

Hor·ror <-s> ['hɔro:ɐ̯] *m kein pl* horror; **einen ~ vor jdm/etw haben** to have a horror of sb/sth

Hor·ror·bild *nt* grisly scene **Hor·ror·er·leb·nis** *nt* horrific experience

Hor·ror·fi·gur *f* bogeyman **Hor·ror·film** *m* horror film [*or* AM *a.* movie] **Hor·ror·ro·man** *m* horror story

Hor·ror·sze·na·rio *nt* horror scenario **Hor·ror·sze·ne** *f* horrific [*or* horror] scene, scene of horror **Hor·ror·trip** *m* ❶ *(grässliches Erlebnis)* nightmare ❷ *(negativer Drogenrausch)* bad trip **Hor·ror·vi·si·on** *f* nightmare vision

Hör·saal *m* ❶ *(Räumlichkeit)* lecture hall [*or* BRIT theatre]

❷ *kein pl (Zuhörerschaft)* audience; ***der ~ tobte*** the audience went wild

Hors·d'oeu·vre <-s, -s> [(h)ɔr'dø:vrə] *nt* hors d'oeuvre

Hör·spiel *nt* RADIO ❶ *kein pl (Gattung)* radio drama, drama for radio

❷ *(Stück)* radio play, play for radio

Horst <-[e]s, -e> [hɔrst] *m* ❶ *(Nest)* nest, eyrie [*or* AM *a.* aerie]

❷ MIL *(Fliegerhorst)* military airbase [*or* airfield]

❸ BOT thicket, shrubbery; *(Grashorst, Bambushorst)* tuft

Hör·sturz *m* sudden deafness, acute hearing loss

Hort <-[e]s, -e> [hɔrt] *m* ❶ *(Kinderhort)* crèche BRIT, after-school care center AM *(place for school children to stay after school if parents are at work)*

❷ *(geh: Zufluchtsort)* refuge, shelter; **ein ~ der Bedürftigen** a shelter for the poor and needy [*or* homeless]; **ein ~ des Lasters** a hotbed of vice; **ein ~ des Friedens** a haven of peace, a sanctuary

❸ *(Goldschatz)* hoard, treasure

hor·ten ['hɔrtn̩] *vt* ■ **etw ~** to hoard sth; **Rohstoffe ~** to stockpile raw materials

Hor·ten·sie <-, -n> [hɔr'tɛnzi̯ə] *f* hortensia, lacecap [hydrangea]

Hör·ver·mö·gen <-s> *nt kein pl* MED hearing *no pl, no indef art;* ***durch laute Musik kann das ~ geschädigt werden*** one's hearing can be damaged by loud music, loud music can damage one's hearing **Hör·wei·te** *f* hearing range, earshot; **in/außer ~** within/out of hearing range [*or* earshot]

Hös·chen <-s, -> ['hø:sçən] *nt dim von* **Hose**

❶ *(fam: Damenslip)* knickers *npl* BRIT, panties *npl;* **heiße ~** *(fam)* saucy knickers *npl* BRIT; *(Kinderhose)* [pair of] trousers *npl* [*or* pants]; *(Kinderunterhose)* pants *npl; (Strampelhöschen)* [pair of] rompers *npl*

❷ ZOOL *(Bienenhöschen)* pollen load **Hös·chen·win·del** ['hø:sçən] *f* disposable nappy BRIT [*or* AM diaper]

Ho·se <-, -n> ['ho:zə] *f* trousers *npl, esp* AM pants *npl; (Unterhose)* [under]pants *npl;* **eine enge ~** [a pair of] tight-fitting trousers; **kurze ~[n]** shorts *npl;* **die ~n voll haben** *(fam)* to have made a mess in one's trousers, to have poohed [*or* AM *fam a.* pooped

in] one's pants
▸WENDUNGEN: **die ~n anhaben** *(fam)* to wear the trousers; **in die ~ gehen** *(sl)* to fail, to be a failure [*or* flop]; ***hoffentlich geht die Prüfung nicht in die ~!*** hopefully I/you, etc. won't make a mess [*or fam* cock-up] of the exam!; **sich** *dat* **vor Lachen fast in die ~ machen** to nearly wet oneself laughing; [**sich** *dat*] **in die ~[n] machen** *(Angst haben)* to wet oneself *sl,* to shit oneself *vulg;* **die ~[n] runterlassen** [**müssen**] *(fam)* to come clean *fam,* to put one's cards on the table; **jdm rutscht das Herz in die ~** *(fam)* sb's heart was in their mouth; **jdm die ~n strammziehen** *(fam)* to give sb a [good] hiding *hum;* **tote ~** *(sl)* dead boring *fam;* ***die Fete war tote ~*** the party was a washout [*or* dead loss]; **die ~n [gestrichen] voll haben** *(sl)* to be scared shitless *vulg,* to shit oneself *vulg,* to shit bricks *vulg;* **die ~n vollkriegen** *(fam)* to get a [good] hiding

Ho·sen·an·zug *m* trouser suit **Ho·sen·auf·schlag** *m* turn-up, pants cuff AM

Ho·sen·band *nt* kneeband **Ho·sen·band·or·den** *m* Order of the Garter

Ho·sen·bein *nt* trouser leg **Ho·sen·bo·den** *m* *(Gesäßteil der Hose)* seat [of trousers] ▸WENDUNGEN: **sich** *akk* **auf den ~ setzen** *(fam)* to buckle down, to pull one's socks up BRIT, to get stuck in BRIT *fam;* **jdm den ~ strammziehen** *(fam)* to give sb a [good] hiding *hum;* **den ~ vollkriegen** *(fam)* to get a [good] hiding *hum* **Ho·sen·bü·gel** *m* trouser [*or* pants] hanger **Ho·sen·bund** *m* [trouser] waistband **Ho·sen·gür·tel** *m* [trouser] belt **Ho·sen·klam·mer** *f* cycle clip **Ho·sen·knopf** *m* [trouser] button **Ho·sen·latz** *m* ❶ *(Latz)* flap; *von Latzhosen* bib ❷ DIAL *(Hosenschlitz)* flies *npl,* fly **Ho·sen·matz** <-es, -mätze> *m (hum fam)* nipper *fam,* little nipper **Ho·sen·naht** *f* [trouser] seam; **die Hände an die ~ legen** to stand to attention, thumbs on trouser seams **Ho·sen·rock** *m* culottes *npl* **Ho·sen·sack** <-[e]s, -säcke> *m* DIAL, SCHWEIZ *(Hosentasche)* trouser [*or* AM pants] pocket **Ho·sen·schei·ßer** *m (sl)* ❶ *(hum: kleines Kind)* ankle-biter ❷ *(pej: Feigling)* scaredy-cat *pej sl,* chicken *fam,* wet blanket *fam* **Ho·sen·schlitz** *m* flies *npl,* fly; ***dein ~ ist offen!*** your flies are down! **Ho·sen·span·ner** *m s.* **Hosenbügel** **Ho·sen·stall** *m (hum fam) s.* **Hosenschlitz** **Ho·sen·ta·sche** *f* trouser [*or* pants] pocket ▸WENDUNGEN: **etw wie seine ~ kennen** to know sth like the back of one's hand; **etw aus der linken ~ bezahlen** to pay [for sth] out of one's loose change **Ho·sen·trä·ger** *pl* [a pair of] braces *npl* BRIT, suspenders *npl* AM **Ho·sen·tür·chen** *nt (hum fam) s.* **Hosenschlitz**

ho·si·an·na [ho'zi̯ana] *interj* hosanna

Hos·pi·tal <-s, -e *o* Hospitäler> [hɔspi'ta:l, *pl* hɔspi'tɛ:lɐ] *nt* ❶ DIAL hospital
❷ *(veraltet: Pflegeheim)* old people's home

Hos·pi·ta·lis·mus <-> [hɔspita'lɪsmʊs] *m kein pl* ❶ *(psychische o physische Schädigung)* hospitalism, institutionalism
❷ MED *infection picked up during a stay in hospital*

Hos·pi·tant(in) <-en, -en> [hɔspi'tant] *m(f)* ❶ SCH *(Referendar)* PGCE *student who sits in on sb's classes; (Gasthörer) student permitted to attend a course who is not enrolled at the university/institute*
❷ POL *independent member of parliament who is the guest of a parliamentary party*

hos·pi·tie·ren* [hɔspi'ti:rən] *vi* ■[**bei jdm**] ~ to sit in on [sb's] classes

Hos·piz <-es, -e> [hɔs'pi:ts] *nt* ❶ *(Sterbeheim)* hospice
❷ *(christlich geführtes Hotel) hotel run by a religious organization*
❸ *(Pilgerunterkunft in einem Kloster)* hospice, guests' hostel

Host·adap·ter <-s, -> ['hoʊst-] *m* INFORM host adapter **Hostcomputer** <-s, -> ['ho:stkɔmpju:tɐ] *m* INFORM host computer

hos·ten ['hoʊstn̩] *vt* INET ■**etw ~** *Website* to host sth

Hos·tess <-, -en> ['hɔstɛs] *f* ❶ *(Flugbegleiterin)* stewardess, flight attendant; *(Bodenpersonal)* airline representative
❷ TOURIST *(Reiseführerin)* [female] tour guide
❸ *(euph: Prostituierte)* hostess *euph*

Hos·tie <-, -n> ['hɔsti̯ə] *f* REL host

Hot·dogRR, **Hot Dog**RR, **Hot dog**ALT <-s, -s> ['hɔt'dɔk] *nt o m* hot dog

Hot-Dry-Ver·fah·ren *nt* GEOL *(bei Gesteinsspaltung)* hot-dry process

Ho·tel <-s, -s> [h'tɛl] *nt* hotel

Ho·tel·be·sit·zer(in) *m(f)* hotel owner **Ho·tel·bett** *nt* hotel bed **Ho·tel·boy** *f* page[boy], bellboy AM, bellhop AM **Ho·tel·ein·gang** *m* hotel entrance **Ho·tel·fach** *nt kein pl s.* **Hotelgewerbe** **Ho·tel·fach·schu·le** *f* school of hotel management **Ho·tel·fern·se·hen** *nt* hotel TV **Ho·tel·füh·rer** *m* hotel guide

Ho·tel gar·ni <- -,-s -s> [ho'tɛl gar'ni:] *nt* bed and breakfast [hotel]

Ho·tel·gast *m* hotel guest **Ho·tel·ge·wer·be** *nt* hotel trade [*or* business] **Ho·tel·hal·le** *f* hotel foyer [*or* lobby]

Ho·te·lier <-s, -s> [hotɛ'li̯e:] *m* hotelier

Ho·tel·ket·te *f* hotel group [*or* chain]

Ho·tel·le·rie <-> [hotɛlə'ri:] *f kein pl* hospitality industry **Ho·tel·rech·nung** *f* hotel bill **Ho·tel·re·ser·va·ti·on** <-, -en> *f* SCHWEIZ *(Hotelreservierung)* hotel booking **Ho·tel·re·ser·vie·rung** <-, -en> *f* hotel booking **Ho·tel·re·zep·ti·on** *f* hotel reception [desk] **Ho·tel·schiff** *nt* flotel

Ho·tel- und Gast·stät·ten·ge·wer·be *nt* hotel and restaurant trade

Ho·tel·zim·mer *nt* hotel room

Hot·line <-, -s> ['hɔtlaɪn] *f* hotline **Hot·spots**RR, **Hot Spots**RR, **Hot spots**ALT ['hɔtspɔts] *pl (am CASTOR)* hot spots *pl*

hott [hɔt] *interj* giddy-up!, gee up! BRIT; **einmal hü und einmal ~ sagen** to chop and change BRIT, to hum and haw BRIT *fam,* to be indecisive

Hot·ten·tot·te, Hot·ten·tot·tin <-n, -n> [hɔtn̩'tɔtə, hɔtn̩'tɔtɪn] *m, f* Hottentot, Khoikhoi

House <-> [haus] *nt o m kein pl* MUS house [music]

Hr. *Abk von* **Herr**

HRG <-> *nt kein pl Abk von* **Hochschulrahmengesetz** framework law on higher education, basic university act

Hrn. *akk und dat Abk von* **Herrn** *s.* **Herr**

hrsg. *Abk von* **herausgegeben** ed.

Hrsg. *Abk von* **Herausgeber** ed.

HTML <-> [ha:te:?ɛm'?ɛl] *nt o f kein pl* INFORM *Abk von* **hypertext markup language** HTML

HTML-Do·ku·ment *nt* INFORM HTML document **HTML-Edi·tor** *m* INFORM HTML editor

HTTP <-, -> [ha:te:te:'pe:] *nt* INFORM *Abk von* **Hypertext Transport Protokoll** HTTP

hu [hu:] *interj (Ausruf des Schauderns)* ugh; *(Ausruf der Kälte)* brrr

hü [hy:] *interj* ▸WENDUNGEN: **das H~ und Hott** *(fam)* the shilly-shallying *fam*

Huang-he <-s> [xu̯aŋxʌ] *m* Huang He [*or* Ho] River, Yellow River

Hub <-[e]s, Hübe> [hu:p, *pl* 'hy:bə] *m* ❶ *(das Heben)* lifting capacity; **der ~ von Lasten** lifting [*or* hoisting] capacity of loads
❷ *(Kolbenhub)* [piston] stroke

Hub·(b)el <-s, -> ['hʊbl̩] *m* DIAL *(fam)* bump

hub·be·lig ['hʊbəlɪç] *adj* DIAL *(fam) s.* **hubblig**

Hubble-Te·le·skop *nt* Hubble telescope

hubb·lig ['hʊblɪç], **hub·be·lig** ['hʊbəlɪç] *adj* DIAL *(fam)* bumpy

Hub·brü·cke *f* lifting [*or* lift] bridge

hü·ben ['hy:bn̩] *adv (selten: auf dieser Seite)* over here, on this side; **~ wie** [*o* **und**] **drüben** both here and there, on both sides

Hub·raum *m* cubic capacity

hübsch [hʏpʃ] *adj* ❶ *(Aussehen)* pretty; **ein ~es Mädchen/Kleid** a pretty little girl/dress; **eine ~e Gegend** a lovely area; ***na, ihr zwei*** [*o* ***beiden***] ***H~ en?*** *(fam)* well, my two lovelies? *fam;* **sich** *akk* **~ machen** to get all dressed up; **sich** *akk* **~ anziehen** *(fam)* to dress smartly; **ein ~es Lied** a pretty [*or* nice] song
❷ *(fam: beträchtlich)* real, pretty; **ein ~es Sümmchen** a pretty penny, a tidy sum; **ein ~es Stück Arbeit** pretty hard work
❸ *(fam: sehr angenehm)* nice and ...; ***fahr ~ langsam*** drive nice and slow[ly]; ***sind die Kinder auch ~ leise gewesen?*** were the children nice and quiet?; ***das wirst du ~ bleiben lassen*** you'll do no such thing; ***immer ~ der Reihe nach!*** everyone must wait his turn!
❹ *(iron fam: unschön)* fine *iron;* ***das ist ja eine ~e Geschichte*** that is a real [*or* fine] mess; ***da hast du dir etwas H~ es eingebrockt!*** that's a fine mess [*or* pretty kettle of fish] you've got yourself into!

Hub·schrau·ber <-s, -> *m* helicopter; **etw mit dem ~ befördern** to helilift sth

Hub·schrau·ber·cock·pit *nt* helicopter cockpit **Hub·schrau·ber·lan·de·platz** *m* heliport, helipad **Hub·schrau·ber·lärm** *m* helicopter noise **Hub·schrau·ber·ro·tor** *m* helicopter blade

Hub·stap·ler <-s, -> *m* lifting device

huch [hʊx] *interj (Ausruf der Überraschung)* oh!; *(Ausruf bei unangenehmen Empfindungen)* ugh!

Hu·chen <-s, -> ['hu:xn̩] *m* ZOOL, KOCHK Danube salmon, huchen

Hu·cke <-, -n> ['hʊkə] *f* ▸WENDUNGEN: **jdm die ~ vollhauen** to beat sb up *sep,* to give sb a thrashing [*or* hiding] *fam,* to beat the shit *fam!* [*or* living daylights] out of sb; **die ~ vollkriegen** to get beaten up, to get done over *fam;* **jdm die ~ volllügen** to tell sb a pack of lies, to lie one's head off; **sich** *dat* **die ~ vollsaufen** to get hammered [*or* plastered]

hu·cke·pack ['hʊkəpak] *adv* piggyback, pickaback BRIT; **etw/jdn ~ nehmen** [*o* **tragen**] to give sb/sth a piggyback [ride]; **bei** [*o* **mit**] **jdm ~ machen** to have sb give one a piggyback [ride]

Hu·cke·pack·flug·zeug *nt* pick-a-back plane, composite aircraft **Hu·cke·pack·ver·fah·ren** *nt* piggyback system; CHEM piggyback process **Hu·cke·pack·ver·kehr** *m kein pl* piggyback transport; **im ~** by means of piggyback transport

hu·de·lig ['hu:delɪç] *adj* DIAL *(fam)* sloppy

hu·deln ['hu:dl̩n] *vi bes* SÜDD, ÖSTERR *(fam: schlampen)* to work sloppily [*or* slipshod]; ***nur nicht ~!*** don't rush into things!, take your time!

Hud·ler(in) <-s, -> ['hu:dlɐ] *m(f) bes* SÜDD, ÖSTERR *(fam)* sloppy worker

hud·lig ['hu:dlɪç] *adj bes* SÜDD, ÖSTERR *(fam)* sloppy, slipshod

Hud·son·bai <-> ['hʌdsnbeɪ] *f* Hudson Bay **Hud·son·bucht** ['hʌdsn-] *f* Hudson Bay **Hud·son·stra·ße** ['hʌdsn-] *f* Hudson Strait

Huf <-[e]s, -e> [hu:f] *m* hoof; **einem Pferd die ~e beschlagen** to shoe a horse

Huf·ei·sen *nt* horseshoe **huf·ei·sen·för·mig** *adj* horseshoe[-shaped], in [the shape of] a horseshoe

Hü·fer·scher·zel *nt* KOCHK ÖSTERR *s.* **Hieferscherzel** **Hü·fer·schwanzl** *nt* KOCHK ÖSTERR *s.* **Hieferschwanzl**

Huf·lat·tich <-s, -e> *m* coltsfoot, foalfoot **Huf·na·gel** *m* horseshoe nail **Huf·schlag** *m* ❶ *(Geräusch von Pferdehufen beim Gang)* clatter of hooves
❷ *(Stoß mit dem Huf)* kick [by a hoof]; ***der blaue Fleck stammt von einem ~*** the bruise is the result of being kicked by a horse **Huf·schmied(in)** *m(f)* blacksmith, farrier **Huf·schmie·de** *f* blacksmith's [*or* farrier's] workshop, smithy **Huf·schmie·din** *f fem form von* **Hufschmied**

Hüft·bein *nt* hip bone **hüft·be·tont** *adj* hip-hugging

Hüf·te <-, -n> ['hʏftə] *f* ❶ *(Körperpartie)* hip; **die Arme in die ~n stemmen** to put one's hands on one's hips, to stand [with] arms akimbo; *Tier* haunch; **mit den ~n wackeln, die ~n wiegen** to wiggle one's hips; **aus der ~ schießen** to shoot from the hip; **bis an die ~en reichen** to come up to the waist; ***wir standen bis an die ~ im Wasser*** we stood waist-deep [*or* up to the waist] in water
❷ *kein pl* KOCHK *(Fleischstück)* topside; *(vom Rind)* top rump; *(Schinkenspeck)* back bacon

Hüft·ge·lenk *nt* hip joint **Hüft·gür·tel** *m* girdle **Hüft·hal·ter** *m* girdle **hüft·hoch** *adj* reaching to

the hips *pred,* waist-high; ***das Wasser ist hier nur** ~* the water is only waist-high [*or* waist-deep] here
Hüft·ho·se *f* MODE hipsters, lo-riders *fam*
Huf·tier *nt* hoofed animal, ungulate *spec*
Hüft·kno·chen *m s.* **Hüftbein** **Hüft·lei·den** *nt* hip complaint [*or* trouble] **Hüft·par·tie** *f* hip area **Hüft·steak** *nt* haunch steak, top rump, topside
Hü·gel <-s, -> ['hy:gl̩] *m (größere Anhöhe)* hill; *(kleiner a.)* hillock; *(Erdhaufen)* mound
hü·ge·lig ['hy:gəlɪç] *adj s.* **hüglig**
Hü·gel·land *nt* hilly land [*or* country]
Hü·gel·land·schaft *f* hilly countryside
Hu·ge·not·te, Hu·ge·not·tin <-n, -n> [hugə'nɔtə, hugə'nɔtɪn] *m, f* Huguenot **Hu·ge·not·ten·krie·ge** *pl* HIST Huguenot Wars *pl*
hüg·lig ['hy:glɪç], **hü·ge·lig** ['hy:gəlɪç] *adj* hilly; **eine ~e Landschaft** rolling [*or* undulating] countryside
huh [hu:] *interj s.* **hu**
hüh [hy:] *interj s.* **hü**
Huhn <-[e]s, Hühner> [hu:n, *pl* 'hy:nɐ] *nt* ① *(Haushuhn)* hen, chicken; **Hühner halten** to keep hens; **frei laufende Hühner** free-range chickens [*or* hens]
② *(Hühnerfleisch)* chicken; **gekochtes/gebratenes ~** boiled/roast chicken
③ *(Person)* **dummes ~!** *(pej fam)* [you] silly [*or* stupid] idiot! *pej;* **armes ~** *(fam)* you poor little thing; **ein komisches** [*o* **verrücktes**] [*o* **ulkiges**] **~** *(fam)* a nutcase, a queer fish [*or* bird] BRIT
▶WENDUNGEN: **wie ein aufgescheuchtes ~ herumlaufen** to run round like a headless chicken; **mit den Hühnern aufstehen** *(fam)* to get up at the crack of dawn; **mit den Hühnern zu Bett gehen** *(fam)* to go to bed [nice and] early; **ein blindes ~ findet auch einmal ein Korn** *(prov)* every dog has its day *prov;* **da lachen ja die Hühner!** *(fam)* pull the other one, you must be joking!
Hühn·chen <-s, -> ['hy:nçən] *nt dim von* **Huhn**[1] spring chicken
▶WENDUNGEN: **mit jdm ein ~ zu rupfen haben** *(fam)* to have a bone to pick with sb
Hühn·chen·brust *f* chicken breast
Hüh·ner·au·ge *nt* corn ▶WENDUNGEN: **jdm auf die ~n treten** *(hum fam: an einer empfindlichen Stelle treffen)* to tread on sb's corns [*or* toes], to offend sb; *(jdm die Meinung sagen)* to give sb a talking-to **Hüh·ner·au·gen·pflas·ter** *nt* corn plaster
Hüh·ner·bouil·lon [-bʊl'jɔŋ] *f* chicken broth [*or* stock], consommé **Hüh·ner·brü·he** *f* chicken broth **Hüh·ner·brust** *f* ① *(Fleisch)* chicken breast ② *(hum fam: sehr schmaler Brustkorb)* pigeon's chest [*or* breast]; **eine ~ haben** to be pigeon-breasted ③ MED pigeon breast **Hüh·ner·ei** *nt* chicken egg **Hüh·ner·farm** *f* chicken farm **Hüh·ner·fe·der** *f* chicken feather **Hüh·ner·fleisch** *nt* chicken [meat] **Hüh·ner·fond** *m* chicken stock **Hüh·ner·fut·ter** *nt* chicken feed **Hüh·ner·ha·bicht** *m* goshawk **Hüh·ner·hof** *m* chicken run **Hüh·ner·keu·le** *f* chicken leg **Hüh·ner·klein** <-s> *nt kein pl* chicken giblets and trimmings **Hüh·ner·lei·ter** *f* ① *(am Hühnerstall)* chicken ladder ② *(schmale Treppe)* narrow stairs *pl* **Hüh·ner·schen·kel** *m* chicken thigh **Hüh·ner·stall** *m* hen [*or* chicken] coop **Hüh·ner·stan·ge** *f* chicken roost, hen roost, [henhouse] perch **Hüh·ner·sup·pe** *f* chicken soup **Hüh·ner·topf** *m* chicken casserole **Hüh·ner·zucht** *f* chicken rearing [*or* farming]
hui [hui] *interj (lautmalerisch für schnelle Bewegung)* whoosh; ***im H~ war sie fertig*** she was finished in no time at all
▶WENDUNGEN: **oben ~, unten pfui** outside swank, inside rank, nice outside but filthy underneath
Huld <-> [hʊlt] *f kein pl (veraltet: Gunst)* favour [*or* AM -or]; **jdm seine ~ erweisen** to bestow one's favour on sb; *(Güte)* graciousness, grace
huld·haft *adj (liter)* gracious
hul·di·gen ['hʊldɪgn̩] *vi (geh)* ① *(anhängen)* ■**etw** *dat* **~** to subscribe to sth; *Glauben, Sitte* to embrace sth; *Verein* to be devoted to sth
② *(verfallen)* ■**etw** *dat* **~** to indulge in sth; ***er huldigt dem Alkohol*** *(iron)* he is addicted to alcohol
③ *(veraltend: seine Reverenz erweisen)* ■**jdm ~** to pay homage to sb, to pay tribute to sb
Hul·di·gung <-, -en> *f (veraltet)* homage, tribute; **jdm seine ~ darbringen** to pay homage to sb, to pay tribute to sb, to show one's respect to sb; ***ich möchte dieser Dame meine ~ darbringen*** I would like to pay my addresses to this lady; **jds ~ entgegennehmen** to accept sb's tribute
huld·voll **I.** *adj (veraltend geh)* gracious; *(a. iron)* patronizing
II. *adv (geh)* graciously; **~ tun** *(iron)* to act patronizingly [*or* BRIT *a.* -isingly]
Hül·le <-, -n> ['hʏlə] *f (Umhüllung)* cover; *Ausweis* wallet; *(Plattenhülle a.)* sleeve; **jds sterbliche ~** *(geh)* sb's mortal remains *npl form*
▶WENDUNGEN: **die** [**letzten**] **~n fallen lassen** *(fam)* to strip off one's clothes; **in ~ und Fülle** *(geh)* in abundance [*or* plenty]
hül·len ['hʏlən] *vt (geh)* ■**jdn/etw in etw** *akk* **~** to wrap sb/sth in sth; ***sie hüllte das Kind in eine Decke*** she wrapped the child up in a blanket; ■**in etw** *akk* **gehüllt** shrouded in sth; **in Dunkelheit gehüllt** shrouded in darkness; ■**sich** *akk* **in etw** *akk* **~** to wrap oneself [up] in sth; **sich** *akk* **in Schweigen ~** to maintain one's silence, to keep mum *fam*
hül·len·los *adj* ① *(nackt)* naked, in one's birthday suit *hum fam,* starkers BRIT *hum fam,* in the altogether BRIT *fam*
② *(unverhüllt, offen)* plain, clear; ***erst nach einer Weile trat sein Charakter ~ zu Tage*** only after a while was his true character revealed
Hüll·wort <-wörter> *nt* euphemism
Hül·se <-, -n> ['hʏlzə] *f* ① BOT pod
② *(röhrenförmige Hülle)* capsule; *(Patronenhülle)* case; *(Film-, Zigarrenhülle)* container
Hül·sen·frucht ['hʏlzn̩-] *f meist pl* pulse
Hüls·rohr *nt* BAU sleeve pipe
hu·man [hu'ma:n] *adj* ① *(menschenwürdig)* humane; **eine ~e Behandlung** humane treatment; **eine ~ Strafe** lenient punishment
② *(nachsichtig)* considerate; **ein ~er Lehrer/Chef** a considerate teacher/boss
③ *(Menschen betreffend)* human
Hu·man·ge·ne·tik *f* human genetics + *sing vb* **Hu·man·in·su·lin** *nt* human insulin
Hu·ma·ni·sie·rung <-> *f kein pl* humanization *no pl*
Hu·ma·nis·mus <-> [huma'nɪsmʊs] *m kein pl (geh)* humanism *no pl;* **sozialistischer ~** socialist humanism
Hu·ma·nist(in) <-en, -en> [huma'nɪst] *m(f)* ① *(Mensch)* humanist
② *(veraltend: humanistisch gebildete Person)* humanist, classicist
hu·ma·nis·tisch *adj* ① *(im Sinne des Humanismus)* humanistic; **der ~e Geist** the spirit of humanism
② HIST *(dem Humanismus angehörend)* humanist
③ *(altsprachlich)* humanistic, classical; **eine ~e Bildung** a classical education
hu·ma·ni·tär [humani'tɛ:ɐ̯] *adj* humanitarian
Hu·ma·ni·tät [humani'tɛ:t] *f kein pl (geh)* humanity
Hu·ma·ni·täts·du·se·lei <-, -en> *f (pej)* sentimentalism
Hu·man·ka·pi·tal *nt kein pl* ÖKON human resources *pl* **Hu·man·me·di·zin** *f kein pl* human medicine **Hu·man·me·di·zi·ner(in)** *m(f)* doctor of human medicine
Hu·ma·no·id <-s, -e> [hu'ma:noi:d] *m* humanoid
Hu·man Re·source <-, -s> ['hju:mən rɪ'sɔ:s] *f* ÖKON human resources *pl* **Hu·man·wis·sen·schaf·ten** *pl* humanities *npl*
Hum·bug <-s> ['hʊmbʊk] *m kein pl (pej fam)* ① *(Unfug)* rubbish *no pl* BRIT, trash *no pl* AM; ***er redet nur ~*** he's talking rubbish
② *(Schwindel)* humbug *no pl;* ***Zauberei ist doch nur ~*** magic is a load of humbug [*or* [stuff and] nonsense]
Hum·mel <-, -n> ['hʊml̩] *f* bumblebee
▶WENDUNGEN: **~n im** [*o* **unterm**] **Hintern** [*o sl* **Arsch**] **haben** *(fam)* to have ants in one's pants *hum*
Hum·mer <-s, -> ['hʊmɐ] *m* lobster
Hum·mer·cock·tail [-kɔkte:l] *m* lobster cocktail **Hum·mer·ga·bel** *f* lobster fork **Hum·mer·kopf** *m* lobster head **Hum·mer·krab·be** *f* freshwater [*or* giant river] prawn **Hum·mer·pas·te·te** *f* lobster vol-au-vent **Hum·mer·sche·re** *f* lobster claw [*or* BRIT *pl* prongs] **Hum·mer·schwanz** *m* lobster tail
Hu·mor[1] <-s, -e> [hu'mo:ɐ̯] *m pl selten* ① *(Laune)* good humour [*or* AM -or], cheerfulness; **einen goldenen ~ haben** to be irrepressibly good-humoured
② *(Witz, Wesensart)* [sense of] humour [*or* AM -or]; **etw mit ~ nehmen** [*o* **tragen**] to take sth good-humouredly; **den ~ verlieren** to become bad-tempered [*or* ill-humoured]; **der rheinische ~** the Rhineland brand of humour; ***du hast*** [***vielleicht***] ***~!*** *(iron)* you're a funny one! *iron;* [**einen Sinn für**] **~ haben** to have a sense of humour; **keinen** [**Sinn für**] **~ haben** to not have a sense of humour, to be humourless; **schwarzer ~** black humour
▶WENDUNGEN: **~ ist, wenn man trotzdem lacht** *(prov)* you've got to laugh
Hu·mor[2] <-s,-es> ['hu:mo:ɐ̯] *m* MED *(Körperflüssigkeit)* [cardinal] humour [*or* AM -or]
Hu·mo·res·ke <-, -n> [humo'rɛskə] *f* ① LIT *(kleine humoristische Erzählung)* humorous story [*or* sketch]
② MUS *(heiteres Musikstück)* humoresque
hu·mo·rig [hu'mo:rɪç] *adj* humorous, funny, good-humoured [*or* AM -humored]; *Rede, Bemerkung* humorous, funny
Hu·mo·rist(in) <-en, -en> [humo'rɪst] *m(f)* ① *(Komiker)* comedian
② *(humoristischer Autor/Künstler)* humorist
hu·mo·ris·tisch *adj* ① *(humorvoll)* humorous, amusing
② *(witzig)* comic; **eine ~e Geschichte/Darbietung** a funny [*or* humorous] story/sketch
hu·mor·los *adj* humourless BRIT, humorless AM; **ein ~er Mensch** a cantankerous person, BRIT a crosspatch *fam;* ***er hat recht ~ auf den Witz reagiert*** he didn't find the joke at all funny
Hu·mor·lo·sig·keit *f kein pl* humourlessness *no pl,* lack of a sense of humour
hu·mor·voll *adj* humorous; ***er hat eine sehr ~e Art, Geschichten zu erzählen*** he has a very amusing way of telling stories
hum·peln ['hʊmpl̩n] *vi* ① *sein o haben (hinken)* to limp, to hobble
② *sein (fam: sich hinkend fortbewegen)* ■**irgendwohin ~** to limp somewhere
Hum·pen <-s, -> ['hʊmpn̩] *m* tankard; *(Tonhumpen)* stein; **einen ~ Bier trinken** to drink a tankard of beer
Hu·mus ['hu:mʊs] *m kein pl* humus
Hu·mus·bo·den *m,* **Hu·mus·er·de** *f* humus soil
Hund <-[e]s, -e> [hʊnt, *pl* 'hʊndə] *m* ① *(Tier)* dog; *(Jagdhund)* hound; ***„*[*Vorsicht,*] *bissiger ~!"*** "beware of the dog!"; ***„~e müssen draußen bleiben"*** "no dogs allowed"; **zur Familie der ~e gehören** to be a canine; **fliegender ~** flying fox; **junger ~** puppy
② *(Mensch: mitfühlend)* poor devil; *(verächtlich)* swine, bastard *fam!;* **ein armer ~ sein** *(fam)* to be a poor soul [*or fam* devil] [*or sl* sod]; **blöder ~!** *(sl)* stupid idiot, dickhead *fam!;* [**du**] **falscher ~!** *(sl)* [you] dirty rat!; [**du**] **gemeiner** [*o sl* **räudiger**] **~** [you] dirty [*or* low-down] dog; **krummer ~** *(sl)* rogue, villain; **räudiger ~** mang[e]y dog; **wie ein räudiger ~** like a mad dog; **ein scharfer ~ sein** *(fam)* to be a tough customer [*or* cookie]; [**du**] **schlauer** [*o* **gerissener**] **~** *(sl)* [you] sly dog *sl* [*or fam* crafty devil]
③ ASTROL **der Große/Kleine ~** Canis Major/Minor, the Great/Little Dog
▶WENDUNGEN: **auf dem ~ sein** *(in Notlage)* to be in a mess; *(gesundheitlich)* to be a wreck; **jdn wie einen ~ behandeln** *(fam)* to treat sb like a dog; **bekannt sein wie ein bunter ~** *(fam)* to be known far and wide; **~e, die** [**viel**] **bellen, beißen nicht** *(prov)* barking dogs seldom bite; ***er droht damit, die Sache vor Gericht zu bringen — Hunde die***

bellen, beißen nicht he threatens with taking the case to court — his bark is worse than his bite; **jdn auf den ~ bringen** *(fam)* to be sb's ruin *fam,* to bring about sb's downfall; **das ist ja ein dicker ~** *(sl)* that is absolutely outrageous; **vor die ~e gehen** *(sl)* to go to the dogs; **er ist mit allen ~en gehetzt** *(fam)* he knows all the tricks; **viele ~e sind des Hasen Tod** *(prov)* as one against many you don't stand a chance; **wie ~ und Katze leben** *(fam)* to be at each other's throats, to fight like cats and dogs; **auf den ~ kommen** *(fam)* to go to the dogs; **den Letzten beißen die ~e** the last one [out] has to carry the can BRIT; **das ist [ja] zum Junge-~e-Kriegen** *(fam)* that's maddening, that's enough to drive one around the bend [*or* AM to go off of the deep end]; **da liegt der ~ begraben** *(fam)* that's the crux of the matter, that's what's behind it; **kein ~ nimmt ein Stückchen Brot von ihm** *(fam)* everyone avoids him like the plague; **mit etw** *dat* **keinen ~ hinterm Ofen hervorlocken können** *(fam)* to not be able to tempt a single soul with sth; **da wird der ~ in der Pfanne verrückt** *(fam)* it's enough to drive a person mad [*or* BRIT sb round the twist]; **schlafende ~e wecken** *(fam)* to wake sleeping dogs; **schlafende ~e soll man nicht wecken** one should let sleeping dogs lie; **bei diesem Wetter jagt man keinen ~ vor die Tür** one wouldn't send a dog out in this weather

Hünd·chen <-s, -> ['hʏntçən] *nt dim von* **Hund** *(kleiner Hund)* little dog; *(junger Hund)* puppy

Hun·de·bissRR *m* dog bite **hun·de·elend** ['hʊndə'ʔe:lɛnt] *adj (fam)* **jd fühlt sich** *akk* **~, jdm ist ~** sb feels [BRIT bloody] awful [*or* terrible] [*or* lousy] **Hun·de·fän·ger(in)** <-s, -> *m(f)* dog catcher **Hun·de·fell** *nt* dog fur **Hun·de·floh** *m* dog flea **Hun·de·fut·ter** *nt* dog food **Hun·de·ge·bell** *nt* barking **Hun·de·haft·pflicht·ver·si·che·rung** *f* dog owner's liability insurance **Hun·de·hals·band** *nt* dog collar **Hun·de·hal·ter(in)** *m(f) (geh)* dog owner **Hun·de·hal·tung** *f (geh)* dog-owning, dog-keeping; ***die ~ ist in diesem Haus streng verboten*** dogs are not allowed to be kept in this house, it is forbidden to keep dogs in this house **Hun·de·hüt·te** *f* [dog] kennel **Hun·de·käl·te** ['hʊndə'kɛltə] *f (fam)* bitter cold; ***eine ~ ist das draußen wieder!*** it's bloody cold again outside! *fam* **Hun·de·korb** *m* dog basket **Hun·de·ku·chen** *m* dog biscuit **Hun·de·kur·ve** *f* MATH dog curve **Hun·de·le·ben** *nt (pej fam)* dog's life; **ein ~ führen** to lead a dog's life **Hun·de·lei·ne** *f* dog lead [*or* leash] **Hun·de·lohn** *m (pej fam)* miserly wage[s *pl*] **Hun·de·mar·ke** *f (a. fig, hum)* dog tag **hun·de·mü·de** ['hʊndə'my:də] *adj pred (fam)* dog-tired, dead beat BRIT **Hun·de·ras·se** *f* breed of dog

hun·dert ['hʊndɐt] *adj* ❶ *(Zahl)* [a [*or* one]] hundred; ***die Linie ~ fährt zum Bahnhof*** the No. 100 goes to the station; ***ich wette mit dir ~ zu eins, dass er verliert*** I'll bet you a hundred to one [*or* anything] that he loses; **~ [Jahre alt] sein** to be a hundred [years old]; **mit ~ [Jahren]** at the age of a hundred, at a hundred years of age, as a hundred-year-old; **über ~ sein** to be over [*or* older than] a hundred; **einige ~ Euro** several hundred euros; **einer von ~ Menschen** one in every hundred people; **von eins bis ~ zählen** to count from one to a hundred; **in ~ Jahren** in one hundred years [from now]

❷ *(fam: sehr viele)* a hundred, hundreds; ***sie macht ~ Dinge gleichzeitig*** she does a hundred [and one] things all at the same time

❸ *(fam: Stundenkilometer)* [a] hundred [kilometres [*or* AM -ers] an hour]; *s. a.* **achtzig 2**

❹ *pl, auch großgeschrieben (viele hundert)* hundreds *pl; s. a.* **Hundert¹ 2**

▶WENDUNGEN: **auf ~ sein** *(fam)* to be hopping mad [*or* livid]; **jdn auf ~ bringen** *(fam)* to drive sb up the wall; **auf ~ kommen** *(fam)* to blow one's top

Hun·dert¹ <-s, -e> ['hʊndɐt] *nt* ❶ *(Einheit von 100)* hundred; **ein halbes ~** fifty; **mehrere ~** several hundred; **[zehn/zwanzig etc] von ~** [ten/twenty etc] per cent [*or* out of every hundred]; **das ~ vollmachen** to round up to the next hundred

❷ *pl, auch kleingeschrieben (viele hundert)* hundreds *pl;* **einige/viele ~e ...** a few/several hundred ...; **~e von ...** hundreds of ...; ***~e von Fliegen, ~er Fliegen*** hundreds of flies; **einer unter ~en** one in a hundred; ***das kann von ~en nur einer*** only one out of all these hundreds can do that; **in die ~e gehen** *(fam) Kosten, Schaden* to run into the hundreds; **zu ~en** in [their] hundreds, by the hundred; **~e und aber ~e** hundreds upon hundreds

Hun·dert² <-, -en> ['hʊndɐt] *f* [one [*or* a]] hundred

Hun·der·ter <-s, -> ['hʊndɐtɐ] *m* ❶ *(fam: Banknote zu 100 Euro)* hundred-euro note; ***es hat mich einen ~ gekostet*** it cost me a hundred euros

❷ *(100 als Zahlenbestandteil)* hundred

hun·der·ter·lei ['hʊndɐtɐ'lai] *adj (fam)* a hundred [different]; ***ich habe ~ zu tun heute*** I've a hundred and one things to do today; *s. a.* **achterlei**

Hun·dert·eu·ro·schein, 100-Eu·ro-Schein *m* hundred-euro note [*or* AM *usu* bill]

hun·dert·fach, 100fach ['hʊndɐtfax] **I.** *adj* [a] hundredfold, a hundred times; *s. a.* **achtfach**

II. *adv* hundredfold, a hundred times over

Hun·dert·fa·che, 100fache *nt dekl wie adj* a hundred times the amount, the hundredfold *rare; s. a.* **Achtfache**

hun·dert·fün·fzig·pro·zen·tig *adj (fam)* fanatical, out-and-out, overzealous; ***er ist ein ~er Tierschützer*** he's a fanatical animal rights activist; **ein H~er/eine H~e sein** to be a fanatic

Hun·dert·fü·ßer <-s, -> *m* ZOOL centipede

Hun·dert·jahr·fei·er [hʊndɐt'ja:ɐ̯faiɐ] *f* centenary [celebrations *pl*]

hun·dert·jäh·rig, 100-jährigRR ['hʊndɐtjɛ:rɪç] *adj* ❶ *(Alter)* hundred-year-old *attr,* one hundred years old *pred; s. a.* **achtjährig 1**

❷ *(Zeitspanne)* hundred-year *attr; s. a.* **achtjährig 2, Kalender, Krieg**

Hun·dert·jäh·ri·ge(r), 100-Jährige(r)RR *f(m) dekl wie adj* hundred-year-old [person], centenarian

hun·dert·mal, 100-malRR ['hʊndɐtma:l] *adv* ❶ *(Wiederholung)* a hundred times; *s. a.* **achtmal**

❷ *(fam: sehr viel, sehr oft)* a hundred times; ***ich kann das ~ besser als du*** I can do that a hundred times better than you; ***das habe ich dir schon ~ gesagt*** if I've told you once I've told you a hundred times

❸ *(fam: noch so sehr)* ***auch wenn du ~ Recht hast, keiner wird dir glauben*** even if you are right, nobody will believe you

Hun·dert·mark·schein *m (hist)* hundred-mark note **Hun·dert·me·ter·lauf** *m* hundred-metre [*or* AM -er] race [*or* sprint] **hun·dert·pro·zen·tig** ['hʊndɐtprotsɛntɪç] **I.** *adj* ❶ *(100 % umfassend)* one hundred percent; *(Alkohol)* pure ❷ *(fam: typisch)* through and through; ***er ist ein ~er Bayer*** he's a Bavarian through and through, he's a true Bavarian; *(absolut, völlig)* absolute, complete; ***es gibt keine ~e Sicherheit*** there's no such thing as absolute security; ***du hast ~ Recht*** you're absolutely right; ***er galt als ~*** he was thought to be totally reliable; **sich** *dat* **~ sicher sein** to be absolutely sure **II.** *adv (fam)* absolutely, completely; ***auf sie kannst du dich ~ verlassen*** you can always rely on her completely; ***das weiß ich ~*** I know that for certain, that's a fact **Hun·dert·satz** ['hʊndɐtzats] *m (geh) s.* **Prozentsatz**

Hun·dert·schaft <-, -en> *f* hundred-strong unit

hun·derts·te(r, s) ['hʊndɐtstə, -tɐ, -təs] *adj* [one] hundredth; *s. a.* **achte(r, s)**

Hun·derts·te(r, s) ['hʊndɐtstə, -tɐ, -təs] *nt* the [one] hundredth

▶WENDUNGEN: **vom ~n ins Tausendste kommen** *(fam)* to get carried away

Hun·derts·tel <-s, -> ['hʊndɐtstḷ] *nt o* SCHWEIZ *m* hundredth

Hun·derts·tel·se·kun·de *f* hundredth of a second

hun·dert·tau·send ['hʊndɐt'tauzn̩t] *adj* ❶ *(Zahl)* a [*or* one] hundred thousand; *s. a.* **tausend**

❷ *auch großgeschrieben (ungezählte Mengen)* hundreds of thousands; **H~e von jungen Menschen [*o* junger Menschen]** hundreds of thousands of young people

Hun·de·sa·lon *m* dog parlour [*or* AM -or], grooming salon [*or* parlour] for dogs **Hun·de·schei·ße** *f (derb)* dog shit **Hun·de·schlit·ten** *m* dog sleigh [*or* sled[ge]] **Hun·de·schnau·ze** *f* muzzle; **kalt wie eine ~ sein** *(fam)* to be as cold as ice **Hun·de·sohn** *m (pej fam)* son of a bitch; LIT cur **Hun·de·steu·er** *f* dog licence [*or esp* AM -se] fee **Hun·de·wet·ter** *nt (fam) s.* **Sauwetter Hun·de·zwin·ger** *m* kennels *npl*

Hün·din ['hʏndɪn] *f* bitch

hün·disch ['hʏndɪʃ] *adj (pej)* ❶ *(unterwürfig)* sycophantic, fawning, grovelling, groveling AM; **mit ~em Gehorsam** with slavish obedience

❷ *(niederträchtig)* **eine ~e Gemeinheit** despicable meanness

Hünd·lein <-s, -> *nt (selten) dim von* **Hund** little dog, doggy

hunds·ge·mein ['hʊntsgə'main] **I.** *adj (fam)* ❶ *(niederträchtig)* low-down, rotten *fam;* **eine ~e Lüge** a malicious lie; ***er kann ~ sein*** he can be really nasty

❷ *(sehr groß)* severe; **eine ~e Kälte** a biting [*or* bitter] cold **II.** *adv (fam)* ***es tut ~ weh*** it hurts like hell *fam* **hunds·mi·se·ra·bel** ['hʊntsmizə'ra:bl] *adj (fam)* ❶ *(niederträchtig)* low-down, rotten; ***er ist ein hundsmiserabler Typ*** he's a nasty piece of work, he's a real bastard *fam!* ❷ *(äußerst schlecht)* awful; **jdm geht es ~, jdm ist ~ [zumute]** sb feels really lousy *sl;* **sich** *akk* **~ fühlen** to feel really lousy **Hunds·ta·ge** *pl* dog days *pl*

Hü·ne <-n, -n> ['hy:nə] *m (riesenhafter Mensch)* giant; **ein ~ von Mann [*o* Mensch]** *(fam)* a giant of a man

Hü·nen·grab *nt (fam)* megalithic tomb

hü·nen·haft *adj* gigantic, colossal; **von ~er Gestalt** a titanic [*or* colossal] figure

Hun·ger <-s> ['hʊŋɐ] *m kein pl* ❶ *(Hungergefühl)* hunger; **~ bekommen/haben** to get/be hungry; **keinen richtigen ~ haben** to not really be hungry; **~ auf etw** *akk* **haben** *(Appetit)* to feel like [eating] sth, to fancy [eating] sth; **~ leiden** *(geh)* to starve, to go hungry; **etw macht ~** sth makes sb hungry; ***Holzfällen macht ~!*** woodcutting helps you work up an appetite; **seinen ~ stillen** to satisfy one's hunger; **~ wie ein Wolf [*o* Bär] haben** *(fam)* to be ravenous[ly hungry]; **guten ~!** DIAL *(fam)* bon appetit!, enjoy your meal!; **vor ~ sterben [*o fam* umkommen]** to be starving, to die of hunger; **der ~ treibt es rein [*o* hinein]** if you're hungry enough you'll eat anything

❷ *(Hungersnot)* famine; ***es herrschte großer ~*** the area was stricken by famine

❸ *(geh: großes Verlangen)* ■**jds ~ nach etw** *dat* sb's thirst for sth; ***ihr ~ nach Wissen war unstillbar*** her thirst for knowledge was insatiable

▶WENDUNGEN: **~ ist der beste Koch** *(prov)* hunger is the best sauce *prov,* a hungry stomach will eat anything

Hun·ger·ge·biet *nt* famine region

Hun·ger·ge·fühl *nt* ***ich habe so ein ~!*** I feel so hungry

Hun·ger·hil·fe *f kein pl* famine aid **Hun·ger·jahr** *nt* year of famine [*or* hunger] **Hun·ger·künst·ler(in)** *m(f)* professional faster **Hun·ger·kur** *f* MED starvation diet **Hun·ger·lei·der(in)** <-s, -> *m(f) (fam)* starving wretch **Hun·ger·lohn** *m (pej)* starvation wage *pej,* pittance; **für einen ~ arbeiten** to work for a pittance

hun·gern **I.** *vi* ❶ *(Hunger leiden)* to go hungry, to starve; **jdn ~ lassen** to let sb starve; *(fam: fasten)* to fast; ***nach Weihnachten muss ich erst einmal ein paar Wochen ~*** after Christmas I'll have to fast for a few weeks

❷ *(geh: dürsten)* ■**nach etw** *dat* **~** to thirst after [*or* for] sth *fig,* to hunger after [*or* for] sth; ***sie hungerte nach Aufmerksamkeit*** she yearned for attention

II. *vt impers (poet)* ■**es hungert jdn nach etw** *dat* sb hungers [*or* thirsts] after [*or* for] sth; ***es hungerte ihn nach Liebe*** he was hungry for love; ***ihn hungert nach Macht*** he's hungry for power

III. *vr (hungernd verbringen)* **sich** *akk* **durch etw**

akk ~ to starve one's way through sth; **sich** *akk* **gesund** ~ to go on a starvation diet; **sich** *akk* **zu Tode** ~ to starve oneself to death
Hun·gers·not *f* famine
Hun·ger·streik *m* hunger strike; **in den** ~ **treten** to go on hunger strike **hun·ger·strei·ken** *vi* to go on hunger strike **Hun·ger·tod** *m kein pl* death by starvation; **den** ~ **sterben** *(geh)* to starve to death **Hun·ger·tuch** *nt* ▶WENDUNGEN: **am** ~ **nagen** *(hum fam)* to be starving [*or* on the breadline]
hun·grig ['hʊŋrɪç] *adj* ❶ *(Hunger verspürend)* hungry; ~ **sein** to be hungry; **ein** ~**es Kind** a hungry child; ~ **ins Bett gehen müssen** to have to go to bed hungry; ~ **machen** to work up an appetite; ***allein der Gedanke macht mich*** ~ just the thought [of it] makes me feel hungry; ~ **nach** [*o* **auf**] **Süßigkeiten sein** to feel like eating sweets, to fancy some sweets
❷ *(geh: verlangend)* hungry; **nach Anerkennung/Erfolg** ~ **sein** to long [*or* yearn] for recognition/success
Hun·ne, Hun·nin <-n -n> ['hʊnə, 'hʊnɪn] *m, f* Hun
Huns·rück <-s> ['hʊnsrʏk] *m* ■**der** ~ the Hunsrück Mountains
Hu·pe <-, -n> ['huːpə] *f* horn; **die** ~ **betätigen** *(geh)* to sound the [*or* one's] horn; **auf die** ~ **drücken** to beep [*or* press] the [*or* one's] horn
hu·pen ['huːpn̩] *vi* to sound the [*or* one's] horn, to beep [*or* hoot] [*or* honk] the [*or* one's] horn
Hüpf·burg *f* bouncy castle
hüp·fen ['hʏpfn̩] *vi sein* to hop; *Lamm, Zicklein* to frisk, to gambol; *Ball* to bounce; **vor Freude** ~ to jump for joy; ***mein Herz hüpfte vor Freude*** *(liter)* my heart leapt for joy
hup·fen ['hʊpfn̩] *vi sein bes* SÜDD, ÖSTERR *s.* **hüpfen**
▶WENDUNGEN: **das ist gehupft wie gesprungen** *(fam)* it's six of one and half a dozen of the other
Hüp·fer *m*, **Hup·fer** <-s, -> *m bes* SÜDD, ÖSTERR hop, skip; **einen** ~ **machen** to hop; ***mein Herz machte einen*** ~ my heart missed a beat
Hup·kon·zert *nt (fam)* cacophony of car horns; **ein** ~ **veranstalten** *(fig fam)* to honk like mad **Hup·sig·nal** *nt* beep, hoot **Hup·ton** *m* sound of a horn [*or* BRIT hooter] **Hup·zei·chen** *nt* **jdm ein** ~ **geben** [*o* **machen**] to hoot [*or* sound one's horn] at sb
Hur·de <-, -n> ['hʊrdə] *f* SÜDD, SCHWEIZ fruit and vegetable rack
Hür·de <-, -n> ['hʏrdə] *f* ❶ *(Leichtathletik, Reitsport)* hurdle; **eine** ~ **nehmen** [*o* **überspringen**] to take [*or* clear] a hurdle; **110 Meter** ~**n laufen** to run the 110 metres [*or* AM -ers] hurdles
❷ *(tragbare Einzäunung für Tiere)* fold, pen
▶WENDUNGEN: **eine** ~ **nehmen** to overcome an obstacle
Hür·den·lauf *m* hurdling, hurdles *npl* **Hür·den·läu·fer(in)** *m(f)* hurdler **Hür·den·ren·nen** *nt* steeplechase
Hu·re <-, -n> ['huːrə] *f* ❶ *(pej: Frau)* whore, loose woman
❷ *(veraltend: Prostituierte)* whore *vulg sl*
hu·ren ['huːrən] *vi (pej fam)* to whore, to go whoring, to sleep around *fam*
Hu·ren·bock *m (pej vulg)* randy goat *dated fam,* randy bugger BRIT *vulg,* horny bastard *vulg* **Hu·ren·kind** *nt* TYPO widow line **Hu·ren·sohn** *m (pej vulg)* son of a bitch, bastard
Hu·ron·see ['hjʊərən-, hu'roːn-] *m* Lake Huron
hur·ra [hʊ'raː] *interj* hurray [*or* hooray] [*or* hurrah]; ~ **schreien** to yell hurray, to cheer
Hur·ra <-s, -s> [hʊ'raː] *nt* cheer; **ein dreifaches** ~ [**auf jdn/etw**] three cheers [for sb/sth]
Hur·ra·pat·ri·o·tis·mus *m (pej veraltend)* flag-waving patriotism **Hur·ra·ruf** *m* cheer [*or* hooray] [*or* hurrah]
Hur·ri·kan <-s, -e> [hʊrikan, 'harikn̩] *m* hurricane
hur·tig ['hʊrtɪç] *adj* DIAL *(veraltend)* quick, nimble; **sich** *akk* ~ **davonmachen** to make a speedy exit
Hu·sar <-en, -en> [hu'zaːɐ̯] *m* hussar
husch [hʊʃ] *interj (fam: los, fort!)* shoo; ~, ***weg mit dir!*** shoo, get away with you; *(schnell)* whoosh; ~, ***war er schon wieder verschwunden*** and whoosh he'd gone again; **etw geht** ~ ~ sth is done in a flash [*or fam* jiffy], sth is done at the double *dated fam*
Hu·sche·li <-s, -s> ['hʊʃəli] *nt* SCHWEIZ *(pej o iron fam)* mouse *fig,* shrinking violet
hu·schen ['hʊʃn̩] *vi sein* to dart, to flit; *Maus* to scurry; *Licht* to flash; ***ein Lächeln huschte über ihr Gesicht*** a smile flitted across her face; ***die Katze huscht von Baum zu Baum*** the cat darts from tree to tree
Hus·ky <-s, -s> ['haski] *m (Schlittenhund)* husky
hüs·teln ['hyːstl̩n] *vi* to cough [slightly]; **nervös** ~ to clear one's throat
hus·ten ['huːstn̩] **I.** *vi* to cough; ***wie lange hustest du schon?*** how long have you had that cough?; **stark** ~ to have a bad [*or* nasty] cough; ■**auf etw** *akk* ~ *(fam)* to not give a damn about sth
II. *vt (auswerfen)* ■**etw** ~ to cough up sth *sep;* **Schleim/Blut** ~ to cough up mucus/blood
▶WENDUNGEN: **dem werde ich was** ~ [*o* **eins**] *(sl)* he can go jump in a lake [*or* go take a running jump], he can just get lost
Hus·ten <-s> ['huːstn̩] *m kein pl* cough; ~ **stillend** cough-relieving; ~ **stillend wirken** to relieve a cough
Hus·ten·an·fall *m* coughing fit **Hus·ten·bon·bon** *m o nt* cough drop [*or* BRIT sweet] **Hus·ten·mit·tel** *nt* cough medicine **Hus·ten·reiz** *m* tickly throat **Hus·ten·saft** *m* cough syrup [*or* mixture] **Hus·ten·tee** *m herbal tea to relieve cough* **Hus·ten·trop·fen** *pl* cough mixture
Hut[1] <-[e]s, Hüte> [huːt, *pl* 'hyːtə] *m* ❶ *(Kopfbedeckung)* hat; **den** ~ **aufsetzen/abnehmen** to put on/take off one's hat
❷ BOT *(oberer Teil bei Hutpilzen)* cap
▶WENDUNGEN: ~ **ab** [**vor jdm**]! *(fam)* hats off to sb!, well done!, I take my hat off [to sb]; **vor jdm/etw den** ~ **abnehmen** [*o* **ziehen**] to take one's hat off to sb/sth; **ein alter** ~ **sein** *(fam)* to be old hat; **mit dem** ~[**e**] **in der Hand kommt man durch das ganze Land** *(prov)* a little politeness goes a long way; **etw unter einen** ~ **bringen** [*o* **kriegen**] *(fam)* to reconcile sth, to accommodate sth; *(Termine)* to fit in sth; ***man kann nicht alle Menschen unter einen*** ~ ***bringen*** you can't please everyone all of the time; **da geht einem ja der** ~ **hoch** it's enough to make you blow your top; **mit jdm/etw nichts/nicht viel am** ~ **haben** *(fam)* to not have anything in common with/to not [really] go in for sb/sth; **eins auf den** ~ **kriegen** *(fam)* to get a dressing-down [*or* telling-off] *fam;* **den** [*o* **seinen**] ~ **nehmen müssen** *(fam)* to have to pack one's bags *fig,* to have to step [*or* stand] down, to be dismissed; **etw an den** ~ **stecken können** *(fam)* to stick [*or* keep] sth *sl;* **etw aus dem** ~ **zaubern** *(fam: etw improvisieren)* to pull sth out of the hat
Hut[2] <-> [huːt] *f (geh)* protection; **irgendwo/bei jdm in bester** [*o* **sicherer**] ~ **sein** to be in safe hands somewhere/with sb; ***ich habe die Diamanten in meiner*** ~ I have the diamonds in safe keeping; **auf der** ~ [**vor jdm/etw**] **sein** to be on one's guard [against sb/sth]
Hut·ab·la·ge *f* hat shelf [*or* rack]; *(im Auto)* rear parcel shelf **Hut·band** *nt* hatband
Hüt·chen <-s, -> ['hyːtçən] *nt dim von* **Hut**[1] little hat
hü·ten ['hyːtn̩] **I.** *vt* ❶ *(beaufsichtigen)* ■**jdn/etw** ~ to look after sb/sth, to mind sb/sth; **Schafe** ~ to mind [*or* tend] sheep
❷ *(geh: bewahren)* ■**etw** ~ to keep sth; **etw sorgsam** ~ to look after sth carefully; **ein Geheimnis** ~ to keep [*or* guard] a secret; *s. a.* **Haus**
II. *vr (sich in Acht nehmen)* ■**sich** *akk* **vor jdm/etw** ~ to be on one's guard against sb/sth; ***hüte dich vor unüberlegten Entscheidungen*** beware of making rash decisions; ■**sich** *akk* ~, **etw zu tun** to take care not to do sth; ***ich werde mich*** [***schwer***] ~***!*** *(fam)* not [bloody] likely! *sl,* I'll do nothing of the kind
Hü·ter(in) <-s, -> *m(f) (geh)* guardian; ~ **des Schatzes** custodian of the treasure; **ein** ~ **des Gesetzes** *(hum)* a custodian of the law; **Vieh**~ herdsman
Hut·fe·der *f* [hat] feather **Hut·ge·schäft** *nt* ÖKON hat shop; *(für Herren)* hat shop, hatter's; *(für Damen)* hat shop, milliner's **Hut·krem·pe** *f* brim [of a/the hat]
Hut·ma·cher(in) *m(f)* hatter, hat maker; *für Damen* milliner **Hut·ma·te·ri·al** *nt* [hat] fabric **Hut·mut·ter** *f* acorn nut **Hut·na·del** *f* hatpin **Hut·schach·tel** *f* hatbox
Hut·sche <-, -n> ['hʊtʃə] *f* SÜDD, ÖSTERR *(fam)*
❶ *(Schaukel)* swing
❷ *(pej sl: alte Schlampe)* old tart *pej fam,* old floozie [*or* floosie] [*or* floozy] *pej fam*
hut·schen ['hʊtʃn̩] **I.** *vi* SÜDD, ÖSTERR *(fam: schaukeln)* to swing
II. *vr (verschwinden, weggehen)* ■**sich** *akk* ~ to disappear; ***hutsch dich!*** get lost!
Hut·schnur *f* hat string [*or* cord] ▶WENDUNGEN: **etw geht jdm über die** ~ *(fam)* sth goes too far, sth oversteps the mark; ***das geht mir über die*** ~***!*** now you've/she's, etc. really gone too far! **Hut·stän·der** *m* hatstand
Hüt·te <-, -n> ['hʏtə] *f* ❶ *(kleines Haus)* hut; *(ärmliches Häuschen)* shack, humble abode *hum;* **eine** ~ **bauen** to build a hut; **die** ~ **der Eingeborenen** the natives' huts
❷ *(Berghütte)* [mountain] hut; *(Holzhütte)* cabin; *(Hundehütte)* kennel; *(Jagdhütte)* hunting lodge
❸ *(industrielle Anlage)* **Eisen**~ iron and steel works; **Glas**~ glassworks; **Ziegel**~ brickworks
Hüt·ten·ar·bei·ter *m* worker in an iron and steel works **Hüt·ten·in·dust·rie** *f* iron and steel industry **Hüt·ten·kä·se** *m* cottage cheese **Hüt·ten·kun·de** *f* metallurgy **Hüt·ten·schuh** *m* slipper sock **Hüt·ten·werk** *nt* iron and steels works + *sing/pl vb*
Hu·tu <-, -> ['huːtu] *m o f* Hutu
hut·ze·lig ['hʊtsəlɪç], **hutz·lig** ['hʊtslɪç] *adj (fam)* shrivelled [*or* AM *usu* shriveled]; ~**es Obst** shrivelled fruit; **ein** ~**es Gesicht** a wizened [*or* wrinkled] [*or* wrinkly] face
H-Voll·milch ['haː-] *f* long-life whole [*or* long-life full fat] milk
Hy·ä·ne <-, -n> [hy̆ɛːnə] *f* ❶ *(hundeähnliches Raubtier)* hy[a]ena
❷ *(pej fam: profitgieriger, skrupelloser Mensch)* unscrupulous rogue
Hy·ä·nen·hund *m* ZOOL African hunting dog
Hy·a·zin·the <-, -n> [hy̆a'tsɪntə] *f* hyacinth
hy·brid[1] [hy'briːt] *adj* ❶ BIOL *(zwitterhaft)* hybrid, hermaphroditic
❷ LING hybrid
❸ INFORM *(analog und digital)* hybrid
hy·brid[2] <-er, -este> [hy'briːt] *adj (geh: überheblich)* arrogant
Hy·brid·an·trieb *m* hybrid drive **Hy·brid·au·to** *nt* hybrid car
Hy·bri·de <-, -n> [hy'briːdə] *f* hybrid
Hy·brid·fahr·zeug *nt* AUTO hybrid vehicle **Hy·brid·rech·ner** *m* hybrid computer **Hy·brid·züch·tung** *f* ❶ *(Vorgang der Züchtung)* hybrid breeding *no pl,* hybridizing ❷ *(Ergebnis der Züchtung)* hybrid
Hy·bris <-> ['hyːbrɪs] *f kein pl (geh)* hubris *form*
Hy·dra[1] <-> ['hyːdra] *f* ❶ *(griechisches Fabelwesen)* Hydra
❷ *kein pl (fig: gefährliches Phänomen)* hydra; **die gefährliche** ~ **des Imperialismus** the treacherous hydra of imperialism
❸ *(Sternbild)* Hydra [the water serpent]
Hy·dra[2] <-, Hydren> ['hyːdra, *pl* -drən] *f (Süßwasserpolyp)* hydra
Hy·drant <-en, -en> [hy'drant] *m* hydrant
Hy·drat [hy'draːt] *nt* CHEM hydrate
Hy·dra·ta·ti·on [hydrata'tsi̯oːn] *f* CHEM hydration **Hy·dra·ta·ti·ons·wär·me** *f* CHEM heat of hydration, hydration heat
hy·dra·ti·sie·ren* [hydrati'ziːrən] *vt* CHEM ■**etw** ~ to hydrate sth
Hy·dra·ti·sie·rung *f* CHEM hydration
Hy·drau·lik <-> [hy'drau̯lɪk] *f kein pl* ❶ *(hydrauli-*

H

sches System) hydraulic system, hydraulics *npl;* **die ~ der Bremse** the brake's hydraulics
❷ *(wissenschaftliche Lehre)* hydraulics + *sing vb*

hy·drau·lisch [hy'draulɪʃ] *adj* hydraulic

hy·drie·ren [hy'dri:rən] *vt* CHEM ■**etw ~** to hydrogenate sth

Hy·drie·rung <-, -en> *f* CHEM hydrogenation

Hy·drier·werk *nt* TECH hydrogenation plant

Hy·dro·dy·na·mik <-> [hydrody'na:mɪk] *f* PHYS hydrodynamics + *sing vb, no art* **hy·dro·elek·trisch** [hydroʔe'lɛktrɪʃ] *adj* PHYS hydroelectric **Hy·dro·kul·tur** *f* hydroponics + *sing vb spec*

Hy·dro·ly·se <-, -n> [hydro'ly:zə] *f* hydrolysis

Hy·dro·me·ter [hydro'me:tɐ] *f* hydrometer

hy·dro·phil [hydro'fi:l] *adj* BIOL, CHEM hydrophilic

hy·dro·phob [hydro'fo:p] *adj* BIOL, CHEM hydrophobic **Hy·dro·tech·nik** [hydro'tɛçnɪk] *f* hydraulic engineering **hy·dro·tech·nisch** *adj* hydraulic engineering *attr* **hy·dro·the·ra·peu·tisch** [hydrotera'pɔytɪʃ] *adj* hydrotherapeutic **Hy·dro·the·ra·pie** [hydrotɛra'pi:] *f* hydrotherapy, hydrotherapeutics + *sing vb*

Hy·dro·xid [hydrɔ'ksi:t] *nt* CHEM hydroxide

Hy·gi·e·ne <-> [hy'gi̯e:nə] *f kein pl* hygiene *no pl*

Hy·gi·e·ne·pa·pier *nt* toilet tissue **Hy·gie·ne·vor·schrift** *f* JUR health regulation **Hy·gi·e·ne·zo·ne** *f* hygiene zone [*or* area]

hy·gi·e·nisch [hy'gi̯e:nɪʃ] *adj* hygienic; **eine ~ Überwachung** hygienic precautions; ***eine ~ Aufbewahrung ist sehr wichtig*** this must be kept in hygienic conditions

Hy·gro·me·ter <-s, -> [hygro'me:tɐ] *nt* hygrometer

Hy·men <-s, -> ['hy:mən] *nt o m (fachspr)* hymen, maidenhead *liter*

Hym·ne <-, -n> ['hʏmnə] *f* ❶ *(Loblied)* hymn
❷ *(feierliches Gedicht)* literary hymn; **eine ~ auf die Liebe** a literary hymn to love
❸ *(kurz für Nationalhymne)* national anthem; **die ~ spielen** to play the [national] anthem

hym·nisch ['hʏmnɪʃ] *adj* hymn-like

Hype <-, -s> [haip] *f* hype

hy·per·ak·tiv *adj* hyperactive

Hy·per·ak·ti·vi·tät [hypɐaktivi'tɛt] *f* MED hyperactivity

Hy·per·bel <-, -n> [hy'pɛrbl] *f* ❶ MATH hyperbola *spec*
❷ LING *(rhetorische Figur)* hyperbole

Hy·per·bel·funk·ti·on *f* MATH hyperbolic function

hy·per·bo·lisch [hype'bo:lɪʃ] *adj* ❶ MATH hyperbolic
❷ LING *(Hyperbeln aufweisend)* hyperbolic[al]; **eine ~e Wendung** a hyperbolic phrase [*or* expression]

Hy·per·in·fla·ti·on *f* ÖKON hyperinflation **hy·per·kor·rekt** ['hypɐkɔrɛkt] *adj* ❶ *(übertrieben korrekt)* hypercorrect, excessively correct ❷ LING hypercorrect **Hy·per·link** <-s, -s> ['haipelɪŋk] *m* INFORM hyperlink **Hy·per·me·dia** [haipe'me:di̯a] *nt* INFORM hypermedia **hy·per·mo·dern** [hype-] *adj (fam)* ultra-modern

Hy·per·schall <-s> ['hy:pe-] *m kein pl* hypersound **hy·per·sen·si·bel** [hype-] *adj* hypersensitive **Hy·per·text** ['haipetɛkst] *m* INFORM hypertext

Hy·per·to·nie <-, -n> [hypeto'ni:, *pl* -'ni:ən] *f* MED ❶ *(Bluthochdruck)* hypertension *spec,* high blood pressure
❷ *(gesteigerte Muskelspannung)* hypertonia
❸ *(erhöhte Spannung im Augapfel)* hypertonia

hy·per·troph [hype'tro:f] *adj (fachspr)* ❶ MED *(Hypertrophie aufweisend)* hypertrophic[al] *spec;* **~es Gewebe** hypertrophic tissue
❷ *(geh: übersteigert, übermäßig)* hypertrophied *liter;* **ein ~es Geltungsbedürfnis** an excessive need to be admired

Hy·per·tro·phie <-, -n> [hypetro'fi:, *pl* -'fi:ən] *f (fachspr)* ❶ MED, BIOL hypertrophy *spec;* **~ der Muskeln** muscular hypertrophy
❷ *(geh: Übermaß)* excess; **eine ~ des Selbstbewusstseins** an enormous ego

Hy·per·ven·ti·la·ti·on [hypɐvɛntila'tsi̯o:n] *f* MED hyperventilation

hy·per·ven·ti·lie·ren* [hypɐvɛnti'li:rən] *vi* MED to hyperventilate

Hyp·no·se <-, -n> [hʏp'no:zə] *f* hypnosis; **in ~ fallen** to fall [*or* go] into a hypnotic trance; **unter ~ stehen** to be under hypnosis; **jdn in ~ versetzen** to hypnotize sb, to put sb under hypnosis; **in ~** under hypnosis; **aus der ~ erwecken** to come out of a hypnotic trance

Hyp·no·the·ra·pie [hʏpnotera'pi:] *f* hypnotherapy

hyp·no·tisch [hʏp'no:tɪʃ] *adj* hypnotic; **ein ~er Schlaf** a hypnotic trance; **~e Kräfte** hypnotic powers; **die ~e Wirkung von Musik** the hypnotic effect of music

Hyp·no·ti·seur(in) <-s, -e> [hʏpnoti'zø:ɐ̯] *m(f)* hypnotist

hyp·no·ti·sier·bar *adj* hypnotizable; ***manche Menschen sind leichter ~ als andere*** some people are easier to hypnotize than others

hyp·no·ti·sie·ren* [hʏpnoti'zi:rən] *vt* ■**jdn ~** to hypnotize sb; **wie hypnotisiert** as if hypnotized; **hypnotisiert von etw** *dat* **sein** *(fig)* to be hypnotized by sth; ***sie war ganz hypnotisiert von seinen Worten*** she was hypnotized [*or* entranced] by his words

hy·po·al·ler·gen *adj* hypoallergenic

Hy·po·chon·der <-s, -> [hypo'xɔndɐ] *m* hypochondriac

Hy·po·chon·drie <-, -n> [hypoxɔn'dri:] *f* hypochondria *no art*

Hy·po·gly·kä·mie <-, Hypoglykämien> [hypoglykɛ'mi:, *pl* -i:ən] *f* MED hypoglycaemia BRIT, hypoglycemia AM

Hy·po·phy·se <-, -n> [hypo'fy:zə] *f* ANAT pituitary gland *spec*

Hy·po·te·nu·se <-, -n> [hypote'nu:zə] *f* hypotenuse

Hy·po·tha·la·mus <-, Hypothalami> [hypo'ta:lamʊs, *pl* -mi] *m* ANAT hypothalamus

Hy·po·thek <-, -en> [hypo'te:k] *f* ❶ *(Grundpfandrecht)* mortgage [loan]; **~ auf Grund und Boden** mortgage [on real estate]; **die erste/zweite/dritte ~** the first/second/third mortgage; **mit ~en belastbar/belastet** mortgageable/mortgaged [*or* encumbered]; **formlose/nachstehende ~** equitable/puisne mortgage; **eine ~ auf seinem Haus haben** to have mortgaged one's house; **eine ~ [auf etw** *akk*] **aufnehmen** to take out a mortgage [on sth]; **etw mit einer ~ belasten** to encumber sth with a mortgage; **eine ~ eintragen** to register a mortgage; **eine ~ tilgen** to redeem a mortgage
❷ *(geh: Belastung)* burden; *(fig a.)* millstone around one's neck

hy·po·the·ka·risch [hypote'ka:rɪʃ] **I.** *adj* mortgage *attr,* hypothecary; **~e Belastung von unbeweglichen Gütern** mortgage
II. *adv* **etw ~ belasten** to mortgage [*or* encumber] sth

Hy·po·the·kar·zins <-es, -en> *m* FIN SCHWEIZ *(Hypothekenzins)* mortgage interest

Hy·po·the·ken·auf·nah·me *f* FIN taking out a mortgage

Hy·po·the·ken·bank <-banken> *f bank dealing primarily with mortgage business* **Hy·po·the·ken·bank·ge·setz** *nt* JUR mortgage banks act

Hy·po·the·ken·be·las·tung *f* FIN encumbrance [by mortgage] **Hy·po·the·ken·be·schaf·fung** *f* JUR mortgage assistance **Hy·po·the·ken·be·stel·lung** *f* creation of a mortgage; **formelle ~** charge by way of legal mortgage **Hy·po·the·ken·brief** *m* mortgage certificate [*or* deed] **Hy·po·the·ken·dar·le·hen** *nt* JUR mortgage loan **Hy·po·the·ken·for·de·rung** *f* JUR mortgage claim [*or* debt] **hy·po·the·ken·frei** *adj* JUR unmortgaged, unencumbered **Hy·po·the·ken·gläu·bi·ger(in)** *m(f)* JUR mortgagee, mortgage creditor **Hy·po·the·ken·kla·ge** *f* JUR foreclosure action **Hy·po·the·ken·last** *f* mortgage burden **Hy·po·the·ken·pfand·brief** *m* JUR mortgage bond **Hy·po·the·ken·schuld** *f* mortgage [*or* hypothecary] debt **Hy·po·the·ken·schuld·ner(in)** *m(f)* mortgagor **Hy·po·the·ken·stel·le** *f* JUR mortgage ranking **Hy·po·the·ken·til·gung** *f* JUR mortgage redemption; *(einzelne Zahlung)* mortgage payment [*or* repayment] **Hy·po·the·ken·über·nah·me** *f* JUR acceptance of a mortgage **Hy·po·the·ken·zin·sen** *pl* JUR mortgage interest

Hy·po·ther·mie <-, Hypothermien> [hypotɛr'mi:, *pl* -i:ən] *f* MED hypothermia

Hy·po·the·se <-, -n> [hypo'te:zə] *f* hypothesis; **eine ~ aufstellen/widerlegen** to advance/refute a hypothesis

hy·po·the·tisch [hypo'te:tɪʃ] *adj* hypothetical

Hy·po·to·nie <-, -n> [hypoto'ni:] *f* MED ❶ *(niederer Blutdruck)* hypotension
❷ *(bei Muskeln)* hypotonia, hypotonus
❸ *(beim Augapfel)* hypotonia, deficient intra-ocular tension

Hy·po·zins <-es, -en> *m bes* SCHWEIZ FIN *kurz für* **Hypothekenzins** mortgage interest

Hys·te·rie <-, -n> [hʏste'ri:] *f* ❶ MED hysteria
❷ *(Erregung)* hysteria; ***man spürte eine allgemeine ~*** there was a general air of hysteria

hys·te·risch [hʏs'te:rɪʃ] *adj* ❶ MED hysterical; **einen ~en Anfall haben** to have hysterics
❷ *(nervös)* hysterical

Hz *Abk von* **Hertz** Hz

I

I, i <-, - *o fam* -s, -s> [i:] *nt (Buchstabe)* I, i; **~ wie Ida** I for [*or* as in] Isaac; *s. a.* **A 1**
▸WENDUNGEN: **das Tüpfelchen auf dem ~** the final touch, the cherry on top

i [i:] *interj* ❶ *(fam: Ausdruck von Ablehnung, Ekel)* ugh; **~, wie ekelig** ugh, that's horrible
❷ *(abwertend)* **~ wo!** no way! *fam*

i.A. *Abk von* **im Auftrag** pp

IAEO <-> [i:ʔa:ʔe:'ʔo:] *f kein pl Abk von* **internationale Atomenergie-Organisation** IAEO, International Atomic Energy Organization

iah ['i:'a:] *interj* hee-haw

i. Allg.[RR] *Abk von* **im Allgemeinen** in general

IAO <-> [i:ʔa:'ʔo:] *f kein pl Abk von* **internationale Arbeitsorganisation** ILO

IATA <-> ['i̯a:ta] *f kein pl Akr von* **International Air Transport Association** IATA

Iba·dit <-en, -en> [iba'di:t] *m* REL Ibadite

ib(d). *Abk von* **ibidem** ib.

ibe·risch [i'be:rɪʃ] *adj* Iberian

ibid. *Abk von* **ibidem** ibid.

IBIS <-> ['i:bɪs] *nt kein pl Akr von* **integriertes Börsenhandels- und Informationssystem** integrated German stock exchange trading and information system

Ibis <-, -se> ['i:bɪs] *m* ORN ibis

IBIS-Han·del *m kein pl* BÖRSE dealing via IBIS, Ibis trading **IBIS-Sys·tem** *nt* IBIS system [*or* integrated German stock market trading and information system]

Ibi·za [i'bɪtsa] *nt* Ibiza

IC <-s, -s> [i:'tse:] *m Abk von* **Intercity** inter-city [train]

ICAO <-> [i:tse:ʔa:'ʔo:] *f kein pl Abk von* **International Civil Aviation Organization** ICAO

ICE <-s, -s> [i:tse:'ʔe:] *m Abk von* **Intercityexpress** ICE *(German high-speed train)*

ICE-Tras·se *f* high-speed train route **ICE-Zu·schlag** *m* Intercity Express surcharge

ich <*gen* meiner, *dat* mir, *akk* mich> [ɪç] *pron pers* I, me; **~ bin/war es** it's/it was me; ***~ bin es, dein Onkel Hans*** it's me, Uncle Hans; **~ nicht!** not me!; **~, der/die ...** me, who ...; ***~, der immer putzt ...*** me, who always cleans ...; **~ selbst** I myself; ***nicht einmal ~ selbst könnte die beiden Bilder auseinanderhalten*** not even I could tell the difference between the two pictures

Ich <-[s], -s> [ɪç] *nt* ❶ *(das Selbst)* self
❷ PSYCH *(Ego)* ego; **jds anderes** [*o* **zweites**] **~** sb's alter ego; **jds besseres ~** sb's better self

Ich-AG <-, -s> *f kurz für* **Ich-Arbeitgeber** Me plc *(business start-up grant to promote self-employment among the unemployed)* **ich·be·zo·gen** *adj* egocentric; *Äußerung* egotistic

Ich·er·zäh·ler(in)RR, **Ich-Er·zäh·ler(in)** *m(f)* LIT first-person narrator **Ich·er·zäh·lung** *f* LIT first-person narrative **Ich·form** *f* first person form; **in der ~** in the first person

Ich·thy·ol® <-s> [ɪçˈtyoːl] *nt kein pl* MED Ichthyol® *(dark brown or colourless liquid with antiseptic, anti-inflammatory and painkilling properties)*

Ich·thy·ol·sal·be *f* MED, PHARM Ichthyol ointment

Icon <-s, -s> [ˈaɪkən] *nt* INFORM icon

IC-Zu·schlag [iːˈtseː] *m* Intercity surcharge

IDA <-> [iːdeːˈʔaː] *f kein pl* JUR *Abk von* **International Development Association** IDA

ide·al [ideˈaːl] **I.** *adj* ideal; **eine ~e Lage** an ideal position; **~e Bedingungen** ideal conditions
II. *adv* ideally; **~ wohnen** to live in an ideal location

Ide·al <-s, -e> [ideˈaːl] *nt* ① *(erstrebenswerte Idee)* ideal; **das künstlerische ~** the artistic ideal; **[noch] ~e haben** to [still] have ideals; **keine ~e mehr haben** to no longer have any ideals
② *(Idealbild)* ideal; **das ~ einer Frau** the ideal woman; **das ~ der Schönheit** the ideal of beauty; **eine ~ an Gerechtigkeit** an ideal vision of justice

Ide·al·al·ter <-s, -> *nt bes* SCHWEIZ *(ideales Alter)* ideal [*or* perfect] age

Ide·al·be·set·zung *f* ideal cast[ing] **Ide·al·bild** *nt* ideal **Ide·al·fall** *m* ideal case; **im ~[e]** ideally **Ide·al·fi·gur** *f* ideal figure **Ide·al·ge·wicht** *nt* ideal [*or* optimum] weight

ide·a·li·sie·ren* [idealiˈziːrən] *vt* ■**jdn/etw ~** to idealize sb/sth; **ein idealisierendes Bild von etw** *dat* **haben** to have an idealized picture of sth

Ide·a·li·sie·rung <-, -en> *f* idealization

Ide·a·lis·mus <-> [ideaˈlɪsmʊs] *m kein pl* idealism

Ide·a·list(in) <-en, -en> [ideaˈlɪst] *m(f)* idealist

ide·a·lis·tisch *adj* idealistic

Ide·al·kon·kur·renz *f* JUR nominal coincidence of offences **Ide·al·lö·sung** *f* ideal solution **Ide·al·maß** *nt* ideal shape **ide·al·ty·pisch** *adj* PHILOS *(geh)* ideal-typical, idealized **Ide·al·ver·ein** *m* JUR non-profit-making association **Ide·al·vor·stel·lung** *f* ideal **Ide·al·zu·stand** *m* ideal situation [*or* state of affairs]

Idee <-, -n> [iˈdeː, *pl* iˈdeːən] *f* ① *(Einfall, Vorstellung)* idea; **eine blendende** [*o* **glänzende**] **~** *(fam)* a bright idea; **eine fixe ~** obsession; **eine ~ haben** *(fig)* to have an idea; ***du hast manchmal ~n!*** the ideas [*or* things] you come up with!; **keine** [*o fam* **nicht die leiseste** [*o* **geringste**]] **~ haben** to have no idea, to not have the faintest idea; ***hast du eine ~, wo er sein könnte*** do you have any idea where he might be?; **jdn auf eine ~ bringen** to give sb an idea; **eine ~ aufgreifen/übernehmen** to pick up on an idea; ***wer hat Sie denn auf diese ~ gebracht?*** who put this idea into your head?; **jdn auf die ~ bringen, etw zu tun** to give sb the idea of doing sth; **jdn auf andere ~n bringen** to take sb's mind off of sth/it; **auf eine ~ kommen** to get [*or* hit upon] an idea, to come up with an idea; ***wie kommst du denn auf die ~?*** whatever gave you that idea?; **jdm kommt eine ~** sb gets an idea, sb comes up with an idea; ***mir kommt da gerade eine ~*** I've just had an idea; **auf die ~ kommen, etw zu tun** *(fam)* to decide to do sth, to come up with the idea of doing sth
② *(ideale Vorstellung, Leitbild)* ideal; **humanistische ~n** humanistic ideas; **für seine ~ kämpfen** to fight for one's ideals; **die ~ eines vereinten Europas** the idea of a united Europe [*or* European Union]
③ *(ein wenig)* **keine ~ besser sein** *(fam)* to be not one bit better; **eine ~ ...** a touch ..., a tad ... *fam;* ***die Hose ist eine ~ zu eng*** these trousers are a bit too tight

ide·ell [ideˈɛl] *adj* spiritual; **der ~e Wert zählt** the intrinsic value counts

ide·en·arm *adj* unimaginative **Ide·en·ge·halt** *m* ideal **Ide·en·gut** *nt kein pl* set of ideas

ide·en·los *adj* unimaginative, devoid of ideas

Ide·en·lo·sig·keit <-> *f kein pl* unimaginativeness *no pl,* lack of imagination

Ide·en·ma·nage·ment *nt kein pl* ideas management **ide·en·reich** *adj* imaginative, full of ideas **Ide·en·reich·tum** *m kein pl* imaginativeness *no pl,* inventiveness *no pl* **Ide·en·welt** *f* world of ideas; **die ~ der Antike** the ideas of the ancient world

Iden [ˈiːdn̩] *pl* Ides + *sing/pl vb;* **die ~ des März** the Ides of March

Iden·ti·fi·ka·ti·on <-, -en> [idɛntifikaˈtsi̯oːn] *f* ① PSYCH identification; ■**jds ~ [mit jdm/etw]** sb's identification [with sb/sth]
② *s.* **Identifizierung**

Iden·ti·fi·ka·ti·ons·aus·weis *m kein pl (bei E-Cash)* ID card **Iden·ti·fi·ka·ti·ons·fi·gur** *f* role model **Iden·ti·fi·ka·ti·ons·num·mer** *f* identification number

iden·ti·fi·zie·ren* [idɛntifiˈtsiːrən] **I.** *vt* ① *(die Identität feststellen)* ■**jdn/etw [als etw] ~** to identify sb/sth [as sth]; ***bitte ~ Sie sich*** please identify yourself
② *(gleichsetzen)* ■**jdn mit etw** *dat* **~** to identify sb with sth
II. *vr* ■**sich** *akk* **mit jdm/etw ~** to identify with sb/sth; **sich** *akk* **mit seinem Beruf ~** to be married to one's job; ***ich kann mich nicht mit den Idealen der Partei ~*** I can't relate to the party's ideals

Iden·ti·fi·zie·rung <-, -en> *f* identification

iden·tisch [iˈdɛntɪʃ] *adj* identical; ■**[mit jdm] ~ sein** to be identical [to sb]; ***die Bilder sind völlig ~*** the pictures are indistinguishable [*or* identical]

Iden·ti·tät <-> [idɛntiˈtɛːt] *f kein pl* ① *(Echtheit)* identity; **seine ~ suchen/finden** to look for/find one's identity
② *(Übereinstimmung)* identicalness

iden·ti·täts·bil·dend *adj inv* identity-forming

iden·ti·täts·ge·prüft *adj* INFORM, FIN whose identity has been checked [*or* vetted] **Iden·ti·täts·irr·tum** *m* JUR mistaken identity **Iden·ti·täts·kar·te** *f bes* SCHWEIZ *(Personalausweis)* identity card **Iden·ti·täts·kri·se** *f* PSYCH identity crisis **Iden·ti·täts·nach·weis** *m* proof of identity **iden·ti·täts·stif·tend** *adj* SOZIOL *(geh)* serving identity development **Iden·ti·täts·stif·tung** *f kein pl* SOZIOL formation of a national identity **Iden·ti·täts·täu·schung** *f* JUR imposture, impersonation **Iden·ti·täts·ver·lust** *m kein pl* PSYCH loss of identity *no pl*

Ideo·lo·ge, Ideo·lo·gin <-n, -n> [ideoˈloːgə, ideoˈloːgɪn] *m, f* ① *(Vertreter einer Ideologie)* ideologist, ideologue
② *(veraltend: weltfremder Schwärmer)* hopeless idealist

Ideo·lo·gie <-, -n> [ideoloˈgiː, *pl* ideoloˈgiːən] *f* ideology; **demokratische ~** democratic ideology; **politische ~n** political ideology *sing*

ideo·lo·gie·frei *adj* POL, SOZIOL, PHILOS free of ideologies **Ideo·lo·gie·kri·tik** *f* ideological criticism **ideo·lo·gie·kri·tisch** *adj* critical of ideology

Ideo·lo·gin <-, -nen> *f fem form von* **Ideologe**

ideo·lo·gisch [ideoˈloːgɪʃ] **I.** *adj* ① *(eine Ideologie betreffend)* ideological; **~e Vorgaben** ideological premises; **~ gefestigt sein** to be ideologically sound
② *(pej veraltend: weltfremden Theorien anhängend)* idealist
II. *adv* ideologically

ideo·lo·gi·sie·ren* [ideologiˈziːrən] *vt* ■**jdn ~** to indoctrinate sb

Idi·om <-s, -e> [iˈdi̯oːm] *nt* ① *(geh: eigentümlicher Sprachgebrauch einer Gruppe)* idiom; **ein schwer verständliches ~** an almost incomprehensible idiom
② *(Redewendung)* idiom, saying

Idio·ma·tik <-> [idi̯oˈmaːtɪk] *f kein pl* ① *(Wissenschaft)* idiomology
② *(Aufstellung von Redewendungen)* glossary of idioms
③ *(Darstellung und Gebrauch)* use of phraseology [*or* idioms]

idio·ma·tisch [idi̯oˈmaːtɪʃ] **I.** *adj* idiomatic
II. *adv* idiomatically

idio·morph [idi̯oˈmɔrf] *adj* GEOL idiomorphic

Idi·ot(in) <-en, -en> [iˈdi̯oːt] *m(f)* ① *(pej fam: Dummkopf)* idiot, prat BRIT
② MED *(veraltet: Schwachsinniger)* idiot

Idi·o·ten·hü·gel *m (hum fam)* nursery [*or* beginner's] slope **idi·o·ten·si·cher** **I.** *adj (hum fam)* foolproof **II.** *adv (fam)* effortlessly

Idi·o·tie <-, -n> [idi̯oˈtiː] *f* ① *(pej fam: dummes Verhalten)* idiocy
② MED *(veraltet: Schwachsinn)* idiocy

Idi·o·tin <-, -nen> *f fem form von* **Idiot**

idi·o·tisch [iˈdi̯oːtɪʃ] *adj (fam)* idiotic, stupid; **etw ~ finden** to find sth idiotic; ***wie ~ von mir*** how stupid [*or* idiotic] of me

Idol <-s, -e> [iˈdoːl] *nt* ① *(Vorbild)* idol; **in jdm ein ~ sehen** to see sb as one's idol; **zum ~ werden** to become an idol
② KUNST *(Götzenbild)* idol

Idyll <-s, -e> [iˈdʏl] *nt* idyll; **ein ländliches ~** a rural [*or* pastoral] idyll

Idyl·le <-, -n> [iˈdʏlə] *f* ① LIT *(Darstellung)* idyll
② *(Zustand)* idyll, idyllic situation

idyl·lisch [iˈdʏlɪʃ] **I.** *adj* ① *(einem Idyll gemäß)* idyllic; **eine ~e Landschaft** an idyllic countryside
② LIT *(pastoral friedlich)* idyllic
II. *adv* idyllically

IE, I.E. [iːˈʔeː] *Abk von* **internationale Einheit** IU

IEA <-> [iːʔeːˈʔaː] *f kein pl Abk von* **internationale Energieagentur** IEA

Ifo <-[s], -s> [ˈiːfoː] *nt* JUR *Akr von* **Institut für Wirtschaftsforschung** Institute for Economic Research

IG <-, -s> [iːˈgeː] *f Abk von* **Industriegewerkschaft** industrial trade union

Ig·bo <-> [ˈɪgbo] *nt* ■**das ~** Ibo, Igbo

Igel[1] <-s, -> [ˈiːgl̩] *m* ① *(Stacheltier)* hedgehog
② *(hum fam: sehr kurzer Haarschnitt)* crew cut

Igel[2] [ˈiːgl̩] *pl Akr von* **individuelle Gesundheitsleistungen** individual medical payments *pl*

IGH <-> [iːgeːˈhaː] *m kein pl Abk von* **internationaler Gerichtshof** ICJ, International Court of Justice

igitt, igit·ti·gitt [iˈgɪt(igɪt)] *interj* ugh, yuk, yuck

Ig·lu <-s, -s> [ˈiːglu] *m o nt* igloo

Ig·lu·zelt *nt* igloo tent

Ig·no·rant(in) <-en, -en> [ɪgnoˈrant] *m(f) (pej geh)* ignoramus *hum form;* **künstlerischer ~** sb with no idea about art

Ig·no·ranz <-> [ɪgnoˈrants] *f kein pl (pej geh)* ignorance *no pl*

ig·no·rie·ren* [ɪgnoˈriːrən] *vt* ■**jdn/etw ~** to ignore sb/sth; ■**~, dass** to ignore the fact that

Igu·a·na <-, -s> [iˈgu̯aːna] *f (Reptil)* iguana

IHK <-, -s> [iːhaːˈkaː] *f Abk von* **Industrie- und Handelskammer** Chamber of Industry and Commerce

ihm [iːm] *pron pers dat von* **er, es**[1] ① *(dem Genannten)* him; ***es geht ~ nicht gut*** he doesn't feel very well; *nach präp* him; ***ich war gestern bei ~*** I was at his place yesterday; ***das ist ein Freund von ~*** he's a friend of his
② *bei Tieren und Dingen (dem genannten Tier oder Ding)* it; *bei Haustieren* him

ihn [iːn] *pron pers akk von* **er** ① *(den Genannten)* him; ***ich liebe ~*** I love him
② *bei Tieren und Dingen (das genannte Tier oder Ding)* it; *bei Haustieren* him

ih·nen [ˈiːnən] *pron pers dat pl von* **sie** them; *nach präp* them; ***ich war die ganze Zeit bei ~*** I was at their place the whole time

Ih·nen [ˈiːnən] *pron pers dat sg o pl von* **Sie** you; ***schönes Wochenende! — ~ auch*** have a nice weekend! — you too [*or* and you]; *nach präp* you

ihr[1] <*gen* euer, *dat* euch, *akk* euch> [iːɐ̯] *pron pers 2. pers. pl nom von* **sie** you ① *(Anrede an Personen, die man duzt)* **~ seid herzlich willkommen** you're very welcome; **~ *Lieben!*** my dears!
② *(veraltet: Anrede an Einzelperson)* thou *hist*

ihr[2] [iːɐ̯] *pron pers dat sing von* **sie** *(der Genannten)* her; ***ich habe ~ vertraut*** I trusted her

ihr[3] [iːɐ̯] *pron poss, adjektivisch* ① *sing* her; **~ Kleid** her dress; **~ letzter Film** her last film
② *pl* their; **Eltern mit ~en Kindern** parents with their children

Ihr [iːɐ̯] *pron poss, adjektivisch* ① *sing* your; **~ *Brief***

hat mich sehr berührt your letter was very touching
❷ *pl* your; ***wir freuen uns über ~ zahlreiches Erscheinen*** we are pleased to see so many of you here today

ih·re(r, s) *pron poss, substantivisch* ❶ *sing (dieser weiblichen Person)* her; ***das ist nicht seine Aufgabe, sondern*** ~ that isn't his task, it's hers; ■**der/die/das** ~ hers
❷ *pl* theirs

Ih·re(r, s)[1] *pron poss, substantivisch, auf Sie bezüglich* ❶ *sing* your; ■**der/die/das** ~ yours; ***ich bin ganz/ stets der*** ~ I am always at your service
❷ *pl* your; ■**der/die/das** ~ yours
❸ *sing und pl (Angehörige)* ■**die ~n** your loved ones
❹ *sing und pl (Eigentum)* ■**das** ~ yours; *(was Ihnen zukommt)* what you deserve; ***Sie haben alle das ~ getan*** you have all done your bit

Ih·re(r, s)[2] *pron poss, substantivisch, auf sie sing bezüglich* ❶ *(Angehörige)* ■**der/[die]** ~**[n]** her loved one[s]; ***sie dachte immer an die ~n*** she always thought of her family
❷ *(Eigentum)* ■**das** ~ hers
❸ *(was ihr zukommt)* **das** ~ ***besteht darin, sich um die Korrespondenz zu kümmern*** its her job to deal with the correspondence

Ih·re(r, s)[3] *pron poss, substantivisch, auf sie pl bezüglich* ❶ *(Angehörige)* ■**der/[die]** ~**[n]** their loved ones
❷ *(Eigentum)* ■**das** ~ their things
❸ *(was ihnen zukommt)* ***nun müssen die Mitarbeiter das ~ tun*** now the workers have to do their bit

ih·rer *pron pers gen von* **sie** ❶ *sing (geh)* her
❷ *pl (geh)* them; ***es waren ~ sechs*** there were six of them

Ih·rer *pron pers (geh) gen von* **Sie** ❶ *sing* [of] you
❷ *pl* you

ih·rer·seits [ˈiːreˈzaits] *adv* ❶ *sing* for her [*or* its] part
❷ *pl* for their part

Ih·rer·seits [ˈiːreˈzaits] *adv sing o pl (von Ihrer Seite aus)* for your part

ih·res·glei·chen [ˈiːrəsˈglaiçn̩] *pron* ❶ *sing (Leute wie sie (sing f))* her [own] kind, people like her, her sort, the likes of her *pej;* ***sie pflegt nur Kontakte zu*** ~ she only has contact with her own kind
❷ *pl (Leute wie sie (pl))* their [own] kind

Ih·res·glei·chen [ˈiːrəsˈglaiçn̩] *pron* ❶ *sing (Leute wie Sie)* people like you; ***Sie umgeben sich nur mit*** ~ you are only surrounded by your own sort
❷ *pl (pej: Leute wie Sie)* your [own] kind
❸ *(solches Pack wie Sie)* your sort, the likes of you *a. pej;* ***ich kenne [Sie und]*** ~ I know your kind!

ih·ret·hal·ben [ˈiːrətˈhalbn̩] *adv (veraltend) s.* **ihretwegen**

Ih·ret·hal·ben [ˈiːrətˈhalbn̩] *adv (veraltend) s.* **Ihretwegen**

ih·ret·we·gen [ˈiːrətˈveːgn̩] *adv* ❶ *fem sing (wegen ihr)* as far as she is/was concerned; ~ ***brauchen wir uns keine Sorgen zu machen*** we don't need to worry about her
❷ *pl (wegen ihnen)* as far as they are/were concerned; ***ich mache mir ~ schon Sorgen*** I'm starting to worry about them

Ih·ret·we·gen [ˈiːrətˈveːgn̩] *adv sing/pl* because of you, for you; ***ich bin nur ~ hiergeblieben*** I've only stayed here for you

ih·ret·wil·len [ˈiːrətˈvɪlən] *adv* ■**etw um ~ tun** *(ihr zuliebe)* to do sth for her [sake]; *(ihnen zuliebe)* for them, for their sake

Ih·ret·wil·len [ˈiːrətˈvɪlən] *adv sing und pl* ■**etw um ~ tun** to do sth for you, for your sake; ***das tue ich nur um*** ~ I'm only doing it because it's you

ih·ri·ge(r, s) <-n, -n> [ˈiːrɪgə, ˈiːrɪgɐ, ˈiːrɪgəs] *pron poss (veraltend geh) s.* **ihre(r, s)**

Ih·ri·ge(r, s) <-n, -n> [ˈiːrɪgə, ˈiːrɪgɐ, ˈiːrɪgəs] *pron poss (veraltend geh) s.* **Ihre(r, s)**

IHS [iːhaːˈʔɛs] *f* FIN *Abk von* **Inhaberschuldverschreibung** bearer [*or* debenture] bond

i. J. *Abk von* **im Jahre** in the year of

Ijs·sel·meer <-s> [ɛi̯səlˈmeːr] *nt* IJsselmeer

Ikon <-s, -> [iˈkoːn] *nt* INFORM *s.* **Icon**

Iko·ne <-, -n> [iˈkoːnə] *f* icon

Iko·nen·blick *m expression in the eyes of icons;* ***ein schwermütiger*** ~ melancholy eyes typical of icons **Iko·nen·wand** *f* KUNST iconostas[is]

Iko·sa·eder [ikozaˈʔeːdɐ] *m kein pl* SCI icosahedron

IKRK <-> [iːkaːʔɛrˈkaː] *nt kein pl Abk von* **internationales Komitee vom Roten Kreuz** ICRC

Ik·te·rus <-> [ˈɪkterʊs] *m kein pl* MED icterus

Ilex <-> [ˈiːlɛks] *m kein pl* BOT holly

il·le·gal [ˈɪlegaːl] *adj* illegal

Il·le·ga·le(r) [ˈɪlegaːlə, ˈɪlegaːlɐ] *f(m)* illegal [immigrant]

Il·le·ga·li·tät <-, -en> [ˈɪlegalitɛːt, ɪlegaliˈtɛːt] *f* ❶ *kein pl (Gesetzwidrigkeit)* illegality; **in der ~ leben** to lead a life of crime
❷ *(illegale Tätigkeit)* something illegal; ***ich beteilige mich nicht an ~ en*** I'm not getting involved in anything illegal

il·le·gi·tim [ˈɪlegitiːm, ɪlegiˈtiːm] *adj* ❶ *(unrechtmäßig)* unlawful, illegitimate; **eine ~e Thronfolge** an illegitimate line of succession
❷ *(unehelich)* illegitimate; **ein ~es Kind** an illegitimate child
❸ *(nicht berechtigt)* wrongful; **eine ~e Forderung** an unjust demand

il·li·quid [ˈɪlikviːt, ɪlikˈviːt] *adj (fachspr)* illiquid *spec*

Il·li·qui·di·tät <-> [ˈɪlikviditɛːt, -ˈtɛːt] *f kein pl* FIN illiquidity, insolvency **Il·li·qui·di·täts·ri·si·ko** *nt* FIN illiquidity [*or* insolvency] risk

Il·lit [ɪˈliːt] *f* GEOL illite

il·lo·yal [ˈɪlo̯ajaːl, ɪlo̯aˈjaːl] **I.** *adj (geh)* disloyal; **eine ~e Einstellung gegenüber jdm/etw haben** to have a disloyal attitude towards sb/sth
II. *adv* disloyally; **sich** *akk* **~ gegenüber jdm/etw verhalten** to behave disloyally towards sb/sth

Il·lo·ya·li·tät <-, -en> [ˈɪlo̯ajalitɛːt, ɪlo̯ajaliˈtɛːt] *f pl selten (geh)* disloyalty

Il·lu·mi·na·ti·on <-, -en> [ɪluminaˈtsi̯oːn] *f* ❶ *(Beleuchtung)* illumination *form*
❷ REL *(göttliche Erleuchtung)* enlightenment
❸ KUNST *(Buchmalerei)* illumination

il·lu·mi·nie·ren* [ɪlumiˈniːrən] *vt (geh)* ❶ *(festlich beleuchten)* ■**etw** ~ to illuminate sth *form*
❷ KUNST *(mit Buchmalerei versehen)* to illuminate

Il·lu·si·on <-, -en> [ɪluˈzi̯oːn] *f* illusion; **kindliche ~en** childish illusions; **~en haben** to have illusions, to delude oneself; **sich** *akk* **einer ~ hingeben** to be under an illusion; **sich** *akk* **der ~ hingeben, [dass]** to be under the illusion [that]; **sich** *dat* **[über etw** *akk*] **~en machen** to harbour [*or* AM -or] illusions [about sth]; **einer ~ nachjagen** to chase dreams; **sich** *dat* **keine ~en machen** to not have any illusions; **jdm alle ~en nehmen** [*o* **rauben**] to dispel [*or* strip sb of] all of sb's illusions

il·lu·si·o·när [ɪluzi̯oˈnɛːɐ̯] *adj (geh)* ❶ *(auf Illusionen beruhend)* illusory *form;* ***er hat völlig ~e Vorstellungen vom Leben*** he has totally illusory conceptions of life
❷ KUNST illusionary

il·lu·si·ons·los *adj* without any illusions *pred,* having no illusions *pred*

il·lu·so·risch [ɪluˈzoːrɪʃ] *adj* ❶ *(trügerisch)* illusory
❷ *(zwecklos)* pointless, futile

il·lus·ter [ɪˈlʊstɐ] *adj (geh)* illustrious *fam;* **ein illustrer Kreis** an illustrious circle

Il·lus·tra·ti·on <-, -en> [ɪlʊstraˈtsi̯oːn] *f* ❶ *(Abbildung zu einem Text)* illustration
❷ *(Veranschaulichung)* illustration; **zur ~ von etw** *dat* to illustrate sth

Il·lus·tra·ti·ons·druck *m* illustration [*or* magazine] printing **Il·lus·tra·ti·ons·pro·gramm** *nt* INFORM illustration program

il·lus·tra·tiv [ɪlʊstraˈtiːf] *adj (geh)* ❶ *(als Illustration dienend)* illustrative; **eine ~e Zeichnung** an illustrational drawing
❷ *(anschaulich)* illustrative, illustratory

Il·lus·tra·tor(in) <-s, -toren> [ɪlʊsˈtraːtoːɐ̯, *pl* ɪlʊstraˈtoːrən] *m(f)* illustrator

il·lus·trie·ren* [ɪlʊsˈtriːrən] *vt* ❶ *(bebildern)* ■**etw** [**mit etw** *dat*] ~ to illustrate sth [with sth]
❷ *(geh: veranschaulichen)* ■[**jdm**] **etw** ~ to illustrate sth [to/for sb]

il·lus·triert *adj* illustrated

Il·lus·trier·te <-n, -n> *f* magazine, illustrated *dated*

Il·lus·trie·rung <-, -en> *f* illustration

ILO <-> [iːʔɛlˈʔoː] *f kein pl Abk von* **International Labour Organization** ILO

Il·tis <-ses, -se> [ˈɪltɪs] *m* ❶ *(Raubtier)* polecat
❷ *(Fell des Iltis)* polecat [fur], fitch; [**einen**] **~ tragen** to wear [a] polecat fur

im [ɪm] = **in dem** ❶ *(sich dort befindend)* in the; **~ Bett** in bed; **~ Haus** at the house; **~ Januar** in January; **~ Begriff sein, etw zu tun** to be about to do sth; **~ Prinzip** in principle; **~ Bau sein** to be under construction
❷ *(dabei seiend, etw zu tun)* while; **etw ist ~ Kommen** sth is coming; **er ist noch ~ Wachsen** he is still growing

IM <-s, -s> [iːˈʔɛm] *m o f Abk von* **inoffizieller Mitarbeiter** [Stasi] collaborator

Image <-[s], -s> [ˈɪmɪtʃ] *nt* image; **ein gutes/ schlechtes ~ haben** to have a good/poor image; **jds ~ aufpolieren** to improve sb's image; **sein ~ pflegen** to be image-conscious

Image·pfle·ge *f kein pl* image-making *no pl;* **~ treiben** to maintain an image

Image·scha·den [ˈɪmɪtʃ-] *m* damage to sb's [public] image **Image·ver·bes·se·rung** *f* image improvement **Image·ver·lust** *m* blow to one's image, loss of face *fam*

ima·gi·när [imagiˈnɛːɐ̯] *adj (geh)* imaginary

Ima·gi·na·ti·on <-, -en> [imaginaˈtsi̯oːn] *f (geh)* imagination

Imam <-s, -e> [iˈmaːm] *m* Imam

Ima·mit <-en, -en> [imaˈmiːt] *m* REL Imamite

Im·biss[RR] <-es, -e>, **Im·biß**[ALT] <-sses, -sse> [ˈɪmbɪs] *m* ❶ *(kleine Mahlzeit)* snack; **einen ~ zu sich** *dat* **nehmen** to have a snack; **einen ~ reichen** to offer a snack
❷ *(fam) s.* **Imbissstand**

Im·biss·hal·le[RR] *f* fast food restaurant **Im·biss·stand**[RR] *m* fast food stall **Im·biss·stu·be**[RR] *f* snack bar, cafe

Imi·tat <-[e]s, -e> [imiˈtaːt] *nt* imitation, fake

Imi·ta·ti·on <-, -en> [imitaˈtsi̯oːn] *f* imitation

Imi·ta·tor(in) <-s, -toren> [imiˈtaːtoːɐ̯, *pl* imitaˈtoːrən] *m(f)* imitator; *(von Personen)* impressionist

imi·tie·ren* [imiˈtiːrən] *vt* ■**etw** ~ to imitate sth; ■**jdn** ~ to imitate sb; *(im Kabarett)* to impersonate sb; **imitierter Schmuck** imitation jewellery [*or* AM jewelry]

Im·ker(in) <-s, -> [ˈɪmkɐ] *m(f)* bee-keeper, apiarist

Im·ke·rei <-, -en> [ɪmkəˈrai̯] *f (Betrieb)* apiary; *(Beruf, Bienenzucht)* beekeeping, apiculture

Im·ke·rin <-, -nen> *f fem form von* **Imker**

im·ma·nent [ɪmaˈnɛnt] *adj (geh)* immanent

Im·ma·nenz <-> [ɪmaˈnɛnts] *f kein pl (geh)* immanence

Im·ma·te·ri·al·ei·gen·tum [ɪmateˈri̯aːl-] *nt* JUR immaterial property

Im·ma·te·ri·al·gü·ter *pl* JUR intangibles, intangible assets *pl* **Im·ma·te·ri·al·gü·ter·recht** *nt* JUR law of incorporeal things

Im·ma·te·ri·al·scha·den *m* JUR nominal [*or* non-physical] damage

im·ma·te·ri·ell [ˈɪmateri̯ɛl, ɪmateˈri̯ɛl] *adj (geh)* immaterial; JUR intangible

Im·ma·tri·ku·la·ti·on <-, -en> [ɪmatrikulaˈtsi̯oːn] *f* matriculation; *(an der Universität)* registration

im·ma·tri·ku·lie·ren* [ɪmatrikuˈliːrən] **I.** *vt* ❶ *(einschreiben)* ■**jdn** ~ to matriculate [*or* register] sb; ■**immatrikuliert sein** to be matriculated *form,* to be registered
❷ SCHWEIZ *(zulassen)* **ein Fahrzeug** ~ to register a vehicle
II. *vr (sich einschreiben)* ■**sich** *akk* ~ to matriculate, to register

Im·me <-, -n> [ˈɪmə] *f (poet: Biene)* bee

im·mens [ɪˈmɛns] *adj (geh)* immense, huge

im·mer ['ɪmɐ] **I.** *adv* ① *(stets)* always, all the time; ***das macht er ~*** he's always doing that, he does that all the time; ***~ dieser Nebel/Regen!*** it's always foggy/raining!, it's foggy/raining all the time!; ***~ diese Katzen!*** those damned cats! *fam;* ***es ist ~ dasselbe!*** it's always the same!; ***~ der/die Deine!*** *(veraltet: in Brief)* yours ever, ever yours; **auf ~** *(veraltet)* for all time; **~ und ewig** for ever [and ever]; *(jedes Mal)* always; **für ~** forever; ***das ist für ~ vorbei*** that's over and done with [*or* over for good]; **~ nicht** *(nie)* never; *(fast nie)* almost never; **nicht ~** not always; **schon ~** [*o* **~ schon**] always; ***es war schon ~ so*** it's always been like that [*or* been that way]; ***das wollte ich ~ schon einmal tun*** I've always wanted to do that; ***ich habe es schon ~ gewusst*** I knew that all along; *(vermutet)* I suspected as much; **~ und überall** always; **~ und ~** again and again; **~ während** perpetual; *Freundschaft, Glück* eternal, everlasting; **der ~ währende Kalender** the perpetual calendar; **wie ~** *(üblich)* as always [*or* usual]; *(gewohnt)* as one/sb/sth has always done it
② *(jedes Mal)* **~ *ich!*** *(fam)* why is it always me?, [it's] always me!; **~ wenn ...** every time [that] ...; ***~ wenn ich spazieren gehen will, regnet es*** why does it always rain when I want to go for a walk?; **~ wieder** again and again, over and over [again], time and time again; **etw ~ wieder tun** to keep on doing sth
③ + *comp adj, adv (zunehmend)* ***jedes ~ besser als das andere*** each even better than the other; **~ ärmer/reicher** increasingly [*or* ever] poorer/richer, poorer and poorer/richer and richer; **~ größer** ever larger, larger and larger; **~ häufiger** more and more frequently; **~ kleiner** smaller and smaller; **~ mehr** more and more; **~ mehr wachsen** to keep on growing
④ *(fam: jeweils)* at a time; ***~ am vierten Tag*** every fourth day; ***er nahm ~ zwei Stufen auf einmal*** he took two steps at a time
⑤ *(auch)* **wann/was/wer/wie/wo** [**auch**] **~** whenever [*or* when ever]/whatever [*or* what ever]/whoever [*or* who ever]/how ever/wherever [*or* where ever]; ***wen ~ sie sieht*** whoever [*or form or liter* whomever] she sees; **wenn ~ möglich** SCHWEIZ as often as possible
II. *part* ① *in Aussagen, Fragen* **~ noch** [*o* **noch ~**] still; **~ noch** [*o* **noch ~**] **nicht** still not; ***ist er denn ~ noch nicht zurück?*** is he still not back?, is he not back yet?; **~ mal wieder** every now and again
② *mit Modalverben (nur)* possibly; ***so schnell du ~ kannst*** as fast as you possibly can
③ *in Aufforderungen, Fragen (fam: bloß)* ***lass ihn nur ~ tun!*** let him do what he wants!; ***lass sie nur ~ kommen!*** keep them coming!; ***lass uns ~ verschwinden!*** let's get out of here!; ***~ langsam voran!*** take your time!, not so fast!; ***~ mit der Ruhe!*** take it easy!, calm down!; ***~ weiter!*** just [you] carry on!, go ahead!; ***nur ~ her damit!*** hand it over!, let's have it [then]!; ***was machst du denn ~?*** so what do you do?

im·mer·dar ['ɪmɐ'da:ɐ̯] *adv (geh)* forever; **jetzt und ~** for now and ever more; ***„~ und in alle Ewigkeit, Amen!"*** "forever and ever, amen" **im·mer·fort** ['ɪmɐ'fɔrt] *adv* continually, constantly **im·mer·grün** ['ɪmɐgry:n] *adj attr* evergreen **Im·mer·grün** ['ɪmɐgry:n] *nt* evergreen, periwinkle; **das große/kleine ~** the periwinkle/lesser periwinkle **im·mer·hin** ['ɪmɐ'hɪn] *adv* ① *(wenigstens)* at least ② *(schließlich)* after all; ***~ ist er älter als du*** after all he is older than you ③ *(allerdings, trotz allem)* all the same, at any rate, anyhow; **~!** all the same! **im·mer·wäh·rend** *adj attr (geh) s.* **immer I 1 im·mer·zu** ['ɪmɐ'tsu:] *adv s.* **immerfort**

Im·mi·grant(in) <-en, -en> [ɪmi'grant] *m(f)* immigrant

Im·mi·gra·ti·on <-, -en> [ɪmigra'tsi̯o:n] *f* immigration

im·mi·grie·ren* [ɪmi'gri:rən] *vi sein* to immigrate

Im·mis·si·on <-, -en> [ɪmɪ'si̯o:n] *f* ÖKOL release of pollutants

Im·mis·si·ons·scha·den *m* ÖKOL pollution damage

Im·mis·si·ons·schutz *m* ÖKOL protection against pollution [*or* noxious intrusions]

im·mo·bil ['ɪmobi:l] *adj (geh)* ① *(unbeweglich)* immobile; ÖKON *(bei Vermögen)* real, immovable
② MIL *(nicht kriegsbereit)* not on a war footing; **~e Truppe/Einheit** troops/unit unable to engage the enemy

Im·mo·bi·li·ar·be·sitz [ɪmobi'li̯a:ɐ̯-] *m* JUR landed property, real-estate holdings *pl* **Im·mo·bi·li·ar·kla·ge** *f* JUR action concerning real estate **Im·mo·bi·li·ar·kre·dit** *m* FIN real-estate credit **Im·mo·bi·li·ar·ver·trag** *m* JUR real estate contract

Im·mo·bi·lie <-, -n> [ɪmo'bi:li̯ə] *f meist pl* real estate *no pl;* ■**~n** property *no pl;* **eine ~ veräußern** to dispose of a property; **Geld in ~n anlegen** to invest money in property

Im·mo·bi·li·en·an·la·ge *f* FIN real estate investment **Im·mo·bi·li·en·be·reich** *m* real estate sector **Im·mo·bi·li·en·be·sitz** *m* JUR landed property, real-estate holdings *pl* **Im·mo·bi·li·en·be·stand** *m* real estate **Im·mo·bi·li·en·bran·che** *f* real estate business **Im·mo·bi·li·en·fi·nan·zie·rung** *f* real estate financing **Im·mo·bi·li·en·fonds** *m* property fund **Im·mo·bi·li·en·ge·sell·schaft** *f* JUR real estate [*or* property] company

Im·mo·bi·li·en·hai *m (pej fam)* real estate shark *pej fam* **Im·mo·bi·li·en·han·del** *m* real estate trading **Im·mo·bi·li·en·händ·ler(in)** *m(f)* property dealer, real estate dealer, realtor AM **Im·mo·bi·li·en·hol·ding** *f* JUR real-estate holding **Im·mo·bi·li·en·in·ves·tor(in)** *m(f)* real estate investor **Im·mo·bi·li·en·kre·dit** *m* FIN real estate loan **Im·mo·bi·li·en·kun·de, -kun·din** *m, f* real estate customer

Im·mo·bi·li·en-Lea·sing [-li:zɪŋ] *nt* FIN real estate leasing **Im·mo·bi·li·en-Lea·sing·ver·trag** *m* JUR real estate leasing contract

Im·mo·bi·li·en·mak·ler(in) *m(f)* estate agent **Im·mo·bi·li·en·markt** *m* ÖKON property market **Im·mo·bi·li·en·ob·jekt** *nt* real estate property **Im·mo·bi·li·en-Ra·ting** [-re:tɪŋ] *nt* FIN real estate rating **Im·mo·bi·li·en·un·ter·neh·men** *nt* real estate company **Im·mo·bi·li·en·ver·mitt·lung** *f* real estate brokerage **Im·mo·bi·li·en·ver·wal·tung** *f* HANDEL property management **Im·mo·bi·li·en·wirt·schaft** *f* real estate industry

Im·mor·tel·le <-, -n> [ɪmɔr'tɛlə] *f* BOT immortelle, everlasting [flower]

im·mun [ɪ'mu:n] *adj* ① *(gefeit)* ■[**gegen etw** *akk*] **~ sein** *(a. fig)* to be immune [to sth]
② *(vor Strafverfolgung geschützt)* immune

Im·mun·ab·wehr *f* immune defence [*or* AM -se] [system]

Im·mun·de·fekt *m* MED immunodeficiency, immune deficiency **Im·mun·de·fekt-Vi·rus** *nt* MED immunodeficiency virus

Im·mun·glo·bu·lin <-s, -e> [ɪmunglobu'li:n] *nt* MED, CHEM immunoglobin

im·mu·ni·sie·ren* [ɪmuni'zi:rən] *vt* ■**jdn** [**gegen etw** *akk*] **~** to immunize sb [against sth]

Im·mu·ni·sie·rung <-, -en> *f* immunization

Im·mu·ni·tät <-, -en> [ɪmuni'tɛ:t] *f pl selten* ① *(Unempfänglichkeit)* ■**die/eine/jds ~** [**gegen etw** *akk*] [sb's] immunity [to sth]; **~ gegen Krankheitserreger** immunity to pathogens
② JUR *(Schutz vor Strafverfolgung)* immunity; **jds ~ aufheben** to withdraw sb's immunity; **diplomatische ~ genießen** to have [*or* enjoy] diplomatic immunity

Im·mu·no·lo·ge, Im·mu·no·lo·gin <-n, -n> [ɪmuno'lo:gə, ɪmuno'lo:gɪn] *m, f* immunologist

im·mu·no·lo·gisch *adj* MED immunological

Im·mun·re·ak·ti·on *f* MED immune response

Im·mun·schwä·che *f* immunodeficiency *spec* **Im·mun·schwä·che·krank·heit** *f* MED immunodeficiency syndrome

Im·mun·se·rum *nt* MED immune serum, immunserum **Im·mun·sys·tem** *nt* immune system **Im·mun·the·ra·pie** *f* MED immunotherapy

Im·mun·zel·le *f* MED immune cell

Im·pact·dru·cker ['ɪmpɛkt-] *m* INFORM impact printer

Im·pa·la <-, -s> [ɪm'pa:la] *f* ZOOL impala

Im·pe·danz <-, -en> [ɪmpe'dants] *f* ELEK impedance

im·pe·ra·tiv [ɪmpera'ti:f] **I.** *adj* imperative; **~es Mandat** POL fixed mandate
II. *adv* imperatively; **etw ~ verlangen** to demand sth peremptorily

Im·pe·ra·tiv <-s, -e> ['ɪmperati:f, *pl* -ti:ve] *m* ① LING *(Verb in der Befehlsform)* imperative [form] *spec*
② PHILOS *(sittliches Gebot)* **kategorischer ~** categorical imperative

Im·pe·ra·tor <-s, -en> [ɪmpe'ra:to:ɐ̯, *pl* ɪmpera'to:rən] *m* HIST imperator, emperor; **Imperator Rex** King Emperor

Im·per·fekt <-s, -e> ['ɪmpɛrfɛkt] *nt* imperfect [tense] *spec*

Im·pe·ri·a·lis·mus <-, -lismen> [ɪmperi̯a'lɪsmʊs] *m pl selten* imperialism

Im·pe·ri·a·list(in) <-en, -en> [ɪmperi̯a'lɪst] *m(f) (pej)* imperialist

im·pe·ri·a·lis·tisch [ɪmperi̯a'lɪstɪʃ] *adj (pej)* imperialist[ic]; **~e Machtpolitik** imperialistic power politics

Im·pe·ri·um <-s, -rien> [ɪm'pe:ri̯ʊm] *nt* ① HIST *(Weltreich, Kaiserreich)* empire
② *(geh: Machtbereich)* imperium *fig;* **das ~ der großen Konzerne** the imperium of the multinationals

im·per·ti·nent [ɪmpɛrti'nɛnt] *adj (geh)* impertinent, impudent

Im·per·ti·nenz <-, -en> [ɪmpɛrti'nɛnts] *f (geh)* ① *kein pl (Unverschämtheit)* impertinence, impudence
② *(selten: unverschämte Äußerung)* impertinent/impudent remark

Im·pe·tus <-> ['ɪmpetʊs] *m (geh: Schwungkraft)* verve, zest

Impf·aus·weis *f* MED vaccination certificate

imp·fen ['ɪmpfn̩] *vt* ① *(mit Impfstoff spritzen)* ■**jdn** [**gegen etw** *akk*] **~** to inoculate sb [against] sth, to vaccinate sb [against sth]; ■**jdn/sich ~ lassen** to have sb/oneself inoculated/vaccinated; **jd ist geimpft worden** *(fig)* sb has been indoctrinated
② BIOL *(Mikroorganismen einbringen)* ■**etw** [**mit etw** *dat*] **~** to inoculate sth [with sth]
③ PHYS ■**etw ~** to dope sth

Impf·kris·tall *m* CHEM, PHYS seed crystal

Impf·ling <-s, -e> ['ɪmpflɪŋ] *m (geh) child who is to be or who has just been inoculated*

Impf·pass[RR] *m* vaccination card, vaccination certificate **Impf·pflicht** *f kein pl* MED compulsory vaccination [*or* inoculation] **Impf·pis·to·le** *f* vaccination gun **Impf·scha·den** *m* adverse effect of vaccination **Impf·schein** *m* MED vaccination [*or* inoculation] certificate **Impf·stoff** *m* vaccine, serum

Imp·fung <-, -en> *f* inoculation, vaccination

Impf·zwang *m kein pl* MED compulsory vaccination [*or* inoculation]

Im·plan·tat <-[e]s, -e> [ɪmplan'ta:t] *nt* implant

Im·plan·ta·ti·on <-, -en> [ɪmplanta'tsi̯o:n] *f* MED implantation

im·plan·tie·ren* [ɪmplan'ti:rən] *vt* ■[**jdm**] **etw ~** to implant sth [into sb]

im·ple·men·tie·ren [ɪmplemɛn'ti:rən] *vt* INFORM ■**etw** [**auf etw** *dat*] **~** to implement sth [on sth]; **Branchensoftware auf PC ~** to implement software on PC

Im·ple·men·tie·rung <-, -en> *f* INFORM implementation

im·pli·zie·ren* [ɪmpli'tsi:rən] *vt (geh)* ■**etw ~** to imply sth

im·pli·zit [ɪmpli'tsi:t] *adj (geh)* implicit

im·plo·die·ren* [ɪmplo'di:rən] *vi sein (fachspr)* to implode *spec*

Im·plo·si·on <-, -en> [ɪmplo'zi̯o:n] *f (fachspr)* implosion *spec*

Im·pon·de·ra·bi·li·en <-> [ɪmpɔndera'bi:li̯ən] *pl (geh)* imponderables *pl*

im·po·nie·ren* [ɪmpo'ni:rən] *vi* ■[**jdm**] **~** to impress [sb]

im·po·nie·rend *adj* impressive; **eine ~e Leistung** an impressive performance

Im·po·nier·ge·ha·be *nt* ① ZOOL display pattern ② *(fig pej)* show, exhibitionism *pej*; ***das ist bloßes/reines*** ~ that's all show

Im·port <-[e]s, -e> [ɪm'pɔrt] *m* ① *kein pl (Einfuhr)* import[ation]; **der ~ von Rohstoffen** raw material imports ② *(Importware)* import; **zollpflichtige ~e** dutiable imports ③ INFORM **~ von Daten** data import

Im·port·ab·ga·ben *pl* ÖKON import surcharges [*or* duties] **Im·port·ar·ti·kel** *m* imported item, imported product **Im·port-Bar·de·pot** *nt* ÖKON import cash depot **Im·port·be·schrän·kung** *f* import restriction

Im·por·teur(in) <-s, -e> [ɪmpɔr'tø:ɐ] *m(f)* importer

Im·port·fil·ter *m* INFORM import filter **Im·port·fi·nan·zie·rung** *f* FIN financing of imports **Im·port·ge·neh·mi·gung** *f* JUR import permit **Im·port·ge·schäft** *nt* ÖKON import transactions *pl* **Im·port·gut** *nt* import **Im·port·ha·fen** *m* HANDEL port of entry **Im·port·han·del** *m* import trade [*or* business]

im·por·tie·ren* [ɪmpɔr'ti:rən] *vt* ■**etw ~** to import sth; **Daten ~ und exportieren** INFORM to import and export data

im·por·tiert I. *pp und 3. pers sing von* **importieren** II. *adj* ÖKON *Güter* imported

Im·port·ka·pa·zi·tät *f* ÖKON importing capacity **Im·port·kar·tell** *nt* ÖKON import cartel **Im·port·kon·nos·se·ment** *nt* HANDEL inward bill of lading **Im·port·kon·tin·gent** *nt* JUR import quota

im·port·las·tig *adj* import-orientated

Im·port·li·zenz *f* ÖKON import licence [*or* AM -se] **Im·port·mo·no·pol** *nt* ÖKON import monopoly **Im·port·prä·mie** *f* HANDEL bounty on importation **Im·port·preis·druck** *m* ÖKON import pricing pressure **Im·port·quo·te** *f* JUR import quota **Im·port·re·strik·ti·on** *f* JUR trade barrier, import restriction **Im·port·sub·ven·ti·on** *f* ÖKON import subsidy

Im·port·ver·bot *nt* POL, ÖKON import ban **Im·port·ver·trag** *m* JUR import contract **Im·port·wa·re** *f* imported item, imported product **Im·port·zif·fer** *f* ÖKON import figure **Im·port·zoll** *m* import duty

im·po·sant [ɪmpo'zant] *adj* imposing, impressive; *Stimme* commanding; **eine ~e Figur** an imposing figure; **~ wirken** to be imposing/impressive

im·po·tent ['ɪmpotɛnt] *adj* impotent; **~ sein** to be impotent; **etw macht ~** sth causes impotence; **jdn ~ machen** to render sb impotent

Im·po·tenz <-> ['ɪmpotɛnts] *f kein pl* impotence

im·präg·nie·ren* [ɪmprɛgni:rən] *vt* ■**etw [mit etw dat] ~** ① *(Wasser abweisend machen)* to waterproof sth [with sth] ② *(behandeln)* to impregnate sth [with sth]

Im·präg·nier·mit·tel *nt* BAU preserver

Im·präg·nie·rung <-, -en> *f* ① *(das Imprägnieren)* impregnation ② *(behandelter Zustand)* impregnated finish

Im·pres·si·on <-, -en> [ɪmprɛ'si̯o:n] *f (geh)* impression; **~en wiedergeben/schildern** to recount/describe impressions

Im·pres·si·o·nis·mus <-> [ɪmprɛsi̯o'nɪsmʊs] *m* Impressionism

Im·pres·si·o·nist(in) <-en, -en> [ɪmprɛsi̯o'nɪst] *m(f)* Impressionist

im·pres·si·o·nis·tisch *adj* Impressionist

Im·pres·sum <-s, Impressen> [ɪm'prɛsʊm] *nt* imprint

Im·pri·ma·tur <-s> [ɪmpri'ma:tʊr] *nt kein pl* TYPO o.k. [*or* permission] to print, press ready

Im·pro·vi·sa·ti·on <-, -en> [ɪmproviza'tsi̯o:n] *f* improvisation ① *(das Improvisieren)* improvisation ② *(Stegreifschöpfung)* improvisation, extemporization; **~en spielen** to play improvisations

Im·pro·vi·sa·tor(in) <-s, -toren> [ɪmprovi'za:to:ɐ̯, *pl* ɪmproviza'to:rən] *m(f)* improviser

im·pro·vi·sie·ren* [ɪmprovi'zi:rən] I. *vi* to improvise II. *vt* ■**etw ~** to improvise sth; **ein Essen ~** to make an improvised meal; **eine Rede ~** to give an improvised speech

Im·puls <-es, -e> [ɪm'pʊls] *m* ① *(Anstoß, Auftrieb)* stimulus, impetus; **etw aus einem ~ heraus tun** to do sth on impulse ② ELEK *(Stromstoß von kurzer Dauer)* pulse; **elektrischer/digitaler/akustischer ~** electric/digital/acoustic impulse ③ PHYS impulse, momentum

Im·puls·ge·ne·ra·tor *m* PHYS, ELEK pulse generator

im·pul·siv [ɪmpʊl'zi:f] *adj* impulsive; **ein ~er Mensch** an impulsive person

Im·puls·käu·fer, -käu·fe·rin *m, f* impulse buyer

Im·puls·satz *m* PHYS principle of linear momentum

im·stan·de, im Stan·de [ɪm'ʃtandə] *adj pred* ■**zu etw** *dat* **~ sein** to be capable of doing sth, to be able to do sth, to be in a position to do sth; **~ sein, etw zu tun** to be able to do sth; ***er ist sehr wohl ~, sich zu benehmen*** he can behave when he wants to; **sich** *akk* **~ fühlen, etw zu tun** to feel able to do sth, to feel capable of doing sth; **zu allem ~ sein** *(fam)* to be capable of anything; **zu nichts mehr ~ sein** *(fam)* to be shattered *fam*, to be knackered BRIT *sl*; **jd ist ~ und tut etw** *(iron fam)* you can bet sb will do sth; ***sie ist ~ und glaubt alles, was er sagt*** she is quite capable of believing everything he says

in[1] [ɪn] *präp* ① *+dat (darin befindlich)* in; ***sie wohnt ~ Berlin*** she lives in Berlin; ***bist du schon mal in New York gewesen?*** have you ever been to New York?; ***ich arbeite seit einem Jahr ~ dieser Firma*** I've been working for this company for a year; ***er war nie ~ einer Partei*** he has never been a member of a party; ***du siehst ~ diesem Kleid toll aus*** you look great in that dress; ***es stand gestern ~ der Zeitung*** it was in the newspaper yesterday; **~ der Kirche/Schule sein** to be at church/school ② *+akk (hin zu einem Ziel)* into; ***wir fahren ~ die Stadt*** we're going into town; ***er warf die Reste ~ den Mülleimer*** he threw the leftovers in the bin; **~ die Kirche/Schule gehen** to go to church/school; **~ die Mongolei/Schweiz** to Mongolia/Switzerland; **~s Theater gehen** to go to the theatre ③ *+dat (innerhalb von)* in; ***~ einem Jahr bin ich 18*** in a year I'll be 18; **~ diesem Augenblick** at this moment; **~ diesem Jahr/Monat/Sommer** this year/month/summer; **heute ~ zwei Wochen** two weeks today ④ *+akk (bis zu einer Zeit)* until; ***wir haben bis ~ die Nacht getanzt*** we danced until the early hours; **bis ~ das neunzehnte Jahrhundert hinein** up to [*or* into] the nineteenth century; **bis ~ jds früheste Kindheit zurück** back to sb's earliest childhood ⑤ *+akk o dat (Verweis auf ein Objekt)* at; ***er ist Fachmann ~ seinem Beruf*** he is an expert in his field; ***~ Französisch haben wir eine Muttersprachlerin*** we have a native speaker in [*or* for] French; ***ich habe mich ~ ihm getäuscht*** I was wrong about him; **etw hat es ~ sich** sth has what it takes; ***der Schnaps hat es ~ sich*** the schnapps packs a punch, that's some schnapps! ⑥ *(fachspr: mit)* in; ***er handelt ~ Textilien*** he deals in textiles ⑦ *+dat (auf eine Art und Weise)* in; ***haben Sie nichts ~ Blau?*** haven't you got anything in blue?; **~ Schwierigkeiten sein** [*o* **stecken**] to be in difficulties; **~ Vorbereitung sein** to be being prepared; **~ Wirklichkeit** in reality

in[2] [ɪn] *adj (fam)* in *fam*; ■**~ sein** to be in; ***diese Musik ist gerade ~*** this kind of music is really in at the moment

in·ad·äquat ['ɪnʔadɛkva:t] *adj (geh)* inadequate

in·ak·tiv ['ɪnʔakti:f] *adj* inactive; CHEM inert

In·ak·ti·vi·tät ['ɪnʔaktivitɛ:t, ɪnʔaktivi'tɛ:t] *f kein pl* inactivity

in·ak·zep·ta·bel ['ɪnʔaktsɛpta:bl̩] *adj (geh)* unacceptable

In·an·griff·nah·me [ɪn'ʔangrɪfna:mə] *f* commencement

In·an·spruch·nah·me <-> *f kein pl (geh)* ① *(Nutzung)* use, utilization; ***nur durch die ~ eines Kredits kann ich das Projekt verwirklichen*** I can only realize the project if I can get a loan; **auf ~ seiner Rechte verzichten** to waive one's rights; **die ~ von Rechtsbeistand/Vergünstigungen/Sozialhilfe** claims for legal aid/privileges/social security ② *(Belastung, Beanspruchung)* demands *pl*; **die berufliche ~** the demands of one's job; ***die starke ~ führt zu hohem Verschleiß*** frequent use leads to rapid signs of wear and tear; **~ fremder Leistungen** utilization of external services

In·au·gen·schein·nah·me <-, -n> *f* JUR *(form)* inspection; **richterliche ~, ~ durch das Gericht** judicial survey

In·be·griff ['ɪnbəgrɪf] *m kein pl* epitome, embodiment, quintessence (*+gen* of); **der ~ von Eleganz** the epitome of elegance; **der ~ des Schreckens** the quintessence of terror; **der ~ von einem Spießer** the epitome of a square

in·be·grif·fen ['ɪnbəgrɪfn̩] *adj pred* inclusive; ■**in etw** *dat* **~ sein** to be included in sth; ***die Bedienung ist im Preis ~*** service is included in the price

In·be·sitz·hal·ten *nt kein pl* JUR *(form)* possession

In·be·sitz·nah·me *f* JUR *(form)* possession, occupation; **unerlaubte** [*o* **unrechtmäßige**] **~** unlawful occupation **In·be·sitz·nah·me·recht** *f* JUR right of entry

In·be·trieb·nah·me <-, -n> *f (geh)* ① *(erstmalige Nutzung)* opening; **die ~ des neuen Supermarkts** the opening of the new supermarket ② TECH *(Einschaltung)* operation, putting into service; **die ~ des Kraftwerks** the commissioning of the power station; **die ~ einer Maschine** bringing a machine into service

In·brunst <-> *f kein pl (geh)* fervour [*or* AM -or], ardour [*or* AM -or]; **mit ~** ardently; **voller ~** full of ardour

in·brüns·tig ['ɪnbrʏnstɪç] *adj (geh)* fervent, ardent

In·bus·schlüs·sel ['ɪnbʊs-] *m* Allen key® *spec* **In·bus·schrau·be** *f* Allen screw®

INCB <-> [i:ʔɛntse:'be:] *m kein pl Abk von* **internationaler Suchtstoffkontrollrat der UNO** INCB, International Narcotics Control Board

In·co·terms ['ɪŋkotɛrms] *pl* JUR *Akr von* **International Commercial Terms** Incoterms

In·de·fi·nit·pro·no·men [ɪndefi'ni:t-] *nt* LING indefinite pronoun

in·dem [ɪn'de:m] *konj* ① *(dadurch, dass)* by; ***ich halte mich gesund, ~ ich viel Sport treibe*** I stay healthy by doing lots of sport ② *(während)* while, whilst BRIT *form*

In·dem·ni·tät <-> [ɪndɛmni'tɛ:t] *f kein pl* JUR indemnity

In·dem·ni·täts·brief *m* JUR letter of indemnity

In·dent·ge·schäft [ɪn'dɛnt-] *nt* HANDEL indent

In·der(in) <-s, -> ['ɪndɐ] *m(f)* Indian; **~ sein** to be Indian [*or* from India]; ■**die ~** the Indian

in·des [ɪn'dɛs], **in·des·sen** [ɪn'dɛsn̩] I. *adv* ① *(inzwischen)* in the meantime, meanwhile ② *(jedoch)* however; ***einige Tierarten passen sich an, andere sterben ~ aus*** some species adapt but others die out [*or* become extinct] II. *konj (geh)* ① *temporal (während)* while ② *(wohingegen)* while; ***ich trinke gerne Bier, ~ meine Frau Wein bevorzugt*** I like to drink beer while my wife prefers wine

In·dex <-[es], -e *o* Indizes> ['ɪndɛks, *pl* 'ɪnditse:s] *m* ① *(alphabetisches Verzeichnis)* index ② *(statistischer Messwert)* index; ***die Miete ist an den ~ der Lebenshaltungskosten gekoppelt*** the rent is linked to the cost-of-living index ③ LING, MATH *(Hochzahl, Tiefzahl)* index ④ REL index [librorum prohibitorum] [*or* [expurgatorius]]; **etw auf den ~ setzen** to put something on the index; **auf dem ~ stehen** to be on the blacklist

In·dex·bin·dung *f* ÖKON indexation **In·dex·da·tei** *f* INFORM index file **In·dex·ein·trag** *m* INFORM index word **In·dex-Fonds** *m* BÖRSE index fund **In·dex-Fu·ture** [-'fju:tʃɐ] *m* BÖRSE index future

in·de·xie·ren [ɪndɛ'ksi:rən] *vt* INFORM *(mit einem Index versehen)* ■**etw ~** to index sth

In·de·xie·rung <-, -en> *f* indexation

In·dex·lohn *m* ÖKON index wage **In·dex·re·gis·ter** *m* INFORM index register

In·di·a·ner(in) <-s, -> [ɪn'di̯a:nɐ] *m(f)* Indian *esp pej,* Native American
In·di·a·ner·boh·ne *f* kidney bean **In·di·a·ner·stamm** *m* Indian [*or* Native American] tribe
in·di·a·nisch [ɪn'di̯a:nɪʃ] *adj* Native American, Indian *esp pej*
In·di·a·nisch [ɪn'di̯a:nɪʃ] *nt dekl wie adj* Indian; ■**das ~e** [the] Indian [language]
In·di·en <-s> ['ɪndi̯ən] *nt* India
in·dif·fe·rent ['ɪndɪfərɛnt, ɪndɪfə'rɛnt] *adj* ① *(geh: gleichgültig)* indifferent; ■[**etw** *dat* **gegenüber**] ~ **sein** to be indifferent [towards sth]
② CHEM, PHYS neutral, inert
In·dif·fe·renz <-, -en> ['ɪndɪfərɛnts, ɪndɪfə'rɛnts] *f* ① *(Gleichgültigkeit)* indifference
② CHEM chemical inertness
in·di·gen [ɪndi'ge:n] *adj inv* SOZIOL *Volk, Stamm* indigenous
in·di·gniert [ɪndɪgni:ɐ̯t] *adj (geh)* indignant; **sich** *akk* **~ abwenden** to turn away indignantly
In·di·go <-s, -s> ['ɪndigo] *nt o m* indigo
in·di·go·blau *adj* indigo [blue]
In·dik <-> ['ɪndɪk] *m* Indian Ocean
In·di·ka·ti·on <-, -en> [ɪndika'tsi̯o:n] *f* ① MED *(Heilanzeige)* indication *spec*
② JUR *(Grund für einen Schwangerschaftsabbruch)* grounds for the termination of a pregnancy; **ethische/medizinische/soziale ~** ethical/medical/social grounds for the termination of a pregnancy
In·di·ka·tiv <-s, -e> ['ɪndikati:f] *m* indicative [mood] *spec*
In·di·ka·tor <-s, -toren> [ɪndi'ka:to:ɐ̯, *pl* ɪndika'to:rən] *m* ① *(geh: Anzeichen)* indicator, sign; **ein ~ für etw** *akk* **sein** to be an indicator/sign of sth
② CHEM *(Substanz)* indicator *spec*
③ TECH indicator
In·di·ka·tor·atom *nt* PHYS radioactive tracer, labelled [*or* tagged] atom
In·dio <-s, -s> ['ɪndi̯o] *m* Indian *(from Central or Latin America)*
in·di·rekt ['ɪndirɛkt, ɪndi'rɛkt] *adj* indirect; **einen ~en Freistoß ausführen** to take an indirect free kick
in·disch ['ɪndɪʃ] *adj* ① *(Indien betreffend)* Indian
② LING Indian
In·disch ['ɪndɪʃ] *nt dekl wie adj* ① LING Indian
② *(Fach)* Indian
In·di·sche <-n> *nt* ■**das ~** Indian
in·dis·kret ['ɪndɪskre:t, ɪndɪs'kre:t] *adj* indiscreet
In·dis·kre·ti·on <-, -en> [ɪndɪskre'tsi̯o:n, 'ɪndɪskretsi̯o:n] *f* ① *(Mangel an Verschwiegenheit)* indiscretion; **eine gezielte ~** a deliberate/intentional indiscretion
② *(Taktlosigkeit)* tactlessness
in·dis·ku·ta·bel ['ɪndɪskuta:bl̩] *adj (geh)* unworthy of discussion; **eine indiskutable Forderung** an absurd demand; ***dieser Vorschlag ist einfach ~*** this suggestion is simply not worth discussing
In·di·um <-s> ['ɪndi̯ʊm] *nt kein pl* CHEM indium
In·di·vi·du·al·ab·re·de [ɪndivi'du̯a:l-] *f* HANDEL individual agreement **In·di·vi·du·al·an·spruch** *m* JUR personal [*or* private] claim **In·di·vi·du·al·ent·schei·dung** *f* ÖKON decision of the individual transactor
in·di·vi·du·a·li·sie·ren* [ɪndividu̯ali'zi:rən] *vt* ■**etw ~** to individualize sth
in·di·vi·du·a·li·siert *adj inv* individualized
In·di·vi·du·a·li·sie·rung [ɪndividu̯ali'zi:rʊŋ] *f kein pl* individualization
In·di·vi·du·a·lis·mus <-> [ɪndividu̯a'lɪsmʊs] *m kein pl* individualism *no pl*
In·di·vi·du·a·list(in) <-en, -en> [ɪndividu̯a'lɪst] *m(f) (geh)* individualist
in·di·vi·du·a·lis·tisch *adj (geh)* individualistic
In·di·vi·du·a·li·tät <-, -en> [ɪndividu̯ali'tɛ:t] *f* ① *kein pl (Persönlichkeit)* individuality *no pl;* **seine ~ aufgeben** to give up one's individuality; **seine ~ entfalten** to express one's individuality; **seine ~ verlieren** to lose one's individuality
② *(Persönlichkeitsstruktur)* personality, individual character
In·di·vi·du·al·kun·de, -kun·din *m, f* ÖKON individual client **In·di·vi·du·al·schutz** *m kein pl* JUR personal protection **In·di·vi·du·al·ver·kehr** *m* private transport **In·di·vi·du·al·ver·trag** *m* JUR contract between individuals
in·di·vi·du·ell [ɪndivi'du̯ɛl] *adj* individual; ***Begabungen sind ~ verschieden*** people's gifts vary; **~e Lösungsansätze** individual ways of solving sth; **eine ~e Behandlung** individual treatment; **etw ~ gestalten** to give sth one's personal touch; **~es Eigentum** private property
In·di·vi·du·um <-s, Individuen> [ɪndi'vi:duʊm, *pl* ɪndi'vi:du̯ən] *nt (a. pej geh)* individual; **ein verdächtiges ~** a suspicious individual [*or* character]
In·diz <-es, -ien> [ɪn'di:ts, *pl* ɪn'di:tsi̯ən] *nt* ① JUR *(Verdachtsmoment)* piece of circumstantial evidence
② *(Anzeichen)* ■**ein ~ für etw** *akk* **sein** to be a sign of sth [*or* evidence [*or* an indication] of sth]
In·di·zes ['ɪndi:tse:s] *pl von* **Index**
In·di·zi·en [ɪn'di:tsi̯ən] *pl* JUR circumstantial evidence *no pl*
In·di·zi·en·be·weis *m* circumstantial evidence *no pl* **In·di·zi·en·ket·te** *f* chain of circumstantial evidence **In·di·zi·en·pro·zess**[RR] *m* trial based on circumstantial evidence **In·di·zi·en·ur·teil** *nt verdict based on circumstantial evidence*
in·di·zie·ren* [ɪndi'tsi:rən] *vt* ■**etw ~** ① *(geh: erkennen lassen)* to indicate sth; ***der Erfolg indiziert ihre Kompetenz*** this success is an indication of her competence
② MED *(angezeigt sein lassen)* to indicate sth; ■[**bei etw** *dat*] **indiziert sein** to be indicated [for sth]; **etw für indiziert halten** MED to consider sth to be indicated
③ REL *(auf den Index setzen)* to put sth on the index [librorum prohibitorum] [*or* [expurgatorius]]
④ *(als moralisch bedenklich verbieten)* to ban sth on moral grounds; ***dieser Film ist indiziert*** this film has been banned on moral grounds
in·di·ziert *adj* censored, placed on the Index *hist*
In·do·chi·na [ɪndo'çi:na] *nt* Indo-China
in·do·eu·ro·pä·isch [ɪndoʔɔyro'pɛ:ɪʃ] *adj* Indo-European
in·do·ger·ma·nisch [ɪndogɛr'ma:nɪʃ] *adj* Indo-European; **der ~e Sprachraum** the Indo-European language area
In·do·ger·ma·nisch [ɪndogɛr'ma:nɪʃ] *nt dekl wie adj* Indo-Germanic, Indo-European; ■**das ~e** [the] Indo-Germanic [language]
In·do·ger·ma·nis·tik [ɪndogɛrma'nɪstɪk] *f kein pl* Indo-Germanic [*or* -European] studies *pl, no art*
In·dok·tri·na·ti·on <-, -en> [ɪndɔktrina'tsi̯o:n] *f (pej)* indoctrination
in·dok·tri·nie·ren* [ɪndɔktri'ni:rən] *vt haben (pej)* ■**jdn ~** to indoctrinate sb
In·do·ne·si·en <-s> [ɪndo'ne:zi̯ən] *nt* Indonesia
In·do·ne·si·er(in) <-s, -> [ɪndo'ne:zi̯ɐ] *m(f)* Indonesian
in·do·ne·sisch [ɪndo'ne:zɪʃ] *adj* Indonesian
In·dos·sa·ment <-[e]s, -e> [ɪndɔsa'mɛnt] *nt* JUR, FIN endorsement, indorsement; **mit einem ~ versehen** endorsed; **gefälschtes/unbefugtes ~** forged/unauthorized endorsement
In·dos·sant(in) [ɪndɔ'sant] *m(f)* FIN endorser, backer of a bill
In·dos·sat(in) [ɪndɔ'sa:t] *m(f),* **In·dos·sa·tar(in)** [ɪndɔsa'ta:ɐ̯] *m(f)* FIN endorsee
in·dos·sie·ren* [ɪndɔ'si:rən] *vt* FIN ■**etw ~** *Wechsel, Scheck* to endorse sth
In·dos·sie·rung <-, -en> *f* FIN endorsement
in du·bio pro reo [ɪn 'du:bi̯o pro: 're:o] JUR giving the accused the benefit of the doubt
In·duk·tanz <-> [ɪndʊk'tants] *f kein pl* ELEK inductance
In·duk·ti·on <-, -en> [ɪndʊktsi̯o:n] *f* induction
In·duk·ti·ons·herd *m* MED focus of a pulmonary [*or* lung] disease **In·duk·ti·ons·koch·feld** *nt* induction hob
in·duk·tiv [ɪndʊk'ti:f] *adj* PHILOS, ELEK inductive
In·duk·ti·vi·tät <-, -en> [ɪndʊktivi'tɛ:t] *f* ELEK inductiveness
in·dus·tri·a·li·sie·ren* [ɪndʊstri̯ali'zi:rən] *vt* ■**etw ~** to industrialize sth
In·dus·tri·a·li·sie·rung <-, -en> *f* industrialization
In·dus·trie <-, -n> [ɪndʊs'tri:] *f* industry *no art;* **die britische ~** British industry; **in der ~ sein** [*o* **arbeiten**] to be [*or* work] in industry; **in die ~ gehen** to go into industry; **die chemische/pharmazeutische ~** the chemical/pharmaceutical industry
In·dus·trie·ab·fäl·le *pl* industrial waste *no pl, no indef art* **In·dus·trie·ab·wäs·ser** *pl* ÖKOL, ÖKON industrial effluent [*or* waste water] *no pl, no indef art* **In·dus·trie·ak·ti·en** *pl* BÖRSE industrial equities [*or* shares] **In·dus·trie·al·ko·hol** *m* CHEM industrial alcohol
In·dus·trie·an·la·ge *f* industrial plant
In·dus·trie·an·la·gen·ver·mie·tung *f* HANDEL plant hire **In·dus·trie·an·la·gen·ver·trag** *m* HANDEL plant hire contract
In·dus·trie·an·lei·he *f* FIN corporate [*or* industrial] loan **In·dus·trie·an·sied·lung** *f* establishment of industries **In·dus·trie·bahn** *f* industrial railway **In·dus·trie·be·reich** *m* industrial field **In·dus·trie·be·tei·li·gung** *f* ÖKON industrial holding **In·dus·trie·be·trieb** *m* industrial plant [*or* enterprise], company **In·dus·trie·bör·se** *f* BÖRSE industrial exchange
In·dus·trie·de·sign [-dizain] *nt selten pl* industrial design **In·dus·trie·di·a·mant** *m* industrial diamond **In·dus·trie·er·zeug·nis** *nt* industrial product, manufactured good **In·dus·trie·flä·che** *f* industrial area **In·dus·trie·ge·biet** *nt* industrial area [*or* region] **In·dus·trie·ge·län·de** *nt* industrial estate [*or* site] **In·dus·trie·ge·sell·schaft** *f* SOZIOL, POL, ÖKON industrial society **In·dus·trie·ge·werk·schaft** *f,* **IG** *f* industrial trade union **In·dus·trie·grund·stück** *nt* HANDEL industrial site [*or* property] **In·dus·trie·hal·le** *f* factory **In·dus·trie·kauf·frau** *f fem form von* **Industriekaufmann** **In·dus·trie·kauf·mann, -kauf·frau** *m, f* industrial [*or* sales] [*or* purchase] clerk **In·dus·trie·kom·plex** *m* industrial complex **In·dus·trie·kon·zern** *m* industrial concern [*or* combine] **In·dus·trie·land** *nt* POL, ÖKON industrial[ized] country **In·dus·trie·land·schaft** *f* industrial landscape
in·dus·tri·ell [ɪndʊstri'ɛl] *adj* industrial; **~e Fertigung/Produkte** industrial production/products; **die ~e Revolution** the Industrial Revolution
In·dus·tri·el·le(r) [ɪndʊstri'ɛlə, ɪndʊstri'ɛlɐ] *f(m) dekl wie adj* industrialist
In·dus·trie·macht *f* ÖKON industrial power **In·dus·trie·me·la·nis·mus** *m* BIOL industrial melanism **In·dus·trie·mes·se** *f* HANDEL industrial fair **In·dus·trie·müll** *m* ÖKOL, ÖKON industrial waste **In·dus·trie·na·ti·on** *f* industrial nation **In·dus·trie·norm** <-, -e> *m* industry standard **In·dus·trie·park** *m* HANDEL industrial park [*or* estate] **In·dus·trie·pro·dukt** *nt* industrial product **In·dus·trie·pro·duk·ti·on** *f* industrial production **In·dus·trie·quar·tier** <-s, -e> *nt* SCHWEIZ *(Industriegebiet)* industrial area [*or* region] **In·dus·trie·recht** *nt* JUR industrial law **In·dus·trie·ro·bo·ter** *m* TECH industrial [*or* production] robot **In·dus·trie·schuld·ver·schrei·bung** *f* FIN corporate [*or* industrial] bond **In·dus·trie·sek·tor** *m* industrial sector **In·dus·trie·spi·o·na·ge** *f* industrial espionage **In·dus·trie·staat** *m* industrial nation [*or* country] **In·dus·trie·stadt** *f* industrial town [*or* city] **In·dus·trie·stand·ort** *m* industrial site
In·dus·trie- und Han·dels·bank *f* FIN bank of industry and commerce **In·dus·trie- und Han·dels·kam·mer** *f,* **IHK** *f* Chamber of Industry and Commerce
In·dus·trie·un·ter·neh·men *nt* industrial enterprise [*or* concern]; **große ~** large industrial concerns
In·dus·trie·ver·band *m* JUR industrial association
In·dus·trie·ver·ei·ni·gung *f* JUR industrial association **In·dus·trie·wirt·schaft** *f* ÖKON industrial economy
In·dus·trie·zeit·al·ter *nt* age of industrialization *(during the industrial revolution)* **In·dus·trie·zen·**

trum *nt* ÖKON industrial centre [*or* AM -er] **In·dus·tri̲e·zo·ne** *f* industrial zone **In·dus·tri̲e·zweig** *m* branch of industry

in·du·zie·ren* [ɪndu'tsiːrən] *vt* MED, ELEK, PHILOS ■**etw** ~ to induce sth

in·ef·fek·tiv ['ɪnʔɛfɛktiːf] *adj* ineffective

in·ef·fi·zi·ent ['ɪnʔɛfitsi̯ɛnt] *adj (geh)* inefficient

In·ef·fi·zi·enz <-, -en> ['ɪnʔɛfitsi̯ɛnts] *f (geh)* inefficiency

in·ei·nan·der [ɪnʔai̯'nandɐ] *adv* in each other, in one another; ~ **verliebt sein** to be in love with one another; ~ **aufgehen** to complement each other perfectly; ~ **übergehen** to merge

In·ei·nan·der·fal·zen <-s> *nt kein pl* TYPO insetting **in·ei·nan·der|flie·ßen** *vi irreg sein* to flow into one another, to merge; *Farben, Farbtöne* to run into each other **in·ei·nan·der|grei·fen** *vi irreg* to mesh **in·ei·nan·der·schieb·bar** *adj* telescopic **in·ei·nan·der|schie·ben** *vt irreg* ■**etw** ~ to telescope up sth *sep* BRIT, to telescope sth; **sich** *akk* ~ **lassen** to be telescopic

in·fam [ɪn'faːm] *adj (pej)* ❶ *(geh: bösartig)* malicious, vicious; **ein** ~**er Kerl** *(veraltend)* a nasty piece of work; **eine** ~**e Verleumdung** vicious slander

❷ *(fam: negative Sachverhalte verstärkend)* disgraceful; ~**e Schmerzen** dreadful pain; ***heute ist es aber ~ heiß!*** today it's terribly [*or* awfully] hot

In·fa·mie <-, -n> [ɪnfa'miː] *f (pej geh)* ❶ *kein pl (niederträchtige Art)* maliciousness *no pl,* viciousness *no pl*

❷ *(Niederträchtigkeit)* infamy

In·fan·te·rie <-, -n> [ɪnfantə'riː] *f* infantry

In·fan·te·ri̲e·aus·rüs·tung *f* infantry equipment **In·fan·te·ri̲e·ba·tail·lon** *nt* infantry battalion **In·fan·te·ri̲e·be·waff·nung** *f* infantry weapons *pl* **In·fan·te·ri̲e·di·vi·si·on** *f* infantry division **In·fan·te·ri̲e·re·gi·ment** *nt* infantry regiment **In·fan·te·ri̲e·waf·fe** *f* infantry weapon

In·fan·te·rist(in) <-en, -en> [ɪnfantə'rɪst] *m(f)* infantryman

in·fan·til [ɪnfan'tiːl] *adj* ❶ *(pej)* infantile *pej,* childish *pej*

❷ *(fachspr)* early; **eine** ~**e Entwicklungsstufe** an early stage in development

In·farkt <-[e]s, -e> [ɪn'farkt] *m* ❶ MED infarction *spec;* **ein** ~ **in der Lunge** an infarct in the lung

❷ *(Herzinfarkt)* coronary

In·fekt <-[e]s, -e> [ɪn'fɛkt] *m* infection; **grippaler** ~ influenza

In·fek·ti·on <-, -en> [ɪnfɛk'tsi̯oːn] *f* ❶ *(Ansteckung)* infection; **eine** ~ **der Nieren** a kidney infection

❷ *(fam: Entzündung)* inflammation; **eine** ~ **am Finger/Auge** inflammation of the finger/eye

In·fek·ti·o̲ns·be·hand·lung *f* treatment [of an infection] **In·fek·ti·o̲ns·er·re·ger** *m* causal agent of an infection **In·fek·ti·o̲ns·ge·fahr** *f* risk [*or* danger] of infection **In·fek·ti·o̲ns·herd** *m* focus [*or* seat] of [an] infection **In·fek·ti·o̲ns·krank·heit** *f* infectious disease, contagious disease **In·fek·ti·o̲ns·pro·phy·la·xe** *f* prophylaxis **In·fek·ti·o̲ns·ra·te** *f* rate of infection **In·fek·ti·o̲ns·ri·si·ko** *nt* risk of infection **In·fek·ti·o̲ns·sta·di·um** *nt* infectious stage **In·fek·ti·o̲ns·vor·beu·gung** *f* prevention of infection

in·fek·ti·ös [ɪnfɛk'tsi̯øːs] *adj* infectious, contagious

in·fer·na·lisch [ɪnfɛr'naːlɪʃ] *adj (pej geh)* ❶ *(teuflisch, höllisch)* infernal; **ein** ~**es Gelächter** demonic [*or* evil] laughter; **ein** ~**er Lärm** a dreadful [*or* awful] noise

❷ *(widerlich)* fetid *form,* foul-smelling; ~ **stinken** to be foul-smelling, to stink something terrible *fam*

In·fer·no <-s> [ɪn'fɛrno] *nt kein pl (geh)* ❶ *(entsetzliches Geschehen)* calamity, disaster, cataclysm *liter;* **das** ~ **des Krieges** the ravages of war

❷ *(entsetzlicher Zustand)* predicament; **ein** ~ **der Gefühle durchmachen** to go through the whole gamut of emotions

In·fil·tra·ti·on <-, -en> [ɪnfɪltra'tsi̯oːn] *f* infiltration

in·fil·trie·ren* [ɪnfɪl'triːrən] *vt (geh)* ■**etw** ~ to infiltrate sth

In·fi·ni·te·si·mal·rech·nung [ɪnfinitezi'maːl-] *f* MATH [infinitesimal] calculus

In·fi·ni·tiv <-s, -e> ['ɪnfinitiːf] *m* infinitive *spec*

in·fi·zie·ren* [ɪnfi'tsiːrən] **I.** *vt* ■**jdn** [**mit etw** *dat*] ~ to infect sb [with sth]; **mit einem Gedanken infiziert sein** to be infected by an idea

II. *vr* ■**sich** *akk* [**an etw** *dat*/**bei jdm**] ~ to catch an infection [from sth/sb]; ***er hat sich im Urlaub mit Malaria infiziert*** he caught malaria on holiday

in fla·gran·ti [ɪn fla'granti] *adv (geh)* in flagrante

In·fla·ti·on <-, -en> [ɪnfla'tsi̯oːn] *f* ❶ ÖKON inflation; **eine fortschreitende** ~ growing inflation; **galoppierende/schleichende** ~ galloping [*or* runaway]/creeping [*or* persistent] inflation; **lohnkosteninduzierte** ~ cost-induced inflation; **die** ~ **bekämpfen/eindämmen** to fight/decrease inflation

❷ *(übermäßig häufiges Auftreten)* upsurge, proliferation

in·fla·ti·o·när [ɪnflatsi̯onɛːɐ̯] *adj* ❶ *(eine Inflation vorantreibend)* inflationary; ~**e Geldpolitik** inflationary financial policy; **eine** ~**e Preisentwicklung** an inflationary price increase; ~**e Tendenzen** inflationary tendencies

❷ *(übertrieben häufig)* excessive

in·fla·ti·o·nis·tisch [ɪnflatsi̯o'nɪstɪʃ] *adj* inflationary, inflationist

In·fla·ti·o̲ns·ab·bau *m* FIN, ÖKON disinflation **In·fla·ti·o̲ns·aus·gleich** <-[e]s> *m kein pl* ÖKON inflation relief, inflationary compensation **In·fla·ti·o̲ns·ba·ro·me·ter** *nt* ÖKON inflation indicator **In·fla·ti·o̲ns·be·herr·schung** *f* ÖKON control of inflation **In·fla·ti·o̲ns·be·kämp·fung** *f kein pl* ÖKON fight against inflation **in·fla·ti·o̲ns·be·rei·nigt** *adj* adjusted for inflation, inflation-adjusted **In·fla·ti·o̲ns·druck** *m kein pl* ÖKON impact of inflation **In·fla·ti·o̲ns·ent·wick·lung** *f* inflation performance **In·fla·ti·o̲ns·er·schei·nung** *f* ÖKON symptom of inflation **In·fla·ti·o̲ns·er·war·tung** *f* inflationary expectation **In·fla·ti·o̲ns·ge·fahr** *f* inflationary threat **in·fla·ti·o̲ns·hem·mend** *adj* disinflationary **In·fla·ti·o̲ns·kos·ten** *pl* inflation cost *sing* **In·fla·ti·o̲ns·mar·ge** *f* ÖKON inflationary margin **In·fla·ti·o̲ns·mo·dell** *nt* inflation model **In·fla·ti·o̲ns·ni·veau** *nt* inflation level, level of inflation **In·fla·ti·o̲ns·ra·te** *f* ÖKON inflation rate, rate of inflation; **die** ~ **steigt** the rate of inflation [*or* inflation rate] is rising [*or* increasing]; **die** ~ **sinkt** the rate of inflation [*or* inflation rate] is falling **In·fla·ti·o̲ns·ri·si·ko** *nt* inflation risk **In·fla·ti·o̲ns·schutz** *m* ÖKON protection against inflation **in·fla·ti·o̲ns·si·cher** **I.** *adj* ÖKON *Kapitalanlage* inflation-proof **II.** *adv* ÖKON **sein Kapital** ~ **anlegen** to make inflation-proof investments **In·fla·ti·o̲ns·spi·ra·le** *f* FIN, POL inflationary spiral, spiral of inflation **In·fla·ti·o̲ns·steu·e·rung** *f* inflation control **In·fla·ti·o̲ns·ur·sa·chen** *pl* roots *pl* of inflation

in·fla·to·risch [ɪnfla'toːrɪʃ] *adj* FIN, POL inflationary

in·fle·xi·bel ['ɪnflɛksiːbl̩] *adj* inflexible

In·flu·en·za <-> [ɪnflu'ɛntsa] *f kein pl* MED influenza, flu

In·flu·e̲n·za·vi·rus *nt* MED influenza [*or fam* flu] virus

In·flu·e̲nz·elek·tri·zi·tät *f* electrostatic induction

In·fo <-s, -s> ['ɪnfo] *f (fam) kurz für* **Information** info *fam no pl*

I̲n·fo·abend *m (fam)* information evening **In·fo·bro·ker** <-s, -> *m* ÖKON, INET infobroker **I̲n·fo·bro·schü·re** *f (fam)* information brochure

in·fol·ge [ɪn'fɔlgə] **I.** *präp +gen* owing to, consequently

II. *adv* ■~ **von etw** *dat* as a result of sth; ~ ***von starken Schneefällen waren die Straßen unpassierbar*** owing to heavy snowfalls the roads were impassable

in·fol·ge·des·sen [ɪnfɔlgə'dɛsn̩] *adv* consequently, therefore

I̲n·fo·ma·te·ri·al *nt (fam)* information material *no pl*

In·for·mant(in) <-en, -en> [ɪnfɔr'mant] *m(f)* informant

In·for·ma·tik <-> [ɪnfɔr'maːtɪk] *f kein pl* computing science

In·for·ma·ti·ker(in) <-s, -> [ɪnfɔr'maːtikɐ] *m(f)* computer specialist

In·for·ma·ti·on <-, -en> [ɪnfɔrma'tsi̯oːn] *f* ❶ *(Mitteilung, Hinweis)* [a piece of] information *no pl;* **die fehlenden** ~**en nachtragen** ADMIN to supply the missing data; ~**en liefern/sammeln** to give/collect [*or* gather] information; **analoge/digitale** ~ INFORM analog/digital information

❷ *(das Informieren)* informing; **zu Ihrer** ~ for your information

❸ *(Informationsstand)* information desk; ***melden Sie sich bitte bei der ~*** please report to the information desk

in·for·ma·ti·o·nell [ɪnfɔrmatsi̯o'nɛl] *adj* informational

In·for·ma·tion High·way [ɪnfə'meɪʃn̩haɪweɪ] *m* INFORM information highway

In·for·ma·tion on de·mand <-> [ɪnfə'meɪʃn̩ɔndɪ'mɑːnd] *f kein pl* TV information on demand

In·for·ma·ti·o̲ns·an·for·de·rung *f* information request **In·for·ma·ti·o̲ns·auf·be·rei·tung** *f* preparing [*or* processing] of information **In·for·ma·ti·o̲ns·aus·tausch** *m* exchange of information **In·for·ma·ti·o̲ns·be·schaf·fung** *f* information collecting **In·for·ma·ti·o̲ns·blatt** *nt* MEDIA information sheet **In·for·ma·ti·o̲ns·dienst** *m* MEDIA information service **In·for·ma·ti·o̲ns·ein·heit** *f* INFORM information bit **In·for·ma·ti·o̲ns·fluss**[RR] *m* flow of information; **mittlerer** ~ information rate **In·for·ma·ti·o̲ns·flut** *f* flood of information **In·for·ma·ti·o̲ns·frei·heit** *f* JUR freedom of information **In·for·ma·ti·o̲ns·ge·sell·schaft** *f* SOZIOL information society **In·for·ma·ti·o̲ns·in·dus·trie** *f* ÖKON information industry **In·for·ma·ti·o̲ns·kar·tell** *nt* ÖKON price-reporting cartel **In·for·ma·ti·o̲ns·ma·te·ri·al** *nt* informative material *no pl* **In·for·ma·ti·o̲ns·mo·no·pol** *nt* monopoly of information **In·for·ma·ti·o̲ns·pflicht** *f* JUR disclosure duty [*or* requirement] **In·for·ma·ti·o̲ns·po·li·tik** *f* POL policy of disclosure **In·for·ma·ti·o̲ns·quel·le** *f* source of information **In·for·ma·ti·o̲ns·re·cher·che** *f* information enquiry **In·for·ma·ti·o̲ns·recht** *nt* JUR right to obtain information **In·for·ma·ti·o̲ns·si·cher·heit** *f* information security **In·for·ma·ti·o̲ns·sper·re** *f* information ban [*or* blackout] **In·for·ma·ti·o̲ns·stand** *m* ❶ *(Stand)* information stand ❷ *kein pl (Kenntnisstand)* the way things stand **In·for·ma·ti·o̲ns·sys·tem** *nt* SCI, MED, INFORM information system **In·for·ma·ti·o̲ns·ta·fel** *f* information board **In·for·ma·ti·o̲ns·tech·nik** *f,* **In·for·ma·ti·o̲ns·tech·no·lo·gie** *f,* **IT** *f* INFORM information technology, IT **In·for·ma·ti·o̲ns·trä·ger** *m* information medium **In·for·ma·ti·o̲ns·ver·an·stal·tung** *f* information meeting

In·for·ma·ti·o̲ns·ver·ar·bei·tung *f* INFORM information processing **In·for·ma·ti·o̲ns·ver·ar·bei·tungs·sys·tem** *nt* INFORM information processing system

In·for·ma·ti·o̲ns·ver·brei·tung *f kein pl* dissemination of information **In·for·ma·ti·o̲ns·ver·fah·ren** *nt* information procedure **In·for·ma·ti·o̲ns·vor·sprung** *m* superior knowledge; **einen** ~ **haben** to be better informed **In·for·ma·ti·o̲ns·zeit·al·ter** *nt kein pl* Information Age

in·for·ma·tiv [ɪnfɔrma'tiːf] *(geh)* **I.** *adj* informative; **ein** ~**es Gespräch** an informative talk

II. *adv* in an informative manner *pred*

In·for·ma·tor(in) <-s, -en> [ɪnfɔr'maːtoːɐ̯, *pl* ɪnfɔrma'toːrən] *m(f)* informer

in·for·ma·to·risch [ɪnfɔrma'toːrɪʃ] *adj (geh)* informative, BRIT *a.* informatory

in·for·mell ['ɪnfɔrmɛl] *adj* informal

in·for·mie·ren* [ɪnfɔr'miːrən] **I.** *vt* ■**jdn** [**über etw** *akk*] ~ to inform sb [about/of sth]; **jd ist gut informiert** sb is well-informed

II. *vr* ■**sich** *akk* [**über etw** *akk*] ~ to find out [about sth], to inform oneself

in·for·mi̲ert **I.** *pp und 3. pers sing von* **informieren**

II. *adj* informed; **gut/schlecht** ~ well/ill-informed

In·for·mi̲e·rung <-, -en> *pl selten f* process of informing

In·fo·stand *m (fam)* information stand **In·fo·tain·ment** <-s> [ɪnfo'te:nmənt] *nt kein pl* MEDIA, TV infotainment *no pl* **In·fo·wa·re** *f* INFORM infoware

in·fra·di·an [ɪnfra'di̯a:n] *adj* ~**er Rhythmus** biorhythm over a 24 hour period

in·fra·geRR [ɪn'fra:gə] ~ **kommen** to be possible; ***von den Kandidaten kommen nur drei*** ~ only three of the candidates are worthy of consideration; **nicht** ~ **kommen** to be out of the question; **etw** ~ **stellen** to question [*or* query] [*or* challenge] sth, to call sth into question, to cast doubt on sth

in·fra·rot ['ɪnfraro:t] *adj* infrared

In·fra·rot·be·strah·lung *f* MED infrared radiation *no pl, no indef art* **In·fra·rot·fern·be·die·nung** *f* infrared remote control **In·fra·rot·grill** *m* infrared grill

In·fra·rot·ka·me·ra *f* infrared camera **In·fra·rot·kar·te** *f (für Mautgebühr)* infrared card **In·fra·rot·lam·pe** *f* infrared lamp **In·fra·rot·licht** *nt kein pl* PHYS, MED infra-red light *no pl* **In·fra·rot·maus** *f* INFORM infrared mouse **In·fra·rot·schein·wer·fer** *m* infrared searchlight **In·fra·rot·sig·nal** *nt* PHYS infrared signal **In·fra·rot·spek·tro·sko·pie** *f kein pl* CHEM, PHYS infrared spectroscopy **In·fra·rot·strahl** <-s, -en> *m* infrared ray [*or* radiation] *no pl, no indef art* **In·fra·rot·strah·ler** *m* ELEK infrared radiator [*or* lamp] **In·fra·rot·strah·lung** *f kein pl* PHYS infrared radiation *no pl, no indef art* **In·fra·rot·te·le·skop** *nt* infrared telescope

In·fra·schall *m kein pl* PHYS infrasound *no pl* **In·fra·struk·tur** ['ɪnfraʃtrʊktu:ɐ̯] *f* infrastructure

in·fun·die·ren* [ɪnfʊn'di:rən] *vt* MED ■[**jdm**] **etw** ~ to administer sth [to sb] by means of a drip

In·fu·si·on <-, -en> [ɪnfu'zi̯o:n] *f* infusion; **eine** ~ **bekommen** to receive a transfusion

Ing. *Abk von* **Ingenieur**

In·gang·set·zung *f* start-up **In·gang·set·zungs·kos·ten** [ɪn'gaŋzɛtsʊŋs-] *pl* FIN start-up costs

In·ge·ni·eur(in) <-s, -e> [ɪnʒe'ni̯ø:ɐ̯] *m(f)* engineer

In·ge·ni·eur·bü·ro *nt* engineering firm

In·ge·ni·eu·rin <-, -nen> *f fem form von* **Ingenieur**

In·ge·ni·eur·schu·le *f* technical college

In·gre·di·ens <-, -ienzien> [ɪn'gre:di̯ɛns, *pl* -re'di̯ɛntsi̯ən] *nt meist pl* PHARM, KOCHK ingredient

In·gre·di·enz <-, -en> [ɪngre'di̯ɛnts] *f meist pl* PHARM, KOCHK ingredient

Ing·wer <-s> ['ɪŋvɐ] *m kein pl* ginger

Inh. *Abk von* **Inhaber**

In·ha·ber(in) <-s, -> ['ɪnha:bɐ] *m(f)* ① *(Besitzer)* owner
② *(Halter)* holder; *Scheck* bearer

In·ha·ber·ak·tie *f* FIN bearer security **In·ha·ber·grund·schuld** *f* JUR bearer land charge **In·ha·ber·hy·po·thek** *f* JUR mortgage evidenced by bearer-certificate **In·ha·ber·in·dos·sa·ment** *nt* FIN endorsement made out to bearer **In·ha·ber·scheck** *m* FIN cheque to bearer, negotiable cheque **In·ha·ber·schuld·ver·schrei·bung** *f* FIN bearer [*or* debenture] bond **In·ha·ber·wech·sel** *m* FIN bill [payable] to bearer

in·haf·tie·ren* [ɪnhaf'ti:rən] *vt* ■**jdn** ~ to take sb into custody, to detain sb; ■**inhaftiert sein** to be in custody

In·haf·tie·rung <-, -en> *f* ① *(das Inhaftieren)* arrest, detention
② *(Haft)* imprisonment, detention

In·ha·la·ti·on <-, -en> [ɪnhala'tsi̯o:n] *f* inhalation **In·ha·la·ti·ons·mit·tel** *nt* inhalant

in·ha·lie·ren* [ɪnha'li:rən] **I.** *vt* ■**etw** ~ to inhale sth
II. *vi* to inhale

In·halt <-[e]s, -e> ['ɪnhalt] *m* ① *(enthaltene Gegenstände)* contents *pl*
② *(Sinngehalt)* content
③ *(wesentliche Bedeutung)* meaning, significance; *Leben* meaning
④ MATH *(Flächeninhalt)* area; *(Volumen)* volume, capacity
⑤ INFORM **aktiver** ~ active content

in·halt·lich **I.** *adj* in terms of content
II. *adv* with regard to content

In·halts·ana·ly·se *f* content analysis **In·halts·an·ga·be** *f* summary; *Buch, Film, Theaterstück* outline, synopsis

in·halts·leer *adj (pej) Rede, Leben* empty, meaningless, devoid of content

in·halts·los *adj (geh)* lacking in content; ~**es Leben/**~**er Satz** meaningless [*or* empty] life/sentence

in·halts·reich *adj Leben, Gespräch* full **in·halts·schwer** *adj (geh)* significant **In·halts·stoff** *m* ingredient **In·halts·über·sicht** *f* ① *(Inhaltsverzeichnis)* table of contents ② *(Kurzfassung)* summary of the contents **In·halts·ver·zeich·nis** *nt* list [*or* table] of contents, contents *pl*

in·ho·mo·gen ['ɪnhomoge:n] *adj (geh)* inhomogeneous

in·hu·man ['ɪnhuma:n] *adj* ① *(menschenunwürdig)* inhumane; ~**e Zustände** inhumane conditions
② *(unmenschlich)* inhuman; ~**e Grausamkeit** inhuman cruelty; ■~ **sein, etw zu tun** to be inhuman to do sth

In·hu·ma·ni·tät <-, -en> [ɪnhumanɪ'tɛ:t] *f* ① *kein pl (inhumanes Wesen)* inhumanity *no pl*
② *(inhumane Handlung)* inhumane act

In·i·ti·a·le <-, -n> [ini'tsi̯a:lə] *f (geh)* initial [letter]

in·i·ti·a·li·sie·ren* [initsi̯ali'zi:rən] *vt* INFORM *(Startzustand herstellen)* ■**etw** ~ to initialize sth

In·i·ti·a·li·sie·rung <-, -en> *f* INFORM initialization **In·i·ti·a·li·sie·rungs·da·tei** *f* INFORM initialization file

In·i·ti·al·zün·dung *f* ① *eines Sprengstoffs* detonation
② *(fig: zündende Idee)* inspiration

In·i·ti·a·ti·on <-, -en> [initsi̯a'tsi̯o:n] *f* SOZIOL initiation **In·i·ti·a·ti·ons·ri·tus** *f* SOZIOL initiation rite

in·i·ti·a·tiv [initsi̯a'ti:f] *adj* ① *(Initiative besitzend)* with initiative; ■~ **sein** to be pro-active; ***Sie sollten nicht passiv, sondern*** ~ ***sein*** you should be pro-active rather than passive
② *(Schritte ergreifen)* ■[**in etw** *dat*] ~ **werden** to take the initiative [in sth]

In·i·ti·a·tiv·be·geh·ren <-s, -> *nt* POL SCHWEIZ *(Volksbegehren)* petition for a referendum **In·i·ti·a·tiv·be·wer·bung** *f* speculative application [*or* letter]

In·i·ti·a·ti·ve <-, -n> [initsi̯a'ti:və] *f* ① *(erster Anstoß)* initiative; **aus eigener** ~ on one's own initiative; [**in etw** *dat*] **die** ~ **ergreifen** to take the initiative [in sth]; **auf jds** *akk* ~ **hin** on sb's initiative
② *kein pl (Unternehmungsgeist)* drive, initiative
③ *(Bürgerinitiative)* pressure group
④ SCHWEIZ *(Volksbegehren)* demand for a referendum

In·i·ti·a·tiv·ko·mi·tee <-s, -s> *nt* POL SCHWEIZ *committee entrusted with the preparation of a petition to be presented before parliament* **In·i·ti·a·tiv·recht** *nt* JUR right to initiate legislation

In·i·ti·a·tor(in) <-s, -toren> [ini'tsi̯a:to:ɐ̯, *pl* initsi̯a'to:rən] *m(f) (geh)* ■**der** ~**/die** ~ **in einer S.** *gen* the initiator of a thing

in·i·ti·ie·ren* [initsi'i:rən] *vt (geh)* ■**etw** ~ to initiate sth; **ein Programm** ~ INFORM to initiate a program

In·jek·ti·on <-, -en> [ɪnjɛk'tsi̯o:n] *f* injection; **jdm eine** ~ **geben** [*o geh* **verabreichen**] to give sb an injection

In·jek·ti·ons·na·del *f* MED hypodermic needle **In·jek·ti·ons·sprit·ze** *f* MED hypodermic needle [*or* BRIT *a.* syringe]

in·ji·zie·ren* [ɪnji'tsi:rən] *vt (geh)* ■[**jdm**] **etw** ~ to inject [sb with] sth

In·ka <-[s], -s> ['ɪŋka] *m* Inca

In·kar·na·ti·on <-, -en> [ɪnkarna'tsi̯o:n] *f* incarnation

In·kas·so <-s, -s *o* ÖSTERR Inkassi> [ɪn'kaso] *nt* FIN collection; *(gegen Bar)* encashment; **zum** ~ for collection

In·kas·so·ab·wick·lung *f* FIN collection handling **In·kas·so·ak·zept** *nt* FIN acceptance for collection **In·kas·so·an·spruch** *m* JUR right to collect **In·kas·so·auf·trag** *m* FIN collection order **In·kas·so·be·auf·trag·te(r)** *f(m) dekl wie adj* [debt] collector **In·kas·so·be·rech·ti·gung** *f* FIN power to collect **In·kas·so·be·voll·mäch·tig·te(r)** *f(m) dekl wie adj* FIN collection agent **In·kas·so·bü·ro** *nt* HANDEL debt collection agency **In·kas·so·er·mäch·ti·gung** *f* FIN collection authority **In·kas·so·fir·ma** *f* HANDEL debt recovery service **In·kas·so·for·de·run·gen** *pl* FIN *(Bilanz)* uncollected items **In·kas·so·ge·mein·schaft** *f* FIN debt-collection association **In·kas·so·in·dos·sa·ment** *nt* JUR "only for collection" endorsement **In·kas·so·pro·vi·si·on** *f* FIN collecting commission **In·kas·so·stel·le** *f* FIN collecting agency **In·kas·so·voll·macht** *f* FIN collecting power **In·kas·so·wech·sel** *m* FIN bill for collection

In·kauf·nah·me <-> *f* acceptance; **bei** ~ **einer S.** *gen (geh)* with the acceptance of sth; **ohne** ~ **einer S.** *gen (geh)* without accepting sth; **unter** ~ **einer S.** *gen (geh)* [by] accepting sth

Ink-Jet-Dru·cker ['ɪŋkdʒɛt-] *m* INFORM ink-jet printer

inkl. *Abk von* **inklusive** incl.

In·kli·na·ti·on <-, -en> [ɪnklina'tsi̯o:n] *f* inclination

in·klu·si·ve [ɪnklu'zi:və] **I.** *präp +gen* inclusive [of]; ***die genannten Preise sind*** [*o* ***verstehen sich***] ~ ***Transport und Verpackung*** the prices quoted include [*or* are inclusive of] packing and transport
II. *adv* including; **bis** ~ up to and including; **vom 25. bis zum 28.** ~ from 25th to 28th inclusive

In·klu·siv·preis *m* HANDEL inclusive charge

in·kog·ni·to [ɪn'kɔgnito] *adv (geh)* incognito

In·kog·ni·to <-s, -s> [ɪn'kɔgnito] *nt (geh)* incognito; **sein** ~ **lüften** [*o* **preisgeben**] to reveal one's identity

in·ko·hä·rent <-er, -este> ['ɪnkohɛrɛnt] *adj (geh)* incoherent

In·ko·hä·renz <-, -en> ['ɪnkohɛrɛnts] *f (geh)* incoherence

in·kom·pa·ti·bel ['ɪnkɔmpati:bl̩] *adj* MED, INFORM, JUR, LING incompatible

In·kom·pa·ti·bi·li·tät <-, -en> [ɪnkɔmpatibili'tɛ:t] *f* TECH, INFORM incompatibility

in·kom·pe·tent ['ɪmkɔmpetɛnt] *adj (geh)* incompetent; ■[**in etw** *dat*] ~ **sein** to be incompetent [at [*or* in] sth]; ***er ist in diesen Dingen völlig*** ~ he is completely incompetent in these matters

In·kom·pe·tenz ['ɪnkɔmpetɛnts, ɪnkɔmpe'tɛnts] *f (geh)* incompetence

in·kon·gru·ent ['ɪnkɔngruɛnt, ɪnkɔŋgru'ɛnt] *adj* MATH incongruent

in·kon·se·quent ['ɪnkɔnzekvɛnt, ɪnkɔnze'kvɛnt] *adj (geh)* inconsistent

In·kon·se·quenz ['ɪnkɔnzekvɛnts, ɪnkɔnze'kvɛnts] *f (geh)* inconsistency

in·kon·sis·tent ['ɪnkɔnzɪstɛnt, ɪnkɔnzɪ'stɛnt] *adj inv (geh)* inconsistent

In·kon·sis·tenz <-> ['ɪnkɔnzɪstɛnts, ɪnkɔnzɪ'stɛnts] *f kein pl* inconsistency

In·kon·ti·nenz <-, -en> ['ɪnkɔntinɛnts, ɪnkɔnti'nɛnts] *f* MED incontinence *no pl, no art*

in·kor·rekt ['ɪnkɔrɛkt, ɪnkɔ'rɛkt] *adj (geh)* incorrect

In·kraft·set·zung *f* implementation

In·kraft·tre·ten <-s> *nt kein pl* coming into effect [*or* force]; ■**das** ~ **einer S.** *gen* the coming into effect [*or* force] of sth; ~ **eines Gesetzes** entry into force of an Act; ***das*** ~ ***der neuen Vorschrift wurde für den 1.1. beschlossen*** 1st Jan[uary] has been decided as the date on which the new regulation comes into force

in·kri·mi·nie·ren* [ɪnkrimi'ni:rən] *vt* JUR ■**jdn** ~ to incriminate sb; **jdn eines Verbrechens** ~ to incriminate sb with a crime

In·ku·ba·ti·on <-, -en> [ɪnkuba'tsi̯o:n] *f* MED, BIOL, REL, HIST incubation **In·ku·ba·ti·ons·zeit** *f* incubation period

In·ku·ba·tor <-s, -en> [ɪnku'ba:to:ɐ̯] *m* MED, BIOL incubator

In·kurs·set·zung *f* ÖKON circulation

In·land ['ɪnlant] *nt kein pl* ① *(das eigene Land)* home; **für das** ~ **bestimmte Waren** goods for the domestic market
② *(Binnenland)* inland, interior; ***an der Küste ist der Winter milder als weiter im*** ~ the winter is milder on the coast than further inland

In·land·an·lei·he *f* FIN domestic bond **In·län·der·dis·kri·mi·nie·rung** ['ɪnlɛndɐ-] *f* JUR discrimination of residents **In·län·der·gleich·be·hand·lung** *f* JUR equal treatment of residents **In·län·der·pri·vi·le·gie·rung** *f* JUR preferential treatment for residents

In·land·flug *m* domestic [*or* internal] flight

in·län·disch ['ɪnlɛndɪʃ] *adj* domestic, home; **~e Industrie/Produkte** home industry/products

In·land·markt <-[e]s, -märkte> *m bes* SCHWEIZ ÖKON home [*or* domestic] market **In·land·re·dak·ti·on** <-, -en> *f* SCHWEIZ *(Redaktion für Innenpolitik) newspaper editorial department specializing in in domestic news*

In·lands·ab·satz *m* ÖKON domestic sales *pl* **In·lands·an·lei·he** *f* FIN domestic loan **In·lands·auf·trag** *m* HANDEL domestic order **In·lands·ban·ken** *pl* ÖKON home banks **In·lands·be·tei·li·gung** *f* FIN domestic trade investment **In·lands·er·trä·ge** *pl* FIN domestic earnings *pl* **In·lands·ge·spräch** *nt* TELEK inland call **In·lands·kar·tell** *nt* ÖKON domestic cartel **In·lands·kre·dit·schöp·fung** *f* ÖKON creation of home bank credit **In·lands·markt** *m* ÖKON home [*or* domestic] market **In·lands·mo·no·pol** *nt* ÖKON domestic monopoly **In·lands·nach·fra·ge** *f* ÖKON domestic demand **In·lands·or·der** *f* HANDEL domestic order **In·lands·pa·ket** *nt* inland parcel **In·lands·pa·tent** *nt* domestic patent **In·lands·preis** *m* domestic market price **In·lands·pro·dukt** *nt* ÖKON domestic product **In·lands·pro·duk·ti·on** *f kein pl* ÖKON domestic production *no pl* **In·lands·ver·brauch** *m kein pl* ÖKON home consumption **In·lands·ver·schul·dung** *f* ÖKON internal debt **In·lands·ver·tre·ter(in)** *m(f)* HANDEL resident agent **In·lands·wa·re** *f* domestic commodity **In·lands·wech·sel** *m* ÖKON domestic bill of exchange

In·laut ['ɪnlaut] *m* LING medial sound

In·lett <-[e]s, -e> ['ɪnlɛt] *nt* MODE tick[ing]

in·lie·gend ['ɪli:gn̩t] *adj* ADMIN ÖSTERR enclosed

In·line·ho·ckey ['ɪnlaɪn-] *nt* SPORT inline hockey

in·li·nen ['ɪnlaɪnən] *vi* to go inlining, to blade

In·li·ner <-s, -> ['ɪnlaɪnɐ] *m* in-line skate

In·line·skate <-s, -s> ['ɪnlaɪnske:t] *m* inline skate

In·line·ska·ter <-s, -> [-ske:tɐ] *m* ❶ *(Person)* in-line skater ❷ *(Rollschuh)* in-line [roller-] skate **In·line·ska·ting** <-s> [-ske:tɪŋ] *nt kein pl* inline skating

in·mit·ten [ɪn'mɪtn̩] **I.** *präp +gen (geh)* in the middle [*or* midst] of
II. *adv (geh)* in the midst of; ■ **~ von etw** *dat* in the midst of sth; ***das Haus lag ~ von Feldern und blühenden Wiesen*** the house was surrounded by fields and meadows in bloom

in na·tu·ra [ɪn na'tu:ra] *adv* ❶ *(in Wirklichkeit)* in real life; ***du siehst ~ ganz anders aus*** you look quite different in real life [*or* in the flesh]
❷ *(geh: in Naturalien)* in kind; **jdn ~ bezahlen** to pay sb in kind; *(hum mit Koseeinheiten)* to offer one's services as payment *euph*

in·ne|ha·ben ['ɪnə-] *vt irreg (geh)* ■ **etw ~** to hold sth

in·ne|hal·ten ['ɪnə-] *vi irreg (geh)* ■ [**in etw** *dat*] ~ to pause, to stop [doing sth] for a moment; ***er hielt in seinem Vortrag inne*** he paused in the middle of his lecture

in·nen ['ɪnən] *adv* ❶ *(im Inneren)* on the inside; ***das Haus ist ~ ganz mit Holz verkleidet*** the interior of the house has wood panelling throughout; **~ und außen** on the inside and outside; **nach ~** indoors, inside; ***die Tür geht nach ~ auf*** the door opens inwards; **von ~** from the inside; ***ein Computer von ~ ist recht verwirrend*** the inside of a computer is extremely confusing
❷ *(auf der Innenseite)* on the inside
❸ *bes* ÖSTERR *(drinnen)* inside

In·nen·an·sicht *f* interior view **In·nen·an·ten·ne** *f* TV indoor aerial [*or* AM *a.* antenna] **In·nen·ar·chi·tekt(in)** *m(f)* interior designer **In·nen·ar·chi·tek·tur** *f* interior design **In·nen·auf·nah·me** *f* FILM indoor [*or* interior] shot; FOTO indoor photo[graph] **In·nen·auf·trag** *m* HANDEL internal order **In·nen·aus·bau** *m* BAU refinishing of the interior; *(Umbau)* conversion **In·nen·aus·schuss**^RR *m* home affairs committee BRIT, committee on internal [*or* BRIT *a.* domestic] affairs **In·nen·aus·stat·tung** *f* ❶ *(Gestaltung eines Innenraums)* interior decor *no pl; Auto* interior fittings *npl* [*or no pl* trim] ❷ MODE *Jacke* inside **In·nen·bahn** *f* SPORT inside lane **In·nen·be·hör·de** *f* authority for domestic affairs BRIT, home affairs authority BRIT, Department of Domestic Affairs AM **In·nen·be·leuch·tung** *f* interior lighting **In·nen·dienst** *m* office work; **~ haben** to work in an office; **im ~** [**sein**] [to work] in an office **In·nen·ein·rich·tung** *f* ❶ *(das Einrichten)* interior furnishing *no pl* ❷ *(die Einrichtung)* interior fittings *pl* **In·nen·ent·wäs·se·rung** *f* BAU interior drainage **In·nen·ge·sell·schaft** *f* JUR undisclosed association [*or* partnership] **In·nen·hof** *m* inner courtyard **In·nen·kur·ve** *f* inside bend **In·nen·la·dung** *f* inboard cargo **In·nen·le·ben** *nt kein pl* ❶ *(fam: Seelenleben)* inner feelings *pl* ❷ *(fam: innere Struktur)* inner workings *pl*; ***das ~ eines Computers ist für Laien unverständlich*** the inner workings of a computer are incomprehensible to a layperson **In·nen·mi·nis·ter(in)** *m(f)* Minister [*or* AM Secretary] of the Interior, BRIT *a.* Home Secretary **In·nen·mi·nis·te·ri·um** *nt* Ministry [*or* AM Department] of the Interior, BRIT *a.* Home Office **In·nen·ohr** *nt* ANAT inner [*or* internal] ear **In·nen·po·li·tik** *f* home affairs *pl* BRIT, domestic policy **in·nen·po·li·tisch** ['ɪnənpoliti∫] **I.** *adj* concerning home affairs [*or* domestic policy] **II.** *adv* with regard to home affairs [*or* domestic policy]; ***die Regierung hat ~ versagt*** the government has failed on the issue of home affairs **In·nen·raum** *m* ❶ ARCHIT interior ❷ AUTO *(Fahrgastraum)* interior **In·nen·schuh** *m* inner shoe **In·nen·sei·te** *f* ❶ *(die innere Seite)* inside ❷ ANAT inside **In·nen·se·na·tor(in)** *m(f)* senator responsible for domestic affairs **In·nen·ske·lett** *nt* BIOL endoskeleton **In·nen·slip** *m von Shorts* inner lining **In·nen·spie·gel** *m* AUTO rear-view mirror

In·nen·stadt *f* city/town centre [*or* AM -er] **In·nen·stadt·la·ge** *f* downtown location **In·nen·stadt·ver·kehr** *m* inner city traffic

In·nen·ta·sche *f* inside pocket **In·nen·tem·pe·ra·tur** *f* inside temperature **In·nen·ti·tel** *m* TYPO fly-title, half title **In·nen·ver·hält·nis** *nt* JUR *einer Gesellschaft* internal relationship **In·nen·ver·klei·dung** *f* inner lining; *eines Wohnwagens* interior panelling [*or* AM paneling]

In·nen·ver·tei·di·ger(in) *m(f)* FBALL central defender **In·nen·ver·wal·tung** *f* interior [*or* domestic affairs] administration **In·nen·wand** *f* interior [*or* inside] wall **In·nen·zelt** *nt* inner tent

in·ner·be·trieb·lich I. *adj* in-house; ADMIN internal; **~e Angelegenheit/~er Konflikt** internal matter/conflict; **~e Ausbildung** in-house training **II.** *adv* internally **in·ner·deutsch** *adj* German domestic; **eine ~e Angelegenheit** an internal German matter **in·ner·dienst·lich** *adj* internal; **~e Angelegenheiten** internal office matters

in·ne·re(r, s) ['ɪnərə, 'ɪnərɐ, 'nərəs] *adj* ❶ *räumlich (das innen Gelegene betreffend)* inner; ***die ~n Wände wurden komplett entfernt*** the inner walls were completely removed
❷ MED, ANAT internal
❸ *(innewohnend)* internal; *eines Konzerns* internal structure
❹ POL internal
❺ PSYCH inner; **~ Spannung/Ruhe** inner tension/calm

In·ne·re(s) ['ɪnərə, 'ɪnərəs] *nt dekl wie adj* ❶ *(innerer Teil)* inside
❷ GEOL centre [*or* AM -er], middle
❸ PSYCH heart; **sein ganzes ~s ausbreiten** to bare one's soul; **in jds** *dat* **~n** in sb's soul; ***tief in seinem ~n war ihm klar, dass es nur so funktionieren konnte*** deep down he knew that it could only work in this way

In·ne·rei·en [ɪnər'aiən] *pl* KOCHK innards *npl*

in·ner·eu·ro·pä·isch I. *adj attr* POL intra-European; **~er Warenverkehr** intra-European trade in goods **II.** *adv* POL **~ Handel treiben** to do business throughout Europe

in·ner·halb ['ɪnɐhalp] **I.** *präp +gen* ❶ *(in einem begrenzten Bereich)* inside, within; ***~ der Wohnung war es sehr dunkel*** it was very dark inside the flat
❷ *(binnen eines gewissen Zeitraums)* within; **~ einer Minute** within a minute
II. *adv* ■ **~ von etw** *dat* ❶ *(in einem begrenzten Bereich)* within sth
❷ *(binnen eines gewissen Zeitraums)* within sth; ***ich brauche diese Auskunft ~ von drei Tagen*** I need this information within three days

in·ner·lich ['ɪnɐlɪç] **I.** *adj* ❶ MED internal
❷ PSYCH inner
II. *adv* ❶ *(im Inneren des Körpers)* internally; **etw ~ verabreichen** to administer sth internally
❷ PSYCH inwardly; **~ *war er sehr aufgewühlt*** he was in inner turmoil

In·ner·lich·keit <-> *f kein pl (geh)* inwardness

in·ner·orts *adv* SCHWEIZ in a built-up area **in·ner·par·tei·lich** *adj* within the party

In·ner·schweiz <-> *f kein pl the Swiss cantons Uri, Schwyz, Unterwalden (Ob- and Nidwalden), Lucerne and Zug*

In·ner·stadt <-, -städte> *f* SCHWEIZ *(veraltend: Innenstadt)* city/town centre [*or* AM center] **in·ner·städ·tisch** *adj* inner-city; *Verkehr* city-centre [*or* AM -er], inner-city

in·ners·te(r, s) ['ɪnɐstə, 'ɪnɐstɐ, 'ɪnɐstəs] *adj superl von* **innere(r, s)** ❶ GEOL *(am weitesten innen befindlich) Stadtbezirk, Landesteil etc.* innermost
❷ PSYCH *(jds tiefes Inneres betreffend)* innermost; ***entspricht diese Äußerung deiner ~n Überzeugung?*** does this statement represent your innermost conviction?

In·ners·te(s) ['ɪnɐstə, 'ɪnɐstəs] *nt dekl wie adj* core being; ***tief in ihrem ~n wusste sie, dass er recht hatte*** deep down inside she knew he was right

in·nert ['ɪnɐt] *präp +dat o gen* ÖSTERR, SCHWEIZ ■ **~ eines gewissen Zeitraums** within a certain period of time; **~ eines Jahres, ~ einem Jahr** within a year; **~ nützlicher Frist** within the usual period

in·ne|woh·nen *vi* ■ **jdm/etw ~** to be inherent in sb/a thing

in·nig ['ɪnɪç] **I.** *adj* ❶ *(tief empfunden)* deep, heartfelt; **unser ~er Dank** our heartfelt thanks; ***er verspürte für sie eine ~e Zuneigung*** he felt deep affection for her; **aufs I~ste** most sincerely
❷ *(sehr eng)* intimate; **eine ~e Beziehung** *(fig)* an intimate relationship
II. *adv* deeply, intimately; **jdn ~ lieben** to love sb deeply

In·nig·keit <-> *f kein pl* sincerity, warmth

in·nig·lich ['ɪnɪklɪç] *adv (geh)* deeply, sincerely; **jdm ~ verbunden sein** to be deeply attached to sb; **jdn treu und ~ lieben** to love sb truly and deeply

In·no·va·ti·on <-, -en> [inova'tsi̯o:n] *f* innovation

In·no·va·ti·ons·be·reit·schaft *f* ÖKON readiness to innovate **in·no·va·ti·ons·fä·hig** *adj* capable of innovation **In·no·va·ti·ons·fä·hig·keit** *f kein pl* innovative capability **In·no·va·ti·ons·kraft** *f* innovation **In·no·va·ti·ons·tem·po** *nt kein pl* speed of innovation

in·no·va·tiv [inova'ti:f] **I.** *adj* innovative
II. *adv* innovatively

in·no·va·to·risch [inova'to:rɪʃ] *adj* innovatory BRIT, innovational

in·no·vie·ren* [ino'vi:rən] *vi (geh)* to innovate

Inns·bruck <-s> ['ɪnsbrʊk] *nt* Innsbruck

In·nung <-, -en> ['ɪnʊŋ] *f* ÖKON guild
▶ WENDUNGEN: **die ganze ~ blamieren** *(hum fam)* to let the whole side [*or* everyone] down *fam*

In·nungs·be·trieb *m business belonging to a guild* **In·nungs·kran·ken·kas·se** *f health insurance scheme for guild members*

in·of·fi·zi·ell *adj* unofficial

in·ope·ra·bel ['ɪnʔopera:bl̩, ɪnʔope'ra:bl] *adj* MED inoperable

in·op·por·tun ['ɪnʔɔpɔrtu:n, ɪnʔɔpɔr'tu:n] *adj (geh)*

inopportune, ill-timed; **es für ~ halten, etw zu tun** to consider it inappropriate to do sth

in pet·to [ɪn 'pɛto] *adv* **etw [gegen jdn] ~ haben** *(fam)* to have sth up one's sleeve [for sb] *fam*

in punc·to [ɪn 'pʊŋkto] *adv (fam)* concerning, with regard to; ■ **~ einer S.** *gen* concerning [*or* with regard to] sth, in so far as sth is concerned

In·put <-s, -s> ['ɪnpʊt] *m* ① INFORM *(eingegebenes Material)* input
② *(Anregung)* stimulus; *(Einsatz)* commitment; ***in unserer Beziehung ist mein ~ wesentlich größer als der seine*** I bring considerably more to the relationship than he does

In·put-Out·put-Ana·ly·se *f* ÖKON input-output analysis

In·qui·si·ti·on <-> [ɪnkvizi'tsi̯o:n] *f kein pl* HIST Inquisition *no pl* **In·qui·si·ti·ons·ma·xi·me** *f* JUR principle of ex officio judicial investigation

In·qui·si·tor <-s, -toren> [ɪnkvi'zi:to:ɐ̯, *pl* ɪnkvizi'to:rən] *m* HIST inquisitor

in·qui·si·to·risch [ɪnkvizi'to:rɪʃ] I. *adj (geh)* inquisitorial *form*
II. *adv (geh)* in an inquisitorial manner *form*

ins [ɪns] = **in das** *s.* **in**

In·sas·se, In·sas·sin <-n, -n> ['ɪnzasə, 'ɪnzasɪn] *m, f* ① *(Fahrgast)* passenger
② *(Heimbewohner)* resident
③ *(Bewohner einer Heilanstalt)* patient, resident
④ *(Gefängnis- o Lagerinsasse)* inmate

In·sas·sen·un·fall·schutz *m* accident coverage **In·sas·sen·un·fall·ver·si·che·rung** *f* passenger accident insurance **In·sas·sen·ver·si·che·rung** *f* passenger insurance

In·sas·sin <-, -nen> ['ɪnzasɪn] *f fem form von* **Insasse**

ins·be·son·de·re [ɪnsbə'zɔndərə] *adv* especially, in particular, particularly

In·schrift ['ɪnʃrɪft] *f* inscription

In·sekt <-[e]s, -en> [ɪn'zɛkt] *nt* insect

In·sek·ten·au·ge *nt* insect eye **In·sek·ten·be·fall** *m* infestation of insects **In·sek·ten·bein** *nt* insect leg **In·sek·ten·be·kämp·fung** *f* insect control **In·sek·ten·be·kämp·fungs·mit·tel** *f* insecticide **In·sek·ten·be·stäu·bung** *f* BOT insect pollination **In·sek·ten·flü·gel** *m* insect wing **In·sek·ten·fres·ser** <-s, -> *m* insect-eater **In·sek·ten·gift** *nt* insecticide **In·sek·ten·kun·de** *f* entomology **In·sek·ten·pla·ge** *f* plague of insects **In·sek·ten·pul·ver** *nt* insect powder **In·sek·ten·spray** *nt* insect spray **In·sek·ten·staat** *m* BIOL insect society **In·sek·ten·stich** *m* insect sting; *Mücke, Moskito etc.* insect sting **In·sek·ten·ver·nich·tungs·mit·tel** *f* insecticide **In·sek·ten·ver·til·gungs·mit·tel** *nt* insecticide

In·sek·ti·zid <-s, -e> [ɪnzɛkti'tsi:t] *nt* insecticide

In·sel <-, -n> ['ɪnzl̩] *f* island; **die ~ Sylt** the island of Sylt; **Langerhansche ~n** ANAT islets of Langerhans

In·sel·an·zei·ge *f* solus

In·sel·be·ga·bung *f* isolated talent **In·sel·be·woh·ner(in)** *m(f)* inhabitant of an island, islander; **~ sein** to be an islander

In·sel·chen <-s, -> *nt dim von* **Insel** small island, islet

In·sel·flug·ha·fen *m* island airport **In·sel·grün** *nt* SPORT *Golf* island green **In·sel·grup·pe** *f* archipelago, group of islands **In·sel·ju·gend** *f* ■ **die ~** the youth [*or* young people] + *pl vb* of an/the island **In·sel·küs·te** *f* island coast **In·sel·strand** *m* island beach

In·sel·volk *nt* island race [*or* people] **In·sel·welt** *f* islands *pl*

In·se·mi·na·ti·on [ɪnzemina'tsi̯o:n] *f* BIOL insemination

In·se·rat <-[e]s, -e> [ɪnze'ra:t] *nt* advertisement, ad[vert] *fam*

In·se·ra·te·kam·pa·gne <-, -n> *f* SCHWEIZ *(Anzeigenkampagne)* advertising campaign

In·se·ra·ten·teil *f* advertisement section

In·se·ra·te·schluss <-es> *m kein pl* SCHWEIZ *(Annahmeschluss)* closing date

In·se·rent(in) <-en, -en> [ɪnze'rɛnt] *m(f)* advertiser

in·se·rie·ren* [ɪnze'ri:rən] I. *vi (annoncieren)* ■ **[in etw** *dat*] **~** to advertise [in sth]; ***sie inserierte in der Tageszeitung*** she placed an advert in the newspaper
II. *vt (etw annoncieren)* ■ **etw [in etw** *dat*] **~** to advertise sth [in sth]; ***inseriere doch mal dein Auto in der Zeitung!*** why don't you advertise your car in the newspaper!

ins·ge·heim [ɪnsgə'hai̯m] *adv* in secret, secretly

ins·ge·samt [ɪnsgə'zamt] *adv* ① *(alles zusammen)* altogether
② *(im Großen und Ganzen)* all in all, on the whole

In-sich-Ge·schäft *f* JUR self-dealing, acting as principal and agent

In-sich-Pro·zess *m* JUR inter se proceedings

In·si·der(in) <-s, -> ['ɪnzaɪdɐ] *m(f)* ① *(Eingeweihter)* insider; ***der Witz war nur für ~ verständlich*** the joke could only be understood by those in the know
② BÖRSE insider

In·si·der·ge·schäft *nt* BÖRSE insider trading

In·si·der·han·del *m kein pl* BÖRSE insider trading **In·si·der·han·dels·richt·li·ni·en** *pl* HANDEL insider trading guidelines

In·si·de·rin <-, -nen> *f fem form von* **Insider**

In·si·der·in·for·ma·ti·on *f* inside[r] information *no indef art, no pl* **In·si·der·recht** *nt* JUR law on insider dealings

In·si·der·wis·sen <-s,> ['ɪnsaɪdə-] *nt kein pl* inside knowledge

In·sig·ne <-s, Insignien> [ɪn'zɪgnə, *pl* ɪn'zɪgni̯ən] *nt meist pl* insignia

in·sis·tie·ren* [ɪnzɪs'ti:rən] *vi (geh)* ■ **[auf etw** *dat*] **~** to insist [on sth]; ■ **darauf ~, dass** to insist that

In·skrip·ti·on <-, -en> [ɪnskrɪp'tsi̯o:n] *f* SCH ÖSTERR enrolment BRIT, enrollment AM

ins·künf·tig ['ɪnskʏnftɪç] *adv* SCHWEIZ *s.* **zukünftig**

in·so·fern [ɪnzo'fɛrn, ɪn'zo:fɛrn] I. *adv* in this respect; **~ ... als** inasmuch as, in that
II. *konj* ÖSTERR *(vorausgesetzt, dass)* if; ***~ sie Zeit hat, hilft sie dir bestimmt*** if she's got time, she'll undoubtedly help you; **~ als** in so far [*or* as much] as

in·sol·vent ['ɪnzɔlvɛnt, ɪnzɔl'vɛnt] *adj* insolvent

In·sol·venz <-, -en> ['ɪnzɔlvɛnts, ɪnzɔl'vɛnts] *f* insolvency

in·sol·venz·an·fäl·lig *adj* JUR, FIN insolvency-prone **In·sol·venz·fall** *m* JUR insolvency **In·sol·venz·kos·ten** *pl* JUR insolvency cost *sing* **In·sol·venz·mas·se** *f* JUR insolvency estate **In·sol·venz·recht** *nt* JUR, FIN insolvency law **In·sol·venz·ri·si·ko** *nt* FIN risk of insolvency **In·sol·venz·ver·fah·ren** *nt* JUR insolvency proceedings *pl;* **Einstellung des ~s** suspension of insolvency proceedings

in·so·weit [ɪnzo'vai̯t, 'ɪnzovai̯t, ɪn'zovai̯t] I. *adv* in this respect; ***~ sind wir uns einig geworden*** we've reached agreement in this respect
II. *konj bes* ÖSTERR **~ als** if

in spe [ɪn 'spe:] *adj (fam)* future, to be; ■ **der/die/jds ... ~** the/sb's ... to be; ***das ist meine Braut ~*** this is my future bride [*or* bride to be]

In·spek·teur(in) <-s, -e> [ɪnspɛk'tø:ɐ̯] *m(f)* MIL Chief of Staff

In·spek·ti·on <-, -en> [ɪnspɛk'tsi̯o:n] *f* ① *(technische Wartung)* service
② *(Überprüfung)* inspection

In·spek·ti·ons·öff·nung *f* BAU access hole, porthole **In·spek·ti·ons·recht** *nt* JUR right of inspection **In·spek·ti·ons·rei·se** *f* tour of inspection

In·spek·tor, In·spek·to·rin <-s, -toren> [ɪn'spɛkto:ɐ̯, *pl* ɪnspɛk'to:rən] *m, f* ① ADMIN *(unterste Rangstufe des gehobenen Dienstes)* executive officer; *Kriminalpolizei* inspector
② *(Prüfer)* supervisor

In·spek·to·rat <-[e]s, -e> [inspɛkto'ra:t] *nt* SCHWEIZ *(Aufsichtsbehörde)* supervisory authority, controlling body

In·spi·ra·ti·on <-, -en> [ɪnspira'tsi̯o:n] *f (geh)* inspiration

In·spi·ra·ti·ons·quel·le *f selten pl (geh)* source of inspiration

in·spi·rie·ren* [ɪnspi'ri:rən] *vt* ■ **jdn [zu etw** *dat*] **~** to inspire sb [to do sth]; ■ **sich** *akk* **von etw** *dat* **[zu etw** *dat*] **~ lassen** to get one's inspiration from sth [to do sth]

In·spi·zi·ent(in) <-en, -en> [ɪnspi'tsi̯ɛnt] *m(f)* stage manager

in·spi·zie·ren* [ɪnspi'tsi:rən] *vt (geh)* ■ **etw ~** to inspect sth

in·sta·bil ['ɪnstabi:l] *adj (geh)* unstable

In·sta·bi·li·tät <-, -en> ['ɪnstabilitɛ:t, ɪnstabili'tɛ:t] *f pl selten (geh)* instability

In·stal·la·teur(in) <-s, -e> [ɪnstala'tø:ɐ̯] *m(f)* *(Elektroinstallateur)* electrician; *(Klempner)* plumber

In·stal·la·ti·on <-, -en> [ɪnstala'tsi̯o:n] *f* ① *kein pl (das Installieren)* installation; *(installierte Leitungen od. Anlage)* installations *pl*
② SCHWEIZ *(Amtseinsetzung)* installation

In·stal·la·ti·ons·dis·ket·te *f* INFORM set-up diskette **In·stal·la·ti·ons·pro·gramm** *nt* INFORM install program **In·stal·la·ti·ons·raum** *m* BAU utility room **In·stal·la·ti·ons·vor·aus·set·zung** *f* INFORM installation requirement **In·stal·la·ti·ons·wand** *f* BAU plumbing wall

in·stal·lie·ren* [ɪnsta'li:rən] *vt* ① TECH *(einbauen)* ■ **[jdm] etw ~** to install sth [for sb]; ■ **sich** *dat* **etw ~ lassen** to have sth installed
② INFORM *(einprogrammieren)* ■ **[jdm] etw [auf etw** *akk*] **~** to load sth [for sb] [onto sth]; ***der Computer wird von uns mit fertig installierter Software geliefert*** the computer is supplied by us with software already loaded

in·stand, in Stand [ɪn'ʃtant] *adj* in working order; **etw ~ halten** to keep sth in good condition; **ein Haus ~ besetzen** *(fam) illegally to occupy and renovate a house that is scheduled for demolition;* **etw ~ setzen** to repair sth

in·stand|be·set·zen* [ALT] *vt s.* **instand**

In·stand·hal·tung *f (geh)* maintenance; **~ des Programms** INFORM program maintenance; **laufende ~** routine maintenance

In·stand·hal·tungs·auf·trag *m* maintenance contract **In·stand·hal·tungs·kos·ten** *pl* maintenance costs *pl* **In·stand·hal·tungs·pflicht** *f* maintenance duty

in·stän·dig ['ɪnʃtɛndɪç] I. *adj Bitte etc.* urgent
II. *adv* urgently; **~ um etw** *akk* **bitten** to beg for sth

In·stand·set·zung <-, -en> *f (geh)* repair

In·stand·set·zungs·ar·bei·ten *pl* repairs **In·stand·set·zungs·dau·er** *f* repair time **In·stand·set·zungs·kos·ten** *pl* cost of repairs **In·stand·set·zungs·ver·trag** *m* repair contract

In·stand·stel·lung <-, -en> *f* SCHWEIZ *(Instandsetzung)* repair

In·stant·kaf·fee ['ɪnstn̩t-] *m* KOCHK instant coffee

In·stanz <-, -en> [ɪn'stants] *f* ① ADMIN authority
② *(Stufe eines Gerichtsverfahrens)* instance; **in erster/zweiter/oberster/letzter ~, in der ersten/zweiten/obersten/letzten ~** trial court/appellate court/supreme court of appeal/court of last instance

In·stan·zen·weg <-[e]s, -e> *m meist sing* official channels *pl;* JUR stages of appeal; **den ~ durchlaufen** [*o* **nehmen**] to go through the official channels **In·stan·zen·zug** *m* JUR stages of appeal

In·stinkt <-[e]s, -e> [ɪn'stɪŋkt] *m* *(unbewusster Antrieb)* instinct; *(Gefühl der Gewissheit)* instinct, gut feeling *fam;* **[mit etw** *dat*] **[den richtigen] ~ beweisen** to show one's instincts [are correct] [about sth]

In·stinkt·hand·lung *f* BIOL instinct

in·stink·tiv [ɪnstɪŋk'ti:f] *adj* instinctive; **ein ~es Gefühl** an instinctive feeling, instinctive; **die ~en Verhaltensweise von Tieren** the instinctive behaviour [*or* AM -or] of animals

in·stinkt·mä·ßig *adj* instinctive

in·stinkt·si·cher I. *adj* instinctive
II. *adv* instinctively

In·sti·tut <-[e]s, -e> [insti'tu:t] *nt* ① *(öffentliche Anstalt)* institute
② *(geh: Internat)* boarding-school

In·sti·tu·ti·on <-, -en> [ɪnstitu'tsi̯o:n] *f* institution; **die ~ der Ehe/Familie/etc.** the institution of marriage/of the family/etc.; **religiöse/wissenschaftliche** ~ religious/scientific institution; **zu einer** [*o* **zur**] ~ **werden** *(fig)* to become an institution *fig*

in·sti·tu·ti·o·na·li·sie·ren* [ɪnstitutsi̯onaliˈziːrən] *vt (geh)* ■**etw** ~ to instituionalize sth

In·sti·tu·ti·o·na·li·sie·rung <-, -en> [ɪnstitutsi̯onaliˈziːrʊŋ] *f (geh)* institutionalization

in·sti·tu·ti·o·nell [ɪnstitutsi̯oːˈnɛl] *adj (geh)* institutional

In·sti·tuts·an·ge·hö·ri·ge(r) *f(m) dekl wie adj* member of the institute **In·sti·tuts·an·schrift** *f* institute address **In·sti·tuts·bib·lio·thek** *f* institute library **In·sti·tuts·di·rek·tor(in)** *m(f)* director of the institute **In·sti·tuts·ver·wal·tung** *f* administration of the institute

in·stru·ie·ren* [ɪnstruˈiːrən] *vt* ❶ *(in Kenntnis setzen)* ■**jdn** [**über etw** *akk*] ~ to advise sb [about sth]; ■[**über etw** *akk*] **instruiert sein** to be informed [about sth]

❷ *(Anweisungen geben)* ■**jdn** ~[, **etw zu tun**] to instruct sb [to do sth]

In·struk·ti·on <-, -en> [ɪnstrʊkˈtsi̯oːn] *f (Anweisung)* instruction; *(Anleitung)* instruction[s] *usu pl*; **laut** ~ according to instructions

In·struk·ti·ons·feh·ler *m* JUR mistake in the instructions **In·struk·ti·ons·pa·let·te** *f* INFORM repertoire of instructions **In·struk·ti·ons·ra·te** *f* INFORM instruction rate

in·struk·tiv <-er, -ste> [ɪnstrʊkˈtiːf] *adj* instructive

In·stru·ment <-[e]s, -e> [ɪnstruˈmɛnt] *nt* ❶ MUS instrument; *(Gerät für wissenschaftliche Zwecke)* instrument

❷ *(a. fig geh: Werkzeug)* tool; **sich** *akk* **zum** ~ **einer S.** *gen* **machen** *(fig geh)* to become the instrument of sth

in·stru·men·tal [ɪnstrumɛnˈtaːl] **I.** *adj* instrumental; ~**e Musik** instrumental music

II. *adv* instrumentally

In·stru·men·tal·be·glei·tung *f* instrumental accompaniment; **mit/ohne** ~ with/without instrumental accompaniment

in·stru·men·ta·li·sie·ren* [ɪnstrumɛntaliˈziːrən] *vt (geh)* ■**etw** ~ ❶ MUS to arrange [for instruments]

❷ *(fig: als Mittel zum Zweck benutzen)* to exploit sth

In·stru·men·ta·list(in) <-en, -en> [ɪnstrumɛnˈtaˈlɪst] *m(f)* MUS, PHILOS instrumentalist

In·stru·men·tal·mu·sik *f* instrumental music **In·stru·men·tal·stück** *nt* MUS instrumental piece

In·stru·men·ta·ri·um <-, -rien> [ɪnstrumɛnˈtaːri̯ʊm, *pl* ɪnstrumɛnˈtaːri̯ən] *nt (geh)* ❶ *(Gesamtheit der Ausrüstung)* instruments *pl*, apparatus, equipment; *(medical equipment)* equipment

❷ MUS range of instruments

❸ *(Gesamtheit von Mittel o Möglichkeiten)* range [*or* series] of measures

in·stru·men·ta·to·risch [ɪnstrumɛntaˈtoːrɪʃ] *adj inv, attr* MUS instrumental

In·stru·men·ten·an·la·ge *f* AUTO instrument panel **In·stru·men·ten·flug** *m* LUFT instrument flight **In·stru·men·ten·ta·fel** *f* AVIAT instrument panel **In·stru·men·ten·trä·ger** *m* AUTO dash panel

in·stru·men·tie·ren* [ɪnstrumɛnˈtiːrən] **I.** *vt* ■**etw** ~ ❶ MUS to instrument sth; *(für Orchester)* to orchestrate sth

❷ TECH to instrument sth, to equip sth with instruments

II. *vi* MED **bei einem Chirurgen** ~ to assist a surgeon by handing him/her the instruments

In·suf·fi·zi·enz <-, -en> [ˈɪnzʊfitsi̯ɛnts, ɪnzʊfiˈtsi̯ɛnts] *f* MED *(geh)* insufficiency

In·su·la·ner(in) <-s, -> [ɪnzuˈlaːnɐ] *m(f)* islander

In·su·lin <-s> [ɪnzuˈliːn] *nt kein pl* insulin *no pl*

In·su·lin·aus·schüt·tung *f kein pl* MED insulin distribution, distribution of insulin **In·su·lin·prä·pa·rat** *nt* insulin preparation **In·su·lin·pro·duk·ti·on** *f* MED insulin production, production of insulin **In·su·lin·spie·gel** *m* insulin level, level of insulin **In·su·lin·sprit·ze** *f* MED insulin injection [*or* shot] **In·su·lin·ver·brauch** *m* insulin consumption, consumption of insulin

in·sze·nie·ren* [ɪnstseˈniːrən] *vt* ■**etw** ~ ❶ *(dramaturgisch gestalten)* ■**etw** ~ to stage sth

❷ *(pej)* to stage-manage [*or* engineer] sth

In·sze·nie·rung <-, -en> *f* ❶ FILM, MUS, THEAT production

❷ *(pej: Bewerkstelligung)* stage-managing, engineering

in·takt [ɪnˈtakt] *adj* ❶ *(unversehrt)* intact

❷ *(voll funktionsfähig)* in working order; ■~ **sein** to be one hundred percent

In·tar·sia <-, -> [ɪnˈtarzi̯a] *f*, **In·tar·sie** <-, -n> [ɪnˈtarzi̯ə] *f meist pl (Einlegearbeit in Holz)* wood inlay [work], marquetry, intarsia

In·tar·si·en·ma·le·rei *f* intarsia, marquetry

in·te·ger [ɪnˈteːgɐ] **I.** *adj (geh)* of integrity; ■~ **sein** to have integrity

II. *adv (geh)* with integrity; **sich** *akk* ~ **verhalten** to behave with integrity

in·te·gral [ɪnteˈgraːl] *adj attr* MATH integral

In·te·gral <-s, -e> [ɪnteˈgraːl] *nt* MATH integral

In·te·gral·helm *m* integral [*or* full-face] helmet **In·te·gral·rech·nung** *f kein pl* MATH integral calculus

In·te·gra·ti·on <-, -en> [ɪntegraˈtsi̯oːn] *f* ❶ SOZIOL integration; ■**jds** ~ [**in etw** *akk*] sb's integration [into sth]

❷ *(Verbindung zu einer Einheit)* integration; ■**die** ~ **von etw** *dat* [**zu etw** *dat*] the integration of sth [into sth]; ***die wirtschaftliche ~ Osteuropas zu einer einheitlichen Gemeinschaft wird sich schwer gestalten*** the economic integration of Eastern Europe into a single community will prove difficult

❸ INFORM *Software, System* integration

In·te·gra·ti·ons·fi·gur *f (geh)* unifying figure **In·te·gra·ti·ons·funk·ti·on** *f* INFORM integration function **In·te·gra·ti·ons·pro·zess** *m (geh)* integration process **In·te·gra·ti·ons·sys·tem** *nt* INFORM integration system

in·te·gra·tiv [ɪntegraˈtiːf] *adj* integrative

in·te·grie·ren* [ɪnteˈgriːrən] **I.** *vt (eingliedern)* ■**jdn/etw** [**in etw** *akk*] ~ to integrate sb/sth [into sth]

II. *vr (sich einfügen)* ■**sich** *akk* [**in etw** *akk*] ~ to become integrated [into sth]

in·te·griert *adj* integrated; ~**e Soundkarte und Lautsprecher** integrated sound card and active boxes

In·te·grie·rung <-, -en> *f s.* **Integration**

In·te·gri·tät <-> [ɪntegriˈtɛːt] *f kein pl (geh)* ❶ *(untadeliger Charakter)* integrity

❷ POL, JUR *(Unverletzlichkeit)* integrity

In·tel·lekt <-[e]s> [ɪntɛˈlɛkt] *m kein pl* intellect

In·tel·lek·tu·a·lis·mus <-> [ɪntɛlɛktu̯aˈlɪsmʊs] *m kein pl* PHILOS intellectualism

in·tel·lek·tu·ell [ɪntɛlɛkˈtu̯ɛl] *adj* intellectual; **eine** ~**e Diskussion** an intellectual discussion

In·tel·lek·tu·el·le(r) *f(m) dekl wie adj* intellectual

in·tel·li·gent [ɪntɛliˈgɛnt] *adj* ❶ *(mit Verstand begabt)* intelligent; *(strategisch klug)* clever, smart; ■~ [**von jdm**] **sein**[, **etw zu tun**] to be clever [of sb] [to do sth]; ***das war nicht gerade sehr ~ von dir!*** that wasn't exactly very clever of you!

❷ INFORM intelligent; **eine** ~**e Bombe** an intelligent bomb

In·tel·li·genz <-, -en> [ɪntɛliˈgɛnts] *f* ❶ *kein pl (Verstand)* intelligence *no pl*

❷ *kein pl (Gesamtheit der Intellektuellen)* intelligentsia *no pl*

❸ *(vernunftbegabtes Lebewesen)* intelligence; ***ständig suchen Radioteleskope nach Signalen außerirdischer ~ ab*** radio telescopes are constantly searching for signals from an extraterrestrial intelligence

❹ INFORM **künstliche** ~ artificial intelligence, AI

In·tel·li·genz·bes·tie *f (fam)* brainbox *fam*

In·tel·li·gen·zi·ja <-> [ɪntɛliˈgɛntsija] *f kein pl* Russian intelligentsia + *sing vb*

In·tel·li·genz·quo·ti·ent *m*, **IQ** *m* intelligence quotient **In·tel·li·genz·test** *m* intelligence test; **einen** ~ **machen** to sit an intelligence test; **jdn einem** ~ **unterziehen** to subject sb to an intelligence test

In·ten·dant(in) <-en, -en> [ɪntɛnˈdant] *m(f)* THEAT artistic director, theatre [*or* AM theater] manager; RADIO, TV director-general

In·ten·dan·tur <-, -en> [ɪntɛndanˈtuːɐ̯] *f (veraltet)* ❶ *(Amt eines Intendanten)* THEAT artistic and business directorship; RADIO, TV director-generalship

❷ *(Verwaltungsbehörde eines Heeres)* army command

In·ten·danz <-, -en> [ɪntɛnˈdants] *f* ❶ THEAT directorship; RADIO, TV director-generalship

❷ THEAT *(Büro des Intendanten)* director's office; RADIO, TV director-general's office

in·ten·die·ren* [ɪntɛnˈdiːrən] *vt (geh: beabsichtigen)* ■**etw** ~ to intend sth

In·ten·si·tät <-, -en> [ɪntɛnziˈtɛːt] *f pl selten* ❶ *(Stärke, Eindringlichkeit)* intensity, intenseness

❷ PHYS intensity **In·ten·si·täts·sig·nal** *nt* INFORM intensity signal

in·ten·siv [ɪntɛnˈziːf] **I.** *adj* ❶ *(gründlich)* intensive

❷ *(eindringlich, durchdringend)* intense, strong; ~**er Duft** strong fragrance; ~**er Schmerz** strong pain

II. *adv* ❶ *(gründlich)* intensively; ~ **bemüht sein, etw zu tun** to make intense efforts to do sth

❷ *(eindringlich, durchdringend)* strongly, intensely; ***die Suppe schmeckt ~ nach Curry*** the soup has a strong taste of curry

In·ten·siv·be·hand·lung *f* MED intensive care treatment

in·ten·si·vie·ren* [ɪntɛnziˈviːrən] *vt* ■**etw** ~ to intensify sth

In·ten·si·vie·rung <-, -en> *pl selten f* intensification

In·ten·siv·kurs *m* intensive course **In·ten·siv·me·di·zin** *f kein pl* intensive care [*or* medicine] **In·ten·siv·sta·ti·on** *f* MED intensive care unit **In·ten·siv·wirt·schaft** *f kein pl* AGR intensive farming

In·ten·ti·on <-, -en> [ɪntɛnˈtsi̯oːn] *f (geh)* intent, intention; **jds** ~ **geht dahin, dass...** it is sb's intention that...

in·ten·ti·o·nal [ɪntɛntsi̯oˈnaːl] *adj (geh: zweckbestimmt)* intentional

in·ter·agie·ren* [ɪntɐʔaˈgiːrən] *vi* ■**mit jdm/etw** ~ to interact with sb/sth

In·ter·ak·ti·on <-, -en> [ɪntɐakˈtsi̯oːn] *f* interaction

in·ter·ak·tiv [ɪntɐʔakˈtiːf] *adj* interactive; ~**es Fernsehen** interactive TV

In·ter·ak·ti·vi·tät <-> [ɪntɐʔaktiviˈtɛːt] *f kein pl* interactivity

In·ter·ban·ken-Ein·la·gen *pl* FIN interbank deposits

In·ter·ci·ty <-s, -s> [ɪntɐˈsɪti] *m*, **In·ter·ci·ty·zug**^RR^ *m*, **IC** [iːˈtseː] *m* inter-city [train]

In·ter·ci·ty·ex·press *m*, **ICE** [iːtseːˈʔeː] *m* BAHN ICE *(German high-speed train)*

In·ter·de·pen·denz <-, -en> [ɪntɐdepɛnˈdɛnts] *f* interdependence

in·ter·dis·zi·pli·när [ɪntɐdɪstsipliˈnɛːɐ̯] *adj* interdisciplinary

in·ter·es·sant [ɪntərɛˈsant] **I.** *adj* ❶ *(Interesse erweckend)* interesting; ■[**für jdn**] ~ **sein** to be interesting [for sb]; ***gibt es in der Zeitung von heute irgendwas I~ es?*** is there anything interesting in today's paper?; **sich** *akk* [**bei jdm**] ~ **machen** to attract [sb's] attention; ***sie will sich nur bei ihm ~ machen*** she's only trying to attract his attention; **wie ~!** how interesting!

❷ ÖKON ~**es Angebot/Gehalt** attractive offer/salary

II. *adv* interestingly; ***der Vorschlag hört sich ~ an*** the proposal sounds interesting; ***das liest sich äußerst ~*** that's extremely interesting to read

in·ter·es·san·ter·wei·se *adv* interestingly enough

In·ter·es·se <-s, -n> [ɪntəˈrɛsə] *nt* ❶ *kein pl (Aufmerksamkeit)* interest; ~ [**an jdm/etw** [*o* **für jdn/etw**]] **haben** to have an interest [in sb/sth]; ***wir haben ~ an Ihrem Angebot*** we are interested in your offer; ***bedauere, ich habe kein ~!*** sorry, I'm not interested!; ~ **daran haben, etw zu tun** to be interested in doing sth; ***hätten Sie ~ daran, für uns tätig zu werden?*** would you be interested in working for us?

❷ *pl (Neigungen)* interests *pl;* **aus** ~ out of interest; **mit** ~ with interest; ***sie lauschte dem Redner mit großem*** ~ she listened to the speaker with great interest

❸ *pl (Belange)* interests *pl;* **berechtigtes** ~ legitimate interest; **für jdn von öffentlichem/persönlichem** ~ **sein** to be a matter of public concern/to be of personal interest to sb, conflicting [*or* clashing] interests; **rechtlich geschützte** ~**n** protected interests; **rechtliches** ~ legal interest; **versicherbares/versichertes** ~ insurable/insured interest

❹ *(Nutzen)* interest; [**für jdn**] **von** ~ **sein** to be of interest [to sb]; **in jds** [*o* **sein**] *dat* ~ **liegen** to be in sb's interest; **in jds** *dat* ~ **liegen, etw zu tun** to be in sb's interest to do sth; **im** ~ **einer S.** *gen* in the interest of sth; ***im*** ~ ***des Friedens sollte weltweit abgerüstet werden*** in the interest of peace there should be global disarmament; **in jds** *dat* ~ in sb's interest

in·ter·es·se·hal·ber *adv* out of [*or* for the sake of] interest

in·ter·es·se·los *adj* indifferent; **jd ist** [**völlig**] ~ sb is [completely] indifferent

In·ter·es·se·lo·sig·keit <-> *f kein pl* lack of interest

In·ter·es·sen·ab·wä·gung *f* weighing of interests **In·ter·es·sen·aus·gleich** *m* reconciliation [*or* coordination] of interests **In·ter·es·sen·ge·biet** *nt* area of interest **In·ter·es·sen·ge·mein·schaft** *f* community of interests, syndicate **In·te·res·sen·grup·pe** *f* ÖKON, POL interest group **In·ter·es·sen·kon·flikt** *m,* **In·ter·es·sen·kol·li·si·on** *f* conflict [*or* clash] of interests **In·ter·es·sen·po·li·tik** *f kein pl* politics *pl* of self-interest **In·ter·es·sen·schutz** *m kein pl* protection of interests **In·ter·es·sen·sphä·re** *f* sphere of influence

In·ter·es·sent(in) <-en, -en> [ɪntərɛˈsɛnt] *m(f)* ❶ *(an einer Teilnahme Interessierter)* interested party
❷ ÖKON *(an einem Kauf Interessierter)* potential buyer [*or* purchaser]

In·ter·es·sen·ver·band *m* POL, SOZIOL interest [*or* pressure] group **In·ter·es·sen·ver·ei·ni·gung** *f* community of interests; **wirtschaftliche** ~ economic community of interests

In·ter·es·sen·ver·tre·ter(in) *m(f)* ❶ *(Repräsentant von etw)* representative ❷ POL lobbyist **In·ter·es·sen·ver·tre·tung** *f* ❶ POL, SOZIOL interest group ❷ *kein pl* JUR lobby, representation of interests **In·ter·es·sen·wahr·neh·mung** *f,* **In·ter·es·sen·wah·rung** *f* JUR safeguarding [*or* protection] of interests

in·ter·es·sie·ren* [ɪntərɛˈsiːrən] **I.** *vt* ❶ *(jds Interesse hervorrufen)* ■**jdn** ~ to interest sb; ***dein Vorschlag interessiert mich sehr*** your suggestion interests me greatly; ***das hat Sie nicht zu ~!*** that's no concern of yours!
❷ *(jds Interesse auf etw lenken)* ■**jdn für etw** *akk* ~ to interest sb in sth
II. *vr (mit Interesse verfolgen)* ■**sich** *akk* **für jdn/etw** ~ to be interested in sb/sth

in·ter·es·siert I. *adj* ❶ *(Interesse zeigend)* interested; ■[**irgendwie**] ~ **sein** to be interested [in sth] [in a certain way]; ***sie ist politisch*** ~ she is interested in politics
❷ *(mit ernsthaften Absichten)* ■**an jdm/etw** ~ **sein** to be interested in sb/sth; ■**daran** ~ **sein, etw zu tun** to be interested in doing sth; ***ich bin sehr daran ~, mehr darüber zu erfahren!*** I'm very interested in learning more about it!
II. *adv* with interest

In·ter·face <-, -s> [ˈɪntɐfeːs] *nt* INFORM *(Computerschnittstelle)* interface

In·ter·face·de·sign [ˈɪntɐfeːsdɪˈzaɪn] *nt* INFORM interface design

In·ter·fe·renz <-, -en> [ɪntɐfeˈrɛnts] *f* PHYS interference *no pl*

In·ter·fe·renz·er·schei·nung <-, -en> *f* PHYS interference pattern

In·ter·fe·ro·me·ter <-s, -> [ɪntɐferoˈmeːtɐ] *nt* PHYS interferometer

In·ter·fe·ron <-s, -e> [ɪntɐfeˈroːn] *nt* BIOL interferon

in·ter·frak·ti·o·nell [ɪntɐfraktsi̯oˈnɛl] *adj* inter-party *attr* **in·ter·ga·lak·tisch** [ɪntɐgaˈlaktɪʃ] *adj* ASTRON intergalactic; ~**er Stern** intergalactic star [*or* tramp]

In·te·ri·eur <-s, -s *o* -e> [ɛ̃teˈrjøːɐ̯] *nt (geh)* interior

In·te·rim <-s, -s> [ˈɪntərɪm] *nt (geh)* interim

In·te·rims·ab·kom·men *nt* JUR temporary [*or* interim] agreement **In·te·rims·ak·tie** *f* BÖRSE provisional share certificate **In·te·rims·di·vi·den·de** *f* FIN interim dividend **In·te·rims·haus·halt** *m* ÖKON tentative budget **In·te·rims·kon·to** *nt* FIN suspense account **In·te·rims·kre·dit** *m* FIN interim loan **In·te·rims·lö·sung** *f (geh)* interim solution **In·te·rims·re·ge·lung** *f (geh)* interim regulation **In·te·rims·re·gie·rung** *f (geh: Übergangsregierung)* interim government **In·te·rims·schein** *f* FIN interim certificate **In·te·rims·zah·lung** *f* FIN interim payment

In·ter·jek·ti·on <-, -en> [ɪntɐjɛkˈtsi̯oːn] *f* LING interjection

in·ter·kon·ti·nen·tal [ɪntɐkɔntinɛnˈtaːl] *adj* GEOG intercontinental

In·ter·kon·ti·nen·tal·flug [ɪntɐkɔntinɛnˈtaːl-] *m* intercontinental flight

In·ter·kon·ti·nen·tal·ra·ke·te *f* MIL intercontinental ballistic missile

in·ter·kul·ti [ɪntɐˈkʊlti:] *adj (fam)* intercultural

In·ter·kul·tu·ra·li·tät *f* interculturality

in·ter·kul·tu·rell [ɪntɐkʊltuˈrɛl] *adj* intercultural

in·ter·lo·kal *adj* JUR interregional

In·ter·mez·zo <-s, -s *o* -mezzi> [ɪnteˈmɛtso] *nt* ❶ MUS intermezzo
❷ *(geh)* incident

in·tern [ɪnˈtɛrn] **I.** *adj (im eigenen Bereich liegend)* internal; *(innenpolitisch)* domestic, internal
II. *adv* internally; **etw** ~ **regeln** [*o* **klären**] to resolve sth internally

In·ter·na [ɪnˈtɛrna] *pl (geh)* internal matters *pl*

In·ter·na·li·sie·rung <-, -en> [ɪntɐrnaliˈziːrʊŋ] *f* PSYCH, SOZIOL, LING internalization

In·ter·nat <-[e]s, -e> [ɪnteˈnaːt] *nt* boarding-school

in·ter·na·ti·o·nal [ɪntɐnatsi̯oˈnaːl] **I.** *adj* international; **I~e Absatzwirtschaftliche Vereinigung** International Marketing Association; **I~e Anwaltsvereinigung** International Bar Association; **I~e Arbeitgeberorganisation** International Organization of Employers; **I~e Gesellschaft für Menschenrechte** International Society for Human Rights; **I~e Normenorganisation** international standards organization; **I~e Recherchenbehörde** International Searching Authority; **I~e Rechtskommission** International Law Commission; **I~es Rotes Kreuz** International Red Cross; **I~e Standardklassifikation der Berufe** International Standard Classification of Occupations; **I~es Patentinstitut** International Patent Institute; **I~es Währungssystem** International Monetary System
II. *adv* internationally

In·ter·na·ti·o·na·le <-, -n> [ɪntɐnatsi̯oˈnaːlə] *f* ■**„die ~"** "the Internationale"; **die sozialistische** ~ the Internationale

In·ter·na·ti·o·na·le Ge·sell·schaft für Krish·na-Be·wusst·sein *f* REL International Society for Krishna Consciousness

in·ter·na·ti·o·na·li·sie·ren* [ɪntɐnatsi̯onaliˈziːrən] *vt* ■**etw** ~ ❶ *(geh)* to internationalize sth
❷ JUR to internationalize sth; ■**internationalisiert werden** to become internationalized

In·ter·na·ti·o·na·li·sie·rung *f kein pl* SOZIOL internationalization

In·ter·na·ti·o·na·lis·mus <-> [ɪntɐnatsi̯onaˈlɪsmʊs] *m kein pl* POL internationalism

in·ter·na·ti·o·na·lis·tisch *adj* internationalistic

In·ter·nats·lei·ter(in) *m(f)* principal of a boarding-school **In·ter·nats·schü·ler(in)** <-s, -> *m(f)* boarder, boarding school pupil [*or* AM student]

In·ter·naut(in) <-en, -en> [ɪnteˈnau̯t] *m(f)* INET *(euph)* internaut *euph*

In·ter·net <-s> [ˈɪntɐnɛt] *nt kein pl* internet, Internet + *sing vb,* web, net *fam;* **im ~ Handel treiben** to trade via internet; **ins ~ kommen** to have access to the internet; **etw im ~ recherchieren** to research sth [*or* look sth up *sep*] on the internet; **etw im ~ suchen** to search for sth [*or* look sth up *sep*] on the internet; **im ~ surfen** to surf the internet; **etw via ~ übertragen** to transfer sth via internet; **im ~ werben** to advertise on the internet

In·ter·net·adres·se *f* internet address, URL **In·ter·net·agen·tur** *f* internet agency **In·ter·net-Ak·ti·ons·haus** [ˈɪntɐnɛtaktsi̯oːnshau̯s] *nt* INET internet auction site **In·ter·net·ak·ti·vi·tät** *f* internet activity **In·ter·net·an·bie·ter** *m* internet provider **In·ter·net·an·ge·bot** *nt* internet-based service **In·ter·net·an·schluss**^RR *m* internet connection **In·ter·net·auf·tritt** *m presentation of a firm through an internet website* **In·ter·net-Ban·king** <-s> [-bɛŋkɪŋ] *nt kein pl* internet banking, online banking **in·ter·net·ba·siert** *adj* internet-based, web-based, net-based **In·ter·net·be·nut·zer(in)** *m(f)* internet user **In·ter·net·brow·ser** *m* browser **In·ter·net·buch·händ·ler(in)** *m(f)* internet bookseller **In·ter·net·ca·fé** *nt* Cybercafé, internet café **In·ter·net·chat** [-tʃæt] *m* internet [relay] chat **In·ter·net·dienst** *m* internet service **In·ter·net·dienst·an·bie·ter** *m* internet service provider, ISP **In·ter·net·dienst·leis·ter** *m* internet provider **In·ter·net·ein·käu·fer(in)** *m(f)* cybershopper **In·ter·net·fo·rum** *nt* INET internet [*or* web] forum **In·ter·net-Kon·takt·bör·se** *f* online dating agency, internet personal ads **In·ter·net-Link** <-s, -s> [-lɪŋk] *m* internet [*or* web] link **In·ter·net·nut·zer(in)** *m(f)* internet user **In·ter·net-PC** *m* internet PC **In·ter·net·por·tal** [-pɔrtaːl] *nt (Leitseite)* internet portal **In·ter·net·pro·gramm** *nt* internet program **In·ter·net·pro·vi·der** [-provaidɐ] *m* [internet] provider **In·ter·net·re·cher·che** *f* internet search **In·ter·net·sei·te** *f* internet [*or* web] page **In·ter·net·ser·ver** *m* internet server **In·ter·net Ser·vice Pro·vi·der** <-s, -> [-zøːɐ̯vɪs provaidɐ] *m* internet service provider, ISP **In·ter·net·sur·fer** *m* [internet] surfer **In·ter·net·teil·neh·mer** *m* internet client **In·ter·net-Te·le·fo·nie** <-> [-telefoˈniː] *f kein pl* internet telephony, IP telephony **In·ter·net-Ter·mi·nal** [-tøːɐ̯minl] *nt* internet terminal **In·ter·net·wer·bung** *f* cyberpublicity, online advertising **In·ter·net·zu·gang** *m* internet access

in·ter·nie·ren* [ɪnteniːrən] *vt* ■**jdn** ~ ❶ *(in staatlichen Gewahrsam nehmen)* to intern sb
❷ MED to isolate sb, to put sb into isolation

In·ter·nier·te(r) *f(m) dekl wie adj* internee

In·ter·nie·rung <-, -en> *f* ❶ *(Einsperrung)* internment ❷ MED isolation **In·ter·nie·rungs·la·ger** *nt* internment camp

In·ter·nist(in) <-en, -en> [ɪnteˈnɪst] *m(f)* MED internist

In·tern·ver·bin·dung *f* TELEK internal connection

in·ter·par·la·men·ta·risch [ɪntɐparlamɛnˈtaːrɪʃ] *adj* interparliamentary

In·ter·pel·la·ti·on <-, -en> [ɪntɐpɛlaˈtsi̯oːn] *f* POL SCHWEIZ *(Bitte um Auskunft)* interpellation **In·ter·pel·la·ti·ons·recht** [ɪntɐpɛlaˈtsi̯oːns-] *nt* JUR right of interpellation

in·ter·pla·ne·ta·risch [ɪntɐplaneˈtaːrɪʃ] *adj* interplanetary

In·ter·pol <-> [ˈɪntɐpoːl] *f* Interpol

In·ter·po·la·ti·on <-, -en> [ɪntɐpolaˈtsi̯oːn] *f* LING, MATH interpolation

in·ter·po·lie·ren* [ɪntɐpoˈliːrən] *vt* LING, MATH ■**etw** ~ to interpolate sth

In·ter·pret(in) <-en, -en> [ɪnteˈpreːt] *m(f)* MUS, THEAT *(geh)* interpreter

In·ter·pre·ta·ti·on <-, -en> [ɪntɐpretaˈtsi̯oːn] *f* ❶ LIT, MUS, THEAT *(inhaltliche Erläuterung)* interpretation
❷ JUR *von Gesetzen* construction [of the law]

in·ter·pre·ta·ti·ons·be·dürf·tig [ɪntɐpretaˈtsi̯oːns-] *adj* open to interpretation

in·ter·pre·ta·to·risch [ɪntɐpretaˈtoːrɪʃ] *adj* interpret[at]ive

In·ter·pre·ter·spra·che [ɪnteˈpreːtɐ-] *f* INFORM assembly language

I

in·ter·pre·tie·ren* [ɪntɐpre'tiːrən] *vt* ① LIT, MUS ■[jdm] etw ~ to interpret sth [for sb]; ***diesen Satz kann man unterschiedlich*** ~ this sentence can be interpreted in different ways
② *(geh: auslegen)* ■**etw irgendwie** ~ to interpret sth in a certain way; ■**etw** ~ JUR *Gesetze* to construe sth; **etw falsch** ~ to misconstrue sth
③ INFORM *(erkennen)* ■**etw** ~ to interpret sth

In·ter·pre·tie·rer <-s, -> *m* INFORM interpreter

in·ter·punk·tie·ren* [ɪntɐpʊŋk'tiːrən] *vt* ■**etw** ~ to punctuate sth

In·ter·punk·ti·on <-, -en> [ɪntɐpʊŋk'tsi̯oːn] *f* LING punctuation

In·ter·punk·ti·ons·re·gel *f* punctuation rule **In·ter·punk·ti·ons·zei·chen** *nt* punctuation mark

In·ter·rail·kar·te ['ɪntɐreːl-] *f* inter-rail ticket

In·ter·re·gio <-s, -s> [ɪntɐ're:gi̯o] *m* regional city stopper *(train that travels between regional centres)*

In·ter·reg·num <-s, -regnen *o* -regna> [ɪntɐ'rɛgnʊm] *nt* interregnum

in·ter·re·li·gi·ös *adj* interreligious

In·ter·ro·ga·tiv·pro·no·men [ɪntɐroga'tiːf-] *nt* LING interrogative pronoun **In·ter·ro·ga·tiv·satz** *m* interrogative sentence

in·ter·stel·lar [ɪntɐstɛ'laːɐ̯] *adj* ASTRON interstellar; ~**e Materie** interstellar medium

in·ter·ter·ri·to·ri·al [ɪntɐtɛrito'ri̯aːl] *adj* interterritorial; ~**es Abkommen** interterritorial convention; ~**er Kompensationsfonds** interterritorial compensation fund

In·ter·vall <-s, -e> [ɪntɐ'val] *nt (geh)* interval

In·ter·vall·schal·tung *f* AUTO intermittent wiper control **In·ter·vall·trai·ning** *nt* SPORT interval training

in·ter·va·lu·ta·risch [ɪntɐvalu'taːrɪʃ] *adj* BÖRSE intercurrency; ~**er Devisenhandel** cross-exchange dealings

in·ter·ve·nie·ren* [ɪntɐve'niːrən] *vi* ① *(geh: protestierend einschreiten)* ■[**bei jdm**] [**für jdn**] ~ to intervene [on sb's behalf] [with sb]
② POL ■**irgendwo** ~ to intervene somewhere

In·ter·ven·ti·on <-, -en> [ɪntɐvɛn'tsi̯oːn] *f* ① *(geh)* intervention
② POL *(das aktive Intervenieren)* intervention; **militärische** ~ military intervention

in·ter·ven·ti·o·nis·tisch *adj inv* POL interventionist[ic]

In·ter·ven·ti·ons·kauf *m* BÖRSE supporting purchase; ~ **zur Stützung des US-Dollars** order to back the US dollar **In·ter·ven·ti·ons·kla·ge** *f* JUR action of replevin [*or* third-party opposition] **In·ter·ven·ti·ons·pflicht** *f* JUR obligation to intervene **In·ter·ven·ti·ons·preis** *m* AGR intervention price **In·ter·ven·ti·ons·recht** *nt* JUR right of intervention **In·ter·ven·ti·ons·stel·le** *f* JUR intervention agency [*or* board] **In·ter·ven·ti·ons·ver·bot** *nt* JUR exclusion of intervention **In·ter·ven·ti·ons·ver·fah·ren** *nt* JUR interpleader proceedings *pl*

In·ter·view <-s, -s> ['ɪntɐvjuː, ɪntɐ'vjuː] *nt* interview; [**jdm**] **ein** ~/~**s geben** [*o geh* **gewähren**] to give [*or* grant] [sb] an interview/interviews

in·ter·view·en* [ɪntɐ'vjuːən, 'ɪntɐvjuːən] *vt* ① *(durch ein Interview befragen)* ■**jdn** [**zu etw** *dat*] ~ to interview sb [about sth]; ■**sich** *akk* [**von jdm**] ~ **lassen** to give [sb] an interview
② *(hum fam: befragen)* ■**jdn** ~ [**ob/wann/wo etc.**] to consult sb about [whether/when/where etc.]

In·ter·view·er(in) <-s, -> [ɪntɐ'vjuːɐ, 'ɪntɐvjuːɐ] *m(f)* interviewer

In·ter·zes·si·ons·ver·bot [ɪntɐtsɛ'si̯oːns-] *nt* JUR exclusion of suretyship **In·ter·zes·si·ons·ver·spre·chen** *nt* JUR undertaking of suretyship

In·thro·ni·sa·ti·on <-, -en> [ɪntroniza'tsi̯oːn] *f* enthronement

In·ti·fa·da <-> [ɪnti'faːda] *f kein pl* intifada; ■**die** ~ the intifada

in·tim [ɪn'tiːm] *adj* ① *(innig)* intimate; ~**er Freund/Bekannter** close friend/acquaintance
② *(persönlich)* intimate; ~**e Einzelheiten** intimate details
③ *(geh: vertraut)* intimate; **aus** ~**er Kenntnis** from intimate knowledge
④ *(sexuell liiert)* ■**mit jdm** ~ **sein/miteinander** ~ **sein** to have intimate relations with sb [*or* to be intimate with sb]/to be intimate with each other; ■[**mit jdm**] ~ **werden** to become intimate [with sb]
⑤ *(geh: tief innerlich)* intimate; ~**e Gefühle** intimate feelings
⑥ *(geh: gemütlich)* intimate; ***ich kenne ein kleines, sehr*** ~ ***es Lokal*** I know a small, very intimate [*or* cosy] pub

In·ti·ma <-, Intimae> ['ɪntima, *pl* -mɛ] *f fem form von* **Intimus**

In·tim·be·reich *m* ① *(euph: Bereich der Geschlechtsorgane)* private parts *pl euph* ② *s.* **Intimsphäre In·tim·feind(in)** *m(f) (geh)* devil one knows **In·tim·hy·gi·e·ne** *f (euph)* feminine hygiene

In·ti·mi·tät <-, -en> [ɪntimi'tɛːt] *f (geh)* ① *kein pl (Vertrautheit)* intimacy *no pl*
② *pl (private Angelegenheit)* intimate affairs *pl*
③ *usu pl (sexuelle Handlung o Äußerung)* intimacy
④ *kein pl (gemütliche Atmosphäre) Kneipe, Lokal etc.* intimacy

In·tim·kon·takt *m* intimate contact

In·tim·le·ben *nt (euph)* [private] sex life **In·tim·lo·ti·on** *f* feminine hygiene lotion **In·tim·part·ner(in)** <-s, -> *m(f) (form)* sexual partner **In·tim·pfle·ge** *f* feminine hygiene **In·tim·sphä·re** *f (geh)* private life **In·tim·spray** *nt* feminine deodorant spray

In·ti·mus, In·ti·ma <-, Intimi> ['ɪntimʊs, 'ɪntima, *pl* -mi] *m, f (hum geh)* confidant *liter*

In·tim·ver·kehr *m kein pl (euph)* intimate relations *pl euph;* [**mit jdm**] ~ **haben** to have intimate relations [with sb]

in·to·le·rant ['ɪntolerant, ɪntole'rant] **I.** *adj (geh)* intolerant
II. *adv* intolerantly

In·to·le·ranz ['ɪntolerants, ɪntole'rants] *f (geh)* intolerance

In·to·na·ti·on <-, -en> [ɪntona'tsi̯oːn] *f* LING, MUS intonation

in·to·nie·ren* [ɪnto'niːrən] *vt* ■**etw** ~ MUS to begin singing sth

in·tra·ku·tan [ɪntraku'taːn] *adj* intracutaneous

in·tra·mus·ku·lär [ɪntramʊsku'lɛːɐ̯] *adj* MED intramuscular

In·tra·net <-s, -s> ['ɪntranɛt] *nt* INFORM intranet

in·tran·si·tiv ['ɪntranzitiːf] *adj* LING intransitive

in·tra·ute·rin [ɪntraʔute'riːn] *adj* MED intrauterine

In·tra·ute·rin·pes·sar <-s, -e> *nt* MED intrauterine device, IUD

in·tra·ve·nös [ɪntrave'nøːs] *adj* intravenous

in·tra·zel·lu·lär [ɪntratsɛlu'lɛːɐ̯] *adj* BIOL, MED intracellular

In-Treff *m (fam)* fashionable [*or* trendy] pub [*or* bar]

in·tri·gant [ɪntri'gant] *adj (pej geh)* scheming; ■~ **sein** to be a schemer *pej*

In·tri·gant(in) <-en, -en> [ɪntri'gant] *m(f) (pej geh)* schemer *pej*

In·tri·ge <-, -n> [ɪn'triːgə] *f (pej geh)* conspiracy, intrigue; **eine** ~ **einfädeln, eine** ~ **spinnen** to conspire, to intrigue, to hatch a plot

in·tri·gie·ren* [ɪntri'giːrən] *vi (pej geh)* ■[**gegen jdn**] ~ to intrigue [*or* scheme] [against sb]

In·tro·duk·ti·on <-, -en> [ɪntrodʊk'tsi̯oːn] *f* introduction

In·tro·jek·ti·on <-, -en> [ɪntrojɛk'tsi̯oːn] *f* PSYCH introjection

In·tron <-s, -s> ['ɪntrɔn] *nt* BIOL intron

In·tro·ver·si·on <-, -en> [ɪntrovɛr'zi̯oːn] *f kein pl* PSYCH *(fachspr)* introversion

in·tro·ver·tiert [ɪntrovɛr'tiːɐ̯t] *adj* introverted

In·tro·ver·tiert·heit [ɪntrovɛr'tiːɐ̯thait] *f kein pl* introvertedness

In·tru·si·on <-, -en> [ɪntru'zi̯oːn] *f* GEOL intrusion

In·tu·i·ti·on <-, -en> [ɪntui'tsi̯oːn] *f* intuition

in·tu·i·tiv [ɪntui'tiːf] *adj* intuitive

in·tus ['ɪntʊs] *adj* ① *(fam: zu sich genommen haben)* **etw** ~ **haben** *Alkohol, Essen* to have had sth; **einen** [*o* **einiges**] ~ **haben** *(fam)* to have had a few
② *(verstanden haben)* to have got sth into one's head; ***hast du es jetzt endlich*** ~ ***?*** have you finally got that into your head now?

Inu·it <-, -> ['ɪnuɪt] *mf* Inuit

in·va·lid [ɪnva'liːt], **in·va·li·de** [ɪnva'liːdə] *adj* invalid

In·va·li·de, In·va·li·din <-n, -n> [ɪnva'liːdə, ɪnva'liːdɪn] *m, f* invalid; ■~ **sein** to be an invalid

In·va·li·den·ren·te *f* disability pension **In·va·li·den·ver·si·che·rung** <-> *f kein pl* ADMIN, POL SCHWEIZ invalidity insurance

In·va·li·di·tät <-> [ɪnvalidi'tɛːt] *f kein pl* disability

in·va·ri·a·bel ['ɪnvari̯aːbl̩, ɪnva'ri̯aːbl̩] *adj* invariable

In·va·ri·an·te <-, -n> [ɪnva'ri̯antə] *f* MATH invariant

In·va·si·on <-, -en> [ɪnva'zi̯oːn] *f* ① MIL, POL *(kriegerischer Einfall)* invasion
② *(hum fam)* invasion *hum fam*

in·va·siv [ɪnva'ziːf] *adj* invasive; ~**e Chirurgie** invasive surgery

In·va·sor, In·va·so·rin <-s, -soren> [ɪn'vaːzoːɐ̯, ɪnva'zoːrɪn, *pl* ɪnva'zoːrən] *m, f meist pl (geh)* invader

In·vek·ti·ve <-, -n> [ɪnvɛk'tiːvə] *f (geh)* invective

In·ven·tar <-s, -e> [ɪnvɛn'taːɐ̯] *nt* ① FIN *(bilanziertes Firmenvermögen)* inventory; **das** ~ **erstellen** [*o* **aufstellen**] to draw up an inventory [*or* a list of assets and liabilities]
② HANDEL *(Bestand)* stock; **festes** ~ fixtures; **lebendes** ~ *Vieh* livestock; **totes** ~ *Gegenstände, Mobiliar* fixtures and fittings
③ JUR *(Verzeichnis des Nachlasses)* inventory
▶ WENDUNGEN: [**schon**] **zum** ~ **gehören** *(fam)* to be part of the furniture *hum fam*

In·ven·tar·auf·sto·ckung *f* ÖKON inventory accumulation **In·ven·tar·er·rich·tung** *f* JUR filing an inventory **In·ven·tar·frist** *f* JUR inventory period

in·ven·ta·ri·sie·ren* [ɪnvɛntari'ziːrən] *vt* HANDEL ■**etw** ~ to take stock

In·ven·tar·recht *nt* JUR legal provisions concerning inventories

In·ven·tur <-, -en> [ɪnvɛn'tuːɐ̯] *f* stocktaking; ~ **machen** to stocktake, to do the stocktaking

In·ven·tur·bo·gen *m* stock sheet **In·ven·tur·dif·fe·ren·zen** *pl* inventory discrepancies

In·ver·kehr·brin·gen *nt kein pl* JUR putting into circulation; ~ **von Falschgeld** uttering counterfeit money

In·ver·si·on <-, -en> [ɪnvɛr'zi̯oːn] *f* inversion **In·ver·si·ons·wet·ter·la·ge** *f* inverted atmospheric conditions *pl*

In·vert·zu·cker [ɪn'vɛrttsʊkɐ] *m* inverted sugar

In·ver·zug·set·zung *f* JUR giving notice of default

in·ves·tie·ren* [ɪnvɛs'tiːrən] *vt* ① FIN *(anlegen)* ■**etw** [**in etw** *akk*] ~ to invest sth [in sth]
② *(fig fam: aufwenden)* ■**etw** [**in jdn/etw**] ~ to invest sth [in sb/sth]; ***er hat so viel Zeit in dieses Projekt investiert*** he has invested so much time in this project

in·ves·ti·ga·tiv [ɪnvɛstigatiːf] *adj (geh)* investigative

In·ves·ti·ti·on <-, -en> [ɪnvɛsti'tsi̯oːn] *f* FIN investment; *(Geldausgabe)* investment; **kurzfristige/langfristige** ~ temporary investment/long-term capital investment; **laufende** ~**en** current investments; **risikofreie** [*o* **sichere**] ~ safe investment; **eine** ~/~**en vornehmen** [*o* **tätigen**] to invest

In·ves·ti·ti·ons·an·lei·he *f* investment loan **In·ves·ti·ti·ons·an·reiz** *m* ÖKON incentive to invest, investment incentive; ~**e schaffen** to create an incentive for investors **In·ves·ti·ti·ons·art** *f* FIN investment type **Inves·ti·ti·ons·auf·wand** *m,* **In·ves·ti·ti·ons·aus·ga·ben** *pl* FIN capital expenditure [*or* outlay] [*or* spending] **In·ves·ti·ti·ons·bank** *f* investment bank **In·ves·ti·ti·ons·be·darf** *m* capital expenditure requirements *pl* **In·ves·ti·ti·ons·be·reit·schaft** *f* willingness to invest **In·ves·ti·ti·ons·ent·schei·dung** *f* capital spending decision **in·ves·ti·ti·ons·freu·dig** *adj* FIN inclined [*or* ready] to invest *pred;* ***das Unternehmen Dörr & Partner hat sich in den letzten Monaten*** ~ ***verhalten*** the last few months has seen Dörr & Partner willing to invest

In·ves·ti·ti·ons·gü·ter *pl* capital equipment *no pl* **In·ves·ti·ti·ons·gü·ter·in·dus·trie** *f* HANDEL capital goods industry **In·ves·ti·ti·ons·gü·ter·markt** *m* ÖKON capital goods sector **In·ves·ti·ti·ons·gü·ter·nach·fra·ge** *f* FIN demand for capital goods **In·ves·ti·ti·ons·gü·ter·wirt·schaft** *f kein pl* capital goods economy

In·ves·ti·ti·ons·hoch·kon·junk·tur *f* FIN investment boom **In·ves·ti·ti·ons·kli·ma** *nt* FIN climate for investment; **günstiges ~** climate favouring investment **In·ves·ti·ti·ons·kos·ten** *pl* investment costs *pl* **In·ves·ti·ti·ons·mög·lich·keit** *f* investment opportunity **In·ves·ti·ti·ons·nei·gung** *f* FIN propensity to invest **In·ves·ti·ti·ons·po·li·tik** *f* FIN capital investment policy **In·ves·ti·ti·ons·prä·mie** *f* FIN investment premium; **steuerliche ~** investment tax credit **In·ves·ti·ti·ons·pro·gramm** *nt* investment programme [*or* AM -am] **In·ves·ti·ti·ons·quo·te** *f* ÖKON investment ratio **In·ves·ti·ti·ons·ri·si·ko** *nt* investment risk, risk of capital spending **In·ves·ti·ti·ons·rück·la·ge** *f* FIN capital investment reserve **In·ves·ti·ti·ons·schub** *m* FIN injection of fresh capital **In·ves·ti·ti·ons·schutz·ver·trag** *m* JUR **bilateraler ~** bilateral investment protection convention **In·ves·ti·ti·ons·schwer·punkt** *m* main focus of investment **In·ves·ti·ti·ons·stau** *m* FIN slowdown in investment **In·ves·ti·ti·ons·steu·er** *f* FIN investment tax **In·ves·ti·ti·ons·sum·me** *f* amount to be invested **In·ves·ti·ti·ons·tä·tig·keit** *f* FIN investment activity **In·ves·ti·ti·ons·trä·ger** *m* FIN investor **In·ves·ti·ti·ons·vor·ha·ben** *nt* FIN investment programme [*or* AM -am]; **ein ~ zurückstellen** to defer an investment programme **In·ves·ti·ti·ons·zu·la·ge** *f* FIN investment premium [*or* grant] [*or* bonus]

In·vest·ment <-s, -s> [ɪn'vɛstmənt] *nt* *(Geldanlage)* investment; *(Geldanlage in Investmentfonds)* investing in investment funds

In·vest·ment·bank *f* FIN investment bank, banker **In·vest·ment·be·ra·ter(in)** *m(f)* ÖKON, BÖRSE investment adviser **In·vest·ment·fonds** *m* BÖRSE investment fund **In·vest·ment·ge·sell·schaft** *f* FIN investment trust **In·vest·ment·pa·pier** *nt* FIN investment fund certificate **In·vest·ment·spa·ren** *nt kein pl* FIN saving through investment companies **In·vest·ment·trust** *m* ÖKON investment trust **In·vest·ment·zer·ti·fi·kat** *nt* FIN investment fund certificate

In·ves·tor(in) <-s, -oren> [ɪn'vɛsto:ɐ̯, *pl* ɪnvɛs'to:rən] *m(f)* ÖKON investor

In·vest·ru·i·ne *f* ruinous investment

in vi·tro [ɪn 'vi:tro] *adv* MED, BIOL in vitro

In-vi·tro-Fer·ti·li·sa·ti·on <-, -en> [-fɛrtiliza'tsi̯o:n] *f*, **IVF** *f* MED, BIOL in vitro fertilization, I.V.F.

in·vol·vie·ren* [ɪnvɔl'vi:rən] *vt* *(geh)* ■**etw ~** to involve sth

in·wen·dig ['ɪnvɛndɪç] **I.** *adv* inside; **jdn/etw in- und auswendig kennen** *(fam)* to know sb/sth inside out *fam*
II. *adj* *(selten)* inside; ***der Mantel besitzt drei ~e Taschen*** the coat has three inside pockets

in·wie·fern [ɪnvi'fɛrn] *adv interrog* how, in what way; ***„Sie haben mich da falsch verstanden" — „~?"*** "you've misunderstood me" — "in what way?"

in·wie·weit [ɪnvi'vait] *adv* how far, to what extent; ***Sie können selbst entscheiden, ~ Sie meinem Rat folgen wollen*** you can decide yourself how far you're going to follow my advice

In·zah·lung·ge·ben *nt kein pl* HANDEL giving in payment **In·zah·lung·nah·me** <-, -n> *f* HANDEL trade-in; ■**die ~ einer S.** *gen* the acceptance of a thing in part exchange [*or* payment]

In·zest <-[e]s, -e> [ɪn'tsɛst] *m* *(geh)* incest *no pl*

in·zes·tu·ös [ɪntsɛs'tu̯ø:s] *adj inv Beziehung, Verhältnis* incestuous

In·zi·dent·fest·stel·lungs·kla·ge [ɪntsi'dɛnt-] *f* JUR petition for an interlocutory declaration

In·zucht ['ɪntsʊxt] *f* inbreeding
▸ WENDUNGEN: **verfluchte ~!** *(derb sl)* sod [*or* damn] it!, the hell with it *fam!*, BRIT *a.* bugger! *vulg*

in·zwi·schen [ɪn'tsvɪʃn̩] *adv* ① *(in der Zwischenzeit)* in the meantime, meanwhile; ***so, da bin ich wieder, waren ~ irgendwelche Anrufe?*** right, I'm back, have there been any calls in the meantime?
② *(mittlerweile)* in the meantime, since then; ***ich hoffe, du hast dich ~ wieder erholt*** I hope you've recovered in the meantime

IOK <-s> [i:ʔo:'ka:] *nt kein pl Abk von* **Internationales Olympisches Komitee** IOC

Ion <-s, -en> [i̯o:n] *nt* PHYS, CHEM ion

Io·nen·aus·tau·scher *m* CHEM ion exchanger **Io·nen·bin·dung** *f* CHEM ionic bond **Io·nen·git·ter** *nt* CHEM, PHYS ionic lattice **Io·nen·the·ra·pie** *f* ion therapy

Io·ni·sa·ti·on <-, -en> [i̯oniza'tsi̯o:n] *f* PHYS, CHEM ionization

io·nisch ['i̯o:nɪʃ] *adj* ① ARCHIT, KUNST ionic
② MUS Ionian
③ CHEM ionic; **~e Bindung** ionic [*or* electrovalent] bond

Io·ni·sche In·seln *pl* Ionian Islands *pl*

Io·ni·sches Meer *nt* Ionian Sea

io·ni·sie·ren* [i̯oni'zi:rən] *vt* PHYS, MATH ■**etw ~** to ionize sth

Io·no·sphä·re [i̯ono'sfɛ:rə] *f kein pl* PHYS, CHEM ionosphere

ip·so iu·re ['ɪpso 'ju:rə], **ip·so ju·re** ['ɪpso 'ju:rə] JUR by operation of law

i-Punkt[RR] ['i:-] *m* *(i-Tüpfelchen)* dot on the "i"
▸ WENDUNGEN: **bis auf den ~** down to the last detail

IQ <-[s], -[s]> [i:'ku:] *m Abk von* **Intelligenzquotient** IQ

Ir *Abk von* **Iridium** Ir

i.R. *Abk von* **im Ruhestand** ret., BRIT *a.* retd.

IRA <-> [i:ʔɛr'ʔa:] *f kein pl Abk von* **Irisch-Republikanische-Armee** IRA

Irak <-s> [i'ra:k] *m* ■**[der] ~** Iraq

Ira·ker(in) <-s, -> [i'ra:kɐ] *m(f)*, **Ira·ki** <-s, -s> [i'ra:ki:] *mf* Iraqi

ira·kisch [i'ra:kɪʃ] *adj* Iraqi

Irak·krieg *m* **der ~** the war in Irak, the Irak war

Iran <-s> [i'ra:n] *m* ■**der ~** Iran

Ira·ner(in) <-s, -> [i'ra:nɐ] *m(f)* Iranian; **~ sein** to be [an] Iranian

ira·nisch [i'ra:nɪʃ] *adj* Iranian

Ira·nisch [i'ra:nɪʃ] *nt dekl wie adj* Iranian; ■**das ~e** Iranian; **auf ~** in Iranian

IRC <-[s], -s> [i:ʔɛr'tse:] *nt Abk von* **internet relay chat** IRC

ir·den ['ɪrdn̩] *adj* *(veraltend: aus Ton)* earthenware

ir·disch ['ɪrdɪʃ] *adj* earthly

Ire, Irin <-n, -n> ['i:rə, 'i:rɪn] *m, f* Irishman *masc*, Irishwoman *fem*; ■**die ~n** the Irish; **[ein] ~ sein** to be Irish

ir·gend ['ɪrgn̩t] *adv* at all; **wenn ~ möglich** if at all possible; ***wenn ich ~ kann, werde ich Sie am Bahnhof abholen*** if I possibly can, I'll pick you up at the station; **~ so ein/e ...** some ... or other; ***wer war am Apparat? — ach, wieder ~ so ein Spinner!*** who was that on the phone? — oh, some lunatic or other again

ir·gend·ein ['ɪrgn̩tʔain], **ir·gend·ei·ne(r, s)** ['ɪrgn̩tʔainə, -ainɐ, -ainəs], **ir·gend·eins** ['ɪrgn̩tʔains] *pron indef* ① *adjektivisch* *(was auch immer für ein)* some; ***haben Sie noch irgendeinen Wunsch?*** would you like anything else?; **nicht irgendein/e ...** *adjektivisch* not any [old] ...; ***ich will nicht irgendein Buch, sondern diesen Roman*** I don't just want any old book, I want this novel
② *substantivisch* *(ein Beliebiger)* any [old] one; ***welchen Wagen hätten Sie denn gern? — ach, geben Sie mir ~ en, Hauptsache er fährt*** which car would you like then? — oh, [just] give me any old one, so long as it goes; **nicht irgendeine[r, s]** *substantivisch* not just anybody; ***ich werde doch nicht irgendeinen einstellen*** I'm not going to appoint just anybody

ir·gend·ein·mal ['ɪrgn̩tʔain'ma:l] *adv* sometime, some time or other; ***kommt doch ~ wieder vorbei!*** drop in again some time or other!

ir·gend·et·was[RR] *pron indef* ① *(etwas)* something; ***~ ist ja immer!*** there's always something!; ***~ ist hier faul*** something's not quite right here; **~ anderes** something else; ***haben wir noch ~ zu essen im Kühlschrank?*** have we still got something to eat in the fridge?; ***gibt es ~ Neues zu berichten?*** is there anything new to report?
② *(Beliebiges)* anything; ***erzähle ihr einfach ~!*** just tell her anything [*or* any old thing]!; ***er ging, ohne ~ zu sagen*** he left without saying anything; **nicht [einfach] ~** not just anything

ir·gend·je·mand[RR] *pron indef pron* someone, somebody; *nach Negation, in Frage* anybody, anyone; ***hallo, ist dort ~?*** hallo, is anybody there?; ***ich suche ~, der mir helfen kann*** I'm looking for someone [*or* somebody] to help me; *(fragend, verneinend)* anyone, anybody; ***kommt hier ~ aus Köln?*** is anyone [*or* anybody] here from Cologne?; **~ anderer/anderes** sb else; ***gib das ~ anderem*** give that to somebody else; **nicht [einfach] ~** not just anybody; ***schließlich bin ich der Direktor und nicht ~!*** I'm the director, not just anybody!

ir·gend·wann ['ɪrgn̩t'van] *adv* sometime, some time or other; ***ich hoffe doch, wir sehen uns ~ einmal wieder*** I hope we'll see each other again some time or other

ir·gend·was ['ɪrgn̩t'vas] *pron indef* *(fam)* anything, something; ***hast du schon ~ Neues über diese Angelegenheit erfahren?*** have you learned anything new about this matter?; ***was soll ich ihr nur sagen, wenn sie mich fragt? — ach, erzähle ihr ~!*** what should I tell her if she asks me? — oh, tell her anything!

ir·gend·wel·che(r, s) ['ɪrgn̩t'vɛlçə, -'vɛlçɐ, -'vɛlçəs] *pron indef* ① *(welche auch immer)* any, some; ***brauchst du noch irgendwelche Sachen aus der Stadt?*** do you need any bits and pieces from town?
② *(irgendein, beliebig)* some; *substantivisch* anything; ***was für ein Rasierwasser soll ich dir mitbringen? — egal, irgendwelches!*** what sort of aftershave shall I get you? — it doesn't matter, anything!

ir·gend·wer ['ɪrgn̩t'veːɐ̯] *pron indef* *(fam)* anybody, somebody; ***hat da nicht eben ~ gerufen?*** didn't somebody or other just call out?; ***hallo! aufmachen! hört mich denn nicht ~?*** hallo! open up! can no one hear me?; **nicht [einfach] ~** not just anybody; ***ich bin nicht ~, ich habe Beziehungen!*** I'm not just anybody, I have connections!

ir·gend·wie ['ɪrgn̩t'vi:] *adv* somehow [or other]; ***~ kommt mir das komisch vor*** somehow or other I find that funny; ***Sie kommen mir ~ bekannt vor, haben wir uns früher schon mal getroffen?*** I seem to know you somehow, have we met before?

ir·gend·wo ['ɪrgn̩t'vo:] *adv* ① *(wo auch immer)* somewhere [or other]; ***~ muss der verdammte Schlüsselbund doch sein!*** the damned key ring must be somewhere [or other]!
② *(in irgendeiner Weise)* somehow [or other]; ***~ verstehe ich das nicht*** somehow I don't understand [that]

ir·gend·wo·her ['ɪrgn̩tvo'he:ɐ̯] *adv* *(woher auch immer)* from somewhere [or other]; ***ich kenne Sie doch ~!*** I know you from somewhere or other; **von ~** from somewhere [or other]; ***woher dieses Brummen nur kommt, von ~ muss es doch kommen!*** where's this humming coming from, it must be coming from somewhere or other

ir·gend·wo·hin ['ɪrgn̩tvo'hɪn] *adv* *(wohin auch immer)* somewhere [or other]; ***die Brille habe ich ~ gelegt*** I've put my glasses down somewhere [or other]
▸ WENDUNGEN: **~ müssen** *(euph fam)* to have to spend a penny [*or* pay a visit] BRIT *euph fam*, to have to go *euph fam*

Iri·den [iri:dn̩] *pl von* **Iris**

Iri·di·um <-s> [i'ri:di̯ʊm] *nt kein pl* CHEM iridium *no pl*

Iri·do·lo·gie <-> [iridolo'gi:] *f kein pl* MED iridology
Irin <-, -nen> ['i:rɪn] *f fem form von* **Ire** Irishwoman
Iris[1] <-, -> ['i:rɪs] *f* BOT iris
Iris[2] <-, - *o* Iriden> ['i:rɪs, *pl* i'ri:dən] *f* ANAT iris
Iris·blen·de *f* FILM iris diaphragm
irisch ['i:rɪʃ] *adj* ❶ *(Irland betreffend)* Irish ❷ LING Irish
Irisch ['i:rɪʃ] *nt dekl wie adj* Irish
Iri·sche <-n> *nt* ■**das** ~ Irish, the Irish language
Iris·di·a·gno·se *f* NATURMED iris diagnosis, iridology
Iris·er·ken·nung *f* iris recognition
IRK <-> [i:ʔɛr'ka:] *nt kein pl Abk von* **Internationales Rotes Kreuz** IRC
Ir·land ['ɪrlant] *nt* Ireland, Eire
Iro·ke·se, Iro·ke·sin <-n, -n> [iro'ke:zə, iro'ke:zɪn] *m, f (Indianer)* Iroquois
Iro·nie <-, -n> [iro'ni:, *pl* -i:ən] *f pl selten* ❶ *(gegenteilige Bedeutung einer Äußerung)* irony; ***ich sage das ganz ohne jede ~*** I'm not being at all ironic when I say that
❷ *(Paradoxie)* irony; ■**die ~ einer S.** *gen* the irony of sth; ***es war eine der vielen ~n des Lebens*** it was one of life's many ironies
iro·nisch [i'ro:nɪʃ] **I.** *adj* ironic[al]; ***das I~e in seinem Unterton war ihr keineswegs entgangen*** she did not fail to notice the ironical undertone in his voice; ***irgendwie hatte diese Äußerung etwas I~es*** somehow this statement had an ironical flavour about it
II. *adv* ironically; ~ **lächeln** to give an ironic smile
iro·ni·sie·ren* [ironi'zi:rən] *vt (geh)* ■**etw** ~ to ironize sth
irr [ɪr] **I.** *adj* ❶ *(verrückt)* crazy, insane, mad; ***der Kerl muss ~[e] sein!*** the bloke must be mad!; **jdn für ~[e] erklären** *(fam)* to call sb mad; **jdn für ~[e] halten** *(fam)* to think sb is mad
❷ *(verstört)* crazy; ***so ein Blödsinn! du redest ~es Zeug!*** what nonsense! this is just crazy talk!; **jdn [noch] ganz ~ machen** *(fam)* to drive sb crazy *fam;* ***dieser Partylärm macht mich noch ganz ~*** the noise from this party is driving me crazy [*or* mad]
❸ *(sl: toll)* fantastic, terrific
II. *adv* ❶ *(verrückt, verstört)* insanely, in a crazy way; ***was fällt dir ein, mitten in der Nacht so ~e rumzubrüllen!*** all this crazy yelling in the middle of the night, what [the hell] do you think you're doing!; **wie ~** *(fam)* like crazy [*or* mad]; ***ich musste arbeiten wie ~*** I had to work like mad
❷ *(sl: ausgeflippt)* wild, crazy, wacky *sl,* way-out *sl; (toll)* fantastically *fam,* terrifically *fam*
❸ *(sl: äußerst)* incredibly; ***der Witz ist ja ~e komisch!*** the joke is incredibly funny!
ir·ra·ti·o·nal ['ɪratsi̯ona:l, ɪratsi̯o'na:l] *adj (geh)* irrational; **~e Zahl** MATH irrational number
ir·re [ɪrə] *adj s.* **irr**
Ir·re <-> ['ɪrə] *f* **jdn in die ~ führen** to mislead sb, to lead sb up the garden path, to take sb for a ride; ***da geht es doch nie und nimmer nach Bremen, du führst uns in die ~!*** that's never the way to Bremen, you're taking us for a ride!; **in die ~ gehen** to go wrong; ***halt, die andere Richtung, Sie gehen sonst in die ~!*** stop, the other direction, otherwise you'll be going wrong!
Ir·re(r) ['ɪrə, -rɐ] *f(m) dekl wie adj (irrer Mensch)* lunatic, madman
▶WENDUNGEN: **armer ~r** *(fam)* poor fool; ***du armer ~r, der Kerl hat dich reingelegt!*** you poor fool, the bloke's taken you for a ride!
ir·re·al ['ɪrea:l] *adj (geh)* unreal; ***die Vorstellung, es würde sich irgendwie schon alles fügen, ist einfach ~*** this idea that everything is going to work out somehow is simply unrealistic
Ir·re·a·li·tät <-> ['ɪrealitɛ:t, ɪreali'tɛ:t] *f kein pl (geh)* unreality
ir·re|füh·ren *vt* ■**jdn** ~ to mislead sb; ■**sich** *akk* **von jdm/etw ~ lassen** to be misled by sb/sth
ir·re·füh·rend *adj* misleading
Ir·re·füh·rung *f* JUR deception, intentional misrepresentation; ***die bewusst mehrdeutige Erklärung stellt eine vorsätzliche ~ der Delegierten dar*** the intentionally ambiguous statement represents a deliberate attempt to mislead the delegates
ir·re|ge·hen *vi irreg sein (geh)* ❶ *(sich irren)* ■~, **wenn** to be mistaken, if; ***gehe ich irre in der Annahme, dass Sie mein Angebot ablehnen?*** am I mistaken in assuming that you're declining my offer?
❷ *(selten)* to go astray
ir·re·gu·lär ['ɪregulɛ:ɐ̯] *adj (geh)* irregular; **~e Galaxien** ASTRON irregular galaxies; **~e Methode** irregular method
Ir·re·gu·la·ri·tät <-, -en> ['ɪregularitɛ:t, ɪregulari'tɛ:t] *f* irregularity
ir·re|lei·ten *vt (geh)* ■**jdn** ~ ❶ *(falsch leiten)* to misdirect sb; ***hier geht es ja gar nicht nach Ochsenhausen, man hat uns irregeleitet!*** this isn't the way to Ochsenhausen, we've been wrongly directed!
❷ *(schlecht beeinflussen)* to lead sb astray; ***durch Propaganda sind viele schlecht unterrichtete Menschen irregeleitet worden*** many people who are ill-informed have been led astray by propaganda; ■**irregeleitet** misguided; ***die irregeleiteten Sektenmitglieder setzten sich für verlogene Werte ein*** the misguided members of the sect supported dishonest values
Ir·re·lei·tung *f kein pl* JUR misdirection
ir·re·le·vant ['ɪrelevant, ɪrele'vant] *adj (geh)* irrelevant; ■~ **[für etw** *akk*] **sein** to be irrelevant [for [*or* to] sth]; ***zusätzliche Einwände sind für die Urteilsfindung des Gerichts ~*** additional objections are irrelevant to the verdict of the court
Ir·re·le·vanz ['ɪrelevants, ɪrele'vants] *f (geh)* irrelevance
ir·re·li·gi·ös ['ɪreligi̯ø:s] *adj (geh)* irreligious
ir·re|ma·chen *vt* ■**jdn** ~ to confuse sb; ■**sich** *akk* **[durch jdn/etw] nicht ~ lassen** not to be put off [by sb/sth]
ir·ren[1] ['ɪrən] *vi sein* ■**durch etw** *akk*/**über etw** *akk* ~ to wander through/across sth
ir·ren[2] ['ɪrən] **I.** *vi (geh) (sich täuschen)* to be mistaken [*or* wrong]
▶WENDUNGEN: **I~ ist menschlich** *(prov)* to err is human *prov*
II. *vr (sich täuschen)* ■**sich** *akk* ~ to be mistaken [*or* wrong]; ***da irrst du dich*** you're wrong there; ***ich irre mich bestimmt nicht, ich weiß, was ich gesehen habe*** I'm definitely not wrong, I know what I saw; ■**sich** *akk* **in jdm/etw** ~ to be mistaken [*or* wrong] about sb/sth; ***so kann man sich in jdm ~!*** it shows you how wrong you can be about someone!; **wenn ich mich nicht irre, ...** if I am not mistaken ...
Ir·ren·an·stalt *f (pej veraltend)* lunatic asylum, funny farm *pej sl,* loony bin *pej sl;* ***der Kerl spinnt ja, der gehört in die ~!*** the bloke's crackers, he should be locked up! **Ir·ren·arzt, -ärz·tin** <-es, -e> *m, f (pej veraltet)* nut doctor *pej old* **Ir·ren·haus** *nt (pej veraltet) (pej)* lunatic asylum, funny farm *pej sl,* loony bin *pej sl;* **wie im ~** *(fam)* like a madhouse *fam;* ***schreit nicht alle durcheinander, das ist ja hier wie im ~!*** don't all start shouting at once, it's like a madhouse in here! ▶WENDUNGEN: **[bald] reif fürs ~ sein** *(fam)* to be cracking up *fam,* to need putting away *sl*
ir·re·pa·ra·bel ['ɪrepara:bl̩, ɪrepa'ra:bl̩] **I.** *adj (geh)* irreparable; **~e körperliche/nervliche/seelische Schäden** irreparable physical/nerve/psychological damage; **irreparabler Maschinenschaden** engine damage beyond repair
II. *adv (geh)* irreparably
ir·re|re·den *vi (geh)* to rant, to rave; ***Blödsinn! rede nicht so irre!*** rubbish! stop ranting [on] like that!; ***hör nicht auf ihn, der redet irre!*** don't listen to him, he comes out with all this crazy talk! **Ir·re·sein** *nt* insanity
ir·re·ver·si·bel ['ɪrevɛrzi:bl̩, ɪrevɛr'zi:bl̩] *adj (fachspr)* irreversible
ir·re|wer·den[RR] *vi irreg sein (geh)* ■**an jdm/etw** ~ to lose one's faith in sb/sth
Irr·fahrt *f* wandering; ***warum kommt ihr erst so spät? — es war eine lange ~, bis wir zu eurem Haus gelangten*** why are you so late? — we've been all around the houses trying to get to your place; ***Odysseus erreichte Ithaka erst nach zehnjähriger ~*** Odysseus reached Ithaka after having wandered for ten years **Irr·gang** *m meist pl* twists and turns *pl* **Irr·gar·ten** *m* labyrinth, maze
Irr·glau·be(n) *m* ❶ *(falsche Annahme)* mistaken belief, misconception ❷ *(veraltend: falscher religiöser Glaube)* heresy, heretical belief **irr·gläu·big** *adj* heretical; ■**die I~en** *pl* the heretics *pl*
ir·rig ['ɪrɪç] *adj (geh)* incorrect, wrong
ir·ri·ger·wei·se *adv* erroneously
Ir·ri·ta·ti·on <-, -en> [ɪrita'tsi̯o:n] *f (geh)* ❶ MED *(Reiz)* irritation, itch
❷ *(das Erregtsein, Verärgerung)* irritation *no pl,* nuisance *no pl*
❸ *(selten: auf jdn/etw ausgeübter Reiz)* irritation *no pl*
ir·ri·tie·ren* [ɪri'ti:rən] *vt* ■**jdn** ~ ❶ *(verwirren)* to confuse sb
❷ *(stören)* to annoy sb; ***lassen Sie sich von seinen Fragen nicht ~*** don't let his questions annoy you
Irr·läu·fer *m* misdirected item; ***das ist hier ein ~, die Mappe ist für Abteilung A 13*** this file's for department A 13, it's been misdirected **Irr·leh·re** *f* false doctrine, heresy **Irr·licht** ['ɪrlɪçt] *nt* jack-o'-lantern, will-o'-the wisp
irr·lich·tern *vi (hum fig)* to flit about, to pop up *fam*
Irr·sein *nt s.* **Irresein**
Irr·sinn ['ɪrzɪn] *m kein pl* ❶ *(veraltet: psychische Krankheit)* insanity, madness *no pl* ❷ *(fam: Unsinn)* lunacy, madness *no pl;* ***es wäre kompletter ~, ohne finanzielle Sicherheiten eine Luxusvilla bauen zu wollen*** it would be complete lunacy to try and build a luxury villa without financial security
irr·sin·nig ['ɪrzɪnɪç] **I.** *adj* ❶ *(veraltet: psychisch krank)* insane, mad; **wie ein I~er/eine I~e** *(fam)* like a madman/madwoman; ***wir haben gearbeitet wie die I~en, um rechtzeitig fertig zu werden*** we worked like crazy to get finished in time; ***er lief wie ein I~er, hat den Zug aber trotzdem verpasst*** he ran like crazy, but still missed the train
❷ *(fam: völlig wirr, absurd)* crazy, mad; ***wer ist denn auf diese ~e Idee gekommen?*** who thought up this crazy idea?; ***völliger Quatsch, der Vorschlag ist ganz einfach ~*** utter rubbish, the suggestion is quite simply crazy; ■~ **sein/werden** to be/go crazy [*or* mad]; ***ich werde noch völlig ~ in diesem Haushalt!*** I'll go completely crazy in this household! ❸ *(fam: stark, intensiv)* terrific, tremendous; ~ **Hitze/Kälte** incredible heat/cold; *Kälte* incredible; ***um diese Zeit ist immer ein ~er Verkehr*** there's always an incredible amount of traffic around this time; ***ich habe ~e Kopfschmerzen*** I've got a terrible headache **II.** *adv (fam: äußerst)* terrifically, tremendously; ***draußen ist es wieder ~ heiß*** it's terrifically hot outside again; ***mit meinem dünnen Hemd habe ich ~ gefroren*** I was terribly cold with my thin shirt on; ***der Zahn tut ~ weh*** the tooth is hurting terribly; **wie ~** *(fam)* like crazy [*or* mad]; ***das schmerzt wie ~!*** it's hurting like mad!
Irr·sinns·hit·ze *f (fam)* incredible heat **Irr·sinns·käl·te** *f (fam)* incredible cold; ***was ist das heute wieder für eine ~!*** what incredible cold again today! **Irr·sinns·tat** *f (fam)* act of lunacy [*or* madness], insanity
Irr·tum <-[e]s, -tümer> ['ɪrtu:m, *pl* 'ɪrty:mɐ] *m* ❶ *(irrige Annahme)* error, mistake; **[schwer] im ~ sein** [*o* **sich** *akk* **[schwer] im ~ befinden**] to be [badly] mistaken; **~!** *(fam)* wrong! *fam,* you're wrong there!
❷ *(fehlerhafte Handlung)* error, mistake; **einen ~ begehen** to make a mistake; ***diese Akte ist durch einen ~ auf meinem Tisch gelandet*** this file has landed on my desk by mistake; **~ vorbehalten!** ÖKON errors and omissions excepted!
❸ JUR mistake; **~ über die Person** error in persona, mistaken identity; **~ über Tatsachen** factual error; **gemeinsamer ~** *(Vertrag)* common mistake; **rechtlicher ~** mistake in law; **vermeidbarer ~** avoidable error

irr·tüm·lich ['ɪrty:mlɪç] **I.** *adj attr (versehentlich)* erroneous, mistaken; ***ich muss meine Meinung als ~ korrigieren*** I'll have to alter my mistaken belief **II.** *adv* erroneously, mistakenly; ***ich habe Sie ~ für jemand anders gehalten*** I mistakenly took you for somebody else

irr·tüm·li·cher·wei·se *adv* erroneously, mistakenly, in error, by mistake; ***ich bin ~ zu früh von der Autobahn abgefahren*** I turned off the motorway too early by mistake

Irr·tums·an·fech·tung *f* JUR avoidance on account of mistake **Irr·tums·vor·be·halt** *m* JUR clause reserving errors

Irr·weg *m* wrong track; ***für manche Studenten erweist sich das Studium als ~*** some students find that study is not the right course for them; ***diese Vorgehensweise ist ein ~*** we're not on the right track with this procedure; **auf einem ~ sein** [*o* **sich** *akk* **auf einem ~ befinden**] to be on the wrong track

irr|wer·denRR *vi irreg sein (geh) s.* **irrewerden**

Irr·wisch <-es, -e> ['ɪrvɪʃ] *m (fam)* little rascal

irr·wit·zig *adj* ridiculous, absurd

ISBN <-, -s> [i:ʔɛsbe:'ʔɛn] *f Abk von* **Internationale Standardbuchnummer** ISBN

Is·chia <-> ['ɪski̯a] *nt* Ischia

Is·chi·as <-> ['ɪʃi̯as] *m o nt kein pl* sciatica *no pl;* **~ haben** to suffer from sciatica

Is·chi·as·nerv *m* sciatic nerve

ISDN <-s> [i:ʔɛsde:'ʔɛn] *nt kein pl Abk von* **Integrated Services Digital Network** ISDN

ISDN-An·schlussRR *m* TELEK ISDN connection **ISDN-Box** *f* TELEK ISDN box **ISDN-Kar·te** *f* TELEK ISDN card **ISDN-Leis·tungs·merk·mal** *nt* ISDN performance feature **ISDN-Netz** *nt* TELEK integrated services digital network

Is·lam <-s> [ɪs'la:m, 'ɪslam] *m kein pl* Islam; ■**der ~** Islam *no pl*

is·la·misch [ɪs'la:mɪʃ] *adj* Islamic

is·la·mi·sie·ren* [ɪslami'zi:rən] *vt* GEOL, REL ■**jdn/etw ~** to Islamize sb/sth

Is·la·mi·sie·rung *f* GEOL, REL Islamization

Is·la·mis·mus <-> [ɪsla'mɪsmʊs] *m kein pl* POL Islamism

Is·la·mist(in) <-en, -en> [ɪsla'mɪst] *m(f)* Islamist

Is·la·mis·tisch [ɪsla'mɪstɪʃ] *adj* Islamist *attr*

Is·la·mo·pho·bie <-> *f kein pl* SOZIOL islamophobia

Is·land ['i:slant] *nt* Iceland

Is·län·der(in) <-s, -> ['i:slɛndɐ] *m(f)* Icelander; **~ sein** to be an Icelander

is·län·disch ['i:slɛndɪʃ] *adj* Icelandic

Is·län·disch ['i:slɛndɪʃ] *nt dekl wie adj* Icelandic

Is·ma·i·lit <-en, -en> [ɪsmai̯'li:t] *m* REL Ismailite, Ismailian

ISO <-> ['i:zo] *f kein pl* TECH *Akr von* **International Standards Organisation** ISO

Iso·ba·re <-, -n> [izo'ba:rə] *f* PHYS isobar

Iso·la·ti·on <-, -en> [izola'tsi̯o:n] *f* ❶ *(das Abdichten)* insulation; ***nach der Verlegung der Heizungsrohre erfolgt deren ~*** after the heating pipes have been laid they are insulated; *(isolierende Schicht)* insulation
❷ *(das Isolieren) Patienten, Häftlingen etc.* isolation
❸ *(Abgeschlossenheit)* isolation; **~ von der Außenwelt** isolation from the outside world

Iso·la·ti·o·nis·mus <-> [izolatsi̯o'nɪsmʊs] *m kein pl* POL isolationism

iso·la·ti·o·nis·tisch *adj* POL isolationist

Iso·la·ti·ons·haft *f* solitary confinement; **jdn in ~ halten** to keep sb in solitary confinement

Iso·la·tor <-s, -toren> [izo'la:to:ɐ̯, *pl* izola'to:rən] *m* TECH, PHYS insulator

Iso·lier·band <-bänder> [izo'li:ɐ̯-] *nt* insulating tape **Iso·lier·de·cke** *f* BAU insulation ceiling

iso·lie·ren* [izo'li:rən] **I.** *vt* ❶ TECH *(mit Isoliermaterial versehen)* ■**etw** [**gegen etw** *akk*] **~** to insulate sth [against sth]
❷ JUR, MED *(absondern)* ■**jdn** [**von jdm/etw**] **~** to isolate sb [from sb/sth]; ***die Virusträger wurden von den anderen Patienten isoliert*** the carriers of the virus were isolated from the other patients **II.** *vr (sich absondern)* ■**sich** *akk* [**von jdm/etw**] **~** to isolate oneself [from sb/sth]; ***warum isolierst du dich von der Außenwelt?*** why do you cut yourself off from the outside world?

Iso·lier·fla·sche *f* insulated [*or* thermos] flask **Iso·lier·kan·ne** *f* thermos flask **Iso·lier·mas·se** *f* sealant **Iso·lier·ma·te·ri·al** *nt* insulating material **Iso·lier·schicht** *f* insulating layer **Iso·lier·sta·ti·on** *f* isolation ward

iso·liert I. *adj (aus dem Zusammenhang gegriffen)* isolated; ***eine ~e Betrachtungsweise von Problemen verleitet rasch zu Fehlschlüssen*** an isolated way of looking at problems quickly leads to wrong conclusions
II. *adv* ❶ *(abgeschlossen, abgesondert)* isolated; ***so weit draußen auf dem Land wohnt ihr doch völlig ~!*** you're completely isolated so far out in the country!
❷ *(aus dem Zusammenhang gegriffen)* in an isolated way; ***diese Erscheinung darf man nicht ~ betrachten*** you shouldn't look at this phenomenon in an isolated way

Iso·lie·rung <-, -en> *f s.* **Isolation**

Iso·lier·wol·le *f* BAU fill-type insulation

Iso·mat·te *f* insulating underlay

Iso·mer <-s, -e> [izo'me:ɐ̯] *nt* CHEM isomer

Iso·me·rie <-> [izome'ri:] *f kein pl* CHEM isomerism

Iso·me·trie <-> [izome'tri:] *f kein pl* ❶ BOT isometrics
❷ MED isometry

iso·me·trisch [izo'me:trɪʃ] *adj* isometric

ISO-Norm *f* ISO standard

Iso·ther·me <-, -n> [izo'tɛrmə] *f* METEO isotherm

iso·to·nisch [-'to:nɪʃ] *adj* CHEM isotonic

Iso·top <-s, -e> [izo'to:p] *nt* PHYS isotope **Iso·to·pen·häu·fig·keit** *f* CHEM, PHYS isotopic abundance

Iso·tro·pie <-> [izotro'pi:] *f kein pl* PHYS, CHEM isotropy

ISP [i:ʔɛs'pe:] *m* INFORM *Abk von* **Internet Service Provider** ISP

Is·ra·el <-s> ['ɪsrae:l, 'ɪsraɛl] *nt* Israel

Is·ra·e·li <-[s], -[s]> [ɪsra'e:li] *m,* **Is·ra·e·li** <-s, -[s]> *f* Israeli

is·ra·e·lisch [ɪsra'e:lɪʃ] *adj* Israeli

Is·ra·e·lit(in) <-en, -en> [israe'li:t, ɪsrae'li:t] *m(f)* Israelite

is·ra·e·li·tisch *adj* Israelite

isstRR, **ißt**ALT [ɪst] *3. pers. sing pres von* **essen**

ist [ɪst] *3. pers. sing pres von* **sein**1

Ist·auf·wandRR, **Ist-Auf·wand** *m kein pl* FIN actual expenditure **Ist·be·stand**RR, **Ist-Be·stand** [ɪstbəʃtant] *m an Waren* actual stocks; *an Geld* ready cash **Ist·be·steu·e·rung**RR, **Ist-Be·steu·e·rung** *f* FIN taxation of actual value **Ist·bi·lanz**RR, **Ist-Bi·lanz** *f* FIN actual balance sheet **Ist·ein·nah·men**RR, **Ist-Ein·nah·men** *pl* FIN actual receipts **Ist·ge·winn**RR, **Ist-Ge·winn** *m* FIN actual profit

IstGH <-> *m kein pl Abk von* **internationaler Strafgerichtshof** international [criminal] tribunal

Isth·mus <-, Isthmen> ['ɪstmʊs] *m* GEOL *(Landenge)* isthmus

Ist·kauf·mannRR, **-kauf·frau, Ist-Kauf·mann, -Kauf·frau** *m, f* FIN de facto merchant [*or* trader]

Ist-Kos·ten *pl* FIN actual cost *sing*

Is·tri·en <-s> ['ɪstriən] *nt* Istria

Ist·stär·keRR, **Ist-Stär·ke** *f* MIL actual [*or* effective] strength **Ist-Ver·gleich** *m* FIN actual comparison **Ist-Wert** *m* FIN actual value **Ist·zah·len**RR, **Ist-Zah·len** *pl* FIN actuals

Ist-Zu·stand, Ist·zu·standRR *m* actual state

IT <-> [aɪ'ti:] *f kein pl Abk von* **Informationstechnik** IT, information technology

Ita·li·en <-s> [i'ta:li̯ən] *nt* Italy

Ita·li·e·ner(in) <-s, -> [ita'li̯e:nɐ] *m(f)* Italian; **~ sein** to be [an] Italian; ■**die ~** the Italian

ita·li·e·nisch [ita'li̯e:nɪʃ] *adj* ❶ *(Italien betreffend)* Italian
❷ LING Italian

Ita·li·e·nisch [ita'li̯e:nɪʃ] *nt dekl wie adj* ❶ LING Italian
❷ *(Fach)* Italian

Ita·li·e·ni·sche <-n> *nt* ■**das ~** Italian

Ita·li·e·ni·sche Ad·ria <-n -> *f* Italian Adriatic coast [*or* sea]

Ita·lo·wes·tern ['i:talo-] *m* spaghetti western

IT-Bran·che [aɪ'ti:'brã:ʃə] *f* ÖKON IT sector

ITCY <-> *nt kein pl Abk von* **internationales Strafgericht** international [UN] [war crimes [*or* criminal]] tribunal *(to deal with the former Yugoslavia)*

Ite·ra·ti·on <-, -en> [itera'tsi̯o:n] *f* MATH iteration

i-Tüp·fel·chen <-s, -> ['i:-] *nt* finishing touch; ***ein Kronleuchter über dem Esstisch, das wäre das ~!*** a chandelier over the dining room table, that would be the finishing touch!
▸WENDUNGEN: **bis aufs ~** down to the last detail

Ius So·liRR <-> ['ju:s'zo:li] *nt kein pl s.* **Jus Soli**

i.V. *Abk von* **in Vertretung** p.p.

IV <-> [i:'fau̯] *f kein pl* SCHWEIZ *Abk von* **Invalidenversicherung** pension insurance for wage-earners

IVF <-> [ˌaɪvi:'ef] *f kein pl* MED *Abk von* **In-vitro-Fertilization** IVF

Ivo·rer(in) <-s, -> [i'vo:rɐ] *m(f)* Ivorian

ivo·risch [i'vo:rɪʃ] *adj* Ivorian

IV-Ren·te <-, -n> [i:'fau̯-] *f* SCHWEIZ *an invalidity insurance premium*

IW <-[s]> [i:'ve:] *nt kein pl Abk von* **Institut der deutschen Wirtschaft** German institute for economics

Iwan <-s> ['i:va:n] *m kein pl (meist pej veraltend fam)* ■**der ~** the Russkies *pl*

IWF <-> [i:ve:'ʔɛf] *m kein pl Abk von* **Internationaler Währungsfonds** IMF

J

J, j <-, - *o fam* -s, -s> [jɔt] *nt* J, j; **~ wie Julius** J for [*or* as in] Jack; *s. a.* **A 1**

J *nt* PHYS *Abk von* **Joule** J

ja [ja:] *part* ❶ *(zustimmend)* yes; ***ist da wer? — ~, ich bin's*** is someone there? — yes, it's me; **~, bitte?** yes, hallo?; ***ist dort Prof. Schlüter am Apparat? — ~ bitte?*** is that Prof. Schlüter speaking? — yes, hallo?; ***einen Moment mal! — ~, bitte? — Sie haben da was fallen gelassen!*** just a moment! — yes, what is it? — you've dropped something!; **das sag' ich ~!** *(fam)* that's what I say!; ***das sag' ich ~ die ganze Zeit!*** that's exactly what I've been saying the whole time!; **zu etw** *dat* **~ sagen** to say yes to sth, to agree to sth; **aber ~!, ~ sicher!** yes, of course!; ***kommt ihr zu der Party von Wilhelm? — aber ~!*** are you coming to Wilhelm's party? — yes, of course!; **~ gerne** yes, thank you!; ***willst du ein Stück Schokolade? — ~, gerne*** would you like some chocolate? — yes, thanks!; **~ oder nein** yes or no
❷ *(fragend: so? tatsächlich?)* really?; ***ich habe die Nase voll, ich kündige! — ~?*** I've had a bellyful, I'm handing in my notice — really?; ***ach ~?*** really?; ***ich wandre aus — ach ~?*** I'm emigrating — really?
❸ *(warnend: bloß)* make sure; ***kommen Sie ~ pünktlich!*** make sure you arrive on time!; ***sei ~ vorsichtig mit dem Messer!*** do be careful with the knife!; ***geh ~ nicht dahin!*** don't go there whatever you do!; ***erzähl' mir ~ nicht, dass...*** and don't you dare tell me that; ***lass' das ~ sein!*** don't you ever do that!
❹ *(abschwächend, einschränkend: schließlich)* after all; ***weine nicht, es ist ~ alles nur halb so schlimm!*** don't cry, after all it's not that bad; ***ich kann es ~ mal versuchen*** I can try it of course; ***das ist ~ richtig, doch sollten wir trotzdem vorsichtiger sein*** that's certainly true, but we should be more careful anyhow; ***ich möchte ~, aber ich kann nicht*** I would love to, but I can't

⑤ *(verstärkend: und zwar)* in fact; ***ich muss das anerkennen, ~ mehr noch, es loben*** I have to recognize that, even praise it in fact; ***es ist schwer, ~ unmöglich*** it is difficult or even impossible
⑥ *(anerkennend, triumphierend: doch)* you know; ***du bist ~ ein richtiges Schlitzohr!*** you really are a crafty devil!; ***siehst du, ich habe es ~ immer gesagt!*** what did I tell you? I've always said that, you know; ***es musste ~ mal so kommen!*** it just had to turn out like that!; ***auf Sie haben wir ~ die ganze Zeit gewartet*** we've been waiting for you the whole time, you know; ***wo steckt nur der verfluchte Schlüssel? ach, da ist er ~!*** where's the damned key? oh, that's where it's got to!
⑦ *(bekräftigend: allerdings)* admittedly, certainly, to be sure; ***ach ~!*** oh yes!; ***„so war das doch damals, erinnerst du dich?" — „ach ~!"*** "that's how it was in those days, do you remember?" — "oh yes!"; ***was Sie mir da berichten, ist ~ kaum zu glauben!*** what you're telling me certainly is scarcely believable!; ***das ist ~ entsetzlich!*** that's just terrible!; ***ich verstehe das ~*** I understand that admittedly; ***ich komme ~ schon*** I'm coming; ***das ist ~ die Höhe!*** that's the absolute limit!; ***es ist ~ immer dasselbe*** it's always the same, you know; ***du kennst ihn ~*** you know him, don't you?; ***~, das waren noch Zeiten!*** yes, those were the days!
⑧ *(na)* well; ***~, wenn das so ist, komme ich natürlich mit!*** well, if that's the case, I'll surely come with you!; ***~, was du nicht sagst!*** well, you don't say!
⑨ *(als Satzabschluss: nicht wahr?)* isn't it?; ***es bleibt doch bei unserer Abmachung, ~?*** our agreement does stand though, doesn't it?; ***aber du hältst zu mir, ~?*** but you'll stand by me, won't you?
⑩ *(ratlos: nur)* ***ich weiß ~ nicht, wie ich es ihm beibringen soll*** I'm sure I don't know how I'm going to get him to understand that
⑪ *(beschwichtigend ich komm ~ schon!)* all right! all right! I'm coming!; ***~ doch!*** yes, all right!
▸WENDUNGEN: **~! ~!** go on! go on!; ***~, ~, gib's ihm!*** go on! go on! let him have it!; **~ und amen** [*o* **J~ und Amen**] **zu etw** *dat* **sagen** *(fam)* to give sth one's blessing; ***wenn die Geschäftsleitung ~ und amen zu dem Plan sagt, können wir loslegen*** if the management gives it's blessing to the plan, we can get going; **nun ~** well; ***wie schmeckt das Essen? — nun ~, eigentlich gar nicht so übel*** how's the food? — well, not bad at all really; **wenn** [*o* **falls**] **~** if so; ***hoffentlich trifft das nicht zu, falls ~, werden wir noch einige Probleme bekommen*** hopefully that won't apply, if it does we'll have a few more problems

Ja <-s, -[s]> [ja:] *nt* yes; POL aye *a.* DIAL; **mit ~ stimmen** to vote yes

Ja·bot <-s, -s> [ʒa'bo:] *nt* MODE jabot

Jacht <-, -en> [jaxt] *f* yacht

Jacht·ha·fen *m* marina **Jacht·klub** *m* yacht club

Jäck·chen <-s, -> ['jɛkçən] *nt dim von* **Jacke** small/light[weight] jacket

Ja·cke <-, -n> ['jakə] *f (Stoffjacke)* jacket; *(Strickjacke)* cardigan
▸WENDUNGEN: **das ist ~ wie Hose** *(fam)* it makes no odds [either way], it's six of one and half a dozen of the other

Ja·cken·är·mel *m* jacket sleeve **Ja·cken·fut·ter** *nt* jacket lining **Ja·cken·knopf** *m* jacket button **Ja·cken·ta·sche** *f* jacket pocket

Ja·cket·kro·ne ['dʒɛkɪt-] *f* MED jacket crown

Ja·ckett <-s, -s> [ʒa'kɛt] *nt* jacket

Jack·ing-in <-> ['dʒækɪŋɪn] *nt kein pl* INFORM jacking-in

Jack·pot <-s, -s> ['dʒɛkpɔt] *m* ① KARTEN stake [money]
② *(im Lotto)* jackpot

Jac·quard <-[s], -s> [ʒa'ka:r] *m* MODE jacquard

Ja·de <-> ['ja:də] *m o f kein pl* jade

Jagd <-, -en> ['ja:kt] *f* ① *(das Jagen)* hunting; ▪**die ~ auf ein Tier** hunting an animal; **auf die ~** [**nach einem Tier**] **gehen** to go out hunting [an animal]; **hohe/niedere ~** big/small game hunting; **in wilder ~** in headlong flight [*or* a mad rush]; **zur ~** [**auf ein Tier**] **blasen** to sound the horn for the start of the hunt; **auf der ~ sein** to be [out] hunting; **~ auf jdn/etw machen** *(pej)* to hunt for sb/sth *pej*
② *(Jagdrevier)* preserve, BRIT *a.* shoot
③ *(Verfolgung)* hunt; ▪**die ~ auf jdn** the hunt for sb
④ *(pej: wildes Streben)* pursuit; ▪**die ~ nach etw** *dat* the pursuit of sth; **die ~ nach Erfolg** the pursuit of success; **die ~ nach Gold** the quest for gold

Jagd·auf·se·her(in) *m(f)* game warden **Jagd·be·hör·de** *f* hunting authority **Jagd·beu·te** *f* bag BRIT, kill **Jagd·be·zirk** *m* hunting district **Jagd·bom·ber** *m* MIL fighter-bomber **Jagd·flie·ger(in)** *m(f)* MIL fighter pilot **Jagd·flin·te** *f* shotgun **Jagd·flug·zeug** *nt* MIL fighter plane [*or* aircraft] **Jagd·ge·schwa·der** *nt* MIL fighter squadron **Jagd·ge·sell·schaft** *f* hunting [*or* shooting] party **Jagd·ge·wehr** *nt* hunting rifle **Jagd·glück** *nt* good fortune [during the hunt]; ***ich hatte heute kein ~!*** I was out of luck today during the hunt **Jagd·grün·de** *pl* hunting grounds *pl* ▸WENDUNGEN: **in die ewigen ~ eingehen** *(euph geh)* to go to the happy hunting grounds *euph* **Jagd·haus** *nt* hunting lodge **Jagd·horn** *nt* hunting horn **Jagd·hund** *m* hound, hunting dog **Jagd·hüt·te** *f* shooting [*or* hunting] box

Jagd·in·stinkt *m* hunting instinct **Jagd·klei·dung** *f* hunting attire **Jagd·mes·ser** *nt* hunting knife **Jagd·päch·ter(in)** <-s, -> *m(f)* game tenant **Jagd·pacht·ver·trag** *m* JUR hunting lease **Jagd·re·vier** [-revi:ɐ̯] *nt* preserve, BRIT *a.* shoot **Jagd·schein** *m (Berechtigung zur Jagd)* hunting licence [*or* AM -se]; **den ~ haben** to have a hunting licence; **den ~ machen** to prepare for a hunting licence exam ▸WENDUNGEN: **einen ~ haben** *(hum sl)* to be certified **Jagd·schloss^RR** *nt* hunting lodge **Jagd·steu·er** *f* FIN hunting tax **Jagd·ta·sche** *f* game bag

Jagd·trieb *m selten pl* urge to hunt **Jagd·zeit** *f* hunting [*or* shooting] season

ja·gen ['ja:gn̩] **I.** *vt haben* ① *(auf der Jagd verfolgen)* ▪**ein Tier ~** to hunt an animal
② *(hetzen)* ▪**jdn ~** to pursue sb
③ *(fam: antreiben, vertreiben)* ▪**jdn aus etw** *dat*/**in etw** *akk* **~** to drive sb out of/into sth; ***los, aufstehen, oder muss ich euch erst aus dem Bett ~?*** come on, up! or do I have to chase you out of bed?; **etw jagt das andere** [*o* **nächste**] one thing comes after another; ***bei mir jagt im Augenblick ein Unglück das nächste*** I'm suffering one misfortune after another at the moment
④ *(fam: stoßen)* ▪**jdm etw durch etw** *akk*/**in etw** *akk* **~** to stick sth through/in sb's sth; ***jeden Tag kriegte ich eine Spritze in den Hintern gejagt*** I got a syringe stuck in my backside everyday; ▪**sich** *dat* **etw in etw** *akk* **~** to jab sth into one's sth *fam*
▸WENDUNGEN: **jdn mit etw** *dat* **~ können** *(fam)* to not be able to abide [*or* stand] sth; ***ich esse nie Hamburger, damit könnte man mich ~*** I never eat hamburgers, I wouldn't touch them with a barge pole *fam*
II. *vi* ① *haben (auf die Jagd gehen)* to hunt, to go hunting
② *sein (rasen)* ▪**aus etw** *dat*/**durch etw** *akk*/**in etw** *akk* **~** to race [*or* tear] out of sth/through sth/into sth; ***er kam plötzlich aus dem Haus gejagt*** he suddenly came racing out of the house

Jä·ger <-s, -> ['jɛ:gɐ] *m* MIL, LUFT fighter [plane]

Jä·ger(in) <-s, -> ['jɛ:gɐ] *m(f)* hunter

Jä·ge·rei <-> [jɛ:gə'rai] *f kein pl* ① *(das Jagen)* shooting, hunting
② *(Jagdwesen)* hunting

Jä·ger·la·tein *nt (fam)* hunter's jargon **Jä·ger·schnit·zel** *nt* KOCHK escalope chasseur *(with mushroom sauce)* **Jä·ger·zaun** *m* wooden lattice fence

Ja·gu·ar <-s, -e> ['ja:gu̯a:ɐ̯] *m* jaguar

jäh ['jɛ:] **I.** *adj (geh)* ① *(abrupt, unvorhergesehen)* abrupt; **~e Bewegung** sudden movement
② *(steil)* sheer, steep
II. *adv (geh)* ① *(abrupt, unvorhergesehen)* abruptly, suddenly
② *(steil)* steeply; ***der Abhang fiel ~ ab*** the slope fell steeply away

jäh·lings ['jɛ:lɪŋs] *adv (geh)* ① *(abrupt)* suddenly
② *(steil)* steeply

Jahr <-[e]s, -e> ['ja:ɐ̯] *nt* ① *(Zeitraum von 12 Monaten)* year; **die 20er-/30er-~e etc.** the twenties/thirties etc. + *sing/pl vb;* **anderthalb ~e** a year and a half; **ein dreiviertel ~** nine months; **ein halbes ~** six months, half a year; **das ganze ~ über** throughout the whole year; **ein viertel ~** three months; **letztes** [*o* **im letzten**] **~** last year; **nächstes** [*o* **im nächsten**] **~** next year; **das neue ~** the new year; ***alles Gute zu Weihnachten und viel Glück im neuen ~!*** merry Christmas and a happy new year; **~ für** [*o* **um**] **~** year after year; **noch früh im ~ sein** to be at the beginning of the year; **im ~e ...** in [the year] ...; **... im** [*o* **pro**] **~** ... a year; ***ich gehe zweimal im ~ zum Arzt*** I go to the doctor's twice a year; **in diesem/im nächsten ~** this/next year; **in einem ~/in ... ~en** in a year/in ... years; **mit den ~en** as the years go by, over the years; **mit ... ~en** at ... [years of age]; **nach einem ~** after a year; **nach ~en** for years; **vor einem ~** a year ago; **vor** [**...**] **~en** [...] years ago; **alle ... ~e** every ... years; ***alle hundert ~e ändert sich das Klima*** the climate changes every hundred years; **alle ~e wieder** every year; **der/die/das ... des ~es** the ... of the year; ***dieser Bestseller wurde zum Buch des ~es gekürt*** this bestseller was chosen as book of the year; **soziales ~** *year spent byyoung people doing work in the area of social services;* **auf ~e hinaus** for years to come
② *(Lebensjahre)* ... [years old]; **... ~e jung sein** *(hum)* ... years young *hum;* ***sie ist 80 ~e jung*** she's 80 years young
▸WENDUNGEN: **in den besten ~en** [**sein**] [to be] in one's prime; **im ~e des Heils** *(veraltet)* in the year of grace *old;* **im ~e des Herrn** anno domini, in the year of our Lord; **in die ~e kommen** *(euph fam)* to be getting on [in years]; **nach/seit ~ und Tag** *(geh)* after/for many years; **das verflixte siebte ~** *(fam)* the seven-year itch

jahr·aus [ja:ɐ̯'ʔaus] *adv* **jahrein, ~** year in, year out

Jahr·buch *nt* yearbook

Jähr·chen <-s, -> ['jɛ:ɐ̯çən] *nt (hum fam) dim von* **Jahr** year

jah·re·lang ['ja:rəlaŋ] **I.** *adj attr* lasting for years; ***das Ergebnis war die Frucht ~er Forschungen*** the result was the fruits of years of research
II. *adv* for years; ***ich hoffe, es dauert nicht ~, bis ich an die Reihe komme*** I hope it won't take years before it's my turn

jäh·ren ['jɛ:rən] *vr (geh)* ▪**sich** *akk* **~** to be the anniversary of; ***im Juni jährt sich sein Hochzeitstag*** it'll be his wedding anniversary in June

Jah·res·abon·ne·ment [-abɔnəmã:] *nt* annual subscription

Jah·res·ab·schluss^RR *m* annual [*or* year-end] accounts; [**jdm**] **den ~ machen** [*o* **erstellen**] to produce annual [*or* year-end] accounts [for sb] **Jah·res·ab·schluss·be·richt^RR** *m* FIN annual return [*or* report] **Jah·res·ab·schluss·bi·lanz^RR** *f* FIN annual balance sheet **Jah·res·ab·schluss·prä·mie^RR** *f* end-of-year bonus **Jah·res·ab·schluss·zah·lung^RR** *f* FIN end-of-year payment

Jah·res·an·fang *m*, **Jah·res·be·ginn** *m* beginning of the year; **bei/nach/vor ~** at/after/before the beginning of the year **Jah·res·aus·gleich** *m* annual wage-tax adjustment **Jah·res·aus·stoß** *m* annual output **Jah·res·ba·sis** *f* annual basis **Jah·res·bei·trag** *m* annual subscription **Jah·res·be·richt** *m* annual report **Jah·res·best·zeit** *f* SPORT fastest time for the year **Jah·res·bi·lanz** *f* ÖKON, BÖRSE annual balance sheet **Jah·res·bud·get** *nt* annual budget **Jah·res·durch·schnitt** *m* annual [*or* yearly] average **Jah·res·ein·kom·men** *nt* annual income **Jah·res·end·ab·schluss** *m* FIN, ÖKON year end close **Jah·res·en·de** *nt* end of the year, year's end; **es ist ~, wir haben ~** it's the end of the year; **bis zum/vor ~** by/before the end of the year **Jah·res·end·kurs** *m* BÖRSE year-end [share] price **Jah·res·er·geb·nis** *nt* FIN year's result **Jah·res·etat** *m* ÖKON annual budget **Jah·res·fran·chise** <-> *f kein pl* FIN SCHWEIZ annual sum paid by the Swiss state towards an individual's health insurance **Jah·res·frist** *f* **nach ~** after a period of one year; **vor** [*o geh* **binnen**] **~** within a period of one year, before the year is out **Jah·res·ge·bühr** *f* HANDEL annual fee; *(für Patent)* renewal fee **Jah·res·ge·halt** *nt* annual salary **Jah·res·ge·samt·bei·trag** *m* FIN total annual contribution **Jah·res·ge·winn** *m* FIN annual net profit **Jah·res·höchst·kurs** *m* BÖRSE yearly high **Jah·res·kar·te** *f* ① *(ein Jahr gültige Eintrittskarte)* annual membership card, [annual] season ticket ② TRANSP *(ein Jahr gültige Fahrkarte)* [annual] season ticket **Jah·res·mie·te** *f* annual rent **Jah·res·mit·te** *f* mid-year **Jah·res·pla·ner** *m* annual planner **Jah·res·pro·duk·ti·on** *f* annual production **Jah·res·ring** *m* BOT annual ring **Jah·res·schluss·kurs** *m* BÖRSE share price at the end of the year

Jah·res·steu·er *f* FIN tax assessed on a fiscal year basis **Jah·res·steu·er·ge·setz** *nt* FIN annual tax

Jah·res·tag *m* anniversary **Jah·res·ta·gung** *f* annual conference **Jah·res·tiefst·kurs** *m* BÖRSE yearly low **Jah·res·über·schuss**[RR] *m* annual [*or* end-of-year] surplus **Jah·res·um·satz** *m* annual turnover [*or* sales] **Jah·res·ur·laub** *m* annual holiday [*or* leave]; **seinen ~ nehmen** to take one's annual holiday [*or* leave]; **seinen ~ [bei jdm] einreichen** to apply [to sb] for one's annual holiday [*or* leave] **Jah·res·ver·gleich** *m* year-to-year comparison **Jah·res·ver·trag** *m* one-year contract **Jah·res·wachs·tums·ra·te** *f* FIN annual growth rate **Jah·res·wa·gen** *m car which can be bought by company employees at a discount and resold after one year* **Jah·res·wech·sel** *m* turn of the year; **die besten Wünsche zum ~** best wishes for the New Year **Jah·res·wen·de** *f* turn of the year; **um die ~ 1968/1969** around the end of 1968/the beginning of 1969 **Jah·res·wirt·schafts·be·richt** *m* JUR Annual Economic Report **Jah·res·zahl** *f* year **Jah·res·zeit** *f* season **jah·res·zeit·lich** *adj inv* seasonal **Jah·res·zeit·raum** *m* whole year **Jah·res·zins** *m* FIN annual rate of interest **Jah·res·zins·satz** *m* FIN annual interest rate

Jahr·gang <-gänge> *m* ① *(Personen eines Geburtsjahrs)* age-group; *(Gesamtheit der Schüler eines Schuljahres)* [school] year; **~ ... sein** to have been born in ...; ***ich bin ~ 1962*** I was born in 1962; **jds ~ sein** to be born in the same year as sb; **ein ~ sein** to be born in the same year; ***wir sind ein ~, beide 1974*** we were born in the same year, both 1974

② VERLAG *(Erscheinungsjahr) Zeitschrift, Zeitung* year

③ *(Erntejahr)* vintage, year; *(Herstellungsjahr)* year

Jahr·gän·ger(in) <-s, -> *m(f)* SÜDD, ÖSTERR, SCHWEIZ *person born in the same year*

Jahr·hun·dert <-s, -e> [ja:ɐ̯ˈhʊndɐt] *nt* century; **~e, über ~e** for centuries

jahr·hun·der·te·alt *adj* centuries-old *pred;* ■**~ werden** to live to be centuries-old; ***Eichen werden ~*** oaks live to be centuries-old **jahr·hun·der·te·lang I.** *adj* [lasting] for centuries *pred;* ***es hat einer ~en Entwicklung bedurft*** centuries of development were required **II.** *adv* for centuries

Jahr·hun·dert·flut *f* GEOL flood of the century **Jahr·hun·dert·wech·sel** *m* turn of the century **Jahr·hun·dert·wen·de** *f* turn of the century; **um die ~** at the turn of the century

jäh·rig [ˈjɛːrɪç] *adj inv (veraltet: ein Jahr alt) Fohlen* one-year-old

-jäh·rig [-ˈjɛːrɪç] *in Komposita* -year [old]

jähr·lich [ˈjɛːɐ̯lɪç] *adj* annual, yearly

Jahr·markt *m* [fun]fair **Jahr·markts·bu·de** *f* fairground booth [*or* stall]

Jahr·mil·li·o·nen [ja:ɐ̯mɪˈli̯o:nən] *pl* millions of years; **in/vor ~** in millions of years/millions of years ago

Jahr·tau·send <-s, -e> [ja:ɐ̯ˈtauzn̩t] *nt* millennium; **das kommende ~** the coming millennium; ■**~e** thousands of years; ***die menschliche Zivilisation existiert erst seit wenigen ~en*** human civilization has only existed for a few thousand years

jahr·tau·sen·de·lang I. *adj* thousands of years of; ***nach einer ~en Entwicklung hat diese Kultur ihre höchste Blüte erreicht*** after thousands of years of development this civilization reached its highest peak

II. *adv* for millennia, for thousands of years

Jahr·tau·send·wech·sel *m* millennium **Jahr·tau·send·wen·de** *f* turn of the millennium

Jahr·zahl <-, -en> *f* SCHWEIZ *(Jahreszahl)* year

Jahr·zehnt <-[e]s, -e> [ja:ɐ̯ˈtse:nt] *nt* decade

jahr·zehn·te·lang I. *adj* decades of *attr;* **der ~e Konflikt** decades of conflict

II. *adv* for decades

Jäh·zorn [ˈjɛːtsɔrn] *m* outburst of anger [*or* temper], violent outburst; **im ~** in an outburst of temper [*or* rage]

jäh·zor·nig *adj* violent-tempered, irascible *form*

Jai·na <-[s], -[s]> [ˈdʒaina] *m o f* REL *s.* **Dschaina**

Jai·nis·mus <-> [dʒaiˈnɪsmʊs] *m kein pl* REL Jainism

jai·nis·tisch *adj* REL Jainist, Jain[a]

Ja·kob <-s> [ˈja:kɔp] *m* Jacob

▶WENDUNGEN: **ein billiger ~** *(fam)* a cheap-jack; **das ist [auch] nicht der wahre ~** *(fam)* that's no great shakes *fam*

Ja·ko·bi·ner(in) <-s, -> [jakoˈbi:nɐ] *m(f)* HIST Jacobin

Ja·ko·bi·ner·müt·ze *f* HIST liberty cap

Ja·kobs·kraut *nt* tansy ragwort **Ja·kobs·lei·ter** *f* NAUT rope ladder **Ja·kobs·mu·schel** *f* ZOOL scallop shell

Ja·ku·te, Ja·ku·tin <-n, -n> [jaˈku:tə, jaˈku:tɪn] *m, f* Yakut

ja·ku·tisch *adj* Yakut

Ja·ku·tisch *dekl wie adj nt* Yakut

Ja·ku·ti·sche <-n> *nt* ■**das ~** Yakut

Ja·lou·set·te <-, -n> [ʒaluˈzɛtə] *f,* **Ja·lou·sie** <-, -n> [ʒaluˈzi:, *pl* -ˈzi:ən] *f* venetian blind

Ja·lou·si·en·ent·lüf·ter [ʒaluˈzi:ən-] *m* BAU ventilation louver **Ja·lou·si·en·klap·pe** [ʒaluˈzi:ən-] *f* BAU shutter

Ja·mai·ka <-s> [jaˈmaika] *nt* Jamaica

Ja·mai·ka·ner(in) <-s, -> [jamaiˈka:nɐ] *m(f)* Jamaican

ja·mai·ka·nisch *adj* Jamaican

Ja·mai·ka·pfef·fer *m* allspice, pimento **Ja·mai·ka·rum** *m* Jamaican rum

Ja·mai·ker(in) <-s, -> [jaˈmaikɐ] *m(f) s.* **Jamaikaner**

Jam·bus <-, Jamben> [ˈjambʊs, *pl* ˈjambən] *m* LIT iambus

jam·men [ˈdʒɛmən] *vi* MUS to jam

Jam·mer <-s> [ˈjamɐ] *m kein pl* ① *(Kummer)* misery, sorrow; **es ist ein ~, dass/wie** *(fam)* it is a terrible shame that/how; *(skandalös)* disgraceful; ***es ist ein ~, wie wenig Zeit wir haben*** it's deplorable how little time we have

② *(das Wehklagen)* wailing, lamentation *form;* **in wilden ~ ausbrechen** to begin to sob uncontrollably, to burst into uncontrollable sobbing

Jam·mer·bild *nt (geh)* picture of misery, wretched [*or* pitiful] sight **Jam·mer·ge·schrei** *nt (geh)* wailing, lamentation *form* **Jam·mer·ge·stalt** *f* ① *(jämmerliche Gestalt)* pitiful figure ② *s.* **Jammerlappen**

Jam·mer·lap·pen *m (pej sl)* sissy *pej,* scaredy-cat *pej fam,* BRIT *a.* cowardy-custard *pej fam,* BRIT *a.* big [*or* great] girl's blouse *pej sl,* sissy, AM *a.* pussy

jäm·mer·lich [ˈjɛmɐlɪç] **I.** *adj attr* ① *(beklagenswert)* pitiful, wretched; ***das Haus war in einem ~en Zustand*** the house was in a wretched state

② *(kummervoll)* sorrowful

③ *(fam: äußerst dürftig)* pathetic; **eine ~e Ausrede** a pathetic excuse

④ *(pej fam: verächtlich)* miserable

II. *adv* ① *(elend)* miserably, pitifully

② *(fam: erbärmlich)* terribly, awfully

jam·mern [ˈjamɐn] **I.** *vi* ① *(lamentieren)* ■**[über etw** *akk*/**wegen einer S.** *gen*] **~** *(a. pej)* to whine [about sth] *pej;* ***warum musst du wegen jeder Kleinigkeit immer so ~!*** why do you have to moan about every little thing!; ***lass das J~!*** stop moaning

② *(wimmernd verlangen)* ■**nach jdm/etw ~** to beg [*or* moan] [*or* plead] for sb/sth

II. *vt (geh: dauern)* ■**jdn ~** to distress sb; ***so etwas kann einen wirklich ~*** something like that can be really distressing

jam·mer·scha·de [ˈjamɐˈʃa:də] *adj (fam)* ■**~ [sein], dass/wenn/wie** to be a terrible pity that/if/how; ***es ist ~, wie er seinen Garten verwildern lässt*** it's a terrible pity how he's letting his garden go to rack and ruin; ■**es ist ~ um jdn** it is an awful pity about sb

Jam·mer·tal *nt kein pl (geh)* vale of tears *liter,* wretched state **jam·mer·voll** *adj (geh)* miserable

Jams·wur·zel *f* BOT yam

Jang·tse·ki·ang <-s> [ˈjaŋtsəki̯aŋ] *m* Yangtze River, Chang Jiang

Jan·ker <-s, -> [ˈjaŋkɐ] *m* SÜDD, ÖSTERR ① *(dicke Strickjacke)* thick cardigan

② *(Trachtenjacke)* mountain jacket

Jän·ner <-s, -> [ˈjɛnɐ] *m* ÖSTERR January

Ja·nu·ar <-[s], -e> [ˈjanu̯a:ɐ̯] *m* January; *s. a.* **Februar**

ja·nus·köp·fig [ˈja:nʊskœpfɪç] *adj inv (geh)* Janus-headed *liter*

Ja·pan <-s> [ˈja:pan] *nt* Japan

Ja·pa·ner(in) <-s, -> [jaˈpa:nɐ] *m(f)* Japanese; ■**die ~** the Japanese; **~ sein** to be Japanese

ja·pa·nisch [jaˈpa:nɪʃ] *adj* ① *(Japan betreffend)* Japanese

② LING Japanese

Ja·pa·nisch [jaˈpa:nɪʃ] *nt dekl wie adj* LING Japanese

Ja·pa·ni·sches Meer *nt* Sea of Japan

Ja·pan·kohl *m s.* **Chinakohl**

Ja·pa·no·lo·gie <-> [japanoloˈgi:] *f kein pl* Japanese [linguistic] studies

Ja-Pa·ro·le <-, -n> *f* SCHWEIZ POL *political party campaign prior to a referendum encouraging support for a proposal*

Japs <-es *o* -en, -e[n]> [japs] *m (pej fam)* Jap *pej fam*

jap·sen [ˈjapsn̩] *vi (fam)* ■**[nach etw** *dat*] **~** to gasp [for sth]; ***er tauchte aus dem Wasser und japste nach Luft*** he surfaced gasping for air

Jar·gon <-s, -s> [ʒarˈgõ:] *m* ① *(Sondersprache von Gruppen)* jargon

② *(saloppe Sprache)* slang

Ja·sa·ger(in) <-s, -> *m(f) (pej)* yes-man *pej;* **ein ~ sein** to be a [little] yes-man; **eine ~in sein** to be a [little] yes-girl

Jas·min <-s, -e> [jasˈmi:n] *m* jasmine; **echter ~** jasmine; **falscher ~** mock orange

Jas·pis <-[ses], -se> [ˈjaspɪs, *pl* ˈjaspɪsə] *m* jasper

Ja·stim·me *f* yes-vote; ***es gab 23 ~n und 17 Neinstimmen*** there were 23 votes in favour and 17 against

Jat <-, -> [ˈjat] *m o f* Jat

jä·ten [ˈjɛːtn̩] **I.** *vt* ■**etw ~** ① *(aushacken)* to hoe sth; ***von Hand Unkraut zu ~ ist eine mühselige Angelegenheit*** pulling up weeds by hand is an arduous affair

② *(von Unkraut befreien)* to weed sth; ***die Beete müssen in regelmäßigen Abständen gejätet werden*** the flower-beds must be weeded at regular intervals

II. *vi* to weed, to do the weeding

Jau·che <-, -n> [ˈjau̯xə] *f* liquid manure

Jau·che·gru·be *f* liquid manure pit

jau·chen [ˈjau̯xn̩] **I.** *vt (mit Jauche düngen)* ■**etw ~** to manure sth

II. *vi* to spread manure

jauch·zen [ˈjau̯xtsn̩] *vi (geh)* to rejoice *liter,* to shout with glee

Jauch·zer <-s, -> *m* jubilant cheer

jau·len [ˈjau̯lən] *vi* to howl

Ja·un·de <-s> [jaˀʊndə] *nt* Yaoundé

Jau·se <-, -n> [ˈjau̯zə] *f* ÖSTERR *(Imbiss)* snack; **zur ~**

J

einladen *(Nachmittagskaffee)* to invite sb for coffee

jau·sen ['jauzn̩] *vi* ÖSTERR *(einen Imbiss einnehmen)* to have a snack

Jau·sen·sta·ti·on *f* ÖSTERR café

Ja·va <-> ['dʒa:və] *f* INET *(Internet-Programmiersprache)* Java

Ja·va·mensch *m* ARCHÄOL Java [*or* Trinil] man

ja·wohl [ja'vo:l] *adv* yes; ***„stimmt das auch wirklich?" — „~, ganz sicher!"*** "is that really right?" — "yes, absolutely!"

ja·woll [ja'vɔl] *interj* MIL *(a. hum)* yes, sir!, yes, sir?

Ja·wort *nt* **jdm das ~ geben** to say yes to sb's marriage proposal, to consent to marry sb; *(bei Trauung)* to say I do

Jazz <-> [dʒɛs, jats] *m kein pl* jazz *no pl*

Jazz·fes·ti·val ['dʒɛs-, 'jats-] *nt* jazz festival **Jazz·gym·nas·tik** ['dʒɛsgʏmnastɪk] *f* ≈ jazz dance *no pl*

jaz·zig ['dʒɛsɪç, 'jatsɪç] *adj inv* MUS jazzy; *(pej fam)* jazz-like

Jazz·ka·pel·le ['dʒɛs-, 'jats-] *f* jazz band **Jazz·kel·ler** ['dʒɛs-, 'jats-] *m* [cellar] jazz club **Jazz·trom·pe·ter** ['dʒɛs-, 'jats-] *m* jazz trumpeter

je ['je:] **I.** *adv* ① *(jemals)* ever

② *(jeweils)* each, every; ***die Mietshäuser haben ~ sechs Wohnungen*** the tenement blocks each have six flats

II. *präp +akk (pro)* per; ***~ verkauftes Stück erhält er 50 Euro Provision*** he gets 50 euros commission per item sold

III. *konj* **~ ... desto** the more ... the more; ***~ öfter du übst, desto besser kannst du dann spielen*** the more you practice the better you will be able to play; **~ nach ...** according to ..., depending on ...; ***~ nach Belieben liefern wir sofort oder zum gewünschten Termin*** we'll deliver straight away or at the required time, just as you wish; **~ nachdem!** it [all] depends!; ***hast du morgen für mich Zeit? — ~ nachdem!*** can you spare me a bit of time tomorrow? — it depends!; **~ nachdem, wann/wie/ob ...** depending on when/how/whether ...; ***~ nachdem, wie lange die Konferenz dauert, bin ich um 19 Uhr zu Hause oder später*** I'll be back home at 7 p.m. or later depending on how long the conference lasts

Jeans <-, -> ['dʒi:nz] *f meist pl* jeans *npl*

Jeans·an·zug ['dʒi:nz-] *m* denim suit **Jeans·hemd** ['dʒi:nz-] *nt* denim shirt **Jeans·ho·se** ['dʒi:nz-] *f* pair of jeans **Jeans·ja·cke** ['dʒi:nz-] *f* denim jacket **Jeans·rock** ['dʒi:nz-] *m* denim skirt

Jeck <-en, -en> ['jɛk] *m* DIAL carnival jester

je·de(r, s) ['je:də, 'je:dɐ, 'je:dəs] *pron indef* ① *attr (alle einzelnen)* each, every; ***sie saß ~ Woche 60 Stunden am Computer*** she sat 60 hours each week in front of the computer; ***es ist doch ~s Mal das Gleiche*** it's the same every time; **~s Mal, wenn** whenever, each [*or* every] time that

② *attr (jegliche)* any; ***es wäre abwegig, zu glauben, man könne das Ziel ohne ~ Anstrengung erreichen*** it would be a mistake to believe that the objective could be achieved without any effort

③ *attr (in einem/einer beliebigen)* any; ***Sie können mich zu ~r Zeit anrufen*** you can call me at any time

④ *substantivisch* everybody, everyone; ***von mir aus kannst du ~n fragen, du wirst immer das Gleiche hören*** as far as I'm concerned you can ask anyone, you'll get the same answer; ■**~r der** [*o* **~ von den**]/**meiner/seiner/etc.** each of the/my/his/her/etc.; ***ich kann doch nicht ~n meiner Angestellten rund um die Uhr kontrollieren!*** I can't supervise each one of my employees round the clock!; **ein ~r/eine ~** each one; ***das weiß doch ein ~r!*** everybody knows that!; DIAL *(jeweils der/die einzelne)* each [one]; **~r gegen ~n** dog-eat-dog; **~[r, s] zweite/dritte/...** one in two/three ...

je·den·falls ['je:dn̩'fals] *adv* ① *(immerhin)* anyhow, in any case, nevertheless; ***~ weiß ich davon!*** I know about it anyway!

② *(auf jeden Fall)* anyhow, at any rate; ***egal, was du als Entschuldigung vorbringst, es war ~ nicht richtig von dir*** it doesn't matter what excuse you've got, in any event it was wrong of you

je·der·mann ['je:dɐman] *pron indef, substantivisch* everybody, everyone; *(jeder [beliebige])* anyone, anybody; ***das kann doch ~*** anyone can do that

je·der·zeit ['je:dɐ'tsait] *adv* ① *(zu jeder beliebigen Zeit)* at any time; ***ihr seid uns ~ willkommen*** you're welcome at any time

② *(jeden Augenblick)* at any minute [*or* moment]; ***wir erwarten ihn ~*** we're expecting him at any moment

je·des·mal^ALT^ *adv s.* **jede(r, s) 1**

je·doch [je'dɔx] *konj, adv* however

jed·we·de(r, s) ['je:t've:də, -ve:dɐ, -ve:dəs] *pron indef (veraltend)* each, every

Jeep® <-s, -s> [dʒi:p] *m* jeep; *(fam: irgendein Geländewagen)* jeep

jeg·li·che(r, s) ['je:klɪçə, 'je:klɪçɐ, 'je:klɪçəs] *pron indef* any

je·her ['je:hɛr] *adv* **seit** [*o* **von**] **~** *(geh)* always; ***das ist von ~ nicht anders gewesen*** that has always been the same

Je·ho·vas Zeu·gen [je'ho:vaz 'tsɔygn̩] *pl* REL Jehovah's Witnesses *pl*

jein ['jain] *adv (hum)* yes and no

Je·ka·mi <-s, -s> [je:ka:'mi:] *nt* SCHWEIZ *Akr von* **Jeder kann mitmachen** *event where participation is open to all;* **~-Turnier** open tournament

Je·län·ger·je·lie·ber <-s, -> [je'lɛŋɐje'li:bɐ] *nt* BOT honeysuckle

je·mals ['je:ma:ls] *adv* ever; ***hast du ihn ~ anders erlebt?*** have you ever known him to be any different?

je·mand ['je:mant] *pron indef* somebody, someone; *(bei Fragen, Negation etc.)* anybody, anyone; ***da ist ~ für dich an der Tür*** there's somebody at the door for you; ***ist da ~?*** is anyone there?; **~ andere[r, s]** [*o* **anders**] somebody [*or* someone] else

Je·men <-s> ['je:mən] *m* ■**der ~** Yemen

Je·me·nit(in) <-en, -en> [jeme'ni:t] *m(f)* Yemeni, Yemenite

je·me·ni·tisch [jeme'ni:tɪʃ] *adj* Yemeni

Je·na·er Glas ['je:naɐ-] *nt* Jena [*or* thermal] glass

je·ne(r, s) ['je:nə, 'je:nɐ, 'je:nəs] *pron dem (geh)* ① *(der/die/das Bewusste)* that *sing,* those *pl*

② *(der/die/das dort)* that *sing,* those *pl*

jen·sei·tig ['je:nzaitɪç] *adj inv* opposite

jen·seits ['je:nzaits] **I.** *präp +gen (auf der anderen Seite)* ■**~ einer S.** *gen* on the other side of sth; ***~ der Alpen beginnt Norditalien*** Northern Italy begins on the other side of the Alps; **~ der zwanzig/dreißig/etc.** on the other side of twenty/thirty/etc.

II. *adv (über ... hinaus)* ■**~ von etw** *dat* beyond sth; *s. a.* **gut**

Jen·seits <-> ['je:nzaits] *nt kein pl* hereafter, next world; ■**das/ein ~** the/a hereafter [*or* next world], the beyond; **jdn/ein Tier ins ~ befördern** *(euph fam)* to dispatch sb/an animal *euph*

Je·re·mi·as <-> [jere'mi:as] *m* REL Jeremiah

Je·re·wan <-s> [jɪrɪ'van] *nt s.* **Eriwan**

Jer·sey <-[s], -s> ['dʒø:ezi, 'dʒœrzi] *m* MODE jersey

Je·ru·sa·lem <-s> [je'ru:zalɛm] *nt* Jerusalem

Je·si·de, Je·si·din <-n, -n> [je'zi:də, je'zi:dɪn] *m, f* REL Yezidi, Yezide

je·si·disch *adj* REL Yezidish

Jes·ses ['jɛsəs] *interj (fam)* good Lord!, Jesus! *fam!*

Je·su ['je:zu] *m gen, dat, Anredeform von* **Jesus**: **Kleine Brüder ~** Little Brothers of Jesus; **Kleine Schwestern ~** Little Sisters of Jesus

Je·su·it <-en, -en> [jezu'i:t] *m* Jesuit

Je·su·i·ten·or·den *m* Jesuit Order **Je·su·i·ten·schu·le** *f* Jesuit school

Je·su·i·ten·tum <-s> *nt* Jesuitism, Jesuitry

Je·sus <*dat o gen* Jesu, *akk* Jesum> ['je:zʊs] *m* REL Jesus; **~ Christus** Jesus Christ

▶WENDUNGEN: **bin ich ~?, ich bin doch nicht ~!** *(fam)* I'm not the fount of all knowledge!; ***was soll ich nicht noch alles tun, bin ich ~?*** the things I have to do, I'm not a miracle worker!; **~ Maria [und Josef]!** DIAL *(fam)* holy mother of God! *fam!*

Je·sus·kind *nt* ■**das ~** the Christ Child, the Infant Jesus **Je·sus·lat·schen** *pl (fam)* Jesus sandals *pl fam*

Jet <-[s], -s> [dʒɛt] *m* LUFT *(fam)* jet

Jet·lag^RR^, **Jet lag**^ALT^ <-s, -s> ['dʒɛtlɛg] *m pl selten* jet lag

Je·ton <-s, -s> [ʒə'tõ] *m* chip

Jet·set^RR^, **Jet-set**^ALT^ <-s, -s> ['dʒɛtsɛt] *m pl selten (fam)* jet set *fam* **Jet·ski** ['dʒɛt-] *m* jet ski **Jet·stream** <-[s], -s> ['dʒɛtstri:m] *m* METEO jet stream

jet·ten ['dʒɛtn] *vi sein (fam)* ■**irgendwohin ~** to jet off somewhere *fam*

jet·zig ['jɛtsɪç] *adj attr* current, present; ***die ~e Situation ist kritisch*** the current situation is critical

jetzt ['jɛtst] *adv* ① *(zurzeit)* now; ***es ist ~ genau 13 Uhr*** it's now exactly 1 p.m.; **bis ~** so far, up till now; ***ich habe bis ~ gewartet*** I've been waiting up till now; **für ~** for now, for the present; ***für ~ wollen wir erst mal Schluss machen!*** let's call it a day for now!; **~ gleich** right now, straight away; **~ noch?** now?; **~ schon?** already?; ***beeil dich, wir müssen los! — ~ schon?*** hurry up, we must be off! — what, already?; **~ oder nie!** [it's] now or never!; **von ~ an** from now on; **von ~ auf nachher** momentarily, instantly

② *(heute)* now[adays], these days; ***wo sich früher die alte Schule befand, steht ~ ein Kaufhaus*** there's a department store now where the old school used to be; ***das ist ~ nicht mehr der Fall*** that's no longer the case [now]; **~ noch** to this day; ***das Verfahren ist auch ~ noch das gleiche wie vor fünf Jahren*** the procedure these days is exactly the same as it was five years ago

③ *(mittlerweile)* now; ***er lebt ~ in Frankreich*** he lives in France now; ***sie ist ~ schon eine ganze Woche fort*** she has been away for a week now

④ *(verstärkend: nun)* now; ***habe ich ~ den Brief eingeworfen oder nicht?*** now, have I posted the letter or not?; ***hast du es ~ endlich kapiert?*** has it finally registered now?; ***wer ist das ~ schon wieder?*** who on earth is that now?

Jetzt <-> ['jɛtst] *nt kein pl (geh)* present; ■**das ~** the present, the moment

Jetzt·zeit *f kein pl* present *no pl*

je·wei·len [je:'vailən] *adv* SCHWEIZ *s.* **jeweils**

je·wei·lig [je:'vailɪç] *adj attr* current, prevailing; ***es gibt Geschichtswerke, in denen zu jeder Epoche Bilder der ~en Mode gezeigt werden*** there are historical works showing pictures of the prevailing fashions for each epoch

je·weils [je:'vails] *adv* ① *(jedes Mal)* each [*or* every] time; ***die Miete ist ~ monatlich im Voraus fällig*** the rent is due each month in advance; ***die ~ Betroffenen können gegen die Bescheide Einspruch einlegen*** each of the persons concerned can lodge an objection to the decisions taken

② *(immer zusammengenommen)* each; ***die Schulklassen haben ~ einen Klassensprecher zu wählen*** the classes must each elect a class spokesperson; ***~ drei Pfadfinder mussten sich einen Teller Eintopf teilen*** in each instance three scouts had to share one plate of stew

③ *(zur entsprechenden Zeit)* at the time; ***historische Uniformen wurden aus den ~ existierenden Staaten ausgestellt*** historical uniforms were exhibited from the states existing at the time

Jg. *Abk von* **Jahrgang** year

Jh. *Abk von* **Jahrhundert** century

JH *Abk von* **Jugendherberge** YH

jid·disch ['jɪdɪʃ] *adj* Yiddish

Jid·disch ['jɪdɪʃ] *nt dekl wie adj* Yiddish; ■**das ~e** Yiddish; **auf ~** in Yiddish

JIT-Fer·ti·gung *f* JIT [*or* just-in-time] production

Jiu-Jit·su <-s> [dʒi:u'dʒɪtsu] *nt kein pl* j[i]u-jitsu

Job <-s, -s> [dʒɔp] *m* ① *(fam)* job; *([vorübergehende] Beschäftigung)* job, work *no pl*

② INFORM *(Auftrag)* task

job·ben ['dʒɔbn̩] *vi (fam)* ■**[irgendwo] ~** to do casual work [somewhere]; ***in den Schulferien jobbe ich immer etwas*** I always do some sort of casual work in the school holidays

Job·bör·se ['dʒɔb-] *f* ÖKON job market; *(Veranstaltung für Hochschulabsolventen)* [graduate] job fair **Job·card** <-, -s> *f proposal for a chipcard that stores an individual's employment data, i.e. place and length of employment, salary, etc.* **Job-Floa·ter** <-s, -> *m* FIN *a credit given by the semi-public 'Kreditanstalt für Wiederaufbau' to small and medium-sized enterprises if they employ an unemployed person* **Job·hop·ping**RR, **Job-hop·ping**ALT <-s, -s> ['dʒɔbhɔpɪŋ] *nt* job hopping
Job·ma·schi·ne ['dʒɔp-] *f* job engine
Job·mes·se ['dʒɔp-] *f* ÖKON job fair **Job·sha·ring**RR, **Job-sha·ring**ALT <-[s]> ['dʒɔbʃɛːrɪŋ] *nt kein pl* ÖKON job-sharing *no pl, no art* **Job·su·che** ['dʒɔb-] *f kein pl* ÖKON *(fam)* job-hunting *no pl, no art,* job-seeking *no pl, no art;* **auf ~ sein** to be looking for a job **Job·ver·lust** ['dʒɔb-] *m* job loss **Job·ver·mitt·lung** ['dʒɔb-] *f* ÖKON employment agency
Joch <-[e]s, -e> ['jɔx] *nt* ① *(Teil des Geschirrs von Zugtieren)* yoke
② ARCHIT bay
③ GEOL col, pass
▸WENDUNGEN: **jds/das ~ einer S.** *gen* **abwerfen** [*o* **abschütteln**] *gen (liter)* to shake [*or* throw] off the yoke of sb/of sth *liter;* **sich** *akk* **jds** *dat* **~ beugen** *(liter)* to submit to the yoke of sb *liter*
Joch·bein *nt* ANAT cheek-bone
Jo·ckei, Jo·ckey <-s, -s> ['dʒɔke, 'dʒɔki] *m* jockey
Jo·ckey·müt·ze ['dʒɔke-, 'dʒɔki-] *f* jockey cap
Jod <-s> ['joːt] *nt kein pl* iodine
jo·deln ['joːdl̩n] *vi* to yodel
jod·hal·tig *adj inv* iodic, containing iodine *pred*
Jod·ler <-s, -> ['joːdlɐ] *m* yodel; ***er beendete das Liedchen mit einem ~*** he finished the short song with a yodel
Jod·ler(in) <-s, -> ['joːdlɐ] *m(f)* yodeller
Jod·man·gel *m kein pl* MED iodine deficiency *no pl* **Jod·salz** *nt kein pl* CHEM iodate; KOCHK, MED, PHARM iodized salt **Jod·tink·tur** *f* tincture of iodine **Jod·was·ser·stoff** *m kein pl* CHEM hydrogen iodide **Jod·zahl, JZ** *f kein pl* CHEM iodine value [*or* number]
Jo·ga <-[s]> ['joːga] *m o nt kein pl* yoga *no pl*
jog·gen ['dʒɔgn̩] *vi* ① *haben (als Jogger laufen)* to jog; ***ich halte mich fit, indem ich regelmäßig jogge*** I keep fit by jogging regularly
② *sein* ■**irgendwohin ~** to jog somewhere
Jog·ger(in) <-s, -> ['dʒɔgɐ] *m(f)* jogger
Jog·ging <-s> ['dʒɔgɪŋ] *nt kein pl* jogging *no pl*
Jog·ging·an·zug ['dʒɔgɪŋ-] *m* tracksuit **Jog·ging·ho·se** ['dʒɔgɪŋ-] *f* tracksuit bottoms *pl* **Jog·ging·schuh** ['dʒɔgɪŋ-] *m* trainer BRIT, running shoe AM; ***meine ~e sind aus leichtem Material*** my trainers are made of a light material
Jo·ghurt <-[s], -[s]> ['joːgʊrt] *m o nt s.* **Jogurt**
Jo·ghurt·be·cher *m s.* **Jogurtbecher** **Jo·ghurt·ge·rät** *nt s.* **Jogurtgerät**
Jo·gi <-s, -s> ['joːgi] *m* yogi
Jo·gurtRR <-[s], -[s]> ['joːgʊrt] *m o nt* yog[h]urt, yoghourt
Jo·gurt·be·cherRR *m* yoghurt pot **Jo·gurt·ge·rät**RR *nt* yoghurt maker
Jo·han·na <-> [jo'hana] *f* Joanna; [**die heilige**] **~ von Orléans** HIST Joan of Arc
Jo·han·nes <-> [jo'hanəs, jo'hanɛs] *m* John; **~ der Täufer** John the Baptist
Jo·han·nes·evan·ge·li·um *nt* Gospel according to St. John
Jo·han·nis·bee·re [jo'hanɪs-] *f* currant; **rote/schwarze ~** redcurrant/blackcurrant
Jo·han·nis·beer·strauch [jo'hanɪs-] *m* currant bush
Jo·han·nis·brot <-[e]s> [jo'hanɪs-] *nt* BOT carob, St John's bread
Jo·han·nis·brot·baum [jo'hanɪs-] *m* BOT carob, locust tree
Jo·han·nis·kä·fer [jo'hanɪs-] *m (fam)* glow-worm **Jo·han·nis·kraut** [jo'hanɪs-] *nt* BOT St. John's wort **Jo·han·nis·tag** [jo'hanɪs-] *f* Midsummer['s] Day, feast of St. John the Baptist
Jo·han·ni·ter <-s, -> [joha'niːtɐ] *m* ① REL Knight of St. John [of Jerusalem]
② *pl (Orden)* ■**die ~** the Order of St. John
joh·len ['joːlən] *vi* to yell
Joint <-s, -s> [dʒɔɪnt] *m (sl: Haschzigarette)* joint *sl*
Joint Ven·tureRR, **Joint-ven·ture**ALT <-[s], -s> [dʒɔynt'vɛntʃɐ] *nt* ÖKON joint venture
Jo-Jo <-s, -s> [jo'joː] *nt* yo-yo
Jo·jo·ba·öl ['joːjoba-] *nt* jojoba oil
Jo-Jo-Ef·fekt *m (erneute Gewichtszunahme nach Diät)* yo-yo effect
Jo·ker <-s, -> ['joːkɐ, 'dʃoːkɐ] *m* ① KARTEN joker
② INFORM *(Stellvertreterzeichen)* joker, wild card
Jol·le <-, -n> ['jɔlə] *f* NAUT ① *(Beiboot)* jolly [boat]
② *(kleines Segelboot mit Schwert)* small sailing yacht
Jon·gleur(in) <-s, -e> [ʒɔŋ'løːɐ] *m(f)* juggler
jon·glie·ren* [ʒɔŋ'liːrən] *vi* ① *(werfen und auffangen)* ■[**mit etw** *dat*] **~** to juggle [with sth]
② *(geh: spielerisch umgehen)* ■**mit etw** *dat* **~** to juggle with sth
Jop·pe <-, -n> ['jɔpə] *f* DIAL jacket
Jor·dan <-s> ['jɔrdan] *m* Jordan
▸WENDUNGEN: **über den ~ gehen** *(euph fam)* to pass away *euph;* **jdn über den ~ gehen lassen** to have sb bumped off *fam*
Jor·da·ni·en <-s> [jɔr'daːni̯ən] *nt* Jordan
Jor·da·ni·er(in) <-s, -> [jɔr'daːni̯ɐ] *m(f)* Jordanian
jor·da·nisch [jɔr'daːnɪʃ] *adj inv* Jordanian
Jo·sef *m,* **Jo·seph** <-s> ['joːzɛf] *m* Joseph
Jot <-, -> ['jɔt] *nt* J, j
Jo·ta <-[s], -s> ['joːta] *nt* iota
▸WENDUNGEN: **kein** [*o* **nicht ein**] **~** *(geh)* not one iota [*or* a jot]; ***er ist nicht ein ~ anders als sein Bruder*** there's not a jot of difference between him and his brother
Joule <-[s], -> [ʒuːl] *nt* PHYS joule
Joule·ef·fekt *m* PHYS positive [*or* Joule] magnetostriction
Jour fixe <- -, -s -s> [ʒuːɐ̯'fɪks] *m (geh)* regular meeting
Jour·nail·le <-> [ʒʊr'naljə] *f kein pl (pej geh)* gutter [*or* yellow] press *pej*
Jour·nal <-s, -e> [ʒʊr'naːl] *nt* ① *(Tagebuch)* journal
② *(geh: Zeitschrift)* magazine, periodical, journal *form*
Jour·na·lis·mus <-> [ʒʊrna'lɪsmʊs] *m kein pl*
① *(Pressewesen)* press
② *(journalistische Berichterstattung)* journalism *no pl*
Jour·na·list(in) <-en, -en> [ʒʊrna'lɪst] *m(f)* journalist
Jour·na·lis·tik <-> [ʒʊrna'lɪstɪk] *f kein pl* journalism *no pl*
Jour·na·lis·tin <-, -nen> [ʒʊrna'lɪstɪn] *f fem form von* **Journalist**
jour·na·lis·tisch [ʒʊrna'lɪstɪʃ] **I.** *adj (das Pressewesen betreffend)* journalistic
II. *adv* journalistically; ***ich habe bisher freiberuflich ~ gearbeitet*** I've worked up till now as a freelance journalist
jo·vi·al [jovi'aːl] *adj (geh)* jovial; ■**~** [**zu jdm**] **sein** to be jovial [towards sb]
Jo·vi·a·li·tät <-> [joviali'tɛːt] *f kein pl (geh)* joviality
Joy·stick <-s, -s> ['dʒɔystɪk] *m* joy-stick
jr. *Abk von* **junior** jnr., jr.
Ju·bel <-s> ['juːbl̩] *m kein pl (Jubelrufe)* cheering *no pl*
▸WENDUNGEN: **~, Trubel, Heiterkeit** *(fam)* laughter and merriment
Ju·bel·fei·er *f* anniversary celebration[s *pl*]
Ju·bel·ge·schrei *nt* cry of jubilation *liter,* shouting and cheering **Ju·bel·hoch·zeit** *f (fam)* [silver, golden, etc.] wedding anniversary **Ju·bel·jahr** *nt (Jubiläumsjahr)* jubilee ▸WENDUNGEN: **nur alle ~e** [**einmal**] *(fam)* once in a blue moon *fam*
ju·beln ['juːbl̩n] *vi* ■[**über etw** *akk*] **~** to celebrate [sth]; ***„juhu! ich habe gewonnen!" jubelte sie freudestrahlend*** "yippee, I've won", she cheered, beaming with joy; **eine ~de Menge** a cheering crowd
Ju·bel·ruf *m* cheer; **unter ~en** accompanied by cheers
Ju·bi·lar(in) <-s, -e> [jubi'laːɐ̯] *m(f) person celebrating an anniversary*
Ju·bi·lä·um <-s, Jubiläen> [jubi'lɛːʊm, *pl* jubi'lɛːən] *nt* anniversary
Ju·bi·lä·ums·es·sen *nt* anniversary dinner **Ju·bi·lä·ums·gast** *m* guest invited to the anniversary **Ju·bi·lä·ums·ku·chen** *m* anniversary cake
ju·bi·lie·ren* [jubi'liːrən] *vi (geh)* ■[**über etw** *akk*] **~** ① *(jubeln)* to celebrate [sth]; ***es besteht Anlass zu ~*** this calls for a celebration
② *(frohlocken)* to rejoice *liter*
juch·he [jʊx'heː], **juch·hei·ßa** [jʊx'haisa], **juch·hu** ['juːxhu] *interj (fam)* hooray!, yippee!, hurrah!
Juch·ten <-s> ['jʊxtn̩] *nt o m kein pl* ① *(wasserdichtes Leder)* Russia leather
② *(Parfümduft)* Russian leather
juch·zen ['jʊxtsn̩] *vi (fam)* to shout with joy; ■**das J~** joyous shouts *pl*
ju·cken ['jʊkn̩] **I.** *vi (Juckreiz erzeugen)* to itch
II. *vi impers* to itch; ***zeig mir mal genau, wo es juckt!*** show me where it's itching!
III. *vt impers* ① *(zum Kratzen reizen)* ■**es juckt jdn** [**irgendwo**] sb has an itch [somewhere]; ***mich juckt's am Rücken*** my back's itching; ***genau da, da juckt es mich immer!*** right there, I always get an itch there!
② *(fam: reizen)* ■**jdn juckt es, etw zu tun** sb's itching to do sth; ***es juckte sie schon, ihn zu korrigieren*** she was itching to correct him
IV. *vt* ① *(kratzen)* ■**jdn ~** to make sb itch; ***das Unterhemd juckt mich*** the vest makes me itch
② *(reuen)* ■**jdn juckt etw** sb regrets sth; ■**jdn juckt es, etw getan zu haben** sb regrets having done sth; ***hinterher hat es ihn gehörig gejuckt, nichts gesagt zu haben*** afterwards he really regretted having said nothing [*or* not having said anything]
③ *meist verneint (fam: kümmern)* ■**jdn juckt etw** [**nicht**] sth is of [no] concern to sb; ***das juckt mich doch nicht*** I couldn't care less *fam;* ***die Firma will nach Leipzig umziehen! — na und, wen juckt das?*** the company intends to move to Leipzig! — so what, who cares about that?
V. *vr (fam: sich kratzen)* ■**sich** *akk* [**an etw** *dat*] **~** to scratch [one's sth]; ***ich muss mich immer so am Kopf ~*** I keep on having to scratch my head
Ju·cken <-s> ['jʊkn̩] *nt kein pl* itching *no pl*
Juck·pul·ver *nt* itching powder
Juck·reiz *m* itch[ing *no pl*] **juck·reiz·lin·dernd** *adj* itch-relieving
Ju·das <-, -se> ['juːdas, *pl* 'juːdasə] *m* ① REL Judas
② *(pej geh: Verräter)* Judas *pej*
Ju·das·kussRR *m* Judas kiss **Ju·das·lohn** *m (pej geh)* thirty pieces of silver
Ju·de, Jü·din <-n, -n> ['juːdə, 'jyːdɪn] *m, f* Jew *masc,* Jewess *fem;* ■**die ~n** the Jews; **der Ewige ~** *(geh)* the Wandering Jew; **~ sein** to be a Jew/Jewess, to be Jewish
Ju·den·hassRR *m* anti-Semitism **Ju·den·stern** *m* HIST star of David
Ju·den·tum <-s> *nt kein pl* ① *(Gesamtheit der Juden)* Jewry *no pl,* Jews *pl*
② *(jüdische Wesensart)* Jewishness
Ju·den·ver·fol·gung *f* HIST persecution of [the] Jews **Ju·den·ver·nich·tung** *f kein pl* POL, SOZIOL, REL extermination of the Jews; *(im 3. Reich)* Holocaust *no pl*
Ju·di·ka·tur <-, -en> [judika'tuːɐ̯] *f* JUR judicature
Jü·din <-, -nen> ['jyːdɪn] *f fem form von* **Jude** Jewess
jü·disch ['jyːdɪʃ] *adj* Jewish
Ju·do <-s> ['juːdo] *nt kein pl* judo *no pl*
Ju·do·ka <-s, -s> [ju'doːka] *m* judoist
Ju·gend <-> ['juːgn̩t] *f kein pl* ① *(Jugendzeit)* youth *no pl;* **frühe/früheste ~** early/earliest youth; **in jds** *dat* **~** in sb's youth; ***in meiner ~ kostete ein Brötchen sechs Pfennige*** when I was young a roll cost six pfennigs; **von ~ an** [*o* **auf**] from one's youth; ***wir haben schon von ~ auf immer zusammen gespielt*** we have always played together right from

our youth
② *(Jungsein)* youthfulness
③ *(junge Menschen)* ■**die** ~ young people *pl;* **die europäische** ~ the youth [*or* young people] of Europe; **die** ~ **von heute, die heutige** ~ young people [*or* the youth of] today; **die reifere** ~ *(hum)* the young at heart *hum;* ***auch die reifere*** ~ ***war zugegen*** the older age-group were also present; **die studentische** ~ young students; **die weibliche/männliche** ~ *(geh)* young women/men *pl*

Ju·gend·al·ko·ho·lis·mus *m kein pl* youth alcoholism *no pl* **Ju·gend·amt** *nt government office for youth welfare*

Ju·gend·ar·beit *f* youth [welfare] work **Ju·gend·ar·beits·lo·sig·keit** *f kein pl* youth unemployment *no pl*

Ju·gend·ar·rest *m* JUR detention of juvenile delinquents **Ju·gend·aus·tausch** *m kein pl* SOZIOL student exchange programme [*or* AM -am] [*or* BRIT *a.* scheme] **Ju·gend·be·we·gung** *f* HIST ■**die** ~ the German Youth Movement **Ju·gend·bild** *nt* photograph of sb as a young person **Ju·gend·bild·nis** *nt* KUNST portrait of a young person **Ju·gend·buch** *nt* book for young readers

Ju·gend·club ['ju:gn̩tklʊp] *m* youth club **ju·gend·frei** *adj (veraltend) Film* U-cert[ificate] BRIT, [rated] G AM

Ju·gend·frei·zeit *f event for young people at which they take part in various activities for the benefit of the community* **Ju·gend·freund(in)** *m(f)* childhood friend **ju·gend·ge·fähr·dend** *adj* morally damaging to juveniles

Ju·gend·ge·richt *nt* juvenile court **Ju·gend·ge·richts·ge·setz** *nt* JUR Juvenile Court Act

Ju·gend·grup·pe *f* youth group

Ju·gend·haft *f kein pl* JUR juvenile detention **Ju·gend·hel·fer(in)** *m(f)* youth worker **Ju·gend·her·ber·ge** *f* youth hostel **Ju·gend·her·bergs·werk** *nt* **Deutsches** ~ *German youth hostelling association* **Ju·gend·hil·fe** *f kein pl* JUR *organization offering support and various services such as counselling to young people* **Ju·gend·jah·re** *pl* youth *sing;* ■**jds** ~ sb's youth **Ju·gend·kam·mer** *f* JUR juvenile division of a criminal court **Ju·gend·kri·mi·na·li·tät** *f kein pl* juvenile delinquency *no pl*

Ju·gend·kult *m kein pl* youth cult *no pl*

Ju·gend·kul·tur *f* youth culture

Ju·gend·la·ger *nt* youth camp

ju·gend·lich ['ju:gn̩tlɪç] **I.** *adj* ① *(jung)* young
② *(durch jds Jugend bedingt)* youthful; ~**er Leichtsinn** youthful carelessness
③ *(jung wirkend)* youthful
II. *adv* youthfully

Ju·gend·li·che(r) *f(m) dekl wie adj* young person

Ju·gend·lich·keit <-> *f kein pl* ① *(jugendliches Alter)* youth *no pl*
② *(jugendliches Erscheinungsbild)* youthfulness *no pl*

Ju·gend·lie·be *f* childhood sweetheart **Ju·gend·mann·schaft** *f* youth team **Ju·gend·pfle·ge** *f (veraltend)* youth welfare **Ju·gend·rich·ter(in)** *m(f)* magistrate in a juvenile court **Ju·gend·rie·ge** <-, -n> *f* SPORT SCHWEIZ *(Jugendmannschaft)* youth team **Ju·gend·schöf·fen·ge·richt** *nt* JUR juvenile court with lay assessors

Ju·gend·schutz *m kein pl* JUR protection of children and young persons **Ju·gend·schutz·ge·setz** *nt* JUR Protection of Young Persons Act

Ju·gend·sek·te *f* youth sect **Ju·gend·staats·an·walt, -an·wäl·tin** *m, f* JUR public prosecutor in juvenile court **Ju·gend·stil** *m* KUNST, ARCHIT Art Nouveau

Ju·gend·straf·an·stalt *f* JUR *(geh)* youth detention centre [*or* AM -er]

Ju·gend·stra·fe *f* JUR sentence for young offenders

Ju·gend·straf·recht *nt* JUR criminal law relating to young offenders **Ju·gend·straf·sa·chen** *pl* JUR juvenile court cases **Ju·gend·straf·tä·ter, -tä·te·rin** *m, f* JUR, SOZIOL young offender **Ju·gend·straf·ver·fah·ren** *nt* JUR proceedings in juvenile court **Ju·gend·straf·voll·zug** *m* JUR execution of juvenile court sentences **Ju·gend·sün·de** *f* youthful misdeed **Ju·gend·the·a·ter** *nt* youth theatre [*or* AM -er] **Ju·gend·tor·heit** *f* youthful folly **Ju·gend·traum** *m* childhood dream **Ju·gend·wahn** *m kein pl* SOZIOL *(pej fam)* youth obsession, obsession with youth **Ju·gend·wohl·fahrts·aus·schuss**[RR] *m* JUR youth welfare committee **Ju·gend·wohn·heim** *nt* hostel for young workers **Ju·gend·zeit** *f kein pl* youth *no pl* **Ju·gend·zen·trum** *nt* youth centre [*or* AM -er]

Ju·gi <-, Jugenen> ['jugɪ, *pl* -ənən] *f* SCHWEIZ *(sl: Jugendherberge)* youth hostel

Ju·go·sla·we, Ju·go·sla·win <-n, -n> [jugo'sla:və, jugo'sla:vɪn] *m, f* HIST Yugoslav

Ju·go·sla·wi·en <-s> [jugo'sla:vi̯ən] *nt* HIST Yugoslavia

Ju·go·sla·win <-, -nen> [jugo'sla:vɪn] *f* HIST *fem form von* **Jugoslawe**

ju·go·sla·wisch [jugo'sla:vɪʃ] *adj* HIST Yugoslav[ian]

Juke·box <-, -en> ['dʒu:kbɔks] *f* jukebox

Ju·lei <-s, -s> [ju'la̯i] *m bes* HANDEL *(Juli)* July; *s. a.* **Februar**

Ju·li[1] <-[s], -s> ['ju:li] *m* July; *s. a.* **Februar**

Ju·li[2] <-s, -s> ['ju:li] *m* POL *kurz für* **Jungliberale(r)** Young Liberal

Ju·lia·men·ge ['ju:li̯a-] *f* MATH Julia set

Ju·li·sche Al·pen ['ju:lɪʃə 'alpn̩] *pl* Julian Alps *pl*

Jum·bo <-s, -s> ['jʊmbo] *m* jumbo [jet]

Jum·bo·jet[RR], **Jum·bo-Jet** <-s, -s> ['jʊmbodʒɛt, 'dʒʊmbo-] *m* jumbo [jet]

jun. *Abk von* **junior**

jung <jünger, jüngste> [jʊŋ] **I.** *adj* ① *(noch nicht älter)* young; ■**jünger** [**als jd**] **sein** to be younger [than sb]; ~ **und alt** young and old alike
② *(jung wirkend)* youthful; ***das hält*** ~**!** it keeps you young!
③ *(später geboren)* young; ■**der/die Jüngere/der/die Jüngste** the younger/youngest
④ *(erst kurz existierend)* new
▸WENDUNGEN: ~**es Gemüse** *(pej)* fresh meat
II. *adv (in jungen Jahren)* young; ~ **heiraten/sterben** to marry/die young; **von** ~ **auf** since one's youth, from an early age
▸WENDUNGEN: ~ **gefreit, nie gereut** *(prov)* he who marries young won't regret it

Jung·ak·ti·o·när(in) *m(f)* new shareholder **Jung·an·walt, -an·wäl·tin** *m, f* junior **Jung·brun·nen** *m* ① *(revitalisierender Umstand)* tonic; ***der Urlaub war ein wahrer*** ~ the holiday was a real tonic ② LIT fountain of youth

Jun·ge <-n, -n> ['jʊŋə] *m* ① *(männliches Kind)* boy
② *(Laufbursche)* errand boy
③ *(fam)* ■**Jungs,** ■**Jungens** *pl (veraltend fam: Leute)* lads *pl* BRIT, chaps *pl* BRIT, guys *pl*
▸WENDUNGEN: ~, ~**!** *(fam)* boy oh boy! *fam;* **alter** ~ *(fam)* old chap [*or* fellow], BRIT *a.* [old] mate; **dummer** ~ wet behind the ears; **wie ein dummer** ~ like a child [*or* an idiot]; **ein schwerer** ~ *(fam)* big-time crook; **mein** ~**!** *(fam)* my dear boy!

Jun·ge(s) ['jʊŋə(s)] *nt dekl wie adj* ① ZOOL *(Jungtier)* young
② ORN *(Jungvogel)* young

Jun·gen·ge·sicht *nt* boyish face

jun·gen·haft *adj* boyish

jün·ger ['jʏŋɐ] *adj komp von* **jung** younger; *(noch nicht allzu alt)* youngish; ***die Geschäftsführerin ist noch eine*** ~***e Frau*** [*o* ***ist noch*** ~] the MD is still fairly youngish [*or* a fairly youngish woman]; ~**en Datums sein** to be recent

Jün·ger(in) <-s, -> ['jʏŋɐ] *m(f)* ① REL *(Schüler Jesu)* disciple
② *(Anhänger)* disciple

Jün·ge·re(r) *f(m) dekl wie adj* ① *(jüngerer Mensch)* younger person
② *(Junior)* junior; ***Bruegel der*** ~ Bruegel junior [*or esp* BRIT the junior]

Jün·ge·rin <-, -nen> ['jʏŋərɪn] *f fem form von* **Jünger**

Jung·fer <-, -n> ['jʊŋfɐ] *f (veraltet)* mistress *hist;* **eine alte** ~ *(pej)* an old maid *pej*

Jung·fern·fahrt *f* NAUT maiden voyage **Jung·fern·flug** *m* LUFT maiden flight **Jung·fern·häut·chen** *nt* ANAT hymen **Jung·fern·in·seln** *pl* **die amerikanischen/britischen** ~ the US/British Virgin Islands **Jung·fern·re·de** *f* POL maiden speech

Jung·frau ['jʊŋfra̯u] *f* ① *(Frau vor ihrem ersten Koitus)* virgin; **die** ~ **Maria** the Virgin Mary; **die** ~ **von Orléans** Joan of Arc, the Maid of Orleans; **die Heilige** ~ the Holy [*or* Blessed] Virgin; **die Eiserne** ~ HIST the Iron Maiden
② ASTROL *(Tierkreiszeichen)* Virgo; ■~ **sein** to be a Virgo
▸WENDUNGEN: **zu etw** *dat* **kommen wie die** ~ **zum Kind[e]** *(hum fam)* to fall into sb's lap; ***zu dem Job kam sie wie die*** ~ ***zum Kinde*** the job just fell into her lap

jung·fräu·lich ['jʊŋfrɔ̯ylɪç] *adj (geh)* ① *(Zustand)* virgin
② *(noch unberührt)* virgin; ~**er Schnee** virgin snow

Jung·fräu·lich·keit <-> *f kein pl (geh)* ① *(Zustand)* virginity *no pl*
② *(Unberührtheit)* virginity *no pl,* purity *no pl*

Jung·ge·sel·le, -ge·sel·lin ['jʊŋgəzɛlə, -gəzɛlɪn] *m, f* bachelor; **ein eingefleischter** ~ **sein** to be a confirmed bachelor

Jung·ge·sel·len·bu·de *f (fam)* bachelor pad *fam* **Jung·ge·sel·len·da·sein** *nt* bachelor existence **Jung·ge·sel·len·le·ben** *nt* bachelor life **Jung·ge·sel·len·woh·nung** *f* bachelor flat **Jung·ge·sel·len·zeit** *f kein pl* bachelor days *pl*

Jung·ge·sel·lin <-, -nen> ['jʊŋgəzɛlɪn] *f fem form von* **Junggeselle** a single woman

Jung·li·be·ra·le(r) *f(m) dekl wie adj* POL Young Liberal

Jüng·ling <-s, -e> ['jʏŋlɪŋ] *m (geh) (junger Mann)* youth
▸WENDUNGEN: [**auch**] **kein** ~ **mehr sein** to be no spring chicken anymore

Jung·li·te·rat, -li·te·ra·tin *m, f* budding literary figure, literary young gun *fam*

Jung·mast·hähn·chen *nt* young poulard[e] **Jung·so·zi·a·list, -so·zi·a·lis·tin** *m, f* POL Young Socialist

Jung·spund <-s, -e> *m (pej fam)* young buck

jüngst ['jʏŋst] *adv (geh)* recently

jüngs·te(r, s) *adj superl von* **jung** youngest; [**auch**] **nicht mehr der/die Jüngste sein** *(hum)* to be no spring chicken anymore [either]; **ein Ereignis der** ~**n Vergangenheit** a recent event; **in** ~**r Zeit** recently; *s. a.* **Gericht, Tag**

Jung·stein·zeit *f* Neolithic period, New Stone Age

jüngs·tens ['jʏŋstn̩s] *adv (veraltend geh) s.* **jüngst**

Jung·tier *nt* ZOOL young animal

Jung·un·ter·neh·mer(in) *m(f)* young entrepreneur

jung·ver·hei·ra·tet *adj inv* newly-wed, newly married

Jung·ver·hei·ra·te·te(r) *f(m),* **Jung·ver·mähl·te(r)** *f(m) dekl wie adj (geh)* newly-wed; ■**die** ~**n** the newly-weds **Jung·vieh** *nt* young cattle + *pl vb*

Jung·volk *nt kein pl (pej fam)* young people, young guns *fam; (einer politischen Partei)* youth wing **Jung·wäh·ler, -wäh·le·rin** *m, f* young voter **Jung·wild** *nt* young game **Jung·wuchs** *m* FORST new growth

Ju·ni <-[s], -s> ['ju:ni] *m* June; *s. a.* **Februar**

Ju·ni·kä·fer *m* June bug [*or* beetle]

ju·ni·or ['ju:ni̯o:ɐ̯] *adj (geh)* junior

Ju·ni·or, Ju·ni·o·rin <-s, -en> ['ju:ni̯o:ɐ̯, ju'ni̯o:rɪn, *pl* ju'ni̯o:rən] *m, f* ① ÖKON *(Juniorchef)* son *masc*/daughter *fem* of the boss
② *(fam: Sohn)* junior
③ *pl* SPORT *(junge Sportler zwischen 18 und 23)* juniors *npl*

Ju·ni·or·chef, -che·fin *m, f* ÖKON boss' [*or* owner's] son *masc*/daughter *fem*

Ju·ni·o·ren·aus·weis *m* BAHN young persons' railcard BRIT

Ju·ni·o·rin <-, -nen> [ju'ni̯o:rɪn] *f fem form von* **Junior**

Ju·ni·or·part·ner, -part·ne·rin *m, f* junior partner
Ju·ni·or·passRR *m* BAHN young person's railcard BRIT

Junk-Bond <-s, -s> ['dʒaŋkbɔnt] *m* FIN *(Risikoanleihe)* junk bond

Jun·ker <-s, -> ['jʊŋkɐ] *m* HIST junker, young nobleman

Junk·food, Junk-Food <-s> ['dʒaŋkfu:d] *nt kein pl* junk food *no pl*

Jun·kie <-s, -s> ['dʒaŋki] *m (sl)* junkie *sl*

Junk·tim <-s, -s> ['jʊŋktɪm] *nt* POL package deal; **zwischen Dingen besteht ein ~** different things are dependent upon [*or* go hand-in-hand with] each other

Junk·tim·klau·sel *f* JUR package deal clause, reciprocal clause

Ju·no <-s, -s> [ju'no:] *m bes* HANDEL June

Jun·ta <-, Junten> ['xʊnta, 'jʊnta, *pl* 'xʊntn̩, 'jʊntn̩] *f* POL junta

Jupe <-s, -s> [ʒy:p] *m* SCHWEIZ *(Rock)* skirt

Ju·pi·ter <-s> ['ju:pitɐ] *m* Jupiter

jur. *Abk von* **juristisch**

Ju·ra1 ['ju:ra] *kein art* SCH law

Ju·ra2 <-s> ['ju:ra] *m* GEOL Jurassic [period/system]

Ju·ra3 <-s> ['ju:ra] *nt kein pl* GEOG ❶ *(Gebirge in der Ostschweiz)* Jura Mountains *pl*
❷ *(Schweizer Kanton)* Jura

Ju·ra·stu·di·um *nt* law studies *pl*

Ju·ris·dik·ti·on <-, -en> [jurɪsdɪk'tsi̯o:n] *f pl selten (geh)* jurisdiction

Ju·ris·pru·denz <-> [jurɪspru'dɛnts] *f kein pl (geh)* jurisprudence *no pl*

Ju·rist(in) <-en, -en> [ju'rɪst] *m(f)* ❶ JUR *(Akademiker)* jurist
❷ SCH *(fam: Jurastudent)* law student

Ju·ris·ten·deutsch *nt,* **Ju·ris·ten·spra·che** *f kein pl* legal jargon

Ju·ris·te·rei <-> [jurɪstə'rai̯] *f kein pl* JUR law *no pl,* legal practice *no pl; (Studium der Rechtswissenschaft)* law *no pl*

Ju·ris·tin <-, -nen> [ju'rɪstɪn] *f fem form von* **Jurist**

ju·ris·tisch [ju'rɪstɪʃ] **I.** *adj* ❶ SCH *(Jura betreffend)* legal; **~es Studium** law studies; **die ~e Fakultät** Faculty of Law
❷ JUR *(die Rechtsprechung betreffend)* law *attr;* **ein ~es Problem** a juridical problem; **~e Person des privaten/öffentlichen Rechts** juristic person governed by private law/legal entity under public law
II. *adv* JUR **~ argumentiert/betrachtet** argued/seen from a legal point of view

Ju·ror, Ju·ro·rin <-s, Juroren> ['ju:ro:ɐ̯, ju'ro:rɪn, *pl* ju'ro:rən] *m, f meist pl* juror, member of the jury

Ju·ry <-, -s> [ʒy'ri:, 'ʒy:ri, 'dʒu:ri] *f* jury

Jus1 <-> ['ju:s] *nt kein art* ÖSTERR *(Jura)* law

Jus2 <-> [ʒy:] *f o m o nt kein pl* ❶ SCHWEIZ *(Fruchtsaft)* fruit juice
❷ *(Bratensaft)* [meat] juices *pl*

jus co·gens ['ju:s kogəns] *nt* JUR binding law **jus com·mer·cii** ['ju:s kɔmɛrtsi̯i] *nt* JUR law merchant, commercial law

Ju·so <-s, -s> ['ju:zo] *m kurz für* **Jungsozialist** Young Socialist

Jus So·liRR <-> ['ju:s'zo:li] *nt kein pl* JUR jus [*or* ius] soli *spec*

just ['jʊst] *adv* ❶ *(veraltet: eben gerade)* just; ***da fällt mir ~ ein*** I've just remembered
❷ *(liter: genau)* exactly; **~ *in dem Moment*** at that very [*or* just at that] moment

jus·tier·bar *adj* TECH adjustable; **elektrisch ~e Sitze** electrically adjustable [*or* power-adjusted] seats

jus·tie·ren* [jʊs'ti:rən] *vt* ■**etw ~** to adjust sth

Jus·tie·rung <-, -en> *f* ❶ *(das Justieren)* adjustment
❷ *(Einstellmechanismus)* adjustment
❸ TYPO, INFORM *(Ausrichtung)* justification

Just-in-time-Pro·duk·ti·on <-, -s> [dʒʌst ɪn 'taɪm-] *f* just-in-time [*or* JIT] production

Jus·ti·tia <-s> [jʊs'ti:tsia] *f kein pl* ❶ *(geh: das personifizierte Recht)* the law
❷ *(römische Göttin der Gerechtigkeit)* Justice

jus·ti·ti·a·bel [jʊsti'tsi̯a:bl̩] *adj s.* **justiziabel**

Jus·ti·ti·ar(in) <-s, -e> [jʊsti'tsi̯a:ɐ̯] *m(f) s.* **Justiziar**

Jus·tiz <-> [jʊs'ti:ts] *f kein pl* JUR ❶ *(Gerichtsbarkeit)* justice *no pl*
❷ *(Justizbehörden)* legal authorities *pl*

Jus·tiz·ap·pa·rat *m kein pl* JUR, POL *(pej fam)* judicial machinery **Jus·tiz·be·am·te(r)** *f(m) dekl wie adj* JUR, ADMIN judicial officer **Jus·tiz·be·hör·de** *f* legal authority **Jus·tiz·bei·trei·bungs·ord·nung** *f* JUR court fee collection ordinance **Jus·tiz·ge·bäu·de** *nt* JUR, ADMIN court-house **Jus·tiz·ge·wäh·rungs·an·spruch** *m* JUR right to have justice administered

jus·ti·zi·a·belRR [jʊsti'tsi̯a:bl̩] *adj* JUR *(form)* actionable

Jus·ti·zi·ar(in)RR <-s, -e> [jʊsti'tsia:ɐ̯] *m(f)* ❶ *(für Rechtliches zuständiger Angestellter)* in-house lawyer ❷ HIST *(Gerichtsherr in der Patrimonialgerichtsbarkeit)* lord of the manor **Jus·tiz·irr·tum** *m* miscarriage of justice **Jus·tiz·mi·nis·ter, -mi·nis·te·rin** *m, f* Minister of Justice BRIT, Attorney General AM **Jus·tiz·mi·nis·te·ri·um** *nt* Ministry of Justice BRIT, Department of Justice AM, Justice Department AM **Jus·tiz·mord** *m* judicial murder **Jus·tiz·pa·last** *m* palace of justice **Jus·tiz·re·form** *f* judicial reform

Jus·tiz·res·sort <-s, -s> *nt* judicial authority **Jus·tiz·un·recht** *nt* miscarriage of justice **Jus·tiz·ver·wal·tungs·ab·ga·be** *f* JUR administrative expenses of the judicial authorities **Jus·tiz·voll·zugs·an·stalt** [jʊs'ti:tsfɔltsuks-] *f* JUR prison, detention centre [*or* AM -ter], place of detention

Ju·te <-> ['ju:tə] *f kein pl* ❶ BOT *(Jute liefernde Pflanze)* jute
❷ MODE *(Bastfaser aus Jute)* jute

ju·ve·nil [juve'ni:l] *adj inv (geh)* juvenile

Ju·ve·nil·hor·mon [juve'ni:l-] *nt* ZOOL juvenile hormone

Ju·wel1 <-s, -en> [ju've:l] *m o nt* ❶ *(Schmuckstein)* gem[stone], jewel
❷ *pl (Schmuck)* jewellery *no pl,* jewelry *no pl*

Ju·wel2 <-s, -e> [ju've:l] *nt* ❶ *(geschätzte Person oder Sache)* gem; **ein ~ von einer Köchin sein** to be a gem of a cook
❷ *(prachtvoller Ort)* gem, jewel; ***der Schwarzwald ist ein Juwel unter den deutschen Landschaften*** the Black Forest is one of the jewels of the German countryside
❸ *(kostbares Exemplar)* gem, jewel; ***das Juwel der Sammlung*** the jewel [*or* gem] of the collection

Ju·we·len·han·del *m* trade in precious stones

Ju·we·lier(in) <-s, -e> [juve'li:ɐ̯] *m(f)* ❶ *(Besitzer eines Juweliergeschäftes)* jeweller BRIT, jeweler AM
❷ *(Juweliergeschäft)* jeweller's BRIT, jeweler's AM

Ju·we·lier·ge·schäft *nt* jeweller's [*or* AM jeweler's] [shop [*or* AM *usu* store]]

Ju·we·lie·rin <-, -nen> [juve'li:rɪn] *f fem form von* **Juwelier**

Ju·we·lier·la·den *m s.* **Juweliergeschäft**

Jux <-es, -e> ['jʊks] *m (fam: Scherz)* joke; **aus [lauter] ~ und Tollerei** *(fam)* out of sheer fun; **sich** *dat* **einen ~ aus etw** *dat* **machen** to make a joke out of sth; **aus ~** as [*or* BRIT *a.* for] a joke

ju·xen ['jʊksn̩] *vi (fam)* to joke

ju·xig <-er, -ste> *adj* funny

JVA <-, -s> [jɔtfau̯'a:] *f Abk von* **Justizvollzugsanstalt**

jwd [jɔtve:'de:] *AKR (hum fam) Abk von* **janz weit draußen** in the middle of nowhere *fam,* miles from anywhere *fam*

K

K, k <-, - *o fam* -s, -s> [ka:] *nt* K, k; **~ wie Kaufmann** K for [*or* as in] King; *s. a.* **A 1**

K *nt kein pl* PHYS *Abk von* **Kelvin** K

Ka·ba® <-[s]> ['ka:ba] *m kein pl* Kaba® *(chocolate flavoured powder for milk drinks)*

Ka·ba·rett <-s, -e *o* -s> [kaba'rɛt] *nt* ❶ *kein pl (Kleinkunst)* cabaret
❷ *(Kleinkunstbühne)* cabaret
❸ *(Ensemble)* cabaret ensemble

Ka·ba·ret·tist(in) <-en, -en> [kabarɛ'tɪst] *m(f)* cabaret artist

ka·ba·ret·tis·tisch *adj* cabaret

Ka·bäus·chen <-s, -> [ka'bɔysçən] *nt* DIAL *(fam)* hut, cabin

Kab·ba·lis·tik <-> [kaba'lɪstɪk] *f kein pl* REL Kabbalism

kab·ba·lis·tisch *adj inv* REL *(geh)* Kabbalistic

kab·beln ['kabl̩n] *vr (fam)* to squabble, to bicker; ■**sie ~ sich** *akk* they're squabbling [*or* bickering]

Ka·bel <-s, -> ['ka:bl̩] *nt* ❶ ELEK *(Elektroleitung)* wire
❷ TELEK, TV *(Leitung)* cable
❸ NAUT *(starkes Tau)* rope
❹ BAU *(Drahtseil)* cable

Ka·bel·an·schlussRR *m* TV cable connection **Ka·bel·baum** *m* cable harness; AUTO wiring harness **Ka·bel·brand** *m kein pl* ELEK electrical fire **Ka·bel·buch** *nt* JUR Ocean Cable Register **Ka·bel·fern·se·hen** *nt* TV cable TV

Ka·bel·jau <-s, -e *o* -s> ['ka:bljau̯] *m* ZOOL, KOCHK cod

Ka·bel·ka·nal *m* TV, RADIO cable channel **Ka·bel·ket·te** *f* TECH cable tray **Ka·bel·klem·me** *f* ELEK cable clip **Ka·bel·kon·zen·tra·tor** *m* TECH cable hub **Ka·bel·le·ger** *m* ELEK, NAUT cable ship **ka·bel·los** *adj* TECH cordless **Ka·bel·man·tel** *m* cable sleeve **Ka·bel·netz** *nt* TV cable network **Ka·bel·netz·be·trei·ber** *m* cable network operator **Ka·bel·rol·le** *f* TECH cable drum **Ka·bel·sa·lat** *m kein pl (fam)* tangle of cables **Ka·bel·schuh** *m* cable lug **Ka·bel·sys·tem** *nt* TECH cabling system **Ka·bel·trä·ger(in)** *m(f)* FILM, TV cable carrier **Ka·bel·trom·mel** *f* ELEK cable drum

Ka·bi·ne <-, -n> [ka'bi:nə] *f* ❶ *(Umkleidekabine)* changing room
❷ TELEK booth
❸ NAUT *(Passagierunterkunft)* cabin
❹ TRANSP *(Gondel)* cable-car

Ka·bi·nen·kof·fer *m* trunk **Ka·bi·nen·rol·ler** *m* TRANSP bubble car

Ka·bi·nett1 <-s, -e> [kabi'nɛt] *nt* ❶ POL *(Kollegium der Minister)* cabinet
❷ KUNST *(kleiner Raum im Museum)* gallery

Ka·bi·nett2 <-s, -e> *m special quality German wine*

Ka·bi·netts·be·schlussRR *m* POL Cabinet decision **Ka·bi·netts·chef(in)** <-s, -s> *m(f)* head of the cabinet **Ka·bi·nett·schrank** *m* cabinet **Ka·bi·netts·kri·se** *f* cabinet crisis **Ka·bi·netts·mit·glied** *nt* POL cabinet member, member of the cabinet **Ka·bi·netts·sit·zung** *f* POL Cabinet meeting

Ka·bi·nett·stück *nt* masterstroke

Ka·bi·netts·um·bil·dung *f* cabinet reshuffle

Ka·bi·nett·wein *m special quality German wine*

Ka·bis <-> ['ka:bɪs] *m kein pl* SCHWEIZ *(Weißkohl)* white cabbage

Ka·bo·ta·ge <-> [kabo'ta:ʒə] *f* JUR, HANDEL cabotage

Kab·rio <-[s], -s> ['ka:brio] *nt* AUTO convertible

Ka·bri·o·lett <-s, -s> [kabrio'lɛt] *nt* SÜDD, ÖSTERR *(geh: Kabrio)* convertible

Ka·buff <-s, -e *o* -s> [ka'bʊf] *nt (fam)* box room BRIT, cubbyhole

Ka·chel <-, -n> ['kaxl̩] *f* tile

ka·cheln ['kaxl̩n] *vt* to tile; ■**etw ~** to tile sth

Ka·chel·ofen ['kaxl̩ʔo:fn̩] *m* tiled stove

Ka·cke <-> ['kakə] *f kein pl* ❶ *(derb: menschliche Exkremente)* shit *vulg,* crap *vulg*

K

2 *(sl: Hundekot)* dog shit *vulg*
▸WENDUNGEN: **dann ist die ~ am Dampfen** *(sl)* then the shit will really hit the fan *vulg;* **auf die ~ hauen** to let rip

ka·cken ['kakn̩] *vi (vulg)* to shit *vulg,* to crap *vulg*

Ka·cker <-s, -> *m (pej sl)* shithead *vulg*

Ka·da·ver <-s, -> [ka'da:vɐ] *m* carcass

Ka·da·ver·ge·hor·sam *m (pej)* blind obedience

Ka·denz <-, -en> [ka'dɛnts] *f* MUS cadenza

Ka·der <-s, -> ['ka:dɐ] *m o* SCHWEIZ *nt* 1 MIL *(Kerntruppe des Heers)* cadre
2 SPORT squad
3 *(Spezialistentruppe)* group of specialists
4 *(Angehöriger einer Spezialistentruppe)* specialist
5 ÖKON, POL *(in Partei, Wirtschaft, Staat)* management

Ka·der·leu·te *pl* ÖKON, POL SCHWEIZ *(Führungsgruppe)* members *pl* of the management **Ka·der·mit·ar·bei·ter(in)** <-s, -> *m(f)* ÖKON, POL SCHWEIZ member of the management

Ka·dett <-en, -en> [ka'dɛt] *m* MIL cadet

Ka·di <-s, -s> ['ka:di] *m (islamischer Richter)* Kadi, cadi
▸WENDUNGEN: **jdn vor den ~ bringen** [*o* **schleppen**] *(fam)* to take sb to court

Kad·mi·um <-s> ['katmiʊm] *nt kein pl* cadmium

Ka·du·zie·rung <-, -en> [kadu'tsi:rʊŋ] *f* JUR forfeiture

Ka·du·zie·rungs·ver·fah·ren *nt* JUR procedure for forfeiture of shares

Kä·fer <-s, -> ['kɛfɐ] *m* 1 ZOOL *(Insekt)* beetle
2 AUTO *(fam: Volkswagen)* beetle
▸WENDUNGEN: **ein flotter** [*o* **hübscher**] **~** *(veraltend sl)* a nice bit of skirt BRIT *fam,* a hot chick AM *fam*

Kaff <-s, -s *o* -e> ['kaf] *nt (pej fam)* dump *fam,* hole *fam*

Kaf·fee <-s, -s> ['kafe] *m* 1 *(Getränk)* coffee; **~ und Kuchen** coffee and cake; **~ mit Milch** white coffee; **koffeinfreier ~** decaffeinated coffee; **schwarzer ~** black coffee; **den/seinen ~ schwarz trinken** to drink one's coffee black; [**jdm einen**] **~ machen** to make [sb a] coffee; **~ trinken** to have [*or* drink] [a] coffee
2 *kein pl* BOT *(Strauch)* coffee
3 *(Kaffeeeinladung)* coffee
▸WENDUNGEN: **kalter ~ sein** *(pej fam)* to be old hat

Kaf·fee·au·to·mat *m* coffee machine **Kaf·fee·baum** *m* BOT coffee tree **Kaf·fee·boh·ne** *f* coffee bean **kaf·fee·braun** *adj* coffee-coloured [*or* AM -ored] **Kaf·fee·er·satz^RR^**, **Kaf·fee-Er·satz** *m* coffee substitute **Kaf·fee·ex·trakt^RR^**, **Kaf·fee-Ex·trakt** *m* coffee essence **Kaf·fee·fahrt** *f* promotional trip **Kaf·fee·fil·ter** *m* 1 *(Vorrichtung)* coffee filter 2 *(fam: Filterpapier)* filter paper **Kaf·fee·ge·schirr** *nt s.* **Kaffeeservice** **Kaf·fee·haus** *nt* ÖSTERR coffee-house **Kaf·fee·kan·ne** *f* coffeepot **Kaf·fee·klatsch** *m kein pl (fam)* coffee morning BRIT, coffee klat[s]ch AM, kaffeeklatsch AM **Kaf·fee·kränz·chen** <-, -s> *nt (hum veraltend)* ≈ coffee morning BRIT; *(die Gruppe, die sich trifft)* ≈ coffee morning circle [*or* group] [of friends] **Kaf·fee·löf·fel** *m* 1 BRD coffee spoon 2 DIAL, SCHWEIZ *(Teelöffel)* teaspoon 3 DIAL, SCHWEIZ *(in Rezepten)* teaspoon[ful] **Kaf·fee·ma·schi·ne** *f* coffee machine **Kaf·fee·müh·le** *f* coffee grinder **Kaf·fee·pau·se** *f* coffee break; **~ machen** to have a coffee break **Kaf·fee·pflan·ze** *f* coffee [plant [*or* tree]] **Kaf·fee·plan·ta·ge** *f* coffee plantation **Kaf·fee·satz** *m* coffee grounds *npl;* **aus dem ~ wahrsagen** to read the coffee grounds **Kaf·fee·ser·vice** *nt* coffee set **Kaf·fee·sieb** *nt* coffee sieve **Kaf·fee·steu·er** *f* FIN excise duty on coffee **Kaf·fee·strauch** *m* coffee tree **Kaf·fee·tan·te** *f (hum fam)* coffee addict **Kaf·fee·tas·se** *f* coffee cup **Kaf·fee·wär·mer** *m* [coffee-pot] cosy [*or* AM cozy] **Kaf·fee·was·ser** *nt* hot water for coffee; **~ aufsetzen** to put the kettle on for coffee

Kaf·fer <-n, -n> ['kafɐ] *m (pej)* nigger *pej*

Kaf·fern·büf·fel *m* ZOOL African buffalo

Kä·fig <-s, -e> ['kɛ:fɪç] *m* 1 *(Vogelbauer)* [bird]cage
2 *(vergittertes Gehege)* cage; **faradayscher ~** PHYS Faraday cage
▸WENDUNGEN: **im goldenen ~ sitzen** to sit in a gilded cage

Kä·fig·hal·tung *f* caging

Kaf·tan <-s, -e> ['kaftan] *m* caftan

kahl [ka:l] **I.** *adj* 1 *(ohne Kopfhaar)* bald; **■~ sein/werden** to be/become bald; **~ geschoren** shorn, shaven
2 *(leer)* bare; **~e Wände** bare walls
3 *(ohne Blätter)* bare
4 *(ohne Bewuchs)* barren, bleak
II. *adv* **etw ~ fressen** to strip sth bare; **jdn ~ scheren** to shave sb's head

kahl|fre·ssen *vt irreg s.* **kahl II**

Kahl·heit <-> *f kein pl* 1 *(Kahlköpfigkeit)* baldness *no pl*
2 *(Blattlosigkeit)* bareness *no pl*
3 *(kahle Beschaffenheit)* bleakness *no pl,* barrenness *no pl*

Kahl·kopf *m* 1 *(kahler Kopf)* bald head
2 *(fam: Glatzkopf)* baldy *fam*

kahl·köp·fig *adj* bald-headed, bald

Kahl·köp·fig·keit <-> *f kein pl* baldness *no pl*

Kahl·schlag *m* 1 FORST *(abgeholzte Fläche)* clearing
2 *kein pl (das Abholzen)* deforestation
3 *(fam: völliger Abriss)* demolition

Kahm [ka:m] *f* BIOL white [*or* mould] film

Kahm·he·fe *f* BIOL film-forming yeast, mycoderma *spec*

Kahn <-[e]s, Kähne> [ka:n, *pl* 'kɛ:nə] *m* 1 NAUT *(flaches Boot)* small boat; *(Schleppkahn)* barge; *(fam: alter Dampfer)* old tub
2 *pl (fam: große Schuhe)* clodhoppers *pl fam*

Kahn·fahrt *f* trip in a rowing-boat; *(durch Stoßen)* trip in a punt; **eine ~ machen** to go boating; *(durch Stoßen)* to go punting

Kai <-s, -e *o* -s> [kai] *m* quay; **ab ~** HANDEL ex quay; **frei ~** HANDEL free on quay

Kai-Emp·fangs·schein *m* HANDEL quay [*or* dock] receipt; **reiner ~** clean quay [*or* dock] receipt **Kai·ge·büh·ren** *pl* berthage, dockage, berth charges *pl*

Kai·man <-s, -e> ['kaiman] *m* ZOOL cayman

Kai·man·in·seln *pl* **■die ~** the Cayman Islands *pl*

Kai·mau·er *f* quay wall

Kains·mal ['kains-] *nt* mark of Cain

Kai·ro <-s> ['kairo] *nt* Cairo

Kai·ser(in) <-s, -> ['kaizɐ] *m(f) (Herrscher eines Reiches)* emperor *masc,* empress *fem;* **der letzte deutsche ~** the last German Emperor; **zum ~ gekrönt werden** to be crowned emperor
▸WENDUNGEN: **sich** *akk* **um des ~s Bart streiten** to split hairs; **dem ~ geben, was des ~s ist** to render unto Caesar that which is Caesar's; **wo nichts ist, hat der ~ sein Recht verloren** *(prov)* you can't get blood out of a stone *prov*

Kai·ser·ad·ler *m* ORN imperial eagle **Kai·ser·gra·nat** *m* ZOOL, KOCHK Dublin Bay prawn, scampi **Kai·ser·haus** *nt* imperial house [*or* family] **Kai·ser·kro·ne** *f* 1 *(Krone des Kaisers)* imperial crown
2 BOT crown imperial

kai·ser·lich ['kaizɐlɪç] **I.** *adj* 1 *(dem Kaiser gehörend)* imperial
2 *(das Kaiserreich betreffend)* imperial
3 *(einem Kaiser angemessen vornehm oder reichlich)* **ein ~es Frühstück** a breakfast fit for a king
II. *adv (dem Kaiser treu)* imperialistic, monarchist

kai·ser·lich-kö·nig·lich *adj* imperial and royal *(referring to the Austro-Hungarian Empire)*

Kai·ser·ling ['kaizɐlɪŋ] *m* BOT Caesar's mushroom, amanita Caesarea

Kai·ser·pfalz *f* HIST imperial palace **Kai·ser·pin·gu·in** *m* ORN emperor penguin **Kai·ser·reich** *nt* HIST empire **Kai·ser·schmar·ren**, **Kai·ser·schmarrn** *m* KOCHK SÜDD, ÖSTERR *shredded pancake-style mixture combined with sugar and dried fruit* **Kai·ser·schnitt** *m* MED Caesarean [section] **Kai·ser·scho·te** *f* KOCHK sugar-snap pea

Kai·ser·tum <-[e]s, -tümer> *nt* empire

Kai·ser·wald <-[e]s> *m* Slavkov [*or* Emperor's] Forest, Kaiserwald

Kai·ser·wet·ter *nt kein pl (fam)* gloriously sunny weather

Ka·jak <-s, -s> ['ka:jak] *m o nt* NAUT, SPORT Kayak

Ka·jal <-[s]> [ka'ja:l] *nt kein pl* kohl

Ka·jal·stift [ka'ja:l] *m* MODE, PHARM eyeliner pencil

Ka·jü·te <-, -n> [ka'jy:tə] *f* NAUT cabin

Kakadu <-s, -s> *m* ORN cockatoo

Ka·kao <-s, -s> [ka'kau] *m* 1 *(Getränk)* cocoa, chocolate milk; *(heiß)* hot chocolate; *(Pulver)* cocoa [powder]
2 BOT cocoa palm
▸WENDUNGEN: **jdn/etw durch den ~ ziehen** *(fam)* to take the mickey out [*or* make fun] of sb/sth

Ka·kao·baum *m* cacao [tree] **Ka·kao·boh·ne** *f* cocoa bean **Ka·kao·but·ter** *f kein pl* cocoa butter *no pl* **Ka·kao·frucht** *f* cocoa [*or* cacao] fruit [*or* seed pod] **Ka·kao·pul·ver** *nt* cocoa powder

Ka·ker·la·ke <-, -n> ['ka:kɐlak] *f* cockroach

Ka·ki <-, -s> ['ka:ki] *f* khaki

Ka·ki·pflau·me *f* BOT, KOCHK Japanese persimmon, kaki, date plum

Ka·ko·fo·nie^RR^, **Ka·ko·pho·nie** <-, -ien> [kakofo'ni:] *f* MUS cacophony

Kak·tee <-, -n> *f*, **Kak·tus** <-, Kakteen *o fam* -se> [kak'te:ə, 'kaktʊs, *pl* kak'te:ən, -ʊsə] *m* cactus

Kak·tus·fei·ge *f* cactus [*or* Indian] fig

Ka·la·bri·en [ka'la:briən] *nt* Calabria

Ka·la·mi·tät <-, -en> [kalami'tɛ:t] *f meist pl (geh)* 1 *(Schwierigkeiten)* predicament; **sich** *akk* **in einer ~ befinden** to be in a predicament
2 *(Unglück)* calamity; **jdn in ~en bringen** to get sb into deep trouble; **in ~en kommen** to get into deep trouble

ka·lan·drie·ren* [kalan'dri:rən] *vt* TYPO **■etw ~** to calendar sth

Ka·lasch·ni·kow <-, -s> [ka'laʃnikɔf] *f* Kalashnikov

Ka·lau·er <-s, -> ['ka:lauɐ] *m* corny joke

Kalb <-[e]s, Kälber> [kalp, *pl* 'kɛlbɐ] *nt* 1 ZOOL *(junges Rind)* calf; **das Goldene ~** the golden calf
2 ZOOL *(Junges)* calf; *(Rehwild)* fawn
3 *(Kalbfleisch)* veal
▸WENDUNGEN: **wie ein abgestochenes ~ glotzen** *(sl)* to look goggle-eyed at sth

kal·ben ['kalbn̩] *vi* 1 *(ein Kalb gebären)* to calve
2 GEOG *(kleinere Stücke abbrechen lassen)* to calve

Kalb·fisch *m s.* **Heringshai** **Kalb·fleisch** *nt* veal

Kalbs·beu·schel *nt* KOCHK DIAL veal lights *npl* **Kalbs·blan·kett** *nt* KOCHK veal ragout **Kalbs·bra·ten** *m* roast veal **Kalbs·far·ce** *nt* veal stuffing *(bound with egg and cream)* **Kalbs·fond** *m* veal stock **Kalbs·fri·kan·deau** *nt* veal flank **Kalbs·fri·kas·see** *nt* veal fricassée **Kalbs·fuß** *m* calf's foot **Kalbs·ge·krö·se** *nt* calf's mesentery **Kalbs·hach·se**, **Kalbs·ha·xe** [-ks-] *f* knuckle of veal **Kalbs·kar·ree** *nt* veal loin **Kalbs·kä·se** *m meat loaf of finely-ground veal* **Kalbs·ko·te·lett** *nt* veal cutlet **Kalbs·le·der** *nt* calfskin **Kalbs·lun·ge** *f* calf's lights *npl* **Kalbs·nuss^RR^** *f* flank of veal **Kalbs·schnit·zel** *nt* veal cutlet **Kalbs·stel·ze** *f* KOCHK ÖSTERR *(Kalbshachse)* veal knuckle

Kal·dau·ne <-, -n> [kal'daunə] *f meist pl* DIAL entrails *npl,* tripe *no pl, no indef art*

Ka·lei·dos·kop <-s, -e> [kalaido'sko:p] *nt* kaleidoscope

ka·len·da·risch [kalɛn'da:rɪʃ] *adj* calendrical

Ka·len·der <-s, -> [ka'lɛndɐ] *m* calendar; **elektronischer ~** INFORM personal organizer; **der gregorianische ~** the Gregorian Calendar; **der julianische ~** the Julian Calendar

Ka·len·der·jahr *nt* calendar year **Ka·len·der·mo·nat** *m* calendar month **Ka·len·der·tag** *m* calendar day **Ka·len·der·ver·wal·tung** *f* INFORM calendar management **Ka·len·der·wo·che** *f* HANDEL calendar week; ***die Lieferung erfolgt in der 24. ~*** delivery will take place in the 24th calendar week

Ka·le·sche <-, -n> [ka'lɛʃə] *f* HIST barouche

Ka·li <-s, -s> ['ka:li] *nt* potash *no pl*

Ka·li·ber <-s, -> [ka'li:bɐ] *nt* 1 TECH *(Laufdurchmesser)* calibre [*or* AM -er]
2 TECH *(Geschossdurchmesser)* calibre [*or* AM -er]
3 *(pej fam: Sorte)* calibre [*or* AM -er]; **ein Politiker**

von unzureichendem ~ a politician of insufficient calibre
Ka·li·berg·werk *nt* TECH potassium mine
ka·li·brie·ren [kali'bri:rən] *vt* TECH *(eichen)* ■**etw** ~ to calibrate sth
Ka·li·brie·rung <-, -en> *f* TECH calibration
Ka·li·dün·ger *m* potash fertilizer
Ka·lif <-en, -en> [ka'li:f] *m* HIST caliph
Ka·li·fat <-[e]s, -e> [kali'fa:t] *nt* HIST ① *(Amt eines Kalifen)* caliphate
② *(Herrschaftsbereich)* caliphate
Ka·li·for·ni·en <-s> [kali'fɔrni̯ən] *nt* California
Ka·li·lau·ge *f* caustic potash solution, lye **Ka·li·sei·fe** *f* CHEM potash soap
Ka·li·um <-s> ['ka:li̯ʊm] *nt kein pl* potassium
ka·li·um·hal·tig *adj inv* containing potassium **Ka·li·um·ni·trat** *nt* potassium nitrate
Kalk <-[e]s, -e> [kalk] *m* ① BAU *(Kalkmilch)* whitewash *no pl;* **gebrannter** ~ quicklime *no pl,* slaked lime *no pl*
② *(Kalziumkarbonat)* lime *no pl*
③ MED *(Kalzium)* calcium *no pl*
Kalk·ab·la·ge·rung *f* ① CHEM *(Ablagerung von Kalkstein)* [lime]scale *no pl, no indef art,* [deposit of] calcium carbonate *no pl form*
② MED *(Ablagerung von Kalksalzen im Körpergewebe)* calcification *no pl,* calcific deposit
Kalk·bil·dung <-> *f kein pl* CHEM build-up of [lime]scale *no pl,* calcification *no pl* **Kalk·bo·den** *m* lime soil **Kalk·bren·ne·rei** *f* lime works
kal·ken ['kalkn̩] *vt* ■**etw** ~ ① *(tünchen)* to whitewash sth
② AGR, FORST *(düngen)* to lime sth
kalk·hal·tig *adj* chalky; *(Wasser)* hard **Kalk·man·gel** *m kein pl* ① MED *(Mangel an Kalzium)* calcium deficiency *no pl* ② AGR, FORST, HORT *(Mangel an Kalk)* lime deficiency *no pl* **Kalk·ofen** *m* limekiln **Kalk·sand·stein** *m* BAU lime sand brick **Kalk·stein** *m* limestone
Kal·kül <-s, -e> [kal'ky:l] *m o nt* calculation; **etw** [**mit**] **ins** ~ **ziehen** to take sth into consideration; **ins** ~ **ziehen, dass ...** to consider, that ...
Kal·ku·la·ti·on <-, -en> [kalkula'tsi̯o:n] *f* ① ÖKON *(Kostenberechnung)* costing; **knappe** ~ close [*or* exact] calculation
② *(Schätzung)* calculation; **falsche** ~ miscalculation; **nach jds** ~ according to sb's calculations
Kal·ku·la·ti·ons·ba·sis *f* FIN calculation base **Kal·ku·la·ti·ons·feh·ler** *f* FIN miscalculation, wrong calculation **Kal·ku·la·ti·ons·grund·la·ge** *f* FIN calculation basis **Kal·ku·la·ti·ons·irr·tum** *m* JUR miscalculation **Kal·ku·la·tions·kar·tell** *nt* ÖKON cost estimating cartel **Kal·ku·la·ti·ons·richt·li·nie** *f* HANDEL calculation standard **Kal·ku·la·ti·ons·ta·bel·le** *f* HANDEL pricing schedule **Kal·ku·la·ti·ons·zu·schlag** *m* HANDEL markup
kal·ku·lier·bar *adj inv* calculable; **ein nicht ~es Risiko** an incalculable risk
kal·ku·lie·ren* [klaku'li:rən] **I.** *vi* ① ÖKON *(veranschlagen)* ■[**mit etw** *dat*] ~ to calculate [with sth]
② *(fam: schätzen)* ■~, [**dass**] ... to calculate, [that] ...
II. *vt* ÖKON *(veranschlagen)* ■**etw** ~ to calculate sth; **kalkulierter Gewinn** paper profit
Kal·kut·ta <-s> [kal'kʊta] *nt* Calcutta
Kalk·werk *nt* lime works + *sing/pl vb*
Kalk·ze·ment·mör·tel *m* BAU lime cement mortar
Kal·li·gra·fie^RR, **Kal·li·gra·phie** <-> [kaligra'fi:] *f kein pl* calligraphy *no pl*
Kal·mar <-s, Kalmare> ['kalmar, *pl* kal'ma:rə] *m* ZOOL squid
Kal·ma·re [kal'ma:rə] *f* calamari, squid
Kal·me <-, -n> ['kalmə] *f* METEO calm
kal·mie·ren* [kal'mi:rən] *vt (geh)* ■**jdn** ~ to appease sb *pej form*
Kal·mü·cke, Kal·mü·ckin <-n, -n> [kal'mʏkə, kal'mʏkɪn] *m, f* Kalmuck, Kalmyk
Ka·lo·rie <-, -n> [kalo'ri:, *pl* kalo'ri:ən] *f* calorie
ka·lo·ri·en·arm *adj, adv* low-calorie **Ka·lo·ri·en·be·darf** *m kein pl* MED calorific requirement **Ka·lo·ri·en·bom·be** *f (fam)* **eine echte** ~ *a food or drink packed with calories* **Ka·lo·ri·en·ge·halt** *m* calorie content **ka·lo·ri·en·re·du·ziert** *adj* reduced-calorie **ka·lo·ri·en·reich I.** *adj* high-calorie **II.** *adv* ~ **essen** to eat foods high in calories
ka·lo·ri·me·trisch [kalori'me:trɪʃ] *adj* CHEM, PHYS calorimetric; ~**e Bombe** bomb calorimeter, combustion [*or* explosion] bomb
kalt <kälter, kälteste> [kalt] **I.** *adj* ① *(nicht warm)* cold; ■**im K~en** in the cold; ***mir ist*** ~ I'm cold
② *(fam: ohne Nebenkosten)* not including heating and other costs; *s. a.* **Krieg**
II. *adv* ① *(mit kaltem Wasser)* with cold water; ~ **duschen** to have a cold shower; **sich** *akk* ~ **waschen** to wash in cold water
② *(in einem ungeheizten Raum)* in an unheated room; ~ **schlafen** to sleep in an unheated room
③ *(ohne Aufwärmen)* cold; **etw** ~ **essen** to eat sth cold
④ *(an einen kühlen Ort)* in a cool place; **etw** ~ **stellen** to chill sth
⑤ *(ungerührt)* ~ **lächelnd** *(pej)* cool and calculating *pej;* ~ **bleiben** to remain unmoved [*or* cold]
▶WENDUNGEN: **jdn** ~ **erwischen** *(fam)* to catch sb out; **jdn** ~ **machen** to do sb in; **jdn** ~ **stellen** to put sb out of the running, to sideline sb; **die Konkurrenz** ~ **stellen** to sideline the competition; **jdn überläuft es** ~ cold shivers run down sb's back
Kalt·blut *nt kein pl* carthorse
Kalt·blü·ter <-s, -> ['kaltbly:tɐ] *m* cold-blooded animal
kalt·blü·tig [kaltbly:tɪç] **I.** *adj* ① *(emotionslos)* cold
② *(skrupellos)* cold-blooded
II. *adv* ① *(ungerührt)* coolheaded, coolly
② *(skrupellos)* unscrupulously; **jdn** ~ **ermorden** to kill sb cold-bloodedly
Kalt·blü·tig·keit <-> *f kein pl* ① *(Emotionslosigkeit)* coolness *no pl,* cool-headedness *no pl*
② *(Skrupellosigkeit)* unscrupulousness *no pl; (Mörder)* cold-bloodedness *no pl*
Käl·te <-> ['kɛltə] *f kein pl* ① *(niedrige Temperatur)* cold *no pl,* coldness *no pl;* **vor** ~ with cold; **arktische** [*o* **polare**] [*o* **sibirische**] ~ arctic cold, polar conditions, Siberian temperatures; **zehn Grad** ~ ten below [zero]
② METEO *(Kältewelle)* cold spell
Käl·te·be·hand·lung *f* MED frigotherapy *no pl,* cry[m]otherapy *no pl* **käl·te·be·stän·dig** *adj* ① *(unempfindlich gegen Kälteeinwirkung)* cold-resistant ② *(nicht gefrierend)* non-freezing **Käl·te·brü·cke** *f* ARCHIT cold spot **Käl·te·ein·bruch** *m* cold spell **käl·te·emp·find·lich** *adj* sensitive to cold *pred* **Käl·te·grad** *m* ① *(Grad der Kälte)* degree of coldness ② *(fam: Minusgrad)* degrees *pl* below zero **Käl·te·kom·pres·sor** *m* TECH chiller **Käl·te·kon·ser·vie·rung** *f* TECH refrigeration **Käl·te·ma·schi·ne** *f* TECH refrigerator **Käl·te·mi·schung** *f* CHEM, PHYS frigorific mixture **Käl·te·mit·tel** *nt* AUTO refrigerant **Käl·te·pe·ri·o·de** *f* METEO spell of cold weather **Käl·te·schutz·mit·tel** *nt* antifreeze **Käl·te·tech·nik** *f* refrigeration technology **Käl·te·ver·fah·ren** *nt* refrigeration process **Käl·te·wel·le** *f* cold spell
Kalt·front *f* METEO cold front **kalt·ge·presst** *adj Öl* cold pressed, virgin **kalt·her·zig** *adj* cold-hearted **kalt|las·sen** *vt irreg* ■**jdn** ~ to leave sb cold **Kalt·leim** *m* cold glue **Kalt·lei·ter** *m* PHYS cold conductor
Kalt·luft *f* cold air **Kalt·luft·front** *f* METEO cold front
Kalt·mie·te *f* rent exclusive of heating costs **Kalt·scha·le** *f cold fruit compote*
kalt·schnäu·zig I. *adj (fam)* cold, callous
II. *adv (fam)* callously, coldly
Kalt·schnäu·zig·keit *f kein pl (fam)* callousness *no pl,* coldness *no pl*
Kalt·start *m a.* INFORM cold start **Kalt·start·au·to·ma·tik** *f* AUTO automatic choke
Kalt·zeit *f* GEOL ice age
Kal·vi·nis·mus <-> [kalvi'nɪsmʊs] *m kein pl* REL Calvinism *no pl*
Kal·vi·nist(in) <-en, -en> [kalvi'nɪst] *m(f)* REL Calvinist
kal·vi·nis·tisch *adj* REL Calvinist[ic]
kal·zi·nie·ren [kaltsi'ni:rən] *vt* CHEM, TECH ■**etw** ~ to calcine sth
Kal·zi·um <-s> ['kaltsi̯ʊm] *nt kein pl* calcium
Kal·zi·um·kar·bo·nat *nt* calcium carbonate **Kal·zi·um·man·gel** <-s> *m kein pl* MED calcium deficiency *no pl,* calcipenia *no pl, no indef art spec*
kam [ka:m] *imp von* **kommen**
Ka·ma·sut·ra <-[s]> [kama'zu:tra] *nt kein pl* LIT [the] Kama Sutra
Kam·bi·um <-s, Kambien> ['kambi̯ʊm, *pl* -i̯ən] *nt* BOT cambium
Kam·bod·scha <-s> [kam'bɔdʒa] *nt* Cambodia
Kam·bod·scha·ner(in) <-s, -> [kambɔ'dʒanɐ] *m(f)* Cambodian
kam·bod·scha·nisch [kambɔ'dʒa:nɪʃ] *adj* Cambodian
Kam·bri·um <-s> ['kambriʊm] *nt kein pl* GEOL *(Erdzeitalter)* [the] Cambrian *no pl*
Kam·cor·der <-s, -> ['kamkɔrdɐ] *m s.* **Camcorder**
Ka·mee <-, -n> [ka'me:ə] *f* cameo
Ka·mel <-[e]s, -e> [ka'me:l] *nt* ① ZOOL camel
② *(pej fam: Dummkopf)* idiot
▶WENDUNGEN: **eher geht ein** ~ **durch ein Nadelöhr als** [**dass**] ... *(prov)* it's easier for a camel to go through an eye of a needle than...
Ka·mel·haar *nt kein pl* camel hair **Ka·mel·haar·man·tel** *m* camel hair coat
Ka·me·lie <-, -n> [ka'me:li̯ə] *f* BOT camellia
Ka·mel·len [ka'mɛlən] *pl* carnival sweets
▶WENDUNGEN: **das sind alte** [*o* **olle**] ~ *(fam)* that's old hat
Ka·mel·trei·ber(in) <-s, -> *m(f)* ① *(Kamelbesitzer)* camel-driver, cameleer
② *(pej: Araber)* Arab *pej sl*
Ka·me·ra <-, -s> ['kaməra] *f* camera; **vor die** ~[**s**] **treten** to make oneself available to the reporters; **vor der** ~ on television; **jdn vor die** ~ **bringen** to bring sb in front of the camera; **digitale** ~ digital camera
Ka·me·ra·au·ge *nt* FILM, FOTO *(fam)* lens
Ka·me·rad(in) <-en, -en> [kamə'ra:t, *pl* -a:dn̩] *m(f)* comrade; *(veraltend: Klassenkamerad)* classmate, friend; *(Vereinskamerad)* friend
Ka·me·rad·schaft <-, -en> [kamə'ra:tʃaft] *f* ① *(vertrautes Verhältnis)* camaraderie *no pl;* **aus** ~ out of camaraderie
② *(Gruppe)* association of comrades; *(von Neonazis)* loose association of neo-Nazi supporters
ka·me·rad·schaft·lich I. *adj* ① *(in der Art von Kameraden)* comradely
② *(rein freundschaftlich)* friendly, platonic
II. *adv* on a friendly basis
Ka·me·rad·schafts·geist *m kein pl* spirit of comradeship *no pl,* esprit de corps *no pl*
Ka·me·ra·ein·stel·lung *f* shot **Ka·me·ra·fahrt** *f* FILM tracking shot **Ka·me·ra·frau** *f fem form von* **Kameramann** camerawoman *fem* **Ka·me·ra·füh·rung** *f* FILM, TV camera work **Ka·me·ra·leu·te** *pl* camera operators *pl*
Ka·me·ra·lis·mus [kamera'lɪsmʊs] *m* ÖKON *(hist)* cameralism
Ka·me·ra·lis·tik [kamera'lɪstɪk] *f* ① *(veraltet: Finanzwissenschaft)* finance
② FIN *(Rechnungsführung)* cameralistics + *sing vb*
Ka·me·ra·mann, -frau *m, f* cameraman **Ka·me·ra·po·si·ti·on** *f* camera position **ka·me·ra·scheu** *adj* camera-shy
Ka·me·ra·schwenk <-s, -s> ['kaməra-] *m* FILM pan
Ka·me·ra·team *nt* camera team
Ka·me·run <-s> [kamə'ru:n, 'kaməru:n, 'ka:məru:n] *nt* Cameroon
Ka·me·ru·ner(in) <-s, -> [kamə'ru:nɐ, 'kaməru:nɐ, 'kaməru:nɐ] *m(f)* Cameroonian
ka·me·run·isch *adj* Cameroonian
Ka·mi·ka·ze <-, -> [kami'ka:tsə] *m* Kamikaze
Ka·mil·le <-, -n> [ka'mɪlə] *f* camomile
Ka·mil·len·tee *m* camomile tea
Ka·min <-s, -e> [ka'mi:n] *m o* DIAL *nt* ① *(offene Feuerstelle)* fireplace

K

❷ *(Schornstein)* chimney
❸ GEOL *(Felsspalt)* chimney
▸WENDUNGEN: **etw in den ~ schreiben** to write sth off

Ka·min·auf·satz *m* chimney pot **Ka·min·be·steck** *nt* fireside companion set **Ka·min·fe·ger(in)** <-s, -> *m(f)* DIAL, **Ka·min·keh·rer(in)** <-s, -> *m(f)* DIAL *(Schornsteinfeger)* chimney sweep **Ka·min·feu·er** *nt* open fire; **ein ~ machen** to light the fireplace **Ka·min·kopf** *m* BAU chimney top **Ka·min·ofen** *m* stove **Ka·min·sims** *m o nt* mantelpiece **Ka·min·vor·sprung** *m* BAU chimney breast

Ka·mi·sol <-s, -e> [kami'zo:l] *nt* MODE camisole

Kamm <-[e]s, Kämme> [kam, *pl* 'kɛmə] *m* ❶ *(Frisierkamm)* comb
❷ ORN, ZOOL comb; *(Pferdenacken)* crest
❸ KOCHK *(Nackenstück)* neck; *(von Schweinefleisch)* spare rib
❹ *(Bergrücken)* ridge
❺ *(Wellenkamm)* crest
▸WENDUNGEN: **alle/alles über einen ~ scheren** to lump everyone/everything together; **jdm schwillt der ~** *(fam)* sb is getting big-headed

käm·men ['kɛmən] *vt* ❶ *(Kamm oder Bürste benutzen)* ■**[jdm] etw ~** to comb [sb's] sth; ■**sich** *akk* **~** to comb one's hair
❷ *(auskämmen)* ■**[jdm] etw aus etw** *dat* **~** to comb sth out of [sb's] sth; ***ich kämme dir das Stroh aus den Haaren*** I'll comb the straw out of your hair

Kam·mer <-, -n> ['kame] *f* ❶ *(kleiner Raum)* small room, BRIT *a.* box room
❷ POL *(parlamentarische Instanz)* chamber, house
❸ JUR *(Rechtsorgan)* chamber; **mit der Rechtssache befasste ~** Chamber hearing the case; **~ für Handelssachen** [*o* **Wirtschaftssachen**] commercial court, court of trade
❹ ADMIN *(Berufsvertretung)* professional association
❺ ANAT *(Herzkammer)* ventricle

Kam·mer·chor *m* MUS chamber choir **Kam·mer·die·ner** *m* valet

Käm·me·rer <-s, -> *m* ADMIN treasurer

Kam·mer·ge·richt *nt* JUR Supreme Court **Kam·mer·jä·ger(in)** *m(f)* pest controller **Kam·mer·kon·zert** *nt* MUS chamber concert

Käm·mer·lein <-s, -> *nt dim von* **Kammer 1** *(poet: kleine Kammer)* chamber
▸WENDUNGEN: **im stillen ~** in private

Kam·mer·mu·sik *f* chamber music **Kam·mer·or·ches·ter** *nt* chamber orchestra **Kam·mer·sän·ger(in)** *m(f) title awarded to a singer of outstanding ability* **Kam·mer·schau·spie·ler(in)** *m(f) title awarded to an actor of outstanding ability* **Kam·mer·spiel** *nt* THEAT ❶ *(Theaterstück)* studio theatre [*or* AM -er] [*or* intimate] play ❷ *pl (Theater)* studio theatre [*or* AM -er]; **an den ~en engagiert sein** to work in a studio theatre [*or* AM at a little theater] **Kam·mer·ton** *m kein pl* concert pitch *no pl* **Kam·mer·ver·ei·ni·gung** *f* HANDEL organization of the chambers of commerce **Kam·mer·vor·sit·zen·de(r)** *f(m) dekl wie adj* JUR presiding judge **Kam·mer·zo·fe** *f* HIST chambermaid **Kam·mer·zu·ge·hö·rig·keit** *f* JUR chamber of commerce membership

Kamm·garn *nt* worsted **Kamm·molch**^RR *m* ZOOL crested newt **Kamm·mu·schel**^RR *f* ZOOL, KOCHK deep sea [*or* bay] scallop **Kammolch**^ALT *m* ZOOL *s.* **Kammmolch Kammuschel**^ALT *f s.* **Kammmuschel**

Kam·pag·ne <-, -n> [kam'panjə] *f* campaign; **eine ~ für/gegen jdn/etw führen** to run a campaign for/against sb/sth

Kam·pa·ni·en <-s> [kam'pa:ni̯ən] *nt* Campania

Käm·pe <-n, -n> ['kɛmpə] *m (hum)* campaigner; **alter ~** old soldier [*or* campaigner]

Kampf <-[e]s, Kämpfe> [kampf, *pl* 'kɛmpfə] *m* ❶ MIL *(Gefecht)* battle; **den ~ aufnehmen** to go into battle; **den ~** [*o* **die Kämpfe**] **einstellen** *(geh)* to cease fighting; **im ~ fallen** to fall in battle, to be killed in action; **zum ~ kommen** a fight breaks out, clashes occur; **sich** *akk* **[jdm] zum ~ stellen** to be prepared to go into battle; **in den ~ [gegen jdn/etw] ziehen** to take up arms [against sb/sth]; *(eine Herausforderung annehmen)* to accept a challenge
❷ SPORT fight; **den ~ abbrechen** to stop the fight; **einen ~ kämpfen** to put up a fight
❸ *(Auseinandersetzung)* fight; *(innere Auseinandersetzung)* struggle; **innere Kämpfe** inner struggles; **der ~ der Geschlechter** the battle of the sexes; **ein ~ auf Leben und Tod** a life and death struggle
❹ *(das Ringen)* **der ~ für** [*o* **um**] **etw** *akk*/**gegen etw** *akk* the fight [*or* struggle] for/against sth; **der ~ ums Dasein** the struggle for existence; **den ~ aufgeben** to give up the struggle
▸WENDUNGEN: **jdm/etw den ~ ansagen** to declare war on sb/sth; **auf in den ~!** *(hum fam)* let's get cracking!

Kampf·ab·schnitt *m* ❶ MIL combat zone, battle sector
❷ SPORT contest area

Kampf·ab·stim·mung *f* POL crucial vote **Kampf·an·sa·ge** *f* declaration of war; ■**eine ~ an jdn/etw** a declaration of war against sb/sth

Kampf·an·zug *m* MIL battledress, combat uniform **Kampf·bahn** *f* sports stadium [*or* arena]

Kampf·be·griff *m* tendentious term **kampf·be·reit** *adj* ready for battle; **sich** *akk* **~ machen** to prepare oneself for battle **Kampf·bom·ber** *m* fighter bomber

Kampf·ein·satz *f* ❶ MIL [military] action *no pl, no indef art,* combat mission
❷ SPORT *(Kampfgeist)* commitment *no pl*

kämp·fen ['kɛmpfn̩] **I.** *vi* ❶ MIL ■**[für/gegen jdn/etw] ~** to fight [for/against sb/sth]; **bis auf den letzten Mann ~** to fight to the last man
❷ SPORT ■**[gegen jdn] ~** to fight [against sb], to contend [with sb]; ■**um etw** *akk* **~** to fight for sth
❸ *(sich angestrengt einsetzen)* ■**für etw** *akk*/**gegen etw** *akk* **~** to fight for/against sth
❹ *(ringen)* ■**mit sich** *dat*/**etw** *dat* **~** to struggle with oneself/sth; **mit einem Problem ~** to struggle with a problem; *s. a.* **Träne**
II. *vr* ■**sich** *akk* **durch etw** *akk* **~** to struggle through sth

Kamp·fer <-s> *m kein pl* camphor; **echter ~** laurel [*or* Formosa] camphor; **synthetischer ~** pinene hydrochloride, turpentine camphor

Kämp·fer(in) <-s, -> ['kɛmpfe] *m(f)* ❶ MIL *(Krieger)* fighter, warrior
❷ SPORT fighter, contender
❸ *(engagierter Streiter)* **ein ~ für etw** *akk*/**gegen etw** *akk* a fighter for/against sth; **ein echter ~** a real fighter; **ein großer ~/eine große ~in** a great fighter; **kein großer ~/keine große ~in sein** to not be a great fighter
❹ BAU transom

Kamp·fer·baum *m* camphor tree

kämp·fe·risch **I.** *adj* ❶ SPORT *(einsatzfreudig)* attacking
❷ *(Kampfgeist aufweisend)* aggressive
❸ MIL *(den Kampf betreffend)* fighting
II. *adv* MIL aggressively

Kämp·fer·na·tur *f* fighter; ***er ist eine ~*** he is a fighter [by nature] [*or* has a fighting nature]

kampf·er·probt *adj inv* battle-tried, combat-tested **kampf·fä·hig** *adj pred* fit to fight [*or* for active service] **Kampf·fisch** *m* ZOOL fighting fish **Kampf·flug·zeug** *nt* combat aircraft **Kampf·füh·rung** *f* combat command **Kampf·gas** *nt* poison gas **Kampf·ge·fähr·te, -ge·fähr·tin** <-n, -n> *m, f* comrade-in-arms **Kampf·geist** *m kein pl* fighting spirit *no pl* **Kampf·ge·wicht** *nt* SPORT fighting weight **Kampf·ge·wühl** *nt* **im ~** in the thick of battle **Kampf·grup·pe** *f* MIL ❶ *(Einsatzgruppe)* task force ❷ HIST *(Brigade der Waffen-SS)* combat group **Kampf·hand·lung** *f meist pl* MIL action, engagement, fighting *no pl, no indef art,* clash, hostilities *pl;* **die ~en einstellen** to cease hostilities, to stop fighting **Kampf·hub·schrau·ber** *m* combat helicopter **Kampf·hund** *m* fighting dog **Kampf·kraft** *f kein pl* military strength **Kampf·läu·fer** *m* ORN ruff

Kampf·li·nie *f* MIL battle line

kampf·los **I.** *adj* peaceful
II. *adv* peacefully, without conflict

kampf·lus·tig *adj* belligerent **Kampf·maß·nah·me** *f* offensive measure **Kampf·mit·tel** *pl* weapons *pl* **Kampf·mon·tur** <-, -en> *f* ADMIN, MIL *(fam)* combat gear

Kampf·na·me *m* nom de guerre **Kampf·pau·se** *f* break in a fight [*or* battle] **Kampf·platz** *m* SPORT stadium, arena **Kampf·preis** *m* ÖKON cut-throat price **Kampf·rich·ter(in)** *m(f)* referee **Kampf·sa·tel·lit** *m* military satellite

Kampf·sport *m kein pl* martial arts *pl* **Kampf·sport·art** *f* martial art

Kampf·stär·ke *f* MIL combat strength

Kampf·stier *m* fighting bull **Kampf·stoff** *m* MIL warfare agent **Kampf·trup·pe** *f* ❶ MIL fighting unit ❷ *(kampfbereite Gruppe von Personen)* fighting unit **kampf·un·fä·hig** *adj* unable to fight; MIL unfit for battle [*or* active service]; **jdn/etw ~ machen** MIL *(a. fig)* to put sb/sth out of action; **jdn ~ schießen** to cripple sb **Kampf·ver·band** *m* MIL combat unit **Kampf·wa·gen** *m* MIL *(geh)* combat vehicle; HIST chariot **Kampf·wahl** <-, -en> *f* POL SCHWEIZ *(Kampfabstimmung)* crucial vote **Kampf·wil·le** <-n> *m* pugnacity

kam·pie·ren* [kam'pi:rən] *vi* ■**irgendwo ~** ❶ *(sich lagern)* to camp [out] somewhere
❷ *(fam: vorübergehend wohnen)* to doss [down] [*or* crash [out]] somewhere *fam*

Ka·na·da <-s> ['kanada] *nt* Canada

Ka·na·da·gans *f* ORN Canada goose

Ka·na·di·er <-s, -> [ka'na:di̯ɐ] *m* SPORT Canadian canoe

Ka·na·di·er(in) <-s, -> [ka'na:di̯ɐ] *m(f)* Canadian

ka·na·disch [ka'na:dɪʃ] *adj* ❶ *(Kanada betreffend)* Canadian
❷ LING Canadian

Ka·nail·le <-, -n> [ka'naljə] *f (pej)* scoundrel *pej*

Ka·na·ke <-n, -n> [ka'na:kə] *m* ❶ GEOG *(Südseeinsulaner)* Kanaka
❷ *(pej sl: exotischer Asylant)* dago *pej sl*
❸ *(pej sl: türkischer Arbeitnehmer)* Turkish immigrant worker

Ka·nal <-s, Kanäle> [ka'na:l, *pl* ka'nɛlə] *m* ❶ NAUT, TRANSP *(Binnenschifffahrtsweg)* canal
❷ *(Abwasserkanal)* sewer
❸ *kein pl* GEOG *(Ärmelkanal)* ■**der ~** the [English] Channel
❹ RADIO, TV, TELEK *(Frequenzbereich)* channel; **einen anderen ~ wählen** to change channels
❺ *pl (Wege)* channel; **dunkle Kanäle** dubious channels; **diplomatische Kanäle** POL diplomatic channels; **etw in die richtigen Kanäle leiten** to lead sth [*or* have sth go] through the proper channels
▸WENDUNGEN: **den ~ voll haben** *(sl: betrunken sein)* to be tanked up; *(es satthaben)* to have had enough [*or* it up to here]

Ka·nal·ab·ga·be *f* canal toll **Ka·nal·ab·zweig** *m* canal branch **Ka·nal·ar·bei·ter(in)** *m(f)* ❶ *(Arbeiter für das Abwassernetz)* sewerage worker ❷ POL *(sl: im Hintergrund Agierender)* member of the back-room staff **Ka·nal·aus·klei·dung** *f* canal lining **Ka·nal·bau** *m* canal construction, canalization **Ka·nal·bö·schung** *f* canal slope **Ka·nal·damm** *m* canal bank **Ka·nal·damp·fer** *m* cross-Channel steamer **Ka·nal·de·ckel** *m* manhole cover, drain cover **Ka·nal·fäh·re** *f* canal ferry **Ka·nal·fracht** *f* canal freight **Ka·nal·ge·bühr** *f* ADMIN canal toll; ■**~en** *pl* canal dues *pl* **Ka·nal·ge·fäl·le** *nt* canal gradient **Ka·nal·ge·sell·schaft** *f* canal company **Ka·nal·ha·fen** *m* canal port **Ka·nal·in·seln** *pl* ■**die ~** the Channel Islands *pl*

Ka·na·li·sa·ti·on <-, -en> [kanaliza'tsi̯o:n] *f* ❶ *(Abwassernetz)* sewerage system, sewers *pl*
❷ *kein pl (geh: das Kanalisieren)* canalization *no pl, no indef art*

ka·na·li·sie·ren* [kanali'zi:rən] *vt* ■**etw ~** ❶ *(schiffbar machen)* to canalize sth

② *(mit einer Kanalisation versehen)* to lay sewers *pl*, to install a sewerage system
③ *(geh: in Bahnen lenken)* to channel sth

ka·na·li·siert *adj inv* ~**e Strecke** canal section

Ka·nal·mün·dung *f* canal mouth **Ka·nal·netz** *nt* canal network [*or* system] **Ka·nal·rat·te** *f* sewer rat **Ka·nal·schiff** *nt* canal barge **Ka·nal·schiff·fahrt**[RR] *f* canal navigation **Ka·nal·schleu·se** *f* canal lock **Ka·nal·soh·le** *f* canal bed [*or* bottom] **Ka·nal·sys·tem** *nt* canal system **Ka·nal·tun·nel** *m* ■**der** ~ the Channel Tunnel **Ka·nal·ufer** *nt* canal bank **Ka·nal·ver·brei·te·rung** *f* canal widening **Ka·nal·ver·kehr** *m* canal traffic **Ka·nal·zo·ne** *f* canal zone

Ka·na·pee <-s, -s> ['kanape] *nt* ① *(hum: Sofa)* couch, settee, sofa
② KOCHK *(belegtes Schnittchen)* canapé

Ka·na·ren [ka'na:rən] *pl s.* **Kanarische Inseln**

Ka·na·ri·en·vo·gel [ka'na:ri̯ənfo:gl̩] *m* canary

Ka·na·ri·er(in) <-s, -> [ka'na:ri̯ɐ] *m(f)* Canary Islander

ka·na·risch [ka'na:rɪʃ] *adj inv* Canary

Ka·na·ri·sche In·seln *pl* ■**die** ~ the Canary Islands *pl*

Kan·da·re <-, -n> [kan'da:rə] *f (Gebissstange)* bit
▶WENDUNGEN: [**bei**] **jdm die** ~ **anziehen** to draw in the rein on sb; **jdn** [**fest**] **an der** ~ **haben** to have sb [firmly] under one's thumb; **jdn an die** ~ **nehmen** to keep a tight rein on sb

Kan·de·la·ber <-s, -> [kande'la:bɐ] *m* candelabra

Kan·di·dat(in) <-en, -en> [kandi'da:t] *m(f)* ① *(Bewerber)* candidate, applicant; **jdn als** ~**en** [**für etw** *akk*] **aufstellen** POL to nominate sb [for sth], to put sb forward as a candidate
② SCH *(Student)* candidate

Kan·di·da·ten·lis·te *f* list of candidates

Kan·di·da·tur <-, -en> [kandida'tu:ɐ̯] *f* application; **seine** ~ **anmelden/zurückziehen** to forward/withdraw one's application

kan·di·die·ren* [kandi'di:rən] *vi* POL ■[**für etw** *akk*] ~ to stand [*or* run] [for sth]

kan·die·ren* [kan'di:rən] *vt* KOCHK ■**etw** ~ to glace [*or* candy] sth; **Obst** ~ to crystallize fruit

kan·diert *adj* candied; *Kirschen* glacé

Kan·dis <-> *m*, **Kan·dis·zu·cker** ['kandɪs] *m kein pl* rock candy *no pl*

Kän·gu·ru[RR], **Kän·gu·ruh**[ALT] <-s, -s> ['kɛŋguru] *nt* kangaroo

Ka·nin·chen <-s, -> [ka'ni:nçən] *nt* rabbit

Ka·nin·chen·bau <-baue> *m* burrow **Ka·nin·chen·stall** *m* rabbit hutch

Ka·nis·ter <-s, -> [ka'nɪstɐ] *m* ① *(Behälter)* canister, can
② AUTO *(Reservekanister)* canister

kann [kan] *3. pers. sing von* **können**

Kann·be·stim·mung *f* JUR permissive [*or* optional] provision

Känn·chen <-s, -> ['kɛnçən] *nt dim von* **Kanne**
① *(kleine Kanne)* jug
② *(im Café)* pot; **ein** ~ **Kaffee** a pot of coffee

Kan·ne <-, -n> ['kanə] *f* ① *(Behälter mit Tülle)* pot
② HORT *(Gießkanne)* watering can
▶WENDUNGEN: **volle** ~ **gegen etw** *akk* **fahren** *(fam)* to crash into sth; **die** ~ **voll haben** *(fam)* to be plastered *fam*

Kän·nel <-s, -> ['kɛnl̩] *m* DIAL, SCHWEIZ *(Dachrinne)* gutter

kan·ne·lie·ren [kanə'li:rən] *vt* KOCHK **Gemüse** ~ *to peel vegetables decoratively using a canelle knife*

Kan·ne·lier·mes·ser *nt* canelle knife

Kan·ni·ba·le <-n, -n> [kani'ba:lə] *m* cannibal

Kan·ni·ba·lis·mus <-> [kaniba'lɪsmʊs] *m kein pl* cannibalism *no pl*

Kann·kauf·mann, -kauf·frau *m, f* HANDEL optionally registrable trader

kann·te ['kantə] *imp von* **kennen**

Kann-Vor·schrift *f* JUR discretionary clause, permissive provision

Ka·non <-s, -s> ['ka:nɔn] *m* canon

Ka·no·na·de <-, -n> [kano'na:də] *f* ① HIST *(Beschuss durch Kanonen)* barrage
② *(Flut)* tirade; **eine** [**wahre**] ~ **von etw** *dat* a [real] tirade of sth

Ka·no·ne <-, -n> [ka'no:nə] *f* ① HIST *(Geschütz)* cannon; ~**n auffahren** HIST to bring up the big guns
② *(sl: Pistole)* rod *sl*
▶WENDUNGEN: **mit** ~**n auf Spatzen schießen** *(fam)* to take a sledgehammer to crack a nut; **unter aller** ~ **sein** *(fam)* to be lousy [*or* dreadful]

Ka·no·nen·boot *nt* gunboat **Ka·no·nen·boot·po·li·tik** *f kein pl* gunboat diplomacy

Ka·no·nen·don·ner *m* rumbling of guns **Ka·no·nen·fut·ter** *nt (sl)* cannon fodder **Ka·no·nen·ku·gel** *f* HIST cannonball **Ka·no·nen·ofen** *m* cylindrical iron stove **Ka·no·nen·rohr** *nt* HIST gun barrel ▶WENDUNGEN: [**ach du**] **heiliges** ~**!** *(veraltend fam)* good grief! *fam* **Ka·no·nen·schuss**[RR] *m* cannon shot

Ka·no·nier <-s, -e> [kano'ni:ɐ̯] *m* MIL artilleryman, gunner

Ka·no·ni·ker <-s, -> [ka'no:nikɐ] *m*, **Ka·no·ni·kus** <-, Kanoniker> [ka'no:nikʊs] *m* REL canon

Ka·no·ni·sa·ti·on <-, -en> [kanoniza'tsi̯o:n] *f* REL canonization

ka·no·nisch [ka'no:nɪʃ] *adj* REL canonical; ~**es Recht** canon law

ka·no·ni·sie·ren* [kanoni'zi:rən] *vt* REL ■**jdn** ~ to canonize sb

Ka·nos·sa <-s> [ka'nɔsa] *nt (geh)* **nach** ~ **gehen** to eat humble pie *fam*

Ka·nos·sa·gang, Ca·nos·sa·gang <-gänge> *m (geh)* humble pie; **einen** ~ **antreten** to eat humble pie

Kan·ta·brer(in) <-s, -> [kan'ta:bɐ] *m(f)* Cantabrian

Kan·ta·bri·en <-s> [kan'ta:briən] *nt* Cantabria

kan·tab·risch [kan'ta:brɪʃ] *adj inv* Cantabrian; **K~e Küste** Cantabrian Coast; **K~es Gebirge** Cantabrian Mountains *pl*

Kan·ta·te <-, -n> [kan'ta:tə] *f* MUS cantata

Kan·te <-, -n> ['kantə] *f* ① *(Rand)* edge
② MODE *(Rand)* border
▶WENDUNGEN: **etw auf der hohen** ~ **haben** *(fam)* to have sth put away; **etw** [**für etw** *akk*] **auf die hohe** ~ **legen** *(fam)* to put sth away [for a rainy day]

kan·ten ['kantn̩] *vt* ■**etw** ~ ① *(auf die Kante stellen)* **einen Schrank/eine Kiste** ~ to tilt a cupboard/box
② SKI to edge sth

Kan·ten <-s, -> ['kantn̩] *m* NORDD crust

Kan·ten·an·leim·ma·schi·ne *f* TYPO edge-gluing machine **Kan·ten·be·lei·mung** *f* TYPO edge gluing **Kan·ten·be·schnitt** *m* TYPO edge slitting [*or* trimming] **Kan·ten·schutz·leis·te** *f* BAU edge strip

Kant·ha·ken *m* ▶WENDUNGEN: **jdn beim** ~ **nehmen** [*o* **kriegen**] *(veraltend fam)* to haul sb over the coals *fam* **Kant·holz** *nt* squared timber

Kan·ti <-, -s> ['kanti] *f* SCHWEIZ *kurz für* **Kantonsschule** ≈ grammar school

kan·tig ['kantɪç] *adj* ① *(Kanten besitzend)* squared
② *(markant)* angular

Kan·ti·ne <-, -n> [kan'ti:nə] *f* canteen

Kan·ton <-s, -e> [kan'to:n] *m* ADMIN canton

kan·to·nal [kanto'na:l] *adj* cantonal

Kan·to·nist <-en, -en> [kanto'nɪst] *m* ▶WENDUNGEN: **ein unsicherer** ~ **sein** to be unreliable

Kan·tons·schu·le <-, -s> *f* SCHWEIZ cantonal school *(≈ grammar school)*

Kan·tor, Kan·to·rin <-s, -en> ['kanto:ɐ̯, kan'to:rɪn, *pl* -'to:rən] *m, f* ① *(Organist)* choirmaster
② REL *(Vorsänger)* cantor

Kan·to·rei <-, -en> [kanto'rai̯] *f* [church] choir

Kan·to·rin <-, -nen> *f fem form von* **Kantor**

Ka·nu <-s, -s> ['ka:nu] *nt* canoe

Ka·nü·le <-, -n> [ka'ny:lə] *f* cannula

Ka·nu·sport *m kein pl* canoeing *no art, no pl*

Ka·nu·te, Ka·nu·tin <-n, -n> [ka'nu:tə, ka'nu:tɪn] *m, f* SPORT canoeist

Kan·zel <-, -n> ['kantsl̩] *f* ① REL pulpit
② LUFT *(veraltend: Cockpit)* cockpit

kan·ze·ro·gen [kantsero'ge:n] *adj* carcinogenic

Kanz·lei <-, -en> [kants'lai̯] *f* ① *(Büro)* office
② HIST *(Behörde)* chancellery
③ *(Gebäude)* chancellery; ~ **des Gerichtshofes** court office

Kanz·lei·be·am·te(r) *f(m) dekl wie adj* clerical worker, clerk

Kanz·ler(in) <-s, -> ['kantslɐ] *m(f)* ① POL *(Regierungschef)* chancellor; **der Eiserne** ~ the Iron Chancellor
② POL *(Verwaltungschef einer Auslandsvertretung)* chief secretary
③ SCH *(Verwaltungschef)* vice-chancellor

Kanz·ler·amt *nt* POL ① *(Büro)* chancellor's office
② *(Amt)* chancellorship **Kanz·ler·amts·mi·nis·ter(in)** *m(f)* chancellery minister

Kanz·ler·bo·nus *m advantage of being the incumbent chancellor during elections*

Kanz·le·rin <-, -nen> *f fem form von* **Kanzler**

Kanz·ler·kan·di·dat(in) *m(f)* POL candidate for the position of chancellor **Kanz·ler·kan·di·da·tur** *f* candidacy for the chancellorship **Kanz·ler·mehr·heit** *f* POL ≈ parliamentary majority *(supporting the Chancellor in the German Bundestag)*

Kanz·ler·schaft ['kantslɐʃaft] *f kein pl* POL chancellorship

Ka·o·lin <-s, -e> [kao'li:n] *m o nt* kaolin *no pl*

Kap. *Abk von* **Kapitel** cap.

Kap <-s, -s> [kap] *nt (Landspitze)* cape; ~ **der Guten Hoffnung** Cape of Good Hope; ~ **Hoorn** Cape Horn

Ka·paun <-s, -e> [ka'pau̯n] *m* ZOOL, KOCHK capon

Ka·pa·zi·tät <-, -en> [kapatsi'tɛt] *f* ① *kein pl (Fassungsvermögen)* capacity
② *kein pl* ÖKON *(Produktionsvermögen)* [production] capacity; **freie** ~ spare [*or* surplus] capacity
③ ÖKON *(Produktionsanlagen)* capacity
④ INFORM capacity
⑤ *kein pl (geh: Begriffsvermögen)* mental capacity
⑥ *(kompetente Person)* expert

Ka·pa·zi·täts·ab·bau *m* reduction in capacity **Ka·pa·zi·täts·aus·bau** *m* capacity building

Ka·pa·zi·täts·aus·las·tung *f kein pl* ÖKON capacity utilization; **volle** ~ full utilization of capacity **Ka·pa·zi·täts·aus·las·tungs·grad** *m* capacity utilization level [*or* ratio] [*or* rate]

Ka·pa·zi·täts·eng·pass[RR] *m* ÖKON capacity bottleneck [*or* constraint] **Ka·pa·zi·täts·er·wei·te·rung** *f*, **Ka·pa·zi·täts·stei·ge·rung** *f* ÖKON increase in capacity **Ka·pa·zi·täts·gren·ze** *f* capacity barrier **ka·pa·zi·täts·ori·en·tiert** *adj inv Arbeitszeit* capacity-orient[at]ed **Ka·pa·zi·täts·über·hang** *m* ÖKON surplus capacity

ka·pa·zi·tiv [kapatsi'ti:f] *adj inv* ELEK capacitive

Ka·pee [ka'pe:] **schwer von** ~ **sein** *(fam)* to be slow on the uptake *fam*

Ka·pel·le[1] <-, -n> [ka'pɛlə] *f* chapel

Ka·pel·le[2] <-, -n> [ka'pɛlə] *f* MUS band, orchestra

Ka·pell·meis·ter(in) *m(f)* MUS ① *(Orchesterdirigent)* conductor
② *(Leiter einer Kapelle)* director of music; *(Tanzkapelle)* band leader

Ka·per <-, -n> ['ka:pɐ] *f* caper

ka·pern ['ka:pɐn] *vt* ① *(fam: sich angeln)* ■[**sich** *dat*] **jdn** ~ to hook [oneself] sb
② HIST ■**etw** ~ to capture [*or* seize] sth

Ka·per·schiff *nt* HIST privateer

KapESt FIN, POL *Abk von* **Kapitalertragsteuer** capital gains tax

ka·pie·ren* [ka'pi:rən] **I.** *vi (fam)* to get *fam*; ■~, **dass/was/wie/wo ...** to understand that/what/how/where ...; **kapiert?** understood?, got it?
II. *vt (fam: begreifen)* ■**etw** ~ to get [*or* understand] sth

Ka·pil·lar·druck *m* PHYS capillary pressure **Ka·pil·lar·ge·fäß** *nt* ANAT capillary **Ka·pil·lar·kon·den·sa·ti·on** *f* CHEM capillary condensation

ka·pi·tal [kapi'ta:l] *adj* ① JAGD *(gewaltig)* royal
② *(veraltend: groß)* major; **ein** ~**er Irrtum** a real howler; **ein** ~**er Spaß** great fun; *s. a.* **Bock**

Ka·pi·tal <-s, -e *o* -ien> [kapi'ta:l, *pl* -li̯ən] *nt* ① *kein pl* FIN *(Geldvermögen)* capital [stock], assets *pl*; **amortisiertes/festliegendes/flüssiges** ~ redeemed/fixed/liquid capital; **freies** ~ free capital;

Gewinn bringendes ~ productive capital; **kündbares/gesetzlich vorgeschriebenes** ~ withdrawable/statutory capital; **totes** ~ dead assets, unproductive capital; ~ **abschöpfen** to absorb capital; ~ **abschreiben** to write off capital; ~ **anlegen/binden** to invest/tie up capital; ~ **aufnehmen** to take up credit; ~ **auflösen** to unlock capital; ~ **freisetzen/umschichten** to free [up]/to regroup capital; ~ **aus etw** *dat* **schlagen** *(pej)* to cash in on sth
② *(fig)* asset; ***ihr größtes ~ sind ihre schönen Augen*** her beautiful eyes are her greatest asset; **aus etw** *dat* ~ **schlagen** to make capital out of sth

Ka·pi·tal·ab·fin·dung *f* lump-sum compensation **Ka·pi·tal·ab·fluss**[RR] *m* capital outflow **Ka·pi·tal·ab·wan·de·rung** *f kein pl* exodus of capital **Ka·pi·tal·ak·ku·mu·la·ti·on** *f* accumulation of capital **Ka·pi·tal·an·bie·ter** *m* capital supplier

Ka·pi·tal·an·la·ge *f* capital investment; **außerbetriebliche** ~ outside investment; **festverzinsliche/sichere** ~ fixed-interest/safe investment **Ka·pi·tal·an·la·ge·be·trug** *m* investment fraud **Ka·pi·tal·an·la·ge·ge·sell·schaft** *f* investment trust company **Ka·pi·tal·an·la·ge·gü·ter** *pl* capital assets *pl* **Ka·pi·tal·an·la·ge·mög·lich·keit** *f* capital investment opportunity

Ka·pi·tal·an·le·ger(in) *m(f)* investor **Ka·pi·tal·an·teil** *m* capital share [*or* interest] **Ka·pi·tal·auf·brin·gung** *f* capital raising **Ka·pi·tal·auf·nah·me** *f* long-term borrowing **Ka·pi·tal·auf·sto·ckung** *f* increase in share capital **Ka·pi·tal·auf·wand** *m* capital expenditure **Ka·pi·tal·aus·stat·tung** *f* *(Kapitalisierung)* capitalization; *(Bucheintrag)* capital equipment *no pl* **Ka·pi·tal·band** *nt* TYPO head band **Ka·pi·tal·ba·sis** *f* capital base **Ka·pi·tal·be·darf** *m* capital requirements *pl* **Ka·pi·tal·be·rich·ti·gungs·ak·tie** *f* bonus share

Ka·pi·tal·be·schaf·fung *f kein pl* raising of capital **Ka·pi·tal·be·schaf·fungs·kos·ten** *pl* capital procurement costs **Ka·pi·tal·be·schaf·fungs·markt** *m* capital procurement market **Ka·pi·tal·be·schaf·fungs·maß·nah·me** *f* cash-raising [*or* fund-raising] exercise

Ka·pi·tal·be·tei·li·gungs·ge·sell·schaft *f* capital investment company **Ka·pi·tal·be·we·gung** *f* capital flow [*or* movements *pl*] **Ka·pi·tal·bi·lanz** *f* capital account balance of payments, balance sheet of capital transactions **Ka·pi·tal·bil·dung** *f* capital formation, building up capital **Ka·pi·tal·bin·dung** *f* capital link [*or* tie-up]

Ka·pi·täl·chen *pl* TYPO small caps *pl*

Ka·pi·tal·de·cke *f* capital resources *pl* **Ka·pi·tal·de·ckung** *f kein pl* capital cover **Ka·pi·tal·di·vi·den·de** *f* capital dividend **Ka·pi·tal·ein·kom·men** *nt,* **Ka·pi·tal·ein·künf·te** *pl* capital [*or* investment] income

Ka·pi·tal·ein·kom·mens·quo·te *f* investment income ratio **Ka·pi·tal·ein·kom·men·steu·er** *f* tax on unearned income

Ka·pi·tal·ein·künf·te *pl* investment income *no pl* **Ka·pi·tal·ein·la·gen** *pl* contribution *no pl* of capital **Ka·pi·tal·ein·satz** *m* ① *(Menge)* capital invested ② *(Tätigkeit)* capital investment **Ka·pi·tal·ent·nah·me** *f* withdrawal of capital **Ka·pi·tal·ent·nah·me·an·spruch** *m* claim to withdraw capital **Ka·pi·tal·er·hö·hung** *f* capital increase, increase in share capital **Ka·pi·tal·er·trag** *m* yield [*or* return] on capital **Ka·pi·tal·er·trags·bi·lanz** *f* net investment income **Ka·pi·tal·er·trag(s)·steu·er** *f* capital gains tax **Ka·pi·tal·er·trag·steu·er·satz** *m* capital gains tax rate **Ka·pi·tal·ex·port** *m* export of capital **Ka·pi·tal·flucht** *f* flight of capital **Ka·pi·tal·flücht·ling** *m* exporters of capital *(people who take large amounts of money out of their own country, usually to avoid taxes)* **Ka·pi·tal·fluss**[RR] *m* flow of capital **Ka·pi·tal·fluss·rech·nung**[RR] *f* cash flow statement, where-got-where-gone statement *fam* **Ka·pi·tal·frei·set·zung** *f* capacity increasing, capital freeing **Ka·pi·tal·ge·ber(in)** *m(f)* investor, lender **ka·pi·tal·ge·deckt** [kapiˈtaːl-] *adj inv Versicherung, Rente* fully-funded **Ka·pi·tal·ge·sell·schaft** *f* joint-stock company **Ka·pi·tal·ge·winn** *m* capital profit; *(von Geldanlage)* investment profit **Ka·pi·tal·ge·winn·steu·er** <-, -n> *f* SCHWEIZ *(Steuer auf Kapitalgewinn)* tax on capital profit **Ka·pi·tal·gü·ter** *pl* capital goods **Ka·pi·tal·he·rab·set·zung** *f* capital reduction **Ka·pi·tal·in·ten·si·tät** *f* capital intensity

ka·pi·ta·li·sie·ren* [kapitaliˈziːrən] *vt* ■**etw** ~ to capitalize sth, to make capital out of sth; **Profit** ~ to realize profits

Ka·pi·ta·li·sie·rung <-, -en> *f* capitalization

Ka·pi·ta·lis·mus <-> [kapitaˈlɪsmʊs] *m kein pl* capitalism

Ka·pi·ta·list(in) <-en, -en> [kapitaˈlɪst] *m(f)* capitalist

ka·pi·ta·lis·tisch *adj* capitalist

Ka·pi·tal·knapp·heit *f* shortage of capital **Ka·pi·tal·kon·to** *nt* capital account **ka·pi·tal·kräf·tig** *adj* financially strong **Ka·pi·tal·le·bens·ver·si·che·rung** *f* capital-sum life insurance **Ka·pi·tal·man·gel** *m* lack of capital, capital shortage

Ka·pi·tal·markt *m* money market; **freier** ~ open market **Ka·pi·tal·markt·aus·schuss**[RR] *m* capital market subcommittee **Ka·pi·tal·markt·ge·setz·ge·bung** *f* capital market legislation **Ka·pi·tal·markt·recht** *nt* capital market law **Ka·pi·tal·markt·zin·sen** *pl* capital market interest rates

Ka·pi·tal·mehr·heit *f kein pl* equity majority, majority shareholding; **die** ~ **eines Unternehmens erwerben** to acquire a controlling interest in a company **Ka·pi·tal·nach·fra·ge** *f* demand for capital **Ka·pi·tal·neh·mer(in)** *m(f)* borrower **Ka·pi·tal·neu·bil·dung** *f* new capital formation **Ka·pi·tal·neu·fest·set·zung** *f* capital readjustment **Ka·pi·tal·quel·le** *f* source of capital **Ka·pi·tal·ren·di·te** *f* return on investment, RoI **Ka·pi·tal·re·ser·ve** *f* capital reserve [*or* surplus] **Ka·pi·tal·rück·füh·rung** *f* repatriation of capital **Ka·pi·tal·rück·la·ge** *f* share premium account, capital reserves *pl* **Ka·pi·tal·rück·la·gen·er·hö·hung** *f* increase in capital reserves **Ka·pi·tal·rück·zah·lung** *f* repayment of capital [*or* principal] **Ka·pi·tal·sam·mel·stel·le** *f* institutional investor **Ka·pi·tal·schnitt** *m* capital writedown **Ka·pi·tal·schrift** *f* capitals *pl;* **römische** ~ roman capitals *pl* **Ka·pi·tal·schutz·ab·kom·men** *nt,* **Ka·pi·tal·schutz·ver·trag** *m* capital protection agreement **Ka·pi·tal·stär·ke** *f kein pl* financial strength **Ka·pi·tal·steu·er** *f* capital tax **Ka·pi·tal·stock** *m* capital stock, stock of capital **Ka·pi·tal·trans·fer** *m* capital transfer **Ka·pi·tal·um·satz** *m* capital turnover **Ka·pi·tal·um·schich·tung** *f* switching of capital **Ka·pi·tal·um·ver·tei·lung** *f* capital reconstruction

Ka·pi·tal·ver·bre·chen *nt* capital offence

Ka·pi·tal·ver·ga·be *f* capital extension **Ka·pi·tal·ver·kehr** *m kein pl* capital transactions, movements of capital, capital movement; **freier/grenzüberschreitender** ~ free movement of capital/cross-frontier capital movements; ~ **mit Drittstaaten** capital transfers to and from third countries **Ka·pi·tal·ver·kehrs·frei·heit** *f kein pl* free movement of capital **Ka·pi·tal·ver·kehrs·steu·er** *f* capital transfer [*or* transaction] tax **Ka·pi·tal·ver·kehr·steu·er·ge·setz** *nt* German capital transfer tax law

Ka·pi·tal·ver·lust *m* capital loss **Ka·pi·tal·ver·meh·rung** *f* capital increase **Ka·pi·tal·ver·min·de·rung** *f* capital reduction **Ka·pi·tal·ver·mitt·ler(in)** *m(f)* provider of capital **Ka·pi·tal·ver·mö·gen** *nt* capital assets *pl* **Ka·pi·tal·ver·nich·tung** *f* destruction of capital **Ka·pi·tal·wert** *m* capitalized value

Ka·pi·tal·zins *m* long-term interest rate **Ka·pi·tal·zin·sen** *pl* costs of capital

Ka·pi·tal·zu·fluss *m* capital inflow, inflow of capital **Ka·pi·tal·zu·sam·men·le·gung** *f* *(Fusion)* capital merger **Ka·pi·tal·zu·wachs** *m* capital growth

Ka·pi·tän(in) <-s, -e> [kapiˈtɛːn] *m(f)* captain; ~ **zur See** MIL captain

Ka·pi·tän·leut·nant [kapiˈtɛːnlɔytnant] *m* MIL lieutenant-commander

Ka·pi·täns·pa·tent *nt* master's certificate

Ka·pi·tel <-s, -> [kaˈpɪtl̩] *nt* ① *(Abschnitt)* chapter
② *(Angelegenheit)* chapter of events, story; **ein anderes** ~ **sein** to be another story; **etw ist ein** ~ **für sich** sth is a story in itself; ***dieses ~ wäre nun erledigt*** that's the end of that then
③ REL *(Domkapitel)* chapter

Ka·pi·tell <-s, -e> [kapiˈtɛl] *nt* ARCHIT capital

Ka·pi·tel·über·schrift *f* chapter heading [*or* title]

Ka·pi·tu·la·ti·on <-, -en> [kapitulaˈtsi̯oːn] *f* ① MIL *(das Kapitulieren)* capitulation, surrender; **bedingungslose** ~ unconditional surrender
② *(Resignation)* ■**eine** ~ **vor jdm/etw** capitulating to sb/sth

Ka·pi·tu·la·ti·ons·er·klä·rung *f* *(fig)* admission of defeat, declaration of surrender

ka·pi·tu·lie·ren* [kapituˈliːrən] *vi* ① MIL *(sich ergeben)* ■**[vor jdm/etw]** ~ to capitulate [*or* surrender] [to sb/sth]
② *(fam: aufgeben)* ■**[vor etw** *dat*] ~ to give up [in the face of sth]; **vor Terroristen/jds Forderungen** ~ to give in to terrorists/sb's demands

Ka·plan <-s, Kapläne> [kaˈplaːn, *pl* kaˈplɛːnə] *m* REL chaplain

Ka·po <-s, -s> [ˈkapo] *m* ① MIL *(sl: Unteroffizier)* sarge *sl*
② *(beaufsichtigender Häftling)* overseer, gaffer *sl*

Ka·pok <-s> [ˈkapɔk] *m kein pl (Pflanzenfaser)* kapok *no pl*

Ka·po·si-Sar·kom <-s, -e> [kaˈpoːsi-zarˈkoːm] *nt* MED Kaposi's sarcoma

Käpp·chen <-s, -> [ˈkɛpçən] *nt dim von* Kappe skullcap

Kap·pe <-, -n> [ˈkapə] *f* ① *(Mütze)* cap
② *(Verschluss)* top; *eines Autoreifens* hubcap
③ *(Schuhaufsatz: vorne)* toecap; *(hinten)* heel
▸WENDUNGEN: **auf jds** ~ **gehen** *(fam)* to be sb's responsibility; *(die Bezahlung übernehmen)* to be on sb *fam;* ***das Essen geht auf meine ~!*** the meal's on me!; **neben der** ~ **sein** to be a bit out of it *fam,* to be a bit confused; **etw [jdm gegenüber] auf seine** ~ **nehmen** *(fam)* to take responsibility [*or* the blame] for sth

kap·pen [ˈkapn̩] *vt* ① *(durchtrennen)* ■**etw** ~ to cut sth; **jdm das Telefon** ~ to cut sb's phone off
② *(fam: beschneiden)* ■**[jdm] etw [um etw** *akk*] ~ to cut back [sb's] sth [by sth]; ***dem Unternehmen wurden vom Ministerium die Zuschüsse gekappt*** the ministry cut back the company's subsidies

Kap·pes <-> [ˈkapəs] *m kein pl* DIAL ① *(Weißkohl)* cabbage
② *(sl: Unsinn)* rubbish BRIT, nonsense

Kapp·hahn *m* ZOOL, KOCHK *s.* **Kapaun**

Käp·pi <-s, -s> [ˈkɛpi] *nt* cap

Kapp·naht *f* flat-fell seam

Ka·pri·o·le <-, -n> [kapriˈoːlə] *f* ① *(ausgelassener Streich)* capriole, caper
② *(Luftsprung)* caper

ka·pri·zie·ren [kapriˈtsiːrən] *vi* ■**sich auf etw** ~ to insist on sth

ka·pri·zi·ös [kapriˈtsi̯øːs] *adj (geh)* capricious

Kap·sel <-, -n> [ˈkapsl̩] *f* ① PHARM, BOT, RAUM capsule
② *(kleiner Behälter)* small container

Kap·sta·chel·bee·re *f* physalis

Kap·stadt <-s> [ˈkapʃtat] *nt* Cape Town

ka·putt [kaˈpʊt] *adj (fam)* ① *(defekt)* broken
② *(beschädigt)* damaged; *(Kleidung: zerrissen)* torn; ■~ **sein** to be damaged, to have had it *fam*
③ *(erschöpft)* shattered, knackered *sl;* **total** ~ **sein** to be completely shattered [*or* knackered] *sl*
④ *(ruiniert)* ruined, in ruins; *s. a.* **Typ**
⑤ MED *(schwer geschädigt)* damaged; *(verletzt)* injured; *(gebrochen)* broken

ka·putt|fah·ren *vt irreg (fam)* ■**[jdm] etw** ~ to smash [into] [sb's] sth *fam;* **ein Auto** ~ to write off a car

ka·putt|ge·hen *vi irreg sein (fam)* ① *(defekt werden)* ■**[von etw** *dat*] ~ to break down [as a result of sth]; ***pass' auf! das geht [davon] kaputt!*** careful, it'll break!
② *(beschädigt werden)* to become damaged

③ *(ruiniert werden)* ■[**an etw** *dat*] ~ to be ruined [*or* go bust] [because of sth]; *(Ehe, Partnerschaft)* to break up [because of sth]
④ *(eingehen: Blume, Pflanze)* ■[**jdm**] [**an etw** *dat*] ~ to die [off] [as a result of sth]
⑤ *(sl: sich erschöpfen)* ■[**bei etw** *dat*] ~ to be worn out [from sth]; ***bei dieser Schufterei geht man ja kaputt!*** this work does you in!

ka·putt|krie·gen *vt (fam: ruinieren können)* ■**etw** ~ *(Spielzeug, Gerät)* to break sth; *(Kleidungsstück, Möbelstück)* to ruin sth; *(Geschirr)* to smash sth; **nicht kaputtzukriegen sein** to last forever **ka·putt|la·chen** *vr (fam)* ■**sich** *akk* ~ to die laughing *fam;* **du lachst dich kaputt!** what a laugh!

ka·putt|ma·chen I. *vt (fam)* ① *(zerstören)* ■[**jdm**] **etw** ~ *(Gerät, Auto)* to break [sb's] sth; *(Kleidungsstück, Möbelstück)* to ruin [sb's] sth; *(Geschirr)* to smash [sb's] sth
② *(ruinieren)* ■**etw/jdn** ~ to ruin sth/sb
③ *(erschöpfen)* ■**jdn** ~ to wear sb out
II. *vr (fam: sich verschleißen)* ■**sich** *akk* [**mit etw** *dat*] ~ to wear oneself out [*or sl* knacker oneself] [with sth], to slog oneself into the ground *fam*

ka·putt|schla·gen *vt irreg (fam)* ■[**jdm**] **etw** ~ to smash [sb's] sth

Ka·pu·ze <-, -n> [ka'pu:tsə] *f* hood; *(Kutte)* cowl

Ka·pu·zen·ba·de·tuch *nt* cuddle and dry robe **Ka·pu·zen·müt·ze** *f* Balaclava **Ka·pu·zen·pul·li** *m* hoody **Ka·pu·zen·shirt** <-s, -s> [-ʃøːɐ̯t] *nt* MODE *(Sweatshirt mit Kapuze)* hoody *fam*

Ka·pu·zi·ner <-s, -> [kapu'tsi:nɐ] *m* ① REL *(Mönch)* Capuchin [monk]
② ÖSTERR *(Milchkaffee)* milk coffee

Ka·pu·zi·ner·af·fe *m* ZOOL capuchin **Ka·pu·zi·ner·kres·se** *f* BOT, KOCHK nasturtium

Kap Ver·de <-s> ['kap'vɛrdə] *nt,* **Kap·ver·den** [kap'vɛrdn̩] *pl* BRD, SCHWEIZ *(fam)* Cape Verde [Islands]

Kap·ver·di·er(in) <-s, -> [kap'vɛrdi̯ɐ] *m(f)* Cape Verdean

kap·ver·disch [kap'vɛrdɪʃ] *adj* Cape Verdean

Kap·ver·di·sche In·seln *pl s.* **Kap Verde**

Kar <-[e]s, -e> [ka:ɐ̯] *nt (Mulde zwischen Bergen im Gebirge)* col

Ka·ra·bi·ner <-s, -> [kara'bi:nɐ] *m* ① *(Gewehr)* carbine
② ÖSTERR *(Karabinerhaken)* karabiner, snap link

Ka·ra·bi·ner·ha·ken *m (beim Bergsteigen)* karabiner, snaplink, krab

Ka·ra·cho <-s> [ka'raxo] *nt kein pl* **mit** ~ *(fam)* full tilt; ***sie fuhr mit ~ gegen die Hauswand*** she drove smack into the wall

Ka·raf·fe <-, -n> [ka'rafə] *f* decanter, carafe

Ka·ram·bo·la·ge <-, -n> [karambo'la:ʒə] *f* AUTO *(fam)* pile-up *fam*

Ka·ram·bo·le <-, -n> [karam'bo:lə] *f* BOT, KOCHK star fruit, carambola

ka·ram·bo·lie·ren* [karambo'li:rən] *vi sein o haben* ■**mit etw** *dat* ~ to crash into sth, to collide with sth; *(beim Billard)* to cannon [*or* AM carom] sth

ka·ra·melALT [kara'mɛl] *adj s.* **karamell**

Ka·ra·melALT <-s> [kara'mɛl] *m kein pl s.* **Karamell**

ka·ra·mellRR [kara'mɛl] *adj inv, pred* caramel

Ka·ra·mellRR <-s> [kara'mɛl] *m kein pl* caramel

Ka·ra·mel·le <-, -n> [kara'mɛlə] *f* caramel toffee

Karaoke <-[s]> [kara'o:kə] *nt kein pl* MUS karaoke *no pl*

Ka·ra·o·ke·bar *f* karaoke bar

Ka·ra·see ['karaze:] *f* Kara Sea

Ka·rat <-[e]s, -e *o* -> [ka'ra:t] *nt* carat

Ka·ra·te <-[s]> [ka'ra:tə] *nt kein pl* SPORT karate *no pl*

Ka·rat·schai-Bal·ka·risch [kara'tʃai̯ bal'ka:rɪʃ] *nt dekl wie adj* Karachai, Karachay-Balkar

Ka·rat·schai·er(in) <-s, -> [kara'tʃai̯ɐ] *m(f)* Karachai

Ka·rau·sche <-, -n> [ka'rau̯ʃə] *f* ZOOL, KOCHK crucian carp

Ka·ra·vel·le <-, -n> [kara'vɛlə] *f* HIST, NAUT caravel

Ka·ra·wa·ne <-, -n> [kara'va:nə] *f* caravan

Ka·ra·wan·ken [kara'vaŋkn̩] *pl* Karawank Mountains *pl*

Ka·ra·wan·se·rei <-, -en> [karavanzə'rai̯] *f* caravanserai, caravansary

Kar·bid <-[e]s, -e> [kar'bi:t] *nt* CHEM ① *kein pl (stechend riechende Masse)* carbide *no pl*
② *(Kohlenstoffverbindung)* carbide

Kar·bid·lam·pe *f* carbide lamp

Kar·bol <-s> [kar'bo:l] *nt kein pl* carbolic acid *no pl*

Kar·bon <-s> [kar'bo:n] *nt kein pl* GEOL [the] Carboniferous *no pl*

Kar·bo·nat <-[e]s, -e> [karbo'na:t] *nt* carbonate

Kar·bun·kel <-s, -> [kar'bʊŋkl̩] *m* MED carbuncle

Kar·da·mom <-s> [karda'mo:m] *m o nt kein pl* cardamom *no pl*

Kar·dan·ge·lenk [kar'da:n-] *nt* TECH universal joint **Kar·dan·tun·nel** *m* TECH transmission tunnel **Kar·dan·wel·le** *f* TECH propeller shaft; *(sonstige Welle)* cardan shaft

Kar·di·nal <-s, Kardinäle> [kardi'na:l, *pl* -nɛ:lə] *m* REL, ORN cardinal

Kar·di·nal·feh·ler *m* cardinal error **Kar·di·nal·fra·ge** *f (geh)* essential question **Kar·di·nal·tu·gend** *f* REL, PHILOS cardinal virtue **Kar·di·nal·zahl** *f* cardinal number

Kar·dio·gramm <-s, -gramme> [kardi̯o'gram] *nt* cardiogram

Kar·dio·lo·ge, -lo·gin <-n, -n> [kardi̯o'lo:gə, -'lo:gɪn] *m, f* MED cardiologist

Kar·dio·lo·gie <-> [kardi̯o'lo:gi:] *f kein pl* ① *(Wissenschaft)* cardiology *no pl*
② *(sl: Station)* cardiology [ward]

Kar·dio·lo·gin <-, -nen> *f* MED *fem form von* **Kardiologe**

kar·dio·vas·ku·lär [kardi̯ovasku'lɛ:ɐ̯] *adj inv* MED cardiovascular

Kar·do·ne <-, -n> [kar'do:nə] *f* ZOOL, KOCHK cardoon

Ka·re·li·en <-s> [ka're:li̯ən] *nt* Karelia

Ka·re·li·er(in) <-s, -> [ka're:li̯ɐ] *m(f)* Karelian

ka·re·lisch [ka're:lɪʃ] *adj* Karelian

Ka·re·lisch [ka're:lɪʃ] *nt dekl wie adj* Karelian

Ka·re·li·sche <-n> *nt* ■**das** ~ Karelian

Ka·renz·ent·schä·di·gung [ka'rɛnts-] *f* JUR waiting allowance **Ka·renz·tag** *m* day of unpaid sick leave **Ka·renz·zeit** *f* ① *(Wartezeit)* waiting period ② ÖSTERR *(Mutterschaftsurlaub)* maternity leave

Kar·fi·ol <-s> [kar'fi̯o:l] *m kein pl* SÜDD, ÖSTERR *(Blumenkohl)* cauliflower

Kar·frei·tag [ka:ɐ̯'frai̯ta:k] *m* Good Friday

Kar·fun·kel <-s, -> *m,* **Kar·fun·kel·stein** [kar'fʊŋkl̩] *m* LIT carbuncle

karg [kark] I. *adj* <karger *o* kärger, kargste *o* kärgste> ① *(unfruchtbar)* barren
② *(dürftig)* sparse; *(Einkommen, Mahl)* meagre [*or* AM -er]
③ *(geh: geizig)* sparing, stingy *fam,* tight-fisted; ■~ **mit etw** *dat* **sein** to be sparing with [*or* in] sth; ***er ist ~ mit seinem Lob*** he is sparing in his praise
II. *adv* ① *(dürftig)* sparsely
② *(knapp)* ~ **bemessen** stingy with sth; ***die Portionen sind ~ bemessen*** they're stingy with the helpings

kar·gen *vi haben (geh)* to be sparing; **mit Geld** ~ to be stingy; **mit Worten** ~ *(generell)* to be of few words; *(in best. Situation)* to be curt; **mit Lob** ~ to be grudging of praise

Karg·heit <-> *f kein pl* ① *(Unfruchtbarkeit)* barrenness *no pl*
② *(Dürftigkeit)* sparseness *no pl; Essen, Mahl* meagreness [*or* AM -erness] *no pl*

kärg·lich ['kɛrklɪç] *adj* ① *(ärmlich)* shabby, meagre [*or* AM -er]; **~e Kleidung** cheap clothing; **ein ~es Leben führen** to live a life of poverty
② *(sehr dürftig)* meagre [*or* AM -er], sparse; **~e Mahlzeit** frugal meal; **der ~e Rest** the last [pathetic] scrap; **ein ~er Lohn** pittance

Kar·go <-s, -s> ['kargo] *m* NAUT cargo, ocean freight

Kar·go·ver·si·che·rung *f* NAUT cargo insurance

Ka·ri·be, Ka·ri·bin <-n, -n> [ka'ri:bə, ka'ri:bɪn] *m, f* Carib

Ka·ri·bik <-> [ka'ri:bɪk] *f* ■**die** ~ the Caribbean

ka·ri·bisch [ka'ri:bɪʃ] *adj inv* Caribbean; **das Karibische Meer** the Caribbean Sea; **die Karibischen Inseln** the Caribbean Islands

Ka·ri·bi·sche In·seln *pl* ■**die Karibischen Inseln** the Caribbean Islands

Ka·ri·bi·sches Meer *nt* Caribbean Sea

Ka·ri·bu <-s, -s> ['ka:ribu:] *nt* ZOOL caribou

ka·riert [ka'ri:rt] I. *adj* ① *(mit Karos gemustert)* checked; **klein** ~ finely checked [*or* BRIT *a.* chequered] [*or* AM *a.* checkered]
② *(quadratisch eingeteilt)* squared
II. *adv (veraltend fam)* ~ **reden** to talk rubbish [*or* nonsense]; ~ **gucken** to look puzzled

Ka·ri·es <-> [ka:ri̯ɛs] *f kein pl* tooth decay *no pl,* caries *no pl spec;* ~ **fördernd** causing tooth decay, cavity-producing

Ka·ri·ka·tur <-, -en> [karika'tu:ɐ̯] *f (a. pej)* caricature; ■**eine** ~ **einer S.** *gen* a caricature of sth

Ka·ri·ka·tu·rist(in) <-en, -en> [karikatu'rɪst] *m(f)* cartoonist

ka·ri·kie·ren* [kari'ki:rən] *vt* ■**jdn/etw** ~ to caricature sb/sth

ka·ri·ös [ka'ri̯ø:s] *adj* MED decayed, carious *spec*

ka·ri·ta·tiv [karita'ti:f] I. *adj* charitable
II. *adv* charitably

Kar·kas·se <-, -n> [kar'kasə] *f* AUTO casing

Karl <-s> [karl] *m* Charles; ~ **der Große** Charlemagne

Kar·ma <-s> ['karma] *nt kein pl* REL karma

Kar·me·li·ter(in) <-s, -> [karme'li:tɐ] *m(f)* REL Carmelite

Kar·me·sin <-s> [karme'zi:n] *nt kein pl* crimson

kar·me·sin·rot, kar·min·rot *adj* crimson

kar·misch *adj inv* REL karmic

Kar·ne·val <-s, -e *o* -s> ['karnəval] *m* carnival

Kar·ne·vals·idee <-, -n> *f* spur-of-the-moment idea

Kar·ne·vals·kos·tüm *nt* carnival costume **Kar·ne·vals·sit·zung** *f* carnival session **Kar·ne·vals·ver·ein** *m* carnival society **Kar·ne·vals·zeit** *f* carnival period **Kar·ne·vals·zug** *m* carnival procession

Kar·ni·ckel <-s, -> [kar'nɪkl̩] *nt (fam)* bunny [rabbit]; **sich** *akk* **wie die ~ vermehren** *(pej fam)* to breed like rabbits

Kärn·ten <-s> ['kɛrntn̩] *nt* Carinthia

Ka·ro <-s, -s> ['ka:ro] *nt* ① *(Raute)* check
② *kein pl* KARTEN *(Spielfarbe)* diamonds *pl*

Ka·ro·assRR <-es, -e> *nt* KARTEN ace of diamonds

Ka·ro·lin·ger(in) <-s, -> ['ka:rolɪŋɐ] *m(f)* HIST Carolingian

ka·ro·lin·gisch ['ka:rolɪŋɪʃ] *adj* HIST Carolingian

Ka·ro·mus·ter *nt* checked pattern

Ka·ro·schi <-[s], -[s]> *m* MED *Japanese word for death through overwork*

Ka·ros·se <-, -n> [ka'rɔsə] *f* ① *(Prunkkutsche)* state coach
② *(veraltend fam: große Limousine)* limo *fam*
③ *s.* **Karosserie**

Ka·ros·se·rie <-, -n> [karɔsə'ri:, *pl* -'ri:ən] *f* AUTO bodywork

Ka·ros·se·rie·bau·er(in) *m(f),* **Ka·ros·sier(in)** <-s, -> [karɔ'si̯e:, -'si̯e:ɪn] *m(f)* body maker, BRIT *a.* coachbuilder **Ka·ros·se·rie·be·trieb** *m* coachworks *pl,* coach bodybuilder **Ka·ros·se·rie·blech** *nt* AUTO body panel **Ka·ros·se·rie·werk·statt** *f* AUTO body repair shop

Ka·ro·tin <-s, -e> [karo'ti:n] *nt* carotene

Ka·rot·te <-, -n> [ka'rɔtə] *f* carrot

Kar·pa·ten [kar'pa:tn̩] *pl* ■**die** ~ the Carpathian Mountains *pl*

Karp·fen <-s, -> ['karpfn̩] *m* ZOOL, KOCHK carp

Karp·fen·milch *f* KOCHK soft roe of carp **Karp·fen·teich** *m* carp pond; *s. a.* **Hecht Karp·fen·zucht** *f (Farm)* carp farm; *(Züchten)* carp raising

Kar·re <-, -n> ['karə] *f* ① *(fam: Auto)* old banger [*or* AM clunker] *fam*
② *s.* **Karren**

Kar·ree <-s, -s> [ka're:] *nt* ① *(Geviert)* square; **im** ~ in a square
② *(Häuserblock)* block; **ums** ~ *(fam)* around the block
③ ÖSTERR *(Rippenstück)* loin

K

kar·ren ['karən] *vt* ❶ *(fam: fahren)* to cart, to drive; ■**jdn irgendwohin ~** to cart [*or* drive] sb somewhere
❷ *(mit der Schubkarre bringen)* ■**etw irgendwohin ~** to cart sth somewhere

Kar·ren <-s, -> ['karən] *m* ❶ *(Schubkarre)* wheelbarrow
❷ *(offener Pferdewagen)* cart
▸WENDUNGEN: **den ~ in den Dreck fahren** *(pej fam)* to mess things up; **der ~ steckt im Dreck** *(pej fam)* things are in a real mess; **den ~ [für jdn] aus dem Dreck ziehen** *(fam)* to get [sb] out of a mess; **jdm an den ~ fahren** *fam* [*o sl* **pinkeln**] [*o derb* **pissen**] to come down hard on sb; **den ~ [einfach] laufen lassen** *(fam)* to let things slide *fam;* **jdn vor seinen ~ spannen** to use sb for one's own purposes; **sich** *akk* **nicht vor jds ~ spannen lassen** to not allow oneself to be used by sb; **der ~ ist total verfahren** *(fam)* things are in a real mess

Kar·ret·te <-, -n> [ka'rɛtə] *f* ❶ *(Meeresschildkröte)* turtle
❷ SCHWEIZ *(Schubkarren)* wheelbarrow

Kar·rie·re <-, -n> [ka'ri̯e:rə] *f* career; **~ machen** to make a career [for oneself]

kar·rie·re·be·wusst^{RR} *adj* career-minded [*or* -oriented] **Kar·rie·re·frau** *f* career woman **Kar·rie·re·knick** *m* setback in one's career **Kar·ri·e·re·lei·ter** *f kein pl (fam)* career ladder; **die ~ emporklettern** [*o* **hochklettern**] to climb the career ladder [*or hum* slippery pole] **Kar·rie·re·ma·cher(in)** *m(f),* **Kar·rie·rist(in)** <-en, -en> [kari̯'rɪst] *m(f) (pej)* careerist **Kar·ri·e·re·sprung** *m* career jump [*or* leap] **Kar·ri·e·re·sprung·brett** *nt (fam)* career springboard

kar·ri·o·len [ka'ri̯o:lən] *vi (fam: unsinnig umherfahren)* to career around

Kärr·ner·ar·beit ['kɛrnɐarbait] *f (pej)* donkey [*or* AM grunt] work *fam*

Kar·sams·tag [ka:ɐ̯'zamsta:k] *m* Easter Saturday

Karst <-[e]s, -e> [karst] *m* GEOL karst

Karst·bo·den *m* karst terrain

kars·tig ['karstɪç] *adj* karstic

Karst·land·schaft *f* karst landscape [*or* countryside]

Kart <-[s], -s> [kart] *nt* SPORT *kurz für* **Gokart** kart

Kar·täu·ser·kat·ze [kar'tɔyzɐ-] *f* ZOOL *stocky breed of short-haired, blue-grey cat*

Kart·bahn *f* kart[ing] track

Kar·te <-, -n> ['kartə] *f* ❶ *(Ansichtskarte)* [post]card; *(Eintrittskarte)* ticket; *(Fahrkarte)* ticket; *(Karteikarte)* index card; *(Telefonkarte)* phonecard; *(Visitenkarte)* [business] card; INFORM *(Grafikkarte, Soundkarte)* card; **die gelbe/rote ~** FBALL the yellow/red card; **die grüne ~** AUTO international car insurance card; **statt ~n** *announcement in the press instead of sending out individual announcements*
❷ *(Auto-/Landkarte)* map; **nach der ~** according to the map; NAUT *(Seekarte)* chart; HIST *(Geschichtskarte)* historical map
❸ *(Speisekarte)* menu
❹ *(Spielkarte)* card; **~n spielen** to play cards; **eine ~ aufspielen** [*o* **ausspielen**] to play a card; **die ~n mischen** to shuffle the cards; **jdm die ~n legen** to tell sb's fortune from the cards
▸WENDUNGEN: **seine ~n aufdecken** to show one's cards; **auf die falsche ~ setzen** to back the wrong horse; **gute/schlechte ~n haben** *(bei etw)* to have a good/bad chance of winning, to have good/bad prospects; *(bei jdm)* to be in sb's good/bad books; **mit offenen ~n spielen** to play with one's cards on the table; **auf die richtige ~ setzen** to back the winner, to back the right horse; **jdm in die ~n sehen** [*o* **schauen**] *(fam)* to look at sb's cards; **sich** *dat* **nicht in die ~n sehen** [*o* **schauen**] **lassen** *(fam)* to play with one's cards close to one's chest; **alles auf eine ~ setzen** to stake everything on one chance [*or* card]; **mit verdeckten ~n spielen** to play with one's cards close to one's chest

Kar·tei <-, -en> [kar'tai] *f* card index; **eine ~ [über jdn/etw] führen** to maintain a card index [on sb/sth]; **eine ~ [zu etw** *dat*] **anlegen** to start an index card [on sth]

Kar·tei·kar·te *f* index card **Kar·tei·kas·ten** *m* card index box **Kar·tei·lei·che** *f (hum)* inactive member **Kar·tei·schrank** *m* filing cabinet

Kar·tell <-s, -e> [kar'tɛl] *nt* ÖKON cartel; **ein ~ bilden** to form a cartel

Kar·tell·ab·kom·men *nt* ÖKON restrictive trading agreement BRIT, pooling agreement in restraint of trade AM **Kar·tell·ab·spra·che** *f* ÖKON cartel agreement **kar·tell·ähn·lich** *adj* ÖKON cartel-like *attr,* cartel-type *attr* **Kar·tell·amt** *nt* monopolies [*or* AM *esp* antitrust] commission **Kar·tell·auf·sicht** *f* JUR cartel-supervising authority **Kar·tell·be·hör·de** *f* JUR cartel authority, ≈ Monopolies and Mergers Commission BRIT, AM *esp* Antitrust Division **Kar·tell·be·schluss**^{RR} *f* JUR cartel decision **Kar·tell·bil·dung** *f* ÖKON cartelization, formation of a cartel **Kar·tell·bu·ßen** *pl* FIN cartel fines **Kar·tell·ent·flech·tung** *f* ÖKON decartelization **Kar·tell·er·laub·nis** *f* ÖKON cartel licence [*or* AM -se] **kar·tell·feind·lich** *adj* ÖKON antitrust **Kar·tell·ge·richt** *nt* JUR cartel court, BRIT Restrictive Practices Court **Kar·tell·ge·richts·bar·keit** *f* JUR cartel judicature **Kar·tell·ge·setz** *nt* JUR monopolies [*or* AM *esp* antitrust] law, BRIT *also* Restrictive Trade Practices Act, AM *also* Sherman Act **Kar·tell·ge·setz·ge·bung** *f* JUR antitrust legislation

kar·tel·lie·ren [kartɛli:rən] *vt* ÖKON ■**etw ~** to cartelize sth, to pool sth

Kar·tell·kam·mer *f* ÖKON cartel division **Kar·tell·kla·ge** *f* JUR antitrust action, BRIT *also* monopoly charge, AM *esp* antitrust suit **Kar·tell·ko·dex** *m* ÖKON cartel code **Kar·tell·mit·glied** *nt* ÖKON member of a cartel **Kar·tell·or·ga·ni·sa·ti·on** *f* ÖKON trading combine **Kar·tell·pflich·ten** *pl* ÖKON cartel obligation **Kar·tell·po·li·zei** *f* ÖKON cartel inspectorate **Kar·tell·pri·vat·recht** *nt* JUR private cartel law **Kar·tell·recht** *nt* JUR cartel [*or* AM *esp* antitrust] law; **~ der EU** Common Market antitrust law **kar·tell·recht·lich** *adj inv* JUR according to cartel law **Kar·tell·re·gis·ter** *nt* ÖKON register of cartels **Kar·tell·ren·te** *f* FIN cartel yield **Kar·tell·se·nat** *m* ÖKON cartel division **Kar·tell·sur·ro·gat** *nt* ÖKON cartel substitute **Kar·tell·ver·bot** *nt* JUR prohibition of cartels, cartel ban **Kar·tell·ver·fah·ren** *nt* JUR antitrust proceedings *pl* **Kar·tell·ver·fah·rens·recht** *nt* JUR cartel procedure law **Kar·tell·ver·ord·nung** *f* JUR cartel ordinance [*or* decree] **Kar·tell·ver·trag** *m* ÖKON cartel [*or* pooling] agreement **Kar·tell·ver·trags·recht** *nt* JUR law of cartel contracts **Kar·tell·ver·tre·ter(in)** *m(f)* ÖKON cartel representative **Kar·tell·zwang** *m* ÖKON enforcement of the cartel agreement

Kar·ten·be·sit·zer(in) *m(f)* card holder **Kar·ten·hal·ter(in)** *m(f)* FIN card holder

Kar·ten·haus *nt* ❶ *(Figur aus Spielkarten)* house of cards; **etw stürzt wie ein ~ zusammen, etw fällt wie ein ~ in sich zusammen** sth collapses like a house of cards
❷ NAUT *(Raum für Seekarten)* chart room

Kar·ten·in·ha·ber(in) *m(f)* ticket holder **Kar·ten·kle·ber** *m* TYPO card gluer [*or* tipper] **Kar·ten·kunst·stück** *nt* card trick **Kar·ten·le·gen** <-s> *nt* fortune telling using cards **Kar·ten·le·ger(in)** <-s, -> *m(f)* fortune-teller [who uses cards] **Kar·ten·le·se·ge·rät** *nt* INFORM card reader **Kar·ten·or·ga·ni·sa·ti·on** *f* credit card company **Kar·ten·rei·ter** *m* card tab **Kar·ten·spiel** *nt* ❶ *(ein Spiel mit Karten)* game of cards ❷ *(Satz Karten)* pack of cards **Kar·ten·spie·ler(in)** <-s, -> *m(f)* card player **Kar·ten·stän·der** *m* map stand **Kar·ten·te·le·fon** *nt* cardphone **Kar·ten·um·satz** *m* card sales *pl* **Kar·ten·vor·ver·kauf** *m* advance ticket sale **Kar·ten·vor·ver·kaufs·stel·le** *f* THEAT, SPORT, MUS [advance] ticket [*or* booking] office **Kar·ten·werk** *nt* map book **Kar·ten·zah·lung** *f* FIN payment by card; **bei ~** when paying by card

kar·te·sisch [kar'te:zɪʃ] *adj* MATH Cartesian; **~es Blatt** folium of Descartes; **~e Koordinaten** Cartesian coordinates

kar·tie·ren* [kar'ti:rən] *vt* ■**etw ~** ❶ GEOG to map sth
❷ *(in Kartei einordnen)* to file sth

Kar·tie·rung <-, -en> [kar'ti:rʊŋ] *f* GEOG mapping

Kar·tof·fel <-, -n> [kar'tɔfl̩] *f* potato; **neue ~n** new potatoes
▸WENDUNGEN: **jdn/etw wie eine heiße ~ fallen lassen** *(fam)* to drop sb/sth like a hot potato

Kar·tof·fel·acker *m* potato field **Kar·tof·fel·aus·ste·cher** *m* Parisienne-potato cutter **Kar·tof·fel·brei** *m kein pl* mashed potatoes *pl* **Kar·tof·fel·chips** *pl* [potato] crisps [*or* AM chips] *pl* **Kar·tof·fel·ern·te** *f* potato harvest **Kar·tof·fel·ho·bel** *m* potato slicer **Kar·tof·fel·kä·fer** *m* Colorado beetle **Kar·tof·fel·klö·ße** *f pl* potato dumplings **Kar·tof·fel·knol·le** *f* potato tuber **Kar·tof·fel·kraut** *nt* potato foliage **Kar·tof·fel·mehl** *nt* potato flour **Kar·tof·fel·mes·ser** *nt* potato peeling knife **Kar·tof·fel·pres·se** *f* potato press **Kar·tof·fel·puf·fer** <-s, -> *m* potato fritter **Kar·tof·fel·pü·ree** *nt s.* **Kartoffelbrei Kar·tof·fel·sack** *m* potato sack **Kar·tof·fel·sa·lat** *m* potato salad **Kar·tof·fel·scha·le** *f* potato peel **Kar·tof·fel·schä·ler** *m* potato peeler **Kar·tof·fel·stamp·fer** *m* potato masher **Kar·tof·fel·stär·ke** *f* potato starch **Kar·tof·fel·sup·pe** *f* potato soup

Kar·to·graf(in)^{RR} <-en, -en> [karto'gra:f] *m(f)* cartographer

Kar·to·gra·fie^{RR} <-> [kartogra'fi:] *f kein pl* cartography

kar·to·gra·fie·ren*^{RR} [kartogra'fi:rən] *vt* GEOG map

Kar·to·gra·fin^{RR} <-, -nen> *f s.* **Kartograf**

kar·to·gra·fisch^{RR} *adj* cartographical

Kar·to·graph(in) <-en, -en> [karto'gra:f] *m(f) s.* **Kartograf**

Kar·to·gra·phie <-> [kartogra'fi:] *f kein pl s.* **Kartografie**

kar·to·gra·phie·ren* [kartogra'fi:rən] *vt* GEOG *s.* **kartografieren**

Kar·to·gra·phin <-, -nen> *f fem form von* **Kartograph**

kar·to·gra·phisch *adj s.* **kartografisch**

Kar·ton <-s, -s> [kar'tɔŋ] *m* ❶ *(Schachtel)* carton, cardboard box
❷ *(Pappe)* cardboard, card

Kar·to·na·ge <-, -n> [karto'na:ʒə] *f* cardboard packaging

kar·to·nie·ren* [karto'ni:rən] *vt* TYPO ■**etw ~** to bind sth in paper [board]

kar·to·niert *adj* paperback; **~e Bücher** paperbacks *pl*

Kar·tu·sche <-, -n> [kar'tʊʃə] *f* ❶ TECH *(Behälter)* cartouche
❷ *(Tonerpatrone)* cartridge
❸ KUNST *(Zierornament)* cartouche
❹ MIL *(Geschosshülse)* cartridge

Kar·tu·schen·pis·to·le *f* caulking gun

Ka·rus·sell <-s, -s *o* -e> [karʊ'sɛl] *nt* merry-go-round, carousel; **[mit dem] ~ fahren** to ride [*or* go] on the merry-go-round
▸WENDUNGEN: **mit jdm ~ fahren** to give sb hell

Ka·rus·sell·bin·der *m* TYPO rotary binder

Kar·wen·del·ge·bir·ge <-s> [kar'vɛndl̩] *nt* Karwendel Mountains, Karwendel mountain range

Kar·wo·che ['ka:ɐ̯vɔxə] *f* REL Holy Week

Ka·ry·a·ti·de <-, -n> [karya'ti:də] *f* ARCHIT caryatid

Ka·ryo·gramm <-s, -e> *nt* BIOL, MED karyogram

Kar·zer <-s, -> ['kartsɐ] *m* HIST ❶ *(Zelle)* detention cell
❷ *kein pl (veraltet: Strafe)* detention

kar·zi·no·gen [kartsino'ge:n] *adj* MED carcinogenic

Kar·zi·no·gen <-s, -e> [kartsino'ge:n] *nt* MED carcinogen

Kar·zi·nom <-s, -e> [kartsi'no:m] *nt* MED carcinoma, malignant growth

Ka·sa·che, Ka·sa·chin <-n, -en> [ka'zaxə, ka'zaxɪn] *m, f* Kazakh

ka·sa·chisch [ka'zaxɪʃ] *adj* Kazak[h]

Ka·sa·chisch [ka'zaxɪʃ] *nt dekl wie adj* Kazakh

Ka·sa·chi·sche <-n> [ka'zaxɪʃə] *nt* ■**das ~** Kazakh, the Kazakh language

Ka·sach·stan <-s> ['kazaxsta:n] *nt* Kazakhstan

Ka·sack <-s, -s> ['ka:zak] *m* MODE tunic

Ka·schem·me <-, -n> [ka'ʃɛmə] *f (pej fam)* dive *pej fam*

ka·schie·ren* [ka'ʃi:rən] *vt* ❶ *(überdecken)* ■**etw** ~ to conceal sth
❷ *(überziehen)* ■**etw** [**mit etw** *dat*] ~ to laminate sth [with sth]

Kasch·kai <-, -> ['kaʃkai] *m o f* Kashkai

Kasch·mir[1] <-s> ['kaʃmi:ɐ̯] *nt* GEOG Kashmir

Kasch·mir[2] <-s, -e> ['kaʃmi:ɐ̯] *m* cashmere

Kä·se <-s, -> ['kɛ:zə] *m* ❶ *(Lebensmittel)* cheese; **Harzer** ~ Harz cheese; **weißer** ~ DIAL quark *(low-fat curd cheese)*; **mit** ~ **überbacken** au gratin
❷ *(pej fam: Quatsch)* rubbish BRIT, nonsense
▶WENDUNGEN: ~ **schließt den Magen** cheese rounds off a meal nicely

Kä·se·blatt *nt (pej fam)* local rag **Kä·se·brot** *nt* cheese sandwich **Kä·se·fon·due** *nt* cheese fondue **Kä·se·ge·bäck** *nt* cheese savouries [*or* AM -ories] *pl* **Kä·se·ge·ruch** *m* smell of cheese, cheesy smell **Kä·se·glo·cke** *f* cheese cover **Kä·se·har·fe** *f* cheese wire **Kä·se·her·stel·lung** *f* cheese production

Ka·se·in <-s, -e> [kaze'i:n] *nt* casein

Kä·se·kohl *m (selten: Blumenkohl)* cauliflower **Kä·se·ku·chen** *m* cheesecake **Kä·se·laib** *m* cheese loaf

Ka·se·mat·te <-, -n> [kazɛ'matə] *f* HIST casemate

Kä·se·plat·te *f (mit verschiedenen Käsesorten)* cheeseboard; *(Platte)* cheese plate

Kä·se·rei <-, -en> *f* cheese dairy

Kä·se·rin·de *f* cheese rind

Ka·ser·ne <-, -n> [ka'zɛrnə] *f* MIL barracks *pl*

Ka·ser·nen·hof *m* MIL barrack square

ka·ser·nie·ren* [kazɛr'ni:rən] *vt* ❶ MIL *(in Kasernen unterbringen)* ■**jdn** ~ to quarter sb in barracks
❷ *(in Gemeinschaftsunterkünften unterbringen)* ■**jdn** ~ to house sb in mass accommodation

Kä·se·schei·be *f* slice of cheese **Kä·se·schnit·te** *f s.* **Käsebrot Kä·se·the·ke** *f* cheese counter **Kä·se·was·ser** *nt* whey **kä·se·weiß, kä·sig** ['kɛsɪç] *adj (fam)* white, pasty, pale

Ka·si·no <-s, -s> [ka'zi:no] *nt* ❶ *(Spielkasino)* casino
❷ *(Speiseraum: für Offiziere)* [officers'] mess; *(in einem Betrieb)* cafeteria

Kas·ka·de <-, -n> [kas'ka:də] *f* ❶ *(künstlicher Wasserfall)* cascade, waterfall
❷ *(fig geh: Flut)* cascade

Kas·ko·po·li·ce ['kasko-] *f* FIN *(für Auto)* automobile damage policy; *(für Schiff)* hull policy **Kas·ko·ver·si·che·rung, Kas·ko·Voll·ver·si·che·rung** *f* AUTO, FIN fully comprehensive insurance

Kas·per <-s, -> ['kaspɐ] *m*, **Kas·perl** <-s, -[n]> ['kaspɐl] *m o nt* SÜDD, ÖSTERR, **Kas·per·le** <-s, -> ['kaspɐlə] *m o nt* SÜDD ❶ *(Holzfigur)* Punch
❷ *(hum fam: albernes Kind)* clown

Kas·per-Hau·ser-Ver·such *m* BIOL, PSYCH Kasper-Hauser-experiment

Kas·per·le·the·a·ter, Kas·per·li·the·a·ter ['kaspeli-] *nt* SCHWEIZ Punch and Judy show

kas·pern ['kaspɐn] *vi haben (fam)* to clown [*or* fool] around

Kas·pi·sches Meer ['kaspɪʃəs me:ɐ̯] *nt* Caspian Sea

Kas·sa <-, Kassen> ['kasa, *pl* 'kasən] *f* ❶ *bes* ÖSTERR *(Zahlstelle)* cash desk, till
❷ ÖKON cash; **gegen** ~ for cash; **per** ~ **bezahlen** to pay [in] cash

Kas·sa·de·vi·sen *pl* BÖRSE spot foreign currency **Kas·sa·ge·schäft** *nt* FIN cash business, cash transaction [*or* sale]; BÖRSE spot deal [*or* transaction] **Kas·sa·han·del** *m* BÖRSE dealings for cash, spot trading **Kas·sa·kauf** *m* BÖRSE spot purchase **Kas·sa·kon·to** *nt* FIN cash account; **das** ~ **saldieren** to balance a cash account **Kas·sa·kurs** *m* BÖRSE spot rate **Kas·sa·markt** *m* BÖRSE cash [*or* spot] market

Kas·san·dra·ruf [ka'sandra-] *m (geh)* prophecy of doom

Kas·sa·no·tie·rung *f* BÖRSE spot quotation

Kas·sa·ti·on <-, -en> [kasa'tsi̯o:n] *f* JUR *(Aufhebung eines Urteils)* cassation, reversal

Kas·sa·ti·ons·ge·richt *nt* JUR court of cassation

Kas·sa·ver·kauf *m* BÖRSE spot sale **Kas·sa·wa·re** *f* BÖRSE spot commodities *pl*

Kas·se <-, -n> ['kasə] *f* ❶ *(Zahlstelle)* cash desk, till; *(Supermarkt)* check-out; **netto** ~ net cash; **gegen** ~ for cash; ~ **bei Rechnungseingang** FIN cash on delivery; *s. a.* **Loch**
❷ *(Kartenverkauf)* ticket office
❸ *(Registrierkasse)* cash register, till; **jdn** [**für etw** *akk*] **zur** ~ **bitten** to ask sb to pay [for sth]; ~ **machen** to close out a register; *(fig sl)* to cash up, to earn a packet; **die** ~ **stimmt** *(fam)* the money's ok *fam;* **die** ~**n klingeln** *(fam)* the tills are ringing
❹ *(fam: Sparbank)* savings bank; **gut/schlecht bei** ~ **sein** *(fam)* to be well/badly off; **knapp/nicht bei** ~ **sein** to be short of cash/hard up
❺ ADMIN *(Krankenkasse)* health insurance fund
❻ *(Stahlkiste zur Geldaufbewahrung)* cash box; **gemeinsame/getrennte** ~ **machen** to have joint/separate housekeeping

Kas·se·ler <-s, -> ['kasəlɐ] *nt smoked pork loin*

Kas·sen·ab·schluss^RR *m* balancing of cash accounts, BRIT *a.* cashing-up

Kas·sen·arzt, -ärz·tin *m, f* MED National Health doctor *(who treats non-privately insured patients)* **kas·sen·ärzt·lich** *adj inv, attr* [treatment] under health insurance

Kas·sen·au·to·mat *m* automatic cash register [*or* till] **Kas·sen·be·leg** *m s.* **Kassenbon Kas·sen·be·stand** *m* cash balance **Kas·sen·bi·lanz** *f* FIN cash balance **Kas·sen·bon** *m* [sales] receipt **Kas·sen·buch** *nt* cash-book **Kas·sen·de·fi·zit** *nt* cash deficit [*or* shortfall] **Kas·sen·er·folg** *m s.* **Kassenschlager Kas·sen·fehl·be·trag** *m* FIN cash deficit [*or* shortfall] **Kas·sen·fül·ler** *m (fam)* box-office hit **Kas·sen·ge·stell** *nt (fam)* ≈ National Health glasses [*or fam* specs] *(spectacles frame paid for by the German equivalent of the National Health Service)* **Kas·sen·haus·halt** *m* FIN cash budget **Kas·sen·knül·ler** <-s, -> *m (emph fam: CD)* smash hit; *(Film)* box office hit **Kas·sen·kon·to** *nt* FIN cash account **Kas·sen·leis·tung** *f* MED, ÖKON health insurance benefits *pl* **Kas·sen·loch** *nt* FIN hole in the till **Kas·sen·pa·ti·ent(in)** *m(f)* MED National Health [*or* AM Medicaid] patient

kas·sen·pflich·tig *adj Medikament, Therapie* covered by statutory health insurance

Kas·sen·prü·fung *f* FIN cash audit **Kas·sen·raum** *m* FIN *(in einer Bank)* banking hall **Kas·sen·rück·la·gen** *pl* FIN cash resources **Kas·sen·schal·ter** *m* cash desk BRIT, teller window AM **Kas·sen·schla·ger** *m (fam)* ❶ *(erfolgreicher Film)* box-office hit ❷ ÖKON *(Verkaufsschlager)* best-seller **Kas·sen·stun·den** *pl* cash desk opening hours BRIT, business hours **Kas·sen·sturz** *m* cashing-up BRIT, closing out a [cash] register/the [cash] registers AM; **einen** ~ **machen** [*o geh* **vornehmen**] to cash up BRIT, to close out a [cash] register/the [cash] registers AM; ~ **machen** *(fam)* to check one's finances **Kas·sen·über·schuss**^RR *m* FIN cash surplus **Kas·sen·um·satz** *m* FIN cash turnover **Kas·sen·wart(in)** <-s, -e> *m(f)* treasurer **Kas·sen·zet·tel** *m s.* **Kassenbon**

Kas·se·rol·le <-, -n> [kasə'rɔlə] *f* casserole

Kas·set·te <-, -n> [ka'sɛtə] *f* ❶ *(Videokassette)* video tape [*or* cassette]; *(Musikkassette)* [cassette] tape, cassette; *(Filmkassette)* [camera] film; **etw auf** ~ **haben** to have sth on cassette/tape/video; [**jdm/sich**] **etw auf** ~ **aufnehmen** to record [*or fam* tape] [sb/oneself] sth on cassette/video
❷ *(Kästchen)* case
❸ *(Schutzkarton)* box; *(für bibliophile Blätter)* set; *(für Bücher)* library case
❹ ARCHIT panel, coffer

Kas·set·ten·deck *nt* cassette [*or fam* tape] deck **Kas·set·ten·de·cke** *f* ARCHIT coffered ceiling **Kas·set·ten·ra·dio** *nt* radio cassette player **Kas·set·ten·re·cor·der, Kas·set·ten·re·kor·der** *m* cassette [*or fam* tape] recorder

Kas·si·ber <-s, -> [ka'si:bɐ] *m (veraltend sl)* secret message

Kas·sier(in) <-s, -e> [ka'si:ɐ̯] *m(f)* SÜDD, ÖSTERR, SCHWEIZ *(Kassierer)* cashier

kas·sie·ren* [ka'si:rən] **I.** *vt* ❶ FIN *(einziehen)* ■**etw** [**bei jdm**] ~ to collect sth [from sb]
❷ *(fam: einstreichen)* ■**etw** ~ to pick up sth *fam;* ***sie kassierte den ersten Preis*** she picked up first prize
❸ *(fam: einbehalten)* ■**etw** ~ to confiscate sth, to take sth away
❹ *(fam: einstecken müssen)* ■**etw** ~ **müssen** to have to take [*or* swallow] sth *fam*
❺ JUR ■**etw** ~ to quash sth; **ein Urteil** ~ to quash a verdict
II. *vi* ❶ *(abrechnen)* ■[**bei jdm**] ~ to settle the bill [with sb]; ***darf ich schon*** [***bei Ihnen***] ~**?** would you mind settling the bill now?
❷ *(sl: verdienen)* to clean up *sl;* **gut** [*o* **ganz schön**] ~ to clean up nicely

Kas·sie·rer(in) <-s, -> [ka'si:rɐ] *m(f)* ❶ *(in Geschäft)* cashier; *(Bankkassierer)* clerk, teller
❷ *s.* **Kassenwart**

Kas·si·o·peia <-> [kasi̯o'paia] *f* ASTRON Cassiopeia

Kass·ler^RR <-s, ->, **Kaß·ler**^ALT <-s, -> ['kaslɐ] *nt* KOCHK gammon steak *(lightly smoked loin of pork)*

Kas·so·let·te *f* KOCHK cassoulette

Kas·ta·gnet·te <-, -n> [kastan'jɛtə] *f* castanet

Kas·ta·nie <-, -n> [kas'ta:ni̯ə] *f* BOT ❶ *(Rosskastanie)* [horse]chestnut; *(Esskastanie)* chestnut
❷ *(Frucht der Rosskastanie)* [horse]chestnut, conker *fam;* *(Marone)* chestnut
▶WENDUNGEN: [**für jdn**] **die** ~**n aus dem Feuer holen** *(fam)* to pull sb's chestnuts out of the fire

Kas·ta·ni·en·baum *m s.* **Kastanie 1 kas·ta·ni·en·braun** *adj* maroon

Käst·chen <-s, -> ['kɛstçən] *nt dim von* **Kasten**
❶ *(kleiner Kasten)* little box, case
❷ *(Karo)* square, rectangle; **im** ~ **ankreuzen** to put a cross in the box

Kas·te <-, -n> ['kastə] *f* caste

kas·tei·en* [kas'taiən] *vr (veraltend)* ■**sich** *akk* ~
❶ *(geh: auf Genüsse verzichten)* to deny oneself, to abstain
❷ *(büßen)* to castigate oneself

Kas·tei·ung <-, -en> *f (veraltend)* castigation, self-denial

Kas·tell <-s, -e> [kas'tɛl] *nt* HIST ❶ *(Burg)* castle
❷ *(befestigtes Lager)* fort

Kas·tel·lan <-s, -e> [kastɛ'la:n] *m* ❶ ADMIN *(Aufsichtsbeamter)* steward
❷ HIST *(Burgwart)* castellan

Kas·ten <-s, Kästen> ['kastn̩, *pl* 'kɛstn̩] *m* ❶ *(kantiger Behälter)* box
❷ *(offene Kiste)* crate, case; **ein** ~ **Bier** a crate of beer
❸ ÖSTERR, SCHWEIZ *(Schrank)* cupboard
❹ *(fam: Briefkasten)* letterbox BRIT, mailbox AM
❺ SPORT *(Turngerät)* vaulting horse
❻ *(fam: großes Gebäude)* barrack
❼ *(Schaukasten)* showcase
❽ *(unförmiges Fahrzeug)* tank
▶WENDUNGEN: **etwas/viel/nichts auf dem** ~ **haben** *(fam)* to be/not be on the ball *fam*

Kas·ten·brot *nt* sandwich loaf, pan bread **Kas·ten·form** *f* ❶ *(die Form eines Kastens)* box-like shape ❷ *(Backform)* baking tin

Kas·ten·geist *m kein pl* SOZIOL *(pej)* caste spirit

Kas·ten·rei·be *f* KOCHK box grater **Kas·ten·wa·gen** *m* AUTO [box] van, truck

Kas·ten·we·sen *nt* REL caste system

Kas·ti·li·en <-s> [kas'ti:li̯ən] *nt* Castile

Kas·ti·li·er(in) <-s, -> [kas'ti:li̯ɐ] *m(f)* Castilian

kas·ti·lisch [kas'ti:lɪʃ] *adj inv* Castilian

Kas·tor·zu·cker ['kasto:ɐ̯-] *m* KOCHK castor [*or* caster] sugar

Kas·trat <-en, -en> [kas'tra:t] *m* eunuch; MUS castrato

Kas·tra·ti·on <-, -en> [kastra'tsi̯o:n] *f* castration

kas·trie·ren* [kas'tri:rən] *vt* ■**ein Tier** ~ to castrate an animal; ■**jdn/sich selbst** ~ to castrate sb/oneself

Ka·su·ar <-s, -e> [ka'zu̯a:ɐ̯] *m* ORN cassowary

K

Ka·su·is·tik <-> [kaˈzuɪstɪk] *f kein pl* ❶ *(geh: Haarspalterei)* casuistry
❷ MED *(Fallstudien)* case studies *pl*

ka·su·is·tisch *adj (geh)* casuistic

Ka·sus <-, -> [ˈkaːzʊs] *m* LING case

Kat <-s, -s> [kat] *m kurz für* **Katalysator** cat

Ka·ta·bo·lis·mus <-> [kataboˈlɪsmʊs] *m kein pl* BIOL catabolism *no pl*

Ka·ta·falk <-s, -e> [kataˈfalk] *m* catafalque

Ka·ta·kom·be <-, -n> [kataˈkɔmbə] *f* catacomb

Ka·ta·la·ne, Ka·ta·la·nin <-n, -n> [kataˈlaːnə, kataˈlaːnɪn] *m, f* Catalan

ka·ta·la·nisch [kataˈlaːnɪʃ] *adj inv* Catalan

Ka·ta·la·nisch [kataˈlaːnɪʃ] *nt dekl wie adj* Catalan

Ka·ta·la·ni·sche <-n> [kataˈlaːnɪʃə] *nt* ■**das** ~ Catalan, the Catalan language

Ka·ta·log <-[e]s, -e> [kataˈloːk, *pl* -loːgə] *m* catalogue [*or* AM *also* -og]

ka·ta·lo·gi·sie·ren* [katalogiˈziːrən] *vt* ■**etw** ~ to catalogue [*or* AM *also* -og] sth

Ka·ta·lo·gi·sie·rung <-, -en> *f* cataloguing [*or* AM *also* -oging]

Ka·ta·log·num·mer *f* catalogue [*or* AM *also* -og] number

Ka·ta·lo·ni·en <-s> [kataˈloːni̯ən] *nt* Catalonia

Ka·ta·ly·sa·tor <-s, -en> [katalyˈzaːtoːɐ̯, *pl* -ˈtoːrən] *m* ❶ AUTO *(Abgaskatalysator)* catalytic converter, cat; **geregelter** ~ AUTO regulated catalytic converter
❷ CHEM *(Reaktionen auslösender Stoff)* catalyst

Ka·ta·ly·sa·tor·au·to *nt* car with catalytic converter **Ka·ta·ly·sa·tor·fahr·zeug** *nt* AUTO controlled vehicle

Ka·ta·ly·se <-, -n> [kataˈlyːzə] *f* CHEM catalysis

ka·ta·ly·tisch [kataˈlyːtɪʃ] *adj* CHEM catalytic

Ka·ta·ma·ran <-s, -e> [katamaˈraːn] *m* NAUT catamaran

Ka·ta·pult <-[e]s, -e> [kataˈpʊlt] *nt o m* catapult

ka·ta·pul·tie·ren* [katapʊlˈtiːrən] I. *vt* ■**jdn/etw irgendwohin** ~ *(a. fam)* to catapult sb/sth somewhere
II. *vr* ■**sich** *akk* **irgendwohin** ~ ❶ *(sich schleudern)* to eject oneself somewhere; **sich** *akk* **aus einem Flugzeug** ~ to eject from an aircraft
❷ *(fam: sich rasch versetzen)* to catapult oneself somewhere

Ka·tar <-s> [kaˈtaːr] *nt* Qatar

Ka·ta·rakt <-[e]s, -e> [kataˈrakt] *m* GEOG, MED cataract

Ka·ta·rer(in) <-s, -> [kaˈtaːrɐ] *m(f)* Qatari

ka·ta·risch [kaˈtaːrɪʃ] *adj* Qatari

Ka·tarr[RR], **Ka·tarrh** <-s, -e> [kaˈtar] *m* MED catarrh

Ka·tas·ter <-s, -> [kaˈtastɐ] *m o nt* land register

Ka·tas·ter·amt *nt* land registry **Ka·tas·ter·be·zirk** *m* ADMIN *(Vermessungsbezirk)* cadastral district

ka·ta·stro·phal [katastroˈfaːl] I. *adj (pej)* ❶ *(verheerend)* catastrophic, devastating
❷ *(fam: furchtbar)* dreadful, awful
II. *adv (pej)* ❶ *(verheerend)* catastrophically, devastatingly
❷ *(furchtbar)* awfully, dreadfully

Ka·ta·stro·phe <-, -n> [kataˈstroːfə] *f* catastrophe, disaster; **eine** ~ **sein** *(fam)* to be a disaster

Ka·ta·stro·phen·ab·wehr *f* disaster prevention **Ka·ta·stro·phen·alarm** *m* emergency alert **Ka·ta·stro·phen·ein·satz** *m* emergency aid operation; **für den** ~ for use in emergency aid operations **Ka·ta·stro·phen·film** *m* disaster movie **Ka·ta·stro·phen·ge·biet** *nt* disaster area **Ka·ta·stro·phen·hel·fer(in)** *m(f)* relief [aid] [*or* disaster aid] worker **Ka·ta·stro·phen·hil·fe** *f kein pl* POL aid for disaster victims; ~ **leisten** to provide aid for disaster victims **Ka·ta·stro·phen·klau·sel** *f* JUR disaster clause **Ka·ta·stro·phen·op·fer** *nt* disaster victim, victim of a disaster **Ka·ta·stro·phen·schutz** *m* ❶ *(Schutz gegen Katastrophen)* disaster control ❷ *(Organisation)* disaster control organization **Ka·ta·stro·phen·stim·mung** *f* hysteria *no pl* **Ka·ta·stro·phen·the·o·rie** *f* ASTRON catastrophe theory

Ka·te <-, -n> [ˈkaːtə] *f* NORDD cottage, croft

Ka·te·chis·mus <-, Katechismen> [kateˈçɪsmʊs] *m* REL catechism

ka·te·go·ri·al [kategoˈri̯aːl] *adj inv (geh)* categorial

Ka·te·go·rie <-, -n> [kategoˈriː, *pl* -riːən] *f* ❶ *(Gattung)* category; **unter eine** ~ **fallen** to belong to a certain category
❷ *(Gruppe)* sort; ***er gehört nicht zu dieser ~ von Menschen*** he is not that sort of person

ka·te·go·risch [kateˈgoːrɪʃ] I. *adj (emph)* categorical
II. *adv (emph)* categorically; **etw** ~ **ablehnen** to flatly refuse sth

Ka·te·go·ri·sie·rung <-, -en> *f* categorization

Ka·ter[1] <-s, -> [ˈkaːtɐ] *m* tomcat; **der Gestiefelte** ~ LIT Puss-in-Boots
▸WENDUNGEN: **wie ein verliebter** ~ like a lovesick tomcat

Ka·ter[2] <-s, -> [ˈkaːtɐ] *m* hangover; **einen** ~ **bekommen** to get a hangover; **einen** ~ **haben** to have a hangover

Ka·ter·früh·stück <-[e]s> *nt kein pl* KOCHK breakfast [[which is] supposed] to cure a hangover **Ka·ter·stim·mung** *f (fam)* morning-after feeling

kath. *Abk von* **katholisch**

Ka·thar·sis <-> [kaˈtarzɪs] *f kein pl* LIT, PSYCH catharsis

Ka·the·der <-s, -> [kaˈteːdɐ] *m o nt* ❶ *(veraltend: Podium)* podium
❷ *(veraltet: Lehrerpult)* lectern

Ka·the·dra·le <-, -n> [kateˈdraːlə] *f* cathedral

Ka·the·dral·glas *nt* BAU stained glass

Ka·the·te <-, -n> [kaˈteːtə] *f* MATH cathetus

Ka·the·ter <-s, -> [kaˈteːtɐ] *m* MED catheter

Ka·tho·de <-, -n> [kaˈtoːdə] *f* PHYS cathode

Ka·tho·den·röh·re *f* PHYS cathode tube **Ka·tho·den·strah·len** *pl* PHYS cathode rays *pl* **Ka·tho·den·strom** *m* PHYS cathode current

Ka·tho·lik(in) <-en, -en> [katoˈliːk] *m(f)* [Roman] Catholic

ka·tho·lisch [kaˈtoːlɪʃ] I. *adj* [Roman] Catholic; ■~ **sein** to be [Roman] Catholic
II. *adv* Catholic; ***sie wuchs streng ~ auf*** she had a strict Catholic upbringing

Ka·tho·li·zis·mus <-> [katoliˈtsɪsmʊs] *m kein pl* Catholicism *no pl*

Kat·ion <-s, Kationen> [ˈkati̯oːn] *f* PHYS cation

kat·io·nen·ak·tiv *adj* CHEM cationic active **Kat·io·nen·aus·tau·scher** *m* CHEM cation exchanger

Kat·man·du <-s> [katmanˈduː] *nt* Kathmandu

Kat·te·gat <-s> [ˈkatəgat] *nt* Kattegat, Cattegat

Kat·tun <-s, -e> [kaˈtuːn] *nt* calico

Katz <-> [kats] *f kein pl* SÜDD *(Katze)* cat
▸WENDUNGEN: **für die** ~ **sein** *(fam)* to be a waste of time [*or* all for nothing]; ~ **und Maus mit jdm spielen** *(fam)* to play cat and mouse with sb

katz·bu·ckeln [ˈkatsbʊkl̩n] *vi (pej fam)* ■[**vor jdm**] ~ to grovel [before sb]

Kätz·chen[1] <-s, -> [ˈkɛtsçən] *nt dim von* **Katze** kitten

Kätz·chen[2] <-s, -> [ˈkɛtsçən] *nt* BOT *(Blütenstand)* catkin

Kat·ze <-, -n> [ˈkatsə] *f* ❶ ZOOL *(Hauskatze)* cat; **siamesische** ~ Siamese cat
❷ ZOOL *(weibliche Katze)* [female] cat
❸ ZOOL *(Raubkatze)* cat
▸WENDUNGEN: **wenn die** ~ **aus dem Haus ist, tanzen die Mäuse** *(prov)* when the cat's away, the mice come out to play *prov;* **wie die** ~ **um den heißen Brei herumschleichen** to beat about [*or* around] the bush; **die** ~ **lässt das Mausen nicht** *(prov)* a leopard never changes its spots *prov;* **die** ~ **aus dem Sack lassen** *(fam)* to let the cat out of the bag; **die** ~ **im Sack kaufen** to buy a pig in a poke *prov; s. a.* **Kater**

kat·zen·ar·tig *adj inv* catlike

Kat·zen·au·ge *nt* ❶ *(veraltend fam: Rückstrahler)* reflector
❷ BERGB *(schillernder Halbedelstein)* cat's-eye
❸ ZOOL *(Auge einer Katze)* a cat's eye

Kat·zen·baum *m* cat tree

kat·zen·freund·lich *adj (pej veraltend fam)* overfriendly, nice as pie *fam*

kat·zen·haft *adj* cat-like, feline

Kat·zen·hai *m* ZOOL sandy dogfish **Kat·zen·jam·mer** *m (fam)* ❶ *(jämmerliche Stimmung)* the blues + *sing vb* ❷ *(veraltend: Kater*[2]*)* hangover **Kat·zen·mu·sik** *f kein pl (pej fam)* racket, din, caterwauling **Kat·zen·schnup·fen** *m infections of a cat's upper respiratory tracts* **Kat·zen·schrei·syn·drom** *nt* MED *(letaler Erbfehler)* cri-du-chat-syndrome **Kat·zen·sprung** *m (fam)* a stone's throw; [**nur**] **einen** ~ **entfernt sein** to be [only] a stone's throw away **Kat·zen·streu** *f* cat litter **Kat·zen·wä·sche** *f (hum fam)* catlick *fam,* cat's lick [and a promise] *fam* **Kat·zen·wels** *m* ZOOL, KOCHK catfish, bullhead **Kat·zen·zun·ge** *f* ❶ *(Schokoladenspezialität)* langue de chat ❷ ZOOL cat's tongue

Katz-und-Maus-Spiel *nt* cat-and-mouse game

Kau·der·welsch <-[s]> [ˈkau̯dɐvɛlʃ] *nt kein pl (pej)* ❶ *(Sprachgemisch)* a hotchpotch [*or* AM hodgepodge] *(of different languages)*
❷ *(Fachsprache)* jargon

kau·der·wel·schen [ˈkau̯dɐvɛlʃn̩] *vi haben* to talk double Dutch

kau·en [ˈkau̯ən] I. *vt* ■**etw** ~ to chew sth; *s. a.* **Nagel**
II. *vi (mit den Zähnen bearbeiten)* ■[**an etw** *dat*] ~ to chew [on sth]; **an den Fingernägeln** ~ to chew [*or* bite] one's nails
▸WENDUNGEN: **gut gekaut ist halb verdaut** *(prov)* you should chew your food well for better digestion; **an etw** *dat* **zu** ~ **haben** to have sth to chew on [*or* over], to have some food for thought

kau·ern [ˈkau̯ɐn] I. *vi sein* ■**irgendwo** ~ to be huddled [up] somewhere; ***sie kauerten rund um das Feuer*** they were huddled around the fire
II. *vr haben* ■**sich** *akk* **in etw** *akk*/**hinter etw** *akk* ~ to crouch in/behind sth

Kauf <-[e]s, Käufe> [kau̯f, *pl* ˈkɔyfə] *m* ❶ *(das Kaufen)* buying *no pl,* purchasing *no pl form;* ***ich würde Ihnen vom ~ dieses Anzugs abraten*** I would advise you against buying [*or* not to buy] this suit; ***so, jetzt ist der ~ perfekt!*** right, that's the purchase concluded!; ~ **unter Eigentumsvorbehalt** conditional sale agreement; ~ **auf Abruf/Abzahlung** call/hire purchase; ~ **auf Kredit** credit sale; ~ **nach Muster** sale to pattern; ~ **auf Probe/Voranmeldung/Ziel** sale on approval/reserved purchase/purchase on credit; ~ **auf eigene Rechnung** purchase for own account; ~ **mit Rückgaberecht** sale or return; ~ **unter Ausschluss jeglicher Gewährleistungsansprüche** sale with all faults; **etw zum** ~ **anbieten** to offer sth for sale; **zum** ~ **stehen** to be [up] for sale; **einen** ~ **tätigen** *(geh)* to conclude [*or* effect] a purchase *form*
❷ *(Ware)* buy, purchase *form;* JUR sale; **guter/schlechter** ~ good/bad buy
▸WENDUNGEN: **etw in** ~ **nehmen** to put up with [*or* accept] sth; **ein Risiko in** ~ **nehmen** to accept a risk; **in** ~ **nehmen, dass ...** to accept that ...

Kauf·ab·re·de *f* ÖKON sales agreement

Kauf·ab·schluss[RR] *m* HANDEL purchase; **bei** ~ at the time of purchase **Kauf·ab·schluss·ge·setz**[RR] *nt* JUR contract of sale act

Kauf·ab·sicht *f* intention to buy **Kauf·an·ge·bot** *nt* HANDEL offer to buy **Kauf·an·reiz** *m* sales appeal **Kauf·an·wart·schafts·ver·trag** *m* JUR provisional sales contract **Kauf·auf·trag** *m* BÖRSE buying order **Kauf·be·reit·schaft** <-> *f kein pl* ÖKON disposition to buy **Kauf·emp·feh·lung** *f* ÖKON buy recommendation

kau·fen [ˈkau̯fn̩] I. *vt* ❶ *(einkaufen)* ■[**jdm/sich**] **etw** ~ to buy [sb/oneself] sth, to buy [*or form* purchase] sth [for sb/oneself]; ***er hat sich ein neues Auto gekauft*** he['s] bought [himself] a new car; ***ich fange mit dem K~ der Geschenke immer viel zu spät an*** I always start buying the presents much too late; **etw auf eigene/fremde Rechnung** ~ to buy sth for one's own account/for account of a third party; **etw fertig** ~ to buy sth ready-made; **etw fest** ~ to buy sth on contract; **etw unbesehen/gegen bar** ~ to buy sth unseen/for cash
❷ *(pej: bestechen)* ■**jdn** ~ to buy [off *sep*] [*or* bribe] sb
▸WENDUNGEN: **den/die kaufe ich mir/werde ich**

mir ~! I'll tell him/her what's what!; **gekauft ist gekauft!** a deal is a deal; **dafür kann ich mir nichts ~!** *(iron)* a [*fam* fat] lot of use that is to me!
II. *vi* to shop; ***auf dem Markt kauft man billiger*** it costs less to shop at the market, shopping at the market is cheaper
III. *vr (fam)* ▪**sich** *dat* **jdn ~** to give sb a piece of one's mind

Kauf·ent·schei·dung *f* ÖKON buying [*or* purchase] decision

Käu·fer(in) <-s, -> ['kɔyfɐ] *m(f)* buyer, purchaser *form;* ***ein solches Buch wird zu wenige ~ finden*** a book like this won't sell very well; **~ aus zweiter Hand** second-hand buyer; **bösgläubiger/gutgläubiger ~** mala-fide/bona-fide buyer; **voraussichtlicher ~** prospective buyer

Käu·fer·markt *m kein pl* ÖKON buyer's market **Käu·fer·schicht** *f* ÖKON spending group **Käu·fer·ver·hal·ten** *nt* ÖKON purchase pattern

Kauf·frau *f fem form von* **Kaufmann** **Kauf·ge·gen·stand** *m* HANDEL object of purchase **Kauf·geld** *nt* HANDEL purchase price **Kauf·ge·schäft** *nt* HANDEL sale [*or* purchase] [transaction]; **~ zwischen verbundenen Personen** sale between related persons **Kauf·ge·setz** *nt* JUR Sale of Goods Act BRIT

Kauf·haus *nt* department store **Kauf·haus·de·tek·tiv(in)** *m(f)* ÖKON store detective

Kauf·in·ter·es·se *nt* HANDEL buying interest **Kauf·in·ter·es·sent(in)** *m(f)* HANDEL prospective [*or* potential] buyer

Kauf·kraft *f* ÖKON ❶ *(Wert)* purchasing [*or* buying] power ❷ *(Finanzkraft)* spending [*or* buying] power; **überschüssige ~** excessive buying power **Kauf·kraft·aus·gleich** *m* JUR compensation for loss of purchasing power

kauf·kräf·tig *adj* with money to spend *pred;* HANDEL affluent; ***Studenten und Auszubildende sind nicht sehr ~*** Students and trainees haven't got much money to spend; **~e Nachfrage** eager demand **Kauf·la·den** *m* ❶ *(Spielzeug)* [child's] toy shop [*or* AM *usu* store] ❷ *(veraltend: Laden)* [corner [*or* small]] shop [*or* AM *usu* store], small grocer's shop

Kauf·leu·te *pl s.* **Kaufmann**

käuf·lich I. *adj* ❶ *(zu kaufen)* for sale *pred*
❷ *(pej: bestechlich)* bribable, corruptible, venal *form;* ▪**~ sein** to be easily bought; ***ich bin nicht ~!*** I can't be bought!
II. *adv (geh)* **~ erwerben** to purchase *form* [*or* buy]

Käuf·lich·keit <-> *f kein pl (pej)* corruptibility, venality *form*

Kauf·lust *f* HANDEL desire to buy; **nachlassende ~** slowdown in consumer spending; **steigende ~** growing demand **kauf·lus·tig** *adj* eager [*or* keen] to buy *pred* **Kauf·lus·ti·ge(r)** *f(m) dekl wie adj* prospective [*or* would-be] buyer

Kauf·mann, -frau <-leute> ['kaufman, -frau] *m, f* ❶ *(Geschäftsmann)* businessman; **~/Kauffrau für Bürokommunikation** specialist clerk for office communication; **gelernter ~/gelernte Kauffrau** *person with qualifications in business or commerce;* **ehrliche Kaufleute** honest businessmen
❷ *(veraltend: Einzelhandelskaufmann)* grocer, [corner [*or* small]] shopkeeper

kauf·män·nisch I. *adj* commercial, business *attr;* ***der ~e Leiter ist für den Vertrieb zuständig*** the commercial director is responsible for sales; ***leider bin ich mit dem K~en weniger vertraut*** unfortunately, I'm not very well up on the business side of things
II. *adv* commercially; **~ tätig sein** to be in business

Kauf·manns·brauch *m* HANDEL commercial custom **Kauf·manns·ei·gen·schaft** *f* HANDEL merchant status **Kauf·manns·ge·hil·fen·brief** *m* HANDEL commercial training certificate **Kauf·manns·haf·tung** *f* JUR merchant's [*or* trader's] liability; **unbeschränkte ~** unlimited merchant's liability

Kauf·ob·jekt *nt* FIN purchase item

Kauf·op·ti·on *f* ❶ HANDEL purchase option
❷ BÖRSE call option; **Kauf- und Verkaufsoption** call and put option

Kauf·or·der *f* BÖRSE buying order

Kauf·preis *m* purchase price **Kauf·preis·fäl·lig·keit** *f* FIN due date of the purchase price **Kauf·preis·for·de·rung** *f* HANDEL purchase-money claim **Kauf·preis·rück·zah·lung** *f* HANDEL refund of the purchase price **Kauf·preis·rück·zah·lungs·pflicht** *f* JUR obligation to refund the purchase price **Kauf·preis·zah·lungs·pflicht** *f* JUR obligation to pay the purchase price

Kauf·rausch *m kein pl* spending spree **Kauf·recht** *nt* JUR sales law **Kauf·steu·er** *f* FIN purchase tax **Kauf·sum·me** *f* amount [of purchase] **Kauf·ver·trag** *m* HANDEL bill of sale, sale contract; **~ mit Eigentumsvorbehalt** absolute sale **Kauf·vor·ver·trag** *m* JUR preliminary contract of sale **Kauf·wel·le** *f* BÖRSE buying surge **Kauf·wert** *m* HANDEL purchase price; *(vertraglich)* contract price **Kauf·wür·dig·keit** *f* FIN, ÖKON purchase worthiness **Kauf·zwang** *m* **kein ~** no obligation [to buy]; **ohne ~** without obligation [to buy]

Kau·gu·mmi *m* chewing gum; **~ kauen** to chew gum

Kau·ka·sus <-> ['kaukazʊs] *m* Caucasus

Kaul·kopf *m* ZOOL, KOCHK bullhead, miller's thumb

Kaul·quap·pe <-, -n> ['kaulkvapə] *f* tadpole

kaum [kaum] I. *adv* ❶ *(gerade [erst])* hardly, scarcely; ***sie war ~ aus der Tür, da fingen sie schon an zu lästern*** she had hardly [*or* scarcely] gone out the door before they started making nasty remarks about her, no sooner was she out the door than they started making nasty remarks about her
❷ *(höchstwahrscheinlich nicht)* hardly, scarcely; **[wohl] ~!** certainly not!, I don't think so!; *s. a.* **wohl**
❸ *(fast nicht)* hardly, scarcely; ***ich habe euch dieses Jahr ~ gesehen*** I've scarcely seen you this year; ***das ist ja wohl ~ anzunehmen!*** you'd scarcely credit it!; **~ jemals** [*o* **je**] hardly ever; **~ noch/mehr** hardly [*or* scarcely] ... any more; ***seit vier Tagen hat er ~ etwas gegessen*** he has hardly [*or* scarcely] eaten anything for four days [now]; ***wir haben ~ noch Zeit*** we've hardly [*or* scarcely] got any time left; ***wir hatten ~ noch damit gerechnet!*** we scarcely expected that!; **~ eine[r]** [*o* **jemand**] [*o* **wer**] hardly [*or* scarcely] anyone [*or* anybody]; **~ eine Rolle spielen** to be scarcely of any importance; *s. a.* **glauben**
II. *konj* ▪**~ dass** no sooner ... than; **~ *dass sie sich kennen gelernt hatten, heirateten sie auch schon*** no sooner had they met than they were married, they had hardly [*or* scarcely] met before they were married

Kau·mus·kel *m* masticatory muscle, muscle of mastication; **seine ~n anstrengen** *(hum fam)* to get chomping *hum fam*

kau·sal [kau'za:l] I. *adj* ❶ *(geh: ursächlich)* causal; **ein ~er Zusammenhang** a causal connection
❷ LING *(begründend)* causal
II. *adv (geh)* causally

Kau·sal·ge·setz *nt* PHILOS, MATH law of causality **Kau·sal·haf·tung** *f* JUR causal liability

Kau·sa·li·tät [kauzali'tɛt] *f* JUR causality; **hypothetische ~** hypothetical causation; **überholende ~** overtaking causation

Kau·sa·li·täts·prin·zip *nt* causation principle

Kau·sal·ket·te *f* MATH, PHILOS causal chain, chain of cause and effect **Kau·sal·prin·zip** *nt* PHILOS, MATH principle of causality **Kau·sal·satz** *m* LING causal clause **Kau·sal·zu·sam·men·hang** *m* chain of causation, causal connection; **unmittelbarer ~** proximate connection

Kau·ta·bak *m* chewing tobacco

Kau·tel <-, -en> [kau̯te:l] *f* JUR proviso

Kau·ti·on <-, -en> [kau'tsio:n] *f* ❶ JUR *(Sicherheitsleistung)* bail; **eine ~ stellen** to stand [*or* put up] bail; **gegen ~** on bail
❷ *(Mietkaution)* deposit

Kau·ti·ons·stel·lung *f* FIN provision of bail [*or* security] **Kau·ti·ons·wech·sel** *m* JUR guarantee bill

Kau·tschuk <-s, -e> ['kautʃʊk] *m* [India] rubber, caoutchouc; **geschwefelter ~** converted India rubber

Kau·tschuk·baum *m* rubber [tree]

Kauz <-es, Käuze> [kauts, *pl* 'kɔytsə] *m* ❶ *(Eulenvogel)* [tawny] owl
❷ *(Sonderling)* [odd [*or* strange]] character

kau·zig ['kautsɪç] *adj* odd, strange

Ka·va·lier <-s, -e> [kava'li:ɐ] *m* gentleman
▸WENDUNGEN: **der ~ genießt und schweigt** a gentleman does not boast about his conquests

Ka·va·liers·de·likt *nt* trifling [*or* trivial] [*or* minor] [*or* petty] offence [*or* AM -se]

Ka·va·lier·spitz *m* KOCHK clod

Ka·va·lier(s)·start *m* AUTO racing start

Ka·val·le·rie <-, -n> ['kavaləri:, *pl* -'ri:ən] *f* HIST, MIL cavalry

Ka·val·le·rie·an·griff *m* cavalry charge **Ka·val·le·rie·ein·heit** *f* cavalry unit **Ka·val·le·rie·of·fi·zier** *m* cavalry officer

Ka·val·le·rist <-en, -en> ['kavalərɪst] *m* cavalryman

Ka·vi·ar <-s, -e> ['ka:viar] *m* caviar[e]; **deutscher ~** lumpfish roe

KB ['ka:,be:] *Abk von* **Kilobyte** kbyte

KBG [,ka:be:'ge:] *f* JUR, ÖKON *Abk von* **Kapitalbeteiligungsgesellschaft** capital investment company

Kbit INFORM *Abk von* **Kilobit** Kbit, Kb

Kbyte INFORM *Abk von* **Kilobyte** Kbyte, KB

kcal *Abk von* **Kilokalorie** kcal

Ke·bab <-[s], -[s]> [ke'bap] *m* KOCHK kebab

keck [kɛk] *adj* ❶ *(vorlaut)* cheeky, saucy
❷ *(provokant)* bold

Keck·heit <-, -en> *f* cheek[iness], sauciness

Ke·der <-s, -> ['ke:dɐ] *m* MODE piping

keen ['ke:n] *adj* DIAL *(keine)* no

Ke·fe <-, -n> ['ke:fə] *f* SCHWEIZ *(Zuckererbse)* sugar snap pea, mangetout

Ke·fir <-s> ['ke:fɪr] *m kein pl* kefir

Ke·gel <-s, -> ['ke:gl] *m* ❶ *(Spielfigur)* skittle, pin, ninepin, tenpin; **~ spielen** to play skittles, to go [tenpin/ninepin] bowling; ***kommt ihr mit ~ spielen?*** are you coming bowling? [*or* for a game of skittles?]
❷ MATH cone
❸ GEOG *(kegelförmige Erhebung)* cone; **der ~ des Berges** the mountain peak
❹ *(Strahl)* beam [of light]; *s. a.* **Kind**

Ke·gel·abend *m* bowling [*or* skittles] evening [*or* night] **Ke·gel·bahn** *f* ❶ *(Anlage)* [ninepin/tenpin] bowling alley, skittle alley ❷ *(einzelne Bahn)* [bowling] lane **Ke·gel·bru·der** *m (fam)* fellow skittle [*or* bowling] club member **ke·gel·för·mig** *adj* conical, cone-shaped **Ke·gel·ku·gel** *f* bowl, skittle [*or* bowling] ball

ke·geln ['ke:gln] *vi* to play skittles, to go [ninepin/tenpin] bowling, to bowl; ***hast du schon mal gekegelt?*** have you ever played skittles [*or* been bowling] [*or* bowled] [before]?; ▪**das K~** game of skittles, [ninepin/tenpin] bowling

Ke·gel·schnitt *m* MATH conic section **Ke·gel·stumpf** *m* MATH frustum [of a cone]

Keg·ler(in) <-s, -> ['ke:glɐ] *m(f)* skittle player, [ninepin/tenpin] bowler

Keh·le <-, -n> ['ke:lə] *f* ❶ *(Kehlkopf)* throat; **in die falsche ~ geraten** to go down the wrong way; **etw in die falsche ~ bekommen** *(fam)* to have sth go down the wrong way; **eine raue ~ haben** to be hoarse, to have a hoarse voice
❷ ANAT *(Gurgel)* throat; **in der ~ stecken bleiben** to stick [*or* get stuck] in one's throat; **jdm die ~ zudrücken** to throttle sb; **jdm/einem Tier an die ~ springen** to leap at [*or* go for] sb's/an animal's throat; **aus voller ~** at the top of one's voice
❸ BAU valley
▸WENDUNGEN: **es geht jdm an die ~** sb's life is at stake; **sich** *dat* **die ~ aus dem Hals schreien** *(fam)* to scream one's head off; **jdm an die ~ springen können** *(fam)* to want to leap at [*or* go for] sb's throat; **jdm die ~ zusammenschnüren** to make sb freeze with fear

keh·lig ['ke:lɪç] *adj* guttural; **ein ~es Lachen/eine ~e Stimme** a guttural [*or* throaty] laugh/voice

Kehl·kopf *m* larynx **Kehl·kopf·ent·zün·dung** *f* MED laryngitis *no pl, no indef art* **Kehl·kopf·ka·tarrh** *m* laryngeal catarrh **Kehl·kopf·krebs** *m*

K

cancer of the larynx, laryngeal cancer

Kehl·laut *m* guttural sound; LING glottal sound

Kehr·aus <-> ['ke:ɐ̯ʔaus] *m kein pl* SÜDD last dance *(after Carnival celebrations on Shrove Tuesday)*
▸WENDUNGEN: [**den**] ~ **feiern** to have a farewell celebration

Kehr·be·sen *m* SÜDD *(Besen)* broom **Kehr·blech** *nt* SÜDD *(Handschaufel)* small shovel

Keh·re <-, -n> ['ke:rə] *f* hairpin bend

keh·ren[1] ['ke:rən] **I.** *vt* ① *(wenden)* ■**etw irgendwohin** ~ to turn sth somewhere; ***kehre die Innenseite nach außen*** turn it inside out; **in sich** *akk* **gekehrt** pensive, lost in thought; ***er ist ein stiller, in sich gekehrter Mensch*** he is a quiet, introverted person; *s. a.* **Rücken**
② *(veraltend: kümmern)* ■**jdn** ~ to matter to sb
II. *vr* ① *(sich wenden)* ■**sich** *akk* **gegen jdn** ~ *(geh)* to turn against sb; ■**sich** *akk* **zu etw** *dat* ~ to turn out [in] a certain way; ***du wirst sehen, es wird sich alles zum Guten*** ~ you'll see, everything will turn out for the best
② *(sich kümmern)* ■**sich** *akk* **an etw** *dat* ~ to take notice of [*or* care about] sth; ***am Geschwätz der Leute habe ich mich noch nie groß gekehrt*** I've never really taken much notice of [*or* cared much about] people's gossiping

keh·ren[2] ['ke:rən] *vt, vi bes* SÜDD *(fegen)* ■[**etw**] ~ to sweep [sth]

Keh·richt <-s> ['ke:rɪçt] *m o nt kein pl* ① *(geh: zusammengefegter Dreck)* sweepings *npl,* rubbish BRIT, garbage AM
② SCHWEIZ *(Müll)* refuse, AM *usu* garbage
▸WENDUNGEN: **jdn einen feuchten ~ angehen** *(sl)* not to be any of sb's [damned [*or* BRIT *a.* bloody]] business *fam;* ***das geht Sie einen feuchten ~ an!*** that's none of your [damned [*or* bloody]] business!, mind your own [damned [*or* bloody]] business!

Keh·richt·ab·fuhr <-, -en> *f* SCHWEIZ *s.* **Müllabfuhr Keh·richt·ver·bren·nung** <-> *f kein pl* SCHWEIZ *(Müllverbrennung)* refuse [*or esp* AM garbage] incineration

Kehr·ma·schi·ne *f* ① *(Straßenkehrmaschine)* road-sweeper, street-sweeper
② *(Teppichkehrmaschine)* carpet-sweeper

Kehr·reim *m* LIT refrain

Kehr·schau·fel *f* dustpan

Kehr·sei·te *f* ① *(veraltend: Rückseite)* back
② *(Schattenseite)* downside, drawback; ***alles hat seine*** ~ there's a downside to everything, everything has its drawbacks
③ *(hum: Rücken, Gesäß)* back; **jdm die ~ zuwenden** to turn one's back on sb
▸WENDUNGEN: **die ~ der Medaille** the other side of the coin

kehrt [ke:ɐ̯t] *interj* MIL ~ ***marsch!*** about turn [*or* AM *esp* face], forward march!

kehrt|ma·chen *vi* ① *(den Rückweg antreten)* to turn [round [*or* around] and go] back; ***wenn ein Gewitter kommt, müssen wir sofort ~!*** if there is a storm, we'll have to turn around and go straight back ② MIL *(eine Kehrtwendung machen)* to about-turn [*or* AM *esp* -face] **Kehrt·wen·de** *f* about-face **Kehrt·wen·dung** *f* ① MIL *(Drehung um sich selbst)* about-turn [*or* -face] AM *esp* ② *(scharfer Positionswechsel)* about-turn [*or* AM *esp* -face] *fig,* U-turn *fig fam*

Kehr·wert *m* MATH reciprocal **Kehr·wo·che** *f* SÜDD ≈ cleaning week *(a week in which it is a resident's turn to clean the communal areas in and around a block of flats);* **die ~ machen** to carry out cleaning duties for a week

kei·fen ['kaifn̩] *vi (pej)* to nag; ***musst du immer gleich so ~?*** must you keep nagging all the time like that?; ■**~d** nagging

Keil <-[e]s, -e> [kail] *m* ① AUTO *(Unterlegkeil)* chock
② TECH, FORST wedge; **einen ~ in etw** *akk* **treiben** to drive a wedge into sth
③ *(Zwickel)* gusset
▸WENDUNGEN: **einen ~ zwischen sie treiben** to drive a wedge between them

Keil·ab·satz *m* wedge heel

Kei·le ['kailə] *pl* DIAL *(fam: Prügel)* thrashing *sing,* hiding *sing fam;* ~ **bekommen** [*o* **kriegen**] [*o* **beziehen**] to get [*or* be given] a [good] thrashing [*or* hiding] *fam*

kei·len ['kailən] **I.** *vt* FORST ■**etw** ~ to split sth with a wedge
II. *vr* DIAL *(fam: sich prügeln)* ■**sie ~ sich** *akk* they are scrapping *sl* [*or* fighting]
III. *vi* to kick

Kei·ler <-s, -> ['kailɐ] *m* JAGD wild boar

Kei·le·rei <-, -en> [kailə'rai] *f (fam)* scrap *sl,* fight, BRIT *a.* punch-up

keil·för·mig *adj* wedge-shaped; **~e Schriftzeichen** cuneiform characters **Keil·ho·se** *f* ski pants *npl* **Keil·kis·sen** *nt* wedge-shaped bolster **Keil·le·ser** *m* TYPO wedge reader **Keil·rie·men** *m* AUTO V-belt **Keil·schrift** *f* HIST cuneiform script

Keim <-[e]s, -e> [kaim] *m* ① BOT *(Trieb)* shoot
② *(befruchtete Eizelle)* embryo
③ *(Erreger)* germ, pathogen *spec*
④ *(fig: Ausgangspunkt)* seed *usu pl;* ***der kleinste ~ der Hoffnung*** the faintest flicker [*or* glimmer] [*or* ray] of hope; **den ~ zu etw** *dat* **legen** to sow the seeds of sth
⑤ PHYS *(Ausgangspunkt für einen Prozess)* nucleus
▸WENDUNGEN: **etw im ~[e] ersticken** to nip sth in the bud

Keim·bahn *f* BIOL germ line **Keim·bahn·the·ra·pie** *f* MED germ line gene therapy

Keim·blatt *nt* BOT seed-leaf, cotyledon *spec* **Keim·drü·se** *f* ANAT gonad

kei·men ['kaimən] *vi* ① BOT *(Keime bilden)* to germinate; ***die alten Kartoffeln/Zwiebeln fangen an zu*** ~ the old potatoes/onions are beginning to sprout/ put out shoots; ***diese chemische Behandlung soll die Kartoffeln am K~ hindern*** this chemical treatment is supposed to prevent the potatoes [from] sprouting
② *(geh: zu entstehen beginnen)* to stir; ***diese Bemerkung ließ bei ihr einen ersten, leisen Verdacht*** ~ this comment aroused a first sneaking [*or* slight] suspicion in her

keim·fä·hig *adj* AGR, BOT capable of germinating, viable

Keim·fä·hig·keit *f* BOT vitality **keim·frei** *adj* sterile, sterilized; **eine ~e Infusionslösung** a sterile infusion solution; **eine ~e Umgebung** a sterile [*or* germ-free] environment; **etw ~ machen** to sterilize sth **Keim·kris·tall** *m* CHEM, PHYS seed crystal

Keim·ling <-s, -e> *m* ① *(keimende Pflanze)* shoot
② *(Embryo)* embryo

Keim·saat *m* germinating seed **keim·tö·tend** *adj* germicidal

Kei·mung <-, -en> *f* BIOL, BOT germination

Keim·zel·le *f* ① BIOL germ cell, gamete
② *(geh: Ausgangspunkt)* nucleus; ***sie verstanden sich als ~ der Revolution*** they viewed themselves as a seedbed for revolution

kein [kain] **I.** *pron indef, attr* ① *verneint ein Substantiv (nicht ein)* no; ***er sagte ~ Wort*** he didn't say a word; **auf ~en Fall** [*o* **unter ~en Umständen**] no way, under no circumstances; ***darauf lasse ich mich auf ~en Fall ein!*** there's no way I'm [*or* under no circumstances am I] going to get involved in that!; **in ~ster Weise** in no way; ~ **anderer/~e andere/~ anderes** no other; ***gibt es ~en anderen Zug?*** isn't there another train?; ~ **anderer/~e andere als ...** none other than ...; *s. a.* **einzig**
② *auf ein Singularetantum bezogen (nichts davon, nichts an)* not ... any; ***ich habe jetzt wirklich ~e Zeit*** [***für Sie***]! I really haven't got any time [for you] now!; ***ich habe heute einfach ~e Lust, ins Kino zu gehen*** I just don't fancy going to the cinema today
③ *kehrt das zugehörige Adj ins Gegenteil* not; ***das ist ~ dummer Gedanke*** that's not a [*or* no] bad idea; ***das ist ~ großer Unterschied*** that's not much of a difference
④ *vor Zahlwörtern (fam: nicht ganz, nicht einmal)* not, less than; ***die Reparatur dauert ~e 5 Minuten*** it won't take 5 minutes to repair; ***er wartete ~e drei Minuten*** he waited [for] less than three minutes
II. *pron indef, substantivisch* ① *(niemand, nichts aus einer nicht ausdrücklich bestimmten Menge: von Personen)* nobody, no one; *(von Gegenständen)* none; ***~er sagte etwas*** nobody [*or* no-one] said a thing; **mir kann ~er!** *(fam)* nobody [*or* no-one] can touch me!; ***will ~er von euch mitkommen?*** don't any of you want to come along?; ***die Vorstellung war zu Ende, aber ~er klatschte*** the performance was over, but no one [*or* nobody] clapped; **~[r, s] von beiden** neither [of them]; ***ich habe es noch ~er von beiden gesagt*** I've told neither [*or* I haven't told either] of them yet
② *(überhaupt nicht)* any; ***ich gehe zu der Verabredung, aber Lust hab' ich ~e*** I'm going to keep the appointment, but I don't feel like going; ***Lust habe ich schon, aber Zeit habe ich ~e*** I'd like to, it's just that I don't have the time

kei·ner·lei ['kainɐ'lai] *adj inv, attr* no ... at all [*or* what[so]ever]; ***er scheint ~ Interesse daran zu haben*** he appears to have no interest what[so]ever in it, he doesn't appear to have any interest at all in it

kei·ner·seits ['kainɐ'zaits] *adv* ① *(selten: von niemandem)* from any side [*or* anybody]
② *(bei niemandem)* on any [*or* either] side, anybody

kei·nes·falls ['kainəs'fals] *adv* on no account, under no circumstances

kei·nes·wegs ['kainəs've:ks] *adv* not at all, by no means

kein·mal ['kainma:l] *adv* not once, never [once]; ***ich habe ~ gewonnen*** not once have I ever won

keins *pron* = **keines** *s.* **kein**

Keks <-es, -e> [ke:ks] *m o nt (selten)* ① *kein pl (Dauergebäck)* biscuit BRIT, cookie AM
② *(Stück Keks)* biscuit BRIT, cookie AM
▸WENDUNGEN: **jdm auf den ~ gehen** *(sl)* to get on sb's nerves [*or* BRIT *fam a.* up sb's nose]

Kelch <-[e]s, -e> [kɛlç] *m* ① *(Sektkelch)* [champagne] glass
② REL *(Messkelch)* chalice, [communion-]cup
③ BOT *(Blütenkelch)* calyx
▸WENDUNGEN: **der** [*o* **dieser**] **~ geht an jdm vorüber** sb is spared the [*or* this] ordeal; ***dieser ~ ist Gott sei Dank an mir vorübergegangen*** I've been spared this ordeal, thank God!; **den** [**bitteren**] **~ bis zur Neige leeren** [**müssen**] *(geh)* [to have] to drain the [bitter] cup of sorrow to the dregs

Kelch·blatt *nt* BOT *(äußere grüne Blätter einer Blüte)* sepal **kelch·för·mig** *adj* cup-shaped; **~e Blüten** cup-shaped [*or spec* calyciform] flowers **Kelch·glas** *nt* [champagne] glass

Kel·le <-, -n> ['kɛlə] *f* ① *(Schöpflöffel)* ladle
② BAU *(Maurerkelle)* trowel
③ *(Signalstab)* signalling [*or* AM signaling] disc

Kel·ler <-s, -> ['kɛlɐ] *m* cellar
▸WENDUNGEN: **im ~ sein** ÖKON *(sl)* to be at rock bottom

Kel·ler·as·sel *f* woodlouse

Kel·le·rei <-, -en> [kɛlə'rai] *f* wine producer's, winery

Kel·ler·fal·te *f* double fold, inverted pleat **Kel·ler·fens·ter** *nt* cellar window **Kel·ler·ge·schoss**[RR] *nt* basement **Kel·ler·ge·wöl·be** *nt* [underground [*or* cellar]] vault **Kel·ler·kind** *nt (fam)* slum kid **Kel·ler·lo·kal** *nt* cellar bar **Kel·ler·meis·ter(in)** *m(f)* [wine] cellarman **Kel·ler·spei·cher** *m* INFORM last-in-first-out memory, push-down store **Kel·ler·tür** *f* cellar door **Kel·ler·wech·sel** *m* JUR wind bill, kite

Kell·ner(in) <-s, -> ['kɛlnɐ] *m(f)* waiter

kell·nern ['kɛlnɐn] *vi (fam)* to work as a waiter [*or* waitress]

Kel·te, Kel·tin <-n, -n> ['kɛltə, 'kɛltɪn] *m, f* HIST Celt

Kel·ter <-, -n> ['kɛltɐ] *f* winepress

Kel·te·rei <-, -en> [kɛltə'rai] *f* fruit pressing plant

kel·tern ['kɛltɐn] *vt* ■**etw** ~ to press sth

Kel·ter·obst *nt* fruit for juicing

Kel·tin <-, -nen> *f* HIST *fem form von* **Kelte**

kel·tisch ['kɛltɪʃ] *adj* HIST Celtic

Kel·vin <-s> ['kɛlvɪn] *nt* PHYS kelvin

Ke·ma·lis·mus <-> [kema'lɪsmʊs] *m kein pl* REL Kemalism

Ke·me·na·te <-, -n> [keme'na:tə] *f* ① HIST *(Frauengemächer)* ladies' heated apartment[s] [in a medieval castle]
② *(hum fam: Damenzimmer)* boudoir

Ken·do <-[s]> ['kɛndo] *nt kein pl* SPORT kendo

Ke·nia <-s> ['ke:ni̯a] *nt* Kenya

Ke·nia·boh·ne *f* Kenya bean

Ke·ni·a·ner(in) <-s, -> [ke'ni̯a:nɐ] *m(f)* Kenyan

ken·i·a·nisch [ke'ni̯a:nɪʃ] *adj* Kenyan

Kenn·buch·sta·be *m* code letter **Kenn·da·ten** *pl* personal details *pl* [*or usu + sing vb* data]

Ken·nel <-s, -> ['kɛnl] *m* JAGD *(Hundezwinger)* kennels *pl*

ken·nen <kannte, gekannt> ['kɛnən] *vt* ① *(jdm bekannt sein)* ■**jdn/etw ~** to know sb/sth; ***ich kenne ihn noch von unserer gemeinsamen Studienzeit*** I know him from our time at college together; ***kennst du das Buch/diesen Film?*** have you read this book/seen this film?; ***ich kenne das Gefühl!*** I know the feeling; **jdn als jdn ~** to know sb as sb; ***ich kannte ihn nicht als Liedermacher*** I didn't know he was a songwriter; **das ~ wir [schon]** *(iron)* we've heard all that before; ***immer die gleichen Ausreden, das ~ wir schon!*** always the same old excuses, we've heard them all before!; **du kennst dich doch!** you know what you're like!; **kein[e] ... ~** to know no ...; **kennst du mich noch?** do you remember me?; **jdn ~ lernen** to meet sb, to make sb's acquaintance *form;* **sich** *akk* **~ lernen** to meet; **jdn als jdn ~ lernen** to come to know sb as sb; ***ich habe ihn als einen sehr eigensinnigen Menschen ~ gelernt*** I have come to know him as a very stubborn person; **wie ich ihn/sie kenne ...** if I know him/her ...; **jdn so [noch] gar nicht ~** to have never seen sb like this [before]; ***so kenne ich dich gar nicht*** I've never seen you like this; ■**sich** *akk* **~** to know one another [*or* each other]
② *(vertraut sein)* ■**etw ~** to be familiar with sth; ***die Leute dort ~ keinen Schnee*** the people there have no experience of snow; **jdn/etw ~ lernen** to get to know [*or* become acquainted with] sb/sth; **sich** *akk* **~ lernen** *(miteinander vertraut werden)* to get to know one another [*or* each other]
③ *(gut verstehen)* ■**etw ~** to know sth
④ *(wissen)* ■**etw ~** to know sth; ***~ Sie hier ein gutes Restaurant?*** do you know [of] a good restaurant here?
▸WENDUNGEN: **jdn noch ~ lernen** *(fam)* to have sb to reckon with; ***sofort das Geld zurück, sonst lernst du mich noch ~!*** give me the money back right now or you'll have me to reckon with!; **jdn nicht mehr ~** to have nothing more to do with sb; **sich** *akk* **nicht mehr vor etw** *dat* **~** to be beside oneself with sth; ***er kannte sich kaum noch vor Wut*** he was almost beside himself with rage; **jdn nicht mehr ~ wollen** to not want anything more to do with sb

Ken·nen·müs·sen *nt kein pl* JUR negligent ignorance of a thing

Ken·ner(in) <-s, -> ['kɛnɐ] *m(f)* expert, authority; ■**ein ~ einer S.** *gen* an expert [*or* authority] on a thing; ■**ein ~ von etw** *dat* an expert on [*or* in] [*or* authority on] sth; ***was gute Weine angeht, ist er ein absoluter ~*** as far as good wine is concerned, he's an absolute connoisseur; **da zeigt sich der [wahre] ~** you can tell who the [real] expert is [*or* who's the [real] expert]

Ken·ner·blick *m* expert eye; **mit ~** with an expert eye

ken·ner·haft, ken·ne·risch I. *adj* discerning
II. *adv* discerningly

Ken·ne·rin <-, -nen> *f fem form von* **Kenner**

Ken·ner·mie·ne *f* air of expertise; **mit ~** with the air of an expert

Kenn·feld *nt* AUTO characteristic map **Kenn·grö·ße** *f* MATH key figure **Kenn·li·nie** *f* TYPO characteristic curve **Kenn·num·mer**[RR] *f* code [*or* reference] number

kennt·lich ['kɛntlɪç] *adj* ■[**an etw** *dat*] **~ sein** to be recognizable [*or* BRIT *a.* -isable] by sth; **etw [durch etw** *akk*] **[als etw] ~ machen** to identify [*or* mark] sth [as sth] [with [*or* by [means of]] sth], to label sth [as sth] [with sth]

Kennt·nis <-, -se> ['kɛntnɪs] *f* ① *kein pl (Vertrautheit)* knowledge; **etw entzieht sich jds ~** *(geh)* sb has no knowledge of [*or* doesn't know anything about] sth; **~ von etw** *dat* **erhalten** *(geh)* to learn [*or* be informed] of [*or* about] sth; **von etw** *dat* **~ haben** *(geh)* to have knowledge of [*or* know about] sth; **etw zur ~ nehmen** to take note of sth; **zur ~ nehmen, dass** to note that; **jdn von etw** *dat* **in ~ setzen** *(geh)* to inform [*or* notify] sb of sth; **jdn davon in ~ setzen, dass** *(geh)* to inform sb that; **ohne ~ einer S.** *gen* without knowing sth; ***ohne ~ der familiären Situation können wir nicht viel tun*** we can't do much without knowing about the family situation
② *pl (Wissen)* knowledge *no pl;* ***Sie sollten Ihre ~se vertiefen*** you should broaden your knowledge; [**gründliche**] **~se in etw** *dat* **haben** to have a [thorough] knowledge of sth; **über ~se [in etw** *dat*] **verfügen** *(geh)* to be knowledgeable [*or* know] [about sth]; **von etw** *dat* **~ haben** *(geh)* to have knowledge of [*or* know about] sth
③ JUR *(gerichtliches Wissen)* cognizance; *(Kenntnisnahme)* notice; **~ des Gerichts** judicial knowledge [*or* cognizance]; **gesetzlich vermutete ~** constructive notice; **etw zur ~ nehmen** to take cognizance of sth

Kennt·nis·nah·me <-> *f kein pl (geh)* **nach ~** after perusal; **zur ~** for sb's attention

kennt·nis·reich I. *adj (geh)* knowledgeable, well-informed
II. *adv (geh)* knowledgeably

Kenn·tnis·stand *m kein pl* **nach derzeitigem ~** according to current information

Kennum·mer[ALT] *f s.* **Kennnummer**

Ken·nung <-, -en> *f* ① TELEK call sign, identification
② LUFT, NAUT signal
③ INFORM label, tagging

Kenn·wort <-wörter> *nt* ① *(Codewort)* code name
② INFORM password

Kenn·zahl *f* ① TELEK *(Ortsnetzkennzahl)* dialling [*or* area] code
② *(charakteristischer Zahlenwert)* index

Kenn·zah·len·an·for·de·rung *f* FIN ratio request **Kenn·zah·len·kom·bi·na·ti·on** *f* FIN, MATH ratio combination **Kenn·zah·len·sys·tem** *nt* FIN, MATH ratio system **Kenn·zah·len·ver·gleich** *m* FIN code-number comparison

Kenn·zei·chen *nt* ① *(Autokennzeichen)* number plate BRIT, registration number BRIT, license plate AM; **amtliches ~** *(geh)* license plate, BRIT *a.* registration number ② *(Merkmal)* mark; ***in Pässen wird auch nach besonderen oder unveränderlichen ~ gefragt*** there is a section in passports for distinguishing marks [*or* features] ③ *(Markierung)* insignia *npl;* ***der Wanderweg ist durchgängig mit diesem ~ markiert*** the ramblers' footpath is marked with this sign along the whole route **Kenn·zei·chen·recht** *nt* JUR, FIN labelling law

kenn·zeich·nen ['kɛntsai̯çnən] I. *vt* ① *(markieren)* ■**etw [als etw] ~** to mark [*or* label] sth [as sth]; ■**etw/ein Tier [durch etw** *akk*/**mit etw** *dat*] **~** to mark sth [with [*or* by [means of]] sth] [*or* label sth [with sth]]/tag an animal [with sth]; ***Pakete mit Gläsern müssen als „zerbrechlich" gekennzeichnet werden*** packages containing glasses must be marked "fragile"
② *(charakterisieren)* ■**jdn als jdn/etw ~** to characterize [*or* describe] sb as sb/sth; ■**durch etw** *akk* **gekennzeichnet sein** to be characterized by sth
II. *vr* ■**sich** *akk* **durch etw** *akk* **~** to be characterized by sth; ***ihre Kunstwerke ~ sich durch Präzision*** precision is a hallmark of her works of art

kenn·zeich·nend *adj* typical, characteristic; **ein ~es Charakteristikum** a typical characteristic; **ein ~es Merkmal** a distinguishing mark [*or* feature]; ■**~ für jdn/etw sein** to be typical [*or* characteristic] of sb/sth

Kenn·zeich·nung *f* ① *(das Kennzeichnen)* marking; *Waren* labelling BRIT, labeling AM; *Tiere* tagging
② *(Kennzeichen)* label
③ *(Charakterisierung)* characterization
④ *(Logik)* definite description

Kenn·zeich·nungs·be·stim·mun·gen, Kenn·zeich·nungs·vor·schrif·ten *pl* HANDEL labelling provisions, marking requirements **Kenn·zeich·nungs·pflicht** *f* obligation to label **kenn·zeich·nungs·pflich·tig** *adj inv* having to be labelled [*or* AM labeled], subject to labelling [*or* AM labeling]

Kenn·zif·fer *f* code [*or* box] number; **erzeugnisbezogene ~** reference number **Kenn·zif·fern·ver·gleich** *m* FIN code-number comparison

ken·tern ['kɛntɐn] *vi sein* to capsize; **etw zum K~ bringen** to capsize sth

Ke·ra·mik <-, -en> [ke'ra:mɪk] *f* ① *kein pl (Töpferwaren)* ceramics *npl,* pottery *no indef art*
② *(Kunstgegenstand)* ceramic, piece of pottery
③ *kein pl (gebrannter Ton)* fired [*or* baked] clay

Ke·ra·mik·brenn·stoff·zel·le *f* ceramic fuel cell **Ke·ra·mik·in·lay** [-ɪnle:] *nt* ceramic inlay

ke·ra·misch [ke'ra:mɪʃ] *adj* ceramic, pottery *attr*

Ke·ra·tin <-s, -e> [kera'ti:n] *nt* BIOL keratin

Ker·be <-, -n> ['kɛrbə] *f (Einkerbung)* notch
▸WENDUNGEN: **in die gleiche** [*o* **dieselbe**] **~ hauen** [*o* **schlagen**] *(fam)* to take the same line

Ker·bel <-s> ['kɛrbl̩] *m kein pl* chervil

ker·ben ['kɛrbn̩] *vt* ■**etw ~** to carve sth

Kerb·holz *nt* ▸WENDUNGEN: **etw auf dem ~ haben** *(fam)* to have blotted one's copybook *fam* [*or* committed a few dirty deeds in the past]

Kerb·tier *nt* insect

Ker·ker <-s, -> ['kɛrkɐ] *m* ① HIST *(Verlies)* dungeon
② *(Strafe)* imprisonment *no pl*
③ ÖSTERR *(veraltend: Zuchthaus)* prison, jail, BRIT *a.* gaol

Ker·ker·meis·ter *m* HIST jailer, BRIT *a.* gaoler

Kerl <-s, -e *o* -s> [kɛrl] *m (fam)* ① *(Bursche)* fellow *fam,* BRIT *a.* chap *fam,* BRIT *a.* bloke *fam*
② *(Mensch)* person; ***er ist ein anständiger/toller ~*** he's a decent/terrific bloke [*or* fellow] *fam*
③ *(Freund)* guy *fam,* fellow *fam,* BRIT *a.* bloke *fam;* ***ihr ~ gefällt mir nicht*** I don't like her fellow [*or* bloke]

Kern <-[e]s, -e> [kɛrn] *m* ① BOT, HORT *Kernobst* pip; *Steinobst* stone; ***in ihr steckt ein guter ~*** *(fig)* she's good at heart; **einen wahren ~ haben** *(fig)* to contain a core of truth
② *(Nusskern)* kernel
③ *(Atomkern)* nucleus
④ *(Zellkern)* nucleus
⑤ *(der zentrale Punkt)* heart, crux; **der ~ eines Problems** the crux of a problem; **zum ~ eines Problems kommen** to get to the heart of a problem; ***kommen wir zum ~ der Sache!*** let's get to the point!
⑥ *(zentraler Teil)* centre [*or* AM -er]; *(Familie)* nucleus; *(wichtigster Teil)* core, nucleus
▸WENDUNGEN: **der harte ~** the hard core

Kern·ak·ti·o·när(in) *m(f)* BÖRSE core shareholder **Kern·ar·beits·zeit** *f* core work time [*or* working hours]

Kern·bei·ßer <-s, -> *m* ORN hawfinch

Kern·be·reich *m* central area, core **Kern·be·stand** *m* core [constituents *pl*]

Kern·brenn·stab *m* [nuclear] fuel rod **Kern·brenn·stoff** *m* nuclear fuel **Kern·ener·gie** *f* nuclear [*or* atomic] energy **Kern·ener·gie·aus·stieg** *m withdrawal from nuclear energy* **Kern·ex·plo·si·on** *f* nuclear explosion

Kern·fach *nt* SCH core subject **Kern·fa·mi·lie** *f* nuclear family

Kern·for·schung *f* nuclear research **Kern·for·schungs·zent·rum** *nt* nuclear research centre [*or* AM -er]

Kern·fra·ge *f* central issue, crucial question **Kern·frucht** *f* pome [fruit], pomaceous [*or* hard pip] [*or* seed] fruit

Kern·fu·si·on *f* nuclear fusion

Kern·ge·dan·ke *m* central idea

Kern·ge·häu·se *nt* BOT, HORT core
Kern·ge·schäft *nt* HANDEL core business
kern·ge·sund *adj* fit as a fiddle *pred,* fighting fit *pred*
Kern·holz *nt* FORST heartwood
Kern·hül·le *f* BIOL nuclear membrane
ker·nig ['kɛrnɪç] *adj* ① *(markig)* robust; ***der Auspuff dieses Sportwagens hat einen satten, ~en Klang*** this sports car's exhaust makes a lovely, powerful noise
② *(urwüchsig)* earthy; ***die haben ~e Sprüche drauf*** they come out with some earthy language
③ *(voller Obstkerne)* full of pips *pred*
Kern·kom·pe·tenz *f* core competence
Kern·kraft *f* nuclear power **Kern·kraft·be·für·wor·ter(in)** *m(f)* advocate [*or* supporter] of nuclear power **Kern·kraft·geg·ner(in)** *m(f)* opponent of nuclear power **Kern·kraft·werk** *nt* nuclear power plant [*or* station] **Kern·la·dungs·zahl** *f* PHYS atomic number
Kern·land *nt* heartland
kern·los *adj* pipless; **~e Trauben** seedless grapes **Kern·obst** *nt* pome [fruit], pomaceous [*or* hard pip] [*or* seed] fruit
Kern·phy·sik *f* nuclear physics + *sing vb, no art* **Kern·phy·si·ker(in)** *m(f)* nuclear physicist
Kern·pro·blem *nt* central problem **Kern·pro·ble·ma·tik** *f* central problem **Kern·punkt** *m s.* **Kern 5**
Kern·re·ak·ti·on *f* nuclear reaction **Kern·re·ak·tor** *m* nuclear reactor
Kern·schat·ten *m* ASTRON umbra, total shadow
Kern·schmel·ze *f* core meltdown, meltdown of the core
Kern·sei·fe *f* washing [*or* hard] soap
Kern·spal·tung *f* PHYS nuclear fission *no pl, no indef art*
Kern·spei·cher *m* ELEK core memory
Kern·spin·re·so·nanz·spek·tro·sko·pie <-> *f kein pl* NUKL nuclear magnetic resonance spectroscopy
Kern·spin·to·mo·graf[RR] *m* magnetic resonance imaging scanner, MRI **Kern·strah·lung** *f* nuclear radiation
Kern·stück *nt* crucial [*or* central] part [*or* element]
Kern·tech·nik *f* nuclear engineering **kern·tech·nisch** *adj inv* nuclear, relating to nuclear technology **Kern·tech·no·lo·gie** *f* PHYS nuclear technology **Kern·tei·lung** *f* BIOL nuclear division **Kern·trans·fer** *m* BIOL nucleus transfer, transfer of a/the nucleus
Kern·ver·schmel·zung *f* ① PHYS *s.* **Kernfusion**
② BIOL cell union, karyogamy *spec*
Kern·ver·suchs·an·la·ge *f* nuclear test site **Kern·waf·fe** *f meist pl* MIL, PHYS nuclear [*or* atomic] weapon **kern·waf·fen·frei** *adj* nuclear-free **Kern·waf·fen·ver·such** *m* nuclear [*or* atomic] weapons test
Kern·zeit *f* core work time [*or* working hours]
Ke·ro·sin <-s, -e> [kero'zi:n] *nt* kerosene
Ker·we <-, -n> ['kɛrvə] *f* DIAL fair, kermis
Ker·ze <-, -n> ['kɛrtsə] *f* ① *(Wachskerze)* candle; *(elektrische Kerze)* electric Christmas-tree light
② AUTO *(Zündkerze)* spark [*or* BRIT *a.* sparking] plug
③ SPORT *(Bodenübung)* shoulder stand; **eine ~ machen** to do a shoulder stand
④ BOT *(Blütenstand)* candle, thyrus *spec*
Ker·zen·be·leuch·tung *f s.* **Kerzenlicht** **Ker·zen·docht** *m* [candle]wick **ker·zen·ge·ra·de** I. *adj* erect II. *adv* as straight as a die **Ker·zen·hal·ter** *m* candle-holder **Ker·zen·leuch·ter** *m* candlestick; **ein fünfarmiger ~** a candelabrum with five branches **Ker·zen·licht** *nt kein pl* candlelight; **bei ~** by candlelight **Ker·zen·schlüs·sel** *m* AUTO [spark [*or* BRIT *a.* sparking]] plug spanner **Ker·zen·stän·der** *m* candlestick, candelabrum
Ke·scher <-s, -> ['kɛʃɐ] *m* fishing-net
kess[RR], **keß**[ALT] [kɛs] I. *adj* ① *(frech und pfiffig)* cheeky, cocky; **eine kesse Antwort** a cheeky answer; **kesse Sprüche** cheeky language
② *(hübsch)* pert
③ *(flott)* pert, jaunty; **eine kesse Hose** a natty pair of trousers
II. *adv* cheekily
Kes·sel <-s, -> ['kɛsəl] *m* ① *(Wasserkessel)* kettle; ***sie setzte den ~ auf*** she put the kettle on
② *(großer Kochtopf)* pot
③ *(Heizkessel)* boiler
④ GEOG *(Mulde)* basin, basin-shaped valley
⑤ MIL *(Einschlussring)* encircled area
Kes·sel·fli·cker(in) <-s, -> *m(f)* tinker **Kes·sel·haus** *nt* boiler house **Kes·sel·pau·ke** *f* kettledrum **Kes·sel·schmied** <-en, -en> *m* boilermaker
Kes·sels·ku·chen *m* KOCHK *spicy cake made from grated raw potatoes*
Kes·sel·stein *m kein pl* scale, fur **Kes·sel·trei·ben** *nt* witch-hunt
Kess·heit[RR], **Keß·heit**[ALT] <-, -en> *f* cheek[iness], sauciness
Ke·ta·min <-s> *nt kein pl* ketamine
Ket·chup <-[s], -s> ['kɛtʃap] *m o nt* ketchup
Ke·ton <-s, -e> [ke'to:n] *nt meist pl* CHEM ketone
Ketsch <-, -en> [kɛtʃ] *f* NAUT ketch
Ke·tschua[1] <-, -> ['kɛtʃu̯a] *m o f* Quechua, Quichua
Ke·tschua[2] <-> ['kɛtʃu̯a] *nt* ■**das ~** Quechua, Quichua, Kechua
Ket·schup[RR] <-[s], -s> ['kɛtʃap] *m o nt s.* **Ketchup**
Ket·te <-, -n> ['kɛtə] *f* ① *(Gliederkette)* chain; **einen Hund an die ~ legen** to chain up a dog *sep,* to put a dog on a chain; **jdn an die ~ legen** *(fig)* to keep sb on a tight [*or* short] leash *fig;* **jdn in ~n legen** to put sb in chains, to clap sb in irons; **in ~n liegen** *(geh)* to be in chains; **seine ~n zerreißen** [*o* **sprengen**] *(fig geh)* to throw off [*or* break] one's chains [*or* shackles] [*or* fetters]; *(Fahrradkette)* [bicycle] chain; *(Schmuckkette)* necklace
② *(ununterbrochene Reihe)* line; ***viele tausende Demonstranten hatten eine ~ gebildet*** several thousand demonstrators had formed a human chain; *(Reihe von Gleichartigem) Blumen* row; *Bergen* chain; **eine ~ von Beweisen/Indizien** a body of evidence; **eine ~ von Ereignissen** a chain of events; **eine ~ von Unglücksfällen** a series [*or* chapter] of accidents; **~ rauchen** to chain-smoke
③ ÖKON chain; ***dieses Restaurant gehört zu einer ~*** this restaurant is part of a chain
④ *(in Längsrichtung verlaufende Fäden)* warp
ket·teln ['kɛtl̩n] *vt* ■**etw ~** to loop sth
ket·ten ['kɛtn̩] *vt* ① *(mit einer Kette befestigen)* ■**jdn/ein Tier an etw** *akk* **~** to chain sb/an animal to sth
② *(fest binden)* ■**jdn an sich** *akk* **~** to bind [*or* tie] sb to oneself *fig;* ■**jdn an jdn ~** to bind [*or* tie] sb to sb *fig*
Ket·ten·ab·bruch *m* CHEM termination of a chain **Ket·ten·ar·beits·ver·hält·nis** *nt* ÖKON chain contract of employment **Ket·ten·bil·dung** *f* CHEM chain formation
Ket·ten·brief *m* chain letter **Ket·ten·brief·be·trug** *m* chain letter scam
Ket·ten·fahr·zeug *nt* tracked vehicle, Caterpillar® [vehicle] **Ket·ten·fort·pflan·zungs·re·ak·ti·on** *f* CHEM propagation reaction **Ket·ten·glied** *nt* link **Ket·ten·hemd** *nt* HIST coat of chain mail **Ket·ten·hund** *m* [chained-up] guard dog [*or* watchdog] **Ket·ten·ka·rus·sell** *nt* merry-go-round **Ket·ten·mo·le·kül** *nt* CHEM chain molecule **Ket·ten·punkt** *m* TYPO chain dot **Ket·ten·rau·chen** *nt* chain-smoking **Ket·ten·rau·cher(in)** *m(f)* chain-smoker
Ket·ten·re·ak·ti·on *f* ① NUKL chain reaction
② *(aufeinander folgende Ereignisse)* chain reaction *fig*
Ket·ten·rech·nung *f* MATH chain calculation **Ket·ten·rohr·zan·ge** *f* chain pipe wrench **Ket·ten·sä·ge** *f* chainsaw **Ket·ten·schal·tung** *f* derailleur gear **Ket·ten·schutz** *m* chain guard **Ket·ten·ver·zwei·gung** *f* CHEM chain branching
Ket·zer(in) <-s, -> ['kɛtsɐ] *m(f)* ① REL *(Häretiker)* heretic
② *(geh: Abweichler)* heretic *fig*
Ket·ze·rei <-, -en> [kɛtsə'rai̯] *f* ① REL *(Häresie)* heresy
② *(geh: Abweichlertum)* heresy *fig*
Ket·ze·rin <-, -nen> *f fem form von* **Ketzer**
ket·ze·risch *adj* ① REL *(häretisch)* heretical, heterodox *form*
② *(geh: abweichlerisch)* heretical *fig,* heterodox *fig form*
keu·chen ['kɔyçn̩] *vi* ① *haben (schwer atmen)* to puff [*or* pant]
② *sein (sich schwer atmend fortbewegen)* ■**irgendwohin ~** to puff [*or* pant] somewhere
Keuch·hus·ten *m* whooping cough *no art,* pertussis *spec*
Keu·le <-, -n> ['kɔylə] *f* ① *(Waffe)* club, cudgel; **chemische ~** *(fig euph)* Chemical Mace®
② SPORT Indian club
③ KOCHK *(Schenkel)* leg
Keu·len·schlag *m* blow with a club [*or* cudgel]
▶WENDUNGEN: **jdn wie ein ~ treffen** to hit sb like a thunderbolt
keusch [kɔyʃ] *adj* chaste
Keusch·heit <-> *f kein pl* chastity, chasteness; **~ geloben** to take a vow of chastity
Keusch·heits·ge·lüb·de *nt* vow of chastity; **das ~ ablegen** to take a vow of chastity **Keusch·heits·gür·tel** *m* HIST chastity belt
Key·board <-s, -s> ['ki:bo:ɐ̯t] *nt* keyboard
Key·word <-s, -s> ['ki:wɜ:d] *nt* key word
Kfm. *Abk von* **Kaufmann**
Kfor <-> ['ka:fo:ɐ] *f kein pl kurz für* **Kosovo Force** Kfor *(NATO peacekeeping force in Kosovo)*
K-Fra·ge <-> ['ka:-] *f kein pl kurz für* **Kanzlerfrage** *question concerning who would be the CDU/CSU's chancellor candidate for the 2002 national elections*
Kfz <-[s], -[s]> [ka:ɛf'tsɛt] *nt Abk von* **Kraftfahrzeug** motor vehicle
Kfz-Brief *m* [vehicle] registration document, BRIT *a.* log-book **Kfz-Haft·pflicht·ver·si·che·rung** *f* FIN third-party motor insurance **Kfz-Lea·sing·ver·trag** *m* FIN vehicle leasing contract **Kfz-Me·cha·ni·ker(in)** *m(f)* motor [*or* car] mechanic **Kfz-Steu·er** *f* motor vehicle tax **Kfz-Ver·si·che·rung** *f* motor [vehicle] insurance BRIT, motor vehicle [*or* car] insurance **Kfz-Werk·statt** *f* motor vehicle workshop **Kfz-Zu·be·hör** *nt* motor vehicle accessories
kg *Abk von* **Kilogramm** kg
KG[1] <-, -s> [ka:'ge:] *f Abk von* **Kommanditgesellschaft** limited partnership
KG[2] <-, -s> [ka:'ge:] *f Abk von* **Krankengymnastik** physio[therapy]
kgl. *adj Abk von* **königlich** royal
K-Grup·pe *f* POL Communist splinter group
Kha·ki[1] <-s> ['ka:ki] *m kein pl* khaki
Kha·ki[2] <-s> ['ka:ki] *nt kein pl (Farbe)* khaki
kha·ki·far·ben *adj* khaki[-coloured [*or* AM -ored]]
Khan <-s, -e> [ka:n] *m* HIST khan
Khar·t(o)um <-s> ['kartʊm, kar'tu:m] *nt* Khartoum
Khat <-s> [ka:t] *nt kein pl* BOT khat
Khmer [kme:ɐ̯] *nt dekl wie adj* Khmer
kHz *Abk von* **Kilohertz** kHz
KI <-> [ka:'i:] *f kein pl* INFORM *Abk von* **Künstliche Intelligenz** AI
Kib·buz <-, Kibbuzim *o* -e> [kɪ'bu:ts, *pl* kɪbu'tsi:m] *m* GEOG kibbutz
Ki·cher·erb·se ['kɪçɐʔɛrpsə] *f* chick-pea
ki·chern ['kɪçɐn] *vi* to giggle
Kick [kɪk] *m* ① SPORT kick
② *(fam: Nervenkitzel)* kick
Kick-down, Kick·down <-s, -s> [kɪk'dau̯n] *nt o m* AUTO kickdown
ki·cken ['kɪkn̩] FBALL I. *vi (fam)* to play football; [**für einen Verein**] **~** to play [football] [for a club]
II. *vt (fam)* **den Ball ~** to kick the ball
Ki·cker(in) ['kɪkɐ] *m(f)* FBALL *(fam)* football [*or* soccer] player
Ki·cker·tisch *m (spiel)* table football BRIT, foosball table AM
Kick·star·ter *m* TECH kick-start[er]
Kid <-s, -s> [kɪt] *nt (sl)* kid *fam,* youngster *fam*
kid·nap·pen ['kɪtnɛpn̩] *vt* ■**jdn ~** to kidnap sb
Kid·nap·per(in) <-s, -> ['kɪtnɛpɐ] *m(f)* kidnapper
Kid·nap·ping <-s, -s> ['kɪtnɛpɪŋ] *nt* kidnapping

kie·big ['ki:bɪç] *adj* DIAL ❶ *(frech)* cheeky, saucy, fresh *fam*
❷ *(aufgebracht)* ■ ~ **sein/werden** to be/get annoyed

Kie·bitz <-es, -e> ['ki:bɪts] *m* lapwing, pe[e]wit

kie·bit·zen ['ki:bɪtsn̩] *vi haben* ❶ *(fam: neugierig beobachten)* to look on curiously
❷ KARTEN, SCHACH to kibitz *(to look on and offer unwelcome advice)*

Kie·fer¹ <-, -n> ['ki:fɐ] *f* ❶ *(Baum)* pine [tree]
❷ *kein pl (Holz)* pine[wood]

Kie·fer² <-s, -> ['ki:fɐ] *m* ANAT jaw[-bone]

Kie·fer·bruch *m* MED fracture of the jaw, jaw fracture **Kie·fer·chi·rurg(in)** *m(f)* oral surgeon **Kie·fer·chi·rur·gie** *f* oral surgery **Kie·fer·chi·rur·gin** *f fem form von* **Kieferchirurg** **Kie·fer·fehl·stel·lung** *f* MED malposition of the jaw **Kie·fer·ge·lenk** *nt* ANAT, MED [temporo]mandibular joint *spec*

Kie·fer·höh·le *f* ANAT maxillary sinus **Kie·fer·höh·len·ent·zün·dung** *f* maxillary sinusitis, antritis *spec* **Kie·fern·holz** *nt* pine[wood] **Kie·fern·kreuz·schna·bel** *m* ORN parrot crossbill **Kie·fern·na·del** *f* pine needle **Kie·fern·öl** *nt* pine oil **Kie·fern·rin·de** *f* bark of the pine [tree], pine[-tree] bark **Kie·fern·stamm** *f* pine[-tree] trunk **Kie·fern·wald** *m* pine wood **Kie·fern·zap·fen** *m* pine cone **Kie·fern·zweig** *m* pine[-tree] twig

Kie·fer·or·tho·pä·de, -or·tho·pä·din <-n, -n> *m, f* MED orthodontist **Kie·fer·or·tho·pä·die** *f* MED orthodontics + *sing vb,* orthodontia

kie·ken ['ki:kn̩] *vi* NORDD *(gucken)* to look

Kie·ker <-s, -> ['ki:kɐ] *m* ▶WENDUNGEN: **jdn auf dem ~ haben** *(fam: an jdm herumnörgeln)* to have it in for sb *fam; (jdn mit Misstrauen beobachten)* to have one's eye on sb; *(an jdm sehr interessiert sein)* to have one's eye on sb

kie·ksen *vi* to squeak

Kiel <-[e]s, -e> [ki:l] *m* ❶ NAUT *(Schiffskiel)* keel; **ein Schiff auf ~ legen** to lay down [the keel of] a ship *sep*
❷ *(Federkiel)* quill

kiel·ho·len *vt* ■**gekielholt werden** ❶ NAUT to be careened ❷ HIST to be keel-hauled **Kiel·li·nie** *f* NAUT, MIL **in ~ fahren** to sail in line astern **kiel·oben** [ki:l'ʔo:bn̩] *adv* bottom [*or* keel] up **Kiel·raum** *m* bilge **Kiel·was·ser** *nt* wake, wash; **in jds ~ segeln** [*o* **schwimmen**] *(fig)* to follow in sb's wake *fig*

Kie·me <-, -n> ['ki:mə] *f* gill

Kie·men·schne·cke *f* ZOOL whelk

Kien <-[e]s> ['ki:n] *m,* **Kien·span** ['ki:n-] *m kein pl* pine[wood] spill

Kie·pe <-, -n> ['ki:pə] *f* NORDD pannier

Kies <-es, -e> [ki:s] *m* ❶ *(kleines Geröll)* gravel *no pl*
❷ *kein pl (sl: Geld)* dough *sl no indef art,* bread *sl no indef art,* BRIT *a.* dosh *sl no indef art*

Kie·sel <-s, -> ['ki:zl̩] *m s.* **Kieselstein**

Kie·sel·al·ge *f* diatom **Kie·sel·er·de** *f* silica **Kie·sel·gel** *nt* silica gel **Kie·sel·säu·re** *f* CHEM silicic acid **Kie·sel·stein** *m* pebble **Kie·sel·strand** *m* shingle [*or* pebble] beach

Kies·gru·be *f* gravel pit **Kies·strand** *m* pebble [*or* shingle] beach **Kies·weg** *m* gravel path

Kiew <-s> ['ki:ɛf] *nt* Kiev

Kiez <-es, -e> [ki:ts] *m* ❶ *(Berliner Stadtviertel)* neighbourhood BRIT, neighborhood AM, area of town
❷ *(sl: Strich, bes. Hamburg)* red-light district; **auf dem ~** *(sl)* in the neighbourhood [*or* AM neighborhood]

kif·fen ['kɪfn̩] *vi (sl)* to smoke pot *fam* [*or fam* dope] [*or sl* grass]

Kif·fer(in) <-s, -> *m(f) (sl)* pot-smoker *fam,* pot-head *fam,* dope-head *fam*

ki·ke·ri·ki [kikəri'ki:] *interj* cock-a-doodle-doo

Ki·ku·yu¹ <-, -[s]> [ki'ku:ju] *m o f* Kikuyu

Ki·ku·yu² [ki'ku:ju] *nt* ■**das ~** Kikuyu

kil·le·kil·le ['kɪlə'kɪlə] *adv (fam)* **~ machen** to tickle

kil·len ['kɪlən] *vt (sl)* ■**jdn ~** to bump off [*or* do in] sb *sep sl,* to kill sb

Kil·ler(in) <-s, -> ['kɪlɐ] *m(f) (sl)* hit man

Kil·ler·ap·pli·ka·ti·on ['kɪlɐaplikatsi̯o:n] *f* ÖKON killer product *fam*

Kil·ler·in·stinkt *m (sl)* killer instinct

Kil·ler·kom·man·do ['kɪlɐ-] *nt* hit squad, death squad **Kil·ler·zel·le** *f* MED T cytotoxic cell

Ki·lo <-s, -[s]> ['ki:lo] *nt (fam) s.* **Kilogramm** kilo

Ki·lo·bit ['ki:lobɪt] *nt* INFORM kilobit **Ki·lo·byte** ['ki:lobai̯t] *nt* kilobyte **Ki·lo·gramm** *nt* kilogram[me] **Ki·lo·hertz** *nt* PHYS kilohertz, kilocycle [per second] **Ki·lo·joule** ['ki:lodʒau̯l, -dʒu:l] *nt* kilojoule **Ki·lo·ka·lo·rie** ['ki:lokalori:] *f* PHYS kilocalorie

Ki·lo·me·ter [kilo'me:tɐ] *m* ❶ *(1000 Meter)* kilometre [*or* AM -er]; **bei ~ ...** SPORT after ... kilometres; ***bei ~ 15 gab es den ersten Getränkestand*** the first drinks stand came after 15 kilometres
❷ *(fam: Stundenkilometer)* ... [kilometres [*or* AM -ers] per hour]; ***auf dieser Strecke herrscht eine Geschwindigkeitsbeschränkung von 70 ~n*** there's a speed limit of 70 [kilometres per hour] on this stretch [of road]

Ki·lo·me·ter·fres·ser *m (fam)* long-distance speed merchant *fam,* mile eater *fam* **Ki·lo·me·ter·geld** *nt* FIN mil[e]age [allowance] **ki·lo·me·ter·lang** I. *adj* stretching for miles *pred;* **eine ~e Autoschlange/Fahrzeugschlange/ein ~er Stau** a line of cars/vehicles/a traffic jam stretching [back] [*or* BRIT *a.* tailback stretching] for miles; **ein ~er Strand** a beach stretching for miles [and miles] II. *adv* for miles [and miles], for miles on end **Ki·lo·me·ter·leis·tung** *f* AUTO mileage **Ki·lo·me·ter·pau·scha·le** *f* FIN [tax] mil[e]age allowance **Ki·lo·me·ter·stand** *m* mil[e]age [reading]; **bei ~ ...** with a mil[e]age reading of ..., with ... on the clock, after ... kilometres [*or* AM -ers] [*or* miles]; ***bei ~ 25.000 haben Sie die nächste Inspektion!*** your next service is due at [*or* after] 25,000 kilometres! **Ki·lo·me·ter·stein** *m* milestone **ki·lo·me·ter·weit** I. *adj* for miles [and miles] *pred;* ***sie machen gerne ~e Wanderungen*** they like taking walks which last for many miles [*or* walking for miles] II. *adv* for miles [and miles]; ***von der Bergkuppe kann man ~ sehen*** you can see for kilometres [*or* miles] from the top of the mountain **Ki·lo·me·ter·zäh·ler** *m* milometer, odometer, mil[e]age counter [*or* indicator]

Ki·lo·volt [kilo'vɔlt, 'kilo-] *nt* kilovolt

Ki·lo·watt [kilo'vat, 'kilo-] *nt* kilowatt **Ki·lo·watt·stun·de** [kilo'vat-, 'kilo-] *f* kilowatt-hour

Kim·me <-, -n> ['kɪmə] *f* back [*or* rear] sight; **über ~ und Korn zielen** to aim over notch and bead sight [*or* open sights]

Ki·mo·no·är·mel *m* kimono sleeve

Kind <-[e]s, -er> [kɪnt, *pl* kɪndɐ] *nt* ❶ *(a. fig: Nachkomme)* child *a. fig,* kid *fam;* ***ihre ~er sind drei und vier Jahre alt*** her children are three and four years old; [***du bist aber ein***] ***kluges ~!*** *(iron)* oh, aren't you clever! *iron;* ***aber ~!*** child, child!; **ein ~ [von jdm] bekommen** [*o fam* **kriegen**] to be pregnant [by sb [*or* with sb's child]]; ***wir bekommen ein ~!*** we're going to have a baby!; **ein Berliner ~ sein** to be a Berliner born and bred; **ein ~ [von jdm] erwarten** to be expecting a baby [by sb]; **gemeinschaftliches ~** JUR mutual child; **~er Gottes** *(fig)* God's children; **jds ~er und Kindeskinder** sb's children and children's children; **jds leibliches ~** sb's own child; **jdm ein ~ machen** *(sl)* to put sb in the club *fam* [*or* BRIT *sl* up the duff], to knock sb up *sl;* **jdn an ~es Statt annehmen** JUR to adopt sb; **ein uneheliches** [*o* **nicht eheliches**] **~** an illegitimate child, a child born out of wedlock *old form;* **bei jdm ist ein ~ unterwegs** sb is expecting [a baby] [*or* is pregnant]; **sich *dat* ein ~ wegmachen lassen** *(sl)* to get rid of a baby *euph;* **ein ~ in die Welt setzen** [*o geh* **zur Welt bringen**] to bring a child into the world; **ein ~ seiner Zeit/des zwanzigsten Jahrhunderts sein** to be a child of one's time/the twentieth century
❷ *(Altersstufe)* child; MED, PSYCH infant; ***da zeigt sich das ~ im Mann*** all men are boys at heart; **sich *akk* wie ein ~ freuen** to be as pleased as Punch; **ein großes ~ sein** to be a big baby; **noch ein halbes ~ sein** to be still almost a child; **kein ~ mehr sein** not to be a child any more; **von ~ auf** [*o* **an**] from childhood [*or* an early age]
❸ *pl (fam: Leute)* folks *pl fam;* ***passt mal auf, ~er!*** attention, folks!; **~er, ~er!** dear oh dear!, goodness me!
❹ *(fig: Ergebnis, Produkt)* product; ***das Ganze war ein ~ seiner Phantasie*** the whole thing was the product of his imagination
❺ *(Anrede für junge Frau)* love; ***Sie sehen überarbeitet aus,*** ~ you look overworked, love
▶WENDUNGEN: **das ~ mit dem Bade ausschütten** to throw out the baby with the bathwater; **jdm ein ~ in den Bauch reden** *(fam)* to talk the hind legs off a donkey; ***reden Sie mir kein ~ in den Bauch, ich kaufe Ihnen sowieso nichts ab*** I'm not going to buy anything off you, however much you try and soft-soap me; **[ein] gebranntes ~ scheut das Feuer** *(prov)* once bitten, twice shy *prov;* ***was Glücksspiele angeht, bin ich ein gebranntes ~!*** I've learned my lesson as far as games of chance are concerned; **mit ~ und Kegel** *(hum fam)* with the whole family; **kleine ~er, kleine Sorgen, große ~er, große Sorgen** *(prov)* children when they are little make parents fools, when great, mad [*or* they are great they make them mad] *prov;* **aus ~ern werden Leute** *(prov)* children grow up [all too] quickly; **bei jdm lieb ~ sein** *(fam)* to be sb's favourite [*or* blue-eyed boy] [*or* girl]; **sich *akk* bei jdm lieb ~ machen** *(fam)* to [try and] get on the right side of sb [*or* in sb's good books]; **das ~ muss einen Namen haben** it must be called something; **das ~ beim [rechten] Namen nennen** to call a spade a spade; **~er und Narren** [*o* **Betrunkene**] **sagen die Wahrheit** *(prov)* children and fools speak the truth *prov;* **das ist nichts für kleine ~er** that's not for your young eyes [*or* ears]; **wie sag ich's meinem ~e?** *(hum)* I don't know how to put it, how should I put it?; ***ich kann ihm nicht helfen, aber wie sag ich's meinem ~e?*** I can't help him, but how am I going to tell him?; **wir werden das ~ schon schaukeln** *(fam)* we'll manage to sort it [*or* everything] out; **ein ~ des Todes sein** *(fig veraltend geh)* to be as good as dead; **kein ~ von Traurigkeit sein** *(hum)* to be sb who enjoys life; ***ich bin kein ~ von Traurigkeit*** I [like [*or* know how] to] enjoy life; **das weiß doch jedes ~!** *(fam)* any child [*or* five-year-old] knows [*or* could tell you] that

Kind·bett *nt (veraltend) s.* **Wochenbett** **Kind·bett·fie·ber** *nt (veraltend)* neonatal sepsis

Kind·chen <-s, -> ['kɪntçən] *nt dim von* **Kind**
❶ *(Baby)* baby
❷ *(mein liebes Kind)* my dear child, little one

Kind·chen·sche·ma *nt* PSYCH baby schema

Kin·der·ar·beit *f* child labour [*or* AM -or] **Kin·der·ar·mut** *f* child poverty **Kin·der·arzt, -ärz·tin** *m, f* paediatrician BRIT, pediatrician AM **Kin·der·au·gen** *pl* children's [*or* child's] eyes; **[vor Erstaunen] ~ bekommen** [*o* **machen**] to be wide-eyed [with astonishment] **Kin·der·be·klei·dung** *f* children's wear

Kin·der·be·treu·ung *f* child care, BRIT *a.* childminding **Kin·der·be·treu·ungs·dienst** *m* crèche facilities *pl*

Kin·der·bett *nt* cot **Kin·der·bett·um·ran·dung** *f* cot bumper

Kin·der·bild *nt* childhood photograph **Kin·der·buch** *nt* children's book **Kin·der·bü·ro** *nt* children's advice centre [*or* AM -er]

Kin·der·chen *pl dim von s.* **Kind** kiddie

Kin·der·chor [-ko:ɐ] *m* children's choir **Kin·der·dorf** *nt* children's village **Kin·der·do·sis** *f* children's dose [*or* dosage] **Kin·der·ehe** *f* child marriage

Kin·de·rei <-, -en> [kɪndə'rai̯] *f* childishness *no pl, no indef art*

Kin·der·er·zie·her(in) <-s, -> *m(f)* children's educator [*or* educationalist] BRIT, nursery school teacher **Kin·der·er·zie·hung** *f* bringing up [*or* raising] [*or* rearing] children **Kin·der·er·zie·hungs·zeit** *f* time spent bringing up [one's] children **Kin·der·fahr·kar·te** *f* child's ticket **Kin·der·fahr·rad** *nt* child's bicycle [*or fam* bike] **kin·der·feind·lich** **I.** *adj* anti-children; **eine ~e Architektur/Planung** architecture/planning which does not cater for children [*or* take children into account] **II.** *adv* with little thought [*or* regard] [*or* without regard] for children **Kin·der·feind·lich·keit** *f* anti-children attitude; **die ~ von Architektur/Gesellschaft** the failure of architecture/society to cater for children [*or* take children into account] **Kin·der·fest** *nt* children's party **Kin·der·film** *m* children's film **Kin·der·frei·be·trag** *m* child [*or* children's] allowance **Kin·der·frei·zeit** *f* children's holiday camp [*or* course] **Kin·der·freund(in)** *m(f)* sb who loves children; **ein ~ sein** to be [very] fond of children **kin·der·freund·lich** **I.** *adj* child-orient[at]ed [*or* -friendly]; **~e Architektur** architecture which caters for children [*or* takes children into account] **II.** *adv* with children in mind **Kin·der·funk** *m* TV, RADIO children's programme [*or* AM -am]; *(Abteilung)* Children's Programmes [*or* AM -ams] + *sing vb, no art*

Kin·der·gar·ten *m* kindergarten, nursery school **Kin·der·gar·ten·platz** *m* nursery school [*or* kindergarten] place

Kin·der·gärt·ner(in) *m(f)* kindergarten [*or* nursery-school] teacher **Kin·der·ge·burts·tag** *m* child's birthday **Kin·der·geld** *nt* child benefit, family allowance *dated* **Kin·der·ge·schrei** *nt kein pl sound of children shrieking and yelling* **Kin·der·ge·sicht** *nt* ❶ *(Gesicht eines Kindes)* child's face; ***beim Fest sah man nur frohe/glückliche ~er*** one could see only happy children's faces at the party ❷ *(kindliches Gesicht)* childlike face **Kin·der·got·tes·dienst** *m* children's service **Kin·der·haus** *nt* ❶ *(Spielhaus)* playhouse ❷ *(Zufluchtsort)* children's refuge **Kin·der·heil·kun·de** *f* paediatrics BRIT *no art, + sing vb,* pediatrics AM *no art, + sing vb* **Kin·der·heim** *nt* children's home **Kin·der·hilfs·werk** *nt* child[ren's] relief organization **Kin·der·hoch·stuhl** *m* highchair **Kin·der·hort** *m* day-nursery, BRIT *a.* crèche **Kin·der·jah·re** *pl* childhood years *pl* **Kin·der·ka·nal** *m* children's channel **Kin·der·kli·nik** *f* MED children's [*or* paediatric] [*or* AM pediatric] clinic **Kin·der·kran·ken·haus** *nt s.* **Kinderklinik** **Kin·der·krank·heit** *f* ❶ *(Krankheit)* childhood disease [*or* illness] ❷ *meist pl (fig: Anfangsprobleme)* teething troubles *pl fig* **Kin·der·krie·gen** <-s> *nt kein pl (fam) (das Gebären)* giving birth *no art,* having children *no art* ▸WENDUNGEN: **zum ~ sein** to be enough to drive one up the wall [*or* round [*or* AM around] the bend] *fam* **Kin·der·krip·pe** *f* day-nursery, BRIT *a.* crèche **Kin·der·la·den** *m* anti-authoritarian kindergarten [*or* nursery school]

Kin·der·läh·mung *f* polio, poliomyelitis *spec,* infant[ile] paralysis *dated* **Kin·der·läh·mungs·impf·stoff** *m* polio vaccine

kin·der·leicht ['kɪndɐ'laiçt] **I.** *adj* very [*or* BRIT *a. fam* dead] easy; ■ **~ sein** to be child's play *fam*
II. *adv* very easily; **etw ist ~ zu bedienen/montieren** sth is very [*or* BRIT *a. fam* dead] easy to operate/assemble

Kin·der·lein *pl s.* **Kinderchen**

kin·der·lieb ['kɪndɐli:p] *adj* fond of children *pred* **Kin·der·lie·be** *f* love of children **Kin·der·lied** *nt* nursery rhyme

kin·der·los *adj* childless

Kin·der·lo·sig·keit <-> *f kein pl* childlessness

Kin·der·mäd·chen *f* nanny, nursemaid **Kin·der·mär·chen** *nt (fam)* fairy story, fairy-tale **Kin·der·mo·de** *f* children's fashion **Kin·der·mord** *m (Mord an einem Kind)* child murder, infanticide; **einen ~ begehen** to murder a child, to commit child murder [*or* infanticide] **Kin·der·mör·der(in)** *m(f)* child murderer **Kin·der·mund** *m (Mund eines Kindes)* child's mouth ▸WENDUNGEN: **~ tut Wahrheit kund** *(prov)* out of the mouths of babes and sucklings *prov,* children are never shy about telling the truth **Kin·der·narr, -när·rin** *m, f* sb who loves children

Kin·der·por·no·gra·fie^RR *f* child pornography **Kin·der·pro·gramm** *nt* TV, RADIO children's programme [*or* AM -am] **Kin·der·pros·ti·tu·ti·on** *f* child prostitution **Kin·der·psy·cho·lo·gie** *f* child psychology **kin·der·reich** *adj* with many children *pred;* **eine ~e Familie** a large family **Kin·der·reich·tum** *m kein pl* abundance of children **Kin·der·reim** *m* nursery rhyme **Kin·der·rei·se·bett** *nt* travel cot **Kin·der·schän·der(in)** <-s, -> *m(f)* JUR, SOZIOL child molester [*or* abuser] **Kin·der·schar** *f* crowd of children **Kin·der·schreck** *m kein pl (pej)* bog[e]yman **Kin·der·schuh** *m (Schuh für Kinder)* child's shoe; **den ~en entwachsen sein** *(geh)* to have grown up [*or* become an adult]; **noch in den ~en stecken** *(fig)* to be still in its infancy; ***dieses Verfahren steckt noch in den ~en*** this process is still in its infancy; **die ~e ausgetreten haben, den ~en entwachsen sein** to no longer be a child, not to be a child any more **Kin·der·schutz·bund** *m* child welfare [*or* protection] agency, BRIT *a.* ≈ NSPCC **Kin·der·schutz·pro·gramm** *nt* INFORM child safety [software] program **Kin·der·se·gen** *m (bes hum)* large number of children **Kin·der·sen·dung** *f* TV, RADIO childrens' programme [*or* AM program] **Kin·der·si·cher·heits·sitz** *m* AUTO child safety seat

Kin·der·si·che·rung *f* ❶ INET *(Filterprogramm)* filter program for children ❷ AUTO child[proof] safety catch **Kin·der·sitz** *m* ❶ AUTO *(Rücksitzaufsatz)* child safety seat ❷ *(Fahrradaufsatz)* child-carrier seat **Kin·der·sol·dat** *m* MIL child soldier **Kin·der·spiel** *nt* children's game; **[für jdn] ein ~ sein** *(fig)* to be child's play [to sb] **Kin·der·spiel·platz** *m* [children's] playground **Kin·der·spiel·zeug** *nt* [children's [*or* child's]] toy **Kin·der·spra·che** *f* child [*or* children's] language **Kin·der·star** <-s, -s> [-sta:ɐ̯, -ʃta:ɐ̯] *m* child star **Kin·der·sterb·lich·keit** *f* infant mortality **Kin·der·stim·me** *f* child's voice **Kin·der·stu·be** *f* DIAL *(Kinderzimmer)* children's room, nursery ▸WENDUNGEN: **eine/keine gute ~ gehabt haben** to have been well/badly brought up [*or* had a good/bad upbringing] **Kin·der·ta·ges·stät·te** *f s.* **Kinderhort** **Kin·der·tel·ler** *m* child [*or* children's] portion **Kin·der·the·a·ter** *nt* children's theatre [*or* AM -er] **Kin·der·vers** *m s.* **Kinderreim** **Kin·der·wa·gen** *m* pram BRIT, pushchair BRIT, perambulator BRIT *dated,* baby carriage AM **Kin·der·wunsch** *m* desire to have children **Kin·der·zahl** *f* number of children **Kin·der·zäpf·chen** *nt* MED children's suppository **Kin·der·zeich·nung** *f* child's drawing **Kin·der·zim·mer** *nt* children's room **Kin·der·zu·la·ge** *f* ÖKON, POL children bonus **Kin·der·zu·schlag** *m* FIN [additional] child benefit [*or dated* family allowance]

Kin·des·al·ter *nt* **seit frühestem ~** from a very early age; **im ~ sein** to be a child; **sich** *akk* **noch im ~ befinden** *(geh)* to be still a child **Kin·des·bei·ne** *pl* **von ~n an** from childhood [*or* an early age] **Kin·des·ent·füh·rung** *f* kidnapping [*or* abduction] of a child, child abduction **Kin·des·ent·zie·hung** *f* JUR wrongful removal of a child **Kin·des·kind** ['kɪndəskɪnt] *nt (veraltet: Enkelkind)* grandchild ▸WENDUNGEN: **Kind und ~er** [all] sb's [*or* one's] children and grandchildren **Kin·des·miss·brauch**^RR *m* JUR child abuse *no pl* [*or* molestation] *no pl* **Kin·des·miss·hand·lung**^RR *f* child abuse **Kin·des·mord** *m* child murder, murder of a child, infanticide, murder of one's own child [*or* children] **Kin·des·mör·der(in)** *m(f)* child-murderer **Kin·des·tö·tung** *f* JUR infanticide **Kin·des·un·ter·halts·ge·setz** *nt* JUR Child Maintenance Act **Kin·des·ver·mö·gen** *nt kein pl* JUR children's property

Kind·frau *f* precociously attractive teenage girl, Lolita

kind·ge·mäß **I.** *adj* suitable for children *pred*
II. *adv* suitably for children

kind·ge·recht *adj* appropriate [*or* suitable] for children

kind·haft *adj* childlike

Kind·heit <-> *f kein pl* childhood; **von ~ an** from childhood [*or* an early age]

Kind·heits·er·fah·rung *f* childhood experience **Kind·heits·er·in·ne·rung** *f* childhood memory *usu pl* **Kind·heits·er·leb·nis** *nt* childhood experience **Kind·heits·traum** *m* childhood dream; **sich** *dat* **einen ~ erfüllen** to fulfil [*or* AM -ll] a childhood dream

kin·disch ['kɪndɪʃ] *adj (pej)* childish *pej;* **~es Benehmen/Verhalten** childish [*or* infantile] behaviour [*or* AM -or]

kind·lich ['kɪntlɪç] **I.** *adj* childlike; **ein ~es Gesicht** a childlike face [*or* baby-faced]; **eine ~e Verhaltensweise** a childlike way of behaving
II. *adv* **~ scheinen/wirken** to appear/seem childlike; **sich** *akk* **~ verhalten** to behave in a childlike way

Kind·schafts·recht *nt* child reforms *pl* **Kind·schafts·sa·chen** *pl* JUR child custody cases

Kinds·kopf ['kɪntskɔpf] *m (fam)* big kid; ***ihr seid vielleicht Kindsköpfe!*** you really are childish! **Kind(s)·tau·fe** *f* christening **Kinds·tod** *m* infant death; **plötzlicher ~** sudden infant death syndrome

Ki·ne·ma·thek <-, -en> [kinema'te:k] *f* film library [*or* archive]

Ki·ne·tik <-> [ki'ne:tɪk] *f kein pl* kinetics + *sing vb, no art*

ki·ne·tisch [ki'ne:tɪʃ] *adj* kinetic

King <-s> [kɪŋ] *m* **der ~ sein** *(sl)* to be [the] top dog *fam*

Kin·ker·litz·chen ['kɪnkɐlɪtsçən] *pl (fam)* trifles *pl,* trivialities *pl*

Kinn <-[e]s, -e> [kɪn] *nt* chin; **ein eckiges/kantiges ~** a square chin; **ein energisches ~** a strong [*or* firm] chin; **ein spitzes ~** a pointed chin; **ein vorspringendes ~** a prominent [*or* projecting] chin

Kinn·bart *m* goatee [beard] **Kinn·ha·ken** *m* hook to the chin **Kinn·la·de** *f* jaw[-bone], mandible *spec;* ***vor Verblüffung klappte ihm die ~ hinunter*** his jaw dropped [open] in amazement **Kinn·rie·men** *m* chin-strap

Ki·no <-s, -s> ['ki:no] *nt* cinema, AM *usu* [movie] theater; *(Filmvorführung)* film; **im ~ kommen** [*o* **spielen**] to be on [*or* AM playing] at the cinema [*or* AM *a.* movies *npl*] [*or* AM *usu* [movie] theater]

Ki·no·be·such *m* visit to the cinema [*or* AM *usu* movie theater] **Ki·no·be·su·cher(in)** *m(f)* cinema-goer **Ki·no·cen·ter** *nt* multiplex **Ki·no·film** *m* cinema film BRIT, movie AM **Ki·no·gän·ger(in)** <-s, -> *m(f)* cinema-goer **Ki·no·kar·te** *f* [cinema] ticket **Ki·no·kas·se** *f* cinema box-office **Ki·no·pro·gramm** *nt* cinema [*or* film] guide **Ki·no·saal** *m* cinema auditorium **Ki·no·vor·hang** *m* [cinema [*or* AM *usu* movie theater]] curtain **Ki·no·vor·stel·lung** *f* cinema programme [*or* AM -am], showing [of a film] **Ki·no·wer·bung** *f* cinema advertising

Kin·topp <-s, -s *o* -töppe> ['ki:ntɔp, *pl* 'ki:ntœpə] *m o nt* FILM *(hum o pej fam)* flick *fam*

Ki·osk <-[e]s, -e> ['ki:ɔsk] *m* kiosk

Kip·fe(r)l <-s, -[n]> ['kɪpfl, -fel] *nt* KOCHK ÖSTERR *(Hörnchen)* croissant

Kippa ['kɪpa], **Kippah** <-, Kippot> ['kɪpax, *pl* kɪ'po:t] *f* REL kippa

Kip·pe <-, -n> ['kɪpə] *f* ❶ *(fam: Deponie)* tip BRIT, dump AM
❷ *(fam: Zigarettenstummel)* dog-[*or* fag-]end BRIT *sl,* cigarette end [*or* AM butt]; *(Zigarette)* fag BRIT *sl,* snout BRIT *sl,* cigarette AM
▸WENDUNGEN: **auf der ~ stehen** *(fam)* to hang in the balance; **[in etw** *dat*] **auf der ~ stehen** *(fam)* to be on the borderline [in sth]; ***sie steht in mehreren Fächern auf der ~*** she's on the borderline [*or* a borderline case] in several subjects; **auf der ~ stehen, ob ...** *(fam)* it's touch and go whether ...

kip·pe·lig ['kɪpəlɪç], **kip·plig** ['kɪplɪç] *adj (fam)* ❶ *Stuhl* wobbly
❷ *(fig) Situation* unstable; ***die Situation ist höchst ~*** the situation is teetering on the edge

kip·pen ['kɪpn] **I.** *vt haben* ❶ *(schütten)* ■ **etw irgendwohin ~** to tip sth somewhere
❷ *(schräg stellen)* ■ **etw ~** to tilt [*or* tip [up *sep*]] sth; **ein Fenster ~** to tilt a window; **„bitte nicht ~"** "please do not tilt"
❸ *(scheitern lassen)* ■ **jdn/etw ~** to topple sb/to halt sth; **einen Artikel/eine Reportage ~** to pull an article/a report; **eine Gesetzesvorlage ~** to

vote down a bill; **ein Urteil** ~ to overturn a judgement
▶WENDUNGEN: **gerne einen/ein paar kippen** *(fam)* to like a drink [or two]
II. *vi sein* (1) *(aus dem Schrägstand umfallen)* to tip [*or* topple] over; ▪[**von etw** *dat*] ~ to fall [off sth]; ***er kippte ganz plötzlich nach vorne/vom Sessel*** he suddenly toppled forwards/fell off his chair
(2) *(zurückgehen)* to fall, to go down; ***hoffentlich kippt das Wetter nicht*** hopefully the weather won't change for the worse
(3) *(nicht mehr funktionieren)* *Ökosystem* to collapse
▶WENDUNGEN: **aus den Latschen** ~ to fall through the floor

Kip·per¹ <-s, -> ['kɪpɐ] *m* AUTO *(Vorderkipper)* dumper BRIT, dump truck AM; *(Hinterkipper)* tipper BRIT, dump truck AM; BAHN tipper wagon

Kip·per² <-[s], -[s]> ['kɪpɐ] *m* KOCHK kipper

Kipp·fens·ter *nt* laterally pivoted window **Kipp·lo·re** *f* BERGB tipper wagon BRIT, dumper [*or* AM dump] truck **Kipp·schal·ter** *m* ELEK toggle [*or* tumbler] switch **Kipp·wa·gen** *m* BAHN tipper wagon

Kir·che <-, -n> ['kɪrçə] *f* (1) *(Gebäude, Gottesdienst)* church
(2) *(bestimmte Glaubensgemeinschaft)* Church, religion; **die Bekennende** ~ HIST the Confessional [*or* Confessing] Church *(in Germany under National Socialism)*; **die evangelische** ~ the Protestant Church; **die katholische** ~ the Catholic Church; **aus der** ~ **austreten** to leave the Church
(3) *(Institution)* Church
▶WENDUNGEN: **die** ~ **im Dorf lassen** *(fam)* to not get carried away; **die** ~ **ums Dorf tragen** to do things in a roundabout way

Kir·che Je·su Chris·ti der Hei·li·gen der Letz·ten Ta·ge *f* REL ▪**die** ~ The Church of Jesus Christ of Latter-day Saints

Kir·chen·äl·tes·te(r) *f(m) dekl wie adj* [church-]elder **Kir·chen·asyl** *nt* REL religious asylum *no pl* **Kir·chen·aus·tritt** *m* secession from [*or* leaving [of]] the Church **Kir·chen·bank** *f* [church] pew **Kir·chen·bann** *m* REL excommunication **Kir·chen·be·such** *m* attendance at church **Kir·chen·buch** *nt* parish register **Kir·chen·chor** *m* church choir **Kir·chen·die·ner(in)** <-s, -> *m(f)* sexton **kir·chen·feind·lich** *adj* REL anticlerical **Kir·chen·fens·ter** *nt* church window **Kir·chen·fest** *nt* religious [*or* church] festival [*or* AM holiday] **Kir·chen·fürst** *m (geh)* high ecclesiastical [*or* church] dignitary, Prince of the Church *hist* **Kir·chen·ge·mein·de** *f* parish **Kir·chen·ge·schich·te** *f* (1) REL *(Geschichte der christlichen Kirche)* church [*or* ecclesiastical] history (2) HIST history of the church **Kir·chen·glo·cke** *f* church bell **Kir·chen·jahr** *nt* ecclesiastical [*or* church] year **Kir·chen·kup·pel** *f* cathedral['s] dome, dome of a/the cathedral **Kir·chen·lei·tung** *f* church governing body **Kir·chen·licht** *nt* ▶WENDUNGEN: **kein** [**großes**] ~ **sein**, **nicht gerade ein** [**großes**] ~ **sein** *(fam)* to be not very bright [*or fam* a bit dim] **Kir·chen·lied** *nt* hymn **Kir·chen·maus** *f* ▶WENDUNGEN: **arm wie eine** ~ **sein** *(fam)* to be as poor as a church mouse *fam* **Kir·chen·mu·sik** *f* church [*or* sacred] music **Kir·chen·pfle·ger** *m* church warden **Kir·chen·por·tal** *nt* church portal

Kir·chen·rat <-[e]s, -räte> *m* (1) *(Kirchenvorstand)* parochial church council
(2) *(Mitglied des Kirchenvorstands)* member of the parochial church council
(3) *(in der evangelischen Kirche)* ecclesiastical council
(4) *(Mitglied von 3)* member of the ecclesiastical council

Kir·chen·recht *nt* canon [*or* ecclesiastical] law **Kir·chen·schiff** *nt* ARCHIT *(Längsschiff)* nave; *(Querschiff)* transept **Kir·chen·spal·tung** *f* schism **Kir·chen·staat** *m* HIST Papal States *pl*

Kir·chen·steu·er *f* church tax **Kir·chen·steu·er·satz** *m* church tax rate

Kir·chen·tag *m* Church congress; **Evangelischer** ~ Protestant [*or* Evangelical] Church congress **Kir·chen·va·ter** *m* Church Father **Kir·chen·volk** *nt kein pl* REL, SOZIOL church members *pl* **Kir·chen·volks·be·we·gung** *f* [Catholic] churchgoers' movement **Kir·chen·vor·stand** *m* parochial church council

Kirch·gang <-gänge> *m* church-going, going to church; **der sonntägliche** ~ going to church on Sunday[s] **Kirch·gän·ger(in)** <-s, -> *m(f)* churchgoer **Kirch·geld** *nt* church money *(variation of the church tax, raised from the income of someone who is not a member of a church but whose non-earning partner is)* **Kirch·ge·mein·de** <-, -n> *f* SCHWEIZ *(Kirchengemeinde)* parish **Kirch·hof** *m (veraltend)* church graveyard

kirch·lich ['kɪrçlɪç] **I.** *adj* REL (1) *(von der Kirche ausgehend)* church *attr*, ecclesiastical; **ein** ~**er Dispens** an ecclesiastical dispensation, a dispensation from the church; **ein** ~**er Feiertag** a religious holiday; **auf** ~**e Missbilligung treffen** to meet with ecclesiastical disapproval [*or* the disapproval of the church]
(2) *(nach den Riten der Kirche)* church *attr*; **ein** ~**es Begräbnis** a church burial
II. *adv* ~ **bestattet werden** to have a church funeral [*or* Christian burial]; **sich** *akk* ~ **trauen lassen,** ~ **heiraten** to get married in church [*or* have a church wedding]

Kirch·platz *m* church square **Kirch·spiel** *nt* REL, ADMIN *(veraltend)* parish

Kirch·turm *m* [church] steeple, church tower **Kirch·turm·po·li·tik** *f (pej)* parish-pump politics + *sing vb* **Kirch·turm·spit·ze** *f* church spire

Kirch·weih <-, -en> *f*, **Kirch·wei·he** <-, -n> *f* *(ländlicher Jahrmarkt)* [country] fair

Kir·gi·se, Kir·gi·sin <-n, -n> [kɪr'giːzə, kɪr'giːzɪn] *m, f* Kyrgyz[stani], Kirghiz

Kir·gi·si·en <-s> *nt* Kirghizia, Kyrgyzstan

Kir·gi·sisch [kɪr'giːzɪʃ] *nt dekl wie adj* Kyrgyz, Kirghiz

kir·gi·sisch [kɪr'giːzɪʃ] *adj* Kyrgyz[stani]

Kir·gi·si·sche <-n> [kɪr'giːzɪʃə] *nt* ▪**das** ~ Kyrgyz, the Kyrgyz language

Kir·gi·sis·tan <-s> [kɪr'giːzɪstaːn] *nt* Kyrgyzstan, Kirghizia

Ki·ri·ba·ti <-s> [kiri'baːti] *nt* Kiribati

Ki·ri·ba·ti·er(in) <-s, -> *m(f)* I-Kiribati

ki·ri·ba·tisch *adj* I-Kiribati

Kir·mes <-, -sen> ['kɪrməs] *f* DIAL *(Kirchweih)* fair *(held on the anniversary of the consecration of a church)*

kir·re ['kɪrə] *adj pred (fam)* **jdn** ~ **machen** to bring sb to heel; *(verrückt machen)* to drive sb mad [*or* up the wall] *fam*; ~ **werden** to get [*or* become] confused

Kirsch <-[e]s, -> [kɪrʃ] *m* DIAL *(Kirschwasser)* kirsch

Kirsch·baum ['kɪrʃbaum] *m* (1) *(Baum)* cherry tree (2) *kein pl (Holz)* cherry[-wood] *no pl* **Kirsch·blü·te** *f* (1) *(Blüte)* cherry blossom (2) *(Zeitraum)* **während der** ~ during cherry blossom time

Kir·sche <-, -n> ['kɪrʃə] *f* (1) *(Frucht des Kirschbaums)* cherry
(2) *(Kirschbaum)* cherry tree
(3) *kein pl (Kirschholz)* cherry[-wood] *no pl*
▶WENDUNGEN: **mit jdm ist nicht gut** ~**n essen** *(fam)* it's best not to tangle with sb

Kirsch·ent·ker·ner <-s, -> *m* cherry-stoner **Kirsch·ge·schmack** *m* cherry flavour [*or* AM -or] **Kirsch·kern** *m* cherry stone **Kirsch·li·kör** *m* cherry brandy [*or* liqueur] **Kirsch·mar·me·la·de** *f* cherry jam **kirsch·rot** ['kɪrʃroːt] *adj* cherry[-red] **Kirsch·stän·gel**[RR] *m* cherry stalk **Kirsch·to·ma·te** *f* cherry tomato **Kirsch·tor·te** *f* cherry gateau [*or* AM cake]; **Schwarzwälder** ~ Black Forest gateau **Kirsch·was·ser** *nt* kirsch **Kirsch·zweig** *m* cherry-tree twig

Kis·sen <-s, -> ['kɪsn̩] *nt (Kopfkissen)* pillow; *(Zierkissen)* cushion

Kis·sen·be·zug *m (Kopfkissenbezug)* pillowcase, pillowslip; *(Zierkissenbezug)* cushion cover **Kis·sen·hül·le** *f* cushion cover **Kis·sen·schlacht** *f (fam)* pillow-fight

Kis·te <-, -n> ['kɪstə] *f* (1) *(hölzerner Behälter)* box, crate; **eine** ~ **Wein/Champagner** a case of wine/champagne; **eine** ~ **Zigarren** a box of cigars
(2) *(sl: Auto)* crate *fam*, [old] banger [*or* AM clunker] *fam*; *(Flugzeug)* old crate *fam*; *(Boot)* old tub *fam*
(3) *(Fernseher)* the box *fam*; *(Computer)* computer
(4) *(Bett)* sack; ***ab in die ~!*** hit the sack!
▶WENDUNGEN: **eine faule** ~ a fishy business; **fertig ist die** ~**!** *(fam)* that's it! [*or* that], BRIT *a.* Bob's your uncle! *fam*; **in die** ~ **springen** [*o* **hüpfen**] *(sl)* to kick the bucket *fam*, BRIT *a.* to snuff it *sl*, BRIT *a.* to peg out *sl*; **tief in die** ~ **greifen** to use every trick in the book *fam*; **eine tolle** ~ a big spree

kis·ten·wei·se *adv* (1) *(viele Kisten umfassend)* several cases [*or* boxes] of; ~ **Champagner** several cases of champagne
(2) *(in Kisten verpackt)* by the case [*or* box]

Ki·su·a·he·li, Kis·wa·hi·li [kizua'heːli] *nt dekl wie adj* Swahili

Ki·ta <-, -s> [kiːta] *f* SCH *kurz für* **Kintertagesstätte** crèche, [day] nursery, daycare [centre]

Kitsch <-es> [kɪtʃ] *m kein pl* kitsch

kit·schig ['kɪtʃɪç] *adj* kitschy

Kitt <-[e]s, -e> [kɪt] *m* putty

Kitt·chen <-s, -> ['kɪtçən] *nt (fam)* jail, clink *sl*, stir *sl*, BRIT *sl a.* nick

Kit·tel <-s, -> ['kɪtl̩] *m* (1) *(Arbeitskittel)* overall; **der** ~ **eines Arztes/Laboranten** a doctor's/lab technician's white coat
(2) SÜDD *(Jacke)* jacket

Kit·tel·schür·ze *f* overall

kit·ten ['kɪtn̩] *vt* (1) *(verkitten)* ▪**etw** [**mit etw** *dat*] ~ to fill sth [with sth]
(2) *(mit Kitt kleben)* ▪**etw** ~ to stick sth together with cement; ▪**etw** [**an etw** *akk*] ~ to cement sth [to sth]
(3) *(in Ordnung bringen)* ▪**etw** [**wieder**] ~ to patch up sth *sep* [again] *fig*

Kitz <-es, -e> [kɪts] *nt* kid

Kitz·bü·he·ler Al·pen ['kɪtsbyːlɐ] *pl* Kitzbühel Alps *pl*

Kit·zel <-s, -> ['kɪtsl̩] *m* (1) *(Juckreiz)* tickling feeling
(2) *(Lust auf Verbotenes)* thrill

kit·ze·lig ['kɪtsəlɪç], **kitz·lig** ['kɪtslɪç] *adj* (1) *(gegen Kitzeln empfindlich)* ticklish; ▪[**irgendwo/an etw** *dat*] ~ **sein** to be ticklish [somewhere/on sth]
(2) *(heikel)* ticklish; **eine** ~**e Angelegenheit** a delicate matter

kit·zeln ['kɪtsl̩n] **I.** *vt* (1) *(einen Juckreiz hervorrufen)* ▪**jdn** [**irgendwo/an etw** *dat*] ~ to tickle sb [somewhere/on sth]
(2) *(reizen)* ▪**jdn** ~ to titillate sb
(3) *(die Sinne reizen)* ▪**etw** ~ to arouse sth
II. *vi* ▪[**irgendwo/an etw** *dat*] ~ to tickle [somewhere]; ***hör auf, das kitzelt!*** stop it, it [*or* that] tickles!
III. *vt impers* (1) *(jucken)* ▪**es kitzelt jdn** [**irgendwo**] sth is tickling somewhere
(2) *(reizen)* ▪**es kitzelt jdn**[**, etw zu tun**]: ***es kitzelt mich sehr, da mitzumachen*** I'm very tempted to join in

Kit·zeln <-s> ['kɪtsl̩n] *nt kein pl* tickling

Kitz·ler <-s, -> *m* ANAT clitoris

kitz·lig ['kɪtslɪç] *adj s.* **kitzelig**

Ki·wi <-, -s> ['kiːvi] *f* kiwi [fruit]

kJ *Abk von* **Kilojoule** kJ

KKW <-s, -s> [kaːkaː'veː] *nt Abk von* **Kernkraftwerk**

Kla·bau·ter·mann <-männer> *m (guter Geist)* protective spirit *(watching over a ship)*; *(Kobold)* ship's kobold

klack [klak] *interj (kurzer Ton)* clack; ~ **machen** to go clack; *(platschendes Geräusch)* splosh

kla·cken ['klakn̩] *vi (fam)* to click, to clack; ***die Billardkugel stieß ~d gegen die andere*** the billiard balls hit each other with a clack

kla·ckern ['klakɐn] *vi (fam)* to click

klacks [klaks] *interj* splat

Klacks <-es, -e> [klaks] *m (fam)* (1) *(platschendes Geräusch)* splat, splosh

K

❷ *(kleines bisschen)* dab, blob
► WENDUNGEN: [**für jdn**] **ein ~ sein** *(einfach)* to be a piece of cake [for sb]; *(wenig)* to be nothing [to sb]

Klad·de <-, -n> ['kadə] *f* NORDD *(Notizbuch)* rough book BRIT, notebook AM

klaf·fen ['klafn̩] *vi* to yawn, to gape; ***vor ihm klaffte eine Gletscherspalte*** a crevasse yawned in front of him; **der Schnitt/die Wunde klaffte** the cut/wound gaped [open]

kläf·fen ['klɛfn̩] *vi (pej)* to yap *pej*

klaf·fend *adj* ❶ *(gähnend)* yawning, gaping
❷ *(auseinanderklaffend)* gaping

Kläf·fer <-s, -> *m (pej fam)* yapper *pej*

Klaff·mu·schel *f* soft-shelled [*or* sand] clam

Klaf·ter ['klaftɐ] *m o nt* <-s, ->, *f* <-, -n> *(selten veraltet)* ❶ *(Maß für Holz)* cord
❷ *(altes Längenmaß)* fathom

Klag·aus·schluss·frist[RR] *f* JUR limitation of action

klag·bar *adj inv* JUR enforceable, AM suable

Klag·bar·keit *f* JUR enforceability, AM suability

Kla·ge <-, -n> ['kla:gə] *f* ❶ *(geh: Ausdruck von Trauer)* lament[ation] *form;* ■ **~ um jdn/etw** lamentations for sb/sth
❷ *(Beschwerde)* complaint; **ein berechtigter Grund zur ~** reasonable grounds for complaint; **dass mir keine ~n kommen!** *(fam)* don't let me hear any complaints [about you]!
❸ JUR action, lawsuit, charge, indictment; ***eine ~ ist zulässig*** an action lies; ■ **eine ~ auf etw** *akk* an action for sth; **~ einer Gruppe** class action; **~ aus einer Schuldurkunde/aus fremdem Recht** debenture/derivative action; **~ auf Feststellung der Unwirksamkeit einer Kündigung** action for wrongful dismissal; **~ wegen Vertragsverletzung** action for breach of contract; **eine ~ auf Schadenersatz** a claim for compensation; **schikanöse ~** vexatious proceedings; **unzulässige ~** inadmissible action; **eine ~ abweisen** to dismiss a suit [*or* an action]; **eine ~ [gegen jdn] anstrengen** to file a suit [*or* bring an action] [against sb]; **eine ~ [gegen jdn] einreichen** to institute [legal] proceedings [against sb], to bring [*or* enter] [*or* file] an action [against sb], to take legal action [against sb]; **eine ~ fallen lassen/zurückziehen** to drop/withdraw an action; [**bei jdm**] **über jdn/etw ~ führen** to make [*or* lodge] a complaint [with sb] [*or* complain [to sb]] about sb/sth; [**über jdn/etw**] **~n vorbringen** to make complaints [*or* complain] [about sb/sth]

Kla·ge·ab·wei·sung *f* JUR dismissal of an action **Kla·ge·än·de·rung** *f* JUR amendment of pleadings **Kla·ge·an·dro·hung** *f* JUR threat of legal proceedings **Kla·ge·an·spruch** *m* JUR claim; **den ~ begründen** to substantiate an action; ***der ~ ist begründet*** the action lies, the action is justified **Kla·ge·an·trag** *m* JUR demand for relief; **unbezifferter ~** unliquidated claim for relief **Kla·ge·be·ant·wor·tung** *f* JUR defence answer **Kla·ge·be·fug·nis** *f* JUR right of action; **nichtprivilegierte/privilegierte ~** non-privileged/privileged right of action **Kla·ge·be·geh·ren** *nt* JUR plaintiff's claim, relief sought; **dem ~ entsprechen** to find for the plaintiff **Kla·ge·be·grün·dung** *f* JUR statement of claim **Kla·ge·ein·rei·chung** *f* JUR filing of an action **Kla·ge·er·he·bung** *f* JUR filing [*or* commencement] of action **Kla·ge·er·wei·te·rung** *f* JUR extension of the plaintiff's claim **Kla·ge·er·wi·de·rung** *f* JUR statement of defence **Kla·ge·er·zeu·gungs·ver·fah·ren** *nt* JUR enforcement of public prosecution proceedings **Kla·ge·er·zwin·gungs·ver·fah·ren** *nt* JUR *proceedings to force the public prosecution to prefer criminal charges*

kla·ge·fä·hig *adj* JUR suable

Kla·ge·frist *f* JUR period for filing a suit **Kla·ge·ge·gen·stand** *m* JUR subject-matter of an action **Kla·ge·ge·schrei** *nt* wailing; **ein** [**lautes/jämmerliches**] **~ anstimmen** to start [a loud/pitiful] wailing [*or* wailing [loudly/pitifully]] **Kla·ge·grund** *m* JUR cause [*or* ground] of an action; **kurze Darstellung der Klagegründe** summary of the pleas in law on which the application is based; **berechtigter ~** clear [*or* good] title **Kla·ge·häu·fung** *f* JUR consolidation of actions **Kla·ge·laut** *m* plaintive cry; **... ~e von sich** *dat* **geben** to give [*or* utter] ... plaintive cries **Kla·ge·lied** *nt* **ein ~ [über jdn/etw] anstimmen/singen** to start to moan [about sb/sth] **Kla·ge·mau·er** *f* REL ■ **die ~** the Wailing Wall

Kla·gen <-s> ['kla:gn̩] *nt kein pl* JUR taking legal action

kla·gen ['kla:gn̩] **I.** *vi* ❶ *(jammern)* ■ [**über etw** *akk*] **~** to moan [*or* grumble] [*or* complain] [about sth]; ***sie klagt regelmäßig über Kopfschmerzen*** she regularly complains of having headaches
❷ *(geh: trauern)* ■ **um jdn/etw ~** to mourn [for [*or* over]] sb/for [*or* over] sth; ■ **über etw** *akk* **~** to mourn sth
❸ *(sich beklagen)* ■ [**bei jdm**] **über jdn/etw ~** to complain about sb/sth [to sb]; **nicht ~ können** *(fam)* to not be able to complain; ***ich kann nicht ~*** I can't complain, BRIT *a.* [I] mustn't grumble; **ohne zu ~** without complaining [*or* complaint]
❹ JUR *(prozessieren)* ■ [**gegen jdn**] **~** to take legal [*or* bring an] action [*or* institute legal proceedings] [against sb], to sue [sb]; ■ **auf etw** *akk* **~** to sue for sth; **auf Erfüllung ~** to sue for [specific] performance; **~ und verklagt werden** to sue and be sued
II. *vt* ❶ *(Bedrückendes erzählen)* **jdm sein Leid ~** to tell sb one's troubles, to pour out one's troubles to sb
❷ ÖSTERR ■ **jdn ~** *(verklagen)* to take legal [*or* bring an] action [*or* institute legal proceedings] against [*or* sue] sb

kla·gend *adj* ❶ *(jammernd)* moaning, grumbling, complaining
❷ JUR *(den Kläger darstellend)* **die ~e Partei/der ~e Teil** the plaintiff

Kla·gen·furt <-s> ['kla:gn̩fʊrt] *nt* Klagenfurt

Klä·ger(in) <-s, -> *m(f)* JUR *(jd, der klagt)* plaintiff, AM suitor; **als ~ auftreten** to appear as plaintiff; **zugunsten des ~s entscheiden** to find for the plaintiff; **einen ~ vertreten** to act for the plaintiff
► WENDUNGEN: **wo kein ~ ist, ist auch kein Richter** *(prov)* without complaint, there is no redress

Kla·ge·recht *nt* JUR right to bring a suit

Klä·ger·ge·richts·stand *m* JUR plaintiff's venue

Kla·ge·rück·nah·me *f* JUR withdrawal of an action **Kla·ge·schrift** *f* JUR statement of claim, [com]plaint; **eine ~ anfertigen/einreichen/zustellen** to frame/to file/to serve a complaint **Kla·ge·ver·bin·dung** *f* JUR joinder of actions; **unzulässige ~** misjoinder of actions **Kla·ge·ver·fah·ren** *nt* JUR litigation proceedings *pl* **Kla·ge·ver·jäh·rung** *f* JUR limitation of action **Kla·ge·ver·zicht** *m* JUR plaintiff's waiver **Kla·ge·vor·aus·set·zun·gen** *pl* JUR prerequisites for taking legal action **Kla·ge·weg** *m* JUR litigation, action; **den ~ beschreiten** *(geh)* to institute legal proceedings, to take legal action, to sue; **auf dem** *geh* **~[e]** by instituting [*or* taking] legal proceedings, by way of legal action **Kla·ge·weib** *nt* [professional] mourner **Kla·ge·zu·las·sung** *f* JUR allocatur **Kla·ge·zu·stel·lung** *f* JUR service of the action

kläg·lich ['klɛ:klɪç] **I.** *adj* ❶ *(Mitleid erregend)* pathetic, pitiful; **ein ~er Anblick** a pitiful sight
❷ *(miserabel)* **eine ~e Darbietung** a wretched [*or* pathetic] performance; **~es Verhalten** despicable behaviour [*or* AM -or]
❸ *(dürftig)* pathetic; **ein ~er Rest** a few pathetic remains [*or* remnants]
❹ *(jammervoll)* pitiful
II. *adv* pitifully; **~ durchfallen/scheitern/versagen** *(pej)* to fail miserably; **~ zu Tode kommen** to die a wretched death

Kläg·lich·keit <-, -en> *f pl selten (pej)* pitifulness

klag·los ['kla:klo:s] *adv* uncomplainingly, without complaint [*or* complaining]

Kla·mauk <-s> [kla'maʊk] *m kein pl (pej fam)*
❶ *(Alberei)* tomfoolery; **~ machen** to fool [*or* mess] around [*or* about], to lark about; *(lärmen)* to make a racket [*or* din] [*or* BRIT *a.* row], to kick up a racket
❷ *(Getöse)* racket, din, BRIT *a.* row
❸ *(übertriebene Komik)* slapstick

klamm [klam] *adj* ❶ *(steif vor Kälte)* numb
❷ *(nass und kalt)* dank
❸ *(sl: knapp bei Kasse)* ■ **~ sein** to be hard up [*or fam* [a bit] strapped [for cash]]

Klamm <-, -en> [klam] *f* GEOG ravine, [deep] gorge

Klammer <-, -n> ['klamɐ] *f* ❶ *(Wäscheklammer)* [clothes-]peg; *(Heftklammer)* staple; *(Haarklammer)* [hair-]grip; MED *(Wundklammer)* clip
❷ *(Zahnklammer)* brace
❸ *(einschließendes Textsymbol)* bracket; **eckige/runde/spitze ~** square/round/pointed brackets; **geschweifte ~n** braces; **~ auf/zu** open/close brackets; **in ~n** in brackets

Klam·mer·af·fe *m* ❶ ZOOL spider monkey ❷ INFORM at sign **Klam·mer·griff** *m (fig)* [tight] grip *fig* **Klam·mer·hef·tung** *f* TYPO [wire] stapling

klam·mern ['klamɐn] **I.** *vt* ❶ *(zusammenheften)* ■ **etw** [**an etw** *akk*] **~** to staple sth [to sth]
❷ MED *(mit einer Klammer schließen)* ■ **etw ~** to close sth with clips
II. *vr* ❶ *(sich hängen an)* ■ **sich** *akk* **an jdn/etw ~** to cling to sb/sth
❷ *(sich festhalten an)* ■ **sich** *akk* **an jdn/etw ~** *(fig)* to cling to sb/sth *fig*
III. *vi* SPORT to clinch

klamm·heim·lich ['klam'haimlɪç] **I.** *adj (fam)* clandestine, on the quiet *pred fam*
II. *adv (fam)* on the quiet *fam;* ■ **sich** *akk* **~ fortstehlen** [*o* **davonmachen**] to slip away [unseen [*or* silently]]

Kla·mot·te <-, -n> [kla'mɔtə] *f* ❶ *meist pl (fam: Kleidung)* gear *no pl fam;* **nicht aus den ~n herausgekommen sein** *(fig)* to not have stopped working [all day], to never have had a moment to relax
❷ *meist pl (fam: alter Kram)* junk *no pl fam,* stuff *no pl fam*
❸ *(pej fam: derber Schwank)* bawdy comic tale; *(Theaterstück, Film)* bawdy farce; **eine alte ~** a load of old tat BRIT *pej fam*
❹ DIAL *(Steinbrocken)* [lump of] rock

Kla·mot·ten·kis·te *f* ► WENDUNGEN: **aus der ~** *(fam)* out of the ark *fam*

Klamp·fe <-, -n> ['klampfə] *f (veraltend fam)* guitar

Klan <-s, -s> [kla:n] *m* clan

klang [klaŋ] *imp von* **klingen**

Klang <-[e]s, Klänge> [klaŋ, *pl* 'klɛŋə] *m* ❶ *(Ton)* sound, tone
❷ *pl (harmonische Klangfolgen)* sounds; *s. a.* **Name**

Klang·da·tei *f* INFORM sound file **Klang·ef·fekt** *m* sound effect

Klang·far·be *f* MUS tone [*or* harmonic] colour [*or* AM -or], timbre **Klang·far·be·reg·ler** *m* TECH tone control

Klang·fol·ge *f* sequence of tones **Klang·fül·le** *f* fullness [*or* richness] of tone; *einer Stimme* sonority

Klang·kör·per *m* MUS ❶ *(geh: Gesamtheit der Musiker)* body of sound; *(Orchester)* orchestra
❷ *(fachspr: Hohlkörper)* body

klang·lich ['klaŋlɪç] **I.** *adj* tonal
II. *adv* tonally; **sich** *akk* **~ unterscheiden** to be different in tone

klang·los *adj* toneless

Klang·reg·ler *m* tone control

klang·voll *adj* ❶ *(volltönend)* sonorous; **eine ~e Melodie** a tuneful melody; **eine ~e Sprache** a melodious language; **eine ~e Stimme** a melodious [*or* sonorous] voice
❷ *(wohltönend)* fine-sounding

Klan·sys·tem *nt* clan system

Klapf <-[e]s, Kläpfe> ['klapf, *pl* 'klɛpfə] *m* SCHWEIZ, SÜDD ❶ *(Knall, Krach)* bang
❷ *(Ohrfeige)* slap on [*or* BRIT round] the face

Klap·pa·ra·tis·mus [klapara:'tɪsmʊs] *m* DIAL *(hum sl)* thingy *esp* BRIT *fam,* doohickey AM *fam or hum*

Klapp·bett *nt* folding bed **Klapp·brü·cke** *f* ARCHIT, NAUT bascule bridge **Klapp·de·ckel** *m* hinged lid

Klap·pe <-, -n> ['klapə] *f* ❶ *(klappbarer Deckel)* flap
❷ MODE *(Verschluss einer Tasche)* flap
❸ FILM clapperboard
❹ *(sl: Mund)* mouth, trap *sl,* BRIT *a.* gob *sl;* **die** [*o* **seine**] **~ halten** *(sl)* to shut one's mouth [*or sl* trap]

[*or* BRIT *a. sl* gob]; ***halt die ~!*** shut your trap! [*or* gob] [*or* mouth]; **die ~ aufreißen** *(sl)* to talk big, to brag, to boast; **eine große ~ haben, die** [**ganz**] **große ~ schwingen** *(sl)* to have a big mouth *fam*
5 MUS key; **die ~n einer Trompete** a trumpet's valves, the valves on a trumpet
6 *(sl: Schwulentreffpunkt)* gay bar [*or* club]
▸WENDUNGEN: **bei jdm geht eine** [*o* **die**] [*o* **fällt die**] **~ runter** sb clams up *fam*

klap·pen ['klapn̩] **I.** *vt haben* ▪**etw irgendwohin ~** to fold sth somewhere; **einen Deckel/eine Klappe nach oben/unten ~** to lift up [*or* raise]/lower a lid/flap
II. *vi* 1 *haben (fam: funktionieren)* ▪[**irgendwie**] **~** to work out [somehow]; ***alles hat geklappt*** everything went as planned [*or* [off] all right]; [***ein bisschen Glück und***] ***es könnte ~*** it might work [with a bit of luck], we might succeed [with a bit of luck]
2 *sein (schnappen)* ▪**irgendwohin ~** to fold somewhere; ▪**an etw** *akk*/**gegen etw** *akk* **~** to bang against sth; ▪**jdm an etw** *akk*/**vor etw** *akk*/**gegen etw** *akk*/**auf etw** *akk* **~** to hit sb on sth

Klap·pen·falz *m* TYPO jaw fold **Klap·pen·ta·sche** *f* flap pocket **Klap·pen·text** *m* TYPO blurb

Klap·per <-, -n> ['klapɐ] *f* rattle

klap·per·dürr ['klapɐ'dʏr] *adj (fam)* [as] thin as a rake *pred* **Klap·per·ge·stell** *nt (hum fam: sehr dünner Mensch)* bag of bones; *(altes, klappriges Fahrzeug)* boneshaker *fam*

klap·pe·rig ['klapərɪç], **klapp·rig** ['klaprɪç] *adj (fam)* 1 *(gebrechlich)* infirm, frail
2 *(instabil und wacklig)* rickety

Klap·per·kas·ten *m (fam o pej)* 1 *s.* **Klapperkiste**
2 *(Klavier)* key basher *pej fam* 3 *(altes Gerät)* old pile of junk; *(Schreibmaschine)* clattery old thing *pej fam* **Klap·per·kis·te** *f (pej: Auto)* boneshaker *fam; (altes Gerät)* pile [*or* heap] of junk *fam*

klap·pern ['klapɐn] *vi* 1 *(hin- und herschlagen)* to clatter, to rattle
2 *(ein klapperndes Geräusch erzeugen)* ▪**mit etw** *dat* **~** to rattle sth; ***sie klapperte vor Kälte mit den Zähnen*** her teeth chattered with [the] cold
3 *(klappernd fahren)* to clatter [*or* rattle] along

Klap·per·schlan·ge *f* rattlesnake **Klap·per·storch** *m (kindersprache)* stork; [**immer noch**] **an den ~ glauben** to [still] believe that babies are brought by the stork [*or* found under the gooseberry bush]

Klapp·fahr·rad *nt* folding bicycle **Klapp·la·den** *m* BAU folding shutter **Klapp·mes·ser** *nt* flick-knife **Klapp·rad** *nt* folding bicycle [*or* bike]

klapp·rig ['klaprɪç] *adj s.* **klapperig**

Klapp·sitz *m* folding [*or* tip-up] seat **Klapp·sport·wa·gen** *m* recliner, stroller **Klapp·stuhl** *m* folding chair, camp-chair **Klapp·tisch** *m* folding table **Klapp·ver·deck** *nt* AUTO folding [*or* convertible] [*or* collapsible] top

Klaps <-es, -e> [klaps] *m (leichter Schlag)* slap, smack
▸WENDUNGEN: **einen ~ haben** *(sl)* to have a screw loose *fam*

Klap·se <-, -n> ['klapsə] *f (sl)*, **Klaps·müh·le** *f (sl)* funny farm *fam or hum*, loony-bin *sl*, nuthouse *sl*

klar [kla:ɐ̯] **I.** *adj* 1 *(ungetrübt)* clear; **eine ~e Flüssigkeit** a clear [*or* colourless [*or* AM -orless]] liquid; **ein ~er Schnaps** a [colourless [*or* white]] schnap[p]s, a colourless spirit; **eine ~e Nacht** a clear night; *s. a.* **Brühe**
2 *(deutlich zu sehen)* clear; **~e Konturen** clear contours
3 *(unmissverständlich)* clear; **eine ~e Antwort** a straight answer; **eine ~e Frage** a direct question
4 *(eindeutig)* clear; **ein ~es Ergebnis** a clear-cut result; **~er Fall** *(fam)* sure thing *fam;* **ein ~er Nachteil/Vorteil** a clear [*or* decided] advantage/disadvantage; **~e Prognose** unambiguous prediction; **~ wie Kloßbrühe** *(fam)* as plain as the nose on your face *fam*
5 *(deutlich vernehmbar)* clear; **ein ~er Empfang** clear reception
6 *(bewusst)* ▪**jdm ~ sein/werden** to be/become clear to sb; ▪**sich** *dat* **über etw** *akk* **im K~en sein** to realize sth, to be aware of sth; ▪**sich** *dat* **darüber im K~en sein, dass ...** to realize [*or* be aware of the fact] that; ▪**jdm ~ sein, dass ...** to be clear to sb that ...; ▪**jdm ~ sein** to be clear to sb; ▪[**jdm**] **~ werden** to become clear [to sb]; ▪**sich** *dat* **über etw** *akk* **~ werden** to get sth clear in one's mind; **alles ~?** *(fam)* is everything clear?
7 *(selbstverständlich)* of course; **na ~!** *(fam)* of course!; ***aber ~ doch!*** of course [you/they etc. can]!
8 *(bereit)* ready; **~ zur Landung** ready [*or* cleared] for landing; **~ Schiff machen** *(fig a.)* to clear the decks
II. *adv* 1 *(deutlich)* clearly; **~ hervortreten/zu Tage treten** to become clear; **~ im Nachteil/Vorteil sein** to be at a clear disadvantage/advantage; **jdm etw ~ sagen/zu verstehen geben** to have a clear picture [of sth], to make sth clear to sb; **~ und deutlich** clearly and unambiguously
2 *(eindeutig)* soundly; **jdn ~ besiegen** to defeat sb soundly, to enjoy a clear victory over sb; **etw ~ beurteilen** [**können**] to [be able to] make a sound judgement of sth; **etw ~ erkennen** to see sth clearly
3 *(ungetrübt)* clearly; **~ denkend** clear-thinking; **~ sehen** to see clearly

Klär·an·la·ge *f* sewage-works

Klar·ap·fel *m* HORT early season dessert apple

Klär·be·cken *nt* ÖKOL sewage reservoir [*or* lagoon]

Kla·re(r) *m dekl wie adj (fam)* [colourless [*or* AM -orless] [*or* white]] schnap[p]s, colourless spirit

klä·ren ['klɛrən] **I.** *vt* 1 *(aufklären)* ▪**etw ~** to clear up sth *sep;* **eine Frage ~** to settle a question; **ein Problem ~** to resolve [*or* settle] [*or* solve] a problem; **eine Sachlage ~** to clarify a situation; **den Tatbestand ~** to determine the facts [of the matter]
2 *(reinigen)* ▪**geklärt werden** *Abwässer, Luft* to be treated
3 KOCHK ▪**etw ~** to clarify [*or* settle] sth
II. *vr* 1 *(sich aufklären)* ▪**sich** *akk* **~** to be cleared up; ***das Problem wird sich schon eventuell*** [***von selber***] **~** the problem will probably resolve [*or* settle] itself [of its own accord]
2 *(sauber werden)* ▪**sich** *akk* [**wieder**] **~** *Wasser* to become clear [again]

klar|ge·hen *vi irreg sein (fam)* to go OK *fam;* [***alles***] ***geht klar!*** everything's OK!

Klar·heit <-, -en> *f* 1 *(Deutlichkeit)* clarity; **über etw** *akk* **besteht ~** sth is clear; **über etw** *akk* **~ gewinnen** to become clear about sth; **~** [**über etw** *akk*] **haben** to be clear [about sth]; **sich** *dat* **~** [**über etw** *akk*] **verschaffen** to find out the facts [about sth]; **in aller ~** quite clearly; **jdm etw in aller ~ sagen/zu verstehen geben** to make sth perfectly clear [*or sep* spell out sth] to sb
2 *(Reinheit)* clearness

Kla·ri·net·te <-, -n> [klari'nɛtə] *f* clarinet

Kla·ri·net·tist(in) <-en, -en> [klarinɛ'tɪst] *m(f)* clarinettist

klar|ko·chen *vt* KOCHK **eine Suppe/Sauce ~** *to cook a soup/sauce until all residue can be skimmed off the surface*

klar|kom·men *vi irreg sein (fam)* 1 *(bewältigen)* ▪[**mit etw** *dat*] **~** to manage [sth], to cope [with sth]; ***kommst du klar?*** can you cope? [*or* manage]
2 *(zurechtkommen)* ▪**mit jdm ~** to cope with sb

Klar·lack *m* clear varnish

klar|ma·chen *vt* ▪**jdm etw ~** to make sth clear to sb; ▪**jdm ~, dass/wie/wo ...** to make it clear to sb that/how/where ...; ▪**sich** *dat* **etw ~** to get sth clear in one's mind; ▪**sich** *dat* **~, dass/wie/wo ...** to realize that/how/where ...

Klar·na·me *m* real name

kla·ro [kla:ro:] *adv als Antwort (sl)* of course, naturally

Klär·schlamm *m* sludge

klar|se·hen *vi irreg* ▪**in etw** *dat* **~** to have understood sth

Klar·sicht·fo·lie *f* transparent film **Klar·sicht·hül·le** *f* transparent folder [*or* file]

klar·sich·tig *adj* clear-sighted

Klar·sicht·pa·ckung *f* transparent [*or* see-through] pack, blister pack

klar|spü·len *vt, vi* ▪[**etw**] **~** to rinse [sth]

klar|stel·len *vt* ▪**etw ~** to clear up sth *sep;* ▪**~, dass** to make [it] clear that

Klar·stel·lung *f* clarification

Klär·teich *m* sewage reservoir [*or* lagoon]

Klar·text *m* clear [*or* plain] text, text in clear; **mit jdm ~ reden** [*o* **sprechen**] *(fam)* to give sb a piece of one's mind [*or* [real] talking-to]; **im ~** *(fam)* in plain [*or* simple] English

Klä·rung <-, -en> *f* 1 *(Aufklärung)* clarification; *Frage* settling; *Problem* resolving, settling, solving; *Tatbestand* determining
2 *(Reinigung) Abwässer* treatment; CHEM clarification, clearing

Klä·rungs·be·darf *m kein pl (geh)* need for clarification; **~ haben** to seek clarification *form*

klas·se ['klasə] *adj inv (fam)* great *fam*, wicked *fam;* ***das war wirklich ~ von ihm*** that was really good of him

Klas·se <-, -n> ['klasə] *f* 1 *(Schulklasse)* class, BRIT *a.* form; **eine ~ wiederholen/überspringen** to repeat/skip a year; *(Klassenraum)* classroom
2 SOZIOL *(Gesellschaftsgruppe)* class; **die herrschende ~** the ruling classes *pl;* **zur ~ der Arbeiter gehören** to belong to the [*or* to be] working class
3 *(Güteklasse)* class; **Champignons der ~ III** class III mushrooms; **ein Wagen der gehobenen ~** a top-of-the-range car; **ein Spieler der besten ~** a first-class player
4 BIOL category
5 POL *(Rangstufe)* rank, class; **das Bundesverdienstkreuz erster ~** the Order of Merit of the Federal Republic of Germany first-class
6 *(Wagenklasse, Schiffsklasse)* class; ***wir fahren immer erster ~*** we always travel first-class
7 SPORT league; *Boxen* division, class
8 *(Fahrzeuggruppe)* class; **der Führerschein ~ III** a class III driving licence [*or* AM -se]
9 MED *(Pflegeklasse)* class
10 *(Lotteriegruppe)* class
11 JUR *(Patentrecht)* class; **anwendungsbezogene ~** utility-oriented class; **anwendungsfreie ~** non-utility-oriented class
▸WENDUNGEN: **erster ~** first-class [*or* -rate]; [**ganz**] **große ~!** [**sein**] *(fam)* [that's] [just] great! *fam;* **~ statt Masse** *(fam)* quality not quantity

Klas·se·frau *f (euph fam)* [real] looker *fam*, stunner *fam* **Klas·se·mann** *m (euph fam)* [real] looker *fam*, good-looking guy *fam*

Klas·se·ment <-s, -s> [klasə'mã:] *nt* SPORT list of rankings, rankings *pl*, ranking list

Klas·sen·ar·beit *f* [written] class test **Klas·sen·aus·flug** *m* class outing **Klas·sen·bes·te(r)** *f(m) dekl wie adj* SCH top pupil in the class **Klas·sen·be·wusst·sein**[RR] *nt kein pl* SOZIOL class-consciousness *no pl* **Klas·sen·buch** *nt* SCH [class] register **Klas·sen·er·halt** *m kein pl* SPORT staying up *no pl, no art;* **um den ~ kämpfen** to fight to stay up [*or* to avoid relegation] **Klas·sen·fahrt** *f* class outing **Klas·sen·ge·bühr** *f (Patent)* class fee **Klas·sen·ka·me·rad(in)** *m(f)* classmate **Klas·sen·kampf** *m* POL, SOZIOL class struggle ▸WENDUNGEN: **das ist Aufreizung zum ~!** *(prov, hum fam)* that's well [*or* BRIT *a. fam* bang] out of order **Klas·sen·kas·per** <-s, -> *m (fam)* class clown **Klas·sen·la·ger** <-s, -> *nt* SCH SCHWEIZ *(Klassenfahrt)* class outing *(often with a special topic)* **Klas·sen·leh·rer(in)** *m(f)* class [*or* BRIT *a.* form] teacher, BRIT *a.* form master *masc* [*or fem* mistress]

klas·sen·los *adj* SOZIOL classless; **ein ~es Krankenhaus** a single-class hospital

Klas·sen·los *nt* ≈ lottery ticket *(a ticket for the Klassenlotterie)* **Klas·sen·lot·te·rie** *f* ≈ lottery *(a lottery in which there are draws on a number of different days and for which tickets can be bought for each individual draw);* **in der ~ spielen** ≈ to play the lottery *(to take part in the Klassenlotterie)* **Klas·sen·raum** *m s.* **Klassenzimmer** **Klas·sen·spre·cher(in)** *m(f)* SCH class spokesman **Klas·sen·stär·**

K

ke *f* SCH size of a [*or* the] class [*or* the classes] **Klạs·sen·tref·fen** *nt* SCH class reunion **Klạs·sen·tür** *f* classroom door **Klạs·sen·ver·band** *m* SCH class, [class] group *(group of pupils from the same year forming a class)* **Klạs·sen·ver·zeich·nis** *nt* JUR *(Patent)* class index

klạs·sen·wei·se *adv (nach Schulklassen)* in classes; *(Klassenraum um Klassenraum)* class[room] by class[room]

Klạs·sen·ziel *nt* required standard [for a class]; **das ~ erreichen** *(geh)* to reach the required standard **Klạs·sen·zim·mer** *nt* classroom **Klạs·sen·zu·sam·men·kunft** *f* SCH SCHWEIZ *(Klassentreffen)* class reunion

Klạs·se·weib *nt (euph fam)* [real] looker *fam,* stunner *fam*

Klas·si·fi·ka·ti·on <-, -en> [klasifika'tsi̯o:n] *f s.* **Klassifizierung**

klas·si·fi·zier·bar *adj* classifiable; ■ **nicht ~ sein** to be unclassifiable

klas·si·fi·zie·ren* [klasifi'tsi:rən] *vt* ■ **etw** [**nach etw** *dat*] ~ to classify sth [according to sth]; ■ **etw** [**als etw**] ~ to classify sth [as sth]

Klas·si·fi·zie·rung <-, -en> *f* classification

Klas·sik <-> ['klasɪk] *f kein pl* 1 *(kulturelle Epoche)* classical age [*or* period]
2 *(die antike Klassik)* Classical Antiquity
3 *(fam: klassische Musik)* classical music

Klas·si·ker(in) <-s, -> ['klasikɐ] *m(f)* 1 *(klassischer Schriftsteller)* classical writer
2 *(klassischer Komponist)* classical composer
3 *(maßgebliche Autorität)* leading authority
4 *(zeitloses Werk)* classic; ***dieses Buch ist ein echter*** **~** this book is a real classic

Klạs·sik·ka·nal *m* TV, RADIO classical channel

klas·sisch ['klasɪʃ] *adj* 1 *(die antike Klassik betreffend)* classical
2 KUNST, ARCHIT, LIT, MUS *(aus der Klassik stammend)* classical
3 *(ideal)* classic

Klas·si·zis·mus <-, -smen> [klasi'tsɪsmʊs] *m* ARCHIT classicism

klas·si·zis·tisch [klasi'tsɪstɪʃ] *adj* ARCHIT, KUNST classical; **Klassizistische Antiqua** Modern Face

klas·tisch ['klastɪʃ] *adj inv* GEOL clastic

klatsch [klatʃ] *interj* smack!; **~ machen** to make a smacking noise

Klatsch <-[e]s, -e> [klatʃ] *m* 1 *kein pl (pej fam: Gerede)* gossip, tittle-tattle; **~ und Tratsch** gossip
2 *(klatschender Aufprall)* smack

Klạtsch·ba·se *f (pej fam)* gossip[-monger] **Klạtsch·blatt** *nt (Boulevardzeitschrift)* scandal sheet

Klat·sche <-, -n> ['klatʃə] *f (fam)* 1 *(Fliegenklappe)* fly-swat [*or* -swatter]
2 DIAL *(fam: Petze)* tell-tale *fam*

klat·schen ['klatʃn̩] **I.** *vi* 1 *haben (applaudieren)* to clap, to applaud
2 *haben (einen Klaps geben)* ■ [**jdm**] [**irgendwohin**] ~ to smack [*or* slap] [sb] [somewhere]; **jdm/sich auf die Hände/Hand ~** to smack sb/oneself on the hands/hand; **jdm eine ~** to slap sb across the face
3 *sein (mit einem Platsch auftreffen)* ■ **auf etw** *akk*/**in etw** *akk* ~ to land with a splat on/in sth; ■ **gegen etw** *akk* ~ to smack into sth *fam;* ***die Regentropfen klatschten ihr ins Gesicht*** the raindrops beat against her face
4 *haben (pej fam: tratschen)* ■ [**mit jdm**] [**über jdn/etw**] ~ to gossip [about sb/sth] [to sb]; DIAL *(petzen)* to tell tales

II. *vi impers haben* to smack; ***wenn du das noch mal machst, klatscht es!*** if you do that again, you'll get a slap

III. *vt haben* 1 *(klatschend schlagen)* ■ **etw** ~ to beat out sth *sep*
2 *(sl: werfen)* ■ **etw irgendwohin** ~ to chuck sth somewhere *fam*
3 *(verprügeln)* ■ **jdn** ~ to slap sb

Klat·schen <-s> ['klatʃn̩] *nt kein pl* 1 *(Applaus)* applause
2 *(fam: das Tratschen)* gossiping, tittle-tattling *fam*

Klat·sche·rei <-, -en> [klatʃə'rai̯] *f (pej fam)* 1 *(ständiges Applaudieren)* constant applause [*or* clapping] *no indef art, no pl*
2 *(Tratscherei)* gossiping *no indef art, no pl,* gossip-mongering *no indef art, no pl*

klạtsch·haft *adj (pej fam)* gossipy; ■ **~ sein** to be fond of [a] gossip, to like a good gossip

Klạtsch·haf·tig·keit <-> *f kein pl (pej)* fondness for gossip

Klạtsch·maul *nt (pej fam)* 1 *(Mund)* big mouth [*or* BRIT *fam!* gob]
2 *(klatschfreudiger Mensch)* gossip[-monger]; *(bösartig a.)* scandalmonger *pej*

Klạtsch·mohn *m* [corn [*or* field]] poppy

klạtsch·nass**RR** *adj (fam)* soaking [*or* dripping] [*or fam* sopping] wet; ■ **~ sein/werden** to be/get soaked; **bis auf die Haut ~ werden** to get soaked to the skin

Klạtsch·pres·se *f kein pl (fam)* gossip press; ■ **die ~** the gossip columns *pl* **Klạtsch·re·por·ter(in)** *m(f)* gossip writer **Klạtsch·spal·te** *f (pej fam)* gossip column[s *pl*] **Klạtsch·sucht** *f kein pl (pej)* gossip-mongering **klạtsch·süch·tig** *adj (pej)* extremely gossipy; ■ **~ sein** to be a compulsive gossip[-monger] **Klạtsch·tan·te** *f,* **Klạtsch·weib** *nt s.* **Klatschbase**

klau·ben ['klau̯bn̩] *vt* SÜDD, ÖSTERR, SCHWEIZ 1 *(pflücken)* ■ **etw** [**von etw** *dat*] ~ to pick sth [from sth]
2 *(sammeln)* ■ **etw** [**in etw** *akk*] ~ to collect sth [in sth]; **Holz/Pilze ~** to gather wood/mushrooms; **Kartoffeln ~** to dig potatoes
3 *(auslesen)* ■ **etw aus etw** *dat*/**von etw** *dat* ~ to pick sth out of/from sth; **etw vom Boden ~** to pick up sth *sep* [off the floor]

Klaue <-, -n> ['klau̯ə] *f* 1 *(Krallen)* claw; *(Vogelklaue a.)* talon
2 *(pej sl: Hand)* paw *hum fam,* mitt *fam!*
3 *(pej sl: Handschrift)* scrawl
▸ WENDUNGEN: **sich** *akk* **in jds ~n befinden** to be in sb's clutches; **jdn in seinen ~n haben** to have sb in one's clutches; **die ~n des Todes** *(geh)* the jaws of death

klau·en ['klau̯ən] *(fam)* **I.** *vt* ■ [**jdm**] **etw** ~ to pinch [*or* BRIT *a.* nick] sth [from sb] *fam*
II. *vi* to pinch [*or* BRIT *a.* nick] things *fam*

Klau·se <-, -n> ['klau̯zə] *f* 1 *(Einsiedelei)* hermitage
2 *(hum: kleines Zimmer)* den, retreat

Klau·sel <-, -n> ['klau̯zl̩] *f* 1 *(Inhaltsbestandteil eines Vertrags)* clause, provision; **in arglistiger Absicht eingefügte ~** fraudulent clause; **handelsübliche ~** customary clause; **eine ~ einfügen** to insert a clause
2 *(Bedingung)* condition
3 *(Vorbehalt)* proviso

Klaus·ner(in) <-s, -> ['klau̯znɐ] *m(f) (veraltet) s.* **Einsiedler**

Klaus·tro·pho·bie <-, -n> [klau̯strofo'bi:, *pl* -i:ən] *f* claustrophobia *no indef art, no pl spec*

klaus·tro·pho·bisch *adj inv (geh)* claustrophobic

Klau·sur <-, -en> [klau̯'zu:ɐ̯] *f* 1 SCH [written] exam [*or* paper]; **etw in ~ schreiben** to write [*or* take] sth under exam[ination *form*] conditions; **eine ~ korrigieren** [*o* **verbessern**] to mark BRIT [*or* grade] exam papers
2 REL cloister, enclosure; **in ~ gehen** to retreat (from the world)
3 POL private session, closed-door meeting

Klau·sur·ta·gung *f* POL closed[-door] meeting

Kla·vi·a·tur <-, -en> [klavi̯a'tu:ɐ̯] *f* 1 MUS keyboard
2 *(geh: Sortiment)* range; **die ganze ~ der Tricks** the whole gamut of tricks

Kla·vi·chord <-[e]s, -e> [klavi'kɔrt] *nt* clavichord

Kla·vier <-s, -e> [kla'vi:ɐ̯] *nt* piano; **~ spielen** to play the piano; **ein hervorragendes ~ spielen** *(sl)* to be great on [the] piano; **jdn am** [*o* **auf dem**] **~ begleiten** to accompany sb on the piano; **etw auf dem ~ improvisieren/vortragen** to extemporize/perform sth on the piano; **das ~ stimmen** to tune the piano

Kla·vier·bau·er *m* piano maker **Kla·vier·be·glei·tung** *f* piano accompaniment **Kla·vier·de·ckel** *m* piano lid **Kla·vier·her·stel·ler** *m* piano maker [*or* manufacturer] **Kla·vier·ho·cker** *m* piano stool **Kla·vier·kon·zert** *nt* 1 *(Musikstück)* piano concerto 2 *(Veranstaltung)* piano recital **Kla·vier·leh·rer(in)** *m(f)* piano teacher **Kla·vier·so·na·te** *f* piano sonata **Kla·vier·spiel** *nt* piano playing **Kla·vier·spie·ler(in)** *m(f)* pianist, piano player **Kla·vier·stim·mer(in)** <-s, -> *m(f)* piano tuner **Kla·vier·un·ter·richt** *m kein pl* piano lessons *pl*

Kle·be·band <-bänder> ['kle:bə-] *nt* adhesive [*or* BRIT *a.* sticky] tape **Kle·be·bin·de·ma·schi·ne** *f* TYPO adhesive [*or* perfect] binder **Kle·be·bin·dung** *f* TYPO adhesive [*or* perfect] binding; **in ~** perfect bound **Kle·be·film** *m* adhesive film **Kle·be·flä·che** *f* adhesive surface **kle·be·ge·bun·den** *adj inv* TYPO **~es Buch** perfect-bound book **Kle·be·lay·out** *nt* TYPO mock-up, paste-up of layout **Kle·be·mon·ta·ge** *f* TYPO paste-up **Kle·be·mör·tel** *m* BAU bonding mortar

kle·ben ['kle:bn̩] **I.** *vi* 1 *(klebrig sein)* to be sticky
2 *(festheften)* ■ [**an etw** *dat*] ~ to stick [to sth]; **an der Tür ~** to stick on the door; [**an jdm/etw/in etw** *dat*] **~ bleiben** to stick [to sb/sth/in sth]
3 *(festhalten)* ■ **an etw** *dat* ~ to stick to sth; **an alten Überlieferungen und Bräuchen ~** to cling to old traditions and customs; **an jdm ~ bleiben** to remain with [*or* rest on] sb
4 *(fam: hängen bleiben)* ***die ganze Hausarbeit bleibt immer an mir*** **~** I am always lumbered with all the housework BRIT *fam*
5 SCH *(fam: sitzen bleiben)* [**in etw** *dat*] **~ bleiben** to stay down [a year], to have to repeat a year
6 *(veraltet fam: Beitragsmarken aufkleben)* to pay stamps

II. *vt* 1 *(mit Klebstoff reparieren)* ■ **etw** ~ to glue sth; ■ **sich** *akk* **irgendwie ~ lassen** to stick together somehow; ***es lässt sich schlecht*** **~** it's not easy to glue, it doesn't stick together well
2 *(mit Klebstreifen zusammenfügen)* ■ **etw** ~ to stick together sth *sep;* **Film ~** to splice film
3 *(durch Kleben befestigen)* ■ **etw irgendwohin ~** to stick sth somewhere; **Tapete an eine Wand ~** to paste paper on[to] a wall
▸ WENDUNGEN: **jdm eine ~** *(fam)* to clock [*or* clout] sb one *fam*

Kle·be·pflas·ter *nt* sticking plaster BRIT, Band-Aid® AM

Kle·ber <-s, -> ['kle:bɐ] *m* 1 *(fam)* glue *no indef art, no pl*
2 SCHWEIZ *(Aufkleber)* sticker; *(für Briefumschläge, Pakete usw.)* adhesive label

Kle·be·rol·ler *m* tape dispenser

Kle·ber·stär·ke *f* KOCHK gluten starch

Kle·be·stift *m* Pritt Stick® BRIT, UHU® AM **Kle·be·strei·fen** *m s.* **Klebstreifen** **Kle·be·zet·tel** *m* sticky label

Kleb·flä·che *f* adhesive surface, sticky side **Kleb·reis** *m* glutinous rice

kleb·rig ['kle:brɪç] *adj* sticky; **~e Farbe** tacky paint; *(klebfähig)* adhesive; ■ [**von etw** *dat*] **~ sein** to be sticky [with sth]

Kleb·rig·keit <-> *f kein pl* stickiness *no indef art, no pl; Farbe* tackiness; *(Klebfähigkeit)* adhesiveness

Kleb·stoff *m* adhesive; *(Leim)* glue *no indef art, no pl* **Kleb·stoff·tu·be** *f* tube of glue [*or* adhesive]

Kleb·strei·fen *m* 1 *(selbstklebender Streifen)* adhesive [*or* BRIT *a.* sticky] tape
2 *(Klebefläche)* gummed strip

Klẹ·cker·be·trag *m meist pl* peanuts *pl fam*

Kle·cke·rei <-, -en> *f (pej fam)* mess

kle·ckern ['klɛkɐn] **I.** *vt* ■ **etw irgendwohin ~** to spill sth somewhere
II. *vi* 1 *haben (tropfen lassen)* to make a mess; ***kannst du das K~ nicht lassen?*** can't you stop making a mess?
2 *haben (tropfen)* to drip, to splash; *volles Gefäß* to spill; **gekleckert kommen** to come spilling out
3 *sein (tropfen)* ■ [**jdm**] **irgendwohin ~** to spill [*or* splash] somewhere
4 *sein (in geringen Mengen kommen)* to come in dribs and drabs; *s. a.* **klotzen**

kle·cker·wei·se *adv* in dribs and drabs
Klecks <-es, -e> ['klɛks] *m* ① *(großer Fleck)* stain
② *(kleine Menge)* blob; **ein ~ Senf** a dab of mustard
kleck·sen ['klɛksn̩] **I.** *vi* ① *haben (Kleckse verursachen)* ■ [**mit etw** *dat*] ~ to make a mess [with sth]
② *haben (tropfen)* to blot, to make blots; *Farbe* to drip
③ *sein (tropfen)* ■ [**jdm**] **irgendwohin** ~ to spill somewhere
II. *vt haben* ■ **etw auf etw** *akk* ~ to splatter [*or* spill] sth on sth
Klee <-s> [kle:] *m kein pl* clover *no indef art, no pl*
▸WENDUNGEN: **jdn/etw über den grünen ~ loben** *(fam)* to praise sb/sth to the skies
Klee·blatt *nt* ① BOT cloverleaf; **vierblättriges ~** four-leaf [*or* -leaved] clover
② *(Autobahnkreuz)* cloverleaf
③ *(Trio)* threesome, trio
Klee·ho·nig *m* clover honey *no indef art, no pl*
Klei·ber <-s, -> ['klaibɐ] *m* ORN nuthatch
Kleid <-[e]s, -er> [klait, *pl* 'klaidɐ] *nt* ① *(Damenkleid)* dress
② *pl (Bekleidungsstücke)* clothes *npl,* clothing *no indef art, no pl;* **jdm/sich die ~er vom Leibe reißen** to rip [*or* tear] the clothes off sb/oneself
▸WENDUNGEN: **nicht aus den ~ern kommen** to not go to bed; **~er machen Leute** *(prov)* fine feathers make fine birds *prov*
Kleid·chen <-s, -> ['klaitçən] *nt dim von* **Kleid** little dress
klei·den ['klaidn̩] *vt* ① *(anziehen)* **sich** *akk* **gut/schlecht ~** to dress well/badly; **sich** *akk* **schick ~** to dress up; ■ [**in etw** *akk*] **gekleidet sein** to be dressed [in sth]
② *(jdm stehen)* ■ **jdn ~** to suit [*or* look good on] sb
③ *(geh: durch etw zum Ausdruck bringen)* ■ **etw in etw** *akk* **~** to express [*or form* couch] sth in sth; **seine Gefühle in Worte ~** to put one's feelings into words; **etw in schöne Worte ~** to couch sth in fancy words
④ *(veraltend geh: Kleidung geben)* ■ **jdn ~** to clothe sb
Klei·der·ab·la·ge *f (Garderobe)* coat rack; *(Raum)* cloakroom, AM *a.* checkroom **Klei·der·bü·gel** *m* coat-[*or* clothes-]hanger **Klei·der·bürs·te** *f* clothes brush **Klei·der·ha·ken** *m* coat-hook, BRIT *a.* coat peg **Klei·der·kam·mer** *f* MIL uniform [*or* clothing] store **Klei·der·kas·ten** *m* ÖSTERR, SCHWEIZ *(Kleiderschrank)* wardrobe **Klei·der·mot·te** *f* clothes moth **Klei·der·ord·nung** *f* dress code **Klei·der·rock** *m* pinafore **Klei·der·sack** *m* ① MIL kitbag ② *(Sack für Kleidung)* old clothes sack **Klei·der·schrank** *m* ① *(Schrank)* wardrobe; **ein begehbarer ~** a walk-in wardrobe ② *(fam: Breitschultriger)* great hulk [of a man]; ■ **ein ~ sein** to be a great hulk [of a man], to be built like a brick outhouse [*or fam!* shithouse] **Klei·der·stän·der** *m* coat-stand **Klei·der·stan·ge** *f* clothes rail **Klei·der·zwang** *m* [strict] dress code
kleid·sam *adj (geh)* becoming, flattering
Klei·dung <-, -en> *f pl selten* clothes *npl,* clothing *no indef art, no pl*
Klei·dungs·stück *nt* article of clothing, garment; ■ **~e** clothes, togs *fam*
Kleie <-, -n> ['klaiə] *f* bran *no indef art, no pl*
klein [klain] **I.** *adj* ① *(von geringer Größe)* little, small; *(emotional)* little; *Schrift* small; ***sie fährt ein ~es Auto*** she drives a small [*or* little] car; ***sie hat ein schnuckeliges ~es Auto*** she's got a nice little car; ***er ist ein ~er Schlingel*** he's a little rascal; **im ~en Format** in a small format; ■ **~ geschnitten** finely chopped; **etw ~ hacken** to chop up sth *sep;* **~ gehackte Zwiebeln** finely chopped onions; **im K~en** on a small scale; **bis ins K~ste** [right] down to the smallest detail, in minute detail; **einen Kopf ~er sein als jd** to be a head shorter than sb; [**jdm**] **etw ~ machen** *(fam)* to chop [*or* cut] up sth *sep* [for sb]; **der ~e Peter/die ~e Anna** little Peter/Anna; [**jdm**] **etw ~ schneiden** to cut up sth *sep* [into small pieces] [for sb]; *s. a.* **Bier, Buchstabe, Finger, Terz, Zeh**
② *(Kleidung)* small; ***haben Sie das gleiche Modell auch in ~er?*** do you have the same style but in a size smaller?; ■ **jdm zu ~ sein** to be too small for sb; **etw ~er machen** to make sth smaller, to take in [*or* up] sth *sep*
③ *(jung)* small; *(kleinwüchsig a.)* short; **sein ~er Bruder** his little [*or* younger] brother; **von ~ auf** from childhood [*or* an early age]
④ *(kurz)* short; **ein ~er Vorsprung** a short [*or* small] start
⑤ *(kurz dauernd)* short; **eine ~e Pause machen** to have a short [*or* little] break
⑥ *(geringe Menge, Anzahl)* small; **ein ~[es] bisschen** [*o* **~ wenig**] a little bit
⑦ *(geringer Betrag)* small; **ein ~es Gehalt** a small [*or* low] salary
⑧ *(Wechselgeld)* small; ***haben Sie es nicht ~er?*** haven't you got anything smaller?
⑨ *(geringfügig)* small; **die ~ste Bewegung** the slightest movement; **ein ~er Fehler/Verstoß** a minor mistake/violation; **eine ~e Übelkeit** a slight feeling of nausea
⑩ *(unbedeutend)* minor; *(ungeachtet)* lowly; ***er fing als ~er Portier in dem Hotel an*** his first job in the hotel was as a lowly porter; **ein ~er Bauer** a small farmer; **ein ~er Ganove** a petty [*or* small-time] crook; **die ~en Leute** ordinary people; **aus ~en Verhältnissen stammen** to come from a humble background
⑪ *(erniedrigt)* small
⑫ *(weniger intensiv)* low; **etw ~[er] drehen** [*o* **stellen**] to turn down sth *sep* [*or* to turn sth lower]
⑬ *(in kleiner Schrift)* **etw ~ schreiben** to write sth in small letters
⑭ MATH **~ste Fehlerquadrate** least error squares; **~ster gemeinsamer Nenner** lowest common denominator; **~stes gemeinsames Vielfaches** lowest common multiple
▸WENDUNGEN: **~, aber fein** small but sweet, quality rather than quantity *a. hum;* **im K~en wie im Großen** in little things as well as in big ones; **die K~en** [*o* **~en Gauner**] **hängt man, die Großen lässt man laufen** *(prov)* the small fry get caught, while the big fish get away; **~, aber oho** *(fam)* small but eminently capable [*or* he/she packs a powerful punch]; *s. a.* **Fakultas, Latinum**
II. *adv* **~ gedruckt** *attr* in small print *pred*
▸WENDUNGEN: **~ anfangen** *(fam: seine Karriere ganz unten beginnen)* to start at the bottom; *(mit ganz wenig beginnen)* to start off in a small way; **~ beigeben** to give in [quietly]; **~ machen** *(kindersprache)* to do [*or* have] a wee[-wee] *childspeak*
Klein·ak·tie *f* BÖRSE penny share [*or* AM stock] **Klein·ak·ti·o·när(in)** *m(f)* small [*or* minor] shareholder **Klein·an·le·ger(in)** *m(f)* small investor **Klein·an·zei·ge** *f* classified advertisement [*or* ad], small ad *fam;* *(Kaufgesuch a.)* want ad *fam;* **„~n"** "small ads", "classified section" **Klein·ar·beit** *f kein pl* detailed work; **in mühevoller ~** with painstaking [*or* rigorous] attention to detail **Klein·asi·en** <-s> [klain'ʔa:ziən] *nt* Asia Minor **Klein·bahn** *f* narrow-gauge [*or* light] railway **Klein·bau·er, -bäu·e·rin** *m, f* small farmer, smallholder **klein|be·kom·men*** ['klainbəkɔmən] *vt irreg s.* **kleinkriegen Klein·be·trieb** *m* small business; **ein handwerklicher/industrieller ~** a small workshop/factory **Klein·bild·ka·me·ra** *f* 35 mm [*or* miniature] camera **Klein·buch·sta·be** *m* minuscule; **in ~n drucken** to print in lower case letters **Klein·bür·ger(in)** *m(f)* ① *(pej: Spießbürger)* petit [*or* BRIT *a.* petty] bourgeois *pej* ② *(Angehöriger des unteren Mittelstandes)* lower middle-class person **klein·bür·ger·lich** *adj* ① *(pej: spießbürgerlich)* petit [*or* BRIT *a.* petty] bourgeois *pej* ② *(den unteren Mittelstand betreffend)* lower middle-class **Klein·bür·ger·tum** *nt kein pl* lower middle class, petite [*or* petty] bourgeoisie *no pl, + sing/pl vb* **Klein·bus** *m* minibus **Klein·com·pu·ter** [-kɔmpju:tɐ] *m* minicomputer; *(kleiner)* microcomputer, subnotebook; *(Handheld)* palmtop **Klein·de·likt** *nt* JUR petty offence [*or* AM -se]
Klei·ne(r) *f(m) dekl wie adj* ① *(kleiner Junge)* little boy [*or* one]; *(kleines Mädchen)* little girl [*or* one]; **eine hübsche** [*o* **nette**] **~** a little beauty, a pretty little thing; **die lieben ~n** *(iron)* the dear [*or* sweet] little things
② *(Jüngster)* ■ **jds ~/~r** sb's youngest [*or* sb's little one]
③ *(Liebling)* love
Klei·ne(s) *nt dekl wie adj* ① *(kleines Kind)* little one; **etwas ~s bekommen** *(fam)* to have a little one [*or fam* bundle]
② *(fam: liebe kleine Frau)* ■ **~s** darling, *esp* AM baby
Klein·fa·mi·lie *f* nuclear family **Klein·feu·e·rungs·an·la·ge** *f* small-scale heating system **Klein·for·mat** *nt* small format; **im ~** small-format **klein·for·ma·tig** *adj inv* TYPO small-size **Klein·gar·ten** *m* garden plot; *(zum Mieten)* allotment BRIT **Klein·gärt·ner(in)** *m(f)* garden plot holder; *(Mieter)* allotment holder BRIT **Klein·ge·bäck** *nt* small pastries *pl;* *(Kekse)* biscuits *pl* BRIT, cookies *pl* AM **Klein·ge·druck·te(s)** *nt dekl wie adj (in kleiner Schrift Gedrucktes)* small print *no indef art, no pl;* **etwas ~s** something in small print ▸WENDUNGEN: **das ~** the small print *(details of a contract)* **Klein·geist** *m (pej)* small-[*or* narrow-]minded person *pej;* ■ **ein ~ sein** to be small-[*or* narrow-]minded *pej* **klein·geis·tig** *adj (pej)* small-[*or* narrow-]minded *pej,* petty[-minded]; ■ **~ sein** to be small-[*or* narrow-]minded *pej* **Klein·geld** *nt* [small [*or* loose]] change *no indef art, no pl;* **das nötige ~ haben/nicht haben** *(fam)* to have/lack the wherewithal **klein·ge·wach·sen** *adj* short, small; **eine ~e Pflanze** a small plant **Klein·ge·wer·be** *nt* ÖKON small-scale company; **ein ~ betreiben** to run a small business **Klein·ge·wer·be·trei·ben·de(r)** *f(m) dekl wie adj* ÖKON small businessman **klein·gläu·big** *adj* ① *(pej: zweiflerisch)* faint-hearted, timid; ■ **~ sein** to lack conviction ② REL of little faith; **ihr Kleingläubigen!** o ye of little faith! **Klein·grup·pe** *f* small group
Klein·gut *nt* HANDEL retail goods *pl* **Klein·gut·ver·kehr** *m kein pl* HANDEL trading of goods in retail
Klein·han·del *m* retail trade
Klein·heit <-> *f kein pl* small size, smallness *no indef art, no pl*
Klein·hirn *nt* cerebellum *spec* **Klein·holz** *nt kein pl* chopped wood *no indef art, no pl,* firewood *no indef art, no pl,* kindling *no indef art, no pl;* **~ machen** to chop [fire]wood; **aus etw** *dat* **~ machen, etw zu ~ machen** *(hum fam)* to make matchwood of sth, to smash sth to matchwood; *(durch Sturm)* to reduce sth to matchwood ▸WENDUNGEN: **~ aus jdm machen, jdn zu ~ machen** *(fam)* to make mincemeat [out] of sb *fam*
Klei·nig·keit <-, -en> ['klainɪçkait] *f* ① *(Bagatelle)* small matter [*or* point]; ***es ist nur eine ~, ein Kratzer, nicht mehr*** it's only a trifle, no more than a scratch; [**für jdn**] **eine/keine ~ sein** to be a/no simple matter [for sb]; **wegen** [*o* **bei**] **jeder** [*o* **der geringsten**] **~** at every opportunity, for the slightest reason; **sich** *akk* **mit ~en abgeben** to concern oneself with small matters; **sich** *akk* **an ~en stoßen** to take exception to small matters
② *(Einzelheit)* minor detail; ***muss ich mich um jede ~ kümmern?*** do I have to do every little thing myself?
③ *(ein wenig)* ■ **eine ~** a little [bit]; **eine ~ zu hoch/tief** a little [*or* touch] too high/low; **eine ~ essen** to have a bite to eat, to eat a little something; **sich** *dat* **eine ~ nebenher verdienen** to earn a little bit on the side; **etw um eine ~ verschieben** to move sth a little bit
④ *(kleiner Artikel)* little something *no def art, no pl;* **ein paar ~en** a few little things
▸WENDUNGEN: [**jdn**] **eine ~ kosten** *(iron)* to cost [sb] a pretty penny [*or fam* a tidy sum]; **die ~ von etw** *dat (iron)* the small matter of sth *iron*
Klei·nig·keits·krä·mer(in) *m(f) (pej)* pedant *pej,* stickler for detail *fam* **Klei·nig·keits·krä·me·rei** *f (pej)* pedantry *pej*
Klein·in·ves·ti·ti·on *f* FIN minor [*or* small] invest-

ment

Klein·ka·li·ber *nt* small bore; **ein Schuss mit ~** a shot from a small bore **Klein·ka·li·ber·ge·wehr** *nt* small-bore rifle

klein·ka·lib·rig *adj* small-bore *attr* **Klein·ka·me·ra** *f s.* Kleinbildkamera

klein·ka·riert I. *adj* ❶ *(mit kleinen Karos) s.* **kariert** I 1

❷ *(fam: engstirnig)* narrow-minded, small-minded, petty-minded *pej*

II. *adv* narrow-mindedly *pej,* in a narrow-minded way *pej;* **~ denken** to have narrow-minded opinions [*or* views] *pej*

Klein·kind *nt* small child, toddler, infant, rug rat AM *fam* **Klein·kle·ckers·dorf** *nt kein pl (hum fam)* back of beyond; ***er lebt in ~*** he lives at the back of beyond [*or pej fam* out in the sticks] [*or* AM *fam* in the boonies] **Klein·kli·ma** *nt* microclimate

Klein·kram *m (fam)* ❶ *(Zeug)* odds and ends *fam* [*or* BRIT *fam!* sods] *npl*

❷ *(Trivialitäten)* trivialities *pl*

❸ *(kleinere Arbeiten)* little [*or* odd] jobs *pl*

Klein·krä·me·rei <-> [klainkrɛ:mə'rai] *f kein pl (pej)* tinkering around the edges

Klein·kre·dit *m* personal [*or* short-term] [*or* small] loan **Klein·krieg** *m* ❶ *(Guerillakrieg)* guerrilla warfare *no indef art, no pl,* guerrilla war; **jdm einen ~ liefern** to engage sb in a guerrilla war [*or* in guerrilla warfare] ❷ *(dauernde Streitereien)* running battle; **einen [regelrechten] ~ mit jdm führen** to have [*or* carry on] a [real [*or* veritable]] running battle with sb

klein|krie·gen *vt (fam)* ❶ *(zerkleinern)* ■**etw ~** to chop up sth *sep;* **Fleisch ~** to cut up meat *sep*

❷ *(kaputtmachen)* ■**etw ~** to smash [*or* break] sth

❸ *(gefügig machen)* ■**jdn ~** to bring sb into line, to make sb toe the line

Klein·kri·mi·na·li·tät *f kein pl* small-time [*or* petty] crime **Klein·kri·mi·nel·le(r)** *f(m) dekl wie adj* petty [*or* small-time] criminal **Klein·kunst** *f kein pl* cabaret *no indef art, no pl* **Klein·kunst·büh·ne** *f* cabaret *no indef art, no pl*

klein·laut I. *adj* sheepish; *(gefügig)* subdued

II. *adv* sheepishly; **~ fragen** to ask meekly; **etw ~ gestehen** to admit sth shamefacedly

Klein·le·be·we·sen *nt* micro-organism; *(Milbe)* mite

klein·lich ['klainlɪç] *adj (pej)* ❶ *(knauserig)* mean, stingy *pej fam,* tight[-fisted] *pej fam*

❷ *(engstirnig)* petty[-minded] *pej,* small-[*or* narrow-]minded *pej;* ***sei doch nicht so ~!*** don't be so petty! *pej*

Klein·lich·keit <-, -en> *f (pej)* ❶ *kein pl (Knauserigkeit)* meanness *no indef art, no pl,* stinginess *no indef art, no pl pej fam*

❷ *(Engstirnigkeit)* pettiness *no indef art, no pl pej,* small-mindedness *no indef art, no pl pej,* narrow-mindedness *no indef art, no pl pej*

klein|ma·chen I. *vt* ❶ *(zerkleinern) s.* **klein** I 1

❷ *(wechseln)* ■**[jdm] etw ~** to change sth [for sb]; ***können Sie mir wohl den Hunderter ~?*** can you give me change for a hundred?

❸ *(erniedrigen)* ■**jdn ~** to make sb look small

II. *vr* ■**sich** *akk* **~** ❶ *(sich ducken)* to make oneself small, to curl [oneself] up

❷ *(sich herabwürdigen)* to belittle oneself

Klein·mö·bel *pl* small pieces [*or* smaller items] of furniture

Klein·mut *m (geh)* faint-heartedness *no indef art, no pl,* timidity *no indef art, no pl*

klein·mü·tig ['klainmy:tɪç] *adj (geh: zaghaft)* faint-hearted; *(furchtsam)* timorous; *(scheu)* timid

Klein·od <-[e]s, -odien *o* -e> ['klainʔo:t, *pl* klainʔ'o:diən, 'klainʔo:də,] *nt* ❶ <*pl* -ode> *(geh: Kostbarkeit)* jewel, gem; **jds ~ sein** to be sb's treasure [*or* pride and joy] ❷ <*pl* -odien> *(veraltend: Schmuckstück)* jewel, gem **Klein·pla·net** *m* small [*or* minor] planet **Klein·rech·ner** *m* microcomputer, micro *fam;* *(größer)* minicomputer **klein|re·den** *vt* ■**etw ~** *Problem, Gefahr, Schuld* to play down sth *sep* **Klein·sa·tel·lit** *m* small satellite

klein|schrei·ben^RR *irreg vt* ❶ **ein Wort ~** to begin a word without a capital letter ❷ *(nicht wichtig nehmen)* ■**etw ~** to set little [*or* to not set much] store by sth; **kleingeschrieben werden** to count for little **Klein·schrei·bung** *f* lower case printing **Klein·spa·rer(in)** *m(f)* FIN small saver **Klein·specht** *m* ORN lesser spotted woodpecker **Klein·staat** *m* small state, ministate **Klein·staa·te·rei** [klainʃta:tə'rai] *f* particularism, giving undue importance to small states **Klein·stadt** *f* small town **Klein·städ·ter(in)** *m(f)* small-town dweller; ■**~/~in sein** to live in a small town **klein·städ·tisch** *adj* ❶ *(einer Kleinstadt entsprechend)* small-town *attr* ❷ *(pej: provinziell)* provincial *pej*

Kleinst·kre·dit *m* FIN micro credit **kleinst·mög·lich** *adj* smallest possible **Kleinst·pla·net** *m* very small planet

Klein·tier *nt* small [domestic] animal **Klein·trans·por·ter** *m* AUTO van **Klein·un·ter·neh·men** *nt* small company **Klein·un·ter·neh·mer(in)** *m(f)* HANDEL small businessman *masc* [*or fem* businesswoman] **Klein·vieh** *nt* small farm animals *pl,* small livestock + *pl vb* ▶WENDUNGEN: **~ macht auch Mist** *(prov)* many a mickle makes a muckle *prov,* every little helps **Klein·wa·gen** *m* small car, runabout, runaround **Klein·woh·nung** *f* small flat BRIT, flatlet BRIT, efficiency [*or* small] apartment AM **Klein·wuchs** *m kein pl* MED stunted growth **klein·wüch·sig** *adj (geh)* small, of small stature *pred;* ■**~ sein** to be small [in stature]

Kleis·ter <-s, -> ['klaiste] *m* paste

kleis·tern ['klaisten] *vt* ■**etw an etw** *akk* **~** to paste sth onto sth

Kle·men·ti·ne <-, -n> [klemɛn'ti:nə] *f* clementine

Klemmap·pe^ALT *f s.* **Klemmmappe Klemm·brett** *nt* clipboard

Klem·me <-, -n> ['klɛmə] *f* ❶ *(Haarklammer)* [hair] clip

❷ ELEK terminal; *(Batterie a.)* clip; **positive ~** positive terminal

❸ *(fam: schwierige Lage)* fix *fam,* jam *fam;* **jdm aus der ~ helfen** to help sb out of a fix [*or* jam] *fam;* **in der ~ sitzen** [*o* **sein**] [*o* **stecken**] [*o* **sich** *akk* **in der ~ befinden**] *(fam)* to be in a fix [*or* jam] *fam*

klem·men ['klɛmən] I. *vt* ❶ *(zwängen)* ■**etw irgendwohin ~** to stick [*or* wedge] sth somewhere

❷ *(fam: stehlen)* ■**jdm etw ~** to pinch [*or* BRIT *a.* nick] sth from sb *fam*

II. *vr* ❶ *(sich quetschen)* ■**sich** *akk* **~** to get squashed [*or* trapped]; ■**sich** *dat* **etw [in etw** *dat*/**zwischen etw** *dat*] **~** to catch [*or* trap] one's sth [in/between sth], to get one's sth caught [*or* trapped] [in/between sth]

❷ *(fam: etw zu erreichen suchen)* ■**sich** *akk* **hinter jdn ~** to get on to sb

❸ *(fam: Druck machen)* ■**sich** *akk* **hinter etw** *akk* **~** to get stuck in[to sth] BRIT *fam;* ***ich werde mich mal hinter die Sache ~*** I'll get onto it [*or* the job]

III. *vi* ❶ *(blockieren)* to stick, to jam

❷ *(angeheftet sein)* ■**irgendwo ~** to be stuck somewhere

▶WENDUNGEN: **es klemmt** *(fam: die Zeit fehlt)* time is [really] tight; *(das Geld fehlt)* money is [really] tight

Klemm·map·pe^RR *f* clip file, spring binder [*or* folder] **Klemm·schrau·be** *f* locking screw

Klemp·ner(in) <-s, -> ['klɛmpne] *m(f)* metal roofer *spec,* plumber *fam*

Klemp·ne·rei <-, -en> ['klɛmpnə'rai] *f* ❶ *(Handwerk)* plumbing

❷ *(Werkstatt)* plumber's workshop

Klemp·ne·rin <-, -nen> *f fem form von* **Klempner**

Klemp·ner·la·den *m (hum fam)* chestful of medals

klemp·nern ['klɛmpnen] *vi* to do [a spot of BRIT] plumbing

Klemp·ner·werk·statt *f* plumber's workshop

Klep·per <-s, -> ['klɛpe] *m (pej)* [old] nag *pej*

Klep·to·ma·ne, Klep·to·ma·nin <-n, -n> [klɛpto'ma:nə, klɛpto'ma:nɪn] *m, f* kleptomaniac

Klep·to·ma·nie <-> [klɛptoma'ni:] *f kein pl* kleptomania *no indef art, no pl*

Klep·to·ma·nin <-, -nen> *f fem form von* **Kleptomane**

kle·ri·kal [kleri'ka:l] *adj (pej geh)* clerical, churchy *pej fam*

Kle·ri·ker <-s, -> ['kle:rike] *m* cleric

Kle·rus <-> ['kle:rʊs] *m kein pl* clergy *no indef art, no pl*

Klett·band <-bänder> ['klɛt-] *nt* Velcro®

Klet·te <-, -n> ['klɛtə] *f* ❶ *(Pflanze)* burdock; *(Blütenkopf)* bur[r]; **wie [die] ~n zusammenhalten** *(fam)* to stick together [like glue], to be inseparable; **an jdm wie eine ~ hängen** *(fam)* to cling to sb like a limpet [*or esp pej* leech]

❷ *(pej fam: zu anhänglicher Mensch)* nuisance, pest

Klet·ten·ver·schluss®^RR *m s.* Klettverschluss

Klet·ter·an·la·ge <-, -n> *f* climbing complex [*or* facility] **Klet·ter·aus·rüs·tung** *f* climbing equipment

Klet·ter·ei·sen *nt* SPORT climbing irons *pl*

Klet·te·rer, Klet·te·rin <-s, -> *m, f* climber

Klet·ter·ge·rüst *nt* climbing frame

Klet·ter·gurt *m* [climbing] harness **Klet·ter·hal·le** *f* climbing hall

Klet·te·rin <-, -nen> *f fem form von* **Kletterer**

klet·tern ['klɛten] *vi* ❶ *sein (klimmen)* ■**[auf etw** *akk o dat*] **~** to climb [[on] sth]; *(mühsam)* to clamber [up [*or* on] sth]; **auf einen Baum ~** to climb a tree; **aufs Dach ~** to climb onto the roof

❷ *sein o haben* SPORT to climb; **~ gehen** to go climbing; **in eine/einer Wand ~** to climb a face/on a face; **frei ~** to free-climb

❸ *sein (fam)* ■**aus einem/in ein Auto ~** to climb out of/into a car

❹ *sein (fam: steigen)* ■**[auf etw** *akk*] **~** *Zeiger* to climb [to sth]

Klet·ter·park *m* climbing centre [*or* AM center]

Klet·ter·par·tie *f* ❶ *(Bergsteigen)* difficult climb; **die reinste ~ sein** *(fam)* to be a real climbing expedition *fam* ❷ *(fam: anstrengende Wanderung)* climbing trip [*or* outing] **Klet·ter·pflan·ze** *f* climbing plant, climber **Klet·ter·seil** *nt* climbing rope **Klet·ter·stan·ge** *f* climbing pole **Klet·ter·wand** *f* climbing wall

Klett·ver·schluss^RR *m* Velcro® [fastener]

kli·cken [klɪkn̩] *vi* ❶ *(metallisch federn)* to click; ***man hörte es ~*** there was an audible click; ■**~d** with a click

❷ *(ein Klicken verursachen)* ■**mit etw** *dat* **~** to click sth, to make a clicking noise with sth

❸ INFORM to click; **mit der Maus ~** to click with the mouse; ■**auf etw** *akk* **~** to click on sth; **auf etw** *akk* **doppelt ~** to double click on sth

Kli·cker <-s, -> ['klɪke] *m* NORDD marble; *(Spiel)* marbles + *sing vb*

kli·ckern ['klɪken] *vi* NORDD to play marbles

Kli·ent(in) <-en, -en> [kli'ɛnt] *m(f)* client

Kli·en·tel <-, -en> [kliɛn'te:l] *f* clientele + *sing/pl vb,* clients *pl*

Kli·en·tin <-, -nen> *f fem form von* **Klient**

Klie·sche ['kli:ʃə] *f* ZOOL, KOCHK sand dab

Kliff <-[e]s, -e> [klɪf] *nt* cliff

Kli·ma <-s, -s *o* Klimata> ['kli:ma] *nt* ❶ METEO climate

❷ *(geh: Stimmung)* **ein entspanntes/angespanntes ~** a relaxed/tense atmosphere; **das politische/wirtschaftliche ~** the political/economic climate

Kli·ma·an·la·ge *f* air-conditioning *no indef art, no pl* [system]; **mit ~ [versehen]** air-conditioned, fitted with air-conditioning **Kli·ma·for·scher(in)** *m(f)* METEO climatologist **Kli·ma·ka·ta·stro·phe** *f* climatic catastrophe

kli·mak·te·risch [klimak'te:rɪʃ] *adj inv* MED menopausal, climacteric

Kli·mak·te·ri·um <-s> [klimak'te:ri̯ʊm] *nt kein pl* menopause *no indef art, no pl,* climacteric *no indef art, no pl spec*

Kli·ma·phä·no·men *nt* climatic phenomenon **Kli·ma·rah·men·kon·ven·ti·on** *f* convention on controlling climate change **kli·ma·re·le·vant** *adj inv* climatically relevant **kli·ma·schäd·lich** *adj* ÖKOL *Gas* climate-damaging

Kli·ma·schutz *m* climate protection **Kli·ma·schutz·po·li·tik** *f* ÖKOL climate protection policy
Kli·ma·steu·er *f kein pl* FIN *tax for financing climate protection measures*
Kli·ma·te [kliˈmaːtə] *pl von* **Klima**
kli·ma·tisch [kliˈmaːtɪʃ] **I.** *adj attr* climatic
II. *adv* climatically
kli·ma·ti·sie·ren* [klimatiˈziːrən] *vt* ■**etw** ~ to air-condition sth
kli·ma·ti·siert *adj inv* air-conditioned
Kli·ma·ti·sie·rung *f* air-conditioning
Kli·ma·to·lo·ge, -lo·gin <-n, -n> [klimatoˈloːgə, -ˈloːgɪn] *m, f* climatologist
Kli·ma·to·lo·gie <-> [klimatoloˈgiː] *f kein pl* climatology *no art, no pl*
Kli·ma·to·lo·gin [klimatoˈloːgɪn] *f fem form von* **Klimatologe**
Kli·ma·um·schwung *m* [drastic] change in climate **Kli·ma·ver·än·de·rung** *f* change in climate **Kli·ma·wech·sel** *m* change of/in climate; ***ein ~ täte Ihnen sicher gut!*** a change of climate would undoubtedly do you good!; **den ~ überstehen** to get over the change in climate **kli·ma·wirk·sam** *adj Gas* climate-affecting, which has an effect on the climate
Kli·max <-> [ˈkliːmaks] *f kein pl (geh)* climax
Kli·ma·zo·ne *f* climatic zone
Klim·bim <-s> [klɪmˈbɪm] *m kein pl (fam) (Krempel)* junk *no indef art, no pl,* odds and ends [*or* BRIT *fam* sods] *npl*
▶WENDUNGEN: **einen ~ [um etw** *akk***] machen** to make a fuss [about sth]
klim·men <klomm *o* klimmte, geklommen *o* geklimmt> [ˈklɪmən] *vi sein (geh)* ■**irgendwohin** ~ to clamber [*or* scramble] up somewhere
Klimm·zug *m* ① SPORT pull-up; **Klimmzüge machen** to do pull-ups
② *meist pl (Verrenkung)* contortions *pl;* **[geistige] Klimmzüge machen** to do [*or* perform] mental acrobatics
Klim·per·kas·ten *m (fam)* piano
klim·pern [ˈklɪmpɐn] *vi* ① *(Töne erzeugen)* ■**auf etw** *dat* ~ to plonk [*or* AM *usu* plunk] away on sth *fam;* **auf einer Gitarre** ~ to plunk away on [*or* twang] a guitar
② *(klirren) Münzen* to jingle, to chink; *(Schlüssel)* to jangle
③ *(erklingen lassen)* ■**mit etw** *dat* ~ to jingle [*or* chink] [with] sth; **mit seinen Schlüsseln** ~ to jangle one's keys
Kli·ne·fel·ter-Syn·drom *nt* MED Klinefelter's syndrome
kling [klɪŋ] *interj* ting, ding, clink; ~ **machen** to clink
Klin·ge <-, -n> [ˈklɪŋə] *f* ① *(Schneide)* blade; *(Schwert)* sword; **miteinander die ~n kreuzen** to fence, to fight; **mit jdm die ~[n] kreuzen** to fence with [*or* fight [with]] sb
② *(Rasierklinge)* [razor] blade; **die ~ wechseln** to change the blade
▶WENDUNGEN: **mit jdm die ~n kreuzen** to cross swords with sb; **eine scharfe ~ führen** *(geh)* to be a trenchant [*or* dangerous] opponent; **jdn über die ~ springen lassen** *(veraltend: jdn töten)* to put sb to death *form* [*or liter* to the sword], to dispatch sb *hum form; (jdn zugrunde richten)* to ruin sb
Klin·gel <-, -n> [ˈklɪŋl̩] *f* bell
Klin·gel·beu·tel *m* REL collection [*or spec* offertory] bag **Klin·gel·knopf** *m* bell-push, -button
klin·geln [ˈklɪŋl̩n] **I.** *vi* ① *(läuten)* ■**[an etw** *dat***]** ~ to ring [sth]; **an der Tür** ~ to ring the doorbell; **etw ~ lassen** to let sth ring
② *(durch Klingeln herbeirufen)* ■**[nach] jdm** ~ to ring for sb; *s. a.* **Bett**
II. *vi impers* to ring; ***hör mal, hat es da nicht eben geklingelt?*** listen, wasn't that the phone/doorbell just then?; *bes* SCHWEIZ ■**jdm** ~ to ring for sb
▶WENDUNGEN: **hat es jetzt endlich geklingelt?** *(fam)* has the penny finally dropped? BRIT *fam*
Klin·gel·putz *m* ~ **spielen** [*o* **machen**] to go cherry-knocking *fam* **Klin·gel·schild** *nt (fam)* [housebell] nameplate **Klin·gel·ton** *m* TELEK ringtone **Klin·gel·zei·chen** *nt* ring; **auf das/ein/jds ~ hin** at the/a ring of the bell, at sb's ring
klin·gen <klang, geklungen> [ˈklɪŋən] *vi* ① *(erklingen) Glas* to clink; **die Gläser ~ lassen** to clink glasses [in a toast]; *Glocke* to ring; **dumpf/hell** ~ to have a dull/clear ring
② *(tönen)* to sound; ***die Wand klang hohl*** the wall sounded [*or* rang] hollow [*or* made a hollow sound]
③ *(sich anhören)* to sound; ***das klingt gut/interessant/viel versprechend*** that sounds good/interesting/promising
Kli·nik <-, -en> [ˈkliːnɪk] *f* clinic, specialist hospital
Kli·nik·all·tag *m* routine hospital practice, routine [work] at a/the clinic
Kli·ni·kum <-s, Klinika *o* Kliniken> [ˈkliːnikʊm, *pl* ˈkliːnika, ˈkliːnikən] *nt* ① *(Universitätskrankenhaus)* university hospital
② *(Hauptteil der medizinischen Ausbildung)* clinical training *no indef art, no pl*
kli·nisch [ˈkliːnɪʃ] **I.** *adj* clinical
II. *adv* clinically; ~ **tot** clinically dead
Klin·ke <-, -n> [ˈklɪŋkə] *f* [door-]handle
▶WENDUNGEN: **sich** *dat* **die ~ in die Hand geben** to come in a never-ending stream; ***die Bewerber gaben sich die ~ in die Hand*** there was an endless coming and going of applicants; **~n putzen** *(fam)* to go [*or* sell] from door to door
Klin·ken·put·zer(in) <-s, -> *m(f) (fam)* door-to-door salesman, hawker; *(Hausierer)* peddler, AM *a.* pedlar
Klin·ker <-s, -> [ˈklɪŋkɐ] *m* clinker [brick]
Klin·ker·mau·er·werk *nt* BAU clinker brick masonry **Klin·ker·stein** *m* clinker [brick]
Klipp <-s, -s> [klɪp] *m* ① MODE clip-on [ear-ring]
② *(Klemme) am Kugelschreiber* clip
klipp [klɪp] *adv* ▶WENDUNGEN: ~ **und klar** quite clearly [*or* frankly]; **etw ~ und klar zum Ausdruck bringen** to express sth quite clearly [*or* in no uncertain terms]
Klip·pe <-, -n> [ˈklɪpə] *f (Felsklippe)* cliff; *(im Meer)* [coastal] rock; **tückische ~n** treacherous rocks
▶WENDUNGEN: **die [*o* alle] ~n [erfolgreich] umschiffen** to negotiate [all] the obstacles [successfully]
Klip·pen·sprin·gen *nt kein pl* SPORT cliff diving
Klipp·fisch *m* salted dried cod
Klips [klɪps] *m* clip-on [ear-ring]
klir·ren [ˈklɪrən] *vi* ① *(vibrieren) Gläser* to tinkle; *Fensterscheiben* to rattle; *Lautsprecher, Mikrofon* to crackle
② *(metallisch ertönen) Ketten, Sporen* to jangle; *(Waffen)* to clash; ■ **~d** jangling, clashing
klir·rend I. *adj* **~er Frost** severe frost; **~e Kälte** biting [*or* piercing] cold
II. *adv* bitterly; ~ **kalt** bitterly cold
Klirr·fak·tor *m* ELEK distortion factor
Kli·schee <-s, -s> [kliˈʃeː] *nt* ① TYPO plate, block
② *(pej: eingefahrene Vorstellung)* cliché, stereotype *pej*
③ *(pej geh: Leerformel)* cliché
kli·schee·frei *adj* cliché-free, unclichéd
kli·schee·haft *adj (pej geh)* clichéd, stereotyped *pej,* stereotypical *pej;* **eine ~e Rede** a cliché-ridden speech
Kli·schee·vor·stel·lung *f s.* **Klischee 2**
kli·schie·ren* [kliˈʃiːrən] *vt* ① TYPO ■**etw** ~ to stereotype sth
② *(pej geh)* ■**jdn/etw** ~ *(talentlos nachahmen)* to imitate sb/sth in a stereotyped way; *(klischeehaft darstellen)* to stereotype sb/sth
Klis·tier <-s, -e> [klɪsˈtiːɐ̯] *nt* enema *spec*
Klis·tier·sprit·ze *f* enema syringe *spec hist*
kli·to·ral [klitoˈraːl] *adj inv* clitoral
Kli·to·ris <-, - *o* Klitorides> [ˈkliːtorɪs, *pl* kliˈtoːrideːs] *f* clitoris
Klit·sche <-, -n> [ˈklɪtʃə] *f (pej fam)* small-time outfit
klitsch·nass[RR] [ˈklɪtʃnas] *adj (fam) s.* **klatschnass**
klit·ze·klein [ˈklɪtsəˈklain] *adj (fam)* teen[s]y [ween[s]y] *fam,* itsy-bitsy *hum,* AM *hum a.* itty-bitty
Kli·vie <-, -n> [ˈkliːvi̯ə] *f* BOT clivia *spec*
Klo <-s, -s> [kloː] *nt (fam)* loo BRIT *fam,* john AM *fam;* **aufs ~ gehen/rennen** to go/run [*or* dash] to the loo
Klo·a·ke <-, -n> [kloˈaːkə] *f (pej)* sewer, cloaca, cesspool *a. fig*
Klo·a·ken·tier *nt* ZOOL monotreme
Klo·be·cken *nt (fam)* toilet [*or* lavatory] bowl [*or* pan]
Klo·ben <-s, -> *m (Holzklotz)* log
klo·big [ˈkloːbɪç] *adj* hefty, bulky; **~e Hände** massive hands
Klo·bril·le *f (fam)* toilet [*or sl* bog] seat **Klo·bürs·te** *f (fam)* toilet [*or* BRIT *fam a.* loo] brush **Klo·de·ckel** *m (fam)* toilet lid **Klo·mann, -frau** *m, f (fam)* toilet attendant
klomm [klɔm] *imp von* **klimmen**
Klon <-s, -e> [kloːn] *m* clone
klo·nen [ˈkloːnən] *vt* ■**jdn/etw** ~ to clone sb/sth
klö·nen [ˈkløːnən] *vi (fam)* ■**[mit jdm]** ~ to [have a] chat [*or* natter] [with sb] BRIT *fam*
Klo·nie·rung <-, -en> *f* BIOL cloning
Klon·schaf *nt* cloned sheep **Klon·tech·no·lo·gie** *f* BIOL clone technology
Klo·pa·pier *nt (fam)* toilet paper
Klop·fen <-s> [ˈklɔpfn̩] *nt kein pl* AUTO engine knock
klop·fen [ˈklɔpfn̩] **I.** *vi* ① *(pochen)* ■**[an etw** *akk*/**auf etw** *akk*/**gegen etw** *akk***]** ~ to knock [at/on/against sth] [with sth]
② ORN ■**[gegen etw** *akk***]** ~ *Specht* to hammer [against sth]
③ *(mit der flachen Hand)* ■**jdm auf etw** *akk* ~ to pat sb on sth; *(mit dem Finger)* to tap sb on sth; **jdm auf die Knöchel** ~ to rap sb [*or* give sb a rap] on [*or* across] the knuckles
II. *vi impers* ■**es klopft [an etw** *dat*/**gegen etw** *akk***]** there is a knock [at/against sth]; ***es klopft!*** there's somebody [*or* somebody is] knocking at the door!
III. *vt* ① *(schlagen)* ■**etw** ~ to beat [*or* hit] sth; **den Teppich** ~ to beat the carpet; ■**[jdm/sich] etw aus etw** *dat*/**von etw** *dat* ~ to knock sth out of/off sth [for sb]; **den Staub aus dem Teppich** ~ to beat the dust out of the carpet
② KOCHK **ein Steak** ~ to beat [*or* tenderize] a steak; *s. a.* **Takt**
Klop·fer <-s, -> *m (Teppichklopfer)* carpet beater; *(Türklopfer)* [door-]knocker; *(Fleischklopfer)* [meat] mallet
klopf·fest *adj* TECH antiknock
Klopf·fes·tig·keit *f* AUTO anti-knock index
Klopf·zei·chen *nt* knock
Klop·pe [ˈklɔpə] *f* ▶WENDUNGEN: **[von jdm] ~ kriegen** NORDD to get [*or* be given] a walloping [*or hum* a hiding] [from sb] *fam*
Klöp·pel <-s, -> [ˈklœpl̩] *m* ① *(Glockenklöppel)* clapper
② *(Spitzenklöppel)* bobbin
③ *(Taktstock)* [drum]stick
klöp·peln [ˈklœpl̩n] *vt* ■**etw** ~ to make [*or* work] sth in pillow [*or* bobbin] lace; ■**geklöppelt** pillow-lace *attr;* **geklöppelte Spitze** pillow [*or* bobbin] lace
Klöp·pel·spit·ze *f* pillow [*or* bobbin] lace
klop·pen [ˈklɔpn̩] **I.** *vt* NORDD *(fam)* ■**etw** ~ to hit sth; **Steine/einen Teppich** ~ to break stones/beat a carpet
II. *vr* NORDD *(fam)* ■**sich** *akk* **[mit jdm]** ~ to fight [*or* scrap] [with sb]
Klop·pe·rei <-, -en> [klɔpəˈrai] *f* NORDD *(fam)* fight; *(schneller a.)* scrap; *(mit mehreren Personen a.)* brawl
Klöpp·ler(in) <-s, -> *m(f)* [pillow [*or* bobbin]] lace maker
Klops <-es, -e> [klɔps] *m* ① *(Fleischkloß)* meatball; **Königsberger ~e** Königsberg meatballs *(meatballs in a caper sauce)*
② *(fam: Schnitzer)* howler, boob BRIT *fam;* **sich** *dat* **einen ~ leisten** to make a real howler
Klo·sett <-s, -e *o* -s> [kloˈzɛt] *nt (veraltend) s.* **Toilette** privy *old*
Klo·sett·be·cken *nt (geh)* lavatory pan BRIT, toilet

bowl AM **Klo·sett·bürs·te** *f (geh)* lavatory brush **Klo·sett·pa·pier** *nt (geh)* lavatory paper

Klo·spü·lung *f (fam)* flush; **die ~ betätigen** to flush the toilet [*or* BRIT *fam a.* loo]

Kloß <-es, Klöße> [klo:s, *pl* 'klø:sə] *m* KOCHK dumpling

▸WENDUNGEN: **einen ~ im Hals haben** *(fam)* to have a lump in one's throat

Kloß·brü·he *f* ▸WENDUNGEN: **klar wie ~ sein** *(fam)* to be as clear as day [*or* crystal-clear]

Klos·ter <-s, Klöster> ['klo:stɐ, *pl* 'klø:stɐ] *nt (Mönchskloster)* monastery; *(Nonnenkloster)* convent, nunnery *dated;* **ins ~ gehen** to enter a monastery/convent, to become a monk/nun

Klos·ter·bib·lio·thek *f* monastery/convent library **Klos·ter·bru·der** *m (veraltet) s.* **Mönch** **Klos·ter·frau** *f (veraltet) s.* **Nonne** **Klos·ter·gar·ten** *m* monastery/convent garden **Klos·ter·ge·mein·de** *f* monastery [*or* convent] community **Klos·ter·gut** *nt* ① *(Besitz)* monastery [*or* convent] property ② *(Landwirtschaft)* monastery [*or* convent] estate **Klos·ter·ka·pel·le** *f* monastery/convent chapel **Klos·ter·kir·che** *f* monastery/convent church

klös·ter·lich ['klø:stɐlɪç] *adj* ① *(einem Kloster entsprechend)* monastic/conventual; **~e Einsamkeit** cloistered seclusion

② *(dem Kloster gehörend)* monastery/convent *attr,* of a/the monastery/convent *pred*

Klos·ter·pfor·te *f* monastery/convent gate [*or* door] **Klos·ter·schu·le** *f* monastery [*or* monastic]/convent school

Klö·ten ['klø:tn̩] *pl* NORDD *(sl)* balls *npl fam!*

Klotz <-es, Klötze> [klɔts, *pl* 'klœtsə] *m* ① *(Holzklotz)* block [of wood]

② *(pej fam: großes hässliches Gebäude)* monstrosity

▸WENDUNGEN: **sich** *dat* **[mit jdm/etw] einen ~ ans Bein binden** *(fam)* to tie a millstone round one's neck [by getting involved with sb/by doing sth] *fig;* **[jdm** [*o* **für jdn**]] **ein ~ am Bein sein** *(fam)* to be a millstone round sb's neck, to be a heavy burden [for sb]; **auf einen groben ~ gehört ein grober Keil** *(prov)* rudeness must be met with rudeness *prov;* **wie ein ~ schlafen** *(fam)* to sleep like a log *fam*

Klötz·chen <-s, -> ['klœtsçən] *nt dim von* **Klotz 1**

① *(kleiner Holzklotz)* small block [*or* piece] of wood

② *(Bauklotz)* building brick

klot·zen ['klɔtsən] *(sl)* **I.** *vi* ① *(hart arbeiten)* to slog [away] *fam; (schnell arbeiten)* to work like hell *fam* [*or fam!* stink]

② *(Mittel massiv einsetzen)* ■**[bei etw** *dat*] ~ to splurge [out] on sth *fam,* to splash [*or* BRIT *fam* push the boat] out [on sth]

▸WENDUNGEN: **~, nicht kleckern** to think big, to do things in a big way

II. *vt* ■**[jdm] etw irgendwohin ~** to stick [*or* shove] sth up somewhere *fam*

klot·zig ['klɔtsɪç] *(sl)* **I.** *adj* ① *(ungefüge)* large and ugly; **ein ~es Hochhaus** an ugly great high-rise [*or* skyscraper]; ■**~ sein** to be bulky

② *(aufwendig)* extravagant

II. *adv* ① *(überreichlich)* extremely; **~ reich sein** to be rolling in it *fam;* **~ [viel Geld] verdienen** to be raking it in

② *(aufwendig)* lavishly, extravagantly

Klub <-s, -s> [klʊp] *m* ① *(Verein)* club; **die Mitgliedschaft im ~** membership of the club, club membership

② *(fam: Klubgebäude/-raum)* club; **im/in seinem ~** at the/one's club

Klub·bei·trag *m* club subscription [*or* membership [fee]] **Klub·haus** *nt* club-house **Klub·ja·cke** *f* blazer **Klub·kas·se** *f* club [bank] account **Klub·mit·glied** *nt* club member **Klub·ses·sel** *m* club chair **Klub·vor·stand** *m* club committee

Kluft[1] <-, Klüfte> [klʊft, *pl* 'klʏftə] *f* ① GEOG cleft, [deep] fissure

② *(scharfer Gegensatz)* gulf; **tiefe ~** deep rift

③ KOCHK shank

Kluft[2] <-, -en> [klʊft] *f* DIAL *(hum)* uniform, garb *no pl liter*

Kluft·scha·le *f* KOCHK [beef] topside **Kluft·steak** *nt* KOCHK sirloin steak

klug <klüger, klügste> [klu:k] **I.** *adj* ① *(vernünftig)* wise; *(intelligent)* intelligent; *(schlau)* clever; *(scharfsinnig)* shrewd, astute; **eine ~e Entscheidung** a prudent decision; **~er Rat** sound advice; ***es wäre klüger, ...*** it would be more sensible ...; **ein ganz K~er** *(iron)* a real clever clogs + *sing vb* [*or* dick] BRIT *pej fam;* **[wieder] so ~ gewesen sein** *(iron)* to have been so bright [again]; **da soll einer draus ~ werden** I can't make head [n]or tail of it; ***ich werde einfach nicht ~ aus ihm/daraus*** I simply don't know what to make of him/it, I simply can't make [*or* BRIT *fam* suss] him/it out

② *(iron: dumm)* clever *iron,* bright *iron;* **genauso ~ wie zuvor** [*o* **vorher**] **sein** to be none the wiser

▸WENDUNGEN: **der Klügere gibt nach** *(prov)* discretion is the better part of valour *prov;* **hinterher** [*o* **im Nachhinein**] **ist man immer klüger** it's easy to be wise after the event; **aus Schaden wird man ~** you learn from your mistakes

II. *adv* ① *(intelligent)* cleverly, intelligently

② *(iron)* cleverly *iron;* **~ reden** to talk as if one knows it all, to talk big, to pontificate *pej*

klu·ger·wei·se *adv* [very] cleverly [*or* wisely]

Klug·heit <-, -en> ['klu:khait] *f* ① *kein pl* cleverness; *(Intelligenz)* intelligence; *(Vernunft)* wisdom; *(Scharfsinn)* astuteness, shrewdness; *(Überlegtheit)* prudence

② *(iron)* clever remark/remarks *iron*

Klug·red·ner(in) *m(f) (fam)* know-all, wise guy *pej fam,* clever dick [*or* + *sing vb* clogs] BRIT *pej fam*

klug|schei·ßen *vi irreg (sl)* to be a smart-ass [*or* BRIT *a.* -arse] *fam* **Klug·schei·ßer(in)** <-s, -> *m(f)* *(sl)* smart-ass [*or* BRIT *a.* -arse] *fam*

Klump [klʊmp] *m* ▸WENDUNGEN: **etw zu** [*o* **in**] **~ fahren** *(fam)* to drive sth into the ground, to write off sth *sep,* to smash up sth *sep;* **jdn zu ~ hauen** *(fam)* to beat sb to a pulp *fam*

Klumpatsch <-s> *m kein pl (fam)* junk *no indef art, no pl,* shit *no indef art, no pl pej fam!*

Klümp·chen <-s, -> ['klʏmpçən] *nt dim von* **Klumpen** ① *(kleiner Klumpen)* little lump

② NORDD *(Bonbon)* sweetie BRIT *fam*

klum·pen ['klʊmpn̩] **I.** *vi* to go [*or* become] lumpy; *Salz* to cake

II. *vr* CHEM ■**sich ~** to agglomerate, to aggregate

Klum·pen <-s, -> ['klʊmpn̩] *m* lump; **ein ~ Erde** a lump [*or* clod] of earth; **~ bilden** to go lumpy

Klump·fuß *m* club foot

klump·fü·ßig *adj* club-footed; ■**~ sein** to be club-footed [*or* have a club foot]

klum·pig ['klʊmpɪç] *adj* lumpy; ■**~ sein/werden** to be/go [*or* get] [*or* become] lumpy

Klün·gel <-s, -> ['klʏŋl̩] *m* NORDD *(pej fam)* old boys' network BRIT; *(zwischen Verwandten)* nepotistic web *pej*

Klün·ge·lei <-, -en> [klʏŋə'lai] *f* ① *(pej: Vetternwirtschaft)* nepotism *no pl,* cronyism *no pl*

② *kein pl* DIAL *(Trödelei)* dawdling *no pl*

Klün·gel·wirt·schaft *f* cronyism

Klun·ker <-s, -> ['klʊŋkɐ] *m (sl: Edelstein)* rock AM *sl*

Klunt·je <-s, -s> ['klʊntjə] *nt* NORDD rock sugar BRIT, sugar crystal BRIT, rock candy AM

Klü·ver <-, -> ['kly:vɐ] *m* NAUT jib

km [ka:'ɛm] *Abk von* **Kilometer** km

km/h [ka:ɛm'ha:] *Abk von* **Kilometer pro Stunde** kmph, km/h

KMI <-[s], -[s]> [ka:ʔɛm'ʔi:] *m* MED *Abk von* **Körpermasse-Index** BMI, Body Mass Index

km/st *Abk von* **Kilometer je Stunde** kph

Knab·ber·ge·bäck *nt kein pl* nibbles BRIT *fam,* munchies AM *fam*

knab·bern ['knabɐn] **I.** *vi* ■**an etw** *dat* **~** ① *(knabbernd verzehren)* to nibble [at] sth

② *(etw geistig/emotional verarbeiten)* to chew on sth, to mull sth over; **[noch] an etw** *dat* **zu ~ haben** *(fam)* to have sth to chew on [*or* over] *fam*

II. *vt* ■**etw ~** to nibble sth; **nichts zu ~ haben** *(fam)* to have nothing to eat

Kna·be <-n, -n> ['kna:bə] *m* SCHWEIZ *(o veraltend o hum)* boy, lad; **na, alter ~!** *(fam)* well, old boy [*or* BRIT *dated fam* chap]!

Kna·ben·chor *m (veraltend geh)* boys' choir

kna·ben·haft *adj* boyish

Kna·ben·in·ter·nat *nt (veraltend geh)* boys' boarding school **Kna·ben·kraut** *nt* [wild] orchid, orchis *spec* **Kna·ben·schu·le** *f (veraltend geh)* boys' school **Kna·ben·stim·me** *f* boy's voice, treble

knack [knak] *interj* crack

Knack <-[e]s, -e> [knak] *m* crack; **~ machen** to [go] crack

Knä·cke·brot *nt* crispbread *no indef art, no pl*

kna·cken [knakn̩] **I.** *vt* ① *(aufbrechen)* ■**etw** [**mit etw** *dat*] **~** to crack sth [with sth]

② *(fam: dechiffrieren)* **einen Kode ~** to crack a code

③ *(fam: in etw eindringen)* ■**etw ~** to break into sth; **den Safe ~** to crack [open] the safe

④ MIL *(sl: zerstören)* ■**etw ~** to knock out sth *sep*

⑤ *(sl)* ■**etw ~** to do away with sth; **Vorurteile ~** to eliminate [*or sep* break down] prejudice

II. *vi* ① *(Knacklaut von sich geben)* to crack; *Diele, Knie* to creak; *Zweige* to snap; ***es knackt hier immer im Gebälk*** the beams are always creaking here

② *(Knackgeräusche machen)* ■**mit etw** *dat* **~** to crack sth; **mit den Fingern ~** to crack one's fingers [*or* knuckles]

③ *(fam: schlafen)* to sleep; **eine Runde ~** to have forty winks [*or* BRIT *a.* a kip]

▸WENDUNGEN: **[noch] an etw** *dat* **zu ~ haben** *(fam)* to have sth to think about [*or fam* chew on [*or* over]]

III. *vi impers* ■**es knackt** there's a crackling noise; ***in Dachstühlen knackt es oft*** roof trusses often creak

Kna·cker <-s, -> *m* DIAL *(fam)* ① *(pej)* guy *fam,* bloke BRIT *fam;* **ein alter ~** an old codger *pej* [*or* feller] *fam;* **ein blöder ~** a stupid [*or* silly] so-and-so; **ein komischer ~** a strange character

② *s.* **Knackwurst**

Knack·erb·se *f* sugar-snap pea

Kna·cki <-s, -s> ['knaki] *m (sl)* ex-con *sl,* old lag BRIT *fam*

kna·ckig ['knakɪç] **I.** *adj* ① *(knusprig)* crunchy, crisp[y]

② *(fam: drall)* well-formed, sexy

③ *(fam: zünftig)* real; **ein ~er Typ** a natural type [*or* person]

II. *adv (fam)* really; ***sie kam ~ braun aus dem Urlaub wieder*** she came back from holiday really brown; **~ rangehen** to get really stuck in *fam,* to really go for it *fam*

Knack·laut *m* ① *(knackendes Geräusch)* crack[ing noise], creak

② LING glottal stop

Knack·nuss <-, -nüsse> *f* SCHWEIZ *(schwierige Aufgabe)* ■**eine ~** a tough nut to crack **Knack·punkt** *m (fam)* crucial point; ***und da ist der ~*** and there's the crunch *fam*

knacks [knaks] *interj s.* **knack**

Knacks <-es, -e> [knaks] *m* ① *(knackender Laut)* crack

② *(Sprung)* crack; **einen ~ haben** *(fam)* to have a problem; *Ehe* to be in difficulties; *Freundschaft* to be suffering; **etw** *dat* **einen ~ geben** to damage sth

③ *(fam: seelischer Schaden)* psychological problem; **einen ~ bekommen** *(fam)* to suffer a minor breakdown; **einen ~ haben** *(fam)* to have a screw loose *hum* [*or* be a bit whacky [*or* AM *usu* wacky]] *fam*

Knack·wurst *f* knackwurst *spec,* knockwurst *spec (sausage which is heated in water and whose tight skin makes a cracking noise when bitten)*

Knäk·ente ['knɛkʔɛntə] *f* ZOOL, KOCHK sarcelle duck

Knall <-[e]s, -e> [knal] *m* ① *(Laut)* bang; *Korken* pop; *Tür* bang, slam

② *(fam: Krach)* trouble *no indef art, no pl*

▸WENDUNGEN: **~ auf** [*o* **und**] **Fall** *(fam)* all of a sudden; **jdn ~ auf** [*o* **und**] **Fall entlassen** to dismiss sb on the spot [*or* without warning]; **einen ~ haben** *(sl)* to be crazy [*or fam* off one's rocker] [*or fam* crackers]

Knall·bon·bon *nt* cracker, AM *usu* bonbon **knall·bunt** ['knal'bʊnt] *adj* gaudy

Knall·char·ge <-, -n> ['knalʃarʒə] *f* FILM, THEAT buffoon

Knäll·chen <-s, -> *nt* DIAL *s.* **Kesselskuchen**

Knall·ef·fekt *m (fam)* surprising twist; ■ **einen ~ haben** to come as a bombshell

knal·len ['knalən] **I.** *vi* 1 *haben (stoßartig ertönen)* to bang; *Auspuff* to misfire, to backfire; *Feuerwerkskörper* to [go] bang; *Korken* to [go] pop; *Schuss* to ring out; *(laut zuschlagen)* to bang, to slam

2 *haben* ■ **mit etw** *dat* ~ to bang sth; **mit der Peitsche** ~ to crack the whip; **mit der Tür** ~ to slam [*or* bang] the door [shut]; ■ **etw ~ lassen** to bang sth; **die Sektflaschen ~ lassen** to crack open the bubbly

3 *sein (fam: hart auftreffen)* ■ **auf etw** *akk*/**gegen etw** *akk*/**vor etw** *akk* ~ to bang on/against sth; ***der Ball knallte gegen die Latte*** the ball slammed against the crossbar

▸WENDUNGEN: **die Korken ~ lassen** to pop the corks, to celebrate; *s. a.* **Sonne**

II. *vi impers haben* ■ **es knallt** there's a bang *fam;* ***... sonst knallt's!*** *(Ohrfeige)* ... or you'll get a good clout! *fam; (schießen)* ... or I'll shoot!

III. *vt* 1 *(zuschlagen)* ■ **etw ~** to bang [*or* slam] sth

2 *(hart werfen)* ■ **etw irgendwohin ~** to slam sth somewhere; ***er knallte den Ball gegen den Pfosten*** he slammed [*or* hammered] the ball against the post

3 *(fam: schlagen)* ■ **jdm eine ~** *(fam)* to clout sb, to give sb a clout *fam*

knall·eng *adj (fam)* skin-tight

Knal·ler <-s, -> *m (fam)* 1 *(Knallkörper)* firecracker, BRIT *a.* banger

2 *(Sensation)* sensation, smash *fam*

Knall·erb·se *f* cap bomb, toy torpedo AM

Knal·le·rei <-, -en> *f (fam: Schießerei)* shooting *no indef art, no pl; (Feuerwerk)* banging [of fireworks]

Knall·frosch *m* jumping jack **Knall·gas** *nt* oxyhydrogen *no indef art, no pl spec*

knall·hart ['knal'hart] *(fam)* **I.** *adj* 1 *(rücksichtslos)* really tough, [as] hard as nails *pred* 2 *(sehr kraftvoll)* really hard; **ein ~er Schuss/Schlag** a fierce shot/crashing blow **II.** *adv* quite brutally; **etw ~ sagen** to say sth straight out [*or* without pulling any punches]; **~ verhandeln** to negotiate really hard, to drive a hard bargain **knall·heiß** *adj (fam)* boiling [hot], baking *fam*

knal·lig ['knalɪç] *adj (fam)* gaudy, loud *pej*

Knall·kopf *m (fam),* **Knall·kopp** *m (fam)* idiot, jerk *pej fam!,* pillock BRIT *pej fam* **Knall·kör·per** *m* firecracker

Knall·queck·sil·ber *nt kein pl* CHEM mercuric [*or* mercury] fulminate

knall·rot ['kna'ro:t] *adj (fam)* bright red; ■ **~ [im Gesicht] sein/werden** to be/become [*or* turn] bright red [in the face]

knapp [knap] **I.** *adj* 1 *(gering)* meagre [*or* AM -er], low; **~e Vorräte** meagre [*or* scarce] supplies; **~e Stellen** scarce jobs; **~es Geld** tight money; ■ **~ sein/werden** to be scarce [*or* in short supply]/to become scarce; ■ **[mit etw** *dat*] **~ sein** to be short [of sth]; **..., aber/und das nicht zu ~!** *(fam)* ..., and how!, ..., good and proper! BRIT *fam; s. a.* **Kasse**

2 *(eng)* tight[-fitting]; ■ **jdm zu ~ sein** to be too tight for sb

3 *(noch genügend)* just enough; **eine ~e Mehrheit** a narrow [*or* bare] [*or* very small] majority; **ein ~er Sieg** a narrow victory; **ein ~es Ergebnis** a close result

4 *(nicht ganz)* almost; **in einer ~en Stunde** in just under an hour; ■ **[jdm] zu ~ sein** to be too tight [for sb]

5 *(gerafft)* concise, succinct; **in wenigen ~en Worten** in a few brief words; ***er gab ihr nur eine ~e Antwort*** he replied tersely

II. *adv* 1 *(mäßig)* sparingly; **~ bemessen sein** to be not very generous; ***seine Zeit ist ~ bemessen*** his time is limited [*or* restricted], he only has a limited amount of time

2 *(nicht ganz)* almost; **~ eine Stunde** almost [*or* just under] [*or* not quite] an hour

3 *(haarscharf)* narrowly; ***die Wahl ist denkbar ~ ausgefallen*** the election turned out to be extremely close; **~ gewinnen/verlieren** to win/lose narrowly [*or* by a narrow margin]; ***wir haben [nur] ~ verloren*** we [only] just lost

Knap·pe <-n, -n> ['knapə] *m* 1 BERGB [qualified] miner

2 HIST squire

knapp|hal·ten *vt irreg* ■ **jdn [mit etw** *dat*] **~** to keep sb short [of sth]

Knapp·heit <-> *f kein pl* 1 *(Versorgungsengpass)* shortage *no pl,* scarcity *no pl*

2 *(Beschränktheit)* shortage *no pl;* **die ~ der öffentlichen Gelder/finanziellen Mittel** the shortage [*or* lack] of public money/finance; **bei der ~ der zur Verfügung stehenden Zeit...** with [*or* because of] the limited amount of time available ...

Knapp·schaft <-> *f kein pl* BERGB miners' guild

knap·sen ['knapsn̩] *vi (fam)* 1 *(knauserig sein)* to watch the pennies, to scrimp and save; ■ **mit etw** *dat* ~ to scrimp on sth

2 *(mit etw schwer fertigwerden)* ■ **an etw** *dat* ~ to have difficulty getting over sth

Knar·re <-, -n> ['knarə] *f (sl)* gun, shooter, rod AM *sl*

knar·ren ['knarən] *vi* to creak

Knast <-[e]s, Knäste> [knast, *pl* 'knɛstə] *m (sl)* prison; ■ **im ~** in the slammer *sl* [*or fam* clink] [*or* AM *fam* can]; **im ~ sitzen** to do [*or* serve] time; **~ schieben** *(fam)* to do [*or* serve] time

Knas·ti <-s, -s> ['knasti] *m (sl)* con *sl,* jailbird *fam;* **ex-~** ex-con

Knatsch <-es> [kna:tʃ] *m kein pl (fam)* trouble; **ständiger ~ mit seinen Eltern** constant disagreements with one's parents; **es [*o* das] gibt ~** there's going to be [*or* that means [*or* spells]] trouble; ***das könnte ~ geben*** there could be trouble

knat·schig ['kna:tʃɪç] *adj (fam: quengelig)* whingey BRIT *pej fam; (brummig)* grumpy, crotchety *fam*

knat·tern ['knatɐn] *vi* to clatter; *Motorrad* to roar; *Maschinengewehr* to rattle, to clatter; *Schüsse* to rattle out; ■ **~d** roaring/clattering

Knäu·el <-s, -> ['knɔyəl] *m o nt* ball; **ein ~ von Menschen** a knot of people

Knäu·el·gras *nt* BOT common cocksfoot

Knauf <-[e]s, Knäufe> [knauf, *pl* 'knɔyfə] *m (Messer-/Schwertknauf)* pommel; *(Türknauf)* knob; *Spazierstock* knob; *Schläger* butt [end]

Knau·ser(in) <-s, -> ['knauzɐ] *m(f) (pej fam)* scrooge *pej,* skinflint *pej fam*

knau·se·rig ['knauzərɪç] *adj (pej fam)* stingy *pej fam,* tight[-fisted] *pej fam*

Knau·se·rin <-, -nen> *f fem form von* **Knauser**

knau·sern ['knauzɐn] *vi (pej fam)* ■ **[mit etw** *dat*] ~ to be stingy [*or* tight-fisted] [with sth] [*or* tight with sth] *pej fam*

Knau·ser·tipp[RR] *m (fam)* savings tip

Knaus-Ogi·no-Me·tho·de *f kein pl* MED rhythm method *no indef art, no pl*

knaut·schen ['knautʃn̩] **I.** *vi* to crease, to get creased **II.** *vt* ■ **etw ~** to crumple sth

knaut·schig ['knautʃɪç] *adj (fam)* crumpled; ■ **~ sein** to be crumpled [up] [*or* all creased [*or fam* crumply]]

Knautsch·lack *m* MODE patterned wet-look [*or* patent] leather **Knautsch·le·der** *nt* patterned [patent [*or* wet-look]] leather **Knautsch·zo·ne** *f* AUTO crumple zone

Kne·bel <-s, -> ['kne:bl̩] *m* gag

Kne·bel·bart *m (am Kinn)* Vandyke beard; *(an der Oberlippe)* handlebar moustache **Kne·bel·bol·zen** *m* toggle bolt

kne·beln ['kne:bl̩n] *vt* 1 *(mit einem Knebel versehen)* ■ **jdn ~** to gag sb

2 *(geh: mundtot machen)* ■ **jdn/etw ~** to gag [*or* muzzle] sb/sth

Kneb(e)·lung <-, -en> *f* 1 *kein pl (das Knebeln)* gagging *no indef art, no pl*

2 *(Knebel)* gag

3 *(geh: Unterdrückung der Berichterstattung)* gagging *no indef art, no pl,* muzzling *no indef art, no pl*

Kne·be·lungs·ver·trag *m* JUR tying [*or* oppressive] contract

Kne·bel·ver·trag *m (pej)* gagging [*or* oppressive] contract

Knecht <-[e]s, -e> [knɛçt] *m* 1 *(veraltend: Landarbeiter)* farmhand

2 *(pej: Diener)* servant, slave; *(Trabant)* minion *a. pej*

▸WENDUNGEN: ~ **Ruprecht** *helper to St Nicholas*

knech·ten ['knɛçtn̩] *vt (pej geh)* ■ **jdn ~** to enslave sb, to reduce sb to servitude *form;* ■ **geknechtet** enslaved; **ein geknechtetes Volk** an oppressed people

knech·tisch *adj (pej geh)* slavish, servile *pej;* ■ **[jdm] ~ sein** to be slavish [*or a. pej* servile] [to sb]

Knecht·schaft <-, -en> *f pl selten (pej)* slavery, servitude *form,* bondage *liter;* **die Babylonische ~** HIST Babylonian captivity

Knech·tung <-, -en> *f (pej geh)* enslavement *no pl;* ■ **~ durch jdn** enslavement [*or form* subjugation] by sb

knei·fen <kniff, gekniffen> ['knaifn̩] **I.** *vt* ■ **jdn ~** to pinch sb; ■ **jdn [*o* jdm] in etw** *akk* ~ to pinch sb's sth

II. *vi* 1 *(zwicken)* to pinch

2 *(fam: zurückscheuen)* ■ **[vor etw** *dat*] ~ to chicken out [of sth] *pej fam,* to duck out [of sth] *fam;* ■ **vor jdm ~** to shy away from [*or* to avoid] sb

III. *vi impers* ■ **es kneift [jdn] [irgendwo]** it hurts [*or* pinches] [sb] [somewhere]

Knei·fer <-s, -> ['knaife] *m* pince-nez

Kneif·zan·ge *f (Zangenart)* pincers *npl;* **mit einer ~** with [a pair of] pincers

▸WENDUNGEN: **etw nicht mit der ~ anfassen** *(fam)* to not touch sth with a barge [*or* AM *a.* ten-foot] pole

Knei·pe <-, -n> ['knaipə] *f (fam)* pub BRIT, boozer BRIT *fam,* AM *usu* bar

Knei·pen·bum·mel *m* pub crawl BRIT *fam,* bar hop AM **Knei·pen·mo·bi·li·ar** *nt* pub [*or* AM *usu* bar] furnishings *pl* **Knei·pen·tisch** *m* pub [*or* AM *usu* bar] table **Knei·pen·tour** *f (fam)* pub [*or* AM *usu* bar] crawl, bar hop **Knei·pen·wirt(in)** *m(f)* barkeeper, [pub] landlord *masc*/landlady *fem* BRIT, publican BRIT

Knei·pier <-s, -s> [knai'pi̯e:] *m (hum fam) s.* **Kneipenwirt**

kneip·pen ['knaipn̩] *vi (fam)* to take [*or* undergo] a Kneipp cure

Kneipp·kur *f* MED Kneipp['s] cure, kneippism *no art, no pl spec (predominantly hydropathic treatment combined with compresses, diet and exercise)*

Knes·set(h) <-> ['knɛsɛt] *f kein pl (israelisches Parlament)* Knesset

knet·bar *adj* workable; **~er Teig** kneadable dough; **schlecht ~** difficult to work with/knead

Kne·te <-> ['kne:tə] *f kein pl* 1 *(sl: Geld)* dough *dated sl,* dosh BRIT *sl*

2 *(fam) s.* **Knetgummi**

kne·ten ['kne:tn̩] **I.** *vt* 1 *(durchwalken)* ■ **etw ~** to knead [*or* work] sth

2 *(durch Kneten formen)* ■ **[sich** *dat*] **etw ~** to model [*or form* fashion] sth; **etw aus Lehm ~** to model [*or form* fashion] sth out of clay

3 *(massieren)* ■ **[jdm] etw ~** to knead sb's sth

II. *vi* to play with Plasticine® [*or* AM Play-Doh®]

Knet·gum·mi *m o nt,* **Knet·mas·se** *f* Plasticine®, Play-Doh® AM **Knet·ha·ken** *m bei Rührgerät* kneading hook

Knick <-[e]s, -e *o* -s> [knɪk] *m* 1 *(abknickende Stelle)* [sharp] bend; *(im Schlauch/Draht)* kink; **einen ~ machen** to bend [sharply]

2 *(Kniff)* crease

▸WENDUNGEN: **einen ~ im Auge [*o* in der Linse] [*o* in der Optik] haben** *(sl)* to have sth wrong with one's eyes; ***du hast wohl einen ~ in der Optik!*** can't you see straight?, are you blind?

kni·cken ['knɪkn̩] **I.** *vt haben* 1 *(falten)* ■ **etw ~** to fold [*or* crease] sth; **„nicht ~!"** "[please] do not bend [*or* fold]!"

② *(einknicken)* ■ **etw** ~ to snap sth
③ *(schwächen)* **jds Stolz** ~ to humble sb['s pride]
④ *(sl: aufgeben)* ■ [**sich** *dat*] **etw** ~ to ditch sth *fam*
II. *vi sein* to snap/crease

Kni·cker <-s, -> *m* DIAL ① *(Geizhals)* scrooge *pej,* skinflint *pej fam*
② *(Murmel)* marble; *(Murmelspiel)* marbles + *sing vb*

Kni·cker·bo·cker *pl* knickerbockers *npl,* AM *a.* knickers *npl*

kni·cke·rig [ˈknɪkərɪç], **knick·rig** [ˈknɪkrɪç] *adj* DIAL *(knauserig)* mean, stingy *pej fam,* tight[-fisted] *pej fam*

Kni·cke·rig·keit, Knick·rig·keit <-> *f kein pl* DIAL *(Knauserigkeit)* meanness *no indef art, no pl,* stinginess *no indef art, no pl pej fam*

Knicks <-es, -e> [knɪks] *m* curts[e]y, bob; [**vor jdm**] **einen ~ machen** to make a curts[e]y [*or* bob] [to sb]

knick·sen [ˈknɪksn̩] *vi* ■ [**vor jdm**] ~ to [bob [*or* drop] a] curts[e]y [to sb], to bob [a curts[e]y] to sb

Knie <-s, -> [kniː, *pl* ˈkniːə] *nt* ① *(Körperteil)* knee; **auf ~n** on one's knees, on bended knee[s]; **jdn auf ~n bitten** to go down on bended knee[s] to [*or* and beg] sb; **jdm auf ~n danken** to go down on one's knees and thank sb; **die ~** [**vor jdm/etw**] **beugen** *(geh)* to go down on one's knees/one knee [before sb *form*]; [**vor jdm**] **auf die ~ fallen** *(geh)* to fall [*or* go down] on one's knees [before sb *form*]; **in die ~ gehen** to sink to [*or* down on] one's knees; **jdn übers ~ legen** *(fam)* to put sb across [*or* over] one's knee; **vor jdm auf den ~n liegen** *(geh)* to kneel [*or* be on one's knees] before sb *form;* **in die ~ sacken** to sag at the knees; **sich** *akk* **vor jdm auf die ~ werfen** *(geh)* to throw oneself on one's knees in front of [*or form* before] sb; **jdm zittern die ~** sb's knees are shaking; *(aus Angst)* sb's knees are knocking; **jdn in die ~ zwingen** *(geh)* to force sb to his/her knees *a. fig*
② *(Kniebereich einer Hose)* knee
③ *(Biegung)* bend
④ *(eines Rohres)* elbow
► WENDUNGEN: **etw übers ~ brechen** *(fam)* to rush into sth; **in die ~ gehen** to submit, to give in; **weiche ~ bekommen** *(fam)* to go weak at the knees

Knie·beu·ge *f* knee-bend; **in die ~ gehen** to bend one's knees; **~n machen** to do [some] knee-bends **Knie·bund·ho·se** *f* [knee] breeches [*or* AM britches] *npl* **Knie·fall** *m (geh)* genuflection *form;* **einen ~ vor jdm tun** [*o* **machen**] to go down on one's knees before sb *form,* to kneel before sb *form*

knie·fäl·lig *adv (veraltend)* on bended knee[s], on one's knees

knie·frei *adj* above-the-knee *attr,* [worn] above the knee *pred* **Knie·ge·lenk** *nt* knee joint **knie·hoch** **I.** *adj* knee-high; **kniehoher Schnee/kniehohes Wasser** knee-deep snow/water **II.** *adv* up to the/one's knees; ***der Schnee liegt ~*** the snow was knee-deep **Knie·ho·se** *f* [knee] breeches [*or* AM britches] *npl* **Knie·keh·le** *f* back [*or* hollow] of the knee, popliteal space *spec* **knie·lang** *adj* knee-length

knien [kniːn] **I.** *vi* ■ [**auf etw** *akk*/**vor jdm/etw**] ~ to kneel [on sth/in front of [*or form* before] sb/sth]; **im K~** on one's knees, kneeling [down]
II. *vr* ① *(auf die Knie gehen)* ■ **sich** *akk* **auf etw** *akk* ~ to kneel [down] on sth; ■ **sich** *akk* **hinter/neben/vor jdn/etw** ~ to kneel down behind/next to/in front of [*or form* before] sb/sth
② *(fam: sich intensiv beschäftigen)* ■ **sich** *akk* **in etw** *akk* ~ to get down to sth, to get stuck in[to sth] BRIT *fam*

Knies <-> [kniːs] *m kein pl* DIAL *(Knatsch)* argument, quarrel, *esp* BRIT row; *(schwächer)* tiff *fam*

Knie·schei·be *f* kneecap, patella *spec;* **jdm die ~[n] durchschießen** to kneecap sb **Knie·schüt·zer** *m* SPORT kneepad, kneeguard **Knie·schwel·lung** *f* swelling of the knee **Knie·seh·nen·re·flex** *m* MED knee jerk **Knie·strumpf** *m* knee-length sock **Knie·stück** *nt* BAU elbow joint **Knie·stuhl** *m* kneeling chair, back [*or* balance] chair **knie·tief** [ˈkniːtiːf] *adj* knee-deep **Knie·wär·mer** *m* knee warmer

kniff [knɪf] *imp von* **kneifen**

Kniff <-[e]s, -e> [knɪf] *m* ① *(Kunstgriff)* trick
② *(Falte)* fold; *(unabsichtlich a.)* crease
③ *(Zwicken)* pinch

knif·fe·lig [ˈknɪfəlɪç], **kniff·lig** [ˈknɪflɪç] *adj (fam)* tricky, fiddly *fam*

Knig·ge <-[s], -> [ˈknɪgə] *m* book [*or* guide] on etiquette, etiquette manual

Knilch <-s, -e> [knɪlç] *m (pej sl: Scheißkerl)* bastard *fam!,* bugger BRIT *fam!; (Niete)* plonker BRIT *fam*

knip·sen [ˈknɪpsn̩] **I.** *vt* ① *(fam: fotografieren)* ■ **jdn/etw** ~ to take a photo of sb/sth *fam; Radarfalle* to flash [*or* get] sb *fam*
② *(durch Lochen entwerten)* **eine Fahrkarte** ~ to punch [*or* clip] a ticket
II. *vi (fam)* to take photos *fam; (willkürlich)* to snap away *fam*

Knip·ser(in) [ˈknɪpsɐ] *m(f)* FBALL *(fam)* top goal scorer

Knirps <-es, -e> [knɪrps] *m* ① *(fam: kleiner Junge)* little fellow [*or* fellow] *fam,* little squirt *pej*
② *(Faltschirm)* folding [*or* telescopic] umbrella

knir·schen [ˈknɪrʃn̩] *vi* to crunch; *Getriebe* to grind; *s. a.* **Zahn**

knis·tern [ˈknɪstɐn] **I.** *vi* ① *(rascheln) Feuer* to crackle; *Papier* to rustle; ■ **das K~ des Feuers/von Papier** the crackle [*or* crackling] of the fire/rustle [*or* rustling] of paper
② *(knisternde Geräusche verursachen)* ■ **mit etw** *dat* ~ to rustle sth
II. *vi impers* ① *(Geräusch verursachen)* ■ **es knistert irgendwo** there is a crackling/rustling somewhere
② *(kriseln)* ■ **es knistert** there is trouble brewing
③ *(Spannung aufweisen)* ■ **es knistert** [**zwischen Menschen**] there is a feeling of tension [*or* suspense] [between people]

Knit·tel·vers [ˈknɪtl̩-] *m* rhyming couplets *pl* [of four-stress lines]

knit·ter·arm *adj* crease-resistant **Knit·ter·fal·te** *f* crumple **knit·ter·frei** *adj* non-crease **knit·ter·freu·dig** *adj* prone to creasing

knit·tern [ˈknɪtɐn] **I.** *vi* to crease, to crumple
II. *vt* ■ **etw** ~ to crease [*or* crumple] sth

knitz [knɪts] *adj* SÜDD *(fam)* slyly humorous

Kno·bel·be·cher [ˈknoːbl̩-] *m* ① *(Würfelbecher)* [dice] shaker [*or* cup]
② *(sl: Soldatenstiefel)* army boot

kno·beln [ˈknoːbl̩n] *vi* ① *(würfeln)* ■ [**um etw** *akk*] ~ to play dice [for [*or* to decide] sth]
② *(nachgrübeln)* ■ [**an etw** *dat*] ~ to puzzle [over sth]

Knob·lauch <-[e]s> *m kein pl* garlic *no indef art, no pl*

Knob·lauch·pres·se *f* garlic press **Knob·lauch·ze·he** *f* clove of garlic

Knö·chel <-s, -> [ˈknœçl̩] *m* ① *(Fußknöchel)* ankle; **bis zu den ~n** up to the ankles; **bis über die ~** to above the [*or* one's] ankles; **kräftige ~** fetlocks *hum fam*
② *(Fingerknöchel)* knuckle

Knö·chel·bruch *m (Fußknöchelbruch)* broken ankle; *(Fingerknöchelbruch)* broken knuckle **knö·chel·lang** *adj* ankle-length **Knö·chel·so·cke** *f* ankle length **knö·chel·tief** **I.** *adj* ankle-deep **II.** *adv* ankle-deep

Kno·chen <-s, -> [ˈknɔxn̩] *m* ① *(Teil des Skeletts)* bone; **jdm alle ~ brechen** *(sl)* to break every bone in sb's body; **sich** *dat* [**bei etw** *dat*] **den ~ brechen** to break a bone [*or* one's leg/arm etc.] [doing sth]; **brich dir nicht die ~!** *(fam)* don't break anything!
② KOCHK bone
③ *pl (Gliedmaßen)* bones *pl,* limbs *pl*
► WENDUNGEN: **bis auf die ~** *(fam)* to the bone, utterly; **bis auf die ~ abgemagert sein** to be all [*or* just] skin and bone[s]; **bis auf die ~ nass werden** to get soaked to the skin; **jdm steckt** [*o* **sitzt**] **etw in den ~** *(fam)* sb is full of sth; ***der Schreck sitzt mir jetzt noch in den/allen ~!*** I'm still scared stiff even now!

Kno·chen·ar·beit *f (fam)* backbreaking work *no indef art, no pl,* BRIT *a.* hard graft *no indef art, no pl* **Kno·chen·bau** *m kein pl* bone structure **Kno·chen·bil·dung** *f* ossification, osteogenesis **Kno·chen·bruch** *m* fracture **Kno·chen·dün·nung** <-> *f kein pl* cut of beef *(meat cut from the stomach muscle)* **Kno·chen·ent·kal·kung** *f* osteoporosis **Kno·chen·ent·zün·dung** *f* osteitis **Kno·chen·er·wei·chung** *f* osteomalacia **Kno·chen·fisch** *m* bony fish **Kno·chen·ge·rüst** *nt* skeleton

kno·chen·hart [ˈknɔxn̩ˈhart] *(fam)* **I.** *adj* ① *(sehr hart)* rock-hard *fam*
② *(anstrengend)* extremely hard [*or* strenuous]
③ *(unnachgiebig)* pigheaded *pej;* **eine ~e Forderung** a tough demand
II. *adv* **~ arbeiten** to work extremely hard, to graft away BRIT

Kno·chen·haut *f* ANAT periosteum *spec* **Kno·chen·job** [-dʒɔp] *m (pej fam)* tough job [*or* work] *fam* **Kno·chen·leim** *m* bone glue **Kno·chen·mann** *m kein pl (liter)* ■ **der ~** Death

Kno·chen·mark *nt* bone marrow *no indef art, no pl* **Kno·chen·mark·trans·plan·ta·ti·on** *f* MED bone marrow transplant

Kno·chen·mehl *nt* bone meal *no indef art, no pl* **Kno·chen·schin·ken** *m* ham on the bone **Kno·chen·schwund** *m* atrophy of the bone[s]

kno·chen·tro·cken [ˈknɔxn̩ˈtrɔkn̩] *adj (fam)* ① *(völlig trocken)* bone dry; ■ **~ sein** to be bone dry [*or* as dry as a bone]
② *(Humor, Bemerkung)* very dry [*or* wry]; **ein ~er Vortrag** a very dry [*or* dull] lecture

knö·chern [ˈknœçɐn] *adj* ① *(beinern)* bone *attr,* of bone *pred; (knochenhaltig)* osseous *spec*
② *(knochig)* bony

kno·chig [ˈknɔxɪç] *adj* bony

knock-out, knock·out [nɔkˈʔaut] *adj* KO *fam;* ■ **~ sein** to be knocked out; ■ **jdn ~ schlagen** to knock sb out **Knock-out, Knock·out** <-[s], -s> [nɔkˈʔaut] *m* knockout, KO *fam*

Knö·del <-s, -> [ˈknøːdl̩] *m* SÜDD, ÖSTERR dumpling

kno·fe·lig [ˈknoːfəlɪç], **knof·lig** [ˈknoːflɪç] *adj (fam)* garlicky, garlic-

Knöll·chen <-s, -> [ˈknœlçən] *nt (fam)* [parking] ticket

Knol·le <-, -n> [ˈknɔlə] *f* ① BOT, ANAT nodule, tubercle; *Kartoffel* tuber; *Krokus* corm *spec*
② *(fam: rundliche Verdickung)* large round lump [*or* growth]
③ *(hum: Nase)* bulbous nose, conk BRIT *hum fam*

Knol·len <-s, -> [ˈknɔlən] *m* DIAL *s.* **Knolle**

Knol·len·blät·ter·pilz *m* amanita *no indef art, no pl spec;* **gelber/grüner/weißer ~** false death cap/death cap [*or* angel] [*or no indef art, no pl* deadly amanita]/destroying angel **Knol·len·ge·mü·se** *nt kein pl* tuber vegetables, tuber[s] **Knol·len·na·se** *f (fam)* bulbous nose, conk BRIT *hum fam* **Knol·len·sel·le·rie** *m* BOT celeriac **Knol·len·ziest** *m* BOT, KOCHK artichoke betony

knol·lig [ˈknɔlɪç] *adj* bulbous; **~er Auswuchs** knobbly [*or* AM knobby] outgrowth

Knopf <-[e]s, Knöpfe> [knɔpf, *pl* knœpfə] *m* ① *(an Kleidungsstück etc.)* button
② *(Drucktaste)* [push]button
③ *(Akkordeon)* button
④ SÜDD, SCHWEIZ, ÖSTERR *(Knoten)* knot
⑤ BOT ÖSTERR, SCHWEIZ, SÜDD *(Knospe)* bud
► WENDUNGEN: **sich** *dat* **an den Knöpfen abzählen können, dass ...** *(fam)* to be easy to work out that [*or* plain to see [that]] ...

Knopf·druck *m kein pl* push of a button; **auf ~** at the push of a button

knöp·fen [ˈknœpfn̩] *vt* ■ **etw auf etw** *akk* ~ to button sth [on]to sth; **eine Jacke zum K~** a button-up jacket, a jacket that [*or* which] buttons up

Knopf·leis·te *f* button-facing

Knöpf·li <-s, -> [ˈknœpfli] *nt meist pl* KOCHK *bes* SCHWEIZ *(Spätzle)* spaetzle + *sing/pl vb (small dough dumplings)*

Knopf·loch *nt* buttonhole; **eine Blume im ~ tragen** to wear a flower in one's buttonhole, *esp* BRIT to wear a buttonhole ▶WENDUNGEN: **ihm/ihr guckt die Neugier aus allen Knopflöchern** *(fam)* he's/she's simply burning with curiosity; **aus allen Knopflöchern platzen** to be bursting at the seams; **aus allen Knopflöchern schwitzen** to sweat like a pig; **aus allen Knopflöchern stinken** to stink to high heaven, to reek from every pore **Knopf·zel·le** *f* round cell battery

Knor·pel <-s, -> ['knɔrpl̩] *m* cartilage *no indef art, no pl;* KOCHK gristle *no indef art, no pl*

Knor·pel·fisch *m* cartilaginous fish

knor·pe·lig ['knɔrpəlɪç], **knorp·lig** ['knɔrplɪç] *adj* ANAT cartilaginous *spec;* KOCHK gristly

Knor·pel·zel·le *f* cartilage cell

knorp·lig ['knɔrplɪç] *adj* ANAT *s.* **knorpelig**

Knor·ren <-s, -> ['knɔrən] *m* burl, gnarl *liter*

knor·rig ['knɔrɪç] *adj* ① *(mit Knollen versehen)* gnarled
② *(eigenwillig)* gruff

Knör·zel *m* SÜDD [bread] crust

knor·zen ['knɔrtsn̩] *vi* SCHWEIZ ① *(sich abmühen)* to work [*or* try] hard, to take a lot of trouble
② *(knausern)* to be stingy [*or* tight-fisted]

knor·zig ['knɔrtsɪç] *adj* spiky yet lovable *fam*

Knos·pe <-, -n> ['knɔspə] *f* ① *(Teil einer Pflanze)* bud; **~n ansetzen** [*o* **treiben**] to bud, to put forth buds *form*
② *(Anfang)* **die zarte ~ ihrer Liebe** the tender bud[ding] of their love

knos·pen *vi* to bud

Knöt·chen <-s, -> ['knøːtçən] *nt dim von* **Knoten**
① KOCHK little lump
② MED nodule, small lump

kno·ten ['knoːtn̩] *vt* ■**etw ~** to knot sth, to tie a knot in sth, to tie sth into a knot; **jdm/sich die Krawatte ~** to tie sb's/one's tie

Kno·ten <-s, -> ['knoːtn̩] *m* ① *(Verschlingung)* knot; ■[**sich/jdm**] **einen ~ in etw** *akk* **machen** to tie a knot in one's/sb's sth
② MED *(kugelige Verdickung)* lump, node *spec*
③ *(Haarknoten)* bun, knot
④ *(Astknoten)* knot, burl
⑤ NAUT knot
▶WENDUNGEN: **der ~ ist** [**bei jdm**] **geplatzt** [*o* **gerissen**] *(fam)* the penny [has] dropped *fam*, sb has suddenly caught on [*or* sorted sth out]; **der gordische ~** HIST the Gordian knot; **den gordischen ~ durchhauen** [*o* **durchschlagen**] [*o* **durchtrennen**] to cut [*or* untie] the Gordian knot; **der ~ schürzt sich** LIT the plot thickens

Kno·ten·punkt *m* AUTO, BAHN junction **Kno·ten·punkt·bahn·hof** *m* rail junction

Kno·ten·the·o·rie *f* MATH knot theory

Knö·te·rich <-s, -e> ['knøːtərɪç] *m* knotgrass *no indef art, no pl,* polygonum *spec*

kno·tig ['knoːtɪç] *adj* ① *(Knoten aufweisend)* knotted, knotty; ■**~ sein** to be full of knots
② *(knorrig)* gnarled
③ MED nodular

Know-how <-s> [noː'hau̯] *nt kein pl* know-how *no indef art, no pl fam*

Know-how-Ver·trag [noː'hau̯-] *f* JUR, FIN know-how agreement

Knub·bel <-s, -> ['knʊbl̩] *m* DIAL lump

knub·be·lig, knubb·lig ['knʊb(ə)lɪç] *adj (fam)* lumpy

Knub·bel·na·se *f (fam)* snub nose

Knud·del·kis·sen *nt* cuddly cushion

knud·deln ['knʊdl̩n] *vt* ① *(fam: umarmen, drücken und küssen)* ■**jdn ~** to hug and kiss sb
② DIAL *(zerknüllen)* ■**etw ~** to crumple [*or* scrunch] sth up

Knuff <-[e]s, Knüffe> [knʊf, *pl* 'knʏfə] *m (fam)* nudge, push; *(mit dem Finger/Ellenbogen)* poke; *(sanfter: mit dem Ellenbogen)* nudge

knuf·fen ['knʊfn̩] *vt (fam)* **jdn** [**in die Rippen/Seite etc.**] **~** to nudge sb [*or* give sb a nudge [*or* push]] [in the ribs/side etc.]

knül·le ['knʏlə] *adj* NORDD *(fam)* ■**~ sein** to be pie-eyed *fam* [*or sl* sloshed]

knül·len ['knʏlən] **I.** *vt* ■**etw ~** to crumple [up *sep*] sth, to crease sth
II. *vi* to crumple, to crease

Knül·ler <-s, -> ['knʏlɐ] *m (fam)* sensation; *(Nachricht)* scoop

knüp·fen ['knʏpfn̩] **I.** *vt* ① *(verknoten)* ■**etw ~** to tie sth; **ein Netz ~** to mesh a net; **einen Teppich ~** to knot [*or* make] a carpet
② *(gedanklich verbinden)* ■**etw an etw** *akk* **~** to tie [*or* knot] sth to sth; **eine Bedingung an etw** *akk* **~** to attach a condition to sth; **Hoffnungen an etw** *akk* **~** to pin hopes on sth
II. *vr* ■**sich** *akk* **an etw** *akk* **~** to be linked [*or* connected] with sth

Knüp·pel <-s, -> ['knʏpl̩] *m* cudgel, club; *(Polizeiknüppel)* truncheon BRIT, nightstick AM
▶WENDUNGEN: **jdm** [**einen**] **~ zwischen die Beine werfen** *(fam)* to put a spoke in sb's wheel *fam*, to throw a spanner in the works, to throw a monkey wrench in sth AM

Knüp·pel·damm *m* corduroy [*or* log] road **knüp·pel·dick** ['knʏpl̩'dɪk] *adv (fam)* excessively; **~ auftragen** to lay it on thick *fam;* ***wenn's mal losgeht, dann kommt's auch gleich ~*** it never rains but it pours *prov* **knüp·pel·hart** *adj (fam) s.* **knochenhart**

knüp·peln ['knʏpl̩n] **I.** *vt* ■**jdn ~** to beat sb [with a club [*or* cudgel]/truncheon]
II. *vi* to club [*or* cudgel] away; *(Polizei)* to use one's truncheon/nightstick; *Fußballspieler* to foul

Knüp·pel·schal·tung *f* floor[-mounted] gear change, stick [*or* floor] shift AM

knüp·pel·voll *adj inv (fam)* jam-packed *fam*, BRIT *fam a.* packed out

knur·ren ['knʊrən] **I.** *vi* to growl; *(wütend)* to snarl; *s. a.* **Magen**
II. *vt* ■**etw ~** to growl sth

Knur·ren <-s> ['knʊrən] *nt kein pl* growl[ing *no pl*]; *(wütend)* snarl[ing *no pl*]

Knurr·hahn *m* ZOOL gurnard

knur·rig ['knʊrɪç] *adj* grumpy

Knus·per·häus·chen *nt* LIT gingerbread house

knus·pe·rig ['knʊspərɪç] *adj s.* **knusprig**

knus·pern ['knʊspɐn] *vi* ■**an etw** *dat* **~** to nibble [at] sth; *(geräuschvoll)* to crunch away at sth

knusp·rig ['knʊsprɪç], **knus·pe·rig** ['knʊspərɪç] *adj*
① *(mit einer Kruste)* crisp[y]
② *(kross)* crusty; **ein ~es Gebäck** a crunchy pastry
③ *(jung, frisch)* scrumptious *hum*

Knust <-[e]s, -e *o* Knüste> [knuːst, *pl* 'knyːstə] *m* NORDD [end] crust [of a loaf]

Knu·te <-, -n> ['knuːtə] *f* lash, knout *hist;* **jds ~ zu spüren bekommen** to feel sb's lash; **jdn mit der ~ schlagen** to lash sb
▶WENDUNGEN: **jdn unter seine ~ bringen** to get sb in one's clutches; **unter jds** *dat* **~ leben/stehen** to live/be under sb's heel [*or* yoke]

knut·schen ['knuːtʃn̩] *(fam)* **I.** *vt* ■**jdn ~** to kiss [*or fam* smooch with] sb; ■**sich** *akk* **~** to smooch *fam*, to pet *fam*, to canoodle *hum dated*
II. *vi* ■[**mit jdm**] **~** to smooch [*or* pet] [with sb] *fam;* ■**~d** smooching

Knut·sche·rei <-, -en> [knuːtʃə'rai̯] *f (fam)* smooching *fam*, petting *fam*, canoodling *hum dated fam*

Knutsch·fleck *m (fam)* love bite, hickey *esp* AM *fam*

Knüt·tel <-s, -> ['knʏtl̩] *m (veraltend) s.* **Knüppel**

Knüt·tel·vers ['knʏtl̩fɛrs] *m s.* **Knittelvers**

k. o. [kaː'ʔoː] *adj Abk von* **knock-out** KO ① *(bewusstlos geschlagen)* ■**~ sein** to have been KO'd, to be knocked out [*or* unconscious]; **~ gehen** to be knocked out [*or* unconscious]; **jdn ~ schlagen** to knock out sb *sep*
② *(fam: völlig ermattet)* ■[**völlig**] **~ sein** to be [totally] knackered BRIT *fam*, to be [totally] exhausted AM; **sich** *akk* **~ fühlen** to feel knackered [*or* AM exhausted] *fam*

K. o. <-[s], -s> [kaː'ʔoː] *m Abk von* **Knockout** knockout, KO *fam;* **ein technischer ~** a technical knockout; **durch ~** by a knockout

Ko·agu·lat [koʔagu'laːt] *nt* CHEM clot

Ko·agu·la·ti·on <-, -en> [koʔagula'tsi̯oːn] *f* CHEM, MED coagulation

Ko·agu·la·ti·ons·mit·tel *nt* coagulating [*or* clotting] agent

Ko·a·la <-s, -s> *m*, **Ko·a·la·bär** [ko'aːla-] *m* koala [bear]

ko·a·lie·ren* [koʔa'liːrən] *vi* ■[**mit jdm/etw**] **~** to form a coalition [with sb/sth]

Ko·a·li·ti·on <-, -en> [koʔali'tsi̯oːn] *f* coalition; **eine große/kleine ~** a grand/little coalition

Ko·a·li·ti·ons·aus·sa·ge *f* POL coalition statement **Ko·a·li·ti·ons·aus·schuss^RR** *m* coalition committee **Ko·a·li·ti·ons·frak·ti·on** *f* coalition faction [*or* group] **Ko·a·li·ti·ons·frei·heit** *f kein pl* JUR freedom of association **Ko·a·li·ti·ons·ge·spräch** *nt* coalition talks *npl* **Ko·a·li·ti·ons·par·tei** *f* POL coalition party **Ko·a·li·ti·ons·part·ner** *m* coalition partner **Ko·a·li·ti·ons·recht** *nt* JUR right of free association **Ko·a·li·ti·ons·re·gie·rung** *f* coalition government **Ko·a·li·ti·ons·run·de** *f regular talks between coalition party members* **Ko·a·li·ti·ons·ver·ein·ba·rung** *f* agreement on a/the coalition **Ko·a·li·ti·ons·ver·hand·lun·gen** *pl* coalition negotiations *pl* **Ko·a·li·ti·ons·ver·trag** *m* coalition agreement **Ko·a·li·ti·ons·wech·sel** *m* POL change of coalition partners

Ko·au·tor(in) ['koːʔau̯toːɐ̯] *m(f)* co-author

ko·axi·al [koʔa'ksi̯aːl] *adj* coaxial

Ko·axi·al·ka·bel *nt* TECH coaxial cable

Ko·balt <-s> ['koːbalt] *nt kein pl* cobalt *no art, no pl*

ko·balt·blau *adj* cobalt blue

Ko·bel <-s, -> ['koːbl̩] *m* drey

Ko·ben <-s, -> ['koːbn̩] *m* sty, pen

Kob·lenz <-> ['koːblɛnts] *nt* Coblenz

Ko·bold <-[e]s, -e> ['koːbɔlt, *pl* -ldə] *m* imp, goblin, kobold

Kob·ra <-, -s> ['koːbra] *f* cobra

Koch, Kö·chin <-s, Köche> [kɔx, 'kœçɪn, *pl* 'kœçə] *m, f* cook; *(Küchenchef)* chef; **~ lernen** to be a trainee chef
▶WENDUNGEN: **zu viele Köche verderben den Brei** *(prov)* too many cooks spoil the broth *prov*

koch·be·stän·dig *adj inv Textilien* washable in boiling water

Koch·buch *nt* cook[ery]book **Koch·ecke** *f* kitchenette, cooking [*or* kitchen] area

kö·cheln ['kœçl̩n] *vi* ① *(leicht sieden)* to simmer
② *(hum: kochen)* to cook

Kö·chel·ver·zeich·nis *nt kein pl* MUS Köchel [*or* K] catalogue [*or* AM *usu* -og] [*or* index] *spec*

ko·chen ['kɔxn̩] **I.** *vi* ① *(Speisen zubereiten)* to cook; ***dort kocht man sehr scharf/pikant*** the food there is very hot/spicy
② *(brodeln)* to boil; **etw zum K~ bringen** to bring sth to the boil; **~d heiß** boiling hot; **eine ~d heiße Suppe** a piping hot soup
③ *(in Aufruhr befinden)* to seethe; **vor Wut ~** to seethe [*or* boil] with rage
II. *vt* ① *(heiß zubereiten)* ■[**jdm/sich**] **etw ~** to cook [sb/oneself] sth; **Suppe/Kaffee ~** to make [some] soup/coffee
② *(als Kochwäsche waschen)* ■**etw ~** to boil sth

ko·chend I. *adj inv* boiling; **vor Wut ~** boiling [*or* seething] with rage
II. *adv* **~ heiß** *Wasser, Suppe* boiling hot

Ko·cher <-s, -> ['kɔxɐ] *m* [small] stove, cooker

Kö·cher <-s, -> ['kœçɐ] *m* ① *(Pfeilköcher)* quiver
② *(für Fernglas)* case

Kö·cher·flie·ge *f* ZOOL caddis fly

Koch·feld *nt* ceramic hob **koch·fest** *adj* suitable for washing at 90° *pred* **Koch·ge·le·gen·heit** *f* cooking facilities *pl* **Koch·ge·schirr** *nt bes* MIL mess tin **Koch·herd** *m (veraltend) s.* **Herd**

Kö·chin <-, -nen> ['kœçɪn] *f fem form von* **Koch**

Koch·kä·se *m soft cheese made from quark, salt and spices*

Koch·kunst *f* ① *kein pl (Gastronomie)* culinary art *no pl*, art of cooking *no pl*
② *pl (Fähigkeit, gut zu kochen)* culinary skill[s *pl*]

Koch·kurs, Koch·kur·sus *m* cookery course **Koch·löf·fel** *m* [wooden] cooking spoon, wooden spoon **Koch·mes·ser** *nt* cook's knife **Koch·ni·**

sche *f* kitchenette **Koch·plat·te** *f* ❶ *(Herdplatte)* hotplate ❷ *(transportable Herdplatte)* small [electric] stove **Koch·punkt** *m kein pl* boiling point **Koch·re·zept** *nt* recipe **Koch·sa·lat** *m* Chinese leaf

Koch·salz *nt kein pl* common [*or* cooking] salt *no indef art, no pl;* CHEM sodium chloride *no indef art, no pl spec* **Koch·salz·er·satz** *m* salt substitute **Koch·salz·lö·sung** *f* salt solution; CHEM sodium chloride solution

Koch·topf *m* [cooking] pot; *(mit Stiel)* saucepan **Koch·wä·sche** *f* washing that can be boiled

kod·de·rig ['kɔdərɪç], **kodd·rig** ['kɔdrɪç] *adj* NORDD *(fam)* ❶ *(unverschämt)* impertinent, impudent, insolent
❷ *(unwohl)* ■**jdm ist ~** [**zumute**] sb feels sick [*or* queasy]

Kode <-s, -s> [ko:t] *m* code

Ko·de·in <-s> [kode'i:n] *nt kein pl* codeine *no indef art, no pl*

Kö·der <-s, -> ['kø:dɐ] *m* bait; *(Lockvogel)* lure; **einen ~ auslegen** to put down bait; **einen ~ anbeißen** to take the bait

kö·dern ['kø:dɐn] *vt* ❶ *(verlocken)* ■**jdn** [**mit etw** *dat*] **~** to lure sb [with sth]; **jdn** [**mit etw** *dat*] **zu ~ versuchen** to woo sb [with sth]; **sich** *akk* **von jdm/etw ~ lassen** to be tempted by sb/sth
❷ *(anlocken)* ■**Fische ~** to lure fish

Kö·der·wurm *m* ZOOL lugworm

Kode·ver·schlüs·se·lungs·sys·tem *nt* INFORM code cipher system

Ko·dex <- *o* -es, -e *o* Kodizes> ['ko:dɛks, *pl* 'ko:ditse:s] *m* ❶ *kein pl (Verhaltenskodex)* [moral] code
❷ HIST *(Handschrift)* codex

Ko·di·ak·bär ['ko:di̯ak-] *m* ZOOL Kodiak bear

ko·die·ren* [ko'di:rən] *vt* ■**etw ~** to [en]code sth

Ko·die·rung <-, -en> *f* INFORM, LING coding; **binäre/digitale/spezifische ~** binary/digital/specific coding

Ko·di·fi·ka·ti·on <-, -en> *f* JUR codification

ko·di·fi·zie·ren* [kodifi'tsi:rən] *vt* JUR ■**etw ~** to codify sth

Ko·di·zes ['koditse:s] *pl von* **Kodex**

Koedukation <-, -en> ['ko:ʔedukatsi̯o:n] *f* co-education *no indef art, no pl*

Ko·ef·fi·zi·ent <-en, -en> [koʔɛfi'tsi̯ɛnt] *m* MATH, PHYS coefficient

Ko·en·zym ['ko:ʔɛntsy:m] *nt* BIOL coenzyme

Ko·evo·lu·ti·on *f* BIOL co-evolution

Ko·exis·tenz ['koʔɛksɪstɛnts] *f kein pl* coexistence *no indef art, no pl;* **friedliche ~** peaceful coexistence

ko·exis·tie·ren* ['ko:ʔɛksɪsti:rən, koʔɛksɪs'ti:rən] *vi haben (geh)* to coexist

Ko·fak·tor [ko'fakto:ɐ̯] *m* SCI cofactor

Kof·fe·in <-s> [kɔfe'i:n] *nt kein pl* caffeine *no indef art, no pl*

kof·fe·in·frei *adj* decaffeinated, decaf *fam* **kof·fe·in·hal·tig** *adj inv* containing caffeine *pred*

Kof·fer <-s, -> ['kɔfɐ] *m* ❶ *(Reisekoffer)* [suit]case; ■**die ~** *pl* the luggage [*or esp* AM baggage] + *sing vb;* **den/die ~ packen** to pack [one's bags]
❷ *(Tragebehälter)* [carrying] case
▶WENDUNGEN: **aus dem ~ leben** to live out of a suitcase; **die ~ packen** to pack one's bags [and leave]

Kof·fer·an·hän·ger *m* luggage tag [*or* label] **Kof·fer·be·häl·ter** *m* box container

Köf·fer·chen <-s, -> ['kœfɐçən] *nt dim von* **Koffer**

Kof·fer·far·be *f* suitcase colour [*or* AM -or] **Kof·fer·griff** *m* suitcase handle **Kof·fer·grö·ße** *f* suitcase size **Kof·fer·her·stel·ler** *m* suitcase manufacturer **Kof·fer·ku·li** *m* [luggage] trolley [*or* AM cart] **Kof·fer·ra·dio** *nt* portable radio

Kof·fer·raum *m* AUTO ❶ boot BRIT, trunk AM ❷ *(Volumen)* luggage space **Kof·fer·raum·de·ckel** *m* AUTO boot [*or* AM trunk] lid

Kof·fer·schreib·ma·schi·ne *f* portable [typewriter]

Kog·ge <-, -n> ['kɔgə] *f* HIST, NAUT cog *spec*

Ko·gnak <-s, -s *o* -e> ['kɔnjak] *m* brandy

Ko·gnak·schwen·ker <-s, -> *m* balloon glass, brandy glass [*or* AM snifter]

kog·ni·tiv [kɔgni'ti:f] *adj* PSYCH, SCH cognitive *attr form or spec*

ko·hä·rent [kohɛ'rɛnt] *adj inv* ❶ *(geh: zusammenhängend)* coherent
❷ PHYS coherent

Ko·hä·renz <-> [kohɛ'rɛnts] *f kein pl* ❶ *(geh: Zusammenhang)* coherence *no pl*
❷ PHYS coherence *no pl,* coherency *no pl*

Ko·hä·si·on <-> [kohɛ'zi̯o:n] *f kein pl* PHYS cohesion *no indef art, no pl,* cohesiveness *no indef art, no pl*

Kohl <-[e]s, -e> [ko:l] *m* ❶ *(Gemüse)* cabbage
❷ *(fam: Quatsch)* nonsense *no indef art, no pl,* rubbish *no indef art, no pl,* codswallop *no indef art, no pl* BRIT *sl;* ***das ist doch alles ~!*** that's all nonsense [*or* rubbish] [*or* BRIT *sl* a load of codswallop]; **~ reden** to talk rubbish [*or* nonsense] [*or fam!* shit]
▶WENDUNGEN: **den** [**alten**] **~ aufwärmen** to bring up the old story again; **das macht den ~ auch nicht fett** *(fam)* that doesn't help a lot, that's not much help

Kohl·dampf *m* ▶WENDUNGEN: **~ haben** [*o* **schieben**] *(fam)* to be starving [*or* famished] *fam;* **~ schieben müssen** to have to go hungry

Koh·le <-, -n> ['ko:lə] *f* ❶ *(Brennstoff)* coal *no indef art, no pl;* **~ führend** coal-bearing
❷ TECH *(Aktivkohle)* carbon *no indef art, no pl*
❸ KUNST charcoal *no indef art, no pl*
❹ *(sl: Geld)* dosh BRIT *fam,* dough *dated fam*
▶WENDUNGEN: **feurige ~n auf jds Haupt sammeln** *(geh)* to heap coals of fire on sb's head; **wie auf** [**glühenden**] **~n sitzen** to be like a cat on a hot tin roof [*or* BRIT *dated* on hot bricks], to be on tenterhooks

Koh·le·ab·bau <-s, -> *m kein pl* coal mining **Koh·le·fa·ser** *f meist pl* TECH carbon fibre [*or* AM -er] **koh·le·fa·ser·ver·stärkt** *adj* TECH *Metall, Kunststoff* carbon fibre [*or* AM fiber] reinforced **koh·le·füh·rend** *adj s.* **Kohle 1 koh·le·hal·tig** *adj inv* containing coal, carboniferous

Koh·le·hy·drat, Koh·len·hy·drat <-[e]s, -e> *nt* carbohydrate **Koh·le·kraft·werk** *nt* coal-fired power station

koh·len *vi (fam)* to fib *fam,* to tell fibs *fam*

Koh·le(n)·ab·bau *m kein pl* coal mining *no pl* **Koh·len·be·cken** *nt* ❶ GEOL coal basin ❷ *(Wärmequelle)* brazier **Koh·len·berg·bau** *m* coal-mining *no indef art, no pl* **Koh·len·berg·werk** *nt* coal mine, colliery, pit

Koh·len·di·oxid *nt kein pl* carbon dioxide *no indef art, no pl* **koh·len·di·oxid·frei** *adj inv* ÖKOL free of carbon dioxide

Koh·len·di·oxyd, Koh·len·di·oxid *nt* carbon dioxide

Koh·len·ei·mer *m* [coal] scuttle **Koh·len·flöz** *nt* BERGB coal seam **Koh·len·för·de·rung** *f* coal-mining *no indef art, no pl,* extraction *no pl* of coal **Koh·len·gru·be** *f* BERGB coal mine, [coal] pit **Koh·len·hal·de** *f* coal pile [*or* heap], pile of coal **Koh·len·händ·ler(in)** <-s, -> *m(f)* coal merchant **Koh·len·hand·lung** *f* coal merchant's

Koh·le(n)·herd *m* coal-burning range **Koh·len·kas·ten** *m* coal box **Koh·len·kel·ler** *m* coal cellar **Koh·len·lie·fe·rung** *f* coal delivery; *(an ein Kraftwerk)* coal supply **Koh·len·mo·no·xid** *nt kein pl* carbon monoxide *no indef art, no pl* **Koh·len·ofen** *m* [coal-burning] stove **Koh·len·pott** *m (fam)* ■**der ~** the Ruhr [area] **Koh·len·re·vier** *nt* BERGB coalmining area **koh·len·sau·er** *adj* carbonic *spec;* **kohlensaures Natron/Kalzium** sodium/calcium carbonate *spec*

Koh·len·säu·re *f* carbonic acid *no indef art, no pl;* **mit ~** carbonated, fizzy; **ohne ~** still *attr* **koh·len·säu·re·hal·tig** *adj* carbonated; **~es Getränk** carbonated [*or* BRIT *fam a.* fizzy] drink

Koh·len·schau·fel *f* coal shovel **Koh·len·staub** *m* coal dust

Koh·len·stoff *m* carbon *no indef art, no pl* **Koh·len·stoff·ano·de** *f* PHYS inert carbon anode **Koh·len·stoff·brenn·stoff·zel·le** *f* PHYS, TECH carbon combustion cell **Koh·len·stoff·da·tie·rung** *f kein pl* SCI [radio] carbon method [*or* dating] [*or* analysis]

Koh·len·stoff·kreis·lauf *m kein pl* CHEM [organic] carbon cycle

Koh·len·vor·kom·men *nt* coal deposit **Koh·len·wa·gen** *m* BAHN *(Waggon)* coal truck; *(Tender)* tender **Koh·len·was·ser·stoff** *m* hydrocarbon; **chlorierte ~e** chlorinated hydrocarbons *spec,* organochlorines *spec* **Koh·len·zan·ge** *f* coal [*or* fire] tongs *npl*

Koh·le·ofen *m s.* Kohlenofen **Koh·le·pa·pier** *nt* carbon paper **Koh·le·pfen·nig** *m kein pl* ÖKON *surcharge imposed in 1974 on electricity consumers in Germany to subsidize domestic coal production*

Köh·ler(in) <-s, -> ['kø:lɐ] *m(f)* charcoal burner

Köh·ler ['kø:lɐ] *m* ZOOL, KOCHK coalfish, saithe

Koh·le·stift *m* KUNST charcoal stick **Koh·le·ta·blet·te** *f* PHARM, MED charcoal tablet **Koh·le·zeich·nung** *f* charcoal drawing

Kohl·kopf *m* [head of] cabbage **Kohl·mei·se** *f* great titmouse

kohl·ra·ben·schwarz ['ko:l'ra:bn̩'ʃvarts] *adj* jet-black; **~es Haar** jet-black [*or liter* raven] hair

Kohl·ra·bi <-[s], -[s]> [ko:l'ra:bi] *m* kohlrabi *no indef art, no pl*

Kohl·rou·la·de [-rula:də] *f* stuffed cabbage **Kohl·rü·be** *f s.* **Steckrübe kohl·schwarz** ['ko:l'ʃvarts] *adj s.* **kohlrabenschwarz Kohl·spros·se** *f* ÖSTERR *(Rosenkohl)* Brussels sprout **Kohl·weiß·ling** <-s, -e> *m (Schmetterlingsart)* cabbage white [butterfly]

Ko·hor·te <-, -n> [ko'hɔrtə] *f* cohort

Ko·in·zi·denz <-, -en> [koɪntsi'dɛnts] *f (geh)* coincidence

ko·i·tie·ren* [koi'ti:rən] *vi (geh)* ■[**mit jdm**] **~** to engage in sexual intercourse [*or* coitus] [with sb] *form;* ■**~d** copulating

Ko·i·tus <-, - *o* -se> ['ko:itʊs] *m (geh)* coitus *no art, no pl form* [*or* coition] *no art, no pl spec;* **~ a tergo** sex doggy-style [*or* with rear-entry position]; **~ interruptus** coitus interruptus; **~ per anum** anal sex

Ko·je <-, -n> ['ko:jə] *f* ❶ NAUT berth, bunk
❷ *(fam: Bett)* bed; **sich** *akk* **in die ~ hauen** to hit the sack [*or* hay]
❸ *(Messestand)* stand, booth

Ko·jo·te <-n, -n> [ko'jo:tə] *m* coyote, prairie wolf

Ko·ka·in <-s> [koka'i:n] *nt kein pl* cocaine *no indef art, no pl,* coke *no indef art, no pl fam*

ko·ka·in·süch·tig *adj* addicted to cocaine [*or fam* coke] *pred* **Ko·ka·in·süch·ti·ge(r)** *f(m) dekl wie adj* cocaine addict; ■**ein ~r/eine ~ sein** to be a cocaine addict [*or* addicted to cocaine] [*or fam* coke]

Ko·kar·de <-, -n> [ko'kardə] *f (an Uniformmützen)* cockade; *(an Militärflugzeugen)* insignia, markings *npl*

ko·keln ['ko:kl̩n] *vi (fam)* to play with fire; **mit Kerzen/Streichhölzern ~** to play with [lighted] candles/matches

Ko·ke·rei <-, -en> [ko:kə'rai̯] *f* coking plant

ko·kett [ko'kɛt] *adj* flirtatious, *esp liter* coquettish

Ko·ket·te·rie <-, -n> [kokɛtə'ri:, *pl* -ri:ən] *f* ❶ *kein pl (Verhalten)* flirtatiousness *no indef art, no pl,* coquetry *no indef art, no pl esp liter,* coquettishness *no indef art, no pl esp liter*
❷ *(Bemerkung)* coquettish [*or* flirtatious] remark, *esp liter* coquetry

ko·ket·tie·ren* [kokɛ'ti:rən] *vi* ❶ *(flirten)* ■[**mit jdm**] **~** to flirt [*or* play the coquette] [with sb]
❷ *(geh: liebäugeln)* ■**mit etw** *dat* **~** to flirt [*or* toy] with sth; **mit dem Gedanken/einem Plan ~** to toy with the idea/a plan
❸ *(scherzhaft entschuldigen)* ■**mit etw** *dat* **~** to make much play with sth, to play up[on] sth

Kok·ke <-, -n> ['kɔkə] *f* BIOL coccus

Ko·ko·lo·res <-> [koko'lo:rɛs] *m kein pl (fam)*
❶ *(Quatsch)* nonsense *no indef art, no pl,* rubbish *no indef art, no pl*
❷ *(Umstände)* fuss *no pl,* palaver *no pl fam*

Ko·kon <-s, -s> [ko'kõ:] *m* cocoon

Ko·kos·but·ter [ko:kɔs-] *f* coconut butter **Ko·kos·cre·me** *f* coconut creme **Ko·kos·fa·ser** *f* coconut fibre [*or* AM -er] **Ko·kos·fett** *nt* coconut butter *no indef art, no pl* **Ko·kos·flo·cken** *pl* desiccated coconut **Ko·kos·ma·kro·ne** *f* coconut macaroon **Ko·kos·mat·te** *f* coconut matting **Ko·kos·milch** *f* coconut milk *no indef art, no pl* **Ko·kos·nuss**[RR] *f* coconut **Ko·kos·öl** *nt* coconut oil *no indef art, no pl* **Ko·kos·pal·me** *f* coconut palm [*or* tree] **Ko·kos·ras·peln** *pl* desiccated coconut

Ko·kot·te <-, -n> [koˈkɔtə] *f (veraltend geh)* cocotte *old*

Koks[1] <-es, -e> [koːks] *m* ① *(Brennstoff)* coke *no indef art, no pl*
② *kein pl (sl: Geld)* dosh BRIT *fam,* dough *dated fam*

Koks[2] <-es> [koːks] *m o nt kein pl (sl: Kokain)* coke *fam;* ~ **schnupfen** to snort coke *fam*

kok·sen [koːksn̩] *vi (sl)* to snort [*or* take] coke *fam*

Kok·ser(in) <-s, -> *m(f) (sl)* cocaine [*or fam* coke] addict, snowbird AM *sl*

Ko·la <-, -> [ˈkoːla] *f (fam)* cola

Kol·ben <-s, -> [ˈkɔlbn̩] *m* ① AUTO piston
② *(Gewehrkolben)* butt
③ *(einer Spritze etc.)* plunger
④ CHEM retort; *(flaschenähnlich)* flask
⑤ BOT spadix *spec; (Maiskolben)* cob
⑥ *(sl: Nase)* bulbous nose, conk BRIT *hum fam*

Kol·ben·en·te *f* ORN red-crested pochard **Kol·ben·fres·ser** <-s, -> *m (fam)* piston seizure; **den/einen ~ haben** to have piston seizure, a seized[-up] piston **Kol·ben·hals** *m* CHEM neck of a flask

Kol·ben·hub *m* TECH piston stroke **Kol·ben·hub·pi·pet·te** *f* CHEM piston pipette

Kol·ben·mo·tor *m* TECH piston engine **Kol·ben·pum·pe** *f* reciprocating pump **Kol·ben·ring** *m* TECH, AUTO piston ring **Kol·ben·stan·ge** *f* TECH piston rod

Kol·chi·zin <-s> [kɔlçiˈtsiːn] *nt kein pl* BIOL colchicine

Kol·cho·se <-, -n> [kɔlçoːzə] *f* HIST kolk[h]oz *(Soviet collective farm)*

Ko·li·bak·te·ri·en [ˈkoːlibakteːri̯ən] *pl* coli[form bacteria] *pl spec*

Ko·li·bri <-s, -s> [koːlibri] *m* hummingbird

Ko·lik <-, -en> [ˈkoːlɪk] *f* colic *no indef art, no pl;* **eine ~** [*o* **~en**] **haben** to have colic

Kolk·ra·be [kɔlk-] *m* raven

kol·la·bie·ren* [kɔlaˈbiːrən] *vi sein* ① MED to collapse
② PHYS to collapse
③ *(geh: zusammenbrechen)* to collapse

Kol·la·bo·ra·teur(in) <-s, -e> [kɔlaboraˈtøːɐ̯] *m(f)* POL *(pej)* collaborator *pej*

Kol·la·bo·ra·ti·on <-, -en> [kɔlaboraˈtsi̯oːn] *f* POL *(pej)* collaboration *no indef art, no pl pej* (**mit** +*dat* with)

kol·la·bo·rie·ren* [kɔlaboˈriːrən] *vi* POL *(pej)* ■[**mit jdm**] ~ to collaborate [with sb] *pej*

Kol·la·gen <-s, -e> [kɔlaˈgeːn] *nt* BIOL collagen

Kol·la·gen·sprit·ze *f* collagen injection

Kol·laps <-es, -e> [ˈkɔlaps] *m* ① MED *(Kreislaufkollaps)* collapse; **einen ~ erleiden** *(geh)* to collapse
② PHYS collapse; **der große ~** ASTRON the great gravitational collapse, the big crunch
③ *(geh: Zusammenbruch)* collapse

Kol·la·te·ral·scha·den [kɔlateˈraːl-] *m (euph)* collateral damage

Kol·la·ti·on <-, -en> [kɔlaˈtsi̯oːn] *f* LIT, TYPO, REL collation

kol·la·ti·o·nie·ren* [kɔlatsi̯oˈniːrən] *vt* LIT, TYPO ■**etw ~** to collate sth

Kol·leg <-s, -s *o* -ien> [kɔlˈeːk, *pl* -gi̯ən] *nt* ① SCH *(Schule des zweiten Bildungsweges)* college
② REL theological college
③ *(veraltend: Vorlesung)* lecture

Kol·le·ge, Kol·le·gin <-n, -n> [kɔˈleːgə, kɔˈleːgɪn] *m, f* colleague; *(Arbeiter)* workmate *fam;* **der ~ kommt gleich!** *(im Restaurant)* somebody will be with you in a moment!

Kol·le·gen·ra·batt *m* trade discount

kol·le·gi·al [kɔleˈgi̯aːl] **I.** *adj* considerate and friendly *(towards one's colleagues)*
II. *adv* in a considerate and friendly way; **~ eingestellt sein** to be considerate and friendly [*or* a good colleague]

Kol·le·gi·al·ge·richt *nt* JUR panel of judges

Kol·le·gi·a·li·tät <-> [kɔlegi̯aliˈtɛːt] *f kein pl* cooperativeness *no pl,* friendly cooperation *no pl*

Kol·le·gi·al·prin·zip *nt* JUR broad-majority principle

Kol·le·gi·en [kɔˈleːgi̯ən] *pl von* **Kolleg, Kollegium**

Kol·le·gin <-, -nen> *f fem form von* **Kollege**

Kol·le·gi·um <-s, -gien> [kɔˈleːgi̯ʊm, *pl* -gi̯ən] *nt* group [of colleagues]; *(Lehrkörper)* [teaching] staff + *sing/pl vb;* **ein ~ von Ärzten** a team of doctors + *sing/pl vb*

Kol·leg·map·pe *f* document case, portfolio

Kol·lek·te <-, -n> [kɔˈlɛktə] *f* REL ① *(Sammlung während der Messe)* collection, offering, offertory *spec*
② *(gesammelter Betrag)* collection, offertory [money]

Kol·lek·ti·on <-, -en> [kɔlɛkˈtsi̯oːn] *f* collection

kol·lek·tiv [kɔlɛkˈtiːf] *adj (geh)* collective

Kol·lek·tiv <-s, -e *o* -s, -s> [kɔlɛkˈtiːf, *pl* -iːvə] *nt* ① SOZIOL collective
② ÖKON *(Gruppe, Team)* collective, co-operative
③ POL, ÖKON *(Arbeits- und Produktionsgemeinschaft)* collective
④ MATH population
⑤ PHYS statistical ensemble [*or* population]

Kol·lek·tiv·an·la·ge *f* FIN collective investment **Kol·lek·tiv·ar·beit** *f (geh)* collective work *no indef art, no pl,* joint effort **Kol·lek·tiv·be·lei·di·gung** *f* JUR collective defamation **Kol·lek·tiv·be·wusst·sein**[RR] *nt kein pl* SOZIOL collective consciousness *no pl;* **das ~ stärken** to raise the collective consciousness **Kol·lek·tiv·de·likt** *nt* JUR collective crime **Kol·lek·tiv·ei·gen·tum** *nt* JUR collective [*or* public] ownership **Kol·lek·tiv·geist** *m kein pl* corporate [*or* collective] spirit **Kol·lek·tiv·geld·stra·fe** *f* FIN combined fine

kol·lek·ti·vie·ren* [kɔlɛktiˈviːrən] *vt* HIST ■**etw ~** to collectivize sth *spec*

Kol·lek·ti·vis·mus [kɔlɛktiˈvɪsmʊs] *m kein pl* collectivism *no pl*

Kol·lek·tiv·kla·ge·recht *nt* JUR law of group action **Kol·lek·tiv·mar·ke** *f* JUR collective mark **Kol·lek·tiv·pro·ku·ra** *f* JUR joint power of attorney **Kol·lek·tiv·schuld** *f kein pl* collective guilt *no pl* **Kol·lek·tiv·un·fall·ver·si·che·rung** *f* collective accident insurance **Kol·lek·tiv·ver·ant·wor·tung** *f kein pl* collective responsibility **Kol·lek·tiv·ver·trag** *m* JUR collective agreement [*or* contract] **Kol·lek·tiv·wirt·schaft** *f* collective farm

Kol·lek·tor <-s, -en> [kɔˈlɛktoːɐ̯] *m* ELEK, PHYS collector

Kol·ler <-s, -> [ˈkɔlɐ] *m (fam)* rage; **einen** [*o* **seinen**] **~ bekommen** to fly [*or* get] into a rage/one of one's rages; **einen** [*o* **seinen**] **~ haben** to be in a rage, to throw a wobbly BRIT *fam*

Kol·ler·gang *m* TECH edge mill

kol·lern[1] [ˈkɔlɐn] **I.** *vi* to gobble
II. *vi impers* ■**es kollert irgendwo** it is rumbling somewhere
III. *vt* TECH ■**etw ~** to pan-grind sth

kol·lern[2] [ˈkɔlɐn] *vi sein* DIAL *(rollen)* ■**irgendwohin ~** to roll somewhere

kol·li·die·ren* [køliˈdiːrən] *vi (geh)* ① *sein (zusammenstoßen)* ■**mit jdm/etw ~** to collide with sb/sth
② *sein o haben (unvereinbar sein)* ■**mit etw** *dat* ~ to clash with sth
③ *sein o haben (nicht im Einklang stehen)* ■[**miteinander**] ~ to conflict, to clash, to be in conflict [with each other]

kol·li·die·rend *adj* JUR conflicting

Kol·lier <-s, -s> [kɔˈli̯eː] *nt* necklace

Kol·li·si·on <-, -en> [kɔliˈzi̯oːn] *f* JUR collision; *(Patentrecht)* interference

Kol·li·si·ons·be·schleu·ni·ger <-s, -> *m* PHYS collider **Kol·li·si·ons·klau·sel** *f* JUR collision clause; **~ für beiderseitiges Verschulden** both-to-blame collision clause **Kol·li·si·ons·kurs** *m* collision course; **mit jdm/etw auf ~ gehen** to be heading for a confrontation with sb/sth; **auf ~ steuern** to be on a collision course; *(fig)* to be heading for trouble **Kol·li·si·ons·nor·men** *pl* JUR conflicting rules, choice of law rules **Kol·li·si·ons·pa·tent** *nt* collision patent **Kol·li·si·ons·recht** *nt* JUR law of conflicts **Kol·li·si·ons·re·geln** *pl* JUR collision rules **Kol·li·si·ons·ri·si·ko** *nt* JUR collision risk

Kol·lo·di·um <-s> [kɔˈloːdi̯ʊm] *nt* CHEM collodion, collodium

Kol·lo·di·um·wol·le *f kein pl* CHEM, TECH collodion cotton

Kol·lo·id <-s, -e> [kɔloˈiːt, *pl* -iːdə] *nt* CHEM colloid *spec*

Kol·lo·ka·ti·on <-, -en> [kɔloktaˈtsi̯oːn] *f* ① LING *(inhaltliche Kombinierbarkeit)* collocation
② LING *(Inhalte einer lexikalischen Einheit)* collocation
③ *(veraltet: Anordnung der Reihenfolge)* collocation

Kol·lo·qui·um <-s, -ien> [kɔˈloːkvi̯ʊm, *pl* -kvi̯ən] *nt* ① *(wissenschaftliches Gespräch)* colloquium *form*
② ÖSTERR *(kleinere Uni-Prüfung)* test
③ *(Symposium)* symposium *form*

Kol·lu·si·on <-, -en> [kɔluˈzi̯oːn] *f* JUR *(Verdunkelung)* collusion

Köln [kœln] *nt* Cologne

Köl·nisch·was·ser, Köl·nisch Was·ser [ˈkœlnɪʃ-vasɐ] *nt* [eau de] cologne *no indef art, no pl*

Ko·lo·fo·ni·um[RR] <-s> [koloˈfoːni̯ʊm] *nt kein pl* rosin *no indef art, no pl,* colophony *no indef art, no pl spec*

Ko·lon <-s, -s> [ˈkoːlɔn] *nt* ① MED colon
② *(Sprechpause)* colon

ko·lo·ni·al [koloˈni̯aːl] *adj* colonial

Ko·lo·ni·al·bau <-s, -ten> *m* ARCHIT colonial-style building **Ko·lo·ni·al·be·sitz** *m* colonial possessions *pl,* colony/colonies; **~ sein** [*o* **sich** *akk* **in ~ befinden**] to be a colony **Ko·lo·ni·al·ge·sell·schaft** *f* JUR colonial company **Ko·lo·ni·al·herr** *m* colonial master **Ko·lo·ni·al·herr·schaft** *f* colonial rule *no art, no pl*

Ko·lo·ni·a·lis·mus <-> [koloni̯aˈlɪsmʊs] *m kein pl* colonialism *no indef art, no pl*

Ko·lo·ni·al·macht *f* colonial power **Ko·lo·ni·al·reich** *nt* colonial empire **Ko·lo·ni·al·stil** *m kein pl* colonial [style] **Ko·lo·ni·al·zeit** *f* colonial times *pl,* colonial era [*or* past]

Ko·lo·nie <-, -n> [koloˈniː, *pl* -ˈniːən] *f* ① *(Besitz einer Kolonialmacht)* colony
② *(Personengruppe)* colony, community
③ BOT, ZOOL colony

Ko·lo·ni·sa·ti·on <-, -en> [kolonizaˈtsi̯oːn] *f* colonization, settlement

ko·lo·ni·sie·ren* [koloniˈziːrən] *vt* ① *(zur Kolonie machen)* ■**etw ~** to colonize sth
② *(bevölkern)* ■**etw ~** to settle in sth
③ *(veraltet: urbar machen)* ■**etw ~** to reclaim sth; **einen Wald ~** to clear and cultivate a forest

Ko·lo·nist(in) <-en, -en> [koloˈnɪst] *m(f)* ① *(Siedler)* settler, colonist
② BOT colonizer

Ko·lon·kar·zi·nom *nt* MED colonic carcinoma

Ko·lon·na·de <-, -n> [kolɔˈnaːdə] *f* colonnade

Ko·lon·ne <-, -n> [koˈlɔnə] *f* ① AUTO queue [*or* line] [of traffic]; ■**von Polizei** convoy; **in ~ fahren** to drive in a [long] line of traffic
② *(lange Reihe von Menschen)* column
③ *(eingeteilte Arbeitsgruppe)* gang, team
④ *(senkrechte Zahlenreihe)* column
►WENDUNGEN: **die fünfte ~** POL the fifth column

Ko·lon·nen·bo·den *m* CHEM, TECH tray, column plate **Ko·lon·nen·sprin·ger(in)** *m(f) (fam)* queue-jumper *(in traffic)* BRIT *pej* **Ko·lon·nen·ver·kehr** *m* [long] line[s *pl*] of traffic

Ko·lo·pho·ni·um <-s> [koloˈfoːni̯ʊm] *nt kein pl s.* **Kolofonium**

Ko·lo·ra·tur <-, -en> [koloraˈtuːɐ̯] *f* MUS coloratura *spec*

ko·lo·rie·ren* [koloˈriːrən] *vt* ■**etw ~** to colour [*or* AM -or] sth

Ko·lo·rit <-[e]s, -e> [koloˈriːt] *nt* ① KUNST *(Farbgebung)* colouring [*or* AM -or-] *no pl*
② MUS [tone] colour [*or* AM -or]
③ *(geh: besondere Atmosphäre)* atmosphere, col-

our [*or* AM -or]

Ko·lossRR <-es, -e>, **Ko·loß**ALT <-sses, -sse> [ko'lɔs] *m* ❶ *(fam: riesiger Mensch)* colossus; **der ~ von Rhodos** HIST the Colossus of Rhodes
❷ *(gewaltiges Gebilde)* huge object, colossal thing

ko·los·sal [kolɔ'sa:l] **I.** *adj* ❶ *(riesig)* colossal, enormous
❷ *(fam: gewaltig)* huge, colossal; **eine ~e Dummheit begehen** to do something incredibly stupid; **sich** *akk* **in einem ~en Irrtum befinden** to be massively mistaken
II. *adv (fam: gewaltig)* tremendously, enormously; **sich** *akk* **~ verschätzen** to make a huge miscalculation

Ko·los·sal·film *m* epic film, [film] epic **Ko·los·sal·ge·mäl·de** *nt* huge painting

Ko·los·trum <-s> [ko'lɔstrʊm] *nt kein pl (erste Muttermilch)* colostrum

Kol·por·ta·ge <-, -n> [kɔlpɔr'ta:ʒə] *f (pej)* [sensationalist] trash *no indef art, no pl pej,* cheap sensationalism *no indef art, no pl pej*

kol·por·tie·ren* [kɔlpɔr'ti:rən] *vt (geh)* ■**etw ~** to spread [*or* circulate] sth

Kölsch <-, -> [kœlʃ] *nt* Kölsch *(top-fermented pale beer brewed in Cologne) no art, no pl spec*

Ko·lum·bi·a·ner(in) <-s, -> [kolʊm'bi̯anɐ] *m(f)* Colombian

ko·lum·bi·a·nisch [kolʊm'bi̯anɪʃ] *adj* Colombian

Ko·lum·bi·en <-s> [ko'lʊmbi̯ən] *nt* Colombia

Ko·lum·bi·er(in) <-s, -> [ko'lʊmbi̯ɐ] *m(f) s.* **Kolumbianer**

Ko·lum·bus <-> [ko'lʊmbʊs] *m* HIST Columbus; *s. a.* **Ei**

Ko·lum·ne <-, -n> [ko'lʊmnə] *f* ❶ *(Druckspalte)* column
❷ *(regelmäßiger Beitrag)* column

Ko·lum·nen·ti·tel *m* TYPO running head[line] [*or* title] **ko·lum·nen·wei·se** *adv inv* TYPO **etw ~ setzen** to set sth in columns **Ko·lum·nen·zif·fer** *f* TYPO folio

Ko·lum·nist(in) <-en, -en> [kolʊm'nɪst] *m(f)* columnist

Ko·ma1 <-, -s> [ko:ma] *f* ❶ PHYS *(Gashülle)* coma
❷ *(in der Optik)* coma

Ko·ma2 <-s, -s *o* -ta> [ko:ma] *nt* coma; **im ~ liegen** to lie [*or* be] in a coma

Ko·man·tsche, Ko·man·tschin <-n, -n> [ko'mantʃə, ko'mantʃɪn] *m, f* Comanche

Ko·ma·sau·fen *nt (sl)* binge-drinking

Kom·bat·tant(in) <-en, -en> [kɔmba'tant] *m(f)* combatant

Kom·bi <-s, -s> ['kɔmbi] *m (fam)* estate [car] BRIT, station wagon AM

Kom·bi·an·la·ge *f* combined cycle gas turbine station **Kom·bi·an·lei·he** *f* FIN combined loan **Kom·bi·fahr·zeug** *nt* hybrid [*or* dualfuel] vehicle **Kom·bi·In·stru·ment** *nt* AUTO instrument cluster **Kom·bi·kraft·werk** *nt* combined cycle gas turbine station **Kom·bi·lohn** *m combined income from a low wage and supplementary benefit*

Kom·bi·nat <-[e]s, -e> [kɔmbi'na:t] *nt* HIST combine + *sing/pl vb,* collective + *sing/pl vb*

Kom·bi·na·ti·on <-, -en> [kɔmbina'tsi̯o:n] *f* ❶ *(Zusammenstellung)* combination
❷ *(Zahlenkombination)* combination
❸ *(Schlussfolgerung)* deduction, conclusion
❹ MODE *(Zusammenstellung von Kleidungsstücken)* combination[s *pl*]; *(Overall)* flying suit, jumpsuit; **nordische ~** SKI Nordic combination

Kom·bi·na·ti·ons·ga·be *f kein pl* powers *pl* of deduction [*or* reasoning] **Kom·bi·na·ti·ons·ge·rät** *nt* TECH multifunction device **Kom·bi·na·ti·ons·impf·stoff** *m* combination vaccine **Kom·bi·na·ti·ons·pa·tent** *nt* combination patent **Kom·bi·na·ti·ons·prä·pa·rat** *nt* combination preparation **Kom·bi·na·ti·ons·schloss**RR *nt* combination lock **Kom·bi·na·ti·ons·the·ra·pie** *f* combination therapy *(AIDS treatment)*

Kom·bi·na·to·rik <-> [kɔmbina'to:rɪk] *f kein pl* MATH combinatorics + *sing vb*

kom·bi·na·to·risch [kɔmbina'to:rɪʃ] *adj* deductive

kom·bi·nie·ren* [kɔmbi'ni:rən] **I.** *vt* ■**etw** [**mit etw** *dat*] **~** to combine sth [with sth]
II. *vi* to deduce; **gut ~ können** to be good at deducing [*or* deduction]; **falsch/richtig ~** to come to the wrong/right conclusion

kom·bi·niert *adj inv* **~er Verkehr** combined traffic

Kom·bi·pro·duk·ti·on *f* AUTO estate car production **Kom·bi·schal·ter** *m* AUTO multi-function control stalk **Kom·bi·wa·gen** *m s.* **Kombi** **Kom·bi·zan·ge** *f* combination pliers *npl;* **eine ~** a pair of combination pliers

Kom·bü·se <-, -n> [kɔm'by:zə] *f* NAUT galley

Ko·me·do <-s, Komedonen> [ko'me:do, *pl* -'do:nən] *m meist pl (Mitesser)* comedo, blackhead

Ko·met <-en, -en> [ko'me:t] *m* comet

Ko·me·ten·bahn *f* trajectory of a comet **Ko·me·ten·ein·schlag** *m* cometary impact [*or* collision], impact of a comet

ko·me·ten·haft *adj* meteoric

Ko·me·ten·kern *m* comet nucleus, nucleus of a comet **Ko·me·ten·schweif** *m* tail of a comet

Kom·fort <-s> [kɔm'fo:ɐ̯] *m kein pl* comfort *no indef art, no pl;* **ein Hotel mit durchschnittlichem ~** a hotel of average standard; **ohne jeglichen/jeden ~** without any luxury features [*or* extras] [*or* BRIT *fam* mod cons]; ***dieses Luxusappartement bietet allen nur erdenklichen ~*** this luxury apartment has every conceivable amenity [*or* [modern] convenience]

kom·for·ta·bel [kɔmfɔr'ta:bl̩] **I.** *adj* ❶ *(großzügig ausgestattet)* luxurious
❷ *(bequem)* comfortable
❸ *(beruhigend)* comfortable
II. *adv* luxurious

Kom·fort·bett *nt* comfortable [*or* luxury] bed **Kom·fort·li·mou·si·ne** *f* luxury limousine **Kom·fort·mö·bel** *f* comfortable [*or* luxury] furniture *no indef art, no pl* **Kom·fort·woh·nung** *f* luxury flat [*or* AM apartment]

Ko·mik <-> ['ko:mɪk] *f kein pl* comic

Ko·mi·ker(in) <-s, -> ['ko:mɪkɐ] *m(f)* comedian, comedienne, comic; **Sie ~** you comedian, you!, you clown!

ko·misch ['ko:mɪʃ] **I.** *adj* ❶ *(zum Lachen reizend)* funny, amusing, comical; ***das K~e daran*** the funny thing [about it]; *(das Sonderbare an etw)* the funny [*or* strange] [*or* weird] thing [about it]
❷ *(sonderbar)* funny, strange, weird; ***~, dass er noch nicht da ist*** strange [*or* funny], that he's not here yet?; ■[**so**] **~ sein/werden** to be/become [sort of] strange/weird; [**so**] **~** [**zumute**] **sein/werden** *(fam)* to feel/start to feel funny; [**schon**] **~, dass** funny that
II. *adv (eigenartig)* strangely; ***dein Parfüm riecht aber ~*** your perfume smells funny; **sich** *akk* **~ fühlen** to feel funny; **jdm ~ vorkommen** *(eigenartig)* to seem funny/strange to sb; *(suspekt)* to seem fishy/funny

ko·mi·scher·wei·se *adv (fam)* funnily [*or* strangely] enough

Ko·mi·tee <-s, -s> [komi'te:] *nt* committee; **Nationales Olympisches ~** National Olympic Committee

Kom·ma <-s, -s *o* -ta> ['kɔma, *pl* -ta] *nt* ❶ *(Satzzeichen)* comma
❷ MATH [decimal] point

Kom·man·dant(in) <-en, -en> [kɔman'dant] *m(f)* ❶ *(Militär)* commanding officer
❷ *(einer Stadt)* commandant
❸ *(Marine)* captain

Kom·man·dan·tur <-, -en> [kɔmandan'tu:ɐ̯] *f* headquarters + *sing/pl vb*

Kom·man·deur(in) <-s, -e> [kɔman'dø:ɐ̯] *m(f)* commander

kom·man·die·ren* [kɔman'di:rən] **I.** *vt* ❶ *(befehligen)* ■**etw ~** to command sth, to have command over [*or* be in command of] sth
❷ *(befehlen)* ■**jdn wohin ~** to order sb somewhere
II. *vi* ❶ *(befehlen)* to be in command
❷ *(fam: Anweisungen erteilen)* ■[**gern**] **~** [to like] to give [the] orders

Kom·man·dit·ak·ti·o·när(in) *m(f)* HANDEL *limited-liability shareholder in a partnership limited by shares* **Kom·man·dit·an·teil** *m* HANDEL limited partner's share

Kom·man·di·tär(in) <-s, -e> [kɔmandi'tɛɐ̯] *m(f)* JUR SCHWEIZ *(Kommanditist)* limited partner

Kom·man·dit·be·tei·li·gung [kɔman'di:t-] *f* HANDEL participation in a limited partnership **Kom·man·dit·ein·la·ge** *f* FIN limited partner's holding share [*or* capital contribution] **Kom·man·dit·ge·sell·schaft** [kɔman'di:tgəzɛlʃaft] *f* JUR limited partnership; **~ auf Aktien** commercial partnership limited by shares

Kom·man·di·tist(in) <-en, -en> [kɔmandi'tɪst] *m(f)* JUR limited partner

Kom·man·di·tis·ten·aus·schussRR *m* HANDEL limited partners' committee **Kom·man·di·tis·ten·haf·tung** *f* JUR limited partner's liability

Kom·man·do <-s, -s> [kɔ'mando] *nt* ❶ *(Befehl)* command, order; **auf ~** on command; **auf ~ gehorchen** to obey orders
❷ *kein pl (Befehlsgewalt)* command; **das ~** [**über jdn/etw**] **haben** [*o* **führen**] to be in command [of sb/sth]
❸ *(abkommandierte Gruppe)* commando
❹ *(Militärdienststelle)* command

Kom·man·do·brü·cke *f* bridge **Kom·man·do·kap·sel** *f* command module **Kom·man·do·mo·dus** *m* INFORM command statement **kom·man·do·ori·en·tiert** *adj* command-driven **Kom·man·do·stab** *m* command [staff] **Kom·man·do·stel·le** *f* command post **Kom·man·do·ton** *m kein pl* commanding tone **Kom·man·do·wirt·schaft** *f* POL command [*or* controlled] economy **Kom·man·do·zei·le** *f* INFORM command line **Kom·man·do·zen·tra·le** [kɔ'mandotsɛntra:lə] *f* ADMIN, MIL command centre

Kom·ma·ta ['kɔmata] *pl von* **Komma**

kom·men ['kɔmən]

I. INTRANSITIVES VERB **II.** UNPERSÖNLICHES INTRANSITIVES VERB
III. TRANSITIVES VERB

I. INTRANSITIVES VERB

❶ <kam, gekommen> *sein (eintreffen)* to come, to arrive; ***ich bin gerade ge~*** I just arrived [*or* got here]; ***ich komme schon!*** I'm coming!; ***sie ~ morgen aus Berlin*** they're arriving [*or* coming] from Berlin tomorrow; ***der Zug kommt aus Paris*** the train is coming from Paris; ***da kommt Anne/der Bus*** there's Anne/the bus; ***der Bus müsste jeden Augenblick ~*** the bus is due any minute; ***ich komme um vier und hole Sie ab*** I'll come and fetch you at four; ***der Wind kommt von Osten/von der See*** the wind is blowing [*or* coming] from the East/off the sea; ***sie kam in Begleitung ihres Mannes*** she was accompanied by her husband; ***ich bin ge~, um zu helfen*** I've come [*or* I'm here] to help; ***du kommst wie gerufen!*** you've come just at the right moment!; ***wann soll das Baby ~?*** when's the baby due?; ***das Baby kam am 1. Mai*** the baby arrived [*or* was born] on the 1 May; ***zurzeit ~ laufend Anfragen zur neuen Software*** we keep receiving queries about the new software at the moment; ***seine Antwort kam zögernd*** his answer was hesitant, he answered hesitantly; ***jede Hilfe kam zu spät*** help came [*or* arrived] too late; **angefahren/angeflogen/angerannt ~** to arrive by car/by plane/at a run; ***sie kamen gestern aus Rom angefahren/angeflogen*** they drove up/flew in from Rome yesterday; **angereist ~** to arrive; **mit dem Auto/Fahrrad ~** to come by car/bike, to drive/cycle; **als Erster/Letzter ~** to be the first/last to arrive, to arrive first/last; **früh/pünktlich/rechtzeitig/spät ~** to arrive early/on time [*or* punctually]/in time/late; **zu Fuß ~** to come on foot, to walk
❷ <kam, gekommen> *sein (gelangen)* ■**irgendwohin ~** to get [*or* reach] somewhere; ***kommt man hier zum Bahnhof?*** is this the way to the station?;

wie komme ich von hier zum Bahnhof? how do I get to the station from here?; ***zu Fuß kommt man am schnellsten dahin*** the quickest way [to get] there is to walk; ***sie kommt kaum noch aus dem Haus*** she hardly gets out of the house these days; **nach Hause** ~ to come [*or* get] home; **unter's Messer** ~ *(hum)* to have an operation; [**sicher**] **ans Ufer** ~ to [safely] reach the bank; **ans Ziel** ~ to reach the finishing [*or* AM finish] line

3 <kam, gekommen> *sein* *(sich begeben)* to come; ***kommst du mit uns ins Kino?*** are you coming to the cinema with us?; ***meine Kollegin kommt sofort zu Ihnen*** my colleague will be with you [*or* be along] immediately; **nach draußen/oben/unten** ~ to come outside/upstairs/downstairs; **nach London/England** ~ to come to London/England

4 <kam, gekommen> *sein* *(passieren)* ■ **durch etw** *akk*/**über etw** *akk*/**einen Ort** ~ to pass [*or* come] through sth/a place

5 <kam, gekommen> *sein* *(teilnehmen)* ■ **zu etw** *dat* ~ *Kongress, Party, Training* to come to [*or* form attend] sth

6 <kam, gekommen> *sein* *(besuchen)* ■ **zu jdm** ~ to visit sb, to come and see [*or* visit] sb; ***ich komme gerne einmal zu Ihnen*** I'd be delighted to visit you sometime; ***komm doch mal, ich würde mich sehr freuen!*** [come and] stop by sometime, I'd love to see you!

7 <kam, gekommen> *sein* *(herstammen)* ■ **irgendwoher** ~ to come [*or* be] [*or* hail] from somewhere; ***sie kommt aus New York/Australien*** she's [*or* she comes] [*or* she hails] from New York/Australia, she's a New Yorker/an Australian

8 <kam, gekommen> *sein* *(folgen, an der Reihe sein)* to come; ***wer kommt [jetzt]?*** whose turn [*or* go] is it?; ■ **nach etw** *dat* ~ to come after [*or* follow] sth; ***die Schule kommt kurz nach der Kreuzung*** the school is just after the crossroads; ■ **nach/vor jdm** ~ to come after/before sb; **an die Reihe** ~ to be sb's turn [*or* go]; ***ich komme zuerst [an die Reihe]*** I'm first, it's my turn [*or* go] first; **noch** ~ to be still [*or* yet] to come; ***da wird noch mehr Ärger*** ~ there'll be more trouble yet; ***das Schlimmste kommt noch*** the worst is yet to come; **zuerst** [*o* **als Erster**]/**als Nächster**/**zuletzt** [*o* **als Letzter**] ~ to come first/next/last

9 <kam, gekommen> *sein* *(untergebracht werden)* **ins Gefängnis/Krankenhaus** ~ to go to prison/into hospital; **vor Gericht** ~ *Fall* to come to court; *Mensch* to come [*or* appear] before the court; **in die Schule/Lehre** ~ to start school/an apprenticeship

10 <kam, gekommen> *sein* *(erlangen)* ■ **zu etw** *dat* ~ to achieve sth; ***wie komme ich zu dieser Ehre?*** *(iron, hum)* to what do I owe this honour?; **zu der Erkenntnis** ~**, dass ...** to realize [*or* come to the realization] that ...; **zu Geld** ~ to come into money; **zu Kräften** ~ to gain strength; **zu Ruhm** ~ to achieve [*or* win] fame; [**wieder**] **zu sich** *dat* **selbst** ~ to get out of one's head, to come back to [*or* find] oneself again; **zu sich** *dat* ~ to come to, to regain consciousness; ■ **an jdn/etw** ~ to get hold of sb/sth; ***wie bist du an das viele Geld ge~?*** how did you get hold of [*or* come by] all that money?; *s. a.* **Besinnung, Ruhe**

11 <kam, gekommen> *sein* *(verlieren)* ■ **um etw** *akk* ~ to lose sth; **ums Leben** ~ to lose one's life, to be killed, to die

12 <kam, gekommen> *sein* *(erreichen)* to reach; **auf den 2. Platz** ~ to reach 2nd place, to come [in] 2nd

13 <kam, gekommen> *sein* *(gebracht werden)* to come; ***kam Post für mich?*** was there any post for me?

14 <kam, gekommen> *sein* *(veranlassen, dass jd kommt)* **den Arzt/den Klempner/ein Taxi** ~ **lassen** to send for [*or* call] the doctor/the plumber/a taxi

15 <kam, gekommen> *sein* *(hingehören)* to go, to belong; ***die Tasse kommt dahin*** the cup belongs there

16 <kam, gekommen> *sein* *(herannahen)* to approach; *(eintreten, geschehen)* to come about, to happen; ***heute kommt noch ein Gewitter*** there'll be a thunderstorm today; ***der Winter kommt mit Riesenschritten*** winter is fast approaching; ***der Termin kommt etwas ungelegen*** the meeting comes at a somewhat inconvenient time; ***das habe ich schon lange ~ sehen!*** I saw that coming a long time ago; ***das kam doch anders als erwartet*** it/that turned out [*or* happened] differently than expected; ***es kam eins zum anderen*** one thing led to another; ***und so kam es, dass ...*** and that's why/how ..., and that's how it came about [*or* happened] that ...; ***wie kommt es, dass ...?*** how is it that...?, how come...?; ***es musste ja so*** ~ it/that was bound to happen; ***es hätte viel schlimmer ~ können*** it could have been much worse; ■ **zu etw** *dat* ~ to happen; **zum Prozess** ~ to come to trial; **es zu etw** *dat* ~ **lassen** *zum Streit* to let it come to sth; **so weit** ~**, dass ...** to get to the stage [*or* point] where ...; ***so weit kommt es noch!*** *(iron fam)* that'll be the day! *fam*; ***komme, was da wolle*** come what may; ***was auch immer ~ mag*** whatever happens; ***wie's kommt so kommt's*** whatever will be, will be; [**wieder**] **im K~ sein** to be[come] fashionable again

17 <kam, gekommen> *sein* *(in Erscheinung treten)* *Pflanzen* to come on [*or* along]; ***die ersten Tomaten ~ schon*** the first tomatoes are appearing

18 <kam, gekommen> *sein* *(jdn erfassen)* ■ **über jdn** ~ *Gefühl* to come over sb; ***eine gewaltige Traurigkeit kam über mich*** I was overcome by a tremendous sadness; ***es kam einfach so über mich*** it just came over me

19 <kam, gekommen> *sein* *(sich bei jdm zeigen)* **jdm** ~ **die Tränen** sb is overcome by tears, sb starts to cry; **jdm** ~ **Zweifel, ob ...** sb is beset [*or* overcome] by doubts [*or* sb doubts] whether ...

20 <kam, gekommen> *sein* *(in einen Zustand geraten)* ■ **in etw** *akk* ~ to get into sth; ***wir kamen plötzlich ins Schleudern*** we suddenly started to skid; **in Fahrt** [*o* **Schwung**] ~ to get going; **in Gefahr/Not** ~ to get into danger/difficulty; **in Sicherheit** ~ to get to safety; **in Verlegenheit** ~ to get [*or* become] embarrassed; *s. a.* **Stillstand**

21 <kam, gekommen> *sein* *(sich verhalten)* to be; ***so lasse ich mir nicht ~!*** I won't have [*or* stand for] that!; ***so kommst du mir nicht!*** don't you take that line with me!; **jdm frech** ~ to be cheeky to sb

22 <kam, gekommen> *sein* *(fam: jdn belästigen)* ■ **jdm mit etw** *dat* ~ to start telling sb about sth; ***komm mir nicht schon wieder damit!*** don't give me [*or* start] that again!; ***da kann [o könnte] ja jeder ~*** *(fam)* anyone could say that; ***der soll nur ~!*** *(fam)* just let him try!

23 <kam, gekommen> *sein* *(seinen Grund haben)* to come from; **daher kommt es, dass ...** that's why ...; **das kommt davon!** *(fam)* it's your own fault!; **das kommt davon, dass/weil ...** that's because ...; **das kommt davon, wenn ...** that's what happens when ...; **wie kommt es, dass ...** how come ..., how is it that [that] ...

24 <kam, gekommen> *sein* *(sich an etw erinnern)* ■ **auf etw** *akk* ~ to remember sth, to recall sth; ***ich komme beim besten Willen nicht darauf*** I just can't seem to remember [*or* recall] it

25 <kam, gekommen> *sein* *(einfallen)* ■ **jdm** ~ to think of, to occur; **jdm kommt der Gedanke, dass ...** it occurs to sb that ...; ***na, das kommt dir aber früh!*** *(iron)* why didn't that occur to you sooner?

26 <kam, gekommen> *sein* *(sich verschaffen)* ■ **an etw** *akk* ~ to get hold of sth; ***wie bist du an das Geld ge~?*** where did you get the money?

27 <kam, gekommen> *sein* *(etw herausfinden)* ■ **hinter etw** *akk* ~ *Pläne* to find out sth *sep*, to get to the bottom of sth; **hinter ein Geheimnis** ~ to uncover [*or sep* find out] a secret; ***wie kommst du darauf?*** what gives you that idea?, what makes you think that?; *s. a.* **Schlich, Spur**

28 <kam, gekommen> *sein* FILM, RADIO, TV *(gesendet werden)* to be on; ***was kommt heute im Fernsehen?*** what's on [television] tonight?; ***als Nächstes ~ die Nachrichten*** the news is [on] next

29 <kam, gekommen> *sein* *(Zeit für etw finden)* ■ **zu etw** *dat* ~ to get around to doing sth; ***ich komme zu nichts mehr!*** I don't have time for anything else!

30 <kam, gekommen> *sein* *(entfallen)* ■ **auf jdn/etw** ~ to be allotted to sb/sth; ***auf jeden Studenten kamen drei Studentinnen*** for every male student there were three female students, the ratio of female to male students was 3:1

31 <kam, gekommen> *sein* *(ähnlich sein)* ■ **nach jdm** ~ to take after sb

32 <kam, gekommen> *sein* *(fam: kosten)* to cost; ***die Reparatur kam sehr teuer*** the repairs cost a lot [of money]; ■ **auf etw** *akk* ~ to come to sth

33 <kam, gekommen> *sein* *(überfahren werden)* **unter ein Auto/einen Lastwagen** ~ to be knocked down by a car/lorry [*or* AM truck]; **unter die Räder** ~ to get knocked [*or* run] down [*or* run over]

34 <kam, gekommen> *sein* *(ansprechen)* **auf einen Punkt/eine Angelegenheit** ~ to broach [*or* get onto] a point/matter; **auf etw** *akk* **zu sprechen** ~ to get [a]round to [talking about] sth; ***jetzt, wo wir auf das Thema Gehaltserhöhung zu sprechen ~, ...*** now that we're on [*or* we've got round to] the subject of pay rises ...; ***ich werde gleich darauf ~*** I'll come [*or* get] to that in a moment

35 <kam, gekommen> *sein* *(reichen)* ■ **an etw** *akk* ~ to reach sth

36 <kam, gekommen> *sein* *(sl: Orgasmus haben)* to come *fam*

37 <kam, gekommen> *sein* *(fam: eine Aufforderung verstärkend)* ***komm, sei nicht so enttäuscht*** come on, don't be so disappointed; ***komm, lass uns gehen!*** come on [*or* hurry up], let's go!; ***komm, komm, werd nicht frech!*** now now, don't get cheeky!; ***ach komm!*** *(fam)* come on!

▸ WENDUNGEN: **erstens kommt es anders und zweitens als man denkt** *(prov)* things never turn out the way you expect; **komm ich heut nicht, komm ich morgen** *(prov)* you'll see me when you see me; **zu kurz** ~ to come off badly, to get a raw deal; **auf jdn/etw nichts** ~ **lassen** *(fam)* to not hear a [bad] word said against sb; **wer zuerst kommt, mahlt zuerst** *(prov)* first come, first served; *s. a.* **achtzig, halten, nahe, Zeit**

II. UNPERSÖNLICHES INTRANSITIVES VERB

1 <kam, gekommen> *sein* *(sich einfinden)* ■ **es kommt jd** sb is coming; ***es kommt jetzt der berühmte Magier Obrikanus!*** and now the famous magician, Obrikanus!; ***es scheint keiner mehr zu ~*** nobody else seems to be coming

2 <kam, gekommen> *sein* *(beginnen)* ■ **es kommt etw** sth is coming; ***es kommt auch mal wieder schöneres Wetter*** the weather will turn nice again

3 <kam, gekommen> *sein* *(sl: Orgasmus haben)* ■ **es kommt jdm** *(veraltet)* sb comes

III. TRANSITIVES VERB

<kam, gekommen> *sein* *(fam: kosten)* ■ **jdn etw** ~ to cost sb sth; ***die Reparatur kam mich sehr teuer*** I paid a lot [of money] for the repairs, the repairs cost a lot [of money]

kom·mend *adj* **1** *(nächste)* coming, next; ***wir treffen uns ~ en Mittwoch um 20 Uhr*** we're meeting next Wednesday at 8 p.m.

2 *(künftig)* future; **in den ~en Jahren** in years to come

3 *(sich demnächst durchsetzend)* of the future *pred*

Kom·men·sa·lis·mus <-> [kɔmɛnzaˈlɪsmʊs] *m kein pl* BIOL commensalism

Kom·men·tar <-s, -e> [kɔmɛnˈtaːɐ̯] *m* **1** *(Stellungnahme)* opinion, statement; ***was du davon hältst,***

K

interessiert mich nicht, ich habe dich nicht um deinen ~ gebeten! I'm not interested in what you think, I didn't ask [for] your opinion!; ~ **überflüssig!** there's nothing else to say!, need I say more?; **einen ~ [zu etw** *dat*] **abgeben** to comment [on] sth; **jeden [weiteren] ~ ablehnen** to refuse to make any [further] comment; **kein ~!** no comment!
2 *(kommentierendes Werk)* commentary

Kom·men·tar·feld *nt* INFORM comment field

kom·men·tar·los I. *adj inv* without comment *pred*
II. *adv inv* **etw ~ zur Kenntnis nehmen** to note [*or* take note of] sth without comment

Kom·men·tar·zei·le *f* INFORM comment line

Kom·men·ta·tor(in) <-s, -en> [kɔmɛnˈtaːtoːɐ̯, kɔmɛntaˈtoːrɪn, *pl* -ˈtoːrən] *m(f)* commentator

kom·men·tie·ren* [kɔmɛnˈtiːrən] *vt* 1 *(Stellung nehmen)* ■**etw ~** to comment [*or* give one's opinion] on sth; **etw kritisch ~** to criticize sth
2 *(erläutern)* ■**etw ~** to furnish sth with a commentary, to annotate sth; ■**kommentiert** with a commentary *pred*, annotated

Kom·ment·kampf [kɔˈmãː-] *m* BIOL ritualized fight

Kom·mers <-es, -e> [kɔˈmɛrs] *m* 1 *(Feier) festive reception held on the occasion of a special event*
2 ÖSTERR *meeting of extreme right-wing students' associations*

Kom·merz [kɔˈmɛrts] *m (meist pej)* business [profits]

Kom·merz·fern·se·hen *nt* commercial television

kom·mer·zi·a·li·sie·ren* [kɔmɛrtsi̯aliˈziːrən] *vt*
1 ÖKON *(wirtschaftlichen Interessen unterordnen)* ■**etw ~** to commercialize sth
2 ÖKON *(umwandeln)* **eine öffentliche Schuld ~** to convert a public debt into a private one

Kom·mer·zi·a·li·sie·rung *f* commercialization

Kom·mer·zi·al·rat *m* ÖSTERR *(Kommerzienrat) honorary title for a businessman*

kom·mer·zi·ell [kɔmɛrˈtsi̯ɛl] **I.** *adj* commercial
II. *adv* commercially; **~ denken** to be business-minded

Kom·mer·zi·en·rat [kɔˈmɛrtsiənraːt] *m* HIST *honorary title for a businessman*

Kom·mi·li·to·ne, Kom·mi·li·to·nin <-n, -n> [kɔmiliˈtoːnə, kɔmiliˈtoːnɪn] *m, f* fellow student

Kom·missRR <-es>, **Kom·miß**ALT <-sses> [kɔˈmɪs] *m kein pl (fam)* the army; **beim ~ sein** to be in the army

Kom·mis·sar(in) <-s, -e> [kɔmɪˈsaːɐ̯] *m(f)* 1 *(Polizeikommissar)* inspector
2 *kein pl (Dienstgrad)* superintendent
3 *(bevollmächtigter Beamter)* commissioner
4 *(EU-Kommissar)* Commissioner

Kom·mis·sär(in) <-s, -e> [kɔmɪˈsɛːɐ̯] *m(f)* ÖSTERR, SCHWEIZ *s.* **Kommissar 1**

Kom·mis·sa·ri·at <-[e]s, -e> [kɔmɪsaˈri̯aːt] *nt*
1 *(Amtszimmer des Kommissars)* commissioner's office
2 ÖSTERR *(Polizeidienststelle)* police station

Kom·mis·sa·rin <, -nen> *f fem form von* **Kommissar**

Kom·mis·sä·rin <-, -nen> *f fem form von* **Kommissär**

kom·mis·sa·risch [kɔmɪˈsaːrɪʃ] **I.** *adj* temporary
II. *adv* temporarily

Kom·miss·brotRR *nt a rectangular rye bread with a coarse texture*

Kom·mis·si·on <-, -en> [kɔmɪˈsi̯oːn] *f* 1 *(Gremium)* committee
2 *(Untersuchungsausschuss)* commission, committee
3 *(EU-Kommission)* Commission
4 *(Auftrag)* commission; **etw in ~ geben** to commission sb to sell sth; **jdm etw in ~ geben** to give sth to sb for sale on commission; **etw in ~ haben** to be commissioned to sell sth; **etw [für jdn] in ~ nehmen** to take on the task of selling sth on commission [for sb]; **etw in ~ verkaufen** to sell sth on commission

Kom·mis·si·o·när(in) <-s, -e> [kɔmɪsi̯oˈnɛːɐ̯] *m(f)* wholesale bookseller

kom·mis·si·o·nie·ren* [kɔmɪsi̯oˈniːrən] *vt* ADMIN ÖSTERR ■**etw ~** to approve and accept sth; HANDEL to make out a production order; **Möbel/etc. ~** to manufacture furniture/etc. according to customer specifications

Kom·mis·si·o·nie·rung <-, -en> *f* HANDEL consignment sale

Kom·mis·si·ons·agent(in) *m(f)* HANDEL commission agent **Kom·mis·si·ons·auf·trag** *m* HANDEL consignment **Kom·mis·si·ons·ba·sis** *f* **auf ~** on commission **Kom·mis·si·ons·buch** *nt* HANDEL commission [*or* order] book **Kom·mis·si·ons·fir·ma** *f* HANDEL commission business **Kom·mis·si·ons·ge·bühr** *f* JUR commission fee **Kom·mis·si·ons·ge·schäft** *nt* commission business **Kom·mis·si·ons·gut** *nt* HANDEL goods on commission [*or* consignment] **Kom·mis·si·ons·mit·glied** *nt* member of a/the commission **kom·mis·si·ons·pflich·tig** *adj inv* HANDEL subject to commission **Kom·mis·si·ons·prä·si·dent(in)** *m(f)* Commission president **Kom·mis·si·ons·pro·vi·si·on** *f* HANDEL factorage, consignment commission **Kom·mis·si·ons·sit·zung** *f* committee meeting, meeting of a/the commission **Kom·mis·si·ons·ver·hält·nis** *nt* HANDEL commission contract **Kom·mis·si·ons·ver·kauf** *m* HANDEL commission sale, sale on commission; **~ mit Selbsteintritt** bailment sale **Kom·mis·si·ons·ver·trag** *m* HANDEL consignment contract [*or* agreement] **Kom·mis·si·ons·wa·re** *f* HANDEL goods in consignment, goods on commission

Kom·mit·tent <-en, -en> [kɔmɪˈtɛnt] *m* 1 JUR *(Auftraggeber)* principal
2 HANDEL *(Absender)* consignor

kom·mod [kɔˈmoːt] *bes* ÖSTERR **I.** *adj (bequem)* comfortable
II. *adv* comfortably

Kom·mo·de <-, -n> [kɔˈmoːdə] *f* chest of drawers

kom·mu·nal [kɔmuˈnaːl] *adj* local, municipal; ***die Müllabfuhr ist eine der ~en Aufgaben*** refuse collection is one of the local authority's tasks; *s. a.* **Ebene**

Kom·mu·nal·ab·ga·ben *pl* local rates [and taxes] **Kom·mu·nal·ab·ga·ben·ge·setz** *nt* JUR local rates act **Kom·mu·nal·ab·ga·ben·satz** *m* FIN rate poundage **kom·mu·nal·ab·ga·be·pflich·tig** *adj inv* JUR rat[e]able

Kom·mu·nal·an·lei·he *f* FIN local government bond, municipal loan **Kom·mu·nal·auf·sicht** *f* JUR *supervision of local authorities by the state* **Kom·mu·nal·bank** *f* FIN municipal bank **Kom·mu·nal·be·hör·de** *f* local authorities *pl* **Kom·mu·nal·fi·nan·zen** *pl* FIN local government [*or* municipal] finance *no pl*

Kom·mu·na·li·tät <-> *f kein pl* POL communality *no pl*

Kom·mu·nal·ob·li·ga·ti·on *f* FIN municipal bond **Kom·mu·nal·po·li·tik** *f* 1 *(Politik der Kommunalbehörde)* municipal [*or* council] policy 2 *(politisches Handeln)* local [government] politics *pl* **Kom·mu·nal·po·li·ti·ker(in)** *m(f)* local politician **kom·mu·nal·po·li·tisch** *adj inv* relating to local politics **Kom·mu·nal·schuld·ver·schrei·bung** *f* FIN public sector mortgage bond **Kom·mu·nal·ver·wal·tung** *f* local government **Kom·mu·nal·wahl** *f* local [government] elections *pl*

Kom·mu·nar·de, Kom·mu·nar·din <-n, -n> [kɔmuˈnardə, kɔmuˈnardɪn] *m, f* Communard

Kom·mu·ne <-, -n> [kɔˈmuːnə] *f* 1 *(Gemeinde)* municipality, local authority
2 HIST **die Pariser ~** the Paris Commune
3 *(Wohngemeinschaft)* commune

Kom·mu·ni·ka·ti·on <-, -en> [kɔmunikaˈtsi̯oːn] *f* communication

Kom·mu·ni·ka·ti·ons·diens·te *pl* TELEK communications service **Kom·mu·ni·ka·ti·ons·ge·rä·te** *pl* communications equipment *no pl* **Kom·mu·ni·ka·ti·ons·in·dust·rie** *f kein pl* communications industry **Kom·mu·ni·ka·ti·ons·kar·te** *f* INFORM communications board **Kom·mu·ni·ka·ti·ons·kos·ten** *pl* FIN, ÖKON communication expenses *pl* **Kom·mu·ni·ka·ti·ons·me·di·um** *nt* medium of communication, communications medium **Kom·mu·ni·ka·ti·ons·mit·tel** *nt* means of communication + *sing vb* **Kom·mu·ni·ka·ti·ons·mög·lich·keit** *f* way of communicating **Kom·mu·ni·ka·ti·ons·netz** *nt* TECH communications network **Kom·mu·ni·ka·ti·ons·pro·gramm** *nt* INFORM communications program **Kom·mu·ni·ka·ti·ons·sa·tel·lit** *m* communications satellite **Kom·mu·ni·ka·ti·ons·sys·tem** *nt* communication system **Kom·mu·ni·ka·ti·ons·tech·nik** *f* TECH telecommunications + *sing vb*, communications technology **Kom·mu·ni·ka·ti·ons·tech·no·lo·gie** *f* communication technology **Kom·mu·ni·ka·ti·ons·weg** *m* channel of communication; **neue ~e erschließen** to open up new channels of communication **Kom·mu·ni·ka·ti·ons·wis·sen** *nt kein pl* knowledge of communications + *sing vb* **Kom·mu·ni·ka·ti·ons·wis·sen·schaf·ten** *pl* communications theory + *sing vb*

kom·mu·ni·ka·tiv [kɔmunikaˈtiːf] *adj inv* 1 *(die Kommunikation betreffend) Verhalten* communicative
2 *(mitteilsam) Mensch* communicative

Kom·mu·ni·keeRR <-s, -s> [kɔmyniˈkeː] *nt s.* **Kommuniqué**

Kom·mu·ni·on <-, -en> [kɔmuˈni̯oːn] *f (Sakrament der katholischen Kirche)* Holy Communion; **zur ~ gehen** to attend Holy Communion; *(Erstkommunion)* first Communion

Kom·mu·ni·on·bank <-bänke> *f* communion rail **Kom·mu·ni·on·kind** *nt* communicant

Kom·mu·ni·qué, Kom·mu·ni·kee <-s, -s> [kɔmyniˈkeː] *nt* communiqué

Kom·mu·nis·mus <-> [kɔmuˈnɪsmʊs] *m kein pl* communism

Kom·mu·nist(in) <-en, -en> [kɔmuˈnɪst] *m(f)* communist

kom·mu·nis·tisch [kɔmuˈnɪstɪʃ] *adj* communist; **Deutsche K~e Partei** [*o* **DKP**] German Communist Party

Kom·mu·ni·ta·rier(in) <-s, -> [kɔmuniˈtaːri̯ɐ] *m(f)* POL, PHILOS communitarian

Kom·mu·ni·ta·ris·mus <-> [kɔmunitaˈrɪsmʊs] *m kein pl* POL, PHILOS communitarianism

kom·mu·ni·zie·ren* [kɔmuniˈtsiːrən] *vi* 1 *(geh: sich verständigen)* ■**mit jdm ~** to communicate with sb
2 REL *(geh: zur Kommunion gehen)* to receive/take Holy Communion
3 INFORM to communicate; **mit dem Hauptspeicher ~** to communicate with the primary storage

Kom·mu·ta·tiv·ge·setz [kɔmutaˈtiːf-] *nt kein pl* MATH commutative law [*or* principle]

Ko·mö·di·ant(in) <-en, -en> [komøˈdi̯ant] *m(f)*
1 *(pej: jd, der sich verstellt)* play-actor
2 *(veraltend: Schauspieler)* actor

ko·mö·di·an·tisch *adj* acting, theatrical

Ko·mö·die <-, -n> [koˈmøːdi̯ə] *f* 1 *(Bühnenstück)* comedy
2 *(Verstellung)* play-acting *pej;* **~ spielen** to play-act; **jdm eine ~ vorspielen** to play-act to sb

Ko·mo·do·wa·ran [koˈmodo-] *m* ZOOL komodo dragon

Ko·mo·ren [koˈmoːrən] *pl* ■**die ~** the Comoros *npl*, the Comoro Islands *pl*

Ko·mo·rer(in) <-s, -> *m(f)* Comoran

ko·mo·risch *adj* Comoran

Kom·pag·non <-s, -s> [ˈkɔmpanjɔŋ] *m* partner

kom·pakt [kɔmˈpakt] *adj* 1 *(klein in den Ausmaßen)* compact
2 *(solide)* compact, dense
3 *(Mensch)* stocky

Kom·pakt·au·to *nt* compact car **Kom·pakt·brief** *m* compact letter *(standard size up to 50 grams)* **Kom·pakt·ge·rät** *nt* compact device **Kom·pakt·ka·me·ra** *f* compact camera **Kom·pakt·kurs** *m* crash [*or* intensive] course **Kom·pakt·la·ger** *nt* TECH spent fuel storage bay **Kom·pakt·pu·der** *m* MODE, PHARM pressed powder

Kom·pa·nie <-, -n> [kɔmpaˈniː, *pl* -ˈniːən] *f* company

Kom·pa·nie·chef(in) [-ʃɛf] *m(f)* company commander **Kom·pa·nie·füh·rer** *m* MIL company commander

Kom·pa·ra·tiv <-s, -e> ['kɔmparatiːf] *m* comparative

Kom·par·se, Kom·par·sin <-n, -n> [kɔm'parzə, kɔm'parzɪn] *m, f* extra

Kom·pass[RR] <-es, -e>, **Kom·paß**[ALT] <-sses, -sse> ['kɔmpas] *m* compass; **nach dem ~** by the compass

Kom·pass·na·del[RR] *f* compass needle

kom·pa·ti·bel [kɔmpa'tiːbl] *adj* compatible; ■[**mit etw** *dat*] **~ sein** to be compatible [with sth]; **nicht ~** incompatible

Kom·pa·ti·bi·li·tät <-, -en> [kɔmpatibili'tɛːt] *f* compatibility *no pl*

Kom·pen·di·um <-s, -dien> [kɔm'pɛndi̯ʊm, *pl* -di̯ən] *nt* compendium

Kom·pen·sa·ti·on <-, -en> [kɔmpɛnza'tsi̯oːn] *f* compensation *no pl*

Kom·pen·sa·ti·ons·ab·kom·men *nt* JUR barter agreement **Kom·pen·sa·ti·ons·an·spruch** *m* JUR compensation [*or* indemnification] claim **Kom·pen·sa·ti·ons·fonds** *m* FIN compensation fund **Kom·pen·sa·ti·ons·ge·schäft** <-es, -e> *nt* barter **Kom·pen·sa·ti·ons·pri·vi·leg** *nt* JUR offset privilege **Kom·pen·sa·ti·ons·zah·lung** *f* FIN compensation payment

kom·pen·sie·ren* [kɔmpɛn'ziːrən] *vt* ❶ *(entschädigen)* ■**etw** [**durch etw** *akk*] **~** to compensate for sth [with sth]
❷ *(ausgleichen)* ■**etw ~** to compensate for sth

Kom·pen·sie·rung <-, -en> *f* compensation

kom·pe·tent [kɔmpe'tɛnt] **I.** *adj* ❶ *(sachverständig)* competent; ■[**für etw** *akk*] **~ sein** to be competent [at/in sth]
❷ *(zuständig)* responsible
II. *adv* competently

Kom·pe·tenz <-, -en> [kɔmpe'tɛnts] *f* ❶ *(Befähigung)* competence
❷ *(Befugnis)* authority, responsibility; ***das liegt außerhalb meiner ~*** that's outside my responsibility; **~en delegieren** to delegate authority; **seine ~en überschreiten** to exceed one's powers; **außerhalb jds ~en** outside one's remit
❸ JUR *(Zuständigkeit)* competence, jurisdiction, authority

Kom·pe·tenz·ab·gren·zung *f* delimitation [*or* delineation] of powers **Kom·pe·tenz·be·reich** *m* area of responsibility, jurisdiction **Kom·pe·tenz·bün·de·lung** *f* bundling of competences **Kom·pe·tenz·de·le·ga·ti·on** *f* delegation of authority [*or* responsibility] **Kom·pe·tenz·ge·ran·gel** *nt* quarrel about responsibilities [*or* jurisdiction] **Kom·pe·tenz·il·lu·si·on** *f* PSYCH illusion of competence **Kom·pe·tenz·kon·flikt** *m* JUR concurrence of jurisdiction, jurisdictional conflict **Kom·pe·tenz·strei·tig·kei·ten** *pl* dispute over responsibilities [*or* jurisdiction] **Kom·pe·tenz·über·schnei·dung** *f* confusion of lines of authority, multiple command **Kom·pe·tenz·über·schrei·tung** *f* JUR excess of authority [*or* jurisdiction] **Kom·pe·tenz·ver·tei·lung** *f* allocation of competence; **horizontale/vertikale ~** horizontal/vertical allocation of competence

kom·pe·ti·tiv [kɔmpeti'tiːf] *adj* ÖKON competitive

kom·pi·lier·bar *adj* INFORM compilable

kom·pi·lie·ren* [kɔmpi'liːrən] *vt* *(geh)* ■**etw** [**aus etw** *dat*] **~** to compile sth [from sth]; **etw neu ~** INFORM to recompile sth

Kom·pi·lie·rung <-, -en> *f* INFORM compilation

Kom·ple·men·tär <-s, -e> [kɔmplemɛn'tɛːɐ̯] *m* ÖKON unlimited partner

Kom·ple·men·tär·far·be *f* complementary colour [*or* AM -or]

Kom·ple·men·ta·ri·tät <-, -en> [kɔmplementari'tɛːt] *f* complementarity

kom·plett [kɔm'plɛt] **I.** *adj* ❶ *(vollständig)* complete
❷ *(fam: völlig)* complete, total
II. *adv* ❶ *(vollständig)* fully
❷ *(insgesamt)* completely
❸ *(fam: völlig)* completely, totally

Kom·plett·an·la·ge *f* complete system

Kom·plett·druck *m* TYPO press-finished product

kom·plet·tie·ren* [kɔmplɛ'tiːrən] *vt* *(geh)* ■**etw ~** to complete sth

Kom·plett·lö·sung *f* ❶ *(eines Problems)* ideal [*or* perfect] solution ❷ *(Bundling)* package [*or* integrated] solution; ***es gibt die Software als ~ oder in Einzelteilen*** the software can be purchased as an [all-in-one [*or* a complete]] package or in individual parts ❸ INFORM walkthrough **Kom·plett·re·cyc·ling** *nt* total recycling *(of batteries)*

kom·plex [kɔmplɛks] **I.** *adj* *(geh)* complex, complicated; **~e Zahl** MATH complex number
II. *adv* *(geh)* complexly, in a complicated manner *pred;* **~ aufgebaut sein** to have a complex structure

Kom·plex <-es, -e> [kɔmplɛks] *m* ❶ *(Gesamtheit von Gebäuden)* complex
❷ *(Gesamtheit)* complex
❸ PSYCH complex; **~e** [**wegen einer S.** *gen*] **haben** to have a complex [about sth]

Kom·plex·au·ge *nt* BIOL *(Augenform der Insekten)* compound eye **Kom·plex·bild·ner** *m* CHEM complexing agent **Kom·plex·bil·dung** *f* CHEM complexing

Kom·ple·xi·tät <-> [kɔmplɛksi'tɛt] *f kein pl (geh)* complexity

Kom·plex·ver·bin·dung *f* CHEM complex [*or* coordination] compound

Kom·pli·ka·ti·on <-, -en> [kɔmplika'tsi̯oːn] *f* complication; **ohne ~en** without any complications, smoothly

Kom·pli·ment <-[e]s, -e> [kɔmpli'mɛnt] *nt* compliment; **jdm ein ~** [*o* **~e**] **machen** to pay sb a compliment [*or* compliments]; **jdm ein ~** [*o* **~e**] **wegen einer S.** *gen* **machen** to compliment sb on sth; **mit ~en um sich** *akk* **werfen** to throw compliments around; [**mein**] **~!** my compliments

Kom·pli·ze, Kom·pli·zin <-n, -n> [kɔm'pliːtsə, kɔm'pliːtsɪn] *m, f* accomplice

kom·pli·zie·ren* [kɔmpli'tsiːrən] **I.** *vt* *(geh)* ■**etw ~** to complicate sth
II. *vr* ■**sich** *akk* **~** to become complicated

kom·pli·ziert **I.** *adj* complicated
II. *adv* in a complicated manner *pred*

Kom·pli·ziert·heit <-> *f kein pl* complexity, complicated nature

Kom·pli·zin <-, -nen> *f fem form von* **Komplize**

Kom·plott <-[e]s, -e> [kɔm'plɔt] *nt* plot; **ein ~ schmieden** to hatch a plot

Kom·po·nen·te <-, -n> [kɔmpo'nɛntə] *f* ❶ *(Bestandteil)* component; **PC-Komponente** computer component
❷ *(Gesichtspunkt)* aspect

kom·po·nie·ren* [kɔmpo'niːrən] **I.** *vt* ❶ *(musikalisch erstellen)* ■**etw ~** to compose sth
❷ *(geh: zusammenstellen)* ■**etw** [**aus etw** *dat*] **~** to create sth [from sth]
II. *vi* to compose

Kom·po·nist(in) <-en, -en> [kɔmpo'nɪst] *m(f)* composer

Kom·po·si·ta [kɔm'poːzita] *pl von* **Kompositum**

Kom·po·si·ti·on <-, -en> [kɔmpozi'tsi̯oːn] *f*
❶ *(komponiertes Musikstück)* composition
❷ *(geh: Zusammenstellung)* creation
❸ *(zusammengestelltes Kleidungsstück)* creation

kom·po·si·to·risch [kɔmpozi'toːrɪʃ] *adj inv* compositional

Kom·po·si·tum <-s, Komposita> [kɔm'poːzitʊm, *pl* kɔm'poːzita] *nt* compound

Kom·po·sit·ver·si·che·rer *m* JUR writer of combined insurance

Kom·post <-[e]s, -e> [kɔm'pɔst] *m* compost *no pl*

Kom·post·hau·fen *m* compost heap

Kom·pos·tier·an·la·ge *f* ÖKOL compost[ing] plant

kom·pos·tier·bar *adj inv* ÖKOL degradable

kom·pos·tie·ren* [kɔmpɔs'tiːrən] *vt* ■**etw ~** to compost sth

Kom·pos·tie·rung <-> *f kein pl* ÖKOL composting *no pl*

Kom·pott <-[e]s, -e> [kɔm'pɔt] *nt* compote

kom·press[RR], **kom·preß**[ALT] [kɔm'prɛs] *adv inv* TYPO *(ohne Durchschuss)* [set] solid

Kom·pres·se <-, -n> [kɔmprɛsə] *f* compress

Kom·pres·si·on <-, -en> [kɔm'prɛ'si̯oːn] *f* compression

Kom·pres·si·ons·druck *m* AUTO combustion pressure **Kom·pres·si·ons·pro·gramm** [kɔm'prɛ'si̯oːnsprogram] *nt* INFORM data-compression program **Kom·pres·si·ons·strumpf** *m* MED surgical stocking, surgical [*or* elastic] hose **Kom·pres·si·ons·ver·band** *m* MED compression [*or* pressure] bandage

Kom·pres·sor <-s, -pressoren> [kɔm'prɛsoːɐ̯, *pl* 'soːrən] *m* compressor

kom·pri·mie·ren* [kɔmpri'miːrən] *vt* ■**etw ~** to compress [*or* condense] sth; **Daten ~** to compress data; ■**komprimiert** compressed

kom·pri·miert *adj inv* INFORM compressed

Kom·pri·mie·rung <-, -en> *f* compression *no pl;* *eines Textes* condensing *no pl;* **~ der Daten** data compression; **verlustfreie/verlustreiche ~** INFORM lossless/lossy compression

Kom·pri·mie·rungs·ra·te *f* INFORM compression rate

Kom·pro·miss[RR] <-es, -e>, **Kom·pro·miß**[ALT] <-sses, -sse> [kɔmpro'mɪs] *m* compromise; **fauler ~** false compromise; [**mit jdm**] **einen ~ schließen** to come to a compromise [with sb]

kom·pro·miss·be·reit[RR] *adj* willing to compromise *pred;* **eine ~e Haltung** a willingness to compromise; ■[**in etw** *dat*] **~ sein** to be willing to compromise [on sth] **Kom·pro·miss·be·reit·schaft**[RR] *f* willingness to compromise

kom·pro·miss·los[RR] *adj* ❶ *(zu keinem Kompromiss bereit)* uncompromising
❷ *(uneingeschränkt)* unqualified, unconditional

Kom·pro·miss·lo·sig·keit[RR] [kɔmpro'mɪsloːsɪçkait] *f kein pl* SOZIOL uncompromisingness, unwillingness to compromise **Kom·pro·miss·lö·sung**[RR] *f* compromise **Kom·pro·miss·vor·schlag**[RR] *m* compromise proposal [*or* suggestion]

kom·pro·mit·tie·ren* [kɔmpromɪ'tiːrən] *vt* ■**jdn ~** to compromise sb; ■**sich** *akk* **~** to compromise oneself, to put oneself in a compromising position

kom·pro·mit·tie·rend *adj* compromising

Kom·tess[RR] <-, -en>, **Kom·teß**[ALT] <-, -ssen> [kɔm'tɛs] *f,* **Kom·tes·se** <-, -n> [kɔm'tɛsə] *f under 30-year-old unmarried daughter of a count*

Kon·den·sat <-[e]s, -e> [kɔndɛn'zaːt] *nt* condensation *no pl,* condensate *spec*

Kon·den·sa·ti·on <-, -en> [kɔndɛnza'tsi̯oːn] *f* condensation *no pl*

Kon·den·sa·tor <-s, -en> [kɔndɛn'zaːtoːɐ̯, *pl* -'toːrən] *m* condenser; ELEK *a.* capacitor

kon·den·sie·ren* [kɔndɛn'ziːrən] **I.** *vi sein o haben* ■[**an etw** *dat*] **~** to condense [on sth]
II. *vt haben* ■**etw ~** to condense sth

Kon·dens·milch *f* condensed milk **Kon·dens·strei·fen** *m* condensation [*or* vapour [*or* AM -or]] trail **Kon·dens·was·ser** *nt kein pl* condensation

Kon·di·ti·on <-, -en> [kɔndi'tsi̯oːn] *f* ❶ *(Leistungsfähigkeit)* [physical] fitness [*or* condition]; **~/keine ~ haben** to be/not be fit; **seine ~ halten** to keep fit
❷ *pl (Bedingungen)* conditions, terms [of business]
❸ JUR claim to regaining unlawful enrichment

Kon·di·ti·o·nal·satz [kɔnditsi̯o'naːl-] *m* conditional clause

Kon·di·ti·o·nen·kar·tell, Kon·di·ti·ons·kar·tell *nt* ÖKON conditions cartel **Kon·di·ti·o·nen·miss·brauch**[RR] *m* HANDEL abuse of terms **Kon·di·ti·o·nen·ver·ein·ba·rung** *f* HANDEL agreement on [sales] conditions

Kon·di·ti·o·nie·rung <-, -en> *f* ❶ PSYCH conditioning
❷ *(fachspr: Anpassung an die erforderlichen Bedingungen vor der Verarbeitung) von Werkstoffen* conditioning
❸ NUKL *von Atommüll* conditioning

Kon·di·ti·o·nie·rungs·an·la·ge *f für Atommüll* conditioning plant

Kon·di·ti·ons·ge·schäft *nt* HANDEL conditional transaction, qualified deal **Kon·di·ti·ons·schwä·**

che *f* poor level of fitness **Kon·di·ti·ons·trai·ning** *nt* fitness training *no pl*

Kon·di·tor(in) <-s, -en> [kɔnˈdiːtoːɐ̯, kɔndiˈtoːrɪn, *pl* -ˈtoːrən] *m(f)* confectioner

Kon·di·to·rei <-, -en> [kɔnditoˈrai̯] *f* confectioner's, cake shop

Kon·di·to·rin <-, -nen> *f fem form von* **Konditor**

Kon·di·tor·wa·ren *pl* confections *pl,* [cake and] pastry

Kon·do·lenz <-, -en> [kɔndoˈlɛnts] *f* condolence

Kon·do·lenz·be·such *m (geh)* visit of condolence; [**bei jdm**] **einen ~ machen** to pay [sb] a visit of condolence **Kon·do·lenz·blu·me** *f meist pl* flowers *pl* of condolence **Kon·do·lenz·brief** *m* letter of condolence **Kon·do·lenz·schrei·ben** *nt* letter of condolence

kon·do·lie·ren* [kɔndoˈliːrən] *vi (geh)* ■[**jdm**] ~ to pay one's condolences [to sb]

Kon·dom <-s, -e> [kɔnˈdoːm] *m o nt* condom

Kon·dor <-s, -e> [ˈkɔndoːɐ̯] *m* condor

Kon·duk·teur(in) <-s, -e> [kɔndʊkˈtøːɐ̯] *m(f)* SCHWEIZ *(Schaffner)* conductor

Ko·nen *pl von* **Konus**

Kon·fekt <-[e]s, -e> [kɔnˈfɛkt] *nt* confectionery

Kon·fek·ti·on <-, -en> [kɔnfɛkˈtsi̯oːn] *f pl selten* ready-made clothing *no pl*

kon·fek·ti·o·nie·ren* [kɔnfɛktsi̯oˈniːrən] *vt* HANDEL **Kleidung** ~ to make [ready-to-wear] clothing

Kon·fek·ti·ons·grö·ße *f* MODE size **Kon·fek·ti·ons·klei·dung** *f kein pl* ready-made [*or* ready-to-wear] [*or* BRIT *a.* off-the-peg] clothes *npl*

Kon·fe·renz <-, -en> [kɔnfeˈrɛnts] *f* ① *(Besprechung)* meeting, conference; **eine ~ anberaumen** to arrange a meeting
② *(Komitee)* committee
③ *(Lehrerkonferenz)* staff meeting

Kon·fe·renz·ort *m* conference location [*or* venue] **Kon·fe·renz·raum** *m* conference room **Kon·fe·renz·saal** *m* conference hall **Kon·fe·renz·schal·tung** *f* TELEK conference circuit **Kon·fe·renz·teil·neh·mer(in)** *m(f)* conference participant **Kon·fe·renz·zim·mer** *nt* conference room

kon·fe·rie·ren* [kɔnfeˈriːrən] *vi (geh)* ■**mit jdm** [**über etw** *akk*] ~ to confer with sb [about sth]

Kon·fes·si·on <-, -en> [kɔnfɛˈsi̯oːn] *f* denomination

kon·fes·si·o·nell [kɔnfɛsi̯oˈnɛl] **I.** *adj* denominational
II. *adv* denominationally

kon·fes·si·ons·los *adj* ■~ **sein** not belonging to any denomination

Kon·fes·si·ons·schu·le *f s.* **Bekenntnisschule**

Kon·fet·ti <-s> [kɔnˈfɛti] *nt kein pl* confetti

Kon·fi·gu·ra·ti·on [kɔnfiguraˈtsi̯oːn] *f* INFORM configuration; **manuelle/automatische ~** manual/automatic configuration

Kon·fi·gu·ra·ti·ons·be·fehl *m* INFORM configuration command **Kon·fi·gu·ra·ti·ons·da·tei** *f* INFORM configuration file

kon·fi·gu·rie·ren [kɔnfiguˈriːrən] *vt* INFORM ■**etw** ~ to configure sth

Kon·fir·mand(in) <-en, -en> [kɔnfɪrˈmant, *pl* -mandn̩] *m(f)* confirmand

Kon·fir·man·den·un·ter·richt *m* confirmation lessons [*or* classes] *pl*

Kon·fir·man·din <-, -nen> *f fem form von* **Konfirmand**

Kon·fir·ma·ti·on <-, -en> [kɔnfɪrmaˈtsi̯oːn] *f* confirmation

kon·fir·mie·ren* [kɔnfɪrˈmiːrən] *vt* ■**jdn** ~ to confirm sb

Kon·fi·se·rie <-, -n> [kɔnfizəˈriː] *f* SCHWEIZ ① *(Konditorei)* confectioner's, cake shop
② *(Konfekt)* confectionery *no pl*

Kon·fis·ka·ti·on <-, -en> [kɔnfɪskaˈtsi̯oːn] *f* JUR seizure, confiscation

Kon·fis·ka·ti·ons·ver·fü·gung *f* JUR confiscation order

kon·fis·zie·ren* [kɔnfɪsˈtsiːrən] *vt* ■**etw** ~ to confiscate sth

Kon·fi·tü·re <-, -n> [kɔnfiˈtyːrə] *f* preserve

Kon·flikt <-s, -e> [kɔnˈflɪkt] *m* ① *(Auseinandersetzung)* conflict; **bewaffneter ~** armed conflict; **mit etw** *dat* **in ~ geraten** to come into conflict with sth; **mit dem Gesetz in ~ geraten** to clash with the law
② *(innerer Zwiespalt)* [inner] conflict; **sich** *akk* **in einem ~ befinden** to be in a state of inner conflict

Kon·flikt·be·wäl·ti·gung *f kein pl* conflict management

kon·flikt·fä·hig *adj* able to deal with conflict

Kon·flikt·herd *m* area of conflict, political hot spot **Kon·flikt·lö·sung** *f* POL solution to a/the conflict **Kon·flikt·par·tei** *f* ① POL extreme party ② *pl* warring factions *pl* **Kon·flikt·re·ge·lung** *f* conflict resolution, settlement of a conflict **Kon·flikt·re·gu·lie·rung** *f* conflict settlement **Kon·flikt·scheu** *f* fear of conflict **Kon·flikt·stoff** *m* cause of conflict **kon·flikt·ver·hü·tend** *adj inv* which prevent conflict

Kon·fö·de·ra·ti·on <-, -en> [kɔnfødeˈraˈtsi̯oːn] *f* confederation

kon·form [kɔnˈfɔrm] *adj* concurrent, corresponding; **mit jdm** [**in etw** *dat*] **~ gehen** to agree with sb [on sth]

Kon·for·mis·mus <-> [kɔnfɔrˈmɪsmʊs] *m kein pl (pej geh)* conformity

Kon·for·mist(in) <-en, -en> [kɔnfɔrˈmɪst] *m(f) (pej geh)* conformist

kon·for·mis·tisch *adj (pej geh)* conformist

Kon·fron·ta·ti·on <-, -en> [kɔnfrɔntaˈtsi̯oːn] *f* confrontation

Kon·fron·ta·ti·ons·kurs *m* confrontational course; **auf ~** [**mit jdm**] **gehen** to adopt a confrontational course [towards sb]

kon·fron·ta·tiv [kɔnfrɔntaˈtiːf] *adj* confrontational

kon·fron·tie·ren* [kɔnfrɔnˈtiːrən] *vt* ■**jdn mit jdm/etw ~** to confront sb with sb/sth; ■**mit etw** *dat* **konfrontiert sein** to be confronted with sth

kon·fus [kɔnˈfuːs] **I.** *adj* confused, muddled; **jdn** [**ganz**] **~ machen** to [completely] confuse sb
II. *adv* confusedly; **~ klingen** to sound confused

Kon·fu·si·on <-, -en> [kɔnfuˈzi̯oːn] *f* ① *(geh: Verwirrung)* confusion
② JUR confusion of rights

Kon·fu·zi·a·nis·mus <-> [kɔnfutsi̯aˈnɪsmʊs] *m kein pl* REL Confucianism

Kon·fu·zi·us <-> [kɔnˈfuːtsi̯ʊs] *m* Confucius

kon·ge·ni·al [kɔngeˈni̯aːl] *adj (geh)* congenial

Kon·glo·me·rat <-[e]s, -e> [kɔnglomeˈraːt] *nt* conglomeration; ■**ein ~ aus** [*o* **von**] **etw** *dat* a conglomeration of sth

Kon·go[1] <-s> [ˈkɔŋgo] *m* ① *(Fluss)* Congo, Zaire River
② *(Staat)* the Congo

Kon·go[2] <-, -> [ˈkɔŋgo] *m o f* Kongo, Congo

Kon·go[3] <-> [ˈkɔŋgo] *nt* ■**das ~** Kongo, Congo

Kon·go·le·se(in) <-n, -n> [kɔŋgoˈleːzə] *m(f)* Congolese

kon·go·le·sisch [kɔŋgoˈleːzɪʃ] *adj* Congolese

Kon·gre·ga·ti·on <-en> [kɔngregaˈtsi̯oːn] *f* congregation

Kon·gress[RR] <-es, -e>, **Kon·greß**[ALT] <-sses, -sse> [kɔnˈgrɛs] *m* ① *(Fachtagung)* congress; **der Wiener ~** the Congress of Vienna
② *(Parlament der USA)* ■**der ~** Congress *no art*

Kon·gress·bü·ro[RR] *nt* congress office **Kon·gress·hal·le**[RR] *f* conference hall **Kon·gress·mit·glied**[RR] *nt* Congressman, Congresswoman **Kon·gress·pla·nung**[RR] *f* congress planning *no pl* **Kon·gress·stät·te**[RR] *f* congress centre [*or* AM -er] **Kon·gress·teil·neh·mer**[RR] *m* congress participant **Kon·gress·wahl**[RR] *f* Congressional election **Kon·gress·zen·trum**[RR] *nt* conference [*or* congress] centre [*or* AM -er]

kon·gru·ent [kɔngruˈɛnt] *adj* congruent

Kon·gru·enz <-en> [kɔngruˈɛnts] *f* ① *(geh)* identity, concurrence
② MATH congruence
③ LING agreement
④ JUR concordance; **~ des EU-Rechts mit deutschem Recht** concordance of EU law with German law

kon·gru·ie·ren* [kɔngruˈiːrən] *vi* ① *(geh)* to coincide
② MATH to be congruent
③ LING to agree

K.-o.-Nie·der·la·ge *f* knock-out defeat

Ko·ni·fe·re <-, -n> [koniˈfeːrə] *f* conifer

Ko·ni·fe·ren·ho·nig *m* honeydew honey

Kö·nig <-s, -e> [ˈkøːnɪç] *m* king; **des ~s Rock** the King's uniform; **der ~ der Tiere/Lüfte** the king of beasts/birds; **die Heiligen Drei ~e** the three Wise Men
▸WENDUNGEN: **der Kunde ist ~** the customer is always right

Kö·ni·gin <-, -nen> [ˈkøːnɪgɪn] *f fem form von* **König** ① *(Herrscherin eines Königreiches)* queen
② *(Bienenkönigin)* queen[-bee]
③ BOT ■**die ~ der Nacht** Queen of the Night

Kö·ni·gin·mut·ter *f* queen-mother

kö·nig·lich [ˈkøːnɪklɪç] **I.** *adj* ① *(dem König gehörend)* royal
② *(großzügig)* generous, handsome
II. *adv* ① *(fam: köstlich)* enormously; ■**sich** *akk* **~ amüsieren** to have a whale of a time
② *(großzügig)* generously, handsomely

Kö·nig·reich [ˈkøːnɪkrai̯ç] *nt* kingdom; **das Vereinigte ~** the United Kingdom

Kö·nigs·fisch *m* ZOOL, KOCHK Jerusalem haddock, kingfish, moonfish **Kö·nigs·haus** *nt* royal house **Kö·nigs·ker·ze** *f* BOT mullein **Kö·nigs·kro·ne** *f* crown **Kö·nigs·ku·chen·form** *f* [12 - 14 inch] loaf tin **Kö·nigs·mord** *m* regicide **Kö·nigs·paar** *nt* royal couple **Kö·nigs·sohn** *m (liter)* prince **Kö·nigs·ti·ger** *m* Bengal tiger **Kö·nigs·toch·ter** *f (liter)* princess **kö·nigs·treu** *adj* loyal to the king *pred,* royalist **Kö·nigs·was·ser** *nt kein pl* CHEM aqua regia **Kö·nigs·weg** *m* ideal solution

Kö·nig·tum <-, -tümer> [ˈkøːnɪçtuːm] *nt* ① *kein pl (Monarchie)* monarchy
② *(veraltend) s.* **Königreich**

ko·nisch [ˈkoːnɪʃ] **I.** *adj* conical
II. *adv* conically

Kon·ju·ga·ti·on <-, -en> [kɔnjugaˈtsi̯oːn] *f* ① LING conjugation
② BIOL *(Zusammenlagerung von Bakterienzellen)* bacterial conjugation

kon·ju·gie·ren* [kɔnjuˈgiːrən] *vt* ■**etw** ~ to conjugate sth

kon·ju·giert *adj* ① LING conjugated
② CHEM conjugate[d]; **~es Dien** conjugate[d] diene; **~e Doppelbindung** conjugate[d] double bond

Kon·junk·ti·on <-, -en> [kɔnjʊnkˈtsi̯oːn] *f* conjunction

Kon·junk·ti·o·nal·satz [kɔnjunktsi̯oˈnaːl-] *m* LING conjunctional clause

Kon·junk·tiv <-s, -e> [ˈkɔnjʊŋktiːf] *m* LING subjunctive

Kon·junk·tur <-, -en> [kɔnjʊnkˈtuːɐ̯] *f* economy, economic situation, state of the economy; ***die ~ erholt sich*** the economy is reviving; **ansteigende ~** upward trend; **gedämpfte/schwache ~** subdued/ailing economy; **steigende/rückläufige ~** [economic] boom/slump; **die ~ dämpfen** to curb the economic trend; **~ haben** to be in great demand [*or* selling [very] well]

Kon·junk·tur·ab·küh·lung *f* ÖKON slowdown in activity **Kon·junk·tur·ab·lauf** *m* ÖKON business [*or* economic] cycle **Kon·junk·tur·ab·schwä·chung** *f* ÖKON economic slowdown **Kon·junk·tur·ab·schwung** *m* ÖKON economic downturn [*or* downswing], [economic] recession **Kon·junk·tur·an·re·gung** *f* ÖKON stimulation of business activity **Kon·junk·tur·auf·schwung** *m* ÖKON economic upturn [*or* upswing], [economic] recovery **Kon·junk·tur·auf·trieb** *m* ÖKON economic upswing **Kon·junk·tur·aus·gleich** *m* ÖKON seasonal adjustment **Kon·junk·tur·aus·gleichs·rück·la·ge** *f* ÖKON compulsory anticyclical reserve **Kon·junk·tur·aus·sich·ten** *pl* ÖKON economic outlook *no pl*

Kon·junk·tur·ba·ro·me·ter *nt* ÖKON ① *(Darstellung der wirtschaftlichen Entwicklung)* graph of

leading economic indicators
② *(Anhaltspunkt der wirtschaftlichen Entwicklung)* economic [*or* business] barometer, economic indicator

Kon·junk·tur·be·din·gun·gen *pl* ÖKON business conditions

Kon·junk·tur·be·le·bung *f kein pl* ÖKON economic upturn [*or* upswing], [economic] recovery, business revival **Kon·junk·tur·be·le·bungs·pro·gramm** *nt* ÖKON economic revival programme [*or* AM -am]

Kon·junk·tur·be·richt *m* ÖKON market [*or* economic] report **Kon·junk·tur·be·ru·hi·gung** *f* ÖKON easing of cyclical strains **kon·junk·tur·dämp·fend** I. *adj inv* ÖKON *Maßnahme, Politik* countercyclical II. *adv* ÖKON countercyclically; ***eine wirtschaftspolitische Maßnahme, die ~ wirkt*** a countercyclical measure **Kon·junk·tur·dämp·fung** *f* ÖKON curbing of the economic trend **Kon·junk·tur·ein·bruch** *m* ÖKON [economic] slump [*or* dip], steep downturn [in the economy]

kon·junk·tu·rell [kɔnjʊŋktuˈrɛl] *adj inv* ÖKON economic; *(zyklisch)* cyclical; **~e Arbeitslosigkeit** cyclical unemployment; **die ~e Lage** the state of the economy; **~e Talsohle** trough

kon·junk·tur·emp·find·lich *adj inv* ÖKON cyclically sensitive, sensitive to economic fluctuations [*or* business movements] *pred* **Kon·junk·tur·ent·wick·lung** *f* ÖKON economic development; **internationale ~** global economic development **Kon·junk·tur·er·ho·lung** *f* ÖKON economic recovery **Kon·junk·tur·er·war·tun·gen** *pl* ÖKON economic outlook *no pl*, market prospects *pl* **Kon·junk·tur·flau·te** *f* ÖKON [economic] slump, economic slackening

Kon·junk·tur·för·de·rung *f* ÖKON cyclical stimulation **Kon·junk·tur·för·de·rungs·pro·gramm** *nt* ÖKON government programme [*or* AM -am] to stimulate economic activity

Kon·junk·tur·for·schung *f* ÖKON market [*or* economic] research **Kon·junk·tur·for·schungs·in·sti·tut** *nt* ÖKON economic research institute

Kon·junk·tur·im·puls *m* ÖKON stimulation of business activity **Kon·junk·tur·in·dex** *m* ÖKON economic index **Kon·junk·tur·in·di·ka·tor** *m* ÖKON economic indicator; **staatliche ~en** government economic indicators **Kon·junk·tur·kar·tell** *nt* ÖKON business cycle cartel **Kon·junk·tur·kli·ma** *nt* ÖKON business [*or* economic] climate; ***das ~ trübt sich*** the economic climate is worsening **Kon·junk·tur·kreis·lauf** *m* ÖKON business [*or* economic] cycle **Kon·junk·tur·la·ge** *f* ÖKON economic situation, state of the economy **Kon·junk·tur·loch** *nt* ÖKON recession **Kon·junk·tur·mo·tor** *m* ÖKON power behind the economic trend **kon·junk·tur·neu·tral** I. *adj* ÖKON *Finanzpolitik, Maßnahme* not affecting the cyclical trend *pred;* **~ sein** to have no effect on the cyclical trend II. *adv* ÖKON with no effect on the cyclical trend; **sich** *akk* **~ verhalten** [*o* **verlaufen**] to have no effect on the cyclical trend **Kon·junk·tur·pha·se** *f* ÖKON boom period **Kon·junk·tur·po·li·tik** *f* ÖKON economic policy **kon·junk·tur·po·li·tisch** I. *adj* ÖKON *Maßnahme, -änderung* economic [*or* cyclical] policy *attr* II. *adv* ÖKON **~ motivierte Steuern** taxes aimed at stabilizing the economy; **eine ~ sinnvolle Maßnahme** a convenient measure for stabilizing the economy **Kon·junk·tur·prog·no·se** *f* ÖKON economic forecast **Kon·junk·tur·pro·gramm** *nt* ÖKON reflationary programme [*or* AM -am] **Kon·junk·tur·rück·gang** *m* ÖKON economic downturn [*or* downswing], [economic] recession **Kon·junk·tur·schwan·kung** *f meist pl* ÖKON economic fluctuation, fluctuation in [the level of] economic activity **kon·junk·tur·si·cher** *adj inv* ÖKON *Branche* economically stable **Kon·junk·tur·sprit·ze** *f* ① ÖKON pump priming ② *(fam)* boost to the economy **Kon·junk·tur·still·stand** *m* ÖKON economic standstill **Kon·junk·tur·test** *m* ÖKON market research **Kon·junk·tur·tief** *nt* ÖKON trough **Kon·junk·tur·über·hit·zung** *f* ÖKON overheating of the economy, economic overheating **Kon·junk·tur·um·schwung** *m* ÖKON market [*or* cyclical] swing **Kon·junk·tur·ver·lauf** *m* ÖKON business [*or* economic] cycle; **abgeschwächter ~** economic slowdown

Kon·junk·tur·wen·de *f* ÖKON economy turnaround **Kon·junk·tur·zyk·lus** *m* ÖKON economic [*or* business] cycle

kon·kav [kɔnˈka:f] I. *adj* concave
II. *adv* concavely

Kon·kav·lin·se *f* concave lens **Kon·kav·spie·gel** *m* concave mirror

Kon·kla·ve <-s, -n> [kɔnˈkla:və] *nt* conclave

kon·klu·dent [kɔnkluˈdɛnt] *adj inv* JUR implied, conclusive; **~es Verhalten** conduct implying an intent

Kon·kor·danz <-, -en> [kɔnkɔrˈdants] *f* concordance

Kon·kor·dat <-[e]s, -e> [kɔbkɔrˈda:t] *nt* concordat

kon·kret [kɔnˈkre:t] I. *adj* ① *(klar umrissen)* concrete, definite, specific; **~e Ergebnisse** tangible results
② *(eindeutig)* concrete
II. *adv* definitely, specifically; ***das kann ich Ihnen noch nicht ~ sagen*** I can't tell you for definite yet

kon·kre·ti·sie·ren* [kɔnkretiˈzi:rən] *vt (geh)* ■**etw ~** to clearly define sth

Kon·kre·ti·sie·rung <-, -en> *f* JUR [goods] appropriation [to a contract]

Kon·ku·bi·nat <-[e]s, -e> [kɔnkubiˈna:t] *nt* JUR *bes* SCHWEIZ concubinage; [**mit jdm**] **im ~ leben** to live in concubinage [with sb]

Kon·ku·bi·ne <-, -n> [kɔnkuˈbi:nə] *f (geh)* concubine

Kon·kur·rent(in) <-en, -en> [kɔnkuˈrɛnt] *m(f)*
① *(Mitbewerber)* competitor
② *(Rivale)* competitor, rival

Kon·kur·ren·ten·kla·ge *f* JUR action taken by a competitor **Kon·kur·ren·ten·schutz** *m kein pl* HANDEL protection of competitors

Kon·kur·renz <-, -en> [kɔnkuˈrɛnts] *f* ① *(Konkurrenzunternehmen)* competitor; **zur ~ gehen** to go over to the competitor; **mit jdm in ~ stehen** [*o* **liegen**] to be in competition with sb
② *kein pl (Konkurrenten)* competitors *pl,* competition; **keine ~** [**für jdn**] **sein** to be no competition [for sb]; **die ~ schläft nicht** *(fam)* my/your, etc. rivals never rest; **die ~ schlagen/unterbieten** to beat/undercut the competition
③ *(sportliche Disziplin)* competition, contest
④ *kein pl (Wettbewerb)* competition; **~ von Verpflichtungen** conflict of obligations; **freie ~** free competition; **scharfe ~** HANDEL keen competition; **jdm ~ machen** to compete against sb; **mit jdm in ~ treten** to enter into competition with sb; **außer ~** unofficially

Kon·kur·renz·an·ge·bot *nt* HANDEL rival bid **Kon·kur·renz·ar·ti·kel** *m* HANDEL competitive article **Kon·kur·renz·den·ken** *nt* competitive thinking *no pl* **Kon·kur·renz·druck** *m* pressure of competition; **unter ~ stehen** to face pressure of competition **Kon·kur·renz·er·zeug·nis** *nt* HANDEL rival product **kon·kur·renz·fä·hig** *adj* competitive **Kon·kur·renz·fä·hig·keit** *f kein pl* competitiveness *no pl*

kon·kur·ren·zie·ren* *vt, vi* ÖSTERR, SCHWEIZ ■**jdn** [*o* **jdm**]**/etw** *akk o dat* **~** to compete against sb/sth

Kon·kur·renz·kampf *m* competition; *(zwischen Menschen)* rivalry **Kon·kur·renz·klau·sel** *f* JUR restraint of competition clause

kon·kur·renz·los I. *adj* ■**~ sein** to have no competition
II. *adv* incomparably; ***mit unseren Preisen sind wir ~ billig*** nobody can match our cheap prices

Kon·kur·renz·mar·ke *f* ÖKON rival brand **Kon·kur·renz·mo·dell** *nt* ÖKON competitive model **Kon·kur·renz·neid** *m* jealousy [towards one's rival[s]] *no pl* **Kon·kur·renz·pro·dukt** *nt* ÖKON competing [*or* rival] product **Kon·kur·renz·un·ter·drü·ckung** *f* HANDEL restraint [*or* restriction] of trade **Kon·kur·renz·un·ter·neh·men** *nt* ÖKON competitor, rival company **Kon·kur·renz·ver·bot** *nt* ban on competition, restraint of competition

kon·kur·rie·ren* [kɔnkuˈri:rən] *vi* ① *(in Wettbewerb treten)* ■**mit jdm/etw ~** to compete with sb/sth
② *(geh: sich gleichzeitig bewerben)* ■[**mit jdm**] **um etw** *akk* **~** to compete [against sb] for sth

Kon·kurs <-es, -e> [kɔnˈkʊrs] *m* ① *(Zahlungsunfähigkeit)* bankruptcy; **betrügerischer ~** fraudulent bankruptcy; **den ~ abwenden** to stave off bankruptcy; **jdm den ~ erklären** to declare sb bankrupt; **~ machen** *(fam)* to go bankrupt; **vor dem ~ stehen** to be about to go bankrupt; **über jdn ~ verhängen** to adjudicate sb bankrupt
② *(Verfahren)* bankruptcy proceedings *pl;* **den ~ abwickeln** to liquidate a bankrupt's estate; [**über etw** *akk*] **den ~ eröffnen** to institute [*or* to open] bankruptcy proceedings [concerning sth]; **~ anmelden** to declare oneself bankrupt, to file a bankruptcy petition

Kon·kurs·ab·lauf *m* JUR bankruptcy proceedings *pl* **Kon·kurs·ab·wen·dung** *f* JUR avoidance of bankruptcy **Kon·kurs·ab·wick·ler(in)** *m(f)* JUR liquidator **Kon·kurs·ab·wick·lung** *f* JUR liquidation [*or* administration] of a bankrupt's estate **Kon·kurs·an·dro·hung** *f* JUR bankruptcy notice; **~ mit Zahlungsaufforderung** judgment summons BRIT **Kon·kurs·an·fech·tung** *f* JUR rescission of bankruptcy **Kon·kurs·an·mel·dung** *f* JUR declaration of bankruptcy, bankruptcy notice; **~ vornehmen** to file a petition in bankruptcy **Kon·kurs·an·trag** *m* JUR petition in bankruptcy; **den ~ stellen** to file a petition in bankruptcy **Kon·kurs·an·trags·pflicht** *f* JUR obligation to file for bankruptcy **Kon·kurs·auf·he·bung** *f* JUR discharge in bankruptcy **Kon·kurs·be·en·di·gung** *f* JUR termination of bankruptcy proceedings **Kon·kurs·be·schluss**RR *m* JUR receiving order; **den gerichtlichen ~ fassen** to make a receiving order **Kon·kurs·bi·lanz** *f* JUR statement of affairs **Kon·kurs·er·klä·rung** *f* JUR declaration of bankruptcy; **jdm die ~ zustellen** to serve sb a bankruptcy notice **Kon·kurs·er·öff·nung** *f* JUR commencement of bankruptcy proceedings **Kon·kurs·er·öff·nungs·be·schluss**RR *m* JUR receiving order; **jdm den ~ zustellen** to serve sb a bankruptcy notice **kon·kurs·fä·hig** *adj inv* JUR capable of going bankrupt **Kon·kurs·fall** *m* JUR, ÖKON bankruptcy matter **Kon·kurs·for·de·rung** *f* JUR claim [provable] in bankruptcy; **bevorrechtigte/nachrangige ~** preferential/deferred debt; **eine ~ anmelden/anerkennen** to file/allow a bankruptcy claim **Kon·kurs·ge·richt** *nt* JUR bankruptcy court **Kon·kurs·ge·setz** *nt* JUR bankruptcy act **Kon·kurs·gläu·bi·ger(in)** *m(f)* JUR creditor in bankruptcy **Kon·kurs·grund** *m,* **Kon·kurs·hand·lung** *f* JUR act of bankruptcy **Kon·kurs·kos·ten** *pl* ÖKON bankruptcy cost *sing* **Kon·kurs·mas·se** *f* bankrupt's estate **Kon·kurs·ord·nung** *f* JUR Bankruptcy Act BRIT, National Bankruptcy Act AM **Kon·kurs·recht** *nt* JUR bankruptcy law

kon·kurs·recht·lich I. *adj inv* JUR *Verfahren* bankruptcy *attr*
II. *adv* JUR under the terms of the bankruptcy law; **ein ~ vorgeschriebener/notwendiger Schritt** a step stipulated/required by the bankruptcy law

kon·kurs·reif *adj inv* JUR insolvent **Kon·kurs·rich·ter(in)** *m(f)* JUR judge in bankruptcy, registrar [*or* AM referee] in bankruptcy **Kon·kurs·ri·si·ko** *nt* ÖKON bankruptcy risk **Kon·kurs·sa·che** *f* JUR bankruptcy case **Kon·kurs·schuld·ner(in)** *m(f)* JUR bankrupt **kon·kurs·ver·däch·tig** *adj inv* JUR likely to go bankrupt **Kon·kurs·ver·fah·ren** *nt* JUR bankruptcy proceedings *pl;* **ein ~ einleiten/eröffnen** to institute/open bankruptcy proceedings; **ein ~ aufheben** to discharge a bankrupt **Kon·kurs·ver·ge·hen** *nt* JUR bankruptcy offence **Kon·kurs·ver·gleich** *m* JUR composition in bankruptcy **Kon·kurs·ver·schlep·pung** *f* JUR, ÖKON [criminal] delay in filing bankruptcy petition **Kon·kurs·ver·wal·ter(in)** *m(f)* JUR bankruptcy trustee, [official] receiver BRIT **Kon·kurs·ver·wal·tung** *f* JUR administration of bankrupt estate, BRIT receivership, AM trusteeship in bankruptcy; **von der ~ übernommen werden** to go into receivership **Kon·kurs·vor·recht** *nt* JUR priority rights in bankruptcy proceed-

können

Neben *can* im Präsens gibt es die Vergangenheits- und Konditionalform *could*, alle anderen Zeiten müssen mit *to be able to* als Ersatzkonstruktion gebildet werden.

1. Fähigkeit

Er *kann* Französisch. — He *can* speak French.

Im Präsens wird *can* bevorzugt verwendet, die Verwendung von *to be able to* ist jedoch in manchen Fällen ebenfalls möglich, besonders, wenn es sich dabei um eine ‚aktuellere' (im Gegensatz zu einer allgemeineren) Fähigkeit handelt:

Du hattest vier Flaschen Bier – *kannst* du überhaupt noch Auto fahren? — You've had four bottles of beers, *are* you still *able to/can* you still drive?

Bei Verben wie *speak* oder *play* kann *can* auch oft weggelassen werden. Stattdessen wird direkt das Vollverb oder ggf. eine *do*-Umschreibung verwendet:

Er kann Französisch. — He *can speak/speaks* French.

Ich *kann* leider *kein* Französisch. — Sorry, I *don't/can't* speak French.

Kannst du Gitarre spielen? — *Do you/can* you play the guitar?

Um eine allgemeine Fähigkeit in der Vergangenheit auszudrücken, wird meist *could* benutzt. *Was able to/used to be able to* ist in diesen Fällen jedoch ebenfalls möglich.

Als ich jung war, *konnte* ich stundenlang laufen. — I *could/used to be able to* run for hours when I was young.

Da *could* auch die Konditionalform darstellt, ist die Verwendung von *was able to* in manchen Fällen vorzuziehen, um Missverständnisse zu vermeiden.

Nach der Scheidung *konnte* sie wieder heiraten. — After the divorce, she *was able to* marry again.

Wenn jedoch eine spezifische, ‚einmalige' Fähigkeit in der Vergangenheit ausgedrückt werden soll, kann *could* nicht benutzt werden.

Die Besatzung *konnte* sich retten. — The crew *were able to* save themselves.

Oft wird das deutsche *können* in solchen Fällen auch mit *managed to* oder *succeeded in* übersetzt.

Ich *habe* den Zug gestern gerade noch erreichen *können.* — I only just *managed to* catch the train yesterday.

In negierten Sätzen ist *couldn't* jedoch sowohl bei der allgemeinen, als auch bei der spezifischeren Fähigkeit möglich.

Als Kind *konnte* ich nicht schwimmen. — When I was a child, I *couldn't* swim. (= allgemein)

Ich *konnte* nicht verstehen, was sie sagte. — I *couldn't* understand what she was saying. (= spezifisch)

Steht im Englischen eine zusammengesetzte Zeit oder eine Infinitivkonstruktion, kann *can* nicht verwendet werden. Stattdessen muss die Ersatzkonstruktion *to be able to* gewählt werden:

Sie *konnte* noch nie gut singen. — She *has never been able to* sing well.

Ich *werde* das nicht vor dem Mittagessen machen *können.* — I *won't be able to* do that before lunch.

Idiomatische Wendungen:

Zu manchen ‚können'-Konstruktionen im Deutschen gibt für das Englische eine idiomatische Lösung ohne *can/to be able to*:

Können Sie mir *sagen,* wie spät es ist? — Do you have the time, please?

Man *kann* nie *wissen.* — You never know.

Kannst du nicht *aufpassen!* — Watch out, will you!

2. Erlaubnis

2.1. Fragen/Bestellung

umgangssprachlich	*can* I?
höfliche Bitte	*could* I?
höfliche, respektvolle Bitte	*may* I?
sehr höfliche, zurückhaltende Bitte	*might* I? (selten)
Kann ich mir dein Buch ausleihen?	*Can* I borrow your book?
Kann ich dir was zu trinken mitbringen?	*Can* I get you anything to drink?
Könnte ich mir Ihr Buch ausleihen?	*Could* I borrow your book? Noch höflicher: *May* I borrow your book?

Auf höfliche Fragen mit *could* wird jedoch mit *can* geantwortet, da die durch *could* ausgedrückte Zurückhaltung mit der tatsächlichen Erlaubnisgewährung in Widerspruch stünde:

Könnte ich ein Glas Wasser haben? – Natürlich! — *Could* I have a glass of water? – Of course you *can.*

2.2. Aussagesatz:

umgangssprachlich	you *can*
förmlicher, oft auch äquivalent zum Gebrauch von *dürfen*	you *may*, verneint: *not allowed to/can't/may not*
Du *kannst* mein Auto nehmen.	You *can* take my car.
Sie fragte, ob sie mein Auto ausleihen *könne/könnte.*	She asked if *she could/might* borrow my car.

Wenn das deutsche *können* eigentlich explizit *dürfen* meint, dem Angesprochenen jedoch eher suggeriert werden soll, dass er die Wahl hat (gegenüber von ‚es ist ihm erlaubt'), wird *may* verwendet.

Sie *können* maximal fünf Bücher ausleihen. — You *may* borrow up to five books.

Entschuldigung, Sie *können* hier *nicht* rauchen — Sorry, you *are not allowed to/can't/may not* smoke here.

Könnte ich heute Abend auf die Party gehen? – Nein! — *May* I go to the party tonight? – No, you *may not!*

Wenn eine allgemeine Erlaubnis in der Vergangenheit ausgedrückt werden soll, wird *could* verwendet. Handelt es sich jedoch um eine spezifischere Erlaubnis, darf *could* nicht benutzt werden:

Als Kind *konnte* ich tun, was ich wollte.	When I was a child, I *could* do what I wanted.
Jedoch:	
Ich fuhr nach Hamburg und *konnte* meinen Hund mit in den Zug nehmen	I went to Hamburg and *was allowed to* take the dog on the train.

3. Möglichkeit

Um auszudrücken, dass etwas prinzipiell möglich ist, wird *can* (in der Vergangenheit *could*) benutzt. Dabei wird keine Aussage darüber getroffen, ob dieses Ereignis auch tatsächlich stattfindet:

In Spanien *kann* man im Oktober noch im Meer schwimmen.	In Spain you *can* still swim in the sea in October.(= es ist noch warm genug)
Er *konnte* manchmal ganz schön arrogant sein.	He *could* be quite arrogant at times.

Um mögliche Vorgehensweisen zu diskutieren, wird *can*, oder zurückhaltender *could* benutzt.

Wir *können* ja zu Emma rübergehen, wenn du Lust hast.	We *can/could* go and see Emma if you like.
Wir *könnten* natürlich immer noch zur Polizei gehen.	We *could* always go to the police.

4. Wahrscheinlichkeitsorientiert/Spekulativ

Wenn man über etwas spekuliert im Sinne von ‚ein Ereignis tritt ein oder nicht', kann *can* nicht benutzt werden. Stattdessen verwendet man *could*, *may* oder *might*. Dem deutschen *könnte* entspricht dabei *might*, das spekulativer als *may* ist.

Da *könntest* Du Recht haben.	You *might* be right.
Heute Abend *könnte* es noch schneien.	It *might/could* snow tonight.

Die deutsche Konstruktion *es kann sein, dass …* kann idiomatischer gleich mit *might …* übersetzt werden.

Es kann sein, dass ich heute früher gehe.	I *might* leave early today.

ings

kön·nen ['kœnən] **I.** *modal vb* <konnte, können> ❶ *(vermögen)* ■**etw tun** ~ to be able to do sth; ***sie tut, was sie kann*** she does her best; ***ich werde sehen, was ich tun kann*** I'll see what I can do; ***was kann man da tun?*** what can be done in such a case?; ***ich kann da nichts dazu tun*** I can't do anything to help [*or* about it]; ***sie hätte es tun*** ~ she could have done it; ***kannst du mir mal helfen?*** would you lend me a hand for a moment please?; ***da kann man nichts machen*** there is nothing to be done; ***wer kann mir das erklären?*** who can explain that to me?; ***können Sie mir sagen, wie spät es ist?*** do you have the time, please?; ***ich kann mir gut vorstellen, dass sie es war*** I can easily imagine that she has done it; ***das war ein Tag, ich kann dir sagen!*** oh, what a day!; ***man kann nie wissen*** you never know; ***kannst du nicht aufpassen!*** watch out, will you!; ~ ***Sie nicht anklopfen?*** you can knock, can't you?; ***das Flugzeug kann bis zu 200 Passagiere aufnehmen*** the plane is built for up to 200 passengers; **etw nie/nicht etw tun** ~ to never/not be able to do sth; ***ich konnte das nicht mehr mit ansehen*** I just couldn't watch that any longer; ***ich kann das nicht mehr hören*** *(fam)* give me a break with that stuff *fam*
❷ *(als Fertigkeit haben)* ■**etw tun** ~ to be able [*or* know how] to do sth; ***sie kann Klavier spielen*** she can play the piano; ***sie kann gut schwimmen*** she is a good swimmer
❸ *(dürfen)* ■**jd kann etw tun** sb can [*or* is allowed to] do sth; ***kann ich das Foto sehen?*** can/may I see the photo?; ***du kannst nicht hingehen*** you can't go there; ***Sie können es mir ruhig glauben*** you may believe me; ***kann ich jetzt gehen?*** can I go now?
❹ *(erklärt ein Verhalten)* ■**jd kann etw tun** sb can do sth; ***du kannst ohne Sorge sein*** don't you worry; ***darauf kannst du dich verlassen*** you can count on that; ***er kann einem leidtun*** *(fam)* he is really to be pitied; ***darin kann ich Ihnen nur zustimmen*** I really have to agree with you [on that]
❺ *(möglicherweise sein)* ■**jd kann etw tun** sb could do sth; ***du könnest Recht haben*** you could be right; ***ich kann mich auch täuschen*** I might as well be mistaken; ■**etw tun** ~ to be able to do sth; ***solche Dinge können eben manchmal passieren*** these things [can] happen sometimes; ***Vorsicht kann nie schaden*** it's always better to be cautious; **sein** ~**, dass** to be possible that; ***es kann sein, dass sie heute Abend kommt*** she might come tonight; [**schon**] **sein** ~ *(fam)* to be possible; [***ja,***] ***kann sein*** [yes,] possibly [*or* that's possible]; **nicht sein** ~ to not be possible; **könnte es nicht sein, dass ...?** could it not be that ...?
II. *vt* <konnte, gekonnt> *(beherrschen)* ■**etw** ~ to know sth; *(Fähigkeiten haben)* to be able/not be able to do sth; ***kannst du eigentlich Schach?*** can you/do you know how to play chess?; **eine Sprache** ~ to know [*or* speak] a language; [**et**]**was/nichts** ~ *(fam)* to be good/useless; ***man merkt, du kannst was*** it's obvious you know your stuff; ***sie kann das Gedicht noch immer nicht*** she still doesn't know the poem; [**et**]**was/nichts für etw** *akk* ~ *(verantwortlich sein)* to be able/not be able to do anything about sth/it; *(schuld sein)* to be/not to be one's fault; ***ich kann nichts für seine Fehler*** don't blame me for his mistakes; **... was jd kann** as best sb can; ***sie liefen, was sie nur konnten*** they ran as quickly as they could
▸WENDUNGEN: **du kannst** <u>**mich**</u> [**mal**] *(euph sl)* get lost! *fam*, [go and] take a running jump! BRIT *fam*, kiss my ass! AM *sl;* **etw** <u>**erleben**</u> ~ *(fam)* to get what for BRIT *fam*, to really get it AM *fam*
III. *vi* <konnte, gekonnt> ❶ *(vermögen)* to be able; ***da*** ~ ***Sie nichts*** [***da***|***für***] it's not your fault; ***ich würde ja gerne kommen, aber ich kann leider nicht*** I would love to come but I can't; ***er kann auch anders*** he is not always like that; **nicht mehr** ~ *(erschöpft sein)* to not be able to go on; ***wir konnten nicht mehr vor Lachen*** we were helpless with laughter; *(überfordert sein)* to have had enough; *(satt sein)* to not be able to eat any more, to have had enough, to be full [up]; **noch** ~ *(weitermachen können)* to be able to carry on; *(weiteressen können)* to be able to eat more; **wie konntest du nur!** how could you?!; ~ **wir?** *(fam)* can we go (begin, etc.)?, are we ready?
❷ *(dürfen)* may; ***kann ich heute Abend ins Kino?*** may I go to the cinema tonight?
▸WENDUNGEN: **mir kann** <u>**keiner**</u> nobody can touch me; [**erst einmal**] ~ **vor** <u>**Lachen**</u> I would if [*or* I wish] I could, [that's] easier said than done; <u>**mit**</u> **jdm** [**gut**] ~ *(fam)* to get on [well] with sb

Kön·nen <-s> ['kœnən] *nt kein pl* ability, skill; **spielerisches/schauspielerisches** ~ sportsmanship/acting ability [*or* skill]

Könn·er(in) <-s, -> *m(f)* skilled person; **ein** ~ **sein** to be skilled

Kon·ne·xi·tät <-> [kɔnɛ'ksi'tɛt] *f kein pl* JUR coherence

Kon·ni·venz <-, -en> [kɔni'vɛnts] *f* JUR connivance

Kon·nos·se·ment <-[e]s, -e> [kɔnɔsə'mɛnt] *nt* HANDEL bill of lading; **reines/unreines** ~ clean/foul bill of lading

Kon·no·ta·ti·on <-, -en> [kɔnota'tsi̯o:n] *f (fachspr geh)* connotation

kon·no·tie·ren* [kɔno'ti:rən] *vt* LING *(geh)* ■**etw** ~ to connote sth

konn·te ['kɔntə] *imp von* **können**

Kon·rek·tor(in) ['kɔnrɛkto:ɐ̯] *m(f)* deputy headmaster

kon·se·ku·tiv ['kɔnzekuti:f] *adj* JUR consecutive

Kon·se·ku·tiv·dol·met·schen *nt kein pl* consecutive interpreting *no pl* **Kon·se·ku·tiv·satz** *m* consecutive clause

Kon·sens <-es, -e> [kɔn'zɛns] *m (geh)* ❶ *(Übereinstimmung)* consensus *no pl;* **einen** ~ [**in etw** *dat*] **erreichen** [*o* **erzielen**] to reach a consensus [on sth]
❷ *(Einwilligung)* approval; **seinen** ~ [**zu etw** *dat*] **geben** to give one's approval [to sth]; **mit/ohne jds** ~ with/without sb's approval

Kon·sens·ge·spräch *nt discussion leading to a consensus* **Kon·sens·par·tei·en** *pl* consensus parties *pl*

kon·se·quent [kɔnze'kvɛnt] **I.** *adj* ❶ *(folgerichtig)* consistent; ■[**bei etw** *dat*/**in etw** *dat*] ~ **sein** to be consistent [in sth]
❷ *(unbeirrbar)* resolute, steadfast
II. *adv* ❶ *(folgerichtig)* consistently, logically
❷ *(entschlossen)* resolutely

Kon·se·quenz <-, -en> [kɔnze'kvɛnts] *f* ❶ *(Folge)* consequence; **in letzter** ~ in the final analysis; ~**en** [**für jdn**] **haben** to have consequences [for sb]; **die** ~**en tragen** to take the consequences; [**aus etw** *dat*] **die** ~**en ziehen** to take the necessary action [*or* appropriate measures] [as a result of sth]
❷ *kein pl (Folgerichtigkeit)* consistency
❸ *kein pl (Unbeirrbarkeit)* resoluteness, steadfastness

Kon·ser·va·tis·mus <-> [kɔnzɛrva'tɪsmʊs] *m kein pl* conservatism *no pl*

kon·ser·va·tiv ['kɔnzɛrvati:f] I. *adj* ❶ *(politisch rechts liegend)* conservative
❷ *(die konservativ Partei)* Conservative
❸ *(geh: zurückhaltend)* conservative
II. *adv* ~ **wählen** to vote Conservative; ~ **eingestellt sein** to have a conservative attitude

Kon·ser·va·ti·ve(r) [kɔnzɛrva'ti:və] *f(m) dekl wie adj* ❶ *(Anhänger einer konservativen Partei)* conservative
❷ *(die konservative Partei)* ■**die ~n** the Conservatives

Kon·ser·va·tor(in) <-s, -en> [kɔnzɛr'va:to:ɐ̯, *pl* -'to:rən] *m(f)* curator

Kon·ser·va·to·ri·um <-s, -rien> [kɔn'zɛrva'to:ri̯ʊm, *pl* -ri̯ən] *nt* conservatoire, conservatorium

Kon·ser·ve <-, -n> [kɔn'zɛrvə] *f* ❶ *(haltbar abgefülltes Lebensmittel)* preserved food *no pl,* tinned [*or* AM canned] food *no pl*
❷ *meist pl* MED *(Blutkonserve)* banked blood *no pl*

Kon·ser·ven·büch·se *f,* **Kon·ser·ven·do·se** *f* tin BRIT, can AM **Kon·ser·ven·fa·brik** *f* canning factory, cannery

kon·ser·vie·ren* [kɔnzɛr'vi:rən] *vt* ❶ *(haltbar machen)* ■**etw [in etw** *dat*] ~ to preserve sth [in sth]
❷ *(geh: erhalten)* ■**etw** ~ to preserve sth

Kon·ser·vie·rung <-, -en> [kɔnzɛr'vi:rʊŋ] *f* ❶ *(das Konservieren)* preserving *no pl*
❷ *(die Erhaltung)* preservation *no pl*

Kon·ser·vie·rungs·mit·tel *nt,* **Kon·ser·vie·rungs·stoff** *m* CHEM preservative **Kon·ser·vie·rungs·ver·fah·ren** *nt* CHEM preservation process

Kon·si·gnant(in) <-en, -en> [kɔnzɪ'gnant] *m(f)* HANDEL consignee

Kon·sig·na·tar(in) <-s, -e> [kɔnzɪgna'ta:ɐ̯], **Kon·sig·na·tär(in)** <-s, -e> [kɔnzɪgna'tɛɐ̯] *m(f)* HANDEL consignee

Kon·sig·na·ti·on <-, -en> [kɔnzɪgna'tsi̯o:n] *f* ÖKON consignment

Kon·sig·na·ti·ons·ge·schäft *nt* ÖKON consignment sale **Kon·sig·na·ti·ons·gut** *nt* HANDEL goods *pl* on consignment; **etw als ~ versenden** to deliver sth on consignment **Kon·sig·na·ti·ons·la·ger·ver·trag** *m* HANDEL consignment storage contract

Kon·sis·tenz <-> [kɔnzɪs'tɛnts] *f kein pl (geh)* consistency

Kon·so·le <-, -n> [kɔn'zo:lə] *f* ❶ *(Bord)* shelf
❷ *(Vorsprung)* console
❸ *(Bedienerkonsole)* console
❹ BAU bracket

Kon·so·li·da·ti·on <-, -en> [kɔnzolida'tsi̯o:n] *f* consolidation

kon·so·li·die·ren* [kɔnzoli'di:rən] I. *vt (geh)* ■**etw** ~ to consolidate sth; FIN **konsolidierte Konzernbilanz** consolidated balance sheet; **konsolidierter Umsatz** consolidated turnover
II. *vr (geh)* ■**sich** *akk* ~ to consolidate

kon·so·li·diert *adj inv* FIN consolidated; **nicht ~** nonconsolidated; **nicht ~e Beteiligungen** nonconsolidated holdings

Kon·so·li·die·rung <-, -en> *f* consolidation *no pl*

Kon·so·li·die·rungs·bo·gen *m* FIN consolidating financial statement **Kon·so·li·die·rungs·maß·nah·me** *f* ÖKON, POL consolidation measure **Kon·so·li·die·rungs·mit·tel** *nt (geh)* means of consolidation

Kon·so·nant <-en, -en> [kɔnzo'nant] *m* consonant

kon·so·nan·tisch *adj inv* consonantal

Kon·sor·te <-, -n> [kɔn'zɔrtə] *f* ❶ *(pej: Leute)* **X und ~n** X and his gang *fam,* ... and co.
❷ ÖKON member of a consortium

Kon·sor·ti·al·bank [kɔnzɔr'tsi̯a:l-] *f* FIN consortium bank

Kon·sor·ti·al·bin·dung [kɔnzɔr'tsi̯a:l-] *f* FIN, ÖKON syndication commitment **kon·sor·ti·al·fremd** *adj inv* ÖKON **~e Bank** bank outside of a/the consortium **Kon·sor·ti·al·ge·schäft** *nt* FIN business on joint account, syndicate operations **Kon·sor·ti·al·kre·dit** *m* FIN syndicated loan **Kon·sor·ti·al·mit·glied** *nt* syndicate member **Kon·sor·ti·al·part·ner(in)** *m(f)* JUR partner to a consortium **Kon·sor·ti·al·ver·bind·lich·kei·ten** *pl* FIN syndicated loans **Kon·sor·ti·al·ver·trag** *m* FIN underwriting [*or* BRIT syndicate] agreement

Kon·sor·ti·um <-s, -ien> [kɔn'zɔrtsiʊm, *pl* -tsi̯ən] *nt* ÖKON consortium, syndicate; **ein ~ bilden** [*o* **gründen**], **sich** *akk* **zu einem ~ zusammenschließen** to form a consortium [*or* syndicate], to organize a consortium

Kon·spi·ra·ti·on <-, -en> [kɔnspira'tsi̯o:n] *f (geh)* conspiracy

kon·spi·ra·tiv [kɔnspira'ti:f] *adj (geh)* conspiratorial

kon·spi·rie·ren* [kɔnspi'ri:rən] *vi (geh)* ■**[mit jdm] [gegen jdn]** ~ to conspire [with sb] [against sb]

kon·stant [kɔnstant] I. *adj* constant
II. *adv* constantly

Kon·stan·te <-[n], -n> [kɔn'stantə] *f* constant

Kon·stan·ti·no·pel <-s> [kɔnstanti'no:pl̩] *nt* Constantinople

Kon·stanz <-> ['kɔnstants] *nt* Constance

kon·sta·tie·ren* [kɔnsta'ti:rən] *vt (geh)* ■**etw** ~ to establish sth

Kon·stel·la·ti·on <-, -en> [kɔnstɛla'tsi̯o:n] *f* ❶ *(geh: Kombination)* constellation *form*
❷ ASTROL, ASTRON constellation

kon·ster·nie·ren* [kɔnstɛr'ni:rən] *vt (geh)* ■**jdn** ~ to consternate sb; ■**konsterniert** consternated

kon·ster·niert *adj (geh)* filled with consternation

kon·sti·tu·ie·ren* [kɔnstitu'i:rən] I. *vt (geh: gründen)* ■**etw** ~ to constitute, to form; ■**~d** constituent
II. *vr (geh)* ■**sich** *akk* ~ to be set up, to be constituted; ■**sich** *akk* **als etw** ~ to form sth

Kon·sti·tu·ti·on <-, -en> [kɔnstitu'tsi̯o:n] *f* constitution

kon·sti·tu·ti·o·nell [kɔnstitutsi̯o'nɛl] *adj inv* ❶ MED *(anlagebedingt)* constitutional
❷ POL *(verfassungsmäßig)* constitutional; **~e Monarchie** constitutional monarchy

Kon·sti·tu·ti·ons·for·mel *f* CHEM graphic [*or* constitutional] [*or* structural] formula

kon·stru·ie·ren* [kɔnstru'i:rən] *vt* ❶ *(planerisch erstellen)* ■**etw** ~ to design sth
❷ *(zeichnen)* ■**etw** ~ to draw sth
❸ *(pej geh: gezwungener Gedankenaufbau)* ■**etw** ~ to fabricate sth, to make sth up

Kon·strukt <-[e]s, -e *o* -s> [kɔn'strʊkt] *nt (geh)* construct

Kon·struk·teur(in) <-s, -e> [kɔnstrʊk'tø:ɐ̯] *m(f)* designer

Kon·struk·ti·on <-, -en> [kɔnstrʊk'tsi̯o:n] *f* ❶ *(planerische Erstellung)* design
❷ *(Aufbau)* construction

Kon·struk·ti·ons·bü·ro *nt* design office **Kon·struk·ti·ons·feh·ler** *m* ❶ *(Fehler im Entwurf)* design fault ❷ *(herstellungsbedingter Fehler)* construction [*or* manufacture] fault **Kon·struk·ti·ons·über·prü·fung** *f* construction inspection [*or* examination]

kon·struk·tiv [kɔnstrʊk'ti:f] I. *adj* ❶ *(geh: förderlich)* constructive
❷ *(entwurfsbedingt)* design
II. *adv* constructively

Kon·struk·ti·vis·mus <-> [kɔnstrʊkti'vɪsmʊs] *m kein pl* PHILOS constructivism

Kon·struk·ti·vi·tät <-> *f kein pl* constructiveness

Kon·sul <-s, -n> ['kɔnzʊl] *m (Beamter der römischen Republik)* consul

Kon·sul, Kon·su·lin <-s, -n> ['kɔnzʊl, kɔn'zʊlɪn] *m, f (Leiter eines Konsulats)* consul

Kon·su·lar·be·am·ter, -beamtin *m, f* JUR consular officer

kon·su·la·risch *adj* consular

Kon·su·lat <-[e]s, -e> [kɔnzʊ'la:t] *nt* ❶ *(Amt des Konsuls)* consulate
❷ *(Amtszeit eines Konsuls)* consulship

Kon·su·lin <-, -nen> *f fem form von* **Konsul**

Kon·sul·ta·ti·on <-, -en> [kɔnzʊlta'tsi̯o:n] *f (geh)* consultation

Kon·sul·ta·ti·ons·pflicht *f* JUR obligatory consultation

kon·sul·ta·tiv [kɔnzʊlta'ti:f] I. *adj inv Funktion, Tätigkeit* advisory *attr*
II. *adv* **sich** *akk* ~ **betätigen** to act in an advisory capacity

Kon·sul·ta·tiv·sta·tus *m* advisory role

kon·sul·tie·ren* [kɔnzʊl'ti:rən] *vt (geh)* ❶ *(um Rat fragen)* ■**jdn [wegen einer S.** *gen*] ~ to consult sb [about sth]
❷ *(hinzuziehen)* ■**etw** ~ to consult sth

Kon·sum <-s> [kɔn'zu:m] *m kein pl* consumption

Ko·nsum·ar·ti·kel *m* consumer good

Kon·su·ma·ti·on <-, -en> [kɔnzuma'tsi̯o:n] *f* ÖSTERR, SCHWEIZ *(Verzehr)* consumption

Kon·sum·aus·ga·be *f* ÖKON consumer expenditure [*or* spending] **Kon·sum·be·reich** *m* ÖKON consumer product segment **Kon·sum·be·reit·schaft** *f* HANDEL consumer acceptance **Kon·sum·ein·heit** *f* HANDEL consumption unit

Kon·su·ment(in) <-en, -en> [kɔnzu'mɛnt] *m(f)* consumer

Kon·su·men·ten·be·fra·gung *f* HANDEL consumer research [*or* survey] **Kon·su·men·ten·ir·re·füh·rung** *f* HANDEL misleading of consumers **Kon·su·men·ten·kre·dit** *m* HANDEL consumer credit **Kon·su·men·ten·le·ben** *nt* consumer life

Kon·su·men·ten·schaft <-> *f kein pl* SCHWEIZ *(Gesamtheit der Konsumenten)* consumers *pl*

Kon·su·men·ten·schutz·ge·setz *nt* JUR consumer protection act **Kon·su·men·ten·ver·trag** *m* JUR consumer contract

Kon·su·me·ris·mus <-> [kɔnzume'rɪsmʊs] *m kein pl* ÖKON consumerism

Kon·sum·funk·ti·on *f* ÖKON consumption function **Kon·sum·ge·nos·sen·schaft** *f* ÖKON consumer cooperative, cooperative society **Kon·sum·ge·sell·schaft** *f* consumer society **Kon·sum·ge·wohn·hei·ten** *pl* HANDEL consumer buying habits **Kon·sum·gü·ter** *pl* HANDEL consumer goods; **kurzlebige/langlebige ~** nondurables/consumer durables **Kon·sum·gü·ter·in·dust·rie** *f kein pl* ÖKON consumer goods industry **Kon·sum·haus·halt** *m* consumer household

kon·su·mie·ren* [kɔnzu'mi:rən] *vt (geh)* ❶ *(verbrauchen)* ■**etw** ~ to consume sth
❷ *(in sich aufnehmen)* ■**etw** ~ to consume sth

Kon·su·mis·mus <-> [kɔnzu'mɪsmʊs] *m kein pl* consumerism

kon·su·mis·tisch *adj inv (pej)* materialist, consumerist

Kon·sum·nei·gung *f* ÖKON tendency to consume **kon·sum·ori·en·tiert** *adj* consumption-based, materialistic **Kon·sum·ori·en·tiert·heit** *f* materialism, consumerism

kon·sump·tiv [kɔnzʊmp'ti:f] *adj inv* ÖKON *s.* **konsumtiv**

Kon·sum·rausch *m* frenzy of consumerism **Kon·sum·struk·tur** *f* ÖKON consumer structure **Kon·sum·tem·pel** *m* ÖKON *(pej fam)* shrine to consumerism **Kon·sum·ter·ror** *m* SOZIOL *(pej)* pressure to consume *no pl*

Kon·sum·tion <-, -en> [kɔnzʊm'tsi̯o:n] *f* ÖKON consumption

Kon·sum·ti·ons·ra·te *f* ÖKON consumption rate

kon·sum·tiv [kɔnzʊm'ti:f] *adj inv* ÖKON consumption *attr;* **~e Ausgaben** consumption expenditure

Kon·sum·ver·ein *m* JUR consumer co-operative **Kon·sum·ver·hal·ten** *nt kein pl* ÖKON consumer behaviour [*or* AM -or] *no pl, no indef art,* consumer habits *pl* **Kon·sum·ver·zicht** *m* ÖKON deferred demand, nonconsumption **Kon·sum·zwang** *m* pressure to consume *no pl*

Kon·takt <-[e]s, -e> [kɔn'takt] *m* ❶ *(Verbindung)* contact; **enger ~** close contact; **sexuelle** [*o euph* **intime**] **~e** sexual contact; ***er hat ~e zum Verteidigungsministerium*** he has connections to the ministry of defence; **mit jdm ~ aufnehmen** to get in contact with sb, to contact sb; **mit jdm ~ bekommen, ~ zu jdm finden** to establish contact with sb; **[mit jdm] in ~ bleiben, [mit jdm] ~ halten** to stay in contact [*or* touch] with sb; **~ zu jdm haben** to be in contact with sb; **keinen ~ mehr [zu jdm] haben** to no longer be in contact [with sb], to

have lost contact [with sb]; **mit jdm ~ halten** to maintain contact with sb; **den ~ [zu jdm] herstellen** to establish [*or* set up] contact [with sb]; **mit jdm in ~ kommen** to come into contact with sb; **~e knüpfen** to establish contact; *(Freunde finden)* to get to know people, to make friends; *(geschäftliche Kontakte)* to network, to develop business contacts; **[mit jdm] in ~ stehen** to be in contact [with sb]; **den ~ mit jdm suchen** to attempt to establish [*or* set up] contact with sb; **den ~ zu jdm verlieren** to lose contact [*or* touch] with sb
② *(Berührung)* contact; **mit etw** *dat* **in ~ kommen** to come into contact with sth
③ ELEK contact, point

Kon·takt·ad·res·se *f* contact address **Kon·takt·an·zei·ge** *f* lonely hearts advertisement BRIT, personal [ad] AM **kon·takt·arm** *adj* ■ **~ sein** to have little contact with other people **Kon·takt·ar·mut** *f kein pl (geh)* lack of [human] contact **Kon·takt·auf·nah·me** *f* making of contact, approach **Kon·takt·be·lich·tung** *f* TYPO contact exposure **Kon·takt·bild·schirm** *m* touch screen **Kon·takt·bör·se** *f* personals section **Kon·takt·der·ma·ti·tis** *f*, **Kon·takt·ek·zem** *nt* contact dermatitis **kon·takt·freu·dig** *adj* ■ **~ sein** to enjoy contact with other people, to be sociable **Kon·takt·grill** *m* griddle **Kon·takt·grup·pe** *f* contact group

kon·tak·tie·ren* [kɔntak'tiːrən] *vt (geh)* ■ **jdn ~** to contact sb

Kon·takt·kle·ber *m* contact adhesive **Kon·takt·leis·te** *f* TECH connector **Kon·takt·lin·se** *f* contact lens **Kon·takt·lin·sen·pfle·ge·mit·tel** *nt* contact lens solution

kon·takt·los *adj inv* contact-less

Kon·takt·mann *m* contact [person] **Kon·takt·me·ta·mor·pho·se** *f* GEOL contact metamorphism **Kon·takt·netz** *nt* network of contacts **Kon·takt·per·son** *f* contact [person] **Kon·takt·schlie·ßung** *f* TECH contact closure **Kon·takt·sper·re** *f* JUR solitary confinement

Kon·ta·mi·na·ti·on <-, -en> [kɔntamina'tsi̯oːn] *f* contamination *no pl*

kon·ta·mi·nie·ren* [kɔntami'niːrən] *vt* ■ **etw ~** to contaminate sth

kon·tem·pla·tiv [kɔntɛmpla'tiːf] *adj (geh)* contemplative

Kon·ten ['kɔntn̩] *pl von* Konto

Kon·ten·ab·rech·nung *f* FIN settlement of accounts **Kon·ten·ab·schluss**[RR] *m* FIN balancing of the accounts **Kon·ten·ab·stim·mung** *f* FIN reconcilement **Kon·ten·be·we·gung** *f s.* Kontobewegung **Kon·ten·plan** *m*, **Kon·ten·rah·men** *m* FIN draft of the accounts **Kon·ten·sche·ma** *nt* FIN system of accounts **Kon·ten·spa·ren** *nt kein pl* FIN account savings *pl*

Kon·ter <-s, -> ['kɔntɐ] *m* SPORT counter, counterattack

Kon·ter·ad·mi·ral ['kɔntɐʔatmiraːl] *m* NAUT rear-admiral

Kon·ter·fei <-s, -s *o* -e> ['kɔntɐfai̯] *nt (hum)* picture

kon·ter·ka·rie·ren* [kɔntɐka'riːrən] *vt (geh)* ■ **etw ~** to impede sth

kon·tern ['kɔntɐn] **I.** *vt* ■ **etw ~** to counter sth
II. *vi* to counter

Kon·ter·re·vo·lu·ti·on [kɔntɐrevolutsi̯oːn] *f* counter-revolution **Kon·ter·re·vo·lu·ti·o·när(in)** <-s, -e> ['kɔntɐrevolutsi̯o nɛːɐ̯] *m(f)* counter-revolutionary

Kon·text <-[e]s, -e> ['kɔntɛkst] *m* ① *(umgebender Text)* context
② *(geh: Zusammenhang)* context

Kon·text·me·nü *nt* INFORM context menu

Konti ['kɔnti] *pl von* Konto

Kon·ti·nent <-[e]s, -e> ['kɔntinɛnt] *m* continent

kon·ti·nen·tal [kɔntinɛn'taːl] *adj* continental

Kon·ti·nen·tal·eu·ro·pa *nt* Continental Europe **Kon·ti·nen·tal·kli·ma** *nt* continental climate **Kon·ti·nen·tal·plat·te** *f* continental plate **Kon·ti·nen·tal·so·ckel** *m* continental terrace **Kon·ti·nen·tal·sper·re** *f kein pl* ■ **die ~** the Continental System **Kon·ti·nen·tal·ver·schie·bung** *f* GEOL continental drift

Kon·tin·gent <-[e]s, -e> [kɔntɪŋ'gɛnt] *nt* ① *(Truppenkontingent)* contingent
② *(Teil einer Menge)* quota

kon·tin·gen·tie·ren* [kɔntɪŋgɛn'tiːrən] *vt* ■ **etw ~** to fix a quota for sth

Kon·tin·gen·tie·rung <-, -en> *f* ÖKON allocation of quotas

Kon·tin·gen·tie·rungs·satz *m* ÖKON quota **Kon·tin·gen·tie·rungs·sys·tem** *nt* ÖKON quota system

kon·ti·nu·ier·lich [kɔntinu'iːɐ̯lɪç] **I.** *adj (geh)* constant, continuous
II. *adv (geh)* constantly, continuously

Kon·ti·nu·i·tät <-> [kɔntinui'tɛːt] *f kein pl (geh)* continuity *no pl*

Kon·to <-s, Konten *o* Konti> ['kɔnto, *pl* 'kɔntn̩, 'kɔnti] *nt* FIN account; **~ für dubiose Außenstände** bad-debts collected account; **ungedecktes ~** unsecured account; **ein ~ beschlagnahmen/einfrieren** to attach/block an account; **ein ~ saldieren/verpfänden** to balance/pledge an account
▶ WENDUNGEN: **auf jds ~** into sb's account; **auf jds ~ gehen** *(fam: etw zu verantworten haben)* to be sb's fault; *(für etw aufkommen)* to be on sb; ***das Bier geht auf mein ~!*** the beer's on me!; **etw auf sein ~ verbuchen können** to put sth down to one's [own] efforts

Kon·to·ab·fra·ge *f* FIN account inquiry **Kon·to·ab·rech·nung** *f* FIN settlement of account **Kon·to·ak·ti·vi·tät** *f meist pl* FIN account activities *pl* **Kon·to·ana·ly·se** *f* FIN account analysis **Kon·to·aus·zug** *m* bank statement; *(kurzer Auszug)* mini-statement **Kon·to·be·we·gung** *f* FIN account transaction, changes *pl* in accounts **Kon·to·be·zeich·nung** *f* FIN name of an/the account **Kon·to·blatt** *nt* FIN account form **Kon·to·er·öff·nung** *f* opening of an account **kon·to·füh·rend** *adj* which manages an account *pred* **Kon·to·füh·rung** *f* keeping [of] an account, account management *no pl* **Kon·to·füh·rungs·ge·bühr** *f* FIN bank [*or* account management] charge **Kon·to·in·for·ma·ti·on** *f* FIN account information *no indef art, no pl* **Kon·to·in·ha·ber(in)** *m(f)* account holder

Kon·to·kor·rent <-s, -e> [kɔntokɔ'rɛnt] *nt* FIN account current **Kon·to·kor·rent·ein·la·gen** *pl* FIN current deposits **Kon·to·kor·rent·ge·schäft** *nt* FIN overdraft business **Kon·to·kor·rent·kon·to** *nt* FIN cash account **Kon·to·kor·rent·kre·dit** *m* FIN advance on current account **Kon·to·kor·rent·schuld·ner(in)** *m(f)* FIN trade debtor, debtor on overdraft **Kon·to·kor·rent·ver·bind·lich·keit** *f* FIN liability on current account **Kon·to·kor·rent·ver·hält·nis** *nt* FIN mutual accounts *pl*

Kon·to·num·mer *f* account number **Kon·to·pfän·dung** *f* JUR garnishment of an account

Kon·tor <-s, -e> [kɔn'toːɐ̯] *nt* ① ÖKON overseas branch
② *(in der früheren DDR)* wholesale organization
▶ WENDUNGEN: **ein Schlag ins ~ sein** *(selten fam)* to be a real blow [*or* nasty shock]

Kon·to·rist(in) <-en, -en> [kɔnto'rɪst] *m(f)* office worker, clerk

Kon·to·sal·die·rung *f* FIN account balancing **Kon·to·sal·do** *m* FIN account balance **Kon·to·sper·re** *f* FIN account lock **Kon·to·stand** *m* account balance; **seinen ~ abrufen** to check one's balance **Kon·to·über·zie·hung** *f* FIN overdraft **Kon·to·ver·trag** *m* JUR account maintenance agreement **Kon·to·voll·macht** *f* FIN power to draw on an account

kon·tra ['kɔntra] *adv* against; ***er ist dazu ~ eingestellt*** he is against it

Kon·tra <-s, -s> ['kɔntra] *nt* double; ■ **~ sagen** to double; **jdm ~ geben** *(fam)* to contradict

Kon·tra·bass[RR] *m* double bass

kon·tra·dik·to·risch [kɔntradɪk'toːrɪʃ] *adj* JUR **~es Urteil** judgement on the merits

Kon·tra·hent(in) <-en, -en> [kɔntra'hɛnt] *m(f)* *(geh)* opponent, adversary

kon·tra·hie·ren* [kɔntra'hiːrən] **I.** *vi, vr* ■ **[sich** *akk*] ~ to contract
II. *vt* JUR, HANDEL *(abschließen)* ■ **etw ~** to contract sth; **einen Vertrag ~** to conclude an agreement; **mit sich** *dat* **selbst ~** to act as principal and agent, to contract with oneself

Kon·tra·hie·rungs·frei·heit *f kein pl* JUR, HANDEL liberty to contract **Kon·tra·hie·rungs·ver·bot** *nt* JUR prohibition to enter into a contract **Kon·tra·hie·rungs·zwang** *m* JUR, HANDEL obligation to contract

Kon·tra·in·di·ka·ti·on ['kɔntraʔɪndikatsi̯oːn] *f* contra-indication **kon·tra·in·di·ziert** ['kɔntraʔɪnditsiːɐ̯t] *adj inv* MED contraindicated

Kon·trakt <-[e]s, -e> *m* JUR contract; **laut ~** as per contract

Kon·trak·ti·on <-, -en> [kɔntrak'tsi̯oːn] *f* contraction

Kon·trakt·part·ner(in) *m(f)* contract partner

kon·tra·pro·duk·tiv ['kɔntraproduktiːf] *adj (geh)* counterproductive

Kon·tra·punkt ['kɔntrapʊŋkt] *m* counterpoint

kon·trär [kɔn'trɛːɐ̯] *adj (geh)* contrary

Kon·trast <-[e]s, -e> [kɔn'trast] *m* ① *(Gegensatz)* contrast; **im [*o* in] ~ zu etw** *dat* **stehen** to contrast with sth
② *(Helligkeitsunterschied)* contrast *no pl*

Kon·trast·brei *m* radiopaque material *no pl spec* **Kon·trast·far·be** *f* contrasting colour [*or* AM -or]

kon·tras·tie·ren* [kɔntrs'tiːrən] *vi (geh)* ■ **[mit etw** *dat*/**zu etw** *dat*] ~ to contrast [with sth]

Kon·trast·mit·tel *nt* contrast medium **Kon·trast·pro·gramm** *nt* alternative programme [*or* AM -am] **Kon·trast·reg·ler** *m* TV contrast [control] **kon·trast·reich** *adj* rich in [*or* full of] contrast[s]

Kon·tra·zep·ti·on <-> [kɔntratsɛp'tsi̯oːn] *f kein pl* *(geh)* contraception

kon·tra·zep·tiv [kɔntratsɛp'tiːf] *adj inv* MED contraceptive

Kon·tra·zep·ti·vum <-s, -va> [kɔntratsɛp'tiːvʊm, *pl* -va] *nt* MED contraceptive

Kon·tri·bu·ti·on <-, -en> [kɔntribu'tsi̯oːn] *f (veraltet)* contribution

Kon·troll·ab·schnitt *m* tab, stub **Kon·trol·lam·pe**[ALT] *f s.* Kontrolllampe **Kon·troll·be·fug·nis** *f* power of control, supervisory power **Kon·troll·be·hör·de** *f* POL regulatory [*or* supervisory] agency **Kon·troll·be·trag** *m* FIN control amount **Kon·troll·bit** *nt* INFORM stop bit

Kon·trol·le <-, -n> [kɔn'trɔlə] *f* ① *(Überprüfung)* check, inspection; **die ~n an einem Flughafen** checks at an airport; **eine ~ durchführen** to conduct an inspection
② *(passive Überwachung)* monitoring
③ *(aktive Überwachung)* supervision; **etw unter ~ bringen** to bring sth under control; **jdn/etw unter ~ haben [*o* halten]** *(Gewalt über jdn/etw haben)* to have sb/sth under control; *(jdn/etw überwachen)* to have sb/sth monitored; **die ~ über etw** *akk* **verlieren** *(Gewalt)* to lose control of sth; **die ~ über sich** *akk* **verlieren** to lose control of oneself
④ *(Kontrollstelle)* checkpoint

Kon·trol·leuch·te[ALT] *f s.* **Kontrollleuchte**

Kon·trol·leur(in) <-s, -e> [kɔntrɔ'løːɐ̯] *m(f)* inspector

Kon·troll·freak [-friːk] *m* control freak

Kon·troll·funk·ti·on *f* supervisory [*or* monitoring] function **Kon·troll·gang** *m* patrol **Kon·troll·ge·sell·schaft** *f* ÖKON controlling company **Kon·troll·grup·pe** *f* ÖKON, SCI, PSYCH control group

kon·trol·lier·bar *adj* ① *(beherrschbar)* controllable
② *(überprüfbar)* checkable, verifiable

kon·trol·lie·ren* [kɔntrɔ'liːrən] *vt* ① *(überprüfen)* ■ **jdn/etw ~** to check sb/sth; ■ **etw auf etw** *akk* **~** to check sth for sth; ***haben Sie Ihre Wertsachen auf Vollständigkeit kontrolliert?*** have you checked your valuables to make sure they're all there?
② *(überwachen)* ■ **jdn/etw ~** to monitor sb/sth; ■ **jdn/etw [auf etw** *akk*] **~** to check sb/sth [for sth]
③ *(beherrschen)* ■ **etw ~** to control sth

Kon·troll·in·stanz *f* ÖKON control layer **Kon·troll·in·stru·ment** *nt* ÖKON control instrument **Kon·trol·lis·te**[ALT] *f s.* Kontrollliste **Kon·troll·kom·**

mis·si·on *f* control commission **Kon·trọll·lam·pe^RR** *f* indicator light; **rote** ~ red warning light **Kon·trọll·leuch·te^RR** *f* AUTO indicator light, IND LITE **Kon·trọll·lis·te^RR** *f* checklist **Kon·trọll·maß·nah·me** *f* control measure **Kon·trọll·me·cha·nis·mus** *m* TECH controlling mechanism **Kon·trọll·mit·tei·lung** *f* FIN *(Steuern)* [tax-audit] tracer note **Kon·trọll·or·gan** *nt* ① POL controlling body ② JUR regulatory [*or* monitoring] body **Kon·trọll·punkt** *m* checkpoint **Kon·trọll·recht** *nt* FIN right of control, [books] audit privilege **Kon·trọll·schild** <-[e]s, -er> *nt* SCHWEIZ *(Nummernschild)* number [*or* AM license] plate **Kon·trọll·sie·gel** *nt* JUR inspection stamp **Kon·trọll·stel·le** *f* checkpoint **Kon·trọll·sys·tem** *nt* control system **Kon·trọll·turm** *m* control tower **Kon·trọll·uhr** *f* time clock **Kon·trọll·zen·trum** *nt* control centre [*or* AM -er]

kon·tro·vers [kɔntroˈvɛrs] **I.** *adj (geh)* ① *(gegensätzlich)* conflicting, opposing
② *(umstritten)* controversial
II. *adv (geh)* in an argumentative manner *pred*

Kon·tro·ver·se <-, -n> [kɔntroˈvɛrzə] *f (geh)* conflict; **eine ~ austragen** to resolve a conflict

Kon·tur <-, -en> [kɔnˈtuːɐ̯] *f meist pl* contour; **~ annehmen** to take shape; **~ gewinnen** *(geh)* to take shape; **an ~ verlieren** *(geh)* to become less clear

Ko·nus <-, -se *o* Konen> [ˈkoːnʊs, *pl* -ʊsə, -nən] *m* cone

Kon·vek·ti·ons·zel·len [kɔnvɛkˈtsi̯oːns-] *pl* GEOL subcrustal material *no pl* **Kon·vek·ti·ons·zo·ne** *f* GEOL convection zone

Kon·vek·to·mat <-s, -e> *m* convector oven

Kon·vent <-[e]s, -e> [kɔnˈvɛnt] *m* ① *(Zusammenkunft)* convention, meeting
② *(Klostergemeinschaft)* convent; *(Mönchskonvent)* monastery

Kon·ven·ti·on <-, -en> [kɔnvɛnˈtsi̯oːn] *f* ① *meist pl (Verhaltensnormen)* convention; **sich** *akk* **über alle/gängige ~en hinwegsetzen** to ignore all/the normal conventions
② *(Übereinkunft)* convention; **die Genfer ~** the Geneva Convention; **die Haager ~en** the Hague Conventions

Kon·ven·ti·o·nal·stra·fe *f* fixed penalty, penalty for non-performance of contract

konventionell [kɔnvɛntsi̯oˈnɛl] **I.** *adj* ① *(geh: dem Durchschnitt entsprechend)* **~e Arbeitsgebiete** conventional fields of work, conventional
② MIL conventional
II. *adv* ① *(geh: in althergebrachter Weise)* conventionally
② MIL conventionally

Kon·ven·ti·ons·satz *m* FIN rate fixed by convention

kon·ver·gent *adj inv* convergent

Kon·ver·genz <-, -en> [kɔnvɛrˈgɛnts] *f* BIOL convergence

Kon·ver·genz·ent·schei·dung *f* JUR convergence ruling **Kon·ver·genz·kri·te·ri·um** *nt* convergence criterion **Kon·ver·genz·pha·se** *f* EU, POL phase of convergence, convergence phase **Kon·ver·genz·po·li·tik** *f kein pl* EU, POL convergence policy **Kon·ver·genz·pro·gramm** *nt* EU, POL convergence programme [*or* AM -am]

Kon·ver·sa·ti·on <-, -en> [kɔnvɛrzaˈtsi̯oːn] *f (geh)* conversation; **~ machen** to make conversation

Kon·ver·sa·ti·ons·le·xi·kon *nt (veraltend)* encyclop[a]edia

Kon·ver·si·on <-, -en> [kɔnvɛrˈzi̯oːn] *f* conversion

Kon·ver·si·ons·kur·se *pl* FIN conversion rates *pl*

Kon·ver·ter <-s, -> [kɔnˈvɛrtɐ] *m* converter

kon·ver·ti·bel [kɔnvɛrˈtiːbl̩] *adj* convertible

Kon·ver·ti·bi·li·tät <-> [kɔnvɛrtibiliˈtɛːt] *f kein pl* convertibility *no pl*

kon·ver·tier·bar *adj* INFORM convertible

Kon·ver·tier·bar·keit <-> *f kein pl* INFORM convertibility

kon·ver·tie·ren* [kɔnvɛrˈtiːrən] *vi sein o haben* ■ [**zu etw** *dat*] ~ to convert [to sth]

Kon·ver·tier·feh·ler *m* INFORM conversion error

Kon·ver·tie·rung <-, -en> *f* INFORM conversion **Kon·ver·tie·rungs·an·lei·he** *f* FIN conversion issue **Kon·ver·tie·rungs·pro·gramm** *nt* INFORM conversion program

Kon·ver·tit(in) <-en, -en> [kɔnvɛrˈtiːt] *m(f)* convert

kon·vex [kɔnˈvɛks] **I.** *adj* convex
II. *adv* convexly

Kon·vex·lin·se *f* convex lens **Kon·vex·spie·gel** *m* convex mirror

Kon·voi <-s, -s> [ˈkɔnvɔy] *m* convoy; **im ~ fahren** to travel in [*or* as a] convoy

Kon·vo·lut <-[e]s, -e> [kɔnvoˈluːt] *nt (geh)* bundle

Kon·vul·si·on <-, -en> [kɔnvʊlˈzi̯oːn] *f meist pl* convulsion

kon·ze·die·ren* [kɔntseˈdiːrən] **I.** *vt (geh)* ■ [**jdm**] **etw ~** to concede sth [to sb], to admit sth
II. *vi (geh: zugestehen)* ■ [**jdm**] **~, dass** to concede [*or* admit] [to sb] that

Kon·zen·trat <-[e]s, -e> [kɔntsɛnˈtraːt] *nt* concentrate

Kon·zen·tra·ti·on <-, -en> [kɔntsɛntraˈtsi̯oːn] *f* ① *kein pl (angestrengtes Nachdenken)* concentration
② *(Zusammenballung)* concentration
③ *kein pl (Bündelung)* concentration; ***die ~ aller Kräfte auf das Lösen des Problems*** concentrating all energies on solving the problem
④ *(Stärke)* concentration

Kon·zen·tra·ti·ons·fä·hig·keit *f kein pl* ability to concentrate **Kon·zen·tra·ti·ons·gra·di·ent** *m* BIOL, CHEM concentration gradient **Kon·zen·tra·ti·ons·grund·satz** *m* JUR principle of concentration **Kon·zen·tra·ti·ons·kon·trol·le** *f* ÖKON merger [*or* monopolies] control **Kon·zen·tra·ti·ons·la·ger** *nt* concentration camp **Kon·zen·tra·ti·ons·man·gel** *m kein pl* lack of concentration **Kon·zen·tra·ti·ons·pro·zess^RR** *m* ÖKON process of concentration **Kon·zen·tra·ti·ons·schwä·che** *f* loss of concentration *no pl* **Kon·zen·tra·ti·ons·stö·rung** *f* PSYCH, MED weak [*or* poor] concentration; **an ~en leiden** to suffer from weak [*or* poor] concentration **Kon·zen·tra·ti·ons·wel·le** *f* ÖKON wave of mergers

kon·zen·trie·ren* [kɔntsɛnˈtriːrən] **I.** *vr* ■ **sich** *akk* [**auf etw** *akk*] ~ to concentrate [on sth]
II. *vt* ① *(bündeln)* ■ **etw** [**auf etw** *akk*] ~ to concentrate sth [on sth]
② *(massieren)* ■ **etw ~** to concentrate sth

kon·zen·triert **I.** *adj* ① *(angestrengt)* concentrated
② *(eingedickt)* concentrated
③ CHEM concentrated
II. *adv* in a concentrated manner

kon·zent·risch [kɔnˈtsɛntrɪʃ] **I.** *adj* concentric
II. *adv* concentrically

Kon·zept <-[e]s, -e> [kɔnˈtsɛpt] *nt* ① *(Entwurf)* draft; **als** [*o* **im**] ~ in draft [form]
② *(Plan)* plan; **jdn aus dem ~ bringen** to put sb off; **aus dem ~ geraten** [*o* **kommen**] to lose one's train of thought; **jdm nicht ins ~ passen** to not fit in with sb's plans; **jdm das ~ verderben** *(fam)* to foil sb's plan

Kon·zept·al·bum *nt* MUS concept album

Kon·zept·hal·ter *m* clipboard

Kon·zep·ti·on <-, -en> [kɔntsɛpˈtsi̯oːn] *f (geh)* concept

kon·zep·ti·o·nell [kɔntsɛptsi̯oˈnɛl] *adj inv (geh)* conceptional

kon·zep·ti·ons·los **I.** *adj (geh)* without basis *pred*, unmethodical
II. *adv* unmethodically

Kon·zep·ti·ons·lo·si·gkeit *f* lack of [any] underlying structure [*or* plan]

Kon·zep·ti·ons·pha·se *f* conception phase

Kon·zept·pa·pier *nt* draft paper

Kon·zern <-s, -e> [kɔnˈtsɛrn] *m* group

Kon·zern·ab·schluss^RR *f* ÖKON consolidated financial statement [*or* accounts] *pl* **Kon·zern·ab·schluss·prü·fung** *f* FIN, ÖKON audit of the consolidated financial statements

Kon·zern·ak·ti·va *pl* FIN, ÖKON group assets *pl*

Kon·zern·an·hang *m* JUR notes to group financial statements **Kon·zern·be·tei·li·gun·gen** *pl* HANDEL group holdings, affiliated interests **Kon·zern·bi·lanz** *f* FIN consolidated balance sheet **Kon·zern·buch·ge·winn** *m* HANDEL intercompany [*or* consolidated] profit **Kon·zern·bürg·schaft** *f* JUR group surety **Kon·zern·chef(in)** *m(f)* MD, CEO **Kon·zern·ebe·ne** *f* group level **Kon·zern·ent·flech·tung** *f* ÖKON demerger **Kon·zern·ent·wick·lung** *f* group development **Kon·zern·fu·si·on** *f* ÖKON group merger **Kon·zern·ge·sell·schaft** *f* ÖKON group member **Kon·zern·haf·tung** *f* JUR group liability

Kon·zern·herr(in) *m(f)* ÖKON big company boss **Kon·zern·la·ge·be·richt** *m* JUR group management report **Kon·zern·mut·ter** *f* parent company **Kon·zern·prü·fungs·be·richt** *m* FIN consolidated audit report **Kon·zern·recht** *nt* JUR law relating to groups [of companies] **Kon·zern·richt·li·ni·en** *pl* ÖKON group directives **Kon·zern·toch·ter** *f* dependant company, subsidiary **Kon·zern·um·satz** *m* FIN group turnover **Kon·zern·ver·rech·nung** *f* FIN intercompany [*or* transfer] pricing **Kon·zern·vor·be·halt** *m* JUR extended reservation of ownership

Kon·zern·vor·stand *m* group board **Kon·zern·zen·tra·le** *f* group headquarters + *sing/pl vb*

Kon·zert <-[e]s, -e> [kɔnˈtsɛrt] *nt* MUS ① *(Komposition)* concerto
② *(musikalische Aufführung)* concert

Kon·zert·abend *m* concert **Kon·zert·agen·tur** *f* concert agency **Kon·zert·be·su·cher(in)** *m(f)* concert-goer **Kon·zert·flü·gel** *m* concert grand **Kon·zert·gi·tar·re** *f* concert guitar

kon·zer·tie·ren* [kɔntsɛrˈtiːrən] *vi haben* MUS *(geh)* to give a concert

kon·zer·tiert *adj inv (geh)* concerted; **~e Aktion** concerted action

Kon·zer·tie·rungs·ver·fah·ren *nt* JUR conciliation procedure

Kon·zer·ti·na <-, -s> [kɔntsɛrˈtiːna] *f* concertina

Kon·zert·kar·te *f* concert ticket **Kon·zert·meis·ter(in)** *m(f)* concert master **Kon·zert·pi·a·nist(in)** *m(f)* concert pianist **Kon·zert·saal** *m* concert hall **Kon·zert·sän·ger(in)** *m(f)* concert singer **Kon·zert·zeich·ner(in)** *m(f)* BÖRSE stag **Kon·zert·zeich·nung** *f* BÖRSE stagging; **~en arrangieren** to stag the market

Kon·zes·si·on <-, -en> [kɔntsɛˈsi̯oːn] *f* ① *(geh: Zugeständnis)* concession; ■ **eine ~ an etw** *akk* a concession to sth; ■ [**jdm**] [**in etw** *dat*] **~en machen** to make concessions [to sb] [in sth]
② *(Gewerbeerlaubnis)* concession
③ SCHWEIZ *(Genehmigung für Radioempfang etc.)* broadcasting licence

Kon·zes·si·o·när(in) <-s, -e> [kɔntsɛsi̯oˈnɛːɐ̯] *m(f)* concessionaire

kon·zes·si·o·nie·ren* [kɔntsɛsi̯oˈniːrən] *vt (form)* ■ **etw ~** to licence [*or* AM -se] sth, to grant sb a licence [*or* AM concession] to do sth

Kon·zes·si·ons·ab·ga·be *f* JUR licence [*or* AM -se] tax **kon·zes·si·ons·be·reit** *adj (geh)* willing to make concessions **Kon·zes·si·ons·be·reit·schaft** *f kein pl (geh)* willingness to make concessions **Kon·zes·si·ons·er·tei·lung** *f* JUR licensing, issue of a licence [*or* AM -se] **Kon·zes·si·ons·ge·büh·ren** *pl* JUR licence royalties [*or* fees] **Kon·zes·si·ons·in·ha·ber(in)** *m(f)* JUR licensee, franchisee, concessionaire **kon·zes·si·ons·pflich·tig** *adj inv* JUR subject to a licence **Kon·zes·si·ons·ver·ein·ba·rung** *f*, **Kon·zes·si·ons·ver·trag** *m* JUR licensing agreement

Kon·zes·siv·satz [kɔntsɛˈsiːf-] *m* concessive clause

Kon·zil <-s, -e *o* -ien> [kɔnˈtsiːl, *pl* -li̯ən] *nt* ① *(Versammlung höherer Kleriker)* [ecclesiastical] council
② *(Hochschulgremium)* council

kon·zi·li·ant [kɔntsiˈli̯ant] **I.** *adj (geh)* complaisant *form*, obliging
II. *adv (geh)* complaisantly *form*, obligingly; ***er ist heute ~ gestimmt*** he's in an obliging mood today

Kon·zi·li·anz <-, -en> [kɔntsiˈli̯ants] *f (geh)* accommodation *form*, complaisance

kon·zi·pie·ren* [kɔntsi'pi:rən] *vt* ■**etw** [**als etw** *akk*] ~ to plan sth [as sth]

Koog <-es, Köge> [ko:k, *pl* 'kø:gə] *m* NORDD *(Polder)* polder

Ko·ope·ra·ti·on <-, -en> [koʔopera'tsi̯o:n] *f* co-operation *no indef art, no pl*

Ko·ope·ra·ti·ons·ab·kom·men *nt* cooperation agreement **Ko·ope·ra·ti·ons·kar·tell** *nt* ÖKON co-operative cartel **Ko·ope·ra·ti·ons·part·ner(in)** *m(f)* JUR partner to a/the cooperation **Ko·ope·ra·ti·ons·pha·se** *f* cooperation phase **Ko·ope·ra·ti·ons·pro·jekt** *nt* cooperation scheme **Ko·ope·ra·ti·ons·ver·ein·ba·rung** *f*, **Ko·ope·ra·ti·ons·ver·trag** *m* JUR cooperation agreement **Ko·ope·ra·ti·ons·vor·teil** *m* cooperation advantage

ko·ope·ra·tiv [koʔopera'ti:f] *adj (geh)* co-operative

ko·ope·rie·ren* [koʔope'ri:rən] *vi* ■[**mit jdm**] ~ to cooperate [with sb]

ko·op·tie·ren* [koʔop'ti:rən] *vt (geh)* ■**jdn/etw** ~ to co-opt sb/sth

Ko·or·di·na·te <-, -en> [koʔɔrdi'na:tə] *f* ❶ *(geometrische Angabe)* coordinate
❷ *meist pl (geografische Angabe)* coordinate

Ko·or·di·na·ten·ach·se [-aksə] *f* coordinate axis **Ko·or·di·na·ten·sys·tem** *nt* coordinate system

Ko·or·di·na·ti·on <-, -en> [koʔɔrdina'tsi̯o:n] *f (geh)* coordination

Ko·or·di·na·tor(in) <-s, -en> [koʔɔrdi'na:toɐ̯, koʔɔrdina'to:rɪn, *pl* -'to:rən] *m(f) (geh)* coordinator

ko·or·di·nie·ren* [koʔɔrdi'ni:rən] *vt (geh)* ■**etw** ~ to coordinate sth

Ko·or·di·nie·rung <-, -en> *f* coordination; ~ **der Prozessoren** processors coordination

Ko·or·di·nie·rungs·pflicht *f* coordination duty

Ko·pe·ke <-, -n> [ko'pe:kə] *f* kopeck, copeck

Ko·pen·ha·gen <-s> [ko:pn̩'ha:gn̩] *nt* Copenhagen

Kö·pe·ni·cki·a·de <-, -n> [kø:pənɪ'ki̯a:də] *f (hum geh)* hoax

Kopf <-[e]s, Köpfe> [kɔpf, *pl* 'kœpfə] *m* ❶ *(Haupt)* head; ~ ***runter!*** duck!; ~ ***weg!*** *(fam)* out the way! *fam;* ~ **an** ~ shoulder to shoulder; *(bei Wettrennen)* neck and neck; ***bis zu den letzten hundert Metern lagen sie ~ an ~*** they were neck and neck until the last hundred metres; **mit besoffenem** ~ *(sl)* pissed out of one's head *sl;* **bis über den** ~ above one's head; *(fig)* up to one's neck [*or* ears]; **mit bloßem** ~ bareheaded; **jdm brummt der** ~ *(fam)* sb's head is thumping *fam;* **einen dicken** [*o* **schweren**] ~ **haben** *(fam)* to have a sore head *fam;* **den** ~ **einziehen** to lower one's head; **jds** ~ **fordern** *(a. fig)* to demand sb's head *a. fig;* ***wir fordern seinen ~!*** off with his head!; **von** ~ **bis Fuß** from head to foot [*or* top to toe]; **einen** [**halben**] ~ **größer/kleiner als jd sein** to be [half a] head taller/smaller than sb; **den** ~ **in die Hände stützen** to rest one's head in one's hands; **den** ~ **hängen lassen** *(a. fig)* to hang one's head *a. fig;* **jdn den** ~ **kosten** to cost sb their head; *(fig)* to cost sb their job; *(Amt)* to cost sb their position; *(Karriere)* to cost sb their career; **den** ~ **in den Nacken werfen** to throw one's head back; **mit dem** ~ **nicken** to nod one's head; **einen** [**ganz**] **roten** ~ **bekommen** to go red in the face; *(vor Scham a.)* to blush; **den** ~ **schütteln** to shake one's head; **jdm schwindelt der** ~, **jds** ~ **schwindelt** sb's head is spinning; **den** ~ **sinken lassen** to lower one's head; **auf dem** ~ **stehen** to stand on one's head; **jdm über den** ~ **wachsen** to grow taller than sb; *(fig)* to be too much for sb; **sich** *dat* **den** ~ **waschen** to wash one's hair; **die Köpfe zusammenstecken** *(fam)* to huddle together *fam;* [**mit dem**] ~ **voraus** [*o* **voran**] headfirst, headlong AM
❷ *(oberer, vorderer Teil)* head; *(Briefkopf)* [letter]head; *einer Pfeife* bowl; *eines Plattenspielers* head; ~ ***oder Zahl?*** heads or tails?; ***die Blumen lassen schon die Köpfe*** [*o* ***den*** ~] ***hängen*** the flowers are already drooping; **am** ~ **der Tafel sitzen** to sit at the head of the table; **auf dem** ~ **stehen** to be upside down
❸ HORT head; **ein** ~ **Kohl/Salat** a head of cabbage/lettuce
❹ *kein pl (Gedanken)* head, mind; *(Erinnerung)* memory; **aus dem** ~ from memory, by heart; ***sie kann das Gedicht aus dem ~ hersagen*** she can recite the poem from memory [*or* by heart]; **etw geht jdm durch den** ~ sb is thinking about sth; ***mir geht so viel durch den ~!*** there is so much going through my mind!; **sich** *dat* **etw durch den** ~ **gehen lassen** to consider sth, to mull sth over; **den** ~ **voll** [**mit etw** *dat*] **haben** *(fam)* to be preoccupied [with sth]; ***ich habe den ~ so voll, dass ich mich kaum konzentrieren kann*** I've got so much on my mind I find it difficult to concentrate; ***ich habe den ~ schon voll genug!*** I've got enough on my mind!; **im** ~ in one's head; **etw im** ~ **behalten** to keep sth in one's memory; ***die Einzelheiten kann ich nicht alle im ~ behalten*** I can't remember all the details; **etw im** ~ **haben** *(sich erinnern)* to have made a mental note of sth; *(sich mit etw beschäftigen)* to be thinking about sth; **anderes** [*o* **andere Dinge**] **im** ~ **haben** to have other things to worry about; **nur** [*o* **nichts als**] **Arbeit/Fußball im** ~ **haben** to think of nothing but work/football; **die Melodie im** ~ **haben** to remember the tune; **etw im** ~ **rechnen** to calculate sth in one's head; **in den Köpfen** [**der Menschen**] **spuken** to haunt people's thoughts; ***diese Vorstellung spukt noch immer in den Köpfen vieler Menschen*** this idea still haunts many people's thoughts; **jdm kommt etw in den** ~ sb remembers sth; ***mir ist neulich in den ~ gekommen, dass ...*** it crossed my mind the other day, that ...; **sich** *dat* **keinen** ~ **machen** *(fam)* to not worry; **etw schießt jdm durch den** ~ sth flashes through sb's mind; **jdm schwirrt der** ~ *(fam)* sb's head is buzzing; **jdm durch den** ~ **schwirren** *(fam)* to buzz around sb's head; **nicht** [*o* **kaum**] **wissen, wo einem der** ~ **steht** *(fam)* to not know whether one is coming or going *fam;* **etw will jdm nicht aus dem** ~ sb can't get sth out of their head; **sich** *dat* [**über etw** *akk*] **den** ~ **zerbrechen** *(fam)* to rack one's brains [over sth] *fam*
❺ *kein pl (Verstand, Intellekt)* mind; ***du hast wohl was am ~!*** *(sl)* you're not quite right in the head! *fam;* **ein heller** [*o* **kluger**] [*o* **schlauer**] ~ **sein** *(fam)* to have a good head on one's shoulders, to be clever; ***du bist ein kluger ~!*** you are a clever boy/girl! *fam;* **einen klaren** ~ **behalten** to keep a clear head; **einen kühlen** ~ **bewahren** [*o* **behalten**] to keep a cool head; **nicht auf den** ~ **gefallen sein** to be no fool; **jdm den** ~ **verdrehen** *(fam)* to turn sb's head; **den** ~ **verlieren** *(fam)* to lose one's head; **jdm den** ~ **zurechtsetzen** [*o* **zurechtrücken**] *(fam)* to make sb see sense; **nicht ganz richtig** [*o* **klar**] **im** ~ **sein** *(fam)* to be not quite right in the head *fam;* **etw im** ~ **nicht aushalten** *(fam)* to not be able to bear sth; **etw geht** [*o* **will**] **jdm nicht in den** ~ *(fam)* sb just can't understand sth; ***will dir das denn nicht in den ~?*** can't you get that into your head?; **es im** ~ **haben** *(fam)* to have [got] brains *fam;* ***dafür muss man's im ~ haben*** you need brains for that *fam*
❻ *kein pl (Wille)* mind; **seinen** ~ **durchsetzen** to get one's way; **nach jds** ~ **gehen** to go [*or* be] the way sb wants; **seinen eigenen** ~ **haben** *(fam)* to have a mind of one's own; **über jds** ~ **hinweg** over sb's head; **sich** *dat* **etw aus dem** ~ **schlagen** to get sth out of one's head; **sich** *dat* **in den** ~ **setzen, etw zu tun** to get it into one's head to do sth; ***sie hat es sich in den ~ gesetzt, Schauspielerin zu werden*** she's got it into her head to become an actress; **jdm steht der** ~ **nicht nach etw** *dat* sb doesn't feel like sth
❼ *kein pl (Person)* head, person; **eine Belohnung** [*o* **Summe**] **auf jds** ~ **aussetzen** to put a price on sb's head; ***auf den ~ dieses Mörders waren 500 Dollar Belohnung ausgesetzt*** a reward of $500 had been offered for the murderer's capture; **eine hundert** ~ **starke Gruppe** a group of hundred people; **pro** ~ per head [*or form* capita]
❽ *(Führer)* leader; *(Denker)* brains *pl,* mastermind; ***die besten Köpfe arbeiten für uns*** the best brains are working for us; ■**der** ~ **einer S.** *gen* the person behind sth
▶WENDUNGEN: **jdm nicht** [**gleich**] **den** ~ **abreißen** *(fam)* to not bite sb's head off *fam;* **was man nicht im** ~ **hat,** [**das**] **muss man in den Beinen haben** *(prov)* bad memory means a lot of legwork *fam;* **sich** [**gegenseitig**] **die Köpfe einschlagen** *(fam)* to be at each other's throats *fam;* **sich** *dat* **an den** ~ **fassen** [*o* **greifen**] to shake one's head in disbelief *fig;* **etw vom** ~ **auf die Füße stellen** *(fam)* to set sth right [*or* straight]; **jd ist nicht auf den** ~ **gefallen** *(fam)* sb wasn't born yesterday *fig fam;* **wie vor den** ~ **geschlagen sein** *(fam)* to be dumbstruck; **etw auf den** ~ **hauen** *(fam)* to spend all of sth; **sich die Köpfe heißreden** *(fam)* to talk oneself into a frenzy;**jdm auf dem** ~ **herumtanzen** *(fam)* to do as one likes with sb; **den** ~ [**für jdn/etw**] **hinhalten** *(fam)* to take the blame [for sb/sth]; ~ **hoch!** [keep your] chin up! *fig;* **den** ~ **hoch tragen** to keep one's head held high; **sich** *akk* **um** ~ **und Kragen reden** to talk oneself into trouble; ~ **und Kragen riskieren** *(Leben, Gesundheit)* to risk life and limb; *(Existenz, Job)* to risk one's neck *fig;* **jdn einen** ~ **kürzer machen** *(sl)* to chop sb's head off *fig sl;* **sich einen** ~ [**über etw**] **machen** to ponder sth, to not be able to stop thinking about sth; **den** ~ **oben behalten** to keep one's chin up, to not loose heart; ***halt den ~ oben, Junge*** *(fam)* chin up, kid *fam;* **jdm raucht der** ~ *(fam)* sb's head is spinning; **Köpfe werden rollen** heads will roll; **den** ~ **in den Sand stecken** to bury one's head in the sand *fig;* **den** ~ **aus der Schlinge ziehen** to dodge danger; **bis über den** ~ **in Schwierigkeiten stecken** to be up to one's neck in problems *fam;* **jdm auf den** ~ **spucken können** *(fam)* to be head and shoulders above sb *fam;* **sich** *dat* **nicht auf den** ~ **spucken lassen** *(sl)* to not let people walk all over one; **jdm in den** ~ [*o* **zu Kopf**[**e**]] **steigen** to go to sb's head; **etw auf den** ~ **stellen** *(durchsuchen)* to turn sth upside down [*or* inside out]; *(ins Gegenteil verkehren)* to turn sth on its head *fig;* **du kannst dich auf den** ~ **stellen,** [**aber**] ... *(fam),* **und wenn du dich auf den** ~ **stellst, ...** *(fam)* you can talk until you're blue in the face, [but] ... *fam;* **jdn vor den** ~ **stoßen** to offend sb; **jd vergisst noch mal seinen** ~ *(fam)* sb would forget their head if it wasn't screwed on *fam;* **mit dem** ~ **durch die Wand** [**rennen**] **wollen** *(fam)* to be determined to get one's way; **jdm den** ~ **waschen** to give sb a telling-off; **seinen** ~ **darauf wetten, dass ...** *(fam)* to bet one's bottom dollar that ... *fam;* **jdm etw an den** ~ **werfen** [*o fam* **schmeißen**] to chuck [*or* sling] sth at sb *fam;* **jdm Beleidigungen an den** ~ **werfen** to hurl insults at sb; **jdm etw auf den** ~ **zusagen** to tell sb sth to their face

Kopf-an-Kopf-Ren·nen *nt (a. fig)* neck-and-neck race **Kopf·ar·beit** *f* brain-work **Kopf·bahn·hof** *m* BAHN *station where trains cannot pass through but must enter and exit via the same direction* **Kopf·ball** *m* header **Kopf·be·de·ckung** *f* headgear *no indef art, no pl;* **ohne** ~ bareheaded **Kopf·be·schnitt** *m* TYPO head trim[ming] **Kopf·be·we·gung** *f* head movement, movement of the head

Köpf·chen <-s, -> ['kœpfçən] *nt dim von* **Kopf** *(kleiner Kopf)* [little] head
▶WENDUNGEN: ~, ~! *(fam)* very clever!; ~ **haben** *(fam)* to have brains

köp·fen ['kœpfn̩] **I.** *vt* ❶ *(fam: enthaupten)* ■**jdn** ~ to behead sb; *s. a.* **Flasche**
❷ *(die Triebe beschneiden)* ■**etw** ~ to prune sth
II. *vi* to head the ball

Kopf·en·de *nt* head **Kopf·frei·heit** *f* AUTO headroom **Kopf·fü·ßer** <-s, -> *m* cuttlefish **Kopf·ge·burt** *f (pej fam)* unrealistic proposal **Kopf·geld** *nt* head money *no pl,* bounty **Kopf·geld·jä·ger(in)** *m(f)* bounty hunter

kopf·ge·steu·ert *adj (pej sl)* ruled by one's head [not one's heart] **Kopf·haar** *nt* ❶ *kein pl (Haupthaar)* hair ❷ *(einzelnes Haar)* hair **Kopf·haut** *f* scalp

Kopf·hö·rer *m* headphones *pl;* *(für Handy)* headset **Kopf·hö·rer·an·schluss**[RR] *m* headphone connection [*or* socket] **Kopf·hö·rer·buch·se** *f* head-

phone socket
Kopf·jä·ger(in) *m(f)* headhunter
Kopf·ki·no *nt (iron fam)* inner cinema
Kopf·kis·sen *nt* pillow **Kopf·kis·sen·be·zug** *m* pillowcase
Kopf·län·ge *f* head
kopf·las·tig *adj* ❶ *(vorn zu stark beladen)* nose-heavy; *(oben zu stark beladen)* top-heavy
❷ *(zu viel Leitungspersonal aufweisend)* top-heavy
❸ *(zu intellektuell)* overly intellectual
Kopf·laus *f* head louse
kopf·los **I.** *adj* ❶ *(ganz verwirrt)* bewildered, confused; ■ ~ **sein/werden** to be/become hysterical; **jdn ~ machen** to confuse sb
❷ *(enthauptet)* headless, beheaded
II. *adv* in a bewildered [*or* confused] manner
Kopf·lo·sig·keit <-> *f kein pl* hysterical confusion
Kopf·mas·sa·ge *f* head [*or* scalp] massage **Kopf·mensch** *m* PSYCH *(fam)* cerebral person **Kopf·mi·kro·fon** *nt* TECH wireless headset **Kopf·ni·cken** *nt kein pl* nod [of the head] **Kopf·nuss[RR]** *f* ❶ *(leichter Schlag)* **Kopfnüsse verteilen** to dish out noogies *sl (to rap sb lightly on the head with ones knuckles)* ❷ *(Denkaufgabe)* brain teaser **Kopf·prä·mie** *f* head money, bounty, reward **Kopf·putz** *m* MODE *(veraltend)* headdress **Kopf·rech·nen** *nt* mental arithmetic *no pl* **Kopf·sa·lat** *m* lettuce **kopf·scheu** *adj* ▶WENDUNGEN: **jdn ~ machen** *(fam)* to confuse sb; ~ **werden** *(fam)* to get confused
Kopf·schmerz *m meist pl* headache; **jdm ~en bereiten** [*o fam* **machen**] to give sb headaches [*or* a headache]; **~en haben** to have a headache; **sich** *dat* **über etw** *akk*/**um etw** *akk*/**wegen einer S.** *gen* **~en/keine ~en machen** to worry/not worry about sth **Kopf·schmerz·ta·blet·te** *f* headache tablet
Kopf·schup·pen *pl* MED dandruff *no pl, no indef art* **Kopf·schuss[RR]** *m* shot in the head ▶WENDUNGEN: **einen ~ haben** *(hum fam)* to have [got] a screw loose **Kopf·schüt·teln** *nt kein pl* shake of the head **kopf·schüt·telnd** **I.** *adj* shaking his/her, etc. head *pred* **II.** *adv* with a shake of the head **Kopf·schutz** *m* headguard, protective headgear **Kopf·sprung** *m* header; **einen ~ machen** to take a header [*or* [head] dive] **Kopf·stand** *m* headstand; **einen ~ machen** to do a headstand, to stand on one's head
Kopf·stein *m* cobblestone **Kopf·stein·pflas·ter** *nt* cobblestones *pl*, cobbled surface
Kopf·steu·er *f* FIN capitation [*or* BRIT poll] tax **Kopf·steu·er·prin·zip** *nt* FIN capitation tax principle
Kopf·stim·me *f* MUS head-voice, falsetto **Kopf·stüt·ze** *f* headrest **Kopf·teil** *nt eines Betts* headboard **Kopf·tuch** *nt* headscarf **kopf·über** [kɔpfˈʔyːbɐ] *adv* head first **Kopf·ver·band** *m* head dressing **Kopf·ver·let·zung** *f* head injury **Kopf·weh** *nt s.* **Kopfschmerz** **Kopf·wun·de** *f s.* **Kopfverletzung** **Kopf·zei·le** *f* header; **rollende ~** rolling header **Kopf·zer·bre·chen** *nt* ▶WENDUNGEN: **jdm ~ bereiten** [*o* **machen**] to cause sb quite a headache; **sich** *dat* **über jdn/etw ~ machen** to worry about sb/sth
Ko·pie <-, -n> [koˈpiː, *pl* koˈpiːən] *f* ❶ *(Nachbildung)* copy, replica
❷ *(Fotokopie)* photocopy; **eine ~** [**von etw** *dat*] **machen** to make a photocopy [of sth]
❸ *(Durchschrift)* [carbon] copy
❹ *(Abschrift)* copy
❺ *(Abzug eines Fotos)* copy, print
❻ *(Doppel eines Films)* copy, print
ko·pie·ren* [koˈpiːrən] *vt* ❶ *(fotokopieren)* ■ **etw ~** to photocopy sth; *(pausen)* to trace sth
❷ FOTO, FILM *(Abzüge machen)* ■ **etw ~** to print sth
❸ *(Doppel herstellen)* ■ **etw ~** to copy sth
❹ *(nachbilden)* ■ **etw ~** to copy [*or* replicate] sth
❺ *(nachahmen)* ■ **jdn/etw ~** to imitate [*or* copy] sb/sth; **oft kopiert, nie erreicht** often imitated but never equalled [*or* AM *a.* duplicated]
Ko·pie·rer <-s, -> *m (fam) s.* **Kopiergerät**
ko·pier·fä·hig *adj inv* TYPO **~er Film** production film **Ko·pier·funk·ti·on** *f* INFORM copy command **Ko·pier·ge·rät** *nt* [photo]copier **ko·pier·ge·schützt** *adj* INFORM copy-protected **Ko·pier·pa·pier** *nt* [photo]copy paper *no pl* **Ko·pier·schutz** *m* copy protection *no pl*; **~ einer Diskette** copy protect of a disk **Ko·pier·sper·re** *f* anti-copy device **Ko·pier·stift** *m* indelible pencil
Ko·pi·lot(in) [ˈkoːpiloːt] *m(f)* co-pilot
Kop·pel[1] <-s, - *o* ÖSTERR -, -n> [ˈkɔpl̩] *nt o* ÖSTERR *f* belt
Kop·pel[2] <-, -n> [ˈkɔpl̩] *f* pasture
kop·peln [ˈkɔpl̩n] *vt* ❶ *(anschließen)* ■ **etw an etw** *akk* ~ to connect sth to sth
❷ *(miteinander verbinden)* ■ **etw** [**an etw** *akk*] ~ to couple sth [onto sth]
❸ *(mit etw verknüpfen)* ■ **etw an etw** *akk* ~ to make sth dependent on sth; ■ **etw mit etw** *dat* ~ to link sth with sth
Kop·pel·schloss[RR] *nt* belt buckle
Kop·pe·lung, Kopp·lung <-, -en> *f* ❶ *(das Anschließen)* connection
❷ RAUM *(Verbindung)* docking
❸ HANDEL, JUR linkage
❹ CHEM, PHYS coupling
Kop(·)p(e)·lungs·ge·schäft *nt* HANDEL linked transaction, tying [*or* AM tie-in] sale **Kop(·)p(e)·lungs·klau·sel** *f* JUR tying [*or* AM tie-in] clause **Kop(·)p(e)·lungs·ma·nö·ver** [-vɐ] *nt* RAUM docking manoeuvre [*or* AM maneuver]; **ein ~ durchführen** to carry out a docking manoeuvre **Kop(·)p(e)·lungs·ver·bot** *nt* JUR exclusion of tying arrangements **Kop(·)p(e)·lungs·ver·ein·ba·rung** *f* JUR tying arrangements *pl* **Kop(·)p(e)·lungs·ver·trag** *m* JUR tying [*or* AM tie-in] contract
Kop·pel·wirt·schaft *f kein pl* ÖKON pegged economy
Köp·per <-s, -> [ˈkœpɐ] *m* DIAL *(fam)* header; **einen ~ machen** to take a header
Kopp·lung <-, -en> *f s.* **Koppelung**
Kopp·lungs·ge·schäft *nt* HANDEL package deal **Kopp·lungs·grup·pe** *f* BIOL linkage group
Ko·pra <-> [ˈkoːpra] *f kein pl* copra
Ko·pro·duk·ti·on [ˈkoːprodʊktsi̯oːn] *f* co-production; **in ~ mit etw** *dat* in cooperation with sth **Ko·pro·du·zent(in)** [ˈkoːprodutsɛnt] *m(f)* co-producer **Ko·pro·zes·sor** *m* coprocessor
Kop·te, Kop·tin <-n, -n> [ˈkɔptə, ˈkɔptɪn] *m, f* Copt
kop·tisch [ˈkɔptɪʃ] *adj* Coptic
Ko·pu·la <-, -s *o* -lae> [ˈkoːpula, *pl* -lɛ] *f* BIOL, LING copula
Ko·pu·la·ti·on <-, -en> [kopulaˈtsi̯oːn] *f* copulation
ko·pu·lie·ren* [kopuˈliːrən] *vi* to copulate
kor [koːɐ̯] *imp von* **küren**
Ko·ral·le <-, -n> [koˈralə] *f* coral
Ko·ral·len·bank <-bänke> *f* coral reef **Ko·ral·len·in·sel** *f* coral island **Ko·ral·len·in·seln** *pl* Coral Sea Islands *pl* **Ko·ral·len·ket·te** *f* coral necklace **Ko·ral·len·riff** *nt* coral reef **Ko·ral·len·see** *f* Coral Sea
Ko·ran <-s> [koˈraːn] *m kein pl* Koran, Qur'an
Ko·ran·schu·le *f* Koran[ic] school **Ko·ran·vers** *m* REL Koranic verse, sura
Korb <-[e]s, Körbe> [kɔrp, *pl* ˈkœrbə] *m* ❶ *(Behälter aus Geflecht)* basket; **ein ~ Äpfel** a basket[ful] of apples
❷ *(Papierkorb)* wastepaper basket, bin
❸ *(Ring mit Netz)* basketball; **einen ~ erzielen** [*o* **schießen**] to score a goal
❹ *kein pl (Weidengeflecht)* wicker
❺ *(fam: Abfuhr)* rejection; [**bei/von jdm**] **einen ~ bekommen, sich** *dat* [**bei/von jdm**] **einen ~ holen** *(fam)* to be rejected [by sb]; **jdm einen ~ geben** *(fam)* to reject sb, to turn sb down
Korb·ball *m o* SCHWEIZ *nt kein pl* korfball **Korb·bin·dung** *f* BÖRSE basket peg[ging] **Korb·blüt·(l)er** <-s, -> *m* composite
Körb·chen[1] <-s, -> [ˈkœrpçən] *nt dim von* **Korb 1** small basket
Körb·chen[2] <-s, -> [ˈkœrpçən] *nt (bei Büstenhaltern)* cup
Körb·chen·grö·ße *f* MODE cup size
Korb·fla·sche *f* demijohn **Korb·flech·ter(in)** <-s, -> *m(f)* basket-maker **Korb·flech·te·rei** *f* basket-making **Korb·ge·flecht** *nt* basketwork, wickerwork
Korb·le·ger <-s, -> *m* SPORT *(beim Basketball)* layer
Korb·ma·cher(in) *m(f)* basket-maker **Korb·ma·che·rei** *f* basket-making **Korb·mö·bel** *nt* piece of basketwork [*or* wickerwork] furniture **Korb·ses·sel** *m* wicker [arm]chair **Korb·stuhl** *m* wicker chair **Korb·wa·ren** *pl* wickerwork [articles *pl*]
Korb·wei·de *f* osier, basket willow
Kord <-[e]s, -e> [kɔrt] *m s.* **Cord**
Kor·del <-, -n> [ˈkɔrdl̩] *f* cord
Kord·ho·se *f* cord trousers *npl* BRIT, corduroy pants *npl* AM
Kordilleren [kɔrdɪlˈjeːrən] *pl* ■ **die ~** the Cordillera [Central, Occidental and Oriental]
Kor·don <-s, -s *o* ÖSTERR -e> [kɔrˈdõː] *m* cordon
Ko·rea [koˈreːa] *nt* Korea
Ko·re·a·ner(in) [koreˈaːnɐ] *m(f)* Korean
ko·re·a·nisch [koreˈaːnɪʃ] *adj inv* Korean
Ko·re·a·nisch [koreˈaːnɪʃ] *nt dekl wie adj* Korean
Ko·re·a·ni·sche <-n> [koreˈaːnɪʃə] *nt* ■ **das ~** Korean, the Korean language
Ko·re·fe·rent(in) [ˈkoːreferɛnt] *m(f) s.* **Korreferent**
Kor·fu <-s> [ˈkɔrfu] *nt* Corfu
Ko·ri·an·der <-s, -> [koˈri̯andɐ] *m* coriander *no pl*
Ko·rinth [koˈrɪnt] *nt* Corinth
Ko·rin·the <-, -n> [koˈrɪntə] *f* currant
Ko·rin·then·ka·cker(in) <-s, -> *m(f) (pej sl)* hair-splitter *pej fam*, nitpicker *pej fam*
Ko·rin·ther(in) [koˈrɪntɐ] *m(f)* Corinthian
ko·rin·thisch *adj* ❶ *(zu Korinth)* Corinthian
❷ KUNST Corinthian
Kork <-[e]s, -e> [kɔrk] *m* ❶ *(Material aus Korkeichenrinde)* cork *no pl*; **aus ~** cork *attr*, made of cork *pred*
❷ DIAL *(Korken)* cork
Kork·ei·che *f* cork-oak
Kor·ken <-s, -> [ˈkɔrkn̩] *m* cork; **~ haben** to be corked
Kor·ken·geld *nt (veraltend)* corkage
Kor·ken·zie·her <-s, -> *m* corkscrew **Kor·ken·zie·her·lo·cken** *pl* corkscrew curls
Kork·fuß·bo·den *m* cork floor
kor·kig **I.** *adj* corked
II. *adv* ***der Wein schmeckt ~*** the wine tastes corked
Kork·plat·te *f* cork panel **Kork·ta·pe·te** *f* cork panelling [*or* AM paneling] *no pl* **Kork·un·ter·set·zer** *m* cork coaster
Kor·mo·ran <-s, -e> [kɔrmoˈraːn] *m* cormorant
Korn[1] <-[e]s, Körner *o* -e> [kɔrn, *pl* ˈkœrnɐ] *nt*
❶ *(Samenkorn)* grain
❷ *(hartes Teilchen)* grain
❸ *(Getreide)* corn *no pl*, grain *no pl*
❹ *kein pl* FOTO *(Feinstruktur)* grain
Korn[2] <-[e]s, - *o* -s> [kɔrn] *m (Kornbranntwein)* corn brandy, schnapps
Korn[3] <-[e]s, -e> [kɔrn] *nt* front sight; **etw aufs ~ nehmen** to draw a bead on sth; *(fig fam)* to attack [*or* hit out at] sth; **jdn aufs ~ nehmen** *(fig fam)* to have it in for sb *fam*, to start keeping tabs on sb *fam*
Korn·äh·re *f* ear of corn **Korn·blu·me** *f* cornflower **korn·blu·men·blau** *adj* cornflower blue **Korn·brannt·wein** *m (geh)* corn brandy
Körn·chen <-s, -> [ˈkœrnçən] *nt dim von* **Korn[1]** grain; **ein ~ Wahrheit** a grain of truth
Kor·nel·kir·sche [kɔrˈneːl-] *f* cornelian cherry
kör·nen [ˈkœrnən] *vt* ■ **etw ~** to granulate sth; **gekörnte Fleischbrühe** stock granules
Kör·ner·fres·ser(in) <-s, -> *m(f) (pej)* health food freak **Kör·ner·fut·ter** *nt* grain feed *no pl*
Kor·nett <-s, -e *o* -s> [kɔrˈnɛt] *nt* cornet
Korn·feld [ˈkɔrnfɛlt] *nt* cornfield **Korn·grö·ße** *f* BAU grain size
Korn·grö·ßen·be·stim·mung *f* TECH size grading, granulometry **Korn·halm** *m* stalk
kör·nig [ˈkœrnɪç] *adj* ❶ *(aus Körnchen bestehend)* granular
❷ *(nicht weich)* grainy
❸ *(eine raue Oberfläche habend)* granular
Korn·kam·mer *f (geh)* granary **Korn·kreis** *m*

crop circle **Korn·si·lo** *m* grain silo **Korn·spei·cher** *m* granary

Kör·nung <-, -en> *f* ① *(körnige Oberfläche)* grain
② FOTO *(körnige Struktur)* granularity
③ BAU gradation

Korn·wei·he *f* ORN hen harrier

Ko·ro·na <-, Koronen> [ko'ro:na, *pl* -nən] *f* ① TECH corona
② *(Strahlenkranz der Sonne)* corona
③ *(geh: Schar)* bunch, crowd

ko·ro·nar [koro'na:ɐ̯] *adj inv* coronary

Ko·ro·nar·ge·fäß *nt* coronary vessel **Ko·ro·nar·in·suf·fi·zi·enz** *f* MED coronary insufficiency **Ko·ro·nar·skle·ro·se** *f* coronary arteriosclerosis *spec*

Kör·per <-s, -> ['kœrpɐ] *m* ① *(Leib)* body; ~ **und Geist** body and mind; **am ganzen** ~ all over
② *(Organismus)* body
③ *(Leiche)* body, corpse
④ *(Gebilde)* body, object
⑤ *(Stoffdichte)* body; ***der Wein hat*** ~ the wine has a good body, it is a full-bodied wine

Kör·per·bau *m kein pl* physique **Kör·per·be·herr·schung** *f kein pl* body control **kör·per·be·hin·dert** *adj (geh)* physically disabled [*or* handicapped] **Kör·per·be·hin·der·te(r)** *f(m) dekl wie adj (geh)* physically disabled [*or* handicapped] person **kör·per·be·tont** *adj* clinging, emphasizing [*or* BRIT *a.* -ising] one's contours *pred* **kör·per·ei·gen** *adj inv, attr* MED endogenous **Kör·per·er·tüch·ti·gung** *f (geh)* physical training **kör·per·fremd** *adj* BIOL, MED *Substanz, Gewebe* foreign **Kör·per·fül·le** *f* corpulence **Kör·per·funk·ti·on** *f* BIOL, MED bodily function **Kör·per·ge·fühl** *nt* MED, PSYCH perception of one's own body **kör·per·ge·recht** *adj* shaped to fit the contours of the body *pred* **Kör·per·ge·ruch** *m* body odour [*or* AM -or], B.O. **Kör·per·ge·wicht** *nt* weight **Kör·per·grö·ße** *f* size **Kör·per·hal·tung** *f* posture **Kör·per·kon·takt** *m* body contact **Kör·per·kraft** *f* strength **Kör·per·län·ge** *f s.* **Körpergröße**

kör·per·lich I. *adj* ① *(den Leib betreffend)* physical
② *(geh: stofflich)* material, corporeal *form*
II. *adv* ① *(mit Hilfe der Muskeln)* physically; ~ **arbeiten** to do physical work
② *(an Körperkraft)* physically

kör·per·los *adj* immaterial, incorporeal *form*

Kör·per·lo·ti·on *f* PHARM, MED body lotion **Kör·per·mas·se·in·dex** *m* MED Body Mass Index **Kör·per·milch** <-> *f kein pl* body moisturizer **Kör·per·öff·nung** *f* orifice [of the body] **Kör·per·pfle·ge** *f* personal hygiene **Kör·per·pu·der** *nt* talcum powder

Kör·per·schaft <-, -en> *f* JUR corporation, corporate body; **gemeinnützige** ~ non-profit corporation; **öffentlich-rechtliche** ~, ~ **des öffentlichen Rechts** public corporation, corporation under public law; **bundesunmittelbare** ~ federal corporation

Kör·per·schafts·steu·er *f* corporation tax

Kör·per·schaft·steu·er *f* FIN corporation [*or* corporate income] tax AM **Kör·per·schaft·steu·er·an·rech·nung** *f* FIN imputation of the corporation tax **kör·per·schaft·steu·er·frei** *adj inv* FIN exempt from corporation tax

Kör·per·schaft·steu·er·ge·setz *nt* JUR, ÖKON corporation income tax law **Kör·per·schaft·steu·er·gut·schrift** *f* FIN corporation tax credit **Kör·per·schaft·steu·er·min·de·rung** *f*, **Kör·per·schaft·steu·er·ver·gün·sti·gung** *f* FIN corporate tax privilege BRIT **Kör·per·schaft·steu·er·pflicht** *f* FIN liability to corporation tax **kör·per·schaft·steu·er·pflich·tig** *adj inv* FIN liable to corporation tax

Kör·per·schaft·steu·er·recht *nt* JUR, POL corporate tax law **Kör·per·schaft·steu·er·re·form** *f* FIN reform of corporation tax **Kör·per·schaft·steu·er·richt·li·ni·en** *pl* FIN corporation tax regulations **Kör·per·schaft·steu·er·sub·jekt** *nt* FIN corporation tax subject **Kör·per·schaft·steu·er·ta·rif** *m* FIN corporation tax rate **Kör·per·schaft·steu·er·ver·gü·tung** *f* FIN corporation tax refund

Kör·per·sig·nal *nt* physical sign **Kör·per·spra·che** *f* body language **Kör·per·teil** *m* part of the body **Kör·per·tem·pe·ra·tur** *f* body temperature **Kör·per·ver·let·zung** *f* bodily harm *no indef art, no pl;* **schwere** ~ grievous bodily harm; **fahrlässige** ~ negligent bodily injury; **gefährliche** ~ dangerous bodily injury; ~ **im Amt** bodily injury caused by an officer of the law; ~ **mit Todesfolge** bodily injury with fatal consequences; [**besonders**] **schwere** ~ grievous bodily harm **Kör·per·wär·me** *f* body heat [*or* warmth] *no pl*

Kor·po·ra ['kɔrpora] *pl von* **Korpus**[2]

Kor·po·ra·ti·on <-, -en> [kɔrpora'tsi̯o:n] *f* ① *(Studentenverbindung)* association, club, AM *a.* fraternity
② *(geh) s.* **Körperschaft**

Kor·po·ra·tis·mus <-> *m kein pl* ÖKON corporatism *no pl*

kor·po·ra·tis·tisch [kɔrpora'tɪstɪʃ] *adj inv* SOZIOL corporatistic

kor·po·riert [kɔrpo'ri:ɐ̯t] *adj (einer Studentenverbindung angehörend)* ■ ~ **sein** to be a member of an association/a club

Korps <-, -> [ko:ɐ̯] *nt* ① MIL, POL corps; **diplomatisches** ~ diplomatic corps
② *(schlagende Studentenverbindung)* duelling [*or* AM dueling] association

Korps·geist *m kein pl (geh)* community spirit **Korps·stu·dent** *m* member of a student [duelling [*or* AM dueling]] association

kor·pu·lent [kɔrpu'lɛnt] *adj (geh)* corpulent

Kor·pu·lenz <-> [kɔrpu'lɛnts] *f kein pl (geh)* corpulence

Kor·pus[1] <-, -se> ['kɔrpʊs] *m* ① *kein pl (tragende Basis)* base
② *(hum fam: Körper)* body
③ *kein pl (der Gekreuzigte)* crucifix

Kor·pus[2] <-, Korpora> ['kɔrpʊs, *pl* 'kɔrpora] *nt* ① *(Sammlung von Textmaterialien)* corpus
② *kein pl (Klangkörper)* body

kor·pus·ku·lar [kɔrpʊsku'la:ɐ̯] *adj* PHYS corpuscular

Kor·re·fe·rat ['kɔrefera:t] *nt* ① *(weiteres Referat)* follow-up [*or* BRIT *a.* supplementary] paper
② *(weitere Begutachtung)* second assessment

Kor·re·fe·rent(in) ['kɔreferɛnt] *m(f)* ① *(weiterer Redner)* co-speaker
② *(zweiter Gutachter)* co-marker

kor·rekt [kɔ'rɛkt] I. *adj* ① *(richtig)* correct
② *(vorschriftsmäßig auftretend)* upright, upstanding; ■[**in etw** *dat*] ~ **sein** to be correct [in sth]
③ *(vorschriftsmäßig)* correct, punctilious
II. *adv* ① *(richtig)* correctly
② *(vorschriftsmäßig)* correctly, uprightly, punctiliously

kor·rek·ter·wei·se *adv* properly speaking

Kor·rekt·heit <-> *f kein pl* ① *(Richtigkeit)* correctness
② *(vorschriftsmäßiges Auftreten)* correctness
③ *(vorschriftsmäßige Art)* correctness, punctiliousness

Kor·rek·tor, -to·rin <-s, -en> [kɔ'rɛkto:ɐ̯, -'to:rɪn, *pl* -'to:rən] *m, f* ① *(Korrektur lesen)* proof-reader
② *(korrigierender Prüfer)* marker

Kor·rek·tur <-, -en> [kɔrɛk'tu:ɐ̯] *f* ① *(geh: das Korrigieren)* correction; [**etw**] ~ **lesen** to proof-read [sth]
② *(geh: Veränderung)* adjustment
③ *(Korrekturfahne)* galley [proof] *spec*

Kor·rek·tur·band <-bänder> *nt* correction ribbon **Kor·rek·tur·be·hand·lung** *f* reparative treatment **Kor·rek·tur·fah·ne** *f* galley [proof] *spec* **Kor·rek·tur·flüs·sig·keit** *f* correction fluid **Kor·rek·tur·pro·gramm** *nt* INFORM patch **Kor·rek·tur·tas·te** *f* INFORM backspace key **Kor·rek·tur·zei·chen** *nt* proof-readers' mark

Kor·re·lat <-[e]s, -e> [kɔre'la:t] *nt* SCI *(geh: ergänzende Entsprechung)* correlate

Kor·re·la·ti·on <-, -en> [kɔrela'tsi̯o:n] *f* correlation

kor·re·lie·ren [kɔre'li:rən] *vi haben (geh)* ■**mit etw** *dat* ~ to correlate with sth

Kor·re·pe·ti·tor, Kor·re·pe·ti·to·rin <-s, -en> [kɔrepe'ti:to:ɐ̯, kɔrepeti'to:rɪn, *pl* kɔrepeti'to:rən] *m, f* MUS répétiteur *masc,* répétiteuse *fem*

Kor·res·pon·dent(in) <-en, -en> [kɔrɛspɔn'dɛnt] *m(f)* ① *(Reporter)* correspondent
② *(Handelskorrespondent)* correspondence clerk

Kor·res·pon·denz <-, -en> [kɔrɛspɔn'dɛnts] *f* correspondence *no pl*

Kor·res·pon·denz·an·walt, -an·wäl·tin *m, f* JUR communicating lawyer **Kor·res·pon·denz·bank** *f* FIN correspondent bank **Kor·res·pon·denz·qua·li·tät** *f* TYPO near letter-quality

kor·res·pon·die·ren* *vi* ① *(in Briefwechsel stehen)* ■[**mit jdm**] ~ to correspond [with sb]
② *(geh: entsprechen)* ■**mit etw** *dat* ~ to correspond to [*or* with] sth

Kor·ri·dor <-s, -e> ['kɔrido:ɐ̯] *m* corridor; **der** [**Polnische**] ~ HIST the Polish Corridor

kor·ri·gier·bar *adj* correctable, correctible

kor·ri·gie·ren* [kɔri'gi:rən] *vt* ① SCH, MEDIA *(berichtigen)* ■**etw** ~ to correct sth; **eine Klassenarbeit/einen Aufsatz** ~ to mark a test/an essay; **ein Manuskript** ~ to proofread a manuscript; ■**korrigiert** corrected; *Aufsatz, Arbeit* marked; **etw nach oben/unten** ~ to adjust sth upwards/downwards; *Aufsatz, Arbeit* to mark sth up/down
② MED *(ausgleichen)* ■**etw** ~ to correct sth
③ *(verändern)* ■**etw** ~ to alter [*or* change] sth
④ *(verbessern)* ■**jdn** ~ to correct sb

kor·ro·die·ren* [kɔro'di:rən] *vi sein* to corrode; ■**korrodiert** corroded

Kor·ro·si·on <-, -en> [kɔro'zi̯o:n] *f* ① *(das Korrodieren)* corrosion
② GEOL *(Zersetzung)* corrosion

kor·ro·si·ons·be·stän·dig *adj* non-corrosive; ■~ **sein** to be non-corrosive

Kor·ro·si·ons·schutz *m* corrosion prevention **Kor·ro·si·ons·schutz·far·be** *f* BAU anti-corrosion paint **Kor·ro·si·ons·schutz·ga·ran·tie** *f* AUTO guarantee against corrosion BRIT, anti-corrosion warranty AM

Kor·rum·pier·bar·keit [kɔrʊm'pi:rba:ɐ̯kait] *f kein pl* corruptibility, venality

kor·rum·pie·ren* [kɔrʊm'pi:rən] *vt (pej geh)* ■**jdn** ~ to corrupt sb

kor·rupt [kɔ'rʊpt] *adj (pej)* ① *(bestechlich)* corrupt
② *(moralisch verkommen)* corrupt

Kor·rup·ti·on <-, -en> [kɔrʊp'tsi̯o:n] *f (pej)* corruption

Kor·rup·ti·ons·sumpf *m* POL *(pej fam)* circle of corruption **Kor·rup·ti·ons·vor·wurf** *m* accusation of corruption

Kor·sa·ge <-, -n> [kɔr'za:ʒə] *f* MODE corset [top]

Kor·se, Kor·sin <-n, -n> ['kɔrzə, 'kɔrzɪn] *m, f* GEOG Corsican; ~ **sein** to be [a] Corsican

Kor·se·lett <-s, -s *o* -e> [kɔrzə'lɛt] *nt* corselette

Kor·sett <-s, -s *o* -e> [kɔr'zɛt] *nt* ① MODE, MED corset
② *(fig)* straitjacket

Kor·sett·be·stim·mun·gen *pl* JUR *(zusätzliche Einlagen)* corsets

Kor·si·ka <-s> ['kɔrzika] *nt kein pl* Corsica

Kor·sin <-, -nen> *f fem form von* **Korse**

kor·sisch ['kɔrsɪʃ] *adj* Corsican

Kor·so <-s, -s> ['kɔrzo] *m* ① *(Umzug)* procession, parade
② *(selten: Prachtstraße)* boulevard

Kor·ti·son <-s, -e> [kɔrti'zo:n] *nt* MED cortisone

Kor·ti·son·be·hand·lung *f* MED cortisone treatment *no pl,* treatment with cortisone *no pl*

Kor·vet·te <-, -n> [kɔr'vɛtə] *f* NAUT corvette

Kor·vet·ten·ka·pi·tän *m* NAUT lieutenant commander

Ko·ry·phäe <-, -n> [kory'fɛ:ə] *f (geh: Spezialist)* leading authority

Ko·sak(in) <-en, -en> [ko'zak] *m(f)* Cossack

Ko·sa·ken·müt·ze *f* Cossack hat

Ko·sa·kin <-, -nen> *f fem form von* **Kosak**

ko·scher ['ko:ʃɐ] I. *adj* ① REL kosher
② *(fam: einwandfrei)* kosher *fam*
► WENDUNGEN: **nicht** [**ganz**] ~ **sein** to be not [quite] kosher [*or* on the level]
II. *adv* REL according to kosher requirements

K.-o.-Schlag [ka:'ʔo:ʃla:k] *m* knockout blow

Ko·se·form ['ko:zə-] *f* LING affectionate form *(of a name)*

K

ko·sen ['ko:zn̩] **I.** *vi (veraltend liter)* ■ **mit jdm ~** to canoodle with sb
II. *vt (veraltend geh)* ■ **jdn ~** to caress sb
Ko̱·se·na·me *m* pet name **Ko̱·se·wort** *nt* ① *(Kosename)* pet name ② *(zärtliche Worte)* term of endearment, sweet nothing *fam*
K.-o.-Sieg *m* knockout victory
Ko·si·nus <-, -u *o* -se> ['ko:zinʊs] *m* MATH cosine
Kos·me·tik <-> [kɔs'me:tɪk] *f kein pl* ① *(Schönheitspflege)* cosmetics *pl;* **dekorative ~** colour [*or* AM -or] cosmetics *pl*
② *(pej geh)* ***diese Maßnahmen sind reine ~*** these measures are purely cosmetic
Kos·me·ti·ker(in) <-s, -> [kɔs'me:tikɐ] *m(f)* cosmetician, beautician
Kos·me̱·tik·kof·fer *m* vanity case **Kos·me̱·tik·pro·dukt** *nt* cosmetic product **Kos·me̱·tik·spie·gel** *m* make-up mirror **Kos·me̱·tik·tuch** *nt* tissue
Kos·me·ti·kum <-s, -metika> [kɔs'me:tikʊm, *pl* -ka] *nt* cosmetic
kos·me·tisch [kɔs'me:tɪʃ] **I.** *adj* ① *(die Schönheitspflege betreffend)* cosmetic
② *(pej geh)* cosmetic
II. *adv* cosmetically
kos·misch ['kɔsmɪʃ] *adj* ① SCI cosmic; **~e Strahlung** cosmic rays *pl,* radiation *no pl*
② *(geh: umfassend)* cosmic
Kos·mo·lo·gie <-, -n> [kɔsmolo'gi:] *f* ASTRON cosmology
Kos·mo·naut(in) <-en, -en> [kɔsmo'naut] *m(f)* cosmonaut
Kos·mo·po·lit(in) <-en, -en> [kɔsmopo'li:t] *m(f)* *(geh)* cosmopolitan
kos·mo·po·li̱·tisch *adj (geh)* cosmopolitan
Kos·mo·po·li·tis·mus <-> [kɔsmopoli'tɪsmʊs] *m kein pl (geh)* cosmopolitanism
Kos·mos <-> ['kɔsmɔs] *m kein pl* ■ **der ~** the cosmos
Ko·so·va·re, Ko·so·va·rin <-n, -n> [kozo'va:rə, kozo'va:rɪn] *m, f* Kosovan
ko·so·va̱·risch *adj (aus dem Kosovo stammend)* Kosovan
Ko·so·vo <-s> ['kɔsɔvɔ] *m* ■ **[der] ~** Kosovo
Ko̱·so·vo-Ab·kom·men *nt* Kosovo peace agreement
Ko̱·so·vo-Ägyp·ter(in) <-s -> *m(f)* Kosovo Egyptian **Ko̱·so·vo-Al·ba·ner(in)** *m(f)* Kosovo-Albanian, Kosovo Albanian **ko̱·so·vo-al·ba·nisch** *adj* Kosovo-Albanian **Ko̱·so·vo-Flücht·ling** *m* Kosovo [*or* Kosovan] refugee, refugee from Kosovo **Ko̱·so·vo-Frie·dens·trup·pe** *f* Kosovo Force, (peacekeeping troops in Kosovo) **Ko̱·so·vo-Krieg** *m* ■ **der ~** the Kosovo war, the war in Kosovo **Ko̱·so·vo-Kri·se** *f* POL ■ **die ~** the Kosovo crisis
Kost <-> [kɔst] *f kein pl* food; **jdn in ~ geben** to board sb out; **jdn in ~ nehmen** to board sb, to take sb as a boarder; **[freie] ~ und Logis** [free] board and lodging; **geistige ~** intellectual fare; **leichte ~** light fare; **reichliche ~** plentiful diet; **schmale ~** meagre [*or* AM -er] fare
kost·bar ['kɔstba:ɐ̯] *adj* ① *(wertvoll)* valuable; ■ **jdm ~ sein** to mean a lot [*or* the world] to sb
② *(unentbehrlich)* precious; ■ **[jdm] zu ~ sein** to be too precious
▸ WENDUNGEN: **sich** *akk* **~** **machen** *(fam: selten kommen)* to stay away
Ko̱st·bar·keit <-, -en> *f* ① *(wertvoller Gegenstand)* treasure, precious object
② *(Erlesenheit)* preciousness
kos·ten[1] ['kɔstn̩] **I.** *vt* ① *(als Preis haben)* ■ **etw ~** to cost sth
② *(als Preis erfordern)* ■ **jdn etw ~** to cost sb sth; ***der Computer hat mich 1.000 Euro gekostet*** the computer cost me 1,000 euros; **sich** *dat* **etw etwas ~ lassen** *(fam)* to be prepared to spend a lot on sth *fam*
③ *(erfordern)* ■ **jdn etw ~** to take [up] sb's sth; ***das kann uns viel Zeit ~*** it could take us a [good] while
④ *(rauben)* ■ **jdn etw ~** to cost sb sth
▸ WENDUNGEN: **koste es, was es wolle** whatever the cost
II. *vi* to cost
kos·ten[2] ['kɔstn̩] **I.** *vt (geh)* ■ **etw ~** ① *(probieren)* to taste [*or* try] sth
② *(auskosten)* to make the most of [*or* to enjoy] sth
II. *vi (geh)* ■ **[von etw** *dat*] **~** to have a taste [of sth], to taste [*or* try] [sth]
Kos·ten ['kɔstn̩] *pl* costs *pl; (Ausgaben)* expenses *pl;* **Aufstellung der entstandenen ~** detailed statement of costs; **~ der Betriebsführung** operating costs; **aktivierte ~** capitalized expenses; **aufgelaufene** [*o* **entstandene**] **~** costs incurred [*or* accrued]; **direkte/fixe ~** direct/fixed costs; **enthaltene ~** embodied cost *sing;* **erstattungsfähige ~** recoverable costs; **~ sparend** *adjektivisch* economical; *adverbial* economically; **~ sparende Maßnahmen** cost-saving measures; **~ treibend** cost-increasing; **die ~ abwälzen** to pass costs on; **die ~ auf jdn/etw abwälzen** to pass the costs onto sb/to burden sth; **die ~ dämpfen** to cut costs; **auf seine ~ kommen** *(fig)* to get one's money's worth, to enjoy oneself; **die ~ tragen** [*o* **übernehmen**] to bear the costs; **die ~ des Verfahrens tragen** to pay the costs of litigation; **außergerichtliche ~** out-of-court expenses; **~ des Rechtsstreits** costs and expenses of the action; **auf eigene ~** at one's own expense; **auf ~ von jdm/etw** [*o* **einer S.** *gen*] *(fig)* at the expense of sb/sth
Ko̱s·ten·ab·gren·zung *f* ÖKON cost limit **Ko̱s·ten·an·stieg** *m* ÖKON increase in cost **Ko̱s·ten·art** *f* ÖKON type of costs **Ko̱s·ten·auf·glie·de·rung** *f,* **Ko̱s·ten·auf·schlüs·se·lung** *f* ÖKON cost breakdown **Ko̱s·ten·auf·stel·lung** *f* statement of charges [*or* costs] **Ko̱s·ten·auf·wand** *m* expense; **mit bestimmtem ~** [*o* **einem bestimmten**] at a certain expense; **mit einem ~ von etw** *dat* at a cost of sth **Ko̱s·ten·be·frei·ung** *f* JUR cost exemption **Ko̱s·ten·bei·trei·bung** *f* JUR recovery of costs **Ko̱s·ten·be·las·tung** *f* ÖKON cost burden **Ko̱s·ten·be·rech·nung** *f* ÖKON costing **Ko̱s·ten·be·reich** *m* ÖKON cost field **Ko̱s·ten·be·scheid** *m* JUR BRIT taxation of costs, AM taxed bill of costs **Ko̱s·ten·be·schluss[RR]** *m,* **Ko̱s·ten·ent·schei·dung** *f* FIN order to pay costs **Ko̱s·ten·be·tei·li·gung** *f* ÖKON cost sharing *no pl,* [assuming [*or* assumption of] *no pl* a] share of the costs **ko̱s·ten·be·wusst[RR]** *adj* cost-conscious **Ko̱s·ten·bud·get** *nt* ÖKON cost budget **Ko̱s·ten·dämp·fung** *f* curb on expenditure
ko̱s·ten·de·ckend ÖKON **I.** *adj* cost-effective, cost-covering; **~e Auslastung** breakeven load
II. *adv* cost-effectively, to cover one's costs; **~ arbeiten** to break even
Ko̱s·ten·de·ckung *f kein pl* ÖKON covering costs **Ko̱s·ten·de·gres·si·on** *f* ÖKON decreasing trend in costs **Ko̱s·ten·druck** *m* ÖKON cost pressure, pressure from rising costs **Ko̱s·ten·ef·fi·zi·enz** *f* FIN, ÖKON cost efficiency **Ko̱s·ten·ein·heit** *f* JUR cost unit **Ko̱s·ten·ein·spa·rung** *f* ÖKON cost saving **Ko̱s·ten·ent·schei·dung** *f* JUR costs order **Ko̱s·ten·ent·wick·lung** *f* ÖKON cost trend **Ko̱s·ten·er·lass[RR]** *m* FIN exemption from costs, waiver of fees **Ko̱s·ten·er·satz** *m kein pl* JUR reimbursement of costs and expenses **Ko̱s·ten·er·spar·nis** *f* FIN, ÖKON cost saving **Ko̱s·ten·er·stat·tung** *f* reimbursement of expenses **Ko̱s·ten·er·stat·tungs·an·spruch** *m* JUR entitlement to costs **Ko̱s·ten·er·war·tung** *f* FIN, ÖKON cost expectation **Ko̱s·ten·ex·plo·si·on** *f (fam)* costs explosion **Ko̱s·ten·fak·tor** *m* cost factor **Ko̱s·ten·fest·set·zung** *f* JUR determination of costs; **Antrag auf ~** request for the fixing of costs **Ko̱s·ten·fest·set·zungs·ge·bühr** *f* FIN fee for taxation of costs **Ko̱s·ten·fra·ge** *f* question of cost **ko̱s·ten·frei** *adj* JUR cost-free, free of cost **Ko̱s·ten·frei·heit** *f* JUR exemption from costs **Ko̱s·ten·ga·ran·tie** *f* FIN cost guarantee **Ko̱s·ten·ge·sichts·punkt** *m* FIN, ÖKON cost aspect **Ko̱s·ten·grund** *m* financial reason **ko̱s·ten·güns·tig** *adj* economical, less expensive, lower-cost, favourably [*or* AM -orably] priced **Ko̱s·ten·hin·ter·le·gung** *f* FIN security for costs **Ko̱s·ten·in·fla·ti·on** *f* ÖKON inflation costs **ko̱s·ten·in·ten·siv** *adj* cost-intensive **Ko̱s·ten·kal·ku·la·ti·on** *f* calculation of costs, cost-calculation **Ko̱s·ten·kom·pe·tenz** *f* FIN depositing of costs
ko̱s·ten·los I. *adj* ■ **~ sein** to be free [of charge]
II. *adv* free [of charge]
Ko̱s·ten·ma·na·ge·ment *nt kein pl* cost management **Ko̱s·ten·mie·te** *f* JUR cost-covering rent **Ko̱s·ten·nach·teil** *m* FIN, ÖKON cost disadvantage **ko̱s·ten·neu·tral** *adj* self-financing
Ko̱s·ten-Nut·zen-Ana·ly̱·se *f* cost-benefit analysis **Ko̱s·ten-Nut·zen-Fak·tor** *m* cost-benefit factor **Ko̱s·ten-Nut·zen-Rech·nung** *f* cost-benefit calculation **Ko̱s·ten-Nu̱t·zen-Ver·hä̱lt·nis** *nt* cost-benefit ratio
Ko̱s·ten·ord·nung *f* JUR scale of costs **Ko̱s·ten·pau·scha·le** *f* all-inclusive costs *pl*
ko̱s·ten·pflich·tig I. *adj* liable to costs; ■ **~ sein** to bear a charge, to be liable to costs; *s. a.* **Verwarnung**
II. *adv* at cost; ***Fahrzeuge werden ~ abgeschleppt*** vehicles will be towed away at owner's expense
Ko̱s·ten·plan *m* ÖKON costing **Ko̱s·ten·pla·nung** *f* ÖKON cost planning **Ko̱s·ten·preis·bil·dung** *f* ÖKON cost pricing **Ko̱s·ten-Preis-Sche·re** *f* ÖKON cost-price squeeze **Ko̱s·ten·prog·no·se** *f* ÖKON forecast costs **Ko̱s·ten·punkt** *m* cost item; **~?** *(fam)* how much? **Ko̱s·ten·rah·men** *m* ÖKON budget **Ko̱s·ten·rech·nung** *f* ÖKON cost accounting, costing **Ko̱s·ten·recht** *nt* JUR law concerning court costs **Ko̱s·ten·re·du·zie·rung** *f* ÖKON cost-cutting **Ko̱s·ten·re·gu·lie·rung** *f* FIN settlement of costs **Ko̱s·ten·re·vi·sor** *m* FIN taxing master, comptroller **Kos·ten·rü̱ck·er·stat·tung** *f* ÖKON reimbursement of costs, refund of expenses **Ko̱s·ten·satz** *m* FIN expense ratio **Ko̱s·ten·schät·zung** *f* FIN cost estimate **Ko̱s·ten·schuld·ner(in)** *m(f)* JUR party liable for costs **Ko̱s·ten·sei·te** *f* FIN cost side **Ko̱s·ten·selbst·be·tei·li·gung** *f* own cost-contribution **Ko̱s·ten·sen·kung** *f* ÖKON cost-cutting **Ko̱s·ten·si·tu·a·ti·on** *f* cost situation **Kos·ten·stei̱·ge·rung** *f* ÖKON increase in cost[s], cost increase *no pl* **Ko̱s·ten·stel·le** *f* cost centre [*or* AM -er] **Ko̱s·ten·trä·ger** *m* FIN cost [*or* product] unit, cost bearer **Ko̱s·ten·tra·gung** *f* FIN bearing the costs **Ko̱s·ten·trans·pa·renz** *f* FIN cost transparency **Ko̱s·ten·trei·ber** *m* ÖKON factor that drives costs up[wards] **Ko̱s·ten·über·le·gung** *f* FIN cost consideration **Ko̱s·ten·über·nah·me** *f* ÖKON assumption of costs, agreement to cover costs **Ko̱s·ten·über·schlag** *m* ÖKON estimate of costs **Ko̱s·ten·über·sicht** *f* ÖKON cost survey **Ko̱s·ten·über·wäl·zung** *f* FIN passing on the costs **Ko̱s·ten·ver·än·de·rung** *f* FIN cost change **Ko̱s·ten·ver·gleich** *m* FIN cost comparison **Ko̱s·ten·ver·gleichs·rech·nung** *f* FIN cost comparison method **Ko̱s·ten·ver·rech·nung** *f,* **Ko̱s·ten·ver·tei·lung** *f* ÖKON allocation of cost, cost distribution [*or* allocation] **Ko̱s·ten·vor·an·schlag** *m* estimate, quotation; **sich** *dat* **einen ~ [von jdm] machen lassen, [von jdm] einen ~ einholen** to get [*or* obtain] an estimate [from sb]; **jdm einen ~ machen** to give sb an estimate **Ko̱s·ten·vor·ga·be** *f* ÖKON standard cost **Ko̱s·ten·vor·schuss[RR]** *m* ÖKON advance on costs **Ko̱s·ten·vor·teil** *m* FIN, ÖKON cost advantage [*or* benefit] **Ko̱s·ten·wi̱rk·sam·keit** *f* ÖKON cost-effectiveness *no pl* **Ko̱s·ten·zu·schlag** *m* ÖKON excess charge **Ko̱s·ten·zu·schuss[RR]** *m zur Fahrzeugerhaltung* car allowance
Ko̱st·gän·ger(in) [-gɛŋɐ] *m(f)* ① *(veraltend: Untermieter)* boarder
② *(Schmarotzer)* freeloader
Ko̱st·geld *nt* board
köst·lich ['kœstlɪç] **I.** *adj* ① *(herrlich)* delicious, exquisite
② *(fam: amüsant)* priceless
II. *adv* ① *(herrlich)* delicious, exquisitely
② *(in amüsanter Weise)* **sich** *akk* **~ amüsieren** to have a wonderful time
Köst·lich·keit <-, -en> *f* ① *kein pl (geh: herrliche Art)* exquisiteness

② *(Delikatesse)* delicacy

Kost·pro·be *f* ① *(etwas zum Probieren)* taste
② *(Vorgeschmack, Beispiel)* taste, sample; ***eine ~ seines Könnens*** a sample of his skill

kost·spie·lig *adj* costly, expensive

Kos·tüm <-s, -e> [kɔs'ty:m] *nt* ① MODE suit
② HIST, THEAT costume

Kos·tüm·ball *m* fancy-dress [*or* costume] ball **Kos·tüm·bild·ner(in)** <-s, -> *m(f)* costume designer **Kos·tüm·fest** *nt* fancy-dress ball

kos·tü·mie·ren* [kɔsty'mi:rən] *vt* ■**sich** *akk* [**als etw**] ~ ① *(sich verkleiden)* to dress up [as sth]
② *(pej fam: sich unpassend anziehen)* ***wie hast du dich denn kostümiert!*** why on earth have you rigged yourself out like that!

Kos·tüm·pro·be *f* THEAT dress rehearsal

Kost·um·stel·lung *f* change of diet

Kos·tüm·ver·leih *m* costume hire [*or* AM rental]

Kost·ver·äch·ter(in) <-s, -> *m(f)* ▸WENDUNGEN: **kein ~/keine ~in sein** *(hum)* to enjoy one's food; *(etwas für Sex übrighaben)* to relish the opposite sex

Kot <-[e]s> [ko:t] *m kein pl* ① *(geh)* excrement, faeces BRIT *form,* feces AM *form*
② *(veraltend: aufgeweichte Erde)* mud
▸WENDUNGEN: **etw/jdn mit ~ bewerfen** to sling mud at sth/sb; **etw in** [*o* **durch**] **den ~ ziehen** to drag sth through the mire

Ko·tan·gens ['ko:taŋgɛns] *m* MATH cotangent

Ko·tau <-s, -s> [ko'tau] *m* ▸WENDUNGEN: **einen ~** [**vor jdm**] **machen** *(pej geh)* to kowtow [to sb]

Ko·te·lett <-s, -s *o selten* -e> [kɔt'lɛt] *nt* KOCHK chop, cutlet

Ko·te·let·ten [kotə'lɛtn̩] *pl* MODE sideburns *npl,* side-whiskers *npl old,* BRIT *a.* sideboards *npl*

Kö·ter <-s, -> ['kø:tɐ] *m (pej)* mutt

Kot·flü·gel *m* AUTO wing

Ko·trai·ner(in) ['ko:trɛ:nɐ] *m(f)* SPORT cotrainer, assistant coach

Kotz·bro·cken *m (pej sl)* slimy git BRIT *sl,* slimeball AM *sl*

Kot·ze <-> ['kɔtsə] *f kein pl (vulg)* puke *sl;* **die ~ kriegen** it makes you want to puke

kot·zen ['kɔtsn̩] *vi (vulg: sich erbrechen)* to puke; ***das/etw ist zum K~*** *(sl)* it/sth makes you [*or* me] sick *sl;* ***das finde ich zum K~*** it makes me sick
▸WENDUNGEN: **da kann man das** [**kalte**] **K~ kriegen** *(sl)* it makes you want to puke *sl*

kotz·übel ['kɔts'?y:bl̩] *adj (fam)* ■**jdm ~ sein/werden** sb feels like they're going to puke *sl*

ko·va·lent *adj inv* CHEM **~e Bindung** covalent bond

KP <-, -s> [ka:'pe:] *f Abk von* **Kommunistische Partei** Communist Party

KPD <-> [ka:pe:'de:] *f kein pl Abk von* **Kommunistische Partei Deutschlands** German Communist Party

KPdSU <-> [ka:pe:de:?ɛs'?u:] *f kein pl (hist) Abk von* **Kommunistische Partei der Sowjetunion** Communist Party of the Soviet Union

Kr., Krs. ADMIN *Abk von* **Kreis²** district

Krab·be <-, -n> ['krabə] *f* ① ZOOL *(Taschenkrebs)* crab
② KOCHK *(Garnele)* prawn
③ *(fam: kleines Mädchen)* sweet little girl *fam*

Krab·bel·de·cke *f* baby rug

krab·beln ['krabl̩n] **I.** *vi sein (sich mit den Beinen fortbewegen)* to crawl
II. *vt (fam: kitzeln)* to crawl

Krach <-[e]s, Kräche> [krax, *pl* 'krɛçə] *m* ① *kein pl (Lärm)* noise, racket *fam;* **~ machen** to make a noise [*or fam* racket]
② *(lauter Schlag)* bang
③ *(fam: Streit)* quarrel, BRIT *a.* row; **~** [**mit jdm**] **haben** *(fam)* to have a row [with sb] *fam;* **mit jdm ~ kriegen** *(fam)* to get into trouble with sb
④ *(fam: wirtschaftlicher Zusammenbruch)* crash
▸WENDUNGEN: **~ machen** [*o* **schlagen**] *(fam)* to make a fuss *fam*

kra·chen ['kraxn̩] **I.** *vi* ① *haben (laut hallen)* to crash; *Ast* to creak; *Schuss* to ring out
② *sein (fam: prallen)* to crash *fam;* ■**gegen etw** *akk*/**in etw** *akk* ~ to crash against/into sth
II. *vi impers haben* ① *(ein Krachen verursachen)* ■**es kracht** there is a crashing noise
② *(fam: Unfall verursachen)* ***auf der Kreuzung hat es gekracht*** there's been a crash on the intersection
③ *(fam: Börsenkrach geben)* ***der Betrieb kracht*** the company is going bankrupt
▸WENDUNGEN: **es** [**so richtig**] **~ lassen** to [really] let rip; **dass es nur so kracht** *(fam)* with a vengeance *fam;* **sonst kracht's!, und es kracht!** *(fam)* or/and there'll be trouble *fam*
III. *vr (fam)* to have a row BRIT *fam* [*or* AM an argument]; ■**sie ~ sich** *akk* they're having a row; ■**sich** *akk* **mit jdm ~** to have a row with sb

kra·chend *adv* with a crash [*or* bang], crashing

Kra·cher <-s, -> ['kraxɐ] *m* banger BRIT, firecracker AM; **alter ~** old codger

Krach·ma·cher(in) *m(f) (pej fam)* noisy character

Krach·sa·lat *m* iceberg lettuce

kräch·zen ['krɛçtsn̩] **I.** *vi* ① ORN *Krähe, Rabe* to caw; ■**~d** cawing
② *(fam: heiser sprechen)* to croak *fam*
③ *(sich geräuschvoll räuspern)* to clear one's throat noisily
II. *vt (fam)* ■**etw ~** to croak sth

Kräch·zen <-s> ['krɛçtsn̩] *nt kein pl* ① ORN *einer Krähe, eines Raben* cawing
② *(fam: heiseres Sprechen)* croaking

Krack·an·la·ge *f* TECH cracking plant **Krack·ben·zin** *nt kein pl* TECH cracked gasoline

kra·cken ['krakn̩, 'krɛkn̩] *vt* CHEM, TECH ■**etw ~** to crack sth

Krä·cker <-s, -> *m* cracker

Krack·ver·fah·ren *nt* CHEM, TECH cracking process

kraft [kraft] *präp +gen (geh)* ■**~ einer S.** *gen* by virtue of sth *form*

Kraft <-, Kräfte> [kraft, *pl* 'krɛftə] *f* ① *(Stärke)* strength, power; *(Energie)* energy; ***ich hatte nicht die ~, weiterzugehen*** I didn't have the strength to walk any further; ***wenn man alle Kräfte zusammennimmt*** if you summon up all your strength; ***er ist am Ende seiner Kräfte*** he can't take any more; ***er kann vor ~ nicht mehr laufen*** *(hum fam)* he's so muscle-bound he can hardly move; **mit aller ~** with all one's strength; ***sie wollen mit aller ~ durchsetzen, dass ...*** they will do their utmost to ensure that ...; **die ~ aufbringen, etw zu tun** to find the strength to do sth; **nach besten Kräften** to the best of one's ability; **bei Kräften bleiben** to keep one's strength up; **aus eigener ~** by oneself [*or* one's own efforts]; **mit frischer ~** with renewed energy; **über jds Kräfte gehen** to be more than sb can cope with; ***das geht über meine Kräfte*** it's more than I can take; **geistige/schöpferische Kräfte** mental/creative powers; **mit seinen Kräften Haus halten müssen** to have to conserve one's strength; **wieder zu Kräften kommen** to regain one's strength; **mit letzter ~** with one's last ounce of strength; **seine Kräfte** [**mit jdm**] **messen** to try [*or* pit] one's strength [against sb]; **die militärische/wirtschaftliche ~ eines Landes** the military/economic strength of a country; **seine Kräfte sammeln** to gather one's strength; **nicht bei Kräften sein** to not be in very good shape; **wieder bei Kräften sein** to have [got] one's strength back; **in jds Kräften stehen** to be within sb's powers; ***sie tat, was in ihren Kräften stand*** she did everything [with]in her power; ***ich will Ihnen gerne behilflich sein, soweit es in meinen Kräften steht*** I will do everything within my power to help you; **jds Kräfte übersteigen** to be too much for sb; **mit vereinten Kräften** with combined efforts, in a combined effort; ***mit vereinten Kräften müssten wir es schaffen*** if we combine our efforts [*or* join forces] we should succeed; **die ~ der Verzweiflung** the strength born of desperation; **nicht wissen, wohin mit seiner ~** *(fam)* to be brimming with energy; ***ich weiß nicht, wohin mit meiner ~*** I'm just bubbling over with energy
② *kein pl* JUR *(Geltung)* power, force; **außer ~ sein** to be no longer [*or* have ceased to be] in force; **ein Gesetz außer ~ setzen** to repeal a law; **außer ~ treten** to cease to be in force; **in ~ bleiben/sein** to remain/be in force; **in ~ seit ...** effective as from ...; *Gesetz* operative from ...; **in ~ treten** to come [*or* enter] into force
③ *(Energie)* power, force; **die heilende ~ der Sonne** the healing power of the sun; **magnetische Kräfte** magnetic attraction *sing;* **die treibende ~** the driving force
④ *kein pl* NAUT **halbe/volle ~ voraus!** half/full speed ahead!
⑤ *meist pl* ÖKON, POL *(Einfluss nehmende Gruppe)* force; **das Gleichgewicht der Kräfte** the balance of power; **reaktionäre Kräfte** rebel forces
⑥ *(Arbeitskraft)* employee, worker; ■**Kräfte** *pl* employees *pl,* workers *pl,* personnel + *sing/pl vb,* staff *sing*

Kraft·akt *m* act of strength **Kraft·an·stren·gung** *f* exertion **Kraft·auf·wand** *m* effort **Kraft·aus·druck** *m* swear word; **Kraftausdrücke** strong language; **mit Kraftausdrücken um sich** *akk* **werfen** to swear continuously **Kraft·brü·he** *f* beef stock

Kräf·te·mes·sen <-s> *nt kein pl* trial of strength **Kräf·te·ver·fall** *m* loss of vigour [*or* AM -or] **Kräf·te·ver·hält·nis** *nt* POL balance of power **Kräf·te·ver·schleiß** *m* loss of energy

Kraft·fah·rer(in) *m(f) (geh)* ① TRANSP *(Führer eines Kraftfahrzeuges)* motorist *form,* driver
② *(Lkw-Fahrer)* driver

Kraft·fahr·zeug *nt* AUTO *(geh)* motor vehicle *form*
Kraft·fahr·zeug·brief *m s.* **Fahrzeugbrief**
Kraft·fahr·zeug·dich·te *f* traffic density **Kraft·fahr·zeug·dieb·stahl** *m* vehicle theft
Kraft·fahr·zeug·haft·pflicht *f* motor vehicle third-party liability **Kraft·fahr·zeug·haft·pflicht·ver·si·che·rung** *f (geh)* third-party car insurance
Kraft·fahr·zeug·kas·ko·ver·si·che·rung *f* AUTO *(geh)* vehicle third party fire and theft insurance **Kraft·fahr·zeug·kenn·zei·chen** *nt* vehicle registration **Kraft·fahr·zeug·me·cha·ni·ker(in)** *m(f)* vehicle mechanic **Kraft·fahr·zeug·pa·pie·re** *pl (geh)* vehicle registration papers **Kraft·fahr·zeug·schein** *m s.* **Fahrzeugschein** **Kraft·fahr·zeug·steu·er** *f* motor vehicle tax **Kraft·fahr·zeug·über·las·sungs·ver·trag** *m* vehicle leasing contract **Kraft·fahr·zeug·ver·si·che·rung** *f* car insurance

Kraft·feld *nt* PHYS force field **Kraft·fut·ter** *nt* AGR concentrated feed stuff

kräf·tig ['krɛftɪç] **I.** *adj* ① *(physisch stark)* strong, powerful
② *(stark ausgeformt)* strong; ■**~ werden** to become strong
③ *(wuchtig)* firm, powerful
④ *(intensiv)* strong; **etw ~ verteuern** to drive up the price of sth
⑤ KOCHK *(nahrhaft)* nourishing; **eine ~e Suppe** a nourishing soup
⑥ *(ausgeprägt)* strong; *Haarwuchs* healthy
⑦ *(drastisch)* strong; **eine ~e Sprache führen** to use strong language
⑧ *(groß)* large, substantial
II. *adv* ① *(angestrengt)* hard, vigorously; **etw ~ rühren** to give sth a good stir; **~ niesen** to sneeze violently
② METEO *(stark)* heavily
③ *(deutlich)* substantially
④ *(sehr)* very; **jdm ~ die Meinung sagen** to strongly express one's opinion

kräf·ti·gen ['krɛftɪgn̩] *vt (geh)* ① *(die Gesundheit festigen)* ■**jdn/etw ~** to build up sb's/sth's strength; ■**gekräftigt** invigorated
② *(stärken)* ■**jdn/etw ~** to strengthen [*or* fortify] sb/sth

Kräf·ti·gung <-, -en> *f (geh)* ① *(gesundheitliche Festigung)* strengthening, invigoration
② *(das Stärken)* strengthening, fortification

Kräf·ti·gungs·mit·tel *nt* tonic

Kraft·la·ckel <-s, -> *m* SÜDD, ÖSTERR *(pej sl: Kraftprotz)* musclehead AM *pej sl;* *(jd, der flucht)* foul-[*or* mealy-]mouthed idiot; ■**ein ~ sein** *(ein Kraftprotz sein)* to have more muscles than brains; *(fluchen)* to use unnecessary foul language

Kraft·li·ni·en [-li:niən] *pl* PHYS lines of force

kraft·los I. *adj* weak

II. *adv* feebly

Kraft·los·er·klä·rung *f* JUR invalidation, annulment

Kraft·lo·sig·keit <-> *f kein pl* weakness

Kraft·mei·e·rei <-, -en> *f (pej fam)* swagger

kraft·mei·e·risch [kraft'maiərɪʃ] *adj* tough-talking, bully-boy *pej*

Kraft·pro·be *f* test of strength **Kraft·protz** <-es, -e> *m (fam)* muscle man *fam* **Kraft·rad** *nt (geh)* motorcycle **Kraft·raum** *m* SPORT weight room **Kraft·re·ser·ven** *pl* reserves *pl* of strength **Kraft·sport** *m* power sport

Kraft·stoff *m (geh)* fuel **Kraft·stoff·an·zei·ge** *f* AUTO fuel gauge **Kraft·stoff·dämp·fe** *pl* fuel vapour[s] [*or* AM -or[s]] **Kraft·stoff·fil·ter**^RR *m* AUTO fuel filter **Kraft·stoff·ge·misch** *nt* fuel mixture **Kraft·stoffil·ter**^ALT *m s.* **Kraftstofffilter** **Kraft·stoff·tank** *m* AUTO fuel tank **Kraft·stoff·wand·ler** <-s, -> *m* AUTO fuel converter, reformer

Kraft·strom *m* electric current *(for electric engines)*

kraft·strot·zend *adj (geh)* exuding vitality [*or* vigour] [*or* AM -or] **Kraft·trai·ning** *nt* SPORT strength training **Kraft·über·tra·gung** *f* power transmission

kraft·voll I. *adj (geh)* ❶ *(stark)* strong

❷ *(sonor)* powerful

II. *adv* powerfully, forcefully; ~ **zubeißen** to take a hearty bite

Kraft·wa·gen *m (geh)* motor vehicle

Kraft-Wär·me-Kopp·lung *f kein pl* TECH, ELEK combined heat and power [*or* CHP] scheme

Kraft·werk *nt* power station **Kraft·werks·be·trei·ber** *m* company running a power station **Kraft·werks·tech·nik** *f kein pl* power station technology

Krag·büh·ne [kra:g-] *f* BAU cantilever

Kra·gen <-s, - *o* Krägen> ['kra:gən, *pl* 'krɛ:gn̩] *m* SÜDD, SCHWEIZ MODE collar; **den ~ nach oben schlagen** [*o* **stülpen**] to turn up one's collar; **jdn am** [*o fam* **beim**] **~ packen** to collar sb, to take sb by the scruff of his neck *fam*

▸WENDUNGEN: **jdm geht es an den ~** *(fam)* sb is in for it *fam;* **etw kostet jdn den ~** *(fam)* sth is sb's downfall; **jdm platzt der ~** *(fam)* sb blows their top *fam;* ***jetzt platzt mir aber der ~!*** *(fam)* that's it, I've had enough!; **dem könnte ich den ~ umdrehen!** I could wring his neck!

Kra·gen·bär *m* ZOOL Asian black bear **Kra·gen·klam·mer** *f* collar stud **Kra·gen·knopf** *m* collar button **Kra·gen·spie·gel** *m* MIL collar patch **Kra·gen·wei·te** *f* MODE collar size ▸WENDUNGEN: [**genau**] **jds ~ sein** *(fam)* to be [just] sb's cup of tea *fam*

Krä·he <-, -n> ['krɛ:ə] *f* ORN crow

▸WENDUNGEN: **eine ~ hackt der anderen kein Auge aus** *(prov)* birds of a feather flock together *prov*

krä·hen ['krɛ:ən] *vi* ❶ ORN to crow

❷ *(fam)* to squeal *fam*

Krä·hen·fü·ße *pl* crow's feet **Krä·hen·schar·be** <-, -n> *f* ORN shag

Kra·kau <-s> ['kra:kau] *nt* Cracow

Kra·kau·er <-, -> *f Polish garlic sausage*

Kra·ke <-n, -n> ['kra:kə] *m* ❶ ZOOL octopus

❷ *(sagenhaftes Meerungeheuer)* kraken

kra·kee·len* [kra'ke:lən] *vi (pej fam)* to make a racket *fam;* ■**~d** noisy

Kra·kee·ler(in) <-s, -> *m(f) (pej fam)* rowdy *fam*

Kra·kel <-s, -> ['kra:kl̩] *m (pej fam)* scrawl, scribble

Kra·ke·lei <-, -en> *f (pej fam)* scrawl, scribble

kra·ke·lig ['kra:kəlɪç] I. *adj* scrawly

II. *adv* scrawly

kra·keln ['kra:kl̩n] *vt (pej)* ■**etw ~** to scrawl sth

Kral <-s, -e> [kra:l] *m* kraal AM

Kral·le <-, -n> ['kralə] *f* ❶ ORN, ZOOL claw

❷ *pl selten (fam: Parkkralle)* wheel clamp

▸WENDUNGEN: **bar auf die ~** *(sl)* cash in hand *fam;* **jdn in seine ~n bekommen** [*o fam* **kriegen**] to get one's claws into sb *fam;* **jdn in seinen ~n haben** *(fam)* to have sb in one's clutches *fam;* **jdn/etw nicht aus den ~n lassen** *(fam)* to not let sb/sth out of one's clutches *fam;* [**jdm**] **die ~n zeigen** *(fam)* to show [sb] one's claws *fam*

kral·len ['kralən] I. *vr* ❶ *(sich festkrallen)* ■**sich** *akk* **an jdn/etw ~** to cling onto [*or* claw at] sb/sth

❷ *(fest zupacken)* ■**sich** *akk* **in etw** *akk*/**um etw** *akk* **~** to cling onto/around sth

II. *vt* ❶ *(fest bohren)* ■**etw in etw** *akk* **~** to dig sth into sth

❷ *(sl: klauen)* ■[**sich** *dat*] **etw ~** to pinch sth *fam*

❸ *(sl: sich kaufen)* ■**sich** *dat* **jdn ~** to get sb between one's fingers

Kram <-[e]s> [kra:m] *m kein pl (fam)* ❶ *(Krempel)* junk

❷ *(Angelegenheit)* affairs *pl,* things *pl fam;* **den ~ satthaben** to be fed up with the whole thing; **mach doch deinen ~ allein!** [why don't you] do it [*or* sort it out by] yourself!; **den ganzen ~ hinschmeißen** to pack the whole thing in; **jdm in den ~ passen** to suit sb fine; **jdm nicht in den ~ passen** to be a real nuisance to sb

kra·men ['kra:mən] I. *vi* ❶ *(fam)* ■[**in etw** *dat*] [**nach etw** *dat*] **~** to rummage around [in sth] [for sth]; ***er kramte in der Schublade nach alten Fotos*** he rummaged around in the drawer for old photos

❷ SCHWEIZ *(Kleinhandel betreiben)* to hawk

II. *vt* ■**etw aus etw** *dat* **~** to fish sth out of sth

Krä·mer(in) <-s, -> ['krɛ:mɐ] *m(f)* ❶ DIAL *(veraltet)* grocer's, general store

❷ *(pej: kleinlicher Mensch) s.* **Krämerseele**

Krä·mer·see·le *f* ▸WENDUNGEN: **eine ~ sein** *(pej)* to be petty-minded

Kram·la·den *m (pej fam)* ❶ *(Trödelladen)* junk shop

❷ *(pej: Ramschladen)* crummy little shop

Kram·pe <-, -n> ['krampə] *f* staple

Kram·pen <-s, -> *m* ÖSTERR *(Spitzhacke)* pickaxe

Krampf <-[e]s, Krämpfe> [krampf, *pl* 'krɛmpfə] *m* ❶ MED *(Muskelkrampf)* cramp; **einen ~ bekommen** to get a cramp; **einen ~ haben** to have a cramp

❷ MED *(Kolik)* cramp; **sich** *akk* **in Krämpfen winden** to double up in cramps; *Epilektiker* to double up in convulsions

▸WENDUNGEN: **einen ~ drehen** *(sl)* to pull off a scam; [**ein**] **~ sein** *(fam)* to be a pain in the neck

Krampf·ader *f* varicose vein **Krampf·an·fall** *m* ❶ *(Muskelkrampf)* attack of sudden cramp[s]

❷ *(Epilepsie)* seizure

kramp·fen ['krampfn̩] I. *vt* ❶ *(geh)* ■**etw um etw** *akk* **~** to clench sth around sth

❷ DIAL ■**etw ~** to get one's hands on

II. *vr (geh)* ■**sich** *akk* **um etw** *akk* **~** to clench sth

krampf·haft I. *adj* ❶ *(angestrengt)* frantic, desperate

❷ MED convulsive

II. *adv* frantically, desperately

krampf·lin·dernd, krampf·lö·send *adj* antispasmodic; ■**~ sein** to relieve cramp, to have antispasmodic properties *spec*

Kran <-[e]s, Kräne *o* -e> [kra:n, *pl* 'krɛ:nə] *m* ❶ TECH *(Vorrichtung zum Heben)* crane

❷ DIAL *(Wasserhahn)* tap

Kran·füh·rer(in) *m(f)* crane operator

krän·gen ['krɛŋən] *vi* NAUT to heel over

Kra·nich <-s, -e> ['kra:nɪç] *m* ORN crane

krank <kränker, kränkste> [kraŋk] *adj* ❶ MED *(nicht gesund)* ill, sick; **ein ~es Bein/Herz** a bad leg/heart

❷ *(leidend)* ■**~ vor etw** *dat* **sein** to be sick with sth

❸ FORST, HORT *(leidend)* ■**~ sein** to be diseased

❹ ÖKON *(wirtschaftlich nicht gesund)* ailing

❺ JAGD wounded

▸WENDUNGEN: **du bist wohl ~!, bist du ~?** *(iron fam)* are you out of your mind? *fam;* **jdn** [**mit etw** *dat*] **~ machen** *(fam)* to get on sb's nerves [with sth]

Kran·ke(r) *f(m) dekl wie adj* sick person, patient, invalid; **ein eingebildeter ~r** a hypochondriac; **ein unheilbar ~r** a terminally ill person

krän·keln ['krɛŋkl̩n] *vi* ❶ *(nicht ganz gesund sein)* to be unwell [*or* sickly] [*or* in poor health]

❷ ÖKON *(marode)* to be ailing

kran·ken ['kraŋkn̩] *vi (pej)* ■**an etw** *dat* **~** to suffer from sth

krän·ken ['krɛŋkn̩] *vt* ■**jdn** [**mit etw** *dat*] **~** to hurt sb's feelings [with sth]; ■**gekränkt sein** to feel hurt; ■**es kränkt jdn, dass ...** it hurts sb['s feelings], that ...; ■**~d** hurtful

Kran·ken·ak·te *f* medical file **Kran·ken·an·stal·ten** *pl (veraltend geh)* hospital, clinic **Kran·ken·be·richt** *m* medical report **Kran·ken·be·such** *m* [patient] visit, sick call; **einen ~** [**bei jdm**] **machen** to go on a sick call [to sb] **Kran·ken·bett** *nt* ❶ MED *(Krankenhausbett)* hospital bed ❷ *(geh: Krankenlager)* sickbed **Kran·ken·blatt** *nt* medical record **Kran·ken·fahrt** *f* journey by a sick person *(for treatment)* **Kran·ken·geld** *nt* sick pay **Kran·ken·ge·schich·te** *f* medical history **Kran·ken·gym·nast(in)** <-en, -en> *m(f)* physiotherapist **Kran·ken·gym·nas·tik** *f* physiotherapy

Kran·ken·haus *nt* hospital, clinic; **ins ~ kommen/müssen** to go/have to go into hospital [*or* AM the hospital]; [**mit etw** *dat*] **im ~ liegen** to be in [*or* AM in the] hospital [with sth] **Kran·ken·haus·auf·ent·halt** *m* hospital stay **Kran·ken·haus·kos·ten** *pl* hospital costs [*or* charges] *pl* **kran·ken·haus·reif** *adj* requiring hospital treatment; ■**~ sein** to require hospital treatment; **jdn ~ schlagen** to put sb into [*or* AM into the] hospital

Kran·ken·heim <-s, -e> *nt* SCHWEIZ *(Krankenhaus)* hospital, clinic

Kran·ken·kas·se *f* health insurance company; **in einer ~ sein** to have health insurance **Kran·ken·kas·sen·bei·trag** <-[e]s, -e> *m* health insurance premium contribution **Kran·ken·kas·sen·prä·mie** <-, -n> *f* SCHWEIZ *(Krankenkassenbeitrag)* health insurance contribution

Kran·ken·kost *f kein pl* [special] diet **Kran·ken·la·ger** *nt (geh)* sickbed; **ans ~ gefesselt sein** to be confined to bed **Kran·ken·pfle·ge** *f* nursing **Kran·ken·pfle·ger(in)** *m(f)* [male] nurse **Kran·ken·rück·ver·si·che·rung** *f* health reinsurance **Kran·ken·sal·bung** *f* REL anointing of the sick **Kran·ken·schein** *m* health insurance voucher; **auf ~** under health insurance cover **Kran·ken·schwes·ter** *f* nurse

Kran·ken·stand *m kein pl* ❶ ÖKON number of persons on sick leave ❷ ÖSTERR **im ~ sein** to be on sick leave **Kran·ken·stands·quo·te** *f* number on the sicklist

Kran·ken·tran·sport *m* ambulance service **Kran·ken·ver·si·cher·ten·kar·te** *f* health insurance card **Kran·ken·ver·si·che·rung** *f* health insurance; **gesetzliche/private ~** national/private health insurance **Kran·ken·ver·si·che·rungs·schutz** *m* [protection provided by] health insurance **Kran·ken·wa·gen** *m* ambulance

Kran·ken·zim·mer *nt* ❶ MED *(Krankenhauszimmer)* hospital room

❷ *(Zimmer für erkrankte Insassen)* sickbay

❸ *(geh: Zimmer mit einem Kranken)* sickroom

krank|fei·ern *vi (fam)* to skive off work BRIT *fam,* to call in sick AM *fam*

krank·haft I. *adj* ❶ MED *(durch eine Erkrankung bedingt)* morbid; ■**~ sein** to show signs of disease, to be morbid

❷ *(unnormal)* morbid, sick, pathological; ■**~ sein** to be morbid [*or* chronic]

II. *adv* morbidly

Krank·heit <-, -en> *f* ❶ MED *(Erkrankung)* illness; **eine akute/chronische ~** an acute/chronic illness; **Alzheimer ~** Alzheimer's disease; **englische ~** *(veraltend)* rickets *pl;* **parkinsonsche ~** Parkinson's disease; **wegen ~** due to illness

❷ *(Zeit einer Erkrankung)* illness

❸ FORST, HORT disease

▸WENDUNGEN: **es ist eine ~ mit jdm** *(fam)* sb is impossible [*or* unbearable]; **eine ~ sein** *(fam)* to be unbearable [*or* an impossible situation]

krank·heits·be·dingt *adj inv* caused by illness *pred;* **~e Abwesenheit** absence owing to illness

Krank·heits·bild *nt* symptoms *pl* **krank·heits·**

er·re·gend *adj inv* pathogenic **Kran̩k·heits·er·re·ger** *m* pathogen **Kran̩k·heits·er·schei·nung** *f* symptom **Kran̩k·heits·fall** *m* case of illness; ■**im** ~ in the event of illness **Kran̩k·heits·herd** *m* centre [*or* AM -er] [*or* focus] of a disease **Kran̩k·heits·keim** *m* germ **Kran̩k·heits·kos·ten** *pl* costs *pl* of an/the illness **Kran̩k·heits·ri·si·ko** *nt* risk of disease **Kran̩k·heits·stand** *m kein pl (selten)* ① *(Krankheitsstadium)* stage of an/the illness ② *(Stand, Situation des Krankseins)* disease levels *pl,* levels *pl* of disease **Kran̩k·heits·tag** *m* ÖKON, ADMIN sick day, sickie *fam,* day off through illness **Kran̩k·heits·ver·lauf** *m kein pl* MED course of a disease *no pl,* pathogenesis *no pl spec,* pathogeny *no pl spec*

kran̩k|la·chen *vr (fam)* ■**sich** *akk* [**über etw/jdn**] ~ to almost die laughing [about sb/sth]

kränk·lich ['krɛŋklɪç] *adj* sickly, in poor health

kran̩k|ma·chen *vi (fam) s.* **krankfeiern**

kran̩k|mel·den^RR^ *vr* ■**sich** *akk* [**bei jdm**] ~ to report sick [to sb], to call in sick **Kran̩k·mel·dung** *f* notification of sickness **kran̩k|schrei·ben**^RR^ *vt irreg* ■**jdn** ~ MED to give sb a sick note *(excusing them from work)* **Kran̩k·schrei·bung** *f* JUR issuing a medical certificate

Krän̩·kung <-, -en> *f* insult; **jdm eine ~ zufügen** to insult [*or* offend] sb

Kran̩·wa·gen *m* crane truck

Kranz <-es, Kränze> [krants, *pl* 'krɛntsə] *m* ① *(Ring aus Pflanzen)* wreath
② *(geh)* ring, circle
③ KOCHK DIAL *(Hefekranz)* ring *(of white sweet bread)*

Kränz·chen^1^ <-s, -> ['krɛntsçən] *nt dim von* **Kranz** **1** wreath, garland

Kränz·chen^2^ <-s, -> ['krɛntsçən] *nt (regelmäßige weibliche Runde)* coffee circle BRIT, coffee klat[s]ch AM

krän·zen ['krɛntsn̩] **I.** *vt (selten geh: bekränzen)* ■**jdn/etw** [**mit etw** *dat*] ~ to garland sb/sth [with sth], to adorn sb/sth [with garlands]
II. *vi* JAGD *Rotwild* to leave a faint hoof print

Kran̩z·ge·fäß *nt* ANAT *s.* **Herzkranzgefäß** **Kran̩z·nie·der·le·gung** *f (geh)* wreath laying

Krap·fen <-s, -> ['krapfn̩] *m* ① KOCHK fritter
② DIAL *(frittiertes Hefegebäck)* ≈ doughnut BRIT, ≈ donut AM

krass^RR^, **kraß**^ALT^ [kras] **I.** *adj* ① *(auffallend)* glaring, obvious; **ein krasser Gegensatz** a stark contrast; **ein krasser Fall** an extreme case
② *(unerhört)* blatant, gross
③ *(extrem)* complete, rank
II. *adv* crassly

Kra·ter <-s, -> ['kra:tɐ] *m* crater

Kra̩·ter·land·schaft *f* crater[ed] landscape **Kra̩·ter·see** *m* crater lake

Kra̩tz·baum *m* scratching post

Kra̩tz·bürs·te *f (pej fam)* prickly person *fam*

kratz·bürs·tig ['kratsbʏrstɪç] *adj (pej fam)* prickly *fam*

Krät·ze <-> ['krɛtsə] *f kein pl* MED scabies

krat·zen ['kratsn̩] **I.** *vt* ① *(mit den Nägeln ritzen)* ■**jdn/etw** ~ to scratch sb/sth
② *(jucken)* ■**sich** *akk* [**irgendwo**] ~ to scratch oneself [somewhere]
③ *(abkratzen)* ■**etw von etw** *dat* ~ to scratch sth off sth
④ *(fam: kümmern)* ■**jdn** ~ to bother sb; ***das kratzt mich nicht*** I couldn't care less about that
⑤ *(in Fasern auflösen)* **Wolle** ~ to card wool
II. *vi* ① *(jucken)* ■[**irgendwo**] ~ to scratch [somewhere]; ***das Unterhemd kratzt so sehr*** the vest is terribly scratchy
② *(scharren)* to scratch; ■**mit etw** *dat* **über etw** *akk* ~ to scratch over sth with sth
③ *(mit den Nägeln ritzen)* to scratch
④ *(beeinträchtigen)* ■**an etw** *dat* ~ to scratch away at sth; **an jds Ehre** ~ to impugn sb's honour [*or* AM -or]; **an jds Stellung** ~ to undermine sb's position
⑤ *(spielen)* **auf der Geige** ~ to scrape away on a violin
III. *vt impers* ***es kratzt mich im Hals*** my throat feels rough

Krat·zer <-s, -> ['kratsɐ] *m* scratch

kra̩tz·fest *adj inv* scratch-resistant [*or* -proof], non-scratch **Kra̩tz·fes·tig·keit** *f* scratch resistance

krät·zig ['krɛtsɪç] *adj inv* scabious

Krä̩tz·mil·be *f* ZOOL itch mite

Kra̩tz·wun·de *f* scratch wound

Kraul <-[s]> [kraul] *nt kein pl* SPORT crawl

krau·len^1^ ['kraulən] **I.** *vi sein o haben (schwimmen)* to swim [*or* do] the crawl; ■**das K~** the crawl
II. *vt sein o haben (schwimmen)* **50 m** ~ to do a 50 m crawl

krau·len^2^ ['kraulən] *vt (liebkosen)* ■**jdn** [**irgendwo**] ~ to scratch sb lightly [somewhere]; **jdm das Kinn** ~ to chuck sb under the skin; **einen Hund zwischen den Ohren** ~ to tickle a dog between its ears

kraus [kraus] *adj* ① *(stark gelockt)* crinkly, frizzy; *s. a.* **Stirn**
② *(zerknittert)* crumpled, wrinkled
③ *(pej: verworren)* muddled

Krau·se <-, -n> ['krauzə] *f* ① MODE *(gefältelter Saum)* ruffle; *(gekräuselter Kragen)* ruffled collar
② *(fam: künstliche Wellung)* frizzy perm

Krä̩u·sel·band *nt* rufflette [tape]

kräu·seln ['krɔyzl̩n] **I.** *vt* ① MODE *(mit künstlichen Locken versehen)* ■**etw** ~ to crimp sth; ■**gekräuselt** frizzy
② *(leicht wellig machen)* ■**etw** ~ to ruffle sth
II. *vr* ① *(leicht kraus werden)* ■**sich** *akk* ~ to frizz
② *(leichte Wellen schlagen)* ■**sich** *akk* ~ to ruffle

kraus·haa·rig *adj* ■~ **sein** to have frizzy hair **Kra̩us·kopf** *m (fam)* ① *(krause Frisur)* frizzy hairstyle ② *(Mensch mit krausen Haaren)* frizzy head **Kra̩us·sa·lat** *m* curly lettuce **kra̩us|zie·hen** *vt* **die Stirn** ~ to knit one's brow, to frown

Kraut <-[e]s, Kräuter> [kraut, *pl* krɔytɐ] *nt* ① BOT herb
② *kein pl* HORT *(grüne Teile von Pflanzen)* foliage, herbage; **ins ~ schießen** to go to seed
③ *kein pl* KOCHK DIAL *(Kohl)* cabbage; *(Sauerkraut)* pickled cabbage
④ *(pej fam: primitiver Tabak)* tobacco
⑤ *kein pl* DIAL *(Sirup)* syrup
▶WENDUNGEN: **gegen etw** *akk* **ist kein ~ gewachsen** *(fam)* there's no remedy for sth; **wie ~ und Rüben durcheinanderliegen** *(fam)* to lie about all over the place *fam;* **ins ~ schießen** *(fam)* to get out of control

Kräu̩·ter·buch *nt* herbal, book of herbs **Kräu̩·ter·but·ter** *f* herb butter **Kräu̩·ter·ex·trakt** *nt o m* herb[al] extract **Kräu̩·ter·kä·se** *m* herb cheese **Kräu̩·ter·li·kör** *m* herb liqueur **Kräu̩·ter·mi·schung** *f* herb mixture, mixed herbs *pl* **Kräu̩·ter·öl** *nt* herbal oil **Kräu̩·ter·pil·le** *f (fam)* [natural] herbal pill **Kräu̩·ter·sträuß·chen** *nt* bouquet garni **Kräu̩·ter·tee** *m* herbal tea **Kräu̩·ter·the·ra·pie** *f* herbal therapy

Kra̩ut·kopf *m* SÜDD, ÖSTERR *(Kohlkopf)* head of cabbage **Kra̩ut·sa·lat** *m* coleslaw *(without carrot)*

Kra·wall <-s, -e> [kra'val] *m* ① *(Tumult)* riot; ~ **schlagen** to kick up a row [*or* AM an argument]
② *kein pl (fam: Lärm)* racket; ~ **machen** *(pej fam)* to make a racket

Kra·wa̩ll·ma·cher(in) *m(f) (pej fam)* hooligan

Kra·wat·te <-, -n> [kra'vatə] *f* ① MODE tie
② SPORT headlock
③ MED *(Gipskrawatte)* plaster collar
▶WENDUNGEN: **sich** *dat* **einen hinter die ~ gießen** *(fam)* to down a pint; **jdm die ~ zuziehen** *(erwürgen)* to throttle sb; *(erhängen)* to string sb up

Kra·wa̩t·ten·fut·ter *nt* lining of a tie **Kra·wa̩t·ten·kno·ten** *m* tie knot **Kra·wa̩t·ten·mo·de** *f* tie fashion **Kra·wa̩t·ten·mus·ter** *nt* pattern on a tie **Kra·wa̩t·ten·na·del** *f* tiepin **Kra·wa̩t·ten·schal** *m* cravat **Kra·wa̩t·ten·trä·ger(in)** *m(f)* ~ **sein** to wear ties

kra·xeln ['kraksl̩n] *vi sein* SÜDD, ÖSTERR ■[**auf etw** *akk*] ~ to clamber [onto sth]

Kre·a·ti·on <-, -en> [krea'tsi̯o:n] *f* MODE creation

kre·a·tiv [krea'ti:f] **I.** *adj* creative
II. *adv (geh)* creatively

Kre·a·ti̩v·di·rek·tor(in) *m(f)* creative director

Kre·a·ti·vi·tät <-> [kreativi'tɛ:t] *f kein pl (geh)* creativity, creativeness

Kre·a·ti̩v·ur·laub *m holiday with emphasis on creative pursuits*

Kre·a·tur <-, -en> [krea'tu:ɐ̯] *f* ① *(Geschöpf)* creature; **alle ~en** *(geh)* all creatures *pl*
② *(pej: willenloses Werkzeug)* minion
▶WENDUNGEN: **die stumme ~** *(geh)* dumb creatures *pl*

Krebs^1^ <-es, -e> [kre:ps] *m* ① ZOOL crayfish, crawfish
② *kein pl* KOCHK *(Krebsfleisch)* crab; **rot wie ein ~** red as a lobster
③ *kein pl* ASTROL Cancer; [**ein**] ~ **sein** to be [a] Cancer

Krebs^2^ <-es, -e> [kre:ps] *m* ① MED *(Tumor)* cancer; ~ **erregend** carcinogenic; ~ **erregend wirken** to cause cancer, to be carcinogenic, to have carcinogenic properties; ~ **hemmend** anticarcinogenic, carcinostatic *spec;* ~ **hemmend wirken** to prevent [*or* protect against] cancer, to be anticarcinogenic, to have anticarcinogenic properties; ~ **haben, an ~ leiden** to have [*or* suffer from] cancer
② HORT canker

Kre̩bs·be·hand·lung *f* cancer treatment **Kre̩bs·di·a·gno·se** *f* diagnosis of cancer

kreb·sen ['kre:psn̩] *vi (fam)* ① *(Krebse fangen)* to catch crayfish
② *(nicht gut abschneiden)* to struggle; ■**vor sich** *akk* **hin** ~ to languish
③ *(mühsam leben)* ■[**irgendwo**] ~ to struggle [somewhere]; **mit etw** *dat* ~ **gehen** DIAL to try to turn sth to one's advantage

Kre̩bs·er·kran·kung *f* cancer[ous] condition **kre̩bs·er·re·gend** *adj s.* **Krebs**^2^ **1** **Kre̩bs·er·re·ger** *m* MED carcinogen **Kre̩bs·for·schung** *f kein pl* MED, SCH cancer research *no pl* **Kre̩bs·früh·er·ken·nung** *f kein pl* MED early cancer diagnosis

Kre̩bs·gang *m kein pl* regression
▶WENDUNGEN: **den ~ gehen** *(geh)* to go backwards

Kre̩bs·ge·schwulst *f* cancerous tumour [*or* AM -or] **Kre̩bs·ge·schwür** *nt* MED cancerous ulcer

kre̩bs·hemmend *adj s.* **Krebs**^2^ **1**

Kre̩bs·kli·nik *f* cancer clinic **kre̩bs·krank** *adj* suffering from cancer; ■~ **sein** to suffer from [*or* have] cancer **Kre̩bs·kran·ke(r)** *f(m) dekl wie adj* person suffering from cancer, cancer victim **Kre̩bs·nach·be·hand·lung** *f* cancer aftercare **Kre̩bs·ope·ra·ti·on** *f* cancer operation **Kre̩bs·pa·ti·ent(in)** *m(f)* cancer patient **Kre̩bs·ri·si·ko·fak·tor** *m* MED cancer risk factor

krebs·rot ['kre:psro:t] *adj* red as a lobster **Kre̩bs·sche·re** *f* BOT water soldier **Kre̩bs·sup·pe** *f* crab soup

Kre̩bs·the·ra·pie *f* cancer therapy **Kre̩bs·ver·dacht** *m* suspicion of cancer **Kre̩bs·vor·beu·gung** *f* cancer prevention **Kre̩bs·vor·sor·ge** *f kein pl* MED, ADMIN precautions *pl* against cancer **Kre̩bs·vor·sor·ge·un·ter·su·chung** *f* cancer check-up **Kre̩bs·zel·le** *f* cancer cell

Kre·denz <-, -en> [kre'dɛnts] *f (veraltet)* sideboard

kre·den·zen* [kre'dɛntsn̩] *vt (geh)* ■**jdm etw** ~ to pour sb sth

Kre·dit^1^ <-[e]s, -e> [kre'di:t, -'dɪt] *m* credit; *(Darlehen)* loan; ~ **mit fester Laufzeit** fixed-term loan; **fälliger/laufender** ~ straight loan/open credit; [**für etw** *akk*] **einen** ~ [**bei jdm**] **aufnehmen** to take out a loan [for sth] [with sb]; **jdm ~ geben** [*o* **gewähren**] to give [*or* offer] sb credit; ~ **gebend** lending *attr;* ~ **gebende Bank** lending bank; [**bei jdm**] ~ **haben** to be given credit [*or* considered financially trustworthy] by sb; **auf** ~ on credit; ~ **nehmend** borrowing *attr;* ~ **nehmende Bank** borrowing bank
▶WENDUNGEN: [**seinen**] ~ **verspielen** to lose one's good repute [*or* standing]

Kre·dit^2^ <-s, -s> [kre'di:t] *nt* credit

Kre·di̩t·ab·bau *m kein pl* FIN repayment of credit

Kre·di̩t·ab·kom·men *nt* JUR credit arrangement

[*or* agreement] **Kre·dit·ab·si·che·rung** *f* FIN coverage of a loan **Kre·dit·an·bie·ter(in)** *m(f)* lender **Kre·dit·an·stalt** *f* FIN loan corporation; **~ für Wiederaufbau** POL German reconstruction loan corporation **Kre·dit·an·trag** *m* FIN application for credit; **einen ~ stellen** to apply for a loan [*or* an overdraft [facility]] **Kre·dit·art** *f* loan type **Kre·dit·auf·nah·me** *f* FIN borrowing **Kre·dit·auf·sicht** *f* FIN credit control

Kre·dit·aus·fall *m* FIN credit [*or* loan] loss **Kre·dit·aus·fall·ri·si·ko** *nt* FIN loan loss risk

Kre·dit·aus·kunft *f* FIN status [*or* credit] inquiry **Kre·dit·aus·wei·tung** *f* FIN credit extension **Kre·dit·bank** *f* FIN credit bank **Kre·dit·ba·sis** *f* FIN credit basis **Kre·dit·be·ar·bei·tung** *f* FIN loan processing **Kre·dit·be·darf** *m* FIN demand for credit; **~ der öffentlichen Hand** public-sector borrowing requirements **Kre·dit·be·din·gun·gen** *pl* FIN credit terms **Kre·dit·be·ra·ter(in)** *m(f)* FIN loan officer BRIT, credit man AM **Kre·dit·be·schrän·kung** *f* FIN credit squeeze [*or* restriction] **Kre·dit·be·trag** *m* FIN amount credited; **den ~ kürzen/überschreiten** to curtail credit/to exceed the limit **Kre·dit·be·treu·ung** *f* FIN loan monitoring [*or* processing services *pl*] **Kre·dit·be·trug** *m* FIN credit fraud **Kre·dit·be·wil·li·gung** *m* FIN credit allocation [*or* granting] **Kre·dit·brem·se** *f* FIN credit brake **Kre·dit·brief** *m* FIN letter of credit, L/C; **widerruflicher/unwiderruflicher ~** revocable/irrevocable letter of credit; **einen ~ ausstellen** to issue a letter of credit **Kre·dit·bürg·schaft** *f* FIN credit guarantee; **fortlaufende ~** continuing guarantee **Kre·dit·ent·schei·dung** *f* FIN credit decision **Kre·dit·ent·zug** *m* FIN withdrawal of credit **Kre·dit·er·leich·te·rung** *f* FIN relaxation [*or* ease] in credit **Kre·dit·er·öff·nungs·ver·trag** *m* FIN credit agreement **kre·dit·fä·hig, kre·dit·wür·dig** *adj* FIN creditworthy **Kre·dit·fä·hig·keit** *f kein pl* FIN creditworthiness **Kre·dit·fäl·lig·keit** *f* FIN credit aging **Kre·dit·fa·zi·li·tät** *f* FIN credit facility **Kre·dit·fi·nan·zie·rung** *f* FIN loan finance **Kre·dit·for·de·run·gen** *pl* FIN loan claims *pl* **Kre·dit·frist** *f* FIN credit time limit **Kre·dit·ga·ran·tie** *f* FIN credit guarantee **kre·dit·ge·bend** *adj* FIN *s.* **Kredit**[1] **Kre·dit·ge·ber(in)** *m(f)* creditor **Kre·dit·ge·fähr·dung** *f* JUR impairment of credit standing **Kre·dit·ge·neh·mi·gung** *f* FIN credit approval **Kre·dit·ge·nos·sen·schaft** *f* FIN *(Volksbanken und Raiffeisenbanken)* cooperative savings association, credit cooperative [*or* union] **Kre·dit·ge·schäft** *nt* FIN credit [*or* loan] business; *(einzelne Transaktion)* credit transaction **Kre·dit·ge·sell·schaft** *f* FIN credit society **Kre·dit·ge·such** *nt* FIN application for credit; **ein ~ ablehnen** to refuse a request for credit **Kre·dit·ge·wäh·rung** *f* FIN granting of credit **Kre·dit·gren·ze** *f* FIN credit limit **Kre·dit·hai** *m* *(fam)* loan shark **Kre·dit·hil·fe** *f* FIN financial aid; **jdm die ~ entziehen** to withdraw sb's credit **Kre·dit·hö·he** *f* FIN amount credited

kre·di·tie·ren* [kredi'ti:rən] *vt* FIN ① *(Kredit gewähren)* ■**etw ~** to grant credit for sth; **einen teuren Bauauftrag ~** to grant credit for a costly construction contract

② *(gutschreiben)* ■**jdm etw ~** to credit sb with sth; **einem Schuldner einen Betrag ~** to advance a debtor an amount on credit, to credit a debtor with an amount; **Bauaufträge ~** to finance building contracts

Kre·di·tie·rung <-, -en> *f* FIN crediting

Kre·di·tie·rungs·ver·bot *nt* FIN exclusion of crediting

Kre·dit·in·an·spruch·nah·me *f* FIN use of credit **Kre·dit·in·sti·tut** *nt* bank **Kre·dit·in·sti·tuts·recht** *nt* FIN law on credit institutions

Kre·dit·kar·te *f* credit card; **mit ~ bezahlen** to pay by [*or* have sth put on one's] credit card **Kre·dit·kar·ten·ge·schäft** *nt* FIN credit card business **Kre·dit·kar·ten·ge·sell·schaft** *f* FIN credit card company **Kre·dit·kar·ten·in·for·ma·ti·on** *f* credit card information **Kre·dit·kar·ten·in·ha·ber(in)** *m(f)* FIN credit card holder **Kre·dit·kar·ten·miss·brauch**[RR] *m* JUR credit card misuse **Kre·dit·kar·ten·num·mer** *f* FIN credit card number **Kre·dit·kar·ten·quit·tung** *f* credit card receipt

Kre·dit·kauf *m* HANDEL credit purchase; *(Ratenkauf)* hire purchase **Kre·dit·knapp·heit** *f kein pl* FIN credit squeeze **Kre·dit·kon·di·ti·o·nen** *pl* FIN credit terms *pl* **Kre·dit·kos·ten** *pl* FIN borrowing costs **Kre·dit·kün·di·gung** *f* JUR notice of withdrawal of credit **Kre·dit·lauf·zeit** *f* ÖKON term [*or* duration] of a [*or* the] loan **Kre·dit·lei·he** *f* FIN loan of credit **Kre·dit·li·mit** *nt* FIN *des Nehmers* credit limit; *des Gebers* lending limit **Kre·dit·li·nie** *f s.* **Kreditrahmen Kre·dit·markt** *m* FIN credit market **Kre·dit·mit·tel** *pl* FIN credit resources **Kre·dit·mo·da·li·tä·ten** *pl* FIN credit facilities **Kre·dit·mög·lich·kei·ten** *pl* FIN credit resources **Kre·dit·nach·for·schung** *f* FIN credit [*or* status] inquiry **Kre·dit·nach·fra·ge** *f* ÖKON demand for credit **kre·dit·neh·mend** *adj* FIN *s.* **Kredit**[1] **Kre·dit·neh·mer(in)** <-s, -> *m(f)* borrower

Kre·di·tor, -to·rin <-s, Kreditoren> ['kre:dito:ɐ̯, -'to:rɪn, *pl* -'to:rən] *m, f* FIN creditor

Kre·dit·pa·pier *nt* FIN credit instrument **Kre·dit·part·ner(in)** *m(f)* FIN lending partner **Kre·dit·pla·fond** [-pla'fõ:] *m* FIN borrowing limit **Kre·dit·pro·vi·si·on** *f* FIN procuration fee **Kre·dit·rah·men** *m* credit limit **Kre·dit·res·trik·ti·on** *f* FIN credit restriction [*or* squeeze] **Kre·dit·ri·si·ko** *nt* FIN credit risk **Kre·dit·rück·füh·rung** *f* FIN loan repayment **Kre·dit·rück·zah·lung** *f* FIN loan repayment **Kre·dit·schöp·fung** *f* credit creation **Kre·dit·si·cher·heit** *pl* FIN security [against advances], collateral **Kre·dit·sper·re** *f* FIN credit freeze **Kre·dit·spiel·raum** *m* FIN scope for lending **Kre·dit·sprit·ze** *f* FIN credit injection **Kre·dit·su·chen·de(r)** *f(m) dekl wie adj* FIN credit seeker **Kre·dit·til·gung** *f* FIN credit amortization **Kre·dit·über·wa·chung** *f* FIN credit control **Kre·dit·un·ter·la·ge** *f* FIN credit instrument **Kre·dit·un·ter·neh·men** *nt* FIN credit company **Kre·dit·ver·ein·ba·rung** *f* FIN borrowing arrangement, loan agreement **Kre·dit·ver·ga·be** *f* FIN lending **Kre·dit·ver·hand·lun·gen** *pl* ÖKON loan talks **Kre·dit·ver·län·ge·rung** *f* FIN extension of credit **Kre·dit·ver·mitt·ler(in)** *m(f)* FIN credit agent, loan broker **Kre·dit·ver·mitt·lungs·ver·trag** *m* JUR loan brokerage contract **Kre·dit·ver·trag** *m* FIN credit agreement [*or* contract] **Kre·dit·vo·lu·men** *nt* FIN credit volume, total lending **Kre·dit·vor·schrif·ten** *pl* JUR credit terms [*or* conditions] **Kre·dit·we·sen** *nt kein pl* FIN credit system **Kre·dit·we·sen·ge·setz** *nt* JUR act regulating banking and credit business **Kre·dit·wirt·schaft** *f kein pl* ÖKON lending business

kre·dit·wirt·schaft·lich I. *adj inv* FIN credit-policy *attr*, relating to credit *pred*

II. *adv* FIN in credit terms; **~ *gesehen ist das Finanzgebahren dieser Bank äußerst fragwürdig*** the way this bank deals with credit is highly suspect

Kre·dit·wu·cher *m kein pl* JUR usury *no pl, no indef art* **kre·dit·wür·dig** *adj* creditworthy **Kre·dit·wür·dig·keit** *f* FIN credit standing [*or* rating], creditworthiness **Kre·dit·zah·lung** *f* FIN credit payment **Kre·dit·zins** *m* FIN lending [*or* loan] interest **Kre·dit·zin·sen** *pl* FIN interest *no pl* on borrowed money **Kre·dit·zins·satz** *m* FIN lending [*or* loan] interest rate **Kre·dit·zu·sa·ge** *f* FIN loan commitment

Kre·do <-s, -s> ['kre:do] *nt* REL ① *(Apostolisches Glaubensbekenntnis)* creed, credo

② *(Teil der Messe)* credo

Krei·de <-, -n> ['kraidə] *f* ① *(weicher Kalkstein)* chalk

② *(zum Schreiben und Malen)* chalk

③ GEOL *(Kreidezeit)* Cretaceous [period]

▸WENDUNGEN: **in die ~ geraten** to fall into debt; **auf ~ leben** to live on tick [*or* AM credit]; **[bei jdm] [tief] in der ~ stehen** *(fam)* to owe sb [a lot of] money, to be [deep] in debt to sb

krei·de·bleich *adj* ■**~ sein/werden** to be/become as white as chalk [*or* a sheet] **Krei·de·fel·sen** *m* chalk cliff **Krei·de·for·ma·ti·on** *f* GEOL Cretaceous formation **krei·de·weiß** *adj s.* **kreidebleich Krei·de·zeich·nung** *f* chalk drawing **Krei·de·zeit** *f kein pl* GEOL Cretaceous period

kre·ie·ren* [kre'i:rən] *vt* KUNST, MODE ■**etw ~** to create sth

Kreis[1] <-es, -e> [krais, *pl* 'kraizə] *m* ① MATH circle; **einen ~ beschreiben** [*o* **schlagen**] [*o* **ziehen**] to draw a circle; **einen ~ um jdn bilden** to form a circle around [*or* encircle] sb; **sich** *akk* **im ~[e] drehen** [*o* **bewegen**] to turn round in a circle, to move in circles; **im ~ gehen** to go round in circles; **den ~ um etw** *akk* **schließen** to close the circle around sth; **im ~** in a circle; **ein Vogel zieht seine ~e** *(geh)* a bird is circling

② *(Gruppe)* circle

③ *pl (gesellschaftliche Gruppierung)* circles *pl*; **aus den besten ~en** from the best circles; **in den besten ~en vorkommen** to happen in the best of circles; **im engen** [*o* **kleinen**]/**engeren/engsten ~e** in a small/smaller/very small circle; ***die Hochzeit fand im engsten Kreise statt*** only close friends and family were invited to the wedding; **im ~e seiner Familie** in the bosom of his family

④ *(umgrenzter Bereich)* range, scope

▸WENDUNGEN: **jdm dreht sich alles im ~e** everything is going round and round in sb's head, sb's head is spinning; **ein magischer ~** a magic circle; **den ~ schließen** to close the circle; **der ~ schließt sich** the wheel turns [*or* we've come] full circle; **störe meine ~e nicht!** *(hum)* leave me in peace!; **weite ~e** wide sections; **~e ziehen** to have repercussions

Kreis[2] <-es, -e> [krais, *pl* 'kraizə] *m* ADMIN district

Kreis·ab·schnitt *m* segment **Kreis·aus·schnitt** *m* sector **Kreis·bahn** *f* orbit **Kreis·be·we·gung** *f* circular movement **Kreis·bo·gen** *m* arc

krei·schen ['kraiʃn̩] *vi* ① ORN *(hell krächzen)* to squawk

② *(hysterisch schreien)* to squeal, to shriek

③ *(quietschen)* to screech

krei·schend *adj inv Bremsen* squealing, screeching; *Mensch* screeching, shrieking; *Vogel* screeching, squawking

Kreis·dia·gramm *nt* pie chart

Krei·sel <-s, -> ['kraizl̩] *m* ① *(Spielzeug)* spinning top; **den ~ schlagen** to spin the top

② TRANSP *(fam)* roundabout

Krei·sel·kom·pass[RR] *m* gyroscopic compass

krei·seln ['kraizl̩n] *vi* ① *sein o haben (sich drehen)* ■**[irgendwohin] ~** to spin around [somewhere]

② *haben (einen Kreisel kreiseln)* to spin a top

Krei·sel·pum·pe *f* TECH centrifugal pump

krei·sen ['kraizn̩] *vi* ① *sein o haben* ASTRON, RAUM *(sich in einer Kreisbahn bewegen)* ■**um etw** *akk* **~** to orbit [*or* revolve around] sth

② *sein o haben* LUFT, ORN *(Kreise ziehen)* ■**[über etw** *dat*] **~** to circle [over sth]

③ *sein o haben (in einem Kreislauf befindlich sein)* ■**[in etw** *dat*] **~** to circulate [through sth]

④ *sein o haben (sich ständig drehen)* ■**um jdn/etw ~** to revolve around sb/sth

⑤ *haben (herumgereicht werden)* to go [*or* be passed] around

Kreis·flä·che *f* area of a circle **kreis·för·mig** I. *adj* circular; ■**~ sein** to be circular, to form a circle II. *adv* in a circle

kreis·frei *adj* ADMIN ■**~ sein** *to be independent from a district administration* **Kreis·ge·richt** *nt* JUR district court **Kreis·in·halt** *m s.* **Kreisfläche Kreis·in·sel** *f* TRANSP *central traffic-free area on roundabout* **Kreis·kol·ben·mo·tor** *m* AUTO rotary piston engine **Kreis·kran·ken·haus** *nt* district hospital

Kreis·lauf *m* ① MED *(Blutkreislauf)* circulation

② *(Zirkulation)* cycle

Kreis·lauf·kol·laps *m* circulatory collapse; **einen ~ bekommen** [*o geh* **erleiden**] to have [*or* suffer from] a circulatory collapse **Kreis·lauf·mit·tel** *nt* cardiac stimulant **Kreis·lauf·still·stand** *m kein pl* MED circulatory arrest *no pl* **Kreis·lauf·stö·run·**

gen *pl* circulatory disorder, circulation [*or* circulatory] problems *pl;* ~ **haben** [*o* **an** ~ **leiden**] to have [*or* suffer from] circulatory problems **Kreis·lauf·wirt·schaft** *f kein pl* ÖKOL recycling

kreis·rund *adj* ■ ~ **sein** to be perfectly circular

Kreis·sä·ge *f* circular saw **Kreis·sä·ge·blatt** *nt* circular saw blade

Kreis·schrei·ben <-s, -> *nt* ADMIN SCHWEIZ *circular issued by a government office to subordinate authorities*

krei·ßen ['kraisn̩] *vi* MED *(veraltend)* to be in labour [*or* AM -or]; *s. a.* **Berg**

Kreis·spar·kas·se *f* FIN district savings bank

Kreiß·saal *m* delivery room

Kreis·stadt *f* district principal town **Kreis·tag** *m* district assembly **Kreis·um·fang** *m* circumference **Kreis·um·la·ge** *f* FIN county rates *pl* BRIT *hist (communities' contribution to the local authority's budget)* **Kreis·ver·band** *m* POL *local branch of a political party, made up of members from one particular Kreis or administrative district* **Kreis·ver·kehr** *m* roundabout **Kreis·ver·wal·tung** *f* district administration [*or* authority] **Kreis·vor·sit·zen·de(r)** *f(m) dekl wie adj* chair of the district authority **Kreis·vor·stand** *m* district executive **Kreis·wahl·lei·ter(in)** *m(f)* JUR district returning officer **Kreis·wehr·er·satz·amt** *nt* district [army] recruiting office

Kre·ma·ti·on <-, -en> [krema'tsi̯o:n] *f* SCHWEIZ *(Einäscherung)* cremation

Kre·ma·to·ri·um <-s, -rien> [krema'to:ri̯ʊm, *pl* -ri̯ən] *nt* crematorium

Kre·me[RR] <-, -s> ['kre:mə] *f s.* **Creme**

kre·mie·ren* [kre'mi:rən] *vt* SCHWEIZ ■ **jdn** ~ to cremate sb

kre·mig ['kre:mɪç] **I.** *adj* KOCHK creamy
II. *adv* **etw** ~ **schlagen/rühren** to whip/stir sth until creamy, to cream sth

Kreml <-s> ['kre:ml̩] *m* ■ **der** ~ the Kremlin

Krem·pe <-, -n> ['krɛmpə] *f* MODE brim

Krem·pel <-s> ['krɛmpl̩] *m kein pl (pej fam)* ① *(ungeordnete Sachen)* mess *fam,* stuff *fam;* ***überall liegt irgendwelcher*** ~ ***herum*** there's stuff lying around all over the place
② *(Ramsch)* junk
▸ WENDUNGEN: **er kann seinen** ~ **allein machen** he can [damn well *fam*] do it himself; **den ganzen** ~ **hinwerfen** to chuck it all in *fam*

krem·peln ['krɛmpl̩n] *vt* SCHWEIZ ■ **etw** ~ to roll up sth

Kren <-s> [kre:n] *m kein pl* BOT, KOCHK SÜDD, ÖSTERR horseradish

Kre·o·len [kre'o:lən] *pl* hoop earrings *pl*

kre·o·lisch [kre'o:lɪʃ] *adj* Creole

Kre·ol·spra·che [kre'o:l-] *f* Creole

kre·pie·ren* [kre'pi:rən] *vi sein* ① *(sl: zugrunde gehen)* to croak *sl;* ■ **jdm** ~ to die on sb *fam*
② MIL *(zerplatzen)* to go off, to explode

Krepp[1] <-s, -e *o* -s> [krɛp] *m* crepe

Krepp[RR2] <-s, -e *o* -s> [krɛp] *m* KOCHK crêpe

Krepp·pa·pier[RR] *nt* crepe paper **Krepp·soh·le** *f* crepe sole

Kre·sol [kre'zo:l] *nt kein pl* CHEM cresol, cresylol

Kres·se <-, -en> ['krɛsə] *f* cress

Kre·ta ['kre:ta] *nt* Crete

Kre·te <-, -n> ['kre:tə] *f* GEOL SCHWEIZ *(Grat, Kamm)* ridge

Kre·ter(in) <-s, -> ['kre:tɐ] *m(f)* Cretan

Kre·thi und Ple·thi ['kre:ti ʊnt 'ple:ti] *pl mit vb im sing oder pl (geh)* every Tom, Dick and Harry *fam*

Kre·tin <-s, -s> [kre'tɛ̃:] *m* ① *(pej geh: Dummkopf)* cretin
② MED cretin

Kre·ti·nis·mus <-> [kreti'nɪsmʊs] *m kein pl* cretinism

kre·tisch ['kre:tɪʃ] *adj inv* Cretan

kreucht [krɔyçt] *vi* ▸ WENDUNGEN: **alles, was da** ~ **und fleucht** *(hum)* all creatures great and small

kreuz [krɔyts] ▸ WENDUNGEN: ~ **und quer** hither and thither *form,* all over the place *fam,* all over, in all directions; ***wir sind*** ~ ***und quer durch Boston gelaufen*** we walked all over [*or* around] Boston

Kreuz <-es, -e> [krɔyts] *nt* ① REL *(Folterbalken)* cross; **jdn ans** ~ **schlagen** to nail sb to the cross, to crucify sb
② *(Symbol)* crucifix; **das Eiserne** ~ the Iron Cross; **das Rote** ~ the Red Cross; **das** ~ **nehmen** to embark on a crusade
③ *(Zeichen in Form eines Kreuzes)* cross; **ein** ~ **schlagen** [*o* **machen**] to cross oneself, to make the sign of the cross; **über[s]** ~ crosswise
④ ANAT *(Teil des Rückens)* lower back; **es im** ~ **haben** *(fam)* to have back trouble; **eine Frau aufs** ~ **legen** *(sl)* to lay a woman
⑤ TRANSP *(fam)* intersection
⑥ *kein pl* KARTEN clubs *pl*
⑦ MUS sharp
▸ WENDUNGEN: **fast** [*o* **beinahe**] **aufs** ~ **fallen** to be flabbergasted; **zu** ~**e kriechen** to eat humble pie *fam;* **jdn aufs** ~ **legen** *(fam)* to fool sb; **mit jdm über** ~ **liegen** to be on bad terms [*or* at daggers drawn] with sb; **drei** ~**e machen** *(fam)* to be so relieved; **sein** ~ **auf sich** *akk* **nehmen** *(geh)* to take up one's cross; **ein** ~ **hinter jdm schlagen** [*o* **machen**] *(fam)* to be glad when sb has left, to bid sb good riddance; **ein** ~ **mit jdm/etw sein** *(fam)* to be a constant bother with sb/sth *fam;* **das** ~ **des Südens** the Southern Cross; **sein** ~ [**geduldig**] **tragen** *(geh)* to bear one's cross

Kreuz·ass[RR] ['krɔyts?as] *nt* KARTEN ace of clubs **Kreuz·band** *nt* ANAT cruciate ligament **Kreuz·bein** *nt* ANAT sacrum **Kreuz·blüt·ler** <-s, -> *m* BOT cruciferous plant **Kreuz·bruch·falz** *m* TYPO cross fold **Kreuz·bu·be** *m* KARTEN jack of clubs **Kreuz·dorn** *m* BOT buckthorn

kreu·zen ['krɔytsn̩] **I.** *vt haben* ① BIOL *(durch Paarung kombinieren)* ■ **etw** [**mit etw** *dat*] ~ to cross sth [with sth]
② TRANSP *(queren)* ■ **etw** ~ to cross sth
③ *(verschränken)* ■ **etw** ~ to cross sth; **die Beine/Arme** ~ to cross one's legs/arms
④ *(sich überschneiden)* ■ **etw** ~ to cross sth
II. *vr haben* ■ **sie kreuzen sich** *akk* ① *(sich entgegenstehen)* to oppose, to clash; *s. a.* **Weg**
② *(sich begegnen)* to cross; ***ihre Wege kreuzten sich*** their paths crossed
③ *(sich überschneiden)* to cross, to intersect; ***unsere Briefe kreuzten sich*** our letters crossed
III. *vi sein o haben* ① NAUT *(Zickzackkurs steuern)* to tack
② *(sich hin- und herbewegen)* to cruise; ***Flugzeuge kreuzten über dem Gebiet*** planes cruised over the area

Kreu·zer <-s, -> ['krɔytsɐ] *m* ① NAUT *(gepanzertes Kriegsschiff)* cruiser
② HIST *(kleine Scheidemünze)* kreutzer

Kreu·zes·tod *m (geh)* [death by] crucifixion; **den** ~ **erleiden** to die on the cross

Kreuz·fa·den·stich *m* thread cross-over **Kreuz·fah·rer(in)** *m(f)* HIST crusader

Kreuz·fahrt *f* cruise; **eine** ~ **machen** to go on a cruise **Kreuz·fahrt·schiff** *nt* cruise liner [*or* ship]

Kreuz·feu·er *nt* crossfire ▸ WENDUNGEN: [**von allen Seiten**] **ins** ~ [**der Kritik**] **geraten** to come under fire [from all sides]; **im** ~ [**der Kritik**] **stehen** to be under fire **kreuz·fi·del** ['krɔytsfi'de:l] *adj (fam)* ■ ~ **sein** happy as a pig in muck *fam* **kreuz·för·mig** **I.** *adj* cross-shaped **II.** *adv* in the shape of a cross **Kreuz·gang** *m* cloister **Kreuz·ge·wöl·be** *nt* cross vault

kreu·zi·gen ['krɔytsɪgn̩] *vt* ■ **jdn** ~ to crucify sb

Kreu·zi·gung <-, -en> *f* HIST crucifixion

Kreuz·kno·ten *m* reef [*or* square] knot **Kreuz·küm·mel** *m* cumin **Kreuz·ot·ter** *f* ZOOL adder, viper **Kreuz·rit·ter** *m* HIST ① *(Ritter als Kreuzfahrer)* crusader ② *(Deutschordensritter)* knight of the Teutonic Order

Kreuz·schlitz·schrau·be *f* Phillips screw **Kreuz·schlitz·schrau·ben·dre·her** *m* Phillips screwdriver®

Kreuz·schlüs·sel *m* wheel brace; AUTO 4-way lug wrench **Kreuz·schmer·zen** *pl* backache, lower back pain; ~ **haben** [*o* **bekommen**] [*o fam* **kriegen**] to have [*or* get] backache [*or* lower back pain] **Kreuz·schna·bel** *m* ORN crossbill **Kreuz·spin·ne** *f* cross spider **Kreuz·stich** *m* cross-stitch

Kreu·zung <-, -en> *f* ① TRANSP *(Straßenkreuzung)* crossroad *usu pl*
② *kein pl* BIOL *(das Kreuzen)* cross-breeding
③ ZOOL, BIOL *(Bastard)* mongrel

kreuz·un·glück·lich *adj inv (fam)* extremely unhappy, absolutely miserable

Kreu·zungs·ex·pe·ri·ment *nt* BIOL cross

kreu·zungs·frei **I.** *adj* TRANSP without [*or* free of] crossroads
II. *adv* TRANSP without [*or* free of] crossroads

Kreuz·ver·hör *nt* JUR cross-examination; **jdn ins** ~ **nehmen, jdn einem** ~ **unterziehen** to cross-examine sb

Kreuz·weg ['krɔytsve:k] *m* ① TRANSP *(Wegkreuzung)* crossroad
② KUNST, REL *(Darstellung der Passion)* way of the Cross; **den** ~ **beten** to do the stations of the Cross
▸ WENDUNGEN: **am** ~ **stehen** to be at the crossroads

kreuz·wei·se *adv* crosswise
▸ WENDUNGEN: **leck mich/du kannst mich** ~**!** *(derb)* fuck off! *fam!,* get stuffed! BRIT *sl*

Kreuz·wort·rät·sel *nt* crossword [puzzle]; [**ein**] ~ **lösen** [*o* **machen**] to solve [*or fam* do] a crossword **Kreuz·zei·chen** *nt* the sign of the cross **Kreuz·zug** *m* ① HIST crusade; **einen** ~ **machen** [*o* **unternehmen**] to make [*or* go on] a crusade ② *(geh: fanatische Kampagne)* crusade

Kreuz·züg·ler [-tsy:glɐ] *m* crusader

Kre·vet·te <-, -n> [kre'vɛtə] *f* shrimp

krib·be·lig ['krɪbəlɪç] *adj (fam) s.* **kribblig**

krib·beln ['krɪbl̩n] **I.** *vi* ① *haben (jucken)* ■ [**jdm** [*o* **jdn**]] **irgendwo kribbeln** to be itching somewhere; ***mir kribbelt es am Rücken*** my back is itching
② *haben (prickeln)* ■ [**jdm** [*o* **jdn**]] **irgendwo kribbeln** to be tingly somewhere; ***das kribbelt so schön auf der Haut*** it's so nice and tingly on the skin
③ *sein (krabbeln)* to crawl; ~ **und krabbeln** to scurry, to swarm around
II. *vi impers haben* ■ [**von etw** *dat*] ~ to be swarming [with sth]; *s. a.* **Finger**

kribb·lig ['krɪblɪç], **krib·be·lig** ['krɪbəlɪç] *adj (fam)* ① *(unruhig)* edgy *fam;* **jdn** [**ganz**] ~ **machen** to make sb [very] nervous [*or fam* edgy]
② *(prickelnd)* tingly *fam*

Krick·en·te ['krɪk?ɛntə] *f* ORN green-winged teal

Kri·cket <-s, -s> ['krɪkət] *nt* SPORT cricket

krie·chen <kroch, gekrochen> ['kri:çn̩] *vi* ① *sein (sich auf dem Bauch vorwärtsbewegen)* ■ [**irgendwohin**] ~ to crawl [somewhere]; **nicht mehr** ~ **können** to be on one's last legs
② *sein (sehr langsam vergehen)* to creep by
③ *sein* AUTO *(langsam fahren)* to creep [*or* crawl] [along]
④ *sein o haben (pej: unterwürfig sein)* ■ [**vor jdm**] ~ to grovel [before sb], to crawl [*or* go crawling] [to sb]

Krie·cher(in) <-s, -> *m(f) (pej fam)* bootlicker *fam,* groveller, lickspittle

krie·che·risch *adj (pej fam)* grovelling, bootlicking, servile

Kriech·spur *f* TRANSP crawler [*or* AM slow] lane **Kriech·strom** *m* ELEK leakage [*or* creeping] current, surface leakage **Kriech·tem·po** *nt* snail's pace **Kriech·tier** *nt* ZOOL reptile

Krieg <-[e]s, -e> [kri:k, *pl* 'kri:gə] *m* ① MIL war; **ein atomarer/konventioneller** ~ a nuclear/conventional war; **ein heiliger Krieg** a holy war; **der Dreißigjährige** ~ the Thirty Years' War; **der Hundertjährige** ~ the Hundred Year War; **der Siebenjährige** ~ the Seven Year War; **sich** *akk* **im** ~ [**mit jdm**] **befinden, im** ~ [**mit jdm**] **sein** MIL to be at war [with sb]; **jdm/einem Land den** ~ **erklären** to declare war on sb/a country; ~ [**gegen jdn/mit jdm**] **führen** to wage war [on sb]; ~ **führend** warring, belligerent; **aus dem** ~ **heimkehren** to come home from the war; **für den** ~ **rüsten** to arm for

K

war; ~ **sein**, ~ **haben** to be [*or* have a] war; **in den ~ ziehen** to go to [*or* enter into] war
❷ *(Art der Kriegsführung)* warfare
▶WENDUNGEN: **jdm/etw den ~ ansagen** to declare war on sb/sth; **häuslicher** ~ domestic strife; **der Kalte ~** the Cold War

krie·gen[1] ['kri:gn̩] **I.** *vt (fam)* ❶ *(bekommen)* ■**etw [von jdm] ~** to get sth [from sb]; ***ich nehme diesen Ring, was ~ Sie dafür [von mir]?*** I'll take this ring, what do you want for it [*or* what do I owe you for it]?; ***ich kriege noch 20 Euro von dir*** you still owe me 20 euros; ***das Buch ist nirgends zu ~*** you can't get that book anywhere; ■**etw getan kriegen** to get sth done; ***hast du die Arbeit auch bezahlt gekriegt?*** did you get paid for the work?; ***er hat das Auto ausgeliehen gekriegt*** he got to borrow the car, he got the loan of the car; **den Schrank in den Aufzug ~** to get the cupboard into the lift [*or* AM elevator]; **etw zu sehen ~** to get to see sth
❷ TRANSP *(noch erreichen)* ■**etw ~** to catch sth; **den Zug ~** to catch the train
❸ *(erwischen)* ■**jdn ~** to catch [*or* get a hold of] sb
❹ MED *(befallen werden)* **eine Krankheit ~** to get [*or* catch] [*or* come down with] an illness
❺ MED *(verabreicht bekommen)* **eine Spritze/ein Präparat ~** to get an injection/medication
❻ *(zur Welt bringen)* **ein Kind ~** to have a baby; ***sie kriegt ein Kind*** she's going to have a baby
❼ *(bedacht werden)* **Prügel/eine Ohrfeige ~** to get a hiding [*or* slap] in the face, to get a clip round the ears [*or* AM on the ear]
❽ *(dazu veranlassen)* ■**jdn dazu ~, etw zu tun** to get sb to do sth
❾ *(es schaffen)* ■**etw gemacht ~** to get sth done, to manage to do sth; ***ich kriege das schon geregelt*** I'll get it sorted; ***den Satz kriegt er bestimmt nicht übersetzt*** he won't manage to translate that sentence
▶WENDUNGEN: **es mit jdm zu tun ~** to be in trouble with sb; **es nicht über sich** *akk* **~, etw zu tun** to not be able to bring oneself to do sth; **zu viel ~** ***ich krieg zu viel!*** that's really too much!
II. *vr (fam)* ■**sie ~ sich** *akk* they get it together *fam*

krie·gen[2] ['kri:gn̩] *vi (Krieg führen)* to make war

Krie·ger(in) <-s, -> ['kri:gɐ] *m(f)* warrior
▶WENDUNGEN: **ein müder ~ sein** *(hum fam)* to have nothing left in one

Krie·ger·denk·mal *nt* war [veteran] memorial

krie·ge·risch I. *adj* ❶ *(kämpferisch)* warring, belligerent
❷ *(militärisch)* military; **eine ~e Auseinandersetzung** a military conflict; ***im Verlauf der ~en Ereignisse*** during the fighting
II. *adv* belligerently

Krie·ger·wit·we *f (veraltend)* war widow

Krieg·füh·rung *f s.* **Kriegsführung**

Kriegs·aka·de·mie *f* HIST military academy **Kriegs·an·lei·he** *f* war loan **Kriegs·aus·bruch** *m* outbreak of war **Kriegs·be·ginn** *m* start of the war **Kriegs·beil** *nt* tomahawk ▶WENDUNGEN: **das ~ ausgraben** to start a fight; **das ~ begraben** to bury the hatchet **Kriegs·be·ma·lung** *f* war paint ▶WENDUNGEN: **in [voller] ~** *(hum fam: sehr stark geschminkt)* in [full] war paint *fam; (mit Orden behangen)* decorated like a Christmas tree *fam* **Kriegs·be·reit·schaft** *f kein pl* readiness for war *no pl* **Kriegs·be·richt·er·stat·ter(in)** *m(f)* war correspondent **kriegs·be·schä·digt** *adj* war-disabled **Kriegs·be·schä·dig·te(r)** *f(m) dekl wie adj* war-disabled person **Kriegs·dau·er** *f* duration of the war

Kriegs·dienst *m (veraltend)* military service; **den ~ verweigern** to be a conscientious objector **Kriegs·dienst·ver·wei·ge·rer** <-s, -> *m* conscientious objector **Kriegs·dienst·ver·wei·ge·rung** *f* conscientious objection

Kriegs·en·de *nt* end of the war **Kriegs·er·klä·rung** *f* declaration of war **Kriegs·fall** *m* event of war **Kriegs·film** *m* war film **Kriegs·flücht·ling** *m* war refugee **Kriegs·fol·ge** *f* consequence of war **Kriegs·füh·rung** *f* warfare; *(Art)* conduct of war; **psychologische ~** psychological warfare **Kriegs·fuß** *m* ▶WENDUNGEN: **mit jdm auf ~ stehen** *(fam)* to be at loggerheads with sb; **mit etw** *dat* **auf ~ stehen** to be no good with sth **Kriegs·ge·biet** *nt* war zone **Kriegs·ge·fahr** *f* MIL, POL ❶ *kein pl (Gefahr des Ausbruchs eines Krieges)* danger of war [breaking out] *no pl* ❷ *(Gefahr während eines Krieges)* danger of war **Kriegs·ge·fan·ge·ne(r)** *f(m) dekl wie adj* prisoner of war, POW **Kriegs·ge·fan·gen·schaft** *f* captivity; **in ~ geraten** to become a prisoner of war; **in ~ sein** to be [held] in captivity [*or* a prisoner of war] **Kriegs·geg·ner(in)** *m(f)* ❶ POL *(Pazifist)* pacifist ❷ MIL *(Feind)* enemy **Kriegs·ge·rät** *nt* military equipment **Kriegs·ge·richt** *nt* court martial; **jdn vor ein [***o fam* **vors] ~ stellen** to court-martial sb **Kriegs·ge·schrei** *nt kein pl* ❶ *(im Kampf)* war cries *pl* ❷ *(pej: Stimmungsmache für einen Krieg)* warmongering **Kriegs·ge·winn·ler** *m (pej)* war-profiteer **Kriegs·gott, -göt·tin** *m, f* god of war *masc,* goddess of war *fem* **Kriegs·grä·ber·für·sor·ge** *f* War Graves Commission **Kriegs·gräu·el**RR *pl (geh)* war atrocities **Kriegs·ha·fen** *m* naval port **Kriegs·hand·lung** *f* act of war **Kriegs·hand·werk** *nt kein pl* MIL *(geh)* military science *form* **Kriegs·heim·keh·rer(in)** *m(f)* soldier returning from the war **Kriegs·herr** *m* MIL *(Führer einer Kriegspartei in einem Bürgerkrieg)* warlord **Kriegs·het·ze** *f (pej)* warmongering **Kriegs·het·zer(in)** <-s, -> *m(f) (pej)* warmonger **Kriegs·in·dust·rie** *f* armaments industry **Kriegs·jahr** *nt* year of the war, war year **Kriegs·ka·me·rad** *m (veraltend)* wartime comrade **Kriegs·list** *f* stratagem **kriegs·lüs·tern** *adj (pej)* war-hungry; ■**~ sein** to be hungry for war **Kriegs·ma·ri·ne** *f* navy **kriegs·mü·de** *adj* SOZIOL war-weary **Kriegs·mü·dig·keit** *f kein pl* MIL, SOZIOL combat fatigue

Kriegs·op·fer *nt (geh)* victim of war **Kriegs·op·fer·ren·te** *f* war victim's pension

Kriegs·par·tei *f* warring party [*or* faction] **Kriegs·pfad** *m* ▶WENDUNGEN: **auf dem ~ sein** to be on the warpath **Kriegs·rat** *m kein pl* ▶WENDUNGEN: **~ halten** *(hum)* to hold a council of war, to put one's heads together **Kriegs·recht** *nt kein pl* martial law *sing;* **das ~ verhängen** to impose martial law **Kriegs·re·gi·on** *f* war zone **Kriegs·re·por·ter(in)** *m(f)* war correspondent [*or* reporter] **Kriegs·scha·den** *m* war damage **Kriegs·schau·platz** *m* war arena, theatre [*or* AM -er] of war [*or* operations] **Kriegs·schiff** *nt* war ship **Kriegs·spiel** *nt* ❶ *(einen Krieg simulierendes Spiel)* war game ❷ MIL *(militärisches Planspiel)* war game **Kriegs·spiel·zeug** *nt* war toy **Kriegs·stär·ke** *f* war establishment **Kriegs·tanz** *m* war dance

Kriegs·teil·neh·mer(in) *m(f)* ❶ *(aktiv im Krieg)* combatant
❷ *(Staat)* belligerent country
❸ *(Veteran)* war veteran

kriegs·trau·ma·ti·siert *adj* traumatized by war **Kriegs·trei·ber(in)** *m(f)* POL *(pej)* warmonger *pej* **Kriegs·trei·be·rei** <-> *f kein pl (pej)* warmongering **Kriegs·ver·bre·chen** *nt* war crime

Kriegs·ver·bre·cher(in) *m(f)* war criminal **Kriegs·ver·bre·cher·tri·bu·nal** *nt* war crimes tribunal

Kriegs·ver·letz·te(r) *m* wounded soldier **Kriegs·ver·let·zung** *f* war wound **kriegs·ver·sehrt** *adj s.* kriegsbeschädigt **Kriegs·ver·sehr·te(r)** *f(m) dekl wie adj* war-disabled person, disabled ex-serviceman **Kriegs·ve·te·ran** *m* MIL war veteran **Kriegs·waf·fen·buch** *nt* JUR register of military weapons **Kriegs·waf·fen·lis·te** *f* JUR war weapons list **Kriegs·wirt·schaft** *f* wartime economy **Kriegs·zeit** *f* wartime; **in ~en** in times of war **Kriegs·zer·stö·rung** *f* war destruction **Kriegs·zu·stand** *m* state of war; **sich** *akk* **im ~ [mit etw** *dat***] befinden** to be at war [with sth]

Krill <-[e]s, -e> [krɪl] *m* ZOOL krill

Krim <-> [krɪm] *f* ■**die ~** the Crimea; **auf der ~** in the Crimea

Krimi <-s, -s> ['krɪmi] *m (fam)* ❶ *(Kriminalroman)* detective novel, murder mystery
❷ TV *(Kriminalfilm)* thriller

Kri·mi·nal·be·am·te(r), -be·am·tin [krimi'na:l-] *m, f (geh)* detective, BRIT *a.* CID officer **Kri·mi·nal·di·rek·tor(in)** *m(f)* JUR chief-inspector of the Kriminalpolizei

Kri·mi·na·ler <-s, -> [krimi'na:lɐ] *m (fam)* detective **Kri·mi·nal·fall** *m* criminal case **Kri·mi·nal·film** *m* thriller **Kri·mi·nal·ge·schich·te** *f* criminal history

kri·mi·na·li·sie·ren* [kriminali'zi:rən] *vt* ❶ *(als kriminell hinstellen)* ■**etw ~** to criminalize sth
❷ *(zum Kriminellen machen)* ■**jdn ~** to criminalize sb

Kri·mi·na·li·sie·rung <-, -en> *f* criminalization

Kri·mi·na·list(in) <-en, -en> [krimina'lɪst] *m(f)*
❶ *(Mitglied der Kriminalpolizei)* detective
❷ *(Experte für Verbrechen)* criminologist

Kri·mi·na·lis·tik <-> [krimina'lɪstɪk] *f kein pl* criminology

kri·mi·na·lis·tisch I. *adj* criminological, detective-like
II. *adv* **~ begabt sein** to be a good detective

Kri·mi·na·li·tät <-> [kriminali'tɛ:t] *f kein pl* ❶ *(Straffälligkeit)* criminality; **organisierte ~** organized crime
❷ *(Rate der Straffälligkeit)* crime rate

Kri·mi·nal·kom·mis·sar(in) *m(f)* detective superintendent BRIT **Kri·mi·nal·po·li·zei** *f* ❶ *(Abteilung für Verbrechensbekämpfung)* Criminal Investigation Department BRIT, CID BRIT, plainclothes police AM ❷ *(Beamte der Kriminalpolizei)* CID officers *pl* BRIT, plainclothes police officers *pl* AM **kri·mi·nal·po·li·zei·lich** *adj inv* CID-, Criminal Investigation Department *attr* **Kri·mi·nal·po·li·zist(in)** *m(f)* CID [*or* AM plainclothes police] officer **Kri·mi·nal·ro·man** *m* detective novel **Kri·mi·nal·sta·tis·tik** *f* crime statistics *npl* [*or* figures *pl*]

kri·mi·nell [krimi'nɛl] *adj* ❶ *(verbrecherisch)* criminal; ■**~ werden** to turn to crime, to become criminal [*or* delinquent]
❷ *(fam: gefährlich)* criminal, outrageous *hum fam*

Kri·mi·nel·le(r) [krimi'nɛlə, -lɐ] *f(m) dekl wie adj* criminal

Kri·mi·no·lo·ge, Kri·mi·no·lo·gin *m, f* criminologist

Kri·mi·no·lo·gie <-> [kriminolo'gi:] *f kein pl* criminology

kri·mi·no·lo·gisch [krimino'lo:gɪʃ] *adj inv* criminological

Krim·krieg *m* HIST the Crimean War

Krims·krams <-es> ['krɪmskrams] *m kein pl (fam)* junk

Krim-Ta·tar(in) <-en, -en> *m(f)* Crimean Tatar

krim·ta·ta·risch *adj* Crimean Tatar

Krim·ta·ta·risch *nt dekl wie adj* Crimean Tatar language

Krim·ta·ta·ri·sche <-n> *nt* ■**das ~** the Crimean Tatar language

Krin·gel <-s, -> ['krɪŋl̩] *m* ❶ KOCHK *(ringförmiges Gebäck)* ring-shaped biscuit [*or* AM cookie], ring
❷ *(Schnörkel)* squiggle, [round] doodle; ***beim Telefonieren malt er immer ~*** he always [draws] doodles when he's on the phone

krin·geln ['krɪŋl̩n] *vr* ❶ *(sich umbiegen)* ■**sich** *akk* **~** to curl [up]
❷ *(fam)* ■**sich** *akk* **[vor Lachen] ~** to kill oneself [laughing]; ■**zum ~** hilarious

Kri·no·li·ne <-, -n> [krino'li:nə] *f* HIST, MODE crinoline

Kri·po <-, -s> ['kri:po] *f (fam) kurz für* **Kriminalpolizei** ❶ *(Institution Kriminalpolizei)* ■**die ~** the CID [*or* AM plainclothes police]
❷ *(Beamte der Kriminalpolizei)* CID [*or* AM plainclothes police] officers

Krip·pe <-, -n> ['krɪpə] *f* ❶ *(Futterkrippe)* hayrack, manger
❷ REL *(Weihnachtskrippe)* crib, manger
❸ *(Kinderkrippe)* crèche BRIT, day nursery AM

▸WENDUNGEN: **an der ~ sitzen** to have one's snout in the trough *pej*
Krip·pen·spiel *nt* REL nativity play **Krip·pen·tod** *m* MED cot [*or* AM crib] death
Krisch·na <-s> ['krɪʃna] *m* REL *(hinduistische Gottheit)* Krishna
Kri·se <-, -n> ['kri:zə] *f* ❶ *(schwierige Situation)* crisis
❷ MED crisis
▸WENDUNGEN: **die ~ kriegen** *(sl)* to lose it *sl*, to freak [out] *sl*
kri·seln ['kri:zl̩n] *vi impers (fam)* **es kriselt** there's a crisis looming *fam*
kri·sen·an·fäl·lig *adj Unternehmen, Regierung* crisis-prone **Kri·sen·be·wäl·ti·gung** *f* ***zur ~ wurden drei Arbeitsgruppen eingesetzt*** three workgroups were created in an attempt to solve the crisis **kri·sen·fest** *adj* stable, crisis-proof **Kri·sen·ge·biet** *nt* crisis zone **kri·sen·ge·schüt·telt** *adj inv* crisis-ridden [*or* -torn]
kri·sen·haft *adj inv* critical
Kri·sen·herd *m* trouble spot **Kri·sen·hil·fe** *f* crisis aid **Kri·sen·in·ter·ven·ti·on** *f* crisis intervention **Kri·sen·kar·tell** *nt* ÖKON crisis cartel **Kri·sen·ma·na·ge·ment** *nt* crisis management **Kri·sen·ma·na·ger(in)** *m(f)* crisis manager **Kri·sen·maß·nah·me** *f* crisis [*or* emergency] measures *pl*; **~n ergreifen** to take crisis [*or* emergency] measures **Kri·sen·plan** *m* contingency plan **Kri·sen·pro·vinz** *f* crisis region **Kri·sen·re·ak·ti·ons·kräf·te** *pl der Bundeswehr* rapid reaction force **kri·sen·si·cher** *adj Arbeitsplatz, Branche, Investition* crisis-proof, secure, risk-free **Kri·sen·si·tu·a·ti·on** *f* crisis situation **Kri·sen·sit·zung** *f* crisis meeting, emergency session **Kri·sen·stab** *m kein pl* action [*or* crisis] committee **Kri·sen·stim·mung** *f* mood of crisis **Kri·sen·zeit** *f* period of crisis
kris·se·lig, kriss·lig ['krɪs(ə)lɪç] *adj (fam) Haar, Fäden* frizzy *fam*
Kris·tall¹ <-s, -e> [krɪs'tal] *m* crystal; **~e bilden** to form crystals
Kris·tall² <-s> [krɪs'tal] *nt kein pl* ❶ *(Kristallglas)* crystal
❷ *(Gegenstände aus Kristall)* crystal
kris·tall·ar·tig *adj inv* crystalline
Kris·tall·bil·dung *f* crystallization
kris·tal·len [krɪs'talən] *adj* crystal
Kris·talleuch·ter^ALT *m s.* **Kristallleuchter Kris·tall·git·ter** *nt* crystal lattice **Kris·tall·glas** *nt* ❶ *kein pl (hochwertiges Glas)* crystal glass ❷ *(kristallenes Trinkglas)* crystal glass
kris·tal·lin [krɪsta'li:n] *adj* crystalline
kris·tal·li·nisch [krɪsta'li:nɪʃ] *adj inv* crystalline
Kris·tal·li·sa·ti·on <-, -en> *f* crystallization
Kris·tal·li·sa·ti·ons·punkt *m* ❶ CHEM crystallization point
❷ *(fig)* focal point
kris·tal·li·sie·ren* I. *vi* ■[**zu etw** *dat*] **~** to crystallize [into sth]
II. *vr* ■**sich** *akk* [**zu etw** *dat*] **~** to crystallize [into sth]
kris·tall·klar *adj* crystal-clear **Kris·tall·leuch·ter^RR** *m* crystal chandelier **Kris·tall·nacht** *f* HIST *s.* **Reichskristallnacht Kris·tal·lo·gra·fie^RR, Kris·tal·lo·gra·phie** <-, -n> [krɪstalogra'fi:] *f* PHYS, GEOL crystallography **Kris·tall·spie·gel** *m* polished glass mirror **Kris·tall·sys·tem** *nt* crystal system **Kris·tall·va·se** *f* crystal vase **Kris·tall·zu·cker** *m* refined sugar
Kri·te·ri·um <-s, -rien> [kri'te:riʊm, *pl* -riən] *nt (geh)* criterion; [**bei etw** *dat*] **bestimmte Kriterien anlegen** to apply certain criteria [to sth]
Kri·tik <-, -en> [kri'ti:k] *f* ❶ *kein pl (Urteil)* ■**~** [**an jdm/etw**] criticism [of sb/sth]; **sachliche ~** fair comment, impartial criticism; **sich** *akk* **der ~ stellen** to make oneself available to answer criticism; **an jdm/etw ~ üben** *(geh)* to criticize sb/sth; **ohne jede ~** uncritically
❷ *(Beurteilung)* critique; **gute/schlechte ~en bekommen** [*o* **haben**] to receive [*or* have] good reviews
❸ MEDIA *(Rezension)* review
▸WENDUNGEN: **unter aller ~ sein** *(pej fam)* to be beneath contempt
Kri·ti·ker(in) <-s, -> ['kri:tikɐ] *m(f)* ❶ *(jd, der jdn/etw kritisiert)* critic
❷ MEDIA *(Rezensent)* critic
Kri·tik·fä·hig·keit *f kein pl* ability to be critical
kri·tik·los I. *adj* uncritical
II. *adv* uncritically
kri·tisch ['kri:tɪʃ] I. *adj* ❶ *(kritisierend)* critical
❷ *(bedenklich)* critical; ■[**für jdn**] **~ werden** to become critical [for sb]
II. *adv* critically
kri·ti·sie·ren* [kriti'zi:rən] I. *vt* ■**jdn/etw ~** to criticize sb/sth; **an jdm/etw etwas zu ~ haben** [*o* **finden**] to have [*or* find] sth to criticize about sb/sth
II. *vi* to criticize
krit·teln ['krɪtl̩n] *vi (pej)* to find fault, to carp
Krit·ze·lei <-, -en> [krɪtsə'lai] *f (pej fam)* ❶ *kein pl (das Kritzeln)* scribbling
❷ *(Gekritzel)* scribble
krit·ze·lig, kritz·lig ['krɪts(ə)lɪç] *adj (fam) Handschrift, Zeichnung* scribbled, scrawled; **in ~er Schrift stehen** to be scribbled [*or* scrawled]
krit·zeln ['krɪtsl̩n] I. *vi* to scribble
II. *vt* ■**etw ~** to scribble sth; ***er hatte mir eine Nachricht auf einen Notizzettel gekritzelt*** he had scribbled a note for me on his notepad
Kro·a·te, Kro·a·tin <-n, -n> [kro'a:tə, kro'a:tɪn] *m, f* Croat
Kro·a·ti·en <-s> [kro'a:tsi̯ən] *nt* Croatia
kro·a·tisch [kro'a:tɪʃ] *adj* Croatian
kroch [krɔx] *imp von* **kriechen**
Kro·kant <-s> [kro'kant] *m kein pl* KOCHK ❶ *(Masse)* chopped and caramelized nuts
❷ *(gefüllte Praline)* [praline filled with] cracknel
Kro·ket·te <-, -n> [kro'kɛtə] *f* croquette
Kro·ko <-s> ['kro:ko] *nt kein pl (fam)* croc *fam*
Kro·ko·dil <-s, -e> [kroko'di:l] *nt* crocodile
Kro·ko·dil·le·der *nt* crocodile leather
Kro·ko·dils·trä·nen *pl (fam)* crocodile tears *pl*; **~ weinen** [*o* **vergießen**] to cry [*or* shed] crocodile tears
Kro·ko·le·der *nt* crocodile leather [*or* skin]
Kro·kus <-, - *o* -se> ['kro:kʊs, *pl* -ʊsə] *m* BOT crocus
Kro·ne <-, -n> ['kro:nə] *f* ❶ *(Kopfschmuck eines Herrschers)* crown
❷ *(das Herrscherhaus)* ■**die** [...] **~** the [...] crown
❸ BOT *(Baumkrone)* top
❹ MED *(Zahnkrone)* crown, cap
❺ *(Währungseinheit: in Skandinavien)* krone; *(in der Tschechei)* crown
❻ *(Einstellknopf einer Uhr)* winder
▸WENDUNGEN: **etw** *dat* **die ~ aufsetzen** *(fam)* to crown [*or* top] sth; **etw fährt jdm in die ~** sth gets on sb's nerves; **die ~ des Ganzen** on top of everything else; **einen in der ~ haben** *(fam)* to have had one too many *fam*; **die ~ der Schöpfung** *(hum)* the crowning glory of creation; **die ~ sein** *(fam)* to beat everything
krö·nen ['krø:nən] *vt* ❶ *(durch die Krone inthronisieren)* ■**jdn** [**zu etw** *dat*] **~** to crown sb [sth]
❷ ARCHIT *(überspannen)* ■**etw ~** to crown [*or* cap] sth
❸ *(geh: Höhepunkt sein)* ■**etw ~** to crown sth; ***seine Rede krönte den Abend*** his speech was the highlight of the evening; ***der köstliche Nachtisch krönte das Menü*** the delicious dessert was the crowning glory of the meal
Kro·nen·bra·ten *m* KOCHK crown roast **Kro·nen·kor·ken** *m* crown cap **Kro·nen·rei·be** *f* abrading grater
Kron·fleisch *nt* KOCHK boiled beef skirt
Kron·ju·we·len *pl (fig fam: Hoden)* crown jewels *fig fam*, AM misters *fam* **Kron·ko·lo·nie** *f* crown colony **Kron·kor·ken** *m* crown cap **Kron·leuch·ter** *m* chandelier **Kron·licht·nel·ke** *f* BOT lychnis **Kron·prinz, -prin·zes·sin** *m, f* ❶ *(Thronfolger)* crown prince *masc*, crown princess *fem* ❷ *(fig)* heir apparent **Kron·prin·zes·sin** <-, -nen> *f fem form von* **Kronprinz** crown princess
Krons·bee·re ['kro:nsbe:rə] *f* NORDD *(Preiselbeere)* cranberry
Krö·nung <-, -en> *f* ❶ *(Höhepunkt)* high point
❷ *(das Krönen)* coronation
Kron·zeu·ge, -zeu·gin *m, f* JUR **~ sein** to give King's/Queen's evidence; [**in etw** *dat*] **als ~ auftreten** to turn King's/Queen's evidence [in sth] **Kron·zeu·gen·re·ge·lung** *f* JUR *reduced sentences for witnesses turned Queen's evidence*
Kropf <-[e]s, Kröpfe> [krɔpf, *pl* 'krœpfə] *m* ❶ MED *(Schilddrüsenvergrößerung)* goitre [*or* AM -er]
❷ ORN *(vom Vogel)* crop
▸WENDUNGEN: **so unnötig** [*o* **überflüssig**] **wie ein ~ sein** *(fam)* to be totally unnecessary [*or* superfluous], to be as much as a hole in the head
Kropf·band *nt* ❶ MED goitre [*or* AM -er] band
❷ MODE choker
Kröpf·chen <-s, -> *nt dim von* **Kropf 2** crop
▸WENDUNGEN: **die Guten ins ~, die Schlechten ins Töpfchen** eat the best and stew the rest
Kropp·zeug ['krɔptsɔyk] *nt kein pl* NORDD *(pej sl)* scum *pej*
kross^RR, kroß^ALT [krɔs] I. *adj* KOCHK crusty
II. *adv* KOCHK crustily
Krö·sus <-, -se> ['krø:zʊs] *m (reicher Mensch)* Croesus
▸WENDUNGEN: **doch kein ~ sein** *(fam)* to not be made of money *fam*
Krö·te <-, -n> ['krø:tə] *f* ❶ ZOOL toad
❷ *pl (sl: Geld)* pennies *pl*
❸ *(fam)* brat *fam*; *(pej: Miststück)* bugger BRIT *masc pej fam*, asshole AM *masc pej fam*, bitch *fem pej fam*
▸WENDUNGEN: **eine ~ schlucken müssen** to have to swallow a bitter pill
Krü·cke <-, -n> ['krʏkə] *f* ❶ *(Stock für Gehbehinderte)* crutch; **an ~n gehen** to walk on crutches
❷ *(sl: Nichtskönner)* washout
❸ *(fam: untaugliches Gerät)* piece [*or fam* heap] of junk
Krück·stock *m* walking stick
kru·de ['kru:də] I. *adj Ausdrucksweise* crude
II. *adv (grob, ungeschliffen)* crudely
Krug¹ <-[e]s, Krüge> [kru:k, *pl* 'kry:gə] *m (Gefäß zur Aufbewahrung)* jug; *(Trinkgefäß)* tankard, mug
▸WENDUNGEN: **der ~ geht so lange zum Brunnen, bis er bricht** *(prov)* what goes around comes around *prov*
Krug² <-es, Krüge> [kru:k, *pl* 'kry:gə] *m* NORDD inn, pub
Krüll·boh·ne ['krʏl-] *f* flageolet bean
Kru·me <-, -n> ['kru:mə] *f* ❶ *(geh: Krümel)* crumb
❷ AGR *(Ackerkrume)* topsoil
Krü·mel <-s, -> ['kry:ml̩] *m* ❶ *(Brösel)* crumb; **~** [**auf etw** *akk*] **machen** to make crumbs [on sth]
❷ DIAL *(fam)* tiny tot *fam*
krü·me·lig ['kry:məlɪç] *adj* crumbly
krü·meln ['kry:ml̩n] *vi* ❶ *(Krümel machen)* to make crumbs
❷ *(leicht zerbröseln)* to crumble; ■**~d** crumbly
krumm [krʊm] I. *adj* ❶ *(verbogen)* bent, crooked; **~ und schief** askew
❷ *(gebogen) Nase* hooked; *Rücken* hunched, crooked; *Beine* bandy
❸ *(pej fam: unehrlich)* crooked, bent; **ein ~es Ding drehen** to pull off sth crooked; **es auf die ~e Tour versuchen** to try to fiddle sth
❹ *(nicht rund)* odd
II. *adv (gebogen)* **etw ~ biegen** to bend sth; **~ gehen** to walk with a stoop; **~ sitzen/stehen** to slouch; **etw ~ machen** to bend sth
▸WENDUNGEN: **sich** *akk* **~ und schief lachen** *(fam)* to split one's sides laughing; *s. a.* **Finger**
krumm·bei·nig *adj* bow-[*or* bandy-]legged
krüm·men ['krʏmən] I. *vt* ❶ *(biegen)* ■**etw ~** to bend sth; **den Rücken ~** to arch one's back; **die Schultern ~** to slouch one's shoulders
❷ MATH, PHYS ■**gekrümmt** curved
II. *vr* ❶ *(eine Biegung machen)* ■**sich** *akk* **~** *Fluss* to wind; *Straße* to bend
❷ *(sich beugen)* ■**sich** *akk* **~** to bend
❸ *(sich winden)* ■**sich** *akk* **~** to writhe; **sich** *akk*

K

vor Schmerzen ~ to writhe in pain
❹ *(fam: sich krumm und schief lachen)* ■ **sich** *akk* [**vor Lachen**] ~ to double up [with laughter]
Krüm·mer <-s, -> *m* AUTO manifold
krumm|la·chen *vr (fam)* ■ **sich** *akk* [**über etw** *akk*] ~ to laugh one's head off [at sth] **krumm|le·gen** *vr* ■ **sich** *akk* ~ *(fam)* to skimp and save *fam* **krumm·na·sig** *adj (pej)* ■ ~ **sein** to have a crooked nose **krumm|neh·men** *vt irreg (fam)* ■ [**jdm**] **etw** ~ to take offence [*or* AM -se] at sth [sb said or did]; ■ **es jdm ~, dass ...** to hold it against sb, that ... **Krumm·sä·bel** *m* scimitar **Krumm·stab** *m* REL crozier
Krüm·mung <-, -en> *f* ❶ *(Biegung)* bend; *Weg* turn
❷ ANAT, MED *(gekrümmte Form)* curvature
❸ MATH, PHYS curvature
Krup·pe <-, -n> ['krʊpə] *f* ZOOL croup, crupper
Krüp·pel <-s, -> ['krʏpl̩] *m* cripple; **jdn zum ~ schlagen/schießen** to cripple sb
krüp·pel·haft <-er, -este> *adj* stunted
krüp·pe·lig ['krʏpəlɪç], **krüpp·lig** ['krʏplɪç] *adj* deformed, crippled
Krus·pel·spitz *m* KOCHK ÖSTERR *(Fleischstück aus der Rinderschulter) tough beef cut from below the shoulder, used for boiling*
Krus·te <-, -n> ['krʊstə] *f* crust; *(Bratenkruste)* crackling
Krus·ten·bil·dung *f (von Schorf)* formation of a scab **Krus·ten·tier** *nt* crustacean
krus·tig ['krʊstɪç] *adj* ❶ *(Verkrustungen aufweisend)* encrusted
❷ MED *(eine Kruste habend)* encrusted
Kru·zi·fix <-es, -e> ['kru:tsifɪks] *nt* REL *(Kreuz mit Korpus)* crucifix; **~!** *(veraltet fam)* swounds! *dated fam*
Kru·zi·tür·ken [krutsi'tʏrkn̩] *interj (sl)* bloody hell! BRIT *fam,* damn it! AM *fam*
Kryp·ta <-, Krypten> ['krʏpta, *pl* -tən] *f* crypt
kryp·tisch ['krʏptɪʃ] *adj* cryptic
kryp·to·gra·fisch[RR], **kryp·to·gra·phisch** [krʏpto'gra:fɪʃ] *adj inv* INFORM cryptographic
Kryp·ton <-s> ['krʏptɔn] *nt kein pl* CHEM krypton
KStG JUR, ÖKON *Abk von* **Körperschaftsteuergesetz** corporation income tax law
KSZE <-> [ka:ʔɛsʔtsɛt'ʔe:] *f kein pl Abk von* **Konferenz über Sicherheit und Zusammenarbeit in Europa** CSCE, Conference on Security and Cooperation in Europe
Kto. *Abk von* **Konto** acc. BRIT, acct. AM, a/c AM
Ku·ba <-s> ['ku:ba] *nt* Cuba
Ku·ba·ner(in) <-s, -> [ku'ba:nɐ] *m(f)* Cuban
ku·ba·nisch [ku'ba:nɪʃ] *adj* Cuban
Kü·bel <-s, -> ['ky:bl̩] *m* ❶ *(großer Eimer)* bucket, pail
❷ HORT *(Pflanzkübel)* container
❸ *(Ersatz-WC im Gefängnis)* toilet bucket, crapper *sl*
❹ SCHWEIZ *(fam: Mülleimer)* dustbin BRIT, bin BRIT *fam,* garbage can AM
▶WENDUNGEN: [**wie**] **aus/in/mit ~n** __**regnen**__ [*o* __**gießen**__] [*o* __**schütten**__] to rain [in] buckets
Ku·ben ['ku:bən] *pl von* **Kubus**
Ku·bik·me·ter [ku'bi:k-] *m o nt* cubic metre [*or* AM -er] **Ku·bik·wur·zel** *f* cube root **Ku·bik·zahl** *f* cube number **Ku·bik·zen·ti·me·ter** *m* cubic centimetre [*or* AM -er]
ku·bisch ['ku:bɪʃ] *adj (geh)* cubic
Ku·bis·mus <-> [ku'bɪsmʊs] *m kein pl* cubism
Ku·bist(in) <-en, -en> [ku'bɪst] *m(f)* cubist
ku·bis·tisch *adj* cubist
Ku·bus <-, Kuben *o* -> ['ku:bʊs, *pl* ku:bən] *m (geh)* cube
Kü·che <-, -n> ['kʏçə] *f* ❶ *(Raum für das Kochen)* kitchen
❷ *(Gesamtheit der Küchenmöbel)* kitchen
❸ KOCHK *(Art des Kochens)* cuisine; **gutbürgerliche ~** homestyle cooking; **warme/kalte ~** hot/cold food
❹ *(Küchenpersonal)* kitchen staff
Ku·chen <-s, -> ['ku:xn̩] *m* cake; **backe, backe ~** *(Kinderreim)* pat a cake, pat a cake ...

Kü·chen·ab·fall *m meist pl* kitchen waste *no pl*
Kü·chen·be·leuch·tung *f* kitchen lighting
Ku·chen·blech *nt* baking sheet
Kü·chen·bul·le *m* MIL *(sl)* cookhouse wallah *sl* **Kü·chen·chef(in)** *m(f)* chef
Ku·chen·dia·gramm *nt* pie chart
Kü·chen·fens·ter *nt* kitchen window
Ku·chen·form *f* baking tin
Kü·chen·fuß·bo·den *m* kitchen floor
Ku·chen·ga·bel *f* pastry fork
Kü·chen·ge·rät *nt* kitchen utensil **Kü·chen·hand·tuch** *nt* hand towel **Kü·chen·herd** *m* range, cooker BRIT, stove AM **Kü·chen·krepp** *m* kitchen roll, paper towel **Kü·chen·ma·schi·ne** *f* food processor **Kü·chen·mes·ser** *nt* kitchen knife
Ku·chen·mes·ser *nt* cake knife **Ku·chen·pa·let·te** *f* cake pallet
Kü·chen·per·so·nal *nt* kitchen staff **Kü·chen·re·gal** *nt* kitchen shelf **Kü·chen·rei·ni·ger** *m* kitchen cleaner **Kü·chen·rol·le** *f* kitchen roll **Kü·chen·scha·be** *f* cockroach **Kü·chen·schel·le** *f* BOT pasqueflower **Kü·chen·sche·re** *f* kitchen knife **Kü·chen·schrank** *m* kitchen cupboard **Kü·chen·schub·la·de** *f* kitchen drawer **Kü·chen·sieb** *nt* sieve
Ku·chen·teig *m* cake mixture
Kü·chen·tisch *m* kitchen table **Kü·chen·tuch** *nt* kitchen cloth **Kü·chen·tür** *f* kitchen door **Kü·chen·waa·ge** *f* kitchen scales *pl* **Kü·chen·zei·le** *f* BAU kitchen unit
Küch·lein[1] <-s, -> ['ky:çlain] *nt* DIAL *(veraltend: Küken)* chick
Küch·lein[2] <-s, -> ['ky:çlain] *nt* DIAL little cake
Kü·cken <-s, -> ['kʏkn̩] *nt* ÖSTERR *(Küken)* chick
ku·cken ['kʊkn̩] *vi* NORDD *(fam) s.* **gucken**
ku·ckuck ['kʊkʊk] *interj* ❶ *(Ruf des Kuckucks)* cuckoo
❷ *(fam: hallo)* cuckoo
Ku·ckuck <-s, -e> ['kʊkʊk] *m* ❶ ORN cuckoo
❷ *(fam: Pfandsiegel)* bailiff's seal
▶WENDUNGEN: __**geh**__ [*o* __**scher**__ **dich**] **zum ~!** *(euph fam)* go to hell! *fam,* clear off! *fam,* beat it! *fam;* __**hol's**__ **der ~!** *(euph fam)* botheration! BRIT *fam,* damn! AM *fam;* **der ~ soll dich** __**holen**__**!** *(fam)* get lost! *fam;* **bei jdm ist der ~** __**los**__ everything is topsy-turvy with sb; **ein ~ unter** __**Nachtigallen**__ an amateur among professionals; [**das**] __**weiß**__ **der ~!** *(euph fam)* God only knows! *fam;* **jdn zum ~** __**wünschen**__ to wish sb would get lost; __**zum**__ **~** [**noch mal**]**!** *(euph fam)* damn it! *fam*
Ku·ckucks·ei *nt* ❶ ORN *(das Ei eines Kuckucks)* cuckoo's egg
❷ *(fam)* unpleasant surprise
❸ *(fam: Pflegekind)* another man's child in one's family
Ku·ckucks·kind *nt (fam) a child conceived by its mother during an affair whose legal father is not its biological father* **Ku·ckucks·uhr** *f* cuckoo clock
Kud·del·mud·del <-s> *m o nt kein pl (fam)* muddle *fam; (Unordnung)* mess; *(Verwirrung)* confusion
Ku·du <-s, -s> ['ku:du] *m* ZOOL kudu
Ku·fe <-, -n> ['ku:fə] *f* ❶ *(Schiene) Schlitten* runner; *Schlittschuh* blade
❷ LUFT skid
Kü·fer(in) <-s, -> ['ky:fɐ] *m(f)* ❶ SÜDD *(Böttcher)* cooper
❷ *(Weinküfer)* cellarman
Ku·gel <-, -n> ['ku:gl̩] *f* ❶ MATH sphere
❷ SPORT ball; *(Kegelkugel)* bowl; **die ~ rollt** *(bei Roulette)* the roulette wheels are spinning; *(beim Kegeln)* the ball is rolling
❸ *(Geschoss)* bullet; **sich** *dat* **eine ~ durch den Kopf jagen** [*o* **schießen**] to shoot a bullet through one's head, to blow one's brains out *sl*
❹ HIST *(Kanonenkugel)* cannonball
❺ KOCHK rump; *(Eiskugel)* scoop
▶WENDUNGEN: **sich die ~** __**geben**__ *(hum fam)* to shoot oneself; **eine** __**ruhige**__ **~ schieben** *(fam)* to have a cushy time *sl,* BRIT *a.* to be on a cushy number *sl;* ***bei ihrem Job schiebt sie eine ruhige*** ~ her job is a cushy number

Ku·gel·aus·ste·cher *m* butter scoop *(for scooping little balls from butter, fruit or avocados)* **Ku·gel·blitz** *m* METEO ball lightning
Kü·gel·chen <-s, -> ['ky:glçən] *nt dim von* **Kugel** small ball
Ku·gel·fang *m* ❶ *(Vorrichtung)* bullet screen
❷ *(Person)* person acting as a bullet screen **ku·gel·för·mig** *adj* spherical **Ku·gel·ge·lenk** *nt* ❶ ANAT ball-and-socket joint ❷ TECH ball-and-socket joint **Ku·gel·ha·gel** *m* hail of bullets
ku·ge·lig ['ku:gəlɪç] *adj s.* **kugelförmig**
Ku·gel·ko·or·di·na·ten *pl* MATH spherical coordinates *pl*
Ku·gel·kopf *m* TECH golf ball **Ku·gel·kopf·ma·schi·ne** *f* golf-ball typewriter **Ku·gel·kopf·schreib·ma·schi·ne** *f* golf ball typewriter
Ku·gel·küh·ler *m* CHEM Allihn [*or* bulb] condenser
Ku·gel·la·ger *nt* ball bearing
ku·geln ['ku:gl̩n] *vi sein (rollen, fallen)* ■ **irgendwohin** ~ to roll somewhere
▶WENDUNGEN: __**zum**__ **K~ sein** *(fam)* to be hilarious [*or* a scream]
ku·gel·rund ['ku:gl'rʊnt] *adj* ❶ *(kugelförmig)* ■ ~ **sein** to be round as a ball
❷ *(fam: feist und rundlich)* tubby *fam*
Ku·gel·schrei·ber *m* ballpoint, Biro® BRIT, Bic® AM
Ku·gel·schrei·ber·mi·ne *f* ballpoint refill, refill for a ballpoint pen
ku·gel·si·cher *adj* bullet-proof **Ku·gel·stern·hau·fen** *m* ASTRON globular [star [*or* stellar]] cluster
Ku·gel·sto·ßen <-s> *nt kein pl* SPORT shot put **Ku·gel·sto·ßer(in)** <-s, -> *m(f)* shot-putter
Kuh <-, Kühe> [ku:, *pl* 'ky:ə] *f* ❶ ZOOL cow
❷ *(weibliches Tier)* cow
❸ *(pej fam: Frau)* bitch *fam,* cow BRIT *pej fam;* **blöde** [*o* **dumme**] ~ stupid [*or* silly] cow BRIT *pej fam*
▶WENDUNGEN: **wie die ~ vorm** __**Berg**__ [*o* **neuen Scheunentor**] *fam* **dastehen** to be completely baffled *fam;* **die ~ ist vom** __**Eis**__ *(fam)* that's settled; ***die ~ ist noch lange nicht vom Eis*** it's not over by a long shot; __**heilige**__ ~ sacred cow; __**melkende**__ ~ milk cow
Kuh·dorf *nt (pej fam)* one-horse town *fam* **Kuh·erb·se** *f* black-eye bean **Kuh·fla·den** *m* cow-pat BRIT, cow patty AM **Kuh·glo·cke** *f* cow bell **Kuh·han·del** *m (pej fam)* horse trade *pej fam* **Kuh·haut** *f (Fell eines Rindes)* cowhide ▶WENDUNGEN: **das** __**geht**__ **auf keine ~** *(sl)* that's going too far *fam* **Kuh·her·de** *f* herd of cows **Kuh·hirt** *m,* **Kuh·hir·te, -hir·tin** *m, f* cowherd, cowboy *masc,* cowgirl *fem* **Kuh·horn** *nt* cow's horn
kühl [ky:l] **I.** *adj* ❶ *(recht kalt)* cool, chilly; ***draußen wird es*** ~ it's getting chilly outside; *s. a.* **Grund, Kopf**
❷ *(reserviert)* cool
II. *adv* ❶ *(recht kalt)* **etw ~ lagern** to store sth in a cool place; **etw ~ servieren** KOCHK to serve sth cool [*or* chilled]; **etw ~ stellen** KOCHK to leave sth in a cool place
❷ *(reserviert)* coolly
Kühl·an·la·ge *f* refrigeration [*or* cold-storage] plant
Kühl·box *f* cooler
Kuh·le <-, -n> ['ku:lə] *f* hollow
Küh·le <-> ['ky:lə] *f kein pl (geh)* ❶ *(kühle Beschaffenheit)* cool
❷ *(Reserviertheit)* coolness
küh·len ['ky:lən] **I.** *vt* ■ **etw** ~ to cool [*or* chill] sth; ■ **gekühlt** cooled, chilled
▶WENDUNGEN: **sein** __**Mütchen**__ **an jdm** ~ to take it out on sb
II. *vi* to cool
küh·lend *adj inv* cooling
Küh·ler <-s, -> ['ky:lɐ] *m* ❶ AUTO bonnet; **jdm vor den ~ rennen** [*o* **laufen**] *(fam)* to run into sb's car
❷ *(Sektkühler)* ice bucket
❸ CHEM condenser
Küh·ler·fi·gur *f* AUTO bonnet mascot **Küh·ler·grill** *m* AUTO radiator grille [*or* AM grill] **Küh·ler·hau·be** *f* AUTO *s.* **Motorhaube**
Kühl·fach *nt (im Kühlschrank)* freezer [*or* ice] com-

partment; *(in einem Fahrzeug)* mini-fridge **Kühl·flüs·sig·keit** *f* coolant **Kühl·gut** *nt* chilled cargo **Kühl·haus** *nt* refrigerated storage building **Kühl·haus·ef·fekt** *m kein pl* METEO cooling of the earth's atmosphere

Kühl·kreis·lauf *m* TECH cooler circuit

Kühl·mit·tel *nt* coolant, cooling agent **Kühl·mit·tel·kreis·lauf** *m* coolant cycle **Kühl·mit·tel·pum·pe** *f* AUTO coolant pump **Kühl·mit·tel·tem·pe·ra·tur** *f* coolant [*or* refrigerant] temperature

Kühl·raum *m* refrigerated storage room **Kühl·raum·la·dung** *f* refrigerated cargo **Kühl·re·gal** *nt* chiller cabinet BRIT, refrigerated display case AM **Kühl·rip·pe** *f* AUTO cooling fin **Kühl·schiff** *nt* refrigerator ship **Kühl·schrank** *m* refrigerator, fridge *fam* **Kühl·ta·sche** *f* cool bag **Kühl·tru·he** *f* freezer chest **Kühl·turm** *m* TECH cooling tower

Küh·lung <-, -en> ['ky:lʊŋ] *f* ① *(Abkühlung)* cooling ② *(geh: Erfrischung)* cooling; **zur ~** to cool down

Kühl·wa·gen *m* ① BAHN *(Waggon mit Kühlanlage)* refrigerator [*or* cold-storage] wagon, Brit [*or* AM car] ② AUTO *(Lkw mit Kühlaggregat)* refrigerator [*or* cold-storage] truck **Kühl·was·ser** *nt kein pl* coolant

Kuh·milch *f* cow's milk **Kuh·mist** *m* cow dung

kühn [ky:n] I. *adj* ① *(wagemutig)* brave ② *(gewagt)* bold
II. *adv* **eine ~ geschwungene Nase** an aquiline nose

Kühn·heit <-, -en> *f* ① *kein pl (Wagemut)* bravery ② *kein pl (Gewagtheit)* boldness ③ *(Dreistigkeit)* audacity

Kuh·stall *m* cowshed

Kui·per-Gür·tel ['kaɪpə-] *m kein pl* ASTRON Kuiper Belt

ku·jo·nie·ren* [kujo'ni:rən] *vt (geh)* ■**jdn ~** to harass [*or* bully] sb

k.u.k. ['ka:ʔʊnt'ka:] ÖSTERR *Abk von* **kaiserlich und königlich** imperial and royal

Kü·ken <-s, -> ['ky:kn̩] *nt* ① ORN *(junges Huhn)* chick ② *(fam: junges Mädchen)* young goose *fam* ③ *(fam: Nesthäkchen)* baby of the family ④ *(fam: unerfahrener Mensch)* baby

Ku-Klux-Klan <-> [kuklʊks'kla:n] *m kein pl* Ku Klux Klan

Ku·ku·ruz <-[es]> ['kʊkurʊts] *m kein pl* ÖSTERR *(Mais)* [sweet] corn

ku·lant [ku'lant] *adj* ÖKON obliging, accommodating; ***es war ~ von ihm, die Arbeitskosten nicht zu berechnen*** it was obliging of him/on his part not to charge anything for labour

Ku·lanz <-> [ku'lants] *f kein pl* ÖKON willingness to oblige, accommodating behaviour [*or* AM -or]; **auf** [*o* **aus**] **~** at the firm's expense

Ku·lanz·zah·lung *f* FIN ex gratia payment

Ku·li[1] <-s, -s> ['ku:li] *m (fam)* Biro® BRIT, Bic® AM

Ku·li[2] <-s, -s> ['ku:li] *m* ① *(chinesischer Lohnarbeiter)* coolie ② *(fam: Knecht)* slave, BRIT *a.* dogsbody

ku·li·na·risch [kuli'na:rɪʃ] *adj* culinary

Ku·lis·se <-, -n> [ku'lɪsə] *f* ① THEAT *(verschiebbare Bühnendekoration)* scenery ② *(Hintergrund)* backdrop
▸ WENDUNGEN: **hinter die ~n blicken** [*o* **schauen**] to look behind the scenes; **nur ~ sein** *(pej fam)* to be merely a facade

Kul·len·mes·ser *nt* smoked salmon knife

Kul·ler·au·gen *pl (fam)* big wide eyes *pl*

kul·lern ['kʊlɐn] *vi sein (fam)* ■**irgendwohin ~** to roll somewhere

Kul·mi·na·ti·on <-, -en> [kʊlmina'tsi̯o:n] *f* ① *(Erreichen des Höhepunkts) einer Entwicklung, Laufbahn* culmination, apex ② ASTRON culmination

kul·mi·nie·ren* [kʊlmi'ni:rən] *vi (geh)* ■**in etw** *dat* **~** to culminate in sth

Kult <-[e]s, -e> [kʊlt] *m* cult; **einen ~ mit jdm/etw treiben** to make a cult out of sb/sth; **der christliche ~** Christian worship

Kult·au·tor(in) *m(f)* cult author

Kult·bild *nt* religious image

Kult·buch *nt* cult book **Kult·fi·gur** *f* MUS, FILM, MEDIA cult figure **Kult·film** *m* cult film **Kult·hand·lung** *f* REL ritual act

kul·tig ['kʊltɪç] *adj (sl)* cult; **~e Fernsehserie** cult TV series

kul·tisch *adj* REL ritual

kul·ti·vie·ren* [kʊlti'vi:rən] *vt* ① *(geh: bewusst pflegen)* to cultivate, to keep up ② AGR *(urbar machen)* ■**etw ~** to cultivate sth ③ *(geh)* ■**etw ~** to cultivate sth

kul·ti·viert [kʊlti'vi:ɐt] I. *adj* ① *(gepflegt)* cultivated, refined; ■**~ sein** to be refined [*or* sophisticated] ② *(von feiner Bildung)* ■**~ sein** to be cultured
II. *adv* ① *(gepflegt)* sophisticatedly ② *(zivilisiert)* in a refined manner

Kul·ti·vie·rung <-, -en> [kʊlti'vi:rʊŋ] *f* AGR ① *(das Urbarmachen)* cultivation ② AGR *(geh: der Anbau)* cultivation

Kult·ob·jekt *nt* cult object **Kult·stät·te** *f* REL place of ritual worship **Kult·sta·tus** *m kein pl* cult status; **~ erreichen/genießen** to gain/enjoy cult status

Kul·tur <-, -en> [kʊl'tu:ɐ̯] *f* ① *(Zivilisation)* civilization, culture ② *kein pl (Zivilisationsniveau)* culture; ***die Bewohner hatten eine hohe ~ erreicht*** the inhabitants had developed a high degree of civilization; **die politische ~** the political culture; **~/keine ~ haben** to be/not be cultured ③ FORST, HORT *(angebauter Bestand)* plantation ④ BIOL *(auf Nährböden gezüchtete Mikroorganismen)* culture ⑤ *kein pl* BIOL *(das Kultivieren)* cultivation

Kul·tur·ab·kom·men *nt* cultural agreement **Kul·tur·amt** *nt* [local] cultural affairs office; ***das ~ Ettlingen*** the Ettlingen Cultural Affairs Office **kul·tur·an·thro·po·lo·gisch** *adj inv* SOZIOL cultural anthropological **Kul·tur·ar·beit** *f kein pl* cultural activity [*or pl* activities] **Kul·tur·at·ta·ché** *m* cultural attaché **Kul·tur·aus·tausch** *m* cultural exchange **Kul·tur·ba·nau·se** *m (pej fam)* philistine *fam* **Kul·tur·be·hör·de** *f* cultural authority **Kul·tur·be·trieb** *m* cultural activity **Kul·tur·beu·tel** *m* toilet [*or* AM toiletries] bag **Kul·tur·bund** *m* cultural association **Kul·tur·denk·mal** *nt* cultural monument **Kul·tur·de·zer·nent(in)** *m(f)* head of the culture department **Kul·tur·ein·rich·tung** *f* cultural institution [*or* facility]

kul·tu·rell [kʊltu'rɛl] I. *adj* cultural
II. *adv* culturally

Kul·tur·er·leb·nis *nt* cultural experience **Kul·tur·etat** *m* culture budget **Kul·tur·fes·ti·val** *nt* cultural festival **Kul·tur·film** *m* documentary [film] **Kul·tur·flä·che** *f* cultivated area, cropland **Kul·tur·för·de·rung** *f* promotion of culture **Kul·tur·ge·schich·te** *f kein pl* cultural history, history of civilization

kul·tur·ge·schicht·lich I. *adj* historico-cultural, relating to history of civilization
II. *adv* **~ interessant** [*o* **bedeutsam**] interesting [*or* significant] in terms of cultural history, interesting [*or* significant] from a [*or* AM *usu* an] historico-cultural point of view

Kul·tur·gut *nt* cultural asset **Kul·tur·gü·ter** *pl* cultural assets *pl* **Kul·tur·haupt·stadt** *f* cultural capital **Kul·tur·haus** *nt* arts centre [*or* AM -er] **kul·tur·his·to·risch** *adj s.* **kulturgeschichtlich** **Kul·tur·ho·heit** *f kein pl* ADMIN control over the domain of education and culture **Kul·tur·in·sti·tut** *nt* institute of culture **Kul·tur·kampf** *m kein pl* HIST ■**der ~** the Kulturkampf *(conflict between Prussian state and RC church 1871-87)* **Kul·tur·kreis** *m* cultural environment **Kul·tur·kri·tik** *f critique of contemporary civilization* **kul·tur·kri·tisch** *adj* SOZIOL, PHILOS *(geh)* critical of contemporary culture **Kul·tur·land·schaft** *f* ① *(vom Menschen veränderte Naturlandschaft)* artificial landscape ② *(fig)* cultural scene **Kul·tur·le·ben** *nt kein pl* cultural life

kul·tur·los *adj (pej)* ■**~ sein** to be uncultured [*or* BRIT *a. fam* yobbish]

Kul·tur·lo·sig·keit *f kein pl* lack of culture

Kul·tur·mi·nis·ter(in) *m(f)* minister for the arts and culture BRIT, ≈ Heritage Secretary BRIT, Secretary of Cultural Affairs AM **Kul·tur·mi·nis·te·ri·um** *nt* ministry for the arts and culture BRIT, department of cultural affairs AM **Kul·tur·na·ti·on** *f* cultural nation **Kul·tur·pes·si·mis·mus** *m kein pl (geh)* cultural pessimism **Kul·tur·pes·si·mist(in)** *m(f) (geh)* cultural pessimist **kul·tur·pes·si·mis·tisch** *adj* SOZIOL culturally pessimistic **Kul·tur·pflan·ze** *f* cultivated plant **Kul·tur·po·li·tik** *f kein pl* cultural and educational policy

kul·tur·po·li·tisch I. *adj* of cultural and educational policy; **eine ~e Angelegenheit** a matter of cultural and educational policy; **der ~e Ausschuss des Landtags** the cultural and educational policy committee of the regional parliament
II. *adv* with regard to cultural and educational policy; ***von der Opposition kamen ~ bedeutsame Vorschläge*** important proposals regarding cultural and educational policy came from the opposition

Kul·tur·pro·gramm *nt* ① MEDIA *(Programm kultureller und künstlerischer Darbietungen)* cultural programme [*or* AM -am] *no pl* ② TV, RADIO *(Programm, das aus kulturellen Beiträgen besteht)* cultural programme [*or* AM -am]

Kul·tur·re·fe·rent(in) <-en, -en> *m(f)* cultural adviser, culture expert **Kul·tur·re·la·ti·vis·mus** *m kein pl* PHILOS cultural relativism **Kul·tur·re·vo·lu·ti·on** *f* POL cultural revolution **Kul·tur·schaf·fen·de(r)** *f(m) dekl wie adj* creative artist **Kul·tur·scha·le** *f* Petri dish **Kul·tur·schan·de** *f (pej fam)* ignominy for a civilized nation *pej* **Kul·tur·schock** *m* culture shock **Kul·tur·se·na·tor(in)** *m(f) minister of culture in Hamburg, Bremen or Berlin* **Kul·tur·som·mer** *m* summer of culture [*or* cultural activities] **Kul·tur·stät·te** *f* KUNST site of cultural interest **Kul·tur·stif·tung** *f* cultural donation [*or* endowment] **Kul·tur·stu·fe** *f* level of civilization **Kul·tur·tag** *m* day of culture **Kul·tur·trä·ger(in)** *m(f)* person who passes on cultural values, representative of the world of the arts **Kul·tur·ver·ein** *m* culture club **Kul·tur·ver·wal·tung** *f* administration of culture **Kul·tur·volk** *nt* civilized nation **Kul·tur·wert** *m* cultural value **Kul·tur·zen·trum** *nt* ① *(Ort)* cultural centre [*or* AM -er] ② *(Anlage)* arts centre [*or* AM -er]

Kul·tus·ge·mein·de ['kʊltʊs-] *f* religious community **Kul·tus·mi·nis·ter(in)** *m(f)* Minister of Education and the Arts BRIT, Secretary of Education and Cultural Affairs AM **Kul·tus·mi·nis·te·ri·um** *nt* Ministry of Education and the Arts BRIT, Department of Education and Cultural Affairs AM **Kul·tus·mi·nis·ter·kon·fe·renz** *f* conference of ministers for the arts and culture BRIT [*or* AM secretaries of education and cultural affairs]

Ku·ma·rin <-s> [kuma'ri:n] *nt kein pl* CHEM coumarin

Kum·bri·sches Berg·land <-schen -[e]s> ['kʊm-brɪʃəs] *nt* Cumbrian Mountains *pl*

Küm·mel <-s, -> ['kʏml̩] *m* ① *(Pflanze)* caraway ② *kein pl (Gewürz)* caraway [seed] ③ *(fam: Schnaps)* kümmel *(schnapps flavoured with caraway)*

Kum·mer <-s> ['kʊmɐ] *m kein pl* ① *(Betrübtheit)* grief ② *(Unannehmlichkeiten)* problem, trouble; ***gibt es irgendwelchen ~?*** are there any problems?; **wenn das dein einziger ~ ist** *(fam)* if that's your only problem; **[an] ~ gewöhnt sein** *(fam)* to be used to trouble; **~ haben** to have worries; ***ich sehe doch, dass du ~ hast*** I can see that you're worried about something; **jdm ~ machen** [*o* **bereiten**] to cause sb trouble [*or* worry]; ***irgendetwas muss ihr wohl ~ bereiten*** she must be worried about something or other

Kum·mer·bund *m* MODE cummerbund

Kum·mer·fal·te *f* worry line, wrinkle caused by worry **Kum·mer·kas·ten·on·kel, -tan·te** *m, f* MEDIA *(fam)* agony aunt BRIT, dear Abby columnist AM

küm·mer·lich ['kʏmɐlɪç] **I.** *adj* ❶ *(pej: armselig)* miserable, poor; **eine ~e Mahlzeit** a paltry meal; *(dürftig)* meagre [*or* AM -er]; **von einer ~en Rente leben** to live on a meagre pension
❷ *(miserabel)* pitiful; ***mit dieser ~en Leistung kann sie die Prüfung nicht bestehen*** she won't pass the exam with this pitiful effort; **ein ~er Aufsatz** an extremely pathetic essay
❸ *(unterentwickelt)* puny; **ein ~er Baum** a stunted tree
II. *adv (notdürftig)* in a miserable way; ***sie leben sehr ~ von der Arbeitslosenunterstützung*** they scrape an existence on unemployment benefit; ***Sozialhilfeempfänger müssen sich sehr ~ ernähren*** people on benefits must live on a very meagre diet

Küm·mer·ling <-s, -e> *m (pej fam)* weakling

küm·mern ['kʏmɐn] **I.** *vt* ■**etw/jd kümmert jdn** sth/sb concerns sb; ***was kümmert mich das?*** what concern is that of mine?; ***es hat ihn noch nie gekümmert, was andere von ihm dachten*** it never worried him what other people thought of him; ***das traurige Kind kümmert mich*** I feel sorry for the sad child
II. *vi (schlecht gedeihen)* to become stunted
III. *vr* ❶ *(sich jds annehmen)* ■**sich** *akk* **um jdn ~** to look after sb; **sich** *akk* **um seine Gäste ~** to look after one's guests
❷ *(etw besorgen)* ■**sich** *akk* **um etw** *akk* **~** to take care of sth; ***wenn du die Hausarbeit machst, kümmere ich mich um den Garten*** if you do the housework I'll see to the garden; ***ich kann mich nicht um alles ~!*** I can't take care of everything!; ■**sich** *akk* **darum ~, dass ...** to see to it that ...; ***ich habe mich noch nie darum gekümmert, was andere von mir denken*** I've never cared what other people think of me; ***kümmere dich um deine eigenen Angelegenheiten*** mind your own business

Küm·mer·nis <-, -se> ['kʏmɐnɪs] *f (geh)* trouble, worry

Kụm·mer·speck *m (hum fam)* excess weight due to emotional problems; **~ ansetzen** to put on weight due to emotional problems **kụm·mer·voll** *adj (geh)* sorrowful, woeful *form,* woebegone *liter;* ***dein Gesicht ist so ~*** you look so sad

Kum·pan(in) <-s, -e> [kʊm'pa:n] *m(f) (pej fam)* pal *fam,* mate BRIT *fam,* buddy AM *fam*

Kụm·pel <-s, -> *m* ❶ *(Bergmann)* miner
❷ *(fam: Kamerad)* friend, pal, mate BRIT *fam,* buddy AM *fam*

kụm·pel·haft I. *adj* matey *fam,* chummy *fam*
II. *adv* matily *fam,* chummily *fam*

Kum·quat <-, -s> ['kʊmkvat] *f* BOT kumquat

Ku·mu·la·ti·on <-, -en> [kumula'tsi̯o:n] *f* accumulation; JUR *(Häufung)* cumulation

Ku·mu·la·ti·o̲n·prin·zip *nt* JUR cumulative system of penalties **Ku·mu·la·ti·o̲ns·ef·fekt** *m* JUR cumulation effect **Ku·mu·la·ti·o̲ns·rech·nung** *f* FIN, MATH cumulative costing

ku·mu·la·tiv [kumula'ti:f] *adj* FIN cumulative; **~e Vorzugsdividende** cumulative preference [*or* AM preferred] dividend

ku·mu·lie·ren* [kumu'li:rən] **I.** *vr (sich anhäufen)* ■**sich** *akk* **~** to accumulate
II. *vt* ■**etw ~** to amass sth; ÖKON to accumulate sth; ■**kumuliert** cumulated; **kumulierter Verlust** accumulated losses

Ku·mu·li̲e̲·rung <-, -en> *f* accumulation

Ku·mu·li̲e̲·rungs·ver·bot *nt* POL rule against accumulations

Kụ·mu·lus·wol·ke *f* METEO cumulus [cloud]

künd·bar ['kʏntba:ɐ̯] *adj* ❶ *(sich kündigen lassend)* terminable; *Arbeitsvertrag* subject to termination [*or* notice]; ■**[irgendwie] ~ sein** to be terminable in a certain way; ***Angestellte sind nur unter Einhaltung bestimmter Fristen ~*** employees can only be dismissed after a certain period of notice; ***ältere Mitarbeiter sind nicht mehr ~*** older employees can no longer be dismissed
❷ JUR *(Möglichkeit der Kündigung enthaltend)* subject to notice; ***bei der Police handelt es sich um einen nach fünf Jahren ~en Vertrag*** the policy involves a contract that is subject to five years notice; ***das Abonnement ist nur mit Dreimonatsfrist ~*** the subscription can only be terminated with three months notice

Kü̲nd·bar·keit <-> *f kein pl* terminability; **mit gegenseitiger ~** subject to notice on either side

Kun·de <-, -n> ['kʊndə] *f pl selten (veraltend geh)* news + *sing vb,* tidings *npl;* **jdm eine betrübliche/erfreuliche ~ bringen** to have some bad/good news for sb; **von etw** *dat* **~ erhalten** to receive news about sth; **von etw** *dat* **~ geben** [*o* **ablegen**] to bear witness to sth

Kun·de, Kun·din <-n, -n> ['kʊndə, 'kʊndɪn] *m, f*
❶ *(Käufer)* customer; *(für Dienstleistungen)* client; **langjähriger/treuer/zufriedener ~** long-standing/loyal/satisfied customer
❷ *(pej fam: Kerl)* customer *pej fam;* **ein ganz übler ~ sein** to be a real nasty customer

kün·den ['kʏndn̩] **I.** *vt* ❶ *(geh: verkünden)* ■**etw ~** to presage sth *form*
❷ SCHWEIZ *(kündigen)* to resign
II. *vi (geh: Zeugnis von etw ablegen)* ■**von etw** *dat* **~** to bear witness to sth

Kụn·den·ab·nah·me *f* HANDEL customer take-up **Kụn·den·ak·zept** *nt* HANDEL trade bill, customer's acceptance **Kụn·den·ak·zep·tanz** *f* ÖKON customer acceptance **Kụn·den·an·fra·ge** *f* HANDEL customer inquiry **Kụn·den·auf·trag** *m* ÖKON customer order **Kụn·den·aus·wahl** *f* ÖKON selection of clients [*or* customers] **Kụn·den·be·fra·gung** *f* ÖKON customer survey [*or* enquiry] **Kụn·den·be·ra·ter(in)** *m(f)* customer consultant **Kụn·den·be·ra·tung** *f* customer advisory service **Kụn·den·be·schwer·de** *f* customer complaint **Kụn·den·be·treu·er(in)** *m(f)* customer service officer **Kụn·den·be·treu·ung** *f* customer service **Kụn·den·be·zie·hung** *f* relation with a client **Kụn·den·bin·dung** *f* ÖKON customer loyalty **Kụn·den·da·ten** *pl* client [*or* customer] information *no indef art, no pl*

Kụn·den·dienst *m* ❶ *kein pl (Service)* after-sales [*or* customer] service ❷ *(Stelle für Service)* customer support office **Kụn·den·dienst·ab·tei·lung** *f* customer service department **Kụn·den·dienst·mit·ar·bei·ter(in)** *m(f)* customer service employee **Kụn·den·dienst·netz** *nt* customer service [*or* support] network **Kụn·den·dienst-Scheck·heft** *nt* AUTO service record

Kụn·den·fang *m kein pl (pej)* touting for customers *pej;* **auf ~ gehen** to go out touting for customers *pej* **kụn·den·freund·lich** *adj* customer-friendly **Kụn·den·freund·lich·keit** <-> *f kein pl* customer-friendliness, user-friendliness **Kụn·den·grup·pe** *f* client [*or* customer] group **Kụn·den·in·for·ma·ti·on** *f meist pl* client [*or* customer] information *no indef art, no pl* **Kụn·den·kar·te** *f* ÖKON store card **Kụn·den·kar·tei** *f* HANDEL customer [*or* client] list [*or* file] **Kụn·den·kon·takt** *m* customer contact **Kụn·den·kon·to** *nt* FIN [charge [*or* credit]] account

Kụn·den·kre·dit *m* FIN consumer credit **Kụn·den·kre·dit·ge·schäft** *nt* FIN retail credit transaction

Kụn·den·kreis *m* customers *pl; (bei Dienstleistungen)* clients *pl,* clientele **Kụn·den·lis·te** *f* customer listing **Kụn·den·nä·he** *f* ÖKON proximity to the customer; *(kundenfreundliche Unternehmensphilosophie)* customer-friendliness, user-friendliness **Kụn·den·num·mer** *f* customer reference number **kụn·den·ori·en·tiert** *adj* ÖKON customer-oriented **Kụn·den·ori·en·tie·rung** *f kein pl* ÖKON customer-oriented approach

Kụn·den·schutz *m* HANDEL customer protection **Kụn·den·schutz·kla·ge** *f* JUR customer protection suit **Kụn·den·schutz·klau·sel** *f* JUR customer protection clause **Kụn·den·schutz·ver·ein·ba·rung** *f* JUR customer protection agreement **Kụn·den·schutz·ver·trag** *m* JUR customer protection contract

Kụn·den·stamm *m* regular clientele **Kụn·den·stock** *m* ÖSTERR customers *pl* **Kụn·den·un·ter·stüt·zung** *f kein pl* ÖKON customer support **Kụn·den·ver·hal·ten** *nt* ÖKON client [*or* customer] behaviour [*or* AM -or] **Kụn·den·ver·trag** *m* JUR customer contract **Kụn·den·vor·teil** *m* ÖKON customer advantage **Kụn·den·wech·sel** *m* FIN trade bill, customer's acceptance **Kụn·den·wunsch** *m* customer requirement [*or* wish] **Kụn·den·zahl** *f* number of customers **Kụn·den·zeit·schrift** *f* customer magazine **Kụn·den·zu·frie·den·heit** *f* customer satisfaction **Kụn·den·zu·zah·lung** *f* HANDEL customer's payment

kụnd|ge·ben *vt irreg (geh)* ■**[jdm] etw ~** to make sth known [*or* announce sth] [to sb]; **den Behörden eine Demonstration ~** to announce a demonstration to the authorities

Kụnd·ge·bung <-, -en> *f* POL rally, demonstration

kun·dig ['kʊndɪç] *adj* ❶ *(geh: sachkundig)* knowledgeable, well-informed; ***sie ist ~er als ihr Vorgänger*** she's better informed than her predecessor; **sich** *akk* **in etw** *dat/* **auf einem Gebiet ~ machen** to inform oneself about sth/a subject
❷ *(veraltend geh: etw beherrschen)* ■**einer S.** *gen* **~ sein** to be an adept at sth

kün·di·gen ['kʏndɪgn̩] **I.** *vt* ❶ *(Arbeitsverhältnis vorschriftsmäßig beenden)* ■**etw ~** to hand in one's notice, to quit; **seine Arbeit/seinen Job/seine Stelle ~** to hand in one's notice
❷ *(die Aufhebung von etw anzeigen)* to cancel, to terminate; ■**[jdm] etw ~** to give [sb] notice of cancellation with regards to sth; ***Zeitschriftenabonnements können nur mit einer Frist von drei Monaten gekündigt werden*** magazine subscriptions can only be cancelled by giving three months notice; **etw unter Einhaltung der Frist ~** to cancel sth by observing the period of notice; ***ich habe der Vermieterin die Wohnung gekündigt*** I've given the landlady notice that I'm vacating [the flat]
❸ FIN ■**[jdm] etw ~** to give [sb] notice of withdrawal of sth; ***ich habe erst mal 4.000 Euro von meinem Sparbuch gekündigt*** I've given notice to withdraw 4,000 euros from my savings book; **jdm den Kredit ~** to discontinue sb's credit
❹ *(die Entlassung ankündigen)* ■**jdn ~** to dismiss [*or* lay off] sb *sep;* **jdn fristlos ~** to dismiss sb instantly; ***laut Vertrag kann man sie nur mit einer Frist von sechs Monaten ~*** according to the contract she has to be given six months notice
II. *vi* ❶ *(das Ausscheiden ankündigen)* ■**[jdm] ~** to hand in one's notice [to sb]; ***sie hat ihrem Arbeitgeber gekündigt*** she handed in her notice to her employer; ■**bei jdm ~** to give sb one's notice
❷ *(die Entlassung ankündigen)* ■**jdm ~** to give sb his/her notice, to lay off sb *sep*
❸ JUR ■**jdm ~** to give sb notice to quit; ***die Vermieterin hat mir gekündigt*** the landlady gave me notice to quit; ***denke daran, dass du dem Vermieter mit Dreimonatsfrist ~ musst*** don't forget you have to give the landlord three months notice

Kün·di·gung <-, -en> *f* ❶ *(das Kündigen)* cancelling
❷ JUR notice of dismissal, notice to quit; **außerordentliche ~** extraordinary termination; **fristlose ~** instant dismissal; **~ aus wichtigem Grund** termination for grave cause; **~ eines Vertrags** termination of a contract
❸ FIN notice of withdrawal; ***der Betrag kann erst nach erfolgter ~ abgehoben werden*** the amount can only be withdrawn after having given prior notice; ***wenn sich die Ertragslage eines Unternehmens verschlechtert, kann es zur ~ des Kredites durch die Bank kommen*** if the profitability of a firm deteriorates the bank may withdraw credit
❹ *(Beenden des Arbeitsverhältnisses) des Arbeitnehmers* notice, termination; *(Entlassung) durch Arbeitgeber* dismissal; *(Kündigen des Arbeitsverhältnisses)* handing in [*or* giving] one's notice; ***was hat dein Chef zu deiner ~ gesagt?*** what did your boss say about your handing in your notice?; ***die ~ eines älteren Arbeitnehmers ist kaum noch möglich*** it is almost impossible to dismiss older employees any more; **~ durch den Arbeitnehmer** notice of resignation; **betriebsbedingte ~** redun-

dancy notice; **gesetzlich unterstellte ~** constructive dismissal; **seine ~ einreichen** to hand in one's resignation; ***mit seiner ~ rechnen*** to expect to be fired

Kü̩n·di·gungs·be·stim·mun·gen *pl* cancellation clause; *(bei Grundbesitz)* [rent] tenure provision **Kü̩n·di·gungs·ent·schä·di·gung** *f* FIN severance pay, redundancy payment BRIT **Kü̩n·di·gungs·er·klä·rung** *f* declaration of notice **Kü̩n·di·gungs·frist** *f* period of notice; *(Entlassung)* dismissal notice period; **angemessene/gesetzliche ~** reasonable/statutory period of notice; **mit dreimonatiger ~** subject to three months' notice; **die ~ einhalten** to observe the term of notice; **ohne ~** without notice **Kü̩n·di·gungs·geld** *nt* ÖKON call money, deposits *pl* at notice **Kü̩n·di·gungs·grund** *m* grounds [*or* reason] for giving notice; ***ohne ~ kann keinem Beschäftigten gekündigt werden*** no employee can be given notice without reason **Kü̩n·di·gungs·mög·lich·keit** *f* ÖKON call option **Kü̩n·di·gungs·recht** *nt* FIN right of notice [*or* cancellation] **kü̩n·di·gungs·reif** *adj inv* FIN callable **Kü̩n·di·gungs·schutz** *m* protection against unfair dismissal **Kü̩n·di·gungs·schutz·ge·setz** *nt* JUR *(bei Arbeitsverhältnis)* dismissal protection act **Kü̩n·di·gungs·schutz·kla·ge** *nt* JUR dismissal protection suit **Kü̩n·di·gungs·ter·min** *m* JUR term of notice; *(von Vertrag)* cancellation [*or* termination] date

Kụn·din <-, -nen> *f fem form von* **Kunde**

Kụnd·schaft <-, -en> [ˈkʊntʃaft] *f* ❶ *(Kundenkreis)* customers *pl;* *(bei Dienstleistungen)* clientele ❷ *(Kunden)* customers *pl,* clients *pl,* clientele

kụnd·schaf·ten [ˈkʊntʃaftn̩] *vi haben (veraltet)* to reconnoitre [*or* AM -er]

Kụnd·schaf·ter(in) <-s, -> *m(f)* MIL *(veraltend)* scout

kụnd|tun *vt irreg (veraltend geh)* ▪ **[jdm] etw ~** to make sth known [to sb]

kü̩nf·tig [ˈkʏnftɪç] **I.** *adj* ❶ *(zukünftig)* future, prospective; **jds ~e Ehefrau/~er Ehemann** sb's future wife/husband ❷ *(kommend)* future, to come; **~e Ausgaben** future expenditure *no pl;* **~e Generationen** generations to come **II.** *adv (in Zukunft)* in [*or* AM in the] future; **etw ~ vermeiden** to avoid sth in future

Kun·ge·lei <-, -en> [kʊŋəˈlai] *f (pej fam)* wheeling and dealing *pej fam;* **geheime ~** secret wheeling and dealing

kụn·geln [ˈkʊŋl̩n] *vi (pej fam)* ▪ **mit jdm [um etw** *akk*] **~** to strike a bargain with sb [about sth]

Kung-Fu <-[s]> [kʊŋˈfuː] *nt kein pl* SPORT kung fu

Kụnst[1] <-, Künste> [kʊnst, *pl* ˈkʏnstə] *f* ❶ KUNST art; **abstrakte ~** abstract art; **die bildende ~** graphic art; **die schönen Künste** the fine arts ❷ *kein pl (Schulfach)* art ❸ *(Fertigkeit)* art, skill; ***das ist eine ~ für sich*** that's an art in itself; **die schwarze ~** black magic; **eine brotlose ~ sein** *(fam)* to be unprofitable; ***Dichten ist eine brotlose ~*** there's no money in poetry; **mit seiner ~ am Ende sein** to be at a total loss; **seine ~ an etw** *dat* **versuchen** to try one's hand at sth ▸WENDUNGEN: **das ist [*o* darin besteht] die ganze ~** that's all there is to it; **was macht die ~?** *(fam)* how's it going?, BRIT *a.* how are tricks?; **keine ~ sein** *(fam)* to be easy [*or* simple] [*or* nothing]

Kụnst[2] <-> *f kein pl* SCHWEIZ *(Kachelofen) tiled stove fitted with a stove bench*

Kụnst·aka·de·mie *f* academy of arts, art college **Kụnst·aus·stel·lung** *f* art exhibit[ion] **Kụnst·ba·nau·se** *m (pej)* philistine *pej* **Kụnst·be·trieb** *m kein pl* KUNST, ÖKON **der ~** the art business **Kụnst·darm** *m* artificial [*or* synthetic] sausage skin **Kụnst·denk·mal** *nt* artistic historical monument **Kụnst·druck** *m* art print[ing] **Kụnst·druck·pa·pier** *nt* art paper **Kụnst·dün·ger** *m* artificial fertilizer [*or* manure] **Kụnst·eis·bahn** *f* artificial ice-rink **Kụnst·er·zie·her(in)** *m(f) (geh)* art teacher **Kụnst·er·zie·hung** *f (geh)* art **Kụnst·fa·ser** *f* synthetic fibre [*or* AM -er] **Kụnst·feh·ler** *m* malpractice, professional error

kụnst·fer·tig **I.** *adj (geh)* skilful BRIT, skillful AM, expert **II.** *adv* skilfully BRIT, skillfully AM

Kụnst·fer·tig·keit *f (geh)* skill, skilfulness BRIT, skillfullness AM, craftsmanship

Kụnst·fi·gur *f* fictional character **Kụnst·film** *m* artistic film; *(als Teil einer Reihe a.)* genre film **Kụnst·flug** *m* aerobatics + *sing vb* **Kụnst·form** *f* art form **Kụnst·frei·heit** *f* JUR freedom of art **Kụnst·freund(in)** *m(f)* art lover **Kụnst·ga·le·rie** *f* art gallery **Kụnst·gat·tung** *f* KUNST genre **Kụnst·ge·gen·stand** *m* objet d'art **kụnst·ge·recht** *adj* skilful BRIT, skillful AM, expert; ***sie legte ihm einen ~en Kopfverband an*** she expertly bandaged his head **Kụnst·ge·schich·te** *f* ❶ *kein pl (Geschichte der Kunst)* history of art, art history ❷ *(Werk über Kunstgeschichte)* work on the history of art **Kụnst·ge·wer·be** *nt kein pl* ❶ *(Wirtschaftszweig)* arts and crafts ❷ *(kunstgewerbliche Gegenstände)* crafts **kụnst·ge·werb·lich** *adj* craft; **~e Erzeugnisse** craft products, crafts **Kụnst·griff** *m* trick, dodge **Kụnst·haar** *nt* artificial hair **Kụnst·hal·le** *f* art gallery **Kụnst·han·del** *m* art trade **Kụnst·händ·ler(in)** *m(f)* art dealer **Kụnst·hand·lung** *f* art shop **Kụnst·hand·werk** *nt kein pl* KUNST, ÖKON craft[work] *no pl* **Kụnst·harz** *nt* synthetic resin **Kụnst·haus** *nt* house of art **Kụnst·herz** *nt* artificial heart **Kụnst·his·to·ri·ker(in)** *m(f)* KUNST, HIST, SCH art historian

kụnst·his·to·risch **I.** *adj* art-historical; **ein ~es Werk** an art-historical work **II.** *adv* as far as the history of art is concerned; ***diese Veröffentlichung ist ~ von großem Interesse*** this publication is of great interest as far as the history of art is concerned; ***sie ist ~ interessiert*** she is interested in art history

Kụnst·hoch·schu·le *f* art college, college of art **Kụnst·ho·nig** *m* artificial honey **Kụnst·ken·ner(in)** *m(f)* art connoisseur **Kụnst·kri·ti·ker(in)** *m(f)* art critic **Kụnst·le·der** *nt* imitation leather **Kụnst·le·der·ses·sel** *m* imitation [*or* artificial] leather armchair **Kụnst·leh·rer(in)** *m(f)* art teacher

Kü̩nst·ler(in) <-s, -> [ˈkʏnstlɐ] *m(f)* ❶ *(bildender Künstler)* [visual] artist, artiste; **freischaffender ~** free-lance artist ❷ *(Könner)* genius, wizard

Kü̩nst·ler·haus *nt* artists' house

kü̩nst·le·risch [ˈkʏnstlərɪʃ] *adj* artistic; **eine ~e Begabung** an artistic talent

Kü̩nst·ler·ko·lo·nie *f* colony of artists **Kü̩nst·ler·na·me** *m* pseudonym; *Schauspieler* stage name **Kü̩nst·ler·pech** *nt kein pl (hum fam)* hard luck *no pl* **Kü̩nst·ler·schrif·ten** *pl* fancy types *pl* **Kü̩nst·ler·so·zi·al·ver·si·che·rung** *f social security for self-employed artists* **Kü̩nst·ler·zei·chen** *nt* artist's mark

kü̩nst·lich [ˈkʏnstlɪç] **I.** *adj* ❶ *(industriell hergestellt)* artificial, synthetic; **~e Wimpern/Zähne** false lashes/teeth; ***ist der Rubin echt oder ~?*** is that an imitation ruby or a genuine one? ❷ *(nicht natürlich)* artificial ❸ MED *(nicht natürlich erfolgend)* artificial; **~e Befruchtung** artificial insemination ❹ *(fam: aufgesetzt)* feigned, false, faked, spurious; **~ Erregung** feigned excitement; ▪ **~ sein** to be affected [*or* feigned]; ***ob ihre Erregung echt oder nur ~ ist?*** I wonder if she's really excited or just putting it on **II.** *adv* ❶ *(fam: beabsichtigt)* affectedly; ***rege dich doch nicht ~ auf, so schlimm ist es nicht!*** stop making out you're upset, it's not that bad!, stop getting all worked up about nothing! ❷ *(industriell)* artificially, synthetically ❸ *(mit Hilfe von Apparaten)* artificially

Kụnst·licht *nt* artificial light **Kụnst·lieb·ha·ber(in)** *m(f)* KUNST art lover **Kụnst·lied** *nt* art song

kụnst·los <-er, -este> *adj* plain, purely functional

Kụnst·ma·ler(in) *m(f) (geh)* artist, painter **Kụnst·markt** *m* art market **Kụnst·mu·se·um** *nt* art museum **Kụnst·ne·bel** *m* dry ice *no pl* **Kụnst·pau·se** *f* deliberate [*or* dramatic] pause, pause for effect; **eine ~ machen** to pause deliberately **Kụnst·pro·dukt** *nt* artificial product **Kụnst·ra·sen** *m* Astroturf® **Kụnst·rei·ter(in)** <-s, -> *m(f)* trick rider **Kụnst·rich·tung** *f* KUNST trend in art **Kụnst·samm·lung** *f* art collection **Kụnst·schät·ze** *pl* art treasures *pl* **Kụnst·schnee** *m* artificial [*or* synthetic] snow **Kụnst·sei·de** *f* artificial [*or* imitation] silk **kụnst·sin·nig** *adj (geh)* appreciative of art; ▪ **~ sein** to be appreciative of art **Kụnst·spra·che** *f* artificial language **Kụnst·sprin·gen** <-s> *nt* SPORT diving **Kụnst·stein** *m* BAU artificial stone

Kụnst·stoff *m* synthetic material, plastic **kụnst·stoff·be·schich·tet** *adj inv* synthetic-coated, plastic-coated **Kụnst·stoff·er·zeug·nis** *nt* plastic product; *(im Gegensatz zu Naturstoffen)* synthetic product **Kụnst·stoff·fo·lie**[RR] *f* plastic foil **Kụnst·stoff·ge·häu·se** *nt* plastic housing

Kụnst·stoff·in·dus·trie *f* plastics industry **Kụnst·stoff·mo·dell** *nt* MED synthetic model **Kụnst·stoffo·lie**[ALT] *f s.* **Kunstofffolie** **Kụnst·stoff·pan·zer** *m* SPORT plastic protector **Kụnst·stoff·ra·sen** *m* synthetic lawn **Kụnst·stoff·rück·stand** *m* residue of synthetic material

kụnst|stop·fen *vt nur infin o pp* **ein Kleidungsstück ~ lassen** to get an article of clothing invisibly mended; ***das Loch wurde kunstgestopft*** the hole was repaired with invisible mending [*or* AM by reweaving]

Kụnst·stück *nt* ❶ *(artistische Leistung)* trick ❷ *(schwierige Leistung)* feat; **kein ~ sein** to not be anything special; ***das ist doch kein ~!*** there's nothing to it!, it's a piece of cake! [*or* BRIT *a.* doddle!]; **~!** *(iron)* so what!

Kụnst·sze·ne *f* art scene **Kụnst·tem·pel** *m* temple of the arts **Kụnst·tisch·ler(in)** *m(f)* cabinet-maker **Kụnst·tur·nen** *nt* gymnastics + *sing vb* **Kụnst·un·ter·richt** *m* art lesson[s] **Kụnst·ver·ein** *m* art club **Kụnst·ver·mitt·lung** *f kein pl* promotion of art *no pl* **Kụnst·ver·stand** *m* appreciation of art **kụnst·ver·stän·dig** *adj* appreciative of art; ***ich sehe, dass Sie ein ~er Mensch sind*** I see you're a person who appreciates art **Kụnst·ver·ständ·nis** *nt* appreciation of art

kụnst·voll **I.** *adj* ornate, elaborate, artistic **II.** *adv* ornately

Kụnst·werk *nt* work of art **Kụnst·wert** *m* ❶ *kein pl (künstlerischer Wert)* **von hohem ~** of great artistic merit ❷ *(wertvoller Gegenstand)* valuable work of art **Kụnst·wis·sen·schaft** *f* aesthetics + *sing vb,* AM *a.* esthetics + *sing vb* **Kụnst·wort** *nt* invented [*or* coined] word

kụn·ter·bunt [ˈkʊntɐbʊnt] **I.** *adj* ❶ *(vielfältig)* varied ❷ *(sehr bunt)* multi-coloured [*or* AM -colored] ❸ *(wahllos gemischt)* motley; **eine ~es Durcheinander** a jumble **II.** *adv (ungeordnet)* **~ durcheinander** completely jumbled up

Kunz [kʊnts] *m* **Hinz und ~** every Tom, Dick and Harry

Kụp·fer <-s, -> [ˈkʊpfɐ] *nt* ❶ *kein pl* CHEM copper *no pl* ❷ *(Kupferstich)* copperplate engraving [*or* print]; **etw in ~ stechen** to engrave [*or* etch] sth on copper

Kụp·fer·berg·werk *nt* copper mine **Kụp·fer·blech** *nt* BAU copper sheet **Kụp·fer·dach** *nt* copper roof **Kụp·fer·draht** *m* copper wire **Kụp·fer·druck** *m (Verfahren)* copperplate printing; *(Abbildung)* copperplate print **Kụp·fer·erz** *nt* copper ore **Kụp·fer·ge·schirr** *nt* copper kitchenware

kụp·fer·hal·tig *adj inv* GEOL, CHEM containing copper *pred,* cupriferous *spec;* ***die Lösung ist ~*** the [*or* this] solution contains copper, this is a cupriferous *spec* solution

Kụp·fer·ka·bel *nt* copper cable **Kụp·fer·kies** *m* copper pyrite **Kụp·fer·mün·ze** *f* copper coin

kụp·fern [ˈkʊpfɐn] *adj* copper

Kụp·fer·rohr *nt* copper pipe **Kụp·fer·schmied(in)** *m(f)* coppersmith **Kụp·fer·schmie·**

de *f* coppersmith **Kup·fer·ste·cher(in)** <-s, -> *m(f)* copperplate engraver **Kup·fer·stich** *m* copperplate engraving [*or* print] **Kup·fer·te·le·fon·lei·tung** *f* copper telephone wire **Kup·fer·vi·tr·iol** *nt* blue vitriol

Ku·pon <-s, -s> [ku'põ:] *m s.* **Coupon**

Ku·pon-An·lei·he *f* FIN coupon loan

Ku·pon·be·sit·zer(in) *m(f)* coupon holder **Ku·pon·ein·lö·sung** *f* FIN coupon service **Ku·pon·steu·er** *f* FIN coupon tax

Kup·pe <-, -n> ['kʊpə] *f* ① *(Bergkuppe)* [rounded] hilltop
② *(Straßenwölbung)* hump, crest
③ *(Fingerkuppe)* tip

Kup·pel <-, -n> ['kʊpl̩] *f* dome, cupola

Kup·pel·dach *nt* domed roof

Kup·pe·lei <-, -en> [kʊpə'lai] *f* JUR procuration

kup·peln¹ ['kʊpl̩n] *vi* AUTO to operate the clutch

kup·peln² ['kʊpl̩n] *vt* ■**etw an etw** *akk* ~ to couple sth to sth

Kupp·ler(in) <-s, -> ['kʊplɐ] *m(f)* *(pej)* matchmaker

Kupp·lung <-, -en> ['kʊplʊŋ] *f* ① AUTO clutch; **die ~ kommen lassen** to let the clutch out, to release the clutch; **die ~ schleifen lassen** to let the clutch slip; **die ~ treten** [*o* **durchtreten**] to depress [*or sep* push down] the clutch; **die ~ ganz durchtreten** to depress the clutch fully, to push down the clutch all the way
② *(Anhängevorrichtung)* coupling

Kupp·lungs·be·lag *m* clutch lining **Kupp·lungs·pe·dal** *nt* clutch pedal **Kupp·lungs·schei·be** *nt* clutch disc **Kupp·lungs·seil** *nt* clutch cable **Kupp·lungs·spiel** *nt* AUTO clutch free play

Kur <-, -en> [ku:ɐ̯] *f* ① *(Heilverfahren)* course of treatment; **in** [*o* **zur**] **~ fahren** to go to a health resort; **zur ~ sein** to stay at a health resort; **eine ~ machen, sich** *akk* **einer ~ unterziehen** to undergo a course of treatment; **jdn zur ~ schicken** to send sb to a health resort
② *(Haarkur)* conditioner

Kür <-, -en> [ky:ɐ̯] *f* SPORT free style [*or* section]; **eine ~ laufen/tanzen/turnen** to complete the free section

ku·ra·bel [ku'ra:bl̩] *adj inv* MED *(geh)* curable; **nicht ~** incurable

Kur·an·trag *m* application for a course of treatment

Kur·arzt, -ärz·tin *m, f* doctor at a health resort [*or* spa]

ku·ra·tiv [kura'ti:f] *adj inv* MED *(geh)* curative

Ku·ra·tor(in) <-s, -en> [ku'ra:to:ɐ̯, *pl* -'to:rən] *m(f)*
① *(Treuhänder)* trustee
② *(Museum)* curator
③ SCH *(Justitiar)* registrar
④ *(veraltet: Vormund)* guardian

Ku·ra·to·ri·um <-s, -rien> [kura'to:ri̯ʊm, *pl* -ri̯ən] *nt* board of trustees

Kur·auf·ent·halt *m* stay at a health resort

Kur·bel <-, -n> ['kʊrbl̩] *f* crank; *altes Automobil* starting handle

Kur·bel·an·trieb *m* crank drive **Kur·bel·ge·häu·se** *nt* crankcase

kur·beln ['kʊrbl̩n] **I.** *vi (die Kurbel drehen)* to wind, to crank
II. *vt (mit der Kurbel bewegen)* ■**etw ~** to wind sth; ***kurble bitte die Markise über die Terrasse*** wind the awning down over the terrace, please

Kur·bel·stan·ge *f* connecting rod

Kur·bel·wel·le *f* crankshaft **Kur·bel·wel·len·la·ger** *nt* AUTO crankshaft main bearing

Kür·bis <-ses, -se> ['kyrbɪs] *m* ① BOT pumpkin
② *(sl: Kopf)* nut *sl*

Kür·bis·kern *m* pumpkin seed **Kür·bis·kern·öl** *nt* pumpkin seed oil

Kur·dau·er *f* duration of the course of treatment

Kur·de, Kur·din <-n, -n> ['kʊrdə, 'kʊrdɪn] *m, f* Kurd

Kur·di·rek·tor(in) *m(f)* manager of a health resort

Kur·disch ['kʊrdɪʃ] *nt dekl wie adj* Kurdish

kur·disch ['kʊrdɪʃ] *adj* Kurdish

Kur·di·sche <-n> ['kʊrdɪʃə] *nt* ■**das ~** Kurdish, the Kurdish language

Kur·dis·tan <-s> ['kʊrdɪsta:n] *nt* Kurdistan

ku·ren ['ku:rən] *vi (fam)* to go on a health cure

kü·ren <kürte *o selten* kor, gekürt> ['ky:rən] *vt (geh)* ■**jdn [zu etw** *dat*] ~ to elect sb to [*or* choose sb for] sth; ***sie wurde von der Jury zur besten Eisläuferin gekürt*** she was chosen by the judges as the best ice-skater

Kur·fürst *m* HIST elector

Kur·fürs·ten·tum *nt* HIST electorate

kur·fürst·lich *adj inv, attr* electoral

Kur·gast *m* visitor to a health resort **Kur·haus** *nt* assembly rooms [at a health resort]

Ku·rie <-, -n> ['ku:ri̯ə] *f* REL Curia

Ku·ri·en·kar·di·nal *m* REL cardinal of the Roman curia

Ku·rier <-s, -e> [ku'ri:ɐ̯] *m* ① *(Bote)* courier, messenger
② *(Schnelllieferant)* courier
③ *(Überbringer)* courier; ***er hat für die Mafia den ~ gemacht und Drogen geschmuggelt*** he was a drugs runner for the Mafia

Ku·rier·dienst *m (Dienstleistung)* courier service; *(Firma)* courier firm

ku·rie·ren* [ku'ri:rən] *vt* ① *(heilen)* ■**jdn [von etw** *dat*] ~ to cure sb [of sth]
② *(fam: befreien)* ■**jdn von jdm/etw ~** to cure sb of sb/sth; ***dieser Schock hat sie von ihren Fantastereien kuriert*** this shock cured her of her fantasies; ■**[von jdm/etw] kuriert sein** to have got over [*or* be cured of] [sb/sth]; ***ich bin von ihm kuriert*** I've got over him

ku·ri·os [ku'ri̯o:s] **I.** *adj (geh)* curious, odd, strange, funny
II. *adv (geh)* curiously, oddly; ***warum bist du so ~ gekleidet?*** why are you dressed so oddly?

Ku·ri·o·si·tät <-, -en> [kuri̯ozi'tɛ:t] *f (geh)* ① *(Merkwürdigkeit)* oddity, peculiarity
② *(merkwürdiger Gegenstand)* curiosity

Ku·ri·o·sum <-s, Kuriosa> [ku'ri̯o:zʊm, *pl* -za] *nt s.* **Kuriosität 1**

Kur·kon·zert *nt* concert at a health resort

Kur·ku·ma <-, Kurkumen> ['kʊrkuma, *pl* -'ku:mən] *f* ① *(Gewürz)* turmeric
② *(Pflanze)* curcuma

Kur·land <-s> ['ku:ɐ̯lant] *nt* Courland

Kur·mit·tel *nt* health resort treatment **Kur·ort** *m* health resort, spa **Kur·park** *m* gardens of a health resort

Kur·pfalz <-> [ku:ɐ̯'pfalts] *f* HIST ■**die ~** the Electoral Palatinate

Kur·pfu·scher(in) *m(f) (pej fam)* quack *pej fam* **Kur·pfu·sche·rei** [ku:ɐ̯pfʊʃə'rai] *f kein pl (pej fam)* quackery *pej fam* **Kur·pfu·sche·rin** <-, -nen> *f fem form von* **Kurpfuscher**

Kurs¹ <-es, -e> [kʊrs, *pl* 'kʊrzə] *m* ① LUFT, NAUT *(Richtung)* course; **jdn/etw vom ~ abbringen** to put sb/sth off course; ***der Sturm hat uns um drei Grad vom ~ abgebracht*** the storm has put us off course by three degrees; **vom ~ abkommen** to deviate from one's/its course; **den/seinen ~ beibehalten** [*o* **halten**] to maintain [one's] course; **auf bestimmten ~ gehen** to set a certain course; ***wenn wir auf südsüdöstlichen ~ gehen, müssten wir die Insel in drei Tagen erreichen*** if we set a sou'-sou'-easterly course we should reach the island in three days; **~ auf etw** *akk* **haben** to be heading for sth; **~ auf etw** *akk* **nehmen** to set course for sth; **einen [bestimmten] ~ steuern** to steer a certain course; ***es war nichtmehr feststellbar, welchen ~ das Schiff steuerte*** it was no longer possible to determine which course the ship was steering; **den ~ wechseln** to change course
② *(Zielsetzung)* course; **jdn vom ~ abbringen** to throw sb off course; **den/seinen ~ beibehalten** to maintain [one's] course; **jdn auf ~ bringen** to bring sb into line; ***ihre Kollegen werden sie schon auf ~ bringen*** their colleagues will bring them into line; **einen bestimmten ~ einschlagen** to take a certain course; *(politische Linie)* policy, course; **harter/weicher ~** hard/soft line
③ *(Wechselkurs)* exchange rate; ***der ~ Dollar zu Euro steht im Moment bei eins zu ...*** the exchange rate between the dollar and the euro is currently ...; **zu einem bestimmten ~** at a certain rate; ***Schwarzhändler tauschen dir den Euro zu einem günstigen ~*** you'll get a favourable rate for your euros on the black market; **etw außer ~ setzen** to take sth out of circulation; ***Zahlungsmittel, die außer ~ gesetzt wurden, sind nicht länger gültig*** currency taken out of circulation is no longer valid
④ BÖRSE *(Marktpreis)* price; ***die Maßnahmen der Bundesbank haben die ~e einiger Aktien gestärkt*** measures taken by the Bundesbank have strengthened the price of some shares; ***der ~ pendelte sich bei Euro 120 ein*** the market was settling down at 120 euros; **zum gegenwärtigen ~** at the current rate [*or* price]; **multipler ~** multiple exchange rate; **hoch im ~ stehen** ÖKON to be in great demand; BÖRSE to be high up; *(fig)* to be very popular, to be at a high rate; ***antike Vasen stehen derzeit hoch im ~*** antique vases are currently very popular; **etw an einen ~ binden** to peg the price of sth; **den ~ drücken** to depress the market; **im ~ fallen** to fall [*or* drop] in price; ***die Aktien der Schlüter AG sind letztens etwas im ~ gefallen*** Schlüter AG shares have fallen somewhat recently; **den ~ festsetzen** to fix a price; **den ~ hinauftreiben** to push up the price; **den ~ schwächen/stützen** to weaken/peg the market

Kurs² <-es, -e> [kʊrs, *pl* 'kʊrzə] *m (Lehrgang)* course, class; **einen ~ [in etw** *dat*] **besuchen** to attend a course [in sth]

Kurs·ab·fall *m* ÖKON price decline **Kurs·ab·schlag** *m* ÖKON drop in prices **Kurs·ab·si·che·rung** *f* BÖRSE price hedging **Kurs·ab·wei·chung** *f* course deviation **Kurs·än·de·rung** *f* change in course **Kurs·an·ga·be** *f* BÖRSE stock market quotation **Kurs·an·pas·sung** *f* BÖRSE adjustment of rates **Kurs·an·stieg** *m* BÖRSE rise in [market] prices **Kurs·band·brei·te** *f* exchange rate band **Kurs·be·fes·ti·gung** *f* ÖKON stronger tendency in prices **Kurs·be·ginn** *m* commencement of a course; ***~ ist der 01.04.*** the course starts on 01/04 **Kurs·bei·be·hal·tung** *f* staying on course; ***bei schlechtem Wetter ist die ~ schwierig*** maintaining course is difficult in bad weather; ***der Autopilot sorgt für die ständige ~*** the autopilot keeps the course constant **Kurs·be·ob·ach·tung** *f* BÖRSE price observation **Kurs·be·richt** *m* BÖRSE list of quotations; *(Kurszettel)* stock market report **Kurs·be·we·gung** *f* BÖRSE price [*or* rate] movement

Kurs·bil·dung *f* BÖRSE formation of rates **Kurs·bil·dungs·fak·to·ren** *pl* BÖRSE factors in the formation of rates

Kurs·blatt *nt* BÖRSE daily official list, stock market report **Kurs·buch** *nt* [railway] timetable

Kur·schat·ten *m (hum fam)* romance at a health resort

Kürsch·ner(in) <-s, -> ['kyrʃnɐ] *m(f)* furrier

Kurs·dau·er *f* course duration

Kur·se ['kʊrzə] *pl von* **Kurs, Kursus**

Kurs·ein·bruch *f* ÖKON slump [*or* sharp [*or* sudden] fall] in prices; ***der Dollar erlitt einen ~*** the value of the dollar slumped [*or* fell sharply] **Kurs·ein·bu·ßen** *pl* BÖRSE price losses; **~ hinnehmen [müssen]** to meet with losses on the stock exchange **Kurs·en·de** *nt* end of a course **Kurs·ent·wick·lung** *f* ÖKON movement of prices **Kurs·er·ho·lung** *f kein pl* ÖKON recovery of prices

Kurs·er·war·tung *f* BÖRSE price expectation **Kurs·ex·plo·si·on** *f* ÖKON price explosion **Kurs·fest·le·gung** *f* BÖRSE determination of unit price **Kurs·fest·stel·lung** *f* BÖRSE determination of prices **Kurs·fi·xie·rung** *f* ÖKON price fixing **Kurs·ge·fü·ge** *nt* ① ÖKON price structure ② BÖRSE rate structure **Kurs·ge·schäft** *nt* BÖRSE trading on rates **Kurs·ge·winn** *m* ÖKON gain, advance **Kurs-Gewinn-Ver·hält·nis** *nt* ÖKON price/earnings [*or* P/E] ratio **Kurs·her·ab·set·zung** *f* BÖRSE lowering of rates **Kurs·hö·he** *f* BÖRSE price level

kur·sie·ren* [kʊr'zi:rən] *vi* ① *(umgehen)* ■**[unter**

jdm] ~ to circulate [*or* go around] [among people]; ***da ~ vielleicht Gerüchte unter den Studenten!*** rumours are really circulating among the students!
② *(umlaufen)* ■[**irgendwo**] ~ to be in circulation [somewhere]; ***seit einiger Zeit ~ in der Stadt falsche Hunderteuroscheine*** forged one hundred euro notes have been in circulation in the town for some time

Kurs·in·dex *m* BÖRSE stock index **Kurs·in·ter·pre·ta·ti·on** *f* BÖRSE share-price interpretation

kur·siv [kʊrˈziːf] **I.** *adj* italic; ■**~ sein** to be in italics **II.** *adv* in italics

Kur·si·ve <-, -n> [kʊrˈziːvə] *f,* **Kur·siv·schrift** [kʊrˈziːf-] *f* italics

Kurs·kor·rek·tur *f* course correction; BÖRSE rate adjustment; **technische ~** technical correction **Kurs·lei·ter(in)** *m(f)* course director **Kurs·mak·ler(in)** *m(f)* market maker **Kurs·ma·ni·pu·la·ti·on** *f* BÖRSE manipulation of the market **Kurs·mi·ni·mum** *nt* BÖRSE share-price minimum **Kurs·ni·veau** *nt* BÖRSE share-price level **Kurs·no·tie·rung** *f* ÖKON quoted price, [price] quotation; BÖRSE stock market quotation **Kurs·no·tiz** *f* BÖRSE market [*or* price] [*or* stock] quotation **Kurs·ope·ra·ti·o·nen** *pl* BÖRSE transactions

kur·so·risch [kʊrˈzoːrɪʃ] **I.** *adj (geh)* cursory **II.** *adv (geh)* cursorily

Kurs·pa·ri·tät *f* BÖRSE exchange parity **Kurs·pfle·ge** *f kein pl* ÖKON supporting purchases *pl* **Kurs·pro·gno·se** *f* BÖRSE share-price forecast

Kurs·re·gu·lie·rung *f* ÖKON price regulation **Kurs·re·gu·lie·rungs·kon·sor·ti·um** *nt* BÖRSE price support syndicate

Kurs·rich·tung *f* BÖRSE share-price trend **Kurs·ri·si·ko** *nt* ÖKON price risk; BÖRSE foreign-exchange risk **Kurs·rück·gang** *m* BÖRSE fall [*or* decline] in prices [*or* the exchange rate]; **einen ~ erleiden** to experience a decline in prices **Kurs·rück·nah·me** *f* BÖRSE price markdown **Kurs·rück·schlag** *m* BÖRSE severe price fall **Kurs·rutsch** *m* price slump **Kursschwankung** *f* BÖRSE price fluctuation **Kurs·schwan·kun·gen** *pl* BÖRSE price fluctuations; **heftige ~** wide prices **kurs·si·chernd** *adj* BÖRSE rate-fixing *attr;* **~e Interventionen** supporting orders

Kurs·si·che·rung *f* ÖKON price support **Kurs·si·che·rungs·ge·schäf·te** *pl* hedging *no pl*

Kurs·span·ne *f* BÖRSE turn of the market **Kurs·spe·ku·la·ti·on** *f* BÖRSE speculation on the stock exchange **Kurs·sprung** *f* ÖKON jump in prices; **plötzlicher ~** spurt **Kurs·sta·bi·li·tät** *f* ÖKON stability of prices **Kurs·stei·ge·rung** *f* BÖRSE rise [*or* increase] in prices [*or* the exchange rate]; ***durch die ~ wurde er noch reicher als zuvor*** thanks to the rise in the exchange rate [*or* prices], he was even richer than before **Kurs·sturz** *m* BÖRSE collapse in prices; *von Devisen* collapse in rates

Kurs·stüt·zung *f* ÖKON pegging the prices; **eine ~ durchführen** to peg the market **Kurs·stüt·zungs·kauf** *m* ÖKON supporting purchase

Kur·stadt *f* spa town

Kurs·teil·neh·mer(in) *m(f)* course participant, participant in a course **Kurs·ten·denz** *f* ÖKON upward tendency **Kurs·um·schwung** *m* BÖRSE reversal in share prices

Kur·sus <-, Kurse> [ˈkʊrzʊs, *pl* ˈkʊrzə] *m (geh) s.* **Kurs**[2]

Kurs·ver·än·de·rung *f* BÖRSE share price change **Kurs·ver·fall** *m kein pl* ÖKON collapse of prices **Kurs·ver·käu·fe** *pl* BÖRSE sales **Kurs·ver·lauf** *m* BÖRSE price development [*or* performance]

Kurs·ver·lust *m* ① FIN foreign exchange loss
② BÖRSE price loss, loss on the exchange [*or* stock market]; **einen ~ darstellen/hinnehmen müssen** to mean/suffer a loss on the stock exchange

Kurs·ver·schie·bung *f* ÖKON shift of prices **Kurs·wa·gen** *m* BAHN through coach **Kurs·wech·sel** *m* change of course **Kurs·wert** *m* BÖRSE market value **Kurs·wert·be·rich·ti·gung** *f* ÖKON price adjustment **Kurs·zet·tel** *m* BÖRSE *(Auflistung)* stock list, list of quotations; *(Bericht)* stock market report

Kurs·zu·sam·men·bruch *m* ÖKON price collapse, collapse of the market

Kur·ta·xe *f* health resort tax on visitors

Kur·ti·sa·ne <-, -n> [kʊrtiˈzaːnə] *f* HIST courtesan

Kur·tscha·to·vi·um <-s> [kʊrtʃaˈtoːvi̯ʊm] *nt kein pl* CHEM kurtschatovium

Kur·ve <-, -n> [ˈkʊrvə] *f* ① TRANSP bend; **aus der ~ fliegen** *(fam)* to leave the road on the bend; **sich** *akk* **in die ~ legen** to lean into the bend; **eine ~ machen** to bend; ***die Straße macht eine scharfe ~*** the road bends sharply; **die ~ schneiden** to cut the corner
② *(gekrümmte Linie)* curve; ***die Temperatur wird in einer ~ aufgezeichnet*** the temperature is recorded in a curve
③ *pl (fam: Körperrundung)* curves *pl;* ***du darfst nicht nur auf ihre ~n schauen, sie hat doch auch andere Qualitäten*** you shouldn't just look at her curves, she has other qualities too
▶ WENDUNGEN: **die ~ kratzen** *(fam)* to clear off; **die ~ kriegen** *(fam)* to get around to doing sth

kur·ven [ˈkʊrvn̩] *vi sein (fam)* ① *(sich in einer gekrümmten Linie bewegen)* to turn; ***der Radfahrer kam plötzlich um die Ecke gekurvt*** the cyclist suddenly turned the corner; ***was kurvt der Flieger so niedrig über der Gegend?*** why is the pilot circling so low over the area?
② *(ziellos fahren)* ■**durch etw** *akk* **~** to drive around sth; ***wir sind ein paar Wochen durch Spanien gekurvt*** we drove around Spain for a few weeks

Kur·ven·la·ge <-> *f kein pl* AUTO cornering [ability]
Kur·ven·li·ne·al *nt* curve template **kur·ven·reich** *adj* ① *(viele Kurven aufweisend)* winding, full of bends, curvy; ■**~ sein** to be winding; ***im Gebirge sind Straßen ~ er*** there are more bends in mountain roads ② *(hum fam: weibliche Formen habend)* shapely **Kur·ven·zeich·ner** *m* INFORM curve plotter

Kur·ver·ein <-s, -e> *m* SCHWEIZ *(Kurverwaltung)* administrative authority of a health resort **Kur·ver·wal·tung** *f* administrative authority of a health resort

kur·vig [ˈkʊrvɪç] *adj s.* **kurvenreich 1**

kurz <kürzer, kürzeste> [kʊrts] **I.** *adj* ① *(räumlich von geringer Länge)* short; ■[**zu**] **~ sein** to be [too] short; ***das Kleid ist doch ein wenig ~*** the dress is a little short; ***die Röcke sind dieses Jahr ~*** hemlines are up this year; [**jdm**] **etw ~er machen** MODE to shorten sth [for sb]; **mit ~en Ärmeln** short-sleeved; *s. a.* **Hose**
② *(zeitlich von geringer Länge)* brief, short; ***ein ~er Blick reichte*** a brief [*or* quick] glance was sufficient; ***die Pause von fünf Minuten war mir einfach zu ~*** the five minute break was simply too short for me; *s. a.* **Gedächtnis**
③ *(knapp)* brief; *(schroff)* curt; ***bitte etwas kürzer*** please be a little briefer; ***der Artikel war zwar ~, aber dafür umso prägnanter*** although the article was short, it was all the more succinct for it; **es ~ machen** to make it brief; **in ~en Worten** in a few words
④ *(nicht lang betont)* short; **~e Silben** short syllables; **einen Vokal ~ sprechen** to pronounce a vowel short
▶ WENDUNGEN: **etw ~ und klein hauen** [*o* **schlagen**] *(fam)* to smash sth to pieces; **den Kürzeren ziehen** *(fam)* to come off worst
II. *adv* ① *(räumlich)* short; **~ geschnitten** *attr Haare* cut short *pred;* ***das ~ geschnittene Haar steht dir besser*** short hair suits you better; **zu ~ schießen/springen/werfen** to shoot/jump/throw too short; ***unsere Artillerie schießt zu ~!*** our artillery is falling short!
② *(zeitlich)* for a short time; ***ich gehe mal ~ nachsehen*** I'll have a quick look; ***darf ich mal ~ unterbrechen?*** could I just interrupt for a moment [*or* second]; **etw ~ braten** to flash-fry sth; **jdn ~ sprechen** to have a quick word with sb
③ *(knapp)* briefly; **~ und bündig** briefly and succinctly; **~ gesagt** in a word; **um es ~ zu sagen** to cut a long story short
④ *(räumlich, zeitlich: wenig)* shortly; ***die Konferenz wird ~ vor Pfingsten stattfinden*** the conference will take place shortly before Whitsun; ***sie starben ~ hintereinander*** they died shortly after each other; ***wir tankten noch einmal ~ vor Berlin*** we filled up the tank again just before [we got to] Berlin; **~ bevor** just before; **binnen ~em** *(form)* before long; **bis vor ~em** up until a short while ago; **~ nachdem** shortly after; **seit ~em** for a short while, lately; ***wir sind erst seit ~em verlobt*** we've only been engaged for a short while; ***seit ~em kommt er sehr früh von der Arbeit*** lately he's been coming home very early from work; **vor ~em** a short while [*or* time] ago
▶ WENDUNGEN: **~ angebunden sein** *(fam)* to be abrupt [*or* curt] [*or* short-spoken]; ***was bist du denn immer so ~ angebunden mit mir?*** why are you always so abrupt with me?; **~ entschlossen** without a moment's hesitation; ***wenn es um Entscheidungen geht, ist sie immer ~ entschlossen*** when decisions have to be made there's never any hesitation on her part; **~ und gut** in a word; ***~ und gut, ich bin pleite*** in a word, I'm broke; [**bei etw** *dat*] **zu ~ kommen** to lose out [with sth]; ***sein Vorschlag ist in der Diskussion zu ~ gekommen*** his proposal didn't get enough attention in the discussion; **Angst haben, zu ~ zu kommen** to be afraid one will miss out; **über ~ oder lang** sooner or later; **~ und schmerzlos** *(fam)* quick and painlessly, simply and plainly *fam;* ***du bringst es ihr am besten ~ und schmerzlos bei, dass du ihr Geld verloren hast*** you had best tell her straight out that you've lost her money

Kurz·ar·beit *f kein pl* short-time work **kurz|ar·bei·ten** *vi* to work short-time **Kurz·ar·bei·ter(in)** *m(f)* short-time worker **Kurz·ar·bei·ter·geld** *nt* short-time allowance *(state subsidy to avoid redundancies)* **kurz·är·me·lig, kurz·ärm·lig** *adj* short-sleeved **kurz·at·mig** *adj* short-winded; ■**~ sein** to be short of breath **Kurz·auf·tritt** *m* short scene **kurz·bei·nig** *adj inv* short-legged, with short legs **Kurz·be·richt** *m* short report **Kurz·be·richt·er·stat·tung** *f kein pl* MEDIA brief coverage

Kurz·be·schrieb <-[e]s, -e> *m* SCHWEIZ *(kurze Beschreibung)* short description **Kurz·brief** *m* brief memo

Kur·ze(r)[1] [ˈkʊrtsə, -tsɐ] *m dekl wie adj (fam)*
① *(Schnaps)* schnapps
② *(Kurzschluss)* short-circuit

Kur·ze(r)[2] [ˈkʊrtsə] *f(m) dekl wie adj (sl: Kind)* little one

Kür·ze <-, -n> [ˈkʏrtsə] *f pl selten* ① *kein pl (kurze räumliche Länge)* shortness
② *kein pl (kurze Dauer)* shortness; ***in der ~ der zur Verfügung stehenden Zeit sind die Arbeiten nicht zu erledigen*** the work cannot be completed in the short time available; **in ~** shortly, soon, in the near future
③ *kein pl (Knappheit)* brevity, shortness; **in aller ~** very briefly
④ POET *(kurze Silbe)* short syllable
▶ WENDUNGEN: **in der ~ liegt die Würze** *(prov)* brevity is the soul of wit *prov*

Kür·zel <-s, -> [ˈkʏrtsl̩] *nt* ① *(stenografisches Kürzel)* shorthand symbol
② *(Kurzwort)* abbreviation

kür·zen [ˈkʏrtsn̩] *vt* ① *(in der Länge verringern)* ■**etw** [**um etw** *akk*] **~** to shorten sth [by sth]; ***können Sie mir die Hose um einen Zentimeter ~?*** can you shorten these trousers for me by a centimetre?
② *(im Umfang verringern)* ■**etw ~** to shorten sth; ***ich habe meinen Artikel um die Hälfte gekürzt*** I've shortened my article by fifty percent; ***das Buch wurde vom Verlag auf lediglich 150 Seiten gekürzt*** the publishers shortened the book to a mere 150 pages; **eine gekürzte Fassung eines Buches** the abridged edition of a book
③ *(verringern)* ■**etw** [**um etw** *akk/***auf etw** *akk*] **~** to cut [*or* reduce] [*or* slash] sth [by/to sth]; ***die***

K

Opposition verlangt, den Etat um drei Prozent auf 289 Millionen Euro zu ~ the opposition is demanding that the budget be cut by three percent to 289 million euros
④ MATH **einen Bruch** ~ to reduce a fraction

kur·zer·hand ['kʊrtsɐ'hant] *adv* there and then, without further ado; **jdn ~ entlassen** to dismiss somebody on the spot

kür·zer|tre·ten *vi irreg sein (sich einschränken)* tighten one's belt; *(aus gesundheitlichen Gründen)* take things a bit slower

kurz|fas·sen^RR *vr* ■**sich** *akk* ~ to be [*or* make it] brief

Kurz·fas·sung *f (Zusammenfassung)* abstract, summary; *(gekürzte Fassung)* abridged version; **in ~** in an abridged version; ***in den Kurznachrichten werden die Meldungen des Tages noch einmal in ~ gebracht*** in news bulletins the day's news is broadcast again in brief; ***also, jetzt noch mal ganz ruhig und in ~, was ist passiert?*** okay, just calm down and tell me briefly what happened; **~ eines Patents** title of a patent; **~ der Patentschrift** abridgement of specification **Kurz·film** *m* short film **Kurz·form** *f* shortened form

kurz·fris·tig ['kʊrtsfrɪstɪç] **I.** *adj* ① *(innerhalb kurzer Zeit erfolgend)* at short notice; ***bei ~er Bestellung des Artikels können wir Ihnen Lieferung bis zum 31. zusagen*** if the item is ordered quickly we can promise delivery by the 31st; **jds ~e Anreise** sb's sudden arrival; ***die ~e Programmänderung bitten wir zu entschuldigen*** we apologize for the programme alteration that occurred at such short notice; ***Ihre Zusage war zu ~*** you didn't give enough notice for your consent
② *(für kurze Zeit geltend)* short-term, of short duration; ***ich kann mir nur einen ~en Urlaub genehmigen*** I can only permit myself a short holiday; **die ~e Wettervorhersage** the short-range weather forecast
③ FIN short-term; **~e Anlage** short-term investment; **~e Kapitalströme** short-term capital; **~e Mittel/Gelder/Kredite** quick assets/money at short notice/short[-term] credit; **~e Verbindlichkeit** current [*or* short-term] liability
II. *adv* ① *(innerhalb kurzer Zeit)* within a short [period of] time; ***wegen unvorhergesehener Probleme mussten wir den Plan ~ ändern*** because of unforeseen problems we had to change the plan at short notice; ***jdn etw ~ wissen lassen*** to let sb know without delay
② *(für kurze Zeit)* briefly, for a short time; ***wir unterbrechen unser Programm ~ für eine wichtige Durchsage*** we are briefly interrupting our programme for an important announcement; **~ gesehen** viewed in the short term
③ HANDEL at short notice; **~ lieferbar** for short delivery

Kurz·ge·schich·te *f* short story **kurz·haa·rig** *adj* short-haired; **eine ~e Frisur** a short haircut **Kurz·haar·schnitt** *m* short haircut

kurz|hal·ten *vt irreg (fam)* ■**jdn ~** to keep sb short; ***er hält seine Frau ziemlich kurz*** he keeps his wife quite short

kurz·le·big ['kʊrtsle:bɪç] *adj* ① *(nicht lange lebend)* short-lived, ephemeral; ***ich möchte keine ~en Bäume im Garten*** I don't like trees in the garden that only live for a short time; ■**~ sein** to be short-lived
② MODE *(nur vorübergehend modisch)* short-lived; ***diese engen Hosen haben sich als ~ herausgestellt*** these narrow trousers have proved to be short-lived
③ ÖKON *(nicht lange haltbar)* non-durable, perishable; ■**~ sein** to be non-durable; **~e Konsumgüter** nondurables, nondurable consumer goods; ***Konsumgüter werden immer ~er*** consumer goods are becoming less and less durable
④ NUKL *(nur kurze Zeit existierend)* having a short life; **~e Teilchen** particles that have a short life

kürz·lich ['kʏrtslɪç] *adv* recently, not long ago

Kurz·mel·dung *f* newsflash **Kurz·nach·richt** *f* TELEK *(SMS)* text message, SMS **Kurz·nach·rich·ten** *pl* news in brief, news headlines + *sing vb,* summary of the news

Kurz·par·ker(in) <-s, -> *m(f)* short-term parking; ***die Parkplätze sind für ~ bestimmt*** the parking spaces are for short-term parking; **nur für ~** short-term parking only **Kurz·park·sys·tem** *nt* short-term parking **Kurz·park·zo·ne** *f* short-term parking zone

Kurz·rei·se *f* short trip

kurz|schlie·ßen *irreg* **I.** *vt (unter Umgehung verbinden)* ■**etw ~** to short-circuit sth
II. *vr (sich in Verbindung setzen)* ■**sich** *akk* **mit jdm ~** to get in touch with sb

Kurz·schluss^RR <-es, -schlüsse> *m* ① ELEK short-circuit; **einen ~ haben** to short-circuit
② PSYCH *(Affekthandlung)* panic, moment of madness, rash action

Kurz·schluss·hand·lung^RR *f* rashly impulsive act, knee-jerk reaction **Kurz·schluss·re·ak·ti·on^RR** *f* knee-jerk reaction

Kurz·schrift *f* shorthand, stenography

kurz·sich·tig **I.** *adj* ① *(an Kurzsichtigkeit leidend)* short-sighted, *esp* AM near-sighted, myopic
② *(begrenzten Horizont habend)* short-sighted
II. *adv (beschränkt)* in a short-sighted manner; ***du denkst zu ~*** you're too short-sighted in your thinking

Kurz·sich·tig·keit <-, -en> *f* ① *(Art der Fehlsichtigkeit)* short-sightedness, myopia
② *(beschränkte Art)* short-sightedness

Kurz·stre·cken·flug *m* LUFT short-haul flight **Kurz·stre·cken·lauf** *m* SPORT sprint **Kurz·stre·cken·läu·fer(in)** *m(f)* sprinter **Kurz·stre·cken·ra·ke·te** *f* short-range missile

kurz|tre·ten *vi irreg sein* ① *(sich einschränken)* to go easy *fam*
② MIL to mark time

kurz·um [kʊrts'ʔʊm] *adv* in a word, in short, to cut a long story short

Kür·zung <-, -en> *f* ① *(das Kürzen)* abridgement, shortening; ***nach einer ~ um 15 bis 20 Prozent können wir diesen Artikel veröffentlichen*** we will be able to publish this article once it has been shortened by 15 to 20 percent
② FIN *(Verringerung)* cut, reduction, curtailment; ***eine ~ des Etats ist leider nicht zu vermeiden*** unfortunately a budget cut is unavoidable
③ MATH reduction

Kurz·ur·laub *m* short holiday

Kurz·wahl·spei·cher *m* one-touch dialling [*or* AM dialing] memory **Kurz·wahl·tas·te** *f* one-touch dialling [*or* AM dialing] button

Kurz·wa·ren *pl* haberdashery BRIT, dry goods AM, notions AM **Kurz·wa·ren·ge·schäft** *nt* ÖKON haberdashery [shop] BRIT, dry goods store AM

Kurz·weil *f* pastime, diversion, amusement; **aus** [*o* **zur**] **~** for amusement; **etw aus** [*o* **zur**] **~ machen** to pass the time idly with sth

kurz·wei·lig <-er, -ste> ['kʊrtsvailɪç] *adj (veraltet)* entertaining

Kurz·wel·le *f* short wave **Kurz·wel·len·sen·der** *m* short-wave transmitter

Kurz·wort *nt* abbreviation, abbreviated word, contraction **Kurz·zeit·ge·dächt·nis** *m* short-term memory

kurz·zei·tig **I.** *adj* short-term, brief
II. *adv* brief, briefly, for a short time

Kurz·zeit·pfle·ge *f* short-term care **Kurz·zeit·spei·cher** *m* short-term memory **Kurz·zeit·we·cker** *m* timer

kusch [kʊʃ] *interj* ① *(an Hund: brav!)* [lie] down!
② ÖSTERR *(pej fam: an Menschen: still!)* [be] quiet!

ku·sche·lig ['kuʃəlɪç] *adj (fam)* snug, cosy BRIT, cozy AM

Ku·schel·kis·sen *nt* cuddly cushion

ku·scheln ['kʊʃln] **I.** *vr (fam: sich schmiegen)* ■**sich** *akk* **an jdn ~** to cuddle [*or* snuggle] up to sb; ■**sich** *akk* **in etw** *akk* ~ to snuggle up in sth
II. *vi (schmusen)* ■**[mit jdm] ~** to cuddle up to [sb]

Ku·schel·rock <-s, -> *m kein pl* MUS soft rock **Ku·schel·tier** *nt* cuddly toy

ku·schen ['kʊʃn] *vi* ■**[bei jdm] ~** to knuckle under [to sb], to obey [sb]

Ku·si·ne <-, -n> [ku'zi:nə] *f fem form von* **Cousin** cousin

Kuss^RR <-es, Küsse>, **Kuß^ALT** <-sses, Küsse> [kʊs, *pl* 'kʏsə] *m* kiss; **jdm einen ~ geben** to give sb a kiss

Küss·chen^RR, **Küß·chen^ALT** <-s, -> ['kʏsçən] *nt* brief kiss, peck; **gib ~!** give us a kiss!

kuss·echt^RR *adj inv* MODE kiss-proof

küs·sen ['kʏsn̩] **I.** *vt* ■**jdn/etw [auf etw** *akk*] ~ to kiss sb/sth [on sth]; ■**sich** *akk* ~ to kiss each other; ■**jdm etw ~** to kiss sb's sth; ***er küsste ihr die Hand*** he kissed her hand; **beim K~** when kissing; *s. a.* **Hand**
II. *vi* to kiss; ***ich küsse so gerne*** I like kissing so much

Kuss·hand^RR *f* ▸WENDUNGEN: **mit ~** *(fam)* gladly, with the greatest of pleasure; **jdm eine ~/Kusshände zuwerfen** to blow sb a kiss/kisses

Küs·te <-, -n> ['kʏstə] *f* ① *(Meeresufer)* coast, shore
② *(Gegend in Meeresnähe)* coast

Küs·ten·be·fes·ti·gung *f* sea defences [*or* AM -ses] *pl* **Küs·ten·be·reich** *m* coastal region **Küs·ten·be·woh·ner(in)** *m(f)* coastal inhabitant, inhabitant of the coastal region, coastal dweller **Küs·ten·fi·sche·rei** *f* inshore fishing **Küs·ten·ge·biet** *nt* coastal area [*or* region] **Küs·ten·ge·wäs·ser** *pl* coastal waters *pl* **Küs·ten·ha·fen** *m* seaport **Küs·ten·ort** *m* coastal town **Küs·ten·schiff·fahrt^RR** *f kein pl* coastal shipping *no pl* **Küs·ten·schutz** *m* coastal protection **Küs·ten·see·schwal·be** *f* ORN Arctic tern **Küs·ten·strei·fen** *m* GEOL stretch of coast, coastal strip **Küs·ten·wa·che** *f* coastguard [service] **Küs·ten·wacht** *f* coastguard

Küs·ter(in) <-s, -> ['kʏstɐ] *m(f)* sexton, verger

Kus·to·de, Kus·to·din <-n, -n> [kʊs'to:də, kʊs'to:dɪn] *m, f,* **Kus·tos** <-, Kustoden> ['kʊstɔs, *pl* kʊs'to:dən] *m* curator

Ku·ti·ku·la <-, -s> [ku'ti:kula] *f* BIOL cuticle

Kutsch·bock *m* coach-box

Kut·sche <-, -n> ['kʊtʃə] *f* carriage, coach

Kut·scher(in) <-s, -> ['kʊtʃɐ] *m(f)* coachman, coach driver

kut·schie·ren* [kʊt'ʃi:rən] **I.** *vi sein (fam: gemütlich fahren)* ■**irgendwohin ~** to go for a drive somewhere; ***lass uns doch ein wenig durch die schöne Landschaft ~*** let's go for a drive in the lovely countryside for a bit
II. *vt haben (fam: fahren)* ■**jdn irgendwohin ~** to give sb a lift somewhere *fam;* ***steig ein, ich kutschiere dich zum Bahnhof*** jump in, I'll give you a lift to the station

Kut·te <-, -n> ['kʊtə] *f* ① REL habit
② SCHWEIZ, SÜDD *(Kittel)* overall

Kut·tel <-, -n> ['kʊtl̩] *f meist pl* tripe *sing*

Kut·ter <-s, -> ['kʊtɐ] *m* NAUT cutter

Ku·vert <-s, -s *o* -[e]s, -e> [ku've:ɐ̯] *nt* envelope

Ku·ver·tü·re <-, -n> [kuvɛr'ty:rə] *f* chocolate coating

Ku·wait <-s> [ku:'vait] *nt* Kuwait

Ku·wai·ter(in) *m(f)* Kuwaiti

ku·wai·tisch [ku'vaitɪʃ] *adj inv* Kuwaiti

KV <-[s], -s> [ka:'fau] *nt Abk von* **Köchelverzeichnis** KV, K, K.

kV [ka:'fau] *Abk von* **Kilovolt** kV

Kvar·ner Bucht <- -> [,kvarnɛ:r] *f* Kvarn Bay, Bay of Kvarn

KVStG JUR, ÖKON *Abk von* **Kapitalverkehrsteuergesetz** German capital transfer tax law

KW <-, -s> [ka:'ve:] *f Abk von* **Kalenderwoche** week no.

kW <-, -> [ka:'ve:] *nt Abk von* **Kilowatt** kW

kWh <-, -> [ka:ve:'ha:] *f Abk von* **Kilowattstunde** kWh

KWK [ka:ve:'ka:] *f* TECH, ELEK *Abk von* **Kraft-Wärme-Kopplung** CHP, combined heat and power

Ky·ber·ne·tik <-> [kybɛr'ne:tɪk] *f kein pl* cybernetics + *sing vb*

ky·ber·ne·tisch [kybɛr'ne:tɪʃ] *adj* cybernetic

Ky·kla·den [ky'kla:dən] *pl* ■**die ~** the Cyclades

Ky·ril·lisch [ky'rɪlɪʃ] *nt kein pl* Cyrillic; ■**in** ~ in Cyrillic
ky·ril·lisch [ky'rɪlɪʃ] *adj* Cyrillic
KZ <-s, -s> [ka:'tsɛt] *nt Abk von* **Konzentrationslager** concentration camp
KZ-Ge·denk·stät·te *f* HIST, POL memorial for the victims of the Nazi concentration camps **KZ-Häft·ling** *m* concentration camp prisoner

L

L, l <-, - *o fam* -s, -s> [ɛl] *nt* L, l; ~ **wie Ludwig** L for Lucy BRIT, L as in Love AM; *s. a.* **A 1**
l [ɛl] *Abk von* **Liter** l
Lab <-[e]s, -e> [la:p] *nt* rennet, rennin
lab·be·rig ['labərɪç], **labb·rig** ['labrɪç] *adj* DIAL *(fam)* ❶ *(fade)* watery; **eine ~e Suppe** a watery soup ❷ *(schlaff)* sloppy; **ein ~er Pullover** a sloppy pullover
La·bel <-s, -> ['le:bl̩] *nt* ❶ *(Preisetikett)* label, price tag ❷ *(Etikett)* label ❸ MUS label
La·bel·lo® <-s, -s> [la'bɛlo] *m* PHARM Lypsyl® BRIT, Chap Stick® AM
la·ben ['la:bn̩] **I.** *vt (geh: erquicken)* ■**jdn** ~ to refresh [*or* revive] sb **II.** *vr (geh: sich gütlich tun)* ■**sich** *akk* [**an etw** *dat*] ~ to feast [on sth]
la·bern ['la:bɐn] **I.** *vi (pej fam)* ■[**über etw** *akk*] ~ to prattle on [about sth] **II.** *vt (pej fam)* ■**etw** ~ to talk sth; ***was labert die da für einen Unsinn?*** what nonsense is she talking there?
Lab·fer·ment *nt kein pl* CHEM rennin, chymosin
la·bi·al [la'bi̯a:l] *adj* ❶ *(die Lippen betreffend)* labial ❷ LING *(mit den Lippen gebildet)* labial
La·bi·al <-s, -e> *m*, **La·bi·al·laut** *m* LING labial
la·bil [la'bi:l] *adj* ❶ MED *(instabil) Gesundheit, Kreislauf etc.* poor ❷ *(psychisch nicht gefestigt)* unstable ❸ *(geh: instabil)* unstable; **eine ~e Lage** an unstable situation
La·bi·li·tät <-, -en> [labili'tɛ:t] *f pl selten* ❶ MED *(Instabilität)* frailty ❷ PSYCH *(labile Veranlagung)* instability ❸ *(geh: Instabilität)* instability
Lab·ka·se·in *nt kein pl* CHEM rennet casein
Lab·kraut ['la:pkraut] *nt* BOT bedstraw
Lab·ma·gen *m* BIOL maw, abomasum
La·bor <-s, -s *o* -e> [la'bo:ɐ̯] *nt* laboratory, lab
La·bo·rant(in) <-en, -en> [labo'rant] *m(f)* laboratory technician [*or* assistant]
La·bo·ra·to·ri·um <-s, -rien> [labora'to:ri̯ʊm, *pl* -ri̯ən] *nt (geh) s.* **Labor**
La·bor·be·fund *m* SCI [laboratory] test results **La·bor·che·mi·ka·lie** *f* laboratory chemical
la·bo·rie·ren* [labo'ri:rən] *vi (geh)* ■**an etw** *dat* ~ to be plagued by sth
La·bor·ver·such *m* SCI laboratory experiment [*or* test]
Lab·quark *m* rennet curd
Lab·ra·dor <-[s], -e> [labra'do:ɐ̯] *m (Hunderasse)* Labrador [retriever], lab *fam*
Lab·ra·dor·see *f* Labrador Sea
Lab·sal <-, -e> ['la:pza:l] *f* SÜDD, ÖSTERR *(geh)* refreshment
La·by·rinth <-[e]s, -e> [laby'rɪnt] *nt* labyrinth, maze
La·by·rinth·ver·such *m* BIOL, PSYCH maze [*or* labyrinth] experiment
Lach·an·fall *m* laughing fit
La·che¹ <-, -n> ['la(:)xə] *f* puddle
La·che² <-, -n> ['laxə] *f (pej fam)* laugh[ter]
lä·cheln ['lɛçl̩n] *vi* ❶ *(freundlich lächeln)* to smile ❷ *(sich lustig machen)* ■[**über jdn/etw**] ~ to grin [*or* smirk] [at sb/sth]
Lä·cheln <-s> ['lɛçl̩n] *nt kein pl* smile; **ein müdes ~** a weary smile
la·chen ['laxn̩] *vi* ❶ *(auflachen)* to laugh; ***lach du nur!*** *(fam)* you can laugh! *fam;* ***das wäre doch gelacht*** *(fam)* it would be ridiculous; ■**über etw** *akk* ~ to laugh at sth; **breit** ~ to roar with laughter; **jdn zum L~ bringen, jdn ~ machen** *(geh)* to make sb laugh; **jdm ist nicht zum L~ [zumute]** sb is not in a laughing mood; **zum L~ sein** *(pej fam)* to be laughable *pej;* ***so ein Unsinn, das ist doch zum L~*** what nonsense, that's ridiculous ❷ *(auslachen)* ■**über jdn/etw** ~ to laugh at sb/sth; ***da gibt es gar nichts zu ~*** it's no laughing matter; ***was gibt es denn da zu ~?*** what's there to laugh about?; ***dass ich nicht lache!*** don't make me laugh!
▸WENDUNGEN: **gut ~ haben** to be all right for sb to laugh; **jd hat nichts zu ~** sb's life is no bed of roses; **[bei jdm] nichts zu ~ haben** *(fam)* to have a hard time of it [with sb]; **wer zuletzt lacht, lacht am besten** *(prov)* he who laughs last, laughs longest *prov; s. a.* **Ast**
La·chen <-s> ['laxn̩] *nt kein pl* ❶ *(Gelächter)* laughter; ***er brach in lautes ~ aus*** he burst out laughing; **jdm wird das ~ [schon] noch vergehen** *(fam)* sb will be laughing on the other side of their face; **sich** *dat* **das ~ verkneifen** to stifle one's laughter; **vor ~** with laughter; ***ich bin vor ~ bald geplatzt*** I nearly split my sides with laughter ❷ *(Lache)* laugh; **ein breites ~** a guffaw
▸WENDUNGEN: **jdm bleibt das ~ im Hals stecken** *(fam)* the laughter sticks in sb's throat
La·cher(in) <-s, -> ['laxɐ] *m(f)* laugher; **die ~ auf seiner Seite haben** to score by getting the laughs
Lach·er·folg *m* **ein ~ sein** to make everyone laugh
lä·cher·lich ['lɛçɐlɪç] **I.** *adj* ❶ *(albern)* absurd, ridiculous; ■**~ sein/werden** to be/become absurd [*or* ridiculous]; **jdn/sich ~ machen** to make a fool of sb/oneself; **etw ins L~e ziehen** to ridicule [*or* make fun of] sth ❷ *(geringfügig)* trivial, trifling; **ein ~er Preis** a ridiculously low price **II.** *adv (sehr)* ridiculously
Lä·cher·lich·keit <-, -en> *f* ❶ *kein pl (Albernheit)* absurdity, ridiculousness, farce ❷ *(Geringfügigkeit)* triviality, trifle
▸WENDUNGEN: **jdn/etw der ~ preisgeben** *(geh)* to make sb/sth look ridiculous [*or* sb the laughing stock]
Lach·fal·ten *pl* laughter-lines *pl* **Lach·gas** *nt* laughing gas
lach·haft *adj* laughable, ridiculous; ■**~ sein** to be laughable [*or* ridiculous]
Lach·krampf *m* ❶ MED paroxysm [*or* violent fit] of laughter ❷ *(Lachanfall)* **einen ~ bekommen** to go into fits of laughter **Lach·mö·we** *f* black-headed gull **Lach·num·mer** *f (pej fam)* joke, howler *fam*
Lachs <-es, -e> [laks] *m* salmon
lachs·far·ben, lachs·far·big *adj* salmon pink
Lachs·fo·rel·le *f* sea trout **Lachs·mes·ser** *nt* smoked salmon knife **Lachs·mousse** *nt* salmon mousse **Lachs·röll·chen** *pl* salmon roulades **Lachs·schin·ken** *m cured and rolled filet of pork* **Lachs·zucht** *f* salmon farming
Lack <-[e]s, -e> [lak] *m* ❶ *(Lackierung)* paint[work] ❷ *(Lackfarbe)* gloss paint, lacquer; *(transparent)* varnish
▸WENDUNGEN: **der ~ ist ab** *(sl)* he/she is getting on a bit; **und fertig ist der ~!** *(sl)* and that's the end of it!
Lack·af·fe *m (pej)* flash Harry BRIT, showboat AM
La·ckel <-s, -> ['lakl̩] *m* SÜDD, ÖSTERR *(fam: Tölpel)* oaf
la·cken ['lakn̩] *vt s.* **lackieren**
Lack·far·be *f* gloss paint **Lack·gür·tel** *m* patent leather belt
la·ckie·ren* [la'ki:rən] *vt* ❶ *(mit Lack versehen)* ■**etw** ~ to paint [*or* lacquer] sth; *(Holz mit transparentem Lack versehen)* to varnish; ***Warnhinweis: frisch lackiert!*** warning notice: wet paint! ❷ *(mit Nagellack versehen)* ■**jdm/sich etw** ~ to paint sb's/one's sth; **sich/jdm die Fingernägel ~** to paint one's/sb's fingernails
▸WENDUNGEN: **der/die Lackierte sein** *(fam)* to be the dupe [*or* sucker] *sl*
La·ckie·rer(in) <-s, -> *m(f)* painter, varnisher
La·ckie·re·rei <-, -en> [laki:rə'rai] *f* paint shop
La·ckie·re·rin <-, -nen> *f fem form von* **Lackierer**
La·ckie·rung <-, -en> *f* ❶ *(das Lackieren)* painting ❷ *(aufgetragener Lack)* paintwork
Lack·le·der <-s> *nt inv* MODE patent leather *no pl, no indef art*
Lack·mus <-> ['lakmʊs] *nt o m kein pl* litmus *no pl, no indef art*
Lack·mus·pa·pier *nt* litmus paper
Lack·scha·den *m* damage to the paintwork **Lack·schuh** *m* patent leather shoe **Lack·stie·fel** *m* patent leather boot **Lack·stift** *m* AUTO touch-up pen
La·de <-, -n> ['la:də] *f (fam)* drawer
La·de·baum *m* NAUT derrick **la·de·be·reit** *adj Schiff* ready for loading *pred* **La·de·be·reit·schaft** *f kein pl* NAUT state for loading; **vorbehaltlich der ~** with the proviso that the ship is ready to take cargo
La·de·brü·cke <-, -n> *f* loading bridge **La·de·buch** *nt* cargo book **La·de·druck** *m* AUTO boost pressure **La·de·fä·hig·keit** *f (Kapazität)* bulk [*or* carrying] capacity **La·de·flä·che** *f* AUTO loading space **La·de·ge·bühr** *f* railroad loading charge, loading charges *pl* **La·de·geld** *nt* railroad loading charge, loading charges *pl* **La·de·ge·rät** *nt* battery charger **La·de·ge·wicht** *nt* [carrying] capacity **La·de·gleis** *nt* loading siding [*or* track] **La·de·gut** *nt* load
La·de·hem·mung *f Feuerwaffe* jam, stoppage; **~ haben** to be jammed
▸WENDUNGEN: **~ haben** *(fam)* to have a mental block
La·de·kai *m* wharf, [cargo] dock **La·de·kan·te** *f* AUTO [boot] sill [*or* AM trunk]; *(als Testkriterium a.)* liftover height **La·de·ka·pa·zi·tät** *f* load-carrying [*or* deadweight] capacity **La·de·klap·pe** *f* LUFT cargo door **La·de·kon·troll·leuch·te^RR** *f* AUTO alternator charging light **La·de·kran** *m* loading crane
Lä·de·li <-s, -[s]> ['lɛ(:)dəli] *nt* SCHWEIZ *(kleiner Einkaufsladen)* corner shop
La·de·li·nie *f* load line **La·de·lis·te** *f* cargo list; HANDEL manifest **La·de·lu·ke** *f* NAUT cargo [*or* loading] hatch **La·de·maß** *nt* BAHN loading gauge [*or* clearance] **La·de·men·ge** *f* NAUT load
la·den¹ <lädt, lud, geladen> ['la:dn̩] **I.** *vt* ❶ *(packen)* ■**etw auf etw** *akk*/**in etw** *akk* ~ to load sth on[to] sth/in[to] sth; ***die Kisten müssen alle auf den Lkw geladen werden*** all the crates must be loaded onto the lorry; **etw ins Auto ~** to load sth into the car; ■**etw aus etw** *dat* ~ to unload sth from sth; ***die Container werden aus dem Schiff direkt auf die Waggons geladen*** the containers are unloaded from the ship straight onto the goods wagons; ■**jdn/etw auf etw** *akk* ~ to load sb/sth on[to] sth; ■**etw geladen haben** to be loaded with sth; **zu viel geladen haben** to be overloaded ❷ *(sich aufbürden)* ■**etw auf sich** *akk* ~ to saddle oneself with sth; **Schulden auf sich** *akk* ~ to saddle oneself with debts ❸ *(mit Munition versehen)* ■**etw [mit etw** *dat*] ~ to load sth [with sth] ❹ INFORM ■**etw [auf etw** *akk*] ~ to boot [up *sep*] [*or* load sth] sth [on sth]; **~ und starten** load and go [*or* run] ❺ ELEK *(mit Strom versehen)* ■**etw [mit etw** *dat*] ~ to charge sth [with sth], to electrify sth **II.** *vi* ❶ *(mit Munition versehen)* to load; **selbsttätig ~** to be self-loading ❷ ELEK *(aufladen)* to charge
▸WENDUNGEN: **geladen haben** DIAL *(sl)* to be tanked up *sl;* ***der hat aber geladen! wie der schwankt!*** he's well tanked up [*or* loaded], look at him swaying!; **geladen sein** *(fam)* to be hopping mad
la·den² <lädt, lud, geladen> ['la:dn̩] *vt* ❶ *(geh: einladen)* ■**jdn [zu etw** *dat*] ~ to invite [*or* ask] sb [to sth]; **geladene Gäste** invited guests ❷ JUR *(geh: vorladen)* ■**jdn [als etw] [zu etw** *dat*] ~

to summon sb [to sth] [as sth]; ***er wurde als Zeuge zur Verhandlung geladen*** he was summoned to the hearing as a witness

La·den¹ <-s, Läden> ['la:dn̩, *pl* 'lɛ:dn̩] *m* ① *(Geschäft)* shop, AM *usu* store
② *(fam: Betrieb)* business; **der ~ läuft** *(fam)* business is going well; **[jdm] den ~ zumachen** [*o fam* **dichtmachen**] to close down the[/sb's] business
▶WENDUNGEN: **den [ganzen] ~ hinschmeißen** *(fam)* to chuck the whole thing in; **den ~ schmeißen** *(sl)* to run the [whole] show *sl;* ***notfalls können wir den ~ alleine schmeißen*** if need be, we can run the show on our own

La·den² <-s, Läden *o* -> ['la:dn̩, *pl* 'lɛ:dn̩] *m* shutter

La·den³ ['la:dn̩] *nt* TECH, INFORM booting, loading; **automatisches ~** autoload

La·den·be·leuch·tung *f* shop [*or* AM *usu* store] lighting **La·den·be·sit·zer(in)** *m(f)* shop owner, shopkeeper **La·den·dieb(in)** *m(f)* shoplifter **La·den·dieb·stahl** *m* shoplifting **La·den·hü·ter** *m* *(pej)* slow-moving line, shelf warmer *pej* **La·den·kas·se** *f* till, cash register **La·den·ket·te** *f* chain of shops **La·den·öff·nungs·zei·ten** *pl* HANDEL opening hours **La·den·preis** *m* retail [*or* selling] price **La·den·re·gal** *nt* shop shelf **La·den·schild** <-[e]s, -er> *nt* shop [*or* AM *usu* store] sign

La·den·schluss^RR^ *m kein pl* closing time; ***wann ist am Samstag bei Ihnen ~?*** when do you close on Saturdays?; **bei/nach/vor ~** at/after/before closing time **La·den·schluss·ge·setz**^RR^ *nt* Hours of Trading Act **La·den·schluss·zeit**^RR^ *f* closing time **La·den·schwen·gel** <-s, -> *m (pej fam)* shop-boy **La·den·stra·ße** *f* HANDEL shopping street; **verkehrsfreie ~** [shopping] mall **La·den·tisch** *m (Verkaufstheke)* shop [*or* AM *usu* store] counter; **über den ~/die ~e gehen** *(fam)* to be sold ▶WENDUNGEN: **unter dem ~** *(fam)* under the counter *fam* **La·den·toch·ter** *f* SCHWEIZ *(Verkäuferin)* sales [*or* shop] assistant, sales associate AM, salesclerk AM, salesperson AM **La·den·tür** *f* shop door

La·de·pa·pier *nt* cargo document **La·de·plan** *m* ① NAUT stowage [*or* cargo] plan ② LUFT loading diagram **La·de·platz** *m* loading place; NAUT wharf, dock, quay **La·de·pro·gramm** *nt* INFORM loader **La·de·ram·pe** *f* loading ramp **La·de·raum** *m* LUFT, NAUT hold, cargo space; AUTO cargo bay **La·de·schein** *m* NAUT bill of lading, carrier receipt

La·de·sta·ti·on *f* ELEK, TECH base station, charger

La·de·stel·le *f* NAUT berth **La·de·stra·ße** *f im Hafen* cargo quay **La·de·ter·mi·nal** *nt für Geldkarte* [re]credit [*or* reload] terminal **La·de·tief·gang** *m* load draught [*or* AM draft] **La·de·ver·drän·gung** *f* load displacement **La·de·ver·mö·gen** *nt* cargo capacity **La·de·ver·zeich·nis** *nt* cargo list **La·de·vor·rich·tung** *f* TECH loading tackle *no pl* **La·de·was·ser·li·nie** *f* load [water]line **La·de·zeit** *f* HANDEL loading time; *(von Schiff a.)* laying days *pl;* **gebührenfreie ~** free time

lä·die·ren* [lɛ'di:rən] *vt* ■**[jdm] etw ~** to damage [sb's] sth; **lädiert sein** *(hum)* to be [*or* look] the worse for wear *hum*

La·dung¹ <-, -en> *f* ① *(Fracht)* load, freight; *Schiff, Flugzeug* cargo; **abgehende/schwimmende/sperrige ~** outward/floating/bulky cargo; **unterwegs befindliche ~** floating cargo; **volle ~** full cargo [*or* load]; **ohne ~** empty, freightless; *(von Schiff)* in ballast; **eine ~ anmelden** to manifest a cargo; **eine ~ über Bord werfen** to jettison a cargo
② *(fam: größere Menge)* load; ***ihr fiel eine ~ Schnee auf den Kopf*** a load of snow fell on her head
③ *(bestimmte Menge von Munition o Sprengstoff)* charge; **eine ~ Dynamit** a charge of dynamite
④ ELEK, NUKL charge; **negative/positive ~en** negative/positive charge
⑤ JUR summons

La·dung² <-, -en> *f* JUR [writ of] summons, citation; **~ unter Strafandrohung** subpoena; **~ von Zeugen und Sachverständigen** summoning of witnesses and experts; **der ~ Folge leisten** to obey the summons; **jdm eine ~ zustellen** to serve sb a summons

la·dungs·fä·hig *adj* JUR **~e Anschrift** address for service **La·dungs·frist** *f* JUR notice of appearance **La·dungs·kos·ten** *pl* HANDEL lading charges; *(von Schiff a.)* shipping charges **La·dungs·pa·pier** *nt* cargo document **La·dungs·ver·zeich·nis** *nt* carrier manifest **La·dungs·zu·stel·lung** *f* JUR service of a writ of summons

La·dy·kil·ler ['le:dikɪlɐ] *m (hum fam)* ladykiller

La·fet·te <-, -n> [la'fɛtə] *f* gun carriage [*or* mount]

Laf·fe <-n, -n> ['lafə] *m (veraltend) s.* **Lackaffe**

lag [la:k] *imp von* **liegen**

La·ge <-, -n> ['la:gə] *f* ① *(landschaftliche Position)* location, situation; **in bestimmter ~** in a certain location
② *(Liegeposition)* position
③ *(Situation)* situation; **finanzielle ~** financial situation; **die ~ peilen** [*o* **sondieren**] *(fam)* to see how the land lies; **zu etw** *dat* **in der ~ sein, in der ~ sein, etw zu tun** to be in a position to do sth; **sich** *akk* **in der ~ sehen, etw zu tun** to be in a position to do sth; **sich** *akk* **in jds ~ versetzen** to put oneself in sb's position; **jdn in die ~ versetzen, etw zu tun** to enable sb to do sth; **sich** *akk* **in die ~ versetzen, etw zu tun** to put oneself in a position to do sth
④ *(Schicht)* layer
⑤ AGR *(Weinlage)* location
⑥ *(fam: Runde)* round; **eine ~ Bier ausgeben** to buy a round of beer; **eine ~ schmeißen** *(sl)* to buy a round, to get a round in *sl*

La·ge·be·richt *m* status report **La·ge·be·spre·chung** *f* discussion regarding the situation **La·ge·be·ur·tei·lung** <-> *f kein pl* SCHWEIZ *(Einschätzung der augenblicklichen Verhältnisse)* assessment of the situation **La·ge·bild** *nt* situational description

La·gen·fal·zung <-, -en> *f* TYPO quire folding **La·gen·hö·he** *f* TYPO layer height

La·ge·plan *m* ① *(Katasterplan)* survey map
② *(Skizze der Lage von etw)* map of the area

La·ger <-s, -> ['la:gɐ] *nt* ① *(Warenlager)* warehouse, storehouse, depot; **das ~ auffüllen** to stock up; **etw am** [*o* **auf**] **~ haben** to have sth in stock; **etw auf ~ halten** to have sth in stock; **das ~ räumen** to clear off old stock; **am** [*o* **auf**] **~ sein** to be in stock; **ab ~** ex store [*or* warehouse]
② *(vorübergehende Unterkunft)* camp
③ *(euph: Konzentrationslager)* concentration camp
④ *(ideologische Gruppierung)* camp; ***sie standen politisch in ganz unterschiedlichen ~n*** they were in completely different political camps
⑤ TECH *(Lagerung)* bearing
⑥ *(geh: Bett)* ***die Erkrankung hatte sie für mehrere Wochen an ihr ~ gefesselt*** the illness confined her to bed for several weeks
⑦ *(Ferienlager)* [children's] holiday camp
▶WENDUNGEN: **etw auf ~ haben** *(fam)* to have sth at the ready *fam;* ***er hat immer einen Witz auf ~*** he always has a joke at the ready [*or* up his sleeve]

La·ger·ab·bau *m kein pl* HANDEL stock shedding *no pl* **La·ger·auf·fül·lung** *f* HANDEL replenishment of stocks, restocking **La·ger·be·din·gun·gen** *pl* HANDEL terms of storage; **Allgemeine ~** general terms and conditions of storage; **Lager- und Beförderungsbedingungen** terms of storage and carriage **La·ger·be·stand** *m* HANDEL stock [on hand], goods in stock **La·ger·be·stel·lung** *f* HANDEL store order **La·ger·be·trieb** *m kein pl* HANDEL warehousing business

La·ger·bier *nt* lager

La·ger·buch·hal·tung *f* FIN store accounting **la·ger·fä·hig** *adj* HANDEL storable, non perishable; **~e Waren** storable goods

La·ger·feu·er *nt* campfire

La·ger·ge·bühr *f*, **La·ger·geld** *nt* HANDEL storage charge **La·ger·ge·schäft** *nt* HANDEL warehousing business **La·ger·gut** *nt* HANDEL stock **La·ger·hal·le** *f* warehouse **La·ger·hal·tung** *f* storekeeping, storage, warehousing **La·ger·hal·tungs·kos·ten** *pl* HANDEL warehousing costs **La·ger·haus** *nt* warehouse

La·ge·rist(in) <-en, -en> [la:gə'rɪst] *m(f) (geh) s.* **Lagerverwalter**

La·ger·ka·pa·zi·tät *f* storage capacity

La·ger·kol·ler *m* PSYCH *(fam)* cabin fever

La·ger·kos·ten *pl* HANDEL storage costs **La·ger·mie·te** *f* HANDEL storage charges [*or* costs]

la·gern ['la:gɐn] **I.** *vt* ① *(aufbewahren)* ■**etw irgendwie/irgendwo ~** to store sth in a certain way/somewhere
② MED *(hinlegen)* ■**jdn/etw irgendwie ~** to lay sb/sth in a certain way; **die Beine hoch ~** to lie with one's legs up
II. *vi* ① *(aufbewahrt werden)* ■**irgendwo/irgendwie ~** to be stored somewhere/in a certain way; **dunkel/kühl ~** to be stored in the dark/a cold place
② *(liegen)* ■**auf etw** *dat* **~** to lie on sth
③ *(sich niederlassen)* ■**irgendwo ~** to camp somewhere; *s. a.* **gelagert**
III. *vr* *(geh: sich niederlassen)* ■**sich** *akk* **irgendwo ~** to settle down somewhere

La·ger·raum *m* ① *(Raum)* storeroom ② *(Fläche)* storage space **La·ger·scha·den** *m* JUR damage to cargo **La·ger·schein** *m* HANDEL warehouse receipt; **indossabler ~** endorsable warrant for goods **La·ger·statt** *f (veraltend geh)* bed **La·ger·stät·te** *f* ① *(geh: Schlafstätte)* bed ② GEOL deposit **La·ger·steu·e·rung** *f kein pl* HANDEL inventory control, stock control **La·ger·um·schlag** *m kein pl* HANDEL stock turnover *no pl* [*or* turnround]

La·ge·rung <-, -en> *f* ① *(das Lagern)* warehousing, storage; **unsachgemäße ~** HANDEL careless storage
② TECH *(Lager)* bearing

La·ger·ver·trag *m* JUR storage [*or* warehousing] contract **La·ger·ver·wal·ter(in)** *m(f)* storekeeper, store supervisor

La·ger·wahl·kampf *m* POL election campaign between parties with widely differing policies

La·ger·zeit *f* HANDEL storing time

La·go Mag·gio·re ['la:go mad'dʒo:re] *m* Lake Maggiore

La·gu·ne <-, -n> [la'gu:nə] *f* lagoon

lahm [la:m] *adj* ① *(gelähmt) Arm, Bein* lame; ■**[in etw** *dat***/auf etw** *dat***] ~ sein** to be lame [in sth]; ***der Mann war auf dem rechten Bein ~*** the man's right leg was lame
② *(fam: steif)* stiff; **einen ~en Rücken von etw** *dat* **bekommen** to have got a stiff back from doing sth
③ *(fam: ohne Schwung arbeitend)* sluggish; ***sei nicht so ~, streng dich mal ein bisschen an!*** don't be so sluggish, make a bit of an effort!
④ *(fam: schwach)* lame; *Erklärung* feeble

Lahm·arsch *m (derb)* lazybones, slowcoach BRIT, slowpoke AM

lahm·ar·schig *adj (sl)* bloody idle BRIT *sl,* extremely slow AM

Lah·me(r) *f(m) dekl wie adj (veraltend)* cripple, lame person

lah·men ['la:mən] *vi (lahm sein)* ■**[auf etw** *dat*] **~** to be [*or* go] lame [in sth], to walk with a limp; ***der Hund lahmt auf einem Bein*** the dog's lame in one leg

läh·men ['lɛ:mən] *vt* ① MED *(außer Funktion setzen)* ■**jdn/etw ~** to paralyze sb/sth; ***durch den Unfall ist ihr linkes Bein gelähmt worden*** her left leg is paralyzed as a result of the accident; **wie gelähmt sein** as if paralyzed; ***vor Schreck war sie wie gelähmt*** it was as if she were paralyzed with fear; *s. a.* **gelähmt**
② *(zum Stillstand bringen)* ■**etw ~** to paralyze sth; ***der Streik hatte den öffentlichen Nahverkehr gelähmt*** the strike had paralyzed local public transport

lahm|le·gen *vt* ■**etw ~** to paralyze sth, to bring sth to a standstill

Lahm·le·gung <-, -en> *f* paralysis

Läh·mung <-, -en> *f* paralysis; **eine halbseitige ~** paralysis on one side

Laib <-[e]s, -e> [laip, *pl* 'laibə] *m bes* SÜDD loaf; *Käse* block

Lai·bach <-s> ['laibax] *nt* Ljubljana

Laich <-[e]s, -e> [laiç] *m* spawn

lai·chen ['laiçn̩] *vi* to spawn

Laich·platz *m* BIOL spawning ground

Laie, Lai·in <-n, -n> ['laiə, 'laiɪn] *m, f* ① *(kein Experte)* layman; *(nicht professionell)* amateur ② REL *(nicht zum Klerus gehörender Christ)* lay person

▸WENDUNGEN: **da staunt der ~, und der Fachmann wundert sich** *(fam)* it's unbelievable

Lai·en·dar·stel·ler(in) *m(f)* amateur actor *masc,* amateur actress *fem* **Lai·en·diens·te** *pl* lay responsibilities *pl,* lay services *pl*

lai·en·haft *adj* unprofessional, amateurish

Lai·en·pre·di·ger(in) *m(f)* lay preacher **Lai·en·rich·ter(in)** *m(f)* JUR lay judge **Lai·en·schau·spie·ler(in)** *m(f)* amateur actor [*or fem also* actress] **Lai·en·spiel** *nt* amateur play

Lai·in <-, -nen> *f fem form von* **Laie**

Lais·ser-faire <-> [lɛse'fɛ:r] *nt kein pl (geh)* laissez-faire

La·i·zis·mus <-> [lai'tsɪsmʊs] *m kein pl* POL laicism

la·i·zis·tisch [lai'tsɪstɪʃ] *adj inv* POL laical

La·kai <-en, -en> [la'kai] *m* ① *(pej geh: willfähriger Mensch)* lackey *pej* ② HIST *(livrierter Diener)* footman

La·ke <-, -n> ['la:kə] *f* brine

La·ken <-s, -> ['la:kn̩] *nt* sheet

Lak·ko·lith <-s *o* -en, -e[n]> [lako'li:t] *m* GEOL laccolith, laccolite

la·ko·nisch [la'ko:nɪʃ] *adj* laconic

La·krit·ze <-, -n> [la'krɪtsə] *f,* **La·kritz** <-es, -e> [la'krɪts] *m* DIAL liquorice BRIT, licorice AM

Lak·to·se <-> [lak'to:zə] *f kein pl* lactose

Lak·to·ve·ge·ta·ris·mus <-> *m kein pl* lacto-vegetarianism

la·la ['la'la] *adj* **jd/etw ist so ~** *(fam)* sb/sth is so-so *fam*

LallautALT *m s.* **Lalllaut**

lal·len ['lalən] **I.** *vi* to slur **II.** *vt* ■**etw ~** to slur sth

Lall·lautRR *m* babble sound

La·ma¹ <-s, -s> ['la:ma] *nt* ZOOL llama

La·ma² <-[s], -s> ['la:ma] *m* REL lama

La·ma·is·mus <-> [lama'ɪsmʊs] *m kein pl* lamaism

La·mäng <-> [la'mɛŋ] *f kein pl* ■**aus der ~** *(hum fam)* off the top of one's head *fam*

Lam·ba·da <-s> [lam'ba:da] *m kein pl* lambada *no pl, no art*

Lamb·da·son·de [lampda-] *f* AUTO lambda probe

La·mé <-s, -s> [la'me:] *m* lamé

La·mel·le <-, -n> [la'mɛlə] *f* ① *(dünne Platte)* slat ② *(Segment)* rib; **die ~n eines Heizkörpers** the ribs of a radiator ③ BOT *(Rippe)* lamella

La·mel·len·sto·ren <-s, -> *m* SCHWEIZ *(Jalousie)* venetian blind

la·men·tie·ren* [lamɛn'ti:rən] *vi* *(geh)* ■**[wegen einer S.** *gen*/**über etw** *akk*] **~** to complain [*or* moan] [about sth], to lament [sth]

La·men·to <-s, -s> [la'mɛnto] *nt (geh)* moan, lament *liter;* **[wegen einer S.** *gen*] **ein ~ anstimmen** [*o* **erheben**] to kick up a stink [about sth] *fam*

La·met·ta <-s> [la'mɛta] *nt kein pl* ① *(Weihnachtsbaumschmuck)* tinsel ② *(hum fam: Orden)* gongs *pl* BRIT *fam*

la·mi·nie·ren* [lami'ni:rən] *vt* ■**etw ~** to laminate sth

Lamm <-[e]s, Lämmer> [lam, *pl* 'lɛmɐ] *nt* ① *(junges Schaf)* lamb; **geduldig/sanft wie ein ~** as patient/gentle as a lamb; **sich** *akk* **wie ein ~ zur Schlachtbank führen lassen** *(geh)* to be led like a lamb to the slaughter; **das ~ Gottes** the Lamb of God ② *kein pl (Fleisch)* lamb ③ *kein pl (Lammfell)* lambskin

▸WENDUNGEN: **ein unschuldiges ~** a little innocent

Lamm·bra·ten *m* roast lamb

lam·men ['lamən] *vi* to lamb

Lamm·fell *nt* lambskin **Lamm·fell·ja·cke** *f* sheepskin jacket

Lamm·fleisch *nt* lamb **lamm·fromm** *adj* as meek as a lamb; **eine ~e Miene** an expression as meek as a lamb **Lamm·ko·te·lett** *nt* KOCHK lamb chop

Lamm·wol·le *f* lambswool

Lam·pe <-, -n> ['lampə] *f* lamp, light

Lam·pen·fas·sung *f* light socket **Lam·pen·fie·ber** *nt* stage fright; **~ haben** to have stage fright **Lam·pen·fuß** *m* lampstand **Lam·pen·schirm** *m* lampshade

Lam·pi·on <-s, -s> [lam'piɔŋ, 'lampiɔŋ] *m* Chinese lantern

LAN <-s, -s> [lɛn, la:n] *nt* INFORM *Akr von* **Local Area Network** LAN

lan·cie·ren* [lã'si:rən] *vt* *(geh)* ① *(publik werden lassen)* ■**etw ~** *Nachricht* to leak [*or sep* put out] sth ② *(auf den Markt bringen)* ■**etw ~** to launch sth ③ *(platzieren)* ■**jdn ~** to place sb; ***einflussreiche Freunde haben sie in diesen Posten lanciert*** influential friends placed her in this job

Land <-[e]s, Länder> [lant, *pl* 'lɛndɐ] *nt* ① *(Staat)* country, state, nation; **aus aller Herren Länder[n]** from all corners of the earth; **~ und Leute** the country and its people; **andere Länder, andere Sitten** every country has its own customs; **das ~ der unbegrenzten Möglichkeiten** the land of opportunity; **das ~ der aufgehenden Sonne** the land of the rising sun; **das ~ der Verheißung, das Gelobte ~** the promised land; **das Heilige ~** the Holy Land; **durch die ~e ziehen** *(geh)* to travel around; **außer ~es** abroad, out of the country; **bei jdm zu ~** where sb comes from, in sb's country ② *(Bundesland)* federal state ③ NAUT land; **~ in Sicht!** land ahoy!; **~ unter!** NORDD land under water!; **zu ~e und zu Wasser** on land and at sea; **an ~ gehen, ~ sehen** to sight land, to go ashore; **jdn an ~ setzen** to put sb ashore; **jdn/etw an ~ spülen** to wash sb/sth ashore; **jdn/etw an ~ ziehen** to pull sb/sth ashore; **an ~** ashore ④ *kein pl (Gelände)* land, property; **das ~ bestellen** to till the soil ⑤ *kein pl (ländliche Gegend)* country; **auf dem flachen** [*o* **platten**] **~[e]** on the plains; **aufs ~ ziehen** to move to the country; **auf dem ~[e]** in the country

▸WENDUNGEN: **das ~, wo Milch und Honig fließt** the land of milk and honey; **bleibe im ~e und nähre dich redlich** *(prov)* enjoy the trappings of home; **[wieder] ~ sehen** *(fam)* to get things sorted [again]; ***endlich sehe ich wieder ~*** I'm finally getting things sorted again; **etw an ~ ziehen** *(fam)* to land sth *fam;* **ins ~ ziehen** [*o* **gehen**] *(geh)* to pass; ***die Jahre zogen ins ~*** the years went by

Land·adel *m* [landed] gentry **Land·am·mann** *m* SCHWEIZ *most senior official in a Swiss canton* **Land·ar·beit** *f kein pl* agricultural work *no pl, no indef art* **Land·ar·bei·ter(in)** *m(f)* agricultural worker, farm hand **Land·arzt, -ärz·tin** *m, f* country doctor

land·auf [lant'ʔauf] *adv (geh)* **~, landab** the length and breadth of the country

Land·be·sitz *m* landed property, real estate; **~ haben** to own landed property [*or* real estate] **Land·be·sit·zer(in)** <-s, -> *m(f)* landowner **Land·be·völ·ke·rung** *f* rural population **Land·brü·cke** *f* GEOG land bridge

Lan·de·bahn *f* landing strip, runway **Lan·de·ba·ke** *f* landing beacon **Lan·de·be·feu·e·rung** *f* runway [*or* contact] light **Lan·de·be·reich** *m* landing area **Lan·de·brems·schirm** *m* drag parachute **Lan·de·brü·cke** *f* landing stage **Lan·de·deck** *nt* flight [*or* landing] deck **Lan·de·er·laub·nis** *f* landing permission, permission to land **Lan·de·fäh·re** *f* landing module **Lan·de·feld** *nt* landing [air]field **Lan·de·feu·er** *nt* runway [*or* contact] light **Lan·de·ge·bühr** *f* HANDEL landing fee [*or* charge] **Lan·de·hil·fe** *f* aid to landing

Land·ei <-[e]s, -er> *nt (pej)* country bumpkin

land·ein·wärts [lant'ʔainvɛrts] *adv* inland

Lan·de·klap·pe *f* [landing] flap **Lan·de·ku·fe** *f* landing skid **Lan·de·kurs** *m* approach path **Lan·de·licht** *nt* ① *(am Flugzeug)* landing light ② *(auf Flughafen)* approach light **Lan·de·ma·nö·ver** *nt* landing manoeuvre **Lan·de·mel·dung** *f* arrival message

lan·den ['landn̩] **I.** *vi sein* ① *(niedergehen) Flugzeug, Raumschiff, Vogel* to land; ■**[auf etw** *dat*/**in einer Stadt] ~** to land [on sth/in a city]; **auf dem Mond ~** to land on the moon ② NAUT *(ankommen)* ■**irgendwo ~** to land somewhere; ***das Schiff ist auf einer Sandbank gelandet*** the ship ran aground on a sandbank ③ *(fam: hingelangen o enden)* ■**irgendwo ~** to end up somewhere; ***die Beschwerde ist in einer ganz anderen Abteilung gelandet*** the complaint ended up in a completely different department ④ TELEK *(fam: verbunden werden)* ■**bei jdm ~** to get through to sb ⑤ *(fam: Eindruck machen)* ■**bei jdm ~** to make an impression on sb; ***mit deinen Schmeicheleien kannst du bei mir nicht ~*** your flattery won't get you very far with me

II. *vt haben* ① LUFT, RAUM *(niedergehen lassen)* ■**etw ~** to land sth; **einen Hubschrauber ~** to land a helicopter ② LUFT, MIL *(aus der Luft absetzen)* ■**jdn ~** to land sb; ***es gelang ihnen, Verstärkungen hinter den feindlichen Linien zu ~*** reinforcements were successfully landed behind enemy lines ③ *(zustande bringen)* ■**etw ~** *Sieg, Coup* to pull off *sep* sth *fam; Auftrag* to land sth

län·den ['lɛndn̩] *vt* DIAL, SCHWEIZ *(an Land spülen)* ■**etw ~** to wash sth ashore

Land·en·ge *f* isthmus

Lan·de·pfad *m eines Flugzeugs* flare path **Lan·de·pis·te** *f* landing strip **Lan·de·platz** *m* ① *(kleiner Flugplatz)* airstrip ② *(Landungsplatz)* landing place, mooring point ③ NAUT *(Werft)* quay, wharf, pier

Län·der·code *m* INFORM country code

Län·de·rei·en [lɛndə'raiən] *pl* estates *pl,* landed property

Län·der·ein·stel·lung *f* INFORM country setting **Län·der·fi·nanz·aus·gleich** *m* financial equalization among the federal states

Land·er·he·bung *f* land elevation

Län·der·kampf *m* SPORT *(internationaler Wettbewerb)* international contest; *(Spiel)* international match **Län·der·ken·nung** *f* INFORM country code **Län·der·kun·de** *f* GEOG regional studies *pl* **Län·der·spiel** *nt* international [match] **län·der·über·grei·fend** **I.** *adj inv* cross-border, international, transnational; *(in der BRD)* involving several Länder **II.** *adv* internationally; *(in der BRD)* at a federal level, between different Länder **Län·der·ver·gleich** *m* comparison by country, country-by-country comparison

Lan·des·an·stalt *f* regional [*or* state] institution [*or* institute] **Lan·des·ar·beits·amt** *nt* regional employment office **Lan·des·ar·beits·ge·richt** *nt* JUR employment appeals tribunal **Lan·des·aus·gleichs·amt** *nt* JUR Land equalization of burdens office **Lan·des·bank** *f* regional bank **Lan·des·bau·ord·nung** *f* BAU state building code **Lan·des·bau·spar·kas·se** *f* FIN regional building society **Lan·des·be·hör·de** *f* regional authorities *pl* **Lan·des·bei·rat** *m* POL regional advisory committee **Lan·des·chef(in)** *m(f)* regional [*or* state] boss

Lan·de·schein·wer·fer *m* landing light **Lan·de·schlei·fe** *f* landing loop [*or* circle]

Lan·des·ebe·ne *f* regional state level; ■**auf ~** at regional state level **lan·des·ei·gen** *adj* owned by a federal state, state-owned **Lan·des·ent·wick·lungs·plan** *m* JUR regional development plan **Lan·des·far·ben** *pl* ① *(eines Staates)* national colours [*or* AM -ors] ② *(eines Bundeslandes)* regional state colours [*or* AM -ors] **Lan·des·ge·biet** *nt* national territory **Lan·des·ge·schäfts·füh·rer(in)** *m(f)* ① ÖKON regional manager ② POL state majority leader **Lan·des·ge·setz** *nt* JUR BRD *(eines Bundeslandes)* state [*or* Land] law **Lan·des·gren·ze** *f* ① *(Staatsgrenze)* national border, frontier ② *(Grenze eines Bundeslandes)* federal state boundary

Lan·des·grup·pe *f* regional [*or* state] faction **Lan·des·grup·pen·chef(in)** *m(f)* leader of a regional

L

[*or* state] faction

Lan·des·haupt·mann *m* ÖSTERR *head of a provincial government* **Lan·des·haupt·stadt** *f* state capital **Lan·des·haus·halt** *m* regional [*or* state] budget

Lan·de·sig·nal *nt* landing signal

Lan·des·in·ne·re(s) *nt dekl wie adj* interior **Lan·des·jus·tiz·ver·wal·tung** *f* JUR regional administration of justice **Lan·des·kar·tell·amt** *nt* state cartel office **Lan·des·kir·che** *f* regional [*or* national] church **Lan·des·kri·mi·nal·amt** *nt* regional [*or* state] CID [*or* Criminal Investigation Department] **Lan·des·kun·de** *f kein pl* regional studies *pl* **lan·des·kun·dig** *adj* knowledgeable about the country **lan·des·kund·lich** *adj relating to the geography, history and institutions of a country* **Lan·des·li·ga** *f* regional [*or* local] league **Lan·des·lis·te** *f regional list of candidates for election to the Federal Parliament* **Lan·des·me·di·en·an·stalt** *f* regional [*or* state] media authority **Lan·des·meis·ter(in)** *m(f)* national champion **Lan·des·mi·nis·te·ri·um** *nt* state ministry **Lan·des·mit·tel** *pl* FIN, POL state loans *pl* **Lan·des·mu·se·um** *nt* regional [*or* state] museum **Lan·des·par·la·ment** *nt* regional [*or* state] parliament **Lan·des·par·tei·tag** *m* regional [*or* state] party conference **Lan·des·pla·nungs·ge·setz** *nt* JUR Land Planning Act **Lan·des·po·li·tik** *f* regional [*or* state] politics + *sing/pl vb* **Lan·des·rat, -rä·tin** *m, f* ÖSTERR member of the government of a province **Lan·des·rech·nungs·hof** *m* regional [*or* state] audit office **Lan·des·recht** *nt* regional state law **Lan·des·re·gie·rung** *f* state government **Lan·des·so·zi·al·ge·richt** *nt* JUR regional social insurance appeals tribunal **Lan·des·sport·bund** *m* regional [*or* state] sports association **Lan·des·spra·che** *f* national [*or* native] language **Lan·des·stra·ßen·bau·amt** *nt* regional state road construction authority

Lan·de·steg *m* gangway, gangplank; NAUT landing stage

Lan·des·teil *m* area, region

Lan·de·stel·le *f* ❶ LUFT landing field
❷ NAUT landing place, wharf, quay

Lan·des·tracht *f* national costume [*or* dress]

Lan·de·strahl *m beim Flug* landing beam

Lan·des·trau·er *f* national mourning

Lan·de·stre·cke *f beim Flug* landing run **Lan·de·strei·fen** *m* landing strip, airstrip **lan·des·ty·pisch** *adj* typical of the/a country; **~e Küche** local [*or* traditional] fare [*or* delicacies *pl*]; ***Zimmer im ~en Stil*** rooms in the typical local style

lan·des·üb·lich *adj* customary **Lan·des·va·ter** *m* ❶ HIST sovereign lord ❷ *(fig)* father of the nation *fig* **Lan·des·ver·band** *m* regional [*or* state] association **Lan·des·ver·fas·sung** *f* regional [*or* state] constitution **Lan·des·ver·fas·sungs·ge·richt** *nt* JUR regional state constitutional court **Lan·des·ver·rat** *m* treason **Lan·des·ver·si·che·rungs·an·stalt** *f* POL German regional social insurance office **Lan·des·ver·tei·di·gung** *f* national [*or* BRIT *a.* home] defence [*or* AM -se] **Lan·des·ver·wal·tungs·ge·setz** *nt* JUR Regional Administration Act **Lan·des·ver·wei·sung** *f* JUR expulsion, exclusion order **Lan·des·vor·sit·zen·de(r)** *f(m) dekl wie adj* regional [*or* state] party leader **Lan·des·vor·stand** *m* regional [*or* state] party executive **Lan·des·wahl·lei·ter(in)** *m(f)* JUR regional state election returning officer **Lan·des·wäh·rung** *f* domestic [*or* local] currency; **in der ~** in local currency **Lan·des·wehr** *f* national defence [*or* AM -se] force **lan·des·weit** *adv* nationwide; **~ gültige Übereinkunft** agreement applying throughout the nation **Lan·des·zeit** *f* local time **Lan·des·zen·tral·bank** *f* regional [*or* state] central bank **Lan·des·zen·tra·le** *f* regional [*or* state] headquarters + *sing/pl vb*

Lan·de·ver·bot *nt* refusal of permission to land; **~ haben** to be refused landing permission [*or* permission to land]

Land·fah·rer(in) *m(f)* *(geh)* vagrant **Land·fahr·zeug** *nt* land vehicle **Land·flucht** *f* migration to the cities, rural exodus **Land·flüch·ti·ge(r)** *f(m) dekl wie adj* SOZIOL one who migrates to the cities **Land·flug·zeug** *nt* landplane **Land·fracht** *f* carriage on land **Land·frau** *f fem form von* **Landmann** **Land·frie·dens·bruch** *m* civil disorder **Land·funk** *m* farming programme [*or* AM -am] [on the radio] **Land·gang** <-gänge> *m* NAUT shore leave **Land·ge·mein·de** *f* rural [*or* country] community **Land·ge·richt** *nt* district court **land·ge·stützt** *adj* land-based **Land·ge·win·nung** *f* land reclamation, reclamation of land **Land·gut** *nt* estate **Land·haus** *nt* country house, cottage **Land·ho·ckey** <-s> *nt kein pl* SPORT SCHWEIZ hockey, field hockey AM **Land·jä·ger** *m small seasoned flat sausage* **Land·ju·gend** *f* young rural population **Land·kar·te** *f* map **Land·kom·mu·ne** *f* rural commune **Land·kreis** *m* administrative [*or* rural] district **Land·krieg** *m* land warfare

land·läu·fig *adj* generally accepted, popular; **nach ~er Ansicht** according to popular opinion; **eine ~e Meinung** a generally accepted view

Land·le·ben *nt* country life

Länd·ler <-s, -> ['lɛntlɐ] *m* ÖSTERR *country dance*

Länd·ler·mu·sik <-, -en> *f* SCHWEIZ ❶ *kein pl (volkstümliche Musik)* folk music
❷ *(Kapelle)* folk music band

länd·lich ['lɛntlɪç] *adj* country, rural, rustic; **eine ~e Idylle** a pastoral idyll

Land·luft *f* ❶ *(Luft auf dem Land)* country air
❷ *(iron: nach Jauche stinkende Luft)* smell of the country, fresh country air *iron* **Land·mann, -frau** <-männer> ['lantman, -fraʊ, *pl* -mɛnɐ] *m, f* farmer **Land·ma·schi·ne** *f* agricultural machinery, farm equipment **Land·mi·ne** *f* landmine **Land·pacht·ge·setz** *nt* JUR farm tenancies act **Land·pacht·ver·trag** *m* JUR farm lease **Land·par·tie** *f (Ausflug aufs Land)* country outing **Land·pla·ge** *f (pej)* plague *pej*, pest, [public] nuisance; ***die Wespen sind eine echte ~*** there's a real plague of wasps **Land·pra·xis** *f* MED country practice

Land·rat *m* SCHWEIZ *(Parlament eines Kantons)* parliament of a canton **Land·rat, -rä·tin** *m, f* BRD *administrative head of a district (Landkreis)* **Land·rats·amt** *nt* district administration

Land·rat·te *f (hum fam)* landlubber *hum dated fam* **Land·re·gen** *m* steady rain **Land·rei·se** *f* overland journey **Land·rü·cken** *m* ridge of land **Land·scape·for·mat** [lændskeɪp-] *nt* INFORM landscape mode

Land·schaft <-, -en> ['lantʃaft] *f* ❶ *(Gegend)* countryside, scenery
❷ *(Situation)* landscape, situation, scene; **die politische ~** the political landscape
❸ *(Gemälde einer Landschaft)* landscape

land·schaft·lich I. *adj* ❶ *(die Landschaft betreffend)* scenic
❷ LING *(regional)* regional
II. *adv* ❶ *(die Landschaft betreffend)* scenically; ***diese Gegend ist ~ sehr abwechslungsreich*** this area is very varied in terms of scenery
❷ LING *(regional)* regionally [different]; ***die Bezeichnung dieses Gegenstandes ist ~ verschieden*** the name of this object varies from region to region

Land·schafts·bau *m kein pl* HORT landscape architecture **Land·schafts·bild** *nt* landscape **Land·schafts·gärt·ner(in)** *m(f)* landscape gardener, landscaper **Land·schafts·ge·stal·tung** *f* landscape gardening **Land·schafts·ma·ler(in)** *m(f)* landscape painter **Land·schafts·öko·lo·ge, -öko·lo·gin** *m, f* countryside ecologist **Land·schafts·pfle·ge** *f* AGR rural conservation, conservation of the countryside **Land·schafts·pla·ner(in)** *m(f)* town and country planner **Land·schafts·pla·nung** *f* town and country planning **Land·schafts·schutz** *m* ÖKOL landscape protection **Land·schafts·schüt·zer(in)** *m(f)* ÖKOL conservationist **Land·schafts·schutz·ge·biet** *nt* nature reserve, conservation area **Land·schafts·zer·stö·rung** *f* spoliation of the countryside

Land·schul·heim *nt country house used by school classes for visits of one to two weeks*

Lands·ge·mein·de <-, -n> *f* POL SCHWEIZ *assembly of voters in some smaller cantons at which regional issues are discussed*

Land·sitz *m* country estate

Lands·knecht *m* HIST lansquenet **Lands·mann, Lands·män·nin** <-leute> *m, f* compatriot, fellow countryman/countrywoman; ▪**ein ~ [von jdm] sein** to be a compatriot [*or* fellow countryman/countrywoman] [of sb] **Lands·mann·schaft** *f association of students, refugees or displaced persons from the same country or region*

Land·stra·ße ['lantʃtraːsə] *f* secondary [*or* country] [*or* BRIT *a.* B] road **Land·strei·cher(in)** <-s, -> *m(f)* tramp, vagabond, vagrant **Land·strei·che·rei** <-> *f kein pl* vagrancy **Land·strei·che·rin** <-, -nen> *f fem form von* **Landstreicher** **Land·streit·kräf·te** *pl* land [*or* ground] forces *pl* **Land·strich** *m* area, region

Land·tag *m* federal state parliament **Land·tags·ab·ge·ord·ne·te(r)** *f(m) dekl wie adj* member of the Landtag [*or* state parliament] **Land·tags·frak·ti·on** *f* faction [*or* group] in the Landtag [*or* state parliament] **Land·tags·wahl** *f* German regional election

Land·ti·tel *m* JUR land title, title to land

Land·trans·port *m* HANDEL land carriage

Lan·dung <-, -en> *f* ❶ *(das Landen)* landing; **vor der ~** before landing
❷ *bes* MIL *(das Niedersetzen)* landing

Lan·dungs·ba·ke *f* approach beacon **Lan·dungs·boot** *nt* landing craft **Lan·dungs·brü·cke** *f* jetty, landing stage, pier **Lan·dungs·ge·wicht** *nt* LUFT landing weight **Lan·dungs·platz** *m* ❶ LUFT landing field ❷ NAUT landing place, wharf, quay **Lan·dungs·steg** *m* landing stage **Lan·dungs·stel·le** *f* NAUT landing [place], wharf, quay **Lan·dungs·trup·pen** *pl* land assault forces *pl*

Land·ur·laub *m* shore leave **Land·ver·mes·sung** *f* land surveying **Land·ver·ödung** *f* desertification

Land·weg *m* ❶ *(der Weg über das Festland)* overland route
❷ *(Weg auf dem Lande)* country road; **auf dem ~** by the overland route

Land·wehr *f* ❶ MIL *(veraltend)* militia *old*
❷ GEOG, HIST *(Grenzbefestigung)* border fortifications *pl*

Land·wein *m* ordinary wine from the locality **Land·wind** *m* inland breeze **Land·wirt(in)** *m(f)* farmer

Land·wirt·schaft *f* ❶ *kein pl (bäuerliche Tätigkeit)* agriculture, farming; **~ betreiben** to farm; **Land- und Forstwirtschaft** agriculture and forestry; **extensive/intensive ~** extensive farming/intensive agriculture
❷ *(landwirtschaftlicher Betrieb)* farm; ***zu Hause betrieb die Familie eine kleine ~*** the family had a farm at home

land·wirt·schaft·lich I. *adj* agricultural; **~er Betrieb** farms
II. *adv* agriculturally; **~ geprägt** characterized by agriculture

Land·wirt·schafts·aus·stel·lung *f* agricultural show **Land·wirt·schafts·be·trieb** <-[e]s, -e> *m* SCHWEIZ *(landwirtschaftlicher Betrieb)* farm **Land·wirt·schafts·ge·richt** *nt* JUR agricultural tribunal **Land·wirt·schafts·kam·mer** *f* Chamber of Agriculture **Land·wirt·schafts·mi·nis·ter(in)** *m(f)* minister of agriculture BRIT, agriculture minister BRIT, agriculture secretary AM **Land·wirt·schafts·recht** *nt* JUR agricultural law **Land·wirt·schafts·schu·le** *f* agricultural college **Land·wirt·schafts·ver·band** *m* Agricultural Association **Land·wirt·schafts·wis·sen·schaft** *f* agricultural science **Land·wirt·schafts·zo·ne** <-, -n> *f* SCHWEIZ agricultural zone

Land·zun·ge *f* spit [of land], headland

lang <länger, längste> [laŋ] I. *adj* ❶ *(räumlich ausgedehnt)* long; ***seine Haare sind jetzt länger als früher*** he has longer hair than he used to; ***die Schraube ist 4,5 Zentimeter ~*** the screw is 4.5

centimetres long [*or* in length]; ***der Tisch ist zwei Meter ~ und einen Meter breit*** the table is two metres by one; **ein Kleid länger machen** to make a dress longer, to lengthen a dress

❷ *(zeitlich ausgedehnt)* long; ***die Zeit wurde ihr nicht ~*** she didn't get bored; **in nicht allzu ~er Zeit** in the not too distant future; **vor nicht allzu ~er Zeit** not so long ago; **eine ~e Zeit brauchen** to take a long time

❸ *(ausführlich) Aufsatz, Brief* long, lengthy

❹ *(fam: groß gewachsen)* tall

II. *adv* ❶ *(eine lange Dauer)* long; ***diese fürchterliche Kälte kann man nicht ~ aushalten*** you can't stand this terrible cold for long; ***die Verhandlungen ziehen sich schon ~e hin*** negotiations have been dragging on for a long time; ***wir können hier nicht länger bleiben*** we can't stay here any longer; ***dauert das noch viel länger?*** is this going to last much longer?; ***wo bist du denn so ~e geblieben?*** where have you been all this time?; **~ und breit** [*o geh* **des L~en und Breiten**] at length, in great detail; **~ ersehnt** longed-for, long-hoped-for, long-desired; **~ gehegt** *(geh)* long-cherished *form;* **~ gezogen** prolonged; **~ haftend** *Lippenstift* long-lasting; *Maskara* long-wearing; **es nicht mehr ~[e] machen** *(sl)* to not last much longer; **noch ~[e]** for a long time; ***bleibst du noch ~ in Stuttgart?*** are you staying in Stuttgart for long?; **noch ~[e] nicht** not by any means [*or* a long shot]; ***es ist noch ~[e] nicht fertig*** it's not nearly finished; **schon ~[e]** for a long time; ***ich weiß das schon ~*** I've known that for a long time; **seit ~em/längerem** for a long time/lengthy period; ***wohnen Sie schon seit längerem hier?*** have you been living here long?

❷ *(für die Dauer von etw)* ■ **eine bestimmte Zeit ~** for a certain period of time; ***sie hielt einen Moment ~ inne*** she paused for a moment; ***wir haben sieben Monate ~ nichts mehr von dir gehört*** we haven't heard anything from you for seven months!; ***wie ~[e] machst du diese Arbeit schon?*** how long have you been doing this job?; **sein ganzes Leben ~** all his life

❸ *(der Länge nach)* **~ gestreckt** long, extended; **~ hinschlagen** to fall flat on one's face

❹ *(fam: entlang)* along; ***ich glaube, wir müssen hier ~*** I think we have to take this way

▶ WENDUNGEN: **da** [*o* **darauf**] **kannst du ~[e] warten!** *(iron)* you can whistle for it *iron;* **je länger, je lieber** the longer, the better; **~[e] nicht so ...** not nearly as ...; ***der Film war ~ nicht so spannend wie erhofft*** the film was nowhere near as exciting as people had expected; ***ich habe ~e nicht so viel bekommen wie sie*** I didn't get nearly as much as she did; **was ~e währt, wird endlich gut** *(prov)* the wait is worth it

lang·är·me·lig, lang·ärm·lig *adj* long-sleeved **lang·ar·mig** *adj* long-armed **lang·at·mig** *adj (pej)* long-winded *pej* **Lang·at·mig·keit** <-> *f kein pl (pej)* long-windedness *pej* **lang·bei·nig** *adj* long-legged

lan·ge ['laŋə] *adv s.* **lang II 1**

Län·ge <-, -n> ['lɛŋə] *f* ❶ *(räumliche Ausdehnung)* length; **in die ~ wachsen** to shoot up; **auf eine ~ von etw** *dat* for sth; ***die Autobahn war auf eine ~ von 45 Kilometern blockiert*** the motorway was blocked for 45 kilometres; **der ~ nach** lengthways, lengthwise; *(in ganzer Länge)* flat on one's face; ***die Frau fiel der ~ nach hin*** the woman fell flat on her face; ***das Regal stürzte der ~ nach zu Boden*** the shelf fell flat on the floor; **von bestimmter ~** of a certain length; ***ich benötige Pfähle von drei Metern ~*** I need posts three metres in length

❷ *(zeitliche Ausdehnung)* length, duration; **in voller ~** in its entirety; **etw in die ~ ziehen** to drag out sth *sep;* ***er zog das Gespräch in die ~*** he dragged the conversation out; **sich** *akk* **in die ~ ziehen** to drag on; ***die Verhandlungen zogen sich in die ~*** the negotiations dragged on

❸ *(fam: Größe)* height; ***was hast du eigentlich für eine ~?*** how tall are you?

❹ SPORT *(Strecke einer Bootslänge)* length

❺ FILM, LIT, MEDIA *(langatmige Stelle)* long-drawn-out passage [*or* scene]

❻ *(Abstand vom Nullmeridian)* longitude; ***die Insel liegt 38° östlicher ~*** the longitudinal position of the island is 38° east

❼ *(poet: lange Silbe)* long syllable

lan·gen ['laŋən] **I.** *vi (fam)* ❶ *(reichen)* ■ **[jdm] ~** to be enough [*or* sufficient] [for sb], to suffice

❷ *(sich erstrecken)* ■ **bis zu etw** *dat*/**über etw** *akk* **~** to reach sth/over sth; ***der Vorhang langt bis ganz zum Boden*** the curtain reaches right down to the floor

❸ *(fassen)* ■ **[mit etw** *dat*] **an etw** *akk* **~** to reach for sth [with sth]; ■ **[mit etw** *dat*] **irgendwohin ~** to reach somewhere [with sth]; ***lang bloß nicht mit der Hand an die Herdplatte*** make sure you don't touch the hotplate with your hand; ***ich kann mit der Hand bis ganz unter den Schrank ~*** I can reach right under the cupboard with my hand

❹ DIAL *(auskommen)* ■ **mit etw** *dat* **~** to get by [*or* manage] on sth; ***mit dem Brot ~ wir bis morgen*** the bread will last us until tomorrow

❺ *impers (fam)* ■ **etw langt [jdm]** it is enough [for sb], sb is fed up with sth; ***jetzt langt's aber!*** I've just about had enough!

II. *vt (fam) (reichen)* ■ **jdm etw ~** to hand [*or* pass] sb sth

▶ WENDUNGEN: **jdm eine ~** *(fam)* to give sb a clip round the ear [*or* AM on the ears]

Län·gen·ein·heit *f* linear measure **Län·gen·grad** *m* degree of longitude **Län·gen·maß** *nt* unit of length, linear measure **Lan·gen·see** *m s.* **Lago Maggiore**

län·ger ['lɛŋɐ] *comp von* **lang, lange**

län·ger·fris·tig I. *adj* fairly long-term

II. *adv* on a fairly long-term basis

Lan·ge·wei·le <*gen - o* Langerweile, *dat* Langenweile> ['laŋəvailə] *f kein pl* boredom *no pl,* tedium, ennui; **~ haben** to be bored; **aus [lauter] ~** out of [sheer] boredom; **vor [lauter] ~** of [sheer] boredom; **die ~ vertreiben** to while away time [*or* the hours], to kill time

lang·fä·dig *adj* SCHWEIZ *(langatmig)* long-winded *pej*

lang·fa·se·rig *adj inv* **~es Papier** long grain paper

Lang·fin·ger ['laŋfɪŋɐ] *m (hum)* pickpocket

Lang·for·mat *nt* long format; **im ~** in long format

lang·fris·tig I. *adj* long-term; **~e Anlage** long-dated investment; **~e Ausleihungen/Darlehen/Verbindlichkeiten** long-term lendings/loans/liabilities; **~er Kapitalverkehr/~es Kapitalwachstum** long-term capital transactions/growth; **~er Kredit** long-term credit; **~e Schatzanweisungen** exchequer [*or* AM treasury] bonds **II.** *adv* on a long-term basis; **~ aufgenommene Darlehen** monies borrowed for long periods; **~ hereingenommene Gelder** long credit

lang|ge·hen ['laŋge:ən] *vi irreg sein (fam) (entlanggehen)* ■ **irgendwo ~** to go along somewhere

▶ WENDUNGEN: **merken, wo's langgeht** to notice how things are; **jdm sagen, wo's langgeht** to tell sb from where the wind is blowing

lang·haa·rig *adj (lange Haare habend)* long-haired; **eine ~e Hunderasse** a long-haired dog breed **Lang·haa·ri·ge(r)** *f(m) dekl wie adj* long-haired person **lang·haf·tend** *adj inv s.* **lang II 1 Lang·han·tel** *f* SPORT barbell **lang·jäh·rig** *adj (viele Jahre bestehend)* of many years' standing; ***sie ist meine ~e Freundin*** she has been my girl-friend for many years; **~e Erfahrung** many years of experience; **eine ~e Freundschaft** long-standing friendship; **~e Mitarbeiter** employees of many years' standing **Lang·korn·reis** *m* long grain rice **Lang·lauf** *m kein pl* cross-country skiing *no pl* **Lang·läu·fer(in)** *m(f)* ❶ SKI cross-country skier ❷ FIN *(Anleihe mit langer Laufzeit)* long, long-dated security **Lang·lauf·loi·pe** *f* SKI cross-country ski run **Lang·lauf·ski** *m* cross-country ski

lang·le·big *adj* ❶ *(lange lebend)* long-lived

❷ *(lange Zeit zu gebrauchen)* durable, long-lasting

❸ *(hartnäckig)* persistent

Lang·le·big·keit <-> *f kein pl* ❶ *(Anlage für langes Leben)* longevity

❷ *(lange Gebrauchsfähigkeit)* durability

❸ *(Hartnäckigkeit)* persistence

lang|le·gen *vr (fam)* ■ **sich** *akk* **[auf etw** *dat*] **~**

❶ *(hinfallen)* to fall flat on one's face [on sth]

❷ *(sich niederlegen)* to lie down [on sth]

läng·lich ['lɛŋlɪç] *adj* elongated, oblong, longish

lang|lie·gen *vi irreg (fam)* to have a lie down *fam* [*or* AM short rest]

lang·mäh·nig *adj (fam)* long-haired

Lang·mut <-> *f kein pl (geh)* forbearance *form*

lang·mü·tig I. *adj (geh)* forbearing, patient

II. *adv* patiently

längs [lɛŋs] **I.** *präp +gen* ■ **~ einer S.** *gen* along sth, alongside [of] sth

II. *adv (der Länge nach)* lengthways, lengthwise; **~ gestreift** with vertical stripes

Längs·ach·se *f* longitudinal axis

lang·sam ['laŋza:m] **I.** *adj* ❶ *(nicht schnell)* slow

❷ *(allmählich)* gradual

II. *adv* ❶ *(nicht schnell)* slowly; **immer [schön] ~!, ~, ~!** *(fam)* take it easy!, not so fast!

❷ *(fam: allmählich)* gradually; ***es ist ~ an der Zeit, dass wir uns auf den Weg machen*** it's about time we were thinking of going

▶ WENDUNGEN: **~, aber sicher** slowly but surely

Lang·sam·keit <-> *f kein pl* slowness

Längs·be·lei·mung *f* TYPO longitudinal [*or* lineal] gluing

Lang·schlä·fer(in) *m(f)* late riser; **~ sein** to be a late riser

Längs·falz *m* TYPO longitudinal [*or* lineal] fold **Längs·per·fo·ra·ti·on** *f* TYPO longitudinal [*or* lineal] perforation

Lang·spiel·plat·te *f* long-playing record, LP

Längs·rich·tung *f* longitudinal direction; ■ **in ~** lengthways, lengthwise **Längs·rü·cken·ti·tel** *m* TYPO title along the spine **Längs·schnei·der** *m* [slitter] rewinder **Längs·schnitt** *m* longitudinal section **Längs·sei·te** *f* ❶ *(die längere Seite von etw)* long side ❷ NAUT *(Flanke)* broadside **längs·seits I.** *präp +gen* NAUT ■ **~ [einer S.** *gen*] alongside [a thing] **II.** *adv* ■ **~ an etw** *dat* alongside sth; ***der Lastkahn ankerte ~ am Kai*** the barge anchored alongside the quay

Längs·strei·fen *pl* vertical stripes *pl*

längst [lɛŋst] *adv* ❶ *(lange)* long since, for a long time; ***die Familie ist schon ~ umgezogen*** the family moved a long time ago

❷ *(bei weitem)* ■ **~ nicht** not by a long way [*or* long shot]; ***das ist ~ nicht alles*** that's not everything by a long shot, that's just the tip of the iceberg; ***diese Informationen reichen uns ~ nicht*** this information is by no means sufficient

längs·te(r, s) *adj, adv superl von* **lang**

längs·tens ['lɛŋstn̩s] *adv* ❶ *(höchstens)* at the most, at the longest

❷ *(spätestens)* at the latest

lang·stie·lig [-ʃti:lɪç] *adj* long-handled [*or* -stemmed]; **~e Gläser/Rosen** long-stemmed glasses/roses

Längs·trä·ger *m* AUTO side member

Lang·stre·cken·flug *m* long-haul flight **Lang·stre·cken·flug·zeug** *nt* long-haul aircraft **Lang·stre·cken·lauf** *m* long-distance race [*or* run] **Lang·stre·cken·läu·fer(in)** *m(f)* long-distance runner **Lang·stre·cken·ra·ke·te** *f* long-range missile **Lang·stre·cken·waf·fe** *f* long-range weapon

Längs- und Quer·schnitt *m* TYPO slitting and sheeting

Lan·gus·te <-, -n> [laŋ'gʊstə] *f* crayfish

lang·wei·len ['laŋvailən] **I.** *vt* ■ **jdn ~** to bore sb; ***langweile ich Sie?*** am I boring you?; ***der Film langweilte mich*** the film bored me

II. *vi (pej)* to be boring *pej*

III. *vr* ■ **sich** *akk* **~** to be bored; ***bei dem Vortrag/in dem Film habe ich mich schrecklich gelangweilt*** I was terribly bored during the lecture/film; *s. a.* **gelangweilt**

Lang·wei·ler(in) <-s, -> *m(f) (pej fam)* ❶ *(jd, der*

lassen

1. Zulassen: Erlaubnis

Das deutsche *lassen* wird im Allgemeinen mit *let* oder *allow to* übersetzt. Dabei ist *let* weniger formell als *allow to* und wird entsprechend häufiger im gesprochenen Englisch verwendet, *allow to* hingegen findet sich eher in der Schriftsprache:

Sie *lässt* die Katze in ihrem Bett *schlafen.*	She *lets* the cat *sleep* in her bed.
Seine Mutter *hat ihn nicht* zu dem Konzert *gehen lassen.*	His mother *didn't let him go/didn't allow him to go* to the concert.

Soll ausgedrückt werden, dass jemand für ein Ereignis in der Zukunft keine Erlaubnis bekommt, wird *won't let/to not be allowed to* benutzt. Achtung: *doesn't let* kann hier nicht verwendet werden!

Ihre Mutter *lässt* sie *nicht* zu der Party *gehen.*	Her mother *won't let* her *go* to the party.

Im folgenden Fall geht die Erlaubnis vom Sprecher selbst aus (im Sinne von: jemand lässt etwas für sich zu):

Er *lässt* viel mit sich machen.	He *puts up with* a lot.

Lässt der Sprecher jedoch etwas für sich selbst nicht zu, wird *won't* gewählt:

Das *lasse* ich *nicht* mit mir machen!	I *won't* stand for it!

2. Veranlassen: Auftrag

lassen in dieser Bedeutung wird in der Regel mit *have/get sth done* übersetzt:

Sie *lassen* das Haus *streichen.*	They'*re having/getting* the house *painted.*
Ich muss mir einen Zahn *ziehen lassen.*	I have to *have* a tooth *removed.*
Sie hat ihn *beschatten lassen.*	She *had* him *followed.*
Sie *lassen sich scheiden.*	They are *getting* divorced.

Handelt es sich um einen Auftrag, der an einen Dritten weitergeleitet werden soll, kann auch direkt dieser Auftrag formuliert werden:

Lassen Sie sie hereinkommen.	*Please send* her in.
Ich *lasse* bitten.	*Please* let them/him/her come in.
Sie *lässt* Ihnen ausrichten, dass …	She *asked me to* tell you that…

3.Veranlassen: Zwang

Erfolgt eine direkte Anweisung oder handelt es sich um eine unausweichliche Reaktion, steht im Englischen häufig *make sb do sth.*

Das laute Geräusch eines Autos *ließ sie hochfahren.*	The loud noise of a car *made her jump.*

4. Belassen

Soll ein Zustand beibehalten werden, verwendet man im Englischen in der Regel *leave sb/sth…*:

Lassen Sie bitte den Koffer *stehen.*	Please *leave* the suitcase *where it is.*
Lass ihn bei dem Regen *nicht* draußen *warten.*	*Don't leave him waiting* outside in this rain.
Du hast das Licht *brennen lassen.*	You *left* the light on.

Aber:

Er hat mich *warten lassen.*	He *kept me waiting.*

Soll ein Zustand beschrieben werden, der sich über einen gewissen Zeitraum abspielen soll, kann im Englischen die Verlaufsform des eigentlichen Vollverbs gewählt werden:

Ich *lasse mir* einen Bart *wachsen.*	I'*m growing* a beard.

In Rezepten dagegen verwendet man *let* oder *allow*:

10 Minuten kochen und dann *abkühlen lassen.*	Boil for 10 minutes and *allow/leave* to cool.
Das Gemüse 15 Minuten kochen lassen.	*Let* the vegetables boil for 10 minutes. Oder: Boil the vegetables for 10 minutes.

5. Vorschlag

Auffordernde Vorschläge werden mit *let* übersetzt:

Lass uns einkaufen gehen.	*Let's go shopping.*
Lass mich das machen.	*Let me do that.*

6. Möglichkeit

Drückt *lassen* aus, dass etwas machbar ist, wird *can be…* verwendet:

Das *lässt sich machen*!	That *can be done*!

Soll dagegen beschrieben werden, dass etwas nicht machbar ist, muss unter Umständen unterschieden werden, ob es sich um einen einmaligen, momentanen Zustand handelt (= *won't)* oder aber um einen Allgemeinzustand (*doesn't*):

Die Tür *lässt sich nicht* öffnen.	The door *won't* open (= ich bekomme sie im Moment nicht auf)
	The door *doesn't* open. (= sie kann allgemein nicht geöffnet werden)

langweilt) bore
2 *(langsamer Mensch)* slowcoach BRIT, slowpoke AM

lang·wei·lig ['laŋvailɪç] **I.** *adj* boring, dull
II. *adv* boringly

Lang·wel·le *f* long wave

lang·wie·rig ['laŋvi:rɪç] *adj* lengthy, long-drawn-out

Lang·wie·rig·keit <-, -en> *f pl selten* lengthiness, long duration

Lang·zeit·ar·beits·lo·se(r) *f(m) dekl wie adj* long-term unemployed person; ■**die ~n** the long-term unemployed **Lang·zeit·ar·beits·lo·sig·keit** *f* long-term unemployment **Lang·zeit·ar·chi·vie·rung** *f* long-term filing, permanent storage **Lang·zeit-EKG** *nt* MED long-term ECG **Lang·zeit·ge·dächt·nis** *nt* long-term memory **Lang·zeit·maß·nah·me** *f* long-term measure **Lang·zeit·pa·ti·ent(in)** *m(f)* long-term patient **Lang·zeit·pfle·ge** *f* MED long-term care **Lang·zeit·pro·gno·se** *f* long-range forecast **Lang·zeit·pro·gramm** *nt* long-term programme [*or* AM -am] **Lang·zeit·spei·cher** *m* 1 INFORM long-term memory 2 *(Wasserspeicher)* long-term reservoir **Lang·zeit·stu·dent(in)** *m(f)* long-term student **Lang·zeit·stu·die** *f* long-term study **Lang·zeit·ver·gleich** *m* long-term comparison

La·no·lin <-s> [lano'li:n] *nt kein pl* CHEM lanolin

LAN-Par·ty, Lan·par·ty *f* local area network party *(a temporary, sometimes spontaneous gathering of people together with their computers, which they connect together in a LAN primarily for the purpose of playing multiplayer computer games)*

Lan·than <-s> [lan'ta:n] *nt kein pl* CHEM lanthanum

Lan·za·ro·te [lanθa'rote] *nt* Lanzarote

Lan·ze <-, -n> ['lantsə] *f* HIST lance, spear
▸WENDUNGEN: **für jdn/etw eine ~ brechen** *(geh)* to go to bat for sb, to stand up for sb/sth

Lan·zet·te <-, -n> [lan'tsɛtə] *f* MED lancet

Lan·zett·fisch·chen <-s, -> [lan'tsɛt-] *nt* lancelet

La·o·gai [la'o:gai] *nt kein pl* laogai; **~-Lager** Laogai camp

La-Ola-Wel·le [la'ʔo:lavɛlə] *f* SPORT Mexican wave BRIT, wave AM

La·os <-> ['la:ɔs] *nt* Laos

La·o·te, La·o·tin <-n, -n> [la'o:tə, la'o:tɪn] *m, f* Laotian

la·o·tisch [la'o:tɪʃ] *adj* Lao[tian]

La Pal·ma [lə'pa:lmə] *nt* La Palma

la·pi·dar [lapi'da:ɐ̯] *adj (geh)* terse

La·pil·li [la'pɪli] *pl* GEOL lapilli *pl*

La·pis·la·zu·li <-, -> [lapɪs'la:tsuli] *m* lapis lazuli

La·place-Ope·ra·tor [la'pla:s-] *m kein pl* MATH Laplacian, Laplace operator

Lap·pa·lie <-, -n> [la'pa:li̯ə] *f* petty affair, trifle, bagatelle

Lap·pe, Lap·pin <-n, -n> ['lapə, 'lapɪn] *m, f* Laplander, Lapp

Lap·pen <-s, -> ['lapn̩] *m* 1 *(Stück Stoff)* cloth, rag
2 *(sl: Banknote)* note; *pl (Moneten)* dough *no pl, no indef art*
▸WENDUNGEN: **jdm durch die ~ gehen** *(fam)* to slip through sb's fingers

läp·pern ['lɛpɐn] *vr impers (fam)* ■**sich** *akk* ~ to mount [*or* add] up

lap·pig ['lapɪç] *adj inv* 1 *(fam: schlaff)* *Gewebe* limp
2 *(fam: läppisch)* **~e 10 Euro** a measly [*or* just] 10 euros
3 BOT *Blattform* lobed, lobate
4 TYPO *(dünn)* flimsy; **~es Papier** flimsy paper

Lap·pin <-, -nen> *f fem form von* **Lappe**

lap·pisch ['lapɪʃ] *adj inv* Lapp

läp·pisch ['lɛpɪʃ] **I.** *adj* 1 *(fam: lächerlich)* ridiculous; **ein ~er Betrag** a ridiculous sum
2 *(pej: albern)* silly, foolish
II. *adv (pej)* in a silly manner

Lapp·land <-[e]s> ['laplant] *nt* Lapland

Lap·sus <-, -> ['lapsʊs] *m (geh)* mistake, slip; **jdm unterläuft ein ~** sb makes a mistake; **~ Linguae** *(Versprecher)* slip of the tongue

Lap·tew·see ['laptɪf-] *f* Laptev Sea

Lap·top <-s, -s> ['lɛptɔp] *m* laptop

Lär·che <-, -n> ['lɛrçə] *f* larch

large [larʒ] *adj* SCHWEIZ *(generös)* generous

Lar·go <-s, -s *o* Larghi> ['largo, *pl* 'largi] *nt* MUS largo

La·ri·fa·ri <-s> [lari'fa:ri] *nt kein pl (pej fam)* nonsense *no pl pej*, BRIT *a.* rubbish *no pl pej*

Lärm <-[e]s> [lɛrm] *m kein pl* noise, racket; **~ machen** to make a noise
▸WENDUNGEN: **viel ~ um nichts [machen]** [to make] a lot of fuss about nothing

Lärm·art *f* type of noise **lärm·be·ein·träch·tigt** *adj* disturbed by noise **Lärm·be·ein·träch·ti·gung** *f* noise disturbance **Lärm·be·kämp·fung** *f* noise abatement **Lärm·be·läs·ti·gung** *f* noise pollution **Lärm·be·las·tung** *f* noise pollution **lärm·dämp·fend** *adj* noise-reducing **lärm·emp·find·lich** *adj* sensitive to noise

lär·men ['lɛrmən] *vi* to make noise [*or* a racket], to be noisy

lär·mend **I.** *adj* noisy; **~e Menge** raucous [*or* clamorous] crowd
II. *adv* noisily; ***die Kinder spielten lärmend auf der Straße*** the children played noisily on the street; **~ zechen** to roister

Lärm·ent·ste·hung *f* generation of noise **lärm·ge·plagt** *adj* plagued with noise **lärm·ge·schä·digt** *adj* suffering physical impairment as a result of noise

lär·mig *adj* SCHWEIZ *(laut)* noisy

Lärm·ku·lis·se *f* background noise **Lärm·min·de·rung** *f* noise reduction

lar·moy·ant [larmo̯a'jant] *adj (geh: weinerlich)* lachrymose *form*, querulous

Lar·mo·yanz <-> [larmo̯a'jants] *f kein pl (Rührseligkeit)* mawkishness; *(Weinerlichkeit)* lachrymosity

Lärm·pe·gel *m* noise level **Lärm·quel·le** *f* source of a/the noise **Lärm·schä·di·gung** *f* noise induced injury

Lärm·schutz *m* protection against noise **Lärm·schutz·an·for·de·run·gen** *pl* calls *pl* for protection against noise, noise prevention demands *pl* **Lärm·schutz·be·reich** *m* low-noise area **Lärm·schutz·wall** *m* noise protection embankment **Lärm·schutz·wand** *f* noise barrier

Lärm·stär·ke *f* intensity of noise **Lärm·ur·sa·che** *f* cause of a noise **Lärm·ver·hin·de·rung** *f* noise prevention

L'art pour l'art <- - -> ['la:ɐ̯ puːɐ 'la:ɐ̯] *nt kein pl* KUNST *(geh)* art for art's sake

Lar·ve <-, -n> ['larfə] *f* 1 *(Insektenlarve)* larva, grub
2 *(veraltet: Maske)* mask
3 *(veraltet: nichts sagendes Gesicht)* empty face

La·ryn·gi·tis <-, Laryngitiden> [larʏŋ'gi:tɪs, *pl* -gi'ti:dn̩] *f* MED laryngitis

las [la:s] *imp von* **lesen**

La·sa·gne <-, -> [la'zanjə] *f* lasagne, AM *a.* lasagna

lasch [laʃ] **I.** *adj (fam)* 1 *(schlaff)* feeble, limp; **ein ~er Händedruck** a limp handshake
2 *(nachsichtig)* lax, slack
3 KOCHK *(fade)* insipid
II. *adv (fam: schlaff)* limply

La·sche <-, -n> ['laʃə] *f* flap; *Kleidung* loop

Lasch·heit <-, -en> *f* laxity; *Händedruck* limpness

LASER <-s, -> ['le:zɐ] *m* PHYS *Akr von* **Light Amplification by Stimulated Emission of Radiation** LASER

La·ser <-s, -> ['le:zɐ, 'leɪzə] *m* laser

La·ser·be·lich·ter *m* laser imager [*or* [type]setter] **La·ser·be·lich·tung** *f* laser exposure [*or* output] [*or* recording] **La·ser·chir·ur·gie** *f* laser surgery **La·ser·di·o·de** *f* laser diode **La·ser·dru·cker** *m* laser printer **La·ser·im·puls** *m* laser pulse **La·ser·in·ten·si·tät** *f* laser intensity **La·ser·licht·show** *f* laser show **La·ser·pro·jek·tor** *m* TV laser projector **La·ser·skal·pell** *nt* laser scalpel **La·ser·son·de** *f* laser probe **La·ser·strahl** *m* laser beam **La·ser·waf·fe** *f* laser weapon

la·sie·ren* [la'zi:rən] *vt* ■**etw ~** to varnish [*or* glaze] sth

Lä·si·on <-, -en> [lɛ'zi̯o:n] *f* MED lesion

lass^RR^, **laß**^ALT^ [las] *imper sing von* **lassen**

las·sen ['lasn̩]

I. TRANSITIVES VERB **II.** MODALVERB
III. INTRANSITIVES VERB **IV.** UNPERSÖNLICHES REFLEXIVES VERB

I. TRANSITIVES VERB

1 <lässt, ließ, gelassen> *(aufhören)* ■**etw ~** to stop sth; *(verzichten)* to refrain from doing sth; *(nicht tun)* to not do sth; *(sich nicht bemühen)* to not bother to do sth; *(beiseitelegen)* to put [*or* set] aside sth *sep*; ***lass das!*** stop it [or that]!, BRIT *fam also* give over!; ***lass das Betteln!*** stop begging!; ***keine Lust? dann ~ wir es eben*** you don't feel like it? we won't bother then; ***tu, was du nicht ~ kannst*** do what you have [*or* want] to do; ***lass doch die Arbeit Arbeit sein!*** *(fam)* forget work!; **jd kann etw nicht ~** sb can't stop sth; ***ich konnte es einfach nicht ~*** I simply couldn't resist [it]; **jd kann es nicht ~, etw zu tun** sb can't stop doing sth
2 <lässt, ließ, gelassen> *(zurücklassen)* ■**jdn/etw irgendwo ~** to leave sb/sth somewhere; **etw hinter sich** *dat* **~** to leave sth behind one
3 <lässt, ließ, gelassen> *(übrig lassen)* ■**jdm** [*o* **für jdn**] **etw ~** to leave sth for sb
4 <lässt, ließ, gelassen> *(überlassen)* ■**jdm etw ~** to let sb have sth; ***lass ihnen ihren Spaß*** let them have their fun [*or* enjoy themselves]; ***die Diebe haben uns nichts ge~*** the thieves left us nothing [*or fam* cleaned us out]; **jdm etw billig/zum halben Preis ~** to let sb have sth cheap/for half the price
5 <lässt, ließ, gelassen> *(gehen lassen)* ■**jdn/ein Tier irgendwohin ~** to let sb/an animal go somewhere; **jdn aus etw** *dat*/**in etw** *akk* **~** to let [*or* allow] sb out of/into sth
6 <lässt, ließ, gelassen> *(in einem Zustand lassen)* ■**jdn/etw irgendwie/irgendwo ~** to leave sb/sth somehow/somewhere; **jdn ohne Aufsicht ~** to leave sb unsupervised; **es dabei ~** to leave sth at that; **~ *wir's dabei*** let's leave it at that; **etw ungesagt ~** to leave sth unsaid; **nichts unversucht ~** to try everything; **etw ~, wie es ist** to leave sth as it is
7 <lässt, ließ, gelassen> *(loslassen)* ■**jdn/etw ~** to let sb/sth go
8 <lässt, ließ, gelassen> *(nicht stören)* ■**jdn ~** to leave sb alone; **jdn in Frieden ~** to leave sb in peace; **jdn in seinem Glauben ~** to not disillusion sb
9 <lässt, ließ, gelassen> *(erlauben)* ■**jdn ~** to let sb; *(euph sl: Sex haben)* to let sb sleep [*or* have sex] with one; ***lässt du mich?*** will you let me?
10 <lässt, ließ, gelassen> *(bewegen)* **ein Boot zu Wasser ~** to put out a boat; **etw aus dem Fenster/von der Mauer ~** to lower sth out of the window/from the top of the wall; ■**etw aus etw** *dat*/**in etw** *akk* **~** to let sth out of/into sth; **Luft aus Reifen ~** to let down *sep* tyres; **jdm Wasser in die Wanne ~** to run a bath for sb
11 <lässt, ließ, gelassen> *(zugestehen)* **das/eines muss jd jdm ~** sb must give [*or* grant] sb that/one thing
12 <lässt, ließ, gelassen> *(verlieren)* ■**jdn/etw ~** to lose sb/sth; **Geld ~** *(fam)* to lose money; *(ausgeben)* to spend money; **sein Leben für etw** *akk* **~** to lay down one's life for sth
▸WENDUNGEN: **alles unter sich** *dat* **~** *(euph veraltend)* to mess the bed; **einen ~** *(derb)* to let one rip *fam*

II. MODALVERB

1 <lässt, ließ, lassen> *(veranlassen)* ■**jdn etw tun ~** to have sb do sth; *(überreden)* to get sb to do sth; ***sie wollen alle ihre Kinder studieren ~*** they want all of their children to study; **~ *Sie Herrn Braun hereinkommen*** please send Mr Braun in; **jdn erschießen ~** to have sb shot; **jdn kommen ~** to send for sb; **jdn etw wissen ~** to let sb know sth; ■**etw machen ~** to have [*or* get] sth done; ***ich lasse bitten*** please let them/him/her come in; **das**

Licht brennen ~ to keep [*or* leave] the light on; **nichts machen** ~ to get nothing done; **eine Pizza kommen** ~ to have [*or* get] a pizza delivered; **etw reparieren** ~ to have [*or* get] sth repaired; **sich** *dat* **sagen ~, dass ...** to hear [*or* be told] that ...; **sich** *akk* **scheiden** ~ to get a divorce; **jdm etw schicken** ~ to have sth sent to sb; **sich** *dat* **die Haare schneiden/einen Zahn ziehen** ~ to have [*or* get] one's hair cut/a tooth pulled; **jdn warten** ~ to keep sb waiting

② <lässt, ließ, lassen> *(zulassen)* ■**jdn etw tun** ~ to let sb do sth, to allow sb to do sth; ***ich lasse mich nicht länger von dir belügen!*** I won't be lied to by you any longer!; ***wie konnten Sie sich nur so hinters Licht führen ~!*** how could you allow yourself to be led up the garden path like that!; ***er lässt sich nicht so leicht betrügen*** he won't be taken in so easily; ***du solltest dich nicht so behandeln*** ~ you shouldn't allow yourself to be treated like that; ***das lasse ich nicht mit mir machen*** I won't stand for it!; ***sie lässt sich nichts sagen*** she won't be told; **viel mit sich** *dat* **machen** ~ to put up with a lot

③ <lässt, ließ, lassen> *(belassen)* ■**etw geschehen** ~ to let sth happen; ***10 Minuten kochen und dann abkühlen*** ~ boil for 10 minutes and let stand to cool, the water should be allowed to boil for a minute; ■**sich** *dat* **etw geschehen** ~ to let sth happen to one; ***er lässt sich zurzeit einen Bart wachsen*** he's growing a beard at the moment

④ <lässt, ließ, lassen> *(geeignet sein)* ■**etw lässt sich** *akk* **tun** sth can be done; ***das lässt sich machen!*** that can be done!; ***das lässt sich leicht machen!*** that's easy to do!; ***das lässt sich hören*** that's acceptable; ***das lässt sich denken*** that's understandable; ***das Bier lässt sich trinken*** the beer's good; ***der Text lässt sich nur schwer übersetzen*** the text can only be translated with difficulty; ***das lässt sich nicht leicht beweisen*** that won't be easy to prove; **sich** *akk* **leicht öffnen/schließen** ~ to open/close easily

⑤ <lässt, ließ, lassen> *(als Imperativ)* ■**lass/lasst uns etw tun** let's do sth; ***lass uns jetzt lieber gehen*** let's go now; ***lasset uns beten*** let us pray; ***lass uns das nie wieder erleben!*** don't ever let's go through that again!; ***lass dich hier nie wieder blicken!*** don't ever show your face around here again!; ***~ Sie sich das gesagt sein, so etwas dulde ich nicht*** let me tell you that I won't tolerate anything like that; ***lass dich bloß nicht von ihm ärgern*** just don't let him annoy you; ■**lass dir/~ Sie sich ...** let ...; ***lass dir darüber keine grauen Haare wachsen*** don't get any grey hairs over it

⑥ <lässt, ließ, lassen> *(warten)* ■**jdn/etw etw tun** ~ to wait until sb/sth has done sth

III. INTRANSITIVES VERB

① <lässt, ließ, gelassen> *(verzichten)* ■**von etw** *dat* ~ to give up sth *sep*

② <lässt, ließ, gelassen> *(loslassen)* ■**von etw** *dat* ~ to let go of sth

③ <lässt, ließ, gelassen> *(fam: nicht bemühen)* ***~ Sie mal!*** leave it!; *(danke)* that's all right!

④ <lässt, ließ, gelassen> *(veraltend: trennen)* ■**von jdm** ~ to leave [*or* part from] sb

IV. UNPERSÖNLICHES REFLEXIVES VERB

<lässt, ließ, lassen> ***es lässt sich nicht leugnen, dass ...*** it cannot be denied [*or* there's no denying] [*or* we/you etc. cannot deny] that ...; ***hier lässt es sich gut arbeiten*** you can work well here; ***hier lässt es sich leben*** it's a good life here

läs·sig ['lɛsɪç] **I.** *adj* ① *(ungezwungen)* casual; **~e Kleidung** casual clothes

② *(fam: leicht)* ***die Fragen waren total ~!*** the questions were dead easy!

II. *adv* ① *(ungezwungen)* casually; ***du musst das ~ er sehen*** you must take a more casual view

② *(fam: mit Leichtigkeit)* no problem *fam;* ***das schaffen wir ~!*** we'll manage that easily!

Läs·sig·keit <-> *f kein pl* casualness *no pl*

Las·so <-s, -s> ['laso] *m o nt* lasso

lasst^RR^, **laßt**^ALT^ [last] *imper pl von* **lassen**

Last <-, -en> [last] *f* ① *(Ladung)* load; **bewegliche/ruhende** ~ live/static load

② *(schweres Gewicht)* weight; ***das Brett biegt sich unter der ~ der Bücher*** the shelf is bending under the weight of the books

③ *(Bürde)* burden; **jd hat seine ~ mit jdm/etw** sb/sth is a burden on sb; ***mit dir hat man so seine ~!*** you're a real burden on a person!

④ *pl* FIN *(finanzielle Belastung)* burden; **zu jds ~en gehen** to be charged to sb; ***die zusätzlichen Kosten gehen zu Ihren ~en*** you will have to pay the additional costs; **zu ~en von Frau Müller buchen** to debit Mrs Müller's account

▶WENDUNGEN: **jdm zur ~ fallen** to become a burden on sb; **jdm etw zur ~ legen** to accuse sb of sth; **jdm zur ~ legen, etw getan zu haben** to accuse sb of doing sth

Last·au·to *nt* lorry BRIT, truck AM

las·ten ['lastn̩] *vi* ① *(als Last liegen auf)* ■**auf etw** *dat* ~ to rest on sth

② *(eine Bürde sein)* ■**auf jdm** ~ to rest with sb; ***diese Verantwortung lastet auf mir*** the responsibility rests with me

③ *(finanziell belasten)* ■**auf etw** *dat* ~ to encumber sth; ***auf dem Haus ~ Schulden*** the house is encumbered with debts

④ *(stark belasten)* ■**auf etw** *dat* ~ to weigh heavily on sth; ***die Folgen des Krieges ~ schwer auf dem Land*** the consequences of the war weigh heavily on the country

Las·ten·auf·zug *m* goods lift BRIT, freight elevator AM **Las·ten·aus·gleich** *m kein pl* ÖKON equalization *no pl* of burdens

las·tend *adj (geh)* oppressive

las·ten·frei *adj inv, pred Haus- und Grundbesitz* unencumbered **Las·ten·ta·xi** *nt* taxivan **Las·ten·tei·lung, Las·ten·ver·tei·lung** *f kein pl* FIN burden sharing, debt distribution

Las·ter^1^ <-s, -> ['lastɐ] *m (fam: Lastwagen)* lorry BRIT, truck AM

Las·ter^2^ <-s, -> ['lastɐ] *nt (schlechte Gewohnheit)* vice

Läs·te·rei <-, -en> *f (fam)* derisive *form* [*or fam* nasty] remarks *pl*

Läs·te·rer, Läs·te·rin <-s, -> ['lɛstərɐ, 'lɛstərɪn] *m, f* knocker *sl*

las·ter·haft *adj (geh)* depraved

Las·ter·haf·tig·keit <-> *f kein pl (geh)* depravity

Las·ter·höh·le *f (pej fam)* den of vice [*or* iniquity]

Läs·te·rin <-, -nen> *f fem form von* **Lästerer**

läs·ter·lich *adj Rede* malicious; *Flüche* blasphemous words; **~e Worte** gibes

Läs·ter·maul *nt (pej fam)* knocker *sl*

läs·tern ['lɛstɐn] *vi* ■[**über jdn/etw**] ~ to make derisive [*or* disparaging] remarks [about sb/sth]

Läs·te·rung <-, -en> *f (Gotteslästerung)* blasphemy; *(Schmähung)* abuse

Last·esel *m* ① *(Tier)* pack mule

② *(fam: jd, der sich Lasten aufbürden lässt)* packhorse

läs·tig ['lɛstɪç] *adj* ① *(unangenehm) Husten, Kopfschmerzen etc.* annoying, irritating, pesky *fam*

② *(störend)* annoying; ***dass wir jetzt auch noch warten müssen ist wirklich ~!*** the fact that we have to wait as well is really annoying; ■**jdm ~ sein/werden** to find/begin to find annoying; ***wird dir der Gipsverband nicht ~?*** don't you find the plaster cast a nuisance?

③ *(nervend, aufdringlich) Mensch* annoying; ***du wirst mir allmählich ~!*** you're beginning to become a nuisance!; **jdm ~ sein/fallen** *(geh)* to annoy sb, to become a nuisance to sb

Läs·tig·keit <-> *f kein pl* tiresomeness *no pl,* troublesomeness *no pl*

Last·kahn *m* barge **Last·kraft·wa·gen** *m (geh) s.* **Lastwagen**

Last-Mi·nute-Flug [la:st'mɪnɪt-] *m* last-minute flight **Last-Mi·nute-Tarif** [la:st'mɪnɪt-] *m* last-minute price **Last-Mi·nute-Ur·laub** [la:st'mɪnɪt-] *m* last-minute holiday

Last·schrift *f (Abbuchung)* debit entry; *(Mitteilung über Abbuchung)* debit advice **Last·schrift·ab·kom·men** *nt* FIN debit agreement **Last·schrift·an·zei·ge** *f* FIN debit notice **Last·schrift·be·trag** *m* FIN debit amount **Last·schrift·ein·zug** *m* FIN direct debit order **Last·schrift·rück·ga·be** *f* FIN debit return **Last·schrift·ver·fah·ren** *nt* FIN direct debiting; **elektronisches** ~ electronic automatic debit transfer [*or* direct debiting service]; **per** ~ by direct debit **Last·schrift·ver·kehr** *m* FIN direct debiting transactions *pl*

Last·tier *nt* pack animal **Last·trä·ger(in)** <-s, -> *m(f)* porter, carrier

Last·wa·gen *m* lorry BRIT, truck AM **Last·wa·gen·fah·rer(in)** *m(f)* lorry driver **Last·wa·gen·füh·rer(in)** <-s, -> *m(f)* SCHWEIZ *(Lastwagenfahrer)* lorry driver

Last·wech·sel *m* AUTO load alteration **Last·zug** *m* lorry with trailer

La·sur <-, -en> [la'zu:ɐ̯] *f* [clear] varnish

las·ziv [las'tsi:f] **I.** *adj (geh)* ① *(sexuell herausfordernd)* lascivious, wanton *hum,* sexy

② *(anstößig)* rude, offensive

II. *adv (geh)* lasciviously, wantonly *hum,* sexily

Las·zi·vi·tät <-> [lastsivi'tɛ:t] *f kein pl (geh)* ① *(laszive Art)* lasciviousness, wantonness *hum,* sexiness

② *(Anstößigkeit)* rudeness, offensiveness

La·tein <-s> [la'tain] *nt* Latin

▶WENDUNGEN: **mit seinem ~ am Ende sein** to be at one's wits' end

La·tein·ame·ri·ka *nt* Latin America **La·tein·ame·ri·ka·ner(in)** <-s, -> *m(f)* Latin American **la·tein·ame·ri·ka·nisch** *adj* Latin American **la·tei·nisch** *adj* Latin; **~e Schrift** Latin characters *pl,* Roman type

La·tei·nisch *nt dekl wie adj* Latin; ■**das ~e** Latin, the Latin language; **auf ~** in Latin

la·tent [la'tɛnt] **I.** *adj (geh)* latent; **~e Steuerverbindlichkeiten** JUR latent tax liabilities

II. *adv (geh)* latently

La·tenz <-> [la'tɛnts] *f kein pl (geh)* latency

La·tenz·zeit *f s.* **Inkubationszeit**

La·te·ran <-s> [late'ra:n] *m* REL [the] Lateran [palace]

La·te·ran·ver·trag *m von 1929* Lateran Treaty

La·ter·ne <-, -n> [la'tɛrnə] *f* ① *(Straßenlaterne)* streetlamp

② *(Lichtquelle mit Schutzgehäuse)* lantern

③ *(Lampion)* Chinese lantern

La·ter·nen·pfahl *m* lamppost

La·tex <-, Latizes> ['la:tɛks, *pl* 'la:titse:s] *m* latex

la·te·xie·ren [latɛ'ksi:rən] *vt* ■**etw** ~ to [coat sth with] latex [sth]

La·ti·na [la'ti:na] *f (fam)* Latina

La·tin Lo·ver <-s, -> ['lætɪn 'lʌvə] *m* Latin lover

La·ti·num <-s> [la'ti:nʊm] *nt kein pl* ■**das ~** *(the examination proving) knowledge of Latin;* **das ~ haben** to have one's Latinum certificate; **das kleine/große ~** *Latinum certificate awarded after three or six years of study*

La·ti·um <-s> ['la:tsiʊm] *nt* HIST Latium

La·tri·ne <-, -n> [la'tri:nə] *f* latrine

La·tri·nen·pa·ro·le *f (pej fam)* wild rumour [*or* AM -or]

Lätsch <-s> ['lɛtʃ] *m kein pl* SCHWEIZ *(Gesichtsausdruck)* pout

Lat·sche <-, -n> ['latʃə] *f s.* **Latschenkiefer**

lat·schen ['la:tʃn̩] *vi sein (fam)* ① *(schwerfällig gehen)* to trudge, to traipse; ***latsch nicht durch alle Pfützen!*** don't traipse through all the puddles!; *(lässig gehen)* to wander; ***wir sind 'ne Weile durch die Stadt gelatscht*** we wandered through the town for a bit; *(unbedacht gehen)* to clump; ***er ist mit seinen dreckigen Schuhen über den Teppich gelatscht*** he clumped across the carpet in his dirty shoes

② DIAL *(eine Ohrfeige geben)* ■**jdm eine ~** to give sb a smack round the head BRIT, to slap sb in the face AM

Lat·schen <-s, -> ['la:tʃn̩] *m (fam)* ① *(ausgetretener*

Hausschuh) worn-out slipper
② *(pej: ausgetretener Schuh)* worn-out shoe
▸WENDUNGEN: **aus den ~ kippen** *(fam)* to keel over *fam; (sehr überrascht sein)* to be bowled over

Lat·schen·kie·fer *f* mountain pine

Lat·te <-, -n> ['latə] *f* ① *(kantiges Brett)* slat
② SPORT bar
③ *(Torlatte)* crossbar
④ *(sl: erigierter Penis)* stiffy BRIT *sl,* woody AM *sl*
▸WENDUNGEN: **eine ganze ~ von etw** *dat (fam)* a heap of sth *fam,* a load of sth *fam;* **eine lange ~** *(fam)* beanpole *hum fam*

Lat·ten·kis·te *f* crate **Lat·ten·rost** *m* slatted frame; *(auf dem Boden)* duckboards *pl* **Lat·ten·ver·schlag** *m* lattice work **Lat·ten·zaun** *m* paling, picket fence

Lat·tich <-s, -e> ['latɪç] *m* lettuce

Latz <-es, Lätze *o* ÖSTERR -e> [lats, *pl* 'lɛtsə] *m*
① *(Hosenlatz)* flap
② *(Tuch zum Vorbinden)* bib
▸WENDUNGEN: **jdm eins** [*o* **einen**] **vor den ~ knallen** [*o* **ballern**] *(sl)* to thump [*or fam* wallop] sb

Lätz·chen <-s, -> ['lɛtsçən] *nt dim von* **Latz** bib

Latz·ho·se *f* dungarees *npl*

lau [lau] *adj* ① *(mild)* mild
② *(lauwarm)* lukewarm; *(mäßig)* moderate
③ *(halbherzig)* lukewarm, half-hearted
▸WENDUNGEN: **für ~** DIAL *(fam)* for nothing [*or* free]

Laub <-[e]s> [laup] *nt kein pl* foliage *no pl, no indef art;* **~ tragend** deciduous

Laub·baum *m* deciduous tree

Lau·be <-, -n> ['laubə] *f* ① *(Häuschen)* arbour [*or* AM -or]
② ZOOL, KOCHK bleak
▸WENDUNGEN: **und fertig ist die ~!** *(fam)* and Bob's your uncle! [*or* AM that's that!] *fam*

Lau·ben·ko·lo·nie *f (veraltend)* colony of arbours [*or* AM -ors]

Laub·frosch *m* tree frog **Laub·heu·schre·cke** *f* ZOOL bush cricket **Laub·höl·zer** *pl* deciduous trees **Laub·hüt·ten·fest** *nt* Feast of Tabernacles [*or* Ingathering], Sukkoth **Laub·moos** *nt* BOT moss **Laub·sä·ge** *f* fretsaw **Laub·sän·ger** *m* ORN warbler **Laub·sau·ger** *m* HORT leaf vacuum **Laub·wald** *m* deciduous forest

Lauch <-[e]s, -e> [laux] *m* ① BOT allium
② *(Porree)* leek

Lauch·zwie·bel *f* spring onion

Lau·da·tio <-, Laudationes> [lau'da:tsio, *pl* lauda'tsio:ne:s] *f (geh)* laudatory speech *form,* eulogy *form;* **die ~** [**auf jdn**] **halten** to make a speech in sb's honour [*or* AM -or]

Lau·er <-> ['lauɐ] *f* **sich** *akk* **auf die ~ legen** to lie in ambush; **auf der ~ liegen** [*o* **sein**] to lie in wait

lau·ern ['lauɐn] *vi* ① *(in einem Versteck warten)* to lie in wait; ■**auf etw** *akk* **~** to lie in wait for sth; ■**darauf ~, dass ...** to lie in wait for ...; ***auf so einer Reise ~ alle möglichen Gefahren*** there are all kinds of dangers lurking on a journey like this; ■**~d** lurking; ***die Löwen umkreisten ~d die Herde*** the lions lurked around the herd
② *(fam: angespannt warten)* ■**auf jdn ~** to wait impatiently for sb; ■**auf etw** *akk* **~** to wait in anticipation for sth; ■**darauf ~, dass ...** to wait in anticipation for ...; ***die anderen lauerten nur darauf, dass sie einen Fehler machte*** the others were just waiting for her to make a mistake

Lauf <-[e]s, Läufe> [lauf, *pl* 'lɔyfə] *m* ① *kein pl (das Laufen)* run
② SPORT *(Durchgang)* round; *(Rennen)* heat
③ *kein pl (Gang) Maschine* operation; ***der Motor hat einen unruhigen ~*** the engine is not running smoothly
④ *kein pl* GEOG *(Verlauf, Bahn)* course; **der obere/untere ~ eines Flusses** the upper/lower course of a river; **der ~ dieses Sterns** the track [*or* path] of this star
⑤ *(Verlauf, Entwicklung)* course; **das ist der ~ der Dinge** that's the way things go; **der ~ der Welt** the way of the world; **seinen ~ nehmen** to take its course; ***die Ereignisse nehmen ihren ~*** events take their course; **im ~e einer S.** *gen* in the course of [*or* during] sth; ***im ~e der Jahrhunderte*** over the centuries
⑥ *(Gewehrlauf)* barrel; **ein Tier vor den ~ bekommen** to have an animal in one's sights
⑦ JAGD *(Bein)* leg
▸WENDUNGEN: **etw** *dat* **freien** [*o* **ihren**] **~ lassen** to give free rein to sth; ***lasst eurer Fantasie freien ~*** let your imagination run wild; ***man sollte den Dingen ihren ~ lassen*** one should let things take their course

Lauf·ar·beit *f* SPORT **gute ~ leisten** to be a good runner **Lauf·bahn** *f* career **Lauf·band** *nt* SPORT treadmill **Lauf·bur·sche** *m* ① *(veraltend: Bote)* errand boy ② *(pej: Lakai)* flunk[e]y **Lauf·ei·gen·schaft** *f* TYPO *(Papier)* running properties *pl*

lau·fen <läuft, lief, gelaufen> ['laufn̩] **I.** *vi sein*
① *(rennen)* to run; ***sie lief, um die Straßenbahn noch zu erwischen*** she ran to catch the tram; ***sie lief, was sie nur konnte*** she ran as fast as she could; ***so lauf doch!*** come on, hurry up!; **aus dem Haus ~** to run out of the house; **in den Garten ~** to run into the garden; **ins Freie ~** to run out [of the house]; **über das Feld/die Wiese ~** to run over the field/meadow; **um die Ecke ~** to run around the corner; **um Milch/Brot, etc. ~** to run to fetch some milk, bread, etc.; **ge~ kommen** to come running; **ein Pferd ~ lassen** to give free reins to a horse
② *(fam: gehen)* to go, to walk; ***wir sind im Urlaub viel ge~*** we did a lot of walking in our holiday; ***seit dem Unfall läuft er mit Krücken*** since the accident he gets around on crutches; ***sie läuft ständig zum Arzt*** she's always going to the doctor's; ***mir sind Kühe vors Auto ge~*** cows ran in front of my car; ***fahrt ihr mal! ich laufe lieber*** you go by car, I'd rather walk; ***kann sie schon ~?*** has she started walking yet?; ***beim L~ tut mir die Hüfte so weh*** my hip hurts so much when I walk; ***sie musste das L~ wieder lernen*** she had to learn [how] to walk again; [**irgendwo**] **auf und ab ~** to pace somewhere; **gegen etw ~** to walk into sth; ***ich bin an einen Pfosten gelaufen*** I walked into a post; **jdn ~ lassen** to let sb go
③ *(fig: sich gleitend bewegen)* to run; ***ihr Blick lief suchend durch die Menge*** her eyes ran searchingly through the crowd; ***ein Gemurmel läuft durch die Reihen*** a murmur runs through the audience; ***ein Zittern läuft durch seinen Körper*** he is shaking all over; **jdm läuft ein Schauder über den Rücken** a shudder runs down sb's back
④ *(fließen)* to run; **Blut/Schweiß läuft/Tränen laufen jdm übers Gesicht** blood/sweat runs/tears run down sb's face; **der Käse läuft** the cheese has gone runny; **jdm läuft die Nase** sb's nose is running; **Wasser in die Badewanne ~ lassen** to fill the bath
⑤ SPORT to run; ***wie schnell bist du gelaufen?*** what time did you run?; [**für ein Land, eine Mannschaft**] **~** to run [for a country, a team]
⑥ *(eingeschaltet sein)* to be on; *(funktionieren)* to work; *Getriebe, Maschine, Motor* to run; *(sich gleitend bewegen)* to run; ***täglich ~ 6.000 Stück vom Band*** 6,000 units a day come off the line; ***die Miniatureisenbahn läuft auf winzigen Schienen*** the miniature railway runs on tiny rails; ***das Radio lief*** the radio was playing; ***nach der Reparatur lief die Uhr wieder*** after being repaired, the clock worked again; ***Kamera läuft!*** FILM camera on!
⑦ FILM, THEAT *(gezeigt werden)* to be on; ***der Film lief endlich auch im Fernsehen*** finally, the film was on TV; ***dieses Stück läuft schon seit fünf Jahren im Westend*** this play has been running for five years in the Westend
⑧ *(in Bearbeitung sein)* to go [on]; ***der Prozess läuft nun schon zwei Jahre*** the trial has been going on for two years now
⑨ *(gültig sein)* to run, to last; ***mein Vertrag läuft bis Ende Juli*** my contract runs until the end of July
⑩ *Zeit* pass; ***mir läuft die Zeit davon*** I'm running out of time
⑪ *(verlaufen)* to flow, to run; ***ab hier ~ die Kabel alle unterirdisch*** all of the cables run underground from here on; ***die Straße läuft am Fluss entlang*** the road runs along the river
⑫ *(leck sein)* to leak; ***der Eimer läuft*** the bucket is leaking
⑬ *(seinen Gang gehen)* to go; ***was macht das Geschäft? — es könnte besser ~*** how's business? — could be better; ***läuft etwas zwischen euch?*** is there anything going on between you?; ***wie läuft es?*** how's it going?; ***die Bewerbung läuft*** the application is running; ***der Prozess läuft*** the trial is under way; **falsch ~** to go wrong; **nach Wunsch ~** to go as planned
⑭ *(geführt werden)* be issued; **auf jds Namen ~** to be issued in sb's name; **unter einer bestimmten Bezeichnung ~** to be called sth; ***diese Einnahmen ~ unter „Diverses*** [*o* ***Sonstiges***]***"*** this income comes under the category of "miscellaneous"; ***die Ermittlungen ~*** investigations are under way
⑮ *(fam: gut verkäuflich sein)* to sell well; ***das neue Produkt läuft gut/ nicht so gut*** the new product is selling well/not selling well
⑯ *(fahren)* to run; **auf Grund ~** to run aground
▸WENDUNGEN: **jdm eiskalt über den Rücken ~** a chill runs up sb's spine; **das läuft bei mir nicht!** that's not on with me!, I'm not having that!; **die Sache ist gelaufen** it's too late now, it's pointless to do anything about it now; **das läuft so nicht!** that's not on!
II. *vt sein o haben* ① SPORT ■**etw ~** to run sth; **einen Rekord ~** to set a record
② *(zurücklegen)* ■**etw** [**in etw** *dat*] **~** to run sth [in sth]; ***er will den Marathon in drei Stunden ~*** he wants to run the marathon in three hours
③ *(fahren)* **Rollschuh/Schlittschuh/Ski ~** to go roller skating/ice-skating/skiing, to roller-skate/ice-skate/ski
III. *vr impers haben* ***mit diesen Schuhen wird es sich besser ~*** walking will be easier in these shoes; ***auf dem Teppichboden läuft es sich weicher als auf dem Fliesen*** a carpet is softer to walk on than tiles; **sich** *akk* **müde ~** to tire oneself with running; **sich** *akk* **warm ~** to warm up; **sich** *akk* **wund laufen** to get sore feet

lau·fend **I.** *adj attr* ① *(geh: derzeitig)* current; **~e Ausgaben** fixed expenses; **~e Erträge** current revenues; **~er Geschäftsbetrieb** *(Geschäft)* day-to-day business; *(Verwaltung)* day-to-day running of a/the company; **~e Konten** checking accounts; **~er Kredit** open credit; **~e Kursfeststellung** current prices
② *(ständig)* constant
▸WENDUNGEN: **jdn** [**über etw** *akk*] **auf dem L~en halten** to keep sb up-to-date [about [*or* on] sth] [*or* informed [about sth]]; **auf dem L~en sein** [*o* **bleiben**] to be [*or* keep] up-to-date; **mit etw** *dat* **auf dem L~en sein** to be up-to-date with sth
II. *adv (fam)* constantly, continually

Läu·fer <-s, -> ['lɔyfɐ] *m* ① SCHACH bishop
② *(Teppich)* runner

Läu·fer(in) <-s, -> ['lɔyfɐ] *m(f)* runner

Lau·fe·rei <-, -en> [laufə'rai] *f (pej fam)* running around

Läu·fe·rin <-, -nen> *f fem form von* **Läufer**

Lauf·feu·er *nt* ▸WENDUNGEN: **sich** *akk* **wie ein ~ verbreiten** to spread like wildfire

Lauf·flä·che *f* ① *eines Reifens* tread
② *eines Skis* slide
③ *einer Kegelbahn* lane

Lauf·ge·rät *nt* walker **Lauf·ge·schirr** *nt* walking harness **Lauf·git·ter** *nt s.* **Laufstall** **Lauf·gurt** *m* walking rein **Lauf·ho·nig** *m* liquid honey

läu·fig ['lɔyfɪç] *adj* on heat

Lauf·jun·ge *m (veraltend)* errand boy **Lauf·kä·fer** *m* ZOOL grand beetle **Lauf·kat·ze** *f* TECH crab **Lauf·kran** *m* TECH travelling crane **Lauf·kund·schaft** *f kein pl* passing trade *no pl,* occasional customers *pl* **Lauf·leis·tung** *f* AUTO mileage **Lauf·ma·sche** *f* ladder **Lauf·me·ter** <-s, -> *m* SCHWEIZ *(Distanz zwischen zwei Schritten)* distance between two steps **Lauf·pass**^RR <-es, -pässe>, **Lauf·paß**^ALT

<-sses, -pässe> *m kein pl* ▸WENDUNGEN: **jdm den ~ geben** *(fam)* to give sb their marching orders *fam* **Lauf·plan·ke** *f* gangplank, gangway **Lauf·rad** *nt (für Mäuse oder Hamster)* exercise wheel, hamster wheel **Lauf·rich·tung** *f* ❶ *(Richtung)* direction of travel; **die ~ ändern** to move in the opposite direction, to change directions ❷ TYPO *von Papier* direction of travel, grain direction **Lauf·ring** *m* TYPO cylinder bearer **Lauf·schie·ne** *f* TECH running blade **Lauf·schrift** *f* TYPO body type **Lauf·schritt** *m* **im ~** at a run; MIL at [*or* on] the double; ***sie verließ das Haus im ~*** she left the house at a run; **im ~, marsch!** *(langsamer werden)* quick [*or* AM quick-time], march!; *(schneller werden)* double-time, march **Lauf·schuh** *m* SPORT running [*or* jogging] shoe, trainer **Lauf·stall** *m* playpen **Lauf·steg** *m* catwalk **Lauf·vo·gel** *f* BIOL flightless bird, ratite **Lauf·wei·te** *f* TYPO character spacing, letter spacing **Lauf·werk** *nt Maschine* drive mechanism; *Uhr* clockwork; *Computer* disc drive; **aktuelles/physisches/virtuelles ~** actual/physical/virtual drive

Lauf·zeit *f* FIN term; **mit unbestimmter ~** without a fixed term; **unbegrenzte ~** unlimited maturity **Lauf·zei·ten·be·schrän·kung** *f* FIN maturity restriction **Lauf·zeit·en·de** *nt* FIN end of the term **Lauf·zei·ten·ver·kür·zung, Lauf·zeit·ver·kür·zung** *f* FIN *(bei Anleihe)* reduction of maturities **Lauf·zei·ten·ver·län·ge·rung, Lauf·zeit·ver·län·ge·rung** *f* FIN *(bei Anleihe)* extension [*or* prolongation] of maturities **Lauf·zeit·fonds** [-fõ:s] *m* BÖRSE maturity fund

Lauf·zet·tel *m* control slip

Lau·ge <-, -n> ['laugə] *f* ❶ *(Seifenlauge)* soapy water
❷ *(wässrige Lösung einer Base)* lye
❸ *(veraltend: Salzlauge)* salt solution

Lau·gen·bre·zen *f* SÜDD pretzel **Lau·gen·sem·mel** *nt* SÜDD pretzel roll **Lau·gen·stan·ge** *f* SÜDD pretzel stick

Lau·heit <-> ['lauhait] *f kein pl (geh)* ❶ *(Milde)* mildness *no pl*
❷ *(Halbherzigkeit)* lukewarmness *no pl*, half-heartedness *no pl*

laun·chen ['lo:ntʃn] *vt* ÖKON ■**etw ~** to launch sth

Lau·ne <-, -n> ['launə] *f* ❶ *(Stimmung)* mood; **blendende/gute ~ haben** [*o geh* [**bei**] **blendender/guter ~ sein**] to be in a wonderful/good mood; **miese/schlechte ~ haben** [*o geh* [**bei**] **mieser/schlechter ~ sein**] to be in a foul/bad mood; **jdn bei** [**guter**] **~ halten** *(fam)* to keep sb happy; [**je**] **nach** [**Lust und**] **~** depending on how one feels; *(wechselnde Stimmung a.)* temper; **seine ~n an jdm auslassen** to take one's temper out on sb; ***deine ~n sind unerträglich!*** your moods are unbearable!
❷ *(abwegige Idee)* whim; ***das war eine ~ der Natur*** that was a whim of nature; **aus einer ~ heraus** on a whim

lau·nen·haft *adj* ❶ *(kapriziös)* moody
❷ *(wechselhaft) Wetter* changeable, unsettled

Lau·nen·haf·tig·keit <-> *f kein pl* ❶ *(kapriziöse Art)* moodiness *no pl*
❷ *(Wechselhaftigkeit) Wetter* changeability, unsettled nature

lau·nig <-er, -ste> ['launɪç] *adj (veraltend)* witty; **eine ~e Rede** a witty speech

lau·nisch ['launɪʃ] *adj s.* **launenhaft**

Laus <-, Läuse> [laus, *pl* 'lɔyzə] *f* ❶ *(Blut saugendes Insekt)* louse; **Läuse haben** to have lice
❷ *(Blattlaus)* aphid
▸WENDUNGEN: **jdm ist eine ~ über die Leber gelaufen** *(fam)* sb got out of the wrong side of bed *fam;* **jdm/sich eine ~ in den Pelz setzen** *(fam)* to land sb/oneself in it

Lau·sanne <-s> [lo'zan] *nt* Lausanne

Laus·bub *m* SÜDD *(fam)* rascal

laus·bü·bisch *adj* impish

Lausch·an·griff *m* bugging; JUR surreptitious electronic surveillance

lau·schen ['lauʃn] *vi* ❶ *(heimlich zuhören)* to eavesdrop
❷ *(geh: zuhören)* to listen

Lau·scher <-s, -> ['lauʃɐ] *m* JAGD ear; **sperr deine ~ auf!** *(fig fam)* listen up! *fam*

Lau·scher(in) <-s, -> ['lauʃɐ] *m(f)* eavesdropper ▸WENDUNGEN: **der ~ an der Wand hört seine eigene Schand** *(prov)* eavesdroppers seldom hear good of themselves

lau·schig ['lauʃɪç] *adj (veraltend)* ❶ *(gemütlich)* cosy BRIT, cozy AM, snug
❷ *(einsam)* secluded

Lau·se·ben·gel *m (veraltend fam) s.* **Lausbub**

Lau·se·jun·ge *m (fam)* rascal

Läu·se·mit·tel *nt* PHARM lousicide

lau·sen ['lauzn] *vt* ■**jdn/ein Tier ~** to delouse sb/an animal; ■**sich** *akk* **~** to delouse oneself

Läu·se·pen·si·on ['lɔyzəpãzio:n] *f (pej fam)* dosshouse BRIT *fam*, flophouse AM *fam*

lau·sig ['lauzɪç] I. *adj (pej fam)* ❶ *(entsetzlich) Arbeit, Zeiten etc.* awful
❷ *(geringfügig)* lousy, measly; ***wegen diesen ~en paar Euro!*** all for these measly few euros!
II. *adv (pej fam)* ❶ *(entsetzlich)* terribly; ***es ist ~ kalt!*** it's terribly cold
❷ *(lumpig)* lousily, badly; ***als Lehrer wird man ~ bezahlt*** a teacher's pay is lousy

laut[1] [laut] I. *adj* ❶ *(weithin hörbar)* loud; **etw ~/~er stellen** to turn up sth *sep;* ***musst du immer gleich ~ werden?*** do you always have to blow your top right away?; **~e Farben** *(fig)* loud colours [*or* AM -ors] *fig*
❷ *(voller Lärm)* noisy; ***ist es dir hier zu ~?*** is it too noisy for you here?
▸WENDUNGEN: **~ werden** to become public knowledge; **etw ~ werden lassen** to make sth known
II. *adv (weithin hörbar)* loudly; ***kannst du das ~er sagen?*** can you speak up?; **~ denken** to think out loud; ***sag das nicht ~!*** don't let anyone hear you say that!

laut[2] [laut] *präp +dat o gen* according to; **~ Zeitungsberichten/den letzten Meldungen ...** according to newspaper reports/latest reports ...

Laut <-[e]s, -e> [laut] *m* ❶ *(Ton)* noise; **keinen ~ von sich** *dat* **geben** to make no noise, to not make a sound; **~ geben** JAGD to bark
❷ *pl (Sprachfetzen)* tone

Lau·te <-, -n> ['lautə] *f* lute

lau·ten ['lautn] *vi* ❶ *(zum Inhalt haben)* to read, to go; ***wie lautet der letzte Absatz?*** how does the final paragraph go?; ***die Anklage lautete auf Erpressung*** the charge is blackmail
❷ *(ausgestellt sein)* ■**auf jdn/jds Namen ~** to be in sb's name

läu·ten ['lɔytn] I. *vi* ❶ *(klingend erschallen) Klingel, Telefon* to ring; *Glocke a.* to chime, to peal; *(feierlich)* to toll, to knell
❷ *(durch Klingeln herbeirufen)* ■**nach jdm ~** to ring for sb
▸WENDUNGEN: **ich habe davon ~ gehört** [*o* **hören**], **dass ...** I have heard rumours that ...
II. *vi impers* ❶ DIAL *(Glocken ertönen)* ■**es läutet** the bell is/bells are ringing
❷ *(die Türklingel/Schulglocke ertönt)* the bell is ringing; ***es hat geläutet*** the bell rang, there was a ring at the door; ***es läutet sechs Uhr*** the clock's striking six

Lau·te·nist(in) <-en, -en> [lautə'nɪst] *m(f),* **Lau·ten·spie·ler(in)** *m(f)* lutenist, lute player

lau·ter[1] ['lautɐ] *adj inv* just, nothing but; ***das sind ~ Lügen*** that's nothing but lies; **vor ~ ...** because of ...; ***vor lauter Arbeit ...*** because of all the work I've got ...

lau·ter[2] ['lautɐ] *adj* ❶ *(geh: aufrichtig)* sincere
❷ *(veraltend liter: rein)* pure; *s. a.* **Wahrheit**

Lau·ter·keit <-> *f kein pl (geh: Ehrlichkeit)* integrity, sincerity; **~ im Wettbewerb** fair competition

Lau·ter·keits·prin·zip *nt* HANDEL fair trading principle **Lau·ter·keits·recht** *nt* HANDEL fair trading **Lau·ter·keits·re·geln** *pl* HANDEL standards of fair trading

läu·tern ['lɔytɐn] *vt (geh)* ■**jdn/etw ~** to reform sb/sth

Läu·te·rung <-, -en> *f (geh)* reformation

Läu·te·werk *nt* signal bell

laut·hals ['lauthals] *adv* at the top of one's voice *pred*

Laut·leh·re *f kein pl* phonetics + *sing vb*

laut·lich ['lautlɪç] I. *adj* phonetic
II. *adv* phonetically

laut·los ['lautlo:s] I. *adj* noiseless, silent
II. *adv* noiselessly, silently

Laut·lo·sig·keit <-> *f kein pl* noiselessness *no pl*, silence

Laut·ma·le·rei [lautma:lə'rai] *f* onomatopoeia **laut·ma·le·risch** *adj inv* LING onomatopoeic **Laut·schrift** *f* phonetic alphabet

Laut·spre·cher *m* loudspeaker; **über ~** by loudspeaker **Laut·spre·cher·box** *f* speaker **Laut·spre·cher·durch·sa·ge** *f* loudspeaker announcement; ***die Information wurde mittels ~n weitergegeben*** the information was passed on over the loudspeaker[s] [*or* in loudspeaker announcements] **Laut·spre·cher·ka·bel** *f* speaker cable **Laut·spre·cher·turm** *m* speaker stack **Laut·spre·cher·wa·gen** *m* car with a loudspeaker on top

laut·stark I. *adj* loud; **ein ~er Protest/Widerspruch** a strong protest
II. *adv* loudly, strongly

Laut·stär·ke *f* ❶ *(Schallpegel)* volume; **bei voller ~** at full volume; **etw auf volle ~ stellen** to turn sth up to full volume [*or* right [*or* AM all the way] up]; **die ~ regeln** to adjust the volume
❷ *(laute Art)* loudness; **~ *allein wird dich nicht ans Ziel bringen*** you won't get anywhere by just shouting

Laut·stär·ke·reg·ler *m* volume control

Laut·ver·schie·bung *f* LING consonant shift; **die erste/zweite ~** the first/second consonant shift

lau·warm ['lauvarm] *adj* lukewarm

La·va <-, Laven> ['la:va, *pl* 'la:vən] *f* lava

La·va·bo <-[s], -s> [la'va:bo] *nt* SCHWEIZ *(Waschbecken)* washbasin

La·va·lam·pe *f* lava lamp

La·ven·del <-s, -> [la'vɛndl] *m* lavender

La·ven·del·ho·nig *m* lavender honey **La·ven·del·öl** <-[e]s> *nt kein pl* lavender oil *no pl, no indef art* **La·ven·del·was·ser** *nt* lavender water

la·vie·ren* [la'vi:rən] I. *vi (geh)* to manoeuvre BRIT, to maneuver AM
II. *vr* ■**sich** *akk* **aus etw** *dat* **~** to worm one's way out of sth; ***wie er sich wohl aus dieser prekären Lage ~ wird?*** I wonder how he's going to get out of this precarious situation

La·wi·ne <-, -n> [la'vi:nə] *f* ❶ *(Schneemasse)* avalanche
❷ *(sehr große Anzahl) Anrufe, Briefe* avalanche, deluge; **eine ~ ins Rollen bringen/auslösen** to start an avalanche; **eine ~ von Protesten lostreten** to unleash a storm of protest

la·wi·nen·ar·tig I. *adj* like an avalanche
II. *adv* like an avalanche; ***die Zahl der Beschwerden schwoll ~ an*** the number of complaints snowballed

La·wi·nen·ge·fahr *f kein pl* risk of avalanches **La·wi·nen·ver·bau·ung** *f* avalanche barrier

Law·ren·ci·um <-s> [lo'rɛntsiʊm] *nt kein pl* lawrencium *no pl, no indef art spec*

lax [laks] *adj* lax

La·xans <-, -tia *o* -tien> ['laksans, *pl* la'ksantsia, *pl* la'ksantsiən] *nt* MED gentle laxative

Lax·heit <-> *f kein pl* laxity, laxness

Lay-out[RR], **Lay·out** <-s, -s> [le:'ʔaut] *nt* layout; INFORM formatting

lay·ou·ten* [le:'ʔautn] *vt* TYPO, INFORM ■**etw ~** to layout sth

Lay·ou·ter(in) <-s, -> ['le:ʔautɐ, le:'ʔautɐ] *m(f)* layout man

Lay·out·kon·trol·le ['le:ʔaut-] *f* TYPO, INFORM preview

La·za·rett <-[e]s, -e> [latsa'rɛt] *nt* military hospital **La·za·rett·flug·zeug** *nt* air ambulance **La·za·rett·schiff** *nt* hospital ship **La·za·rett·zug** *m* hospital train

La·za·rist <-en, -en> [latsaˈrɪst] *m* REL Lazarist

LCD <-[s], -s> [ɛltseːˈdeː] *nt Abk von* **liquid-crystal display** LCD **LCD-An·zei·ge** *f* LCD display **LCD-Bild·schirm** *m* LCD screen **LCD-Fern·seh·ge·rät** *nt* LCD television **LCD-Mo·ni·tor** *m* LCD monitor **LCD-Pro·jek·tor** *m* TV LCD projector **LCD-Spiel** *nt* LCD game

LCR <-[s], -s> [ɛltseːˈʔɛr] *m Abk von* **Least-Cost-Router** LCR

LD *f* MED, PHARM *Abk von* **letale Dosis** LD

Lead·gi·tar·re [liːd-] *f* lead guitar

Lean·ma·nage·ment, Lean Ma·nage·ment [ˈliːnmænɪdʒmənt] *nt* lean management **Lean·pro·duc·tion, Lean Pro·duc·tion** <-, -s> [ˈliːnprədʌkʃn] *f* lean production

Learn·ing by Do·ing <-> [ˈlɜːnɪŋ baɪ ˈduːɪŋ] *nt kein pl* learning by doing

lea·sen [ˈliːzn] *vt* ■**etw** ~ to lease sth

Lea·sing <-s, -s> [ˈliːzɪŋ] *nt* leasing

Lea·sing·be·ra·ter(in) *m(f)* leasing consultant **Lea·sing·dau·er** *f* HANDEL leasing period **Lea·sing·fahr·zeug** *nt* leased vehicle **Lea·sing-Fi·nan·zie·rung** *f* FIN leasing finance **Lea·sing·fir·ma** *f* leasing company **Lea·sing·ge·ber(in)** *m(f)* FIN lessor **Lea·sing·ge·gen·stand** *m* FIN leased asset **Lea·sing·ge·schäft** *nt* HANDEL leasing business [*or* transaction] **Lea·sing·ge·sell·schaft** *f* FIN, ÖKON leasing company **Lea·sing·kun·de, -kun·din** *m, f* lessee **Lea·sing·neh·mer(in)** *m(f)* FIN lessee **Lea·sing·ob·jekt** *nt* HANDEL object of lease **Lea·sing·ra·te** *f* lease instalment [*or* AM installment] [*or* rate] **Lea·sing·ver·trag** *m* lease agreement

Least-Cost-Rou·ter [ˈliːstkɒstruːtə] *m* TELEK least cost router

Le·be·da·me *f (pej) fem form von* **Lebemann** courtesan **Le·be·hoch** <-[s], -[s]> [leːbəˈhoːx] *nt* cheer **Le·be·mann** *m (pej)* playboy, man-about-town, bon viveur

le·ben [ˈleːbn̩] **I.** *vi* ❶ *(lebendig sein)* to live; ***Gott sei Dank, er lebt*** [***noch***] Thank God, he's [still] alive; ***lebst du noch?*** *(hum)* are you still in the land of the living? *hum;* ***man lebt nur einmal*** you only have one life to live; ***daraufhin wollte er nicht mehr ~*** after that he didn't want to go on living
❷ *(ein bestimmtes Leben führen)* to live; ***jeder Mensch will glücklich und zufrieden ~*** everyone wants to have [*or* lead] a happy and satisfied life; ***er lebt nicht schlecht*** he doesn't do too badly; **christlich ~** to lead a Christian life; **getrennt ~** to live apart; **nach Prinzipien ~** to live by principles; **vegetarisch ~** to be vegetarian
❸ *(existieren)* ■[**für jdn/etw**] ~ to live [for sb/sth]; ***der Musiker lebt in seinen Kompositionen*** the musician lives on in his compositions; **mit etw** *dat* **~ können/müssen** to be able to/have to live with sth; ■**von etw** *dat* ~ *(seinen Lebensunterhalt bestreiten)* to make one's living doing sth; *(sich ernähren)* to live on [*or* off] sth; ***wovon lebt der überhaupt?*** however does he make his living?, whatever does he do for a living?; **vom Schreiben ~** to make a living as a writer
❹ *(sich widmen)* ■**etw** *dat* **leben** *(geh)* to live for sth; ***er lebt nur der Kunst*** he has dedicated his life to art
❺ *(wohnen)* to live; **im Ausland/in der Stadt ~** to live abroad/in town
❻ *(ausdrucksvoll sein)* ***das Bild lebt*** there is life in the painting
▸WENDUNGEN: **hoch soll er/sie ~!** for he/she's a jolly good fellow!; **lang** [*o* **es**] **lebe der/die/das ...!** long live the ...!; **~ und ~ lassen** to live and let live; **man lebt** [**so**] *(fam)* so, so *fam;* ***wie geht es dir? — man lebt so*** how are you? — surviving; **von etw** *dat* **nicht ~ und nicht sterben können** not to be able to live on sth; **so wahr ich lebe** I swear it; **leb[e] wohl!** farewell!
II. *vt* ❶ *(verbringen)* ■**etw ~** to live sth; ***ich lebe doch nicht das Leben anderer Leute!*** I have my own life to lead!
❷ *(verwirklichen)* to live; **seine Ideale/seinen Glauben ~** to live according to one's ideals/beliefs
III. *vi impers* ***wie lebt es sich denn als Millionär?*** what's it like living the life of a millionaire?, what's life as a millionaire like?; ***lebt es sich hier besser als dort?*** is life better here than there?, is it better living here than there?

Le·ben <-s, -> [ˈleːbn̩] *nt* ❶ *(Lebendigsein)* life; **sein ~ aushauchen** *(geh)* to breathe one's last *liter;* **jdn vom ~ zum Tode befördern** *(geh)* to put sb to death *form;* **etw mit dem** [*o* **seinem**] **~ bezahlen** *(geh)* to pay for sth with one's life; **am ~ bleiben/sein** to remain [*or* stay]/be alive; ***solange er am Leben ist, wird das Haus nicht verkauft*** as long as he lives the house won't be sold; **jdn ums ~ bringen** *(geh)* to take sb's life; **mit dem ~ davonkommen** to escape with one's life; **seinem ~ ein Ende setzen** *(euph)* to take one's life *euph;* **jdn** [**künstlich**] **am ~ erhalten** to keep sb alive [artificially]; [**bei etw** *dat*/**während einer S.** *gen*] **ums ~ kommen** to die [in sth/during sth], to lose one's life [in sth/during sth]; **jdn das ~ kosten** *(geh)* to cost sb his/her life; **sein ~** [**für jdn/etw**] **lassen** *(geh)* to give one's life [for sb/sth]; **jdn am ~ lassen** to let sb live; **um sein ~ laufen** [*o* **rennen**] to run for one's life; **sich** *dat* **das ~ nehmen** *(euph)* to take one's life *euph;* **jdm das** [*o* **jds**] **~ retten** to save sb's life; **aus dem ~ scheiden** *(geh)* to depart this world *form;* **jdm das ~ schenken** *(geh: jdn gebären)* to give birth to sb; *(jdn am Leben lassen)* to let sb live; **mit seinem ~ spielen** to put one's life at risk; [**bei etw** *dat*/**während einer S.** *gen*] **das** [*o* **sein**] **~ verlieren** to lose one's life [in/during sth]; **jdn ins ~ zurückrufen** to revive sb
❷ *(Existieren)* life; **das ewige ~** eternal life; **sich** *akk* **seines ~s freuen** to enjoy [one's] life; **das ~ geht weiter** life goes on; **sein ~ genießen/verpfuschen** to enjoy/ruin one's life; **am ~ hängen** to love life; **das** [*o* **sein**] **~ hinter sich** *dat* **haben** to have one's life behind one, to have had one's innings *fam;* **das** [*o* **sein**] **~ vor sich** *dat* **haben** to have one's [whole] life before one; **ein** [*o* **jds**] **~ lang** one's [*or* sb's] whole life; **nie im ~** [*o* **im ~ nicht**] never; **jdm/sich das ~ schwer machen** to make life difficult for sb/oneself; **so ist das ~** [**eben**] that's life, such is life; **das** [*o* **ein**] **~ nach dem Tod**[**e**] life after death; **zeit jds ~s** as long as sb lives; ***ich war zeit meines ~s noch nie beim Arzt*** I have never consulted a doctor in all my life
❸ *(Alltag, Lebensweise)* life; **ein ~ in Armut/im Luxus** a life of poverty/luxury; **ein geruhsames/hektisches ~ führen** to lead a quiet/hectic life; **das ~ Picassos** Picasso's life, the life of Picasso; **das süße ~** the life of Riley *fam;* **das tägliche ~** everyday life; **sich** *akk* [**mit etw** *dat*] **durchs ~ schlagen** to struggle to make a living [doing sth]; **das wirkliche ~** real life; **das ~ zu zweit** life as a couple
❹ *(Lebewesen)* life; ***es gibt kein ~ auf jenem Planeten*** there's no life on that planet
❺ *(Geschehen, Aktivität)* life; **etw zum** [*o* **zu neuem**] **~ erwecken** to bring sth back to life, to revive sth; **etw ins ~ rufen** to found [*or* establish] sth; **das öffentliche ~** public life; **eine Figur** [*o* **Person**] **des öffentlichen ~s** a public figure
❻ *(Lebhaftigkeit)* life; ***der Roman ist ohne ~*** there is no life in the novel; **~ in etw** *akk* **bringen** to put some life into sth; **voller ~ sein** to be full of life
❼ *(Lebensinhalt)* life; ***ihr Garten war ihr ~*** her garden was her life
▸WENDUNGEN: **wie das blühende ~ aussehen** to look in the pink *hum;* **~ in die Bude bringen** *(fam)* to liven things up; **seines ~s nicht mehr froh werden** to have a rotten life; **aus dem Leben gegriffen sein** to be a slice of life; **es geht um** [*o* **ist eine Sache auf**] **~ und Tod** it's a matter of life and death; **etw für sein ~ gern tun** to love doing sth; ***ich esse für mein ~ gern Schokolade*** I love chocolate; ***ich würde für mein ~ gern verreisen*** I'd love to travel; **jds ~ hängt an einem dünnen** [*o* **seidenen**] **Faden** sb's life is hanging by a thread; **jdm das ~ zur Hölle machen** to make sb's life hell; **wenn dir dein ~ lieb ist** if your life means sth to you; **das nackte ~ retten** [*o* **mit dem nackten ~ davonkommen**] to barely escape with one's life; **ein Roman den/ein Stück das ~ schrieb** a novel/a play of real life; **seines ~s nicht mehr sicher sein** *(fam)* to fear for one's life; [**bei etw** *dat*] **sein ~ aufs Spiel setzen** to risk one's life [doing sth]; **wie das ~ so spielt** *(fam)* as is the way of the world; **jds ~ steht auf dem Spiel** sb's life is at risk; **jdm nach dem ~ trachten** to be out to kill sb

le·bend I. *adj* ❶ *(nicht tot)* living; ■**die L~en** *pl* the living *pl;* **nicht mehr unter den L~en weilen** *(geh)* to no longer be with us *form;* **eine ~e Sprache** a living language; **die in Berlin ~e Autorin** the author living in Berlin
❷ *(belebt)* living
▸WENDUNGEN: **es von den L~en nehmen** to make people pay through the nose
II. *adv* alive; **~ gebärend** ZOOL live-bearing, bearing live young, viviparous; **etw ~ überstehen** to get through sth alive, to survive sth

le·bend·ge·bä·rend *adj s.* **lebend II Le·bend·ge·burt** *f* live birth **Le·bend·ge·wicht** *nt kein pl (fachspr)* live-weight

le·ben·dig [leˈbɛndɪç] **I.** *adj* ❶ *(lebend)* living; ■**~ sein** to be alive
❷ *(anschaulich, lebhaft)* vivid; **~ werden/wirken** to come to life/appear lifelike; **ein ~es Kind** a lively child
❸ *(noch praktiziert)* alive *pred;* **wieder ~ werden** to come alive again
▸WENDUNGEN: **es von den L~en nehmen** *(hum fam)* to be daylight robbery *hum fam; s. a.* **Leib**
II. *adv* ❶ *(lebend)* alive
❷ *(lebhaft)* **etw ~ gestalten/schildern** to organize sth in a lively way/give a lively description of sth

Le·ben·dig·keit <-> *f kein pl* vividness *no pl*

Le·bend·impf·stoff *m* live vaccine **Le·bend·spen·de** *f* MED living [organ] donation **Le·bend·spen·de(r)** *f(m) dekl wie adj* MED living [organ] donor

Le·bens·abend *m (geh)* twilight years *pl* **Le·bens·ab·schnitt** *m* chapter in one's life **Le·bens·ab·schnitts·ge·fähr·te, -ge·fähr·tin** *m, f (oft hum fam)* current [*or* latest] squeeze *fam or hum* **Le·bens·al·ter** *nt* age **Le·bens·ar·beits·zeit** *f* ÖKON working life **Le·bens·art** *f kein pl* manners *pl;* **keine ~ haben** to have no manners; *s. a.* **Lebensweise Le·bens·auf·ga·be** *f* lifelong task; **sich** *dat* **etw zur ~ machen** to make sth one's life's work **Le·bens·baum** *m* ❶ BOT arbor vitae ❷ REL, KUNST tree of life **Le·bens·be·din·gun·gen** *pl* living conditions **le·bens·be·dro·hend** *adj inv* life-threatening **le·bens·be·ja·hend** *adj* positive, life-affirming; **eine ~e Einstellung** a positive approach to life **Le·bens·be·reich** *m* area of life **Le·bens·be·wäl·ti·gung** *f* coping with life **Le·bens·be·wäl·ti·gungs·hil·fe** *f* help with coping with life **Le·bens·dau·er** *f* ❶ *(Dauer des Lebens)* lifespan ❷ *(Dauer der Funktionsfähigkeit)* [working] life **Le·bens·eli·xier** *nt* elixir of life **Le·bens·en·de** *nt kein pl* death; **bis ans/an jds ~** until one's/sb's death; ***als sie ihr ~ nahen fühlte, ...*** when she felt her life was drawing to a close ... **Le·bens·ent·wurf** *m* outline of sb's life **Le·bens·er·fah·rung** *f* experience of life **le·bens·er·hal·tend** *adj inv* vital; *Geräte* life-support; **~e Maßnahmen** life-preserving measures **Le·bens·er·in·ne·run·gen** *pl* memoirs **Le·bens·er·war·tung** *f* life expectancy

le·bens·fä·hig *adj* ❶ MED *(fähig, zu überleben)* capable of surviving; [**nicht**] **~ sein** *(fig)* [not] to be viable
❷ BIOL *(in der Lage zu existieren)* viable, capable of living *pred*

Le·bens·fä·hig·keit *f kein pl* viability *no pl,* ability to live *no pl* **le·bens·fern** *adj* remote from everyday life **Le·bens·form** *f* ❶ *(Lebensweise)* way of life ❷ *(Organisation von biol. Leben)* life-form **Le·bens·fra·ge** *f* vital matter [*or* question] **Le·bens·freu·de** *f kein pl* joie de vivre *no pl form,* love of life *no pl* **le·bens·froh** *adj* full of the joys of life [*or* joie de vivre] *pred* **Le·bens·füh·rung** *f* life-style **Le·**

L

bens·füh·rungs·schuld *f* JUR criminal conduct **Le·bens·ge·fahr** *f* **es besteht ~** there is a risk of death; **jd ist** [*o* **schwebt**] [*o* **befindet sich**] [*o* **gerät**] **in ~** sb's life is in danger; **jd ist** [*o* **befindet sich**] **außer ~** sb's life is no longer in danger; **mit ~ verbunden sein** to entail risk of death; **unter ~** at the risk of one's life; **~!** danger!

le·bens·ge·fähr·lich I. *adj* extremely dangerous; *(Krankheiten)* life-threatening
II. *adv* ❶ *(in das Leben bedrohender Weise)* critically
❷ *(fam: sehr gefährlich)* dangerously, hazardously

Le·bens·ge·fähr·te, -ge·fähr·tin *m, f (geh)* partner; JUR cohabitee, common law spouse **Le·bens·ge·fühl** *nt kein pl* awareness of life *no pl* **Le·bens·geis·ter** *pl* **jds ~ sind erwacht** sb's spirits are revived; **jds ~ erwecken** [*o* **wecken**] to liven sb up **Le·bens·ge·mein·schaft** *f* ❶ *(das dauernde Zusammenleben)* long-term relationship ❷ BIOL *(Biozönose)* biocoenosis BRIT, biocenosis AM **Le·bens·ge·nuss**[RR] *m* enjoyment of life **Le·bens·ge·schich·te** *f* life story **Le·bens·ge·wohn·hei·ten** *pl* habits **le·bens·groß** *adj* life-size[d] **Le·bens·grö·ße** *f* real size; ■**~ haben** to be life-size[d]; **eine Büste in ~** a life-sized bust; **in** [**voller**] **~** *(hum fam)* in person [*or fam* the flesh], as large as life *hum fam* **Le·bens·grund·la·ge** *f* basis of [*or* for] life

Le·bens·hal·tung *f kein pl* standard of living; ***die ~ wird immer teurer*** the cost of living is ever increasing **Le·bens·hal·tungs·in·dex** *m* cost-of-living index **Le·bens·hal·tungs·kos·ten** *pl* cost of living *no pl, no indef art*

Le·bens·hil·fe *f* counselling BRIT, counseling AM **le·bens·hung·rig** *adj* with a zest for life *attr;* ■**~ sein** to have a zest for life **Le·bens·in·halt** *m* purpose in life; ***ist das dein einziger ~?*** does your whole life revolve around that?; **etw zu seinem ~ machen** to dedicate one's life's to sth **Le·bens·jahr** *nt* year [of one's life]; **nach/vor dem vollendeten ... ~** *(geh)* after/before sb's ... birthday; **im** [*o* **in jds**] **... ~:** ***bereits im 14. ~ verlor sie ihre Eltern*** she lost her parents when she was only fourteen **Le·bens·kampf** *m kein pl* struggle for survival **Le·bens·kraft** *f kein pl* vitality **Le·bens·künst·ler(in)** *m(f)* **ein richtiger ~** a person who knows how to make the best of life **Le·bens·la·ge** *f* situation [in life]; **in allen ~n** in any situation

le·bens·lang ['le:bn̩slaŋ] I. *adj* ❶ *(das ganze Leben dauernd)* lifelong
❷ JUR *(lebenslänglich)* life *attr,* for life *pred;* **~e Freiheitsstrafe** life imprisonment
II. *adv (das ganze Leben)* all one's [*or* one's whole] life

le·bens·läng·lich ['le:bn̩slɛŋlɪç] I. *adj* JUR life *attr,* lifelong, for life *pred;* **„~" bekommen** *(fam)* to get "life"; **„~" [für jdn] fordern** [*o* **verlangen**] to demand "life" for sb [*or* that sb gets "life"]
II. *adv* all one's life

Le·bens·läng·li·che(r) *f(m) dekl wie adj* lifer *fam*

Le·bens·lauf *m* ❶ *(schriftliche Lebensbeschreibung)* curriculum vitae BRIT, résumé AM
❷ *(Lebensgeschichte)* life story

Le·bens·li·nie *f* life line **Le·bens·lü·ge** *f* sham existence; **eine ~ leben** to live a lie **Le·bens·lust** *f s.* **Lebensfreude le·bens·lus·tig** *adj s.* **lebensfroh Le·bens·mit·te** *f kein pl* middle age *no pl, no indef art*

Le·bens·mit·tel *nt meist pl* food **Le·bens·mit·tel·ab·tei·lung** *f* food department **Le·bens·mit·tel·al·ler·gie** *f* MED food allergy **Le·bens·mit·tel·be·strah·lung** *f* food irradiation **Le·bens·mit·tel·che·mie** *f* food chemistry **Le·bens·mit·tel·che·mi·ker(in)** <-s, -> *m(f)* food chemist **Le·bens·mit·tel·far·be** *f* food colouring [*or* AM coloring] **Le·bens·mit·tel·ge·schäft** *nt* grocer's, grocery shop [*or* AM *usu* store] **Le·bens·mit·tel·ge·setz** *nt* JUR Foodstuffs Act **Le·bens·mit·tel·han·del** *m kein pl* ÖKON grocery trade *no pl* **Le·bens·mit·tel·händ·ler(in)** *m(f)* ÖKON grocer **Le·bens·mit·tel·kar·te** *f* food ration card **Le·bens·mit·tel·mot·te** *f* food-infesting moth **Le·bens·mit·tel·recht** *nt* JUR law relating to food processing and distribution **Le·bens·mit·tel·ver·ar·bei·tung** *f* food processing **Le·bens·mit·tel·ver·gif·tung** *f* food poisoning **Le·bens·mit·tel·ver·sor·gung** *f* food supply **Le·bens·mit·tel·vor·rat** *m* food stock, provisions *npl* **Le·bens·mit·tel·zu·satz** *m* food additive

Le·bens·mot·to *nt* ■**sein ~** one's motto in life **le·bens·mü·de** *adj* weary of life *pred;* ***bist du ~?, du bist wohl ~!*** *(hum fam)* are you tired of living? **Le·bens·mü·de(r)** *f(m) dekl wie adj* person who is weary of life **Le·bens·mut** *m kein pl* courage to face life *no pl,* optimism *no pl* **le·bens·nah** *adj Schilderung, Roman* true-to-life **Le·bens·nerv** *m* vital lifeline **le·bens·not·wen·dig** *adj s.* **lebenswichtig**

Le·bens·part·ner(in) *m(f) s.* **Lebensgefährte**

Le·bens·part·ner·schaft *f* ❶ *(Beziehung zwischen Lebenspartnern)* long-term relationship
❷ *(eheähnliche Partnerschaft)* **eingetragene ~** *(form)* registered [same-sex [*or* homosexual]] partnership

Le·bens·per·spek·ti·ven *pl* perspectives *pl* of life **Le·bens·phi·lo·so·phie** *f* life philosophy **Le·bens·qua·li·tät** *f kein pl* quality of life

Le·bens·raum *m* ❶ *kein pl (Entfaltungsmöglichkeiten)* living space; HIST Lebensraum
❷ *(Biotop)* biotope, habitat

le·bens·ret·tend *adj inv Medikament, Maßnahme* life-saving

Le·bens·ret·ter(in) *m(f)* ❶ *(zur Rettung Ausgebildeter)* rescuer ❷ *(jd, der jds Leben rettet)* life-saver; ***mein ~!*** you saved my life! **Le·bens·schüt·zer(in)** ['le:bn̩sʃʏtsɐ] *m(f)* POL *(Abtreibungsgegner)* pro-lifer

Le·bens·si·mu·la·ti·on *f* INFORM life-like simulation **Le·bens·si·tu·a·ti·on** *f* life situation **Le·bens·span·ne** *f* life span **Le·bens·stan·dard** *m kein pl* standard of living **Le·bens·stel·lung** *f* job for life **Le·bens·stil** *m* lifestyle **Le·bens·traum** *m* PSYCH life's dream, cherished aim in life **le·bens·tüch·tig** *adj* able to cope with life *attr* **le·bens·über·drüs·sig** *adj* weary of life **Le·bens·um·stand** *m* circumstance **Le·bens·un·ter·halt** *m kein pl* livelihood, living; ***das deckt noch nicht einmal meinen ~*** that doesn't even cover my basic needs; **für jds ~ aufkommen** [*o* **sorgen**] to provide for [*or* keep] sb; **mit .../als ... seinen ~ verdienen** to earn one's keep by .../as ... **le·bens·un·tüch·tig** *adj inv* unable to cope with life *pred* **Le·bens·ver·hält·nis** *nt* ❶ circumstance ❷ *pl* SOZIOL, BIOL living conditions *pl*

Le·bens·ver·si·che·rung *f* ❶ *(Versicherungspolice)* life insurance [*or* BRIT *a.* assurance] ❷ *(Gesellschaft)* life insurance [*or* BRIT *a.* assurance] company **Le·bens·ver·si·che·rungs·po·li·ce** *f* life insurance policy

Le·bens·wan·del *m kein pl* way of life; **einen einwandfreien/lockeren ~ führen** to lead an irreproachable/a dissolute life **Le·bens·weg** *m (geh)* journey through life *form* **Le·bens·wei·se** *f* lifestyle; **sitzende ~** sedentary way of life **Le·bens·weis·heit** *f* ❶ *(weise Lebenserfahrung)* worldly wisdom ❷ *(weise Lebensbeobachtung)* maxim **Le·bens·welt** *f* world, habitat **le·bens·welt·ori·en·tiert** *adj* SOZIOL oriented towards the real world **Le·bens·werk** *nt* life['s] work **le·bens·wert** *adj* worth living *pred;* **jdm ist das Leben nicht mehr ~** life is not worth living for sb anymore **le·bens·wich·tig** *adj* vital, essential, essential to life *pred* **Le·bens·wil·le** *m kein pl* will to live **Le·bens·zei·chen** *nt (a. fig)* sign of life; **kein ~** [**mehr**] **von sich** *dat* **geben** to show no sign of life [any longer]; ***ich habe schon lange kein ~ mehr von ihm bekommen*** I've not had any sign of life from him for a long time **Le·bens·zeit** *f* lifetime; **auf ~** for life; **auf ~ im Gefängnis sitzen** to serve a life sentence; ***eine Rente wird meist auf ~ gezahlt*** pensions are usually paid until the pensioner's death **Le·bens·ziel** *nt* goal [*or* aim] in life **Le·bens·zweck** *m* purpose in life **Le·bens·zy·klus** *m* ÖKON life cycle

Le·ber <-, -n> ['le:bɐ] *f* ❶ *(Organ)* liver; **es an** [*o* **mit**] **der ~ haben** *(fam)* to have a liver problem
❷ *kein pl* KOCHK liver
▶WENDUNGEN: **frei** [*o* **frisch**] **von der ~ weg reden** *(fam)* to speak frankly; **sich** *dat* **etw von der ~ reden** *(fam)* to get sth off one's chest *fam; s. a.* **Laus**

Le·ber·blüm·chen *nt* liverwort, hepatica **Le·ber·egel** *m* ZOOL fluke **Le·ber·ent·zün·dung** *f* MED hepatitis *no pl, no art,* inflammation of the liver **Le·ber·er·kran·kung** *f* liver disease **Le·ber·fleck** *m* liver spot **Le·ber·funk·ti·ons·stö·rung** *f* MED liver disorder **Le·ber·ge·fäß** *nt* hepatic vessel **Le·ber·kä·se** *m kein pl meatloaf made out of fine-ly-ground liver and other meat* **Le·ber·knö·del** *m* liver dumpling **le·ber·krank** *adj* having liver disease *pred* **Le·ber·kran·ke(r)** *f(m) dekl wie adj* person suffering from liver disease **Le·ber·krank·heit** *f* liver disorder **Le·ber·krebs** *m kein pl* MED cancer of the liver *no pl, no art,* hepatic cancer *no pl, no art spec* **Le·ber·lap·pen** *m* lobe of the liver **Le·ber·lei·den** *nt* liver complaint **Le·ber·moos** *nt* BOT liverwort **Le·ber·pas·te·te** *f* liver pâté **Le·ber·tran** *m* cod-liver oil **Le·ber·trans·plan·ta·ti·on** *f* liver transplantation **Le·ber·ver·sa·gen** *nt* liver failure **Le·ber·wert** *m meist pl* MED liver function reading

Le·ber·wurst *f* liver sausage
▶WENDUNGEN: **die beleidigte ~ spielen** *(fam)* to get all in a huff *fam*

Le·ber·zel·le *f* liver cell **Le·ber·zir·rho·se** *f* cirrhosis of the liver *no pl, no art,* hepatic cirrhosis *no pl, no art spec*

Le·be·we·sen *nt* living thing; **menschliches ~** human being

Le·be·wohl <-[e]s, -s *o geh* -e> [le:bə'vo:l] *nt (geh)* farewell *form;* **jdm ~ sagen** to say farewell to sb

leb·haft ['le:phaft] I. *adj* ❶ *(temperamentvoll)* lively, vivacious
❷ *(angeregt)* lively; **eine ~e Auseinandersetzung** a lively debate; **~er Beifall** thunderous applause; **eine ~e Fantasie** an active imagination; *s. a.* **Interesse**
❸ *(belebt)* lively; **~er Verkehr** brisk traffic
❹ *(anschaulich)* vivid
❺ *(kräftig)* vivid
II. *adv* ❶ *(anschaulich)* vividly
❷ *(sehr stark)* intensely

Leb·haf·tig·keit <-> *f kein pl* ❶ *(temperamentvolle Art)* liveliness, vivacity, vivaciousness
❷ *(Anschaulichkeit)* vividness

Leb·ku·chen ['le:pku:xn̩] *m* gingerbread

leb·los ['le:plo:s] *adj (geh)* lifeless

Leb·tag ['le:pta:k] *m* **jds ~** [**lang**] *(fam)* for the rest of sb's days; ***daran würde sie sich ihr ~ erinnern*** she would remember that for the rest of her days; **jds ~ nicht** *(fam)* never, never in all sb's life; ***das hätte ich mein ~ nicht gedacht*** never in all my life would I have thought that **Leb·zei·ten** *pl* **zu jds ~** *(Zeit)* in sb's day; *(Leben)* in sb's lifetime

Lech <-s> [lɛç] *m* ■**der ~** the Lech

lech·zen ['lɛçtsn̩] *vi (geh)* ■**nach etw** *dat* **~** ❶ *(vor Durst verlangen)* to long for sth
❷ *(dringend verlangen)* to crave sth

Le·ci·thin <-s> [letsi'ti:n] *nt kein pl s.* **Lezithin**

leck [lɛk] *adj* leaky

Leck <-[e]s, -s> [lɛk] *nt* leak

le·cken[1] ['lɛkn̩] *vi* to leak

le·cken[2] ['lɛkn̩] I. *vi* ■[**jdm an etw** *dat*] **~** to lick [sb's sth]; ■**an jdm/etw ~** to lick sb/sth; ***willst du mal*** [***an meinem Eis***] ***~?*** do you want a lick [of my ice cream]?
II. *vt (mit der Zunge aufnehmen)* ■**etw** [**aus etw** *dat*/**von etw** *dat*] **~** to lick sth [out of/off [of] sth]; ***die Hündin leckte ihre Jungen*** the bitch licked her young; ■**sich** *akk* **~** to lick oneself; ■**sich** *dat* **etw** [**von etw** *dat*] **~** to lick [sth off] one's sth; ***sie leckte sich das Eis von der Hand*** she licked the ice-cream off her hand
▶WENDUNGEN: **leck mich doch** [**mal**]!, **leckt mich doch** [**alle**] [**mal**]! *(derb)* go to hell! *pej*

le·cker ['lɛkɐ] I. *adj* delicious, scrumptious, tasty

II. *adv* deliciously, scrumptiously, tastily; ***den Braten hast du wirklich ~ zubereitet*** your roast is really delicious
Le·cker·bis·sen *m* delicacy, titbit
Le·cke·rei <-, -en> [lɛkəˈrai] *f* ① KOCHK *s.* **Leckerbissen**
② *kein pl (pej fam: das Lecken)* licking
Le·cker·li <-s, -[s]> [ˈlɛkɐli] *nt* SCHWEIZ ① *(Gebäck) small, square biscuits made with honey*
② *(fam: Leckerei)* treat, tit-bit
Le·cker·maul *nt (fam)* ■**ein ~ sein** to be sweet-toothed, to have a sweet tooth; *(Feinschmecker)* to be a gourmet
leck|schla·gen *vi irreg sein* to be holed; ■**leckgeschlagen** holed
LED <-, -s> [ɛlʔeˈdeː] *f Abk von* **Light Emitting Diode** LED
led. *Abk von* **ledig** single
LED-An·zei·ge *f* TECH LED display **LED-Dru·cker** *m* INFORM LED printer
Le·der <-s, -> [ˈleːdɐ] *nt* ① *(gegerbte Tierhaut)* leather; **zäh wie ~** tough as old boots *fam;* **etw in ~ binden** to bind sth in leather
② *(Ledertuch)* shammy *fam,* chamois, shammy [*or* chamois] leather
③ *(fam: Fußball)* leather *fam,* football
▸WENDUNGEN: **jdm ans ~ wollen/gehen** *(fam)* to have it in for sb/to lay into sb *fam;* [**gegen jdn/etw**] **vom ~ ziehen** *(fam)* to rant and rave [about sb/sth] *fam*
Le·der·aus·stat·tung *f* AUTO leather interior [trim] **Le·der·band** *m* ① <*pl* -bänder> *(ledernes Band)* leather strap ② <*pl* -bände> *(in Leder gebundenes Buch)* leather-bound book **Le·der·ein·band** *m von Buch* leather binding [*or* case] [*or* cover] **Le·der·fett** *nt* dubbin *no pl, no art* **Le·der·gar·ni·tur** *f* leather suite **Le·der·hand·schuh** *m* leather glove **Le·der·haut** *f* ANAT dermis, derma, corium
Le·der·ho·se *f* ① *(lederne Trachtenhose)* lederhosen *npl*
② *(Bundhose aus Leder)* leather trousers *npl*
Le·der·imi·tat *nt* imitation leather **Le·der·in·dus·trie** *f* leather industry **Le·der·ja·cke** *f* leather jacket **Le·der·kom·bi** *f* SPORT leather overall[s *pl*]
le·dern[1] [ˈleːdɐn] *adj* ① *(aus Leder gefertigt)* leather
② *(zäh)* leathery
le·dern[2] [ˈleːdɐn] *vt (abledern)* ■**etw ~** to buff sth with a shammy [*or* chamois] leather
Le·der·na·cken *pl* leathernecks *sl* **Le·der·rie·men** *m* leather strap **Le·der·schild·krö·te** *f* ZOOL leatherback [turtle] **Le·der·so·fa** *nt* leather sofa [*or* settee] **Le·der·soh·le** *f* MODE leather sole **Le·der·tuch** *nt* shammy [*or* chamois] leather, shammy *fam,* chamois
Le·der·wa·ren *pl* leather goods **Le·der·wa·ren·hand·lung** *f* leather goods shop [*or* AM *usu* store] **Le·der·wa·ren·in·dus·trie** *f kein pl* leather goods industry *no pl*
le·dig [ˈleːdɪç] *adj* ① *(unverheiratet)* single, unmarried
② *(frei)* ■**einer S.** *gen* **~ sein** to be free of sth
Le·di·ge(r) [ˈleːdɪgə, -gɐ] *f(m) dekl wie adj* single [*or* unmarried] person
le·dig·lich [ˈleːdɪklɪç] *adv (geh)* merely, simply
Lee <-> [leː] *f kein pl* lee; **nach ~** leeward *no pl*
leer [leːɐ̯] I. *adj* ① *(ohne Inhalt)* empty; **etw ~ machen** to empty sth
② *(menschenleer)* empty; **ein ~er Saal** an empty hall; ***das Haus steht schon lange ~*** the house has been empty for a long time
③ *(nicht bedruckt)* blank; **etw ~ lassen** to leave sth blank
④ *(ausdruckslos)* blank, vacant; ***seine Augen waren ~*** he had a vacant look in his eyes; **sich** *akk* **~ fühlen** to have an empty feeling, to feel empty inside; **~e Versprechungen/Worte** *(pej)* empty promises/words *pej*
▸WENDUNGEN: **ins L~e gehen/laufen** to be to no avail, to come to nothing
II. *adv* **den Teller ~ essen** to finish one's meal; **das Glas/die Tasse ~ trinken** to finish one's drink; **wie ~ gefegt sein** to be deserted; **~ stehend** empty, vacant
▸WENDUNGEN: [**bei etw** *dat*] **~ ausgehen** to go away empty-handed
Leer·ak·tie *f* BÖRSE uncovered corporate share
Lee·re <-> [ˈleːrə] *f kein pl* emptiness *no pl;* **gähnende ~** a gaping void; *(leerer Raum)* vacuum
lee·ren [ˈleːrən] I. *vt* ① *(entleeren)* ■**etw ~** to empty sth; ***sie leerte ihre Tasse nur halb*** she only drank half a cup
② DIAL, ÖSTERR, SCHWEIZ *(ausleeren)* ■**etw in etw** *akk* **~** to empty sth into sth
II. *vr* ■**sich** *akk* **~** to empty; ***der Saal leerte sich*** the hall emptied
Leer·fahrt *f* ① *eines Lkw* empty trip, trip made when unladen ② *eines öffentlichen Verkehrsmittels* empty run, run made without any passengers **Leer·for·mel** *f (pej geh)* empty phrase **Leer·fracht** *f* HANDEL dead freight **Leer·ge·wicht** *nt* empty weight; **das ~ eines Fahrzeugs** the kerb [*or* AM curb] weight of a vehicle **Leer·gut** *nt kein pl* empties *pl fam* **Leer·kos·ten** *pl* HANDEL waste costs
Leer·lauf *m* ① *(Gangeinstellung)* neutral gear; **im ~** in neutral; ***jetzt in den ~ schalten!*** change into neutral now! ② *(unproduktive Phase)* unproductiveness *no pl* **Leer·lauf·dreh·zahl** *f* TECH idle speed **Leer·lauf·ein·stell·schrau·be** *f* AUTO idle adjusting screw
leer|lau·fen *irreg* I. *vi sein* to run dry
II. *vt haben* ■**jdn ~ lassen** SPORT to sell sb a dummy, to send sb in the wrong direction
III. *vr haben* ■**sich ~** to fizzle out
Leer·lauf·ver·brauch *m* ① AUTO fuel consumption when idling
② ELEK *von Geräten im Stand-by-Betrieb* fuel consumption in neutral
Leer·pa·ckung *f* HANDEL empty package; *(Attrappe)* dummy pack **Leer·prä·pa·rat** *nt* MED inactive preparation, placebo **Leer·schlag** *m* TYPO hitting [of] the space-bar *no pl* **Leer·schritt** *m* TYPO blank **Leer·sei·te** *f* blank [*or* white] page **Leer·stand** *m kein pl einer Wohnung* empty state
Leer·stel·le *f* ① TYPO space, blank ② PHYS vacancy **Leer·stel·len·wan·de·rung** *f* PHYS vacancy migration
Leer·tas·te *f* space-bar **Leer·ton·ne** *f* HANDEL deadweight tonnage **Leer·über·tra·gung** *f* HANDEL blank transfer
Lee·rung <-, -en> *f* emptying *no pl; Post* collection; **Briefkästen mit stündlicher ~** post boxes with hourly collections
Lee·rungs·zeit *f* collection [*or* AM pickup] time
Leer·ver·kauf *m* BÖRSE short selling; **Leerverkäufe als Baissemanöver** bear sales **Leer·zei·chen** *nt* TYPO blank, blank space [*or* character] **Leer·zei·le** *f* TYPO blank line
Lef·ze <-, -n> [ˈlɛftsə] *f meist pl* ZOOL lip
le·gal [leˈgaːl] I. *adj* legal
II. *adv* legally
Le·gal·de·fi·ni·ti·on *f* JUR statutory [*or* legal] definition **Le·gal·ge·wicht** *nt* JUR legal weight
le·ga·li·sie·ren* [legaliˈziːrən] *vt* ■**etw ~** to legalize sth
Le·ga·li·sie·rung <-, -en> *f* legalization
Le·ga·li·tät <-> [legaliˈtɛːt] *f kein pl* legality; [**etwas**] **außerhalb der ~** *(euph)* [slightly] outside the law
Le·ga·li·täts·kon·trol·le *f* JUR legality check **Le·ga·li·täts·prin·zip** *nt* JUR principle of mandatory prosecution
Le·gal·zes·si·on *f* JUR subrogation, assignment by operation of the law
Le·gas·the·nie <-, -n> [legasteˈniː, *pl* -ˈniːən] *f* dyslexia *no pl, no art*
Le·gas·the·ni·ker(in) <-s, -> [legasˈteːnikɐ] *m(f)* dyslexic
le·gas·the·nisch *adj* dyslexic
Le·gat[1] <-[e]s, -e> [leˈgaːt] *nt* JUR legacy, bequest
Le·gat[2] <-en, -en> [leˈgaːt] *m* REL legate
le·gats·be·rech·tigt *adj inv* JUR beneficially entitled **Le·gats·ent·zie·hung** *f* JUR ademption, revocation of a legacy **Le·gats·ver·fall** *m* JUR lapsing of a legacy
Le·ge·bat·te·rie [ˈleːgə-] *f (pej)* laying battery **Le·ge·hen·ne** *f* laying hen, layer
le·gen [ˈleːgn̩] I. *vt* ① *(waagerecht stellen)* ■**etw ~** to put [*or* place] sth on its side
② *(liegen lassen)* ■**jdn ~** to put sb in a lying position; *Ringer* to throw sb; SPORT *(sl: foulen)* to bring down sb *sep;* ***man legte sie zu ihrem Mann ins Grab*** she was laid to rest beside her husband; **jdn auf den Rücken ~** to put [*or* place] sb on their back
③ *(anlehnen)* ■**etw an etw** *akk* **~** to place [*or* lean] sth against sth
④ *(hintun)* ■**etw irgendwohin ~** to put sth somewhere; ***er legte den Kopf an ihre Schulter*** he leaned his head on her shoulder; **die Betonung auf ein Wort ~** to stress a word; **jdm eine Binde/die Hände vor die Augen ~** to blindfold sb/to put one's hands over sb's eyes; **viel Gefühl in etw** *akk* **~** to put great feeling into sth; ***sie legt viel Gefühl in ihr Geigenspiel*** she plays violin with great feeling; **die Hand an den Hut/die Stirn ~** *(begrüßen)* to touch one's hat/forehead; **etw aus der Hand ~** to put down sth *sep;* **den Riegel vor die Tür ~** to bolt the door; **sich** *dat* **einen Schal um den Hals ~** to wrap a scarf around one's neck; ■**jdn irgendwohin ~:** ***sie legte ihren Sohn an die Brust*** she breastfed her son
⑤ *(bringen)* ■**jdn/etw irgendwohin ~** to bring/take sb/sth somewhere; *Patient* to move [*or* transfer] sb somewhere; *s. a.* **Kante**
⑥ *(verlegen)* ■**etw ~** to lay sth; *Falle a.* to set sth; *Antenne* to install sth
⑦ *(befestigen)* **den Hund an die Kette ~** to put the dog on the chain
⑧ ORN **ein Ei ~** *Vogel* to lay an egg
⑨ DIAL *(pflanzen)* **etw ~** to plant sth; **die Keime einer S.** *gen* [*o* **von etw** *dat*] **~** *(fig)* to sow the seeds of sth
⑩ *(konservieren)* ■**etw in etw** *akk* **~** to preserve sth in sth
⑪ *(falten)* ■**etw ~** to fold sth; **etw in Falten ~** to fold sth; **das Gesicht/die Stirn in Falten ~** to frown; **sich** *dat* **die Haare ~ lassen** to have one's hair set
II. *vr* ① *(liegen)* ■**sich** *akk* **~** to lie down; ***leg dich!*** *(an Hund)* lie!; **sich** *akk* **ins** [*o* **zu**] **Bett ~** to go to bed; **sich** *akk* **in die Sonne/auf den Rücken ~** to lie down in the sun/on one's back; ■**sich** *akk* **zu jdm ~** to lie down next to sb
② *(lehnen)* ■**sich** *akk* **irgendwohin ~:** ***der Radfahrer legte sich in die Kurve*** the cyclist leaned into the bend; ***sie legte sich mit den Ellbogen auf den Tisch*** she leaned her elbows on the table; **sich** *akk* **ins Fenster ~** to lean out of the window; **sich** *akk* **auf die Seite ~** to lean to one [*or* the] side; *Schiff a.* to list; *(kentern)* to capsize, to keel over; *Flugzeug* to bank
③ *(decken)* ■**sich** *akk* **auf** [*o* **über**] **etw** *akk* **~** *Nebel* to descend [*or* settle] on sth; *Schnee* to blanket sth; *Licht* to flood sth; ***dichter Bodennebel legte sich auf die Straße*** thick fog formed in the street
④ *(schaden)* ■**sich** *akk* **auf etw** *akk* **~** to affect sth; *Krankheit a.* to spread to sth
⑤ DIAL *(Bett hüten)* ■**sich** *akk* **~** to stay in [*or old* keep] one's bed
⑥ *(nachlassen)* ■**sich** *akk* **~** *Aufregung* to die down, to subside; *Begeisterung* to subside, to wear off, to fade; *Lärm* to abate, to die down; *Nebel* to lift; *Schmerzen* to disappear, to wear off; *Wind, Regen* to subside, to abate, to die down; *Wut* to abate, to subside; ***ihre Trauer wird sich ~*** they'll get over their grief; ***es wird sich*** [***bald wieder***] **~** it'll [soon] pass
⑦ *(widmen)* ■**sich** *akk* **auf etw** *akk* **~** to concentrate on sth
III. *vi* to lay
IV. *vb aux* **jdn schlafen ~** to put sb to bed; *Baby a.* to put down sb *sep;* **sich** *akk* **schlafen ~** to get some sleep, *esp* BRIT *also* to have a lie-down; **sich** *akk* **sterben ~** to lie down and die
le·gen·där [legɛnˈdɛːɐ̯] *adj* legendary

Le·gen·de <-, -n> [le'gɛndə] *f* ① *(fromme Sage)* legend
② *(Lügenmärchen)* myth
③ *(Erläuterung verwendeter Zeichen)* legend, key **Le·gen·den·bil·dung** *f* myth-making
le·ger [le'ʒeːɐ, le'ʒɛːɐ] I. *adj* ① *(bequem)* casual, loose-fitting
② *(ungezwungen)* casual
II. *adv* ① *(bequem)* casually; ***sie zieht sich gerne ~ an*** she likes to dress casually
② *(lässig)* casually
Leg·gings ['lɛgɪŋs] *pl* leggings
Le·gi <-, -genen> ['legi, *pl* --gənən] *f* SCHWEIZ *kurz für* **Legitimationskarte** student card
le·gie·ren* [le'giːrən] *vt* ■**etw** [**mit etw** *dat*] ~ ① *(zu einer Legierung verbinden)* to alloy sth [and sth]
② *(verdicken)* to thicken sth [with sth]
Le·gie·rung <-, -en> *f* ① *(Mischung von Metallen)* alloy
② *kein pl (das Legieren)* alloying
Le·gi·on <-, -en> [le'gi̯oːn] *f* ① HIST legion; **die ~** the legion of volunteers
② *(riesige Mengen)* **eine ~ von etw** *dat* legions of sth
Le·gi·o·när <-s, -e> [legi̯o'nɛːɐ̯] *m* legionary, legionnaire
Le·gi·o·närs·krank·heit *f* legionnaires' disease
le·gis·la·tiv [legɪsla'tiːf] *adj* JUR legislative
Le·gis·la·ti·ve <-n, -n> [legɪsla'tiːvə] *f* legislature, legislative power
Le·gis·la·tur·pe·ri·o·de [legɪsla'tuːɐ̯-] *f* legislative period
le·gi·tim [legi'tiːm] *adj (geh)* legitimate
Le·gi·ti·ma·ti·on <-, -en> [legitima'tsi̯oːn] *f (geh)* ① *(abstrakte Berechtigung)* authorization
② *(Ausweis)* permit, pass
③ JUR *(Ehelichkeitserklärung)* legitimation
Le·gi·ti·ma·ti·ons·kar·te <-, -n> *f* SCHWEIZ *(Studentenausweis)* student card **Le·gi·ti·ma·ti·ons·pa·pie·re** *pl* JUR title-evidencing instrument; *(Ausweispapiere)* identification papers **Le·gi·ti·ma·ti·ons·über·tra·gung** *f* JUR proxy statement **Le·gi·ti·ma·ti·ons·ur·kun·de** *f* JUR document of title
le·gi·ti·mie·ren* [legiti'miːrən] I. *vt (geh)* ① *(berechtigen)* ■**jdn** [**zu etw** *dat*] ~ to authorize sb to do sth; **zu Kontrollen legitimiert sein** to be authorized to carry out checks; ■[**dazu**] **legitimiert sein, etw zu tun** to be authorized [*or* entitled] to do sth
② *(für gesetzmäßig erklären)* ■[**durch jdn/etw**] **legitimiert werden** to be legitimized [by sb/sth]; ■**etw ~** to legitimize sth
③ *(für ehelich erklären)* to legitimate; **ein Kind ~** to legitimate a child
II. *vr (geh)* ■**sich** *akk* [**jdm gegenüber**] [**als jd/etw**] ~ to identify oneself [to sb] [as sb/sth]
Le·gi·ti·mi·tät <-> [legitimi'tɛːt] *f kein pl (geh)* legitimacy *no pl*
Le·go® <-s, -s> ['leːgo] *nt (Spielstein)* Lego *no pl* **Le·go·bau·kas·ten**® *m* Lego kit **Le·go·stein**® *m* Lego brick
Le·gu·an <-s, -e> [le'gu̯aːn, 'leːgu̯aːn] *m* iguana
Leg·war·mer <-s, -> ['lɛgwɔːmə] *m* legwarmer
Le·hen <-s, -> ['leːən] *nt* fief; **jdm etw zu ~ geben** to grant sb sth in fief
Lehm <-[e]s, -e> [leːm] *m* clay
Lehm·bo·den *m* clay soil **Lehm·gru·be** *f* clay pit **Lehm·hüt·te** *f* clay hut
leh·mig ['leːmɪç] *adj (aus Lehm bestehend)* clay; *(voller Lehm)* clayey, claylike; **ein ~er Weg** a muddy path
Lehm·zie·gel *m* clay brick
Leh·ne <-, -n> ['leːnə] *f* ① *(Armlehne)* armrest
② *(Rückenlehne)* back
leh·nen ['leːnən] I. *vt (anlehnen)* ■**etw an etw** *akk/***gegen etw** *akk* ~ to lean sth against sth
II. *vi (schräg angelehnt sein)* ■**an etw** *dat* ~ to lean against sth
III. *vr (sich beugen)* ■**sich** *akk* **an jdn/etw** ~ to lean on sb/sth; ■**sich** *akk* **über etw** *akk* ~ to lean over sth; ■**sich** *akk* **gegen etw** *akk* ~ to lean against sth; **sich** *akk* **aus dem Fenster ~** to lean out of the window
Lehn·ses·sel *m* easy chair
Lehns·herr(in) ['leːns-] *m(f)* feudal lord **Lehns·mann** <-männer *o* -leute> *m* vassal
Lehn·stuhl *m* armchair **Lehn·über·set·zung** *f* loan translation, calque *spec* **Lehn·wort** <-wörter> *nt* loan word
Lehr·amt ['leːɐ̯-] *nt (geh)* ■**das ~** the post of teacher; *(Studiengang)* teacher-training course; **das höhere/öffentliche ~** the post of grammar school/state school teacher
Lehr·amts·an·wär·ter(in) *m(f)* SCH, ADMIN trainee teacher *(newly qualified teacher waiting for his/her first permanent teaching post)* **Lehr·amts·kan·di·dat(in)** *m(f) (geh)* candidate for a teaching post **Lehr·amts·stu·di·um** *nt* SCH, ADMIN teacher training
Lehr·an·stalt *f* educational establishment [*or* institution] **Lehr·auf·trag** *m* teaching assignment; **einen ~** [**für etw** *akk*] **haben** to have a teaching assignment [for sth] **Lehr·be·auf·trag·te(r)** *f(m) dekl wie adj* temporary lecturer **Lehr·be·fä·hi·gung** *f* teaching qualification **Lehr·be·helf** *m* ÖSTERR *(Lehrmittel)* teaching aid **Lehr·be·ruf** *m* teaching profession **Lehr·brief** *m* ① *(hist: Urkunde)* apprenticeship certificate ② SCH *(im Fernstudium)* correspondence lesson **Lehr·buch** *nt* textbook **Lehr·di·plom** <-s, -e> *nt* SCHWEIZ *(Lehrbrief)* apprenticeship certificate
Leh·re[1] <-, -n> ['leːrə] *f* ① ([*handwerkliche*] *Ausbildung)* apprenticeship, traineeship; **kaufmännische ~** apprenticeship; **eine ~ aufnehmen** to start an apprenticeship [*or* become apprenticed]; **die ~ beenden** to finish one's apprenticeship; [**bei jdm**] **in die ~ gehen** to serve one's apprenticeship [with [*or* under] sb], to be trained [by sb]; **bei jdm** [**noch**] **in die ~ gehen können** to be [still] able to learn a thing or two from sb; **jdn in die ~ nehmen** *(fig)* to bring up sb *sep* strictly; **eine ~** [**als etw**] **machen** to serve an apprenticeship [*or* train] [as a/an sth]
② *(Erfahrung, aus der man lernt)* lesson; **jdm eine ~ sein** to teach sb a lesson; ***das soll dir eine ~ sein!*** let that be a lesson to you!; **sich** *dat* **etw eine ~ sein lassen** to let sth be a lesson to one; **jdm eine ~ erteilen** to teach sb a lesson; **sich** *dat* **etw eine ~ sein lassen** to learn from sth; **eine ~ aus etw** *dat* **ziehen** to learn a lesson from sth; *(Ratschlag)* [piece of] advice *no pl*
③ *(ideologisches System)* doctrine
④ *(Theorie)* theory
▶ WENDUNGEN: **sich** *dat* **etw eine ~ sein lassen** *(fam)* to let sth be a lesson to one
Leh·re[2] <-, -n> ['leːrə] *f (Gerät)* ga[u]ge
leh·ren ['leːrən] *vt* ① *(unterrichten)* ■**etw ~** to teach sth; *(an der Uni)* to lecture in sth
② *(beispielhaft zeigen)* ■**jdn** [**etw** *akk*] ~ to teach sb [sth]; ***wer hat dich zeichnen gelehrt?*** who taught you to draw?; ***das lehrte ihn das Fürchten*** that put the fear of God into him!; ■**jdn ~, etw zu tun** to teach sb to do sth; ***das hat mich gelehrt, besser aufzupassen*** that taught me to pay more attention; ***ich werde dich ~, zu stehlen!*** *(iron)* I'll teach you to steal! *iron*
③ *(zeigen)* ■**jdn ~, dass ...** to teach [*or* show] sb that ...; ***die Erfahrung hat uns gelehrt, dass ...*** experience has taught [*or* shown] us that ...
Leh·rer(in) <-s, -> ['leːrɐ] *m(f)* ① *(an der Schule)* teacher; **~ am Gymnasium/an Grund- und Hauptschulen** grammar school/primary school/comprehensive school teacher; **jdn als ~ haben** to have sb as a teacher
② *(Lehrmeister)* teacher
Leh·rer·kol·le·gi·um *nt* teaching staff + *sing/pl vb* **Leh·rer·kon·fe·renz** *f* school staff meeting **Leh·rer·man·gel** *m* shortage of teachers **Leh·rer·pa·tent** <-s, -e> *nt* SCHWEIZ *(Lehrbefähigung)* teaching qualification
Leh·rer·schaft <-, -en> *f pl selten (geh)* teachers *pl*
Leh·rer·se·mi·nar <-s, -e> *nt* SCHWEIZ *(Ausbildungsstätte für Lehrer)* teacher training college **Leh·rer·über·schuss**[RR] *m* surplus of teachers **Leh·rer·zim·mer** *nt* staffroom
Lehr·fach *nt* subject **Lehr·film** *m* educational film **Lehr·frei·heit** *f* JUR freedom of teaching **Lehr·gang** <-gänge> *m* course; **auf einem ~ sein, sich** *akk* **auf einem ~ befinden** to be on a course **Lehr·gangs·teil·neh·mer(in)** <-s, -> *m(f)* course participant **Lehr·geld** *nt (Bezahlung einer Lehre)* apprenticeship fee ▶ WENDUNGEN: [**für etw** *akk*] **~ zahlen** [**müssen**] to [have to] learn the hard way; **sich** *dat* **sein ~ zurückgeben lassen** *(fam)* to obviously not have learnt a thing at school/college, etc.
lehr·haft <-er, -este> *adj* ① *(belehrend)* didactic
② *(pej: lehrerhaft)* patronizing, condescending
Lehr·herr *m (veraltend)* master **Lehr·jahr** *nt (Jahr einer Lehre)* year as an apprentice [*or* a trainee] ▶ WENDUNGEN: **~e sind keine Herrenjahre** *(prov)* an apprentice is not his own master **Lehr·jun·ge** *m (veraltet) s.* **Auszubildende(r)** **Lehr·kör·per** *m* teaching staff + *sing/pl vb* **Lehr·kraft** *f (geh)* teacher **Lehr·kran·ken·haus** *nt* teaching hospital
Lehr·ling <-s, -e> ['leːɐ̯lɪŋ] *m (veraltend) s.* **Auszubildende(r)** **Lehr·lings·aus·schuss**[RR] *m* JUR apprenticeship training committee **Lehr·lings·rol·le** *f* JUR register of apprentices
Lehr·mäd·chen *nt (veraltet) fem form von* **Auszubildende(r)** **Lehr·ma·te·ri·al** *nt* teaching material **Lehr·mei·nung** *f (geh)* expert opinion **Lehr·meis·ter(in)** *m(f)* teacher; KUNST *(Vorbild)* master
Lehr·mit·tel *nt (fachspr)* teaching aid **Lehr·mit·tel·frei·heit** *f kein pl* SCH free provision of teaching aids
Lehr·ob·jekt *nt* SCH teaching aid **Lehr·plan** *m* syllabus **Lehr·pro·be** *f* assessed teaching practice *no pl;* [**in etw** *dat*] **eine ~ halten** to give an assessed lesson [in sth]
lehr·reich *adj* instructive
Lehr·satz *m* theorem **Lehr·stel·le** *f* apprenticeship, traineeship **Lehr·stoff** *m (fachspr)* syllabus [content] **Lehr·stück** *nt* ① *(Theaterstück)* didactic play ② *(fig: Text)* edifying text **Lehr·stuhl** *m (geh)* chair **Lehr·tä·tig·keit** *f* teaching **Lehr·ver·an·stal·tung** *f* teaching session; *(Seminar)* seminar **Lehr·ver·trag** *m* indentures *pl* **Lehr·werk** *nt (geh)* textbook **Lehr·werk·statt** *nt* training workshop **Lehr·zeit** *f (veraltend)* apprenticeship
Leib <-[e]s, -er> [lai̯p] *m* ① *(Körper)* body; **etw am eigenen ~e erfahren** [*o* [**ver**]**spüren**] [*o* **zu spüren bekommen**] to experience sth first hand; **am ganzen ~e zittern** [*o* **beben**] *(geh)* to shake [*or* quiver] all over, to be all in a quiver; **am ganzen ~e frieren** to be frozen all over [*or* from head to foot]; **bei lebendigem ~e** alive; **jdm** [**mit etw** *dat*] **vom ~e bleiben** *(fam)* not to bother sb [with sth]; **jdm jdn vom ~e halten** to keep sb away from sb; **sich** *dat* **jdn vom ~e halten/schaffen** to keep sb at arm's length/get sb off one's back; **jdm etw vom ~e halten** *(fig)* to not bother sb with sth; **sich** *dat* **etw vom ~e halten** *(fig)* to avoid sth; **etw auf dem ~e tragen** *(geh)* to wear sth
② *(geh)* stomach
▶ WENDUNGEN: **jdm wie auf den ~ geschrieben sein** to be tailor-made for sb; **der ~ des Herrn** the body of Christ; **etw** *dat* **zu ~e rücken** [*o* **gehen**] *(fam)* to tackle sth; **mit ~ und Seele** wholeheartedly; ***sie ist mit ~ und Seele bei der Sache*** she is fully focused on the task; **jdm wie auf den ~ zugeschnitten sein** to suit sb down to the ground
Leib·arzt, -ärz·tin *m, f* personal physician *form*
Leib·bin·de *f* truss
Leib·chen <-s, -> ['lai̯pçən] *nt* ① ÖSTERR, SCHWEIZ *(Herrenunterhemd)* vest
② *(veraltet: Mieder für Kinder)* bodice
leib·ei·gen ['lai̯pʔai̯gn̩] *adj* HIST adscript, enslaved
Leib·ei·ge·ne(r) *f(m) dekl wie adj* HIST serf
Leib·ei·gen·schaft <-> *f kein pl* HIST ■**die ~** serfdom
lei·ben ['lai̯bn̩] *vi* ▶ WENDUNGEN: **wie jd leibt und lebt** through and through

Lei·bes·er·zie·hung *f (veraltend form)* physical education **Lei·bes·frucht** *f (geh)* foetus BRIT, fetus AM **Lei·bes·kraft** *f* **aus** [*o* **nach**] **Leibeskräften** with all one's might **Lei·bes·übun·gen** *pl (veraltend)* physical education *no pl,* P.E. **Lei·bes·vi·si·ta·ti·on** *f (geh)* body search; **sich** *akk* **einer ~ unterziehen müssen** *(geh)* to have to undergo a body search; **jdn einer ~ unterziehen** [*o* **eine ~ bei jdm vornehmen**] *(geh)* to subject sb to a body search

Leib·gar·de *f* bodyguard **Leib·gar·dist** <-en, -en> *m* [member of] the bodyguard **Leib·ge·richt** *nt* favourite [*or* AM favorite] meal

leib·haf·tig ['laip'haftɪç] **I.** *adj* ① *(echt)* ■**ein ~er/eine ~e ...** a real ...; ***ich habe einen ~en Wolf im Wald gesehen!*** I saw a real live wolf in the forest! ② *(verkörpert)* ■**der/die ~e ... ...** personified; ***sie ist die ~e Sanftmut*** she is gentleness personified ▶WENDUNGEN: **der L~e** *(euph)* the devil incarnate **II.** *adv* in person *pred*

Leib·koch, -kö·chin *m, f* personal chef

leib·lich ['laiplɪç] *adj* ① *(körperlich)* physical ② *(blutsverwandt)* natural; **jds ~e Verwandten** sb's blood relations

Leib·ren·te *f* FIN life annuity **Leib·spei·se** *f s.* **Leibgericht**

Lei·bung <-, -en> *f* BAU reveal

Leib·wa·che *f* bodyguard *no pl* **Leib·wäch·ter(in)** *m(f)* bodyguard **Leib·wä·sche** *f (veraltend) s.* **Unterwäsche**

Lei·che <-, -n> ['laiçə] *f (toter Körper)* corpse; **aussehen wie eine wandelnde ~** *(fam)* to look deathly pale [*or* as white as a sheet] ▶WENDUNGEN: **über ~n gehen** *(pej fam)* to stop at nothing; **eine ~ im Keller haben** *(fam)* to have a skeleton in the closet; **nur über meine ~!** *(fam)* over my dead body!

Lei·chen·be·gäng·nis *nt (geh)* solemn funeral **Lei·chen·be·gräb·nis** *nt* funeral **Lei·chen·be·schau·er(in)** <-s, -> *m(f) doctor who carries out post-mortems* **Lei·chen·bit·ter·mie·ne** *f kein pl (iron)* doleful expression [*or* look]; **mit ~** with a doleful expression [*or* look] **lei·chen·blass**RR ['laiçn̩'blas] *adj* deathly pale **Lei·chen·bläs·se** *f* deathly paleness *no pl* **Lei·chen·fled·de·rei** <-, -en> *f* stealing from the dead *no pl* **Lei·chen·fled·de·rer, -fled·de·rin** <-s, -> *m, f* sb who steals from the dead **Lei·chen·fund** *m* JUR finding the dead body of an unknown person **Lei·chen·hal·le** *f* mortuary **Lei·chen·haus** *nt* mortuary, morgue **Lei·chen·öff·nung** *f* JUR post-mortem examination, autopsy

Lei·chen·schän·der(in) *m(f)* JUR desecrator of a corpse; *(Nekrophil)* necrophiliac

Lei·chen·schän·dung *f* ① *(grober Unfug mit einer Leiche)* desecration of a corpse *no pl* ② *(sexuelle Handlungen an Leichen)* necrophilia, necrophilism *no pl, no art*

Lei·chen·schau·haus *nt* mortuary, *esp* AM morgue **Lei·chen·schmaus** *m* wake **Lei·chen·star·re** *f s.* **Totenstarre** **Lei·chen·tuch** <-s, -tücher> *nt* ① HIST shroud ② *(veraltend: Bahrtuch)* pall **Lei·chen·ver·bren·nung** *f* cremation **Lei·chen·wa·gen** *m* ① *(Wagen, der Särge befördert)* hearse ② *(Kutsche, die Särge befördert)* funeral carriage **Lei·chen·zug** *m (geh)* funeral procession

Leich·nam <-s, -e> ['laiçna:m] *m (geh)* corpse

leicht [laiçt] **I.** *adj* ① *(geringes Gewicht habend)* light; ■**jd/etw ist ... ~er [als jd/etw]** sb/sth is ... lighter [than sb/sth]; ***sie ist 48 Kilo ~*** she only weighs 48 kg; **~ wie eine Feder sein** to be as light as a feather; **ein ~er Koffer** a light suitcase; **~e Schuhe** light shoes ② *(einfach)* easy, simple; **eine ~e Arbeit** an easy job; **k[ein] ~er Entschluss** no/an easy decision; **das ist ~!** that's easy!; **jd hat ein ~es Leben** sb has an easy time of it; **ein ~er Sieg** an easy victory; **jdm ein L~es sein** *(geh)* to be easy for sb; **jdm ein L~es sein, etw zu tun** to be easy for sb to do sth; **nichts ~er als das!** no problem; *s. a.* **Hand** ③ METEO *(schwach)* light; **eine ~e Brandung** low surf; **ein ~er Donner** distant thunder; **eine ~e Strömung** a weak current; **~er Regen/Schneefall** light rain/a light fall of snow ④ *(geringfügig)* light, slight; ***er hat einen sehr ~en Akzent*** he has a very slight accent; **~es Nachgeben** *der Börsenkurse* slight easing off; **einen ~en Schlaf haben** to be a light sleeper; **ein ~er Schlag** a gentle slap; **~e Zunahme** slight increase ⑤ *(nicht schlimm)* minor; **ein ~er Eingriff** a minor operation; **~es Fieber** a slight fever; **eine ~e Verbrennung** minor burns ⑥ *(nicht belastend) Speisen, Getränke* light; **eine ~e Mahlzeit/Nachspeise** a light meal/dessert; **ein ~er Wein** a light wine; **eine ~e Zigarette/ein ~er Tabak** a mild cigarette/tobacco ⑦ *(einfach verständlich)* easy; **~e Lektüre** light reading; **~e Musik** easy listening; *s. a.* **Muse** ⑧ *(unbeschwert)* ■**jdm ist ~er** sb is [*or* feels] relieved, sb feels better; **jdm ist ~ zumute** [*o* **ums Herz**] [*o* **jd fühlt sich** *akk* **~**] sb is light-hearted; **~en Herzens/Schrittes** with a light heart/sprightly step ⑨ *(betrügen)* **jdn um 50 Euro ~er machen** to sting sb for 50 Euro; *(berauben)* to rob sb of 50 Euro ⑩ *(nicht massiv)* lightweight; **~ gebaut** having a lightweight construction; **~er Sitz** *(bei Anpassungen)* a sliding fit ⑪ TYPO **~e Schrift** light typeface; **~es Papier** low-grammage paper ⑫ JUR *(nicht schwer)* light; *(geringfügig)* lenient; **~er Diebstahl** petty larceny; **eine ~e Strafe** a light punishment [*or* sentence]; **ein ~es Vergehen** a minor [*or* petty] offence **II.** *adv* ① *(einfach)* easily; **etw geht [ganz] ~** sth is [quite] easy; **es [im Leben] ~ haben** to have it easy [in life], to have an easy time of it; **es nicht ~ haben** to not have it easy, to have a hard time of it; **es nicht ~ mit jdm haben** to have one's work cut out with sb; **es jdm ~ machen** to make it easy for sb; **es sich** *dat* **~ machen** to make it easy for oneself ② *(schnell)* easily; ***das sagst du so ~!*** that's easy for you to say!; ***das kann ~ passieren*** that can happen easily; ***der Inhalt ist ~ zerbrechlich*** the contents are very delicate [*or* fragile]; **~ entzündlich** highly inflammable; **sich** *akk* **~ erkälten** to catch colds easily; **etw ~ glauben** to believe sth readily; **~ lernen** to learn quickly; **~ verdaulich** easily digestible, easy to digest; **~ verderblich** highly perishable ③ *(nur wenig, etwas)* slightly; **~ erkältet sein** to have a slight cold; **~ humpeln** to have a slight limp; **etw ~ salzen** to salt sth lightly; **~ übertrieben sein** to be slightly exaggerated; **~ verärgert sein** to be slightly annoyed ④ *(problemlos)* easily; **etw ~ begreifen/schaffen** to grasp/manage sth easily; **sich** *dat* **etwas ~ denken können** not to be too difficult for sb to grasp sth; **etw ist ~ löslich** sth dissolves easily; **~ möglich** maybe; ***das ist ~ möglich*** that may well be ⑤ *(unbeschwert)* **sich** *akk* **~ fühlen** to feel carefree ⑥ METEO *(schwach)* lightly; ***es regnet heute nur ~*** there's only light rain today ⑦ *(aus dünnem Material)* lightly; **~ bekleidet** dressed in light clothing ▶WENDUNGEN: **[das ist] ~er gesagt als getan** that's easier said than done; **nichts ~er als das** no problem at all; **~ reden haben** [*o* **können**] to be easy for sb to talk

Leicht·ath·let(in) *m(f)* athlete BRIT, track and field athlete AM **Leicht·ath·le·tik** *f* athletics BRIT + *sing vb, no art,* track and field AM + *sing vb, no art* **Leicht·ath·le·tin** *f fem form von* **Leichtathlet**

leicht·ath·le·tisch **I.** *adj* athletic[s] BRIT, track and field AM; **ein ~er Wettbewerb** an athletics [*or* AM a track and field] competition **II.** *adv* **sich** *akk* **~ betätigen** to do athletics [*or* AM track and field [events]]

Leicht·bau·plat·te *f* BAU light weight building board **Leicht·bau·wei·se** *f* lightweight construction; **in ~** made of lightweight materials; **ein in ~ errichtetes Haus** a house constructed using lightweight materials **Leicht·ben·zin** *nt kein pl* light petrol [*or* AM gasoline]

Leich·te <-s, -> ['laiçtə] *m* NORDD lighter

leicht|fal·len *vi irreg sein* ■**etw fällt jdm leicht** sth is easy for sb; ■**es fällt jdm leicht, etw zu tun** it's easy for sb to do sth

leicht·fer·tig **I.** *adj* thoughtless **II.** *adv* thoughtlessly

Leicht·fer·tig·keit *f kein pl* thoughtlessness *no pl, no indef art*

Leicht·fuß *m (hum fam)* careless person

leicht·fü·ßig ['laiçtfy:sɪç] *adv* nimbly, with a light step

leicht·gän·gig *adj* smoothly operating

Leicht·ge·wicht *nt* ① *kein pl (Gewichtsklasse)* lightweight category ② *(Sportler)* lightweight ③ *(bedeutungsloser Mensch)* lightweight

Leicht·ge·wicht·ler(in) <-s, -> *m(f) s.* **Leichtgewicht 2** **leicht·gläu·big** *adj* gullible **Leicht·gläu·big·keit** *f kein pl* gullibility *no pl, no indef art*

Leicht·heit <-> *f kein pl* ① *(geringes Gewicht)* lightness *no pl, no indef art* ② *(selten)* lightness *no pl, no indef art*

leicht·her·zig <-er, -ste> *adj* light-hearted

leicht·hin ['laiçt'hɪn] *adv* ① *(ohne langes Nachdenken)* unthinkingly, lightly ② *(so nebenbei)* easily

Leich·tig·keit <-> *f* ① *kein pl (Einfachheit)* simplicity *no pl, no indef art;* **mit ~** effortlessly, easily ② *(Leichtheit)* lightness *no pl, no indef art*

leicht·le·big *adj* happy-go-lucky

Leicht·lohn·grup·pe *f* low wage group **Leicht·ma·tro·se** *m* ordinary seaman

Leicht·me·tall *nt* light metal **Leicht·me·tall·fel·gen** *pl* AUTO alloys *pl*

leicht|neh·men *vt irreg* ■**etw ~** to take sth lightly

Leicht·öl *nt* light [crude] oil, light crude **Leicht·rau·chen** *nt kein pl* light smoking **Leicht·sinn** ['laiçtzɪn] *m kein pl* carelessness *no pl, no indef art,* imprudence *no pl, no indef art form;* **in jds jugendlichem ~** *(fam)* in sb's naivety; **aus [purem] ~** out of [pure] imprudence; **so [*o* was für] ein ~!** how imprudent!

leicht·sin·nig ['laiçtzɪnɪç] **I.** *adj* careless, imprudent *form;* **so ~ sein, etw zu tun** to be as careless/imprudent as to do sth; **~ [von jdm] sein, etw zu tun** to be careless/imprudent [of sb] to do sth **II.** *adv* carelessly, imprudently *form*

Leicht·sin·nig·keit <-> *f kein pl s.* **Leichtsinn**

leicht|tun *vr irreg* ■**sich** *dat o akk* **bei etw** *dat* **~** sth is easy for sb

Leicht·ver·letz·te(r) *f(m) dekl wie adj* slightly injured person, person with a minor injury **Leicht·ver·wun·de·te(r)** *f(m) dekl wie adj* slightly wounded soldier **Leicht·was·ser·re·ak·tor** *m* light water reactor **Leicht·was·ser·tech·nik** *f kein pl* light water technology

leid [lait] *adj pred* ① *(überdrüssig)* **jdn/etw ~ sein/werden** to have had enough of/grown tired of sb/sth; **es ~ sein, etw tun zu müssen** to have had enough [*or* be tired] of having to do sth ② SCHWEIZ *(fam: übel, unangenehm)* bad; **die ~en Männer** the bastards *fam;* **ein ~es Problem** an annoying problem; **~es Wetter** nasty weather

Leid <-[e]s> [lait] *nt kein pl* distress, sorrow; **jdm sein ~ klagen** to tell sb one's troubles ▶WENDUNGEN: **geteiltes ~ ist halbes ~** *(prov)* a sorrow shared is a sorrow halved *prov*

Lei·de·form *f* passive

lei·den <litt, gelitten> ['laidn̩] **I.** *vi* ① *(Schmerzen ertragen)* to suffer ② *(an einem Leiden erkrankt sein)* ■**an etw** *dat* **~** to suffer from sth ③ *(seelischen Schmerz empfinden)* to suffer; ■**unter jdm ~** to suffer because of sb; ■**unter etw** *dat* **~** to suffer from sth; ■**darunter ~, dass ....** to suffer as a result of ... ④ *(in Mitleidenschaft gezogen werden) Beziehung, Gesundheit* to suffer; *Möbelstück, Stoff* to get damaged; *Farbe* to fade

II. *vt* 1 *(erdulden)* ■**etw** ~ to suffer [*or* endure] sth
2 *(geh: nicht dulden)* ■**etw nicht** ~ not to tolerate sth; ■**jd wird es nicht ~, dass jd etw tut** sb will not tolerate sb's doing sth
▸WENDUNGEN: **jdn/etw** [**gut**]/**nicht** [**gut**] ~ **können** [*o* **mögen**] to like/not like sb/sth; *s. a.* **wohl**

Lei·den¹ <-s, -> ['laidn̩] *nt* 1 *(chronische Krankheit)* complaint, ailment
2 *pl (leidvolle Erlebnisse)* suffering *no pl, no indef art*
▸WENDUNGEN: **aussehen wie das ~ Christi** *(fam)* to look like hell *fam*

Lei·den² <-s> ['laidn̩] *nt* Leiden, Leyden

lei·dend *adj* 1 *(geplagt)* pitiful, mournful
2 *(geh: chronisch krank)* ■**~ sein** to be ill

Lei·den·schaft <-, -en> ['laidn̩ʃaft] *f* 1 *(Emotion)* emotion
2 *(intensive Vorliebe)* ■**eine/jds ~ für jdn/etw** a/sb's passion for sb/sth; **jd ist etw aus ~** sb is passionate about being sth; ***ich bin Briefmarkensammler aus ~*** I'm a passionate stamp collector; **mit** [**großer/wahrer**] ~ passionately
3 *kein pl (starke Zuneigung)* passion; ***sie spürte seine ~*** she felt his passion

lei·den·schaft·lich I. *adj* 1 *(feurig)* passionate
2 *(begeistert)* passionate
3 *(emotional)* passionate, emotional
II. *adv* 1 *(feurig)* passionately
2 *(sehr intensiv)* passionately
3 *(besonders)* ■**etw ~ gern tun** to be passionate about sth; ***ich esse ~ gern Himbeereis*** I adore raspberry ice-cream

Lei·den·schaft·lich·keit <-> *f kein pl* 1 *(Feurigkeit)* passion
2 *(große innere Anteilnahme)* emotion

lei·den·schafts·los I. *adj* dispassionate
II. *adv* dispassionately

Lei·den·schafts·lo·sig·keit *f* dispassionateness, dispassion; **jds ~** sb's lack of passion

Lei·dens·druck *m kein pl* psychological stress **Lei·dens·fä·hig·keit** *f kein pl* capacity for suffering **Lei·dens·ge·fähr·te, -ge·fähr·tin** *m, f,* **Lei·dens·ge·nos·se, -ge·nos·sin** *m, f* fellow-sufferer **Lei·dens·ge·schich·te** *f* story of suffering; **die ~** [**Christi**] the Passion [of Christ] **Lei·dens·mie·ne** *f* dejected expression; **mit ~** with a dejected expression **Lei·dens·weg** *m (geh)* period of suffering; **der ~ Christi** Christ's way of the Cross

lei·der ['laidɐ] *adv* unfortunately; **~ ja!** unfortunately yes; **~ nein!** [*o* **nicht**] no, unfortunately, unfortunately not; ***das kann ich dir ~ nicht sagen*** unfortunately, I can't help you there; ***ich habe das ~ vergessen*** I'm sorry, I forgot about it; ***das ist ~ so*** that's just the way it is

leid·ge·prüft *adj* sorely afflicted, tormented

lei·dig ['laidɪç] *adj attr (pej)* tedious, irksome; ***immer das ~e Geld!*** it always comes down to money!

leid·lich ['laitlɪç] I. *adj attr* reasonable, fair, passable
II. *adv* more or less; **~ davonkommen** to get away more or less unscathed; ***„wie geht's?" „danke, ~!"*** *(fam)* "how are you?" "so, so" *fam*

Leid·tra·gen·de(r) *f(m) dekl wie adj* 1 *(Betroffene)* ■**der/die ~** the one to suffer, the victim
2 *(selten: Hinterbliebene eines Verstorbenen)* bereaved

leid|tun^RR *vi irreg* ■**jdm tut etw leid** sb is sorry about sth; ■**es tut jdm leid, dass ...** sb is sorry that ...; ***es tut mir/uns leid, aber ...*** I'm/we're sorry, but ...; **tut mir leid!** [I'm] sorry!; **etw wird jdm noch ~** sb will be sorry [*or* regret sth]; ■**jd tut jdm leid** sb feels sorry for sb; **der kann einem ~** *(iron)* you can't help feeling sorry for him; ■**es tut jdm leid um jdn/ein Tier** sb feels sorry for sb/an animal

leid·voll *adj (geh)* sorrowful *liter* **Leid·we·sen** *nt kein pl* ■**zu jds ~** much to sb's regret

Lei·er <-, -n> ['laiɐ] *f* 1 MUS lyre
2 *(Kithara)* cithara
3 *(Sternbild)* ■**die ~** Lyra
▸WENDUNGEN: [**es ist**] [**immer**] **dieselbe** [*o* **die alte**] [*o* **die gleiche**] ~ *(pej fam)* [it's] [always] the same old story

Lei·er·kas·ten *m (fam) s.* **Drehorgel**

lei·ern ['laiɐn] I. *vt* 1 *(fam: lustlos aufsagen)* ■**etw ~** *Gebet, Gedicht* to drone [out] sth *sep*
2 *(fam: kurbeln)* ■**etw** [*o* **an etw** *dat*] ~ to wind sth
3 *(Drehorgel spielen)* to play, to grind
II. *vi (Drehorgel spielen)* to play a barrel-organ [*or* hurdy-gurdy]

Leih·ar·beit ['lai-] *f kein pl* subcontracted employment *no pl* **Leih·ar·bei·ter(in)** *m(f)* subcontracted worker **Leih·ar·beit·neh·mer(in)** *m(f)* agency [*or* loan] worker, temp *fam* **Leih·ar·beits·fir·ma** *f* temporary-employment agency **Leih·ar·beits·ver·hält·nis** *nt* temporary [*or* loan] employment **Leih·bi·blio·thek** *f* lending library **Leih·bü·che·rei** *f* lending library

lei·hen <lieh, geliehen> ['laiən] *vt* 1 *(ausleihen)* ■**jdm etw ~** to lend sb sth; ■**geliehen** borrowed
2 *(borgen)* ■**sich** *dat* **etw** [**von jdm**] ~ to borrow sth [from sb]

Leih·frist *f* lending period **Leih·ga·be** *f* loan **Leih·ge·bühr** *f* hire charge BRIT, rental fee AM; *(Buch)* lending fee **Leih·ge·schäft** *nt* FIN lending [*or* loan] business **Leih·haus** *nt* pawn shop, pawnbroker's **Leih·ka·pi·tal** *nt kein pl* FIN borrowed capital *no pl* **Leih·mut·ter** *f* surrogate mother **Leih·mut·ter·kuh** *f* surrogate mother cow **Leih·mut·ter·schaft** *f* acting as a surrogate mother, surrogacy **Leih·pacht** *f* HANDEL lend-lease *hist* **Leih·schein** *m* 1 *(Formular für entliehenes Buch)* lending form 2 *(Pfandquittung)* pawn ticket **Leih·schwan·ger·schaft** *f* surrogate pregnancy **Leih·stim·me** *f (fam)* floating voter's vote **Leih·ver·trag** *m* JUR loan contract, loan for use **Leih·wa·gen** *m* hire [*or* AM rental] car

leih·wei·se *adv* on loan; ■**jdm etw ~ überlassen** *(geh)* to give sb sth on loan

Leim <-[e]s, -e> [laim] *m* 1 *(zäher Klebstoff)* glue, adhesive
2 TYPO *(Papier)* size
▸WENDUNGEN: **jdn auf den ~ führen** to take sb in; **jdm auf den ~ gehen** [*o* **kriechen**] *(fam)* to fall for sb's tricks; **aus dem ~ gehen** *(fam)* to fall apart

lei·men ['laimən] *vt* 1 *(mit Leim zusammenfügen)* ■**etw ~** to glue sth together
2 TYPO ■**etw ~** to pad sth
3 *(fam: hereinlegen)* ■**jdn ~** to con sb, to take sb for a ride; **der/die Geleimte** the dupe

Leim·far·be *f* distemper **Leim·kraut** *nt* BOT campion, catchfly **Leim·strei·fen** *m* glue line [*or* strip]

Lein <-[e]s, -e> [lain] *m* flax

Lei·ne <-, -n> ['lainə] *f* 1 *(dünnes Seil)* rope
2 *(Wäscheleine)* [washing [*or* AM laundry]] line; **etw auf die ~ hängen** to hang sth on the line; **etw von der ~ nehmen** to take sth off the line
3 *(Hundeleine)* lead, leash; **ein Tier an die ~ nehmen** to put an animal on a lead; **ein Tier an der ~ führen** to keep an animal on a lead; **jdn an die ~ legen** *(fig)* to get sb under one's thumb *fig;* **jdn an der ~ halten** *(fig)* to keep a tight rein on sb *fig*
▸WENDUNGEN: **~ ziehen** *(sl)* to scarper BRIT, to beat it AM; ***zieh ~!*** *(sl)* take a hike! *fam,* BRIT *a.* piss off! *fam!*

lei·nen ['lainən] *adj* linen

Lei·nen <-s, -> ['lainən] *nt* linen; **aus ~** made of linen; **in ~** linen-bound

Lei·nen·band <-bände> *m* linen-bound volume; *(Einband)* cloth binding **Lei·nen·beu·tel** *m* linen bag **Lei·nen·bla·zer** <-s, -> [-ble:zɐ] *m* linen blazer **Lei·nen·de·cke** *f (Buch)* cloth board **Lei·nen·ja·cke** *f* linen jacket **lei·nen·ka·schiert** *adj inv* cloth lined **Lei·nen·pa·pier** *nt* linen paper **Lei·nen·ta·sche** *f* linen bag **Lei·nen·we·ber(in)** *m(f)* linen weaver

Lein·kraut *nt* BOT toadflax **Lein·öl** *nt* linseed oil **Lein·saat** *f* linseed **Lein·sa·men** *m* linseed **Lein·tuch** <-tücher> *nt* SÜDD, ÖSTERR, SCHWEIZ *(Laken)* sheet

Lein·wand *f* 1 *(Projektionswand)* screen
2 *kein pl (Gewebe aus Flachsfasern)* canvas
3 *(Gewebestück für Gemälde)* canvas

Lein·wand·held(in) *m(f) (Kinostar)* hero/heroine of the silver screen

Leip·zig <-s> ['laiptsɪç] *nt* Leipzig

lei·se ['laizə] I. *adj* 1 *(nicht laut)* quiet; **etw ~ stellen** to turn down sth *sep*
2 *(gering)* slight; ***es fiel ~ r Regen*** it was raining slightly; **eine ~ Ahnung/ein ~r Verdacht** a vague idea/suspicion; **nicht im L~sten** not at all
II. *adv* 1 *(nicht laut)* quietly
2 *(kaum merklich)* slightly; ***der Regen fiel ~*** it was raining gently

Lei·se·tre·ter <-s, -> *m* 1 *(pej: Duckmäuser)* mouse, BRIT *a.* pussyfoot
2 *(hum: Schuh)* sneaker

Leis·te <-, -n> ['laistə] *f* 1 *(schmale Latte)* strip; **eine ~ aus etw** *dat* a strip of sth
2 *(Übergang zum Oberschenkel)* groin

leis·ten ['laistn̩] I. *vt* 1 *(schaffen)* ■**etw ~** to achieve sth; *(an Arbeitsleistung erbringen)* to do sth; ***für heute haben wir genug geleistet*** we've done enough for today; ***ich hatte gehofft, sie würde mehr ~*** I had hoped she would do a better job; [**etwas**] **Anerkennenswertes/Besonderes/Erstaunliches ~** to accomplish something commendable/special/amazing; **ganze Arbeit ~** to do a good job; **viel/nicht viel ~** to get/not get a lot done, to be/not be very productive; ***ich habe heute nicht viel geleistet*** I haven't been very productive today
2 TECH, PHYS *(an Energie erbringen)* ■**etw ~** to produce [*or* generate] sth
3 *Funktionsverb (erbringen)* **eine Anzahlung ~** to make a down payment; **geleistete Anzahlungen** advances paid; **jdm gute Dienste ~** to serve sb well; **einen Eid ~** to swear an oath; **Gehorsam/Widerstand ~** to obey/offer resistance; **Hilfe ~** to render assistance *form;* **eine Unterschrift ~** to sign; **Wehrdienst/Zivildienst ~** to do one's military/community service
II. *vr* 1 *(sich gönnen)* ■**sich** *dat* **etw ~** to treat oneself to sth, to allow oneself the luxury of sth; ***heute leiste ich mir mal ein richtig gutes Essen*** I'll treat myself today to a really good meal
2 *(sich herausnehmen)* ■**sich** *dat* **etw ~** to permit oneself sth; ***wenn Sie sich noch einmal auch nur das Geringste ~, ...*** if you dare to step out of line once more, ...; ***da hast du dir ja was geleistet!*** you've really outdone yourself [this time]!; ***tolles Kleid — sie kann es sich ~, bei der Figur!*** great dress — she can certainly carry it off with a figure like that!
3 *(finanziell in der Lage sein)* **sich** *dat* **etw ~ können** to be able to afford sth; **es sich** *dat* **~ können, etw zu tun** to be able to afford to do sth

Leis·ten <-s, -> ['laistn̩] *m (Schuhleisten)* last
▸WENDUNGEN: **alles über einen ~ schlagen** *(fam)* to measure everything by the same yardstick

Leis·ten·bruch *m* hernia **Leis·ten·ge·gend** *f* groin, inguinal region *spec*

Leis·tung <-, -en> *f* 1 *kein pl (Tätigkeit)* performance; *(Stand)* efficiency; **nach ~** performance-based, based on performance *pred;* **~ Zug um Zug** contemporaneous performance; **berufstypische/charakteristische ~** characteristic performance
2 *(geleistetes Ergebnis)* accomplishment; **eine hervorragende/sportliche ~** an outstanding piece of work/athletic achievement; **schulische ~en** results [*or* performance] at school; ***ihre ~en lassen zu wünschen übrig*** her work leaves a lot to be desired; **reife ~!** *(fam)* not bad! *fam*
3 TECH, PHYS power; *(Produktivität) Fabrik* output, production capacity; **~ pro Arbeitsstunde** output per man-hour
4 FIN *(Entrichtung)* payment; **~en des Bauhauptgewerbes** investment in building
5 FIN *(Zahlung)* benefit; **~en im Krankheitsfall** sickness benefits BRIT, allowance AM; **~en der Sozialversicherung** social security [*or* AM public assistance] benefits; **~ vor Fälligkeit** FIN performance pri-

or to maturity; ~ **an Erfüllungs statt** performance in full discharge of the obligation; **freiwillige betriebliche** ~**en** fringe benefits; **unentgeltliche** ~ gratuitous services; **soziale** ~**en** fringe benefits; ***sie bezieht seit Jahren staatliche*** ~***en*** she has been receiving state benefits for years; **vermögenswirksame** ~ capital-forming payment
6 *(Dienstleistung)* service

Leis·tungs·ab·fall *m* reduction in productivity **Leis·tungs·ab·gren·zung** *f* demarcation of performance **Leis·tungs·ab·kom·men** *nt* JUR performance agreement **Leis·tungs·ab·leh·nung** *f* refusal of performance **Leis·tungs·ab·schrei·bung** *f* FIN variable charge method of depreciation **Leis·tungs·ab·wei·chung** *f* ÖKON [work] efficiency variance; *(von Arbeitern)* labour [*or* AM -or] efficiency variance; *(bei Maschine)* machine effectiveness variance; *(von Anlagen)* capacity variance **Leis·tungs·an·for·de·run·gen** *pl* ÖKON performance qualifications, standards of performance **Leis·tungs·an·ge·bot** *nt* HANDEL tender BRIT, bid AM **Leis·tungs·an·spruch** *m* JUR entitlement [*or* right] to benefits; **einen** ~ **ausschließen** to disqualify from benefits; **einen** ~ **haben** to be eligible for benefits **Leis·tungs·an·stieg** *m (qualitativ)* rise in performance; *(quantitativ)* rise in productivity **Leis·tungs·aus·ga·ben** *pl* ÖKON benefit payments *pl* **Leis·tungs·bau·stein** *m* element of performance **Leis·tungs·be·rech·tig·te(r)** *f(m)* person entitled to receive a [social security [*or* AM welfare]] benefit **Leis·tungs·be·reit·schaft** *f kein pl* commitment **Leis·tungs·be·richt** *m* performance review **Leis·tungs·be·schrei·bung** *f* JUR performance description **Leis·tungs·be·stim·mung** *f* JUR definition of performance **Leis·tungs·be·ur·tei·lung** *f* 1 *(Anerkennung)* merit [*or* performance] rating
2 *(Revision)* performance review

Leis·tungs·be·wer·tung *f* performance rating **leis·tungs·be·zo·gen** *adj inv* performance-orientated [*or* AM -oriented]; ~**e Abschreibung** service output depreciation method **Leis·tungs·be·zug** *m* ÖKON *von Sozialleistungen* drawing of benefit **Leis·tungs·bi·lanz** *f* balance of [current] transactions [*or* goods and services] [*or* payments on current account] **Leis·tungs·bi·lanz·über·schuss**^RR *m* FIN current account surplus **Leis·tungs·bo·nus** *m* FIN incentive pay **Leis·tungs·dro·ge** *f* high-performance drug **Leis·tungs·druck** *m kein pl* pressure to perform **Leis·tungs·emp·fang** *m* FIN receipt of benefits **Leis·tungs·emp·fän·ger(in)** *m(f)* JUR beneficiary, recipient of services **Leis·tungs·ent·gelt** *nt* JUR consideration, quid pro quo **Leis·tungs·er·brin·ger(in)** *m(f)* ÖKON provider **Leis·tungs·er·fül·lung** *f* JUR [discharge by] performance **Leis·tungs·er·mitt·lung** *f* JUR performance evaluation, AM merit rating **Leis·tungs·fach** *nt* SCH special subject, subject of concentration

leis·tungs·fä·hig *adj* 1 *(zu hoher Arbeitsleistung fähig)* efficient
2 *(zu hoher Produktionsleistung fähig)* productive
3 *(zur Abgabe großer Energie fähig)* powerful
4 FIN competitive

Leis·tungs·fä·hig·keit *f kein pl* 1 *(Arbeitsleistung)* performance
2 *(Produktionsleistung)* productivity
3 *(Abgabe von Energie)* power
4 FIN competitiveness

Leis·tungs·frei·heit *f* JUR exemption from performance **Leis·tungs·frist** *f* JUR time for performance **Leis·tungs·ga·ran·tie** *f* JUR performance guarantee [*or* bond] **Leis·tungs·ge·fahr** *f* JUR performance risk **Leis·tungs·ge·gen·stand** *m* JUR object of performance **Leis·tungs·ge·sell·schaft** *f* SOZIOL meritocracy, achievement-orientated society **Leis·tungs·hin·der·nis** *nt* JUR disincentive; ~ **bei Vertragserfüllung** frustration of contract **Leis·tungs·in·dex** *m* ÖKON performance index **Leis·tungs·kla·ge** *f* JUR action for performance **Leis·tungs·kon·trol·le** *f* productivity [*or* efficiency] [*or* performance] check; ***Klassenarbeiten dienen der*** ~ [written] schoolwork are a form of performance assessment; **laufende** ~**n** regular efficiency checks; **zur** ~ [in order] to check productivity [*or* efficiency] [*or* to assess performance] **Leis·tungs·kraft** *f kein pl* capability *usu pl;* **jds berufliche/schulische** ~ sb's performance at work/in school **Leis·tungs·kri·te·ri·um** *nt* performance criterion **Leis·tungs·kurs** *m* SCH advanced course *(course which seeks to impart additional knowledge to a basic course using a style similar to university teaching)* **Leis·tungs·kür·zung** *f* ÖKON reduction of benefit **Leis·tungs·lohn·sys·tem** *nt* FIN incentive wage system, AM efficiency bonus plan **Leis·tungs·merk·mal** *nt* TECH performance parameter **Leis·tungs·mes·sung** *f* performance measurement **Leis·tungs·min·de·rung** *f* reduction in payments **Leis·tungs·miss·brauch**^RR *m* benefit abuse **Leis·tungs·nach·weis** *m* SCH evidence of academic achievement **leis·tungs·ori·en·tiert** *adj* performance-orientated [*or* AM -oriented] **Leis·tungs·ort** *m* JUR place of performance **Leis·tungs·pa·ket** *nt* ÖKON services package **Leis·tungs·pflicht** *f* JUR obligation to perform a contract **leis·tungs·pflich·tig** *adj inv* JUR liable to perform **Leis·tungs·pflich·ti·ge(r)** *f(m) dekl wie adj* JUR contributor, person liable to perform **Leis·tungs·preis** *m* FIN price per unit **Leis·tungs·prin·zip** *nt kein pl* performance [*or* achievement] principle **Leis·tungs·pro·fil** *nt* ÖKON range of services **Leis·tungs·prüf·stand** *m* AUTO dynamometer

Leis·tungs·prü·fung *f* 1 SCH achievement test
2 SPORT trial
3 AGR, TECH performance test

Leis·tungs·rech·nung *f* FIN output [*or* performance] accounting **Leis·tungs·schutz·recht** *nt* JUR ancillary copyright **leis·tungs·schwach** *adj* weak; **eine** ~**e Maschine/ein** ~**er Motor** a low-performance [*or* -power] machine/engine **Leis·tungs·spek·trum** *nt* ÖKON array [*or* range] of services **Leis·tungs·sport** *m* competitive sport *no art*

leis·tungs·stark *adj* 1 *(große Produktionskapazität besitzend)* [highly-]efficient [*or* productive] *attr,* [highly] efficient [*or* productive] *pred*
2 AUTO, ELEK, TECH [very] powerful; **ein** ~**er Motor** a high-performance [*or* [very] powerful] engine

leis·tungs·stei·gernd *adj* ÖKON increasing the efficiency **Leis·tungs·stei·ge·rung** *f* increase in performance **Leis·tungs·stö·rung** *f* JUR defective performance; ~ **des Käufers/Verkäufers** defective performance by the buyer/seller **Leis·tungs·trä·ger(in)** *m(f)* SPORT, ÖKON go-to guy *fam* **Leis·tungs·um·fang** *m* JUR scope of service, service level; *(Versicherung)* range of benefits **Leis·tungs·un·ter·las·sung** *f* JUR failure to render performance **Leis·tungs·ur·teil** *nt* JUR judgement granting affirmative relief **Leis·tungs·ver·bot** *nt* FIN ~ **an Drittschuldner** garnishee [*or* third-party] order **Leis·tungs·ver·gleich** *m* competition, test of performance [*or* ability]; **wenn man einen** ~ **anstellt** when you compare their performance **Leis·tungs·ver·kehr** *m kein pl* HANDEL service transactions *pl* **Leis·tungs·ver·mö·gen** *nt kein pl* capability *usu pl* **Leis·tungs·ver·wal·tung** *f* JUR administration of community services **Leis·tungs·ver·wei·ge·rung** *f* JUR refusal of performance **Leis·tungs·ver·wei·ge·rungs·recht** *nt* JUR right to refuse performance **Leis·tungs·ver·zeich·nis** *m* HANDEL specification [and schedule] of prices **Leis·tungs·ver·zö·ge·rung** *f,* **Leis·tungs·ver·zug** *m* JUR delay in performance **Leis·tungs·vor·ga·be** *f* FIN performance standard **Leis·tungs·wett·be·werb** *m* HANDEL efficiency contest, efficiency-oriented competition **Leis·tungs·wu·cher** *m kein pl* JUR *transaction where the financial advantage accrued is out of proportion to the services rendered* **Leis·tungs·zeit** *f* JUR time of performance **Leis·tungs·zeit·raum** *m* FIN *(Versicherung)* benefit period **Leis·tungs·zu·la·ge** *f* ÖKON incentive payment, productivity bonus **Leit·an·trag** ['lait-] *m* POL guideline motion [*or* lead[ing]] *(proposed by the party leadership)* **Leit·ar·ti·kel** *m* MEDIA leading article, leader, editorial **Leit·ar·tik·ler(in)** <-s, -> ['laitʔarti:klɐ] *m(f)* MEDIA leader-[*or* editorial-]writer **Leit·bild** *nt* [role] model **Leit·bör·se** *f* BÖRSE central stock exchange **Leit·bün·del** *nt* BOT vascular bundle **Leit·emis·si·on** *f* FIN signpost [*or* bellwether] issue

lei·ten ['laitn̩] **I.** *vt* 1 *(verantwortlich sein)* ■**etw** ~ to run [*or* be in charge of] sth; **eine Abteilung** ~ to be head of [*or* run] a department; **eine Firma** ~ to run [*or* manage] a company; **ein Labor/eine Redaktion** ~ to be head [*or* in charge] of a laboratory/an editorial office; **eine Schule** ~ to be head [*or* headmaster] [*or* head teacher] of [*or* at] a school
2 *(den Vorsitz führen)* ■**etw** ~ to lead [*or* head] sth; **eine Sitzung** ~ to chair a meeting
3 TECH *(transportieren, strömen lassen)* ■**etw** ~ to conduct sth; ***das Erdöl wird in Pipelines quer durchs Land geleitet*** the oil is piped across country
4 TRANSP *(lenken)* ■**etw wohin** ~ to route [*or* divert] sth somewhere; ***der Zug wurde auf ein Nebengleis geleitet*** the train was diverted to a siding
5 *(führen)* ■**jdn** [**wohin**] ~ to lead [*or* guide] sb [somewhere]; ■**sich** *akk* **durch etw** *akk* ~ **lassen** to [let oneself] be guided by sth; ■**sich** *akk* **von etw** *dat* ~ **lassen** to [let oneself] be governed by sth
II. *vi* PHYS to conduct; **gut/schlecht** ~ to be a good/bad conductor

lei·tend I. *adj* 1 *(führend)* leading
2 *(in hoher Position)* managerial; ~**er Angestellter** executive; ~**er Redakteur** editor-in-chief
3 PHYS conductive
II. *adv* ~ **tätig sein** to hold a managerial position

Lei·ter^1 <-, -n> ['laitɐ] *f* 1 *(Sprossenleiter)* ladder
2 *(Stehleiter)* step-ladder

Lei·ter^2 <-s, -> ['laitɐ] *m* PHYS conductor

Lei·ter(in) <-s, -> ['laitɐ] *m(f)* 1 *(leitend Tätiger)* head; ~ **einer Firma/eines Geschäfts sein** to be [the] manager [*or fam* boss] [*or* [at the] head] of a company/business, to head a company/business; ~ **einer Schule** head[master] [of a school], head teacher [at a school]; **kaufmännischer/technischer** ~ commercial manager [*or* sales director]/technical director
2 *(Sprecher)* leader, head; ~ **einer Delegation** head of a delegation; ~ **einer Diskussion/Gesprächsrunde** person chairing a discussion/round of talks

Lei·ter·bahn *f* TECH conductor **Lei·ter·ge·rüst** *nt* ladder scaffold **Lei·ter·kurs** <-es, -e> *m* SCHWEIZ *training course for new [youth] group leaders* **Lei·ter·plat·te** *f* ELEK, INFORM printed circuit board **Lei·ter·spros·se** *f* rung [of a/the ladder], step [on a/the ladder] **Lei·ter·stück** *nt* **abgedecktes** ~ KOCHK top rib, thick ribs *pl* **Lei·ter·team** <-s, -s> *nt* SCHWEIZ *team of people leading a youth group* **Lei·ter·wa·gen** *m* AGR [hand]cart

Leit·fa·den *m* MEDIA manual, [introductory] guide, introduction, compendium **leit·fä·hig** *adj* PHYS conductive **Leit·fä·hig·keit** *f* PHYS conductivity **Leit·fahr·zeug** *nt eines Flugzeugs* follow-me **Leit·fi·gur** *f* leading figure **Leit·fi·li·a·le** *f* head branch **Leit·ge·dan·ke** *m* central idea [*or* theme] **Leit·ham·mel** *m (fam)* bellwether *fig* **Leit·kul·tur** *f kein pl* SOZIOL dominant [*or* primary] culture; **Bindung an eine deutsche** ~ commitment to the German cultural environment [*or* identity] **Leit·kurs** *m* BÖRSE central rate

Leit·li·nie *f* 1 *(Grundsatz)* guideline
2 *(Fahrbahnmarkierung)* broken line, lane marking
3 MATH directrix

Leit·mo·tiv *nt* 1 *(Grundgedanke)* central [*or* dominant] theme
2 MUS, LIT leitmotif, leitmotiv

Leit·plan·ke *f* crash barrier **Leit·satz** *m* guiding principle **Leit·spruch** *m* motto **Leit·stel·le** *f* headquarters + *sing/pl vb* **Leit·stern** *m (a. fig)* guiding star

Leit·strahl *m* PHYS conducting ray **Leit·strahl·an·**

flug·funk·feu·er·sys·tem *nt* beam-approach beacon system
Leit·tier *nt* ZOOL leader [of a/the herd]
Lei·tung <-, -en> *f* ❶ *kein pl (Führung)* management, leadership; ***sie wurde mit der ~ der Abteilung betraut*** she was put in charge of the department; ■**die ~ einer S.** *gen* **übernehmen** to take over the leadership of sth; *(Vorsitz)* chairing; **die ~ einer Sitzung/Diskussion haben** to chair a meeting/discussion; ■**unter der ~ von jdm** MUS [to be] conducted by sb
❷ *(leitendes Gremium)* management
❸ TECH *(Rohr)* pipe
❹ ELEK *(Kabel)* cable
❺ TELEK line; ***die ~ ist gestört*** it's a bad line; **in der ~ sein** *(fam)* to be on the line
▶WENDUNGEN: **eine lange ~ haben** *(hum fam)* to be slow on the uptake; **auf der ~ stehen** *(fam)* to be slow to catch on *fam*
Lei·tungs·draht *m* ELEK [electric [*or* conducting]] wire **Lei·tungs·ebe·ne** *f* ÖKON level of management
Lei·tungs·ka·bel *nt* ❶ *(allgemein)* wire
❷ ELEK line cable
❸ AUTO *(Zündkabel)* lead
Lei·tungs·mast *m* ELEK [electricity] pylon **Lei·tungs·netz** *nt* ❶ *(System von Stromkabeln, Rohrleitungen)* system of mains, supply network, mains *npl* BRIT ❷ *(System von Telefonkabeln)* [telephone] network **Lei·tungs·rohr** *nt* pipe **Lei·tungs·un·ter·bre·chung** *f* ELEK, TELEK disconnection **Lei·tungs·was·ser** *nt* tap water **Lei·tungs·wi·der·stand** *m* ELEK resistance
Leit·wäh·rung *f* FIN leading [*or* key] currency **Leit·werk** *nt* LUFT tail unit, tailplane; *einer Rakete* control surfaces *pl;* INFORM controller unit **Leit·wolf** *m (fig)* leader
Leit·zins *m* FIN [central bank] discount rate, prime rate **Leit·zins·an·he·bung** *f* FIN increase in the prime rate **Leit·zins·satz** *m* BÖRSE base [*or* key] [interest] rate **Leit·zins·sen·kung** *f* FIN reduction in the prime rate
Lek·ti·on <-, -en> [lɛkˈtsi̯oːn] *f* ❶ SCH *(Kapitel)* chapter; *(Stunde)* lesson
❷ *(geh: Lehre)* lesson; **jdm eine ~ erteilen** to teach sb a lesson
Lek·tor, Lek·to·rin <-s, -en> [ˈlɛktoːɐ̯, lɛkˈtoːrɪn, *pl* -ˈtoːrən] *m, f* ❶ *(in einem Verlag)* editor
❷ *(an der Universität)* foreign language assistant
Lek·to·rat <-[e]s, -e> [lɛktoˈraːt] *nt* ❶ *(Verlagsabteilung)* editorial office
❷ *(Lehrauftrag)* post as [a] foreign language assistant
Lek·to·rin <-, -nen> *f fem form von* **Lektor**
Lek·tü·re <-, -n> [lɛkˈtyːrə] *f* ❶ *kein pl (das Lesen)* reading *no pl, no indef art;* ***dieses Buch wird zur ~ sehr empfohlen*** this book is recommended as a [very] good read
❷ *(Lesestoff)* reading matter *no pl, no indef art*
Lem·ma <-s, -ta> [ˈlɛma] *nt* LING lemma, headword
Lem·ming <-s, -e> [ˈlɛmɪŋ] *m* ZOOL lemming; **wie die ~e** like lemmings
Lem·pen <-s, -> [ˈlɛmpn̩] *m* SCHWEIZ *(Rinderbauch)* belly of beef
Le·mur <-en, -en> [leˈmuːɐ̯] *m,* **Le·mu·re** <-n, -n> [leˈmuːrə] *m* ZOOL lemur
Len·de <-, -n> [ˈlɛndə] *f* ❶ ANAT loin
❷ KOCHK loin, sirloin
Len·den·bra·ten *m* KOCHK roast loin **Len·den·ge·gend** *f* lumbar region **Len·den·schnit·te** *f* KOCHK filet steak **Len·den·schurz** *m* loincloth **Len·den·stück** *nt* KOCHK piece of loin, tenderloin **Len·den·wir·bel** *m* ANAT lumbar vertebra **Len·den·wir·bel·säu·le** *f* lumbar spinal column [*or* vertebrae], lumbar vertebrae *pl spec*
Leng·fisch [ˈlɛŋ-] *m* ZOOL, KOCHK ling, buffalo cod
Le·ni·nis·mus <-> [leniˈnɪsmʊs] *m kein pl* Leninism *no pl, no art*
le·ni·nis·tisch *adj inv* Leninist
lenk·bar [ˈlɛŋkbaːɐ̯] *adj* steerable; **gut** [*o* **leicht**] **~ sein** to be easy to steer
Lenk·dra·chen *m* stunt kite
Lenk·ein·schlag *m kein pl* AUTO lock
len·ken [ˈlɛŋkn̩] **I.** *vt* ❶ *(steuern)* ■**etw ~** to steer sth; ***so, jetzt lenke das Auto nach rechts*** right, now turn [the car] off to the right
❷ *(dirigieren)* ■**jdn ~** to direct [*or* guide] sb
❸ *(beeinflussen)* ■**jdn/etw ~** to control sb/sth; ■**gelenkt** planned, managed; **die staatlich gelenkte Presse** the state-controlled press; **gelenkte Wirtschaft** controlled economy
❹ *(geh: wenden)* ■**etw wohin ~** to direct sth somewhere; **seinen Blick auf jdn/etw ~** to turn one's gaze on sb/sth
❺ *(richten)* ■**etw auf etw** *akk* **~** to direct sth to sth; **jds Aufmerksamkeit auf etw** *akk* **~** to draw sb's attention to sth; ***geschickt lenkte sie das Gespräch/die Unterhaltung auf ein weniger heikles Thema*** she cleverly steered the conversation round to a less controversial subject
II. *vi* to drive
▶WENDUNGEN: **der Mensch denkt, Gott lenkt** *(prov)* man proposes, God disposes *prov*
Len·ker <-s, -> *m* handlebars *pl*
Len·ker(in) <-s, -> *m(f) (geh)* driver
Lenk·flug·kör·per *m* guided missile **Lenk·ge·schoss**RR *nt* guided missile **Lenk·ge·trie·be** *nt* AUTO steering gear **Lenk·im·puls** *m* AUTO jerk on the steering wheel **Lenk·kon·so·le** *f* AUTO steering wheel console
Lenk·rad *nt* steering-wheel; **jdm ins ~ greifen** to grab the steering-wheel from sb **Lenk·rad·schal·tung** *f* AUTO steering-column [gear]change [*or* AM gearshift] **Lenk·rad·schloss**RR *nt* steering[-wheel] lock **Lenk·rad·sper·re** *f* steering lock
lenk·sam *adj (selten: lenkbar)* steerable; *Charakter* tractable, docile
Lenk·säu·le *f* AUTO steering column **Lenk·stan·ge** *f (geh)* handlebars *pl*
Len·kung <-, -en> *f* ❶ AUTO steering *no pl, no indef art*
❷ *kein pl (Beeinflussung)* controlling *no pl, no indef art*
Len·kungs·gre·mi·um *nt* JUR governing body **Len·kungs·maß·nah·me** *f* JUR regulatory [*or* control] measure; **~n bei Ratenkäufen** measures regulating instalment sales
Lenz <-es, -e> [lɛnts] *m* ❶ *(liter: Frühling)* spring[time], springtide *poet*
❷ *pl (hum: Lebensjahre)* years *pl,* summers *pl poet*
▶WENDUNGEN: **sich** *dat* **einen faulen** [*o* **lauen**] [*o* **schönen**] **~ machen** *(fam)* to take it easy, BRIT *a.* to swing the lead *sl*
len·zen [ˈlɛntsn̩] *vt* NAUT ■**etw ~** to pump out sth *sep*
Lenz·pum·pe *f* NAUT bilge-pump
Le·o·pard <-en, -en> [leoˈpart] *m* ZOOL leopard
Le·po·rel·lo <-s, Leporelli> [lepoˈrɛlo] *nt o m* KUNST *leaflet folded like an accordion*
Le·po·rel·lo·falz [lepoˈrɛlo-] *m* TYPO concertina fold, harmonica [*or* zigzag] fold
Le·pra <-> [ˈleːpra] *f kein pl* MED leprosy *no pl, no art*
Le·pra·kran·ke(r) *f(m) dekl wie adj* leper **Le·pra·sta·ti·on** *f* leprosy ward
le·pros [leˈproːs], **le·prös** [leˈprøːs] *adj* MED leprous
Le·pro·se(r) *f(m) dekl wie adj* leper
Lep·ton <-, Leptonen> [ˈlɛptɔn] *nt* NUKL lepton
lep·to·nisch [lɛpˈtoːnɪʃ] *adj inv* NUKL **~es Zeitalter** Leptonic Age
lep·to·som [lɛptoˈzoːm] *adj inv* MED *Typ, Körperbau* leptosome *spec*
Ler·che <-, -n> [ˈlɛrçə] *f* ORN lark
lern·bar *adj* learnable; **leicht/schwer ~** easy/difficult to learn
lern·be·gie·rig *adj* eager to learn *pred* **lern·be·hin·dert** *adj* with learning difficulties [*or* special needs] *pred;* ■**~ sein** to have learning difficulties [*or* special needs] **Lern·ei·fer** *m* eagerness to learn **lern·eif·rig** *adj* eager to learn *pred*
ler·nen [ˈlɛrnən] **I.** *vt* ❶ *(sich als Kenntnis aneignen)* ■**etw** [**bei/von jdm**] **~** to learn sth [from sb]; **lesen/schreiben ~** to learn [how] to read/write; ■**etw zu tun ~** to learn [how] to do sth; **von jdm noch** [**etwas**] **~ können** to be able to learn a thing or two from sb; ***von ihr können wir alle noch etwas ~*** she could teach us all a thing or two; **jd lernt's nie** [*o* **wird es nie ~**] sb will never learn; ***manche lernen's eben nie!*** some people will never learn!
❷ *(im Gedächtnis speichern)* ■**etw ~** to learn sth [by heart]
❸ *(Einstellung/Verhalten annehmen)* ■**~, etw zu tun** to learn to do sth; ***er hat gelernt, damit zu leben*** he has learnt to live with it; **jdn schätzen ~** to come to appreciate sb
❹ *(fam: eine Ausbildung machen)* ■**etw ~** to train as [*or* to be] sth, to learn the trade of sth; ***ich habe Kfz-Mechaniker gelernt*** I trained as a car mechanic; ***was haben Sie denn gelernt?*** which trade did you learn?; *s. a.* **gelernt**
▶WENDUNGEN: **gelernt ist** [**eben**] **gelernt** once learned, never forgotten; **etw will gelernt sein** sth takes [a lot of] practice [*or* has to be learned]
II. *vi* ❶ *(Kenntnisse erwerben)* ■[**für etw** *akk*] **~** to study [*or* work] [for sth]; **für** [*o* **auf**] **eine Prüfung ~** to revise for an exam; **langsam/leicht/schnell ~** to be a slow/good/fast learner; ■**mit jdm ~** to help sb with their [school]work
❷ *(eine Ausbildung machen)* ■[**bei jdm**] **~** to train [at sb's], to be apprenticed to sb; ***er hat bei verschiedenen Firmen gelernt*** he's been an apprentice with several companies; ***sie lernt noch*** she's still an apprentice
III. *vr* **etw lernt sich** *akk* **leicht/schwer** sth is easy/hard to learn [*or* remember]
Ler·nen [ˈlɛrnən] *nt* learning; **exemplarisches ~** learning by example; **rechnerunterstütztes ~** computer-aided [*or* -assisted] learning
Ler·ner(in) <-s, -> *m(f)* LING learner
Lern·er·fah·rung *f* learning experience
Ler·ner·wör·ter·buch *nt* SCH, VERLAG learner's dictionary
lern·fä·hig *adj* ■**~ sein** to be capable of learning [*or* able to learn] **Lern·fä·hig·keit** *f kein pl* PSYCH, SOZIOL, SCH learning ability **Lern·fahr·aus·weis** *m* SCHWEIZ *(Führerschein für Fahrschüler)* provisional [driving] licence [*or* AM -se]
Lern·mit·tel *nt meist pl* SCH learning aid **Lern·mit·tel·frei·heit** *f kein pl* SCH free provision of learning aids *(schoolbooks and equipment)*
Lern·pro·gramm *nt* INFORM teaching software **Lern·pro·zess**RR *m* learning process **lern·schwach** *adj Schüler, Kind* learning-disabled; ***~e Kinder*** children with learning difficulties **Lern·schwes·ter** *f* student nurse **Lern·soft·ware** *f* INFORM, SCH educational software, teachware **Lern·ziel** *nt* SCH [educational] goal [*or* aim]
Les·art *f* ❶ *(Variante)* version
❷ *(abweichende Darstellung)* version
les·bar [ˈleːsbaːɐ̯] *adj* ❶ *(lesbare Handschrift)* legible
❷ *(verständlich)* clear, comprehensible
Les·bar·keit *f kein pl* legibility
Les·be <-, -n> [ˈlɛsbə] *f (fam),* **Les·bi·e·rin** <-, -nen> [ˈlɛsbi̯ərɪn] *f* lesbian, dyke *pej sl*
les·bisch [ˈlɛsbɪʃ] **I.** *adj* lesbian; ■**~ sein** to be a lesbian
II. *adv* **~ veranlagt sein** to have lesbian tendencies
Le·se <-, -n> [ˈleːzə] *f* AGR harvest
Le·se·bril·le *f* reading-glasses *npl* **Le·se·buch** *nt* SCH reader **Le·se·ecke** *f* reading corner **Le·se·ge·rät** *nt* INFORM reader **Le·se·kopf** *m* INFORM read[ing] head **Le·se·lam·pe** *f* ❶ *(Schreibtischlampe)* reading lamp ❷ *(Klemmleuchte)* [clip-on] reading lamp **Le·se·muf·fel** <-s, -> *m (fam)* unwilling [*or* unenthusiastic] reader
le·sen[1] <liest, las, gelesen> [ˈleːzn̩] **I.** *vt* ❶ *(durchlesen)* ■**etw ~** to read sth; *s. a.* **Korrektur, Messe, Note**
❷ *(korrigieren)* ■**etw ~** to proofread [*or* read through [and correct]] sth
❸ *(leserlich sein)* **einfach/kaum/nicht/schwer zu ~ sein** to be easy/almost impossible/impossible/difficult to read
❹ INFORM ■**etw** [**in etw** *akk*] **~** to read sth [into sth]
❺ *(entnehmen)* ■**etw aus etw** *dat* **~** to see sth in

sth; *s. a.* **Gedanke**
II. *vi* ① *(als Lektüre)* to read; ■**an etw** *dat* ~ to read sth
② SCH *(eine Vorlesung halten)* ■**über jdn/etw** ~ to lecture on sb/sth
III. *vr* **etw liest sich leicht** sth is easy to read [*or* easy-going]; **etw liest sich nicht leicht** sth is quite difficult to read [*or* heavy-going]
le·sen² <liest, las, gelesen> ['le:zn̩] *vt* ① *(sammeln)* ■**etw** ~ to pick sth; **Ähren** ~ to glean [[ears of] corn] ② *(auflesen)* ■**etw von etw** *dat* ~ to pick sth off sth; **etw vom Boden** ~ to pick sth up *sep* off [*or* from] the floor
le·sens·wert *adj* worth reading *pred;* **ein ~es Buch** a book [which [*or* that] is] worth reading, a good read *fam*
Le·se·pro·be *f* ① *(Buchausschnitt)* extract ② *(Theaterprobe)* reading
Le·ser(in) <-s, -> ['le:zɐ] *m(f)* reader
Le·se·rat·te *f (hum fam)* bookworm
Le·ser·be·fra·gung *f* reader[s] survey **Le·ser·brief** *m* reader's letter; **‚~e'** 'letters to the editor' **Le·se·rei·se** *f* reading tour
Le·se·rin <-, -nen> *f fem form von* **Leser**
Le·ser·kreis *m* readership
le·ser·lich *adj* legible; **gut/kaum/schwer ~ sein** to be easy/almost impossible/difficult to read
Le·ser·lich·keit <-> *f kein pl* legibility *no pl, no indef art*
Le·ser·schaft <-, -en> *f pl selten (geh)* readership
Le·se·saal *m* reading room **Le·se·schwä·che** *f* reading problem **Le·se·stift** *m* INFORM wand, magnetic wand reader **Le·se·stoff** *m* reading matter *no pl, no indef art* **Le·se·stück** *nt* reading passage
Le·se- und Recht·schreib·schwä·che *f,* **LRS** *f kein pl* MED, SCH reading and writing difficulty, difficulties in reading and writing
Le·se·zei·chen *nt* bookmark[er] **Le·se·zir·kel** *m* magazine subscription service *(company which loans magazines to readers)*
Le·so·ther(in) <-s, -> [le'zo:tɐ] *m(f)* Mosotho *sing,* Basotho *pl*
le·so·thisch [le'zo:tɪʃ] *adj* Basotho
Le·so·tho <-s> [le'zo:to] *nt* Lesotho
Le·sung <-, -en> *f* ① MEDIA *(Dichterlesung)* reading ② POL *(Beratung)* reading ③ REL lesson; **die ~ halten** to read the lesson
le·tal [le'ta:l] *adj* MED, PHARM lethal; **~e Dosis** lethal dose
Le·thar·gie <-> [letar'gi:] *f kein pl* lethargy *no pl, no indef art*
le·thar·gisch [le'targɪʃ] *adj* lethargic
Let·te, Let·tin <-n, -n> ['lɛtə, 'lɛtɪn] *m, f* Latvian, Lett
Let·ter <-, -n> ['lɛtɐ] *f* ① *(Druckbuchstabe)* letter ② TYPO *(Drucktype)* type
Let·tin <-, -nen> *f fem form von* **Lette**
let·tisch ['lɛtɪʃ] *adj* Latvian, Lettish
Let·tisch ['lɛtɪʃ] *nt dekl wie adj* Latvian, Lettish; **auf ~** in Latvian [*or* Lettish]
Lett·land ['lɛtlant] *nt* Latvia
Let·ze·bur·gesch ['lɛtsəburkəʃ] *nt dekl wie adj (fachspr) s.* **Luxemburgisch**
Let·ze·bur·ge·sche <-n> *nt (fachspr) s.* **Luxemburgische**
Letzt [lɛtst] *f* ▸WENDUNGEN: **zu guter ~** finally, in the end
letz·te(r, s) *adj* ① *(den Schluss bildend)* last; ***in der Klasse saß sie in der ~n Reihe*** she sat in the back row in class; **als ~[r]** last; **als L~[r] fertig sein/gehen/kommen** to finish/leave/arrive last, to be the last to finish/leave/arrive; **der L~ des Monats** the last [day] of the month; **der ~ Versuch** the final [*or* last] attempt
② *(das Letztmögliche)* last; ***diese Klatschbase wäre die ~, der ich mich anvertrauen würde*** that old gossip is the last person I would confide in; **das L~ aus sich** *dat* **herausholen** to do one's utmost; **mit ~r Kraft** with one's last ounce of strength
③ SPORT last; ***sie ging als ~ Läuferin durchs Ziel*** she was the last runner to finish [the race]; **auf dem ~ Platz liegen** to be [lying] last; *(in Tabelle a.)* to be [lying] bottom; ■**L~r werden** to finish [in] last [place]
④ TRANSP *(späteste)* last
⑤ *(restlich)* last; ***er gab sein ~s Geld aus*** he spent the last of his money
⑥ *(vorige)* last; ***den ganzen ~n Monat war ich auf Dienstreise*** I was away on a business trip for the whole of last month; **beim ~n Mal** last time; **zum ~n Mal** the last time; **im ~n Jahr** last year; **in der ~n Zeit** in recent times; **in den ~n zwei Wochen** in the last [*or* past] two weeks
⑦ *(an letzter Stelle erwähnt)* last
⑧ *(neueste)* latest; *s. a.* **Schrei**
⑨ *(fam: schlechteste)* worst; ***das ist doch der ~ Kerl!*** what an absolute [*or sl* out-and-out] sleazeball!, what an absolute cad! *pej dated;* **der/die L~ in der Klasse sein** to be bottom of the class
▸WENDUNGEN: **den L~n beißen die Hunde** *(prov)* [the] devil take the hindmost *prov;* **bis ins L~** right down to the last detail; **die L~n werden die Ersten [und die Ersten werden die L~n] sein** *(prov)* the last shall be first [and the first shall be last] *prov*
Letz·te(s) *nt dekl wie adj (letzte Bemerkung)* ■**ein ~s** one last thing
▸WENDUNGEN: **sein ~s [her]geben** to give one's all; **das ist ja wohl das ~!** *(fam)* that really is the limit! [*or* that really takes the biscuit] [*or* AM cake] *fam*
letzt·end·lich ['lɛtstʔɛntlɪç] *adv* in the end, when all's said and done, at the end of the day
letz·tens ['lɛtstn̩s] *adv* recently; **erst ~** just the other day; **... und ~ ...** and lastly [*or* finally]; **drittens und ~** thirdly and lastly [*or* finally]
Letzt·ent·schei·dungs·recht *nt* JUR right of ultimate decision
letz·te·re(r, s) ['lɛtstərə, -tərɐ, -tərəs] *adj (geh)* latter; ***L~s würde zutreffen*** the latter would apply; ***könnten Sie das L~ wohl noch einmal wiederholen?*** could you just repeat the last thing you said please?
letzt·ge·nannt *adj* last-mentioned *attr;* **die letztgenannte Person** the last-named person **letzt·jäh·rig** *adj attr* last year's
letzt·lich ['lɛtstlɪç] *adv* in the end
letzt·ma·lig [-ma:lɪç] *adj attr* last, final
letzt·mals *adv* for the last time
letzt·mög·lich *adj attr* latest possible
letzt·ver·füg·bar *adj inv* latest available, most recent
letzt·wil·lig JUR **I.** *adj attr (form)* **~e Verfügung** [last] will, disposition on death; **eine ~e Verfügung anfechten** to avoid a will; **~e Zuwendung** bequest, legacy; **jdm eine ~e Zuwendung machen** to make a bequest [*or* leave a legacy] to sb
II. *adv* **~ verfügen, dass ...** to state in one's last will and testament that ...
Leucht·ba·ke ['lɔyçt-] *f* TRANSP light beacon *(distance warning signal with navigational light)*
Leucht·bo·je *f* NAUT light-buoy **Leucht·bom·be** *f* MIL flare [bomb] **Leucht·di·o·de** *f* light-emitting diode, LED
Leuch·te <-, -n> ['lɔyçtə] *f (Stehlampe)* standard lamp
▸WENDUNGEN: **[bei etw** *dat*/**in etw** *dat*] **eine ~ sein** *(fam)* to be brilliant [*or* a genius] [at sth]; **nicht gerade eine ~ sein, wirklich keine ~ sein** *(fam)* to not be all that [*or* at all] bright, to not [exactly] be a genius
leuch·ten ['lɔyçtn̩] *vi* ① *(Licht ausstrahlen)* to shine; ***die Abendsonne stand rot ~d am Horizont*** the evening sun glowed red on the horizon
② *(Licht reflektieren)* to glow
③ *(aufleuchten)* ■**vor etw** *dat* ~ to light up with sth; ***die Kinder hatten vor Freude ~de Augen*** the children's eyes were sparkling [*or* lit up] with joy
④ *(strahlen)* shine; ***leuchte mit der Lampe mal hier in die Ecke*** can you shine the light here in the corner
leuch·tend *adj* ① *(strahlend)* bright
② *(herrlich)* shining *fig;* **~e Farben** glowing colours [*or* AM -ors]
Leuch·ter <-s, -> *m* candlestick; *(mehrarmig)* candelabra, candelabrum
Leucht·er·schei·nung *f* PHYS luminous phenomenon **Leucht·fa·den** *m* ELEK filament **Leucht·far·be** *f* luminous [*or* fluorescent] paint **Leucht·feu·er** *nt* LUFT, NAUT beacon, signal light; *(auf der Landebahn)* runway lights **Leucht·gas** *nt* coal gas **Leucht·kä·fer** *m* ZOOL glow-worm
Leucht·kraft *f kein pl* ① ELEK brightness *no pl,* luminosity *no pl,* luminous power *no pl*
② ASTRON luminosity *no pl*
Leucht·ku·gel *f* flare **Leucht·pis·to·le** *f* flare pistol [*or* gun] **Leucht·ra·ke·te** *f* [rocket] flare, signal rocket **Leucht·re·kla·me** *f* neon sign **Leucht·schrift** *f* neon letters *pl* **Leucht·sig·nal** *nt* light [*or* flare] signal **Leucht·spur·mu·ni·ti·on** *f* MIL tracer ammunition [*or* bullets] **Leucht·stift** *m* highlighter **Leucht·stoff·lam·pe** *f* fluorescent light **Leucht·stoff·röh·re** *f* TECH fluorescent tube [*or* lamp] **Leucht·turm** *m* lighthouse **Leucht·turm·wär·ter(in)** <-s, -> *m(f)* lighthouse keeper **Leucht·zif·fer·blatt** *nt* luminous dial
leug·nen ['lɔygnən] **I.** *vt* ■**etw ~** to deny sth; ■**~, etw getan zu haben** to deny having done sth; **es ist nicht zu ~, dass ...** there is no denying the fact that ..., it cannot be denied that ...; **etw lässt sich nicht ~** sth cannot be denied
II. *vi* to deny it
Leug·nung <-, -en> *f* denial
Leu·kä·mie <-, -n> [lɔykɛ'mi:, *pl* lɔykɛ'mi:ən] *f* MED leukaemia BRIT, leukemia AM
leu·kä·misch [lɔy'kɛ:mɪʃ] *adj* MED leukaemic BRIT, leukemic AM, suffering from leukaemia [*or* AM leukemia] *pred*
Leu·ko·plast® <-[e]s, -e> [lɔyko'plast] *nt* sticking plaster BRIT, Band-Aid® AM
Leu·ko·zyt <-en, -en> [lɔyko'tsy:t] *m meist pl* ANAT leucocyte
Leu·ko·zy·ten·zahl *f* number of leucocytes
Leu·mund ['lɔymʊnt] *m kein pl* reputation
Leu·munds·zeug·nis *nt* [character] reference
Leu·te ['lɔytə] *pl* ① *(Menschen)* people *npl;* **alle/keine/kaum ~** everybody/nobody/hardly anybody; **unter ~ gehen** to get out and about [a bit]
② *(fam: Kameraden, Kollegen)* people *npl,* folks *npl fam*
③ *(Mitarbeiter)* workers *pl;* ***die ~ von der Feuerwehr/Müllabfuhr*** the firemen/dustbin men
④ MIL, NAUT men *pl*
⑤ *(fam: Eltern)* ■**jds ~** sb's parents [*or fam* folks] *pl*
▸WENDUNGEN: **etw unter die ~ bringen** *(fam)* to spread sth around; **ein Gerücht unter die ~ bringen** to spread [*or* circulate] a rumour [*or* AM -or]; **die kleinen ~, kleine ~** *(einfache Menschen)* [the] ordinary people; *(hum fam: die Kinder)* the little ones
Leu·te·schin·der(in) <-s, -> *m(f) (pej fam)* slave-driver *fig*
Leut·nant <-s, -s *o* -e> ['lɔytnant] *m* MIL second lieutenant; **~ zur See** NAUT sub-lieutenant BRIT, ensign AM
leut·se·lig *adj* affable
Leut·se·lig·keit *f kein pl* affability *no pl, no indef art*
Le·van·te <-> [le'vantə] *f kein pl* GEOG *(geh)* Levant
Le·vel <-s, -s> ['lɛvl] *m (geh)* level
Le·vi·ten [le'vi:tən] *pl* ▸WENDUNGEN: **jdm die ~ lesen** *(fam)* to read sb the Riot Act
Lev·ko·je <-, -n> [lɛf'ko:jə] *f* HORT stock
Lex <-, Leges> [lɛks, *pl* 'le:ge:s] *f* POL ■**die ~ ...** the ... Act
Le·xem <-s, -e> [lɛ'kse:m] *nt* LING lexeme
Le·xi·ka *pl von* **Lexikon**
le·xi·ka·lisch [lɛksi'ka:lɪʃ] *adj* LING lexical
Le·xi·ko·graf(in)^RR <-en, -en> [lɛksiko'gra:f] *m(f)* LING lexicographer
Le·xi·ko·gra·fie^RR <-> [leksikogra'fi:] *f kein pl* LING lexicography *no pl, no indef art*
Le·xi·ko·gra·fin^RR <-, -nen> *f s.* **Lexikograf**
le·xi·ko·gra·fisch^RR **I.** *adj* lexicographical
II. *adv* lexicographically; **~ tätig sein** to work as a lexicographer

L

Le·xi·ko·graph(in) <-en, -en> [lɛksiko'gra:f] *m(f) s.* **Lexikograf**

Le·xi·ko·gra·phie <-> [leksikogra'fi:] *f kein pl s.* **Lexikografie**

Le·xi·ko·gra·phin <-, -nen> *f fem form von* **Lexikograph**

le·xi·ko·gra·phisch *ADJ, ADV s.* **lexikografisch**

Le·xi·ko·lo·ge, Le·xi·ko·lo·gin <-n, -n> *m, f* LING lexicologist

Le·xi·ko·lo·gie <-> [lɛksikolo'gi:] *f kein pl* LING lexicology *no pl, no indef art*

Le·xi·ko·lo·gin <-, -nen> *f fem form von* **Lexikologe**

Le·xi·kon <-s, Lexika> ['lɛksikɔn, *pl* 'lɛksika] *nt* ❶ *(Nachschlagewerk)* encyclop[a]edia
❷ LING *(Wortschatz)* lexicon

Le·zi·thin, Le·ci·thin <-s> [letsi'ti:n] *nt kein pl* lecithin

lfd. *Abk von* **laufend** regular; *(jetzig)* current

Li·ai·son <-, -s> [liɛ'zõ:] *f (geh)* ❶ *(Verhältnis)* liaison; **eine ~ [mit jdm] haben** to have a liaison [with sb]
❷ *(Person)* lover

Li·a·ne <-, -n> ['li̯a:nə] *f* BOT liana, liane

Li·ba·ne·se, Li·ba·ne·sin <-n, -n> [liba'ne:zə, liba'ne:zɪn] *m, f* Lebanese

li·ba·ne·sisch [liba'ne:zɪʃ] *adj* Lebanese

Li·ba·non <-[s]> ['li:banɔn] *m* GEOG ❶ *(Land)* ■**der ~** the Lebanon
❷ *(Gebirge)* the Lebanon Mountains *pl*

Li·bel·le <-, -n> [li'bɛlə] *f* ❶ ZOOL dragonfly
❷ TECH *(Teil eines Messinstruments)* bubble tube; *(bei einer Wasserwaage)* spirit level
❸ MODE [type of] hair slide

li·bel·lie·ren [libɛ'li:rən] *vt* TECH ■**etw ~** to check [*or* measure] sth with a/the spirit level

li·be·ral [libe'ra:l] **I.** *adj* ❶ POL liberal; **die ~e Partei** the Liberal Party; **~e Politik** liberal policies; **ein ~er Politiker** a Liberal [politician]
❷ *(tolerant)* liberal
II. *adv* liberally; **~ eingestellt/gestaltet sein** to be liberally minded/have a liberal structure

Li·be·ral·de·mo·krat(in) *m(f)* Liberal Democrat

Li·be·ra·le(r) *f(m) dekl wie adj* POL Liberal

li·be·ra·li·sie·ren* [liberali'zi:rən] *vt* ■**etw ~** to liberalize sth

Li·be·ra·li·sie·rung <-, -en> *f* liberalization

Li·be·ra·li·sie·rungs·grad *m* ÖKON degree of liberalization **Li·be·ra·li·sie·rungs·ko·dex** *m* ÖKON liberalization code **Li·be·ra·li·sie·rungs·maß·nah·men** *pl* ÖKON liberalization measures

Li·be·ra·lis·mus <-> [libera'lɪsmʊs] *m kein pl* POL liberalism

Li·be·ra·li·tät <-> [liberali'tɛ:t] *f kein pl* liberality *no pl*, liberalness *no pl*

Li·be·ria <-s> [li'be:ri̯a] *nt* Liberia

Li·be·ri·a·ner(in) <-s, -> [libe'ri̯a:nɐ] *m(f)* Liberian

li·be·ri·a·nisch [libe'ri̯a:nɪʃ] *adj* Liberian

Li·be·ri·er(in) <-s, -> [li'be:ri̯ɐ] *m(f) s.* **Liberianer**

Li·be·ro <-s, -s> ['li:bero] *m* FBALL sweeper, libero *rare spec*

li·ber·tär [libɛr'tɛ:ɐ̯] *adj inv* POL libertarian

Li·ber·ti·na·ge <-> [libɛrti'na:ʒə] *f kein pl* libertinism

Li·bi·do <-> ['li:bido, li'bi:do] *f kein pl* PSYCH libido

Li·bi·do·stö·rung *f* PSYCH libidinal disorder

LIBOR <-> ['li:bo:ɐ̯] *m kein pl* FIN *(Referenzzinssatz)* *Akr von* **London Interbank Offered Rate** LIBOR, Libor; **~-Zusatz** spread

Li·bret·tist(in) <-en, -en> [librɛ'tɪst] *m(f)* MUS librettist

Li·bret·to <-s, -s *o* Libretti> [li'brɛto, *pl* li'brɛti] *nt* MUS libretto

Li·by·en <-s> ['li:by̆ən] *nt* Libya

Li·by·er(in) <-s, -> ['li:by̆ɐ] *m(f)* Libyan

li·bysch ['li:bʏʃ] *adj* Libyan

lic. SCHWEIZ *Abk von* **Lizenziat** licentiate

licht [lɪçt] *adj* ❶ *(hell)* light
❷ *(spärlich)* sparse, thin; ***an der Stirn ist sein Haar schon ~*** he already has a receding hairline
❸ ARCHIT, BAU **~er Abstand** clearance; **~e Höhe/Weite** headroom/clear width [*or* span]

Licht <-[e]s, -er *o veraltet o liter* -e> [lɪçt] *nt* ❶ *kein pl* PHYS *(Strahlung)* light; **helles/künstliches/natürliches ~** bright/artificial/natural light
❷ *kein pl (Schein)* light; *(Helligkeit a.)* brightness; ***es werde ~! und es ward ~*** let there be light: and there was light; **~ in etw** *akk* **bringen** to shed [some] light on sth; **das ~ der Erkenntnis** *(fig)* the light of knowledge; **etw ins falsche ~ rücken** *(fig)* to show sth in a false light; **jdn hinters ~ führen** *(fig)* to take sb in, to hoodwink sb; *(belügen a.)* to pull the wool over sb's eyes; **aus dem/jdm aus dem ~ gehen** to move [*or* get] out of the/sb's light; **das göttliche ~** *(fig)* divine light; **etw gegen das ~ halten** to hold sth up to the light; **etw in einem milderen ~ sehen** *(fig)* to take a more lenient view of sth; **jdm das ~ nehmen** to take sb's light; **jdn/etw ins rechte ~ rücken** [*o* **setzen**] [*o* **stellen**] *(fig)* to show sb/sth in his/her/its correct light; **sich** *akk* **ins rechte ~ rücken** [*o* **setzen**] [*o* **stellen**] *(fig)* to appear in the correct light; **etw in rosigem** [*o* **im rosigsten**] **~ sehen** *(fig)* to see sth through rose-coloured [*or* AM -ored] spectacles; **jdm im ~ stehen** to stand in sb's light; **sich** *dat* **selbst im ~ stehen** *(fig)* to do oneself harm; **[etwas] ~ auf jdn/etw werfen** *(fig)* to throw [*or* cast] [*or* shed] [some [*or* a little]] light on sb/sth; **ein günstiges/ungünstiges Licht auf jdn/etw werfen** *(fig)* to throw [*or* cast] [*or* shed] a favourable/an unfavourable light on sb/sth, to cast sb/sth in a favourable/an unfavourable light
❸ *kein pl (Tageslicht)* ■**[das] ~** daylight, light; **bei ~ besehen** [*o* **betrachtet**] *(fig)* [when] seen in the light of day, on closer consideration; **etw ans ~ bringen** [*o* **holen**] [*o* **zerren**] [*o* **ziehen**] *(fig)* to bring sth to light; **~ am Ende des Tunnels [sehen]** *(fig)* [to see] light at the end of the tunnel; **ans ~ gehen** to go and stand in the light; **ans ~ kommen** *(fig)* to come to light; **etw bei** [*o* **am**] **~ sehen** to see sth in daylight; **das ~ des Tages** the light of day; **ans ~ treten** *(fig geh)* to appear, to emerge
❹ *kein pl (Beleuchtung)* light; ***das ~ brennt*** the light is [*or* lights are] on; **~** lights!; ***bei diesem ~ kann man nicht sehen*** you can't see anything in this light; **das ~ brennen lassen** to leave on *sep* the light[s]; **elektrisches ~** electric light[ing]; **[jdm] ~ machen** to switch [*or* turn] [*or* put] on *sep* the light [for sb]
❺ *(Lampe)* light; **das ~ brennt** the light is on; **irgendwo gehen die ~er aus** *(fig)* it looks bleak for somewhere; **das ~ ausschalten** [*o fam* **ausknipsen**] to turn out [*or* switch off] *sep* the light; **das ewige ~** REL the Sanctuary Lamp; **offenes ~** naked flame
❻ <*pl* -er *o* -e> *(Kerze)* candle; **jdm geht ein ~ auf** *(fig fam)* now sb sees, it suddenly dawns on sb; **jdm ein ~ aufstecken** *(fig fam)* to enlighten sb; **ein kleines ~** *(fig fam)* nobody of importance; ***kleine ~er*** small fry + *sing/pl vb;* **sein ~ leuchten lassen** to show one's ability/knowledge at its best; **sein ~ [nicht] unter den Scheffel stellen** to [not] hide one's light under a bushel
❼ *kein pl (veraltend fam: Strom)* electricity
❽ *bes* KUNST *(Glanzlicht)* highlight
❾ *usu pl* JAGD *(Augen)* ■**~er** eyes
❿ *usu pl* DIAL *(fam: Nasenschleim)* string of snot *fam*
▸ WENDUNGEN: **in einem guten/schlechten ~ erscheinen** [*o* **stehen**] to appear in a good/bad light; **etw in einem anderen ~ erscheinen lassen** to show sth in a different light; **kein** [*o* **nicht gerade ein**] **großes ~ sein** *(fam)* to be no great genius; **grünes ~ [für etw** *akk*] **geben** to give the green light [*or fam* go-ahead] [for sth]; **wo [viel] ~ ist, ist auch [viel] Schatten** *(prov)* every light has its shadow, there's no joy without sorrow; **das ~ scheuen** to shun publicity; **das ~ der Öffentlichkeit scheuen** to shun publicity; **das ~ der Welt erblicken** *(geh)* to [first] see the light of day

Licht·an·la·ge *f* lights *pl*, lighting system [*or* equipment] **licht·be·dingt** *adj inv* **~e Hautalterung** photoag[e]ing **licht·be·stän·dig** *adj s.* **lichtecht** **Licht·be·stän·dig·keit** *f* light-fastness, fade resistance

Licht·bild *nt (veraltend)* ❶ *(geh: Passbild)* passport photograph ❷ *(Dia)* slide **Licht·bil·der·vor·trag** *m (veraltend)* slide show

Licht·blen·de *f* BAU light diffuser **Licht·blick** *m* bright spot, ray of hope

Licht·bo·gen *m* ELEK arc **Licht·bo·gen·schwei·ßung** *f* TECH arc welding

Licht·bre·chung *f* refraction of light **Licht·bün·del** *nt* pencil of rays

Licht·druck *m* ❶ *kein pl* PHYS light pressure
❷ *kein pl* TYPO *(Verfahren)* collotype [printing]
❸ TYPO *(einzelnes Bild)* collotype print

licht·durch·flu·tet *adj inv* flooded with light *pred*

licht·durch·läs·sig *adj* translucent, pervious to light, light-transmissive **licht·echt** *adj* non-fading

Licht·ef·fekt *m* lighting effect **Licht·ein·fall** *m* incidence of light **Licht·ein·wir·kung** *f* action of light **licht·emp·find·lich** *adj* sensitive to light *pred;* FOTO photosensitive **Licht·emp·find·lich·keit** *f* photosensitivity; *(Film, Fotopapier)* light sensitivity, speed

lich·ten ['lɪçtn̩] **I.** *vt* FORST, HORT ■**etw ~** to thin out sth *sep; s. a.* **Anker**
II. *vr* ■**sich ~** *akk* ❶ *(dünner werden)* to [grow] thin
❷ *(spärlicher werden)* to go down
❸ *(klarer werden)* to be cleared up; ***die Angelegenheit lichtet sich immer mehr*** this matter is becoming ever more clear

Lich·ter·baum *m (geh)* Christmas tree **Lich·ter·fest** *nt* REL *(jüdische Festwoche)* Feast of Lights [*or* Dedication], Chanukah, Hanuka, Hanukkah, Hanukka **Lich·ter·glanz** *m (geh)* blaze of lights **Lich·ter·ket·te** *f* chain of lights

lich·ter·loh ['lɪçtɐ'lo:] *adv* **~ brennen** to be ablaze

Lich·ter·meer *nt (geh)* sea of lights **Licht·fil·ter** *nt o m* light filter **Licht·fleck** *m* light spot **Licht·ge·schwin·dig·keit** *f kein pl* ■**die ~** the speed of light; **mit ~** at the speed of light **Licht·ge·stalt** *f* SOZIOL *(euph)* shining light *fig* **Licht·grif·fel** *m*, **Licht·stift** *m* INFORM light [*or* electronic] pen

Licht·hof *m* ❶ ARCHIT inner court, courtyard, quadrangle
❷ ASTRON halo
❸ TECH halation

Licht·hu·pe *f* AUTO flash of the headlights **Licht·jahr** *nt* ❶ ASTRON light year ❷ *pl (fam: sehr weit/lange)* light years *pl fam* **Licht·ke·gel** *m* cone [*or* beam] of light **Licht·kup·pel** *f* BAU light dome **Licht·lei·ter** *m* PHYS light conductor **Licht·leit·fa·ser** *f* ELEK light-conducting fibre [*or* AM -er] **Licht·man·gel** *m kein pl* lack of light *no pl;* **aus ~** as a result of a lack of light **Licht·ma·schi·ne** *f* AUTO alternator, dynamo, generator **Licht·mast** *m* TRANSP lamppost, lamp-standard

Licht·mess[RR], **Licht·meß**[ALT] *f* REL **Mariä ~** Candlemas

Licht·mes·ser *m* PHYS photometer **Licht·nel·ke** *f* BOT campion, catchfly **Licht·or·gel** *f* colour [*or* AM -or] organ **Licht·pau·se** *f* blue print, cyanotype, diazo copy **Licht·quel·le** *f* light source, source of light **Licht·re·ak·ti·on** *f* BIOL light reaction **Licht·re·kla·me** *f s.* **Leuchtreklame** **Licht·satz** *m* TYPO phototypesetting **Licht·schacht** *m* ARCHIT lightwell **Licht·schal·ter** *m* light switch **Licht·schein** *m* gleam of light **licht·scheu** *adj* ❶ BOT, ZOOL **eine ~e Pflanze** a shade-loving plant; **ein ~es Tier** an animal that shuns the light ❷ *(fig)* **~es Gesindel** shady characters *pl fig* **Licht·schran·ke** *f* light [*or* photoelectric] barrier [*or* beam] **Licht·schutz** <-es> *m kein pl* ❶ *(Vorhang, Rollo)* blind
❷ *(Sonnencreme)* sun protection [cream] **Licht·schutz·fak·tor** *m* [sun] protection factor **Licht·si·gnal** *nt* light signal

Licht·spiel *nt (veraltend)* film, moving picture *old*

Licht·spiel·haus *nt* FILM *(veraltend)* cinema, picture-house [*or* -palace] [*or* -theatre] *dated* **Licht·spiel·the·a·ter** *nt (veraltend: Kino)* picture palace *old*

licht·stark *adj* ❶ PHYS light-intense ❷ FOTO **ein ~es Objektiv** a fast [*or* high-speed] lens **Licht·stär·ke** *f*

❶ PHYS light [*or* luminous] intensity ❷ FOTO *Objektiv* speed

Licht·stift *m* INFORM light pen, electronic pen, stylus, wand **Licht·strahl** *m* beam [*or* ray] of light **licht·un·durch·läs·sig** *adj* opaque, impervious to light, light-proof

Lich·tung <-, -en> *f* FORST clearing, glade

Licht·ver·hält·nis·se *pl* lighting conditions *pl*

Lid <-[e]s, -er> [li:t] *nt* ANAT [eye]lid

Lid·schat·ten *m* eye shadow **Lid·schat·ten·stift** *m* eye shadow pencil **Lid·stift** *m* eyeliner **Lid·strich** *m* **einen ~ ziehen** to apply eyeliner **Lid·ver·let·zung** *f* injury of the eyelid

lieb [li:p] **I.** *adj* ❶ *(liebevoll)* kind, nice (**zu** + *dat* to); ***sei so ~ und ...*** would you be so good [*or* kind] and [*or* as to] ..., would you be a dear and ...; ***seien Sie so ~ und ...*** would you be so good [*or* kind] and [*or* as to] ...; ***das war nicht gerade ~ von dir!*** that wasn't very kind [*or* nice] of you!; *s. a.* **Gruß**

❷ *(liebenswert)* nice, likeable; *Kind, Tier a.* sweet, cute

❸ *(brav)* good, nice; ***sei jetzt ~/sei ein ~es Kind!*** be a good boy/girl!

❹ *(geschätzt)* dear, beloved; ***Ihre ~e Frau*** your dear wife; ***~ste Mutter*** my dearest mother; ***~e Anwesende!*** ladies and gentlemen!; ***~e Kollegen!*** colleagues!; ***L~er Karl, ~e Amelie!*** *(in Briefen)* Dear Karl and Amelie,; ***meine L~e/mein L~er*** my dear girl/man [*or fam* fellow] [*or dated* boy] [*or esp* BRIT *dated fam* chap]; **[mein] L~es** [my] love, darling; **jdn ~ behalten** *(mögen)* to be still fond of sb; *(lieben)* to still love sb; **[ach] du ~es bisschen!** *(fam)* good heavens [*or* Lord]!, goodness [gracious] [me]!; **das ~e Geld** *(iron)* damned money *fam;* **jdn/etw ~ gewinnen** to grow fond of sb/sth; **~ geworden:** ***~ gewordene Freunde*** friends one has grown very fond of; **der ~e Gott** the good Lord; **jdn ~ haben** *(mögen)* to be fond of sb; *(lieben)* to love sb; ***man muss ihn einfach ~ haben*** it's impossible not to like him; **jdm ~ und teuer [o wert] sein** to be very dear to sb; **die ~en Verwandten** *(iron)* one's dear relations *a. iron;* **wenn jdm etw ~ ist, ...** if sb values sth ...

❺ *(angenehm)* welcome, pleasant; ***solche ~e Gäste wie heute*** such pleasant guests like today; **... als jdm ~ ist ...** than sb likes; ***es waren mehr Leute, als mir ~ war*** there were too many people for my liking; ***früher, als euch ~ ist*** earlier than you've bargained for; **am ~sten** best [*or* most] [of all]; ***ich mag Vollmilchschokolade am ~sten*** my favourite is milk chocolate; **~ geworden: ~ gewordene Gewohnheiten** habits one has come to appreciate; **je ..., je ~:** ***je größer/kleiner, je ~er*** the bigger/smaller the better; ***je mehr, je ~er*** the more the merrier; ■**jd/etw ist jdm ~** sb welcomes [*or* appreciates] sb/sth, sb is grateful for sth; ***das wäre mir gar nicht/weniger ~*** I'd much rather/I'd rather you didn't [do it]; ■**es ist jdm ~, wenn ...** sb appreciates it [*or* is grateful] when ...; ***es wäre mir ~er, wenn du nicht hingehst*** I would prefer you not to go; *s. a.* **lieber**

II. *adv* ❶ *(liebenswürdig)* kindly; *(stärker)* lovingly

❷ *(liebenswert)* sweetly, cutely

❸ *(artig)* nicely; *Kind a.* [as] good as gold

lieb·äu·geln ['li:pʔɔygl̩n] *vi* ■**mit etw** *dat* **~** to have one's eye on sth; ■**damit ~, etw zu tun** to toy [*or* flirt] with the idea of doing sth

Lieb·chen <-s, -> ['li:pçən] *nt* *(veraltend)* my darling [*or* sweet], sweetheart

Lie·be <-, -n> ['li:bə] *f* ❶ *(starke Zuneigung, Leidenschaft)* love; ■**jds ~ zu jdm** sb's love for sb; ■**die/jds ~ zu etw** *dat* the/sb's love of sth; **aus ~ zu jdm** out of love for sb; **aus ~ zu etw** *dat* for the love of sth; ***ich werde aus ~ heiraten*** I'm going to marry for love; ***er war blind vor ~*** he was blind with love

❷ *(Mensch)* love; **meine große ~ [o die ~ meines Lebens]** the love of my life; **eine alte ~** an old flame

❸ *(Sex)* making love; **gut in der ~ sein** *(fam)* to be good in bed *fam* [*or* at making love]; **käufliche ~** *(geh)* prostitution, venal love; **platonische ~** platonic love; **~ [mit jdm] machen** *(fam)* to make love [to *or* with] sb]

▶WENDUNGEN: **alte ~ rostet nicht** *(prov)* old love does not rust *prov,* old love [*or* an old flame] never dies *prov;* **~ auf den ersten Blick** love at first sight; **~ geht durch den Magen** *(prov)* the way to a man's heart is through his stomach *prov;* **in ~, dein(e) ...** [with] all my love, ...; **mit [viel] ~** with loving care; **~ macht blind** *(prov)* love is blind *prov*

lie·be·be·dürf·tig *adj* in need of love [*or* affection] *pred,* needing a lot of affection *pred*

Lie·be·lei <-, -en> [li:bə'lai] *f* *(fam)* flirtation

lie·ben ['li:bn̩] **I.** *vt* ❶ *(Liebe entgegenbringen)* ■**jdn ~** to love sb; ■**sich** *akk* **~** to love each other [*or* one another]; **jdn/etw ~ lernen** to come [*or* learn] to love sb/sth; ■**sich** *akk* **~ lernen** to come [*or* learn] to love each other [*or* one another]; *s. a.* **geliebt**

❷ *(gerne mögen)* ■**etw ~** to love sth; **es nicht ~, wenn jd etw tut/wenn etw geschieht** to not like it when sb does sth/when sth happens

❸ *(euph: Geschlechtsverkehr miteinander haben)* ■**jdn ~** to make love to sb; ■**sich** *akk* **~** to make love

▶WENDUNGEN: **was sich liebt, das neckt sich** *(prov)* lovers like to tease each other

II. *vi* to be in love

lie·bend I. *adj* loving

II. *adv* **~ gern** with great pleasure; ***ich würde ja ~ gerne bleiben, aber ich muss gehen*** I'd love to stay [here], but I've got to go; ***„willst du mich nicht begleiten?" — „aber ~ gern"*** "would you like to come with me?" — "I'd love to"

Lie·ben·de(r) *f(m)* *dekl wie adj* lover

lie·bens·wert *adj* likeable, lovable **lie·bens·wür·dig** *adj* kind, friendly; ■**~ von jdm sein** to be kind of sb; **wären Sie wohl so ~ und ...?** would you be so kind as to ...?

lie·bens·wür·di·ger·wei·se *adv* kindly; ***ob Sie mich wohl ~ vorlassen würden?*** would you be so kind as to let me go first?

Lie·bens·wür·dig·keit <-, -en> *f* kindness; **würden Sie die ~ haben[, das zu tun [o und das tun]]?** *(geh)* would you be so kind [as as to do sth]? *form;* **die ~ in Person** kindness personified; ***du bist heute wieder von einer ~!*** *(iron)* you're in a pleasant mood again today! *iron*

lie·ber ['li:bɐ] **I.** *adj komp von* **lieb:** ■**jdm ~ sein** to be preferable to sb; ***mir wäre es ~, wenn Sie nichts darüber verlauten ließen*** I would prefer it if [*or* I would rather [*or* sooner]] you didn't tell anybody about this; ***was ist Ihnen ~, das Theater oder das Kino?*** would you prefer to go to the theatre or the cinema?

II. *adv komp von* **gern** rather, sooner; ***ich würde ~ in der Karibik als an der Ostsee Urlaub machen*** I would rather [*or* sooner] take a holiday in the Caribbean than on the Baltic; ***darüber schweige ich ~*** I think it best to [*or* I'd better] remain silent; ***wir sollten ~ gehen*** we'd better [*or* we should] be going; ***das hätten Sie ~ nicht gesagt*** you shouldn't have said that; ***das möchte ich dir ~ nicht sagen*** I'd rather not tell you that; ***ich wüsste nicht, was ich ~ täte!*** there's nothing I'd rather do, I'd love to; **etw ~ mögen** to prefer sth; **nichts ~ als das** I'd love to

Lie·bes·aben·teu·er *nt* amorous adventure, romance **Lie·bes·af·fä·re** *f* love affair **Lie·bes·akt** *m* *(geh)* act of love **Lie·bes·ap·fel** *m* *(veraltet)* tomato **Lie·bes·ban·de** *pl* ▶WENDUNGEN: **[zarte] ~ knüpfen** *(geh)* to tie tender bonds of love *form* **Lie·bes·be·zie·hung** *f* loving [*or* romantic] relationship, love affair **Lie·bes·brief** *m* love letter **Lie·bes·die·ne·rin** <-, -nen> *f* *(euph)* lady of the night *euph,* call girl **Lie·bes·dienst** *m* *(geh)* favour [*or* AM -or]; **jdm einen ~ erweisen** to do sb a favour [*or* kindness] **Lie·bes·er·klä·rung** *f* declaration of love; **jdm eine ~ machen** to make a declaration of [*or* declare] one's love to sb **Lie·bes·film** *m* romantic film **Lie·bes·ga·be** *f* *(veraltend geh: Spende)* alms *npl* **Lie·bes·ge·dicht** *nt* love-poem **Lie·bes·ge·schich·te** *f* ❶ LIT love story ❷ *(fam: Liebesaffäre)* love affair **Lie·bes·gott, -göt·tin** *m, f* god/goddess of love **Lie·bes·gruß** *m* *(oft hum)* love note; ***Liebesgrüße von Opa*** [with] love from Grandpa **Lie·bes·hei·rat** *f* love match **Lie·bes·kno·chen** *m* DIAL *(Eclair)* eclair **Lie·bes·kum·mer** *m* lovesickness *no pl;* **~ haben** to be lovesick; **aus ~** out of [*or* for] lovesickness **Lie·bes·le·ben** *nt* love life **Lie·bes·lied** *nt* love song **Lie·bes·müh, Lie·bes·mü·he** *f* ▶WENDUNGEN: **vergebliche [o verlorene] ~ sein** to be a waste of effort [*or* time] **Lie·bes·nest** *nt* *(fam)* love nest **Lie·bes·paar** *nt* lovers *pl* **Lie·bes·ro·man** *m* romantic novel **Lie·bes·spiel** *nt* love play **Lie·bes·sze·ne** *f* love scene **lie·bes·toll** *adj* love-crazed; ■**~ sein/werden** to be/become love-crazed **Lie·bes·trank** *m* love potion **Lie·bes·ver·hält·nis** *nt s.* **Liebesbeziehung** **Lie·bes·zau·ber** *m* love spell

lie·be·voll I. *adj* loving; **ein ~er Kuss** an affectionate kiss; **ein ~er Mensch** a loving [*or* an affectionate] person

II. *adv* ❶ *(zärtlich)* affectionately

❷ *(mit besonderer Sorgfalt)* lovingly; **~ dekorieren/verpacken/zubereiten** to decorate/wrap up/prepare lovingly [*or* with loving care]

Lieb·ha·ber(in) <-s, -> ['li:pha:bɐ] *m(f)* ❶ *(Partner)* lover

❷ *(Freund)* enthusiast

Lieb·ha·be·rei <-, -en> [li:pha:bə'rai] *f* hobby

Lieb·ha·be·rin <-, -nen> *f fem form von* **Liebhaber**

Lieb·ha·ber·preis *m* collector's price **Lieb·ha·ber·stück** *nt* collector's piece [*or* item] **Lieb·ha·ber·wert** *m kein pl* collector's value *no pl*

Lie·big·küh·ler ['li:bɪç-] *m* CHEM Liebig condenser

lieb·ko·sen* [li:p'ko:zn̩] *vt* *(geh)* ■**jdn ~** to caress sb

Lieb·ko·sung <-, -en> *f* *(geh)* caress

lieb·lich ['li:plɪç] **I.** *adj* ❶ *(angenehm süß)* sweet; **~er Wein** soft [*or* medium sweet] wine

❷ *(erhebend)* lovely, delightful, charming; **~e Töne** melodious sounds

II. *adv* **~ duften/schmecken** to smell/taste sweet

Lieb·lich·keit <-> *f kein pl* sweetness *no pl*

Lieb·ling <-s, -e> ['li:plɪŋ] *m* ❶ *(Geliebter)* darling

❷ *(Favorit)* favourite [*or* AM favorite]

Lieb·lings·be·schäf·ti·gung *f* favourite [*or* AM favorite] hobby [*or* pastime] **Lieb·lings·duft** *m* favourite scent [*or* perfume] **Lieb·lings·ge·richt** *nt* favourite dish **Lieb·lings·plat·te** *f* favourite record **Lieb·lings·platz** *m* favourite spot **Lieb·lings·pro·gramm** *nt* favourite programme BRIT [*or* favorite program] AM **Lieb·lings·pup·pe** *f* favourite doll **Lieb·lings·spiel·zeug** *nt* favourite toy **Lieb·lings·treff·punkt** *m* preferred [*or* favourite] [*or* AM favorite] rendezvous **Lieb·lings·wein** *m* favourite wine

lieb·los ['li:plo:s] **I.** *adj* ❶ *(keine liebevolle Zuwendung gebend)* unloving

❷ *(Nachlässigkeit zeigend)* unfeeling

II. *adv* any old how *fam;* ***gehen Sie nicht so ~ mit dem teuren Geschirr um!*** be a bit more careful with that expensive crockery!

Lieb·lo·sig·keit <-, -en> *f* ❶ *kein pl (Mangel an liebevoller Zuwendung)* lack of loving [*or* feeling] [*or* care] *no pl*

❷ *(Verhalten)* unkind [*or* unfeeling] act

Lieb·reiz *m kein pl (geh)* charm

Lieb·schaft <-, -en> *f* *(veraltend) s.* **Liebesaffäre**

liebs·te(r, s) ['li:pstə, 'li:pste, 'li:pstəs] *adj superl von* **lieb** dearest; ■**am ~n** best of all; ***das mag ich am ~n*** I like that [the] best [*or* the most] [*or* best of all]; ***am ~n möchte ich schlafen*** most of all I'd [*or* I'd just really] like to sleep

Liebs·te(r) ['li:pstə, 'li:pste] *f(m)* *dekl wie adj* ■**jds ~** sb's sweetheart

Lieb·stö·ckel <-s, -> ['li:pʃtœkl̩] *m o nt* BOT lovage

Liech·ten·stein <-s> ['lɪçtn̩ʃtain] *nt* Liechtenstein

Liech·ten·stei·ner(in) <-s, -> ['lɪçtn̩ʃtainɐ] *m(f)* Liechtensteiner

liech·ten·stei·nisch *adj* Liechtenstein

Lied <-[e]s, -er> [li:t] *nt* song

▶WENDUNGEN: **es ist immer das alte [o gleiche] ~**

(fam) it's always the same old story; **ein ~ von etw** *dat* **singen können/zu singen wissen** to be able to tell sb a thing or two about sth

Lie·der·abend *m* song recital evening **Lie·der·buch** *nt* songbook

lie·der·lich ['li:dɐlɪç] *adj (pej)* slovenly

Lie·der·lich·keit <-> *f kein pl* ❶ *(Schlampigkeit)* slovenliness
❷ *(pej: Zügellosigkeit)* dissoluteness

Lie·der·ma·cher(in) *m(f)* singer-songwriter *(about topical subjects)*

lief [li:f] *imp von* **laufen**

Lie·fer·ab·kom·men *nt* ÖKON delivery [*or* supply] contract **Lie·fer·an·ge·bot** *nt* HANDEL supplier's offer; **ein ~ machen** to offer delivery terms

Lie·fe·rant(in) <-en, -en> [lifə'rant] *m(f)* ❶ *(Firma)* supplier
❷ *(Auslieferer)* deliveryman *masc,* deliverywoman *fem*

Lie·fe·ran·ten·ein·gang *m* goods [*or* delivery] [*or* AM receiving] entrance; *(in einem Wohnhaus)* tradesmen's entrance BRIT, side [*or* back] door **Lie·fe·ran·ten·kre·dit** *m* FIN supplier's [*or* trade] credit **Lie·fe·ran·ten·schul·den** *pl* FIN trade debts, debts to suppliers **Lie·fe·ran·ten·sper·re** *f* HANDEL exclusion of supplies

Lie·fe·ran·tin <-, -nen> *f fem form von* **Lieferant**

Lie·fer·an·wei·sung *f* HANDEL delivery instructions [*or* order] **Lie·fer·auf·trag** *m* HANDEL purchase [*or* delivery] order; **einen ~ erteilen** to place an order

lie·fer·bar *adj* ❶ *(erhältlich)* available, in stock; ***dieser Artikel ist derzeit nicht*** ~ this item is not available [*or* in stock] at the moment
❷ *(zustellbar)* ▪ **~ sein** to be able to be supplied [*or* delivered]; ***Ihre Bestellung ist leider erst später*** ~ we won't be able to meet your order until a later date

Lie·fer·bar·keit <-> *f kein pl* HANDEL deliverability

Lie·fer·be·din·gun·gen *pl* terms [*or* conditions] of delivery; **Liefer- und Zahlungsbedingungen** terms of payment and delivery **Lie·fer·da·tum** *nt* HANDEL delivery date **Lie·fer·fä·hig·keit** *f kein pl* HANDEL delivery power **Lie·fer·fir·ma** *f* ❶ *(Lieferant)* supplier ❷ *(Auslieferer)* delivery firm **Lie·fer·frei·ga·be** *f* HANDEL shipment release **Lie·fer·frist** *f* delivery [*or* lead] time, delivery deadline **Lie·fer·frist·über·schrei·tung** *f* HANDEL failure to keep the delivery date **Lie·fer·ga·ran·tie** *f* HANDEL trade guarantee **Lie·fer·ge·wicht** *nt kein pl* HANDEL weight delivered **Lie·fer·land** *nt* HANDEL supplier country **Lie·fer·men·ge** *f* HANDEL quantity delivered

lie·fern ['li:fɐn] **I.** *vt* ❶ *(ausliefern)* ▪ **[jdm] etw ~** to deliver sth [to sb], to supply [sb with] sth; ▪ **etw an jdn/etw ~** to deliver sth to sb/sth
❷ *(erbringen)* ▪ **[jdm] etw ~** to provide sth [for sb]
❸ *(erzeugen)* ▪ **etw ~** to yield sth; ***viele Rohstoffe werden aus dem Ausland geliefert*** many raw materials are imported from abroad
❹ SPORT *(zur Schau stellen)* ▪ **jdm etw ~** to put on sth for sb; ***die Boxer lieferten dem Publikum einen spannenden Kampf*** the boxers put on an exciting bout for the crowd
II. *vi* to deliver; *s. a.* **geliefert**

Lie·fer·nach·weis *m* HANDEL proof of delivery **Lie·fer·nor·men** *pl* HANDEL supply standards **Lie·fer·num·mer** *f* HANDEL shipment number **Lie·fer·op·ti·on** *f* BÖRSE delivery option **Lie·fer·ort** *m* HANDEL place of delivery **Lie·fer·pflicht** *f* HANDEL supply commitment **Lie·fer·pro·gramm** *nt* HANDEL programme [*or* AM -am] of delivery **Lie·fer·quel·le** *f* HANDEL source of supply **Lie·fer·schein** *m* delivery note BRIT, packing slip AM **Lie·fer·schwie·rig·kei·ten** *f* difficulties in [making a] delivery **Lie·fer·sper·re** *f* HANDEL refusal to deal **Lie·fer·stopp** *m* JUR stoppage of deliveries **Lie·fer·stö·rung** *f* HANDEL delivery disruption **Lie·fer·ter·min** *m* HANDEL delivery date; **festgesetzter ~** scheduled delivery date

Lie·fe·rung <-, -en> *f* ❶ HANDEL *(das Liefern)* delivery, supply; ***zahlbar innerhalb von zehn Tagen nach*** ~ payable within 10 days of delivery; **~ gegen bar/Nachnahme** payment cash/payment on delivery; **~ frei Haus** free delivery; **~ ab Werk** delivery ex works; **~ gegen Zahlung** cash on delivery; **fehlerhafte ~** defective delivery; **prompte/noch ausstehende ~** prompt/overdue delivery; **zahlbar bei ~** payable [*or* cash] [*or* AM collect] on delivery; **eine ~ abnehmen** to take delivery of goods, to accept delivery; **~en erfolgen** deliveries forthcoming; **etw auf ~ kaufen** to buy forward; **nach erfolgter ~** when delivered; **bei/vor ~** on/prior to delivery
❷ *(gelieferte Ware)* consignment
❸ VERLAG *(vorab ausgelieferter Teil)* instalment, AM *also* installment

Lie·fe·rungs·be·schrän·kung *f* HANDEL restrictions in supply [*or* delivery]

Lie·fer·ver·pflich·tung, Lie·fe·rungs·ver·pflich·tung *f* HANDEL obligation to supply, delivery obligation **Lie·fer·ver·trag** *m* supply contract, contract of sale **Lie·fer·ver·wei·ge·rung** *f* HANDEL refusal to supply [*or* deliver] **Lie·fer·ver·zug, Lie·fe·rungs·ver·zug** *m* HANDEL delay in delivery **Lie·fer·wa·gen** *m* delivery van; *(offen)* pickup truck **Lie·fer·zeit** *f s.* **Lieferfrist**

Lie·ge <-, -n> ['li:gə] *f* ❶ *(Bett ohne Fuß-/Kopfteil)* daybed
❷ *(Liegestuhl)* [sun-]lounger

Lie·ge·fahr·rad *nt* SPORT, TRANSP recumbent bike **Lie·ge·geld** *nt* NAUT demurrage **Lie·ge·mat·te** *f* beach mat

lie·gen <lag, gelegen> ['li:gn̩] *vi haben o* SÜDD, ÖSTERR, SCHWEIZ *sein* ❶ *(sich in horizontaler Lage befinden)* to lie; ***ich liege noch im Bett*** I'm still [lying] in bed; ***während der Krankheit musste sie*** ~ while she was ill she had to lie down all the time; ***Weinflaschen müssen*** ~ wine bottles should lie flat; ***hast du irgendwo meine Schlüssel ~ gesehen?*** have you seen my keys lying [around] anywhere?; ***deine Brille müsste eigentlich auf dem Schreibtisch*** ~ your glasses should be [lying] on the desk; ***Herzkranke müssen hoch/höher*** ~ people with heart problems should lie with their heads raised; ***das Flugzeug lag ganz ruhig in der Luft*** the plane was flying quite smoothly; ***der Wagen liegt gut auf der Straße*** the car holds the road well; ***auf dieser Matratze liegt man weich/weicher*** this mattress is soft/softer for lying on; ***in diesem Bett liegt es sich hart/weich*** this bed is hard/soft; **krank im Bett ~** to be ill in bed; **im Krankenhaus/auf Station 2 ~** to be in hospital/in ward 2; **unbequem ~** to lie uncomfortably [*or* in an uncomfortable position]; **~ bleiben** *(im Bett)* to stay in bed; *(nicht aufstehen)* to remain lying [down]; ***bleib ~!*** don't get up!, stay down!; ***sie blieb bewusstlos auf dem Boden*** ~ she lay unconscious on the floor; *s. a.* **Knie, links, stehen**
❷ *(sich befinden)* to be [lying]; ***ein Lächeln lag auf seinem Gesicht*** there was a smile on his face; ***die Stadt lag in dichtem Nebel*** the town was enveloped in thick fog, thick fog hung [*or* lay] over the town; ***die Betonung liegt auf der zweiten Silbe*** the stress is on the second syllable; ***ich habe noch einen guten Wein im Keller*** ~ I have a good wine in the cellar; **etw liegt [nicht] in jds Absicht** sth is [not] sb's intention; ***es liegt nicht in meiner Absicht, das zu tun*** it is not my intention to do that; **etw liegt nicht in jds Hand/Macht** sth is out of sb's hands/not within sb's power; ***das liegt leider nicht in meiner Hand/Macht*** unfortunately that is out of my hands/not within my power; **verstreut ~** to be [*or* lie] scattered; **[irgendwo] ~ bleiben** *(nicht weggenommen werden)* to be left [somewhere]; ***Hände weg, das Buch bleibt [da] ~!*** hands off, the book's going nowhere!; **etw ~ lassen** *(zurücklassen)* to leave sth [there]; *(verstreut)* to leave sth lying about [*or* around]; ***er ließ die Briefe auf dem Tisch liegen*** he left the letters [lying] on the desk; ***er ließ alles ~ und eilte ihr zur Hilfe*** he dropped everything to [go and] help her
❸ *(sich abgesetzt haben)* *Schnee* to lie; *Hitze, Nebel a.* to hang; ***der Schnee lag 1 Meter hoch*** the snow was 1 metre deep; ***es liegt Schnee auf den Bergen*** there is snow [lying] on the hills; ***hier in den Bergen liegt oft bis Mitte April noch Schnee*** here in the mountains the snow often lies on the ground until mid-April; ***auf den Autos liegt weißer Reif*** there is a white [covering of] frost on the cars; ***bei euch liegt aber viel Staub*** it's very dusty [in] here; ***über allen Möbeln lag eine dicke Staubschicht*** there was a thick layer of dust over all the furniture
❹ *(vergessen werden)* **irgendwo ~ bleiben** to be [*or* get] left behind somewhere; ***mein Hut muss in dem Restaurant ~ geblieben sein*** I must have left my hat in the restaurant; **etw ~ lassen** to leave sth behind; ***verflixt, ich muss meinen Schirm in der U-Bahn ~ gelassen haben!*** damn, I must have left my umbrella [behind] on the underground!
❺ *(nicht erledigt werden)* **~ bleiben** to be left [undone], not to get done; ***diese Briefe können bis morgen ~ bleiben*** these letters can wait until tomorrow; **etw ~ lassen** to leave sth [undone]
❻ ÖKON **~ bleiben** *(nicht verkauft werden)* to remain unsold, not to sell; ***wenn uns diese Waren ~ bleiben ...*** if we are left with these things [on our hands] ...
❼ *(geografisch gelegen sein)* to be; *Haus, Stadt etc. a.* to be situated [*or* located], to lie; ***ihr Haus liegt an einem romantischen See*** their house is situated by a romantic lake; ***das liegt auf dem Weg/ganz in der Nähe*** it's on the way/quite nearby; ***eine bildhübsch/ruhig/verkehrsgünstig gelegene Villa*** a villa in a picturesque/quiet/easily accessible location; ***ein einsam gelegener Bauernhof*** an isolated farm; **etw links/rechts ~ lassen** to leave sth on one's left/right; **nach Norden/zum Garten/zur Straße ~** to face north/the garden/the road; ***diese Wohnung liegt nach vorn zur Straße [hinaus]*** this flat faces [out onto] the street; ***das Fenster liegt zum Garten*** the window faces the garden; **verkehrsgünstig ~** *Stadt* to have good communications
❽ *(begraben sein)* ▪ **irgendwo ~** to be [*or* lie] buried somewhere
❾ NAUT *(festgemacht haben)* ▪ **irgendwo ~** to be [moored] somewhere; ***ein paar Fischerboote lagen am Kai*** a couple of fishing boots were moored to the quay
❿ MIL ▪ **irgendwo liegen** *Truppen* to be stationed; ***vor Paris*** ~ to be stationed outside Paris; **irgendwo [in Quartier] ~** to be quartered somewhere
⓫ AUTO *(nicht weiterfahren können)* **~ bleiben** to break down [*or* have a breakdown], to conk out *fam*
⓬ *(zeitlich)* to be; ***das liegt noch vor mir/schon hinter mir*** I still have that to come/that's all behind me now; ***die Stunden, die zwischen den Prüfungen lagen*** the hours between the examinations; ***das liegt schon so lange zurück*** it is so long ago
⓭ *(in einem Wettbewerb)* ▪ **irgendwo ~** to be [*or* lie] somewhere; ***wie ~ unsere Schwimmer eigentlich im Wettbewerb?*** how are our swimmers doing in the competition?; ***die Mannschaft liegt jetzt auf dem zweiten Tabellenplatz*** the team is now second in the division; **in den Charts an erster Stelle ~** to top the charts; **in Führung/auf den hinteren Plätzen/an der Spitze ~** to be in the lead/at the bottom/right out in front
⓮ *(gestylt sein)* **gut ~** *Haare* to stay in place [well]; **richtig/nicht richtig ~** to be/not be in the right place
⓯ *(bedeckt sein)* ***der Tisch liegt voller Bücher*** the desk is covered with books
⓰ MODE *(eine bestimmte Breite haben)* ▪ **irgendwie ~** *Stoff* to be a certain size; ***wie breit liegt dieser Seidenstoff?*** how wide is this silk material?; ***der Stoff liegt quer/90 cm breit*** the material is on the cross/is 90 cm wide
⓱ ÖKON ▪ **bei [*o* um] ... ~** to cost ...; ▪ **zwischen ... und ... ~** to cost between ... and ..., to be priced at between ... and ...; ***der Preis dürfte [irgendwo] bei 4.500 Euro*** ~ the price is likely to be [around] 4,500 euros; ***damit ~ Sie um 185.000 Euro***

höher that would put the price up by 185,000 euros; ***damit ~ Sie schnell bei 1,3 Millionen Euro Baukosten*** that would soon push the building costs up to 1.3 million euros
18 *(begründet sein)* ■**an jdm/etw ~** to be caused [*or* because of] by sb/sth; ***woran liegt es?*** why is that?, what is the reason [for that]?; ***es liegt daran, dass ...*** it is because ...; ***ich weiß nicht, woran es liegt*** I don't know what the reason is; ***woran mag es nur ~, dass mir immer alles misslingt?*** why is it that everything I do goes wrong?; ***an mir soll es nicht ~!*** don't let me stop you!, I won't stand in your way!
19 *(wichtig sein)* ■**jdm liegt etw an jdm/etw** sb attaches a certain importance to sb/sth; ***du weißt doch, wie sehr mir daran liegt*** you know how important it is to me; ***es liegt mir schon etwas an ihr*** I do care about her [a bit]; ***ihm liegt [einiges] daran, respektiert zu werden*** it is of [some] importance to him to be respected; **jdm ist etwas/nichts/viel an jdm/etw gelegen** sb/sth means something/nothing/a lot to sb; ***an diesem uninteressanten Stellenangebot war mir nichts gelegen*** I didn't bother [even] considering this unappealing job offer; **es liegt jdm nichts/wenig an etw** sth doesn't matter at all/much to sb, sth isn't at all/not very important to sb; **es liegt jdm viel an etw** sth matters a lot to sb, sth is very important to sb; ***es liegt ihm sehr viel an seiner Arbeit*** his job matters a lot to him
20 *oft verneint (jdm gemäß sein)* ■**etw liegt jdm** sb likes sth; *(entspricht jds Begabung)* sb is good at sth; ***Mathe scheint dir wirklich zu ~*** *(fam)* maths seems right up your street *fam;* ***diese Arbeit liegt mir total*** *(fam)* this job suits me down to the ground *fam;* ■**etw liegt jdm nicht** *(jd hat kein Talent)* sb has no aptitude for sth; *(es gefällt jdm nicht)* sth doesn't appeal to sb; *(jd mag es nicht)* sb doesn't like [*or* care for] sth; ***Französisch liegt ihm nicht*** he has no aptitude for French; ***körperliche Arbeit liegt ihr weniger*** she's not really cut out for physical work; ***Peter ist ganz nett, aber er liegt mir irgendwie nicht*** Peter's nice enough but not really my cup of tea
21 *(lasten)* ■**auf jdm ~** to weigh down [up]on sb; ***auf ihr liegt eine große Verantwortung*** a heavy responsibility rests on her shoulders; ***auf ihm scheint ein Fluch zu ~*** there seems to be a curse on him; ***die Schuld lag schwer auf ihm*** his guilt weighed heavily on him; *s. a.* **Magen**
22 *(abhängig sein)* ■**bei jdm ~** to be up to sb; ***das liegt ganz bei dir*** that is completely up to you; ***die Entscheidung liegt bei dir/beim Volk*** the decision rests with you/the people; ***die Verantwortung liegt bei dir*** it's your responsibility
23 *(stehen, sich verhalten)* to be; ***die Sache liegt ganz anders*** the situation is quite different; *s. a.* **Ding**

lie·gend I. *adj* reclining, recumbent *form*
II. *adv* 1 *(flach)* **etw ~ aufbewahren/lagern** to store sth flat/on its side
2 *(im Liegen)* in a lying position, whilst lying down

Lie·gen·schaft <-, -en> *f* 1 JUR piece of real estate
2 SCHWEIZ *(Anwesen)* property

Lie·gen·schafts·amt *nt* ADMIN, JUR land office **Lie·gen·schafts·buch** *nt* ADMIN land register **Lie·gen·schafts·dienst** *m* JUR real estate [*or* AM realty] service **Lie·gen·schafts·recht** *nt* ADMIN, JUR real estate right **Lie·gen·schafts·ver·wal·tung** *f* JUR estate agency

Lie·ge·platz *m* NAUT berth, moorings *pl; (für Hochseeschiffe)* deep-water berth **Lie·ge·sitz** *m* reclining seat **Lie·ge·stuhl** *m (Liege)* [sun-]lounger; *(Stuhl)* deckchair **Lie·ge·stütz** <-es, -e> *m* SPORT press-up, push-up AM; **~e machen** to do press-ups **Lie·ge·wa·gen** *m* BAHN couchette [*or* car] coach **Lie·ge·wa·gen·platz** *m* berth in a couchette [*or* sleeping car[riage]] **Lie·ge·wie·se** *f* lawn for sunbathing **Lie·ge·zeit** *f* NAUT lay days *pl*

lieh [li:] *imp von* **leihen**

Lies·chen <-s, -> ['li:sçən] *nt dim von* **Elisabeth** *(Name)* Lizzie
▸ WENDUNGEN: **Fleißiges ~** BOT busy Lizzie; **~ Müller** *(fam)* the average woman in the street

Lie·sen <-s, -> ['li:zn̩] *nt* lard

ließ [li:s] *imp von* **lassen**

liest *3. pers. pres von* **lesen**

Life·style <-s, -s> ['laɪfstaɪl] *m* lifestyle

Li·fo-Ver·fah·ren ['li:fo-] *nt* ÖKON last in first out, LIFO

Lift <-[e]s, -e *o* -s> [lɪft] *m* 1 *(Aufzug)* lift BRIT, elevator AM
2 *(Skilift)* [ski] lift

Lift·boy <-s, -s> ['lɪftbɔy] *m* TOURIST liftboy BRIT, elevator boy AM

lif·ten ['lɪftn̩] *vt* MED ■**etw ~** to lift [*or* tighten] sth; **sich** *dat* **das Gesicht ~ lassen** to have a facelift

Li·ga <-, Ligen> ['li:ga, *pl* 'li:gn̩] *f* 1 *(Vereinigung)* league; **Arabische ~** Arab League
2 SPORT *(Spielklasse)* league, division
3 *kein pl* HIST ■**die ~** the [Catholic] League

Li·ga·tur <-, -en> [liga'tu:ɐ̯] *f* MUS, MED, TYPO ligature

light [laɪt] *adj (kalorienarm)* low-calorie; *(fettreduziert)* low-fat

Light·pro·dukt ['laɪt-] *nt* low-calorie product; *(fettreduziert)* low-fat product

Li·gu·ri·en <-s> [li'gu:ri̯ən] *nt* Liguria

li·gu·risch [li'gu:rɪʃ] *adj* Ligurian; **das L~e Meer** the Ligurian Sea; **L~e Küste** Ligurian Coast

Li·gus·ter <-s, -> [li'gʊstɐ] *m* BOT privet

li·ie·ren* [li'i:rən] *vr* 1 *(geh: ein Liebesverhältnis eingehen)* ■**sich** *akk* **~** to become close friends with each other [*or* one another] *euph;* ■**[mit jdm] liiert sein** to have a relationship [with sb]
2 ÖKON *(sich zusammenschließen)* ■**sich** *akk* **[zu etw** *dat***] ~** to join forces with each other [*or* one another] [to establish sth]

Li·kör <-s, -e> [li'kø:ɐ̯] *m* liqueur

li·la ['li:la] *adj inv* purple, lilac

Li·la <-s, - *o fam* -s> ['li:la] *nt (fam)* purple, lilac

Li·lie <-, -n> ['li:li̯ə] *f* BOT lily

Li·li·pu·ta·ner(in) <-s, -> [lilipu'ta:nɐ] *m(f)* dwarf, midget

Li·ma·boh·ne ['li:ma-] *f* Lima bean

lim·bisch ['lɪmbɪʃ] *adj inv* MED **~es System** limbic system

Li·mes <-, -> ['li:mɛs] *m* 1 MATH *(Grenzwert)* limit
2 *kein pl* HIST *(römischer Grenzwall)* ■**der ~** the limes

Li·met·te <-, -n> [li'mɛtə] *f* BOT lime

Li·met·ten·saft *m* lime juice

Li·mit <-s, -s *o* -e> ['lɪmɪt] *nt* 1 FIN, BÖRSE *(Höchstgebot)* limit, ceiling
2 *(höchster Einsatz)* limit
3 *(Beschränkung)* limit; **jdm ein ~ setzen** to set sb a limit

Li·mi·te <-, -n> [li'mi:tə] *f* SCHWEIZ *(Limit)* limit

li·mi·tie·ren* [limi'ti:rən] *vt* KUNST, MEDIA ■**etw ~** to limit sth

li·mi·tiert *adj* limited; **limitierte Auflage** KUNST, MEDIA limited edition; **~er Auftrag** HANDEL limited order; **~ Order** HANDEL limited [*or* stop] order

Li·mi·tie·rung <-, -en> *f (geh)* limitation

Li·mo <-, -s> ['lɪmo, 'li:mo] *f (fam)* lemonade

Li·mo·na·de <-, -n> [limo'na:də] *f* lemonade

Li·mo·ne <-, -n> [li'mo:nə] *f* BOT lime

Li·mou·si·ne <-, -n> [limu'zi:nə] *f* AUTO saloon [car] BRIT, sedan AM; *(größerer Luxuswagen)* limousine, limo *fam*

Lin·co·my·cin <-s, -e> [lɪŋkomy'tsi:n] *nt* PHARM lincomycin

lind [lɪnt] *adj (geh)* mild, balmy

Lin·de <-, -n> ['lɪndə] *f* 1 BOT lime [*or* linden] [tree]
2 *(Holz)* lime[wood]; **aus ~** made [out] of lime wood

Lin·den·baum *m* lime [tree], linden

Lin·den·blü·ten·ho·nig *m* lime blossom honey **Lin·den·blü·ten·tee** *m* lime blossom tea

lin·dern ['lɪndɐn] *vt* 1 MED *(mildern)* ■**etw ~** to alleviate [*or* relieve] [*or* ease] sth; *Husten, Sonnenbrand etc.* to soothe
2 *(erträglicher machen)* ■**etw ~** to alleviate [*or* relieve] sth

Lin·de·rung <-> *f kein pl* 1 MED *(Milderung)* alleviation *no pl*, relief *no pl*, easing *no pl;* ***diese Salbe dient der ~ eines Sonnenbrandes/von lästigem Juckreiz*** this ointment is [good] for soothing sunburn/relieving irritating itches
2 *(das Lindern)* alleviation *no pl*, relief *no pl;* **jdm ~ verschaffen** to bring sb relief

lind·grün I. *adj* lime-green *attr*, lime green *pred*
II. *adv* **etw ~ lackieren/streichen** to paint sth lime green

Lind·wurm ['lɪntvʊrm] *m* lindworm *(type of wingless dragon)*

Li·ne·al <-s, -e> [line'a:l] *nt* ruler

li·ne·ar [line'a:ɐ̯] *adj* linear; **~e Abschreibung** FIN straight-line depreciation; **~e Gleichung** MATH linear equation

Li·ne·ar·be·schleu·ni·ger *m* linear accelerator, linac

Lin·gu·ist(in) <-en, -en> [lɪŋ'gu̯ɪst] *m(f)* linguist

Lin·gu·is·tik <-> [lɪŋ'gu̯ɪstɪk] *f kein pl* linguistics + *sing vb, no art*

Lin·gu·is·tin <-, -nen> *f fem form von* **Linguist**

lin·gu·is·tisch *adj* linguistic

Li·nie <-, -n> ['li:ni̯ə] *f* 1 *(längerer Strich)* line; **eine geschlängelte/gestrichelte ~** a wavy/dotted line; **eine ~ ziehen** to draw a line
2 SPORT, TRANSP *(lang gezogene Markierung)* line
3 TRANSP *(Verkehrsverbindung)* route; **eine Bus-/U-Bahn~** a bus/underground line [*or* route]; ***nehmen Sie am besten die ~ 19*** you'd best take the [*or* a] number 19
4 *pl* MIL *(Frontstellung)* line; **die feindlichen ~n durchbrechen** to break through [the] enemy lines
5 POL *a. (allgemeine Richtung)* line; **eine gemeinsame ~** a common line [*or* policy]; **eine klare ~** a clear line; **auf der gleichen ~ liegen** to follow the same line, to be along the same lines
6 *(Verwandtschaftszweig)* line; **in bestimmter ~** in a certain line; ***er behauptet, dass er in direkter ~ von Karl dem Großen abstammt*** he claims that he is descended in a direct line from [*or* is a direct descendant of] Charlemagne
7 NAUT *(Äquator)* line; **die ~ passieren** [*o* **kreuzen**] to cross the line
8 JUR line, course; **gerade ~** direct line
▸ WENDUNGEN: **in erster/zweiter ~** first and foremost/secondarily; ***die Kosten sind erst in zweiter ~ maßgebend/wichtig*** the costs are only of secondary importance; **auf der ganzen ~** all along the line; **die schlanke ~** *(fam)* one's figure; ***danke, keine Sahne, ich achte sehr auf meine [schlanke] ~*** no cream thanks, I'm watching [*or* trying to watch] my figure; **in vorderster ~ stehen** to be in the front line

Li·nie·hal·ten <-s> *nt kein pl* TYPO alignment

Li·ni·en·ab·stand *m* TYPO rule distance **Li·ni·en·blatt** *nt* line guide [sheet] **Li·ni·en·brei·te** *f* TYPO, INFORM line width **Li·ni·en·bus** *m* regular [service] bus **Li·ni·en·dienst** *m* regular service, scheduled flights *pl* **Li·ni·en·flug** *m* scheduled flight **Li·ni·en·flug·zeug** *nt* airliner **Li·ni·en·frach·ter** *m* cargo liner [*or* vessel]

Li·ni·en·füh·rung *f* 1 KUNST lines *pl*
2 MODE *eines Kleides* design
3 *(Wegverlauf)* routing

Li·ni·en·gra·fik *f* TYPO, INFORM curve graphic **Li·ni·en·ma·schi·ne** *f* scheduled plane [*or* aircraft] **Li·ni·en·netz** *nt* route network **Li·ni·en·pas·sa·gier·ver·kehr** *m* scheduled passenger traffic **Li·ni·en·rich·ter** *m* SPORT *(beim Fußball)* referee's assistant, linesman *dated; (beim Tennis)* line-judge; *(beim Rugby)* touch-judge **Li·ni·en·schiff** *nt* liner, regular service ship **Li·ni·en·schiff·fahrt**^RR^ *f* [scheduled] shipping line service **Li·ni·en·stil** *m* TYPO, INFORM line style **li·ni·en·treu** *adj* POL *(pej)* loyal to the party line *pred* **Li·ni·en·ver·kehr** *m* regular services *pl;* LUFT scheduled [*or* regular] services *pl* **Li·ni·en·werk·zeug** *nt* INFORM line tool

li·nie·ren* [li'ni:rən], **li·ni·ie·ren*** [lini'i:rən] *vt*

■**etw** ~ to rule [*or* rule [*or* draw] lines on] sth

li·niert *adj inv* TYPO lined, ruled

Li·nie·rung, Li·ni·ie·rung <-, -en> *f* [ruled] lines *pl*

Link <-s, -s> [lɪŋk] *nt* INET link

link [lɪŋk] *adj (sl)* shady *fam,* underhand; **ein ~er Hund/Kerl/Typ** a shady character [*or* customer]

Lin·ke <-n, -n> ['lɪŋkə] *f* ① *(linke Hand)* left hand; **zu jds ~n, zur ~n von jdm** *(geh)* to sb's left, on sb's left[-hand side], to the left of sb

② BOXEN *(linke Gerade)* left

③ POL ■**die ~** the left [*or* Left]; **ein Vertreter der radikalen ~n** a representative of the extreme left

lin·ke(r, s) *adj attr* ① *(örtlich)* left; **die ~ Fahrbahn/Spur** the left-hand lane; *s. a.* **Masche**

② MODE *(innen, hinten)* *Stoff* the wrong side; *Wäsche* inside out

③ POL left-wing, leftist *esp pej;* **der ~ Flügel** the left wing; *s. a.* **Hand**

Lin·ke(r) *f(m) dekl wie adj* POL left-winger, lefty *esp pej fam,* leftist *esp pej*

lin·ken ['lɪŋkn̩] *vt (sl)* ■**jdn ~** to take sb for a ride *fam*

Lin·ker <-s, -[s]> ['lɪŋkɐ] *m* INFORM *(Bindeprogramm)* linkage editor

lin·kisch ['lɪŋkɪʃ] *adj* clumsy, awkward

links [lɪŋks] **I.** *adv* ① *(auf der linken Seite)* on the left; **sich** *akk* **~ halten** to keep to the left; ***bei Straßen ohne Gehweg sollten Fußgänger in Deutschland ~ gehen*** on roads without a pavement pedestrians in Germany should walk on [*or* keep to] the left; ***dritte Tür ~*** [the] third door on the left; ■**~ hinter/neben/von/vor ...** to the left behind/directly to the left of/to the left of/to the left in front of ...; **~ oben/unten** in the top/bottom left-hand corner; **nach ~** [to the] left; **nach ~/rechts gehen** to turn left/right; ***schau mal nach ~*** look to the [*or* your] left; **von ~** from the left; **von ~ nach rechts** from [the] left to [the] right

② *(verkehrt herum)* inside out; ***du hast ja die Socken ~ herum an!*** you've got your socks on inside out!; ***den Stoff*** [***von***] ***~ bügeln*** to iron the fabric on the reverse side; **auf ~** inside out

③ TRANSP *(nach links)* **~ abbiegen** to turn [off to the] left, to take a left turn; **~ einbiegen/sich** *akk* **~ einordnen** to move [*or* get] into [*or* take] the left-hand lane; *(auf der linken Seite)* on the left; **~ bleiben/sich** *akk* **~ halten** to keep to the left

④ MODE **eine** [**Masche**] **~, drei** [**Maschen**] **rechts** purl one, knit three; **~ stricken** to purl

⑤ POL **~ eingestellt sein** to have left-wing tendencies [*or* leanings]; **~** [**von jdm/etw**] **stehen** [*o* **sein**] to be left-wing [*or* on the left], to be to the left of sb/sth

⑥ MIL ***die Augen ~!*** eyes left!; **~ *um!*** left about turn!

▸WENDUNGEN: **jdn ~ liegen lassen** *(fam)* to ignore sb; **mit ~** *(fam)* easily, with no trouble; **weder ~ noch rechts schauen** to not [let oneself] be distracted

II. *präp +gen* ■**~ einer S.** *gen* to the left of sth; **~ eines Flusses** on the left bank of a river

Links·ab·bie·ger(in) <-s, -> *m(f)* TRANSP driver [*or* motorist] turning [off] left **Links·ab·bie·ger·spur** *f* TRANSP left-hand turn[ing]-off lane

Links·au·ßen <-, -> [lɪŋks'ʔausn̩] *m* ① FBALL left wing, outside left ② POL *(fam)* extreme left-winger

links·bün·dig *adj* TYPO left-justified *attr,* left justified *pred* **Links·drall** *m* ① *(links drehender Drall)* swerve to the left ② POL *(fam)* left-wing tendency; **einen ~ haben** to lean to the left, to have left-wing tendencies [*or* leanings] **Links·dre·hung** *f* CHEM laevorotation BRIT, levorotation AM; TECH counter-clockwise rotation **links·ex·trem** *adj inv* left-wing extremist *attr* **Links·ex·tre·mis·mus** *m* left-wing extremism **Links·ex·tre·mist(in)** *m(f)* POL left-wing extremist **links·ex·tre·mis·tisch** *adj inv* POL left-wing extremist **links·ge·rich·tet** *adj* POL left-wing orient[at]ed **Links·ge·win·de** *nt* TECH left-hand[ed] thread **Links·hän·der(in)** <-s, -> ['lɪŋkshɛndɐ] *m(f)* left-hander, left-handed person

links·hän·dig ['lɪŋkshɛndɪç] **I.** *adj* left-handed

II. *adv* with one's left hand

links·her·um ['lɪŋkshɛrʊm] *adv* ① *(nach links)* to the [*or* one's] left

② *(mit linker Drehrichtung)* anticlockwise BRIT, counterclockwise AM

Links·in·tel·lek·tu·el·le(r) *f(m) dekl wie adj* left-wing intellectual **Links·kur·ve** *f* left-hand bend; **eine ~ machen** to bend to the left **links·las·tig** *adj* ① AUTO, NAUT down at the left *pred* ② POL *(pej)* left-wing, leftist *esp pej* **links·läu·fig** *adj inv* running from right to left **Links·len·ker** *m* AUTO left-hand drive vehicle **links·li·be·ral** *adj inv* left-wing liberal **links·ori·en·tiert** *adj* POL orient[at]ed towards the left **links·ra·di·kal** **I.** *adj* POL radical left-wing *attr* **II.** *adv* radically left-wing **Links·ra·di·ka·le(r)** *f(m) dekl wie adj* POL left-wing radical **links·rhei·nisch** *adj* on the left bank of the Rhine *pred* **Links·ruck** <-es, -e> *m kein pl* POL [sharp] swing to the left **links·rum** *adv (fam) s.* **linksherum** **links·sei·tig** *adj* on the left side *pred;* **~ gelähmt sein** to be paralysed [*or* AM -yzed] on [*or* down] the left side **Links·steu·e·rung** *f* AUTO left-hand drive [*or* steering]

links·um [lɪŋks'ʔʊm] *adv* **~ kehrt!** MIL to the left!

Links·ver·kehr *m* TRANSP driving on the left *no pl, no art*

Lin·nen <-s, -> ['lɪnən] *nt (veraltend geh)* linen

Li·no·le·um <-s> [li'no:leʊm, lino'le:ʊm] *nt kein pl* linoleum, BRIT *a.* lino *fam no pl*

Li·nol·schnitt [li'no:lʃnɪt] *m* KUNST ① *kein pl (Technik)* linocut *no pl, no indef art*

② *(Produkt)* linocut

Li·non <-[s], -s> [li'nõ:, 'lɪnɔn] *m* MODE lawn

Lin·se <-, -n> ['lɪnzə] *f* ① *meist pl* BOT, KOCHK lentil; **rote ~n** red lentils

② ANAT, PHYS lens

lin·sen ['lɪnzn̩] *vi (fam)* to peep [*or* peek]

Lin·sen·boh·ne *f* mung bean **lin·sen·för·mig** *adj inv* lenticular, lentiform, lentoid; **~e Galaxie** ASTRON lenticular galaxy **Lin·sen·sup·pe** *f* lentil soup

Linz <-> [lɪnts] *nt* Linz

Li·pa·ri·sche In·seln [li'pa:rɪʃə] *pl* Lipari Islands *pl*

Lip·gloss[RR], **Lipgloß**[ALT] <-, -> ['lɪpglɔs] *nt* MODE, PHARM lip gloss

Li·pid <-s, -e> [li'pi:t] *nt* BIOL lipid

Li·po·som <-s, -e> [lipo'zo:m] *nt* liposome

Li·po·so·men·creme *f* liposome cream

Lip·pe <-, -n> ['lɪpə] *f* ANAT lip; **die ~n schminken/anmalen** to put on lipstick *sep*/paint one's lips; **jdm etw von den ~n ablesen** to read sth from sb's lips

▸WENDUNGEN: **etw nicht über die ~n bringen** to not be able to bring oneself to say sth; **eine dicke** [*o* **große**] **~ riskieren** *(sl)* to brag, to boast; **an jds ~n hängen** to hang on sb's every word; **nicht über jds ~n kommen** to not pass sb's lips

Lip·pen·bal·sam *m* PHARM lip balm, BRIT *a.* lipsalve **Lip·pen·be·kennt·nis** *nt* lip service; **ein ~ zu etw ablegen** to pay lip service to sth **Lip·pen·blüt·ler** <-s, -> *m* BOT labiate

Lip·pen·glanz *m* lip gloss **Lip·pen·glanz·stift** *m* lip gloss

Lip·pen·kon·tu·ren·stift *m* lipliner **Lip·pen·laut** *m* LING labial **Lip·pen·le·sen** <-s> *nt kein pl* lip-reading **Lip·pen·pfle·ge** *f kein pl* ① MED *(Pflege der Lippen)* care of one's lips ② PHARM *(Mittel)* lip care **Lip·pen·pfle·ge·stift** *m* lip balm, BRIT *a.* lipsalve **Lip·pen·pin·sel** *m* lipbrush **Lip·pen·po·ma·de** *f* PHARM lip balm, chapstick, BRIT *a.* lipsalve, BRIT *a.* Lypsyl® **Lip·pen·stift** *m* lipstick; **kussechter ~** kissproof lipstick

Lipp·fisch *m* ZOOL, KOCHK wrasse

li·quid [li'kvi:t] *adj* FIN ① *(geh: solvent)* solvent; ***ich bin im Moment nicht ~*** I'm out of funds at the moment

② *(verfügbar)* **~es Vermögen** liquid assets *pl*

Li·qui·da <-, Liquidä *o* Liquiden> ['li:kvida, *pl* 'li:kvidɛ, *pl* li'kvi:dn̩] *f* LING liquid

Li·qui·da·ti·on <-, -en> [likvida'tsi̯o:n] *f* ① *(geh: Honorarrechnung)* bill [of costs [*or* fees]], note of fees

② ÖKON *(Auflösung) eines Unternehmens* winding-up, liquidation; **~ durch Gerichtsbeschluss** winding-up by court order; **gerichtliche ~** winding up by the court; **gütliche/stille ~** liquidation by arrangement/voluntary liquidation; **laufende ~** current realization; **in ~ gehen** [*o* **treten**] to wind up, to go into liquidation

Li·qui·da·ti·ons·an·trag *m* ÖKON winding-up petition **Li·qui·da·ti·ons·be·schluss**[RR] *m* ÖKON winding-up resolution; *(Gerichtsbeschluss)* winding-up order **Li·qui·da·ti·ons·er·lös** *m* FIN liquidation proceeds *pl,* remaining assets *pl* after liquidation **Li·qui·da·ti·ons·for·de·rung** *f* ÖKON claim in winding-up proceedings **Li·qui·da·ti·ons·ge·sell·schaft** *f* JUR company in liquidation **Li·qui·da·ti·ons·gut·ha·ben** *nt* FIN clearing balance **Li·qui·da·ti·ons·kon·to** *nt* FIN settlement [*or* liquidation] account **Li·qui·da·ti·ons·quo·te** *f* JUR liquidating dividend **Li·qui·da·ti·ons·ver·fah·ren** *nt* JUR liquidation [*or* winding-up] proceedings *pl* **Li·qui·da·ti·ons·ver·gleich** *m* JUR winding-up proceedings *pl* **Li·qui·da·ti·ons·ver·kauf** *m* JUR winding-up [*or* clearance] [*or* liquidation] sale **Li·qui·da·ti·ons·vor·schrif·ten** *pl* JUR winding-up rules **Li·qui·da·ti·ons·wert** *m* FIN winding-up [*or* net asset] value

Li·qui·da·tor, -to·rin <-s, -en> [likvi'da:to:ɐ̯, -'to:rɪn, *pl* -'to:rən] *m, f* JUR, ÖKON liquidator, receiver; **gerichtlich bestellter ~** official liquidator; **einen ~ bestellen** to appoint a liquidator

li·qui·de [li'kvi:də] *adj s.* **liquid**

li·qui·die·ren* [likvi'di:rən] *vt* ① *(euph: umbringen)* ■**jdn ~** to liquidate sb

② ÖKON *(auflösen)* ■**etw ~** to liquidate sth

③ *(geh: in Rechnung stellen)* ■**etw ~** to charge sth

Li·qui·die·rung <-, -en> *f* ① *(euph: das Umbringen)* liquidation

② ÖKON *(Auflösung)* liquidation

Li·qui·di·tät <-> [likvidi'tɛ:t] *f kein pl* ÖKON liquidity *no pl, no indef art,* [financial] solvency *no pl, no indef art,* ability to pay *no pl, no indef art*

Li·qui·di·täts·aus·wei·tung *f* FIN expansion of liquidity **Li·qui·di·täts·bi·lanz** *f* FIN liquidity balance **Li·qui·di·täts·eng·pass**[RR] *m* FIN cash flow problem **Li·qui·di·täts·fal·le** *f* FIN liquidity trap **Li·qui·di·täts·hil·fe** *f* FIN liquidity assistance **Li·qui·di·täts·klem·me** *f* FIN cash [*or* liquidity] squeeze **Li·qui·di·täts·knapp·heit** *f kein pl* FIN lack *no pl* of cash **Li·qui·di·täts·kri·se** *f* FIN liquidity crisis **Li·qui·di·täts·pa·pier** *nt* JUR liquidity paper **Li·qui·di·täts·pla·nung** *f* FIN liquidity planning **Li·qui·di·täts·pols·ter** *nt* liquidity cushion, cash reserve **Li·qui·di·täts·quo·te** *f* FIN liquidity ratio; **Bar- und ~** cash ratio **Li·qui·di·täts·re·ser·ven** *pl* FIN cash [*or* liquid] reserves **Li·qui·di·täts·sal·do** *m* FIN liquidity balance **Li·qui·di·täts·si·che·rung** *f* FIN measures *pl* safeguarding liquidity **Li·qui·di·täts·stüt·ze** *f* FIN liquidity assistance

Li·ra <-, Lire> ['li:ra, *pl* 'li:rə] *f* lira

lis·peln ['lɪspl̩n] **I.** *vi* to lisp

II. *vt* ■**etw ~** to whisper sth

Lis·sa·bon <-s> ['lɪsabɔn, lɪsa'bɔn] *nt* Lisbon

List <-, -en> [lɪst] *f* *(Täuschung)* trick, ruse; **eine ~ anwenden** to use a little cunning; **zu einer ~ greifen** to resort to a trick [*or* ruse]

▸WENDUNGEN: **mit ~ und Tücke** *(fam)* with cunning and trickery

Lis·te <-, -n> ['lɪstə] *f* ① *(schriftliche Aufstellung, Aneinanderreihung)* list

② *(Namensliste)* list [of names], roll; **eine ~ der Besucher** a visitors' book

③ POL *(Wahlliste)* list [of candidates]

④ ÖKON *(Verzeichnis v. Forschungsinstituten u.Ä.)* **blaue ~** blue list

▸WENDUNGEN: **auf die schwarze ~ kommen** *(fam)* to be put on the blacklist [*or* blacklisted]; **auf der schwarzen ~ stehen** *(fam)* to be on the blacklist

lis·ten ['lɪstn̩] *vt* ■**jdn/etw ~** to list sb/sth

Lis·ten·nach·rü·cker(in) *m(f)* POL party list replacement [candidate] **Lis·ten·platz** *m* POL place on the party list [of candidates] **Lis·ten·preis** *m* ÖKON list price

lis·ten·reich *adj (poet: trickreich)* wily

Lis·ten·wahl *f electoral system in which a party, not a candidate, is elected*

lis·tig [ˈlɪstɪç] *adj* cunning, crafty

lis·ti·ger·wei·se *adv* cunningly, craftily

Lis·tig·keit *f* cunningness, craftiness

Lis·ting <-s, -s> [ˈlɪstɪŋ] *nt* listing

Li·ta·nei <-, -en> [litaˈnai̯] *f* ❶ REL litany ❷ *(pej fam: monotone Aufzählung)* litany, catalogue [*or* AM *also* -og]

Li·tau·en <-s> [ˈliːtau̯ən] *nt* Lithuania

Li·tau·er(in) <-s, -> [ˈliːtau̯ɐ] *m(f)* Lithuanian

li·tau·isch [ˈliːtau̯ɪʃ, ˈlɪtau̯ɪʃ] *adj* Lithuanian

Li·tau·isch [ˈliːtau̯ɪʃ, ˈlɪtau̯ɪʃ] *nt dekl wie adj* Lithuanian; **auf ~** in Lithuanian

Li·tau·i·sche <-n> *nt* ■**das ~** Lithuanian, the Lithuanian language

Li·ter <-s, -> [ˈliːtɐ] *m o nt* litre [*or* AM -er]

li·te·ra·risch [lɪtəˈraːrɪʃ] **I.** *adj* literary **II.** *adv* ❶ *(Literatur betreffend)* **~ gebildet/informiert sein** to be well-read; **~ interessiert sein** to be interested in literature ❷ *(als Literatur)* **etw ~ adaptieren/umarbeiten** to rewrite sth; **etw ~ verwenden** to use [in one's writing]

Li·te·rat(in) <-en, -en> [lɪtəˈraːt] *m(f) (geh)* literary figure, writer; ■**die ~en** the literati *npl*

Li·te·ra·tur <-, -en> [lɪtəraˈtuːɐ̯] *f* ❶ LIT literature *no pl, no indef art;* **die schöne** [*o* **schöngeistige**] **~** [the] belles-lettres *npl, + sing/pl vb* ❷ *kein pl* VERLAG *(Veröffentlichungen)* literature *no pl, no indef art*

Li·te·ra·tur·agent(in) *m(f)* LIT, VERLAG literary agent **Li·te·ra·tur·an·ga·be** *f* bibliographical reference **Li·te·ra·tur·bei·la·ge** *f* literary supplement **Li·te·ra·tur·denk·mal** *nt* literary monument **Li·te·ra·tur·gat·tung** *f* literary genre **Li·te·ra·tur·ge·schich·te** *f* ❶ *kein pl (Geschichte)* literary history *no pl, no indef art,* history of literature *no pl, no indef art* ❷ *(Werk)* literary history **li·te·ra·tur·ge·schicht·lich** *adj* relating to literary history [*or* the history of literature] *pred;* **~ bedeutsam/interessant** important in the field of/interesting from the point of view of literary history **Li·te·ra·tur·haus** *nt* house of literature **Li·te·ra·tur·hin·weis** *m* bibliographical reference **Li·te·ra·tur·kri·tik** *f* literary criticism **Li·te·ra·tur·kri·ti·ker(in)** *m(f)* literary critic **Li·te·ra·tur·preis** *m* literary prize [*or* award] **Li·te·ra·tur·ver·zeich·nis** *nt* bibliography

Li·te·ra·tur·wis·sen·schaft *f* literary studies *pl,* study of literature; **vergleichende ~ studieren** to study comparative literature **Li·te·ra·tur·wis·sen·schaft·ler(in)** *m(f)* literary specialist **li·te·ra·tur·wis·sen·schaft·lich** *adj inv* literary studies *attr*

Li·te·ra·tur·zeit·schrift *f* literary journal [*or* review]

Li·ter·fla·sche *f* litre [*or* AM -er] bottle **Li·ter·maß** *nt* litre measure

li·ter·wei·se *adv* by the litre

Lit·faß·säu·le [ˈlɪtfaszɔy̯lə] *f* advertising pillar [*or* BRIT *a.* column]

Li·thi·um <-s> [ˈliːti̯ʊm] *nt kein pl* CHEM lithium *no pl, no indef art*

Li·tho·graf(in)RR <-en, -en> [litoˈgraːf] *m(f)* ❶ *(Drucker)* lithographer ❷ *(Künstler)* lithographic artist

Li·tho·gra·fieRR <-, -n> [litograˈfiː, *pl* -graˈfiːən] *f* ❶ *kein pl (Technik)* lithography *no pl, no art* ❷ *(Druck)* lithograph

li·tho·gra·fischRR *adj* lithographic

Li·tho·graph(in) <-en, -en> [litoˈgraːf] *m(f) s.* **Lithograf**

Li·tho·gra·phie <-, -n> [litograˈfiː, *pl* -graˈfiːən] *f s.* **Lithografie**

li·tho·gra·phisch *adj s.* **lithografisch**

Li·tho·sphä·re [litoˈsfɛːrə] *f* GEOG lithosphere

Lit·schi <-, -s> [ˈlɪtʃi] *f* BOT litchi

litt [lɪt] *imp von* **leiden**

Li·tur·gie <-, -n> [litʊrˈgiː, *pl* -ˈgiːən] *f* REL liturgy

li·tur·gisch [liˈtʊrgɪʃ] *adj* REL liturgical

Lit·ze <-, -n> [ˈlɪtsə] *f* ❶ MODE braid ❷ ELEK litz [*or* Litz] wire

live [laif] *adj pred* RADIO, TV live

Live·al·bumRR, **Live-Al·bum** [ˈlai̯f-] *nt* MUS live album **Live·auf·nah·me**RR, **Live-Auf·nah·me** [ˈlai̯f-] *f* MUS live recording **Live·auf·zeich·nung**RR, **Live-Auf·zeich·nung** [ˈlai̯f-] *f* live recording **Live·band**RR, **Live-Band** [ˈlai̯f-] *f* live band; ***eine Party mit ~s*** a party with live music [*or* bands] **Live·schal·tung**RR, **Live-Schal·tung** [ˈlai̯f-] *f* TV live link-up, [switch to a] live broadcast **Live·sen·dung**RR, **Live-Sen·dung** [ˈlai̯f-] *f* RADIO, TV live broadcast [*or* programme [*or* AM -am]]

Liv·land <-s> [ˈliːflant] *nt* Livonia

Li·vree <-, -n> [liˈvreː, *pl* -eːən] *f* MODE livery

li·vriert [liˈvriːɐ̯t] *adj* MODE liveried

Li·zen·ti·at1 <-[e]s, -e> [litsɛnˈtsi̯aːt] *nt (akademischer Grad) s.* **Lizenziat**1

Li·zen·ti·at(in)2 <-en, -en> [litsɛnˈtsi̯aːt] *m(f) (Inhaber des Lizenziats) s.* **Lizenziat**2

Li·zen·ti·ats·ar·beit <-, -en> *f s.* **Lizenziatsarbeit**

Li·zenz <-, -en> [liˈtsɛnts] *f* ❶ JUR *(Genehmigung)* licence [*or* AM -se]; **in ~** under licence ❷ SPORT *(Erlaubnis)* licence [*or* AM -se]

Li·zenz·aus·ga·be *f* VERLAG licensed edition, edition published under licence [*or* AM -se] **Li·zenz·aus·tausch·ver·trag** *m* JUR *(Patentrecht)* cross-licensing agreement **Li·zenz·ein·nah·men** *pl* HANDEL royalties **Li·zenz·er·tei·lung** *f* JUR licensing, grant [*or* issuance] of a licence; *(Franchising)* franchising **li·zenz·fä·hig** *adj inv* JUR licensable **li·zenz·frei** *adj inv* JUR free of royalties, requiring no licence **Li·zenz·ge·ber(in)** <-s, -> *m(f)* licenser **Li·zenz·ge·bühr** *f* licence fee; VERLAG royalty; **~ für die Benutzung** user fee **Li·zenz·ge·schäft** *nt* JUR licensing deal; HANDEL licensed business; *(Franchise)* franchise

Li·zen·zi·atRR1 <-[e]s, -e> [litsɛnˈtsi̯aːt] *nt* SCH, REL *(akademischer Grad)* licentiate

Li·zen·zi·at(in)RR2 <-en, -en> [litsɛnˈtsi̯aːt] *m(f)* SCH, REL *(Inhaber des Lizenziats)* licentiate

Li·zen·zi·ats·ar·beit <-, -en> *f* UNIV SCHWEIZ *(Magisterarbeit)* Master's [degree] thesis [*or* dissertation]

li·zen·zie·ren* [litsɛnˈtsiːrən] *vt* JUR ■**etw ~** to license sth

Li·zen·zie·rung <-, -en> *f* JUR licensing

Li·zenz·in·ha·ber(in) *m(f)* JUR licence holder, licensee **Li·zenz·neh·mer(in)** <-s, -> *m(f)* licensee **Li·zenz·num·mer** *f* JUR, ÖKON licence number **Li·zenz·rech·te** *pl* JUR rights of licence [*or* AM -se] [under a patent] **Li·zenz·re·ge·lung** *f* JUR licensing arrangement **Li·zenz·spie·ler(in)** *m(f)* SPORT licensed professional **Li·zenz·tausch** *m* JUR exchange of licences **Li·zenz·trä·ger(in)** *m(f)* JUR licensee **Li·zenz·ver·ein·ba·rung** *f* JUR licence agreement **Li·zenz·ver·ga·be** *f* JUR licensing **Li·zenz·ver·trag** *m* licensing agreement **Li·zenz·ver·wei·ge·rung** *f* JUR refusal to grant a licence **Li·zenz·wa·re** *f* HANDEL licensed product **Li·zenz·zah·lung** *f* JUR royalty payment

Lkw, LKW <-[s], -[s]> [ˈɛlkaːveː] *m Abk von* **Lastkraftwagen** HGV BRIT

Lkw-Fah·rer(in) *m(f)* lorry [*or* truck] driver, haulier BRIT, trucker AM **Lkw-Füh·rer·schein** *m* HGV driver's licence BRIT, commercial driver's license [*or* CDL] AM **Lkw-Maut** *f* motorway [*or* AM freeway] toll for trucks **Lkw-Mo·tor** *m* lorry [*or* truck] engine

Lob <-[e]s, -e> [loːp] *nt pl selten* praise *no pl, no indef art;* ***ihm gebührt großes/höchstes ~*** he deserves the highest praise; **~ für etw** *akk* **bekommen** [*o* **erhalten**] to be praised for sth; **des ~es voll [über jdn/etw] sein** to be full of praise [for sb/sth]; **jdm ~ spenden** [*o geh* **zollen**] to praise [*or form* bestow praise on] sb; **~ verdienen** to deserve praise

Lob·by <-, -s *o* Lobbies> [ˈlɔbi] *f* lobby

Lob·by·is·mus <-> [lɔbiˈɪsmʊs] *m kein pl* POL lobbying *no pl*

Lob·by·ist(in) <-en, -en> [lɔbiˈɪst] *m(f)* lobbyist

Lo·be·lie <-, -n> [loˈbeːli̯ə] *f* BOT lobelia

lo·ben [ˈloːbn̩] **I.** *vt* ❶ *(anerkennend beurteilen)* ■**jdn/etw ~** to praise sb/sth; ■**sich** *akk* **~** to praise oneself ❷ *(lobenswert sein)* ■**zu ~ sein** to be praiseworthy [*or* worthy of praise] ❸ *(etw mehr schätzen)* ■**sich** *dat* **etw ~** to prefer sth; ***da lobe ich mir die guten alten Zeiten*** give me the good old days [any time] ❹ *(sehr gefallen)* ■**sich** *dat* **jdn/etw ~** to like to see sb/sth; ***solches Engagement lob' ich mir*** that's the sort of commitment I like [to see] **II.** *vi* to praise

lo·bend **I.** *adj* laudatory; **~e Worte** words of praise, laudatory words **II.** *adv* **sich** *akk* **über jdn/etw ~ äußern** to praise [*or* commend] sb/sth

lo·bens·wert *adj* praiseworthy, laudable, commendable; KOCHK very good

Lo·bes·hym·ne *f (überschwängliches Lob)* eulogy ▶WENDUNGEN: **~n** [*o* **eine ~**] **auf jdn/etw anstimmen/singen** to [begin to] praise sb/sth to the skies

Lob·ge·sang *m* REL hymn [of praise], song of praise

Lob·hu·de·lei <-, -en> [loːphuːdəˈlai̯] *f (pej)* fulsome [*or* gushing] praise *no pl, no art pej* **lob·hu·deln** [ˈloːphuːdl̩n] *vi (pej)* ■**[jdm] ~** to give fulsome praise, to praise sb fulsomely; ■**~d** gushing

löb·lich [ˈløːplɪç] *adj (geh)* laudable, commendable

Lob·lied *nt* ▶WENDUNGEN: **ein ~ auf jdn/etw singen** to sing sb's praises/the praises of sth

lob·prei·sen <*pp* gelobpreist *o* lobgepriesen> [ˈloːpprai̯zn̩] *vt reg o irreg* REL *(liter)* ■**jdn ~** to praise sb

Lob·re·de *f* eulogy; **eine ~ auf jdn halten** to eulogize sb **Lob·red·ner(in)** <-s, -> *m(f) (fig)* eulogist

Lo·ca·tion <-, -s> [loˈkeːʃn̩] *f* location

Loch <-[e]s, Löcher> [lɔx, *pl* ˈlœçɐ] *nt* ❶ *(offene Stelle)* hole; **ein ~ im Reifen** a puncture; **ein ~ im Zahn** a hole [*or* cavity] in one's [*or* the] tooth; **ein gähnendes ~** *(geh)* a yawning [*or* gaping] hole; **ein ~ in etw** *akk* **[hinein]fressen** to eat a hole into sth ❷ SPORT *(Billardloch)* pocket; *(Golfloch)* hole ❸ *(fam: elende Wohnung)* hole *fam* ▶WENDUNGEN: **jdm ein ~** [*o* **Löcher**] **in den Bauch fragen** *(fam)* to drive sb up the wall with [[all] one's] questions; **ein großes ~ in jds Geldbeutel/Ersparnisse reißen** *(fam)* to make a big hole in sb's pocket/a big hole [*or fam* dent] in sb's savings; **auf dem letzten ~ pfeifen** *(sl: finanziell am Ende sein)* to be broke *fam* [*or* BRIT *sl a.* skint]; *(völlig erschöpft sein)* to be on one's/its last legs; **Löcher** [*o* **ein ~**] **in die Luft schießen** *(fam)* to miss the target; **Löcher in die Luft starren** *(fam)* to stare [*or* gaze] into space; **saufen wie ein ~** *(fam)* to drink like a fish *fam;* **schwarzes ~** ASTRON black hole; **mit etw** *dat* **ein ~ stopfen** to plug the gap [in sth] with sth

Loch·blech *nt* BAU perforated plate **Loch·ei·sen** *nt* punch, piercer; *(für Leder)* pricker

lo·chen [ˈlɔxn̩] *vt* ■**etw ~** ❶ *(mit dem Locher stanzen)* to punch holes in ❷ TRANSP *(veraltend: mit der Lochzange entwerten)* ■**etw ~** to punch [*or* clip] sth

Lo·cher <-s, -> [ˈlɔxɐ] *m* [hole] punch[er]

lö·che·rig [ˈlœçərɪç] *adj* full of holes *pred,* holey; ■**[ganz] ~ sein** to be full of holes

lö·chern [ˈlœçɐn] *vt (fam)* ■**jdn ~** to pester sb

Loch·kar·te *f* INFORM punch card **Loch·sä·ge** *f* keyhole saw **Loch·stan·ze** *f* punch **Loch·stein** *m* BAU perforated brick **Loch·sti·cke·rei** *f* broderie anglaise **Loch·strei·fen** *m* punched paper tape

Lo·chung <-, -en> *f* ❶ *kein pl (das Lochen)* punching holes in ❷ *(gelochte Stelle)* perforation

Loch·zan·ge *f* [ticket] punch

Lock·an·ge·bot *nt* ÖKON customer incentive; *(günstiges Angebot)* bargain [offer]; *(Lockartikel)* loss leader **Lock·ar·ti·kel** [ˈlɔk-] *m* HANDEL loss-leader

Lo·cke <-, -n> [ˈlɔkə] *f* curl; **~n haben** to have curly hair; **sich** *dat* **~n machen lassen, sich** *dat* **das Haar in ~n legen lassen** to have one's hair set [*or* curled]

lo·cken1 [ˈlɔkn̩] **I.** *vt* ■**etw ~** to curl sth; **sich** *dat*

das Haar ~ lassen to have one's hair set [*or* curled]; *s. a.* gelockt
II. *vr* ■sich *akk* ~ to curl; ***nach der Wäsche ~ sich die Haare von allein*** hair tends to go curly after washing

lo·cken² ['lɔkn̩] *vt* ① *(anlocken)* ■**etw** ~ to lure sth; **ein Tier in einen Käfig** ~ to lure [*or* entice] an animal into a cage
② *(verlocken)* ■**jdn** ~ to tempt sb; ***Ihr Vorschlag könnte mich schon*** ~ I'm [very] tempted by your offer, your offer is very tempting
③ *(ziehen)* ■**jdn** ~ *impers* sb is lured; ***mich lockt es jedes Jahr in die Karibik*** every year I feel the lure of the Caribbean

Lo·cken·bürs·te *f* curling brush

lo·ckend *adj* tempting; ■**etw ist für jdn** ~ sth is tempting for sb

Lo·cken·kopf *m* ① *(lockiges Haar)* curly hair *no pl, no indef art* ② *(Mensch mit Lockenkopf)* curly-headed person, curly-head *fam* **Lo·cken·pracht** *f* magnificent head of curls **Lo·cken·stab** *m* curling tongs *npl* [*or* iron] **Lo·cken·wick·ler** <-s, -> *m* [hair] curler [*or* roller]; **die Haare auf ~ drehen** to put one's hair in curlers [*or* rollers]

lo·cker ['lɔkɐ] **I.** *adj* ① *(nicht stramm)* loose
② *(nicht fest)* loose, loose-packed *attr*, loosely packed *pred*
③ KOCHK *(luftig)* light
④ *(nicht gespannt)* slack; **~e Muskeln** relaxed muscles; **ein ~es Mundwerk haben** *(fig fam)* to have a big mouth *fig fam*
⑤ *(leger, unverkrampft)* relaxed, laid-back *attr fam*, laid back *pred fam*; **einen ~en Lebenswandel führen** *(pej)* to lead a loose life *pej*
⑥ *(oberflächlich)* casual
II. *adv* ① *(nicht stramm)* loosely; ~ **gebunden** loosely tied; ~ **sitzen** to be loose
② *(oberflächlich)* casually; ***ich kenne ihn nur*** ~ I only know him in passing
③ *(sl: ohne Schwierigkeiten)* just like that *fam*
▸WENDUNGEN: ~ **vom Hocker** *(fam)* without any problems, no problem! *fam;* **bei jdm ist eine Schraube ~** *(sl)* sb has a screw loose *fam;* **[bei] jdm sitzt etw ~** *(sl)* sb is quick on the draw with sth; ***bei ihm sitzt das Messer ~*** he's always quick to pull a knife [on somebody]!

lo·cker-flo·ckig **I.** *adj (sl)* laid-back *attr fam*, laid back *pred fam*
II. *adv (sl: unbekümmert)* laid back *fam; (spielend leicht)* without any trouble, no sweat *fam*

Lo·cker·heit <-> *f kein pl* ① *(lockere Beschaffenheit)* looseness
② *(bei einem Seil)* slackness
③ KOCHK lightness

lo·cker|las·sen *vi irreg (fam)* ■**nicht ~** to not give [*or fam* let] up **lo·cker|ma·chen** *vt (fam)* ■**etw [für jdn/etw] ~** to shell [*or* fork] out sth [for sb/sth] *fam;* ***ob du bei Mutter noch 20 Euro Taschengeld für mich ~ könntest?*** do you think you could get Mum to up *fam* my pocket money by another 20 euros?

lo·ckern ['lɔkɐn] **I.** *vt* ① *(locker machen)* ■**etw** ~ to loosen sth; **den Griff** ~ to relax [*or* loosen] one's grip; **die Zügel** ~ to slacken the reins
② *(entspannen)* ■**etw** ~ to loosen up sth *sep*
③ *(weniger streng gestalten)* ■**etw** ~ to relax sth
II. *vr* ■**sich** *akk* ~ ① *(locker werden) Backstein, Schraube, Zahn* to work loose; *Bremsen* to become loose [*or* soft]; *Bewölkung, Nebel* to lift
② SPORT *(die Muskulatur entspannen)* to loosen [*or* limber] up
③ *(sich entkrampfen)* to become more relaxed; ***die Verkrampfung lockerte sich zusehends*** the tension eased visibly

Lo·cke·rung <-, -en> *f* ① SPORT *(Entspannung)* loosening [*or* limbering] up
② *(Entkrampfung)* relaxation

Lo·cke·rungs·übung *f* loosening-[*or* limbering-]up exercise

lo·ckig ['lɔkɪç] *adj* ① *(gelockt)* curly
② *(lockiges Haar besitzend)* curly-headed

Lock·mit·tel *nt* lure; ***ein hohes Gehalt ist immer ein gutes*** ~ a high salary is always a good enticement **Lock·ruf** *m* ORN call

Lo·ckung <-, -en> *f* ① *(Fernweh)* lure
② *(Versuchung)* temptation

Lock·vo·gel *m* ① JAGD decoy [bird]
② *(pej: Köder)* decoy

Lock·vo·gel·wer·bung *f* inducement advertisement

Lod·del <-s, -> ['lɔdl] *m (sl)* pimp, BRIT *a.* ponce *pej sl*

Lo·den <-s, -> ['lo:dn̩] *m* MODE loden

Lo·den·man·tel *m* MODE loden coat

lo·dern ['lo:dɐn] *vi* ① *haben (emporschlagen)* to blaze [up]; ***im Kamin loderte ein Feuer*** a fire was blazing in the grate; ■~**d** blazing; *s. a.* **Auge**
② *sein (schlagen)* ***die Flammen sind zum Himmel gelodert*** the flames reached up [in]to the sky

Löf·fel <-s, -> ['lœfl] *m* ① *(als Besteck)* spoon
② KOCHK *(Maßeinheit)* a spoonful [of]
③ JAGD ear
▸WENDUNGEN: **den ~ abgeben/wegwerfen** *(sl)* to kick the bucket *sl;* **seine ~ aufsperren** *(sl)* to pin back one's ears [*or* BRIT *sl* lugholes]; **jdn über den ~ balbieren** *(fam)* to take sb for a ride *fam;* **ein paar hinter die ~ bekommen** [*o* **kriegen**] *(fam)* to get a clip round [*or* on] the ears; **jdm ein paar hinter die ~ geben** *(fam)* to give sb a clip round [*or* on] the ears; **mit einem goldenen/silbernen ~ im Mund geboren sein** to be born with a silver spoon in one's mouth; **sich** *dat* **etw hinter die ~ schreiben** to get sth into one's head

Löf·fel·bag·ger *m* excavator **Löf·fel·en·te** *f* ORN shoveler

löf·feln ['lœfl̩n] *vt* ① *(essen)* ■**etw** ~ to eat sth with a spoon, to spoon up sth *sep*
② *(schöpfen)* ■**etw [in etw** *akk*] ~ to spoon sth [into sth]
▸WENDUNGEN: **jdm eine ~** *(fam)* to slap sb

Löf·fel·stiel *m* spoon handle

löf·fel·wei·se *adv* by the spoonful

Löff·ler ['lœflɐ] *m* ORN spoonbill

Lo-Fi <-s, -s> ['ləʊfaɪ] *nt* lo-fi

Lo·fo·ten [lo'fo:tn̩, 'lo:fotn̩] *pl* Lofoten [Islands] *pl*

Loft <-[s], -s> [lɔft] *m* ARCHIT loft

log¹ <-[s], -s> [lɔk] *m kurz für* **Logarithmus** log

log² [lo:k] *imp von* **lügen**

Log <-s, -e> [lɔk] *nt* NAUT log

Lo·ga·rith·men·ta·fel [loga'rɪtmən-] *f* MATH log[arithm] table

lo·ga·rith·mie·ren* [logarɪt'mi:rən] *vt* MATH ■**etw** ~ to take logarithms of sth

lo·ga·rith·misch [loga'rɪtmɪʃ] *adj inv* MATH logarithmical

Lo·ga·rith·mus <-, -rithmen> [loga'rɪtmʊs, *pl* -rɪtmən] *m* MATH logarithm

Log·buch ['lɔkbu:x] *nt* NAUT log[book]

Log·da·tei *f* INFORM log file

Lo·ge <-, -n> ['lo:ʒə] *f* ① FILM, THEAT box, loge
② *(Pförtnerloge)* lodge
③ *(Geheimgesellschaft von Freimaurern)* lodge

Lo·gen·bru·der *m* lodge brother, freemason **Lo·gen·meis·ter** *m* master of a/the lodge **Lo·gen·platz** *m* FILM, THEAT seat in a box [*or* loge] **Lo·gen·sit·zung** *f* lodge meeting

lo·gie·ren* [lo'ʒi:rən] *vi* to stay; **bei jdm ~** to stay at sb's place

Lo·gik <-> ['lo:gɪk] *f kein pl* ① *(Folgerichtigkeit)* logic *no pl, no indef art;* ***das ist vielleicht eine ~!*** *(iron)* that's an interesting type of logic! *iron*
② PHILOS logic *no pl, no art*

Lo·gi·ker(in) <-s, -> ['lo:gikɐ] *m(f)* MATH logician

Lo·gis <-> [lo'ʒi:] *nt kein pl* ① *(Unterkunft)* lodgings *pl*, rooms *pl;* **Kost und ~** board and lodging; **bei jdm in ~ wohnen** to lodge with sb
② NAUT crew's quarters *pl*, forecastle [*or* fo'c'sle]

lo·gisch ['lo:gɪʃ] *adj* ① *(in sich stimmig)* logical
② *(fam: selbstverständlich)* natural; [***na,***] ***ist doch*** [] ***~!*** of course!

lo·gi·scher·wei·se *adv* naturally [*or* understandably] [enough]

Lo·gis·tik <-> [lo'gɪstɪk] *f kein pl* MIL, ÖKON logistics *npl*

Lo·gis·tik·dienst·leis·ter(in) *m(f)* ÖKON logistics service provider

lo·gis·tisch [lo'gɪstɪʃ] *adj inv, attr* logistic[al]

lo·go ['lo:go] *interj (sl)* of course, you bet *fam*

Lo·go <-s, -s> ['lo:go] *nt* logo

Lo·go·pä·de, Lo·go·pä·din <-n, -n> [logo'pɛ:də, logo'pɛ:dɪn] *m, f* speech therapist

Lo·go·pä·die <-> [logopɛ'di:] *f kein pl* speech therapy *no art*

Lo·go·pä·din <-, -nen> *f fem form von* **Logopäde**

Lo·he¹ <-, -n> ['lo:ə] *f (geh: emporlodernde Flammen)* raging flames *pl*

Lo·he² <-, -n> ['lo:ə] *f (Gerberlohe)* tanbark

Loh·ger·ber(in) *m(f)* tanner

Lohn <-[e]s, Löhne> [lo:n, *pl* 'lø:nə] *m* ① *(Arbeitsentgelt)* wage[s *pl*], pay *no pl, no indef art;* **Löhne abbauen/angleichen** to reduce/equalize wages
② *kein pl (Belohnung)* reward; **jds gerechter** [*o* **verdienter**] ~ sb's just deserts; ***dafür wird er schon noch seinen ~ erhalten!*** he will get his comeuppance for this [one day]!; **als** [*o* **zum**] ~ **für etw** *akk* as a reward for sth

Lohn·ab·bau *m* reduction of earnings *pl* [*or* pay] **lohn·ab·hän·gig** *adj inv* wage-dependent; **die Lohnabhängigen** the wage slaves *iron* **Lohn·ab·kom·men** *nt* wage [*or* pay] agreement **Lohn·ab·rech·nung** *f* payroll [*or* wage[s]] accounting, pay-[*or* wage-]slip, wages slip; **Lohn- und Gehaltsabrechnung** payroll accounting **Lohn·ab·schluss**^RR *f* JUR wage settlement **Lohn·ab·tre·tung** *f* JUR assignment of wages **Lohn·ab·zug** *m meist pl* FIN salary deduction **Lohn·an·glei·chung** *f*, **Lohn·an·pas·sung** *f* wage adjustment; **gleitende ~** automatic wage adjustment **Lohn·an·spruch** *m* wage claim [*or* entitlement] **Lohn·aus·fall** *m* ÖKON loss of earnings **Lohn·aus·gleich** *m* pay compensation; **bei vollem ~** at full [*or* without loss of] pay, without pay cuts **Lohn·aus·weis** <-es, -e> *m* ÖKON SCHWEIZ *(Lohnbescheinigung)* pay [*or* wages] slip **Lohn·be·schei·ni·gung** *f* FIN pay [*or* wages] slip

Lohn·buch *nt* JUR wage account book, payroll **Lohn·buch·hal·ter(in)** *m(f)* payroll [*or* wages] clerk **Lohn·buch·hal·tung** *f* ① *kein pl (Berechnung des Lohns)* payroll [*or* wage[s]] accounting
② *(Lohnbüro)* payroll [*or* wages] office, payroll department

Lohn·bü·ro *nt* payroll [*or* wages] office, payroll department **Lohn·drift** *f* ÖKON wage drift **Lohn·dum·ping** [-dampɪŋ] *nt* paying [illegal] workers at a reduced rate **Lohn·emp·fän·ger(in)** *m(f)* ÖKON wage-earner; **Lohn- und Gehaltsempfänger** *pl* wage and salary earners

loh·nen ['lo:nən] **I.** *vr* ① *(sich bezahlt machen)* ■**sich** *akk* **[für jdn] ~** to be worthwhile [*or* worth it] [for sb]; ***unsere Mühe hat sich gelohnt*** it was worth the effort [*or* trouble], our efforts were worth it [*or* worthwhile]
② *(es wert sein)* ■**sich** *akk* ~ to be worth seeing [*or* going to see]; ■**sich** *akk* **~, etw zu tun** to be worth doing sth
II. *vt* ① *(rechtfertigen)* ■**etw** ~ to be worth sth; ***der große Aufwand lohnt das Ergebnis kaum/nicht*** the result was hardly/wasn't worth all that expense
② *(belohnen)* ■**jdm etw** ~ to reward sb for sth; ***sie hat mir meine Hilfe mit Undank gelohnt*** she repaid my help with ingratitude
III. *vi impers* to be worth it; ■**~, etw zu tun** to be worth[while] doing sth

löh·nen ['lø:nən] **I.** *vi (fam)* to pay [*or sl* cough] up
II. *vt (fam)* ■**etw [für etw** *akk*] ~ to pay sth [*or* shell [*or* fork] out sth *fam*] [for sth]

loh·nend *adj (einträglich)* rewarding, lucrative, profitable; *(nutzbringend)* worthwhile; *(sehens-/hörenswert)* worth seeing/hearing

loh·nens·wert *adj* worthwhile, rewarding; ■~ **sein, etw zu tun** to be worthwhile doing sth

Lohn·er·hö·hung *f* wage [*or* pay] increase [*or* rise]

Lohn·er·satz·leis·tun·gen *pl* unemployment benefit *no pl* **Lohn·for·de·rung** *f* wage demand [*or* claim] **Lohn·fort·zah·lung** *f* continued payment of wages **Lohn·ge·fäl·le** *nt* ÖKON wage differential **Lohn·ge·fü·ge** *nt* ÖKON wage structure **Lohn·ge·mein·kos·ten** *pl* ÖKON indirect labour [*or* AM -or] costs **Lohn·grup·pe** *f* wage group [*or* bracket] **Lohn·in·de·xie·rung** *f* threshold agreement **Lohn·in·fla·ti·on** *f* ÖKON inflationary march of wages **Lohn·kampf** *m* JUR wage dispute **Lohn·klas·se** <-, -n> *f* ÖKON wage group [*or* bracket] **Lohn·kon·to** *nt* FIN wage account; **Lohn- und Gehaltskonten** wage and salary accounts

Lohn·kos·ten *pl* wage [*or* labour] [*or* AM labor] costs *pl;* **die ~ eindämmen** to curb labour costs

Lohn·kos·ten·druck *m* ÖKON labour [*or* AM -or] cost pressure **Lohn·kos·ten·zu·schuss**[RR] *m* wage costs subsidy

Lohn·kür·zung *f meist pl* FIN pay [*or* wage] cut; **Lohn- und Gehaltskürzung** pay cuts **Lohn·lis·te** *f* payroll [register [*or* sheet]]; **auf jds ~ stehen** to be on sb's payroll; *(von jdm bezahlt werden)* to be in sb's pay

Lohn·ne·ben·kos·ten *pl* incidental labour [*or* AM -or] [*or* wage] costs *pl,* ancillary wage costs *pl* **Lohn·ne·ben·leis·tun·gen** *pl* FIN fringe benefits

Lohn·ni·veau *nt* ÖKON wage level **Lohn·pfän·dung** *f* attachment [*or* garnishment] of wages [*or* earnings] **Lohn·pfän·dungs·be·schluss**[RR] *m* JUR wage garnishment order, attachment of wages order **Lohn·po·li·tik** *f* FIN wages policy; **Lohn- und Gehaltspolitik** incomes policy

Lohn-Preis-Lohn-Spi·ra·le *f* ÖKON wage-price-wage spiral **Lohn-Preis-Spi·ra·le** *f* wage-price spiral

Lohn·pro·zent <-[e]s, -e> *nt* ÖKON SCHWEIZ *one per cent of the annual income* **Lohn·quo·te** *f* ÖKON ratio of wages and salaries to national product **Lohn·rück·stand** *m* FIN arrears *npl* of wages **Lohn·run·de** *f* pay [*or* wage] round; **eine ~ einläuten** to kick off a wage round **Lohn·satz** *m* ÖKON rate of pay **Lohn·scheck** *m* FIN pay cheque [*or* AM check] **Lohn·schie·bungs·ver·trag** *m* JUR employment agreement involving fraudulent wage stipulations

Lohn·steu·er *f* income tax [on wages and salaries] **Lohn·steu·er·be·rech·nungs·ta·bel·le** *f* FIN income tax table **Lohn·steu·er·haf·tung** *f* JUR liability for income tax **Lohn·steu·er·jah·res·aus·gleich** *m* annual adjustment of income tax **Lohn·steu·er·kar·te** *f card showing income tax and social security contributions paid by an employee in any one year* **lohn·steu·er·pflich·tig** *adj* JUR liable to wage tax *pred* BRIT, payroll *attr* AM

Lohn·stopp *m* JUR wage freeze, pay restraint; **Lohn- und Preisstopp** freeze on wages and prices **Lohn·stück·kos·ten** *pl* unit labour [*or* AM -or] costs *pl*

Lohn·sum·me *f* wage bill **Lohn·sum·men·steu·er** *f* FIN payroll tax, tax on total wages paid

Lohn·ta·rif *m* wage rate **Lohn·ta·rif·ver·ein·ba·rung** *f meist pl* JUR collective wage agreement

Lohn- und Ge·halts·kon·to *nt* wages and salary account

Löh·nung <-, -en> *f* ❶ *(Auszahlung)* payment ❷ *(Betrag)* pay

Lohn·ver·ein·ba·rung *f* wage [*or* pay] agreement **Lohn·ver·hand·lun·gen** *pl* JUR pay negotiations [*or* talks] **Lohn·vor·schuss**[RR] *m* FIN advance wage **Lohn·zah·lung** *f* wage[s] payment **Lohn·zah·lungs·pflicht** *f* JUR liability to pay wages **Lohn·zu·la·ge** *f* FIN pay increase **Lohn·zu·satz·leis·tung** *f* perk **Lohn·zu·schlag** *m* FIN extra pay

Loi·pe <-, -n> ['lɔypə] *f* SKI cross-country course, loipe

Loire·schlös·ser ['lo̯a:ɐ̯flœsɐ, 'lwa:r-] *pl* Loire Castles *pl*

Loire·tal <-s> ['lo̯a:ɐ̯ta:l, 'lwa:r-] *nt* Loire Valley

Lok <-, -s> [lɔk] *f (fam) kurz für* **Lokomotive**

lo·kal [lo'ka:l] *adj* local; **jdn ~ betäuben** to give sb a local anaesthetic [*or* AM anesthetic]; **~e Gruppe** ASTRON Local Group

Lo·kal <-s, -e> [lo'ka:l] *nt* ❶ *(Gaststätte)* pub BRIT, AM *usu* bar; *(Restaurant)* restaurant
❷ *(Vereinslokal)* [club] meeting place

Lo·kal·an·äs·the·sie *f* MED local anaesthetic [*or* AM anesthetic]; **in ~** under local anaesthetic **Lo·kal·an·äs·the·ti·kum** *nt* MED local anaesthetic [*or* AM anesthetic] **Lo·kal·au·gen·schein** *m* JUR ÖSTERR *(Lokaltermin)* visit to the scene of the crime **Lo·kal·bahn** *f* local [*or* suburban] railway BRIT, suburban railroad AM **Lo·kal·blatt** *nt* MEDIA local paper

Lo·ka·le(s) *nt dekl wie adj* local news + *sing vb, no indef art*

Lo·kal·fern·se·hen <-s, -> *nt* MEDIA local television

Lo·ka·li·sa·ti·on <-, -en> [lokaliza'tsi̯o:n] *f (geh)* location

lo·ka·li·sie·ren* [lokali'zi:rən] *vt* ❶ *(örtlich bestimmen)* ■**etw ~** to locate sth; ■**etw lässt sich ~** sth can be located
❷ *(eingrenzen)* ■**etw** [**auf etw** *akk*] **~** to localize sth [in[*or* to] sth], to limit sth [to sth]; **den Konflikt ~** to contain the conflict

Lo·ka·li·tät <-, -en> [lokali'tɛ:t] *f* ❶ *(Örtlichkeit)* locality; ***wir brauchen jemanden, der sich mit der ~/den ~en genau auskennt*** we need someone who knows the area like the back of his hand
❷ *(hum fam: Lokal)* pub BRIT, AM *usu* bar

Lo·kal·ko·lo·rit *nt* local colour [*or* AM -or] **Lo·kal·ma·ta·dor** *m (hum)* local hero [*or* favourite] [*or* AM favorite] **Lo·kal·me·di·en** *pl* SCHWEIZ local [mass] media **Lo·kal·nach·rich·ten** *pl* MEDIA local news + *sing vb, no indef art* **Lo·kal·pa·tri·ot(in)** [lo'ka:lpatrio:t] *m(f)* SOZIOL local patriot **Lo·kal·pa·tri·o·tis·mus** *m* local patriotism *no pl, no indef art* **Lo·kal·ra·dio** [lo'ka:lra:di̯o] *nt* RADIO local radio **Lo·kal·re·por·ter(in)** *m(f)* stringer **Lo·kal·sei·te** *f* local page **Lo·kal·sen·der** *m* RADIO local station; TV local channel [*or* station] **Lo·kal·ta·rif** <-[e]s, -e> *m* SCHWEIZ telephone charge for local calls **Lo·kal·teil** *m* MEDIA local section **Lo·kal·ter·min** *m* JUR visit to the scene of the crime **Lo·kal·ver·bot** *nt* **~ bekommen/haben** to get/be banned [*or* barred] from a pub [*or* AM *usu* bar]; **jdm ~ erteilen** to ban [*or* bar] sb from a/the pub [*or* AM *usu* bar] **Lo·kal·ver·kehr** *m* local traffic **Lo·kal·zei·tung** *f* local newspaper **Lo·kal·zug** *m* local train

Lok·füh·rer(in) *m(f) (fam)* engine [*or* train] driver BRIT, engineer AM

Lo·ko·ge·schäft ['lo:ko-] *nt* HANDEL spot transaction **Lo·ko·markt** ['lo:ko-] *m* ÖKON spot market

Lo·ko·mo·ti·ve <-, -n> [lokomo'ti:və, -fə] *f* locomotive, [railway] engine

Lo·ko·mo·tiv·füh·rer(in) *m(f)* engine [*or* train] driver BRIT, engineer AM **Lo·ko·mo·tiv·schup·pen** *m* engine shed

Lo·ko·preis ['lo:ko-] *m* HANDEL spot price **Lo·ko·wa·ren** ['lo:ko-] *pl* ❶ HANDEL spot goods ❷ BÖRSE spots

Lo·kus <-, - *o* -ses, -se> ['lo:kʊs, *pl* 'lo:kʊsə] *m (fam)* loo BRIT, john AM

Lo·kus·te <-, -n> [lo'kʊstə] *f* ZOOL locust

Lo·li·ta <-, -s> [lo'li:ta] *f* Lolita *liter*

Lol·li <-s, -s> ['lɔli] *m (fam)* lollipop, BRIT *a.* lolly *fam*

Lom·bard·bank ['lɔmbart-, lɔm'bart] *f* FIN loan bank

Lom·bar·dei <-> [lɔmbar'dai̯] *f* Lombardy

lom·bard·fä·hig *adj* FIN eligible to serve as collateral *pred*

lom·bar·die·ren* [lɔmbar'di:rən] *vt* FIN ■**etw ~** to lend against collateral, to advance on securities

Lom·bar·die·rung <-, -en> *f* FIN borrowing against securities [*or* on collateral security]

Lom·bar·die·rungs·wert *m* FIN collateral value

Lom·bard·kre·dit *m* FIN loan against collateral **Lom·bard·satz** *m* FIN Lombard rate, rate for loans on securities **Lom·bard·wech·sel** *m* FIN collateralized bill **Lom·bard·wert** *m* FIN collateral value **Lom·bard·zins** *m* FIN interest on borrowings against securities

Lon·don <-s> ['lɔndɔn] *nt* London

Lon·do·ner ['lɔndɔnɐ] *adj attr* London; ***im ~ Hyde-Park*** in London's Hyde Park

Lon·do·ner(in) <-s, -> ['lɔndɔnɐ] *m(f)* Londoner

Long·drink ['lɔŋdrɪŋk] *m* long drink

Long·play·er <-s, -> ['lɔŋple:ɐ] *m* MUS LP

Look <-s, -s> [lʊk] *m* MODE look

Loop <-s, -s> [lu:p] *m* MUS loop

Loo·ping <-s, -s> ['lu:pɪŋ] *m o nt* LUFT loop, looping the loop; **einen ~ machen** to loop the loop

Lor·beer <-s, -en> ['lɔrbe:ɐ̯] *m* ❶ *(Baum)* laurel [*or* bay] [tree]
❷ *(Gewürz)* bay leaf
❸ *(geh: Kranz)* laurel wreath
▸ WENDUNGEN: **sich** *akk* **auf seinen ~en ausruhen** *(fam)* to rest on one's laurels; **mit etw** *dat* **keine ~en ernten können** to not win any laurels for sth

Lor·beer·baum *m* laurel [*or* bay] **Lor·beer·blatt** *nt* ❶ *(Blatt des Lorbeers)* laurel [*or* bay] leaf ❷ *(Gewürz)* bay leaf **Lor·beer·kranz** *m* laurel wreath

Lord <-s, -s> [lɔrt] *m* ❶ *(Adelstitel)* Lord
❷ *(Titelträger)* lord

Lord·rich·ter *m* JUR *(am britischen Berufungsgericht)* Lord Justice

Lo·re <-, -n> ['lo:rə] *f* BERGB tipper [*or* tipping] wagon BRIT, dump truck AM

Lor·gnet·te <-, -n> [lɔrn'jɛtə] *f* lorgnette

los [lo:s] **I.** *adj* ❶ *(von etwas getrennt) Knopf, Zahn* loose; ■**etw ist ~** sth has come off; ***der Knopf ist ~*** the button has come off; ***der Hund ist*** [***von der Leine***] **~** the dog is off the lead; *s. a.* **Mundwerk**
❷ *pred (fam: befreit sein von)* ■**jdn ~ sein** to be rid [*or fam* shot] of sb; ■**etw ~ sein** to be rid [*or fam* shot] of sth, to have got rid [*or fam* shot] of sth; **einer S.** *gen* **~ und ledig sein** *(geh)* to be well and truly rid of sth
❸ *pred (verloren haben)* ■**etw ~ sein** to have lost [*or fam* blown] sth; ***er ist sein ganzes Geld ~*** he's lost all his money [*or fam* cleaned out]
❹ *pred (es passiert etwas)* ■**etw ist** [*o* **es ist etw**] **~** sth is going on; ***was ist ~?*** *(fam)* what's up? [*or* wrong] [*or* the matter]; ***was ist denn hier ~?*** *(fam: was geht vor sich?)* what's going on here?; *(was ist nicht in Ordnung?)* what's the matter here?, what's up here?; ***was ist denn mit dir ~?*** what's up [*or* wrong] [*or* the matter] the matter with you?; ***wo ist hier etwas ~?*** where can I find some action around here?; ***da ist immer viel ~*** there's always a lot going on there, that's where the action always is *fam;* ***... dann ist aber etwas ~!*** *(fam)* there'll be hell to pay!; ***als meine Mutter das gehört hat, da war was ~!*** *(fam)* when my mother got to hear it, you should have heard her!; **irgendwo ist etwas/nichts/viel ~** *(fam)* something/nothing/a lot is going on [*or* happening] somewhere; **mit jdm ist nichts ~** *(fam: jd fühlt sich nicht gut)* sb isn't up to much [any more]; *(jd ist langweilig)* sb is a dead loss *fam; s. a.* **losmachen**

II. *adv* ❶ *(fort)* ■**jd ist ~** sb has gone [*or* left]; ***Ihre Frau ist schon seit/vor fünf Minuten ~*** your wife left [*or* went] five minutes ago; ***sie ist mit dem Wagen ~*** she's gone off in the car; ***wir wollen früh ~*** we want to leave [*or* be off] early; ***sie wollten ~ von Rom*** they wanted to get away from Rome; *s. a.* **losmüssen**
❷ *(abgelöst)* off; ***noch ein paar Umdrehungen, dann habe ich die Schraube ~!*** a couple more turns and the screw will be off!; *s. a.* **loshaben, loskriegen**
▸ WENDUNGEN: **~!** *(mach!)* come on!; *(lauf schon!)* get moving!, go on!; ***nun aber ~!*** [come on,] let's get moving [*or* going!]!; ***na ~, mach schon!*** come on, get on with it!; ***~, verschwinde, du frecher Köter!*** go on, get out of here, you cheeky devil!; ***nichts wie ~!*** let's get going!, let's beat it! *fam; s. a.* **Achtung, Platz**

Los <-es, -e> [lo:s] *nt* ❶ *(Lotterielos)* [lottery] ticket; *(Kirmeslos)* [tombola [*or* raffle]] ticket
❷ *(für Zufallsentscheidung)* lot; **durch das ~** by drawing lots; **das ~ entscheidet** [*o* **wird gezogen**] to be decided by drawing lots; **das ~ fällt auf jdn** it falls to sb
❸ *kein pl (geh: Schicksal)* lot *no pl;* **jds ~ teilen, das gleiche ~ erfahren** *(geh)* to share the same lot [*or* fate] [as sb]

L

▸WENDUNGEN: **das große** ~ the jackpot, first prize; **jd hat mit jdm/etw das große** ~ **gewonnen** [*o* **gezogen**] sb has hit the jackpot [*or* struck it lucky] with sb/sth

lös·bar [lø:s-] *adj inv* ① *(zu lösen) Problem* solvable, soluble; MATH resolvable, dissoluble
② *(löslich)* soluble

los|bel·len *vi* to start barking, to bark **los|bin·den** *vt irreg* ■**etw/ein Tier** [**von etw** *dat*] ~ to untie sth/an animal [from sth]

los|bre·chen *irreg* **I.** *vt haben* ■**etw** [**von etw** *dat*] ~ to break off sth [from sth] [*or* sth off [sth]]
II. *vi sein* ① *(abbrechen)* ■[**von etw** *dat*] ~ to break off [sth]
② *(plötzlich beginnen)* to break out; ***gleich wird das Gewitter/Unwetter*** ~ the storm is about to break

los|brö·ckeln *vi sein* ■[**von etw** *dat*] ~ to crumble away [from sth] [*or* off [sth]]

losch [lɔʃ] *(veraltet) 1. und 3. pers. imp von* **löschen**

Lösch·ar·beit ['lœʃ-] *f meist pl* fire-fighting *no pl*, fire-fighting operations *pl*

lösch·bar *adj* ① *(zu löschen) Feuer, Flammen* extinguishable
② *(zu tilgen) Daten, Text etc.* can be deleted [*or* removed] *pred*

Lösch·blatt *nt* sheet [*or* piece] of blotting-paper

lö·schen[1] ['lœʃn̩] **I.** *vt* ① *(auslöschen)* ■**etw** ~ *Feuer, Flammen* to extinguish [*or sep* put out] sth [with sth]; **das Licht** ~ to switch [*or* turn] off [*or* out] the light[s] *sep*, to put out the light[s] *sep*; *s. a.* **Durst, Kalk**
② *(tilgen)* ■**etw** ~ to delete [*or* remove] sth; **ein Bankkonto** ~ to close a bank account; **eine Firma aus dem Handelsregister** ~ to remove [*or sep* strike off] a firm from the register of companies
③ *(eine Aufzeichnung entfernen)* ■**etw** ~ to erase sth
④ INFORM ■**etw** ~ to clear sth, to delete sth; **den Speicher/Bildschirm** ~ to clear the memory/screen
⑤ *(aufsaugen)* ■**etw** [**mit etw** *dat*] ~ to blot sth [with sth]
II. *vi* to extinguish [*or sep* put out] a/the fire

lö·schen[2] ['lœʃn̩] NAUT **I.** *vt* ■**etw** ~ to unload sth
II. *vi* to unload

Lösch·fahr·zeug *nt* fire engine **Lösch·flug·zeug** *nt* firefighting plane **Lösch·ge·rät** *nt* fire extinguisher **Lösch·kalk** *m* slaked lime **Lösch·mann·schaft** *f* firefighting team **Lösch·pa·pier** *nt* blotting paper **Lösch·tas·te** *f* INFORM delete key **Lösch·trupp** *m* firefighting team, firefighters *pl*

Lö·schung[1] <-, -en> *f* cancellation, removal; JUR *(im Grundbuch)* cancellation, deletion; *Schulden* paying off, repayment; *Eintragungen* deletion; *Firmen* striking off; *Computerdaten* erasing, deletion; *Bankkonto* closing; ~ **einer Eintragung** cancellation of an entry; ~ **im Handelsregister** deregistration; **eine** ~ **beantragen** to apply for cancellation; ~ **einer Firma** dissolution of a company; ~ **einer Grundschuld** cancellation of land charge; ~ **einer Hypothek** cancellation of a mortgage; ~ **einer Marke** cancellation of a brand

Lö·schung[2] <-, -en> *f (das Ausladen)* unloading *no pl*

Lö·schungs·an·recht *nt* JUR *(Grundbuch)* cancellation privilege **Lö·schungs·an·spruch** *m* JUR right to have an entry expunged from a register **Lö·schungs·an·trag** *m* JUR *(Grundbucheintrag)* memorandum of satisfaction; *eines Patents* application for revocation **Lö·schungs·be·wil·li·gung** *f* JUR *(für Grundbuch)* consent to cancellation, satisfaction [*or* AM release] of a mortgage **Lö·schungs·kla·ge** *f* JUR action for cancellation; **grundbuchrechtliche** ~ petition to cancel a land charge **Lö·schungs·ver·merk** *m* JUR notice of cancellation **Lö·schungs·vor·mer·kung** *f* JUR *(im Grundbuch)* notice of right to cancellation **Lö·schungs·vor·schrif·ten** *pl* JUR cancellation proceedings *pl*

Lösch·zug *m* fire engine

lo·se ['lo:zə] *adj* ① *(locker, unverbunden)* loose; **ein** ~**r Knopf** a loose button; **ein** ~**s Seil** a slack rope; **eine** ~ **Verbindung** a loose connection
② *(unverpackt, einzeln)* loose; ~ **Ware** items sold loose; ~ **Manuskriptseiten** loose pages of a manuscript; **sein Geld** ~ **in der Tasche haben** to have loose change in one's pocket
③ *(hum: frech)* cheeky, lippy; **ein** ~**s Mundwerk haben** to be cheeky, to have a big mouth
④ *(veraltend: unmoralisch)* loose; **ein** ~**s Mädchen** a loose woman

Lo·se·blatt·aus·ga·be [lo:zə'blatʔausga:bə] *f* loose-leaf book[let] **Lo·se·blatt·bin·dung** *f* TYPO loose-leaf binding

Lö·se·geld ['lø:zə-] *nt* ransom **Lö·se·geld·for·de·rung** *f* ransom demand

los|ei·sen **I.** *vt (fam)* ① *(mit Mühe freimachen)* ■**jdn** [**von jdm/etw**] ~ to tear sb away [from sb/sth]; ***es ist schwer, die Kinder vom Fernseher loszueisen*** it is difficult to tear the children away from the TV
② *(etw beschaffen)* ■**bei jdm etw** ~ to wangle sth [out of sb] *fam;* ***ich konnte bei meiner Mutter etwas Geld*** ~ I was able to get [*or* prise] some money out of my mother
II. *vr (fam)* ■**sich** *akk* [**von etw** *dat*] ~ to tear oneself away [from sth]

Lö·se·mit·tel *nt s.* **Lösungsmittel**

lo·sen ['lo:zn̩] *vi* ■[**um etw** *akk*] ~ to draw [*or* cast] lots [for sth]; ■~ **wer etw tut/tun soll/ist** to draw [*or* cast] lots to see who does/must do/is sth

lö·sen ['lø:zn̩] **I.** *vt* ① *(ablösen)* ■**etw** [**von etw** *dat*] ~ to remove sth [from sth]; **eine Briefmarke von einem Umschlag** ~ to get a stamp off from an envelope; **das Fleisch vom Knochen** ~ to take the meat off the bone; **den Schmutz** ~ to remove the dirt; **etw aus dem Zusammenhang** ~ *(fig)* to take sth out of context
② *(aufmachen, lockern)* ■**etw** ~ to loosen sth; ***Alkohol löst die Zunge*** *(fig)* alcohol loosens the tongue; **die Bremse** ~ to release the brake; **die Fesseln** ~ to undo the shackles; **Hemmungen** ~ to relieve inhibitions; **einen Knoten** ~ to undo [*or* untie] a knot; **eine Schraube/einen Verband** ~ to loosen a screw/bandage
③ *(klären)* ■**etw** ~ to solve sth; **einen Konflikt/eine Schwierigkeit** ~ to resolve a conflict/difficulty; **einen Mordfall** ~ to solve a murder; **ein Problem/Rätsel** ~ to solve a problem/mystery
④ *(aufheben, annullieren)* ■**etw** ~ to break off sth; **den Bund der Ehe** ~ *(geh)* to dissolve a marriage; **eine Verbindung** ~ to sever a connection; **eine Verlobung** ~ to break off an engagement; **einen Vertrag** ~ to cancel a contract
⑤ *(zergehen lassen)* ■**etw in etw** *dat* ~ to dissolve sth in sth
⑥ *(geh: den Abzug betätigen)* **einen Schuss** ~ to fire [a shot]
⑦ *(ein Ticket kaufen)* ■**etw** ~ to buy sth; **eine Fahrkarte** ~ to buy a ticket [for public transport]
II. *vr* ① *(sich ablösen)* ■**sich** *akk* [**von etw** *dat*] ~ to come off [of sth]; ***die Tapete löst sich von der Wand*** the wallpaper is coming off the wall; ***eine Lawine löste sich*** an avalanche started; ***ihre kleine Gestalt löste sich aus der Dunkelheit*** her small figure emerged from the darkness
② *(sich freimachen, trennen)* ■**sich** *akk* **aus etw** *dat* ~ to free oneself from sth; **sich** *akk* **aus einer Umarmung** ~ to free oneself from an embrace; ■**sich** *akk* **von jdm/etw** ~ to free oneself of sb/sth; **sich** *akk* **von altmodischen Ansichten/seinen Eltern** ~ to break away from old-fashioned views/one's parents
③ *(sich aufklären)* ■**sich** *akk* ~ to be solved; ***das Rätsel löste sich von ganz alleine*** the mystery solved itself
④ *(sich auflösen)* ■**sich** *akk* [**in etw** *dat*] ~ to dissolve [in sth]
⑤ *(sich lockern)* ■**sich** *akk* ~ to loosen; *Husten, Krampf* to ease; *Muskeln* to loosen up; ***der Knoten lässt sich nicht*** ~ I can't undo this knot; ***langsam löste sich die Spannung*** *(fig)* the tension faded away; *s. a.* **gelöst**

Lo·ser <-s, -> ['lu:zɐ] *m (sl: Versager)* loser

los|fah·ren *vi irreg sein* ① *(abfahren)* ■[**von etw** *dat*] ~ to leave [somewhere], to set [*or* drive] off
② *(auf etw zufahren)* ■**auf jdn/etw** ~ to drive towards sb/sth
③ *(fam: wütend auf jdn zugehen)* ■**auf jdn** ~ to attack sb *fam*, to lay into sb *fam;* **auf seinen Gegner** ~ *(aufbrausen)* ■**jd fährt los** sb flares up

los|ge·hen *irreg* **I.** *vi sein* ① *(weggehen)* ■[**von etw** *dat*] ~ to leave sth
② *(auf ein Ziel losgehen)* ■**auf etw** *akk* ~ to set off for/towards sth
③ *(fam: beginnen)* ■**etw geht los** sth starts; ***das Konzert geht erst in einer Stunde los*** the concert will only start in an hour
④ *(fam: sich lösen)* ■**etw geht los** to loosen; ***der Knopf ist mir losgegangen*** my button has fallen off
⑤ *(angreifen)* ■[**mit etw** *dat*] **auf jdn** ~ to attack [*or* lay into] sb [with sth]; ***die Gegner gingen wütend aufeinander los*** the opponents laid into each other furiously
⑥ *(sich lösen) Schusswaffen* to go off
▸WENDUNGEN: **nach hinten** ~ *(fig fam)* to backfire
II. *vi impers sein (fam: beginnen)* to start; ■**es geht** [**mit etw** *dat*] **los** sth starts; ***jetzt geht es erst richtig los*** it's really going to start now; ***gleich wird es wieder losgehen mit der Schreierei*** here we go again with the shouting; **jetzt geht's los** *(fam)* here we go, it's starting; *(beim Rennen)* they're off

los|ha·ben *vt irreg haben (fam)* [**auf einem Gebiet/in etw** *dat*] **etwas/einiges/nichts/viel** ~ to be quite competent/incompetent/very competent [in a field/at sth]; ***in Sachen Computer hat er viel los*** he's pretty good with computers

los|heu·len *vi (fam) Menschen* to burst into tears [*or* out crying]; *Tiere* to howl **los|hus·ten** *vi infin* to start coughing [*or* to cough] **los|kau·fen** *vt* ■**jdn** ~ to ransom sb; **eine Geisel** ~ to ransom a hostage **los|ket·ten** *vt haben* ■**etw von etw** *dat* ~ to unchain sth from sth

los|ki·chern *vi infin* to start giggling [*or* to giggle]

los|kom·men *vi irreg sein (fam)* ① *(wegkommen)* ■[**irgendwo/aus etw** *dat*] ~ to get away [from somewhere]; ***wann bist du denn zu Hause losgekommen?*** so when did you [manage to] leave home?
② *(sich befreien)* ■**von jdm** ~ to free oneself of sb; ***sie musste zuerst von ihrem Freund*** ~ she had to get away from her boyfriend; ■**von etw** *dat* ~ to quit sth; **von Schulden** ~ to get out of debt; **von einem Gedanken** ~ to get sth out of one's head; **von einer Sucht** ~ to overcome an addiction

los|krat·zen *vt haben* ■**etw** [**von etw** *dat*] ~ to scrape sth off [sth]

los|krie·gen *vt (fam)* ① *(lösen können)* ■**etw** [**von etw** *dat*] ~ to get sth off [of sth]; ***ich kann den Deckel nicht*** ~ I can't get the lid off
② *(loswerden)* ■**jdn/etw** ~ to get rid of sb/sth
③ *(verkaufen können)* ■**etw** ~ to flog sth *fam*

los|la·chen *vi* to burst into laughter [*or* out laughing]

los|las·sen *vt irreg* ① *(nicht mehr festhalten)* ■**jdn/etw** ~ to let sb/sth go; ***du musst den Knopf nach dem Sprechen*** ~ you have to release the button after speaking; ***lass mich los!*** let me go!
② *(beschäftigt halten)* ■**etw lässt jdn nicht los** sb can't get sth out of his/her head; ***der Gedanke lässt mich nicht mehr los*** I can't get the thought out of my mind; ***das Buch lässt mich nicht mehr los*** I can't put this book down
③ *(fam: auf den Hals hetzen)* ■**etw/jdn auf etw/jdn** ~ to let sth/sb loose [*or* set sth/sb] on sth/sb; **die Hunde** ~ to let [*or* set] the dogs loose
④ *(pej fam: Unqualifizierte sich betätigen lassen)* ■**jdn auf jdn** ~ to let sb loose [*or* unleash sb] on sb
⑤ *(fam: von sich geben)* ■**etw** ~ to voice sth; **einen Fluch** ~ to curse; **eine Schimpfkanonade** ~ to launch into a barrage of abuse; **einen Witz** ~ to come out with a joke

los|lau·fen *vi irreg sein* to start running **los|le·gen** *vi (fam)* ■**[mit etw** *dat*] ~ to start [doing sth]; ***leg los!*** spill the beans, go ahead, come on, tell me all about it

lös·lich ['lø:slɪç] *adj* soluble; ■**etw ist [in etw** *dat*] ~ sth dissolves [in sth]

Lös·lich·keit *f* CHEM solubility

Lös·lich·keits·pro·dukt *nt* CHEM solubility product

los|lö·sen I. *vt (ablösen)* ■**etw [von etw** *dat*] ~ to remove sth [from sth], to take sth off [of sth]
II. *vr* ❶ *(sich ablösen)* ■**sich** *akk* **[von etw** *dat*] ~ to come off [of sth]
❷ *(sich freimachen)* ■**sich** *akk* **von jdm** ~ to free oneself of sb

los|ma·chen I. *vt (losbinden)* ■**jdn/ein Tier [von etw** *dat*] ~ to untie [*or* free] sb/an animal [from sth]; **ein Tier von einer Kette** ~ to unchain an animal; **die Leinen** ~ to unmoor; ***er machte sich von allen Zwängen los*** he let his hair down *fam;* **einen/etw** ~ *(sl)* to party; ***heute machen wir richtig einen los*** today we're going to really paint the town red
II. *vi* ❶ NAUT *(ablegen)* ■**[von etw** *dat*] ~ to cast off
❷ *(fam: sich beeilen)* to get a move on, to step on it

los|müs·sen *vi irreg (fam)* to have to leave [*or* go]; ***jetzt müssen wir aber wirklich los*** it's really time we were going

Losnum·mer *f* ticket number

los|plat·zen *vi sein (fam)* ❶ *(plötzlich loslachen)* to burst out laughing [*or* into laughter]
❷ *(plötzlich etw sagen)* ■**[mit etw** *dat*] ~ to burst out [with sth]

los|ra·sen *vi sein (fam: plötzlich schnell loslaufen/-fahren)* to race [*or* speed] off

los|rei·ßen *irreg haben* **I.** *vt* ■**etw/jdn [von etw/jdm]** ~ to tear sth off [of sth]; ***wir wollten das Kind nicht von seiner Familie*** ~ we didn't want to tear the child away from his family; ***der Sturm hat das Dach losgerissen*** the storm tore the roof off; **die Augen von etw/jdm nicht** ~ **können** to not be able to take one's eyes off sth/sb
II. *vr* ❶ *(sich energisch lösen)* ■**sich** *akk* **[von jdm/etw]** ~ to tear oneself away [from sb/sth]; ***der Hund hat sich von der Leine losgerissen*** the dog snapped its lead
❷ *(fam: aufhören)* ■**sich** *akk* **[von etw** *dat*] ~ to tear oneself away [from sth]

los|ren·nen *vi irreg sein (fam) s.* **loslaufen**

LössRR <-es, -e> [lœs], **Löß**ALT <Lösses, Lösse> [lœs], **Löß** <Lößes *o* Löße> [lø:s] *m* loess *no pl*

los|sa·gen *vr (geh)* ■**sich** *akk* **von jdm/etw** ~ to renounce sb/sth; **sich** *akk* **von einer Sekte** ~ to break with a sect

los|schi·cken *vt* ■**jdn/etw [zu jdm]** ~ to send sb/sth [to sb]

los|schie·ßen *vi irreg (fam)* ❶ *haben (anfangen zu schießen)* to start shooting
❷ *sein (schnell losrennen)* to shoot [*or* race] off; ***er schoss los wie eine Rakete*** he tore away like a shot
❸ *(auf jdn zustürzen)* ■**auf jdn/etw** ~ to pounce on sb/sth; ***wie ein Pfeil schoss der Vogel auf uns los*** the bird tore towards us as fast as an arrow
❹ *haben (erzählen)* to spout forth; ***na, schieß mal/schon los!*** come on, tell me/us!, come on, out with it!

los|schimp·fen *vi infin* to start moaning [*or* grumbling], to start to moan [*or* grumble]

los|schla·gen *irreg haben* **I.** *vt* ❶ *(abschlagen)* ■**etw [von etw** *dat*] ~ to knock sth off [of sth]; **den Putz** ~ to knock the plaster off
❷ *(fam: billig verkaufen)* ■**etw** ~ to flog sth *fam*
II. *vi* ❶ *(plötzlich angreifen)* to strike
❷ *(einschlagen)* ■**auf jdn** ~ to let fly at sb; **aufeinander** ~ to fly at each other

los|schnei·den *vt haben* ■**jdn/etw von etw** *dat* ~ to cut sb/sth free from sth **los|schrau·ben** *vt* ■**etw [von etw** *dat*] ~ to loosen [*or* unscrew] sth [from sth]

los|steu·ern *vi sein* ■**auf jdn/etw** ~ to head [*or* make] straight for sb/sth

los|stür·zen *vi sein (fam)* ❶ *(plötzlich losrennen/davonrennen)* to race [*or* rush] off
❷ *(sich auf jdn/etw stürzen)* to pounce on sb/sth

los|tre·ten *vt irreg (a. fam)* ■**etw** ~ to trigger [off] sth; **einen Stein** ~ to set a stone in motion; **eine Lawine** ~ to trigger [off] an avalanche; **einen Streit** ~ *(fam)* to trigger [off] an argument

Los·trom·mel *f* lottery drum

Lo·sung¹ <-, -en> ['lo:zʊŋ] *f* ❶ *(Wahlspruch)* slogan
❷ *(Kennwort)* password; **die** ~ **kennen/nennen** to know/give the password

Lo·sung² <-, -en> ['lo:zʊŋ] *f* JAGD fumet [*or* fewmet] *spec*

Lo·sung³ <-, -en> ['lo:zʊŋ] *f (fachspr: Tageseinnahme eines Kaufhauses)* daily cash receipts

Lö·sung <-, -en> ['lø:zʊŋ] *f* ❶ *(das Lösen)* solution; **die** ~ **eines Falles/Problems** the solution of/to a case/problem
❷ *(Aufhebung)* cancellation; **die** ~ **einer Beziehung/Verlobung** the breaking off of a relationship/engagement; **die** ~ **einer Ehe** dissolution of a marriage
❸ *(das Sichlösen)* breaking away; **die** ~ **von altmodischen Vorstellungen** breaking away from old-fashioned ideas
❹ CHEM *(das auflösen)* dissolving; **die** ~ **von Salz in Wasser** dissolving salt in water; *(Flüssigkeit)* solution; **eine gesättigte** ~ a saturated solution

Lö·sungs·an·satz *m* possible solution

Lö·sungs·mit·tel *nt* solvent **lö·sungs·mit·tel·frei** *adj inv* CHEM solvent-free, free from solvents *pred*

Lo·sungs·wort <-wörter> *nt* password; **das** ~ **kennen/nennen** to know/give the password

Los·ver·fah·ren *nt* drawing [of] lots **Los·ver·käu·fer(in)** *m(f)* lottery ticket seller

los|wer·den *vt irreg sein* ❶ *(sich entledigen)* ■**jdn/etw** ~ to get rid of sb/sth; **eine Erkältung/unge-betene Gäste** ~ to get rid of a cold/unwanted guests
❷ *(aussprechen)* ■**etw** ~ to tell sth
❸ *(fam: ausgeben)* ■**etw** ~ to shell out sth *fam*
❹ *(fam: verkaufen)* ■**etw** ~ to flog sth

los|wol·len *vi irreg haben (fam)* to want to be off [*or* leave] **los|zie·hen** *vi irreg sein (fam)* ❶ *(losgehen, starten)* to set off; **gemeinsam** ~ to set off together
❷ *(pej: herziehen)* **über jdn** ~ to pull sb to pieces

Lot <-[e]s, -e> [lo:t] *nt* ❶ BAU *(Senkblei)* plumb line
❷ *kein pl* BAU *(Senkrechte)* perpendicular; **im** ~ **sein** [*o* **stehen**] to be plumb; **außer** ~ **sein** to be out of plumb
❸ *(fig)* **etw ins [rechte]** ~ **bringen** to put sth right, to sort sth out; **jdn/etw aus dem** ~ **bringen** to put sb off [*or fam* throw sb for a loop]/to put sth out of kilter; **[wieder] ins** ~ **kommen** to be back to normal; **im** ~ **sein** to be alright [*or* all right]; **aus dem** [*o* **nicht im**] ~ **sein** to be out of sorts [*or* in a bad way] [*or* in poor health]; ***seine Gesundheit ist nicht im*** ~ he's in a bad way [*or* in poor health]
❹ NAUT *(Lotleine)* sounding line, lead-line
❺ MATH perpendicular; **das** ~ **auf eine Gerade fällen** to drop a perpendicular
❻ <*pl* Lot> *(veraltet: Gewichtseinheit)* weight *betw. 15.5g and 16.6g*
❼ *(Material zum Löten)* plumb
▸ WENDUNGEN: **Freunde in der Not gehen hundert auf ein** ~ *(prov)* friends in adversity are few and far between

lo·ten ['lo:tn̩] *vt* ❶ *(senkrechte Lage bestimmen)* to plumb
❷ NAUT to take soundings

lö·ten ['lø:tn̩] *vt* to solder; ■**etw [an etw** *akk*] ~ to solder sth to sth

lot·ge·recht *adv* BAU plumb

Loth·rin·gen <-s> ['lo:trɪŋən] *nt* Lorraine

Loth·rin·ger(in) <-s, -> ['lo:trɪŋɐ] *m(f)* Lorrainer; HIST Lotharingian

loth·rin·gisch ['lo:trɪŋɪʃ] *adj inv* Lotharingian, Lorrainese

Lo·ti·on <-, -en> [lo'tsi̯o:n] *f* lotion

Löt·kol·ben ['lø:t-] *m* soldering iron **Löt·lam·pe** *f* blowtorch, BRIT *a.* blowlamp, soldering torch [*or* BRIT *a.* lamp] **Löt·me·tall** *nt* soldering metal

Lo·tos <-, -> ['lo:tɔs] *m* lotus **Lo·tos·blu·me** *f* lotus **Lo·tos·sitz** *m kein pl* lotus position

Löt·pis·to·le *f* soldering gun

lot·recht *adj (geh: senkrecht)* perpendicular, vertical, plumb; **etw** ~ **aufstellen** to stand [*or* position] sth vertically [*or* perpendicularly]

Lot·rech·te *f s.* **Senkrechte**

Löt·rohr *nt* TECH blowpipe; *(für Schmuck)* soldering tube

Lot·se, Lot·sin <-n, -n> ['lo:tsə, 'lo:tsɪn] *m, f* pilot, guide

lot·sen ['lo:tsn̩] *vt* ❶ *(als Lotse dirigieren)* ■**jdn/etw** ~ to pilot [*or* guide] sb/sth
❷ *(fam: führen)* ■**jdn irgendwohin** ~ to take sb somewhere; **jdn über die Straße** ~ to guide sb across the road

Lot·sen·boot *nt* pilot boat **Lot·sen·dienst** *m* pilotage, piloting **Lot·sen·fisch** *m* ZOOL pilotfish

Lot·sin <-, -nen> *f fem form von* **Lotse**

Löt·stel·le *f* soldered joint, joint to be soldered; **kalte** ~ ELEK dry point

Lot·te <-, -n> ['lɔtə] *f* angler-fish

Lot·ter·bett ['lɔtɐ-] *nt (veraltend o hum)* bed of sloth

Lot·te·rie <-, -n> [lɔtə'ri:, *pl* -'ri:ən] *f* lottery; **in der** ~ **spielen** to play the lottery

Lot·te·rie·er·lös *m* lottery proceeds *npl* **Lot·te·rie·fonds** <-, -> *m* SCHWEIZ lottery funds *pl* **Lot·te·rie·ge·sell·schaft** *f* lottery company **Lot·te·rie·ge·winn** *m* lottery win **Lot·te·rie·los** *nt* lottery ticket **Lot·te·rie·spiel** *nt* lottery **Lot·te·rie·steu·er** *f* FIN lottery tax **Lot·te·rie·ver·trag** *m* JUR lottery contract

lot·te·rig ['lɔtərɪç], **lott·rig** ['lɔtrɪç] *adj* ❶ *(pej: schlampig)* sloppy, slovenly; SCHWEIZ *(heruntergekommen)* run-down
❷ SCHWEIZ *(lose)* loose
❸ SCHWEIZ *(wackelig)* rickety

Lot·ter·le·ben *nt kein pl (pej fam: liederliche Lebensweise)* slovenly lifestyle; **ein** ~ **führen** to lead a dissolute life

Lot·to <-s, -s> ['lɔto] *nt* ❶ *(Zahlenlotto)* [national] lottery, lotto; ~ **spielen** to play the [national] lottery; **sechs Richtige im** ~ **haben** to have six correct numbers in the lottery; ***du hast wohl im*** ~ ***gewonnen*** *(fam)* you must have won the lottery
❷ *(Spiel)* lotto

Lot·to·an·nah·me·stel·le *f place to buy and hand in lottery coupons* **Lot·to·ge·winn** *m* lottery win **Lot·to·schein** *m* lottery ticket **Lot·to·zah·len** *pl* winning lottery numbers

lott·rig <-er, -ste> ['lɔtrɪç] *adj s.* **lotterig**

Lo·tus <-, -> ['lo:tʊs] *m s.* **Lotos**

Löt·zinn *m* fine solder

Lounge <-, -s> [lau̯ntʃ] *f* lounge

loung·ig ['lau̯ntʃɪç] *adj (sl)* loungey *sl*

Love·pa·rade, Love Pa·rade <-> ['lʌvpə'reɪd] *f kein pl Techno parade in Berlin*

Lo·ver <-s, -[s]> ['lʌvə] *m (fam)* lover, boyfriend/girlfriend

Lö·we ['lø:və] *m* ❶ *(Raubtierart)* lion; *s. a.* **Löwin**
❷ ASTROL *(Tierkreiszeichen)* Leo; **im Zeichen des** ~**n geboren werden** to be born under Leo; **[ein]** ~ **sein** to be a Leo

Lö·wen·an·teil *m (fam)* lion's share *no pl, no indef art* **Lö·wen·bän·di·ger(in)** <-s, -> *m(f)* lion tamer **Lö·wen·mäh·ne** *f* ❶ *(fam: langes, buschiges Haar)* mane ❷ *(Haar eines Löwen)* lion's mane **Lö·wen·maul** ['lø:vn̩mau̯l] *nt kein pl,* **Lö·wen·mäul·chen** <-s, -> *nt* snapdragon **Lö·wen·zahn** *m kein pl* dandelion

Lö·win *f* lioness; *s. a.* **Löwe**

lo·yal [lo̯a'ja:l] *adj (geh)* loyal; ~**e Truppen** loyal troops; **jdm gegenüber** ~ **sein** to be loyal [to sb]

Lo·ya·li·tät <-, -en> [lo̯ajali'tɛ:t] *f pl selten* loyalty; **die** ~ **gegenüber dem Staat** loyalty to the state

Lo·ya·li·täts·eid *m* oath of allegiance

LP <-, -s> [ɛl'pe:, ɛl'pi:] *f Abk von* **Langspielplatte** LP

LP-Box *f* boxed LP set

LPG <-, -s> [ɛlʔpeːˈgeː] *f (hist) Abk von* **Landwirtschaftliche Produktionsgenossenschaft** *a collective farm in the former German Democratic Republic*

lpi INFORM, TYPO *Abk von* **lines per inch** lpi

lpm INFORM, TYPO *Abk von* **lines per minute** lpm

LRS [ɛlɛrˈɛs] *f* MED, SCH *Abk von* **Lese- und Rechtschreibschwäche**

LSD <-[s]> [ɛlʔɛsˈdeː] *nt kein pl Abk von* **Lysergsäurediäthylamid** LSD

lt. *Abk von* **laut²** according to

Lu·ba <-, -> [ˈluːba] *m o f* Luba, Baluba

Luchs <-es, -e> [lʊks] *m* ❶ *(Raubtier)* lynx; **aufpassen wie ein ~** *(fam)* to watch like a hawk *fam* ❷ *(Luchsfell)* lynx; **ein Mantel aus ~** a lynx fur coat

Luchs·au·gen *pl* ❶ ZOOL lynx's eyes ❷ *(fam: sehr gute Augen)* eyes like a hawk *fam*

Lu·ci·a·ner(in) <-s, -> [luˈtsi̯aːnɐ] *m(f)* St Lucian

lu·ci·a·nisch [luˈtsi̯aːnɪʃ] *adj* St Lucian

Lü·cke <-, -n> [ˈlʏkə] *f* ❶ *(Zwischenraum)* gap, hole; **Zahn~** a gap between two teeth; **eine ~ im Zaun** a gap in the fence; **eine ~ füllen** [*o* **schließen**] to fill a gap; [**mit etw** *dat*] **in eine** [**vorhandene**] **~ stoßen** *(fig)* to fill a gap on the market [with sth] ❷ *(Unvollständigkeit)* gap; **eine Lücke in einem Gesetz** a loophole in a law; ***mein Wissen weist noch große ~n auf*** I still have large gaps in my knowledge; **der Mut zur ~** to risk leaving gaps in one's knowledge; **irgendwo klafft eine ~** there is a gap somewhere; **eine ~** [**in etw** *akk*] **reißen** to leave a gap [*or* void] in sth

Lü·cken·bü·ßer(in) <-s, -> *m(f) (fam)* stopgap; **der ~ sein** to be a stopgap; **den ~ spielen** to be used as a stopgap

lü·cken·haft I. *adj* ❶ *(leere Stellen aufweisend)* full of gaps; **ein ~es Gebiss** teeth full of gaps ❷ *(unvollständig)* fragmentary; **~es Wissen** incomplete knowledge; **ein ~er Bericht** a sketchy report; **eine ~e Sammlung** an incomplete collection; **eine ~e Erinnerung haben** to have a vague/sketchy memory; ■**~ sein/werden** to be/become fragmentary
II. *adv (unvollständig)* fragmentarily; **einen Fragebogen ~ ausfüllen** to fill in a questionnaire leaving gaps; ***an den Abend erinnere ich mich nur sehr ~*** my memory of that evening is only very vague [*or* sketchy]

lü·cken·los *adj* ❶ *(ohne Lücke)* comprehensive; **ein ~es Gebiss** perfect teeth without any gaps ❷ *(vollständig)* complete; **ein ~es Alibi** a solid [*or* cast iron] alibi; **~e Kenntnisse** thorough knowledge; **ein ~er Lebenslauf** a complete CV [*or* curriculum vitae] [*or* AM résumé]; **eine ~e Sammlung** a complete collection; **etw ~ beweisen/nachweisen** to prove sth conclusively; **sich** *akk* **an etw** *akk* **~ erinnern** to remember everything about sth

Lü·cken·test *m* cloze test

lud [luːt] *imp von* **laden¹, ²**

Lu·de <-n, -n> [ˈluːdə] *m (pej sl)* pimp *pej sl*

Lu·der <-s, -> [ˈluːdɐ] *nt (pej fam: durchtriebene Frau)* crafty bitch *pej fam!*; *(kokette Frau)* hussy *pej*; **ein freches/dummes ~** a cheeky/stupid brat [*or* person]

Lu·es <-> [ˈluːɛs] *f kein pl* lues

Luf·fa <-, -s> [ˈlʊfa] *f* loofa[h]

Luf·fa·schwamm *m* vegetable sponge

Luft <-, *liter* Lüfte> [lʊft, *pl* ˈlʏftə] *f* ❶ *kein pl (Atmosphäre)* air *no pl*; **frische/verbrauchte ~** fresh/stale air; ***er ist den ganzen Tag an der frischen ~*** he is out in the open all day; **an die** [**frische**] **~ gehen** to get [*or* grab] some fresh air; **~ an etw** *akk* **kommen lassen** to let the air get to sth; **die ~ aus etw** *dat* [**heraus**]**lassen** to let the air out of sth; **die ~ aus einem Reifen lassen** to let down a tyre; [**frische**] **~ schnappen** *(fam)* to get [*or* grab] some [fresh] air; **die ~ ist zum Schneiden** *(fam)* the air is stale as anything, there's a terrible fug ❷ *(Atem)* breath; **jdm die ~ abdrücken** *(fam)* to strangle sb; *(fig a.)* to ruin sb; **die ~ anhalten** to hold one's breath; **jdm die ~ zum Atmen nehmen** *(fam)* to cut off sb's air supply; *(fig)* to totally dominate sb; **keine ~ mehr bekommen** [*o fam* **kriegen**] to not be able to breathe; **wieder ~ bekommen** [*o fam* **kriegen**] *(wieder atmen können)* to be able to breathe again, to get one's breath back; *(wieder durchatmen können)* to be able to breathe freely again; **jdm bleibt** [**vor Erstaunen**] **die ~ weg** sb is flabbergasted; **jdm bleibt vor Schmerzen die Luft weg** sb is overcome by [*or* with] pain; **jdm geht die ~ aus** *(fam)* sb is running out of steam; [**tief**] **~ holen** to take a deep breath; **nach ~ ringen** to struggle for breath; **nach ~ schnappen** *(fam)* to gasp for breath; *(wirtschaftlich in einer schlechten Lage sein)* to struggle to keep one's head above water ❸ *pl geh (Raum über dem Erdboden)* air *no pl*; ***langsam erhob sich der Ballon in die ~*** the balloon rose slowly into the air; ***ein Vogel schwingt sich in die Lüfte*** *(geh)* a bird takes to the skies; **in der ~** in midair; **in die ~ fliegen** [*o* **gehen**] *(fam)* to explode; **etw in die ~ sprengen** [*o* **jagen**] *(fam)* to blow up sth *sep*; [**vor Freude**] **in die ~ springen** to jump [for joy]; **in die ~ starren** [*o* **gucken** *fam*] to stare into space ❹ *(Wind)* **linde** [*o* **laue**] **Lüfte** *(geh)* gentle [*or* soft] [*or* light] breeze ❺ *kein pl (Platz)* space *no pl*, elbow room; *(Freiheit)* leeway; *(Zeit)* time; ***jeder Künstler braucht ~ zur freien Entfaltung*** every artist needs space to develop freely; ***ich rufe dich an, sobald ich etwas ~ habe*** I'll give you a ring as soon as I've got a moment to spare; ***wir haben noch genügend ~*** we've still got plenty of time; ***lass etwas ~ zwischen den beiden Schränken*** leave some space between the two cupboards; **in etw** *dat* **ist noch ~ drin** *(fam)* to still have leeway in sth; **~ schaffen** [*o* **machen**] **für etw** *akk* to make space [*or* room] for sth

▶ WENDUNGEN: **sich** *akk* **in ~ auflösen** *(spurlos verschwinden)* to vanish into thin air; *(nicht realisiert werden)* to come to nothing; **jdn wie ~ behandeln** to cold-shoulder sb, to give sb the cold shoulder; **irgendwo ist** [*o* **herrscht**] **dicke ~** *(fam)* there is a tense [*or* bad] atmosphere somewhere; ***hier herrscht dicke Luft*** trouble is brewing; **aus der ~ gegriffen sein** to be completely made up [*or* a total fabrication]; [**schnell**] **in die ~ gehen** *(fam)* to [be quick to] blow one's top [*or* hit the roof] *fam*; **gesiebte ~ atmen** *(hum fam)* to be behind bars; **nun halt mal die ~ an!** *(fam: hör auf zu reden!)* put a sock in it! *fam*; *(hör auf zu übertreiben!)* come on! *fam*; **in der ~ hängen** *(fam) Person* to be in limbo [*or* [left] in the dark]; *Sache* to be up in the air; **von ~ und Liebe leben** *(hum fam)* to live off fresh air alone; **nicht von ~** [**und Liebe**] **leben können** to not to be able to live off fresh air alone; **es liegt etwas in der ~** there's sth in the air; **etw** *dat* **~ machen** to give vent to sth; **sich** *dat* **~ machen** to give vent to one's feelings; **aus etw** *dat* **ist die ~ raus** *(fam)* sth has fallen flat [*or* run out of steam]; **die ~ rauslassen** *(fam)* to calm down, to cool it *fam*; **die ~ ist rein** *(fam)* the coast is clear *fam*; **die ~ reinigen** to clear the air; **~ für jdn sein** *(fam)* to not exist as far as sb is concerned; ***er ist ~ für mich*** *(fam)* I totally ignore him; **jdn an die** [**frische**] **~ setzen** [*o* **befördern**] *(euph fam: jdn hinauswerfen)* to throw sb out, to show sb the door, to send sb packing; *(jdn fristlos entlassen)* to sack sb; **jdn/etw in der ~ zerreißen** *(sehr wütend auf jdn sein)* to make mincemeat of sb/sth; *(jdn scharf kritisieren)* to tear sb to pieces

Luft·ab·kom·men *nt* air pact **Luft·ab·wehr** *f* air defence [*or* AM -se] **Luft·ab·wehr·ra·ke·te** *f* MIL anti-aircraft missile **Luft·ab·wehr·stel·lung** *f* air defence [*or* AM -se] position **Luft·an·griff** *m* air raid; ■**ein ~ auf etw** *akk* an air raid on sth **Luft·auf·klä·rung** *f kein pl* aerial reconnaissance **Luft·auf·nah·me** *f* aerial photograph **Luft·auf·sicht** *f* air-traffic control **Luft·bal·lon** *m* balloon **Luft·be·feuch·ter** *m* TECH humidifier **Luft·be·för·de·rung** *f* air carriage [*or* transport], carriage by air **Luft·be·las·tung** *f s.* Luftverschmutzung **Luft·be·tan·kung** *f* air [*or* in-flight] refuelling [*or* AM refueling] **Luft·bild** *nt* aerial photo [*or* picture] **Luft·bild·kar·te** *f* aerial map, photomap

Luft·bla·se *f* bubble, air pocket; **wie eine ~ zerplatzen** *(fam)* to burst like a bubble **Luft·brü·cke** *f* air bridge

Lüft·chen <-s, -> *nt dim von* Luft *(schwacher Wind)* breeze; **es regt** [*o* **rührt**] **sich kein ~** there is not a single breath of wind

luft·dicht *adj* **eine ~e Verpackung** an airtight container; ■**~ sein** to be airtight [*or spec* hermetic]; **etw ~ verpacken** to seal sth hermetically **Luft·druck** *m kein pl* air [*or* atmospheric] pressure *no pl*; *Druckwelle* blast **luft·durch·läs·sig** *adj* permeable to air

lüf·ten [ˈlʏftn̩] I. *vt* ❶ *(mit Frischluft versorgen)* ■**etw ~** to air [*or* ventilate] sth; **die Betten/ein Zimmer ~** to air the beds/a room ❷ *(geh: kurz anheben)* ■**etw ~** to raise sth; **den Hut zum Gruß ~** to raise one's hat in greeting ❸ *(preisgeben)* ■**etw ~** to reveal [*or* disclose] sth; **seine Anonymität ~** to give up one's anonymity; **ein Geheimnis ~** to disclose a secret
II. *vi (Luft hereinlassen)* to let some air in

Luft·ent·feuch·ter *m* dehumidifier

Lüf·ter <-s, -> *m* ❶ *(Ventilator)* extractor fan ❷ *(Heizlüfter)* fan heater

Lüf·ter·kupp·lung *f* AUTO radiator fan clutch

Luft·ex·press·fracht^RR^ *f* air express **Luft·ex·press·ta·rif**^RR^ *m* air express tariff

Luft·fahrt *f kein pl (geh)* aviation **luft·fahrt·be·geis·tert** *adj* airminded **Luft·fahrt·be·hör·de** *f* Civil Aeronautics Board, Federal Aviation Agency AM **Luft·fahrt·elek·tro·nik** *f* avionics + *sing vb* **Luft·fahrt·ge·sell·schaft** *f (geh)* airline **Luft·fahrt·in·dus·trie** *f (geh)* aviation industry **Luft·fahrt·kon·zern** *m* aviation company **Luft·fahrt·me·di·zin** *f* aeromedicine **Luft·fahrt·recht** *nt* JUR aviation law **Luft·fahrt·sys·tem** *nt* aviation system **Luft·fahrt·ver·si·che·rer** *m* aviation underwriter **Luft·fahrt·ver·si·che·rung** *f* aviation insurance; *für Flugzeuge* aircraft insurance; *für Personen* air-travel insurance **Luft·fahrt·wer·te** *pl* aircrafts *pl*, aviation stocks *pl*

Luft·fahr·zeug *nt (geh)* aircraft **Luft·fahr·zeug·er·ken·nung** *f* aircraft identification **Luft·fahr·zeug·funk·in·ge·ni·eur(in)** *m(f)* aircraft radio engineer **Luft·fahr·zeug·ruf·zei·chen** *nt* aircraft call sign

Luft·feuch·tig·keit *f* humidity *no pl, no indef art*

Luft·fil·ter *nt o m* air filter **Luft·flot·te** *f* air fleet

Luft·fracht *f* ❶ *(Frachtgut)* air freight [*or* cargo]; **per ~ senden** to airfreight ❷ *(Frachtgebühr)* air freight [*or* cargo] charge **Luft·fracht·be·för·de·rung** *f* air freight transportation **Luft·fracht·brief** *m* air bill [*or* consignment note] **Luft·fracht·bü·ro** *nt* cargo office **Luft·fracht·dienst** *m* airfreight service

Luft·frach·ter *m* air-freighter

Luft·fracht·füh·rer(in) *m(f)* air carrier [*or* freight forwarder] **Luft·fracht·ge·schäft** *nt* air freight forwarding **Luft·fracht·kos·ten** *pl* air freight charges *pl* **Luft·fracht·raum** *m* air freight space **Luft·fracht·sen·dung** *f* air cargo shipment **Luft·fracht·spe·di·ti·on** *f* air freight forwarding **Luft·fracht·ta·rif** *m* air cargo rate **Luft·fracht·trans·port·ge·wer·be** *nt* air cargo industry **Luft·fracht·un·ter·neh·men** *nt* HANDEL air-freighter **Luft·fracht·ver·kehr** *m* air cargo traffic

Luft·funk·stel·le *f* aircraft radio station **luft·ge·kühlt** *adj* air-cooled **luft·ge·trock·net** *adj* air-dried **Luft·ge·wehr** *nt* airgun, air rifle **Luft·gi·tar·re** *f (hum fam)* air guitar **Luft·gü·ter·ver·si·che·rung** *f* air cargo insurance **Luft·haft·pflicht·ver·si·che·rung** *f* FIN air transport liability insurance **Luft·hauch** *m (geh)* breath of air **Luft·ho·heit** *f kein pl* air sovereignty **Luft·hül·le** *f* METEO aerosphere, mantle of air

luf·tig [ˈlʊftɪç] *adj* ❶ *(gut belüftet)* airy, well ventilated; **ein ~es Plätzchen** a breezy spot ② *(dünn und luftdurchlässig)* airy; **ein ~es Kleid** a light dress ③ *(hoch gelegen)* dizzy; **in ~er Höhe** at a dizzy height

Luf·ti·kus <-[ses], -se> ['lʊftikʊs] *m (pej veraltend fam: sprunghafter Mensch)* happy-go-lucky character

Luft·kampf *m* aerial combat **Luft·kas·ko·ver·si·che·rung** *f* FIN aircraft hull insurance

Luft·kis·sen *nt* air cushion **Luft·kis·sen·boot** *nt,* **Luft·kis·sen·fahr·zeug** *nt* hovercraft

Luft·klap·pe *f* ventilation flap **Luft·kof·fer** *m* lightweight suitcase **Luft·kor·ri·dor** *m* air corridor **Luft-Kraft·stoff-Ver·hält·nis** *nt* air fuel ratio **luft·krank** *adj inv* air-sick **Luft·krank·heit** *f* air-sickness **Luft·krieg** *m* aerial warfare **Luft·küh·lung** *f* air-cooling **Luft·ku·rier·dienst** *m* HANDEL air courier service **Luft·kur·ort** *m health resort with particularly good air* **Luft·lan·de·trup·pe** *f* airborne troops *npl* **Luft·lan·dung** *f* MIL deployment of airborne troops, airborne landing **luft·leer** *adj pred* vacuous; **ein ~er Raum** a vacuum **Luft·li·nie** *f* as the crow flies; ***100 Kilometer*** ~ 100 kilometres as the crow flies **Luft·loch** *nt* ① *(Loch zur Belüftung)* air hole ② *(fam: Veränderung der Luftströmung)* air pocket **Luft·ma·sche** *f* chain stitch **Luft·mas·sen** *pl* air masses **Luft·ma·trat·ze** *f* airbed, inflatable mattress **Luft·mi·ne** *f* air bomb **Luft·na·vi·ga·ti·ons·kar·te** *f* aeronautical chart **Luft·num·mer** *f (iron sl)* ① *(Situation)* to-do, kerfuffle BRIT ② *(Person)* blunderer **Luft·pi·rat(in)** *m(f)* [aircraft] hijacker **Luft·pi·ra·te·rie** *f* [aircraft] hijacking **Luft·pi·ra·tin** *f fem form von* **Luftpirat**

Luft·post *f* airmail; **per** [*o* **mit**] ~ by airmail **Luft·post·be·för·de·rung** *f* carriage of airmail **Luft·post·brief** *m* airmail letter, BRIT *also* aerogramme, AM *also* aerogram **Luft·post·dienst** *m* airmail service **Luft·post·leicht·brief** *m* aerogramme [*or* AM -am] **Luft·post·päck·chen** *nt* airmail [*or* small air] packet **Luft·post·pa·ket** *nt* air parcel **Luft·post·pa·pier** *nt* airmail paper **Luft·post·ta·rif** *m* airmail rate **Luft·post·zu·schlag** *m* air surcharge

Luft·pum·pe *f* pump; *Fahrrad* bicycle pump **Luft·qua·li·tät** *f* air quality **Luft·qua·li·täts·vor·schrif·ten** *pl* air quality standards *pl*

Luft·raum *m* airspace **Luft·raum·über·wa·chung** *f* air-traffic control

Luft·recht *nt* JUR air traffic law

Luft·rein·hal·te·plan *m* JUR anti air pollution scheme **Luft·rein·hal·tung** *f* maintenance of ambient quality **Luft·rein·hal·tungs·norm** *f* clean air standard **Luft·rein·hal·tungs·tech·nik** *f* air quality technology

Luft·rei·ni·ger *m* air filter **Luft·rei·ni·gung** *f* air clean[s]ing **Luft·rei·se** *f* air journey [*or* travel] [*or* trip] **Luft·ret·tungs·dienst** *m* air-rescue service **Luft·röh·re** *f* windpipe, trachea *spec* **Luft·röh·ren·schnitt** *m* tracheotomy **Luft·sack** *m* ① ZOOL air sac ② AUTO *s.* **Airbag** **Luft·schacht** *m* air [*or* ventilation] shaft

Luft·schad·stoff *m* air[borne] pollutant **Luft·schad·stoff·mes·sung** *f* air pollution measurement

Luft·schicht *f* air [*or* atmospheric] layer **Luft·schiff** *nt* airship; *(kleines Luftschiff)* blimp **Luft·schif·fer(in)** *m(f)* aeronaut **Luft·schiff·fahrt**[RR] *f* ① *kein pl (Luftfahrt)* aeronautics + *sing vb,* air[craft] navigation ② *(einzelne Fahrt)* airship flight **Luft·schiff·hafen** *m* airship port **Luft·schiff·hal·le** *f* airship shed [*or* hangar] **Luft·schlacht** *f* air [*or* aerial] battle **Luft·schlag** *m* MIL air raid, aerial bombardment **Luft·schlan·ge** *f* [paper] streamer **Luft·schleu·se** *f* TECH air lock **Luft·schlitz** *m* air vent

Luft·schloss[RR] *nt meist pl* castle in the air
▸WENDUNGEN: **Luftschlösser bauen** to build castles in the air

Luft·schnei·se *f* air corridor [*or* lane] **Luft·schrau·be** *f* TECH airscrew, propeller [*or* -llor] **Luft·schrau·ben·blatt** *nt* propeller blade

Luft·schutz *m* air raid defences [*or* AM -ses] *pl* **Luft·schutz·bun·ker** *m* air raid bunker **Luft·schutz·kel·ler** *m cellar used as an air raid shelter* **Luft·schutz·raum** *m* MIL air-raid shelter **Luft·schutz·übung** *f* air raid drill

Luft·seil·bahn <-, -en> *f* SCHWEIZ *(Seilbahn)* cable car **Luft·sieg** *m* aerial victory **Luft·spe·di·teur** *m* air carrier **Luft·sperr·ge·biet** *nt* restricted [*or* off-limits] area [of air space] **Luft·spie·ge·lung** *f* mirage **Luft·sprud·ler** *m* BAU aerator **Luft·sprung** *m* jump; **einen ~/Luftsprünge machen** [*o* **vollführen**] to jump in the air **Luft·strahl·trieb·werk** *nt* jet engine **Luft·stra·ße** *f* air route, airway **Luft·stre·cke** *f* air route, airway **Luft·streit·kräf·te** *pl (geh)* air force + *sing vb* **Luft·strom** *m* airstream, stream of air **Luft·strö·mung** *f* airstream, air current **Luft·stütz·punkt** *m* airbase **Luft·tan·ken** *nt kein pl* refuel in flight [*or* in the air] **Luft·ta·xi** *nt* air taxi, taxiplane AM, aerocab AM **Luft·tem·pe·ra·tur** *f* air temperature **Luft·trans·port** *m* air transport [*or* lift], carriage by air **luft·tüch·tig** *adj inv* airworthy **Luft·tüch·tig·keit** *f* airworthiness **Luft-Tur·bi·nen·trieb·werk** *nt* turboprop [*or* propjet] engine **Luft·über·wa·chung** *f* aerial surveillance *no pl, no indef art*

Luft- und Raum·fahrt·in·dus·trie *f* aerospace industry **Luft- und Raum·fahrt·kon·zern** *m* aerospace group **Luft- und Raum·fahrt·un·ter·neh·men** *nt* aerospace company

luft·un·durch·läs·sig *adj inv Verpackung* airtight

Luft- und Welt·raum·recht *nt kein pl* air and space law **Luft·un·fall·ver·si·che·rung** *f* air travel insurance

Lüf·tung <-, -en> *f* ① *(das Lüften)* airing, ventilation ② *(Ventilationsanlage)* ventilation system

Lüf·tungs·klap·pe *f* ventilation flap **Lüf·tungs·rohr** *nt* ventilation pipe **Lüf·tungs·schacht** *m* ventilation shaft **Lüf·tungs·schlitz** *m* ventilation slit

Luft·ver·än·de·rung *f* change of climate

Luft·ver·kehr *m* air traffic *no pl, no indef art* **Luft·ver·kehrs·al·li·anz** *f* air traffic [*or* airline] alliance **Luft·ver·kehrs·dienst** *m* air service **Luft·ver·kehrs·ge·sell·schaft** *f* HANDEL airline, air carrier **Luft·ver·kehrs·kon·trol·le** *f* air traffic control **Luft·ver·kehrs·li·nie** *f* airway, airline, air route **Luft·ver·kehrs·netz** *nt* network of air routes **Luft·ver·kehrs·ver·wal·tung** *f* JUR civil aviation board

Luft·ver·schmut·zer *m* air polluter **Luft·ver·schmut·zung** *f* air pollution *no pl, no indef art* **Luft·ver·si·che·rung** *f* air risk insurance **Luft·ver·sor·gung** *f* supply by air, airlift **Luft·ver·tei·di·gung** *f* air defence [*or* AM -se] **luft·ver·un·rei·ni·gend** *adj inv* air polluting **Luft·ver·un·rei·ni·gung** *f* air pollution **Luft·waf·fe** *f* air force + *sing vb* **Luft·weg** *m* ① *kein pl (Flugweg)* airway; **den ~ wählen** to choose to send sth by air; **auf dem ~** by air ② *pl (Atemwege)* respiratory tract *no pl, no indef art* **Luft·wi·der·stand** *m kein pl* drag, air resistance **Luft·wur·zel** *f* BIOL aerial root **Luft·ziel** *nt* aerial target **Luft·zu·fuhr** *f kein pl* air supply **Luft·zug** *m* breeze; *(durch das Fenster)* draught BRIT, draft AM

Lug [lu:k] ▸WENDUNGEN: ~ **und Trug** *(geh)* a pack of lies

Lu·ga·ner See [lu'ga:nɐ] *m* Lake Lugano

Lü·ge <-, -n> ['ly:gə] *f* lie; **eine fromme ~** a fib [*or* white lie]; **eine faustdicke ~** a bare-faced lie [*or fam* whopping great lie]; **das ist alles ~** it's all lies; **jdm ~n auftischen** *(fam)* to tell sb lies
▸WENDUNGEN: **~n haben kurze Beine** *(prov)* the truth will out; **jdn ~n strafen** *(geh)* to prove sb wrong, to give the lie to sb *form;* **etw ~n strafen** *(geh)* to prove sth [to be] false, to give the lie to sth *form*

lu·gen ['lu:gn̩] *vi* DIAL ① *(spähen)* to peek; ■**irgendwoher/irgendwohin ~** to peek from somewhere/somewhere; **aus dem Fenster ~** to peek out of the window ② *(hervorsehen)* ■**durch etw** *akk*/**aus etw** *dat* ~ to peek [*or* poke] through/out of sth

lü·gen <log, gelogen> ['ly:gn̩] **I.** *vt (selten)* ■**etw ~** to make up sth *sep*
▸WENDUNGEN: **das Blaue vom Himmel herunter~** to charm the birds out of the trees
II. *vi* to lie; **etw ist gelogen** sth is a lie; **das ist alles gelogen** that's a total lie; **ich müsste ~ [, wenn ...]** I would be lying [if ...]
▸WENDUNGEN: ~ **wie gedruckt** to lie one's head off; **wer einmal lügt, dem glaubt man nicht[, und wenn er auch die Wahrheit spricht]** *(prov)* a liar is never believed, even when he's telling the truth

Lü·gen·bold <-[e]s, -e> *m (hum fam)* incorrigible liar **Lü·gen·de·tek·tor** *m* lie detector **Lü·gen·ge·schich·te** *f* made-up [*or* fabricated] story, concoction **Lü·gen·ge·spinst** *nt (geh)* web of lies

lü·gen·haft *adj (pej)* ① *(erlogen)* mendacious, made-up, fabricated ② *(selten: zum Lügen neigend)* disreputable

Lü·gen·mär·chen *nt s.* **Lügengeschichte**

Lüg·ner(in) <-s, -> ['ly:gnɐ] *m(f) (pej)* liar

lüg·ne·risch ['ly:gnərɪʃ] *adj (pej: voller Lügen)* mendacious; **~e Nachrichten** discreditable news; *(zum Lügen neigend)* disreputable

lu·gol·sche Lö·sung[RR], **Lu·gol'·sche Lö·sung**[RR], **Lu·gol·sche Lö·sung**[ALT] [ly'gɔlʃə] *f* BIOL potassium iodide solution

Lu·kas·evan·ge·li·um ['lu:kas-] *nt kein pl* the Gospel according to [St] Luke

Lu·ke <-, -n> ['lu:kə] *f* ① *bes* NAUT *(verschließbarer Einstieg)* hatch; **die ~n dichtmachen** to secure the hatches ② *(Dachluke)* skylight; *(Kellerluke)* trapdoor

lu·kra·tiv [lukra'ti:f] *adj (geh)* lucrative

lu·kul·lisch [lu'kʊlɪʃ] *adj (geh)* delectable, exquisite; **ein ~es Menü** an epicurean set menu; ~ **schlemmen/speisen** to feast on/eat delectable [*or* exquisite] food

Lu·latsch <-[e]s, -e> ['lu:la(:)tʃ] *m* lanky person; **langer ~** *(hum fam)* beanpole *hum fam*

Lum·ba·go <-> [lʊm'ba:go] *f kein pl* MED lumbago

Lum·bal·punk·ti·on [lʊm'ba:l-] *f* lumbar puncture

Lum·ber·ja·cke ['lambɐ-] *f* lumberjacket

Lu·mi·nes·zenz [luminɛs'tsɛnts] *f* PHYS luminescence

Lu·mi·nes·zenz·di·o·de [luminɛs'tsɛnts-] *f* PHYS luminescent [*or* light-emitting] diode

Lum·me <-, -n> ['lʊmə] *f* guillemot

Lüm·mel <-s, -> ['lʏml̩] *m* ① *(pej: Flegel)* lout *fam,* BRIT *a.* yob *fam* ② *(fam: Bursche, Kerl)* little fellow *fam,* BRIT *a.* [little] chappie *dated fam* ③ *(sl: Penis)* willy BRIT *sl,* weenie AM *sl*

Lüm·me·lei <-, -en> [lʏmə'lai] *f (pej fam)* loutish [*or* BRIT *a.* yobbish] behaviour [*or* AM -or] *no pl fam*

lüm·mel·haft *adj (pej)* loutish *fam,* BRIT *a.* yobbish *fam*

lüm·meln ['lʏml̩n] *vr haben (pej fam: sich nachlässig hinsetzen)* ■**sich** *akk* **irgendwohin ~** to throw oneself onto sth; ■**sich** *akk* **auf etw** *dat* ~ to lie [*or* lounge] around [*or* about] somewhere

Lüm·mel·tü·te *f (hum sl: Kondom)* johnny *fam,* love glove *sl,* willy wrap *sl,* weenie beanie AM *sl*

Lum·mer <-s, -> ['lʊmɐ] *m* KOCHK [pork] loin

Lum·mer·bra·ten *m* roast pork loin **Lum·mer·ko·te·lett** *nt* loin chop

Lump <-en, -en> [lʊmp] *m* ① *(pej)* rogue, scoundrel *dated* ② *(hum: unerzogenes Kind)* rascal

lum·pen ['lʊmpn̩] *vt haben* to go out on the tiles BRIT *fam,* to live it up *fam*
▸WENDUNGEN: **sich** *akk* **nicht ~ lassen** *(fam)* to do things in style, to splash out BRIT, to splurge

Lum·pen <-s, -> ['lʊmpn̩] *m* ① *pl (pej: zerschlissene Kleidung)* rags *pl;* **in ~ herumlaufen** to walk around dressed in rags [*or* shabbily] ② DIAL, SCHWEIZ *(Putzlappen)* rag, duster ③ *(Stofffetzen)* rags

Lum·pen·ge·sin·del *nt (pej)* riffraff *pej* **Lum·pen·händ·ler(in)** *m(f) (veraltend) s.* **Altwarenhändler**

Lum·pen·pack *nt (pej veraltend)* riff-raff *no pl, no*

indef art pej **Lum·pen·pa·pier** *nt* rag paper **Lum·pen·pro·le·ta·ri·at** *nt kein pl* SOZIOL *(pej)* lumpenproletariat **Lum·pen·samm·ler(in)** *m(f)* rag-and-bone man BRIT, ragman

lum·pig ['lʊmpɪç] *adj (pej)* ① *attr (pej fam: kümmerlich)* miserable, meagre [*or* AM -er]; ***mit ~ en hundert Euro wollte er mich abspeisen*** he wanted to fob me off with a paltry one hundred euros
② *(pej: gemein)* mean
③ *(selten: zerlumpt)* shabby

Lunch <-[e]s *o* -, -[e]s *o* -e> [lanʃ] *m* lunch

lun·chen ['lanʃn̩, 'lantʃn̩] *vi* to have lunch

Lü·ne·bur·ger Hei·de ['ly:nəbʊrgɐ] *f* Lüneburg Heath

Lun·ge <-, -n> ['lʊŋə] *f* ① *(Atemorgan)* lungs *pl;* **eine schwache/starke ~ haben** to have weak/strong lungs; **jd hat es auf der ~** *(fam)* sb has lung problems [*or* trouble]; **[etw] auf ~ rauchen** to inhale [sth]; **aus voller ~ [singen/schreien]** [to sing/shout] at the top of one's voice; **eiserne ~** *(fachspr)* iron lung
② KOCHK lights *pl*
▸WENDUNGEN: **die grüne ~ [einer Stadt]** *(fam)* the lung [of a town] *fam;* **sich** *dat* **die ~ aus dem Leib [*o* Hals] schreien** *(fam)* to shout oneself hoarse

Lun·gen·ab·szess^RR^ *m* pulmonic abscess **Lun·gen·ar·te·rie** *f* pulmonary artery **Lun·gen·bläs·chen** *nt* pulmonary alveolus **Lun·gen·bra·ten** *m* ÖSTERR *(Lendenbraten)* loin roast **Lun·gen·em·bo·lie** *f* pulmonary embolism **Lun·gen·em·phy·sem** *nt* pulmonary emphysema **Lun·gen·ent·zün·dung** *f* pneumonia *no pl, no art;* **eine ~ haben** to have pneumonia

Lun·gen·fell *nt* pulmonary pleura **Lun·gen·fell·ent·zün·dung** *f* pulmonic pleurisy

Lun·gen·fisch *m* ZOOL lungfish **Lun·gen·flü·gel** *m* lung **Lun·gen·heil·stät·te** *f* lung clinic **lun·gen·krank** *adj* suffering from a lung complaint *pred;* ■**~ sein** to suffer from a lung complaint **Lun·gen·kran·ke(r)** *f(m) dekl wie adj* person suffering from a lung complaint **Lun·gen·krank·heit** *f* lung disease **Lun·gen·krebs** *m kein pl* lung cancer **Lun·gen·lap·pen** *m* lobe of the lung **Lun·gen·milz·brand** *m* inhalation anthrax **Lun·gen·ödem** *nt* pulmonary oedema [*or* AM edema] **Lun·gen·ope·ra·ti·on** *f* lung operation **Lun·gen·pest** *f* pulmonic plague **Lun·gen·schne·cke** *f* ZOOL lung-bearing-snail **Lun·gen·tu·ber·ku·lo·se** *f* tuberculosis of the lung, TB **Lun·gen·zug** *m* puff, drag *sl;* **einen ~ [*o* Lungenzüge] machen** to inhale, to take drags *sl*

lun·gern ['lʊŋɐn] *vi haben (selten fam)* ■**irgendwo ~** to hang around somewhere

Lun·te <-, -n> ['lʊntə] *f* ① *(Zündschnur)* fuse, match; **die ~ ans Pulverfass legen** *(fig)* to set a match to the powder keg *fig,* to spark off a conflict
② JAGD *(Schwanz eines Fuchses o Marders)* brush
▸WENDUNGEN: **~ riechen** *(fam)* to smell a rat

Lu·pe <-, -n> ['lu:pə] *f* magnifying glass
▸WENDUNGEN: **jdn/etw mit der ~ suchen können** *(fam)* people/things like that are few and far between; **jdn/etw unter die ~ nehmen** *(fam)* to examine sb/sth with a fine-tooth comb *fam*

lu·pen·rein *adj* ① *(bei Edelsteinen)* flawless
② *(mustergültig)* exemplary; **ein ~er Gentleman** a perfect gentleman

lup·fen ['lʊpfn̩] SÜDD, ÖSTERR, SCHWEIZ, **lüp·fen** ['lʏpfn̩] *vt haben* ■**etw ~** *(heben)* to pick up sth *sep;* **den Hut ~** to raise one's hat; *(lüften)* to air; **die Decke ~** to air the blanket

lüp·fig ['lʏpfɪç] *adj* SCHWEIZ *(zum Tanzen anregend)* **~e Musik** boppy music *fam (music which makes you want to dance)*

Lu·pi·ne <-, -n> [lu'pi:nə] *f* lupin[e]

Lurch <-[e]s, -e> [lʊrç] *m* amphibian

Lu·re, Lu·rin <-n, -n> ['lu:rə, 'lu:rɪn] *m, f* Lur, Luri

Lu·rex® <-> ['lu:rɛks] *nt kein pl* Lurex®

Lur·ker <-s, -> ['lœ:ɐ̯kɐ] *m* INFORM lurker

Lu·sche <-, -n> ['lʊʃə] *f* ① *(sl: wertlose Spielkarte)* low card; *(schwacher Mensch, Niete)* weakling, waste of space
② DIAL *(liederliche Person)* mucky beggar BRIT *fam,* rake AM

Lust <-, Lüste> [lʊst, *pl* 'lʏstə] *f* ① *kein pl (Drang)* desire; ***das kannst du machen, wie du ~ hast!*** do it how ever you want!; ***behalt das Buch, solange du ~ hast*** keep the book as long as you want; ***die ~ dazu ist mir vergangen*** I don't feel like it [*or* I'm not in the mood] any more; **seine ~ auf etw** *akk* **befriedigen/zügeln** to satisfy/curb one's desire for sth/to do sth; **plötzlich ~ bekommen, etw zu tun** to suddenly feel like doing sth; **jdn erfasst [*o* überkommt] die ~, etw zu tun** sb is seized with the desire to do sth; **in jdm erwacht die ~, etw zu tun** sb feels the growing desire to do sth; **~ auf etw** *akk* **haben** to feel like [*or* BRIT *also* fancy] sth/doing sth; **große/keine ~ auf etw** *akk* **haben** to really/not feel like [*or* BRIT *also* fancy] sth/doing sth; **~ zu etw** *dat* **haben** to feel like [*or* BRIT *also* fancy] sth/doing sth; ***haben/ hätten Sie ~ dazu?*** do you feel like doing that?, would you want to do that?; ***ich hätte ~ dazu*** I'd like to; **große/keine ~ zu etw** *dat* **haben** to really/not feel like [*or* BRIT *also* fancy] sth/doing sth; **[noch] ~ haben, etw zu tun** to [still] feel like [*or* BRIT *also* fancy] doing sth; **nicht die geringste ~ haben, etw zu tun** to not feel in the least [*or* slightest] like doing sth; **große [*o* nicht geringe] [*o* nicht übel] ~ haben, etw zu tun** to really feel like doing sth, to have a [good] mind [*or* have half a mind] to do sth; **die ~ zu etw** *dat* **verspüren** to feel like [*or* BRIT *also* fancy] sth/doing sth; **die ~ verspüren, etw zu tun** to feel like [*or* BRIT *also* fancy] doing sth
② *kein pl (Freude)* joy, pleasure; ***sie tanzte so schön, dass es eine ~ war*** *(veraltend geh)* she danced so beautifully that everyone was enthralled; **[große] ~ an etw** *dat* **haben [*o* bei etw** *dat* **empfinden]** to take [great] pleasure in sth/doing sth, to enjoy sth/doing sth [immensely]; **die ~ am Leben** joie de vivre; **etw aus ~ und Liebe tun** to do sth for the love of it; **etw mit ~ und Liebe tun** to love doing sth; *(aufgehen)* to put one's all into sth; **etw ohne ~ und Liebe tun** to do sth listlessly; **jdm die [*o* jede] ~ an etw** *dat* **nehmen** to put sb off sth; **aus purer ~ an etw** *dat* for the sheer pleasure of sth/doing sth, out of sheer pleasure in doing sth; **es vergeht jdm jegliche [*o* alle] [*o* jede] [*o* die ganze] ~:** ***da vergeht einem jegliche Lust*** it really puts a damper on things, it's enough to make one lose interest in sth; **bei etw** *dat* **vergeht jdm die ~** sth stultifies sb; **die ~ an etw** *dat* **verlieren** to lose interest in sth/doing sth; ■**es ist eine ~, etw zu tun** it is a pleasure [*or* joy] to do sth
③ *(geh: Sinnliches)* desire; **seine ~ befriedigen [*o* stillen]/zügeln** to satisfy/suppress one's desires; **fleischliche Lüste** desires [*or* lusts] of the flesh; **sinnliche Lüste** sexual desires; **weltliche Lüste** material desires
▸WENDUNGEN: **nach ~ und Laune** how/when/where one feels like it; **~ und Leid** *(geh)* joy and sorrow; **in ~ und Leid zusammenhalten** to share one's joy and sorrow

Lust·bar·keit <-, -en> *f (veraltend geh)* welcome distraction

Lüs·ter <-s, -> ['lʏstɐ] *m,* **Lus·ter** <-s, -> ['lʊstɐ] *m* ÖSTERR ① *(veraltend: Kronleuchter)* chandelier
② *(glänzender Überzug)* lustre [*or* AM -er]
③ *(Stoff)* lustre [*or* AM -er]

Lüs·ter·klem·me *f* ELEK luster terminal, porcelain insulator

lüs·tern ['lʏstɐn] *adj (geh)* ① *(sexuell begierig)* lustful, lascivious
② *(begierig)* ■**~ auf etw** *akk* **sein** to crave sth; **nach Erfolg ~ sein** to crave success

Lüs·tern·heit <-> *f kein pl (geh)* lustfulness, lust, lasciviousness

Lust·ge·fühl *nt* feeling of pleasure *no pl* **Lust·ge·winn** *m kein pl* attainment of pleasure **Lust·greis** *m (pej fam)* dirty old man *pej*

lus·tig ['lʊstɪç] *adj* ① *(fröhlich)* cheerful, jolly; **ein ~er Abend** a fun evening; **ein ~es Gesicht machen** to make a funny face; **~e Farben** cheerful colours [*or* AM -ors]; **du bist/Sie sind [vielleicht] ~!** *(iron fam)* what do you think you're playing at?, you're really amusing *iron;* **das ist ja ~!** *(iron)* that [really] takes the biscuit! [*or* AM cake!]; **sich** *akk* **über jdn/etw ~ machen** to make fun [*or* BRIT *a.* take the mick[ey] out] of sb [*or fam!* take the piss out]; **solange/wie/wozu jd ~ ist** *(fam)* as long as/whenever sb wants; ***er kam und ging wie er ~ war*** he came and went as he pleased
② *(fam: unbekümmert)* happily, merrily

Lus·tig·keit <-> *f kein pl* cheerfulness, funniness

Lust·kna·be *m (veraltend)* catamite

Lüst·ling <-, -e> ['lʏstlɪŋ] *m (pej veraltend)* debauchee, lech *fam*

lust·los *adj* ① *(antriebslos)* listless; **~ schauen/arbeiten** to look listless/work listlessly; **~ im Essen herumstochern** to pick at one's food
② BÖRSE *(ohne Kauflust)* sluggish, dull; ÖKON flat, quiet; **~er Markt** dull [*or* inactive] market; **Tendenz ~** trade is slack

Lust·lo·sig·keit <-> *f kein pl* listlessness, lack of enthusiasm

Lust·man·gel <-s, *inv*> *m* lack of sexual drive **Lust·molch** *m (meist hum fam) s.* **Lüstling** **Lust·mord** *m* sexually motivated murder; **einen ~ begehen** to commit a sexually motivated murder **Lust·mör·der(in)** *m(f)* sexually motivated murderer **Lust·ob·jekt** *nt* sex object **Lust·prin·zip** *nt kein pl* **etw nach dem ~ machen** to do sth as one pleases [*or* for the pleasure of it] **Lust·schloss**^RR^ *nt* summer residence **Lust·spiel** *nt* comedy

lust·voll *adj (geh: mit Lust)* full of relish, passionate; **ein ~er Schrei** a passionate cry; **~ in etw** *akk* **beißen** to bite into sth with relish; **~ stöhnen** to groan contentedly

lust·wan·deln* ['lʊstvandl̩n] *vi sein o haben (veraltend geh)* to take [*or* go for] a stroll

Lu·te·ti·um <-s> [lu'te:tsi̯ʊm] *nt kein pl* lutetium

Lu·the·ra·ner(in) <-s, -> [lutə'ra:nɐ] *m(f)* Lutheran

Lu·ther·bi·bel ['lʊtɐ-] *f* Lutheran [*or* Luther's translation of the] Bible

lu·the·risch ['lʊtərɪʃ] *adj* Lutheran

Lu·ti·din [luti'di:n] *nt kein pl* CHEM lutidine

lut·schen ['lʊtʃn̩] **I.** *vt* ■**etw ~** to suck [on] sth; **ein Bonbon ~** to suck a sweet [*or* AM on a piece of candy]
II. *vi* ■**[an etw** *dat*] **~** to suck [sth]; **am Daumen ~** to suck one's thumb

Lut·scher <-s, -> *m* ① *(Bonbon am Stiel)* lollipop, BRIT *a.* lolly *fam*
② *(fam: Schnuller)* dummy

Lutsch·ta·blet·te *f* lozenge

lütt [lʏt] *adj* NORDD *(fam)* tiny

Lüt·tich <-s> ['lʏtɪç] *nt* Liège

Luv <-s> [lu:f] *f o nt kein pl* NAUT ■**in/nach ~** windward; ■**von ~** from [the] windward [side]

Lu·xa·ti·on <-, -en> [lʊksa'tsi̯o:n] *f (fachspr)* luxation *spec,* dislocation

Lu·xem·burg <-s> ['lʊksmbʊrk] *nt* Luxembourg

Lu·xem·bur·ger(in) <-s, -> ['lʊksmbʊrgɐ] *m(f)* Luxembourger

lu·xem·bur·gisch ['lʊksmbʊrgɪʃ] *adj* Luxembourgian

Lu·xem·bur·gisch ['lʊksmbʊrgɪʃ] *nt dekl wie adj* Luxembourgish

Lu·xem·bur·gi·sche <-n> *nt* ■**das ~** Luxemburgish, the Luxemburgish language

lu·xu·ri·ös [lʊksu'ri̯ø:s] *adj* luxurious; **eine ~e Villa/Wohnung** a luxury villa/flat; **~ leben** to live in [the lap of] luxury

Lu·xus <-> ['lʊksʊs] *m kein pl* luxury; **etw ist purer [*o* reiner] ~** sth is pure extravagance; **im ~ leben** to live in luxury; ***wir leisten uns den ~ eines zweiten Autos*** we're splashing out on a second car, we're treating ourselves to the luxury of a second car

Lu·xus·ar·ti·kel *m* luxury item **Lu·xus·aus·füh·rung** *f* de luxe model **Lu·xus·aus·ga·be** *f* de luxe edition **Lu·xus·damp·fer** *m* luxury cruiser **Lu·xus·frau** *f (fam)* expensive woman, BRIT *fam a.* piece of class **Lu·xus·ge·schöpf** *nt (meist pej) woman who wants to live a life of luxury* **Lu·xus·ho·tel** *nt* luxury hotel **Lu·xus·li·mou·si·ne** *f* luxury limousine **Lu̲·xus·li·ner** [-laine] *m* luxury liner **Lu̲·xus·pup·pe** *f (pej)* classy bird [*or* AM chick] **Lu̲·xus·steu·er** *f* tax on luxuries **Lu̲·xus·vil·la** *f* luxury villa **Lu̲·xus·wa·gen** *m* luxury [*or fam* classy] car **Lu̲·xus·woh·nung** *f* luxury flat

Lu·zern <-s> [lu'tsɛrn] *nt* Lucerne

Lu·zer·ne <-, -n> [lu'tsɛrnə] *f* BOT lucerne

Lu·zer̲·ner See *m* Lake Lucerne

Lu·zi·fer <-s> ['lu:tsifɛr] *m* Lucifer

LVA [ɛlfau'ʔa:] *f* POL *Abk von* **Landesversicherungsanstalt** *German regional social insurance office*

LW *Abk von* **Langwelle** LW, long wave

Lymph·drai·na·ge ['lymfdrɛ'na:ʒə] *f* MED lymphatic drainage **Lymph·drü·se** *f (veraltet) s.* **Lymphknoten**

Lym·phe <-, -n> ['lymfə] *f* ① *(Gewebsflüssigkeit)* lymph
② *(Impfstoff gegen Pocken)* lymph

Lymph·kno·ten *m* lymph node

Lym·pho·zyt <-en, -en> [lymfo'tsy:t] *m usu pl* lymphocyte

Lymph·sys·tem *nt* ANAT lymphatic system

lyn·chen ['lynçn] *vt (a. hum)* ■**jdn** ~ to lynch sb; ***meine Frau wird mich ~, wenn ich zu spät komme*** my wife will kill me if I'm late

Lynch·jus·tiz *f* Lynch law; **an jdm ~ üben** to apply the lynch law to sb **Lynch·mord** *m* lynching

Ly·on <-s> [li̯õ] *nt* Lyons

Ly·o·ner <-, -> ['li̯o:ne] *f*, **Ly·o·ner Wurst** <-, -> *f* [pork] sausage from Lyon

lyo·trop [lyo'tro:p] *adj* CHEM lyotropic; **~e Reihe** lyotropic series + *sing vb*

Ly·rik <-> ['ly:rɪk] *f kein pl* lyric [poetry]

Ly·ri·ker(in) <-s, -> ['ly:rike] *m(f)* poet

ly·risch ['ly:rɪʃ] *adj* ① *(zur Lyrik gehörend)* lyric; **~e Dichtung** lyric poetry
② *(dichterisch, stimmungsvoll)* poetic, lyrical; **~ werden** to become lyrical

Ly·so·som <-s, -en> [lyzo'zo:m] *nt* BIOL lysosome

L/Z HANDEL *Abk von* **Lieferung gegen Zahlung** cash on delivery

M

M, m <-, - *o fam* -s, -s> [ɛm] *nt* M, m; **~ wie Martha** M for [*or* as in] Mary; *s. a.* **A 1**

m *Abk von* **Meter** m

M *adj Abk von* **Mega** M

M+S-Reifen *m Abk von* **Matsch-und-Schnee-Reifen** M+S tyre [*or* AM tire], mud and snow [*or* winter] tyre

mA *Abk von* **Milliampere** mA

MA. *Abk von* **Mittelalter** Middle Ages *npl*

M.A. <-[s], -s> [ɛm'a:] *m Abk von* **Master of Arts** MA

Mä·an·der <-s, -> [mɛ'ande] *m* ① *(Flusswindung)* meander
② KUNST meander

mä·an·dern [mɛ'anden] *vi Flusslauf* to meander

Maas·tricht <-[e]s, -> ['ma:strɪçt] *nt* Maastricht; **~er Vertrag** Maastricht Treaty

Maat <-[e]s, -e[n]> ['ma:t] *m* ① HIST, NAUT *(Gehilfe auf Segelschiffen)* [ship's] mate
② *(Unteroffizier bei der Bundesmarine)* petty officer

Ma·ca [ma'kau̯] *nt* Macao

Mach <-[s], -> ['max] *nt* Mach

Ma̲ch·art *f* style, make, design; ***die ~ des Kostüms gefällt mir*** I like the cut of the suit; **das ist meine ~** *(fam)* that is my style!

ma̲ch·bar *adj* possible, feasible; **etw für ~ halten** to consider sth feasible

Mach·bar·keit ['maçba:kait] *f kein pl* feasibility

Ma̲ch·bar·keits·studie *f* feasibility study

Ma·che <-> ['maxə] *f (sl)* ① *(pej: Vortäuschung, unechtes Gehabe)* sham; ***seine Wichtigtuerei ist reine ~*** his pompous behaviour is pure show
② *(Form)* **die ~ eines Theaterstückes** the production of a play
▸WENDUNGEN: **etw/jdn in der ~ haben** to be working on sth/sb; **jdn in die ~ nehmen** *(sich jdn vornehmen)* to give sb a dressing-down [*or* an earful] [*or* a talking-to]; *(jdn verprügeln)* to do over [*or* beat up] sb *sep;* **in der ~ sein** to be in hand; ***das Abendessen ist schon in der ~*** dinner's on the go

ma·chen ['maxn̩]

I.	TRANSITIVES VERB	II.	UNPERSÖNLICHES TRANSITIVES VERB
III.	INTRANSITIVES VERB		
IV.	REFLEXIVES VERB	V.	AUXILIARVERB

I. TRANSITIVES VERB

① *(anstelle eines genaueren Verbs)* ■**etw ~** to do sth; ***hast du die Kartoffeln/Türen/das Badezimmer gemacht?*** have you done the potatoes/doors/bathroom?
② *(fertigen)* ■**etw ~** to make sth; **Fotos [von jdm/etw] ~** to take photos [of sb/sth]; **Gedichte ~** to write poems; **jdm/sich etw ~ lassen** to have sth made for sb/[for one]; **sich** *dat* **ein Kleid ~ lassen** to have a dress made [for one]; **sich** *dat* **die Haare ~ lassen** *(fam)* to have one's hair done; **für etw** *akk* **wie gemacht sein** *(fam)* to be made for sth; ■**etw aus etw** *dat* **~** to make sth out of sth; ***aus diesem Haus ~ wir ein Atelier*** we're turning this house into a studio; ■**aus etw** *dat* **gemacht sein** to be made of sth; ***der Saft ist aus Birnen gemacht*** the juice is made out of pears
③ *(geben)* **eine Empfehlung ~** to put in *sep* a recommendation; **jdm einen guten Preis ~** *Käufer* to make sb a good offer; *Verkäufer* to name a good price; **einen Vorschlag ~** to make [*or sep* put in] a suggestion
④ *(zubereiten)* ■**[jdm] etw ~** to make [sb] sth, to make sth [for sb]; **einen Drink ~** to make a drink; **das Essen ~** to prepare/cook food; **ein Essen ~** to make [*or* cook] a meal; **das Frühstück ~** to make [*or* get] breakfast; **Kaffee ~** to make coffee
⑤ *(aufräumen)* **das Bett ~** to make the bed; **sein Zimmer ~** to tidy up *sep* one's room
⑥ *(veranstalten)* ■**etw ~** to organize sth; **eine Party ~** to give [*or* have] [*or* throw] a party
⑦ *(verursachen)* ■**etw ~:** ***dieser Film macht tränende Augen*** this film puts the tears in your eyes [*or fam* is a real tear jerker]; **jdm Angst ~** to frighten sb; **jdm Appetit ~** to whet sb's appetite, *esp* BRIT *fam also* to make sb peckish; **jdm Arbeit ~** to give sb work to do; **ein dummes Gesicht ~** *(fam)* to make [*or* pull] a silly face; **jdm Durst/Hunger ~** to make sb thirsty/hungry; **einen Eindruck ~** to make an impression; **Feuer ~** to light a fire; **einen Fleck in etw** *akk* **machen** to stain sth; **jdm eine Freude ~** to make sb happy; **jdm Hoffnung/Mut/Kopfschmerzen ~** to give sb hope/courage/a headache; **Lärm ~** to make a noise; **Licht ~** to switch on *sep* the light; **Mühe ~** to be a lot of trouble [*or* effort]; **keine Mühe ~** to be no trouble; **sich** *dat* **Mühe/Umstände ~** to go to a lot of trouble [*or* effort]; ***das macht überhaupt keine Mühe*** that's no trouble at all; **Musik ~** to play some music; **einen Schmollmund ~** to pout; **jdm Sorgen ~** to make sb worried, to give sb cause for concern; **sich** *dat* **Sorgen ~** to worry; ■**das macht etw** that's because of sth; ***das macht das häufige Trinken*** that comes from drinking often; ***das macht die frische Luft, dass wir so hungrig sind*** it's the fresh air that makes us so hungry
⑧ *(durchführen)* ■**etw ~** to do sth; **eine Aktion [für etw** *akk***] ~** to promote sth; **eine Arbeit/seine Hausaufgaben ~** to do a job [*or* task]/one's homework; **eine Beobachtung ~** to observe sb/sth; **eine Bestellung ~** to place [*or sep* put in] an order; **einen Besuch ~** to [pay sb a] visit; **eine Dummheit ~** to do something stupid; **ein Examen ~** to take [*or* BRIT *also* sit] an exam; **wie man's macht, macht man's falsch** [*o* **verkehrt**] you [just] can't win; **einen Fehler ~** to make a mistake; **den Haushalt ~** to keep house; **das ist zu ~** that's possible; **das lässt sich ~** that might be possible; **eine Mitteilung ~** to make an announcement; **da ist nichts zu ~** nothing can be done, that's not possible; **nichts zu ~!** nothing doing! *fam;* **jd kann [da] nichts ~** sb can't do anything; **eine Reise ~** to go on a journey; **eine Sause mit jdm ~** *(sl)* to go on a pub crawl *esp* BRIT [*or* AM *esp* to go bar-hopping] with sb *fam;* **einen Spaziergang ~** to go for a walk; **ein Spiel ~** to play a game; **Sport ~** to do sport; **etw nicht unter etw** *dat* **~** *(fam)* to not do sth for less than sth; **eine Verbeugung ~** to make [*or* take] a bow, to bow; **wie machst du/wie ~ Sie das nur?** how [on earth] do you do it?; **wird gemacht!** *(fam)* no problem, will do! *fam;* **jd wird das schon ~** *(erledigen)* sb'll do it; *(in Ordnung bringen)* sb'll sort it out
⑨ *(absolvieren)* ■**etw ~** to do sth; **das Abitur ~** ≈to do [one's] A levels BRIT; **einen Kurs ~** to take a course; **eine Ausbildung ~** to do an apprenticeship; **eine Elektrikerausbildung ~** to train to be an electrician
⑩ + *adj (werden lassen)* **jdn/etw berühmt/reich/schön ~** to make sb/sth famous/rich/beautiful; ***mach es dir bequem!*** make yourself comfortable [*or* at home]!; ***dieser Hut macht mich viel jünger*** this hat makes me [look] much younger; ■**etw aus jdm ~** to make sb sth; **etwas aus sich/jdm ~** to make something of oneself/sb; ■**jdn zu etw** *dat* **~** to make sb sth; ***mein Vater hat mich zu seinem Nachfolger gemacht*** my father has made [*or* named] me his successor; ***er machte sie zu seiner Frau*** *(veraltet)* he took her to be his wife *old;* **jdn zu seinem Verbündeten ~** to make sb one's ally; ■**sich** *akk* **zu etw** *dat* **~** to make oneself sth; **sich** *akk* **zum Anführer ~** to make oneself the leader
⑪ *(erzielen)* ■**etw ~:** ***wir ~ jetzt dreimal so viel Umsatz*** we have now tripled our turnover; **ein Geschäft ~** to make a deal; **große Geschäfte ~** to make big money [*or* AM *also* big bucks] *fam;* **einen Gewinn/Verlust ~** to make a profit/loss; **Millionen ~** to make millions; **Punkte/Tore ~** to score points/goals; **ein Vermögen ~** to make a fortune
⑫ *(tun)* ■**etw ~** to do sth; ***was möchten Sie gern ~?*** what would you like to do?; ***lass uns etwas ~!*** let's do something!; ***genau so werden wir es ~*** that's how we'll do it; ***musst du viel ~?*** do you have a lot to do?; ***was macht sie damit?*** what's she doing with it?; ***was willst du mit diesem Zeug ~?*** what are you going to do with this stuff?; ***was soll ich nur ~?*** what am I to do?; ***ich weiß nicht, was ich noch ~ soll*** I don't know what else to do; ***ich weiß nicht, wie man es macht*** I don't know how to do it; ***was machst du da?*** what are you doing?; *(misstrauisch)* what on earth are you doing there?, what are you up to?; ***was hat sie wieder gemacht, dass alle so ärgerlich sind?*** what's she been up to [*or fam* gone and done] this time to make everyone so angry?; ***was macht denn deine Frau?*** how's your wife?; ***und was ~ Sie so?*** and what are you doing nowadays?; ***was macht die Arbeit/Gesundheit?*** how's work/your health?, how are you work-wise/health-wise? *fam;* ***was soll ich da groß ~?*** what do you expect me to do?; ***was macht deine Brille in der Mikrowelle?*** what are your glasses doing in the microwave?; **dagegen kann man nichts ~** there's nothing you can do about it; **mach was dran!** *(fam)* like it or lump it *fam;* **gut gemacht!** well done!; **mach's gut** *(fam)* take care, so long *fam;* **mit mir kann man es ja ~** *(fam)* the things I put up with; **so etwas macht man nicht** that's [*or* it's] bad manners; **da kann man nichts ~** nothing can be done; **~, was man will** to do as one pleases [*or* wants]
⑬ *(bilden)* ■**etw ~:** ***die Straße macht eine scharfe Kurve*** the road bends sharply; ***sie macht eine gute Figur*** she cuts a good figure
⑭ *(fam: aufbauen)* ■**jdn ~** to make sb
⑮ *(sl: Rolle spielen)* ■**jdn/etw ~** to do [*or* play]

sb/sth; ***wer macht hier den Boss?*** who's the boss here?
⑯ *(fam: nachahmen)* ■**jdn/etw** ~ to do sb/sth
⑰ *(fam: vorgeben)* ■**etw** [**für jdn**] ~ to act as sth [for sb]
⑱ *(fam: kosten)* **das macht zehn Euro** that's [*or* that'll be] ten euros [please]; ***was macht das*** [***zusammen***]? what does that come to [in total]?
⑲ *(fam: ergeben)* ***drei mal drei macht neun*** three times three is [*or* makes] nine
⑳ *(fam: rufen)* ■**etw** ~ to call out sth *sep*
㉑ *(bes kindersprache: Laute von sich geben)* ***der Hund macht „wau, wau"*** the dog goes "woof woof" *usu childspeak*
㉒ *(sl: Sex haben)* ■**es** [**mit jdm**] ~ to do it [with sb] *fam;* ■**es jdm** ~ to give it to sb *fam*
㉓ *(fam: schaden)* **macht nichts!** no matter [*or* problem]!; **das macht** [**doch**] **nichts!** never mind!, no harm done!; **macht das was?** does it matter?; **was macht das schon?** what does it matter?; **jdm/etw etwas/nichts** ~ to harm/not harm sb/sth
㉔ *(geschaffen)* ■**für etw** *akk* [*o* **zu etw** *dat*] [**nicht**] **gemacht sein** to be [not] made for sth
㉕ *(fam: reparieren)* ■[**jdm**] **etw** ~ to mend [*or* fix] [*or* repair] sth for sb; ■**etw** ~ **lassen** to get [*or* have] sth mended [*or* fixed] [*or* repaired]
▸WENDUNGEN: **sein Geschäft** ~ *(euph fam)* to relieve oneself *form or euph*

II. UNPERSÖNLICHES TRANSITIVES VERB

① + *adj (werden lassen)* **es macht jdn glücklich/traurig/wütend** it makes sb happy/sad/angry; **es macht jdn verrückt** it drives sb mad [*or fam* crazy]; ***es macht mich verrückt, dass ich so viel Werbung sehe*** it drives me crazy to see so many advertisements
② *(schaden)* **es macht etwas/nichts/viel** it matters/doesn't matter/matters a lot; **es macht jdm etwas/nichts/viel** sb minds/doesn't mind/minds a lot; ***es macht mir nichts, wenn du hierbleibst*** I don't mind you [*or form* your] staying here
③ *(fam: Ton abgeben)* ***es macht „piep", wenn du einen Fehler machst*** it goes "peep" [*or* it peeps] when you make a mistake; *s. a.* **lang**

III. INTRANSITIVES VERB

① *(bewirken)* ***mach ich!*** [as] good as done!; ***gemacht!*** *(fam)* done!, OK! *fam;* ■~, **dass etw geschieht** to ensure [*or* see to it] that sth happens; ***wie hast du gemacht, dass die Kinder so artig sind?*** how did you get the children to be so well behaved?; ***mach, dass du wegkommst!*** get out of here!
② *(gewähren)* ***mach nur/ruhig!*** go ahead!; **jdn** [**mal/nur**] ~ **lassen** *(fam)* to leave sb to it
③ *(werden lassen)* **Liebe macht blind** love makes you blind
④ *(aussehen lassen)* ***Streifen ~ dick*** stripes make you look fat
⑤ *(usu pej fam: sich stellen)* **auf cool/in Großzügigkeit** ~ to act cool/generous [*or* the cool/generous guy]; **auf vornehm** ~ to give oneself [*or* to put on] airs; ■**auf etw** *akk* ~ to pretend to be sth, to act the sth; ***sie macht immer auf vornehme Dame*** she always acts the elegant lady
⑥ *(euph fam: pinkeln)* to pee *fam,* BRIT *fam also* to wee; *(defäkieren)* to poo[h] *fam;* **groß/klein** ~ to poo[h]/pee [*or* BRIT *also* wee] *fam;* ■**auf/in etw** *akk* ~ to pee [*or* BRIT *also* wee]/poo[h] on/in sth *fam;* **ins Bett** ~ *Kind* to wet the bed
⑦ *(fam: betreiben)* ■**in etw** *dat* ~: ***ich mache jetzt in Wolle/Versicherungen*** I'm in wool/insurance [*or* the wool/insurance business]
⑧ *(fam: eilen)* **mach/~ Sie** [**schon**]! get a move on! *fam;* ***mach schneller!*** hurry up!; ■~, **dass man etw tut** to get a move on and do sth *fam*
⑨ *(fam: leben)* ***ich mach sowieso nicht mehr lang*** I'm not long for this world anyway
⑩ *sein o haben* DIAL *(gehen)* **aufs Land/in die Stadt** ~ to go to the country/into town

IV. REFLEXIVES VERB

① *(beginnen)* ■**sich** *akk* **an etw** *akk* ~ to get on with sth; **sich** *akk* **an die Arbeit** ~ to get down to work; **sich** *akk* **an ein Manuskript** ~ to start working on a manuscript
② *(fam: entwickeln)* ***das Wetter macht sich wieder*** there will soon be good weather; ■**sich** *akk* **gut** ~ to turn out well, to come along nicely; ***das Baby macht sich gut*** the baby is doing fine *fam*
③ *(passen)* ***das Bild macht sich gut an der Wand/im Flur*** the picture looks good on the wall/in the hall
④ *(leisten)* ■**sich** *akk* ~ to do well for oneself; ***die neue Sekretärin macht sich gut*** the new secretary is doing well
⑤ *(gewinnen)* ■**sich** *dat* **etw** ~ to make sth; **sich** *dat* **etw zur Aufgabe** ~ to make sth one's mission; **sich** *dat* [**mit etw** *dat*] **Feinde/Freunde** ~ to make enemies/friends [with sth]
⑥ + *adj (werden)* **sich** *akk* **elegant** ~ to smarten [oneself] up; **sich** *akk* **schmutzig** ~ to get dirty; **sich** *akk* [**bei jdm**] **verhasst** ~ to incur [sb's] hatred; **sich** *akk* **verständlich** ~ to make oneself understood
⑦ *(fam: gelegen sein)* **sich** *dat* **etwas/nichts/viel/wenig aus jdm/etw** ~ to care/not care at all/care a lot/not care much for sb/sth; *(sich nicht ärgern)* to get a little upset/not get upset at all/get really upset/not get upset much about sth; **mach dir/~ Sie sich nichts d**[**a**]**raus!** don't worry about it!, don't it get you down!
⑧ *(gestalten)* ■**sich** *dat* **etw** ~: ***wir ~ uns einen schönen Tag*** let's have an enjoyable day; ***mach dir ein paar schöne Tage*** enjoy yourself for a few days
⑨ *(erledigen)* **das macht sich** *akk* **von selbst** it takes care of itself

V. AUXILIARVERB

<machte, gemacht *o seltener* machen> ***der Wein wird dich das vergessen*** ~ the wine will help you [to] forget

Ma·chen·schaft <-, -en> *f meist pl (pej)* machination *usu pl,* intrigue, wheeling and dealing; **üble** ~**en** evil machinations; **betrügerische/unlautere** ~ fraudulent/sharp practices; **dunkle** ~**en** sinister machinations [*or* intrigues]
Ma·cher(in) <-s, -> *m(f) (fam)* man of action, doer
Ma·che·te <-, -n> [ma'xe:tə] *f* machete
ma·chi·a·vel·lis·tisch *adj inv (geh)* Machiavellian
Ma·cho <-s, -s> ['matʃo] *m (fam)* macho *fam*
ma·cho·haft ['matʃohaft] *adj* macho
Ma·cho·tum <-s> ['matʃotu:m] *nt kein pl (meist pej fam)* machismo
Macht <-, Mächte> ['maxt, *pl* 'mɛçtə] *f* ① *kein pl (Befugnis)* power; **seine** ~ **gebrauchen/missbrauchen** to exercise [*or* wield]/abuse one's power; **die** ~ **haben, etw zu tun** to have the power to do sth; **etw liegt** [*o* **steht**] **in jds** ~ sth is within sb's power
② *kein pl (Herrschaft)* rule; **seine** ~ **behaupten** to maintain one's hold on power; **an der** ~ **bleiben** to remain in power; **die** ~ **ergreifen** [*o* **die** ~ **an sich** *akk* **reißen**] to seize power; **nach der** ~ **greifen** to attempt to seize power; **an der** ~ **sein** to be in power; **an die** ~ **kommen** [*o* **gelangen**] to gain [*or* come to] power; **sich** *akk* **an die** ~ **putschen** to seize power by force; **die** ~ **übernehmen** to assume [*or* take over] power
③ *(beherrschender Einfluss)* power; **die** ~ **der Gewohnheit** the force of habit; ~ **über jdn haben** to have power over sb; **eine ...** ~ **auf jdn ausüben** to have a ... power over sb; **eine geistige** ~ mental powers; **die Mächte der Finsternis** *(liter)* the powers of darkness *liter;* **aus eigener** ~ under one's own steam; **mit aller** ~ with all one's strength [*or* might]; **mit** ~ with vigour [*or* AM -or]; ***ich werde alles tun, was in meiner ~ steht*** I'll do everything in my power
④ *(mächtiger Staat)* power; **verbündete Mächte** allied powers; **Krieg führende Mächte** warring powers
⑤ *kein pl (Kraft, Gewalt)* force, power
▸WENDUNGEN: ~ **geht vor Recht** *(prov)* might is right, power is a law unto itself
Macht·an·tritt *m kein pl* POL coming into power **Macht·be·fug·nis** *f* authority, powers *pl;* ~ **haben** to have authority; **seine** ~[**se**] **überschreiten** to exceed one's powers; **etw überschreitet jds** ~ this exceeds sb's authority **Macht·be·reich** *m* sphere of influence **macht·be·ses·sen** *adj* power-crazed, power-obsessed *attr,* power mad **macht·be·wusst**^RR^ *adj* power-conscious **Macht·block** *m* power bloc **Macht·er·grei·fung** *f* seizure of power *no pl;* **die** ~ **Hitlers** Hitler's rise to power **Macht·er·halt** *m kein pl* retention of power *no pl* **Macht·fra·ge** *f* question of power **Macht·fül·le** *f* power **macht·geil** *adj (pej sl)* power-hungry, hungry for power **Macht·ha·ber(in)** <-s, -> [-ha:bɐ] *m(f)* ruler, dictator **Macht·hun·ger** *m (pej)* thirst for [*or* hunger after] power **macht·hung·rig** *adj (pej)* power-thirsty, hungry for power
mäch·tig *adj* ① *(einflussreich)* powerful, influential; ■**die M~en** *pl* the most powerful people *pl;* **ein** ~**es Imperium** a mighty empire
② *(gewaltig, beeindruckend)* powerful, mighty *attr;* **ein** ~**er Baum** a mighty tree; **ein** ~**es Gewitter** a violent storm; **mit** ~**er Stimme** in a powerful voice
③ *(sättigend, schwer)* heavy
④ *(fam: sehr stark, enorm)* extreme; ~ **stark** extremely strong; **sich** *akk* ~ **beeilen** to hurry like mad *fam;* ~**en Durst/Hunger haben** to have a terrific thirst/hunger; **einen** ~**en Schlag bekommen** to receive a powerful blow; ***wir haben ~ es Glück gehabt*** we had tremendous [*or* terrific] luck
⑤ *(geh: kundig)* ■**einer S.** *gen* ~ **sein** to be knowledgeable about sth; ***er ist der deutschen Sprache nicht*** ~ he does not have a good command of the German language; **seiner selbst nicht** ~ **sein** *(geh)* to have taken leave of one's senses
⑥ BERGB *(dick)* thick, massive
Mäch·tig·keit <-> *f* ① *kein pl (großer Einfluss)* power
② *kein pl (mächtige Beschaffenheit)* strength, force, might
③ *bes* BERGB *(Dicke)* thickness
④ MATH potency
Macht·in·stinkt *m (fam)* power instinct, instinct for power **Macht·kampf** *m* power struggle **Macht·kom·plott** *nt* POL conspiracy to gain power
macht·los *adj (ohnmächtig, hilflos)* powerless, helpless; ■~ **gegen etw** *akk* **sein** to be powerless against sth; **jdm/etw** ~ **gegenüberstehen** to be powerless against sb/sth
Macht·lo·sig·keit <-> *f kein pl* powerlessness, helplessness
Macht·mensch *m* power player **Macht·miss·brauch**^RR^ *m* abuse of power **Macht·mit·tel** *nt* instrument of power **Macht·po·ker** <-s> *nt o m pl selten* POL high-powered [political] poker **Macht·po·li·tik** *f* power politics *npl* **Macht·po·li·ti·ker, -po·li·ti·ke·rin** *m, f* politician engaged in power politics
macht·po·li·tisch *adj inv* power-political; ***das war eine reine ~e Entscheidung*** that decision had everything to do with power politics **Macht·pro·be** *f* trial of strength **Macht·spiel** *nt* power play **Macht·stel·lung** *f* position of power **Macht·stre·ben** *nt* aspiration to power **Macht·über·ga·be** *f* handover of power **Macht·über·nah·me** *f s.* **Machtergreifung** **Macht·va·ku·um** [-va:kuʊm] *nt kein pl* power vacuum **Macht·ver·hält·nis·se** *pl* POL balance of power *no pl* **macht·voll** *adj (mächtig)* powerful, mighty; *(Stärke zeigend)* powerful **Macht·voll·kom·men·heit** *f* absolute power; **in** [*o* **aus**] **eigener** ~ on one's own authority **Macht·wech·sel** *m* change of government **Macht·wort** *nt* authoritative intervention; **ein** ~ **sprechen** to exercise one's authority
Mach·werk *nt (pej)* pathetic effort *pej;* **ein übles** ~ a poor piece of workmanship
Mach·zahl^RR^, **Mach-Zahl** *f* Mach number
Ma·cke <-, -n> ['makə] *f (fam)* ① *(Schadstelle)* de-

fect; **eine ~ im Lack** a dent in the paintwork
② *(sl: Tick, Eigenart)* quirk, foible; **eine ~ haben** *(sl)* to be off one's rocker, to have a screw loose *fam*

Ma·cker <-s, -> ['makɐ] *m (sl)* ① *(Typ)* guy, BRIT *a.* bloke
② *(Freund)* fellow, man, bloke BRIT
③ *(Anführer)* boss; **der große ~ sein** to be the big boss; **den ~ machen** [*o* **spielen**] to act [*or* play] the tough guy
④ NORDD *(Arbeitskollege)* colleague

Ma·cum·ba <-> [ma'kʊmba] *f* REL *(religiöser Kult in Brasilien)* macumba

MAD <-[s]> [ɛma:'de:] *m kein pl Abk von* **Militärischer Abschirmdienst** Military Counter Intelligence [Service], ≈ MI5 BRIT, ≈ CIA AM

Ma·da·gas·kar <-s> [mada'gaskar] *nt* Madagascar

Ma·da·gas·se, Ma·da·gas·sin <-n, -n> [mada'gasə, mada'gasɪn] *m, f* Malagasy

ma·da·gas·sisch [mada'gasɪʃ] *adj* Malagasy, Madagascan

Ma·da·gas·sisch [mada'gasɪʃ] *nt dekl wie adj* Malagasy

Ma·da·gas·si·sche <-n> *nt* ■**das ~** Malagasy, the Malagasy language

Ma·dame <-, Mesdames> [ma'dam, *pl* me:'dam] *f (geh)* Madame

Mäd·chen <-s, -> ['mɛ:tçən] *nt* ① *(weibliches Wesen)* girl; **ein ~ bekommen** to have a [baby] girl; **ein leichtes ~** *(veraltend)* a tart; **ein spätes ~** *(veraltet)* an old maid *dated or hum*
② *(veraltend: Freundin)* girlfriend
③ *(veraltend: Haushaltshilfe)* maid; **~ für alles** *(fam)* girl/man Friday, BRIT *a.* dogsbody

Mäd·chen·band [-bɛnt] *f* MUS girl band [*or* group]
Mäd·chen·buch *nt* girls' book **Mäd·chen·gym·na·si·um** *nt* girls' grammar school

mäd·chen·haft *adj* girlish; **ein ~es Gesicht haben** to have a girlish face; **sich** *akk* **~ benehmen** to behave like a little girl

Mäd·chen·han·del *m kein pl* white slave traffic **Mäd·chen·händ·ler(in)** *m(f)* white slaver **Mäd·chen·klei·dung** *f* girls' clothes [*or* clothing] *no pl* **Mäd·chen·na·me** *m* ① *(Geburtsname einer Ehefrau)* maiden name ② *(Vorname)* girl's name **Mäd·chen·pen·si·o·nat** *nt* girls' boarding school **Mäd·chen·schu·he** *m pl* girls' shoes

Ma·de <-, -n> ['ma:də] *f* maggot
▶WENDUNGEN: **wie die ~[n] im Speck leben** *(fam)* to live [*or* lead] the life of Riley *fam,* to live [*or* be] in clover

Ma·dei·ra [ma'de:ra] *nt (Insel)* Madeira

Ma·dei·ra <-s, -s> *m,* **Ma·dei·ra·wein** [ma'de:ra-] *m (Wein)* Madeira

Mä·del <-s, -[s]> ['mɛ:dl̩] *nt,* **Ma·d(e)l** <-s, -n> ['ma:dl̩] *nt* SÜDD, ÖSTERR girl

Ma·den·ha·cker *m* ORN oxpecker **Ma·den·wurm** *m* maggot

Mä·de·süß <-s> ['mɛ:dəzy:s] *nt kein pl* BOT meadow sweet

ma·dig ['ma:dɪç] *adj* maggoty, worm-eaten

ma·dig|ma·chen[RR] *vt (fam)* ■**jdn/etw ~** to belittle sb/sth, to run sb down; ■**jdm etw ~** to spoil sth for sb

Ma·don·na <-, Madonnen> [ma'dɔna, *pl* ma'dɔnən] *f* ① *(Gottesmutter Maria)* Madonna
② *(Darstellung der Gottesmutter)* Madonna

Ma·drid <-s> [ma'drɪt] *nt* Madrid

Ma·dri·der(in) [ma'drɪtɐ] **I.** *m(f)* native of Madrid
II. *adj attr* Madrid

Ma·dri·gal <-s, -e> [madri'ga:l] *nt* madrigal

Ma·dri·le·ne, -in <-n, -n> [madri'le:nə] *m, f (Einwohner Madrids)* citizen [*or* inhabitant] of Madrid

Ma·es·tro <-s, -s *o* Maestri> [ma'ɛstro, *pl* ma'ɛstri] *m* ① *(berühmter Musiker)* maestro
② *(veraltend: Musiklehrer)* music teacher

Ma·fia <-, -s> ['mafi̯a] *f* ① *(Geheimorganisation)* the Mafia
② *(fig: verschworene Gruppe)* mafia; **eine ~ von Industriellen** the industrialists' mafia

Ma·fia·boss[RR] *m* Mafia boss

ma·fi·os [ma'fi̯o:s] *adj (pej)* mafia-like; **~e Methoden** mafia-like methods

Ma·fi·o·so <-[s], -si> [ma'fi̯o:zo, *pl* ma'fi̯o:zi] *m* Mafioso

mag [ma:k] *1. und 3. pers. sing von* **mögen**

Ma·ga·zin[1] <-s, -e> [maga'tsi:n] *nt* ① *(Patronenbehälter)* magazine; *(Behälter für Dias)* feeder; TYPO feeder [hopper]
② *(Lager)* storeroom; *(von Sprengstoff, Waffen)* magazine; *(von Bibliothek)* stockroom; **etw im ~ aufbewahren** to keep sth in the storeroom

Ma·ga·zin[2] <-s, -e> [maga'tsi:n] *nt* ① *(bebilderte Zeitschrift)* magazine, journal; **ein literarisches ~** a literary journal
② *(Fernsehsendung)* magazine programme [*or* AM -am]

Ma·ga·zi·ner(in) <-s, -> [maga'tsi:nɐ] *m(f)* SCHWEIZ, **Ma·ga·zi·neur(in)** <-s, -e> [magatsi'nø:ɐ̯] *m(f)* ÖSTERR *s.* **Lagerverwalter**

Ma·ga·zin·falz *m* TYPO quarter fold

Magd <-, Mägde> ['ma:kt, *pl* 'mɛ:kdə] *f* ① *(veraltend: Gehilfin für Haus-/Landarbeit)* farm girl
② *(Jungfrau, Mädchen)* maid[en]; **eine holde ~** a fair [*or* sweet] maid
▶WENDUNGEN: **die ~ des Herrn** the Virgin Mary

Mag·de·burg ['makdəbʊrk] *nt* Magdeburg; **~er Halbkugeln** PHYS Magdeburg hemispheres *pl*

Ma·gen <-s, Mägen *o* -> ['ma:gn̩, *pl* 'mɛ:gn̩] *m* stomach, tummy *usu childspeak;* **ein voller ~** a full stomach; **mit leerem ~** with an empty stomach; **auf nüchternen ~** on an empty stomach; **jdm den ~ auspumpen** to pump out sb's stomach; **etw liegt jdm schwer im ~** *(fam),* **das Essen liegt jdm schwer im ~** the food lies heavy on sb's stomach; *(fig: jdm sehr zu schaffen machen)* sth weighs heavily on [*or* troubles] sb; **einen nervösen/verstimmten ~ haben** to have a knot of nervousness in one's/an upset stomach; **mit leerem ~ zu Bett gehen** to go to bed hungry; **etwas/nichts im ~ haben** to have eaten/not have eaten sth; **jdm knurrt der ~** *(fam)* sb's stomach rumbles; **sich** *dat* [**mit etw** *dat*] **den ~ verderben** [*o fam* **verkorksen**] to give oneself an upset stomach [by eating/drinking sth]; **sich** *dat* **den ~ vollschlagen** to stuff one's face
▶WENDUNGEN: **jdm dreht sich der ~ um** *(fam)* sb's stomach turns; **jdm hängt der ~ in den Kniekehlen** *(fam)* to be dying of hunger [*or* ravenous]; **etw schlägt jdm auf den ~** *(fam)* sth gets to sb

Ma·gen·aus·gang *m* pylorus **Ma·gen·be·schwer·den** *pl* stomach trouble, indigestion **Ma·gen·bit·ter** <-s, -> *m* bitters *npl* **Ma·gen·blu·tung** *f* gastric haemorrhage [*or* AM hemorrhage]

Ma·gen-Darm-Er·kran·kun·gen *pl* gastroduodenal disorders *npl* **Ma·gen-Darm·grip·pe** *f* gastric flu **Ma·gen-Darm-Ka·tarr**[RR] *m* gastroenteritis *no pl, no art* **Ma·gen-Darm-Trakt** *m* gastrointestinal tract

Ma·gen·drü·cken <-s, -> *nt feeling of discomfort in the stomach* **Ma·gen·durch·bruch** *m* MED perforation of the stomach **Ma·gen·ein·gang** *m* cardia **ma·gen·freund·lich** *adj* gentle on the stomach **Ma·gen·ge·gend** *f* gastric region; ■**in der ~** around the stomach **Ma·gen·ge·schwür** *nt* stomach [*or* peptic] ulcer **Ma·gen·gru·be** *f* pit of the stomach, epigastrium *spec* **Ma·gen·knur·ren** *nt* stomach rumble **Ma·gen·krampf** *m meist pl* gastric disorder **ma·gen·krank** *adj* suffering from a stomach disorder *pred* **Ma·gen·kran·ke(r)** *f(m) dekl wie adj* person suffering from a stomach disorder **Ma·gen·krank·heit** *f* stomach disorder **Ma·gen·krebs** *m* cancer of the stomach, gastric cancer **Ma·gen·lei·den** *nt* stomach trouble [*or pl* problems] **Ma·gen·mit·tel** *nt* stomachic, medicine for the stomach **Ma·gen·ner·ven** *pl* **schwache** [*o* **keine**] **~ haben** to have a weak stomach **Ma·gen·ope·ra·ti·on** *f* operation of the stomach **Ma·gen·re·sek·ti·on** *f* gastric resection **Ma·gen·saft** *m* gastric juice **Ma·gen·säu·re** *f* gastric acid

Ma·gen·schleim·haut *f* stomach lining *no pl,* gastric mucous membrane *no pl spec* **Ma·gen·schleim·haut·ent·zün·dung** *f* gastritis

Ma·gen·schmer·zen *pl* stomach ache [*or pl* pains] **Ma·gen·son·de** *f* MED stomach tube **Ma·gen·spie·ge·lung** *f* gastroscopy **Ma·gen·ver·stim·mung** *f* upset stomach, stomach upset

ma·ger ['ma:gɐ] *adj* ① *(dünn)* thin, skinny *pej;* **~e Schrift** light typeface
② *(fettarm)* low-fat; **~es Fleisch** lean meat; **~e Kost** low-fat food; **~ essen/kochen** to eat/cook low-fat foods
③ *(wenig ertragreich)* poor, practically infertile [*or* barren]; **~e Ernte** *(fig)* a poor harvest; **~er Boden** infertile ground; ***das ist aber eine ~e Ausbeute*** those are poor [*or* lean] pickings; *(dürftig)* feeble; **~e Jahre** barren years; ÖKON lean years

Ma·ger·be·ton *m* BAU lean concrete **Ma·ger·jo·ghurt** *m o nt* low-fat yoghurt **Ma·ger·kä·se** *m* low-fat cheese

Ma·ger·keit <-> *f kein pl* ① *(dünne Beschaffenheit)* thinness *no pl,* skinniness *no pl pej*
② *(fettarme Beschaffenheit)* sth low in fat
③ *(Dürftigkeit)* meagreness BRIT, meagerness AM

Ma·ger·milch *f kein pl* low-fat [*or* skimmed] [*or* skim] milk **Ma·ger·mo·tor** *m* lean-mix engine **Ma·ger·quark** *m kein pl* low-fat quark [*or* curd cheese] **Ma·ger·sucht** *f kein pl* anorexia **ma·ger·süch·tig** *adj inv* MED anorexic **Ma·ger·wie·se** <-, -n> *f* SCHWEIZ rough pasture

Ma·ghreb <-> ['magrɛp] *nt kein pl* Maghrib

ma·ghre·bi·nisch [magre'bi:nɪʃ] *adj inv* Maghrebi

Ma·gie <-> [ma'gi:] *f* ① *(Zauberei)* magic; **ein Meister der ~** a master magician; **schwarze ~** black magic
② *(geheime Anziehungskraft)* magic; ■**die ~ einer S.** *gen* the magic of sth

Ma·gier(in) <-s, -> ['ma:gi̯ɐ] *m(f)* magician

ma·gisch ['ma:gɪʃ] *adj* ① *(Zauberei betreffend)* magic; **~e Kräfte** magic powers; **ein ~er Trank** a magic potion; **der ~e Zirkel** the magic circle
② *(rätselhaft, unerklärlich)* magical; **eine ~e Anziehungskraft haben** to be irresistible; **eine ~e Anziehungskraft auf jdn haben** [*o* **ausüben**] to be irresistibly attractive to sb; **eine ~e Musik** enchanting music

Ma·gis·ter, Ma·gis·tra <-s, -> ['ma'gɪstɐ, ma'gɪstra] *m, f* ① *kein pl (Universitätsgrad)* Master's degree, Master's *fam,* Master of Arts; **den ~ haben/machen** to hold/work on [*or* do] a Master's [degree]
② *(Inhaber des Universitätsgrades)* Master
③ ÖSTERR *(Apotheker)* pharmacist; **~** [**pharmaciae**] Master of Pharmacy
④ *(veraltet: Lehrer)* [school]master *dated*

Ma·gis·ter·ar·beit *f* UNIV Master's [degree] thesis [*or* dissertation]

Ma·gis·trat[1] <-[e]s, -e> [magɪs'tra:t] *m* ① *(Stadtverwaltung)* municipal [*or* city/town] council, municipal [*or* city/town] authorities *pl*
② *(hist)* alderman

Ma·gis·trat[2] <-en, -en> [magɪs'tra:t] *m* SCHWEIZ federal councillor [*or* AM councilor]

Ma·gis·tra·tur <-, -en> [magɪstra'tu:ɐ̯] *f* magistracy

Mag·ma <-s, Magmen> ['magma, *pl* 'magmən] *nt* magma

Mag·ma·ge·stein <-[e]s> *nt* igneous rock

mag·ma·tisch [mag'ma:tɪʃ] *adj inv* GEOL magmatic; **~es Gestein** magmatic rocks *pl*

Mag·men·kam·mer *f* GEOL magma chamber

Mag·na Char·ta <-> ['magna 'karta] *f kein pl* HIST Magna C[h]arta

magna cum laude ['magna kʊm 'laudə] magna cum laude; ***sie bestand die Prüfung ~*** she passed the exam with distinction

Ma·gnat <-en, -en> [ma'gna:t] *m* magnate

Ma·gne·sia <-> [ma'gne:zi̯a] *f kein pl* magnesia

Ma·gne·si·um <-s, *kein Pl*> [ma'gne:zi̯ʊm] *nt* CHEM magnesium

Ma·gne·si·um·man·gel *m* magnesium deficiency

Ma·gnet <-[e]s *o* -en, -e[n]> [ma'gne:t] *m* ① *(magnetisches Metallstück)* magnet
② *(fig: Anziehungspunkt)* magnet; ***unser Stadtfest ist immer ein ~ für viele Menschen*** our city festival always attracts a lot of people

M

Ma·gnet·bahn *f s.* **Magnetschwebebahn** **Ma·gnet·band** *nt* magnetic tape **Ma·gnet·ei·sen·stein** *m* magnetite **Ma·gnet·feld** *nt* magnetic field

ma·gne·tisch [ma'gne:tɪʃ] *adj* magnetic; ~**e Feldkonstante** PHYS induction [*or* magnetic] constant; ~**e Quantenzahl** NUKL magnetic quantum number

ma·gne·ti·sie·ren* [magneti'zi:rən] *vt* ❶ *(magnetisch machen)* ■**etw** ~ to magnetize sth
❷ MED ■**jdn** ~ to mesmerize sb

Ma·gne·tis·mus <-> [magne'tɪsmʊs] *m kein pl*
❶ PHYS magnetism
❷ *(Mesmerismus)* mesmerism, magnetism

Ma·gnet·kar·te *f* plastic card [with a magnetic strip] **Ma·gnet·kern** *m* magnet core **Ma·gnet·na·del** *f* magnetic needle

Ma·gne·to·me·ter [magneto'me:tɐ] *nt* PHYS magnetometer

ma·gne·to-op·tisch [magneto'ʔɔptɪʃ] *adj* PHYS magneto-optical

Ma·gne·to·sphä·re <-> *f kein pl* magnetosphere

Ma·gnet·plat·te *f* INFORM magnetic disk **Ma·gnet·pol** *m* magnetic pole **Ma·gnet·rüh·rer** *m* CHEM magnetic stirrer **Ma·gnet·schal·ter** *m* starter solenoid, solenoid starter switch *spec* **Ma·gnet·schie·nen·bahn** *f* magnetic-levitation train **Ma·gnet·schwe·be·bahn** *f* magnetic railway **Ma·gnet·spu·le** *f* magnet coil **Ma·gnet·strei·fen** *m* magnetic strip **Ma·gnet·ta·fel** *f steel notice board with small magnets for holding notices*

Ma·gno·lie <-, -n> [ma'gno:li̯ə] *f* Magnolia

mäh [mɛ:] *interj* baa

Ma·ha·go·ni <-s> [maha'go:ni] *nt kein pl* mahogany

Ma·ha·go·ni·baum *m* mahogany tree **ma·ha·go·ni·far·ben** *adj* mahogany **Ma·ha·go·ni·schrank** *m* mahogany cupboard

Ma·ha·ra·dscha <-s, -s> [maha'ra:dʒa] *m* maharaja[h]

Ma·ha·ra·ni <-, -s> [maha'ra:ni] *f* maharani, maharanee

Ma·ha·ya·na <-> [maha'ja:na] *nt kein pl* REL Mahayana, Greater [*or* Larger] Vehicle

Mäh·bin·der <-s, -> *m* binder

Mahd[1] <-, -en> ['ma:t, *pl* 'ma:dn̩] *f* DIAL *(das Mähen)* mowing; *(gemähtes Gras)* mown grass, [new-mown] hay

Mahd[2] <-[e]s, Mähder> ['ma:t, *pl* 'mɛ:dɐ] *nt* ÖSTERR, SCHWEIZ *(Bergwiese)* high pasture

Mäh·dre·scher <-s, -> *m* combine harvester

mä·hen[1] ['mɛ:ən] **I.** *vt (abschneiden)* ■**etw** ~ to mow sth; *(ernten)* to reap sth; **das Gras** ~ to mow the grass [*or* lawn]; **ein Feld** ~ to harvest a field
II. *vi* to mow; ***ich habe vorgestern erst gemäht*** I mowed [*or* did] the lawn only the day before yesterday

mä·hen[2] ['mɛ:ən] *vi (fam) Schaf* to bleat, to baa *fam*

Mahl <-[e]s, -e *o* Mähler> ['ma:l, *pl* 'mɛ:lɐ] *nt pl selten (geh)* ❶ *(Speise)* repast *form,* meal; **ein** ~ **zu sich** *dat* **nehmen** to have a meal
❷ *(Einnahme einer Mahlzeit)* meal; *(Festmahl)* feast, banquet; **beim** ~**[e] sitzen** to be at [the] table

mah·len <mahlte, gemahlen> ['ma:lən] **I.** *vt (in einer Mühle zerreiben)* ■**etw [zu etw** *dat***]** ~ to grind sth [into sth]; **Getreide** ~ to grind grain; *(durch Zerreiben herstellen)* to grind; **Mehl** ~ to grind flour; ■**gemahlen** ground; **gemahlener Kaffee** ground coffee
II. *vi* to chew carefully; **die Kiefer/Zähne** ~ to grind [*or* gnash] one's teeth
▸WENDUNGEN: **wer zuerst kommt, mahlt zuerst** *(prov)* the early bird catches the worm *prov*

Mäh·ler ['mɛ:lɐ] *(selten) pl von* **Mahl**

Mahl·gut <-es> *nt kein pl (geh)* grist

mäh·lich ['mɛ:lɪx] *adj (poet) s.* **allmählich**

Mahl·stein *m s.* **Mühlstein** **Mahl·strom** *m s.* **Malstrom** **Mahl·zahn** *m* molar [tooth], mill tooth

Mahl·zeit ['ma:ltsa̯it] *f* ❶ *(Essen)* meal; **eine kleine** ~ a snack; **eine** ~ **zubereiten/zu sich** *dat* **nehmen** to prepare/have a meal
❷ *(Einnahme von Essen)* meal; **sich** *akk* **an die** ~**en halten** to eat meals at regular times; **gesegnete** ~! *(geh)* bon appetit!, enjoy your meal!; ~! DIAL *(fam)* ≈ [good] afternoon! *(greeting used during the lunch break in some parts of Germany)*
▸WENDUNGEN: **na dann prost** ~! *(fam)* well that's just brilliant [*or* wonderful] *iron fam*

Mäh·ma·schi·ne *f (für Gras)* mower; *(für Getreide)* harvester, reaper

Mahn·be·scheid *m,* **Mahn·brief** *m* reminder, default summons, writ for payment, [payment] collection letter

Mäh·ne <-, -n> ['mɛ:nə] *f* mane; **eine lange** ~ *(fig)* a long mane

mah·nen ['ma:nən] **I.** *vt* ❶ *(nachdrücklich erinnern)* ■**jdn [an etw** *akk* [*o* **wegen einer S.** *gen*]] ~ to warn sb [of sth], to admonish sb *form;* ***sie hat uns wegen der Gefahren gemahnt*** she warned us of the dangers
❷ *(an eine Rechnung erinnern)* ■**jdn** ~ to remind sb
❸ *(dringend auffordern)* ■**jdn zu etw** *dat* ~ to urge sb to be/do sth; **jdn zur Geduld/Eile/Vorsicht** ~ to urge sb to be patient/to hurry/to be careful; ***die Dunkelheit mahnte die Wanderer zur Eile*** *(fig)* the darkness urged them to hurry up; ■**jdn** ~**, etw zu tun** to urge sb to do sth
II. *vi (geh)* ❶ *(gemahnen, erinnern)* ■**an etw** *akk* ~ to be a reminder of sth
❷ *(veranlassen)* to cause; ***der Wetterumschwung mahnte zur Eile*** a change in the weather made us/him/her, etc. hurry; ■**zu etw** *dat* ~ to urge sb to do sth

mah·nend I. *adj (ein Mahnen ausdrückend)* warning *attr,* admonitory *form;* ~**e Vorzeichen** foreboding premonition
II. *adv (in mahnender Weise)* warningly, admonishingly; ~ **den Zeigefinger erheben** to raise one's index finger in warning

Mahn·frist *f* HANDEL, JUR limit of notice to pay **Mahn·ge·bühr** *f* ADMIN dunning charge

Mahn·mal <-[e]s, -e *o selten* -mäler> ['ma:nma:l, *pl* -mɛ:lɐ] *nt* memorial

Mahn·schrei·ben *nt (geh) s.* **Mahnbrief**

Mah·nung <-, -en> *f* ❶ *(mahnende Äußerung)* warning, admonition *form,* admonishment *form;* **eine** ~ **zur Vorsicht beherzigen/missachten** to take to heart/ignore a warning to be careful
❷ *(geh: warnende Erinnerung)* reminder; ***ich hoffe, das war ihm eine*** ~ I hope that taught him a lesson
❸ *(Mahnbrief)* reminder, demand [for payment]

Mahn·ver·fah·ren *nt* summary proceedings *pl,* collection [*or* delinquency] procedure; **auf dem Wege des** ~**s** by judgment note; **gerichtliches** ~ summary proceedings *pl* **Mahn·wa·che** *f group of demonstrators quietly drawing attention to sth;* **eine** ~ **halten** to stage a quiet demonstration **Mahn·we·sen** *nt* HANDEL dunning

Mäh·re <-, -n> ['mɛ:rə] *f (veraltend)* jade

Mäh·ren <-s> ['mɛ:rən] *nt* Moravia

Mai <-[e]s *o* - *o poet* -en, -e> ['ma̯i] *m pl selten* May; **der Erste** ~ May Day; *s. a.* **Februar**
▸WENDUNGEN: **wie einst im** ~ just like in the good old days *hum;* **im** ~ **seines Lebens stehen** to be in the springtime of life

Mai·baum *m* ≈ maypole **Mai·blu·me** *f* mayflower **Mai·bow·le** [-bo:lə] *f white wine, champagne and woodruff punch*

Maid <-, -en> ['ma̯it, *pl* 'ma̯idn̩] *f (veraltet)* maiden *old*

Mai·fei·er *f* May Day celebrations *pl* **Mai·fei·er·tag** *m (geh)* May Day **Mai·fisch** *m* ZOOL, KOCHK allis shad, alewife **Mai·glöck·chen** *nt* lily of the valley **Mai·kä·fer** *m* cockchafer **Mai·kö·ni·gin** *f* May queen **Mai·kund·ge·bung** *f* May Day rally

Mail <-, -s> [me:l] *f o* DIAL *nt* INET *(fam)* e-mail, email

Mai·land <-s> ['ma̯ilant] *nt* Milan

Mail·box <-, -en> ['me:lbɔks] *f* INFORM mailbox; **seine** ~ **leeren** to empty one's mail box

mai·len ['me:lən] *vt* ■**etw** ~ INET *(fam)* to [e-]mail, to email

Mai·ling <-[s]> ['me:lɪŋ] *nt kein pl* ❶ ÖKON mailshot
❷ INFORM e-mail *no pl,* electronic mail *no pl*

Mail·or·der <-> ['me:lʔɔrdɐ] *f kein pl* ÖKON mail order **Mail·pass·wort**^RR^ ['me:l-] *nt* INFORM mail password **Mail·pro·gramm** ['me:l-] *nt* INFORM mail program **Mail·ser·ver** <- -s, - -> ['me:lsə:və] *m* INFORM mail server **Mail·sys·tem** ['me:l-] *nt* INFORM mail

Main <-, -[e]s> ['ma̯in] *m* the River Main, the Main river

Main·frame <-, -s> ['me:nfre:m] *nt* INFORM main frame

Main·hat·tan <-s> [ma̯in'hætən] *nt kein pl (hum sl)* Mainhattan *(nickname for Frankfurt am Main, coined because its skyline is reminiscent of that in Manhattan)* **Main·stream** <-s> ['me:nstri:m] *m kein pl (Geschmack der Gesellschaftsmehrheit)* the mainstream; ~**-Kultur** mainstream culture

Mainz <-> ['ma̯ints] *nt* Mainz

Mais <-es, -e> ['ma̯is, *pl* 'ma̯izə] *m* ❶ *(Anbaupflanze)* maize *no pl* BRIT, corn *no pl* AM
❷ *(Maisfrucht)* sweet corn

Mais·an·bau *m* cultivation of maize [*or* AM corn] *no pl* **Mais·brot** *nt* corn bread

Mai·sche <-, -n> ['ma̯iʃə] *f (fachspr)* ❶ *(gekelterte Trauben)* must
❷ *(bei Bier-/Spiritusherstellung)* mash

Mais·feld *nt* maize field BRIT, cornfield AM **mais·gelb** *adj* bright yellow **Mais·keim·öl** *nt kein pl* cornseed [*or* maize germ] oil **Mais·kol·ben** *m* corncob **Mais·korn** *nt* grain of maize [*or* AM corn] **Mais·mehl** *nt* cornflour BRIT, cornstarch AM **Mais·stär·ke** *f* maize [*or* AM corn] starch **Mais·stau·de** *f* maize [*or* AM corn] bush **Mais·züns·ler** [-tsʏnzlɐ] *m* ZOOL corn borer

Ma·jes·tät <-, -en> [majɛs'tɛ:t] *f* ❶ *(Titel)* Majesty; **Kaiserliche/Königliche** ~ Imperial/Royal Majesty; **Seine/Ihre/Eure** [*o* **Euer**] ~ His/Her/Your Majesty
❷ *kein pl (geh: Erhabenheit, Würde)* majesty; **die** ~ **der Alpen** the majesty of the Alps; **etw strahlt** ~ **aus** sth has majesty

ma·jes·tä·tisch [majɛs'tɛ:tɪʃ] **I.** *adj* majestic
II. *adv* majestically

Ma·jo <-, -s> ['ma:jo] *f (sl) kurz für* **Majonäse** mayo *fam*

Ma·jo·nä·se <-, -n> [majo'nɛ:zə] *f* mayonnaise, mayo *fam*

Ma·jor(in) <-s, -e> [ma'jo:ɐ̯] *m(f)* major

Ma·jo·ran <-s, -e> ['ma:joran] *m* marjoram

ma·jo·ri·sie·ren* [majori'zi:rən] *vt (geh: überstimmen und beherrschen)* ■**jdn** ~ to outvote sb

Ma·jo·ri·sie·rung <-, -en> *f* BÖRSE oversubscribing, stagging

Ma·jo·ri·tät <-, -en> [majori'tɛ:t] *f (geh: Mehrheit)* majority *no pl;* **die** ~ **haben** to have a majority, to be in the majority

Ma·jo·ri·täts·be·schluss^RR^ *m (Mehrheitsbeschluss)* majority decision **Ma·jo·ri·täts·prin·zip** *nt (Mehrheitsprinzip)* principle of majority rule **Ma·jo·ri·täts·wahl** *f kein pl,* **Ma·jorz** <-es> [ma'jɔrts] *m kein pl* SCHWEIZ *(Mehrheitswahl)* majority vote

ma·ka·ber [ma'ka:bɐ] *adj* macabre

Ma·ka·ke <-n, -n> [ma'ka:kə] *m* ZOOL macaque

MAK-Bi·lan·zen [ɛma:'ka:-] *pl* POL *updated list of harmful products and substances*

Ma·ke·do·ni·en <-s> [make'do:ni̯ən] *nt s.* **Mazedonien**

Ma·ke·do·ni·er(in) <-s, -> [make'do:ni̯ɐ] *m(f) s.* **Mazedonier**

ma·ke·do·nisch [make'do:nɪʃ] *adj s.* **mazedonisch**

Ma·ke·do·nisch [make'do:nɪʃ] *nt dekl wie adj s.* **Mazedonisch**

Ma·ke·do·ni·sche <-n> *nt s.* **Mazedonische**

Ma·kel <-s, -> ['ma:kl̩] *m* ❶ *(Schandfleck)* blemish, stigma; **ein** ~ **auf jds [blütenreiner] Weste** to blot one's copybook; **an jdm haftet ein** ~ a black mark against sb's name; **jdm haftet ein** ~ **an** *(geh)* sb's reputation is tarnished
❷ *(Fehler)* flaw; **ohne** ~ flawless; **an jdm ist kein** ~ sb's behaviour [*or* AM -or] is beyond reproach

Mä·ke·lei <-, -en> [mɛ:kə'la̯i] *f (pej)* ❶ *kein pl (Nör-*

gelei) moaning *no pl,* whing[e]ing *no pl* BRIT *fam,* whining *no pl fam*
❷ *(mäkelnde Äußerung)* moan

ma·kel·los *adj* ❶ *(untadelig)* unblemished, untainted, untarnished; **einen ~en Ruf haben** to have an unblemished [*or* untarnished] reputation; **ein ~es Zeugnis** an impeccable report
❷ *(fehlerlos)* perfect; **eine ~e Aussprache/Haut/Figur haben** to have perfect pronunciation/skin/a perfect figure; *(vollkommen)* completely; **etw ist ~ rein** sth is absolutely pure

Ma·kel·lo·sig·keit <-> *f kein pl* ❶ *(Untadeligkeit)* impeccability *no pl*
❷ *(Fehlerlosigkeit)* perfection, flawlessness *no pl*

ma·keln ['ma:kl̩n] **I.** *vt* ■**etw ~** to deal in sth; **er makelt Häuser** he is an agent for houses
II. *vi* to act as a broker

mä·keln ['mɛ:kl̩n] *vi (pej fam)* to moan [*or fam* whinge] [about sth]; ***sie hatte immer etwas zu ~*** she always had sth to carp at

Make-up <-s, -s> [me:k'ʔap] *nt* make-up *no pl;* **ein tadelloses/scheußliches ~ tragen** to wear perfect/awful make-up

Make-up-Ent·fer·ner ['me:kʔap-, me:k'ʔap-] *m* cleanser, makeup remover **Make-up-Grund·la·ge** [me:k'ʔap-] *f* make-up base **Make-up-Set** [me:k'ʔapʔzɛt] *nt* make-up kit

Mak·ka·ro·ni [maka'ro:ni] *pl* macaroni

Mak·ler(in) <-s, -> ['ma:klɐ] *m(f)* broker; *(Immobilienmakler)* estate agent BRIT, realtor AM

Mäk·ler(in) <-s, -> ['mɛ:klɐ] *m(f) (pej fam)* moaner, whinger BRIT *fam,* whiner *fam*

Mak·ler·ab·schluss[RR] *m* JUR brokerage [*or* broker's] contract **Mak·ler·bü·ro** *nt* HANDEL broker's office **Mak·ler·fir·ma** *f* HANDEL brokerage [business] **Mak·ler·ge·bühr** *f* brok[er]age *no pl; (für Immobilien)* agent's commission [*or* fee] **Mak·ler·ge·setz** *nt* JUR law of agency **Mak·ler·lohn** *m* ÖKON brokerage **Mak·ler·ver·trag** *m* HANDEL brokerage [*or* broker's] agreement, contract of brokerage

Ma·kra·mee <-[s], -s> [makra'me:] *nt* macramé

Ma·kre·le <-, -n> [ma'kre:lə] *f* mackerel

Ma·kro <-s, -s> ['ma:kro] *m o nt* INFORM *kurz für* **Makrobefehl** macro, macro-command

Ma·kro·auf·ruf *m* INFORM macro-call **Ma·kro·be·fehl** *m* INFORM macro-command **ma·kro·bi·o·tisch** [makro'bi̯o:tɪʃ] *adj* macrobiotic; **~e Kost** macrobiotic food; ■**sich** *akk* **~ ernähren** to eat macrobiotic food, to stick to a macrobiotic diet **Ma·kro·da·tei** *f* INFORM macro file **Ma·kro·kli·ma** ['ma:krokli:ma] *nt* macroclimate **ma·kro·kos·misch** ['ma:krokɔsmɪʃ] *adj* macrocosmic **Ma·kro·kos·mos** ['ma:krokɔsmɔs] *m* macrocosm **Ma·kro·lid** <-s, -e> [makro'lɪt] *nt* PHARM macrolide **Ma·kro·mo·le·kül** ['ma:kromoleky:l] *nt* BIOL macromolecule **ma·kro·mo·le·ku·lar** [makromoleku'la:ɐ̯] *adj* macromolecular

Ma·kro·ne <-, -n> [ma'kro:nə] *f* KOCHK macaroon

Ma·kro·öko·no·mie *f* macroeconomics + *sing vb* **ma·kro·öko·no·misch** *adj inv* macroeconomic **Ma·kro·pro·gramm** *nt* INFORM macro program **Ma·kro·struk·tur** ['ma:kroʃtruktu:ɐ̯] *f (fachspr)* macrostructure **ma·kro·tex·tu·ell** ['ma:krotɛkstu̯ɛl] *adj* macrotextual **Ma·kro·vi·rus** *m* INFORM macro virus **makrozephal** [makrotse'fa:l] *adj* MED macrocephalic, macrocephalous **Makrozephalie** [makrotsefa'li:] *f* MED macrocephaly *no pl*

Ma·ku·la·tur <-, -en> [makula'tu:ɐ̯] *f* waste paper; **Akten als ~ einstampfen** to pulp files to waste paper
►WENDUNGEN: **~ reden** *(fam)* to talk nonsense [*or* BRIT *fam* rubbish]

Ma·ku·la·tur·an·fall *m* TYPO waste rate **Ma·ku·la·tur·pa·pier** *nt* set off paper, slip sheets *pl*

ma·ku·lie·ren* [maku'li:rən] *vt* ■**etw ~** to pulp sth

mal[1] ['ma:l] *adv* ❶ MATH multiplied by, times; ***drei ~ drei ergibt neun*** three times three is nine
❷ *(eben so)* **gerade ~** *(fam)* only; ***sie war gerade ~ zwölf, als sie das Elternhaus verlassen musste*** she had just turned twelve when she had to leave her parents' home

mal[2] [ma:l] *adv (fam) kurz für* **einmal**

Mal[1] <-[e]s, -e *o nach Zahlwörtern* -> [ma:l] *nt (Zeitpunkt)* time; **ein anderes ~** another time; **einige/etliche ~e** sometimes/very often; **ein/kein einziges ~** once/not once; **das erste ~** the first time; ***einmal ist immer das erste ~*** there's always a first time; **beim ersten/zweiten/letzten/ ... ~** the first/second/last/ ... time; **zum ersten/letzten ~** for the first/last time; **das letzte ~** the last time; **ein letztes ~** *(geh)* one last time; **mehrere ~e** several times; **das nächste ~** [the] next time; **nächstes ~** next time; **bis zum nächsten ~!** see you [around]!; **das soundsovielte** [*o* **x-te**] **~** *(fam)* the millionth time; **voriges ~** last time; **das vorige ~** [the] last time, on a number of occasions; **zum wiederholten ~[e]** over and over again, repeatedly; **das wie vielte ~?** how many times? [*or* often?]; **[für] dieses ~** this time; ***dieses ~ werde ich ein Auge zudrücken*** this time I'll turn a blind eye; **~ für ~** again and again; **von ~ zu ~** increasingly; ***er wird von ~ zu ~ besser*** he gets better every time [I see him]; **[nur] das** [*o* **dieses**] **eine ~!** just this once; **das eine oder andere ~** from time to time, now and again; **ein für alle ~e** *(fig)* once and for all; **mit einem ~[e]** *(fig)* all of a sudden

Mal[2] <-[e]s, -e *o* Mäler> ['ma:l, *pl* 'mɛ:lɐ] *nt* mark
❶ <*pl* -e> *(Hautverfärbung)* mark; *(Muttermal)* birthmark
❷ <*pl* Mäler> *(geh: Denkmal)* memorial, monument; **ein ~ errichten** to erect a monument
❸ <*pl* -e> SPORT *(Feldmarkierung)* mark

ma·la·d(e) [ma'la:t, ma'la:də] *adj (selten fam)* sick, ill, unwell; **sich** *akk* **~ fühlen** to feel ill

Ma·lai·isch [ma'lai̯ɪʃ] *nt dekl wie adj* Malay[an]

Ma·lai·ische <-n> *nt* ■**das ~** Malay[an], the Malay[an] language

Ma·lai·se <-> [ma'lɛzə] *f o* SCHWEIZ *nt kein pl (geh: unbefriedigende Situation)* malaise

Ma·la·ria <-> [ma'la:ri̯a] *f kein pl* malaria; **~ bekommen** to come down with malaria

Ma·la·ria·mit·tel *nt* medicine for malaria, antimalarial

Ma·la·wi <-s> [ma'la:vi] *nt* Malawi

Ma·la·wi·er(in) <-s, -> [ma'la:vi̯ɐ] *m(f)* Malawian

ma·la·wisch [ma'la:vɪʃ] *adj* Malawian

Ma·lay·sia <-s> [ma'lai̯zi̯a] *nt* Malaysia

Ma·lay·si·er(in) <-s, -> [ma'lai̯zi̯ɐ] *m(f)* Malaysian

ma·lay·sisch [ma'lai̯zɪʃ] *adj* Malayan

Mal·buch *nt* colouring [*or* AM coloring] book

Ma·le·di·ven <-> [male'di:vn̩] *pl* ■**die ~** the Maldives *npl,* the Maldive Islands *pl*

Ma·le·di·ver(in) <-s, -> *m(f)* Maldivian

ma·le·di·visch *adj* Maldivian

ma·len ['ma:lən] **I.** *vt* ❶ *(ein Bild herstellen)* to paint; **ein Bild/Porträt ~** to paint a picture/portrait; **Schilder ~** to paint signs; **einen Hintergrund ~** to paint a background; *(künstlerisch darstellen)* paint; ■**jdn/etw ~** to paint sb/sth; **eine Landschaft ~** to paint a landscape; **jdn in Öl ~** to paint sb in oils; ■**sich** *akk* **~ lassen** to have one's portrait painted; **Figuren schwarz und weiß ~** *(fig)* to interpret figures as black or white [*or* good or evil]
❷ DIAL *(anstreichen)* to paint; ■**etw ~** to paint sth; **die Wände ~** to paint the walls
❸ *(schminken)* to paint; **sich** *dat* **die Nägel/Lippen ~** to paint one's nails/lips
II. *vi* to paint; ***in meiner Freizeit male ich*** I paint in my free time; ***wo haben Sie das M~ gelernt?*** where did you learn to paint?
III. *vr (geh: widerspiegeln)* ■**etw malt sich auf etw** *dat* to suffuse sth; ***auf ihrem Gesicht malte sich das blanke Entsetzen*** total horror was mirrored on her face

Ma·ler(in) <-s, -> ['ma:lɐ] *m(f)* ❶ *(Künstler)* painter, artist
❷ *(Anstreicher)* painter

Ma·le·rei <-, -en> [malə'rai̯] *f* ❶ *kein pl (das Malen als Gattung)* painting; **moderne/zeitgenössische ~** modern/contemporary painting; **sich** *akk* **mit der ~ beschäftigen** to be interested in painting[s]
❷ *meist pl (gemaltes Werk)* paintings *pl,* picture; **die ~en eines Meisters** the work of a master painter

Ma·ler·far·be *f* paint **Ma·ler·ge·schäft** <-[e]s, -e> *nt bes* SCHWEIZ *(Handwerksbetrieb eines selbständigen Malers)* painting company

ma·le·risch *adj* ❶ *(pittoresk)* picturesque; **ein ~er Anblick** a picturesque view; **~ gelegen sein** to be located in a picturesque place
❷ *(die Malerei betreffend)* artistic; **eine ~e Interpretation/Sichtweise** an artistic interpretation/impression; **ein ~es Genie** an artistic genius

Ma·ler·meis·ter(in) <-s, -> *m(f)* master painter [and decorator]

Ma·le·sche <-, -n> [ma'lɛʃə] *f* NORDD *(fam)* problems *pl,* trouble *sing*

Mal·heur <-s, -s *o* -e> [ma'lø:ɐ̯] *nt* mishap; **das ist doch kein ~!** it's not the end of the world!; **jdm passiert ein [kleines] ~** sb has a [slight] mishap

Ma·li <-s> ['ma:li] *nt* Mali

Ma·li·er(in) <-s, -> ['ma:li̯ɐ] *m(f)* Malian

ma·li·gne [ma'lɪgnə] *adj* MED *(bösartig)* malignant

Ma·li·kit <-en, -en> [mali'ki:t] *m* REL Malikite

ma·lisch ['ma:lɪʃ] *adj* Malian

ma·li·zi·ös [mali'tsi̯ø:s] *adj (geh)* malicious

Mal·kas·ten *m* paint box

Mal·lor·ca [ma'jɔrka] *nt* Mallorca

mal·lor·qui·nisch [majɔr'ki:nɪʃ] *adj inv* Majorcan

mal|neh·men ['ma:lne:mən] *vt irreg (fam)* ■**etw mit etw** *dat* **~** to multiply sth by sth; ■**das ~** multiplication *no pl; s. a.* **multiplizieren**

Ma·lo·che <-> [ma'lo:xə] *f kein pl (sl)* [hard] work

ma·lo·chen* [ma'lo:xn̩] *vi (sl)* to slog [*or* slave] away; **auf dem Bau ~** to slave away on the building site

Ma·lo·cher(in) <-s, -> [ma'lɔxɐ, ma'lo:xɐ] *m(f)* ÖKON, SOZIOL *(sl)* grafter; **die ~** 'the workers'

Mal·pro·gramm *nt* INFORM paint program **Mal·stift** *m* crayon **Mal·strom** *m (liter)* maelstrom

Mal·ta ['malta] *nt* Malta

Mal·tech·nik *f* [painting] technique

Mal·te·ser <-s, -> [mal'te:zɐ] *m* ❶ *(Bewohner Maltas)* Maltese + *sing/pl vb*
❷ *(Angehöriger des Malteserordens)* Knight of Malta
❸ *pl (Malteserorden)* Order of the Knights of Malta

Mal·te·ser·kreuz *nt* REL, TECH Maltese cross **Mal·te·ser·or·den** *m* the Order of the Knights of Malta

Mal·te·sisch [mal'te:zɪʃ] *nt dekl wie adj* Maltese

mal·te·sisch [mal'te:zɪʃ] *adj inv* GEOL Maltese

Mal·te·si·sche <-n> *nt* ■**das ~** Maltese, the Maltese language

Mal·todex·trin *nt* CHEM malto dextrin[e]

Mal·to·se [mal'to:zə] *f* maltose

mal·trä·tie·ren* [maltrɛ'ti:rən] *vt (geh)* ■**jdn ~** to abuse [*or* maltreat] sb

Ma·lus <-ses, - *o* -se> ['ma:lʊs] *m* ❶ *(Prämienzuschlag bei Versicherungen)* extra premium
❷ *(ausgleichender Punktnachteil)* minus point, handicap

Mal·ve <-, -n> ['malvə] *f* BOT mallow, malva

mal·ven·far·ben, mal·ven·far·big ['malvən-] *adj* mauve

Mal·vi·nen [mal'vi:nən] *pl s.* **Falklandinseln**

Malz <-es> ['malts] *nt kein pl* malt

Malz·bier *nt* malt beer **Malz·bon·bon** *nt o m* malt sweet [*or* AM candy] [*or* lozenge]

Mal·zei·chen *nt* MATH multiplication sign

Malz·es·sig *m* malt vinegar **Malz·kaf·fee** *m* malted coffee substitute **Malz·zu·cker** *m* malt sugar

Ma·ma[1] <-, -s> ['mama] *f (fam)* mummy *fam,* mum

Ma·ma[2] <-, -s> [ma'ma:] *f (veraltend geh)* mam[m]a *old;* ***grüßen Sie Ihre Frau ~*** my regards to your dear mother

Ma·ma·söhn·chen <-s, -> *nt (pej)* mummy's [*or* AM mama's] boy

Mam·ba <-, -s> ['mamba] *f* ZOOL mamba

Ma·mi <-, -s> ['mami] *f (fam) s.* **Mama**

Mam·ma·kar·zi·nom ['mamakartsino:m] *nt* MED breast cancer

Mam·mo·gra·phie, Mam·mo·gra·fie <-, -n>

[mamogra'fi:, *pl* mamogra'fi:ən] *f* mammography

Mam·mon <-s> ['mamɔn] *m kein pl (pej o hum)* mammon *pej form,* money; **der schnöde ~** the rotten money, filthy lucre

Mam·mut <-s, -s *o* -e> ['mamʊt, 'mamu:t] *nt* mammoth

Mam·mut·baum *m* sequoia, giant redwood **Mam·mut·sit·zung** *f* marathon session **Mam·mut·tour·nee** *f* marathon tour **Mam·mut·ver·an·stal·tung** *f* huge [*or* mammoth] event **Mam·mut·ver·fah·ren** *nt* mammoth trial

mamp·fen ['mampfn̩] *(sl)* **I.** *vt* ■**etw ~** to munch sth; **einen Schokoriegel ~** to munch a bar of chocolate
II. *vi* to munch

man¹ <*dat* einem, *akk* einen> *pron indef* ① *(irgendjemand)* they, one *form,* you; ■**~ tut etw** they/one does [*or* you do] sth; ***das hat ~ mir gesagt*** that's what I was told/they told me; ***~ hätte uns schon viel früher davon informieren müssen*** we should have been informed much sooner
② *(die Leute)* people, they; **das trägt ~ heute so** that's the way it's worn today; **so etwas tut ~ nicht** that just isn't done
③ *(ich)* ***~ tut, was ~ kann*** you do what you can; ***~ versteht sein eigenes Wort nicht*** I can't hear myself think

man² ['man] *adv* NORDD *(fam: nur)* just; **lass ~ gut sein** just leave it alone

Man [mæn] *nt* Isle of Man

Ma·nage·ment <-s, -s> ['mɛnɪtʃmənt] *nt* ① *(Führung und Organisation eines Großunternehmens)* management + *sing/pl vb;* **schlankes ~** *(kompakt und effizient)* lean management
② *(Gruppe der Führungskräfte)* management; **das mittlere ~** the middle management; **dem ~ angehören** to be a member of the board

Ma·nage·ment-Buy-out^RR^, **Ma·nage·ment-Buy·out**^ALT^ <-s> ['mɛnɪtʃmənt'baɪʔaʊt] *nt kein pl* management buy-out, MBO **Ma·nage·ment·feh·ler** ['mɛnɪtʃmənt-] *m* management error

ma·na·gen ['mɛnɪdʒn̩] *vt* ■**etw/jd ~** to manage sth/sb ① *(bewältigen)* to manage; **etw gut ~** to manage sth well; **eine Aufgabe ~** to manage to complete a task; *(organisieren)* to organize
② *(eine Persönlichkeit betreuen)* to manage

Ma·na·ger(in) <-s, -> ['mɛnɪdʒɐ] *m(f)* manager

Ma·na·ger·be·zü·ge ['mɛnɪdʒɐ-] *pl* manager bonus **Ma·na·ger·krank·heit** ['mɛnɪdʒɐ-] *f kein pl (fam)* stress-related illness; ■**an der ~ leiden** to suffer from stress

manch ['manç] *pron indef, inv* ① *mit ein[e] + subst (einige/viele)* many a, many; ***so ~ ein Kind hat Probleme in der Schule*** many children have problems at school
② *mit substantiviertem adj (viel)* many ... things; **~ anderer** many others; **~ eine(r)** *(einige)* many
③ *mit adj und subst im sing (viele)* many a, many; ***~ großes Unrecht wird nie geahndet*** many a wrong goes/many wrongs go unpunished

man·che(r, s) *pron indef* ① *adjektivisch, mit pl (einige)* many, some; ***~ Menschen sind einfach klüger als andere*** some people are simply cleverer than others
② *adjektivisch, mit sing* a lot of, many a; ***~s Los ist schwer zu ertragen*** many lots are difficult to endure
③ *adjektivisch, mit substantiviertem adj* many [*or* a lot of] ... things, quite a few; **~s Gute** much good
④ *substantivisch (einiges, vieles)* many + *pl vb;* ***ich habe viele Freunde, aber ~ sehe ich nur selten*** I have a lot of friends, but some [of them] I only see rarely; **~ Menschen** many people; *(bei Dingen)* many [things]; **in ~m** *(in einigem)* in many respects, in much [*or* many] of; ***in ~m sieht man keinen Sinn*** some things make no sense
⑤ *substantivisch (viele/einige Dinge)* ■**~s** much/many, a lot of; ***es gibt ~s zwischen Himmel und Erde, was man sich nicht erklären kann*** there are many things between heaven and earth that cannot be explained
⑥ *substantivisch (nicht wenige)* ■**~r, der/~, die** many people [*or* a person] who; ***~ von meinen Schulfreunden sind heute schon tot*** many of my school friends have already passed away
⑦ *substantivisch* ■**~s, was** much [*or* a lot] of what; ***ich habe schon ~s bereut, was ich im Leben gesagt habe*** I have come to regret a lot of the things I've said during my lifetime

man·chen·orts *adv s.* **mancherorts**

man·cher·lei ['mançɐ'laɪ] ① *inv, adjektivisch (dieses und jenes)* all sorts of, various; **~ Ursachen** all sorts of causes
② *substantivisch (Verschiedenes)* many things, various; ***ich könnte ~ über ihn sagen*** I could say a lot of things about him

man·cher·or·ten ['mançɐ'ʔɔrtn̩], **man·cher·orts** ['mançɐ'ʔɔrts] *adv (geh)* here and there; ***~ leben die Menschen noch wie vor hundert Jahren*** in some places, people still live as they used to one hundred years ago

manch·mal ['mançma:l] *adv* ① *(gelegentlich)* sometimes
② SCHWEIZ *(oft)* often

Man·dant(in) <-en, -en> [man'dant] *m(f) (fachspr)* client

Man·da·rin <-s, -e> [manda'ri:n] *m* mandarin

Man·da·ri·ne <-, -n> [manda'ri:nə] *f* mandarin

Man·dat <-[e]s, -e> [man'da:t] *nt* ① *(Abgeordnetensitz)* seat; **ein ~ gewinnen** to win a seat; **sein ~ niederlegen** to resign [*or* give up] one's seat
② *(Auftrag eines Juristen)* mandate; **ein ~ übernehmen** to take over a mandate; *(Auftrag eines Abgeordneten)* mandate; **imperatives ~** POL fixed mandate; **ein politisches ~** a political mandate

Man·dats·ge·biet *nt* mandated territory, mandate **Man·dats·trä·ger(in)** *m(f)* mandate holder; *(im Parlament, Versammlung)* member of parliament, deputy

Man·del¹ <-, -n> ['mandl̩] *f* almond; **gebrannte ~n** sugared, roasted almonds; **bittere/süße ~n** bitter/sweet almonds

Man·del² <-, -n> ['mandl̩] *f meist pl* ANAT tonsils *pl;* **entzündete ~n** inflamed tonsils; **die ~n herausbekommen** *(fam)* to have one's tonsils removed

Man·del·au·gen *pl (geh)* almond-shaped eyes **man·del·äu·gig** *adj (geh)* almond-eyed **Man·del·baum** *m* almond tree **Man·del·brot·men·ge** *f* MATH Mandelbrot set **Man·del·ent·zün·dung** *f* tonsillitis *no art, no pl;* **eine ~ haben** to have tonsillitis **man·del·för·mig** *adj* almond-shaped **Man·del·kern** *m s.* **Mandel¹ Man·del·kleie** *f* almond bran **Man·del·öl** *nt* almond oil **Man·del·ope·ra·ti·on** *f* MED tonsillectomy

Man·do·li·ne <-, -n> [mando'li:nə] *f* mandolin[e]

Man·drill <-s, -e> [man'drɪl] *m* mandrill

Man·dschu·rei <-> [mandʒu'raɪ, mantʃu'raɪ] *f* Manchuria

Ma·ne·ge <-, -n> [ma'ne:ʒə] *f* ring, arena; **~ frei!** clear the ring!

Man·ga <-s, -s> ['maŋga] *nt o m (japanische Comicform)* manga [comic]

Man·gan <-s> [maŋ'ga:n] *nt kein pl* CHEM manganese *no pl*

Man·gan·knol·le *f* GEOL manganese nodule

Man·ge <-, -n> ['maŋə] *f* SCHWEIZ, SÜDD *(Wäschemangel)* mangle

Man·gel¹ <-s, Mängel> ['maŋl̩, *pl* 'mɛŋl̩] *m* ① *(Fehler)* defect, flaw; **anhaftender ~** inherent imperfection; **mit Mängeln behaftet sein** to be full of flaws; **offene Mängel** patent defects; **schwer wiegender/verborgener ~** serious/concealed [*or* latent] defect; **technische Mängel** technical defects; **einen ~ beseitigen** to remedy [*or* to eradicate] a defect; **einen ~ erkennen** to recognize flaws; **einen ~ feststellen/beheben** to discover/remedy a defect; **für einen ~ haften** to be liable [*or* to warrant] for a defect
② *kein pl (Knappheit)* lack, shortage; **es besteht** [*o* **herrscht**] **~ an etw** *dat* there is a lack of sth; **~ an Arbeitskräften** manpower shortage; **ein ~ an Vitamin C** vitamin C deficiency; **einen ~ an Zuversicht haben** to have little confidence; **keinen ~ leiden** to not want for anything
③ JUR defect, deficiency; **wegen ~s** [*o* **aus ~**] **an Beweisen** due to a/the lack of evidence

Man·gel² <-, -n> ['maŋl̩] *f* mangle
▸ WENDUNGEN: **jdn durch die ~ drehen** [*o* **jdn in der ~ haben**] [*o* **jdn in die ~ nehmen**] *(fam)* to grill sb *fam,* to give sb a grilling *fam*

Män·gel·an·spruch *m* HANDEL warranty claim, claim arising from a defect **Män·gel·an·zei·ge** *f* HANDEL notice of defects

Man·gel·be·ruf *m* understaffed profession

Män·gel·be·sei·ti·gung *f* HANDEL remedy of defects **Män·gel·be·sei·ti·gungs·an·spruch** *m* HANDEL claim to have a defect remedied

Män·gel·ein·re·de *f* JUR plea that the goods are defective

Man·gel·er·näh·rung *f* malnutrition, undernourishment **Man·gel·er·schei·nung** *f* deficiency symptom **Man·gel·fol·ge·scha·den** *m* HANDEL consequential harm caused by a defect

män·gel·frei *adj* flawless

Män·gel·frist *f* HANDEL notification period for defects

Män·gel·ge·währ *f* HANDEL express warranty; **ohne ~** with all faults **Män·gel·ge·währ·leis·tung** *f* HANDEL warranty [for defects]

man·gel·haft *adj* ① *(unzureichend)* insufficient, inadequate; **~e Informationen** insufficient information; **eine ~e Leistung** a poor performance; **~e Kenntnisse** limited knowledge *no pl*
② *(zweitschlechteste Schulnote)* poor
③ *(Mängel aufweisend)* faulty; **eine ~e Software** faulty software

Man·gel·haf·tung, Män·gel·haf·tung *f* HANDEL sellers' warranty, liability for defects; **der ~ unterliegen** to be liable for defects

Män·gel·kla·ge *f* JUR action for breach of contract

Man·gel·krank·heit *f* deficiency disease

Män·gel·lis·te *f* HANDEL list of defects

man·geln¹ ['maŋl̩n] *vi* ① *impers (ungenügend vorhanden sein)* ■**es mangelt an etw** *dat* there is a shortage of sth; ***es mangelt vor allem an Lebensmitteln*** above all there is a food shortage; ■**es mangelt [jdm] an etw** *dat* sb does not have enough of sth; **es jdm an nichts ~ lassen** to make sure sb doesn't want for anything; ■**es mangelt jdm an etw** *dat* sb lacks [*or* does not have] sth; ***dir mangelt es an der nötigen Reife*** you do not have the necessary maturity [*or* are too immature]
② *(nicht vorhanden sein)* ■**etw mangelt jdm** sb lacks [*or* does not have] sth; **jdm mangelt der Ernst** sb is not serious enough

man·geln² ['maŋl̩n] *vt (mit der Mangel² glätten)* ■**etw ~** to press sth, to put sth through the mangle

man·gelnd *adj* inadequate, insufficient; ***sein größtes Problem ist sein ~es Selbstvertrauen*** his main problem is his lack of self-confidence

Män·gel·rü·ge *f* ① HANDEL notice of a defect; **unverzügliche ~** immediate notice of defect ② JUR complaint; **eine ~ geltend machen** to lodge a complaint **Män·gel·rü·ge·frist** *f* HANDEL period allowed for filing a notice of defect

man·gels ['maŋl̩s] *präp +gen (geh)* ■**~ einer S.** *gen* due to the lack of sth; **~ Beweise[n]** due to the lack of evidence; **~ Geldes** due to insufficient funds; **~ Masse** JUR no funds; *(nach Konkursanmeldung)* return unsatisfied

Man·gel·scha·den *m* HANDEL deficiency loss **Man·gel·wa·re** *f* scarce commodity; **~ sein** to be a rare commodity **Man·gel·wirt·schaft** *f* economy of short supply

Man·go <-, -s *o* -gonen> ['maŋgo, *pl* -'go:nən] *f* mango

Man·go·baum ['maŋgo-] *m* mango tree

Man·gold <-[e]s, -e> ['maŋgɔlt, *pl* 'maŋgɔldə] *m* Swiss chard

Man·gro·ve <-, -n> [maŋ'gro:və] *f* mangrove

Man·gro·ven·baum *m* mangrove [tree] **Man·gro·ven·wald** *m* mangrove forest

Ma·nie <-, -n> [ma'ni:, *pl* ma'ni:ən] *f* ① *(geh: Besessenheit)* obsession; ***sie hat eine regelrechte Com-***

puter~ she's really obsessed with computers

2 PSYCH mania

Ma·nier <-, -en> [ma'ni:ɐ̯] *f* 1 *kein pl (geh: Art und Weise)* manner, style; **nach deutscher** ~ the way the Germans do it; **nach bewährter** ~ following a tried and tested method; **in der** ~ **Brechts** à la Brecht

2 *pl (Umgangsformen)* manners; **gute/schlechte** ~**en haben** to have good/bad manners; **jdm** ~**en beibringen** to teach sb some manners; **wo sind denn deine** ~**en!** *(fam)* where are your manners?!

ma·nie·riert [mani'ri:ɐ̯t] *adj (pej geh)* affected; **ein** ~**er Stil** an affected style

Ma·nie·ris·mus <-> [mani'rɪsmʊs] *m kein pl* mannerism *no art*

ma·nier·lich [ma'ni:ɐ̯lɪç] *adj (veraltend)* presentable, respectable; ~**es Benehmen** respectable behaviour [*or* AM -or]; *(bei Kindern)* well-behaved; **sich** *akk* ~ **benehmen** to behave properly; ~ **essen** to eat properly

Ma·ni·fest <-[e]s, -e> [mani'fɛst] *nt* 1 *(öffentlich dargelegtes Programm)* manifesto; **das Kommunistische** ~ the Communist Manifesto; **ein** ~ **verfassen** to draw up a manifesto

2 NAUT manifest

Ma·ni·fes·tant(in) <-en, -en> [manifɛs'tant] *m(f)* ÖSTERR, SCHWEIZ demonstrator

Ma·ni·fes·ta·ti·on <-, -en> [manifɛsta'tsi̯o:n] *f* 1 PSYCH, MED manifestation *form*

2 *(öffentliche Bekundung, offensichtlicher Beweis)* demonstration

ma·ni·fes·tie·ren* [manifɛs'ti:rən] *vr (geh)* 1 *(zu Tage treten)* ■**sich** *akk* **in etw** *dat* ~ to become manifest [*or* apparent] in sth, to manifest itself in sth *form*

2 MED, PSYCH *(auftreten)* ■**sich** *akk* **in jdm** ~ *Beschwerden, Symptome etc.* to become manifest in sb

Ma·ni·kü·re[1] <-> [mani'ky:rə] *f kein pl* manicure; ~ **machen** to do a manicure

Ma·ni·kü·re[2] <-, -n> [mani'ky:rə] *f* manicurist

ma·ni·kü·ren* [mani'ky:rən] *vt* ■**jdn/etw** ~ to manicure sb's hands/nails/[sb's] sth, to give somebody's hands/nails/sth a manicure

Ma·ni·kü·re-Set [mani'ky:rəzɛt] *nt* manicure set

Ma·ni·kü·re·stäb·chen <-s, -> [mani'ky:rə-] *nt* orange wood stick, cuticle pusher

Ma·ni·la·kar·ton *m* manila board

Ma·ni·ok <-s, -s> [ma'ni̯ɔk] *m* BOT, AGR manioc, cassava

Ma·ni·pu·la·ti·on <-, -en> [manipula'tsi̯o:n] *f (geh)* 1 *(bewusste Beeinflussung)* manipulation *esp pej*

2 *meist pl (pej: Machenschaften)* manipulation[s *pl*] *esp pej; (Trick)* manoeuvre BRIT, maneuver AM

ma·ni·pu·la·tiv [manipula'ti:f] *adj* manipulative

ma·ni·pu·lier·bar *adj (geh)* manipulable *a. pej;* ~**er Mensch** malleable [*or pej* manipulable] person; **leicht/schwer** ~ **sein** to be easily manipulated [*or* easy to manipulate]/difficult to manipulate *a. pej*

Ma·ni·pu·lier·bar·keit <-> *f kein pl* manipulability *no pl a. pej; Mensch a.* malleability

ma·ni·pu·lie·ren* [manipu'li:rən] **I.** *vt* ■**jdn/etw** ~ to manipulate sb/sth; **jdn geschickt** ~ to handle sb skilfully

II. *vi* ■**an etw** *dat* ~ to tamper with sth; *Wahlergebnisse* to rig sth

Ma·ni·pu·lie·rung <-, -en> *f s.* **Manipulation 1**

ma·nisch ['ma:nɪʃ] *adj* manic; PSYCH maniac[al], manic

ma·nisch-de·pres·siv *adj* MED, PSYCH manic-depressive

Man·ko <-s, -s> ['maŋko] *nt* 1 *(Nachteil)* shortcoming; **ein** [**entscheidendes/großes**] ~ **haben** [*o geh* **aufweisen**] to have a crucial/significant [*or* serious] shortcoming

2 FIN *(Fehlbetrag)* deficit; ~ **machen** *(fam)* to make a loss

Man·ko·haf·tung *f* JUR liability for shortage

Mann <-[e]s, Männer *o* Leute> ['man, *pl* 'mɛnɐ] *m* 1 *(erwachsener männlicher Mensch)* man; ■**Männer** men; *(im Gegensatz zu den Frauen a.)* males; **ein feiner** ~ a [perfect] gentleman; **ein** ~ **von Format/Welt** a man of high calibre [*or* AM -er]/of the world; **ein ganzer** ~ a real [*or* every inch a] man; **junger** ~**!** young man!; **der** ~ **jds Lebens sein** to be sb's ideal man; **ein** ~ **schneller Entschlüsse/der Tat/weniger Worte** a man of quick decisions/of action/of few words; **ein** ~ **aus dem Volk**[**e**] a man of the [common] people; **ein** ~ **von Wort** *(geh)* a man of his word

2 *(Ehemann)* ■**jds** ~ sb's husband [*or fam* man] [*or fam* hubby]; **eine Frau an den** ~ **bringen** *(fam)* to marry off a woman *sep fam or a. pej,* to find a woman a husband; ~ **und Frau werden** *(geh)* to become husband [*or dated* man] and wife; **jds zukünftiger** ~ sb's future husband; **jdn zum** ~ **haben** to be sb's wife

3 *(Person)* man; ***sie kamen mit acht*** ~ [*o fam* ***acht*** ~ ***hoch***] ***an*** eight [of them] arrived; **auf den** ~ **dressiert** *Hund* trained to attack people *pred;* **ein** ~ **vom Fach** an expert; ~ **für** ~ every single one; ~ **gegen** ~ man against man; [**genau**] **jds** ~ **sein** to be [just] sb's man; **der richtige** ~ **am richtigen Ort** the right man for the job; **ein** ~ **der Praxis** a practised [*or* AM -iced] [*or* an old] hand; **pro** ~ per head; **wie ein** ~ as one man

4 NAUT man, hand; **alle** ~ **an Bord!** all aboard!; **alle** ~ **an Deck!** all hands on deck!; **alle** ~ **an die Taue!** all hands heave to!; ~ **über Bord!** man overboard!; **mit** ~ **und Maus untergehen** *(fam)* to go down with all hands

5 KARTEN, SPORT player; **auf den** ~ **spielen** to play the ball at one's opponent

6 *(fam: in Ausrufen)* ~ **Gottes!** God [Almighty]!; ~**!** *(bewundernd)* wow! *fam; (herausfordernd)* hey! *fam;* [**mein**] **lieber** ~**!** *(herrje!)* my God! *fam; (pass bloß auf!)* please!; **o** ~**!** oh hell! *fam;* ~, **o** ~**!** dear[ie] me! *fam,* oh boy! *fam*

▶WENDUNGEN: **der** <u>**böse**</u> [*o veraltend* **schwarze**] ~ the bogeyman [*or* bogyman]; **etw an den** ~ <u>**bringen**</u> *(fam: verkaufen)* to flog sth; *(im Gespräch)* **seine Witze an den** ~ **bringen** to find an audience for one's jokes; **der** <u>**erste**</u> ~ **an der Spritze sein** *(sl)* to be in charge; **ein** <u>**gemachter**</u> ~ **sein** to have got it made *fam;* ~**s** <u>**genug**</u> **sein, etw zu tun** to be man enough to do sth; **der** <u>**kleine**</u> ~ *(fam: einfacher Bürger)* the common [*or* ordinary] man, Joe Bloggs BRIT, John Doe AM; *(sl: Penis)* Johnson *sl,* BRIT *a.* John Thomas *sl;* **einen** <u>**kleinen**</u> ~ **im Ohr haben** *(hum fam)* to have bats in one's belfry *dated fam,* to be crazy *fam;* **der** <u>**kluge**</u> ~ **baut vor** *(prov)* the wise man takes precautions; **der** ~ **im** <u>**Mond**</u> the man in the moon; <u>**selbst**</u> **ist der** ~**!** there's nothing like doing things [*or* it] yourself; **den** <u>**starken**</u> ~ **markieren** [*o* **spielen**] *(sl)* to come [on] [*or* play] the strongman; **seinen/ihren** ~ <u>**stehen**</u> to hold one's own; **der** ~ **auf der** <u>**Straße**</u> the man in the street, Joe Bloggs BRIT, John Doe AM; **ein** ~ **des** <u>**Todes**</u> [*o* **toter** ~] **sein** *(fam)* to be dead meat *fam!* [*or* a dead man]; **den** <u>**toten**</u> ~ **machen** *(beim Schwimmen)* to float [on one's back]; **den** <u>**wilden**</u> ~ **spielen** [*o* **machen**] *(fam)* to rave like a madman *fam;* **ein** ~, **ein** <u>**Wort**</u> an honest man's word is as good as his bond *prov;* ***ein*** ~, ***ein Wort, und so tat er es auch*** and, as good as his word, he did [do] it; *s. a.* **Mannen**

Männ·chen[1] <-s, -> ['mɛnçən] *nt dim von* **Mann** little man *a. pej;* ~ **machen** *Hund, dressiertes Tier* to stand up on its/their hind legs, to [sit up and] beg

Männ·chen[2] <-s, -> ['mɛnçən] *nt (Strichmännchen)* [match]stick man [*or* figure]; ~ **malen** to draw [match]stick men [*or* figures]; *(fig)* to doodle

Männ·chen[3] <-s, -> ['mɛnçən] *nt (männliches Tier)* male; *Vogel a.* cock

Mann·de·ckung *f kein pl* SPORT man-to-man marking [*or* AM defense]

Man·nen ['manən] *pl* 1 HIST men

2 *(tüchtige Mitarbeiter)* men, troops *fam,* BRIT *a.* lads *fam*

Man·ne·quin <-s, -s> ['manəkɛ̃, manə'kɛ̃:] *nt nur fem* [fashion] model

Män·ner ['mɛnɐ] *pl von* **Mann**

Män·ner·be·kannt·schaft *f meist pl* boyfriend, male [*or* man] friend, male acquaintance *euph* **Män·ner·be·ruf** *m* male profession **Män·ner·be·we·gung** *f* ■**die** ~ the men's movement **Män·ner·bund** *m* [all-]male association, brotherhood **Män·ner·bün·de·lei** <-, -en> *f (pej fam)* male intrigue[s *pl*]

män·ner·bünd·le·risch *adj inv* characteristic of all-male associations **Män·ner·chor** *m* male-voice [*or* men's] choir **Män·ner·do·mä·ne** *f* male preserve **män·ner·do·mi·niert** *adj* male-dominated **Män·ner·fang** *m* **auf** ~ [**aus**]**gehen/sein** *(fam)* to go/be looking for a man **Män·ner·ge·schich·ten** *pl* ■**jds** ~ sb's affairs with men

Män·ner·ge·sell·schaft *f* 1 SOZIOL *(vom männlichen Geschlecht dominiertes Gesellschaftssystem)* male-dominated society

2 *(Gesellschaft von, Zusammensein mit Männern)* predominantly male company *no pl;* **in** ~ in the company of men [*or* male company]

Män·ner·hand *f* ■**eine** ~ a man's hand **Män·ner·hass**[RR] *m* hatred of men, misandry *spec* **Män·ner·klei·der** *pl* men's clothing *no pl* **Män·ner·krank·heit** *f (fam o veraltend: Prostataerkrankung)* prostate trouble **Män·ner·lei·den** *nt* illness/complaint afflicting men **Män·ner·mann·schaft** *f* SPORT men's team **män·ner·mor·dend** *adj (hum fam)* man-eating *hum* **Män·ner·or·den** *m* REL male [*or* men's] order **Män·ner·rie·ge** <-, -n> *f* SPORT SCHWEIZ *(Männermannschaft)* men's team **Män·ner·sa·che** *f* man's affair [*or* business]; *(Fachgebiet)* male preserve; *(Arbeit)* man's job **Män·ner·schreck** *m kein pl (hum fam: nicht charmante Frau)* shrew, *bes* AM ballbreaker **Män·ner·stim·me** *f (männliche Stimme)* man's [*or* male] voice; **eine raue** ~ a gruff male voice; MUS male voice **Män·ner·treu** <-, -> *f* BOT speedwell, veronica **Män·ner·über·schuss**[RR] *m* surplus of men

Män·ner·welt *f* 1 *(hum fam: Männer im Allgemeinen)* men *pl*

2 SOZIOL *(von Männern dominierte Gesellschaft/Gruppe)* male-dominated society/group

Man·nes·al·ter *nt* ■**das** ~ manhood *no art;* **im besten** ~ **sein** to be in one's prime [*or* in the prime of [one's] life [*or* manhood]] **Man·nes·kraft** <-> *f kein pl (veraltend)* virility

mann·haft **I.** *adj* brave, valiant; ~**er Widerstand** stout resistance

II. *adv* bravely, valiantly; ~ **Widerstand leisten** to put up [a] stout resistance

Mann·haf·tig·keit <-> *f kein pl* valour [*or* AM -or]

man·nig·fach ['manɪçfax] *adj attr (geh)* multifarious *form,* manifold *liter*

man·nig·fal·tig ['manɪçfaltɪç] *adj (geh) s.* **vielfältig**

Man·nig·fal·tig·keit <-> *f kein pl (geh) s.* **Vielfältigkeit**

män·nig·lich ['mɛnɪklɪç] *adj* SCHWEIZ *(o veraltet: man)* ~ ***hatte damit gerechnet, dass ...*** you would have thought that ...

Männ·lein <-s, -> ['mɛnlain] *nt dim von* **Mann** little man, midget, man[n]ikin; ~ **und Weiblein** *(hum fam)* boys and girls *hum*

männ·lich ['mɛnlɪç] *adj* 1 *(des Mannes)* male; **die** ~**en Drüsen** the glands of the male; **ein** ~**er Vorname** a man's/boy's name

2 *(für den Mann typisch)* male; **ein** ~**er Duft/eine** ~**e Erscheinung** a masculine scent/appearance

3 *(mannhaft)* manly

4 *(maskulin)* masculine; **eine** ~**e Frau** a masculine [*or pej* mannish] woman

5 LING, LIT masculine

6 BOT, ZOOL male; **das** ~**e Tier** the male [animal]; ~**e Pflanzen** male [*or spec* staminate] plants

Männ·lich·keit <-> *f kein pl* manliness *no pl,* masculinity *no pl*

Männ·lich·keits·ri·tu·al *nt* SOZIOL manhood ritual; **sich** *akk* **einem** ~ **unterziehen** to undergo a manhood ritual, to prove one's manhood

Manns·bild *nt* SÜDD, ÖSTERR *(fam)* he-man; **ein gestandenes** ~ **sein** to be a fine figure of a man

Mann·schaft <-, -en> *f* 1 SPORT team

❷ *(Schiffs- o Flugzeugbesatzung)* crew
❸ *(Gruppe von Mitarbeitern)* staff + *sing/pl vb;* **vor versammelter ~** in front of the staff; *(vor aller Augen)* in front of everyone
❹ *pl* MIL enlisted men

Mann·schafts·füh·rer(in) *m(f)* SPORT team captain **Mann·schafts·geist** *m kein pl* team spirit *no pl* **Mann·schafts·kampf** *m* team sport **Mann·schafts·ka·pi·tän** *m* SPORT team captain **Mann·schafts·raum** *m* crew's quarters *pl* **Mann·schafts·sport** *m* team sport **Mann·schafts·trans·port·fahr·zeug** *nt* RAUM crew transport vehicle, CTV **Mann·schafts·wa·gen** *m der Polizei* police van; MIL troop [*or* personnel] carrier; *(beim Radrennen)* team car **Mann·schafts·wer·tung** *f* team holdings *pl* **Mann·schafts·wett·be·werb** *m* team competition **Mann·schafts·zeit·fah·ren** *nt* team time trials *pl*

manns·hoch *adj* [as] tall as a man *pred,* ≈ six-foot *attr,* ≈ six feet [*or* foot] high/deep *pred* **manns·toll** *adj (pej)* man-crazy *fam,* nymphomaniac

Mann·tag *m* ÖKON man-day, person-day, staff-day **Mann·weib** *nt (pej)* masculine [*or pej* mannish] woman

Ma·no·me·ter¹ <-s, -> [mano'me:tɐ] *nt* TECH pressure gauge

Ma·no·me·ter² [mano'me:tɐ] *interj (fam)* boy oh boy! *fam,* BRIT *a.* Gordon Bennett! *hum fam*

Ma·nö·ver <-s, -> [ma'nø:vɐ] *nt* ❶ MIL manoeuvre BRIT, maneuver AM; **ins ~ gehen** [*o* **ziehen**] to go on manoeuvres
❷ *(das Manövrieren eines Fahrzeugs)* manoeuvre BRIT, maneuver AM; ***das war vielleicht ein ~!*** that took some manoeuvring!
❸ *(pej: Winkelzug)* trick, manoeuvre BRIT, maneuver AM

Ma·nö·ver·kri·tik [ma'nø:vɐkriti:k] *f* ❶ MIL critique of a manoeuvre [*or* AM maneuver] ❷ *(abschließende Besprechung)* inquest, post-mortem *fig fam* **Ma·nö·ver·scha·den** [ma'nø:vɐ-] *m* MIL damage caused by military manoeuvres [*or* AM maneuvers]

ma·nö·vrie·ren* [manø'vri:rən] **I.** *vi* ❶ *(hin und her lenken)* ■ **[mit etw** *dat*] **~** to manoeuvre [*or* AM maneuver] [sth], to handle sth; **mit etw** *dat* **geschickt ~** to handle [*or* manoeuvre] [*or* AM maneuver] sth skilfully
❷ *(meist pej: lavieren)* [**geschickt/vorsichtig**] **~** to manoeuvre [*or* AM maneuver] [cleverly [*or* skilfully] [*or* AM skillfully]/carefully]
II. *vt* ■ **etw** [**aus etw** *dat*/**durch etw** *akk*/**um etw** *akk*/**in etw** *akk*] **~** to manoeuvre [*or* AM maneuver] sth [out of/through/around/into sth]

ma·nö·vrier·fähig [manø'vri:r-] *adj* manoeuvrable BRIT, maneuverable AM **Ma·nö·vrier·fä·hig·keit** *f kein pl* manoeuvrability BRIT, maneuverability AM **ma·nö·vrier·un·fä·hig** *adj* not manoeuvrable [*or* AM maneuverable], disabled

Man·po·wer <-> ['mænpauɐ] *f* manpower

Man·sar·de <-, -n> [man'zardə] *f* ❶ *(Dachzimmer)* mansard
❷ *(Spitzboden)* attic; ■ **auf der ~** in the attic

Man·sar·den·woh·nung *f* attic flat [*or* AM apartment]

Man·schet·te <-, -n> [man'ʃɛtə] *f* ❶ *(Ärmelaufschlag)* [shirt] cuff
❷ MED collar; *Blutdruckmesser* cuff
❸ *(Dichtungsring)* collar, packing *no pl*
▸ WENDUNGEN: **~n haben** *(veraltend fam)* to be scared stupid [*or fam* stiff]; **jd hat ~n vor jdm/etw** *(veraltend fam)* sb/the thought of sth scares the living daylights out of sb *fam,* BRIT *a.* sb/sth puts the wind up sb *fam*

Man·schet·ten·knopf *m* cuff link

Man·ta-Fah·rer ['manta-] *m (pej)* Essex man BRIT

Man·tel <-s, Mäntel> ['mantl̩, *pl* 'mɛntl̩] *m* ❶ *(Kleidungsstück)* coat; *(weit geschnitten)* cloak; *(Wintermantel)* overcoat, greatcoat
❷ TECH sheath, covering; *(Geschossmantel)* jacket, casing
❸ AUTO outer tyre [*or* AM tire], casing
▸ WENDUNGEN: **den ~ des Schweigens über etw** *akk* **breiten** *(geh)* to keep sth under wraps

Män·tel·chen <-s, -> ['mɛntlçən] *nt dim von* **Mantel** little [*or* small] coat, BRIT *a.* coatee
▸ WENDUNGEN: **etw** *dat* **ein ~ umhängen** to cover [*or pej* hush] up sth *sep,* to gloss over sth; **sein ~ nach dem Wind[e] drehen** [*o* **hängen**] [*o* **kehren**] to trim one's sails to the wind, to swim with the tide

Man·tel·fut·ter *nt* [coat] lining **Man·tel·ge·sell·schaft** *f* HANDEL bare-shell company **Man·tel·ge·setz** *nt* JUR omnibus bill [*or* act] **Man·tel·kauf** *m* HANDEL purchase of a corporate shell **Man·tel·knopf** *m* coat button **Man·tel·kra·gen** *m* [coat] collar **Man·tel·mö·we** *f* ORN great black-backed gull **Man·tel·stoff** *m* coat fabric, coating *spec,* overcoating *spec* **Man·tel·ta·rif·ver·trag** *m* ÖKON, POL collection [*or* skeleton] [*or* basic] wage agreement **Man·tel·ta·sche** *f* coat pocket **Man·tel·tier** *nt* ZOOL tunicate **Man·tel·ver·trag** *m* JUR framework agreement **Man·tel·zes·si·on** *f* JUR general [*or* blanket] assignment

Man·tis·se [man'tɪsə] *f* MATH mantissa

Ma·nu·al <-s, -e> [ma'nu̯a:l] *nt* MUS manual

ma·nu·ell [ma'nu̯ɛl] **I.** *adj* manual
II. *adv* manually, by hand

Ma·nu·fak·tur <-, -en> [manufak'tu:ɐ̯] *f* ❶ *(geh)* factory; *(kleiner)* workshop
❷ ÖKON *(hist)* manufactory *hist*

Ma·nu·skript <-[e]s, -e> [manu'skrɪpt] *nt* manuscript; *(geschrieben a.)* MS

Ma·nu·skript·be·rech·nung *f* character count, estimate of volume

Mao·is·mus <-> [mao'ɪsmʊs] *m kein pl* POL Maoism

Ma·o·ri [ma'o:ri] *nt* Maori

Map·pe <-, -n> ['mapə] *f* ❶ *(Schnellhefter)* folder, file
❷ *(Aktenmappe)* briefcase
❸ *(Federmäppchen)* pencil case

Mär <-, -en> [mɛ:ɐ̯] *f (hum)* fairytale, BRIT *a.* fairy story

Ma·ra·bu <-s, -s> ['ma:rabu] *m* ORN marabou

Ma·ra·but <-[s], -[s]> [mara'bu:t] *m (moslemischer geistlicher Führer in Nordafrika)* marabout

Ma·ra·cu·ja <-, -s> [mara'ku:ja] *f* passion fruit

Ma·rä·ne <-, -n> [ma'rɛ:nə] *f* ZOOL whitefish, pollan, freshwater herring

Ma·ra·thon¹ <-s, -s> ['ma:ratɔn] *m* SPORT marathon

Ma·ra·thon² <-s, -s> ['ma:ratɔn] *nt (fig)* marathon

Ma·ra·thon·lauf *m* marathon **Ma·ra·thon·läu·fer(in)** *m(f)* marathon runner **Ma·ra·thon·sit·zung** *f* marathon session **Ma·ra·thon·ver·an·stal·tung** *f* marathon event

Mär·chen <-s, -> ['mɛ:ɐ̯çən] *nt* ❶ *(überlieferte Erzählung)* fairytale; ■ **in ~/im ~** in the fairytales; **„~ aus Tausendundeiner Nacht"** "Tales from the Arabian Nights"
❷ *(Lügengeschichte)* tall [*or* BRIT *a.* fairy] story, fairytale, cock-and-bull story; **erzähl [mir] keine ~!** don't tell me any fairy stories!

Mär·chen·buch *nt* book of fairytales **Mär·chen·er·zäh·ler(in)** *m(f)* teller of fairytales, storyteller **Mär·chen·fi·gur** *f* fairytale figure **Mär·chen·film** *m* film [*or* AM *usu* movie] of a fairytale, fairytale film [*or* AM *usu* movie] **Mär·chen·ge·stalt** *f* figure [*or* character] from a fairytale

mär·chen·haft I. *adj* fantastic, fabulous, fairy-tale *attr*
II. *adv* fantastically, fabulously

Mär·chen·land *nt kein pl* ■ **das ~** fairyland, dreamland, wonderland **Mär·chen·mo·tiv** *nt* subject of fairytale **Mär·chen·on·kel, -tante** *m, f (fam)* teller of fairy tales **Mär·chen·oper** *f* fairytale opera **Mär·chen·prinz, -prin·zes·sin** *m, f* fairy prince *masc,* Prince Charming *masc hum fam,* fairy princess *fem* **Mär·chen·stun·de** *f* [children's] story time **Mär·chen·tan·te** *f (fam)* teller of fairy tales

Mar·der <-s, -> ['mardɐ] *m* marten

Mar·ga·ri·ne <-, -en> [marga'ri:nə] *f* margarine, BRIT *a.* marge *fam*

Mar·ge <-, -n> ['marʒə] *f* ÖKON margin [of profit]

Mar·gen·be·steu·e·rung *f* FIN marginal taxation

Mar·gen·de·ckung ['marʒn̩-] *f* BÖRSE margin coverage

Mar·gen·ge·schäft ['marʒn̩-] *nt* BÖRSE margin business

Mar·ge·ri·te <-, -n> [margə'ri:tə] *f* BOT marguerite, daisy

mar·gi·nal [margi'na:l] *(geh)* **I.** *adj* marginal
II. *adv* marginally; **jdn ~ interessieren** to be of marginal interest to sb

Mar·gi·na·lie <-, -n> [margi'na:li̯ə] *f meist pl* LIT *(Anmerkung zu einer Handschrift)* marginal note, side-notes *pl spec,* marginalia *pl spec*

mar·gi·na·li·sie·ren* [marginali'zi:rən] *vt* SOZIOL *(geh)* ■ **jdn ~** to marginalize sb

Mar·gi·nal·steu·er·satz *m* FIN marginal tax rate

Ma·ria <-[s] *o geh* Mariä, -s> [ma'ri:a, ma'ri:ɛ] *f* ❶ *(Mutter Gottes)* Mary; **Mariä Empfängnis** the Immaculate Conception; **Mariä Geburt** [the] Nativity of Mary; **Mariä Heimsuchung** the visitation of Mary; **Mariä Himmelfahrt** Assumption; **Mariä Verkündigung** the Annunciation, Annunciation [*or esp* BRIT Lady] Day; **die Heilige ~** Holy Mary
❷ *(Bildnis, Statue)* ■ **eine ~** [**sein**] [to be] a painting/statue of the Virgin Mary

Ma·ri·a·nen·gra·ben [ma'ri̯a:nən-] *m* GEOG Marianas Trench

Ma·ri·di-Vi·rus [ma'ri:di'ʔvi:rʊs] *nt* MED *s.* **Ebola-Virus**

Ma·ri·en·bild *nt* picture of the Virgin Mary **Ma·ri·en·kä·fer** *m* ZOOL ladybird BRIT, ladybug AM **Ma·ri·en·ka·pel·le** *f* ■ **die ~** the Lady Chapel **Ma·ri·en·kult** *m* ■ **der ~** the cult of the Virgin Mary, Mariolatry *spec* **Ma·ri·en·sta·tue** *f* statue of the Virgin Mary **Ma·ri·en·ver·eh·rung** *f* ■ **die ~** the adoration [*or* veneration] of the Virgin Mary, hyperdulia *spec*

Ma·ri·hu·a·na <-s> [mari'hu̯a:na] *nt kein pl* marijuana *no pl,* marihuana *no pl*

Ma·ril·le <-, -n> [ma'rɪlə] *f* ÖSTERR apricot

Ma·ri·na·de <-, -n> [mari'na:də] *f* ❶ *(Soße zum Einlegen)* marinade
❷ *(marinierter Fisch)* marinated [*or* marinaded]/pickled fish

Ma·ri·na·den·öl *nt* marinading oil

Ma·ri·ne <-, -n> [ma'ri:nə] *f* NAUT, MIL navy; ■ **bei der ~** in the navy

Ma·ri·ne·at·ta·ché [-ata'ʃe:] *m* naval attaché **ma·ri·ne·blau** *adj* navy blue **Ma·ri·ne·flie·ger(in)** *m(f)* naval pilot **Ma·ri·ne·in·fan·te·rie** *f* marines *pl* **Ma·ri·ne·of·fi·zier** *m* naval officer **Ma·ri·ne·stütz·punkt** *m* naval base **Ma·ri·ne·uni·form** *f* navy uniform

ma·ri·nie·ren* [mari'ni:rən] *vt* ■ **etw ~** to marinate [*or* marinade] sth; **marinierte Heringe** pickled herrings

Ma·ri·o·net·te <-, -n> [mari̯o'nɛtə] *f* marionette, puppet *a. fig*

Ma·ri·o·net·ten·büh·ne *f* puppet show **Ma·ri·o·net·ten·re·gie·rung** *f (pej)* puppet government *pej* **Ma·ri·o·net·ten·schnur** *f* [puppet] string **Ma·ri·o·net·ten·spie·ler(in)** *m(f)* puppeteer **Ma·ri·o·net·ten·the·a·ter** *nt* puppet theatre [*or* AM -er]

ma·ri·tim [mari'ti:m] *adj* maritime

Mark¹ <-, - *o hum* Märker> ['mark, *pl* 'mɛrkɐ] *f* HIST mark; **Deutsche ~** German mark, deutschmark; ***das ist keine müde ~ wert*** it isn't worth a penny; **jede [müde] ~ umdrehen** [*o* **mit jeder [müden] ~ rechnen] müssen** *(fam)* to think twice before spending anything; **die** [*o* **eine**] **schnelle ~ [machen]** *(fam)* to [make] a fast [*or* quick] [*or* an easy] buck *fam;* ***sie lieben schnelle Autos und die schnelle ~*** they love fast cars and nice little earners *fam*

Mark² <-[e]s> ['mark] *nt kein pl* ❶ *(Knochenmark)* marrow; **etw geht jdm durch ~ und Bein** *(hum fam)* sth goes right through sb, sth sets sb's teeth on edge; **jdn bis aufs ~ aussaugen** to bleed sb dry [*or fam* white]; **bis ins ~** *(fig)* to the core [*or* quick]; **jdm bis ins ~ dringen** [*o* **gehen**] to cut sb to the quick
❷ BOT pith; *(Stängelmark)* pulp

Mark³ <-, -en> ['mark] *f* borderland, march *spec;* **die ~ Brandenburg** the Mark Brandenburg, the

Brandenburg Marches

mar·kant [mar'kant] *adj* ❶ *(hervorstechend)* prominent; **~e Gesichtszüge** [finely] chiselled [*or* AM -eled] features
❷ *(ausgeprägt)* bold; **~er Stil** bold style
❸ *(auffallend)* striking

mark·durch·drin·gend *adj (geh)* bloodcurdling; ***dieser schrille Pfeifton ist wirklich ~!*** this shrill whistle really goes right through you [*or* sets your teeth on edge]

Mar·ke <-, -n> ['markə, *pl* 'markn̩] *f* ❶ *(fam)* stamp; **eine ~ zu 55 Cent** a 55-cent stamp
❷ HANDEL *(Warensorte bestimmten Namens)* brand; ***das ist ~ Eigenbau*** *(hum)* I made it myself; **eingetragene ~** registered trademark; **gut eingeführte ~** popular brand
❸ *(Dienstmarke)* badge
❹ *(Essensmarke)* voucher
❺ SPORT mark; **die ~ von 7 Meter** the 7-metre [*or* AM -er] mark
▸WENDUNGEN: **eine komische ~ [sein]** *(fam)* [to be] a strange [*or pej* weird] one

Mar·ken·ar·ti·kel *m* ÖKON proprietary [*or* branded] article **Mar·ken·ar·tik·ler(in)** *m(f)* ÖKON ❶ *(Vertreter von Markenartikeln)* branded [*or* proprietary] article [*or* good] salesman/saleswoman ❷ *(Hersteller von Markenartikeln)* branded [*or* proprietary] article [*or* good] manufacturer **Mar·ken·but·ter** *f* best quality butter **Mar·ken·ein·füh·rung** *f* ÖKON brand launch **Mar·ken·ein·tra·gung** *f* trademark registration; **gleiche ~ mehrerer Anmelder** concurrent registration **Mar·ken·fab·ri·kat** *nt* ÖKON proprietary [*or* branded] article **Mar·ken·fir·ma** *f* HANDEL established firm **Mar·ken·image** [-ɪmɪtʃ] *nt* HANDEL brand image **Mar·ken·na·me** *m* ÖKON brand [*or* proprietary] name **Mar·ken·phi·lo·so·phie** *f* ÖKON brand philosophy **Mar·ken·pi·ra·te·rie** *f* brand piracy [*or* brand name] **Mar·ken·pro·dukt** *nt* branded product **Mar·ken·recht** *nt* JUR trademark law [*or* right], title to a trademark

Mar·ken·schutz *m* JUR trademark protection, protection of proprietary rights **Mar·ken·schutz·recht** *nt* JUR proprietary right **Mar·ken·schutz·ver·let·zung** *f* JUR infringement of a trademark **Mar·ken·treue** *f kein pl* brand loyalty

Mar·ken·wa·re *f* brand, branded [*or* proprietary] article [*or* good] **Mar·ken·zei·chen** *nt* trademark *a. fig*

Mar·ker ['ma:rkɐ] *m* ❶ LING, BIOL marker
❷ *(Stift zum Markieren von Text)* marker [pen]

Mark·erb·se *f* marrow fat pea **mark·er·schüt·ternd** *adj inv* heart-rending

Mar·ke·ten·der(in) <-s, -> [markə'tɛndɐ] *m(f)* HIST sutler *masc spec,* vivandière *fem spec*

Mar·ke·ten·de·rin <-, -nen> [markə'tɛndərɪn] *f* HIST *fem form von* **Marketender** vivandière *spec*

Mar·ke·ting <-s> ['ma:rkətɪŋ] *nt kein pl* marketing *no pl, no indef art;* **eine neue Strategie des ~s** a new marketing strategy

Mar·ke·ting·fach·mann, -fach·frau *m, f* marketing expert [*or* specialist] **Mar·ke·ting·fir·ma** *f* marketing company **Mar·ke·ting·in·stru·ment** *nt* ÖKON marketing tool **Mar·ke·ting·kam·pa·gne** *f* marketing campaign **Mar·ke·ting·lei·ter(in)** *m(f)* marketing director [*or* manager] **Mar·ke·ting·ma·na·ger, -ma·na·ge·rin** *m, f* marketing manager **Mar·ke·ting-Mix** *m kein pl* HANDEL marketing mix

Mark·graf, -grä·fin <-en, -en> ['markgra:f, -grɛ:fɪn] *m, f* HIST margrave

mar·kie·ren* [mar'ki:rən] **I.** *vt* ❶ *(kennzeichnen)* ■**etw [als etw] ~** to mark sth [as sth]; **etw als falsch/richtig ~** to mark sth wrong/right; **etw durch Unterstreichen ~** to underline [*or* underscore] sth
❷ *(fam)* ■**etw ~** to play sth; **den Dummen/die Dumme ~** to play the idiot, BRIT *a.* to act daft *fam*
❸ PHYS ■**etw ~** to tab [*or* label] sth; ■**markiert** labelled, tagged; **~es Isotop** radioactive tracer, labelled [*or* tagged] atom
II. *vi (fam)* ■**~/nur ~** to put it on/to be just putting it on *fam*

Mar·kier·stift *m* marker pen, highlighter

Mar·kie·rung <-, -en> *f* ❶ *kein pl (das Kennzeichnen)* marking; ■**die ~ einer S.** *gen/***von etw** *dat* marking sth
❷ *(Kennzeichnung)* marking[s *pl*]
❸ INFORM marker

Mar·kie·rungs·li·nie *f* [marking] line **Mar·kie·rungs·pfeil** *m* arrow **Mar·kie·rungs·zei·chen** *nt* sign

mar·kig ['markɪç] *adj* vigorous; **ein ~er Spruch** a pithy saying

mär·kisch ['mɛrkɪʃ] *adj* of/from the Mark Brandenburg *pred*

Mar·ki·se <-, -n> [mar'ki:zə] *f* awning

Mar·ki·sen·stoff *m* awning fabric

Mark·kno·chen *m* marrow bone

Mark·stein *m* milestone **Mark·stück** *nt* HIST [one-]mark piece

Markt <-[e]s, Märkte> ['markt, *pl* 'mɛrktə] *m* ❶ *(Wochenmarkt)* market; **auf den/zum ~ gehen** to go to [the] market; **~ abhalten** to hold [*or* have] a market
❷ *(Marktplatz)* marketplace, market square; ■**am ~** in the marketplace, on the market square; **am ~ wohnen** to live on the marketplace [*or* market square]; **auf dem ~** on the market; **auf den ~ gehen** to go onto the market
❸ ÖKON, FIN market; ***der ~ festigt sich*** the market's steadying; ***vom Käufer/Verkäufer beherrschter ~*** buyer's/seller's market; ■**der ~ für etw** *akk* the sth market, the market for sth; **abgeschwächter/aufnahmefähiger ~** sagging/ready [*or* broad] market; **der Gemeinsame ~ [der EU]** the Common Market; **geregelter ~** regulated market; **gesättigter ~** filled [*or* saturated] market; **geschlossener/offener ~** closed/open market; **der graue ~** the grey [*or* AM gray] market; **Neuer ~** new market; **schrumpfender ~** dwindling [*or* diminishing] market; **der schwarze ~** the black market; **den ~ abtasten** to sound the market; **den ~ beherrschen/drücken** to corner/depress the market; **etw auf den~ bringen** to put sth on [*or* introduce sth into] the market; **auf den ~ gebracht werden** to come on[to] the market; **etw vom ~ nehmen** to take sth off [*or* out of] the market; **einen ~ mit Billigprodukten überschwemmen** to dump cheap products on the market; **den ~ verstimmen** to depress the market; **etw auf den ~ werfen** to throw sth on the market; **auf dem [*o* am] ~** on the market

markt·ab·hän·gig *adj* ÖKON market-based; **~er Prozentsatz** percentage based on market factors **Markt·ab·schot·tung** *f* HANDEL sealing-off the market **Markt·ab·spra·che** *f* HANDEL marketing agreement **Markt·ana·ly·se** *f* ÖKON market analysis

Markt·an·teil *m* ÖKON market share; **~e gewinnen** to gain a share of the market; **seinen ~ halten** to maintain the market share, to hold onto the market; **einen unbedeutenden ~ haben** to have a toehold in the market; **~e zurückerobern** to win back a market share **Markt·an·teils·ver·lust** *m* HANDEL lost share of the market

Markt·auf·nah·me·fä·hig·keit *f kein pl* ÖKON receptivity of the market **Markt·auf·sicht** *f* HANDEL market supervision **Markt·auf·spal·tung** *f* HANDEL splitting the market; **Verbot der ~** prohibition to split the market

Markt·auf·tei·lung *f* HANDEL market sharing **Markt·auf·tei·lungs·ab·re·de** *f* HANDEL market sharing agreement

Markt·aus·wei·tung *f* ÖKON expanding market **Markt·be·ein·flus·sung** *f* HANDEL influencing the market **markt·be·herr·schend** *adj* market-dominating, dominating [*or* controlling] the market *pred;* **jds ~e Stellung** sb's domination on [*or* control of] the market; **~ sein** to dominate [*or* control] the market **Markt·be·herr·schung** *f* HANDEL market domination **Markt·be·herr·schungs·ver·mu·tung** *f* HANDEL presumption of market domination **Markt·be·ob·ach·ter(in)** *m(f)* ÖKON market analyst **Markt·be·richt** *m* ÖKON market report **Markt·be·schi·ckung** *f* ÖKON market supply; **reichliche ~** healthy market supply **markt·be·stim·mend** *adj inv* HANDEL determining the market **Markt·be·we·gung** *f* ÖKON market move[ment] **Markt·brun·nen** *m* market[place] fountain **Markt·bu·de** *f* market stall **Markt·chan·ce** *f meist pl* HANDEL market opportunity **Markt·durch·drin·gung** *f* ÖKON market penetration **Markt·ein·füh·rung** *f* ÖKON [market] launch, introduction on the market **Markt·ent·wick·lung** *f* market-building **Markt·er·folg** *m* HANDEL market success, success on the market **Markt·er·ho·lung** *f* ÖKON market recovery **Markt·er·kun·dung** *f* HANDEL market research [*or* test] **Markt·er·schlie·ßung** *f* ÖKON opening [*or* tapping] new markets **Markt·er·war·tung** *f* market expectation **markt·fä·hig** *adj* HANDEL marketable; **~e Wertpapiere** marketable securities; **etw ~ machen** to commercialize sth **Markt·fle·cken** *m (veraltend)* small market town **Markt·for·scher(in)** *m(f)* market researcher

Markt·for·schung *f kein pl* market research *no pl* **Markt·for·schungs·in·sti·tut** *nt* market research institute

Markt·frau *f* market woman, [woman] stallholder **Markt·frei·heit** *f kein pl* HANDEL freedom of market[s] **markt·füh·rend** *adj* **~e Aktien** BÖRSE bellwethers; **~ sein** HANDEL *Firma* to be leading in its line of business **Markt·füh·rer** *m* ÖKON market leader **Markt·füh·rer·schaft** *f* ÖKON market leadership *no pl* **markt·gän·gig** *adj* HANDEL marketable; **~e Wertpapiere** marketable securities **markt·ge·recht** *adj* HANDEL in line with market conditions *pred* **Markt·ge·sche·hen** *nt* market news *no indef art, + sing vb* **Markt·ge·setz** *nt* HANDEL market act **Markt·hal·le** *f* [covered] [*or* indoor] market **Markt·in·for·ma·ti·o·nen** *pl* market information *no pl* **Markt·ka·pa·zi·tät** *f* market capacity, capacity of the market **Markt·kli·ma** *nt* ÖKON atmosphere of the market **markt·kon·form** *adj* ÖKON in keeping with the market *pred* **Markt·kon·so·li·die·rung** *f* ÖKON consolidation of the market **markt·kon·trär** *adj* ÖKON incompatible with the market *pred* **Markt·korb** *m* market basket **Markt·kräf·te** *pl* ÖKON market forces **Markt·la·ge** *f* market position [*or* situation], state of the market **Markt·lea·der** <-s, -> [-li:dɐ] *m* ÖKON SCHWEIZ *(Marktführer)* market leader **markt·li·be·ral** *adj* POL free-market **Markt·li·be·ra·le(r)** *f(m) dekl wie adj* POL free-marketeer **Markt·lü·cke** *f* gap in the market; **[mit etw** *dat*] **in eine ~ stoßen** to fill a gap in the market [with sth] **Markt·ma·ni·pu·la·ti·on** *f* ÖKON manipulation of the market **Markt·miss·brauchs·ver·bot**[RR] *nt* HANDEL prohibition of market abuse **Markt·ni·sche** *f* [market] niche **Markt·öff·nungs·grad** *m* degree of market openness

Markt·ord·nung *f* HANDEL market regulations *pl* [*or* regime] **Markt·ord·nungs·ge·setz** *nt* JUR orderly market agreement

Markt·or·ga·ni·sa·ti·on *f* HANDEL marketing organization; **gemeinsame ~** *(in der EU)* common organization of the market **markt·ori·en·tiert** *adj* market-oriented **Markt·pa·ri·tät** *f* market parity **Markt·pe·ne·tra·ti·on** *f* market penetration **Markt·platz** *m* marketplace, market square; ■**auf dem ~** in the marketplace, on the market square **Markt·po·si·ti·on** *f* market position

Markt·po·ten·zi·al[RR] *nt* ÖKON market potential

Markt·preis *m* ÖKON market price **Markt·pri·vat·recht** *nt* HANDEL private market law **markt·reif** *adj inv* ÖKON *Produkt* ready for the market **Markt·rei·fe** *f* ÖKON market maturity **Markt·sät·ti·gung** *f* ÖKON market saturation **Markt·schrei·er(in)** <-s, -> *m(f)* HIST market crier

markt·schrei·e·risch **I.** *adj inv (pej)* vociferous; *Propaganda* blatant
II. *adv* vociferously

Markt·schwä·che *f* weakness in the market, market weakness **Markt·schwan·kung** *f meist pl* ÖKON fluctuation on the market, market fluctuation **Markt·schwem·me** *f* ÖKON glut in the market **Markt·seg·ment** *nt* ÖKON market segment **Markt·**

M

seg·men·tie·rung *f* ÖKON market segmentation **Markt·si·tu·a·ti·on** *f* market position [*or* situation], state of the market **markt·spe·zi·fisch** *adj* ÖKON market-specific **Markt·sta·bi·li·sie·rung** *f* ÖKON stabilization of the market **Markt·stand** *m* [market] stall [*or* stand] **Markt·stel·lung** *f kein pl* ÖKON market position; **beherrschende/überragende ~** dominant/overriding market position; **seine ~ behaupten** to maintain one's position in the market **Markt·stim·mung** *f* BÖRSE mood [*or* tone] of the market **Markt·stö·rung** *f* HANDEL disturbances in the market **Markt·stra·te·gie** *f* HANDEL marketing strategy **Markt·stu·die** *f* ÖKON market analysis [*or* study]; **eine ~ erstellen** to draw up a market analysis **Markt·tag** *m* ÖKON market day **Markt·teil·neh·mer(in)** *m(f)* ÖKON market player **Markt·ten·denz** *f*, **Markt·trend** *m* ÖKON market trend **Markt·test** *m* ÖKON market [*or* acceptance] test **Markt·trend** *m* market trend **Markt·tur·bu·len·zen** *pl* ÖKON turbulence *sing* on the markets **Markt·über·sicht** *f* ÖKON market review **Markt·über·wa·chung** *f* HANDEL market supervision **markt·üb·lich** *adj inv* HANDEL customary, [quality] merchantable **Markt·un·ter·su·chung** *f* market survey [*or* study], research *no pl, no indef art* **Markt·ver·än·de·rung** *f* ÖKON market change **Markt·ver·flech·tung** *f* ÖKON integration of markets **Markt·ver·hal·ten** *nt* HANDEL market behaviour; **missbräuchliches ~** abusive market behaviour **Markt·ver·kehr** *m* JUR market transactions *pl* **Markt·vo·lu·men** *nt* market volume, size of a/the market **Markt·wachs·tum** *nt* ÖKON market growth **Markt·weib** *nt (pej) s.* **Marktfrau** **Markt·wert** *m* market value **Markt·wirt·schaft** *f kein pl* ■**die ~** market economy; **die freie ~** the free market economy; **die soziale ~** social market economy **markt·wirt·schaft·lich** I. *adj attr* of market economy *pred;* **~e Ordnung, ~es System** free enterprise system II. *adv* **~ ausgerichtet** aligned along free market lines *pred*

Markt·zu·gang *m* market access, access to a/the market **Markt·zu·gangs·be·schrän·kung** *f* ÖKON restricted access to the market

Markt·zu·tritt *m* HANDEL entry [into the market]; **freier ~** free entry into the market **Markt·zu·tritts·schran·ke** *f* ÖKON restricted access to the market

Markt·zwän·ge *pl* HANDEL market constraints

Mar·kus·evan·ge·li·um [-evaŋge:li̯ʊm] *nt* ■**das ~** St[.] Mark's Gospel, the Gospel according to St[.] Mark

Mar·me·la·de <-, -n> [marmə'la:də] *f* jam; *(aus Zitrusfrüchten)* marmalade

Mar·me·la·den·brot *nt* jam sandwich [*or* BRIT *a.* butty] **Mar·me·la·den·glas** *nt* jam jar **Mar·me·la·den·her·stel·ler(in)** *m(f)* maker of jam/marmalade

Mar·mor <-s, -e> ['marmo:ɐ̯] *m* marble

Mar·mor·bad *nt* marble bath **Mar·mor·block** *m* marble block **Mar·mor·brun·nen** *m* marble fountain **Mar·mor·büs·te** *f* marble bust **Mar·mor·fas·sa·de** *f* marble façade [*or* facade] **Mar·mor·flie·se** *f* marble tile **Mar·mor·fuß·bo·den** *m* marble floor

mar·mo·rie·ren* [marmo'ri:rən] *vt* ■**etw ~** to marble sth

mar·mo·riert *adj* marbled

Mar·mo·rie·rung <-, -en> *f* marbling *no pl, no indef art*

Mar·mor·ku·chen *m* marble cake

mar·morn ['marmɔrn] *adj (aus Marmor)* marble; **~e Blässe/~es Antlitz** marbled [*or* marbly] pallor/face

Mar·mor·plat·te *f* marble slab **Mar·mor·säu·le** *f* marble column **Mar·mor·skulp·tur** *f* marble sculpture

ma·ro·de [ma'ro:də] *adj* ① *(veraltend fam)* washed-out *fam,* dead-beat *fam,* ailing *attr,* moribund *form*
② *(moralisch verdorben)* brazen, shameless, rotten; **ein ~r Haufen** a brazen [*or* shameless] [*or* rotten] lot [*or* bunch] [*or* crowd]
③ MIL *(veraltend)* unable to march

Ma·ro·deur <-s, -e> [maro'dø:ɐ̯] *m* MIL *(geh)* marauder

ma·ro·die·ren* [maro'di:rən] *vi* MIL *(geh)* to maraud

Ma·rok·ka·ner(in) <-s, -> [marɔ'ka:nɐ] *m(f)* Moroccan

ma·rok·ka·nisch [marɔ'ka:nɪʃ] *adj* Moroccan; *(das Land betreffend a.)* of/from Morocco

Ma·rok·ko <-s> [ma'rɔko] *nt* Morocco

Ma·ro·ne <-, -n> [ma'ro:nə] *f* BRD, **Ma·ro·ni** <-, -> [ma'ro:ni] *f* SÜDD, ÖSTERR, SCHWEIZ [sweet [*or* edible]] chestnut

Ma·ro·ne <-, -n> [ma'ro:nə] *f,* **Ma·ro·nen·pilz** [ma'ro:nənpɪlts] *m* cep, chestnut boletus, boletus badius *spec*

Ma·ro·nit(in) <-en, -en> [maro'ni:t] *m(f)* REL Maronite

ma·ro·ni·tisch *adj* REL Maronite

Ma·rot·te <-, -n> [ma'rɔtə] *f* quirk; **[so] seine/ihre ~n haben** he/she has his/her little quirks

Mars <-> ['mars] *m kein pl* ■**der ~** Mars

Mars·at·mo·sphä·re *f* ■**die ~** the atmosphere of Mars, the Martian atmosphere *spec*

marsch ['marʃ] *interj (fam)* be off with you!; *(zu Kindern)* scoot! *fam;* ***~, ab mit euch ins Bett!*** get into bed, chop chop! [*or* at the double] *fam*

Marsch[1] <-[e]s, Märsche> ['marʃ, *pl* 'mɛrʃə] *m*
① *(Fußmarsch)* march
② *(Wanderung)* hike; **jdn [zu jdm/etw/nach ...] in ~ setzen** to dispatch sb [to sb/sth] *form;* **sich** *akk* **in ~ setzen** to move off
③ *(Marschmusik)* march
▸WENDUNGEN: **jdm den ~ blasen** *(fam)* to haul [*or* drag] sb over the coals

Marsch[2] <-, -en> ['marʃ] *f* marsh[land], fen

Mar·schall <-s, Marschälle> ['marʃal, *pl* 'marʃɛlə] *m* [field] marshal

Mar·schall·stab *m* [field] marshal's baton

Marsch·be·fehl *m* order to march, marching orders *pl* **marsch·be·reit** *adj inv* MIL ready to move [*or* march] *pred fam,* ready to go *pred* **Marsch·flug·kör·per** *m* cruise missile **Marsch·ge·päck** *nt* pack

mar·schie·ren* [mar'ʃi:rən] *vi sein* ① MIL ■**[durch etw** *akk*/**in etw** *akk*/**nach ...] ~** to march [through/into sth/to ...]; **2/3/etc. km zu ~ haben** to have a 2/3/etc.-km march ahead of one
② *(stramm zu Fuß gehen)* to go [*or* walk] at a brisk pace
③ KOCHK to be under preparation

Marsch·ko·lon·ne *f* MIL marching column

Marsch·land *nt* marsh[land], fen[s *pl*]

Marsch·lied *nt* marching song **Marsch·mu·sik** *f* marching music, military marches *pl* **Marsch·ord·nung** *f* MIL marching order **Marsch·pau·se** *f* halt; **eine ~ einlegen** to make a halt **Marsch·rich·tung** *f* direction [*or* route] of march, route **Marsch·rou·te** *f* direction [*or* route] of march, route; *(Vorgehensweise)* line of approach **Marsch·ver·pfle·gung** *f* field rations *pl*

Mars·er·kun·dung *f* Mars reconnaissance, reconnaissance of Mars **Mars·ge·stein** *nt* Mars rock

Mar·shal·ler(in) <-s, -> [mar'ʃalɐ] *m(f)* Marshallese

Mar·shall·in·seln, Mar·shall-In·seln ['marʃa-lɪnz|n] *pl* SCHWEIZ Marshall Islands *pl*

mar·shal·lisch *adj* Marshallese

Mar·shall·plan *m kein pl* HIST ■**der ~** the Marshall Plan

Mars·lan·dung *f* Mars landing, landing on Mars

Mars·mensch *m* Martian; ***sie hat mich angeschaut, als wäre ich ein ~*** she looked at me as if I had come from Mars **Mars·me·te·o·rit** *m* Mars [*or* Martian] meteorite **Mars·mis·si·on** *f* Mars mission, mission to Mars **mars·nah** *adj* close to Mars *pred* **Mars·ober·flä·che** *f* surface of Mars **Mars·se·gel** *nt* NAUT topsail

Mar·ter <-, -n> ['martɐ] *f* ① *(geh)* torture *no pl;* **unter der ~** under torture
② *(fig: Qual)* torment *no art;* **eine einzige ~** sheer torment

Mar·terl <-s, -n> ['martel] *nt* SÜDD, ÖSTERR *roadside shrine with a niche for a crucifix or saint's image*

mar·tern ['marten] *vt (geh)* ■**jdn ~** to torture sb; ■**sich** *akk* **[mit etw** *dat*] **~** *(fig)* to torment oneself [with sth]

Mar·ter·pfahl *m* HIST stake **Mar·ter·werk·zeug** *nt (veraltet)* instrument of torture

Mar·tial-Arts ['mɑ:ʃᵊl ɑ:ts] *pl* martial arts

mar·ti·a·lisch [mar'tsi̯a:lɪʃ] *adj (geh)* martial, warlike *form*

Mar·tin-Horn® ['marti:n-], **Mar·tins·horn**® ['marti:nz-] *nt* [police/fire] siren; **mit ~ fahren** to drive with the siren blaring [*or* going]

Mar·ti·nique [marti'nik] *nt* Martinique

Mär·ty·rer(in) <-s, -> ['mɛrtyre, 'mɛrtyrərɪn] *m(f) (geh)* martyr; **als ~ sterben** to die a martyr, to be martyrized *spec;* **jdn zum ~ machen** to make a martyr of sb, to martyrize sb *spec*

Mär·ty·rer·tod *m* martyr's death; **den ~ sterben** to die a martyr['s death]

Mär·ty·rer·tum <-> *nt kein pl* martyrdom

Mar·ty·ri·um <-, -rien> [mar'ty:ri̯ʊm, *pl* -ri̯ən] *nt*
① *(Leidensweg)* martyrdom
② *(fig geh)* agonizing ordeal

Mar·xis·mus <-> [mar'ksɪsmʊs] *m kein pl* ■**der ~** Marxism *no pl*

Mar·xis·mus-Le·ni·nis·mus <-> *m kein pl* ■**der ~** Marxism-Leninism *no pl*

Mar·xist(in) <-en, -en> [mar'ksɪst] *m(f)* Marxist

mar·xis·tisch [mar'ksɪstɪʃ] *adj* Marxist

März <-[es] *o liter* -en, -e> ['mɛrts] *m* March; *s. a.* **Februar**

Mär·zen <-[s], -> ['mɛrtsn] *nt,* **März·bier** *nt,* **Mär·zen·bier** *nt a strong, dark beer*

Mär·zen·be·cher, März·be·cher *m* BOT snowflake

Mar·zi·pan <-s, -e> [martsi'pa:n] *nt o m* marzipan

Mar·zi·pan·brot *nt* marzipan bar [*or* loaf] **Mar·zi·pan·fül·lung** *f* marzipan filling **Mar·zi·pan·rie·gel** *m* marzipan bar

Ma·sai <-, -> [ma'sai̯] *m o f* ① *(Volksstamm)* Masai
② *(Sprache)* Masai

Mas·ca·ra <-s, -s> [mas'ka:ra] *f* mascara

Mas·ca·ra·bürst·chen [mas'ka:rabʏrstçən] *nt* mascara brush

Ma·sche <-, -n> ['maʃə] *f* ① *(Schlaufe)* stitch; *Netz* hole; ■**~n** stitches *pl,* stitching; *Netz* mesh; **ein Netz mit engen ~n** a net with a fine mesh, a fine-meshed net
② *(Strickmasche)* stitch; **eine linke und eine rechte ~ stricken** to knit one [plain], purl one; **eine ~ fallen lassen** to drop a stitch; **eine ~ aufnehmen** to pick up a stitch
③ SÜDD, ÖSTERR, SCHWEIZ *(Schleife)* bow
④ *(fam)* trick; *(um etwas zu umgehen)* dodge *fam;* **die ~ raushaben** *(fam)* to know how to do it
▸WENDUNGEN: **durch die ~n des Gesetzes schlüpfen** to slip through a loophole in the law; **jdm durch die ~n schlüpfen** to slip through sb's net

Ma·schen·ano·de *f* PHYS meshed anode

Ma·schen·draht *m* wire netting **Ma·schen·draht·zaun** *m* wire-netting fence

Ma·schi·ne <-, -n> [ma'ʃi:nə] *f* ① *(Automat)* machine; ■**~n** *pl* machinery *nsing;* **arbeitssparende ~** labour-saving machine; **eine ~ bedienen** to operate a machine
② *(Flugzeug)* plane
③ *(Motor)* engine
④ *(Motorrad)* bike *fam;* **eine schwere ~** a heavy machine, AM *also* a hog *sl*
⑤ *(Rennrad)* racing bike *fam*
⑥ *(Schreibmaschine)* typewriter; **~ schreiben** to type
⑦ INFORM *(Computer)* processor; **informationsverarbeitende ~** information processor
⑧ *(fam: Waschmaschine)* washing machine; **eine ~ anschmeißen** [*o* **anwerfen**] *(fam)* put on a [wash]load
⑨ *(menschlicher Roboter)* robot, machine

ma·schi·nell [maʃi'nɛl] I. *adj* machine *attr,* mechanical; **~e Buchführung** FIN automatic bookkeeping
II. *adv* by machine

Ma·schi·nen·aus·las·tung *f kein pl* ÖKON full utilization of machine capacity

Ma·schi̱·nen·bau *m kein pl* ① *(Konstruktion von Maschinen)* machine construction
② SCH mechanical engineering

Ma·schi̱·nen·bau·er(in) <-s, -> *m(f)* mechanical engineer

Ma·schi̱·nen·bau·in·dus·trie *f kein pl* engineering industry *no pl* **Ma·schi̱·nen·bau·in·ge·ni·eur(in)** <-s, -e> [-ɪnʒeni̯øːɐ̯] *m(f)* mechanical engineer **Ma·schi̱·nen·bau·un·ter·neh·men** *nt* mechanical engineering company

Ma·schi̱·nen·code [-koːt] *m* INFORM machine code **Ma·schi̱·nen·ele·ment** *nt* machine component [*or* part] [*or spec* element] **Ma·schi̱·nen·fa·brik** *f* engineering works + *sing/pl vb* **Ma·schi̱·nen·fuß** *m* machine base **ma·schi̱·ne(n)·ge·schrie·ben** *adj* BRD, **ma·schin·ge·schrie·ben** *adj* ÖSTERR type-written, typed **ma·schi·nen·ge·stri·chen** [maˈʃiːnəngəʃtrɪçən] *adj inv* ~**es Papier** machine-coated paper

Ma·schi̱·nen·ge·wehr *nt* machine gun, MG *spec;* **im Feuer der ~e** in machine-gun fire **Ma·schi̱·nen·ge·wehr·feu·er** *nt* machine-gun fire

ma·schi̱·nen·glatt *adj inv* ~**es Papier** machine-finished paper **Ma·schi̱·nen·kode** [-koːt] *m* INFORM machine code **ma·schi̱·nen·les·bar** *adj* machine-readable **Ma·schi̱·nen·les·bar·keit** *f* INFORM machine-readability **Ma·schi̱·nen·me·cha·ni·ker(in)** <-s, -> *m(f)* SCHWEIZ *(Maschinenbauer)* mechanical engineer

Ma·schi̱·nen·meis·ter(in) <-s, -> *m(f)* ① *(Aufsicht im Betrieb)* machine minder; *(im Theater)* stage technician
② TYPO *(veraltet)* pressman

Ma·schi̱·nen·öl *nt* machine[ry] oil **Ma·schi̱·nen·park** *m* plant **Ma·schi̱·nen·pis·to·le** *f* submachine gun **Ma·schi̱·nen·raum** *m a.* NAUT engine room **Ma·schi̱·nen·satz** *m* ① *(Gruppe von Maschinen)* machine unit ② TYPO machine composition [*or* setting] **Ma·schi̱·nen·scha·den** *m* BRD, **Ma·schin·scha·den** *m* ÖSTERR engine failure [*or* trouble] **Ma·schi̱·nen·schlos·ser(in)** *m(f)* [machine] fitter **Ma·schi̱·nen·schrift** *f* BRD, **Ma·schin·schrift** *f* ÖSTERR in type[script], typewriting; **in ~** in type[script], typewritten [*or* typed] sth; **etw ist in ~ verfasst** sth has been typed [*or* typewritten] **ma·schi̱·nen·schrift·lich** *adj inv* typewritten **Ma·schi̱·nen·stür·mer(in)** *m(f)* *(pej hist)* Luddite *hist,* machine wrecker **Ma·schi̱·nen·stür·me·rei** *f kein pl* SOZIOL, TECH *(pej)* Luddism, machine-breaking **Ma·schi̱·nen·teil** *nt* machine part

Ma·schi·ne·rie <-, -n> [maʃinəˈriː, *pl* maʃinəˈriːən] *f*
① *(Mechanismus)* piece of machinery; *(Bühnenmaschinerie)* stage machinery
② *(pej fig geh)* machinery *no indef art*

Ma·schi·nist(in) <-en, -en> [maʃiˈnɪst] *m(f)*
① NAUT [ship's] engineer
② *(Arbeiter an einer Maschine)* machinist

Ma·ser <-, -n> [ˈmaːzɐ] *f meist pl (Holzmusterung)* vein

ma·sern [ˈmaːzɐn] *vt meist pp* ■**etw ~** *Holz, Marmor* to grain sth

Ma·sern [ˈmaːzɐn] *pl* ■**die ~** the measles, rubella *no pl spec;* **die ~ haben** to have [got] the measles

Ma̱·se·rung <-, -en> *f* grain

Ma·sho·na[1] <-, -> [maˈʃoːna] *m o f* Mashona, Shona

Ma·sho·na[2] <-> [maˈʃoːna] *nt* ■**das ~** Mashona, Shona

Mas·kat <-s> [ˈmaskat] *nt* Muscat

Mas·ke <-, -n> [ˈmaskə] *f* ① *(a. fig)* mask; **die ~ abnehmen** to take off [*or a. fig* drop] one's mask; **die ~ fallen lassen** *(fig)* to throw off one's mask; **jdm die ~ herunterreißen** [*o* **die ~ vom Gesicht reißen**] *(fig)* to unmask sb; **hinter der ~ von etw** *dat* behind the image [*or* facade] of sth
② *(Reinigungsmaske)* [face] mask
③ *(Schutzmaske)* [protective] mask; *(gegen Gasangriffe)* gas mask
④ THEAT make-up *no indef art*
⑤ INFORM *(Bildschirmmaske)* mask

Ma̱s·ken·ball *m* masked ball, masque[rade] **Ma̱s·ken·bild·ner(in)** *m(f)* make-up artist **Ma̱s·ken·edi·tor** *m* INFORM mask editor **Ma̱s·ken·ge·ne·ra·tor** *m* INFORM mask generator

ma̱s·ken·haft *adj* mask-like

Ma̱s·ken·raum *m* THEAT, FILM make-up [room] **Ma̱s·ken·ver·leih** *m* fancy-dress [*or* costume] hire [*or* AM rental]

Mas·ke·ra·de <-, -n> [maskəˈraːdə] *f* ① *(Verkleidung)* [fancy-dress] costume
② *(pej geh)* pretence [*or* AM -se]

mas·kie·ren* [masˈkiːrən] *vt* ① *(unkenntlich machen)* ■**etw ~** to disguise sth; ■**sich** *akk* [**mit etw** *dat*] **~** to put on a [certain] mask [*or* disguise]
② *(verkleiden)* ■**jdn** [**als etw/ein Tier**] **~** to dress [-up *sep*] sb [as sth/an animal]; ■**sich** *akk* [**als etw/ein Tier**] **~** to dress up [as sth/an animal]
③ *(verdecken)* ■**etw** [**mit etw** *dat*] **~** to disguise [*or* mask] sth [with sth]

mas·ki̱ert *adj* masked

Mas·ki̱er·te(r) *f(m) dekl wie adj* masked man *masc,* masked woman *fem*

Mas·ki̱e·rung <-, -en> *f* ① *kein pl (das Verkleiden)* dressing up
② *(Verkleidung)* mask

Mas·ki̱e·rungs·mit·tel *nt* CHEM sequestering agent

Mas·kott·chen <-s, -> [masˈkɔtçən] *nt* [lucky] mascot

mas·ku·lin [maskuˈliːn] *adj* ① LING masculine; *(geschrieben a.)* masc[.]
② *(das Männliche betonend)* masculine
③ *(unweiblich)* masculine, mannish *a. pej*

Mas·ku·li·num <-s, Maskulina> [ˈmaskuliːnʊm, *pl* ˈmaskuliːna] *nt* LING masculine noun

Ma·so·chis·mus <-> [mazɔˈxɪsmʊs] *m kein pl* masochism *no pl*

Ma·so·chist(in) <-en, -en> [mazɔˈxɪst] *m(f)* masochist

ma·so·chi̱s·tisch *adj* masochistic

maß [maːs] *imp von* **messen**

Maß[1] <-es, -e> [ˈmaːs] *nt* ① *(Einheit)* measure (**für** +*akk* of); ■**~e** system of measurements *sing;* **~e und Gewichte** weights and measures
② *(Messgegenstand)* measure; *(Bandmaß a.)* tape measure; *(Hohlmaß a.)* measuring jug [*or* cup]; *(Zollstock)* rule; **das ~ aller Dinge** *(fig geh)* the measure of all things; **das ~ läuft über, das bringt das ~ zum Überlaufen** *(fig)* sb's patience is at an end; **das ~ ist voll** *(fig)* that's enough of that, enough is enough, that's the limit *fam;* **das ~ vollmachen** *(fig)* to be going too far, to be the last [*or* final] straw; [***und***] ***um das ~ vollzumachen, ...*** [and] to cap it all, ...; **mit zweierlei** [*o* **verschiedenem**] **~ messen** *(fig)* to operate [*or* employ] a double standard
③ *usu pl (Messgröße)* **Anzüge nach ~** suits made to order [*or esp* BRIT *also* measure], BRIT *also* made-to-measure [*or* bespoke] suits; **etw nach ~ fertigen/schneidern** to make sth to order [*or* BRIT *also* measure]; **bei jdm ~** [*o* **jds Maße**] **nehmen** *Schneider* to take sb's measurements, to measure [up *sep*] sb; ■**~e** measurements, dimensions *esp spec; einer Frau a.* vital statistics *fam;* ***die ~e des Zimmers sind 5 m mal 7 m*** the room measures 5 m by 7 m; ***sie hat schöne ~e*** she has a beautiful figure; ***sie hat die ~e 97/82/91*** her vital statistics are 38/32/36 *fam;* ***er hat die idealen ~e für einen Dressman*** he is an ideal build for a model
④ *(Grad)* measure, degree (**an/von** +*dat* of); ***der Kraftstoffverbrauch steigt in dem ~e, wie die Geschwindigkeit steigt*** fuel consumption increases in proportion to the speed; ***in dem ~e, wie man sie reizt, steigert sich auch ihr Zorn*** the more you annoy her, the more angry she gets; **in besonderem ~**[**e**] especially; **in einem ~e, dass ...** to such an extent [*or* a degree] that ...; **in geringem ~**[**e**] to a small extent; **in nicht geringem ~**[**e**] to no small measure [*or* extent]; **in gewissem/höherem ~**[**e**] to a certain/greater degree [*or* extent]; **in gleichem ~**[**e**] to the same degree [*or* extent]; **in großem ~**[**e**] to a great extent; **in höchstem ~**[**e**] extremely, exceedingly; **in hohem ~**[**e**] to a high degree; **in reichem ~**[**e**] liberally, generously; **in reichem ~e vorhanden sein** to be in abundance; **in solchem ~**[**e**][**, dass ...**] to such an extent [*or* a degree] [that ...]; **in vollem ~e** completely, to the full; **in welchem ~**[**e**] **...?** to what extent ...?; **in zunehmendem ~e** increasingly
⑤ *(Mäßigung)* **~ halten** to practise [*or* AM -ice] [*or* exercise] moderation; **im Essen/Trinken ~ halten** to eat/drink with moderation; **beim Rauchen ~ halten** to smoke in moderation, to be a moderate smoker; **in** [*o* **mit**] **~en** in moderation; **in** [*o* **mit**] **~en essen** to eat with moderation; **ohne ~ und Ziel** immoderately; **über alle** [*o* **die**] **~en** *(geh)* beyond all measure
▸WENDUNGEN: **ein gerüttelt ~ an** [*o* **von**] **etw** *dat (geh)* a fair amount of sth; ***dazu gehört ein gerüttelt ~ an Dreistigkeit*** you'll need more than your fair share of audacity; **jdn ~ nehmen** *(fam: schelten)* to give sb a dressing-down *fam; (prügeln)* to beat the hell *fam* [*or vulg sl* the shit] out of sb; **weder ~ noch Ziel kennen** to know no bounds [*or* restraint]

Maß[2] <-, -> [ˈmaːs] *f* SÜDD litre [*or* AM liter] [tankard] of beer; **eine ~ Bier** a litre of beer

Mas·sa·ge <-, -n> [maˈsaːʒə] *f* massage; **~n nehmen** to have massage treatment [*or* a massage]

Mas·sa̱·ge·ge·rät *nt* vibrator **Mas·sa̱·ge·in·sti·tut** *nt* massage parlour [*or* AM -or] **Mas·sa̱·ge·öl** *nt* massage oil **Mas·sa̱·ge·sa·lon** *m* *(veraltend: Massageinstitut)* massage parlour [*or* AM -or]; *(euph: Bordell)* massage parlour **Mas·sa̱·ge·stab** *m* ① *(Massagegerät)* vibrator ② *(euph: Dildo)* dildo

Mas·sai[1] <-, -> [ˈmasai̯, maˈsai̯] *m o f* Masai

Mas·sai[2] <-> [ˈmasai̯, maˈsai̯] *nt* ■**das ~** Masai

Mas·sa·ker <-s, -> [maˈsaːkɐ] *nt* massacre

mas·sa·krie·ren* [masaˈkriːrən] *vt* ■**jdn ~** to massacre sb

Ma̱ß·ana·ly·se *f* CHEM volumetric analysis **Ma̱ß·an·ga·be** *f* measurement; *bei Hohlmaßen* volume **Ma̱ß·an·zug** *m* made-to-measure [*or* BRIT *form a.* bespoke] suit

Ma̱ß·ar·beit *f* ① *(Fertigung nach Maß)* ■**etw in ~** sth made to measure; **~ sein** *(a. fig fam)* to be a neat bit of work
② *(Kleidungsstück nach Maß)* made-to-measure [*or* BRIT *form* bespoke] dress/suit/etc.; ■**~ sein** to be made to measure

Ma̱ß·band *nt s.* **Messband, Bandmaß**

Mas·se <-, -n> [ˈmasə] *f* ① *(breiiges Material)* mass; **eine klebrige/träge ~** a sticky/viscous mass
② *(Backteig)* mixture
③ *(große Anzahl)* crowd; *Besucher* host; **~n von Tauben** hundreds/thousands, etc. [*or fam* loads] of pigeons; **in ~n** in droves, in their [*or* AM by the] hundreds/thousands, etc.; **eine** [**ganze**] **~** [**etw**] *(fam)* a lot [*or* great deal] [of sth]; **mangels ~** ÖKON for lack of assets
④ *(Mehrheit)* majority; **die breite** [*o* **große**] [*o* **überwiegende**] **~** the majority
⑤ PHYS mass

Ma̱s·se·an·sprü·che *pl* JUR preferential claims **Ma̱s·se·gläu·bi·ger(in)** *m(f)* JUR post-adjudication preferred creditor

Ma̱ß·ein·heit *f* unit of measurement **Ma̱ß·ein·tei·lung** *f* measuring scale

Ma̱s·se·ka·bel *nt* AUTO battery ground cable **Ma̱s·se-Lei̱s·tung-Ver·hält·nis** *nt* weight-to-power ratio

Ma̱s·sen·ab·satz *m* bulk sale[s] [*or* selling] **Ma̱s·sen·an·drang** *m* crush [of people] **Ma̱s·sen·ar·beits·lo·sig·keit** *f* mass unemployment *no art* **Ma̱s·sen·ar·ti·kel** *m* mass-produced article **Ma̱s·sen·auf·la·ge** *f* mass circulation **Ma̱s·sen·auf·lauf** *m* crowds *pl* of people **Ma̱s·sen·be·darf** *m kein pl* ÖKON mass market demand **Ma̱s·sen·be·för·de·rungs·mit·tel** *nt* means of mass transportation **Ma̱s·sen·be·we·gung** *f* SOZIOL mass movement **Ma̱s·sen·bi·lanz** *f* CHEM weight assessment **Ma̱s·sen·blatt** *nt (Zeitung)* mass-circulation newspaper; *(Zeitschrift)* mass magazine **Ma̱s·sen·de·mon·stra·ti·on** *f* mass demonstration **Ma̱s·sen·druck·sa·che** *f* bulk-printed [*or* mass printed] matter **Ma̱s·sen·ein·heit** *f* CHEM, PHYS unit of mass

Mas·sen·elend *nt kein pl* mass misery, misery of masses of people **Mas·sen·ent·las·sung** *f meist pl* mass redundancies [*or* lay-offs] *pl* **Mas·sen·er·hal·tungs·satz** *m kein pl* CHEM, PHYS law of conservation of mass **Mas·sen·er·schie·ßung** *f* mass executions *pl* **Mas·sen·er·zeu·gung** *f* mass production **Mas·sen·fa·bri·ka·ti·on** *f*, **Mas·sen·fer·ti·gung** *f s.* Massenproduktion **Mas·sen·flucht** *f kein pl* mass exodus **Mas·sen·fracht·gut** *nt* bulk cargo **Mas·sen·ge·schäft** *nt kein pl* FIN retail banking *no pl* **Mas·sen·grab** *nt* mass grave

Mas·sen·gut *nt* bulk commodities *pl* **Mas·sen·gut·be·för·de·rung** *f* bulk transport

Mas·sen·gü·ter *pl* HANDEL bulk commodities [*or* goods] **Mas·sen·gü·ter·trans·port** *m* bulk goods transport **Mas·sen·gü·ter·ver·kehr** *m* bulk goods transport

Mas·sen·gut·fahrt *f* bulk transport **Mas·sen·gut·frach·ter** *m* bulk carrier [*or* freighter] **Mas·sen·gut·la·dung** *f* bulk cargo **Mas·sen·gut·schiff** *nt* bulk freighter **Mas·sen·gut·sen·dung** *f* bulk shipment **Mas·sen·gut·trans·port** *m* bulk transport **Mas·sen·gut·um·schlag** *m* bulk cargo handling **Mas·sen·gut·ver·kehr** *m* bulk transport

mas·sen·haft I. *adj* on a huge [*or* massive] scale; **das ~e Auftreten** [*o* **Erscheinen**] **von etw** *dat* the appearance of a huge number of sth; **die ~e Hinrichtung von Personen** the mass executions of people
II. *adv* (*fam*) in their [*or* AM by the] hundreds [*or* thousands], in droves; **~ sterben** to drop [off] like flies *fam*

Mas·sen·hoch·schu·le *f* state university **Mas·sen·hys·te·rie** [-hʏsteriː] *f* mass hysteria **Mas·sen·ka·ram·bo·la·ge** [-karambola:ʒə] *f* multiple [car] crash, pile-up *fam* **Mas·sen·kauf·kraft** *f* bulk purchasing power **Mas·sen·kon·sum** *m kein pl* ÖKON general consumption *no pl* **Mas·sen·kri·mi·na·li·tät** *f* ■ **die ~** mass criminality **Mas·sen·kul·tur** *f* SOZIOL (*bes pej*) mass culture **Mas·sen·kund·ge·bung** *f* mass rally **Mas·sen·la·ger** <-s, -> *nt* SCHWEIZ (*großer Schlafsaal*) large dormitory **Mas·sen·lie·fe·rung** *f* bulk consignment **Mas·sen·me·di·en** *pl* mass media + *sing/pl vb* **Mas·sen·mensch** *m* (*pej*) member of the common herd *pej*; ***er ist nur ein ~*** he just follows the herd **Mas·sen·mord** *m* mass murder **Mas·sen·mör·der(in)** *m(f)* mass murderer, serial killer **Mas·sen·pa·nik** *f* mass panic **Mas·sen·phä·no·men** ['masnfɛno-meːn] *nt* mass [*or* widespread] phenomenon **Mas·sen·pro·duk·ti·on** *f* mass production; **in ~ hergestellt** mass-produced **Mas·sen·psy·cho·lo·gie** *f kein pl* crowd psychology **Mas·sen·sen·dung** *f* bulk consignment **Mas·sen·spei·cher** *m* mass storage **Mas·sen·spek·tro·gra·phie** [-ʃpɛktro-grafiː] *f* PHYS mass spectrography **Mas·sen·ster·ben** *nt* mass of [*or* wide-spread] deaths *pl* **Mas·sen·sze·ne** *f* FILM crowd scene **Mas·sen·tier·hal·tung** *f* ■ [**die**] **~** intensive livestock farming **Mas·sen·tou·ris·mus** *m kein pl* mass tourism *no pl* **Mas·sen·trans·port** *m* HANDEL mass transportation **Mas·sen·un·ter·kunft** *f* collective accommodation *no pl form* **Mas·sen·ver·an·stal·tung** *f* mass meeting [*or* event] **Mas·sen·ver·brauch** *m kein pl* ÖKON general consumption *no pl* **Mas·sen·ver·bre·chen** *nt* JUR mass crime **Mas·sen·ver·haf·tung** *f* mass arrests *pl* **Mas·sen·ver·kauf** *m* ❶ HANDEL mass selling ❷ BÖRSE unloading

Mas·sen·ver·nich·tungs·mit·tel *nt meist pl* weapon of mass destruction **Mas·sen·ver·nich·tungs·waf·fe** *meist pl f* weapon of mass destruction *usu pl* **Mas·sen·ver·nich·tungs·waf·fen** *pl* weapons of mass destruction

Mas·sen·ver·samm·lung *f* mass meeting **Mas·sen·ver·trag** *m* JUR standard contract **Mas·sen·wa·re** *f* mass-produced article

mas·sen·wei·se *adj s.* massenhaft

Mas·se·schul·den *pl* FIN preferential debts

Mas·seur(in) <-s, -e> [ma'søːɐ̯] *m(f)* masseur *masc*, masseuse *fem*

Mas·seu·se <-, -n> [ma'søːzə] *f* ❶ (*euph: Prostituierte*) masseuse *euph*
❷ (*veraltend*) *fem form von* **Masseur**

Maß·ga·be <-, -n> *f* (*geh*) ■ **mit der ~, dass ...** on [the] condition [*or* with [*or* subject to] the proviso] that ... *form;* **nach ~** (*geh*) in accordance with, according to

maß·ge·bend, maß·geb·lich ['maːsgeːplɪç] I. *adj* ❶ (*ausschlaggebend*) decisive; **die ~en Hintermänner einer S.** *gen*/**von etw** *dat* the men behind sth; **~e Kreise** influential circles; **~e Persönlichkeiten** people in authority [*or* power]
❷ (*besondere Bedeutung besitzend*) significant; ■ [**für jdn**] **nicht ~ sein** to not weigh [*or* signify], to not weigh with sb
❸ (*verbindlich*) authoritative, binding
II. *adv* **etw ~ beeinflussen** to exert [*or* have] considerable [*or* profound] influence on sth; **~ an etw** *dat* **beteiligt sein** to play a substantial role in sth; **~ zu etw** *dat* **beitragen** to make a significant contribution to sth

Maß·geb·lich·keit *f* authoritativeness, controlling importance; **~ ausländischen Rechts** JUR authoritativeness of alien law

maß·ge·recht *adj* exactly the right size *pred*

maß·ge·schnei·dert *adj* ❶ (*nach Maß gefertigt*) made-to-measure, *form* bespoke *attr*
❷ (*fig: perfekt zurechtgelegt*) perfect; **eine ~e Ausrede** a perfect excuse

Maß·hal·tig·keit <-> *f kein pl* TYPO (*Repro*) dimensional stability

mas·sie·ren*[1] [ma'siːrən] I. *vt* ■ **jdn ~** to massage sb; ■ **jdm/sich etw ~** to massage sb's/one's sth; ■ **sich** *akk* [**von jdm**] **~ lassen** to be given [a] massage [by sb]; **sich** *akk* [**von jdm**] **am ganzen Körper ~ lassen** to be given a full-body massage [by sb]; ■ **sich** *dat* **etw** [**von jdm**] **~ lassen** to have one's sth massaged [by sb]
II. *vi* to give a massage

mas·sie·ren*[2] [ma'siːrən] *vt* **Truppen ~** to mass [*or* concentrate] troops

mas·sig ['masɪç] I. *adj* massive, huge
II. *adv* (*fam*) loads *fam*, masses *fam*, stacks *fam*

mä·ßig ['mɛːsɪç] I. *adj* ❶ (*maßvoll*) moderate; **~er Preis** reasonable [*or* moderate] price
❷ (*leidlich*) mediocre, indifferent, so-so *pred fam;* **~er Applaus** moderate applause; **~e Gesundheit** middling [*or* indifferent] health
❸ (*gering*) moderate
II. *adv* ❶ (*in Maßen*) with moderation; **~ rauchen** to smoke in moderation, to be a moderate smoker; **~, aber regelmäßig** in moderation, but regularly
❷ (*gering*) **~ ausfallen** to turn out moderately [*or* to be moderate]
❸ (*leidlich*) indifferently

mä·ßi·gen ['mɛːsɪgn̩] I. *vt* ■ **etw ~** to curb [*or* check] [*or* restrain] sth; **seine Stimme ~** to lower one's voice
II. *vr* ❶ (*maßvoller werden*) ■ **sich** *akk* **~** to restrain [*or* control] oneself
❷ (*zurückhaltender werden*) ■ **sich** *akk* [**in seinen Ausdrücken/Worten**] **~** to tone down [one's language]

Mas·sig·keit <-> *f kein pl* massiveness *no pl*, hugeness *no pl;* (*Übergewicht*) bulk

Mä·ßig·keit <-> *f kein pl* moderation *no pl*, restraint

Mä·ßi·gung <-> *f kein pl* ❶ (*Zurückhaltung*) restraint
❷ (*maßvolle Verhaltensweise*) moderation *no pl*, restraint

mas·siv [ma'siːf] *adj* ❶ (*solide*) solid *attr;* **~ Gold/~es Silber sein** to be solid gold/silver
❷ (*wuchtig*) solid, massive
❸ (*drastisch, heftig*) serious, severe; **~e Kritik** heavy criticism; ■ **~/~er werden** *Mensch* to get [*or* turn] nasty

Mas·siv <-s, -e> [ma'siːf, *pl* ma'siːvə] *nt* GEOL massif *spec;* **das ~ des Himalayas** the Himalayan massif

Mas·siv·holz *nt* solid wood

mas·siv|wer·den *vi s.* **massiv 3**

Maß·klei·dung *f kein pl* custom [*or* made-to-measure [*or* -order]] clothing **Maß·kon·fek·ti·on** *f kein pl* made-to-measure clothing made by a clothing manufacturer **Maß·krug** *m* beer mug, litre [*or* AM -er] tankard; (*aus Stein a.*) stein

maß·los I. *adj* extreme; ■ **~** [**in etw** *dat*] **sein** to be immoderate [in sth]
II. *adv* ❶ (*äußerst*) extremely
❷ (*unerhört*) hugely, grossly

Maß·lo·sig·keit <-> *f kein pl* extremeness; ■ [**jds**] **~ in etw** *dat* [sb's] lack of moderation in sth

Maß·nah·me <-, -n> ['maːsnaːmə] *f* JUR, FIN measure; (*Teilschritt*) move; **~n der Regierung** government action; **~n im Bereich des Handelsverkehrs** trade measures; **~n zur Nachfragesteuerung** measures regulating demand; **gerichtliche ~n ergreifen** to take court action; **hoheitliche ~** act of state; **wettbewerbsbeschränkende ~** restrictive practices; **vorbeugende ~n** preventive steps; [**geeignete/wirksame**] **~n ergreifen** [*o* **treffen**], **um etw zu tun** to take [suitable/effective] measures [*or* steps] to do sth; **~n gegen etw** *akk* **ergreifen** to take measures [*or* to act] against sth

Maß·nah·men·ka·ta·log *m* catalogue [*or* AM *also* -og] of measures **Maß·nah·men·pa·ket** *nt* POL package of measures

Maß·re·gel *f meist pl* rule, regulation; **~ der Besserung und Sicherung** measure for the prevention of crime and reformation of offenders; **einstweilige ~** provisional measure; **~n treffen** to lay down rules

maß·re·geln *vt* ■ **jdn ~** to reprimand [*or form* reprove] sb; (*bestrafen*) to discipline sb

Maß·re·ge·lungs·klau·sel *f*, **Maß·re·ge·lungs·ver·bot** *nt* JUR stipulation prohibiting company penalties after strikes

Maß·schnei·der(in) *m(f)* custom [*or* BRIT *form* bespoke] tailor **maß|schnei·dern** *vt meist pp* ■ **etw ~** *Anzug, Kostüm* to make-to-measure sth

Maß·stab ['maːsʃtaːp] *m* ❶ (*Größenverhältnis*) scale; **im ~ 1:250000** on a scale of 1:250000; **etw im ~ 1:50000 darstellen** to show [*or form* depict] sth on a scale of 1:50000
❷ (*Kriterium*) criterion; **für jdn als ~ dienen** to serve as a model for sb; **etw ist für jdn ein/kein ~** sb takes/doesn't take sth as his/her yardstick; **einen hohen/strengen ~** [*o* **hohe/strenge Maßstäbe**] [**an etw** *akk*] **anlegen** to apply a high/strict standard [*or* high/strict standards] [to sth]; **sich** *dat* **jdn/etw zum ~ nehmen** to take sb/sth as a yardstick; **Maßstäbe setzen** to set standards

maß·stäb·lich ['maːsʃtɛːplɪç] *adj s.* **maßstab(s)gerecht I**

maß·stab(s)·ge·recht, **maß·stab(s)·ge·treu** I. *adj* true to scale, to scale *pred;* **eine ~e Karte** an accurate scale map
II. *adv* [true] to scale

Maß·ta·bel·le *f* table of sizes

maß·voll I. *adj* ❶ (*ausgewogen*) moderate; **~es Verhalten** moderation
❷ (*zurückhaltend*) ■ [**in etw** *dat*] **~ sein** to be moderate, to moderate sth
II. *adv* moderately, with moderation; **~ urteilen** to pass [a] moderate judgement

Mast[1] <-[e]s, -en *o* -e> ['mast] *m* ❶ NAUT mast
❷ (*Stange*) pole, mast
❸ ELEK pylon; TELEK pole

Mast[2] <-, -en> ['mast] *f* ❶ *kein pl* (*das Mästen*) fattening
❷ FORST harvest

Mast·baum *m* NAUT mast **Mast·darm** *m* ANAT rectum

mäs·ten ['mɛstn̩] I. *vt* ■ **ein Tier** [**mit etw** *dat*] **~** to fatten an animal [with sth]; ■ **jdn ~** (*hum fam*) to fatten [up *sep*] sb
II. *vr* (*fam*) ■ **sich** *akk* **~** to stuff *fam* [*or pej* gorge] oneself [silly [*or* stupid]]

Mas·ter·Card® ['maːstekaːd] *f* (*Kreditkarte*) MasterCard®

Mäs·te·rei <-, -en> [mɛstə'raɪ̯] *f* [calf/pig/poultry, etc.] fattening unit

Mas·ter·plan ['maːste-] *m* master plan

Mast·fut·ter *nt* fattening feed; *für Schweine* mast **Mast·gans** *f* fattened goose **Mast·kalb** *nt* fattened calf **Mạst·korb** *m* crow's nest **Mạst·schwein** *nt zu mästen* fattening pig, porker; *gemästet* fattened pig

Mas·tur·ba·ti·on <-, -en> [masturba'tsi̯o:n] *f (geh)* masturbation

mas·tur·bie·ren* [mastur'bi:rən] *(geh)* **I.** *vi* to masturbate

II. *vt* ■**jdn** ~ to masturbate sb

Mạst·vieh *nt kein pl* AGR fatstock *no pl,* fattened livestock + *pl vb*

Ma·su·ren <-s> [ma'zu:rən] *nt* Masuria, Masurian Lakes *pl*

Ma·ta·dor <-s, -e> [mata'do:ɐ̯] *m* matador

Match·ball ['mɛtʃ-] *m* TENNIS match point **Match·beu·tel** ['mɛtʃ-] *m,* **Match·sack** ['mɛtʃ-] *m* duffel [*or* kit] bag

Ma·te <-> ['ma:tə] *m kein pl (Teesorte)* maté, Paraguay tea

Ma·te·ri·al <-s, -ien> [mate'ri̯a:l, *pl* -li̯ən] *nt* ❶ *(Rohstoff)* substance; *(in der Herstellung)* material; **angefordertes/bereitgestelltes** ~ requested/provided material; ~ **beschaffen** to procure material

❷ *(Ausrüstungsgegenstände)* equipment *no pl, no indef art,* materials *pl*

❸ JUR evidence *no pl, no indef art;* **belastendes** ~ incriminating evidence

❹ FIN material *no pl, no indef art*

❺ SCH material *no pl, no indef art,* information *no pl, no indef art*

Ma·te·ri·ạl·an·for·de·rung *f* ÖKON, TECH materials *npl* requisition **Ma·te·ri·ạl·auf·wand** *m kein pl* ÖKON, TECH cost of materials, material costs *pl;* **zusätzlicher** ~ additional costs for materials **Ma·te·ri·ạl·be·darf** *m kein pl* ÖKON, TECH material requirements *pl* **Ma·te·ri·ạl·be·stel·lung** *f* order for material[s]; ■**bei der** ~ when ordering materials **Ma·te·ri·ạl·er·mü·dung** *f* material fatigue **Ma·te·ri·ạl·feh·ler** *m* material defect, defect in the material

Ma·te·ri·a·li·sa·ti·on <-, -en> [materi̯aliza'tsi̯o:n] *f* materialization

ma·te·ri·a·li·sie·ren* [materi̯ali'zi:rən] *vr* ■**sich** *akk* ~ to materialize

Ma·te·ri·a·lis·mus <-> [materi̯a'lɪsmʊs] *m kein pl* ■**[der]** ~ materialism *no pl a. pej*

Ma·te·ri·a·list(in) <-en, -en> [materi̯a'lɪst] *m(f)* materialist *a. pej*

ma·te·ri·a·lis·tisch [materi̯a'lɪstɪʃ] *adj* materialist[ic] *a. pej*

Ma·te·ri·ạl·kos·ten *pl* cost of materials + *sing vb,* material costs *pl* **Ma·te·ri·ạl·la·ger** *nt* ÖKON stores *npl* **Ma·te·ri·ạl·men·ge** *f* material quantity, quantity [*or* amount] of material **Ma·te·ri·ạl·prü·fung** *f* ÖKON materials *npl* test **Ma·te·ri·ạl·re·cyc·ling** [-risaiklɪŋ] *nt* material recycling **Ma·te·ri·ạl·samm·lung** *f* collection of material[s]; **mit der** ~ **beginnen** to start collecting [*or* gathering] [the] material[s] **Ma·te·ri·ạl·schlacht** *f* MIL battle of materiel **Ma·te·ri·ạl·ver·brauch** *m* materials *npl* consumed **Ma·te·ri·ạl·wirt·schaft** *f kein pl* ÖKON materials *npl* management, stock [*or* inventory] control

Ma·te·rie <-, -n> [ma'te:ri̯ə] *f* ❶ *kein pl* PHYS, CHEM matter *no pl*

❷ *kein pl (stoffliche Substanz)* substance; *(in der Herstellung verwendet)* materials *pl*

❸ *(zu behandelndes Thema)* subject, matter; **die** ~ **beherrschen** to know one's stuff *fam,* to know what one is talking about

ma·te·ri·ell [mate'ri̯ɛl] **I.** *adj* ❶ *(wirtschaftlich orientiert)* financial, pecuniary *form; (Güter betreffend)* material; ~**e Bedürfnisse** material needs; **ein** ~**er Vorteil** a material [*or* financial] [*or form* pecuniary] benefit; ~**es Wohlergehen** economic well-being, prosperity; ~ **abgesichert** [**sein**] [to be] financially secure

❷ *(pej: materialistisch)* materialist[ic] *a. pej*

❸ *(stofflich)* material, physical

II. *adv (pej: materialistisch)* materialistically *a. pej;* ~ **eingestellt sein** to be materialistic

ma·te·ri·ell-recht·lich *adj inv* substantive, upon its merits

Ma·te·rie·scha·le *f* ASTRON layer of matter [*or* material]

Ma·te·rie·split·ter *m* ASTRON wisp [*or* fragment] of matter [*or* material]

Ma·the <-> ['matə] *f kein pl (fam)* maths + *sing vb* BRIT *fam,* math AM *fam*

Ma·the·ma·tik <-> [matema'ti:k] *f kein pl* ■**[die]** ~ mathematics + *sing vb,* maths + *sing vb* BRIT *fam,* math AM *fam*

▸WENDUNGEN: **für jdn höhere** ~ **sein** to be beyond [*or fam* all Greek to] sb

Ma·the·ma·tịk·ar·beit *f,* **Mạ·the·ar·beit** *f (fam)* test in mathematics, maths test *fam* **Ma·the·ma·tịk·buch** *nt,* **Mạ·the·buch** *nt (fam)* book on mathematics, mathematics [*or fam* maths] book

Ma·the·ma·ti·ker(in) <-s, -> [mate'ma:tikɐ] *m(f)* mathematician; **ein guter/schlechter** ~ **sein** to be good/bad at maths [*or* sums]

Ma·the·ma·tịk·prü·fung *f,* **Mạ·the·prü·fung** *f (fam)* mathematics [*or fam* maths] exam[ination] **Ma·the·ma·tịk·stun·de** *f,* **Mạ·the·stun·de** *f (fam)* mathematics [*or fam* maths] lesson

ma·the·ma·tisch [mate'ma:tɪʃ] *adj* mathematical; **eine** ~**e Aufgabe** a mathematics [*or fam* maths] exercise

Ma·ti·nee <-, -n> [mati'ne:, *pl* mati'ne:ən] *f* morning performance; *(Konzert a.)* morning concert

Mat·jes <-, -> *m,* **Mạt·jes·he·ring** ['matjəs-] *m* pickled [white] herring, matjes *spec*

Ma·trat·ze <-, -n> [ma'tratsə] *f* mattress

Ma·trạt·zen·scho·ner *m* mattress cover

Mä·tres·se <-, -n> [mɛ'trɛsə] *f* mistress, paramour *liter*

ma·tri·ar·cha·lisch [matriar'ça:lɪʃ] *adj* matriarchal

Ma·tri·ar·chat <-[e]s, -e> [matriar'ça:t] *nt* matriarchy, matriarchate *spec*

Ma·tri·kel <-, -n> [ma'tri:kl̩] *f* ❶ SCH matriculation register

❷ ADMIN ÖSTERR register

Ma·tri·kel·num·mer *f* SCH registration [*or* matriculation] number

Ma·trix <-, Matrizen *o* Matrizes> ['ma:trɪks, *pl* ma'tri:tsən, ma'tri:tse:s] *f* BIOL, MATH matrix

Ma̱·trix·dru·cker *m* INFORM dot-matrix [printer]

Ma·tri·ze <-, -n> [ma'tri:tsə] *f* stencil; **etw auf** ~ **schreiben** to stencil sth

Ma·tri·zes [ma'tri:tse:s] *pl von* **Matrix**

Ma·tro·ne <-, -n> [ma'tro:nə] *f* matron

ma·tro̱·nen·haft *adj* matronly

Ma·tro·se <-n, -n> [ma'tro:zə] *m* ❶ *(Seemann der Handelsmarine)* sailor, mariner *liter*

❷ *kein pl (Dienstgrad)* ordinary seaman, [ordinary] rating BRIT, seaman recruit AM

Ma·tro̱·sen·an·zug *m* sailor suit **Ma·tro̱·sen·hemd** *nt* sailor['s] shirt **Ma·tro̱·sen·kra·gen** *m* sailor collar **Ma·tro̱·sen·müt·ze** *f* sailor['s] cap

Matsch <-[e]s> ['matʃ] *m kein pl* ❶ *(Schneematsch)* slush; *(schlammige Erde)* mud, sludge

❷ *(breiige Masse)* mush, sludge; **zu** ~ **werden** to go mushy

mat·schig ['matʃɪç] *adj (fam)* ❶ *(schlammig)* muddy, sludgy; ~**er Schnee** slush[y] snow

❷ *(breiig)* mushy, gooey *fam*

Mạtsch·wet·ter *nt (fam)* muddy [*or* sludgy] weather [*or pl* conditions]; *(mit Schneematsch)* slush weather [*or pl* conditions]

matt ['mat] **I.** *adj* ❶ *(schwach, kraftlos)* weary, tired

❷ *(nicht kräftig)* weak; ~**er Händedruck** weak [*or* limp] handshake; ~**es Lächeln/**~**e Stimme** faint [*or* weak] smile/voice

❸ *(glanzlos)* matt[e] BRIT, mat AM; ~**e Augen** lustreless [*or* AM lusterless] [*or* dull] eyes; ~ **gestrichenes Papier** dull-coated [*or* matt-coated] paper; ~**e Politur** matt polish

❹ *(trübe)* ~**es Licht** dim [*or* pale] light

❺ *(nicht durchscheinend)* ~**e Glühbirnen** opal [*or* pearl] bulbs

❻ *(schwach)* ~**e Farben** pale colours [*or* AM -ors]

❼ *(lahm, nicht überzeugend)* ~**e Ausrede/Entschuldigung** lame [*or* feeble] excuse; ~**er Witz** feeble [*or* lame] joke

❽ *(schachmatt)* [check]mate; ■~ **sein** to be [check]mated; **jdn** ~ **setzen** to mate sb; *(a. fig)* to checkmate sb; ~**!** check and mate!

II. *adv* ❶ *(schwach)* weakly, dimly

❷ *(ohne Nachdruck)* lamely, feebly

Matt <-s, -s> ['mat] *nt* [check]mate

matt·blau *adj* pale blue; *Auto* non-metallic blue

Mat·te[1] <-, -n> ['matə] *f* mat; *(Fußmatte)* doormat; [**bei jdm**] **auf der** ~ **stehen** *(fig fam)* to turn up at sb's doorstep; ***morgen früh stehen Sie bei mir auf der*** ~ you must be at my place tomorrow morning; **jdn auf die** ~ **legen** SPORT *(fam)* to throw sb

Mat·te[2] <-, -n> ['matə] *f* ÖSTERR, SCHWEIZ *(Bergwiese)* alpine meadow

Mat·ter·horn ['matɐhɔrn] *nt* ■**das** ~ the Matterhorn

matt·ge·stri·chen *adj inv s.* **matt I 3 Mạtt·glanz** *m* mat[t] finish **Mạtt·glas** *nt* frosted [*or* ground] glass

Mat·thäi [ma'tɛ:i] *m gen von* **Matthäus** St Matthew's Day

▸WENDUNGEN: **bei jdm ist** ~ **am letzten** *(fam)* sb is washed-up [*or fam* has had it]

Mat·thä̱·us·evan·ge·li·um [-evaŋge:li̯ʊm] *nt* ■**das** ~ St[.] Matthew's Gospel, the Gospel according to St[.] Matthew

Mạtt·heit <-> *f kein pl (geh)* ❶ *(Glanzlosigkeit)* dullness

❷ *s.* **Mattigkeit**

mat·tie·ren* [ma'ti:rən] *vt* ■**etw** ~ *Metall, Holz* to give a mat[t] finish to sth, to mat[t] sth; **mattiertes Glas** frosted glass

Mat·tig·keit <-> ['matɪçkait] *f kein pl* weariness, tiredness

Mạtt·lack *m* mat[t] varnish

Mạtt·schei·be *f* ❶ *(Scheibe aus Mattglas)* frosted glass pane

❷ *(fam: Bildschirm)* screen; *(Fernseher)* telly BRIT *fam,* tube AM *fam*

▸WENDUNGEN: ~ **haben** *(sl)* to have [*or* get] a mental blank

matt|set·zenRR *vt* ■**jdn** ~ *(im Schach)* to mate sb; *(a. fig)* to checkmate sb

Ma·tur <-> [ma'tu:ɐ̯] *f kein pl* SCHWEIZ SCH *s.* **Matura**

Ma·tu·ra <-> [ma'tu:ra] *f kein pl* ÖSTERR, SCHWEIZ *(Abitur)* ≈ A-Levels *pl* BRIT, high-school diploma AM

Ma·tu·rand(in) <-en, -en> [matu'rant, *pl* matu'randn̩] *m(f)* SCHWEIZ, **Ma·tu·rant(in)** <-en, -en> [matu'rant, *pl* matu'rantən] *m(f)* ÖSTERR *(Abiturient) person who is just about to sit/has got his/her Abitur*

ma·tu·rie·ren* [matu'ri:rən] *vi* ÖSTERR to take one's school-leaving exam[ination *form*], to graduate [from high school] AM

Ma·tu·ri·tät <-> [maturi'tɛ:t] *f kein pl* SCHWEIZ matriculation exam[ination *form*]

Ma·tu·ri·täts·zeug·nis <-ses, -se> [maturi'tɛ:ts-] *nt* SCH SCHWEIZ *(Abiturzeugnis)* ≈ A-Levels certificate BRIT, ≈ high-school diploma AM

Mätz·chen <-s, -> ['mɛtsçən] *nt meist pl (fam)* ❶ *(Kniffe, Tricks)* trick, knack; ***lass endlich die*** ~**!** stop fooling [*or* BRIT *fam!* buggering] about!; **mach keine** ~**!** none of your tricks!; *(bedrohlicher)* don't try anything funny!

❷ *(Albernheiten)* antics; ***Kinder, lasst die*** ~**!** kids, [that's] enough of your monkey-business!

Mat·ze <-, -n> ['matsə] *f,* **Mat·zen** <-s, -> ['matsn̩] *m (ungesäuertes Fladenbrot)* matzo[h], Passover bread

mau <-er, -[e]ste> ['mau̯] **I.** *adj meist pred (fam)* ❶ *(unwohl)* queasy, poorly *pred;* ***mir ist ganz*** ~ I feel really queasy

❷ *(ungünstig)* bad; *Stimmung* lousy; **die Lage ist** ~ the situation is [*or* looks] bad

II. *adv* badly; **die Geschäfte gehen** ~ business is slack

Mau·er <-, -n> ['mau̯ɐ] *f* ❶ *(Wand aus Steinen)* wall; **die Chinesische** [*o* **Große**] ~ the Great Wall of China; **innerhalb der** [*o* **in den**] ~**n** HIST within the city walls

❷ *(fig geh: Wand)* **eine** ~ **des Schweigens** [**durch-**

M

brechen] [to break] a wall of silence
③ *(torsichernde Spielerkette)* line up
▶WENDUNGEN: **gegen ~n rennen** *(fam)* to run up against a brick wall; **gegen eine ~ des Schweigens rennen** to run up against a wall of silence

Mau·er·an·ker *m* BAU wall anchor **Mau·er·as·sel** *f* ZOOL woodlouse **Mau·er·bau** *m kein pl* ① BAU building [*or* construction] of a/the wall[s] ② HIST ■**der ~** the building of the Berlin Wall **Mau·er·blüm·chen** *nt (fam)* wallflower *fam* **Mau·er·fall** *m* HIST *(der Mauerfall)* the fall of the Berlin Wall

mau·ern ['maʊ̯ɐn] **I.** *vi* ① *(mit Steinen und Mörtel arbeiten)* ■**[an etw** *dat*] **~** to build [sth], to lay bricks for sth
② *(fam)* to stall, to play for time
③ SPORT *(Torverteidigung)* to play defensively
④ KARTEN *(sl)* to hold back
II. *vt* ■**etw [aus etw** *dat*] **~** to build sth [of sth]

Mau·er·öff·nung *f* ① POL opening of the [Berlin] Wall ② *(Mauerspalt)* opening in a/the wall **Mau·er·pfef·fer** *m* BOT wall pepper, common stonecrop **Mau·er·schüt·ze** *m* HIST marksman on the Berlin Wall **Mau·er·seg·ler** *m* ORN swift **Mau·er·stein** *m* [building [*or* house]] brick

Mau·er·to·te(r) <-n, -> *mf dekl wie adj* HIST person killed at the Berlin Wall attempting to flee the GDR

Mau·er·vor·sprung *m* projection of a/the wall **Mau·er·werk** *nt kein pl* ① *(die Mauern)* walls *pl* ② *(Steinmauer)* stonework

Maul <-[e]s, Mäuler> ['maʊ̯l, *pl* 'mɔʏ̯lɐ] *nt* ① *(Rachen eines Tieres)* mouth; *Raubtier* jaws *pl*
② *(derb: Mund)* trap *fam!*, BRIT *a.* gob *fam!*; **das ~ aufsperren** to stare flabbergasted [*or* BRIT *a.* gobsmacked] *fam*; [**hungrige**] **Mäuler stopfen** to feed [*or* fill] [hungry] mouths
③ *(derb: Mundwerk)* **ein freches ~** a sharp tongue; **ein gottloses** [*o* **ungewaschenes**] **~** an evil [*or* a wicked] [*or* a malicious] tongue; **jdm übers ~ fahren** to cut sb short *fam*; **ein großes ~ haben** to have a big mouth, BRIT *a.* to be all mouth [and trousers] *fam*; **das** [*o* **sein**] **~ halten** to keep one's mouth [*or* BRIT *a.* gob] shut *fam!*; **halt's ~!, ~ halten!** shut your face! [*or* mouth] [*or* trap] [*or* BRIT *a.* gob] *fam!*, shut it! *fam!*; **jdm das ~ stopfen** to shut sb up
▶WENDUNGEN: **das ~ [zu] weit aufreißen** [*o* **voll nehmen**] to be too cocksure *fam*; **jdm ums ~ gehen** to soft-soap [*or sep* butter up] sb *fam*; **jdm aufs ~ schauen** to follow sb's every word; **sich** *dat* **das ~ verbrennen** *(fam)* to talk oneself [*or fam* let one's mouth get one] into trouble; **sich** *dat* **das ~ [über jdn/etw] zerreißen** *(fam)* to gossip [about sb/sth] *pej*, to bad-mouth sb/sth *sl*

Maul·af·fe ['maʊ̯lʔafə] *m (pej) (veraltet: Gaffer)* gaping fool *pej* ▶WENDUNGEN: **~n feilhalten** to stand [around] gaping [*or* BRIT *fam pej a.* gawping] **Maul·beer·baum** *m* mulberry [tree] **Maul·bee·re** ['maʊ̯lbeːrə] *f* mulberry

mau·len ['maʊ̯lən] *vi (fam)* ■**[über etw** *akk*] **~** to moan [*or fam pej* gripe] [about sth]

Mäu·ler ['mɔʏ̯lɐ] *pl von* **Maul**

Maul·esel ['maʊ̯lʔeːzl] *m* mule, hinny **maul·faul** *adj (fam)* uncommunicative **Maul·held(in)** *m(f) (pej)* big-[*or fam* loud-]mouth **Maul·korb** *m* muzzle; **einen ~ tragen** to be muzzled; **jdm einen ~ anlegen** *(fig fam)* to muzzle sb **Maul·sper·re** *f* **die ~ kriegen** *(fam)* to be open-mouthed; ***ich krieg' die ~!*** I'm flabbergasted! [*or* BRIT *fam a.* gobsmacked] **Maul·ta·schen** *pl* KOCHK SÜDD *pasta squares filled with meat or cheese and served in a clear soup* **Maul·tier** ['maʊ̯ltiːɐ̯] *nt s.* **Maulesel** **Maul- und Klau·en·seu·che** *f* foot-and-mouth disease

Maul·wurf <-[e]s, -würfe> ['maʊ̯lvʊrf, *pl* -vʏrfə] *m (a. fig)* mole

Maul·wurfs·gang *m* tunnel *(dug by a mole)* **Maul·wurfs·hü·gel** *m* molehill **Maul·wurfs·klaue** *f* claw of a/the mole

maun·zen ['maʊ̯ntsn̩] *vi* SÜDD *(kläglich miauen)* to mew pitifully

Mau·re, Mau·rin <-n, -n> ['maʊ̯rə, 'maʊ̯rɪn] *m, f* Moor

Mau·rer(in) <-s, -> ['maʊ̯rɐ] *m(f)* bricklayer, BRIT *a.* brickie *fam*
▶WENDUNGEN: **pünktlich wie die ~** *(hum)* earlier than need be

Mau·rer·ar·beit *f* masonry *no pl*, brickwork *no pl* **Mau·rer·ham·mer** *m* bricklayer's hammer **Mau·rer·hand·werk** *nt* ■**das ~** bricklaying *no pl*

Mau·re·rin <-, -nen> ['maʊ̯rərɪn] *f fem form von* **Maurer**

Mau·rer·kel·le *f* [bricklayer's [*or* BRIT *fam a.* brickie's]] trowel **Mau·rer·ko·lon·ne** *f* bricklaying gang **Mau·rer·meis·ter(in)** <-s, -> *m(f)* master bricklayer **Mau·rer·po·lier** <-s, -e> *m* foreman bricklayer

Mau·re·ta·ni·en <-s> [maʊ̯re'taːni̯ən] *nt kein pl* GEOL Mauritania *no pl*

Mau·re·ta·ni·er(in) <-s, -> [maʊ̯re'taːni̯ɐ] *m(f)* Mauritanian

mau·re·ta·nisch [maʊ̯re'taːnɪʃ] *adj* Mauritanian

Mau·rin <-, -nen> ['maʊ̯rɪn] *f fem form von* **Maure**

mau·risch ['maʊ̯rɪʃ] *adj* Moorish

Mau·ri·ti·er(in) <-s, -> [maʊ̯'riːtsi̯ɐ] *m(f)* Mauritian

mau·ri·tisch [maʊ̯'riːtɪʃ] *adj* Mauritian

Mau·ri·ti·us <-> [maʊ̯'riːtsi̯ʊs] *nt* Mauritius

Maus <-, Mäuse> ['maʊ̯s, *pl* 'mɔʏ̯zə] *f* ① *(Tier)* mouse; **weiße Mäuse sehen** *(fam)* to see pink elephants *fam*
② INFORM mouse; **mechanische/optische ~** mechanical/optical mouse
③ KOCHK thick flank
④ *(nettes Mädchen oder Junge)* [sweet [*or* cute]] little thing
⑤ *(unattraktive Person)* **eine graue ~** *(fam)* a mouse *fam*
⑥ *pl (sl: Geld)* dough *sing sl*, dosh *sing* BRIT *sl*
▶WENDUNGEN: **da beißt die ~ keinen Faden ab** *(prov fam)* it can't be helped, what must be, must be *prov*

Mau·sche·lei <-, -en> [maʊ̯ʃə'laɪ̯] *f (pej fam)* fiddle *fam*, bent deal *pej fam*

mau·scheln ['maʊ̯ʃl̩n] *vi (pej fam)* to fiddle *fam*

Mäus·chen <-s, -> ['mɔʏ̯sçən] *nt dim von* **Maus 1** little mouse; ***da möchte ich gerne ~ spielen*** *(fam)* I'd like to be a fly on his/her, etc. wall

mäus·chen·still ['mɔʏ̯sçən'ʃtɪl] *adj* dead quiet; **~ sein** *Mensch* to be [as] quiet as a mouse

Mäu·se·bus·sard *m* [common] buzzard

Mau·se·fal·le *f* mousetrap; **eine ~ aufstellen** to set [*or* put down] a mousetrap **Mau·se·loch** *nt* mouse hole; **jd möchte sich in ein ~ verkriechen** *(fam)* sb would have liked the ground to open up and swallow him/her

mau·sen ['maʊ̯zn̩] **I.** *vt (hum fam: heimlich wegnehmen)* ■**etw ~** to pinch [*or* nick] sth *fam* **II.** *vi (veraltend) Katzen* to mouse, to catch mice ▶WENDUNGEN: **die Katze lässt das Mausen nicht** *(prov)* a leopard cannot change its spots *prov* **Mau·se·öhr·chen** [-øːɐ̯çən] *pl* lamb's lettuce *no pl*

Mau·ser <-> ['maʊ̯zɐ] *f kein pl* ORN moult BRIT, molt AM; **in der ~ sein** to be moulting [*or* AM molting]

Mäu·se·rich <-s, -e> ['mɔʏ̯zərɪç] *m (fam)* male mouse

mau·sern ['maʊ̯zɐn] *vr* ① ORN *(das Federkleid wechseln)* ■**sich** *akk* **~** to moult BRIT, to molt AM
② *(fig fam: sich vorteilhaft verändern)* ■**sich** *akk* **[zu etw** *dat*] **~** to blossom out [to sth]

mau·se·tot ['maʊ̯zə'toːt] *adj (fam)* ■**~ sein** to be stone-dead [*or hum fam* deader than dead]

maus·ge·steu·ert *adj* INFORM mouse-controlled

maus·grau *adj* mouse-coloured [*or* AM -colored], mouse[y]-grey [*or* AM -gray]

mau·sig ['maʊ̯zɪç] *adj* ■**sich** *akk* **~ machen** *(fam)* to get uppity *fam* [*or* BRIT *fam a.* stroppy] [*or sl* bolshie]

Maus·klick [-klɪk] *m* INFORM mouse click **Maus·kur·sor** [-køːɐ̯zɐ, -kœrzɐ] *m* INFORM mouse pointer

Maus·loch <-[e]s, -löcher> *nt* DIAL, SCHWEIZ *(Mauseloch)* mousehole

Maus·mat·te <-, -n> *f* INFORM SCHWEIZ *(Mauspad)* mouse pad

Mau·so·le·um <-s, Mausoleen> [maʊ̯zo'leːʊm, *pl* maʊ̯zo'leːən] *nt* mausoleum

Maus·pad <-s, -s> [-pɛt] *m* INFORM mouse pad **Maus·steu·e·rung** *f* INFORM mouse control *no art*; **mit ~ bedient** mouse-controlled **Maus·tas·te** *f* INFORM mouse button; **linke/rechte ~** left/right mouse button **Maus·trei·ber** *m* INFORM mouse driver

Maut <-, -en> ['maʊ̯t] *f* SÜDD, ÖSTERR toll [charge]; **eine ~ erheben** to levy a toll

Maut·ge·bühr *f s.* **Maut** **Maut·stel·le** *f* tollgate **Maut·stra·ße** *f* toll road, AM *also* [turn]pike **Maut·vi·gnet·te** <-, -n> [-vɪnjɛtə] *f* toll sticker **Maut·zäh·ler** <-s, -> *m* [highway] toll meter, E-Z pass AM

maxi ['maksi] *adj pred* MODE maxi; **~ tragen** *(fam)* to wear a maxi

Ma·xi·ma ['maksima] *pl von* **Maximum**

ma·xi·mal [maksi'maːl] **I.** *adj* maximum *attr*; *(höchste a.)* highest *attr*; **die ~e Geschwindigkeit** the maximum speed; *Fahrzeug* the top speed
II. *adv* at maximum [*or* most]; **das ~ zulässige Gesamtgewicht** the maximum [*or* greatest] permissible weight; *Fahrzeug* the gross vehicle weight rating [*or* GVWR] *form*; **~ Euro 25.000** 25,000 euros tops *fam* [*or* at most]; **bis zu ~ 1000 Metern** up/down to a maximum of 1000 metres [*or* AM -ers]

Ma·xi·mal·al·ter *nt* maximum age **Ma·xi·mal·be·trag** *m* maximum amount **Ma·xi·mal·brei·te** *f* maximum width **Ma·xi·mal·for·de·rung** *f* ■**die/seine ~[en]** the/one's maximum [*or* highest] demand[s] **Ma·xi·mal·ge·schwin·dig·keit** *f* maximum speed; *Fahrzeug* top speed **Ma·xi·mal·ge·wicht** *nt* maximum weight **Ma·xi·mal·hö·he** *f* maximum height **Ma·xi·mal·preis** *m* maximum [*or* highest] price **Ma·xi·mal·stra·fe** *f* maximum sentence **Ma·xi·mal·tie·fe** *f* maximum depth **Ma·xi·mal·ver·brauch** *m* maximum [fuel] consumption **Ma·xi·mal·wert** *m* maximum value **Ma·xi·mal·zins·satz** *m* FIN cap

Ma·xi·me <-, -n> [ma'ksiːmə] *f (geh)* maxim

ma·xi·mie·ren* [maksi'miːrən] *vt* ■**etw ~** to maximize sth

Ma·xi·mie·rung <-, -en> *f* maximization

Ma·xi·mum <-s, Maxima> ['maksimʊm, *pl* 'maksima] *nt* ① *(höchstmöglicher Wert)* maximum [value]
② *(Höchstmaß)* ■**ein ~ an etw** *dat* a maximum of sth
③ MATH maximum

Ma·xi·pa·ckung *f* maxi pack **Ma·xi·ra·cer** <-s, -> [-reɪsɐ] *m (Yacht)* maxi-racer **Ma·xi·rock** *m* maxiskirt **Ma·xi·sin·gle** [-zɪŋl] *f (veraltend)* maxi-single, EP

Ma·ya[1] <-, -> ['maja, 'maːja] *m o f* Maya, Mayan

Ma·ya[2] <-> ['maja, 'maːja] *nt* ■**das ~** Maya, Mayan

Ma·yon·nai·se <-, -n> [majɔ'nɛːzə] *f s.* **Majonäse**

Ma·ze·do·ni·en <-s> [matse'doːni̯ən] *nt* Macedonia

Ma·ze·do·ni·er(in) <-s, -> [matse'doːni̯ɐ] *m(f)* Macedonian

ma·ze·do·nisch [matse'doːnɪʃ] *adj* Macedonian

Ma·ze·do·nisch [matse'doːnɪʃ] *nt dekl wie adj* Macedonian

Ma·ze·do·ni·sche <-n> *nt* ■**das ~** Macedonian, the Macedonian language

Mä·zen <-s, -e> [mɛ'tseːn] *m* Maecenas *liter*, patron [of art or literature]

ma·ze·rie·ren [matse'riːrən] *vt* CHEM, TECH ■**etw ~** *Inhaltsstoffe* to macerate sth

mb *Abk von* **Millibar** mb, millibar

MB <-[s], -s> [ɛm'beː] *nt* INFORM *Abk von* **Megabyte** MB

MBA <-[s], -s> [ɛmbiː'eɪ] *m Abk von* **Master of Business Administration** MBA

M-Bahn *f s.* **Magnetschwebebahn**

Mbit TELEK *Abk von* **Megabit** Mb

MByte INFORM *Abk von* **Megabyte** MB, Mbyte

Mc·Do·nal·di·sie·rung [məkdɔnaldi'ziːrʊŋ] *f kein pl* ÖKON, SOZIOL *(pej)* Coca-Colonization

MDA <-[s], -s> *m* INFORM *Abk von* **monochrome display adapter** MDA

MdB, M.d.B. <-s, -s> [ɛmdeːˈbeː] *m Abk von* **Mitglied des Bundestages** Member of the "Bundestag", BRIT *a.* ≈ MP

mdl. *Abk von* **mündlich** verbal

MdL, M.d.L. <-s, -s> [ɛmdeːˈɛl] *m Abk von* **Mitglied des Landtages** *Member of the federal state parliament*

m.E. *Abk von* **meines Erachtens** in my opinion

Me·cha·nik <-, -en> [meˈçaːnɪk] *f* ❶ *kein pl* PHYS ■**die** ~ mechanics + *sing vb* ❷ *kein pl* TECH ■**die** ~ mechanics + *sing vb* ❸ TECH *(selten: Mechanismus)* mechanism

Me·cha·ni·ker(in) <-s, -> [meˈçaːnɪkɐ] *m(f)* mechanic

me·cha·nisch [meˈçaːnɪʃ] **I.** *adj (a. fig)* mechanical **II.** *adv* mechanically; **etw ~ aufsagen** to reel off sth *sep*

me·cha·ni·sie·ren* [meçaniˈziːrən] *vt* ■**etw** ~ *Betrieb, Produktion* to mechanize sth

Me·cha·ni·sie·rung <-, -en> *f* mechanization

Me·cha·ni·sie·rungs·pro·zessRR *m* mechanization process

Me·cha·nis·mus <-, -men> [meçaˈnɪsmʊs, *pl* -mən] *m* mechanism; **störfreier** ~ jam free mechanism

me·cha·nis·tisch *adj* PHILOS mechanistic

meck [ˈmɛk] *interj sound made by goat*

Me·cke·rei <-, -en> *f (pej fam: dauerndes Nörgeln)* moaning, bellyaching *fam*, griping *pej fam*

Me·cke·rer(in) <-s, -> [ˈmɛkərɐ] *m(f) (fam)* grumbler, moaner

Me·cker·frit·ze, Me·cker·lie·se <-n, -n> [-frɪtsə, -liːzə] *m, f (pej fam: ewiger Nörgler)* bellyacher *fam*, BRIT moaning minnie *fam* **Me·cker·lie·se** [-liːzə] *f (pej fam) s.* **Meckerfritze**

me·ckern [ˈmɛkɐn] *vi* ❶ *(der Ziege)* to bleat ❷ *(fig fam)* ■**[über jdn/etw]** ~ to bellyache *fam* [*or fam pej* gripe] [about sb/sth]

Me·cki·fri·sur [ˈmɛki-] *f (fam)* crew cut

Meck·len·burg <-s> [ˈmɛklənbʊrk] *nt* Mecklenburg

meck·len·bur·gisch [ˈmɛklənbʊrgɪʃ] *adj inv* Mecklenburg *attr*

Meck·len·burg-Vor·pom·mern <-s> [ˈmɛklənbʊrkʔfoːɐ̯pɔmɐn] *nt* Mecklenburg-West Pomerania

med. *Abk von* **medizinisch**: **Dr. ~ Birgit Jentsch** Birgit Jentsch, MD [*or* M.D.]

Me·dail·le <-, -n> [meˈdaljə] *f* ❶ *(Gedenkmünze)* medallion ❷ *(Auszeichnung)* medal ❸ *(runder Orden)* medal, gong BRIT *fam*

Me·dail·len·ge·win·ner(in) [meˈdaljən-] *m(f)* SPORT medallist BRIT, medalist AM, medal winner **Me·dail·len·re·gen** [meˈdaljən-] *m* SPORT inundation of medals **Me·dail·len·spie·gel** [meˈdaljən-] *m* SPORT medals table **Me·dail·len·ver·ga·be** [meˈdaljən-] *f* SPORT medal awarding ceremony

Me·dail·lon <-s, -s> [medalˈjõː] *nt* ❶ *(Schmuckkapsel)* locket ❷ *(ovales Bild)* medallion ❸ KOCHK médaillon

me·di·al [meˈdi̯aːl] *adj* ❶ *(geh: übersinnlich) Kräfte, Fähigkeiten* of a medium *pred*, mediumistic; **~ veranlagt sein** to have mediumistic powers ❷ *attr* MED medial ❸ *attr* LING *Verbformen* middle

Me·di·a·le <-n> *nt kein pl* **das** ~ the media [element]; ***alles*** ~ everything to do with the media

Me·dia·plan [ˈmeːdi̯a-] *m* HANDEL media plan **Me·dia·plan·ning** <-s> [ˈmiːdi̯əplænɪŋ] *nt*, **Me·dia·pla·nung** [ˈmeːdi̯a-] *f* HANDEL media planning

Me·di·a·ti·on <-, -en> [medi̯aˈtsi̯oːn] *f* POL, SOZIOL *(geh)* mediation

me·di·a·ti·sie·ren* [medi̯atiˈziːrən] *vt* ■**etw** ~ ❶ HIST to mediatize sth ❷ MEDIA, SOZIOL to promulgate sth through the mass media, to subordinate sth to the demands of the mass media *pej*

Me·di·a·ti·sie·rung <-, -en> [medi̯atiˈziːrʊŋ] *f* MEDIA *(geh)* promulgation through the mass media

Me·di·en [ˈmeːdi̯ən] *pl* ❶ *pl von* **Medium** ❷ *(Informationsträger)* ■**die** ~ the media + *sing/pl vb*; **für Aufsehen in den ~ sorgen** to cause a press sensation; **akustische/optische** ~ acoustic/visual media; **die gedruckten** ~ the press *no indef art*, + *sing/pl vb*

Me·di·en·auf·se·her(in) *m(f)* MEDIA, ADMIN media censor **Me·di·en·auf·sicht** [ˈmeːdi̯ən-] *f kein pl* media watchdog **Me·di·en·be·auf·trag·te(r)** *f(m)* media representative **Me·di·en·be·ra·ter(in)** *m(f)* press adviser **Me·di·en·be·reich** *m* world of [the] media; **im ~ arbeiten** to work for the media/press **Me·di·en·be·richt·er·stat·tung** *f* MEDIA press [*or* media] coverage **Me·di·en·de·mo·kra·tie** *f* media democracy **Me·di·en·dienst** *m* HANDEL media services *pl* **Me·di·en·er·eig·nis** *nt* MEDIA media event **Me·di·en·for·schung** *f* MEDIA, SCH media research *no pl*

me·di·en·ge·recht **I.** *adj* suitable for the media [*or* a particular medium] *pred* **II.** *adv* in a manner suited to the media; **~ inszeniert** staged in a manner suited to the media [*or* that is accommodating to the media]

Me·di·en·ge·sell·schaft *f* ❶ SOZIOL media [dominated] society ❷ *(im Bereich der Medien tätig)* media society [*or* group]

Me·di·en·ge·tüm·mel *nt* media storm **Me·di·en·grün·der·zen·trum** *nt* media foundation centre [*or* AM -er] **Me·di·en·in·te·res·se** *nt* media interest **Me·di·en·ket·te** *f* media chain **Me·di·en·kom·pe·tenz** *f* media savvy **Me·di·en·kon·fe·renz** <-, -en> *f* SCHWEIZ *(Pressekonferenz)* press conference [*or* briefing] **Me·di·en·kon·zen·tra·ti·on** *f* MEDIA concentration of ownership in the media **Me·di·en·kon·zen·tra·ti·ons·ge·setz·ge·bung** *f* media concentration legislation **Me·di·en·kon·zern** *m* MEDIA, ÖKON media group **Me·di·en·kos·ten** *pl* media costs *pl* **Me·di·en·land·schaft** *f* media landscape [*or* scene] **Me·di·en·lieb·ling** *m* MEDIA, SOZIOL *(fam)* media favourite **Me·di·en·mit·tei·lung** <-, -en> *f* SCHWEIZ *(Pressemitteilung)* press release **Me·di·en·mo·gul** [ˈmeːdi̯ənmoguːl] *m* media mogul **Me·di·en·part·ner(in)** *m(f)* media partner **Me·di·en·po·li·tik** *f* [mass] media policy **Me·di·en·prä·senz** *f kein pl* media presence **Me·di·en·rie·se** *m* media giant **Me·di·en·rum·mel** *m (fam)* media excitement **Me·di·en·spek·ta·kel** *nt* MEDIA media spectacle **Me·di·en·stadt** *f* media city **Me·di·en·star** *m* celebrity **Me·di·en·ty·coon** <-s, -s> [-taikuːn] *m (sl)* media tycoon **Me·di·en·un·ter·neh·mer(in)** *m(f)* media entrepreneur

Me·di·en·ver·bund *m* ❶ *(Verbindung mehrerer Unterrichtsmedien)* multimedia system; **etw im ~ lernen** to learn sth using the multimedia system ❷ *(Verbund von Rundfunkinstituten, Verlagshäusern etc.)* media grid

Me·di·en·wäch·ter(in) *m(f)* media watchdog

me·di·en·wirk·sam *adj* well-covered by the media; ***er weiß, wie er sich am besten ~ inszeniert*** he knows how to achieve maximum publicity [*or* media coverage]; *(vorteilhaft dabei wegkommen)* he knows how to come across well in the media

Me·di·en·wirk·sam·keit *f* media effectiveness **Me·di·en·zeit·al·ter** *nt kein pl* media age

Me·di·ka·ment <-[e]s, -e> [medikaˈmɛnt] *nt* medicine

Me·di·ka·men·ten·ab·hän·gig·keit *f* drug addiction **Me·di·ka·men·ten·ent·sor·gung** *f* disposal of old medicines [*or* drugs] **Me·di·ka·men·ten·miss·brauch**RR *m* ■**[der]** ~ drug abuse **Me·di·ka·men·ten·preis** <-es, -e> *m* price of medication **Me·di·ka·men·ten·schrank** *m* medicine cupboard **Me·di·ka·men·ten·sucht** *f* MED, PSYCH drug addiction **Me·di·ka·men·ten·ver·ord·nung** *f* MED [drug] prescription

me·di·ka·men·tös [medikamɛnˈtøːs] **I.** *adj* medicinal; **eine/die ~e Behandlung** medication **II.** *adv* **jdn/etw ~ behandeln** to give sb medication/to treat sth with medication

Me·di·kus <-, Medizi *o* -se> [meːdikʊs, *pl* ˈmeːditsi] *m (hum fam)* doc *fam*, quack

Me·dio·ab·rech·nung [ˈmeːdi̯o-] *f* FIN mid-month accounts

me·di·o·ker [meˈdi̯oːkɐ] *adj (geh)* mediocre

Me·di·ta·ti·on <-, -en> [meditaˈtsi̯oːn] *f* meditation (**über** + *akk* on)

me·di·ta·tiv [meditaˈtiːf] *adj (geh)* meditative

me·di·ter·ran [meditɛˈraːn] *adj inv* GEOL Mediterranean

me·di·tie·ren* [mediˈtiːrən] *vi* ❶ *(Entspannung üben)* to meditate ❷ *(geh: nachsinnen)* ■**[über etw** *akk*] ~ to meditate [on sth]

Me·di·um <-s, -dien> [ˈmeːdi̯ʊm, *pl* ˈmeːdi̯ən] *nt* ❶ *(Verbindungsperson zu Geistern)* medium ❷ *(geh) Buch, Film etc.* medium ❸ PHYS medium ❹ INFORM *(Datenträger)* data medium; **maschinenlesbares** ~ machine [*or* computer]-readable medium

Me·di·zin <-, -en> [mediˈtsiːn] *f* ❶ *kein pl (Heilkunde)* ■**[die]** ~ medicine; **innere** ~ [internal] medicine ❷ *(fam: Medikament)* medicine; **seine ~ einnehmen** to take one's medicine
▸ WENDUNGEN: **für jdn eine heilsame ~ sein** *(geh)* to have taught sb a lesson

Me·di·zi·nal·as·sis·tent(in) <-en, -en> [meditsiˈnaːlasɪstɛnt] *m(f)* houseman BRIT, intern AM

Me·di·zin·ball *m* SPORT medicine ball

Me·di·zi·ner(in) <-s, -> [mediˈtsiːnɐ] *m(f)* ❶ *(Arzt)* doctor, physician *form*; **der Jargon der ~** medical jargon ❷ *(Medizinstudent)* medic *fam*

me·di·zi·nisch [mediˈtsiːnɪʃ] **I.** *adj* ❶ *(ärztlich)* medical ❷ *(heilkundlich)* **die ~e Fakultät** the school [*or esp* BRIT faculty] [*or* department] of medicine; **das ~e Gebiet/Studium** the field/study of medicine; **eine ~e Prüfung** an exam[ination *form*] in medicine ❸ *(heilend)* medicinal, curative; **~es Shampoo** medicated shampoo **II.** *adv* ❶ *(ärztlich)* medically; **jdn ~ beraten/behandeln** to give sb medical advice/treatment ❷ *(heilkundlich)* medically; **~ ausgebildet werden** to receive medical training; **sich** *akk* **~ auskennen** to know [one's] medicine well ❸ *(heilend)* medicinally

me·di·zi·nisch-tech·ni·sche(r) As·sis·tent(in) <-en, -en> *m(f)* medical technician

Me·di·zin·mann <-männer> [-man, *pl* -mɛnɐ] *m (indianisch)* medicine man; *(afrikanisch)* witch-doctor, shaman; *(fam: Arzt)* doc *fam*, quack *fam* **Me·di·zin·stu·dent(in)** <-en, -en> *m(f)* medical student **Me·di·zin·tech·nik** *f kein pl* medical technology

Meer <-[e]s, -e> [ˈmeːɐ̯] *nt* ❶ *(Ozean)* sea; *(Weltmeer)* ocean; **die sieben ~e** the seven seas; **auf dem [weiten] ~** [[far] out] to sea, on the high seas; **der Grund des ~es** the seabed, the bottom of the sea, Davy Jones['s locker] *a. hum;* **das Rote/Schwarze/Tote ~** the Red/Black/Dead Sea; **ans ~ fahren** to go the sea[side]; **am ~** by the sea; **jenseits des ~es** across the sea ❷ *(fig geh)* sea

Meer·aal *m* ZOOL, KOCHK conger eel **Meer·bar·be** *f* red mullet **Meer·blick** <-[e]s> *m kein pl* sea view **Meer·bras·se** *f* sea bream **Meer·bu·sen** *m (veraltend)* gulf, bay; **der Bottnische** [*o* **Finnische**] **~** the Gulf of Bothnia **Meer·dat·tel** *f* date shell **Meer·en·ge** *f* strait[s *pl*]; **~ von Gibraltar** Strait of Gibraltar

Mee·res·al·ge *f* ■**die ~n** seaweed *no pl*, + *sing vb*, marine algae *spec* **Mee·res·arm** *m* inlet, arm of the sea; *(in Norwegen)* fjord **Mee·res·bio·lo·gie** *f* marine biology **Mee·res·bo·den** *m s.* **Meeresgrund** **Mee·res·fau·na** [-fauna] *f* marine fauna *no pl*, + *sing/pl vb spec* **Mee·res·flo·ra** [-floːra] *f* marine flora *no pl*, + *sing/pl vb spec* **Mee·res·for·schung** *f* ■**die** ~ oceanography **Mee·res·frei·heit** *f* JUR freedom of the seas **Mee·res·frü·chte** *pl*

M

seafood *no pl, + sing vb* **Mee·res·ge·tier** *nt (a. hum)* sea creatures *pl,* marine fauna *+ sing/pl vb spec* **Mee·res·grund** *m kein pl* ■**der** ~ the seabed, the bottom of the sea, Davy Jones['s locker] *a. hum;* **auf dem** ~ on the seabed, at the bottom of the sea, in Davy Jones's locker *a. hum* **Mee·res·hö·he** *f s.* **Meeresspiegel** **Mee·res·kli·ma** *nt* maritime climate **Mee·res·kun·de** *f kein pl s.* **Meeresforschung** **mee·res·kund·lich** [-kʊntlɪç] *adj* oceanographic[al]; **das** ~**e Institut/Studium** the institute/study of oceanography **Mee·res·küs·te** *f* coast, seaside **Mee·res·leuch·ten** <-s> *nt kein pl* marine phosphorescence **Mee·res·säu·ge·tier** *nt* sea [*or spec* marine] mammal **Mee·res·schild·krö·te** <-, -n> *f* turtle **Mee·res·spie·gel** *m* sea level; [**zehn Meter**] **über/unter dem** ~ [ten metres [*or* AM -ers]] above/below sea level **Mee·res·stra·ße** *f* strait[s *pl*] **Mee·res·strö·mung** *f* ocean current; *(aufgrund von Temperaturunterschieden)* convection current *spec* **Mee·res·tie·fe** *f* depth [of the sea [*or* ocean]] **Mee·res·ver·schmut·zung** *f* ÖKOL pollution of the sea, sea [*or* maritime] pollution *no pl*

Meer·fo·rel·le *f* migratory [*or* BRIT sea] trout **Meer·gott** *m* sea god; **der griechische** ~ the Greek god of the sea **Meer·jung·frau** *f* mermaid **Meer·kat·ze** *f* ZOOL long-tailed monkey, guenon *spec* **Meer·kohl** *m* sea kale **Meer·ohr** *f* abalone, ormer

Meer·ret·tich *m* BOT, KOCHK ① *(Pflanze o Wurzel)* horseradish
② *kein pl (Soße)* horseradish [sauce]

Meer·ret·tich·so·ße *f* horseradish sauce

Meer·salz *nt* sea salt *no pl, + sing vb*

Meer·schaum *m* meerschaum, sepiolite **Meer·schaum·pfei·fe** *f* meerschaum [pipe]

Meer·schwein·chen *nt* ZOOL guinea pig, cavy *spec* **Meer·sicht** <-> *f kein pl* sea view **Meer·spin·ne** *f* spider crab **Meer·un·ge·heu·er** *nt* sea monster

Meer·was·ser *nt* sea water

Meer·was·ser·ent·sal·zung *f* desalination of sea water *spec* **Meer·was·ser·ent·sal·zungs·an·la·ge** *f* desalination plant *spec*

Mee·ting <-s, -s> ['mi:tɪŋ] *nt* meeting

Me·ga·bit ['me:gabɪt] *nt* INFORM megabit **Me·ga·byte** [mega'bait, 'me:gabait] *nt* INFORM megabyte; *(geschrieben a.)* M[b] **Me·ga-Er·folg** *m* MEDIA smash hit **Me·ga·fon**RR <-s, -e> [mega'fo:n] *nt* megaphone **Me·ga·hertz** ['mɛgahɛrts] *nt* PHYS megahertz **Me·ga·hit** *m* smash [hit]

Me·ga·lith <-en, -en> [mega'li:t] *m* megalith

me·ga·lo·man [megalo'ma:n] *adj (geh)* megalomaniac[al]

Me·ga·lo·ma·nie <-, -n> [megaloma'ni:, *pl* megaloma'ni:ən] *f (geh)* ■**die** ~ megalomania

Me·ga·phon <-s, -e> [mega'fo:n] *nt s.* **Megafon**

Me·ga·pix·el <-s, -> [-pɪksl] *m* TECH megapixel **Me·ga·stadt** *f* megalopolis *spec* **Me·ga·star** [-sta:ɐ̯] *m* megastar *fam* **Me·ga·store** <-s, -s> ['megəsto:ɐ̯] *m (sehr großes Geschäft)* megastore **Me·ga·ton·ne** *f* megaton **Me·ga·trend** *m (fam)* mega trend **Me·ga·watt** *nt* megawatt; *(geschrieben a.)* MW

Mehl <-[e]s, -e> ['me:l] *nt* ① *(gemahlenes Korn)* flour; **etw mit** [**feinem**] ~ **bestäuben** to dredge [*or* powder] sth with flour
② *(pulverisierte Substanz)* powder; **etw zu** ~ **verarbeiten** to pulverize sth

meh·len ['me:lən] *vt* KOCHK ■**etw** ~ to flour sth

meh·lig ['me:lɪç] *adj* ① *(trockenes Fruchtfleisch aufweisend)* mealy, floury
② *(mit Mehl bestäubt)* floury
③ *(fein zerrieben)* powdery

Mehl·kä·fer *m* meal beetle **Mehl·sack** *m* flour bag ►WENDUNGEN: **wie ein** ~ **schlafen** *(fam)* to sleep like a log **Mehl·schwal·be** *f* ORN house martin **Mehl·schwit·ze** *f* KOCHK roux **Mehl·spei·se** *f* ① *(mit Mehl bereitetes Gericht)* flummery ② ÖSTERR *(fam: Süßspeise)* dessert, BRIT *a.* sweet **Mehl·sup·pe** <-, -n> *f* ① *(Mehlbrei)* thick meal soup ② *(mit Mehl gebundene Suppe)* soup thickened with flour **Mehl·tau** ['me:ltau] *m kein pl* BOT mildew **Mehl·wurm** *m* mealworm

mehr ['me:ɐ̯] **I.** *art indef sing, pl komp von* **viel** more; ~ ***Autos/Frauen/Ideen*** more cars/women/ideas; **zwei oder** ~ **mögliche Antworten** two or more possible answers; ~ ***Freiheit/Geld/Wein*** more freedom/money/wine; ***noch etwas*** ~ ***Kaffee?*** some more coffee?; **immer** ~: ***immer*** ~ ***Touristen*** more and more tourists; **mit** ~ **Sorgfalt vorgehen** to proceed more carefully [*or* with greater care]; ~ **oder weniger**: ***mit*** ~ ***oder weniger Erfolg*** with modest success; ***mit*** ~ ***oder weniger Zuversicht*** half-heartedly, with half-heartedness
II. *pron indef sing, pl komp von* **viel** more; ***ein bisschen*** ~ a little more; ~ ***möchte ich dazu nicht sagen*** I wish to say no more on the matter; ***ein paar Dollars*** ~ a few more dollars, a few dollars more; ***ein Grund*** ~**, *es nicht zu tun*** one more [*or* an additional] reason not to do it; **und Ähnliches** ~ and the like, etc.; ~ **als andere sein** *Person* to be better than others; **demnächst** ~ more to come; **immer** ~ more and more; **je** ~ **...**, **je** ~ **...** the more ... the more ...; **nach** ~: ***dieser Wein schmeckt nach*** ~ *(fam)* this wine tastes so good I could drink another glass [*or* do with another], BRIT *fam also* this wine tastes moreish; **nach** ~ **fragen/rufen/schreien** to ask/call/scream for more; ~ **nicht?** is that it [*or* all]?; **und** ~: ***im Alter von 80 Jahren und*** ~ at the age of 80 plus; ~ **oder weniger** [*o* **minder**] more or less; ***20 Euro/Briefe*** ~ ***oder weniger*** €20/20 letters more or less; **nicht** ~ **und nicht weniger** no more and no less; **was will jd** [**noch**] ~? what more does sb want?; ■~ **als ...:** ~ ***als 100 Euro/Kilometer/Leute*** over [*or* more than] €100/100 km/100 people; ~ ***als genug/nötig*** more than enough/necessary; ***es hat seinen Verdacht*** ~ ***als bestätigt*** it more than confirmed his suspicion; ***die Vorstellung war*** ~ ***als*** [***nur***] ***schlecht*** the show was more than [just] bad; ***dein Benehmen ist*** ~ ***als schockierend*** your conduct is shocking, to say the least; ■~ **tun, als ...** to do more than ...; ■~ **über etw** *akk* more about sth; ■~ **von etw** *dat* more of sth
►WENDUNGEN: ~ **sein als scheinen** sb/sth has to be more than [just] appearances; **mehr und mehr** more and more
III. *adv* ① *siehe auch Verb (stärker)* ***das gefällt mir*** ~ that pleases me [*or* I like that] more; ***nichts ist ihr*** ~ ***verhasst als ...*** she hates nothing more than ..., nothing is more hateful to her than ...; ~ **denn je** more than ever; **etw nur noch** ~ **tun** to do sth all the more; **jdn** ~ **schätzen** to hold sb in higher regard [*or* esteem]
② *siehe auch Verb (besser)* ~ **aufpassen** to be more careful; **je ..., desto** ~ **...:** ***je fleißiger du arbeitest, desto*** ~ ***kommst du voran*** the harder you work, the better you progress; **sich** *akk* ~ **schonen** to go easier on oneself
③ *siehe auch Verb (umfangreicher)* more; ***diese Straße wird*** ~ ***befahren als früher*** there's more traffic on this road than earlier; ~ **schwimmen** to swim more, to do more swimming; ■**etw** ~ **als jd tun** to do sth more than sb [does]
④ *(eher)* more; ~ **links/rechts** more to the left/right; ***dieser Fall ist*** ~ ***etwas für Spezialisten*** this is more [of] a case for [the] specialists; ~ **wie etw aussehen** to look rather like sth; ■~ **... als ...:** ~ ***Amateur als Profi*** more of an amateur than a pro; ~ ***tot als lebendig*** more dead than alive; ~ ***vermutet als tatsächlich gewusst*** more suspected than actually known
⑤ + *Verneinung (ab jetzt)* ***es ist niemand*** ~ ***da*** there's nobody left; ***niemand*** ~ ***kann uns helfen*** nobody else can help us, there's nobody else to help us; ***es bleibt nichts*** ~ ***übrig*** there's nothing left for it; ***kein Wort*** ~ ***darüber!*** not another word!; ***du bist kein Kind*** ~ you're no longer a child, you're not a child any more [*or* longer]; **kaum** ~: ***man kann sich heute kaum*** ~ ***vorstellen, wie ...*** it is scarcely [*or* hardly] conceivable today how ...; **nichts** ~ **als das** there's nothing I'd rather do; **etw nie** ~ **tun** to not do sth ever again, to never again do sth; ***das werd ich nie*** ~ ***machen!*** I'll never do that again [*or* again do that]!, I won't ever do that [*or* do that ever] again!; ■**etw nicht** ~ **tun** to not do sth any more [*or* longer], to no longer do sth; ***sie kommen schon lange nicht*** ~ they haven't been coming for a long time [now]; ***das weiß ich nicht*** ~ I don't know any more, I've forgotten; ***sie ist nicht*** ~ ***dieselbe wie vorher*** she's no longer the same person she was before; ***es dauert nicht*** ~ ***lange*** it'll be ready/I'll be with you etc. in a minute; **etw gar nicht** ~ **tun** to not do sth at all now; **jd/etw ist nicht** ~ **das**[**, was er/sie/es einmal war**] sb/sth is not as he/she/it used to be; **jd kann nicht** ~ sb can't go on; **jd wird nicht** ~ *(euph fam)* sb will never be the same again
⑥ ÖSTERR, DIAL *(noch)* **nur** ~ only; ***jetzt ist es nur*** ~ ***ein Jahr, da ...*** only a year has passed since ...
►WENDUNGEN: **nicht** ~ **sein** *(euph)* to be no more; ***unser Großvater ist nicht*** ~ our grandfather is no longer with us; **ich werd nicht** ~**!** *(sl)* well, blow *fam* [*or vulg sl* bugger] me! BRIT; ***ich dachte, ich werd nicht*** ~ you could have knocked me down with a feather *fam*

Mehr <-[s]> ['me:ɐ̯] *nt kein pl* ① *(zusätzlicher Aufwand)* ■**ein** ~ **an etw** *dat* an additional sth; **mit einem** [**kleinem**] ~ **an Mühe** with a [little] bit more effort
② POL SCHWEIZ majority

Mehr·ar·beit *f* extra work [*or* hours]; *(Überstunden)* overtime **Mehr·auf·wand** *m* additional expenditure

Mehr·aus·ga·be *f* ① ÖKON additional [*or* extra] expense ② BÖRSE overissue **mehr·bän·dig** *adj* multi[-]volume *attr form,* in [*or* comprising] several volumes *pred* **Mehr·be·darf** *m* greater need, increased [*or* extra] demand (**an** + *dat* of/for) **Mehr·be·las·tung** *f (fig)* extra [*or* additional] burden **Mehr·be·trag** *m* ① *(zusätzliche Kosten)* additional amount ② *(Überschuss)* surplus

mehr·deu·tig *adj* ambiguous, equivocal *form*

Mehr·deu·tig·keit <-> *f kein pl* ambiguity, equivocalness *form*

mehr·di·men·si·o·nal *adj* multidimensional **Mehr·ein·nah·men** *pl* additional receipts *pl*

meh·ren ['me:rən] *(geh)* **I.** *vt* ■**etw** ~ to increase [*or form* augment] sth; **sein Ansehen** ~ to enhance one's reputation
II. *vr* ■**etw mehrt sich** the number of sth increases; *s. a.* **fruchtbar**

meh·re·re ['me:rərə] *pron indef* ① *adjektivisch (einige)* several *attr,* a number of *attr*
② *substantivisch (einige)* ■~ [**von jdm/etw**] several [of sb/sth]; ~ **davon** several [of them]; **von** ~**n** by/from several persons; ***wir fahren immer zu*** ~**n** there are always several of us to a car
③ *adjektivisch (mehr als eine)* various

meh·re·res *pron substantivisch* several [*or* a number of] things/items, etc. *pl;* ~ **gleichzeitig tun** to do several things at once

meh·rer·lei ['me:rɐ'lai] *pron indef, inv (geh)* ① *substantivisch* several [*or* a number of] things/items, etc. *pl*
② *adjektivisch* various, several kinds of *attr*

Mehr·er·lös *m* additional proceeds *npl* **Mehr·er·lös·ab·schöp·fung** *f* JUR elimination of additional revenues

Mehr·er·trag *m* additional yield [*or* return]

mehr·fach ['me:ɐ̯fax] **I.** *adj* ① *(vielfach)* numerous; **eine** ~**e Medaillengewinnerin** a winner of numerous medals; **ein** ~**er Meister im Hochsprung** several-times champion in the pole vault; **ein** ~**er Millionär** a multimillionaire
② *(wiederholt)* repeated
II. *adv* many [*or* several] times; *s. a.* **vorbestraft**

Mehr·fach·be·schäf·ti·gung *f* multiple employment **Mehr·fach·be·steu·e·rung** *f* FIN multiple taxation; ~ **von Immobilien** recurrent taxes on immovable property

Mehr·fa·che(s) *nt dekl wie adj* ■**das** ~ [*o* **ein** ~**s**] [**von etw** *dat*] several times the amount/number [of sth]; ***ich verdiene jetzt das*** ~ ***von dem, was ich früher hatte*** I'm now earning several times as much as I used to; ■**das ~/ein ~s an etw** *dat* several times sth; **das ~ an Arbeit/Soldaten** several times the work/the number of soldiers; **um das ~** [*o* **ein ~s**] **so groß/schnell etc. wie etw** several times as large/fast, etc. as sth

Mehr·fach·fahr·schein *m* multi-journey [*or* AM *esp* multi-ride] ticket **Mehr·fach·impf·stoff** *m* mixed vaccine **Mehr·fach·nen·nung** <-, -en> *f* multi-referencing; **~en möglich** multiple references possible **mehr·fach·re·sis·tent** [-rezɪstɛnt] *adj inv* multi-resistant; **~e Krankheitserreger** multi-resistant pathogens **Mehr·fach·steck·do·se** *f* multiple socket **Mehr·fach·ste·cker** *f* TECH multiple [*or* multi-contact] plug

Mehr·fa·mi·li·en·haus [-li̯ən-] *nt* multiple[-family] dwelling **Mehr·far·ben·ar·bei·ten** *pl* TYPO multi-colour [*or* AM -or] work *no pl* [*or pl* jobs] **Mehr·far·ben·druck** *m* [multi-]colour [*or* AM -or] printing

mehr·far·big *adj* multicoloured [*or* AM -ored], polychromatic *form* **Mehr·ge·rä·te·an·schluss**^RR^ *m* TECH connection to several devices

mehr·ge·schos·sig *adj inv Gebäude* multi-storey [*or* AM -story]

Mehr·ge·wicht *nt* additional [*or* excess] weight

Mehr·ge·winn *m* HANDEL excess profit **Mehr·ge·winn·steu·er** *f* FIN windfall profits tax

mehr·glei·sig *adj inv (fig)* multilateral, multi-tracked, multi-levelled; **eine ~e Lösung** a solution implemented on several different levels; **~ fahren** to act on several levels simultaneously; *(fig: sich nicht festlegen)* to leave one's options open

Mehr·heit <-, -en> *f* ① *kein pl (die meisten)* ■**die ~ einer S.** *gen* the majority [*or* AM plurality] of sth; **die ~ von Erben/Gläubigern/Schuldnern** the plurality of heirs/creditors/debtors; **in der ~ sein** to be in the majority; **die schweigende ~** the silent majority

② POL majority + *sing/pl vb;* **3/4 ~** 75 percent of the vote; **mit fünf Stimmen ~** with a majority of five [*or form* five-vote margin]; **eine knappe ~** a narrow [*or* shoestring] majority; **die absolute/einfache** [*o* **relative**]**/qualifizierte ~** an absolute/a simple [*or* relative]/a qualified majority; **die ~ gewinnen** [*o geh* **erringen**]**/verlieren** to win [*or* gain] a majority/lose one's majority; **die ~ haben** [*o* **besitzen**] to have a majority

mehr·heit·lich *adv* **~ entscheiden** to reach a majority decision; **von jdm ~ vertreten werden** to be represented by the majority of sb; ***wir sind ~ dafür*** the majority of us are for it

Mehr·heits·ak·ti·o·när(in) <-s, -e> *m(f)* majority shareholder **Mehr·heits·be·schluss**^RR^ *m* POL majority decision [*or* vote]; **einfacher ~** ordinary resolution **Mehr·heits·be·tei·li·gung** *f* HANDEL majority holding [*or* stake]; BÖRSE majority shareholding [*or* interest] **Mehr·heits·eig·ner(in)** *m(f)* ÖKON, FIN majority shareholder **Mehr·heits·ent·schei·dung** *f* majority decision; **~ der Geschworenen** majority verdict **mehr·heits·fähig** *adj inv* POL capable of securing a majority *pred;* ***die Partei war nicht ~*** the party was unable to secure a majority **Mehr·heits·ge·sell·schaft** *f* SOZIOL majority society, majority group in society **Mehr·heits·ge·sell·schaf·ter(in)** *m(f)* controlling [*or* majority] partner **Mehr·heits·par·tei** *f* majority party **Mehr·heits·ver·hält·nis** *nt* majority ratio **Mehr·heits·wahl** *f* first-past-the-post election **Mehr·heits·wahl·recht** *nt kein pl* majority vote [*or* BRIT *a.* first past the post] system **Mehr·heits·wahl·sys·tem** *nt* JUR majority voting system

mehr·jäh·rig *adj attr* several years of *attr,* of several years *pred;* **~e Pflanzen** perennials **Mehr·kampf** *m* SPORT multi-discipline event **Mehr·ka·nal·ton** <-s> *m kein pl* multi-channel sound **Mehr·kos·ten** *pl* additional [*or* excess] costs *pl* **Mehr·leis·tung** *f* ÖKON extra output, increased performance; *(Versicherung)* additional payment **Mehr·lie·fe·rung** *f* HANDEL additional [*or* increased] delivery

Mehr·ling <-s, -e> *m* MED, BIOL child born as part of a multiple birth

Mehr·lings·ge·burt *f von Menschen* multiple birth; *(von Tieren)* multiparous birth **Mehr·lings·schwan·ger·schaft** *f von Menschen* multiple pregnancy; *(von Tieren)* multiparous pregnancy

mehr·ma·lig ['meːɐ̯maːlɪç] *adj attr* repeated

mehr·mals ['meːɐ̯maːls] *adv* repeatedly, several times

Mehr·me·tall·plat·te *f* multi-metal plate **mehr·mo·to·rig** *adj inv Flugzeug* multi-engined *attr* **Mehr·par·tei·en·sys·tem** *nt* multiparty [*or* multiple party] system **mehr·pe·ri·o·disch** *adj inv* multi-period **mehr·pha·sig** *adj inv* ELEK multiphase, polyphase **Mehr·platz·rech·ner** *m* INFORM multi-user system **Mehr·platz·sys·tem** *nt* INFORM shared logic system **mehr·po·lig** *adj inv* ELEK multipin *attr* **Mehr·preis** *m* additional price **Mehr·pro·zes·sor·sys·tem** *nt* INFORM multiprocessor system **Mehr·rechts·staat** *m* JUR state with several legal systems

mehr·sei·tig *adj* ① *(aus mehreren Seiten)* of several pages *pred*

② POL *(multilateral)* multilateral, multipartite; **~er Handelsverkehr** multilateral trading

mehr·sil·big *adj* polysyllabic *spec;* **ein ~es Wort** a polysyllable *spec*

mehr·spra·chig I. *adj* multilingual, polyglot *form*

II. *adv* **~ aufwachsen** to grow up multilingual [*or* speaking several languages]; **~ ausgebildet/geführt** [**sein**] [to be] trained/conducted in several languages

Mehr·spra·chig·keit <-> *f kein pl* multilingualism, ability to speak several languages

mehr·stel·lig *adj inv Zahl, Betrag* multi-figure *attr*

mehr·stim·mig MUS **I.** *adj* polyphonic, for [*or* in]/of several voices *pred;* **~er Gesang** part singing, song for several parts

II. *adv* **~ singen/spielen** to sing/play in harmony

Mehr·stimm·recht *nt* JUR multiple voting rights *pl*

mehr·stö·ckig I. *adj* multi-storey [*or* AM *also* -story]

II. *adv* **~ bauen** to put up multi-storey [*or* AM *also* -story] buildings; **etw ~ planen** to plan sth with several/many storeys [*or* AM *also* stories]

Mehr·stu·fen·ra·ke·te *f* multistage rocket **mehr·stu·fig** *adj inv Leiter* consisting of several steps *pred; Rakete* multi-stage *attr* **mehr·stün·dig** *adj* of [*or* lasting] several hours *pred;* ■**~ sein** to last several hours; **~e Abwesenheit** an absence of several hours, several hours' absence; **nach ~er Dauer** after several hours; **nach einem ~en Gespräch** after talks of [*or* lasting] several hours, after several hours of [*or* hours'] talking **Mehr·sys·tem·tech·nik** *f* multi-system technology *(enables a high-speed train to travel along tracks of varying current strengths)* **mehr·tä·gig** *adj* lasting several days *pred;* ■**~ sein** to last several days; **~e Abwesenheit** an absence of several days, several days' absence; **in ~en Gesprächen** in talks lasting several days, in several days of talking **mehr·tei·lig** *adj inv* in several parts *pred* **Mehr·um·satz** *m* FIN surplus turnover

Meh·rung <-, -en> *f meist sing (geh)* increase

Mehr·ver·brauch *m kein pl* additional consumption **Mehr·ver·dienst** *m* ÖKON incentive pay **Mehr·völ·ker·staat** *m* multiracial [*or* multinational] state

Mehr·weg·fla·sche *f* returnable bottle, re-usable bottle [on which a returnable [*or* refundable] deposit is paid] **Mehr·weg·ge·schirr** *nt kein pl* crockery *no pl (as opposed to disposable plates and cups)* **Mehr·weg·quo·te** *f* ÖKOL percentage of reusable bottles **Mehr·weg·ver·pa·ckung** *f* ÖKON, ÖKOL re-usable [foodstuff] packaging

Mehr·wert *m kein pl* FIN added value *no pl;* **absoluter/relativer ~** absolute/relative added value **Mehr·wert·diens·te** *pl* TELEK premium rate service

mehr·wer·tig *adj inv* CHEM polyvalent

Mehr·wer·tig·keit <-> *f kein pl* MATH polyvalence

Mehr·wert·steu·er *f* value-added tax, VAT; **die ~ erhöhen** to increase VAT **mehr·wert·steu·er·frei** *adj inv* FIN zero-rated

mehr·wö·chig *adj* lasting several weeks *pred;* ■**~ sein** to last several weeks; **~e Abwesenheit** an absence of several weeks, several weeks' absence; **nach ~er Dauer** after several weeks; **nach einem ~en Gespräch** after talks of [*or* lasting] several weeks, after several weeks of [*or* weeks'] talking

Mehr·zahl *f kein pl* ① *(Mehrheit)* majority; ■**die ~ der Personen** the majority of the persons *form,* most of the people; ■**die ~ einer S.** *gen* most of sth; **in der ~ sein** to be in the majority ② LING plural [form]

mehr·zei·lig *adj* of [*or form* comprising] several lines *pred;* ■**~ sein** to comprise several lines *form*

Mehr·zweck·fahr·zeug *nt* multipurpose vehicle, MPV **Mehr·zweck·hal·le** *f* multipurpose hall **Mehr·zweck·wag·gon** *m* general-purpose wagon [*or* BRIT *a.* waggon] **Mehr·zweck·zan·ge** *f* multipurpose tool

mei·den <mied, gemieden> ['maidn̩] *vt (geh)* ① *(aus dem Wege gehen)* ■**jdn ~** to avoid [*or* steer clear of] sb

② *(sich von etw fernhalten)* ■**etw ~** to avoid sth; **Alkohol ~** to avoid [*or* abstain from] [*or form* eschew] alcohol

Mei·le <-, -n> ['mailə] *f* ① *(Längenmaß)* mile; **die sündige ~** *(hum)* ≈ red-light district

② HIST *(4,8 km)* league

►WENDUNGEN: **etw drei ~n gegen den Wind riechen können** *(fam)* to be able to smell sth a mile off

Mei·len·stein *m (a. fig)* milestone **mei·len·weit** ['mailənvait] *adv* for miles [and miles *fam*]; **~ entfernt** miles [and miles *fam*] away

Mei·ler <-s, -> ['mailɐ] *m* ① *(Kohlenmeiler)* charcoal kiln [*or* pile] [*or* stack]

② *(Atomreaktor)* [nuclear] reactor, [atomic] pile

mein ['main] **I.** *pron poss, adjektivisch* ① *(das mir gehörende)* my; **was ~ ist, ist auch dein** *(geh)* what's mine is yours; **M~ und Dein verwechseln** [*o* **nicht unterscheiden können**] *(euph)* to take what doesn't belong to one *a. euph*

② *(von mir üblicherweise konsumiert)* my; ***ich rauche am Tag schon so ~e 20 Zigaretten*** I smoke my 20 cigarettes a day

③ *(in Höflichkeitsfloskeln)* my; **~e Damen und Herren!** Ladies and Gentlemen!; **bitte hier entlang, ~ Herr/~e Dame/~e Herrschaften!** if you would come this way, Sir/Madam/ladies and gentlemen

II. *pron pers gen von* **ich** *(veraltet poet)* of me

mei·ne(r, s) ['mainə] *pron poss, substantivisch (geh)* ① *(mir Gehörendes)* ■[*geh* **der/die/das**] **M~** mine

② *(Angehörige)* ■**die M~n** *pl* my people [*or* family]

③ *(das mir Zukommende)* ■**das M~** my share; ***ich tue das M~*** I'll do my bit

④ *(das mir Gehörige)* what is mine; ***es ist alles das M~*** it's all mine

Mein·eid ['mainʔait] *m* JUR perjury *no art, no pl;* **einen ~ leisten** [*o* **ablegen**] [*o* **schwören**] to commit perjury, to perjure oneself *form*

mein·ei·dig ['mainʔaidɪç] *adj* perjured; **ein ~er Mensch** a perjurer; ■**~ werden** to commit perjury, to perjure oneself *form*

mei·nen ['mainən] **I.** *vi* ① *(denken, annehmen)* ■**~**[**, dass**] to think [*or fam* reckon] [that]; **ich würde/man möchte ~, ...** I/one [*or* you] would think ...; **~ Sie?** [do] you think so? [*or fam* reckon [so]]

② *(sagen)* to say; ***ich meinte nur so*** *(fam)* it was just a thought, I was only saying! *fam;* ■**zu jdm ~,** [**dass**] ... to tell [*or* say to] sb that ...; ***wenn Sie ~!*** if you wish; ***wie ~ Sie?*** [I] beg your pardon?; [***ganz***] ***wie Sie ~!*** [just] as you wish; *(drohend a.)* have it your way

II. *vt* ① *(der Ansicht sein)* ■**~,** [**dass**] ... to think [that] ...; ***ich meine das genauso, wie ich es gesagt habe*** I meant exactly what I said; ***das sollte man ~*** one would have thought

② *(über etw denken)* ***und was ~ Sie dazu?*** and what do you say? [*or* think], and what's your view [of it]? [*or* opinion [on it]]

③ *(sagen wollen)* ■**etw** [**mit etw** *dat*] **~** to mean [*or* imply] sth [by sth]; ***was meinen Sie*** [***damit***]? what do you mean [*or* are you implying] [by that]?; **das**

will ich [auch/doch] ~! I should think so too!
❹ *(ansprechen)* ■jdn [mit etw *dat*] ~ to mean sb [with sth]; ***damit bist du gemeint*** that [*or* he/she, etc.] means you; ***ich meine den da hinten*** I'm talking about him at the back
❺ *(beabsichtigen)* to mean, to intend; **es ehrlich ~** to honestly mean sth; **es ehrlich mit jdm ~** to be honest with sb; ***ich meine es ernst*** I'm serious [about it]; **es gut ~** to mean well; **es gut mit jdm ~** to do one's best for sb; **es nicht böse ~** to mean no harm; ***so war es nicht gemeint*** it wasn't meant like that; **es ~, wie man es sagt** to mean what one says; **etw wortwörtlich ~** to mean sth literally
❻ *(sich für jdn darstellen)* to mean, to intend; ***heute hat es die Sonne gut mit uns gemeint*** the sun has done its best for us today

mei·ner ['maine] *pron pers gen von* **ich** *(geh)* ***gedenke ~*** remember me; ***spotte nicht ~*** do not mock me *liter*

mei·ner·seits ['maine'zaits] *adv* as far as I'm concerned, for my part; **alle Einwände ~** all objections on my part; **ganz ~** the pleasure is/was [all] mine

mei·nes ['mainəs] *pron s.* **meine(r, s)**

mei·nes·glei·chen ['mainəs'glaiçn] *pron inv* ❶ *(Leute meines Standes)* my own kind, [my] equals *pl*
❷ *(jd wie ich)* people such as I [*or* me], people like me [*or* myself]

mei·net·hal·ben ['mainət'halbn] *adv (geh),* **mei·net·we·gen** ['mainət've:gn] *adv* ❶ *(wegen mir)* because [*or* on account] of me, on my account; *(mir zuliebe)* for my sake
❷ *(von mir aus)* as far as I'm concerned; ***~!*** if you like!
❸ *(beispielsweise)* for example [*or* instance] **mei·net·wil·len** ['mainət'vɪlən] *adv* **um ~** for my sake

mei·ni·ge ['mainɪgə] *pron poss (veraltend geh)* ■**das M~** mine; *s. a.* **meine(r, s)**

meins ['mains] *pron poss* ■**~ sein** to be mine

Mei·nung <-, -en> ['mainʊŋ] *f* opinion; *(Anschauung a.)* view; **geteilte ~en** differing opinions [*or* views]; **geteilter ~ sein** to have differing opinions [*or* views]; ***was diesen Punkt angeht, gehen die ~en auseinander*** opinions differ on this point; **ähnlicher/anderer ~ sein** to be of a similar/different opinion; **bestimmte ~en zu etw** *dat* **haben** to have certain opinions [*or* views] on sth; **eine eigene ~ haben** to have an opinion of one's own; **[nicht] der gleichen ~ sein** to [not] share the same opinion [*or* view]; **die öffentliche ~** public opinion [*or* sentiment], the vox populi *liter;* **dieser ~ sein** to be of [*or* share] this opinion [*or* view]; **einer ~ sein** to share the same opinion [*or* view], to think the same, to be of the same [*or* of one] mind; **jds ~ [zu etw** *dat*] **kennen** to know sb's opinion [on sth] [*or* view [of [*or* on] sth]], to know what sb says [on sth]/thinks [of sth]; ■**nach jds ~,** ■**jds ~ nach** in sb's opinion [*or* view], in the opinion [*or* view] of sb, to sb's way of thinking; **seine ~ ändern** to change one's mind [*or* opinion]; **seine ~ beibehalten, bei seiner ~ bleiben** to stick to [*or form* persist in] one's opinion; **der ~ sein, dass ...** to be of the opinion [*or* take the view] that ...; **jdm die ~ sagen** *(fam)* to give sb a piece of one's mind *fam;* **jds ~ sein** to be [just] what sb thinks; ***genau meine ~!*** exactly what I thought!

Mei·nungs·äu·ße·rung *f* ❶ *(das Äußern einer Ansicht)* expression of an opinion [*or* a view]/opinions [*or* views] *pl;* JUR statement of opinion; ■**bei seiner ~** in expressing one's opinions [*or* views]
❷ *(vorgebrachte Ansicht)* opinion, view; **die freie ~** free[dom of] speech

Mei·nungs·äu·ße·rungs·frei·heit *f* JUR freedom to express one's opinion **Mei·nungs·aus·tausch** *m* exchange of views [*or* ideas] (**zu** + *dat* on); **in einem ~ miteinander/mit jdm stehen** to exchange views [*or* ideas] [with one another/sb] **Mei·nungs·bild·ner(in)** *m(f)* opinion maker **Mei·nungs·bil·dung** *f* ■**die ~** the formation of opinion **Mei·nungs·for·scher(in)** *m(f)* [opinion] pollster, public opinion analyst *form*

Mei·nungs·for·schung *f kein pl* ■**die ~** [public] opinion polling [*or* research] **Mei·nungs·for·schungs·in·sti·tut** *nt* opinion research institute

Mei·nungs·frei·heit *f kein pl* ■**die ~** free[dom of] speech; **die journalistische ~ unterdrücken** to gag the press **Mei·nungs·füh·rer(in)** *m(f)* opinion leader **Mei·nungs·füh·rer·schaft** *f kein pl* leading role in influencing public opinion **Mei·nungs·kli·ma** *nt kein pl* climate of opinion **Mei·nungs·ma·cher(in)** *m(f)* opinion-maker [*or* -former] **Mei·nungs·um·fra·ge** *f* [public] opinion poll; **eine ~ abhalten** [*o* **machen**] to take [*or form* conduct] a public opinion [*or* an opinion] poll [*or* a poll] **Mei·nungs·um·schwung** *m* swing of opinion **Mei·nungs·ver·schie·den·heit** *f* ❶ *(Unterschiedlichkeit von Ansichten)* difference [*or form* divergence] of opinion; **eine erhebliche ~** a clash of opinion
❷ *(Auseinandersetzung)* argument, difference of opinion *hum;* **eine kleine ~** a slight difference of opinion *hum fam;* **eine ~ haben** to have an argument [*or hum* a difference of opinion]; **eine kleine ~ haben** to have a [slight] tiff *fam* **Mei·nungs·viel·falt** *f* diversity of opinion

Mei·o·se <-, -n> [mai'o:zə] *f* BIOL meiosis

mei·o·tisch *adj* BIOL meiotic

Mei·se <-, -n> ['maizə] *f* ORN tit
▸WENDUNGEN: **eine ~ haben** *(sl)* to have a screw loose *hum fam*

Mei·sel ['maizl] *m* KOCHK ÖSTERR *beef cut from the shoulder blade*

Mei·ßel <-s, -> ['maisl] *m* chisel

mei·ßeln ['maisln] **I.** *vi* ■**[an etw** *dat*] **~** to chisel [at sth]
II. *vt* ❶ *(mit dem Meißel herstellen)* ■**etw ~** to chisel sth
❷ *(mit dem Meißel einschlagen)* ■**etw in etw** *akk* **~** to chisel sth into sth; ■**[sich** *dat*] **etw in etw** *akk* **~ lassen** to have sth chiselled [*or* AM -eled] into sth

meist ['maist] *adv (meistens)* mostly

Meist·be·güns·ti·gung *f* JUR most-favoured-nation treatment **Meist·be·güns·ti·gungs·grund·satz** *m* JUR most favoured nation principle **Meist·be·güns·ti·gungs·klau·sel** *f* JUR most-favoured-nation clause

meist·bie·tend *adj inv, attr* ÖKON highest-bidding *attr,* bidding highest *pred*

Meist·bie·ten·de(r) <-n, -n> *dekl wie adj f(m)* ÖKON highest bidder

meis·te(r, s) *pron indef superl von* **viel** ❶ *adjektivisch, + nsing* most; **der ~ Luxus ist überflüssig** most luxury is superfluous; **das ~ Geld** the most money; *(als Anteil)* most of the money; **die ~ Zeit** [the] most time; *(adverbial)* most of the time; **nicht das ~ an Intelligenz haben** to be two bricks shy of a load *hum fam*
❷ *adjektivisch, + nsing* most; **die ~n Menschen/Probleme** most people/problems; **die ~n dieser/meiner Beispiele** most of these/my examples
❸ *substantivisch* ■**die ~n** *(Menschen)* most people; *(Dinge)* most of them; **die ~n von uns** most of us
❹ *substantivisch* ■**das ~** *(zählbares)* most of them; *(nicht zählbares)* most of it; *(als Anteil)* the most; ■**das ~ von dem, was ...** most of what ...
❺ *(adverbial: vor allem)* ■**am ~n** [the] most; ***was mich am ~n gefreut hat, ...*** what pleased me [the] most ...

meis·ten I. *adj superl von* **viel** most; **die ~ Leute** most people
II. *adv superl von* **sehr:** ■**am ~** most of all; **am ~ bekannt** best known

meis·tens ['maistns] *adv* mostly, more often than not; *(zum größten Teil)* for the most part; ■**etw ~ machen** to mostly [*or* more often than not] do sth

meis·ten·teils *adv (geh) s.* **meistens**

Meis·ter(in) <-s, -> ['maiste] *m(f)* ❶ *(Handwerksmeister)* master [craftsman]; *(Betriebsmeister)* foreman, gaffer BRIT *fam; (als Anrede)* boss *fam,* guv BRIT *sl;* ■**~/~in Müller** *(veraltend: als Anrede)* Master/Mistress Müller *dated;* **seinen ~ [in etw** *dat*] **machen** to take one's master craftsman's diploma [*or* certificate] [in sth]; **~ Lampe** *(Märchenfigur)* Master Hare
❷ SPORT *(Titelträger)* champion; *(führende Mannschaft)* champions *pl*
❸ *(großer Künstler)* master; **alter ~** old master
❹ *(Lehrer)* [school]master *dated*
▸WENDUNGEN: **seinen ~ finden** to meet one's match; **es ist noch kein ~ vom Himmel gefallen** *(prov)* no one is born a master; *(am Anfang eines Unternehmens)* it is the first step that is always difficult *prov;* **im Lügen ~ sein** to be a past master at lying

Meis·ter-Ba·fög *nt* [state] grant towards the cost of training to become a master-craftsman **Meis·ter·brief** *m* master craftsman's diploma [*or* certificate]

meis·ter·haft I. *adj* masterly; *(geschickt)* masterful
II. *adv* in a masterly manner [*or* fashion]; *(geschickt)* masterfully, in a masterful manner [*or* fashion]

Meis·ter·hand *f* ■**die ~** the hand [*or* touch] of a/the master; **von ~** by a master hand

Meis·te·rin <-, -nen> *f fem form von* **Meister**

Meis·ter·leis·tung *f* ❶ *(hervorragende Leistung)* masterly performance; **eine architektonische/musikalische ~** a masterly performance of architecture/music; **nicht gerade** [*o* **eben**] **eine ~** nothing to write home about *fam*
❷ *(iron: miserable Leistung)* brilliant achievement *iron*

meis·ter·lich *adj (geh) s.* **meisterhaft**

Meis·ter·li·ga *f* FBALL Champions League

meis·tern ['maisten] *vt* ■**etw ~** to master sth; **Schwierigkeiten ~** to overcome [*or* master] difficulties

Meis·ter·prü·fung *f* examination for the master craftsman's diploma [*or* certificate]

Meis·ter·schaft <-, -en> *f* ❶ SPORT *(Wettkampf zur Ermittlung des Meisters)* championship; *(Veranstaltung)* championships *pl*
❷ *kein pl (Können)* mastery; **vollendete ~** accomplished mastery; **es [in etw** *dat*] **zu wahrer** [*o* **echter**] **~ bringen** to become really proficient [at sth] [*or* expert [in sth]], to achieve real mastery [in sth] [*or* proficiency [at sth]]; *(iron) Dieb* to get it/sth down to a fine art; **es [in etw** *dat*] **zu einiger ~ bringen** to start becoming [*or* to become] proficient [at sth], to start becoming [*or* to become] expert [in sth], to achieve some proficiency [at sth]

Meis·ter·schüt·ze, -schüt·zin *m, f* marksman, crack shot

Meis·ter·stück *nt* ❶ *(Werkstück) work done to qualify as a master craftsman*
❷ *(Meisterwerk)* masterpiece
❸ *(iron: schlechte Leistung)* brilliant achievement *iron*

Meis·ter·ti·tel *m* ❶ *(Titel eines Handwerksmeisters)* title of master craftsman
❷ SPORT *(Titel eines Champions)* championship title

Meis·te·rung <-> *f kein pl* mastering *no pl; Schwierigkeiten a.* overcoming *no pl*

Meis·ter·werk *nt* masterpiece; ■**ein architektonisches/musikalisches ~** a masterpiece of architecture/music, an architectural/a musical masterpiece

meist·ge·fragt *adj attr* most popular, most in demand *pred* **meist·ge·le·sen** *adj Autor* most popular [with readers]; *Buch* most widely read, most-read, favourite **meist·ge·nannt** *adj attr* most frequently mentioned **meist·ge·sucht** *adj attr* most wanted **meist·in·sze·niert** *adj attr* ***das ~e Stück von Beckett ist ‚Warten auf Godot'*** the play by Beckett that is most often staged [*or* put on] is 'Waiting for Godot' **meist·ver·kauft** *adj attr* best-selling; **das ~e Buch des Monats** the best-seller of the month **meist·ver·langt** *adj attr* in highest demand *pred*

Mek·ka <-s> ['mɛka] *nt (a. fig)* Mecca

Me·la·min·harz [mela'mi:n-] *nt* melamine resin

Me·lan·cho·lie <-, -n> [melaŋko'li:, *pl* melaŋko'li:ən] *f* ■**[die/eine] ~** melancholy; **in ~ verfallen** [*o* **versinken**] to get melancholy [*or fam* the blues]

Me·lan·cho·li·ker(in) <-s, -> [melaŋ'ko:likɐ] *m(f)* melancholic *form,* melancholy [*or form* melancholic] person

me·lan·cho·lisch [melaŋ'ko:lɪʃ] *adj* melancholy, melancholic *form;* **ein ~er Mensch** a melancholy [*or form* melancholic] person, a melancholic *form;* **etw macht jd ~** sth makes sb melancholy [*or form* melancholic], to give sb the blues *fam*

Me·la·ne·si·en <-s> [mela'ne:zi̯ən] *nt* Melanesia

Me·la·ne·si·er(in) <-s, -> [mela'ne:zi̯ɐ] *m(f)* Melanesian

me·la·ne·sisch [mela'ne:zɪʃ] *adj* Melanesian

Me·la·ne·sisch [mela'ne:zɪʃ] *nt dekl wie adj* Melanesian

Me·lan·ge <-, -n> [me'lã:ʒə] *f* ÖSTERR coffee with milk, BRIT *a.* white coffee

Me·la·nin <-n, -e> [mela'ni:n] *nt* MED melanin

Me·la·nis·mus <-> [mela'nɪsmʊs] *m* MED melanism

Me·la·nom <-[e]s, -e> [mela'no:m] *nt* MED melanoma *spec;* **ein bösartiges** [*o fachspr* **malignes**] **~** a malignant melanoma *spec*

Me·la·no·zy·ten [melano'tsy:tn̩] *pl (Pigmentzellen)* melanocytes *pl*

Me·lan·za·ni [melan'tsa:ni] *pl* ÖSTERR *(Aubergine)* aubergine BRIT, eggplant AM

Me·las·se <-, -n> [me'lasə] *f* molasses

Me·la·to·nin <-s, -e> [melato'ni:n] *nt* melatonin

Mel·de <-, -n> ['mɛldə] *f* BOT purslane, oracle

Mẹl·de·amt *nt (fam)* registration office; ■**auf dem ~** at the registration office **Mẹl·de·be·hör·de** *f (geh)* *s.* **Einwohnermeldeamt Mẹl·de·frist** *f* period [*or* time] for registering, registration period **Mẹl·de·ge·heim·nis** *nt* JUR confidentiality of registration office data

mel·den ['mɛldn̩] **I.** *vt* ① *(anzeigen)* ■[**jdm**] **etw ~** to report sth [to sb]; ■**jdn** [**bei jdm**] **~** to report sb [to sb]; **der Behörde eine Adressänderung ~** to notify the authorities of a change of address; **eine Geburt/einen Todesfall ~** to register a birth/a death; **etw im Personalbüro ~** to report sth to the personnel office; **jdn bei der Polizei ~** *(anzeigen)* to report sb to the police; *(anmelden)* to register sb with the police; **etw bei der Polizei ~** to report sth to the police; **etw schriftlich ~** to notify sth in writing; **einen Unfall/den Verlust ~** to report an accident/the loss; **einen Zug ~** to signal a train
② *(öffentlich berichten)* ■**etw** [**über etw** *akk*] **~** RADIO, TV to report sth [about sth]; ***für morgen ist Schnellfall gemeldet*** snow is forecast for tomorrow; ***das Wahlergebnis wurde soeben gemeldet*** the results of the election have just been announced; **wie** [**soeben/gerade**] **gemeldet wird** according to reports [just [coming] in]
③ *(anmelden)* ■**jdn** [**bei jdm**] **~** to announce sb [to sb]; ***wen darf ich ~?*** who[m] shall I say [is here]?, what name shall I say?; ***~ Sie mich bitte bei Ihrem Chef!*** please tell your boss [that] I'm here!
④ SPORT to enter; ***jdn/eine Mannschaft für einen Wettbewerb ~*** to enter sb/a team for a competition
▸WENDUNGEN: [**bei jdm/irgendwo**] **nichts zu ~ haben** *(fam)* to have no say [with sb/somewhere]
II. *vr* ① *(anmelden)* ■**sich** *akk* **melden** to register; **sich** *akk* **zum Dienst ~** to report for work; **sich** *akk* **polizeilich ~** *(nach Umzug)* to register with the police; *(wegen eines Delikts)* to report to the police
② *(sich zur Verfügung stellen)* ■**sich** *akk* **zu etw** *dat* **~** to report for sth; **sich** *akk* **auf eine Anzeige ~** to answer an advertisement; **sich** *akk* **zu etw** *dat* **freiwillig ~** to volunteer for sth; ***wer meldet sich freiwillig?*** any volunteers?; **sich** *akk* **zur Nachtschicht ~** to sign up [*or* volunteer] for the night shift; **sich** *akk* **für eine Stelle** [**im Ausland**] **~** to apply for the job [abroad]
③ TELEK *(antworten)* ■**sich** *akk* [**unter etw** *dat*] **~** to answer [on/with sth]; ■**sich** *akk* **bei jdm melden** to call sb; ***es meldet sich keiner*** [***unter dieser Nummer***] there's no answer [*or* reply] [on this number]; ***sie meldet sich nie unter ihrem wahren Namen*** she never answers with her real name
④ *(sich wenden an)* ■**sich** *akk* [**bei jdm**] **~** to get in touch [with sb]; ***wenn ich Sie brauchen sollte, melde ich mich*** [***bei Ihnen***] if I need you, I'll let you know; ***ich melde mich wieder*** I'll be in touch; ***Herr Müller bitte bei der Information ~*** will Mr Müller please come to the information desk
⑤ *(mitteilen)* **sich** *akk* **krank ~** to call in [*or* report] sick
⑥ *(um Zulassung bitten)* ■**sich** *akk* **für etw** *akk* **~** to enter for sth; **sich** *akk* **für einen Wettbewerb ~** to enter for a competition
⑦ *(sich bemerkbar machen)* ■**sich** *akk* **~** to ask to speak [*or* address the meeting]; *Hund* to bark; *Kleinkind* to make itself heard; SCH to put one's hand up; *(fig) Schmerzen, Alter, etc.* to make itself felt, to set in; **Durst/Hunger meldet sich bei jdm** sb begins to feel thirsty/hungry; **bei jdm meldet sich das Gewissen** sb's conscience begins to trouble sb; **bei jdm meldet sich Reue** sb begins to feel remorse

Mẹl·de·pflicht *f* JUR compulsory registration; ***gewisse Infektionskrankheiten unterliegen der*** [***amtlichen***] **~** certain infectious diseases must be notified to the authorities; **polizeiliche ~** obligation to register with the police, compulsory registration [with the police] **mẹl·de·pflich·tig** *adj* notifiable **Mẹl·de·re·gis·ter** *nt* JUR register of residents **Mẹl·de·schein** *m* registration form **Mẹl·de·stel·le** *f* ADMIN registration office, report centre **Mẹl·de·sys·tem** *nt* reporting system **Mẹl·de·ver·fah·ren** *nt* BÖRSE reporting procedure **Mẹl·de·zet·tel** *m* ① *(im Hotel)* registration card [*or* form] ② ÖSTERR *(Meldeschein)* registration form

Mẹl·dung <-, -en> *f* ① *(Nachricht)* piece of news; **kurze ~en vom Tage** the day's news headlines; **~en vom Sport** RADIO, TV sports news + *sing vb*
② ADMIN *(offizielle Mitteilung)* report, notification; **amtliche ~** official return; [**jdm**] [**eine**] **~ machen** [*o* **erstatten**] MIL to [make a] report [to sb]
③ SPORT *(Anmeldung)* entry
④ *kein pl (das Denunzieren)* report; **jdn zur ~ von etw** *dat* **anhalten** to encourage sb to report sth; **durch ~** by reporting

me·liert [me'li:ɐ̯t] *adj* ① *(Haar)* streaked with grey [*or* AM *a.* gray] *pred,* greying, AM *a.* graying
② *(Gewebe, Wolle)* flecked, mottled

Me·lis·se <-, -n> [me'lɪsə] *f* BOT [lemon] balm

Me·lịs·sen·geist *m kein pl* [lemon] balm spirit *no pl*

mel·ken <melkte *o veraltend* molk, gemolken *o selten* gemelkt> ['mɛlkn̩] **I.** *vt* ① *(zur Abgabe von Milch bringen)* ■**ein Tier ~** to milk an animal
② *(durch Melken gewinnen)* ■**etw ~** to obtain sth by milking; **frisch gemolkene Milch** milk fresh from the cow [or goat]
③ *(fam: finanziell ausnutzen)* ■**jdn ~** to milk [*or fam* fleece] sb *pej*
II. *vi* to milk; **beim M~ sein** to be doing the milking

Mẹl·ker(in) <-s, -> *m(f)* milker *masc,* milkmaid *fem,* dairyman *masc,* dairymaid *fem*

Mẹlk·fett *nt* rich skin cream **Mẹlk·ma·schi·ne** *f* milking machine

Me·lo·die <-, -n> [melo'di:, *pl* melo'di:ən] *f* melody, tune

Me·lo·dị·en·fol·ge *f* musical medley **Me·lo·dị·en·rei·gen** *m* medley [of tunes] **Me·lo·dị·en·samm·lung** *f* collection of melodies [*or* tunes]

Me·lo·dik <-> [me'lo:dɪk] *f kein pl* MUS ① *(musikalische Eigenart)* melodic characteristic
② *(Lehre von der Melodie)* melodics + *sing vb,* theory of melody

me·lo·di·ös [melo'di̯ø:s] *adj (geh) s.* **melodisch**

me·lo·disch [me'lo:dɪʃ] **I.** *adj (geh)* melodic, tuneful
II. *adv* melodically, tunefully

Me·lo·dram <-s, -en> [melo'dra:m], **Me·lo·dra·ma** [melo'dra:ma] *nt* melodrama

me·lo·dra·ma·tisch [melodra'ma:tɪʃ] **I.** *adj* melodramatic
II. *adv* melodramatically

Me·lo·ne <-, -n> [me'lo:nə] *f* ① *(Frucht)* melon
② *(fam: Hut)* bowler [hat], derby AM

Mem·bran <-, -e *o* -en> [mɛm'bra:n] *f,* **Mem·bra·ne** <-, - *o* -n> [mɛm'bra:nə] *f* ① TECH, PHYS diaphragm
② ANAT membrane

Me·mel <-> ['me:ml̩] *f* Memel

Me·mo <-s, -s> ['me:mo] *nt (fam)* memo *fam*

Me·moi·ren [me'mo̯a:rən] *pl* memoirs

Me·mo·ran·dum <-s, Memoranden *o* Memoranda> [memo'randʊm, *pl* memo'randən, memo'randa] *nt* memorandum

Me·na·ge <-, -n> [me'na:ʒə] *f* ① *(Gewürzständer)* cruet
② ÖSTERR *(Truppenverpflegung)* rations *pl*

Me·na·ge·rie <-, -ien> [menaʒə'ri:, *pl* -ri:ən] *f* menagerie

Men·de·le·vi·um <-s> [mɛnde'le:vi̯ʊm] *nt kein pl* CHEM mendelevium *no pl*

Me·ne·te·kel <-s, -> [mene'te:kl̩] *nt (geh)* warning sign, portent

Men·ge <-, -n> ['mɛŋə] *f* ① *(bestimmtes Maß)* ■**eine bestimmte ~** [**einer S.** *gen*] a certain amount [*or* quantity] [of sth]; **eine gewisse ~ enthalten** to contain a certain amount [*or* quantity]; **eine große ~ Kies/Wasser** a large amount of gravel/water; **in ausreichender** [*o* **genügender**] **~** in sufficient quantities
② *(viel)* ■**eine ~** [**einer S.** *gen*] a large amount [of sth]; **eine ~ Geld** a lot of money; **eine ~ zu sehen** a lot to see; **eine ganze ~** [**einer S.** *gen*] quite a lot [of sth]; **eine ganze ~ Geld/Glück** a large amount [*or* great deal] of money/luck; **in rauen** [*o* **großen**] **~n** in huge [*or* vast] quantities, by the ton; **in ~n** plenty of; **Eissorten in ~n** any amount of different sorts of ice cream; **jede ~ einer S.** *gen* loads [*or* masses] [*or* tons] of sth *fam;* ■**eine ~ an etw** *dat* a lot of sth
③ *(fam: viele)* ■**eine ~ einer S.** *gen* lots of sth *fam*
④ *(Menschenmenge)* crowd
⑤ MATH set

men·gen ['mɛŋən] **I.** *vt (geh)* ■**etw in etw** *akk/* **unter etw** *akk* **~** to mix sth into/with sth
II. *vr (geh)* ■**sich** *akk* **unter die Leute ~** to mingle [with the people]

Mẹn·gen·be·schrän·kung *f* HANDEL restriction in quantity **Mẹn·gen·kon·trol·le** *f* ÖKON quantity control **Mẹn·gen·leh·re** *f* MATH set theory *no pl, no art* **Mẹn·gen·leis·tung** *f* ÖKON output, production capacity

mẹn·gen·mä·ßig **I.** *adv* quantitatively, as far as quantity is concerned
II. *adj* **~er Nachweis** CHEM quantification; **~e Zusammensetzung** CHEM quantitative composition

Mẹn·gen·pro·dukt *nt* MATH Cartesian [*or* cross] product **Mẹn·gen·ra·batt** *m* bulk [*or* quantity] discount **Mẹn·gen·vor·ga·be** *f* ÖKON quantity standard

Men·hir <-s, -e> ['mɛnhi:ɐ̯] *m* menhir, standing stone

Me·nin·gi·tis <-, Meningitiden> [menɪŋ'gi:tɪs, *pl* menɪŋgi'ti:dn̩] *f* MED meningitis

Me·nin·go·kok·ke <-, -n> [menɪŋgo'kɔkə] *f* MED meningococcus

Me·nis·kus <-, Menisken> [me'nɪskʊs, *pl* menɪskən] *m* ANAT meniscus

Me·nịs·kus·ver·let·zung *f* ANAT, MED injury to a meniscus

Men·jou·bärt·chen ['mɛnʒu-] *nt* pencil moustache

Men·ni·ge <-> ['mɛnɪgə] *f kein pl* minium *no pl,* red lead *no pl*

Men·no·nit(in) <-en, -en> [mɛno'ni:t] *m(f)* REL Mennonite

Me·no·pau·se [meno'pau̯zə] *f kein pl* menopause *no pl*

Me·no·ra <-, -> [meno'ra:] *f* REL *(jüdischer siebenarmiger Leuchter)* menorah

Me·nor·ca [me'nɔrka] *nt* Minorca, Menorca

Men·sa <-, Mensen> ['mɛnza, *pl* 'mɛnzn̩] *f* SCH refectory, canteen

Mensch[1] <-en, -en> ['mɛnʃ] *m* ① *(menschliches Lebewesen)* ■**der ~** man *no pl, no art;* ■**die ~en** *pl* man *no pl, no art,* human beings *pl;* ***ich bin auch nur ein ~!*** I'm only human!; ***man muss die ~en nehmen, wie sie sind*** you have to take people as they are; **~ bleiben** to stay human; **~en fressend** man-eating; **das Gute im ~en** the good in man; **kein ~ mehr sein** *(unmenschlich)* to be no longer human; *(fam: völlig erschöpft)* to be all in; ***das sind doch keine ~en mehr!*** they are a pack

of animals!
(2) *(Person)* person, man/woman; ■ **~en** *pl* people *pl;* **unter [die] ~en gehen** to mix with people; ***sie sollte mehr unter ~en gehen*** she should mix with people [*or* socialize] [*or* get out] more; **[viel] unter ~en kommen** to get out [a lot], to meet [a lot of] people; **kein ~** no one, nobody; ***das konnte kein ~ ahnen!*** no one cold have foreseen that!; ***es war kein ~ da*** there was no one [*or* not a soul] there
(3) *(die Menschheit)* ■ **der ~** man *no pl, no art;* ■ **die ~en** *pl* mankind *sing, no art;* ***Jesus ist gekommen, um die ~en zu retten*** Jesus came to save mankind; ***so sind die ~en*** that's how people are, that's human nature; **alle ~en** everyone, everybody; **des ~en Sohn** REL the Son of Man; **~ und Tier** man and beast
▸WENDUNGEN: **~!** *(fam: bewundernd, erstaunt)* wow! *fam,* cor [blimey]! *fam;* ***~, war das anstrengend*** boy, was that exhausting; ***~, war das ein Glück!*** boy, that was a piece of luck!; ***~, verschwinde!*** hey, clear off!; ***~, das habe ich ganz vergessen!*** blast, I completely forgot!; ***~, hast du dich verändert!*** good Lord, haven't you changed!; **ein anderer ~ werden** to become a different person [*or* man/woman]; **~ ärgere dich nicht** *(Brettspiel)* ludo; **der ~ denkt, Gott lenkt** *(prov)* man proposes, God disposes *prov;* **wie der erste** [*o* **letzte**] **~** *(fam)* very awkwardly [*or* clumsily]; **sich** *akk* **wie die ersten/letzten ~en benehmen** to behave like cavemen [*or* Neanderthals]; **wie der letzte ~ aussehen** to look ridiculous; **nur ein halber ~ sein** to feel incomplete; ***ohne dich bin ich nur ein halber ~*** I'm lost without you; ***wenn sie nicht genügend geschlafen hat, ist sie nur ein halber ~*** if she hasn't had enough sleep, she's not herself [*or* only half there]; **der Mensch lebt nicht vom Brot allein** *(prov)* man does not live by bread alone *prov;* **~ Meier!** *(sl)* wow! *fam,* gosh! *fam,* good grief! *fam;* **ein neuer ~ werden** to become a new man/woman [*or* person]; **wieder ein ~ sein** to feel like a human being again; **hat der ~ Töne!** *(fam)* can you believe it! *fam;* **des ~en Wille ist sein Himmelreich** *(prov)* do what you want if it makes you happy; **von ~ zu ~** man to man/woman to woman

Mensch[2] <-[e]s, -er> ['mɛnʃ] *nt* SÜDD *(pej fam)* female *pej,* madam *pej,* slut *pej*

Mensch är·ge·re dich nicht <- - - -> *nt kein pl (Spiel)* ludo BRIT

men·scheln ['mɛnʃl̩n] *vi impers* ***es menschelt*** *used to express recognition and acceptance - especially in unexpected situations - of the fact that we are all human beings complete with weaknesses and fallibilities*

Mẹn·schen·af·fe *m* [anthropoid] ape

mẹn·schen·ähn·lich **I.** *adj* manlike, like a human being/human beings *pred;* **nichts M~es** nothing human
II. *adv* like human beings

Mẹn·schen·al·ter *nt* generation **Mẹn·schen·an·samm·lung** *f* gathering [of people]; **die ~en vor den Läden** the crowds in front of the shops **mẹn·schen·arm** *adj* sparsely populated **Mẹn·schen·auf·lauf** *m* crowd [of people]; ***es kam zu einem ~*** a crowd gathered **Mẹn·schen·bild** *nt* conception of man **Mẹn·schen·feind(in)** *m(f)* misanthropist **mẹn·schen·feind·lich** *adj* (1) *(misanthropisch)* misanthropic (2) GEOG hostile [to man], inhospitable **Mẹn·schen·fleisch** *nt kein pl* human flesh *no pl* **Mẹn·schen·fres·ser(in)** <-s, -> *m(f) (fam)* (1) *(Kannibale)* cannibal (2) *(Menschen fressendes Raubtier)* man-eater **Mẹn·schen·freund(in)** *m(f)* philanthropist **mẹn·schen·freund·lich** *adj* philanthropic **Mẹn·schen·freund·lich·keit** *f kein pl* philanthropy *no pl;* **aus reiner ~** out of the sheer goodness of one's heart **Mẹn·schen·füh·rung** *f kein pl* leadership *no pl,* man management *no pl* **Men·schen·ge·den·ken** ['mɛnʃn̩gədɛŋkn̩] *nt kein pl* **seit ~** as long as anyone can remember; ***diese alten Eiben stehen hier schon seit ~*** these old yew trees have been here from time immemorial

Mẹn·schen·ge·stalt *f* human form; **etw/jd in ~** sth/sb in human form; **Satan in ~** the devil incarnate; **ein Teufel in ~** a devil in disguise **Mẹn·schen·hand** *f kein pl* human hand; **von ~** by the hand of man, by human hand **Mẹn·schen·han·del** *m kein pl* slave trade *no pl,* trade [*or* traffic] in human beings **Mẹn·schen·händ·ler(in)** *m(f)* trafficker in human beings **Mẹn·schen·hass**[RR] *m kein pl* misanthropy *no pl* **Mẹn·schen·ken·ner(in)** *m(f)* judge of character [*or* human nature]; **kein/kein guter ~ sein** to be no/a poor [*or* not a good] judge of character **Mẹn·schen·kennt·nis** *f kein pl* ability to judge character, knowledge of human nature; **keine/keine gute ~ haben** to be no/a poor [*or* not a good] judge of character **Mẹn·schen·ket·te** *f* human chain

Mẹn·schen·le·ben *nt* (1) *(Todesopfer)* [human] life; ***der Unfall forderte drei ~*** the accident claimed three lives; **die Verluste an ~** the loss of life; **~ sind [nicht] zu beklagen** there has been [no] loss of life
(2) *(Lebenszeit)* lifetime; **ein ganzes ~ lang** a [whole] lifetime

mẹn·schen·leer *adj* (1) *(unbesiedelt)* uninhabited (2) *(unbelebt)* deserted **Mẹn·schen·lie·be** *f* **aus reiner ~** out of the sheer goodness of one's heart **Mẹn·schen·mas·se** *f (pej)* crowd [of people], mass of people **Mẹn·schen·men·ge** *f* crowd [of people] **men·schen·mög·lich** ['mɛnʃn̩'møːklɪç] *adj* humanly possible; **das ist doch nicht ~!** *(fam)* [but] that's impossible!, that can't be true!; **das M~e tun** to do all that is humanly possible **Mẹn·schen·op·fer** *nt* (1) REL human sacrifice (2) *(geh: Menschenleben)* [human] life **Mẹn·schen·raub** *m kein pl* kidnapping, abduction

Mẹn·schen·recht *nt meist pl* JUR human right *usu pl;* **die ~e schützen** to protect [*or* safeguard] human rights; **einen Staat wegen Verletzung der ~e anklagen** to accuse a state of violating [*or* a violation of] human rights; **die Achtung der ~e** respect of [*or* respecting] human rights

Mẹn·schen·recht·ler(in) <-s, -> *m(f)* human rights activist

Mẹn·schen·rechts·ak·ti·vist(in) *m(f)* POL human rights activist **Mẹn·schen·rechts·be·auf·trag·te(r)** *f(m)* POL human rights commissioner **Mẹn·schen·rechts·er·klä·rung** *f* JUR declaration of human rights, human rights declaration **Mẹn·schen·rechts·kom·mis·si·on** *m* JUR Human Rights Convention **Mẹn·schen·rechts·kon·ven·ti·on** *f* **Europäische ~** European Convention on Human Rights **Mẹn·schen·rechts·la·ge** *f kein pl,* **Mẹn·schen·rechts·si·tu·a·ti·on** *f kein pl* POL human rights situation **Mẹn·schen·rechts·or·ga·ni·sa·ti·on** *f* human rights organization **Mẹn·schen·rechts·ver·let·zung** *f* violation [*or* infringement] of human rights

mẹn·schen·scheu *adj* afraid of people **Mẹn·schen·scheu** *f* fear of people **Mẹn·schen·schlag** *m kein pl (fam)* kind of people, breed [of people] *fam* **Mẹn·schen·schmug·gel** *m kein pl* people trafficking **Mẹn·schen·schmugg·ler(in)** *m(f)* people trafficker **Men·schen·see·le** ['mɛnʃn̩'zeːlə] *f* human soul; **keine ~** not a [living] soul

Men·schens·kind ['mɛnʃnskɪnt] *interj (fam)*
(1) *(Herr des Himmels!)* good heavens, heavens above, good grief
(2) *(Mensch Meier!)* wow *fam,* gosh *fam*

Mẹn·schen·trau·be *f* cluster [*or* knot] of people **mẹn·schen·un·mög·lich** *adj* (1) *(völlig unmöglich)* utterly impossible, not humanly possible (2) *(das Unmögliche)* ■ **das M~e** the impossible **mẹn·schen·un·wür·dig** **I.** *adj* inhumane; *(Behausung)* unfit for human habitation **II.** *adv* in an inhumane way, inhumanely; **~ hausen** to live in conditions unfit for human beings **mẹn·schen·ver·ach·tend** *adj* inhuman; *(Bemerkung)* contemptuous **Mẹn·schen·ver·äch·ter(in)** *m(f)* misanthrope, misanthropist **Mẹn·schen·ver·ach·tung** *f kein pl* contempt for other people **Mẹn·schen·ver·stand** *m kein pl* human intelligence [*or* intellect] *no pl;* **gesunder ~** common sense **Mẹn·schen·wür·de** *f kein pl* human dignity *no pl, no art*

mẹn·schen·wür·dig **I.** *adj* humane; *(Unterkunft)* fit for human habitation; **ein ~es Leben** a decent [*or* dignified] life
II. *adv* humanely; **~ leben/wohnen** to live in conditions fit for human beings

Mẹnsch·heit <-> *f kein pl* ■ **die ~** mankind *no pl, no def art,* humanity *no pl, no art;* **das Schicksal der [ganzen/gesamten] ~** the fate of [the whole of] mankind [*or* the [whole] human race]

Mẹnsch·heits·ge·schich·te *f kein pl* history of mankind [*or* of the human race] **Mẹnsch·heits·pro·ble·me** *pl* problems *pl* of humanity **Mẹnsch·heits·rät·sel** *nt* puzzle to mankind

mensch·lich ['mɛnʃlɪç] **I.** *adj* (1) *(einem Menschen gehörend)* human; **das ~e Leben** human life
(2) *(durch Menschen erfolgend)* human; **~e Schwäche** human weakness; **~es Vermögen** ÖKON manning [*or* staffing] levels; **~es Versagen** human error; ■ **~ sein** to be [only] human; *s. a.* **irren**
(3) *(human)* humane; *(Vorgesetzter)* understanding, sympathetic
(4) *(fam: zivilisiert)* civilized, refined
II. *adv* (1) *(human)* humanely
(2) *(fam: zivilisiert)* civilized; **wieder ~ aussehen** to look presentable again

Mẹnsch·lich·keit <-> *f kein pl* humanity *no pl, no art;* **aus reiner ~** for purely humanitarian reasons

Mẹnsch·wer·dung <-> *f kein pl* (1) REL incarnation (2) BIOL anthropogenesis

Mẹn·sen *pl von* **Mensa**

Mens·tru·a·ti·on <-, -en> [mɛnstrua'tsi̯oːn] *f* menstruation *no pl, no art*

Mens·tru·a·ti·ons·schmer·zen *pl* MED menstrual pains *pl,* menalgia *no pl spec* **Mens·tru·a·ti·ons·stö·run·gen** *pl* MED menstrual disorder, paramenia *no pl spec* **Mens·tru·a·ti·ons·zy·klus** *f* menstrual cycle

mens·tru·ie·ren* [mɛnstru'iːrən] *vi* to menstruate

Men·sur <-, -en> [mɛn'zuːɐ̯, *pl* mɛn'zuːrən] *f* student duel

men·tal [mɛn'taːl] **I.** *adj* mental
II. *adv* mentally

Men·ta·li·tät <-, -en> [mɛntali'tɛːt] *f* mentality

Men·thol <-s, -e> [mɛn'toːl] *nt* menthol

Men·thol·zi·ga·ret·te *f* menthol cigarette

Men·tor, Men·to·rin <-s, -en> ['mɛntoːɐ̯, mɛn'toːrɪn, *pl* -'toːrən] *m, f* (1) SCH tutor, supervisor
(2) *(geh: erfahrener Förderer)* mentor

Me·nu <-s, -s> *nt (geh),* **Me·nü** <-s, -s> [me'nyː] *nt* (1) *(Mahlzeit)* set meal [*or* menu], table d'hôte *spec; (Speisenfolge)* menu
(2) INFORM menu; **hierarchisches ~** hierarchical menu

Me·nü·aus·wahl *f* INFORM menu selection **Me·nü·baum** *m* INFORM menu tree **Me·nü·be·steck** *nt* place setting

Me·nu·ett <-s, -e> [menu̯'ɛt] *nt (Tanz, Musik)* minuet

Me·nü·füh·rung *f* INFORM menu-driven operation **me·nü·ge·führt** *adj inv* INFORM menu-driven **me·nü·ge·steu·ert** *adj inv* INFORM menu-driven **Me·nü·leis·te** *f* INFORM menu bar

Me·nu·plan <-s, -pläne> *m* SCHWEIZ *(Speiseplan)* menu

Me·nü·punkt *m* INFORM menu item **Me·nü·zei·le** *f* INFORM menu bar

Mer·ce·rie <-, -n> [mɛrsə'riː, *pl* -iːən] *f* SCHWEIZ *(Kurzwaren)* haberdashery BRIT, dry goods *pl* AM, notions *pl* AM

mer·ce·ri·sie·ren [mɛrtsəri'ziːrən] *vt* ■ **etw ~** to mercerize sth

Mer·chan·di·sing <-s> ['møːɐ̯tʃn̩daizɪŋ] *nt kein pl* ÖKON merchandizing *no pl*

Mer·chan·di·sing·ar·ti·kel ['møːɐ̯tʃn̩daizɪŋ-] *m* article of merchandise

Mer·chant·ban·king <-s> ['møːɐ̯tʃəntbæŋkɪŋ] *nt* merchant banking

mer·ci [mɛr'siː] *interj (hum)* ta BRIT *fam*

Mer·gel <-s, -> ['mɛrgl̩] *m* GEOL marl
Me·ri·di·an <-s, -e> [meri'di̯a:n] *m* meridian
Me·rin·ge <-, -n> [me'rɪŋə] *f,* **Me·ringue** <-, -s> [me'rɛ̃:k] *f,* **Me·rin·gel** <-s, -> [me'riŋl̩] *nt* SCHWEIZ meringue
Me·ri·no·wol·le [me'ri:no-] *f* merino wool
Me·ris·tem <-s, -e> [merɪs'te:m] *nt* BOT meristem
Me·ri·ten [me'ri:tn̩] *pl (geh)* rewards
Me·ri·to·kra·tie <-, -n> [meritokra'ti:, *pl* -'ti:ən] *f* SOZIOL *(geh)* meritocracy
Mer·kan·ti·lis·mus <-> [mɛrkanti'lɪsmʊs] *m kein pl* HIST ■**der** ~ mercantilism *no pl,* the mercantile system
merk·bar I. *adj* ① *(wahrnehmbar)* noticeable; **ein deutlich ~es Beben** a clearly perceptible tremor; **ein kaum ~es Summen/Pfeifen** a scarcely audible hum[ming]/whistle[whistling]
② *(zu behalten)* memorable; **ein leicht ~er Name** an easily remembered name; **leicht/ohne weiteres ~ sein** to be easy to remember; **nicht/schwer ~ sein** to be very difficult/hard to remember
II. *adv* noticeably
Merk·blatt *nt* explanatory leaflet
mer·ken ['mɛrkn̩] I. *vt* ① *(spüren)* ■**etw** ~ to feel sth; ***es war kaum zu*** ~ it was scarcely noticeable
② *(wahrnehmen)* ■**etw** [**von etw** *dat*] ~ to notice sth [of sth]; ***ich habe nichts davon gemerkt*** I didn't notice a thing [*or* anything]; **das merkt jeder/keiner!** everyone/no one will notice!; **das ist zu** ~ that's obvious, one [*or* you] can tell; **bis das einer merkt!** *(fam)* it'll be ages before anyone realizes!; **du merkst auch alles!** *(iron)* how observant of you!, nothing escapes you, does it?; **jdn etw ~ lassen** to let sb feel [*or* see] sth
③ *(behalten)* ■**leicht/schwer zu ~ sein** to be easy/difficult to remember; **merke: ...** NB: ..., note: ...
II. *vi* ① *(spüren)* ■~, **dass/wie** to notice [*or* feel] that/how
② *(wahrnehmen)* ■~, **dass etw geschieht** to notice that sth is happening
III. *vr* ① *(im Gedächtnis behalten)* ■**sich** *dat* **etw** ~ to remember sth; **das werde ich mir ~!** *(fam)* I'll remember [*or* I won't forget] that!; **merk dir das!/merken Sie sich das!** [just] remember that!
② *(im Auge behalten)* ■**sich** *dat* **jdn/etw** ~ to remember [*or* make [*or* keep] a [mental] note of] sb/sth
merk·lich ['mɛrklɪç] I. *adj* noticeable
II. *adv* noticeably
Merk·mal <-s, -e> ['mɛrkma:l] *nt* characteristic, feature; **besondere ~e: ...** *(Eintrag im Pass)* distinguishing marks; *(Kennzeichen)* distinguishing features; [**besonderes**] **persönliches** ~ personal distinguishing mark
Merk·mal·ana·ly·se *f* INFORM feature recognition
Merk·satz *m* mnemonic sentence
Mer·kur <-s> [mɛr'ku:ɐ̯] *m* ASTRON ■**der** ~ Mercury
Merk·vers *m* SCH mnemonic [verse [*or* rhyme]], jingle
merk·wür·dig I. *adj* strange, odd, curious; **zu ~!** how strange!
II. *adv* strangely, oddly; ***hier riecht es so*** ~ there's a very strange smell here
merk·wür·di·ger·wei·se *adv* strangely [*or* oddly] [*or* curiously] enough
Merk·wür·dig·keit <-, -en> *f* ① *kein pl (Seltsamkeit)* strangeness *no pl,* oddness *no pl*
② *meist pl (selten: Kuriosität)* curiosity
Mer·lan <-s, -e> [mɛr'la:n] *m* ZOOL whiting
Mer·lin <-s, -e> [mɛr'li:n] *m* ORN merlin
Me·sal·li·ance <-, -n> [meza'li̯ã:s] *f* SOZIOL, POL *(geh)* mésalliance *liter*
me·schug·ge [me'ʃʊgə] *adj (veraltend fam)* ■~ **sein/werden** to be/go crazy [*or* mad] [*or fam* nuts] [*or* meshuga]
Mes·ka·lin <-s> [mɛska'li:n] *nt kein pl* mescalin[e] *no pl*
Mes·ner <-s, -> ['mɛsnɐ] *m* DIAL *(Küster)* sexton, verger
Me·so·karp <-s, -e> [mezo'karp] *nt* BIOL mesocarp
Me·so·me·rie [mezome'ri:] *f kein pl* CHEM mesomerism
Me·son <-s, -en> ['me:zɔn, *pl* me'zo:nən] *nt* NUKL meson
Me·so·po·ta·mi·en <-s> [mezopo'ta:mi̯ən] *nt* HIST Mesopotamia
Mes·sage <-, -s> ['mɛsɪdʒ] *f (sl)* message
Mess·ap·pa·ratRR *m* gauge **Mess·bal·ken**RR *m* TYPO measuring carriage
Mess·bandRR *nt* tape measure
mess·barRR, **meß·bar**ALT *adj* measurable; ■**gut/schwer ~ sein** to be easy/difficult to measure
Mess·be·cherRR *m* measuring cup [*or* BRIT *a.* jug] **Mess·buch**RR *nt* REL missal, mass-book **Mess·da·ten**RR *pl* TECH measuring data + *sing vb* **Mess·die·ner(in)**RR *m(f)* REL server **mess·die·nern**RR ['mɛsdi:nɐn] *vi* REL to serve at Mass
Mes·se[1] <-, -n> ['mɛsə] *f* ① *(Gottesdienst)* mass *no pl;* **in die/zur ~ gehen** to go to mass; **schwarze ~** Black Mass; **für jdn eine ~ lesen lassen** to have a mass said for sb; **die ~ lesen** [*o* **halten**] to say mass
② *(liturgische Komposition)* mass
Mes·se[2] <-, -n> ['mɛsə] *f (Ausstellung)* [trade] fair; **auf der ~** at the fair
Mes·se[3] <-, -n> ['mɛsə] *f* NAUT, MIL mess
Mes·se·aus·weis *m* ÖKON [trade] fair [*or* [exhibition]] pass **Mes·se·bau·er(in)** <-s, -> *m(f)* [trade] fair constructor **Mes·se·be·su·cher(in)** *m(f)* visitor to a/the [trade] fair **Mes·se·ge·bäu·de** *nt* [trade] fair [*or* exhibition] building **Mes·se·ge·län·de** *nt* exhibition centre [*or* AM -er] **Mes·se·hal·le** *f* exhibition hall **Mes·se·ka·ta·log** *m* trade fair [*or* exhibition] catalogue [*or* AM *also* -og]
mes·sen <misst, maß, gemessen> ['ˌɛsn̩] I. *vt* ① *(Ausmaß oder Größe ermitteln)* ■**etw** ~ to measure sth; ■**jds Blutdruck/Temperatur** ~ to take sb's blood pressure/temperature
② *(als Größe haben)* ■**etw** ~ to measure sth
③ *(beurteilen nach)* ■**etw an etw** *dat* ~ to judge sth by sth; ■**gemessen an etw** *dat* judging [*or* going] by sth; **seinen Verstand an jdm/etw ~** to pit one's wits against sb/sth
II. *vr (geh)* ■**sich** *akk* [**in etw** *dat*] **mit jdm ~** to compete with [*or* against] sb [in sth]; **sich** *akk* **mit jdm/etw ~ können** to be able to match [*or* be a match for] sb/sth; *s. a.* **gemessen**
Mes·se·neu·heit *f* ÖKON new product [[on show] at a [trade] fair]
Mes·sen·ger-RNS ['mɛsɪndʒəˀɛrɛnɛs] *f* BIOL messenger RNA
Mes·ser <-s, -> ['mɛsɐ] *nt* knife; **mit ~ und Gabel essen** to eat with a knife and fork
▶ WENDUNGEN: **bis aufs** ~ to the bitter end; **unters ~ kommen** MED *(fam)* to go under the knife; [**jdm**] **ins** [**offene**] ~ **laufen** to play right into sb's hands, to walk straight into the trap; **jdn** [**jdm**] **ans ~ liefern** to betray [*or fam* tell on] [*or* BRIT *sl* shop] sb [to sb]; **auf ~s Schneide stehen** to hang in the balance, to be balanced on a knife-edge; **es steht auf ~s Schneide, ob ...** it's touch and go whether ...
Mes·ser·block *m* knife block **Mes·ser·griff** *m* knife handle **Mes·ser·held** *m (pej)* thug with a knife *pej,* BRIT *a.* knifer **Mes·ser·klin·ge** *f* knife blade **Mes·ser·mu·schel** *f* ZOOL razor shell [*or* clam] **Mes·ser·rü·cken** *m* back of a/the knife **mes·ser·scharf** ['mɛsɐ'ʃarf] I. *adj* razor-sharp *a. fig*
II. *adv* very astutely **Mes·ser·schei·de** *f* knife sheath **Mes·ser·schlei·fer(in)** *m(f)* knife grinder **Mes·ser·schmied(in)** *m(f)* knifesmith **Mes·ser·spit·ze** *f* knife point; **eine ~/zwei ~n** [**voll**] [**einer S.** *gen*] KOCHK a pinch/two pinches [of sth]; **eine ~ Muskat** a pinch of nutmeg **Mes·ser·ste·cher(in)** <-s, -> *m(f) (pej)* knife [wo]man, knifer *fam* **Mes·ser·ste·che·rei** <-, -en> *f* knife fight **Mes·ser·ste·che·rin** <-, -nen> *f fem form von* **Messerstecher** **Mes·ser·stich** *m* knife thrust; *(Wunde)* knife [*or* stab] wound **Mes·ser·wer·fer(in)** <-s, -> *m(f)* knife thrower
Mes·se·stadt *f* [town with an] exhibition centre [*or* AM -er] **Mes·se·stand** *m* stand [at a/the trade fair], exhibition stand
Mess·feh·lerRR *m* measuring mistake **Mess·ge·rät**RR *nt* measuring instrument, gauge, AM *also* gage **Mess·ge·wand**RR *nt* REL chasuble **Mess·grö·ße** *f* measure, standard
mes·si·a·nisch [mɛ'si̯a:nɪʃ] *adj inv* REL messianic
Mes·si·a·nis·mus <-> [mɛsi̯a'nɪsmʊs] *m kein pl* REL messianism
Mes·si·as <-> [mɛ'si:as] *m* REL ■**der** ~ the Messiah
Mes·sie <-s, -s> ['mesi] *m o f* PSYCH *(fam)* pack rat *fam*
Mes·sing <-s> ['mɛsɪŋ] *nt kein pl* brass *no pl*
Mes·sing·ge·häu·se *nt* brass case [*or* casing] **Mes·sing·griff** *m* brass handle **Mes·sing·klin·ke** *f* brass [door] handle
Mess·in·stru·mentRR *nt* measuring instrument **Mess·keil**RR *m* TYPO test wedge **Mess·lat·te**RR *f* surveyor's wooden rod
Mess·nerRR <-s, -> *m* DIAL *(Küster)* sexton, verger
Mess·op·ferRR *nt* REL Sacrifice of the Mass
Mess·si·gnalRR *nt* ELEK test signal **Mess·stab**RR *m* measuring rod **Mess·sta·ti·on**RR *f* GEOL survey station; METEO weather station **Mess·tech·nik**RR *f* measurement technology **Mess·tisch**RR *m* TECH plane table **Mess·tisch·blatt**RR *nt* large-scale map [1:25000], BRIT *a.* ≈ Ordnance Survey map
Mes·sung <-, -en> *f* ① *(das Messen)* measuring *no pl,* measurement *no pl*
② *(Messwert)* measurement, reading
Mess·un·ge·nau·ig·keit *f* TECH measuring inaccuracy
Mess·weinRR *m* REL Communion wine
Mess·wertRR *m* ① PHYS *(Wert)* measured value ② TECH *(Prüfwert)* test result **Mess·zy·lin·der**RR *m* measuring cylinder
Mes·ti·ze, Mes·ti·zin <-n, -n> [mɛs'ti:tsə, mɛs'ti:tsɪn] *m, f* mestizo *masc,* mestiza *fem*
MESZ <-> *f kein pl Abk von* **mitteleuropäische Sommerzeit** CEST, Central European Summer Time
Met <-[e]s> ['me:t] *m kein pl* mead *no pl*
me·ta·bo·lisch [meta'bo:lɪʃ] *adj inv* BIOL, MED *(fachspr)* metabolic
Me·ta·bo·lis·mus <-> [metabo'lɪsmʊs] *m kein pl* BIOL metabolism
Me·ta-Ge·sell·schaft ['me:ta-] *f* HANDEL joint-venture company **Me·ta·kre·dit** ['me:ta-] *m* FIN loan on a joint account
Me·tall <-s, -e> [me'tal] *nt* metal; **~ verarbeitend** metalworking; **die ~ verarbeitende Industrie** the metalworking industry
Me·tall·ab·fall *m* waste metal **Me·tall·ar·bei·ter(in)** *m(f)* metalworker **Me·tall·bin·dung** *f* CHEM metallic bond **Me·tall·do·se** *f* metal tin **Me·tal·le·gie·rung**ALT *f s.* **Metalllegierung**
me·tal·len [me'talən] *adj* metal
Me·tal·ler(in) <-s, -> [me'talɐ] *m(f) (fam)* metalworker
Me·tall·ge·rüst *nt* metal scaffolding *no pl* **Me·tall·ge·sell·schaft** *f* metal processing [*or* metalworking] company **Me·tall·han·del** *m* metals trade **Me·tall·här·te** *f* hardness of a/the metal
me·tal·lic [me'talɪk] *adj inv* metallic **Me·tal·lic·lack** *m* AUTO metallic paint **Me·tal·lic·la·ckie·rung** *f* metallic finish
Me·tall·in·dus·trie *f* metalworking industry
me·tal·lisch [me'talɪʃ] I. *adj* ① *(aus Metall bestehend)* metal
② *(metallartig)* metallic
II. *adv* like metal, metallically
me·tal·li·sie·ren [metali'zi:rən] *vt* ■**etw** ~ to metallize sth
Me·tall·ka·bel *nt* TECH metal cable **Me·tall·kun·de** *f* metallurgy **Me·tall·le·gie·rung**RR *f* metal alloy **Me·tall·sä·ge** *f* hacksaw **Me·tall·schei·be** *f* TECH metal disk **Me·tall·stän·der·wand** *f* BAU metal post [*or* stud] wall
Me·tall·ur·ge, Me·tall·ur·gin <-en, -en> [meta'lʊrgə, meta'lʊrgɪn] *m, f* metallurgist
Me·tall·ur·gie <-> [metalʊr'gi:] *f kein pl* metallurgy *no pl, no art*
Me·tall·ur·gin <-, -nen> [meta'lʊrgɪn] *f fem form von* **Metallurge**

M

me·tall·ur·gisch [metaˈlʊrgɪʃ] I. *adj* metallurgical II. *adv* metallurgically

me·tall·ver·ar·bei·tend *adj inv, attr s.* **Metall Me·tall·ver·ar·bei·tung** <-> *f kein pl* metalworking *no pl* **Me·tall·wa·ren** *pl* metalware *sing, no indef art,* hardware *sing, no indef art* **Me·tall·win·kel** *m* framing square

me·ta·morph [metaˈmɔrf] *adj inv* metamorphic, metamorphous; **~es Gestein** metamorphic rocks *pl*

Me·ta·mor·pho·se <-, -n> [metamɔrˈfoːzə] *f (geh)* metamorphosis

Me·ta·pher <-, -n> [meˈtafɐ] *f* metaphor

Me·ta·pho·rik <-> [metaˈfoːrɪk] *f kein pl (Stilkunde)* use of metaphor; *(die verwendeten Metaphern)* imagery *no pl,* metaphors *pl*

me·ta·pho·risch [metaˈfoːrɪʃ] *adj* metaphoric[al]

Me·ta·phy·sik [metafyˈziːk] *f* metaphysics *no art, + sing vb*

me·ta·phy·sisch [metaˈfyːzɪʃ] *adj* metaphysical

Me·ta·spra·che [ˈmɛta-] *f* LING metalanguage

me·ta·sta·bil *adj* CHEM, PHYS metastable; **~es Gleichgewicht** metastable equilibrium; **~er Zustand** metastable state

Me·ta·sta·se <-, -n> [metaˈstaːzə] *f* MED metastasis; *(Tochtergeschwulst)* metastatic growth

me·ta·sta·siert [metastaˈziːɐ̯t] *adj* MED metastasized

Me·teo <-s, -s> [ˈmeteo] *nt* SCHWEIZ *(Wettervorhersage)* weather forecast

Me·te·or <-s, -e> [meteˈoːɐ̯, *pl* meteˈoːrə] *m* meteor

Me·te·o·rit <-en, -en> [meteoˈriːt] *m* meteorite **Me·te·o·ri·ten·ge·stein** *nt* meteorite rock

Me·te·o·ro·lo·ge, -lo·gin <-n, -n> [meteoroˈloːgə, -ˈloːgɪn] *m, f* meteorologist; *(im Fernsehen)* weather forecaster, weatherman *masc,* weathergirl *fem*

Me·te·o·ro·lo·gie <-> [meteoroloˈgiː] *f kein pl* meteorology *no pl*

Me·te·o·ro·lo·gin <-, -nen> [meteoroˈloːgɪn] *f fem form von* **Meteorologe**

me·te·o·ro·lo·gisch [meteoroˈloːgɪʃ] *adj* meteorological; **ein ~es Studium** a course in meteorology

Me·te·o·sat <-s> [ˈmeːteozat] *m kein pl kurz für* **Meteorological Satellite** Meteosat

Me·ter <-s, -> [ˈmeːtɐ] *m o nt* metre [*or* AM -er]; **etw in ~ umrechnen** to convert sth into metres; **in ~n** in metres; ***wie viel ist das in ~n?*** how much is that in metres?; **in ~n verkauft werden** to be sold in metres [*or* by the metre]; **etw nach ~n messen** to measure sth by the metre [*or* in metres]; **der laufende ~** per metre

me·ter·dick *adj* ① *(einen Meter dick)* a/one metre [*or* AM -er] thick *pred* ② *(mehrere Meter dick)* [several] metres [*or* AM -ers] thick *pred* **me·ter·hoch** *adj* ① *(einen Meter hoch)* a/one metre high *pred; (Schnee)* a/one metre deep *pred* ② *(mehrere Meter hoch)* [several] metres high *pred; (Schnee)* [several] metres deep *pred* **me·ter·lang** [ˈmeːtelaŋ] *adj* ① *(einen Meter lang)* a/one metre long *pred;* ■**etw/ein Tier ist/wird ~** sth/an animal is/grows a metre long ② *(mehrere Meter lang)* [several] metres long *pred* **Me·ter·maß** *nt* ① *(Bandmaß)* tape measure ② *(Zollstock)* metre rule **Me·ter·wa·re** *f* piece goods *pl* **me·ter·wei·se** *adv* by the metre

me·ter·weit I. *adj* ① *(einen Meter breit)* a/one metre wide *pred; (lang)* a/one metre long *pred* ② *(viele Meter weit)* metres wide *pred; (lang)* metres long *pred;* ***Kängurus sind zu ~en Sprüngen fähig*** kangaroos are capable of jumping several metres
II. *adv* a long way; ***du hast ~ danebengeschossen*** you missed by miles

Me·tha·don <-s> [metaˈdoːn] *nt kein pl* methadone *no pl*

Me·than <-s> *nt,* **Me·than·gas** [meˈtaːn-] *nt kein pl* methane [gas] *no pl*

Me·tha·nol <-s> [metaˈnoːl] *nt kein pl* CHEM methanol, methyl alcohol

Me·tho·de <-, -n> [meˈtoːdə] *f* ① *(bestimmtes Verfahren)* method; **mit ~** methodically; **etw hat ~** *(fam)* sth is carefully planned
② *pl (Vorgehensweise)* methods *pl;* ***es gibt da ~n!*** there are ways!; **was sind denn das für ~n?** what sort of way is that to behave? [*or* sort of behaviour [*or* AM -or] is that]

Me·tho·den·än·de·rung *f* change of methodology

Me·tho·dik <-, -en> [meˈtoːdɪk] *f* methodology *no pl*

me·tho·disch [meˈtoːdɪʃ] I. *adj* ① *(nach bestimmten Methoden erfolgend)* methodical
② *(in einer Methode begründet)* methodological
II. *adv* methodically

Me·tho·dist(in) <-en, -en> [metoˈdɪst] *m(f)* Methodist

me·tho·dis·tisch *adj* Methodist

Me·tho·do·lo·gie <-, -ien> [metodoloˈgiː, *pl* -giːən] *f* methodology

me·tho·xy·lie·ren [metɔksyˈliːrən] *vt* CHEM ■**etw ~** to methoxylate sth

Me·thu·sa·lem <-s> [meˈtuːzalɛm] *m kein pl* Methuselah *no def art*
►WENDUNGEN: **alt wie ~** as old as Methuselah

Me·thyl <-s> [meˈtyːl] *nt kein pl* methyl

Me·thyl·al·ko·hol *m kein pl* methyl alcohol *no pl,* methanol *no pl*

me·thy·lie·ren [metyˈliːrən] *vt* CHEM ■**etw ~** to methylate sth

Me·tier <-s, -s> [meˈti̯eː] *nt* profession; **sein ~ beherrschen, sich** *akk* **auf sein ~ verstehen** to be good at [*or* know] one's job

Me·tra [ˈmeːtra] *(veraltend) pl von* **Metrum**

Me·tren [ˈmeːtrən] *pl von* **Metrum**

Me·trik <-, -en> [ˈmeːtrɪk] *f* ① LIT *(Verslehre)* metrics *no indef art, + sing vb; (Verskunst)* metric verse composition
② *kein pl* MUS *(Taktlehre)* study of rhythm and tempo

me·trisch [ˈmeːtrɪʃ] *adj* ① SCI *(auf dem Meter aufbauend)* metric
② LIT *(das Versmaß betreffend)* metrical

Me·tro <-, -s> [ˈmeːtro] *f* metro *no pl,* BRIT *a.* underground *no pl, esp* AM subway *no pl;* **mit der ~ fahren** to go [*or* travel] by [*or* take the] metro

Me·tro·nom <-s, -e> [metroˈnoːm] *nt* metronome

Me·tro·po·le <-, -n> [metroˈpoːlə] *f* ① *(Hauptstadt)* capital, metropolis
② *(städtisches Zentrum)* metropolis

Me·tro·po·lit <-en, -en> [metropoˈliːt] *m* REL *(Oberhaupt einer orthodoxen Kirchenprovinz)* metropolitan

Me·tro·po·li·tan·kir·che [metropoliˈtaːn-] *f* REL Metropolitan Church

me·tro·se·xu·ell *adj* SOZIOL *Mann* metrosexual

Me·trum <-s, -tren> [ˈmeːtrʊm, *pl* meːtrən] *nt* metre [*or* AM -er]

Mett <-[e]s> [mɛt] *nt kein pl* KOCHK DIAL *(Schweinegehacktes)* minced pork *no pl*

Met·te <-, -n> [mɛtə] *f* REL ① *(Frühmesse)* early [morning] mass
② *(Abendmesse)* midnight mass

Mett·wurst *f* smoked beef/pork sausage

Met·ze·lei <-, -en> [mɛtsəˈlai̯] *f* butchery *no indef art, no pl,* slaughter *no pl*

Metz·ger(in) <-s, -> [ˈmɛtsgɐ] *m(f)* DIAL *(Fleischer)* butcher; **beim ~** at the butcher's; **vom ~** from the butcher['s]

Metz·ge·rei <-, -en> [mɛtsgəˈrai̯] *f* DIAL *(Fleischerei)* butcher's [shop] BRIT, butcher shop AM; **aus der ~** from the butcher's

Metz·ge·rin <-, -nen> [ˈmɛtsgərɪn] *f fem form von* **Metzger**

Metz·ger·meis·ter(in) <-s, -> *m(f)* master butcher

Metz·ge·te <-, -n> [ˈmɛtsgətə] *f* SCHWEIZ ① *(Schlachtfest) feast at which the meat from freshly slaughtered animals, esp pigs, is eaten*
② *(Schlachtplatte) dish with ham, sausages, and sauerkraut*

Meu·chel·mord *m* insidious murder **Meu·chel·mör·der(in)** *m(f)* insidious murderer, treacherous assassin

meu·cheln [mɔyçl̩n] *vt (selten pej)* ■**jdn ~** to murder sb in a treacherous manner; *Herrscher* to assassinate sb

meuch·le·risch [ˈmɔyçlərɪʃ] *adj inv (pej) Anschlag* treacherous

Meu·te <-, -n> [ˈmɔytə] *f* ① *(pej: Gruppe)* pack, mob ② JAGD pack [of hounds]

Meu·te·rei <-, -en> [mɔytəˈrai̯] *f* mutiny

Meu·te·rer <-s, -> *m* mutineer

meu·tern [ˈmɔytɐn] *vi* ① *(sich auflehnen)* ■**[gegen jdn/etw] ~** to mutiny [against sb/sth]; ■**~d** mutinous
② *(fam: meckern)* to moan

Me·xi·ka·ner(in) <-s, -> [mɛksiˈkaːnɐ] *m(f)* Mexican

me·xi·ka·nisch [mɛksiˈkaːnɪʃ] *adj* Mexican

Me·xi·ko <-s> [ˈmɛksiko] *nt* Mexico

Me·xi·ko-Stadt <-> *nt* Mexico City

MEZ <-> *f kein pl Abk von* **mitteleuropäische Zeit** CET

Mez·zo·so·pran [ˈmɛtsozopraːn] *m* mezzo soprano

mg *Abk von* **Milligramm** mg

MG <-[s], -[s]> [ɛmˈgeː] *nt Abk von* **Maschinengewehr** MG

mhd. *Abk von* **mittelhochdeutsch** Middle High German

MHz *Abk von* **Megahertz** MHz

Mia. *Abk von* **Milliarde(n)** b., billion

mi·au [miˈau̯] *interj* meow, miaou, miaow

mi·au·en* [miˈau̯ən] *vi* to meow [*or* miaou]

mich [ˈmɪç] I. *pron pers akk von* **ich** me
II. *pron refl* myself; ***ich will ~ da ganz raushalten*** I want to keep right out of it; ***ich fühle ~ nicht so gut*** I don't feel very well

Mi·chel <-s> [ˈmɪçl̩] *m* DIAL *simple naive person;* **der deutsche ~** ≈ John Bull *(the symbolic figure of Germany)*

Mi·chi·gan·see [ˈmɪʃɪgən-] *m* Lake Michigan

mi·ck(e)·rig [ˈmɪk(ə)rɪç] *adj (pej fam)* ① *(sehr gering)* measly *fam,* paltry
② *(klein und schwächlich)* puny
③ *(zurückgeblieben)* stunted

Mi·cky·maus [ˈmɪkimau̯s] *f* Mickey Mouse *no art*

Mi·cky·maus·heft [ˈmɪki-] *nt* Mickey Mouse comic

Mi·cro·fa·ser [ˈmiːkrofaːzɐ] *f s.* **Mikrofaser**

MI·DI <-, -s> [ˈmɪdi] *nt* INFORM *Akr von* **musical instrument digital interface** MIDI

mi·di [ˈmɪdi] *adj pred* midi; **~ tragen** to wear a midi [skirt/coat/etc.]

Mid·life·cri·sis[RR], **Mid·life-Cri·sis**[RR], **Mid·life-cri·sis**[ALT] <-> [ˈmɪtlai̯fkrai̯sɪs] *f kein pl* midlife crisis

mied [ˈmiːt] *imp von* **meiden**

Mie·der <-s, -> [ˈmiːdɐ] *nt* ① *(Oberteil eines Trachtenkleides)* bodice
② *(Korsage)* girdle; HIST stomacher

Mie·der·hös·chen [-høːsçən] *nt* panty girdle **Mie·der·slip** *m* pantie-girdle **Mie·der·wa·ren** *pl* corsetry *sing*

Mief <-s> [ˈmiːf] *m kein pl (fam)* fug *no pl*

mie·fen [ˈmiːfn̩] *vi (fam)* to pong BRIT *fam,* to stink; ***was mieft denn hier so?*** what's that awful pong?; ■**es mieft [irgendwo]** there's a an awful smell [*or* BRIT pong] [somewhere]

mie·fig [ˈmiːfɪç] *adj* ① *Zimmer, Haus* musty
② *(pej fam) Atmosphäre, Mensch* stuffy; *Mesnsch a.* fuddy-duddy *fam*

Mie·ne <-, -n> [ˈmiːnə] *f* expression, mien *liter;* ***seine ~ verhieß nichts Gutes*** the expression on his face did not bode well; **mit bestimmter ~** with a certain expression; ***mit freundlicher ~ begrüßte sie ihre Gäste*** she welcomed her guests with a friendly smile; **eine frohe/ärgerliche/böse/traurige/wichtige ~ machen** to look happy/annoyed/angry/sad/important; **~ machen, etw zu tun** to make as if to do sth
►WENDUNGEN: **gute ~ zum bösen Spiel machen** to grin and bear it; **ohne eine ~ zu verziehen** without turning a hair

Mie·nen·spiel *nt kein pl* facial expressions *pl*

mies [ˈmiːs] *adj (fam)* lousy *fam,* rotten *fam;* **~e zehn Euro** a miserable [*or* lousy] ten euros; **~e Laune haben** to be in a foul mood

Mie·se [ˈmiːzə] *pl* [**mit etw** *dat*] **in den ~n sein** *(fam)* to be [so much] in the red *fam;* **in die ~n**

kommen *(fam)* to go [*or* get] into the red *fam;* ~ **machen** *(fam)* to make a loss

Mie·se·pe·ter <-s, -> ['mi:zəpe:tɐ] *m (pej fam)* misery[-guts] BRIT *fam,* sourpuss *fam*

mie·se·pe·t(e)·rig ['mi:zəpe:t(ə)rɪç] *adj (pej fam)* miserable, grumpy *fam*

mies|ma·chen *vt (fam)* ■**etw/jdn** ~ to run down sth/sb *sep;* ■**[jdm] etw** ~ to louse sth up [*or* spoil sth] [for sb] *fam;* ***jdm den Ausflug*** ~ to spoil sb's trip **Mies·ma·cher** *m (pej fam)* killjoy *pej* **Mies·ma·che·rei** <-, -en> [mi:smaxə'rai] *f (pej fam)* fault-finding *no pl,* carping *no pl* **Mies·mu·schel** ['mi:smʊʃl] *f* [common [*or* blue]] mussel

Miet·auf·wand *m* rental expense

Miet·aus·fall *m* loss of rent **Miet·aus·fall·wag·nis** *nt* JUR risk of loss of rent

Miet·au·to *nt* hire [*or* hired] car BRIT, rental car **Miet·bin·dung** *f* rent restriction **Miet·dau·er** *f* rental period, tenancy [period], BRIT *a.* let

Mie·te[1] <-, -n> ['mi:tə] *f* rent; **überhöhte** ~ exorbitant rent, rack-rent *fam;* **zur** ~ **wohnen** to live in rented accommodation [*or* AM accommodations] ▶WENDUNGEN: **die halbe** ~ *(fam)* half the battle; **die halbe** ~ **haben** to be half way there

Mie·te[2] <-, -n> ['mi:tə] *f* AGR pit, BRIT *a.* clamp

Miet·ein·kom·men *nt* rental income **Miet·ein·künf·te** *pl* FIN rental income **Miet·ein·nah·me** *f meist pl* rental income, income from rents **Miet·ein·zug** *m* rent collection

mie·ten ['mi:tn̩] *vt* ■**etw** ~ to rent sth; *(Boot, Wagen a.)* to rent sth [*or* BRIT *a.* hire]; *(Haus, Wohnung, Büro a.)* to lease sth

Mie·ter(in) <-s, -> *m(f)* tenant; *(Boot, Wagen a.)* hirer BRIT, renter AM; *(Haus, Büro a.)* leaseholder, lessee; **einem** ~ **kündigen** to give a tenant notice to quit

Mie·ter·bund *f* tenants' association **Mie·ter·haf·tung** *f* tenant's liability

Miet·er·hö·hung *f* rent increase

Mie·te·rin <-, -nen> *f fem form von* Mieter

Mie·ter·rech·te *pl* tenant's rights

Mie·ter·schutz *m kein pl* legal protection of tenants, tenant protection *no pl* **Mie·ter·schutz·ge·setz** *nt kein pl* ≈ Landlord and Tenant Act

Miet·er·trag *m* rental income

Mie·ter·ver·ein, Mie·ter·ver·ei·ni·gung *m* tenants association

Miet·for·de·rung *f* rental claim **miet·frei** I. *adj* rent-free II. *adv* rent-free **Miet·ga·ran·tie** *f* rent guarantee **Miet·ge·bühr** *f* rental charge **Miet·hö·he** *f* JUR amount of rent **Miet·kauf** *m* HANDEL hire purchase, HP **Miet·kauf·ver·trag** *m* HANDEL hire purchase agreement **Miet·kau·ti·on** *f* security for rent, BRIT key money **Miet·ne·ben·kos·ten** *pl* incidental rental expenses *pl* **Miet·ni·veau** *nt* rental level **Miet·ob·jekt** *nt* leased [*or* rented] property **Miet·par·tei** *f (geh)* tenant

Miet·preis *m* rent; *für ein Auto* hire [*or* AM rental] charge; *für Fernseher* rental **Miet·preis·bin·dung** *f* rent control **Miet·preis·stopp** *m* JUR rent freeze

Miet·recht *nt kein pl* rent law, law of landlord and tenant **Miet·rück·stand** *m* rent arrears *pl,* back rent *no pl* **Miet·sa·che** *f (Immobilie)* rented [*or* leased] property; *(beweglicher Gegenstand)* hired article

Miets·haus *nt* tenement, block of rented flats BRIT, apartment house AM **Miets·ka·ser·ne** *f (pej)* tenement block [*or* AM house]

Miet·spie·gel *m* JUR representative list of rents, rent table **Miet·strei·tig·keit** *f* rent dispute **Miet·ver·hält·nis** *nt* tenancy, lease; **ein** ~ **aufheben/abschließen** to terminate/enter into a lease **Miet·ver·län·ge·rung** *f* renewal of a lease **Miet·ver·lust·ver·si·che·rung** *f* FIN use and occupancy insurance **Miet·ver·pflich·tung** *f* JUR tenant's obligation **Miet·ver·trag** *m* tenancy agreement, lease; *(Wagen etc.)* rental agreement; **jährlich kündbarer** ~ tenancy from year to year; **jederzeit kündbarer** ~ tenancy at sufferance; **einen** ~ **abschließen/aufkündigen** to sign/terminate a lease **Miet·wa·gen** *m* hire[d] [*or* AM rental] car **Miet·wert** *m kein pl* JUR rental value **Miet·wert·ver·si·che·rung** *f* rental value insurance **Miet·wohn·grund·stück** *nt* leasehold [*or* rented] property **Miet·woh·nung** *f* rented flat [*or* AM *usu* apartment] **Miet·wu·cher** *m kein pl* JUR rackrenting

Miet·zins *m* SÜDD, ÖSTERR, SCHWEIZ *(geh)* rent, rental tariff **Miet·zins·an·pas·sungs·klau·sel** *f* rent escalator clause

Miet·zu·schuss[RR] *m* rent subsidy, assistance with the rent

Mie·ze <-, -n> ['mi:tsə] *f* ① *(fam: Katze)* puss[y] *fam* ② *(veraltend sl: Mädchen)* chick *sl,* BRIT *a.* bird *fam*

Mie·ze·kat·ze *f (kindersprache)* pussy-cat *fam*

Mi·grä·ne <-, -n> [mi'grɛ:nə] *f* migraine; ~ **bekommen** to get migraines [*or* a migraine]; ***ich habe*** ~ I've got a migraine

Mi·grä·ne·mit·tel *nt* medicine for migraine

Mi·grä·ni·ker(in) <-s, -> *m(f)* migraine sufferer

Mi·grant(in) [mi'grant] *m(f)* migrant

Mi·gra·ti·on <-, -en> [migra'tsi̯o:n] *f* BIOL, SOZIOL migration

Mih·rab <-[s], -s> [mɪ'xra:p] *m* REL mihrab

Mi·ka·do <-s, -s> [mi'ka:do] *nt* pick-up sticks + *sing vb,* jackstraw, pick-a-sticks + *sing vb* BRIT, spillikins + *sing vb*

Mi·kro <-s, -s> ['mi:kro] *nt (fam) kurz für* **Mikrofon** mike *fam*

Mi·kro·be <-, -n> [mi'kro:bə] *f* microbe

Mi·kro·bio·lo·ge, -bio·lo·gin <-n, -n> [mi:krobio'lo:gə, -bio'lo:gɪn] *m, f* microbiologist **Mi·kro·bio·lo·gie** [mikrobiolo'gi:] *f kein pl* microbiology **mi·kro·bio·lo·gisch** *adj inv* microbiological **Mi·kro·chip** <-s, -s> [-tʃɪp] *m* microchip **Mi·kro·chir·ur·gie** *f kein pl* microsurgery

Mi·kro·com·pu·ter [-kɔmpju:tɐ] *m* microcomputer **Mi·kro·com·pu·ter·ar·chi·tek·tur** [-kɔmpju:tɐ-] *f* INFORM microcomputer architecture **Mi·kro·com·pu·ter·bus** [-kɔmpju:tɐ-] *m* INFORM microcomputer bus **Mi·kro·con·trol·ler** <-s, -> [-kəntroulə] *nt* INFORM microcontroller **Mi·kro·dis·ket·te** [-dɪskɛtə] *f* INFORM microfloppy **Mi·kro·elek·tro·nik** *f* microelectronics *no art,* + *sing vb* **Mi·kro·fa·rad** [-fara:t] *nt* microfarad **Mi·kro·fa·ser** *f* microfibre [*or* AM -fiber] **Mi·kro·fiche** <-s, -s> [-fiʃ] *m o nt* microfiche; **auf** ~**s gespeichert** stored on microfiche **Mi·kro·film** [-fɪlm] *m* microfilm

Mi·kro·fon <-s, -e> [mikro'fo:n] *nt* microphone

Mi·kro·fon·ein·gang *m* INFORM microphone entry

Mi·kro·gramm [-gram] *nt* microgram **Mi·kro·kas·set·te** *f* ELEK microcassette **Mi·kro·kli·ma** [-kli:ma] *nt* BIOL microclimate

Mi·kro·kos·mos [-kɔsmɔs] *m* ① *(Kleinlebewesen)* microcosm ② BIOL world of microbiology ③ PHYS world of microphysics

Mi·kro·me·ter [mikro'me:tɐ] *nt* micrometre [*or* AM -er]

Mi·kron <-s, -> ['mi:krɔn] *nt (veraltend) s.* **Mikrometer**

Mi·kro·ne·si·en <-s> [mikro'ne:zi̯ən] *nt* Micronesia

Mi·kro·ne·si·er(in) <-s, -> [mikro'ne:zi̯ɐ] *m(f)* Micronesian

mi·kro·ne·sisch [mikro'ne:zɪʃ] *adj* Micronesian

Mi·kro·öko·no·mie *f* microeconomics + *sing vb* **mi·kro·öko·no·misch** *adj inv* microeconomic **Mi·kro·or·ga·nis·mus** ['mi:kroʔɔrganɪsmʊs] *m* micro-organism **Mi·kro·phon** <-s, -e> [mikro'fo:n] *nt s.* **Mikrofon Mi·kro·phon·ein·gang** *m s.* **Mikrofoneingang**

Mi·kro·pro·zes·sor ['mi:kroprotsɛso:ɐ̯] *m* microprocessor **Mi·kro·pro·zes·sor·auf·bau** ['mi:kroprotsɛso:ɐ̯-] *m* INFORM microprocessor architecture **Mi·kro·pro·zes·sor·chip** ['mi:kroprotsɛso:ɐ̯tʃɪp] *m* INFORM microprocessor chip **Mi·kro·pro·zes·sor·steu·e·rung** ['mi:kroprotsɛso:ɐ̯-] *f* INFORM microprocessor-based control

Mi·kro·pum·pe *f* MED micropump **Mi·kro·ril·le** *f einer Schallplatte* microgroove **Mi·kro·ril·len·schall·plat·te** *f* microgroove record **Mi·kro·sen·sor** *m* microsensor

Mi·kro·skop <-s, -e> [mikro'sko:p] *nt* microscope

Mi·kro·sko·pie <-> [mikrosko'pi:] *f kein pl* microscopy

mi·kro·sko·pie·ren* [mikrosko'pi:rən] *vt* ■**etw** ~ to examine sth under a/the microscope

mi·kro·sko·pisch I. *adj* microscopic; **von** ~**er Kleinheit sein** to be microscopically small II. *adv* microscopically; **etw** ~ **untersuchen** to examine sth under the microscope

Mi·kro·soft·ware [-zɔftvɛ:ɐ̯] *f* INFORM microsoftware **Mi·kro·son·de** *f* CHEM microprobe **Mi·kro·spie·gel** *m am TV-Projektor* micro-mirror **Mi·kro·steck·lings·ver·meh·rung** *f* BOT micropropagation **Mi·kro·stu·die** *f* SCI *(geh)* microstudy **Mi·kro·sys·tem** *nt* TECH microsystem **Mi·kro·sys·tem·tech·nik** *f* microsystem technology

Mi·kro·tom <-s, -e> [mikro'to:m] *nt* SCI microtome

Mi·krovan <-[s], -s> [-væn] *m* micro-van

Mi·kro·vi·rus *nt* INFORM microvirus

Mi·kro·wel·le ['mi:krovɛlə] *f* ① PHYS microwave ② *(fam: Mikrowellenherd)* microwave

Mi·kro·wel·len·ge·rät *nt* microwave oven **Mi·kro·wel·len·herd** *m* microwave oven

Mi·kro·well·pap·pe *f* micro-corrugated board

Mi·lan <-s, -e> ['mi:lan, mi'la:n] *m* ORN kite; **Roter/Schwarzer** ~ red/black kite

Mil·be <-, -n> ['mɪlbə] *f* ZOOL mite

Milch <-> ['mɪlç] *f kein pl* ① *(Nahrungsmittel)* milk *no pl;* **dicke** ~ curds *pl;* **ein Tier gibt** ~ an animal yields [*or* produces] milk ② *(Fischsamen)* milt

Milch·bar *f* milk bar **Milch·bart** *m* ① *(fam: erste Barthaare)* downy [*or* fluffy] beard ② *(pej: junger Mann)* milksop *pej* **Milch·be·cher** *m* milk mug **Milch·bu·bi** <-s, -s> *m (pej)* milk face **Milch·drü·se** *f* mammary gland **Milch·ei·weiß** *nt* lactoprotein **Milch·er·zeug·nis** *nt* milk product **Milch·fla·sche** *f* ① *(Flasche für Flaschenmilch)* milk bottle ② *(Flasche für Babykost)* baby's bottle **Milch·frau** *f fem form von* **Milchmann Milch·gang** *m* MED milk duct, lactiferous duct *spec* **Milch·gang·sys·tem** *nt* MED milk duct system **Milch·ge·biss**[RR] *nt* milk teeth *pl* **Milch·ge·schäft** *nt* dairy **Milch·glas** *nt* ① *(weißliches Glas)* frosted [*or* milk] glass ② *(Glas für Milch)* milk glass

mil·chig ['mɪlçɪç] *adj* milky

Milch·kaf·fee *m* milky coffee **Milch·känn·chen** *nt* milk jug **Milch·kan·ne** *f* [milk] churn; *(kleiner)* milk can

Milch·kuh *f* ① AGR dairy [*or* milch] cow, milker ② *(fam: jd, den man finanziell ausnutzen kann)* milch cow *fam,* meal ticket *fam* ③ ÖKON cash cow

Milch·lamm *nt* milk lamb **Milch·mäd·chen·rech·nung** *f (fam)* naive fallacy [*or* miscalculation] **Milch·mann, -frau** *m, f (fam)* milkman *masc,* milkwoman *fem* **Milch·men·ge** *f* milk yield **Milch·mix·ge·tränk** *nt (geh)* flavoured [*or* AM -ored] milk drink

Milch·ner <-s, -> ['mɪlçnɐ] *m* ZOOL milter

Milch·pro·dukt *nt* milk product **Milch·pro·duk·ti·on** *f kein pl* milk production *no pl* **Milch·pul·ver** *nt* powdered milk *no pl* **Milch·quo·te** *f in der EU* milk quota **Milch·reis** *m* ① *(Gericht)* rice pudding ② *(Reis)* pudding rice

Milch·säu·re *f* BIOL, CHEM lactic acid *no pl* **Milch·säu·re·bak·te·ri·um** *nt* lactobacillus, lactic acid bacterium

Milch·schäu·mer *m* milk frother **Milch·scho·ko·la·de** *f* milk chocolate **Milch·shake** <-s, -s> [-ʃe:k] *m* milk shake **Milch·spei·se** *f* milk-based food

Milch·stra·ße *f* ■**die** ~ the Milky Way **Milch·stra·ßen·sys·tem** *nt* ASTRON galaxy

Milch·sup·pe *f* milk soup **Milch·topf** *m* milk pan **Milch·tü·te** *f* milk carton **Milch·wirt·schaft** *f kein pl* dairy farming *no art,* dairying *no art* **Milch·zahn** *m* milk tooth **Milch·zu·cker** *m* lactose *no pl*

mild ['mɪlt] I. *adj* ① METEO mild; ***bei*** ~***er Witterung*** if the weather is mild

M

❷ *(nachsichtig)* lenient
❸ *(nicht würzig)* mild; **ein ~er Kognak** a smooth cognac; **~e Nahrung** bland food
❹ *(hautneutral)* mild, gentle
II. *adv* ❶ *(nachsichtig)* leniently; ***das Urteil fiel ~e aus*** the judgement [*or* sentence] was lenient; **jdn ~er stimmen** to encourage sb to be more lenient; **~e ausgedrückt** [*o* **gesagt**] [*o* **gesprochen**] to put it mildly; ***und das ist noch ~e gesprochen!*** and that's putting it mildly!
❷ *(nicht würzig)* mild

Mil·de <-> ['mɪldə] *f kein pl* ❶ *(Nachsichtigkeit)* leniency *no pl*, clemency *no pl*; **~ walten lassen** *(geh)* to be lenient
❷ *(nicht würziger Geschmack)* mildness *no pl*; *(Kognak)* smoothness *no pl*
❸ METEO mildness *no pl*

mil·dern ['mɪldɐn] **I.** *vt* ■**etw ~** ❶ *(abschwächen)* to moderate sth; **das Strafmaß ~** to reduce the sentence; **~de Umstände** mitigating [*or* extenuating] circumstances
❷ *(weniger schlimm machen)* to alleviate sth; **jds Leid ~** to ease sb's sorrow [*or* suffering]
❸ KOCHK to make sth milder [*or* less sharp]
II. *vr* METEO ■**sich** *akk* ~ to become milder

mil·dernd *adj* JUR mitigating, extenuating; **~e Umstände** mitigating [*or* extenuating] circumstances

Mil·de·rung <-> *f kein pl* ❶ METEO increase in temperature; ***eine ~ des kalten Wetters ist schon spürbar*** it's already possible to feel the weather warming up
❷ *(das Mildern)* alleviation *no pl*; **die ~ der Armut/des Leids** the alleviation of poverty/suffering
❸ JUR mitigation; **~ der Strafe** mitigation of punishment; **die ~ eines Urteils** the moderation of a judgement

Mil·de·rungs·grund *m* mitigating circumstance, ground for clemency

mild·tä·tig *adj (geh)* charitable; ■**~ sein** to be charitable, to perform charitable deeds

Mild·tä·tig·keit *f kein pl (geh)* charity *no pl, no indef art*

Mi·li·en·mes·ser ['mi:li̯ən-] *nt* milium knife

Mi·li·eu <-s, -s> [mi'li̯ø:] *nt* ❶ SOZIOL *(Umfeld)* milieu, environment
❷ BIOL *(Umgebung)* environment
❸ *(sl: die Prostitutionsszene)* ■**das ~** the world of prostitutes and pimps

Mi·li·eu·druck [mi'li̯ø:-] *m kein pl pressure exerted by the local physical and social environment* **mi·li·eu·ge·schä·digt** [mi'li̯ø:-] *adj inv* PSYCH maladjusted **Mi·li·eu·stu·die** *f* LIT, FILM, TV study of a particular milieu

mi·li·tant [mili'tant] *adj* militant

Mi·li·tanz <-> [mili'tants] *f kein pl (geh)* militancy *no pl*

Mi·li·tär[1] <-s> [mili'tɛ:ɐ̯] *nt kein pl* ❶ *(Armeeangehörige)* soldiers *pl*
❷ *(Armee)* armed forces *pl*, military *no pl, no indef art*; **zum ~ müssen** to have to join up; **beim ~ sein** to be in the forces *pl*; **zum ~ gehen** to join up; **da geht es zu wie beim ~** the place is run like an army camp

Mi·li·tär[2] <-s, -s> [mili'tɛ:ɐ̯] *m (veraltend geh)* [senior] officer **Mi·li·tär·aka·de·mie** *f* military academy **Mi·li·tär·arzt, -ärz·tin** *m, f* medical officer **Mi·li·tär·at·ta·ché** [-ata'ʃe:] *m* military attaché **Mi·li·tär·ba·sis** *f* military base **Mi·li·tär·bünd·nis** *nt* military alliance **Mi·li·tär·camp** [-kɛmp] *nt* military camp **Mi·li·tär·dienst** *m kein pl* military service *no pl* **Mi·li·tär·dienst·pflicht** <-> *f kein pl* SCHWEIZ *(Wehrpflicht)* compulsory military service **Mi·li·tär·dik·ta·tur** *f* military dictatorship **Mi·li·tär·flug·platz** *m* military airfield **Mi·li·tär·ge·fäng·nis** *nt* military prison **Mi·li·tär·ge·richt** *nt* military tribunal [*or* court], court martial; **vor ein ~ gestellt werden** to be court-martialled **Mi·li·tär·in·ter·ven·ti·on** *f* military intervention

mi·li·tä·risch [mili'tɛ:rɪʃ] **I.** *adj* military; **mit ~en Mitteln** by military means; **für ~es Vorgehen sein** to be in favour [*or* AM -or] of military action; *s. a.* **Ehre**
II. *adv* in a military fashion; **~ grüßen** to salute; **sich** *akk* **~ straff halten** to hold oneself erect like a soldier, to have a military bearing; **etw ~ lösen** to resolve sth by military force

mi·li·ta·ri·sie·ren* [militari'zi:rən] *vt* ■**etw ~** to militarize sth; ■**militarisiert** militarized

Mi·li·ta·ri·sie·rung <-> *f kein pl* militarization

Mi·li·ta·ris·mus <-> [milita'rɪsmʊs] *m kein pl (pej)* militarism *no pl*

Mi·li·ta·rist <-en, -en> [milita'rɪst] *m (pej)* militarist

mi·li·ta·ris·tisch *adj (pej)* militaristic

Mi·li·tär·jun·ta <-, -s> [-xʊnta] *f* military junta **Mi·li·tär·ka·pel·le** *f* MUS military band **Mi·li·tär·kran·ken·haus** *nt* military hospital **Mi·li·tär·po·li·zei** *f* military police **Mi·li·tär·putsch** *m* military [*or* army] putsch **Mi·li·tär·re·gie·rung** *f* military government **Mi·li·tär·re·gime** [-reʒi:m] *nt* military regime **Mi·li·tär·schlag** *m* military strike **Mi·li·tär·stütz·punkt** *m* military base **Mi·li·tär·zeit** *f* time in the [armed] forces, army days *pl*

Mi·li·um <-s, Milien> ['mi:li̯ʊm, *pl* 'mi:li̯ən] *nt* MED *(Grieskorn unter der Haut)* milium

Mi·liz <-, -en> [mi'li:ts] *f* ❶ *(Bürgerwehr)* militia
❷ *(in sozialistischen Staaten: Polizei)* police

Mi·liz·ar·mee <-, -n> *f* MIL SCHWEIZ *(Bürgerwehr)* militia

Mi·li·zi·o·när(in) <-s, -e> [milits̯i̯o'nɛ:ɐ̯] *m(f)* ❶ *(Angehöriger des Militärs)* militiaman *masc*, militiawoman *fem*
❷ *(Polizist in sozialistischen Staaten)* policeman *masc*, policewoman *fem*

Mi·liz·sys·tem <-s> *nt kein pl* MIL SCHWEIZ *military organization whose members have limited training and are called up only in the event of war*

Mill. *Abk von* **Million(en)** m

Mil·le <-, -> ['mɪlə] *f (sl)* grand *sl*; **zehn ~** ten grand

Mille·fleurs <-> [mil'flœ:r] *nt* millefleurs + *sing vb*

Mill·en·ni·um <-s, -ien> [mɪ'lɛni̯ʊm, *pl* -ni̯ən] *nt (geh)* millennium

Mill·en·ni·ums-Mut·ter *f mother having given birth on the first day of the new millennium;* ***sie ist eine ~*** she gave birth on the first day of the new millennium

Mil·li·am·pere ['mɪliʔampe:ɐ̯, mɪliʔam'pe:ɐ̯] *nt* milliampere

Mil·li·ar·där(in) <-s, -e> [mɪli̯ar'dɛ:ɐ̯] *m(f)* billionaire

Mil·li·ar·de <-, -n> [mɪ'li̯ardə] *f* billion

Mil·li·ar·den·be·trag *m* amount of a billion [*or* several billions] **Mil·li·ar·den·grab** *nt (pej fam)* billion dollar/euro black hole **Mil·li·ar·den·hö·he** *f kein pl* ■**in ~** of the order of a billion [*or* of billions] **mil·li·ar·den·schwer** *adj Unternehmen, Vermögen* worth billions *pred; Projekt* costing billions *after n; Person* worth billions; ***das Militär wurde ~ hochgerüstet*** the military was equipped with armaments at a price [*or* cost] of billions; **~e Risiken** risks going into the billions

mil·li·ards·te(r, s) *adj* billionth; **der ~ Teil eines Kilometers** the billionth part of a kilometre [*or* AM -er]

mil·li·ards·tel *adj* billionth; **ein ~ Kilogramm** a billionth of a kilogram

Mil·li·ards·tel <-s, -> *nt* billionth

Mil·li·bar ['mɪliba:ɐ̯] *nt* METEO millibar **Mil·li·gramm** [mɪli'gram] *nt* milligram **Mil·li·li·ter** ['mɪli-li:tɐ, 'mɪlilɪtɐ, mɪli'li:tɐ] *m o nt* millilitre [*or* AM -er]

Mil·li·me·ter <-s, -> [mɪli'me:tɐ] *m o nt* millimetre [*or* AM -er] **mil·li·me·ter·ge·nau** *adj inv* to within a millimetre [*or* AM -er] *pred* **Mil·li·me·ter·pa·pier** *nt* paper ruled in millimetre [*or* AM -er] squares, graph paper

Mil·li·on <-, -en> [mɪ'li̯o:n] *f* million; **drei ~en Einwohner** three million inhabitants; **~en und Abermillionen** millions upon millions; **~en Mal** a million times

Mil·li·o·när(in) <-s, -e> [mɪli̯o'nɛ:ɐ̯] *m(f)* millionaire *masc*, millionairess *fem*; **mehrfacher/vielfacher ~** multimillionaire; **es zum ~ bringen** to make a million

Mil·li·o·nen·ab·schlussRR *m* HANDEL ❶ *(Vertrag)* million-dollar contract ❷ *(Geschäft)* million-dollar deal **Mil·li·o·nen·auf·la·ge** *f* [more than a] million copies **Mil·li·o·nen·auf·trag** *m* contract worth millions **Mil·li·o·nen·be·trag** *m* amount [*or* sum] in millions **Mil·li·o·nen·er·be, -er·bin** *m, f* heir [*or fem* heiress] to millions

mil·li·o·nen·fach **I.** *adj* millionfold
II. *adv* a million times

Mil·li·o·nen·ge·schäft *nt* deal worth millions **Mil·li·o·nen·ge·winn** *m* ❶ *(Ertrag)* profit of millions; **~e machen** to make profits running into millions
❷ *(Lotto etc.)* prize of a million **Mil·li·o·nen·grab** *nt (pej fam)* bottomless pit, black hole **Mil·li·o·nen·hö·he** *f kein pl* **in ~** of the order of a million [*or* of millions] **Mil·li·o·nen·kre·dit** *m* FIN credit of one million euros or more **Mil·li·o·nen·scha·den** *m* damage running into [*or* amounting to] millions **mil·li·o·nen·schwer** *adj (fam)* worth millions *pred*; **~e Gewinne machen** to make millions in profit, to profit by the million **Mil·li·o·nen·stadt** *f* town with over a million inhabitants

mil·li·ons·te(r, s) *adj* millionth; **die ~ Besucherin der Ausstellung** the millionth visitor to the exhibition

mil·li·ons·tel [mɪ'li̯o:nstl̩] *adj* millionth; **wenige ~ Gramm** a few millionths of a gram

Mil·li·ons·tel <-s, -> [mɪ'li̯o:nstl̩] *nt* millionth; **in einer Verdünnung von einem ~ noch wahrnehmbar sein** to be still traceable when diluted by one part per million

Mil·li·rem <-s, -> ['mɪlirɛm] *nt* millirem **Mil·li·volt** ['mɪli-] *nt* millivolt **Mil·li·watt** ['mɪli-] *nt* milliwatt

Milz <-, -en> ['mɪlts] *f* spleen

Milz·brand *m kein pl* anthrax *no pl*

Milz·brand·at·ten·tat *nt* anthrax attack **Milz·brand·brief** *m* letter containing anthrax spores [*or* traces of anthrax]

Mi·me <-n, -n> ['mi:mə] *m (iron)* actor

mi·men ['mi:mən] **I.** *vt (fam)* ❶ *(vorgeben)* ■**etw ~** to fake sth; **Interesse ~** to pretend interest; *(Interesse haben)* to be interested; ■**gemimt sein** to be put on
❷ *(nachahmen)* ■**jdn ~** to play [*or* act] sb; ***mime hier nicht den Ahnungslosen!*** don't play [*or* act] the innocent!
II. *vi* to pretend

Mi·me·se <-, -n> [mi'me:zə] *f* BIOL mimesis *no pl*

mi·me·tisch [mi'me:tɪʃ] *adj inv* KUNST, THEAT *(geh)* mimetic *liter*

Mi·mik <-> ['mi:mɪk] *f kein pl* [gestures and] facial expression

Mi·mi·kry <-> ['mɪmikri] *f kein pl* ZOOL mimicry *no pl*

mi·misch ['mi:mɪʃ] **I.** *adj* mimic; **seine starke ~e Ausdruckskraft** the expressive power of his gestures and facial movements
II. *adv* by means of [gestures and] facial expressions

Mi·mo·se <-, -n> [mi'mo:zə] *f* ❶ BOT mimosa
❷ *(fig: sehr empfindlicher Mensch)* sensitive plant *fam*; **empfindlich sein wie eine ~** to be a sensitive plant

mi·mo·sen·haft *adj (pej fam)* extremely sensitive

min., Min. *Abk von* **Minute(n)** min., minute[s]

Mi·na·rett <-s, -e *o* -s> [mina'rɛt] *nt* minaret

min·der ['mɪndɐ] *adv* less; **kaum/nicht ~** scarcely/no less

min·der·be·gabt *adj inv* less gifted **min·der·be·mit·telt** *adj (geh)* less well-off; **geistig ~** *(pej sl)* mentally deficient *pej* **Min·der·be·mit·tel·te** *pl dekl wie adj* less well-off people; **die ~n** the less well-off; **geistig ~** people who are not very bright **Min·der·be·wer·tung** *f kein pl* HANDEL undervaluation, depreciation

min·de·re(r, s) *adj attr* lesser; **von ~r Güte/Qualität sein** to be of inferior quality

Min·der·ein·nah·men *pl* revenue shortfall, decrease in revenue, shortfall in receipts

Min·der·heit <-, -en> *f* ❶ *kein pl (kleinerer Teil einer Gruppe)* minority; **in der ~ sein** to be in the/

a minority
❷ *(zahlenmäßig unterlegene Volksgruppe)* minority; **nationale ~en** national minorities
Min·der·hei·ten·fra·ge *f* minorities problem **Min·der·hei·ten·ge·biet** *nt* minorities district [*or* territory] **Min·der·hei·ten·kon·flikt** *m* conflict [*or* dispute] among minorities **Min·der·hei·ten·rech·te** *pl* JUR rights of minorities **Min·der·hei·ten·schutz** *m* protection of minorities **Min·der·hei·ten·spra·che** *f* minority language, language of a minority
Min·der·heits·ak·ti·o·när(in) *m(f)* BÖRSE minority shareholder [*or* AM *esp* stockholder] **Min·der·heits·be·tei·li·gung** *f* HANDEL minority interest [*or* participation]; BÖRSE minority shareholding **Min·der·heits·re·gie·rung** *f* minority government
min·der·jäh·rig ['mɪndejɛːrɪç] *adj* underage; ■~ **sein** to be underage [*or* a minor] **Min·der·jäh·ri·ge(r)** *f(m) dekl wie adj* minor, underage person **Min·der·jäh·rig·keit** <-> *f kein pl* minority *no pl*
Min·der·kauf·mann, -kauf·frau *m, f* small [*or* non-registrable] merchant **Min·der·lie·fe·rung** *f* JUR short shipment **Min·der·men·gen·zu·schlag** *m* HANDEL markup for small-volume purchases
min·dern ['mɪndɐn] *vt (geh)* ■**etw [um etw** *akk*] ~ to reduce sth [by sth]
Min·de·rung <-, -en> *f* FIN *(geh)* reduction; ~ **liquider Mittel** decrease in net funds
Min·der·wert *m kein pl* lower value; HANDEL, JUR undervalue, depreciation; **merkantiler** ~ reduced market value, decrease in value **min·der·wer·tig** *adj* inferior; **~e Materialien** low-[*or* poor-]quality materials
Min·der·wer·tig·keit <-> *f kein pl* inferiority *no pl*, low [*or* poor] quality *no pl* **Min·der·wer·tig·keits·ge·fühl** *nt* feeling of inferiority; **~e haben** to feel inferior **Min·der·wer·tig·keits·kom·plex** *m* inferiority complex
Min·der·zahl *f kein pl* minority; **in der ~ sein** to be in the minority
Min·dest·ab·nah·me·men·ge *f* HANDEL minimum purchasing quantity **Min·dest·ab·nah·me·ver·pflich·tung** *f* HANDEL minimum purchase requirements **Min·dest·ab·satz** *m* HANDEL minimum sales *pl* **Min·dest·ab·stand** *m* minimum distance **Min·dest·al·ter** *nt* minimum age **Min·dest·an·for·de·rung** *f* minimum requirement **Min·dest·an·ge·bot** *nt* HANDEL lowest bid **Min·dest·an·teil** *m* JUR, ÖKON minimum share **Min·dest·ar·beits·be·din·gun·gen** *pl* ÖKON minimum employment standards **Min·dest·ar·beits·zeit** *f* ÖKON minimum working hours *pl* **Min·dest·aus·stat·tung** *f* TECH minimal equipment **Min·dest·be·trag** *nt* minimum amount **Min·dest·be·triebs·zu·ge·hö·rig·keits·dau·er** *f* ÖKON minimum period of service for the company **Min·dest·de·ckung** *f* FIN minimum margin requirements *pl* **Min·dest·di·vi·den·de** *f* FIN minimum dividend
min·des·te(r, s) *adj attr* ■**der/die/das** ~ the slightest [*or* least]; ***ich hatte* [*doch*] *nicht die ~ Ahnung!*** I didn't have the slightest [*or* faintest] idea!; ***das wäre das M~ gewesen*** that's the least he/she/you, etc. could have done; **nicht das M~ an Geduld** not the slightest trace of patience; **nicht die ~ Höflichkeit** not the faintest hint of politeness; **nicht im M~n** not in the least
Min·dest·ein·kom·men *nt* minimum income
Min·dest·ein·la·ge *f* FIN minimum deposit **Min·dest·ein·la·ge·sum·me** *f* BÖRSE, FIN minimum investment amount
Min·dest·ein·zah·lung *f* BÖRSE, FIN minimum deposit
min·des·tens ['mɪndəstn̩s] *adv* at least
Min·dest·ge·bot *nt* lowest [*or* minimum] bid, reserve [*or* knockdown] price **Min·dest·ge·bühr** *f* BÖRSE, FIN minimum fee **Min·dest·ge·halt** *nt* minimum [*or* basic] salary **Min·dest·ge·schwin·dig·keit** *f* minimum speed *no pl* **Min·dest·ge·wicht** *nt* minimum weight **Min·dest·grö·ße** *f* minimum size [*or* height] **Min·dest·halt·bar·keits·da·tum** *nt* best-before date **Min·dest·hö·he** *f* minimum height **Min·dest·in·halt** *m* JUR, ÖKON minimum content **Min·dest-Ist-Be·steu·e·rung** *f* FIN de facto minimum taxation **Min·dest·ka·pi·tal** *nt* FIN minimum capital **Min·dest·lauf·zeit** *f* FIN minimum maturity **Min·dest·lohn** *m* ÖKON minimum wage; **berufsunabhängiger** ~ minimum wage for all trades; **garantierter/gesetzlicher** ~ guaranteed minimum wage/legal minimum **Min·dest·maß** *nt* minimum; **unsere Ausgaben auf ein absolutes ~ beschränken** to keep [*or* limit] our expenses to an absolute minimum; **ein ~ an etw** *dat* a minimum amount of sth **Min·dest·men·ge** *f* HANDEL minimum quantity **Min·dest·preis** *m* HANDEL minimum price; *(bei Versteigerung)* reserve price; **garantierter** ~ intervention price **Min·dest·ren·te** *f* JUR minimum pension **Min·dest·rent·ner(in)** *m(f)* sb receiving a basic pension
Min·dest·re·ser·ve *f* ÖKON minimum reserve **Min·dest·re·ser·ve·sys·tem** *nt* ÖKON minimum reserve system
Min·dest·soll·zin·sen *pl* FIN minimum interest rates **Min·dest·stan·dard** *m* ÖKON minimum standard **Min·dest·stra·fe** *f* minimum punishment [*or* penalty] [*or* sentence] **Min·dest·stun·den·lohn** *m* JUR minimum hourly rate of pay **Min·dest·um·tausch** *m kein pl* minimum obligatory exchange **Min·dest·ver·zehr** <-s> *m kein pl* cover charge **Min·dest·zeich·nung** *f* BÖRSE minimum subscription
Min·dest·zins *m* FIN minimum lending rate
Mi·ne <-, -n> ['miːnə] *f* ❶ *(für einen Bleistift)* lead *no pl; (für einen Filz-, Kugelschreiber)* refill
❷ *(Sprengkörper)* mine; **auf eine ~ laufen** to strike [*or* hit] a mine
❸ *(Bergwerk)* mine; **in die ~n geschickt werden** to be sent down the mines
Mi·nen·feld *nt* MIL, NAUT minefield **Mi·nen·le·ger** <-s, -> *m* minelayer **Mi·nen·räum·boot** *nt* MIL minesweeper **Mi·nen·räu·mer(in)** *m(f)* MIL *(Person)* mine clearer **Mi·nen·such·boot** *nt* minesweeper **Mi·nen·such·ge·rät** *nt* MIL mine detector **Mi·nen·wer·fer** <-s, -> *m* MIL, HIST trench mortar **Mi·nen·wer·te** *pl* BÖRSE mining shares
Mi·ne·ral <-s, -e *o* -ien> [mine'raːl, *pl* -li̯ən] *nt* mineral
Mi·ne·ral·bad *nt* spa **Mi·ne·ral·dün·ger** *m* inorganic [*or* artificial] [*or* chemical] fertilizer
mi·ne·ra·lisch [mine'raːlɪʃ] *adj* mineral
Mi·ne·ra·lo·ge, -lo·gin <-n, -n> [minera'loːgə, -'loːgɪn] *m, f* mineralogist
Mi·ne·ra·lo·gie <-> [mineralo'giː] *f kein pl* mineralogy *no pl, no art*
Mi·ne·ra·lo·gin <-, -nen> [minera'loːgɪn] *f fem form von* **Mineraloge**
mi·ne·ra·lo·gisch [minera'loːgɪʃ] *adj* mineralogical
Mi·ne·ral·öl *nt* mineral oil **Mi·ne·ral·öl·ge·sell·schaft** *f* oil company **Mi·ne·ral·öl·steu·er** *f* tax on oil
Mi·ne·ral·quel·le *f* mineral spring **Mi·ne·ral·salz** *nt* mineral salt *no pl*
Mi·ne·ral·stoff *m meist pl* mineral salt **Mi·ne·ral·stoff·ex·por·teur** [-ɛkspɔrtøːɐ̯] *m* ÖKON mineral exporter **Mi·ne·ral·stoff·ex·port·land** *nt* ÖKON mineral export land
Mi·ne·ral·was·ser *nt* mineral water
mi·ni ['mɪni] *adj inv* MODE mini; ~ **tragen** to wear a miniskirt
Mi·ni <-s, -s> ['mɪni] *m* MODE *(fam)* mini[skirt]
Mi·ni·a·tur <-, -en> [mini̯a'tuːɐ̯] *f* miniature
Mi·ni·a·tur·aus·ga·be *f* miniature version; *(Buch)* miniature edition **Mi·ni·a·tur·bild** *nt* miniature **Mi·ni·a·tur·buch** *nt* minibook, miniature edition **Mi·ni·a·tur·fest·plat·te** *f* mini hard disk **Mi·ni·a·tur·for·mat** *nt* miniature format; ~ **haben** to be in miniature; **im ~** in miniature; **ein Bildschirm im ~** a miniature screen **Mi·ni·a·tur·ge·mäl·de** *nt* miniature
mi·ni·a·tu·ri·sie·ren* [miniaturi'ziːrən] *vt* ■**etw** ~ to miniaturize sth
Mi·ni·a·tu·ri·sie·rung *f* miniaturization *no pl*
Mi·ni·a·tur·ma·le·rei <-, -en> *f* miniature painting
Mi·ni·aus·ga·be *f* mini edition **Mi·ni·bar** *f* minibar **Mi·ni·bi·ki·ni** *m* minibikini **Mi·ni·brenn·stoff·zel·le** *f* mini fuel cell **Mi·ni·bröt·chen** *nt* small roll **Mi·ni-CD** *f* mini-CD **Mi·ni·com·pu·ter** *m* INFORM mini[computer]
Mi·ni·dis·ket·te *f* INFORM minidiskette, minifloppy **Mi·ni·dis·ket·ten·lauf·werk** *nt* INFORM minifloppy disk drive
Mi·ni·dru·cker *m* INFORM miniprinter **Mi·ni-Eis·berg** *m* mini-iceberg lettuce **Mi·ni·fest·plat·te** *f* INFORM minidisc **Mi·ni·fla·sche** *f* minibottle **Mi·ni·golf** *nt kein pl* minigolf *no pl*, BRIT *a.* crazy golf *no pl* **Mi·ni·job** *m* minijob *(employment that is deduction-free for employees who earn up to 400 euros a month)* **Mi·ni·job·ber(in)** *m(f)* person working in a Minijob **Mi·ni·kas·set·te** *f* minicassette **Mi·ni·kleid** *nt* minidress
mi·nim [mi'niːm] *adj* SCHWEIZ *(minimal)* minimal, very small
Mi·ni·ma ['miːnima] *pl von* **Minimum**
mi·ni·mal [mini'maːl] **I.** *adj* minimal, very small **II.** *adv* minimally, by a very small amount; ***sie unterscheiden sich nur ~*** the difference between them is only minimal
Mi·ni·mal·be·las·tung *f* TECH minimum load **Mi·ni·mal·be·trag** *m* minimum amount **mi·ni·mal·chir·ur·gisch** *adj inv* minimal surgical **Mi·ni·mal·for·de·rung** *f* minimum [*or* basic] demand **Mi·ni·mal·ge·bühr** *f* minimum charge **Mi·ni·mal·ge·halt** *nt* basic salary **mi·ni·mal·in·va·siv** *adj inv* MED **~e Chirurgie** keyhole surgery
mi·ni·ma·lis·tisch *adj bes* KUNST *(geh)* minimalist **Mi·ni·mal·kon·fi·gu·ra·ti·on** *f* INFORM minimum configuration **Mi·ni·mal·pro·gramm** *nt* basic programme [*or* AM -am] **Mi·ni·mal·satz** *m* HANDEL minimum rate; *(Post)* lowest rate of postage **Mi·ni·mal·stan·dard** *m* minimum standard **Mi·ni·mal·ver·zin·sung** *f* FIN minimum return **Mi·ni·mal·wert** *m* minimum value **Mi·ni·mal·zins** *m* FIN minimum interest
mi·ni·mie·ren* [mini'miːrən] *vt (geh)* ■**etw** ~ to minimize sth
Mi·ni·mie·rung <-, -en> *f (geh)* minimization *no pl*
Mi·ni·mum <-s, Minima> ['miːnimʊm, *pl* 'miːnima] *nt* minimum; **ein ~ an etw** *dat* a minimum of sth; **ein ~ an Respekt** a modicum of respect
Mi·ni·note·book <-s, -s> [-noːtbʊk] *nt* INFORM mini notebook **Mi·ni·pe·ri·phe·rie** [-periferiː] *f* INFORM mini-peripheral **Mi·ni·pil·le** *f* mini-pill **Mi·ni·rech·ner** *m* INFORM minicomputer **Mi·ni·ro·bo·ter** *m* mini-robot **Mi·ni·rock** *m* miniskirt **Mi·ni·soft·ware** [-zɔftvɛːɐ̯] *f* INFORM mini software **Mi·ni·spi·on** *m* miniaturized listening [*or* bugging] device
Mi·nis·ter(in) <-s, -> [mi'nɪstɐ] *m(f)* POL minister, BRIT *a.* Secretary of State; ~ **für Landwirtschaft/Verteidigung** Secretary of State for Agriculture/Defence BRIT, Secretary of Agriculture/Defense AM, Agriculture/Defence Minister BRIT, Agriculture/Defense Secretary AM; ~ **des Äußeren/Inneren** *(geh)* Minister for Foreign/Internal Affairs BRIT, Secretary of State for Foreign/Home Affairs BRIT, Foreign/Home Secretary BRIT, Secretary of State/Secretary of the Interior AM; ~ **ohne Geschäftsbereich** minister without portfolio
Mi·nis·ter·amt *nt* ministerial office
Mi·nis·te·ri·al·be·am·ter, -be·am·tin [minɪste'ri̯aːl-] *m, f* ministry official **Mi·nis·te·ri·al·di·rek·tor(in)** [minɪste'ri̯aːl-] *m(f)* head of a ministry department BRIT, Permanent Secretary BRIT, undersecretary AM **Mi·nis·te·ri·al·rat, -rä·tin** <-[e]s, -räte> [minɪste'ri̯aːl-] *m, f* assistant head of a government department [*or* BRIT *a.* secretary]
mi·nis·te·ri·ell [minɪste'ri̯ɛl] *adj attr* ministerial
Mi·nis·te·ri·en [minɪs'teːri̯ən] *pl von* **Ministerium**
Mi·nis·te·rin <-, -nen> [mi'nɪstərɪn] *f fem form von* **Minister**
Mi·nis·te·ri·um <-s, -rien> [minɪs'teːri̯ʊm, *pl* -ri̯ən] *nt* POL ministry, department; **das ~ des Äußeren** the Foreign Ministry, the Foreign Office BRIT, the State Department AM
Mi·nis·ter·kon·fe·renz *f* ministerial conference, conference of ministers **Mi·nis·ter·prä·si·**

M

dent(in) *m(f)* minister-president *(leader of a German state)* **Mi·nis·ter·rat** *m kein pl* ■**der** ~ the [EU] Council of Ministers **Mi·nis·ter·ses·sel** *m (fam)* ministerial seat

Mi·nis·trant(in) <-en, -en> [minɪs'trant] *m(f)* REL *(geh)* server

mi·nis·trie·ren* [minɪs'tri:rən] *vi* REL *(geh)* to serve, to act as server

Mi·ni·van <-s, -s> [-væn] *m* AUTO minivan AM

Min·na <-> ['mɪna] *f* ▸WENDUNGEN: **die** <u>**grüne**</u> ~ *(veraltend fam)* the Black Maria *dated,* patrol [*or sl* paddy] wagon; **jdn zur** ~ <u>**machen**</u> *(fam)* to bawl sb out [*or* give sb a bawling-out] *fam,* BRIT *a.* to tear sb off a strip *fam*

Min·ne <-> ['mɪnə] *f kein pl* ❶ LIT, HIST courtly love *no pl*
❷ SCHWEIZ *(Einvernehmen)* [good] understanding; **in** ~ by mutual agreement

Min·ne·lied *nt* LIT, HIST minnelied **Min·ne·sang** <-[e]s> ['mɪnəzaŋ] *m kein pl* LIT, HIST minnesong **Min·ne·sän·ger** ['mɪnəzɛŋɐ] *m* LIT, HIST Minnesinger

Mi·no·ri·tät <-, -en> [minori'tɛ:t] *f (geh) s.* **Minderheit**

Mi·no·ri·täts·be·tei·li·gung *f* BÖRSE minority shareholding [*or* interest]

Mi·nos·zeit *f (Bronzezeit auf Kreta)* Minoan Age

mint·(far·ben) ['mɪnt(farbn̩)] *adj inv* mint[-coloured]

Mi·nu·end <-en, -en> [mi'nu̯ɛnt, *pl* mi'nu̯ɛndn̩] *m* MATH minuend

mi·nus ['mi:nʊs] **I.** *präp +gen* ■~ **einer S.** *gen* less sth; **Euro 2.000** ~ **5 % Rabatt** 2,000 euros less 5% discount
II. *konj* MATH minus
III. *adv* ❶ METEO minus, below zero; ~ **15° C** minus 15° C; **15° C** ~ 15° C below zero
❷ ELEK negative
❸ ÖKON ~ **machen** *(fam)* to make a loss

Mi·nus <-, -> ['mi:nʊs] *nt* ❶ *(Fehlbetrag)* deficit; [**mit etw** *dat*] **im** ~ **stehen** to be [a certain amount] in the red; ***wir stehen momentan mit 4.567 Euro im*** ~ we are 4,567 euros overdrawn [*or* in the red] at the moment
❷ *(Manko)* bad [*or* minus] point, shortcoming
❸ *(Minuszeichen)* minus [sign]

Mi·nus·be·trag *m* deficit **Mi·nus·be·triebs·ver·mö·gen** *nt* FIN negative value of business **Mi·nus·ge·schäft** *nt* ÖKON *(Verlustgeschäft)* loss-making business, loss-maker **Mi·nus·kor·rek·tur** *f* BÖRSE markdown, downward adjustment **Mi·nus·pol** *m* ❶ ELEK negative terminal ❷ PHYS negative pole **Mi·nus·po·si·ti·on** *f* BÖRSE shortage of cover

Mi·nus·punkt *m* ❶ *(Strafpunkt)* penalty point
❷ *(Manko)* minus point; **ein** ~ **für jdn sein** to count [*or* be a point] against sb

Mi·nus·stun·den *pl bei Arbeitszeit* [time] deficit **Mi·nus·tem·pe·ra·tur** *f* temperature below freezing [*or* zero] **Mi·nus·zei·chen** *nt* minus sign

Mi·nu·te <-, -n> [mi'nu:tə] *f* ❶ *(Zeiteinheit)* minute; **in letzter** ~ at the last minute [*or* moment]; **in ein paar** ~**n** in a couple of minutes; **pünktlich auf die** ~ punctual to the minute; **auf die** ~ on the dot
❷ *(Augenblick)* minute, moment
▸WENDUNGEN: **es ist** <u>**fünf**</u> ~**n vor zwölf** we've reached crisis point; ***das war aber wirklich fünf*** ~***n vor zwölf!*** that was really the eleventh hour!

mi·nu·ten·lang **I.** *adj attr* lasting [for] several minutes *pred;* **nach einer** ~**en Unterbrechung** after a break of several minutes **II.** *adv* for several minutes **Mi·nu·ten·takt** *m kein pl* **im** ~ every minute, at 60-second intervals **Mi·nu·ten·zei·ger** *m* minute hand

mi·nu·ti·ös, mi·nu·zi·ös [minu'tsi̯ø:s] **I.** *adj (geh)* meticulously exact [*or* detailed]
II. *adv (geh)* meticulously

Min·ze <-, -n> ['mɪntsə] *f* BOT mint *no pl*

Mio. *Abk von* **Million(en)** m., million

mir ['mi:ɐ̯] **I.** *pron pers dat von* **ich** ❶ to me; ***gib es*** ~ ***sofort zurück!*** give it back [to me] immediately!; ***hast du*** ~ ***irgendetwas verschweigen?*** have you been hiding anything from me?; **und das** ~**!** why me [of all people]!; **dass du/ihr** ~ **...!** *(fam)* make sure you ...; ***aber dass ihr*** ~ ***keine Dummheiten macht!*** but be sure not to do anything stupid!
❷ *nach präp* me; **bei** ~ with me, at my house; **eine alte Bekannte von** ~ an old acquaintance of mine; ***komm mit zu*** ~ come back to my place; **von** ~ **aus!** *(fam)* I don't mind!, if you like!, as far as I'm concerned [you can]!
▸WENDUNGEN: ~ <u>**nichts,**</u> **dir nichts** *(fam)* just like that, without so much as a by your leave *dated*
II. *pron refl dat von* **sich**: ***ich wasche*** ~ ***die Haare*** I'm washing my hair; ***ich wünsche*** ~**, *dass ...*** I wish that ...

Mi·ra·bel·le <-, -n> [mira'bɛlə] *f* ❶ *(Baum)* mirabelle [tree]
❷ *(Frucht)* mirabelle

Mi·ra·bel·len·geist <-[e]s, -e> *m* mirabelle brandy

Mis·an·throp(in) <-en, -en> [mizan'tro:p] *m(f) (geh)* misanthrope, misanthropist

Misch·ar·beits·platz *m* INFORM mixed workstation

misch·bar *adj* CHEM miscible, mixable; ~**e Komponenten** miscible components

Misch·bar·keit *f* CHEM miscibility

Misch·bat·te·rie *f* mixer tap [*or* AM faucet] **Misch·blü·ten·ho·nig** *m* mixed blossom honey **Misch·brot** *nt* bread made from rye and wheat flour **Misch·ehe** *f* mixed marriage

mi·schen ['mɪʃn̩] **I.** *vt* ❶ *(durchmischen)* ■**etw** [**mit etw** *dat*] ~ to mix sth [with sth]
❷ *(hineinmischen)* ■[**jdm/einem Tier**] **etw unter etw** *akk*/**in etw** *akk* ~ to mix sth [for sb/an animal] in with sth
❸ CHEM ■**etw** ~ to compound sth
❹ *(mixen)* ■**etw** [**aus etw** *dat*] ~ to mix sth [from [*or* out of] sth]
❺ KARTEN ■**etw** ~ to shuffle sth; *s. a.* **gemischt**
II. *vr* ❶ *(sich mengen)* **sich** *akk* **unter Leute** ~ to mix [*or* mingle] [with people]
❷ *(sich einmischen)* ■**sich** *akk* **in etw** *dat* ~ to interfere [*or* meddle] in sth; **sich** *akk* **in ein Gespräch** ~ to butt into a conversation
III. *vi* KARTEN to shuffle

misch·er·big *adj* hybrid

Misch·fi·nan·zie·rung *f* FIN mixed financing **Misch·form** *f* mixture (**aus** *+dat* of) **Misch·fut·ter** *nt* AGR mixed feed **Misch·ge·mü·se** *nt* mixed vegetables *pl* **Misch·ge·we·be** *nt* mixture *no pl,* mixed fibres [*or* AM -ers] *pl* **Misch·haut** *f kein pl* combination skin **Misch·kal·ku·la·ti·on** *f kein pl* ÖKON compensatory pricing **Misch·kon·to** *nt* FIN mixed account **Misch·kon·zern** *m* ÖKON conglomerate, mixed enterprise, diversified group **Misch·kurs** *m* BÖRSE mixed rate

Misch·ling <-s, -e> ['mɪʃlɪŋ] *m* ❶ *(Mensch)* person of mixed parentage, half-caste *pej,* half-breed *pej*
❷ ZOOL half-breed, hybrid; ***dieser Hund ist ein*** ~ this dog is a mongrel

Misch·lings·kind *nt* half-caste child

Misch·masch <-[e]s, -e> ['mɪʃmaʃ] *m (fam)* mishmash *no pl,* hotchpotch, hodgepodge **Misch·ma·schi·ne** *f* [cement] mixer

Misch·po·che [mɪʃ'po:xə] *f,* **Misch·po·ke** <-> [mɪʃ'po:kə] *f kein pl (pej fam)* ❶ *(Familie/Verwandtschaft)* tribe, clan
❷ *(üble Gesellschaft)* crowd, bunch, lot BRIT

Misch·pro·be *f* sample mixture **Misch·pult** *nt* FILM, RADIO, TV mixing desk **Misch·tat·be·stand** *m* JUR hybrid provision **Misch·trom·mel** *f* mixing drum

Mi·schung <-, -en> *f* ❶ *kein pl (das Mischen)* mixing *no pl; (Kaffee, Tee, Tabak)* blending *no pl*
❷ *(Mixtur)* mixture; *(Kaffee, Tee, Tabak)* blend; *(Pralinen)* assortment
❸ *(Zusammenstellung)* mixture, combination

Mi·schungs·ver·hält·nis *nt* ratio [*or* proportions] [of a mixture]

Misch·ver·wal·tung *f* JUR administration by interlocking authorities **Misch·wald** *m* mixed forest [*or* woodland]

mi·se·ra·bel [mizə'ra:bl̩] **I.** *adj (pej)* ❶ *(beklagenswert)* dreadful, awful, lousy; **eine miserable Arbeit/Leistung** a pathetic [*or* miserable] piece of work/performance
❷ *(gemein)* nasty, vile
II. *adv (pej)* dreadfully, awfully; **sich** *akk* ~ **benehmen** [*o fam* **aufführen**] to behave abominably; ~ **schlafen** to sleep really badly; ***das Bier schmeckt*** ~ the beer tastes awful

Mi·se·re <-, -n> [mi'ze:rə] *f (geh)* dreadful state; **eine finanzielle** ~ a dreadful financial state; **die jetzige politische** ~ the wretched state of current politics; **eine soziale** ~ serious social difficulties [*or* plight]; **mit jdm/etw ist es eine** ~ sb/sth is a disaster; [**tief**] **in der** ~ **stecken** to be in [deep] trouble [*or* a [real] mess]

mi·so·gyn <-er, -este> [mizo'gy:n] *adj (geh)* misogynist[ic]

Mi·so·gy·nie <-> [mizogy'ni:] *f kein pl* PSYCH misogyny

Mis·pel <-, -n> ['mɪspl̩] *f* BOT medlar

Miss^RR^, **Miß**^ALT^ <-> ['mɪs] *f kein pl* Miss; **die** ~ **Germany/World** Miss Germany/World

miss·ach·ten^RR^*, **miß·ach·ten**^ALT^* [mɪs'ʔaxtn̩] *vt* ❶ *(ignorieren)* ■**etw** ~ to disregard [*or* ignore] sth; **eine Bestimmung/Vorschrift** ~ to flout a regulation
❷ *(gering schätzen)* ■**jdn** ~ to disparage [*or* be disdainful of] sb; **einen Konkurrenten** ~ to underestimate a rival; ■**etw** ~ to disdain sth

Miss·ach·tung^RR^, **Miß·ach·tung**^ALT^ ['mɪsʔaxtʊŋ] *f* ❶ *(Ignorierung)* disregard *no pl;* **eine Folge der** ~ **meines Ratschlags** a result of ignoring [*or* disregarding] my advice; **bei** ~ **dieser Vorschriften** if these regulations are flouted
❷ *(Geringschätzung)* disdain *no pl;* **seine** ~ **anderer Menschen** his disdain of [*or* for] other people
❸ JUR *(Ungebühr)* contempt; *(Nichtbefolgung)* neglect; ~ **des Gerichts** contempt of court; ~ **einer gerichtlichen Verfügung** breach of a court order; **jdn wegen** ~ **des Gerichts belangen** to hold sb up for contempt of court

miss·be·ha·gen^RR^*, **miß·be·ha·gen**^ALT^* ['mɪsbəha:gn̩] *vi (geh)* ■**jdm** ~ to displease sb, to not be to sb's liking; ■**etw missbehagt jdm** [**an etw** *dat*] sth makes sb uneasy [*or* unhappy] [about sth]; ■**es missbehagt jdm, etw zu tun** sb is not happy doing sth

Miss·be·ha·gen^RR^, **Miß·be·ha·gen**^ALT^ <-s> ['mɪsbəha:gn̩] *nt kein pl (geh)* ❶ *(Unbehagen)* uneasiness *no pl,* feeling of unease; ***die ganze Sache ruft bei mir ziemliches*** ~ ***hervor*** I am rather uneasy about the whole thing, the whole thing makes me [feel] rather uneasy
❷ *(Missfallen)* displeasure *no pl;* **zu jds** ~ to sb's annoyance [*or* chagrin]

Miss·bil·dung^RR^, **Miß·bil·dung**^ALT^ <-, -en> ['mɪsbɪldʊŋ] *f* deformity; **angeborene** ~ congenital malformation

miss·bil·li·gen^RR^*, **miß·bil·li·gen**^ALT^* [mɪs'bɪlɪgn̩] *vt* ■**etw** ~ to disapprove of sth

miss·bil·li·gend^RR^, **miß·bil·li·gend**^ALT^ [mɪs'bɪlɪgn̩t] **I.** *adj* disapproving
II. *adv* disapprovingly

Miss·bil·li·gung^RR^, **Miß·bil·li·gung**^ALT^ <-, -en> ['mɪsbɪlɪgʊŋ] *f pl selten* disapproval *no pl*

Miss·bil·li·gungs·an·trag^RR^ *m* JUR censure motion **Miss·bil·li·gungs·vo·tum**^RR^ *nt* JUR censure vote

Miss·brauch^RR^, **Miß·brauch**^ALT^ ['mɪsbraux] *m* abuse, misuse, improper use; ~ **von Ausweispapieren** improper use of identity papers; **sexueller** ~ sexual abuse; **der** ~ **der Notbremse** improper use of the emergency brake; ~ **mit etw** *dat* **treiben** *(geh)* to abuse [*or* misuse] sth

miss·brau·chen^RR^*, **miß·brau·chen**^ALT^* [mɪs'brau:xn̩] *vt* ❶ *(missbräuchlich anwenden)* ■**etw** ~ to abuse [*or* misuse] sth; **einen Feuerlöscher** ~ to make improper use of a fire extinguisher
❷ *(für üble Zwecke ausnutzen)* ■**etw** ~ to take advantage of sth; **jds Vertrauen** ~ to abuse sb's trust
❸ *(für üble Zwecke benutzen)* ■**jdn** ~ to [mis]use sb; **jdn sexuell** ~ to sexually abuse sb

miss·bräuch·lich^RR^, **miß·bräuch·lich**^ALT^ ['mɪsbrɔyçlɪç] *adj (geh)* improper

Miss·brauchs·auf·sicht^RR^ *f* JUR *(Tätigkeit)* supervision to prevent abuse, control of abusive [*or* restrictive] practices; *(Person)* watchdog **Miss·brauchs·ge·setz**^RR^ *nt* JUR restrictive practices act **Miss·brauchs·prin·zip**^RR^ *nt* JUR *(Kartellrecht)* principle of abuse **Miss·brauchs·re·ge·lung**^RR^ *f* JUR regulation to prevent abuse **Miss·brauchs·ver·bot**^RR^ *nt* JUR prohibition of restrictive practices **Miss·brauchs·ver·fah·ren**^RR^ *nt* JUR *(Kartellrecht)* abuse proceedings *pl* **Miss·brauchs·ver·fü·gung**^RR^ *f* JUR decree on abusive practices

miss·deu·ten^RR^*, **miß·deu·ten**^ALT^* [mɪsdɔytn̩] *vt* ■**etw** [als etw *akk*] ~ to misinterpret sth [as sth]

Miss·deu·tung^RR^, **Miß·deu·tung**^ALT^ ['mɪsdɔytʊŋ] *f* misinterpretation

mis·sen ['mɪsn̩] *vt* ■**jdn/etw nicht ~ möchten/wollen** *(geh)* not to like/want to do without sb/sth; ■**etw ~ müssen** *(geh)* to have to do [*or* go] without sth

Miss·er·folg^RR^, **Miß·er·folg**^ALT^ ['mɪsɛɐ̯fɔlk] *m* failure, flop *fam* **Miss·ern·te**^RR^, **Miß·ern·te**^ALT^ ['mɪsɛrntə] *f* crop failure

Mis·se·tat ['mɪsəta:t] *f* ① *(hum: Streich)* prank
② *(veraltend geh: Freveltat)* misdeed *form*, misdemeanour [*or* AM -or]

Mis·se·tä·ter(in) ['mɪsətɛ:tɐ] *m(f)* ① *(hum: jd, der etw angestellt hat)* culprit
② *(veraltend geh: Übeltäter)* miscreant *form*, wrongdoer

miss·fal·len^RR^*, **miß·fal·len**^ALT^* [mɪs'falən] *vi irreg* to arouse displeasure; **jdm missfällt etw** [an jdm] sb dislikes sth [about sb]; **es missfällt jdm, dass/wie ...** sb dislikes the way ...

Miss·fal·len^RR^, **Miß·fal·len**^ALT^ <-s> ['mɪsfalən] *nt kein pl* displeasure *no pl;* **jd/etw erregt jds ~** sb/sth incurs sb's displeasure

Miss·fal·lens·äu·ße·rung^RR^ *f* expression of displeasure [*or* disapproval] **Miss·fal·lens·kund·ge·bung**^RR^ *f* expression [*or* demonstration] of displeasure

miss·ge·bil·det^RR^, **miß·ge·bil·det**^ALT^ ['mɪsgəbɪldət] **I.** *adj* malformed, deformed
II. *adv* deformed; ~ **geboren werden** to be born with deformities

Miss·ge·burt^RR^, **Miß·ge·burt**^ALT^ ['mɪsgəbu:ɐ̯t] *f* MED *(pej)* monster, seriously deformed foetus [*or* AM fetus]

miss·ge·launt^RR^, **miß·ge·launt**^ALT^ ['mɪsgəlaunt] *adj (geh)* ill-humoured [*or* -tempered] *form*

Miss·ge·schick^RR^, **Miß·ge·schick**^ALT^ ['mɪsgəʃɪk] *nt* mishap; ***jedem kann mal ein ~ passieren/unterlaufen*** anyone can have a mishap [*or* an accident]; **vom ~ verfolgt werden** to be dogged by misfortune [*or* bad luck]

miss·ge·stal·tet^RR^, **miß·ge·stal·tet**^ALT^ ['mɪsgəʃtaltət] *adj inv (geh)* misshapen; *Person* deformed

miss·ge·stimmt^RR^, **miß·ge·stimmt**^ALT^ ['mɪsgəʃtɪmt] *adj (geh)* ill-humoured; ■**~ sein** to be in a bad mood

miss·glü·cken^RR^*, **miß·glücken**^ALT^* [mɪs'glʏkn̩] *vi sein* ■**etw missglückt** [**jdm**] sth fails [*or* is a failure] [*or* backfires on sb]

miss·glückt^RR^, **miß·glückt**^ALT^ [mɪs'glʏkt] **I.** *pp von* **missglücken**
II. *adj inv Versuch* failed, unsuccessful

miss·gön·nen^RR^*, **miß·gön·nen**^ALT^* [mɪs'gœnən] *vt* ■**jdm etw ~** to begrudge sb sth; **jdm seinen Erfolg ~** to resent sb's success; ■**jdm ~, dass** to begrudge sb the fact that

Miss·griff^RR^, **Miß·griff**^ALT^ ['mɪsgrɪf] *m* mistake, error of judgement

Miss·gunst^RR^, **Miß·gunst**^ALT^ ['mɪsgʊnst] *f kein pl* resentment *no pl*, envy *no pl*

miss·güns·tig^RR^, **miß·gün·stig**^ALT^ ['mɪsgʏnstɪç] **I.** *adj* resentful, envious
II. *adv* resentfully, enviously

miss·han·deln^RR^*, **miß·han·deln**^ALT^* [mɪs'handl̩n] *vt* ① *(malträtieren)* ■**jdn/ein Tier ~** to ill-treat [*or* maltreat] [*or* mistreat] sb/an animal
② *(hum: übel zusetzen)* ■**etw ~** to mistreat [*or* abuse] sth

miss·han·delt^RR^, **miß·han·delt**^ALT^ [mɪs'handl̩t] *pp von* **misshandeln**

Miss·hand·lung^RR^, **Miß·hand·lung**^ALT^ [mɪs'handlʊŋ] *f* ill-treatment *no indef art, no pl,* maltreatment *no indef art, no pl,* mistreatment *no indef art, no pl*

Miss·hand·lungs·ver·bot^RR^ *nt* ban on [child] abuse

miss·in·ter·pre·tie·ren^RR^*, **miß·in·ter·pre·tie·ren**^ALT^* ['mɪsɪntɐpreti:rən] *vt* **etw ~** to misinterpret sth

Mis·si·on <-, -en> [mɪ'si̯o:n] *f* ① *(geh: Sendung)* mission; **in einer bestimmten ~** on a particular mission; **in geheimer/göttlicher ~** on a secret/divine mission
② POL mission, legation
③ *kein pl* REL mission; **in die ~ gehen/in der ~ tätig sein** to become a missionary/do missionary work; **Innere ~** REL Home Mission
④ *(Missionsstation)* mission

Mis·si·o·nar(in) <-s, -e> [mɪsi̯o'na:ɐ̯] *m(f),* **Mis·si·o·när(in)** <-s, -e> [mɪsi̯o'nɛ:ɐ̯] *m(f)* ÖSTERR missionary

mis·si·o·na·risch [mɪsi̯o'na:rɪʃ] **I.** *adj (geh)* missionary; **mit ~em Eifer** with missionary zeal
II. *adv* as a missionary; **~ tätig sein** to work as a missionary

Mis·si·o·nars·stel·lung *f (iron fam)* missionary position

mis·si·o·nie·ren* [mɪsi̯o'ni:rən] **I.** *vi (Glaubenslehre verbreiten)* to do missionary work; *(fig)* to preach
II. *vt (bekehren)* ■**jdn ~** *Menschen, Völker* to convert sb, to proselytize sb

Mis·si·ons·chef(in) *m(f)* POL head of mission

Mis·si·ons·schu·le *f* mission school

Miss·klang^RR^, **Miß·klang**^ALT^ ['mɪsklaŋ] *m* ① MUS discord *no indef art, no pl,* dissonance *no indef art, no pl*
② *(Unstimmigkeit)* discord *no indef art, no pl;* **ein ~** a note of discord, a discordant note

Miss·kre·dit^RR^, **Miß·kre·dit**^ALT^ ['mɪskredi:t] *m kein pl* **jdn/etw** [**bei jdm**] **in ~ bringen** to bring sb/sth into discredit [with sb], to bring discredit on sb/sth; **in ~ geraten** to become discredited

miss·lang^RR^ [mɪs'laŋ] *imp von* **misslingen**

miss·lau·nig^RR^, **miß·lau·nig**^ALT^ ['mɪslau̯nɪç] *adj s.* **missgelaunt**

miss·lich^RR^, **miß·lich**^ALT^ ['mɪslɪç] *adj (geh)* awkward, difficult; **~er Vorfall** unfortunate incident

miss·lie·big^RR^, **miß·lie·big**^ALT^ ['mɪsli:bɪç] *adj* unpopular; ■[**bei jdm**] **~ sein** to be unpopular [with sb]; **sich** *akk* [**bei jdm**] **~ machen** to make oneself unpopular [with sb]

miss·lin·gen^RR^ <misslang, misslungen>, **miß·lin·gen**^ALT^ <mißlang, mißlungen> [mɪs'lɪŋən] *vi sein* to fail, to be a failure, to be unsuccessful; ■**es misslingt jdm, etw zu tun** sb fails [in their [*or* an] attempt] to do sth; **eine misslungene Ehe** a failed [*or* an unsuccessful] marriage; **ein misslungener Kuchen** a botched-up cake *fam;* ***leider ist mir der Kuchen misslungen*** unfortunately my cake didn't turn out well

Miss·lin·gen^RR^, **Miß·lin·gen**^ALT^ <-s> [mɪsl'ɪŋən] *nt kein pl* failure

miss·lun·gen^RR^, **miß·lun·gen**^ALT^ [mɪs'lʊŋən] **I.** *pp von* **misslingen**
II. *adj inv* **ein ~er Versuch** a failed [*or* unsuccessful] attempt

Miss·ma·nage·ment^RR^, **Miß·ma·nage·ment**^ALT^ ['mɪsmɛnɪtʃmənt] *nt* mismanagement *no pl*

Miss·mut^RR^, **Miß·mut**^ALT^ ['mɪsmu:t] *m kein pl* moroseness *no pl;* ***voller ~ machte er sich an die Arbeit*** grudgingly he set to work

miss·mu·tig^RR^, **miß·mu·tig**^ALT^ ['mɪsmu:tɪç] *adj* morose, sullen; ***mach doch kein so ~es Gesicht*** don't look so morose; **in so ~er Stimmung** in such a bad mood

miss·ra·ten^RR^*, **miß·ra·ten**^ALT^* [mɪs'ra:tn̩] *vi irreg sein* ① *(geh: schlecht erzogen sein)* to go wrong, to turn out badly
② *(geh: nicht gelingen)* ■**etw missrät** [**jdm**] sth goes wrong; ***der Kuchen ist mir leider etwas ~*** my cake unfortunately went a bit wrong

Miss·stand^RR^, **Miß·stand**^ALT^ ['mɪsʃtant] *m* deplorable state of affairs *no pl;* **Missstände in der Verwaltung** a number of administrative irregularities; **soziale Missstände** social evils

Miss·stim·mung^RR^, **Miß·stim·mung**^ALT^ ['mɪsʃtɪmʊŋ] *f kein pl* ill humour [*or* AM -or] *no indef art, no pl;* ***unter den Teilnehmern herrschte ~*** there was discord [*or* a bad atmosphere] among the participants

misst^RR^ ['mɪst] *3. pers. pres von* **messen**

Miss·ton^RR^, **Miß·ton**^ALT^ ['mɪsto:n] *m* ① MUS discordant [*or* wrong] note
② *(fig: Unstimmigkeit)* discord *no indef art, no pl*

miss·trau·en^RR^*, **miß·trau·en**^ALT^* [mɪs'trau̯ən] *vi* ■**jdm/etw** [**in etw** *dat*] **~** to mistrust [*or* distrust] sb/sth [with regard to sth]

Miss·trau·en^RR^, **Miß·trau·en**^ALT^ <-s> ['mɪstrau̯ən] *nt kein pl* mistrust *no pl,* distrust *no pl;* **jdm ~ entgegenbringen, ~ gegen jdn hegen** *(geh)* to mistrust sb; **jdm ein gesundes ~ entgegenbringen** to show sb a healthy [measure of] mistrust; **einer Unternehmung ein gesundes ~ entgegenbringen** to approach a venture with a healthy [measure of] mistrust; **jdm das ~ aussprechen** POL to pass a vote of no confidence in sb

Miss·trau·ens·an·trag^RR^ *m* POL motion of no confidence; **einen ~ einbringen** to table a motion of no confidence **Miss·trau·ens·vo·tum**^RR^ *nt* vote of no confidence; **konstruktives ~** *"constructive" vote of no confidence*

miss·trau·isch^RR^, **miß·trau·isch**^ALT^ ['mɪstrau̯ɪʃ] **I.** *adj* mistrustful, distrustful; *(argwöhnisch)* suspicious; ■[**jdm/etw gegenüber**] **~ sein** to be mistrustful [*or* suspicious] [of sb/sth]
II. *adv* mistrustfully, distrustfully; *(argwöhnisch)* suspiciously; ***warum schaust du*** [***mich***] ***so ~*** [***an***]? why are you looking [at me] so mistrustful[ly]?

Miss·ver·gnü·gen^RR^, **Miß·ver·gnü·gen**^ALT^ ['mɪsfɛɐ̯gny:gn̩] *nt (geh) s.* **Missfallen**

miss·ver·gnügt^RR^ ['mɪsfɛɐ̯gny:kt] *(geh)* **I.** *adj (schlecht gelaunt)* displeased, disgruntled, annoyed
II. *adv* grudgingly, with annoyance

Miss·ver·hält·nis^RR^, **Miß·ver·hält·nis**^ALT^ ['mɪsfɛɐ̯hɛltnɪs] *nt* disproportion *no pl;* **im ~ zu etw** *dat* **stehen** to be disproportionate to sth; ***der riesige Schreibtisch steht in einem gewissen ~ zu der winzigen Schreibtischlampe*** there is a certain imbalance between the huge desk and the tiny lamp

miss·ver·ständ·lich^RR^, **miß·ver·ständ·lich**^ALT^ ['mɪsfɛɐ̯ʃtɛntlɪç] **I.** *adj* unclear; *(Ausdruck, Formulierung)* that could be misunderstood; ■[**zu**] **~ sein** to be [too] liable to be misunderstood [*or* to misunderstanding]
II. *adv* unclearly, in a way that could be misunderstood

Miss·ver·ständ·nis^RR^, **Miß·ver·ständ·nis**^ALT^ <-ses, -se> ['mɪsfɛɐ̯ʃtɛntnɪs] *nt* ① *(irrige Annahme)* misunderstanding *no pl*
② *meist pl (Meinungsverschiedenheit)* misunderstanding, disagreement

miss·ver·ste·hen^RR^*, **miß·ver·ste·hen**^ALT^* ['mɪsfɛɐ̯ʃte:ən] *vt irreg* ■**jdn/etw ~** to misunderstand sb/sth; ***Sie haben das missverstanden*** you've misunderstood

Miss·ver·wal·tung^RR^, **Miß·ver·wal·tung**^ALT^ ['mɪsfɛɐ̯valtʊŋ] *f* mismanagement, maladministration

Miss·wahl^RR^, **Miß·wahl**^ALT^ *f* beauty contest [*or* pageant]

Miss·wirt·schaft^RR^, **Miß·wirt·schaft**^ALT^ ['mɪsvɪrtʃaft] *f (pej)* mismanagement *no pl,* maladministration *no pl form*

Mist <-es> ['mɪst] *m kein pl* ① *(Stalldünger)* manure *no pl,* dung *no pl,* muck *no pl*
② *(fam: Quatsch)* nonsense *no pl,* BRIT *a.* rubbish *no*

pl

❸ *(fam: Schund)* junk *no pl,* trash *no pl,* BRIT *a.* rubbish *no pl*

▶WENDUNGEN: ~ **bauen** [*o* **machen**] *(fam)* to screw up *fam; **da hast du ganz schön ~ gemacht!*** you have really screwed up [*or* boobed] there!; **etw ist auf jds ~ gewachsen** *(fam)* sth came out of sb's head; ***das ist nicht auf seinem ~ gewachsen*** that wasn't his own doing, he didn't do that off his own bat; **mach keinen ~!** *(fam)* don't mess [*or sl* piss] around! [*or* BRIT *a.* about]; **~!, so ein ~!** *(fam)* damn! *fam,* blast! BRIT *fam,* what a blasted nuisance! BRIT *fam;* **verdammter ~!** *(fam)* damn it! *fam,* bloody hell! BRIT *sl,* sod it! BRIT *sl*

Mịst·beet *nt* HORT hotbed, forcing bed

Mịs·tel <-, -n> ['mɪstl] *f* mistletoe *no pl*

Mịs·tel·dros·sel *f* ORN mistle thrush

Mịst·fink *m* ❶ *(fam: unsauberer Mensch)* dirty so-and-so *fam* ❷ *(derb: Mistkerl)* bastard *fam!* **Mịst·ga·bel** *f* pitchfork **Mịst·hau·fen** *m* manure [*or* dung] [*or* muck] heap **Mịst·kä·fer** *m* dung beetle **Mịst·kerl** *m (pej fam)* bastard *fam!* **Mịst·stück** *nt* ❶ *(fam)* bastard *masc fam,* BRIT *a.* [cheeky] bugger *masc fam,* bitch *fem fam* ❷ *(pej fam: Mann)* rotten bastard *pej sl,* lousy [piece of] shit *pej sl; (Frau)* lousy bitch *pej sl* **Mịst·vieh** *nt (pej fam)* [god]damned [*or* BRIT *a.* bloody] animal *pej sl* **Mịst·wet·ter** *nt kein pl (pej fam)* lousy weather *no pl, no indef art pej fam*

mit ['mɪt] **I.** *präp +dat* ❶ *(unter Beigabe von)* with; ***trinkst du den Espresso ~ oder ohne Zucker?*** do you take your espresso with or without sugar?; ***isst du das Ei immer ~ so viel Salz und Pfeffer?*** do you always put so much salt and pepper on your egg?; **Champagner ~ Kaviar** champagne and caviar; **Zimmer ~ Frühstück** bed and breakfast

❷ *(enthaltend)* of; **ein Glas ~ Essiggurken** a jar of pickled gherkins

❸ *(mittels)* with; ***~ bequemen Schuhen läuft man besser*** it's easier to walk in comfortable shoes; **~ Kugelschreiber geschrieben** written in biro; **mit einem Schraubenzieher** with [*or* using a] screwdriver

❹ *(per)* by; **~ der Bahn/dem Bus/Fahrrad/der Post** by train/bus/bicycle/post; ***sie kommt ~ dem nächsten Zug*** she'll arrive on the next train

❺ *(unter Aufwendung von)* with; **~ all meiner Liebe** with all my love; **~ etwas mehr Mühe** with a little more effort

❻ *(Umstände)* with; ***sie lag ~ Fieber im Bett*** she was in bed with fever

❼ *zeitlich* at; ***~ dem dritten Ton des Zeitzeichens ist es genau 7 Uhr*** at [*or* on] the third stroke the time will be exactly 7 o'clock; **~ 18 [Jahren]** at [the age of] 18; **~ seinem Durchfahren des Zieles** when he crossed the line

❽ *bei Maß-, Mengenangaben* with; ***das Spiel endete ~ 1:1 unentschieden*** the game ended in a 1-1 draw; ***der Zug lief ~ zehn Minuten Verspätung ein*** the train arrived ten minutes late; ***er war ~ über 400 Euro im Soll*** he was over 400 euros in debt; **~ drei Zehntelsekunden Vorsprung** with three tenths of a second advantage; **sich** *akk* **~ Euro 500.000 versichern** to insure oneself for 500,000 euros; **~ einem Kilometerstand von 24567 km** with 24,567 km on the clock; **~ 4 zu 7 Stimmen** by 4 to 7 votes

❾ *(einschließlich)* ■**~ jdm/etw [zusammen]** [together] with sb/sth, including sb/sth; ***~ Axel und Hans waren wir sechs Personen*** there were six of us including [*or* with] Axel and Hans; **Montag ~ Freitag** Monday to Friday inclusive

❿ *(in Begleitung von)* with

⓫ *(fam: und dazu)* ■**jd ~ seinem/seiner etw** sb and sb's sth; **du ~ deiner ewigen Prahlerei** you and your constant boasting

⓬ *(was jdn/etw angeht)* with; ***~ meiner Gesundheit steht es nicht zum Besten*** I am not in the best of health; ***wie wär's ~ einer Runde Skat?*** how about a round of skat?; **~ jdm/etw rechnen** to reckon on [*or* with] sb/sth

⓭ *(gleichgerichtet)* **~ der Strömung/dem Wind** with the current/wind

▶WENDUNGEN: **~ mir nicht** don't try it on with me

II. *adv* too, as well; ***sie gehört ~ zu den führenden Experten auf diesem Gebiet*** she is one of the leading experts in this field; ***er war ~ einer der ersten, die diese neue Technologie angewendet haben*** he was one of the first to use this new technology; **~ dabei sein** to be there too

Mịt·an·ge·klag·te(r) *f(m) dekl wie adj* JUR co-defendant, co-accused **Mịt·an·mel·der(in)** *m(f) eines Patents* joint applicant, co-applicant

Mịt·ar·beit *f* ❶ *(Arbeit an etw)* collaboration; ■**jds ~ an etw** *dat*/**bei etw** *dat* sb's [collaborative] work on sth; **unter ~ von jdm** in collaboration with sb; **sich** *akk* **für die ~ bei jdm bewerben** to apply to work with sb

❷ SCH *(Beteiligung)* participation *no pl*

❸ *(Unterstützung)* ■**jds ~ [bei etw** *dat*] sb's assistance [in sth]; ***er bot der Polizei seine ~ an*** he offered to cooperate with the police

mịt|ar·bei·ten ['mɪtʔarbai̯tn̩] *vi* ❶ *(als Mitarbeiter tätig sein)* ■**an etw** *dat*/**in etw** *dat*/**bei jdm ~** to collaborate on sth/with sb; **wenn Sie bei uns ~ wollen** if you want to come and work with us; ***wie lange arbeiten Sie jetzt eigentlich schon bei uns mit?*** how long have you been working with us now?

❷ SCH *(sich beteiligen)* ■**[in etw** *dat*] **~** to participate [in sth]; ***er arbeitet in der Schule/im Unterricht immer aktiv mit*** he always takes an active part in school/the lessons

❸ *(fam: mit den anderen arbeiten)* to work too; ***meine Frau braucht nicht mitzuarbeiten*** my wife doesn't need to work [as well]

Mịt·ar·bei·ter(in) *m(f)* ❶ *(Mitglied der Belegschaft)* employee, member of staff; **kaufmännischer ~** clerk; **neue ~ einstellen** to take on new staff; **freier ~** freelance; **als freier ~ arbeiten** to work as a freelance

❷ *(hist: Mitarbeiter beim Staatssicherheitsdienst der ehem. DDR)* **inoffizieller ~** unofficial collaborator

❸ *(Kollege)* colleague

❹ *(Koautor)* contributor; ***an dem Artikel haben insgesamt vier ~ mitgewirkt*** altogether four people collaborated on this article

Mịt·ar·bei·ter·ak·tie *f* employee share

Mịt·ar·bei·ter·füh·rung *f kein pl* staff supervision **Mịt·ar·bei·ter·ge·spräch** *nt* staff appraisal

Mịt·ar·bei·te·rin <-, -nen> *f fem form von* **Mitarbeiter**

Mịt·ar·bei·ter·park·platz *m* staff carpark **Mịt·ar·bei·ter·stab** *m* staff **Mịt·ar·bei·ter·stamm** *m* permanent workforce **Mịt·ar·bei·ter·zahl** *f* number of employees

Mịt·be·grün·der(in) *m(f)* co-founder **Mịt·be·klag·te(r)** *f(m) dekl wie adj* JUR co-defendant, co-accused

mịt|be·kom·men* *vt irreg* ❶ *(mitgegeben bekommen)* ■**etw [von jdm] ~** to be given sth [by sb], to get sth [from sb]

❷ *(vermittelt bekommen)* ■**[irgendwo] etw ~** to get [*or* be given] sth [somewhere]; **eine solide Ausbildung ~** to get [*or* receive] a solid [*or* sound] training; **eine gute Erziehung ~** to receive [*or* get] [*or* have] a good education

❸ *(wahrnehmen)* ■**etw ~** to be aware of sth; **die neuesten Nachrichten ~** to get [*or* hear] the latest news; **vom Unterricht weniger ~** to get less out of the lessons

❹ *(verstehen)* ■**etw [von etw** *dat*] **~** to understand sth [about sth]; ***bei dem Lärm konnte man kaum etwas [von der Ansprache] ~*** with that noise you could hardly hear anything [of the speech]; ***hast du etwas davon ~?*** did you catch any of it?

❺ *(fam: vererbt bekommen)* ■**etw von jdm ~** to get sth from sb; ***die Locken hatte er offensichtlich von seinem Vater ~*** he obviously got his curls from his father

mịt|be·nut·zen* *vt,* **mịt|be·nüt·zen*** *vt* SÜDD ■**etw ~** to share sth

Mịt·be·nut·zung *f kein pl,* **Mịt·be·nüt·zung** *f kein pl* DIAL, SCHWEIZ joint use

Mịt·be·nut·zungs·recht *nt* JUR right of joint use

Mịt·be·schul·dig·te(r) *f(m)* JUR co-accused, co-defendant **Mịt·be·sitz** *m kein pl* JUR joint possession [*or* tenancy]

mịt|be·stim·men* **I.** *vi* ❶ *(maßgeblich mitwirken)* ■**[bei etw** *dat*] **~** to have a say [in sth]

❷ *(mit ausschlaggebend sein)* ■**[bei etw** *dat*] **~** to have an influence [on sth]; ■**~d** influential; **ein ~der Faktor** a contributing factor; **bei etw** *dat*/**für etw** *akk* **~d sein** to have an influence on sth

II. *vt* ■**etw ~** to have an influence on sth

Mịt·be·stim·mung *f* ❶ *(das Mitbestimmen)* ■**jds ~ bei etw** *dat* sb's participation in sth; **das Recht zur ~ bei ...** the right to participate in ...

❷ *(Mitentscheidung)* participation in decision-making, co-determination *no pl;* **betriebliche ~** worker participation; **paritätische ~** equal representation

Mịt·be·stim·mungs·ge·setz *nt* law of codetermination, worker participation law **Mịt·be·stim·mungs·recht** *nt* right of co-determination

mịt|be·tei·li·gen* *vt* ■**jdn an etw** *dat* **~** to participate sb in sth; ■**sich** *akk* **an etw** *dat* **~** to take part in sth; **an einer Straftat mitbeteiligt** privy to [*or* participating in] an offence

Mịt·be·tei·lig·te(r) *f(m) dekl wie adj* JUR interested party; *(Komplize)* accomplice

Mịt·be·wer·ber(in) *m(f)* ❶ *(ein weiterer Bewerber)* fellow applicant; **über 900 ~innen und ~** over 900 other applicants

❷ *(Konkurrent)* competitor

Mịt·be·woh·ner(in) *m(f)* fellow occupant; *(in WG)* flatmate BRIT, housemate, roommate

mịt|brin·gen ['mɪtbrɪŋən] *vt irreg* ❶ *(als mitgeführten Gegenstand bringen)* ■**[jdm] etw ~** to bring [sb] sth; ***kann ich dir etw [aus der Stadt] ~?*** can I bring you anything back [from town]?

❷ *(als Begleitung bringen)* ■**jdn ~** to bring sb [with one]; ***hast du denn niemanden mitgebracht?*** didn't you bring anyone with you?

❸ *(einbringen)* ■**etw [für etw** *akk*] **~** to have [*or* possess] sth [for sth]; ***sie bringt alle nötigen Voraussetzungen für die Stelle mit*** she meets [*or* satisfies] all the necessary requirements for the post

Mitbring·sel <-s, -> ['mɪtbrɪŋzl] *nt* small [*or* little] present

Mịt·bür·ge, -bür·gin *m, f* JUR joint guarantor, co-surety; **Recht auf Ausgleich von den ~n** right to contribution from co-sureties

Mịt·bür·ger(in) *m(f)* fellow citizen; **ältere ~** senior citizens

Mịt·bürg·schaft *f* JUR joint guarantee [*or* surety]

mịt|den·ken *vi irreg* ■**[bei etw** *dat*/**in etw** *dat*] **~** to follow [sth]; **bei seiner Argumentation/Erklärung ~** to follow his argument/explanation; **bei politischen Entscheidungen/in der Politik ~** to understand political decisions/politics; ***danke fürs M~*** thanks for being on the ball; ***du denkst ja mit!*** good thinking!

mịt|dru·cken *vt* TYPO ■**etw ~** to print sth in the same form[e]

mịt|dür·fen *vi irreg* ■**[mit jdm] ~** to be allowed to come [*or* go] along [with sb] too; ***darf ich auch mit?*** can I come [too]?

Mịt·ei·gen·tum *nt kein pl* co-ownership *no pl,* joint ownership *no pl;* **~ nach Bruchteilen** JUR co-ownership by fractional shares

Mịt·ei·gen·tü·mer(in) *m(f)* co-owner, joint owner

Mịt·ei·gen·tums·an·teil *m* JUR co-ownership share

Mịt·ei·gen·tums·wert *m kein pl* JUR co-ownership share value

mit·ein·an·der [mɪtʔai̯'nandɐ] *adv* ❶ *(jeder mit dem anderen)* with each other [*or* one another]; **~ reden** to talk to each other [*or* one another]; **~ verfeindet sein** to be enemies; **~ verheiratet sein** to be married to each other [*or* one another]; **~ verschwägert/verwandt sein** to be related to each other [*or* one another]

❷ *(zusammen)* together; **alle ~** all together

Mit·ein·an·der <-s> [mɪtʔai̯'nandɐ] *nt kein pl* co-operation *no pl,* working and living together

mit·ein·be·zie·hen* *vt irreg sein* ■**jdn/etw** [**in etw** *akk*] ~ to include sb/sth [in sth]

mit|emp·fin·den* *irreg* **I.** *vt (geh)* ■**etw** ~ to feel sth too; ***ich kann Ihre Trauer gut*** ~ I know well the grief you are feeling
II. *vi (geh)* ■[**mit jdm**] ~ to sympathize [with sb], to feel for sb

mit|ent·schei·den* *vt, vi irreg* ■[**etw**] ~ to have a say [in sth]

Mit·er·be, -er·bin ['mɪtʔɛrbə, -ɛrbɪn] *m, f* joint heir [*or* beneficiary]

Mit·er·ben·ge·mein·schaft *f* JUR community of joint heirs

Mit·er·fin·der(in) *m(f)* joint inventor

Mit·er·fin·dung *f* joint inventorship

mit|er·le·ben* *vt* ■**etw** ~ *Ereignisse, Unglück* to experience [*or* live through] [*or* witness] sth; *eine Zeit* to be alive during sth; *im Fernsehen* to follow sth

mit|es·sen *irreg* **I.** *vt* ■**etw** [**mit jdm**] ~ to have sth [to eat] [with sb]; ***setz dich doch, iss einen Teller Suppe*** [***mit uns***] ***mit!*** sit down and have a bowl of soup with us!
II. *vi irreg* ■[**bei jdm**] ~ to eat [*or* have [*or* share] a meal] [with sb]

Mit·es·ser <-s, -> *m* blackhead

mit|fah·ren *vi irreg sein* ■[**mit jdm**] ~ to go [*or* get a lift] [with sb]; ***darf ich*** [***bei Ihnen***] ~***?*** can I have a lift?, can you give me a lift?; ■**jdn** ~ **lassen** to give sb a lift

Mit·fah·rer(in) *m(f)* fellow passenger

Mit·fahr·ge·le·gen·heit *f* lift **Mit·fahr·zen·tra·le** *f* lift-arranging [*or* AM ride-sharing] agency

mit|fie·bern *vi* ■**mit jdm** ~ to share sb's anticipation [*or* excitement]

Mit·fi·nan·zie·rung <-> *f kein p* co-financing

mit|füh·len I. *vt* ■[**jdm**] **etw** ~ to feel sth [with sb]; ***ich kann lebhaft ~, wie dir zu Mute sein muss*** I can well imagine how you must feel
II. *vi* ■[**mit jdm**] ~ to sympathize [with sb], to feel for sb

mit·füh·lend *adj* sympathetic; ~**e Worte** sympathetic [*or* compassionate] words

mit|füh·ren *vt* ■**etw** [**mit sich** *dat*] ~ ① *(geh: bei sich haben)* to carry [*or* have] sth [with one]; ***führen Sie*** [***bei sich/im Auto***] ***zu verzollende Artikel mit?*** do you have anything to declare [with you/in the car]?
② *(transportieren)* to carry sth along

mit|ge·ben *vt irreg* ① *(auf den Weg geben)* ■**jdm etw** [**für jdn**] ~ to give sb sth [for sb]; ***ich gebe dir einen Apfel für unterwegs mit*** I'll give you an apple to take with you
② *(als Begleitung geben)* ■**jdm jdn** ~ to send sb along with [*or* get sb to accompany] sb
③ *(für etw versehen)* ■**jdm etw** ~ to give sb [*or* provide sb with] sth

Mit·ge·fan·ge·ne(r) *f(m) dekl wie adj* fellow prisoner

Mit·ge·fühl *nt kein pl* sympathy *no pl;* [**mit jdm**] ~ **empfinden** to feel [*or* have] sympathy [for sb]

mit·ge·führt *adj inv* ~**e Ladung** within cargo

mit|ge·hen *vi irreg sein* ① *(begleiten)* ■[**mit jdm**] ~ to go too [*or* with sb]; ***will noch jemand*** [***mit mir***] ~***?*** does anyone want to go with me? [*or* come [with me]]
② *(sich mitreißen lassen)* ■[**mit jdm/bei etw** *dat*] ~ to respond [to sb/sth]
③ *(stehlen)* **etw** ~ **lassen** *(sl)* to walk off with [*or fam* pinch] sth

mit·ge·nom·men I. *pp von* **mitnehmen**
II. *adj inv (fam)* worn-out; ~ **aussehen** *Mensch* to look worn-out; *Sache* to be in a sorry state

Mit·ge·sell·schaf·ter(in) *m(f)* co-shareholder

mit·ge·stal·ten* *vt* ■**etw** ~ to help fashion [*or* shape] [*or* form] sth

Mit·gift <-, -en> *f* dowry

Mit·gläu·bi·ger(in) *m(f)* JUR co-creditor, joint creditor

Mit·glied ['mɪtgli:t] *nt* member; ***Zutritt nur für ~ er*** members only; **als** ~ **der Gewerkschaft** as a trade union member [*or* trade unionist]; **ordentliches** ~ full member; **passives** ~ non-active member; **vollberechtigtes** ~ full member; ~ **einer S.** *gen* **sein** to be a member of sth; ~ **des Vorstandes sein** to sit [*or* have a seat] on the board; ~**er werben** to enlist members

Mit·glie·der·be·fra·gung *f* membership survey, canvas[sing] of the members **Mit·glie·der·bei·trag** <-[e]s, -beiträge> *m* SCHWEIZ *(Mitgliedsbeitrag)* membership subscription [*or* fee] **Mit·glie·der·haf·tung** *f* JUR members' liability, liability of members **Mit·glie·der·ver·samm·lung** *f* general meeting **Mit·glie·der·zahl** *f* number of members, membership

Mit·glieds·aus·weis *m* membership card **Mit·glieds·bei·trag** *m* membership subscription [*or* fee]

Mit·glied·schaft <-, -en> *f* membership; **die** ~ **in einer Partei beantragen** to apply for membership of [*or* in] a party

Mit·glied·schafts·an·trag *m* application for membership **Mit·glied·schafts·rech·te** *pl* JUR membership rights

Mit·glieds·fir·ma *f* ÖKON member firm **Mit·glieds·land** *nt* POL member country [*or* state] **Mit·glieds·staat** *m* member state **Mit·glieds·un·ter·neh·men** *nt* member company

mit|grö·len *vi (fam)* to bawl along [to a/the song]; ***sie grölten alle mit*** they all bawled together [*or* in unison]

mit|ha·ben *vt irreg* ■**etw** ~ to have got sth [with one]; ***haben wir genug Geld mit?*** have we got enough money [with us]?

Mit·häft·ling *m* fellow prisoner

Mit·haf·tung *f* JUR joint liability

mit|hal·ten *vi irreg* ■[**bei etw** *dat*] ~ to keep up [with sth]; **bei dem Konkurrenzkampf** ~ to keep pace with the competition; **bei einer Diskussion** ~ to hold one's own in a discussion; **eine Argumentation/Theorie** ~ to follow an argument/a theory; ***ich konnte*** [***bei der Auktion***] ***nicht mehr*** ~ I couldn't stay in the bidding any longer; ***ich halte mit*** count me in

mit|hel·fen *vi irreg* ① *(sich helfend beteiligen)* ■[**jdm**] [**bei etw** *dat*/**in etw** *dat*] ~ to help [sb] [with/in sth]; **im Haushalt/in der Küche/beim Putzen** ~ to help [out] with the housework/in the kitchen/with the cleaning
② *(dazu beitragen)* ■~, **dass etw geschieht** to contribute to sth happening

Mit·her·aus·ge·ber(in) *m(f)* co-editor, joint editor; *(Verlag)* co-publisher

Mit·hil·fe ['mɪthɪlfə] *f kein pl* help *no pl,* assistance *no pl;* **unter jds** ~ with sb's help; **unter** ~ **von jdm** with the aid [*or* assistance] of sb

mit·hin [mɪt'hɪn] *adv (geh)* therefore, consequently

mit|hö·ren I. *vt* ■**etw** ~ to listen to sth; **ein Gespräch** ~ to listen in on a conversation; ***wir haben alles mitgehört*** we heard everything
II. *vi* to listen in; *(zufällig)* to overhear; ***Feind hört mit!*** careless talk costs lives!

Mit·in·ha·ber(in) *m(f)* co-owner, joint owner; *(von Firma, Geschäft a.)* co-proprietor

Mitin·ha·ber·schaft *f* JUR joint ownership [*or* proprietorship]

mit|kämp·fen *vi* ■[**bei etw** *dat*/**in etw** *dat*] ~ to fight [at/in sth]; **in der Schlacht bei Waterloo** ~ to take part in [*or* fight at] the Battle of Waterloo; **bei dem Sturmangriff auf die Burg** ~ to take part in the assault on the castle; **im Ersten Weltkrieg** ~ to fight in the First World War

Mit·klä·ger(in) <-s, -> *m(f)* JUR *im Zivilrecht* joint plaintiff; *im Strafrecht* joint prosecuting party

mit|klin·gen *vi irreg* ■[**in etw** *dat*] ~ to sound [in sth]; ***klingt in deinen Worten Enttäuschung/Verbitterung mit?*** is there a note of disappointment/bitterness in your words?

mit|kom·men *vi irreg sein* ① *(begleiten)* ■[**mit jdm**] ~ to come [with sb]; ***kommst du mit?*** are you coming with me/us/too?; ***kommt doch mit uns mit*** do come with us
② *(Schritt halten können)* ■[**mit jdm**] ~ to keep up [with sb]
③ *(mitgeschickt werden)* ■[**mit etw** *dat*] ~ to come [*or* arrive] [with sth]; **mit der Post** ~ to come with the post [*or* AM mail]; ***das zweite Paket kommt vielleicht mit der zweiten Lieferung mit*** the second parcel may come in/with the second post
④ SCH *(fam: mithalten können)* ■[**in etw** *dat*] ~ to be equal [*or* up] to sth; **in der Schule gut/schlecht** ~ to get on well/badly at school
⑤ *(verstehen)* **da komme ich nicht mit** *(fam)* it's beyond me *fam;* ***ich komme da nicht mit*** I don't get it

mit|kön·nen *vi irreg (fam)* ① *(begleiten dürfen)* ■[**mit jdm**] [**irgendwohin**] ~ to be able to come/go [somewhere] [with sb]; ***sie kann ruhig mit*** she is welcome to come too
② *(fam: verstehen)* ■**bei etw** *dat* **noch/nicht mehr** ~ to still/no longer be able to follow sth

mit|krie·gen *vt (fam) s.* **mitbekommen**

mit|lau·fen *vi irreg sein* ① *(zusammen mit anderen laufen)* ■[**bei etw** *dat*] ~ to run [in sth]; ***beim Marathonlauf sind über 500 Leute mitgelaufen*** over 500 people took part in the marathon
② *(sich gleichzeitig bewegen)* to run; ***das Band läuft mit*** the tape is running

Mit·läu·fer(in) *m(f)* POL *(pej)* fellow traveller [*or* AM *a.* traveler], sympathizer

Mit·läu·fer·ef·fekt *m* ÖKON bandwagon effect

Mit·laut ['mɪtlaut] *m* consonant

Mit·leid ['mɪtlait] *nt kein pl* sympathy *no pl,* pity; ***ich brauche dein ~ nicht*** I don't need your sympathy; ■**jds** ~ [**mit jdm**] sb's sympathy [for sb]; ~ [**mit jdm/einem Tier**] **haben** [*o geh* **empfinden**] to have [*or* feel] sympathy [*or* feel pity [*or* compassion]] [for sb/an animal]; ~ **erregend** *Anblick* pitiful; ~ **schinden** *(fam)* to fish for sympathy; **aus** ~ out of pity; ***er ließ den Frosch aus ~ frei*** he took pity on the frog and set it free

Mit·lei·den·schaft *f kein pl* **etw zieht jdn in** ~ *(geh)* sth affects sb; ***der Sturz hat sie ganz schön in ~ gezogen*** the fall has taken a lot out of her; **etw zieht etw** *akk* **in** ~ *(geh)* sth has a detrimental effect on sth

mit·leid·er·re·gend *adj Anblick* pitiful

mit·lei·dig ['mɪtlaidɪç] **I.** *adj* ① *(mitfühlend)* sympathetic, compassionate
② *(iron: verächtlich)* pitying
II. *adv* ① *(voller Mitgefühl)* sympathetically, compassionately
② *(iron: verächtlich)* pityingly

mit·leid(s)·los I. *adj* pitiless, heartless
II. *adv* pitilessly, without pity

Mit·leid(s)·lo·sig·keit <-> *f kein pl* pitilessness *no pl*

mit·leid(s)·voll *adj (geh)* sympathetic, compassionate

mit|le·sen I. *vt irreg* ■**etw** ~ ① *(ebenfalls lesen)* to read sth too
② *(etw zusammen mit jdm lesen)* to read sth with sb
II. *vi* to read too [*or* at the same time]

mit|ma·chen I. *vi* ① *(teilnehmen)* ■[**bei etw** *dat*] ~ to take part [in sth], to join in [sth]; **bei einem Ausflug/Kurs** ~ to go on a trip/do a course
② *(fam: gut funktionieren)* to be up to it; **wenn das Wetter mitmacht** if the weather cooperates [*or* is good enough]; **solange meine Beine** ~ as long as my legs hold out; **wenn das Herz mitmacht** if his/her heart can take it
II. *vt* ① *(fam: etw hinnehmen)* ■**etw** ~ to go along with sth; ***lange mache ich das nicht mehr mit*** I won't put up with [*or* stand for] it much longer
② *(sich beteiligen)* ■**etw** ~ to join [*or* take part] in sth; **den Ausflug/die Wanderung** ~ to go on the trip/walk
③ *(erleiden)* ■**viel/einiges** ~ to go through a lot/quite a lot

Mit·mensch *m* fellow man [*or* human being]

mit·mensch·lich *adj inv, attr Beziehungen, Kontakte* interpersonal

M

Mit·mie·ter(in) *m(f)* joint tenant

mit·mi·scheln ['mɪtmiʃl̩n] *vi* SCHWEIZ *(mitmischen)* ■**bei etw** *dat* **~** to be involved in sth

mit|mi·schen *vi (fam)* ■**bei etw** *dat*/**in etw** *dat* **~** to be involved in sth

mit|müs·sen *vi irreg* to have to come/go too

Mit·nah·me <-> *f kein pl (geh)* taking [away] with one; ***diese Prospekte liegen hier zur kostenlosen ~ aus*** you can take these brochures with you free of charge; **unter ~ einer S.** *gen* taking/having taken sth with one

Mit·nah·me·markt *m* cash and carry **Mit·nah·me·men·ta·li·tät** *f* POL claimant mentality *(mentality that leads people to claim any and every kind of benefit they are legally entitled to, regardless of whether or not they actually need to)* **Mit·nah·me·preis** *m* take-away price

mit|neh·men *vt irreg* ❶ *(zur Begleitung nehmen)* ■**jdn/ein Tier** [**irgendwohin**] **~** to take sb/an animal with one [somewhere]
❷ *(mit sich nehmen)* ■**etw** [**irgendwohin**] **~** to take sth with one [somewhere]; ***sind die Probefläschchen zum M~?*** can I take one of these sample bottles?, are these sample bottles for free?; ***zum Hieressen oder zum M~?*** to eat in or [to] take away?
❸ *(transportieren)* ■**jdn ~**: ***könnten Sie mich*** [***im Auto***] ***~?*** could you give me a lift [in your car]?
❹ *(erschöpfen)* ■**jdn ~** to take it out of sb; ***ihr seht mitgenommen aus*** you look worn out
❺ *(in Mitleidenschaft ziehen)* ■**etw ~** to take its toll on sth; ***das Fahren auf den buckligen Strecken hat die Stoßdämpfer sehr mitgenommen*** the bumpy roads have really taken their toll on [*or* worn out] the shock absorbers
❻ *(fam: erleben)* ■**etw ~** to see [*or* visit] sth; **die Sehenswürdigkeiten ~** to take in the sights

mit·nich·ten [mɪt'nɪçtn̩] *adv (geh)* not at all, by no means

Mi·to·chon·dri·um <-s, Mitochondrien> [mito'xɔndriʊm, *pl* mito'xɔndriən] *nt* BIOL mitochondrion

Mi·to·se <-, -n> [mi'to:zə] *f* BIOL mitosis

mi·to·tisch [mi'to:tɪʃ] *adj* BIOL mitotic

Mit·pa·ti·ent(in) *m(f)* fellow patient

Mi·tra <-, Mitren> ['mi:tra, *pl* 'mi:trn̩] *f* REL mitre

mit|rech·nen I. *vt* ■**etw ~** to include sth [in a calculation]
II. *vi* to count too

mit|re·den *vi* ❶ *(beteiligt sein wollen)* ■[**bei etw** *dat*] **~** to have a say [in sth]
❷ *(sich kompetent beteiligen)* ■**~ können** to be competent to talk about sth; **bei einer Diskussion ~ können** to be able to join in a discussion; ***da können Sie nicht ~*** you wouldn't know anything about that; *s. a.* **Wörtchen**

mit|re·gie·ren* *vi* POL to be part of the government *(as a* [*minor*] *coalition partner)*

mit|rei·sen *vi sein* ■[**mit jdm**] [**irgendwohin**] **~** to travel [somewhere] [with sb]

Mit·rei·sen·de(r) *f(m) dekl wie adj* fellow passenger

mit|rei·ßen *vt irreg* ❶ *(mit sich reißen)* ■**jdn/etw ~** to sweep [*or* carry] sb/sth away
❷ *(begeistern)* ■**jdn ~** to get sb going; ***die Musik riss die Fans förmlich mit*** the fans got quite carried away by the music

mit·rei·ßend *adj* rousing; *Spiel* thrilling, exciting

mit·samt [mɪt'zamt] *präp +gen* ■**~ einer S.** *gen* together [*or* complete] with sth

mit|schi·cken *vt (im Brief)* ■**etw** [**in etw** *dat*] **~** to enclose sth [in sth]

mit|schlei·fen *vt* ■**jdn/etw ~** to drag sb/sth along

mit|schlep·pen *vt (fam)* ■**jdn/etw** [**mit sich** *dat*] **~** to lug [*or* hump] [*or* cart] sb/sth [with one] *fam*

mit|schnei·den *vt irreg* ■**etw** [**auf etw** *dat*] **~** *a.* TELEK to record [*or* tape] sth [on sth]

Mit·schnitt *m* ❶ *(das Mitschneiden)* recording, taping
❷ *(Aufnahme)* recording, tape; **einen ~ von etw** *dat* **machen** to make a recording of [*or* tape] sth

mit|schrei·ben *irreg* **I.** *vt* ■**etw ~** to write [*or* take] down sth *sep*
II. *vi* to take notes

Mit·schuld *f* ■**jds ~** [**an etw** *dat*] sb's share of the blame [*or* responsibility] [for sth]; JUR sb's complicity [in sth]; **die ~** [**an etw** *dat*] **eingestehen/von sich** *dat* **weisen** to admit/deny one's share of the blame [*or* that one was partly responsible [*or* to blame]] [for sth]; **eine ~** [**an etw** *dat*] **tragen** to share the blame [*or* responsibility] [for sth], to be partly responsible [*or* to blame] [for sth]

mit·schul·dig *adj* ■**der/die** [**an etw** *dat*] **~e ...** the ... who is partly responsible [*or* to blame] [for sth]; ■**~** [**an etw** *dat*] **sein** to be partly responsible [*or* to blame] [for sth]; JUR to be guilty of complicity [in sth]; **sich** *akk* **~ machen** to incur part of the blame [*or* responsibility]; JUR to become guilty of complicity as a result of one's actions

Mit·schul·di·ge(r) *f(m) dekl wie adj* sb who is partly to blame [*or* responsible]; JUR accomplice

Mit·schuld·ner(in) *m(f)* JUR co-debtor

Mit·schü·ler(in) *m(f)* SCH *(Klassenkamerad)* classmate; *(Schulkamerad)* school-friend

mit|schwin·gen *vi irreg* ❶ MUS *(gleichzeitig schwingen)* to resonate [as well [*or* too]]
❷ *(geh: auch anklingen)* ***als er sprach, schwang ein ärgerlicher Unterton mit*** there was a note of annoyance in his voice as he spoke

mit|sin·gen *irreg* **I.** *vi* to sing along, to join in; ■**in etw** *dat*/**bei etw** *dat* **~** to sing in sth; ***ich habe früher in einem Kirchenchor mitgesungen*** I used to be member of a church choir
II. *vt* MUS ■**etw ~** to join in [singing] sth

mit|spie·len *vi* ❶ SPORT *(mit anderen spielen)* ■[**in etw** *dat*/**bei etw** *dat*] **~** to play [in/for sth]; ***er spielt in der anderen Mannschaft mit*** he's playing for [*or* he's on] the other team; **in einem Orchester ~** to play in an orchestra
❷ FILM, THEAT ■[**bei etw** *dat*/**in etw** *dat*] **~** to be [*or* act] in sth
❸ *(bei Kinderspielen)* to play
❹ *(fam: mitmachen)* to go along with it; ***wenn die Geschäftsleitung mitspielt, ...*** if the management agrees to it, ...; ***das Wetter spielte nicht mit*** the weather wasn't kind to us
❺ *(beteiligt sein)* ■[**bei etw** *dat*] **~** to play a part [in sth]
❻ *(umgehen)* ***er spielte ihm übel mit*** he treated him badly

Mit·spie·ler(in) *m(f)* ❶ SPORT *(Mannschaftskamerad)* teammate
❷ THEAT *(zusammen auftretender Schauspieler)* fellow actor, member of the cast
❸ *(jd, der mitspielt)* other player; ***ich suche noch eine ~in für ein Schachspiel*** I'm looking for someone to play chess with
❹ LING actant

Mit·spra·che *f* say *no def art;* **ein Recht auf ~ haben** to be entitled to have a say

Mit·spra·che·recht *nt kein pl* right to have a [*or* one's] say; **ein ~ bei etw** *dat* **haben** to have a say in sth; **jdm ein ~** [**bei etw** *dat*] **einräumen** [*o* **gewähren**] to grant sb a say [in sth]

mit|spre·chen *irreg* **I.** *vt* ■**etw ~** to join in [saying] sth; **das Tischgebet ~** to join in saying grace
II. *vi* ■[**bei etw** *dat*/**in etw** *dat*] **~** to have a [*or* one's] say [in sth]

Mit·strei·ter(in) <-s, -> *m(f) (geh)* comrade-in-arms

Mit·tag[1] <-[e]s, -e> ['mɪta:k, *pl* 'mɪta:gə] *m (zwölf Uhr)* midday, noon; *(Essenszeit)* lunchtime; ***wir haben gleich ~*** it's coming up to [*or* almost] midday [*or* lunchtime], it'll soon be midday; ■**gegen ~** around [*or* about] midday [*or* noon]; ■**über ~** at lunchtime[s]; ■**des ~s** *(geh)* at noon [*or* midday]; **zu ~ essen** to have [*or* eat] lunch; **etw zu ~ essen** to have [*or* eat] sth for lunch; **~ haben** [*o* **machen**] *(fam)* to have [*or* take] [*or* be on] one's lunch break; ***in aller Regel machen wir eine halbe Stunde ~*** we usually have a half-hour lunch break [*or* half an hour [off] for lunch]

Mit·tag[2] <-s> ['mɪta:k] *nt kein pl* DIAL *(fam: Mittagessen)* lunch

Mit·tag·es·sen *nt* lunch

mit·täg·lich ['mɪtɛ:klɪç] *adj attr* ❶ *(zur Mittagszeit stattfindend)* midday, lunchtime
❷ *(für den Mittag typisch)* midday

mit·tags ['mɪta:ks] *adv* at midday [*or* lunchtime]

Mit·tags·hit·ze *f* midday heat **Mit·tags·lunch** <-[e]s *o* -, -[e]s *o* -e> *m* SCHWEIZ *(Mittagessen)* lunch **Mit·tags·mahl** *nt (veraltend geh)*, **Mit·tags·mahl·zeit** *f (geh)* luncheon *form,* midday meal **Mit·tags·pau·se** *f* lunch break [*or* hour]; **~ haben/machen** to have [*or* be on]/take one's lunch break [*or* hour] **Mit·tags·ru·he** *f kein pl* ≈ siesta; **~ halten** to rest after lunch **Mit·tags·schlaf** *m* midday [*or* after-lunch] sleep [*or* nap]; **einen ~ machen** [*o* **halten**] to have [*or* take] a midday [*or* an after-lunch] sleep [*or* nap] **Mit·tags·son·ne** *f* midday sun **Mit·tags·stun·de** *f (geh)* midday, noon; ■**in der ~** at midday [*or* noon]; ■**um die** [*o* **zur**] **~** around [*or* about] noon [*or* midday] **Mit·tags·tisch** *m* ❶ *(zum Mittagessen gedeckter Tisch)* lunch table
❷ *(im Restaurant)* lunch menu; **einen ~ halten** to serve lunch **Mit·tags·zeit** *f kein pl* lunchtime, lunch hour; ■**in** [*o* **während**] **der ~** at lunchtime, during the lunch break; ■**um die ~** around lunchtime

Mit·tä·ter(in) *m(f)* accomplice

Mit·tä·ter·schaft <-> *f kein pl* complicity; ■**~ an etw** *dat* complicity in sth

Mitt·drei·ßi·ger(in) <-s, -> ['mɪtdraisɪgɐ] *m(f)* sb in their mid-thirties

Mit·te <-, -n> ['mɪtə] *f* ❶ *(Punkt in der Hälfte von etwas)* midpoint
❷ *(Mittelpunkt)* centre [*or* AM -er]; ■**in der ~ einer S.** *gen* in the centre [*or* middle] of a thing; **in der ~ der Wand** in the centre of the wall; **in der ~ einer großen Menschenmenge** in the middle of a large crowd of people; ■**in der ~ zwischen ...** halfway [*or* midway] between ...; **jdn in die ~ nehmen** to take hold of sb between one; **aus unserer/ihrer ~** from our/their midst; **in unserer/ihrer ~** in our/their midst, among us/them [*or form* our/their number]
❸ POL ■**die ~** *(politische Gruppierung)* the centre [*or* AM -er]; **die linke/rechte ~** the centre-left/centre-right, left-of-centre/right-of-centre; **in der ~ stehen** to be in the centre
❹ *(zur Hälfte)* middle; **~ Januar/Februar/...** mid-January/February/...; **~ des Jahres/Monats** in the middle of the year/month; **~** [**der**] **... sein** to be in one's mid- ...; ***ich hätte sie auf ~ dreißig geschätzt*** I would have said that she's in her mid-thirties
▶WENDUNGEN: **ab durch die ~!** *(fam)* come on, let's get out of here! [*or sl* beat it]; **die goldene ~** the golden mean, a happy medium

mit|tei·len ['mɪttailən] **I.** *vt* ■**jdm etw ~** to tell sb [*or form* inform sb of] sth; ■**jdm ~, dass** to tell [*or form* inform] sb that
II. *vr* ❶ *(sich erklären)* ■**sich** *akk* [**jdm**] **~** to communicate [with sb]
❷ *(geh: sich übertragen)* ■**sich** *akk* **jdm ~** to communicate itself to sb

mit·teil·sam *adj* talkative

Mit·tei·lung *f* ❶ *(Benachrichtigung)* notification; **eine amtliche ~** [*o* **offizielle**] an official communication [*or* communiqué]; **eine ~ bekommen** [*o* **erhalten**] to be notified; **eine ~ bekommen, dass** to be notified [*or* informed] that; **über etw** *akk* **~ bekommen** [*o* **erhalten**] to be notified [*or* informed] of [*or* about] sth; **jdm** [**eine**] **~** [**von etw** *dat*] **machen** *(geh)* to notify [*or* inform] sb [of sth], to report [sth] to sb; **nach ~ der/des ...** according to the ...
❷ *(Bekanntgabe)* announcement; **eine ~ machen** to make an announcement

Mit·tei·lungs·be·dürf·nis *nt kein pl* need to talk [to other people] **Mit·tei·lungs·blatt** *nt* newsletter

mit·tei·lungs·freu·dig *adj* fond of talking; ***Telefone sind sehr ~*** telephones are chat-happy *fam*

Mit·tei·lungs·pflicht *f* JUR duty of disclosure

mit·tel ['mɪtl̩] *adj* **~ durchgebraten** KOCHK half-done

Mit·tel <-s, -> ['mɪtl̩] *nt* ❶ PHARM *(Arznei)* drug, remedy; ***welches ~ nehmen Sie?*** what do you take?; ***welches ~ hat der Arzt Ihnen verschrieben?*** what did the doctor give you?; ■**ein ~ gegen etw** *akk* a cure [*or* remedy] for sth; ***ich habe mir ein ~ gegen Migräne verschreiben lassen*** I got the doctor to prescribe me something for my migraine; ***das ist ein ~ gegen Schuppen*** that is for dandruff; ***es gibt kein ~ gegen Schnupfen*** there is no cure for the common cold; **ein ~ gegen Grippe** a remedy [*or* cure] for influenza; **ein ~ gegen Schmerzen** a pain reliever; **ein schmerzstillendes ~** a painkiller

② *(Substanz)* **ein ~ zum Einreiben** *(flüssig)* a lotion to be rubbed in; *(Salbe)* an ointment to be rubbed in; **ein ~ zum Entfernen von Flecken** a stain remover; **ein ~ gegen Insekten** an insect repellent; **ein ~ zur Reinigung von Teppichen** a cleaning agent for carpets; **ein ~ gegen Ungeziefer** a pesticide

③ *(Hilfsmittel)* device; ***ein ~ um Wasser zu sparen*** a water-saving device; **ein ~ zur Empfängnisverhütung** a contraceptive device; **ein rhetorisches/stilistisches ~** a rhetorical/stylistic device

④ *(Methode)* method, means *sing,* way *usu pl;* ***es gibt ~, das herauszufinden*** there are ways of finding that out; ***er ist in der Wahl seiner ~ nicht zimperlich*** he is not fussy about what methods he chooses; **mit allen ~n** by every means; ***sie hat mit allen ~n gekämpft, um ...*** she fought tooth and nail to ...; **als äußerstes** [*o* **letztes**] **~** as a last resort; ***Streikmaßnahmen sollten als äußerstes ~ angesehen werden*** strike action should be regarded as the last resort; ***sie haben zum äußersten ~ gegriffen und ihm Hausverbot erteilt*** as a last resort they forbid him to enter the house; **etw mit allen ~n bekämpfen/zu verhindern versuchen** to do one's utmost [*or* everything one can] to oppose/prevent sth; **ein ~ haben, [um] etw zu tun** to have ways [*or* means] of doing sth; ***wir haben ~, um ihn zum Reden zu bringen*** we have ways of making him talk; **jdm ist jedes ~ recht** sb will go to any length[s] [*or* stop at nothing]; **kein ~ unversucht lassen** to leave no stone unturned, to try everything; **mit allen ~n versuchen, etw zu tun** to try one's utmost to do sth; **~ und Wege finden** to find ways and means; **~ und Wege suchen** to look for ways and means; **ein ~ zum Zweck sein** to be a means to an end

⑤ *pl (Geldmittel)* funds *pl* [*or* resources] *pl; (Privatmittel a.)* [financial] means *pl;* ***meine ~ sind erschöpft*** my funds are exhausted; ***zum Glück verfüge ich dazu noch über ausreichende ~*** thankfully, I've got enough funds left to cover that; ***von seinen bescheidenen ~n kann er kaum die Miete zahlen*** with his modest means he can hardly pay the rent; **~ abstoßen** FIN to liquidate resources; **~ aufbringen/binden/kürzen** FIN to raise/tie up/cut funds; **beschränkte/flüssige ~** FIN limited resources/liquid assets; **etw aus eigenen ~n bezahlen** to pay for sth out of one's own resources; **mit** [*o* **aus**] **öffentlichen ~n** from public funds

⑥ *(Mittelwert)* average; **arithmetisches/geometrisches ~** MATH arithmetic/geometric mean; **gewichtetes ~** weighted average; **im ~** on average; **etw im ~ erreichen** to average [at] sth

Mit·tel·ab·flussRR *m* FIN outflow of funds

Mit·tel·ach·se [-aksə] *f* ARCHIT, MATH central axis; AUTO central axle

mit·tel·alt ['mɪtl̩ʔalt] *adj* medium-matured

Mit·tel·al·ter ['mɪtl̩ʔaltɐ] *nt kein pl* HIST ■**das ~** the Middle Ages *npl;* ■**das finstere** [*o* **finsterste**] **~** the Dark Ages *npl*

mit·tel·al·ter·lich ['mɪtl̩ʔaltɐlɪç] *adj* HIST medieval

Mit·tel·ame·ri·ka ['mɪtl̩ʔa'meːrika] *nt* Central America

Mit·tel·ame·ri·ka·ner(in) <-s, -> *m(f)* Central American

mit·tel·ame·ri·ka·nisch *adj* Central American

mit·tel·bar ['mɪtl̩baːɐ̯] I. *adj* indirect; **~er Schaden** consequential damage

II. *adv* indirectly

Mit·tel·bau <-bauten> *m* ① ARCHIT *(mittlerer Trakt)* central [*or* main] part [*or* block]

② *kein pl* SCH *(Assistenten und Räte)* non-professorial teaching staff

Mit·tel·be·schaf·fung *f* FIN procurement of capital, raising of funds **Mit·tel·be·trieb** *m* medium-sized business [*or* enterprise] **Mit·tel·be·wirt·schaf·tung** *f kein pl* ÖKON resources management **Mit·tel·brust** *f* KOCHK brisket **Mit·tel·deck** *nt* middle deck **mit·tel·deutsch** ['mɪtl̩dɔytʃ] *adj* ① LING Middle [*or* Central] German ② HIST *(die DDR betreffend)* East German **Mit·tel·deutsch·land** ['mɪtl̩dɔytʃlant] *nt (veraltend)* Central Germany *(roughly between the rivers Elbe and Oder)* **Mit·tel·ding** *nt (fam)* ■**ein ~** sth in between; ***eine Chaiselongue ist ein ~ zwischen Sofa und Ruhesessel*** a chaise longue is something between a sofa and an armchair **Mit·tel·eng·land** *nt* the Midlands *npl* **Mit·tel·eng·lisch** *nt* LING Middle English **Mit·tel·eu·ro·pa** ['mɪtl̩ʔɔy'roːpa] *nt* Central Europe **Mit·tel·eu·ro·pä·er(in)** *m(f)* Central European **mit·tel·eu·ro·pä·isch** ['mɪtl̩ʔɔyro'pɛːɪʃ] *adj* Central European **Mit·tel·feld** *nt kein pl* SPORT ① *(Spielfeld)* midfield ② *(Teilnehmer)* pack **Mit·tel·feld·spie·ler(in)** *m(f)* midfielder, midfield player **Mit·tel·fin·ger** *m* middle finger **Mit·tel·finn·land** *nt* Central Finland **Mit·tel·frank·reich** *nt* Central France **Mit·tel·frei·set·zung** *f* FIN release of funds

mit·tel·fris·tig I. *adj* medium-term *attr;* **~e Anlage** medium-term investment; **~es Darlehen** medium-term loan; **~e Finanzplanung/Kredite** medium-term revenue plan/loans

II. *adv* **~ anlegen** to make medium-term investments; **~ planen** to plan for the medium term

Mit·tel·gang *nt* centre [*or* central] aisle **Mit·tel·ge·bir·ge** *nt* low mountain range **Mit·tel·ge·wicht** *nt* SPORT ① *kein pl (mittlere Gewichtsklasse)* middleweight ② *(fam) s.* **Mittelgewichtler Mit·tel·ge·wicht·ler(in)** <-s, -> *m(f)* middleweight **mit·tel·groß** ['mɪtl̩groːs] *adj* of medium height *pred* **mit·tel·gut** *adj* average **Mit·tel·her·kunft** *f* FIN source of funds **Mit·tel·hirn** *nt* ANAT midbrain **Mit·tel·hoch·deutsch** ['mɪtl̩hoːxdɔytʃ] *nt* LING Middle High German; ■**das ~e** Middle High German

Mit·tel·klas·se *f* ① ÖKON *(mittlere Warenkategorie)* middle range, medium quality; **ein Wagen der ~** a mid-range car, a car in the medium [*or* middle] range

② SOZIOL middle class

Mit·tel·klas·se·ein·kom·men *nt* SOZIOL middle class income **Mit·tel·klas·se·wa·gen** *m* AUTO mid-range [*or* middle-of-the-range] car **Mit·tel·klas·se·wohn·ge·gend** *f* SOZIOL middle class area [*or* district]

Mit·tel·kon·so·le *f* AUTO center [*or* AM -er] console **Mit·tel·korn·reis** *m* medium grain rice **Mit·tel·kurs** *m* HANDEL mean price **Mit·tel·län·ge** *f* TYPO x-height **Mit·tel·läu·fer(in)** <-s, -> *m(f)* SPORT midfielder, midfield player

Mit·tel·li·nie *f* ① TRANSP *(Linie auf der Straßenmitte)* centre [*or* white] line; **durchgezogene/unterbrochene ~** continuous/broken centre [*or* white] line

② SPORT *(Linie des Mittelfeldes)* halfway line

mit·tel·los *adj* destitute, penniless

Mit·tel·lo·sig·keit <-> *f kein pl* poverty *no pl*

Mit·tel·maß *nt kein pl* ① *(meist pej: mittlere Leistung, Qualität)* mediocrity *no art*

② *(Durchschnitt)* average; **ein gesundes ~** a happy medium; **ein gutes ~** a good average

mit·tel·mä·ßig I. *adj* average; **eine ~e Arbeit/Leistung** an average [*or pej* mediocre] work/performance

II. *adv* **~ begabt sein** to [only] have mediocre talent[s], to be mediocre; **~ spielen** to have an indifferent game; ***er spielte nur ~*** his performance was mediocre

Mit·tel·mä·ßig·keit <-> *f kein pl* mediocrity

Mit·tel·meer ['mɪtl̩meːɐ̯] *nt* ■**das ~** the Mediterranean [Sea]

Mit·tel·meer·an·rai·ner *pl* the countries bordering the Mediterranean **Mit·tel·meer·kli·ma** *nt* Mediterranean climate **Mit·tel·meer·land** *nt* Mediterranean country **Mit·tel·meer·raum** *m* ■**der ~** the Mediterranean [region]

Mit·tel·mo·tor *m* AUTO mid-engine **Mit·tel·mo·tor·Roads·ter** [-roːtstɐ] *m* mid-engine roadster

Mit·tel·ohr *nt* ANAT middle ear **Mit·tel·ohr·ent·zün·dung** *f* inflammation of the middle ear, middle ear inflammation

mit·tel·präch·tig I. *adj (iron fam)* great *iron fam*

II. *adv (fam)* not particularly good; **sich** *akk* **~ fühlen** to not feel particularly good

Mit·tel·punkt *m* ① MATH *(Punkt in der Mitte)* midpoint; *(Zentrum)* centre [*or* AM -er]

② *(zentrale Figur)* centre [*or* AM -er] of attention; **im ~ sein** [*o* **stehen**] to be the centre of attention; **im ~ des öffentlichen Interesses stehen** to be the focus of public attention

Mit·tel·punkt·schu·le *f* SCH school situated in the centre [*or* AM -er] of a catchment area

mit·tels ['mɪtl̩s] *präp +dat o gen (geh)* by means of

Mit·tel·sä·ger <-s, -> *m* ORN red-breasted merganser **Mit·tel·schei·tel** *m* centre parting **Mit·tel·schicht** *f* SOZIOL middle class **Mit·tel·schiff** *nt* ARCHIT nave **Mit·tel·schnitt** *m* TYPO centre [*or* AM -er] slitting

Mit·tel·schu·le *f* ① *(Schultyp)* ≈ secondary school ② SCHWEIZ *(höhere Schule)* secondary school; **neue ~** ÖSTERR [new] secondary school

mit·tel·schwer *adj* relatively [*or* moderately] heavy; **ein ~es Auto** a medium-weight car; **eine ~e Übung** [*o* **Aufgabe**] a relatively [*or* moderately] difficult exercise **Mit·tel·senk·rech·te** *f* MATH midperpendicular

Mit·tels·mann <-männer *o* -leute> *m* intermediary, go-between, middleman

Mit·tel·sor·ten *pl* HANDEL seconds

Mit·tels·per·son *f (form)* intermediary

Mit·tel·stadt *f* medium-sized town

Mit·tel·stand *m* ① ÖKON ■**der ~** medium-sized companies [*or* firms] [*or* businesses]

② SOZIOL middle class

mit·tel·stän·disch *adj* medium-sized; **~e Betriebe/Firmen** medium-sized companies/firms; **~es Unternehmen** medium-sized business; **~e Wirtschaft** small business

Mit·tel·ständ·ler(in) *m(f)* ① *(Unternehmen)* medium-sized business

② POL, SOZIOL *(Angehöriger der Mittelschicht)* middle-class person

mit·tel·stands·feind·lich *adj* anti-small business **mit·tel·stands·freund·lich** *adj* pro-small business **Mit·tel·stands·kar·tell** *nt* ÖKON small firms' cartel **Mit·tel·stands·kre·dit** *m* FIN loan to small and medium-sized enterprises

Mit·tel·stein·zeit *f kein pl* ARCHÄOL Mesolithic period **Mit·tel·stel·lung** *f* intermediate position

Mit·tel·stre·cke *f* ① LUFT medium haul [*or* distance] ② SPORT middle distance

③ MIL *(Reichweite) Rakete* medium range

Mit·tel·stre·cken·flug·zeug *nt* LUFT medium-haul [*or* -range] aircraft **Mit·tel·stre·cken·lauf** *m* SPORT ① *(Disziplin)* middle-distance running *no art* ② *(einzelner Lauf)* middle-distance race **Mit·tel·stre·cken·ra·ke·te** *f* MIL medium-range missile

Mit·tel·strei·fen *m* TRANSP central reservation **Mit·tel·stück** *nt* middle [*or* centre BRIT] part [*or* piece] **Mit·tel·stu·fe** *f* SCH ≈ middle school **Mit·tel·stür·mer(in)** *m(f)* SPORT centre-forward, striker **Mit·tel·ver·ga·be** *f* FIN allocation of funds **Mit·tel·ver·wal·tung** *f* FIN administration of funds **Mit·tel·ver·wen·dung** *f* allocation of resources; FIN application of funds; **missbräuchliche ~** misappropriation of funds **Mit·tel·wa·gen** *m eines Zuges* mid-section carriage **Mit·tel·weg** *m* middle course; **der goldene ~** the golden mean, a happy medium **Mit·tel·wel·le** *f* RADIO medium wave **Mit·tel·wel·len·sen·der** *m* medium-wave transmitter **Mit·tel·wert** *m* mean [*or* average] [value]; **der arithmetische ~** the arithmetic mean **Mit·tel·zu·fluss**RR *m* FIN inflow of funds **Mit·tel·zu·wei·sung** *f* FIN allocation of funds

mit·ten ['mɪtn̩] *adv* ① *(direkt)* ■**~ aus etw** *dat* from

M

the midst of sth
❷ *(fam: gerade)* ■~ **bei etw** *dat* [right] in the middle of doing sth; ***sie kamen, als ich noch ~ beim Kochen war*** I was still in the middle of cooking when they arrived; ■~ **in etw** *dat* [right] in the middle of sth
❸ *(genau)* ■~ **in etw** *dat*/**vor etw** *dat* right into/on [the middle of] sth; ~ **entzweibrechen** to break in half [*or* two]
❹ *(geradewegs)* ■~ **durch etw** *akk* right [*or* straight] through [the middle of] sth; ~ **hindurch** straight through
❺ *(inmitten von)* ■~ **unter Menschen** in the midst of [*or* among] people; ***wie schön, dass ich wieder ~ unter euch sein darf*** how pleasant it is to be in your midst [*or* among you] again; ~ **unter Dingen** [right] in the middle [*or* midst] of things

mit·ten·drin [mɪtn̩'drɪn] *adv (fam)* ❶ *(genau in etw)* right [*or fam* slap-bang] in the middle [of it]; ■~ **in etw** *dat* right [*or fam* slap-bang] in the middle of sth
❷ *(direkt bei etw)* right in the middle of [doing] sth

mit·ten·drun·ter [mɪtn̩'drʊntɐ] *adv (fam)* in the middle of it/them **mit·ten·durch** [mɪtn̩'dʊrç] *adv* right [*or* straight] through the middle

mit·ten·mang [mɪtn̩'maŋ] *adv* NORDD *(fam)* [right] in the middle of it/them

Mit·ter·nacht ['mɪtɐnaxt] *f kein pl* midnight *no art*

mit·ter·nächt·lich *adj attr* midnight *attr*

Mit·ter·nachts·son·ne *f* ■**die** ~ the midnight sun

Mitt·fünf·zi·ger(in) <-s, -> *m(f)* a person in their mid-fifties

Mitt·ler(in) <-s, -> ['mɪtlɐ] *m(f)* mediator

mitt·le·re(r, s) ['mɪtlərə] *adj attr* ❶ *(in der Mitte von zweien)* ■**der/die/das** ~ the middle one [*or* one in the middle]; **mein ~r Bruder** my second oldest/youngest brother
❷ *(durchschnittlich)* average *attr or pred;* **zu ~n Preisen essen** to eat [out] at reasonable prices
❸ *(ein Mittelmaß darstellend)* medium-sized; **eine ~ Katastrophe/ein ~r Unfall** quite a substantial disaster/a fairly serious accident
❹ *(den Mittelwert bildend)* average; ~ **Auflage** TYPO medium-length run
❺ *(in einer Hierarchie)* middle; **~s Management** middle management; **eine ~ Position** a middle-ranking position; **ein Auto der ~n Klasse** a middle of the range car

Mitt·ler·rol·le *f* mediatory role, role of [the] mediator **Mitt·ler·tä·tig·keit** *f* intermediation

mitt·ler·wei·le ['mɪtlɐ'vailə] *adv (unterdessen)* in the mean time, meantime, meanwhile; *(seit dem)* since then; *(bis zu diesem Zeitpunkt)* by now

mit|tra·gen *vt irreg* ■**etw** ~ *Entscheidung* to share sth; *Vorhaben* to take part in sth

Mitt·sech·zi·ger(in) <-s, -> *m(f)* a person in their mid-sixties **Mitt·sieb·zi·ger(in)** <-s, -> *m(f)* a person in their mid-seventies **Mitt·som·mer** ['mɪtzɔmɐ] *m* midsummer **Mitt·som·mer·nacht** *f* midsummer['s] night

Mitt·vier·zi·ger(in) <-s, -> *m(f)* a person in their mid-forties

Mitt·woch <-s, -e> ['mɪtvɔx] *m* Wednesday; *s. a.* **Dienstag**

Mitt·woch·abendRR *m* Wednesday evening; *s. a.* **Dienstag mitt·woch·abends**RR *adv* [on] Wednesday evenings **Mitt·woch·mit·tag**RR *m* [around] noon on Wednesday; *s. a.* **Dienstag mitt·woch·mit·tags**RR *adv* [around] noon on Wednesdays **Mitt·woch·mor·gen**RR *m* Wednesday morning; *s. a.* **Dienstag mitt·woch·mor·gens**RR *adv* [on] Wednesday mornings **Mitt·woch·nach·mit·tag**RR *m* Wednesday afternoon; *s. a.* **Dienstag mitt·woch·nach·mit·tags**RR *adv* [on] Wednesday afternoons **Mitt·woch·nacht**RR *f* Wednesday night **mitt·woch·nachts**RR *adv* [on] Wednesday nights

mitt·wochs ['mɪtvɔxs] *adv* [on] Wednesdays; ~ **abends/nachmittags/vormittags** [on] Wednesday evenings/afternoons/mornings

Mitt·wochs·lot·to <-s> *nt kein pl* midweek lottery *(national lottery on Wednesdays)*

Mitt·woch·vor·mit·tagRR *m* Wednesday morning; *s. a.* **Dienstag mitt·woch·vor·mit·tags**RR *adv* [on] Wednesday mornings

Mitt·zwan·zi·ger(in) <-s, -> *m(f)* person in their mid-twenties, twenty-something

mit·un·ter [mɪt'ʔʊntɐ] *adv* now and then, from time to time

Mit·un·ter·neh·mer(in) *m(f)* HANDEL [co-]partner, co-contractor **Mit·un·ter·neh·mer·an·teil** *m* HANDEL partnership share **Mit·un·ter·neh·mer·ri·si·ko** *nt* co-contractor's risk **Mit·un·ter·neh·mer·schaft** *f* HANDEL [co-]partnership

mit·ver·ant·wort·lich *adj* jointly responsible *pred;* ■[**für etw** *akk*] ~ **sein** to be jointly responsible [for sth]

Mit·ver·ant·wor·tung *f* share of the responsibility; ~ [**für etw** *akk*] **haben** [*o* **tragen**] to have [*or* bear] a share of the responsibility [for sth]

mit|ver·die·nen* *vi* to go out to work as well

Mit·ver·fas·ser(in) *m(f)* co-author

Mit·ver·schul·den *nt* partial blame; *(bei Unfall)* contributory [*or* AM comparative] negligence; ***ihr konnte kein ~ nachgewiesen werden*** it wasn't possible to prove that she was partially to blame; **jdn trifft ein ~** [**an etw** *dat*] sb is partially [*or* partly] to blame [for sth]

mit|ver·si·chern* *vt* ■**jdn** ~ to include sb in one's insurance, to co-insure sb; ■**etw** ~ to include sth in one's insurance

Mit·ver·si·cher·te(r) *f(m)* JUR co-insured party **Mit·ver·si·che·rung** *f* JUR co-insurance **Mit·ver·ur·sa·chung** *f* JUR contributory causation **Mit·vor·mund** *m* JUR co-guardian, joint guardian **Mit·welt** ['mɪtvɛlt] *f kein pl* fellow men *pl;* ■**die** ~ the people about one

mit|wir·ken *vi* ❶ *(gestaltend beteiligt sein)* ■[**bei etw** *dat*/**an etw** *dat*] ~ to collaborate [on sth], to be involved [in sth]
❷ FILM, THEAT *(geh: mitspielen)* ■[**in etw** *dat*] ~ to appear [in sth]; **in einem Theaterstück** ~ to appear [*or* perform] in a play
❸ *(eine Rolle spielen)* ■[**bei etw** *dat*] ~ to play a part [*or* role] [in sth]

Mit·wir·ken·de(r) *f(m) dekl wie adj* ❶ *(mitwirkender Mensch)* participant, collaborator; **politisch ~r** active participant in political life
❷ FILM, THEAT *(geh: Mitspieler)* actor; **die ~n** the cast + *sing/pl vb*

Mit·wir·kung *f kein pl* collaboration, cooperation; **mit/ohne jds ~** with/without sb's collaboration [*or* cooperation]; **unter ~ von jdm** in collaboration with sb

Mit·wir·kungs·pflicht *f* JUR duty to cooperate; **die ~ des Käufers/Verkäufers/Auftraggebers** the buyer's/seller's/principal's duty to cooperate **Mit·wir·kungs·recht** *nt* JUR participatory right

Mit·wis·sen *nt kein pl* JUR knowledge of the matter [*or* crime]

Mit·wis·ser(in) <-s, -> *m(f)* somebody in the know; ~ [**einer S.** *gen*] **sein** to be in the know [about sth]; **jdn zum ~** [**einer S.** *gen*] **machen** to let sb in [on sth]

Mit·wis·ser·schaft <-> *f kein pl* JUR knowledge of a secret [*or* crime]

Mit·wohn·zen·tra·le *f* flat [*or* AM apartment] share agency

mit|wol·len ['mɪtvɔlən] *vi* to want to come too [*or* with sb]; ***so, wir gehen jetzt einkaufen, willst du nicht auch mit?*** right, we're going shopping, do you want to come as well?

mit|zäh·len I. *vi* ❶ *(jeweils addieren)* to count
❷ *(berücksichtigt werden)* to count
II. *vt* ■**jdn/etw** ~ to include sb/sth; ***das macht 63 Teilnehmer, dich und mich nicht mitgezählt*** that makes 63 participants, not including [*or* counting] you and I

mit|zie·hen *vi irreg* ❶ *sein (in einer Menge mitgehen)* ■[**in etw** *dat*] ~ to tag along [with sth]
❷ *haben (fam: mitmachen)* to go along with it; ■**bei etw** *dat* ~ to go along with sth

Mix <-, -e> ['mɪks] *m* combination, mix *fam*

Mix·be·cher *m* [cocktail-]shaker

mi·xen ['mɪksn̩] *vt* ■**etw** [**mit etw** *dat*] ~ to mix sth [with sth]

Mi·xer <-s, -> ['mɪksɐ] *m* ELEK blender, mixer

Mi·xer(in) <-s, -> ['mɪksɐ] *m(f)* cocktail waiter, barman

Mix·ge·tränk *nt* mixed drink, cocktail **Mix·stab** *m* hand-held blender

Mix·tur <-, -en> [mɪks'tuːɐ̯] *f* PHARM mixture

MKS <-> [ɛmkaː'ɛs] *f kein pl Abk von* **Maul- und Klauenseuche** foot-and-mouth [disease]

mm *Abk von* **Millimeter** mm

MMS <-, -> [ɛm'ɛmɛs] *f* MEDIA, TELEK *Abk von* **Multimedia Messaging Service** MMS

Mne·mo·nik [mne'moːnɪk] *f* mnemonics + *sing vb*

mne·mo·nisch [mne'moːnɪʃ] *adj* mnemonic

Mob <-s> ['mɔp] *m kein pl (pej)* mob

mob·ben ['mɔbn̩] *vt (fam)* ■**jdn** ~ to bully sb psychologically, to harass sb

Mob·bing <-s> ['mɔbɪŋ] *nt kein pl* PSYCH bullying [*or* AM *a.* mobbing] in the workplace

Mö·bel <-s, -> ['møːbl̩] *nt* ❶ *sing* piece [*or* item] of furniture
❷ *pl* furniture *no pl*

Mö·bel·fa·brik *f* furniture factory **Mö·bel·ge·schäft** *f* furniture shop [*or* store] **Mö·bel·händ·ler(in)** *m(f)* furniture dealer, dealer in furniture **Mö·bel·pa·cker(in)** *m(f)* removal man BRIT, [furniture] remover BRIT, mover AM **Mö·bel·po·li·tur** *f* furniture polish **Mö·bel·schrei·ner(in)** *m(f) s.* **Möbeltischler Mö·bel·spe·di·ti·on** *f* [furniture] removal firm BRIT, moving company AM **Mö·bel·stoff** *m* upholstery [*or* upholstering] fabric **Mö·bel·stück** *nt* piece [*or* item] of furniture **Mö·bel·tisch·ler(in)** *m(f)* cabinetmaker **Mö·bel·ver·käu·fer(in)** *m(f)* furniture salesman **Mö·bel·wa·gen** *m* removal [*or* AM moving] van

mo·bil [mo'biːl] *adj* ❶ *(beweglich)* mobile; **~er Besitz/~e Habe** movable possessions; **~es Vermögen** movables; **jdn/etw ~ machen** to mobilize sb/sth
❷ *(fam: munter)* lively, sprightly

Mo·bi·le <-s, -s> ['moːbilə] *nt* mobile

Mo·bile Ban·king <-[s]> ['məʊbaɪl bɛŋkɪŋ] *nt kein pl* FIN mobile banking, m-banking

Mo·bil·funk *m* TELEK ❶ *(allgemein)* mobile communications *pl*
❷ *(Gerät)* cellular radio, radio pager

Mo·bil·funk·an·ten·ne *f* mobile phone mast **Mo·bil·funk·dienst** *m* mobile telephone service[-provider] [*or* operator] **Mo·bil·funk·ein·heit** *f* car-phone **Mo·bil·funk·ge·rät** *nt* TELEK cellular [tele]phone **Mo·bil·funk·netz** *nt* AUTO cellular radio system **Mo·bil·funk·sta·ti·on** *f* TELEK cellular radio station

Mo·bi·li·ar <-s> [mobi'li̯aːɐ̯] *nt kein pl* furnishings *npl* **Mo·bi·li·ar·pfand·recht** *nt* JUR pledge, lien on movable chattels **Mo·bi·li·ar·si·cher·heit** *f* FIN chattel mortgage **Mo·bi·li·ar·ver·mö·gen** *nt* JUR personal property [*or* effects] *pl* **Mo·bi·li·ar·voll·stre·ckung** *f* JUR seizure and sale of movable property

Mo·bi·li·en [mo'biːli̯ən] *pl* JUR movables, chattels, movable property

mo·bi·li·sie·ren* [mobili'ziːrən] *vt* ❶ *(aktivieren)* ■**jdn** ~ to mobilize sb
❷ *(verfügbar machen)* ■**etw** ~ to make sth available; ***es gelang ihm, die letzten Kräfte zu ~*** he managed to summon up his last reserves of strength
❸ MIL *(in den Kriegszustand versetzen)* ■**jdn** ~ to mobilize sb

Mo·bi·li·sie·rung <-, -en> *f* mobilization; *Kapital* making liquid, freeing-up, releasing, realizing

Mo·bi·li·tät <-> [mobili'tɛːt] *f kein pl* mobility

Mo·bi·li·täts·recht *nt* JUR right of mobility

Mo·bil·kom·mu·ni·ka·ti·on *f kein pl* mobile communication **Mo·bil·kom·mu·ni·ka·ti·ons·lö·sung** *f* TELEK mobile communications solution

Mo·bil·ma·chung <-, -en> *f* MIL mobilization; **die** [**allgemeine**] **~ ausrufen/beschließen** to order/decide to order a [general [*or* full]] mobilization **Mo·**

bi̱l·te·le·fon *nt* mobile [*or* cellular] [tele]phone
Mö·bi·us-Band ['mø:bi̯ʊs] *nt kein pl* MATH Möbius strip
mö·blie·ren* [mø'bli:rən] *vt* ■**etw** ~ to furnish sth; **etw neu** ~ to refurnish sth; **ein möbliertes Zimmer** a bedsit[ter] [*or* furnished room]; **möbliert wohnen** to live in furnished accommodation [*or* AM accommodations]
MO-CD <-, -s> *f Abk von* **Magnet-Optische CD** MO-disk
möch·te ['mœçtə] *3. pers. konjunktiv von* **mögen**
mọch·te *imp von* **mögen**
Möch·te·gern <-s, -e> ['mœçtəgɛrn] *m (pej fam)* would-be *pej* **Mọ̈ch·te·gern·ca·sa·no·va** *m (pej fam)* would-be Casanova *pej* **Mọ̈ch·te·gern·ma·na·ger(in)** *m(f) (iron)* would-be manager **Mọ̈ch·te·gern·renn·fah·rer(in)** *m(f) (iron)* would-be [motor] racing driver [*or* AM race car driver] **Mọ̈ch·te·gern·sän·ger(in)** *m(f) (iron)* would-be singer **Mọ̈ch·te·gern·schau·spie·ler(in)** *m(f) (iron)* would-be actor
Mo·cken <-s, - *o* Möcken> ['mɔkn̩] *m* SCHWEIZ, SÜDD *(Brocken)* chunk
mo·dal [mo'da:l] *adj* LING modal
Mo·da·li·tät <-, -en> [modali'tɛ:t] *f* ❶ *meist pl (geh: Art und Weise)* provision[s *pl*], condition[s *pl*]
❷ PHILOS modality *no pl*
❸ LING modality *no pl*
Mo·da̱l·satz *m* LING adverbial phrase [*or* clause] **Mo·da̱l·verb** *nt* LING modal verb
Mo·de <-, -n> ['mo:də] *f* ❶ MODE fashion; **große** [*o* **groß in**] ~ **sein** to be very fashionable [*or fam* all the rage] [*or fam* really trendy] [*or* in]; **mit der** ~ **gehen** to [like to] follow fashion, to keep up with the latest fashions; **aus der** ~ **kommen** to go out of fashion; **in** ~ **kommen** to come into fashion; **nach der** ~ according to the [latest] fashion
❷ *pl* MODE *(modische Kleidungsstücke)* fashions *pl*
❸ *pl (Sitten)* practices *pl*; ***was sind denn das für ~n!*** what sort of behaviour is that!
Mo̱·de·ar·ti·kel *m* in thing, fashionable [*or* trendy] item **Mo̱·de·arzt, -ärz·tin** *m, f* fashionable doctor **Mo̱·de·auf·nah·me** *f* fashion photo[graph] **Mo̱·de·aus·druck** *m* in-phrase; *(Wort)* in-word, vogue word **mo̱·de·be·wusst**[RR] *adj* fashion-conscious **Mo̱·de·bou·tique** [-buti:k] *f* [fashion] boutique **Mo̱·de·de·si·gner(in)** <-s, -> [-dizaine] *m(f)* fashion designer **Mo̱·de·er·schei·nung** *f* passing [*or* fleeting] fashion **Mo̱·de·far·be** *f* fashionable [*or* in] colour [*or* AM -or] **Mo̱·de·fo·to·graf(in)** *m(f)* fashion photographer **Mo̱·de·gag** [-gɛk] *m* fashion gimmick **Mo̱·de·ge·schäft** *nt* fashion store; *(kleiner)* boutique **Mo̱·de·heft** *nt* fashion magazine **Mo̱·de·her·stel·ler(in)** *m(f)* fashion designer **Mo̱·de·jour·nal** [-ʒʊrna:l] *nt* fashion magazine **Mo̱·de·krank·heit** *f* fashionable complaint [*or* illness]
Mo·del <-s, -s> ['mɔdl̩] *nt* model
Mo·dell <-s, -e> [mo'dɛl] *nt* ❶ *(verkleinerte Ausgabe)* model; *(Ausführung)* model; MODE *(Kleidungsstück)* model
❷ *(Mannequin)* model; KUNST *(Aktmodell)* nude model; [**jdm** [*o* **für jdn**]] ~ **sitzen/stehen** to model [*or* sit] for sb
❸ *(geh: Vorbild)* model
Mo·dẹll·an·nah·me *f* model-based assumption **Mo·dẹll·au·to** *nt* model car **Mo·dẹll·cha·rak·ter** *m* something which can act as a model **Mo·dẹll·ei·sen·bahn** *f* model railway, train set *fam* **Mo·dẹll·flug·zeug** *nt* model aeroplane [*or* AM airplane] [*or* aircraft]
mo·del·lie·ren* [modɛ'li:rən] *vt* ❶ *(plastisch formen)* ■**etw** ~ to model [*or* shape] [*or* work] sth
❷ *(als Abbild formen)* ■**jdn/etw** [**in etw** *dat*] ~ to make a model of sb/sth [in [*or* out of] sth], to model sb/sth in sth
Mo·del·li̱er·mas·se *f* modelling [*or* AM *a.* modeling] material
Mo·dẹll·kleid *nt* MODE model dress **Mo·dẹll·pro·jekt** *nt* pilot scheme [*or* project] **Mo·dẹll·ver·such** *m (geh)* pilot scheme [*or* experiment]; TECH model test [*or* experiment]

mo·deln ['mɔdl̩n] *vi* MODE, MEDIA to [work as a] model
Mo·del·wett·be·werb ['mɔdᵊl-] *m* modelling competition
Mo·dem <-s, -s> ['mo:dɛm] *nt o m* INFORM modem
Mo̱·de·ma·cher(in) <-s, -> *m(f)* MODE fashion designer
Mo̱·dem·kar·te *f* INFORM modem board **Mo̱·dem·ver·bin·dung** *f* INFORM modem link
Mo̱·de·narr, -när·rin *m, f* MODE *(pej)* fashion victim *pej*
Mo̱·den·schau *f* fashion show
Mo̱·de·püpp·chen *nt,* **Mo̱·de·pup·pe** *f (pej fam)* fashion freak [*or* victim]
Mo·der <-s> ['mo:dɐ] *m kein pl (geh)* mould, mildew
mo·de·rat <-er, -este> [mode'ra:t] *adj (geh) Haltung* moderate; ~**er Politiker** centrist, moderate politician; **sich** *akk* ~ **geben** to be moderate
Mo·de·ra·ti·on <-, -en> [modera'tsi̯o:n] *f* RADIO, TV presentation
Mo·de·ra·tor, Mo·de·ra·to·rin <-s, -en> [mode'ra:toɐ̯, modera'to:rɪn, *pl* -'to:rən] *m, f* RADIO, TV presenter
Mo̱·der·ge·ruch *m* mustiness
mo·de·rie·ren* [mode'ri:rən] *vt* RADIO, TV ■**etw** ~ to present sth
mo·de·rig ['mo:dərɪç], **mod·rig** ['mo:drɪç] *adj* musty; ~ **riechen** to smell musty, to have a musty smell
mo·dern¹ ['mo:dɐn] *vi sein o haben* to decay, to go mouldy
mo·dern² [mo'dɛrn] **I.** *adj* ❶ *(zeitgemäß)* modern; ~**e Technik** modern [*or* up-to-date] technology; ~**ste Technik** state-of-the-art [*or* the most up-to-date] technology
❷ *(an neueren Vorstellungen orientiert)* progressive, modern
❸ *(modisch)* fashionable, trendy; ■ ~ **sein/werden** to be fashionable/come into fashion
❹ *(zur Neuzeit gehörend)* modern; ~**e Diktaturen/Politik/**~**es Völkerrecht** present-day [*or* today's] dictators/policies/international law, dictators/policies/international law of today
II. *adv* ❶ *(zeitgemäß)* in a modern manner [*or* style]
❷ *(modisch)* fashionably, trendily
❸ *(fortschrittlich)* progressively; ~ **eingestellte Eltern/Lehrer** parents/teachers with progressive [*or* modern] ideas
Mo·der·ne <-> [mo'dɛrnə] *f kein pl* ■**die** ~ the modern age
mo·der·ni·sie·ren* [modɛrni'zi:rən] *vt* ■**etw** ~ to modernize sth
Mo·der·ni·sie·rer(in) [modɛrni'zi:rər] *m(f)* modernizer
Mo·der·ni·si̱e·rung <-, -en> *f* modernization *no pl*
Mo·der·ni·si̱e·rungs·auf·trag *m* ÖKON refurbishment order **Mo·der·ni·si̱e·rungs·in·ves·ti·tio·nen** *pl* FIN modernization [*or* refurbishment] investment **Mo·der·ni·si̱e·rungs·ver·lie·rer(in)** *m(f)* SOZIOL loser to modernization
Mo·der·nis·mus <-, Modernismen> [modɛr'nɪsmʊs, *pl* modɛr'nɪsmən] *m (modernes Stilelement)* modernism
mo·der·nis·tisch [modɛr'nɪstɪʃ] *adj* SOZIOL, KUNST *(pej geh)* modernistic
Mo·der·ni·tät <-, -en> [modɛrni'tɛ:t] *f pl selten (geh)* modernity
Mo̱·de·sa·lon [-zalõ:] *m* fashion boutique **Mo̱·de·schmuck** *m* costume [*or* fashion] jewellery **Mo̱·de·schöp·fer(in)** *m(f)* fashion designer, couturier *masc*, couturière *fem* **Mo̱·de·trend** *m* fashion trend **Mo̱·de·wort** *nt* in [*or* vogue] word, buzzword **Mo·de·zar(in)** ['mo:dətsa:ɐ̯] *m(f) (hum fam)* fashion tsar **Mo̱·de·zeich·ner(in)** *m(f)* fashion designer **Mo̱·de·zeit·schrift** *f* fashion magazine **Mo̱·de·zei·tung** *f* fashion magazine
Mo·di ['mɔdi] *pl von* **Modus**
Mo·di·fi·ka·ti·on <-, -en> [modifika'tsi̯o:n] *f (geh)* modification
mo·di·fi·zie·ren* [modifi'tsi:rən] *vt (geh)* ■**etw** ~ to modify sth

Mo·di·fi·zi̱e·rer <-s, -> *m* INFORM modifier
mo·disch ['mo:dɪʃ] **I.** *adj* fashionable, trendy
II. *adv* fashionably, trendily
Mo·dist(in) <-en, -en> [mo'dɪst] *m(f)* milliner, hat maker
Mo·dis·tin <-, -nen> [mo'dɪstɪn] *f* milliner
mod·rig ['mo:drɪç] *adj s.* **moderig**
Mo·dul <-s, -e> [mo'du:l] *nt* module
mo·du·la̱r *adj inv* ELEK modular
Mo·du·la·ti·on <-, -en> [modula'tsi̯o:n] *f* modulation
Mo·du·la·tor <-s, -en> [modu'la:to:ɐ̯, *pl* -'to:rən] *m* INFORM modulator
mo·du·lie·ren* [modu'li:rən] *vt* ■**etw** ~ to modulate sth
Mo·du̱l·tech·nik *f kein pl* ELEK module technology
Mo·dus <-, Modi> ['mɔdʊs, *pl* 'mɔdi] *m* ❶ LING *(geh)* modus vivendi
❷ INFORM *(Betriebsart)* [operating] mode; **Was wäre wenn...?** ~ what if ... ? mode
Mo·dus Ope·ran·di ['mo:dʊs opə'randi] *m* JUR modus operandi
Mo·fa <-s, -s> ['mo:fa] *nt* moped
Mo̱·fa·fah·rer(in) <-s, -> *m(f)* moped rider **Mo̱·fa·füh·rer·schein** *m* [low-powered] moped licence **Mo̱·fa·rol·ler** *m* scooter
Mo·ga·di·schu <-s> [moga'dɪʃu] *nt* Mogadishu
Mo·ge·lei <-, -en> [mo:gə'la̱i] *f (pej)* cheating *no pl*
mo·geln ['mo:gl̩n] *vi (fam)* ■[**bei etw** *dat*] ~ to cheat [at sth]
Mo̱·gel·pa·ckung *f* ❶ ÖKON *(irreführend verpackte Ware)* deceptive packaging
❷ *(fig: Augenwischerei)* eyewash
mö·gen ['mø:gn̩] **I.** *modal vb* <mochte, hat ... mögen> + *infin* ❶ *(wollen)* ■**etw tun** ~ to want to do sth; ***ich mag dich nicht mehr sehen!*** I don't want to see you any more!; ***ich mag dich nicht gerne allein lassen*** I don't like to leave you alone [*or* leaving you alone]; ***Stefan hat noch nie Fisch essen*** ~ Stefan has never liked fish; ***das hätte ich sehen ~!*** I would have liked to see that!; ***ich mochte nicht länger bleiben*** I didn't want to stay longer
❷ *im Konjunktiv (den Wunsch haben)* ■**jd möchte etw tun** sb would like to do sth; ***ich möchte gerne kommen*** I'd like to come; ***hier möchte ich gerne leben*** I'd really like to live here; ***ich möchte jetzt einfach Urlaub machen können*** I wish I could [*or* I'd like to be able to] just take off on holiday now; ***das möchte ich sehen!*** I'd like to see that!; ***möchten Sie noch ein Glas Bier trinken?*** would you like another beer?; ***möchten Sie etwas essen/trinken?*** would you like something to eat/drink?; ***ich möchte gerne etwas trinken*** I would like something to drink; ***ich möchte gern Herrn Kuhn sprechen*** I would like to speak to Mr. Kuhn; ***ich möchte dazu nichts sagen*** I don't want to say anything about that, no comment; ***ich möchte zu gerne wissen ...*** I'd love to know ...; ***das möchte ich auch wissen*** I'd like to know that too; ***ich möchte nicht stören, aber ...*** I don't want to interrupt, but ...
❸ *im Konjunktiv (einschränkend)* ***man möchte meinen, es wäre schon Winter*** you'd think that it was already winter; ***ich möchte fast sagen ...*** I would almost say ...
❹ *(Vermutung, Möglichkeit)* ***sie mag sogar Recht haben*** she may be right; ***hm, das mag schon stimmen*** hmm, that might [well] be true; ***das mag noch angehen*** it might be all right; ***was mag das wohl bedeuten?*** what's that supposed to mean?, I wonder what that means?; ***jetzt mag sie denken, dass wir sie nicht sehen wollen*** she probably thinks [that] we don't want to see her now; ***wie alt sie wohl sein mag?*** I wonder how old she is; ***nun, sie mag so um die 40 sein*** well, she must be [*or* I'd say she's] about 40; ***wo mag sie das gehört haben?*** where could [*or* might] she have heard that?; ***was mag das wohl heißen?*** what might that mean?; ***was mag sie damit gemeint haben?*** what can she have meant by that?; ***wie viele Leute ~ das***

mögen/möchten

1. Vorliebe/Abneigung

Um auszudrücken, dass jemand allgemein etwas mag/nicht mag, wird *like* benutzt.

Joe *mag* gerne Fisch.	Joe *likes* fish.
Stefan *hat* noch *nie* Fisch *gemocht.*	Stefan *has never liked* fish.

2. Konkreterer Wunsch

Handelt es sich um einen konkreteren Wunsch, wird *want to,* oder höflicher *would like to* benutzt.

Ich *mag* dich *nicht* mehr sehen!	I *don't want to* see you any more!
Ich *möchte nicht* mehr länger bleiben.	I *don't want to* stay any longer.

Verstärkt:

Ich *möchte zu gerne* wissen, ...	I'*d (really) love to* know ...

Höflicher:

Möchten Sie noch ein Glas Wein?	*Would* you *like* another glass of wine?
Ich *möchte lieber* ein Bier.	I'*d rather* have a beer please.
Ich *möchte gerne* Herrn Kuhn sprechen.	I'*d like to* speak to Mr Kuhn please.

Die Verwendung von *möchte* im Sinne eines Wunsches, dem man aber eigentlich abgeneigt ist nachzugeben, wird umschrieben:

Man *möchte* meinen, es sei schon Winter.	You'*d think it was* already winter.
Man *möchte fast* sagen, ...	you *could almost* say ...

Für formelhafte Ausdrücke (z. B. in der Kirche):

Möge Gott mit euch sein.	*May* God be with you.
Möge sie in Frieden ruhen.	*May* she rest in peace.
Möge Gott das verhindern.	God forbid!
Möge er mir doch nur verzeihen!	*If* he *could only* forgive me.

3. Einräumender Charakter

Hier wird *may* oder *might,* in manchen Fällen auch *could,* verwendet. Dabei drückt *may* eine höhere Wahrscheinlichkeit als *might* aus.

Mag sein, dass sie Recht hat.	She *may/ might/ could* be right.
Er *mag* vielleicht *nicht* der Hellste sein, aber er ist sehr nett.	He *may/ might not* be one of the brightest, but he's still very nice.
Mag kommen, was will ...	Come what *may* ...
Es *mag* schneien, so viel es will.	Let it snow as much as it likes.

4. Vermutung

Mögen in dieser Bedeutung überschneidet sich im Präsens oft mit der oben aufgeführten Komponente ‚Einräumender Charakter'. Hier ist jedoch zu beachten, dass *may* in Fra*gen nicht benutzt wird:*

Wer *mag* das wohl sein*?*	Who *could* that be?
Was *mag* er wohl damit gemeint haben*?*	*I wonder* what he meant by that.

Da es von *may* keine Vergangenheitsform gibt, muss auch hier umschrieben werden:

Es *mochten* so um die zwanzig Personen *gewesen sein.*	*There must have been* around twenty people there.
Es *mochten* etwa zwei Stunden *vergangen sein, als ....*	About two hours *had passed* when ...
Wie viele Leute *mögen* das *gewesen sein?*	How many people *would you say there were?*

5. Veraltet: Aufforderung

Er *möge* sich doch jetzt endlich beeilen.	He *should* really hurry now.

Üblicher ist der Gebrauch in diesem Sinne jedoch im abhängigen Satz. Hier kann im Englischen oft mit einer Infinitivkonstruktion übersetzt werden.

Bestellen Sie ihr bitte, sie *möge* mich anrufen.	Please *tell her to* call me.
Sie lässt ausrichten, dass Sie sich doch bitte an eine höhere Instanz wenden *möchten.*	She kindly asks you to go to a higher authority.

6. Erlaubnis

Wird *mögen* alternativ zu *können* verwendet, um eine Zustimmung oder Erlaubnis auszudrücken, kann *can* oder *may* benutzt werden, wobei *may* sich eher an der gehobeneren Sprachebene des Deutschen orientiert.

Du *magst* tun, was du willst.	You *may* do as you like.

gewesen sein? how many people would you say there were?; ***es mochten so um die zwanzig Personen gewesen sein*** there must have been around twenty people there; ***es mochten etwa zwei Stunden vergangen sein*** about two hours would have passed

⑤ *(geh: Einräumung)* ***mag das Wetter auch noch so schlecht sein, ...*** however bad the weather may be, ...; ***er mag das zwar behaupten, aber deswegen stimmt es noch lange nicht*** just because he says that, [it] doesn't necessarily mean that it's true; ***mag kommen, was will, wir sind vorbereitet*** come what may, we are prepared; ***was immer kommen mag, wir bleiben zusammen*** whatever happens we'll stay together; ***das mag für dieses Mal hingehen*** it's all right this time; ***diese Warnung mag genügen*** let this warning be enough, this warning should suffice; ***was immer er auch behaupten/sagen mag, ...*** whatever he may claim/say, ...; ***so gemein wie es auch klingen mag, es ist die Wahrheit*** however cruel this may sound, it is the truth; ***er sieht immer noch sehr gut aus, mag er auch inzwischen Mittfünfziger sein*** he's still very handsome, even if he's in his mid-fifties now; ***... und wie sie alle heißen ~*** ... whatever they're called; [**das**] **mag sein** maybe; [***es***] ***mag sein, dass sie Recht hat*** it may be that she's right; ***das mag schon sein, aber trotzdem!*** that's as may be, but still!; ***wie dem auch sein mag*** be that as it may; ***wer er auch sein mag*** whoever he may be; ***es mag wohl sein, dass er Recht hat, aber ...*** he may well be right, but ...; ***es mag so sein, wie er behauptet*** it may well [*or* might] be as he says

⑥ *(Erlaubnis, Zustimmung)* ■**etw tun** ~ to be allowed [*or* able] to do sth; ***du magst tun, was du willst*** you may do as you please [*or* can]; ***mag sie von mir aus gehen*** she can go as far as I'm concerned; ***es mag schneien, so viel es will*** let it snow as much as it likes

⑦ *(sollen)* ■**jd möge** [*o* **möchte**] **etw tun** sb should do sth; ***bestellen Sie ihm bitte, er möchte mich morgen anrufen*** please tell him to ring me tomorrow; ***sagen Sie ihr, sie möchte zu mir kommen*** would you tell her to come and see me; ***Sie möchten gleich mal zur Chefin kommen*** the boss has asked to see you right away; ***Sie möchten zu Hause anrufen*** you should call home

⑧ *in der Wunschform (wenn doch)* ***möge sie bald kommen!*** I do hope she'll come soon!; ***möge es so bleiben!*** may it stay like that!; ***möge das stimmen!*** let's hope it's true!; ***möge Gott*** [*o* ***der Himmel***] ***das verhüten!*** God [*or* Heaven] forbid!; ***wenn sie mir das doch nur verzeihen möge!*** if she could only forgive me this!

⑨ DIAL, BES SCHWEIZ *(können)* ***es mochte nichts helfen*** it [just] didn't help

II. *vt* <mochte, gemocht> ① *(gernhaben)* ■**jdn** ~ to like sb; ***magst du ihn?*** do you like him?; ***ich mag ihn*** I do like him; ***er mag mich nicht*** he does not like me; ***sie mag ihn sehr*** [***gern***] she is very fond of him; ***die beiden ~ sich*** [*o* ***einander***] ***nicht*** the two of them don't like each other

② *(eine Vorliebe haben)* ■**jdn/etw** ~ to like sb/sth; ***sie mag das*** [***gern***] she [really] likes that; ***welchen Maler magst du am liebsten?*** who is your favourite painter?, which painter do you like best?; ***sie mag keine Hunde*** she does not like dogs; ***am liebsten mag ich Eintopf*** I like stew best, stew is my favourite [meal]; ***ich mag lieber/am liebsten Rotwein*** I like red wine better/best [of all]

③ *(haben wollen)* ■**etw** ~ to want sth; ***ich möchte ein Stück Kuchen*** I'd like a slice of cake; ***ich möchte im Augenblick nichts mehr*** I don't want anything else for the moment; ***möchten Sie noch etwas Kaffee/ein Glas Wein?*** would you like some more coffee/another glass of wine?; ***nein danke, ich möchte lieber Tee*** no thank you, I would prefer [*or* rather have] tea; ***magst du noch ein Bier?*** would you like another beer?; ***was möchten Sie bitte?*** what would you like?; *(Verkäufer)* what can I do for you?

④ *(sich wünschen)* ■**jd möchte, dass jd etw tut** sb would like sb to do sth; ***Ich möchte nicht, dass sie heute kommt*** I would not like her to come today; ***ich möchte, dass du dich sofort bei ihr entschuldigst*** I would like [*or* want] you to apologize to her at once; ***ich möchte nicht, dass das bekannt wird*** I don't want this to get out; ***ich möchte gern, dass er mir öfters schreibt*** I wish he would write [to me] more often

III. *vi* <mochte, gemocht> ① *(wollen)* to want [*or* like] to; ***es ist noch Nachtisch da, magst du noch?*** there is [still] some dessert left, would you like [to have] some more?; ***es ist doch keine Frage, ob ich mag, ich muss es eben tun*** it's not a question of whether I want to do it [or not], I have to [do it] [*or* it has to be done]; ***lass uns morgen weitermachen, ich mag nicht mehr*** let's carry on tomorrow, I don't feel like doing anymore today; ***wenn du magst, machen wir jetzt eine Pause*** we could take a break now if you like; ***iss doch bitte auf — ich mag aber nicht mehr*** come on, finish up — but I don't want any more; ***ich möchte schon, aber ...*** I should like to, but ...; **nicht so recht** ~ to not [really] feel like it; ***gehst du mit ins Kino? — nein, ich mag nicht so recht*** are you coming to the cinema? — no, I don't really feel like it

② *(fam: gehen/fahren wollen)* ■**irgendwohin** ~ to want to go somewhere; ***ich mag jetzt nach Hause*** I want to go home; ***ich möchte nach Hause*** I'd like to go home; ***möchtest du auch ins Kino?*** do you want to go to the cinema too?; ***ich möchte zu Herrn Peters*** he would like to see Mr. Peters; ***ich möchte lieber in die Stadt*** I would prefer to go [*or* would rather go] into town

Mog·ler(in) <-s, -> ['mo:glɐ] *m(f)* *(fam)* cheat

mög·lich ['mø:klɪç] *adj* ① *attr (denkbar)* possible; **alles M~e** everything possible; ***er ließ sich alles M~e einfallen, um ...*** he tried everything imaginable to ...; **das einzig M~e** the only option [open to us, etc.] [*or* thing we, etc. can do]; **etw für ~ halten** to believe in sth; **es für ~ halten, dass ...** to think it possible that ...; **sein M~stes tun** to do everything in one's power [*or* utmost]; **alle ~en** all kinds [*or* sorts] of; **schon ~** *(fam)* maybe, possibly; ***das ist schon ~*** that may well be

② *attr (potenziell)* potential

③ *pred (durchführbar)* possible; ***ist denn so was ~?*** *(fam)* is this really possible?; ■**es ist ~, dass ...** it is possible that ...; ■**jdm ist es ~, etw zu tun** sb is able to [*or* can] [*or* it is possible for sb to] do sth; ***komm doch mit, wenn es dir ~ ist*** come with us, if you're able to; [**jdm**] **etw ~ machen** to make sth possible [for sb]; **es ~ machen, etw zu tun** to make it possible to do sth; **falls** [*o* **wenn**] [**irgend**] ~ if [at all] possible; [***das ist doch***] ***nicht ~!*** [that's] impossible!, I don't believe it!; **so ... wie ~** as ... as possible; ***komme so schnell wie ~*** come as quickly as possible

mög·li·cher·wei·se *adv* possibly; ***es handelt sich ~ um ein Missverständnis*** it's possible [that] there has been a misunderstanding, there's possibly been a misunderstanding; ***kann es ~ sein, dass ...?*** is it [*or* could it be] possible that ...?

Mög·lich·keit <-, -en> *f* ① *(Gelegenheit)* opportunity; **jdm die ~ geben, etw zu tun** to give sb the opportunity [*or* the [*or* a] chance] to do sth; **die ~ haben, etw zu tun** to have an opportunity to do sth

② *(mögliches Verfahren)* possibility

③ *kein pl (Realisierbarkeit)* possibility; **nach ~** if possible; **politische/diplomatische ~en** political/diplomatic means

④ *pl (Mittel)* ■**jds ~en** sb's [financial] means [*or* resources]

▶WENDUNGEN: **ist denn das die ~?, ist es die ~!** *(fam)* I don't believe it!, what[ever] next!

mög·lichst *adv* ① *(so ... wie möglich)* as ... as possible; **~ bald/früh/weit** as soon/early/far as possible

② *(wenn irgend möglich)* if possible

Mo·ham·me·da·ner(in) <-s, -> [mohame'da:nɐ] *m(f)* REL *(veraltend) s.* **Moslem**

mo·ham·me·da·nisch [mohame'da:nɪʃ] *adj* REL *(veraltend) s.* **islamisch, moslemisch**

Mo·här, Mo·hair <-s, -e> [mo'hɛ:ɐ] *m* mohair **Mo·här·pull·o·ver** [mo'hɛ:ɐ-] *m* mohair sweater **Mo·här·schal** [mo'hɛ:r-] *m* mohair scarf

Mo·hi·ka·ner(in) <-s, -> [mohi'ka:nɐ] *m(f)* *(Indianer)* Mohican, Mahican; **der letzte ~** LIT the last of the Mohicans

mo·his·tisch [mo'hɪstɪʃ] *adj inv (von Mo Di im 5. Jh. v. Chr gegründet)* **~e Schule** Mo Dian school

Mohn <-[e]s, -e> ['mo:n] *m* poppy; *(Mohnsamen)* poppy seed

Mohn·an·bau *m* cultivation of poppies **Mohn·blü·te** *f* poppy flower **Mohn·bröt·chen** *nt* poppy-seed roll **Mohn·ern·te** *f* poppy harvest **Mohn·ge·bäck** *nt* poppy-seed pastry **Mohn·hörn·chen** *nt* poppy-seed croissant **Mohn·ku·chen** *m* poppy-seed cake **Mohn·öl** *nt* poppy-seed oil

Mohr(in) <-en, -en> ['mo:ɐ] *m(f)* *(veraltet: Neger)* negro

▶WENDUNGEN: **der ~ hat seine Schuldigkeit getan, der ~ kann gehen** *(prov)* once one has served one's purpose one is simply discarded

Möh·re <-, -n> ['mø:rə] *f* carrot

Moh·ren·kopf *m* KOCHK *(veraltend: Schokokuss)* chocolate marshmallow; *(Gebäck) small cream-filled sponge cake covered with chocolate*

Möh·ren·saft *m* carrot juice **Möh·ren·sa·lat** *m* carrot salad

Mohr·rü·be *f* BOT NORDD *(Möhre)* carrot

moin [mo̯in] *interj* NORDD *(fam)* ~ [~]! morning!, hi!

Moi·ré <-s, -s> [moa're:] *m o nt* MODE moiré

mo·kant <-er, -este> [mo'kant] **I.** *adj (geh) Bemerkung, Lächeln* mocking

II. *adv* mockingly

Mo·kas·sin <-s, -s> [moka'si:n] *m* moccasin

Mo·kick <-s, -s> ['mo:kɪk] *nt* kick-start moped

mo·kie·ren* [mo'ki:rən] *vr (geh)* ■**sich** *akk* **über jdn/etw ~** to mock sb/sth

Mok·ka <-s, -s> ['mɔka] *m* mocha; *(Kaffee a.)* mocha coffee

Mok·ka·boh·ne *f* mocha bean **Mok·ka·löf·fel** *m* demitasse spoon **Mok·ka·tas·se** *f* demitasse

Mol <-s, -e> ['mo:l] *nt* CHEM *(Konzentrationsmaß von Lösungen)* mole

mo·lar [mo'la:ɐ̯] *adj* CHEM molar

Mo·la·ri·tät <-> [molari'tɛ:t] *f kein pl* CHEM *(Grad der Konzentration in Mol)* molarity

Molch <-[e]s, -e> ['mɔlç] *m* newt

Mol·dau <-> ['mɔldau̯] *f* ① HIST *(Fürstentum in Osteuropa)* Moldavia

② GEOG *(Fluss)* Vltava

Mol·dau·er(in) <-s, -> *m(f)* Moldavian

Mol·dau·isch *nt dekl wie adj* Moldovan

mol·dau·isch *adj* Moldavian

Mol·dau·ische <-n> *nt* ■**das ~** Moldovan, the Moldovan language

Mol·da·wi·en <-s> [mɔl'da:vi̯ən] *nt*, **Mol·do·va** <-s> ['moldova] *nt* Moldova, Moldavia

Mole <-, -n> ['mo:lə] *f* NAUT mole

Mo·le·kül <-s, -e> [mole'ky:l] *nt* molecule; **lineares ~** linear molecule

mo·le·ku·lar [moleku'la:ɐ̯] *adj* molecular

Mo·le·ku·lar·be·we·gung *f* PHYS molecular movement [*or* motion]; **brownsche ~** Brownian movement **Mo·le·ku·lar·bio·lo·gie** *f* molecular biology **Mo·le·ku·lar·de·sign** [-dizai̯n] *nt* PHYS molecular design *no pl* **Mo·le·ku·lar·ge·ne·tik** *f* molecular genetics **Mo·le·ku·lar·ge·wicht** *nt* molecular weight

Mo·le·kül·bau *m* CHEM molecular structure **Mo·le·kül·um·la·ge·rung** *f* CHEM molecular transformation **Mo·le·kül·wol·ke** *f* ASTRON molecular cloud

molk ['mɔlk] *imp von* **melken**

Mol·ke <-> ['mɔlkə] *f kein pl* whey

Mol·ke·rei <-, -en> [mɔlkə'rai̯] *f* dairy

Mol·ke·rei·but·ter *f* dairy butter **Mol·ke·rei·pro·dukt** *nt* dairy product

Moll <-, -> ['mɔl] *nt* MUS minor [key]; **f-~** F minor

mol·lig ['mɔlɪç] *adj* *(fam)* ① *(rundlich)* plump; *Kind,*

M

Baby chubby
② *(behaglich)* cosy BRIT, cozy AM
③ *(angenehm warm)* snug
Mo·loch <-s, -e> ['mo:lɔx] *m* Moloch *fig*
Mo·lo·tow·cock·tail ['mo:lotɔfkɔkte:l] *m* Molotov cocktail
Mo·lyb·dän <-s> [molyp'dɛ:n] *nt kein pl* CHEM molybdenum *no pl*
Mo·ment[1] <-[e]s, -e> [mo'mɛnt] *m* ① *(geh: Augenblick)* moment; ■**im ...** ~ at the ... moment; **im ersten** ~ at first; **im falschen/richtigen** ~ at the wrong/right moment; **im letzten** ~ at the last moment [*or* minute]; **im nächsten** ~ the next moment; **in einem unbeobachteten** ~ when no one was looking; **im** ~ at the moment; **in dem ~, wo** just [at the moment] when; **in diesem** [*o* **im gleichen**] [*o* **im selben**] ~ at the same moment; **einen** [**kleinen**] **~!** just a moment! [*or* minute!] [*or* second!]; **jeden** ~ [at] any moment; **~ mal!** just [*or* [just] hang on] a moment! [*or* minute!] [*or* second!]
② *(kurze Zeitspanne)* **einen/keinen** ~ a moment/not for a moment; ***sie ließ einen ~ vergehen, ehe sie antwortete*** she paused for a moment before answering; **keinen ~ zögern** to not hesitate for a [single] moment [*or* second]
Mo·ment[2] <-[e]s, -e> [mo'mɛnt] *nt* ① *(geh: Umstand)* factor, consideration
② PHYS *(Kraftwirkung)* moment
mo·men·tan [momɛn'ta:n] **I.** *adj* ① *(derzeitig)* present *attr,* current *attr*
② *(vorübergehend)* momentary
II. *adv* ① *(derzeit)* at present [*or* the moment]
② *(vorübergehend)* momentarily, for a moment
Mo·ment·auf·nah·me *f* snapshot
Mo·na·co <-s> [mo'nako] *nt* Monaco
Mon·arch(in) <-en, -en> [mo'narç] *m(f)* monarch
Mon·arch·fal·ter *m* ZOOL monarch butterfly
Mon·ar·chie <-, -n> [monar'çi:, *pl* monar'çi:ən] *f* monarchy
Mon·ar·chin <-, -nen> [mo'narçɪn] *f fem form von* **Monarch**
Mon·ar·chist(in) <-en, -en> [monar'çɪst] *m(f)* monarchist
mon·ar·chis·tisch *adj* monarchist
Mo·nat <-[e]s, -e> ['mo:nat] *m* month; [***im***] ***kommenden/ vorigen*** ~ next/last month; **im vierten/siebten ~ sein** to be four/seven months pregnant; **auf ~e hinaus** for months to come; **im** ~ a [*or* per] month; ***sie verdient Euro 3.500 im*** ~ she earns 3,500 euros a [*or* per] month; **einmal/zweimal im** ~ once/twice a month; **von ~ zu ~** from month to [*or* by the] month
mo·na·te·lang ['mo:natəlaŋ] **I.** *adj attr* lasting for months *pred;* ***nach ~er Abwesenheit*** after being absent for several months
II. *adv* for months
mo·nat·lich ['mo:natlɪç] **I.** *adj* monthly; **~er Preisindex** ÖKON monthly price index
II. *adv* monthly, every month
Mo·nats·an·fang *m* beginning of the month; **am/zum** ~ at the beginning of the month **Mo·nats·be·richt** *m* ADMIN monthly report **Mo·nats·be·trag** *m* monthly amount **Mo·nats·bin·de** *f* sanitary towel [*or* AM napkin] **Mo·nats·blu·tung** *f* ANAT *s.* **Menstruation** **Mo·nats·ein·kom·men** *nt* monthly income **Mo·nats·en·de** *nt* end of the month; **am/zum** ~ at the end of the month **Mo·nats·ers·te(r)** *m dekl wie adj* first of the month **Mo·nats·frist** *f* **innerhalb** [*o geh* **binnen**] ~ within a month **Mo·nats·ge·halt** *nt* monthly salary **Mo·nats·hälf·te** *f* half of the month **Mo·nats·kar·te** *f* ① TRANSP *(Fahrkarte)* monthly season ticket ② *(Berechtigungskarte)* monthly pass **Mo·nats·lohn** *m* ÖKON monthly wage[s *pl*] **Mo·nats·mit·te** *f* middle of the month **Mo·nats·na·me** *m* name of the month **Mo·nats·ra·te** *f* monthly instalment [*or* AM *also* installment] **Mo·nats·schrift** *f* MEDIA monthly [magazine [*or* journal]]
mo·nat(s)·wei·se **I.** *adj* monthly
II. *adv* monthly, every [*or* by the] month
Mönch <-[e]s, -e> ['mœnç] *m* monk; **wie ein ~ leben** to live like a monk
Mönchs·gei·er *m* ORN black vulture **Mönchs·gras·mü·cke** *f* ORN blackcap **Mönchs·klos·ter** *nt* monastery **Mönchs·kut·te** *f* monk's habit [*or* cowl] **Mönchs·or·den** *m* monastic order **Mönchs·zel·le** *f* monastic [*or* monk's] cell
Mond <-[e]s, -e> ['mo:nt, *pl* 'mo:ndə] *m* ① *kein pl* ASTRON ■**der** ~ the moon; **der ~ nimmt ab/zu** the moon is waning/waxing
② ASTRON *(Satellit)* moon, [natural] satellite
▶WENDUNGEN: **auf** [*o* **hinter**] **dem ~ leben** *(fam)* to be a bit behind the times [*or* out of touch]; ***du lebst wohl auf dem ~!*** *(fam)* where have you been?; **jd möchte** [*o* **würde**] **jdn auf den ~ schießen** *(fam)* sb would gladly be [*or* get] shot [*or* rid] of sb
mon·dän [mɔn'dɛ:n] *adj (geh)* fashionable, chic
Mond·auf·gang *m* moonrise **Mond·au·to** *nt* lunar rover, moon buggy **Mond·bahn** *f* lunar orbit, moon's orbit **Mond·ba·sis** *f* moon [*or* lunar] base **Mond·boh·ne** *f s.* **Limabohne**
Mon·den·schein *m* moonlight; **im** ~ *(geh)* in the moonlight
Mond·ent·fer·nung *f* lunar distance **Mond·fäh·re** *f s.* **Mondlandefähre** **Mond·fahrt** *f* journey to the moon **Mond·fahr·zeug** *nt* lunar rover **Mond·fins·ter·nis** *f* lunar eclipse, eclipse of the moon **Mond·fisch** *m* ZOOL sunfish **Mond·flug** *m* flight to the moon, moon flight **Mond·ge·sicht** *nt (fam)* moon-face **Mond·ge·stein** *nt* lunar rock **Mond·göt·tin** *f* moon goddess, goddess of the moon **mond·hell** *adj inv (geh) Nacht* moonlit **Mond·jahr** *nt* lunar year **Mond·kalb** *nt (pej)* twit **Mond·ka·len·der** *m* ASTRON lunar calendar **Mond·kar·te** *f* map of the moon, moonchart **Mond·kra·ter** *m* lunar crater **Mond(·lan·de)·fäh·re** *f* RAUM lunar module **Mond·lan·de·un·ter·neh·men** *nt* moon landing mission **Mond·land·schaft** *f* ① *(Kraterlandschaft)* lunar landscape ② KUNST moonlit landscape, landscape by moonlight **Mond·lan·dung** *f* moon [*or* lunar] landing, landing on the moon **Mond·licht** *nt* moonlight **mond·los** *adj (geh)* moonless **Mond·mo·bil** <-s, -e> *nt* RAUM moon buggy [*or* rover] **Mond·mo·nat** *m* lunar [*or* synodic] month **Mond·ober·flä·che** *f* surface of the moon, lunar surface **Mond·pha·se** *f* ASTRON phase of the moon, lunar phase **Mond·preis** *m meist pl* misleading price, astronomical price **Mond·pro·jekt** *nt* lunar project **Mond·ra·ke·te** *f* lunar [*or* moon] rocket **Mond·rei·se** *f* journey to the moon **Mond·sa·tel·lit** *m* lunar satellite
Mond·schein *m* moonlight *no pl* ▶WENDUNGEN: **jd kann jdm mal im ~ begegnen!** *(sl)* sb can go to hell *fam* [*or* BRIT *sl* get stuffed] **Mond·schein·fir·ma** *f* HANDEL bogus company **Mond·schein·ta·rif** *m* TELEK cheap rate
Mond·si·chel *f (geh)* crescent moon **Mond·son·de** *f* RAUM lunar probe **Mond·staub** *m* moondust **Mond·stein** *m* GEOL moonstone, adularia **mond·süch·tig** *adj* MED sleep-walking *attr,* somnambulant *spec;* ■~ **sein** to be a sleepwalker [*or spec* somnambulist] **Mond·um·krei·sung** *f* orbit round the moon, lunar orbit **Mond·um·lauf** *f* revolution of the moon, lunar orbit **Mond·um·lauf·bahn** *f* lunar orbit **Mond·un·ter·gang** *m* ASTRON moonset **Mond·wech·sel** *m change from full moon to new moon* **Mond·zeit** *f* lunar time **Mond·zy·klus** *m* ASTRON lunar cycle
Mo·ne·gas·se, Mo·ne·gas·sin <-n, -n> [mone'gasə, mone'gasɪn] *m, f* Monégasque
mo·ne·tär [mone'tɛ:ɐ̯] *adj* monetary; **~e Basis** credit basis; **~e Bedingungen** terms of the money policy; **~er Indikator** monetary indicator; **die ~en Zügel lockern** to ease up on monetary control
Mo·ne·ta·ris·mus <-> [moneta'rɪsmʊs] *m kein pl* ÖKON monetarism *no pl*
Mo·ne·ta·rist(in) <-en, -en> *m(f)* POL monetarist
mo·ne·ta·ris·tisch *adj* ÖKON monetarist
Mo·ne·ten [mo'ne:tn̩] *pl (sl)* bread *no pl, no indef art sl,* dough *no pl, no indef art sl,* BRIT *a.* dosh *no pl, no indef art sl,* BRIT *a.* readies *pl sl*
Mo·ne·ti·sie·rung <-> *f kein pl* ÖKON, POL monetization
Mon·go·le, Mon·go·lin <-n, -n> [mɔŋ'go:lə, mɔŋ'go:lɪn] *m, f* ① *(Bewohner der Mongolei)* Mongol, Mongolian
② *pl* HIST ■**die ~n** the Mongols
Mon·go·lei <-> [mɔŋgo'lai] *f* ■**die** ~ Mongolia; ■**die Innere/Äußere** ~ Inner/Outer Mongolia
mon·go·lid [mɔŋgo'li:t] *adj* Mongoloid
Mon·go·lin <-, -nen> [mɔŋ'go:lɪn] *f fem form von* **Mongole**
Mon·go·lisch [mɔŋ'go:lɪʃ] *nt dekl wie adj* Mongolian
mon·go·lisch [mɔŋ'go:lɪʃ] *adj* GEOG Mongolian; HIST Mongol
Mon·go·li·sche <-n> *nt* ■**das** ~ Mongolian, the Mongolian language
Mon·go·lis·mus <-> [mɔŋgo'lɪsmʊs] *m kein pl* MED mongolism
mon·go·lo·id [mɔŋgolo'i:t] *adj* MED mongoloid
mo·nie·ren* [mo'ni:rən] *vt* ■**etw** ~ to find fault with [*or* criticize] sth; ■**~, dass ...** to complain that ...
Mo·nis·mus <-> [mo'nɪsmʊs] *m kein pl* PHILOS monism
Mo·nist(in) <-en, -en> [mo'nɪst] *m(f)* PHILOS, REL *(geh)* monist
Mo·ni·tor <-s, -en *o* -e> ['mo:nito:ɐ̯, *pl* -'to:rən] *m* monitor; **flimmerfreier/15 Zoll/monochromer ~** flicker-free/15 inches/monochrome monitor
Mo·ni·tor·aus·gabe *f* INFORM monitor display **Mo·ni·tor·be·triebs·art** *f* INFORM monitoring **Mo·ni·tor·buch·se** *f* INFORM monitor jack
mo·no ['mo:no] *adj inv* RADIO, TECH *kurz für* **monophon** mono
mo·no·chrom [mono'kro:m] *adj* monochrome
mo·no·gam [mono'ga:m] *adj* monogamous
Mo·no·ga·mie <-> [monoga'mi:] *f kein pl* monogamy
Mo·no·gra·fie[RR] <-, -n> [monogra'fi:, *pl* monogra'fi:ən] *f* monograph
Mo·no·gramm <-s, -e> [mono'gram] *nt* monogram
Mo·no·gra·phie <-, -n> [monogra'fi:, *pl* monogra'fi:ən] *f s.* **Monografie**
mo·no·kau·sal *adj* monocausal
Mo·no·kel <-s, -> [mo'nɔkl] *nt* monocle
mo·no·klo·nal [-klo'na:l] *adj* BIOL monoclonal
Mo·no·kul·tur ['mɔnokʊltu:ɐ̯] *f* AGR, FORST monoculture
Mo·no·lith <-en, -e[n]> [mono'li:t] *m* monolith
Mo·no·log <-[e]s, -e> [mono'lo:k, *pl* mono'lo:gə] *m* monologue, soliloquy *form;* **einen ~ führen** [*o* **halten**] to hold a monologue; **innerer** ~ LIT interior monologue; **einen ~ sprechen** THEAT to utter a soliloquy, to recite a monologue
Mo·no·ma·nie <-, -n> [monoma'ni:, *pl* monoma'ni:ən] *f* PSYCH monomania
mo·no·mo·le·ku·lar *adj* CHEM, PHYS monomolecular; **~e Schicht** monomolecular layer
mo·no·phon [mono'fo:n] *adj* RADIO, TECH monophonic
Mo·no·phy·sit(in) <-en, -en> [monofy'zi:t] *m(f)* REL Monophysite
mo·no·phy·si·tisch *adj* REL Monophysite, Monophysitic
Mo·no·phy·si·tis·mus <-> [monofyzi'tɪsmʊs] *m kein pl* REL Monophysitism
Mo·no·pol <-s, -e> [mono'po:l] *nt* monopoly; ■**ein/jds ~ auf etw** *akk* a/sb's monopoly on sth; **staatliches/unumschränktes** ~ public [*or* state]/absolute monopoly; **ein ~ auf etw** *akk* **haben** to have [*or* hold] a monopoly on sth
Mo·no·pol·ab·spra·che *f* ÖKON monopoly agreement **Mo·no·pol·auf·sicht** *f* ÖKON monopoly control **Mo·no·pol·be·trieb** *m* HANDEL monopoly enterprise **mo·no·pol·feind·lich** *adj* ÖKON anti-monopolistic **Mo·no·pol·ge·sell·schaft** *f* ÖKON monopoly company
mo·no·po·li·sie·ren* [monopoli'zi:rən] *vt* ÖKON ■**etw** ~ to monopolize sth
Mo·no·po·li·sie·rung <-, -en> *f* ÖKON monopolization

tion
Mo·no·po·list(in) [monopo'lɪst] *m(f)* ÖKON monopolist
mo·no·po·lis·tisch *adj inv* ÖKON monopolistic
Mo·no·pol·ka·pi·tal *nt* monopoly capital **Mo·no·pol·kom·mis·si·on** *f* Monopolies and Mergers Commission BRIT, Securities and Exchange Commission AM **Mo·no·pol·kon·trol·le** *f* ÖKON monopoly control **Mo·no·pol·macht** *f* ÖKON monopoly power **Mo·no·pol·miss·brauch**RR *m* ÖKON improper use of monopoly **Mo·no·pol·recht** *nt* ÖKON monopoly privilege **Mo·no·pol·stel·lung** *f* ÖKON monopoly [position]; **die ~ halten** to hold the monopoly **Mo·no·pol·un·ter·neh·men** *nt* ÖKON monopoly enterprise, monopolistic firm **Mo·no·pol·ver·mu·tung** *f* ÖKON presumption of monopoly **Mo·no·pol·wirt·schaft** *f kein pl* ÖKON monopoly *no pl*
Mo·no·po·ly® <-s> [mo'no:poli] *nt kein pl* ① *(Spiel)* Monopoly®
② *(Poker um viel Geld)* [huge] gamble
Mo·no·pol·zer·schla·gung *f* trustbusting AM
Mo·nos·ki ['mo:noski] *m* monoski
Mo·no·the·is·mus <-> [monote'ɪsmʊs] *m kein pl* REL monotheism
mo·no·the·is·tisch *adj inv* REL *(geh)* monotheistic
mo·no·ton [mono'to:n] **I.** *adj* ① *(eintönig)* monotonous
② *(ohne Abwechslung)* monotonous, humdrum
II. *adv* monotonously; **~ klingen** to sound monotonous; **~ sprechen** to speak monotonously [*or* in a monotonous voice]
Mo·no·to·nie <-, -n> [monoto'ni:, *pl* monoto'ni:ən] *f (geh)* ① *(Gleichmäßigkeit)* monotony
② *(Eintönigkeit)* monotony, humdrumness
Mon·o·xid <-[e]s, -e> ['mɔnɔksi:t] *nt* CHEM monoxide
Mons·ter <-s, -> ['mɔnstɐ] *nt (fam)* monster
Mons·ter·bau *m (pej)* massive [*or fam* monster [of a]] building **Mons·ter·film** *m* mammoth film production, screen epic
Mons·tranz <-, -en> [mɔn'strants] *f* REL monstrance
Mons·tren ['mɔnstrən] *pl von* **Monstrum**
mons·trös [mɔn'strø:s] *adj (geh)* ① *(riesig groß)* massive, monster *fam;* **ein ~es Bauwerk** a massive [*or fam* monster [of a]] building
② *(grässlich)* monstrous
③ *(ungeheuerlich)* monstrous, horrifying
Mons·tro·si·tät <-, -en> [mɔnstrozi'tɛ:t] *f* ① *kein pl (geh: Ungeheuerlichkeit)* monstrosity, atrocity
② *(ungeheures Gebilde)* monstrosity
Mons·trum <-s, Monstren> ['mɔnstrʊm, *pl* 'mɔnstrən] *nt* ① *(grässliches Wesen)* monster
② *(fam: gigantisches Objekt)* hulking great thing
Mon·sun <-s, -e> [mɔn'zu:n] *m* monsoon
Mon·sun·re·gen *m* monsoon rain
Mon·tag <-s, -e> ['mo:nta:k, *pl* 'mo:nta:gə] *m* Monday; *s. a.* **Dienstag**
▶WENDUNGEN: **blauer ~** *(fam)* an unofficial Monday off work, BRIT *sl a.* a sickie on [a] Monday; **~ blau machen** *(fam)* to call in sick on [a] Monday, to take an unofficial day [*or* BRIT *sl* to skive] off work on [a] Monday, to take a sickie on [a] Monday BRIT *sl;* **Schwarzer ~** FIN *(19. Oktober 1987)* Black Monday
Mon·tag·abendRR *m* Monday evening; *s. a.* **Dienstag mon·tag·abends**RR *adv* [on] Monday evenings
Mon·ta·ge <-, -n> [mɔn'ta:ʒə] *f* ① TECH *(das Montieren)* assembly; **auf ~ sein** *(fam)* to be away on a job
② FOTO *(Fotomontage)* montage
Mon·ta·ge·band <-bänder> [mɔn'ta:ʒə-] *nt* assembly line **Mon·ta·ge·bo·gen** [mɔn'ta:ʒə-] *m* TYPO assembly sheet **Mon·ta·ge·hal·le** [mɔn'ta:ʒə-] *f* assembly shop **Mon·ta·ge·ver·si·che·rung** [mɔn'ta:ʒə-] *f* FIN erection [*or* installation] insurance **Mon·ta·ge·ver·trag** [mɔn'ta:ʒə-] *m* FIN erection [*or* installation] contract **Mon·ta·ge·wand** [mɔn'ta:ʒə-] *f* BAU prefabricated wall **Mon·ta·ge·werk** [mɔn'ta:ʒə-] *nt* assembly plant
mon·tä·gig ['mo:ntɛ:gɪç] *adj* on Monday
mon·täg·lich ['mo:ntɛ:klɪç] *adj* regular Monday *attr;* ***wir treffen uns zu unserer ~en Weinrunde*** we meet at our regular Monday wine session
Mon·tag·mit·tagRR *m* [around] noon on Monday; *s. a.* **Dienstag mon·tag·mit·tags**RR *adv* [around] noon on Mondays **Mon·tag·mor·gen**RR *m* Monday morning; *s. a.* **Dienstag mon·tag·mor·gens**RR *adv* [on] Monday mornings **Mon·tag·nach·mit·tag**RR *m* Monday afternoon; *s. a.* **Dienstag mon·tag·nach·mit·tags**RR *adv* [on] Monday afternoons **Mon·tag·nacht**RR *f* Monday night; *s. a.* **Dienstag mon·tag·nachts**RR *adv* [on] Monday nights
mon·tags ['mo:nta:ks] *adv* [on] Mondays; **~ abends/nachmittags/nachts** [on] Monday evenings/afternoons/mornings
Mon·tags·au·to *nt (hum)* problem car, Friday car
Mon·tag·vor·mit·tagRR *m* Monday morning; *s. a.* **Dienstag mon·tag·vor·mit·tags**RR *adv* [on] Monday mornings
Mon·tan·in·dust·rie [mɔn'ta:n-] *f* coal and steel industry **Mon·tan·uni·on** [mɔnta:n-] *f* **■die ~** the European Coal and Steel Community
Mon·te·ne·gro <-s> [mɔnte'ne:gro] *nt* Montenegro
Mon·teur(in) <-s, -e> [mɔn'tø:ɐ] *m(f)* ① TECH *(Heizungsmonteur)* mechanic, fitter
② ELEK *(Elektromonteur)* electrician
Mon·teur·an·zug [mɔn'tø:ɐ-] *m* overalls *pl,* BRIT *a.* overall, BRIT *a.* boiler suit
Mon·teu·rin <-, -nen> [mɔn'tø:rɪn] *f fem form von* **Monteur**
Mont·gol·fie·re <-, -n> [mõgɔl'fi̯e:rə] *f (erster Heißluftballon von 1783)* montgolfier
mon·tie·ren* [mɔn'ti:rən] *vt* ① TECH *(zusammenbauen)* **■etw [aus etw** *dat*] ~ to assemble sth [from sth]
② TECH *(anbringen)* **■etw [an etw** *akk***/auf etw** *akk*] ~ to fit sth [to sth]; **eine Antenne ~** to put up [*or* mount] an aerial; **ein Gerät ~** to install an appliance
③ KOCHK **■etw ~** to beat [*or* cream] sth
Mon·tur <-, -en> [mɔn'tu:ɐ̯] *f* work clothes *npl*
Mo·nu·ment <-[e]s, -e> [monu'mɛnt] *nt* ① *(Denkmal)* monument, memorial
② *(Kulturdenkmal)* monument
mo·nu·men·tal [monumɛn'ta:l] *adj* monumental, massive; **ein ~es Gemälde** a monumental painting
Mo·nu·men·tal·bau <-bauten> *m* monumental [*or* massive] building **Mo·nu·men·tal·film** *m* monumental film **Mo·nu·men·tal·ge·mäl·de** *nt* monumental painting
Moon·boots ['mu:nbu:ts] *pl* moon boots *pl*
Moon-Sek·te ['mu:n-] *f* REL Moon sect, Unification Church
Moor <-[e]s, -e> ['mo:ɐ̯] *nt* marsh[land], bog, swamp
Moor·bad *nt* ① *(medizinisches Bad)* mudbath
② *(Kurort)* health clinic [with mudbaths] **Moor·er·de** *f kein pl* peaty [*or* bog] soil **Moor·huhn** *nt* grouse
moo·rig ['mo:rɪç] *adj* marshy, boggy, swampy
Moor·lei·che *f* ARCHÄOL body preserved in marshland [*or* a marsh] [*or* a bog] **Moor·pa·ckung** *f* mud pack **Moor·schnee·huhn** *nt* ORN ptarmigan; *(Schottisches Moorschneehuhn)* red grouse
Moos[1] <-es, -e> ['mo:s, *pl* 'mo:zə] *nt* moss; **mit ~ bedeckt/überzogen** overgrown with moss
Moos[2] <-es> ['mo:s] *nt kein pl (sl)* bread *no indef art fam,* dough *no indef art fam,* BRIT *a.* dosh *no indef art sl*
Moos[3] <-es, Möser> ['mo:s, *pl* 'mø:zɐ] *nt* ÖSTERR, SCHWEIZ *(Moor)* marsh[land]
moos·be·deckt *adj inv* moss-covered *attr,* covered with moss *pred*
moo·sig ['mo:zɪç] *adj* mossy, moss-covered
Moos·ro·se *f,* **Moos·rös·chen** [-rø:sçən] *nt* moss-rose
MopALT <-s, -s> ['mɔp] *m s.* **Mopp**
Mo·ped <-s, -s> ['mo:pɛt] *nt* moped
Mo·ped·fah·rer(in) *m(f)* moped rider **Mo·ped·füh·rer·schein** *m* moped licence
MoppRR <-s, -s> ['mɔp] *m* mop
mop·pe·lig, mopplig ['mɔp(ə)lɪç] *adj (hum fam: pummelig)* podgy [*or* AM pudgy]
Mops <-es, Möpse> ['mɔps, *pl* 'mœpsə] *m* ① ZOOL *(Hunderasse)* pug[-dog]
② *(fam: Dickerchen)* podge BRIT *fam,* pudge AM *fam,* podgy [*or* AM pudgy] [*or* tubby] little thing *fam*
③ *pl (sl: Brüste)* boobs *pl sl,* tits *pl vulg*
mop·sen ['mɔpsn̩] *vt* DIAL *(fam: klauen)* **■[jdm] etw ~** to pinch [*or* BRIT *a.* nick] [sb's] sth *fam*
mops·fi·del *adj inv (hum fam)* [very] cheerful, chirpy, chipper
Mo·ral <-> [mo'ra:l] *f kein pl* ① *(ethische Grundsätze)* morals *pl;* **eine doppelte ~ haben** to have double standards; **keine ~ haben** to have no morals; **[jdm] ~ predigen** to moralize to sb; **gegen die [geltende [*o* herrschende]] ~ verstoßen** to offend against [the prevailing] moral standards
② *(nützliche Lehre)* moral; **die ~ von der Geschichte** the moral of the story
③ *(Disziplin)* morale
Mo·ral·apos·tel *m s.* **Moralprediger**
Mo·ra·lin <-s> [mora'li:n] *nt kein pl (pej)* moralizing
mo·ra·lin·sau·er [mora'li:n-] *adj (pej)* holier-than-thou *pej,* self-righteous *pej*
mo·ra·lisch [mo'ra:lɪʃ] **I.** *adj* ① *(sittlich)* moral
② *(tugendhaft)* virtuous
▶WENDUNGEN: **einen/seinen M~en haben** *(fam)* to be down in the dumps, to have the blues *fam;* **den M~en kriegen** *(fam)* to get down in the dumps [*or* the blues] *fam*
II. *adv* morally; **~ verpflichtet sein** to be duty-bound
mo·ra·li·sie·ren* [morali'zi:rən] *vi* to moralize
Mo·ra·list(in) <-en, -en> [mora'lɪst] *m(f)* moralist
mo·ra·lis·tisch *adj* moralistic
Mo·ra·li·tät <-, -en> [morali'tɛ:t] *f* ① *kein pl (Sittlichkeit)* morality
② THEAT *(allegorisches Stück im Mittelalter)* morality play
Mo·ral·pre·di·ger(in) *m(f) (pej)* moralizer **Mo·ral·pre·digt** *f* [moralizing] lecture, homily, sermon; **~en halten** to moralize; **jdm eine ~ halten** to deliver a [moralizing] lecture [*or* homily] [*or* sermon] to sb **Mo·ral·the·o·lo·gie** *f* REL moral theology *no indef art* **mo·ral·trie·fend** *adj (pej fam)* sententious **Mo·ral·vor·stel·lung** *f* attitude to morality **Mo·ral·wäch·ter(in)** *m(f) (pej fam)* moral guardian
Mo·rä·ne <-, -n> [mo'rɛ:nə] *f* GEOL moraine
Mo·rast <-[e]s, -e *o* Moräste> [mo'rast, *pl* mo'rɛstə] *m* ① *(sumpfiges Gelände)* morass, bog, marsh[land], swamp
② *kein pl (Schlamm)* mud *no indef art*
mo·ras·tig *adj* marshy, muddy
Mo·ra·to·ri·um <-s, -rien> [mora'to:ri̯ʊm, *pl* -ri̯ən] *nt* FIN *(Zahlungsaufschub)* moratorium, letter of respite
mor·bid [mɔr'bi:t] *adj (geh)* degenerate; **einen ~en Charme haben** to have a [certain] morbid charm
Mor·chel <-, -n> ['mɔrçl̩] *f* BOT morel
Mord <-[e]s, -e> ['mɔrt, *pl* 'mɔrdə] *m* murder; **geplanter ~** premeditated murder, murder with malice aforethought *form;* **ein heimtückischer/kaltblütiger ~** a brutal [*or* vicious]/cold-blooded murder; **der perfekte ~** the perfect murder; **ein politisch motivierter ~** a politically-motivated murder [*or* killing]; **versuchter ~** JUR attempted murder; **jdn wegen ~es anklagen** to charge sb with murder; **einen ~ [an jdm] begehen** to commit a murder, to murder sb; **jdn wegen ~es vor Gericht stellen** to try sb for murder; **vorsätzlicher ~** wilful [*or* AM *also* willful] murder; **■[jds] ~ an jdm** [sb's] murder of sb, murder of sb [by sb]
▶WENDUNGEN: **dann gibt es ~ und Totschlag** *(fam)* there'll be hell to pay *fam,* all hell will be let loose *fam;* **das ist ja ~!** *(fam)* it's [sheer] murder! *fig fam*
Mord·an·kla·ge *f* JUR murder charge, charge of murder; **~ [gegen jdn] erheben** to charge sb with murder; **unter ~ stehen** to be charged with murder [*or* on a murder charge] [*or* on a charge of murder]
Mord·an·schlag *m* attempt on sb's life; POL *a.* assassination attempt; **einem ~ entgehen** to survive an assassination attempt; **einen ~ auf jdn verüben**

M

to make an attempt on sb's life **Mord·dro·hung** *f* death [*or* murder] threat; **eine ~ erhalten** to receive a death [*or* murder] threat [*or* threat on one's life]

mor·den ['mɔrdn̩] **I.** *vi* to murder, to kill
II. *vt (geh: ermorden)* ■**jdn ~** to slay *liter* [*or* murder] sb

Mör·der(in) <-s, -> ['mœrdɐ] *m(f)* murderer, killer; *(eines Präsidenten)* assassin; **zum ~ werden** to become a murderer [*or* killer]

Mör·der·ban·de *f* gang of murderers [*or* killers]

mör·de·risch ['mœrdərɪʃ] **I.** *adj* ❶ *(fam: schrecklich)* murderous *fam,* terrible *fam,* dreadful *fam*
❷ *(fam: gewaltig)* terrible; **~er Schmerz** great [*or* terrible] pain; ***er hat ein ~es Tempo drauf*** he's driving at [a] breakneck speed
❸ *(Morde begehend)* murderous
II. *adv (fam)* ❶ *(äußerst)* murderously *fam,* terribly *fam,* dreadfully *fam*
❷ *(furchtbar)* dreadfully *fam;* **~ bluten** to bleed uncontrollably; **~ fluchen** to curse like blazes *fam;* **~ stinken** to stink to high heaven; **~ weh tun** to hurt like hell *fam*

Mord·fall *m* murder case **Mord·in·stru·ment** *nt* ❶ *(fam: großes, unhandliches Gerät)* really [*or* BRIT bloody] great [big] thing *fam* ❷ *s.* **Mordwaffe** **Mord·kom·mis·si·on** *f* murder squad **Mord·lust** *f kein pl* JUR bloodlust **Mord·pro·zess**^RR *m* murder trial

Mords·bro·cken <-s, -> *f (fam)* whopping great thing *fam* **Mords·ding** *nt (fam)* [real] whopper *fam* **Mords·durst** *nt* terrible [*or fam* [one] hell of a] thirst; **einen solchen ~ haben** to be so thirsty **Mords·glück** *nt* incredibly good luck; **ein ~ haben** to be incredibly lucky, to have the luck of the devil **Mords·hun·ger** *m* ravenous hunger; **einen ~ haben** to be incredibly hungry [*or* famished]

Mords·kerl ['mɔrts'kɛrl] *m (fam)* ❶ *(toller Kerl)* great guy [*or* BRIT *a.* bloke] *fam*
❷ *(starker Mann)* massive [*or* enormous] guy [*or* BRIT *a.* bloke] *fam;* ***er ist wirklich ein ~!*** he's built like a brick outhouse! *fam*

Mords·krach *m* terrible din [*or* racket]; **einen ~ haben** to have a big argument [*or fam* massive row] **Mords·lärm** ['mɔrtslɛrm] *m* a hell of a noise [*or* racket] *fam*

mords·mä·ßig ['mɔrtsmɛːsɪç] **I.** *adj (fam)* terrible *fam;* **ein ~er Appetit/Hunger** a ravenous hunger; **ein ~er Durst** a terrible [*or fam* a [*or* one] hell of a] thirst; **~er Schmerz** great [*or* terrible] pain; ***ich habe einen ~en Hunger*** I'm terribly hungry, I'm ravenous [*or* famished]
II. *adv (fam)* ❶ + *vb (höllisch)* terribly *fam;* **~ bluten** to bleed uncontrollably; **~ fluchen** to curse like blazes *fam;* **~ schmerzen** [*o* **weh tun**] to hurt like hell *fam*
❷ + *adj, pp (mörderisch)* murderously *fam,* terribly *fam,* dreadfully *fam*

Mords·sau·e·rei *f* [downright [*or* absolute]] disgrace, [complete [*or* real]] scandal **Mords·schre·cken** *m* terrible [*or fam* [one] hell of a] fright **Mords·spaß** *m (fam)* **einen ~ haben** to have a whale of a time **Mords·wut** *f (fam)* terrible [*or fam* [one] hell of a] rage; **eine ~ im Bauch haben** to be in a terrible [*or* a [*or* one] hell of a] rage

Mord·tat *f (geh)* murderous deed, murder **Mord·ver·dacht** *m* suspicion of murder; **in ~ geraten** to become a murder suspect; **unter ~ stehen** to be suspected [*or* under suspicion] of murder; **unter ~** under suspicion of murder **Mord·ver·such** *m* attempted murder; *(Attentat)* assassination attempt **Mord·waf·fe** *f* murder weapon

Mord·wi·ne, Mord·wi·nin <-n, -n> [mɔrt'viːnə, mɔrt'viːnɪn] *m, f* Mordvin

mord·wi·nisch [mɔrt'viːnɪʃ] *adj* Mordvinian

Mord·wi·nisch [mɔrt'viːnɪʃ] *nt dekl wie adj* Mordvin

Mo·rel·le <-, -n> [mo'rɛlə] *f* HORT morello

mor·gen ['mɔrgn̩] *adv (am nächsten Tag)* tomorrow; **~ in acht Tagen** [*o* **einer Woche**] a week from tomorrow, BRIT *a.* a week tomorrow, BRIT *a.* tomorrow week; **~ Früh/Mittag/Nachmittag/Abend** tomorrow morning/lunchtime/afternoon/evening; **bis ~ [Früh/Mittag/Nachmittag/Abend]!** until [*or* see you] tomorrow [morning/lunchtime/afternoon/evening]
▸WENDUNGEN: **~, ~, nur nicht heute[, sagen alle faulen Leute]** *(prov)* never do today what you can put off until tomorrow *hum;* **~ ist auch [noch] ein Tag!** tomorrow is another [*or* a new] day

Mor·gen <-s, -> ['mɔrgn̩] *m* ❶ *(Tagesanfang)* morning; **den ganzen ~ [über]** all [*or* the whole] morning; **guten ~!** good morning!; **~!** *(fam)* morning! *fam;* **[jdm] guten ~ sagen** to say good morning [to sb], to wish sb good morning; ***ich wollte euch schnell guten ~ sagen*** I just wanted to say a quick hello to you; **bis in den hellen ~ schlafen** to sleep [in] [*or* BRIT *a.* lie in] for most of the morning; **am nächsten ~** the next [*or* following] morning; **der ~ dämmert** [*o* **bricht an**] [*o geh* **graut**] dawn [*or* day] is breaking; **zu ~ essen** SCHWEIZ *(frühstücken)* to have breakfast; **~ sein/werden** to be/get [*or* grow] light; **am ~, des ~s** *(geh)* in the morning; **bis in den [frühen] ~ hinein** into the early hours; **~ für ~** every [single] morning; **gegen ~** towards morning; **eines ~s** one morning
❷ *(liter: lichte Zukunft)* morning, [new] dawn
❸ *(2500 m)* ≈ acre *(land measure with regional variations in size from 0.6 to 0.9 acres)*

Mor·gen·aus·ga·be *f* MEDIA morning edition **Mor·gen·däm·me·rung** *f s.* **Morgengrauen**

mor·gend·lich ['mɔrgn̩tlɪç] *adj* ❶ *(morgens üblich)* morning *attr;* **die ~e Kühle/Stille** the cool/quiet of [the] [early] morning
❷ *(morgens stattfindend)* in the morning *pred;* **der ~e Berufsverkehr** [*o* **die ~e Rushhour**] the morning rush-hour [traffic], rush-hour [traffic] in the morning

Mor·gen·es·sen *nt* SCHWEIZ *(Frühstück)* breakfast **Mor·gen·ga·be** *f* HIST morning gift **Mor·gen·grau·en** <-s, -> *nt* daybreak, dawn; **im/beim ~** at the crack of dawn [*or* first light] **Mor·gen·gym·nas·tik** *f kein pl* morning exercises *pl* **Mor·gen·land** ['mɔrgn̩lant] *nt kein pl (veraltet)* ■**das ~** the East [*or* Orient] **Mor·gen·luft** *f* [early] morning air ▸WENDUNGEN: **~ wittern** *(fam)* to see one's chance **Mor·gen·man·tel** *m* MODE *(veraltend) s.* **Morgenrock** **Mor·gen·muf·fel** <-s, -> *m (fam)* morning grumpiness *fam,* grumpiness in the mornings *fam;* **ein [großer] ~ sein** to be [very] grumpy in the mornings **Mor·gen·rock** *m* dressing gown **Mor·gen·rot** *nt kein pl* red sky [in the morning] **Mor·gen·rö·te** *f (poet) s.* **Morgenrot**

mor·gens ['mɔrgn̩s] *adv* in the morning; **von ~ bis abends** from morning to [*or* till] night; **~ und abends** all day long

Mor·gen·son·ne *f* morning sun; **~ haben** to get [*or* catch] the morning sun

Mor·gen·stern ['mɔrgn̩ʃtɛrn] *m* ❶ *kein pl* METEO *(Planet Venus)* morning star
❷ HIST, MIL *(Schlagwaffe)* morning star, morgenstern, spiked mace
❸ BOT DIAL *(veraltend: Narzisse)* narcissus

Mor·gen·stun·de *f meist pl* morning hour; ***wer ist denn zu dieser frühen ~ an der Tür?*** who is [that] [*or* can [that] be] at the door at this early hour of the morning?; **während der ersten ~n** very early in the morning; **bis in die [frühen] ~n feiern** to celebrate into the early hours [of the morning] ▸WENDUNGEN: **Morgenstund' hat Gold im Mund** *(prov)* the early bird catches the worm *prov* **Mor·gen·zug** *m* early [morning] train

mor·gig ['mɔrgɪç] *adj attr* tomorrow's; **die ~e Rede/der ~e Termin** the speech/appointment tomorrow; *s. a.* **Tag**

mo·ri·bund [mori'bʊnt] *adj inv* MED *(geh)* moribund

Mo·ri·tat <-, -en> ['moːritaːt, *pl* 'moːritaːtn̩] *f* street ballad

Mor·lock <-s, Morlocken> ['mɔrlɔk, *pl* mor'lɔkn̩] *m* MYTH *mythical mischievous gnome who generally frequented large towns*

Mor·mo·ne, Mor·mo·nin <-n, -n> [mɔr'moːnə, mɔr'moːnɪn] *m, f* REL Mormon

Mor·phem <-s, -e> [mɔr'feːm] *nt* LING morpheme

Mor·phin <-s> [mɔr'fiːn] *nt kein pl* CHEM morphine

Mor·phing <-s, -s> ['mɔrfɪŋ] *nt* TECH morphing

Mor·phi·nis·mus <-> [mɔrfi'nɪsmʊs] *m kein pl* morphinism *no art*

Mor·phi·nist(in) <-en, -en> [mɔrfi'nɪst] *m(f) (geh)* morphine addict

Mor·phi·um <-s> ['mɔrfi̯ʊm] *nt kein pl* CHEM morphine

mor·phi·um·süch·tig *adj* addicted to morphine *pred* **Mor·phi·um·süch·ti·ge(r)** *f(m) dekl wie adj* morphine addict

Mor·pho·lo·gie <-> [mɔrfolo'giː] *f kein pl* LING morphology

mor·pho·lo·gisch [mɔrfo'loːgɪʃ] *adj* LING morphological

morsch [mɔrʃ] *adj* rotten; **~es Holz** rotting wood; **~e Knochen** decomposing [*or* decaying] bones

Morsch·heit <-> *f kein pl* rottenness

Mor·se·al·pha·bet *nt* Morse [code [*or* alphabet]] **Mor·se·ap·pa·rat** *m* Morse telegraph

mor·sen ['mɔrzn̩] **I.** *vi* to signal [*or* send a message] in Morse [code]; **das M~ lernen** to learn how to signal in Morse [code]
II. *vt* ■**etw morsen** to send sth in Morse [code]

Mör·ser <-s, -> ['mœrzɐ] *m* mortar

Mor·se·zei·chen *nt* Morse signal

Mor·ta·del·la <-> [mɔrta'dɛla] *f kein pl* KOCHK mortadella

Mor·ta·li·tät <-> [mɔrtali'tɛːt] *f kein pl (geh)* mortality [rate]

Mör·tel <-s, -> ['mœrtl̩] *m* mortar

Mör·tel·bett *nt* BAU mortar bed **Mör·tel·grup·pe** *f* BAU mortar group **Mör·tel·kel·le** *f* mortar trowel

Mo·sa·ik <-s, -e[n]> [moza'iːk] *nt* ❶ KUNST, BAU *(Belag aus farbigen Steinchen)* mosaic
❷ *(Puzzle)* jigsaw [puzzle] *fig*

Mo·sa·ik·fuß·bo·den *m* mosaic [*or* tessellated] floor **Mo·sa·ik·or·na·ment** *nt* mosaic ornament **Mo·sa·ik·stein** *m* tessera

mo·sa·isch [mo'zaːɪʃ] *adj* REL Jewish

Mo·sam·bik <-s> [mozam'biːk] *nt* Mozambique

Mo·sam·bi·ka·ner(in) <-s, -> *m(f)* Mozambican

mo·sam·bi·ka·nisch *adj* Mozambican

Mo·sam·bi·ker(in) <-s, -> *m(f) s.* **Mosambikaner**

Mo·schee <-, -n> [mo'ʃeː, *pl* mo'ʃeːən] *f* mosque

Mo·schee·ver·ein *m* mosque association

Mo·schus <-> ['mɔʃʊs] *m kein pl* musk

Mo·schus·hirsch *m* ZOOL *(Moschus)* musk deer **Mo·schus·och·se** *m* ZOOL musk ox

Mö·se <-, -n> ['møːzə] *f (vulg)* cunt *vulg*

Mo·sel <-> ['moːzl̩] *f* GEOG ■**die ~** the Moselle

Mo·sel <-s, -> ['moːzl̩] *m (fam),* **Mo·sel·wein** *m* Moselle [wine]

mo·sern ['moːzɐn] *vi* DIAL *(fam: nörgeln)* ■**[über etw** *akk***] ~** to gripe [about sth] *fam*

Mo·ses <- *o liter* Mosis> ['moːzəs, *pl* 'moːzɪs] *m* REL Moses
▸WENDUNGEN: **bin ich ~?** *(hum fam)* don't ask me! *fam*

Mos·kau <-s> ['mɔskau̯] *nt* Moscow

Mos·kau·er(in) <-s, -> ['mɔskau̯ɐ] *m(f)* Muscovite

Mos·ki·to <-s, -s> [mɔs'kiːto] *m* mosquito

Mos·ki·to·netz *nt* mosquito net

Mos·lem, Mos·le·min <-s, -s> ['mɔslɛm, mɔs'leːmɪn] *m, f* Muslim, Moslem

mos·le·misch [mɔs'leːmɪʃ] **I.** *adj attr* Muslim, Moslem
II. *adv* as a Moslem; **seine Kinder ~ erziehen** to raise one's children as Moslems

Mos·li·me <-, -n> [mɔs'liːmə] *f fem form von* **Moslem** Muslim, Moslem

Most <-[e]s> [mɔst] *m kein pl* ❶ *(naturtrüber Fruchtsaft)* fruit juice
❷ SÜDD, SCHWEIZ *(Obstwein)* cider
❸ *(Traubensaft zur Weinbereitung)* must

Most·ap·fel <-s, -äpfel> *m* cider apple

Mos·te·rei <-, -en> *f bes* SCHWEIZ cider grower

Most·rich <-s> ['mɔstrɪç] *m kein pl* KOCHK DIAL *(Senf)* mustard

Mo·tel <-s, -s> [mo'tɛl] *nt* motel

Mo·tet·te <-, -n> [mo'tɛtə] *f* MUS motet

Mo·ther·board <-[s], -s> ['mʌðəbɔːd] *nt* INFORM motherboard

Mo·ti·on <-, -en> [mo'tsi̯oːn] *f* SCHWEIZ *(Antrag im Parlament)* motion

Mo·tiv <-s, -e> [mo'tiːf, *pl* mo'tiːvə] *nt* ❶ *(Beweggrund)* motive
❷ LIT *(Leitmotiv)* leitmotif, motif, theme
❸ MUS *(Tonfolge)* motif, motive

Mo·ti·va·ti·on <-, -en> [motiva'tsi̯oːn] *f (geh)* motivation

Mo·ti·va·ti·ons·grad *m* level of motivation **Mo·ti·va·ti·ons·in·stru·ment** *nt* motivational instrument

mo·ti·vie·ren* [moti'viːrən] *vt (geh)* ❶ *(durch Anregungen veranlassen)* ■**jdn [zu etw** *dat***]** ~ to motivate sb [to do sth]
❷ *(begründen)* ■**[jdm gegenüber] etw** ~ to justify sth [to sb]; **[jdm gegenüber] seine Abwesenheit/sein Verhalten** ~ to account for one's absence/behaviour [*or* AM -or] [to sb]; **[jdm gegenüber] einen Sinneswandel** ~ to give [sb one's] reasons for a [*or* one's] change of mind

mo·ti·viert I. *pp von* **motivieren**
II. *adj inv* **stark/höchst/wenig** ~ strongly/highly/little motivated [*or* having little motivation]

Mo·ti·vie·rung <-, -en> [-'viː-] *f (geh)* motivation

Mo·tiv·ir·rtum *m* JUR error in motivation

Mo·to <-s, -s> ['moːto] *nt* SCHWEIZ *kurz für* **Motorrad** motorcycle, motorbike *fam*

Mo·to·cross[RR], **Mo·to-Cross** <-, -e> [moto'krɔs] *nt* motocross

Mo·to·cross·ren·nen *nt (Sportdisziplin)* motocross [racing]; *(Rennen)* motocross race

Mo·tor <-s, -en> ['moːtoːɐ̯, *pl* -'toːrən] *m* ❶ *(Verbrennungsmotor)* engine
❷ *(Elektromotor)* motor
❸ *kein pl (geh: treibende Kraft)* ■**der** ~ **einer S.** *gen* the driving force behind sth; ~ **für Wettbewerbsfähigkeit** ÖKON competitive force

Mo·tor·an·trieb *m* motor drive; **mit** ~ motor-driven *attr* **Mo·tor·aus·fall** *m* motor failure [*or* breakdown], engine failure **Mo·tor·bar·kas·se** <-, -n> *f* motor launch **Mo·tor·block** *m* AUTO engine block **Mo·tor·boot** *nt* motor boat **Mo·tor·dreh·zahl** *f* AUTO engine speed **Mo·tor·ein·stel·lung** *f* AUTO engine timing

Mo·to·ren·bau *m kein pl* engine construction *no pl* **Mo·to·ren·ge·räusch** *nt* sound of an engine [*or* engines] **Mo·to·ren·lärm** *m* engine noise

Mo·tor·fahr·zeug *nt* motor vehicle **Mo·tor·fahr·zeug·steu·er** *f* SCHWEIZ *(Kraftfahrzeugsteuer)* motor vehicle [*or* BRIT *a.* road] tax **Mo·tor·flug·zeug** *nt* powered aircraft **Mo·tor·ge·häu·se** *nt* engine [*or* motor] casing

Mo·tor·hau·be *f* bonnet BRIT, hood AM **Mo·tor·hau·ben·ent·rie·ge·lung** *f* AUTO hood release

Mo·to·rik <-> [mo'toːrɪk] *f kein pl* PHYSIOL motor activity

mo·to·risch [mo'toːrɪʃ] *adj* ANAT motor *attr*

mo·to·ri·sie·ren* [motori'ziːrən] I. *vt* ■**etw** ~ to motorize sth, to fit sth with an engine
II. *vr (fam)* ■**sich** *akk* ~ to get some wheels *fam*, to buy a car [*or* motorbike] [*or* moped] [*or* scooter]

mo·to·ri·siert *adj* with a car [*or* cars] *pred;* **eine ~e Gesellschaft** a car-oriented [*or fam* car-loving] society; ■~ **sein** to have wheels *fam*, to have [*or* own] a car [*or* motorbike] [*or* moped] [*or* scooter]

Mo·to·ri·sie·rung <-, -en> *f* AUTO [fitting with an] engine; ***dieser Wagen hat eine schwache*** ~ this car does not have [*or* is not fitted with] a very powerful engine

Mo·tor·jacht *f* motor yacht **Mo·tor·leis·tung** *f* AUTO engine power [*or* performance], power [*or* engine] output **Mo·tor·öl** *nt* AUTO motor oil **Mo·tor·pan·ne** *f* engine failure [*or* breakdown] **Mo·tor·pres·se** *f kein pl* MEDIA motor press **Mo·tor·pum·pe** *f* motor-powered pump

Mo·tor·rad ['motorat, mo'toːrat] *nt* motorcycle, motorbike *fam;* ~ **fahren** to ride a motorcycle [*or* motorbike]

Mo·tor·rad·bril·le *f* [motorcycle] goggles **Mo·tor·rad·fah·rer(in)** *m(f)* motorcyclist **Mo·tor·rad·hand·schuh** *m* motorcycle glove **Mo·tor·rad·helm** *m* [motorcycle] crash helmet **Mo·tor·rad·ren·nen** *nt* SPORT motorcycle racing; ~ **fahren** to take part in a motorcycle race **Mo·tor·rad·sport** *m* motorcycling **Mo·tor·rad·stie·fel** *f* motorcycle boot **Mo·tor·rad·zu·be·hör** *nt* motorcycle accessories

Mo·tor·raum *m* AUTO engine compartment [*or* bay] **Mo·tor·rol·ler** *m* [motor] scooter **Mo·tor·sä·ge** *f* power saw **Mo·tor·scha·den** *m* engine breakdown [*or* failure] **Mo·tor·schiff** *nt* motor ship **Mo·tor·schlit·ten** *m* snowmobile **Mo·tor·schmie·rung** *f* AUTO engine lubrication **Mo·tor·seg·ler** *m* ❶ LUFT motor glider ❷ NAUT powered sailing boat

Mo·tor·sport *m* motor sport *no art* **Mo·tor·sport·fan** [-fɛn] *m* fan of motor racing, motor-racing fan

Mo·tor·trieb·wa·gen *m* railcar **Mo·tor·wa·gen** *m* ❶ *der Straßenbahn* motorcar ❷ SCHWEIZ *(Kraftwagen)* motor vehicle **Mo·tor·wä·sche** *f* engine valeting *(external cleaning of an/the engine)*

Mot·te <-, -n> ['mɔtə] *f* moth
▸WENDUNGEN: **du kriegst die ~n!** *(sl)* well I'll be blowed [*or* damned]! *fam*, BRIT *a.* [well] blow me! *fam*, for God's sake!

mot·ten ['mɔtn̩] *vi* SCHWEIZ, SÜDD *(schwelen)* to smoulder

Mot·ten·boh·ne *f* moth bean **mot·ten·echt** *adj inv* moth-proof **mot·ten·fest** *adj* moth-proof **Mot·ten·fraß** <-es> *m kein pl* moth damage *no pl, no indef art* **Mot·ten·gift** *nt* moth poison **Mot·ten·kis·te** *f* ▸WENDUNGEN: **etw aus der ~ [hervor]holen** *(fam)* to dig out sth *sep* **Mot·ten·ku·gel** *f* mothball **Mot·ten·loch** *nt* moth hole **Mot·ten·pul·ver** *nt* CHEM moth powder **mot·ten·zer·fres·sen** *adj inv* moth-eaten

Mott·feu·er <-s, -> ['mɔt-] *nt* SCHWEIZ *(Schwelbrand)* smouldering fire

Mot·to <-s, -s> ['mɔto] *nt* motto; **etw steht unter dem ~ ...** sth has as its motto ... [*or* ... as its motto], the motto of sth is ...; **nach dem ~: ...** as if to say ...

Mot·to-Par·ty, **Mot·to·par·ty** [-paːɐ̯ti] *f* [special] theme party; ***heute Abend steigt eine ~ „Beach & Fun"*** there's going to be a "Beach & Fun" party this evening

mot·zen ['mɔtsn̩] *vi (sl)* to grouse, to bellyache *sl*, to moan *fam;* ***was gibt es da zu ~?*** what is there to bellyache about?

Mot·zer <-s, -> *m (pej)* grumpy sod BRIT, moaner and groaner

Moun·tain·bike <-s, -s> ['mau̯ntn̩bai̯k] *nt* mountain bike

Moun·tain·bi·ker(in) <-s, -> ['mau̯ntn̩bai̯kɐ] *m(f)* mountain biker

Mouse·pad ['mau̯spɛd] *nt* INFORM mouse pad

Mousse <-, -s> [mʊs] *f* mousse

mous·sie·ren* [mʊ'siːrən] *vi* to effervesce

Mö·we <-, -n> ['møːvə] *f* [sea]gull

moz·ara·bisch [motsa'raːbɪʃ] *adj inv* Mozarabic

MP <-, -s> [ɛm'piː] *f Abk von* **Maschinenpistole** submachine gun

MP3-Player <-s, -> [ɛmpeː'drai̯,pleːɐ] *m* MP3 Player

MPC <-[s], -s> *m* INFORM *Abk von* **multimedia personal computer** MPC

Mrd. *Abk von* **Milliarde(n)** b., billion

Mr. Right <-s, -s> ['mɪstɐ 'raɪt] *m (fam)* Mr Right

MS <-> [ɛm'ɛs] *f kein pl Abk von* **Multiple Sklerose** MS

MS-DOS <-> [ɛmʔɛs'dɔs] *nt* INFORM *Abk von* **microsoft disk operating system** MS-DOS

MS-krank *adj* suffering from MS *pred*

Mt *Abk von* **Megatonne** mt., megaton

MTA <-s, -s> *m*, **MTA** <-, -s> [ɛmteː'aː] *f Abk von* **medizinisch-technische(r) Assistent(in)** MTA

mtl. *Abk von* **monatlich** mthly, monthly

Mü·cke <-, -n> [mʏkə] *f* mosquito, gnat, midge
▸WENDUNGEN: **aus einer ~ einen Elefanten machen** *(fam)* to make a mountain out of a molehill

Mu·cke·fuck <-s> ['mʊkəfʊk] *m kein pl (fam)* coffee substitute, ersatz coffee

mu·cken ['mʊkn̩] I. *vi (fam)* to complain; **ohne zu ~** without complaining
II. *vr* DIAL *(sich regen)* ■**sich** *akk* ~ to move, to stir

Mu·cken ['mʊkn̩] *pl (fam)* [bad] manners *npl;* **seine ~ haben** to have one's [little] moods; **etw hat [seine] ~** sth is acting [*or* BRIT *a.* playing] up; **jdm die ~ austreiben** to sort sb out BRIT *fam*, to reprimand [*or* deal with] sb

Mü·cken·schutz·mit·tel *nt* mosquito repellent

Mü·cken·stich *m* mosquito [*or* gnat] [*or* midge] bite

Mucks <-es, -e> ['mʊks] *m (fam)* sound; **einen ~ sagen** to make a sound; ***sagst du nur einen ~, gibt's was hinter die Löffel!*** one word from you and I'll give you a clip round the ear!; ***und dass mir keiner einen ~ sagt!*** I don't want to hear a peep out of anyone!; **keinen ~ sagen** to not say a word; **ohne einen ~** without a murmur [*or* word [of protest]]

muck·sen ['mʊksn̩] *vr (fam)* ■**sich** *akk* ~ to move, to stir; ■**sich** *akk* **nicht** ~ to not move [a muscle]

mucks·mäus·chen·still ['mʊksmɔy̯sçən'ʃtɪl] I. *adj (fam)* completely quiet; ***das Kind war*** ~ the child was as quiet as a mouse; ~ **sein** to not make a sound
II. *adv* completely quiet, without making a sound; ***verhaltet euch ~!*** don't make a sound!

mü·de ['myːdə] I. *adj* ❶ *(schlafbedürftig)* tired; ~ **Arme/Beine/***geh* ~**s Haupt** weary arms/legs/head; ■**[von etw** *dat***]** ~ **sein/werden** to be/become tired [as a result of sth]; ***von zu viel Bier in der Mittagspause wird man*** ~ drinking too much beer during your lunch-hour makes you feel tired! [*or* sleepy]
❷ *(gelangweilt)* weary, tired
❸ *(überdrüssig)* ■**einer S.** *gen* ~ **sein/werden** to be/grow tired of sth; ■**nicht ~ werden, etw zu tun** to never tire of doing sth; *s. a.* **Mark¹**
II. *adv* ❶ *(erschöpft)* **sich** *akk* ~ **kämpfen/laufen/reden** to fight/walk/speak until one is exhausted
❷ *(gelangweilt)* wearily, tiredly

Mü·dig·keit <-> ['myːdɪçkai̯t] *f kein pl* tiredness; **[nur] keine ~ vorschützen!** *(fam)* don't try and tell me [*or* pretend] you're tired!; **vor ~** from exhaustion; ***mir fallen schon vor ~ die Augen zu*** I'm so tired I can hardly keep my eyes open

Mu·dscha·hed·din <-s, -> [mʊdʒahe'diːn] *m* Mujahidin, Mujahed[d]in, Mujahideen

Mü·es·li <-s, -s> ['myːɛsli] *nt* muesli

Mu·ez·zin <-[s], -s> [mu'ɛtsiːn] *m* REL muezzin

Muff¹ <-s> ['mʊf] *m kein pl* musty smell

Muff² <-[e]s, -e> ['mʊf] *m* MODE muff

Muf·fe <-, -n> ['mʊfə] *f* TECH sleeve
▸WENDUNGEN: **jdm geht die ~** *(sl)* sb is scared stiff *fam* [*or vulg* shitless]; ~ **haben** *(sl)* to be scared shitless [*or sl* shit-scared]

Muf·fel <-s, -> ['mʊfl̩] *m (fam)* grouch, grump *fam*

muf·f(e)·lig ['mʊf(ə)lɪç], **muff·lig** ['mʊflɪç] *adj (fam)* grouchy, grumpy *fam*

müf·feln ['mʏfl̩n], **muf·feln** ['mʊfl̩n] *vi* to smell musty

Muf·fel·ofen *m* CHEM box-type furnace, muffle furnace

Muf·fel·wild *nt kein pl* mouflon

Muf·fen·rohr *nt* BAU spigot pipe

Muf·fen·sau·sen <-> *nt kein pl* ▸WENDUNGEN: ~ **haben/kriegen** *(fam)* to be/get scared stiff *fam*

muf·fig ['mʊfɪç] I. *adj* ❶ *(dumpf)* musty
❷ *(schlecht gelaunt)* grumpy
II. *adv* ❶ *(dumpf)* musty; ~ **riechen** to smell musty; ***es riecht im Keller seltsam*** ~ there's a strange musty smell in the cellar
❷ *(lustlos)* listlessly

muff·lig ['mʊflɪç] *adj s.* **muffelig**

Muff·lon <-s, -s> ['mʊflɔn] *m* ZOOL mouflon

muh ['muː] *interj* moo

Mü·he <-, -n> ['myːə] *f* trouble; **sich** *dat* **alle erdenkliche ~ geben** to make every [imaginable] effort, to go to the greatest lengths [possible]; **[für jdn] eine geringe ~ sein** to be no bother [for sb]; **[für jdn] eine große ~ sein** to be a lot of trouble [*or fam* a big deal] [for sb]; **verlorene ~ sein** to be a

M

waste of effort [*or* time]; **der ~ wert sein** [*o* **lohnen**] to be worth the trouble [*or* effort] [*or* it]; **sich** *dat* [**große**] **~ geben** [*o* **machen**][**, etw zu tun**] to take [great] pains [*or* make a[n] [great] [*or* the] effort] [to do sth]; **sich** *dat* **keine ~ geben** [*o* **machen**][**, etw zu tun**] to make no effort [to do sth]; ***Sie brauchen sich keine ~ zu geben, mich vom Gegenteil zu überzeugen!*** there's no point trying to convince me otherwise!; ***er hat sich gar nicht erst ~ gegeben, es zu verleugnen*** he didn't even bother trying to deny it; ***geben Sie sich keine ~, ich weiß bereits alles!*** save your breath, I already know everything; **~ haben, etw zu tun** to have trouble [*or* difficulty] doing [*or* find it difficult to do] sth; **mit jdm seine ~ haben** to have [a lot of] trouble [*or* a hard time] with sb; [**jdn**] [**einige/viel**] **~ kosten** to be [quite/very] hard work [*or* quite an effort/a real effort] [for sb]; **etw lohnt die ~** sth is worth the trouble [*or* effort] [*or* it]; **die ~ lohnt sich** it is worth the trouble [*or* effort] [*or* it]; [**jdm**] **~ machen** to give [sb] [some] trouble; **sich** *dat* **die ~ machen, etw zu tun** to take [*or* go to] the trouble [*or* make the effort] to do sth; ***machen Sie sich keine ~!*** [please] don't go to any trouble!; **sich** *dat* **die ~ schenken** [*o* **sparen**] to save oneself the trouble; **mit ~ verbunden sein** to take a lot of effort; **viel/einige/ziemliche ~ auf etw** *akk* **verwenden** to put a lot/a fair amount/quite a lot of effort into sth; [**nur**] **mit ~** with [great] difficulty; **ohne ~** without any trouble; ***nicht ohne ~ erledigten wir die Aufgabe*** not without difficulty [*or* trouble] did we complete the task; ***ich könnte dir ohne ~ drei solche Typen nennen*** I could name you three people off the top of my head; **mit ~ und Not** *(fam)* only just

mü·he·los I. *adj* easy
II. *adv* easily, effortlessly; ***diesen Plan wird man nicht ganz ~ bewerkstelligen können*** it will take a fair amount of effort to put this plan into practice

Mü·he·lo·sig·keit <-> *f kein pl* ease, effortlessness

mu·hen ['mu:ən] *vi Kuh* to moo

mü·hen ['my:ən] *vr (geh)* ❶ *(sich bemühen)* ■ **sich** *akk* **~, etw zu tun** to strive to do sth
❷ *(sich abmühen)* ■ **sich** *akk* **mit jdm/etw ~** to struggle with sb/sth

mü·he·voll *adj (geh) s.* **mühsam**

Müh·le <-, -n> ['my:lə] *f* ❶ *(Wassermühle)* mill
❷ *(fam: Kaffeemühle)* grinder; *(Getreidemühle)* mill
❸ *(Mühlespiel)* ≈ nine men's morris *no pl*, BRIT *a.* ≈ ninepenny *no pl*
❹ *(veraltend sl: Flugzeug)* crate *fam*
❺ *(pej: Räderwerk)* wheels *pl*
▶ WENDUNGEN: **die ~n einer S.** *gen* **mahlen langsam** the wheels of sth turn very slowly

Müh·len·flü·gel <-s, -> *m* sail-arm **Müh·len·recht** *nt* JUR prerogative to operate a mill

Mühl·rad <-s, -räder> *nt* mill-wheel **Mühl·stein** *m* millstone **Mühl·werk** *nt* milling works *pl*

Müh·sal <-, -e> ['my:za:l] *f (geh)* tribulation, hard toil

müh·sam ['my:za:m] I. *adj* arduous, laborious; ***mit der Zeit wird das Treppensteigen für alte Leute zu ~*** with time, climbing stairs becomes too strenuous for old people; ■ **es ist** [**für jdn**] **~, etw zu tun** it is difficult [*or* hard] [for sb] to do sth
II. *adv* laboriously; ***das Haus habe ich mir in langen Jahren ~ erarbeiten müssen*** it took years of hard work to be able to afford this house; **~ verdientes Geld** hard-earned money

müh·se·lig ['my:ze:lɪç] *adj (geh) s.* **mühsam**

Mu·ko·vis·zi·do·se <-> [mukovɪstsi'do:zə] *f kein pl* MED cystic fibrosis, mucoviscidosis *spec*

Mu·lat·te, Mu·lat·tin <-n, -n> [mu'latə, mu'latɪn] *m, f* mulatto *masc,* mulatta *fem,* mulattress *fem*

Mul·de <-, -n> ['mʊldə] *f* ❶ *(Bodenvertiefung)* hollow
❷ NORDD *(großer Trog)* skip

Mu·li <-s, -[s]> ['mu:li] *nt o m* ZOOL mule

Mull <-[e]s, -e> ['mʊl] *m* MED gauze

Müll <-[e]s> ['mʏl] *m kein pl* refuse *form,* rubbish, *esp* AM garbage; ***„~ abladen verboten"*** "no tipping [*or* dumping [of rubbish]]"; **in den ~ kommen** to belong in the [dust]bin BRIT [*or* AM garbage [can]]; **etw in den ~ werfen** to throw out sth *sep,* to throw sth in the [dust]bin [*or* AM garbage [can]]

Müll·ab·fuhr <-, -en> *f* ❶ *(das Abfahren des Mülls)* refuse *form* [*or esp* AM garbage] collection
❷ *(Referat der Stadtreinigung)* refuse *form* [*or esp* AM garbage] collection [service]; ***bei uns kommt nur alle 14 Tage einmal die ~*** the dustmen only come every fortnight where we live
❸ *(fam: Müllwagen)* ■ **die ~** the dustcart BRIT, the garbage truck AM

Müll·ab·fuhr·ge·bühr *f* refuse collection charge

Müll·ab·la·de·platz *m* [refuse] dump, BRIT *a.* [refuse] tip **Mülla·ge·rung^ALT** *f s.* **Mülllagerung**

Mul·lah <-s, -s> ['mʊla] *m* mullah

Müll·auf·be·rei·tung *f* ÖKOL waste treatment *no pl* **Müll·auf·be·rei·tungs·an·la·ge** *f* waste processing plant

Müll·auf·kom·men <-s> *nt kein pl* revenue from waste **Müll·berg** *m* mountain of rubbish [*or esp* AM garbage] **Müll·be·sei·ti·ger** *m* refuse collector **Müll·be·sei·ti·gung** *f kein pl* ÖKOL waste [*or form* refuse] [*or* rubbish] [*or esp* AM garbage] collection **Müll·beu·tel** *m* rubbish [*or esp* AM garbage] sack [*or* bag], BRIT *a.* [dust]bin liner [*or* bag]

Mull·bin·de *f* MED gauze bandage

Müll·con·tai·ner [-kɔnte:nɐ] *m* waste [*or form* refuse] [*or* rubbish] [*or esp* AM garbage] container **Müll·de·po·nie** *f* waste disposal site, refuse *form* [*or esp* AM garbage] dump **Müll·ei·mer** *m* dustbin BRIT, bin BRIT *fam,* garbage can AM

Mül·ler(in) <-s, -> ['mʏlɐ] *m(f)* miller

Mül·le·rin·art *f* KOCHK [**nach**] **~** à la meunière

Müll·fah·rer(in) *m(f)* driver of a dustcart [*or* AM garbage truck], dustcart [*or* AM garbage truck] driver **Müll·gru·be** *f* refuse pit **Müll·hal·de** *f* waste [*or form* refuse] [*or esp* AM garbage] disposal site, refuse *form* [*or* rubbish] [*or esp* AM garbage] dump **Müll·hau·fen** *m* heap of rubbish [*or esp* AM garbage], rubbish [*or esp* AM garbage] heap **Müll·kip·pe** *f* refuse *form* [*or esp* AM garbage] dump, *esp* BRIT rubbish tip **Müll·kom·pos·tie·rung** *f* refuse *form* [*or esp* AM garbage] composting **Müll·kut·scher** *m (fam)* dustman BRIT, trash collector AM **Müll·la·ge·rung^RR** *f* storage of refuse *form* [*or esp* AM garbage], refuse *form* [*or esp* AM garbage] storage **Müll·mann** *m (fam)* dustman BRIT, garbage man AM, BRIT *a.* dustbin [*or fam* bin] man **Müll·men·ge** *f* amount of refuse *form* [*or esp* AM garbage] **Müll·ofen** *m* [refuse] incinerator **Müll·re·cy·cling** [-risaiklɪŋ] *nt* recycling of refuse *form* [*or esp* AM garbage], [waste] recycling *no pl* **Müll·sack** *m* [large] refuse sack BRIT *form,* [large] garbage bag AM **Müll·schlu·cker** <-s, -> *m* refuse *form* [*or* rubbish] [*or esp* AM garbage] chute **Müll·sor·tier·an·la·ge** *f* refuse [*or* waste] separation plant **Müll·steu·er** *f* ÖKON *tax for financing refuse collecting and sifting services* **Müll·ton·ne** *f* dustbin BRIT, garbage can AM **Müll·tou·ris·mus** *m* dumping [of] [one's] refuse *form* [*or* rubbish] [*or esp* AM garbage] in outlying areas **Müll·tren·nung** *f kein pl* ÖKOL separation of waste [*or form* refuse] [*or* rubbish] [*or esp* AM garbage] **Müll·tren·nungs·sys·tem** *nt* waste sorting [*or* sifting] system, system of waste sorting [*or* sifting] **Müll·tü·te** *f* bin liner BRIT, garbage [*or* trash] bag AM **Müll·ver·bren·nung** *f* refuse *form* [*or esp* AM garbage] incineration **Müll·ver·bren·nungs·an·la·ge** *f* refuse *form* [*or esp* AM garbage] incineration [*or* combustion] plant

Müll·ver·mei·dung *f* avoidance of generating [*or* creating] refuse *form* [*or esp* AM garbage]

Müll·ver·wer·tung *f* refuse recycling **Müll·ver·wer·tungs·an·la·ge** *f* waste reprocessing plant

Müll·vo·lu·men *nt* refuse volume, volume of refuse **Müll·wa·gen** *m* refuse *form* [*or esp* AM garbage] collection vehicle, BRIT *a.* dustcart, *esp* AM garbage truck **Müll·wer·ker(in)** *m(f)* refuse [*or* AM garbage] operative, binman BRIT *fam*

Mull·win·del *f* muslin nappy [*or* AM diaper]

mul·mig ['mʊlmɪç] *adj (fam)* ❶ *(unbehaglich)* uneasy, uncomfortable; **jdm ist ~ zumute** sb has an uneasy [*or* uncomfortable] feeling, sb has butterflies in their stomach
❷ *(brenzlig)* dicey *fam,* precarious; **es wird ~** it's getting dicey *fam*

Mul·ti <-s, -s> ['mʊlti] *m (fam)* multinational [company]

Mul·ti·agent *m* INFORM multi-agent **Mul·ti·be·nut·zer·be·triebs·sys·tem** *nt* multi-user [operating] system **mul·ti·di·men·si·o·nal** *adj* multidimensional **mul·ti·eth·nisch** *adj inv* multiethnic **Mul·ti·eth·ni·zi·tät** <-> [-ɛtnitsitɛ:t] *f kein pl (geh)* multiethnicity **mul·ti·fak·to·ri·ell** *adj inv (geh)* multifactorial **Mul·ti·fre·quenz·mo·ni·tor** *m* INFORM multiscan monitor **mul·ti·funk·ti·o·nal** *adj* multifunctional, multi-functional **Mul·ti·funk·ti·ons·ge·rät** *nt* INFORM multifunction[al] device **Mul·ti·funk·ti·ons·kar·te** *f* FIN multifunctional card **Mul·ti·funk·ti·ons·lenk·rad** *nt* AUTO multifunction steering wheel **mul·ti·kau·sal** *adj inv (geh)* multi-causal **mul·ti·kul·ti** [-'kʊlti] *adj inv* multi cultural, multiculti **mul·ti·kul·ti** [-kʊlti] *adj (fam)* multicultural **Mul·ti·kul·tu·ra·li·tät** <-> *f kein pl* SOZIOL multiculturalism **mul·ti·kul·tu·rell** *adj* multicultural **mul·ti·la·te·ral** [mʊltilate'ra:l] *adj* multilateral, multipartite; **~es Clearingsystem** FIN multilateral clearing system **mul·ti·lin·gu·al** *adj* multilingual

Mul·ti·me·dia <-[s]> [mʊlti'me:di̯a] *nt kein pl* INFORM, MEDIA multimedia *no pl*

Mul·ti·me·dia-Agen·tur *f* MEDIA, INFORM multimedia agency **Mul·ti·me·dia·an·wen·dung** *f* INFORM multimedia application **Mul·ti·me·dia·ap·pli·ka·ti·on** *f* INFORM multimedia application **Mul·ti·me·dia·be·reich** *m* INFORM multimedia sector **Mul·ti·me·dia-CD-ROM** *f* multimedia CD-ROM **Mul·ti·me·dia·com·pu·ter** *m* multimedia computer [system] **Mul·ti·me·dia-Com·pu·ter·pro·gramm** *nt* multimedia computer program **Mul·ti·me·dia-Da·tei·for·mat** *nt* INFORM multimedia file format **mul·ti·me·dia·fä·hig** *adj inv* INFORM mediagenic, suitable for multimedia **Mul·ti·me·dia-Ge·setz** *nt* JUR multimedia law

mul·ti·me·di·al ['mʊltimedi̯a:l] *adj* multi-media *attr*

Mul·ti·me·di·a·li·tät [-medi̯a:litɛ:t] *f kein pl* MEDIA multimediality

Mul·ti·me·dia-Netz·werk *nt* INFORM multimedia network **Mul·ti·me·dia-PC** *m* multimedia PC **Mul·ti·me·dia·prä·sen·ta·ti·on** *f* multimedia presentation **Mul·ti·me·dia·pro·dukt** *nt* multimedia product **Mul·ti·me·dia·sys·tem** *nt* multimedia system **Mul·ti·me·dia·zeit·al·ter** *nt* multimedia age

Mul·ti·mil·li·o·när(in) [mʊltimɪli̯o'nɛ:ɐ̯] *m(f)* multimillionaire **mul·ti·mor·bid** *adj* MED *(fachspr)* multimorbid *spec* **mul·ti·na·ti·o·nal** [mʊltinatsi̯o'na:l] *adj* multinational

mul·ti·pel [mʊl'ti:pl] *adj inv* multiple; **multiple Proportionen** CHEM multiple proportions; **multiple Sklerose** MED multiple sclerosis

Mul·ti·ple Skle·ro·se <-n -> [mʊl'ti:plə skle'ro:zə] *f kein pl* MED multiple sclerosis

Mul·ti·plett [mʊlti'plɛt] *nt* PHYS multiplet

Mul·ti·plex·ki·no ['mʊltiplɛks-] *nt* multiplex [cinema]

Mul·ti·pli·kand <-en, -en> [mʊltipli'kant, *pl* mʊltipli'kandn̩] *m* MATH multiplicand

Mul·ti·pli·ka·ti·on <-, -en> [mʊltiplika'tsi̯o:n] *f* MATH multiplication

Mul·ti·pli·ka·ti·ons·zei·chen *nt* MATH multiplication sign

Mul·ti·pli·ka·tor <-s, -en> [mʊltipli'ka:to:ɐ̯, *pl* -'to:rən] *m* ❶ MATH multiplier
❷ *(geh)* disseminator *form*

Mul·ti·pli·ka·to·ren·ef·fekt *m* MATH, ÖKON multiplier effect

mul·ti·pli·zie·ren* [mʊltipli'tsi:rən] I. *vt* ■ **etw** [**mit etw** *dat*] **~** to multiply sth [by sth]
II. *vr (geh)* ■ **sich** *akk* **~** to multiply *fig*

mul·ti·po·lar *adj (form)* multipolar **Mul·ti·pro·zes·sor·sys·tem** *nt* INFORM multiprocessor system **mul·ti·re·li·gi·ös** *adj inv Gesellschaft* multireligious

mul·ti·re·sis·tent *adj* BIOL, MED *Krankheitskeim* multiresistant

Mul·ti·ses·sion <-, -en> [-'sefən] *f* INFORM multisession

mul·ti·ses·sion·fä·hig *adj* multisession-capable; **~es CD-ROM Laufwerk** multisession-capable CD-ROM drive **Mul·ti·ses·sion·Fä·hig·keit** *f* INFORM multisession capability

Mul·ti·ta·lent *nt* versatile person, all-rounder, all-round talent **Mul·ti·tas·king** <-[s]> [mʊltɪ'ta:skɪŋ] *nt kein pl* INFORM multitasking [system]; **kooperatives/präemptives ~** cooperative/pre-emptive multitasking **Mul·ti·vi·ta·min·prä·pa·rat** *nt* PHARM, MED multivitamin preparation **mul·ti·zen·trisch** *adj inv* multi-centric **Mul·ti-Zer·klei·ne·rer** *m* multiple chopper, blender

Mu·mie <-, -n> ['mu:mi̯ə] *f* mummy

Mu·mi·en·schlaf·sack *m* shaped sleeping bag

mu·mi·fi·zie·ren* [mumifi'tsi:rən] *vt* ■**etw ~** to mummify sth

Mu·mi·fi·zie·rung <-, -en> *f* mummification

Mumm <-s> [mʊm] *m kein pl* guts *npl fam,* BRIT *a.* bottle *sl;* ***hast du denn keinen ~ in den Knochen?*** don't be such a chicken!

Mum·mel·greis(in) <-es, -e> *m(f) (pej fam)* old dodderer *pej fam*

mum·meln¹ ['mʊml̩n] *vt* NORDD *(murmeln)* ■**etw** [**vor sich** *akk* **hin**] **~** to mumble sth [to oneself]

mum·meln² ['mʊmḷn] *vt* NORDD *(fam: einhüllen)* ■**jdn in etw** *akk* **~** to wrap [up *sep*] sb in sth; ■**sich** *akk* **in etw** *akk* **~** to wrap oneself [up] in sth

müm·meln ['mʏml̩n] *vi* ■[**an etw** *dat*] **~** to nibble [at sth]

Mum·pitz <-es> ['mʊmpɪts] *m kein pl (veraltend fam)* nonsense, claptrap, rubbish

Mumps <-> [mʊmps] *m o fam f kein pl* MED [the] mumps + *sing/pl vb*

Mün·chen <-s> ['mʏnçn̩] *nt* Munich

Mün·che·ner ['mʏnçənɐ], **Münch·ner** ['mʏnçnɐ] *adj attr* Munich *attr,* of Munich *after n;* **die ~ Altstadt** Munich's old town; *s. a.* **Abkommen**

Mün·che·ner(in) <-s, -> ['mʏnçənɐ] *m(f),* **Münch·ner(in)** <-s, -> ['mʏnçnɐ] *m(f)* inhabitant of Munich; ***meine Frau ist ~ in*** my wife's from Munich

Münch·hau·sen <-s, -[s]> ['mʏnçhau̯zn̩] *m (veraltend geh)* Munchhausen

Mund <-[e]s, Münder> [mʊnt, *pl* 'mʏndɐ] *m* ❶ ANAT mouth; **etw in den ~ nehmen** to put sth in one's mouth; **ein Glas an den ~ setzen** to put a glass to one's mouth; **mit vollem ~e** with one's mouth full

❷ ZOOL *(Maul)* mouth

▶WENDUNGEN: **etw ist in aller ~e** sth is the talk of the town, everybody's talking about sth; **den ~ aufmachen** [*o* **auftun**] to speak up; **den ~ aufreißen** *(sl)* to talk big; **wie aus einem ~e** with one voice; **aus berufenem ~e** from an authoritative source; **jdm über den ~ fahren** *(fam)* to cut sb short; **sich** *dat* **den ~ fusselig reden** to talk till one is blue in the face; **nicht auf den ~ gefallen sein** *(fam)* to never be at a loss for words; **etw geht von ~ zu ~** sth is passed on from mouth to mouth [*or* person to person]; **einen großen ~ haben** to have a big mouth, to be all talk [*or* mouth] [*or* BRIT *fam* all mouth and trousers]; **halt den ~!** *(fam)* shut up! *fam,* shut your mouth! [*or* face!] [*or* BRIT *sl* gob!]; **den/seinen ~ nicht halten können** *(fam)* to not be able to keep one's mouth [*or fam* trap] shut; **aus jds ~e kommen** that sb says; ***du musst auch nicht alles glauben, was aus seinem ~e kommt!*** you don't have to believe everything [that] he says!; **jdm etw in den ~ legen** to put [the] words into sb's mouth; **~ und Nase aufsperren** *(fam)* to gape in astonishment; **etw nicht in den ~ nehmen** to not use such a sth; ***musst du immer so entsetzliche Flüche in den ~ nehmen?*** do you always have to use such terrible language?; **jdm nach dem ~[e] reden** to say what sb wants [*or* tell sb what they want] to hear; **jdm den ~ stopfen** *(fam)* to shut sb up; **jdm den ~ verbieten** to tell sb to be quiet [*or fam* shut up]; **den ~ [zu] voll nehmen** *(fam)* to talk [too] big; *s. a.* **Wort**

Mund·art ['mʊntʔa:ɐ̯t] *f* LING dialect

Mund·art·au·tor(in) *m(f)* dialect writer **Mund·art·dich·ter** *m* dialect poet **Mund·art·dich·tung** *f* dialect poetry **Mund·art·ge·dicht** *nt* dialect poem

mund·art·lich I. *adj* LING dialectal

II. *adv* **~ anwenden/gebrauchen** to use dialectally [*or* in dialect]

Mund·art·wör·ter·buch <-[e]s, -bücher> *nt* dialect dictionary

Mund·du·sche *f* water toothpick

Mün·del <-s, -> ['mʏndl̩] *nt o m* JUR ward

Mün·del·geld *nt* JUR trust money for a ward

mün·del·si·cher I. *adj* FIN, BÖRSE gilt-edged; **~e Wertpapiere** gilt-edged securities, gilts

II. *adv* **~ anlegen** to invest in gilt-edged securities

mun·den ['mʊndn̩] *vi (geh)* ■[**jdm**] **~** to taste good [to sb]; ***nun, wie mundet Ihnen der Wein?*** well, how do you like the wine?; ***der kleine Snack hat gut gemundet*** that was a very tasty little snack; ■**sich** *dat* **etw ~ lassen** to enjoy [eating] sth; ***greift gerne zu und lasst es euch ~!*** tuck in and enjoy your meal!

mün·den ['mʏndn̩] *vi sein o haben* ❶ *(hineinfließen)* ■**in etw** *akk* **~** to flow into sth; ***der Fluss mündet schließlich im Meer*** eventually the river flows into the sea

❷ *(auf etw hinlaufen)* ■**auf etw** *akk*/**in etw** *akk* **~** to lead into sth; ***dieser Feldweg mündet nach drei Kilometern auf die Straße nach Giengen*** this path meets [*or* joins] the road to Giengen after three kilometres

❸ *(darauf zuführen)* ■**in etw** *akk* **~** to lead to sth

mund·faul *adj (fam)* uncommunicative; ***sei doch nicht so ~!*** come on, speak up!; ***was hat er gesagt, sei nicht so ~!*** what did he say, come on, spill the beans! **mund·ge·recht** I. *adj* bite-sized *attr* II. *adv* **~ zubereiten/zuschneiden** to prepare in/cut into bite-sized pieces **Mund·ge·ruch** *m* bad breath *no indef art,* halitosis *no indef art;* **~ haben** to have bad breath [*or* halitosis] **Mund·har·mo·ni·ka** *f* mouth organ, harmonica **Mund·höh·le** *f* ANAT oral cavity **Mund·hy·gi·e·ne** *f kein pl* oral hygiene *no pl, no indef art*

mün·dig ['mʏndɪç] *adj* ❶ *(urteilsfähig)* responsible, mature

❷ *(volljährig)* ■**~ sein/werden** to be/come of age, to have attained/attain [*or* reached/reach] one's majority; **jdn für ~ erklären** JUR to declare sb of age

Mün·dig·keit <-> *f kein pl* JUR majority *no art; (fig)* responsibility

münd·lich ['mʏntlɪç] I. *adj* oral; **eine ~e Prüfung** an oral examination; **eine ~e Abmachung/Übereinkunft/Vereinbarung** a verbal agreement; **eine ~e Besprechung** a public meeting; ***diese Tradition ist durch ~e Überlieferung auf uns übergegangen*** this tradition has been passed [down [*or* on]] to us by word of mouth; ■**das M~e** *(fam)* the oral *fam,* the oral examination; **eine ~e Verhandlung** JUR a[n oral] hearing [*or* trial], oral proceedings *pl*

II. *adv* orally; **etw ~ abmachen/vereinbaren** to agree [to] sth verbally; **~ besprechen** to discuss something in a meeting; ***viele alte Volkslieder sind uns nur ~ überliefert worden*** many old folk songs have only been passed [down [*or* on]] to us by word of mouth; ***bitte informieren Sie mich ~, wenn sich etwas ändern sollte*** please let me know if anything should [*or* were to] change; ***der Fall wird ~ verhandelt*** the case will [now] be heard

Münd·lich·keits·grund·satz *m* JUR principle of orality

Mund·pfle·ge *f* oral hygiene *no pl, no indef art*

Mund·pro·pa·gan·da *f* word of mouth; **durch ~** by word of mouth; **für etw** *akk* **~ machen** to recommend sth, to spread the word about sth *fam*

Mund·raub *m* JUR *(hist)* petty theft [*or* larceny] [of food] **Mund·schenk** <-en, -en> *m* HIST cupbearer

Mund·schleim·haut *f* MED mucous membrane of the mouth [*or* oral cavity], oral mucosa *no pl spec*

Mund·schutz *m* MED [surgical] mask

M-und-S-Rei·fen *m Abk von* **Matsch-und-Schnee-Reifen** M+S tyre [*or* AM tire], mud and snow tyre, winter tyre

Mund·stück *nt a.* MUS mouthpiece **mund·tot** *adj* **jdn ~ machen** *(fam)* to silence sb

Mün·dung <-, -en> ['mʏndʊŋ] *f* ❶ GEOG mouth

❷ *(vordere Öffnung)* muzzle

Mün·dungs·arm *m* GEOL branch [of an/the estuary]

Mün·dungs·feu·er *nt* muzzle flash

Mund·voll <-, -> *m* mouthful **Mund·was·ser** *nt* mouthwash **Mund·werk** *nt* **ein freches/loses** [*o* **lockeres**]/**unverschämtes ~ haben** *(fam)* to be cheeky/have a loose tongue/be foul-mouthed *fam* **Mund·werk·zeu·ge** *pl* ZOOL mouth parts **Mund·win·kel** *m* corner of one's mouth **Mund-zu-Mund-Be·at·mung** *f* mouth-to-mouth resuscitation, kiss of life

Mun·go <-s, -s> ['mʊŋgo] *m* mongoose

Mu·ni·ti·on <-> [muni'tsi̯o:n] *f kein pl* ammunition; MIL munitions *npl;* **scharfe ~** live ammunition

Mu·ni·ti·ons·fa·brik *f* munitions factory **Mu·ni·ti·ons·gür·tel** *m* MIL ammunition belt **Mu·ni·ti·ons·la·ger** *nt* MIL ammunition [*or* munitions] store [*or* depot] **Mu·ni·ti·ons·nach·schub** *m* munitions supply, supply of munitions

mun·keln ['mʊŋkl̩n] *vt* ■**etw ~** to rumour [*or* AM -or] sth; ***allerlei/einiges/Verschiedenes wird gemunkelt*** there are all kinds of/a few/a number of different rumours [circulating [*or fam* flying about]]; ***gemunkelt wurde das ja schon lange*** that has been rumoured [*or* the rumour] for some time [now]; **man munkelt** [*o* **es wird gemunkelt**], **dass** it's rumoured [*or* AM -ored] [*or* there's a rumour] that; *s. a.* **dunkel**

Mun-Sek·te ['mu:nzɛktə] *f* Moonies *pl fam,* Reunification Church

Müns·ter <-s, -> ['mʏnstɐ] *nt* cathedral, *esp* BRIT minster

mun·ter ['mʊntɐ] *adj* ❶ *(aufgeweckt)* bright, sharp, quick-witted

❷ *(heiter)* lively; **ein ~er Gesang/~es Lied** a cheerful [*or* jolly] song; **~er Markt** ÖKON brisk market

❸ *(wach)* ■**~ sein/werden** to be awake/wake up; **jdn wieder ~ machen** to wake up sb again *sep*

Mun·ter·keit <-> *f kein pl* brightness, sharpness, quick-wittedness

Mun·ter·ma·cher <-s, -> *m* stimulant; *(Getränk bes.)* pick-me-up

Munt·jak·hirsch ['muntjak-] *m* muntjac, barking deer

Münz <-es> [mʏnts] *nt kein pl* SCHWEIZ *(Kleingeld)* [small [*or* loose]] change *no indef art, no pl*

Münz·amt *nt* FIN mint

Münz·au·to·mat *m* [coin-operated] vending-machine [*or* slot-machine]

Mün·ze <-, -n> ['mʏntsə] *f* ❶ *(Geldstück)* coin

❷ *(Prägeanstalt)* mint

▶WENDUNGEN: **etw für bare ~ nehmen** to take sth at face value; **jdm etw mit gleicher ~ heimzahlen** to pay sb back in their own [*or* the same] coin for sth; **in klingender ~** *(geh)* in [hard] cash; **etw in klingende ~ umsetzen** to turn sth into hard cash

Münz·ein·wurf *m* [coin] slot

mün·zen ['mʏntsn̩] *vt* ■**auf jdn/etw gemünzt sein** to be aimed at [*or* meant for] sb/sth

Münz·fern·spre·cher *m (geh)* pay phone **Münz·geld** *nt kein pl* ÖKON coins *pl* **Münz·gold** *nt* coin gold **Münz·ho·heit** *f* JUR right of coinage **Münz·prä·ge·an·stalt** *f* mint **Münz·prä·gung** *f* mintage **Münz·recht** *nt kein pl* JUR right of coinage **Münz·samm·ler(in)** <-s, -> *m(f)* coin collector, numismatist *spec* **Münz·samm·lung** *f* coin [*or form* numismatic] collection **Münz·schlitz** *m* [coin] slot, slot [for coins] **Münz·stät·te** *f* FIN mint **Münz·tank·stel·le** *f* coin-operated filling [*or* petrol] [*or* AM gas[oline]] station **Münz·wechs·ler** *m* change machine **Münz·wert** *m* ÖKON assay value, mint price

Mu·rä·ne <-, -n> [mu'rɛ:nə] *f* moray [eel]

müssen

1. Verpflichtung

Übersetzt wird im Präsens mit *must* und *have (got) to*. Das Modalverb *must* muss dabei in Infinitivkonstruktionen und allen anderen Zeiten mit *have (got) to* umschrieben werden.

Ursprünglich wurde im britischen Englisch *must* verwendet, wenn die Verpflichtung vom Sprecher selbst kam (d. h. der Sprecher selbst ist der Ansicht, dass es notwendig ist), während *have (got) to* benutzt wurde, wenn es sich um eine Verpflichtung von außen (etwa eine Regel, Anweisung etc.) handelte. Inzwischen gleicht sich das britische Englisch jedoch dem amerikanischen Englisch an, bei dem allgemein *have to* verwendet wird.

Ich *muss* unbedingt abnehmen!	I really *must/have to* lose weight. (kommt vom Sprecher selbst)
Wir *werden* das noch mal machen *müssen*.	We*'ll have to* do that again. (Infinitivkonstruktion)
Ich *muss* unbedingt zum Arzt.	I really *must/have to* go and see a doctor. (weil es mir schlecht geht).
Ich *muss* morgen früh zum Zahnarzt.	I *have to* go to the dentist tomorrow morning. (ich habe einen Termin)
Tut mir Leid, ich *muss* leider gehen.	Sorry, I*'ve got to* go now. (da ich noch einen Termin habe)
Sie *muss* jeden Morgen um 6 Uhr aufstehen.	She *has (got) to* get up at 6 every morning. (Zwang von außen)

Für die Vergangenheit wird in beiden Bedeutungen *had to* benutzt:

Ich *musste* gestern früher gehen.	I *had to* leave early yesterday.
Hast du's gewollt? – Nein, *gemusst* (*fam*)	Did you want to do that? – No, I *had to*.

Achtung: In indirekter Rede kann *must* jedoch benutzt werden:

Wir *haben* ihm *gesagt, dass* er sich beeilen *muss*.	We *told him* that he *must* hurry.

In der Verneinung wird *don't need to, don't have to* und im britischen Englisch auch *needn't* verwendet.

Er *muss* heute *nicht arbeiten*.	He *doesn't have to work* today.
Du *musst* dir *keine* Sorgen machen.	You *needn't* worry. (BRIT)

Wird *nicht müssen* dagegen tatsächlich im Sinne von *nicht dürfen* verwendet, wird *must not* benutzt.

Du *musst nicht* alles glauben, was sie so erzählt.	You *mustn't* believe everything she says.

Soll eine schwächere Verpflichtung ausgedrückt werden, wird *should* oder *ought to* gewählt. Dabei wird *ought to* eher für äußere Zwänge durch Gebote, Regeln etc. benutzt.

Ich *müsste* mal wieder meine Mutter anrufen.	I really *should* call my mother.
Du *müsstest* wirklich mal zum Arzt gehen.	You really *should/ought to* go to the doctor.
Ich *müsste eigentlich noch* einkaufen.	I *ought to* go shopping.

Für Verpflichtungen, die in der Vergangenheit versäumt wurden, wird *should have + verb+ed* verwendet:

Du *hättest* mehr arbeiten *müssen*!	You *should have* work*ed* harder.

Idiomatische Wendungen ohne *must/to have to*:

Ich *muss* dir jetzt *mal was sagen* …	Now *let me tell* you something …
Wir müssen Ihnen leider *mitteilen*, dass …	*We regret to (have to) inform you* that …
Muss das *denn sein*?	Is that *really necessary*?
Man *muss* ihn *einfach* mögen!	You *just can't help* liking him.
Meine Mutter *musste einfach* weinen.	My mother *couldn't help* crying.
Das *musste* ja *so kommen*.	That *was bound to* happen.
Das *muss* man sich *mal vorstellen*!	*Just imagine*!

2. Sichere Vermutung, Wahrscheinlichkeit

Um eine Vermutung auszudrücken, deren man sich sehr sicher ist, wird im britischen Englisch *must* verwendet, im Amerikanischen dagegen meist *have to*:

Es klingelt. – Das *muss* der Briefträger sein.	There's somebody at the door. – That *must* be the postman. (BRIT)
Er ist nicht zur Arbeit gekommen. Er *muss* ernsthaft krank sein.	He hasn't come to work. He *must* be seriously ill. (BRIT)

Stellt man Schlussfolgerungen für die Vergangenheit an, benutzt man *must have verb+ed*:

Das *muss* um 1900 *passiert sein*.	It *must have* happen*ed* around 1900.
Es *muss* geregnet *haben*.	It *must have* rain*ed*.

Für schwächere Mutmaßungen wird dagegen *should* verwendet:

Sie *müsste* inzwischen da sein.	She *should be there* by now.
Das *müsste* die korrekte Antwort sein.	This *should* be the correct answer.

Aber:

Sie *müsste* so um die 50 sein.	She *must* be around 50.

Eine verneinte Wahrscheinlichkeit/Möglichkeit wird mit *needn't* gebildet.

Das *muss nicht* wahr sein.	This *needn't be* true.

3. Wunsch

Man *müsste noch mal* jung sein!	Oh, *to be* young again!
Mehr Zeit *müsste* man haben!	*If only* I had more time.

mürb ['mʏrp] *adj s.* **mürbe**
mür·be ['mʏrbə] *adj* ❶ *(zart)* tender; **~s Gebäck** shortbread; **Fleisch ~ machen** to tenderize meat ❷ *(brüchig)* worn-out
mür·be|ma·chenRR *vt* ❶ *Fleisch s.* **mürbe 1** ❷ *(fig)* ■**jdn ~** to wear sb down
Mür·be·teig *m* short[-crust] pastry
Mu·re <-, -n> ['mu:rə] *f* GEOL mudflow
Mur·gang <-[e]s, -gänge> ['mu:ɐ̯-] *m* GEOL SCHWEIZ *(Mure)* mudflow
Murks <-es> ['mʊrks] *m kein pl (fam)* botched job, botch-up; **~ machen** to do a botched job [*or* botch-up]
murk·sen ['mʊrksn̩] *vi (fam)* to do a botched job
Mur·mel <-, -n> ['mʊrml̩] *f* marble
Mur·mel·bahn *f* marble run [game]
mur·meln ['mʊrml̩n] **I.** *vi* to mutter, to murmur **II.** *vt* ■**etw ~** to mutter [*or* murmur] sth
Mur·mel·tier ['mʊrml̩ti:ɐ̯] *nt (Nagetierart)* marmot ▶WENDUNGEN: **wie ein ~ schlafen** to sleep like a log [*or* top]
mur·ren ['mʊrən] *vi* ■[**über etw** *akk*] **~** to grumble [about sth]; ***lass das M~!*** stop [your] grumbling!; **keinen Grund zum M~ haben** to have no reason to grumble; **ohne M~** [*o* **ohne zu ~**] without grumbling; [**nur**] **unter M~** [only] under protest
mür·risch ['mʏrɪʃ] **I.** *adj* grumpy, surly **II.** *adv* grumpily, surlily, in a grumpy [*or* surly] manner
Mus <-es, -e> ['mu:s, *pl* 'mu:zə] *nt o m* KOCHK purée ▶WENDUNGEN: **jdn zu ~ schlagen** *(sl)* to beat sb to a pulp *fam* [*or* sb's brains out]
Mu·schel <-, -n> ['mʊʃl̩] *f* ❶ *(Molluske)* mussel ❷ *(Muschelschale)* [sea] shell ❸ KOCHK mussel ❹ TELEK *(Hörmuschel)* earpiece; *(Sprechmuschel)* mouthpiece
Mu·schel·art *f* type [*or spec* species] of mussel **mu·schel·för·mig** *adj inv* shell-shaped, shaped like a shell **Mu·schel·ge·schmack** *m* taste of [a] mussel **Mu·schel·scha·le** *f* mussel shell
Mu·schi <-, -s> ['mʊʃi] *f (sl)* pussy *vulg*
Mu·se <-, -n> ['mu:zə] *f* MYTH Muse ▶WENDUNGEN: **von der ~ geküsst werden, die ~ küsst jdn** to be inspired [by the Muse]; **die leichte ~** light entertainment
mu·se·al [muze'a:l] *adj inv (geh)* museum *attr*, of a/the museum *pred*, museum-like, like a museum
Mu·se·um <-s, Museen> [mu'ze:ʊm] *nt* museum
Mu·se·ums·di·rek·tor(in) *m(f)* museum director [*or* curator] **Mu·se·ums·füh·rer(in)** <-s, -> *m(f)* museum guide **mu·se·ums·reif** *adj (hum)* ancient *fam;* ■**~ sein** to be a museum piece *hum* **Mu·se·ums·schiff** *nt* museum ship **Mu·se·ums·stück** *nt* museum piece **Mu·se·ums·wär·ter(in)** <-s, -> *m(f)* museum attendant
Mu·si·cal <-s, -s> ['mju:zikl] *nt* musical
Mu·sik <-, -en> [mu'zi:k] *f* music *no art, no pl;* ***die ~ Mozarts/des Mittelalters*** Mozart's/Medieval music; **geistliche/klassische/moderne ~** religious/classical/modern music; **~ hören/studieren** to listen to/study music; **~ machen** to play some music; ***macht doch ein bisschen ~*** play us [a little] something; *(Radio/Kassette etc.)* put some music on; ***mach bitte die ~ leiser*** please turn down the music; **~ in jds Ohren sein** to be music to sb's ears; *s. a.* **Blut**
Mu·sik·aka·de·mie <-, -n> *f* academy of music, musical academy
Mu·si·ka·li·en·hand·lung [muzi'ka:liən-] *f* music shop [*or* AM *usu* store]
mu·si·ka·lisch [muzi'ka:lɪʃ] **I.** *adj* musical **II.** *adv* musically; **~ arbeiten** to work in music; **jdn ~ ausbilden** to give sb musical training [*or* training in music]; **~ begabt sein** to be musically gifted [*or* a gifted musician]
Mu·si·ka·li·tät <-> [muzikali'tɛ:t] *f kein pl* musicality
Mu·si·kant(in) <-en, -en> [muzi'kant] *m(f)* musician
Mu·si·kan·ten·kno·chen *m (fam)* funny [*or* AM *a.* crazy] bone *fam*
Mu·sik·be·glei·tung *f* musical accompaniment; **unter ~** accompanied by music, to the accompaniment of music, with [musical] accompaniment **Mu·sik·be·rie·se·lung** *f (fam)* constant background music; *in Läden, Restaurants* muzak®, canned [*or* piped] music **Mu·sik·box** *f* jukebox; **die ~ anwerfen** to put a song on the jukebox **Mu·sik·chip** [-tʃɪp] *m* INFORM music chip **Mu·sik·di·rek·tor(in)** <-s, -en> *m(f)* musical director **Mu·sik·ein·gang** *m* INFORM music entry
Mu·si·ker(in) <-s, -> ['mu:zikɐ] *m(f)* musician
Mu·sik·freund *m* music-lover **Mu·sik·ge·schich·te** *f* ❶ *(Entwicklung)* history of music; ***diese Oper wird in die ~ eingehen*** this opera will go down in musical history ❷ *(Buch über Musikgeschichte)* history of music *no def art* **Mu·sik·grup·pe** *f* band, group **Mu·sik·hoch·schu·le** *f* musical academy, college of music **Mu·sik·in·stru·ment** *nt* [musical] instrument; **ein ~ spielen** to play an [*or* a musical] instrument **Mu·sik·ka·nal** *m* TV, RADIO music channel **Mu·sik·ka·pel·le** *f* band **Mu·sik·kas·set·te** *f* [music *form*] cassette [tape], tape **Mu·sik·leh·rer(in)** *m(f)* music teacher **Mu·sik·le·xi·kon** *nt* encyclop[a]edia [*or* dictionary] of music **Mu·sik·lieb·ha·ber(in)** *m(f)* music lover **Mu·sik·schu·le** *f* music school, school of music **Mu·sik·stück** *nt* piece of music **Mu·sik·stu·di·um** *nt* course of study [*or* degree] in music **Mu·sik·tausch·bör·se** *f* INET music file-sharing site **Mu·sik·the·a·ter** *nt kein pl* music theatre [*or* AM -er] **Mu·sik·un·ter·richt** *m* music lessons *pl;* SCH music *no art, no pl*
Mu·si·kus <-, Musizi> ['mu:zikʊs, *pl* 'mu:zitsi] *m (hum)* musician
Mu·sik·ver·lag *m* music publisher **Mu·sik·wis·sen·schaft** *f kein pl* musicology *no pl* **Mu·sik·wis·sen·schaft·ler(in)** *m(f)* musicologist **Mu·sik·zim·mer** *nt* music room
mu·sisch ['mu:zɪʃ] **I.** *adj* ❶ *(künstlerisch begabt)* artistic; ***für einen ~en Mann wie ihn*** for a man of the arts like him ❷ *(die Künste betreffend)* in/of the [fine] arts *pred; s. a.* **Gymnasium** **II.** *adv* artistically; **~ begabt** talented in the arts
Mu·si·zi ['mu:zitsi] *pl von* **Musikus**
mu·si·zie·ren* [muzi'tsi:rən] *vi* to play a musical instrument/musical instruments; ***wir ~ regelmäßig einmal in der Woche*** we play regularly once a week; ***das M~ ist nicht jedermanns Sache*** not everybody can play a musical instrument
Mus·kat <-[e]s, -e> [mʊs'ka:t] *m* nutmeg *no art, no pl*
Mus·kat·blü·te *f* mace
Mus·ka·tel·ler <-s, -> [mʊska'tɛlɐ] *m* muscatel *no art, no pl*
Mus·kat·nussRR *f* nutmeg *no art, no pl* **Mus·kat·rei·be** *f* nutmeg grater
Mus·kel <-s, -n> ['mʊskl̩] *m* muscle; **~n haben** to be muscular [*or fam* muscly], to have muscles; **seine ~n spielen lassen** to flex one's muscles
mus·kel·be·packt ['mʊskl̩bəpakt] *adj (fam)* packed with muscle, muscle-bound *pej*
Mus·kel·ent·zün·dung *f* inflammation of a/the muscle, myositis *spec*
Mus·kel·fa·ser *f* muscle fibre [*or* AM -er] **Mus·kel·fa·ser·riss**RR *m* torn muscle fibre
Mus·kel·ka·ter *m kein pl* muscle ache, aching muscles *pl;* **~ bekommen/haben** to get/have muscle ache **Mus·kel·kraft** *f* muscular [*or* physical] strength *no art, no pl* **Mus·kel·krampf** *m* muscle cramp, AM *also* charley horse *fam* **Mus·kel·mann** *m (fam)* body builder **Mus·kel·pa·ket** *nt (fam)* muscleman **Mus·kel·protz** <-es, -e> *m (fam)* muscleman **Mus·kel·riss**RR *m* torn muscle **Mus·kel·schwä·che** *f kein pl* MED muscle weakness *no pl,* myasthenia *no pl spec* **Mus·kel·schwund** *m kein pl* muscular wasting [*or* atrophy] *no art, no pl* **Mus·kel·spiel** *nt kein pl* muscle-flexing **Mus·kel·übung** *f* muscle exercise **Mus·kel·ver·span·nung** *f* MED muscle tension **Mus·kel·zer·rung** *f* pulled muscle
Mus·ke·tier <-s, -e> [mʊskə'ti:ɐ̯] *m* musketeer; **„Die drei ~e“** "The Three Musketeers"
Mus·ku·la·tur <-, -en> [mʊskula'tu:ɐ̯] *f* muscular system, musculature *no indef art, no pl*
mus·ku·lös [mʊsku'lø:s] **I.** *adj* muscular, muscly *fam* **II.** *adv* **~ gebaut sein** to have muscular build, to be muscly *fam*
Müs·li <-[s], -s> ['my:sli] *nt* ❶ *(Frühstücksmüsli)* muesli ❷ *(pej fam)* eco-warrior BRIT, crunchy-granola [type] AM *pej fam*
Mus·lim, Mus·li·min <-, -e> ['mʊslɪm, mʊs'li:mɪn] *m, f* Muslim, Moslem
Mus·lim·brü·der *pl* REL Muslim Brotherhood, Muslim Brothers *pl,* Muslim Brethren *pl*
Müs·li·rie·gel *f* muesli bar **Müs·li·scha·le** *f* muesli bowl
mussRR, **muß**ALT ['mʊs] *1. und 3. pers. sing von* **müssen**
MussRR, **Muß**ALT <-> ['mʊs] *nt kein pl* must *fam;* [**k**]**ein ~ sein** to [not] be a must
Muss·be·stim·mungRR *f* fixed [*or form* mandatory] regulation
Mu·ße <-> ['mu:sə] *f kein pl* leisure *no art, no pl;* **die ~ für etw** *akk* **finden** to find the time [and leisure] for sth; **sich** *dat* **~ gönnen** to allow oneself some [time for] leisure; **etw mit ~ tun** to do sth with leisure [*or* leisurely] [*or* in a leisurely way]
Muss·eheRR *f* shotgun wedding [*or* marriage] *dated fam;* ***sie gingen eine ~ ein*** it was a shotgun wedding *dated fam*
müs·sen ['mʏsn̩] **I.** *modal vb* <musste, müssen> ❶ *(jd ist gezwungen, verpflichtet)* ■**etw tun ~** to have to do sth; ***muss ich das wirklich tun?*** do I really have to do it?; ***ich/er muss es tun*** I/he must do it, I have/he has to do it; ***ich/er muss es nicht tun*** I don't/he doesn't have to do it; ***ich/er musste es tun, ich habe/er hat es tun ~*** I/he had to do it; ***das habe ich/hat er nicht tun ~*** I/he didn't have to do it; ***ich/er hatte es tun ~*** I/he had had to do it; ***ich muss/du musst jetzt gehen*** I/you must [*or* have to] leave now; ***ich muss einen Aufsatz schreiben*** I've got to write an essay *esp* BRIT; ***du musst mich unbedingt anrufen*** you must phone me; ***du musst endlich damit aufhören*** you really must stop that; ***muss ich mir das gefallen lassen?*** do I have to put up with that?; ***jetzt muss ich dir mal was sagen ...*** now let me tell you something ...; ***wir müssen Ihnen leider mitteilen, dass ...*** we regret to [have to] inform you ...; ***wir werden zurückkommen ~*** we shall have to come back; ***wir werden das Ganze noch einmal schreiben ~*** we'll have to write the whole lot again; ***er sagte, er müsse bald gehen*** he said he would have to leave soon; ***was habe ich da hören ~?*** what's this I hear?; ***sie musste ins Haus gebracht werden*** she had to be brought inside; ***ich hätte es sonst allein tun ~*** otherwise I would have had to do it alone; **heiraten ~** *(euph fam)* to have to get married ❷ *(etw ist notwendig, unabänderlich)* ■**etw** [**nicht**] **sein/tun ~** to [not] need to be/do sth; ***muss das [denn] sein?*** is that really necessary?; ***du willst wieder in die Politik? muss das sein?*** you want to get back into politics? do you have to?; ***wenn es denn [o unbedingt] sein muss*** if it's really necessary; ***es muss nicht sein*** it is not essential; ***irgendwann muss es ja mal gemacht werden*** after all, it's got to be done some time; ***warum nur muss es heute regnen?*** why does it have to rain today?; ***warum muss das ausgerechnet mir passieren?*** why does it have to happen to me, of all people?; ***ich musste einfach lachen/weinen*** I couldn't help laughing/crying; ***das musste ja so kommen*** that had [*or* was bound] to happen ❸ *verneinend (brauchen)* ■**etw nicht tun ~** to not have to do sth; ***du musst das nicht tun*** you don't have to do that; ***du musstest nicht kommen*** you didn't have to come; ***das muss nicht unbedingt stimmen*** that needn't be true; ***darüber musst du dich nicht wundern*** that's not surprising ❹ *verneinend* DIAL *(dürfen, sollen)* ***du musst nicht***

M

alles glauben, was er sagt you must not believe everything he says; ***du musst doch nicht weinen!*** please don't cry!; ***das müssen Sie nicht sagen!*** don't say such a thing!; ***das musst du nicht tun!*** you oughtn't [*or* shouldn't] do that!

❺ *(eigentlich sollen)* ■**jd muss etw tun**: ***das muss man sich mal vorstellen!*** [just] imagine that!, think of that!; ***das muss man gesehen haben!*** you mustn't miss it!, it's not to be missed!; *(iron)* it's a sight not to be missed!; ■**jd/etw müsste etw sein/tun** sb/sth should [*or* ought to] be/do sth; ***das müsstest du eigentlich wissen*** you ought to [*or* should] know that; ***das müsste doch möglich sein*** it ought to be possible; ***so müsste es immer sein*** it ought to be like this all the time, this is how it should always be; ■**jd hätte etw tun ~** sb should [*or* ought to] have done sth; ***ich hätte es gestern tun ~*** I should have done it yesterday; ***ich hätte es ahnen ~!*** I should have known!

❻ *(Vermutung, Wahrscheinlichkeit)* ***das muss wohl stimmen*** that must be true; ***es muss ja nicht stimmen*** it is not necessarily true; ***das muss 1999 gewesen sein*** it must have been in 1999; ***er muss gleich hier sein*** he will [*or* is bound to] be here at any moment; ***es muss geregnet haben*** it must have rained; ***sie muss es gewesen sein*** it must have been her; ***so muss es gewesen sein*** that's how it must have been; ***was müssen bloß die Leute von uns denken!*** what must people think of us!; ***es müssten etwa 50 Gäste auf der Party gewesen sein*** there must have been about 50 guests at the party; ***es müsste jetzt acht Uhr sein*** it must be eight o'clock now; ***es müsste bald ein Gewitter geben*** there should be a thunderstorm soon; ***sie müsste inzwischen da sein*** she should be here by now

❼ *(Wunsch)* ■**man müsste ... sein** if only one could be ...; ***man müsste noch mal zwanzig sein!*** oh, to be twenty again!; ***Geld müsste man haben!*** if only I were rich!; ***man müsste noch mal von vorn anfangen können!*** if only one could begin again!

II. *vi* <musste, gemusst> ❶ *(gezwungen, verpflichtet sein)* to have to; ***muss ich/er?*** must I/he?, do I/does he have to?, have I/has he got to? *esp* BRIT; ***musstest du?*** did you have to?; ***ich muss nicht*** I don't have to, I haven't got to *esp* BRIT; ***muss ich das denn wirklich tun? — ja, du musst!*** do I really have to do that? — yes, you do!; ***hast du gewollt? — nein, gemusst*** did you want to? — no, I had to; ***kein Mensch muss*** there's no such thing as 'must'

❷ *(gezwungen sein, sich zu begeben)* ■**[irgendwohin] ~** to have to go [somewhere]; ***ich muss zur Arbeit/nach Hause*** I must [*or* have to] go to work/go home; ***wann musst du zur Schule?*** when do you have to go to school?

❸ *(notwendigerweise gebracht werden)* ■**irgendwohin ~** to have to get somewhere; ***der Koffer hier muss zum Bahnhof*** this suitcase has to get [*or* be taken] to the station; ***dieser Brief muss heute noch zur Post*** this letter has to be posted today

▸WENDUNGEN: **[mal] ~** *(euph fam)* to have to go to the loo [*or* AM john] *fam;* ***ich muss mal!*** I need [*or* have [got]] to go to the loo!

Mu·ße·stun·de *f* hour of leisure

Mus·hei·rat^RR^ *f (fam) s.* **Mussehe**

mü·ßig ['my:sɪç] *(geh)* **I.** *adj* futile, pointless, superfluous; ■**es ist ~, etw zu tun** it is pointless [*or* futile] doing/to do sth

II. *adv* ❶ *(untätig)* idly

❷ *(gemächlich)* with leisure

Mü·ßig·gang ['my:sɪçgaŋ] *m kein pl (geh)* idleness *no art, no pl,* indolence *no art, no pl;* **sich** *akk* **dem ~ hingeben** to lead an idle life [*or* a life of indolence]

▸WENDUNGEN: **~ ist aller Laster Anfang** *(prov)* the devil finds work for idle hands *prov*

mü·ßig|ge·hen *vi irreg sein (geh)* to saunter along

Muss·kauf·mann^RR^, -frau *m, f* JUR mandatory merchant

muss·te^RR^, muß·te^ALT^ ['mʊstə] *imp von* **müssen**

Mus·ter <-s, -> ['mʊstɐ] *nt* ❶ HANDEL *(Probe)* sample, specimen; **~ ohne Wert** sample of no commercial value; **dem ~ entsprechend** up to sample; **Waren nach ~ bestellen** to order goods from sample; **nach ~ kaufen/verkaufen** to buy according to sample/to sell by sample; **~ ziehen** to sample, to draw samples

❷ *(Motive)* pattern; **eingetragenes ~** HANDEL registered pattern

❸ *(Vorlage)* pattern; **[jdm] als ~ dienen** to serve [sb] as a model; **nach antikem ~** modelled [*or* AM *a.* modeled] on an antique style

❹ *(Vorbild)* ■**ein ~ an etw** *dat* **sein** to be a paragon of sth; **ein ~ an Vollkommenheit sein** to be the pink of perfection

Mus·ter·band *m* TYPO sample volume; *(Attrappe)* dummy **Mus·ter·bei·spiel** *nt* prime [*or* classic] example; ■**ein ~ für etw** *akk* a classic [*or* prime] example for [*or* of] sth **Mus·ter·be·stel·lung** *f* HANDEL sample order **Mus·ter·be·trieb** *m* model business/company **Mus·ter·bi·lanz** *f* FIN standard balance sheet **Mus·ter·bo·gen** *m* TYPO specimen sheet **Mus·ter·brief** *m* specimen letter **Mus·ter·buch** *nt* ❶ HANDEL *(mit Proben)* sample book ❷ *(mit Motiven)* pattern book

Mus·ter·de·pot [-depo:] *nt* BÖRSE model securities account depot, specimen deposit **Mus·ter·ehe** *f* perfect marriage **Mus·ter·er·ken·nung** *f* INFORM pattern recognition

Mus·ter·ex·em·plar *nt* ❶ *(vorbildlich)* fine specimen; ***er ist ein ~ von Mitarbeiter*** he is a model colleague

❷ *(Warenmuster)* sample; *(zur Ausstellung)* display model

Mus·ter·fer·ti·gung *f kein pl* prototype production *no pl* **mus·ter·gül·tig** *adj (geh) s.* **musterhaft**

mus·ter·haft **I.** *adj* exemplary, perfect; **ein ~er Schüler** an exemplary student; **ein ~es Beispiel** a perfect example

II. *adv* exemplary; ***Sie haben sich ~ verhalten*** your behaviour was exemplary

Mus·ter·haus *nt* show house **Mus·ter·kla·ge** *f* JUR class-action lawsuit **Mus·ter·kna·be** *m (iron)* goody-goody *pej,* paragon of virtue/good behaviour [*or* AM -or] **Mus·ter·kof·fer** *m* sample[s] case **Mus·ter·kol·lek·ti·on** *f* sample collection, collection of models **Mus·ter·mes·se** *f* HANDEL samples fair **Mus·ter·miet·ver·trag** *m* JUR standard tenancy agreement

mus·tern ['mʊstɐn] *vt* ■**jdn ~** ❶ *(eingehend betrachten)* to scrutinize sb

❷ MIL to give sb his/her medical

Mus·ter·pa·ckung *f* sample pack; *(Attrappe)* display pack **Mus·ter·pro·zess^RR^** *m* JUR exemplary [*or* test] case **Mus·ter·recht** *nt* JUR law derived from test cases **Mus·ter·schü·ler(in)** *m(f)* model pupil **Mus·ter·schutz** *m* JUR protection of registered designs **Mus·ter·sen·dung** *f* sample package [*or* consignment], selection of samples **Mus·ter·ta·rif·ver·trag** *m* JUR standard wage agreement [*or* contract]

Mus·te·rung <-, -en> *f* ❶ MIL *von Truppen* inspection, review; *von Wehrdienstpflichtigen* medical [examination] [for military service]

❷ *(das eingehende Betrachten)* scrutiny *no art, no pl*

Mus·te·rungs·aus·schuss^RR^ *m* JUR recruiting board **Mus·te·rungs·be·scheid** *f* MIL, ADMIN summons [*or* order] to attend one's medical examination

Mus·ter·ver·trag *m* JUR specimen [*or* standard] contract **Mus·ter·ver·trags·be·din·gun·gen** *pl* JUR standard terms of contract

Must-Have ['mʌst'hæv] *nt* must-have

Mut <-[e]s> ['mu:t] *m kein pl* ❶ *(Courage)* courage *no art, no pl;* ***es gehört viel ~ dazu, das zu tun*** it takes a lot of courage to do that; ***mir fehlt der ~, das zu tun*** I don't have the courage to do that; **mit dem ~ der Verzweiflung** with the courage born of desperation; **sich** *dat* **~ antrinken** to have a drink to give oneself Dutch courage; **~/keinen ~ haben** to have/not have any courage; **den ~ haben, etw zu tun** to have the courage to do sth

❷ *(Zuversicht)* heart *no art, no pl;* **mit frischem ~** with fresh heart [*or* cheer]; **frohen** [*o* **guten**] **~es sein** to be in high spirits; **jdm den ~ nehmen** to make sb lose heart, to discourage sb; **nur ~!** take heart!; **den ~ sinken lassen, den ~ verlieren** to lose heart; **[wieder] ~ bekommen** [*o* **fassen**] [*o* *geh* **schöpfen**] to take [*or* gain] heart; **jdm [wieder] ~ machen** to encourage sb, to give sb [fresh] heart

mu·ta·gen [muta'ge:n] *adj* BIOL mutagenic

Mu·ta·gen <-s, -e> [muta'ge:n] *nt* BIOL mutagen

Mu·ta·ge·ne·se <-, -n> [mutage'ne:zə] *f* BIOL mutagenesis

Mu·tan·te <-, -n> [mu'tantə] *f* BIOL mutant

Mu·ta·ro·ta·ti·on *f kein pl* CHEM mutarotation

Mu·ta·ti·on <-, -en> [muta'tsi̯o:n] *f* ❶ *(Missbildung)* mutation

❷ SCHWEIZ *(Änderungen im Personal)* change of personnel

Mu·ta·ti·ons·ra·te *f* BIOL mutation rate **Mu·ta·ti·ons·schä·den** *pl* mutational defects *pl,* mutation damage *no pl*

Müt·chen <-s> ['my:tçən] *nt kein pl* ▸WENDUNGEN: **sein ~ an jdm kühlen** *(fam)* to take it out [*or* vent one's anger] on sb

mu·tie·ren* [mu'ti:rən] *vi (fam)* ■**zu etw/jdm ~** to mutate into sth/sb

mu·tig ['mu:tɪç] **I.** *adj* brave, courageous, plucky *fam*

▸WENDUNGEN: **dem M~en gehört die Welt** *(prov)* fortune favours [*or* AM -ors] the brave *prov*

II. *adv* courageously, bravely, pluckily *fam*

mut·los *adj* discouraged, disheartened, despondent, dejected; **jdn ~ machen** to discourage sb, to make sb lose heart

Mut·lo·sig·keit <-> *f kein pl* discouragement *no art, no pl,* disheartenment *no art, no pl,* despondency *no art, no pl,* dejection *no art, no pl*

mut·ma·ßen ['mu:tma:sn̩] **I.** *vi* to conjecture; ***es wurde viel über seine Vergangenheit/sein Verhalten gemutmaßt*** there was a lot of conjecture as to his past/the reason for his conduct; ■**~, dass ...** to conjecture that ...; ■**~, ob/wann/wer/wie ...** to conjecture as to whether/when/who/how ...; ***wir können nur ~, wie das geschehen konnte*** we can only conjecture as to how it happened

II. *vt* ■**etw ~** to suspect sth

mut·maß·lich **I.** *adj attr* presumed, suspected; **der ~e Attentäter** the suspected assassin; **der ~e Grund/die ~e Ursache** the presumed reason/cause; **der ~e Täter** the suspect; **der ~e Vater** the presumed [*or form* putative] father

II. *adv* presumably; ***das Verbrechen wurde ~ von einer Terrororganisation verübt*** it is presumed that the crime was carried out by a terrorist organization

Mut·ma·ßung <-, -en> *f* conjecture; ***wir sind vorerst auf ~en angewiesen*** we can only conjecture at this point

Mut·pro·be *f* test of courage; ***das ist eine ~*** it's to test your courage; **eine ~ bestehen** to prove one's [*or* pass a test of] courage

Mut·ter^1^ <-, Mütter> ['mʊtɐ, *pl* 'mʏtɐ] *f* mother, BRIT *a.* mater *hum;* **eine werdende ~** *(geh)* an expectant mother; **~ werden** to be having [*or* expecting] a baby, to be pregnant

Mut·ter^2^ <-, -n> ['mʊtɐ] *f* TECH nut

Müt·ter·be·ra·tungs·stel·le *f advisory centre for pregnant or nursing women*

Mut·ter·bin·dung *f* PSYCH mother fixation **Mut·ter·bo·den** *m* topsoil *no indef art, no pl*

Müt·ter·chen <-s, -> *nt* little old lady

Mut·ter·fir·ma *f* parent company **Mut·ter·freu·den** *pl* **~ entgegensehen** *(geh)* to be expecting [a baby] [*or* a happy event]; **~ genießen** to experience the joys of motherhood

Müt·ter·ge·ne·sungs·heim *nt nursing home for financially disadvantaged single mothers* **Müt·ter·ge·ne·sungs·werk** *nt organization providing rest for stressed mothers*

Mut·ter·ge·sell·schaft *f* ÖKON parent company

Mut·ter·got·tes <-> [mʊtɐ'gɔtəs] *f kein pl* ❶ *(Ma-*

ria, die Gottesmutter) Mother of God *no indef art, no pl* 2 *(Abbild der Gottesmutter)* Madonna **Mut·ter·in·stinkt** *m* BIOL maternal instinct **Mut·ter-Kind-Pass**RR *m* ÖSTERR *document held by pregnant women with details of the pregnancy* **Mut·ter·kom·plex** *m* PSYCH mother complex **Mut·ter·kon·zern** *m* ÖKON parent group **Mut·ter·korn** *nt* BOT ergot *no art, no pl spec* **Mut·ter·ku·chen** *m* ANAT placenta **Mut·ter·küm·mel** *m* cumin **Mut·ter·land** *nt* mother country **Mut·ter·leib** *m* womb; **im** ~ in the/one's womb

Müt·ter·lein <-s, -> *nt (poet) s.* **Mütterchen**

müt·ter·lich ['mʏtelɪç] I. *adj* 1 *(von jds Mutter)* maternal; ***sie wohnte im ~en Hause*** she lived in her mother's house; ***in ihrer ~en Linie*** on her mother's [*or spec* the distaff] side
2 *(umsorgend)* motherly; *(wie eine Mutter wirkend)* maternal; **ein ~er Typ sein** to be the maternal type
II. *adv* motherly; **jdn ~ umsorgen** to care for sb in a motherly way, to mother [*or pej fam* mollycoddle] sb

müt·ter·li·cher·seits *adv* on one's mother's [*or spec* the distaff] side; ***meine Oma ~*** my maternal grandmother

Müt·ter·lich·keit <-> *f kein pl* motherliness *no art, no pl*

Mut·ter·lie·be *f* motherly love *no art, no pl*

mut·ter·los I. *adj* motherless
II. *adv* motherless, without a mother

Mut·ter·mal *nt* birthmark; *(kleiner)* mole **Mut·ter·milch** *f* mother's milk *no art, no pl* ▸WENDUNGEN: **etw** [**schon**] **mit der ~ einsaugen** to learn sth from the cradle **Mut·ter·mör·der(in)** <-s, -> *m(f)* matricide *(sb who kills his/her mother)* **Mut·ter·mund** *m* ANAT cervix *spec*

Mut·tern·schlüs·sel *m* spanner BRIT, wrench

Mut·ter·passRR *m* MED *document given to expectant mothers by their doctors in which the details of the pregnancy, including blood group and rhesus fator etc., are recorded* **Mut·ter·rol·le** *f* role of a mother

Mut·ter·schaft <-> *f kein pl (geh)* motherhood *no art, no pl*

Mut·ter·schafts·geld *nt* maternity grant **Mut·ter·schafts·hil·fe** *f* maternity benefit **Mut·ter·schafts·ur·laub** *m* maternity leave *no art, no pl* **Mut·ter·schafts·ver·tre·tung** *f temporary replacement for sb on maternity leave*

Mut·ter·schiff *nt* NAUT mother ship; LUFT parent ship

Mut·ter·schutz *m* JUR *legal protection of working mothers* **Mut·ter·schutz·ge·setz** *nt* Maternity Protection Act *(laws protecting working mothers-to-be and nursing mothers)* **Mut·ter·schutz·zeit** *f* maternity leave

mut·ter·see·len·al·lein ['mʊte'ze:lənaʔ'lain] I. *adj pred* all alone *pred*
II. *adv* all on one's own [*or* BRIT *fam* tod]

Mut·ter·söhn·chen <-s, -> *nt (pej fam)* mummy's [*or* AM mama's] boy *fam,* milksop *pej* **Mut·ter·spra·che** *f* mother tongue, native language [*or* tongue] **Mut·ter·sprach·ler(in)** <-s, -> [-ʃpra:xlɐ] *m(f)* native speaker **mut·ter·sprach·lich** *adj* native-speaker *attr;* **aus ~er Sicht** from the point of view of the native speaker **Mut·ter·sta·ti·on** *f* RAUM mother station **Mut·ter·stel·le** *f* **bei** [*o* **an**] **jdm ~ vertreten** *(selten veraltend)* to be [like] a mother to sb, to take a mother's place [for sb] **Mut·ter·tag** *m* Mother's Day *no art* **Mut·ter·tier** *nt* ZOOL mother [animal]; *von Vieh a.* dam *spec* **Mut·ter-Toch·ter-Richt·li·ni·en** *pl* HANDEL parent-subsidiary guidelines **Mut·ter·un·ter·neh·men** *nt* HANDEL parent company **Mut·ter·witz** *m kein pl* 1 *(Humor)* natural wit 2 *(Raffinesse)* native cunning

Mut·ti <-, -s> ['mʊti] *f (fam)* mum[my *childspeak*] BRIT *fam,* mom[my *childspeak*] AM *fam*

Mut·wil·le <-ns> *m kein pl (Übermut)* mischief *no art, no pl; (Bösartigkeit)* malice *no art, no pl;* **aus** [**bloßem** [*o* **lauter**] [*o* **reinem**]] **~n** out of [pure] mischief/malice

mut·wil·lig I. *adj* mischievous; *(böswillig)* malicious
II. *adv* deliberately

Müt·ze <-, -n> ['mʏtsə] *f* cap; [**von jdm**] **was** [*o* **eins**] **auf die ~ kriegen** *(fam)* to get a good talking-to [*or* BRIT *fam!* a right bollocking] [from sb]; *(gehauen werden)* to get smacked [by sb]

MW *Abk von* **Megawatt** MW, megawatt

m. W. *Abk von* **meines Wissens** as far as I know

MwSt., Mw.-St. *Abk von* **Mehrwertsteuer** VAT, Vat

My·an·mar <-s> ['mjanma:ɐ̯] *nt* Myanmar, Burma

My·ko·se <-, -n> [my'ko:zə] *f* MED mycosis

Myo·glo·bin <-s, -e> [myoglo'bi:n] *nt* MED *(Sauerstoff speichernder Eiweißstoff des Muskels)* myoglobin

My·om <-s, -e> [my'o:m] *nt* MED myoma *spec*

My·on <-s, Myonen> ['my:ɔn, *pl* my'o:nən] *nt* NUKL muon

My·o·sin <-s> [myo'zi:n] *nt kein pl* BIOL myosin

My·ri·a·de <-, -n> [my'ri̯a:də] *f meist pl* myriad *no def art*

Myr·reRR, **Myr·rhe** <-, -n> ['mʏrə] *f* myrrh *no art, no pl*

Myr·te <-, -n> ['mʏrtə] *f* myrtle

Mys·te·ri·en [mʏs'te:ri̯ən] *pl* 1 *pl von* **Mysterium**
2 *(kultische Feiern)* mysteries *pl*

Mys·te·ri·en·spiel *nt* THEAT mystery play

mys·te·ri·ös [mʏstə'ri̯ø:s] *adj* mysterious

Mys·te·ri·um <-s, -ien> [mʏs'te:ri̯ʊm, *pl* -ri̯ən] *nt (geh)* mystery

mys·ti·fi·zie·ren* [mʏstifi'tsi:rən] *vt (geh)* ■**etw/jdn ~** to give sth/sb an aura of mystery

Mys·ti·fi·zie·rung <-, -en> *f* mystification

Mys·tik <-> ['mʏstɪk] *f kein pl* mysticism *no art, no pl*

Mys·ti·ker(in) <-s, -> ['mʏstɪkɐ] *m(f)* mystic

mys·tisch ['mʏstɪʃ] *adj* 1 *(geh)* mysterious
2 REL mystic[al]

My·then ['my:tən] *pl von* **Mythos**

My·then·bil·dung ['my:tən-] *f* SOZIOL, REL *(geh)* myth creation

my·thisch ['my:tɪʃ] *adj (geh)* mythical

My·tho·lo·gie <-> [mytolo'gi:] *f kein pl* mythology *no art, no pl*

my·tho·lo·gisch [myto'lo:gɪʃ] *adj* mythological

My·thos ['my:tɔs], **My·thus** <-, Mythen> ['my:tʊs] *m* 1 *(sagenhafte Überlieferung)* myth
2 *(Legende)* legend

My·zel <-s, Myzelien> [my'tse:l, *pl* my'tse:li̯ən] *nt* BOT *(Pilzfaden)* mycelium *no pl*

My·ze·li·um <-s, -lien> [my'tse:li̯ʊm, *pl* my'tse:li̯ən] *nt* BOT mycelium

N

N, n <-, - *o fam* -s, -s> [ɛn] *nt* N, n; **~ wie Nordpol** N for [*or* as in] Nelly; *s. a.* **A 1**

N *Abk von* **Norden**

'n *art indef (fam)* 1 *s.* **ein**
2 *s.* **einen**

Na *Abk von* **Natrium** Na

na [na] *interj (fam)* 1 *(zweifelnder Ausruf)* well; **~ gut** [*o* **schön**] [*o* **meinetwegen**] all right, ok[ay] *fam;* **~ ja** well; ***~ ja, weil du es bist!*** well, ok[ay], for you *fam*
2 *(Ausruf der Entrüstung)* well; **~, ~!** now, now!
3 *(Ausruf der Anerkennung)* well; **~ also!** [*o* **bitte**] [well,] there you go [then]; **~ so was!** well I never [did]!
▸WENDUNGEN: **~, du?** how's it going?; **~ und ob!** you bet! *fam;* **~ und?** so what?; *s. a.* **warten**

Na·be <-, -n> ['na:bə] *f* TECH hub

Na·bel <-s, -> ['na:bl̩] *m* navel, belly [*or* BRIT *a.* tummy] button *fam;* **der ~ der Welt** the hub [*or* centre [*or* AM -er]] of the universe

Na·bel·bin·de *f* umbilical bandage **Na·bel·bruch** *m* MED umbilical hernia **Na·bel·kom·pres·se** *f* umbilical compress **Na·bel·schau** *f* ▸WENDUNGEN: **~ betreiben** *(fam)* to be bound up in oneself, to indulge in self-contemplation **Na·bel·schnur** *f (a. fig)* umbilical cord

nach [na:x] I. *präp +dat* 1 *(in Richtung)* ■**~ etw:** ***die Küche geht ~ dem Garten/der Straße*** the kitchen looks out over [*or* on] the garden/faces the street; ***ein Zimmer mit Fenstern ~ dem Garten/der Straße*** a room overlooking the garden/street; **~ Norden/Westen gehen** to go north/west; *s. a.* **außen, da, dort, hier, hinten, innen, links, oben, rechts, unten, vorn**
2 *(als Ziel)* ■**~ etw** to sth; ***der Weg führt direkt ~ Rom*** this is the way to Rome; ***der Zug ~ Bonn*** the train for Bonn, the Bonn train; **~ etw abreisen** to leave for sth; *s. a.* **Haus**
3 *(anschließend)* ■**~ etw** after sth; **~ *nur wenigen Minuten*** after only a few minutes, only a few minutes later; **~ *Ablauf der Verlängerung*** after [*or* on] expiry of the extension, at the end of the extension; ***20 [Minuten] ~ 10*** 20 [minutes] past 10; ***wird der Baum noch ~ 100 Jahren stehen?*** will the tree still be standing in a hundred years' time?; **~ allem, was ...** after all that ...; *s. a.* **Christus**
4 *(kontinuierlich)* ■**etw ~ etw** sth after sth; **Schritt ~ Schritt** step by step, little by little
5 *(als Reihenfolge)* ■**~ jdm/etw** after sb/sth; ***das Museum kommt ~ der Post*** the museum is after [*or* past] the post office; ***der Leutnant kommt ~ dem Oberst*** lieutenant ranks lower than colonel; ***du stehst ~ mir auf der Liste*** you're [*or* you come] after me on the list; **eins ~ dem ander[e]n** first things first; [**bitte,**] **~ dir/Ihnen!** after you!
6 *(gemäß)* ■**~ etw** according to sth; **~ *Artikel 23/den geltenden Vorschriften*** under article 23/present regulations; **~ allem** [*o* **dem**], **was ...** from what ...; **~ *allem, was ich gehört habe*** from what I've heard; **~ *dem, was wir jetzt wissen*** as far as we know; **aller Wahrscheinlichkeit ~** in all probability; **dem Gesetz ~** by law; **etw ~ dem Gewicht/der Größe ~ sortieren** to sort sth by [*or* according to] weight/size; **~ Lage der Dinge** as matters stand; **~ menschlichem Ermessen** as far as one can tell; [**ganz**] **~ Wunsch** [just] as you wish; ■**jds ... ~** [*o* **~ jds ...**] judging by sb's ...; ***meiner Ansicht/Meinung ~*** in my view/opinion; **~ *meiner Erinnerung*** as I remember [*or* recall] it; **~ *Meinung von Experten*** according to experts; *s. a.* **Art**
7 *(anlehnend)* ■**~ etw:** **~ *einer Erzählung von Poe*** after [*or* based on] a story by Poe; ***eine Erzählung ~ dem Arbeitsleben*** a tale from [*or* based on] working life; ***ein Gemälde ~ einem alten Meister*** a painting in the manner of an old master; ***ein Werk ~ einem Thema von Bach*** a piece on a theme by Bach; ***dem Sinn ~ hat er gesagt, dass ...*** the sense of his words were that ...; ***Ihrem Akzent ~ sind Sie Schotte*** I hear from your accent [*or* your accent tells me] that you're from Scotland; ***das kostet ungefähr 2 Euro nach unsrem Geld*** it costs about 2 euros in our money; **~ etw geformt** formed after sth; [**frei**] **~ Goethe** [freely] adapted from Goethe; **etw ~ Litern/Metern messen** to measure sth in litres/metres; **~ der neuesten Mode** in [accordance with] the latest fashion; **jdn dem Namen ~ kennen** to know sb by name; **~ Plan** according to plan; **~ etw riechen/schmecken** to smell/taste of sth; **der Sage ~** [*o* **~ der Sage**] according to the legend; **~ einer Vorlage** from an original; **jds Wesen ~** judging from sb's character, by nature; *s. a.* **Gedächtnis, Maß**
8 DIAL *(zu)* ■**~ jdm/etw** to sb/sth; **~ der Bahn gehen** to go to the station; **~ dem Osten/Süden fahren** to go [to the] east/south
9 *siehe auch Verb* **~ jdm fragen/rufen/schicken** to ask/call/send for sb; **~ *wem hat er gefragt?*** who was he asking for?; **~ etw greifen/streben/suchen** to reach/strive/look for sth; ***wo~*** [*o fam* **~ *was*]** ***suchst du?*** what are you looking for?; ***er hat erreicht, wo~*** [*o fam* **~ *was*]** ***er gestrebt hat*** he has achieved what he has been striving for

N

II. *adv* ❶ *(hinterher)* ***ihm ~!*** after him!; *(an Hund a.)* sic 'im! *fam;* ***mir ~!*** follow me!
❷ NORDD ***da kann man nicht ~ gehen*** you can't go there
▶ WENDUNGEN: ~ **und** ~ gradually, little by little; ~ **wie vor** still; ***ich halte ~ wie vor an meiner Überzeugung fest*** I remain convinced
Nach·ab·fin·dung *f* FIN supplementary compensation
nach|äf·fen *vt (pej)* ■**jdn** ~ *(zur Belustigung)* to mimic [*or* BRIT take off] sb; *(dilettantisch)* to ape sb; ■**etw** ~ to mimic [*or* copy]/ape sth; **einer Mode** ~ to follow a fashion craze
Nach·ah·men ['na:xʔa:mən] *nt kein pl* imitation, copy; ~ **und Ausbeuten fremder Leistung** imitation and exploitation of third-party contributions; ~ **eingetragener Warenzeichen** imitation of registered trademarks
nach|ah·men *vt* ❶ *(imitieren)* ■**jdn/etw** ~ to imitate sb/sth
❷ *(kopieren)* ■**etw** ~ to copy sth
nach·ah·mens·wert *adj* exemplary
Nach·ah·mer(in) <-s, -> *m(f)* ❶ *(Imitator)* imitator
❷ *(Kopist)* copyist
Nach·ah·mer·prä·pa·rat *nt* PHARM copycat medication **Nach·ah·mer·pro·dukt** *nt* PHARM copycat product
Nach·ah·mung <-, -en> *f* ❶ *kein pl (Imitation)* imitation
❷ *(Kopie)* copy
Nach·ah·mungs·ef·fekt *m* ÖKON bandwagon effect **Nach·ah·mungs·trieb** *m* PSYCH imitative instinct
Nach·an·mel·dung *f eines Patents* subsequent application
nach|ar·bei·ten *vt* ■**etw** ~ ❶ *(aufholen)* to make up for [*or sep* make up] sth
❷ *(nachträglich bearbeiten)* to touch up sth *sep*
Nach·ar·beits·kos·ten *pl* rework expense
Nach·bar(in) <-n *o* -s, -n> ['naxba:ɐ̯] *m(f)* ❶ *(jd, der in jds Nähe wohnt)* neighbour [*or* AM -or]; *(in einer Nachbarwohnung a.)* next-door neighbour; **die ~n** the neighbours, next door + *sing/pl vb;* ***~s Garten/ Hund*** next door's [*or* the neighbours'] garden/dog
❷ *(nebenan Sitzender)* ***sie wandte sich ihrer ~ in [am Tisch] zu*** she turned to the woman [sitting] next to her [at the table]; ***wir sind während der Fahrt ~n*** we will be sitting next to each other on the journey
❸ *(benachbartes Land)* neighbour [*or* AM -or]; ***unsere ~n im Osten*** our neighbours in the East
▶ WENDUNGEN: **scharf** [*o* **geil**] **wie ~s Lumpi sein** *(sl)* to be a randy old goat *pej fam*
Nach·bar·gar·ten *m* next door's [*or* the neighbours'] garden **Nach·bar·haus** *nt* house next door **Nach·bar·land** *nt* neighbouring [*or* AM neighboring] country
nach·bar·lich *adj* ❶ *(benachbart)* neighbouring [*or* AM neighboring] *attr;* ***aus dem ~en Garten*** from next door's [*or* the neighbours'] garden
❷ *(unter Nachbarn üblich)* neighbourly [*or* AM neighborly]; **gute/freundliche ~e Beziehungen** good/friendly relations with the neighbours
Nach·bar·recht *nt* JUR law concerning neighbours
Nach·bar·schaft <-, -en> *f* ❶ *(nähere Umgebung)* neighbourhood [*or* AM neighborhood]; ■**in der/jds** ~ in the/sb's neighbourhood
❷ *(die Nachbarn)* neighbours [*or* AM -ors] *pl;* ***es hat sich in der ~ bereits herumgesprochen*** it's gone around the whole neighbourhood; [**eine**] **gute ~ halten** [*o* **pflegen**] to keep up good neighbourly [*or* AM neighborly] relations
Nach·bar·schafts·ge·richt *nt* JUR *neighbourhood court* **Nach·bar·schafts·hil·fe** *f association of neighbours that provides help with shopping, cleaning, gardening, etc. to those less able in the neighbourhood* **Nach·bar·schafts·in·i·ti·a·ti·ve** *f* neighbourhood initiative
Nach·bars·frau *f* neighbour's [*or* AM -or's] wife, woman next door **Nach·bars·kind** *nt* child next door **Nach·bars·leu·te** *pl* neighbours [*or* AM -ors] *pl,* people next door
Nach·bar·staat *m* neighbouring [*or* AM neighboring] state [*or* country] **Nach·bar·wi·der·spruch** *m* JUR opposition [lodged] by a neighbour **Nach·bar·woh·nung** *m* next door *no art, no pl,* flat [*or* apartment] next door **Nach·bar·zaun** *m* neighbour's [*or* AM -or's] fence
Nach·bau <-[e]s, -ten> *m* ARCHIT, TECH replica, reproduction
nach|bau·en *vt* ■**etw** ~ to build a copy of sth
nach|be·ar·bei·ten* *vt* ■**etw** ~ to finish off sth *sep,* to rework sth
Nach·be·ben *nt* GEOL aftershock
nach|be·han·deln* *vt* ❶ *(im Anschluss behandeln)* ■**etw** [**mit etw** *dat*] ~ to give sth follow-up treatment [with sth]
❷ MED ■**jdn/etw** ~ to give sb/sth follow-up treatment
Nach·be·hand·lung *f* ❶ *(zusätzliche Behandlung)* follow-up treatment *no pl*
❷ MED follow-up treatment *no pl*
Nach·be·lich·ten <-s> *nt kein pl* FOTO post-exposing
nach|be·rei·ten* *vt* ■**etw** ~ to go through [*or* over] sth again
nach|bes·sern I. *vt* ■**etw** ~ to retouch sth; **ein Produkt** ~ to make improvements to a product; **einen Vertrag** ~ to amend a contract
II. *vi* to make improvements
Nach·bes·se·rung <-, -en> *f* improvement, repair
Nach·bes·se·rungs·an·spruch *m* HANDEL liability to remedy a defect **Nach·bes·se·rungs·ar·beit** *f* BAU spot repair **Nach·bes·se·rungs·frist** *f* HANDEL period for remedying defects **Nach·bes·se·rungs·kos·ten** *pl* JUR rework expenses *pl* **Nach·bes·se·rungs·pflicht** *f* HANDEL obligation to remedy defects **Nach·bes·se·rungs·recht** *nt* HANDEL contractor's right to be given the opportunity to remedy facts
nach|be·stel·len* *vt* ■**etw** ~ to reorder [*or* order some more of] sth
Nach·be·stel·lung *f (weitere Bestellung)* repeat order; *(nachträgliche Bestellung)* late order; HANDEL supplementary [*or* replenishment] order
nach|be·ten *vt (pej fam)* ■[**jdm**] **etw** ~ to parrot sth [sb says] *pej,* BRIT *a.* to repeat sth [sb says] parrot-fashion
nach|be·zah·len* *vt* ■**etw** ~ to pay sth later [*or* in arrears], to pay the rest for sth; **Steuern** ~ to pay back-tax
nach|bil·den *vt* ■**etw** [**etw** *dat*] ~ to reproduce sth [from sth], to model sth on sth; **etw aus dem Gedächtnis** ~ to copy sth from memory
Nach·bil·dung *f* reproduction; *(exakt)* copy
nach|bli·cken *vi (geh)* ■**jdm/etw** ~ to follow sb/sth with one's eyes, to watch sb/sth
Nach·blu·tung *f* secondary haemorrhage [*or* AM hemorrhage] [*or no art, no pl* bleeding]
nach|boh·ren I. *vt* **ein Loch** ~ to re-drill [*or sep* drill out] a hole
II. *vi (fam)* ■[**bei jdm**] ~ to probe [sb on a/the matter]
Nach·bör·se *f* BÖRSE after-hours dealing
nach·börs·lich ['na:xbœrslɪç] *adj inv* BÖRSE after-hours; **~e Kurse** kerb prices
Nach·brust *f* KOCHK brisket
Nach·bür·ge, -bür·gin *m, f* JUR collateral [*or* additional] guarantor
Nach·bürg·schaft *f* JUR collateral [*or* additional] guarantee
nach|da·tie·ren* *vt* ❶ *(auf einen Brief, ein Schriftstück o.Ä. ein früheres, zurückliegendes Datum schreiben)* ■**etw** ~ to backdate [*or* predate] [*or* antedate] sth
❷ *(selten: auf ein Schriftstück nachträglich das richtige Datum schreiben)* ■**etw** ~ to backdate sth
nach·dem [na:x'de:m] *konj* ❶ *temporal* after; ***eine Minute ~ du angerufen hattest, ...*** one minute after you [had] called, ...
❷ *kausal (da)* since, seeing that; ~ ***wir uns also einig sind, ...*** since [*or* seeing that] we agree, ...
nach|den·ken *vi irreg* ❶ *(überlegen)* ■[**über etw** *akk*] ~ to think [about sth]; ***denk doch mal nach!*** think about it!; *(mahnend)* use your head [*or* brain][, will you]!
❷ *(sich Gedanken machen)* ■[**über jdn/etw**] ~ to think [about sb/sth]; **laut** ~ to think out loud
Nach·den·ken *nt* thought *no art, no pl,* reflection *no art, no pl,* thinking *no art, no pl;* ***bitte störe mich jetzt nicht beim ~!*** please don't disturb me while I'm thinking!; **zum ~ kommen** to find time to think
nach·denk·lich ['na:xdɛŋklɪç] *adj* ❶ *(etwas überlegend)* pensive, thoughtful
❷ *(zum Nachdenken neigend)* pensive, thoughtful; **jdn ~ machen** [*o geh* **stimmen**] to set sb thinking, to make sb think; ~ **gestimmt sein** to be in a thoughtful [*or* pensive] mood
❸ *(viel nachdenkend)* thoughtful, pensive
Nach·denk·lich·keit <-> *f kein pl* pensiveness *no art, no pl,* thoughtfulness *no art, no pl*
nach|dich·ten *vt* ■**etw** ~ to give a free rendering of sth
Nach·dich·tung *f* free rendering
nach|drän·gen *vi sein* ■[**jdm**] ~ to push [sb] from behind; *Menge a.* to throng after sb
Nach·druck[1] *m kein pl* stress *no pl,* emphasis *no pl;* [**besonderen**] ~ **auf etw** *akk* **legen** to place [special] emphasis on sth; [**besonderen**] ~ **darauf legen, dass ...** to place [special] emphasis on the fact [*or* stress [*or* emphasize] [particularly]] that ...; **mit** [**allem**] ~ with vigour [*or* AM -or]; **etw mit ~ sagen** to say sth emphatically; **etw mit ~ verweigern** to flatly refuse sth
Nach·druck[2] <-[e]s, -e> *m* VERLAG ❶ *(nachgedrucktes Werk)* reprint; **unerlaubter** ~ unauthorized reprint
❷ *kein pl (das Nachdrucken)* reprinting *no art, no pl;* ***der ~ [des Artikels] ist nur mit Genehmigung des Verlages gestattet*** no part of this article may be reproduced without the prior permission of the publisher
nach|dru·cken *vt* VERLAG ❶ *(abermals drucken)* ■**etw** [**unverändert**] ~ to reprint sth
❷ *(abdrucken)* ■**etw** ~ to reproduce sth
nach·drück·lich ['na:xdrʏklɪç] I. *adj* insistent; **eine ~e Warnung** a firm warning
II. *adv* insistently, firmly
Nach·drück·lich·keit <-> *f kein pl* insistence *no art, no pl,* firmness *no art, no pl;* **in aller** ~ strongly
nach|dun·keln *vi sein* to darken
Nach·durst *m (nach übermäßigem Alkoholgenuss)* dehydration; ~ **haben** to be dehydrated
Nach·eid *m* JUR oath after statement
nach|ei·fern *vi (geh)* ■**jdm** [**in etw** *dat*] ~ to emulate sb [in sth]
Nach·ei·le *f kein pl* JUR pursuit
nach|ei·len *vi sein* ■**jdm** ~ to hurry after sb
nach·ein·an·der [na:xʔai̯'nandɐ] *adv* one after another [*or* the other]; **kurz/schnell** ~ in quick/rapid succession
nach|emp·fin·den* *vt irreg* ❶ *(mitfühlen)* ■[**jdm**] **etw ~ können** to be able to sympathize with sb's sth; ***ich kann Ihnen Ihre Erregung lebhaft ~*** I can understand how irritated you must have been; ■**jdm ~ können, dass/wie er/sie ...** to be able to understand that/how sb ...; ***vielleicht kannst du mir jetzt ~, wie ich mich fühle*** perhaps now you can understand how I feel
❷ KUNST, LIT *(nach einer Anregung gestalten)* ■**jdm/etw etw** ~ to adapt sth from sb/sth
Na·chen <-s, -> ['naxn̩] *m (liter)* barque *poet*
Nach·er·be, -er·bin *m, f* JUR reversionary heir **Nach·erb·fol·ge** *f* JUR reversionary succession **Nach·erb·schaft** *f* JUR estate in expectancy **Nach·er·fül·lung** *f* JUR subsequent performance **Nach·er·he·bung** *f* FIN additional assessment
nach|er·zäh·len* *vt* ■**etw** ~ to retell sth
Nach·er·zäh·lung *f* SCH account; *(geschrieben a.)* written account *(of something heard/read)*
Nachf. *Abk von* **Nachfolger** successor
Nach·fahr(in) <-en *o* -s, -en> ['na:xfa:ɐ̯] *m(f) (geh)*

s. Nachkomme

nach|fah·ren *vi irreg sein* ❶ *(hinterherfahren)* ■**jdm** ~ to follow sb
❷ *(im Nachhinein folgen)* ■**jdm** [**irgendwohin**] ~ to follow sb on [somewhere]

nach|fas·sen I. *vi* ❶ *(fam: nachbohren)* ■[**bei jdm/in etw** *dat*] ~ to probe sb/into sth, to probe [*or* dig] a little deeper [into sb/sth]
❷ SPORT *(noch einmal zugreifen)* to regain one's grip
❸ *(Nachschlag holen)* to have a second helping
II. *vt* ■**etw** ~ to have a second helping of sth

Nach·fei·er *f* belated celebration

nach|fei·ern *vt* ■**etw** ~ to celebrate sth later

Nach·fest·stel·lung *f* FIN subsequent assessment

Nach·fol·ge *f kein pl* succession; ■**die/jds** ~ [**in etw** *dat*] the/sb's succession [in sth]; **jds ~ antreten** to succeed sb

Nach·fol·ge·fir·ma *f*, **Nach·fol·ge·ge·sell·schaft** *f* HANDEL successor company **Nach·fol·ge·haf·tung** *f* JUR secondary liability **Nach·fol·ge·in·dus·trie** *f* ÖKON successor industry **Nach·fol·ge·kan·di·dat(in)** *m(f)* candidate for succession **Nach·fol·ge·mo·dell** *nt* follow-up [*or* successor] model

nach|fol·gen *vi sein (geh)* ❶ *(Nachfolger werden)* ■**jdm** [**in etw** *dat*] ~ to succeed sb [in sth]; **jdm im Amt** ~ to succeed sb in office
❷ *(folgen)* ■**jdm/etw** ~ to follow sb/sth

nach·fol·gend *adj (geh)* following; ■**N~es**, ■**das N~e** the following; **im N~en** in the following

Nach·fol·ge·or·ga·ni·sa·ti·on *f* successor organization **Nach·fol·ge·par·tei** *f* successor party

Nach·fol·ger(in) <-s, -> *m(f)* successor

Nach·fol·ge·re·ge·lung *f* successor arrangement **Nach·fol·ge·staa·ten** *pl* POL succession states **Nach·fol·ge·sys·tem** *nt* TECH follow-up [*or* successor] system **Nach·fol·ge·tä·ter(in)** *m(f)* JUR copycat criminal **Nach·fol·ge·tref·fen** *nt* follow-up meeting **Nach·fol·ge·ver·si·on** *f* follow-up [*or* successor] version

nach|for·dern *vt* ■**etw** ~ to put in *sep* an additional [*or* another] demand for sth

Nach·for·de·rung *f* additional [*or* subsequent] demand; **~en erheben** [*o* **geltend machen**] to make an additional demand/additional demands

Nach·for·de·rungs·be·scheid *m* FIN *(Steuern)* notice of deficiency **Nach·for·de·rungs·kla·ge** *f* JUR action for further payment **Nach·for·de·rungs·recht** *nt* HANDEL law on supplementary claims

nach|for·schen *vi* ■[**in etw** *dat*] ~ to [try and] find out [more] [about sth], to make [further] enquiries [*or* inquiries] [about sth]; ***nachdem man in der Sache weiter nachgeforscht hatte, ...*** after further enquiries had been made into the matter, ...; ■**~, ob/wann/wie/wo ...** to find out whether/when/how/where ...

Nach·for·schung *f* enquiry, inquiry; *(polizeilich)* investigation; [**in etw** *dat*] **~en anstellen** [*o* **betreiben**] to make enquiries/carry out investigations [into sth]

Nach·fra·ge *f* ❶ ÖKON demand (**nach** +*dat* for); **eine große/größere/steigende** ~ a great/greater/growing demand; **schleppende** ~ slack demand; **die ~ steigt/sinkt** demand is increasing/falling; **die ~ ausweiten/befriedigen** to step up/satisfy demand; **für etw** *akk* **~ schaffen** to create a demand for sth; *s. a.* **Angebot**
❷ *(Erkundigung)* enquiry, inquiry; ***danke der ~!*** nice of you to ask!

Nach·fra·ge·be·le·bung *f* ÖKON revival of demand **Nach·fra·ge·dämp·fung** *f* ÖKON demand restraint **Nach·fra·ge·ent·wick·lung** *f* ÖKON trend of the market **nach·fra·ge·er·hö·hend** *adj* demand-boosting *attr;* **~e Maßnahme** action to step up demand **Nach·fra·ge·er·mäch·ti·gung** *f* JUR inquirendo **Nach·fra·ge·ex·pan·si·on** *f* ÖKON expansion of demand **Nach·fra·ge·im·pul·se** *pl* ÖKON stimulation *no pl* of demand **Nach·fra·ge·mo·no·pol** *nt* ÖKON monopsony

nach|fra·gen *vi* ■[**bei jdm**] ~ to ask [sb], to enquire, to inquire

Nach·fra·ge·rück·gang *m* ÖKON fall [*or* drop] [*or* decline] in demand **Nach·fra·ge·schwä·che** *f* ÖKON softness in demand **Nach·fra·ge·sog** *m* ÖKON pressure of demand **nach·fra·ge·stei·gernd** *adj* demand-boosting **Nach·fra·ge·stüt·ze** *f* ÖKON backing behind demand **Nach·fra·ge·über·hang** *m* excess demand

Nach·frist *f* extended deadline, extension; JUR additional period of time, period of grace; **angemessene ~** adequate additional time; **eine ~ gewähren** to extend the original term; **jdm eine ~ setzen** to extend sb's deadline; JUR to grant a respite

Nach·frist·set·zung *f* JUR granting an additional respite

nach|füh·len *vt* ■[**jdm**] **etw** ~ to understand how sb feels, to sympathize with sb; ***ich fühle dir das wohl nach*** I know how you must feel; ■**jdm ~ können, dass/wie er/sie ...** to be able to understand that/how sb ...; ***er wird mir sicher ~ können, dass/wie ich ...*** he'll surely be able to understand that/how I ...

nach·füll·bar *adj inv* refillable

nach|fül·len I. *vt* ❶ *(noch einmal füllen)* ■[**jdm**] **etw** ~ to refill sth [for sb]/sb's sth
❷ *s.* **nachgießen**
II. *vi* ■[**jdm**] ~ to top up [*or* AM off] sb *sep fam;* ***darf ich Ihnen noch ~?*** can I top you up? *fam,* would you like a top-up?

Nach·füll·pack <-s, -s> *m,* **Nach·füll·pa·ckung** *f* refill pack **Nach·füll·pa·tro·ne** *f* refilling cartridge

Nach·ge·ben *nt kein pl* FIN decline; **~ der Kurse/der Zinsen** decline in prices/interest rates

nach|ge·ben *irreg* I. *vi* ❶ *(einlenken)* ■[**jdm/etw**] ~ to give way [*or* in] [to sb/sth]
❷ *(zurückweichen)* to give way
❸ BÖRSE *Aktien* to drop, to fall
II. *vt* ■**jdm etw** ~ to give sb some more [*or* another helping] of sth

nach·ge·bend *adj inv, attr* BÖRSE yielding; **eine ~e Tendenz aufweisen** to exhibit a softening tendency

Nach·ge·bo·re·nen *pl dekl wie adj* SOZIOL *(geh)* future generations *pl*

Nach·ge·bühr *f* excess postage *no pl*

Nach·ge·burt *f* ❶ *(ausgestoßene Plazenta)* afterbirth *no pl*
❷ *kein pl (Vorgang der Ausstoßung)* expulsion of the afterbirth

nach|ge·hen *vi irreg sein* ❶ *(hinterhergehen)* ■**jdm** ~ to follow [*or* go after] sb
❷ *(zu langsam gehen) Uhr* to be slow; ***meine Uhr geht zehn Minuten nach*** my watch is ten minutes slow
❸ *(zu ergründen suchen)* ■**etw** *dat* ~ to look into [*or* investigate] sth
❹ *(form: ausüben)* ■**etw** *dat* ~ to practise [*or* AM -ice] sth; **seinen eigenen Interessen ~** to pursue one's own interests

nach·ge·las·sen *adj* LIT left behind unpublished *pred; (posthum veröffentlicht)* posthumously published *pred form*

nach·ge·macht *adj inv* imitation; **~es Geld** counterfeit money; ■**~ sein** to be imitation [*or* a counterfeit]

Nach·ge·neh·mi·gung *f* JUR subsequent permit

nach·ge·ord·net *adj inv* ÖKON subordinate; **~e Marktsegmente** subordinate market segments

nach·ge·ra·de ['na:xgəˈra:də] *adv (geh)* ❶ *(beinahe)* practically, virtually
❷ *(nach wie vor)* still

Nach·ge·schich·te *f kein pl* aftermath, after-effects

Nach·ge·schmack *m* aftertaste; **einen bitteren/süßen ~ haben** to have a bitter/sweet aftertaste; [**bei jdm**] **einen bitteren** [*o* **unangenehmen**] [*o* **üblen**] **~ hinterlassen** to leave a nasty taste [in sb's mouth]

nach·ge·wie·se·ner·ma·ßen *adv inv* as has been proved [*or* shown]; ***der Fahrer, der den Unfall verursachte, war ~ volltrunken*** as has been proved [*or* shown], the driver who caused the accident was blind drunk

nach·gie·big ['na:xgi:bɪç] *adj* ❶ *(leicht nachgebend)* soft, accommodating, compliant *form;* ■[**jdm gegenüber**] [**zu**] **~ sein** to be [too] soft [on sb]
❷ *(auf Druck nachgebend)* pliable, yielding *attr;* ***diese Matratze ist überall sehr ~*** this mattress gives all over

Nach·gie·big·keit <-> *f kein pl* ❶ *(im Wesen)* softness *no art, no pl,* accommodating nature
❷ *(in der Konsistenz)* pliability *no art, no pl,* softness *no art, no pl*

nach|gie·ßen *irreg* I. *vt* ■[**jdm**] **etw** ~ to give sb some more of sth, to top up [*or* AM off] *sep* sb's glass [*or fam* sb]
II. *vi* ■[**jdm**] ~ to top up [*or* AM off] sb *sep fam;* ***darf ich ~?*** would you like some more?

Nach·gi·rant(in) ['na:xʒirant] *m(f)* FIN post-maturity endorser

nach|grü·beln *vi* ■[**über etw** *akk*] ~ to think [about sth], to ponder [on sth] *form;* ***N~ wäre nur verschenkte Zeit*** don't waste your time thinking about [*or form* pondering on] it

nach|gu·cken *vi (fam)* ■[**in etw** *dat*] ~ to [take a] look [in sth]

Nach·haf·tung *f* JUR secondary liability

nach|ha·ken *vi (fam)* ■[**bei jdm**] [**mit etw** *dat*] ~ to probe sb with sth, to dig deeper [with sth]

Nach·hall *m* echo

nach|hal·len *vi Schlussakkord* to reverberate; ***seine Worte hallten lange in ihr nach*** *(fig)* his words went round and round in her head

nach·hal·tig ['na:xhaltɪç] I. *adj* lasting, sustained; **~e Entwicklung** sustainable development
II. *adv* **jdn ~ beeindrucken/beeinflussen** to leave a lasting impression/have a lasting influence on sb; **sich** *akk* **~ verbessern** to make a lasting improvement

Nach·hal·tig·keit <-> *f kein pl* ❶ *(längere Zeit anhaltende Wirkung)* lastingness *no pl;* ***manchmal ist ein Glas zu viel von großer ~*** sometimes one glass too many can have a very long-lasting [after-]effect
❷ FORST *(dauernde Nutzung einer Fläche zur Holzproduktion)* sustentation *no pl*

nach|hän·gen *vi irreg* ❶ *(sich überlassen)* ■**etw** *dat* ~ to lose oneself in [*or* abandon oneself to] sth
❷ *(anhaften)* ■**jdm hängt etw nach** sth is attached to sb; ***ihm hängt der Geruch nach, dass ...*** there's a rumour attached to him that ...

Nach·hau·se·weg [na:x'hauzəve:k] *m* way home; **auf dem/jds ~** on the/sb's way home

nach|hel·fen *vi irreg* ❶ *(zusätzlich beeinflussen)* ■**etw** *dat* ~ to help along sth *sep;* ■**mit etw** *dat* ~ to help things along [*or* give a helping hand] with sth; **~, dass etw passiert** to help make sth happen
❷ *(auf die Sprünge helfen)* ■**jdm/etw** ~ to give sb/sth a helping hand

nach·her [na:x'e:ɐ, 'na:xe:ɐ] *adv* ❶ *(danach)* afterwards
❷ *(irgendwann später)* later; ***bis ~!*** see you later!
❸ *(fam: womöglich)* possibly; **~ *behauptet er noch, dass ...*** he might just claim [that] ...

Nach·hil·fe *f* extra help *no art, no pl,* private tuition [*or* tutoring] [*or* coaching] *no art, no pl;* [**von jdm**] **~** [**in etw** *dat*] **bekommen** to receive [*or* get] private tuition [from sb] [in sth]; [**jdm**] **~** [**in etw** *dat*] **geben** to give [sb] private tuition [in sth]

Nach·hil·fe·leh·rer(in) *m(f)* private tutor **Nach·hil·fe·stun·de** *f* private lesson [*or* coaching *no art, no pl*]; [**von jdm**] **~n** [**in etw** *dat*] **bekommen** to receive [*or* get] private lessons [from sb] [in sth]; [**jdm**] **~n** [**in etw** *dat*] **geben** to give [sb] private lessons [in sth] **Nach·hil·fe·un·ter·richt** *m* private coaching [*or* tuition] [*or* tutoring] *no art, no pl*

nach·hin·ein *adv* **im N~** looking back, in retrospect, with hindsight; *(nachträglich)* afterwards

nach|hin·ken *vi sein (fam)* ■[**hinter jdm/etw**] ~ to lag behind [sb/sth]

Nach·hol·be·darf *m* additional requirements *pl;* ■**der/jds ~ an etw** *dat* the/sb's additional requirements of sth; **jds ~ [an etw** *dat*] **gedeckt sein** to have had one's fill [of sb's sth]; **einen** [**großen**] **~ [an etw** *dat*] **haben** to have a lot to catch up on [in the way of sth]

nach|ho·len *vt* ① *(aufholen)* ■**etw ~** to make up for sth
② *(nachkommen lassen)* ■**jdn ~** to let sb [*or* get sb to] join one

Nach·hut <-, -en> *f* MIL rearguard; **bei der ~** in the rearguard

Nach·in·dos·sa·ment *nt* JUR post-maturity endorsement

nach|ja·gen *vi sein* ① *(zu erreichen trachten)* ■**etw** *dat* **~** to pursue [*or* chase after] sth
② *(eilends hinterherlaufen)* ■**jdm ~** to chase after sb

Nach·kal·ku·la·ti·on *f* cost control, job costing

nach|kau·fen *vt* ■**etw ~** to buy sth later [*or* at a later date]; ***alle Teile können jederzeit nachgekauft werden*** all parts are available for purchase at all times

Nach·kauf·ga·ran·tie *f* availability guarantee

Nach·klang *m* ongoing sound; *(Echo)* echo

nach·klas·sisch *adj* post-classical

nach|klin·gen *vi irreg sein* ① *(weiterklingen)* to go on sounding, to linger
② *(als Eindruck zurückbleiben)* ■**in jdm ~** to linger [*or* stay] with sb

Nach·kom·me <-n, -n> ['na:xkɔmə] *m* descendant

nach|kom·men *vi irreg sein* ① *(danach folgen)* to follow on; ■**jdn ~ lassen** to let sb join one later; **sein Gepäck ~ lassen** to have [*or* get] one's luggage sent on
② *(Schritt halten)* to keep up
③ *(mithalten)* ■[**mit etw** *dat*] **~** to keep up [with sth]
④ *(erfüllen)* ■**etw** *dat* **~** to fulfil [*or* AM -ll] sth; **einer Anordnung/Pflicht ~** to carry out an order/a duty *sep;* **einer Forderung ~** to meet [with] a demand
⑤ *(als Konsequenz folgen)* to follow as a consequence
⑥ SCHWEIZ *(verstehen)* to follow, to get it; ■**~, was ...** to understand [*or* get] what ...

Nach·kom·men·schaft <-, -en> *f (geh)* descendants *pl;* **seine zahlreiche ~** one's numerous progeny + *sing/pl vb form*

Nach·kömm·ling <-s, -e> ['na:xkœmlɪŋ] *m (Nachzügler)* latecomer, late arrival; *(Kind)* afterthought *hum; (Nachkomme)* descendant

nach|kon·trol·lie·ren* *vt* ■**etw** [**auf etw** *akk*] **~** to check over sth *sep* [for sth]; ■**~, ob/wann/wie ...** to check whether/when/how ...

nach|kor·ri·gie·ren* *vt* ■**etw ~** to re-correct sth; **einen Aufsatz ~** to go over an essay again

Nach·kriegs·deutsch·land *nt* POL *(hist)* post-war Germany **Nach·kriegs·ge·ne·ra·ti·on** *f* post-war generation **Nach·kriegs·ge·schich·te** *f* post-war history **Nach·kriegs·höchst·stand** *m* ÖKON post-war peak **Nach·kriegs·jah·re** *pl* post-war years *pl* **Nach·kriegs·zeit** *f* post-war period

Nach·kur *f* MED after-treatment *no pl,* follow-up cure

nach|la·den *irreg* **I.** *vt* ■**etw ~** to reload sth
II. *vi* to reload

Nach·lass[RR] <-es, -e *o* -lässe>, **Nach·laß**[ALT] <-lasses, -lasse *o* -lässe> ['na:xlas, *pl* 'na:xlɛsə] *m*
① *(hinterlassene Werke)* unpublished works *npl*
② *(hinterlassener Besitz)* estate; ***der ~ fällt an die gesetzlichen Erben*** property goes by intestacy; ***der ~ geht über auf ...*** the estate devolves upon ...; **erbenloser ~** estate without any heirs, vacant succession; **überschuldeter ~** insolvent estate; **den ~ eröffnen** to read the will; **den ~ ordnen/verwalten** to organize/administer the estate
③ *(Preisnachlass)* reduction, discount; ■**ein ~ [von etw** *dat*] [**auf etw** *akk*] a discount [*or* reduction] [of sth] [on sth]
④ JUR *(Erlass) von Steuern* [tax] abatement; *einer Strafe* [sentence] remission

Nach·lass·ab·wick·lung[RR] *f* JUR administration of an estate **Nach·lass·aus·ein·an·der·set·zung**[RR] *f* JUR distribution of an estate **Nach·lass·be·trag** *m* HANDEL discount amount

Nach·las·sen *nt kein pl* ÖKON slowdown; **~ der Hochkonjunktur** ebbing wave of prosperity

nach|las·sen *irreg* **I.** *vi* ① *(schwächer werden)* to decrease, to diminish; ***sobald die Kälte etwas nachlässt, ...*** as soon as it gets a little warmer ...; *Druck, Schmerz* to ease off [*or* up]; *Gehör, Sehkraft* to deteriorate; *Interesse* to flag, to wane; *Nachfrage* to drop [off], to fall; *Sturm* to die down, to abate
② *(in der Leistung schlechter werden)* to deteriorate in one's performance, to be slacking off; ***mit der Zeit ließ er*** [***in seiner Leistung***] ***nach*** as time went on his performance deteriorated
③ *(aufhören)* ■**~, etw zu tun** to stop doing sth; **nicht ~!** keep it up!
II. *vt* ■[**jdm**] **etw** [**von etw** *dat*] **~** to knock sth off [sth] [for sb] *fam;* [**jdm**] **10 % vom Preis ~** to give [sb] a 10% rebate [*or* discount]

nach·las·send *adj inv* ÖKON declining, slackening; **~e Investitionstätigkeit** slowdown in investments

Nach·lass·for·de·rung[RR] *f* JUR claim by the estate **Nach·lass·ge·gen·stand**[RR] *m* JUR estate asset **Nach·lass·ge·richt**[RR] *nt* JUR probate [*or* AM surrogate's] court **Nach·lass·gläu·bi·ger(in)**[RR] *m(f)* JUR creditor of the estate **Nach·lass·haf·tung**[RR] *f* JUR liability of the estate assets

nach·läs·sig ['na:xlɛsɪç] **I.** *adj* ① *(unsorgfältig)* careless; **eine ~e Person** a careless [*or* negligent] person; **~e Arbeit** slipshod work *pej;* ■**etw ist/wird ~** sth is slack/slacking
② *(schlampig)* careless, sloppy *pej*
II. *adv* ① *(unsorgfältig)* carelessly, negligently
② *(schlampig)* carelessly, sloppily *pej*

Nach·läs·sig·keit <-, -en> *f* ① *kein pl (nachlässige Art)* carelessness *no art, no pl*
② *(nachlässige Handlung)* negligence *no art, no pl;* **eine grobe ~** [an instance of] gross negligence

Nach·lass·in·ven·tar[RR] *nt* JUR inventory of the estate **Nach·lass·kon·kurs**[RR] *m* JUR bankruptcy of an estate, administration of an insolvent estate **Nach·lass·kon·to** *nt* FIN, JUR discount account **Nach·lass·pfle·ger(in)**[RR] *m(f)* JUR curator of the estate **Nach·lass·pfleg·schaft**[RR] *f* JUR provisional administration of estate **Nach·lass·sa·che**[RR] *f* JUR probate matter, matter of the estate **Nach·lass·schul·den**[RR] *pl* JUR debts *pl* of the estate **Nach·lass·spal·tung**[RR] *f* JUR division [*or* partition] of an estate **Nach·lass·steu·er**[RR] *pl* JUR inheritance tax, succession duty AM **Nach·lass·ver·bind·lich·kei·ten**[RR] *pl* JUR liabilities arising from inheritance **Nach·lass·ver·fah·ren**[RR] *nt* JUR probate proceedings *pl* **Nach·lass·ver·mö·gen**[RR] *nt* JUR assets *pl* of a deceased person **Nach·lass·ver·wal·ter(in)**[RR] *m(f)* JUR estate executor [*or* administrator], personal representative **Nach·lass·ver·wal·tung**[RR] *f* JUR administration of an estate; **die ~ ausschlagen** to renounce probate; **etw in ~ geben** to commit sth into administration **Nach·lass·ver·wal·tungs·kla·ge**[RR] *f* JUR administrative action **Nach·lass·ver·zeich·nis**[RR] *nt* JUR estate inventory

Nach·lauf *m* CHEM last runnings *pl*

nach|lau·fen *vi irreg sein* ① *(hinterherlaufen)* ■**jdm ~** to run after sb
② *(umwerben)* ■**jdm ~** to run after sb
③ *(zu erreichen trachten)* ■**etw** *dat* **~** to run after [*or* chase [after]] sth

nach|le·gen **I.** *vt* ① *(zusätzlich auflegen)* **Holz/Kohle/Scheite ~** to put some more wood/coal/logs on [the fire]
② *(zusätzlich auf den Teller geben)* ■[**jdm/sich**] **etw ~** to give [*or* get] [sb/oneself] a second helping [of sth]
II. *vi (fam)* to do/say more; ***„damit ist aber nicht alles gesagt," legte er nach*** "I haven't yet had the last word on this," he added

Nach·leis·tung *f* subsequent [*or* additional] performance

Nach·le·se *f* ① AGR second harvest
② MEDIA, TV *(ausgewählter Nachtrag)* ■**eine ~ aus etw** *dat* selected postscripts from sth

nach|le·sen *vt irreg* ■**etw** [**irgendwo**] **~** to read up on sth [somewhere]

Nach·lie·fer·frist *f* HANDEL deadline for delayed delivery

nach|lie·fern *vt* ■[**jdm**] **etw ~** ① *(später liefern)* to deliver sth [to sb] at a later date
② *(später abgeben)* to hand in sth *sep* [to sb] at a later date

Nach·lie·fe·rung *f* ① *(nachträgliche Lieferung)* delivery
② *(nachträglich gelieferter Artikel)* delivery

nach|li·zen·zie·ren* *vt* ■**etw ~** to license sth subsequently [*or* later]

Nach·li·zen·zie·rung <-, -en> *f* subsequent [*or* later] licensing

Nach·lö·se·ge·bühr *f* TRANSP excess fare

nach|lö·sen **I.** *vt* **eine Fahrkarte/einen Zuschlag ~** to buy a ticket/a supplement on the train
II. *vi* ■[**bei jdm**] **~** to pay [sb] on the train

nach|ma·chen *vt* ① *(imitieren)* ■**jdn/etw ~** to imitate sb/sth, to impersonate sb
② *(nachahmen)* ■**jdm etw ~** to copy sth from sb; ***das soll mir erst mal einer ~!/macht mir bestimmt keiner nach!*** I'd like to see anyone else do that!
③ *(fälschen)* ■**etw ~** to forge sth; **Geld ~** to forge [*or* counterfeit] money
④ *(fam: nachträglich anfertigen)* ■**etw ~** to make up sth *sep*

Nach·mann *m* FIN subsequent endorser [*or* holder]

nach|mes·sen *irreg* **I.** *vt* ■**etw** [**mit etw** *dat*] **~** to measure sth again [with sth]
II. *vi* ■[**mit etw** *dat*] **~** to check [with sth]; ***der Fehler ist mir erst beim N~ aufgefallen*** I only noticed the mistake whilst checking through

Nach·mie·ter(in) *m(f)* next tenant *no indef art;* ■**jds ~** the tenant after sb; ***sie ist meine ~in*** she moved in when/after I moved out

nach·mit·tag[ALT] *adv s.* **Nachmittag**

Nach·mit·tag ['na:xmɪta:k] *m* afternoon; **am/bis zum** [**frühen/späten**] **~** in the/until the [early/late] afternoon; ***im Laufe des ~s*** during [the course of] the afternoon

nach·mit·täg·lich *adj attr* afternoon *attr;* ***die ~ stattfindenden Seminare*** the afternoon seminars

nach·mit·tags *adv* ① *(am Nachmittag)* in the afternoon
② *(jeden Nachmittag)* in the afternoons

Nach·mit·tags·schläf·chen *nt* afternoon nap **Nach·mit·tags·un·ter·richt** *m* afternoon lessons *pl* **Nach·mit·tags·vor·stel·lung** *f* afternoon showing, matinee [performance]

Nach·nah·me <-, -n> ['na:xna:mə] *f* cash [*or* AM collect] *no art, no pl* on delivery [*or* COD] *no art, no pl;* **gegen ~ liefern** to send cash-on-delivery; **etw als** [*o* **per**] **~ schicken** [*o* **senden**] to send sth COD

Nach·nah·me·ge·bühr *f* COD charge **Nach·nah·me·sen·dung** *f (form)* registered COD consignment *form,* COD parcel

Nach·na·me *m* surname, family [*or* BRIT *a.* second] [*or* last] name; ***wie hießen Sie mit ~ n?*** what's your surname?

Nach·nut·zer(in) *m(f) einer Liegenschaft* new [*or* next] tenant, person moving in *(after a building has been vacated)*

nach|plap·pern *vt (fam)* ■[**jdm**] **etw ~** to parrot sth [sb says] *pej,* BRIT *a.* to repeat sth [sb says] parrot-fashion

Nach·por·to *nt s.* **Nachgebühr**

nach·prüf·bar *adj* verifiable; ■**etw ist ~** sth is verifiable [*or* can be verified [*or* checked]]

Nach·prüf·bar·keit <-> *f kein pl* verifiability *no art, no pl*

nach|prü·fen **I.** *vt* ① *(etw überprüfen)* ■**etw ~** to verify [*or* check up on] sth
② SCH *(nachträglich prüfen)* ■**jdn ~** to examine sb at a later date; *(nochmals prüfen)* to re-examine sb
II. *vi* ■**~, ob/wann/wie ...** to verify [*or* check] whether/when/how ...

Nach·prü·fung *f* ① *(das Nachprüfen)* verification;

■ **die/eine ~** [einer S. *gen*] the/a verification [of sth], verifying [sth]; **~ der Richtigkeit der Angaben** verification of the accuracy of the particulars; ***die ~ der Daten dauert eine Weile*** it will take some time to verify the data
② SCH *(nachträgliche Prüfung)* resit BRIT, re-examination

Nach·prü·fungs·recht *nt* right of review; **~ der Kommission** right of review of the commission **Nach·prü·fungs·ver·fah·ren** *nt* review procedure

nach·ran·gig ['na:xraŋɪç] *adj inv* FIN inferior; **~e Darlehensmittel** secondary loan funds

nach|rech·nen I. *vi* to check again; ***wir müssen noch einmal ~*** we'll have to do our sums again *hum;* ■ **~, dass/ob ...** to check that/whether ...
II. *vt* ■ **etw** [**noch einmal**] **~** to check sth [again]

Nach·re·de *f* JUR **üble ~** defamation [of character] *form,* slander; **üble ~** [**über jdn**] **verbreiten** to spread slander [about sb]

nach|re·den *vt* ① *(wiederholen)* ■ **etw ~** to repeat sth
② *(nachsagen)* ■ **jdm etw ~** to say sth [of sb]; **jdm übel ~** to speak ill of sb

nach|rei·chen *vt* ■ [**jdm**] **etw ~** to hand sth [to sb] later

nach|rei·sen *vi sein* ■ **jdm** [**irgendwohin**] **~** to join [*or* follow] sb [somewhere]

nach|rei·ten *vi irreg sein* ■ **jdm/etw ~** to ride after sb/sth

Nach·richt <-, -en> ['na:xrɪçt] *f* ① MEDIA news *no indef art, + sing vb;* ■ **eine ~** a news item; ■ **die ~en** the news *+ sing vb*
② *(Mitteilung)* news *no indef art, + sing vb;* ■ **eine ~** some news *+ sing vb,* a piece of news; **jdm ~ geben** to let sb know; ***geben Sie uns bitte ~, wenn ...*** please let us know when ...

Nach·rich·ten·agen·tur *f* news agency **Nach·rich·ten·an·ge·bot** *nt* INET range of news services and stories **Nach·rich·ten·dienst** *m* ① *(Geheimdienst)* intelligence *no art, no pl* [service] ② *s.* Nachrichtenagentur **nach·rich·ten·dienst·lich** *adj inv, attr* intelligence [service] *attr* **Nach·rich·ten·fo·rum** *nt* INFORM news group **Nach·rich·ten·ka·nal** *m* news channel

nach·rich·ten·los *adj inv* **~es Konto** long-dormant [bank] account *(of possible Holocaust victim)*

Nach·rich·ten·ma·ga·zin *nt* news magazine **Nach·rich·ten·sa·tel·lit** *m* TELEK communications satellite **Nach·rich·ten·sen·dung** *f* MEDIA news broadcast, newscast **Nach·rich·ten·sper·re** *f* news embargo [*or* blackout]; **eine ~ verhängen** to order a news embargo; *(als feindlicher Akt)* to gag the press **Nach·rich·ten·spre·cher(in)** *m(f)* newscaster, BRIT *a.* newsreader **Nach·rich·ten·tech·nik** *f* telecommunications *+ sing vb* **Nach·rich·ten·über·mitt·lung** *f* TELEK communication; **elektronische ~** electronic mail **Nach·rich·ten·we·sen** *nt* communications *pl*

nach|rü·cken *vi sein* ① *(jds Posten übernehmen)* to succeed sb; POL *a.* to move up; **auf einen Posten ~** to succeed to a post
② MIL *(folgen)* ■ [**jdm**] **~** to advance [on sb]

Nach·rü·cker(in) <-s, -> *m(f)* POL successor

Nach·ruf *m* obituary, obit *fam*

nach|ru·fen *vt irreg* ■ **jdm etw ~** to shout sth after sb; ■ [**jdm**] **~,** [**dass**] ... to shout [to sb] that ...

Nach·ruhm *m* posthumous fame *no art, no pl form,* fame after death *no art, no pl*

Nach·rüst·bau·satz *m* TECH add-on kit

nach|rüs·ten I. *vt* ■ **etw** [**mit etw** *dat*] **~** to update [*or* [re]fit] sth [with sth]; ***Sie können ihr Auto mit einem Katalysator ~*** you can [re]fit your car with a catalytic converter; **einen Computer ~** to upgrade a computer
II. *vi* MIL to deploy new arms

Nach·rüs·tung *f kein pl* ① TECH modernization, refit, installation
② MIL *(nachträgliche Aufrüstung)* deployment of new arms

nach|sa·gen *vt* ① *(von jdm behaupten)* ■ **jdm etw ~** to say sth of sb; ***es wird ihr nachgesagt, dass sie eine bösartige Intrigantin sei*** they say [*or* it's said] that she is a nasty schemer; ***ich lasse mir von dieser Frau nicht ~, dass ich lüge*** I'm not having that woman say I'm a liar
② *(nachsprechen)* ■ [**jdm**] **etw ~** to repeat sth [sb said]

Nach·sai·son [-zɛ,zõ:, -zɛ,zɔŋ] *f* off-season

nach|sal·zen I. *vt* ■ **etw ~** to add more salt to sth
II. *vi* to add more salt

Nach·satz *m* afterthought; *(Nachschrift)* postscript

nach|sau·sen *vi sein* ■ **jdm/etw ~** to rush after sb/sth

nach|schau·en I. *vt* ■ **etw** [**in etw** *dat*] **~** to look up sth *sep* [in sth]
II. *vi* ① *(nachschlagen)* ■ [**in etw** *dat*] **~** to [have [*or* take] a] look [in sth]; ■ **~, ob/wie ...** to [have a] look [*or* look up] whether/how ...
② *(nachsehen)* ■ **~**[**, ob ...**] to [have a] look [and see] [*or fam* have a look-see] [whether ...]

nach|schen·ken *(geh)* I. *vt* ■ [**jdm**] **etw ~** to top up [*or* AM off] *sep* sb's glass [*or fam* sb]
II. *vi* ■ [**jdm**] **~** to top up [*or* AM off] sb *sep fam;* ***darf ich ~?*** may I top you up? *fam* [*or* give you a refill]

nach|schi·cken *vt* ① *(nachsenden)* ■ [**jdm**] **etw ~** to forward [*or sep* send on] sth [to sb], to forward sth [to sb]
② *(hinterdrein schicken)* ■ **jdm jdn ~** to send sb after sb

nach|schie·ben *vt irreg (sl)* ■ **etw ~** to follow up with sth; **eine Begründung/Erklärung ~** to provide a reason/an explanation afterwards; **nachgeschobene Gründe** rationalizations

Nach·schie·ben *nt kein pl* JUR later submission; **~ von Gründen** subsequent submission of argument

nach|schie·ßen *vt irreg* FIN *(fam)* ■ **etw ~** to give sth additionally; *Geld* to pump additional cash into sth

Nach·schlag *m von Essen* second helping

nach|schla·gen *irreg* I. *vt* ■ **etw** [**in etw** *dat*] **~** to look up sth *sep* [in sth]
II. *vi* ① *haben (nachlesen)* ■ [**in etw** *dat*] **~** to look it up [in sth], to consult sth
② *sein (geh: jdm ähneln)* ■ **jdm ~** to take after sb

Nach·schla·ge·werk *nt* reference book [*or* work]

nach|schlei·chen *vi irreg sein* ■ **jdm ~** to creep [*or* sneak] after sb

nach|schlei·fen *vt irreg* **ein Messer ~** to [re]sharpen [*or* [re]grind] a knife

nach|schleu·dern *vt* ■ **jdm etw ~** to fling [*or* hurl] sth after sb

Nach·schlüs·sel *m* duplicate key

Nach·schlüs·sel·dieb·stahl *m* JUR theft by using false keys

nach|schmei·ßen *vt irreg (fam)* ■ **jdm etw ~** to throw [*or* fling] sth after sb
▶ WENDUNGEN: **nachgeschmissen sein** to be a real bargain

nach|schnüf·feln *vi (fam)* to poke [*or pej* sniff] around *fam;* ■ **jdm ~** to spy on sb; ■ **in etw** *dat* **~** to poke [*or pej* sniff] around in sth *fam*

Nach·schöp·fung *f* re-creation

Nach·schrift <-, -en> *f* ① *(Protokoll)* transcript
② *(Nachsatz) Brief* postscript, PS

Nach·schub <-[e]s, Nachschübe> ['na:xʃu:p, *pl* 'na:xʃy:bə] *m pl selten* ① MIL *(neues Material)* [new] supplies *npl,* reinforcements *npl;* ■ **der/jds ~ an etw** *dat* the/sb's supplies of sth; **beim ~ sein** to be in the supply troop
② *(fam: zusätzlich erbetene Verpflegung)* second helpings *pl*

Nach·schub·ein·heit <-, -en> *f* MIL supply unit

Nach·schuss·zah·lung[RR] *f* FIN [share] additional cover [*or* payment]; **eine ~ fordern** to call for additional cover; **eine ~ leisten** to pay a margin

nach|schwat·zen, nach|schwät·zen *vt* SÜDD, ÖSTERR *(fam)* ■ [**jdm**] **etw ~** to parrot sth [sb says/said]

nach|se·hen *irreg* I. *vi* ① *(mit den Blicken folgen)* ■ **jdm/etw ~** to follow sb/sth with one's eyes, to watch sb/sth; *(mit Bewunderung/Sehnsucht a.)* to gaze after sb/sth
② *(nachschlagen)* ■ [**in etw** *dat*] **~** to look it up [in sth], to consult sth
③ *(hingehen und prüfen)* ■ [**irgendwo**] **~** to [have [*or* take] a] look [somewhere]; ■ **~, ob/wo ...** to [have a] look whether/where ...
II. *vt* ① *(nachschlagen)* ■ **etw** [**in etw** *dat*] **~** to look up sth *sep* [in sth]
② *(kontrollieren)* ■ **etw ~** to check sth; **etw auf Fehler hin ~** to check sth for defects/errors
③ *(geh: verzeihen)* ■ **jdm etw ~** to forgive sb for sth

Nach·se·hen <-s> *nt kein pl* ▶ WENDUNGEN: [**bei etw** *dat*/**in etw** *dat*] **das ~ haben** to be left standing [in sth]; *(leer ausgehen)* to be left empty-handed [in sth]; *(keine Chance haben)* to not get anywhere [*or* a look-in]

Nach·sen·de·an·trag *f* application to have one's mail forwarded

nach|sen·den *vt irreg* ■ **jdm etw ~** to forward [*or sep* send on] sth to sb; ■ **sich** *dat* **etw ~ lassen** to have sth forwarded to one['s new address]

nach|set·zen *vi (geh)* ■ **jdm ~** to pursue sb

Nach·sicht <-> *f kein pl* leniency *no art, no pl;* [**mehr**] **~ üben** *(geh)* to be [more] lenient, to show [more] leniency; **mit** [**mehr**] **~** with [more] leniency; **etw mit ~ betrachten** to view sth leniently; **ohne ~** without mercy

nach·sich·tig I. *adj* lenient; *(verzeihend)* merciful; ■ [**mit jdm**] **~ sein** to be lenient [with sb]
II. *adv* leniently/mercifully

Nach·sicht·wech·sel *m* JUR after-sight bill

Nach·sil·be *f* suffix

nach|sin·gen *vt irreg* ■ [**jdm**] **etw ~** to sing sth after [sb]

nach|sin·nen *vi irreg* ■ [**über etw** *akk*] **~** to ponder [over sth]

nach|sit·zen *vi irreg* SCH ■ **~ müssen** to have detention; ■ **jdn ~ lassen** to give sb detention

Nach·som·mer *m* Indian summer

Nach·sor·ge *f* aftercare *no pl*

Nach·sor·ge·kli·nik *f* aftercare clinic

Nach·spann <-s, -e> *m* FILM, TV credits *npl*

Nach·spei·se *f* dessert, BRIT *a.* sweet; ■ **als ~** for dessert

Nach·spiel *nt* ① THEAT epilogue; MUS closing section
② *(nach Sex)* cuddling after sex
③ *(unangenehme Folgen)* consequences *pl,* repercussions *pl;* **ein ~ haben** to have consequences [*or* repercussions]

nach|spie·len I. *vt* ■ **etw ~** to play sth
II. *vi* ① *(akkompagnieren)* ■ **jdm** [**auf etw** *dat*] **~** to follow sb [on sth]
② SPORT to play extra time [*or* AM overtime]; **~ lassen** to allow extra time

nach|spi·o·nie·ren* *vi (fam)* ■ **jdm ~** to spy on sb

nach|spre·chen *irreg* I. *vt* ■ [**jdm**] **etw ~** to repeat sth [after sb]
II. *vi* ■ **jdm ~** to repeat after sb

nach|spü·len *vi (fam)* ■ [**mit etw** *dat*] **~** to wash it down [with sth] *fam;* **zum N~** to wash [*or* for washing] it down *fam*

nach|spü·ren *vi* ① *(erkundend nachgehen)* ■ **etw** *dat* **~** to look into sth; **einer Fährte ~** to follow a trail
② *(veraltend geh: auf der Jagd verfolgen)* ■ **jdm ~** to track [*or* hunt] down sb *sep;* **einem Tier ~** to track an animal

nächst ['nɛ:çst] *präp + dat (geh)* ■ **~ jdm** *(örtlich am nächsten)* beside [*or* next to] sb; *(außer)* apart [*or esp* AM aside] from sb

nächst·bes·te(**r, s**) ['nɛ:çst'bɛstə] *adj attr* ■ **der/die/das ~ ...** the first ... one/sb sees; ***die ~ Gelegenheit*** the first occasion that comes along, the next possible chance

nächs·te(**r, s**) ['nɛ:çstə] *adj superl von* **nah**(**e**)
① *räumlich (zuerst folgend)* next; **im ~n Haus** next door; **beim ~n Halt** at the next stop; *(nächstgelegen)* nearest; **am ~n** closest, nearest
② *(nächststehend)* close; **~ Angehörige** close relatives

③ *temporal (darauf folgend)* next; ***der N~, bitte!*** next please!; **beim ~n Aufenthalt** on the next visit; **~ Ostern/~es Jahr** next Easter/year; **bis zum ~n Mal!** till the next time!; **am ~n Tag** the next day; **in den ~n Tagen** in the next few days; **in der ~n Woche** next week; **als N~s** next

Nächs·te(r) *f(m) dekl wie adj* neighbour [*or* AM -or]; ■**jds ~r** sb's neighbour; **jeder ist sich selbst der ~** *(prov)* it's every man for himself[, and the Devil take the hindmost] *prov*

Nächs·te(s) *nt dekl wie adj* ■**das ~, was ...** the first thing [that] ...

nach|ste·hen *vi irreg* **jdm an Intelligenz/Kraft nicht ~** to be every bit as intelligent/strong as sb; ■**jdm in nichts ~** to be sb's equal in every way

nach·ste·hend ['na:xʃte:ənt] **I.** *adj attr* following *attr;* ■**das N~e,** ■**N~es** the following; ***im N~en „Kunde" genannt*** here[in]after referred to as "Customer" *form*

II. *adv* in the following, below; ***die Einzelheiten habe ich ~ erläutert*** I have explained the details as follows

nach|stei·gen *vi irreg sein* ■**jdm ~** ① *(hinterhersteigen)* to climb after sb

② *(fam: umwerben)* to chase [after] sb

nach·stell·bar *adj inv* BAU adjustable

nach|stel·len **I.** *vt* ① LING ■**[etw** *dat***] nachgestellt werden** to be put after [sth]; ***im Französischen wird das Adjektiv [dem Substantiv] nachgestellt*** in French the adjective is placed after the noun; ■**nachgestellt** postpositive *spec*

② TECH ■**etw ~** *(neu einstellen)* to adjust sth; *(wieder einstellen)* to readjust sth; *(korrigieren)* to correct sth; **eine Uhr [um etw** *akk***] ~** to put back a clock *sep* [by sth]

③ *(nachspielen)* ■**etw ~** to reconstruct sth

II. *vi* ■**jdm ~** ① *(geh: verfolgen)* to follow sb

② *(umwerben)* to pester sb

Nach·stel·lung <-, -en> *f* ① *kein pl* LING postposition

② TECH adjustment

③ *meist pl (geh: Verfolgung)* pursuit *no pl*

④ *meist pl (fam: Aufdringlichkeit)* [unwelcome] advances *pl,* pestering *no art, no pl*

Nächs·ten·lie·be *f* compassion *no art, no pl;* **~ üben** *(geh)* to love one's neighbour [*or* AM -or] [as oneself]

nächs·tens ['nɛ:çstn̩s] *adv* ① *(bald)* [some time] soon

② *(das nächste Mal)* [the] next time

③ *(fam: womöglich)* next, before long; **~ *wird noch behauptet, ich habe das Gegenteil gesagt*** next [*or* before long] they'll be claiming I said the opposite

Nach·steu·er *f* FIN additional tax

nächst·ge·le·gen *adj attr* nearest **nächst·hö·her** ['nɛ:çst'hø:ɐ] *adj attr* next highest **nächst·lie·gend** *adj attr* most plausible; ■**das N~e** the most plausible thing [to do] **Nächst·lie·gen·de** <-n> *nt kein pl* most obvious thing **nächst·mög·lich** ['nɛ:çst'mø:klɪç] *adj attr* ① *zeitlich* next possible *attr; Termin a.* earliest possible; **bei der ~en Gelegenheit** at the next opportunity ② *räumlich* next possible *attr*

nach|sty·len ['na:xstaɪln̩] *vt* MODE ■**etw ~** to imitate [*or* emulate] a style

nach|su·chen *vi* ① *(durch Suchen nachsehen)* ■**[in etw** *dat***] ~** to look [in sth]

② *(form: beantragen)* ■**[bei jdm] um etw** *akk* **~** to request sth [of sb] [*or* sb for sth], to apply [to sb] for sth

Nacht <-, Nächte> ['naxt, *pl* 'nɛçtə] *f* night; ■**~ sein/werden** to be/get dark; **ganze Nächte** for nights [on end]; **bis weit in die ~** far into the night; ***ich habe gestern bis weit in die ~ gearbeitet*** I worked late last night; **bei ~** at night; **in der ~** at night; **über ~** overnight; **über ~ bleiben** to stay the night; **des ~s** *(geh)* at night; **diese/letzte [***o* **vorige] ~** tonight/last night; **eines ~s** one night; **bei ~ sind alle Katzen grau** *(fam)* all cats are grey [*or* AM *a.* gray] at night; **bei ~ und Nebel** *(fam)* at dead of night; **sich** *dat* **die ~ um die Ohren schlagen** *(fam)* to make a night ofit

▸WENDUNGEN: **die ~ zum Tage machen** to stay up all night; **gute ~!** good night!; **jdm gute ~ sagen** to say good night to sb; **[na,] dann gute ~!** *(iron fam)* well, that's just great! *iron fam;* **hässlich wie die ~ sein** *(fam)* to be as ugly as sin *fam;* **zu ~ essen** SÜDD, ÖSTERR to have supper [*or* dinner]

nacht·ak·tiv *adj inv* ZOOL *Tier* nocturnal *spec* **Nacht·ar·beit** *m* nightwork *no art, no pl; (Nachtschicht a.)* night shift

Nach·tat *f* JUR subsequent lesser offence

nacht·blind *adj* suffering from night blindness *pred;* ■**~ sein** to suffer from night blindness **Nacht·blind·heit** <-> *f kein pl* night blindness *no pl,* nyctalopia *spec* **Nacht·club** <-s, -s> ['naxtklʊp] *m* nightclub **Nacht·creme** [-kre:m] *f* night cream **Nacht·dienst** *m* night duty *no art, no pl,* night shift

Nach·teil <-[e]s, -e> ['na:xtaɪl] *m* disadvantage, drawback; ***es soll nicht Ihr ~ sein*** you won't lose [anything] by it; **jdm ~e bringen** to be disadvantageous to sb; **jdm zum ~ gereichen** *(geh)* to be disadvantageous to sb; **durch etw** *akk* **~e haben** to lose out by sth; **soziale/berufliche ~e haben** to lose out socially/in one's career; **[jdm gegenüber] im ~ sein** to be at a disadvantage [with sb]; **sich** *akk* **zu seinem ~ verändern** to change for the worse

nach·tei·lig ['na:xtaɪlɪç] **I.** *adj* disadvantageous, unfavourable [*or* AM unfavorable]; ■**[für jdn] ~ sein** to be disadvantageous [for sb]

II. *adv* advantageously, unfavourably [*or* AM unfavorably]

näch·te·lang ['nɛçtəlaŋ] *adv* for nights on end

Nacht·es·sen *nt* SÜDD, ÖSTERR, SCHWEIZ *(Abendessen)* supper, evening meal **Nacht·eu·le** *f (fam) s.* **Nachtmensch** **Nacht·fahr·ver·bot** *nt* ban on night driving **Nacht·fal·ter** *m* ZOOL moth **Nacht·flug** *m* night flight, *esp* AM red-eye [flight] *fam* **Nacht·flug·ver·bot** *nt* ban on night flying **Nacht·frost** *m* night frost **Nacht·hemd** *nt* MODE nightdress, nightie *fam,* nightgown; *(Herrennachthemd)* night shirt **Nacht·him·mel** *m* night sky

Nach·ti·gall <-, -en> ['naxtɪgal] *f* nightingale

▸WENDUNGEN: **~, ick hör dir trapsen** DIAL *(hum sl)* I see what you're after [*or fam* driving at]

näch·ti·gen ['nɛçtɪgn̩] *vi (geh)* ■**[bei jdm] ~** to stay the night [with sb]

Näch·ti·gungs·plus *nt* TOURIST *increase in the number of overnight stays made by tourists*

Nach·tisch *m* dessert, BRIT *a.* sweet; **als [***o* **zum] ~** for dessert [*or* BRIT *fam* afters], as a sweet

Nacht·ker·ze *f* BOT evening primrose **Nacht·klub** *m s.* **Nachtlokal** **Nacht·kon·so·le** *f* bedside unit **Nacht·la·ger** *nt (geh)* place to sleep [for the night]; **[irgendwo] sein ~ aufschlagen** to bed down [somewhere] for the night **Nacht·le·ben** *nt* nightlife *no indef art, no pl*

nächt·lich ['nɛçtlɪç] *adj attr* nightly; **ein ~er Besucher** a night visitor

Nacht·licht *nt* glowlight, pluglight **Nacht·lo·kal** *nt* nightclub, nightspot *fam* **Nacht·mahl** *nt* ÖSTERR *(Abendessen)* supper, evening meal **Nacht·mensch** *m* night person [*or fam* owl] **Nacht·pfau·en·au·ge** *nt* ZOOL **Großes ~** emperor moth **Nacht·por·tier** [-pɔrti̯e:] *m* night porter **Nacht·pro·gramm** *nt* late-night programme [*or* AM -am] **Nacht·quar·tier** *nt s.* **Nachtlager**

Nach·trag <-[e]s, -träge> ['na:xtra:k, *pl* -trɛ:gə] *m* ① *(im Brief)* postscript, PS

② *pl (Ergänzungen)* supplement

nach|tra·gen *vt irreg* ① *(nachträglich ergänzen)* ■**etw [zu etw** *dat***] ~** to add sth [to sth]; ■**[noch] ~, dass ...** to add that ...

② *(nicht verzeihen können)* ■**jdm etw [nicht] ~** to [not] hold sth against sb [*or* a grudge against sb for sth]; ■**jdm ~, dass ...** to hold it against sb that ...

③ *(hinterhertragen)* ■**jdm etw ~** to carry sth after sb

nach·tra·gend ['na:xtra:gn̩t] *adj* unforgiving, begrudging

nach·träg·lich ['na:xtrɛ:klɪç] **I.** *adj* later; *(verspätet)* belated; **~er Einbau** BAU retrofit

II. *adv* later/belatedly

Nach·träg·lich·keit *f* PSYCH *a belated coming to terms with early experiences*

Nach·trags·an·kla·ge *f* JUR supplementary charge **Nach·trags·band** <-bände> ['na:xtra:ksbant, *pl* -bɛndə] *m* supplement **Nach·trags·bu·chung** *f* FIN subsequent entry **Nach·trags·ge·setz** *nt* JUR amendment **Nach·trags·haus·halt** *m* POL supplementary budget **Nach·trags·kla·ge** *f* JUR supplemental complaint **Nach·trags·prü·fung** *f* FIN *(Bilanz)* supplementary audit **Nach·trags·ver·tei·lung** *f* JUR subsequent distribution

nach|trau·ern *vi* ■**jdm/etw ~** to mourn after sb/sth

Nacht·ru·he *f* night's rest [*or* sleep] *no pl*

Nach·trunk *m* JUR *subsequent drink to conceal level of blood alcohol*

nachts ['naxts] *adv* at night; **montags ~** [on] Monday nights

Nacht·schal·ter *m* night desk [*or* window]

Nacht·schat·ten *m* BOT nightshade **Nacht·schat·ten·ge·wächs** *nt* solanum *spec*

Nacht·schicht *f* night shift; **~ haben** to be on night shift [*or fam* nights] **nacht·schla·fend** ['naxtʃla:fn̩t] *adj inv* **zu ~er Zeit** in the middle of the night, when most [*or* decent] folk [*or* people] are asleep **Nacht·schwal·be** *f* ORN nightjar **Nacht·schwär·mer**[1] *m* ZOOL *s.* **Nachtfalter** **Nacht·schwär·mer(in)**[2] *m(f) (veraltend)* night owl *fam* **Nacht·schwes·ter** *f* night nurse **Nacht·sei·te** *f* dark[er] side (+*gen*/**von** +*dat* of) **Nacht·sicht·ge·rät** *nt* night vision aid, nightviewer **Nacht·spei·cher·ofen** *m* storage heater **Nacht·strom** *m* off-peak electricity *no art, no pl* **Nacht·strom·ta·rif** *m* off-peak rate **Nacht·stuhl** *m* commode **nachts·über** ['naxts?y:bɐ] *adv* at [*or* by] night **Nacht·ta·rif** *m* off-peak rate; *von Verkehrsmittel* night fares *pl* **Nacht·tier** *nt* nocturnal animal

Nacht·tisch *m* bedside table **Nacht·tisch·lam·pe** *f* bedside lamp

Nacht·topf *m* chamber pot **Nacht·tre·sor** *m* night safe

nach|tun *vt irreg* ■**es jdm ~** to copy [*or* emulate] sb

Nacht-und-Ne·bel-Ak·ti·on *f* cloak-and-dagger [*or* hush-hush night-time] operation; **in einer ~** in a cloak-and-dagger operation **Nacht·vi·o·le** <-, -n> *f* BOT dame's violet [*or* rocket], damewort **Nacht·vo·gel** *m* night [*or* nocturnal] bird **Nacht·vor·stel·lung** *f* THEAT late-night performance; FILM late-night film [*or* picture] **Nacht·wa·che** *f* night duty *no art, no pl;* **bei jdm ~ halten** to sit with sb through the night **Nacht·wäch·ter(in)** *m(f)* ① *(Aufsicht)* night guard ② HIST *(städtischer Wächter)* [night] watch **Nacht·zeit** *f (geh)* night-time *no indef art, no pl;* **zur ~** at night-time **Nacht·zug** *m* night train **Nacht·zu·schlag** *m* night supplement [*or form* hour premium]

Nach·un·ter·su·chung *f* MED follow-up [*or* further] examination

Nach·ver·fah·ren *nt* JUR ancillary [*or* subsequent] proceedings *pl*

Nach·ver·mächt·nis *nt* JUR reversionary legacy

nach|ver·si·chern* *vt* ■**jdn ~** to revise sb's insurance; ■**sich** *akk* **~** to additionally insure oneself

Nach·ver·si·che·rung *f* FIN supplementary insurance; **~ gegen zusätzliche Risiken** additional extended coverage

Nach·ver·steu·e·rung *f* FIN subsequent taxation

nach·voll·zieh·bar *adj* comprehensible; ■**[für jdn] ~ sein** to be comprehensible [to sb]; ■**für jdn ~ sein, dass/warum/wie ...** sb can understand [*or* it is understandable to sb] that/why/how ...; ***es ist für mich nicht ganz ~, wie ...*** I don't quite comprehend [*or* understand] how ...

nach|voll·zie·hen* *vt irreg* ■**etw ~** to understand [*or* comprehend] sth

nach|wach·sen *vi irreg sein* ① *(erneut wachsen)* to grow back; ■**~d** regrowing

② *(neu aufwachsen)* to grow in place

Nach·wahl *f* POL by-election
Nach·we·hen *pl* ① *(nach der Entbindung)* afterpains *npl*
② *(geh: üble Folgen)* painful aftermath
nach|wei·nen *vi* ■**jdm/etw** ~ to mourn after [*or* shed a tear for] sb/sth
Nach·weis <-es, -e> ['na:xvais, *pl* -vaizə] *m* ① *(Beweis des Behaupteten)* proof *no art, no pl;* **ein/der ~ seiner Identität/Mitgliedschaft/seines Wohnorts** proof of one's identity/membership/address; [**jdm**] **den ~ einer S.** *gen* **erbringen** [*o* **führen**] [*o* **liefern**] to deliver proof of sth [to sb], to provide [sb with] evidence of sth; **als** [*o* **zum**] **~ einer S.** *gen* as proof of sth
② *(Beweis)* proof *no art, no pl,* evidence *no art, no pl;* **~ über zugeteilte Aktien** proof of allotted shares
③ ÖKOL *(das Aufzeigen)* evidence *no art, no pl*
nach·weis·bar I. *adj* ① *(beweisbar)* provable; ■**es ist ~, dass/warum/wie ...** it can be proved that/why/how ...
② ÖKOL *(nachzuweisen)* evident; ■[**irgendwo/in etw** *dat*] **~ sein** to be evident [somewhere/in sth]
③ CHEM detectable; **~e Substanz** detectable substance
II. *adv* provably
Nach·weis·bar·keit *f* provability
Nach·weis·bar·keits·gren·ze *f* SCI limit of provability; ■**unter der ~** beyond what can be proved
nach|wei·sen *vt irreg* ① *(den Nachweis erbringen)* ■[**jdm**] **etw ~** to establish proof of sth [to sb]; ■**jdm ~, dass ...** to give sb proof that ...
② *(beweisen)* ■**jdm etw ~** to prove sth to sb; ■**jdm ~, dass ...** to prove to sb that ...
③ ÖKOL, CHEM *(die Existenz aufzeigen)* ■**etw** [**in etw** *dat*] **~** to detect sth [in sth]
④ *(darüber informieren)* ■**jdm etw ~** to give sb information about [*or* on] sth
Nach·weis·flüs·sig·keit *f* CHEM tracing fluid
Nach·weis·gren·ze *f kein pl* CHEM detection limit
nach·weis·lich ['na:xvaislɪç] **I.** *adj* provable
II. *adv* provably, evidently
Nach·weis·pflicht *f kein pl* JUR accountability *no pl*
nach·weis·pflich·tig *adj inv* subject to proof
Nach·welt *f kein pl* ■**die ~** posterity
nach|wer·fen *vt irreg* ① *(hinterherwerfen)* ■**jdm etw ~** to throw sth after sb
② *(zusätzlich einwerfen)* ■**etw ~** to throw in more of/another sth *sep*
▶WENDUNGEN: **nachgeworfen sein** *(fam)* to be dirt cheap
nach|wie·gen *irreg* **I.** *vt* ■**etw ~** to weigh sth
II. *vi* to weigh [it/them] [again]
nach|win·ken *vi* ■**jdm ~** to wave after sb
nach|wir·ken *vi* ① *(verlängert wirken)* to continue to have an effect
② *(als Eindruck anhalten)* ■[**in jdm**] **~** to continue to have an effect [on sb]
Nach·wir·kung *f* after-effect; *(fig)* consequence
Nach·wort <-worte> *nt* epilogue [*or* AM *also* -og]
Nach·wuchs *m kein pl* ① *(fam: Kinder)* offspring *hum*
② *(junge Fachkräfte)* young professionals *pl*
Nach·wuchs·ar·beit *f* SPORT work developing young talent **Nach·wuchs·au·tor(in)** *m(f)* up-and-coming young writer **Nach·wuchs·füh·rungs·kraft** *f* management trainee **Nach·wuchs·kraft** *f* young staff member **Nach·wuchs·schau·spie·ler(in)** *m(f)* up-and-coming [young] actor **Nach·wuchs·wis·sen·schaft·ler(in)** *m(f)* up-and-coming young scientist
nach|zah·len I. *vt* ① *(etw nachträglich entrichten)* ■**etw ~** to pay sth extra; **Steuern ~** to pay extra tax
② *(etw nachträglich bezahlen)* ■**jdm etw ~** to pay sb sth at a later date
II. *vi* to pay extra
nach|zäh·len I. *vt* ■**etw ~** to check sth
II. *vi* to check; ■**~, ob/wie viel ...** to check whether/how much ...
Nach·zah·lung *f* ① *(nachträglich)* back payment
② *(zusätzlich)* additional payment
Nach·zah·lungs·ver·pflich·tung *f* JUR subsequent payment obligation
nach|zeich·nen *vt* ■**etw ~** to copy sth
Nach·zen·sur *f kein pl* JUR post-publication censorship
nach|zie·hen *irreg* **I.** *vt* ■**etw ~** ① *(nachträglich anziehen)* to tighten up sth *sep*
② *(hinter sich herziehen)* to pull [*or* drag] sth behind one
③ *(noch einmal zeichnen)* to go over sth; **sich** *dat* **die Augenbrauen ~** to pencil over [*or* in] one's eyebrows *sep;* **sich** *dat* **die Lippen ~** to paint over [*or* in] one's lips *sep*
II. *vi sein* ■[**mit etw** *dat*] **~** to follow [with sth]
Nach·zug *m* joining one's family [in their country of immigration]; ***der ~ ausländischer Familien ist gesetzlich geregelt*** the immigration of foreign dependants is regulated by law
Nach·züg·ler(in) <-s, -> ['na:xtsy:klɐ] *m(f)* latecomer, late arrival
Nach·zugs·ak·tie *f* BÖRSE deferred share [*or* AM *esp* stock]
Na·cke·dei <-[e]s, -e *o* -s> ['nakədai] *m* *(hum fam)* naked child, little bare monkey *fam*
Na·cken <-s, -> ['nakn̩] *m* ① ANAT neck
② *(Schweinenacken)* neck of pork; *(Lammnacken)* scrag
▶WENDUNGEN: **jdn im ~ haben** *(fam)* to have sb on one's tail; **jdm im ~ sitzen** to breathe down sb's neck *pej*
na·ckend ['naknt] *adj (fam) s.* **nackt**
Na·cken·haar *nt meist pl* hair[s *pl*] on the back of one's neck; **jdm sträuben sich die ~e** *(fam)* it makes sb's hair stand on end **Na·cken·rol·le** *f* bolster **Na·cken·schlag** *m* hard knock **Na·cken·schmerz** *m* neck pain [*or* ache] **Na·cken·schutz** *m* neck-guard **Na·cken·steif·heit** *f* stiffness of the neck, stiff neck **Na·cken·stüt·ze** *f* ① *(Stütze für den Nacken)* headrest ② MED *(Stützvorrichtung für den Nacken)* surgical collar **Na·cken·trä·ger** *m* MODE *von Kleid, Badeanzug* neck-strap
na·ckert ['nakɐt] *adj* ÖSTERR *(fam) s.* **nackt**
na·ckig ['nakɪç] *adj (fam) s.* **nackt**
nackt ['nakt] **I.** *adj* ① *(unbekleidet)* naked, nude
② *(bloß)* bare
③ *(kahl)* bare
④ *(unverblümt)* naked; **die ~en Tatsachen** the bare facts; **die ~e Wahrheit** the naked [*or* plain] truth; *s. a.* **Leben**
II. *adv* naked, in the nude
Nackt·auf·nah·me *f* nude shot **Nackt·ba·den** <-s> *nt kein pl* nude bathing *no art, no pl* **Nackt·ba·de·strand** *m* nudist beach
Nack·te(r) *f(m) dekl wie adj* naked person
Nackt·fo·to *nt* nude photo
Nackt·heit <-> *f kein pl* nudity *no art, no pl,* nakedness *no art, no pl*
Nackt·hund *m* *(Hunderasse)* Mexican hairless
Nackt·mo·dell *nt* nude model **Nackt·sa·mer** <-s, -> *m* BOT gymnosperm **Nackt·schne·cke** *f* slug **Nackt·tän·zer(in)** <-s, -> *m(f)* nude dancer
Na·del[1] <-, -n> ['na:dl̩] *f* ① *(Nähnadel)* needle; **eine ~ einfädeln** to thread a needle
② *(Zeiger)* needle
▶WENDUNGEN: **an der ~ hängen** *(sl)* to be hooked on heroin; **von der ~ wegkommen** to kick the habit
Na·del[2] <-, -n> ['na:dl̩] *f* BOT needle
Na·del·baum *m* conifer **Na·del·brief** *m* packet of needles **Na·del·dru·cker** *m* dot-matrix printer *spec* **Na·del·ge·hölz** *nt* conifers *pl* **Na·del·holz** *nt* ① *kein pl* pine *no art, no pl* ② BOT *s.* **Nadelgehölz** **Na·del·kis·sen** *nt* pincushion **Na·del·kris·tall** *m* CHEM needle **Na·del·la·ger** *nt* TECH needle bearing **Na·del·ma·trix·dru·cker** *m* INFORM wire-matrix printer
na·deln ['na:dl̩n] *vi* to shed [its needles]
Na·del·öhr *nt* ① *(Teil einer Nadel)* eye of a/the needle; *s. a.* **Kamel** ② *(fig)* narrow passage **Na·del·spit·ze** *f* point of a/the needle **Na·del·stich** *m* ① *(Nähen)* stitch ② *(Pieksen)* prick, sting; **jdm einen ~ versetzen** to prick [*or* sting] sb [with a needle]
Na·del·strei·fen *pl* pinstripes *pl* **Na·del·strei·fen·an·zug** *m* pinstripe [suit]
Na·del·vlies *nt* BAU needle felt **Na·del·wald** *m* coniferous forest
Na·dir <-s> [na'di:ɐ̯] *m kein pl* ASTRON nadir *no pl spec*
Nae·vus <-, Naevi> ['nɛ:vʊs, *pl* 'nɛ:vi] *m* *(Warze)* naevus BRIT, nevus AM
Na·gel[1] <-s, Nägel> ['na:gl̩, *pl* 'nɛ:gl̩] *m* *(Metallstift)* nail
▶WENDUNGEN: **etw an den ~ hängen** *(fam)* to chuck [in *sep*] sth *fam;* [**mit etw** *dat*] **den ~ auf den Kopf treffen** *(fam)* to hit the nail on the head; **Nägel mit Köpfen machen** *(fam)* to do the job [*or* thing] properly; **ein ~ zu jds Sarg sein** *(fam)* to be a nail in sb's coffin
Na·gel[2] <-s, Nägel> ['na:gl̩, *pl* 'nɛ:gl̩] *m* *(Fingernagel)* nail
▶WENDUNGEN: **jdm brennt es unter den Nägeln**[, **etw zu tun**] *(fam)* sb is dying [*or fam* itching] to [do sth]; **sich** *dat* **etw unter den ~ reißen** *(sl)* to pinch [*or* BRIT *a.* nick] sth *fam*
Na·gel·bett *nt* bed of a/the nail **Na·gel·brett** *nt* bed of nails **Na·gel·bürs·te** *f* nailbrush **Na·gel·fei·le** *f* nail file
Na·gel·haut *f* cuticle **Na·gel·haut·ent·fer·ner** *m* cuticle remover **Na·gel·haut·scha·ber** *m* cuticle shaper **Na·gel·haut·sche·re** *f* cuticle scissors *npl*
Na·gel·knip·ser *m* nail clippers *npl*
Na·gel·lack *m* nail polish [*or* BRIT *a.* varnish] [*or* AM *a.* enamel] **Na·gel·lack·ent·fer·ner** *m* nail polish [*or* BRIT *a.* varnish] [*or* AM *a.* enamel] remover
na·geln ['na:gl̩n] **I.** *vt* ① *(mit Nägeln befestigen)* ■**etw** [**an etw** *akk*/**auf etw** *akk*/**vor etw** *akk*] **~** to nail sth [to/[on]to/in front of sth]; ■**jdn an etw** *akk* **~** to nail sb [on]to sth; **jdn an ein Kreuz ~** to nail sb to a cross, to crucify sb
② *(mit Nägeln versehen)* ■**etw ~** to hobnail sth; **genagelte Schuhe** hobnail[[ed] boot]s
II. *vi* to hammer nails
Na·gel·ne·ces·saire [-nesɛsɛ:ɐ̯] *nt* manicure set
na·gel·neu ['na:gl̩'nɔy] *adj (fam)* brand-new
Na·gel·pfle·ge *f kein pl* nail care *no pl, no indef art,* care of [one's [*or* the]] nails **Na·gel·pro·be** *f* acid test **Na·gel·rei·ni·ger** *m* nail cleaner **Na·gel·sche·re** *f* nail scissors *npl* **Na·gel·schuh** *m* hobnail[[ed] boot] **Na·gel·weiß·stift** *m* nail whitener pencil **Na·gel·zan·ge** *f* nail pliers *npl,* nail-clippers *npl*
na·gen ['na:gn̩] **I.** *vi* ① *(mit den Nagezähnen beißen)* ■[**an etw** *dat*] **~** to gnaw [at sth], to nibble at sth; **an einem Knochen ~** to gnaw on a bone; **an einem Bleistift ~** to chew on a pencil
② *(schmerzlich wühlen)* ■**an jdm ~** to nag [at] sb
II. *vt* ■**etw von etw** *dat* **~** to gnaw sth off sth; **ein Loch in etw** *akk* **~** to gnaw a hole in sth
III. *vr* **sich** *akk* **durch etw** *akk* **~** to gnaw through sth
na·gend ['na:gn̩t] *adj* nagging; **~er Hunger** gnawing hunger
Na·ger <-s, -> *m,* **Na·ge·tier** *nt* rodent
nah ['na:] *adj* **von** [*o* **aus**] **~ und fern** from near and far
Nah·auf·nah·me *f* FOTO close-up; **eine ~** [**von jdm/etw**] **machen** to do a close-up [of sb/sth]
Nah·be·reich *m* PHYS close [*or* short] range
na·he ['na:ə] **I.** *adj* <näher, nächste> ① *räumlich* nearby, close [by] *pred;* **von ~m** from close up
② *zeitlich* near, approaching, nigh *old;* ***Weihnachten ist ~*** it's nearly Christmas
③ *(eng)* close; ■**jdm ~ sein** to be close to sb
II. *adv* <näher, am nächsten> ① *räumlich* nearby, close [by [*or* to]]; ■**~ an etw** *dat*/**bei etw** *dat* close [*or* near] to sth; **jdm/etw zu ~ kommen** to get too close to sb/sth; **~ beieinander** close together; **~ gelegenes Haus** house close by
② *zeitlich* close; **~ bevorstehen** to be just around the corner
③ *(fast)* ■**~ an etw** *dat* almost sth
④ *(eng)* closely; **~ befreundet sein** to be close

N

friends; ~ **mit jdm verwandt sein** to be a close relative of sb
▸WENDUNGEN: ~ **daran sein, etw zu tun** to be close to doing sth; **jdm zu** ~ **treten** to offend sb
III. *präp +dat* ■ ~ **etw** *dat* near to sth
Nä·he <-> ['nɛ:ə] *f kein pl* (1) *(geringe Entfernung)* proximity *no pl form;* **aus der** ~ from close up; **in der** ~ near; ***bleib bitte in der*** ~ please don't go too far away
(2) *(Anwesenheit)* ■**jds** ~ sb's closeness; **jds** ~ **brauchen** to need sb [to be] close [to one]; **in jds** ~ close to sb
(3) *(naher Zeitpunkt)* closeness *no pl*
na·he·bei ['na:ə'bai] *adv* nearby, close [by [*or* to]]
na·he|brin·gen *vi irreg* ■**jdm etw** ~ to bring sth home to sb; ■**jdn jdm/etw** ~ to bring sb close to sb/sth **na·he|ge·hen** *vi irreg sein* ■**jdm** ~ to upset sb **na·he·ge·le·gen** *pp von* **nahe liegen** *s.* **nahe** II 1 **na·he|kom·men** *vi irreg sein* ■**etw** *dat* ~ to come close to sth; ■**sich** *dat/***einander** ~ to become close **na·he|le·gen** *vt* ■**jdm etw** ~ to suggest sth to sb; ■**jdm ~, etw zu tun** to advise sb to do sth; ■**etw** ~ to suggest sth **na·he|lie·gen** *vi irreg* to suggest itself; ***die Vermutung liegt nahe, dass ...*** it seems reasonable to suppose that ... **na·he|lie·gend** *adj* natural; ~ **sein** to seem to suggest itself, to be obvious; **aus ~en Gründen** for obvious reasons; **das N~e** the obvious thing to do
na·hen ['na:ən] *(geh)* I. *vi sein* (1) *(herankommen)* to approach
(2) *(näher rücken)* to approach, to draw near
II. *vr (veraltend)* (1) *(näher kommen)* ■**sich** *akk* [**jdm**] ~ to approach sb; ***sie hörten Schritte sich*** ~ they heard footsteps approaching
(2) *(herantreten)* ■**sich** *akk* **jdm** [**mit etw** *dat*] ~ to approach sb [with sth]
nä·hen ['nɛ:ən] I. *vt* (1) *(zusammennähen)* ■**etw** ~ to sew sth
(2) *(durch Nähen befestigen)* ■**etw auf etw** *akk* ~ to sew sth onto sth
(3) MED ■**etw** ~ to stitch [*or spec* suture] sth; ■**jdn** ~ to stitch up sb *sep*
II. *vi* ■[**an etw** *dat*] [**für jdn**] ~ to sew [sth] [for sb]; ***das N~ lernte sie von ihrer Großmutter*** she learned to sew from her grandmother
nä·her ['nɛ:ɐ] I. *adj komp von* **nahe** (1) *(in geringerer Entfernung)* nearer, closer; ■~ **sein** to be closer [*or* nearer]
(2) *(kürzer bevorstehend)* closer, sooner *pred;* ***in der ~en Zukunft*** in the near future
(3) *(detaillierter)* further *attr,* more precise; ***die ~en Umstände sind leider nicht bekannt*** the precise circumstances are not known
(4) *(enger)* closer; ***meine ~en Verwandten*** my immediate [*or* close] relatives
II. *adv komp von* **nahe** (1) *(in geringeren Abstand)* closer, nearer; **kommen Sie ~!** come closer!; **treten Sie** [**bitte**] ~ [please] approach [*or* draw closer]
(2) *(eingehender)* more closely, in more detail; ~ **ausführen/besprechen/erklären** to set out/discuss/explain in more detail; **etw** ~ **untersuchen** to examine sth more closely; **etw** ~ **ansehen** to have a closer look at sth; **sich** *akk* ~ **mit etw** *dat* **befassen** [*o* **beschäftigen**] to go into sth more closely [*or* in greater detail]
(3) *(enger)* closer; **jdn/eine Sache** ~ **kennen** to know sb/sth well; **jdn/eine Sache** ~ **kennen lernen** to get to know sb/sth better; **mit etw** *dat* ~ **vertraut sein** to know more about sth
Nä·her(in) <-s, -> *m(f)* sewer *masc,* seamstress *fem*
nä·her|brin·gen *vt irreg* ■**jdm etw** ~ to bring sth home to sb
Nä·he·re(s) *nt dekl wie adj* details; ***~s/das ~ entnehmen Sie bitte meinem Bericht*** you will find further details/the details in my report
Nah·er·ho·lung *f kein pl* local recreation *no pl*
Nah·er·ho·lungs·ge·biet *nt* local [*or* nearby] holiday area [*or* spot]
Nä·he·rin <-, -nen> *f fem form von* **Näher** seamstress
nä·her|kom·men *vi irreg sein* ■**etw** *dat* [**schon**] ~ to be nearer the mark; ■**jdm** ~ to get closer to sb; ■**sich** *dat* ~ to become closer **nä·her|lie·gen** *vi irreg* to make more sense, to be more obvious; ■**es liegt näher, etw zu tun** it makes more sense to do sth; **das N~de** the obvious thing to do
nä·hern ['nɛ:ɐn] *vr* (1) *(näher herankommen)* ■**sich** *akk* [**jdm/etw**] ~ to get [*or* draw] closer [*or* nearer] [to sb/sth], to approach [sb/sth]
(2) *(geh: einen Zeitpunkt erreichen)* ■**sich** *akk* **etw** *dat* ~ to get close [*or* draw near] to sth; ***ich nähere mich langsam einem Punkt, wo/an dem ...*** I'm slowly coming to a point, where ...; ***unser Urlaub nähert sich seinem Ende*** our holiday is drawing [*or* coming] to an end
nä·her|ste·hen *vi irreg* ■**jdm/etw** ~ to be closer to sb/sth; ■**sich** *dat* ~ to be closer **nä·her|tre·ten** *vi irreg sein* ■**etw** *dat* ~ to give sth [further] consideration
Nä·he·rungs·wert *m* MATH approximate value, approximation
na·he|ste·hen ['na:əʃte:ən] *vi irreg* ■**jdm** ~ to be close to sb; ■**jdm/etw** ~ to have close relations to sb/sth; ■**sich** *dat* ~ to be close; ~**de Verwandte** close relatives
na·he·zu ['na:ə'tsu:] *adv* almost, virtually
Näh·fa·den *m* thread, cotton **Näh·garn** *nt* cotton
Nah·ge·spräch <-[e]s, -e> *nt* TELEK local call **Nah·kampf** *m* MIL close combat
Näh·käst·chen <-s, -> *nt* sewing box ▸WENDUNGEN: **aus dem** ~ **plaudern** *(fam)* to give out private gossip **Näh·kas·ten** *m* sewing [*or* work] box **Näh·korb** *m* sewing basket
nahm [na:m] *imp von* **nehmen**
Näh·ma·schi·ne *f* sewing machine **Näh·na·del** *f* [sewing] needle
Nah·ost [na:'ʔɔst] *m* the Middle East; **aus/in** ~ from/in the Middle East
nah·öst·lich *adj* Middle Eastern
Nähr·bo·den *m* (1) BIOL culture medium (2) *(Boden)* breeding ground **Nähr·creme** [-kre:m] *f* nourishing [*or* replenishing] cream
näh·ren ['nɛ:ən] I. *vt* (1) *(füttern)* ■**jdn** ~ to feed sb
(2) *(aufrechterhalten)* to nourish; ■**Befürchtungen/Erwartungen/Hoffnungen** ~ to nourish fears/expectations/hopes
II. *vi* to be nourishing
nahr·haft *adj* nourishing, nutritious; ■~ **sein** to be nourishing [*or* nutritious]
Nähr·lö·sung *f* (1) BIOL nutrient solution (2) MED nutrient solution **Nähr·mit·tel** *pl* KOCHK cereal products *pl* **Nähr·sal·ze** *pl* nutrient salts *pl*
Nähr·stoff *m* nutrient **nähr·stoff·arm** *adj* low in nutrients *pred* **Nähr·stoff·be·las·tung** *f* nutrient pollution, pollution of nutrients **Nähr·stoff·man·gel** *m kein pl* nutrient deficiency **nähr·stoff·reich** *adj* rich in nutrients *pred*
Nah·rung <-> ['na:rʊŋ] *f kein pl* food; **flüssige/feste** ~ liquids/solids *pl*
▸WENDUNGEN: [**durch etw** *akk*] [**neue**] ~ **erhalten** [*o* **bekommen**] to receive new fuel [from sth]; **etw** *dat* [**neue**] ~ **geben** to add fuel to the fire
Nah·rungs·auf·nah·me *f kein pl (form)* ingestion of food *form,* eating **Nah·rungs·bio·top** *nt* BIOL food biotope **Nah·rungs·fa·ser** <-, -n> *f meist pl* SCHWEIZ *(Ballaststoffe)* fibre *no pl* **Nah·rungs·ket·te** *f* food chain **Nah·rungs·man·gel** *m* food shortage; **aus** ~ due to food shortage
Nah·rungs·mit·tel *nt* food; **abgepackte** ~ *pl* wrapped food **Nah·rungs·mit·tel·al·ler·gie** *f* MED food allergy **Nah·rungs·mit·tel·che·mie** *f kein pl* food chemistry *no pl, no art* **Nah·rungs·mit·tel·che·mi·ker(in)** <-s, -> *m(f)* food chemist **Nah·rungs·mit·tel·hil·fe** *f* food aid **Nah·rungs·mit·tel·in·dus·trie** *f kein pl* ÖKON food industry; **Nahrungs- und Genussmittelindustrie** general and luxury food industry **Nah·rungs·mit·tel·kon·zern** *m* food concern [*or* group] **Nah·rungs·mit·tel·ver·gif·tung** *f* MED *s.* **Lebensmittelvergiftung**
Nah·rungs·mit·tel·zu·satz *m* food additive
Nah·rungs·py·ra·mi·de *f* BIOL food pyramid **Nah·rungs·su·che** *f* search for food **Nah·rungs·va·ku·o·le** *f* BIOL digestive vacuole **Nah·rungs·ver·wei·ge·rung** *f kein pl* refusal of food [*or* to eat]
Nähr·wert *m* BIOL, KOCHK nutritional value
▸WENDUNGEN: **das hat doch keinen** [**geistigen** [*o* **sittlichen**]] ~ *(sl)* it's completely pointless
Nah·schnell·ver·kehr *m* short-distance express service **Nah·schnell·ver·kehrs·zug** *m* fast commuter train
Näh·sei·de *f* sewing silk BRIT, silk thread AM
Naht <-, Nähte> ['na:t, *pl* 'nɛ:tə] *f* (1) *(bei Kleidung)* seam
(2) MED suture *spec*
(3) BAU seam, weld
▸WENDUNGEN: **aus allen** [*o* **den**] **Nähten platzen** *(fam)* to be bursting at the seams
Näh·tisch *m* sewing table
naht·los I. *adj* (1) *(lückenlos)* smooth
(2) MODE seamless
II. *adv* smoothly
Nah·tod·er·fah·rung *f* PSYCH near-death experience
Naht·stel·le *f* (1) TECH join
(2) *(Verbindung)* link; **die** ~ **zwischen Ost und West** the place where East meets West
Nah·ver·kehr *m* TRANSP local traffic; **der öffentliche** ~ local public transport; **der private** ~ local private traffic; **im** ~ in local traffic, operating locally
Nah·ver·kehrs·ab·ga·be *f* local transport contribution [*or* AM transportation tax] **Nah·ver·kehrs·mit·tel** *pl* means of local public transport **Nah·ver·kehrs·zug** *m* local train
Näh·zeug *nt* sewing kit
Nah·ziel *nt* immediate objective
na·iv [na'i:f] *adj* naive; ■~ **sein** to be naive
Na·i·ve(r) [na'i:və(ɐ)] *f(m) dekl wie adj* **den ~n/die ~ spielen** to play dumb
Na·i·vi·tät <-> [naivi'tɛ:t] *f kein pl* naivety
Na·iv·ling <-s, -e> [na'i:flɪŋ] *m (fam)* simpleton *fam*
Nalt·re·xon <-[s]> [naltrɛ'kso:n] *nt kein pl* PHARM *(Heroinsubstitut)* naltrexone
Na·me <-ns, -n> ['na:mə] *m* (1) *(Personenname)* name; **wie war doch** [**gleich/noch**] **der/sein/Ihr ~?** what was the/his/your name?; **auf jds** *akk* **~n** in sb's name; **in jds ~n** on behalf of sb; **im ~n unserer Firma** on behalf of our company; **im ~n des Gesetzes** in the name of the law; **im ~n des Volkes** in the name of the people; **mit ~n** by name; ***er ist mir nur mit ~n bekannt*** I only know him by name; [**nur**] **dem/jds ~n nach** judging by the/sb's name; [**nur**] **dem ~n nach** going [only] by the name; *(nur vom Namen)* only by name; **unter dem ~n** under [*or* by] the name of; **Ihr ~?** your [*or* the] name?
(2) *(Benennung)* name
(3) *(Ruf)* name, reputation; **seinen ~n zu etw** *dat* **hergeben** to lend one's name to sth; **sich** *dat* **einen ~n als etw machen** to make a name for oneself as sth; **sich** *dat* [**mit etw** *dat*] **einen ~n machen** to make a name for oneself [with sth]
▸WENDUNGEN: **mein** ~ **ist Hase**[**, ich weiß von nichts**] I don't know anything about anything; **etw beim** [**rechten**] **~n nennen** *(fam)* to call a spade a spade; **~n sind Schall und Rauch** what's in a name?
Na·men·ge·bung <-, -en> *f s.* **Namen(s)gebung**
Na·men·ge·dächt·nis *nt* ■**jds** ~ sb's memory for names; **ein gutes/schlechtes** ~ **haben** to have a good/bad memory for names **Na·men·lis·te** *f* list of names
na·men·los I. *adj* (1) *(anonym)* nameless, anonymous; **ein ~er Helfer/Spender** an anonymous [*or* unnamed] helper/donor
(2) *(geh: unbeschreiblich)* unspeakable, inexpressible
(3) *(keine Marke aufweisend)* no-name *attr,* generic
II. *adv (geh)* terribly
na·mens ['na:məns] I. *adv* by the name of, called
II. *präp +gen (form)* in the name of
Na·mens·ak·tie *f* FIN registered share [*or* AM stock]
Na·men(s)·än·de·rung *f* change of name **Na·men(s)·ge·bung** *f* naming; ***das war eine unglückliche*** ~ that was an unfortunate choice of

name **Na·mens·ge·dächt·nis** *nt kein pl* memory for names; **ein gutes/schlechtes ~ haben** to have a good/bad memory for names **Na·mens·kon·nos·se·ment** [-kɔnɔsə'mɛnt] *nt* HANDEL straight bill of lading **Na·mens·nen·nung** *f* naming the author **Na·mens·pa·pier** *nt* JUR registered instrument **Na·mens·pa·ten·schaft** *f* ❶ *(Weitergeben eines Namens)* act of lending one's name to sth ❷ ZOOL **eine ~ übernehmen** to have a new species named after one **Na·mens·recht** *nt* JUR right to the use of a name **Na·mens·schild** *nt* nameplate; *(an Kleidung)* name badge **Na·mens·schuld·ver·schrei·bung** *f* FIN registered bond **Na·mens·schutz** *m* JUR legal protection of names **Na·mens·tag** *m* REL Saint's day; **~ haben** to have one's Saint's day **Na·mens·ver·zeich·nis** *nt s.* **Namenliste** **Na·mens·vet·ter** *m* namesake **Na·mens·zei·chen** *nt* initials *pl* **Na·mens·zug** *m (geh)* signature

na·ment·lich ['na:məntlɪç] **I.** *adj* by name; **~e Abstimmung** roll call vote; **~er Aufruf** roll call

II. *adv* ❶ *(mit Namen)* by name

❷ *(insbesondere)* in particular, especially, particularly

nam·haft *adj* ❶ *(beträchtlich)* considerable, substantial

❷ *(berühmt)* famous, well-known

❸ *(benennen, auffinden)* ■**jdn ~ machen** *(form)* to identify sb

Na·mi·bia <-s> [na:'mi:bi̯a] *nt* Namibia

Na·mi·bi·er(in) <-s, -> [na:'mi:bi̯ɐ] *m(f)* Namibian

na·mi·bisch [na:'mi:bɪʃ] *adj* Namibian

näm·lich ['nɛ:mlɪç] *adv* ❶ *(und zwar)* namely

❷ *(denn)* because; ***entschuldigen Sie mich bitte, ich erwarte ~ noch einen anderen Anruf*** please excuse me, [but] you see, I'm expecting another call

Näm·lich·keit <-> *f kein pl (form: Zoll)* identity; **die ~ der Waren feststellen** to identify the goods

Nan·du <-s, -s> ['nandu] *m* ORN rhea

nann·te ['nantə] *imp von* **nennen**

Na·no·gramm [nano'gram] *nt* nanogram **Na·no·me·ter** [nano'me:tɐ] *nt o m* nanometer **Na·no·se·kun·de** [nanoze'kʊndə] *f* PHYS nanosecond **Na·no·tech·nik** <-> [nano'tɛçnɪk] *f kein pl* TECH nanotechnology **Na·no·tech·no·lo·gie** [nanotɛçnolo'gi:] *f* nanotechnology

na·nu [na'nu:] *interj* what's this?

Na·palm <-s> ['na:palm] *nt kein pl* napalm

Na·palm·bom·be *f* MIL napalm bomb

Napf <-[e]s, Näpfe> ['napf, *pl* 'nɛpfə] *m* bowl

Napf·ku·chen *m* KOCHK pound cake **Napf·ku·chen·form** *f* ring mould

Napf·schne·cke *f* ZOOL limpet

Na·po·la <-, -s> ['na:pola] *f* HIST *Akr von* **nationalsozialistische Erziehungsanstalt** Napola *spec (National Socialist boarding school)*

na·po·le·o·nisch [napole'o:nɪʃ] *adj* HIST Napoleonic

Nap·pa <-[s], -s> ['napa] *nt* napa leather

Nap·pa·le·der *nt* napa leather

nap·pie·ren [na'pi:rən] *vt* KOCHK ■**etw ~** to coat sth

Nar·be <-, -n> ['narbə] *f* ❶ *(vernarbte Wunde)* scar

❷ BOT stigma

nar·big ['narbɪç] *adj* scarred

Nar·bung <-, -en> *f Leder* grain[ing]

Nar·ko·se <-, -n> [nar'ko:zə] *f* MED anaesthesia BRIT, anesthesia AM; **jdm eine ~ geben** to put sb under anaesthetic [*or* AM anesthetic]; **in der ~ liegen** to be under anaesthetic; **ohne ~** without anaesthetic

Nar·ko·se·arzt, -ärz·tin <-es, -ärzte> *m, f* MED anaesthetist BRIT, anesthetist AM **Nar·ko·se·mit·tel** *nt* anaesthetic BRIT, anesthetic AM

Nar·ko·ti·kum <-s, -kotika> [nar'ko:tikʊm, *pl* nar'kotika] *nt* MED narcotic

nar·ko·tisch [nar'ko:tɪʃ] *adj* MED narcotic

nar·ko·ti·sie·ren* [narkoti'zi:rən] *vt* to drug; ■**jdn/etw ~** to drug sb/sth

Narr, När·rin <-en, -en> ['nar, 'nɛrɪn] *m, f*

❶ *(Dummkopf)* fool

❷ HIST *(Hofnarr)* court jester

▶WENDUNGEN: **einen ~en an jdm gefressen haben** *(fam)* to dote on sb; **jdn zum ~en halten** to make a fool of sb; **sich** *akk* **zum ~en machen** to make a fool of oneself

nar·ra·tiv [nara'ti:f] *adj inv* LING *(fachspr)* narrative

nar·ren ['narən] *vt (veraltend geh)* ❶ *(zum Narren halten)* ■**jdn ~** to make a fool of sb

❷ *(täuschen)* ■**jdn ~** to fool sb

Nar·ren·frei·heit *f* ▶WENDUNGEN: **~ haben** [*o* **genießen**] to have the freedom to do whatever one wants **Nar·ren·haus** *nt* madhouse; **hier geht es [ja] zu wie im ~** it's like a madhouse in here **Nar·ren·kap·pe** *f* ❶ *(Karnevalsmütze) cap worn by carnival office-bearers* ❷ HIST fool's [*or* jester's] cap **nar·ren·si·cher** *adj* foolproof

Nar·re·tei <-, -en> [narə'tai̯] *f* ❶ *(Scherz)* prank, fooling about [*or* around]

❷ *(Torheit)* folly *no art,* act of folly [*or* stupidity]

Narr·heit <-, -en> *f* ❶ *(das Närrischsein)* folly, foolishness

❷ *(närrische Tat)* foolish thing to do

När·rin <-, -nen> ['nɛrɪn] *f fem form von* **Narr**

när·risch ['nɛrɪʃ] *adj* ❶ *(karnevalistisch)* relating to carnival; **die ~e Zeit [des Jahres]** *the time of year leading up to and including carnival*

❷ *(veraltend: verrückt)* mad; **wie ~** *(geh)* like mad

❸ *(fam: versessen)* ■**[ganz] ~ auf jdn/etw sein** to be mad about sb/sth

Nar·wal ['narva:l] *m* ZOOL narwhal

Nar·zis·se <-, -n> [nar'tsɪsə] *f* BOT narcissus

Nar·ziss·mus^RR^, **Nar·ziß·mus**^ALT^ <-> [nar'tsɪsmʊs] *m kein pl* PSYCH narcissism

Nar·zisst^RR^, **Nar·zißt(in)**^ALT^ <-en, -en> [nar'tsɪst] *m(f)* narcissist

nar·ziss·tisch^RR^, **nar·ziß·tisch**^ALT^ *adj* PSYCH narcissistic

NA·SA <-> ['na:za] *f kein pl Akr von* **National Aeronautics and Space Administration** NASA

na·sal [na'za:l] *adj* nasal

Na·sal <-s, -e> [na'za:l] *m,* **Na·sal·laut** *m* LING nasal [sound]

na·sa·lie·ren* [naza'li:rən] *vt* ■**etw ~** to nasalize sth

na·schen ['naʃn̩] **I.** *vi* to eat sweet things [secretly [*or* on the sly]], BRIT *a.* to pinch a bit; ■**an etw** *dat* **~** to pinch from [*or* nibble at] sth; ■**das Naschen** eating [*or* BRIT *a.* pinching] sweet things [secretly [*or* on the sly]]; ***habe ich dich wieder beim ~ erwischt?*** did I catch you eating sweets again?; **etwas zum ~** something sweet

II. *vt (verspeisen)* ■**etw ~** to nibble sth

Näs·chen <-s, -> ['nɛ:sçən] *nt dim von* **Nase** little nose

Na·sche·rei <-, -en> [naʃə'rai̯] *f* ❶ *kein pl (ständiges Naschen)* [constant] snacking

❷ *(Süßigkeit)* sweets and biscuits BRIT, candy AM

nasch·haft *adj* fond of sweet things

Nasch·haf·tig·keit <-> *f kein pl* fondness for snacking [on sweet things] between meals

Nasch·kat·ze *f (fam)* person with a sweet tooth

Nas·ci·tu·rus [nastsi'tu:rʊs] *m* JUR nasciturus *spec,* unborn child

Na·se <-, -n> ['na:zə] *f* ❶ ANAT nose; **durch die ~ atmen** to breathe through the nose; **jds ~ blutet** sb's nose is bleeding; **in der ~ bohren** to pick one's nose; **eine kleine/lange/spitze ~ haben** to have a small/long/pointed nose; **jds ~ läuft** sb has a runny nose; **sich** *dat* **die ~ putzen** to blow one's nose; **durch die ~ reden** [*o* **sprechen**] to talk through the nose; **die ~ rümpfen** to turn up one's nose; **jds ~ ist verstopft** sb has a blocked [up] nose; **sich** *dat* **die ~ zuhalten** to hold one's nose

❷ *(Geruchssinn)* sense of smell; *Tiere* nose; ***du hast aber eine gute ~!*** you have a real good sense of smell!; ***der Hund hat eine feine ~*** the dog has a fine nose

❸ *(fig: Gespür)* nose; **für etw** *akk* **eine feine/gute ~ haben** *(fig)* to have a good nose for sth

❹ LUFT *(Bug)* nose

❺ *(fam: herablaufender Farbtropfen)* drip

▶WENDUNGEN: **jdm an der ~ ansehen, dass ...** to tell by the look on sb's face that ...; ***man sieht es ihr an der ~ an*** it's written all over her face; **jdm etw auf die ~ binden** *(fam)* to tell sb sth; **jdm gerade etw auf die ~ binden** *(iron)* as if one would tell sb sth; ***das werde ich dir gerade auf die ~ binden!*** as if I'd tell you about it!; **sich** *dat* **eine blutige ~ holen** *(fam)* to get [*or* be given] a bloody nose; **jdn mit der ~ draufstoßen** *(fam)* to spell it out to sb; ***muss ich dich erst mit der ~ draufstoßen, bevor du es merkst?*** do I have to spell it out to you before you notice?; **jdm die lange ~ drehen** to thumb one's nose at sb; **auf die ~ fallen** [*o fam* **fliegen**] to fall flat on one's face; **sich** *akk* **bei seiner eigenen ~ fassen** *(fam)* to blame oneself; ***fass dich bei deiner eigener ~!*** you can talk!; **jds ~ gefällt jdm nicht** *(fam)* sb doesn't like sb's face; **jdm eins auf die ~ geben** *(fam)* to punch sb on the nose; **sich** *dat* **eine goldene ~ verdienen** to earn a fortune; **etw [direkt] vor der ~ haben** to have sth right in front of oneself; **die ~ vorn haben** to be one step ahead; **jdm etw unter die ~ halten** *(fam)* to shove sth right under sb's nose *fam,* to rub sb's nose in sth *fam;* **jdn [mit etw** *dat***] an der ~ herumführen** *(fam)* to lead sb on [with sth]; **jdm auf der ~ herumtanzen** *(fam)* to walk all over sb; **seine ~ in alles hineinstecken** *(fam)* to stick one's nose into everything *fam;* **die ~ hoch tragen** to be stuck-up *fam or pej;* **eins auf die ~ kriegen** *(fam)* to get a punch on the nose; **auf der ~ liegen** to lie flat on one's face; **[immer] der ~ nach** *(fam)* follow your nose *fam;* **pro ~** *(hum fam)* per head; **jdm etw unter die ~ reiben** *(fam)* to rub sb's face [*or* nose] in it; **jdm unter die ~ reiben, dass ...** to rub in the fact that sb ...; **die richtige ~ für etw** *akk* **haben** *(fam)* to have a nose for sth; **nicht weiter als die eigene ~ sehen** to not be able to see any further than one's nose; **jdm jdn vor die ~ setzen** *(fam)* to put sb above sb; **seine Nase in etw** *akk* **stecken** to stick one's nose into sth; ***er hat seine ~ zu tief ins Glas gesteckt*** *(fam)* he has had one too many; **jdn mit der ~ auf etw** *akk* **stoßen** to rub sb's nose in sth; **jdm die Tür vor der ~ zuschlagen** to slam the door in sb's face; **die ~ [von jdm/etw] voll haben** *(fam)* to be fed up [with sb/sth] *fam,* to have had enough [of sb/sth]; **vor jds** *dat* **~** *(fam)* right in front of sb's nose; **vor der ~ wegfahren** to go off right before sb's very nose; ***der Zug fuhr ihm direkt vor der ~ weg*** the train went off before his very nose; **jdm etw vor der ~ wegschnappen** *(fam)* to take sth from right under one's nose; **die ~ in den Wind halten** *(fam)* to keep one's ear to the ground; **sich** *dat* **den Wind um die ~ wehen lassen** to see sth of the world; **jdm etw aus der ~ ziehen** *(fam)* to get sth out of sb

na·se·lang ['na:zelaŋ] ▶WENDUNGEN: **alle ~** *(fam)* again and again

nä·seln ['nɛ:zl̩n] *vi* to talk through one's nose

nä·selnd ['nɛ:zl̩nt] **I.** *adj* nasal

II. *adv (mit näselnder Stimme)* talking through one's nose

Na·sen·af·fe *m* proboscis monkey **Na·sen·bär** *m* ZOOL coati

Na·sen·bein *nt* nasal bone **Na·sen·bein·bruch** *m* broken nose

Na·sen·blu·ten <-s> *nt kein pl* nosebleed; **~ bekommen** to get a nosebleed; **~ haben** to have a nosebleed, sb's nose is bleeding **Na·sen·flü·gel** *m* side of the nose **Na·sen·höh·le** *f* nasal cavity **Na·sen·kor·rek·tur** *f* rhinoplasty, nose job *fam* **Na·sen·län·ge** *f* ▶WENDUNGEN: **mit einer ~** by a nose; **jdm eine ~ voraus sein** to be a hair's breadth in front of sb **Na·sen·loch** *nt* nostril **Na·sen·rü·cken** *m* bridge of the nose **Na·sen·sal·be** *f* nose salve [*or* ointment] **Na·sen·schei·de·wand** *f* nasal septum *spec* **Na·sen·schleim·haut** *f* mucous membrane of the nose **Na·sen·spit·ze** *f* ANAT tip of the nose ▶WENDUNGEN: **jdm etw an der ~ ansehen** to be able to tell sth from sb's face; **jdm an der ~ ansehen, dass ...** to be able to tell from sb's face, that ... **Na·sen·spray** *m o nt* nasal spray **Na·sen·stü·ber** [-ʃty:bɐ] *m* bump on the nose; **jdm einen ~ versetzen** to give sb a bop on the nose *fam* **Na·sen·trop·fen** *pl* nose drops **Na·sen·wur·zel** *f* bridge [of the nose]

Na·se·rümp·fen <-s> *nt kein pl* screwing up one's nose; **mit** ~ turning up one's nose
na·se·rümp·fend ['na:zerʏmpfənt] *adv* screwing up one's nose
na·se·weis ['na:zəvais] *adj (fragend)* nosey *fam; (vorwitzig)* forward; *Kind esp* precocious
Na·se·weis <-es, -e> ['na:zəvais] *m* cheeky monkey BRIT *fam; (Besserwisser)* know-all *esp* BRIT *fam,* wise guy AM *fam*
nas·füh·ren ['na:sfy:rən] *vt (veraltend)* ■**jdn** ~ to lead sb on *fam;* ■**der Genasführte sein** to be the dupe
Nas·horn *nt* ZOOL rhinoceros, rhino
Nas·horn·vo·gel *m* ORN hornbill
nassRR, **naß**ALT <nasser *o* nässer, nasseste *o* nässeste> [nas] *adj* wet; ■~ **sein/werden** to be/become wet; ■**es ist/wird** ~ it is/is getting wet; **sich** *akk* ~ **machen** *(fam)* to get oneself wet, wet; ~ **geschwitzt** soaked with sweat *pred*
▸WENDUNGEN: **nun mach dich bloß nicht ~!** *(sl)* don't wet your pants! *sl*
NassRR <-es>, **Naß**ALT <Nasses> ['nas] *nt kein pl (liter o hum)* ① *(Feuchte)* water
② *(Getränk)* a drink, sth to drink
Nas·sau·er(in) <-s, -> ['nasauɐ] *m(f) (pej fam)* scrounger, sponger
nas·sau·ern ['nasauɐn] *vi (fam)* to scrounge, to sponge; ■[**bei jdm**] ~ to scrounge [*or* sponge] [off sb]
Nass·deh·nungRR *f (Papier)* wet stretching
Näs·se <-> ['nɛsə] *f kein pl* wetness; **vor** ~ **triefen** [*o* **tropfen**] to be dripping wet
näs·sen ['nɛsn̩] **I.** *vi* to weep
II. *vt* ■**etw** ~ to wet sth; **das Bett** ~ to wet the bed
nass·forschRR **I.** *adj (fam)* brash **II.** *adv* in a brash way, brashly **nass·ge·schwitzt**RR ['nasgəʃvɪtst] *adj s.* **nass nass·kalt**RR *adj* cold and damp; ■~ **sein** to be cold and damp **Nass·ra·sie·rer**RR *m* wet razor **Nass·ra·sur**RR *f* ■**die** ~ wet shaving; ■**eine** ~ a wet shave
Nass·reiß·fes·tig·keit *f* TECH wet tenacity **Nass·zel·le**RR *f* wet cell
Nas·tuch *nt* SÜDD, SCHWEIZ *(Taschentuch)* handkerchief
nas·zie·rend [nas'tsi:rənt] *adj* CHEM nascent; ~**er Wasserstoff** nascent hydrogen
Na·tel® <-s, -s> ['na:tel] *nt* SCHWEIZ *(Handy)* mobile phone BRIT, cellphone
Na·ti <-, -s> ['na:tsi] *f* SCHWEIZ SPORT *kurz für* **Nationalmannschaft** national team
Na·ti·on <-, -en> [na'tsio:n] *f* nation; **die Vereinten** ~**en** the United Nations
na·ti·o·nal [natsio'na:l] **I.** *adj* ① *(die Nation betreffend)* national; ~**e Entwicklungsbonds** FIN national development bonds; ~**e Sparbewegung** FIN national trend towards saving
② *(patriotisch)* nationalist
II. *adv* nationalistic
Na·ti·o·nal·bank *f* national bank **na·ti·o·nal·be·wusst**RR *adj* nationalist; ■~ **sein** to be nationalist **Na·ti·o·nal·be·wusst·sein**RR *nt* national consciousness [*or* identity] **Na·ti·o·nal·ein·kom·men** *nt* national income **Na·ti·o·nal·elf** <-, -en> *f* the national [football [*or* soccer]] team; ***die deutsche*** ~ the German national team **Na·ti·o·nal·far·ben** *pl* national colours [*or* AM -ors] *pl* **Na·ti·o·nal·fei·er·tag** *m* national holiday **Na·ti·o·nal·flag·ge** *f* national flag **Na·ti·o·nal·ga·le·rie** *f* national gallery **Na·ti·o·nal·gar·de** *f* national guard **Na·ti·o·nal·ge·richt** *nt* national dish **Na·ti·o·nal·ge·tränk** *nt* national drink **Na·ti·o·nal·held(in)** *m(f)* national hero **Na·ti·o·nal·hym·ne** *f* national anthem
na·ti·o·na·li·sie·ren* [natsionali'zi:rən] *vt* ■**etw** ~ to nationalize sth
Na·ti·o·na·li·sie·rung <-, -en> *f* nationalization
Na·ti·o·na·lis·mus <-> [natsiona'lɪsmʊs] *m kein pl* POL nationalism
Na·ti·o·na·list(in) <-en, -en> [natsiona'lɪst] *m(f)* POL nationalist
na·ti·o·na·lis·tisch **I.** *adj* POL nationalist[ic]
II. *adv* nationalist[ic]; ~ **eingestellt sein** to be nationalist[ic]
Na·ti·o·na·li·tät <-, -en> [natsionali'tɛ:t] *f* ① *(Staatsangehörigkeit)* nationality
② *(Volkszugehörigkeit)* ethnic origin
Na·ti·o·na·li·tä·ten·kon·flikt *m* nationality conflict **Na·ti·o·na·li·tä·ten·staat** *m* multinational state **Na·ti·o·na·li·täts·kenn·zei·chen** *nt* TRANSP, ADMIN nationality plate
Na·ti·o·nal·kon·gressRR *m* national congress **Na·ti·o·nal·mann·schaft** *f* national team **Na·ti·o·nal·mu·se·um** *nt* national museum **Na·ti·o·nal·park** *m* national park **Na·ti·o·nal·rat** *m kein pl* SCHWEIZ National Council; ÖSTERR National Assembly **Na·ti·o·nal·rat, -rä·tin** *m, f* SCHWEIZ Member of the National Council; ÖSTERR Deputy to the National Assembly **Na·ti·o·nal·so·zi·a·lis·mus** [natsio'na:lzotsialɪsmʊs] *m* HIST National Socialism **Na·ti·o·nal·so·zi·a·list(in)** *m(f)* HIST Nazi, National Socialist **na·ti·o·nal·so·zi·a·lis·tisch** *adj* HIST Nazi, National Socialist **Na·ti·o·nal·spie·ler(in)** *m(f)* national player **Na·ti·o·nal·sport** *m* national sport **Na·ti·o·nal·staat** *m* POL nation-state **Na·ti·o·nal·stolz** *m* national pride **Na·ti·o·nal·stra·ße** <-, -n> *f* SCHWEIZ *(Fernverkehrstraße)* arterial [*or* trunk] [*or* main] road, motorway BRIT, freeway AM **Na·ti·o·nal·the·a·ter** *nt* national theatre [*or* AM -er] **Na·ti·o·nal·trai·ner(in)** [-trɛ:ne] *m(f)* national team manager [*or* coach] **Na·ti·o·nal·ver·samm·lung** *f* National Assembly; **die Frankfurter** ~ HIST the federal assembly of 1848/49 in Frankfurt
NATO, Na·to <-> ['na:to] *f kein pl Akr von* **North Atlantic Treaty Organization:** ■**die** ~ NATO
Na·to·dop·pel·be·schlussRR *m* NATO twin-track policy [*or* dual-track [*or* two-track] decision] **Na·to·draht** *m* MIL razor [*or* concertina] wire **Na·to·streit·kräf·te** *pl* NATO troops *pl*
Na·tri·um <-s> ['na:triʊm] *nt kein pl* CHEM sodium *no pl*
na·tri·um·arm *adj* CHEM, KOCHK low in sodium *pred*
Na·tri·um·chlo·rid ['na:triʊmklori:t] *nt* sodium chloride, NaCl
Na·tron <-s> ['na:trɔn] *nt kein pl* sodium carbonate
Na·tron·lau·ge *f* caustic soda, sodium hydroxide
Nat·ter <-, -n> ['nate] *f* ZOOL adder, viper
na·tur [na'tu:ɐ̯] *adj pred not covered in bread crumbs;* ***ich hätte gern ein Schnitzel*** ~ I'd like an escalope of pork without breadcrumbs; ~ **sein** to be natural
Na·tur <-, -en> [na'tu:ɐ̯, *pl* na'tu:rən] *f* ① *kein pl* BIOL nature, Nature
② *kein pl (Landschaft)* countryside; **die freie** ~ the open countryside
③ *(geh: Art)* nature; ***die*** ~ ***dieser Sache*** the nature of this matter; **in der** ~ **von etw** *dat* **liegen** to be in the nature of sth; ***das liegt in der*** ~ ***der Sache*** it's in the nature of things
④ *(Mensch)* type
⑤ *(Wesensart)* nature; ***sie hat eine empfindsame*** ~ she has a sensitive nature; **jdm zur zweiten** ~ **werden** to become second nature to sb; **gegen jds** ~ **gehen** to go against sb's nature; **von** ~ **aus** by nature
Na·tu·ra·li·en [-liən] *pl* natural produce; **in** ~ in kind
na·tu·ra·li·sie·ren* [naturali'zi:rən] **I.** *vt* ① *(einbürgern)* ■**jdn** ~ to naturalize sb
② BIOL ■**etw** ~ to naturalize sth
II. *vr* BIOL *(heimisch werden)* ■**sich** *akk* ~ to naturalize
Na·tu·ra·lis·mus <-> [natura'lɪsmʊs] *m kein pl* KUNST naturalism
Na·tu·ra·list(in) <-en, -en> [natura'lɪst, *pl* -lɪsdn̩] *m(f)* KUNST naturalist
na·tu·ra·lis·tisch *adj* ① *(geh: wirklichkeitsgetreu)* naturalistic
② KUNST naturalist
Na·tu·ral·leis·tung *f meist pl* payment in kind **Na·tu·ral·lohn** *m* payment [*or* remuneration] in kind **Na·tu·ral·ob·li·ga·ti·on** *f* JUR imperfect obligation **Na·tu·ral·res·ti·tu·ti·on** *f* JUR restitution in kind
Na·tur·apos·tel *m* nature fiend **na·tur·be·las·sen** *adj* natural; *Wald, Land* wild **Na·tur·bo·den** *m* ① *(Land)* virgin land ② *(Fußboden)* natural floor[ing] **Na·tur·bors·te** *f* natural bristle **Na·tur·bur·sche** *m* nature-boy *fam* **Na·tur·denk·mal** *nt* natural monument **Na·tur·dün·ger** *m* natural fertilizer
Na·tu·rell <-s, -e> [natu'rɛl] *nt (geh)* temperament, nature
Na·tur·er·eig·nis *nt* natural phenomenon **Na·tur·er·schei·nung** *f* natural phenomenon **Na·tur·far·be** *f* ① *(natürlicher Farbstoff)* natural dye ② *(ursprüngliche Farbe)* natural colour [*or* AM -or] **na·tur·far·ben** *adj* natural-coloured [*or* AM -ored] **Na·tur·fa·ser** *f* natural fibre [*or* AM -er] **Na·tur·for·scher(in)** *m(f)* natural scientist **Na·tur·for·schung** *f* natural science **Na·tur·freund(in)** *m(f)* nature lover **Na·tur·ge·biet** *nt* nature area **Na·tur·ge·fahr** <-, -en> *f* SCHWEIZ *(Naturgewalt)* force of nature **na·tur·ge·ge·ben** *adj inv* naturally inevitable
na·tur·ge·mäß **I.** *adj* natural
II. *adv* ① *(natürlich)* naturally
② *(der Natur entsprechend)* in accordance with nature
Na·tur·ge·schich·te *f s.* **Naturkunde** **Na·tur·ge·setz** *nt* law of nature **na·tur·ge·treu** **I.** *adj* lifelike, true to life **II.** *adv* lifelike, true to life **Na·tur·ge·walt** <-, -en> *f* force of nature **Na·tur·haus·halt** *m kein pl* BIOL, ÖKOL natural balance *no pl*
Na·tur·heil·kun·de *f* MED natural healing **Na·tur·heil·me·tho·de** *f* nature healing [method] [*or* cure] **Na·tur·heil·mit·tel** *nt* NATURMED natural medicine **Na·tur·heil·ver·fah·ren** *nt* MED natural remedy
Na·tur·ka·ta·stro·phe *f* natural disaster **Na·tur·kos·me·tik** *f* PHARM natural cosmetics *pl* **Na·tur·kost** *f kein pl* natural food *no pl,* natural foodstuffs *npl* **Na·tur·kost·la·den** *m* natural food[stuffs *npl*] shop **Na·tur·kreis·lauf** *m* natural cycle
Na·tur·kun·de *f* SCH *(veraltet)* natural history **Na·tur·kun·de·mu·se·um** *nt* museum of natural history
na·tur·kund·lich *adj* SCH *(veraltet)* natural history *attr*
Na·tur·land·schaft *f* natural landscape **Na·tur·lehr·pfad** *m* nature trail
na·tür·lich [na'ty:ɐ̯lɪç] **I.** *adj* ① *(original)* natural
② *(angeboren)* natural, innate
③ GEOG, GEOL natural; ~**e Ressourcen** natural resources
④ *(ungekünstelt)* natural; ■~ **sein** to be natural
⑤ *(menschlich)* natural; ■**es ist** [**nur**] ~, **dass/wenn ...** it's only natural, that/if ...
⑥ *(nicht künstlich)* natural
II. *adv* ① *(selbstverständlich)* naturally, of course; ~**!** of course!, naturally!, sure!, certainly!
② *(in der Natur)* naturally
na·tür·li·cher·wei·se *adv* naturally, of course
Na·tür·lich·keit <-> *f kein pl* naturalness
na·tur·nah *adj inv* close to nature **Na·tur·park** *m* national park **Na·tur·pro·dukt** *nt* natural product **Na·tur·recht** *nt* PHILOS natural right **na·tur·rein** *adj* naturally pure **Na·tur·reis** *m* brown rice, whole rice **Na·tur·re·ser·vat** *nt* nature reserve **Na·tur·schät·ze** *pl* natural resources *pl* **Na·tur·schau·spiel** *nt* spectacle of nature **Na·tur·schön·heit** *f* ① *meist pl (Naturphänomen)* [site of] natural beauty, BRIT *a.* beauty spot ② *(Lebewesen)* natural beauty
Na·tur·schutz *m* [nature] conservation; **unter** ~ **stehen** to be under conservation, to be listed as an endangered species; **etw unter** ~ **stellen** to put sth under conservation, to legally protect endangered species **Na·tur·schutz·be·auf·trag·te(r)** *f(m) dekl wie adj* commissioner for nature conservation **Na·tur·schutz·be·hör·de** *f* ÖKOL, POL [nature] conservation authority **Na·tur·schutz·be·we·gung** *f* nature conservation movement **Na·tur·schutz·bund** *m* nature conservancy association **Na·tur·schüt·zer(in)** *m(f)* conservationist **Na·tur·schutz·ge·biet** *nt* nature reserve
Na·tur·schwamm *m* natural sponge **Na·tur·sport·art** <-, -en> *f an outdoor sport requiring lit-*

tle or no equipment **Na·tur·stein** *m* natural stone **Na·tur·stoff** *m* natural substance **Na·tur·ta·lent** *nt* natural talent **Na·tur·ton** *m* natural shade **na·tur·ver·bun·den** *adj* nature-loving; ■ ~ **sein** to be nature-loving **Na·tur·ver·bun·den·heit** *f kein pl* love of nature *no pl* **na·tur·ver·träg·lich** *adj inv* ÖKOL ecologically harmless, ecofriendly **Na·tur·volk** *nt* primitive people **Na·tur·wis·sen·schaft** *f* ❶ *(Wissenschaft)* natural sciences *pl* ❷ *(Fach der Naturwissenschaft)* natural science **Na·tur·wis·sen·schaft·ler(in)** *m(f)* natural scientist **na·tur·wis·sen·schaft·lich** *adj* natural-scientific

na·tur·wüch·sig [na'tu:ɐ̯vy:ksɪç] *adj* natural

Na·tur·wun·der *nt* miracle of nature **Na·tur·zu·stand** *m kein pl* natural state

Na·u·ru <-s> [na'u:ru] *nt* Nauru

Na·u·ru·er(in) <-s, -> [na'u:ruɐ] *m(f)* Nauruan

na·u·ru·isch [na'u:ruɪʃ] *adj* Nauruan

Nau·tik <-> ['nautɪk] *f kein pl* ❶ *(Schifffahrtskunde)* nautical science

❷ *(Navigation)* navigation

nau·tisch ['nautɪʃ] *adj* nautical

Na·va·ho[1], **Na·va·jo** <-, -> ['na:vaho, 'nævəhoʊ] *m o f* Navajo[e], Navaho[e]

Na·va·ho[2], **Na·va·jo** <-> ['na:vaho, 'nævəhoʊ] *nt* ■**das** ~ Navajo[e], Navaho[e]

Na·vel·oran·ge ['na:vl-, 'neɪvəl-] *f* navel orange

na·vi·ga·bel [navi'ga:bl̩] *adj inv* boatable

Na·vi·ga·ti·on <-> [naviga'tsi̯o:n] *f kein pl* navigation

Na·vi·ga·ti·ons·com·pu·ter *m* navigation computer **Na·vi·ga·ti·ons·feh·ler** *m* navigational error **Na·vi·ga·ti·ons·hil·fe** *f* NAUT, LUFT navigation[al] aid **Na·vi·ga·ti·ons·in·stru·ment** *nt* navigation[al] instrument **Na·vi·ga·ti·ons·kar·te** *f* navigation[al] chart **Na·vi·ga·ti·ons·of·fi·zier(in)** *m(f)* navigation officer **Na·vi·ga·ti·ons·raum** *m* chartroom **Na·vi·ga·ti·ons·sa·tel·lit** *m* navigation satellite **Na·vi·ga·ti·ons·schalt·flä·che** *f* navigation panel **Na·vi·ga·ti·ons·sys·tem** *nt* TECH navigation system

Na·vi·ga·tor, -to·rin <-s, -en> [navi'ga:to:ɐ̯, -'to:rɪn, *pl* -'to:rən] *m, f* navigator, navigation officer

na·vi·gie·ren* [navi'gi:rən] **I.** *vi* to navigate; ■[**nach etw** *dat*] ~ to navigate [according to sth]

II. *vt* to navigate; ■**etw** [**durch etw** *akk*/**in etw** *akk*] ~ to navigate sth [through/into sth]

Na·zi <-s, -s> ['na:tsi] *m* HIST Nazi

Na·zi-Deutsch·land, Na·zi·deutsch·land *nt* HIST *(pej fam)* Nazi Germany

Na·zi·skin <-s, -s> ['na:tsiskɪn] *m (sl)* Nazi skinhead

Na·zis·mus <-> [na'tsɪsmʊs] *m kein pl* HIST Nazism

na·zis·tisch [na'tsɪstɪʃ] *adj* Nazi

Na·zi·zeit *f* Nazi period

Nb *Abk von* **Niob** Nb

NB *Abk von* **notabene** NB

n.Br. *Abk von* **nördlicher Breite** N; *s. a.* **Breite 5**

NC <-[s], -s> [ɛn'tse:] *m Abk von* **Numerus clausus** numerus clausus

n. Chr. *Abk von* **nach Christus** AD

NDR <-[s]> [ɛnde:'ɛr] *m kein pl Abk von* **Norddeutscher Rundfunk** North German Radio

Ne *Abk von* **Neon** Ne

ne ['ne:] *adv (fam)* no

'ne [nə] *art indef (fam) kurz für* **eine** a

Ne·an·der·ta·ler <-s, -> [ne'andɐta:lɐ] *m* Neanderthal man

Ne·a·pel <-s> [ne'a:pl̩] *nt* Naples

Ne·a·po·li·ta·ner <-s, -> [neapoli'ta:nɐ] *m* ❶ *(Einwohner von Neapel)* Neapolitan

❷ KOCHK ÖSTERR waffle

Ne·bel <-s, -> ['ne:bl̩] *m* ❶ METEO fog, mist; **bei** ~ in foggy/misty conditions

❷ ASTRON nebula

▸WENDUNGEN: **im** ~ **stochern** *(fam)* to be poking around in the dark

Ne·bel·auf·lö·sung *f* lifting of [the] fog **Ne·bel·bank** *f* fog bank, bank of fog **Ne·bel·bil·dung** *f* [formation of] fog

ne·bel·haft *adj* ❶ METEO foggy

❷ *(verschwommen)* foggy, dim

Ne·bel·horn *nt* foghorn

ne·be·lig ['ne:bəlɪç], **ne·blig** ['ne:blɪç] *adj* foggy

Ne·bel·kam·mer *f* NUKL cloud chamber **Ne·bel·ka·no·ne** *f* dry ice generator **Ne·bel·krä·he** *f* ORN hooded crow **Ne·bel·licht** *nt* AUTO fog light **Ne·bel·ma·schi·ne** *f* fog [*or* smoke] machine **Ne·bel·schein·wer·fer** *m* AUTO fog-light [*or* -lamp] **Ne·bel·schluss·leuch·te**RR *f* AUTO rear fog-light **Ne·bel·schwa·den** *pl* METEO wafts of mist *pl* **Ne·bel·wand** *f* wall of fog

ne·ben ['ne:bn̩] *präp* ❶ *+akk (an der Seite)* ■~ **jdn/etw** beside [*or* next to] sb/sth

❷ *+dat* ■~ **jdm/etw** beside [*or* next to] sb/sth

❸ *+dat (außer)* ■~ **etw** *dat* besides sth, apart [*or* aside] from sth

❹ *+dat (verglichen mit)* ■~ **jdm/etw** compared with [*or* to]

Ne·ben·ab·re·de *f*, **Ne·ben·ab·spra·che** *f* ÖKON subsidiary [*or* collateral] agreement; **wettbewerbsbeschränkende** ~ ancillary restraint **ne·ben·amt·lich I.** *adj* secondary, additional **II.** *adv* additionally

ne·ben·an [ne:bn̩'ʔan] *adv (unmittelbar daneben)* next-door; **von** ~ from next-door

Ne·ben·an·schlussRR *m* TELEK *s.* **Nebenstelle** **Ne·ben·an·spruch** *m* JUR ancillary claim, secondary right **Ne·ben·ar·beit** *f* ❶ *(nebenher ausgeführte Arbeit)* extra work ❷ *s.* **Nebenbeschäftigung** **Ne·ben·arm** *m* GEOG branch **Ne·ben·aus·ga·be** *f meist pl* additional expenses *pl* **Ne·ben·aus·gang** *m* side exit **Ne·ben·be·deu·tung** *f* LING secondary meaning [*or* connotation]

ne·ben·bei [ne:bn̩'bai] *adv* ❶ *(neben der Arbeit)* on the side

❷ *(beiläufig)* incidentally; ~ [**bemerkt** [*o* **gesagt**]] by the way, incidentally

Ne·ben·be·mer·kung *f* incidental [*or* casual] remark **Ne·ben·be·ruf** *m* side [*or* second] job, sideline; **im** ~ as a second job [*or* sideline] **Ne·ben·be·ruf·ler(in)** <-s, -> [-bəru:flɐ] *m(f)* ÖKON sb who has a job on the side **ne·ben·be·ruf·lich I.** *adj* **eine** ~**e Tätigkeit** a second job **II.** *adv* as a second [*or* side] job, as a sideline **Ne·ben·be·schäf·ti·gung** *f* second job, sideline **Ne·ben·be·stim·mung** *f* JUR collateral clause, ancillary provision **Ne·ben·be·trieb** *m* HANDEL subsidiary **Ne·ben·blatt** *nt* BOT stipule **Ne·ben·bü·cher** *pl* FIN auxiliary books **Ne·ben·buh·ler(in)** <-s, -> *m(f)* rival **Ne·ben·bür·ge, -bür·gin** *m, f* JUR co-guarantor, co-surety

Ne·ben·bürg·schaft *f* JUR collateral [*or* secondary] guarantee **Ne·ben·dar·stel·le·rin** *f* FILM supporting actress **Ne·ben·ef·fekt** *m* side effect

ne·ben·ei·nan·der [ne:bn̩ʔai̯'nandɐ] *adv* ❶ *(Seite an Seite)* side by side, alongside [each other]

❷ *(zugleich)* simultaneously, at the same time

Ne·ben·ei·nan·der <-s> [ne:bn̩ʔai̯'nandɐ] *nt kein pl* juxtaposition

ne·ben·ei·nan·der|hal·ten *vt irreg* ■**etw** ~ to hold sth side by side

ne·ben·ei·nan·der·her [ne:bn̩ʔai̯nandɐ'he:ɐ̯] *adv* side by side, alongside each other [*or* one another]

ne·ben·ei·nan·der|le·gen *vt* ■**jdn/etw** ~ to lay [*or* place] sb/sth next to each other [*or* side by side] **ne·ben·ei·nan·der|lie·gen** *vi irreg* to lie side by side **ne·ben·ei·nan·der|set·zen I.** *vt* ■**jdn/etw** ~ to put [*or* place] sb/sth next to each other [*or* side by side] **II.** *vr* ■**sich** *akk* ~ to sit [down] next to each other

ne·ben·ei·nan·der|sit·zen *vi irreg* to sit side by side [*or* next to each other]

ne·ben·ei·nan·der|ste·hen *vi irreg* to stand side by side

ne·ben·ei·nan·der|stel·len *vt* ■**jdn/etw** ~ to put [*or* place] sb/sth next to each other [*or* side by side]

Ne·ben·ein·gang *m* side entrance **Ne·ben·ein·künf·te, Ne·ben·ein·nah·men** *pl* FIN additional income **Ne·ben·ein·kunfts·frei·gren·ze** *f* FIN tax-free amount for extra income **Ne·ben·er·schei·nung** *f s.* **Nebeneffekt**

Ne·ben·er·werb *m (form) s.* **Nebenberuf** **Ne·ben·er·werbs·wirt·schaft** *f kein pl* ÖKON secondary job sector

Ne·ben·fach *nt* SCH subsidiary [subject] **Ne·ben·fluss**RR *m* tributary **Ne·ben·for·de·rung** *f* JUR accessory claim **Ne·ben·ge·bäu·de** *nt* ❶ *(untergeordneter Bau)* outbuilding ❷ *(benachbartes Gebäude)* neighbouring [*or* AM neighboring] [*or* adjacent] building **Ne·ben·ge·büh·ren** *pl* JUR, ÖKON incidental charges *pl* **Ne·ben·ge·räusch** *nt* [background] noise **Ne·ben·ge·schäft** *nt* HANDEL sundry [*or* sideline] business **Ne·ben·ge·set·ze** *pl* JUR **wettbewerbsrechtliche** ~ ancillary competition laws **Ne·ben·ge·stein** *nt* BERGB country rock **Ne·ben·ge·wer·be** *nt* HANDEL ancillary trade **Ne·ben·gleis** *nt* siding **Ne·ben·hand·lung** *f* LIT sub-plot

ne·ben·her [ne:bn̩'he:ɐ̯] *adv* on the side, in addition

ne·ben·her|fah·ren *vi irreg* to drive alongside **ne·ben·her|ge·hen** *vi irreg* to walk alongside [*or* beside] **ne·ben·her|lau·fen** *vi irreg* to run alongside

ne·ben·hin [ne:bn̩'hɪn] *adv* in passing, by the way; ***diese Bemerkung ließ er nur so ~ fallen*** he just dropped that comment in passing [*or* casually]

Ne·ben·ho·den *m meist pl* ANAT epididymis **Ne·ben·ho·den·ent·zün·dung** *f* MED epididymitis

Ne·ben·höh·le *f* ANAT sinus **Ne·ben·höh·len·ent·zün·dung** *f* MED sinus infection, sinusitis

Ne·ben·in·ter·ve·ni·ent(in) [-ɪntɐveni̯ɛnt] *m(f)* JUR intervening party **Ne·ben·in·ter·ven·ti·on** *f* JUR *intervention by third party to support one of the litigants* **Ne·ben·job** [-dʒɔp] *m (fam) s.* **Nebenbeschäftigung** **Ne·ben·kas·se** *f* FIN petty cash **Ne·ben·kla·ge** *f* JUR ancillary suit, incidental action **Ne·ben·klä·ger(in)** *m(f)* JUR joint plaintiff

Ne·ben·kos·ten *pl* ❶ *(zusätzliche Kosten)* additional costs *pl* ❷ *(Betriebskosten)* running costs *pl* **Ne·ben·kos·ten·stel·le** *f* ADMIN departmental burden centre **Ne·ben·kriegs·schau·platz** *m* secondary theatre [*or* AM -er]

Ne·ben·leis·tung *f* FIN additional [*or* peripheral] service; *(Lohn)* additional payment [*or* compensation]; ~ **in Geldform/in Sachform** cash allowance/allowance in kind **Ne·ben·li·nie** *f* ❶ *(im Stammbaum)* collateral line ❷ BAHN branch line **Ne·ben·mann** <-es, -männer *o* -leute> *m* neighbour [*or* AM -or], person next to you **Ne·ben·nie·re** *f* ANAT suprarenal gland, adrenal body **Ne·ben·pflicht** *f* JUR accessory obligation, collateral duty; ~**en des Arbeitgebers** employer's collateral duty **Ne·ben·pro·dukt** *nt* CHEM by-product **Ne·ben·raum** *m* ❶ *(Raum nebenan)* next room ❷ *(kleiner, nicht als Wohnraum genutzter Raum)* storage room **Ne·ben·recht** *nt* JUR accessory right **Ne·ben·rol·le** *f* ❶ FILM, THEAT minor part, supporting role ❷ *(nebensächlicher Stellenwert)* [**für jdn**] **nur eine** ~ **spielen** to be a minor concern [to sb] **Ne·ben·sa·che** *f* triviality, trivial matter; ~ **sein** to be beside the point, to be irrelevant

ne·ben·säch·lich *adj* trivial, irrelevant; ■ ~ **sein** to be trivial [*or* irrelevant], to be beside the point; ■**N~es**, ■**das N~e** trivialities *pl*, less important matters *pl*

Ne·ben·säch·lich·keit <-, -en> *f* triviality

Ne·ben·sai·son *f* off-season **Ne·ben·satz** *m* LING subordinate clause ▸WENDUNGEN: **im** ~ by the by, in passing, incidentally **Ne·ben·scha·den** *m* collateral damage **Ne·ben·schild·drü·se** *f* MED parathyroid [gland] **ne·ben·ste·hend** ['ne:bn̩ʃte:ənt] *adj* opposite; ***aus ~er Zeichnung können die architektonischen Details entnommen werden*** architectural details are shown in the illustration opposite [*or* on the opposite page]

Ne·ben·stel·le *f* ❶ TELEK extension ❷ *(Filiale)* branch **Ne·ben·stel·len·an·la·ge** *f* TELEK switchboard with extensions, branch exchange

Ne·ben·stra·fe *f* JUR supplementary penalty **Ne·ben·stra·ße** *f* side street **Ne·ben·stre·cke** *f* BAHN local [*or* branch] line **Ne·ben·tä·tig·keit** *f* sideline, second [*or* spare time] job **Ne·ben·tisch** *m* next [*or* adjacent] table **Ne·ben·ver·dienst** *m* additional income **Ne·ben·ver·fah·ren** *nt* JUR collateral proceedings *pl* **Ne·ben·ver·pflich·tun·gen** *pl* JUR accessory obligations **Ne·ben·ver·trag** *m* JUR collateral contract **Ne·ben·win·kel** *m* MATH adjacent angle **Ne·ben·wir·kung** *f* PHARM side effect **Ne·ben·zim·mer** *nt* next room **Ne·ben·zweck** *m* additional purpose **Ne·ben·zweig** *m* ADMIN subsidiary branch

neb·lig ['ne:blɪç] *adj s.* **nebelig**

nebst ['ne:pst] *präp +dat* SCHWEIZ *(o veraltend)* together with

nebst·dem [ne:pst'de:m] *adv inv* SCHWEIZ *(außerdem)* besides, as well, anyway

ne·bu·lös [nebu'lø:s] **I.** *adj (geh)* nebulous *form*
II. *adv* vaguely

Ne·ces·saire <-s, -s> [nesɛ'sɛ:ɐ̯] *nt* ① *(Kulturbeutel)* vanity bag
② *(Nagelnecessaire)* manicure set
③ *(Nähzeug)* sewing kit

Ne·ckar <-s> ['nɛkar] *m* ■**der** ~ the Neckar

ne·cken ['nɛkn̩] *vt* ■**jdn** ~ to tease sb; ■**sich** *akk* ~ to tease each other; *s. a.* **lieben**

ne̱·ckisch *adj* ① *(schelmisch)* mischievous
② *(fam: kess)* saucy *fam*, coquettish

nee ['ne:] *adv (fam)* no

Nef·fe <-n, -n> ['nɛfə] *m* nephew

Ne·ga·ti·on <-, -en> [nega'tsi̯o:n] *f* negation

ne·ga·tiv ['ne:gati:f] **I.** *adj* negative; **~es Renditegefälle** FIN reverse yield gap; **Schrift in ~** TYPO lettering reversed white on black
II. *adv* negatively

Ne·ga·tiv <-s, -e> ['ne:gatif:f, *pl* 'ne:gati:və] *nt* FOTO negative

Ne̱·ga·tiv·at·test *m* JUR clearance certificate **Ne̱·ga·tiv·bei·spiel** <-[e]s, -e> *nt* bad [*or* negative] example **Ne̱·ga·tiv·be·schei·ni·gung** *f* JUR, ÖKON negative certificate **Ne̱·ga·tiv·be·weis** *m* JUR negative evidence **Ne̱·ga·tiv·film** *m* FOTO negative film **Ne̱·ga·tiv·klau·sel** *f* JUR negative declaration, negative pledge clause **Ne̱·ga·tiv·ko·pie** *f* FOTO negative platemaking **Ne̱·ga·tiv·sal·do** *m* FIN negative balance **Ne̱·ga·tiv·schlag·zei·len** *pl* negative headlines; **jdn/etw in die ~ bringen** to create negative headlines for sb/sth **Ne̱·ga·tiv·test** *m* FIN negative clearance **Ne̱·ga·tiv·trend** *m* negative trend **Ne̱·ga·tiv·um·wand·lung** *f* FOTO negative transposition **Ne̱·ga·tiv·zins** *m* FIN negative [*or* penal] interest

ne·ga·to̱·risch *adj* JUR negating, denying; **~e Klage** action for an injunction

Ne·ger(in) <-s, -> ['ne:gɐ] *m(f) (pej!: Schwarzer)* negro, nigger *pej*
▸WENDUNGEN: <u>**angeben**</u> **wie zehn nackte ~** *(sl)* to shoot one's big mouth off *sl;* <u>**schwarz**</u> **wie ein ~** *(veraltet o hum)* brown as a berry

Ne̱·ger·kuss^RR *m (veraltend: Schokokuss)* chocolate marshmallow **Ne̱·ger·skla·ve, -skla·vin** *m, f (hist)* negro [*or* black] slave

ne·gie·ren* [ne'gi:rən] *vt* ① *(geh: leugnen)* ■**etw** ~ to deny sth; ■**~, [dass]** ... to deny that ...
② LING ■**etw** ~ to negate sth

ne·grid [ne'gri:t] *adj* negro

ne·gro·id [negro'i:t] *adj* negroid

neh·men <nahm, genommen> ['ne:mən] *vt*
① *(greifen)* ■**[sich** *dat*] **etw** ~ to take sth; *(sich bedienen)* to help oneself to sth; **jdn am Arm/an der Hand ~** to take sb's arm/hand [*or* sb by the arm/hand]; **etw in die Hand ~** to take sth in one's hand
② *(besitzen)* ■**[sich** *dat*] **etw** ~ to take sth; SCHACH to take [*or* capture] sth; ■**~, was ...** to take what ...
③ *(heiraten)* ■**[sich** *dat*] **jdn** ~ to marry sb; ***sie wird keiner ~!*** nobody'll want to marry her!, she'll never get a man!; **[sich** *dat*] **eine Frau/einen Mann ~** to take a wife/husband
④ *(annehmen)* ■**etw** ~ to accept [*or* take] sth; ***nimmst du ein Bier?*** do you want a beer?; ***~ Sie bitte meinen Dank*** *(geh)* please accept my gratitude
⑤ *(stehlen)* ■**[jdm] etw** ~ to take [sb's] sth; ***man hat [uns] alles genommen*** they took everything, we were cleaned out *fam;* ■**[jdm] jdn** ~ *(fig)* ***die Flut/der Krieg nahm ihr den Sohn*** she lost her son to the flood/in the war; ***Gott hat sie zu sich genommen*** God has taken her to [*or old* unto] Himself
⑥ *(entziehen)* ■**[jdm/etw] etw** ~ to take [away *sep*] sth from sb/sth, to take [away *sep*] sb's/sth's sth; ***das nimmt der Sache das ganz Interessante daran*** that takes all the interest out of the matter; **jdm Angst/Bedenken ~** to take away [*or* ease] sb's fear/doubts; **jdm Freude/Glück/Hoffnung/Spaß ~** to take away sb's [*or* to rob [*or* deprive] sb of their] joy/happiness/hope/fun; **jdm alle Illusionen ~** to disillusion sb; **jdm die Sicht ~** to block sb's view
⑦ *(befreien)* ■**etw [von jdm]** ~ to take [away *sep*] [sb's] sth, to relieve sb of his/her sth
⑧ *(nutzen)* ■**etw [für etw** *akk*/**in etw** *akk*] ~: ***nimm nicht so viel Salz*** don't use so much salt; ***man nehme: 6 Eier, 100 Gramm Zucker, ...*** take 6 eggs, 100 grams of sugar, ...; **Milch/Zucker in den Tee ~** to take milk/sugar in one's tea; **einen anderen Weg ~** *(fig)* to take a different path; **Werkzeug ~** to use tools; ■**etw als etw** ~ to use sth as sth; ■**etw von etw** *dat* ~ to use sth from sth; ***davon braucht man nur ganz wenig zu ~*** you only need to use a small amount
⑨ *(bei sich bringen)* ■**jdn/etw irgendwohin** ~ to take [*or* put] sb/sth somewhere; **ein Kind auf den Schoß ~** to take [*or* sit] a child on one's lap; **jdn in die Mitte ~** to take sb in one's midst; **jdn/etw auf die Schultern ~** to take [*or* put] sb/sth on one's shoulders, to shoulder sth; ■**jdn/etw an sich** *akk* ~ to take sb/sth; *(aufheben)* to pick [*or* take] up sb/sth *sep; (aufbewahren)* to take charge of sth; *(jdn aufnehmen)* to take sb in one's charge
⑩ *(laden)* ■**etw** ~ *Schiff* to take on [*or* be loaded with] sth
⑪ *(herausbringen)* ■**jdn/etw aus etw** *dat* ~ to take sb/sth out of sth; ■**jdn/etw von etw** *dat* ~ to take sb/sth from [*or* off] sth; ***nimm die Finger davon!*** take your fingers off!; **den Hut vom Kopf ~** to take off *sep* one's hat
⑫ *(weigern)* **sein Kind aus der Schule ~** to stop one's child from going to school
⑬ *(engagieren)* ■**[sich** *dat*] **jdn** ~ to get sb
⑭ TRANSP *(benutzen)* ■**etw** ~ to take sth; ***heute nehme ich das Auto/die Bahn/den Bus*** I'll take the car/train/bus [*or* go by car/train/bus] today
⑮ *(wählen)* ■**etw** ~ to take sth; ■**jdn [als jdn]** ~ to take sb [as sb]
⑯ *(unterbringen)* ■**jdn ins Haus** [*o* **zu sich** *dat*] ~ to take in sb *sep; Verwandte* to have sb come and live with one
⑰ *(beanspruchen)* ■**etw** ~ to take sth
⑱ *(fordern)* ■**etw [für etw** *akk*] ~ to want sth [for sth]; *Verkäufer a.* to ask [*or* charge] sth for sth; ***~ Sie sonst noch was?*** would you like anything else?
⑲ *(geh: verzehren)* ■**etw [zu sich** *dat*] ~ to have [*or* drink/eat] sth, to partake of sth *form;* **das Abendmahl ~** to receive Communion; **das Frühstück ~** to eat [*or* have] [*or* take] breakfast, to breakfast
⑳ *(Medikament)* ■**etw** ~ to take sth; *(regelmäßig a.)* to be on sth
㉑ *(verstehen)* ■**etw als etw** ~ to take sth as [*or* to be] sth
㉒ *(bewerten)* **jdn ernst ~** to take sb seriously; **etw ernst/wörtlich ~** to take sth seriously/literally; **etw tragisch ~** *(fam)* to take sth to heart
㉓ DIAL *(verkennen)* ■**jdn für jdn** ~ to take [*or* mistake] sb for sb
㉔ *(akzeptieren)* **jdn/etw [so] ~, wie er/sie/es ist** to take sb/sth as he/she/it is; **etw ~, wie es kommt** to take sth as it comes; **die Dinger ~, wie sie kommen** to take things as they come
㉕ *(denken)* ■**jdn/etw** ~ to take sb/sth; ***~ wir den Fall, dass ...*** let's assume [that] ...
㉖ *(umgehen)* **jdn/etw zu ~ wissen, wissen, wie man jdn/etw ~ muss** to know how to take sb/sth; ■**jdn wie jdn** ~ to treat sb like sb
㉗ *(überwinden)* ■**etw** ~ to take sth
㉘ MIL *(erobern)* ■**etw** ~ to take sth
㉙ *(koitieren)* ■**jdn** ~ to take sb
㉚ *(mitschneiden)* ■**etw auf etw** *akk* ~ to record sth on sth; **etw auf Band ~** to record sth on tape, to tape sth
㉛ *(fotografieren)* ■**etw auf etw** *akk* ~ to take a picture [*or* photo] of sth on sth
㉜ *(foulen)* **jdn hart ~** to foul sb badly
㉝ SPORT *(auffangen)* **den Ball ~** to take the ball; **einen Schlag ~** *Boxer* to take a punch
㉞ *(mieten)* ■**sich** *dat* **etw** ~ to take sth
㉟ *siehe auch n* **Abschrift ~** *(form)* to make a copy; **etw in Arbeit ~** to start work on sth; **eine gute Entwicklung ~** to develop well; **seinen Rücktritt ~** to resign; **Wohnung ~** *(geh)* to rent an apartment
▸WENDUNGEN: **etw** <u>**an**</u> **sich** *akk* **~, etw** <u>**auf**</u> **sich** *akk* **~** to take sth upon oneself; **die Schuld auf sich** *akk* **~** to take the blame; **es** <u>**auf**</u> **sich** *akk* **~, etw zu tun** to take it upon oneself to do sth; <u>**einen**</u> **~** *(fam)* to have a drink; **sich** *dat* **etw nicht ~** <u>**lassen**</u> to not be robbed of sth; **es sich** *dat* **nicht ~** <u>**lassen**</u>**, etw zu tun** to insist on doing sth; **sie ~ sich** *dat* <u>**nichts**</u> *(fam)* they're both the same [*or* as good/bad as each other]; **woher ~ und nicht** <u>**stehlen?**</u> where on earth is one going to get that from?; **jdn nicht für** <u>**voll**</u> **~** *(fam)* to not take sb seriously; <u>**wie**</u> **man's nimmt** *(fam)* whatever [*or* how ever] you like

Neid <-[e]s> ['nai̯t] *m kein pl* jealousy (**auf** *+akk* of), envy (**auf** *+akk* of); ***nur kein ~!*** don't be jealous!; **purer ~** pure [*or* plain] jealousy; **[jds] ~ erregen** to make sb jealous [*or* envious], to arouse sb's [*or* cause] jealousy, to arouse [*or* stir up] sb's envy; **jdm schaut der ~ aus den Augen** envy is written all over sb's face; **vor ~** *(fam)* with envy; **blass** [*o* **gelb**] [*o* **grün**] **vor ~** green [*or* pale] with envy; **vor ~ erblassen** *(form)*, **vor ~ platzen können** to go green with envy
▸WENDUNGEN: **das ist der ~ der** <u>**Besitzlosen**</u> *(fam)* that's just sour grapes *fam;* **das muss jdm der ~** <u>**lassen**</u> *(fam)* you've got to hand it to sb, you have to say that much for sb *fam*

nei·den ['nai̯dn̩] *vt* ■**jdm etw** ~ to envy sb [for] sth

Nei̱·der(in) <-s, -> *m(f)* jealous [*or* envious] person

neid·er·füllt ['nai̯dɛɐ̯fʏlt] **I.** *adj (geh)* filled with [*or* full of] envy [*or* jealousy], jealous, envious
II. *adv* jealously, enviously

Nei̱·de·rin <-, -nen> *f fem form von* **Neider**

Nei̱d·ham·mel *m (fam)* jealous [*or* envious] person; ***du alter ~!*** you're just jealous!

nei·disch ['nai̯dɪʃ], **nei·dig** ['nai̯dɪç] SÜDD, ÖSTERR
I. *adj* jealous, envious; ■**~ sein/werden** to be/become jealous [*or* envious]; ■**auf jdn ~ sein/werden** to be/become jealous [*or* envious] of sb, to envy sb
II. *adv* jealously, enviously, with envy [*or* jealousy]

nei̱d·los I. *adj* unbegrudging
II. *adv* unbegrudgingly

Nei·ge <-, -n> ['nai̯gə] *f (Flüssigkeitsrest)* remains; **bis zur ~** to the dregs; **etw bis zur ~ leeren** to drain sth to the dregs
▸WENDUNGEN: **etw bis zur ~** <u>**auskosten**</u> to savour [*or* AM -or] sth to the full; **bis zur** <u>**bitteren**</u> **~** until the bitter end; **zur ~** <u>**gehen**</u> *(geh)* to draw to an end; ***unsere Vorräte gehen zur ~*** our provisions are fast becoming exhausted

nei·gen ['nai̯gn̩] **I.** *vr* ① *(sich beugen)* ■**sich** *akk* **zu jdm ~** to lean over to sb; **sich** *akk* **nach hinten/vorne/rechts/links/zur Seite ~** to lean backwards/forwards/to the right/left/side
② *(schräg abfallen)* ■**etw neigt sich** sth slopes [*or* inclines]
③ *(geh: sich niederbeugen)* to bow down; ***die Tannenzweige neigten sich [tief] zur Erde*** the pine branches bowed [low] to the ground
④ *(kippen)* ■**sich** *akk* ~ to tilt
II. *vt* ① *(beugen)* ■**etw** ~ to bend sth; ***den Oberkörper leicht nach vorne geneigt*** his/her torso [*or* upper body] slightly bent forwards
② *(geh: kippen)* ■**etw** ~ to tilt sth
III. *vi* ① *(anfällig für etw sein)* ■**zu etw** *dat* ~ to be prone [*or* susceptible] to sth
② *(tendieren)* ■**zu etw** *dat* ~ to tend [*or* have a tendency] to sth; ***du neigst zu Übertreibungen*** you

tend to exaggerate; ■ **dazu ~, etw zu tun** to be inclined [*or* tend] [*or* have a tendency] to do sth; ***ich neige zu der Ansicht, dass ...*** I tend [*or* lean] towards the view that ...

Nei·ge·zug *m* TRANSP tilting train

Nei·gung <-, -en> *f* ① *(Vorliebe)* leaning; **eine ~ verspüren, etw zu tun** to feel an inclination to do sth
② *(Zuneigung)* affection; **aus ~** with affection
③ *(Tendenz)* tendency; ***du hast eine ~ zur Ungeduld*** you have a tendency to be impatient
④ *(Gefälle)* slope
⑤ BAU pitch

Nei·gungs·win·kel *m* TECH angle of inclination

nein ['nain] *adv* ① *(Negation)* no; [**zu etw** *dat*] **N~ sagen** to say no [to sth]; **nicht N~ sagen** to not say no; **nicht N~ sagen können** to not be able to say no; **o ~!** certainly not!
② *(sogar)* no; ***wahnsinnig schwül, ~ unerträglich heiß*** incredibly humid, no, unbearably hot
③ *fragend* will you/they/he/she/it; ***du wirst dem Kerl doch nicht helfen, ~?*** you won't help this guy, will you?
④ *(ach)* well; ***~, wen haben wir denn da?*** well, who have we got here then?
▶WENDUNGEN: **~, so was!** oh no!

Nein <-s> ['nain] *nt kein pl* no

Nein·sa·ger(in) <-s, -> [-za:gɐ] *m(f)* person who always says no **Nein·stim·me** *f* POL no[-vote]

Ne·kro·log <-[e]s, -e> [nekro'lo:k] *m (geh)* obituary

Ne·kro·phi·lie <-> [nekrofi'li:] *f kein pl* necrophilia *no pl, no art*

Nek·tar <-s, -e> ['nɛktar] *m* nectar

Nek·ta·rie <-, -n> [nɛk'ta:ri̯ə] *f* BOT nectary

Nek·ta·ri·ne <-, -n> [nɛkta'ri:nə] *f* nectarine

Nel·ke <-, -n> ['nɛlkə] *f* ① BOT carnation
② KOCHK clove

Nel·ken·wurz <-> [-vʊrts] *f kein pl* BOT avens

'nem ['nəm] *art indef, dat (fam) kurz für* **einem** a; *s. a.* **ein**[2] **II 1**

ne·ma·tisch [ne'ma:tɪʃ] *adj* PHYS nematic; **~e Phase** nematic phase

Ne·ma·to·de <-n, -n> [nema'to:də] *m* ZOOL nematode

NEMAX® <-> ['ne:maks] *m kein pl* BÖRSE *(Aktienindex des Frankfurter Neuen Marktes)* NEMAX®

'nen ['nən] *art indef (fam) kurz für* **einen** a

Nenn·be·las·tung *f* TECH nominal load **Nenn·be·trag** *m* face [*or* nominal] value **Nenn·dreh·zahl** *f* AUTO rated speed

nen·nen <nannte, genannt> ['nɛnən] **I.** *vt* ① *(benennen)* ■**jdn/etw ~** to name [*or* call] sb/sth; ■**genannt** known as
② *(anreden)* to call; ***Freunde dürfen mich Johnny ~*** friends may call me Johnny
③ *(bezeichnen)* ■**etw ~** to call sth; **wie nennt man das?** what do you call that? [*or* is that called?]
④ *(mitteilen)* ■[**jdm**] **jdn/etw ~** to name sb/sth [to sb]; ***ich nenne Ihnen einige Namen*** I'll give you a few names; ***können Sie mir einen guten Anwalt ~?*** can you give me the name of a good lawyer?; ■**genannt** referred to; ***das genannte Restaurant ...*** the restaurant mentioned ...
▶WENDUNGEN: **das nenne ich ...** I call that ...; ***das nenne ich aber mal ein leckeres Mittagessen!*** [now] that's what I call a delicious lunch!
II. *vr (heißen)* ■**sich** *akk* **~** to call oneself
▶WENDUNGEN: **und so was nennt sich ...!** *(fam)* and they call that a ...!; ***du bist gemein! und so was nennt sich Freundin!*** you're mean! and you call yourself a friend!

nen·nens·wert *adj* considerable, not inconsiderable; **nicht ~** not worth mentioning; ■**etwas/nichts Nennenswertes** sth/nothing worth mentioning; ***ist irgendetwas Nennenswertes vorgefallen?*** did anything worth mentioning happen?

Nen·ner <-s, -> *m* MATH denominator; **der kleinste gemeinsame ~** the lowest common denominator
▶WENDUNGEN: **etw auf einen** [**gemeinsamen**] **~ bringen** to reduce sth to the common denominator; **einen** [**gemeinsamen**] **~ finden** to find common ground

Nenn·ka·pi·tal *nt* FIN nominal capital **Nenn·leis·tung** *f* AUTO rated power

Nen·nung <-, -en> *f* naming

Nenn·wär·me·leis·tung *f* nominal thermal capacity

Nenn·wert *m* ① BÖRSE nominal [*or* face] value; **über/unter dem ~** above/below nominal [*or* face] value; **zum ~** at nominal [*or* face] value, at par ② FIN *(von Währung)* denomination **Nenn·wert·ak·tie** *f* FIN par [*or* face] value share

Neo·dym <-s> [neo'dy:m] *nt kein pl* CHEM neodymium *no pl*

Neo·fa·schis·mus <-> ['ne:ofaʃɪsmʊs] *m kein pl* POL neo-fascism *no pl* **Neo·fa·schist** <-en, -en> [neofa'ʃɪst] *m* POL neo-fascist **neo·fa·schis·tisch** *adj* POL neo-fascist **neo·go·tisch** *adj* ARCHIT neo-Gothic **Neo·klas·si·zis·mus** ['ne:oklasitsɪsmʊs] *m* ARCHIT neoclassicism **neo·klas·si·zis·tisch** *adj* ARCHIT neoclassicist **neo·kon·ser·va·tiv** [neokɔnzɛrva'ti:f] *adj* neoconservative **neo·li·be·ral** *adj inv* neo-liberal

Neo·li·thi·kum <-s> [neo'li:tikʊm] *nt kein pl* GEOL Neolithic

Neo·lo·gis·mus <-, -gismen> [neolo'gɪsmʊs, *pl* -'gɪsmən] *m* LING neologism

Ne·on <-s> ['ne:ɔn] *nt kein pl* CHEM neon *no pl*

Neo·na·zi <-s, -s> ['ne:ona:tsi] *m* POL *kurz für* **Neonazist** neo-Nazi **Neo·na·zis·mus** <-> ['ne:onatsɪsmʊs] *m kein pl* neo-Nazi[i]sm *no pl* **Neo·na·zist** <-en, -en> ['ne:onatsɪst] *m* POL neo-Nazi **neo·na·zis·tisch** *adj* POL neo-Nazi

Ne·on·licht *nt* neon light **Ne·on·re·kla·me** *f* ÖKON neon sign **Ne·on·röh·re** *f* neon strip [*or* tube], strip light **Ne·on·wer·bung** *f* neon sign

Neo·pen·te·kos·ta·le Be·we·gung <-alen -gung> [neopɛntekɔs'ta:lə] *f kein pl* REL neo-Pentecostalism

Neo·pren® <-s> [neo'pre:n] *nt kein pl* CHEM neoprene

Neo·pren·an·zug *m* wet suit

Ne·op·te·rin <-s, -e> [neɔpte'ri:n] *nt* MED neopterin

Ne·pal <-s> ['ne:pal, ne'pa:l] *nt* Nepal

Ne·pa·le·se, Ne·pa·le·sin <-n, -n> [nepa:'le:zə, nepa:'le:zɪn] *m, f,* **Nepaler(in)** <-s, -> [ne'pa:lɐ] *m(f)* Nepalese, Nepali

ne·pa·le·sisch [nepa'le:zɪʃ] *adj* Nepalese, Nepali

ne·pa·lisch [ne'pa:lɪʃ] *adj s.* **nepalesisch**

Ne·phe·lin <-s, -e> [nefe'li:n] *m* GEOL, CHEM nepheline

Ne·phe·lo·me·trie [nefelome'tri:] *f kein pl* PHYS nephelometric analysis

Ne·phrom <-s, -e> [ne'fro:m] *nt* MED *(Nierentumor)* nephroma

Ne·po·tis·mus <-> [nepo'tɪsmʊs] *m kein pl (geh)* nepotism

Nepp <-s> ['nɛp] *m kein pl (fam)* rip-off *fam;* ***das ist ja der reinste ~!*** that's a complete rip-off!

nep·pen ['nɛpn̩] *vt (fam)* ■**jdn ~** to rip sb off *fam;* ***da bist du aber ganz schön geneppt worden!*** they must have seen you coming!

Nepp·lo·kal *nt (fam)* clip joint

Nep·tun <-s> [nɛp'tu:n] *m* Neptune; ■**der ~** Neptune

Nep·tu·ni·um <-s> [nɛp'tu:ni̯ʊm] *nt kein pl* CHEM neptunium *no pl*

'ner ['nər] *art indef (fam) kurz für* **einer** a

Nerv <-s *o* -en, -en> ['nɛrf, *pl* 'nɛrfn̩] *m* ① ANAT nerve
② BOT vein
▶WENDUNGEN: **die ~en behalten** to keep calm; **~en wie Drahtseile haben** *(fam)* to have nerves of steel; **jds ~en gehen** [**mit**] **jdm durch** sb loses their cool; ***entschuldigen Sie, meine ~en sind wohl etwas mit mir durchgegangen*** I'm sorry, I must have lost my cool; **jdm auf die ~en gehen** [*o* **fallen**] *(fam)* to get on sb's nerves; **auf die ~en gehen** *(fam)* to be a strain on the nerves; **gute/schlechte** [*o* **schwache**] **~en haben** to have strong/bad [*or* weak] nerves; **den ~ haben, etw zu tun** *(fam)* to have the nerve to do sth; [**vielleicht**] **~en haben!** *(fam)* to have a nerve!; ***du hast vielleicht ~en!*** you've got a nerve!; **die ~en liegen** [**bei jdm**] **blank** *(fam)* to be jumpy [*or* jittery]; **jdm den** [**letzten**] **~ rauben** [*o* **töten**] *(fam)* to shatter [*or* break] sb's nerve; **jds ~ treffen** *(fam)* to hit a nerve [with sb]; **die ~en verlieren** to lose control [*or* one's cool]; **~en zeigen** to show nerves

ner·ven ['nɛrfn̩] **I.** *vt (fam)* ■**jdn** [**mit etw** *dat*] **~** to get on sb's nerves [*or fam* bug sb] [with sth]; ■**genervt** stressed [out], worked up
II. *vi (sl)* to get on one's nerves, to annoy [*or fam* bug] sb

Ner·ven·an·span·nung *f* nervous tension **Ner·ven·arzt, -ärz·tin** *m, f* neurologist **ner·ven·auf·rei·bend** *adj* nerve-racking [*or esp* AM -wracking]; ■**~ sein** to be nerve-racking **Ner·ven·bahn** *f* nerve **Ner·ven·be·las·tung** *f* nervous strain **ner·ven·be·ru·hi·gend I.** *adj* PHARM sedative, calming **II.** *adv* calming **Ner·ven·bün·del** *nt (fam)* bundle of nerves *fam* **Ner·ven·ent·zün·dung** *f* neuritis **Ner·ven·gas** *nt* MIL nerve gas **Ner·ven·gas·wol·ke** *f* cloud of nerve gas **Ner·ven·gift** *nt* CHEM neurotoxin **Ner·ven·heil·an·stalt** *f* MED, PSYCH *(veraltend)* mental *dated* [*or* psychiatric] hospital **Ner·ven·heil·kun·de** *f* MED neurology **Ner·ven·im·puls** *m* BIOL, MED nerve [*or* neural] impulse **Ner·ven·kit·zel** <-s, -> *m (fam)* thrill **Ner·ven·kli·nik** *f* MED *(fam)* psychiatric clinic **Ner·ven·kos·tüm** *nt (fam)* nerves *pl;* **ein starkes/schwaches ~ haben** to have strong/weak nerves **Ner·ven·kraft** *f* nervous strength **ner·ven·krank** *adj* MED mentally ill [*or* disturbed]; ■**~ sein** to be mentally ill [*or* disturbed] **Ner·ven·krank·heit** *f (physisch)* disease of the nervous system, nervous disease [*or* disorder]; *(psychisch)* mental illness [*or* disorder] **Ner·ven·krieg** *m* war of nerves **Ner·ven·lei·den** *nt* MED nervous condition [*or* disorder] **Ner·ven·nah·rung** *f* food for the nerves **Ner·ven·pro·be** *f* trial of nerves **Ner·ven·sa·che** *f* [**eine/reine**] **~ sein** *(fam)* to be all a question of nerves **Ner·ven·sä·ge** *f (fam)* pain in the neck *fam* **Ner·ven·schmerz** *m meist pl* MED neuralgic pain, neuralgia *no pl* **Ner·ven·schock** *m* nervous shock **ner·ven·schwach** *adj* with weak nerves *pred,* neurasthenic *spec;* **~ sein** to have weak nerves [*or spec* be neurasthenic] **ner·ven·stark** *adj* with strong nerves *pred;* **~ sein** to have strong nerves **Ner·ven·stär·ke** *f kein pl* strength of nerve **Ner·ven·strang** *m* ANAT nerve cord **Ner·ven·sys·tem** *nt* ANAT nervous system **Ner·ven·ver·bin·dung** *f meist pl* PSYCH nerve connection **Ner·ven·wachs·tum** *nt* neurogenesis, nerve growth **Ner·ven·zel·le** *f* nerve cell, neuron, neurone **Ner·ven·zen·trum** *nt* nerve centre [*or* AM -er] **Ner·ven·zu·sam·men·bruch** *m* nervous breakdown; **einen ~ haben** [*o geh* **erleiden**] to have [*or* suffer] a nervous breakdown

ner·vig ['nɛrfɪç] *adj* ① *(sl: nervenaufreibend)* irritating; ■**~ sein** to be irritating
② *(veraltend geh)* sinewy, wiry

nerv·lich I. *adj* nervous *attr*
II. *adv* ① *(psychisch)* **jd ist ~ erschöpft/belastet** sb's nerves are at a breaking point/strained
② *(in der psychischen Verfassung)* **~ bedingt** nervous

ner·vös [nɛr'vø:s] **I.** *adj* ① *(psychisch erregt)* nervous, jumpy *fam;* ■**~ sein/werden** to be/become nervous; **jdn ~ machen** to make sb nervous
② MED nervous
II. *adv (nervlich)* nervous; **~ bedingt** nervous in origin

Ner·vo·si·tät <-> [nɛrvozi'tɛ:t] *f kein pl* nervousness

nerv·tö·tend ['nɛrftø:tənt] *adj (fam)* nerve-racking [*or esp* AM wracking] *fam;* ■**~ sein** to be nerve-racking

Nerv·tö·ter <-s, -> *m (pej)* nerve-wrecker, AM *a.* pain in the ass

Nerz <-es, -e> ['nɛrts] *m* ① ZOOL mink
② MODE mink

Nerz·man·tel *m* mink coat

Nes·sel[1] <-, -n> ['nɛsl̩] *f* BOT nettle
▶WENDUNGEN: **sich** *akk* [**mit etw** *dat*] **in die ~n set-**

zen *(fam)* to put one's foot in it

Nes·sel² <-s, -> ['nɛsl̩] *m* MODE untreated cotton

Nes·sel·fie·ber *nt* MED nettle-rash **Nes·sel·sucht** *f kein pl* MED nettle-rash, hives *npl* **Nes·sel·tier** *nt* ZOOL cnidarian

Nes·sel·tuch *nt* [untreated] cloth

Nes·ses·sär <-s, -s> [nɛsɛ'sɛːɐ̯] *nt* ① *(Kulturbeutel)* vanity bag
② *(Nagelnessessär)* manicure set
③ *(Nähzeug)* sewing kit

Nest <-[e]s, -er> ['nɛst] *nt* ① ORN nest
② *(Brutstätte)* nest
③ *(fam: Kaff)* dump *fam*, hole *fam*
▸WENDUNGEN: **das eigene** [*o* **sein eigenes**] ~ **beschmutzen** to foul one's own nest; **sich** *akk* **ins gemachte ~ setzen** *(fam)* to marry well, to have got it made

Nest·bau <-s> *m kein pl* nest-building *no pl, no art*

Nest·be·schmut·zung *f* fouling one's own nest

nes·teln ['nɛstl̩n] *vi (herumzupfen)* to fiddle, to fumble; ■**an etw** *dat* ~ to fiddle around with sth

Nest·häk·chen <-s, -> *nt (fam)* baby of the family; ■**jds ~** the baby of the family **Nest·ho·cker(in)** *m(f)* ① BIOL nidicolous bird ② *(fig)* stay-at-home

Nes·tor, Nes·to·rin <-s, -en> ['nɛstoːɐ̯, nɛs'toːrɪn, *pl* -'toːrən] *m, f (geh)* doyen *masc*, doyenne *fem*

Nes·to·ri·a·ner(in) <-s, -> [nɛsto'ri̯aːnɐ] *m(f)* REL Nestorian

Nes·to·ri·a·nis·mus <-> [nɛstori̯a'nɪsmʊs] *m kein pl* REL Nestorian Church, Nestorianism

Nest·wär·me *f* warmth and security

Ne·ti·quet·te <-, -n> [nɛti'kɛtə] *f* INET netiquette

Net·po·pu·la·ti·on <-, -s> ['nɛtpopulatsi̯oːn] *f* Net population **Net·sur·fer(in)** ['nɛtzøːɐ̯fɐ, -zœrfɐ] *m(f)* Net surfer

nett ['nɛt] *adj* ① *(liebenswert)* nice; ■~ [**zu jdm**] **sein** to be nice [to sb]; ■**etwas/nichts Nettes** sth/sth not very nice; **sei so ~ und ...** would you mind ...; ***wenn Sie so ~ sind/sein würden*** if you don't mind; **so ~ sein und ...** to be so kind as to ...; ***er war so nett und hat mich nach Hause gebracht*** he was so kind as [*or* kind enough] to take me home
② *(angenehm)* nice, pleasant
③ *(beträchtlich)* nice; ***von hier ist es noch ein ganz ~es Stück zu laufen*** it's still a fair walk from here; ***sie hat sich ein ~es Sümmchen gespart*** she's saved herself a nice little sum
④ *(iron fam: unerfreulich)* nice; ***das sind ja ~e Aussichten!*** what a nice prospect!; ■**etwas Nettes** something nice

net·ter·wei·se [nɛtɐ'vai̯zə] *adv* kindly; ***er hat mich ~ nach Hause gebracht*** he was so kind as [*or* kind enough] to take me home

Net·tig·keit <-, -en> ['nɛtɪçkai̯t] *f* ① *kein pl (Liebenswürdigkeit)* kindness
② *(liebenswürdige Bemerkung)* kind [*or* nice] words [*or* things] *pl*
③ *pl (iron fam: boshafte Bemerkung)* insult

net·to ['nɛto] *adv* net

Net·to·be·trag *m* FIN net amount **Net·to·bi·lanz** *f* FIN net balance **Net·to·ein·kaufs·preis** *m* HANDEL cost price **Net·to·ein·kom·men** *nt* net income **Net·to·er·geb·nis** *nt* FIN net result **Net·to·er·lös** *m* HANDEL net yield [*or* proceeds] *pl* **Net·to·er·spar·nis·se** *pl* FIN net savings; ~ **der privaten Haushalte** net savings in private households **Net·to·er·trag** *m* FIN net profit **Net·to·er·werb** *m* ÖKON net earnings *pl* **Net·to·ge·halt** *nt* net salary **Net·to·ge·wicht** *nt* net weight **Net·to·ge·winn** *m* FIN net profit **Net·to·in·lands·pro·dukt** *nt* POL net domestic product **Net·to·in·ves·ti·ti·on** *f* ÖKON net investment **Net·to·ka·pi·tal·er·trag** *m* FIN net capital gain **Net·to·ka·pi·tal·ex·port** *m* FIN net capital export **Net·to·kre·dit·auf·nah·me** *f* net credit, net borrowings *pl* **Net·to·lohn** *m* net salary [*or* wage], take-home pay **Net·to·mo·nats·ein·kom·men** *nt* net monthly income **Net·to·preis** *m* ÖKON net price **Net·to·prin·zip** *nt* net presentation principle **Net·to·pro·duk·ti·ons·wert** *m* ÖKON net output **Net·to·ren·di·te** *fin* net yield **Net·to·so·zi·al·pro·dukt** *nt* ÖKON net national product **Net·to·sum·me** *f* FIN net total **Net·to·um·lauf·ver·mö·gen** *nt* FIN net current assets *pl*, working capital **Net·to·um·satz** *m* FIN net sales *pl* [*or* turnover] **Net·to·ver·dienst** *m* ÖKON net earnings *pl*, take-home pay **Net·to·ver·mö·gen** *nt* FIN net assets *pl* **Net·to·ver·schul·dung** *f* FIN net indebtedness **Net·to·wert** *m* FIN net value **Net·to·wert·schöp·fung** *f* FIN net value added **Net·to·wir·kungs·grad** *m* ÖKOL, TECH net efficiency

Net·wor·king <-s> ['nɛtwœːkɪŋ] *nt kein pl* ÖKON, POL networking

Netz <-es, -e> ['nɛts] *nt* ① *(Gebilde aus Fäden)* net; *(fig) von Lügen* web, tissue; *(Fischnetz)* net
② *(Einkaufsnetz)* string [*or* net] bag; *(Gepäcknetz)* [luggage] rack; *(Haarnetz)* hair net
③ SPORT net; **ans ~ gehen** to go up to the net; **ins ~ gehen** to go into the net; *Tennisball* to hit the net
④ *(a fig: Schutznetz)* safety net; **das soziale ~** the social net; **aus dem sozialen ~** [**heraus**]**fallen** to fall through the net BRIT, to fall through the cracks AM
⑤ *(Spinnennetz)* web
⑥ ELEK, TELEK *(Leitungssystem)* network; *(Strom)* [national] grid, power supply system; **ans ~ gehen** to be connected to the grid; **etw vom ~ nehmen** to cut sth off from the grid
⑦ *kein pl* INFORM *(Netzwerk)* network; **lokales/neurales ~** local/neural area network; ■**das ~** INET the Net, the Internet, the internet
⑧ *(Rohrnetz)* network [of pipes]
⑨ TRANSP system
⑩ *(Ring)* network
▸WENDUNGEN: **ohne ~ und doppelten Boden** without a safety net; **jdm ins ~ gehen** to fall into sb's trap [*or* clutches]; **jdm durchs ~ gehen** to give sb the slip

Netz·an·schluss^RR *m* ① TECH *(Anschluss an das Stromnetz)* mains [*or* power] supply ② TELEK *(Anschluss an ein Kommunikationsnetz)* telephone line connection **netz·ar·tig** *adj inv* netlike, reticulate, reticular **Netz·au·ge** *nt* ZOOL compound eye **Netz·ball** *m* TENNIS netball **Netz·be·trei·ber(in)** *m(f)* INFORM network operator [*or* provider] **Netz·be·trieb** *nt* ELEK power supply **Netz·bür·ger(in)** *m(f)* INET, SOZIOL *(euph)* netizen *euph*, citizen of the net *euph*

net·zen ['nɛtsn̩] *vt* ■**etw ~** ① *(geh: befeuchten)* to moisten [*or* wet] sth; **die Blumen mit Wasser ~** to give the plants a little water; ***Tränen netzten ihre Wangen*** tears ran down her cheeks
② SÜDD *(gießen)* to water sth

Netz·fahr·kar·te *f* area season ticket, free pass, BRIT *a.* travelcard **Netz·ge·rät** *nt* mains receiver BRIT, power supply unit

Netz·haut *f* retina **Netz·haut·ab·lö·sung** *f* retinal detachment, detached retina **Netz·haut·ent·zün·dung** *f* MED retinitis

Netz·hemd *nt* MODE string vest **Netz·ka·bel** *nt* ELEK power cable **Netz·kar·te** *f* BAHN zone card

Netz·kno·ten *m* ① INFORM network node
② TECH network junction point
③ BIOL network junction

Netz·Lauf·git·ter *nt* lobster pot **Netz·ma·gen** *m* BIOL *(Teil des Wiederkäuermagens)* reticulum **Netz·me·lo·ne** *f* cantaloup melon **Netz·mo·no·pol** *nt* net monopoly **Netz-PC** ['nɛtspeːtseː] *m* network PC **Netz·plan·tech·nik** *f* ÖKON network analysis **Netz·sei·te** *f* Web page [*or* site] **Netz·span·nung** *f* line [*or* supply] [*or* BRIT mains] voltage **Netz·ste·cker** *m* mains [*or* power] plug **Netz·strumpf** *m* fish-net stocking **Netz·teil** *nt* ELEK mains adapter BRIT, power supply unit; INFORM power pack **Netz·teil·neh·mer(in)** *m(f)* INFORM, TELEK network user **Netz·typ** *m* ELEK power type

Netz·werk *nt* ① *(eng verbundenes System)* network
② INFORM network, system **Netz·werk·adap·ter** *m* INFORM network adapter **Netz·werk·be·trieb** *nt* ELEK line supply **Netz·werk·fä·hig·keit** *f kein pl* INFORM networkability *no pl* **Netz·werk·kar·te** *f* INFORM network card **Netz·werk·kno·ten** *m* INFORM network node **Netz·werk·toch·ter** *f* network daughter

Netz·zu·gang *m* INET connection to the internet

neu ['nɔy] **I.** *adj* ① *(ungebraucht)* new; ~ **für alt** new for old; [**wie**] ~ **aussehen** to look [like] new [*or* as good as new]; **ganz ~** brand new; **jd ist nicht mehr ganz ~** *(fig sl)* sb is not as young as he/she used to be; **etw auf ~ herrichten** *(fam)* to make sth look new, to give sth a facelift; **wie ~** as good as new
② *attr, inv Kartoffeln, Wein* new
③ *(seit kurzem)* new; ***das N~e daran ist, ...*** what's new about it is ...; **die ~e Literatur/Technik** modern literature/technology; **ein ~er Mensch sein/werden** to be/become a new man/woman; **die ~e/~este Mode** the new/latest fashion; **ein ~eres System** a more up-to-date system; ■~ **sein** to be new; ***diese Mode ist ganz ~*** this is the latest fashion; **das N~este vom N~en** *(fam)* the very latest
④ *(unerfahren)* new; ***ich bin hier ~*** I'm new here; **in einem Beruf/Ort ~ sein** to be new to a profession/place; ■**der/die N~** *(fam)* the newcomer
⑤ *(unbekannt)* new; ***das ist mir ~*** I didn't know that, that's news to me *fam*; ***weißt du schon das N~este?*** have you heard the latest?; ***was gibt's N~es?*** any news?; **~e/die ~esten Nachrichten** fresh/the latest news; **nicht mehr ~** [**für jdn**] **sein** to be nothing new [to sb]
⑥ *(gegenwärtig)* **~eren Datums sein** to be of [a] more recent date; **seit ~estem:** ***seit ~estem kann man hier bargeldlos bezahlen*** just recently they've started to accept cashless payments; **die ~en** [*o* **~eren**] **Sprachen** modern languages; **in ~er Zeit** recently; **in ~erer/~ester Zeit** quite/just [*or* very] recently
⑦ *(ersetzend)* new; *Wäsche* fresh; *s. a.* **Tag**
⑧ *(weiter)* **sie holte ein ~es Glas** she fetched another glass; ***sie ist die ~e Garbo*** she's the new Garbo; **einen ~en Anfang machen** to make a fresh start; **einen ~en Anlauf nehmen** to have another go; **auf ein N~es!** here's to a fresh start!; *(Neujahr)* here's to the New Year!; **eine ~e Seite beginnen** to start a new [*or* fresh] page; **einen ~en Versuch machen** to have another try; **von ~em** all over again, from the beginning, from scratch; *(noch einmal)* [once] again
▸WENDUNGEN: **aufs N~e** afresh, anew *liter*
II. *adv* ① *(ungebraucht)* ***wir müssen das Filter ~ anfertigen/anschaffen*** we'll have to make/buy a new filter
② *(vor kurzem)* ***das Buch ist*** [***ganz***] ***~ erschienen*** the book has [only] just come out; **~ bekehrt sein** to be a new convert; **~ entwickelt/eröffnet/geschaffen** newly developed/opened/created; **~ gebacken** freshly-baked; **ein ~ geprägtes Wort** a new coinage
③ *(ersetzend)* ***die Ware ist ~ eingetroffen*** the new goods have arrived; **sich** *akk* **~ einkleiden** to buy oneself a new set of clothes
④ *(wieder)* **~ anfangen** to start all over again; **~ bearbeitet** revised; **~ beginnen** to make a fresh start, to start again from scratch; **etw ~ einrichten** to refurbish sth; **~ eröffnet** re-opened; **etw ~ gestalten** to redesign sth; ***der ~ gestaltete Marktplatz*** the newly laid-out market square
⑤ *(zusätzlich)* ***die Firma will 33 Mitarbeiter ~ einstellen*** the firm wants to take on 33 new employees

Neu·ak·tie *f* BÖRSE new share **Neu·an·fang** *m* fresh start **Neu·an·kömm·ling** <s, -e> *m* newcomer **Neu·an·la·ge** *f* FIN ① *(das Anlegen)* new investment ② *(das Angelegte)* new investment **Neu·an·schaf·fung** *f* ① *(Anschaffung von etw Neuem)* new acquisition [*or* purchase]; **~en machen** to make new acquisitions [*or* purchases], to buy new items ② *(neu Angeschafftes)* recent acquisition **neu·apos·to·lisch** *adj* REL New Apostolic **Neu·apo·sto·li·sche Kir·che** *f kein pl* REL New Apostolic Church

neu·ar·tig ['nɔy?aːɐ̯tɪç] *adj* ① *(von neuer Art)* new
② *(nach neuer Methode)* new type of; ***dieses Wörterbuch ist ganz ~*** this is a completely new type of

dictionary
Neu·ar·tig·keit <-> *f kein pl* novelty
Neu·auf·la·ge *f* MEDIA ❶ *kein pl (Neuausgabe)* new edition
❷ *(Nachdruck)* reprint
Neu·auf·nah·me *f* FIN *(von Kapital)* new borrowing **Neu·aus·ga·be** *f* MEDIA new edition
Neu·bau <-bauten> ['nɔybau, *pl* -bautn̩] *m* ARCHIT ❶ *kein pl (die neue Errichtung)* [new] building ❷ *(neu erbautes Gebäude)* new building [*or* house] **Neu·bau·ge·biet** *nt* development area; *(schon bebaut)* area of new housing **Neu·bau·mie·ten·ver·ord·nung** *f* JUR *ordinance regulating publicly subsidized tenancies on controlled rents in newly-built houses* **Neu·bau·sied·lung** *f* new housing estate **Neu·bau·woh·nung** *f* newly-built flat [*or* AM *a.* apartment]
Neu·be·ar·bei·tung *f* ❶ MEDIA *(erneutes Bearbeiten)* revision
❷ MEDIA *(revidierte Fassung)* revised edition
❸ MUS, THEAT new version
Neu·be·ginn *m* new beginning **Neu·be·le·bung** *f* ÖKON revival, revitalization; ~ **des Marktes** revival of the market **Neu·be·rech·nung** *f* FIN revaluation **Neu·be·set·zung** *m* replacement; ~ **einer Rolle** THEAT recasting of a role **Neu·be·wer·tung** *f* reassessment; ÖKON revaluation, reappraisal **Neu·be·wer·tungs·rück·la·gen** *pl* ÖKON special revaluation reserves
Neu·bil·dung *f* ❶ *(Umbildung)* reshuffle
❷ LING neologism
❸ MED neoplasm
Neu-De·lhi <-s> [nɔy'de:li] *nt* New Delhi
Neu·deutsch *nt kein pl* LING *(pej)* [German] newspeak **Neu·druck** *m* TYPO, VERLAG *(Nachdruck, Neuauflage)* reprint **Neu·ein·schät·zung** *f* reassessment **Neu·ein·stei·ger** *m* ÖKON *(Neuling)* newcomer **Neu·ein·stel·lung** *f* ❶ *eines Videorekorders, Computers etc.* resetting, retuning ❷ *eines Arbeitnehmers* new appointment, hiring **Neu·ein·stu·fung** *f* reclassification
Neu·emis·si·on *f* BÖRSE new issue
Neu·en·burg <-s> ['nɔyənbʊrk] *nt* Neuchâtel
Neu·eng·land [nɔy'ʔɛŋlant] *nt* New England **Neu·ent·de·ckung** *f* ❶ *(erneute Entdeckung)* rediscovery ❷ *(entdecktes Talent)* new discovery **Neu·ent·wick·lung** *f* ❶ *kein pl (Entwicklung neuartiger Dinge)* new development ❷ *(etwas gerade erst Entwickeltes)* new development
neu·er·dings ['nɔyɐ'dɪŋs] *adv* recently; ***es gibt ~ Bestrebungen, ...*** there have recently been attempts ...
Neu·er·er <-s, -> ['nɔyərɐ] *m* reformer
Neu·er·fas·sung *f* TYPO re-keying, re-setting [*or* -collection]
neu·er·lich ['nɔyɐlɪç] **I.** *adj* further
II. *adv (selten)* again
Neu·er·öff·nung *f* ❶ *(neue Eröffnung)* new opening ❷ *(Wiedereröffnung)* re-opening **Neu·er·schei·nung** *f* MEDIA new [*or* recent] publication
Neu·e·rung <-, -en> ['nɔyərʊŋ] *f* reform
Neu·er·wer·bung *f* ❶ *(Kauf)* new acquisition
❷ *(gerade Erworbenes)* new acquisition
❸ SPORT *(Neueinkauf eines Spielers)* new signing [*or* acquisition]
neu·es·tens ['nɔyəstn̩s] *adv (selten)* recently; *s. a.* **neuerdings**
Neu·fas·sung *f* ❶ *kein pl (Vorgang)* revising; *eines Films* remaking ❷ *(Ergebnis des Vorgangs)* new [*or* revised] version, revision; *eines Films* remake **Neu·fest·set·zung** *f* FIN realignment, reassessment; ~ **des Eigenkapitals** revision of equity; ~ **der Steuer** reassessment of tax; ~ **der Währungsparitäten/der Wechselkurse** realignment of parities/of exchange rates **Neu·for·ma·tie·rung** *nt* INFORM reformatting **Neu·fund·land** [nɔy'fʊntlant] *nt* Newfoundland **Neu·fund·län·der** <-s, -> [nɔy'fʊntlɛndɐ] *m* ZOOL Newfoundland [dog] **Neu·fünf·land** *nt kein pl (hum sl) the five former East German federal states* **neu·ge·ba·cken** *adj s.* **neu II 2** **neu·ge·bo·ren** *adj* newly born; **wie** ~ like a new man/woman **Neu·ge·bo·re·ne(s)** *nt dekl wie adj* newborn **Neu·geist-Be·we·gung** *f* REL New Thought Movement [*or* Alliance] **neu·ge·schaf·fen** *adj inv s.* **neu II 2** **Neu·ge·schäft** *nt* new business **Neu·ge·stal·tung** *f* ❶ *kein pl (das Gestalten)* redesigning, reshaping ❷ *(das Gestaltete)* redesign, new layout
Neu·gier(·de) <-> ['nɔygi:ɐ̯(də)] *f kein pl* curiosity, inquisitiveness, nosiness *pej fam;* **aus** ~ out of curiosity; **mit** [*o* **voller**] ~ full of curiosity
neu·gie·rig **I.** *adj* ❶ *(auf Informationen erpicht)* curious, inquisitive, nos[e]y *pej fam;* ■~ **sein/werden** to be/become curious [*or* inquisitive]; ***sei nicht so ~!*** don't be so nosey!
❷ *(gespannt)* ■~ **sein, ob/wie ...** to be curious to know, whether/how ...; **jdn ~ machen** to make sb curious; **da bin ich aber ~!** this should be interesting!
II. *adv* curiously, inquisitively, nosily
Neu·gie·ri·ge(r) *f(m) dekl wie adj* curious person, BRIT *pej fam a.* Nos[e]y Parker, rubberneck *sl*
Neu·glie·de·rung *f* restructuring, reorganization **Neu·go·tik** ['nɔygo:tɪk] *f* ARCHIT, KUNST neo-Gothic **Neu·grie·chisch** <-> *nt* Modern Greek
Neu·grün·dung *f* ❶ *(erstmalige Gründung)* new establishment; *(Firma)* newly establishment business ❷ *(neu gegründeter Ort)* new establishment; *(neu gegründete Institution)* new foundation
❸ *(Prozess)* business start-up
Neu·gui·nea <-s> [-gi'ne:a] *nt* New Guinea
Neu·hei·de, -din *m, f* REL Druid
Neu·heit <-, -en> ['nɔyhait] *f* ❶ *(Neusein)* novelty
❷ ÖKON innovation
Neu·heits·prü·fung *f (Patent)* novelty search, examination for novelty
neu·hoch·deutsch ['nɔyho:xdɔytʃ] *adj* LING New High German **Neu·hoch·deutsch** <-> ['nɔyho:xdɔytʃ] *nt dekl wie adj* ■**das** ~**e** New High German
Neu·ig·keit <-, -en> ['nɔyɪçkait] *f* news
Neu·ins·ze·nie·rung *f* THEAT new production **Neu·in·ves·ti·ti·on** *f* FIN new investment
Neu·jahr *nt kein pl (der erste Januar)* New Year ►WENDUNGEN: **prost ~!** here's to the [*or* happy] New Year! **Neu·jahrs·abend** *m* New Year's Eve; *(in Schottland)* Hogmanay **Neu·jahrs·emp·fang** *m reception on New Year's Eve* **Neu·jahrs·fest** *nt* New Year's celebrations *pl* **Neu·jahrs·tag** *m* New Year's Day
Neu·ka·le·do·ni·en <-s> [nɔykale'do:ni̯ən] *nt* New Caledonia **Neu·kar·tell** *nt* ÖKON new cartel **Neu·kon·zi·pie·rung** <-, -en> *f (geh)* new conception **Neu·kre·dit** *m* FIN new money **Neu·kun·de, -kun·din** *m, f* new customer **Neu·land** *nt kein pl* AGR uncultivated land, virgin territory ►WENDUNGEN: [**mit etw** *dat*] [**...**] ~ **betreten** to enter unknown territory; ~ [**für jdn**] **sein** to be unknown territory [for sb] **Neu·land·ge·win·nung** *f* land reclamation
neu·lich ['nɔylɪç] *adv* recently, the other day; ***erinnert ihr euch noch an ~ abends/ morgens/ sonntags?*** do you remember the other evening/ morning/Sunday?; **von** ~ from the other day
Neu·ling <-s, -e> ['nɔylɪŋ] *m* beginner
neu·mo·disch **I.** *adj* ❶ *(sehr modern)* fashionable
❷ *(pej: unverständlich neu)* new-fangled
II. *adv* fashionably
Neu·mond *m kein pl* new moon; **bei** ~ at new moon
neun ['nɔyn] *adj* nine; *s. a.* **acht**[1]
►WENDUNGEN: **alle ~[e]!** strike!; **alle ~e werfen** to get a strike
Neun <-, -en> ['nɔyn] *f* ❶ *(Zahl)* nine
❷ KARTEN nine; *s. a.* **Acht**[1] **4**
❸ *(Verkehrslinie)* ■**die** ~ the [number] nine
►WENDUNGEN: **ach du grüne ~e!** *(fam)* good heavens!
Neun·au·ge ['nɔynʔaugə] *nt* ZOOL lamprey **neun·ein·halb** ['nɔynʔain'halp] *adj* nine and a half; *s. a.* **anderthalb**
neu·ner·lei ['nɔynɐ'lai] *adj inv, attr* nine [different]; *s. a.* **achterlei**
neun·fach, 9·fach ['nɔynfax] **I.** *adj* **die ~e Menge nehmen** to take nine times the amount
II. *adv* nine times, ninefold
Neun·fa·che, 9·fa·che *nt dekl wie adj* **das ~ verdienen** to earn nine times the/that amount; *s. a.* **Achtfache**
neun·hun·dert ['nɔyn'hʊndɐt] *adj* nine hundred; *s. a.* **hundert** **neun·hun·dert·jäh·rig** *adj* nine-hundred-year-old *attr;* **das ~e Bestehen von etw** *dat* **feiern** to celebrate the nine hundredth anniversary of sth **neun·jäh·rig, 9-jäh·rig**[RR] *adj* ❶ *(Alter)* nine-year-old *attr,* nine years old *pred; s. a.* **achtjährig 1**
❷ *(Zeitspanne)* nine-year *attr; s. a.* **achtjährig 2** **Neun·jäh·ri·ge(r), 9-Jäh·ri·ge(r)**[RR] *f(m) dekl wie adj* nine-year-old **neun·köp·fig** [-kœpfɪç] *adj* nine-person *attr; s. a.* **achtköpfig** **Neun-Loch-Golf·an·la·ge** *f* nine-hole golf course
neun·mal ['nɔynma:l] *adv* nine times; *s. a.* **achtmal**
neun·ma·lig ['nɔynma:lɪç] *adj* repeated nine times; *s. a.* **achtmalig**
neun·mal·klug ['nɔynma:lklu:k] *adj (iron fam)* smart-aleck *attr fam*
Neun·mal·klu·ge(r) *f(m) dekl wie adj (iron fam)* smart-aleck *fam*
neun·stö·ckig [-ʃtœkɪç] *adj inv* nine-storey [*or* AM *also* -story] *attr,* with nine storeys **neun·stün·dig, 9-stün·dig**[RR] [-ʃtʏndɪç] *adj* nine-hour *attr; s. a.* **achtstündig**
neunt ['nɔynt] *adj* **zu ~ sein**: ***wir waren zu neunt*** there were three of us
neun·tau·send ['nɔyn'tau:zn̩t] *adj* ❶ *(Zahl)* nine thousand [*or fam* K]; *s. a.* **tausend 1**
❷ *(fam: Geld)* nine grand *no pl,* nine thou *no pl sl,* nine G's [*or* K's] AM *sl*
neun·te(r, s) ['nɔyntə(ɐ, s)] *adj* ❶ *(nach dem achten kommend)* ninth; **die ~ Klasse** fourth year [*or* form] BRIT, S4 BRIT; *s. a.* **achte(r, s) 1**
❷ *(Datum)* ninth, 9th; *s. a.* **achte(r, s) 2**
Neun·te(r) ['nɔyntə(ɐ)] *f(m) dekl wie adj* ❶ *(Person)* ninth; *s. a.* **Achte(r) 1**
❷ *(bei Datumsangaben)* ■**der ~/am Neunten** *gesprochen,* ■*geschrieben* **der 9./am 9.** the ninth/on the ninth *spoken,* the 9th/on the 9th *written; s. a.* **Achte(r) 2**
❸ *(als Namenszusatz)* **Ludwig der** ~, *geschrieben* **Ludwig IX.** Ludwig the Ninth *spoken,* Ludwig IX *written; s. a.* **Achte(r) 2**
neun·tel ['nɔntl̩] *nt* ninth; *s. a.* **achtel**
Neun·tel <-s, -> ['nɔyntl̩] *nt o* SCHWEIZ *m* ninth; *s. a.* **Achtel**
neun·tens ['nɔyntən̩s] *adv* ninthly
Neun·tö·ter <-s, -> ['nɔyntø:tɐ] *m* ORN red-backed shrike
neun·zehn ['nɔyntse:n] *adj* nineteen; *s. a.* **acht**[1]
neunzehnte(r, s) *adj* nineteenth; *s. a.* **achte(r, s)**
Neun·zehn·tel *nt* nineteenth
neun·zig ['nɔyntsɪç] *adj* ❶ *(Zahl)* ninety; *s. a.* **achtzig 1**
❷ *(fam: Stundenkilometer)* ninety [kilometres BRIT [*or* AM -meters] an hour]; *s. a.* **achtzig 2**
Neun·zig ['nɔyntsɪç] *f* ninety
neun·zi·ger, 90er ['nɔyntsɪgɐ] *adj inv, attr* **die ~ Jahre** the nineties *pl*
Neun·zi·ger <-s, -> ['nɔyntsɪgɐ] *m* ❶ *(Mann von 90 Jahren)* ninety year-old; *(Mann in den Neunzigerjahren)* nonagenarian, a man in his nineties
❷ *pl (Lebensjahrzehnt zwischen 80 und 90)* nineties; ■**in den ~n sein** to be in one's nineties
❸ *pl (Neunzigerjahre)* **die** ~ the nineties *pl;* **in den** ~ in the nineties
Neun·zi·ger·jah·re *pl* ■**die** ~ the nineties *pl*
neun·zig·jäh·rig, 90-jäh·rig[RR] *adj attr* ❶ *(Alter)* ninety-year-old *attr,* ninety years old *pred*
❷ *(Zeitspanne)* ninety-year *attr*
Neun·zig·jäh·ri·ge(r) *f(m) dekl wie adj* ninety-year-old
neun·zig·ste(r, s) ['nɔyntsɪgstə] *adj* ninetieth; *s. a.* **achte(r, s)**
Neu·ord·nung *f* reform **Neu·ord·nungs·ge·setz**

N

nt reform law
Neu·or·ga·ni·sa·ti·on *f* reorganization **Neu·ori·en·tie·rung** *f (geh)* reorientation **Neu·pfingst·ler(in)** <-s, -> ['nɔypfɪŋstlɐ] *m(f)* REL neo-Pentecostal, New Pentecostal **Neu·phi·lo·lo·ge, -phi·lo·lo·gin** ['nɔyfilolo:gə, -filolo:gɪn] *m, f s.* **Neusprachler** **Neu·phi·lo·lo·gie** *f* modern languages + *sing/pl* **Neu·phi·lo·lo·gin** <-, -nen> *f fem form von* **Neuphilologe** **Neu·prä·gung** *f* ❶ *(Münze)* new mintage ❷ LING new coinage
Neu·ral·gie <-, -n> [nɔyral'gi:, *pl* nɔyral'gi:ən] *f* neuralgia
neur·al·gisch [nɔy'ralgɪʃ] *adj* ❶ MED neuralgic ❷ *(geh: störungsanfällig)* **ein ~er Punkt** a trouble spot
Neur·as·the·nie <-, -n> [nɔyraste'ni:, *pl* nɔyraste'ni:ən] *f* neurasthenia
Neur·as·the·ni·ker(in) <-s, -> [nɔyras'te:nikɐ] *m(f)* neurasthenic
neur·as·the·nisch [nɔyras'te:nɪʃ] *adj* MED neurasthenic
Neu·re·ge·lung, Neu·reg·lung *f* revision; *Verkehr, Ampelphasen* new scheme **neu·reich** *adj* nouveau riche **Neu·rei·che(r)** *f(m) dekl wie adj* nouveau riche
Neu·rit <-en, -en> [nɔy'ri:t] *m* BIOL *(Hauptteil der Nervenzelle)* neurite
Neu·ri·tis <-, Neuritiden> [nɔy'ri:tɪs, *pl* nɔyri'ti:dn̩] *f* neuritis
Neu·ro·bio·lo·ge, -bio·lo·gin *m, f* neurobiologist **Neu·ro·bio·lo·gie** ['nɔyrobiologi:] *f kein pl* neurobiology **Neu·ro·bio·lo·gin** *f fem form von* **Neurobiologe** **Neu·ro·chir·urg(in)** *m(f)* neurosurgeon **Neu·ro·chir·ur·gie** ['nɔyroçirʊrgi:] *f* neurosurgery **Neu·ro·chir·ur·gin** *f fem form von* **Neurochirurg** **Neu·ro·com·pu·ter** *m* INFORM neurocomputer **Neu·ro·der·mi·tis** <-, -dermitiden> [nɔyrodɛr'mi:tɪs] *f* neurodermatitis **Neu·ro·lep·ti·kum** <-s, -tika> [nɔyro'lɛptikʊm, *pl* nɔyro'lɛptika] *nt* neuroleptic
Neu·ro·lo·ge, -lo·gin <-en, -en> [nɔyro'lo:gə, -'lo:gɪn] *m, f* neurologist
Neu·ro·lo·gie <-, -n> [nɔyrolo'gi:] *f* MED ❶ *kein pl* neurology ❷ *(fam: neurologische Abteilung)* neurology
Neu·ro·lo·gin <-, -nen> *f fem form von* **Neurologe**
neu·ro·lo·gisch [nɔyro'lo:gɪʃ] *adj* neurological
Neu·ron <-s, -ronen> ['nɔyrɔn, *pl* nɔy'ro:nən] *nt* neuron
neu·ro·nal [nɔyro'na:l] *adj inv* MED, PSYCH *(fachspr)* neuronal, neuronic
Neu·ro·phy·sio·lo·ge, -phy·sio·lo·gin <-n, -n> [nɔyrɔfyzio'lo:gə, -fyzio'lo:gɪn] *m, f* MED neurophysiologist
Neu·ro·se <-, -n> [nɔy'ro:zə] *f* PSYCH neurosis
Neu·ro·the·ra·pie *f* MED neurotherapy
Neu·ro·ti·ker(in) <-s, -> [nɔy'ro:tikɐ] *m(f)* neurotic
neu·ro·tisch [nɔy'ro:tɪʃ] *adj* PSYCH ❶ *(an einer Neurose leidend)* neurotic; ■ **~ sein/werden** to be/become neurotic ❷ *(durch eine Neurose bedingt)* neurotic
Neu·ro·trans·mit·ter <-s, -> [-transmɪtɐ] *m* BIOL neurotransmitter
Neu·schnee *m* fresh snow
Neu·see·land [nɔy'ze:lant] *nt* New Zealand
Neu·see·län·der(in) <-s, -> [nɔy'ze:lɛndɐ] *m(f)* New Zealander
neu·see·län·disch [nɔy'ze:lɛndɪʃ] *adj* New Zealand *attr,* from New Zealand *pred*
Neu·sied·ler·see ['nɔyzi:dlɐ-] *m* Lake Neusiedl
Neu·sil·ber ['nɔyzɪlbɐ] *nt* nickel silver **Neu·sprach·ler(in)** <-s, -> ['nɔyʃpra:xlɐ] *m(f)* modern linguist **neu·sprach·lich** I. *adj* modern language *attr* II. *adv* modern language; *~ e Gymnasien grammar schools specializing in modern languages* **Neu·sprech** <-> *nt kein pl (pej)* newspeak **Neu·start** *m* new start
neus·tens ['nɔystn̩s] *adv (selten) s.* **neuestens**
Neu·struk·tu·rie·rung *f* reform, restructuring **Neu·tö·ner(in)** <-s, -> *m(f)* MUS exponent of the New Music
Neu·tra ['nɔytra] *pl von* **Neutrum**
neu·tral [nɔy'tra:l] I. *adj* ❶ POL neutral ❷ *(unparteiisch)* neutral; ■ **jd ist/bleibt ~** sb is/remains neutral ❸ *(zurückhaltend)* neutral ❹ CHEM *(weder alkalisch noch sauer)* neutral
II. *adv* ❶ *(unparteiisch)* neutral ❷ CHEM neutral
Neu·tra·li·sa·ti·on <-, -en> [nɔytraliza'tsio:n] *f s.* **Neutralisierung**
neu·tra·li·sie·ren* [nɔytrali'zi:rən] *vt* ❶ POL ■ **etw ~** to neutralize sth ❷ *(geh: in der Wirkung aufheben)* **Einfluss/Gift/Wirkung ~** to neutralize the influence/poison/effect ❸ CHEM ■ **etw ~** to neutralize sth
Neu·tra·li·sie·rung <-, -en> *f* ❶ POL neutralization ❷ *(geh)* neutralization ❸ CHEM neutralization
Neu·tra·lis·mus <-> [nɔytra'lɪsmʊs] *m kein pl* POL neutralism
Neu·tra·li·tät <-> [nɔytrali'tɛ:t] *f kein pl* ❶ POL neutrality ❷ *(geh: Unparteilichkeit)* neutrality
Neu·tren ['nɔytrən] *pl von* **Neutrum**
Neu·tri·no <-s, -s> [nɔy'tri:no] *nt* neutrino
Neu·tron <-s, -tronen> ['nɔytrɔn, *pl* nɔy'tro:nən] *nt* neutron
Neu·tro·nen·bom·be *f* neutron bomb **Neu·tro·nen·stern** *m* ASTRON neutron star **Neu·tro·nen·strah·lung** *f* neutron radiation **Neu·tro·nen·waf·fe** *f* neutron weapon
Neu·trum <-s, Neutra *o* Neutren> ['nɔytrʊm, *pl* 'nɔytra, 'nɔytrən] *nt* ❶ LING *(sächliches Wort)* neuter ❷ *(geh)* MED ■ **ein ~** a neuter
Neu·ver·fil·mung *f* remake **Neu·ver·hand·lung** *f (Rechtssache)* retrial; *(Gespräch)* renegotiation **Neu·ver·mähl·te(r)** *f(m) dekl wie adj (geh)* newly-wed **Neu·ver·mie·tung** *f* re-letting **Neu·ver·schul·dung** *f* ÖKON new borrowing [*or* debt] **Neu·ver·tei·lung** *f* redistribution **Neu·wa·gen** *m* new car **Neu·wahl** *f* POL re-election **Neu·wert** *m* original value; **zum ~** at original value **neu·wer·tig** *adj* as new; ■ **~ sein** to be as good as new **Neu·zeit** *f kein pl* ■ **die ~** modern times *pl,* the modern age [*or* era]
neu·zeit·lich I. *adj* ❶ *(der Neuzeit zugehörig)* of modern times, of the modern age [*or* era] *pred* ❷ *(modern)* modern
II. *adv (modern)* modern
Neu·zu·gang *m* new entry **Neu·zu·las·sung** *f (form)* [first] registration **Neu·zu·zü·ger(in)** <-s, -> [-tsu:tsy:gɐ] *m(f)* SCHWEIZ *(neu Zugezogener)* newcomer
New Age <- -> ['nju:'e:dʒ] *nt kein pl* new age
New·co·mer <-s, -> ['nju:kamɐ] *m* newcomer
New Eco·no·my <- -> [nju: i'kɔnəmi] *f kein pl* ÖKON new economy
News·group <-, -s> ['nju:zgru:p] *f* INET newsgroup
New York <-s> ['nju:'jɔ:k] *nt* New York
nhd. *Abk von* **neuhochdeutsch** New High German
Ni *Abk von* **Nickel** Ni
Ni·a·cin [nia'tsi:n] *nt kein pl* niacin
Ni·a·ga·ra·fäl·le [nia'ga:rafɛlə] *pl* Niagara Falls *pl*
Ni·be·lun·gen ['ni:bəlʊŋən] *pl (germanisches Sagengeschlecht)* Nibelungs *pl*
Ni·be·lun·gen·lied *nt* LIT *(mittelhochdt. Heldenepos)* Nibelungenlied **Ni·be·lun·gen·treue** *f kein pl* POL *(geh)* unswerving [*or* unflinching] loyalty
Ni·ca·ra·gua <-s> [nika'ra:gua] *nt* Nicaragua
Ni·ca·ra·gu·a·ner(in) <-s, -> [nikara'gua:nɐ] *m(f)* Nicaraguan
ni·ca·ra·gu·a·nisch [nikara'gua:nɪʃ] *adj* Nicaraguan
nicht [nɪçt] I. *adv* ❶ *(Verneinung)* not; ***ich weiß ~*** I don't know; ***ich bin es ~ gewesen*** it wasn't me; ***nein, danke, ich rauche ~*** no thank you, I don't smoke; ***alle rauchten, nur sie ~*** everybody was smoking, only she didn't [*or* except for her]; ***wer hat das getan? – ich ~!*** who did that? — it wasn't me!; ***kommst du? – nein, ich komme ~*** are you coming? — no, I'm not [coming]; ***ich mag sie ~ – ich auch ~*** I don't like her — neither [*or* nor] do I; ***ich weiß auch ~, warum*** I really don't know why; ***~ dich habe ich gemeint, sondern ihn*** I didn't mean you, I meant him, it's not you I meant but him; ***jedes andere Hemd, aber das bitte ~*** any other shirt, just not that one; ***~, dass ich ~ will, ich habe nur keine Zeit*** [it's] not that I don't want to, I just don't have the time; **~ ... sein** to not be ...; ***das war aber ~ nett von dir!*** that wasn't very nice of you!; ***das ist überhaupt ~ schlimm!*** it's not as bad as all that!; ***heute ist es ~ so kalt/warm wie gestern*** it's not as cold/warm today as yesterday; **~ [ein]mal** not even; **~ heute und ~ morgen** neither today nor tomorrow; **~ mehr** [*o* **länger**] not any longer; ***ich kann das ~ mehr sehen!*** I can't stand the sight of it any more!; **~ mehr als** no more than; **~ mehr und ~ weniger als** no more and no less than
❷ *(vor Adjektiv zur Verneinung)* **~ amtlich** unofficial; **~ euklidische Geometrie** MATH non-Euclidean geometry; **~ leitend** PHYS non-conducting; **~ linear** MATH non-linear; **~ öffentlich** *attr* not open to the public *pred;* **~ rostend** non-rusting; **etw ~ Zutreffendes** sth incorrect [*or* untrue]; ***~ Zutreffendes [bitte] streichen!*** [please] delete as applicable [*or* appropriate]
❸ *(verneinende Aufforderung)* do not, don't; ***~!*** don't!, stop it!, no!; ***~ berühren!*** don't touch, do not touch *form;* ***~ hinauslehnen!*** *(im Zug)* do not lean out of the window; ***~ rauchen!*** no smoking; ***halt, ~ weiterfahren!*** stop, do not proceed any further!; ***ärgere dich ~!*** don't be angry!; ***tu's ~!*** don't do it!; **bitte ~!** please don't!; **~ doch!** stop it!, don't!; ***~ doch, ~ weinen!*** it's all right, don't cry!; **nur das ~!** anything but that!
❹ *(empört, verwundert)* **was ... ~** the things ...; ***was man sich heute ~ alles bieten lassen muss!*** the things one has to put up with these days!; ***was du ~ sagst!*** you don't say!
❺ *(bestätigend)* ***~ uninteressant/unschön*** not uninteresting/unattractive; ***~ übel!*** not bad!; ***er ist ~ dumm!*** he's not stupid!
II. *part* ❶ *(rhetorisch)* isn't that right; ***sie ist deine Schwester, ~?*** she's your sister, isn't she?; ***er schuldet dir doch noch Geld, ~?*** he still owes you money, doesn't he?; ***sie kommt, ~ [wahr]?*** she's coming, isn't she?; ***sie kommt ~, ~ wahr?*** she isn't coming, is she?; ***das ist eine gute Idee, ~ [wahr]?*** it's a good idea, isn't it?; ***jetzt wollen wir mal gehen, ~?*** let's leave now, right [*or fam* OK]?
❷ *(wohl)* not; ***kannst du mir ~ 1.000 Euro leihen?*** could you not lend me 1,000 euros?; ***kommst du etwa ~?*** aren't you coming, then?; ***willst du ~ auch kommen?*** won't you come too?
Nicht·ab·nah·me *f* HANDEL non-acceptance, refusal to accept **Nicht·ach·tung** *f* disregard; **~ des Gerichts** JUR contempt of court; **jdn mit ~ strafen** to send sb to Coventry, to ostracize sb **Nicht·ak·ti·o·när(in)** *m(f)* non-shareholder **nicht·al·ko·ho·lisch** *adj* nonalcoholic **nicht·amt·lich** *adj inv s.* **nicht I 2** **Nicht·an·er·ken·nung** *f* ❶ POL non-recognition *no pl* ❷ JUR repudiation; **~ einer Schuld** repudiation of a debt **Nicht·an·griffs·pakt** [nɪçt'ʔangrɪfs,pakt] *m* POL non-aggression pact **Nicht·an·säs·si·ge(r)** *f(m)* JUR non-resident [person] **Nicht·an·wend·bar·keit** *f* non-applicability **Nicht·an·wend·bar·keits·er·klä·rung** *f* declaration of non-applicability **Nicht·an·wen·dung** *f* non-application **Nicht·an·zei·ge** *f* JUR negative misprision **Nicht·aus·füh·rung** *f* non-performance, non-execution **Nicht·aus·las·tung** *f kein pl* partial utilization of capacity **Nicht·aus·übung** *f* non-usage, non-exercise **Nicht·be·ach·tung** *f,* **Nicht·be·fol·gung** *f* JUR non-observance, non-compliance; **bei ~ einer S.** *gen* upon non-observance of sth **nicht·be·rech·tigt** *adj inv* unauthorized, ineligible **Nicht·be·rech·tig·te(r)** *f(m) dekl wie adj* non-entitled party, person having no title **Nicht·be·strei·ten** *nt* JUR non-denial, no contention **nicht·de·ckungs·pflich·tig** *adj inv* FIN

not requiring cover **nịcht·deutsch** *adj inv* non-German

Nịch·te <-, -n> ['nɪçtə] *f* niece

nịcht·ehe·lich *adj inv* JUR illegitimate; **~es Kind, Kind aus einer ~en Beziehung** illegitimate child, child born out of wedlock *dated form;* **~e Beziehungen zu jdm unterhalten** to cohabit with sb **Nịcht·ein·hal·tung** *f kein pl* JUR non-compliance *no pl* **Nịcht·ein·mi·schung** *f* POL non-intervention **Nịcht·er·brin·gung** *f einer Leistung* default **Nịcht·er·fül·lung** *f* JUR non-fulfilment [*or* AM -ll-], non-performance, nonfeasance; **wegen ~ des Vertrags klagen** to sue for breach of contract; **Schadensersatz wegen ~** compensation for non-performance **Nịcht·er·he·bung** *f* FIN exemption, remission; **~ eines Betrages der Zollschuld** non-recovery of the customs debt **Nịcht·er·he·bungs·ver·fah·ren** *nt* FIN suspensive procedure **Nịcht·er·schei·nen** <-s> *nt kein pl* non-appearance, failure to appear **Nịcht·er·schie·ne·ne(r)** [-ɛɐ̯ʃi:nənə] *f(m) dekl wie adj* non-attendant; *(vor Gericht)* defaulter **nịcht·eu·kli·disch** *adj inv* MATH *s.* **nicht I 2** **Nịcht·eu·ro·pä·er(in)** *m(f)* non-European **Nịcht·ge·fal·len** *nt* **bei ~** ÖKON if not satisfied

nịch·tig ['nɪçtɪç] *adj* ① JUR *(ungültig)* invalid, void; **etw für ~ erklären** JUR to declare sth invalid [*or* [null and] void]; **eine Ehe für ~ erklären** to annul a marriage

② *(geh: belanglos)* trivial

Nịch·tig·er·klä·rung *f* JUR declaration of nullity

Nịch·tig·keit <-, -en> *f* ① *kein pl* JUR *(Ungültigkeit)* invalidity, voidness

② *meist pl (geh)* triviality

Nịch·tig·keits·ab·tei·lung *f* JUR revocation division **Nịch·tig·keits·an·trag** *m* JUR *(Patent)* application for revocation **Nịch·tig·keits·be·schwer·de** *f (Patentrecht)* nullity appeal **Nịch·tig·keits·ein·re·de** *f* JUR plea of nullity **Nịch·tig·keits·er·klä·rung** *f* JUR annulment; *(eines Urteils)* reversion of sentence **Nịch·tig·keits·grund** *m* JUR ground for nullity; *(Patentrecht)* ground for revocation **Nịch·tig·keits·kla·ge** *f* JUR nullity suit **Nịch·tig·keits·pro·zess**[RR] *m* JUR nullity suit, proceedings for annulment **Nịch·tig·keits·se·nat** *m (EU Patentamt)* nullity board **Nịch·tig·keits·ur·teil** *nt* JUR decree of nullity **Nịch·tig·keits·ver·fah·ren** *nt* JUR nullity proceedings *pl; (Patent)* revocation of a patent by court

Nịcht·kauf·mann, -kauf·frau *m, f* JUR non-merchant **Nịcht·kennt·nis** *f* JUR ignorance; **schuldhafte ~** constructive notice **Nịcht·leis·tung** *f* JUR non-performance, failure to perform; **bei ~** on default **nịcht·lei·tend** *adj inv s.* **nicht I 2** **Nịcht·lei·ter** *m* PHYS non-conductor **Nịcht·lie·fe·rung** *f* HANDEL non-delivery **nịcht·li·ne·ar** *adj inv* MATH *s.* **nicht I 2** **Nịcht·li·ne·a·ri·tät** *f* MATH nonlinearity **Nịcht·me·tall** *nt* non-metal **Nịcht·mit·glied** *nt* non-member **nịcht·öf·fent·lich** *adj inv s.* **nicht I 2**

Nịcht·rau·cher(in) *m(f)* ① *(nicht rauchender Mensch)* non-smoker; ■ **~ sein** to be a non-smoker, to not smoke ② BAHN *(fam: Nichtraucherabteil)* non-[*or* no-]smoking section [*or* compartment]; **„~"** no smoking **Nịcht·rau·cher·ab·teil** *nt* BAHN non-smoking section [*or* compartment] **Nịcht·rau·cher·be·reich** *m* non-smoking [*or* smoke-free] [*or* smokeless] area **Nịcht·rau·che·rin** <-, -nen> *f fem form von* **Nichtraucher** **Nịcht·rau·cher·schutz** *m* protection of non-smokers **Nịcht·rau·cher·zo·ne** *f* non-smoking zone [*or* area]

Nịcht·re·gie·rungs·or·ga·ni·sa·ti·on *f* non-governmental organization

nịcht·ros·tend [-rɔstn̩d] *adj inv, attr (fachspr) Stahl* stainless; *s. a.* **nicht I 2**

nichts [nɪçts] *pron indef, inv* ① *(nicht etwas)* not anything; ***es ist* ~** it's nothing; **~ als ...** *(nur)* nothing but; **~ mehr** not anything [*or* nothing] more; **~ wie ...** *(fam)* let's get ...; **~ *wie raus!*** let's get out!; **~ ahnend** *adjektivisch* unsuspecting; *adverbial* unsuspectingly; **~ sagend** empty, meaningless; **~ sagend sein** to be meaningless; ***man kann gar ~ sehen*** one can't see anything; ***damit will ich ~ zu tun haben*** I don't want anything to do with it; ***das geht Sie ~ an!*** that's none of your business!

② *vor substantiviertem adj* nothing; **~ anderes** [**als** ...] nothing [*or* not anything] other than ...; ***hoffentlich ist es ~ Ernstes*** I hope it's nothing serious

▶WENDUNGEN: **~ da!** *(fam)* no chance! *fam;* **für** [*o* **um**] **~** for nothing; **das war wohl ~** *(sl)* oh well, that wasn't much of a hit; **wie ~** *(fam)* at the wink of an eye; **für ~ und wieder ~** *(fam)* for nothing [at all] *fam*

Nichts <-, -e> ['nɪçts] *nt* ① *kein pl* PHILOS *(Nichtsein)* ■ **das/ein ~** nothingness

② *(leerer Raum)* void

③ *(Nullmenge)* nothing; **aus dem ~** out of nothing; ***er hat die Firma aus dem ~ aufgebaut*** he built the firm up out of nothing; **aus dem ~ auftauchen** to show up from out of nowhere

④ *(unbedeutender Mensch)* ■ **ein ~** a nonentity [*or* nobody]

▶WENDUNGEN: **vor dem ~ stehen** to be left with nothing

Nịcht·schul·dig·er·klä·rung *f* JUR plea of not guilty **Nịcht·schuld·ver·mu·tung** *f* JUR presumption of innocence

Nịcht·schwim·mer(in) *m(f)* non-swimmer; **~ sein** to be a non-swimmer; *s. a.* **Nichtschwimmerbecken** **Nịcht·schwim·mer·be·cken** *nt* non-swimmer's pool **Nịcht·schwim·me·rin** <-, -nen> *f fem form von* **Nichtschwimmer**

nichts·des·to·trotz [nɪçtsdɛsto'trɔts] *adv* nonetheless

▶WENDUNGEN: **aber ~, ...** but nevertheless, ...

nichts·des·to·we·ni·ger [nɪçtsdɛsto've:nɪgɐ] *adv* notwithstanding *form,* nevertheless, nonetheless

Nịcht·sess·haf·ten·hil·fe[RR] *f* aid to the homeless, homeless aid agency

Nịcht·sess·haf·te(r)[RR] *f(m) dekl wie adj (form)* person with [*or* of] no fixed abode, homeless person

Nịchts·kön·ner(in) *m(f) (pej)* useless person **Nịchts·nutz** <-es, -e> ['nɪçtsnʊts] *m (pej)* good-for-nothing **nịchts·nut·zig** *adj (pej)* useless, good-for-nothing, hopeless

nịcht·staat·lich *adj inv Organisation* non-governmental **Nịchts·tu·er(in)** <-s, -> [-tu:ɐ] *m(f) (pej)* idler, loafer **Nịchts·tun** *nt* ① *(das Faulenzen)* idleness ② *(Untätigkeit)* inactivity **nịchts·wür·dig** <-er, -ste> *adj (geh)* despicable *pej; Mensch a.* worthless; *Tat a.* base; **ein ~es Ende mit jdm nehmen** to come to a wretched end; **ein N~er** a worthless [*or* despicable] wretch

Nịcht-Un·ter·zeich·ner-Staat *m* non-signatory, state that has not signed [up to] a treaty **Nịcht·ver·an·la·gungs·be·schei·ni·gung** *f* FIN non-assessment note **Nịcht·ver·mö·gens·scha·den** *m* JUR non-pecuniary damage **Nịcht·wäh·ler(in)** *m(f)* POL non-voter **Nịcht·wei·ter·ga·be·ver·trag** *m* JUR non-proliferation treaty **Nịcht·wei·ter·ver·brei·tung** *f* non-proliferation

Nịcht·wi·der·spruch *m* JUR non-objection, non-opposition **Nịcht·wi·der·spruchs·kar·tell** *nt* ÖKON non-opposition cartel

Nịcht·wis·sen *nt* ignorance; **etw mit ~ bestreiten** JUR to plead ignorance **Nịcht·zah·lung** *f* FIN non-payment, default of payment; **bei ~** in default of payment **Nịcht·zu·las·sungs·be·schwer·de** *f* JUR appeal against denial of leave to appeal **Nịcht·zu·stan·de·kom·men** *nt (form)* non-realization; **bei ~ einer S.** *gen* in the case of non-realization of sth **Nịcht·zu·tref·fen·de(s)** *nt s.* **nicht I 2**

Nị·ckel <-s> ['nɪkl] *nt kein pl* CHEM nickel *no pl*

Nị·ckel·al·ler·gie *f kein pl* MED nickel allergy **Nị·ckel·bril·le** *f* metal-rimmed glasses *pl* **nị·ckel·frei** *adj inv* nickel-free

nị·cken ['nɪkn̩] *vi* ① *(mit dem Kopf nicken)* to nod; ■ **... ~** to nod ...; **zufrieden ~** to nod with content; ■ **das ~** nod

② *(fam: schlafen)* to nod [off], to snooze, to doze

Nị·cker·chen <-s> ['nɪkɐçən] *nt kein pl (fam)* nap *fam,* snooze *fam,* forty winks *fam;* **ein ~ machen** [*o* **halten**] to take [*or* have] a nap [*or* snooze], to nap

Nị·cki <-s, -s> ['nɪki] *m* MODE velour pullover

Nị·cki·pull·o·ver *m* velour pullover **Nị·cki·tuch** *nt* small cotton scarf

Nick·name <-s, -s> ['nɪkneɪm] *m* nickname

Nị·del <-s> ['ni:dl] *m o f kein pl* KOCHK SCHWEIZ *(Sahne)* cream

Nid·wal·den <-s> ['ni:tvaldn̩] *nt* Nidwalden

nie ['ni:] *adv* ① *(zu keinem Zeitpunkt)* never; **~ mehr** [*o* **wieder**] never again; **einmal und ~ wieder** once and never again; **~ im Leben** not ever; ***das hätte ich ~ im Leben gedacht*** I never would have thought so; **~ und nimmer** never ever; *s. a.* **noch**

② *(bestimmt nicht)* never

nie·der ['ni:dɐ] *adv* down; **~ mit ...!** down with ...!; *s. a.* **niedere(r, s)**

Nie·der|bay·ern <-s> ['ni:dɐbaiɐn] *m kein pl* Lower Bavaria

nie·der|beu·gen *vr* ■ **sich** *akk* [**zu jdm/etw**] **~** to bend down [to sb/sth] **nie·der|bren·nen** *irreg* **I.** *vi sein* to burn down **II.** *vt haben* ■ **etw ~** to burn down sth *sep* **nie·der|brin·gen** *vt irreg* BERGB ■ **etw ~** to bore sth; **einen Schacht ~** to sink a shaft **nie·der|brül·len** *vt (fam)* ■ **jdn ~** to shout down sb *sep* **nie·der|bü·geln** *vt (sl)* ■ **jdn/etw ~** to steamroller sb/sth *fam*

nie·der·deutsch ['ni:dɐdɔytʃ] *adj* Low German

Nie·der·deutsch *nt,* **Nie·der·deut·sche** *nt* Low German

Nie·der·deut·sche(r) *f(m) dekl wie adj* North German, northern German

Nie·der|deutsch·land <-s> ['ni:dɐdɔytʃlant] *m kein pl* Northern Germany

nie·der|drü·cken *vt (geh)* ① *(herunterdrücken)* ■ **etw ~** to press [*or* push] down sth *sep*

② *(deprimieren)* ■ **jdn ~** to depress sb, to make sb feel down; ■ **~d** depressing

nie·de·re(r, s) ['ni:dərə] *adj attr* ① *(unbedeutend)* low; **der ~ Adel** the lesser nobility; **das ~ Volk** the common people; **von ~r Herkunft** [*o* **Geburt**] **sein** to be of humble origin; **~ Arbeiten verrichten müssen** *(geh)* to have to do menial jobs

② *bes* SÜDD *(niedrig)* low

③ BIOL *(untere)* lower

④ *(primitiv)* primitive, base; **~ Beweggründe** base motives

Nie·de·re Ta·tra <-n -> ['ni:dərə 'tatra] *f* Low Tatras *pl,* Low Tatra Mountains *pl*

nie·der|fal·len *vi sein (geh)* ■ **vor jdm/etw ~** to fall down [on one's knees] before sb/sth

nie·der|fre·quent [-frekvɛnt] *adj* low-frequency **Nie·der·fre·quenz** *f* low frequency

Nie·der·gang <-[e]s, -gänge> *m* ① *kein pl (Verfall)* decline, fall

② NAUT *(schmale Stiege auf einem Schiff)* companionway

nie·der·ge·drückt *adj s.* **niedergeschlagen**

nie·der|ge·hen *vi irreg sein* ① *(fallen) Regen* to fall; *Lawine* to descend; *(sich entladen) Gewitter* to break; ***gestern ist ein schweres Unwetter auf die Stadt niedergegangen*** a heavy storm brake over the city yesterday; ■ **auf jdn ~** *(fig)* to rain down on sb

② *(landen) Flugzeug* to touch down

③ *(zu Boden stürzen) Boxer* to go down

④ *(sich senken) Vorhang* to fall

nie·der·ge·las·sen [-gəlasn̩] *adj* SCHWEIZ resident

nie·der·ge·schla·gen [-gəʃla:gn̩] *adj* downcast, depressed

Nie·der·ge·schla·gen·heit <-> *f kein pl* depression, despondency

nie·der|hal·ten *vt irreg* ① *(am Boden halten)* ■ **etw** [**mit etw** *dat*] **~** to restrain sth [with sth] ② *(fig)* **ein Volk ~** to oppress a nation; **einen Widerstand/seine Angst ~** to suppress an uprising/one's fear **nie·der|ho·len** *vt (einholen)* ■ **etw ~** *Flagge, Segel* to haul down *sep* [*or* lower] sth **nie·der|kni·en** **I.** *vi sein* to kneel [down] **II.** *vr haben* ■ **sich** *akk* [**vor jdm/etw**] **~** to kneel [down] [before sb/sth] **nie·der|knüp·peln** *vt* to club to the ground **nie·der|kom·men** *vi irreg sein (veraltend geh)* ■ **mit jdm ~** to be delivered of sb *dated form,* to give birth to sb

N

Nie·der·kunft <-, -künfte> ['ni:dɐkʊnft, *pl* -kʏnftə] *f (veraltet)* delivery

Nie·der·la·ge *f* defeat; [**bei etw** *dat*] **eine ~ erleiden** [*o* **einstecken**] [*o* **hinnehmen**] **müssen** to suffer a defeat [in sth]; **jdm eine ~ beibringen** [*o* **bereiten**] to inflict a defeat on [*or* defeat] sb

Nie·der·lan·de ['ni:dɐlandə] *pl* ■**die ~** the Netherlands

Nie·der·län·der(in) <-s, -> ['ni:dɐlɛndɐ] *m(f)* Dutchman *masc,* Dutchwoman *fem*

nie·der·län·disch ['ni:dɐlɛndɪʃ] *adj* Dutch

Nie·der·län·disch ['ni:dɐlɛndɪʃ] *nt dekl wie adj* Dutch; **auf ~** in Dutch; ■**das ~e** Dutch

nie·der|las·sen I. *vr irreg* ① *(ansiedeln)* ■**sich** *akk* **irgendwo ~** to settle down somewhere
② *(beruflich etablieren)* ■**sich** *akk* **irgendwo** [**als etw**] ~ to establish oneself [*or* set up] [as sth] somewhere; **niedergelassener Arzt** *registered doctor with their own practice*
③ *(geh: hinsetzen)* ■**sich** *akk* [**auf etw** *dat*] ~ to sit down somewhere; *Vogel* to settle on sth
II. *vt (veraltend)* ■**etw ~** to lower [*or sep* let down] sth

Nie·der·las·sung <-, -en> *f* ① *kein pl (berufliche Etablierung)* establishment, setting up; ***er hat die Genehmigung zur ~ als Arzt erhalten*** he has been granted permission to set up as a doctor
② *(Zweigstelle)* branch

Nie·der·las·sungs·ab·kom·men *nt* JUR treaty on business establishment **Nie·der·las·sungs·be·stim·mun·gen** *pl* JUR establishment provisions **Nie·der·las·sungs·be·wil·li·gung** *f* SCHWEIZ residence permit **Nie·der·las·sungs·er·for·der·nis** *f* JUR establishment provisions *pl* **Nie·der·las·sungs·frei·heit** *f kein pl* JUR right of establishment, freedom of settlement [*or* domicile] **Nie·der·las·sungs·ort** *m* place of establishment **Nie·der·las·sungs·recht** *nt* JUR right of establishment

nie·der|le·gen I. *vt* ① *(hinlegen)* ■**etw ~** to put down sth *sep*
② *(aufgeben)* ■**etw ~** to give up sth *sep;* **sein Amt/sein Mandat/den Vorsitz ~** to resign one's office/one's seat/one's chairmanship; **die Arbeit ~** to stop work, BRIT *a.* to down tools
③ *(geh: schlafen legen)* **ein Kind ~** to put a child to bed
④ *(geh: schriftlich fixieren)* ■**etw irgendwo ~** to put sth down [in writing] somewhere; **seinen letzten Willen ~** to draw up one's will; ■**~, dass/was/wie ...** to put down in writing that/what/how ...
II. *vr (sich hinlegen)* ■**sich** *akk* ~ to lie down
▶ WENDUNGEN: **da legst di nieder!** SÜDD *(fam)* I'll be blowed! [*or* damned!]

Nie·der·le·gung <-, -en> *f* ① *(das Hinlegen)* laying
② *einer Aufgabe* resignation (+*gen* from); ***die Belegschaft drohte mit sofortiger ~ der Arbeit*** the workforce threatened to stop work immediately
③ *(schriftliche Fixierung)* writing down; ***ein Testament bedarf der ~ in schriftlicher Form*** a will must be drawn up in writing
④ *(Deponierung)* submission

nie·der|ma·chen *vt (fam)* ① *(größere Anzahl von wehrlosen Menschen kaltblütig töten)* ■**jdn/etw ~** to butcher [*or* massacre] [*or* slaughter] sb/sth
② *(heruntermachen, verächtlich behandeln)* ■**jdn/etw ~** to run sb/sth down *fam;* ■**etw ~** to take [*or* pick] [*or* pull] to pieces *fam;* **jdn verbal ~** to put sb down *fam*

nie·der|mä·hen *vt* ■**jdn ~** to mow down sb *sep*

nie·der|met·zeln *vt* ■**jdn ~** to massacre sb

Nie·der·ös·ter·reich ['ni:dɐʔø:stəraiç] *nt* Lower Austria

nie·der|pras·seln *vi* to pelt [*or* rain] down **nie·der|prü·geln** *vt* ■**jdn ~** to beat up sb *sep*

Nie·der·quer·schnitt-Rei·fen *m* AUTO low profile tire

nie·der|rei·ßen *vt irreg* ■**etw ~** to pull [*or* tear] down sth *sep;* **ein Gebäude ~** to knock [*or* pull] down a building

Nie·der·rhein <-s> ['ni:dərain] *m* Lower Rhine

nie·der|rin·gen *vt irreg (geh)* ■**jdn/etw ~** to prevail over sb/sth, to subjugate sb/sth

Nie·der·sach·sen <-s> ['ni:dɐzaksn̩] *nt* Lower Saxony

nie·der|schie·ßen *irreg* I. *vt haben* ■**jdn ~** to shoot down sb *sep*
II. *vi sein (niederstoßen)* ***der Vogel schoss auf die Beute nieder*** the bird swooped down on its prey

Nie·der·schlag *m* ① METEO *(Regen)* rainfall *no pl,* snowfall *no pl,* hail *no pl;* ***für morgen werden starke Niederschläge erwartet*** heavy rain/snow/hail is expected tomorrow; **radioaktiver ~** fallout
② CHEM *(Bodensatz)* sediment, precipitate *spec*
③ *(beim Boxen)* knockdown blow
④ *(schriftlich fixierter Ausdruck)* **seinen ~ in etw** *dat* **finden** *(geh)* to find expression in sth *form;* ***seine Kindheitserlebnisse fanden ihren ~ in dem jüngst veröffentlichten Roman*** his childhood memories are reflected in his recently published novel

nie·der|schla·gen *irreg* I. *vt* ① *(zu Boden schlagen)* ■**jdn ~** to knock sb down, to floor sb
② *(unterdrücken)* ■**etw ~** to put down sth *sep,* to crush sth; **einen Streik ~** to break up a strike; **Unruhen ~** to suppress unrest
③ *(geh: senken)* **die Augen/den Blick ~** to lower one's eyes/one's gaze
④ JUR *(einstellen)* **das Verfahren ~** to quash the proceedings; **eine Gebühr ~** to abate [*or* cancel] a fee; **einen Verdacht ~** *(selten)* to allay [*or* dispel] a suspicion
II. *vr* ① *(kondensieren)* ■**sich** *akk* [**an etw** *dat*] ~ to condense [on sth]
② CHEM *(ausfällen)* ■**sich** *akk* ~ to precipitate *spec,* to sediment
③ *(zum Ausdruck kommen)* ■**sich** *akk* **in etw** *dat* ~ to find expression in sth

nie·der·schlags·arm *adj* of low rainfall *pred;* **ein ~es Gebiet** an area with low rainfall; ***der Winter ist manchmal sehr ~*** there is sometimes very low precipitation in winter **Nie·der·schlags·men·ge** *f* rainfall *no pl,* precipitation *no pl* **nie·der·schlags·reich** *adj* rainy, of high rainfall *pred;* **ein ~es Gebiet** an area which gets a lot of rain/snow; ***der Sommer ist in diesem Jahre nicht sehr ~ gewesen*** there was not much rainfall this summer

Nie·der·schla·gung <-, -en> *f* ① JUR *eines Verfahrens* quashing, abolition; *(Erlassung) Strafe* remission; *(Entkräftung) Verdacht* quashing
② *(Unterdrückung)* putting down, crushing, suppression; ***bei der ~ der Revolte gab es viele Tote*** many died when the revolt was crushed

nie·der|schmet·tern *vt* ■**jdn ~** ① *(niederschlagen)* to send sb crashing to the ground [*or* floor]; **jdn mit einem Faustschlag ~** to send sb crashing with a punch
② *(fig: erschüttern)* to shatter [*or* devastate] sb; **eine ~de Nachricht** devastating news

nie·der·schmet·ternd ['ni:dɐʃmɛtɐnt] *adj* deeply distressing; **ein ~es Wahlergebnis** a crushing electoral defeat

nie·der|schrei·ben *vt irreg* ■**etw ~** to write down sth *sep* **nie·der|schrei·en** *vt irreg s.* **niederbrüllen** **Nie·der·schrift** *f* ① *(Protokoll)* report, record
② *kein pl (das Niederschreiben)* writing down **nie·der|set·zen** I. *vt (geh)* ■**etw** [**irgendwo**] ~ to put sth down [somewhere] II. *vr (geh: sich hinsetzen)* ■**sich** *akk* ~ to sit down **nie·der|sin·ken** *vi irreg sein (geh)* to drop down, to collapse **Nie·der·span·nung** *f* ELEK low voltage [*or* tension] **nie·der|ste·chen** *vt irreg* ■**jdn ~** to stab sb to the ground **nie·der|stim·men** *vt* ■**jdn/etw ~** to vote sb/sth down

nie·der|sto·ßen *irreg* I. *vt haben* ① *(zu Boden stoßen)* ■**jdn ~** to push [*or* knock] sb down
② *(niederstechen)* **jdn** [**mit einem Messer**] ~ to stab somebody to the ground [with a knife]
II. *vi sein* ***der Vogel stieß auf die Beute nieder*** the bird swooped down on its prey

nie·der|stre·cken *(geh)* I. *vt (schwer verletzen)* ■**jdn/etw ~** *mit einer Schusswaffe* to shoot down sb/sth *sep; (Tier a.)* to bring down sth *sep; mit einer Stichwaffe* to hack down sb/sth *sep; mit der Faust* to pummel sb/sth to the ground
II. *vr (sich hinlegen)* ■**sich** *akk* ~ to lie down, to stretch out

nieder|stür·zen *vi sein (geh)* to crash to the ground

Nie·derst·wert·prin·zip *nt* FIN *(Bilanz)* minimum value principle; *(bei Abschreibung)* lower of cost or market principle

Nie·der·ta·rif *m* ÖKON low tariff

Nie·der·tracht <-> *f kein pl* ① *(Gesinnung)* nastiness, malice, vileness
② *(Tat)* mean [*or* despicable] act

nie·der·träch·tig I. *adj (pej)* ① *(Übel wollend)* contemptible; **eine ~e Person** a contemptible [*or* despicable] [*or* vile] person; **eine ~e Einstellung/Lüge** a despicable attitude/lie
② *(fam: stark) Kälte* extreme; *Schmerz a.* excruciating
II. *adv* dreadfully; **~ weh tun** to hurt like hell

Nie·der·träch·tig·keit <-, -en> *f* ① *(niederträchtige Tat)* despicable act, dirty trick
② *kein pl s.* **Niedertracht**

nie·der|tram·peln *vt (fam: niedertreten)* ■**etw/jdn ~** to trample sth/sb underfoot

nie·der|tre·ten *vt irreg* ① *(darauf treten)* ■**etw ~** *Gras, Blumen* to trample down sth *sep; Erde, Schnee* to tread [*or* stamp] down sth *sep; Teppichflor* to wear [down *sep*] sth
② *(fig)* **alles ~** to trample all over everything

Nie·de·rung <-, -en> ['ni:dərʊŋ] *f* ① *(Senke)* lowland; *(Mündungsgebiet)* flats *pl*
② *(fig)* **die ~en der Gesellschaft** *gen* society's lower depths; **die ~en des Lebens** life's humdrum routine

Nie·der·wald ['ni:dɐvalt] *m* FORST coppice

nie·der|wal·zen *vt* ① *(einebnen)* ■**etw ~** to flatten sth
② *(fig)* ■**jdn/etw ~** to crush [*or* overwhelm] sb/sth

nie·der|wer·fen *irreg* I. *vr* ■**sich** *akk* [**vor jdm**] ~ to throw oneself down [before/in front of sb]
II. *vt (geh)* ① *(niederschlagen)* ■**etw ~** to put down sth *sep,* to crush sth; **einen Aufstand ~** to crush a revolt
② *(besiegen)* ■**etw ~** to overcome sth; **den Feind ~** to conquer [*or* overcome] the enemy
③ *(bettlägerig machen)* ■**jdn ~** to lay sb low, to lay sb up
④ *(erschüttern)* to upset sb badly, to shatter sb *fam*

Nie·der·wer·fung *f Aufstand* suppression, putting down; *Diktator etc.* overthrow; *Feind* defeat

Nie·der·wild *nt* small game

nied·lich ['ni:tlɪç] I. *adj* cute, sweet, pretty, nice
II. *adv* nicely, sweetly

Nied·na·gel ['ni:tna:gl̩] *m* hangnail, agnail

nied·rig ['ni:drɪç] I. *adj* ① *(nicht hoch)* low; **eine ~e Decke/Stirn/~e Absätze** a low ceiling/forehead/low heels; **~es Gras** short [*or* low] grass
② *(gering)* low; **ein ~er Betrag/~es Trinkgeld** a small amount/tip
③ *(gemein)* low, base; **von ~er Herkunft** [*o* **Geburt**] **sein** to be of humble [*or* lowly] origin
④ JUR base; **~er Beweggrund** base motive
⑤ *(dem untersten Rang zugehörig)* lowly, humble
II. *adv* ① *(in geringer Höhe)* low
② *(gering)* low

Nied·rig·ener·gie·haus *nt* low-energy house

Nied·rig·keit <-> *f kein pl* ① *(von Einkommen, Löhnen)* low level
② *(geringe Höhe)* lowness; ***die ~ der Decken wirkte bedrückend*** the lowness of the ceilings was oppressive
③ *(fig)* vileness

Nied·rig·lohn *m* low wage

Nied·rig·lohn·be·reich *m* POL low-wage sector **Nied·rig·lohn·grup·pe** *f* low-wage group **Nied·rig·lohn·land** *nt* low-wage country **Nied·rig·lohn·sek·tor** *m* low-wage [*or* low-pay] sector

Nied·rig·preis *m* low price **nied·rig·pro·zen·tig** *adj* low-percentage **nied·rig·sie·dend** *adj* CHEM

~**er Anteil** low boiling fraction **Nied·rig·steu·er·land** *nt* tax shelter **Nied·rig·strah·lung** *f* low-level radiation **nied·rig·ver·zins·lich** *adj inv* FIN low-interest yielding *attr;* ~**e Kurzläufer** low-coupon shorts **Nied·rig·was·ser** *nt kein pl* METEO ① *(Ebbe)* low tide [*or* water] ② *(niedriger Wasserstand von Flüssen)* low level; ***nach drei Monaten ohne Regen führen die Flüsse*** ~ after three months without any rain the level of the rivers is low

Nied·rig·zins·land *nt* low interest country **Nied·rig·zins·po·li·tik** *f kein pl* ÖKON cheap money policy

nie·mals ['ni:ma:ls] *adv (emph)* never; *s. a.* **noch**

nie·mand ['ni:mant] *pron indef (keiner)* nobody, no one; ***ist denn da*** ~**?** isn't there anyone there?; ■~**es** nobody's, no one's; ***ich will*** ~***en sehen*** I don't want to see anybody; ***das weiß*** ~ ***besser als du*** no one knows better than you; ***sie ist gerade für*** ~ ***en zu sprechen*** she's not free to speak to anyone just now; ***sie hat mit*** ~ ***anders gesprochen*** she didn't speak to anyone else, she spoke to no one else; ***zu*** ~***em ein Sterbenswörtchen, verstanden?*** not a single word to anyone, understood?

Nie·mand <-s, -e> ['ni:mant, *pl* 'ni:mandə] *m (pej)* nobody *pej;* ***er ist ein*** ~ he is a nobody

Nie·mands·land ['ni:mantslant] *nt kein pl* no man's land

Nie·re <-, -n> ['ni:rə] *f* ① *(Organ)* kidney; **künstliche** ~ kidney machine; ***sie hat es an den*** ~***n*** she has kidney problems ② *meist pl (Fleisch)* kidney *usu pl;* **saure** ~**n** kidneys in sour sauce ▶WENDUNGEN: **etw geht jdm an die** ~**n** *(fam: etw nimmt jdn mit)* to get to sb *fam*

Nie·ren·be·cken *nt* renal pelvis **Nie·ren·be·cken·ent·zün·dung** *f* pyelitis *spec*

Nie·ren·be·schwer·den *pl* kidney complaint **Nie·ren·bra·ten** *m* loin roast

nie·ren·för·mig *adj* kidney-shaped

Nie·ren·gurt *m* kidney belt **Nie·ren·in·suf·fi·zi·enz** *f* MED kidney failure **Nie·ren·ko·lik** *f* renal colic *no pl;* **eine** ~ [*o* ~**en**] **haben** to suffer from renal colic

nie·ren·krank *adj* suffering from a kidney complaint *pred* **Nie·ren·kran·ke(r)** *f(m) dekl wie adj* person suffering from a kidney complaint **Nie·ren·krank·heit** *f* kidney disorder [*or* disease]

Nie·ren·lei·den *nt* MED kidney [*or* renal] disease **Nie·ren·mark** *nt* ANAT medulla **Nie·ren·rin·de** *f* ANAT cortex **Nie·ren·scha·le** *f* kidney dish **Nie·ren·schüt·zer** *m* kidney belt **Nie·ren·spen·der(in)** <-s, -> *m(f)* kidney donor

Nie·ren·stein *m* kidney stone, renal calculus *spec* **Nie·ren·stein·zer·trüm·me·rer** <-s, -> *m* lithotripter *spec,* lithotrite *spec*

Nie·ren·ta·sche *f* bum bag **Nie·ren·tee** *m* herbal tea [*or* infusion] for kidney complaints **Nie·ren·tisch** *m* kidney-shaped table **Nie·ren·trans·plan·ta·ti·on** *f* kidney transplant **Nie·ren·ver·sa·gen** *nt kein pl* MED kidney [*or* renal] failure *no pl* **Nie·ren·wär·mer** <-s, -> *m* kidney warmer

Nier·stück *nt* KOCHK SCHWEIZ *(Rinderlende)* loin cut

nie·seln ['ni:zl̩n] *vi impers* ■**es nieselt** it's drizzling

Nie·sel·re·gen ['ni:zl̩-] *m* drizzle *no pl*

nie·sen ['ni:zn̩] *vi* to sneeze

Nie·sen <-s> ['ni:zn̩] *nt kein pl* sneezing

Nies·pul·ver [-pʊlfɐ, -pʊlvɐ] *nt* sneezing powder

Nieß·brauch ['ni:sbraux] *m kein pl* JUR [right of] usufruct; **lebenslänglicher** ~, ~ **auf Lebenszeit** life interest; ~ **an einem Grundstück** beneficial interest in land, usufruct of landed property; ~ **an einem Vermögen** beneficial property; [**lebenslänglichen**] ~ **an einem Haus haben** to hold a life tenancy of a house; **etw mit einem** ~ **belasten** to encumber sth with a right of usufruct

Nieß·brau·cher(in) *m(f)* JUR usufructuary; **lebenslänglicher** ~ life holder, tenant for life

Nieß·brauch·recht *nt,* **Nieß·brauchs·recht** *nt* JUR lifelong right of use, usufructuary right **Nieß·nut·zer(in)** <-s, -> *m(f)* JUR usufructuary

Nies·wurz <-es> ['ni:svʊrts] *f* BOT *kein pl* hellebore

Nie·te[1] <-, -n> ['ni:tə] *f* ① *(Nichttreffer)* blank, losing ticket; **eine** ~ **ziehen** to draw a blank ② *(fam: Versager)* loser *fam,* dead loss *fam*

Nie·te[2] <-, -n> ['ni:tə] *f* rivet

nie·ten ['ni:tn̩] *vt* ■**etw** ~ to rivet sth

niet- und na·gel·fest ['ni:tʔʊnt'na:gl̩fɛst] *adj* ▶WENDUNGEN: **alles, was nicht** ~ **ist** *(fam)* everything that's not nailed down

Ni·ger <-s> ['ni:gɐ] *nt* Niger

Ni·ge·ria <-s> [ni'ge:ri̯a] *nt* Nigeria

Ni·ge·ri·a·ner(in) <-s, -> [nige'ri̯a:nɐ] *m(f)* Nigerian

ni·ge·ri·a·nisch [nige'ri̯a:nɪʃ] *adj* Nigerian

Ni·grer(in) <-s, -> ['ni:grɐ] *m(f)* Nigerian

ni·grisch ['ni:grɪʃ] *adj* Nigerian

Ni·hi·lis·mus <-> [nihi'lɪsmʊs] *m kein pl* nihilism

Ni·hi·list(in) <-en, -en> [nihi'lɪst] *m(f)* nihilist

ni·hi·lis·tisch *adj* nihilistic

Ni·ka·ra·gu·a·ner(in) <-s, -> [nikara'gu̯a:nɐ] *m(f) s.* **Nicaraguaner**

Ni·ko·laus <-, -e *o* -läuse> ['nɪkolaus, *pl* -lɔyzə] *m* ① *(verkleidete Gestalt)* St. Nicholas *(figure who brings children presents on 6th December)* ② *(Schokoladenfigur)* chocolate St. Nicholas ③ *kein pl (Nikolaustag)* St. Nicholas' Day; **der Heilige** ~ St. Nicholas

Ni·ko·sia <-s> [niko'zi:a, ni'ko:zi̯a] *nt* Nicosia

Ni·ko·tin <-s> [niko'ti:n] *nt kein pl* nicotine

ni·ko·tin·arm *adj* low-nicotine *pred* **ni·ko·tin·frei** *adj inv* nicotine-free **Ni·ko·tin·ge·halt** *m* nicotine content **ni·ko·tin·hal·tig** [-haltɪç] *adj* nicotinic **Ni·ko·tin·sucht** *f* nicotine addiction **ni·ko·tin·süch·tig** *adj* addicted to nicotine **Ni·ko·tin·ver·gif·tung** *f* nicotine poisoning

Nil <-s> ['ni:l] *m* ■**der** ~ the Nile; **der Blaue** ~ the Blue Nile; **der Weiße** ~ the White Nile

Ni·lo·te, Ni·lo·tin <-n, -n> [ni'lo:tə, ni'lo:tɪn] *m, f* Nilotic

ni·lo·tisch [ni'lo:tɪʃ] *adj* Nilotic

Ni·lo·tisch [ni'lo:tɪʃ] *nt dekl wie adj* Nilotic

Ni·lo·ti·sche <-n> *nt kein pl* ■**das** ~ Nilotic

Nil·pferd *nt* hippopotamus

Nim·bus <-, -se> ['nɪmbʊs, *pl* 'nɪmbʊsə] *m* ① *kein pl (geh: Aura)* aura ② *(Heiligenschein)* nimbus, aura

nim·mer ['nɪmɐ] *adv* ① *(veraltend geh: niemals)* never ② SÜDD, ÖSTERR *(nicht mehr)* no longer

nim·mer·mehr ['nɪmɐme:ɐ̯] *adv (veraltend geh)* never again, never *dated*

nim·mer·mü·de [nɪmɐ'my:də] *adj attr* tireless

nim·mer·satt ['nɪmɐzat] *adj inv, attr (fam)* insatiable

Nim·mer·satt <-[e]s, -e> ['nɪmɐzat] *m* ① *(fam)* glutton *fam,* BRIT *a.* greedy-guts *fam* ② ORN wood ibis

Nim·mer·wie·der·se·hen [nɪmɐ'vi:dɐze:ən] *nt* **auf** ~ *(fam)* never to be seen again; ***wenn ich jetzt gehe, dann auf*** ~ if I go now it will be forever; **auf** ~**!** *(fam)* farewell!

nimmt ['nɪmt] *3. pers. pres von* **nehmen**

Ni·ob ['ni̯o:p] *nt kein pl* CHEM niobium *no pl*

Ni·o·bi·um <-s> ['ni̯o:bi̯ʊm] *nt kein pl* niobium *no pl*

NIP *nt* POL *Abk von* **Nettoinlandsprodukt** net domestic product, NDP

Nip·pel <-s, -> ['nɪpl̩] *m* ① *(Schmiernippel)* nipple ② *(Brustwarze)* nipple

nip·pen ['nɪpn̩] *vi* to sip, to have [*or* take] a sip; ■**an etw** *dat* ~ to sip [*or* have a sip] from sth; ■**von etw** *dat* ~ to sip at [*or* have a sip of] sth

Nip·pes ['nɪpəs, 'nɪps, 'nɪp] *pl* [k]nick-[k]nacks *pl*

Nip·pon <-s> ['nɪpɔn] *nt kein pl (japanischer Name für Japan)* Nippon

Nipp·sa·chen *pl* knick-knacks *pl,* small [porcelain] ornaments [*or* decorations] *pl*

nir·gends ['nɪrgn̩ts] *adv* nowhere; ***ich konnte ihn*** ~ ***finden*** I couldn't find him/it anywhere

nir·gend·wo ['nɪrgn̩t'vo:] *adv s.* **nirgends**

nir·gend·wo·hin ['nɪrgn̩tvo'hɪn] *adv* nowhere

Nir·wa·na <-[s]> [nɪr'va:na] *nt kein pl* nirvana

Ni·sche <-, -n> ['ni:ʃə] *f* ① *(Einbuchtung einer Wand)* niche, recess ② *(abgegrenztes, geschütztes Gebiet)* niche

Ni·schen·da·sein *nt* BIOL, SOZIOL marginal existence

Nis·se <-, -n> ['nɪsə] *f* nit

nis·ten ['nɪstn̩] *vi* to nest

Nist·kas·ten *m* nesting box **Nist·platz** *m* ORN nesting place

Ni·trat <-[e]s, -e> [ni'tra:t] *nt* nitrate **Ni·trat·ge·halt** *m* nitrate content **Ni·trat·kon·zen·tra·ti·on** *f* nitrate concentration **Ni·trat·men·ge** *f* nitrate level **ni·trat·ver·schmutzt** *adj* nitrate-contaminated

ni·trie·ren [ni'tri:rən] *vt* CHEM ■**etw** ~ to nitrate sth

Ni·trie·rung *f* CHEM nitration

ni·tri·fi·zie·ren [nitrifi'tsi:rən] *vt* CHEM **etw durch Bakterien** ~ to nitrify sth by bacteria

Ni·tri·fi·zie·rung *f* CHEM fixation of nitrogen

Ni·trit <-s> [ni'tri:t] *nt kein pl* CHEM nitrite

Ni·tro·gly·ze·rin [nitroglytse'ri:n] *nt kein pl* nitroglycerine **Ni·tro·grup·pe** ['ni:trogrʊpə] *f* nitrogroup **Ni·tro·lack** *m* nitrocellulose lacquer **Ni·tro·la·ckie·rung** *f* [nitro]cellulose paint[ing] **Ni·tro·sa·min** <-s, -e> [nitroza'mi:n] *nt* CHEM nitrosamine **Ni·tro·ta·blet·te** *f* MED, PHARM nitrate **Ni·tro·ver·dün·nung** *f* [nitro]cellulose thinner

Ni·veau <-s, -s> [ni'vo:] *nt* ① *(Anspruch)* quality, calibre [*or* AM -er]; ~ **haben** to have class; **kein** ~ **haben** to be lowbrow [*or* primitive]; ***der Film/die Unterhaltung hatte wenig*** ~ the film/conversation was not very intellectually stimulating; **mit** ~ of high intellect *pred,* intellectually stimulating; ***sie ist eine sehr gebildete Frau mit*** ~ she is a well-educated woman of high intellect; ***es war ein Gespräch mit*** ~ it was an intellectually stimulating conversation; **etw ist unter jds** ~ *dat* sth is beneath sb *fig;* ***unterhalte dich doch nicht mit solchen Proleten, das ist doch unter deinem*** ~ don't talk to such peasants — it's beneath you; **unter** ~ below par; ***er blieb mit diesem Buch unter seinem*** [***üblichen***] ~ this book was below par, this book wasn't up to his usual standard ② *(Stand)* level ③ *(Höhe einer Fläche)* level

ni·veau·los [ni'vo:-] *adj* primitive

Ni·veau·re·gu·lie·rung *f* AUTO automatic level control [system]

ni·veau·voll *adj* intellectually stimulating

ni·vel·lie·ren* [nivɛ'li:rən] *vt* ■**etw** ~ ① *(geh: einander angleichen)* to even out sth *sep* ② *(planieren)* to level sth [off/out]

Ni·vel·lier·schicht *f* BAU levelling [*or* AM -ling] layer

Ni·vel·lie·rung <-, -en> *f (geh)* evening out

nix ['nɪks] *pron indef (fam) s.* **nichts**

Ni·xe <-, -n> ['nɪksə] *f* mermaid

Niz·za <-s> ['nɪtsa] *nt* Nice

NLQ [ɛnɛl'ku:] INFORM *Abk von* **near letter quality** NLQ

NLQ-Druck·mo·dus *f* INFORM near letter quality printing

nm PHYS *Abk von* **Nanometer** nm

N.N. *Abk von* **nomen nescio/nomen nominandum** n.n.

NN *Abk von* **Normalnull** mean sea level

No <-> ['no:] *nt kein pl* LIT *(klassisches, japanisches Theater)* No[h]

no·bel ['no:bl̩] **I.** *adj* ① *(edel)* noble, honourable [*or* AM -orable] ② *(luxuriös)* luxurious, plush[y] *fam* ③ *(großzügig)* generous; **ein nobles Geschenk** a lavish gift; ■~ **sein** to be generous; ***was, 20 % Trinkgeld hat er gegeben?*** ~**,** ~**!** what, he gave a tip of 20%? very generous!
II. *adv* ① *(edel)* nobly, honourably [*or* AM -orably] ② *(großzügig)* generously

No·bel·her·ber·ge *f (fam)* luxury hotel, de luxe hotel **No·bel·ho·tel** *nt (oft iron)* luxury [*or iron* posh] hotel

No·be·li·um <-s> [no'be:li̯ʊm] *nt kein pl* CHEM nobelium *no pl*

No·bel·ka·ros·se ['no:bl̩karɔsə] *f* AUTO *(pej fam)*

N

posh [*or* AM fancy] car *fam*

No·bel·preis [no'bɛlprais] *m* Nobel prize

No·bel·preis·trä·ger(in) *m(f)* Nobel laureate [*or* prize winner]

No·bles·se <-> [no'blɛs(ə)] *f* PSYCH *(geh)* noble-mindedness

No·bo·dy <-s, -s> ['noʊbədɪ] *m* nobody

noch ['nɔx] **I.** *adv* ❶ *(außerdem, zusätzlich)* in addition; ***sie hat ein Auto und auch ~ ein Motorrad*** he has a car and a motorbike as well; ***~ ein Wort!*** [not] another word!; [***sonst***] ***~ etwas?*** anything else?; ***bitte ~ ein/zwei Bier!*** another beer/two more beers, please!; ***möchten Sie ~ eine Tasse Kaffee?*** would you like another cup of coffee?; ***bist du satt oder möchtest du ~ etwas essen?*** are you full or would you like something more to eat?; ***mein Geld ist alle, hast du ~ etwas?*** I don't have any money left, do you have any?; ***es fehlt mir ~ ein Euro*** I need another euro; ***es dauert ~ zehn Minuten*** it'll be another ten minutes; ***~ einmal so lang*** as long again; ***wer war ~ da?*** who else was there?; ***hat er dir ~ etwas gesagt?*** did he tell you anything else?; ***ich will ~ etwas sagen*** there's another thing I want to say; ***es war ~ anders*** it was different again; ***das ist nicht alles, diese Kisten kommen ~ dazu*** that's not everything, there are these crates too; ***ich gebe dir ~ zwei dazu*** I'll give you two extra; **auch ~** [*o* **~ dazu**] ***er ist dumm und ~ dazu frech*** he's thick and cheeky into the bargain; ***und es regnete auch ~*** and on top of that it was raining; ■ **~ eine(r, s)** another; ***haben Sie ~ einen Wunsch?*** [can I get you] anything else?; ***lass die Tür bitte auf, da kommt ~ einer*** leave the door open please, there's somebody else coming; **~ [ein]mal** [once] again, once more; ***sie hat das ~ einmal/noch einige Male gemacht*** she did it again/several times more; **nur ~** only; ***ich habe nur ~ fünf Euro*** I've only five euros left
❷ *in der Gegenwart, Vergangenheit (weiterhin)* still; ***er ist ~ da*** he's still here; ***sie schläft ~*** she's still asleep; ***ich möchte gerne ~ bleiben*** I'd like to stay on longer; ***bleib doch ~ ein bisschen!*** stay a bit longer!; ***ein ~ ungelöstes Problem*** an as yet unsolved problem; ***ich rauche kaum ~*** I hardly smoke any more; ***du bist ~ zu jung*** you're still too young; ***auch wenn es nicht leichtfällt, ~ müssen wir schweigen*** even though it might not be easy, we have to keep quiet for now; ***~ nach Jahren ...*** even years later ...; ***sie dachte ~ lange an ihn*** it was a long time before she stopped thinking of him; **~ heute** [*o* **heute ~**] still today, even now [*or* today]; ***~ heute gibt es Leute, die alte Bräuche pflegen*** even today somepeople maintain their old customs [*or* traditions]
❸ *(bis jetzt)* **~ immer** [**nicht**] still [not]; ***sie hat*** [***bis jetzt***] ***~ immer gewonnen*** she's won every time up until now; ***wir wissen ~ immer nicht mehr*** we still don't know anything else; ***er ist immer ~ nicht fertig*** he still isn't ready, he isn't ready yet; ***sie ist immer ~ nicht da*** she's still not here; **~ nicht** not yet, still not; ***halt, warte, tu das ~ nicht!*** stop, wait, don't do it yet!; ***bist du fertig? — ~ nicht*** are you ready? — not yet; ***~ regnet es nicht*** it hasn't started raining yet; **~ nichts** nothing yet; ***zum Glück ist ~ nichts davon an die Öffentlichkeit gedrungen*** luckily, none of this has yet become public knowledge; ***bisher habe ich ~ nichts Definitives erfahren*** I haven't heard anything more definite yet; **~ nie** [*o* **niemals**] never; ***ich habe ~ nie Bagels gegessen*** I've never eaten bagels before; ***das habe ich ~ nie gehört*** I've never known that [before]; ***die Sonne schien und die Luft war klar wie ~ nie*** the sun was shining and the sky was clearer than ever before; **~ niemand** [*o* **keiner**] nobody yet; ***bisher ist ~ niemand gekommen*** nobody has arrived yet; *s. a.* **eben, erst, nur**
❹ *in der Zukunft (irgendwann)* some time, one day; ***sie wird ~ kommen*** she'll come [yet]; ***du wirst ihn*** [***schon***] ***~ kennen lernen*** you'll get to know him yet; ***ich will ~ schnell duschen*** I just want to have a quick shower; ***ich mache das jetzt ~ fertig*** I'll just get this finished; ***vielleicht kann man den Karton ~ mal brauchen, ich hebe ihn jedenfalls auf*** I'll hang on to the box, it might come in handy some time; ***sie wird sich*** [***schon***] ***~ daran gewöhnen*** she'll get used to it [some time [*or* one day]]; ***das kann*** [***schon***] ***~ passieren*** that just might happen, that might still happen
❺ *(bis zu einem Zeitpunkt)* by the end of; ***das Projekt dürfte ~ in diesem Jahr abgeschlossen sein*** the project should be finished by the end of the year; ***das muss ~ vor Dienstag/Monatsende passieren*** that's got to happen by Tuesday/by the end of the month; ***~ in diesen Tagen werden wir erfahren, was beschlossen wurde*** we will find out what was decided in the next few days; ***ich habe das ~ am selben Abend/Tag gemacht*** I did it the very same evening/day; **~ bevor** [*o* **ehe**] even before; ***~ ehe er antworten konnte, legte sie auf*** even before he could reply she hung up; **~ heute** [*o* **heute ~**] today; ***~ heute räumst du dein Zimmer auf!*** you *will* tidy up your room today!; ***ich mache das ~ heute*** [*o* ***heute ~***] I'll do it today [*or* this very day]
❻ *in der Vergangenheit (erst)* only; ***gestern habe ich sie ~ gesehen*** I saw her only yesterday; ***~ gestern habe ich davon nicht das Geringste gewusst*** even yesterday I didn't have the slightest idea of it; ***~ im 20. Jahrhundert ...*** as late as the 20th century ...; ***es ist ~ keine Woche her, dass ...*** it is less than a week ago that ...; ***ich habe Peter ~ vor zwei Tagen gesehen*** I saw Peter only two days ago; **eben** [*o* **gerade**] **~** [only] just; ***er war gerade ~ hier*** he was here only a moment ago
❼ *(drückt etw aus, das jetzt nicht mehr möglich ist)* ***ich habe ihn ~ gekannt*** I'm old enough to have known him; ***~ als Junge wollte er Fälscher werden*** *(veraltend)* even as a boy he wanted to become a forger
❽ *(womöglich)* if you're/he's etc. not careful; ***wir kommen ~ zu spät*** we're going to be late [if we're not careful]; ***du landest ~ im Gefängnis*** you'll land up in prison if you don't watch out
❾ *(bei Vergleichen)* even [more], still; ***~ größer/schneller*** even bigger/quicker, bigger/quicker still; ***das ist ~ besser*** that's even better [*or* better still]; ***sie will ~ mehr haben*** she wants even [*or* still] more; ***~ höhere Gebäude verträgt dieser Untergrund nicht*** this foundation can't support buildings that are higher; ***seinen Vorschlag finde ich sogar ~ etwas besser*** I think his suggestion is even slightly better still; ***geht bitte ~ etwas langsamer, wir kommen sonst nicht mit*** please walk a bit more slowly, we can't keep up otherwise; ***ach, ich soll Ihnen die Leitung übergeben? das ist ja ~ schöner!*** *(iron)* oh, so you want me to hand over the management to you? that's even better!
❿ *in Verbindung mit so* ■ **... ~ so** however ...; ***er kommt damit nicht durch, mag er auch ~ so lügen*** he won't get away with it, however much he lies; ***der Wein mag ~ so gut schmecken, er ist einfach zu teuer*** however good the wine may taste, it's simply too expensive; ***du kannst ~ so bitten, ...*** you can beg as much as you like ..., however much you plead ...
⓫ *einschränkend (so eben)* still, just about; ***das ist im Vergleich ~ billig*** that's still cheap in comparison; ***es ist immer ~ teuer genug*** it's still expensive enough; ***das ist ja ~ mal gut gegangen*** it was just about all right; ***das ist ~ zu tolerieren, aber auch nur gerade ~*** that's just about tolerable but only just; ***sie hat ~ Glück gehabt, es hätte viel schlimmer kommen können*** she was lucky, it could have been much worse; ***wenn sie sich wenigstens ~ entschuldigt hätte*** if she had apologized at least
▶WENDUNGEN: **~ und ~** [*o* **nöcher**] heaps, dozens; ***ich habe diese undankbare Frau ~ und ~ mit Geschenken überhäuft!*** I showered this ungrateful woman with heaps of gifts; ***er hat Geld ~ und nöcher*** he has oodles [and oodles] of money; ***ich kann dir Beispiele ~ und nöcher geben*** I can give you any number of examples; ***sie hat ~ und nöcher versucht, ...*** she tried again and again to ...
II. *konj* ■ **weder ... ~** neither ... nor; ***er kann weder lesen ~ schreiben*** he can neither read nor write; ***weder er ~ Peter ~ Richard*** neither he nor Peter nor Richard; ■ **nicht ... ~** neither ... nor; ***nicht er ~ seine Frau haben eine Arbeit*** neither he nor his wife are in work
III. *part* ❶ *(verstärkend)* ***siehst du — man kann sich ~ auf sie verlassen!*** you see — you can always rely on her!; ***das ist ~ Qualität!*** that's what I call quality!; ***das dauert ~ keine fünf Minuten*** it won't even take five minutes
❷ *(drohend)* ***die wird sich ~ wundern!*** she's in for a [bit of a] shock!; ***das wirst du ~ bereuen!*** you'll regret it!
❸ *(empört, erstaunt)* ***hat der sie eigentlich ~ alle?*** is he round the twist or what?; ***sag mal, was soll der Quatsch, bist du ~ normal?*** what is this nonsense, are you quite right in the head?
❹ *(nach Vergessenem fragend)* ***wie heißt/hieß er ~ gleich?*** what's/what was his name again?

Noch·ge·schäft *nt* BÖRSE option to double; **~ auf Geben/Nehmen** call/put of more

noch·ma·lig ['nɔxma:lɪç] *adj attr* further

noch·mals ['nɔxma:ls] *adv* again

No·cken·wel·le ['nɔkn̩-] *f* camshaft

No-Go-Area <-, -s> [noʊ goʊ 'eriə] *f* no-go area

NOK <-s, -s> [ɛno:'ka:] *nt Abk von* **Nationales Olympisches Komitee** National Olympic Committee

nö·len ['nø:lən] *vi* NORDD *(fam)* to dawdle *fam*

no·lens vo·lens ['no:lɛns'vo:lɛns] *adv (geh)* nolens volens, willy-nilly, like it or not

nö·lig ['nø:lɪç] *adj Stimme, Ton* whingeing, whing[e]y

No·ma·de, No·ma·din <-n, -n> [no'ma:də, no'ma:dɪn] *m, f* nomad

No·ma·den·da·sein *nt* nomadic existence, nomadism **No·ma·den·le·ben** *nt kein pl* nomadic life *no pl;* **ein ~ führen** *(fig)* to lead a nomadic existence

No·ma·den·tum <-s> *nt kein pl* nomadism *no pl*

No·ma·den·volk *nt* nomadic people

No·ma·din <-, -nen> *f fem form von* **Nomade**

No-Mas·ke *f* No[h] mask

No·men <-s, Nomina> ['no:mən, *pl* 'no:mina] *nt* LING noun
▶WENDUNGEN: **n~ est omen** *(geh)* the name says it all

No·men·kla·tur <-, -en> [nomɛnkla'tu:ɐ̯] *f* SCI nomenclature, vocabulary

No·men·kla·tu·ra <-> [nomɛnkla'tu:ra] *f kein pl* ❶ *(Verzeichnis)* nomenklatura ❷ *(in der UdSSR)* politically privileged class

No·mi·na ['no:mina] *nt pl von* **Nomen**

no·mi·nal [nomi'na:l] **I.** *adj* nominal; **~es Bruttoinlandsprodukt** ÖKON gross domestic product at current prices
II. *adv* nominally

No·mi·nal·be·trag *m* FIN nominal value, notional amount

No·mi·na·lis·mus <-> [nomina'lɪsmʊs] *m kein pl* PHILOS nominalism

No·mi·nal·ka·pi·tal *nt* FIN nominal capital **No·mi·nal·kurs** *m* BÖRSE nominal price **No·mi·nal·lohn** *m* ÖKON money wage **No·mi·nal·phra·se** *f* nominal phrase **No·mi·nal·satz** *m* nominal clause **No·mi·nal·schuld** *f* FIN nominal debt **No·mi·nal·stil** *m* nominal style **No·mi·nal·ver·zin·sung** *f* FIN nominal interest rate

No·mi·nal·wert *m* nominal [*or* face] value **No·mi·nal·wert·prin·zip** *nt* ÖKON nominal [*or* face] value principle

No·mi·nal·zins *m* nominal interest **No·mi·nal·zins·satz** *m* FIN nominal interest rate

No·mi·na·ti·on <-, -en> [nomina'tsi̯o:n] *f* SCHWEIZ *(Nominierung)* nomination

No·mi·na·tiv <-[e]s, -e> ['no:minati:f, *pl* 'no:minati:və] *m* nominative

no·mi·nell [nomi'nɛl] **I.** *adj* ❶ *(geh: nach außen hin)*

nominal
❷ *s.* **nominal**
II. *adv* nominally; ~ ***ist er noch Präsident*** he is still president but in name only
no·mi·nie·ren* [nomi'ni:rən] *vt* ■**jdn** [**für etw** *akk*] ~ to nominate sb [for sth]
No·mi·nie·rung <-, -en> *f (geh)* nomination
No·name·pro·duktRR, **No-Name-Pro·dukt**RR, **No-name-Pro·dukt**ALT ['noʊne:m-] *nt* no-name [product]
Non·cha·lance <-> [nõʃa'lã:s] *f kein pl (geh)* nonchalance
non·cha·lant [nõʃa'lã:] **I.** *adj (geh)* nonchalant
II. *adv (geh)* nonchalantly
Non·kon·for·mis·mus <-> [nɔnkɔnfɔr'mɪsmʊs] *m kein pl (geh)* nonconformism *no pl*
Non·kon·for·mist(in) <-en, -en> [nɔnkɔnfɔr'mɪst] *m(f) (geh)* nonconformist
non·kon·for·mis·tisch *adj (geh)* nonconformist
Non·ne <-, -n> ['nɔnə] *f* nun
Non·nen·klos·ter *nt* convent [of nuns]
Non·plus·ul·tra <-> [nɔnplʊs'ʔʊltra] *nt kein pl (geh)* ■**das** ~ the ultimate
Non-Pro·fit-Un·ter·neh·men [ˌnɔn'prɒfɪt-] *nt* not-for-profit organization BRIT, nonprofit [organization] AM
Non·sens <-[es]> ['nɔnzɛns] *m kein pl* nonsense
non·stop [nɔn'ʃtɔp, nɔn'stɔp] *adv* non-stop
Non·stop·flug *m* non-stop flight **Non·stop·ki·no** *nt* 24-hour cinema
non·ver·bal ['nɔnvɛrba:l] *adj inv Kommunikation* non-verbal
Nop·pe <-, -n> ['nɔpə] *f* [k]nub
Nop·pen·soh·le *f* dimpled rubber sole
Nord <-[e]s, -e> ['nɔrt, *pl* 'nɔrdə] *m* ❶ *kein art, kein pl bes* NAUT north; **aus** [*o* **von**] ~ from the north; **aus ~ und Süd** from [the] north and south
❷ *pl selten* NAUT *(Nordwind)* north wind
Nord·af·ri·ka ['nɔrtʔa:frika] *nt* North Africa **Nord·ame·ri·ka** ['nɔrtʔa'me:rika] *nt* North America **nord·ame·ri·ka·nisch** *adj inv* North American **Nord·at·lan·tik·pakt** ['nɔrtʔat'lantɪkpakt] *m (form)* ■**der** ~ the North Atlantic Treaty Organization, NATO **nord·at·lan·tisch** *adj inv* North Atlantic **nord·at·lan·ti·sches Ver·tei·di·gungs·bünd·nis** *nt* POL, MIL North Atlantic [*or* NATO] alliance **nord·deutsch** ['nɔrtdɔytʃ] *adj* North German **Nord·deut·sche(r)** *f(m) dekl wie adj* North German, northern German **Nord·deutsch·land** ['nɔrtdɔytʃlant] *nt* North Germany
Nor·den <-s> ['nɔrdn̩] *m kein pl, kein indef art*
❶ *(Himmelsrichtung)* north; **im** ~ in the north; **aus Richtung** ~ from the north; **in Richtung** ~ northwards, to[wards] the north; **nach** [*o geh* **gen**] ~ to the north, northwards; **nach ~ blicken** [*o* **gehen**] [*o* **liegen**] *Zimmer, Fenster* to look [*or* face] north; ***wir möchten ein Zimmer nach ~ haben*** we would like a north-facing room [*or* a room that faces the north]; **nach ~ zeigen** *Kompass* to point north; *Person* to point to the north; **von** [*o* **aus**] ~ from the north; ***der Wind kommt von ~*** the wind is blowing from the north [*or* from a northerly direction]; **von ~ nach Süden** from north to south
❷ *(nördliche Gegend)* north; ***er wohnt im ~/im ~ der Stadt/im ~ von Hamburg/im ~ Deutschlands*** he lives in the north/in the northern part of town/in the northern part of Hamburg/in North[ern] Germany; **aus dem ~ kommen** [*o* **stammen**] to come [*or* be] [*or* hail] from the north [*or* from up north]; **in den** ~ to[wards] the north; ***wir fahren dieses Jahr in den*** ~ we're going up north on holiday this year; **im hohen** ~ in the far north
Nord·eu·ro·pa <-s> ['nɔrtʔɔy'ro:pa] *nt kein pl* northern Europe *no pl* **Nord·fries·land** ['nɔrt'fri:slant] *nt* North Friesland, Nordfriesland **Nord·halb·ku·gel** *f* northern hemisphere **Nord·hang** *m* northern slope
Nor·dic Wal·king <-s> ['nɔ:dɪk wɔ:kɪŋ] *nt kein pl* SPORT Nordic walking
Nord·ir·land ['nɔrt'ʔɪrlant] *nt* Northern Ireland
nor·disch ['nɔrdɪʃ] *adj* Nordic; *(skandinavisch)* Scandinavian; *s. a.* **Kombination**
Nord·ita·li·en [-ita:li̯ən] *nt* Northern Italy **Nord·kap** ['nɔrtkap] *nt* ■**das** ~ the North Cape **Nord·ko·rea** ['nɔrtko're:a] *nt* North Korea **Nord·ko·re·a·ner(in)** <-s, -> *m(f)* North Korean **nord·ko·re·a·nisch** *adj* North Korean **Nord·küs·te** ['nɔrtkʏstə] *f* north coast **Nord·la·ge** *f* north-facing location
nörd·lich ['nœrtlɪç] **I.** *adj* ❶ *(in nördlicher Himmelsrichtung befindlich)* northern; **der ~e Himmel/die ~e Halbkugel/die ~e Grenze** the northern skies/hemisphere/border; *s. a.* **Breite, Wendekreis**
❷ *(im Norden liegend)* northern; ***das Elendsviertel liegt im ~en Teil der Stadt*** the slums are in the north [*or* northern part] of town; **weiter ~ liegen** to lie [*or* be situated] further [to the] north
❸ *(von/nach Norden)* northwards, northerly; **ein ~er Wind** a northerly wind; **aus ~er Richtung kommen** [*o* **wehen**] to blow from the north [*or* a northerly direction]; **in ~e Richtung** in a northerly direction, to the north, northwards; ***wir fuhren in eine ~e Richtung*** we drove north [*or* northwards] [*or* in a northerly direction]; **~en Kurs steuern** to take [*or* steer] a northerly course
❹ *(den skandinavischen Raum betreffend)* Nordic
II. *adv* ■~ **von ...** north of ...
III. *präp +gen* ■~ **einer S.** *gen* [to the] north of sth; ~ **der Alpen/der Stadt** north of [*or* to the north of] the Alps/the town
Nord·licht *nt* ❶ *(Polarlicht)* ■**das** ~ the Northern Lights *pl,* aurora borealis *sing* ❷ *(fam: Mensch aus Norddeutschland)* North German **Nord·meer** *nt* Arctic Ocean
Nord·os·ten [nɔrt'ʔɔstn̩] *m kein pl, kein indef art*
❶ *(Himmelsrichtung)* north-east; **nach** [*o geh* **gen**] ~ to[wards] the north-east, north-eastwards; *s. a.* **Norden 1**
❷ *(nordöstliche Gegend)* north-east; *s. a.* **Norden 2**
nord·öst·lich [nɔrt'ʔœstlɪç] **I.** *adj* ❶ *(in nordöstlicher Himmelsrichtung befindlich)* north-eastern
❷ *(im Nordosten liegend)* north-eastern; *s. a.* **nördlich 2**
❸ *(von/nach Nordosten)* north-eastwards, north-easterly; *s. a.* **nördlich 3**
II. *adv* ■~ **von ...** north-east of ...
III. *präp +gen* ■~ **einer S.** *gen* north-east of sth; *s. a.* **nördlich III**
Nord-Ost·see-Ka·nal [nɔrt'ʔɔstze:kana:l] *m* ■**der** ~ the Kiel Canal
nord·ost·wärts *adv* north-eastwards, to the north-east, in a north-easterly direction
Nord·pol ['nɔrtpo:l] *m kein pl* ■**der** ~ the North Pole
Nord·po·lar·ge·biet ['nɔrtpola:ɐ̯gəbi:t] *nt* ■**das** ~ the arctic region **Nord·po·lar·meer** *nt* ■**das** ~ the Arctic Ocean
Nord·rhein-West·fa·len ['nɔrtrainvɛst'fa:lən] *nt* North Rhine-Westphalia
Nord·see ['nɔrtze:] *f* ■**die** ~ the North Sea; **an der** ~ on the North Sea coast; **an die** ~ to the North Sea coast
Nord·see·in·sel *f* North Sea island **Nord·see·küs·te** *f* North Sea coast
Nord·sei·te *f* north side
Nord-So·tho1 <-, -> ['nɔrtzo:to] *m o f* Northern Sotho, Sepedi
Nord-So·tho2 <-> ['nɔrtzo:to] *nt* ■**das** ~ the Northern Sotho language
Nord-Süd-Di·a·log *m* North-South dialogue [*or* AM *also* -og] **Nord-Süd-Ge·fäl·le** *nt* North-South divide **Nord-Süd-Kon·flikt** *m* North-South conflict, conflict between North and South **Nord-Süd-Pro·blem** *nt* problem of the North-South divide **Nord-Süd-Ver·kehr** *m* traffic between the North and the South
Nord·wand *f* ❶ *(die nördliche Wand)* northern wall ❷ *(der nördliche Steilhang)* northern face
nord·wärts ['nɔrtvɛrts] *adv* northwards, to the north, in a northerly direction
Nord·wes·ten [nɔrt'vɛstn̩] *m kein pl, kein indef art*
❶ *(Himmelsrichtung)* north-west; **nach** [*o geh* **gen**] ~ to[wards] the north-west [*or* north-westwards]; *s. a.* **Norden 1**
❷ *(nordwestliche Gegend)* north-west; *s. a.* **Norden 2**
nord·west·lich [nɔrt'vɛstlɪç] **I.** *adj* ❶ *(in nordwestlicher Himmelsrichtung befindlich)* north-western
❷ *(im Nordwesten liegend)* north-western; *s. a.* **nördlich 2**
❸ *(von/nach Nordwesten)* north-westwards, north-westerly; *s. a.* **nördlich 3**
II. *adv* ■~ **von ...** north-west of ...
III. *präp +gen* ■~ **einer S.** [to the] north-west of sth; *s. a.* **nördlich III**
Nord·wind *m* north wind
Nör·ge·lei <-, -en> *f* ❶ *(nörgelnde Äußerung)* moaning
❷ *(dauerndes Nörgeln)* nagging
nör·geln ['nœrgl̩n] *vi* ■[**über etw** *akk*] ~ to moan [about sth]
Nörg·ler(in) <-s, -> ['nœrglɐ] *m(f)* moaner, grumbler
No·ri <-> ['no:ri] *nt (Rotalge)* nori, green [*or* purple] [*or* sea] laver
Norm <-, -en> ['nɔrm] *f* ❶ *(festgelegte Größe)* standard, yardstick
❷ *(verbindliche Regel)* norm
❸ *(Durchschnitt)* ■**die** ~ the norm
❹ *(festgesetzte Arbeitsleistung)* quota
Nor·mal <-s, -e> [nɔr'ma:l] *nt* ❶ *(fachspr)* norm
❷ *(Benzin)* regular; ~ **bleifrei** regular unleaded
❸ TYPO **~e Schrift** roman typeface
nor·mal [nɔr'ma:l] **I.** *adj* ❶ *(üblich)* normal; **~e Geschäftstätigkeit** routine business; **unter ~en Umständen** under normal circumstances
❷ *(geistig gesund)* normal, sane; **nicht ganz ~ sein** to be not quite normal
❸ *meist verneint (fam: zurechnungsfähig)* right in the head *fam;* ***du bist wohl nicht ~!*** you're out of your mind!; **bist du noch ~?** are you crazy?
II. *adv* ❶ *(üblich)* normally
❷ *(fam: normalerweise)* normally, usually
Nor·mal·ar·beits·ver·hält·nis·se *pl* ÖKON normal working conditions *pl* **Nor·mal·ben·zin** *nt* low-octane petrol [*or* AM gas[oline]] **Nor·mal·bür·ger(in)** *m(f)* SOZIOL average citizen
nor·ma·ler·wei·se *adv* normally, usually
Nor·mal·fall *m* normal case; **der ~/nicht der ~ sein** to be/not be usual; **im** ~ normally, usually **Nor·mal·ge·wicht** *nt* normal weight **Nor·mal·grö·ße** *f* standard [*or* normal] size
nor·ma·li·sie·ren* [nɔrmali'zi:rən] **I.** *vt* ■**etw** ~ to normalize sth
II. *vr* ■**sich** *akk* ~ to normalize, to return to normal
Nor·ma·li·sie·rung <-, -en> *f* normalization
Nor·ma·li·tät <-> [nɔrmali'tɛ:t] *f kein pl* normality; ***die ~ kehrte im Büroalltag wieder ein*** life in the office returned to normality
Nor·mal·kon·nos·se·ment *nt* HANDEL uniform bill of lading **Nor·mal·kos·ten·rech·nung** *f* HANDEL standard cost system **Nor·mal·maß** *nt kein pl* ❶ *(übliches Ausmaß)* normal level ❷ *(übliche Größe)* normal size **Nor·mal·mo·dus** *m* INFORM non-interlaced mode **Nor·mal·null** *nt kein pl* sea level; **über/unter** ~ above/below sea level
Nor·ma·lo <-s, -s> [nɔr'ma:lo] *m (pej sl)* Mr. Average
Nor·mal·pa·pier *nt* plain paper **Nor·mal·sich·tig·keit** [-zɪçtɪçkait] *f kein pl* normal visibility *no pl* **Nor·mal·sterb·li·che(r)** *f(m) (hum fam)* average [*or* ordinary] mortal **Nor·mal·ver·brau·cher(in)** *m(f)* average consumer; **Otto** ~ *(fam)* the man in the street [*or* average person] **Nor·mal·ver·si·on** *f* TECH standard version **Nor·mal·ver·tei·lung** *f* MATH normal distribution **Nor·mal·was·ser·stoff·elek·tro·de** *f* CHEM, PHYS standard hydrogen electrode **Nor·mal·zeit** *f* standard time **Nor·mal·zu·stand** *m kein pl* normal state
Nor·man·die <-> [nɔrman'di:] *f* ■**die** ~ Normandy
Nor·man·ne, Nor·man·nin <-n, -n> [nɔr'manə,

N

nɔrˈmanɪn] *m, f* Norman

nor·man·nisch [nɔrˈmanɪʃ] *adj* Norman

nor·ma·tiv [nɔrmaˈtiːf] *adj inv (geh)* normative; *Grammatik* normative

Nor·ma·tiv·be·steu·e·rung *f* FIN normative system of taxation **Nor·ma·tiv·kos·ten** *pl* ÖKON general costs **Nor·ma·tiv·steu·er** *f* FIN normative tax

Norm·blatt *nt* standard sheet

nor·men [ˈnɔrmən] *vt* ■**etw** ~ to standardize sth

Nor·men·dis·kre·panz *f* JUR discrepancy between rules **Nor·men·häu·fung** *f* JUR plurality of rules **Nor·men·kar·tell** *nt* ÖKON standardization cartel; **Normen- und Typenkartell** agreement on standards and types **Nor·men·kol·li·si·on** *f* JUR conflict of norms **Nor·men·kon·trol·le** *f* JUR *judicial review of the constitutionality of an Act* **Nor·men·kon·troll·kla·ge** *f* JUR voidance petition **Nor·men·kon·troll·ver·fah·ren** *nt* JUR *judicial proceedings on the constitutionality of laws* **Nor·men·prü·fung** *f* JUR judicial review of a legal norm **Nor·men·ver·trag** *m* standard contract **nor·men·wid·rig** *adj* non-standard

nor·mie·ren* [nɔrˈmiːrən] *vt (geh)* ■**etw** ~ to standardize sth

Nor·mie·rung <-, -en> *f (geh)* ① *(das Normieren)* standardization *no pl*
② *(das Normiertsein)* standardization *no pl*

Norm·teil *m* TECH standardized part **Norm·typ** *m* standard type [*or* model]

Nor·mung <-, -en> *f* standardization **norm·wid·rig** *adj inv* non-standard; *Verhalten* deviant

Nor·we·gen <-s> [ˈnɔrveːgn̩] *nt* Norway

Nor·we·ger(in) <-s, -> [ˈnɔrveːgɐ] *m(f)* Norwegian

Nor·we·ger·pull·o·ver *m* Norwegian pullover

nor·we·gisch [ˈnɔrveːgɪʃ] *adj* ① *(in Norwegen gelegen)* Norwegian
② *(Sprache)* Norwegian

Nor·we·gisch [ˈnɔrveːgɪʃ] *nt dekl wie adj* ■**das** ~**e** [the] Norwegian [language]

Nost·al·gie <-> [nɔstalˈgiː] *f kein pl (geh)* nostalgia

Nost·al·gie·wel·le *f* wave of nostalgia

Nost·al·gi·ker(in) [nɔsˈtalgikɐ] *m(f) (geh)* nostalgia addict

nost·al·gisch [nɔsˈtalgɪʃ] *adj (geh)* nostalgic

Nos·tro·ge·schäft [ˈnɔstro-] *nt* FIN own account business **Nos·tro·ver·bind·lich·kei·ten** [ˈnɔstro-] *pl* FIN nostro liabilities

Not <-, Nöte> [ˈnoːt, *pl* ˈnøːtə] *f* ① *kein pl (Armut)* need, poverty, hardship; ***das war eine Zeit der*** ~ it was a time of need, a lean time; ***es herrscht bittere*** ~ there is abject poverty; ***in diesem Land herrscht große*** ~ there is great poverty and hardship in this country; **aus** ~ out of poverty; **in** ~ **geraten** to encounter hard times; **in** ~ **leben** to live in poverty; ~ **leiden** to live in poverty, to suffer deprivation; ~ **leidend** destitute; ~ **leidende Menschen** people in need
② *(Bedrängnis)* distress, affliction; **jdm in der** ~ **beistehen** to support sb at a difficult time, to help sb in times of trouble; **in** ~ **geraten** to get into difficulties [*or* dire straits]; **jdm in der Stunde der** ~ **helfen** to help sb in her/his hour of need; **jdm seine** ~ **klagen** to pour out one's troubles to sb; **in** ~ [*o* **Nöten**] **sein** to be in difficulties [*or* dire straits]; **in seiner/ihrer** ~ in his/her distress [*or* desperation]; ***in seiner*** ~ ***wusste er sich nicht anders zu helfen*** he couldn't see what else he could do; **in höchster** ~ in extremis; ***Rettung in höchster*** ~ rescue in extremis; ***Hilfe in höchster*** ~ help in the nick of time
③ *pl (Problem)* **die Nöte des Alltags** humdrum problems, the problems of everyday living; **in Ängsten und Nöten schweben** to be hot and bothered; **die Nöte des kleinen Mannes** the average person's problems; **in tausend Nöten sein** to be up to one's hips in alligators *fam*
④ *kein pl (Mühe, Sorge)* difficulty, trouble; ***sie hatten*** ~, ***ihre sechs Kinder zu ernähren*** they had difficulty in feeding their six children; **seine liebe** ~ **haben mit jdm/etw** to have one's work cut out with sb/sth, to have a lot of trouble [*or* problems] with sb/sth; ***sie hat ihre liebe*** ~ ***mit ihrem Sohn*** she really has her work cut out with her son; **seine liebe** ~ **haben, etw zu tun** to have one's work cut out doing sth; **mit knapper** ~ just, by the skin of one's teeth; ***mit knapper*** ~ ***hat sie den Zug noch erreicht*** she just managed to catch the train; *s. a.* **Mühe**
⑤ *kein pl (veraltend: Notwendigkeit)* necessity; ***damit hat es keine*** ~ there's no rush; ***ohne*** ~ ***sollte man nicht zu so drastischen Maßnahmen greifen*** if there is no need, one shouldn't resort to such drastic measures; ***im Deutschen werden oft ohne*** ~ ***Anglizismen für die Bezeichnung neuer Gegenstände verwendet*** in German, Anglicisms are often used for describing new articles when there is actually no need [to use foreign words]; **der** ~ **gehorchend** out of necessity; **tun, was die** ~ **gebietet** to do what has to be done; **etw nicht ohne** ~ **tun** not to do sth without having to
▸WENDUNGEN: ~ **bricht Eisen** *(prov)* desperation gives you strength; ~ **macht erfinderisch** *(prov)* necessity is the mother of invention *prov;* **in der** ~ **frisst der Teufel Fliegen** *(prov)* beggars can't be choosers *prov;* **wenn die** ~ **am größten, ist Gottes Hilfe am nächsten** *(prov)* man's extremity is God's opportunity *prov;* [**da/jetzt/bei ihm ist**] **Holland in** ~ [*o* **Nöten**] *(prov)* things are looking grim, now we are in for it; ~ **kennt kein Gebot** *(prov)* necessity knows no law; ~ **lehrt beten** *(prov)* in our hour of need we all turn to God; **wenn** ~ **am Mann ist** *(fam)* in times of need; ***das sind mir gute Freunde, wenn*** ~ ***am Mann ist, haben sie sich alle verdünnisiert!*** that's what I call good friends — when I/you really needed them they all cleared off!; ***eigentlich wollte ich morgen zum Angeln gehen, aber wenn wirklich*** ~ ***am Mann ist ...*** actually, I wanted to go fishing tomorrow but if you're really stuck ...; **in der** ~ **schmeckt jedes Brot** *(prov)* hunger is the best cook *prov;* **in** ~ **und Tod zusammenhalten** to stick together through thick and thin; **aus der** ~ **eine Tugend machen** to make a virtue out of necessity; **zur** ~ if need[s] be

No·ta·beln [noˈtaːbl̩n] *pl (geh)* notabilities

no·tabe·ne [ˈnoːta ˈbeːnə] *(geh)* nota bene *form,* please note

Not·an·ker *m* ① NAUT sheet anchor
② *(fig: Rettungsanker)* sheet anchor

No·tar(in) <-s, -e> [noˈtaːɐ̯] *m(f)* notary

No·tar·ge·bühr *f* notarial fee

No·ta·ri·at <-[e]s, -e> [notaˈri̯aːt] *nt (Kanzlei)* notary's office

No·ta·ri·ats·akt *m* notarial act **No·ta·ri·ats·kos·ten** *pl* notarial expenses *pl* **No·ta·ri·ats·ur·kun·de** *f* JUR notarial instrument **No·ta·ri·ats·ver·trag** *m* notarial deed

no·ta·ri·ell [notaˈri̯ɛl] I. *adj* notarial
II. *adv* ~ **beglaubigt** authenticated [*or* certified] by a notary public

No·ta·rin <-, -nen> *f fem form von* **Notar**

Not·arzt, -ärz·tin *m, f* ① *(Arzt für Notfälle)* casualty [*or* emergency] doctor *(who treats patients at the scene of an accident)* ② *(Arzt im Notdienst)* doctor on call **Not·arzt·wa·gen** *m* emergency doctor's car

Not·auf·nah·me *f* ① MED *(eines Kranken in einem Notfall)* emergency admission; *(Krankenhausstation)* accident and emergency [*or* A & E] department, emergency room AM ② HIST *(von DDR-Flüchtlingen in die BRD)* **die** ~ **beantragen** to apply for asylum; *(zuständige Stelle)* **die** ~ **durchlaufen** to pass through the [refugee] reception centre **Not·auf·nah·me·la·ger** *nt* emergency accommodation centre [*or* AM -er]

Not·aus·gang *m* emergency exit **Not·be·helf** *m* stopgap [measure] **Not·be·leuch·tung** *f* emergency lighting **Not·be·trug** *m* JUR petty fraud **Not·bett** *nt* MED emergency bed **Not·brem·se** *f* emergency brake; **die** ~ **ziehen** [*o* **betätigen**] to pull the emergency brake ▸WENDUNGEN: **die** ~ **ziehen** [*o* **betätigen**] to put the brakes on sth **Not·brem·sung** *f* emergency stop **Not·dienst** *m* duty; ***welche Apotheke/welcher Arzt hat am Wochenende*** ~***?*** which chemist's/doctor is on duty at the weekend?; ***in der Samstagsausgabe stehen Angaben zum ärztlichen*** ~ ***fürs Wochenende*** the Saturday issue gives details of which doctors are on call at the weekend

Not·durft [ˈnoːtdʊrft] *f* **seine** ~ **verrichten** *(geh)* to relieve oneself *dated or hum*

not·dürf·tig [ˈnoːtdʏrftɪç] I. *adj* makeshift, stopgap; ***da jeder ein paar Brocken der Sprache des anderen beherrschte, war immerhin eine*** ~***e Verständigung möglich*** as each of them had a smattering of the other's language, some sort of communication was possible
II. *adv* in a makeshift manner *pred*

No·te <-, -n> [ˈnoːtə] *f* ① *(musikalisches Zeichen)* note; *(Notentext)* music, notes *pl;* **ganze/halbe** ~ semibreve/minim; ~**n lesen** to read music; **nach** ~**n** at sight; [**wie**] **nach** ~**n** thoroughly, with a vengeance
② *(Zensur)* mark, grade; *(Punkt)* point
③ JUR *(förmliche Mitteilung)* note; **eine diplomatische** ~ a note
④ FIN *(Banknote)* [bank]note
⑤ *kein pl (Duftnote)* fragrance
⑥ *kein pl (Eigenart)* special character, stamp

Note·book <-s, -s> [ˈnoʊtbʊk] *nt* INFORM notebook

No·ten·aus·tausch *m* exchange of notes **No·ten·bank** *f* bank of issue, issuing bank **No·ten·blatt** *nt* sheet of music **No·ten·heft** *nt* ① *(mit Noten)* music book ② *(Übungsheft)* manuscript book **No·ten·li·nie** *f* line of a stave; ***Notenpapier ist mit*** ~***n bedrucktes Papier*** manuscript paper is paper printed with staves **No·ten·pa·pier** *nt* manuscript paper **No·ten·schlüs·sel** *m* clef **No·ten·schrift** *f* MUS musical notation **No·ten·stän·der** *m* music stand **Not·ent·rie·ge·lung** *f* BAU emergency opening

Note·pad-Com·pu·ter [ˈnoʊtpæd-] *m* notepad [computer]

Not·fall *m* ① *(plötzliche Zwangslage)* emergency; **im** ~ if needs be [*or* necessary]
② *(schnelle Hilfe erfordernde Erkrankung)* emergency

Not·fall·am·bu·lanz <-, -en> *f (im Krankenhaus)* emergency room AM, A and E [department] BRIT *(Accidents and Emergencies)* **Not·fall·arzt, -ärz·tin** <-es, -ärzte> *m, f* SCHWEIZ *s.* Notarzt **Not·fall·dienst** *m* emergency service **Not·fall·mel·dung** *f* emergency call

Not·fall·plan *m* emergency plan

not·falls [ˈnoːtfals] *adv* if needs be

Not·fall·sta·ti·on *f* SCHWEIZ casualty **Not·fall·übung** *f* emergency drill

Not·fonds *m* FIN emergency reserves *pl*

Not·frist *f* JUR statutory deadline BRIT, peremptory term AM **Not·frist·zeug·nis** *nt* JUR certificate of absence of appeal

not·ge·drun·gen *adv* willy-nilly, of necessity

Not·ge·mein·schaft *f* association for mutual assistance founded in an emergency [*or* to remedy a bad state of affairs] **Not·gro·schen** *m* savings for a rainy day; **sich** *dat* **einen** ~ **zurücklegen** to save up for a rainy day **Not·hil·fe** *f* emergency assistance

no·tie·ren* [noˈtiːrən] I. *vt* ① *(aufschreiben)* ■[**sich** *dat*] **etw** ~ to write [*or* note] down sth
② ÖKON *(vormerken)* ■**etw** ~ to place sth in advance; ***darf ich also Ihre Bestellung für März*** ~***?*** so, can I place an advance order for March for you?
③ BÖRSE *(ermitteln)* ■[**mit etw** *dat*] **notiert werden** to be quoted [*or* listed] [at sth]; **nicht notierte Tochtergesellschaft** unquoted subsidiary; **notierte Währung** quoted exchange
II. *vi* ① *(schreiben)* to write down; ***einen Moment, ich hole mir einen Schreiber, so, jetzt kann ich*** ~ just a minute, I'll get a pen — right, now I can write it down
② BÖRSE *(ermitteln)* ■[**mit etw** *dat*] ~ to be quoted; **die Aktie notiert mit 70 Euro** the share is quoted at 70 euros

No·tie·rung <-, -en> *f* ① BÖRSE quotation; **amtliche** ~ official quotation [*or* listing]; **fortlaufende** ~

consecutive [*or* variable price] quotation
❷ ÖKON advance placing

No·tie·rungs·mo·nat *m* FIN issuing month **No·tie·rungs·tag** *m* FIN day on which securities are quoted

No·ti·fi·ka·ti·on [notifika'tsi̯o:n] *f* JUR notification, notice

nö·tig ['nø:tɪç] **I.** *adj* ❶ *(erforderlich)* necessary; **der ~ste Bedarf** the bare essentials [*or* necessities]; ■**~ sein** to be necessary; ■**~ sein, etw zu tun** to be necessary to do sth; ■**das N~e** what is necessary; ■**alles N~e** everything necessary; ■**das N~ste** the essentials *pl;* **etw ~ machen** to necessitate sth, to demand sth; **falls** [*o* **wenn**] **~** if necessary; **etw** [**bitter**] **~ haben** to be in [urgent] need of sth; ***das Haus hat einen Anstrich bitter ~*** the house is in dire need of a coat of paint; **etw nicht ~ haben** to have no reason to do sth; ***ach, ich soll mich bei ihm entschuldigen? das habe ich wirklich nicht ~*** oh, so I'm supposed to apologize to him? I don't think so [*or* see why]; ***das war die Wahrheit, solche Lügen habe ich nicht ~*** that's the truth — I've no reason to tell such lies; **es nicht ~ haben, etw zu tun** to not need to do sth; ***wir haben es nicht ~, uns so von ihm unter Druck setzen zu lassen*** we don't have to put up with him pressurizing us like this; ***er hat es nicht ~, sich anzustrengen*** he doesn't need to try hard; **es ~ haben, etw zu tun** to need to do sth; ***gerade du hast es ~, dich mit der Grammatik noch einmal zu beschäftigen*** you of all people should study grammar again
❷ *(geboten)* ***mit der ~en Sorgfalt wäre das nicht passiert*** with the necessary care it wouldn't have happened
►WENDUNGEN: **es gerade ~ haben, etw zu tun** *(iron)* to be a one to do sth; ***der hat es gerade ~, von Treue zu reden ...*** he's a one to tell us about faithfulness ...
II. *adv* urgently; ***was ich jetzt am ~sten brauche, ist ein warmes Bett*** what I need most now is a warm bed
►WENDUNGEN: **ganz/mal ~ müssen** *(fam)* to really need to go the loo BRIT *fam* [*or* AM *sl* john], to be bursting *fam*

nö·ti·gen ['nø:tɪgn̩] *vt* ■**jdn** [**zu etw** *dat*] **~** to force [*or* coerce] sb [into sth]; *(durch Zureden)* to urge, to entreat *form;* ■**jdn dazu ~, etw zu tun** to force sb to do [*or* coerce sb into doing] sth; **sich** *akk* **genötigt sehen, etw zu tun** to be obliged [*or* forced] to do sth; ***er sah sich genötigt umzudisponieren*** he was obliged to change his plans

nö·ti·gen·falls ['nø:tɪgn̩'fals] *adv (form)* if necessary

Nö·ti·gung <-, -en> *f* ❶ *(Zwang)* compulsion, coercion
❷ *(geh: das Zureden)* entreaty; ***die gut gemeinten, aber lästigen ~en des Gastgebers, noch mehr zu trinken*** the host's well-intended but tiresome entreaties that we drink some more

No·tiz <-, -en> [no'ti:ts] *f* ❶ *(Vermerk)* note; **sich** *dat* **eine ~** [**von etw** *dat*] **machen** to make a note [of sth]; **sich** *dat* **~en machen** to make [*or* take] notes
❷ MEDIA *(kurze Zeitungsmeldung)* short report, short article
►WENDUNGEN: [**keine**] **~** [**von jdm/etw**] **nehmen** to take [no] notice [of sb/sth]

No·tiz·block <-blöcke> *m* notepad **No·tiz·buch** *nt* notebook **No·tiz·zet·tel** *m* page of a notebook; ***neben dem Telefon lag ein Stapel ~ mit Adressen*** scraps of paper with addresses were piled up beside the phone

Not·kauf *m* FIN emergency purchase **Not·la·ge** *f* desperate situation, difficulties *pl;* **sich** *akk* **in einer ~ befinden** to be in a desperate situation; **jdn in eine ~ bringen** to get sb into difficulties; **in eine ~ geraten** to get into difficulties; **jds ~ ausnützen** to take advantage of sb's predicament **not·lan·den** <notlandete, notgelandet> ['no:tlandn̩] *vi sein* to make an emergency landing **Not·lan·dung** *f* emergency landing **not·lei·dend** *adj* ❶ *Menschen s.* **Not** ❷ FIN **~er Kredit** non-performing [*or* bad] loan; **~er Wechsel** dishonoured bill; **eine ~e Wirtschaft** an ailing economy **Not·lö·sung** *f* stopgap [solution] **Not·lü·ge** *f* white lie **Not·na·gel** *m (pej, hum fam: Notbehelf)* stopgap

not·ope·rie·ren* *vt* MED ■**jdn ~** to perform emergency surgery on sb; ***er wurde notoperiert*** he had emergency surgery

no·to·risch [no'to:rɪʃ] **I.** *adj (geh)* notorious; *(allbekannt)* well-known; **ein ~er Lügner** a notorious liar
II. *adv (geh)* notoriously; ***er ist ~ pleite*** it's common knowledge that he's broke

Not·pflas·ter *nt (fig fam)* sticking plaster BRIT, Band-Aid® AM

Not·recht *nt* JUR emergency legislation **Not·re·ser·ve** *f* emergency reserve

Not·ruf *m* ❶ *(Anruf auf einer Notrufnummer)* emergency call
❷ *(eines Tieres)* distress call
❸ *s.* **Notrufnummer**

Not·ruf·num·mer *f* emergency number **Not·ruf·säu·le** *f* emergency telephone

Not·rut·sche *f* escape slide **not·schlach·ten** <notschlachtete, notgeschlachtet> *vt* ■**ein Tier ~** to slaughter an animal out of necessity **Not·si·gnal** *nt* emergency signal **Not·si·tu·a·ti·on** *f* emergency **Not·sitz** *m* spare foldaway seat

Not·stand *m* ❶ *(Notlage)* desperate situation, difficulties *pl;* JUR [state of] emergency; **übergesetzlicher ~** extra-statutory necessity ❷ *(politische Gefahrensituation)* state of emergency; **den ~ ausrufen** to declare a state of emergency; **äußerer ~** emergency caused by an outside threat; **innerer ~** national emergency **Not·stands·ge·biet** *nt* disaster area **Not·stands·ge·set·ze** *pl* emergency laws **Not·stands·ge·setz·ge·bung** *f* JUR emergency legislation **Not·stands·klau·sel** *f* JUR emergency clause **Not·stands·ko·mi·tee** *nt* emergency committee **Not·stands·ver·fas·sung** *f* emergency constitution

Not·strom·ag·gre·gat *nt* emergency generator **Not·strom·ver·sor·gung** *f* emergency power supply

Not·tau·fe *f* emergency baptism; **die ~ bekommen** to have an emergency baptism, to be baptized at the eleventh hour **Not·tes·ta·ment** *nt* JUR nuncupative will

not|tun^RR *vi irreg* ■**etw tut not** sth is necessary; ■[**jdm**] **~** to be necessary [for sb]; ***ein bisschen Selbstbescheidung täte uns allen not*** we could all do with a bit of modesty; ***bitte bemühen Sie sich nicht, das tut doch nicht not!*** please don't go to any trouble, there's really no need! **Not·un·ter·kunft** *f* emergency accommodation **Not·ver·band** *m* MED emergency dressing **Not·ver·kauf** *m* JUR emergency [*or* forced] sale **Not·ver·kaufs·recht** *nt* JUR right of emergency sale **Not·ver·ord·nung** *f* JUR emergency decree **Not·was·se·rung** *f* LUFT emergency landing on water **Not·weg** *m* JUR way of necessity

Not·wehr <-> *f kein pl* self-defence *no pl;* JUR privilege of self-defence; **aus** [*o* **in**] **~** in self-defence **Not·wehr·ex·zess^RR** *m* JUR excessive self-defence

not·wen·dig ['no:tvɛndɪç] **I.** *adj* ❶ *(erforderlich)* necessary; ■**das N~e** the essentials *pl;* ■**alles N~e** everything necessary; ■**das N~ste** the bare essentials *pl*
❷ *(geboten)* ■**der/die ~e ...** the necessary ...
II. *adv* necessarily; **etw ~ brauchen** to absolutely need sth

not·wen·di·ger·wei·se ['no:tvɛndɪgɐ'vai̯zə] *adv* necessarily; ***diese Leibesvisitationen müssen ~ durchgeführt werden*** it is necessary to conduct these body searches

Not·wen·dig·keit <-, -en> ['no:tvɛndɪçkai̯t, not'vɛndɪçkai̯t] *f* ❶ *kein pl (Erforderlichkeit)* necessity
❷ *(Erfordernis)* necessity

Not·zeit *f meist pl* time of need

Not·zucht <-> *f kein pl s.* **Vergewaltigung**

not·züch·ti·gen <notzüchtigte, genotzüchtigt> *vt s.* **vergewaltigen**

Not·zu·stän·dig·keit *f* JUR emergency jurisdiction

Nou·gat <-s, -s> ['nu:gat] *m o nt s.* **Nugat**

No·va¹ <-, Novä> ['no:va, *pl* -vɛ] *f* nova

No·va² *nt pl von* **Novum**

No·va·ti·on <-, -en> [nova'tsi̯o:n] *f* JUR novation

No·va·ti·ons·ver·trag *m* JUR substituted contract

No·vel Food, No·vel·food <-> ['nɔvəl'fu:d] *nt kein pl* novel food

No·vel·le <-, -n> [no'vɛlə] *f* ❶ *(Erzählung)* short novel
❷ *(novelliertes Gesetz)* amended law, amendment

no·vel·lie·ren* [novɛ'li:rən] *vt bes* ÖSTERR *(geh)* ■**etw ~** to amend sth

No·vel·lie·rung <-, -en> *f* JUR, POL amendment

No·vem·ber <-s, -> [no'vɛmbɐ] *m* November; *s. a.* **Februar**

No·vi·tät <-, -en> [novi'tɛ:t] *f* ❶ *(neuer Artikel)* new article
❷ *(neues Buch)* new book

No·vi·ze, No·vi·zin <-n, -n> [no'vi:tsə, no'vi:tsɪn] *m, f* novice, acolyte

No·vi·zi·at <-[e]s, -e> [novi'tsi̯a:t] *nt* novitiate

No·vi·zin <-, -nen> [no'vi:tsɪn] *f fem form von* **Novize**

No·vum <-s, Nova> ['no:vʊm-, *pl* 'no:va] *nt (geh)* ■**ein ~** new factor [*or* phenomenon], novelty

No·wo·si·birsk <-s> [novɔsi'bɪrsk] *nt* Novosibirsk

NPD <-> [ɛnpe:'de:] *f kein pl Abk von* **Nationaldemokratische Partei Deutschlands** NPD, National Democratic Party of Germany

Nr. *Abk von* **Nummer** no.

NRW [ɛnɛr've:] *nt Abk von* **Nordrhein-Westfalen** North Rhine-Westphalia

ns PHYS *Abk von* **Nanosekunde** ns

NS¹ [ɛn'ɛs] *Abk von* **Nachschrift** PS

NS² [ɛn'ɛs] *Abk von* **Nationalsozialismus** National Socialism

NS-Bon·ze *m* Nazi bigwig **NS-Staat** *m* National Socialist [*or* Nazi] state **NS-Zeit** *f* [period of] National Socialism [*or* Nazism]

NT <-> *f kein pl* INFORM *Abk von* **New Technology** NT

N. T. <-[s]> *nt kein pl Abk von* **Neues Testament** NT

Nu ['nu:] *m* **im ~** in a flash [*or fam* sec]; ***ich bin im ~ zurück*** I'll be back in a sec

Nu·an·ce <-, -n> ['nÿã:sə] *f* nuance; **eine ~ zu ...** a shade; ***der Boden ist eine ~ zu weich für dieses Pferd*** the going is a shade on the soft side for this horse

Nu·an·cen·pa·let·te *f* gamut of shades **nu·an·cen·reich** ['nÿã:sən-] *adj* highly nuanced, subtle

nu·an·cie·ren* [nÿã'si:rən] *vt (geh)* ❶ *(kaum merklich abwandeln, sehr fein graduell abstufen)* ■**etw ~** to give sth subtle nuances, to nuance sth *rare*
❷ *(in all seinen Feinheiten, feinen Unterschieden erfassen, darstellen)* ■**etw ~** to give sth subtle nuances, to nuance sth *rare*

Nu·buk·le·der *nt* Nubuck

nüch·tern ['nʏçtɐn] *adj* ❶ *(mit leerem Magen)* empty-stomached; ■**~ sein** with an empty stomach; *s. a.* **Magen**
❷ *(nicht betrunken)* sober
❸ *(realitätsbewusst)* sober, down-to-earth; **eine ~e Einschätzung** a level-headed assessment
❹ *(bloß)* sober, bare, plain, austere

Nüch·tern·heit <-> *f kein pl* ❶ *(Realitätsbewusstsein)* soberness, rationality
❷ *(nicht alkoholisierter Zustand)* soberness, sobriety

Nu·ckel <-s, -> *m (fam)* dummy

Nu·ckel·fla·sche *f* baby bottle

nu·ckeln ['nʊkl̩n] *vi (fam: saugen)* ■[**an etw** *dat*] **~** to suck [on sth]

nu·cleo·phil *adj* CHEM nucleophilic; **~es Reagenz** nucleophile [reagent]

Nu·del <-, -n> ['nu:dl̩] *f* ❶ *meist pl* pasta + *sing vb, no indef art; (in Suppe)* noodle *usu pl*
❷ *(Teigröllchen zum Mästen von Gänsen)* fattening ball
❸ *meist pl* DIAL *(krapfenähnliches Gebäck)* pastry

N

④ *(fam: Frau)* roly-poly; **dicke** ~ fat one; **giftige** ~ nasty one; **ulkige** ~ funny one

Nu·del·brett *nt* pastry board **Nu·del·holz** *nt* rolling pin **Nu·del·ma·schi·ne** *f* pasta machine

nu·deln ['nu:dl̩n] **I.** *vt* ① *(mästen)* ■**etw** ~ *Geflügel* to cram sth
② *(fam: überfüttern)* ■**jdn** ~ to stuff sb; **sich** *akk* **wie genudelt fühlen** to be full to bursting
③ DIAL *(liebkosen)* ■**jdn/etw** ~ to cuddle sb/sth
II. *vi* KOCHK *(veraltet)* to roll out pastry for noodles

Nu·del·sup·pe *f* noodle soup **Nu·del·teig** *m* pasta dough

Nu·dis·mus <-> [nu'dɪsmʊs] *m kein pl (geh)* nudism

Nu·dist(in) <-en, -en> [nu'dɪst] *m(f) (geh)* nudist

Nu·gat, Nougat <-s, -s> ['nu:gat] *m o nt* nougat

Nug·gi <-s, -> ['nʊgi] *m* SCHWEIZ *(Schnuller)* dummy

nu·kle·ar [nukle'a:ɐ̯] **I.** *adj attr* nuclear
II. *adv* with nuclear weapons *pred;* ~ **ausgerüstet/bewaffnet sein** to be equipped/armed with nuclear weapons

Nu·kle·ar·ab·fall <-s, -abfälle> *m* nuclear waste **Nu·kle·ar·auf·rüs·tung** *f* nuclear armament **Nu·kle·ar·in·dus·trie** *f* nuclear industry **Nu·kle·ar·kri·mi·na·li·tät** *f* nuclear crime **Nu·kle·ar·macht** *f* nuclear power **Nu·kle·ar·me·di·zin** *f* nuclear medicine **Nu·kle·ar·park** *m* nuclear arsenal **Nu·kle·ar·phy·sik** *f kein pl* nuclear physics + *sing vb* **Nu·kle·ar·pro·gramm** *nt* nuclear programme [*or* AM program] **Nu·kle·ar·test** *m* MIL, POL nuclear [*or* atomic] test **Nu·kle·ar·waf·fe** *f* nuclear weapon **Nu·kle·ar·waf·fen·po·ten·zi·al**RR *nt* nuclear weapon potential [*or* capacity] [*or* capability]

Nu·kle·in·säu·re [nukle'i:n-] *f* nucleic acid

Nu·kleo·tid <-s, -e> [nukleo'ti:t, *pl* nukleo'ti:də] *m* BIOL *(Grundbaustein der DNA)* nucleotide

null [nʊl] *adj* ① *(Zahl)* zero, nought; **gleich** ~ **sein** to be zero; *(0° C)* zero; *s. a.* **acht**[1]
② SPORT *(kein)* no; ~ **Punkte** no points; ~ **zu** ~ *(0:0)* nil nil [*or* AM *usu* zero zero]; ~ **zu drei** nil three
③ TENNIS love; **40 zu** ~ 40-love
④ INFORM **etw auf** ~ **stellen** to reset sth
▸WENDUNGEN: [**noch einmal**] **bei** ~ **anfangen** *(fam)* to start [again] from scratch; ~ **für** ~ **aufgehen** *(sich als richtig erweisen)* to turn out right; **gleich** ~ **sein** *(so gut wie nicht vorhanden)* to be nil; **jds Hoffnung/Mut sinkt unter** ~ sb loses all hope/courage; **in** [*o* **im**] ~ **Komma nichts** *(fam)* in [*or* quick as] a flash; ~ **und nichtig sein** to be null and void; **etw für** ~ **und nichtig erklären** to declare sth null and void; **die Stunde** ~ zero hour

Null[1] <-, -en> ['nʊl, *pl* 'nʊln̩] *f* ① *(Zahl)* zero, null
② *(fam: Versager)* nothing

Null[2] <-[s], -s> ['nʊl, *pl* 'nʊls] *m o nt* KARTEN null[o]; ~ **Hand** null[o] hand; ~ **ouvert** open null[o]

null·acht·fuff·zehn [nʊl?axt'fʊftse:n], **null·acht·fünf·zehn** ['nʊl'?axt'fʏnftse:n] *adj (fam)* run-of-the-mill

Null·acht·fünf·zehn-Au·to *nt* run-of-the-mill car

nul·la poe·na si·ne le·ge ['nʊla pø:na 'zi:nə 'le:gə] JUR no crime unless there is a statute for it

Null·be·trag *m* MATH zero amount

Null-Bock-Ju·gend *f (sl)* disenchanted youth, don't-give-a-damn young wasters *pl*, slackers *pl*

Null·di·ät *f* starvation diet **Null·er·spar·nis** *f* FIN zero saving **Null·in·fla·ti·on** *f* ÖKON zero inflation **Null·kos·ten** *pl* FIN zero cost *sing* **Null·lö·sung**RR *f* zero option **Null·me·ri·di·an** *m* prime [*or* Greenwich] meridian **Nullö·sung**ALT *f s.* **Nulllösung Null·punkt** *m kein pl* freezing point; **auf den** ~ **absinken** to drop down to freezing point ▸WENDUNGEN: **auf den** ~ **sinken** [*o* **ankommen**] to reach rock bottom **Null·run·de** *f round of wage negotiations where demand for a wage rise is dropped* **Null·sal·do** *m* FIN zero balance **Null·schie·ne** *f* BAU neutral conductor **Null·se·rie** *f* pilot lot **Null·stel·lung** *f kein pl* zero position **Null·sum·men·spiel** *nt (geh)* zero-sum game **Null·ta·rif** *m kein pl* ■**zum** ~ for free; ***der ~ wurde auf allen Strecken eingeführt*** free travel was introduced on all routes **Null·wachs·tum** *nt* zero growth

Nu·me·ra·le <-s, -lien *o* -lia> [nume'ra:lə, *pl* nume'ra:li̯ən, nume'ra:li̯a] *nt* LING numeral

Nu·me·ri ['nu:meri] *pl von* **Numerus**

nu·me·rie·renALT* [numə'ri:rən] *vt s.* **nummerieren**

Nu·me·rie·rungALT <-, -en> *f s.* **Nummerierung**

nu·me·risch [nu'me:rɪʃ] *adj* numeric[al]

Nu·me·rus <-, Numeri> ['nu:merʊs, *pl* 'nu:meri] *m* number

Nu·me·rus clau·sus <-, -> ['nu:merʊs 'klau̯zʊs] *m* numerus clausus

Nu·mis·ma·tik <-> [numɪs'ma:tɪk] *f kein pl* numismatology

Nu·mis·ma·ti·ker(in) <-s, -> [numɪs'ma:tikɐ] *m(f)* numismatist

Num-Lock-Tas·te *f* INFORM num lock key

Num·mer <-, -n> ['nʊmɐ] *f* ① *(Zahl)* number; **laufende** ~ serial number
② *(Telefonnummer)* number; ***zzt. bin ich unter der ~ ... zu erreichen*** at the moment I can be reached under ...
③ MEDIA *(Ausgabe)* issue
④ *(Größe)* size
⑤ *(Autonummer)* registration number
⑥ *(fam: Typ)* character; ***mit Ulrike wird es nie langweilig, sie ist eine total ulkige*** ~ it's never boring with Ulrike around, she's a real bag of laughs
⑦ *(derb: Koitus)* fuck *vulg*, BRIT *a.* shag *fam!;* **eine schnelle** ~ a quickie; **eine** ~ [**mit jdm**] **machen** [*o* **schieben**] *(sl)* to have it off BRIT *sl* [*or* AM get it on] [with sb]
⑧ *(Darbietung)* **eine glanzvolle** ~ a great act
⑨ *(fam: Musikstück)* ***auf der CD sind ein paar gute ~n*** there are a few good tracks on the CD
▸WENDUNGEN: [**nur**] **eine** ~ **abziehen** *(fam: schauspielern)* to put on an act; **die** ~ **eins** *(fam)* the number one; [**für jdn**] **eine** ~ **zu groß sein** *(fam)* to be [well] out of sb's league; *(zu teuer sein)* to be too rich for sb [*or* sb's pocket]; **etw ist für jdn ein paar ~n zu groß** sth is out of sb's league, sb would be biting off more than he can chew with sth; **eine große** [*o* **dicke**] ~ **bei jdm haben** *(fam)* to be really well in with sb; **geht es nicht** [**vielleicht**] **auch eine** ~ **kleiner?** *(iron fam)* come off it! *fam;* **eine** ~ **aufs Parkett legen** to trip the light fantastic; [**nur**] **eine** ~ **sein** to be [no more than] a number; **auf** ~ **Sicher gehen** *(fam)* to play it safe; **auf** ~ **Sicher sein** [*o* **sitzen**] *(sl)* to be behind bars

num·me·rie·renRR* [nʊmə'ri:rən] *vt* ■**etw** ~ to number sth

Num·me·rie·rungRR <-, -en> *f* ① *kein pl (das Nummerieren)* numbering
② *(Eintrag einer Zahl)* numbering; ***die Blätter haben keine*** ~ the sheets are not numbered

Num·mern·kon·to *nt* numbered account **Num·mern·pa·ket** *nt* number packet **Num·mern·schei·be** *f* TELEK *(veraltend)* dial **Num·mern·schild** *nt* number [*or* AM license] plate **Num·mern·zei·chen** *nt* numerical mark

nun [nu:n] **I.** *adv* ① *(jetzt)* now; ***das hat er ~ davon*** it serves him right; ***was ~?*** what now?; **von** ~ **an** from now on
② *(dann)* then; ~ ***erst bemerkte er sie*** only then did he notice her
③ *(na ja)* well; ***was hältst du von ihm? — ~, ich weiß nicht*** what do you think of him? — well, I don't know
④ *(eben)* just; ***es ist ~*** [***ein***]***mal so*** that's the way it is; ***ich will ~ mal nicht im Norden Urlaub machen!*** but I just don't want to go on holiday in the north!; ***Mathematik liegt ihr ~ mal nicht*** maths just isn't her thing; ***was hilft's, hier wird ~ mal so verfahren*** what can you do? that's the way things are done around here
⑤ *(etwa)* well; ***hat sich die Mühe ~ gelohnt?*** well, was it worth the trouble?
⑥ *(gleichgültig ob)* ***er mag ~ einverstanden sein oder nicht*** whether he agrees or not
⑦ *in Fragesätzen (denn)* then; ***war es ~ wirklich so schlimm mit der Prüfung?*** so, was the exam really so bad then?; ***ob es ~ auch sein kann, dass einfach eine Verwechslung vorliegt?*** could it be then that there is simply some mistake?
⑧ *(aber)* ***wenn sie sich ~ wirklich etwas angetan hat?*** what if she has really done sth to herself?
▸WENDUNGEN: ~ **denn** *(geh)* so, well then; ~ **gut** [*o* **schön**] alright, all right; ~ **ja** well; ~ **ja** [*o* **gut**], **aber ...** well yes, but ...; ~, ~**!** now, now!
II. *konj (veraltend geh: jetzt da)* now that; ~ ***der Vorhang gefallen war, konnte der Intendant erleichtert aufatmen*** now that the curtain was down, the director was able to heave a sigh of relief

nun·mehr ['nu:n'me:ɐ̯] *adv (geh)* now

'nun·ter ['nʊntɐ] *adv* DIAL *s.* **hinunter**

Nun·ti·us <-, -tien> ['nʊntsi̯ʊs, *pl* 'nʊntsi̯ən] *m* REL nuncio

nur ['nu:ɐ̯] *adv* ① *vor Substantiven (nicht mehr als)* only, just; ***ich habe ~ eine Stunde Zeit/fünf Euro*** I only have an hour/five euros; ***sie hat ~ einen einzigen Fehler gemacht*** she made just a single mistake; ***ich möchte dich ~ um eines bitten*** I'd ask just one thing of you; ***ich habe ~ ein kleines Stück Kuchen gegessen*** I've only eaten a small piece of cake, I've eaten only [*or* just] a small piece of cake; ~ **noch** [*o bes* ÖSTERR **mehr**] only; ***ich habe ~ noch einen Euro*** I've only one euro left; ~ ***noch drei Minuten*** only [*or* just] two minutes left [*or* to go]; ***ich esse fast ~ noch Obst*** I eat virtually nothing but fruit these days; ***es hätte ~ noch ein Wort gefehlt und ich wäre explodiert*** just one more word and I would have exploded
② *vor Substantiven, Pronomen (ausschließlich)* only, just; ~ ***sie darf das*** only she is allowed to do that; ***alle kamen, ~ meine Schwester nicht*** they all came except my sister; ~ ***ich weiß das*** I'm the only one who knows, only I know
③ *vor Adjektiven, Verben (bloß)* only, just; ***da kann man doch ~ lachen!*** what a bloody laugh! *fam;* ***wie konnte ich das ~ vergessen!*** how on earth could I forget that!; ***er tat es ~ ungern*** he did it only reluctantly; ***das ist ~ recht und billig*** it is only right and proper; ***ich will dir doch ~ helfen!*** I only want to help you!; ***ich frage mich ~, warum*** I just want to know why; ***sie macht das absichtlich, ~ um dich zu provozieren*** she does it deliberately, just to provoke you; ~ **dass ...** it's just that ...; ~ ***gut, dass ...*** it's a good thing that ...; ***nicht ~, dass ...*** it's not just that ...; ~ ***schade, dass ...*** it's just a pity that ...; **nicht** ~ **..., sondern auch ...** not only [*or* just] ..., but also ...; ***ich mache das nicht ~ wegen des Geldes, sondern auch, weil es mir Spaß macht*** I'm not doing it just for the money, but also because I enjoy it; ~ **so** just; ***ich schreibe Gedichte ~ so zum Spaß*** I write poems just for fun; ***warum fragst du? – ach, ~ so*** why do you ask? — oh, no particular reason; ***warum hast du das getan? – ~ so*** why did you do that? — I just did; ***ich habe das ~ so gesagt*** I was just talking
④ *(ruhig)* just; ***schlag ~ zu, wirst schon sehen, was du davon hast!*** go on, hit me, you'll soon see what you'll get out of it!
⑤ *(verstärkend)* ***wie schnell sie ~ redet!*** doesn't she speak fast!; ***Max fuhr, so schnell er ~ konnte*** Max drove just as fast as he possibly could; ***mach ~ ja nicht mich für die Folgen verantwortlich!*** just don't, whatever you do, blame me for the consequences!; ***lass das ~ ja niemanden wissen!*** don't you [dare] tell anyone!, just don't let anyone find out!; ***sag das ~ nicht deiner Mutter!*** just don't tell your mother [whatever you do]!; ~ **noch**: ***als ich ihn zur Rede stellte, wurde er ~ noch frecher*** when I took him to task he got even cheekier; ~ **so**: ***gerade als ich aus dem Haus wollte, regnete es ~ so*** just as I wanted to go out it was really pouring down; **dass es** ~ **so ...** + *vb* so much that it ...; ***ich werde dir so eine scheuern, dass es ~ so staubt!*** I'm going to give you such a clout that it will raise the dust!; ~ **zu**: ***das kenne ich ~ zu gut*** I know that only too well; ***das ist ~ zu wahr!*** it's only too true!
⑥ *(einschränkend)* but, the only thing is ...; ***alles, ~ das nicht!*** anything but that!; ***du kannst gerne***

einen Whisky haben, ~ habe ich kein Eis you're welcome to have a whisky, the only thing is I don't have any ice; ***das Buch ist sehr gut, ~, es ist wahrscheinlich zu schwer*** the book is very good, but [*or* though] it's probably too heavy-going; ***~ kann man nie wissen, ob ...*** but you never can tell if ...; **~ dass ...** except that ...
⑦ *mit Fragepronomen* -ever, on earth; **warum/was/wer/wie ... ~?** just [*or* but] why/what/who/how ...?; ***was hat sie ~?*** what on earth is the matter with her?; ***warum musstest du das ~ tun?*** just why did you have to do that?; ***was in aller Welt hast du dir ~ dabei gedacht?*** just what on earth did you think you were doing?; ***es schellt jemand an der Tür? wer kann das ~ sein?*** somebody's ringing the doorbell? who on earth can it be?; ***wie kannst du ~ [so etwas sagen]?*** how could you [say such a thing]?
⑧ *(Bedingung, Wunsch)* ■ **wenn ... ~ ...** if only ...; ***das Wetter ist schön, wenn es ~ so bliebe!*** the weather is glorious, if only it would stay like this!; ***wenn sie ~ käme!*** if only she would come!; ***wüsste ich ~, wann/wie ...*** if only I knew when/how ..., if I only knew when/how ...
⑨ *(Aufforderung)* just; ***geh ~!*** just go!, go on!; ***sieh ~!*** just look!; ***~ her damit!*** give it here!; ***~ Mut!*** cheer up; ***du brauchst es ~ zu sagen!*** you only have to say!; ***sie soll ~ lachen!*** let her laugh!; ***~ zu!*** come on then!, go on!; *s. a.* **nicht**

Nur·cu·luk-Be·we·gung [nur'ku:lʊk-] *f* REL Nurculuk movement

Nur·le·se·spei·cher *m* INFORM read-only memory [*or* storage]

Nürn·berg <-s> ['nʏrnbɛrk] *nt* Nuremberg; *s. a.* **Trichter**

nu·scheln ['nʊʃl̩n] **I.** *vi (fam)* to mumble
II. *vt (fam)* ■ **etw ~** to mumble sth

Nuss[RR], **Nuß**[ALT] <-, Nüsse> ['nʊs, *pl* 'nʏsə] *f* ① *(Haselnuss)* hazelnut; *(Walnuss)* walnut; **Nüsse knacken** to crack nuts
② *(Nusseis)* hazelnut [ice cream]
③ KOCHK *(Fleischstück aus der Keule)* eye
④ *(fam: Kopf)* nut *fam*
▶ WENDUNGEN: **dumme ~** *(fam)* stupid twit, silly cow BRIT *fam!*; **jdm eins auf die ~ geben** *(fam)* to knock sb on the head; **eine harte ~** *(fam)* a tough nut to crack; **jdm eine harte ~ zu knacken geben** *(fam)* to give sb a tough [*or* hard] nut to crack, to give sb a difficult task; **eine harte ~ zu knacken haben** to have a tough [*or* hard] nut to crack; **eine taube ~** a dead loss *fam*

Nuss·baum[RR] *m* ① *(Walnussbaum)* walnut tree
② *kein pl (Walnussholz)* walnut

nuss·braun[RR] *adj inv* nut-brown, hazel

Nüss·chen[RR], **Nüß·chen**[ALT] <-s, -> ['nʏsçən] *nt* KOCHK loin [*or* filet] of lamb

Nuss·frucht[RR] *f* BOT nut

nus·sig [nʊsɪç] *adj* nutty

Nuss·kna·cker[RR] *m* nutcracker **Nuss·öl**[RR] *nt* nut oil **Nuss·scha·le**[RR] *f* ① *(Schale einer Nuss)* [nut]shell ② *(winziges Boot)* cockleshell **Nuss·tor·te**[RR] *f* nut gateau BRIT, cream cake with hazelnuts

Nüs·ter <-, -n> ['nʏste, 'ny:ste] *f* ① ZOOL *(Nasenöffnung)* nostril
② *pl (geh: Nasenlöcher)* nostrils

Nut <-, -en> *f (fachspr)*, **Nu·te** <-, -n> ['nu:t(ə)] *f* groove; **~ und Feder** groove and tongue

Nu·ta·ti·on <-, -en> [nuta'tsi̯o:n] *f* ASTRON nutation

nu·ten ['nu:tn̩] *vt* TECH ■ **etw ~** to groove sth, to chase sth, to cut a keyway in sth

Nu·tria[1] <-, -s> ['nu:tria] *f* coypa, nutria

Nu·tria[2] <-s, -s> ['nu:tria] *m* ① *(Pelz der Nutria)* nutria
② *(Pelzmantel)* nutria coat

Nut·te <-, -n> ['nʊtə] *f (sl)* whore

Nutz·an·wen·dung *f* practical application; **eine ~ aus etw** *dat* **ziehen** to draw a practical lesson [*or* moral] from sth

nutz·bar *adj* usable; ■ **[für etw** *akk*/**zu etw** *dat*] **~ sein** to be usable [for sth]; **etw ~ machen** to exploit sth

Nutz·bar·ma·chung <-> *f kein pl* utilization; *von Bodenschätzen* exploitation

nutz·brin·gend I. *adj* gainful, profitable
II. *adv* gainfully, profitably

nüt·ze ['nʏtsə] *adj pred*, **nutz** ['nʊts] *adj pred* SÜDD, ÖSTERR ■ **zu etw** *dat* **~ sein** to be useful; ***ich habe es doch bereits zweimal versucht, wozu soll ein dritter Versuch ~ sein?*** but I've already tried twice, what use is a third try?; ■ **zu nichts ~ sein** to be good for nothing; ***alles verbockst du, zu nichts bist du ~!*** you muck up everything, you good-for-nothing!

Nutz·ef·fekt *m* useful effect; ***und was ist nun der ~ deiner ständigen Vorhaltungen?*** and what have you achieved with your constant reproaches?

nut·zen ['nʊtsn̩], **nüt·zen** ['nʏtsn̩] **I.** *vi (von Nutzen sein)* ■ **[jdm] [etwas] nutzen [*o* nützen]** to be of use [to sb]; ***und was soll das ~, wenn ich mich ein drittes Mal darum bemühe?*** and what's the use in me giving it a third go?; ***drohe ihm, das nützt immer!*** threaten him, that always helps!; ***schön, dass meine Ermahnungen doch etwas genutzt/genützt haben*** good, my warnings weren't a complete waste of time; ■ **[jdm] nichts nutzen [*o* nützen]** to not do [sb] any good, to be no use [to sb]; ***du kannst sie ja fragen, aber das wird [dir] nichts ~*** you can ask her but it won't do [you] any good; ***ich will Geld sehen, ein Schuldschein nützt mir nichts*** I want to see money — an IOU is no good to me
II. *vt* ① *(in Gebrauch nehmen)* ■ **etw nutzen [*o* nützen]** to use sth; ***er hat zwar einen Kabelanschluss, nützt ihn aber kaum*** he does have cable TV but he hardly watches it
② *(ausnutzen)* ■ **etw nutzen [*o* nützen]** to exploit [*or* take advantage of] sth; **eine günstige Gelegenheit ~** to seize an opportunity; **die Gunst der Stunde ~** to make use of an opportune moment

Nut·zen <-s> ['nʊtsən] *m kein pl* advantage, benefit; ***welchen ~ versprichst du dir davon?*** what do you hope to gain from it?; **wirtschaftlicher ~** economic value; **[jdm] ~ bringen** to be of advantage [*or* benefit] [to sb]; ***mir ist nicht klar, welchen ~ es bringen soll, wenn wir auf seine Vorschläge eingehen*** I don't see what the advantage would be in accepting his proposal; **jdm zum ~ gereichen** *(geh)* to be to sb's advantage; **von etw** *dat* **irgendeinen ~ haben** to gain [*or* derive benefit] from sth; ***welchen ~ soll ich davon haben, euch zu helfen*** what am I going to get out of helping you?; **[jdm] von ~ sein** to be of use [to sb]; ***das wäre von ~*** that would be helpful; **von geringem ~ sein** to not be much use; **von großem ~ sein** to be a lot of use; **aus etw** *dat* **[seinen] ~ ziehen** to derive benefit from sth; **zum ~ der/des ...** to the benefit of the ...

Nut·zen·ma·xi·mie·rung *f* utility maximization

Nut·zer(in) *m(f)* user; JUR beneficiary; **unredlicher ~** dishonest beneficiary

Nut·zer·füh·rung *f* INET, INFORM navigation

Nut·zer·recht *nt* JUR beneficial interest

Nutz·fahr·zeug *nt* utility vehicle **Nutz·flä·che** *f* utilizable space of land **Nutz·gar·ten** *m* kitchen garden **Nutz·holz** *nt* timber *no pl* **Nutz·kos·ten** *pl* HANDEL costs of use **Nutz·kraft·wa·gen** *m* commercial motor vehicle **Nutz·last** *f* TRANSP live weight, payload **Nutz·leis·tung** *f* TECH brake horsepower

nütz·lich ['nʏtslɪç] *adj* ① *(nutzbringend)* useful; ■ **[jdm] ~ sein/werden** to be useful [to sb]; ***er leistet viel N~ es*** his work is very useful; **das N~e mit dem Angenehmen verbinden** to combine business with pleasure; ***der Vorschlag enthält nichts N~ es*** the proposal doesn't include anything of any use; **sich** *akk* **~ machen** to make oneself useful
② *(hilfreich)* helpful; ■ **[jdm] ~ sein** to be helpful [to sb]

Nütz·lich·keit <-> *f kein pl* advantage, utility

Nütz·lich·keits·den·ken <-s> *nt kein pl* utilitarian thinking *no pl*

nutz·los I. *adj* futile, useless; ■ **~ sein, etw zu tun** to be futile to do sth; ***der Versuch wäre ~*** it would be a waste of time trying
II. *adv* in vain *pred*

Nutz·lo·sig·keit <-> *f kein pl* futility, uselessness

nutz·nie·ßen* ['nʊtsni:sn̩] *vi* JUR *(form)* ■ **von jdm/etw ~** to benefit from sb/sth

nutz·nie·ßend *adj* JUR *(form)* beneficial, usufructuary

Nutz·nie·ßer(in) <-s, -> ['nʊtsni:sɐ] *m(f)* JUR *(form)* usufructuary, beneficiary

Nutz·nie·ßung <-, -en> *f* JUR *s.* **Nießbrauch**

Nutz·nie·ßungs·recht *nt* JUR beneficial [*or* usufructuary] right

Nutz·pflan·ze *f* AGR, BOT crop; **landwirtschaftliche ~n** arable crops **Nutz·tier** *nt* economically useful animal; ■ **~e** livestock + *sing/pl vb*

Nut·zung <-, -en> *f* use

Nut·zungs·än·de·rung *f* JUR change of utilization **Nut·zungs·an·spruch** *m* JUR beneficiary claim **Nut·zungs·art** *f* type of use; TECH application **Nut·zungs·aus·fall** *m* JUR loss of use **Nut·zungs·be·fug·nis** *f* JUR right of beneficial use, usufructuary right **Nut·zungs·be·rech·tig·te(r)** *f(m)* JUR beneficiary **Nut·zungs·be·schrän·kung** *f* JUR restrictive covenant **Nut·zungs·dau·er** *f* useful life, period of use **Nut·zungs·ent·schä·di·gung** *f* FIN compensation for loss of use **Nut·zungs·ge·bühr** *f* user fee **Nut·zungs·in·halt** *m* useful content **Nut·zungs·in·ter·es·se** *nt* JUR beneficiary interest **Nut·zungs·jah·re** *pl* HANDEL years in use **Nut·zungs·ka·pa·zi·tät** *f* usable capacity **Nut·zungs·kos·ten** *pl* user cost *sing* **Nut·zungs·recht** *nt* right of use; JUR usufruct, usufructuary right; **alleiniges/gemeinsames ~** exclusive use/commonage; **vertragliches ~** contractual right of property; **nicht mehr vorhandenes ~** expired utility; **~ an fremdem Grundstück** profit à prendre; **~ auf Lebenszeit** life interest **Nut·zungs·(recht·)ent·gelt** *nt* FIN compensation for use, rental **Nut·zungs·über·las·sung** *f* JUR surrender of the use and benefit [of sth] **Nut·zungs·über·las·sungs·ver·trag** *m* JUR agreement on surrender of the use and benefit [of sth] **Nut·zungs·un·ter·sa·gung** *f* JUR restraint of use **Nut·zungs·ver·hält·nis** *nt* JUR owner and user relationship; **zeitlich begrenztes ~** periodic tenancy **Nut·zungs·ver·trag** *m* JUR contract for the transfer of use and enjoyment

Nut·zungs·wert *m* FIN *eines Mietobjekts* rental value **Nut·zungs·wert·be·steu·e·rung** *f* FIN taxation of beneficial use

Nut·zungs·zeit·raum *m* period of use

Nutz·wär·me *f* TECH available heat **Nutz·wert** *m kein pl* TECH utility

n.u.Z. *Abk von* **nach unserer Zeitrechnung** AD

NVA <-> [ɛnfau̯'a:] *f kein pl* HIST *Abk von* **Nationale Volksarmee** National People's Army *(of the GDR)*

NW *Abk von* **Nordwesten**

Ny·asa·see [ni'a:za:ze:] *m* Lake Nyasa, Lake Malawi

Ny·lon® <-[s]> ['nai̯lɔn] *nt kein pl* nylon

Ny·lon·strumpf ['nai̯lɔn-] *m* nylon stocking

Nym·phe <-, -n> ['nʏmfə] *f* nymph

Nym·phen·sit·tich *m* ZOOL cockatiel

nym·pho·man [nʏmfo'ma:n] *adj* nymphomaniac

Nym·pho·ma·nie <-> [nʏmfoma'ni:] *f kein pl* nymphomania

Nym·pho·ma·nin <-, -nen> *f* nymphomaniac

nym·pho·ma·nisch *adj inv* nymphomaniac

NYSE <-> *m kein pl Abk von* **New York Stock Exchange** NYSE

O

O, o <-, - *o fam* -s, -s> [o:] *nt* O, o; ~ **wie Otto** O [*or* as in] Oliver; *s. a.* **A 1**
o [o:] *interj* oh
O *Abk von* **Osten**
o. a. *Abk von* **oben angeführt** aforementioned
o. Ä.[RR] *Abk von* **oder Ähnliches** or similar, or the like
OAE <-> *f kein pl Abk von* **Organisation für Afrikanische Einheit** OAU, Organization of African Unity
OAPEC <-> [o'a:pɛk] *f kein pl Abk von* **Organization of Arab Petroleum Exporting Countries** OAPEC
OAS [o:ʔa:'ʔɛs] *f Abk von* **Organisation Amerikanischer Staaten** OAS, Organization of American States
Oa·se <-, -n> [o'a:zə] *f* oasis
ob ['ɔp] **I.** *konj* ① *(inwiefern, indirekte Frage)* whether; ~ ***er morgen kommt?*** I wonder whether he'll come tomorrow?; ***ich weiß nicht, ~ sie mitkommt*** I don't know whether she'll come too
② *(sei es, dass ...)* whether ...; ***sie muss mitgehen, ~ es ihr passt oder nicht*** she has to go whether she likes it or not; ■~ **..., ~ ...** whether ... or ...; ***~ reich, ~ arm, jeder muss sterben*** rich or poor, everyone must die
③ *(bei Wiederholung einer Frage)* I/he/she, etc. said ...
④ *(selbst wenn)* ■~ **... auch** *(veraltend)* even if; *s. a.* **als, und**
II. *präp* ① *+gen (veraltend geh: wegen)* on account of
② *+gen (in Ortsnamen)* on; ***Rothenburg ~ der Tauber*** Rothenburg on the Tauber
③ *+dat* SCHWEIZ *(veraltet: über)* above
o. B. *Abk von* **ohne Befund** [results] negative
OB <-s, -s> [o:'be:] *m Abk von* **Oberbürgermeister** mayor, BRIT *a.* ≈ Lord Mayor
Ob·acht <-> ['o:baxt] *f kein pl bes* SÜDD care; ~ **geben** to be careful; **auf etw** *akk* ~ **geben** to pay attention to sth; ***gib auf das, was du sagst, besser*** ~ be more careful about what you say; **auf jdn/etw** ~ **geben** to look after sb/sth; ~**!** watch out!
Obatz·te(r) <-n, -> ['o:batstɐ] *m dekl wie adj* KOCHK SÜDD *(fam) a traditional Bavarian snack consisting of crushed Camembert with onions, herbs and oil*
ÖBB <-> *f kein pl Abk von* **Österreichische Bundesbahn** Austrian Federal Railway
Ob·dach <-[e]s> ['ɔpdax] *nt kein pl (geh)* shelter; **jdm ~ geben** [*o* **gewähren**] to give sb shelter; **kein ~ haben** to have nowhere to live, to be homeless
ob·dach·los *adj* homeless; ***durch das Erdbeben wurden viele Menschen*** ~ many people lost their homes through the earthquake
Ob·dach·lo·se(r) *f(m) dekl wie adj* homeless person
Ob·dach·lo·sen·asyl *nt,* **Ob·dach·lo·sen·heim** *nt* hostel for the homeless, refuge for homeless persons
Ob·dach·lo·sig·keit <-> *f kein pl* homelessness
Ob·duk·ti·on <-, -en> [ɔpdʊk'tsi̯o:n] *f* post-mortem [examination]
Ob·duk·ti·ons·be·richt *m* MED autopsy report
ob·du·zie·ren* [ɔpdu'tsi:rən] *vt* ■**jdn** ~ to perform a post-mortem on sb; ■**obduziert werden** to undergo a post-mortem
O-Bei·ne *pl* bandy [*or* bow] legs *pl* **o-bei·nig** ['o:bai̯nɪç] *adj* bandy-[*or* bow-]legged
Obe·lisk <-en, -en> [obe'lɪsk] *m* obelisk
oben ['o:bn̩] *adv* ① *(in der Höhe)* up; ~ ***auf dem Dach*** up on the roof; [***hoch***] ~ ***am Himmel*** [high] up in the sky; ~ ***im Himmel*** up in heavens, in heavens above; ***nach ~ zu wird der Weg steiler*** further up the path becomes steeper; ~ **bleiben** to stay up; **dort/hier** ~ up there/here; ***wo ist er? – da ~!*** where is he? — up there!; **nach** ~ up[wards]; ***der Weg nach*** ~ the way up; ***warme Luft steigt nach*** ~ warm air rises; ***der Wagen blieb mit den Rädern nach ~ liegen*** the car came to rest upside down; **nach ~ kommen** to come up; **von** ~ from above; ***er kommt gerade von ~*** *(am Berg)* he's just come from the top; ***von ~ hat man eine tolle Aussicht*** there's a great view from the top
② *(am oberen Ende)* at the top; ~ ***im Schrank*** at the top of the cupboard; ~ ***auf der Seite*** on the top of the page; ~ ***an der Tafel*** at the head of the table; ***auf Seite 30*** ~ at the top of page 30; ***wo*** [*o* ***was***] ***ist*** ~ [***bei dem Bild***]? which is the top [of the picture]?, which is the right way up [for the picture]?; ■~ **auf etw** *dat* on top of sth; ~ ***auf dem Berg/dem Dach/der Leiter*** on top of the mountain/the roof/the ladder; **bis** ~ [**hin**] up to the top; ***ich bin voll bis ~ hin*** *(fam)* I'm full to the top; ***der Keller steht bis ~ hin unter Wasser*** the cellar is full up with water; **ganz** ~ right at the top, at the very top; ***die Singdrossel sitzt ganz ~ auf dem Baum*** the songthrush is sitting right at the top of the tree;~ **links/rechts, links/rechts** ~ at the top of the left/right; ***ich möchte das Buch ~ rechts*** I'd like the book on the top right; ~ ***links in der Ecke*** in the top left-hand corner; ***der Weisheitszahn ~ rechts*** the upper right wisdom tooth; ***die Abbildung rechts ~ auf der Seite*** the illustration on the top right of the page; **nach ~ [hin]** towards the top; ~ **und unten von etw** *dat* **verwechseln** to get sth upside down; **weit** ~ near the top; **von** ~ from the top; ***die sechste Zeile von ~*** the sixth line down [*or* from the top]
③ *(im oberen Stockwerk)* upstairs; ***das Paar, das ~ wohnt*** the couple on the floor above us; ***ich möchte lieber ~ wohnen*** I'd rather live high[er] up; ***wir wohnen links ~*** [*o* ~ ***links***] we live on the top floor to the left; ***du bleibst heute besser ~*** *(in der Wohnung)* you'd better stay at home today; [**im Bett**] ~ **schlafen** to sleep in the upper bunk; **nach** ~ upstairs; ***gehst du nach ~?*** are you going upstairs?; ***der Aufzug fährt nach ~*** the lift is going up; ***ich bin mit dem Aufzug nach ~ gefahren*** I went up in the lift; **von** ~ from upstairs; ***ich komme gerade von ~*** I've just been upstairs, I've just come down; ***der Aufzug kommt von ~*** the lift is coming down
④ *(fam: in einer Hierarchie, Rangfolge)* at the top; ***wir haben keine Ahnung von dem, was ~ geschieht*** we have no idea what happens among the powers that be; ***solche Dinge werden ~ entschieden*** these things are decided by the powers that be; ***sie will sich einfach nur ~ beliebt machen*** she's just sucking up to the management *pej fam;* ***er ist jetzt ganz ~*** he is now riding high; **die da** ~ the powers that be, the top brass *bes* AM *fam,* the high-ups *fam;* ***ich gebe Ihren Antrag dann weiter, die ~ sollen sich damit beschäftigen*** I'll pass your application on, the powers that be can deal with it; **sich** *akk* ~ **halten** to stay at the top; **nach** ~ to the powers that be, to the top *fam;* ***sie wollte nach ~*** she wanted to get [*or* make it] to the top; **der Weg nach** ~ the road tothe top; ***jetzt hat er den Weg nach ~ geschafft*** he finally got to the top [*or* made it [to the top]]; **etw nach ~ weitergeben** to pass sth on to a superior; **von** ~ from the powers that be, from the top; ***die Anordnung kommt von ~*** it's orders from above
⑤ *(im Norden)* up north; ~ ***in Schweden ist es kälter als hier*** up in Sweden it's colder than here; **dort/hier** ~ up there/here [in the north]; ~ **im Norden** up [in the] north; **weiter** ~ further up [north]; ***das Dorf liegt weiter ~*** [***am Berg/im Tal***] the village is further [*or* higher] up [the mountain/valley]
⑥ *(vorher)* above; ~ **erwähnt** [*o* **genannt**] above-mentioned *attr,* mentioned above *pred;* ***der*** [***weiter***] ~ ***erwähnte Fall*** the case referred to above; ***die ~ schon erwähnte Person*** the above-mentioned [*or form* aforementioned] person; **wie ~ erwähnt** as mentioned above; **das ~ Genannte/Stehende** the above; **siehe** ~ see above; *s. a.* **Obenstehende**
⑦ *(an der Oberfläche)* on the surface; ***Fett schwimmt*** ~ fat floats on the top [*or* surface]; *(fig)* there are always people who do all right
⑧ *(auf der Oberseite)* on top; ***der Stoff ist ~ glänzend, unten matt*** the upper part of the material is shiny, the lower part matt
▸ WENDUNGEN: [**hier**] ~**!** *(auf Kisten etc.)* this way [*or* side] up!; **etw nach ~ aufrunden** to round sth up; **nach ~ buckeln, nach unten treten** *(prov) to be servile to those higher in the hierarchy and arrogant to those lower;* **von ~ herab** condescendingly; **jdn von ~ herab ansehen** to look down on sb; **jdn von ~ herab behandeln** to behave in a superior manner toward sb, to be condescending to sb; ~ **herum** *(fam)* around the chest; ~ **ohne** *(fam)* topless; ***eine Kellnerin mit ~ ohne*** a topless waitress; ***in dieser Bar wird ~ ohne bedient*** there are topless waitresses in this bar; ***eine ~-ohne-Bar*** a topless bar; ***ein ~-ohne-Modell*** a topless model; ~ **ohne gehen** to be topless; **jd ist ~ nicht ganz richtig** sb is not be quite right in the head; **etw steht jdm bis** [**hier**] ~ sb is sick and tired of sth *fam;* ***die ganze Sache steht mir bis hier ~*** I'm fed up to the back teeth with the whole thing *fam;* **mal ~, mal unten** sometimes up, sometimes down; ***so ist das Leben, mal ist man ~, mal ist man unten*** that's life, sometimes you're up, sometimes you're down; **von ~ bis unten** from top to bottom; *(beim Mensch)* from top to toe; **jdn von ~ bis unten mustern** to look sb up and down; **nicht mehr wissen, wo ~ und unten ist** to not know whether you are coming or going
oben·an ['o:bn̩'ʔan] *adv* first; ***sein Name steht ~ auf der Liste*** his name is at the top of the list
oben·auf ['o:bn̩'ʔau̯f] *adv* ① DIAL *(obendrauf)* on top
② *(guter Laune)* ■~ **sein** to be chirpy [*or* in good form]
③ *(im Vorteil)* ■~ **sein** to be in a strong position
oben·drauf ['o:bn̩'drau̯f] *adv (fam)* on top; ***sie setzte sich auf den Koffer ~*** she sat on top of the suitcase ▸ WENDUNGEN: **eins ~ kriegen** *(fam)* to get a smack in the face [*or* BRIT *fam* gob] [*or* on the mouth]
oben·drein ['o:bn̩'drai̯n] *adv* on top, as well; ***das alles ist ja schon schlimm genug, aber die Sache soll nun ~ auch noch vertuscht werden*** that's all bad enough but, on top of that, now they want to keep the whole business quiet **oben·ge·nannt** *adj inv s.* **oben 6** **oben·her·um** ['o:bn̩hɛ'rʊm] *adv (fam)* ① *(um die Brüste herum)* in the boobs *fam* ② *(im Bereich des Oberteils)* in the bust **oben·hin** ['o:bn̩'hɪn] *adv* in passing, fleetingly
oben-oh·ne ['o:bn̩'ʔo:nə] *adj inv* topless **Oben-oh·ne-Be·die·nung** *f* topless service
oben·rum ['o:bn̩'rʊm] *adv (fam) s.* **obenherum**
Obenstehende *nt* ■**das** ~ the above
Ober <-s, -> ['o:bɐ] *m* [head] waiter; ~***, bitte zahlen!*** the bill please, waiter!
Ober·arm *m* upper arm **Ober·arzt, -ärz·tin** <-es, -ärzte> *m, f (Vertreter des Chefarztes)* assistant medical director; *(Leiter einer Abteilung)* consultant **Ober·auf·sicht** *f* supervision **Ober·be·fehl** *m kein pl* supreme command; **den ~** [**über etw** *akk*] **haben** to be in supreme command [of sth] **Ober·be·fehls·ha·ber, -be·fehls·ha·be·rin** *m, f* commander-in-chief **Ober·be·griff** *m* generic term **Ober·be·klei·dung** *f* outer clothing **Ober·bett** *nt* duvet BRIT, quilt **ober·blöd** *adj (emph fam)* ridiculous, idiotic **Ober·bun·des·an·walt, -an·wäl·tin** *m, f* JUR Chief Public Attorney **Ober·bür·ger·meis·ter, -bür·ger·meis·te·rin** ['o:bɐbʏrgəmai̯stɐ, -mai̯stərɪn] *m, f* mayor, BRIT *a.* ≈ Lord Mayor **ober·cool** ['o:bɐku:l] *adj (sl)* way [*or* totally] cool *sl* **Ober·deck** *nt* upper deck **ober·deutsch** ['o:bɐdɔytʃ] *adj* LING Southern German *(concerning the German dialects spoken in Southern Germany, Austria and Switzerland)* **Ober·deutsch·land** *nt* Southern Germany
obe·re(r, s) ['o:bərə, -rɐ, -rəs] *adj attr* ① *(oben befindlich)* top, upper
② *(rangmäßig höher)* higher
③ *(vorhergehend)* previous
④ *(höher gelegen)* upper
Obe·re ['o:bərə] *pl (fam)* ■**die ~n** the powers that be *fam,* those in authority

Ober·rer See *m* Lake Superior
ober·faul ['o:bɐfaul] *adj (fam)* incredibly lazy
Ober·feld·we·bel *m* ❶ *(Heer)* ≈ staff sergeant
❷ *(Marine)* ≈ chief petty officer BRIT, ≈ petty officer first class AM
❸ *(Luftwaffe)* ≈ flight sergeant BRIT, ≈ technical sergeant AM
Ober·flä·che ['o:bɐflɛçə] *f* ❶ *(äußere Fläche)* surface
❷ *(obere Fläche)* surface; **auf** [*o* **an**] **der ~** on the surface; **an die ~ kommen** *(auftauchen)* to surface; *(zu Tage kommen)* to surface, to come to light
ober·flä·chen·ak·tiv *adj* CHEM, PHYS surface-active **Ober·flä·chen·ak·ti·vi·tät** *f kein pl* CHEM, PHYS surface activity **Ober·flä·chen·be·hand·lung** *f* surface treatment **Ober·flä·chen·be·schaf·fen·heit** *f* BAU finish **Ober·flä·chen·fes·tig·keit** *f* sizing strength, surface stability **ober·flä·chen·ge·leimt** *adj inv* **~es Papier** surface-[*or* tub-]sized paper **Ober·flä·chen·kon·ta·mi·na·ti·on** *f* NUKL surface contamination **Ober·flä·chen·span·nung** *f* SCI surface tension
ober·fläch·lich ['o:bɐflɛçlɪç] **I.** *adj* ❶ *(äußerlich)* superficial
❷ *(flüchtig)* superficial; ***sie arbeitet rasch, ist aber leider etwas zu ~*** she works quickly but, unfortunately, she's a little slapdash
❸ *(seicht)* superficial
II. *adv* ❶ *(an der Oberfläche)* superficially
❷ *(flüchtig)* in a slapdash manner *pred*
❸ *(allgemein)* superficially
Ober·fläch·lich·keit <-> *f kein pl (Seichtheit)* superficiality
Ober·förs·ter, -förs·te·rin *m, f* chief [*or* head] forester **Ober·frä·ser** *m* router **ober·gä·rig** ['o:bɐgɛ:rɪç] *adj* top-fermented **Ober·ge·richt** <-[e]s, -e> *nt* SCHWEIZ *(oberstes kantonales Gericht)* Higher Cantonal Court *(regional court of appeals)* **Ober·ge·schoss**[RR] *nt* top floor **Ober·ge·sell·schaft** *f* HANDEL umbrella company; *(einer Gruppe)* parent company **Ober·gren·ze** *f* upper limit, maximum
ober·halb ['o:bɐhalp] **I.** *präp +gen* ■ **~ einer S.** *gen* above sth
II. *adv* above
Ober·hand ['o:bɐhant] *f kein pl* upper hand; **die ~ behalten** to retain the upper hand; **die ~ [über jdn] gewinnen** [*o* **bekommen**] to gain the upper hand; **die ~ haben** to have the upper hand **Ober·haupt** *nt* head **Ober·haus** *nt* POL upper house, House of Lords, BRIT *a.* Upper House **Ober·haut** *f* cuticle, epidermis **Ober·hemd** *nt* shirt **Ober·herr·schaft** *f kein pl* sovereignty, supremacy, supreme authority; ■**die ~ über jdn/etw** sovereignty over sb/sth **Ober·hir·te** *m* prelate **Ober·hit·ze** *f* upper heat **Ober·ho·heit** ['o:bɐho:hait] *f kein pl s.* **Oberherrschaft**
Obe·rin ['o:bərɪn] *f* ❶ *(Oberschwester)* matron
❷ *(Äbtissin)* Mother Superior
Ober·in·spek·tor, -in·spek·to·rin *m, f* chief inspector
ober·ir·disch I. *adj* overhead, above ground [*or* surface]; **~e Leitung** overhead line **II.** *adv* overground
Ober·ita·li·en ['o:bɐʔita:liən] *nt* Northern Italy
Ober·kan·te *f* ❶ TYPO top edge, upper margin ❷ BAU top edge **Ober·kell·ner, -kell·ne·rin** *m, f* head waiter **Ober·kie·fer** *m* upper jaw **Ober·klas·se** *f* ❶ *pl (veraltend: obere Schulklasse)* ≈ sixth form [*or* AM grade] ❷ *(Oberschicht)* upper class **Ober·klei·dung** *f (selten)* outer clothing **Ober·kom·man·die·ren·de(r)** *f(m) dekl wie adj* commander-in-chief **Ober·kom·man·do** ['o:bɐkɔmando] *nt* MIL ❶ *(Oberbefehl)* ■**das ~ [über jdn/etw]** supreme command [over sb/sth] ❷ *(Befehlsstab)* supreme command **Ober·kör·per** *m* torso; **mit bloßem** [*o* **freiem**] [*o* **nacktem**] **~** topless; **den ~ freimachen** to take off one's top **Ober·lan·des·ge·richt** [o:bɐ'landəsgərɪçt] *nt* Higher Regional Court *(intermediate or regional court of appeals)* **Ober·län·ge** *f* TYPO ascender **Ober·lauf** *m* upper course **Ober·le·der** *nt (von Schuhen)* [leather] uppers *pl* **Ober·lei·tung** *f* ❶ *(Führung)* overall management ❷ *(Fahrdraht)* overhead cable[s *pl*] *(on trolleybuses and trams/streetcars)* **Ober·lei·tungs·om·ni·bus** *m* trolleybus, trackless trolley
Ober·leut·nant ['o:bɐlɔytnant] *m* ❶ *(im Heer)* lieutenant BRIT, first lieutenant AM ❷ *(bei der Luftwaffe)* flying officer BRIT, first lieutenant AM **Ober·licht** *nt* ❶ *(oberer Fensterteil)* transom ❷ *(Fenster über einer Tür)* fanlight, transom [window] **Ober·li·ga** *f* third [highest regional] division **Ober·lip·pe** *f* upper lip **Ober·ma·te·ri·al** *nt eines Schuhs* upper[s] **Ober·ös·ter·reich** ['o:bɐʔø:stəraiç] *nt* Upper Austria **ober·pein·lich** ['o:bɐpainlɪç] *adj inv (sl)* cringeworthy **Ober·pfei·fe** *f (pej)* useless git BRIT, big-time loser **Ober·post·di·rek·ti·on** [o:bɐ'pɔstdirɛktsio:n] *f* regional post office administration **Ober·pries·ter, -pries·te·rin** *m, f* high priest *masc,* high priestess *fem* **Ober·pri·ma** ['o:bɐpri:ma] *f* SCH *(veraltend) top form of a German grammar school* **Ober·pri·ma·ner, -pri·ma·ne·rin** <-s, -> *m, f* SCH *(veraltend) pupil in the top form of a German grammar school* **Ober·rab·bi·ner, -rab·bi·ne·rin** *m, f* REL senior rabbi **Ober·rhein** <-s> ['o:bɐrain] *m* Upper Rhine **ober·rhei·nisch** *adj* Upper Rhine; *s. a.* **Tiefebene Ober·rich·ter(in)** <-s, -> *m(f)* SCHWEIZ *(Vorsitzender eines Obergerichts)* president of a Higher Cantonal Court
Obers <-> ['o:bɐs] *nt kein pl* ÖSTERR *(Sahne)* whipping cream
Ober·scha·le *f* KOCHK *(Rind)* topside; *(Schwein)* gammon slipper
Ober·schen·kel *m* thigh **Ober·schen·kel·hals·bruch** *m* femoral neck fracture **Ober·schen·kel·kno·chen** *m* thighbone, femur *spec* **Ober·schen·kel·mus·ku·la·tur** *f* femoral musculature
Ober·schicht *f* ❶ *(in der Gesellschaft)* upper class
❷ GEOL upper stratum
Ober·schieds·rich·ter(in) *m(f)* tournament referee
ober·schlau *adj (iron fam)* really clever *iron*
Ober·schle·si·en <-s> *nt* Upper Silesia **Ober·schu·le** *f* ❶ *(meist fam: höhere Schule)* secondary school ❷ HIST *(in der früheren DDR)* unified comprehensive school **Ober·schul·rat, -rä·tin** *m, f* school inspector BRIT **Ober·schwes·ter** *f* senior nurse, senior nursing officer BRIT **Ober·sei·te** *f* top
Oberst <-en *o* -s, -e[n]> ['o:bɐst] *m* MIL ❶ *(im Heer)* colonel
❷ *(in der Luftwaffe)* group captain BRIT, colonel AM
Ober·staats·an·walt, -an·wäl·tin *m, f* senior public prosecutor BRIT, director of public prosecutions BRIT, attorney general AM
obers·te(r, s) ['o:bɐstə, -tɐ, -təs] *adj* ❶ *(ganz oben befindlich)* top, uppermost
❷ *(rangmäßig am höchsten)* highest; *s. a.* **Gerichtshof**
▸WENDUNGEN: **das O~ zuunterst kehren** *(veraltend)* to turn everything upside down
Ober·stim·me *f* top part, soprano, treble
Oberst·leut·nant ['o:bɐst'lɔytnant] *m* ❶ *(im Heer)* lieutenant colonel
❷ *(bei der Luftwaffe)* wing commander BRIT, lieutenant colonel AM
Ober·stüb·chen *nt* ▸WENDUNGEN: **nicht ganz richtig im ~ sein** *(veraltend fam)* to be not quite right in the head, to have a screw loose **Ober·stu·di·en·di·rek·tor, -di·rek·to·rin** *m, f* headmaster **Ober·stu·di·en·rat, -rä·tin** [o:bɐ'ʃtu:diənra:t, -rɛ:tɪn] *m, f senior teacher at a secondary school, one rank above "Studienrat"* **Ober·stu·fe** *f* ≈ sixth form [*or* AM grade] **Ober·teil** *nt o m* ❶ *(Aufsatz)* top part ❷ *(oberes Teil)* top **Ober·trot·tel** *m (fam)* prize idiot **Ober·ver·wal·tungs·ge·richt** [o:bɐfɛɐ'valtuŋsgərɪçt] *nt* Higher Administrative Court **Ober·was·ser** *nt kein pl (von Wehr)* backwater ▸WENDUNGEN: **~ bekommen** [*o* **kriegen**] *(fam)* to get an advantage [*or* the upper hand]; **[wieder] ~ haben** to get the upper hand, to be on top [*or fam* top dog]
Ober·wei·te *f* bust size [*or* measurement]
Ob·frau ['ɔpfrau] *f s.* **Obmann**
ob·gleich [ɔp'glaiç] *konj* although
Ob·hut <-> ['ɔphu:t] *f kein pl (geh)* care, charge; **sich** *akk* **unter jds ~ befinden** [*o* **unter jds ~ stehen**] to be in sb's care [*or* charge]
Ob·huts·haf·tung *f* JUR custodial liability **Ob·huts·pflicht** *f* JUR duty of care [*or* to exercise proper care]; **~ des Verkäufers** seller's duty of care
obi·ge(r, s) ['o:bɪgə] *adj attr* ❶ *(oben genannt)* above-mentioned
❷ *(zuvor abgedruckt)* above
Ob·jekt <-[e]s, -e> [ɔp'jɛkt] *nt* ❶ *(Gegenstand)* object
❷ *(Immobilie)* [piece of] property
❸ *(Kunstgegenstand)* objet d'art
❹ *(Gegenteil von Subjekt)* object
❺ INFORM object; **~e verknüpfen und einbinden** object linking and embedding
Ob·jekt·da·tei *f* INFORM object file
Ob·jekt·för·de·rung *f* ÖKON building development
ob·jek·tiv [ɔpjɛk'ti:f] **I.** *adj* objective; **eine ~e Entscheidung** an objective decision
II. *adv* objectively
Ob·jek·tiv <-s, -e> [ɔpjɛk'ti:f, *pl* ɔpjɛk'ti:və] *nt* lens, objective
ob·jek·ti·vie·ren* [ɔpjɛkti'vi:rən] *vt* ■**etw ~**
❶ *(geh)* to objectify sth
❷ PHYS to objectivize sth
Ob·jek·ti·vi·tät <-> [ɔpjɛktivi'tɛ:t] *f kein pl* objectivity
Ob·jekt·me·nü *nt* INFORM object menu **ob·jekt·ori·en·tiert** *adj* INFORM object-oriented **Ob·jekt·satz** *m* LING object clause **Ob·jekt·schutz** *m* protection of property **Ob·jekt·steu·er** *f* FIN property tax **Ob·jekt·trä·ger** *m* microscope slide
Ob·la·te <-, -n> [o'bla:tə] *f* wafer
ob·lie·gen* ['ɔpli:gn, ɔp'li:gn] *vi irreg, impers sein o haben* ❶ *(form: verantwortlich sein)* ■**jdm ~** to be sb's responsibility; ■**es obliegt jdm, etw zu tun** it is sb's responsibility to do sth
❷ *(veraltet: sich beschäftigen)* **einer Aufgabe ~** to apply oneself to a task
Ob·lie·gen·heit <-, -en> ['ɔpli:gnhait] *f (form)* responsibility, duty
Ob·lie·gen·heits·er·fin·dung *f* JUR obligatory invention **Ob·lie·gen·heits·ver·let·zung** *f* JUR neglect of duty, breach of obligation
ob·li·gat [obli'ga:t] *adj* ❶ *(unerlässlich)* indispensable
❷ *(iron: unvermeidlich)* inevitable *iron*
Ob·li·ga·ti·on <-, -en> [obliga'tsio:n] *f* FIN [debenture] bond; **nicht einklagbare ~** unenforceable obligation; **einlösbare/festverzinsliche ~en** redeemable/fixed-interest bonds; **~en aufrufen/tilgen** to call in/redeem bonds; **~en veräußern** to dispose of bonds
Ob·li·ga·ti·o·när(in) [obligatsio'nɛ:ɐ] *m(f)* FIN bondholder, debenture holder
Ob·li·ga·ti·o·nen·aus·ga·be *f* FIN bond issue **Ob·li·ga·ti·o·nen·recht** *nt* FIN law of obligations **Ob·li·ga·ti·o·nen·schuld·ner, -schuld·ne·rin** *m, f* JUR bond debtor, obligor **Ob·li·ga·ti·o·nen·til·gung** *f* FIN redemption of bonds
Ob·li·ga·ti·ons·gläu·bi·ger, -gläu·bi·ge·rin *m, f* JUR bond creditor **Ob·li·ga·ti·ons·han·del** *m kein pl* BÖRSE bond market **Ob·li·ga·ti·ons·in·ha·ber, -in·ha·be·rin** *m, f* FIN bondholder, debenture holder **Ob·li·ga·ti·ons·schuld** *f* FIN bond debt
ob·li·ga·to·risch [obliga'to:rɪʃ] *adj (geh)* compulsory, obligatory
Ob·li·ga·to·ri·um <-s, -ien> [obliga'to:riʊm, *pl* -iən] *nt* SCHWEIZ ❶ *(Verpflichtung)* duty
❷ *(Pflichtfach)* compulsory subject
Ob·li·go <-s, -s> ['o:bligo] *nt* ÖKON liability, financial obligation; **ohne ~** without prejudice; **unter dem ~ früherer Zusagen** committed by earlier promises
Ob·mann, Ob·män·nin *o* **-frau** <-männer *o* -leute> ['ɔpman, 'ɔpmɛnɪn, *pl* -mɛnɐ, *pl* -lɔytə] *m, f* chairman *masc,* chairwoman *fem*
Oboe <-, -n> [o'bo:ə] *f* oboe
Obo·ist(in) <-en, -en> [obo'ɪst] *m(f)* oboist
Obo·lus <-, -se> ['o:bolʊs, *pl* 'o:bolʊsə] *m (geh)* contribution, offering *iron*
Ob·rig·keit <-, -en> ['o:brɪçkait] *f (Verwaltung)*

■**die ~** the authorities

ob·rig·keit·lich *adj (veraltend)* official, governmental

Ob·rig·keits·staat *m* authoritarian state

Ob·rist <-en, -en> [o'brɪst] *m* MIL *(pej: Mitglied einer Militärjunta)* ***die griechischen ~en*** the Greek colonels

ob·schon [ɔp'ʃo:n] *konj (geh) s.* **obgleich**

Ob·ser·va·to·ri·um <-, -rien> [ɔpzɛrva'to:ri̯ʊm, *pl* -ri̯ən] *nt* observatory

ob·ser·vie·ren* [ɔpzɛr'vi:rən] *vt (form)* ■**jdn ~** to observe sb, to keep somebody under surveillance; ■**jdn ~ lassen** to have sb observed, to have sb kept under surveillance

ob·ses·siv [ɔpzɛ'si:f] *adj* PSYCH obsessive

Ob·si·di·an <-s, -e> [ɔpzi:'di̯a:n] *m* GEOG obsidian

ob·sie·gen* [ɔp'zi:gn̩] *vi* ❶ *(gewinnen)* to win ❷ *(geh: die Oberhand behalten)* to triumph

ob·skur [ɔps'ku:ɐ̯] *adj (geh)* ❶ *(unbekannt)* obscure ❷ *(verdächtig)* suspicious, dubious

Obs·ku·ran·tis·mus [ɔpskuran'tɪsmʊs] *m kein pl* SOZIOL *(geh)* obscurantism *form*

ob·so·let [ɔpzo'le:t] *adj (geh)* obsolete

Obst <-[e]s> ['o:pst] *nt kein pl* fruit

Obst·an·bau, Obst·bau <-s> *m kein pl* fruit growing **Obst·baum** *m* fruit tree **Obst·ern·te** *f* ❶ *kein pl (das Ernten von Obst, Früchten)* gathering [*or* picking] of the fruit, fruit-gathering [*or* -picking] *no pl, no indef art;* ***für die ~ beschäftigt der Bauer viele Aushilfskräfte*** for the picking of the fruit [*or* fruit-picking] [*or* fruit-gathering] the farmer hires a lot of extra help ❷ *(geerntetes Obst)* fruit crop [*or* harvest] **Obst·es·sig** *m* fruit vinegar **Obst·gar·ten** *m* orchard **Obst·ge·schäft** *nt* fruiterer's BRIT, AM *usu* fruit store **Obst·händ·ler, -händ·le·rin** <-s, -> *m, f* fruiterer BRIT, fruit seller

obs·ti·nat [ɔpsti'na:t] *adj (geh)* obstinate *form*

Ob·sti·pa·ti·on <-, -en> [ɔpstipa'tsi̯o:n] *f* MED obstipation, [severe] constipation; **an ~ leiden** to suffer from obstipation [*or* [severe] constipation]

Obst·ku·chen *m* fruit flan [*or* cake] **Obst·ku·chen·form** *f* flan [*or* AM pie] tin [*or* AM *usu* pan]

Obst·ler <-s, -> ['o:pstlɐ] *m* fruit liquor

Obst·mes·ser *nt* fruit knife **Obst·plan·ta·ge** *f* orchard, fruit plantation

Ob·struk·ti·on <-, -en> [ɔpstrʊk'tsi̯o:n] *f (geh)* obstruction; **~ betreiben** to be obstructive

Obst·saft *m* fruit juice **Obst·sa·lat** *m* fruit salad **Obst·schnaps** *m* fruit schnapps **Obst·tag** *m day on which one only eats fruit, generally as part of a diet;* **einen ~ einlegen** to have a fruit and veg day **Obst·tor·te** *f* fruit flan [*or* tart] **Obst- und Ge·mü·se·hand·lung** *f* greengrocer's BRIT, AM *usu* fruit and vegetable store **Obst·was·ser** *nt* fruit schnapps

ob·szön [ɔps'tsø:n] *adj* ❶ *(unanständig)* obscene; **~e Witze** dirty [*or* obscene] jokes ❷ *(Entrüstung verursachend)* obscene; ***wie kannst du nur so etwas O~ es von dir geben!*** how could you say something so obscene!

Ob·szö·ni·tät <-, -en> [ɔpstsøni'tɛ:t] *f* ❶ *kein pl (obszöne Art)* obscenity ❷ *(obszöne Bemerkung)* obscenity

Obus ['o:bʊs] *m* trolley bus

Ob·wal·den <-s> ['ɔpvaldn̩] *nt* Obwalden

ob·wal·ten* ['ɔpvaltn̩] *vi (form)* to prevail

ob·wohl [ɔp'vo:l] *konj* although; ***~ er müde war, tat er ihr den Gefallen*** although he was tired he did her the favour

ob·zwar [ɔp'tsva:ɐ̯] *konj (selten) s.* **obwohl**

Oc·ca·si·on <-, -en> [ɔka'zi̯o:n] *f* SCHWEIZ *(Gebrauchtwagen)* second-hand car; *(gebrauchtes Gerät)* second-hand article

Ochot·ski·sches Meer [ɔ'xo:tskɪʃəs-] *nt* Sea of Okhotsk

Och·se <-n, -n> ['ɔksə] *m* ❶ *(kastriertes Rind)* ox ❷ SÜDD, ÖSTERR, SCHWEIZ ox, bullock ❸ *(fam: Dummkopf)* fool, idiot

▶WENDUNGEN: **dastehen wie der ~ vorm Scheunentor** [*o* **wie der ~ am** [*o* **vorm**] **Berg**] *(fam)* to be completely baffled, to stand there like an idiot [*or* BRIT a lemon]

och·sen ['ɔksn̩] *(fam)* **I.** *vt (lernen)* ■**etw ~** to swot up sth *sep* BRIT, to cram sth
II. *vi (angestrengt arbeiten)* to work like an ox

Och·sen·frosch *m* ZOOL bullfrog **Och·sen·kar·ren** *m* ox-cart

Och·sen·schwanz *m* oxtail **Och·sen·schwanz·sup·pe** *f* oxtail soup

Och·sen·tour *f (fam)* hard slog *fam* **Och·sen·zie·mer** <-s, -> [-tsi:mɐ] *m* [short] whip

Ocker <-s, -> ['ɔkɐ] *m o nt* ochre, AM *also* ocher

ocker·braun, ocker·gelb *adj* ochre, AM *also* ocher

OCR <-[s]> [o:tse:'ɛr] *f kein pl* INFORM *Abk von* **optical character recognition** OCR

OCR-Pro·gramm *nt* INFORM OCR program **OCR-Zei·chen·satz** *m* INFORM OCR-font, optical font

öd [ø:t] *adj s.* **öde**

Ode <-, -n> ['o:də] *f* ode

öde ['ø:də] *adj* ❶ *(verlassen)* desolate, deserted ❷ *(fade)* dull, dreary ❸ *(unfruchtbar)* bleak, waste

Öde <-, -n> ['ø:də] *f (geh)* ❶ *kein pl (Verlassenheit)* desolation, solitude ❷ *(unwirtliches Land)* wasteland, desert *fig* ❸ *(Leere)* dreariness, tedium

Odem <-s> ['o:dəm] *m kein pl (poet)* breath

Ödem <-[e], -e> [ø'de:m] *nt* oedema BRIT, edema AM

oder ['o:dɐ] *konj* ❶ *(eines oder anderes)* or; **~ aber** or else; **~ auch** or [even]; **~ auch nicht** or [maybe [*or* perhaps]] not ❷ *(stimmt's?)* ***der Film hat dir auch gut gefallen, ~?*** you liked the film too, didn't you?; ***soviel ich weiß, schuldet er dir noch Geld, ~?*** as far as I know he still owes you money, doesn't he?; ***du traust mir doch, ~*** [***etwa***] ***nicht?*** you do trust me, don't you?; *s. a.* **entweder**

Oder <-> ['o:dɐ] *f* GEOG ■**die ~** the Oder

Oder-Kon·to *nt* FIN joint account with the option 'either to sign'

Oder·men·nig <-s> ['o:dɐmɛnɪç] *m* BOT agrimony

Oder-Nei·ße-Li·nie ['o:dɐ'nai̯səli:ni̯ə] *f* POL ■**die ~** the Oder-Neisse Line

Ödi·pus·kom·plex ['ø:dipʊs-] *m* PSYCH Oedipus complex *no pl*

Öd·land ['ø:tlant] *nt kein pl* uncultivated land *no indef art, no pl,* wasteland *no pl*

Odys·see <-, -n> [ody'se:, *pl* ody'se:ən] *f (geh)* odyssey

OECD <-> [o:ʔe:tse:'de:] *f kein pl* ÖKON *Abk von* **Organization for Economic Cooperation Development** OECD

OEEC *f kein pl Abk von* **Organization for European Economic Cooperation** OEEC

Oeu·vre <-, -s> ['ø:vrə] *nt (geh)* body of work, oeuvre *form,* work[s *pl*]

OEZ <-> [o:ʔe:'tsɛt] *f kein pl Abk von* **osteuropäische Zeit** EET

Öf·chen <-s, -> ['ø:fçən] *nt dim von* **Ofen**

Ofen <-s, Öfen> ['o:fn̩, *pl* 'ø:fn̩] *m* ❶ *(Heizofen)* heater; *(Kohle-, Kachel-, Ölofen)* stove; *(elektrischer Ofen, Gasofen)* heater, fire ❷ *(Backofen)* oven; **den ~ heizen** to heat the oven ❸ TECH furnace; *(Brennofen)* kiln; *(Müllverbrennungsofen)* incinerator ❹ DIAL *(Herd)* cooker ❺ *(sl: Pkw, Motorrad)* wheels *fam;* **ein heißer ~** *(fam: Motorrad)* fast bike *fam; (Auto)* fast set of wheels *fam*

▶WENDUNGEN: **jetzt ist der ~ aus** *(sl)* that does it, that's it, it's all over; **ein heißer ~** *(sl: besonders attraktive Frau)* red-hot number *fam;* **jdn hinter dem ~ hervorlocken** *(fam)* to tempt sb; **immer hinter dem ~ hocken** [*o* **am warmen ~ sitzen**] *(fam)* to always sit around at home, to be a real stay-at-home

Ofen·bank <-bänke> *f* bench around a/the stove **ofen·frisch** *adj* oven-fresh, freshly baked, fresh from the oven *pred* **Ofen·hei·zung** *f* stove heating *no art, no pl,* heating by stoves **Ofen·rohr** *nt* stovepipe **Ofen·schirm** *m* firescreen **Ofen·set·zer, -set·ze·rin** <-s, -> *m, f* stove builder [*or* fitter] **Ofen·tür** *f* stove door

Off <-s> [ɔf] *nt kein pl* MEDIA **aus dem ~** offstage

of·fen ['ɔfn̩] **I.** *adj* ❶ *inv (geöffnet)* open; *Hosenschlitz a.* undone *pred; Gefäß, Umschlag* opened; *Schranke* up *pred; Bein* ulcerated; ***er hatte die Augen ~*** his eyes were open; ***der Mund ist ihm vor Staunen ~ geblieben*** he was gaping in astonishment; **die Augen ~ halten** *(fig)* to keep one's eyes open [*or* peeled] [*or* BRIT *also* skinned]; **mit ~en Augen** *(a. fig)* with one's eyes open *a. fig;* **mit** [*o* **bei**] **~em Fenster** with the window open; **die Haare ~ tragen** to wear one's hair loose; **am Hals ~ sein** [*o* **stehen**] *Hemd* to be open at the neck; **mit ~em Hemd/Kragen** wearing an open-necked shirt; **mit ~em Mund** with one's mouth open, with open mouth; **mit ~em Mund atmen** to breathe through the mouth; **mit ~en Sinnen** *(fig)* with one's eyes open; **~ sein, stehen** to be open; **etw ~ stehen lassen** to keep sth open; **einen Spaltbreit ~ sein** [*o* **stehen**] to be ajar ❷ *inv (unverschlossen)* open; *Tür, Fenster a.* unlocked; *Umschlag* unsealed; ***bei ihr ist immer alles ~*** she never locks her doors; ***sie hält ihr Lokal auch am Sonntag ~*** her pub is open on Sunday as well; ***meine Tür ist immer für dich ~*** *(fig)* you are always/will always be welcome; **~e Anstalt** open prison; **~ haben** [*o* **sein**] *Geschäft* to be open; **ein ~es Haus** *(fig)* an open house; **ein ~es Haus haben** *(fig)* to keep open house; **jdm ~ sein** *(fig)* to be open to sb ❸ *inv (unbedeckt)* open; **ein ~es Grab** an open grave; **~es Auto** convertible; **~e Kutsche** open[-topped] carriage; **~er Pferdewagen** open carriage, *esp* AM *also* buckboard; **~e Schuhe** sandals ❹ *(unversperrt)* open; *(eisfrei a.)* clear; ***das Auto war hinten ~*** the back of the car was open; **~er Ausblick** unobstructed view; *(klar)* clear view; **~es Gelände** open terrain; **das ~e Meer** the open sea; **nach allen Seiten hin ~ sein** *(fig)* to have no political convictions; **auf ~er Strecke** on the open road; *Zug* between stations ❺ *inv (freigegeben)* ***die Jagd*** [***auf Niederwild***] ***ist ~*** JAGD it's open season [on small game]; **~e Software** accessible software ❻ *inv (uneingeengt) Wettbewerb* open; ■**für jdn ~ sein** to be open to sb ❼ *(unzusammenhängend)* **~e Bauweise** detached building development *spec;* **~e Ortschaft** non-built-up area ❽ *inv (nicht in Flaschen)* **~er Wein** *(Dienst)* wine by the glass/carafe; *(Getränk)* a glass/carafe of wine ❾ *inv* DIAL *(lose)* loose; **Mehl/Salz ~ verkaufen** to sell loose flour/salt ❿ *(ungewiss)* uncertain; *(unbeantwortet)* open; *Problem* unsettled, unresolved; *Frage* open [*or* unanswered], unsettled; ***der Termin ist immer noch ~*** the date has still to be decided; **ein ~er Punkt** a moot point; [**noch**] **ganz ~ sein** to be [still] wide open ⓫ *inv (unbezahlt) Zahlung* outstanding; *Rechnung a.* unsettled, unpaid; **~er Posten** unpaid item, uncovered amount ⓬ *inv (unbesetzt)* vacant; *Formularfeld* blank; **~ gelassen** vacant/blank; **etw ~ lassen** to leave sth vacant/blank; **~ stehen** to be vacant/blank; **~ stehend** vacant/blank; **~e Stelle** vacancy, job opening ⓭ *(ehrlich) Blick, Meinung* frank, candid; *Person, Gespräch a.* honest; *Geständnis, Art a.* open; *Gesicht* honest; ■**~** [**zu jdm**] **sein** to be open [*or* frank] [*or* honest] [with sb]; ***sei ~ mit mir!*** be honest [*or* straight] with me! ⓮ *(deutlich)* open, overt ⓯ *(öffentlich)* open; **~e Gesellschaft** ÖKON open partnership; **in ~em Kampf** in an open [*or* a fair] fight; **auf ~er Straße** in [the middle of] the street ⓰ SPORT *(deckungsschwach)* open ⓱ LING *Vokal, Silbe* open ⓲ TYPO *(Falz)* **~er Kopf** open head; **~e Seite** open

side
▶WENDUNGEN: ~ **für etw** *akk* [*o* **gegenüber etw** *dat*] **sein** to be open [*or* receptive] to sth; ~ **gegenüber jdm sein** to be open with sb
II. *adv* ❶ *(ehrlich)* openly, frankly, candidly; ~ **gestanden** [*o* **gesagt**] to be [perfectly] honest [*or* frank]
❷ *(deutlich)* clearly, obviously, patently
❸ *(öffentlich)* ~ **abstimmen** to vote in an open ballot
❹ SPORT *(deckungsschwach)* [**ganz**] ~ **spielen** to leave oneself [wide] open
❺ LING ***das „a" wird ~ ausgesprochen*** the "a" is pronounced as an open vowel

of·fen·bar [ɔfn̩'ba:ɐ̯] I. *adj* obvious; ■ ~ **sein/werden, dass ...** to be/become obvious [*or* clear] that ...
II. *adv* obviously, clearly

of·fen·ba·ren <*pp* offenbart *o* geoffenbart> [ɔfn̩'ba:rən] I. *vt* ❶ *(geh: enthüllen)* ■ **jdm etw** ~ to reveal sth to sb
❷ *(mitteilen)* ■ **jdm ~, dass ...** to inform sb that ...
❸ JUR ■ **etw** ~ to disclose sth; **eine Erfindung** ~ to disclose an invention
II. *vr* ❶ *(sich anvertrauen)* ■ **sich** *akk* **jdm** ~ to confide in sb
❷ *(erweisen)* ■ **sich** *akk* **als etw** ~ to show [*or* reveal] oneself to be sth
❸ *(Liebe erklären)* ■ **sich** *akk* **jdm** ~ to reveal one's feelings to sb

Of·fen·ba·rung <-, -en> [ɔfn̩'ba:rʊŋ] *f* ❶ REL *(göttliche Mitteilung)* revelation; **die** ~ [**des Johannes**] [the book of] Revelations + *sing vb*
❷ JUR disclosure; ~ **einer Erfindung** disclosure of an invention

Of·fen·ba·rungs·eid *m* ❶ JUR oath of disclosure [*or* AM *also* manifestation]; **den ~ leisten** to swear an oath of disclosure ❷ *(Geständnis, nichts zu wissen)* admission of bankruptcy; **ein politischer/intellektueller** ~ an admission [*or* a confession] of political/intellectual bankruptcy; **den ~ leisten** to admit [*or* confess] one's incompetence **Of·fen·ba·rungs·pflicht** *f* JUR duty of disclosure **Of·fen·ba·rungs·ter·min** *m* JUR date for administering an affidavit of disclosure **Of·fen·ba·rungs·ver·fah·ren** *nt* JUR supplementary proceedings *pl* **Of·fen·ba·rungs·ver·si·che·rung** *f* JUR statutory declaration of disclosure

of·fen|blei·ben *vi irreg sein* to remain open; *Entschluss* to be left open

Of·fen·blen·den·mes·sung *f* PHYS full-aperture metering

of·fen|ha·benRR *vi irreg* ■ **bei jdm noch etw** ~ to be owed sth by sb

of·fen|hal·ten *vt* ■ **etw** ~ to keep sth open; ■ **sich** *dat* **~, etw zu tun** to have yet to decide whether one wants to do sth; **sich** *dat* **einen Ausweg** ~ to have a way out

Of·fen·heit <-> *f kein pl* openness *no art, no pl,* frankness *no art, no pl,* candour [*or* AM -or] *no art, no pl;* **in** [*o* **mit**] **aller** ~ quite frankly [*or* candidly]

of·fen·her·zig *adj* ❶ *(freimütig)* open, frank, candid
❷ *(hum fam: tief ausgeschnitten)* revealing, low-cut

Of·fen·her·zig·keit <-> *f kein pl* openness *no art, no pl,* frankness *no art, no pl,* candour [*or* AM -or] *no art, no pl*

of·fen·kun·dig ['ɔfn̩kʊndɪç] *adj* obvious, clear; ■ ~ **sein, dass ...** to be obvious [*or* evident] that ...

of·fen|las·sen *vt irreg* ■ **etw** ~ to leave sth open; **~, ob ...** to leave it open whether ...; **sich** *dat* **alle Wege** ~ to keep [*or* leave] one's options open

of·fen|le·gen *vt* ■ **etw** ~ *(form)* to reveal sth; JUR to disclose sth

Of·fen·le·gung *f* JUR disclosure; **teilweise** ~ partial disclosure; ~ **des Schuldnervermögens** discovery of a debtor's property; ~ **von Beteiligungen** declaration of interests; ~ **von Patentakten** disclosure of patent documents; ~ **von Urkunden** disclosure of documents

Of·fen·le·gungs·frist *f* JUR disclosure period **Of·fen·le·gungs·pflicht** *f* JUR duty disclosure **Of·fen·le·gungs·schrift** *f* JUR *(bei Patent)* publication of unexamined application

of·fen|lie·gen *vi irreg (form)* to be put on display

of·fen·sicht·lich ['ɔfn̩zɪçtlɪç] I. *adj* obvious, evident; ***ein ~er Irrtum/eine ~e Lüge*** a blatant error/lie; ■ ~ **sein/werden**[**, dass ...**] to be/become evident [*or* obvious] [that ...]
II. *adv* obviously, evidently

Of·fen·sicht·lich·keits·prü·fung *f* JUR examination for obvious deficiencies

of·fen·siv [ɔfɛn'zi:f] I. *adj (geh)* offensive; **~es Verhalten/eine ~e Art** aggressive behaviour [*or* AM -or]/an aggressive manner; ***in der Drogenfrage sollte die Regierung endlich ~[er] werden*** it's time the government went on the offensive against drugs
II. *adv (geh)* offensively, aggressively; **gegen Umweltsünder ~[er] vorgehen** to take [more] vigorous action against polluters

Of·fen·si·ve <-, -n> [ɔfən'zi:və] *f* offensive; **in die ~ gehen** to go on [*or* take] the offensive

of·fen|ste·hen *vi irreg* ❶ *Rechnung, Zahlung* to be outstanding; **~d** outstanding
❷ *(die Wahl haben)* **jdm steht es offen, etw zu tun oder nicht** [**zu tun**] it is up to sb whether he/she wants to do sth [or not]

öf·fent·lich ['œfn̩tlɪç] I. *adj* public; **nicht ~** *Gerichtsverhandlung* in camera; **~e Anleihen** public [*or* government] loan; **~e Arbeitsprojekte/Fördermittel** public projects/funds; **~er Dienst** civil service; **~e Hand** public authorities; **~er Wohnungsbau** public [*or* government] housing, BRIT council housing; **~es Übernahmeangebot/Unternehmen** public takeover offer/enterprise; **~es Zeichnungsangebot** public offering
II. *adv* publicly, in public

Öf·fent·lich·keit <-> *f kein pl* ■ **die** ~ ❶ *(Allgemeinheit)* the [general] public + *sing/pl vb;* **in** [*o* **vor**] **aller** ~ in public; **Ausschluss der** ~ exclusion of the public; **etw an die ~ bringen** to bring sth to public attention, to make sth public; **die ~ scheuen** to shun publicity; **mit etw** *dat* **an** [*o* **vor**] **die ~ treten** to go public with sth; **etw der ~ übergeben** *(form: etw eröffnen)* to open sth officially; *(etw veröffentlichen)* to publish sth
❷ JUR the admittance of the general public; ***der Verteidiger bestand auf der ~ der Verhandlung*** the defence counsel insisted on a public trial

Öf·fent·lich·keits·ar·beit *f* public relations [*or* PR] work *no art, no pl* **Öf·fent·lich·keits·grund·satz** *m* JUR principle of public trial **Öf·fent·lich·keits·kam·pa·gne** *f* public relations campaign **öf·fent·lich·keits·scheu** *adj* publicity-shy **öf·fent·lich·keits·wirk·sam** *adj* ■ ~ **sein** to be good [*or* effective [as]] publicity

Öf·fent·lich·ma·chung <-> *f kein pl* outing **öf·fent·lich-recht·lich** *adj attr* JUR public, public-law *attr,* under public law *pred;* **eine ~e Anstalt** a public institution, a body corporate *spec;* **~e Körperschaft** public body, statutory corporation; **eine ~e Rundfunkanstalt** public service broadcasting; **ein ~er Vertrag** contract under public law

Of·fe·rent(in) <-en, -en> [ɔfe'rɛnt] *m(f)* HANDEL offeror

of·fe·rie·ren* [ɔfe'ri:rən] *vt (form)* ❶ *(zum Verkauf anbieten)* ■ [**jdm**] **etw** ~ to offer [sb] sth
❷ *(kredenzen)* ■ **jdm etw** ~ *(geh)* to offer sb sth

Of·fer·te <-, -n> [ɔ'fɛrtə] *f* HANDEL offer, tender; **freibleibende/verbindliche** ~ open/binding [*or* firm] offer; **unverbindliche** ~ open offer, offer without commitment

Of·fice <-, -s> ['ɔfɪs] *nt* ❶ SCHWEIZ *(Betriebsküche)* [food] store[s *pl*]
❷ *(selten: Büro)* office

Of·fice-An·wen·dung ['ɔfɪs-] *f* INFORM office-based application **Of·fice-Pa·ket** ['ɔfɪs-] *nt* INFORM office-based software

Of·fi·zi·al·de·likt [ɔfi'tsi̯a:l-] *nt* JUR offence requiring public prosecution **Of·fi·zi·al·ma·xi·me** [ɔfi'tsi̯a:l-] *f* JUR principle of ex officio proceedings

of·fi·zi·ell [ɔfi'tsi̯ɛl] I. *adj* ❶ *(amtlich) Delegation, Mitteilung, Nachricht* official; **in ~er Mission** [**nach ...**] **reisen** to be on an official mission [to ...]; **seine ~e Zustimmung geben** to give one's official consent; **~/noch nicht ~ sein** *Wahlergebnisse* to be/not yet be official, to have been/have not yet been announced officially; ***von ~er Seite verlautet*** according to official sources; ~ ***heißt es, ...*** official sources state ..., the official statement is ...
❷ *(förmlich) Empfang, Feier* formal, stiff
II. *adv* officially; **jdn ~ einladen** to give sb an official invitation

Of·fi·zier(in) <-s, -e> [ɔfi'tsi:ɐ̯] *m(f)* MIL officer; **~ werden** to become an officer, to gain a commission

Of·fi·ziers·an·wär·ter, -an·wär·te·rin *m, f* officer cadet **Of·fi·ziers·ka·si·no** *nt* officers' mess **Of·fi·ziers·korps** [-ko:ɐ̯] *nt* officer corps; ■ **das ~** the officer corps, officers *pl* **Of·fi·ziers·lauf·bahn** *f* career as an officer *no pl,* officer's career *no pl, no def art* **Of·fi·ziers·mes·se** *f* officers' mess; NAUT wardroom **Of·fi·ziers·rang** *m* officer's rank, rank of an officer

of·fi·zi·ös [ɔfi'tsi̯ø:s] *adj (geh)* semi-official

off·lineRR, **off line**ALT ['ɔflai̯n] *adj inv* INFORM off-line, offline

Off·line·be·triebRR, **Off-line-Be·trieb**ALT <-[e]s> ['ɔflai̯n-] *m kein pl* INFORM off-line operation *no pl,* off-line working *no pl*

öff·nen ['œfnən] I. *vt* ■ **etw** ~ to open sth; **„hier ~"** "open here [*or* this end]"; ***die Tür quietscht immer beim Ö~*** the door always squeaks when you open it
II. *vi* ■ [**jdm**] ~ to open the door [for sb]
III. *vr* ❶ *(aufgehen)* ■ **sich** *akk* ~ to open
❷ *(weiter werden)* ■ **sich** *akk* ~ to open out
❸ *(sich zuwenden)* ■ **sich** *akk* [**jdm/etw**] ~ to open up [*or* become receptive] [to sb/sth]

Öff·ner <-s, -> *m* ❶ *(Dosenöffner)* can [*or* BRIT *a.* tin] opener; *(Flaschenöffner)* bottle opener
❷ *(Türöffner)* door opener

Öff·nung <-, -en> *f* ❶ *(offene Stelle)* opening
❷ *kein pl (geh: das Öffnen)* opening; ***ohne den Code zu wissen, ist eine ~ des Safes nicht möglich*** it is not possible to open the safe without knowing the code
❸ *kein pl* POL opening up; ***eine vorsichtige ~ zur Demokratie*** a cautious opening up to democracy

Öff·nungs·kurs *m* POL course of openness [*or* opening up] **Öff·nungs·po·li·tik** *f* POL policy of openness [*or* opening up] **Öff·nungs·win·kel** *m* aperture angle **Öff·nungs·zei·ten** *pl* hours *pl* of business, BRIT *a.* opening times [*or* hours] *pl;* ***Supermärkte haben meist durchgehende ~*** supermarkets are usually open all day; *einer öffentlichen Anstalt* opening times *pl*

Off·roa·der <-s, -> ['ɔfroʊdɐ] *m* TECH offroader

Off·road·ska·ting <-s> [ɔfroʊd'ske:tɪŋ] *nt kein pl* SPORT off-road skating

Off·set·druck <-drucke> ['ɔfsɛt-] *m* offset [printing] *no art, no pl spec* **Off·set·druck·ma·schi·ne** ['ɔfsɛt-] *f* TYPO offset printing machine

Off·shore·boh·rungRR ['ɔfʃo:ɐ̯-] *f* offshore drilling **Off·shore·markt**RR ['ɔfʃo:ɐ̯-] *m* ÖKON offshore market **Off·shore·platz**RR ['ɔfʃo:ɐ̯-] *m* FIN *für Geldwäsche* offshore location

Off·sho·ring <-[s], -s> ['ɔfʃo:rɪŋ] *nt* ÖKON offshoring

Off·side <-s, -s> ['ɔfzai̯t] *nt* SPORT SCHWEIZ *(Abseits)* offside

oft <öfter> ['ɔft] *adv* often; **des Öfteren** frequently, on many occasions, quite often; ~ **genug** often enough; *s. a.* **je, so, wie**

öf·ter ['œftɐ] *adv* ❶ *komp von* **oft** more often
❷ *(verhältnismäßig oft)* [every] once in a while [*or* now and then], on occasion; ***ich habe sie schon ~ besucht*** I've been to see her quite often; ***ist dir das schon ~ passiert?*** has that happened to you often [*or* a lot]?; ~ **mal was anderes** [*o* **Neues**] variety is the spice of life

öf·ter(s) ['œftɐ(s)] *adv* DIAL *s.* **öfter**

öf·tes·ten ['œftəstən] *superl von* **oft**

oft·mals *adv (geh) s.* **oft**

oh ['o:] *interj* oh

O

Oheim <-s, -e> ['o:haim] *m (veraltet) s.* **Onkel**

OHG <-, -s> [o:ha:'ge:] *f Abk von* **Offene Handelsgesellschaft** partnership in commerce

OHG-Ge·sell·schaf·ter(in) *m(f)* HANDEL general partner

Ohm[1] <-[s], -> ['o:m] *nt* PHYS ohm

Ohm[2] <-[e]s, -e> ['o:m] *m (veraltet: Onkel)* uncle

ohmsch ['o:mʃ] *adj inv, attr* **~e Regel** [*o* **Gesetz**] PHYS Ohm's law

oh·ne ['o:nə] **I.** *präp +akk* ❶ *(nicht versehen mit)* ■**~ etw** without sth; **~ *Auto*** without a car; **~ *Geld*** without any money; ***sie ist ~ Mantel gekommen*** she came without a coat; ***wir sind noch ~ weitere Informationen*** we still don't have any more information; ***sei ~ Furcht!*** don't be afraid!; ***mein Versuch ist ~ Erfolg geblieben*** my attempt was unsuccessful; ***sie ist ~ jede Begabung*** she lacks [*or* is without] any talent; ***er ist ein Mensch ~ jeglichen Humor*** he's a person totally lacking [*or* without any sense of] humour; **~ *dich wäre ich immer noch ohne Kleiderschrank*** if it weren't for you I'd still be without a wardrobe; **~ Appetit sein** to have no appetite; **~ einen** [*o* **jeden**] **Cent** [**Geld**] penniless, without a penny [*or* AM dime]; **~ Schutz** unprotected

❷ *(nicht eingerechnet)* ■**~ etw** excluding [*or* not including] [*or* not counting] sth; **~ *die Vororte hat die Stadt 300.000 Einwohner*** the city has 300,000 inhabitants excluding [*or* not including] [*or* not counting] the suburbs; ***der Preis versteht sich ~ Mehrwertsteuer*** the price does not include VAT

❸ *(elliptisch)* ***er raucht immer ~*** he always smokes untipped cigarettes; ***sie badet am liebsten ~*** she prefers to bathe in the nude; ***wenn du keinen Zucker hast, trinke ich den Kaffee auch ~*** if you haven't got any sugar, I can have my coffee without; ***du brauchst eine Eintrittskarte, ~ kommst du nicht rein*** you need a ticket, they won't let you in without one

❹ *(nicht mit jdm)* ■**~ jdn** without sb; **~ *mich!*** count me out!; **~ Erben sterben** to die heirless; **~ Kinder/Nachwuchs** childless/without offspring

▸WENDUNGEN: [**gar**] **nicht ~ sein** *(fam: schwierig)* to be not [quite] that easy; *(interessant)* to not be bad; ***die Fragen waren gar nicht so ~*** the questions were not that easy; ***sie ist gar nicht so ~*** she's quite something, she's got what it takes; ***der Vorschlag ist nicht ~*** it's not a bad suggestion; *s. a.* **oben, weitere(r, s)**

II. *konj* ■**~ etw zu tun** without doing sth; ***sie nahm sich ein Stück Kuchen, ~ vorher zu fragen*** she took a piece of cake without asking; ***wer redet, ~ gefragt zu sein ...*** anybody who talks without being asked ...; **~ *dass ich ihn darum gebeten hätte, hat er mir geholfen*** he helped me without my [*or* me] asking; **~ zu zögern** without hesitating

oh·ne·dies [o:nə'di:s] *adv s.* **ohnehin**

oh·ne·glei·chen [o:nə'glaiçn] *adj inv* ❶ *(unnachahmlich)* unparalleled; **eine Leistung ~** an unparalleled performance *form;* **mit einer Unverschämtheit ~** with unprecedented [*or form* unparalleled] impertinence

❷ *(außergewöhnlich)* [quite] exceptional

oh·ne·hin [o:nə'hɪn] *adv* anyhow, anyway[s AM *a. fam*]

Ohn·macht <-, -en> ['o:nmaxt] *f* ❶ *(Bewusstseinszustand)* faint *no pl;* **aus der ~ erwachen** to come round [*or* to], to recover consciousness; **in ~ fallen** to faint, to pass out, to swoon *dated liter*

❷ *(geh: Machtlosigkeit)* powerlessness *no art, no pl,* impotence *no art, no pl*

▸WENDUNGEN: **von einer ~ in die andere fallen** *(fam)* to have one fit another after another *fam*

ohn·mäch·tig ['o:nmɛçtɪç] **I.** *adj* ❶ *(bewusstlos)* unconscious; ■**~ sein** to be unconscious, to have fainted [*or* passed out]; ■**~ werden** to faint, to pass out

❷ *(geh: machtlos)* powerless, impotent; ■**gegenüber etw** *dat* **~ sein** to be powerless to stop/in the face of sth

❸ *attr (hilflos)* helpless; **~e *Wut*** helpless [*or* impotent] rage

II. *adv* helplessly; **~ *zusehen*** to watch [*or* look on] helplessly [*or* powerlessly]

Ohn·mäch·ti·ge(r) *f(m) dekl wie adj* ❶ *(bewusstloser Mensch)* unconscious person

❷ *(machtloser Mensch)* helpless person; ***die ~n*** the powerless + *pl vb*

Ohn·machts·an·fall *m* fainting fit; **einen ~ bekommen** to faint, to have a fainting fit

oho [o'ho:] *interj* oho; **~, *so geht das nicht!*** oh no, that's not on!

Öhr <-[e]s, -e> ['ø:ɐ̯] *nt* eye

Ohr <-[e]s, -en> ['o:ɐ̯] *nt* ear; **abstehende ~en haben** sb's ears stick out; **die ~en anlegen** *Tier* to put its ears back; **feine/scharfe ~en haben** to have a keen/sharp ear; **in jds ~ flüstern** to whisper in sb's ear; **gute/schlechte ~en haben** to have good/bad ears; **ein ~ für Musik haben** to have a good ear for music; **rote ~en bekommen** to go red; **jdm sausen die ~en** sb's ears are buzzing [*or* singing]; **sich** *dat* **etw** *akk* **in die ~en stopfen** to put sth into one's ears; **auf einem ~ taub sein** to be deaf in one ear; **in den ~en weh tun** to grate on the ears; **jdn am ~ ziehen** to pull sb's ear; **jds ~en sind zu** sb's ears are deaf; **sich** *dat* **die ~en zuhalten** to put one's hands over one's ears

▸WENDUNGEN: **von einem ~ zum andern strahlen** to grin from ear to ear; **die ~en anlegen** *(fam)* to put one's ears back, to get stuck in BRIT *fam;* **ein aufmerksames/geneigtes/offenes ~ finden** to find a ready/willing/sympathetic listener [*or* a sympathetic ear]; **die ~en aufmachen/aufsperren** *(fam)* to listen attentively/carefully; **eins hinter die ~en bekommen** to get a clip round [*or* on] the ear, to get a thick ear; **auf diesem ~ schlecht hören** [*o* **taub sein**] *(fam o fig)* to turn a deaf ear to sth; **die ~en auf Durchzug stellen** to not listen [to sb]; **es faustdick hinter den ~en haben** *(fam)* to be a crafty [*or* sly] one; **noch feucht** [*o* **nicht trocken**] **hinter den ~en sein** *(fam)* to be still wet behind the ears; **nicht für fremde ~en** [**bestimmt**] **sein** to be not [meant] for other ears; **für jds ~en** to sb's ears; ***für deutsche/ englische ~en klingt das komisch*** that sounds odd to a German/to an English person; **ganz ~ sein** *(hum fam)* to be all ears; **jdm eins** [*o* **ein paar**] **hinter die ~en geben** *(fam)* to give sb a clip round the ear [*or* a thick ear]; **ins ~ gehen** to be catchy; **ein geneigtes ~ finden** *(geh)* to find a willing ear; **etw noch im ~ haben** to be still able to hear sth; ***ich habe seine Worte noch deutlich im ~*** I can still clearly hear his words, his words are still ringing in my ears; **viel** [*o* **jede Menge**] **um die ~en haben** *(fam)* to have a lot [*or* a great deal] on one's plate *fam;* **mit halbem ~ hinhören** to listen with half an ear, to half-listen; **die ~en hängen lassen** *(fam)* to let it get one down, to get downhearted; **jdn übers ~ hauen** *(fam)* to take sb for a ride *fam,* to pull a fast one on sb *fam;* **jdm etw um die ~en hauen** [*o* **schlagen**] *(fam)* to hit [*or* beat] sb round [*or* over] the head with sth, throw something [back] at sb; **zu einem ~ hinein-, und zum anderen wieder hinausgehen** *(fam)* to go in at one ear and out at the other; **jdm klingen die ~en** sb's ears are burning; **jdm zu ~en kommen** to come to sb's ears [*or* attention]; **jdm die ~en lang ziehen** *(fam)* to give sb a good talking to; **lange ~en machen** *(fam)* to prick up one's ears; **sich** *akk* **aufs ~ legen** [*o fam* **hauen**] to put one's head down, to have a kip BRIT *fam;* **jdm sein ~ leihen** to lend sb one's ear; **jdm** [**mit etw** *dat*] **in den ~en liegen** *(fam)* to go [*or* keep] on at sb [about sth], to badger [*or* pester] sb [with sth]; **~en wie ein Luchs haben** to have a very sharp sense of hearing; **mach** [*o* **sperr**] **die ~en auf!** *(fam)* wash [*or* clean] your ears out! *fam;* **bei jdm auf offene ~en stoßen** to fall on sympathetic ears [with sb]; ***bei ihr stößt man immer auf offene ~en*** she always has a sympathetic ear; **jdn um ein offenes ~ bitten** to ask sb to listen to one; **ein offenes ~ für jdn/etw haben** to be willing to listen to sb/sth; **jdm zu** [*o* **aus**] **den ~en rauskommen** *(fam)* to be [*or* have sth] coming out of one's ears; **ein scharfes** [*o* **feines**] **~ haben** to have a sharp [*or* keen] sense of hearing, to have a good ear; **mit den ~en schlackern** *(fam)* to be struck speechless, to be gobsmacked BRIT *sl;* **etw schmeichelt jd's ~** sth is music in sb's ear; **sich** *dat* **etw hinter die ~en schreiben** *(fam)* to get sth into one's head, to etch sth indelibly in one's mind; **auf den ~en sitzen** *(fam)* to close one's ears; ***sag mal, sitzt du auf deinen ~en, oder was ist los?*** hey, have you gone deaf or something?; **die ~en spitzen** to prick one's ears; **bis über beide ~en in Arbeit/Schulden, etc. stecken** *(fam)* to be up to one's ears in work, debt, etc.; **die ~en steifhalten** *(fam)* to keep a stiff upper lip; **auf dem ~ taub sein** *(fam o fig)* to be deaf to that sort of thing; [**bei jdm**] **auf taube ~en stoßen** *(fam)* to fall on deaf ears [with sb]; **tauben ~en predigen** to preach to deaf ears; **seinen ~en nicht trauen** to not believe one's ears; **bis über die** [*o* **beide**] **~en verliebt sein** to be head over heels in love; [**vor etw** *dat*] **die ~en verschließen** to turn a deaf ear [to sth]; **viel um die ~en haben** *(fam)* to have a lot on one's plate *fam;* **jdm die ~en volljammern** *(fam)* to keep [going] on [*or* moaning] at sb; **jdm wackeln die ~en** *(fam)* to be staggered [*or fam* gobsmacked]; ***an jedem Film-Set können Ihnen Regisseure Sache erzählen, dass Ihnen die ~en wackeln*** on any film set the director can tell you things that will make your hair curl; **die Wände haben ~en** the walls have ears; **das ist nichts für zarte ~en** that is not for tender [*or* sensitive] ears

Oh·ren·arzt, -ärz·tin <-es, -ärzte> *m, f* otologist, ear specialist **oh·ren·be·täu·bend I.** *adj* deafening, ear-splitting **II.** *adv* deafeningly **Oh·ren·ent·zün·dung** *f* ear infection **Oh·ren·klap·pe** *f* earflap **Oh·ren·knei·fer** *m* ZOOL earwig **Oh·ren·müt·ze** *f* cap with ear flaps **Oh·ren·qual·le** *f* ZOOL common jellyfish **Oh·ren·sau·sen** <-s> *nt kein pl* buzzing [*or* ringing] in the [*or* one's] ears, tinnitus *no art, no pl spec*

Oh·ren·schmalz *nt kein pl* earwax *no art, no pl* **Oh·ren·schmalz·pfrop·fen** *m* plug of earwax, ceruminous plug *spec*

Oh·ren·schmaus *m kein pl (fam)* treat [*or* feast] for the ear[s] **Oh·ren·schmer·zen** *pl* earache; **~ haben** to have earache **Oh·ren·schüt·zer** *m meist pl* earmuff *usu pl* **Oh·ren·ses·sel** *m* wing chair **Oh·ren·trop·fen** *pl* eardrops *pl* **Oh·ren·zeu·ge, -zeu·gin** *m, f (veraltend form)* witness *(to something heard)*

Ohr·fei·ge <-, -n> *f* box on [*or* clip on [*or* BRIT *a.* round]] the ears, slap on [*or* BRIT *a.* round] the face; **eine ~ bekommen** [*o fam* **kriegen**] to get a box on the ears [*or* a slap round the face]; **jdm eine ~ geben** [*o* **verpassen**] to give sb a box on the ears [*or* a slap round the face]

ohr·fei·gen *vt* ■**jdn ~** to box sb's ears, to slap [*or* hit] sb [round [*or* in] the face]; ***ich könnte mich*** [***selbst***] **~, *dass ich das nicht gemerkt habe*** *(fam)* I could kick myself for not noticing that

Ohr·fei·gen·ge·sicht *nt (fam)* ugly mug *fam*

Ohr·ge·hän·ge *nt* drop [*or* AM dangle] earrings *pl*

Ohr·klipp <-s, -s> *m* ear clip **Ohr·läpp·chen** <-s, -> *nt* earlobe **Ohr·mu·schel** *f* [outer *form*] ear, auricle *spec*

Oh·ro·pax® <-> [o:ro'paks] *nt kein pl* earplugs *pl*

Ohr·ring *m* earring **Ohr·ste·cker** *m* ear stud, stud earring **Ohr·stöp·sel** *m* earplug **Ohr·wurm** *m* ❶ *(fam)* catchy tune ❷ ZOOL earwig

oje, oje·mi·ne [o'je:(mine)] *interj (veraltend)* oh dear

o. k., O. K. [o'ke:] *adj Abk von* **okay** OK

Oka·pi <-s, -s> [o'ka:pi] *nt* ZOOL okapi

okay [o'ke:] **I.** *adv (fam)* OK *fam,* okay *fam*

II. *adj inv, pred* OK *fam,* okay *fam;* ***Ihr Termin geht ~!*** there'll be no problem with your appointment

ok·kult [ɔ'kʊlt] *adj* occult

Ok·kul·tis·mus <-> [ɔkʊl'tɪsmʊs] *m kein pl* occultism *no art, no pl*

Ok·ku·pant(in) <-en, -en> [ɔku'pant] *m(f) (pej)* occupier, occupying power

Ok·ku·pa·ti·on <-, -en> [ɔkupa'tsi̯o:n] *f* occupation

ok·ku·pie·ren* [ɔku'pi:rən] *vt* ■**etw** ~ ① MIL to occupy sth
② *(geh: belegen)* to occupy sth; ***die besten Plätze*** ~ to occupy [*or* take] [*or* have] the best seats

öko ['ø:ko] *adj inv (fam) kurz für* **ökologisch** eco

Öko <-[s], -s> ['ø:ko] *m* POL, SOZIOL *(fam)* environmental activist, ecowarrior

öko- ['ø:ko-] *in Komposita* eco- **Öko·bank** *f kein pl German bank that finances environmentally and socially sound companies or projects* **Öko·bau·er, -bäu·e·rin** *m, f* organic [*or* ecologically-minded] farmer

Öko·chon·der <-s, -> [ø:ko'xɔndɐ] *m (pej)* environmental NIMBY

Öko·gü·te·sie·gel[RR], **Öko-Gü·te·sie·gel** *nt* ÖKOL, ÖKON official ecological seal of approval **Öko·la·den** ['ø:kola:dn̩] *m* health food [*or* BRIT *a.* wholefood] shop [*or* AM *usu* store] **Öko·land·bau** *m* AGR, ÖKOL organic agriculture [*or* farming]

Öko·lo·ge, Öko·lo·gin <-n, -n> [øko'lo:gə, øko'lo:gɪn] *m, f* ecologist

Öko·lo·gie <-> [økolo'gi:] *f kein pl* ecology *no art, no pl*

Öko·lo·gie·be·we·gung *f* environmental movement

Öko·lo·gin <-, -nen> [øko'lo:gɪn] *f fem form von* **Ökologe**

öko·lo·gisch [øko'lo:gɪʃ] **I.** *adj* ecological, environmental *attr*
II. *adv* ecologically

Öko·nom(in) <-en, -en> [øko'no:m] *m(f) (geh)* economist

Öko·no·me·trie <-> [økonome'tri:] *f kein pl* ÖKON, MATH, SCH econometrics + *sing vb*

Öko·no·mie <-, -n> [økono'mi:, *pl* økono'mi:ən] *f*
① *kein pl (Wirtschaftlichkeit)* economy
② *(Wirtschaft)* economy *no indef art, no pl*
③ *(Wirtschaftswissenschaft)* economics + *sing vb*

Öko·no·min <-, -nen> [øko'no:mɪn] *f fem form von* **Ökonom**

öko·no·misch [øko'no:mɪʃ] **I.** *adj* ① *(die Wirtschaft betreffend)* economic; ***in ~ er Hinsicht*** economically
② *(sparsam)* economical
II. *adv* economically

Öko·no·mi·sie·rung <-> *f kein pl* SOZIOL, ÖKON economization

Öko·par·tei *f* ecology party, Green Party

Öko·pax <-en, -e> ['ø:kopaks] *m (sl)* environmental pacifist

Öko·sie·gel *nt* eco-seal of approval

Öko·steu·er *f* ÖKOL, ÖKON ① *(umweltschädigende Güter betreffende Abgabe)* environmental [*or* ecological] tax, eco-tax *fam (tax which punishes [perpetrators of] environmental damage or products which damage the environment)*
② *(Steuervergünstigung für umweltfreundliche Güter)* environmentally [*or* ecologically] friendly tax, eco-tax *fam (tax which rewards the purchase of environmentally friendly products)*

Öko·steu·er·re·form *f* eco-tax reform

Öko·strom *m* green electricity, eco-electricity **Öko·sys·tem** *nt* ecosystem

Ok·ta·eder <-s, -> [ɔkta'ʔe:dɐ] *nt* octahedron *spec*

Ok·tan [ɔk'ta:n] *nt kein pl* CHEM octane

Ok·tan·zahl [ɔk'ta:n-] *f* octane [number [*or* rating]]; ***Benzin mit hoher*** ~ high-octane petrol

Ok·tav·band <-[e]s, -bände> [ɔk'ta:f-] *nt* octavo volume

Ok·ta·ve <-, -n> [ɔk'ta:və] *f* octave

Ok·tett <-s, -e> [ɔk'tɛt] *nt* octet + *sing/pl vb*

Ok·to·ber <-s, -> [ɔk'to:bɐ] *m* October; *s. a.* **Februar**

Ok·to·ber·fest *nt* ■**das** ~ the Octoberfest **Ok·to·ber·re·vo·lu·ti·on** *f* ■**die** ~ the October Revolution

ok·tro·yie·ren* [ɔktro̯a'ji:rən] *vt (geh)* ■**jdm etw** ~ *Meinung, Entscheidung, Glaube* to force [*or* impose] sth on sb

Oku·lar <-s, -e> [oku'la:ɐ̯] *nt* eyepiece, ocular *spec*

oku·lie·ren* [oku'li:rən] *vt* HORT, AGR *(veredeln)* ■**etw** ~ *Obstbäume, Rosen* to bud sth

Öku·me·ne <-> [øku'me:nə] *f kein pl* ecumenical Christianity *no art, no pl form*

öku·me·nisch [øku'me:nɪʃ] *adj* ecumenical *form*

Öku·me·ni·sche Be·we·gung *f* REL Ecumenical Movement

Ok·zi·dent <-s> ['ɔktsidɛnt] *m kein pl (geh)* ■**der** ~ the Occident *poet*

Öl <-[e]s, -e> ['ø:l] *nt* ① *(fette Flüssigkeit)* oil; **ätherische** ~ **e** essential oils
② TECH *(Erdöl)* oil; *(Heizöl)* fuel [*or* heating] oil; *(Schmieröl)* lubricating oil; **nach** ~ **bohren** to drill for oil; ~ **wechseln** to change the oil
③ *(Sonnenöl)* sun oil, sunscreen
④ *kein pl (Ölfarben)* oil-based paints *pl;* **in** ~ **malen** to paint in oils
►WENDUNGEN: ~ **ins** [*o* **aufs**] **Feuer gießen** [*o* **schütten**] to add fuel to the fire [*or* flames]; **das geht jdm runter wie** ~ *(fam)* that's music to sb's ears, sb laps sth up; ~ **auf die Wogen gießen** to pour oil on troubled waters; ~ **auf** [*o* **in**] **die/jds** *akk* **Wunde gießen** to pour balsam onto sb's wounds

Öl·ab·lass·schrau·be[RR] *f* AUTO oil drain plug **Öl·ab·schei·der** *m* TECH oil separator **Öl·baum** *m* olive tree **Öl·berg** *m* ■**der** ~ the Mount of Olives **Öl·bild** *nt s.* **Ölgemälde** **Öl·boh·rung** *f* drilling for oil, oil drilling

Old Eco·no·my <-> [oʊld i'kɔnəmi] *f kein pl* ÖKON old economy

Ol·die <-s, -s> ['o:ldi] *m* oldie

Öl·druck *m* AUTO oil pressure

old school ['oʊld 'sku:l] *adj inv (traditionsbewusst)* old school

Old·ti·mer <-s, -> ['o:lttaimɐ] *m* ① *(altes wertvolles Auto)* vintage car, BRIT *a.* veteran [car]; *(historisches Flugzeug)* vintage aeroplane [*or* AM airplane], BRIT *a.* veteran [plane]
② SPORT veteran, old-timer

Ole·an·der <-s, -> [ole'andɐ] *m* oleander

ölen ['ø:lən] *vt* ■**etw** ~ to oil sth
►WENDUNGEN: **wie geölt** *(fam)* like clockwork; *s. a.* **Blitz**

Öl·ex·por·teur *m* ÖKON oil exporter **Öl·ex·port·land** *nt* oil-exporting country

ol·fak·to·risch [ɔlfak'to:rɪʃ] *adj* ANAT olfactory, olfactive

Öl·far·be *f* ① *(ölhaltige Farbe)* oil-based paint
② KUNST oil paint [*or* colour] [*or* AM -or]; ■~**n** oils; **mit ~n malen** to paint in oils **Öl·feld** *nt* oilfield **Öl·film** *m* film of oil **Öl·fil·ter** *m* AUTO oil filter **Öl·fleck** *m* oil spot; *(auf Kleidungsstück)* oil stain **Öl·för·der·län·der** *pl* oil-producing countries *pl* **Öl·för·de·rung** *f* ÖKON oil production *no pl*

OLG *nt* JUR *Abk von* **Oberlandesgericht** Higher Regional Court *(intermediate or regional court of appeals)*

Öl·ge·mäl·de *nt* oil painting **Öl·ge·misch** *nt* oil mixture **Öl·ge·schäft** *nt (Im- und Export von Öl)* oil business; *(Transaktion)* oil deal **Öl·ge·sell·schaft** *f* oil company **Öl·ge·win·nung** *f kein pl* ÖKON ① *(Gewinnung von Öl)* oil extraction *no pl* ② *(Gewinnung, Förderung von Erdöl)* oil production *no pl* **Öl·göt·ze** *m (pej sl)* **dastehen wie ein ~/wie die ~n** *(sl)* to stand there like a [stuffed] dummy [*or* tailor's dummy] **Öl·ha·fen** *m* oil terminal **Öl·hahn** *m kein pl* ÖKON *(fam)* **den ~ zudrehen** to stop pumping oil **öl·hal·tig** *adj inv* containing oil, oil-bearing **Öl·hei·zung** *f* oil-fired [central] heating

ölig ['ø:lɪç] *adj* ① *(voller Öl)* oily; *(fettig)* greasy
② *(pej)* oily, slimy *pej*

Olig·arch <-en, -en> [oli'garç] *f* oligarch

Olig·ar·chie <-, -n> [oligar'çi:, *pl* oligar'çi:ən] *f (geh)* oligarchy

Oli·go·pol <-s, -e> [oligo'po:l] *nt* ÖKON oligopoly; **unvollständiges ~** parallel pricing; ~ **durch Gesetz** statutory oligopoly

oli·go·po·lis·tisch *adj inv* ÖKON oligopolistic, oligopolist

Oli·go·pol·ver·mu·tung *f* ÖKON presumption of oligopoly

Öl-in-Was·ser-Emul·si·on *f* oil-in-water emulsion

oliv [o'li:f] *adj inv* olive-green, olive *attr*

Oli·ve <-, -n> [o'li:və] *f* olive

Oli·ven·baum *m* olive tree **Oli·ven·hain** *m* olive grove **Oli·ven·öl** *nt* olive oil

oliv·grün *adj* olive-green, olive *attr*

Öl·ja·cke *f* oilskin jacket **Öl·ka·nis·ter** *m* oilcan **Öl·känn·chen** *nt dim von* **Ölkanne** oilcan, oiler **Öl·kan·ne** *f* oilcan **Öl·klum·pen** *m* tar ball *(from coagulated oil)* **Öl·kon·zern** *m* oil company **Öl·kri·se** *f* oil crisis **Öl·ku·chen** *m* oil[seed] cake

oll ['ɔl] *adj* NORDD old
►WENDUNGEN: **je ~er, je doller** *(fam)* there's no fox like an old fox, the older they get, the crazier they become

Öl·la·che *f* pool of oil **Öl·la·ger** *nt* oil depot

Ol·le(r) ['ɔlə, -lɐ] *f(m) dekl wie adj* ■**seine ~/ihr ~r** NORDD *(fam: Ehepartner)* his old lady/her old man *fam*

Öl·lei·tung *f* oil pipe; *(Pipeline)* oil pipeline **Öl·ma·gnat, -ma·gna·tin** *m, f* ÖKON oil baron **Öl·ma·le·rei** *f* oil painting *no art, no pl* **Öl·mess·stab**[RR] *m* AUTO dipstick **Öl·müh·le** *f* oil mill **Öl·mul·ti** *m* oil conglomerate **Öl·ofen** *m* oil heater [*or* stove] **Öl·pal·me** *f* olive tree **Öl·pa·pier** *nt* oil[ed] paper **Öl·pest** *f* oil pollution *no art, no pl* **Öl·platt·form** *f* oilrig, oil platform **Öl·pres·se** *f* oil press **Öl·pum·pe** *f* oil pump **Öl·quel·le** *f* oil well **Öl·raf·fi·ne·rie** *f* ÖKON oil refinery **öl·reich** *adj* oil-rich, rich in oil *pred* **Öl·rück·stän·de** *pl* traces *pl* of oil, oil residue **Öl·saat** *m* oil seed **Öl·sar·di·ne** *f* sardine [in oil] ►WENDUNGEN: **wie die ~n** *(fam)* like sardines **Öl·scheich** *m (pej)* oil sheikh **Öl·schicht** *f* film of oil, oil layer **Öl·schie·fer** *m* oil shale **Öl·schin·ken** *m* KUNST *(pej: großes Ölgemälde)* large pretentious oil painting **Öl·sor·te** *f* AUTO oil grade

Öl·stand *m kein pl* oil level; **den ~ überprüfen** to check the oil **Öl·stands·an·zei·ger** *m* oil level [*or* pressure] gauge [*or* AM *also* gage] **Öl·stands·mes·ser** *m* oil pressure gauge

Öl·tan·ker *m* ÖKON, NAUT, TRANSP oil tanker **Öl·tep·pich** *m* oil slick **Öl- und Mi·ne·ral·öl·er·zeug·nis·se** *pl* petrochemicals

Ölung <-, -en> *f* oiling *no art, no pl;* **die Letzte ~** REL extreme unction

Öl·ver·brauch *m* oil consumption *no indef art, no pl* **Öl·ver·knap·pung** *f* oil shortage **Öl·vor·kom·men** *nt* oil deposit **Öl·wan·ne** *f* AUTO sump, oil pan AM **Öl·wan·nen·dich·tung** *f* AUTO oil pan gasket **Öl·wech·sel** *m* AUTO oil change; **einen ~ machen** to change the oil **Öl·wehr** <-, -en> *f* ① *(bei der Feuerwehr) section of the fire brigade responsible for dealing with oil spillages* ② TECH *(Ölkammer)* oil weir *spec*

Olymp <-s> [o'lʏmp] *m* ■**der** ~ Mount Olympus

Olym·pi·a·de <-, -n> [olʏm'pi̯a:də] *f* Olympic Games *pl*, Olympics *npl;* ***auf der letzten*** ~ at the last Olympics

Olym·pia·mann·schaft *f* SPORT Olympic team **Olym·pia·sie·ger, -sie·ge·rin** *m, f* Olympic champion **Olym·pia·sta·di·on** *nt* Olympic stadium **Olym·pia·stütz·punkt** *m* SPORT Olympic team's training camp

Olym·pi·o·ni·ke, Olym·pi·o·ni·kin <-n, -n> [olʏmpi̯o'ni:kə, olʏmpi̯o'ni:kɪn] *m, f* SPORT Olympic athlete

olym·pisch [o'lʏmpɪʃ] *adj* SPORT Olympic *attr;* ~**es Gold gewinnen** to win a gold medal at the Olympics; **Internationales/Nationales ~es Komitee** International/National Olympic Committee

Öl·zeug *nt* oilskins *pl* **Öl·zweig** *m* olive branch; **jdm den ~ entgegenstrecken** to hold out [*or* extend] [*or* offer] the olive branch to sb

Oma <-, -s> ['o:ma] *f* ① *(fam)* gran[ny] *fam*, grandma *fam*
② *(pej sl)* granny *fam*, old bag *pej fam*

Oman <-s> [o'ma:n] *nt* Oman

Oma·ner(in) <-s, -> [o'ma:nɐ] *m(f)* Omani

oma·nisch [o'ma:nɪʃ] *adj* Omani

Om·buds·frau ['ɔmbʊts-] *f fem form von* **Ombuds-**

O

mann ombudswoman **Om·buds·mann, -frau** ['ɔmbʊts-] *m, f* ombudsman *masc,* ombudswoman *fem*

Ome·ga <-[s], -s> ['o:mega] *nt* BÖRSE *(theoretischer Hebel)* omega

Ome·ga·tierRR, **Ome·ga-Tier** ['o:mega-] *nt* BIOL *(rangniedrigstes Tier einer Gruppe)* omega animal

Ome·lett <-[e]s, -e *o* -s> *nt,* **Ome·lette** <-, -n> [ɔm(ə)'lɛt, *pl* ɔm(ə)'lɛtn̩] *f* SÜDD, ÖSTERR, SCHWEIZ omelette

Ome·lẹtt·pfan·ne *f* omelette pan

Omen <-s, - *o* Omina> ['o:mən, *pl* 'o:mina] *nt (geh)* omen; *s. a.* **Nomen**

Omi <-, -s> ['o:mi] *f (fam)* nan, nana, nanna

omi·nös [omi'nø:s] *adj (geh)* ominous, sinister

Om·ni·bus ['ɔmnibʊs] *m* bus, omnibus *dated*

Ọm·ni·bus·hal·te·stel·le *f* TRANSP bus stop **Ọm·ni·bus·li·nie** *m (veraltend)* bus route

om·ni·vor [omni'vo:ɐ̯] *adj* BIOL omnivorous

Om·ni·vor <-s, -en> [omni'vo:ɐ̯] *m* BIOL *(Allesfresser)* omnivore

OmU *Abk von* **Original[fassung] mit Untertiteln** in the original with subtitles

Ona·ger <-s, -> ['o:nagɐ] *m* ZOOL onager

Ona·nie <-> [ona'ni:] *f kein pl* masturbation *no art, no pl,* onanism *no art, no pl spec*

ona·nie·ren* [ona'ni:rən] *vi* to masturbate

One-Man-Show ['vanmɛnʃo:] *f* one-man show

One-Night-Stand <-s, -s> ['vannaɪtstɛnt] *m* one-night stand

One·way-Ti·cket ['wʌn'weɪtɪkət] *nt* one-way ticket

On·kel <-s, -> ['ɔŋkl̩] *m* ❶ *(Verwandter)* uncle
❷ *(kindersprache: erwachsener Mann)* uncle; ***ein lieber/böser*** ~ a nice/nasty man
▸WENDUNGEN: **der dicke** [*o* **große**] ~ *(fam)* one's/sb's big toe; **über den [großen] ~ gehen** [*o* **latschen**] *(fam)* to walk pigeon-toed; **der reiche ~ aus Amerika** *(veraltend fam)* a rich uncle

On·ko·gen <-s, -e> [ɔŋko'ge:n] *nt* MED *(tumorbildendes Gen)* oncogene

On·ko·lo·ge, On·ko·lo·gin <-n, -n> [ɔŋko'lo:gə, ɔŋko'lo:gɪn] *m, f* oncologist

On·ko·lo·gie <-> [ɔŋkolo'gi:] *f kein pl* oncology *no art, no pl*

On·ko·lo·gin <-, -nen> [ɔŋko'lo:gɪn] *f fem form von* **Onkologe**

on·ko·lo·gisch [ɔŋko'lo:gɪʃ] *adj* oncological

on·lineRR ['ɔnla̯in] *adj* INFORM online; ~ **arbeiten** to work online; ~ **gehen** to go online

On·line·bank [ɒnlaɪn-] *f* FIN, INET internet bank, online bank

On·line·ban·king ['ɔnla̯inbɛŋkɪŋ] *nt kein pl* online banking *no pl* **On·line·be·trieb** ['ɔnla̯in-] *m kein pl* online operation *no pl* **On·line·bi·blio·thek** ['ɔnla̯in-] *f* online library **On·line·buch·hand·lung** ['ɔnla̯in-] *f* online bookstore **On·line·busi·ness** ['ɔnla̯inbɪznɪs] *nt* online business **On·line·chat** ['ɔnlaɪntʃæt] *m* INFORM online chat

On·line·da·ten·bank ['ɔnla̯in-] *f* INFORM on-line database **On·line·da·ten·bank·dienst** [ɔnla̯in-] *m* on-line database service

On·line·dienst ['ɔnla̯in-] *m* online service **On·line·dienst·an·bie·ter** ['ɔnla̯in-] *m* INFORM on-line service provider

On·line·ein·stei·ger, -ein·stei·ge·rin ['ɔnla̯in-] *m, f* online beginner **On·line·fahr·plan** ['ɔnla̯in-] *m* online timetable **On·line·ge·bühr** ['ɔnla̯in-] *f meist pl* online charge[s]

On·line·in·for·ma·ti·on ['ɔnla̯in-] *f* online information *no indef art, no pl* **On·line·in·for·ma·ti·ons·dienst** ['ɔnla̯in-] *m* INFORM on-line information service

On·line·ka·ta·log ['ɔnla̯in] *m* online catalogue, AM *also* -og **On·line·kom·pri·mie·rungs·pro·gramm** ['ɔnla̯in-] *nt* INFORM online compression program **On·line·ler·nen** ['ɔnlaɪn-] *nt kein pl* INFORM online learning, cyberstudy **On·line·recht** ['ɔnla̯in-] *nt* INET, JUR internet law **On·line·re·dak·teur(in)** ['ɔnla̯inredaktø:ɐ̯] *m(f)* online editor **On·line·ser·vice** ['ɔnla̯inzø:ɐvɪs] *m* online service **On·line·shop** <-s, -s> ['ɔnla̯inʃɔp] *m* online shop **On·line·shop·ping** <-[s]> ['ɔnlaɪnʃɔpɪŋ] *nt kein pl* INFORM online shopping **On·line·sys·tem** ['ɔnla̯in-] *nt* INFORM on-line system **On·line·ver·ar·bei·tung** ['ɔnla̯in-] *f* INFORM on-line processing

On·to·ge·ne·se <-> [ɔntoge'ne:zə] *f kein pl* BIOL ontogeny *no pl*

On·to·lo·gie <-> [ɔntolo'gi:] *f kein pl* PHILOS ontology

Onyx <-[es], -e> ['o:nʏks] *m* onyx *no art, no pl*

oort·sche Wol·keRR, **Oort'sche Wol·ke**RR, **Oort·sche Wol·ke**ALT [o'o:rtʃə '-] *f kein pl* ASTRON Oort Cloud

OP <-s, -s> [o:'pe:] *m* MED *Abk von* **Operationssaal** OR *no art* AM; ***er wartet schon im*** ~ he's already waiting in OR

Opa <-s, -s> ['o:pa] *m* ❶ *(fam)* grand[d]ad *fam,* grandpa *fam*
❷ *(pej sl)* grandpa *fam,* old man [*or pej hum fam* codger]

opak [o'pa:k] *adj inv (fachspr)* opaque

Opal <-s, -e> [o'pa:l] *m* opal

op. cit. *Abk von* **opere citato** op. cit.

OPCW <-> *f kein pl Abk von* **Organization for the Prohibition of Chemical Weapons** OPCW

OPEC <-> ['o:pɛk] *f kein pl Akr von* **Organization of Petroleum Exporting Countries** OPEC

OPEC-Län·der *pl* ■**die** ~ the OPEC countries *pl*

Open AirRR, **Open air**ALT <-[s], -s> ['o:pn̩'ʔɛ:ɐ̯] *nt* open-air concert

Open-Air-Fes·ti·valRR, **Open-air-Fes·ti·val**ALT ['o:pn̩'ʔɛ:ɐ̯fɛstivl̩] *nt* open-air festival **Open-Air-Ge·län·de**RR, **Open-air-Ge·län·de**ALT ['o:pn̩'ʔɛ:ɐ̯-] *nt* open-air [concert] venue **Open-Air-Kon·zert**RR, **Open-air-Kon·zert**ALT ['o:pn̩'ʔɛ:ɐ̯-] *nt* open-air concert

Oper <-, -n> ['o:pɐ] *f* MUS ❶ *(Musikstück)* opera
❷ *kein pl (Musikgattung)* opera *no art, no pl;* **die komische** ~ comic opera
❸ *(Opernhaus)* opera [house]; *(Ensemble)* opera; **in die ~ gehen** to go to the opera; **an die** [*o* **zur**] ~ **gehen** to become an opera singer
▸WENDUNGEN: ~**n erzählen** [*o* **reden**] [*o* **quatschen**] *(fam)* to go [*or* BRIT *fam* waffle] on [forever]

Ope·ra ['o:pəra] *pl von* **Opus** opuses, opera *spec*

Ope·rand [opə'rant, *pl* opə'randn̩] *m* INFORM operand; **aktueller** ~ literal operand

Ope·rạn·den·feld *nt* INFORM operand field

Ope·ra·teur(in) <-s, -e> [opəra'tø:ɐ̯, 'tø:rɪn] *m(f)* MED surgeon

Ope·ra·ti·on <-, -en> [opəra'tsi̯o:n] *f* ❶ MED operation
❷ INFORM *(Befehl)* **unzulässige** ~ illegal operation; ~ **starten** to initiate an operation

Ope·ra·ti·ọns·ge·biet *nt* MIL area of operations

Ope·ra·ti·ọns·ro·bo·ter *m* MED surgical robot, robot surgeon **Ope·ra·ti·ọns·saal** *m* operating theatre [*or* AM room], OR *no art* AM **Ope·ra·ti·ọns·schwes·ter** *f* theatre sister BRIT, operating room nurse AM **Ope·ra·ti·ọns·tisch** *m* operating table

ope·ra·tiv [opəra'ti:f] **I.** *adj* ❶ MED operative, surgical; ~**er Eingriff** surgery
❷ MIL operational, strategic
II. *adv* ❶ MED surgically
❷ MIL strategically

Ope·ra·tor, -to·rin <-, -en> [opə'ra:to:ɐ̯, -'to:rɪn] *m, f* INFORM [computer] operator

Ope·ret·te <-, -n> [opə'rɛtə] *f* operetta

Ope·rẹt·ten·staat *m* POL *(hum o iron)* tin-pot little country *oft pej*

ope·rie·ren* [opə'ri:rən] **I.** *vt* MED ■**jdn** ~ to operate on sb; ■**jdn an etw** *dat* ~ to operate on sb's sth; ***ich bin schon zweimal an der Prostata operiert worden*** I have already had two prostate operations; ■**operiert werden** to be operated on; ■**etw** ~ to operate on sth; ***der Blinddarm muss sofort operiert werden*** the appendix must be operated on immediately [*or* needs immediate surgery]; ■**sich** *dat* **etw ~ lassen** to have sth operated on; ■**sich** *akk* [**an etw** *dat*] ~ **lassen** to have an operation [on sth]
II. *vi* ❶ MED to operate, to do an/the operation; ■**an jdm** ~ to operate on sb
❷ MIL to operate
❸ *(geh: vorgehen)* to operate, to act; ***vorsichtig*** ~ to proceed cautiously

O̲pern·arie *f* [operatic] aria **O̲pern·ball** *m* opera ball **O̲pern·füh·rer** *m* opera guide **O̲pern·glas** *nt* opera glasses *npl* **O̲pern·haus** *nt* opera house **O̲pern·kom·po·nist(in)** *m(f)* composer of operas, opera composer **O̲pern·sän·ger(in)** *m(f)* opera singer

Ope·ron <-s, -s> ['o:pərɔn] *nt* BIOL *(funktionelle Einheit der DNA)* operon

Op·fer <-s, -> ['ɔpfɐ] *nt* ❶ *(verzichtende Hingabe)* sacrifice; ~ **bringen** to make sacrifices
❷ REL sacrifice; **als ~** as a sacrifice [*or* an offering]; **jdm jdn/etw zum ~ bringen** *(geh)* to sacrifice sb/sth to sb
❸ *(geschädigte Person)* victim; **jdm/etw zum ~ fallen** to fall victim to sb/sth

Ọp·fer·ano·de *f* PHYS, TECH reactive [*or* sacrificial] anode

ọp·fer·be·reit *adj* ready [*or* prepared] to make sacrifices *pred* **Ọp·fer·be·reit·schaft** *f kein pl* readiness [*or* willingness] to make sacrifices

Ọp·fer·ent·schä·di·gung *f* compensation of crime victims **Ọp·fer·ent·schä·di·gungs·ge·setz** *nt* JUR crime victims compensation statute

ọp·fer·freu·dig *adj* ❶ *(gerne spendend)* willing [*or* prepared] to give [*or* donate] *pred* ❷ *(opferwillig)* willing to make sacrifices *pred* **Ọp·fer·ga·be** *f* [sacrificial] offering **Ọp·fer·lamm** *nt* sacrificial lamb **Ọp·fer·lis·te** *f* list of victims, victim list **Ọp·fer·mut** *m (geh)* self-sacrifice *no art, no pl*

op·fern ['ɔpfɐn] **I.** *vt* ❶ *(als Opfer darbringen)* ■[**jdm**] **jdn** ~ to sacrifice sb [to sb]; ■[**jdm**] **etw** ~ to offer up sth [to sb]; ■**Geopferte(r)** sacrificial victim
❷ *(spenden)* ■[**jdm/etw**] **etw** ~ to donate sth [to sb/sth]
❸ *(aufgeben)* ■**jdn** ~ to sacrifice sb
II. *vi* ❶ *(ein Opfer darbringen)* to [make a] sacrifice; ■**jdm** ~ to offer sacrifice to sb
❷ *(geh: spenden)* to give, to donate; ■**für jdn/etw** ~ to make a donation to sb/sth
III. *vr* ■**sich** *akk* ~ to sacrifice oneself, to give up one's life; *(fig fam)* to be a martyr; ***wer opfert sich, die Reste aufzuessen?*** who's going to volunteer to polish off the rest?

Ọp·fer·stät·te *f* sacrificial altar **Ọp·fer·stock** *m* REL offertory box *spec* **Ọp·fer·tier** *nt* sacrificial animal **Ọp·fer·tod** *m (geh)* self-sacrifice, death

Ọp·fe·rung <-, -en> *f* sacrifice

Ọp·fer·wil·le *m* willingness to make sacrifices, spirit of sacrifice **ọp·fer·wil·lig** *adj* willing [*or* prepared] to make sacrifices *pred* **Ọp·fer·wil·li·ge(r)** *f(m) dekl wie adj* person willing to make sacrifices

Opi·at <-[e]s, -e> [o'pi̯a:t] *nt* opiate

Opi·ni·on·lea·der <-s, -> [o'pɪni̯ənli:dɐ] *m* SOZIOL *(Meinungsbildner mit Vorbildcharakter)* opinion shaper

Opi·um <-s> ['o:pi̯ʊm] *nt kein pl* opium *no art, no pl*

O̲pi·um·höh·le *f* opium den **O̲pi·um·rau·cher(in)** *m(f)* opium smoker **O̲pi·um·tink·tur** *f* tincture of opium

Opos·sum <-s, -s> [o'pɔsʊm] *nt* ZOOL opossum

Op·po·nent(in) <-en, -en> [ɔpo'nɛnt] *m(f) (geh)* opponent

op·po·nie·ren* [ɔpo'ni:rən] *vi (geh)* to take the opposite view; ■**gegen jdn/etw** ~ to oppose sb/sth

op·por·tun [ɔpɔr'tu:n] *adj (geh)* opportune *form;* ***das gilt als nicht*** ~ that is considered inappropriate [*or form* inopportune]

Op·por·tu·nis·mus <-> [ɔpɔrtu'nɪsmʊs] *m kein pl (geh)* opportunism *no art, no pl*

Op·por·tu·nist(in) <-en, -en> [ɔpɔrtu'nɪst] *m(f)* opportunist

op·por·tu·nịs·tisch I. *adj* opportunist[ic]
II. *adv* opportunistically

Op·por·tu·ni·tät <-, -en> [ɔpɔrtuni'tɛ:t] *f (geh)* opportunity

Op·por·tu·ni·tä̲t·kos·ten *pl* HANDEL opportunity costs **Op·por·tu·ni·tä̲ts·prin·zip** *nt* JUR principle of discretionary prosecution

Op·po·si·ti·on <-, -en> [ɔpoziˈtsi̯oːn] *f* ① POL ■**die** ~ the Opposition
② *(geh: Widersetzlichkeit)* contrariness; **aus** ~ out of contrariness, just to be contrary; ~ **gegen jdn machen** to oppose sb; *(jdm Ärger bereiten)* to make trouble for sb; **in** ~ **zu jdm/etw stehen** to be opposed to sb/sth

op·po·si·ti·o·nell [ɔpozitsi̯oˈnɛl] *adj* ① *(geh: gegnerisch)* opposed, opposing *attr; **seine Haltung ist entschieden*** ~ his attitude is decidedly hostile; ***aus ~en Kreisen*** from [the] opposition circles
② POL opposition *attr*

Op·po·si·ti·o·nel·le(r) *f(m) dekl wie adj* political opponent

Op·po·si·ti·ons·bünd·nis *nt* POL opposition [coalition] **Op·po·si·ti·ons·füh·rer(in)** *m(f)* ■**der** ~/**die** ~**in** the Leader of the Opposition **Op·po·si·ti·ons·par·tei** *f* POL opposition party, opposition *no pl, no indef art* **Op·po·si·ti·ons·po·li·ti·ker(in)** *m(f)* POL member of the opposition [party [*or* coalition]]

OP-Schwes·ter *f* theatre nurse BRIT, operating room nurse AM

op·tie·ren* [ɔpˈtiːrən] *vi* JUR, POL *(form)* ■**für etw** *akk* ~ to opt for [*or* choose] sth; ■**gegen etw** *akk* ~ to opt out of [*or* against] sth; **auf ein Grundstück** ~ to opt for a plot of land; **für eine Staatsangehörigkeit** ~ to opt for a nationality

Op·tik <-, -en> [ˈɔptɪk] *f* ① PHYS ■**die** ~ optics + *sing vb*
② FOTO lens [system]
③ *kein pl (Eindruck)* appearance *no art, no pl;* **wegen der** ~ for visual effect
④ *kein pl* ÖKON look, appearance; *s. a.* **Knick**

Op·ti·ker(in) <-s, -> [ˈɔptikɐ] *m(f)* [ophthalmic] optician BRIT, *esp* AM optometrist

Op·ti·ma [ˈɔptima] *pl von* **Optimum**

op·ti·mal [ɔptiˈmaːl] I. *adj (geh)* optimal, optimum *attr;* ■**das O~e** [*o* **das O~ste**] the optimum
II. *adv (geh)* in the best possible way; ***jdn ~ beraten*** to give sb the best possible advice

Op·ti·ma·li·täts·kri·te·ri·um *nt* ÖKON optimality criterion

op·ti·mie·ren* [ɔptiˈmiːrən] *vt (geh)* ■**etw** ~ to optimize sth

Op·ti·mie·rung <-, -en> *f* ① MATH optimization
② *(optimale Festlegung von Eigenschaften)* optimization

Op·ti·mie·rungs·po·ten·zi·al^RR^ *nt* ÖKON optimization potential

Op·ti·mis·mus <-> [ɔptiˈmɪsmʊs] *m kein pl* optimism *no art, no pl; **vorsichtiger/gesunder*** ~ cautious/healthy optimism

Op·ti·mist(in) <-en, -en> [ɔptiˈmɪst] *m(f)* optimist

op·ti·mis·tisch I. *adj* optimistic
II. *adv* optimistically; ***jdn ~ stimmen*** to make sb [feel] optimistic

Op·ti·mum <-s, Optima> [ˈɔptimʊm, *pl* ˈɔptima] *nt (geh)* optimum *no pl*

Op·ti·on <-, -en> [ɔpˈtsi̯oːn] *f* ① BÖRSE, FIN option; **verfügbare** ~ ÖKON available option; **eine** ~ **auf etw** *akk* **erwerben** to purchase an option on sth
② *(das Optieren)* ■**die** ~ [**von etw** *dat*] opting [for sth]
③ *(geh: Möglichkeit)* option

op·ti·o·nal [ɔptsi̯oˈnaːl] *adj (geh)* optional

Op·ti·ons·an·lei·he *f* option[al] bond **Op·ti·ons·art** *f* BÖRSE kind of option **Op·ti·ons·fonds** *m* BÖRSE options fund **Op·ti·ons·ge·schäft** *nt* ÖKON order plus option **Op·ti·ons·han·del** *m* BÖRSE options trading **Op·ti·ons·in·dex** *m* BÖRSE option index **Op·ti·ons·in·ha·ber(in)** *m(f)* BÖRSE option holder **Op·ti·ons·kauf** *m* BÖRSE option purchase **Op·ti·ons·käu·fer(in)** *m(f)* BÖRSE option buyer **Op·ti·ons·markt** *m* BÖRSE option exchange

Op·ti·ons·preis *m* BÖRSE exercise [*or* option] [*or* striking] price **Op·ti·ons·preis·be·wer·tung** *f* BÖRSE option-price valuation

Op·ti·ons·recht *nt* pre-emptive right, right of option; BÖRSE subscription right; **das** ~ **ausüben** to exercise an option; **auf das** ~ **verzichten** to opt out

Op·ti·ons·schein *m* FIN option warrant **Op·ti·ons·schein·in·ha·ber(in)** *m(f)* FIN option warrant holder

Op·ti·ons·schuld·ver·schrei·bung *f* FIN option bond **Op·ti·ons·ver·kauf** *m* BÖRSE option sale **Op·ti·ons·ver·trag** *m* FIN option contract

op·tisch [ˈɔptɪʃ] I. *adj* ① PHYS optical
② *(geh)* visual
II. *adv* optically, visually

Op·to·elek·tro·nik [ˈɔptoʔelɛktroːnɪk] *f* optoelectronics + *sing vb*

opu·lent [opuˈlɛnt] I. *adj (geh)* opulent; **ein** ~**es Mahl** a sumptuous meal
II. *adv (geh)* opulently

Opus <-, Opera> [ˈoːpʊs, *pl* ˈoːpəra] *nt* ① *(künstlerisches Werk)* work, oeuvre; MUS opus
② *(hum: Erzeugnis)* opus *form or hum*

Ora·kel <-s, -> [oˈraːkl̩] *nt* oracle; **das** ~ **von Delphi** the Delphic oracle; **das** ~ **befragen** to consult the oracle
▸WENDUNGEN: **in** ~**n** **sprechen** to speak [*or* talk] in riddles

ora·keln* [oˈraːkl̩n] *vi (geh)* to speak in riddles; ■**von etw** *dat* ~ to make oracular prophecies about sth

oral [oˈraːl] I. *adj* oral; ***nicht zur ~en Einnahme bestimmt*** not to be taken orally; ***~er Verkehr*** oral sex
II. *adv* orally

Oral·sex *m* oral sex **Oral·ver·kehr** *m kein pl* oral intercourse [*or* sex]

oran·ge [oˈrãːʒə, oˈraŋʒə] *adj inv* orange

Oran·ge <-, -n> [oˈrãːʒə, oˈraŋʒə] *f (Frucht)* orange

Oran·gea·de <-, -n> [orãˈʒaːdə, oraŋˈʒaːdə] *f* orangeade

Oran·geat <-[e]s, -e> [orãˈʒaːt, oraŋˈʒaːt] *nt* candied orange peel

oran·ge·far·ben, oran·ge·far·big [oˈraŋʒ-] *adj* orange[-coloured [*or* AM -colored]]

Oran·gen·baum [oˈrãːʒn̩-, oˈraŋʒn̩-] *m* BOT orange tree

Oran·gen·blü·te [oˈrãːʒn̩-] *f* ① *(Blüte)* orange blossom ② *(Blütezeit)* orange blossom time **Oran·gen·blü·ten·ho·nig** [oˈrãːʒn̩-] *m* orange blossom honey

oran·gen·far·ben, oran·gen·far·big [oˈrãːʒn̩-] *adj* orange[-coloured [*or* AM -ored]] **Oran·gen·haut** [oˈrãːʒn̩-] *f kein pl* MED orange-peel skin *no pl* **Oran·gen·mar·me·la·de** [oˈrãːʒn̩-] *f* orange marmalade **Oran·gen·saft** [oˈrãːʒn̩-] *m* orange juice **Oran·gen·scha·le** [oˈrãːʒn̩-] *f* orange peel

Oran·ge·rie <-, -ien> [orãʒəˈriː, *pl* -riːən] *f* orangery

Orang-Utan <-s, -s> [ˈoːraŋˈʔuːtan] *m* orang-utan[g]

Ora·to·ri·um <-s, -rien> [oraˈtoːri̯ʊm, *pl* -toːri̯ən] *nt* oratorio

ORB <-[s]> [oːɛrˈbeː] *m kein pl Abk von* **Ostdeutscher Rundfunk Brandenburg** regional public-service radio and TV broadcasting corporation

Or·bit <-s, -s> [ˈɔrbɪt] *m* orbit; **im** ~ in orbit

Or·ches·ter <-s, -> [ɔrˈkɛstɐ, ɔrˈçɛstɐ] *nt* MUS orchestra

Or·ches·ter·be·glei·tung *f* orchestral accompaniment **Or·ches·ter·gra·ben** *m* MUS orchestra pit

or·ches·trie·ren* [ɔrkɛsˈtriːrən] *vt* MUS ■**etw** ~ ① *(instrumentieren)* to orchestrate sth
② *(für Orchester umarbeiten)* to arrange sth

Or·chi·dee <-, -n> [ɔrçiˈdeː(ə)] *f* orchid

Or·chi·de·en·fach [ɔrçiˈdeːən-] *nt (iron)* SCH obscure subject [*or* AM *a.* major]

Or·den <-s, -> [ˈɔrdn̩] *m* ① *(Ehrenzeichen)* decoration, medal, BRIT *a.* gong *fam;* **jdm einen** ~ [**für etw** *akk*] **verleihen** to decorate sb [*or* award sb a medal] [for sth]
② *(Gemeinschaft)* [holy] order; **einem** ~ **beitreten** to join a holy order, to become a monk/nun

Or·dens·bru·der *m* monk **Or·dens·geist·li·che(r)** *f(m) dekl wie adj* priest in a religious order **Or·dens·re·gel** *f* rule of an/the order **Or·dens·schwes·ter** *f* nun **Or·dens·tracht** *f* REL habit **Or·dens·trä·ger(in)** <-s, -> *m(f)* member of an order

or·dent·lich [ˈɔrdn̩tlɪç] I. *adj* ① *(aufgeräumt)* tidy; ***hinterlasst bitte das Spielzimmer in ~em Zustand!*** please leave the playroom neat and tidy!
② *(Ordnung liebend)* orderly; ***ein ~er Staatsbürger*** a respectable citizen; ***er ist nicht gerade einer der ~sten Menschen*** he is not exactly one of the tidiest people
③ *(fam: tüchtig)* proper; ***eine ~e Portion*** a decent portion; ***eine ~e Tracht Prügel*** a [real] good hiding *hum*
④ *(annehmbar)* decent, reasonable
⑤ *(ordnungsgemäß)* proper; **ein** ~**es Gericht** a court of law; **ein** ~**es Mitglied** a full member; **ein** ~**er Professor** a full professor
II. *adv* ① *(säuberlich)* neatly, tidily
② *(gesittet)* properly, respectably
③ *(fam: tüchtig)* properly; ~ **essen** to eat well; ***greift/langt ~ zu!*** tuck in! *fam*
④ *(diszipliniert)* properly; ~ **zu arbeiten beginnen** to get down to work; ~ **studieren** to study seriously
⑤ *(annehmbar)* [really] well; ***ich habe ~er gegessen*** I have eaten better

Or·der <-, -s *o* -n> [ˈɔrdɐ] *f* ① ÖKON *(Auftrag)* order; **an eigene/fremde** ~ to one's own order/to order of a third party; **an** ~ **lautend** payable to order; **laufende** ~ standing order; **auf** ~ **und Rechnung von** by order and on account of; **eine** ~ **erteilen** to place an order
② *(geh: Anweisung)* order; **sich** *akk* **an eine** ~/[**seine**] ~**n halten** to obey an order/[one's] orders; **jdm** ~ **erteilen** to order [*or* instruct] sb

Or·der·ge·schäft *nt* FIN order deal **Or·der·klau·sel** *f* FIN order clause **Or·der·kon·nos·se·ment** [-kɔnɔsəmɛnt] *nt* HANDEL order bill of lading **Or·der·la·ger·schein** *m* JUR negotiable warehouse receipt **Or·der·man·gel** *m* BÖRSE shortage of buying orders

or·dern [ˈɔrdɐn] I. *vt (anfordern)* ■**etw** ~ to order sth
II. *vi (bestellen)* to order

Or·der·pa·pier *nt* FIN order [*or* negotiable] instrument **Or·der·po·li·ce** [-poliːsə] *f* JUR policy made out to order **Or·der·schuld·ver·schrei·bung** *f* FIN negotiable bond **Or·der·vo·lu·men** *nt* order volume

Or·di·nal·zahl [ɔrdiˈnaːl-] *f* ordinal [number]

or·di·när [ɔrdiˈnɛːɐ̯] I. *adj* ① *(vulgär)* vulgar, crude
② *(alltäglich)* ordinary; **ganz** ~ perfectly ordinary
II. *adv* crudely, vulgarly

Or·di·na·ri·at <-[e]s, -e> [ɔrdinaˈri̯aːt] *nt* SCH chair; **das Bischöfliche** ~ REL the bishop's palace

Or·di·na·ri·us, Or·di·na·ria <-, Ordinarien> [ɔrdiˈnaːri̯ʊs, ɔrdiˈnaːri̯a, *pl* -ri̯ən] *m, f* professor

Or·di·na·te <-, -n> [ɔrdiˈnaːtə] *f* MATH ordinate *spec*

Or·di·na·ten·ach·se *f* Y-axis, axis of the ordinate *spec*

Or·di·na·ti·on <-, -en> [ɔrdinaˈtsi̯oːn] *f* ① REL *(Einsetzung in ein Amt)* ordination
② MED *(Verordnung)* prescription

or·di·nie·ren* [ɔrdiˈniːrən] *vt* REL **jdn zum Priester** ~ to ordain sb [as a priest]

ord·nen [ˈɔrdnən] I. *vt* ■**etw** ~ ① *(sortieren)* to arrange [*or* order] sth; **etw neu** ~ to rearrange [*or* reorganize] sth
② *(in Ordnung bringen)* to put sth in order, to sort [*or* straighten] sth out
II. *vr* ■**sich** *akk* ~ to get clearer [*or* sorted out] [*or* more organized]

Ord·ner <-s, -> *m* file, binder

Ord·ner(in) <-s, -> *m(f)* steward, marshal

Ord·nung <-, -en> [ˈɔrdnʊŋ] *f* ① *kein pl (das Sortieren)* ■**die** ~ **von etw** *dat* arranging [*or* ordering] sth; ***bei der ~ der Dokumente*** when putting the papers in order
② *kein pl (geordneter, ordentlicher Zustand)* order *no art, no pl;* ***das nennst du ~?*** you call that tidy?; ***bei uns herrscht*** ~ we like things tidy [*or* a little order] here; ***überall herrscht eine wunderbare*** ~ everywhere is wonderfully neat and tidy; ***hier herrscht ja eine schöne ~!*** *(iron)* this is a nice mess!; **jdn zur** ~ **anhalten** to urge sb to be tidy [*or* to encourage tidy habits in sb]; ~ **in etw** *akk* **bringen** to put sth in order; ***es wäre Zeit, dass du ~ in***

O

dein Leben bringst it's time you put your life in order; ~ ***in die Papiere bringen*** to put the papers into order; **etw in ~ bringen** *(aufräumen)* to tidy [*or* clear] sth up *sep,* to sort sth out *sep fam; (reparieren)* to fix sth; *(Probleme bereinigen)* to sort sth out *sep;* ***das Auto springt nicht an, kannst du es in ~ bringen?*** the car won't start, can you fix it?; ~ **halten** to keep things tidy [*or* in order]; **sehr auf ~ halten** to set great store by tidiness; **[jdm] etw in ~ halten** to keep sth in order [for sb]; *Wohnung etc.* to keep sth tidy [for sb]; ~ **schaffen, für ~ sorgen** to tidy things up *sep,* to sort things out *sep; s. a.* **Ruhe**
③ *kein pl (Disziplin)* order *no art, no pl;* ***Sie müssen für mehr ~ in Ihrer Klasse sorgen*** you must keep more discipline in your class [*or* keep your class in better order]; ***benehmt euch, sonst schaff ich gleich mal*** ~ behave yourself or I'll come and sort you out; ***hier herrscht*** ~ we have some discipline here; **sich** *akk* **an ~ gewöhnen** to get used to discipline; ~ **halten** *Lehrer* to keep order; ~ **muss sein!** we must have order!; **jdn zur ~ rufen** to call sb to order
④ *kein pl (Routine)* order *no art, no pl,* routine; ***ich muss meine ~ haben*** I like to keep to a routine; ***ein Kind braucht seine*** ~ a child needs routine
⑤ *kein pl (System von Normen)* rules *pl;* ***die ~ einer Gemeinschaft*** the rules of a community; **der ~ gemäß** according to the rules [*or* the rule book]; **der ~ halber** as a matter of form; ***ich frage nur der ~ halber*** it's only a routine question, I'm only asking as a matter of form; **sich** *akk* **an eine ~ halten** to keep [*or* stick] to the rules; **die öffentliche ~** public order
⑥ BIOL, CHEM order; ***die ~ der Primaten*** the order of primates
⑦ *kein pl* TRANSP **eine Straße erster/zweiter ~** a first/second-class road
⑧ *kein pl* MATH order; *(in der Mengenlehre)* ordered set
▶WENDUNGEN: **es ist alles in bester [*o* schönster] ~** everything's fine, things couldn't be better; **erster Ordnung** of the first order; ***er ist ein Snob erster*** ~ he's a snob of the first order; ***das war ein Reinfall erster*** ~ that was a disaster of the first order; **es [ganz] in ~ finden, dass ...** to think [*or* find] it [quite] right that ...; ***er scheint es ganz in ~ zu finden, dass ...*** he doesn't seem to mind at all that ...; **es nicht in ~ finden, dass ...** to not think it's right that ...; **geht in ~!** that's all right [*or fam* OK]; ***das geht schon in*** ~ that'll be OK *fam;* ***Ihre Bestellung geht in*** ~ we'll see to your order [*or* put your order through]; ~ **ist das halbe Leben** *(prov)* a place for everything and everything in its place *prov;* **in ~!** all right! [*or* OK!] *fam;* **etw ist mit jdm/etw nicht in ~** there's sth wrong with sb/sth; ***mit ihr/dem Auto ist etwas nicht in*** ~ there's something wrong [*or* the matter] with her/the car; **[wieder] in ~ kommen** *(Angelegenheit)* to turn out all right [*or fam* OK]; *(Gerät)* to start working again; **in ~ sein** *(fam)* to be all right [*or fam* OK]; ***das ist in ~!*** that's all right [*or fam* OK]!; ***Anne ist in*** ~ Anne's all right [*or fam* OK]; ***das Auto ist wieder in*** ~ the car's fixed; ***ich bin jetzt wieder in*** ~ I'm better [*or* all right] now; **nicht in ~ sein** *(nicht funktionieren)* to not be working properly; *(sich nicht gehören)* to not be right; ***der Fisch ist nicht mehr ganz in*** ~ the fish has started to go bad; ***da ist etwas nicht in*** ~ there's something wrong there

Ọrd·nungs·amt *nt* regulatory agency [*or form* body] *(municipal authority responsible for registration, licensing, and regulating public events)* **Ọrd·nungs·fim·mel** *m kein pl (pej fam)* obsession with [*or fam* thing about] order **Ọrd·nungs·geld** *nt* JUR [administrative] fine **ọrd·nungs·ge·mäß I.** *adj* according to the rules *pred,* in accordance with the regulations *pred;* **auf den ~en Ablauf einer S.** *gen* **achten** to ensure sth runs smoothly **II.** *adv* in accordance with the regulations **Ọrd·nungs·haft** *f kein pl* JUR confinement for contempt of court **ọrd·nungs·hal·ber** *adv* as a matter of form **Ọrd·nungs·hü·ter(in)** *m(f) (hum)* custodian of the law *hum* **Ọrd·nungs·lie·be** *f kein pl* love of [*or* liking for] [good] order **ọrd·nungs·lie·bend** *adj* tidy-minded **Ọrd·nungs·map·pe** *f* accordion file **Ọrd·nungs·ruf** *m* call to order; **[von jdm] einen ~ bekommen [*o* erhalten]** to be called to order [by sb] **Ọrd·nungs·sinn** *m kein pl* sense of order **Ọrd·nungs·stra·fe** *f* fine; JUR penalty for contempt of court; **jdn mit einer ~ belegen** to fine sb

ọrd·nungs·wid·rig I. *adj* illegal; ~ ***es Verhalten*** irregular behaviour [*or* AM -or]
II. *adv* illegally, in contravention of the regulations *form*

Ọrd·nungs·wid·rig·keit *f* infringement [of the regulations/law] **Ọrd·nungs·wid·rig·kei·ten·ge·setz** *nt* JUR Regulatory Offences Act

Ọrd·nungs·zahl *f s.* **Ordinalzahl**

Ọr·dre pu·blic <-> ['ɔrdə py'blik] *f kein pl* JUR public policy

Ore·ga·no <-s> [o're:gano] *m kein pl* KOCHK oregano

Or·gan <-s, -e> [ɔr'ga:n] *nt* ① ANAT organ; **innere ~e** inner organs; **ein ~ spenden** to donate an organ
② *(fam: Stimme)* voice; **lautes/schrilles ~** loud/piercing voice
③ *pl selten (form: offizielle Zeitschrift)* organ
④ *(form: offizielle Einrichtung)* organ; **das ausführende ~** the executive, the executive body; **ein beratendes ~** an advisory body; **das rechtssprechende ~** the judiciary, the judicial power; *(beauftragte Person)* authorized agent
▶WENDUNGEN: **kein ~ für etw** *akk* **haben** *(fam)* to have no feeling for sth

Or·gan·bank *f* organ bank

Or·ga·nel·le <-, -n> [ɔrga'nɛlə] *f* BIOL *(Funktionseinheit innerhalb von Zellen)* organelle

Or·gan·ent·nah·me *f* organ removal **Or·gan·ge·sell·schaft** *f* HANDEL subsidiary company [*or* corporation] **Or·gan·haf·tung** *f* JUR responsibility for executive organs **Or·gan·han·del** <-s> *m kein pl* [illegal] trade in [body] organs, organ trafficking

Or·ga·ni·gramm <-s, -e> [ɔrgani'gram] *nt s.* **Organisationsplan**

Or·ga·ni·ker(in) [ɔr'ga:nɪkɐ] *m(f)* CHEM organic chemist

Or·ga·ni·sa·ti·on <-, -en> [ɔrganiza'tsi̯o:n] *f* organization; **internationale ~** international organization; **nichtstaatliche ~** non-governmental organization; **zwischenstaatliche ~** intergovernmental bodies

Or·ga·ni·sa·ti·ons·auf·bau *m* organizational construction **Or·ga·ni·sa·ti·ons·ge·walt** *f* organizational power, authority to create government bodies **Or·ga·ni·sa·ti·ons·klau·sel** *f (Gewerkschaft)* closed shop clause **Or·ga·ni·sa·ti·ons·ko·mi·tee** [-komite:] *nt* organizing committee **Or·ga·ni·sa·ti·ons·plan** *m* organization chart, organigram *spec* **Or·ga·ni·sa·ti·ons·pro·gramm** *nt* INFORM executive program **Or·ga·ni·sa·ti·ons·recht** *nt* JUR right to form associations, right of free association **Or·ga·ni·sa·ti·ons·struk·tur** *f* organizational structure **Or·ga·ni·sa·ti·ons·ta·lent** *nt* ① *kein pl (Eigenschaft)* talent [*or* flair] for organization [*or* organizing] ② *(Mensch)* person with a talent for organization [*or* organizing]; **ein wahres ~ sein** to have a real talent [*or* flair] for organizing **Or·ga·ni·sa·ti·ons- und Re·chen·zen·trum** *nt* ADMIN organization and computer centre [*or* AM -er]

Or·ga·ni·sa·tor, -to·rin <-s, -en> [ɔrgani'za:to:ɐ̯, -'to:rɪn, *pl* -'to:rən] *m, f* organizer

or·ga·ni·sa·to·risch [ɔrganiza'to:rɪʃ] **I.** *adj* organizational; **eine ~e Höchstleistung** a feat [*or* masterpiece] of supreme organization; **ein ~es Talent sein** to have a talent [*or* gift] for organizing; **sich** *akk* **um das O~e kümmern** to take care of organizational matters
II. *adv* organizationally; **rein ~ betrachtet** from a purely organizational standpoint

or·ga·nisch [ɔr'ga:nɪʃ] **I.** *adj* ① MED organic, physical
② *(geh: natürlich)* organic
③ CHEM organic; **~e Chemie** organic chemistry
II. *adv* ① MED physically, organically
② *(geh: einheitlich)* organically; **sich** *akk* **~ in etw** *akk* **einfügen** to form an organic part of sth

or·ga·ni·sie·ren* [ɔrgani'zi:rən] **I.** *vt* ■**etw ~**
① *(systematisch vorbereiten)* to organize sth
② *(sl: unrechtmäßig beschaffen)* to get hold of sth
II. *vi* to organize; ***er kann ausgezeichnet*** ~ he's an excellent organizer
III. *vr* ■**sich** *akk* ~ to organize

or·ga·ni·siert *adj* organized; **~es Verbrechen** organized crime; **~e Maßnahmen** coordinated measures

Or·ga·nis·mus <-, -men> [ɔrga'nɪsmʊs, *pl* -mən] *m* organism

Or·ga·nist(in) <-en, -en> [ɔrga'nɪst] *m(f)* organist

Or·ga·ni·zer <-s, -> ['ɔ:ganaɪzɐ] *m* INFORM organizer

Or·gan·kla·ge *f* JUR action against a public body, intra-company legal action **Or·gan·kom·pe·tenz** *f* HANDEL intra-company competence **Or·gan·kre·dit** *m* JUR loan extended by a corporation to its officers **Or·gan·lei·he** *f* JUR *lending of an administrative organ to another public authority* **Or·gan·spen·de** *f* MED organ donation **Or·gan·spen·der(in)** *m(f)* MED organ donor **Or·gan·streit·ver·fah·ren** *nt* JUR court proceedings between administrative bodies **Or·gan·trä·ger** *m* HANDEL parent company, dominant enterprise **Or·gan·trans·plan·ta·ti·on** *f,* **Or·gan·ver·pflan·zung** *f* MED organ transplant[ation] **Or·gan·un·rei·fe** *f* organ prematurity

Or·gas·mus <-, Orgasmen> [ɔr'gasmʊs, *pl* ɔr'gasmən] *m* orgasm; **einen ~ bekommen/haben** to have an orgasm, to achieve [*or* reach] orgasm

Or·gas·mus·pil·le *f (fam)* orgasm pill *(for women)*

or·gas·tisch [ɔr'gastɪʃ] *adj inv* orgasmic, orgastic

Or·gel <-, -n> ['ɔrgl̩] *f* MUS organ; ~ ***spielen*** to play the organ

Ọr·gel·em·po·re *f* ARCHIT organ gallery **Ọr·gel·kon·zert** *nt* MUS *(Musikstück)* organ concerto; *(Konzert)* organ recital **Ọr·gel·mu·sik** *f* organ music

or·geln ['ɔrgl̩n] *vi* ① *(Drehorgel spielen)* to play the barrel-organ, to grind the organ; *(fam: Orgel spielen)* to play the organ
② DIAL *(pej: schlechte Musik machen)* to grind away *pej*
③ *(fam: brausende Geräusche machen) Wind* to roar, to howl, to whistle; *Anlasser* to turn over [without firing], to whine, to protest
④ JAGD *(brünstig schreien)* to bell
⑤ *(vulg: koitieren)* to [have a] screw *vulg*

Ọr·gel·pfei·fe *f* MUS organ pipe ▶WENDUNGEN: **wie die ~n dastehen** *(hum fam)* to stand in a row from [the] tallest to [the] shortest **Ọr·gel·spie·ler(in)** <-s, -> *m(f)* organist

or·gi·as·tisch *adj (geh)* orgiastic *form*

Or·gie <-, -n> ['ɔrgi̯ə] *f* orgy; **~n feiern** to have orgies

Ori·ent <-s> ['o:riɛnt, o'riɛnt] *m kein pl* ■**der ~** the Orient *form or dated;* **vom ~ zum Okzident** *(geh)* from east to west; **der Vordere ~** the Middle [*or* Near] East

Ori·en·ta·le, Ori·en·ta·lin <-n, -n> [ori̯ɛn'ta:lə, ori̯ɛn'ta:lɪn] *m, f* Oriental

ori·en·ta·lisch [ori̯ɛn'ta:lɪʃ] *adj* oriental

Ori·en·ta·list(in) <-en, -en> [ori̯ɛnta'lɪst] *m(f)* orientalist

Ori·en·ta·lis·tik [ori̯ɛnta'lɪstɪk] *f* oriental studies *npl*

Ori·en·ta·lis·tin <-, -nen> [oriɛnta'lɪstɪn] *f fem form von* **Orientalist**

ori·en·tie·ren* [ori̯ɛn'ti:rən] **I.** *vr* ① *(sich informieren)* ■**sich** *akk* **[über jdn/etw] ~** to inform oneself [about sb/sth]; ***bitte ~ Sie sich anhand der Unterlagen selbst: Sie werden sehen, dass ich Recht habe*** please look at these documents yourself: you'll see that I am right
② *(sich zurechtfinden)* ■**sich** *akk* **[an etw** *dat***] ~** to get one's bearings [by sth]; ***in der Dunkelheit können sich viele Leute schlecht*** ~ many people have difficulty getting their bearings in the dark; ***nach was soll ich mich eigentlich ~, wenn ein Inhaltsverzeichnis fehlt?*** how am I supposed to find my way around without an index?

③ *(sich einstellen)* ■ **sich** *akk* **an etw** *dat* ~ to adapt oneself to [*or* orient[ate] oneself towards] sth

II. *vt (geh)* ① *(informieren)* ■ **jdn** [**über etw** *akk*] ~ to inform sb [*or* put sb in the picture] [about sth]; ■ **über jdn/etw orientiert sein** to be informed about sb/sth

② *(ausgerichtet sein)* ***ich bin eher links/rechts/liberal orientiert*** I tend [*or* lean] more to the left/right/I am more liberally orientated

Ori·en·tie·rung <-, -en> [ori̯ɛn'ti:rʊŋ] *f* ① *(das Zurechtfinden)* orientation; **die ~ verlieren** to lose one's bearings

② *(geh: Unterrichtung)* information; **zur/zu jds ~** *(geh)* for [sb's] information

③ *(geh: Ausrichtung)* ■ **die/jds ~ an etw** *dat* the/sb's orientation towards sth

Ori·en·tie·rungs·hil·fe *f* aid to orientation, guideline; ***die Querverweise sind als ~ gedacht*** the references are meant to help you find your way

ori·en·tie·rungs·los *adj* disoriented

Ori·en·tie·rungs·lo·sig·keit *f kein pl* disorientation

Ori·en·tie·rungs·pha·se *f* orientation phase **Ori·en·tie·rungs·preis** *m* HANDEL reference [*or* indicator] price **Ori·en·tie·rungs·punkt** *m* point of reference **Ori·en·tie·rungs·sinn** *m kein pl* sense of direction **Ori·en·tie·rungs·wert** *m* estimate **Ori·en·tie·rungs·zeit·raum** *m* ÖKON reference period

ori·gi·nal [origi'na:l] I. *adj* ① *(echt)* genuine

② *(ursprünglich)* original

II. *adv* in the original [condition]; ***Umtauschartikel müssen noch ~ verpackt sein*** goods for exchange must still be in their original packaging

Ori·gi·nal <-s, -e> [origi'na:l] *nt* ① *(Urversion)* original; **im ~** in the original

② *(Mensch)* original, character

Ori·gi·nal·auf·nah·me *f* ① MUS original recording ② FOTO original photograph ③ FILM original print

Ori·gi·nal·aus·ga·be *f* original [*or* first] edition **Ori·gi·nal·do·ku·ment** *nt* source document **Ori·gi·nal·fas·sung** *f* original [version]; ***in der englischen ~*** in the original English version **ori·gi·nal·ge·treu** I. *adj* true to the original *pred* II. *adv* in a manner true to the original; ***er kann die Stimmen von Politikern ~ imitieren*** he can do a very faithful imitation of politicians' voices

Ori·gi·na·li·tät <-> [originali'tɛ:t] *f kein pl* ① *(Echtheit)* authenticity *no art, no pl*, genuineness *no art, no pl*

② *(Ursprünglichkeit)* naturalness *no art, no pl*

③ *(Einfallsreichtum)* originality *no art, no pl*

Ori·gi·nal·pa·ckung *f* original packet [*or* package] [*or* packaging] **Ori·gi·nal·ton** *m* ① FILM original soundtrack ② *(wörtliches Zitat)* direct quote, one's/sb's own words **Ori·gi·nal·treue** *f kein pl* faithfulness to the original **Ori·gi·nal·über·tra·gung** *f* live broadcast **Ori·gi·nal·ver·pa·ckung** *f* HANDEL original packaging; **in ~** in the original packaging **Ori·gi·nal·vor·la·ge** *f* INFORM original

ori·gi·när [origi'nɛ:ɐ̯] *adj (geh)* original

ori·gi·nell [origi'nɛl] *adj* original

Ori·on <-[s]> [o'ri:ɔn] *m kein pl* ASTRON Orion

Or·ka <-, -s> ['ɔrka] *m* ZOOL orca, killer whale

Or·kan <-[e]s, -e> [ɔr'ka:n] *m* hurricane; **wie ein ~** like a hurricane

or·kan·ar·tig *adj* hurricane-force *attr*

Or·kan·stär·ke *f* hurricane force *no art, no pl*

Or·na·ment <-[e]s, -e> [ɔrna'mɛnt] *nt* ornament, decoration

or·na·men·tal [ɔrnamɛn'ta:l] I. *adj* ornamental, decorative

II. *adv* ornamentally, decoratively

Or·na·ment·glas *nt* BAU ornamental [*or* patterned] glass

Or·nat <-[e]s, -e> [ɔr'na:t] *m* regalia + *sing/pl vb;* **in vollem ~** in full regalia; *(veraltend fam)* dressed [*or* done] up to the nines *fam*

Or·ni·tho·lo·ge, -lo·gin <-n, -n> [ɔrnito'lo:gə, -'lo:gɪn] *m, f* ornithologist

or·ni·tho·lo·gisch [ɔrnito'lo:gɪʃ] *adj inv* ornithological

Oro·ge·ne·se <-, -n> [oroge'ne:zə] *f* GEOL orogeny, orogenesis

Oro·pax® <-, -> ['o:ropaks] *nt* earplugs *pl*

Or·phan Drug <- *o* -s, -s> ['ɔ:fən drʌg] *f o nt* PHARM *(fachspr)* orphan drug *spec (drug for the prevention, diagnosis and treatment of rare diseases, so-called because it's not particularly profitable)*

Ort[1] <-[e]s, -e> ['ɔrt] *m* ① *(Stelle)* place; ***hier bin ich wohl nicht am rechten ~*** I've obviously not come to the right place; ***hier ist nicht der ~, das zu bereden*** this is not the place to talk about that; **am angegebenen ~** in the place quoted [*or* cited], loc cit *spec;* **an einem dritten** [*o* **neutralen**] **~** on neutral territory [*or* ground]; **ein ~ der Einkehr** a place for thinking quietly; **ein ~ des Friedens/der Stille** a place of peace/quiet; **der gewisse** [*o* **stille**] **~** *(euph fam)* the smallest room *euph fam;* **der ~ der Handlung** the scene of the action; ***der ~ der Handlung von Macbeth ist das schottische Hochland*** in Macbeth the action is set in the Scottish highlands; **etw an seinem ~ lassen** to leave sth where it is/was; **an öffentlichen ~en** in public places; **ein ~ des Schreckens** a place of terror; **der ~ des Treffens** the meeting place; **an den ~ des Verbrechens zurückkehren** to return to the scene of the crime

② *(Ortschaft)* place; ***in einem kleinen ~ in Bayern*** in a little spot in Bavaria; ***sie ist in einen kleinen ~ auf dem Land gezogen*** she moved to a quiet spot in the country; ***jeder größere ~ hat eine Schule*** a place of any size has a school; ***~e über 100.000 Einwohner*** places with more than [*or* with over] 100,000 inhabitants; ***er ist mit dem halben ~ verwandt*** he's related to half the people in the place; ***sie ist im ganzen ~ bekannt*** everybody [*or* the whole village/town] knows her; **am ~** in the place/the village/[the] town; ***das beste Hotel am ~*** the best hotel in the place; ***sie haben keinen Arzt am ~*** they have no resident doctor; **mitten im ~, im Zentrum des ~es** in the centre [*or* AM center] [of the place/town]; **der nächste ~** the next village/town; **ohne ~ und Jahr** without [indication of] place and date of publication; **von ~ zu ~** from place to place

▸ WENDUNGEN: **höheren ~es** *(form o hum)* higher up; ***das ist höheren ~es entschieden worden*** the decision came from higher places [*or* from above]; **an ~ und Stelle** on the spot, there and then

Ort[2] <-[e]s, Örter> ['ɔrt] *nt* **vor ~** on the spot, in situ *form;* BERGB at the [coal] face

Ort·be·ton *m* BAU cast-in-place concrete

Ört·chen <-s, -> ['œrtçən] *nt* ▸ WENDUNGEN: **das** [**stille**] **~** *(euph fam)* the smallest room BRIT *fam,* the john AM *fam;* ***ich muss mal schnell aufs ~*** I just have to pay a quick visit

or·ten ['ɔrtṇ] *vt* ① *(ausfindig machen)* ■ **etw ~** to locate [*or* get a fix on] sth

② *(ausmachen)* ■ **etw ~** to sight [*or* spot] sth

③ *(fam: sehen)* ■ **jdn ~** to spot sb

Ort·gang *m* BAU verge

or·tho·dox [ɔrto'dɔks] I. *adj* ① REL Orthodox; ■ **~ sein** to be an Orthodox Christian/to be Orthodox [Christians]

② *(geh: strenggläubig)* orthodox, strict

③ *(fig: gewohnt)* **nicht gerade ~ sein** to be somewhat [*or* a little] unorthodox

II. *adv* REL according to Orthodox ritual; **~ heiraten** to have an Orthodox wedding

Or·tho·do·xe Kir·chen *pl* REL Orthodox churches *pl*

or·tho·go·nal [ɔrtogo'na:l] *adj inv* MATH orthogonal

Or·tho·gra·fie[RR] <-, -n> [ɔrtogra'fi:, *pl* ɔrtogra'fi:ən] *f* spelling, orthography *no art, no pl spec*

or·tho·gra·fisch[RR] [ɔrto'gra:fɪʃ] I. *adj* orthographic[al] *spec;* **ein ~er Fehler** a spelling mistake

II. *adv* orthographically *spec;* **~ richtig schreiben** to spell correctly

Or·tho·gra·phie <-, -n> [ɔrtogra'fi:, *pl* ɔrtogra'fi:ən] *f s.* **Orthografie**

or·tho·gra·phisch [ɔrto'gra:fɪʃ] *adj, adv s.* **orthografisch**

Or·tho·pä·de, Or·tho·pä·din <-n, -n> [ɔrto'pɛ:də, ɔrto'pɛ:dɪn] *m, f* orthopaedist BRIT, orthopedist AM

Or·tho·pä·die <-> [ɔrtopɛ'di:] *f kein pl* orthopaedics + *sing vb*

Or·tho·pä·din <-, -nen> [ɔrto'pɛ:dɪn] *f fem form von* **Orthopäde**

or·tho·pä·disch [ɔrto'pɛ:dɪʃ] *adj* orthopaedic BRIT, orthopedic AM

ört·lich ['œrtlɪç] I. *adj* ① *(lokal)* local

② METEO localized

II. *adv* locally; ***~ verschieden sein/variieren*** to vary from place to place; ***ein ~ begrenzter Konflikt*** a limited local conflict; **jdn ~ betäuben** to give sb a local anaesthetic [*or* AM anesthetic]

Ört·lich·keit <-, -en> *f* ① *(Gegend)* locality, area, place; **mit den ~en** [**gut**] **vertraut sein** to be [very] familiar with the area, to know the area [well]; **sich** *akk* **mit der ~** [*o* **den ~en**] **vertraut machen** to get to know the area

② *(euph fam)* ■ **die ~**[**en**] the rest room

Orts·an·ga·be *f* ① *(Standortangabe)* [name of] location; *(in Anschrift)* [name of the] town/city ② *(Erscheinungsort)* **ohne ~** with no [indication of] place of publication, no place of publication indicated

orts·an·säs·sig *adj* local; ■ **~ sein** to live locally

Orts·an·säs·si·ge(r) *f(m) dekl wie adj* local [resident] **Orts·aus·gang** *m* end of a [*or* the] village [*or* town] **Orts·bei·rat, -rä·tin** *m, f* local advisory committee **orts·be·kannt** *adj inv* locally known; ***~ unter dem Namen „Danger"*** known locally as "Danger" **Orts·be·sich·ti·gung** *f* local survey, site inspection **Orts·be·stim·mung** *f* bearing [*or* fixing] of position, position finding **Orts·bür·ger(in)** <-s, -> *m(f) bes* SCHWEIZ *(Ortsansässiger)* local [resident]

Ort·schaft <-, -en> *f* village/[small] town; **eine geschlossene ~** a built-up [*or* restricted] area

Orts·ein·gang *m* start of a [*or* the] village [*or* town]

orts·fremd *adj* non-local; ■ **~ sein** to be a stranger; **~e Besucher** visitors to [the] town/the village

Orts·frem·de(r) *f(m) dekl wie adj* stranger **Orts·ge·spräch** *nt* TELEK local call **Orts·grup·pe** *f* local branch [*or* group] **Orts·kennt·nis·se** *pl* local knowledge; [**gute**] **~ haben** to know the place [*or* one's way around] [well] **Orts·kran·ken·kas·se** *f public organizations providing statutory health insurance to individuals living within a particular area*

orts·kun·dig *adj* ■ **~ sein** to know one's way around [*or* the place well]; **sich** *akk* **~ machen** to get to know the place **Orts·kun·di·ge(r)** *f(m) dekl wie adj* person who knows his/her way around [*or* the place well] **Orts·na·me** *m* place name, name of a/the place

Orts·netz *nt* ① TELEK local exchange network ② ELEK local grid **Orts·netz·kenn·zahl** *f* TELEK *(form)* dialling [*or* area] code

Orts·recht *nt* JUR local [*or* parish] law **Orts·schild** *nt* place name sign **Orts·sinn** *m kein pl* sense of direction **Orts·ta·rif** *m* TELEK local [call] rate **Orts·teil** *m* part of a [*or* the] village [*or* town] **Ort·stein** <-[e]s> *m kein pl* GEOL [hard]pan **orts·üb·lich** *adj* local; **eine ~e Gepflogenheit** a local custom; **ein ~es Entgelt** a standard local fee; ■ **~ sein** to be customary **Orts·üb·lich·keit** *f* JUR local practice **Orts·ver·band** *m* local committee **Orts·ver·ein** *m* local association **Orts·ver·kehr** *m* ① *(Straßenverkehr)* local traffic *no art, no pl;* ***Busse werden hauptsächlich im ~ eingesetzt*** buses are mainly used [*or* put [*or* laid] on] for local traffic ② TELEK local telephone service; **Gebühren im ~** charges for local calls **Orts·vor·ste·her, -vor·ste·he·rin** *m, f* parish council chair[person] **Orts·wech·sel** *m* change of one's place of residence **Orts·zeit** *f* local time **Orts·zu·schlag** *m* local bonus, residence [*or* BRIT a. local weighting] allowance

Or·tung <-, -en> *f* ① *kein pl (das Orten)* ■ **die ~** [**von etw** *dat*] locating [sth]

② *(georetetes Objekt)* signal; *(auf Anzeige a.)* reading

Or·tungs·hil·fe *f* aid to location **Or·tungs·ver·fah·ren** *nt* positioning [*or* navigation] system

Oryx-An·ti·lo·pe ['o:rʏks-] *f* ZOOL oryx
O-Saft [o'zaft] *m (fam: Orangensaft)* o-juice *fam*
Os·car <-[s], -s> ['ɔskar] *m* FILM Oscar, Academy Award
Öse <-, -n> ['ø:zə] *f* eye[let]
Osho-Be·we·gung ['ɔʃɔ-] *f* REL Osho['s] movement
OSI <-> *f kein pl Abk von* **Open Systems Interconnection** OSI *no art, no pl spec*
Os·lo <-s> ['ɔslo] *nt* Oslo *no pl, no art*
Os·ma·ne, Os·ma·nin <-n, -n> [ɔs'ma:nə, ɔs'ma:nɪn] *m, f* Ottoman *hist*
os·ma·nisch [ɔs'ma:nɪʃ] *adj* Ottoman *hist*
Os·mi·um <-s> ['ɔsmi̯ʊm] *nt kein pl* CHEM osmium *no pl, no art*
Os·mo·se <-, -n> [ɔs'mo:zə] *f* osmosis *no pl, no art spec*
os·mo·tisch [ɔs'mo:tɪʃ] *adj* PHYS osmotic; **~er Druck** osmotic pressure
Os·si¹ <-s, -s> ['ɔsi] *m (fam)* Easterner, East German
Os·si² <-, -s> ['ɔsi] *f (fam)* Easterner, East German
Ost <-[e]s, -e> [ɔst] *m* ❶ *kein pl, kein art bes* NAUT east; **der Konflikt zwischen ~ und West** POL the conflict between East and West; *s. a.* **Nord 1**
❷ *pl selten* NAUT *(Ostwind)* east wind
❸ *(veraltet sl: Ostmark)* East German Mark
Ost·af·ri·ka *nt* East Africa *no pl, no art*
Os·tal·gie <-> [ɔstal'gi:] *f kein pl* SOZIOL, POL *(iron) nostalgia for the socio-political infrastructure of the former GDR*
Os·tal·gi·ker(in) <-s, -> [ɔs'talgikɐ] *m(f)* SOZIOL, POL *(iron) someone who looks back nostalgically on the former GDR*
Ost·asi·en *nt* East[ern] Asia *no pl, no art* **Ost·ber·lin** [-bɛrli:n] *nt* HIST East Berlin *no pl, no art hist* **Ost·block** *m* HIST Eastern bloc *no pl, no indef art hist* **Ost·block·land** *nt,* **Ost·block·staat** *m* HIST Eastern bloc country [*or* state] *hist*
Ost·chi·ne·si·sches Meer *nt* East China Sea **ost·deutsch** ['ɔstdɔytʃ] *adj* East German **Ost·deutsch·land** ['ɔstdɔytʃlant] *nt* East[ern] Germany *no pl, no art*
Os·ten <-s> ['ɔstn̩] *m kein pl, kein indef art* ❶ *(Himmelsrichtung)* ***die Sonne geht im ~ auf*** the sun rises in the east; **der Ferne ~** the Far East; **der Mittlere ~** *area stretching from Iran to Myanmar;* **der Nahe ~** the Near [*or* Middle] East; *s. a.* **Norden 1**
❷ *(östliche Gegend)* east; *s. a.* **Norden 2**
❸ *(ehemalige DDR)* ■**der ~** former East Germany; **aus dem ~ kommen** [*o* **stammen**] to come from the East [*or* former East Germany]
❹ POL ■**der ~** the East; *(Osteuropa)* Eastern Europe
os·ten·ta·tiv [ɔstɛnta'ti:f] *(geh)* **I.** *adj* ostentatious
II. *adv* ostentatiously
Os·teo·po·ro·se <-, -n> [ɔsteopo'ro:zə] *f* osteoporosis *no pl, no art*
Os·ter·ei *nt* Easter egg **Os·ter·fest** *nt* ■**das ~** Easter **Os·ter·feu·er** *nt* Easter bonfire **Os·ter·glo·cke** *f* ❶ BOT daffodil ❷ REL Easter [church] bell **Os·ter·ha·se** *m* Easter bunny **Os·ter·in·sel** *f* ■**die ~** Easter Island, Rapa Nui **Os·ter·in·su·la·ner(in)** <-s, -> *m(f)* Easter Islander **Os·ter·lamm** *nt* paschal lamb *spec*
ös·ter·lich ['ø:stɐlɪç] **I.** *adj* Easter *attr*
II. *adv* like Easter
Os·ter·marsch *m* Easter peace march **Os·ter·mon·tag** ['o:stɐ'mo:nta:k] *m* Easter Monday **Os·ter·mor·gen** *m* Easter [Sunday] morning
Os·tern <-, -> ['o:stɐn] *nt* Easter; ***seid ihr ~ zu Hause?*** are you at home for Easter?; **frohe** [*o* **fröhliche**] **~!** Happy Easter!; **zu** [*o* **über**] **~** at [*or* over] Easter; **zu ~** at [*or* for] Easter
Ös·ter·reich <-s> ['ø:stəraiç] *nt* Austria
Ös·ter·rei·cher(in) <-s, -> ['ø:stəraiçɐ] *m(f)* Austrian
ös·ter·rei·chisch ['ø:stəraiçɪʃ] *adj* Austrian
Ös·ter·rei·chisch ['ø:stəraiçɪʃ] *nt dekl wie adj* Austrian; ■**das ~e** Austrian
Os·ter·sonn·abend *m* NORDD Easter Saturday **Os·ter·sonn·tag** ['o:stɐ'zɔnta:k] *m* Easter Sunday
Ost·er·wei·te·rung *f* EU enlargement of the EU to the East, eastward[s] expansion [of the EU]
Os·ter·wo·che *f* Holy Week *(week before Easter)*
Ost·eu·ro·pa ['ɔstʔɔy'ro:pa] *nt* East[ern] Europe **Ost·eu·ro·pä·er(in)** ['ɔstʔɔyro'pɛ:ɐ] *m(f)* Eastern European **ost·eu·ro·pä·isch** ['ɔstʔɔyro'pɛ:ɪʃ] *adj* East[ern] European **Ost·frie·se, -frie·sin** <-n, -n> *m, f* East Frisian **ost·frie·sisch** ['ɔst'fri:zɪʃ] *adj inv* East Frisian **Ost·fries·land** ['ɔst'fri:slant] *nt* East Friesland **Ost·go·te, -go·tin** ['ɔstgo:tə, -go:tɪn] *m, f* HIST Ostrogoth *spec* **Ost·in·di·en** <-s> *nt* East Indies *pl* **Ost·kir·che** *f* ■**die ~** the Eastern [*or* Orthodox] Church **Ost·küs·te** *f* east coast
öst·lich ['œstlɪç] **I.** *adj* ❶ *(in östlicher Himmelsrichtung befindlich)* eastern; *s. a.* **nördlich I 1**
❷ *(im Osten liegend)* eastern; *s. a.* **nördlich I 2**
❸ *(von/nach Osten)* eastwards, easterly; *s. a.* **nördlich I 3**
❹ *(den osteuropäischen und asiatischen Raum betreffend)* eastern
II. *adv* ■**~ von ...** east of ...
III. *präp +gen* ■**~ einer S.** *gen* [to the] east of sth; *s. a.* **nördlich III**
Ost·mark <-> ['ɔstmark] *f* HIST *(Kernland Österreichs)* Ostmark **Ost·po·li·tik** *f* ■**die ~** Ostpolitik *hist (German foreign policy towards former Eastern Europe and Asia)* **Ost·preu·ßen** ['ɔstprɔysn̩] *nt* East Prussia **ost·preu·ßisch** ['ɔstprɔysɪʃ] *adj* East Prussian
Ös·tro·gen <-s, -e> [œstro'ge:n] *nt* oestrogen BRIT, estrogen AM *no pl, no art*
Ost·rom ['ɔstro:m] *nt* HIST the Eastern [Roman] [*or* Byzantine] Empire *hist*
ost·rö·misch ['ɔstrø:mɪʃ] *adj inv* Byzantine; **das O~e Reich** the Byzantine Empire
Ös·trus <-> [œstrʊs] *m kein pl* ZOOL oestrus BRIT, estrus AM
Ost·see ['ɔstze:] *f* ■**die ~** the Baltic [Sea] **Ost·si·bi·ri·sche See** *f* East Siberian Sea **Ost·staa·ten** *pl (in USA)* Eastern states *pl* **Ost·ta·rif** *m pl selten a pay scale applicable in the Länder that formerly belonged to the German Democratic Republic* **Ost·teil** *m* eastern part **Ost·ti·mor** ['ɔst'ti:mo:ɐ̯] *nt* East Timor **Ost·ver·trä·ge** *pl* POL treaties *pl* with the Eastern bloc countries
ost·wärts ['ɔstvɛrts] *adv* eastwards, to the east
Ost-West-Be·zie·hun·gen ['ɔst'vɛst-] *pl* East-West relations *pl* **Ost-West-Ge·sprä·che** *pl* East-West talks *pl* **Ost·wind** *m* east [*or* easterly] wind
OSZE <-> [o:ʔɛstsɛtʔ'e:] *f kein pl Abk von* **Organisation für Sicherheit und Zusammenarbeit in Europa** OSCE
Os·zil·la·ti·ons·ver·such [ɔstsɪla'tsi̯o:ns-] *m* PHYS oscillation experiment [*or* test]
Os·zil·la·tor <-s, -en> [ɔstsɪ'la:to:ɐ̯, *pl* -'to:rən] *f* oscillator
os·zil·lie·ren* [ɔstsɪ'li:rən] *vi* ❶ PHYS to oscillate
❷ *(fig geh)* to vacillate; ■**zwischen etw** *dat* **und etw** *dat* **~** to vacillate between sth and sth
Os·zil·lo·graf^RR^, Os·zil·lo·graph <-en, -en> [ɔstsɪlo'gra:f] *m* oscillograph *spec*
Os·zil·lo·skop <-s, -e> [ɔstsɪlo'sko:p] *nt* oscilloscope, scope *spec fam*
O-Ton ['o:to:n] *m (fam) s.* **Originalton**
Ot·ta·wa <-s> ['ɔtava] *nt* Ottawa
Ot·ter¹ <-, -n> ['ɔtɐ] *f (Schlangenart)* adder, viper
Ot·ter² <-s, -> ['ɔtɐ] *m (Fischotter)* otter
Ot·to·mo·tor *m* spark ignition [*or* SI] engine *spec*
Ot·to Nor·mal·ver·brau·cher *m* ÖKON John Doe, BRIT Mr A. N. Onymous
ÖTV <-> [ø:te:'fau] *f kein pl Abk von* **Gewerkschaft Öffentliche Dienste, Transport und Verkehr** ≈ TGWU BRIT, ≈ TWU AM
Ötz·tal <-[e]s> ['œtsta:l] *nt* Ötztal
Ötz·ta·ler Al·pen ['œtsta:lɐ] *pl* Ötztal Alps *pl*
Out <-s, -s> [aut] *nt* SPORT *(veraltet)* out [of play]
out [aut] *adj (fam)* ■**~ sein** to be out *fam,* to be out of favour [*or* AM -or]/fashion; ***Miniröcke sind total ~*** miniskirts are so last year *fam*
Out·door·sports ['autdo:ɐ̯spo:rts] *pl* outdoor sports *pl*
ou·ten ['autən] *vt* ■**sich/jdn ~** to out oneself/sb
Out·fit <-s, -s> ['autfɪt] *nt (sl)* outfit
Out·ing <-s, -s> ['autɪŋ] *nt (fam)* coming out *fam*
Out·put <-s, -s> ['autpʊt] *m o nt* ÖKON, INFORM, ELEK output
Out·si·der(in) <-s, -> ['autsaidɐ] *m(f)* outsider
out·sour·cen ['autso:rsn̩] *vt* ÖKON ■**etw ~** to outsource sth
Out·sour·cing <-> ['autso:ɐsɪŋ] *nt kein pl* ÖKON, INFORM outsourcing *no pl*
Ou·ver·tü·re <-, -n> [uvɛr'ty:rə] *f* overture
Ou·zo <-[s], -s> ['u:zo] *m (griechischer Anisschnaps)* ouzo
oval [o'va:l] *adj* oval
Oval <-s, -e> [o'va:l] *nt* oval
Ovam·bo <-, -[s]> [o'vambo] *m o f* Ambo, Ovambo
Ova·ti·on <-, -en> [ova'tsi̯o:n] *f (geh)* ovation; **jdm ~en darbringen** to give sb an ovation; **stehende ~en** standing ovations
Over·all <-s, -s> ['o:vəra:l, -ro:l] *m (für schmutzige Arbeit)* overalls *npl,* BRIT *a.* overall; *(bei kaltem Wetter)* jumpsuit
over·dressed ['oʊvədrɛst] *adj prädikativ* MODE overdressed
Over·drive-Pro·zes·sor ['o:vedraif-] *m* INFORM overdrive processor **Over·drive-So·ckel** ['o:vedraif-] *m* INFORM overdrive slot
Over·head·fo·lie ['o:vehɛt-] *f* [overhead] transparency **Over·head-Kos·ten, Over·head·kos·ten** ['o:vehɛt-] *pl* ÖKON overheads **Over·head·pro·jek·tor** ['o:vehɛt-] *m* overhead projector
Over·kill <-> ['o:vekɪl] *m kein pl* overkill *no pl, no art pej*
Over·knee-Stie·fel ['oʊvəni:-], **Overkneestiefel** *m* MODE over-[the-]knee boot
OVG <-[s], -s> *nt Abk von* **Oberverwaltungsgericht** Higher Administrative Court
ÖVP <-> [ø:fau'pe:] *f kein pl* POL *Abk von* **Österreichische Volkspartei** Austrian People's Party
Ovu·la ['o:vula] *pl von* **Ovulum** ovules
Ovu·la·ti·on <-, -en> [ovula'tsi̯o:n] *f* BIOL ovulation *no pl, no art*
Ovu·la·ti·ons·hem·mer <-s, -> *m* MED anovulant, ovulation inhibitor *form*
Ovu·lum <-s, -la> ['o:vulʊm, *pl* 'o:vula] *nt* ❶ MED ovule
❷ BOT ovule
OW INFORM *Abk von* **overwrite** overwrite
Oxer <-s, -> ['ɔksɐ] *m (Weitsprunghindernis im Reitsport)* oxer
Oxid <-[e]s, -e> [ɔ'ksi:t, *pl* ɔ'ksi:də] *nt* oxide
Oxi·da·ti·on <-, -en> [ɔksida'tsi̯o:n] *f* oxidation *no art, no pl*
Oxi·da·ti·ons·be·stän·dig·keit *f* CHEM oxidation stability **Oxi·da·ti·ons·ka·ta·ly·sa·tor** *m* AUTO oxidizing catalyst **Oxi·da·ti·ons·mit·tel** *nt* CHEM oxidant, oxidizer
oxi·dier·bar *adj* CHEM oxidable, oxidizable; **~e Verbindung** oxidizable compound
oxi·die·ren* [ɔksi'di:rən] **I.** *vi sein o haben* to oxidize
II. *vt* ■**etw ~** to oxidize sth
Oxyd <-[e]s, -e> [ɔ'ksy:t, *pl* ɔ'ksy:də] *nt* oxide
Oxy·da·ti·on <-, -en> [ɔksy:da'tsi̯o:n] *f* oxidation
oxy·die·ren* [ɔksy:'di:rən] CHEM **I.** *vt* ■**etw ~** to oxidize sth
II. *vi sein o haben* to oxidize
Oxy·die·rung <-, -en> *f* oxidization, oxidation
Oxy·to·cin <-s, -e> [ɔksy:to'si:n] *nt* BIOL oxytocin
Oze·an <-s, -e> ['o:tsea:n] *m* ocean; **der Atlantische/Pazifische** [*o* **Stille**] **~** the Atlantic/Pacific Ocean
Oze·an·damp·fer *m* ocean liner
Oze·a·ni·en [otse'a:ni̯ən] *nt* Oceania
oze·a·nisch [otse'a:nɪʃ] *adj inv* ❶ *(einen Ozean betreffend)* oceanic
❷ *(Ozeanien betreffend)* Oceanic
Oze·a·no·gra·fie^RR^, Oze·a·no·gra·phie <-> [otseanogra'fi:] *f kein pl* oceanography *no pl, no art*
Oze·a·no·lo·gie <-> [otseanolo'gi:] *f kein pl* oceanology
Oze·lot <-s, -e> ['o:tselɔt, 'ɔtselɔt] *m* ❶ ZOOL ocelot *spec*

② MODE ocelot coat *spec*
Ozon <-s> [o'tso:n] *nt o m kein pl* ozone *no pl, no art*
Ozon·ab·bau *m kein pl* ozone depletion **Ozon·alarm** *m kein pl* METEO, ÖKOL, ADMIN ozone warning **Ozon·an·stieg** *m* increase [*or* rise] in ozone levels; ***ein ~ von 10 ppm*** a 10 ppm increase [*or* rise] in ozone levels **ozon·arm** *adj* ÖKOL low-ozone *attr,* ozone-deficient, characterized by low ozone levels *pred* **Ozon·be·kämp·fung** *f kein pl* METEO, ÖKOL, CHEM measure to cut [*or* reduce] ozone levels [in the air] **Ozon·be·las·tung** *f* METEO, ÖKOL, CHEM ozone build-up [in the lower atmosphere] *no pl* **Ozon·ge·halt** *m* CHEM ozone concentration *no pl* **Ozon·kil·ler** [-kɪlɐ] *m (fam)* METEO, ÖKOL, CHEM substance [*or* product] which contributes to the destruction of [*or* destroys] the ozone layer **Ozon·loch** *nt* ■**das ~** the ozone hole, the hole in the ozone layer **Ozon·schicht** *f kein pl* ■**die ~** the ozone layer, the ozonosphere *spec* **Ozon·schild** *m* ozone shield *spec* **Ozon·smog** [-smɔk] *m* ozone smog **Ozon-Vor·läu·fer·sub·stanz** *f* CHEM substance contributing to ozone formation; ■**eine ~ sein** to contribute to ozone formation

P

P, p <-, - *o fam* -s, -s> [pe:] *nt* P, p; **~ wie Paula** P for [*or* as in] Peter; *s. a.* **A 1**
Pa PHYS *Abk von* **Pascal** Pa
PA *nt* CHEM *Abk von* **Polyamid** polyamide
p. a. *adv Abk von* **per annum** p. a.
paar [pa:ɐ̯] *adj inv* ■**ein ~ ...** a few ...; **ein ~ Mal** a few [*or* a couple of] times; **alle ~ Tage/Wochen** every few days/weeks
▸WENDUNGEN: **du kriegst** [**gleich**] **ein ~!** *(fam)* you'll get a smack[ing *fam*]!
Paar <-s, -e> [pa:ɐ̯] *nt* ① *(Mann und Frau)* couple; **ein ~ werden** *(geh)* to become man and wife *form*
② *(zwei zusammengehörende Dinge)* pair; ***ein ~ Würstchen*** a couple of sausages; ***ein ~ neue Socken*** a pair of new socks
③ *(Gespann)* **ein ungleiches ~** an unlikely pair, an odd couple
paa·ren [pa:rən] **I.** *vr* ① *(kopulieren)* ■**sich** *akk* **~** to mate
② *(sich verbinden)* ■**sich** *akk* **mit etw** *dat* **~** to be coupled with sth
II. *vt* ① *(zur Kopulation zusammenbringen)* ■**etw ~** to mate [*or* pair] sth
② SPORT ■**jdn ~** to match sb
Paar·hu·fer <-s, -> *m* ZOOL even-toed ungulate, artiodactyl *spec,* cloven-hoofed animal
paa·rig [pa:rɪç] **I.** *adj* paired
II. *adv* in pairs; BOT *a.* binate *spec;* **~ angeordnet** arranged in pairs
Paar·lauf *m* pair-skating, pairs + *sing vb* **Paar·reim** *m* rhyming couplet **Paar·tanz** *m* partner dance **Paar·the·ra·pie** ['pa:ɐ̯terapi:] *f* PSYCH couple[s] therapy; *(für Ehepaare)* marriage counselling [*or* guidance]
Paa·rung <-, -en> *f* mating; **zur ~ bereit sein** to be ready to mate
Paa·rungs·zeit *f* mating season
paar·wei·se *adv* in pairs [*or* twos]
Paar·wett·be·werb *m* SPORT pairs competition
Pacht <-, -en> [paxt] *f* ① *(Entgelt)* rent[al] *no indef art, no pl*
② *(Nutzungsvertrag)* lease; **etw in ~ haben** to have sth on lease [*or form* leasehold]
Pacht·ab·kom·men *nt* lease arrangement
pacht·bar *adj* rentable, tenantable
Pacht·be·din·gun·gen *pl* terms of a lease **Pacht·be·sitz** *m* leasehold [property], tenure by lease
pach·ten ['paxtn̩] *vt* ■**etw** [**von jdm**] **~** to lease sth [from sb]
▸WENDUNGEN: **etw für sich** *akk* **gepachtet haben** *(fam)* to have got a monopoly on sth; *s. a.* **Weisheit**
Päch·ter(in) <-s, -> ['pɛçtɐ] *m(f)* tenant, leaseholder, lessee *spec*
Päch·ter·pfand·recht *nt* JUR lessee's statutory lien
Pacht·kre·dit *m* JUR credit for leaseholders **Pacht·kre·dit·ge·setz** *nt* JUR Leasehold Credit Act
Pacht·ob·jekt *nt* leased object **Pacht·recht** *nt* law of lease, leasehold right
Pach·tung <-, -en> *f* tenancy, leasehold; **~ auf Lebensdauer** tenancy for life
Pacht·ver·hält·nis *nt* lease, tenancy [agreement]; **widerrufliches ~** tenancy at will; **zeitlich begrenztes ~** periodic tenancy; **von einem ~ zurücktreten** to terminate a lease **Pacht·ver·trag** *m* lease **Pacht·zins** *m* leasehold rent
Pack[1] <-[e]s, -e *o* Päcke> [pak, *pl* 'pɛkə] *m (Stapel)* pile, stack; *(zusammengeschnürt)* bundle, pack
Pack[2] <-s> [pak] *nt kein pl (pej: Pöbel)* rabble *pej,* riff-raff + *pl vb pej*
▸WENDUNGEN: **~ schlägt sich, ~ verträgt sich** *(prov)* one minute the rabble are at each other's throats, the next they're the best of friends, rabble like that are at each other's throats one minute and friends again the next
Päck·chen <-s, -> ['pɛkçən] *nt* ① *(Postversand)* small parcel, package
② *(Packung)* packet, pack
③ *(kleiner Packen)* pack, bundle
▸WENDUNGEN: **jeder hat sein ~ zu tragen** we all have our cross to bear
Pack·eis *nt* pack ice *no art, no pl*
pa·ckeln ['pakl̩n] *vi* ÖSTERR *(fam) s.* **paktieren**
pa·cken ['pakn̩] **I.** *vt* ① *(ergreifen)* ■**jdn/etw ~** to grab [hold of] sb/sth, to seize sb/sth; ***wenn ich dich packe/zu ~ kriege ...*** when I get hold of you ...; ■**jdn/etw bei etw** *dat*/**an etw** *dat* **~** to grab [*or* seize] sb/sth by sth; **jdn an** [*o* **bei**] **dem Kragen ~** to grab sb by the collar
② *(vollpacken)* ■**etw ~** to pack sth; **ein Paket ~** to make up *sep* a parcel
③ *(verstauen)* ■**etw** [**in etw** *akk*] **~** to pack sth [in[to] sth]; **etw in den Koffer ~** to pack [*or* put] sth in the suitcase; **etw in den Safe ~** to put sth [away] in the safe; **Gepäck in den Kofferraum ~** to stow [*or* put] luggage in the boot
④ *(überkommen)* ■**jdn ~** to seize sb; ***von Abenteuerlust gepackt*** seized by a thirst for adventure; ***da packte mich nur noch der Ekel*** I was seized by revulsion; ***mich packt auf einmal ein unwiderstehliches Verlangen nach Island zu fliegen*** I suddenly have an irresistible urge to fly to Iceland
⑤ *(sl: bewältigen)* ■**etw ~** to manage sth; **eine Prüfung ~** to pass an exam; ***das Examen ist leicht zu ~*** the exam is easy [*or* BRIT *fam!* a piece of piss]
⑥ *(erreichen)* ■**etw ~** to catch sth; ***beeilt euch, sonst ~ wir es nicht mehr!*** hurry up, otherwise we won't make it!
⑦ *(sl: kapieren)* ■**etw ~** to get sth *fam*
▸WENDUNGEN: **jdn bei der Ehre ~** to appeal to sb's sense of honour; **es hat jdn** [**ganz schön**] **gepackt** *(fam)* sb has it bad *fam;* ***ihn hat es ganz schön gepackt, er ist über beide Ohren verliebt*** he's got it bad, he's head over heels in love
II. *vr (fam)* ■**sich** *akk* **~** to clear off, to beat it *fam*
Pa·cken <-s, -> ['pakn̩] *m* stack; *(unordentlich a.)* pile; *(zusammengeschnürt)* bundle
pa·ckend *adj* absorbing; **ein packendes Buch/packender Film** a thrilling book/film
Pa·cker(in) <-s, -> ['pakɐ] *m(f)* ① *(im Versand)* packer
② *(bei einer Möbelspedition)* [furniture] packer [*or* BRIT *a.* remover], removal [*or* moving] man, AM *a.* mover
Pa·cke·rei <-> [pakə'rai] *f kein pl (fam)* [tiresome] packing *no indef art, no pl*
Pa·cke·rin <-, -nen> *f fem form von* **Packer**
Pack·esel *m (Lasttier)* pack mule; *(fig)* packhorse
Pack·pa·pier *nt* wrapping [*or* brown] paper *no art, no pl* **Pack·sat·tel** *m* packsaddle
Pa·ckung <-, -en> *f* ① *(Schachtel)* pack[et]; **eine ~ Pralinen** a box of chocolates; **eine neue ~ anbrechen** to start [on] a new packet
② MED pack, compress; **eine feuchte ~** a poultice, a fomentation; *(Kosmetik)* a beauty pack
③ *(Niederlage)* **eine ~ bekommen** to get a thrashing [*or fam* hammering]
④ NUKL packing
Pa·ckungs·an·teil *m* NUKL packing fraction
Pa·ckungs·bei·la·ge *f* PHARM *information leaflet included in medicine packets*
Pa·ckungs·dich·te *f* PHYS packing density
Pack·wa·gen *m* luggage van BRIT, baggage car AM
Pad <-s, -s> [pɛt] *nt* INFORM [mouse] pad
Pä·da·go·ge, Pä·da·go·gin <-n, -n> [pɛda'go:gə, pɛda'go:gɪn] *m, f* ① *(Lehrer)* teacher, pedagogue *old*
② *(Erziehungswissenschaftler)* education[al]ist
Pä·da·go·gik <-> [pɛda'go:gɪk] *f kein pl* [theory of] education *no art, no pl,* educational theory *no art, no pl,* pedagogy *no art, no pl spec*
Pä·da·go·gin <-, -nen> *f fem form von* **Pädagoge**
pä·da·go·gisch [pɛda'go:gɪʃ] **I.** *adj* educational *attr,* pedagogic[al] *spec;* **~e Fähigkeiten** teaching ability
II. *adv* educationally, pedagogically *spec;* **~ falsch sein** to be wrong from an educational point of view; *s. a.* **Hochschule**
Pad·del <-s, -> ['padl̩] *nt* paddle
Pad·del·boot *nt* canoe
pad·deln ['padl̩n] *vi sein o haben* ① *(das Paddel bewegen)* to paddle
② *(mit dem Paddelboot fahren)* to paddle, to canoe
Padd·ler(in) <-s, -> *m(f)* canoeist
Pä·de·rast <-en, -en> [pɛde'rast] *m* PSYCH pederast, BRIT *a.* paederast
Pä·di·a·ter <-s, -> [pɛ'di̯a:tɐ] *m* MED paediatrician BRIT, pediatrician AM
Pä·di·a·trie <-> [pɛdi̯a'tri:] *f kein pl* MED paediatrics BRIT + *sing vb,* pediatrics AM + *sing vb*
Pa·el·la <-, -s> [pa'ɛlja] *f* KOCHK paella
Pa·el·la·pfan·ne *f* paella pan
PAFC <-, -s> [pe:ʔa:ʔɛf'tse:] *f Abk von* **Phosphorsäurebrennstoffzelle** PAFC
paf·fen ['pafn̩] **I.** *vi (fam: rauchen)* to puff away; *(nicht inhalieren)* to puff
II. *vt (fam)* ■**etw ~** to puff away at sth
Paf·fer <-s, -> *m (pej: Raucher)* puffer *fam*
Pa·ge <-n, -n> ['pa:ʒə] *m* ① *(Hoteldiener)* page [boy], bellboy, AM *a.* bellhop
② HIST page
Pa·gen·kopf ['pa:ʒən-] *m* bob, pageboy [hairstyle [*or* cut]]
Pa·ger <-s, -> ['pe:dʒɐ] *m* pager
Pa·gi·na <-, -s> ['pa:gina] *f* TYPO folio, page number
pa·gi·nie·ren* [pagi'ni:rən] *vt* ■**etw ~** to paginate sth *spec*
Pa·gi·nie·rung <-, -en> *f* TYPO pagination
Pa·go·de <-, -n> [pa'go:də] *f* pagoda
pah [pa:] *interj* pah, huh
Pail·let·te <-, -n> [pai̯'jɛtə] *f* sequin, spangle, paillette *spec*
Paint·ball <-[s]> ['peɪntbɔ:l] *m kein pl* SPORT *(Aktivität)* paintballing, paintball
Pa·ket <-[e]s, -e> [pa'ke:t] *nt* ① *(Sendung)* parcel
② *(umhüllter Packen)* package
③ *(Packung)* packet
④ *(Gesamtheit)* package
⑤ *(Stapel)* pile, stack
Pa·ket·an·nah·me *f* ① *(Paketschalter)* parcels counter ② *kein pl* acceptance of parcels; ***„~ nur von 10 bis 12 Uhr"*** "parcels accepted only between 10 and 12 o'clock" **Pa·ket·aus·ga·be** *f* parcels office [*or* counter] **Pa·ket·aus·la·ge** *f* TYPO bundle [*or* batch] delivery **Pa·ket·be·för·de·rung** *f* parcel handling *no art, no pl;* ***diese Firma ist spezialisiert auf ~*** this firm specializes in handling parcels **Pa·ket·bom·be** *f* parcel bomb **Pa·ket·ge·bühr** *f* HANDEL parcel rate **Pa·ket·han·del** *m* BÖRSE block trading, package licensing **Pa·ket·kar·te** *f* [parcel *form*] dispatch form **Pa·ket·po·li·ce** *f* ÖKON package policy **Pa·ket·post** *f* parcel post *no art, no*

pl **Pa·ket·schal·ter** *m* parcels counter **Pa·ket·sta·ti·on** *f a local collection point with rentable lockers, from which people can collect parcels sent to them by post* **Pa·ket·um·schlag·stel·le** *f* ADMIN parcels sorting office **Pa·ket·zu·stel·lung** *f* parcel delivery

Pa·ki <-s, -s> ['pa:kɪ] *m (fam)* Pakistani [*or* BRIT *a.* Paki] *pej fam!*

Pa·kis·tan <-s> ['pa:kɪsta:n] *nt* Pakistan

Pa·kis·ta·ner(in) <-s, -> [pakɪs'ta:nɐ] *m(f)*, **Pa·kis·ta·ni** <-[s], -[s]> [pakɪs'ta:ni] *m o f* Pakistani, Paki *pej fam!*

pa·kis·ta·nisch [pakɪs'ta:nɪʃ] *adj* Pakistani

Pakt <-[e]s, -e> [pakt] *m* pact, agreement; **der Warschauer ~** the Warsaw Pact

pak·tie·ren* [pak'ti:rən] *vi* ■**mit jdm ~** to make a pact [*or* deal] [*or* do a deal] with sb

Pa·la·din <-s, -e> [pala'di:n] *m* ❶ *(liter: am Hofe Karls des Großen)* paladin
❷ *(oft iron geh: treuer Anhänger)* cohort

Pa·lais <-, -> [pa'lɛ:, *pl* -'ɛ:s] *nt* palace

Pa·läo·an·thro·po·lo·ge, -an·thro·po·lo·gin [palɛoʔantropo'lo:gə] *m, f* SCI palaeoanthropologist [*or* AM paleoanthropologist]

Pa·läo·an·thro·po·lo·gie [palɛoʔantropolo'gi:] *f* palaeoanthropology BRIT *no pl, no art spec,* paleoanthropology AM *no pl, no art spec* **Pa·läo·mag·ne·tis·mus** [palɛoʔ-] *m* GEOL *kein pl* palaeomagnetism BRIT, paleomagnetism AM

Pa·lä·on·to·lo·gie <-> [palɛɔntolo'gi:] *f kein pl* palaeontology BRIT, paleontology AM

Pa·läo·phy·ti·kum [palɛo'fy:tikʊm] *nt* ■**das ~** the Palaeophytic [*or* AM Paleophytic] [Period]

Pa·läo·zo·i·kum <-s> [palɛo'tso:ikʊm] *nt* GEOL *kein pl* Palaeozoic BRIT, Paleozoic AM

Pa·last <-[e]s, Paläste> [pa'last, *pl* pa'lɛstə] *m* palace

Pa·läs·ti·na <-s> [palɛs'ti:na] *nt* Palestine

Pa·läs·ti·nen·ser(in) <-s, -> [palɛsti'nɛnzɐ] *m(f)* Palestinian

Pa·läs·ti·nen·ser·or·ga·ni·sa·ti·on *f* Palestinian organization [*or* group]

Pa·läs·ti·nen·ser·tuch *nt* keffiyeh

pa·läs·ti·nen·sisch [palɛsti'nɛnzɪʃ] *adj inv* Palestinian; **die P~e Befreiungsorganisation** [*o* **die PLO**] the Palestine Liberation Organization, the PLO

Pa·lat·schin·ken <-, -n> [pala'tʃɪŋkən] *f* ÖSTERR stuffed pancake

Pa·la·ver <-s, -> [pa'la:vɐ] *nt (fam)* palaver *no pl fam*

pa·la·vern* [pa'la:vɐn] *vi (fam)* to palaver

Pal·boh·ne ['pa:l-] *f* fresh green bean kernel

Pal·erb·se *f* yellow pea

Pa·lett <-s, -s> [pa'lɛt] *nt* SCHWEIZ *(Stapelplatte)* pallet, platform

Pa·let·te <-, -n> [pa'lɛtə] *f* ❶ *(Stapelplatte)* pallet, platform
❷ KUNST palette
❸ *(geh: reiche Vielfalt)* range

pa·let·ti [pa'lɛti] *adv* ▸WENDUNGEN: **alles ~** *(sl)* everything's OK [*or* cool] *fam*

pa·let·tie·ren* [palɛ'ti:rən] *vt* ÖKON, TECH ■**etw ~** to palletize sth

Pa·li·sa·de <-, -n> [pali'za:də] *f* pale, stake, palisade

Pa·li·sa·den·zaun *m* palisade, stockade

Pa·li·san·der <-s, -> *m*, **Pa·li·san·der·holz** [pali'zandɐ] *nt* jacaranda *no art, no pl*

Pal·la·di·um <-s> [pa'la:diʊm] *nt kein pl* CHEM palladium *no art, no pl*

pal·li·a·tiv [palia'ti:f] *adj inv* MED *(fachspr)* palliative

Pal·li·a·tiv·me·di·zin *f* MED palliative medicine

pal·li·a·tiv·me·di·zi·nisch *adj* MED palliative

Palm <-s, -s> [pɑ:m] *m* INET, TELEK, INFORM PDA, palmtop, Palm®

Pal·me <-, -n> ['palmə] *f* palm [tree]
▸WENDUNGEN: **jdn [mit etw** *dat*] **auf die ~ bringen** *(fam)* to drive sb up the wall [*or* make sb's blood boil] [with sth] *fam*

Pal·men·hain *m* palm grove **Pal·men·zweig** *m* palm frond [*or* branch]

Palm·farn *m* BOT palmlike cycad **Palm·fett** *nt* palm butter [*or* oil] **Palm·her·zen** *pl* palm hearts *pl* **Palm·kohl** *m* palm kale **Palm·öl** *nt* palm oil

Palm·pi·lot <-[s], -s> ['pɑ:mpaɪlət] *m* INFORM Palm Pilot **Palm·sonn·tag** [palm'zɔnta:k] *m* Palm Sunday

Palm·top <-s, -s> ['pɑ:m-] *nt* INFORM palmtop

Palm·we·del *m* palm frond [*or* leaf]

Pamp <-[e]s> [pamp] *m kein pl* DIAL *(fam) s.* **Pampe**

Pam·pa <-, -s> ['pampa] *f* pampas *pl*
▸WENDUNGEN: **[mitten] in der ~** *(fam)* in the middle of nowhere

Pam·pas·gras ['pampas-] *nt* pampas grass *no pl, no art*

Pam·pe <-> ['pampə] *f kein pl* DIAL *(pej fam)* mush *pej fam; (klebrig a.)* goo *fam*

Pam·pel·mu·se <-, -n> ['pampl̩mu:zə, pampl̩'mu:zə] *f* grapefruit

Pam·pel·mu·sen·baum *m* grapefruit [tree]

Pam·pers® <-, -> ['pæmpɐs] *f (Windel)* Pampers®

Pam·phlet <-[e]s, -e> [pam'fle:t] *nt (pej geh)*
❶ *(Schmähwerk)* lampoon
❷ *(Druck)* defamatory [*or* polemical] pamphlet *form*

pam·pig *adj (fam)* ❶ *(frech)* stroppy BRIT *fam,* ill-tempered
❷ *(zäh breiig)* mushy *fam; (klebrig a.)* gooey *fam*

Pan <-s> [pa:n] *m* LIT Pan *no pl, no art*

PAN CHEM *Abk von* **Polyacrylnitril** PAN

Pa·na·de <-, -n> [pa'na:də] *f* KOCHK breadcrumb coating, panada *spec*

Pa·na·ma¹ <-s> ['panama] *nt* Panama

Pa·na·ma² <-s, -s> ['panama] *m (Hut)* Panama [hat]

Pa·na·ma·er(in) <-s, -> ['panamaɐ] *m(f)* Panamanian

Pa·na·ma·hut *m* panama [hat]

pa·na·ma·isch [pana'ma:ɪʃ] *adj* Panamanian

Pa·na·ma·ka·nal <-s> *m* ■**der ~** the Panama Canal

pan·ara·bisch [panʔa'ra:bɪʃ] *adj inv* POL pan-Arab[ic]

Pan·ara·bis·mus [panʔara'bɪsmʊs] *m kein pl* POL pan-Arabism

pa·na·schie·ren* [pana'ʃi:rən] *vi* POL to split one's vote

Pan·da <-s, -s> ['panda] *m* [giant] panda

pan·de·misch [pan'de:mɪʃ] *adj inv* MED pandemic

Pa·neel <-s, -e> [pa'ne:l] *nt (form)* ❶ *(Einzelteil)* panel
❷ *(Täfelung)* panelling *no pl, no indef art,* paneling AM *no pl, no indef art*

Pan·flö·te ['pa:n-] *f* panpipes *npl*

pa·nie·ren* [pa'ni:rən] *vt* KOCHK ■**etw ~** to bread sth *(to coat sth in seasoned, whisked egg and breadcrumbs)*

Pa·nier·mehl *nt* breadcrumbs *pl*

Pa·nik <-, -en> ['pa:nɪk] *f* panic *no pl;* ***nur keine ~!*** *(fam)* don't panic!; **von ~ ergriffen sein/werden** to be/become panic-stricken; **zu einer ~ führen** to lead to panic; **ein Gefühl der ~** a feeling of panic; **in ~ geraten** to [get into a] panic; **~ schieben** *(sl)* to get in a panic, to push the panic button

pa·nik·ar·tig *adj inv* panic-stricken

Pa·nik·be·schlag *m* BAU panic hardware

Pa·nik·kauf *m* panic buying **Pa·nik·käu·fe** *pl* panic buying *no pl* **Pa·nik·ma·che** <-> *f kein pl (pej fam)* scaremongering *no pl, no art pej,* panic-mongering *no pl, no art pej* **Pa·nik·ma·cher(in)** <-s, -> *m(f) (pej)* panic-merchant **Pa·nik·schloss^RR** *nt* BAU panic lock **Pa·nik·stim·mung** *f* mood [*or* atmosphere] of panic; **in ~ geraten** to get into a panic **Pa·nik·ver·kauf** *m* BÖRSE panic selling

pa·nisch ['pa:nɪʃ] **I.** *adj attr* panic-stricken; **in ~er Erregung** panic-stricken
II. *adv* in panic; **sich** *akk* **~ fürchten** to be terrified

Pan·kre·as <-, Pankreaten> ['pankreas, *pl* pankre'a:tn̩] *nt* pancreas

Pan·ne <-, -n> ['panə] *f* ❶ AUTO, TECH breakdown; **eine ~ haben** to have a breakdown, to breakdown
❷ *(Missgeschick)* mishap, slip-up; ***mir ist da eine kleine ~ passiert*** I've had a slight mishap

Pan·nen·dienst <-es, -e> *m* TECH breakdown [*or* AM towing] service **Pan·nen·hil·fe** *f* breakdown [*or* AM towing] service **Pan·nen·kof·fer** *m* AUTO emergency toolkit **Pan·nen·sta·tis·tik** *f* breakdown statistics **Pan·nen·ver·si·che·rung** *f* breakdown insurance

Pa·no·ra·ma <-s, Panoramen> [pano'ra:ma, *pl* -'ra:mən] *nt* panorama

Pa·no·ra·ma·bus *m* panorama coach, coach with panoramic windows **Pa·no·ra·ma·fens·ter** *nt* ARCHIT panoramic window [*or* AM *a.* picture] **Pa·no·ra·ma·spie·gel** *m* AUTO panoramic mirror

pan·schen ['panʃn̩] **I.** *vt* ■**etw ~** to adulterate [*or sep* water down] sth
II. *vi* ❶ *(mit Wasser verdünnen)* to adulterate [*or sep* water down] a[n alcoholic] drink
❷ *(fam: planschen)* to splash about

Pan·scher(in) <-s, -> *m(f) (pej fam)* adulterator

Pan·sen <-s, -> ['panzn̩] *m* ❶ ZOOL rumen *spec*
❷ NORDD *(fam: Magen)* belly *fam*

Pan·sla·wis·mus <-> [pansla'vɪsmʊs] *m kein pl* ■**der ~** Pan-Slavism

pan·sla·wis·tisch *adj* Pan-Slavic

Pan·ter^RR <-s, -> ['pantɐ] *m* panther

Pan·the·is·mus <-> [pante'ɪsmʊs] *m kein pl* pantheism *no art, no pl*

pan·the·is·tisch *adj* pantheistic

Pan·ther <-s, -> ['pantɐ] *m s.* **Panter**

Pan·ti·ne <-, -n> [pan'ti:nə] *f* NORDD *s.* **Pantoffel**

Pan·tof·fel <-s, -n> [pan'tɔfl̩] *m* [backless] slipper
▸WENDUNGEN: **unter den ~ geraten** [*o* **kommen**] *(fam)* to become henpecked [*or* a henpecked husband]; **den ~ schwingen** to be the one wearing the trousers; **unter dem ~ stehen** *(fam)* to be under sb's thumb

Pan·tof·fel·held *m (fam)* henpecked husband **Pan·tof·fel·ki·no** *nt (hum fam)* telly BRIT *fam,* tube AM *fam* **Pan·tof·fel·tier·chen** *nt* BIOL slipper animalcule *spec*

Pan·to·let·te <-, -n> [panto'lɛtə] *f* backless slipper

Pan·to·mi·me <-, -n> [panto'mi:mə] *f* mime *no pl, no art*

Pan·to·mi·me, Pan·to·mi·min <-n, -n> [panto'mi:mə, panto'mi:mɪn] *m, f* mime [artist]

pan·to·mi·misch [panto'mi:mɪʃ] **I.** *adj* mimed, in mime *pred*
II. *adv* in mime; **etw ~ darstellen** to present sth in mime, to mime sth

pant·schen ['pantʃn̩] *vt, vi s.* **panschen**

Pan·zer¹ <-s, -> ['pantsɐ] *m* MIL tank

Pan·zer² <-s, -> ['pantsɐ] *m* ❶ *(Schutzhülle)* shell; *einer Schildkröte, eines Krebses a.* carapace *spec; eines Krokodils* bony plate; *eines Nashorns, Sauriers* armour [*or* AM -or] *no pl, no indef art*
❷ *(Panzerung)* armour [*or* AM -or] plating *no pl, no indef art,* armour-plate *no pl, no indef art; eines Reaktors* shield
❸ HIST breastplate, cuirass *spec*

Pan·zer·ab·wehr *f* anti-tank defence [*or* AM -se] **Pan·zer·ab·wehr·ka·no·ne** *f* MIL anti-tank gun **Pan·zer·bri·ga·de** *f* MIL armoured brigade **Pan·zer·di·vi·si·on** *f* tank [*or* armoured [*or* AM -ored]] division **Pan·zer·faust** *f* bazooka **Pan·zer·glas** *nt* bullet-proof [*or* BRIT armoured] [*or* AM armored] glass *no pl* **Pan·zer·gra·na·te** *f* MIL armour-piercing [*or* AM armor-piercing] shell **Pan·zer·kreu·zer** *m* NAUT [armoured [*or* AM -ored]] cruiser

pan·zern ['pantsɐn] *vt* ■**etw ~** to armour-[*or* AM -or-]plate sth; ■**gepanzert** armour-[*or* AM -or-]plated

Pan·zer·schrank *m* safe **Pan·zer·späh·wa·gen** *m* armoured [*or* AM -ored] scout car **Pan·zer·sper·re** *f* MIL tank trap, anti-tank obstacle

Pan·ze·rung <-, -en> *f* ❶ *(gepanzertes Gehäuse)* armour-[*or* AM -or-]plating *no pl, no indef art; eines Reaktors* shield
❷ ZOOL shell; *einer Schildkröte, eines Krebses a.* carapace *spec; eines Alligators, Gürteltiers* bony [*or* horny] plate; *eines Nashorns, Sauriers* armour [*or* AM -or] *no pl, no indef art*

Pan·zer·wa·gen *m* ❶ MIL *(Panzer)* tank
❷ *(Wagen)* armoured [*or* AM armored] car [*or* vehicle]

Pa·pa <-s, -s> [pa'pa:, 'papa] *m (fam)* dad[dy *esp*

childspeak] *fam, esp* AM pop *fam*

pa·pa·bi·le [pa'pa:bilə] *adj* papabile *(considered worthy of being or eligible to be pope)*

Pa·pa·bi·le <-, Papabili> [pa'pa:bilə, *pl* -bili] *m meist pl* papabile

Pa·pa·gei <-s, -en> [papa'gai] *m* parrot; **wie ein ~** like a parrot, parrot-fashion; **etw wie ein ~ nachplappern** to parrot sth *pej*

Pa·pa·gei·en·krank·heit *f kein pl* MED parrot disease [*or* fever], psittacosis *spec*

Pa·pa·gei·tau·cher *m* ORN puffin

Pa·pa·raz·zi [papa'ratsi] *pl* MEDIA paparazzi *pl*

Pa·pa·ya <-, -s> [pa'pa:ja] *f* papaya, pawpaw

Pa·per·back <-s, -s> ['pe:pɐbɛk] *nt* VERLAG, LIT paperback

Pa·pe·te·rie <-, -n> [papɛtə'ri:, *pl* -'ri:ən] *f* SCHWEIZ *(Schreibwarengeschäft)* stationery shop [*or* AM *usu* store], stationer's

Pa·pi <-s, -s> ['papi] *m (fam)* daddy *esp childspeak fam*

Pa·pier <-s, -e> [pa'pi:ɐ̯] *nt* ❶ *kein pl (Material)* paper *no pl, no art;* **ein gutes/teures ~** good quality/expensive paper; **zweilagiges/mehrlagiges ~** two-part/multi-layer paper; **~ verarbeitend** paper-processing *attr;* **etw zu ~ bringen** to put down sth *sep* in writing
❷ *(Schriftstück)* paper, document; JUR *(Urkunde)* document, instrument
❸ *(Ausweise)* ■**~e** [identity] papers *pl*
❹ *(Arbeitspapiere)* ■**~e** cards *pl,* employment papers *pl*
❺ FIN, BÖRSE *(Wertpapier)* security; **börsenfähiges/festverzinsliches ~** stock exchange/fixed-interest security; **diskontfähiges ~** discountable bill; **indossables ~** security transferable by endorsement
▶WENDUNGEN: **nur auf dem ~ bestehen** [*o* **existieren**] to exist only on paper; **~ ist geduldig** you can say what you like on paper

Pa·pier·ab·zug *m* TYPO bromide, print **Pa·pier·back·förm·chen** *pl* paper muffin cases [*or* cups] *pl* **Pa·pier·brei·te** *f* paper [*or* web] width **Pa·pier·chro·ma·to·gra·phie** [-kromatografi:] *f kein pl* CHEM paper [strip] chromatography **Pa·pier·di·cke** *f* paper thickness, paper gauge [*or* calliper]

Pa·pie·re *pl* ❶ *(Ausweispapiere)* [identity] papers *pl;* **hast du deine ~ dabei?** do you have identification [*or* your papers] with you?
❷ *(Dokumente)* papers *pl,* documents *pl*
▶WENDUNGEN: **seine ~ bekommen** *(fam)* to get one's cards BRIT, to get one's walking papers AM

Pa·pier·ein·zug *m* paper feed

pa·pie·ren [pa'pi:rən] *adj inv, attr* ❶ *(aus Papier) Tischdecke* paper
❷ *(wie Papier) Haut* papery
❸ *(fig: steif) Ausdrucksweise* wooden

Pa·pier·fa·brik *f* paper mill **Pa·pier·for·mat** *nt* TYPO ❶ *(Papiergröße)* paper size ❷ *(Druckbereich)* page orientation **Pa·pier·geld** *nt* paper money *no pl, no art* **Pa·pier·ge·schäft** *nt* stationer's BRIT, stationery store AM **Pa·pier·ge·wicht** *nt* paper weight

Pa·pier·hand·tuch *nt* paper towel **Pa·pier·hand·tuch·spen·der** *m* paper-towel dispenser

Pa·pier·in·du·stri·el·le(r) *f(m) dekl wie adj* paper industrialist **Pa·pier·kas·set·te** *f* paper tray **Pa·pier·korb** *m* [waste]paper basket [*or* BRIT *a.* bin], *esp* AM wastebasket; INFORM trashcan, scrap **Pa·pier·kram** *m (fam)* [tiresome] paperwork *no pl, no indef art* **Pa·pier·krieg** *m (fam: Schreibtischarbeit)* [tiresome] paperwork *no pl, no indef art; (Korrespondenz)* tiresome exchange of letters **Pa·pier·län·ge** *f* paper length **Pa·pier·lauf·rich·tung** *f* grain direction, paper grain **Pa·pier·sack** <-[e]s, -säcke> *m* ÖSTERR, SCHWEIZ *(Papiertüte)* paper bag **Pa·pier·schacht** *f* paper tray **Pa·pier·sche·re** *f* paper scissors *npl* **Pa·pier·schnit·zel** *nt* scrap of paper, paper scrap, BRIT *a.* bit of paper **Pa·pier·ser·vi·et·te** *f* paper napkin [*or esp* BRIT serviette] **Pa·pier·stau** *m* INFORM, TECH paper jam **Pa·pier·ta·schen·tuch** *nt* paper handkerchief [*or fam* hanky] [*or fam* hankie], tissue **Pa·pier·ti·ger** *m (fam)* paper tiger **Pa·pier·tü·te** *f* paper bag **Pa·pier·vo·lu·men** *nt* paper volume **Pa·pier·vor·schub** *m* TYPO paper feed[er] **Pa·pier·wa·ren** *pl* stationery *no pl* **Pa·pier·weg** *m* TYPO paper track **Pa·pier·zu·fuhr** *m* paper feed **Pa·pier·zu·schuss**RR *m* TYPO allowance for spoil

Pa·pil·lo·te <-, -n> [papi'jo:tə] *f* KOCHK papillote

papp [pap] *interj* ▶WENDUNGEN: **nicht mehr ~ sagen können** *(fam)* to be full to bursting *fam*

Papp·band *m (Buch)* stiff board binding **Papp·be·cher** *m* paper cup **Papp·de·ckel** *m* cardboard *no pl, no art*

Pap·pe <-, -n> ['papə] *f* cardboard *no art, no pl* ▶WENDUNGEN: **nicht von ~ sein** *(fam)* to be not [half *fam*] bad

Papp·ein·band *m* pasteboard **Papp·ein·de·ckung** *f* BAU felt covering

Pap·pel <-, -n> ['papl̩] *f* poplar

päp·peln ['pɛpl̩n] *vt (fam)* ■**jdn/etw ~** to nourish [*or sep* feed up] sb/sth

pap·pen ['papn̩] I. *vt (fam)* ■**etw an** [*o* **auf**] **etw** *akk* **~** to stick sth on[to] sth
II. *vi (fam)* to stick; *(klebrig sein)* to be sticky

Pap·pen·hei·mer ['papn̩haimɐ] *pl* ▶WENDUNGEN: **seine ~ kennen** *(fam)* to know what to expect from that lot *fam* **Pap·pen·stiel** *m (fam)* ▶WENDUNGEN: **für einen ~** for a song [*or* next to nothing] *fam;* **kein ~ sein** to not be chickenfeed *fam;* **keinen ~ wert sein** to be not worth a thing [*or dated* fig] *fam*

pap·per·la·papp [papɐla'pap] *interj (veraltend fam)* poppycock *dated fam,* rubbish, [stuff and *dated*] nonsense

pap·pig ['papɪç] *adj (fam)* ❶ *(klebrig)* sticky
❷ *(breiig)* mushy *fam*

Papp·ka·me·rad *m* MIL *(sl)* cut-out [*or* silhouette] target **Papp·kar·ton** *m* ❶ *(Pappschachtel)* cardboard box ❷ *(Pappe)* cardboard *no pl, no art* **Papp·ma·ché, Papp·ma·schee**RR <-s, -s> ['papmaʃe:] *nt* papier-mâché *no pl, no art* **Papp·na·se** *f* false [cardboard] nose

Papps <-> [paps] *m kein pl (fam: Brei)* mush *pej fam*

Papp·sack *m* SÜDD *(pej sl)* dirty bastard *sl,* AM *a.* scuzz[ball] *fam*

papp·satt *adj inv (fam)* [completely] stuffed *fam*

Papp·schach·tel *f* cardboard box

Papp·schnee *m* wet [*or* sticky] snow *no pl, no art*

Papp·tel·ler *m* paper plate

Pap·ri·ka <-s, -[s]> ['paprika] *m* ❶ *kein pl (Strauch)* paprika *no pl,* capsicum *spec*
❷ *(Schote)* pepper, capsicum *spec*
❸ *kein pl (Gewürz)* paprika *no pl, no art*

Pap·ri·ka·scho·te *f* capsicum, pepper, pim[i]ento; **gelbe/grüne/rote ~** yellow/green/red pepper; **gefüllte ~n** stuffed peppers

pap·ri·zie·ren [papri'tsi:rən] *vt* KOCHK **eine Speise ~** to season a dish heavily with paprika

Paps <-> [paps] *m kein pl (fam)* dad *fam, esp* AM pop[s] *fam*

Papst <-[e]s, Päpste> [pa:pst, *pl* 'pɛ:pstə] *m* ■**der ~** the Pope
▶WENDUNGEN: **päpstlicher sein als der ~** to be holier [*or* more Catholic] than the Pope

päpst·lich ['pɛ:pstlɪç] *adj* papal *a. pej,* pontifical *form*

Papst·mo·bil <-s> *nt kein pl* Popemobile

Papst·tum <-[e]s> *nt kein pl* papacy

Papst·wahl *f* papal election

Pa·pua[1] <-, -> [pa'pu:a, 'pa:pu̯a] *m o f* Papuan

Pa·pua[2] <-> [pa'pu:a, 'pa:pu̯a] *nt* Papuan

Pa·pua-Neu·gui·nea <-s> ['pa:pu̯anɔygi'ne:a] *nt* Papua New Guinea

Pa·pua-Neu·gui·ne·er(in) <-s, -> ['pa:pu̯anɔygi'ne:ɐ] *m(f)* Papua New Guinean

pa·pua-neu·gui·ne·isch ['pa:pu̯anɔygi'ne:ɪʃ] *adj* Papua New Guinean

pa·pu·a·nisch [pa'pu̯a:nɪʃ] *adj s.* **papua-neuguineisch**

Pa·py·rus <-, Papyri> [pa'py:rʊs, *pl* -ri] *m* ❶ *(Schreibmaterial)* papyrus *no art, no pl*
❷ *(gerollter Papyrus)* papyrus scroll

Pa·py·rus·rol·le *f* papyrus scroll

Par <-[s], -s> [pa:r] *nt (im Golf)* par

Pa·ra ['pa:ra] *m Abk von* **Paramilitär** paramilitary

Pa·ra·bel <-, -n> [pa'ra:bl̩] *f* ❶ LIT parable
❷ MATH parabolic curve, parabola *spec*

Pa·ra·bol·an·ten·ne [para'bo:l-] *f* parabolic aerial, satellite dish

pa·ra·bo·lisch I. *adj* ❶ LIT parabolic[al] *spec;* **eine ~e Erzählung** a parable
❷ MATH parabolic
II. *adv* LIT parabolically *spec*

Pa·ra·bol·spie·gel *m* parabolic mirror

Pa·ra·de <-, -n> [pa'ra:də] *f* ❶ MIL parade, review; **die ~ abnehmen** to take the salute
❷ SPORT *(Fechten)* parry; *(beim Ballspiel)* block, save; *(beim Reiten)* check, [half-]halt
▶WENDUNGEN: **jdm in die ~ fahren** *(geh: jds Pläne durchkreuzen)* to foil sb's plans, to spike sb's guns *fam; (jdn rüde unterbrechen)* to cut short sb *sep*

Pa·ra·de·bei·spiel *nt* perfect [*or* prime] example

Pa·ra·dei·ser <-s, -> [para'daizɐ] *m* ÖSTERR tomato

Pa·ra·de·kis·sen *nt* decorative pillow **Pa·ra·de·marsch** *m* goosestep march, goosestep *no pl* **Pa·ra·de·pferd** *nt (fam: Renommierstück)* showpiece; *(Person)* star **Pa·ra·de·schritt** *m kein pl* MIL parade [*or* goose] step; ■**im ~** goose-stepping **Pa·ra·de·stück** *nt* showpiece **Pa·ra·de·uni·form** *f* MIL dress uniform

pa·ra·die·ren* [para'di:rən] *vi* ❶ MIL to parade
❷ *(geh: aufgestellt sein)* to be displayed [*or* paraded]
❸ *(geh: prahlen)* ■**mit etw** *dat* **~** to show off [*or* flaunt] sth

Pa·ra·dies <-es, -e> [para'di:s, *pl* -i:zə] *nt* paradise *no def art;* ***hier ist es das reinste ~*** it's sheer heaven [*or* absolute paradise] here
▶WENDUNGEN: **das ~ auf Erden** heaven on earth; **nicht gerade das ~ auf Erden** not exactly Shangri-La; **ein ~ für jdn sein** to be a paradise for sb; ***ein ~ für Kinder/Wanderer*** a children's/walkers' paradise; *s. a.* **Vertreibung**

pa·ra·die·sisch [para'di:zɪʃ] I. *adj* heavenly
II. *adv* **sich** *akk* **~ wohl fühlen** to feel [*or* be] blissfully happy; **~ leer/ruhig sein** to be blissfully empty/quiet; **~ schön sein** to be [like] paradise

Pa·ra·dies·vo·gel *m* bird of paradise; *(fig)* flamboyant [*or* dazzling] personality

Pa·ra·dig·ma <-s, -ta *o* Paradigmen> [para'dɪgma, *pl* -dɪgmən] *nt* ❶ *(geh: Beispiel, Muster)* paradigm
❷ LING paradigm

pa·ra·dig·ma·tisch [paradɪg'ma:tɪʃ] *adj inv* LING paradigmatic

Pa·ra·dig·men·wech·sel *m* SOZIOL, PHILOS, POL *(geh)* paradigm shift *form*

pa·ra·dox [para'dɔks] I. *adj (geh)* paradoxical *form;* ■**~ sein** to be paradoxical [*or* a paradox]
II. *adv (geh)* paradoxically

Pa·ra·dox <-es, -e> [para'dɔks] *nt,* **Pa·ra·do·xon** <-s, Paradoxa> [para'dɔks, *pl* pa'radɔksɔn, pa'ra:dɔksa] *nt (geh)* paradox

Pa·ra·do·xa [pa'ra:dɔksa] *pl von* **Paradoxon** paradoxes

pa·ra·do·xer·wei·se *adv* paradoxically

Pa·raf·fin <-s, -e> [para'fi:n] *nt* paraffin

Pa·raf·fin·öl <-[e]s> *nt kein pl* paraffin oil **Pa·raf·fin·sal·be** *f* paraffin ointment

Pa·ra·gli·der(in) <-s, -> ['paraglaidɐ] *m(f)* paraglider

Pa·ra·gli·ding <-s> ['paraglaidɪŋ] *nt kein pl* paragliding

Pa·ra·grafRR <-en, -en> [para'gra:f] *m* JUR paragraph, section

Pa·ra·gra·fen·dschun·gelRR *m (pej)* officialese *no pl,* jungle of regulations **Pa·ra·gra·fen·rei·ter(in)**RR *m(f) (pej fam)* pedant, stickler **Pa·ra·gra·fen·zei·chen**RR *nt* paragraph marker

Pa·ra·graph <-en, -en> [para'gra:f] *m s.* **Paragraf**

Pa·ra·guay <-s> ['pa:ragvai] *nt* Paraguay

Pa·ra·gua·yer(in) <-s, -> ['pa:ragvaiɐ] *m(f)* Paraguayan

pa·ra·guay·isch ['pa:ragvaiɪʃ] *adj* Paraguayan

Pa·ral·la·xe <-, -n> [para'laksə] *f* ASTRON parallax

pa·ral·lel [para'le:l] **I.** *adj* parallel; ■~ **zu etw** *dat* parallel to sth
II. *adv* parallel

Pa·ral·lel·an·mel·dung *f* JUR *(Patent)* co-pending application **Pa·ral·lel·bruch** *m* TYPO parallel fold **Pa·ral·lel·com·pu·ter** [kɔmpju:tɐ] *m* parallel computer

Pa·ral·le·le <-, -n> [para'le:lə] *f* ❶ MATH parallel [line]
❷ *(Entsprechung)* parallel; **eine ~** *dat* [**zu etw** [*o* **~n**]] **ziehen** to draw a parallel [*or* parallels] [with sth]

Pa·ral·le·len·axi·om *nt* MATH parallel postulate

Pa·ral·lel·fall *m* parallel [case] **Pa·ral·lel·ge·sell·schaft** *f* POL parallel society **Pa·ral·lel·ge·setz·ge·bung** *f* JUR parallel [*or* concurrent] legislation

Pa·ral·le·li·sie·rung *f* parallelization

Pa·ral·le·li·tät <-, -en> [paraleli'tɛt] *f* ❶ *kein pl* MATH parallelism
❷ *(geh: Entsprechung)* parallelism

Pa·ral·lel·klas·se *f* parallel class **Pa·ral·lel·kul·tur** *f* SOZIOL parallel culture

Pa·ral·le·lo·gramm <-s, -e> [paralelo'gram] *nt* parallelogram

Pa·ral·lel·rech·ner *m* INFORM simultaneous computer **Pa·ral·lel·schal·tung** *f* parallel connection **Pa·ral·lel·schnitt·stel·le** *f* INFORM parallel port [*or* interface] **Pa·ral·lel·schwung** *m* SKI parallel turn **Pa·ral·lel·stra·ße** *f* parallel street **Pa·ral·lel·um·lauf** *m* FIN dual circulation **Pa·ral·lel·ver·ar·bei·tung** *f* INFORM parallel processing **Pa·ral·lel·ver·trag** *m* JUR parallel contract **Pa·ral·lel·wer·tung** *f* JUR comparative valuation **Pa·ral·lel·zu·griff** *m* INFORM parallel access

Pa·ra·lym·pics [para'lʏmpɪks] *pl* SPORT Paralympics

Pa·ra·ly·se <-, -n> [para'ly:zə] *f* paralysis

pa·ra·ly·sie·ren* [paraly'zi:rən] *vt* ■**jdn/etw ~** to paralyze sb/sth

Pa·ra·me·ter <-s, -> [pa'ramete] *m* parameter; **Einstellen von ~** parameter setting; **voreingestellter ~** preset parameter

Pa·ra·me·tri·sie·rung [parametri'zi:rʊŋ] *f* parameterization

Pa·ra·mi·li·tär ['paramilitɛ:r] *nt* MIL paramilitary

pa·ra·mi·li·tä·risch ['pa:ramilitɛrɪʃ] *adj* paramilitary

Pa·ra·noia <-> [para'nɔya] *f kein pl* paranoia

pa·ra·no·id [parano'i:t] *adj* paranoid

pa·ra·no·isch [para'no:ɪʃ] *adj* paranoiac

pa·ra·nor·mal [paranɔr'ma:l] *adj inv (geh)* paranormal

Pa·ra·nuss[RR] *f* Brazil nut

Pa·ra·phe <-, -n> [pa'ra:fə] *f* JUR initials *pl*

pa·ra·phie·ren* [para'fi:rən] *vt* JUR ■**etw ~** to initial sth

Pa·ra·phie·rung <-, -en> *f* JUR initialling, AM *a.* initialing

Pa·ra·phra·se [para'fra:zə] *f* paraphrase

pa·ra·phra·sie·ren* [parafra'zi:rən] *vt* ❶ *(umschreiben)* ■**etw ~** to paraphrase sth
❷ *(sinngemäß übertragen)* ■**etw ~** to paraphrase sth
❸ MUS ■**etw ~** to paraphrase sth

Pa·ra·psy·cho·lo·gie [pa:rapsyçolo'gi:] *f* parapsychology

Pa·ra·sit <-en, -en> [para'zi:t] *m* parasite

pa·ra·si·tär [parazi'tɛ:ɐ] **I.** *adj* parasitic
II. *adv* parasitically

Pa·ra·si·ten·be·fall <-[e]s> *m kein pl* parasitic infestation

Pa·ra·si·tis·mus <-> [parazi'tɪsmʊs] *m kein pl* BIOL parasitism

Pa·ra·sol <-s, -e> [para'zo:l] *m* BOT parasol

Pa·ra·sym·pa·ti·kus <-> [parazʏm'pa:tikʊs] *m kein pl* MED parasympathetic [nervous] system

pa·rat [pa'ra:t] *adj (geh)* ready; **etw ~ haben** [*o* **halten**] to have sth ready [*or* handy]; [**sich** *dat*] **etw ~ legen** to lay sth out ready

Pa·ra·ty·phus ['pa:raty:fʊs] *m kein pl* MED paratyphoid [fever]

Pa·ra·vent <-s, -s> [para'vã:] *nt o m* windbreak

Pär·chen <-s, -> ['pɛ:ɐçən] *nt* ❶ *(Liebespaar)* couple
❷ *(zwei verbundene Teile)* pair

Par·cours <-, -> [par'ku:ɐ] *m* show-jumping course

Par·don <-s> [par'dõ:] **I.** *m o nt kein pl* pardon; **jdn um ~ bitten** to beg sb's pardon; **keinen ~ geben** to show no mercy; **kein ~ kennen** *(fam)* to know no mercy, to be ruthless
II. *interj* ❶ *(entschuldigen Sie)* sorry
❷ *(wie bitte?)* pardon, sorry, beg pardon *sl*

Par·en·chym <-s, -e> [parɛn'çy:m] *nt* BIOL parenchyma

Pa·ren·the·se <-, -n> [parɛn'te:zə] *f* parenthesis; **etw in ~ setzen** to put sth in parentheses

par ex·cel·lence [pa:ɐ ɛksɛ'lã:s] *adv (geh)* par excellence

Par·force·ritt [par'fɔrsrɪt] *m (geh)* gallop

Par·füm <-s, -e *o* -s> [par'fy:m] *nt* perfume

Par·fü·me·rie <-, -n> [parfymə'ri:, *pl* -'ri:ən] *f* perfumery

Par·füm·fläsch·chen *nt* perfume [*or* scent] bottle

par·fü·mie·ren* [parfy'mi:rən] *vt* ❶ *(Parfüm auftragen)* ■**jdn/etw ~** to perfume sb/sth; ■**sich** *akk* ~ to use [*or sep* put on] perfume; ***du solltest dich etwas zurückhaltender ~*** you shouldn't put so much perfume on
❷ *(mit Duftstoffen versetzen)* ■**etw** [**mit etw** *dat*] ~ to perfume sth [with sth]

Par·füm·zer·stäu·ber *m* perfume atomizer

pa·ri ['pa:ri] BÖRSE par; **über/unter ~** above/below par; **zu ~** at par

Pa·ria <-s, -s> ['pa:ri̯a] *m* pariah

pa·rie·ren*¹ [pa'ri:rən] *vi (geh)* to obey, to do as one is told; *s. a.* **Wort**

pa·rie·ren*² [pa'ri:rən] *vt* ❶ *(geh)* ■**etw ~** to parry sth; *(beim Fußball)* to deflect sth
❷ KOCHK **Fleisch/Fisch/Geflügel ~** to prepare meat/fish/poultry for cooking

Pa·ri·kurs *m* BÖRSE par price

Pa·ris <-> [pa'ri:s] *nt* Paris

Pa·ri·ser¹ [pa'ri:zɐ] *adj attr* ❶ *(in Paris befindlich)* in Paris; **~ Flughafen** Paris airport
❷ *(aus Paris stammend)* Parisian

Pa·ri·ser² <-s, -> [pa'ri:zɐ] *m (sl)* French letter *dated fam*

Pa·ri·ser(in) <-s, -> [pa'ri:zɐ] *m(f)* Parisian

Pa·ri·ser·brot *nt* SCHWEIZ French bread, baguette

Pa·ri·se·rin <-, -nen> *f fem form von* **Pariser**

Pa·ri·tät <-, -en> [pari'tɛt] *f pl selten* ❶ FIN parity, par of exchange
❷ INFORM *(Gleichheit)* parity

pa·ri·tä·tisch [pari'tɛ:tɪʃ] **I.** *adj (geh)* equal, balanced; *s. a.* **Mitbestimmung, Wohlfahrtsverband**
II. *adv (geh)* equally, in balance

Pa·ri·täts·bit *nt* INFORM parity bit

Pa·ri·wert *m* BÖRSE par value

Park <-s, -s> [park] *m* park

Par·ka <-[s], -s> ['parka] *m* parka

Park-and-ride-Sys·tem ['pa:ɐkʔɛnt'raɪt-] *nt* park-and-ride system

Park·aus·weis *m* ❶ *(Parkticket)* ≈ pay-and-display [parking] ticket ❷ *(länger gültige Parkberechtigung)* parking permit **Park·bahn** *f in der Raumfahrt* parking orbit

Park·bank *f* park bench

Park·bucht *f* lay-by **Park·deck** *nt* parking level **Park·ebe·ne** *f* parking level

par·ken ['parkn̩] **I.** *vi* to park
II. *vt* ■**etw** [**irgendwo**] ~ to park sth [somewhere]

Par·kett <-s, -e> [par'kɛt] *nt* ❶ *(Holzfußboden)* parquet [flooring]
❷ *(Tanzfläche)* dance floor
❸ THEAT stalls *npl*
▶ WENDUNGEN: **auf internationalem ~** in international circles; *s. a.* **Nummer**

Par·kett·(fuß·)bo·den *m* parquet flooring **Par·kett·han·del** *m* BÖRSE floor trading *(on the stock exchange)* **Par·kett·sitz** *m* seat in the stalls BRIT, orchestra seat AM

Park·flä·che *f* parking place **Park·ge·bühr** *f* parking fee **Park·haus** *nt* multi-storey [*or* AM *also* -story] car park [*or* AM parking lot]

par·kie·ren* [par'ki:rən] *vt, vi* TRANSP SCHWEIZ *s.* **parken**

Par·king·me·ter ['parkɪŋme:tɐ] *m* SCHWEIZ parking meter

Par·kin·son·krank·heit[RR], **Par·kin·son-Krank·heit, par·kin·son·sche Krank·heit**[RR], **Par·kin·son'·sche Krank·heit**[RR], **Par·kin·son·sche Krank·heit**[ALT] ['parkɪnzɔn-] *f* MED Parkinson's disease

Park·kral·le *f* wheel clamp

Park·land·schaft *f* parkland

Park·leit·sys·tem *nt* TRANSP system guiding parkers to free spaces **Park·leuch·te** *f* parking light **Park·licht** *nt* parking light **Park·lü·cke** *f* parking space **Park·mög·lich·keit** *f* parking facility

Par·ko·me·ter <-s, -> *nt s.* **Parkuhr**

Par·kour <-[s]> [par'ku:ɐ] *m kein pl* SPORT parkour, free running

Park·platz *m* ❶ *(Parkbereich)* car park BRIT, parking lot AM ❷ *(Parklücke)* parking space **Park·platz·not** *f kein pl* dearth [*or* lack] of parking spaces [*or* places to park] **Park·platz·si·tu·a·ti·on** *f* parking space situation **Park·platz·wäch·ter(in)** *m(f)* car-park attendant

Park·raum *m* parking space **Park·raum·not** *f* shortage of parking space

Park·schei·be *f* parking disc *(a plastic dial with a clock face that drivers place in the windscreen to show the time from when the car has been parked)*

Park·schein *m* car park [*or* AM parking lot] ticket **Park·schein·au·to·mat** *m* car park [*or* AM parking lot] ticket machine

Park·sper·re *f* AUTO parking lock, PL **Park·strei·fen** *m* lay-by, parking bay **Park·stu·di·um** *nt (fam)* interim course of study *(taken while waiting for a place for desired course)* **Park·sün·der(in)** *m(f)* parking offender, illegal parker **Park·uhr** *f* parking meter

Park·ver·bot *nt* ❶ *(Verbot zu parken)* parking ban ❷ *(Parkverbotszone)* no-parking zone; **im ~ parken/halten/stehen** to park/stop/be in a no-parking zone **Park·verbot(s)·schild** *nt* no-parking sign

Park·wäch·ter(in) *m(f)* car park [*or* AM parking lot] attendant **Park·zeit** *f* parking time

Par·la·ment <-[e]s, -e> [parla'mɛnt] *nt* parliament

Par·la·men·tär <-s, -e> [parlamɛn'tɛ:ɐ] *m* MIL peace negotiator [*or* envoy]

Par·la·men·ta·ri·er(in) <-s, -> [parlamɛn'ta:ri̯ɐ] *m(f)* parliamentarian, member of parliament

par·la·men·ta·risch [parlamɛn'ta:rɪʃ] *adj* parliamentary; *s. a.* **Demokratie, Staatssekretär**

Par·la·men·ta·ris·mus <-> [parlamɛnta'rɪsmʊs] *m kein pl* parliamentar[ian]ism *no pl*

Par·la·ments·aus·schuss[RR] *m* parliamentary committee **Par·la·ments·be·schluss**[RR] *m* parliamentary decision [*or* vote] **Par·la·ments·de·bat·te** *f* POL parliamentary debate **Par·la·ments·fe·ri·en** *pl* [parliamentary] [*or* AM congressional] recess *no pl* **Par·la·ments·ge·bäu·de** *nt* parliament building **Par·la·ments·mit·glied** *nt* member of parliament **Par·la·ments·prä·si·dent(in)** *m(f)* Speaker [of the House] **Par·la·ments·re·form** *f* parliamentary reform **Par·la·ments·sitz** *m* seat of parliament **Par·la·ments·sit·zung** *f* sitting [*or* session] of parliament **Par·la·ments·wahl** *f* POL parliamentary election

par·lie·ren* [par'li:rən] *vi (meist iron geh) eine Person* to hold forth; *zwei Personen* to converse

Par·ma·schin·ken ['parma-] *m* Parma ham

Par·me·san(·kä·se) <-s> [parme'za:n-] *m kein pl* Parmesan [cheese] **Par·me·san·rei·be** *f* parmesan grater

Par·nass[RR] <-[es]>, **Par·naß**[ALT] <-[sses]> [par'nas] *m kein pl* Parnassus

Pa·ro·die <-, -n> [paro'di:, *pl* -'di:ən] *f* parody

pa·ro·die·ren* [paro'di:rən] *vt* ■**jdn/etw ~** to parody sb/sth

Pa·ro·dist(in) <-en, -en> [paro'dɪst] *m(f)* parodist

pa·ro·dis·tisch *adj* parodic; **ein ~er Auftritt/Sketch/eine ~e Sendung** a parody; **eine ~e Imi-**

tation an impersonation

Pa·ro·don·to·lo·ge, -lo·gin <-n, -n> [parodɔnto'lo:gə, -'lo:gɪn] *m, f* periodontist

Pa·ro·don·to·se <-, -n> [parodɔn'to:zə] *f* MED shrinking gums, periodontosis *spec*

Pa·ro·le <-, -n> [pa'ro:lə] *f* ❶ MIL *(Kennwort)* password

❷ *(Leitspruch)* slogan

❸ *(angebliche Meldung)* rumour [*or* AM -or]

Pa·ro·li [pa'ro:li] *nt* ▸WENDUNGEN: **jdm/etw ~ bieten** *(geh)* to defy sb/to counter a thing

Par·se, Par·sin <-n, -n> ['parzə, 'parzɪn] *m, f* REL Parsee

Par·sing <-s, -> ['parzɪŋ] *nt kein pl* INFORM parsing

par·sisch ['parzɪʃ] *adj* REL Parsee, Parsi

Part <-s, -e> [part] *m* ❶ *(Anteil)* share

❷ THEAT part

❸ MUS part

Par·tei <-, -en> [par'tai] *f* ❶ POL party; **in die ~ gehen** to join [*or* become a member of] the party; **über den ~en stehen** to be impartial

❷ JUR party, litigant; **beschwerte/unterlegene ~** aggrieved/unsuccessful party; **gegnerische ~** opposing party; **klagende** [*o* **klägerische**] **~** plaintiff, claimant; **die streitenden/vertragsschließenden ~en** the contending/contracting parties; **~ sein** to be biased; **jds ~ ergreifen, für jdn ~ ergreifen** [*o* **nehmen**] to side with sb, to take sb's side; **gegen jdn ~ ergreifen** [*o* **nehmen**] to side [*or* take sides] against sb; **die ~en vernehmen** to hear the parties; **Erscheinen der ~ vor Gericht** appearance of the party in court

❸ *(Mietpartei)* tenant, party *form*

Par·tei·ab·re·de *f* JUR understanding between the parties **Par·tei·ab·zei·chen** *nt* party badge **Par·tei·ap·pa·rat** *m* party apparatus [*or* machine[ry]] **Par·tei·au·to·no·mie** *f* POL autonomy of parties **Par·tei·ba·sis** *f* party lines *pl* **Par·tei·be·schluss**^RR *m* party resolution **Par·tei·be·trieb** *m* JUR [principle of] party prosecution **Par·tei·bon·ze** *m* party bigwig **Par·tei·buch** *nt* POL party membership book; **das falsche/richtige ~ haben** *(fam)* to belong to the wrong/right party **Par·tei·chef(in)** *m(f)* party leader **Par·tei·dis·zi·plin** *f kein pl* party discipline **Par·tei·ebe·ne** *f* party level **Par·tei·ein·tritt** *m* JUR intervention

Par·tei·en·fi·nan·zie·rung *f* party financing **Par·tei·en·land·schaft** *f kein pl* POL political constellation **Par·tei·en·pri·vi·leg** *nt* JUR party privilege **Par·tei·en·ver·ein·ba·rung** *f* JUR contractual stipulation, agreement by the parties **Par·tei·en·ver·neh·mung** *f* JUR interrogation [*or* examination] of the parties **Par·tei·en·wirt·schaft** *f kein pl* POL *(pej)* political cronyism [*or* BRIT *a.* jobs for the boys]

Par·tei·fä·hig·keit *f kein pl* JUR suability, capacity to sue and be sued **Par·tei·freund(in)** *m(f)* fellow party member **Par·tei·füh·rer(in)** <-s, -> *m(f)* party leader **Par·tei·füh·rung** *f* ❶ *(Leitung einer Partei)* **die ~ innehaben** to exercise the party leadership, to be [the] party leader; **die ~ übernehmen** to assume [*or* take on] [*or* take over] the party leadership, to become [the] party leader ❷ *(leitendes Gremium)* party leadership *no pl* **Par·tei·funk·ti·o·när(in)** *m(f)* POL party official **Par·tei·gän·ger(in)** <-s, -> *m(f)* party supporter [*or* follower] **Par·tei·gel·der** *nt nur pl* POL party funds **Par·tei·ge·nos·se, -ge·nos·sin** <-n, -n> *m, f* party member **Par·tei·grün·dung** *f* foundation of a/the party **Par·tei·hand·lung** *f* JUR act of party **Par·tei·in·ter·es·se** *nt* JUR partisan interest **par·tei·in·tern I.** *adj* internal party *attr* **II.** *adv* within the party

par·tei·isch [par'taiɪʃ] **I.** *adj* biased

II. *adv* in a biased way; **~ eingestellt sein** to be biased

Par·tei·kon·gress^RR *m* party congress

par·tei·lich [par'tailɪç] *adj* ❶ *(eine Partei betreffend)* party

❷ *(selten)* *s.* **parteiisch**

Par·tei·lich·keit <-> *f kein pl* partiality, bias

Par·tei·li·nie *f* party line

par·tei·los *adj* independent; ■**~ sein** not to be attached to [*or* aligned with] any party

Par·tei·lo·se(r) *f(m) dekl wie adj* independent

Par·tei·mehr·heit *f* JUR party majority **Par·tei·mit·glied** *nt* party member **Par·tei·nah·me** <-, -n> *f* partisanship **Par·tei·or·gan** *nt* party organ **Par·tei·po·li·tik** *f* party politics + *sing vb* **par·tei·po·li·tisch I.** *adj* party-political *attr* **II.** *adv* from a party political point of view **Par·tei·prä·si·di·um** *m* party executive [committee] **Par·tei·pro·gramm** *nt* [party] manifesto **par·tei·schä·di·gend** *adj* POL *Verhalten* damaging to the party; ***Politiker werfen ihm gar ~ es Verhalten vor*** Politicians are even accusing him of bringing the party into disrepute **Par·tei·se·kre·tär** *m* party secretary **Par·tei·sol·dat(in)** *m(f)* POL party loyalist

Par·tei·spen·de *f* party donation **Par·tei·spen·den·af·fä·re** *f* party donations scandal

Par·tei·spit·ze *f* head of the party, party leadership

Par·tei·tag *m* ❶ *(Parteikonferenz)* party conference ❷ *(Beschlussorgan)* party executive **Par·tei·tags·be·schluss**^RR *m* [party] conference resolution

par·tei·über·grei·fend *adj inv* POL non-partisan, cross-party **Par·tei·ver·bot** *nt* JUR prohibition of a party **Par·tei·ver·ein·ba·rung** *f* JUR agreement by the parties **Par·tei·ver·rat** *m* JUR *eines Anwalts* prevarication, double-crossing of a client by a lawyer; **~ begehen** to prevaricate **Par·tei·vor·brin·gen** *nt* JUR statements by the parties **Par·tei·vor·sitz** *m* party chair **Par·tei·vor·sit·zen·de(r)** *m dekl wie adj* party chairman *masc* [*or fem* -woman], chairman *masc* [*or fem* -woman] of the/a party **Par·tei·vor·stand** *m* party executive **Par·tei·vor·trag** *m* JUR pleadings by a party **Par·tei·wech·sel** *m* JUR change of party **Par·tei·wil·le** *m* JUR intention of the parties **Par·tei·zen·tra·le** *f* party headquarters *npl* **Par·tei·zu·ge·hö·rig·keit** *f* party membership

par·terre [par'tɛr] *adv* on the ground floor

Parterre <-s, -s> [par'tɛr(ə)] *nt* ground floor

Par·terre·woh·nung *f* ground-floor flat [*or* AM apartment]

Par·the·no·ge·ne·se <-> [partenoge'ne:zə] *f kein pl* BIOL parthenogenesis

par·the·no·ge·ne·tisch [partenoge'ne:tɪʃ] *adj* BIOL parthenogenetic

Par·tie <-, -n> [par'ti:, *pl* -'ti:ən] *f* ❶ *(Köperbereich)* area

❷ SPORT game; **eine ~ Schach/Tennis/Squash** a game of chess/tennis/squash

❸ *(Posten)* lot

▸WENDUNGEN: **eine gute ~ [für jdn] sein** to be a good catch [for sb]; **eine gute ~ machen** to marry well; **mit von der ~ sein** to be in on it [*or* game]

par·ti·ell [par'tsi̯ɛl] **I.** *adj (geh)* partial

II. *adv (geh)* partially

Par·ti·kel[1] <-, -n> [par'tɪkl̩, -'ti:kl̩] *f* LING particle

Par·ti·kel[2] <-s, -> [par'ti:kl̩] *nt* NUKL particle

Par·ti·kel·be·schuss^RR *m* BIOL particle bombardment **Par·ti·kel·emis·si·o·nen** *pl* AUTO particulate emissions *pl* **Par·ti·kel·grenz·wert** *m* AUTO particulate emission limit

Par·ti·ku·la·ris·mus <-> [partikula'rɪsmʊ] *m kein pl* particularism

Par·ti·san(in) <-s *o* -en, -en> [parti'za:n] *m(f)* partisan

Par·ti·sa·nen [parti'za:nən] *pl* TYPO hickies

Par·ti·sa·nen·krieg *m* guerrilla war

Par·ti·sa·nin <-, -nen> *f fem form von* **Partisan**

Par·ti·ti·on <-, -en> [parti'tsi̯o:n] *f* MATH partition; **aktive/erweiterte/primäre ~** active/expanded/basic partition

par·ti·ti·o·nie·ren* *vt* INFORM *(Speicherplatz teilen)* ■**etw** [**in etw** *akk*] **~** to partition sth [into sth]

par·ti·tiv [parti'ti:f] *adj* LING partitive

Par·ti·tur <-, -en> [parti'tu:ɐ̯] *f* MUS score

Par·ti·zip <-s, -ien> [parti'tsi:p, *pl* -pi̯ən] *nt* LING participle

Par·ti·zi·pa·ti·on <-, -en> [partitsipa'tsi̯o:n] *f (geh)* participation

Par·ti·zi·pa·ti·ons·ge·schäft *nt* FIN transaction on joint account

Par·ti·zi·pi·al·kon·stru·kti·on [partitsi'pi̯a:l-] *f* LING participial construction **Par·ti·zi·pi·al·satz** *m* LING participial clause

par·ti·zi·pie·ren* [partitsi'pi:rən] *vi (geh)* ■**an etw** *dat* **~** to participate in sth

Par·ti·zi·pi·um <-s, -pia> [parti'tsi:pi̯ʊm] *nt (veraltet)* *s.* **Partizip**

Part·ner(in) <-s, -> ['partnɐ] *m(f)* partner

Part·ner·län·der *pl* JUR member countries **Part·ner·look** <-s> [-lʊk] *m kein pl* MODE **im ~ gehen, ~ tragen** to wear [matching] his-and-hers outfits [*or* clothes]

Part·ner·schaft <-, -en> *f* partnership; **in einer ~ leben** to live with somebody; *(Städtepartnerschaft)* twinning

part·ner·schaft·lich I. *adj* based on a partnership; **~es Verhältnis** partnership; **~es Zusammenleben/~e Zusammenarbeit** living/working together as partners

II. *adv* as partners

Part·ner·schafts·ver·trag *m* FIN partnership contract

Part·ner·stadt *f* twin town **Part·ner·tausch** *m* exchange of partners **Part·ner·treff** <-s, -s> *m* rendezvous **Part·ner·ver·mitt·lung** *f* dating agency, marriage bureau **Part·ner·wahl** *f kein pl* choice of partner

par·tout [par'tu:] *adv (geh)* **etw ~ tun wollen** to insist on doing sth; ***er wollte ~ nicht mitkommen*** he really did not want to come at all

Par·ty <-, -s> ['pa:ɐ̯ti] *f* party; **eine ~ geben** to throw [*or* have] a party; **~ machen** to party

Par·ty·dress *m o* ÖSTERR *a. f (fam)* party clothes *pl* [*or fam* gear] **Par·ty·dro·ge** *f* party drug **Par·ty·gän·ger(in)** *m(f)* partygoer **Par·ty·hengst** *m (fam)* party animal; ***auf Ibiza gibt es genügend ~e*** there are plenty of party people on Ibiza **Par·ty·kel·ler** *m* cellar [*or* basement] suitable for parties **Par·ty·lö·we** *m (iron sl)* party animal *fam* **Par·ty·ser·vice** ['pa:ɐtizø:ɐ̯vɪs] *m* party catering service, [outside] caterers **Par·ty·wü·ti·ge(r)** *dekl wie adj f(m)* party animal; *(bei Technoparty a.)* raver

Par·ve·nü <-s, -s> [parva'ny:] *m (pej geh)* parvenu

Par·vo·vi·ro·se <-> *f kein pl* MED parvovirus

Par·zel·le <-, -n> [par'tsɛlə] *f* plot [*or* parcel] [of land]

par·zel·lie·ren* [partsɛ'li:rən] *vt* ■**etw ~** to parcel sth out

Par·zel·lie·rung <-, -en> *f (geh)* parcelling [*or* AM parceling] out

PAS·CAL <-s> [pas'kal] *nt kein pl* INFORM *Akr von* **primary algorithmic scientific commercial application language** PASCAL

pas·calsch [pas'kalʃ] *adj inv, attr* MATH **~es Dreieck** Pascal's triangle; **~er Satz** Pascal's theorem; **~e Schnecke** limacon

Pasch <-[e]s, -e *o* Päsche> [paʃ, *pl* 'pɛʃə] *m (beim Würfelspiel)* doubles *pl*, triplets *pl*; *(beim Domino)* double

Pa·scha <-s, -s> ['paʃa] *m* ❶ *nachgestellt* HIST pasha

❷ *(pej)* **wie ein ~** like Lord Muck *pej*

Pasch·tu·ne, Pasch·tu·nin <-n, -n> [paʃ'tu:nə, paʃ'tu:nɪn] *m, f* Pashtun, Pathan

pasch·tu·nisch ['paʃtu:nɪʃ] *adj* Pashtun

Pas·pel <-, -n> ['paspl̩] *f* piping *no pl*

Pas·pel·ta·sche *f* welt pocket

Pass^RR1, **Paß**^ALT <Passes, Pässe> [pas, *pl* 'pɛsə] *m* passport

Pass^RR2, **Paß**^ALT <Passes, Pässe> [pas, *pl* 'pɛsə] *m* GEOG pass

Pass^RR3, **Paß**^ALT <Passes, Pässe> [pas, *pl* 'pɛsə] *m* SPORT pass

pas·sa·bel [pa'sa:bl̩] *adj (geh)* reasonable, ok *fam*; **~ aussehen** to be reasonably good-looking

Pas·sa·ge <-, -n> [pa'sa:ʒə] *f* ❶ *(Textstück)* passage

❷ *(Ladenstraße)* arcade

❸ NAUT passage

Pas·sa·gier <-s, -e> [pasa'ʒi:ɐ̯] *m* passenger; **ein blinder ~** a stowaway

Pas·sa·gier·auf·kom·men [pasa'ʒi:ɐ̯-] *nt* HANDEL total passenger transport **Pas·sa·gier·be·för·de·rung** *f* passenger service **Pas·sa·gier·damp·fer**

P

m passenger steamer **Pas·sa·gier·dienst** *m* passenger service **Pas·sa·gier·flug·zeug** *nt* passenger aircraft **Pas·sa·gier·gut** *nt* passengers' luggage [*or* baggage] **Pas·sa·gier·kon·trol·le** *f* passenger inspection [*or* control] **Pas·sa·gier·la·de·fak·tor** *m* passenger load factor **Pas·sa·gier·lis·te** *f* passenger list **Pas·sa·gier·ma·schi·ne** *f* passenger aircraft [*or* plane] **Pas·sa·gier·mei·le** *f* passenger mile **Pas·sa·gier·schiff** *nt* NAUT passenger ship [*or* liner] **Pas·sa·gier·ver·kehrs·dich·te** *f* passenger density

Pas·sah·fest ['pasa-] *nt* Feast of the Passover

Pass·amt[RR] *m* passport office

Pas·sant(in) <-en, -en> [pa'sant] *m(f)* passer-by

Pas·sat(·wind) <-s, -e> [pa'sa:t-] *m* trade wind

Pass·bild[RR] *nt* passport photo[graph]

Pas·se <-, -n> ['pasə] *f* MODE yoke

Päs·se ['pɛsə] *pl von* **Pass**

pas·sé, pas·see[RR] [pa'se:] *adj inv, pred* passé

pas·sen[1] ['pasn̩] *vi* ① MODE *(jds Maßen entsprechen)* ■[**jdm**] ~ to fit [sb]
② *(richtige Größe haben)* to fit; ***dieser Schlüssel passt ins Schloss*** this key fits the lock
③ *(harmonieren)* ■[**irgendwohin**] ~ to go well [somewhere]; ***so ein riesiger Tisch passt nicht in diese Ecke*** a huge table like that doesn't look right in this corner; ***der Schrank passt besser in die Küche*** the cupboard would look better in the kitchen; ***es passt in unsere politische Landschaft, dass Politiker käuflich sind*** it's typical of our political landscape that politicians can be bought; ***sie passt einfach nicht in unser Team*** she simply doesn't fit in with this team; ***eine solche Beschreibung passt hier nicht*** such a description is out of place here; ■**zu jdm** ~ to suit sb; ■**zu etw** *dat* ~ to match sth, to go [well] with sth; **gut zueinander** ~ to go well together, to be well matched [*or* suited to each other]; ***das passt zu dir!*** that's typical of you!
④ *(gelegen sein)* ■**jdm** ~ to suit sb, to be convenient for sb; ***das passt mir gut*** that suits me fine; ***das würde mir besser*** ~ that would be better [*or* more convenient] for me; ***der Termin passt mir zeitlich leider gar nicht*** that date isn't at all convenient for me; ***das könnte dir so ~!*** *(iron fam)* you'd like that wouldn't you! *iron fam;* ■**jdm ~, dass/wenn ...** to be convenient [*or fam* ok] for sb, that/if ...; ***passt es Ihnen, wenn wir uns morgen treffen?*** would it be ok to meet up tomorrow?
⑤ *(angenehm sein)* ■**jdm passt etw nicht** sb doesn't like sth; ***es passt ihm nicht, dass wir ab und zu mal lachen*** he doesn't like us laughing now and then; ■**jdm passt etw nicht an jdm** sb does not like sth about sb; ***diese vorlaute Art passt mir nicht an dir*** I don't like your loud-mouthed ways; ***passt dir an mir was nicht?*** is there something bugging you about me?; ■**jdm passt jd nicht** sb doesn't like [*or* think much of] sb; ***der Mann passt mir gar nicht*** I don't like that man at all; ***er passt mir nicht als neuer Chef*** I don't fancy him as my new boss; ***die neue Lehrerin passte ihren Kollegen nicht*** the new teacher wasn't liked by her colleagues

pas·sen[2] ['pasn̩] *vi* ① *(überfragt sein)* ■[**bei etw** *dat*] ~ **müssen** to have to pass [on sth]
② KARTEN to pass

pas·send **I.** *adj* ① *(den Maßen entsprechend)* fitting; **ein ~er Anzug/Schlüssel** a suit/key that fits
② *(abgestimmt)* matching; ■**etwas zu etw** *dat* **Passendes** sth to go with [*or* match] sth; ■**etwas Passendes** sth suitable
③ *(genehm)* suitable, convenient
④ *(richtig)* suitable; *(angemessen)* appropriate, right, proper; **eine ~e Bemerkung** a fitting [*or* appropriate] comment; **die ~en Worte** the right [*or* appropriate] words; **die ~en Worte finden** to know the right thing to say; ***wir haben für jeden Anlass das ~e Geschenk*** we have the right present for every occasion
⑤ *(abgezählt)* exact; **es ~ haben** to have it exactly [*or* the right money]
II. *adv* ① MODE *(den Maßen entsprechend)* to fit
② *(abgezählt)* exactly; ***bitte halten Sie den Fahrpreis beim Einsteigen ~ bereit!*** please have the exact fare ready!

pas·sen·der·wei·se *adv* appropriately enough

Pas·se·par·tout <-s, -s> [paspar'tu:] *nt* passepartout

Pas·ser·ab·wei·chung ['pase-] *f* TYPO register deviation

Pas·se·rel·le <-, -n> ['pasərɛlə] *f* SCHWEIZ *(Fußgängerbrücke)* footbridge, pedestrian bridge

Pas·ser·mar·ken·er·ken·nung *f* TYPO register mark recognition

Pass·form[RR] *f* fit **Pass·fo·to**[RR] *nt s.* **Passbild**

Pass·gang[RR] *m* amble

pas·sier·bar *adj* negotiable, navigable; ***der Kanal war nur für kleine Schiffe*** ~ the canal was only navigable for small ships

pas·sie·ren* [pa'si:rən] **I.** *vi sein* ① *(sich ereignen)* to happen; ***ist was passiert?*** has something happened?; ***wie konnte das nur ~?*** how could that happen?; ***... sonst passiert was!*** *(fam)* ... or there'll be trouble! *fam;* ***so etwas passiert eben*** things like that do happen sometimes; ■**~, dass ...** to happen that ...
② *(unterlaufen)* ■**jdm** ~ to happen to sb; ***das kann doch jedem mal*** ~ that can happen to anyone
③ *(zustoßen)* to happen; ■**jdm ist etwas/nichts passiert** sth/nothing has happened to sb
④ *(durchgehen)* to pass; ■**jdn ~ lassen** to let sb pass [*or* go through]
II. *vt haben* ① *(überqueren)* ■**etw** ~ to cross sth
② KOCHK ■**etw** [**durch etw** *akk*] ~ to strain sth [through sth]

Pas·sier·müh·le *f* mouli-legumes, food mill

Pas·sier·schein *m* pass, permit

Pas·sier·tuch *nt* muslin bag

Pas·si·on <-, -en> [pa'si̯o:n] *f* ① *(geh: Leidenschaft)* passion; **etw aus ~ tun** to have a passion for sth
② REL *(Leidensgeschichte Jesu)* ■**die** ~ Passion

pas·si·o·niert [pasi̯o'ni:ɐ̯t] *adj (geh)* passionate

Pas·si·ons·blu·me *f* passion flower **Pas·si·ons·frucht** *f* passion fruit **Pas·si·ons·spiel** *nt* REL Passion play **Pas·si·ons·zeit** *f* REL ① *(Karwoche)* Passiontide ② *(Fastenzeit)* Lent

pas·siv ['pasi:f] **I.** *adj* passive; **~er Raucher/~es Rauchen** passive smoker/smoking
II. *adv* passively

Pas·siv <-s, -e> ['pasi:f] *nt selten* LING passive

Pas·si·va [pa'si:va] *pl* ÖKON liabilities *pl*

Pas·siv·ge·schäft *nt* FIN deposit-taking business; *(Bank)* borrowing transaction; **~e der Banken** deposit-taking business

Pas·si·vie·rung <-, -en> [pasi'vi:rʊŋ] *f* FIN capitalization, heading for a deficit; **~ der Handelsbilanz** appearance of a deficit on trade; **~ der Kapitalbilanz** deterioration of the balance on capital account

Pas·si·vie·rungs·pflicht *f* FIN obligation to carry as liabilities **Pas·si·vie·rungs·ver·bot** *nt* FIN prohibited inclusion as a liability **Pas·si·vie·rungs·wahl·recht** *nt* FIN optional inclusion as a liability

Pas·si·vi·tät <-> [pasivi'tɛ:t] *f kein pl (geh)* passiveness, passivity

Pas·siv·le·gi·ti·ma·ti·on *f* JUR capacity to be sued **Pas·siv·mit·glied** <-[e]s, -er> *nt bes* SCHWEIZ *(passives Mitglied)* non-active member **Pas·siv·pos·ten** *m* ÖKON debit item **Pas·siv·pro·zess**[RR] *m* JUR defendant's lawsuit, litigation as a defendant **Pas·siv·rau·chen** *nt* passive smoking **Pas·siv·sal·do** *m* debit balance; **~ im Waren- und Dienstleistungsverkehr** deficit on trade and services **Pas·siv·sei·te** *f* ÖKON liabilities side

Pass·kon·trol·le[RR] *f* ① *(das Kontrollieren des Passes)* passport control; **„~"** "your passports please!"
② *(Kontrollstelle)* passport control point **Pass·pflicht**[RR] *f* JUR obligation to carry a passport **Pass·stel·le**[RR] *f* passport office

Pass·stra·ße[RR] *f* pass

Pass·stück[RR] *nt* TECH adapter

Pas·sus <-, -> ['pasʊs] *m (geh)* passage

Pass·we·sen[RR] *nt kein pl* JUR passport matters

Pass·wort[RR] <-es, -wörter> *nt* password **Pass·wort·feh·ler**[RR] *m* INFORM password inaccuracy **Pass·wort·sper·re**[RR] *f* password block

Pas·ta <-> ['pasta] *f kein pl* pasta *no pl*

Pas·te <-, -n> ['pastə] *f* paste

Pas·tell <-s, -e> [pas'tɛl] *nt* KUNST ① *kein pl (Malen mit Pastellfarbe)* pastel [drawing]; **in ~ arbeiten** to work in pastels
② *(Pastellgemälde)* pastel [drawing]

Pas·tell·far·be *f* ① *(Pastellton)* pastel colour [*or* AM -or] ② *(Malfarbe)* pastel **pas·tell·far·ben** **I.** *adj* pastel[-coloured [*or* AM -ored]] **II.** *adv* in pastels [*or* pastel colours] [*or* AM -ors] **Pas·tell·ma·le·rei** *f* KUNST ① *kein pl (Pastell)* pastel drawing ② *(Bild in Pastellfarben)* pastel drawing **Pas·tell·stift** *m* pastel [crayon] **Pas·tell·ton** *m* pastel shade

pas·ten·ar·tig *adj inv* like paste, pasty

Pas·te·te <-, -n> [pas'te:tə] *f* pâté

pas·teu·ri·sie·ren* [pastøri'zi:rən] *vt* ■**etw** ~ to pasteurize sth

Pas·til·le <-, -n> [pas'tɪlə] *f* pastille

Pas·ti·nak <-, -en> ['pastinak] *m,* **Pas·ti·na·ke** <-, -n> [pasti'na:kə] *f* parsnip

Pas·tor, Pas·to·rin <-en, -en> ['pasto:ɐ̯, pas'to:rɪn, *pl* -'to:rən] *m, f* NORDD *s.* **Pfarrer**

pas·to·ral [pasto'ra:l] *adj* ① *inv* REL pastoral
② *(oft pej geh: salbungsvoll)* unctuous

Pa·ta·go·ni·en <-s> [pata'go:ni̯ən] *nt* Patagonia

Patch·work <-s, -s> ['pɛtʃwø:ɐ̯k] *nt* patchwork

Patch·work·de·cke ['pɛtʃwø:ɐ̯k-] *f* patchwork quilt **Patch·work-Fa·mi·lie, Patch·work·fa·mi·lie** ['pɛtʃwø:ɐ̯k-] *f* SOZIOL patchwork family

Pa·te, Pa·tin <-n, -n> ['pa:tə, 'pa:tɪn] *m, f* REL godfather, godmother, godparent
▸WENDUNGEN: **bei etw** *dat* **~ stehen** *(geh)* to be the force behind sth; *(Dichtung, Kunstwerk)* to be the inspiration for sth

Pa·ten·kind *nt* godchild **Pa·ten·on·kel** *m* godfather

Pa·ten·schaft <-, -en> *f* ① REL godparenthood
② *(Fürsorgepflicht)* sponsorship

Pa·ten·sohn *m* godson **Pa·ten·stadt** *f s.* **Partnerstadt**

pa·tent [pa'tɛnt] *adj* ① *(sehr brauchbar)* ingenious, clever
② *(fam: tüchtig)* top-notch *fam*

Pa·tent <-[e]s, -e> [pa'tɛnt] *nt* ① *(amtlicher Schutz)* patent; **durch ~ geschützt** patented; **ein ~ abtreten/verletzen** to surrender/infringe a patent; **etw als** [*o* **zum**] **~ anmelden, ein ~ auf etw** *akk* **anmelden** to apply for a patent on sth; **ein ~ auf etw** *akk* **haben** to have a patent on sth
② *(Ernennungsurkunde)* commission
③ SCHWEIZ *(staatliche Erlaubnis)* permit, licence [*or* AM -se]

Pa·tent·ab·tei·lung *f* patent division **Pa·tent·amt** *nt* Patent Office **Pa·tent·an·mel·der(in)** *m(f)* patentee **Pa·tent·an·mel·dung** *f* patent application, application for letters patent **Pa·tent·an·spruch** *m* patent claim

Pa·ten·tan·te *f* godmother

Pa·tent·an·walt, -an·wäl·tin *m, f* patent agent [*or* attorney] **Pa·tent·an·walt·schaft** *f* patent lawyer [*or* agent] [*or* AM attorney] **Pa·tent·be·rüh·mung** *f* notification of a patent **Pa·tent·be·schrei·bung** *f* patent specification **Pa·tent·blatt** *nt* Patent Office Journal; **Europäisches ~** European Patent Bulletin **Pa·tent·dau·er** *f* term of a patent **Pa·tent·dieb·stahl** *m* piracy of a patent **Pa·tent·ent·zie·hung** *f* revocation of a patent **Pa·tent·er·tei·lung** *f* issue of a patent, patent grant **pa·tent·fä·hig** *adj* patentable **Pa·tent·fä·hig·keit** *f kein pl* patentability *no pl* **Pa·tent·fa·mi·lie** *f* patent family **Pa·tent·ge·mein·schaft** *f* patent pool **Pa·tent·ge·richt** *nt* JUR patent court, BRIT Patent Appeal Tribunal **pa·tent·ge·schützt** *adj* patented, protected by patent **Pa·tent·ge·wäh·rer** *m* patent-granting body **Pa·tent·ge·wäh·rung** *f* **gegenseitige ~** cross licensing **Pa·tent·hin·der·nis** *nt* bar to patentability

pa·ten·tier·bar *adj* patentable

Pa·ten·tier·bar·keit *f* patentability
pa·ten·tie·ren* [patɛn'tiːrən] *vt* ■[jdm] etw ~ to patent sth [for sb]; ■**sich** *dat* **etw ~ lassen** to have sth patented
Pa·ten·tie·rung <-, -en> *f* issue [*or* granting] of a patent
Pa·tent·in·dex *m* index of patents **Pa·tent·in·ha·ber(in)** <-s, -> *m(f)* patentee, patent holder **Pa·tent·jahr** *nt* patent year **Pa·tent·ka·te·go·rie** *f*, **Pa·tent·klas·se** *f* patent category [*or* class] **Pa·tent·kla·ge** *f* patent action [*or* proceedings] *pl* **Pa·tent·klas·si·fi·ka·ti·on** *f* **Internationale ~** International Patent Classification
Pa·tent·li·zenz *f* patent licence [*or* AM -se] **Pa·tent·li·zenz·ver·trag** *m*, **Pa·tent·li·zenz·ver·ein·ba·rung** *f* patent licensing agreement
Pa·tent·lö·schung *f* forfeiture [*or* revocation] of a patent **Pa·tent·lö·sung** *f s.* **Patentrezept** **Pa·tent·num·mer** *f* patent number
Pa·ten·toch·ter *f* goddaughter
Pa·tent·recht *nt* JUR ① *(gesetzliche Regelungen)* patent law ② *(Recht auf ein Patent)* patent right **pa·tent·recht·lich** *adj inv* JUR patented; **~ geschützt** patented, protected by patent **Pa·tent·re·gis·ter** *nt*, **Patentrolle** *f* patent register, patent roll BRIT, register of patents **Pa·tent·re·zept** *nt* easy solution, patent remedy **Pa·tent·rol·le** *f* Patent Rolls *pl*; *s. a.* **Patentregister** **Pa·tent·schutz** *m kein pl* patent protection; **den ~ aufheben** to revoke a patent **Pa·tent·stel·le** *f* patents office **Pa·tent·über·tra·gung** *f* assignment of a patent **Pa·tent·ur·kun·de** *f* letters patent **Pa·tent·ver·let·zer** *m* infringer of a patent
Pa·tent·verletzung *f* ADMIN patent infringement, infringement of a patent **Pa·tent·ver·let·zungs·pro·zess**[RR] *m* patent infringement proceedings *pl*
Pa·tent·ver·sa·gung *f* refusal of a patent **Pa·tent·ver·schluss**[RR] *m* swing stopper **Pa·tent·ver·trag** *m* patent agreement **Pa·tent·ver·wal·tungs·ab·tei·lung** *f* patent administration department **Pa·tent·ver·wer·tungs·ver·trag** *m* patent exploitation agreement **Pa·tent·vor·schrif·ten** *pl* patent regulations **Pa·tent·we·sen** *nt kein pl* patent system
Pa·ter <-s, - *o* Patres> ['paːtɐ, *pl* 'patreːs] *m* REL Father
Pa·ter·na·lis·mus <-> [patɛrna'lɪsmʊs] *m kein pl* POL paternalism
pa·ter·na·lis·tisch [patɛrna'lɪstɪʃ] *adj* *(geh)* paternalistic
Pa·ter·nos·ter[1] <-s, -> [pate'nɔstɐ] *m* *(Aufzug)* paternoster
Pa·ter·nos·ter[2] <-s> [pate'nɔstɐ] *nt* *(Vaterunser)* Paternoster
pa·the·tisch [pa'teːtɪʃ] **I.** *adj* *(geh)* emotional, impassioned; **~e Szene/Formulierung** dramatic scene/wording; **~e Rede** emotive [*or* emotional] speech
II. *adv* *(geh)* [melo]dramatically
pa·tho·gen [pato'geːn] *adj inv* MED pathogenic
Pa·tho·lo·ge, -lo·gin <-n, -n> [pato'loːgə, -loːgɪn] *m, f* pathologist
Pathologie <-, -n> [patolo'giː, *pl* -'giːən] *f* ① *kein pl* *(Krankheitslehre)* pathology
② *(pathologische Abteilung)* pathology
Pa·tho·lo·gin <-, -nen> *f fem form von* **Pathologe**
pa·tho·lo·gisch [pato'loːgɪʃ] **I.** *adj* ① *(die Pathologie betreffend)* pathological
② *(krankhaft)* pathological
II. *adv* pathologically
Pa·thos <-> ['paːtɔs] *nt kein pl* emotiveness, emotionalism; **mit ~** with great feeling
Pa·ti·ence <-, -n> [pa'sɪ̯ãːs] *f* KARTEN patience; **~n legen** to play patience
Pa·ti·ent(in) <-en, -en> [pa'tsɪ̯ɛnt] *m(f)* patient; **stationärer ~** in-patient; **bei jdm ~ sein, ~ von jdm sein** to be sb's patient
Pa·ti·en·ten·kar·tei *f* patient's file **Pa·ti·en·ten·recht** *nt* patients' rights **Pa·ti·en·ten·ver·fü·gung** *f* MED, JUR living will
Pa·tin <-, -nen> ['paːtɪn] *f fem form von* **Pate**

Pa·ti·na <-> ['paːtina] *f kein pl* patina
pa·ti·nie·ren* [pati'niːrən] *vt* *(fachspr)* ■**etw ~** to patinate sth, to coat sth in a patina
Pa·tis·se·rie <-, -n> [patɪsə'riː, *pl* -riːən] *f* SCHWEIZ ① *(Konditorei)* patisserie
② *(Café)* café
③ *(Gebäck)* pastry
Pat·na ['patna] *m kein pl* patna rice
Pat·res ['patreːs] *pl von* **Pater**
Pa·tri·arch <-en, -en> [patri'arç] *m* ① REL patriarch
② *(geh: autoritärer Familienvater)* patriarch
pa·tr·iar·chal [patriar'çaːl] *adj s.* **patriarchalisch**
pa·tri·ar·cha·lisch [patriar'çaːlɪʃ] *adj* ① *(auf dem Patriarchat beruhend)* patriarchal
② *(geh: autoritär)* patriarchal
Pa·tri·ar·chat <-[e]s, -e> [patriar'çaːt] *nt* REL, SOZIOL patriarchy
Pa·tri·ot(in) <-en, -en> [patri'oːt] *m(f)* patriot
pa·tri·o·tisch [patri'oːtɪʃ] **I.** *adj* patriotic
II. *adv* patriotically
Pa·tri·o·tis·mus <-> [patrio'tɪsmʊs] *m kein pl* patriotism
Pa·tri·zi·er(in) <-s, -> [pa'triːtsɪ̯ɐ] *m(f)* HIST ① *(römischer Adeliger)* patrician
② *(angesehener Bürger)* patrician
Pa·tron(in) <-s, -e> [pa'troːn] *m(f)* ① REL patron saint
② *(Schirmherr)* patron
③ *(pej: Typ)* old devil *pej fam*
④ SCHWEIZ *(Arbeitgeber)* employer
Pa·tro·na·ge <-, -n> [-'naːʒə] *f* *(geh: Protektion)* patronage *no pl*
Pa·tro·nat <-[e]s, -e> [patro'naːt] *nt* ① HIST *(Amt im alten Rom)* patronate
② *(Schirmherrschaft)* patronage; **unter jds ~ stehen** to be under sb's patronage
③ REL patronage
Pa·tro·nats·er·klä·rung *f* FIN letter of responsibility [*or* comfort]
Pa·tro·ne <-, -n> [pa'troːnə] *f* ① JAGD, MIL cartridge
② *(Tintenpatrone)* [ink] cartridge
③ FOTO cartridge
▶WENDUNGEN: **bis zur letzten ~** MIL to the bitter end
Pa·tro·nen·fül·ler *m* cartridge pen **Pa·tro·nen·gurt** *m* ammunition belt **Pa·tro·nen·hül·se** *f* cartridge case **Pa·tro·nen·ta·sche** *f* cartridge pouch
Pa·tro·nin <-, -nen> *f fem form von* **Patron**
Pa·trouil·le <-, -n> [pa'trʊljə] *f* MIL patrol; **auf ~ gehen** to patrol
Pa·trouil·len·boot *nt* patrol boat **Pa·trouil·len·füh·rer** *m* patrol leader **Pa·trouil·len·gang** *m* patrol
pa·trouil·lie·ren* [patrʊl'jiːrən, patrʊ'liːrən] *vi* to patrol
patsch [patʃ] *interj* splash
Pat·sche <-, -n> ['patʃə] *f* *(fam)* ① *(Fliegenklatsche)* swat
② *(Hand)* paw *fam*, mitt *fam*
▶WENDUNGEN: **jdm aus der ~ helfen, jdn aus der ~ ziehen** to get sb out of a jam [*or* tight spot]; **in der ~ sitzen** [*o* **stecken**] to be in a jam [*or* tight spot]
pat·schen ['patʃn̩] *vi* ① *haben* *(klatschend schlagen)* ■[**mit etw** *dat*] **~** to slap [with sth]; *(im Wasser)* to [go] splash [with sth]
② *sein* *(sich klatschend fortbewegen)* to go splashing through
Patsch·händ·chen *nt* *(fam)* [tiny] hand
patsch·nass[RR] ['patʃnas] *adj* *(fam)* soaking wet *fam*
Pat·schu·li·öl ['patʃuli-] *nt* *(zur Parfümherstellung)* pa[t]chouli oil
patt [pat] *adj pred* SCHACH ■**~ sein** to reach stalemate
Patt <-s, -s> [pat] *nt* stalemate
Pat·te <-, -n> ['patə] *f* MODE [pocket] flap
Patt·si·tu·a·ti·on *f* stalemate
pat·zen ['patsn̩] *vi* *(fam)* to slip [*or* mess] up, to boob *fam*
Pat·zer <-s, -> *m* ① *(fam: Fehler)* slip-up
② ÖSTERR *(Klecks)* blob
pat·zig ['patsɪç] *adj* *(fam)* snotty *fam*

Pauk·bo·den *m* duelling chamber *(room in which members of traditional student societies practise their ritual duels)*
Pau·ke <-, -n> ['paʊ̯kə] *f* MUS kettledrum
▶WENDUNGEN: **auf die ~ hauen** *(fam: angeben)* to blow one's own trumpet *fam*; *(ausgelassen feiern)* to paint the town red *fam*, BRIT *a.* to go on the razzle *fam*; **mit ~n und Trompeten durchfallen** *(fam)* to fail miserably [*or* dismally] [*or* spectacularly]; **jdn mit ~n und Trompeten begrüßen** [*o* **empfangen**] to give sb the red-carpet treatment, to roll out the red carpet for sb
pau·ken ['paʊ̯kn̩] **I.** *vi* *(fam)* ■[**mit jdm**] **~** to cram [with sb], BRIT *a.* to [help sb] swot up
II. *vt* *(fam)* ■**etw** [**mit jdm**] **~** to cram for [*or* BRIT *a.* swot up on] sth [with sb]
Pau·ken·höh·le *f* ANAT tympanic cavity **Pau·ken·schlag** *m* MUS *(Schlag auf die Pauke)* beat of a kettledrum ▶WENDUNGEN: **mit einem ~** sensationally, spectacularly **Pauk·en·wir·bel** *m* MUS kettledrum [*or* drum] roll
Pau·ker(in) <-s, -> ['paʊ̯kɐ] *m(f)* *(fam)* teacher
Pau·ke·rei <-> [paʊ̯kə'raɪ̯] *f kein pl* *(fam)* cramming *fam*, BRIT *a.* swotting *fam*
Pau·ke·rin <-, -nen> *f fem form von* **Pauker**
Pau·kist(in) <-en, -en> [paʊ̯'kɪst] *m(f)* timpanist
Paus·ba·cken ['paʊ̯s-] *pl* chubby cheeks *pl*
paus·bä·ckig ['paʊ̯sbɛkɪç] *adj* chubby-cheeked
pau·schal [paʊ̯'ʃaːl] **I.** *adj* ① *(undifferenziert)* sweeping, general, wholesale
② FIN flat-rate *attr*, all-inclusive
II. *adv* ① *(allgemein)* **etw ~ beurteilen** to make a wholesale judgement about sth
② FIN at a flat rate; **~ bezahlen** to pay in a lump sum
Pau·schal·ab·zug *m* FIN fixed-amount [*or* flat-rate] tax deduction **Pau·schal·an·ge·bot** *nt* HANDEL all-inclusive offer, package deal **Pau·schal·be·trag** *m* lump sum
Pau·scha·le <-, -n> [paʊ̯'ʃaːlə] *f* flat rate
Pau·schal·ge·bühr *f* HANDEL comprehensive fee, flat rate **Pau·schal·ho·no·rar** *nt* lump sum fee
pau·scha·lie·ren* [paʊ̯ʃa'liːrən] *vt* ■**etw ~** to estimate sth at a flat rate; *(fig)* to lump together sth
pau·scha·li·sie·ren* [paʊ̯ʃali'ziːrən] **I.** *vt* ■**etw ~** *(verallgemeinern)* to over-simplify [*or* generalize about] sth; *(zusammenfassen)* to group sth together; ***Arbeitslosenhilfe und Sozialhilfe werden pauschalisiert ausbezahlt*** unemployment benefit and income support are paid out in a lump sum
II. *vi* to generalize
Pau·schal·kre·dit *m* FIN lump-sum loan **Pau·schal·li·zenz** *f* *(für Patent)* block licence [*or* AM -se] **Pau·schal·preis** *m* ÖKON all-inclusive [*or* BRIT *a.* -in] price **Pau·schal·rei·se** *f* package holiday [*or* tour] **Pau·schal·satz** *m* HANDEL flat rate **Pau·schal·si·cher·heit** *f* FIN flat-rate security **Pau·schal·tou·rist(in)** *m(f)* TOURIST package holiday tourist **Pau·schal·ur·laub** *m* package holiday [*or* tour] **Pau·schal·ur·teil** *nt* sweeping statement **Pau·schal·ver·trag** *m* JUR blanket agreement
Pausch·be·trag *m* JUR lump sum, flat fee
Pau·se[1] <-, -n> ['paʊ̯zə] *f* ① *(Unterbrechung)* break, AM *a.* recess; **die große/kleine ~** SCH long [mid-morning]/short break; [**eine**] **~ machen** to have a break; **„~!“** "time out!"
② *(Sprechpause)* pause
③ MUS rest
Pau·se[2] <-, -n> ['paʊ̯zə] *f* tracing
pau·sen ['paʊ̯zn̩] *vt* ■**etw ~** to trace sth; FOTO to photostat sth
Pau·sen·brot *nt* sandwich *(eaten during break)*
Pau·sen·clown [-klaʊ̯n] *m* *(pej fam)* class clown *fam* **pau·sen·fül·lend** *adj inv* stopgap **Pau·sen·fül·ler** *m* filler **Pau·sen·hal·le** *f* SCH break hall *(open hall where pupils can gather during break when it rains)* **Pau·sen·hof** *m* playground, school yard
pau·sen·los **I.** *adj attr* ceaseless, continuous, non-stop
II. *adv* ceaselessly, continuously, non-stop
Pau·sen·pfiff *m* SPORT time-out whistle; *(zur Halb-*

zeit) half-time whistle **Pau·sen·platz** <-es, -plätze> *m* SCHWEIZ *(Schulhof)* school playground **Pau·sen·stand** *m* SPORT half-time score, score at the interval **Pau·sen·tas·te** *f* pause button **Pau·sen·zei·chen** *nt* ① RADIO, TV call sign ② MUS rest
Pau·se-Tas·te *f* INFORM break key
pau·sie·ren* [pau̯'ziːrən] *vi (geh)* to take [*or* have] a break, to break
Paus·pa·pier *nt* ① *(durchsichtiges Papier)* tracing paper
② *(Kohlepapier)* carbon paper
Pa·vi·an <-s, -e> ['paːvi̯aːn] *m* baboon
Pa·vil·lon <-s, -s> ['pavɪljõ, 'pavɪljɔŋ] *m* ARCHIT ① *(Gartenhaus)* pavilion
② *(provisorischer Bau)* Portakabin® BRIT
Pay·card <-, -s> ['peːkart] *f* FIN paycard *(type of reloadable phone- and local travelcard)*
Pay-TV <-s, -s> ['peːtiːviː] *nt* Pay-TV
Pa·zi·fik <-s> [pa'tsiːfɪk] *m* ■ **der** ~ the Pacific
Pa·zi·fik·in·seln *pl* Pacific Islands *pl*
pa·zi·fisch [pa'tsiːfɪʃ] *adj inv* Pacific; ■ **der P~e Ozean** the Pacific Ocean
Pa·zi·fis·mus <-> [patsi'fɪsmʊs] *m kein pl* ■ **der** ~ pacifism
Pa·zi·fist(in) <-en, -en> [patsi'fɪst] *m(f)* pacifist
pa·zi·fis·tisch *adj* pacifist
PC <-s, -s> [peː'tseː] *m Abk von* **Personal Computer** PC
PCB <-, -s> [peːtseː'beː] *nt Abk von* **polychloriertes Biphenyl** PCB
PC-Be·nut·zer(in) *m(f)* PC user **PC-DOS** <-> [peːtseː'dɔs] *nt kein pl* INFORM *Abk von* **personal computer disk operating system** PC-DOS
PCI <-, -s> [peːtseː'iː] *m* INFORM *Abk von* **peripheral component interconnect bus** PCI
PCI-Bus *m* INFORM PCI bus **PCI-Takt** *m* INFORM PCI rate
PC-Kon·fi·gu·ra·ti·on *f* PC configuration
PCMCIA <-> *f kein pl* INFORM *Abk von* **personal computer memory card international association** PCMCIA
PCMCIA-For·mat *nt* INFORM format PCMCIA **PCMCIA-Norm** *f* INFORM standard PCMCIA
PC-Sta·ti·on *f* PC-workstation **PC-Zeit·schrift** *f* computer magazine
PdA <-> [peːdeː'aː] *f kein pl* SCHWEIZ *Abk von* **Partei der Arbeit** Swiss Workers' Party
PDA <-[s], -s> [peːdeː'aː] *m* INFORM *Abk von* **Personal Digital Assistant** PDA
PDF <-[s]> [peːdeː'ɛf] *nt kein pl* INFORM *Abk von* **portable document format** PDF
PDS <-> [peːdeː'ɛs] *f kein pl* POL *Abk von* **Partei des Demokratischen Sozialismus** German Socialist Party
PE [peː'eː] *nt Abk von* **Polyäthylen** PE, polyethylene
Pea·nuts ['piːnʌts] *pl (mickrige Summe)* peanuts *pl*
Pech <-[e]s, -e> [pɛç] *nt* ① *(fam: unglückliche Fügung)* bad luck; [**bei etw** *dat*] ~ **haben** *(fam)* to be unlucky [in [*or* with] sth], to have bad [*or fam* tough] luck [in sth]; **bei jdm** [**mit etw** *dat*] ~ **haben** to be out of [*or* not have any] luck with sb [regarding sth]; ~ ***gehabt!*** *(fam)* tough! *fam;* ***so ein ~!*** *(fam),* ***was für ein ~!*** *(fam)* just my/our, etc. luck *fam;* ***das ist ~!*** hard [*or* bad] luck!, [that's] too bad!
② *(Rückstand bei Destillation von Erdöl)* pitch
▶WENDUNGEN: ~ **an den Hosen haben** *(sl)* to [simply] not know when it's time to leave; **zusammenhalten wie ~ und Schwefel** *(fam)* to be as thick as thieves *fam*
Pech·blen·de <-> *f kein pl* GEOL pitchblende **Pech·nel·ke** *f* BOT red catchfly
pech·ra·ben·schwarz ['pɛç'raːbn̩'ʃvarts], **pech·schwarz** ['pɛç'ʃvarts] *adj inv (fam)* pitch-black; *Augen* jet-black; *Haar a.* raven[-black] **Pech·sträh·ne** *f (fam)* run [*or* streak] of bad luck; **eine ~ haben** to have a run [*or* streak] of bad luck, BRIT *a.* to go through an unlucky patch **Pech·vo·gel** *m (fam)* unlucky person, walking disaster *hum fam*
Pe·dal <-s, -e> [pe'daːl] *nt* pedal; [**ziemlich**] **in die ~e treten** to pedal [hard]
pe·da·len* [pe'daːlən] *vi* SCHWEIZ to pedal
Pe·dant(in) <-en, -en> [pe'dant] *m(f)* pedant
Pe·dan·te·rie <-, -n> [pedantə'riː] *f* ① *kein pl (pedantisches Wesen)* pedantry
② *(pedantische Handlung)* pedantry
Pe·dan·tin <-, -nen> *f fem form von* **Pedant**
pe·dan·tisch [pe'dantɪʃ] **I.** *adj* pedantic
II. *adv* pedantically
Ped·dig·rohr ['pɛdɪçroːɐ̯] *nt* cane
Pe·dell <-s, -e *o* -en, -en> [pe'dɛl] *m* ÖSTERR *(veraltet)* caretaker, janitor
Pe·di·kü·re <-, -n> [pedi'kyːrə] *f* ① *kein pl (Fußpflege)* pedicure
② *(Fußpflegerin)* chiropodist
Pe·di·kü·re-Set *nt* pedicure set
Pe·di·ment <-s, -e> [pedi'mɛnt] *nt* GEOL, GEOG pediment
pee·len [piːlən] *vi* to exfoliate
Pee·ling <-s, -s> ['piːlɪŋ] *nt* exfoliation
Pee·ling·mas·ke ['piːlɪŋ-] *f* exfoliating mask **Pee·ling·prä·pa·rat** *nt* exfoliant
Peep·show^RR^, **Peep-Show** <-, -s> ['piːpʃoː] *f* peep show
Peer·group <-, -s> ['piːɐ̯gruːp] *f* SOZIOL, PSYCH peer group
Pe·gel <-s, -> ['peːgl̩] *m* ① *(Messlatte)* water level gauge [*or* AM *also* gage]
② *s.* **Pegelstand**
Pe·gel·stand *m* water level
Peg·ma·tit <-s, -e> [pɛgma'tiːt] *m* GEOL pegmatite
Peil·an·la·ge *f* TECH, NAUT direction-finding [*or* D/F] equipment, direction-finder
pei·len ['pai̯lən] **I.** *vt* ① NAUT ■ **etw** ~ to get a bearing on sth
② *(sl: kapieren)* ■ **etw** ~ to sus [*or* get] sth *sl;* **nichts mehr** ~ [*o* **nichts mehr gepeilt kriegen/bekommen**] to be [off] in la-la land *sl,* to have lost it [*or* BRIT *a.* the plot] *fam*
II. *vi (fam)* to peek; *s. a.* **Daumen, Lage**
Peil·funk <-s> *m kein pl* directional radio, radio direction-finding **Peil·ge·rät** *nt* direction-finder **Peil·sen·der** *m* RADIO DF transmitter *spec*
Peil·stab *m* ① NAUT sounding pole [*or* rod]
② *(messstab)* dipstick
③ *(Einparkhilfe)* side marker, width indicator
Peil·sta·ti·on *f* direction-finding [*or* D/F] station
Pei·lung <-, -en> *f* NAUT ① *(Bestimmung des Standorts)* bearing
② *kein pl (Messung der Wassertiefe)* sounding, plumbing
Pein <-> [pai̯n] *f kein pl (veraltend geh)* agony
pei·ni·gen ['pai̯nɪgn̩] *vt* ① *(zermürben)* ■ **jdn** ~ to torment sb
② *(jdm zusetzen)* ■ **jdn** ~ to torture sb; *s. a.* **Blut**
Pei·ni·ger(in) <-s, -> *m(f) (geh)* torturer, tormentor
Pei·ni·gung <-, -en> *f (geh)* torture, agony
pein·lich ['pai̯nlɪç] **I.** *adj* ① *(unangenehm)* embarrassing; **eine ~e Frage/Situation** [*o* **Lage**] an awkward question/situation; ■ **jdm ~ sein** to be embarrassed; ***es war ihr sehr ~*** she was very embarrassed about it; ■ **jdm ~ sein, dass/wenn ...** to feel awkward that/when ...; ■ **etwas Peinliches** sth awful
② *(äußerst)* painstaking, diligent; **~e Genauigkeit** meticulous precision; **~e Sauberkeit** scrupulous cleanliness
II. *adv* ① *(unangenehm)* **jdn ~ berühren** to be awkward for sb; **auf jdn ~ wirken** to be embarrassing for sb
② *(gewissenhaft)* painstakingly; ~ **befolgen** to follow diligently
③ *(äußerst)* meticulously, thoroughly
Pein·lich·keit <-, -en> *f* ① *kein pl (peinliche Art)* awkwardness, embarrassment
② *(Genauigkeit)* scrupulousness, meticulousness
Peit·sche <-, -n> ['pai̯tʃə] *f* whip
peit·schen ['pai̯tʃn̩] **I.** *vt haben* ■ **jdn/etw** ~ to whip sb/sth
II. *vi sein* ■ **gegen etw** *akk* ~ to lash against sth; **Regen peitscht an** [*o* **gegen**] **etw** *akk* rain is lashing against sth; **Wellen ~ an** [*o* **gegen**] **etw** *akk* the waves are beating against sth
Peit·schen·hieb *m* stroke [*or* lash] [of the whip]
Peit·schen·knall *m* crack of a/the whip **Peit·schen·schlag** *m s.* **Peitschenhieb**
pe·jo·ra·tiv [pejora'tiːf] **I.** *adj* pejorative
II. *adv* pejoratively
Pe·ka·ri <-, -s> [pe'kaːri] *nt* ZOOL peccary
Pe·ki·ne·se <-n, -n> [peki'neːzə] *m* ZOOL Pekinese
Pe·king <-s> ['peːkɪŋ] *nt* Beijing
Pe·king·oper *f* THEAT Peking opera
Pek·tin <-s, -e> [pɛk'tiːn] *nt* pectin
pe·ku·ni·är [pɛku'ni̯ɛːɐ̯] *adj inv* FIN pecuniary
pe·la·gisch [pe'laːgɪʃ] *adj inv* BIOL, GEOL pelagic
Pe·le·ri·ne <-, -n> [pelə'riːnə] *f* ① *(ärmelloser Umhang)* pelerine
② *(veraltet: Regenmantel)* rain cape
Pe·li·kan <-s, -e> ['peːlikaːn] *m* pelican
Pel·lag·ra <-s> ['pɛlagra] *nt kein pl* MED pellagra
Pel·le <-, -n> ['pɛlə] *f (fam: Haut)* skin
▶WENDUNGEN: **jdm nicht von der ~ gehen** *(sl)* to not stop pestering sb *fam;* **jdm auf die ~ rücken** *(fam: sich dicht herandrängen)* to crowd sb; *(jdn bedrängen)* to badger [*or* pester] sb; **jdm auf der ~ sitzen** *(sl)* to be on sb's back *fam*
pel·len ['pɛlən] **I.** *vt (fam)* ■ **etw** ~ to skin sth; **Obst/Kartoffeln** ~ to peel fruit/potatoes; *s. a.* **Ei**
II. *vr (fam)* ■ **sich** *akk* ~ to peel
Pell·kar·tof·feln *pl* potatoes boiled in their jackets
Pe·lo·pon·nes <-> [pelopɔ'neːs] *m* Peloponnese
Pelz <-es, -e> [pɛlts] *m* ① *(Fell)* fur
② *kein pl* MODE *(Material)* fur; *(Pelzmantel)* fur [coat]
▶WENDUNGEN: **jdm/einem Tier eins auf den ~ brennen** *(fam)* to singe sb's/an animal's hide, to pump sb/an animal full of lead *sl;* **jdm auf den ~ rücken** *(fam)* to crowd sb
Pelz·be·satz *m* fur trimming **pelz·be·setzt** *adj* fur-trimmed **pelz·ge·füt·tert** *adj* fur-lined **Pelz·ge·schäft** *nt* furrier's **Pelz·han·del** *m* fur trade **Pelz·händ·ler(in)** <-s, -> *m(f)* furrier; *(Fellhandel)* fur trader
pel·zig ['pɛltsɪç] *adj* ① *(belegt)* furry
② *(mit Härchen versehen)* furry
Pelz·imi·tat *nt* fake [*or* imitation] fur **Pelz·kra·gen** *m* fur collar **Pelz·man·tel** *m* fur coat **Pelz·müt·ze** *f* fur hat
Pelz·tier *nt* animal valued for its fur **Pelz·tier·farm** *f* fur farm
PEMFC <-, -s> *f Abk von* **Polymer-Elektrolyt-Membran-Brennstoffzelle** PEMFC
Pe·nal·ty <-s, -s> ['pɛnl̩ti] *m* ① *(Strafstoß)* penalty
② SCHWEIZ *(Elfmeter)* penalty
PEN-Club <-s> ['pɛnlʊp] *m kein pl* PEN Club
Pen·com·pu·ter *m* pen-based computer
Pen·dant <-s, -s> [pã'dãː] *nt (geh)* counterpart; ■ ~ [**zu etw** *dat*] the counterpart [to sth]
Pen·del <-s, -> ['pɛndl̩] *nt* pendulum; **das ~ schlägt** [**nach der einen/anderen Seite**] **aus** the pendulum swings [in the one/other direction]
Pen·del·be·we·gung *f* pendular movement **Pen·del·dienst** *m* shuttle service **Pen·del·di·plo·ma·tie** *f* shuttle diplomacy **Pen·del·lam·pe** *f* hanging lamp
pen·deln ['pɛndl̩n] *vi* ① *haben (schwingen)* ■ [**hin und her**] ~ to swing [to and fro]
② *sein* TRANSP *(hin- und herfahren)* to commute
Pen·del·schä·ler *m* swivel-bladed potato peeler
Pen·del·tür *f s.* **Schwingtür** **Pen·del·uhr** *f* pendulum clock
Pen·del·ver·kehr *m* ① *(Nahverkehrsdienst)* shuttle service ② *(Berufsverkehr)* commuter traffic **Pen·del·zeit** *f* commuting time **Pen·del·zug** *m* rail shuttle, commuter train
pen·dent [pɛn'dɛnt] *adj* SCHWEIZ *(form: anhängig)* pending
Pen·denz <-, -en> [pɛn'dɛnts] *f* SCHWEIZ *(form)* pending matter
Pend·ler(in) <-s, -> ['pɛndlɐ] *m(f)* commuter
Pend·ler·pau·scha·le *f tax-deductible commuting expenses for employees* **Pend·ler·vor·stadt** *f* commuterville **Pend·ler·zug** *m* commuter train
Pe·nes ['peːneːs] *pl von* **Penis**
pe·ne·trant [pene'trant] **I.** *adj* ① *(durchdringend)* penetrating; **~er Geruch** a pungent smell

❷ *(aufdringlich)* overbearing, insistent; ***sei doch nicht so ~, ich gehe ja mit!*** stop pestering me, I'm coming!
II. *adv* pungently, penetratingly

Pe·ne·tranz <-> [pene'trants] *f kein pl* overbearing insistence

Pe·ne·tra·ti·on <-, -en> [penetra'tsi̯o:n] *f* ❶ TECH penetration
❷ MED perforation
❸ *(geh) des Penis* penetration

peng [pɛŋ] *interj (Schussgeräusch)* bang

pe·ni·bel [pe'ni:bl] *adj (geh Ordnung)* meticulous; *(Mensch)* fastidious; ■**jd ist [in etw** *dat*] ~ sb is fastidious [*or fam* pernickety] [about sth]

Pe·ni·cil·lin <-s, -e> [penitsɪ'li:n] *nt s.* **Penizillin**

Pe·nis <-, -se *o* Penes> ['pe:nɪs, *pl* 'pe:ne:s] *m* penis

Pe·nis·neid *m kein pl* penis envy **Pe·nis·pro·the·se** *f* MED penis prosthesis

Pe·ni·zil·lin <-s, -e> [penitsɪ'li:n] *nt* penicillin

Pen·nä·ler(in) <-s, -> [pɛ'nɛ:lɐ] *m(f) (veraltet)* secondary school pupil [*or* AM student]

Penn·bru·der *m (pej fam)* tramp, AM *a.* hobo

Pen·ne <-, -n> ['pɛnə] *f* SCH *(sl)* school; **auf die ~ gehen** to go to school

pen·nen ['pɛnən] *vi (fam)* ❶ *(schlafen)* to kip BRIT *fam,* to sleep; ***du kannst auch bei mir ~*** you can kip over at mine
❷ *(nicht aufpassen)* to sleep; ■**gepennt haben** to have been sleeping
❸ *(sl: Beischlaf haben)* ■**mit jdm ~** to go to bed with sb

Pen·ner(in) <-s, -> *m(f) (pej fam)* ❶ *(Stadtstreicher)* tramp, bum *fam*
❷ *(langsamer Mensch)* slowcoach BRIT *fam,* slowpoke AM *fam*

Pen·ny·loa·fer <-[s], -> ['pɛniləʊfəʳ] *m (Schuh ohne Schnürriemen)* penny loafer

Pen·sa ['pɛnza], **Pen·sen** [pɛnzən] *pl von* **Pensum**

Pen·si·on <-, -en> [pã'zi̯o:n, pɛn'zi̯o:n] *f* ❶ TOURIST guest house
❷ *(Ruhegehalt)* pension; **in ~ gehen** to go into retirement; **in ~ sein** to be in retirement [*or* retired]
❸ *kein pl* TOURIST *(Verpflegung)* **mit ~** with full board

Pen·si·o·när(in) <-s, -e> [pãzi̯o'nɛ:ɐ, pɛnzi̯o'nɛ:ɐ] *m(f)* ❶ *(Ruhestandsbeamter)* pensioner, retired person
❷ SCHWEIZ *s.* **Pensionsgast**

Pen·si·o·nat <-[e], -e> [pãzi̯o'na:t, pɛnzi̯o'na:t] *nt (veraltet)* boarding school

pen·si·o·nie·ren* [pãzi̯o'ni:rən, pɛnzi̯o'ni:rən] *vt* ■**pensioniert werden** to be pensioned off; **vorzeitig pensioniert werden** to be given early retirement; ■**sich** *akk* **~ lassen** to retire

pen·si·o·niert *adj* retired

Pen·si·o·nier·te(r) *f(m) dekl wie adj* SCHWEIZ *(Ruheständler)* retired person

Pen·si·o·nie·rung <-, -en> *f* retirement; **vorzeitige ~** early retirement

Pensionsalter *nt* retirement age **Pen·si·ons·an·spruch** *m* right to a pension **Pen·si·ons·an·wart·schaft** *f* FIN accrued pension rights, pension expectancy **Pen·si·ons·auf·wand** *m* FIN pension costs *pl* **pen·si·ons·be·rech·tigt** *adj* entitled to a pension **Pen·si·ons·be·rech·ti·gung** *f* FIN entitlement [*or* eligibility] to a pension **Pen·si·ons·be·zü·ge** *pl* ÖKON [civil servant's] pension income **pen·si·ons·fä·hig** *adj* FIN pensionable **Pen·si·ons·fonds** *m* ÖKON pension fund **Pen·si·ons·gast** *m* hotel [*or* boarding house] guest [*or* patron], BRIT *a.* guesthouse patron **Pen·si·ons·ge·schäft** *nt* FIN repurchase deal, sale and repurchase agreement; **~e der Zentralbank** repurchase operations **Pen·si·ons·kas·se** *f* ÖKON pension fund **Pen·si·ons·preis** *m* TOURIST cost of board **pen·si·ons·reif** *adj (fam)* ready for retirement **Pen·si·ons·rück·stel·lung** *f* FIN pension reserve [*or* provision] **Pen·si·ons-Son·der·ver·mö·gen** *nt* FIN pension special fund **Pen·si·ons·ver·bind·lich·kei·ten** *pl* FIN pension liabilities **Pen·si·ons·ver·pflich·tun·gen** *pl* FIN *(Bilanzposten)* pension obligations, pensions and retirement plans **Pen·si·ons·zah·lung** *f* FIN retired pay **Pen·si·ons·zu·sa·ge** *f* JUR pension commitment; **~ ohne Arbeitnehmerbeteiligung** non-contributory pension commitment **Pen·si·ons·zu·schuss**RR *m* ÖKON pension contribution

Pen·sum <-s, Pensa *o* Pensen> ['pɛnzʊm, *pl* 'pɛnza, 'pɛnzən] *nt (geh)* work quota

Pen·ta·eder [pɛnta'ʔe:dɐ] *m* MATH pentahedron

Pen·ta·gon <-s, -e> [pɛnta'go:n] *nt* ❶ *(Fünfeck)* pentagon
❷ *kein pl (US-Verteidigungsministerium)* Pentagon

Pen·ta·gramm <-s, -e> [pɛnta'gram] *nt* pentagram

Pen·tan [pɛn'ta:n] *nt kein pl* CHEM pentane

Pent·haus ['pɛnthaus] *nt* penthouse

Pent·house <-, -s> ['pɛnthaus] *nt* penthouse

Pen·ti·um® <-s> ['pɛntsi̯ʊm] *m kein pl* INFORM Pentium®

Pen·ti·um-Pro·zes·sor® *m* INFORM Pentium® processor

Peo·ple·mo·ver <-[s], -> ['pi:pl̩mu:vɐ] *m* TRANSP peoplemover

Pep <-[s]> [pɛp] *m kein pl* verve, pep *fam,* oomph *fam,* pizzazz *fam;* **~ haben** *(fam)* to have verve [*or* pizzazz]; **mit ... ~** *(fam)* with ... pizzazz [*or* pep]

Pe·pe·ro·ni [pepe'ro:ni] *pl* KOCHK ❶ *(scharfe Paprikas)* chillies *pl*
❷ SCHWEIZ *(Gemüsepaprika)* peppers *pl*

pep·pig ['pɛpɪç] *adj (fam)* peppy *fam,* racy *fam,* upbeat

Pep·sin <-s, -e> [pɛp'si:n] *nt* pepsin

Pep·talk <-s, -s> ['pepto:k] *m* pep talk

Pep·tid <-s, -e> [pɛp'ti:t] *nt* BIOL, CHEM peptide

per [pɛr] *präp* ❶ *(durch)* by; **~ Post/Bahn** by post [*or* AM mail]/train
❷ *(pro)* per
❸ **~ sofort** SCHWEIZ *(ab sofort)* immediately, as of now
▶WENDUNGEN: **~ pedes** *(hum)* on foot, BRIT *a.* on shank's pony *hum;* **~ se** *(geh)* per se; **mit jdm ~ du/Sie sein** *(fam)* to address sb with "du"/"Sie", to be on familiar/unfamiliar terms with sb

per an·num [pɛr 'anʊm] *adv,* **p. a.** per annum

per de·fi·ni·ti·o·nem *(geh)* by definition

per·deu·te·riert [pɛrdɔyte'ri:ɐt] *adj* CHEM perdeuterated

per·du [pɛr'dy:] *adj präd (veraltend fam)* no more *pred*

pe·remp·to·risch [perɛmo'to:rɪʃ] *adj* JUR peremptory; **~e Einrede** peremptory plea

Pe·res·troi·ka <-> [perɛs'trɔyka] *f kein pl* POL perestroika

per·fekt [pɛr'fɛkt] I. *adj* ❶ *(vollkommen)* perfect
❷ *pred (abgemacht)* ■**~ sein** to be settled; **etw ~ machen** to settle sth
II. *adv* perfectly

Per·fekt <-s, -e> ['pɛrfɛkt] *nt* LING ❶ *(vollendete Zeitform)* perfect [tense]
❷ *(Verbform im Perfekt)* perfect

Per·fek·ti·on <-> [pɛrfɛk'tsi̯o:n] *f kein pl (geh)* perfection; ■**mit ~** to perfection; **in höchster ~** to the highest perfection

per·fek·ti·o·nie·ren* [pɛrfɛktsio'ni:rən] *vt (geh)* ■**etw ~** to perfect sth

Per·fek·ti·o·nis·mus <-> [pɛrfɛktsi̯o'nɪsmʊs] *m kein pl (geh)* perfectionism

Per·fek·ti·o·nist(in) <-en, -en> [pɛrfɛktsi̯o'nɪst] *m(f)* perfectionist

per·fi·de [pɛr'fi:də] I. *adj (geh)* perfidious *liter*
II. *adv (geh)* perfidiously

Per·fi·die <-, -ien> [pɛrfi'di:, *pl* -di:ən] *f (geh)* ❶ *kein pl (gemeine Art)* perfidiousness
❷ *(einzelne Handlung)* perfidy

Per·fo·ra·ti·on <-, -en> [pɛrfora'tsi̯o:n] *f* ❶ *(Lochung)* perforation
❷ *(Trennlinie)* perforated line
❸ MED perforation

per·fo·rie·ren* [pɛrfo'ri:rən] *vt* ■**etw ~** to perforate sth

Per·fo·rier·li·nie *f* perfo[rating] rule

Per·for·man·ce <-> [pø:ɐ̯'fo:ɐ̯məns] *f kein pl (sl)* performance, manner

Per·for·man·ce-In·dex *m* ÖKON performance indicator **Per·for·mance·künst·ler(in)** *m(f)* KUNST performance artist

Per·for·manz <-, -en> [pɛrfɔr'mants] *f* LING performance

Per·ga·ment <-[e]s, -e> [pɛrga'mɛnt] *nt* parchment

Per·ga·ment·band <-bände> *m* vellum-bound book **Per·ga·ment·pa·pier** *nt* greaseproof paper **Per·ga·ment·rol·le** *f* scroll

Per·ga·mon <-> ['pɛrgamɔn] *nt* Pergamum

Per·go·la <-, Pergolen> ['pɛrgola, *pl* -golən] *f* pergola

pe·ri·gla·zi·al [periglaˈtsi̯a:l] *adj inv* GEOG periglacial

Pe·ri·karp <-s, -e> [peri'karp] *nt* BOT pericarp

Pe·ri·o·de <-, -n> [pe'ri̯o:də] *f* ❶ *(Zeitabschnitt)* period
❷ BIOL period
❸ MATH repetend

Pe·ri·o·den·sys·tem *nt* CHEM periodic table

Pe·ri·o·di·kum <-s, -ka> [pe'ri̯o:dikʊm] *nt meist pl (fachspr)* periodical

pe·ri·o·disch [peri̯'o:dɪʃ] I. *adj* periodic[al], regular
II. *adv* periodically, regularly; *s. a.* **Dezimalzahl**

Pe·ri·od·säu·re *f kein pl* CHEM periodic acid

pe·ri·pher [peri'fe:ɐ̯] I. *adj* ❶ *(geh: oberflächlich)* peripheral
❷ ANAT, MED peripheral
II. *adv (geh)* peripherally, on the periphery

Pe·ri·phe·rie <-, -n> [perife'ri:, *pl* -'ri:ən] *f* ❶ *(Randzone)* periphery, outskirts *pl*
❷ MATH *(Begrenzungslinie)* periphery
❸ INFORM *(Peripheriegeräte)* peripheral [device]

Pe·ri·phe·rie·ge·rät *nt* INFORM peripheral

Pe·ri·skop <-s, -e> [peri'sko:p] *nt* periscope

Pe·ri·stal·tik <-> [peri'staltɪk] *f kein pl* MED peristalsis

per·ku·tan [pɛrku'ta:n] *adj inv* percutaneous

Perl·boh·ne *f* Boston bean, pearl haricot, pea bean

Per·le <-, -n> ['pɛrlə] *f* ❶ *(Schmuckperle)* pearl
❷ *(Kügelchen)* bead
❸ *(fig)* gem; ***unsere Haushälterin ist eine echte ~*** our housekeeper is a true gem
❹ *(Tropfen)* bead, droplet
❺ *(Luftbläschen)* bubble
▶WENDUNGEN: **~n vor die Säue werfen** *(prov)* to cast pearls before swine *prov*

per·len ['pɛrlən] *vi* ❶ *(sprudeln)* to fizz
❷ *(geh: in Tropfen stehen)* ■**auf etw** *dat* **~** to form beads [*or* droplets] on sth
❸ *(geh: in Tropfen rinnen)* ■**von etw** *dat* **~** to trickle [*or* roll] from sth

Per·len·ket·te *f* pearl necklace **Per·len·tau·cher(in)** *m(f)* pearl diver

Perl·gers·te *f* pearl barley **Perl·glanz** *m* pearly lustre [*or* AM -er] **Perl·huhn** *nt* guinea fowl **Perl·mu·schel** *f* pearl oyster

Perl·mutt <-s> ['pɛrlmʊt] *nt kein pl,* **Perl·mut·ter** <-> ['pɛrlmʊtɐ] *f* mother-of-pearl **perl·mut·tern** ['pɛrlmʊtɐn] *adj inv* ❶ *attr (aus Perlmutter)* mother-of-pearl ❷ *(perlmutterfarben)* the colour [*or* AM -or] of mother-of-pearl **perl·mutt·far·ben** *adj inv* mother-of-pearl effect **Perl·mutt·knopf** *m* mother-of-pearl button

Per·lon® <-s> ['pɛrlɔn] *nt kein pl* [type of] nylon

Per·lon·strumpf <-[e]s, -strümpfe> *m* nylon stocking; ■**Perlonstrümpfe** nylons *npl,* nylon stockings *pl*

Perl·tang *m* BOT carrageen **Perl·wein** *m* sparkling wine **Perl·zwie·bel** *f* pearl onion

Perm <-s> [pɛrm] *kein pl nt* GEOL Permian

Per·ma·frost ['pɛrma-] *m kein pl* GEOG permafrost **Per·ma·frost·bo·den** *m* GEOG permafrost

per·ma·nent [pɛrma'nɛnt] I. *adj (geh)* permanent
II. *adv (geh)* permanently

Per·ma·nent Make-up *nt* permanent make-up

Per·ma·nenz <-> [pɛrma'nɛnts] *f (geh)* permanence; **in ~** constantly, continuously

Per·me·a·bi·li·tät <-> [pɛrmeabili'tɛt] *f kein pl* SCI permeability

Per·mu·ta·ti·on <-, -en> [pɛrmuta'tsi̯o:n] *f* MATH

permutation

Per·oxid *nt,* **Per·oxyd** <-[e]s, -e> ['pɛrʔɔksi:t] *nt* CHEM [su]peroxide

Per·pe·tu·um mo·bi·le <- -, - -[s]> [pɛr'pe:tuʊm 'mo:bilə] *nt* perpetual motion machine

per·plex [pɛr'plɛks] *adj* dumbfounded, thunderstruck

Per·ron <-s, -s> ['pɛrõ:] *m* ÖSTERR, SCHWEIZ *(Bahnsteig)* platform

per sal·do [pɛr 'zaldo] FIN by balance; ~ **Kursgewinne von ...** net capital gains of ...; ~ **Zuflüsse** net inflows

Per·säu·re *f kein pl* CHEM peracid

Per·sen·ning <-, -e[n]> [pɛr'zɛnɪŋ] *f* 1 NAUT tarpaulin
2 *kein pl* MODE *(Segeltuch)* canvas

Per·ser(in) <-s, -> ['pɛrze] *m(f)* HIST Persian

Per·ser <-s, -> ['pɛrze] *m (fam)* Persian [rug]

Per·ser(in) <-s, -> ['pɛrze] *m(f)* GEOG Persian

Per·ser·kat·ze *f* Persian cat **Per·ser·tep·pich** *m* Persian rug

Per·si·a·ner <-s, -> [pɛr'zi̯a:nɐ] *m* 1 *(Fell)* Persian lamb
2 MODE *(Mantel aus Persianer)* Persian lamb coat

Per·si·en <-s> ['pɛrzi̯ən] *nt* HIST *s.* **Iran** Persia

Per·si·fla·ge <-, -n> [pɛrzi'fla:ʒə] *f (geh)* satire

per·si·flie·ren* [pɛrzi'fli:rən] *vt (geh)* ■**jdn/etw** ~ to satirize sb/sth

Per·sil·schein [pɛr'zi:l-] *m* 1 *(hum fam)* denazification certificate
2 *(fig)* clean bill of health

Per·sisch ['pɛrzɪʃ] *nt dekl wie adj* Persian

per·sisch ['pɛrzɪʃ] *adj* Persian

Per·si·sche <-n> ['pɛrzɪʃə] *nt* ■**das** ~ Persian, the Persian language

Per·si·scher Golf *m* Persian Gulf

Per·son <-, -en> [pɛr'zo:n] *f* 1 *(einzelner Mensch)* person, individual; ***eine hoch gestellte*** ~ a high-ranking person [*or form* personage]; ***eine männliche/weibliche*** ~ a male/female; ***eine öffentliche/politische*** ~ a public/political figure; ***eine seltsam aussehende*** ~ an odd-looking individual; ***eine mir unbekannte*** ~ an person unknown to me; ***er ist eine führende ~ in der Musikbranche*** he's a leading figure in the music industry; ***sie ist genau die ~, die wir für die Stelle brauchen*** she's just the person we need for the job; ***wir müssen die ~ von der Sache trennen*** we must keep the personal and the factual aspects apart; ***es geht um die ~ des Präsidenten, nicht um das Amt*** it concerns the President as a person, not the office; ***die ~ des Königs ist unantastbar*** [the person of] the king is inviolable; ***du nimmst deine eigene ~ zu wichtig*** you take yourself too seriously; ***deine ~ soll in dem Bericht nicht erwähnt werden*** you shall not be mentioned in the report; ***sie ist unschuldig, sie haben sich in der ~ geirrt*** she is innocent, it was a case of mistaken identity; **ich/du etc. für meine/deine etc.** ~ I/you [*or* as for] myself/yourself; ***ich für meine ~ stimme zu*** for my part [*or* as for myself] I agree; **pro** ~ per person; ***der Eintritt kostet 3 Euro pro*** ~ the entrance fee is 3 euros per person
2 *(Leute)* ■**~en** *pl* people *pl,* persons *pl form;* ***es waren ungefähr zehn ~en da*** there were about ten people; ***Paella kostet 30 Euro für zwei ~en*** paella costs 30 euros for two people; ***~en sind bei dem Brand nicht umgekommen*** there was no loss of life in the fire; ***die Familie besteht aus vier ~en*** it is a family of four; ***das Fahrzeug ist für 4 ~en zugelassen*** the vehicle is licensed to carry 4 persons
3 *(Frau)* person, female; ***sie ist eine faszinierende/ausgesprochen nette*** ~ she's a fascinating/an extremely kind person; ***sie mag eine nette ~ sein, aber sie ist nicht die Richtige für diese Arbeit*** she's nice enough as a person, but he's not the right woman for this job; ***eine gewisse ~ hat mir das gesagt*** a certain person told me about it
4 JUR *(Rechtsperson)* person, [contract] party; **in eigener** ~ *(ohne Anwalt)* in person; **beschränkt geschäftsfähige** ~ person of restricted capacity to contract; **juristische** ~ legal entity, juristic person; *(Körperschaft)* corporate body; **natürliche** ~ natural person; **von ~ bekannt** of known identity; **zur** ~ concerning a person's identity; ***Angaben zur ~ machen*** to give one's personal details; ***jdn zur ~ befragen*** to question sb concerning his identity; ***Fragen zur*** ~ questions to sb on his/her identity
5 LIT, THEAT *(Handelnde)* character; ***die ~en der Handlung*** the characters [in the action], the dramatis personae; **lustige** ~ *(veraltet)* [stock] comic figure; **eine stumme** ~ a non-speaking part
6 *kein pl* LING *(grammatische Form)* person; ***der Roman ist in der ersten ~ geschrieben*** the novel is written in the first person; ***das Verb steht in der 3. ~ Singular*** the verb is in the third person singular
7 REL **die drei göttlichen ~en** the Holy Trinity, God in three persons
8 *(selten: Persönlichkeit)* ***lassen wir ihre ~ aus dem Spiel*** let's leave personalities out of it
▸WENDUNGEN: **... in** ~ personified; ***er ist die Geduld/Güte in*** ~ he's patience/kindness personified; **in** [**eigener**] ~ personally; ***in*** [***eigener***] ~ ***erscheinen*** to appear personally [*or* in person]; ***der Kanzler in eigener*** ~ the chancellor in person; **in einer** ~ rolled into one; ***er ist Politiker und Schauspieler in einer*** ~ he's a politician and an actor rolled into one

per·so·nal [pɛrzo'na:l] *adj inv (geh)* personal

Per·so·nal <-s> [pɛrzo'nal] *nt kein pl* 1 *(Gesamtheit der Mitarbeiter)* personnel, staff; **geschultes** ~ trained staff
2 *(Hausangestellte)* staff

Per·so·nal·ab·bau *m* downsizing *no pl, no indef art,* reduction in staff[ing levels] [*or* personnel], personnel [*or* staff] cuts *pl* **Per·so·nal·ab·tei·lung** *f* personnel [*or* human resources] department **Per·so·nal·ak·te** *f* personal file **Per·so·nal·auf·bau** *m* recruitment **Per·so·nal·auf·sto·ckung** *f* increase in personnel [*or* staff] **Per·so·nal·auf·wand** *m kein pl* FIN expenditure *no pl* on personnel **Per·so·nal·auf·wen·dun·gen** *pl* personnel expenses *pl* [*or* expenditure] **Per·so·nal·aus·schuss** *m* personnel [*or* human resources] committee **Per·so·nal·aus·weis** *m* identity card **Per·so·nal·be·ra·ter(in)** *m(f)* ÖKON personnel consultant **Per·so·nal·be·richt** *m* staff report **Per·so·nal·be·schaf·fung** *f* ÖKON recruitment

Per·so·nal·be·stand *m* staffing levels *pl,* number of staff [*or* personnel] **Per·so·nal·be·stands·pro·gno·se** *f* manpower forecasting

Per·so·nal·bü·ro *nt* ÖKON personnel office **Per·so·nal·chef(in)** *m(f)* personnel manager, head of personnel **Per·so·nal Com·pu·ter^RR^** ['pɜːsənəl-] *m* personal computer **Per·so·nal·de·cke** *f* ÖKON workforce, labour [*or* AM -or] force **Per·so·nal-Di·gi·tal-As·sis·tant** <-, -s> ['pɜːsənəl 'dɪdʒɪtəl ə'sɪstənt] *m* INFORM personal digital assistant, PDA **Per·so·nal·ein·satz** *m* ÖKON labour [*or* AM -or] employment [*or* staff] **Per·so·nal·ein·spa·rung** *f* staff [*or* personnel] reduction, staff cuts *pl* **Per·so·nal·ent·schei·dung** *f* decision regarding personnel

Per·so·na·ler <-s, -> [pɛrzo'na:lɐ] *m (fam: Personalchef)* personnel manager

Per·so·nal·frei·set·zung *f* ÖKON *(euph)* shedding of staff **Per·so·nal·ge·sell·schaft** *f* ÖKON *(Personengesellschaft)* partnership **Per·so·nal·haft** *f kein pl* JUR personal arrest, detention

Per·so·na·li·en [pɛrzo'na:li̯ən] *pl* particulars *npl*

per·so·nal·in·ten·siv *adj* personnel-intensive

per·so·na·li·sie·ren* [pɛrzonali'zi:rən] *vt (geh)* ■**etw** ~ to personalize sth, to reduce sth to a personal level

Per·so·na·lis·mus <-> [pɛrzona'lɪsmʊs] *m kein pl* PHILOS personalism

Per·so·nal·kar·tei *f* ADMIN personal file **Per·so·nal·kon·zes·si·on** *f* JUR licence granted to a named individual

Per·so·nal·kos·ten *pl* personnel costs *npl* **Per·so·nal·kos·ten·bud·get** *nt* FIN staff [*or* manpower] budget

Per·so·nal·kre·dit *m* FIN personal loan [*or* credit] **Per·so·nal·ma·nage·ment** *nt* personnel management **Per·so·nal·man·gel** *m* staff [*or* personnel] shortage **Per·so·nal·pla·nung** *f* ÖKON personnel planning *no pl, no indef art* **Per·so·nal·po·li·tik** *f* staff policy **Per·so·nal·pro·no·men** *nt* LING personal pronoun **Per·so·nal·rat** *m* staff council [of a public authority] **Per·so·nal·rat, -rä·tin** *m, f* staff council representative [of a public authority] **Per·so·nal·stär·ke** *f* personnel, workforce **Per·so·nal·sta·tut** *nt* JUR personal statute **Per·so·nal·steu·ern** *pl* FIN personal taxes **Per·so·nal·struk·tur** *f* ADMIN staff structure **Per·so·nal·tausch** *m* exchange of personnel [*or* staff] **Per·so·nal·uni·on** *f* 1 *(Halter von zwei Ämtern)* **in** ~ *(geh)* at the same time; ***er ist Parteisprecher und Präsident in*** ~ he's both party speaker and president 2 HIST personal union **Per·so·nal·ver·mitt·lung** *f* ÖKON employment agency **Per·so·nal·ver·samm·lung** *f* JUR staff meeting **Per·so·nal·ver·schie·bung** *f* shift in [*or* movement of] personnel [*or* staff] **Per·so·nal·ver·tre·tung** *f* staff association **Per·so·nal·we·sen** *nt* ÖKON personnel matters *pl* **Per·so·nal·wirt·schaft** *f kein pl* ÖKON personnel [*or* human resources] management **Per·so·nal·zu·satz·kos·ten** *pl* additional staff costs *pl*

Per·so·na non gra·ta [pɛr'zo:na 'no:n 'gra:ta] *f* JUR persona non grata

per·so·nell [pɛrzo'nɛl] **I.** *adj* personnel *attr,* staff *attr* **II.** *adv* as regards personnel; ~ **aufstocken** to increase staff [*or* personnel]; **sich** *akk* ~ **aus etw** *dat* **zusammensetzen** to be staffed in a certain way

Per·so·nen·auf·zug *m (form)* passenger lift BRIT, elevator AM **Per·so·nen·bahn·hof** *m* passenger station

Per·so·nen·be·för·de·rung *f* carriage [*or* conveyance] of passengers; **öffentliche** ~ passenger transportation **Per·so·nen·be·för·de·rungs·ent·gelt** *nt* passenger fare **Per·so·nen·be·för·de·rungs·ta·rif** *m* passenger tariff

Per·so·nen·be·schrei·bung *f* personal description **per·so·nen·be·zo·gen** *adj* personal **Per·so·nen·fahr·preis** *m* passenger fare **Per·so·nen·fern·ver·kehr** *m* long-distance passenger traffic **Per·so·nen·ge·dächt·nis** *nt* memory for faces; **ein gutes/schlechtes ~ haben** to have a good/bad memory for faces **Per·so·nen·ge·sell·schaft** *f* ÖKON *(Partnerschaft)* [ordinary] partnership; *(geschlossene Gesellschaft)* close company [*or* corporation] **Per·so·nen·han·dels·ge·sell·schaft** *f* JUR commercial partnership **Per·so·nen·ki·lo·me·ter** *m* BAHN passenger kilometre [*or* AM -er] *(distance covered by passengers)* **Per·so·nen·kon·trol·le** *f* identity check, security check [on an individual] **Per·so·nen·kraft·wa·gen** *m (geh)* motorcar *form* **Per·so·nen·kreis** *m* group of people **Per·so·nen·kult** *m* personality cult; **einen ~ mit jdm treiben** to build up a personality cult around sb **Per·so·nen·mei·len** *pl* passenger mileage **Per·so·nen·nah·ver·kehr** *m* local passenger transport *no pl;* **öffentlicher** ~ passenger transportation **Per·so·nen·recht** *nt* JUR law concerning persons **Per·so·nen·scha·den** *m* JUR personal damage [*or* injury]; *(Versicherung)* physical injury **Per·so·nen·scha·den·haf·tung** *f* JUR liability for physical injury **Per·so·nen·schleu·se** *f* turnstile **Per·so·nen·schutz** *m* personal security **Per·so·nen·schüt·zer(in)** *m(f)* bodyguard

Per·so·nen·sor·ge *f kein pl* JUR care and custody of a child **Per·so·nen·sor·ge·be·rech·tig·te(r)** *f(m)* JUR *person having the care and custody of a child*

Per·so·nen·stands·auf·nah·me *f* JUR registration of civil status **Per·so·nen·stands·buch** *nt* JUR register of births, deaths and marriages **Per·so·nen·stands·fäl·schung** *f* JUR fraudulent alteration of a person's legal status **Per·so·nen·stands·ge·setz** *nt* JUR Law on Personal Status **Per·so·nen·stands·recht** *nt* JUR law of civil status **Per·so·nen·stands·re·gis·ter** *nt* register of births,

deaths and marriages **Per·so·nen·stands·ur·kun·de** *f* JUR personal registration certificate
Per·so·nen·steu·er *f* FIN personal [*or* poll] tax **Per·so·nen·ta·rif** *m* passenger tariff [*or pl* fares] **Per·so·nen·ver·ei·ni·gung** *f* JUR association [of persons] **Per·so·nen·ver·kehr** *m kein pl* TRANSP passenger transport **Per·so·nen·ver·kehrs·dienst** *m* passenger service **Per·so·nen·waa·ge** *f (form)* scales *npl (for weighing persons)* **Per·so·nen·wa·gen** *m (form)* private car **Per·so·nen·zug** *m (veraltend)* slow [*or* stopping] train
Per·so·ni·fi·ka·ti·on <-, -en> [pɛrzonifika'tsio:n] *f (geh)* personification
per·so·ni·fi·zie·ren* [pɛrzonifi'tsi:rən] *vt* ■**etw** ~ to personify sth
Per·so·ni·fi·zie·rung <-, -en> *f (geh)* personification
per·sön·lich [pɛr'zø:nlɪç] **I.** *adj* ❶ *(eigen)* personal
❷ *(jdn selbst betreffend)* personal
❸ *(zwischenmenschlich)* personal
❹ *(intim)* friendly; ***ich möchte ein ~es Wort an Sie richten*** I would like to address you directly
❺ *(gegen jdn gerichtet)* personal
❻ *(als Privatperson)* personal
❼ *(anzüglich)* ■~ **werden** to get personal; *s. a.* **Fürwort**
II. *adv* ❶ *(selbst)* personally; ~ **erscheinen/auftreten** to appear/perform in person
❷ *(privat)* personally; ~ **befreundet sein** to be personal friends
Per·sön·lich·keit <-, -en> *f* ❶ *kein pl (individuelle Eigenart)* personality
❷ *(markanter Mensch)* character
❸ *(Prominenter)* celebrity, personality
Per·sön·lich·keits·ent·fal·tung *f kein pl* personality development **Per·sön·lich·keits·merk·mal** *nt* personality trait **Per·sön·lich·keits·pro·fil** *nt* personality profile **Per·sön·lich·keits·recht** *nt* JUR personal rights *pl* **Per·sön·lich·keits·schutz** *m* JUR legal protection of personality **Per·sön·lich·keits·stö·rung** *f* personality disorder **Per·sön·lich·keits·test** *m* personality test **Per·sön·lich·keits·ver·let·zung** *f* JUR violation of personal rights **Per·sön·lich·keits·wahl** *f kein pl* POL *electoral system in which votes are cast for a candidate rather than a party*
Per·spek·ti·ve <-, -n> [pɛrspɛk'ti:və] *f* ❶ ARCHIT, KUNST *(räumliche Darstellung)* perspective
❷ *(Blickwinkel)* perspective
❸ *(geh: Betrachtungsweise)* perspective, angle, point of view
❹ *(geh: Aussichten)* prospect *usu pl*
per·spek·ti·visch [pɛrspɛk'ti:vɪʃ] **I.** *adj* perspective *attr*
II. *adv* in perspective
per·spek·tiv·los *adj* without prospects
Per·spek·tiv·lo·sig·keit <-> *f kein pl* hopelessness *no pl*
Per·spek·tiv·pla·nung *f* ÖKON long-range planning; **betriebliche** ~ long-range business planning
Per·tus·sis <-, -ssisses> [pɛr'tʊsɪs] *f* MED *(fachspr)* pertussis, whooping cough
Pe·ru <-s> [pe'ru:] *nt* Peru
Pe·ru·a·ner(in) <-s, -> [pe'rua:nɐ] *m(f)* Peruvian
pe·ru·a·nisch [pe'rua:nɪʃ] *adj* Peruvian
Pe·rü·cke <-, -n> [pe'rʏkə] *f* wig
per·vers [pɛr'vɛrs] **I.** *adj* ❶ PSYCH perverted; ■~ **sein** to be perverted [*or* a pervert]
❷ *(sl: unnormal)* perverse, abnormal
II. *adv* PSYCH ~ **veranlagt sein** to have a perverted disposition
Per·ver·si·on <-, -en> [pɛrvɛr'zio:n] *f* perversion
Per·ver·si·tät <-, -en> [pɛrvɛrzi'tɛ:t] *f (geh)* perversity
per·ver·tie·ren* [pɛrvɛr'ti:rən] **I.** *vt haben (geh)* ■**etw** ~ to warp [*or* pervert] sth
II. *vi sein (geh)* ■[**zu etw** *dat*] ~ to become perverted [into sth]
pe·sen ['pe:zn̩] *vi sein (fam)* to race, to dash
Pes·sar <-s, -e> [pɛ'sa:ɐ̯] *nt* diaphragm, cap
Pes·si·mis·mus <-> [pɛsi'mɪsmʊs] *m kein pl* pessimism
Pes·si·mist(in) <-en, -en> [pɛsi'mɪst] *m(f)* pessimist
pes·si·mis·tisch [pɛsi'mɪstɪʃ] **I.** *adj* pessimistic
II. *adv* pessimistically
Pest <-> [pɛst] *f kein pl* MED Pest; ■**die** ~ the plague
▸WENDUNGEN: **jdn wie die ~ fürchten/hassen** *(fam)* to be terribly afraid of sb/to hate sb's guts *fam;* **jdm die ~ an den Hals wünschen** *(fam)* to wish sb would drop dead *fam;* **wie die ~ stinken** *(fam)* to stink to high heaven *fam*
pest·ar·tig *adj* pestilential, vile **Pest·beu·le** *f* plague spot **Pest·ge·stank** *m* foul [*or* vile] stench
Pes·ti·zid <-s, -e> [pɛsti'tsi:t] *nt* pesticide
Pe·tent <-en, -en> [pe'tɛnt] *m* JUR *(Bittsteller)* petitioner, supplicant
Pe·ter <-s> ['pe:tɐ] *m* ▸WENDUNGEN: **jdm den schwarzen ~ zuschieben** [*o* **zuspielen**] to leave sb holding the baby BRIT [*or* AM bag] *fam*
Pe·ter·le <-[s]> ['pe:tələ] *nt kein pl* ❶ BOT, KOCHK DIAL *(Petersilie)* parsley *no pl; s. a.* **Petersilie**
❷ *dim von* **Peter**
Pe·ter·li <-[s]> *nt kein pl* SCHWEIZ parsley
Pe·ter·ling *m* parsley
Pe·ter·männ·chen ['pe:tɐmɛnçən] *nt* greater weaver fish, stingfish
Pe·ters·fisch ['pe:tɐs-] *m* haddock
Pe·ter·si·lie <-, -n> [petɐ'zi:liə] *f* parsley
Pe·ter·si·li·en·öl *nt* parsley oil
PET-Fla·sche ['pɛt] *f* PET [plastic] bottle
Pe·ti·tes·se <-, -n> [pəti:'tɛsə] *f (geh)* triviality
Pe·ti·ti·on <-, -en> [peti'tsio:n] *f* petition
Pe·ti·ti·ons·aus·schuss[RR] *m* [parliamentary] petitions committee **Pe·ti·ti·ons·recht** *nt* right to petition
Pe·tri·scha·le ['pe:tri-] *f* Petri dish
Pe·tro·che·mie [pe:troçe'mi:] *f* petrochemistry
Pe·tro·gly·phe <-, -n> [petro'gly:fə] *f* ARCHÄOL *(fachspr)* petroglyph
Pe·tro·le·um <-s> [pe'tro:leʊm] *nt kein pl* paraffin, kerosene
Pe·tro·le·um·lam·pe *f* paraffin lamp
Pe·tro·wäh·rung *f* petrocurrency
Pet·ting <-s, -s> ['pɛtɪŋ] *nt* petting
pet·to ['pɛto] *adv* ▸WENDUNGEN: **etw in ~ haben** *(fam)* to have sth up one's sleeve *fam*
Pe·tu·nie <-, -n> [pe'tu:niə] *f* petunia
Pet·ze <-, -n> ['pɛtsə] *f (pej fam)* telltale; *(fam)* BRIT *a.* grass *sl*
pet·zen ['pɛtsn̩] **I.** *vt (pej fam)* ■[**jdm**] **etw** ~ to tell [sb] about sth, BRIT *a.* to grass sth [to sb]
II. *vi (pej fam)* to tell, BRIT *a.* to grass
Pet·zer(in) <-s, -> *m(f) (pej fam)* telltale *fam,* BRIT *a.* grass *sl*
Pf HIST *Abk von* **Pfennig**
Pfad <-[e]s, -e> [pfa:t, *pl* 'pfa:də] *m* ❶ *(schmaler Weg)* path
❷ INFORM *(Zugriff)* path
▸WENDUNGEN: **ein dorniger ~** *(geh)* arduous endeavour [*or* AM -or] *form;* **auf dem ~[e] der Tugend wandeln** *(geh)* to follow the path of virtue; **jdn auf den ~ der Tugend zurückführen** *(geh)* to lead sb back onto the path of virtue
pfa·den ['pfa:dn̩] *vt* SCHWEIZ ❶ *(von Schnee räumen)* ■**etw** ~ to clear sth of snow
❷ *(einen Pfad bahnen)* ■**gepfadet sein** to have paths
Pfa·der <-s, -> *m* SCHWEIZ *(Pfadfinder)* Boy Scout
Pfad·fin·der(in) <-s, -> *m(f)* [boy] scout; *(Mädchen)* [girl] guide **Pfad·fin·der·be·we·gung** <-> *f kein pl* Scout Association
Pfa·di <-> ['pfadi] *f kein pl* SCHWEIZ *kurz für* **Pfadfinderbewegung** Scout Association
Pfad·na·me *m* INFORM pathname
Pfaf·fe <-n, -n> ['pfafə] *m (pej)* cleric *pej*
Pfaf·fen·küm·mel *m* cumin
Pfahl <-[e]s, Pfähle> [pfa:l, *pl* 'pfɛ:lə] *m* ❶ *(Zaunpfahl)* post
❷ *(angespitzter Rundbalken)* stake
Pfahl·bau <-bauten> *m* structure on stilts
pfäh·len ['pfɛ:lən] *vt* ❶ HORT *(durch Pfähle stützen)* ■**etw** ~ to stake sth
❷ HIST *(aufspießen)* ■**jdn** ~ to impale sb
Pfahl·wurm *m* ZOOL ship worm **Pfahl·wur·zel** *f* taproot
Pfalz <-, -en> [pfalts] *f* ❶ GEOG palatinate; ■**die** ~ the palatinate; **Rheinland-~** the Rhineland-Palatinate
❷ HIST palace
Pfäl·zer(in) <-s, -> ['pfɛltsɐ] *m(f)* sb from the Palatinate
pfäl·zisch ['pfɛltsɪʃ] *adj inv* Palatine, of the Palatinate
Pfand <-[e]s, Pfänder> [pfant, *pl* 'pfɛndɐ] *nt* ❶ *(Sicherheit für Leergut)* deposit
❷ *(Sicherheit)* security, deposit; **ein ~ auslösen/einlösen** to take sth out of pawn/to redeem a pledge; JUR security, pledge; **als ~ erhalten** to take as security; **als ~ geben** to give as security
❸ *(geh: Symbol, Beweis)* pledge; ***nimm diesen Ring als ~ meiner immerwährenden Liebe!*** take this ring as a pledge of my everlasting love!
pfänd·bar *adj* JUR distrainable *form,* attachable *form*
Pfänd·bar·keit <-> *f kein pl* JUR distrainment
Pfand·be·stel·lung *f* JUR pleading security [for a debt]
Pfand·brief *m* FIN mortgage bond; **einen ~ aus dem Verkehr ziehen** to retire a bond; **einen ~ zeichnen** to subscribe a bond **Pfand·brief·an·stalt** *f* FIN mortgage bank **Pfand·brief·be·sit·zer(in)** *m(f)* FIN bondholder, debenture holder **Pfand·brief·markt** *m* FIN bond market
pfän·den ['pfɛndn̩] *vt* JUR ❶ *(beschlagnahmen)* ■[**jdm**] **etw** ~ to impound [*or* seize] [sb's] sth
❷ *(Pfandsiegel anbringen)* ■**jdn** ~ to seize some of sb's possessions; ■**jdn ~ lassen** to get the bailiffs onto sb
Pfän·der·spiel *nt* game of forfeits
Pfand·fla·sche *f* returnable bottle **Pfand·ge·ber(in)** *m(f)* JUR pledgor **Pfand·ge·gen·stand** *m* JUR pawn, pledge **Pfand·geld** *nt* deposit **Pfand·ge·schäft** *nt* HANDEL ❶ *(Dienst)* pawnbroking ❷ *(Laden)* pawnshop **Pfand·gläu·bi·ger(in)** *m(f),* **Pfand·hal·ter(in)** *m(f)* JUR, FIN pledgee **Pfand·haus** *nt* pawnshop, pawnbroker's **Pfand·in·dos·sa·ment** *nt* JUR pledge endorsement **Pfand·kla·ge** *f* JUR action of replevin **Pfand·klau·sel** *f* JUR mortgage [*or* lien] clause **Pfand·lei·he** <-, -n> *f* pawnbroker's, pawnshop **Pfand·lei·her(in)** <-s, -> *m(f)* pawnbroker **Pfand·neh·mer(in)** *m(f)* JUR pledgee
Pfand·recht *nt* JUR [right of] lien, pledge; ■**ein/jds ~ an etw** *dat* a/sb's right of distraint upon sth *form;* **gesetzliches ~** statutory lien; **~ des Frachtführers** carrier's lien; **~ an einer bestimmten Sache** particular [*or* special] lien; **ein ~ ausüben/bestellen** to exercise/to create a lien; **das ~ an etw** *dat* **haben** to have the right to have sth impounded [*or* seized] **Pfand·recht·be·stel·lung** *f* JUR creation of a lien **Pfand·recht·er·werb** *m* JUR acquisition of a lien **Pfand·recht·si·che·rung** *f* JUR securing a lien
Pfand·sa·che *f* JUR pledge, pawn **Pfand·schein** *m* pawn ticket **Pfand·schuld·ner(in)** *m(f)* JUR pledgor **Pfand·sie·gel** *nt* JUR *official seal on impounded items*
Pfän·dung <-, -en> *f* distraint *form,* seizure; **~ von Forderungen** attachment of debts, garnishment
Pfän·dungs·an·trag *m* JUR fieri facias **Pfän·dungs·auf·trag** *m* JUR attachment [*or* garnishee] order **Pfän·dungs·be·schluss**[RR] *pl* JUR order of attachment **pfän·dungs·frei** *adj inv* JUR exempt from seizure **Pfän·dungs·frei·gren·ze** *f* JUR limit of exemption from execution **Pfän·dungs·gläu·bi·ger(in)** *m(f)* JUR attaching creditor **Pfän·dungs·gren·ze** *f* JUR maximum limit for executions **Pfän·dungs·kos·ten** *pl* FIN execution costs **Pfän·dungs·pfand·recht** *nt* JUR lien by attachment **Pfän·dungs·recht** *nt* JUR right of attachment **Pfän·dungs·schuld·ner(in)** *m(f)* JUR execution debtor **Pfän·dungs·schutz** *m* JUR protection from execution **Pfän·dungs·ver·fü·gung** *f* JUR garnishee order, writ of attachment

P

Pfand·ver·äu·ße·rung *f* JUR disposal of pledged property **Pfand·ver·kauf** *m* JUR distress selling, sale of pledged security **Pfand·ver·stei·ge·rung** *f* JUR auction of distrained goods **Pfand·ver·wah·rung** *f* JUR custody of pledged goods **Pfand·ver·wer·tung** *f* JUR enforcement of a lien

Pfan·ne <-, -n> ['pfanə] *f* ① KOCHK [frying] pan
② SCHWEIZ *(Topf)* pot
③ BAU *(Dachziegel)* pantile
▶WENDUNGEN: **jdn in die ~ hauen** *(sl)* to play a mean trick on sb, to do the dirty on sb BRIT *sl; s. a.* **Ei**

Pfan·nen·wen·der *m* slotted turner, fish slice **Pfan·nen·zie·gel** *m* BAU clay tile

Pfann·ku·chen *m* pancake

Pfarr·amt *nt* rectory, vicarage **Pfarr·be·zirk** *m* parish

Pfar·re <-, -n> ['pfarə] *f* DIAL *(veraltet)* ① *(Bezirk)* parish
② *(Pfarramt)* parish office
③ *(Pfarrhaus)* vicarage; *in Schottland* manse; *katholisch* presbytery

Pfar·rei <-, -en> [pfa'rai] *f* REL ① *(Gemeinde)* parish
② *s.* **Pfarramt**

Pfar·rer(in) <-s, -> ['pfarɐ] *m(f)* priest

Pfarr·ge·mein·de *f* parish **Pfarr·haus** *nt (katholisch)* presbytery; *(anglikanisch)* rectory, vicarage **Pfarr·kir·che** *f* parish church

Pfau <-[e]s *o* -en, -en> [pfau] *m* ORN peacock
▶WENDUNGEN: **ein eitler ~ sein** *(geh)* to be vain as a peacock

Pfau·en·au·ge *nt* peacock butterfly **Pfau·en·fe·der** *f* peacock feather **Pfau·en·rad** *nt* peacock's fan

Pfd. *Abk von* **Pfund** lb

Pfef·fer <-s, -> ['pfɛfɐ] *m* KOCHK pepper; **grüner ~** green pepper
▶WENDUNGEN: **hingehen** [*o* **bleiben**], **wo der ~ wächst** *(fam)* to go to hell *fam*

Pfef·fer·fen·chel *m* fennel seed

pfef·fe·rig ['pfɛfərɪç], **pfef·frig** ['pfɛfrɪç] *adj* peppery

Pfef·fer·korn ['pfɛfekɔrn] *nt* peppercorn **Pfef·fer·ku·chen** *m* gingerbread **Pfef·fer·küm·mel** *m* cumin

Pfef·fer·minz <-es, -[e]> *nt* peppermint

Pfef·fer·minz·bon·bon *nt* peppermint

Pfef·fer·min·ze *f kein pl* peppermint

Pfef·fer·minz·ge·schmack *m* peppermint flavour [*or* AM -or]; **ein Bonbon mit ~** a peppermint-flavoured [*or* AM -ored] sweet **Pfef·fer·minz·öl** *nt* peppermint oil **Pfef·fer·minz·pas·til·le** *f* mint pastille **Pfef·fer·minz·tee** *m* peppermint tea

Pfef·fer·müh·le *f* pepper mill

pfef·fern ['pfɛfɐn] *vt* ① KOCHK ■**etw ~** to season sth with pepper, to pepper sth
② *(fam: schleudern)* ■**etw irgendwohin ~** to fling sth somewhere
▶WENDUNGEN: **jdm eine ~** *(sl)* to give sb a smack in the face *fam; s. a.* **gepfeffert**

Pfef·fer·spray [-ʃpreː] *nt* pepper spray **Pfef·fer·steak** *nt* peppered steak, steak au poivre **Pfef·fer·strauch** *m* pepper [plant] **Pfef·fer·streu·er** <-s, -> *m* pepper pot

pfeff·rig ['pfɛfrɪç] *adj s.* **pfefferig**

Pfei·fe <-, -n> ['pfaifə] *f* ① *(Tabakspfeife)* pipe; **~ rauchen** to smoke a pipe; **sich** *dat* **eine ~ stopfen/anzünden** to fill/light a pipe
② *(Trillerpfeife)* whistle
③ *(Musikinstrument)* pipe; **die ~ blasen** to play the pipe
④ *(sl: Nichtskönner)* loser *sl*
▶WENDUNGEN: **jdn/etw in der ~ rauchen können** *(fam)* to forget sb/sth; **nach jds ~ tanzen** to dance to sb's tune

pfei·fen <pfiff, gepfiffen> ['pfaifn̩] I. *vi* ① *(Pfeiftöne erzeugen)* to whistle
② *(fam: verzichten)* ■**auf etw** *akk* **~** not to give a damn about sth; ***ich pfeife auf euer Mitleid!*** I don't need your sympathy!
▶WENDUNGEN: **P~ im Walde** *(fam)* to be whistling in the wind *fam*
II. *vt* ① *(Töne erzeugen)* whistle; ■[**jdm**] **etw ~** to whistle sth [to sb]; **eine Melodie ~** to whistle a melody
② SPORT **ein Spiel ~** to referee a game; **einen Elfmeter ~** to award [*or* give] a penalty

Pfei·fen·be·steck *nt* pipe tools *pl* **Pfei·fen·kopf** *m* bowl [of a pipe] **Pfei·fen·rau·cher(in)** *m(f)* pipe smoker; **~ sein** to smoke a pipe **Pfei·fen·rei·ni·ger** *m* pipe-cleaner **Pfei·fen·stän·der** *m* pipe stand [*or* rack] **Pfei·fen·stop·fer** <-s, -> *m* tamper **Pfei·fen·ta·bak** *m* pipe tobacco

Pfeif·en·te *f* ORN wigeon

Pfei·fer(in) <-s, -> ['pfaifɐ] *m(f)* ① *(Pfeifender)* whistler
② MUS piper, fifer

Pfeif·kes·sel *m s.* **Flötenkessel** **Pfeif·kon·zert** *nt* chorus [*or* hail] of catcalls [*or* whistles]; **ein ~ veranstalten** to unleash a chorus of catcalls **Pfeif·ton** *m* whistle

Pfeil <-s, -e> [pfail] *m* ① SPORT arrow; **~ und Bogen** bow and arrow; *s. a.* **Amor**
② *(Richtungspfeil)* arrow
▶WENDUNGEN: **alle ~e verschossen haben** to have run out of arguments; **wie ein ~** like a shot

Pfei·ler <-s, -> ['pfailɐ] *m* ① ARCHIT pillar
② BAU pylon

pfeil·ge·ra·de ['pfailgə'raːdə] *adj inv* [as] straight as an arrow, dead straight **Pfeil·gift** *nt* arrow poison **pfeil·schnell** ['pfail'ʃnɛl] *adj inv* lightning fast, like a shot **Pfeil·schwanz** *m* ZOOL king [*or* horseshoe] crab **Pfeil·spit·ze** *f* arrowhead **Pfeil·tas·te** *f* INFORM arrow key **Pfeil·wurm** *m* ZOOL arrow worm **Pfeil·wurz·mehl** *nt* arrowroot

Pfen·nig <-s, -e *o meist nach Zahlenangabe* -> ['pfɛnɪç] *m (hist)* pfennig; **keinen ~** [**Geld**] **haben** not to have a penny, to be penniless; **keinen ~ wert sein** to be worth nothing; **keinen ~** not a penny; *(Pfennigstück)* pfennig piece
▶WENDUNGEN: **wer den ~ nicht ehrt, ist des Talers nicht wert** *(prov)* take care of the pennies and the pounds will look after themselves *prov;* **nicht für fünf ~** *(fam)* not an ounce; ***er hat nicht für fünf ~ Anstand*** he hasn't an ounce of decency; **mit dem** [*o* **jedem**] **~ rechnen müssen** to have to count every penny; **jeden ~ umdrehen** *(fam)* to think twice about every penny one spends

Pfen·nig·ab·satz *m* MODE *(fam)* stiletto heel **Pfen·nig·be·trag** *m* a few pfennigs; ***das sind doch nur Pfennigbeträge*** that's just chickenfeed **Pfen·nig·fuch·ser(in)** <-s, -> [-fʊksɐ] *m(f) (fam)* miser, stinge *fam* **pfen·nig·groß** *adj inv* the size of a 1p piece BRIT, a little smaller than a dime AM **Pfen·nig·stück** *nt* pfennig piece

Pferch <-es, -e> [pfɛrç] *m* pen

pfer·chen ['pfɛrçn̩] *vt* ■**jdn/Tiere in etw** *akk* **~** to cram [*or* pack] sb/animals into sth

Pferd <-[e]s, -e> [pfeːɐ̯t, *pl* -də] *nt* ① *(Tier)* horse; **arbeiten** [*o fam* **schuften**] **wie ein ~** to work like a horse *fam;* **zu ~e** *(geh)* on horseback
② SCHACH *(Springer)* knight
▶WENDUNGEN: **auf die ~e!** get moving! *fam;* **aufs falsche/richtige ~ setzen** *(fam)* to back the wrong/right horse; **jdm gehen die ~e durch** *(fam)* sb blows their top *fam;* **das hält ja kein ~ aus** *(fam)* that's more than anyone would put up with; **immer langsam** [*o* **sachte**] **mit den jungen ~en!** *(fam)* hold your horses! *fam;* **die ~e scheu machen** *(fam)* to put people off *fam;* **das ~ beim** [*o* **am**] **Schwanz**[**e**] **aufzäumen** *(fam)* to put the cart before the horse *fam;* **jds bestes ~ im Stall** *(fam)* sb's best man; **mit jdm ~e stehlen können** *(fam)* sb is game for anything *fam;* **ich glaub mich tritt ein ~!** *(fam)* well I'll be blowed! [*or* damned!] *fam;* **ein Trojanisches ~** *(geh)* a Trojan horse; **keine zehn ~e** *(fam)* wild horses; ***keine zehn ~e könnten mich je dazu bringen*** wild horses couldn't make me do that

Pfer·de·ap·fel *m meist pl* horse droppings *npl* **Pfer·de·bahn** *f* horse-drawn tram [*or* AM streetcar] **Pfer·de·be·sit·zer(in)** *m(f)* horse-owner **Pfer·de·boh·ne** *f* broad bean **Pfer·de·dieb(in)** *m(f)* horse thief **Pfer·de·fleisch** *nt* horsemeat **Pfer·de·fuhr·werk** *nt* horse and cart **Pfer·de·fuß** *m* ① LIT *(Huf)* cloven hoof ② *(Haken)* catch; ***das Angebot klingt günstig, wo ist der ~?*** the offer sounds great, where's the catch? **Pfer·de·ge·biss**RR *nt (fam)* teeth like a horse **Pfer·de·kut·sche** *f* horse and carriage **Pfer·de·mäh·ne** *f* horse's mane **Pfer·de·po·lo** *nt* SPORT polo **Pfer·de·renn·bahn** *f* racecourse [*or* -track] **Pfer·de·ren·nen** *nt* horse-racing **Pfer·de·renn·sport** *m* horse racing **Pfer·de·rü·cken** *m* horseback **Pfer·de·schlit·ten** *m* horse-drawn sleigh **Pfer·de·schwanz** *m* ① *(vom Pferd)* horse's tail ② *(Frisur)* ponytail **Pfer·de·stall** *m* stable **Pfer·de·stär·ke** *f (veraltend)* horsepower **Pfer·de·wa·gen** *m* carriage, horse-drawn buggy; *aus der US-Pionierzeit* wagon; *für Güter* cart **Pfer·de·zucht** *f* horse breeding **Pfer·de·züch·ter(in)** *m(f)* horse breeder

Pfet·te <-, -n> ['pfɛtə] *f* BAU purlin

pfiff [pfɪf] *imp von* **pfeifen**

Pfiff <-s, -e> [pfɪf] *m* ① *(Pfeifton)* whistle
② *(fam: Reiz)* pizzazz, flair

Pfif·fer·ling <-[e]s, -e> ['pfɪfɐlɪŋ] *m* BOT, KOCHK chanterelle
▶WENDUNGEN: **keinen** [*o* **nicht einen**] **~** *(fam)* not a penny *fam;* **keinen ~ wert sein** to not be worth a thing

pfif·fig ['pfɪfɪç] I. *adj* sharp, smart
II. *adv* sharply, smartly

Pfif·fig·keit <-> *f kein pl* sharpness

Pfif·fi·kus <-[ses], -se> ['pfɪfikʊs] *m (hum fam)* smart lad *masc* [*or fem* lass] BRIT

Pfingst·be·we·gung *f* REL Pentecostal Movement

Pfing·sten <-, -> ['pfɪŋstn̩] *nt meist ohne art* Whitsun, Whit Sunday; *(Pfingstwochenende)* Whitsuntide; **an** [*o* **zu**] [*o* **über**] **~** at Whitsun

Pfingst·fe·ri·en *pl* Whitsun holidays [*or* AM vacation] **Pfingst·fest** *nt (geh) s.* **Pfingsten** **Pfingst·kir·chen** *pl* REL Pentecostal churches *pl*

Pfingst·ler(in) <-s, -> ['pfɪŋstlɐ] *m(f)* REL Pentecostal

Pfingst·mon·tag *m* Whit Monday **Pfingst·ro·se** *f* peony **Pfingst·sonn·tag** *m* Whit Sunday, Pentecost *spec* **Pfingst·tag** *m* Whitsun, Whit Sunday **Pfingst·wo·che** *f* Whit week

Pfir·sich <-s, -e> ['pfɪrzɪç] *m* BOT, KOCHK peach

Pfir·sich·an·bau *m* peach cultivation **Pfir·sich·baum** *m* peach tree **Pfir·sich·ern·te** *f* peach harvest **Pfir·sich·haut** *f* peach skin **Pfir·sich·plan·ta·ge** *f* peach plantation **Pfir·sich·saft** *f* peach juice

Pflan·ze <-, -n> ['pflantsə] *f* plant; **~n fressend** herbivorous; **Fleisch fressende ~** carnivorous plant

pflan·zen ['pflantsn̩] I. *vt* ■**etw ~** to plant sth
II. *vr (fam)* ■**sich** *akk* **irgendwohin ~** to plonk [*or* AM plunk] oneself somewhere *fam*

Pflan·zen·be·stand *m* plant formation, phytome *spec* **Pflan·zen·de·cke** *f meist sing* plant [*or* vegetation] cover **Pflan·zen·ex·trakt** *nt* plant extract **Pflan·zen·fa·ser** *f* plant fibre [*or* AM -er] **Pflan·zen·fett** *nt* vegetable fat **Pflan·zen·fres·ser** *m* herbivore **Pflan·zen·ge·sell·schaft** *f* plant society **Pflan·zen·gift** *nt* ① *(Gift aus Pflanzen)* phytotoxin ② *(giftig für Pflanzen)* phytotoxicant **Pflan·zen·kun·de** *f* botany **Pflan·zen·öl** *nt* vegetable oil **Pflan·zen·reich** *nt kein pl* plant kingdom *no pl* **Pflan·zen·schäd·ling** *m* [garden] pest **Pflan·zen·schau·haus** *nt* botanical conservatory **Pflan·zen·schutz** *m* AGR, CHEM pest control; **biologischer ~** biological pest control **Pflan·zen·schutz·mit·tel** *nt* pesticide **Pflan·zen·so·zio·lo·gie** *f* phytosociology **Pflan·zen·welt** *f* flora, plant life

Pflan·zer(in) <-s, -> *m(f)* planter

pflanz·lich I. *adj attr* ① *(vegetarisch)* vegetarian
② *(aus Pflanzen gewonnen)* vegetable, plant-based
II. *adv* **sich** *akk* **~ ernähren** to eat a vegetarian diet

Pflan·zung <-, -en> *f* ① *kein pl (das Pflanzen)* planting
② AGR *s.* **Plantage**

Pflas·ter <-s, -> ['pflastɐ] *nt* ① MED plaster

2 BAU road [*or* paved] surface
▶WENDUNGEN: **ein gefährliches** [*o* **heißes**] ~ *(fam)* a dangerous place; **ein teures** ~ *(fam)* an expensive town [*or* area]
Pflas·te·rer(in) <-s, -> *m(f)* road worker
Pflas·ter·ma·ler(in) *m(f)* pavement artist
pflas·tern ['pflasten] **I.** *vt* ■**etw** [**mit etw** *dat*] ~ to surface sth [with sth]; **etw mit Steinplatten** ~ to pave sth with flagstones
II. *vi* to pave
pfläs·tern ['pflɛsten] *vt, vi* SCHWEIZ *s.* **pflastern**
Pflas·ter·stein ['pflaste-] *m* paving stone
Pflas·te·rung <-, -en> *f* BAU 1 *kein pl (das Pflastern)* paving
2 *(gepflasterte Fläche)* paving
Pfläs·te·rung <-> *f kein pl* SCHWEIZ *s.* **Pflasterung**
Pflau·me <-, -n> ['pflaumə] *f* 1 KOCHK plum
2 BOT, HORT plum tree
3 *(fam: Pfeife)* twat *pej fam*
Pflau·men·baum *m* plum tree **Pflau·men·kern** *m* plum stone **Pflau·men·kom·pott** *nt* stewed plums *pl* **Pflau·men·ku·chen** *m* plum tart **Pflau·men·mar·me·la·de** *f* plum jam **Pflau·men·mus** *nt* plum jam [*or* butter] **Pflau·men·scha·le** *f* plum skin **Pflau·men·schnaps** *m* plum schnapps **Pflau·men·stän·gel**RR *m* plum stem
Pfle·ge <-> ['pfle:gə] *f kein pl* 1 *(kosmetische Behandlung)* care, grooming
2 MED care, nursing; **jdn/ein Tier** [**bei jdm**] **in** ~ **geben** to have sb/an animal looked after [by sb]; **jdn/ein Tier** [**von jdm**] **in** ~ **nehmen** to look after [sb's] sb/animal
3 HORT care, attention
4 *(geh: Kultivierung)* cultivation, fostering
5 *(Instandhaltung)* upkeep; ~ **und Wartung** upkeep and maintenance
Pfle·ge·an·wei·sung *f* care instructions *pl* **pfle·ge·be·dürf·tig** *adj* 1 *(der Fürsorge bedürfend)* in need of care *pred;* ■~ **sein** to be in need of [permanent] care, to need looking after [*or* permanent care]
2 *(Versorgung erfordernd)* ■~ **sein** to need looking after, to be in need of care; ***die Instrumente sind sehr*** ~ the instruments need a lot of looking after [*or* a lot of care and attention] [*or* need to be carefully looked after] **Pfle·ge·be·dürf·ti·ge(r)** *f(m) dekl wie adj* person in need of [permanent] nursing [*or* care] **Pfle·ge·dienst** *m* care [*or* nursing] service **Pfle·ge·el·tern** *pl* foster parents *pl*
Pfle·ge·fall *m* nursing case, sb who needs constant [*or* permanent] nursing care; **jd ist ein** ~ sb needs constant nursing care **Pfle·ge·fall·ver·si·che·rung** *f* long-term care insurance
Pfle·ge·fa·mi·lie *f* foster family **Pfle·ge·geld** *nt* care allowance **Pfle·ge·heim** *nt* nursing home **Pfle·ge·hel·fer(in)** *m(f)* nursing auxiliary **Pfle·ge·kas·se** *f* nursing insurance company **Pfle·ge·kind** *nt* foster child **Pfle·ge·kos·ten** *pl* nursing fees *pl* **Pfle·ge·kraft** *f* carer, nurse **pfle·ge·leicht** *adj* easy-care *attr,* that doesn't need much care [*or* looking after] *pred;* **ein** ~**es Tier/**~**er Mensch** an animal that/a person who is easy to cope with [*or* look after] **Pfle·ge·li·nie** *f* skin-care range **Pfle·ge·mit·tel** *nt* 1 *(Kosmetika)* cosmetic product 2 *(Reinigungsmittel)* cleaning product **Pfle·ge·mut·ter** *f* foster mother
pfle·gen ['pfle:gn̩] **I.** *vt* 1 *(umsorgen)* ■**jdn** ~ to care for [*or* look after] [*or* nurse] sb
2 *(gärtnerisch versorgen)* ■**etw** ~ to tend sth
3 *(schützend behandeln)* ■**etw** [**mit etw** *dat*] ~ to look after sth [with sth]
4 *(kosmetisch behandeln)* ■**etw** [**mit etw** *dat*] ~ to treat sth [with sth]
5 *(gewöhnlich tun)* ■**etw zu tun** ~ to usually do [*or* be in the habit of doing] sth; ***um diese Zeit pflege ich noch im Bett zu liegen*** I'm usually still in bed at this time; ***wie man zu sagen pflegt*** as they say
6 *(geh: kultivieren)* ■**etw** ~ to cultivate sth; **eine Freundschaft/eine Kunst** ~ to cultivate a friendship/an art; **Beziehungen/eine Kooperation** ~ to foster relations/a cooperation; **ein Hobby** ~ to keep up a hobby *sep*
II. *vr* ■**sich** *akk* ~ 1 *(Körperpflege betreiben)* to take care of one's appearance; ■**sich** *akk* **mit etw** *dat* ~ to treat oneself [with sth]; ***ich pflege mich regelmäßig mit Körperlotion*** I use body lotion regularly
2 *(sich schonen)* to take it [*or* things] easy *fam;* ***du solltest dich mehr*** ~***!*** you should take things easier!
Pfle·ge·not·stand *m* shortage of nursing staff **Pfle·ge·per·so·nal** *nt* nursing staff + *pl vb* **Pfle·ge·pflicht·ver·si·che·rung** *f* mandatory nursing care insurance
Pfle·ger(in) <-s, -> *m(f)* [male] nurse *masc,* nurse *fem*
Pfle·ge·rei·he *f* skin-care range
pfle·ge·risch I. *adj* nursing *attr;* ~**e Öle** balsamic oils
II. *adv* as a nurse
Pfle·ge·satz *m* hospital charges *pl,* daily rate [*or* charge] for a hospital bed **Pfle·ge·se·rie** *f* range [*or* line] of cosmetic products **Pfle·ge·sham·poo** *nt* PHARM cosmetic shampoo **Pfle·ge·sohn** *m* foster son **Pfle·ge·spü·lung** *f* conditioner **Pfle·ge·toch·ter** *f* foster daughter **Pfle·ge·tü·cher** *pl* baby [cleansing] wipes *pl* **Pfle·ge·va·ter** *m* foster father **Pfle·ge·ver·si·che·rung** *f* private nursing insurance
pfleg·lich ['pfle:klɪç] **I.** *adj* careful; ***ich bitte um*** ~***e Behandlung!*** please handle with care
II. *adv* carefully, with care
Pfleg·ling <-s, -e> ['pfle:klɪç] *m* sb/sth being cared for; *Kind* charge; *Baby* nursling
Pfleg·schaft <-, -en> *f* JUR curatorship, tutelage, wardship; *(von Minderjährigen)* guardianship
Pfleg·schafts·sa·chen *pl* JUR wardship cases
Pflicht <-, -en> [pflɪçt] *f* 1 *(Verpflichtung)* duty, responsibility; ■**jds** ~**/**~**en als jd** sb's duty [*or* responsibility]/duties [*or* responsibilities] as sb; **jds verdammte** ~ **und Schuldigkeit sein, etw zu tun** *(sl)* sb damn [*or* BRIT *a.* bloody] well ought to do sth *sl;* **sich** *dat* **zur** ~ **machen, etw zu tun** to make it one's duty [*or* take it upon oneself] to do sth; **die** ~ **haben, etw zu tun** to have the duty to do sth; **eheliche** ~**en** conjugal duties; **jdn** [**durch etw** *akk*] **in die** ~ **nehmen** *(geh)* to remind sb of his duty [through sth], to insist on sb discharging his responsibility; **die** ~ **ruft** duty calls; **nur seine** ~ **tun** to only do one's duty; *s. a.* **Recht**
2 SPORT compulsory section [*or* exercise]
Pflicht·ak·tie *f* BÖRSE qualifying share **Pflicht·an·teil** *m* JUR compulsory share **Pflicht·bei·trag** *m* FIN *(bei Versicherung)* compulsory contribution **Pflicht·be·such** *m* 1 SCH compulsory attendance 2 *(moralisch)* obligatory visit **pflicht·be·wusst**RR *adj* conscientious; ■~ **sein** to be conscientious, to have a sense of duty **Pflicht·be·wusst·sein**RR *nt* sense of duty *no pl* **Pflicht·ein·la·ge** *f* FIN compulsory contribution of capital *(e.g. in a partnership)*
Pflich·ten·heft *nt* 1 *(Auflistung der zu erfüllenden Aufgaben)* duties record book
2 *(Beschreibung des Aufgabenfelds)* job description
3 INFORM system specification
Pflich·ten·kol·li·si·on *f* JUR conflicting duties *pl* **Pflicht·er·fül·lung** *f kein pl* fulfilment [*or* AM fulfillment] [*or* performance] of one's duty **Pflicht·ethik** *f* PHILOS duty ethics *no pl, no indef art* **Pflicht·ex·em·plar** *nt* VERLAG deposit copy **Pflicht·fach** *nt* compulsory subject **Pflicht·ge·fühl** *nt kein pl s.* **Pflichtbewusstsein pflicht·ge·mäß I.** *adj* dutiful **II.** *adv* dutifully, in accordance with one's duty **pflicht·ge·treu I.** *adj* dutiful **II.** *adv* dutifully **Pflicht·lek·tü·re** *f* compulsory [*or* required] reading *no pl, no indef art* **Pflicht·mit·glied** *nt in der Krankenversicherung* compulsory [*or* statutory] member **pflicht·schul·dig** *adv (oft iron geh)* dutifully, out of duty **Pflicht·schu·le** *f (form)* compulsory school
Pflicht·teil *m o nt* JUR statutory [minimum] portion *(of an inheritance)* **Pflicht·teils·an·spruch** *m* JUR claim to legal portion, entitlement to a compulsory portion **Pflicht·teils·be·rech·tig·te(r)** *f(m)* JUR person entitled to a compulsory portion
Pflicht·übung *f* SPORT compulsory section [*or* exercise] **pflicht·ver·ges·sen** *adj inv* negligent, neglectful of one's duty; ~ **handeln** to act negligently [*or* irresponsibly] **Pflicht·ver·let·zung** *f* JUR neglect [*or* breach] of duty [*or* dereliction]; **grobe** ~ gross breach of duty **Pflicht·ver·säum·nis** *nt* JUR default, neglect of duty **pflicht·ver·si·chert** *adj* compulsorily insured **Pflicht·ver·si·cher·te(r)** *f(m) dekl wie adj* compulsorily insured person **Pflicht·ver·si·che·rung** *f* compulsory insurance *no pl, no art* **Pflicht·ver·tei·di·ger(in)** *m(f)* JUR court-appointed defence [*or* AM -se] counsel **Pflicht·wid·rig·keit** *f* JUR violation of duty
Pflock <-[e]s, Pflöcke> [pflɔk, *pl* 'pflœkə] *m* stake; *(Zeltpflock)* peg
Pflotsch <-es> [pflɔtʃ] *m kein pl* SCHWEIZ *(Schneematsch)* slush
pflotsch·nass *adj* SCHWEIZ *(patschnass)* soaking wet
pflü·cken ['pflʏkn̩] *vt* ■**etw** ~ to pick sth
Pflü·cker(in) <-s, -> *m(f)* picker
Pflück·sa·lat <-[e]s, -e> *m* leaf lettuce
Pflug <-es, Pflüge> [pflu:k, *pl* 'pfly:gə] *m* plough, *esp* AM plow; **unter den** ~ **kommen/unter dem** ~ **sein** *(geh)* to come/be under the plough *form;* **etw unter den** ~ **nehmen** *(geh)* to put sth to the plough *form*
pflü·gen I. *vi* to plough, *esp* AM to plow
II. *vt* ■**etw** ~ to plough [*or esp* AM plow] sth
Pflü·ger <-s, -> ['pfly:gə] *m (veraltend)* ploughman, *esp* AM plowman
Pflug·falz *m* TYPO plough [*or* AM plow] fold
Pflug·schar <-, -en> *f* ploughshare, *esp* AM plowshare
Pflüm·li <-, -s> *nt* SCHWEIZ plum schnapps
Pfort·ader *f* ANAT portal vein
Pfor·te <-, -n> ['pfɔrtə] *f* 1 *(Tor, bewachter Eingang)* gate
2 GEOG gap; **die Burgundische** ~ the Belford Gap
▶WENDUNGEN: **seine** ~**n schließen** *(geh)* to close one's doors for good [*or* down]
Pfört·ner <-s, -> ['pfœrtnɐ] *m* ANAT pylorus
Pfört·ner(in) <-s, -> ['pfœrtnɐ] *m(f)* porter BRIT, doorman; *Wohnblock* doorkeeper; *Tor* gatekeeper
Pfört·ner·lo·ge [-lo:ʒə] *f* doorkeeper's [*or* gatekeeper's] office, BRIT *a.* porter's lodge
Pfos·ten <-s, -> ['pfɔstn̩] *m* 1 *(Pfahl)* post
2 *(Stützpfosten)* post; *Tür, Fenster* jamb
3 SPORT post, upright
Pföt·chen <-s, -> ['pfø:tçən] *nt dim von* **Pfote** [little] paw; [**gib**] ~**!** [give me a] paw!
Pfo·te <-, -n> ['pfo:tə] *f* 1 *(von Tieren)* paw
2 KOCHK [pig's] trotter
3 *(fam)* paw *fam,* mitt *sl;* **sich** *dat* **die** ~**n** [**an etw** *dat*] **verbrennen** *(fam)* to burn one's fingers [on/with sth] *fam*
Pfriem <-[e]s, -e> [pfri:m] *m* awl
Pfropf <-[e]s, -e *o* Pröpfe> [pfrɔpf, *pl* 'pfrœpfə] *m* MED clot
pfrop·fen1 ['pfrɔpfn̩] *vt* 1 *(hineindrücken)* ■**etw in etw** *akk* ~ to shove [*or* BRIT *a.* bung] sth into sth *fam*
2 *(hineinzwängen)* ■**etw in etw** *akk* ~ to cram sth into sth
pfrop·fen2 ['pfrɔpfn̩] *vt* HORT ■**etw** ~ to graft sth
Pfrop·fen <-s, -> ['pfrɔpfn̩] *m* stopper, plug
Pfrop·fung <-, -en> *f* HORT grafting
Pfrün·de <-, -n> ['pfrʏndə] *f* sinecure
Pfrün·den·recht *nt* JUR right to a benefice
Pfuhl <-s, -e> [pfu:l] *m (veraltend)* [stagnant] pond
pfui [pfui] *interj* tut tut; *(Ekel)* ugh, yuck; ~**, schäme dich!** tut tut, shame on you!; *s. a.* **Teufel, Deibel**
Pfund <-[e]s, -e *o nach Zahlenangabe* -> [pfʊnt, *pl* 'pfʊndə] *nt* 1 *(500 Gramm)* pound
2 *(Währungseinheit)* pound; **in** ~ in pounds
▶WENDUNGEN: **mit seinem** ~**e wuchern** *(geh)* to make the most of one's talent
pfun·dig ['pfʊndɪç] *adj (fam)* great *fam,* fantastic *fam*
Pfunds·an·ge·bot *nt* DIAL *(fam)* great offer *fam*

Pfunds·kerl ['pfʊnts'kɛrl] *m* DIAL *(fam)* great guy [*or* BRIT *a.* bloke] *fam*

pfund·wei·se *adj inv* by the pound

Pfusch <-[e]s> [pfʊʃ] *m kein pl (fam)* sloppy job, botch-up, bodge [*or* botch] [job] *fam*

Pfusch·ar·beit *f (fam) s.* **Pfusch**

pfu·schen ['pfʊʃn̩] *vi* ① *(mogeln)* ■[**bei etw** *dat*] ~ to cheat [at/in sth]
② *(schlampen)* to botch [up], BRIT *a.* to bodge *fam,* to be sloppy; *s. a.* **Handwerk**

Pfu·scher(in) <-s, -> *m(f) (fam)* ① SCH cheat
② *(pfuschender Handwerker)* botcher, BRIT *a.* bodger *fam,* cowboy *fam*

Pfu·sche·rei <-, -en> [pfʊʃɛ'rai] *f* bungling, botching

Pfüt·ze <-, -n> ['pfʏtsə] *f* puddle

PGP <-[s], -s> *nt* INET *(Datenverschlüsselungsprogramm) Abk von* **Pretty Good Privacy** PGP

PH <-, -s> [pe:'ha:] *f Abk von* **Pädagogische Hochschule** teacher training college

Pha·ge <-n, -n> ['fa:gə] *m* BIOL phage

Pha·go·zy·to·se <-> [fagotsy'to:zə] *f kein pl* BIOL phagocytosis

pha·go·zy·to·tisch *adj* MED phagocytic

Pha·lanx <-, -langen> ['fa:laŋks, *pl* fa'laŋən] *f* HIST, ANAT, MIL phalanx

Phal·len ['falən], **Phal·li** ['fali] *pl von* **Phallus**

phal·lisch ['falɪʃ] *adj (geh)* phallic

Phal·lus <-, -se *o* Phalli *o* Phallen> ['falʊs, *pl* 'fali, 'falən] *m (geh)* phallus

Phal·lus·kult *m* phallic cult

Phä·no·men <-s, -e> [fɛno'me:n] *nt* ① *(Erscheinung)* phenomenon
② *(außergewöhnlicher Mensch)* phenomenon; ***du bist ja ein ~!*** you're phenomenal!

phä·no·me·nal [fɛnome'na:l] *adj* phenomenal

Phä·no·me·no·lo·gie <-> [fɛnomenolo'gi:] *f kein pl* PHILOS phenomenology

Phä·no·typ [fɛno'ty:p] *m* BIOL phenotype

Phan·ta·sie <-, -n> [fanta'zi:, *pl* -'zi:ən] *f s.* **Fantasie**

phan·ta·sie·be·gabt *adj (geh) s.* **fantasievoll** **Phan·ta·sie·ge·bil·de** *nt s.* **Fantasiegebilde**

phan·ta·sie·los *adj s.* **fantasielos**

Phan·ta·sie·lo·sig·keit <-> *f s.* **Fantasielosigkeit**

Phan·ta·sie·preis *nt s.* **Fantasiepreis**

phan·ta·sie·ren* [fanta'zi:rən] *s.* **fantasieren**

phan·ta·sie·voll *adj s.* **fantasievoll**

Phan·tast(in) <-en, -en> [fan'tasr] *m(f) s.* **Fantast**

Phan·tas·te·rei <-, -en> [fantastə'rai] *f s.* **Fantasterei**

Phan·tas·til·li·ar·de <-, -n> *f (hum fam) s.* **Fantastilliarde**

Phan·tas·tin <-, -nen> *f fem form von* **Fantast**

phan·tas·tisch [fan'tastɪʃ] *adj s.* **fantastisch**

Phan·tom <-s, -e> [fan'to:m] *nt* phantom

Phan·tom·bild *nt* identikit® [picture] BRIT, composite sketch **Phan·tom·schmerz** *m* phantom [limb] pain

Pha·rao, Pha·ra·o·nin <-s, Pharaonen> ['fa:rao, fara'o:nɪn, *pl* fara'o:nən] *m, f* Pharaoh

Pha·ra·o·nen·dy·nas·tie *f* Pharaonic dynasty, dynasty of the Pharaohs **Pha·ra·o·nen·grab** *nt* Pharaonic tomb, tomb of a Pharaoh

Pha·ra·o·nin <-, -nen> *f fem form von* **Pharao**

Pha·ri·sä·er <-s, -> [fari'zɛ:ɐ] *m* ① HIST Pharisee
② *(geh)* hypocrite
③ *(Getränk)* coffee with rum

Phar·ma·for·schung ['farma-] *f* pharmaceutical research **Phar·ma·her·stel·ler** *m* drug manufacturer **Phar·ma·in·dust·rie** *f* pharmaceutical industry

Phar·ma·ko·lo·ge, -lo·gin <-n, -n> [farmako'lo:gə, -'lo:gɪn] *m, f* pharmacologist

Phar·ma·ko·lo·gie <-> [farmakolo'gi:] *f kein pl* pharmacology *no pl, no art*

Phar·ma·ko·lo·gin <-, -nen> *f fem form von* **Pharmakologe**

phar·ma·ko·lo·gisch [farmako'lo:gɪʃ] *adj* pharmacological

Phar·ma·kon·zern *m* pharmaceutical company **Phar·ma·re·fe·rent(in)** ['farmareferɛnt] *m(f)* pharmaceutical representative

Phar·ma·zeut(in) <-en, -en> [farma'tsɔyt] *m(f)* pharmacist

Phar·ma·zeu·tik <-> [farma'tsɔytɪk] *f kein pl* pharmaceutics + *sing vb,* pharmacy

phar·ma·zeu·tisch [farma'tsɔytɪʃ] *adj* pharmaceutical; **~-technischer Assistent** pharmaceutical assistant

Phar·ma·zie <-> [farma'tsi:] *f kein pl* pharmaceutics + *sing vb, no art,* pharmacy *no pl, no art*

Phar·ming <-[s]> *nt kein pl* pharming, pharmaceutical farming

Pha·se <-, -n> ['fa:zə] *f* ① *(geh: Abschnitt)* phase
② ELEK phase; **getrennte ~n** isolated phases

Pha·sen·ab·wei·chung *f* ELEK phase deviation **Pha·sen·dia·gramm** *nt* PHYS phase plot **pha·sen·gleich** *adj* INFORM in phase **Pha·sen·gleich·ge·wicht** *nt* CHEM phase equilibrium **Pha·sen·grenz·flä·che** *f* CHEM interface

Phe·nol <-s, -e> [fe'no:l] *nt* phenol

Phe·nyl·ke·to·nu·rie <-e> [feny:lketonu'ri:, *pl* -ri:ən] *f kein pl* MED phenylketonuria

Phe·ro·mon <-s, -e> [fero'mo:n] *nt* BIOL pheromone

Phi·lan·throp(in) <-en, -en> [filan'tro:p] *m(f) (geh)* philanthropist

phi·lan·thro·pisch [filan'tro:pɪʃ] *adj inv (geh)* philanthropic[al]

Phi·la·te·lie <-> *f kein pl* philately *no pl*

Phi·la·te·list(in) <-en, -en> [filate'lɪst] *m(f) (form)* philatelist

Phil·har·mo·nie <-, -n> [fɪlharmo'ni:, *pl* -'ni:ən] *f* ① *(Institution)* Philharmonic [orchestra]
② *(Gebäude)* Philharmonic hall

Phil·har·mo·ni·ker(in) <-s, -> [fɪlhar'mo:nikɐ] *m(f)* member of a/the philharmonic orchestra; ***die ~*** the Philharmonic [Orchestra]

phil·har·mo·nisch [fɪlhar'mo:nɪʃ] *adj* philharmonic

Phi·lip·pi·ka <-, -ken> [fi'lɪpika] *f* LIT *(geh)* diatribe

Phi·lip·pi·nen [filɪ'pi:nən] *pl* ■**die ~** the Philippines *pl,* the Philippine Islands *pl*

Phi·lip·pi·ner(in) <-s, -> [filɪ'pi:nɐ] *m(f)* Filipino

phi·lip·pi·nisch [filɪ'pi:nɪʃ] *adj* Philippine, Filipino

Phi·lis·ter <-s, -> [fi'lɪstɐ] *m* ① HIST Philistine
② *(geh: Spießer)* philistine

phi·lis·ter·haft <-er, -este> *adj (pej geh)* philistine *pej,* like a Philistine *pej*

Phi·lo·dend·ron <-s, Philodendren> [filo'dɛndrɔn] *m o nt* BOT philodendron

Phi·lo·lo·ge, -lo·gin <-n, -n> [filo'lo:gə, -'lo:gɪn] *m, f* philologist

Phi·lo·lo·gie <-, -n> [filolo'gi:, *pl* -'gi:ən] *f* philology *no pl, no art*

Phi·lo·lo·gin <-, -nen> *f fem form von* **Philologe**

phi·lo·lo·gisch [filo'lo:gɪʃ] *adj* philological

Phi·lo·soph(in) <-en, -en> [filo'zo:f] *m(f)* philosopher

Phi·lo·so·phie <-, -n> [filozo'fi:, *pl* -'fi:ən] *f* philosophy

phi·lo·so·phie·ren* [filozo'fi:rən] *vi (geh)* ■[**über etw** *akk*] ~ to philosophize [about sth]

Phi·lo·so·phin <-, -nen> *f fem form von* **Philosoph**

phi·lo·so·phisch [filo'zo:fɪʃ] *adj* philosophical

Phi·o·le <-, -n> ['fi̯o:lə] *f* phial, vial

Phleg·ma <-s> ['flɛgma] *nt kein pl (geh)* apathy *no pl,* torpidity *no pl form*

Phleg·ma·ti·ker(in) <-s, -> [flɛg'ma:tikɐ] *m(f)* phlegmatic person; *(träg)* lethargic [*or* apathetic] person

phleg·ma·tisch [flɛg'ma:tɪʃ] *adj (geh)* apathetic, phlegmatic, torpid *form*

Phlox <-es, -e> [flɔks] *m* HORT phlox

pH-Mess·ge·rät [pe'ha:-] *nt* CHEM pH-meter **pH-Mes·sung** [pe'ha:-] *f* CHEM pH-measurement **pH-neu·tral** [pe:'ha:-] *adj inv* pH-neutral

Phobie <-, -n> [fo'bi:, *pl* -'bi:ən] *f* phobia; ■**jds ~ vor etw/einem Tier** sb's phobia about sth/an animal

Phon <-s, -s *o nach Zahlenangabe* -> [fo:n] *nt s.* **Fon[2]**

Pho·nem <-s, -e> [fo'ne:m] *nt s.* **Fonem**

Pho·ne·tik <-> [fo'ne:tɪk] *f kein pl s.* **Fonetik**

pho·ne·tisch [fo'ne:tɪʃ] *adj s.* **fonetisch**

Phö·nix <-[es], -e> ['fø:nɪks] *m* HIST, LIT phoenix
▸WENDUNGEN: **wie ein ~ aus der Asche** [**auf**]**steigen** *(geh)* to rise like a phoenix from the ashes

Phö·ni·zi·er(in) <-s, -> [fø'ni:tsi̯ɐ] *m(f)* Phoenician

phö·ni·zisch [fø'ni:tsɪʃ] *adj* Phoenician

Pho·no·lo·gie <-> [fonolo'gi:] *f kein pl s.* **Fonologie**

pho·no·lo·gisch [fono'lo:gɪʃ] *adj s.* **fonologisch**

Pho·no·ty·pist(in) <-en, -en> [fonoty'pɪst] *m(f) s.* **Fonotypist**

Phos·phat <-[e]s, -e> [fɔs'fa:t] *nt* phosphate

Phos·phat·dün·ger *m* phosphate fertilizer **phos·phat·frei** *adj inv* CHEM phosphate-free, [which is [*or* are]] free of phosphates *pred* **phos·phat·hal·tig** *adj inv* CHEM which contains phosphates *pred,* phosphatic *spec*

Phos·pho·li·pid *nt* BIOL phospholipid

Phos·pho·li·pi·de *pl* CHEM phospholipid, phosphatide

Phos·phor <-s> ['fɔsfo:ɐ̯] *m kein pl* CHEM phosphorus *no pl, no indef art*

Phos·phor·be·schich·tung *f* phosphor coating **Phos·phor·ein·lei·tung** *f* phosphorous discharge

Phos·pho·res·zenz <-> [fɔsforɛs'tsɛnts] *f kein pl* phosphorescence

phos·pho·res·zie·ren* [fɔsforɛs'tsi:rən] *vi* to phosphoresce, to be phosphorescent

phos·pho·res·zie·rend *adj inv* phosphorescent

Pho·to <-s, -s> ['fo:to] *nt s.* **Foto**

Pho·to·ap·pa·rat *m s.* **Fotoapparat** **Pho·to·bio·lo·gie** *f s.* **Fotobiologie** **Pho·to·che·mie** [fotoçe'mi:] *f s.* **Fotochemie** **pho·to·che·misch** [foto'çemɪʃ] *ADJ, ADV s.* **fotochemisch** **Pho·to·ef·fekt** *m* PHYS *s.* **Fotoeffekt** **Pho·to·elek·tri·zi·tät** *f s.* **Fotoelektrizität** **Pho·to·elek·tro·nen·spek·tro·sko·pie** *f s.* **Fotoelektronenspektroskopie** **Pho·to·ele·ment** *nt s.* **Fotoelement**

pho·to·gen [foto'ge:n] *adj inv s.* **fotogen**

Pho·to·gra·phie <-, -ien> [fotogra'fi:, *pl* -i:ən] *f s.* **Fotografie**

Pho·ton <-s, -en> ['fo:tɔn, fo'to:n, *pl* -'to:nən] *nt s.* **Foton**

Pho·to·phos·pho·ry·lie·rung <-, -en> *f* BIOL *s.* **Fotophosphorylierung** **Pho·to·sphä·re** [foto'sfɛrə] *f* ASTRON *s.* **Fotosphäre** **Pho·to·sto·ry** <-, -s> [-sto:ri, -stɔri] *f s.* **Fotostory** **Pho·to·syn·the·se** [fotozʏn'te:zə] *f s.* **Fotosynthese** **Pho·to·vol·ta·ik** <-> [fotovɔl'ta:ɪk] *f s.* **Fotovoltaik** **Pho·to·zel·le** *f s.* **Fotozelle**

Phra·se <-, -n> ['fra:zə] *f* ① *(pej: sinnentleerte Redensart)* empty [*or* hollow] phrase; **~n dreschen** *(pej fam)* to churn out hollow phrases
② *(Ausdruck)* phrase

Phra·sen·dre·scher(in) <-s, -> *m(f) (pej)* windbag

Phra·sen·dre·sche·rei *f (pej)* hackneyed [*or* hollow] phrase-mongering

Phra·seo·lo·gie <-, -n> [frazeolo'gi:, *pl* -'gi:ən] *f* phraseology

phra·seo·lo·gisch [frazeo'lo:gɪʃ] *adj* phraseological

pH-Wert [pe'ha:-] *m* pH-value; ***reines Wasser hat einen ~ von 7*** pure water has a pH of 7

Phy·lo·ge·ne·se <-, -n> [fyloge'ne:zə] *f* BIOL phylogeny

Phy·sik <-> [fy'zi:k] *f kein pl* physics + *sing vb, no art;* **experimentelle/theoretische ~** experimental/theoretical physics

Phy·si·ka *pl von* **Physikum**

phy·si·ka·lisch [fyzi'ka:lɪʃ] *adj* MED, PHYS physical; **~e Gesetze** physical laws, laws of physics; **~e Experimente** physics experiments

Phy·si·ker(in) <-s, -> ['fyzikɐ] *m(f)* physicist

Phy·sik·leh·rer(in) *m(f)* physics teacher **Phy·sik·no·te** *f* physics mark **Phy·sik·saal** *m* physics lab[oratory]

Phy·si·kum <-s, -ka> ['fy:zikʊm] *nt* SCH *intermediate examination for medical students*

Phy·sio·geo·gra·phie *f* physical geography

Phy·si·o·gno·mie <-, -n> [fyzi̯ogno'miː, *pl* -'miːən] *f (geh)* physiognomy

Phy·sio·lo·ge, -lo·gin <-n, -n> [fyzi̯o'loːgə, -'loːgɪn] *m, f* physiologist

Phy·sio·lo·gie <-> [fyzi̯olo'giː] *f kein pl* physiology

Phy·sio·lo·gin <-, -nen> *f fem form von* **Physiologe**

phy·sio·lo·gisch [fyzi̯o'loːgɪʃ] *adj* physiological

Phy·sio·the·ra·peut(in) <-en, -en> [fyzi̯otera'pɔyt] *m(f)* physiotherapist, physical therapist; SPORT trainer

Phy·sio·the·ra·pie [fyzi̯otera'piː] *f kein pl* physiotherapy, physical therapy

phy·sisch ['fyːzɪʃ] *adj* physical

Phy·to·plank·ton [fyto'plaŋktɔn] *nt* phytoplankton

Pi <-[s], -s> [piː] *nt* LING, MATH pi

Pi·a·ni·no <-s, -s> [pi̯a'niːno] *nt* pianino, cottage piano

Pi·a·nist(in) <-en, -en> [pi̯a'nɪst] *m(f)* pianist

Pi·a·no <-s, -s> ['pi̯aːno] *nt (geh)* piano

Pi·a·no·bar *f* piano bar

pi·cheln ['pɪçl̩n] **I.** *vi* DIAL *(fam)* to booze *fam*
II. *vt* ▸WENDUNGEN: **einen** ~ DIAL *(fam)* to knock 'em back; *(fam)* to have a drink [*or* BRIT *a. sl* bevvy] [or two]

Pi·cke <-, -n> ['pɪkə] *f* ice pick

Pi·ckel <-s, -> ['pɪkl̩] *m* ❶ *(Hautunreinheit)* pimple, BRIT *a.* spot, zit *fam*
❷ *(Spitzhacke)* pickaxe; *(Eispickel)* ice pick

pi·ckel·hart *adj* SCHWEIZ *(unnachgiebig)* unbending, intransigent **Pi·ckel·hau·be** *f* HIST spiked helmet **Pi·ckel·he·ring** *m (pej)* pizza-face, zit-face, BRIT *a.* spotty

pi·cke·lig ['pɪkəlɪç], **pick·lig** ['pɪklɪç] *adj* spotty BRIT, pimply

pi·cken ['pɪkn̩] **I.** *vi* ❶ ORN ■**[nach jdm/etw]** ~ to peck [at sb/sth]
❷ *(heraussuchen)* ■**etw aus etw** *dat* ~ to pick sth out of sth
II. *vt* ■**etw** ~ to pick sth

pick·lig ['pɪklɪç] *adj s.* **pickelig**

Pick·nick <-s, -s *o* -e> ['pɪknɪk] *nt* picnic; ~ **machen** to have a picnic

pick·ni·cken ['pɪknɪkn̩] *vi* to [have a] picnic

Pick·nick·kof·fer *m* picnic hamper

Pick-up <-s, -s> [pɪk'ʔap, 'pɪkʌp] *m* AUTO pick-up [*or* pickup] [truck]

pi·co·bel·lo [piko'bɛlo] *adv (fam)* spotlessly, immaculately, spick and span *fam;* ***ihre Küche ist stets ~ aufgeräumt*** her kitchen is always spick and span

PID [peːiː'deː] *f* MED *Abk von* **Präimplantationsdiagnostik** PID

Pid·gin <-, -s> ['pɪdʒɪn] *nt* LING pidgin

pie·fig ['piːfɪç] *adj bes* NORDD *(pej fam)* uppity *pej fam*

Pie·fig·keit <-> ['piːfɪçkai̯t] *f kein pl bes* NORDD *(pej fam)* petit bourgeois narrow-mindedness

Pie·form ['pai̯-] *f* pie dish

pie·ken ['piːkn̩] *vi* NORDD *Nadel* to prick; *Mücke* to bite

piek·fein ['piːk'fai̯n] *adj (fam)* posh *fam* **piek·sau·ber** *adj inv (fam)* spotless

Pi·e·mont <-s> [pi̯e'mɔnt] *nt* Piedmont

piep [piːp] *interj* peep, tweet[-tweet], cheep[-cheep]; ~ **machen** to peep; **nicht mehr ~ sagen können** *(fam)* to not be able to utter another peep

Piep <-s> [piːp] *m* ▸WENDUNGEN: **keinen ~ von sich** *dat* **geben, keinen ~ sagen** *(fam)* to not make a sound *fam;* **einen ~ haben** *(fam)* to be out of [*or* BRIT *a.* off] one's head *fam,* to have a screw loose *fam;* **keinen ~ mehr sagen** *(fam)* to have had it *fam,* to be a goner *fam*

pie·pe ['piːpə], **piep·egal** ['piːpʔe'gaːl] *adj pred (fam)* ■**[jdm]** ~ **sein** to be all the same [to sb]; ***mir ist das ~!*** it's all the same to me!, I couldn't care less!

pie·pen ['piːpn̩] *vi* ❶ *(leise Pfeiftöne erzeugen)* to peep; *(Maus)* to squeak
❷ *(hohe Töne erzeugen) Gerät* to bleep
❸ *(fam)* **bei jdm piept es** sb is off their head *fam;* **zum P~ sein** *(fam)* to be a scream *fam*

Pie·pen ['piːpn̩] *pl (fam)* **keine ~ haben** to have no dough *fam* [*or* BRIT *a.* dosh], to not have any green stuff [*or* moolah] *fam;* ***ein paar hundert ~*** a couple of hundred euros

Pie·per <-s, -> ['piːpɐ] *m* ORN pipit

piep·sen ['piːpsn̩] **I.** *vi* ❶ *s.* **piepen**
❷ *(mit hoher Stimme sprechen/singen)* to speak/sing in a high delicate voice, to pipe
II. *vt* ■**etw** ~ to say/sing sth in a high delicate voice

Piep·ser <-s, -> *m (fam)* bleeper

piep·sig ['piːpsɪç] *adj (fam)* ❶ *(hoch und leise)* ~**e Stimme** squeaky voice
❷ *(klein und zart, winzig)* tiny

Pier[1] <-s, -s *o* -e> [piːɐ̯] *m* pier, jetty

Pier[2] <-[e]s, -e> [piːɐ̯] *m* lugworm

pier·cen ['piːɐ̯sən] *vt* ■**jdn/etw** ~ to pierce sb/sth; **sich** *dat* **den Bauchnabel/die Nase/die Augenbraue ~ lassen** to get one's belly button/nose/eyebrow pierced

Pier·cing <-[s]> ['piːɐ̯sɪŋ] *nt kein pl* MODE piercing *no pl, no art*

pie·sa·cken *vt (fam)* ■**jdn** ~ to pester sb

pie·seln ['piːzl̩n] *vi (fam) Regen* to drizzle; *Urin* to pee *fam*

Pi·e·tät <-> [pi̯e'tɛːt] *f kein pl (geh: Ehrfurcht)* reverence *no pl; (Achtung)* respect *no pl; (Frömmigkeit)* piety *no pl*

pi·e·tät·los [pie'tɛːt-] *adj (geh)* irreverent, disrespectful, impious

Pi·e·tät·lo·sig·keit <-, -en> [pie'tɛːt-] *f (geh)* ❶ *kein pl (pietätlose Einstellung)* irreverence *no pl,* lack of respect *no pl,* impiety *no pl*
❷ *(pietätlose Bemerkung)* irreverence, impiety

pi·e·tät·voll [pie'tɛːt-] *adj (geh)* reverent, respectful

Pi·e·tis·mus <-> [pi̯e'tɪsmʊs] *m* REL, HIST ■**der** ~ Pietism

Pi·e·tist(in) <-en, -en> [pi̯e'tɪst] *m(f)* REL, HIST Pietist

pi·e·tis·tisch [pi̯e'tɪstɪʃ] *adj* REL, HIST pietistic

Pi·e·zo·tech·nik [pi̯etso-] *f* PHYS piezo technique

Pig·ment <-s, -e> [pɪg'mɛnt] *nt* pigment

Pig·ment·fleck *m* pigmentation mark

Pig·men·tie·rung <-, -en> *f* MED pigmentation

Pig·ment·pa·pier *nt* carbon tissue, pigment paper **Pig·ment·zel·le** *f* BIOL pigment cell

Pik[1] [piːk] *m (Bergspitze)* peak
▸WENDUNGEN: **einen ~ auf jdn haben** *(fam)* to harbour [*or* AM -or] a grudge against sb

Pik[2] <-s, -> [piːk] *nt* KARTEN ❶ *(Farbe)* spades *pl*
❷ *(Karte)* spade

pi·kant [pi'kant] **I.** *adj* ❶ KOCHK piquant, spicy
❷ *(frivol)* racy, risqué
II. *adv* piquantly, spicily

Pik·da·me [piːk-] *f* KARTEN queen of spades

Pi·ke <-, -n> ['piːkə] *f* HIST pike
▸WENDUNGEN: **von der ~ auf dienen** to rise from the ranks; **sich** *akk* **von der ~ auf hocharbeiten** to work one's way up; **von der ~ auf lernen** to start at the bottom

Pi·kee <-s, -s> [pi'keː] *m* MODE piqué

pi·ken ['piːkn̩] **I.** *vt (fam)* ■**jdn [mit etw** *dat*] ~ to prick sb [with sth]
II. *vi (fam)* to prickle

Pi·kett <-[e]s, -e> [pi'kɛt] *nt* SCHWEIZ *(einsatzbereite Einheit)* emergency unit

Pi·kett·dienst <-es> *m kein pl* SCHWEIZ *(Bereitschaftsdienst)* emergency service

pi·kiert [pi'kiːrt] **I.** *adj (geh)* peeved, indignant, piqued; ■**[über etw** *akk*] ~ **sein** to be peeved [*or* piqued] [*or* indignant] [about sth]
II. *adv (geh)* peevishly, indignantly

Pik·ko·lo[1] <-s, -s> ['pɪkolo] *m* ❶ *(Kellner)* trainee waiter
❷ *(fam)* mini bottle *(of champagne o sparkling wine)*

Pik·ko·lo[2] <-s, -s> ['pɪkolo] *nt* MUS piccolo **Pik·ko·lo·fla·sche** *f* mini bottle *(of champagne/sekt/sparkling wine)* **Pik·ko·lo·flö·te** *f* MUS piccolo [flute]

pik·sen ['piːksn̩] **I.** *vt (fam)* ■**jdn** ~ to prick sb
II. *vi (fam)* to prick

Pik·sie·ben [piːk'ziːbn̩] *f* KARTEN seven of spades
▸WENDUNGEN: **wie ~ dastehen** *(fam)* to look completely bewildered, to stand [there] dumbfounded

Pik·te, Pik·tin <-n, -n> ['pɪktə, 'pɪktɪn] *m, f* HIST Pict

Pik·to·gramm <-s, -e> [pɪkto-] *nt* pictogram, icon, ikon

Pil·ger(in) <-s, -> ['pɪlgɐ] *m(f)* pilgrim

Pil·ger·fahrt *f* pilgrimage **Pil·ger·hut** *m* pilgrim's hat

Pil·ge·rin <-, -nen> *f fem form von* **Pilger**

Pil·ger·mu·schel *f* deep sea scallop

pil·gern ['pɪlgɐn] *vi sein* ■**irgendwohin** ~ ❶ *(fam)* to wend one's way somewhere
❷ REL *(veraltend: wallfahren)* to make [*or* go on] a pilgrimage to somewhere

Pil·le <-, -n> ['pɪlə] *f* pill; ■**die** ~ *(Antibabypille)* the pill; **die ~ nehmen** to be on the pill; **die ~ danach** the morning-after pill; **die ~ für den Mann** the male pill
▸WENDUNGEN: **eine bittere ~ [für jdn] sein** *(fam)* to be a bitter pill [for sb] to swallow; **eine bittere ~ schlucken müssen** *(fam)* to have to swallow a bitter pill; **jdm eine bittere ~ versüßen** *(fam)* to sweeten the pill for sb

Pil·len·dre·her *m* ❶ ZOOL dung beetle, Egyptian sacred scarab ❷ *(hum fam: Apotheker)* pill pusher *hum fam* **Pil·len·knick** *m* decline in the birth rate *(due to the pill)* **Pil·len·schach·tel** *f* pillbox, BRIT *a.* packet of pills

Pi·lot <-en, -en> [pi'loːt] *m* MODE moleskin [twill]

Pi·lot(in) <-en, -en> [pi'loːt] *m(f)* ❶ LUFT pilot
❷ SPORT *(sl)* racing driver

Pi·lot·ab·schlussRR *m* ÖKON, POL pilot agreement **Pi·lot·an·la·ge** *f* TECH pilot plant **Pi·lot·bal·lon** *m* METEO pilot balloon

Pi·lo·ten·kof·fer *m* pilot's case

Pi·lot·film *m* pilot film

pi·lo·tie·ren* [pilo'tiːrən] *vt* ■**etw** ~ LUFT, SPORT to pilot sth *a. fig*

Pi·lo·tin <-, -nen> *f fem form von* **Pilot**

Pi·lot·pha·se *f* pilot phase **Pi·lot·pro·gramm** *nt* ÖKON pilot programme [*or* AM -am] **Pi·lot·pro·jekt** *nt* pilot scheme [*or* project] **Pi·lot·stu·die** *f* pilot study **Pi·lot·ver·such** *m* pilot project [*or* BRIT *a.* scheme]

Pils <-, -> [pɪls] *nt,* **Pil·se·ner** <-s, -> *nt,* **Pils·ner** <-s, -> *nt* Pils, Pilsner

Pilz <-es, -e> [pɪlts] *m* ❶ BOT fungus; *(Speisepilz)* mushroom; **in die ~e gehen** *(fam)* to go mushroom-picking [*or* mushrooming]
❷ MED fungal skin infection
▸WENDUNGEN: **wie ~e aus dem Boden [***o* **aus der Erde] schießen** to mushroom, to spring up like mushrooms

Pilz·be·fall *m kein pl* BOT fungal attack **Pilz·er·kran·kung** *f* fungal disease **Pilz·fa·den** *m* fungal filament, hypha *spec* **Pilz·freund(in)** *m(f)* mushroom-lover **Pilz·ge·richt** *nt* mushroom dish **Pilz·gift** *nt* mycotoxin *spec* **Pilz·kopf** *m,* **Pilz·kopf·fri·sur** *f (veraltend fam)* Beatle [hair]cut **Pilz·krank·heit** *f* fungal disease **Pilz·kun·de** *f* ❶ BOT mycology ❷ *(Buch über Pilze)* mushroom guide **pilz·re·sis·tent** *adj inv* AGR fungus-resistant **Pilz·samm·ler(in)** *m(f)* mushroom picker **Pilz·ver·gif·tung** *f* fungus poisoning *no art* **Pilz·zucht** *f* mushroom culture

Pi·ment <-s> [pi'mɛnt] *m kein pl* allspice, pimento

Pi·ment·bee·re *f* pimento berry

Pim·mel <-s, -> ['pɪml̩] *m (fam)* willie BRIT *fam,* weenie AM *fam*

Pimpf <-[e]s, -e> [pɪmpf] *m* ❶ *(fam)* squirt *fam*
❷ HIST *(jüngster Angehöriger der Jugendbewegung)* youngest member of the [German] Youth Movement [early 1900s]; *(Mitglied des Jungvolks [NS])* member of the junior section of the Hitler Youth [10-14-year-olds]

Pin, PIN <-, -s> [pɪn] *f Akr von* **personal identification number** pin, PIN

PIN-Code [-koːt] *m* PIN code

pin·ge·lig ['pɪŋəlɪç] *adj (fam)* fussy, finicky *fam,* pernickety *fam,* AM *a.* persnickety *fam*

Ping·pong <-s, -s> ['pɪŋpɔŋ] *nt* ping-pong

Pin·gu·in <-s, -e> ['pɪŋguiːn] *m* penguin

Pi·nie <-, -n> ['piːni̯ə] *f* BOT stone pine

Pi·ni·en·kern *m* pine kernel [*or* nut]

pink [pɪŋk] *adj* pink

Pin·ke¹ <-, -n> ['pɪŋkə] *f* NORDD *(Segelschiff)* pink

Pin·ke² ['pɪŋkə], **Pin·ke·pin·ke** <-> ['pɪŋkə'pɪŋkə] *f kein pl (fam)* dough *no pl sl,* BRIT *a.* dosh *no pl fam*

Pin·kel¹ <-s, -> ['pɪŋkl̩] *m* **ein feiner** [*o* **vornehmer**] ~ *(fam)* dandy, BRIT *a.* a nob [*or* toff] *fam*

Pin·kel² <-, -n> ['pɪŋkl̩] *f* KOCHK NORDD *spicy, smoked fatty pork/beef sausage (eaten with curly kale)*

pin·keln ['pɪŋkl̩n] *vi* ① *(fam: urinieren)* to pee *fam,* to piddle *fam;* ■**irgendwohin** ~ to pee somewhere; **jdm ans Bein** ~ to piss on sb *vulg*
② *impers (leicht regnen)* ***es pinkelt schon wieder*** it's drizzling [*or* spitting] again

Pin·kel·pau·se *f (fam)* pee stop *fam,* stop [*or* break] for a pee *fam*

pink·far·ben *adj inv* pink

pin·kom·pa·ti·bel *adj* INFORM pin compatible

Pin·ne <-, -n> ['pɪnə] *f* ① NAUT tiller; **die ~ in die Hand nehmen** to pick up the tiller; **die ~ loslassen** to let go of the tiller
② *(spitzer Stift, auf dem die Magnetnadel des Kompasses ruht)* centre [*or* AM -er] pin
③ *(keilförmiges Ende eines Hammerkopfes)* peen, pein, hammer edge
④ NORDD *(kleiner Nagel, Reißzwecke)* tack

PIN-Num·mer *f* PIN number

Pinn·wand *f* pinboard

Pin·scher <-s, -> ['pɪnʃɐ] *m* ① *(Hund)* pinscher
② *(pej fam)* pipsqueak *pej fam*

Pin·sel <-s, -> ['pɪnzl̩] *m* ① *(Malpinsel)* brush
② *(pej fam)* twit *fam,* idiot *pej fam*
③ JAGD tuft
④ *(derb: Penis)* dick *fam!*
▸WENDUNGEN: **auf den ~ drücken** [*o* **treten**] *(sl)* to step on it [*or* the gas] *fam*

pin·seln ['pɪnzl̩n] **I.** *vt* ① *(streichen)* ■**etw** ~ to paint sth
② *(mit dem Pinsel auftragen)* ■**etw irgendwohin** ~ to daub sth somewhere
③ MED ■**etw** ~ to paint sth
④ *(fam: schreiben)* to pen
II. *vi (fam)* to paint

Pin·sel·schwein *nt* ZOOL river hog

Pin·te <-, -n> ['pɪntə] *f (fam)* pub BRIT, AM *usu* bar

Pin-up-Girl <-s, -s> [pɪn'apgœɐl] *nt* pin-up [girl]

Pin·zet·te <-, -n> [pɪn'tsɛtə] *f* tweezers *npl*

Pi·o·nier(in) <-s, -e> [pi̯o'niːɐ̯] *m(f)* ① *(geh: Wegbereiter)* pioneer
② MIL sapper, engineer

Pi·o·nier·ar·beit *f* pioneering work **Pi·o·nier·er·fin·dung** *f* JUR *(Patentrecht)* pioneer invention **Pi·o·nier·geist** *m kein pl* SOZIOL pioneering spirit **Pi·o·nier·zeit** *f* pioneering time [*or* period] [*or* era]

Pi·pa·po <-s> [pipa'poː] *nt kein pl (fam)* **mit allem** ~ with all the frills; **das ganze** ~ the whole [kit and] caboodle [*or* shebang] *fam,* the works *pl fam*

Pipe·line <-, -s> ['paiplain] *f* pipeline

Pi·pet·te <-, -n> [pi'pɛtə] *f* pipette; **graduierte** ~ graduated pipette

Pi·pi <-s, -s> [pi'piː] *nt (kindersprache)* wee[-wee] BRIT; ~ **machen** to have [*or* do] a wee[-wee]

Pi·pi·fax <-> ['pɪpifaks] *nt kein pl* ① *(fam: Unsinn)* nonsense
② *(Kleinigkeit)* no-brainer

Pi·ran·ha <-[s], -s> [pi'ranja] *m* piranha

Pi·rat(in) <-en, -en> [pi'raːt] *m(f)* ① NAUT pirate
② *(Luftpirat)* hijacker

Pi·ra·ten·flag·ge *f* pirate['s] flag **Pi·ra·ten·ka·pi·tän** *m* pirate captain **Pi·ra·ten·schatz** *m* pirate treasure **Pi·ra·ten·sen·der** *m* pirate station

Pi·ra·te·rie <-, -n> [piratə'riː, *pl* -'riːən] *f* piracy *no pl, no art*

Pi·ra·tin <-, -nen> *f fem form von* **Pirat**

Pi·rol <-s, -e> [pi'roːl] *m* ORN oriole

Pi·rou·et·te <-n, -n> [pi'ru̯ɛtə] *f* pirouette

Pirsch <-> [pɪrʃ] *f kein pl* JAGD **auf die ~ gehen** to go stalking; **auf der ~ sein, sich** *akk* **auf der ~ befinden** to be stalking

pir·schen ['pɪrʃn̩] **I.** *vi* JAGD ■[**auf Wild**] ~ to stalk [game]
II. *vr* ■**sich** *akk* **irgendwohin** ~ to creep [*or* steal] somewhere

PISA ['piːza] *Akr von* **Programme for International Student Assessment** PISA

PISA-Er·geb·nis <-es, -se> *nt meist pl* PISA result[s *pl*] **PISA-Mus·ter·land** *nt* top-performing country in the PISA studies **PISA-Schock** *m shock and dismay felt by Germany on account of its bad PISA results in 2002* **PISA-Stu·die, Pisastu·die** *f* PISA study

Pis·se <-> ['pɪsə] *f kein pl (derb)* piss *fam!*

pis·sen ['pɪsn̩] *vi* ① *(derb: urinieren)* to piss *fam!;* ■**irgendwohin** ~ to piss somewhere
② *impers (sl: stark regnen)* ***es pisst schon wieder*** it's pissing down again *fam!*

Pis·soir <-s, -s *o* -e> [pɪ'so̯aːɐ̯] *nt* urinal

Pis·ta·zie <-, -n> [pɪs'taːtsi̯ə] *f* ① *(Baum)* pistachio tree
② *(Kern)* pistachio

Pis·ta·zi·en·baum *m* pistachio tree

Pis·te <-, -n> ['pɪstə] *f* ① *(Skipiste)* piste, ski run
② *(Rennstrecke)* track
③ *(unbefestigter Weg)* track
④ *(Rollbahn)* runway
▸WENDUNGEN: **auf die ~ gehen** *(fam)* go out drinking [*or* clubbing], go out on the piss BRIT *a. fam!*

Pis·ten·rau·pe *f* SPORT snowcat, piste basher *fam* **Pis·ten·sau** *f (pej sl)* piste hog [*or* hooligan] *pej* **Pis·ten·schreck** *m (hum fam)* piste bandit *hum fam*

Pis·till <-s, -e> [pɪs'tɪl] *nt* ① MED, KOCHK pestle
② BOT *(Blütenstempel)* pistil

Pis·to·le <-, -n> [pɪs'toːlə] *f* pistol, gun
▸WENDUNGEN: **jdm die ~ auf die Brust setzen** to hold a gun to sb's head; **wie aus der ~ geschossen** *(fam)* like a shot *fam*

Pis·to·len·griff *m* pistol butt **Pis·to·len·lauf** *m* gun [*or* pistol] barrel **Pis·to·len·ma·ga·zin** *nt* pistol magazine **Pis·to·len·ta·sche** *f* gun [*or* pistol] holster

Pi·ta·ha·ya <-, -[s]> *f* BOT pitahaya

pit·sche·nass^RR^ ['pɪtʃə'nas], **pit·sche·pat·sche·nass^RR^** ['pɪtʃə'patʃə'nas] *adj (fam) s.* **pitschnass**

pitsch·nass^RR^ ['pɪtʃ'nas] *adj (fam)* soaking wet

pit·to·resk [pɪto'rɛsk] *adj (geh)* picturesque

Pi·xel <-s, -> ['pɪksl̩] *nt* INFORM *Akr von* **picture element** pixel

Pi·xel·bild·schirm·dar·stel·lung *f* INFORM pixel display **Pi·xel·dar·stel·lung** *f* INFORM pixel display; **gleichmäßige** ~ even pixel display **Pi·xel·gra·fik** *f* INFORM pixel graphics + *sing vb*

Piz·za <-, -s> ['pɪtsa] *f* pizza

Piz·za·ku·rier <-s, -e> *m* SCHWEIZ ① *(Pizzaservice)* pizza delivery, dial-a-pizza ② *(Person)* pizza deliverer **Piz·za·lie·fe·rant(in)** *m(f)* pizza deliverer, pizza delivery boy *masc* [*or fem* girl] [*or masc* man] [*or fem* woman] **Piz·za·pa·let·te** *f* pizza board **Piz·za·ser·vice** <-, -s> *m* pizza service, dial-a-pizza

Pjöng·jang <-s> [pjœŋ'jaŋ] *nt* Pyongyang

Pkt. *Abk von* **Punkt** pt

Pkw <-s, -s> ['peːkaːveː] *m Abk von* **Personenkraftwagen**

Pkw-Pro·duk·ti·on *f* car production

Pla·ce·bo <-s, -s> [pla'tseːbo] *nt* MED, PSYCH placebo

Pla·ce·bo·ef·fekt *m* placebo effect

pla·cken ['plakn̩] *vr (fam)* ■**sich** *akk* ~ to slave away *fam*

Pla·cken <-s, -> ['plakn̩] *m* ① *(Flicken)* patch
② *(fladenförmiges Stück)* flake
③ *(Fleck)* spot

Pla·cke·rei <-, -en> [plakə'rai̯] *f (fam)* slavery *no pl,* grind *no pl*

plä·die·ren* [plɛ'diːrən] *vi* ① JUR ■**auf etw** *akk* ~ to plead sth; **auf schuldig/unschuldig** ~ to plead guilty/not guilty
② *(geh)* ■**für etw** *akk* ~ to plead for sth; ■**dafür ~, dass ...** to plead, that ...

Plä·doy·er <-s, -s> [plɛdo̯a'jeː] *nt* ① JUR [counsel's] summing-up BRIT, summation; **ein ~ halten** to give a summing-up, to sum up
② *(geh)* plea; ■**ein ~ für etw** *akk*/**gegen etw** *akk* a plea for/against sth

pla·fo·nie·ren* [plafo'niːrən] *vt* SCHWEIZ *(nach oben hin begrenzen)* ■**etw** ~ to fix a ceiling [*or* credit limit] to sth

Pla·ge <-, -n> ['plaːgə] *f* plague, nuisance

Pla·ge·geist *m (pej fam)* nuisance, pest

pla·gen ['plaːgn̩] **I.** *vt* ① *(behelligen)* ■**jdn** [**mit etw** *dat*] ~ to pester [*or* torment] sb [with sth]
② *(quälen)* ■**jdn** ~ to bother [*or* trouble] sb; ■**geplagt** troubled
II. *vr* ① *(sich abrackern)* ■**sich** *akk* [**mit etw** *dat*] ~ to slave away [over sth]
② *(sich herumplagen)* ■**sich** *akk* [**mit etw** *dat*] ~ to be bothered [*or* troubled] [by sth]; ***mit diesem Husten plage ich mich schon eine Woche*** I've been bothered by this cough for a week now

Pla·gi·at <-[e]s, -e> [pla'gi̯aːt] *nt* ① *(Textstelle)* plagiarism
② *(Aneignung)* plagiarism *no pl, no art*

Pla·gi·a·tor, -to·rin <-s, -en> [pla'gi̯aːtoːɐ̯, -'toːrɪn, *pl* -'toːrən] *m, f (geh)* plagiarist

pla·gi·ie·ren* [plagi'iːrən] **I.** *vt (geh)* ■**jdn/etw** ~ to plagiarize sb/sth
II. *vi (geh)* to plagiarize

Pla·kat <-[e]s, -e> [pla'kaːt] *nt* poster

Pla·kat·far·be *f* poster paint

pla·ka·tie·ren* [plaka'tiːrən] *vt* ■**etw** ~ ① *(Plakate anbringen)* to placard sth, to put [*or* hang] up posters
② *(durch Plakate bekannt machen)* to announce sth with posters, to placard sth
③ *(geh: herausstellen) Eigenschaften* to broadcast sth

pla·ka·tiv [plaka'tiːf] *adj* ① *(wie ein Plakat wirkend)* poster-like *attr,* like a poster *pred*
② *(grell, bunt)* **~e Farben** striking [*or* bold] colours [*or* AM -ors]
③ *(betont auffällig, einprägsam)* pithy

Pla·kat·kunst *f* poster art *no pl, no art* **Pla·kat·ma·ler(in)** *m(f)* poster artist **Pla·kat·säu·le** *f* advertising column [*or* pillar] **Pla·kat·trä·ger(in)** *m(f)* poster board; *(Plakatwand)* billboard, hoarding; *(Person)* man/woman carrying a sandwich board **Pla·kat·wahl·kampf** *nt* poster [election] campaign **Pla·kat·wand** *f* [advertising] hoarding BRIT, billboard **Pla·kat·wer·bung** *f* poster advertising

Pla·ket·te <-, -n> [pla'kɛtə] *f* ① *(Abzeichen)* badge
② *(Aufkleber)* sticker
③ KUNST plaque

plan [plaːn] *adj inv (geh)* ① *(eben) Landschaft* flat, level
② *(oberflächlich) Worte* superficial, shallow, empty, hollow

Plan <-[e]s, Pläne> [plaːn, *pl* 'plɛːnə] *m* ① *(geplantes Vorgehen)* plan; **Pläne koordinieren/abstimmen** to coordinate/harmonize plans; **nach ~ laufen** [*o* **verlaufen**] to go according to plan
② *meist pl (Absicht)* plan; **jds Pläne durchkreuzen** to thwart sb's plans; **einen ~ fassen** to [make a] plan; **den ~ fassen, etw zu tun** to plan to do [*or* form the intention of doing] sth; **Pläne machen** [*o* **schmieden**] to make plans; **auf dem ~ stehen** to be planned [*or* on the agenda]
③ *(zeichnerische Darstellung)* plan, blueprint
④ GEOG, TRANSP map
⑤ JUR **städtebaulicher ~** urban development plan
▸WENDUNGEN: **jdn auf den ~ bringen/rufen** to bring sb on to the scene; **auf dem ~ erscheinen, auf den ~ treten** to appear/arrive on the scene

Plan·ab·schnitt *m* FIN budget period **Plan·ab·wei·chung** *f* deviation from a/the plan **Plan·be·stand** *m* ÖKON target inventory

planck·sches Wir·kungs·quan·tum [plaŋkʃɛs-] *nt kein pl* PHYS Planck's constant, Planck's [elementary] quantum of action

Pla·ne <-, -n> ['plaːnə] *f* tarpaulin, tarp *esp* AM *fam*

pla·nen ['plaːnən] *vt* ■**etw** ~ to plan sth; ***für heute Abend habe ich bisher noch nichts geplant*** I haven't got anything planned yet for tonight; ■**~,**

etw zu tun to be planning to do sth

Pla·ner(in) <-s, -> *m(f)* planner

pla·ne·risch I. *adj* planning
II. *adv* in terms of planning; **etw ~ ausarbeiten** to devise plans for sth; **etw ~ durchdenken** to think through [*or* over] the planning for sth

Plan·et <-en, -en> [pla'ne:t] *m* planet; **der blaue ~** *(geh)* the blue planet, Earth

pla·ne·ta·risch *adj* planetary

Pla·ne·ta·ri·um <-s, -rien> [plane'ta:ri̯ʊm, *pl* -'ta:ri̯ən] *nt* planetarium

Pla·ne·ten·bahn *f* planetary orbit **Pla·ne·ten·ge·trie·be** *nt* AUTO epicyclic gearbox BRIT, planetary transmission **Pla·ne·ten·sys·tem** *nt* planetary system

Pla·ne·to·id <-en, -en> [planeto'i:t] *m* planetoid

Plan·fest·stel·lung *f* JUR project approval **Plan·fest·stel·lungs·ver·fah·ren** *nt* public works planning procedure

Plan·film *m* FOTO sheet film **Plan·ge·neh·mi·gung** *f* JUR planning approval

pla·nie·ren* [pla'ni:rən] *vt* ■**etw ~** to level sth [off], to grade sth

Pla·nier·rau·pe *f* bulldozer

Plan-Ist-Ver·gleich *m* FIN comparison of estimates and results

Plan·ke <-, -n> ['plaŋkə] *f* plank

Plän·ke·lei <-, -en> [plɛŋkə'lai̯] *f* MIL, HIST *(a. fig)* skirmish[ing] *a. fig*

plän·keln ['plɛŋkl̩n] *vi* MIL, HIST *(a. fig)* to skirmish *a. fig*

Plan·kos·ten *pl* FIN budgeted costs

Plank·ton <-s> ['plaŋktɔn] *nt kein pl* plankton

Plan·la·ge *f* flat lying properties *pl,* flatness, flat position

plan·los *adj* ① *(ziellos)* aimless
② *(ohne System)* unmethodical, unsystematic

Plan·lo·sig·keit <-> *f kein pl* lack of planning *no pl,* aimlessness *no pl*

plan·mä·ßig I. *adj* ① TRANSP scheduled
② *(systematisch)* systematic
II. *adv* ① TRANSP as scheduled, according to schedule
② *(systematisch)* systematically

Plan·mä·ßig·keit <-> *f kein pl* method *no pl; (Pünktlichkeit)* punctuality *no pl; (Regelmäßigkeit)* regularity *no pl*

pla·no ['pla:no] *adv inv (ungefalzt) Druckbogen* flat

Pla·no·bo·gen *m* TYPO broadsheet, flat [*or* open] sheet

Plan·preis *m* HANDEL estimated price **Plan·qua·drat** *nt* grid square

Plan·sch·be·cken *nt* paddling [*or* kiddie] pool

plan·schen ['planʃn̩] *vi* ■**[irgendwo] ~** to splash about [somewhere]

Plan·soll *nt* HIST *(in der früheren DDR)* planned [production] target, output target **Plan·stel·le** *f* post

Plan·ta·ge <-, -n> [plan'ta:ʒə] *f* plantation

Plan·ta·gen·wirt·schaft *f kein pl* ÖKON plantation system

Pla·num <-s> ['pla:nʊm] *nt kein pl* BAU planed subgrade

Plan·um·satz *m* HANDEL estimated sales *pl*

Pla·nung <-, -en> *f* ① *(das Planen)* planning; **in der ~ befindlich** in [*or* at] the planning stage; **in der ~ sein, sich** *akk* **in der ~ befinden** to be in [*or* at] the planning stage
② *(Plan)* plan

Pla·nungs·ab·tei·lung *f* planning department **Pla·nungs·aus·schuss**^RR^ *m* ÖKON planning committee **Pla·nungs·be·hör·de** *f* ÖKON planning authority **Pla·nungs·bü·ro** *nt* planning office **Pla·nungs·er·mes·sen** *nt kein pl* JUR discretionary planning power **Pla·nungs·ho·heit** *f* JUR planning competence **Pla·nungs·kom·mis·si·on** *f* planning commission **Pla·nungs·leit·li·nie** *f* JUR planning guidelines **Pla·nungs·pro·zess**^RR^ *m* ÖKON planning process **Pla·nungs·recht** *nt* JUR planning law, law concerning town and country planning **Pla·nungs·ver·band** *m* JUR planning group **Pla·nungs·zeit·raum** *m* planning horizon [*or* period]

plan·voll *adj inv* systematic, methodical

Plan·wa·gen *m* covered wagon

Plan·wirt·schaft *f kein pl* planned [*or* command] [*or* controlled] economy **Plan·zahl** *f meist pl* forecast [figure] **Plan·ziel** *nt* HIST *(in der früheren DDR)* target

Plap·per·maul *nt (bes pej fam)* chatterbox *esp pej fam*

plap·pern ['plapɐn] **I.** *vi* to chatter
II. *vt (undeutlich reden)* ■**etw ~** to babble sth

plär·ren ['plɛrən] *vi (fam)* ① *(heulen)* to bawl, to howl
② *(blechern ertönen)* to blare [out]

Plas·ma <-s, Plasmen> ['plasma, *pl* 'plasmən] *nt* MED, PHYS plasma *no pl, no indef art*

Plas·ma·bild·schirm *m* plasma screen, gas plasma display **Plas·ma·glu·ko·se** <-> *f kein pl* PHARM plasma glucose

Plas·men ['plasmən] *pl von* **Plasma**

Plas·mid <-s, -e> *m* BIOL plasmid

Plas·mo·ly·se <-> [plasmo'ly:zə] *f kein pl* BOT plasmolysis *no pl*

Plas·tik¹ <-s> ['plastɪk] *nt kein pl* plastic; **aus ~** plastic

Plas·tik² <-, -en> ['plastɪk] *f* ① *(Kunstwerk)* sculpture
② *kein pl (Bildhauerkunst)* sculpture *no pl, no art,* plastic art *no pl, no art*
③ MED plastic surgery *no pl, no indef art*

Plas·tik·be·cher *m* plastic cup **Plas·tik·beu·tel** *m* plastic bag **Plas·tik·bin·dung** *f (Buch)* plastic [*or* comb] binding **Plas·tik·bom·be** *f* plastic bomb **Plas·tik·ei·mer** *m* plastic bucket **Plas·tik·fla·sche** *f* plastic bottle **Plas·tik·fo·lie** *f* plastic film BRIT; *(für die Küche)* cling film BRIT, plastic wrap AM; AGR plastic sheeting **Plas·tik·ge·häu·se** *nt* plastic shell [*or* casing] **Plas·tik·geld** *nt (fam)* plastic money **Plas·tik·ge·schoss**^RR^ *nt* plastic bullet **Plas·tik·hül·le** *f* plastic cover **Plas·tik·müll** *m* plastic waste **Plas·tik·sack** *m* plastic sack; *(schwarzer Plastiksack)* black sack **Plas·tik·spreng·stoff** *m* plastic explosive **Plas·tik·tü·te** *f* plastic bag; *(Einkaufstüte)* shopping [*or* BRIT *a.* carrier] bag

Plas·ti·lin <-s, -e> [plasti'li:n] *nt* plasticine® *no pl, no indef art*

plas·tisch ['plastɪʃ] **I.** *adj* ① *(formbar)* plastic, malleable, workable
② *(räumlich)* three-dimensional
③ *(anschaulich)* vivid
④ MED plastic
II. *adv* ① *(räumlich)* three-dimensional; **~ hervortreten/wirken** to stand out
② *(anschaulich)* vividly

Plas·ti·zi·tät <-> [plastitsi'tɛt] *f kein pl* ① *(Formbarkeit)* plasticity
② *(fig: Anschaulichkeit)* vividness, graphicness

Pla·ta·ne <-, -n> [pla'ta:nə] *f* plane tree

Pla·teau <-s, -s> [pla'to:] *nt* plateau

Pla·teau·schu·he *pl* platform shoes *pl* **Pla·teau·soh·le** *f* MODE platform sole

Pla·tin <-s> ['pla:ti:n] *nt kein pl* CHEM platinum *no pl, no indef art*

pla·tin·blond *adj* platinum blond[e]

Pla·ti·ne <-, -n> [pla'ti:nə] *f* ① TECH circuit board
② INFORM board, card; **auf der ~** on-board

Pla·ti·nen·ge·häu·se *nt* INFORM card cage

Pla·tin·er·wei·te·rung *f* INFORM card extender

Pla·tin·schmuck *m* platinum jewellery *no pl, no indef art*

Pla·ti·tü·de <-, -n> [plati'ty:də] *f (geh) s.* **Plattitüde**

pla·to·nisch [pla'to:nɪʃ] *adj (geh)* platonic; **~er Körper** MATH platonic solid

platsch [platʃ] *interj* splash; **~ machen** to splash

plat·schen ['platʃn̩] **I.** *vi sein (fam)* to splash; ■**~d** with a splash; ■**irgendwohin ~** to splash somewhere; **ins Wasser ~** to [go] splash into the water
II. *vi impers haben (fam)* to pour, BRIT *a.* to bucket down *fam*

plät·schern ['plɛtʃɐn] *vi* ① *haben (Geräusch verursachen) Brunnen* to splash; *Bach* to splash, to babble, to burble; *Regen* to patter
② *(planschen)* to splash about
③ *sein (platschend fließen)* to burble along

platt [plat] **I.** *adj* ① *(flach)* flat; **auf dem ~en Land** on the plains; **einen ~en Reifen haben** *(fam)* to have a flat [tyre [*or* AM tire]] [*or* a puncture]
② *(geistlos)* flat, dull, boring
③ *(fam: verblüfft)* ■**~ sein[, dass/als]** to be flabbergasted [that/when] *fam*
II. *adv* flat; **~ drücken/pressen/rollen/walzen** to flatten

Platt <-[s]> [plat] *nt kein pl* LING *(fam)* Low German; **auf ~** in Low German

Plätt·chen <-s, -> ['plɛtçən] *nt* ① *(dünne Metallplatte)* metal chip
② *(kleiner, flacher Gegenstand)* thin plate
③ MED platelet
④ *(Schneekristall)* plate crystal
⑤ BOT lamella
⑥ MUS plectrum

platt·deutsch ['platdɔytʃ] *adj* LING Low German

Platt·deutsch ['platdɔytʃ] *nt dekl wie adj* Low German; ■**das ~e** Low German

Plat·te¹ <-, -n> ['platə] *f* ① *(Steinplatte)* slab
② *(Metalltafel)* sheet, plate
③ *(Schallplatte)* record
④ *(Servierteller)* platter, dish; *(Gericht)* platter; **kalte ~** cold platter, cold collation
⑤ *(Kochplatte)* hotplate, BRIT *a.* hob
⑥ INFORM *(Festplatte)* hard disk
⑦ INFORM *(Magnetplatte)* [magnetic] disk; **magneto-optische ~** magneto-optical disk
⑧ *(fam)* bald head [*or* pate]; **eine ~ haben** to be bald
⑨ *(sl: Plattenbau)* prefab *(a building made from prefabricated slabs of reinforced concrete); (Plattenbausiedlung)* prefab estate
▸ WENDUNGEN: **die alte ~ auflegen** *(fam)* to play the same old record, to talk about the same old thing; **die ~ schon kennen** *(fam)* to have heard that one before; **eine neue ~ auflegen** *(fam)* to change the record; **putz die ~!** *(fam)* clear off! [*or* out!] *fam,* BRIT *a.* hop it! *fam*

Plat·te² <-n, -n> ['platə] *m (fam)* **einen ~n haben** to have a flat [tyre [*or* AM tire]] [*or* a puncture]

Plätt·ei·sen, Platt·ei·sen *nt* DIAL iron

plät·teln ['plɛtl̩n] *vt* SCHWEIZ ■**etw ~** *(mit Platten auslegen)* to pave sth; *(mit Fließen auslegen)* to tile sth

plät·ten ['plɛtn̩] *vt* DIAL ■**etw ~** to iron [*or* press] sth

Plat·ten·bau <-s, -bauten> *m* BAU building made from prefabricated slabs **Plat·ten·co·ver** <-s, -> *nt* MUS record sleeve **Plat·ten·fir·ma** *f* MUS, ÖKON record company **Plat·ten·keil** *m* TYPO plate control wedge **Plat·ten·ko·pie** *f* plate exposure **Plat·ten·la·bel** *nt* MUS ① *(Schallplattenetikett)* record label
② *(Schallplattenfirma)* record label **Plat·ten·la·den** *m* record shop **Plat·ten·lauf·werk** *nt* INFORM disk drive **Plat·ten·le·ger(in)** <-s, -> *m(f) s.* **Fliesenleger** **Plat·ten·samm·lung** *f* record collection **Plat·ten·schrank** *m* record cabinet **Plat·ten·see** ['platn̩ze:] *m* Lake Balaton **Plat·ten·spie·ler** *m* record player **Plat·ten·tek·to·nik** *f kein pl* GEOL plate tectonics + *sing vb* **Plat·ten·tel·ler** *m* turntable **Plat·ten·ver·trag** *m* recording contract **Plat·ten·wechs·ler** <-s, -> [ks] *m* autochanger, record changer **Plat·ten·weg** *m* paved path

Platt·erb·se *f* BOT [wild] pea, vetchling

platt|fah·ren^RR^ *vt* ■**jdn ~** *(sl)* to flatten sb **Platt·fisch** *m* flatfish

Platt·form *f* ① *(begehbare Fläche)* platform
② *(geh)* basis; **eine gemeinsame ~ finden** to find common ground
③ INFORM platform

Platt·fuß *m* ① MED flat foot; **Plattfüße haben** to have flat feet ② *(Reifenpanne)* flat *fam* **Platt·fuß·in·di·a·ner(in)** *m(f) (pej)* barefoot Indian

Platt·heit <-, -en> *f* ① *kein pl (Ebenheit)* flatness *no pl*
② *s.* **Plattitüde**

plat·tie·ren* [pla'ti:rən] *vt* ① TECH ■**etw ~** to plate

sth
❷ KOCHK **Fleisch ~** to flatten meat *(to tenderize it)*
Plat·ti·tü·deRR <-, -n> [plati'ty:də] *f (geh)* platitude
platt|ma·chenRR *vt* ■**jdn/etw ~** *(sl)* to destroy [*or* ruin] sb/sth
Platt·wurm *m* MED flatworm
Platz <-es, Plätze> [plats, *pl* 'plɛtsə] *m* ❶ ARCHIT *(umgrenzte Fläche: mit Anlagen)* square; *(öffentlich)* public place; *(rund)* circus; ***auf dem ~ steht ein Denkmal*** there a statue on the square; **der Rote ~** the Red Square
❷ *(Sitzplatz)* seat; ***hältst du mir einen ~ frei?*** can you keep a seat for me?; ***ist dieser ~ frei?*** is this seat taken?; ***behalten Sie doch [bitte] ~!*** *(form)* please remain seated! *form;* **~!** *Hund* sit!; **jdm einen ~ anweisen** to show sb to his/her seat; **ein guter/teurer ~** a good/expensive seat; **bis auf den letzten ~ gefüllt sein** to be packed to capacity; **~ nehmen** *(geh)* to take a seat
❸ *kein pl (freier Raum)* space, room; ***im Koffer ist noch ~*** the suitcase is not quite full yet; ***hier ist kein ~ mehr für neue Bücher*** there is no room left for new books; **~ *da!*** *(fam)* out of the way!, make way there!; **~ für jdn/etw bieten** to have room for sb/sth; **~ brauchen** to need room [*or* space]; **in etw** *dat* **keinen ~ haben** to have no place for sth; ***in ihrer Planung hatten Rücklagen keinen ~*** their planning made no allowances for reserves; **[jdm/etw] ~ machen, ~ [für jdn/etw] schaffen** to make room [*or* way] [for sb/sth]; **~ sparend** space-saving *attr;* **~ sparend sein** to save space, to be compact
❹ *(Standort)* place; ***wir haben noch keinen Platz für die Lampe gefunden*** we have not found the right place for the lamp yet; **am ~** in town [*or fam* in the place]; ***das beste Hotel am ~*** the best hotel in town; **fehl am ~e sein** to be out of place; ***ich komme mir hier völlig fehl am ~e vor*** I feel totally out of place here; ***Mitleid ist hier völlig fehl am ~e*** this is not the place for sympathy; **irgendwo einen festen ~ haben** to have a proper place somewhere; **ein stiller/windgeschützter ~** a quiet/sheltered place
❺ SPORT *(Rang)* place; *(Sportplatz)* playing field; ***die Mannschaft liegt jetzt auf ~ drei*** the team is now in third place; **auf die Plätze, fertig, los!** on your marks, get set, go!; **seinen ~ behaupten** to maintain [*or* hold] one's place; **den zweiten ~ belegen** to come in second; **auf gegnerischem ~ spielen** to play away; **jdn vom ~ stellen** to send sb off; **jdn auf die Plätze verweisen** to beat sb
❻ *(Möglichkeit, an etw teilzunehmen) Kindergarten, Kurs, Krankenhaus, Reise* place; ***in der Schule sind noch Plätze frei*** there are still places left in the school
❼ INFORM *(Einbauplatz)* **freier ~** empty slot
▶ WENDUNGEN: **ein ~ an der Sonne** a place in the sun
Platz·angst *f* ❶ *(fam)* claustrophobia; **~ bekommen** to become [*or* get] claustrophobic ❷ *(Agoraphobie)* agoraphobia **Platz·an·wei·ser(in)** <-s, -> *m(f)* usher *masc,* usherette *fem* **Platz·aus·nut·zung** *f kein pl* ÖKON utilization of space
Plätz·chen1 <-s, -> ['plɛtsçən] *nt dim von* **Platz** spot
Plätz·chen2 <-s, -> ['plɛtsçən] *nt (Keks)* biscuit BRIT, cookie AM
Platz·deck·chen *nt* placemat
plat·zen ['platsn̩] *vi sein* ❶ *(zerplatzen)* to burst
❷ *(aufplatzen)* to split
❸ *(scheitern)* to fall through; ***das Fest ist geplatzt*** the party is off; ■**etw ~ lassen** to call sth off, to let sth fall through
❹ *(sich nicht mehr halten können)* to be bursting; **vor Ärger/Neid/Wut/Neugier ~** to be bursting with anger/envy/rage/curiosity
Platz·er·laub·nis *f (beim Golf)* golfing permit *(official licence to play on a golf course)* **Platz·ge·schäft** *nt* JUR spot contract, local transaction **Platz·grün·de** *pl* **aus ~n** for reasons of space
Platz·hal·ter *m* ❶ LING functor ❷ INFORM free variable [*or* definable] parameter ❸ *(selten: jd, der einen Platz freihält)* place-keeper **Platz·hal·ter·zei·chen** *m* INFORM wild card character
Platz·her·ren *pl* SPORT home team **Platz·hirsch** *m* ❶ JAGD dominant stag ❷ *(iron)* alpha male *hum*
plat·zie·renRR* [pla'tsi:rən] **I.** *vt* ❶ FIN ■**etw irgendwo ~** to place [*or* put] sth somewhere; **sein Geld in Aktien ~** to put one's money into shares
❷ *(geh)* ■**jdn/etw irgendwo ~** to place [*or* put] [*or* position] sb/sth somewhere
❸ MEDIA *(setzen)* ■**etw irgendwo ~** to place sth somewhere; **eine Anzeige ~** to place an advert [*or* advertisement]
II. *vr* ❶ *(geh)* ■**sich** *akk* **irgendwo ~** to take a seat somewhere *form*
❷ SPORT ■**sich** *akk* **~** to be placed; *(Tennis)* to be seeded
Plat·zie·rungRR <-, -en> *f* ❶ FIN placing; **~ von ausländischen Wertpapieren** BÖRSE negotiation of foreign securities
❷ SPORT place, position; **eine ~ unter den ersten zehn** a place [*or* position] in the top ten
❸ TYPO placement, positioning
Platz·kar·te *f* BAHN seat reservation, reserved seat ticket **Platz·kon·zert** *nt* open-air concert **Platz·kos·ten·rech·nung** *f* FIN workspace costing **Platz·man·gel** *m* lack of room [*or* space] **Platz·meis·ter** *m* POL chief usher **Platz·mie·te** *f* ❶ THEAT season ticket [cost] ❷ SPORT ground [*or* AM field] [*or* court] hire BRIT [*or* AM rental] charge **Platz·pa·tro·ne** *f* blank [cartridge] **Platz·re·gen** *m* METEO cloudburst **Platz·re·ser·vie·rung** *f* reservation [of a seat]; ***ohne vorherige ~ kriegt man dort wahrscheinlich keinen Tisch*** you probably won't get a table there without booking [one] [*or* reserving one] beforehand [*or* a reservation] **Platz·scheck** *m* JUR local cheque, locally drawn cheque **Platz·tel·ler** *m* underplate **Platz·ver·weis** *m* SPORT sending-off BRIT, ejection **Platz·wart(in)** <-s, -e> *m(f)* SPORT groundsman *masc,* groundskeeper **Platz·wet·te** *f* place bet **Platz·wun·de** *f* laceration, lacerated wound
Plau·der·be·reich *m* INFORM chat area
Plau·de·rei <-, -en> [plaudə'rai] *f* chat
Plau·de·rer, Plau·de·rin <-s, -> ['plaudəre, 'plaudərɪn] *m, f* ❶ *(Gesprächspartner, Redner)* conversationalist
❷ *(Klatschbase)* gossip
plau·dern ['plaudɐn] *vi* ❶ *(sich gemütlich unterhalten)* ■**[mit jdm] [über etw** *akk*] **~** to [have a] chat [with sb/about sth]
❷ *(fam: ausplaudern)* to gossip
Plau·der·stünd·chen *nt* [little] chat **Plau·der·ta·sche** *f (fam)* chatterbox *fam* **Plau·der·ton** *m kein pl* chatty tone
Plausch <-[e]s, -e> [plauʃ] *m (fam)* chat
plau·schen ['plauʃn̩] *vi (fam)* ■**[mit jdm] ~** to [have a] chat [with sb]
plau·si·bel [plau'zi:bl̩] *adj* plausible; **jdm etw ~ machen** to explain sth [*or* make sth clear] to sb
Plau·si·bi·li·tät <-, -> [plauzibili'tɛ:t] *f* plausibility; JUR likelihood *no pl*
Plau·si·bi·li·täts·kon·trol·le *f* INFORM plausibility test
Plau·ze <-, -n> ['plautsə] *f (pej fam)* paunch *esp* BRIT, [beer] belly [*or esp* AM gut] *fam*
Play-backRR, **Play·back** <-, -s> ['ple:bɛk] *nt* ❶ *(aufgenommene Musikbegleitung)* backing track
❷ *(komplette Film- o Gesangsaufnahme)* miming track
❸ *kein pl* MUS, TV, TECH recording
❹ *kein pl (getrennte Aufnahme von Orchester und Gesang)* double-tracking *no pl*
Play·boy <-s, -s> ['ple:bɔy] *m* playboy **Play·girl** <-s, -s> ['ple:gœɐl] *nt* playgirl
Play-off <-[s], -s> [ple:'ʔɔf, 'ple:-ɔf] *nt* SPORT play-off [*or* playoff]
Pla·zen·ta <-, -s *o* Plazenten> [pla'tsɛnta, *pl* -tsɛntən] *f* placenta
Pla·zet <-s, -s> ['pla:tsɛt] *nt (geh)* approval; **sein ~ [zu etw** *dat*] **geben** to give one's approval [for sth], to approve sth; **jds ~ haben** to have sb's approval
pla·zie·renALT* [pla'tsi:rən] *vr, vt s.* **platzieren**
Pla·zie·rungALT <-, -en> *f s.* **Platzierung**
Ple·be·jer(in) <-s, -> [ple'be:jɐ] *m(f)* plebeian, pleb *fam*
Ple·bis·zit <-[e]s, -e> [plebɪs'tsi:t] *nt (geh)* plebiscite
ple·bis·zi·tär [plebɪstsi'tɛ:ɐ̯] *adj inv* POL plebiscitary
Plebs <-es> [plɛps] *m kein pl (pej geh)* plebs *pl pej*
plei·te ['plaitə] *adj (fam)* broke *fam;* ■**~ sein** to be broke
Plei·te <-, -n> ['plaitə] *f (fam)* ❶ *(Bankrott)* collapse, bankruptcy; **~ machen** to go bankrupt, to go bust *fam*
❷ *(Reinfall)* flop *fam;* **[mit jdm/etw] eine ~ erleben** to suffer a flop [with sb/sth]
plei·te|ge·henRR *vi irreg sein (fam)* to go bankrupt, to go bust *fam*
Plei·te·gei·er *m (fam)* threat [*or* spectre [*or* AM -er]] of bankruptcy; **über jdm/etw schwebt der ~** the vultures are hovering above sb/sth
Plei·tier <-s, -s> [-'ti̯e:] *m* ÖKON *(Bankrotteur)* bankrupt
Plek·tron <-s, -tren *o* -tra> ['plɛktrɔn, *pl* -trən] *nt* MUS plectrum
plem·pern ['plɛmpɐn] *vi (fam)* ❶ *(verspritzen)* to spill sth
❷ *(Zeit verschwenden)* to waste time
plem·plem [plɛm'plɛm] *adj (sl)* ■**~ sein** to be nuts *sl*
Ple·na ['ple:na] *pl von* **Plenum**
Ple·nar·aus·schuss *m* committee of the whole, COW **Ple·nar·saal** *m* chamber **Ple·nar·sit·zung** *f* plenary session **Ple·nar·ver·samm·lung** *f* plenary session
Ple·num <-s, Plena> ['ple:nʊm, *pl* ple:na] *nt* plenum
Ple·o·nas·mus <-, -men> [pleo'nasmʊs, *pl* -mən] *m* pleonasm
Ple·sio·sau·rus <-, Plesiosaurier> [plezi̯o'zaurʊs, *pl* plezi̯o'zauri̯ɐ] *m (ausgestorbenes Meeresreptil)* plesiosaur
Pleu·el <-s, -> ['plɔyəl] *m* AUTO connecting rod
Pleu·el·fuß *m* AUTO connecting rod big end **Pleu·el·fuß·la·ger** *nt* AUTO big end bearing
Pleu·el·kopf *m* AUTO connecting rod small end **Pleu·el·la·ger** *nt* AUTO *(kleines Lager)* small end bearing; *(größeres Lager)* big end bearing **Pleu·el·stan·ge** *f* TECH connecting rod
Ple·xi·glas® <-es> ['plɛksigla:s] *nt kein pl* Plexiglas®
Plin·se <-, -n> ['plɪnzə] *f* KOCHK DIAL ❶ *(Pfannkuchen) yeast pancake filled with stewed fruit*
❷ *(Kartoffelpuffer)* potato [pan]cake [*or* fritter]
Plis·see <-s, -s> [plɪ'se:] *nt* pleats *pl,* pleating *no pl*
Plis·see·rock *m* pleated skirt
plis·sie·ren* [plɪ'si:rən] *vt* MODE ■**etw ~** to pleat sth
plis·siert [plɪ'si:ɐ̯t] *adj inv* pleated
Plit·vi·cer Se·en ['plɪtvɪtsɐ 'ze:ən] *pl* Plitvice Lakes *pl,* Lakes *pl* of Plitvice
PLO <-> [pe:ʔɛl'ʔo:] *f kein pl Abk von* **Palestine Liberation Organization** PLO
PLO-Chef [-ʃɛf] *m* PLO-leader
Plock·wurst ['plɔkvʊrst] *f smoked sausage made of beef, pork and fat*
Plom·be <-, -n> ['plɔmbə] *f* ❶ MED filling
❷ *(Bleisiegel)* lead seal
plom·bie·ren* [plɔm'bi:rən] *vt* ❶ MED to fill; **[jdm] einen Zahn ~** to fill a [/sb's] tooth
❷ *(amtlich versiegeln)* ■**etw ~** to give sth a lead seal, to seal sth
plör·rig ['plœrɪç] *adj* NORDD *(pej fam) Kaffee* insipid; *Bier* flat
Plot <-s, -s> [plɔt] *m o nt* LIT, INFORM plot
Plot·ter <-s, -> ['plɔtɐ] *m* INFORM plotter
Plot·ter-Pa·pier *nt* INFORM plotter paper **Plot·ter·schreib·kopf** *m* INFORM plotter pen **Plot·ter·trei·ber** *m* INFORM plotter driving software
Plöt·ze <-, -n> ['plœtsə] *f* ZOOL roach
plötz·lich ['plœtslɪç] **I.** *adj* sudden
II. *adv* suddenly, all of a sudden; [...] **~ kommen** *(fam)* to come suddenly; ***das kommt alles etwas/so ~*** it's all happening rather/so suddenly; **aber**

etwas ~! *(fam)* [and] hurry up! [*or* jump to it]

Plu·der·ho·se ['plu:dɐho:zə] *f* pantaloons *npl,* Turkish trousers *npl,* harem pants *npl;* HIST trunk hose

Plug-In <-s, -s> ['plʌgɪn] *m* INFORM plug-in

plump [plʊmp] **I.** *adj* ① *(massig)* plump ② *(schwerfällig)* ungainly, awkward ③ *(dummdreist)* obvious, crass; **ein ~er Annäherungsversuch** a very obvious advance; **eine ~e Lüge** a crass [*or* blatant] lie
II. *adv* ① *(schwerfällig)* clumsily, awkwardly ② *(dummdreist)* crassly, obviously

Plum·pheit <-, -en> *f* ① *kein pl (Schwerfälligkeit)* clumsiness, awkwardness ② *(pej: plumpe Bemerkung, Handlung)* crudity

plumps [plʊmps] *interj* thud, bump, plop; *(ins Wasser)* plop, splash; ~ **machen** to thud, to go bump, to make a plop/splash

Plumps <-es, -e> [plʊmps] *m (fam)* thud, bump, plop; *(ins Wasser)* plop, splash

plump·sen ['plʊmpsn̩] *vi sein (fam)* ① *(dumpf fallen)* ■**irgendwohin** ~ to thud somewhere; ***der Sack plumpste auf den Boden*** the sack thudded onto the floor; ■**etw irgendwohin ~ lassen** to let sth fall somewhere with a thud ② *(fallen)* to fall; **aus etw** *dat*/**von etw** *dat* ~ to fall out of/off sth; ■**sich** *akk* **irgendwohin ~ lassen** to plump [oneself] [*or* flop] down somewhere; **sich** *akk* **~ lassen** to plump [oneself] [*or* flop] down

Plumps·klo(·sett) *nt (fam)* earth closet BRIT, outhouse AM

Plun·der <-s> ['plʊndɐ] *m kein pl* junk *no pl, no indef art*

Plün·de·rer, Plün·de·rin <-s, -> ['plʏndərɐ, 'plʏndərɪn] *m, f* looter, plunderer

Plun·der·ge·bäck *nt* Danish pastries *pl*

plün·dern ['plʏndɐn] **I.** *vt* ① *(ausrauben)* ■**etw** ~ to plunder [*or* loot] sth ② *(leeren)* ■**etw** ~ to raid sth *fam;* **den Kühlschrank** ~ to raid the fridge
II. *vi* to plunder

Plün·de·rung <-, -en> *f* plunder[ing] *no pl, no indef art,* looting *no pl, no indef art,* pillage *no pl, no indef art*

Plu·ral <-s, -e> [pl'ura:l] *m* plural

Plu·ra·lis·mus <-> [plura'lɪsmʊ] *m kein pl (geh)* pluralism *no pl*

plu·ra·lis·tisch [plura'lɪstɪʃ] *adj (geh)* pluralistic

Plu·ra·li·tät <-, -en> [plurali'tɛ:t] *f meist kein pl* plurality

plus [plʊs] **I.** *präp +gen* plus
II. *adv* ① *(über 0°)* plus; ***die Temperaturen liegen bei ~ drei Grad C*** temperatures will be around three degrees C ② MATH plus ③ ELEK plus, positive
III. *konj* MATH plus; **~/minus X** plus or minus X

Plus <-, -> [plʊs] *nt* ① *(Pluszeichen)* plus ② ÖKON surplus; [**mit etw** *dat*] **im ~ sein** to be in the black [with sth]; [**bei etw** *dat*] **ein ~ machen** to make a profit [in sth] ③ *(Pluspunkt)* plus, [plus] point, advantage

Plüsch <-[e]s, -e> [plyʃ] *m* plush

plü·schig *adj* ① *(weich)* plush ② *(iron: kleinbürgerlich)* bourgeois *pej*

Plüsch·tier *nt* [furry] soft-toy

Plus·pol *m* positive pole **Plus·punkt** *m* ① *(positive Reaktion)* bonus; ***durch seine Höflichkeit sammelte er [reichlich] ~e*** his politeness earned him [quite a few] brownie-points ② *(Wertungseinheit)* point

Plus·quam·per·fekt <-s, -e> ['plʊskvampɛrfɛkt] *nt* pluperfect, past perfect

Plus·spa·ren <-s> *nt kein pl* FIN surplus saving

Plus·stun·den *pl bei der Arbeitszeit* [time] credit

plus·tern ['plu:stɐn] **I.** *vt* ■**etw** ~ to fluff up sth *sep*
II. *vr* ■**sich** *akk* ~ to fluff oneself up

Plus·zei·chen *nt* plus sign

Plu·to <-s> ['plu:to] *m* Pluto

Plu·to·ni·um <-s> [plu'to:ni̯ʊm] *nt kein pl* CHEM plutonium *no pl*

Plu·to·ni·um-Brut·re·ak·tor *m* NUKL, TECH plutonium breeder

PLZ *Abk von* **Postleitzahl** postcode BRIT, zip code AM

Pneu <-s, -s> [pnɔy] *m bes* SCHWEIZ tyre BRIT, tire AM

pneu·ma·tisch [pnɔy'ma:tɪʃ] *adj* pneumatic

Pneu·mo·kok·kus <-, -i *o* -en> [pnɔymo'kɔkʊs] *m* MED *(Erreger der Lungenentzündung)* pneumococcus

Pneu·mo·tho·rax <-[es], -e> [pnɔymo'to:raks] *m* MED pneumothorax, collapsed lung

Po <-s, -s> [po:] *m (fam)* bottom, BRIT *a.* bum *fam*

Pö·bel <-s> ['pø:bl̩] *m kein pl (pej)* mob *pej,* rabble *pej*

Pö·be·lei <-, -en> [pø:bə'lai̯] *f (fam)* ① *kein pl (das Pöbeln)* loutishness *no pl* ② *(ausfallende Bemerkung)* swearing *no pl, no indef art*

pö·bel·haft *adj* loutish, BRIT *a.* yobbish

pö·beln ['pø:bl̩n] *vi (ausfallend reden)* to swear; *(sich ausfallend benehmen)* to behave yobbishly [*or* loutishly]

po·chen ['pɔxn̩] *vi* ① *(anklopfen)* ■[**gegen etw** *akk*/ **auf etw** *akk*] ~ to knock [against/on sth] ② *(klopfen) Herz, Blut* to pound ③ *(bestehen)* ■**auf etw** *akk* ~ to insist on sth

po·chie·ren* [pɔ'ʃi:rən] *vt* KOCHK ■**etw** ~ to poach sth

Po·cke <-, -n> ['pɔkə] *f* pock

Po·cken *pl* smallpox *no art*

Po·cken·imp·fung *f* smallpox vaccination **Po·cken·nar·be** *f* pockmark **po·cken·nar·big** *adj* pockmarked **Po·cken·(schutz·)imp·fung** *f* smallpox vaccination

Po·cket·ka·me·ra ['pɔkət-] *f* pocket camera

Po·dest <-[e]s, -e> [po'dɛst] *nt o m* rostrum

Po·dex <-[es], -e> ['po:dɛks] *m (fam)* backside *fam,* posterior *hum,* rear end *hum*

Po·di·um <-s, Podien> ['po:di̯ʊm, *pl* -di̯ən] *nt* ① *(Bühne)* platform, stage, rostrum ② *(trittartige Erhöhung)* podium, rostrum

Po·di·ums·dis·kus·si·on *f,* **Po·di·ums·ge·spräch** *nt* panel discussion

Po·e·sie <-> [poe'zi:] *f kein pl* poetry *no pl*

Po·e·sie·al·bum [poe'zi:] *nt* poetry album *(made up of verses or sayings contributed by friends)*

Po·et(in) <-en, -en> [po'e:t] *m(f)* poet *masc o fem,* poetess *fem*

Po·e·tik <-, -en> [po'e:tɪk] *f* poetics + *sing vb*

Po·e·tin <-, -nen> *f fem form von* **Poet**

po·e·tisch [po'e:tɪʃ] *adj* poetic[al]; *s. a.* **Ader**

po·fen ['po:fn̩] *vi (fam)* ① *(schlafen)* to kip BRIT *fam,* to sleep ② *(unaufmerksam sein)* to doze

po·gen ['pəʊgən] *vi* MUS *(sl)* to pogo

Po·grom <-s, -e> [po'gro:m] *nt o m* pogrom

POI <-[s], -s> *m* INFORM *Abk von* **point of information** POI

Poin·te <-, -n> ['po̯ɛ̃:tə] *f Erzählung* point; *Witz* punch line

poin·tie·ren* [po̯ɛ̃'ti:rən] **I.** *vt (geh: betonen)* ■**etw** ~ to emphasize [*or* stress] [*or* point up] sth
II. *vi (veraltend: bei einem Glücksspiel setzen)* to gamble

poin·tiert [po̯ɛ̃'ti:ɐt] *adj (geh)* pointed, trenchant

Pois·son-Ver·tei·lung [pwa'sõ-] *f (Statistik)* Poisson distribution

Po·kal <-s, -e> [po'ka:l] *m* ① *(Trinkbecher)* goblet ② SPORT cup

Po·kal·end·spiel *nt* SPORT cup final **Po·kal·in·ha·ber(in)** *m(f)* SPORT cup-holder **Po·kal·sie·ger** *m* SPORT cup-winners *pl* **Po·kal·spiel** *nt* SPORT cup tie [*or* game] [*or* match] **Po·kal·wett·be·werb** *m* SPORT cup competition

Pö·kel·fisch ['pø:kl̩-] *m* pickled [*or* salt[ed]] fish **Pö·kel·fleisch** *nt* salt[ed] [*or* preserved] meat **Pö·kel·la·ke** *f* brine *no pl*

pö·keln ['pø:kl̩n] *vt Fleisch* to salt, to preserve; *Fisch* to pickle, to salt

Po·ker <-s> ['po:kɐ] *nt kein pl* poker

Po·ker·face <-, -s> ['po:kɐfe:s] *nt* poker face **Po·ker·ge·sicht** *nt,* **Po·ker·mie·ne** *f* poker face

po·kern ['po:kɐn] *vi* ① KARTEN to play poker; ■[**um etw** *akk*] ~ to gamble [for sth] ② *(viel riskieren)* to stake a lot, to play for high stakes

Pol <-s, -e> [po:l] *m* GEOG, ELEK, PHYS pole
▸WENDUNGEN: **der ruhende** ~ the calming influence

Po·la·cke <-n, -n> [po'lakə] *m (pej! fam)* Polack *pej*

po·lar [po'la:ɐ̯] *adj* polar

Po·lar·eis *nt* polar ice **Po·lar·ex·pe·di·ti·on** *f* polar expedition **Po·lar·for·scher(in)** <-s, -> *m(f)* polar explorer **Po·lar·front** *f* METEO polar front **Po·lar·fuchs** *m* arctic fox **Po·lar·ge·biet** *nt* polar region

Po·la·ri·sa·ti·on <-, -en> [polariza'tsi̯o:n] *f* ① PHYS polarization ② CHEM polarization ③ *(geh)* polarization

po·la·ri·sie·ren* [polari'zi:rən] **I.** *vr (geh)* ■**sich** *akk* ~ to polarize, to become polarized BRIT
II. *vt* PHYS ■**etw** ~ to polarize sth

Po·la·ri·sie·rung <-, -en> *f* polarization

Po·la·ri·tät <-, -en> [polari'tɛt] *f* ① GEOG, PHYS polarity ② *(geh: Gegensätzlichkeit der Geschlechter)* polarity

Po·lar·ko·or·di·na·ten *pl* MATH polar coordinates *pl* **Po·lar·kreis** *m* polar circle; **nördlicher/südlicher** ~ Arctic/Antarctic circle **Po·lar·licht** *nt (nördliche Halbkugel)* the Northern Lights *pl,* aurora borealis; *(südliche Halbkugel)* southern lights *pl,* aurora australis **Po·lar·meer** *nt* polar sea **Po·lar·mö·we** *f* ORN Iceland gull

Po·la·ro·id·ka·me·ra® [pola'rɔyt-] *f* Polaroid® camera

Po·lar·stern *m* Pole Star **Po·lar·zo·ne** *f* Frigid Zone, polar region

Pol·der <-s, -> ['pɔldɐ] *m* polder

Po·le, Po·lin <-n, -n> ['po:lə, 'po:lɪn] *m, f* Pole

Po·le·mik <-, -en> [po'le:mɪk] *f (geh)* ① *kein pl (polemischer Gehalt)* polemic ② *(scharfe Attacke)* polemics + *sing vb*

Po·le·mi·ker(in) <-s, -> [po'le:mikɐ] *m(f)* polemicist

po·le·misch [po'le:mɪʃ] **I.** *adj (geh)* polemical
II. *adv (geh)* **sich** *akk* ~ **äußern** to voice a polemic

po·le·mi·sie·ren* [polemi'zi:rən] *vi (geh)* to polem[ic]ize; ■[**gegen jdn/etw**] ~ to inveigh [against sb/sth]; ***in dem Artikel wurde scharf polemisiert*** the article was of a sharply polemic nature

Po·len <-s> ['po:lən] *nt* Poland
▸WENDUNGEN: **noch ist ~ nicht verloren** *(prov)* all is not yet lost

Po·len·te <-> [po'lɛntə] *f kein pl (fam)* cops *pl fam*

Pole·po·si·tion^{RR}, Pole-Po·si·tion^{RR}, Pole-po·si·tion^{ALT} <-> ['po:lpozɪʃn̩] *f kein pl* SPORT pole position

Po·li·ce <-, -n> [po'li:sə] *f* policy

Po·lier(in) <-s, -e> [po'li:ɐ̯] *m(f)* [site] foreman *masc* [*or fem* forewoman]

po·lie·ren* [po'li:rən] *vt* ① *(glänzend reiben)* ■**etw** ~ to polish sth ② *(sl: malträtieren)* **jdm die Fresse/Schnauze/das Maul** ~ *(sl)* to smash sb's face in *sl*

Po·lier·fei·le *f* buffer **Po·lier·mit·tel** *nt* polish **Po·lier·tuch** *nt* polishing cloth **Po·lier·wachs** *nt* wax polish

Po·li·kli·nik ['po:likli:nɪk] *f* outpatients' clinic

Po·lin <-, -nen> *f fem form von* **Pole**

Po·lio <-> ['po:li̯o] *f kein pl* polio *no pl*

po·lio·frei *adj inv* polio-free, free of [*or* from] polio

Po·lit·ba·ro·me·ter [po'lɪt-] *nt* political barometer

Po·lit·bü·ro [po'lɪt-] *nt* politburo

Po·lit·bü·ro·mit·glied *nt* member of the politburo

Po·li·tes·se <-, -n> [poli'tɛsə] *f* [female] traffic warden BRIT, meter maid AM

Po·li·ti·cal Cor·rect·ness [pə'lɪtɪkəl kə'rektnəs] *f* political correctness, PC

Po·li·tik <-, -en> [poli'ti:k] *f* ① *kein pl (die politische Welt)* politics + *sing vb, no art; (Politiker)* politicians *pl; (die Regierung)* the government; **in die ~ gehen**

P

to go into politics; **über ~ reden** to talk [about] politics

② *(politischer Standpunkt)* politics *+ sing vb, no art;* ■**die/eine ~ einer S.** *gen* the politics of sth

③ *(Strategie)* policy; **eine bestimmte ~ betreiben** [*o* **verfolgen**] to pursue a certain [*or* particular] policy; **eine ~ der kleinen Schritte** a step-by-step [*or* gradualist] policy

Po·li·ti·ka [po'li:tika] *pl von* **Politikum**

Po·li·ti·ker(in) <-s, -> [po'li:tikɐ] *m(f)* politician

Po·li·ti·kum <-s, Politika> [po'li:tikʊm, *pl* -ka] *nt (geh Sache)* political issue; *(Ereignis)* political event

po·li·tik·ver·dros·sen *adj* POL politically apathetic **Po·li·tik·ver·dros·sen·heit** *f kein pl* political apathy *no pl* **Po·li·tik·wis·sen·schaft** *f s.* **Politologie**

po·li·tisch [po'li:tɪʃ] **I.** *adj* ① POL political; **~ Verfolgte** victim of political persecution

② *(geh)* politic

II. *adv* ① POL politically

② *(klug)* politicly, judiciously

Po·li·ti·sche(r) *f(m) dekl wie adj* political prisoner

po·li·ti·sie·ren* [politi'zi:rən] **I.** *vi (geh)* to talk politics, to politicize

II. *vt (geh: etw politisieren)* to politicize sth; ■**jdn ~** to make sb politically aware

III. *vr* ■**sich** *akk* **~** to become politicized

Po·li·ti·sie·rung <-> *f kein pl* politicization

Po·li·to·lo·ge, -lo·gin <-n, -n> [polito'lo:gə, -'lo:gɪn] *m, f* political scientist

Po·li·to·lo·gie <-> [politolo'gi:] *f kein pl* political science *no pl, no art*

Po·li·to·lo·gin <-, -nen> *f fem form von* **Politologe**

Po·li·tur <-, -en> [poli'tu:ɐ̯] *f* ① *(Poliermittel)* polish

② *(glänzende Schicht)* polish, shine

Po·li·zei <-, -en> [poli'tsai̯] *f* ① *(Institution)* ■**die ~** the police *+ sing/pl vb;* **zur ~ gehen** to go to the police; **bei der ~ sein** to be in the police [force]

② *(Polizisten)* police *+ sing/pl vb*

③ *kein pl (Dienstgebäude)* police station

►WENDUNGEN: **dümmer als die ~ erlaubt** *(hum fam)* as thick as two short planks *fam*

Po·li·zei·ak·ti·on *f* police operation **Po·li·zei·an·ga·ben** *pl* details released by the police; **nach** [*o* **laut**] **~ ...** according to details released by the police ... **Po·li·zei·auf·ge·bot** *nt* police presence *no pl* **Po·li·zei·auf·sicht** <-> *f kein pl* police supervision; **unter ~ stehen** to have to report regularly to the police **Po·li·zei·be·am·te(r)** *f(m) dekl wie adj,* **Po·li·zei·be·am·tin** <-, -nen> *f* police officer **Po·li·zei·be·hör·de** *f* police authority [*or* AM department] **Po·li·zei·be·richt** *m* police report **Po·li·zei·be·zirk** *m* JUR police precinct AM **Po·li·zei·bu·ße** *f* SCHWEIZ [police] fine **Po·li·zei·chef(in)** *m(f)* chief of police [*or* BRIT *a.* constable] **Po·li·zei·dienst** *m* police service **Po·li·zei·dienst·stel·le** *f* police station **Po·li·zei·di·rek·ti·on** *f* police authority **Po·li·zei·ein·heit** *f* police force **Po·li·zei·ein·satz** *m* police operation **Po·li·zei·füh·rung** *f* police command **Po·li·zei·funk** *m* police radio **Po·li·zei·ge·bäu·de** *nt* police building **Po·li·zei·ge·wahr·sam** *m* [police] custody; **jdn in ~ nehmen** to take sb into custody **Po·li·zei·ge·walt** *f kein pl* police powers *pl;* **die ~ ausüben** to use force [by the police]; **etw mit ~ verhindern** to prevent sth by the use of [police] force **Po·li·zei·griff** *m* arm [*or* wrist] lock [*or* hold]; **jdn im ~ abführen** to frogmarch sb away **Po·li·zei·hund** *m* police dog **Po·li·zei·kom·mis·sar(in)** <-s, -e> *m(f)* police superintendent, chief inspector

po·li·zei·lich I. *adj attr* police *attr; s. a.* **Führungszeugnis, Kennzeichen**

II. *adv* by the police; **~ gemeldet sein** to be registered with the police

Po·li·zei·pos·ten *nt* SCHWEIZ *s.* **Polizeirevier Po·li·zei·prä·senz** *f kein pl* JUR police presence *no pl* **Po·li·zei·prä·si·dent(in)** *m(f)* chief constable BRIT, chief of police AM **Po·li·zei·prä·si·di·um** *nt* police headquarters *+ sing/pl vb* **Po·li·zei·rat, -rä·tin** <-[e]s, -räte> *m, f* member of a/the police commission **Po·li·zei·re·vier** *nt,* **Po·li·zei·pos·ten** *nt* SCHWEIZ ① *(Dienststelle)* police station

② *(Bezirk)* [police] district [*or* AM precinct] **Po·li·zei·schutz** *m* police protection; **unter ~ stehen** to be under police protection; **jdn unter ~ stellen** to place sb under police protection **Po·li·zei·spit·zel** *m* police informer **Po·li·zei·spre·cher(in)** *m(f)* police spokesperson [*or masc* spokesman] [*or fem* spokeswoman] **Po·li·zei·staat** *m* police state **Po·li·zei·sta·ti·on** *f* police station **Po·li·zei·strei·fe** *f* police patrol **Po·li·zei·stun·de** *f* closing time **Po·li·zei·über·grif·fe** *pl* police excesses *pl* **Po·li·zei·voll·zugs·be·am·te(r)** *f(m)* JUR police officer, law enforcement officer **Po·li·zei·wa·che** *f* police station

Po·li·zist(in) <-en, -en> [poli'tsɪst] *m(f)* policeman *masc,* policewoman *fem,* police officer

Po·liz·ze <-, -n> [po'lɪtsə] *f* ÖSTERR *(Police)* [insurance] policy

Pol·ka <-, -s> ['pɔlka] *f* polka

Pol·kap·pe *f* polar ice cap

Pol·lack <-s, -en> ['pɔlak] *m* pollack, dover hake

Pol·len <-s, -> ['pɔlən] *m* pollen

Pol·len·al·ler·gie *f* MED pollen allergy, allergy to pollen

Pol·len·flug *m kein pl* BOT, MED pollen dispersal *no pl* **Pol·len·flug·ka·len·der** *m* BOT, MED, NATURMED pollen dispersal calendar **Pol·len·flug·vor·her·sa·ge** *f* pollen count forecast

Pol·len·korn *nt* BOT pollen grain **Pol·len·sack** *m* BOT pollen-sac **Pol·len·warn·dienst** *m* MED, MEDIA, NATURMED pollen [level] warning service

Pol·ler <-s, -> ['pɔlɐ] *m* bollard; *Schiffsdeck a.* bitt *spec*

Pol·lu·ti·on <-, -en> [pɔlu'tsi̯o:n] *f* BIOL *(geh)* [nocturnal] emission

Pol·nisch ['pɔlnɪʃ] *nt dekl wie adj* Polish

pol·nisch ['pɔlnɪʃ] *adj* ① *(Polen betreffend)* Polish

② LING Polish

Pol·ni·sche <-n> ['pɔlnɪʃə] *nt* ■**das ~** Polish, the Polish language

Po·lo <-s, -s> ['po:lo] *nt* polo

Po·lo·hemd *nt* polo shirt **Po·lo·kra·gen** *m* polo collar

Po·lo·nä·se, Po·lo·nai·se <-, -n> [polo'nɛ:zə] *f* polonaise

Po·lo·ni·um <-s> [po'lo:ni̯ʊm] *nt kein pl* polonium *no pl*

Pols·ter <-s, -> ['pɔlstɐ] *nt o* ÖSTERR *m* ① *(Polsterung)* upholstery *no pl, no indef art*

② MODE pad, padding

③ BOT cushion plant

④ FIN reserves *pl,* cushion

⑤ ÖSTERR *(Kissen)* cushion

Pöls·ter·chen <-s, -> *nt* small pad

Pols·te·rer, Pols·te·rin <-s, -> *m, f* upholsterer

Pols·ter·gar·ni·tur *f* suite **Pols·ter·ma·te·ri·al** *nt* padding *no pl, no indef art; (dicker)* cushioning *no pl, no indef art* **Pols·ter·mö·bel** *nt meist pl* upholstered furniture *no pl*

pols·tern ['pɔlstɐn] *vt* ① *(mit Polster versehen)* ■**etw ~** to upholster sth; **eine Tür ~** to pad a door; ■**gepolstert** upholstered, padded; **gut gepolstert sein** to be well padded

② *(fam: genügend Finanzen haben)* **gut gepolstert sein** to be comfortably off [*or* well-off]

Pols·ter·ses·sel *m* [upholstered] armchair, easy chair

Pols·te·rung <-, -en> *f* ① *(Polster)* upholstery *no pl, no indef art*

② *kein pl (das Polstern)* upholstering *no pl, no indef art*

Pol·ter·abend ['pɔltɐ-] *m party at the house of the bride's parents on the eve of a wedding, at which crockery is smashed to bring good luck* **Pol·ter·geist** *m* poltergeist

pol·tern ['pɔltɐn] *vi* ① *haben (rumpeln)* to crash, to bang, to make a racket; ***da poltert es an der Tür*** there's a banging on the door

② *sein (krachend fallen)* ■**irgendwohin ~** to go crashing somewhere; ***der Schrank polterte die Treppe hinunter*** the wardrobe went crashing down the stairs

③ *sein (lärmend gehen)* ■**irgendwohin ~** to stump [*or* stomp] [*or* clump] somewhere

Po·ly·ac·ryl·fa·ser [polyʔa'kry:l-] *f* CHEM polyacrylic fibre [*or* AM -er]

Po·ly·ac·ryl·ni·tril *nt,* **PAN** *kein pl* CHEM polyacrylnitrile, PAN

Po·ly·al·ko·hol *m* CHEM polyalcohol

Po·ly·amid® <-[e]s, -e> [polyʔa'mi:t] *nt* CHEM, TECH polyamide

Po·ly·äthy·len <-s, -e> [polʔɛty'le:n] *nt* CHEM, TECH polyethylene, polythene

po·ly·chlo·riert *adj inv* polychlorinated

Po·ly·es·ter <-s, -> [poly'ʔɛstɐ] *m* polyester

Po·ly·fo·nieRR <-> *f kein pl* MUS polyphony

po·ly·gam [pol'ga:m] *adj* polygamous

Po·ly·ga·mie <-> [polyga'mi:] *f kein pl* polygamy *no pl*

po·ly·glott [poly'glɔt] *adj (geh)* ① *(viele Sprachen sprechend)* polyglot

② *(mehrsprachig)* multilingual

Po·ly·mer <-s, -e> [poly'me:ɐ̯] *nt,* **Po·ly·me·re** <-n, -n> [poly'me:rə] *nt meist pl* CHEM polymer

Po·ly·me·ri·sat [polymeri'za:t] *nt* CHEM polymer[ide]

Po·ly·me·ri·sie·rung <-> [polymeri'zi:rən] *f kein pl* CHEM, TECH polymerization

Po·ly·ne·si·en <-s> [poly'ne:zi̯ən] *nt* Polynesia

Po·ly·ne·si·er(in) <-s, -> [poly'ne:zi̯ɐ] *m(f)* Polynesian

po·ly·ne·sisch [poly'ne:zɪʃ] *adj* Polynesian

Po·ly·ne·sisch [poly'ne:zɪʃ] *nt dekl wie adj* Polynesian

Po·ly·neu·ro·pa·thie <-, -ien> *f* polyneuropathy

Po·ly·nom <-s, -e> [poly'no:m] *nt* MATH polynomial

Po·lyp <-en, -en> [po'ly:p] *m* ① ZOOL polyp

② MED polyp; **~en in der Nase haben** to suffer from adenoids

Po·ly·pep·tid <-s, -e> [polypɛp'ti:t] *nt* CHEM polypeptide

Po·ly·pho·nie <-> [polyfo'ni:] *f kein pl s.* **Polyfonie**

po·ly·plo·id [polyplo'i:t] *adj* BIOL polyploid

Po·ly·plo·i·die <-> [polyploi'di:] *f kein pl* BIOL polyploidy

Po·ly·pol <-s, -e> [poly'po:l] *nt* JUR polypoly

Po·ly·se·mie <-> [polyze'mi:] *f kein pl* LING polysemy

Po·ly·tech·ni·kum <-s, -ka *o* -ken> [poly'tɛçnikʊm, *pl* -ka] *nt* polytechnic

Po·ly·the·is·mus <-> [polyte'ɪsmʊs] *m kein pl* polytheism

Po·ly·ure·than <-s, -e> [polyʔure'ta:n] *meist pl nt* CHEM polyurethane *no pl*

Po·ly·vi·nyl·chlo·rid <-[e]s, -e> [polyvi'ny:l-] *nt* CHEM polyvinyl chloride, PVC

Po·ma·de <-, -n> [po'ma:də] *f* pomade

Po·me·ran·ze <-, -n> [pomə'rantsə] *f* KOCHK Seville [*or* bitter] orange

Po·me·ran·zen·öl *nt* BOT Seville [*or* bitter] orange oil

Pom·mern <-s> ['pɔmɐn] *nt* Pomerania

Pom·mes ['pɔməs] *pl (fam),* **Pom·mes fri·tes** [pɔm'frɪt] *pl* French fries *pl,* BRIT *a.* chips *pl*

Pom·mes-fri·tes-Schnei·der *m* potato chipper BRIT, French fry slicer AM

Pomp <-[e]s> [pɔmp] *m kein pl* pomp *no pl*

Pom·pe·ji <-> [pɔm'pɛ:i̯] *nt* Pompeii

Pom·pon <-s, -s> [põ'põ:] *m* MODE pompon, pompom

pom·pös [pɔm'pø:s] **I.** *adj* grandiose

II. *adv* grandiosely, in a grandiose style

Pon·cho <-s, -s> ['pɔntʃo] *m* poncho

Pond <-s, -> [pɔnt] *nt* PHYS gram-force

Pon·ti·fex <-, -fizes> ['pɔntifɛks, *pl* -'ti:fitse:s] *m* REL pontiff

Pon·ti·fi·kat <-s, -e> [pɔntifi'ka:t] *nt* REL pontificate, papacy

Pon·ti·sches Ge·bir·ge ['pɔntɪʃəs-] *nt* Pontic Mountains *pl*

Pon·ti·us ['pɔntsi̯ʊs] *m* ►WENDUNGEN: **von ~ zu Pilatus laufen** *(fam)* to run from pillar to post

Pon·ton <-s, -s> [põ'tõ:] *m* NAUT, MIL pontoon

Pon·ton·brü·cke [pɔn'tõ:, 'pɔntõ] *f* pontoon bridge
Po·ny¹ <-s, -s> ['pɔni] *nt* pony
Po·ny² <-s, -s> ['pɔni] *m* fringe Brit, bangs *npl* Am
Po·ny·fri·sur *f* hairstyle with a fringe [*or* Am with bangs]
Pool <-s, -s> [pu:l] *m* pool
Pool·bil·lard ['pu:lbɪljart] *nt* pool
Pop <-s> [pɔp] *m kein pl* pop
Po·panz <-es, -e> ['po:pants] *m* ① *(Hanswurst)* clown, puppet
② *(Buhmann)* bogeyman
Pop-Art^RR, **Pop-art**^ALT ['pɔpʔa:ɐ̯t] *f* pop art
Pop·bal·la·de *f* pop ballad **Pop·band** <-, -s> ['pɔpbɛnt] *f* pop band
Pop·corn <-s> ['pɔpkɔrn] *nt kein pl* popcorn *no pl, no indef art*
Po·pe <-n, -n> ['po:pə] *m* priest
Po·pel <-s, -> ['po:pl̩] *m (fam)* ① *(Stück Nasenschleim)* bogey Brit *fam,* booger Am *fam*
② *(Durchschnittsbürger)* pleb *fam,* nobody
po·pe·lig ['po:pəlɪç], **pop·lig** ['po:plɪç] *adj (fam)* ① *(lausig)* lousy
② *(gewöhnlich)* crummy
Po·pe·lin <-s, -e>, **Po·pe·li·ne** <-, -> [popə'li:n] *f* poplin
po·peln ['po:pl̩n] *vi (fam)* to pick one's nose
Pop·far·be *f* brilliant colour [*or* Am -or] **Pop·fes·ti·val** <-s, -s> *nt* pop festival **Pop·grup·pe** *f* pop group
pop·lig ['po:plɪç] *adj s.* **popelig**
Pop·li·te·ra·tur ['pɒp-] *f* lit pop literature [*or fam* lit] **Pop·mu·sik** *f* pop music **Pop·mu·sik·markt** *m* pop music market
Po·po <-s, -s> [po'po:] *m (fam)* bottom, Brit *a.* bum *fam*
Pop·per <-s, -> ['pɔpɐ] *m (in den 80er Jahren)* New Romantic
pop·pig ['pɔpɪç] *adj (fam)* trendy
Pop·sän·ger(in) <-s, -> *m(f)* pop singer **Pop·star** *m* pop star **Pop·sze·ne** *m* pop scene
po·pu·lär [popu'lɛ:ɐ̯] *adj* popular; ■[**bei jdm**] ~ **sein** to be popular [with sb]
po·pu·la·ri·sie·ren* [populari'zi:rən] *vt* ■**etw** ~ to popularize sth
Po·pu·la·ri·tät <-> [populari'tɛt] *f kein pl* popularity *no pl*
Po·pu·la·ri·täts·wert *m* popularity rating
Po·pu·lar·kla·ge *f* jur collective [*or* relator] action
po·pu·lär·wis·sen·schaft·lich I. *adj* popular scientific; ~**e Literatur** popular literature
II. *adv* in popular scientific terms
Po·pu·la·ti·on <-, -en> [popula'tsi̯o:n] *f* population
Po·pu·la·ti·ons·bio·lo·ge, -bio·lo·gin *m, f* biol population biologist
Po·pu·lis·mus <-> [popu'lɪsmʊs] *m kein pl* populism *no pl*
Po·pu·list(in) <-en, -en> [popu'lɪst] *m(f)* populist
po·pu·lis·tisch *adj* populist
Pop-up-Fens·ter ['pop ap-] *nt* inform pop-up window **Pop-up-Me·nü** ['pop ap-] *nt* inform pop-up menu
Po·re <-, -n> ['po:rə] *f* pore; **aus allen** ~**n** from every pore
Po·ren·tie·fe *f* pore depth **po·ren·ver·stop·fend** *adj inv* pore-clogging
po·rig ['po:rɪç] *adj* porous
Por·no <-s, -s> ['pɔrno] *m (fam)* porn *fam*
Por·no·dar·stel·ler(in) *m(f)* porn actor [*or fem also* actress] **Por·no·film** *m (fam)* porn[o] film [*or fam* movie], skin flick *fam*
Por·no·gra·fie^RR <-> [pɔrnogra'fi:] *f kein pl* pornography *no pl, no indef art*
por·no·gra·fisch^RR *adj* pornographic
Por·no·gra·phie <-> [pɔrnogra'fi:] *f kein pl s.* **Pornografie**
por·no·gra·phisch *adj s.* **pornografisch**
Por·no·heft *nt (fam)* porn[o] mag[azine] *fam* **Por·no·wel·le** *f* wave of pornography
po·rös [po'rø:s] *adj* porous
Po·ro·si·tät <-> [porozi'tɛt] *f kein pl* porosity
Por·phyr <-s, -e> [pɔr'fy:ɐ̯] *m* geol porphyry
por·phy·risch [pɔr'fy:rɪʃ] *adj inv* geol porphyritic
Por·ree <-s, -s> ['pɔre] *m* leek
Pörsch·kohl *m* savoy cabbage
Port <-[s], -s> [pɔrt] *m* inform port; **serieller** ~ serial port
Por·ta·ble <-s, -s> ['pɔrtəbl̩] *m* tv, inform portable
Por·tal <-s, -e> [pɔr'ta:l] *nt* ① *(große Tür)* portal
② inet homepage, portal
Porte·feuille <-s, -s> [pɔrtə'fœj] *nt* fin portfolio
Porte·feuille-Ef·fek·ten *pl* fin portfolio securities **Porte·feuille-Struk·tu·rie·rung** *f* fin portfolio breakdown **Porte·feuille-Um·schich·tung** *f* fin portfolio switching
Porte·mon·naie <-s, -s> [pɔrtmɔ'ne:] *nt* purse
Port·fo·lio [pɔrt'fo:li̯o] *nt* börse portfolio
Por·ti ['pɔrti] *pl von* **Porto**
Por·tier <-s, -s> [pɔr'ti̯e:] *m* porter Brit, doorman
Por·ti·on <-, -en> [pɔr'tsi̯o:n] *f* ① kochk portion
② *(fam)* portion, helping *fam*
③ *(fam: Anteil)* amount
▸Wendungen: **eine halbe** ~ *(fam)* a puny [*or fam* weedy] specimen, a half-pint *fam*
por·ti·o·nen·wei·se *adv* schweiz *(portionsweise)* in helpings [*or* portions]
por·ti·ons·wei·se *adv* in helpings [*or* portions]
Port·mo·nee <-s, -s> [pɔrtmɔ'ne:] *nt s.* **Portemonnaie**
Por·to <-s, -s *o* Porti> ['pɔrto, *pl* pɔrti] *nt* postage *no pl, no indef art*
Por·to·aus·ga·be *f* postage expenses *pl* **Por·to·aus·la·ge** *f meist pl* postage **por·to·frei** *adj inv* post- [*or* postage-] free [*or* -paid], postage-prepaid **Por·to·kas·se** *f* petty cash *(for postage)* **por·to·pflich·tig** *adj inv* liable [*or* subject] to postage *pred*
Por·trät <-s, -s> [pɔr'trɛ:] *nt* portrait
Por·trät·auf·nah·me [pɔr'trɛ:] *f* portrait photograph
por·trä·tie·ren* [pɔrtrɛ'ti:rən] *vt* ① *(als Porträt darstellen)* ■**jdn** ~ to paint/take a portrait of sb
② *(künstlerisch wiedergeben)* to portray; ■**jdn als jdn** ~ to portray sb as sb
Por·trä·tist(in) <-en, -en> [pɔrtrɛ'tɪst] *m(f) (form)* portrait artist, portraitist
Por·trät·ma·ler(in) [pɔr'trɛ:] *m(f)* portrait painter
Por·tu·gal <-s> ['pɔrtugal] *nt* Portugal
Por·tu·gie·se, Por·tu·gie·sin <-n, -n> [pɔrtu'gi:zə, portu'gi:zɪn] *m, f* Portuguese
por·tu·gie·sisch [pɔrtu'gi:zɪʃ] *adj* ① *(Portugal betreffend)* Portuguese
② ling Portuguese
Por·tu·gie·sisch [pɔrtu'gi:zɪʃ] *nt dekl wie adj* ① ling Portuguese
② *(Fach)* Portuguese
Por·tu·lak <-s> ['pɔrtulak] *m kein pl* bot purslane
Port·wein ['pɔrtvai̯n] *m* port
Por·zel·lan <-s, -e> [pɔrtsɛ'la:n] *nt* ① *(Material)* porcelain *no pl, no indef art,* china *no pl, no indef art*
② *kein pl (Geschirr)* china *no pl, no indef art*
▸Wendungen: ~ **zerschlagen** *(fam)* to cause a lot of trouble [*or* bother] [*or* damage]
Por·zel·lan·fi·gur *f* porcelain figure **Por·zel·lan·ge·schirr** *nt* china *no pl, no indef art* **Por·zel·lan·la·den** *m* china shop ▸Wendungen: **wie ein Elefant im** ~ *(prov)* like a bull in a china shop *prov* **Por·zel·lan·ma·nu·fak·tur** *f* porcelain [*or* china] factory **Por·zel·lan·scha·le** *f* porcelain dish **Por·zel·lan·schiff·chen** *nt* chem porcelain boat **Por·zel·lan·tie·gel** *m* chem porcelain crucible
POS *Abk von* **point of sale** POS
POS-Ap·pli·ka·ti·on *f* POS application
Po·sau·ne <-, -n> [po'zau̯nə] *f* trombone; ~ **blasen** [*o* **spielen**] to play the trombone
po·sau·nen* [po'zau̯nən] I. *vi (fam)* ① *(Posaune blasen)* to play the trombone
② *(tönen)* ■**von etw** *dat* ~ to yell [*or* shout] sth out
II. *vt (fam)* to yell; ■**etw irgendwohin** ~ to yell [*or* shout] sth out somewhere; **etw in alle Welt** ~ to trumpet sth forth, to broadcast sth to the whole world
Po·sau·nen·blä·ser(in) *m(f)* trombone player, trombonist
Po·sau·nist(in) <-en, -en> [pozau̯'nɪst] *m(f) (form)* trombonist, trombone player
Po·se <-, -n> ['po:zə] *f* pose; [**bei jdm**] **nur** ~ **sein** sb is only posing [*or* putting it on]; **eine bestimmte** ~ **einnehmen** to take up a certain pose
po·sie·ren* [po'zi:rən] *vi (geh)* ■[**als jd**] ~ to pose [as sb]
Po·si·ti·on <-, -en> [pozi'tsi̯o:n] *f* ① *(geh: Stellung)* position; **sich** *akk* **jdm gegenüber in schwacher/starker** ~ **befinden** to be in weak/strong position with regard to sb
② *(geh: berufliche Stellung)* position
③ *(Standpunkt)* position; **eine** ~ **beziehen** to take up a position, to take a stand
④ börse, luft, naut position; ~**en glattstellen** börse to liquidate positions
⑤ ökon *(Posten)* item
po·si·ti·o·nie·ren* [pozitsi̯o'ni:rən] *vr* pol *(geh)* to take a stand
Po·si·ti·ons·an·zei·ger *m* inform cursor **Po·si·ti·ons·be·rei·ni·gung** *f* börse position squaring **Po·si·ti·ons·be·stim·mung** *f bei Satellitennavigation* positioning **Po·si·ti·ons·licht** *nt* navigation light **Po·si·ti·ons·pa·pier** *nt* pol policy paper [*or* document]
po·si·tiv ['po:ziti:f] I. *adj* ① *(zustimmend)* positive; ■~ [**für jdn**] **sein** to be good news [for sb]
② *(geh)* concrete, definite; jur ~**e Forderungsverletzung** breach of an obligation other than by delay or impossibility; ~**e Vertragsverletzung** special breach of contract
③ math positive, plus
④ phys, elek positive
II. *adv* positively; **etw** ~ **beeinflussen** to have a positive influence on sth; **etw** ~ **bewerten** to judge sth favourably [*or* Am favorably]; **einer Sache** ~ **gegenüberstehen** to take a positive view of a matter; **sich** *akk* ~ **verändern** to change for the better
Po·si·tiv¹ <-s, -e> ['po:ziti:f] *nt* ① foto positive
② mus positive [organ]
Po·si·tiv² <-s, -e> ['po:ziti:f] *m* ling positive
Po·si·tiv·at·test *nt* jur positive certification **Po·si·tiv·be·weis** *m* jur proof positive **Po·si·tiv·dar·stel·lung** *f* inform positive display
Po·si·ti·vis·mus <-> [poziti'vɪst] *m kein pl* philos positivism; **logischer** ~ logical positivism
Po·si·tiv·kenn·zeich·nung *f bei Gentechnik* positive labelling [*or* Am labeling] **Po·si·tiv·um·wand·lung** *f* foto positive transposition
Po·si·tron <-s, Positronen> ['po:zitro:n] *nt* nukl positron
Po·si·tur <-, -en> [pozi'tu:ɐ̯] *f* posture; **sich** *akk* [**vor jdm/etw**] **in** ~ **setzen/stellen** to take up/adopt [*or* assume] a posture [*or* pose] [in front of sb/sth]
Pos·se <-, -n> ['pɔsə] *f* ① *meist pl (Streich)* prank, trick; ~ **reißen** to play tricks, to fool around; **jdm eine** ~ **spielen** to play a trick [*or* prank] on sb
② theat farce
Pos·sen <-s, -> ['pɔsn̩] *m meist pl (veraltend)* trick, prank, tomfoolery *no pl dated;* **mit jdm** ~ **treiben** to play tricks on sb; ~ **reißen** to fool [*or* lark] about, to play tricks
pos·sen·haft *adj* farcical
Pos·ses·si·va [pɔsɛ'si:vʊm] *pl von* **Possessivum**
Pos·ses·siv·pro·no·men [pɔsɛ'si:f-] *nt,* **Pos·ses·si·vum** <-s, Possessiva> [pɔsɛ'si:vʊm] *nt* possessive pronoun
pos·ses·so·risch [pɔsɛ'so:rɪʃ] *adj* jur possessory
pos·sier·lich [pɔ'si:ɐ̯lɪç] *adj* sweet Brit, cute
Post <-> [pɔst] *f kein pl* ① *(Institution)* postal service, Post Office; **etw mit der/durch die/per** ~ **schicken** to send sth by post [*or* Am mail]; *(Dienststelle)* post office; ***die ~ befindet sich am Ende dieser Straße rechts*** the post office is at the end of the street on the right; **auf die/zur** ~ **gehen** to go to the post office; **etw zur** ~ **bringen** to take sth to the post office
② *(Briefsendungen)* mail *no pl, indef art rare, esp* Brit post *no pl, indef art rare;* **gelbe** ~ postal service; **mit gleicher/getrennter** ~ by the same post/

under separate cover; ***heute ist keine ~ für dich da*** there's no post [*or* mail] for you today; **auf [die] ~ warten** to wait for [the] post [to arrive]; **von jdm viel ~ bekommen** to get [*or* receive] a lot of letters from sb; **elektronische ~** electronic mail, e-mail; **mit getrennter ~** HANDEL under separate cover
▸WENDUNGEN: **[und] ab geht die ~!** *(fam)* off we go!; **stille ~** *(Spiel)* Chinese whispers

pos·ta·lisch [pɔs'ta:lɪʃ] **I.** *adj* postal; ***die Ware wird Ihnen auf ~em Weg zugestellt*** the goods will be sent by post
II. *adv* by post [*or* AM mail]

Post·amt *nt* post office **Post·an·wei·sung** *f* ❶ *(Überweisungsträger)* postal [*or* money] order ❷ *(angewiesener Betrag) money paid in at a post office and delivered to the addressee* **Post·aus·gang** *m* HANDEL outgoing mail; INFORM *a.* out-tray **Post·au·to** *nt* postal [*or* post office] van

Post·bank *f* Post Office Giro Bank BRIT, postal bank AM **Post·bank·kon·to** *nt* postal bank account

Post·bar·scheck *m* Post Office Giro cheque BRIT, postal check AM **Post·be·am·te(r)**, **-be·am·tin** *m, f* post office official **Post·be·diens·te·te(r)** *f(m)* postal worker **Post·be·zug** *m* mail order **Post·bo·te, -bo·tin** *m, f* postman *masc,* AM *usu* mailman *masc,* postwoman BRIT *fem,* female mail carrier AM

Post·check <-s, -s> [-ʃɛk] *m* FIN SCHWEIZ *(Postscheck)* giro cheque [*or* AM check]

Pöst·chen <-s, -> ['pœstçən] *nt dim von* **Posten** *(iron fam)* little job [*or* number] *iron fam*

Post·dienst *m* postal service **Post·dienst·leis·tung** *f* postal service [*or* operation] **Post·ein·gang** *m* HANDEL incoming mail; INFORM *a.* in-tray

Pos·ten <-s, -> ['pɔstn̩] *m* ❶ *(zugewiesene Position)* post, position
❷ *(Anstellung)* position, post, job
❸ *(Wache)* guard; **irgendwo ~ beziehen** to take up position [*or* position oneself] somewhere; **~ stehen** to stand guard
❹ ÖKON *(Position)* item; *(Menge)* lot, quantity; **budgetärer ~** budget item; **einen ~ belasten/gutschreiben** to debit/credit an item; **einen ~ nachtragen/stornieren** to book an omitted item/to cancel an item; **einen ~ umbuchen** to carry out a product
❺ JAGD buckshot
▸WENDUNGEN: **[noch] auf dem ~ sein** *(fam: fit sein)* to be [still] in good shape; *(wachsam sein)* to be on one's toes *fam;* **nicht ganz auf dem ~ sein** *(fam)* to be a bit under the weather [*or* off-colour [*or* AM -or]] *fam;* **auf verlorenem ~ kämpfen** [*o* **stehen**] to be fighting a lost cause [*or* losing battle]

Pos·ten·ent·gel·te *pl* FIN item-per-item charges

Pos·ten·scha·che·rei <-, -en> ['pɔstn̩ʃaxərai] *f* POL *(pej)* cronyism

pos·ten·wei·se *adv* HANDEL in lots, by items

Pos·ter <-s, -[s]> ['po:stɐ] *nt* poster

Post·fach *nt* ❶ *(Schließfach)* post office [*or* PO] box ❷ *(offenes Fach)* pigeonhole **Post·fach·an·la·ge** *f* post office box service **Post·fach·mie·te** *f* rent of a post office box **Post·fach·num·mer** *f* post office [*or* PO] box number

post·fe·mi·nis·tisch *adj inv* SOZIOL post-feminist

post·fer·tig *adv* ready for posting [*or* mailing] *pred* **Post·ge·bühr** *f* postal charge [*or* rate], postage *no pl* **Post·ge·heim·nis** *nt* JUR postal secrecy, confidentiality of the post [*or* AM mail] **Post·ge·werk·schaft** *f* **Deutsche ~** *union of German postal workers*

Post·gi·ro [-ʒi:ro] *nt* FIN post giro, postal giro system **Post·gi·ro·amt** [-ʒi:ro-] *nt* Girobank **Post·gi·ro·kon·to** *nt* giro [*or* National Girobank] [*or* AM postal checking] account

post·gla·zi·al [pɔstgla'tsi̯a:l] *adj inv* GEOL postglacial

post·hum [pɔst'hu:m] *adj (geh)* posthumous

pos·tie·ren* [pɔs'ti:rən] *vt* ■**jdn/sich irgendwo ~** to position [*or* station] sb/oneself somewhere

Pos·til·le <-, -n> [pɔs'tɪlə] *f* MEDIA, VERLAG *(pej) newspaper* rag *pej; magazine* mag *pej*

Post-it® <-[s], -s> ['poʊstɪt] *nt* Post-it® [note]

Post·kar·te *f* postcard

Post·kar·ten·mo·tiv *nt* postcard motif **Post·kas·ten** *m* DIAL *(Briefkasten)* postbox BRIT, letterbox BRIT, pillar box BRIT, mailbox AM

post·ko·lo·ni·al [pɔstkolo'ni̯a:l] *adj inv* POL post-colonial **post·kom·mu·nis·tisch** *adj Gesellschaft, Regierung* post-communist

Post·kut·sche *f* HIST stagecoach **post·la·gernd** *adj* poste restante BRIT, general delivery AM **Post·leit·zahl** *f* postcode BRIT, zip code AM

Pös·tler(in) <-s, -> ['pœstlɐ] *m(f)* SCHWEIZ, **Pos·tler(in)** <-s, -> ['pɔstlɐ] *m(f)* BRD *(fam)* post office worker

Post·mi·nis·ter(in) *m(f)* Minister of Post BRIT, postmaster general AM

post·mo·dern ['pɔstmodɛrn] *adj* postmodern **Post·mo·der·ne** <-> ['pɔstmodɛrnə] *f kein pl* postmodernism **post·mor·tal** [pɔstmɔr'ta:l] *adj inv* MED *(geh)* post-mortal

Post·nach·nah·me·sen·dung *f* HANDEL COD parcel

post·nu·me·ran·do [pɔstnume'rando] *adv* FIN at the end of the period; **~ zahlbar** payable later; **etw ~ zahlen** to pay sth on receipt

Post·pa·ket *nt* parcel, [postal] packet **Post·sack** *m* mailbag, BRIT *a.* postbag **Post·schal·ter** *m* post office counter **Post·scheck** *m* giro cheque [*or* AM check] **Post·scheck·amt** *nt* Girobank **Post·scheck·kon·to** *nt* FIN [post-office] giro [*or* National Girobank] account BRIT **Post·scheck·ver·kehr** *m* FIN postal giro transfer system

Post·script·da·tei *f* INFORM postscript file **Post·script·dru·cker** *m* INFORM postscript printer **Post·script·file** <-s, -s> ['poʊstskrɪptfail] *nt* Postscript file **Post·script·pro·gramm** *nt* INFORM postscript program **Post·script·sei·te** *f* INFORM postscript page **Post·script·trei·ber** *m* INFORM postscript printer driving software

Post·sen·dung *f* postal [*or* AM mail] item

Post·skript <-[e]s, -e> [pɔst'skrɪpt] *nt,* **Post·skrip·tum** <-s, -ta> [pɔst'skrɪptʊm] *nt (geh)* postscript, PS

Post·sor·tier·an·la·ge *f* sorting office

post·sow·je·tisch *adj* post-soviet [*or* -communist]

Post·spar·buch *nt* Post Office savings [account] book **Post·spar·kas·se** *f* Post Office Giro [*or* National Savings] [*or* AM postal savings] bank **Post·stel·le** *f* ❶ *(Sortierstelle)* mail [*or* post] room ❷ *(Ortsniederlassung)* [sub] post office **Post·stem·pel** *m* ❶ *(Abdruck)* postmark ❷ *(Gerät)* postmark stamp[er]

post·trau·ma·tisch [pɔsttrau̯'ma:tɪʃ] *adj inv* PSYCH *(fachspr)* post-traumatic; *Stress, Erkrankung* post-traumatic stress disorder

Post·über·wei·sung *f* Girobank transfer

Pos·tu·lat <-[e]s, -e> [pɔstu'la:t] *nt* ❶ *(geh: Forderung)* postulate, demand
❷ PHILOS, SCI postulate
❸ REL postulancy
❹ POL SCHWEIZ *parliamentary instruction to the Upper House to review a bill or measure*

Pos·tu·la·ti·ons·fä·hig·keit *f* JUR [right of] audience, locus standi

pos·tu·lie·ren* [pɔstu'li:rən] *vt (geh)* ■**etw ~** to postulate sth

pos·tum [pɔs'tu:m] *adj inv, attr* posthumous

Pos·tur <-, -en> [pɔs'tu:ɐ̯] *f* SCHWEIZ *(Statur)* build, physique; **von imposanter/kräftiger ~ sein** to be of imposing/powerful stature

Post·ver·kehr *m kein pl* HANDEL postal service **Post·ver·merk** *m* HANDEL postmark **Post·ver·triebs·stück** *nt (form)* postal item **Post·weg** *m (veraltet)* post road **post·wen·dend** *adv* by return [of post] [*or* AM mail] **Post·wert·zei·chen** *nt (form)* postage stamp *form* **Post·we·sen** *nt kein pl* Post Office, postal service **Post·wurf·sen·dung** *f* mailshot, direct mail advertising, unaddressed mailing **post·zu·ge·las·sen** *adj* authorized by the Post Office **Post·zu·stel·lung** *f* postal delivery

Pot <-s> [pɔt] *nt kein pl (sl)* pot *dated sl*

po·tent [po'tɛnt] *adj* ❶ *(sexuell fähig)* potent
❷ *(zahlungskräftig)* affluent

Po·ten·tat(in) <-en, -en> [potɛn'ta:t] *m(f) (geh)* potentate

Po·ten·ti·al <-s, -e> [potɛn'tsi̯a:l] *nt s.* **Potenzial**

po·ten·ti·ell [potɛn'tsi̯ɛl] *adj s.* **potenziell**

Po·ten·tio·me·trie [potɛntsi̯ome'tri:] *f kein pl s.* **Potenziometrie**

Po·tenz <-, -en> [po'tɛnts] *f* ❶ MED *(Zeugungsfähigkeit)* potency
❷ *(geh: Möglichkeiten)* potential
❸ *(Leistungsfähigkeit)* strength, power
❹ MATH **zweite/dritte ~** square/cube; **etw in eine bestimmte ~ erheben** to raise sth to the power of ...
❺ *(Grad)* **Blödsinn in höchster ~** utter nonsense; **in höchster ~** *(geh)* to the highest degree, of the highest order

Po·tenz·funk·ti·on *f* MATH power function

Po·ten·zi·al^RR <-s, -e> [potɛn'tsi̯a:l] *nt* ❶ *(geh: Möglichkeiten)* potential
❷ PHYS potential

Po·ten·zi·al·ge·fäl·le *nt* PHYS potential [*or* voltage] drop **Po·ten·zi·al·schwel·le** *f* PHYS potential barrier

po·ten·zi·ell^RR [potɛn'tsi̯ɛl] *adj (geh)* potential; **~er Kunde** potential [*or* prospective] customer, prospect

po·ten·zie·ren* [potɛn'tsi:rən] *vt* ❶ *(geh)* ■**etw ~** to multiply [*or* increase] sth
❷ MATH to raise to the power; **6 mit 4 potenziert** 6 to the power [of] 4

Po·ten·zio·me·trie^RR [potɛntsi̯ome'tri:] *f kein pl* PHYS, CHEM potentiometric [*or* electrometric] analysis

Po·tenz·men·ge *f* MATH power set **Po·tenz·mit·tel** *nt* MED treatment for impotence **Po·tenz·pil·le** *f (fam)* potency pill, Viagra® **Po·tenz·stö·rung** *f* MED potency disorder [*or* dysfunction] [*or* problem], impotence

Po·tes·ta·tiv·be·din·gung *f* JUR potestative condition

Pot·pour·ri <-s, -s> ['pɔtpʊri] *nt* potpourri, medley

Pots·dam <-s> ['pɔtsdam] *nt* Potsdam

Pots·da·mer(in) <-s, -> ['pɔtsdamɐ] *m(f)* ❶ *dekl wie adj (Einwohner von Potsdam)* sb from Potsdam
❷ *attr* ■**das ~ Abkommen** HIST the Potsdam Conference

Pott <-[e]s, Pötte> [pɔt, *pl* 'pœtə] *m (fam)* ❶ *(Topf)* pot
❷ *(a. pej: Schiff)* ship, tub *pej fam*

Pott·asche ['pɔtʔaʃə] *f* potash *no pl, no indef art*

pott·häss·lich^RR ['pɔt'hɛslɪç] *adj (fam)* [as] ugly as sin *pred,* plug-ugly *fam*

Pott·wal ['pɔtva:l] *m* sperm whale

potz [pɔts] *interj* ▸WENDUNGEN: **~ Blitz!** *(veraltet)* goodness gracious! *old*

Pou·let <-s, -s> [pu'le:] *nt* SCHWEIZ chicken

pous·sie·ren [pu'si:rən] **I.** *vi (veraltend fam)* ■**mit jdm ~** to flirt with sb
II. *vt (veraltend)* ■**jdn ~** to curry favour [*or* AM -or] with sb, to butter up sb *sep fam*

Po·wer <-> ['pau̯ɐ] *f kein pl (sl)* power *no pl, no indef art*

Pow·er·frau ['pau̯ɐ-] *f (sl)* superwoman *fam,* high-powered career woman

po·wern ['pau̯ɐn] *(sl)* **I.** *vi (sl: sich voll einsetzen)* to give it all one's got *fam*
II. *vt (sl: fördern)* to promote heavily

Po·wer·pro·zes·sor ['pau̯ɐ-] *m* power processor

Po·widl <-s, -> ['pɔvidl̩] *m* ÖSTERR plum jam
▸WENDUNGEN: **jdm ~ sein** *(fam)* to be all the same to sb

Po·widl·knö·del *m* ÖSTERR dumpling filled with plum jam

PP [pe:'pe:] *Abk von* **Polypropylen** PP, polypropylene

pp [pe:'pe:] *Abk von* **pianissimo** pp

pp. [pe:'pe:] *Abk von* **perge, perge** pp.

pp(a). *Abk von* **per procura** pp

ppi *pl* INFORM *Abk von* **pixel per inch** ppi

ppm INFORM *Abk von* **pages per minute** ppm

PPP [pe:pe:'pe:] INFORM *Abk von* **point-to-point protocol** PPP

PR <-> [pe:'ɛr] *f kein pl s.* **Public Relations** PR
Prä·am·bel <-, -n> [prɛ'ambl] *f* preamble; *(Versicherung)* recital clause; **falsche ~** misrecital
PR-Ab·tei·lung [pe:'ɛr-] *f* PR department
Pracht <-> [praxt] *f kein pl* splendour [*or* AM -or] *no pl,* magnificence *no pl;* **in seiner/ihrer/***etc.* **vollen** [*o* **ganzen**] **~** in all his/her/etc. splendour; **eine wahre ~ sein** *(fam)* to be [really] marvellous [*or fam* great]; **eine wahre ~ sein, etw zu tun** to be marvellous [*or* fantastic] to do sth; **dass es eine ~ ist** *(fam)* it's magnificent to see; ***die Rosen blühten, dass es eine ~ war*** it was magnificent to see the roses blooming
Pracht·aus·ga·be *f* luxury [*or* de luxe] edition **Pracht·bau** *m* magnificent building **Pracht·ex·em·plar** *nt* fine [*or* magnificent] specimen; **wahre ~e von Kindern** really splendid children
präch·tig ['prɛçtɪç] *adj* ① *(prunkvoll)* splendid, magnificent
② *(großartig)* splendid, marvellous
Pracht·kerl *m (fam)* great guy [*or* BRIT *a.* bloke] *fam,* fine specimen of a man; **ein ~ von einem Kind!** a terrific kid! *fam* **Pracht·mei·le** *f* magnificent thoroughfare **Pracht·schau** *f* magnificent display **Pracht·stück** *nt s.* **Prachtexemplar pracht·voll** *adj (geh) s.* **prächtig Pracht·weib** *nt (fam)* fine specimen of a woman
prä·des·ti·nie·ren* [prɛdɛsti'ni:rən] *vt (geh)* to predestine; ■**jdn zu etw** *dat* **~** to predestine sb to sth; **für etw** *akk* **wie prädestiniert sein** to be predestined [*or* made] [*or* just right] for sth
Prä·di·kat <-[e]s, -e> [prɛdi'ka:t] *nt* ① LING predicate
② SCH grade
③ *(Auszeichnung)* rating
④ *(Weinqualität)* title; ***Weine mit ~*** quality wines
prä·di·ka·tiv [prɛdika'ti:f] *adj inv* LING predicative
Prä·di·kats·no·men *nt* LING predicative noun, complement **Prä·di·kats·wein** *m* top quality wine
Prä·dis·po·si·ti·on <-, -en> [prɛdɪspozi'tsi̯o:n] *f* MED *(fachspr)* predisposition (**zu** *+dat* toward[s])
prä·emp·tiv [prɛʔɛmp'ti:f] *adj inv* MIL *Angriff, Militärschlag* pre-emptive
Prä·fekt <-en, -en> [prɛ'fɛkt] *m* HIST, POL, REL prefect
Prä·fek·tur <-, -en> [prɛfɛk'tu:ɐ̯] *f* ① *(Amt)* prefecture
② *(Räumlichkeiten)* prefecture
Prä·fe·renz <-, -en> [prɛfe'rɛnts] *f* ① *(geh)* preference
② *(Vergünstigung)* privilege
Prä·fe·renz·ge·fäl·le *nt* HANDEL preference margin **Prä·fe·renz·ra·ten** *pl* HANDEL preferential rates **Prä·fe·renz·span·ne** *f* HANDEL preference margin
Prä·fix <-es, -e> ['prɛfɪks] *nt* LING prefix
Prag <-s> [pra:k] *nt* Prague
Prä·ge·an·stalt *f* mint
prä·gen ['prɛgn̩] *vt* ① *(durch Prägung herstellen)* ■**etw ~** to mint sth; **Münzen ~** to mint [*or* strike] coins; **eine Medaille ~** to strike a medallion
② *(mit einer Prägung versehen)* to emboss sth; **geprägtes Briefpapier** embossed writing paper; **einen Bucheinband** [**blind**] **~** to emboss [*or* [*spec* blind-]tool] a book cover; ■**etw auf etw** *akk*/**in etw** *akk* **~** to stamp [*or form* impress] sth on[to]/into sth; **sich** *dat* **etw ins Gedächtnis ~** *(fig)* to commit sth to memory, to engrave sth on one's mind
③ *(fig: formen)* ■**jdn ~** to leave its/their mark [on sb]; **jdn für alle Zeiten ~** to leave its/their indelible mark [on sb]
④ ZOOL **ein Tier auf etw/jdn ~** to imprint sth/sb on an animal
⑤ *(schöpfen)* ■**etw ~** to coin sth; **ein Modewort ~** to coin an "in" expression *sl*
Prag·ma·tik <-, -en> [prag'ma:tɪk] *f* ① *kein pl (geh)* pragmatism
② *kein pl* LING pragmatics *+ sing vb*
③ ADMIN ÖSTERR *(Dienstordnung)* official regulations *pl*
Prag·ma·ti·ker(in) <-s, -> [preag'ma:tɪke] *m(f)* pragmatist
prag·ma·tisch [prag'ma:tɪʃ] **I.** *adj* pragmatic
II. *adv* pragmatically; **~ eingestellt sein** to be pragmatic
Prag·ma·tis·mus <-> [pragma'tɪsmʊs] *m kein pl* pragmatism *no pl*
präg·nant [prɛ'gnant] **I.** *adj (geh)* succinct, concise; **~e Sätze** concise sentences
II. *adv* **~ antworten** to give a succinct [*or* concise] answer; **sich** *akk* **~ ausdrücken** to be succinct [*or* concise]; **etw ~ beschreiben/darstellen** to give a succinct [*or* concise] description/account of sth
Präg·nanz <-> [prɛ'gnants] *f kein pl (geh)* conciseness *no pl,* succinctness *no pl*
Prä·gung <-> *f* ① *(Einprägen von Münzen)* minting, striking
② *(mit Muster versehen)* embossing; *Einband, Leder a.* tooling, incuse *spec; (Eingeprägtes)* embossing; *Einband, Leder a.* tooling
③ BIOL, ZOOL imprinting
④ LING coinage
prä·his·to·risch [prɛhɪs'to:rɪʃ] *adj* prehistoric
prah·len ['pra:lən] *vi* ■[**mit etw** *dat*] **~** to boast [*or pej fam* brag] [about sth]; ■**damit ~, dass ...** to boast [*or pej fam* brag] that ...
Prah·ler(in) <-s, -> *m(f) (pej)* boaster
Prah·le·rei <-, -en> [pra:lə'rai̯] *f (pej)* ① *kein pl (Angeberei)* boasting, bragging *pej fam*
② *(prahlerische Äußerung)* boast, boasting *no pl,* bragging *no pl pej fam*
Prah·le·rin <-, -nen> *f fem form von* **Prahler**
prah·le·risch *adj* boastful, bragging *attr*
Prahl·hans <-es, -hänse> *m (fam)* show-off *fam,* braggart *dated*
Prä·im·plan·ta·ti·ons·di·a·gnos·tik [prɛɪmplanta'tsi̯o:nsdiagnɔstɪk] *f kein pl* BIOL, MED pre-implantation diagnostics
Prä·ju·diz <-es, -e> [prɛju'di:ts] *nt* JUR precedent
Prä·ju·di·zi·en·recht *nt* JUR case law, law based on precedents
Prä·klu·si·on <-, -en> [prɛklu'zi̯o:n] *f* JUR *(Ausschließung)* preclusion, foreclosure
Prä·klu·si·ons·wir·kung *f* JUR preclusive effect
Prä·klu·siv·frist [prɛklu'zi:f-] *f* JUR preclusive period
prä·ko·lum·bi·nisch [prɛkolʊm'bi:nɪʃ] *adj inv* pre-Columbian
Prak·tik <-, -en> ['praktɪk] *f meist pl* practice, procedure; **undurchsichtige ~en** shady practices
Prak·ti·ka ['praktika] *pl von* **Praktikum**
prak·ti·ka·bel [prakti'ka:bl̩] *adj* practicable, feasible *form*
Prak·ti·kant(in) <-en, -en> [prakti'kant] *m(f)* [on-the-job] trainee, intern AM *(student or trainee working at a trade or occupation to gain work experience)*
Prak·ti·ken *pl von* **Praktik**
Prak·ti·ker(in) <-s, -> ['praktike] *m(f)* ① *(Mensch mit praktischer Erfahrung)* practical person [*or masc* man] [*or fem* woman]; SCI practitioner; **ein** [**reiner**] **~ sein** to be a [purely] practical person
② *(fam: praktischer Arzt)* general practitioner, GP, family doctor
Prak·ti·kum <-s, Praktika> ['praktikʊm, *pl* -ka] *nt* work placement, period of practical training, internship AM
prak·tisch ['praktɪʃ] **I.** *adj* ① *(wirklichkeitsbezogen)* practical; **~e Ausbildung** practical [*or* in-job] [*or* on-the-job] training; **~er Arzt** GP, family doctor; **~e Unterweisung** object lessons
② *(zweckmäßig)* practical; **ein ~es Gerät** a practical [*or* handy] device; **ein ~es Beispiel** a concrete example
③ *(geschickt im Umgang mit Problemen)* practical[-minded], down-to-earth; **eine ~e Denkweise** practical thinking; **ein ~er Mensch** a practical person; **~ veranlagt sein** to be practical
II. *adv* ① *(so gut wie, im Grunde)* practically, virtually, basically; *(wirklich)* in practice
② *(wirklichkeitsbezogen)* **~ arbeiten** to do practical work; **eine Erfindung ~ erproben** to test an invention in real scenarios; **etw ~ umsetzen** to put sth into practice
prak·ti·zie·ren* [prakti'tsi:rən] **I.** *vt* ① *(in die Praxis umsetzen)* ■**etw ~** to put sth into practice; **seinen Glauben ~** to practise [*or* AM -ice] one's religion; **ein Verfahren ~** to follow a practised [*or* set] procedure
② *(fam: gelangen lassen)* ■**etw in etw** *akk* **~** to slip sth into sth; *(von Zauberer)* to conjure sth into sth
II. *vi* to practise [*or* AM *usu* -ice]; **~der Arzt** practising doctor
Prä·lat <-en, -en> [prɛ'la:t] *m* REL prelate
Pra·li·ne <-, -n> [pra'li:nə] *f,* **Pra·li·né** <-s, -s> [prali'ne:] *nt,* **Pra·li·nee** <-s, -s> [prali'ne:] *nt* ÖSTERR, SCHWEIZ chocolate [cream]
Pra·li·nen·förm·chen *pl* chocolate mould [*or* AM mold]
pra·li·nie·ren *vt* KOCHK ■**etw ~** to caramelize sth
prall [pral] *adj* ① *(sehr voll)* **~e Brüste/Hüften** well-rounded [*or hum* ample] breasts/hips; **eine ~ gefüllte Brieftasche** a bulging wallet; **ein ~er Euter** a swollen udder; **~e Segel** billowing [*or* full] sails; **~e Tomaten** firm tomatoes; **ein ~er Fußball/Luftballon** a hard football/balloon; **~e Schenkel/Waden** sturdy [*or* [big] strong] thighs/calves; **das ~e Leben** living life to the full; **etw ~ aufblasen** to inflate sth to bursting point; **etw ~ füllen** to fill sth to bursting
② *(ungehindert scheinend)* blazing; **in der ~en Sonne** in the blazing sun
pral·len ['pralən] *vi sein* ① *(heftig auftreffen)* to crash; *Ball* to bounce; [**mit dem Wagen**] **gegen etw** *akk* **~** to crash [one's car] into sth; **mit dem Kopf gegen etw** *akk* **~** to bang [*or* hit] one's head on [*or* against] sth
② *(ungehindert scheinen)* to blaze
Prall·hang *m* GEOG cut [*or* outer] bank
Prall·sack *m s.* **Airbag**
prall·voll ['pral'fɔl] *adj (form)* bulging, full to bursting, tightly packed; **ein ~er Kofferraum** a tightly packed boot [*or* AM trunk]
Prä·lu·di·um <-s, -ien> [prɛ'lu:di̯ʊm, *pl* -di̯ən] *nt* prelude
Prä·mie <-, -n> ['prɛ:mi̯ə] *f* ① *(zusätzliche Vergütung)* bonus, extra pay
② *(Versicherungsbeitrag)* [insurance] premium
③ FIN [government] premium
④ *(zusätzlicher Gewinn im Lotto)* extra dividend [*or* prize money]; **~n ausschütten** to distribute prizes
Prä·mi·en·an·lei·he *f* FIN premium bond **prä·mi·en·be·güns·tigt** *adj inv* FIN premium-aided *attr;* **~es Sparen** contractual saving **Prä·mi·en·bond** *m* FIN premium bond **Prä·mi·en·ge·schäft** *nt* BÖRSE option dealing; **doppeltes/einfaches ~** compound/single option **Prä·mi·en·lohn** *m* ÖKON premium [*or* incentive] pay **Prä·mi·en·pfand·brief** *m* FIN lottery mortgage debenture **Prä·mi·en·spa·ren** *nt* premium-aided savings scheme [*or* plan] **Prä·mi·en·staf·fe·lung** *f* FIN scale of premiums **Prä·mi·en·zah·lung** *f* [insurance] premium payment, payment of [insurance] premiums **Prä·mi·en·zeit·lohn** *m* ÖKON premium time wage
prä·mie·ren* [prɛ'mi:rən] *vt* ■**jdn/etw** [**mit etw** *dat*] **~** to award sb/sth sth, to give [*or* grant] sb/sth an award [of sth]; **jdn/etw mit Euro 50.000 ~** to award sb/sth a/the prize of 50,000 euros; **ein prämierter Film/Regisseur** an award-winning film/director
Prä·mie·rung <-, -en> *f* granting of awards (*+gen* to); **die ~ eines Films** an award given to a film
Prä·mis·se <-, -n> [prɛ'mɪsə] *f (geh)* ① *(Voraussetzung)* premise, condition, prerequisite *form;* **unabdingbare ~n** mandatory requirements; **unter diesen ~n** under these conditions; **unter der ~, dass ...** on condition that ...
② PHILOS premise
prä·na·tal [prɛna'ta:l] *adj* MED prenatal
pran·gen [praŋən] *vi (geh)* ① *(auffällig angebracht sein)* to be emblazoned, to be prominently displayed; ***der Titel prangte in großen Buchstaben auf dem Einband*** the title was emblazoned in big letters on the cover
② *(in voller Schönheit erstrahlen)* to be resplendent; ***an seiner Brust prangte der neue Orden*** the new decoration hung resplendently on his chest
Pran·ger <-s, -> ['praŋe] *m* HIST pillory; **an den ~**

P

kommen *(fig)* to be pilloried; **am ~ stehen** *(fig)* to be in the pillory; **jdn/etw an den ~ stellen** *(fig)* to severely criticize sb/sth

Pran·ke <-, -n> ['praŋkə] *f* paw; *(hum a.)* mitt *sl*

Pran·ken·hieb *m* swipe [*or* blow] from a paw

Prä·pa·rat <-[e]s, -e> [prɛpa'ra:t] *nt* ❶ *(Arzneimittel)* preparation, medicament, medication ❷ BIOL, MED *(präpariertes Objekt)* specimen; *(für Mikroskop)* slide [preparation]

prä·pa·ra·tiv [prɛpara'ti:f] *adj* CHEM preparative; **~e Darstellung** preparative obtention

Prä·pa·ra·tor(in) <-s, -en> [prɛpa'ra:to:ɐ̯, prɛpara:'to:rɪn] *m(f)* BIOL, SCI laboratory technician

prä·pa·rie·ren* [prɛpa'ri:rən] **I.** *vt* ■**etw ~** ❶ BIOL, MED *(konservieren)* to preserve sth; **ein Organ in Formalin ~** to preserve an organ in formalin; *(sezieren)* to dissect sth ❷ *(geh: vorbereiten)* to prepare sth; **eine Leinwand ~** to prepare a canvas **II.** *vr (geh)* ■**sich** *akk* [**für etw** *akk*] ~ to prepare [oneself] [for sth], to do one's preparation [for sth]

Prä·po·si·ti·on <-, -en> [prɛpozi'tsi̯o:n] *f* preposition

Prä·rie <-, -n> [prɛ'ri:, *pl* -'ri:ən] *f* prairie

Prä·rie·hund *m* ZOOL prairie dog **Prä·rie·wolf** *m* coyote, prairie wolf

Prä·sens <-, Präsentia *o* Präsenzien> ['prɛzɛns, *pl* prɛ'zɛntsi̯a, prɛ'zɛntsi̯ən] *nt* ❶ *(Zeitform)* present tense ❷ *(Verb im Präsens 1)* present

prä·sent [prɛ'zɛnt] *adj (geh)* present; **etw ~ haben** to remember [*or* recall] sth; **etw ist jdm ~** sb can remember [*or* recall] sth; ***der Name ist mir nicht ~*** the name escapes me

Prä·sent <-[e]s, -e> [prɛ'zɛnt] *nt (geh)* present, gift

Prä·sen·ta·ti·on <-, -en> [prɛzɛnta'tsi̯o:n] *f* ❶ presentation *no pl* ❷ ÖKON *(Vorlegung eines fälligen Wechsels)* presentment, presentation

Prä·sen·ta·ti·ons·gra·fik *f* INFORM presentation graphics + *sing vb* **Prä·sen·ta·ti·ons·pro·gramm** *nt* INFORM presentation program

Prä·sen·tia [prɛ'zɛntsi̯a] *pl von* **Präsenz**

prä·sen·tie·ren* [prezɛn'ti:rən] **I.** *vt* ■[**jdm**] **etw ~** to present [sb with] sth; ■**jdn/sich** [**jdm**] **~** to present sb/oneself [to sb]; **sich** *akk* **als der Chef ~** to introduce oneself as the boss

▶WENDUNGEN: **sich** *akk* **von seiner besten Seite ~** to present one's best side; *s. a.* **Gewehr**

II. *vi* MIL to present arms

Prä·sen·tier·tel·ler *m* salver

▶WENDUNGEN: **auf dem ~ sitzen** *(fam)* to be exposed to all and sundry *fam*

Prä·sent·korb *m* gift hamper BRIT, basket of goodies

Prä·senz <-> [prɛ'zɛnts] *f kein pl (geh)* presence

▶WENDUNGEN: **~ zeigen** to make one's presence felt

Prä·senz·bib·lio·thek *f (geh)* reference library **Prä·senz·bör·se** *f* BÖRSE open-outcry market **Prä·senz·han·del** *m* BÖRSE floor [*or* on-the-floor] trading

Prä·sen·zi·en *pl von* **Präsens**

Prä·senz·zeit <-, -en> *f* SCHWEIZ time during which an employee's presence is required in the workplace

Pra·seo·dym <-s> [prazeo'dy:m] *nt kein pl* CHEM praseodymium *no pl*

Prä·ser <-s, -> ['prɛ:zɐ] *m (sl) kurz für* **Präservativ** johnny BRIT *sl*, rubber AM *sl*

Prä·ser·va·tiv <-s, -e> [prɛzɛrva'ti:f] *nt* condom, [contraceptive] sheath BRIT *form*

Prä·si·de <-n, -n> [prɛ'zi:də] *m* SOZIOL *(sl)* committee member

Prä·si·dent(in) <-en, -en> [prɛzi'dɛnt] *m(f)* ❶ *(Staatsoberhaupt)* president; **Herr ~/Frau ~** Mister/Madam President ❷ *(Vorsitzender)* president, chair[man/woman/person]

Prä·si·den·ten·amt *nt* office of president, presidential office **Prä·si·den·ten·an·kla·ge** *f* JUR impeachment proceedings against the president **Prä·si·den·ten·suite** [-svi:tə, -sɥi:tə] *f* presidential suite **Prä·si·den·ten·wahl** *f* presidential election

Prä·si·dent·schaft <-, -en> *f* ❶ *(Amtszeit)* presidency, presidential term ❷ *(Amt des Präsidenten)* presidency, office of president

Prä·si·dent·schafts·kan·di·dat(in) *m(f)* presidential candidate, candidate for the presidency **Prä·si·dent·schafts·wahl** *f* presidential elections *pl*

Prä·si·di·en [prɛ'zi:di̯ən] *pl von* **Präsidium**

prä·si·die·ren* [prezi'di:rən] **I.** *vi* ■**etw** *dat* ~ to preside over sth; **einer Konferenz ~** to preside over a conference **II.** *vt* SCHWEIZ **einen Verein ~** to be president of a society

Prä·si·di·um <-s, Präsidien> [prɛ'zi:di̯ʊm, *pl* -di̯ən] *nt* ❶ *(Vorstand, Vorsitz)* chairmanship; *(Führungsgruppe)* committee; **im ~ sitzen** to be on the committee ❷ *(Polizeihauptstelle)* [police] headquarters + *sing/pl vb*

Prä·si·di·ums·mit·glied *nt* member of the committee; HIST member of the pr[a]esidium

pras·seln ['prasl̩n] *vi* ❶ *sein o haben (mit trommelndem Geräusch auf etw prallen)* ■**gegen etw** *akk*/**auf etw** *akk* ~ to drum against/on sth; *(stärker)* to beat against/on sth; **~der Beifall** *(fig)* thunderous [*or* deafening] applause ❷ *haben (geräuschvoll brennen)* to crackle

pras·sen ['prasn̩] *vi* to live it up; *(schlemmen)* to pig out *fam*

Pras·ser(in) <-s, -> *m(f)* spendthrift, big spender; *(bei Essen)* glutton

Prä·ten·dent(in) <-en, -en> [prɛtɛn'dɛnt] *m(f)* *(geh)* pretender (**auf** +*akk* to)

prä·ten·ti·ös <-er, -este> [prɛtɛn'tsi̯ø:s] *adj (geh)* pretentious

Prä·te·ri·tum <-s, -ta> [prɛ'te:ritʊm, *pl* -ta] *nt* LING preterite

Prat·ze <-, -n> ['pratsə] *f* SÜDD *(fam: Pranke)* paw

Prä·va·ri·ka·ti·on <-, -en> [prɛvarika'tsi̯o:n] *f* JUR prevarication

Prä·ven·ti·on <-, -en> [prɛvɛn'tsi̯o:n] *f* prevention

Prä·ven·ti·ons·pro·jekt *nt* prevention project

prä·ven·tiv [prɛvɛn'ti:f] *adj* prevent[at]ive, prophylactic *spec;* **~e Maßnahmen ergreifen** to take preventative measures; **ein Medikament ~ einnehmen** to take medicine as a prophylactic

Prä·ven·tiv·an·griff *m* MIL pre-emptive strike **Prä·ven·tiv·krieg** *m* MIL preventive [*or* pre-emptive] war **Prä·ven·tiv·maß·nah·me** *f* preventive [*or spec* prophylactic] measure **Prä·ven·tiv·mit·tel** *nt* preventive **Prä·ven·tiv·schlag** *m* MIL pre-emptive strike **Prä·ven·tiv·wir·kung** *f* preventive function

Pra·xis <-, Praxen> ['praksɪs, *pl* 'praksn̩] *f* ❶ *(Arztpraxis)* practice, surgery BRIT, doctor's office; *(Anwaltsbüro)* office, practice ❷ *kein pl (praktische Erfahrung)* [practical] experience; **langjährige ~** many years of experience ❸ *kein pl (praktische Anwendung)* practice *no art;* **in der ~** in practice; **etw in die ~ umsetzen** to put sth into practice; *s. a.* **Mann**

Pra·xis·be·zug *m* practical orientation **pra·xis·fern** *adj inv* impractical **pra·xis·fremd** *adj* impracticable **Pra·xis·ge·bühr** *f* ADMIN, MED practice charge *(a quarterly payment that a patient with medical insurance must make for visits to the doctor)* **pra·xis·nah I.** *adj* practical, practically oriented **II.** *adv* practically

Prä·ze·denz·ent·schei·dung [prɛtse'dɛnts-] *f* JUR legal precedent **Prä·ze·denz·fall** *m* JUR [judicial] precedent *form*, test case; **~ mit/ohne Verbindlichkeitscharakter** binding /persuasive precedent; **einen ~ anführen** to quote a precedent; **einen ~ schaffen** to set a precedent

prä·zis [prɛ'tsi:s], **prä·zi·se** [prɛ'tsi:zə] *adj (geh)* precise; **eine ~e Beschreibung** an accurate [*or* exact] description; **eine ~e Uhr** an accurate clock; **sich** *akk* **~ ausdrücken** to express oneself precisely

prä·zi·sie·ren* [prɛtsi'zi:rən] *vt (geh)* ■**etw ~** to state sth more precisely

Prä·zi·si·on <-> [prɛtsi'zi̯o:n] *f kein pl (geh)* precision

Prä·zi·si·ons·ar·beit *f* precision work **Prä·zi·si·ons·bom·be** [prɛtsi'zi̯o:nsbɔmbə] *f* MIL smart bomb **Prä·zi·si·ons·in·stru·ment** *nt* precision instrument **Prä·zi·si·ons·werk·zeug** *nt* precision tool[s *pl*]

Prä·zis·wech·sel *m* FIN fixed bill

PR-Chef [pe:'ɛr-] *m* PR manager, head of PR

pre·di·gen ['pre:dɪgn̩] **I.** *vt* ❶ *(verkünden)* to preach; **das Evangelium ~** to preach the gospel ❷ *(empfehlen, ans Herz legen)* to preach; ■[**jdm**] **etw ~** to lecture sb on sth; **Toleranz ~** to preach [*or* call for] tolerance; *s. a.* **Ohr** **II.** *vi* ❶ *(eine Predigt halten)* to preach; ■**gegen etw** *akk* ~ to preach against sth ❷ *(fam: mahnend vorhalten)* to tell; ***ich habe immer wieder gepredigt, dass sie keinen Alkohol trinken sollte*** I have told her again and again that she shouldn't drink alcohol

Pre·di·ger(in) <-s, -> *m(f)* preacher *masc*, [woman] preacher *fem*

▶WENDUNGEN: **ein ~ in der Wüste** *(fig)* a voice [crying] in the wilderness

Pre·digt <-, -en> ['pre:dɪçt] *f (a. fam)* sermon; **eine ~ [gegen etw** *akk*/**über etw** *akk*] **halten** to deliver [*or* preach] a sermon [on [*or* about] sth]

Pre·digt·hel·fer(in) *m(f)* REL lay minister

Preis <-es, -e> [prai̯s] *m* ❶ *(Kaufpreis)* price (**für** +*akk* of); ***~e werden übertroffen*** prices are being topped; ***das ist ein stolzer ~*** that's a lot of money; ***Schönheit hat ihren ~*** *(fig)* beauty demands a price; **~ ab Hersteller** price ex works, factory price; **~ ab Lager/Werk** price ex warehouse/works [*or* factory price]; **~ frei an Bord/Bestimmungshafen** price fob/landed price; **~ pro Einheit** unit price; **erschwingliche ~e** affordable prices; **~ freibleibend** price subject to change without notice; **hoch im ~ stehen** to fetch a good [*or* high] price; **bei sinkenden ~en** by declining prices; **scharf kalkulierter ~** close price; **unverbindlicher ~** price subject to alteration; **~e ausloten** to sound prices; **~e auszeichnen** to put a price tag on sth; **den ~ drücken** to force down the price; **im ~ fallen/steigen** to sag/increase in price; **~e ermitteln/taxieren** to arrive at/estimate prices; **jdm einen guten ~ machen** to give sb a good price; **die ~e verderben** to distort prices; **einen hohen ~ für etw** *akk* **zahlen** *(fig)* to pay through the nose for sth, to pay a high price for sth; **[weit] unter[m] ~** at cut-prices/a cut-price; **zum ~ von ...** for ...; **zum erniedrigten ~** at cut[-rate] prices, at a cut[-rate] price; **zum halben ~** at half-price; **zum überteuerten ~** at inflated prices, at an inflated price ❷ *(Gewinnprämie)* prize; **der erste/zweite ~** [the] first/second prize; **einen ~ auf etw** *akk* **aussetzen** to put out a reward on sth; **einen ~ auf jds Kopf aussetzen** to put a price on sb's head; **der große ~ von Frankreich** the French Grand Prix; **der ~ der Nationen** Prix des Nations ❸ *kein pl (geh: Lob)* praise

▶WENDUNGEN: **um jeden ~** at all costs, cost what it may; **nicht um jeden ~, um keinen ~** not at any price

Preis·ab·bau *m* price reduction **Preis·ab·kom·men** *nt* JUR price agreement **Preis·ab·re·de** *f*, **Preis·ab·spra·che** *f* HANDEL price[-fixing] agreement; **~ bei der Abgabe von Angeboten** collusive tendering; **heimliche ~** collusive pricing **Preis-Ab·satz-Kur·ve** *f* HANDEL price-distribution curve **Preis·ab·schlag** *m* discount; **jdm einen ~ gewähren** to give sb a discount (**von** +*dat* of) **Preis·ab·spra·che** *f* ÖKON price-fixing agreement **Preis·an·ga·be** *f* HANDEL price quotation, displayed [*or* listed] price **Preis·an·ge·bot** *nt* HANDEL quotation, quote **Preis·an·glei·chung** *f*, **Preis·an·pas·sung** *f* HANDEL price adjustment, realignment of prices **Preis·an·reiz** *m* ÖKON price incentive **Preis·an·stieg** *m* ÖKON rise [*or* increase] in prices, price increase [*or* rise] **Preis·auf·schlag** *m* additional [*or* extra] [*or* supplementary] charge, mark-up **Preis·auf·schwung** *m* ÖKON price boom **Preis·aus·gleich** *m* HANDEL price adjustment

Preis·aus·schrei·ben nt competition [to win a prize] [or contest]

Preis·aus·zeich·nung f pricing Preis·aus·zeich·nungs·eti·kett nt (form) price tag Preis·aus·zeich·nungs·pflicht f HANDEL obligation to mark goods with prices

preis·be·rei·nigt adj inv HANDEL adjusted for price pred preis·be·wusst^RR adj ÖKON price-conscious Preis·be·wusst·sein nt ÖKON cost consciousness Preis·bil·dung f, Preis·ge·stal·tung f HANDEL pricing, price formation; freie/gebundene ~ uncontrolled price formation/price fixing; kostenorientierte/schädigende ~ cost-based/detrimental pricing; unbehinderte ~ free adjustment of prices Preis·bin·dung f [resale form] price fixing Preis·dif·fe·renz f ÖKON price difference [or differential] Preis·dis·kri·mi·nie·rung f ÖKON price discrimination Preis·dum·ping nt kein pl ÖKON dumping of prices Preis·ein·bruch m collapse of prices Preis·elas·ti·zi·tät f kein pl ÖKON price elasticity no pl; ~ der Nachfrage price elasticity of demand

Prei·sel·bee·re ['praizlbeːrə] f lingonberry, mountain cranberry

Preis·emp·feh·lung f recommended price; [unverbindliche] ~ RRP, recommended retail price preis·emp·find·lich adj inv HANDEL price-sensitive

prei·sen <pries, gepriesen> ['praizn̩] vt (geh) ■jdn/etw ~ to praise [or extol] [or form laud] sb/sth; sich akk glücklich ~ [können] to [be able to] count [or consider] oneself lucky

preis·ent·schei·dend adj inv HANDEL price-ruling attr Preis·ent·wick·lung f price trend Preis·er·hö·hung f price increase [or rise], mark-up Preis·er·mä·ßi·gung f price reduction, mark-down Preis·er·mitt·lung f HANDEL pricing, price calculation Preis·es·ka·la·ti·on f ÖKON escalation of prices Preis·ex·plo·si·on f price explosion Preis·fest·set·zung f HANDEL pricing, price fixing Preis·fin·dung f ÖKON pricing process Preis·fra·ge f ① (Quizfrage) [prize] question, the big [or sixty-four thousand dollar] question; ob ich mir das leisten kann, ist noch die ~ the big question is whether I can afford that ② (vom Preis abhängende Entscheidung) question of price Preis·frei·ga·be f relaxation of price controls, deregulation of prices Preis·frei·heit f kein pl HANDEL free pricing

Preis·fuchs m (fam) savvy shopper fam

Preis·ga·be f kein pl (geh) ① (Enthüllung) betrayal, divulgence; die ~ eines Geheimnisses giving away [or divulgence of] a secret
② (das Ausliefern, Aussetzen) abandonment
③ (Aufgabe) relinquishment form; (Gebiet) surrender; zur ~ einer S. gen [o von etw dat] gezwungen werden to be forced to surrender [or form relinquish] [or into surrendering] [or form relinquishing] sth; die Ehe bedeutet nicht die ~ meiner Selbstständigkeit getting married does not mean surrendering [or giving up] my independence

Preis·ga·ran·tie f HANDEL price guarantee

preis|ge·ben ['praisgeːbn̩] vt irreg (geh) ① (aufgeben) ■etw ~ to relinquish sth form; seine Freiheit ~ to give up [or form relinquish] one's freedom; ein Gebiet ~ to surrender [or relinquish] a tract of land
② (verraten) ■[jdm] etw ~ to betray [or divulge] [or reveal] sth [to sb]; ein Geheimnis ~ to divulge [or give away] a secret
③ (überlassen) ■jdn/etw etw dat ~ to expose sb/sth to sth; jdn der Lächerlichkeit ~ to expose sb [or hold sb up] to ridicule; jdn dem Elend/Hungertod ~ to condemn sb to a life of misery/to starvation; die Haut der Sonne ~ to expose one's skin to the sun; das Denkmal war sehr lange den Einflüssen der Umwelt preisgegeben the memorial was exposed to the elements for a long time

preis·ge·bun·den adj inv JUR fixed-price attr Preis·ge·fü·ge nt price structure preis·ge·krönt adj award-winning attr Preis·geld <-[e]s, -er> nt prize money no pl Preis·ge·richt nt (Jury) jury, judging panel Preis·ge·setz nt JUR price act Preis·ge·stal·tung f HANDEL pricing, price setting Preis·gleit·klau·sel f HANDEL escalation [or escalator] clause Preis·gren·ze f JUR price limit; feste/obere/untere ~ ceiling/maximum/minimum [or floor] price; die ~ überschreiten to exceed the price limit preis·güns·tig adj inexpensive, good value attr; ein ~es Angebot a reasonable offer; etw ~ bekommen to obtain sth at a low [or good] price; am ~sten kauft man in Supermärkten you can find the best prices in supermarkets Preis·in·dex m ÖKON price index; ~ für die Lebenshaltung cost-of-living price index Preis·in·fla·ti·ons·ra·te f ÖKON price inflation rate Preis·kal·ku·la·ti·on f pricing, calculation of prices Preis·kampf m price war Preis·kar·tell nt ÖKON price cartel [or ring] Preis·klas·se f price range [or category]; die untere/mittlere/gehobene ~ the lower/mid/upper price range [or category]; ein Auto der mittleren ~ a medium-priced car Preis·kon·trol·le f price control Preis·kon·zep·ti·on f HANDEL pricing system Preis·kor·rek·tur f HANDEL adjustment of prices; eine ~ nach oben/unten vornehmen to mark up/down prices Preis·la·ge f price range [or bracket]; in jeder ~ a price to suit every pocket; in der unteren/mittleren/oberen ~ in the lower/medium [or mid-]/upper price range, down-market/mid-market/up-market Preis-Leis·tungs-Ver·hält·nis, Preis-Leis·tungs·ver·hält·nis nt kein pl cost effectiveness, price-performance ratio; es bietet ein gutes ~ it's good value for money Preis·len·kung f ÖKON price control

preis·lich ['praislɪç] adj attr price, in price; ein ~er Unterschied a difference in price; ~e Vorstellungen haben to have an idea of [the] price; ~e Wettbewerbsfähigkeit price competitiveness; ~ niedrig[er]e/vergleichbare Artikel low[er]-/comparably priced articles; ~ unterschiedlich sein to differ in [the] price; der Kauf war ~ sehr günstig the purchase was a bargain

Preis·lis·te f price list Preis-Lohn-Spi·ra·le f price-wage spiral Preis·miss·brauch^RR m HANDEL pricing abuse; Preis- und Konditionenmissbrauch unfair pricing and terms Preis·nach·lass^RR m HANDEL price reduction, discount; einen ~ gewähren to grant a reduction Preis·ne·ben·ab·re·de f HANDEL ancillary pricing agreement

Preis·ni·veau nt price level Preis·ni·veau·sta·bi·li·tät f ÖKON stability of price levels

Preis·no·tie·rung f HANDEL quotation [of prices] Preis·ober·gren·ze f JUR price ceiling Preis·po·li·tik f pricing policy Preis-Pro·fit-Ra·te f FIN price-earnings ratio Preis·rät·sel nt puzzle competition Preis·recht nt JUR law of pricing Preis·re·ge·lung f HANDEL regulation of prices, price system Preis·rich·ter(in) m(f) judge [in a competition] Preis·rück·gang m fall [or drop] [or fallback] in prices Preis·schild nt price tag [or ticket] Preis·schlacht f HANDEL price war Preis·schla·ger m (fam) unbeatable bargain Preis·schwan·kung <-, -en> f meist pl price fluctuation Preis·seg·ment nt price segment Preis·sen·kung f price reduction [or markdown], fall [or reduction] in prices Preis·sen·si·ti·vi·tät f FIN, ÖKON price sensitivity Preis·si·che·rung f ÖKON safeguarding of prices Preis·ska·la f ÖKON price range Preis·span·ne f price margin Preis·sprung m ÖKON jump in prices preis·sta·bil adj inv ÖKON stable in price pred; ~er Markt stable market Preis·sta·bi·li·tät f stability of prices

Preis·stei·ge·rung f price increase Preis·stei·ge·rungs·ra·te f ÖKON rate of price increases

Preis·stel·lung f kein pl ~ frei Haus freight allowed pricing

Preis·stopp m price freeze Preis·stopp·ver·ord·nung f ÖKON price freeze regulations pl

Preis·sturz m ÖKON sudden fall in price Preis·sys·tem nt price structure Preis·ta·fel f price list Preis·trä·ger(in) m(f) prizewinner; Auszeichnung award winner preis·trei·bend adj inv forcing prices higher, which drives up prices; ~e Wirkung effect of forcing prices higher Preis·trei·ber(in) <-s, -> m(f) (pej) sb who deliberately forces up prices; (Wucherer) profiteer pej Preis·trei·be·rei <-, -en> [praistraibə'rai] f (pej) forcing up of prices; (Wucher) profiteering pej Preis·trei·be·rin <-, -nen> f fem form von Preistreiber Preis·über·wa·cher(in) <-s, -> m(f) ÖKON SCHWEIZ person responsible for price control Preis·über·wa·chung f price controls pl, price administration AM form Preis·un·gleich·ge·wicht nt ÖKON price fluctuation Preis·un·ter·bie·tung f HANDEL underselling, undercutting; sittenwidrige ~ unethical price cutting; ~ unter das Kostenniveau dumping Preis·un·ter·schied m ÖKON difference in price, price difference Preis·un·ter·schrei·tung f ÖKON undercutting prices Preis·ver·än·de·rung f ÖKON price change Preis·ver·ein·ba·rung f HANDEL price-fixing arrangement; ausdrückliche/stillschweigende ~ express/implied pricing arrangement Preis·ver·fall m drop [or form deterioration] in prices; drastischer ~ price collapse Preis·ver·gleich m price comparison, comparison of prices; ~e machen to shop around Preis·ver·hal·ten nt HANDEL price behaviour [or AM -or] Preis·ver·lei·hung f presentation [of awards/prizes] Preis·ver·ord·nung f HANDEL price regulations pl, price directive Preis·ver·stoß m HANDEL infringement of price regulations Preis·ver·zeich·nis nt price list Preis·ver·zer·rung f ÖKON price distortion

Preis·vor·be·halt m HANDEL price reserve, reservation of prices Preis·vor·be·halts·klau·sel f HANDEL price reservation clause, clause reserving price

Preis·vor·schlag m ÖKON suggested price Preis·vor·teil m price advantage preis·wert adj s. preisgünstig

Preis·wett·be·werb m HANDEL price competition Preis·wett·be·werbs·fä·hig·keit f kein pl ÖKON price competitiveness no pl

Preis·wu·cher f profiteering

pre·kär [pre'kɛːɐ̯] adj (geh) precarious

Prell·bock m BAHN buffer, buffer stop, bumping post ▶WENDUNGEN: der ~ sein to be the scapegoat [or AM fam a. fall guy]

prel·len ['prɛlən] I. vt ① (betrügen) ■jdn [um etw akk] ~ to swindle [or cheat] sb [out of sth]; jdn um seinen Gewinn ~ to cheat sb out of his winnings; die Zeche ~ (fam) to avoid paying the bill
② SPORT den Ball ~ to bounce the ball; einen Prellball ~ to smash the ball
II. vr ■sich akk [an etw dat] ~ to bruise oneself; sich akk am Arm ~ to bruise one's arm; ■sich dat etw ~ to bruise one's sth; sich dat das Knie ~ to bruise one's knee

Prel·le·rei <-, -en> [prɛlə'rai] f JUR swindle, fraud

Prel·lung <-, -en> f contusion spec (an +dat to), bruise (an +dat on); ~en erleiden to suffer contusions spec, to suffer bruising [or bruises]

Pre·mier <-s, -s> [prə'mi̯eː] m kurz für Premierminister prime minister

Pre·mie·re <-, -n> [prə'mi̯eːrə] f première, opening night; ~ haben to première; der Film hatte in London ~ the film premièred in London

Pre·mier·mi·nis·ter(in) [prə'mieː-, pre'mieː-] m(f) prime minister

Pres·by·te·ri·a·ner(in) <-s, -> [prɛsbyte'ri̯aːnɐ] m(f) REL Presbyterian

Pres·by·te·ri·a·nis·mus <-> [prɛsbyteri̯a'nɪsmʊs] m kein pl REL Presbyterianism

pre·schen ['prɛʃn̩] vi sein (fam) to dash, to tear [along]; Pferd to gallop, to race; [mit dem Wagen] über die Autobahn ~ to tear down the motorway

Pre·se·lec·tion·ver·fah·ren [priːsɪ'lɛkʃən-] nt TELEK preselection process

Pre·shave·lo·tion ['priːʃeːfloːʃn̩] f pre-shave lotion

pres·sant [prɛ'sant] adj DIAL, SCHWEIZ (eilig) urgent

Pres·se¹ <-> ['prɛsə] f kein pl ■die ~ the press; eine gute/schlechte ~ haben to have [a] good/bad press

Pres·se² <-, -n> ['prɛsə] f press; (Fruchtpresse) juice extractor

Pres·se·agen·tur f press [or news] agency; Deutsche Presse-Agentur leading German press agency Pres·se·amt nt press office Pres·se·aus·

weis *m* press card [*or* ID] **Pres·se·be·richt** *m* press report **Pres·se·be·richt·er·stat·ter(in)** *m(f)* press correspondent **Pres·se·be·richt·er·stat·tung** *f* press coverage **Pres·se·bü·ro** *nt* press office **Pres·se·chef(in)** <-s, -s> *m(f)* chief press officer **Pres·se·de·likt** *nt* JUR offence by press publication **Pres·se·dienst** *m* news agency service **Pres·se·emp·fang** *m* press reception **Pres·se·er·klä·rung** *f* press release, statement to the press **Pres·se·fo·to·graf(in)** *m(f)* press photographer **Pres·se·frei·heit** *f kein pl* freedom of the press **Pres·se·ge·heim·nis** *nt* privilege of journalists *(not to disclose their sources)* **Pres·se·in·for·ma·ti·on** *f* press release **Pres·se·kam·pa·gne** *f* press campaign **Pres·se·kar·te** *f* press card [*or* pass] **Pres·se·kom·men·tar** *m* press commentary **Pres·se·kon·fe·renz** *f* press conference [*or* briefing] **Pres·se·kor·res·pon·dent(in)** *m(f)* press correspondent **Pres·se·mel·dung** *f* press report **Pres·se·mit·tei·lung** *f* MEDIA press release

pres·sen ['prɛsn̩] **I.** *vt* ① *(durch Druck glätten)* ■**etw** ~ to press sth; **Blumen** ~ to press flowers
② *(drücken)* ■**jdn/etw an etw** *akk*/**auf etw** *akk*/**gegen etw** *akk* ~ to press sb/sth on/against [sb's] sth; **Obst durch ein Sieb** ~ to press fruit through a sieve; **etw mit gepresster Stimme sagen** *(fig)* to say sth in a strained voice; ***er presste mich ganz fest an sich*** he hugged me tightly
③ *(auspressen)* **Obst** ~ to press [*or* squeeze] fruit; **Saft aus etw** *dat* ~ to press [*or* squeeze] the juice out of sth
④ *(herstellen)* ■**etw** ~ to press sth; **Plastikteile** ~ to mould pieces of plastic; **Wein** ~ to press wine; **Schallplatten** ~ to press records
⑤ *(zwingen)* ■**jdn zu etw** *dat* ~ to force sb to do [*or* into doing] sth; **Seeleute [gewaltsam] zum Dienst** ~ to press [*or* press-gang] sailors into service, to shanghai sailors
⑥ *(veraltet: unterdrücken)* ■**jdn** ~ to repress sb
II. *vi (bei der Geburt)* to push; *(bei Verstopfung)* to strain oneself

Pres·se·no·tiz *f* short report in the press **Pres·se·or·gan** *nt (Zeitung)* newspaper; *(Zeitschrift)* journal, magazine **Pres·se·recht** *nt* press law[s *pl*] **Pres·se·re·fe·rent(in)** *m(f)* press [*or* public relations] officer **Pres·se·rum·mel** *m kein pl* MEDIA *(fam)* feeding-frenzy in the press **Pres·se·schau** *f* ① ÖKON *(bei Messe, Modenschau)* press preview ② MEDIA *(Überblick über Pressestimmen)* press roundup, 'what the papers say' **pres·se·scheu** *adj* MEDIA media-shy, camera-shy **Pres·se·spie·gel** *m* MEDIA press review **Pres·se·spre·cher(in)** *m(f)* press officer, [official] spokes[wo]man, spokesperson **Pres·se·stel·le** *f* press office **Pres·se·stim·me** *f* press commentary **Pres·se·ver·tre·ter(in)** <-s, -> *m(f)* representative of the press **Pres·se·we·sen** <-s> *nt kein pl* press **Pres·se·zen·sur** *f* censorship of the press **Pres·se·zen·trum** *nt* press centre

Press·glas[RR], **Preß·glas**[ALT] *nt* pressed [*or* moulded] glass **Press·ho·nig**[RR], **Preß·ho·nig**[ALT] *m* pressed honey

pres·sie·ren* [prɛ'si:rən] **I.** *vi* SÜDD, ÖSTERR, SCHWEIZ *(dringlich sein)* to be pressing [*or* urgent]; ***die Angelegenheit pressiert sehr*** the matter is pressing; *(es eilig haben)* to be in a hurry; **beim Essen** ~ to bolt [down *sep*] one's food
II. *vi impers* SÜDD, ÖSTERR, SCHWEIZ ■**es pressiert [jdm]** it's urgent, sb is in a hurry; ***es pressiert nicht*** there's no hurry, it's not urgent

Pres·si·on <-, -en> [prɛ'si̯o:n] *f meist pl* SOZIOL, POL *(geh)* pressure; ■ **~en auf jdn ausüben** to pressurize sb, to put [*or* exert] pressure on sb

Press·koh·le[RR], **Preß·koh·le**[ALT] *f* compressed coal [dust] **Press·ku·chen**[RR], **Preß·ku·chen**[ALT] *m* AGR oilseed cake, oilcake

Press·luft[RR], **Preß·luft**[ALT] *f kein pl* compressed air; **mit** ~ **betrieben** pneumatic **Press·luft·boh·rer**[RR] *m* pneumatic drill, jackhammer AM **Press·luft·ham·mer**[RR] *m* pneumatic [*or* [compressed-]air] hammer

Press·teil[RR], **Preß·teil**[ALT] *nt* AUTO pressed panel **Press·we·hen**[RR], **Preß·we·hen**[ALT] *pl* MED second stage contractions *pl*

Pres·tige <-s> [prɛs'ti:ʒə] *nt kein pl (geh)* prestige

Pres·tige·den·ken [prɛs'ti:ʒ-] *nt kein pl* preoccupation with one's prestige **Pres·tige·fra·ge** *f* question [*or* matter] of prestige **Pres·tige·ge·winn** *m kein pl* gain in prestige **Pres·tige·grund** *m* ■**Prestigegründe** reasons of prestige **Pres·tige·ob·jekt** *nt* object of prestige **pres·tige·träch·tig** *adj* prestigious, prestige-winning **Pres·tige·ver·lust** *m kein pl* loss of prestige

Pre·ti·o·sen [pre'tsi̯o:zn̩] *pl s.* **Preziosen**

Pre·to·ria <-s> [pre'to:ri̯a] *nt* Pretoria

Preu·ße, Preu·ßin <-n, -n> ['prɔy̯sə, 'prɔy̯sɪn] *m, f* Prussian
▸WENDUNGEN: **so schnell schießen die ~n nicht** *(fam)* things don't happen [quite] that fast

Preu·ßen <-s> ['prɔy̯sn̩] *nt kein pl* Prussia

Preu·ßin <-, -nen> *f fem form von* **Preuße**

preu·ßisch ['prɔy̯sɪʃ] *adj* Prussian

Pre·zi·o·sen[RR] [pre'tsi̯o:zn̩] *pl (geh)* valuables

PR-Fach·mann, -Fach·frau <-[e]s, -männer *o* -leute> [pe:'ɛr-] *m, f* PR specialist

pri·ckeln ['prɪkl̩n] *vi* ① *(kribbeln)* to tingle, to prickle
② *(perlen) Champagner* to sparkle, to bubble
③ *(fam: erregen, reizen)* to thrill; **ein P~ im Bauch haben** to have got butterflies; **der prickelnde Reiz des Verbotenen** the thrill of doing sth you know is wrong

pri·ckelnd *adj Gefühl* tingling; *Humor* piquant; *Champagner* sparkling, bubbly *fam;* **ein ~er Reiz** a thrill

Priel <-[e]s, -e> [pri:l] *m* slough, narrow channel *(in North Sea shallows)*

Priem <-[e]s, -e> [pri:m] *m* quid [*or* plug] of tobacco

prie·men ['pri:mən] *vi* to chew tobacco

pries [pri:s] *imp von* **preisen**

Pries·ter(in) <-s, -> ['pri:stɐ] *m(f)* priest; **jdn zum ~ weihen** to ordain sb [as a] priest; [**heidnische**] **~in** [heathen] priestess; **Hoher** ~ high priest

Pries·ter·amt *nt* priesthood **Pries·ter·ge·wand** *nt* REL vestment

pries·ter·lich *adj* priestly; **~es Gewand** clerical [*or spec* sacerdotal] vestment; **ein ~er Segen** a priest's blessing; **die ~en Weihen** a priest's ordination

Pries·ter·se·mi·nar *nt* seminary *(for Roman Catholic priests)*

Pries·ter·tum <-s> *nt kein pl* priesthood

Pries·ter·wei·he *f* ordination [to the priesthood]

prim [pri:m] *adj inv* MATH prime

pri·ma ['pri:ma] *adj inv* ① *(fam: gut, großartig)* great *fam;* ***es läuft alles*** ~ everything is going really well [*or fam* just great]; **ein ~ Kerl** a great guy *fam,* a brick *hum;* ***du hast uns ~ geholfen*** you have been a great help *fam*
② ÖKON *(veraltend)* first class; ~ **Ware** HANDEL choice [*or* high-quality] goods, first class product; ~ **Qualität** top [*or* best] quality

Pri·ma·bal·le·ri·na [primabale'ri:na] *f* prima ballerina **Pri·ma·don·na** <-, -donnen> [prima'dɔna] *f* prima donna *a. pej*

Pri·ma-facie-Be·weis ['pri:ma'fa:tsi̯ə-] *m* JUR *(Anscheinsbeweis)* prima facie evidence

Pri·ma·pa·pier *nt* FIN prime bankers' acceptance

pri·mär [pri'mɛ:ɐ̯] **I.** *adj (geh)* ① *(vorrangig)* primary, prime *attr;* **~es Ziel** the primary goal [*or* aim]; ***die Kritik richtet sich ~ gegen die Politiker*** criticism is mainly directed at the politicians
② *(anfänglich)* initial; **~e Schwierigkeiten** initial difficulties, teething troubles
II. *adv (geh)* primarily, chiefly; **etw interessiert jdn [nicht]** ~ sb is [not] primarily [*or* chief] concerned with sth

Pri·mär·da·tei *f* INFORM primary file **Pri·mär·dea·ler(in)** *m(f)* BÖRSE dealer in new issues

Pri·mär·ener·gie *f* primary [source of] energy **Pri·mär·ener·gie·ver·brauch** *m* primary energy consumption

Pri·mär·far·be *f* primary colour [*or* AM -or] **Pri·mär·kreis·lauf** *m* primary [coolant] circuit

Pri·mar·leh·rer(in) <-s, -> *m(f)* SCHWEIZ primary school teacher

Pri·mär·li·te·ra·tur *f* primary literature, [primary] sources *pl* **Pri·mär·markt** *m* ① BÖRSE new issue market ② ÖKON primary market

Pri·mar·schu·le *f* SCHWEIZ *(Grundschule)* primary [*or* AM grammar] school

Pri·mär·spei·cher *m* INFORM primary storage **Pri·mär·wald** *m* ÖKOL primeval forest

Pri·mas <-, -se *o* Primaten> ['pri:mas, *pl* pri'ma:tən] *m* REL ① *kein pl (Ehrentitel)* primate
② *(Träger des Titels)* Primate
③ MUS *(in Zigeunerkapelle)* leading fiddle player, first fiddler

Pri·mat[1] <-en, -en> [pri'ma:t] *m* primate

Pri·mat[2] <-[e]s, -e> [pri'ma:t] *m o nt (geh)* primacy, priority (**vor** +*dat* over); **den ~ haben** to have primacy

Pri·ma·wech·sel *m* JUR first of exchange

Pri·mel <-, -n> ['pri:ml̩] *f* primrose; **wie eine ~ eingehen** *(sl)* to go to pot, to fade away

Prime·rate[RR], **Prime Rate**[RR], **Prime rate**[ALT] <-> ['prai̯m're:t] *f kein pl* FIN prime rate, prime AM

Primetime[RR], **Prime Time**[RR], **Prime time**[ALT] <-, -s> ['prai̯mtai̯m] *f* TV, RADIO prime time

Pri·mi ['pri:mi] *pl von* **Primus**

pri·mi·tiv [primi'ti:f] *adj* ① *(urtümlich)* primitive; **~e Kulturen/Kunst/Menschen** primitive cultures/art/people
② *(elementar)* basic; **~e Bedürfnisse** basic needs
③ *(a. pej: simpel)* primitive *pej,* crude; **~e Hütte** primitive [*or liter* rude] hut; **~e Werkzeuge** primitive tools
④ *(pej: geistig tief stehend)* primitive; **ein ~er Kerl** a lout, a yob[bo] BRIT *fam*

Pri·mi·ti·ve(r) [primi'ti:və, -vɐ] *f(m) dekl wie adj* primitive person

Pri·mi·ti·vi·tät <-, -en> [primitivi'tɛ:t] *f* ① *kein pl (Einfachheit, primitive Beschaffenheit)* primitiveness, simplicity
② *(pej: Mangel an Bildung)* primitiveness
③ *(pej: primitive Bemerkung, Vorstellung, Handlung)* crudity, primitive [*or* crude] remark

Pri·mi·tiv·ling <-s, -e> *m (pej fam)* peasant *pej fam*

Pri·mus <-, -se *o* Primi> ['pri:mʊs, *pl* 'pri:mi] *m (veraltend)* top of the class [*or* form], top [*or* star] pupil

Pri·mus in·ter Pa·res <- - -, Primi - -> ['pri:mʊs 'ɪntɐ 'pa:re:s, *pl* 'pri:mi] *m (geh)* primus inter pares

Prim·zahl ['pri:m-] *f* prime [number]

Prim·zahl·zwil·ling *m* MATH twin prime

Print·an·zei·ge ['prɪnt-] *f* [newspaper/magazine] advertisement; **doppelseitige** ~ [double page] spread **Print·me·di·en** *pl* [print] media

Print·out <-s, -s> ['prɪntau̯t] *nt* printout

Print·wer·bung *f kein pl* advertising in printed media

Prinz, Prin·zes·sin <-en, -en> [prɪnts, prɪn'tsɛsɪn] *m, f* prince *masc* [*or* princess] *fem*

Prin·zess·boh·ne[RR], **Prin·zeß·boh·ne**[ALT] *f* Lima bean

Prin·zes·sin <-, -nen> ['prɪn'tsɛsɪn] *f fem form von* **Prinz** princess

Prin·zip <-s, -ien> [prɪn'tsi:p, *pl* -pi̯ən] *nt* principle; *(Gesetzmäßigkeit)* principle; *(in den Wissenschaften a.)* law; **ein politisches** ~ a political principle; **sich** *dat* **etw zum ~ machen** to make sth one's principle; **an seinen ~ien festhalten** to stick to one's principles; **ein Mann von ~ien sein** to be a man of principle; **aus** ~ on principle; **im** ~ in principle; **nach einem [einfachen] Prinzip funktionieren** to function according to a [simple] principle; **das ~ Hoffnung/Verantwortung** [the principle of] hope/responsibility

prin·zi·pi·ell [prɪntsi'pi̯ɛl] **I.** *adj* **~e Erwägungen** fundamental considerations; **eine ~e Möglichkeit** a fundamental possibility; **~e Unterschiede** fundamental differences
II. *adv (aus Prinzip)* on [*or* as a matter of] principle; **etw ~ ablehnen** to refuse [*or* reject] sth on princi-

ple; *(im Prinzip)* in principle; ***eine andere Interpretation ist ~ auch möglich*** in principle a different interpretation is also possible

Prin·zi·pi·en ['prɪn'tsi:pi̯ən] *pl von* Prinzip

Prin·zi·pien·fra·ge ['prɪn'tsi:pi̯ən-] *f* matter [*or* question] of principle; [**für jdn**] **eine ~ sein** to be a matter [*or* question] of principle [to sb] **Prin·zi·pi·en·rei·ter(in)** *m(f) (pej)* stickler for [one's] principles **prin·zi·pi·en·treu** *adj* PSYCH true to one's principles **Prin·zi·pi·en·treue** *f* PSYCH adherence to one's principles

Prinz·re·gent *m* prince regent

Pri·or(in) <-s, Prioren> ['pri:oːɐ̯, *pl* pri'o:rən] *m(f)* ① *(Klostervorsteher bei bestimmten Orden)* prior ② *(Stellvertreter des Abtes)* [claustral [*or spec* cloistral]] prior

Pri·o·ri·tät <-, -en> [priori'tɛːt] *f* ① *(geh)* priority, precedence; ~ [**vor etw** *dat*] **haben** [*o* **genießen**] to have priority [over sth], to take precedence [over sth]; **~en setzen** [*o* **festlegen**] to set [one's] priorities; ***dem Umweltschutz muss absolute ~ eingeräumt werden*** environmental protection must be given top priority
② BÖRSE priority bond, first debenture

Pri·o·ri·tä·ten·lis·te *f* list of priorities; **ganz oben auf der ~ stehen** to be the first of one's priorities, to be at the top of one's list

Pri·o·ri·täts·auf·ga·be *f* INFORM foreground task **Pri·o·ri·täts·be·leg** *m (Patent)* priority document **Pri·o·ri·täts·er·klä·rung** *f (Patent)* declaration of priority **Pri·o·ri·täts·prin·zip** *nt* JUR priority principle **Pri·o·ri·täts·pro·gramm** *nt* INFORM foreground program **Pri·o·ri·täts·rei·hen·fol·ge** *f* INFORM foreground sequence **Pri·o·ri·täts·streit·ver·fah·ren** *nt* JUR *(Patent)* interference proceedings *pl*

Pri·se <-, -n> ['pri:zə] *f* ① *(kleine Menge)* pinch; **eine ~ Salz** a pinch of salt; **eine ~ Sarkasmus** *(fig)* a touch [*or* hint] of sarcasm; **eine ~ nehmen** to have a pinch of snuff
② NAUT prize

Pris·ma <-s, Prismen> ['prɪsma, *pl* -mən] *nt* prism

Pris·men·fern·glas *nt* prismatic binoculars *npl*

Prit·sche <-, -n> ['prɪtʃə] *f* ① *(primitive Liege)* plank bed
② *(offene Ladefläche)* platform
③ *(fig sl: sexuell leicht zu haben)* easy lay *sl*

prit·schen ['prɪtʃn̩] *vt* ■[**etw**] ~ SPORT to set

Prit·schen·wa·gen *m* platform lorry [*or* truck] BRIT, flatbed [truck] AM

pri·vat [pri'va:t] **I.** *adj* ① *(jdm persönlich gehörend)* private; **~es Eigentum** private property
② *(persönlich)* personal; ***er hat alle Autos von ~ gekauft*** he bought all the cars from private individuals; ***ich möchte nur an ~ verkaufen*** I only want to sell to private individuals; **~e Angelegenheiten** private affairs; **~er Anleger** private investor; **~e Ausgaben** private expenditure *no pl;* **~e Unterbringung von ausländischen Wertpapieren** private negotiation of foreign securities; **~er Verbrauch** personal consumption; **~er Verkauf eines Aktienpakets** private sale of a block of shares
③ *(nicht öffentlich)* private; **eine ~e Schule** a private [*or* BRIT *a.* public] school; **eine ~e Vorstellung** a private [*or* AM closed] performance
II. *adv* ① *(nicht geschäftlich)* privately; **jdn ~ sprechen** to speak to sb in private [*or* privately]; ***~ können Sie mich unter dieser Nummer erreichen*** you can reach me at home under this number; ***sie ist an dem Wohl ihrer Mitarbeiter auch ~ interessiert*** she is also interested in the welfare of her staff outside of office hours
② FIN, MED ~ **behandelt werden** to have private treatment; ~ **liegen** to be in a private ward; **sich** *akk* **~ versichern** to take out a private insurance; **etw ~ finanzieren** to finance sth out of one's own savings

Pri·vat·adres·se *f* home address **Pri·vat·an·ge·le·gen·heit** *f* private matter; ***das ist meine ~*** that's my [own] affair [*or* business], that's a private matter **Pri·vat·an·le·ger(in)** *m(f)* FIN private investor **Pri·vat·an·mel·der(in)** *m(f) (Patent)* individual [*or* single] applicant **Pri·vat·an·schluss**^RR *m* private line [*or* number] **Pri·vat·an·schrift** *f* private [*or* home] address **Pri·vat·au·di·enz** *f* private [*or* AM closed] audience **Pri·vat·bahn** *f* private railway [*or* AM railroad] **Pri·vat·bank** *f* private [*or* commercial] bank **Pri·vat·be·sitz** *m* private property [*or* ownership]; **in ~** privately owned [*or* in private ownership]; ***dieses Bild ist eine Leihgabe aus ~*** this picture is a loan from a private collection **Pri·vat·be·trieb** *m* ÖKON private enterprise **Pri·vat·dar·le·hen** *nt* personal loan **Pri·vat·de·tek·tiv(in)** *m(f)* private detective, private investigator [*or fam* eye] **Pri·vat·do·zent(in)** *m(f) title of a lecturer who is not a professor and not a civil servant at a university*

Pri·vat·ei·gen·tum *nt* private property; **etw in ~ überführen** to privatize sth, to denationalize sth

Pri·vat·ei·gen·tums·recht *nt* JUR law of private property, private ownership

Pri·vat·ein·fuh·ren *pl* HANDEL private imports **Pri·vat·ein·la·ge** *f* FIN private deposits *pl* **Pri·vat·ent·nah·me** *f* FIN personal drawing **Pri·vat·fern·seh·an·bie·ter** *m* TV private [*or* commercial] television broadcaster **Pri·vat·fern·se·hen** *nt (form)* commercial [*or* privately-owned] television *no art* **Pri·vat·ge·spräch** *nt* private conversation; *(am Telefon)* private [*or* personal] call **Pri·vat·gläu·bi·ger(in)** *m(f)* JUR private creditor **Pri·vat·grund·stück** *nt* private property [*or* premises *npl*] **Pri·vat·haft·pflicht·ver·si·che·rung** *f* FIN personal liability insurance **Pri·vat·hand** *f kein pl* **aus** [*o* **von**] **~** privately, from private hands; ***er hat das Auto aus/von ~ gekauft*** he bought the car privately [*or* in a private deal] [*or* from a private seller]; **in ~** in private hands [*or* ownership], privately owned **Pri·vat·haus** *nt* JUR private house [*or* dwelling] **Pri·vat·haus·halt** *m* household **Pri·vat·hoch·schu·le** *f* private college [*or* university] **Pri·vat·ini·ti·a·ti·ve** *f* private initiative [*or* enterprise] **Pri·vat·in·ter·es·se** *nt* personal interest

pri·va·ti·sie·ren* [privati'zi:rən] *vt* ■**etw** ~ to privatize sth, to denationalize sth

Pri·va·ti·sie·rung <-, -en> *f* ÖKON privatization *no pl*

Pri·va·ti·sie·rungs·er·lös *m* proceeds of privatization **Pri·va·ti·sie·rungs·maß·nah·me** *f* POL privatization measure

Pri·vat·kla·ge *f* JUR private prosecution **Pri·vat·klä·ger(in)** *m(f)* JUR plaintiff **Pri·vat·kla·ge·ver·fah·ren** *nt* JUR private prosecution proceedings **Pri·vat·kli·nik** *f* private clinic [*or* hospital], nursing home BRIT **Pri·vat·kon·to** *nt* ÖKON private account **Pri·vat·kre·dit** *m* consumer loan **Pri·vat·kun·de, -kun·din** *m, f* ÖKON private customer **Pri·vat·le·ben** *nt kein pl* private life; **sich** *akk* **ins ~ zurückziehen** to retire into private life **Pri·vat·leh·rer(in)** *m(f)* private tutor **Pri·vat·leu·te** *pl von* Privatmann **Pri·vat·mann** <-leute> *m* private citizen [*or* individual] **Pri·vat·num·mer** *f* home [*or* private] number **Pri·vat·pa·ti·ent(in)** *m(f)* private patient **Pri·vat·per·son** *f* private person; **als ~** as a private individual; MIL civilian, unauthorized person **Pri·vat·recht** *nt* JUR private [*or* civil] law; **internationales ~** law of conflicts, private international law **pri·vat·recht·lich** *adj inv* JUR under private [*or* civil] law

pri·vat·rechts·fä·hig *adj inv* JUR capable of suing and being sued **Pri·vat·rechts·ko·di·fi·ka·ti·on** *f* JUR codification of private law **Pri·vat·rechts·ord·nung** *f* JUR private law regime **Pri·vat·rechts·ver·ein·heit·li·chung** *f* JUR harmonization of private law

Pri·vat·sa·che *f s.* **Privatangelegenheit** **Pri·vat·schul·den** *pl* JUR private debts; **~ der Geschäftsinhaber** individual [*or* separate] debts **Pri·vat·schu·le** *f* private [*or* BRIT independent] school **Pri·vat·se·kre·tär(in)** <-s, -e> *m(f)* private secretary **Pri·vat·sen·der** *m* RADIO, TV private commercial station **Pri·vat·sphä·re** *f kein pl* **die ~ verletzen** to invade [*or* violate] sb's privacy; **die ~ schützen** to protect sb's privacy **Pri·vat·strand** *m* private beach **Pri·vat·stun·de** *f* private lesson; **~n nehmen** to have private lessons **Pri·vat-TV-An·bie·ter** *m* TV private [*or* commercial] TV-broadcaster **Pri·vat·un·ter·neh·men** *nt* ÖKON private enterprise **Pri·vat·un·ter·richt** *m kein pl* private tuition [*or* schooling] [*or pl* lessons] **Pri·vat·ver·gnü·gen** *nt* private pleasure [*or* amusement]; **jds ~ sein** *(fam)* to be sb's [own] business [*or* affair]; **zu jds ~** *(fam)* for sb's [own] pleasure [*or* amusement] *a. iron* **Pri·vat·ver·mö·gen** *nt* private [*or* personal] property [*or* assets] *pl;* **bewegliches ~** personal assets *pl* **Pri·vat·ver·si·che·rung** *f* private insurance **Pri·vat·wa·gen** *m* private car **Pri·vat·weg** *m* private way [*or* road] **Pri·vat·wirt·schaft** *f* ■**die ~** the private sector **pri·vat·wirt·schaft·lich** *adj inv* ÖKON private-sector **Pri·vat·woh·nung** *f* private flat [*or* AM apartment]

Pri·vi·leg <-[e]s, -ien> [privi'le:k, *pl* -gi̯ən] *nt (geh)* privilege, prerogative *form*

pri·vi·le·gie·ren* [privile'gi:rən] *vt (geh)* ■**jdn** ~ to grant privileges to sb

pri·vi·le·giert *adj (geh)* privileged

Pri·vi·le·gi·um <-s, -ien> [privi'le:gi̯ʊm, *pl* -i̯ən] *nt* privilege

PR-Maß·nah·me *f* PR measure

pro [pro:] **I.** *präp* per; ~ **Jahr** per [*or* a] year, per annum *form;* ~ **Minute/Sekunde** per [*or* a] minute/second; ~ **Kopf** [**und Nase**] *(fam)* a head; ~ **Person** per person; ~ **Stück** each, apiece; ***ich gebe Ihnen 5 Euro ~ Stück*** I will give you 5 euros a head
II. *adv* ~ [**eingestellt**] **sein** to be for [*or* in favour of] sth; ***sind Sie ~ oder kontra?*** are you for or against [*or* pro or anti] it?

Pro <-> [pro:] *nt kein pl* [**das**] **~ und** [**das**] **Kontra** *(geh)* the pros and cons *pl;* ***wir müssen das ~ und Kontra gegeneinander abwägen*** we have to weigh up the pros and the cons

Pro·ame·ri·ka·nis·mus <-> *m kein pl* POL pro-Americanism

Pro·band(in) <-en, -en> [pro'bant, *pl* -ndn̩] *m(f)* ① *(Versuchsperson)* test person, guinea pig
② *(auf Bewährung Verurteilter)* offender on probation

pro·bat [pro'ba:t] *adj (geh)* proven, effective; **ein ~es Mittel** a tried and tested method; ■**~ sein, etw zu tun** to be advisable [from experience] to do sth; ***es ist ~, regelmäßig Obst zu essen*** it is advisable to eat fruit regularly

Pro·be <-, -n> ['pro:bə] *f* ① *(Warenprobe, Testmenge)* sample; JUR *a.* specimen; **eine ~ Urin/des Wassers** a urine/water sample; **kostenlose ~** free sample, freebie *fam;* **laut beiliegender ~** as per sample enclosed; **der ~ entsprechend** up to sample; **~n** [**von etw** *dat*] **ziehen** [*o* **nehmen**], **~n** [**aus etw** *dat*] **ziehen** [*o* **nehmen**] to take samples [from sth]; *(Beispiel)* example; **eine ~ seines Könnens geben** to show what one can do; **Kauf auf/nach ~** sale on approval/by sample; **zur ~** on trial
② MUS, THEAT rehearsal
③ *(Prüfung)* test; **die ~ aufs Exempel machen** to put it to the test; **ein Auto ~ fahren** to take a car for a test drive, to test drive a car; ■[**mit etw** *dat*] **~ fahren** to go for a test drive [in sth]; ***mit dem Wagen bin ich schon ~ gefahren*** I have already been for a test drive in that car; **~ laufen** SPORT to go for a practice run, to have a trial [run]; TECH to do a test [*or* trial] run; **jdn auf die ~ stellen** to put sb to the test, to try sb; **etw auf die/eine harte ~ stellen** to put sth to the test; **jds Geduld auf eine harte ~ stellen** to sorely try sb's patience; **auf ~** on probation; **zur ~** for a trial, to try out

Pro·be·ab·zug *m* proof **Pro·be·alarm** *m* practice alarm, fire drill **Pro·be·an·fer·ti·gung** *f* HANDEL sample **Pro·be·an·ge·bot** *nt* ÖKON trial offer **Pro·be·ar·beits·ver·hält·nis** *nt* HANDEL probationary employment **Pro·be·auf·nah·me** *f* ① *(Aufnehmen zur Probe)* screen test ② *(probehalber Aufgenommenes)* test take, screen test **Pro·be·auf·trag** *m* HANDEL trial [*or* sample] order **Pro·be·bi·lanz** *f* FIN trial balance **Pro·be·boh·rung** *f* TECH test drill[ing] **Pro·be·büh·ne** *f* rehearsal stage **Pro·be·ent·nah·me** *f* sampling, taking of samples **Pro·be·ex·em·plar** *nt* specimen [copy [*or* issue]] **Pro·be·fahrt** *f* test drive; **eine ~ machen** [*o* **unternehmen** *geh*] to go for a test drive **Pro·be·jahr** *nt* probationary year, year of probation **Pro·be·kauf** *m* HANDEL sale on approval **Pro·be·lauf** *m* trial [*or* test] run **pro·be|lau·fen**[ALT] *vi irreg, meist infin o pp sein s.* Probe 3 **Pro·be·leh·rer(in)** *m(f)* ÖSTERR probationer

prö·beln ['prø:bl̩n] *vi* SCHWEIZ *(experimentieren)* to experiment

Pro·be·lo·kal <-s, -e> *nt* MUS SCHWEIZ *(Proberaum)* rehearsal room **Pro·be·mus·ter** *nt* HANDEL reference sample

pro·ben ['pro:bn̩] **I.** *vt* ■**etw** [**mit jdm**] ~ to rehearse sth [with sb]; **eine Szene** ~ to rehearse a scene; *s. a.* **Aufstand, Ernstfall**

II. *vi* ■[**mit jdm**] [**für etw** *akk*] ~ to rehearse [with sb] [for sth]; ***der Komponist probte persönlich mit den Musikern*** the composer came in person to rehearse with the musicians

Pro·ben·buch *nt* TYPO specimen collection

Pro·be·num·mer *f* specimen [*or* trial] copy **Pro·be·pa·ckung** *f* trial package **Pro·be·raum** <-s, -räume> *m* MUS rehearsal [*or* practice] room **Pro·be·sei·te** *f* specimen [*or* sample] page **Pro·be·sen·dung** *f* sample[s *pl*] sent on approval **Pro·be·spiel** *nt* ❶ MUS prepared piece *(to be performed by sb at an audition)* ❷ SPORT *friendly match to test ability and compatibility of players* **Pro·be·stück** *nt* HANDEL trial sample

pro·be·wei·se *adv* on a trial basis; ***singen Sie uns ~ etwas vor!*** try singing sth for us; ***nehmen Sie ~ dieses Waschmittel*** try this washing powder, give this washing powder a try; *mit Verbalsubstantiven a attr* trial *attr;* **die ~ Verlängerung der Öffnungszeiten** extension of the opening hours on a trial basis; ***die Leitung will in dieser Abteilung die ~ Sonntagsarbeit einführen*** the management wants to introduce Sunday hours on a trial basis in this department

Pro·be·zeit *f* probationary [*or* trial] period

pro·bie·ren* [pro'bi:rən] **I.** *vt* ❶ *(kosten)* ■**etw** ~ to try [*or* taste] [*or* sample] sth

❷ *(versuchen)* ■**es** [**mit etw** *dat*] ~ to try [*or* to have a go [*or* try] at] it [with sth]; ***ich habe es schon mit vielen Diäten probiert*** I have already tried many diets; ■**~, etw zu tun** to try to do sth; ***ich werde ~, sie zu überreden*** I will try to persuade her; ■**etw** ~ to try sth out; **ein neues Medikament** ~ to try out a new medicine

❸ *(anprobieren)* ■**etw** ~ to try on sth *sep*

❹ THEAT to rehearse; **ein Stück** ~ to rehearse a play

II. *vi* ❶ *(kosten)* ■[**von etw** *dat*] ~ to try some [*or* have a taste] [of sth]; ***willst du nicht wenigstens einmal*** ~ won't you at least try it once

❷ *(versuchen)* ■**~, ob/was/wie ...** to try and see whether/what/how ...; ***ich werde ~, ob ich das alleine schaffe*** I'll see if I can do it alone

▸WENDUNGEN: **P~ geht über Studieren** *(prov)* the proof of the pudding is in the eating *prov*

III. *vr (fam)* **sich** *akk* **als Dozent/Schreiner** ~ to work as a lecturer/carpenter for a short time

pro·bi·o·tisch *adj inv* probiotic; **~e Milchprodukte** probiotic milk products

Pro·blem <-s, -e> [pro'ble:m] *nt* ❶ *(Schwierigkeit)* problem; **es gibt** [**mit jdm/etw**] **~e** I/we/they, etc. are having problems [with sb/sth], sth is having problems; [**mit jdm/etw**] **ein ~/Probleme haben** to have a problem/be having problems [with sb/sth]; **vor ~en/einem ~ stehen** to be faced [*or* confronted] with problems/a problem; [**für jdn**] **zum ~ werden** to become a problem [for sb]

❷ *(geh: schwierige Aufgabe)* problem; **ein schwieriges** ~ a difficult problem, a hard [*or* tough] nut to crack; **ein ungelöstes** ~ an un[re]solved problem; **~e wälzen** to turn over problems in one's mind; [**nicht**] **jds ~ sein** to [not] be sb's business; **kein ~!** *(fam)* no problem!

Pro·blem·ab·fäl·le *pl* problem waste *no pl*

Pro·ble·ma·tik <-> [proble'ma:tɪk] *f kein pl (geh)* problematic nature, difficulty (+*gen* of), problems *pl* (+*gen* with); **die ~ erkennen** to recognize the problems; **auf eine ~ hinweisen** to point out difficulties; **von einer besonderen ~ sein** to be of a particularly problematic nature, to have [its/their [own]] particular problems

pro·ble·ma·tisch [proble'ma:tɪʃ] *adj* problematic[al], difficult, complicated; **ein ~es Kind** a difficult child

pro·ble·ma·ti·sie·ren* [problemati'zi:rən] *vt* SCI *(geh)* ■**etw** ~ expound [*or* discuss] the problems of sth

Pro·blem·be·reich *m* problem area **Pro·blem·fall** *m (geh)* problem; *(Mensch)* problem case **Pro·blem·kind** *nt* problem child

pro·blem·los **I.** *adj* problem-free, trouble-free, unproblematic *attr*

II. *adv* without any problems [*or* difficulty]; **etw ~ meistern** to master sth easily; **nicht ganz** ~ not quite without [its/their] problems [*or* difficulties]; **~ ablaufen** to run smoothly

pro·blem·ori·en·tiert *adj* problem-oriented **Pro·blem·ur·sa·che** *f* problem area **Pro·blem·zo·ne** *f* problem area

Pro·ce·de·re <-, -> [pro'tse:dərə] *nt (geh)* procedure

Pro·de·kan <-s, -e> ['pro:deka:n] *m* vice dean

Pro·duct·place·ment[RR], **Pro·duct-Place·ment**[RR], **Pro·duct place·ment**[ALT] <-s, -s> ['prɔdakt 'ple:smənt] *nt selten pl* product placement *no art*

Pro·dukt <-[e]s, -e> [pro'dʊkt] *nt* product; MATH product; **fertiges/hochwertiges** ~ finished/high-quality product; **landwirtschaftliche ~e** agricultural products [*or* produce]; **ein ~ beziehen** to buy a product; **~ der Einbildung/Fantasie** *(fig)* figment of the imagination

Pro·dukt·ana·ly·se *f* ÖKON product analysis **Pro·dukt·dif·fe·ren·zie·rung** *f* HANDEL product differentiation **Pro·dukt·ei·gen·schaft** *f* product feature, feature of a/the product **Pro·dukt·ein·füh·rung** *f* ÖKON new product launch

Pro·duk·ten·bör·se *f* ÖKON commodity exchange **Pro·duk·ten·han·del** *m* ÖKON trade in agricultural produce [*or* commodities]

Pro·dukt·ent·wick·lung *f kein pl* ÖKON product development *no pl*

Pro·duk·te·pa·let·te <-, -n> *f* ÖKON SCHWEIZ *(Produktpalette)* product range

Pro·dukt·er·pres·sung *f* product blackmail *(threatening to poison products or bomb premises)* **Pro·dukt·fa·mi·lie** *f* HANDEL product family **Pro·dukt·feh·ler** *m* JUR product defect **Pro·dukt·ge·ne·ra·ti·on** *f* ÖKON product generation **Pro·dukt·ge·stal·tung** *f kein pl* ÖKON product design **Pro·dukt·grup·pe** *f* ÖKON product group [*or* line]

Pro·dukt·haft·pflicht *f*, **Pro·dukt·haf·tung** *f* HANDEL product liability **Pro·dukt·haft·pflicht·ver·si·che·rung** *f* FIN product liability insurance

Pro·dukt·haf·tung *f* product [*or* producer's] liability **Pro·dukt·in·for·ma·ti·on** *f meist pl* ÖKON product information *no indef art, no pl* **Pro·dukt·in·no·va·ti·on** *f* HANDEL product innovation

Pro·duk·ti·on <-, -en> [prodʊk'tsi̯o:n] *f* production; **die ~ drosseln** to restrict production; **die ~ einstellen/erhöhen** to stop/step up production; **~ unter Marktbedingungen** production geared to market conditions

Pro·duk·ti·ons·ab·fall *m kein pl* drop in production **Pro·duk·ti·ons·ab·lauf** *m* production process **Pro·duk·ti·ons·ab·schnitt** *m* stage of production **Pro·duk·ti·ons·ab·tei·lung** *f* ÖKON production department **Pro·duk·ti·ons·an·la·ge** *f meist pl* ÖKON production [*or* manufacturing] facility *usu pl* [*or* plant *no pl*] **Pro·duk·ti·ons·an·reiz** *m* ÖKON production incentive **Pro·duk·ti·ons·ap·pa·rat** *m* production network [*or* facilities] *pl* **Pro·duk·ti·ons·as·sis·tent(in)** *m(f)* production assistant **Pro·duk·ti·ons·auf·kom·men** *nt* total production **Pro·duk·ti·ons·aus·fall** *m* shortfall in production, loss of output [*or* production] **Pro·duk·ti·ons·aus·stoß** *m* production output **pro·duk·ti·ons·be·dingt** *adj inv* production-related **Pro·duk·ti·ons·be·ginn** *m* start [*or* onset] of production **pro·duk·ti·ons·be·zo·gen** *adj inv* production-based **Pro·duk·ti·ons·dros·se·lung** *f* production cutback **Pro·duk·ti·ons·ein·stel·lung** *f* termination of production **Pro·duk·ti·ons·fak·tor** *m* factor of production **Pro·duk·ti·ons·feh·ler** *m* ÖKON production fault [*or* defect] **Pro·duk·ti·ons·fir·ma** *f* production company **Pro·duk·ti·ons·fluss**[RR] *m* flow of production **pro·duk·ti·ons·för·dernd** *adj inv* production-promoting *attr*, promoting production *pred* **Pro·duk·ti·ons·gang** *m* production process **Pro·duk·ti·ons·ge·mein·schaft** *f*, **Pro·duk·ti·ons·ge·nos·sen·schaft** *f* ÖKON producers' cooperative, cooperative productive society **Pro·duk·ti·ons·gü·ter** *pl* ÖKON producer [*or* industrial] [*or* capital] goods *npl* **Pro·duk·ti·ons·hal·le** *f* production hall **Pro·duk·ti·ons·ka·pa·zi·tät** *f* production capacity **Pro·duk·ti·ons·kar·tell** *nt* ÖKON production combination **Pro·duk·ti·ons·kos·ten** *pl* production costs **Pro·duk·ti·ons·kraft** *f* productive capacity **Pro·duk·ti·ons·leis·tung** *f kein pl* ÖKON manufacturing efficiency; *(Kapazität)* output; *(Rate)* rate of production **Pro·duk·ti·ons·ma·na·ger** *m* production manager **Pro·duk·ti·ons·me·tho·de** *f* production method **Pro·duk·ti·ons·mit·tel** *pl* means of production, capital equipment *no pl* **Pro·duk·ti·ons·mit·tel·be·stand** *m* stock of capital equipment **Pro·duk·ti·ons·mo·no·pol** *nt* ÖKON monopoly of production **pro·duk·ti·ons·nah** *adj* close to the site of production; **~e Dienstleistungsbetriebe** service companies situated close to the site of production **Pro·duk·ti·ons·po·ten·zi·al**[RR] *nt* productive capacity [*or* potential] **Pro·duk·ti·ons·pro·zess**[RR] *m* production process **Pro·duk·ti·ons·re·ser·ven** *pl* idle capacity **Pro·duk·ti·ons·rück·gang** *m* fall in output **Pro·duk·ti·ons·spar·te** *f* line of production **Pro·duk·ti·ons·stan·dard** *m* ÖKON production standard **Pro·duk·ti·ons·stand·ort** *m* production site **Pro·duk·ti·ons·stät·te** *f* [production] site, production [*or* manufacturing] facilities *pl* **Pro·duk·ti·ons·stei·ge·rung** *f* rise [*or* increase] in production **Pro·duk·ti·ons·sto·ckung** *f* ÖKON [production] stoppage **Pro·duk·ti·ons·stück·zahl** *f* quantity produced **Pro·duk·ti·ons·tech·nik** *f kein pl* production engineering *no pl* **pro·duk·ti·ons·tech·nisch** *adj inv* production *attr* **Pro·duk·ti·ons·über·schuss**[RR] *m* ÖKON surplus products *pl* **Pro·duk·ti·ons·um·stel·lung** *f* rearrangement of production **Pro·duk·ti·ons·un·ter·bre·chung** *f* production downtime **Pro·duk·ti·ons·un·ter·neh·men** *nt* ÖKON manufacturing company **Pro·duk·ti·ons·ver·fah·ren** *nt* production methods *pl* **Pro·duk·ti·ons·ver·la·ge·rung** *f* diversion of production **Pro·duk·ti·ons·vo·lu·men** *nt* volume of output **Pro·duk·ti·ons·wert** *m kein pl* production value **Pro·duk·ti·ons·ziel** *nt* production target **Pro·duk·ti·ons·zif·fer** *f* ÖKON output figure **Pro·duk·ti·ons·zweig** *m* ÖKON branch [*or* line] of production

pro·duk·tiv [prodʊk'ti:f] *adj (geh)* productive; **~ arbeiten** to work productively; **~ zusammenarbeiten** to work together productively; **ein ~er Autor** a productive [*or* prolific] author; **~e Kritik** productive criticism

Pro·duk·ti·vi·tät <-> [prodʊktivi'tɛ:t] *f kein pl* productivity, productive capacity

Pro·duk·ti·vi·täts·ent·wick·lung *f* ÖKON trend of productivity **Pro·duk·ti·vi·täts·fort·schritt** *m* advance in productivity **Pro·duk·ti·vi·täts·ge·fäl·le** *nt* ÖKON productivity differential **Pro·duk·ti·vi·täts·stei·ge·rung** *f* ÖKON increase in productivity; **zum Ziel der ~** with the aim of boosting productivity **Pro·duk·ti·vi·täts·wachs·tum** *nt* ÖKON productivity growth **Pro·duk·ti·vi·täts·zu·wachs** *m* ÖKON increase in productivity, productivity increase

Pro·duk·tiv·kraft <-, -kräfte> *f meist pl (marxistisch)* productive force, force of production

Pro·dukt·le·bens·zy·klus *m* ÖKON product lifecycle **Pro·dukt·li·nie** *f* ÖKON product line **Pro·dukt·ma·na·ge·ment** [-mɛnɪdʒmənt] *nt kein pl* ÖKON product management *no pl* **Pro·dukt·ma·na·ger(in)** [-mɛnɪdʒɐ] *m(f)* product manager **Pro·dukt·merk·mal** *nt* ÖKON product characteristic [*or* feature] **Pro·dukt·pa·let·te** *f* ÖKON product range **Pro·dukt·pi·ra·te·rie** *f* [copyright] piracy **Pro·dukt·rei·he** *f* product line

Pro·dukt·si·cher·heit *f* HANDEL product reliability **Pro·dukt·si·cher·heits·ge·setz** *nt kein pl* product safety law

Pro·dukt·spek·trum *nt* product spectrum **pro·dukt·spe·zi·fisch** *adj* product-specific **Pro·dukt·wer·bung** *f* ÖKON product advertising **Pro·dukt·zy·klus** <-es, -zyklen> *m* product cycle

Pro·du·zent(in) <-en, -en> [produ'tsɛnt] *m(f)* producer

Pro·du·zen·ten·haft·pflicht *f*, **Pro·du·zen·ten·haf·tung** *f* ÖKON producer's [*or* product] liability

pro·du·zie·ren* [produ'tsi:rən] **I.** *vt* ① *(herstellen)* ■**etw** ~ to produce sth; *(bes viel)* to turn out sth; **einen Film** ~ to produce a film; ~**des Gewerbe** ÖKON manufacturing business
② *(hervorbringen)* ■**etw** ~ to produce sth; ***wer hat denn das produziert?*** *(fam)* who's responsible for that?; **eine Entschuldigung** ~ to come up with an excuse; **Lärm** ~ to make noise; **Unsinn** ~ to talk rubbish [*or* nonsense]
II. *vi* to produce; **billig** ~ to produce goods cheaply, to have low production costs
III. *vr (pej fam)* ■**sich** *akk* [**vor jdm**] ~ to show off [in front of sb]

Prof. <-s, -s> [prɔf] *m kurz für* **Professor** Prof.

pro·fan [pro'fa:n] *adj (geh)* ① *(alltäglich)* mundane, prosaic *form;* **ganz** ~**e Probleme haben** to have very mundane problems
② *(weltlich)* secular, profane *form;* ~**e Bauwerke/Kunst** secular buildings/art

pro·fes·si·o·na·li·sie·ren* [profɛsi̯onali'zi:rən] *vt (geh)* ■**etw** ~ to professionalize sth

Pro·fes·si·o·na·li·tät <-> *f kein pl* professionalism *no pl*

pro·fes·si·o·nell [profɛsi̯o'nɛl] *adj* professional

Pro·fes·sor, Pro·fes·so·rin <-s, -en> [pro'fɛso:ɐ̯, profɛ'so:rɪn, *pl* -'so:rən] *m, f* ① *kein pl (Titel)* professor
② *(Träger des Professorentitels)* **Herr** ~/**Frau** ~**in** Professor; **außerordentlicher** ~ extraordinary [*or* AM associate] professor; **ordentlicher** ~ [full AM] professor; ~ **sein** to be a professor; ***sie ist Professorin für Physik in München*** she is a professor of physics in Munich
③ ÖSTERR *(Gymnasiallehrer)* master *masc,* mistress *fem*

pro·fes·so·ral [profɛso'ra:l] *adj* ① *(den Professor betreffend)* professorial; **die** ~**e Würde** professorial dignity
② *(pej: belehrend)* lecturing *attr pej,* know-[it-]all *pej fam attr;* ***am meisten stört mich seine ~e Art*** what gets me most is the way he thinks he knows it all

Pro·fes·so·rin <-, -nen> *f fem form von* **Professor**

Pro·fes·sur <-, -en> [profɛ'su:ɐ̯] *f* [professor's [*or* professorial]] chair (**für** +*akk* in/of); **eine** ~ **für Chemie haben** [*o* **innehaben** *geh*] to hold the chair in chemistry

Pro·fi <-s, -s> ['pro:fi] *m (fam)* pro *fam*

Pro·fil <-s, -e> [pro'fi:l] *nt* ① *(Einkerbungen zur besseren Haftung) Reifen, Schuhsohlen* tread
② *(seitliche Ansicht)* profile; **jdn im** ~ **fotografieren** to photograph sb in profile
③ *(geh: Ausstrahlung)* image; ~ **haben** [*o* **besitzen** *geh*] to have an image [*or* a distinctive [*or* personal] image]; **an** ~ **gewinnen** to improve one's image; ***die Polizei konnte ein ziemlich gutes ~ des Täters erstellen*** the police were able to give a fairly accurate profile of the criminal; ~ **zeigen** to take a stand

pro·fi·lie·ren* [profi'li:rən] **I.** *vt* ■**etw** ~ to put a tread on sth; **Bleche** ~ to contour sheets of metal
II. *vr* ■**sich** *akk* [**in etw** *dat*] [**als jd**] ~ to create an image for oneself [as sb] [in sth]; **sich** *akk* **politisch** ~ to make one's mark as a politician; ***sie hat sich als Künstlerin profiliert*** she distinguished herself as an artist

pro·fi·liert *adj (geh)* **ein** ~**er Fachmann/Politiker** an expert/a politician who has made his mark; ■ ~/~**er sein** to have made one's mark/more of a mark

Pro·fi·lie·rung <-> *f kein pl (geh)* making one's mark *no art;* ***durch seine ~ als Politiker hat er viel Ansehen bekommen*** by making his mark as a politician he has gained prestige

Pro·fi·li·ga *f* professional league

Pro·fil·lo·sig·keit *f kein pl* POL lack of a distinct image

Pro·fil·neu·ro·se *f* PSYCH image complex **Pro·fil·soh·le** *f* sole with a tread, treaded sole

Pro·fi·sport·ler(in) *m(f)* professional sportsman, pro *fam*

Pro·fit <-[e]s, -e> [pro'fɪt, -'fi:t] *m* profit; ~ **bringende Geschäfte** profitable deals; ***wo ist dabei für mich der ~?*** what do I get out of it?; ~ **abwerfen/erwirtschaften** to yield a profit/to reap a profit; **mit** ~ **arbeiten** to work profitably; **von etw** *dat* [**keinen**] ~ **haben** [not] to profit from sth; [**bei etw** *dat*/**mit etw** *dat*] ~ **machen** to make a profit [with sth]; **aus etw** *dat* ~ **schlagen** [*o* **ziehen**] to make a profit from [*or* out of] sth, to reap the benefits from sth *fig;* **etw mit** ~ **verkaufen** to sell sth at a profit

pro·fi·ta·bel [profi'ta:bl̩] *adj (geh)* profitable; *(stärker)* lucrative

Pro·fi·ta·bi·li·tät <-> *f kein pl* FIN profitability

Pro·fi·te·le·fo·nie·rer(in) *m(f)* business caller

Pro·fi·teur(in) <-s, -e> [profi'tø:ɐ̯] *m(f) (pej)* profiteer

Pro·fit·gier <-> *f kein pl (pej)* money-grubbing *no pl,* greed for profit *no pl*

pro·fi·tie·ren* [profi'ti:rən] *vi (geh)* [**bei etw** *dat*/**von etw** *dat*] [**mehr**] ~ to make [*or* gain] [more of] a profit [from sth]; **viel** ~ to make a large profit; ***davon habe ich kaum profitiert*** I didn't make much of a profit there; **von jdm/etw** [**mehr**] ~ *(fig)* to profit [more] from [*or* by] sb/sth; ***dabei kann ich nur*** ~ I only stand to gain from it, I can't lose

Pro·fit·jä·ger(in) <-s, -> *m(f) (pej)* profiteer

Pro·fit·ma·xi·mie·rung *f kein pl* profit maximization **Pro·fit·ver·schlei·e·rung** *f* JUR concealment of profits

pro for·ma [pro: 'fɔrma] *adv (geh)* pro forma *form,* as a matter of form, for appearances' sake; **etw** ~ **unterschreiben** to sign sth as a matter of form; ~ **heiraten** to marry pro forma

Pro-for·ma-Rech·nung *f* pro forma [invoice]

pro·fund [pro'fʊnt] *adj* profound, deep

Pro·ge·rie <-> [proge'ri:] *f kein pl* MED *s.* **Werner-Syndrom** progeria

Pro·ges·te·ron <-s> [progɛste'ro:n] *nt kein pl* BIOL progesterone *no pl*

Pro·gno·se <-, -n> [pro'gno:zə] *f* ① *(geh: Vorhersage)* prediction, prognosis *form; Wetter* forecast; [**jdm**] **eine** ~ **stellen** to give [sb] a prediction [*or* prognosis], to make a prediction [*or* prognosis]; **eine** ~ **wagen** to venture a prediction
② MED prognosis (**für** +*akk* for)

Pro·gno·se·zeit·raum *m* ÖKON forecast period

Pro·gnos·ti·ker(in) [pro'gnɔstɪkɐ] *m(f) (geh)* prognosticator *form*

pro·gnos·ti·zie·ren* [pro'gnɔsti'tsi:rən] *vt (geh)* ■**etw** ~ to predict [*or form* to prognosticate] sth; ***die Ärzte ~ eine rasche Genesung*** to doctors predict a speedy recovery

Pro·gramm <-s, -e> [pro'gram] *nt* ① *(geplanter Ablauf)* programme [*or* AM -am]; *(Tagesordnung)* agenda; *(Zeitplan)* schedule; **ein volles** ~ **haben** to have a full day/week, etc. ahead of one; **auf dem** [*o* **jds**] ~ **stehen** to be on the [*or* sb's] programme/agenda/schedule; ***was steht für heute auf dem ~?*** what's the programme/agenda/schedule for today?; **nach** ~ as planned, to plan
② RADIO, TV *(Sender)* channel; ***ich empfange 30 ~e*** I can get 30 channels
③ *(festgelegte Darbietungen)* programme [*or* AM -am], bill; **im** ~ in the programme, on the bill; ***das Kino hat viele neue Filme im ~*** the cinema has many new films on the bill
④ *(Programmheft)* programme [*or* AM -am]
⑤ *(Konzeption)* programme [*or* AM -am]; *Politiker* platform; *Partei* programme
⑥ *(Sortiment)* product range, range of products; **etw im** ~ **haben** to have [*or* stock] sth in the range; **etw ins** ~ [**auf**]**nehmen** to include sth in the collection
⑦ INFORM [computer] program (**für** +*akk* for); **Probelauf eines** ~**s** desk check; **anwendungsspezifisches** ~ application-oriented program; ~ **beenden/starten** to exit/initiate a program; **übertragbares** ~ portable software; **sprachgesteuertes** ~ speech-driven program

Pro·gramm·ab·bruch *m* INFORM [program] crash **Pro·gramm·ab·lauf** *m* INFORM program run **Pro·gramm·ab·schnitt** *m* INFORM program sequence **Pro·gramm·ab·sturz** *m* INFORM program crash **Pro·gramm·än·de·rung** *f* change of programme [*or* in the [scheduled] programme] **Pro·gramm·an·pas·sung** *f* INFORM program adaptation

Pro·gram·ma·tik <-> [progra'ma:tɪk] *f kein pl (geh)* [political] objectives *pl*

pro·gram·ma·tisch [progra'ma:tɪʃ] *adj inv (geh)* ① *(einem Programm gemäß) Vorgehen* programmatic
② *(Richtung weisend) Erklärung, Text* defining, direction-setting, mission *attr*

Pro·gramm·auf·sicht *f kein pl* television watchdog **Pro·gramm·aus·füh·rung** *f* INFORM program execution **Pro·gramm·aus·rüs·tung** *f* INFORM software **Pro·gramm·bau·stein** *m* program module **Pro·gramm·be·fehl** *m* INFORM program instruction **Pro·gramm·be·ginn** *m* start of the daily programmes [*or* AM programs] **Pro·gramm·be·schrei·bung** *f* INFORM program specification **Pro·gramm·bib·lio·thek** *f* INFORM program library **Pro·gramm·da·tei** *f* INFORM program file **Pro·gramm·di·rek·tor(in)** *m(f)* director of programmes **Pro·gramm·do·ku·men·ta·ti·on** *f* INFORM program documentation **Pro·gramm-Edi·tor** *m* INFORM program editor **Pro·gramm·ent·wick·lung** *f* INFORM program development **Pro·gramm·er·stel·lung** *f* INFORM program development **Pro·gramm·feh·ler** *m* INFORM program error; **verborgener** ~ hidden bug in a program [*or* bug]

Pro·gramm·fol·ge *f* ① RADIO, TV order of programmes
② THEAT order of acts, running order
③ INFORM suite of programs

pro·gramm·ge·mäß **I.** *adj* [as *pred*] planned
II. *adv* [according] to plan; ~ **verlaufen** to run according to plan

Pro·gramm·ge·stal·tung *f* programme planning **pro·gramm·ge·steu·ert** *adj inv* INFORM programmable **Pro·gramm·heft** *nt* programme [*or* AM -am] **Pro·gramm·hin·weis** *m* TV, RADIO, FILM programme [*or* AM -am] announcement

pro·gram·mier·bar *adj inv* INFORM programmable

pro·gram·mie·ren* [progra'mi:rən] *vt* ① INFORM ■**etw** ~ to program sth
② *(von vornherein festgelegt)* ■**programmiert sein** to be preprogrammed

Pro·gram·mie·rer(in) <-s, -> *m(f)* programmer

Pro·gram·mier·feh·ler *m* INFORM programming error **Pro·gram·mier·neu·ling** *m* INFORM novice programmer **Pro·gram·mier·schnitt·stel·le** *f* INFORM application program interface **Pro·gram·mier·spra·che** *f* programming language, high-level language *spec;* **höhere** ~ high-level language, HLL; **maschinenorientierte** ~ low-level language, LLL

Pro·gram·mie·rung <-, -en> *f* ① INFORM programming *no pl;* **lineare/modulare** ~ linear/modular programming
② *(vorherige Festlegung auf etw)* setting *no pl; (eines Videorecorders)* programming *no pl,* setting *no pl; (eines Menschen)* conditioning *no pl*

Pro·gram·mie·rungs·hil·fe *f* INFORM programming aid

Pro·gramm·in·stal·la·ti·on *f* INFORM program setup **Pro·gramm·kar·te** *f* INFORM program card **Pro·gramm·ka·ta·log** *m* catalogue of products **Pro·gramm·ki·no** *nt* arts [*or* repertory] cinema **Pro·gramm·kom·pa·ti·bi·li·tät** *f* INFORM program compatibility **Pro·gramm·lauf** *m* INFORM program run **Pro·gramm·mel·dung**RR *f* INFORM dialogue box **Pro·gramm·mo·dul**RR *nt* INFORM program module **Pro·gramm·na·me** *m* INFORM program name **Pro·gramm·pa·ket** *nt* TV, INFORM programme package **Pro·gramm·pla·nung** *f* programme [*or* AM -am] planning **Pro·gramm·prü·fung** *f* INFORM program testing [*or* verification] **Pro·gramm·punkt** *m* item on the agenda; *(Show)* act **Pro·gramm·re·vi·si·on** *f* INFORM program update **Pro·gramm·schluss**RR *m* close down **Pro·gramm·schritt** *m* INFORM program step **Pro·gramm·seg·ment** *nt* INFORM program segment **Pro·gramm·spei·cher** *m* INFORM program storage **Pro·gramm·spe·zi·fi·zie·rung** *f* INFORM program specification **Pro·gramm·steu·er·tas·te** *f* INFORM programmable function key **Pro·gramm·steu·e·rung** *f* INFORM program control **Pro·gramm·stopp** *m* INFORM program stop; **bedingter ~** conditional breakpoint, dynamic stop **Pro·gramm·struk·tur** *f* INFORM program structure **Pro·gramm·sys·tem** *nt* INFORM operating system **Pro·gramm·teil** *m* INFORM program sequence **Pro·gramm·über·set·zung** *f* INFORM program compilation **Pro·gramm·über·wa·chung** *f* INFORM, JUR programme [*or* AM -am] monitoring **Pro·gramm·um·fang** *m* range of products (*+gen* for) **Pro·gramm·un·ter·bre·chung** *f* INFORM program interrupt

Pro·gramm·ver·bin·dung *f* INFORM program linkage [*or* connection] **Pro·gramm·ver·bin·dungs·soft·ware** *f* INFORM program linkage software

Pro·gramm·vor·schau *f* trailer **Pro·gramm·wahl** *f* choice of programmes; INFORM, TV *a.* channel selection **Pro·gramm·war·tung** *f* INFORM program maintenance **Pro·gramm·wie·der·auf·nah·me** *f* INFORM fall back recovery **Pro·gramm·zei·le** *f* INFORM program line **Pro·gramm·zeit·schrift** *f* programme [*or* AM -am] guide; *(von Fernsehen a.)* TV [*or* television] guide

Pro·gres·si·on <-, -en> [progrɛ'si̯o:n] *f* ❶ *(geh)* progression
❷ FIN [tax] progression

pro·gres·siv [progrɛ'si:f] *adj* ❶ *(geh: fortschrittlich)* progressive; **ein ~e Politik verfolgen** to follow a progressive policy; **~ eingestellt sein** to hold progressive views
❷ ÖKON progressive, sliding *attr;* **~e Abschreibung** sinking-fund method of depreciation; **~ ansteigend** to increase progressively

Pro·hi·bi·ti·on <-, -en> [prohibi'tsi̯o:n] *f* ❶ *(veraltet geh)* prohibition
❷ *kein pl* HIST Prohibition *no art, no pl*

Pro·hi·bi·tiv·steu·er [prohibi'ti:f-] *f* FIN penalty tax

Pro·jekt <-[e]s, -e> [pro'jɛkt] *nt* project; **ein ~ ausarbeiten/durchführen** to plan/carry out a scheme; **ein ~ ausschreiben** to invite bids for a project; **~e in Vorbereitung** projects in the planning stages; **~ zur Bekämpfung der Jugendarbeitslosigkeit** youth unemployment scheme

Pro·jekt·ana·ly·se *f* project analysis **Pro·jekt·be·reich** *m* ADMIN scope of a project **Pro·jekt·ent·wick·lung** *f* project development **Pro·jekt·fi·nan·zie·rung** *f* project financing *no pl* **Pro·jekt·grup·pe** *f* project team

pro·jek·tie·ren* [projɛk'ti:rən] *vt (geh: entwerfen)* ■**etw ~** to draw up the plans for [*or* plan] sth

Pro·jek·til <-s, -e> [projɛk'ti:l] *nt (form)* projectile

Pro·jekt·in·ge·ni·eur(in) <-s, -in> *m(f)* ÖKON project engineer

Pro·jek·ti·on <-, -en> [projɛk'tsi̯o:n] *f* ❶ *kein pl (das Projizieren)* projection
❷ *(projiziertes Bild)* projection, projected image

Pro·jek·ti·ons·ap·pa·rat *m* projector **Pro·jek·ti·ons·flä·che** *f* ❶ FILM, FOTO screen, projection surface ❷ PSYCH *(fig)* object [of projection] **Pro·jek·ti·ons·ge·rät** *nt* projector

Pro·jekt·lei·ter(in) <-s, -> *m(f)* project leader [*or* manager] **Pro·jekt·ma·nage·ment** <-s> *nt kein pl* ÖKON project management

Pro·jek·tor <-s, -en> [pro'jɛkto:ɐ̯, *pl* -'to:rən] *m* projector

Pro·jekt·re·a·li·sie·rung *f* launching of a/the project **Pro·jekt·se·mi·nar** *nt* SCH project-based seminar **Pro·jekt·sta·di·um** *nt* project stage

pro·ji·zie·ren* [proji'tsi:rən] *vt* ❶ FOTO ■**etw auf etw** *akk* **~** to project sth on[to] sth; **einen Film auf die Leinwand ~** to project a film onto a screen
❷ *(geh)* ■**etw auf jdn/etw ~** to project sth onto sb/sth; **seine Ängste auf die Mitmenschen ~** to infect others with one's fears; **seinen Hass auf andere ~** to project one's hate onto others

Pro·ka·ry·o(n)t <-s, -en> [proka'ry̆ɔ(n)t, *pl* -ɔntn̩] *m* BIOL prokaryote

pro·ka·ry·o(n)·tisch *adj* BIOL prokaryotic

Pro·kla·ma·ti·on <-, -en> [proklama'tsi̯o:n] *f (geh)* proclamation *liter*

pro·kla·mie·ren* [prokla'mi:rən] *vt (geh)* ■**etw ~** to proclaim sth *liter;* **den Ausnahmezustand ~** to proclaim [*or* declare] a state of emergency

Pro·kla·mie·rung <-, -en> *f* proclamation

Pro-Kopf-Aus·ga·ben [pro'kɔpf-] *pl* ÖKON per capita expenditure *no pl* **Pro-Kopf-Ein·kom·men** *nt* income per person, per capita income *form* **Pro-Kopf-Ver·brauch** *m* per capita consumption *form* **Pro-Kopf-Ver·schul·dung** *f* POL, FIN per-capita debt, debt per capita

Pro·krus·tes·bett [pro'krʊstɛs-] *nt (geh)* Procrustean bed

Pro·ku·ra <-, Prokuren> [pro'ku:ra, *pl* -ku:rən] *f (form)* procuration *form;* JUR power of attorney; **jdm ~ erteilen** to give sb procuration, to confer procuration [up]on sb *form;* **~ haben** to have the general power of attorney; **per ~** per procurationem

Pro·ku·ra·er·tei·lung *f* JUR conferring power of attorney **Pro·ku·ra·in·dos·sa·ment** *nt* JUR proxy endorsement

Pro·ku·rist(in) <-en, -en> [proku'rɪst] *m(f)* authorized signatory *(of a company)*

Pro·let <-en, -en> [pro'le:t] *m* ❶ *(veraltend fam)* proletarian
❷ *(pej)* prole *fam,* pleb *pej fam*

Pro·le·ta·ri·at <-[e]s, -e> [proleta'ri̯a:t] *nt (veraltend)* ■**das ~** the proletariat; **das akademische ~** *(fig)* the intellectual proletariat

Pro·le·ta·ri·er(in) <-s, -> [prole'ta:ri̯ɐ] *m(f) (veraltend)* proletarian

pro·le·ta·risch [prole'ta:rɪʃ] *adj (veraltend)* proletarian

Proll <-s, -s> ['prɔl] *m (pej sl)* prole *pej fam,* pleb *pej fam*

prol·lig [prɔlɪç] *adj (pej sl)* plebby, coarse, rough

Pro·lo <-s, -s> ['pro:lo] *m (pej sl)* pleb *pej fam*

Pro·log <-[e]s, -e> [pro'lo:k, *pl* -o:gə] *m* ❶ *(Vorrede, Vorspiel)* prologue [*or* AM *also* -og]; **den ~ sprechen** to speak the prologue
❷ SPORT *preliminary speed trial to decide starting positions*

Pro·lon·ga·ti·on <-, -en> [prolɔŋga'tsi̯o:n] *f* ❶ ÖKON *(Hinausschieben eines Fälligkeitstermins)* extension, renewal; **~ beantragen** to ask for [*or* request] an extension; **~ erwirken** to get [*or* receive] an extension; **jdm ~ gewähren** to grant sb an extension
❷ ÖSTERR *(geh: Verlängerung)* extended run; ***er bat um eine ~ für die Abgabe seiner Doktorarbeit*** he asked for an extension to the deadline for handing in his doctorate thesis

Pro·lon·ga·ti·ons·ge·schäft *nt* BÖRSE contango business, carryover **Pro·lon·ga·ti·ons·kos·ten** *pl* FIN renewal charges **Pro·lon·ga·ti·ons·wech·sel** *m* ÖKON continuation [*or* renewal] bill

pro·lon·gie·ren* [prolɔŋ'gi:rən] *vt* FIN to extend, to prolong; ■[**jdm**] **etw ~** to extend sth to sb; [**jdm**] **den Kredit ~** to extend sb's credit; [**jdm**] **den Wechsel ~** to extend sb's allowance

PROM <-[s], -s> *nt* INFORM *Abk von* **programmable read-only memory** PROM

Pro·me·na·de <-, -n> [promə'na:də] *f* promenade

Pro·me·na·den·deck *nt* promenade [deck] **Pro·me·na·den·mi·schung** *f (hum fam)* mongrel, crossbreed, mutt

pro·me·nie·ren* [promə'ni:rən] *vi sein o haben* to promenade

Pro·me·thi·um [pro'me:ti̯ʊm] *nt kein pl* CHEM promethium *no pl*

Pro·mi <-s, -s> ['prɔmɪ] *m (sl) kurz für* **Prominente(r)** VIP

Pro·mil·le <-[s], -> [pro'mɪlə] *nt* ❶ *(Tausendstel)* per mill[e]; **nach ~** in per mill[e]
❷ *pl (fam: Alkoholpegel)* alcohol level; ***0,5* ~** 50 millilitres alcohol level; **ohne ~ fahren** to be sober when driving

Pro·mil·le·gren·ze *f* legal [alcohol] limit **Pro·mil·le·mes·ser** *m* breathalyzer

pro·mi·nent *adj* prominent; **eine ~e Persönlichkeit** a prominent figure; ■**~ sein** to be a prominent figure

Pro·mi·nen·te(r) *f(m) dekl wie adj* prominent figure, VIP; *(Politiker)* star politician

Pro·mi·nenz <-, -en> [promi'nɛnts] *f* ❶ *kein pl (Gesamtheit der Prominenten)* prominent figures *pl;* **die ~ aus Film und Fernsehen** the stars of film and TV
❷ *(geh: das Prominentsein)* fame; ***seine* ~ *schützt ihn nicht vor einer Verurteilung*** his fame does not protect him from being convicted
❸ *pl (Persönlichkeiten)* prominent figures; **sich** *akk* **mit ~ umgeben** to mix with the stars

pro·misk [pro'mɪsk] *adj* promiscuous

Pro·mis·ku·i·tät <-> [promɪskui'tɛt] *f kein pl (geh)* promiscuity, promiscuousness

pro·mis·ku·i·tiv [promɪskui'ti:f] *adj inv (geh)* promiscuous

Pro·mi·sta·tus *m kein pl* star [*or* showbiz] status

pro·mo·ten* [pro'mo:tn̩] *vt* ÖKON ■**etw/jdn ~** to promote sth/sb

Pro·mo·ti·on¹ <-, -en> [promo'tsi̯o:n] *f* ❶ *(Verleihung des Doktorgrads)* doctorate, PhD
❷ SCHWEIZ *(Versetzung)* moving up [*into the next class*]
❸ ÖSTERR *(offizielle Feier mit Verleihung der Doktorwürde) ceremony at which one receives one's doctorate*

Pro·mo·tion² <-> [pro'mo:ʃn̩] *f* promotion; ■**für etw** *akk* **~ machen** to do a promotion for sth

pro·mo·vie·ren* [promo'vi:rən] **I.** *vt* ■**jdn ~** ❶ *(den Doktortitel verleihen)* to award sb a doctorate [*or* a PhD], to confer a doctorate [*or* a PhD] on sb; ■[**zu etw** *dat*] **promoviert werden** to be awarded a doctorate [*or* PhD] [in sth]
❷ *(veraltend geh: fördern)* to support
II. *vi* ❶ *(eine Dissertation schreiben)* ■**über etw/jdn ~** to do a doctorate [*or* doctor's degree] [*or* PhD] in sth/the works of sb
❷ *(den Doktorgrad erwerben)* ■[**zu etw** *dat*/**in etw** *dat*] **~** to obtain [*or* get] [*or form* attain] a doctorate [*or* PhD] [in sth]; **zum Dr. rer. hort. ~** to obtain [*or* get] [*or form* attain] a [*or* the title of] Dr rer. hort.; ■**bei jdm ~** to obtain [*or* get] [*or form* attain] a doctorate [*or* PhD] under sb

pro·mo·viert **I.** *pp und 3. pers sing von* **promovieren**
II. *adj inv* with a doctorate [*or* PhD]; **zum Doktor der Medizin ~ werden** to be made a Doctor of Medicine

prompt [prɔmpt] *adj* ❶ *(unverzüglich, sofort)* prompt; **eine ~e Antwort** a prompt [*or* an immediate] answer; **~ antworten** to answer promptly [*or* like a shot]
❷ *(meist iron fam: erwartungsgemäß)* of course; ***er ist ~ auf den Trick hereingefallen*** naturally he fell for the trick; ***als ich eine Zigarette angezündet hatte, kam ~ der Bus*** just when I had lit my cigarette the bus arrived

Prompt·ge·schäft *nt* BÖRSE prompt transaction

Prompt·heit <-> *f kein pl* promptness, promptitude *form; Antwort a.* readiness

Prompt·ware *f* BÖRSE prompts *pl*

Pro·no·men <-s, - o Pronomina> [pro'no:mən, *pl* -mina] *nt* pronoun

pro·no·mi·nal [pronomi'na:l] *adj* pronominal

Pro·pa·gan·da <-> [propa'ganda] *f kein pl* ❶ *(manipulierende Verbreitung von Ideen)* propaganda *a. pej;* **kommunistische ~** communist propaganda; **mit etw** *dat* **~ machen** to make propaganda out of sth *a. pej*
❷ *(Werbung)* publicity; **mit etw** *dat* **~ machen** to make publicity with sth, to make sth public, to spread sth around; **~ für etw** *akk* **machen** to advertise sth; ***er macht ~ für sein neues Stück*** he is publicizing his new play

Pro·pa·gan·da·ap·pa·rat *m (pej)* propaganda machine [*or* apparatus] *a. pej* **Pro·pa·gan·da·feld·zug** *m (pej)* propaganda campaign *a. pej*

Pro·pa·gan·dist(in) <-en, -en> [propagan'dɪst] *m(f)* ❶ *(pej: jd, der Propaganda betreibt)* propagandist *a. pej*
❷ *(Werbefachmann)* demonstrator

pro·pa·gan·dis·tisch *adj* ❶ *(die Propaganda 1 betreffend)* propagandist[ic] *a. pej;* **~e Reden schwingen** *(fam)* to make propagandist speeches; **etw ~ ausnutzen/verwerten** to use sth as propaganda *a. pej*
❷ ÖKON *(Werbung betreffend)* ***wir wollen das neue Produkt ~ in das Bewusstsein der Menschen bringen*** using demonstrations we want to make people aware of the new product

pro·pa·gie·ren* [propa'gi:rən] *vt (geh)* ■**etw ~** to propagate sth; ***die meisten Politiker ~ eine gemeinsame Währung*** most politicians are supporting a single currency

Pro·pan <-s> [pro'pa:n] *nt kein pl* propane

Pro·pan·gas *nt kein pl* propane [gas]

Pro·pel·ler <-s, -> [pro'pɛlɐ] *m* ❶ *(Luftschraube)* propeller, prop *fam,* airscrew *form*
❷ *(Schiffsschraube)* screw, propeller

Pro·pel·ler·flug·zeug *nt* propeller-driven [*or form* airscrew-driven] plane **Pro·pel·ler-Tur·bi·ne** *f* turboprop

pro·per ['prɔpɐ] *adj (fam)* trim, neat; **ein ~er junger Mann** a dapper *dated* [*or* neat] young man; **ein ~es Zimmer** a [neat and] tidy room; ***er hat die Arbeit ~ gemacht*** he has worked neatly

Pro·per·ge·schäft *nt* HANDEL trade for one's own account

Pro·pha·ge *m* BIOL prophage, temperate phage

Pro·phet(in) <-en, -en> [pro'fe:t] *m(f)* prophet *masc,* prophetess *fem;* ***ich bin [doch] kein ~!*** *(fam)* I can't tell the future!; ***man muss kein ~ sein, um das vorauszusehen*** *(fam)* you don't have to be a mind reader to predict that
▶WENDUNGEN: **wenn der Berg nicht zum ~en kommt, muss der ~ wohl zum Berg[e] kommen** if the mountain won't come to Muhammad the Muhammad must go to the mountain; **der ~ gilt nichts in seinem Vaterland** *(prov)* a prophet is without honour in his own country *prov*

pro·phe·tisch [pro'fe:tɪʃ] *adj (geh)* prophetic; **~e Bewegung** prophetic movement; **~es Wissen besitzen** to be prophetic about sth; **~ gemeint sein** to be meant as a prophecy; **sich** *akk* **~ äußern** to make prophecies/a prophecy

pro·phe·zei·en* [profe'tsaiən] *vt* ■**etw ~** to prophesy sth; ***die Experten ~ einen heißen Sommer*** the experts predict a hot summer; **jdm ein langes Leben ~** to prophesy that sb will enjoy a long life; ■**jdm ~, dass er/sie etw tut** to predict [*or form* presage] that sb will do sth

Pro·phe·zei·ung <-, -en> *f* prophecy

Pro·phy·lak·ti·kum <-s, -laktika> [profy'laktikum, *pl* -ka] *nt* MED prophylactic (**gegen** +*dat* against)

pro·phy·lak·tisch [profy'laktɪʃ] *adj* ❶ MED prophylactic; **ein ~es Medikament** a prophylactic [medicine]; **etw ~ anwenden/einnehmen** to apply/take sth as a prophylactic measure
❷ *(geh: zur Sicherheit)* preventative, preventive; **~e Maßnahmen** preventative [*or* preventive] measures; **etw ~ machen/vornehmen** to do sth as a preventive [*or form* prophylactic] measure

Pro·phy·la·xe <-, -n> [profy'laksə] *f* MED prophylaxis *spec;* **ein Medikament zur ~ [gegen etw** *akk*] **nehmen** to take medicine as a prophylactic measure [against sth]

Pro·por·ti·on <-, -en> [propɔr'tsi̯o:n] *f (geh)* proportion; ***sie hat beachtliche ~en*** *(hum)* she is pretty curvaceous *fam*

pro·por·ti·o·nal [propɔrtsi̯o'na:l] *adj (geh)* proportional, proportionate, in proportion (**zu** +*dat* to); ***die Heizkosten steigen ~ zur Größe der Wohnung*** the heating costs increase in proportion to the size of the flat; **umgekehrt ~** in inverse proportion

Pro·por·ti·o·nal·ab·stand *m* proportional spacing **Pro·por·ti·o·nal·schrift** *f* proportional spacing

pro·por·ti·o·niert [propɔrtsi̯o'ni:ɐ̯t] *adj inv* proportioned; **gut [o wohl]/schlecht ~** well/badly proportioned

Pro·porz <-es, -e> [pro'pɔrts] *m* ❶ POL proportional representation *no art;* **konfessioneller ~** *proportional representation based on denominations;* **Ämter im [o nach dem] ~ besetzen [o vergeben]** to fill/award posts on the basis of proportional representation
❷ ÖSTERR, SCHWEIZ *(Verhältniswahl)* proportional representation

Pro·porz·wahl <-, -en> [pro'pɔrts-] *f* POL SCHWEIZ *(Verhältniswahl)* proportional representation *no art*

prop·pen·voll ['prɔpn̩'fɔl] *adj (fam)* jam-packed *fam,* full to bursting *pred;* ■**~ sein** to be jam-packed *fam* [*or* full to bursting]

Propst, Pröp·stin <-[e]s, Pröpste> [pro:pst, 'prø:pstɪn, 'prø:pstə] *m, f* provost

Pro·ro·ga·ti·on <-, -en> [proroga'tsi̯o:n] *f* JUR prorogation of jurisdiction

Pro·ro·ga·ti·ons·ver·trag *m* JUR jurisdiction agreement

Pro·sa <-> ['pro:za] *f kein pl* prose

pro·sa·isch [pro'za:ɪʃ] *adj* ❶ *(meist fig geh: nüchtern)* matter-of-fact, prosaic *form; (langweilig)* dull; **ein ~er Mensch** a matter-of-fact [*or* dull] person
❷ *(aus Prosa bestehend)* prose *attr,* in prose *pred;* **die ~e Zusammenfassung eines Gedichtes** a prose summary of a poem

Pro·se·lyt(in) <-en, -en> [proze'ly:t] *m(f)* REL proselyte

Pro·se·ly·ten·ma·che·rei <-> [prozely:tn̩maxə'rai̯] *f kein pl* REL, SOZIOL, POL *(pej geh)* proselytizing [*or* BRIT *a.* -ising] *pej form*

Pro·se·mi·nar ['pro:zemina:ɐ̯] *nt* introductory seminar *(for first- and second-year students)*

pro·sit ['pro:zɪt] *interj (fam) s.* **prost**

Pro·sit <-s, -s> ['pro:zɪt] *nt (fam)* toast; **ein ~ auf jdn ausbringen** to toast [*or* drink to] sb, to drink to sb's health; **ein ~ der Gemütlichkeit** here's to a great evening; **~ Neujahr!** Happy New Year

Pro·spekt <-[e]s, -e> [pro'spɛkt] *m* ❶ *(Werbebroschüre)* brochure, pamphlet; *(Werbezettel)* leaflet
❷ THEAT backdrop, backcloth
❸ ÖKON prospectus

Pro·spekt·be·trug *m* JUR prospectus fraud **Pros·pekt·haf·tung** *f* FIN prospectus liability **Pros·pekt·hül·le** *f* brochure cover, clear pocket **Pros·pekt·ma·te·ri·al** *nt* MEDIA brochure *usu pl,* pamphlet *usu pl,* literature *no pl;* ***bitte schicken Sie mir ~ zu ihren Produkten*** could you please send me some brochures [*or* pamphlets] [*or* literature] on your products **Pros·pekt·prü·fung** *f* FIN audit of prospectus **Pros·pekt·zu·stel·ler(in)** *m(f)* leaflet deliverer

pros·pe·rie·ren* [prospe'ri:rən] *vi (geh) Wirtschaft, Geschäft* to prosper

Pros·pe·ri·tät <-> [prosperi'tɛ:t] *f kein pl (geh)* prosperity *no pl*

prost [pro:st] *interj* cheers; [***na***] ***dann*** [***mal***] ***~!*** *(iron)* [well] cheers to that, I say! *iron;* [***na dann***] ***~ Mahlzeit!*** *(iron fam)* we are going to have our work cut out!

Pros·ta·ta <-, Prostatae> ['prɔstata, *pl* -tɛ] *f* prostate [gland]

Pros·ta·ta·krebs <-es> *m kein pl* MED cancer of the prostate **Pros·ta·ta·ver·grö·ße·rung** *f* enlargement of the prostate gland, prostatic hypertrophy *spec*

pros·ten ['pro:stn̩] *vi* ❶ *(prost rufen)* to say cheers
❷ *(ein Prost ausbringen)* ■**auf jdn/etw ~** to toast [*or* drink to] sb/sth

pros·ti·tu·ie·ren* [prostitu'i:rən] *vr* ■**sich** *akk* **~** to prostitute oneself

Pros·ti·tu·ier·te(r) [prostitu'i:ɐ̯tə, -tɐ] *f(m) dekl wie adj (form)* prostitute

Pros·ti·tu·ti·on <-> [prostitu'tsi̯o:n] *f kein pl (form)* prostitution

Pro·tac·ti·ni·um <-s> [protak'ti:ni̯ʊm] *nt kein pl* CHEM protactinium *no pl*

Pro·ta·go·nist(in) <-en, -en> [protago'nɪst] *m(f) (geh)* ❶ *(zentrale Gestalt)* protagonist; **der ~ eines Stückes** the protagonist of a play
❷ *(Vorkämpfer)* champion, protagonist; **ein ~ im Kampf gegen die Sklaverei** a champion in the fight against slavery

Pro·te·gé <-s, -s> [prote'ʒe:] *m (geh)* protégé

pro·te·gie·ren* [prote'ʒi:rən] *vt (geh)* ■**jdn ~** to promote [*or* further] sb; **einen Künstler ~** to patronize an artist; ***sie wird vom Chef protegiert*** she's the boss's protégé

Pro·te·in <-s, -e> [prote'i:n] *nt* protein

Pro·te·in·bio·syn·the·se *f* BIOL protein synthesis

Pro·tek·ti·on <-, -en> [protɛk'tsi̯o:n] *f (geh)* patronage; **jds ~ genießen** to enjoy sb's patronage

Pro·tek·ti·o·nis·mus <-> [protɛktsi̯o'nɪsmʊs] *m kein pl* protectionism

pro·tek·ti·o·nis·tisch [protɛktsi̯o'nɪstɪʃ] *adj* ÖKON protectionist

Pro·tek·to·rat <-[e]s, -e> [protɛkto'ra:t] *nt* ❶ *(Schutzherrschaft über einen Staat)* protectorate; *(Staat unter Schutzherrschaft)* protectorate
❷ *(geh: Schirmherrschaft)* patronage; **unter jds ~/dem ~ von jdm** under sb's patronage [*or* the patronage [*or* auspices] of sb]

Pro·te·om <-s, -e> [prote'o:m] *nt* BIOL *(fachspr)* proteome

Pro·te·o·mik <-> [pro'teo:mɪk] *f* BIOL proteomics + *sing vb, no art*

Pro·test <-[e]s, -e> [pro'tɛst] *m* ❶ *(Missfallensbekundung)* protest; ■**jds ~ gegen etw** *akk* sb's protest against sth; **aus ~** in [*or* as a] protest; **unter ~** under protest; **unter lautem ~** protesting loudly; **stummer ~** silent protest; **~ einlegen [o erheben]** to protest, to make a protest; **zu ~ gehen** to go to protest
❷ ÖKON to protest; **einen Wechsel zu ~ gehen lassen** to protest a bill; **den ~ auf den Wechsel setzen** to protest a bill; **~ mangels Zahlung** JUR protest refusal of payment; **rechtzeitiger/verspäteter ~** JUR due/retarded protest

Pro·test·ak·ti·on *f* protest [activities *pl*]

Pro·tes·tant(in) <-en, -en> [protɛs'tant] *m(f)* Protestant

pro·tes·tan·tisch [protɛs'tantɪʃ] *adj* Protestant; **die ~en Kirchen** the Protestant churches; **~ beerdigt werden** to be given a Protestant funeral; **~ denken** to think along Protestant lines; **[streng] ~ erziehen** to have a [strict] Protestant upbringing; **~ heiraten** to marry in a Protestant church

Pro·tes·tan·tis·mus <-> [protɛstan'tɪsmʊs] *m kein pl* ■**der ~** Protestantism

Pro·test·be·we·gung *f* protest movement

pro·tes·tie·ren* [protɛs'ti:rən] *vi* ■**gegen jdn/etw ~** JUR to protest sb/sth; ■**[gegen etw** *akk*] **~** to protest [*or* make a protest] [against [*or* about] sth]; ■**dagegen ~, dass jd/etw etw tut** to protest against [*or* about] sb['s]/sth['s] doing sth; ***er protestierte lautstark gegen seine Verurteilung*** he protested loudly against his conviction

Pro·test·kund·ge·bung *f* [protest] rally

Pro·test·ler(in) <-s, -> [pro'tɛstlɐ] *m(f) (oft pej)* protester

Pro·test·marsch *m* protest march **Pro·test·no·te** *f* letter [*or* note] of protest **Pro·test·schrei·ben**

nt letter of protest **Pro·test·song** *m* protest song **Pro·test·ur·kun·de** *f* FIN certificate of dishonour **Pro·test·ver·samm·lung** *f* SOZIOL, POL protest meeting **Pro·test·wäh·ler(in)** *m(f)* protest voter **Pro·test·wech·sel** *m* FIN dishonoured [*or* protested] bill **Pro·test·wel·le** *f* wave of protest

Pro·the·se <-, -n> [pro'te:zə] *f* artificial limb, prosthesis *spec; (Gebiss)* false teeth *pl,* dentures *npl,* set of dentures *form,* prosthesis *spec;* ***die ~ herausnehmen/reinigen*** to take out/clean one's dentures [*or* false teeth]

Pro·to·koll <-s, -e> [proto'kɔl] *nt* ① *(Niederschrift)* record[s *pl*]; *(bei Gericht a.)* transcript; *(von Sitzung)* minutes *npl;* **ein ~ anfertigen** to prepare a transcript [*or* the minutes] [*or* a report]; **[das] ~ führen** *(bei einer Prüfung)* to write a report; *(bei Gericht)* to keep a record [*or* make a transcript] of the proceedings; *(bei einer Sitzung)* to take [*or* keep] the minutes; **etw [bei jdm] zu ~ geben** to have sb put sth on record, to have sth put on record; *(bei der Polizei)* to make a statement [in sb's presence], to have sb make a report of sth, to have a report made of sth; **zu ~ gegeben werden** to be put on record; **etw zu ~ nehmen** to put sth on record; *(von einem Polizisten)* to take down [a statement]; *(bei Gericht)* to enter [an objection/statement] on record *sep*
② DIAL *(Strafmandat)* ticket
③ *kein pl (diplomatisches Zeremoniell)* ■**das ~** the protocol; **gegen das ~ verstoßen** to break with protocol

Pro·to·kol·lant(in) <-en, -en> [protokɔ'lant] *m(f)* *(form) s.* **Protokollführer**

pro·to·kol·la·risch [protokɔ'la:rɪʃ] *adj* ① *(im Protokoll fixiert)* recorded, on record *pred; (von Sitzung)* entered in the minutes *pred;* **~e Aufzeichnungen** recordings; **eine ~e Aussage** a statement taken down in evidence; **etw ~ festhalten** to take sth down in the minutes, to enter sth on record
② *(dem Protokoll 3 entsprechend)* ceremonial, according to protocol

Pro·to·koll·da·tei *f* INFORM journal file **Pro·to·koll·füh·rer(in)** *m(f)* secretary; *(bei Gericht)* clerk [of the court]

pro·to·kol·lie·ren* [protokɔ'li:rən] **I.** *vt* ■**etw ~** to record sth; *Polizist* to take down sth *sep; (bei einer Sitzung)* to enter [*or* record] sth in the minutes, to minute sth
II. *vi* to keep the record[s]/the minutes

Pro·ton <-s, Protonen> ['pro:tɔn, *pl* pro'to:nən] *nt* proton

Pro·to·nen·be·schleu·ni·ger <-s, -> *m* NUKL proton accelerator **Pro·to·nen·syn·chro·tron** <-s, -e> *nt* NUKL proton synchrotron

Pro·to·plas·ma [proto'plasma] *nt kein pl* protoplasm

Pro·to·plast <-en, -en> [proto'plast] *nt* BIOL protoplast

Pro·to·plas·ten·fu·si·on *f* BIOL protoplast fusion

Pro·to·typ ['pro:toty:p] *m* ① *(erstes Modell)* prototype
② *(geh: Inbegriff)* archetype; **der ~ einer Karrierefrau** the archetype of a [*or* an archetyp[ic]al] career woman
③ *(Urform)* prototype; **der ~ des christlichen Sakralbaus** the prototype of the sacred Christian building

Pro·to·typ·fahr·zeug *nt* prototype vehicle

Pro·tu·be·ranz <-, -en> [protube'rants] *f* ASTRON prominence

Protz <-es *o* -en, -e[n]> ['prɔts] *m (fam)* ① *(jd, der protzt)* show-off, poser *fam*
② *kein pl (Protzerei)* pomp, swank *fam*

prot·zen ['prɔtsn̩] *vi (fam)* ■**[mit etw** *dat*] ~ to show [sth] off, to flaunt sth *a. pej;* ***sie protzte mit ihrem Reichtum*** she flaunted her riches

Prot·ze·rei <-, -en> *f (fam)* ① *kein pl (ständiges Protzen)* showing off
② *(protzige Äußerung, Handlung)* pretentious [*or fam* posey] remark/action

prot·zig ['prɔtsɪç] *adj (fam)* swanky *fam,* showy *fam,* posey *fam;* **ein ~es Auto** a fancy car; **sich** *akk* **~ mit Schmuck behängen** to drip with fancy jewellery *pej fam;* **etw ~ zur Schau tragen** to flaunt sth

Pro·vence <-> [prɔ'vã:s] *f* ■**die ~** Provence; **in der ~** in Provence

Pro·ve·ni·enz <-, -en> [prove'ni̯ɛnts] *f (geh)* origin, provenance *form*

Pro·vi·ant <-s, -e> [pro'vi̯ant] *m pl selten* provisions; MIL supplies; **~ für eine Reise mitnehmen** to take some food on a journey

Pro·vi·der <-s, -> [pro'vaidɐ] *m* INET provider

Pro·vinz <-, -en> [pro'vɪnts] *f* ① *(Verwaltungsgebiet)* province
② *kein pl (kulturell rückständige Gegend)* provinces *pl a. pej;* **in der ~ leben** to live [out] in the sticks *fam;* **die hinterste [*o* finsterste] ~** the backwater[s *pl*] [*or pej fam* sticks] *npl;* ***das ist doch hinterste ~!*** *(fam)* that's really going back to the Stone Age!

Pro·vinz·fürst *m (fig)* lord of the manor *fam*

Pro·vin·zi·a·li·tät <-> [provɪntsi̯ali'tɛ:t] *f kein pl (pej)* provinciality

pro·vin·zi·ell [provɪn'tsi̯ɛl] *adj* provincial *a. pej,* backwater *attr pej;* **~e Ansichten** parochial views; ***in München galt er als ~er Außenseiter*** in Munich he was regarded as a country bumpkin

Pro·vinz·ler(in) <-s, -> [pro'vɪntslɐ] *m(f) (pej fam)* provincial *pej*

Pro·vinz·nest *nt (pej fam)* provincial village BRIT, [small] backwoods town AM *fam* **Pro·vinz·stadt** *f* provincial town, one-horse [*or* AM hick] town *pej fam* **Pro·vinz·the·a·ter** *nt* provincial theatre **Pro·vinz·zei·tung** *f (pej)* provincial newspaper

Pro·vi·si·on <-, -en> [provi'zi̯o:n] *f* commission; **auf [*o* gegen] ~ arbeiten [*o* tätig sein]** to work [*or* be employed] on a commission basis; **~ gewähren** to accord a commission

Pro·vi·si·ons·an·spruch *m* FIN accrued commission **Pro·vi·si·ons·ba·sis** *f* commission basis; **auf ~** on a commission basis **Pro·vi·si·ons·ein·nah·men** *pl* FIN commissions received **Pro·vi·si·ons·pflicht** *f* FIN obligation to pay a commission **pro·vi·si·ons·pflich·tig** *adj inv* FIN commissionable, subject to commission *pred*

Pro·vi·so·ri·en [provi'zo:ri̯ən] *pl von* **Provisorium**

pro·vi·so·risch [provi'zo:rɪʃ] **I.** *adj (vorläufig)* provisional, temporary; **eine ~e Regierung** a provisional [*or* caretaker] government; *(notdürftig)* makeshift, temporary; **eine ~e Unterkunft** temporary accommodation
II. *adv* temporarily, for the time being; ***das können wir ~ so lassen*** we can leave it like that for the time being; **etw ~ herrichten** to make makeshift repairs

Pro·vi·so·ri·um <-s, -rien> [provi'zo:ri̯ʊm, *pl* -ri̯ən] *nt (geh)* provisional [*or* temporary] arrangement [*or* solution]

Pro·vi·ta·min *nt* BIOL provitamin

pro·vo·kant [provo'kant] *adj (geh)* provocative; **eine ~e Äußerung** a provocative remark; **etw bewusst ~ formulieren** to word sth as a deliberate provocation

Pro·vo·ka·teur(in) <-s, -e> [provoka'tø:ɐ] *m(f)* *(geh)* [agent] provocateur

Pro·vo·ka·ti·on <-, -en> [provoka'tsi̯o:n] *f (geh)* provocation

pro·vo·ka·tiv [provoka'ti:f] *adj (geh) s.* **provokant**

pro·vo·ka·to·risch <-er, -ste> [provoka'to:rɪʃ] *adj (geh)* provocative

pro·vo·zie·ren* [provo'tsi:rən] **I.** *vt* ① *(herausfordern)* ■**jdn [zu etw** *dat*] ~ to provoke sb [into [doing] sth]; ***ich lasse mich von ihm nicht ~*** I won't be provoked by him, I won't let him provoke me
② *(bewirken)* ■**etw ~** to provoke sth; **einen Streit ~** to cause an argument; ***durch deine kritischen Fragen hast du eine Diskussion provoziert*** your critical questions have sparked off a debate
II. *vi* to provoke; ***er möchte mit seinem Äußeren nur ~*** he just wants to get a reaction with his appearance

pro·vo·zie·rend *adj (geh) s.* **provokant**

Pro·ze·de·re <-, -> [pro'tse:dərə] *nt (geh)* procedure

Pro·ze·dur <-, -en> [protse'du:ɐ] *f (geh)* procedure; **eine furchtbare ~** an ordeal; **eine langwierige ~** a lengthy business

Pro·zent <-[e]s, -e> [pro'tsɛnt] *nt* ① *(Hundertstel)* percent *no pl,* per cent *no pl*
② *(Alkoholgehalt)* alcohol content; ***wie viel ~ hat dieser Whisky?*** how much alcohol does this whisk[e]y have [*or* contain]?
③ *pl (Rabatt)* discount, rebate; **[bei jdm] [auf etw** *akk*] **~e bekommen** *(fam)* to get [*or* receive] a discount [*or* rebate] [from sb]/[on sth]; **[jdm] [auf etw** *akk*] **~e geben** *(fam)* to give sb a discount [*or* rebate] [on sth]

Pro·zent·punkt *m* percentage, point **Pro·zent·rech·nung** *f* percentage calculation **Pro·zent·satz** *m* percentage

pro·zen·tu·al [protsɛn'tu̯a:l] *adj (geh)* percentage *attr;* **~er Anteil/~e Beteiligung** percentage (**an** +*dat* of); **etw ~ ausdrücken** to express sth as a percentage [*or* in per[ ]cent]; **am Gewinn/Geschäft ~ beteiligt sein** to receive a percentage of the profit/percentage [share] in the business; ***unsere Partei hat ~ die meisten Stimmen dazugewonnen*** in terms of the percentage our party has gained the most votes

Pro·zess[RR] <-es, -e>, **Pro·zeß**[ALT] <-sses, -sse> [pro'tsɛs] *m* ① *(Gerichtsverfahren)* legal proceedings *npl,* action, litigation; **einen ~ anhängig machen** to institute legal proceedings; **einen ~ führen** to conduct legal proceedings; **schwebender ~** pending case; **seerechtlicher ~** admiralty action; **einen ~ gegen jdn anstrengen** to bring an action against sb; **einen ~ [gegen jdn] führen** to take sb to court, to bring [*or form* conduct] [*or* file] a [law]suit [against sb]; **jdm den ~ machen** to take sb to court; **[mit jdm/etw] kurzen ~ machen** *(fig fam)* to make short work of sb/sth [*or* short shrift of sth]; **einen ~ verhandeln** to try a case
② *(geh: Vorgang)* process; **ein chemischer ~** a chemical process

Pro·zess·ab·wei·sung[RR] *f* JUR dismissal of an action **Pro·zess·agent(in)**[RR] *m(f)* JUR law agent **Pro·zess·ak·te**[RR] *f* case file[s *pl*] [*or* record[s *pl*]] **Pro·zess·an·trag**[RR] *m* JUR motion **Pro·zess·be·tei·lig·te(r)**[RR] *f(m) dekl wie adj* JUR party to a case **Pro·zess·be·trug**[RR] *m* JUR collusion **Pro·zess·be·voll·mäch·tig·te(r)**[RR] *f(m) dekl wie adj* JUR plaintiff's counsel, attorney of record AM **Pro·zess·dau·er**[RR] *f* duration of proceedings [*or* a lawsuit] **Pro·zess·ener·gie**[RR] *f* ÖKOL process energy **pro·zess·fä·hig**[RR] *adj inv* JUR actionable, suable **Pro·zess·fä·hig·keit**[RR] *f kein pl* JUR legal capacity of suing and being sued **pro·zess·füh·rend**[RR] *adj* JUR litigant

Pro·zess·füh·rung[RR] *m* JUR litigation; *(als Anwalt)* conduct of a case **Pro·zess·füh·rungs·be·fug·nis**[RR] *f* JUR locus standing

Pro·zess·ge·bühr[RR] *f* JUR general fee for court proceedings **Pro·zess·ge·gen·stand**[RR] *m* JUR subject of litigation **Pro·zess·geg·ner**[RR] *m* adversary, opposing party **Pro·zess·ge·richt**[RR] *nt* JUR trial court **Pro·zess·hand·lung**[RR] *f* step in the proceedings **pro·zess·hän·gig**[RR] *adj inv* JUR litigious **pro·zess·hin·dernd**[RR] *adj* JUR impeding [*or* barring] to an action **Pro·zess·hin·der·nis**[RR] *nt* JUR bar of trial, impediment to an action

Pro·zes·sie·ren <-s> [protsɛ'si:rən] *nt kein pl* JUR litigation

pro·zes·sie·ren* [protsɛ'si:rən] *vi* ■**[gegen jdn] ~** to go to law [*or* to litigate] [with sb]; ■**mit jdm ~** to bring a lawsuit against sb

Pro·zes·si·on <-, -en> [protsɛ'si̯o:n] *f* procession

Pro·zess·kos·ten[RR] *pl* court [*or* legal] costs **Pro·zess·kos·ten·er·stat·tung**[RR] *f* JUR refund of law costs **Pro·zess·kos·ten·hil·fe**[RR] *f* legal aid **Pro·zess·kos·ten·hil·fe·ge·setz**[RR] *nt* JUR Legal Aid and Advice Act **Pro·zess·kos·ten·kau·ti·on**[RR] *f,* **Pro·zess·kos·ten·si·cher·heit**[RR] *f* FIN security for costs **Pro·zess·kos·ten·vor·schuss**[RR] *m* FIN advance payment of costs

Pro·zẹss·öko·no·mie[RR] *f* JUR procedural economy
Pro·zẹs·sor <-s, -en> [pro'tsɛso:ɐ̯, *pl* -'so:rən] *m* processor; **untergeordneter** ~ attached processor **Pro·zẹs·sor·ar·chi·tek·tur** *f* INFORM processor architecture **Pro·zẹs·sor·bus** *m* INFORM local bus **Pro·zẹs·sor·chip·kar·te** *f* smart [*or* chip] card
Pro·zẹss·ord·nung[RR] *f* legal procedure, code [*or pl* rules] of procedure
pro·zẹs·sor·kom·pa·ti·bel *adj* INFORM processor compatible **Pro·zẹs·sor·so·ckel** *m* INFORM processor socket **Pro·zẹs·sor·takt** *m* INFORM processor rate
Pro·zẹss·par·tei[RR] *f* JUR litigant, party to a case **Pro·zẹss·pfle·ger(in)**[RR] *m(f)* JUR guardian [*or* curator] ad litem **Pro·zẹss·recht**[RR] *nt* JUR law of procedure **Pro·zẹss·schrift·sät·ze**[RR] *pl* JUR pleadings **Pro·zẹss·stand·schaft**[RR] *f* JUR representative action **Pro·zẹss·stand·schafts·kla·ge**[RR] *f* JUR class suit, derivative action AM **Pro·zẹss·tren·nung**[RR] *f* JUR severance of actions **pro·zẹss·un·er·heb·lich**[RR] *adj* JUR irrelevant, immaterial [to the case] **pro·zẹss·un·fä·hig**[RR] *adj* JUR incapable of acting in legal proceedings **Pro·zẹss·un·fä·hig·keit**[RR] *f kein pl* JUR **aktive/passive** ~ incapacity to sue/to be sued **Pro·zẹss·ur·teil**[RR] *nt* JUR judgment [on procedural grounds] **Pro·zẹss·ver·bin·dung**[RR] *f* JUR joinder of actions **Pro·zẹss·ver·gleich**[RR] *m* JUR court settlement, compromise in court **Pro·zẹss·ver·schlep·pung**[RR] *f* JUR delaying the proceedings **Pro·zẹss·ver·tre·tung**[RR] *f* JUR legal presentation in court **Pro·zẹss·voll·macht**[RR] *f* JUR ❶ *kein pl (Vollmacht)* power of attorney ❷ *(Formular)* letter of attorney **Pro·zẹss·vor·aus·set·zung**[RR] *f* JUR procedural requirements **Pro·zẹss·zin·sen**[RR] *pl* JUR interest on claims during litigation
prü·de ['pry:də] *adj (a. pej)* prudish, straight-laced *pej;* **eine ~ Frau** a prudish woman; **ein ~s Zeitalter** a prudish age
Prü·de·rie <-> *f kein pl* prudishness, prudery
Prüf·an·zei·ge ['pry:f-] *m* INFORM check indicator **Prüf·bit** *nt* INFORM check [*or* parity] bit **Prüf·da·ten** *pl* INFORM test data **Prüf·druck** *m* [off-press] proof
prü·fen ['pry:fn̩] **I.** *vt* ❶ *(in einer Prüfung)* ■**jdn** [**in etw** *dat*] ~ to examine sb [in [*or* on] sth]; ***wir werden in allen Fächern geprüft*** we will be examined in all subjects; ***ich wünschte, wir würden darin geprüft, was wir gelernt haben*** I wish they'd examine us on what we really studied; **Deutsch/Latein** ~ to be the examiner for German/Latin; **jdn im Hauptfach/Nebenfach** ~ to examine sb in his/her main/minor subject; **jds Kenntnisse** ~ to test sb's knowledge; **mündlich/schriftlich geprüft werden** to have an oral/a written examination; **ein staatlich geprüfter Lehrer** a qualified teacher
❷ *(überprüfen, untersuchen)* ■**etw** [**auf etw** *akk*] ~ to check [*or* examine] sth [for sth]; ~ ***Sie vor der Abfahrt Öl und Wasser*** check the oil and water before setting off; ***ich muss noch ein paar Dinge ~, bevor ich mich entscheiden kann*** I need to check up on a few things before I can decide; ***der Bericht wurde vor der Veröffentlichung sorgfältig geprüft*** the report was carefully scrutinized [*or* studied] before publication; ***unsere Bücher sind vor kurzem geprüft worden*** we've just had our accounts audited; ***nach Eingang müssen die Waren auf Schäden geprüft werden*** the goods must be examined for damage on arrival; ***das Wasser wird regelmäßig auf seine Reinheit geprüft*** the water is regularly tested for purity; ■~**, ob/wie ...** to check if/how ...; ***könntest du bitte ~, ob das Wasser warm genug ist*** could you please check if the water is warm enough; ***es wird geprüft, ob alle anwesend sind*** they check if everyone is present; **ein Alibi** ~ to check out an alibi; **die Angaben auf Korrektheit** ~ to examine the correctness of the details; **ein Angebot** ~ to check [out] an offer; **eine Beschwerde** ~ to investigate [*or* look into] a complaint; **das Beweismaterial nochmals** ~ to review the evidence; **eine Bewerbung** ~ to consider an application; **einen Fall nochmals** ~ to re-examine a case; **die Funktionstüchtigkeit von etw** *dat* ~ to check that sth works; **jds Gesundheitszustand** ~ to give sb a check-up; **Informationen** ~ to check information; **Lebensmittel/Waren** ~ to inspect [*or* test] goods/food; **die Pässe** ~ to check the passports; **den Preis** ~ to check the price; **die Temperatur** ~ to check the temperature; **eine Urkunde** ~ to verify a certificate
❸ *(testen)* ■**etw/jdn** ~ to test sth/sb; ***er prüfte den Wein auf sein Aroma*** he tested the bouquet of the vine; ***er wollte sie nur*** ~ he only wanted to test her; **ein Material** ~ to test a material; **jds Sehstärke** ~ to test sb's eyesight
❹ *(forschend ansehen)* ■**jdn** ~ to scrutinize sb; **ein ~der Blick** a searching look; **jdn mit den Augen prüfen, jdn mit ~den Blicken ansehen** to scrutinize sb carefully [*or* closely]
❺ *(geh: übel mitnehmen)* **jdn** [**hart** [*o* **schwer**]] ~ to [sorely] try [*or* afflict] sb; ***eine leidvoll geprüfte Mutter*** a sorely tried [*or* much afflicted] mother; ***er ist vom Leben schwer geprüft worden*** his life has been a hard trial
▶WENDUNGEN: **drum prüfe, wer sich ewig bindet** *(prov)* marry in haste, repent at leisure *prov*
II. *vi* SCH ■[**in einem Fach**] ~ to examine pupils/students [in a subject]; ***wer hat bei dir geprüft?*** who examined you?; ***morgen wird in Deutsch geprüft*** the German exams are tomorrow; [**in etw** *dat*] **streng** ~ to set a hard examination [*or* be a hard examiner] [in sth]
III. *vr (geh)* ■**sich** *akk* ~ to examine oneself, to search one's conscience [*or liter* heart]; **jd muss sich** *akk* **~, ob ...** sb must decide [for himself/herself] [*or liter* enquire of himself/herself] whether ...; ***ich muss mich ~, ob ich das durchstehen kann*** I must decide whether I can get through that
Prü·fer(in) <-s, -> ['pry:fɐ] *m(f)* ❶ *(Examinator)* examiner
❷ *(Prüfingenieur)* inspector
❸ *(Betriebsprüfer)* auditor
Prüf·ge·rät *nt* testing apparatus [*or* instrument] **Prüf·lam·pe** *f* test lamp
Prüf·ling <-s, -e> *m* [examination] candidate, examinee *form*
Prüf·lis·te *f* checklist **Prüf·num·mer** *f* ÖKON revision number **Prüf·sie·gel** *nt* ÖKON emblem, symbol; *(Qualitätszertifikat)* seal of certification
Prüf·stand *m* ❶ TECH test stand [*or* bed]; **auf dem ~ sein** [*o* **stehen**] to be in the process of being tested; *(fig)* to be under the microscope
❷ AUTO dynamometer
Prüf·stein *m (geh)* touchstone; **ein ~** [**für etw** *akk*] **sein** to be a touchstone for [*or* of] sth; ***die Aufgabe ist ein ~ für seine Belastbarkeit*** the task is a measure of his resilience **Prüf·stem·pel** *m* ADMIN, ÖKON stamp of certification
Prü·fung <-, -en> *f* ❶ *(Examen)* exam[ination]; *(für den Führerschein)* test; **schriftliche/mündliche** ~ [**in etw** *dat*] written/oral exam[ination] [*or* viva voce] [in sth]; **eine ~** [**nicht**] **bestehen** to [not] pass [an exam[ination]]; **durch eine ~ fallen** to fail [an exam[ination]], to flunk an exam[ination] AM *fam;* **jdn durch eine ~ fallen lassen** to fail sb [in an exam[ination]]; **in eine ~ gehen** to go and take an exam[ination]; **eine ~** [**in etw** *dat*] **machen, eine ~** [**in etw** *dat*] **ablegen** to take an exam[ination] [in sth]
❷ *(Überprüfung)* checking; JUR examination; *Wasserqualität* test; **~ durch Stichproben** HANDEL spot checks; **etw einer gründlichen ~ unterziehen** to give sth a thorough check [*or* going-over]; **etw hält einer ~ stand** sth stands up to [the rigours of] a test; **nach nochmaliger ~** after repeated tests [*or* checks]
❸ *(geh: Heimsuchung)* trial, ordeal; ■**~en** trials [and tribulations]
❹ FIN *(Buchprüfung)* audit; **~ der Bilanz** balance-sheet audit
❺ INFORM *(Kontrolle)* check; **automatische** ~ automatic checking
Prü·fungs·an·for·de·rung *f* examination requirement **Prüf·ungs·angst** *f* exam nerves *npl* **Prü·fungs·an·trag** *m* JUR request for examination **Prü·fungs·ar·beit** *f* examination, exam[ination] paper **Prü·fungs·auf·ga·be** *f* exam[ination] question, question in an [*or* the] exam[ination] **Prü·fungs·aus·schuss**[RR] *m* board of examiners, examination board; *(Wirtschaftsprüfung)* auditing board **Prü·fungs·er·geb·nis** *nt* exam[ination] results *pl* **Prü·fungs·fach** *nt* exam[ination] subject **Prü·fungs·fra·ge** *f* exam[ination] question **Prü·fungs·ge·bühr** *f* examination fee **Prü·fungs·ge·gen·stand** *m* object of examination **Prü·fungs·kom·mis·si·on** *f* board of examiners, examining board [*or* body] **Prü·fungs·ord·nung** *f* regulations for the conduct of an examination **Prü·fungs·pflicht** *f* FIN statutory inspection [*or* audit] **prü·fungs·pflich·tig** *adj inv* FIN subject to inspection **Prü·fungs·re·gle·ment** <-s, -e> *nt* SCHWEIZ *(Prüfungsordnung)* regulations *pl* for the conduct of an examination **Prü·fungs·stel·le** *f* FIN auditing agency; SCH examining board **Prü·fungs·sys·tem** *nt* INFORM checking-system; **automatisches ~** self checking-system **Prü·fungs·ter·min** *m* ❶ SCH date of an/the exam[ination] ❷ FIN audit date **Prü·fungs·un·ter·la·gen** *pl documents required on entering for an examination* **Prü·fungs·ver·fah·ren** *nt* FIN examination procedure **Prü·fungs·ver·merk** *m* FIN audit certificate **Prü·fungs·zeug·nis** *nt* exam[ination] certificate
Prüf·ver·fah·ren *nt* test[ing] procedure **Prüf·zei·chen** *nt* JUR certification mark **Prüf·zwe·cke** *pl* test purposes; **zu ~n** for test purposes
Prü·gel[1] ['pry:gl̩] *pl* beating *no pl*, thrashing *no pl;* **jdm eine Tracht ~ verabreichen** to give sb a [good] hiding; **~ austeilen** to hand out a beating [*or* thrashing]; [**von jdm**] **~ bekommen** [*o* **beziehen**] to get a beating [*or* thrashing] [from sb]; **~ einstecken müssen** to have to endure [*or* put up with] a beating
Prü·gel[2] <-s, -> ['pry:gl̩] *m* DIAL cudgel, club, bludgeon *form*
Prü·ge·lei <-, -en> ['pry:gə'lai̯] *f (fam)* fight, punch-up *fam;* **eine wilde ~** a brawl
Prü·gel·kna·be *m* whipping boy, scapegoat; **den ~n für etw/jdn abgeben** [*o* **spielen**] *(fig)* to be the scapegoat for sth/sb
prü·geln ['pry:gl̩n] **I.** *vt* ■**jdn** ~ to thrash [*or* beat] sb; **jdn windelweich** ~ *(fam)* to beat the living daylights out of sb *fam*
II. *vi* to beat [*or* hit]; SCH to use corporal punishment; **~de Ehemänner** abusive [*or* wife-beating] husbands
III. *vr* ■**sich** *akk* ~ to fight; ■**sich** *akk* [**mit jdm**] ~ to fight [sb], to have a fight [with sb]; ■**sich** *akk* [**mit jdm**] **um etw** *akk* ~ to fight [sb] [*or* have a fight [with sb]] over sth; ***sie ~ sich wegen jeder Kleinigkeit*** they fight over everything; ***sollen wir uns um die letzte Praline ~?*** *(hum fam)* shall we fight for the last sweet?
Prü·gel·stra·fe *f* ■**die** ~ corporal punishment; *(in Schulen a.)* the cane, the birch
Prunk <-s> [prʊnk] *m kein pl* magnificence, splendour [*or* AM -or]; *Saal a.* sumptuousness
Prụnk·bau <-s, -bauten> *m* magnificent [*or* splendid] edifice; ***neoklassische ~ten*** magnificent [*or* splendid] examples of Neoclassical architecture; **einen ~ errichten** to build a magnificent building
Prụnk·boh·ne *f* scarlet runner bean
prun·ken ['prʊnkn̩] *vi (geh)* ❶ *(prächtig erscheinen)* to be resplendent; **ein prunkender Blumenschmuck** a magnificent floral decoration; ***auf seinem Haupt prunkte eine mit Juwelen besetzte Krone*** on his head a jewel-encrusted crown gleamed resplendently
❷ *(prahlen)* ■**mit etw** *dat* ~ to make a great show of sth, to flaunt sth *a. pej;* ***er prunkte mit seinen sportlichen Leistungen*** he made a great show of his sporting prowess
Prụnk·ge·mach *nt* state room [*or* apartment]

P

Prunk·ge·wand *nt* magnificent [*or* splendid] vestment **Prunk·saal** *m* state room **Prunk·stück** *nt* showpiece; **das ~ der Ausstellung** the focal point of the exhibition **Prunk·sucht** *f kein pl (pej)* love of splendour [*or* grandeur] **prunk·süch·tig** *adj (pej)* with a love of grandeur [*or* splendour] *pred;* ■ **~ sein** to have a love of grandeur [*or* splendour] **Prunk·vil·la** *f* magnificent [*or* splendid] villa **prunk·voll** *adj* splendid, magnificent; **~e Kleidung** magnificent clothing; ***die Luxusvilla war ~ ausgestattet*** the luxury villa was fit for a king

prus·ten ['pru:stn̩] *vi (fam)* to snort; *(beim Trinken)* to splutter; **vor Lachen ~** to snort with laughter

PS¹ <-, -> [pe'ʔɛs] *nt Abk von* **Pferdestärke** hp

PS² <-, -> [pe'ʔɛs] *nt Abk von* **Postskript(um)** PS

Psalm <-s, -en> [psalm] *m* psalm

Psal·ter <-s, -> ['psaltɐ] *m* ① REL *(Buch des Psalmen)* Psalter; *(liturgisches Textbuch)* psalter

② ZOOL psalterium

③ MUS, HIST psaltery

pseu·do- [psɔydo] *in Komposita* pseudo- **pseu·do·de·mo·kra·tisch** *adj* pseudo-democratic **pseu·do·in·tel·lek·tu·ell** *adj* pseudo-intellectual **Pseu·do·krupp** <-s> *m* MED pseudo[-]croup

pseu·do·nym [psɔydo'ny:m] *adj inv* pseudonymous

Pseu·do·nym <-s, -e> [psɔydo'ny:m] *nt* pseudonym, nom de guerre *liter; von Autor a.* nom de plume, pen name; **unter einem ~ schreiben** to write using a pen name

pseu·do·re·li·gi·ös *adj* pseudo-religious

psst [pst] *interj* psst; *(ruhig)* [s]hush

Psy·che <-, -n> ['psy:çə] *f* psyche

psy·che·de·lisch [psyçə'de:lɪʃ] *adj* psychedelic, mind-expanding; **eine ~e Droge** a psychedelic [drug]; **~e Musik** psychedelic music; **eine ~e Erfahrung machen** to have a psychedelic experience

Psy·chi·a·ter(in) <-s, -> [psy'çi̯a:tɐ] *m(f)* psychiatrist, shrink *fam*

Psy·chi·a·trie <-, -n> [psyçi̯a'tri:, *pl* -'tri:ən] *f* ① *kein pl (medizinisches Fachgebiet)* psychiatry *no art*

② *(fam: psychiatrische Abteilung)* psychiatric ward; **jdn in die ~ einweisen** to have sb admitted to a psychiatric ward

psy·chi·a·trisch [psy'çi̯a:trɪʃ] *adj* psychiatric; **eine ~e Behandlung/Untersuchung** psychiatric treatment/ examination; **sich** *akk* **~ behandeln/untersuchen lassen** to see a psychiatrist, to undergo psychiatric treatment/a psychiatric examination

psy·chisch ['psy:çɪʃ] *adj* ① *(seelisch)* emotional, psychological; **eine ~e Belastung** psychological strain; **eine ~e Ursache haben** to be psychological, to have a psychological cause; **unter großem ~en Druck stehen** to be under a great deal of emotional [*or* psychological] pressure; **~ bedingt/verursacht sein** to be psychological, to have psychological causes/a psychological cause; **jdn ~ belasten** to put sb under psychological pressure

② *(geistig)* mental; **~ gesund sein** to have all one's [mental] faculties [about one]

psy·cho·ak·tiv [psyçoak'ti:f] *adj* PHARM psychoactive **Psy·cho·ana·ly·se** [psyçoʔana'ly:zə] *f* psychoanalysis *no art* **Psy·cho·ana·ly·ti·ker(in)** [psyçoʔana'lytikɐ] *m(f)* psychoanalyst **psy·cho·ana·ly·tisch** [psyçoʔana'lytɪʃ] *adj* psychoanalytic[al] **Psy·cho·dra·ma** [psyço'dra:ma] *nt* ① LIT psychological drama ② PSYCH psychodrama **Psy·cho-Dro·ge** *f* psychoactive [*or* psychotropic] drug **Psy·cho·ef·fekt** *m* psychological effect

psy·cho·gen [psyço'ge:n] *adj inv* PSYCH, MED psychogenic, psychogenetic

Psy·cho·gramm <-gramme> [psyço'gram] *nt* psychograph, [psychic] profile; **ein ~ von jdm erstellen** to create a psychic profile of sb

Psy·cho·krieg *m* psychological warfare **Psy·cho·lin·gu·is·tik** [syçolɪŋ'gu̯ɪstɪk] *f kein pl* LING, PSYCH, SCH psycholinguistics + *sing vb*

Psy·cho·lo·ge, -lo·gin <-n -n> [psyço'lo:gə, -'lo:gɪn] *m, f* ① *(Spezialist der Psychologie)* psychologist, shrink *fam*

② *(Mensch mit Einfühlungsvermögen)* psychologist

Psy·cho·lo·gie <-> [psyçolo'gi:] *f kein pl* psychology

Psy·cho·lo·gin <-, -nen> *f fem form von* **Psychologe**

psy·cho·lo·gisch [psyço'lo:gɪʃ] *adj* psychological; **ein ~es Gutachten** a psychological evaluation; **ein ~er Roman** a psychological novel; **~ falsch/richtig sein** to be wrong/right psychologically; **~ geschult werden/sein** to be trained in psychology; **~ erfahrene Mitarbeiter** staff experienced in psychology; ***das war ein ~ sehr geschickter Schachzug*** that was a clever psychological move; ***das war sehr ~ von dir*** *(fam)* that was a good psychological move on your part; *s. a.* **Kriegsführung**

Psy·cho·path(in) <-en, -en> [psyço'pa:t] *m(f)* psychopath

psy·cho·pa·thisch *adj inv* PSYCH psychopathic

Psy·cho·phar·ma·ka [psyço'farmaka] *pl von* **Psychopharmakon**

Psy·cho·phar·ma·kon <-s, -pharmaka> [psyço'farmakɔn, *pl* -ka] *nt meist pl (fachspr)* psychopharmaceutical [agent] *spec*

Psy·cho·scho·cker ['psy:çoʃɔkɐ] *m (fam)* psychothriller

Psy·cho·se <-, -n> [psy'ço:zə] *f (fachspr)* psychosis

Psy·cho·sek·te *f (pej fam)* psycho-sect

psy·cho·so·ma·tisch [psyçozo'ma:tɪʃ] **I.** *adj* psychosomatic; **ein ~es Leiden** an illness of a psychosomatic nature; **~e Störungen** psychosomatic problems

II. *adv* psychosomatically; **~ bedingt/verursacht sein** to be psychosomatic/to have psychosomatic causes [*or* a psychosomatic cause]

psy·cho·so·zi·al *adj* PSYCH *Ursache, Betreuung, Faktoren* psychosocial

Psy·cho·ter·ror *m (fam)* psychological terror **Psy·cho·test** *m* psychological test **Psy·cho·the·ra·peut(in)** [psyçotera'pɔyt] *m(f)* PSYCH, MED psychotherapist **psy·cho·the·ra·peu·tisch** *adj inv, attr* psychotherapeutic; **jdn ~ behandeln** to give sb psychotherapeutic treatment [*or* psychotherapy] **Psy·cho·the·ra·pie** [psyçotera'pi:, *pl* -i:ən] *f* psychotherapy **Psy·cho·thril·ler** *m* psychological thriller

PTA <-s, -s> *m*, **PTA** <-, -s> [pe:te:'ʔa:] *f Abk von* **pharmazeutisch-technische(r) Assistent(in)** pharmaceutical laboratory assistant

PTT ['pe:te:te:] *pl* SCHWEIZ *Abk von* **Post-, Telefon- und Telegrafenbetriebe**: ■ **die ~** the P.T.T. *(Swiss postal, telephone, and telegram services)*

pu·ber·tär [pubɛr'tɛ:ɐ̯] *adj* adolescent, of puberty *pred;* **~e Störungen** pubescent problems; **~es Verhalten** *(a. pej)* adolescent behaviour; **~ bedingt/verursacht** caused by adolescence [*or* puberty]

Pu·ber·tät <-> [pubɛr'tɛ:t] *f kein pl* puberty *no art;* **in der ~ sein/sich** *akk* **in der ~ befinden** to be in one's puberty [*or* adolescence]

Pu·ber·täts·ak·ne *f* acne *(during one's adolescence/puberty)* **Pu·ber·täts·zeit** *f s.* **Pubertät**

pu·ber·tie·ren* [pubɛr'ti:rən] *vi (geh)* to reach puberty; **~de Jugendliche** adolescents

Pu·bli·ci·ty <-> [pa'blɪsiti] *f kein pl* publicity

pu·bli·ci·ty·scheu [pa'blɪsiti-] *adj* publicity-shy *attr;* ■ **~ sein** to shun publicity

Pu·blic Re·la·tions ['pablɪkri'le:ʃn̩s] *pl* ÖKON, POL public relations + *sing vb*, PR + *sing vb* **Pu·blic-Re·la·tions-Ab·tei·lung** *f* public relations department

pu·blik [pu'bli:k] *adj pred* public, generally known; ■ **~ sein/werden** to be/become public knowledge [*or* generally known]; ***wenn ~ wird, dass er Alkoholiker ist, kann er seine Karriere vergessen*** when it becomes known that he's an alcoholic, he can wave goodbye to his career; ■ **etw ~ werden lassen** to let sth become generally known, to publicize sth; ■ **~ werden lassen, was/dass ...** to let it be known what/that ..., to publicize what/the fact that ...; **etw ~ machen** to make sth public, to publicize sth

Pu·bli·ka·ti·on <-, -en> [publika'tsi̯o:n] *f* ① *(veröffentlichtes Werk)* publication; **elektronische ~** electronic publication

② *kein pl (das Veröffentlichen)* publication; ***meine Forschungsergebnisse sind zur ~ bereit*** the results of my research are ready for publication

Pu·bli·ka·ti·ons·hil·fe *f bei Kulturförderung* [financial] help with publication

Pu·bli·kum <-s> ['pu:blikʊm] *nt kein pl* ① *(anwesende Besucher)* audience; *(im Theater a.)* house; *(beim Sport)* crowd; **sehr verehrtes ~** Ladies and Gentlemen; **vor versammeltem ~** in front of the whole audience; *(Zuhörerschaft)* audience; **ein kritisches ~** a critical audience

② *(geh: Lesergemeinde)* reading public, readers *pl;* ***er erreicht mit seinen Büchern immer ein großes ~*** he always reaches a large number of readers with his books

③ *(ausgewählte Gäste)* clientele; ***hier verkehrt nur ein ganz exklusives ~*** there is a very exclusive clientele here; ***das ~ in unserem Restaurant ist sehr gemischt*** we have a very mixed clientele visiting our restaurant

Pu·bli·kums·an·drang *m kein pl* rush of spectators/visitors; ***an beiden Tagen herrschte großer ~ an unserem Messestand*** visitors thronged to our stand at the fair on both days **Pu·bli·kums·er·folg** *m* hit; *(Film)* box office hit; **~ haben** to be successful; ***seinen größten ~ hatte er in der Jugend*** he had his greatest success when he was young; ***der Film wird garantiert ein ~ werden*** the film will definitely be a box office hit **Pu·bli·kums·fonds** *m* FIN public investment fund **Pu·bli·kums·ge·schmack** *m* popular [*or* public] taste; **sich** *akk* **am ~ orientieren** to cater to popular taste; **den ~ treffen** to satisfy public taste **Pu·bli·kums·ge·sell·schaft** *f* ÖKON public company [*or* corporation] **Pu·bli·kums·in·ter·es·se** *nt* general [*or* public] interest **Pu·bli·kums·lieb·ling** *m* MEDIA public's darling [*or* favourite] **Pu·bli·kums·ma·gnet** *m* crowd-puller BRIT, magnet **Pu·bli·kums·re·ak·ti·on** *f* public reaction **Pu·bli·kums·re·so·nanz** *f* public response (**auf** + *akk* to) **Pu·bli·kums·ver·kehr** *m kein pl* ADMIN ***das Amt ist nur morgens für den ~ geöffnet*** the office is only open to the public in the morning[s] **Pu·bli·kums·ver·lag** *m* popular publisher, publisher of popular titles **pu·bli·kums·wirk·sam** *adj* with public appeal **Pu·bli·kums·wir·kung** *f* effect on the public

pu·bli·zie·ren* [publi'tsi:rən] **I.** *vt* ■ **etw ~** to publish sth; ■ **etw ~ lassen** to have sth published; ***ich werde den Aufsatz bald ~ lassen*** I'm going to have the essay published soon

II. *vi* ■ [**in etw** *dat*/**bei etw** *dat*] **~** to have one's work [*or* to be] published [in sth]; *(in einem Verlag)* to have one's work [*or* to be] published [by sth]

Pu·bli·zie·rung <-, -en> *f (geh)* publication

Pu·bli·zist(in) <-en, -en> [publi'tsɪst] *m(f)* publicist *dated,* journalist *(who analyzes and comments on current affairs and politics)*

Pu·bli·zis·tik <-> [publi'tsɪstɪk] *f kein pl* ■ [**die**] ~ the science of the media; *(als Universitätsfach)* media studies *npl*

Pu·bli·zis·tin <-, -nen> *f fem form von* **Publizist**

pu·bli·zis·tisch **I.** *adj* ① MEDIA in journalism *pred;* **ein ~es Institut** institute for media studies; **eine ~e Studie** a media survey

② MEDIA journalistic, in journalism *pred;* **~e Werbung** media advertising

II. *adv* **etw ~ ausschlachten** to spread sth over the front page; **sich** *akk* **~ betätigen** to work as a journalist

Pu·bli·zi·tät <-> [publitsi'tɛt] *f kein pl* ① ÖKON *(Offenlegung)* disclosure; **~ des Kartellregisters** disclosure of the cartel register

② JUR publicity, public disclosure; **negative ~** negative publicity

Pu·bli·zi·täts·ge·setz *nt* JUR disclosure act **Pu·bli·zi·täts·pflicht** *f* JUR compulsory disclosure **Pu·bli·zi·täts·prin·zip** *nt* JUR principle of public disclosure **pu·bli·zi·täts·träch·tig** *adj (geh)* **~ sein** to be a big hit [with the public]

Puck <-s, -s> [pʊk] *m* puck

Pud·ding <-s, -s> ['pʊdɪŋ] *m milk-based dessert similar to blancmange*
▶WENDUNGEN: ~ **in den Beinen haben** *(fam)* to be lead-footed; **auf den ~ hauen** *(fam)* to paint the town red

Pud·ding·form *f* pudding mould **Pud·ding·pul·ver** *nt blancmange powder*

Pu·del <-s, -> ['pu:dl̩] *m* ① *(Hundeart)* poodle
② *(fam: Fehlwurf beim Kegeln)* miss; **einen ~ werfen** to miss
▶WENDUNGEN: **wie ein begossener ~ dastehen** *(fig fam)* to look thoroughly sheepish, to stand there with one's tail between one's legs; **wie ein begossener ~ abziehen** *(fig fam)* to slink off [*or* away] with one's tail between one's legs *a. pej;* **das also ist des ~s Kern** so that's what it's all about [*or* leading to]

Pu·del·müt·ze *f* bobble cap [*or* hat], pom-pom hat **pu·del·nackt** ['pu:dl̩'nakt] *adj inv (fam)* stark naked, BRIT *a.* starkers *pred fam* **pu·del·nass**RR ['pu:dl̩'nas] *adj (fam)* ■~ **sein/werden** to be/get soaking wet [*or* drenched] **pu·del·wohl** ['pu:dl̩'vo:l] *adj (fam)* **sich** *akk* ~ **fühlen** to feel on top of the world [*or* like a million dollars [*or* AM bucks]]

Pu·der <-s, -> ['pu:dɐ] *m o fam nt* powder

Pu·der·au·to·mat *m* TYPO automatic spray powder device, powder sprayer **Pu·der·do·se** *f* [powder] compact **Pu·der·kis·sen** *nt* powder puff **Pu·der·lid·schat·ten** *m* powder[y] eye shadow

pu·dern ['pu:dɐn] **I.** *vt* ■[**jdm/sich**] **etw** ~ to powder sb's/one's sth
II. *vr* ■**sich** *akk* ~ to powder oneself; ***ich möchte mich nur schnell*** ~ I just want to powder my nose

Pu·der·quas·te *f* powder puff **Pu·der·rouge** *nt* powder blusher **Pu·der·zu·cker** *m* icing sugar

Pu·e·blo·in·di·a·ner(in) <-s, -> ['pu̯e:blo-] *m(f)* Pueblo

Pu·er·to-Ri·ca·ner(in)RR, **Pu·er·to Ri·ca·ner(in)**RR, **Pu·er·to·ri·ca·ner(in)**ALT <-s, -> [pu̯ɛrtori'ka:nɐ] *m(f)* Puerto Rican

pu·er·to-ri·ca·nischRR, **pu·er·to·ri·ca·nisch**ALT *adj inv* Puerto Rican

Pu·er·to Ri·co ['pu̯ɛrto 'ri:ko] *nt* Puerto Rico

Puff1 <-[e]s, Püffe> [pʊf, *pl* 'pʏfə] *m (fam)* ① *(Stoß)* thump, knock; *(in die Seite)* prod, poke; **jdm einen ~ geben** to give sb a nudge; **einen ~/einige Püffe vertragen können** *(fig)* to be able to take a few knocks *fig*
② *(dumpfes Zischen)* puff, swoosh *fam*

Puff2 <-[e]s, -e *o* -s> [pʊf] *m* ① *(Wäschepuff)* linen basket
② *(Sitzpolster ohne Beine)* pouffe

Puff3 <-s, -s> [pʊf] *m o* SCHWEIZ *nt (fam)* brothel, whorehouse, knocking shop *sl;* **in den ~ gehen** to go to a brothel

Puff·är·mel *m* puff[ed] sleeve **Puff·boh·ne** *f* broad bean

puf·fen ['pʊfn̩] **I.** *vt (fam)* ■**jdn** ~ to thump [*or* hit] sb; **jdn in die Rippen** ~ to poke [*or* dig] [*or* prod] sb in the ribs; **jdn zur Seite** ~ to push [*or* shove] sb aside
II. *vi (fam)* to puff, to chuff BRIT; ***die Dampflok puffte, als sie zum Stillstand kam*** the steam locomotive puffed as it came to a halt
III. *vr (selten fam)* ■**sich** *akk* ~ to push each other; ***die Kinder pufften und schubsten sich*** the children pushed and shoved each other

Puf·fer <-s, -> ['pʊfɐ] *m* ① BAHN buffer, bumper AM
② INFORM *s.* **Pufferspeicher**
③ DIAL *(Reibekuchen)* potato fritter

Puf·fer·be·stän·de *pl* HANDEL buffer stocks **Puf·fer·grö·ße** *f* INFORM buffer size **Puf·fer·la·ge·rung** *f von radioaktivem Material* buffer storage *(of compressed radioactive waste for up to 2 years)* **Puf·fer·län·ge** *f* INFORM buffer length

puf·fern *vt* TECH ■**etw** ~ to buffer sth; **Reibung** ~ to reduce friction

Puf·fer·spei·cher *m* INFORM buffer memory, cache memory; **dynamischer** ~ dynamic buffer **Puf·fer·staat** *m* buffer state **Puf·fer·zo·ne** *f* buffer zone

Puff·mais *m (veraltend)* popcorn

Puff·mut·ter *f (fam)* madam

Puff·ot·ter *f* ZOOL puff adder

puh [pu:] *interj* ① *(Ausruf bei Ekel)* ugh
② *(Ausruf bei Anstrengung)* phew

pu·len ['pu:lən] **I.** *vt bes* NORDD *(fam)* ■**etw** [**aus etw** *dat*] ~ to pick out sth *sep,* to pick sth out of sth; **Krabben/Nüsse** [**aus den Schalen**] ~ to shell shrimps/nuts; **Erbsen** [**aus den Schoten**] ~ to shell [*or* pod] peas; ■**etw von etw** *dat* ~ to pick [*or* peel] sth off sth; **ein Etikett von einer Flasche** ~ to peel a label off a bottle
II. *vi (fam)* ■[**an etw** *dat*] ~ to pick at sth; **an einer Narbe** ~ to pick a scab; ■**in etw** *dat* ~ to stick one's finger in sth; **in der Nase** ~ to pick one's nose

Pu·lit·zer·preis ['pʊlɪtsɐ-] *m* MEDIA Pulitzer prize

Pulk <-s, -s *o selten* -e> [pʊlk] *m* ① *(Ansammlung)* crowd, throng; **ein kleiner ~ von Fahrzeugen** a small number [*or* group] of vehicles; ***ich entdeckte sie in einem ~ von Menschen*** I found her in a crowd of people; SPORT *(Hauptfeld)* pack, bunch
② MIL group; *von Kampfflugzeugen* flight

Pull·down-Me·nü [pʊl'daʊn-] *nt* INFORM pull-down menu

Pul·le <-, -n> ['pʊlə] *f (sl)* bottle; **eine ~ Bier** a bottle of beer; **ein Schluck aus der ~** a mouthful out of the bottle
▶WENDUNGEN: **volle ~ fahren** *(fig)* to drive flat out [*or* [at] full pelt] *fam*

Pul·li <-s, -s> ['pʊli] *m (fam) kurz für* **Pullover** jumper

Pull·man·li·mou·si·ne ['pʊlmən-] *f* stretch limo *fam*

Pul·lo·ver <-s, -s> [pʊ'lo:vɐ] *m* pullover, jersey, jumper

Pul·lun·der <-s, -> [pʊ'lʊndɐ] *m* tank top

Puls <-es, -e> [pʊls] *m* pulse; **ein regelmäßiger/unregelmäßiger ~** a steady [*or* regular]/an irregular pulse; **jds ~ fühlen** to feel sb's pulse; *Arzt a.* to take sb's pulse; **den ~ messen** to take sb's pulse
▶WENDUNGEN: **jdm den ~ fühlen** to sound sb out; *s. a.* **Ohr**

Puls·ader *f* artery; **sich** *dat* **die ~n aufschneiden** to slash [*or* slit] one's wrists

Pul·sar <-s, -e> [pʊl'za:ɐ̯] *m* ASTRON pulsar

Puls·fre·quenz *f* pulse rate

pul·sie·ren* [pʊl'zi:rən] *vi* to pulsate [*or* beat]; ***jetzt pulsiert das Blut wieder*** now the blood is circulating again; **eine pulsierende Stadt** *(fig)* a pulsating [*or* throbbing] city

Puls·mes·ser *m* MED *(Gerät zum Messen des Pulsschlags)* pulsimeter **Puls·schlag** *m* ① *(Puls)* pulse; ***der ~ ist noch spürbar*** there is still a faint pulse; *(Pulsfrequenz)* pulse rate; ***ihr ~ ist viel zu hoch*** her pulse rate is far too high ② *(einzelnes Pochen)* [pulse-]beat; ***72 Pulsschläge in der Minute*** a pulse of 72 in the minute **Puls·wär·mer** *m* wristlet

Pult <-[e]s, -e> [pʊlt] *nt (Rednerpult)* lectern; *(Dirigentenpult)* [conductor's] stand; *(Notenständer)* [music] stand; *(Schaltpult)* control desk; *(veraltend: Katheder, Lehrerpult)* teacher's desk; *(Schulbank)* desk

Pult·dach *nt* pent roof

Pul·ver <-s, -> ['pʊlvɐ] *nt* ① *(pulverisiertes Material/Mittel)* powder; **etw zu einem ~ zerreiben/zerstoßen** to pulverize sth; **ein ~ gegen Kopfschmerzen** a powder for a headache
② *(Schießpulver)* [gun]powder; **rauchschwaches ~** *(fachspr)* nitro powder *spec*
▶WENDUNGEN: **das ~** [**auch**] **nicht** [**gerade**] **erfunden haben** *(fam)* to be not exactly the brightest [*or hum* an Einstein]; **sein ~ trocken halten** *(fam)* to be prepared for anything; **sein ~ verschossen haben** *(fam)* to have shot one's [last] bolt

Pul·ver·fassRR *nt (a. fig)* powder keg, [gun]powder barrel; **einem ~ gleichen** *(fam)* to be [like] a powder keg; ***Zypern gleicht einem*** ~ Cyprus is like a powder keg; **auf dem** [*o* **einem**] ~ **sitzen** *(fig fam)* to be sitting on a powder keg

pul·ve·rig ['pʊlvərɪç], **pulv·rig** ['pʊlvrɪç] *adj* powdery

pul·ve·ri·sie·ren* [pʊlveri'zi:rən] *vt* ■**etw** ~ to pulverize sth; **Arzneistoffe** ~ to pulverize [*or spec* triturate] medicinal substances

Pul·ver·kaf·fee *m* instant coffee **Pul·ver·schnee** *m* powder[y] snow

pul·ver·tro·cken *adj inv* ① *Erde* dry as dust, bone dry
② *(fig) Stimme* husky, hoarse

pulv·rig ['pʊlvrɪç] *adj s.* **pulverig**

Pu·ma <-s, -s> ['pu:ma] *m* puma BRIT, mountain lion AM, cougar AM

Pum·mel <-s, -> ['pʊml̩] *m (fam),* **Pum·mel·chen** <-s, -> ['pʊmlçən] *nt (fam)* dumpling *fam,* pudding *fam*

pum·me·lig ['pʊməlɪç], **pumm·lig** ['pʊmlɪç] *adj (fam)* plump, chubby

Pump <-[e]s> ['pʊmp] *m kein pl* [**bei jdm**] **einen ~ aufnehmen** to cadge *fam* [*or* borrow] sth from sb; **auf ~** *(fam)* on credit [*or fam* tick]; ***ich habe den Fernseher auf ~ gekauft*** I bought the TV on HP

Pum·pe <-, -n> ['pʊmpə] *f* ① *(Fördergerät)* pump
② *(fam: Herz)* heart
③ *(sl: Rauschgiftspritze)* syringe, needle

pum·pen1 ['pʊmpn̩] **I.** *vt* ① TECH ■**etw in etw** *akk*/**aus etw** *dat* ~ to pump sth into/out of sth; **Luft in den Reifen** ~ to pump air into [*or* inflate] the tyres; **Wasser aus dem Keller** ~ to pump water out of the cellar
② *(fam: investieren)* ■**etw in etw** *akk* ~ to pump [*or* plough] sth into sth; ***ich habe mein ganzes Geld in die Firma gepumpt*** I have ploughed all my money into the firm
II. *vi* ① *(die Pumpe betätigen)* to pump
② *(fam: Liegestütze machen)* to do press-ups [*or* AM push-ups]

pum·pen2 ['pʊmpn̩] *vt (fam)* ■**jdm etw** ~ to lend sb sth; ***kannst du mir dein Fahrrad ~?*** can you lend me your bike?; ■[**sich** *dat*] **etw** [**bei/von jdm**] ~ to borrow sth [from [*or fam* off] sb]; ***könnte ich mir bei dir etwas Geld ~?*** could I borrow some money from you?; **jdm Geld** ~ to lend [*or* loan] sb money

Pum·pen·schwen·gel *m* pump handle

Pum·per·ni·ckel <-s, -> *m* pumpernickel

Pump·ho·se *f* knickerbockers *npl*

Pumps <-, -> [pœmps] *m* court shoe BRIT, pump AM

Pump·sta·ti·on *f* pumping station **Pump·zer·stäu·ber** *m* pump atomizer [*or* spray]

Punk <-s> [paŋk] *m kein pl* ① *(Lebenseinstellung, Protestbewegung)* punk
② *(fam) s.* **Punkrock**
③ *s.* **Punker**

Pun·ker(in) <-s, -> ['paŋkɐ] *m(f)* punk [rocker]

Punk·rock <-s> ['paŋkrɔk] *m kein pl* punk [rock]

Punkt <-[e]s, -e> [pʊŋkt] *m* ① *(Satzzeichen)* full stop BRIT, period AM; **einen ~ setzen** to put a full stop
② *(auf dem i, j)* dot; ***du hast den ~ auf dem i vergessen*** you forgot to dot the i; ***der Satz endet mit drei ~en*** the sentence ends with a row of dots [*or* with suspension points]
③ *(kreisrunder Fleck)* spot, dot; ***ein Stoff mit grünen ~en*** a fabric with green spots; ***ein Hemd mit blauen ~en*** a blue, spotted shirt; ***braune ~e in den Augen*** brown flecks in one's eyes; ***von hier oben sehen die Menschen aus wie winzige ~e*** from up here the people look like tiny dots
④ *(Stelle)* spot; *(genauer)* point; ***zwischen den ~en A und B*** between [the] points A and B; ***ein Fernglas auf einen ~ richten*** to train a telescope on a point; **ein dunkler ~** [**in jds Vergangenheit**] *(fig)* a dark chapter [in sb's past]; **etw auf den ~ genau wissen** to know sth quite precisely; **bis zu einem gewissen ~** up to a certain point; **ein schwacher/wunder ~** *(fig)* a weak/sore point; **der tote ~** *(fig)* the low[est] point [*or* ebb]; *(bei Verhandlungen)* deadlock, impasse; ***nachmittags um drei habe ich meinen toten ~*** I'm at my lowest ebb at three in the afternoon; ***die Unterhaltung hatte einen toten ~ erreicht*** the conversation had come to a dead stop; ***die Verhandlungen waren an einem toten ~ angelangt*** the talks had reached deadlock [*or* an impasse]

5 *(Abschnitt, Gegenstand, Thema)* point; *(auf der Tagesordnung)* item; ***kommen wir nun zu ~ zwei der Tagesordnung*** let's look at point two of the agenda; ***er wurde in allen ~en der Anklage freigesprochen*** he was quilted on all counts; **sich** *dat* **in allen ~en einig sein** to agree on all points; **etw in allen ~en widerlegen** to refute sth in every respect; **in einem bestimmten ~/in bestimmten ~en** on a certain point/on certain points; **in diesem ~** on this point; **etw auf den ~ bringen** to put sth in a nutshell, to get to the heart of sth; **auf den ~ kommen** to get to the point; **ein strittiger ~** a disputed [*or* moot] point, an area of dispute; **~ für ~** point by point; ***etw ~ für ~ widerlegen*** to disprove sth point by point

6 *(Zeitpunkt)* point; **~ *acht* [*Uhr*]** at eight o'clock on the dot, on the stroke of eight; ***ich habe einem ~ erreicht* [*o* *ich bin an einem Punkt*], *wo es nicht mehr schlimmer werden kann*** I have reached the stage [*or* point] where it can't get any worse; ***jetzt ist der ~ gekommen, wo ich ...*** the moment [*or* time] has now arrived when I ...; **auf den ~ genau kommen** to be punctual [*or* somewhere on the dot]

7 *(Bewertungseinheit)* point; *(bei Prüfung a.)* mark; **einen ~ bekommen/verlieren** to score/lose a point; **nach ~en führen/siegen** to lead/win on points; **~e sammeln** [**bei jdm**] (*a. fig*) to score points [with sb]

8 *kein pl (Maßeinheiten für Schriftarten)* point; **... ~e pro Inch** INFORM ... dots per inch, dpi

9 MUS dot

10 MATH point

▸WENDUNGEN: **einen ~ hinter eine Angelegenheit setzen** to make an end to a matter; **der ~ auf dem i** the final touch; **ohne ~ und Komma reden** to rattle on and on, to talk nineteen to the dozen BRIT *fam*, to rabbit on BRIT *fam;* **nun mach aber mal einen ~!** *(fam)* come off it! *fam;* **der springende ~** the crucial point; ***das ist nicht der springende ~*** that's not the point

Punkt·auf·bau *m* TYPO *(Repro)* dot structure
Punkt·be·fehl *m* INFORM dot command
Pünkt·chen <-s, -> [ˈpʏŋktçən] *nt dim von* **Punkt** little spot
punk·ten [ˈpʊŋktn̩] *vi* **1** SPORT to score [points]
2 *(fig fam)* to score, to score [*or* pick up] points *fam*
punkt·ge·nau *inv* **I.** *adj* precise, exact
II. *adv* precisely, exactly
Punkt·ge·winn *m* SPORT number of points won
punkt·gleich *adj inv* SPORT tied, level on points BRIT; **~ liegen** to be tied [*or* level [on points]]; **~ ausgehen** to end in a draw [*or* tie], BRIT *a.* to end [up] level on points **Punkt·hof** *m* TYPO *(Repro)* dot halo
punk·tie·ren* [pʊŋkˈtiːrən] *vt* ■**etw ~** **1** MED to puncture [*or spec* cannulate] sth; **das Rückenmark ~** to do [*or form* perform] a spinal tap
2 *(mit Punkten versehen)* to dot sth; **eine Fläche ~** to stipple an area; **ein punktiertes Blatt** a spotted leaf; **eine punktierte Linie** a dotted line
3 MUS to dot; **eine Note ~** to dot a note; **eine punktierte Halbe** a dotted quaver
Punk·ti·on <-, -en> [pʊŋkˈtsi̯oːn] *f* MED cannulation *spec; Rückenmark* tap; **eine ~ vornehmen** to carry out a cannulation
pünkt·lich [ˈpʏŋktlɪç] **I.** *adj* punctual; ■**~ sein** to be punctual; **~ auf die Minute** on the dot; **~ *um 12 wird gegessen*** the meal is at 12 o'clock sharp; ***du bist nie ~!*** you're never punctual [*or* on time]; **~ fertig sein** to be ready on time
II. *adv* punctually [*or* on time]; ***der Zug wird ~ ankommen*** the train will arrive on time
Pünkt·lich·keit <-> *f kein pl* punctuality
Punkt·licht *nt* TYPO point light **Punkt·mas·sa·ge** *f* acupressure, shiatsu **Punkt·nie·der·la·ge** *f* defeat on points, points defeat
punk·to [ˈpʊŋkto] *präp +gen* SCHWEIZ *(betreffs)* ■**~ einer S.** *gen* concerning [*or* regarding] sth; *s. a.* **in puncto**
Punkt·rich·ter(in) *m(f)* judge **Punkt·sieg** *m* win on points, points win **Punkt·sie·ger(in)** <-s, -> *m(f)* winner on points **Punkt·spiel** *nt* league game; *(Fußball a.)* league match **Punkt·strah·ler** *m* TECH, ELEK spotlight
punk·tu·ell [pʊŋkˈtu̯ɛl] *adj inv* **1** *(einzelne Aspekte betreffend) Ansatz* selective; **~ vorgehen** to proceed point by point
2 *(vereinzelt) Kontrollen* spot *attr*
Punkt·ver·hält·nis *nt difference in points scored* **Punkt·wer·tung** *f* points system; ***in der ~ liegt er knapp vor seinem Rivalen*** he's a few points ahead of his rival **Punkt·zahl** *f* SPORT score, number of points **Punkt·zu·wachs** *m* TYPO *(Repro)* dot gain
Punsch <-es, -e> [pʊnʃ] *m* [hot] punch
Pup <-[e]s, -e> [puːp] *m (fam) s.* **Pups**
pu·pen [ˈpuːpn̩] *vi (fam) s.* **pupsen**
Pu·pil·le <-, -n> [puˈpɪlə] *f* pupil; **weite ~n** dilated pupils
Pu·pil·len·re·ak·ti·on *m* MED *(Verkleinerung der Pupille als Reaktion auf Licht)* pupillary response
Püpp·chen <-s, -> [ˈpʏpçən] *nt dim von* **Puppe** [little] doll[y *childspeak*]
Pup·pe <-, -n> [ˈpʊpə] *f* **1** *(Spielzeug)* doll[y *childspeak*]; *(Marionette)* puppet; *(Schaufensterpuppe)* mannequin
2 *(sl: Mädchen, Freundin)* chick, doll; **eine tolle ~** a great chick; ***heute gehe ich mit meiner ~ ins Kino*** today I'm going to the cinema with my girl
3 ZOOL pupa, chrysalis *spec*
▸WENDUNGEN: **bis in die ~n** *(fam)* until the small hours of the morning; **bis in die ~n schlafen** to sleep till all hours; **die ~n tanzen lassen** *(fig fam: hart durchgreifen)* to raise [all] hell *fam; (hemmungslos feiern)* to have a hell of a party *fam,* to paint the town red
Pup·pen·bett *m* doll's bed **Pup·pen·dok·tor** *m (fam)* doll's repairer **Pup·pen·haus** *nt* doll's house BRIT, dollhouse AM **Pup·pen·kleid** *nt* doll's dress **Pup·pen·kli·nik** *f (fam)* repair shop for dolls **Pup·pen·spiel** *nt* **1** *(Form des Theaterspiels mit Puppen) s.* **Puppentheater** **2** *(Theaterstück mit Puppen)* puppet show **Pup·pen·spie·ler(in)** *m(f)* puppeteer **Pup·pen·sta·di·um** *nt* BIOL *von Insekten* pupal stage **Pup·pen·the·a·ter** *nt* puppet theatre **Pup·pen·wa·gen** *m* doll's pram [*or* AM carriage]
Pups <-es, -e> [puːps] *m (fam)* fart *fam;* **einen ~ lassen** to fart *fam,* to break wind
pup·sen [ˈpuːpsn̩] *vi (fam)* to fart, to break wind
pur [puːɐ̯] *adj* **1** *(rein)* pure, sheer; **pures Gold** pure gold; **~er Alkohol** pure [*or spec* absolute] alcohol; **etw ~ anwenden** to apply sth in its pure form; **etw ~ trinken** to drink sth neat [*or* straight]; **eine ~e Lüge** *(fig)* a blatant lie; **die ~e Wahrheit** the plain [*or* naked] truth, nothing but the truth; **der ~e Wahnsinn** absolute [*or* sheer] madness
2 *(fam: blank, bloß)* sheer; **ein ~er Zufall** a sheer [*or* mere] coincidence; ***aus dir spricht der ~e Neid*** what you are saying is pure envy
Pü·ree <-s, -s> [pyˈreː] *nt* **1** *(passiertes Gemüse/Obst)* purée
2 *(Kartoffelbrei)* mashed [*or* creamed] potatoes *pl*
pü·rie·ren [pyˈriːrən] *vt* ■**etw ~** KOCHK to purée sth
Pü·rier·stab *m* KOCHK hand-held blender
Pu·rim <-s> [puˈriːm, ˈpuːrɪm] *nt kein pl* REL Purim *(Jewish feast)*
Pu·ris·mus <-> [puˈrɪsmʊs] *m kein pl* KUNST, LING purism *no pl*
Pu·rist(in) <-en, -en> [puˈrɪst] *m(f) (geh)* purist
Pu·ri·ta·ner(in) <-s, -> [puriˈtaːnɐ] *m(f)* HIST Puritan, puritan *fig*
pu·ri·ta·nisch [puriˈtaːnɪʃ] *adj* **1** HIST Puritan; **die ~e Revolution** the English Civil Wars
2 *(a. pej)* puritanical; **eine ~e alte Jungfer** a puritanical old spinster
Pur·pur <-s> [ˈpʊrpʊr] *m kein pl* **1** *(Farbe)* purple
2 *(geh: purpurner Stoff)* purple material *(used for cardinals' robes);* **nach dem ~ streben** *(fig)* to wish to wear the purple
pur·pur·far·ben, pur·pur·far·big *adj s.* **purpurrot**
pur·purn [ˈpʊrpʊrn] *adj (geh) s.* **purpurrot**
pur·pur·rot *adj* **1** *(die Farbe des Purpurs aufweisend)* purple
2 *(feuerrot)* scarlet, crimson; **~ vor Wut sein/werden** to be/become [*or* turn] purple [*or* crimson] with rage; ***er wurde ~ im Gesicht*** his face turned purple
Pur·zel·baum [ˈpʊrtsl̩-] *m (fam)* somersault; **Purzelbäume/einen ~ machen** [*o* **schlagen**] to do [*or* turn] a somersault/somersaults
pur·zeln [ˈpʊrtsl̩n] *vi sein a. Preise* to tumble; ***die Tore purzelten nur so*** *(fig)* the goals were scored in quick succession; ■**von etw** *dat/***in etw** *akk* **~** to tumble off/into sth; **vom Tisch ~** to fall off the table; **in den Schnee ~** to fall over in the snow
Pu·schen <-s, -> [ˈpuːʃn̩] *m* NORDD slipper
▸WENDUNGEN: **nicht in die ~ kommen** *(fam)* to not be able to get out of bed [*or* wake up]
pu·shen, pu·schen [ˈpʊʃn̩] **I.** *vt (sl)* **1** *(verstärkt Werbung machen)* ■**etw ~** to push sth; **ein Produkt ~** to push [*or* hype up] a product; ***wir müssen die Randsportarten etwas ~*** we need to hype up the lesser known sports; ■**etw ~** to push forward sth *sep;* **den Absatz ~** to boost sales; **den Tourismus ~** to boost [*or* promote] tourism; *(zum Erfolg verhelfen, durchsetzen)* to push; ***seinen Anhängern ist es gelungen, ihn in den Vorsitz zu ~*** his supporters succeeded in pushing him through to the chairmanship; **sein Honorar auf Euro 10.000 ~** to push [*or* force] up one's fee to 10,000 euros
2 *(drängen)* ■**jdn in etw** *akk* **~** to push sb into sth; **jdn in eine** [*o* **die**] **Ecke ~** *(fig)* to push [*or* force] sb into a corner
3 *(mit Drogen handeln)* ■**etw ~** to push [*or* deal in] sth; **Heroin ~** to deal in heroin
II. *vi (sl)* to push drugs, to deal
Pu·sher <-s, -> [ˈpʊʃɐ] *m (Rauschgifthändler)* pusher
Push-Tech·no·lo·gie [pʊʃ-] *f kein pl* INET push technology
pus·seln [ˈpʊsl̩n] *vi (fam)* ■**an etw** *dat* **~** to fiddle with sth
Pus·te <-> [ˈpuːstə] *f kein pl (fam)* breath, wind *fam;* **außer ~ sein** to be puffed out *fam,* to be out of breath [*or fam* puff]; **aus der ~ kommen** to get out of breath; ***mir geht sehr schnell die ~ aus*** *(a. fig)* I get out of breath very quickly, I run out of steam very quickly *fig*
Pus·te·blu·me *f (kindersprache fam)* dandelion
Pus·te·ku·chen [ˈpuːstəkuːxn̩] *m* [**ja**] **~!** *(fam)* not a chance!
Pus·tel <-, -n> [ˈpʊstl̩] *f* pimple, pustule *spec*
pus·ten [ˈpuːstn̩] **I.** *vt (fam)* ■**etw in etw** *akk/***von etw** *dat* **~** to blow sth into/off sth; **die Haare aus dem Gesicht ~** to blow one's hair out of one's face; ***der Wind pustet das Laub von den Bäumen*** the wind is blowing the leaves off the trees; **jdm ein Loch ins Gehirn ~** *(sl)* to blow sb's brains out *sl*
▸WENDUNGEN: **jdm etw ~** to tell sb where to get off *sl*
II. *vi (fam)* **1** *(blasen)* ■[**auf etw** *akk/***in etw** *akk*] **~** to blow [on/into sth]; **auf eine Wunde ~** to blow on a wound; **ins Horn/Feuer ~** to blow a horn/onto a fire; **kräftig ~** to give a big blow *fam;* ***das Essen ist noch zu heiß, du musst etwas ~*** the meal is still too hot, you'll have to blow on it; *(in Alkoholmessgerät)* ***ich musste bei einer Verkehrskontrolle ~*** I had to blow into the little bag when I was stopped by the police
2 *(keuchen)* to puff [and pant], to wheeze; ***pustend kam er die Treppe herauf*** he came up the stairs puffing and panting
put [ˈpʊt] *interj (kindersprache)* **~, ~, ~!** *the call of a chicken or turkey*
Put <-[s], -s> [pʊt] *m* BÖRSE put
Pu·ta·tiv·not·stand [putaˈtiːf-] *m* JUR imaginary necessity **Pu·ta·tiv·not·wehr** *f* JUR imaginary self-defence
Pu·te <-, -n> [ˈpuːtə] *f* **1** *(Truthenne)* turkey [hen]; **eine ~ braten** to roast a turkey
2 *(fam: dümmliche Frau)* cow *pej fam;* ***du bist eine eingebildete, dumme ~*** you are an arrogant little cow

Pu·ten·fleisch <-[e]s> *nt kein pl* turkey [meat] *no pl* **Pu·ten·schnit·zel** *nt* turkey breast in breadcrumbs
Pu·ter <-s, -> ['pu:tɐ] *m* turkey [cock]; *(Puterfleisch)* turkey
pu·ter·rot ['pu:tɐ'ro:t] *adj* scarlet, bright red; ~ **sein/werden** [*o* **anlaufen**] to be/become [*or* turn] scarlet [*or* bright red]
Putsch <-[e]s, -e> [pʊtʃ] *m* coup [d'état], putsch; **ein missglückter** ~ an unsuccessful [*or* failed] coup; **einen** ~ **anzetteln** to instigate a putsch
put·schen ['pʊtʃn̩] *vi* ■[**gegen jdn/etw**] ~ to revolt [against sb/sth]
Put·schist(in) <-en, -en> [pʊ'tʃɪst] *m(f)* rebel
Putsch·ver·such *m* attempted coup [d'état]; **ein gescheiterter** ~ a failed coup [d'état]
Put·te <-, -n> ['pʊtə] *f* KUNST cherub, putto *spec*
put·ten ['pʊtn̩] *vt (golf)* **den Ball** ~ to putt the ball
Put·ter <-s, -> ['pʊtɐ] *m* SPORT *(beim Golf)* putter
Put·ting <-s> *nt kein pl* SPORT *(beim Golf)* putting
Putz <-es> [pʊts] *m kein pl (Wandverkleidung)* plaster; *(bei Außenmauern)* rendering; **auf/über** ~ ELEK exposed; **unter** ~ ELEK concealed; **Leitungen auf/unter** ~ **verlegen** to lay exposed/concealed cables; **etw mit** ~ **verkleiden** to plaster sth
▸WENDUNGEN: **auf den** ~ **hauen** *(fam: angeben)* to show off; *(übermütig und ausgelassen sein)* to have a wild time [of it] *fam; (übermütig und ausgelassen feiern a.)* to have a rave-up *fam;* ~ **machen** *(fam)* to cause aggro *fam;* ***er kriegt*** ~ ***mit seiner Frau*** he's in trouble with his wife
püt·zeln ['pʏtsl̩n] *vt* SCHWEIZ *(sorgsam reinigen)* ■**etw** ~ to clean sth carefully
put·zen ['pʊtsn̩] **I.** *vt* ❶ *(säubern)* ■**etw** ~ to clean sth; *(polieren)* to polish sth; **seine Schuhe** ~ to clean [*or* polish] [*or* shine] one's shoes; **die Brille** ~ to clean one's glasses; **sich** *dat* **die Nase** ~ to blow one's nose; **ein Pferd** ~ to groom a horse; **die Treppe/Wohnung** ~ to clean the steps/flat; **sich** *dat* **die Zähne** ~ to clean one's teeth; *(Gemüse vorbereiten)* to prepare; **Spinat** ~ to wash and prepare spinach; ■**sich** *akk* ~ to wash itself; ***Katzen*** ~ ***sich sehr gründlich*** cats wash themselves thoroughly; *Vögel* to preen
❷ *(veraltend: schmücken)* ■**etw** ~ to decorate; **den Christbaum** ~ to decorate the Christmas tree; ***eine Urkunde putzte die Wand*** a certificate adorned the wall
❸ *(wischen)* ■**jdm/sich etw aus etw** *dat*/**von etw** *dat* ~ to wipe sth off sth; [**sich** *dat*] **etw aus den Mundwinkeln** ~ to wipe sth out of the corners of one's mouth; ***putz dir den Dreck von den Schuhen!*** wipe the mud off your shoes!
II. *vi* ~ **gehen** to work as a cleaner
Put·ze·rei <-, -en> [pʊtsə'rai] *f* ❶ *(pej fam: lästige Putzarbeit)* [tiresome] cleaning, cleaning chores *pl*
❷ ÖSTERR *(chemische Reinigung)* dry cleaner's
Put·ze·te <-, -n> ['pʊtsətə] *f* SCHWEIZ ❶ *(Hausputz)* clear-out
❷ *(Säuberungsaktion in der Natur)* clean-up
Putz·fim·mel *m (pej fam)* **einen** ~ **haben** to be an obsessive cleaner *fam,* to be cleaning mad *fam* **Putz·frau** *f* cleaner, cleaning lady, Mrs Mop *no art hum fam* **Putz·hil·fe** *f* cleaner
put·zig ['pʊtsɪç] *adj (fam)* ❶ *(niedlich)* cute, sweet; **ein** ~**es Tier** a cute animal
❷ *(merkwürdig)* funny, odd; **das ist ja** ~! that's really odd
Putz·kel·le *f* square trowel
Putz·ko·lon·ne *f* team of cleaners **Putz·lap·pen** *m* [cleaning] cloth [*or* rag]
Putz·ma·che·rin <-> *f (veraltet)* milliner
Putz·mann *m* cleaner, cleaning man **Putz·mit·tel** *nt* cleaning things *pl,* cleaning agent *form*
putz·mun·ter *adj (fam)* full of beans *pred;* ***trink ein paar Tassen Kaffee, dann bist du bald wieder*** ~ drink a few cups of coffee, and you'll soon perk up
Putz·stück *nt* BAU clean-out opening
Putz·sucht *f kein pl* ❶ *(veraltet: im Hinblick auf Kleidung)* obsession with dressing up ❷ *(zwanghaftes Reinigen)* obsession with cleaning **Putz·teu·fel** *m (fam)* maniac for housework, housework maniac; **vom** ~ **besessen sein** [*o* **den** ~ **haben**] to have the cleaning bug; ***du bist ein richtiger*** ~***!*** you're house-proud mad! BRIT
Putz·trä·ger *m* BAU plasterbase, lath
Putz·tuch *nt* ❶ *(Poliertuch)* cloth [for cleaning] ❷ *s.* Putzlappen **Putz·wol·le** *f* cotton waste **Putz·wut** *f kein pl (fam)* cleaning frenzy; ***ihn hat die*** ~ ***gepackt*** he's in the grip of a cleaning fit, he's cleaning like a madman **putz·wü·tig** *adj inv (fam)* in a cleaning frenzy, cleaning mad [*or* crazy] *fam* **Putz·zeug** *nt kein pl (fam)* cleaning things *pl*
puz·zeln ['pʊzl̩n, 'pazl̩n] *vi* to do a jigsaw [puzzle] [*or* puzzle]
Puz·zle <-s, -s> ['pʊzl, 'pazl] *nt* jigsaw, puzzle
PVC <-[s]> [pe:fau'tse:] *nt kein pl Abk von* **Polyvinylchlorid** PVC
Pyg·mäe <-n, -n> [pʏg'mɛ:ə] *m* pygmy
pyg·mä·en·haft *adj inv* pygmy-like, pygmy *attr*
Pyg·mä·in <-, -nen> *f fem form von* **Pygmäe**
Py·ja·ma <-s, -s> [py'dʒa:ma] *m* pyjamas *npl* BRIT, pajamas *npl* AM; **im** ~ in his/her pyjamas
Py·ja·ma·ho·se *f* pyjama trousers [*or fam* bottoms] *npl* BRIT, pajama pants *npl* AM
Py·kni·ker(in) <-s, -> ['pʏknikɐ] *m(f)* stockily-built [*or* stocky] person, pyknic *spec*
py·knisch ['pʏknɪʃ] *adj* stockily built, stocky, pyknic *spec*
Py·lon <-en, -en> [py'lo:n] *m,* **Py·lo·ne** <-, -n> [py'lo:nə] *f* ❶ ARCHIT *(Eingangstor eines Tempels)* pylon
❷ ARCHIT *(Brückenpfeiler)* [suspension bridge] tower
❸ TRANSP *(Straßenmarkierung)* [traffic] cone
❹ LUFT *(Flugzeugträger)* pylon
Py·lon·brü·cke *f* suspension bridge
Py·ra·mi·de <-, -n> [pyra'mi:də] *f* pyramid
py·ra·mi·den·för·mig *adj* pyramid-shaped, pyramidal
Py·re·nä·en [pyre'nɛ:ən] *pl* ■**die** ~ the Pyrenees *npl*
Py·re·nä·en·halb·in·sel *f* GEOG ■**die** ~ the Iberian Peninsula
Py·rit <-s, -e> [py'ri:t] *m* GEOL pyrite
Py·ro·ly·se <-, -n> [pyro'ly:zə] *f* pyrolysis
Py·ro·ma·ne, -ma·nin <-n, -n> [pyro'ma:nə, -'ma:nɪn] *m, f* PSYCH pyromaniac
Py·ro·ma·nie <-> [pyroma'ni:] *f kein pl* PSYCH, MED pyromania *no pl*
Py·ro·ma·nin <-, -nen> *f fem form von* **Pyromane**
Py·ro·tech·nik [pyro'tɛçnɪk] *f kein pl* pyrotechnics + *sing vb*
Py·ro·tech·ni·ker(in) [pyro'tɛçnikɐ] *m(f)* pyrotechnist, pyrotechnician, fireworks expert
py·ro·tech·nisch *adj* pyrotechnic[al]
Pyr·rhus·sieg ['pyrʊs-] *m (geh)* Pyrrhic victory
Py·thon <-, -s> ['py:tɔn] *m,* **Py·thon·schlan·ge** *f* python

Q

Q, q <-, - *o fam* -s, -s> [ku:] *nt* Q, q; ~ **wie Quasar** Q for [*or* as in] Queenie; *s. a.* **A 1**
q [ku:] SCHWEIZ, ÖSTERR *Abk von* **Zentner** 100 kg
QM *nt* ÖKON *Abk von* **Qualitätsmanagement** QM
quab·be·lig ['kvabəlɪç] *adj* DIAL wobbly
quab·beln ['kvabl̩n] *vi* NORDD *(fam)* to wobble; **ein** ~**der Pudding** a wobbly pudding [*or* BRIT *a.* blancmange]
Quack·sal·ber(in) <-s, -> ['kvakzalbɐ] *m(f) (pej)* quack [doctor] *pej*
Quack·sal·be·rei <-, -en> [kvakzalbə'rai] *f (pej)* quackery *no pl pej*
Quack·sal·be·rin <-, -nen> ['kvakzalbərɪn] *f fem form von* **Quacksalber**
Quad <-s, -s> [kvat] *nt* AUTO *(vierrädriges Motorrad)* quadbike
Quad·del <-, -n> ['kvadl] *f* wheal, urticaria *spec;* ***auf Sonnenlicht reagieren manche Allergiker mit*** ~***n*** many people who are allergic to sunlight react to it with a [heat] rash [*or* heat spots]
Qua·der <-s, -> ['kva:dɐ] *m* ❶ ARCHIT, BAU ashlar, ashler, hewn [*or* cut] stone
❷ MATH cuboid
Qua·der·stein *m* BAU ashlar [block], [rectangular] block of stone
Qua·drant <-en, -en> [kva'drant] *m* ASTRON, MATH quadrant
Qua·drat <-[e]s, -e> [kva'dra:t] *nt* square; **magisches** ~ magic square; **etw ins** ~ **erheben** *(geh)* to square sth, to multiply sth by itself; ***was gibt 777 ins*** ~ ***erhoben? — 603.729*** what's 777 squared? — 603,729; ■**... im** ~ ... square; ***das Grundstück hat eine Größe von 64 Metern im*** ~ the plot [of land] is 64 metres square [in size]
▸WENDUNGEN: **im** ~ barefaced; ***das ist eine Frechheit/Lüge im*** ~ that's a barefaced cheek/lie; ***das ist eine Unverschämtheit im*** ~***!*** that's an absolute outrage!
qua·dra·tisch *adj* square; *s. a.* **Gleichung**
Qua·drat·ki·lo·me·ter *m mit Maßangaben* square kilometre [*or* AM -er] **Qua·drat·lat·schen** *pl (fam)* ❶ *(riesige Schuhe)* clodhoppers *fam,* BRIT *fam a.* beetle-crushers ❷ *(riesige Füße)* dirty great [big] feet *sl*
Qua·drat·me·ter *m* square metre [*or* AM -er]; ***dieses Zimmer hat 50*** ~ this room has 50 square metres of floor space, the floor space in this room is 50 square metres **Qua·drat·me·ter·ge·wicht** *nt* TYPO grammage, grams per square metre [*or* AM -er] **Qua·drat·me·ter·preis** *m* price per square metre [*or* AM -er]
Qua·drat·schä·del *m (fam)* ❶ *(kantiger Kopf)* dirty great head [*or* great bonce] BRIT *sl,* dirty great [big] head
❷ *(Starrkopf)* [obstinate [*or* stubborn]] mule, pig-headed person *pej*
Qua·dra·tur <-, -en> [kvadra'tu:ɐ̯] *f* quadrature; **die** ~ **des Kreises** *(geh)* [the] squaring [of] the circle *fig*
Qua·drat·wur·zel *f* square root **Qua·drat·zahl** *f* square number **Qua·drat·zen·ti·me·ter** *m* square centimetre [*or* AM -er]
qua·drie·ren* [kva'dri:rən] *vt* MATH ■**etw** ~ to square sth
Qua·dri·ga <-, Quadrigen> [kva'dri:ga, *pl* kva'dri:gən] *f* four-horsed chariot
Qua·dril·le <-, -n> [kva'drɪljə] *f* quadrille
qua·dro·fon[RR] [kvadro'fo:n] *adj inv* quadrophonic
Qua·dro·fo·nie[RR] <-> [kvadrofo'ni:] *f kein pl* quadraphonic sound, quadrophonics + *sing vb*
qua·dro·fo·nisch[RR] [kvadro'fo:nɪʃ] *adj inv* quadrophonic
qua·dro·phon [kvadro'fo:n] *adj s.* **quadrofon**
Qua·dro·pho·nie <-> [kvadrofo'ni:] *f kein pl s.* **Quadrofonie**
qua·dro·pho·nisch [kvadro'fo:nɪʃ] *adj s.* **quadrofonisch**
Qua·dru·pol ['kva:drupo:l] *m kein pl* PHYS tetrapole
Qua·hog·mu·schel ['kva:hɔg-] *f* Venus clam
Quai <-s, -s> [kɛ:, ke:] *m o nt* SCHWEIZ *(Kai)* quay
quak ['kva:k] *interj Frosch* croak; *Ente* quack
qua·ken ['kva:kn̩] **I.** *vi* ❶ ZOOL *Frosch* to croak; *Ente* to quack
❷ *(fam: reden)* to natter *fam;* **mit jdm** ~ to have a natter to sb; **jdm dazwischen**~ to keep interrupting sb
II. *vt (fam)* ■[**über**] **etw** ~ to waffle on [about sth] *pej*
quä·ken ['kvɛ:kn̩] *vi (fam)* ❶ *(krächzend weinen)* to scream, to screech
❷ *(krächzen)* to crackle and splutter; ***stell doch endlich dieses*** ~***de Radio ab!*** turn that crackly old radio off!
Quä·ker(in) <-s, -> ['kvɛ:kɐ] *m(f)* Quaker
Qual <-, -en> ['kva:l] *f* ❶ *(Quälerei)* struggle
❷ *meist pl (Pein)* agony *no pl*
▸WENDUNGEN: **die** ~ **der Wahl haben** *(hum)* to be

spoilt [*or* spoiled] for choice

quä·len ['kvɛ:lən] I. *vt* ① *(jdm zusetzen)* ■**jdn** ~ to pester [*or* plague] sb
② *(misshandeln)* ■**jdn/etw** ~ to be cruel to [*or* torture] sb/sth; *s. a.* **Tod**
③ *(peinigen)* ■**jdn** ~ to torment sb *fig*
④ *(Beschwerden verursachen)* ■**jdn** ~ to trouble sb; **durch etw** *akk* [*o* **von etw** *dat*] **gequält sein** to be troubled by sth; *s. a.* **gequält**
II. *vr* ① *(leiden)* ■**sich** *akk* ~ to suffer
② *(sich herumquälen)* ■**sich** *akk* **mit etw** *dat* ~ *Gedanken, Gefühlen* to torment oneself with sth; *Hausaufgaben, Arbeit* to struggle [hard] with sth
③ *(sich mühsam bewegen)* ■**sich** *akk* ~ to struggle

quä·lend ['kvɛ:lənt] *adj attr* agonizing; *Gedanken, Gefühle a.* tormenting; **ein ~er Husten** a hacking cough; **~e Schmerzen** excruciating [*or* agonizing] pain

Quä·le·rei <-, -en> [kvɛ:lə'rai] *f* ① *kein pl (fam: qualvolle Anstrengung)* ordeal
② *(ständiges Zusetzen)* pestering *no pl*

quä·le·risch *adj attr* agonizing *fig*

Quäl·geist *m (fam)* pest *fig fam*

Qua·li·fi·ka·ti·on <-, -en> [kvalifika'tsi̯o:n] *f* ① *pl selten (berufliche Befähigung)* qualifications *pl;* **fachliche** ~ professional qualification
② SPORT qualification *no pl; (Wettkampf a.)* qualification round, qualifier; ***21 Mannschaften spielten um die ~ zur WM*** 21 teams played to qualify for the World Cup

Qua·li·fi·ka·ti·ons·frei·heit *f kein pl* JUR freedom to construe **Qua·li·fi·ka·ti·ons·nach·weis** *m* JUR verification of qualifications **Qua·li·fi·ka·ti·ons·pro·fil** *nt eines Arbeitnehmers* qualification profile **Qua·li·fi·ka·ti·ons·spiel** *nt* SPORT qualifying match [*or* game], qualifier

qua·li·fi·zie·ren* [kvalifi'tsi:rən] I. *vr* ■**sich** *akk* [**für etw** *akk*/**zu etw** *dat*] ~ to qualify [for sth]
II. *vt (geh)* ① *(befähigen)* ■**jdn für etw** *akk*/**zu etw** *dat* ~ to qualify sb for sth
② *(klassifizieren)* ■**etw als etw** ~ to qualify [*or* describe] sth as sth

qua·li·fi·ziert *adj* qualified; ■[**für etw** *akk*] ~ **sein** to be qualified [for sth]; **~e Arbeitskraft** skilled worker; **~e Arbeit leisten** to do a professional job; **~e Beteiligung** BÖRSE choice investment; **~e Mehrheit** JUR qualified majority; **~e Minderheit** JUR right-conferring minority

Qua·li·fi·zie·rung <-, -en> *f pl selten* ① *(Befähigung)* qualification
② *(Erwerben einer Qualifikation)* qualification *no pl;* **berufliche** ~ occupational qualification
③ *(fachspr: Ausbildung)* training *no pl*
④ SPORT *(Ausscheidungswettbewerb)* qualification *no pl*

Qua·li·tät <-, -en> [kvali'tɛ:t] *f* ① *(Güte)* quality; **von bestimmter ~ sein** to be of [a] certain quality; **ausgesuchte** [*o* **beste**] ~ prime quality; ***dieses Leder ist von sehr guter/ausgezeichneter/besserer ~*** this leather is of [a] very good/[an] excellent/[a] better quality
② *(Beschaffenheit)* quality
③ *pl (gute Eigenschaften)* qualities *pl*

qua·li·ta·tiv [kvalita'ti:f] I. *adj* qualitative
II. *adv* qualitatively; ~ ***besser/schlechter sein*** to be [of [a]] better/worse quality

Qua·li·täts·ab·wei·chung *f* HANDEL variation in quality **Qua·li·täts·an·for·de·rung** *f meist pl* HANDEL exacting standard of quality **Qua·li·täts·an·spruch** *m* HANDEL standard of quality **Qua·li·täts·ar·beit** *f* ÖKON high-quality work[manship] *no pl* **Qua·li·täts·be·an·stan·dung** *f* HANDEL defect report **Qua·li·täts·be·ur·tei·lung** *f* quality assessment [*or* evaluation] **qua·li·täts·be·wusst**[RR] *adj* ÖKON quality-conscious **Qua·li·täts·be·wusst·sein**[RR] *nt* quality awareness **Qua·li·täts·er·zeug·nis** *nt* ÖKON [high-]quality product **Qua·li·täts·klas·se** *f* grade **Qua·li·täts·kon·trol·le** *f* ÖKON quality control **Qua·li·täts·kos·ten** *pl* ÖKON quality costs **Qua·li·täts·kri·te·ri·um** *nt* indicator of quality **Qua·li·täts·ma·nage·ment** *nt* HANDEL quality management **Qua·li·täts·man·gel** *m* HANDEL defective quality, quality defect [*or* failure] **Qua·li·täts·mar·ke** *f* JUR mark of quality **Qua·li·täts·maß·stab** *m* quality standard **Qua·li·täts·merk·mal** *nt* sign of quality **Qua·li·täts·min·de·rung** *f* ÖKON deterioration in [*or* impairment of] quality *no pl* **Qua·li·täts·norm** *f* quality norm **Qua·li·täts·pro·be** *f* HANDEL sample, pattern **Qua·li·täts·pro·dukt** *nt* [high-]quality product **Qua·li·täts·prü·fung** *f* ÖKON quality test [*or* control]; **eine ~ vornehmen** to check the quality **Qua·li·täts·si·che·rung** *f* HANDEL quality assurance **Qua·li·täts·sie·gel** *nt* seal of quality **Qua·li·täts·stan·dard** *m* quality standard **Qua·li·täts·stei·ge·rung** *f* quality improvement [*or* enhancement], upgrading **Qua·li·täts·un·ter·schied** *m* ÖKON difference in quality **Qua·li·täts·ver·bes·se·rung** *f* quality improvement [*or* enhancement], upgrading **qua·li·täts·voll** *adj* [high-]quality **Qua·li·täts·wa·re** *f* quality goods *pl* **Qua·li·täts·zei·tung** *f* MEDIA quality [news]paper **Qua·li·täts·zer·ti·fi·kat** *nt* ÖKON certificate of quality

Qual·le <-, -n> ['kvalə] *f* jellyfish

Qualm <-[e]s> ['kvalm] *m kein pl* [thick [*or* dense]] smoke

qual·men ['kvalmən] I. *vi* ① *(Qualm erzeugen)* ■**etw qualmt** sth smokes [*or* gives off smoke]; ***der Schornstein qualmt ganz fürchterlich*** the chimney is belching out smoke like nobody's business *fam*
② *(fam: rauchen)* ■**jd qualmt** sb smokes [*or fam* puffs away]
II. *vt (fam)* ■**jd qualmt etw** sb puffs away at *fam* [*or* smokes] sth

Qual·me·rei <-> *f kein pl (fam)* smoking, puffing away

qual·mig ['kvalmɪç] *adj* smoky, smoke-filled

qual·voll I. *adj* agonizing
II. *adv* ~ **sterben** [*o* **zugrunde gehen**] to die [*or* perish] in agony [*or* great pain]

Quant <-s, -en> ['kvant] *nt* NUKL quantum

Quänt·chen[RR] <-s, -> ['kvɛntçən] *nt* scrap; **ein ~ Glück** a little bit of luck; **ein ~ Hoffnung** a glimmer of hope; **kein ~** not a scrap [*or* jot], not one iota

Quan·ten ['kvantən] *pl* ① *pl von* **Quant, Quantum**
② *(sl: Füße)* dirty great [big] feet *sl*

Quan·ten·chro·mo·dy·na·mik *f* NUKL quantum chromodynamics + *sing vb,* QCD + *sing vb* **Quan·ten·ef·fekt** *m* PHYS quantum effect **Quan·ten·elek·tro·dy·na·mik** *f* NUKL quantum electrodynamics + *sing vb,* QED + *sing vb* **Quan·ten·elek·tro·nik** *f kein pl* quantum electronics + *sing vb* **Quan·ten·feld·the·o·rie** *f* NUKL quantum field theory **Quan·ten·me·cha·nik** *f* NUKL quantum mechanics + *sing vb* **Quan·ten·phy·sik** *f* NUKL quantum physics + *sing vb* **Quan·ten·sprung** *m* ① PHYS quantum leap ② *(enormer Fortschritt)* quantum leap *fig* **Quan·ten·the·o·rie** *f* NUKL quantum theory

quan·ti·fi·zier·bar [kvantifi'tsi:ɐba:ɐ̯] *adj* quantifiable

Quan·ti·tät <-, -en> [kvanti'tɛ:t] *f (geh)* quantity; ***ausschlaggebend ist die Qualität, nicht die ~*** it's quality not quantity that counts; ***er nahm diese Drogen immer nur in geringen ~en ein*** he only ever took this drug in small quantities [*or* doses], he only ever took small amounts of this drug

quan·ti·ta·tiv ['kvantitati:f, kvantita'ti:f] *adj inv (geh)* quantitative

Quan·ti·täts·the·o·rie *f* ÖKON quantity theory

Quan·tum <-s, Quanten> ['kvantʊm, *pl* 'kvantən] *nt (geh)* quantum *form,* quantity; ***er braucht sein regelmäßiges ~ Schnaps am Tag*** he needs his regular daily dose of schnapps; ***eine dicke Zigarre enthält ein ordentliches ~ Nikotin*** a thick cigar contains a fair amount of nicotine; ***es gehört schon ein gewisses ~ an Mut dazu, das zu tun*** it takes a certain amount of courage to do that

Quap·pe <-, -n> ['kvapə] *f* ① *(Aalquappe)* burbot
② *(Kaulquappe)* tadpole

Qua·ran·tä·ne <-, -n> [karan'tɛ:nə] *f* quarantine *no pl;* **unter ~ stehen** to be in quarantine; **über jdn/etw ~ verhängen, jdn/etw unter ~ stellen** to place sb/sth under [*or* put sb/sth in] quarantine, to quarantine sb/sth off

Qua·ran·tä·ne·sta·ti·on [karan'tɛ:nə-] *f* MED isolation [*or* quarantine] ward

Quark[1] <-s, -s> ['kvark] *nt* NUKL quark

Quark[2] <-s> ['kvark] *m kein pl* ① KOCHK curd, fromage frais
② *(fam: Quatsch)* rubbish *fam,* nonsense
▶WENDUNGEN: **einen ~** *(fam)* not one jot *fam;* ***das interessiert mich alles einen ~*** all that doesn't interest me in the slightest [*or* one jot]; ***das ist zu kompliziert, davon verstehst du einen ~*** it's too complicated, you'll understand next to nothing about it

Quark·spei·se *f* quark dish **Quark·stru·del** *m* quark strudel **Quark·ta·sche** *f* quark turnover

Quart <-, -en> ['kvart] *f* MUS *s.* **Quarte**

Quar·ta <-, -ten> ['kvarta] *f* SCH ① *(veraltend: des Gymnasiums: 3.Klasse) third year of a Gymnasium*
② ÖSTERR *(des Gymnasiums: 4.Klasse) fourth year of a Gymnasium*

Quar·tal <-s, -e> [kvar'ta:l] *nt* quarter; **erstes/letztes ~** first/last quarter; ***es muss jedes ~ bezahlt werden*** payment is due quarterly [*or* every quarter]; ***die Zwischenberichte werden jeweils am Ende eines ~s fällig*** the interim reports are due at the end of [*or* after] every quarter [*or* three months]

Quar·tal(s)·ab·schluss[RR] *m* ① *(zeitlich)* end of the/a quarter ② ÖKON quarterly statement [*or* balance sheet] **Quar·tals·en·de** *nt kein pl* end of a/the quarter; ***er hat zum ~ gekündigt*** he's given [*or* handed in] his notice for the end of the quarter **Quar·tal(s)·säu·fer, -säu·fe·rin** *m, f (fam)* periodic heavy drinker **Quar·tals·ver·rech·nung** *f* FIN quarterly account

quar·tal(s)·wei·se I. *adj* quarterly
II. *adv* ~ **abrechnen/bezahlen/Bericht erstatten** to invoice/pay/compile a report quarterly [*or* every three months]

Quar·ta·ner(in) <-s, -> [kvar'ta:nɐ] *m(f)* SCH ① *(veraltend) pupil in the third year of a Gymnasium*
② ÖSTERR *pupil in the fourth year of a Gymnasium*

quar·tär [kvar'tɛ:ɐ̯] *adj* quaternary; **~e Ammoniumbase** CHEM quaternary ammonium base; **~e Zahl** CHEM, MATH quaternary number

Quar·tär <-s> [kvar'tɛ:ɐ̯] *nt kein pl* GEOL Quaternary [period]

Quar·te <-, -n> ['kvartə] *f* MUS ① *(vierter Ton)* fourth
② *(Intervall)* interval

Quar·ten ['kvartn̩] *pl von* **Quart**

Quar·tett[1] <-[e]s, -e> [kvar'tɛt] *nt* KARTEN ① *(Kartensatz) set of four matching cards in a game of Quartett*
② *kein pl (Kartenspiel)* ≈ happy families + *sing vb (game of cards in which one tries to collect sets of four matching cards);* **~ spielen** to play Quartett

Quar·tett[2] <-[e]s, -e> [kvar'tɛt] *nt* ① MUS quartet
② *(vier zusammengehörige Leute)* quartet, group [of four]

Quar·tett·spiel *nt* KARTEN ≈ pack of happy families playing cards

Quar·tier <-s, -e> [kvar'ti:ɐ̯] *nt* ① *(Unterkunft)* accommodation *no indef art, no pl;* ***in der Hauptsaison ist in diesem Badeort kein ~ mehr zu bekommen*** it is impossible to find [any] accommodation in this coastal resort in the high season; ***ich suche ein ~*** I'm looking for accommodation [*or* somewhere [*or* a place] to stay]; [**bei jdm/irgendwo**] **~ beziehen** [*o* **nehmen**] to move in [with sb/somewhere]; MIL to take up quarters [with sb/somewhere]
② SCHWEIZ *(Stadtviertel)* district, quarter

Quar·til <-s, -e> [kvar'ti:l] *nt* MATH, SOZIOL quartile

Quarz <-es, -e> ['kva:ɐ̯ts] *m* quartz

Quarz·glas <-es> *nt kein pl* TECH quartz glass *no pl*

Quar·zit <-s, -e> [kvar'tsi:t] *m* GEOL quartzite

Quarz·sand <-[e]s> *m kein pl* quartz sand *no pl*

Quarz·uhr *f* quartz clock [*or* watch]

Qua·sar <-s, -e> [kva'za:ɐ̯] *m* ASTRON quasar

qua·si ['kva:zi] *adv (geh)* almost; ***es ist doch ~ das-***

selbe it's more or less the same [thing]; ***nach ihrem Weggang hat er hier ~ das Sagen*** since her departure he is virtually in charge here

Qua·si·geld *nt* ÖKON near money **Qua·si·kris·tall** *m* quasi-crystal **Qua·si·mo·no·pol** *nt* ÖKON quasi-monopoly **Qua·si·split·ting** *nt* JUR splitting of spouses' future pension rights **Qua·si·ver·trag** *m* JUR quasi-contract

Quas·se·lei <-, -en> [kvasəˈlai] *f (fam)* babbling *no pl,* gabbing *pej fam no pl*

quas·seln [ˈkvasl̩n] **I.** *vi (fam)* to babble; ***hört endlich auf zu ~, ich will meine Ruhe haben!*** [will you] stop [your] babbling, I want a bit of peace and quiet!

II. *vt (fam)* ■ **etw ~** to babble on about [*or pej* spout] sth

Quas·sel·strip·pe <-, -n> *f (fam)* ① *(hum: Telefon)* **an der ~ hängen** to be on the phone [*or* BRIT *fam a.* blower]

② *(pej: jd, der unentwegt redet)* windbag *pej fam,* gasbag *fam*

Quas·te <-, -n> [ˈkvastə] *f* tassel

Quas·ten·flos·ser <-s, -e> *m* BIOL coelacanth

Quäs·tor(in) <-s, -en> [ˈkvɛ(:)sto:ɐ̯, *pl* -ˈto:rən] *m(f)* SCHWEIZ *(Kassenwart)* treasurer

Quäs·tur <-, -en> [kvɛsˈtu:ɐ̯] *f* SCH bursary BRIT, scholarship

quatsch [ˈkvatʃ] *interj* nonsense, BRIT *a.* rubbish; ***ich soll das gesagt haben? ~!*** I'm supposed to have said that? [what] rubbish!

Quatsch <-es> [ˈkvatʃ] *m kein pl (fam)* ① *(dummes Gerede)* rubbish, nonsense; ***wer hat denn so einen/diesen ~ behauptet?*** who told you [*or* where did you hear] such rubbish?; ***das ist doch der letzte ~!*** what a load of absolute rubbish!; **~ reden** to talk rubbish; ***so ein ~!*** what [a load of] rubbish!

② *(Unfug)* nonsense; **~ machen** to mess around [*or* about] *pej;* ***was, du willst kündigen? mach doch keinen ~, Mensch, überlege dir das noch mal!*** what, you want to hand in your notice, don't be silly [*or fam* daft] [*or fam* talk daft], think it over!; **aus ~** for [*or* as] a joke

quat·schen[1] [ˈkvatʃn̩] **I.** *vt (fam)* ■ **etw [von etw** *dat*] **~** to spout *pej* [*or* say] sth [about sth]; ***quatsch kein dummes Zeug*** don't talk nonsense; ***er hat irgendwas von einem Unfall gequatscht, aber ich habe gedacht, er redet Unsinn*** he garbled something about an accident, but I thought he was talking rubbish

II. *vi (fam)* ① *(sich unterhalten)* ■ **[mit jdm] [über etw** *akk*] **~** to natter [with sb] [about sth]; ***entschuldige, aber ich kann jetzt nicht mit dir ~*** I'm sorry, but I can't [have a] chat with you now; ■ **von etw** *dat* **~** to talk about sth; ***ich hab' kein Wort verstanden von dem, was sie da gequatscht hat*** I didn't understand a word of what she said

② *(etw ausplaudern)* to blab *fam;* ***er hat bei den Bullen gequatscht*** he's blabbed [*or sl* squealed] to the fuzz

quat·schen[2] [ˈkva:tʃn̩] **I.** *vi* to squelch

II. *vi impers* ■ **es quatscht** it squelches [*or* makes a squelching sound]

Quatsch·kopf *m (pej fam)* babbling idiot *pej,* BRIT *pej sl a.* plonker

Que·bec <-s> [keˈbɛk] *nt* Quebec

Que·chua [ˈkɛtʃu:a] *nt* Quech[u]a

Que·cke <-, -n> [ˈkvɛkə] *f* couch grass

Queck·sil·ber [ˈkvɛkzɪlbɐ] *nt kein pl* CHEM mercury *no pl,* quicksilver *no pl*

Queck·sil·ber·säu·le *f* column of mercury **Queck·sil·ber·ther·mo·me·ter** *nt* mercury thermometer **Queck·sil·ber·ver·bin·dung** *f* CHEM mercury compound **Queck·sil·ber·ver·gif·tung** *f* mercury poisoning

Quell <-[e]s, -e> [kvɛl] *m* ① *(poet: Born)* spring

② *(geh: Ursprung)* source, fount *liter*

Quell·da·tei *f* INFORM source file **Quell·do·ku·ment** *nt* source document

Quel·le <-, -n> [ˈkvɛlə] *f* ① GEOG *(Ursprung eines Wasserlaufes)* source

② *(ausgewerteter Text)* source

③ *(Informant)* source

④ *(Entstehungsort)* source

⑤ *(Warenquelle)* **an der ~ sitzen** to be at the source of supply, to have direct access

quel·len <quoll, gequollen> [ˈkvɛlən] *vi sein* ① *(herausfließen)* ■ **[aus etw** *dat*] **~** to pour out [of sth]; ***was quillt da, ist das etwa Motoröl?*** what's that leaking there, is it engine oil?; ***aus dem Riss in der Tube quoll Zahnpasta*** toothpaste was oozing out of a split in the tube

② *(aufquellen)* to swell [up]

Quel·len·(ab·zugs·)steu·er *f* FIN tax deducted at source, withholding tax; **~ erheben** to tax at source, to withhold tax **Quel·len·ab·zugs·ver·fah·ren** *f* FIN withholding scheme **Quel·len·an·ga·be** *f* reference **Quel·len·be·steu·e·rung** *f* FIN taxation [*or* withholding] at source **Quel·len·for·schung** *f* research into sources **Quel·len·la·ge** *f* source **Quel·len·ma·te·ri·al** *nt* source material **Quel·len·samm·lung** *f* collection of source material **Quel·len·schutz·ge·biet** *nt* ÖKOL nature reserve with springs **Quel·len·steu·er** *f* FIN tax deducted at source **Quel·len·stu·di·um** *nt* study of [the] sources **Quel·len·text** *m* LIT, SCH source text

Quel·ler <-s, -> *m* BOT glasswort

Quell·ge·biet *nt* GEOG head **Quell·pro·gramm** *nt* INFORM source program **Quell·text** *m* source text **Quell·was·ser** *nt* spring water

Quen·del <-s> [ˈkvɛndl̩] *m kein pl* BOT, KOCHK wild thyme

Quen·ge·lei <-, -en> *f* ① *kein pl (fam: lästiges Quengeln)* whining *no pl*

② *(quengelige Äußerungen)* whining *no pl;* ***hör auf mit den ewigen ~en*** stop your constant whining[, will you]

quen·g(e·)lig [ˈkvɛŋ(ə)lɪç] *adj* whining, whinging *esp* BRIT; ***sei nicht so ~*** stop [your] whining, don't be such a whiner; ***das Kind ist heute so ~, ob es eine Erkältung bekommt?*** the child is very grizzly *fam* today, do you think he/she is coming down with a cold?

quen·geln [ˈkvɛŋl̩n] *vi (fam)* ① *(weinerlich sein)* to whine

② *(nörgeln)* ■ **[über etw** *akk*] **~** to moan [about sth] *fam*

Queng·ler(in) <-s, -> [ˈkvɛŋlɐ] *m(f) (fam)* moaner, BRIT *a.* whinger *sl,* whiner

Quent·chenALT <-s, -> [ˈkvɛntçən] *nt s.* **Quäntchen**

quer [ˈkve:ɐ̯] *adv* diagonally; ***der Kanal verläuft ~ zur Straße*** the canal runs diagonally [*or* at an angle] to the street; ***der Lkw geriet auf eisglatter Fahrbahn ins Schleudern und stellte sich ~*** the truck slid on the icy carriageway and ended up sideways across it; ***~ geht der Schrank nicht durch die Tür, nur längs*** the cupboard won't go [*or* fit] through the door sideways, only lengthways; **~ gestreift** horizontally striped; ***~ gestreifte Hemden stehen dir nicht*** shirts with horizontal stripes [*or* horizontally striped shirts] don't suit you; **~ durch etw** *akk*/**über etw** *akk* straight through/across sth; ***lauf doch bitte nicht ~ durch/über die Beete!*** please don't run through/across the flower-beds!

Quer·ach·se *f* transverse axis **Quer·bal·ken** *m* crossbeam **quer·beet** [kve:ɐ̯ˈbe:t] *adv (fam)* all over; ***sie gingen einfach mal ~ durch die Landschaft*** they travelled all over [*or* the length and breadth of] the countryside **Quer·den·ker, -den·ke·rin** *m, f* awkward and intransigent thinker

quer·durch [kve:ɐ̯ˈdʊrç] *adv* straight through; ***~ passt die Truhe nicht, nur der Länge nach*** the chest won't fit through sideways, only lengthways; ***wir müssen ~, es gibt keinen Weg ums Moor*** we'll have to go straight across [*or* over], there's no way round the moor

Que·re <-> [ˈkve:rə] *f kein pl* ▶ WENDUNGEN: **jdm in die ~ kommen** to get in sb's way

quer|ein|stei·gen *vi irreg sein* **in einen Beruf ~** to enter employment in a new field *(which does not reflect one's professional or educational background);* SCH **im Laufe des Schuljahres ~** to transfer to a new school mid-year

Quer·ein·stei·ger(in) <-s, -> *m(f) sb entering a field of work different from their educational background*

Que·re·le <-, -n> [kveˈre:lə] *f (geh)* argument

que·ren [ˈkve:rən] *vt* ■ **etw ~** to cross sth

Quer·falz *m* TYPO cross fold

quer·feld·ein [kve:ɐ̯fɛltˈʔain] *adv* across country

Quer·feld·ein·lauf *m* SPORT cross-country run **Quer·feld·ein·ren·nen** *nt* SPORT cyclo-cross [race]

Quer·flö·te *f* MUS transverse [*or* cross] flute **Quer·for·mat** *nt* ① *(Format)* landscape format; **im ~** in landscape ② *(Bild)* picture/photo, etc. in landscape format

quer|ge·hen *vi irreg sein (fam)* ■ **jdm ~** to go wrong for sb; ***heute geht mir aber auch alles quer!*** everything's really going wrong for me [*or* I can't get anything right] today!

Quer·hef·tung *f* TYPO stabbing

quer|kom·men *vi irreg sein (fam)* ■ **jdm ~** to spoil sb's plans, to put obstacles in sb's path

Quer·kopf *m (fam)* awkward customer; ***warum willst du denn nicht auch zustimmen, du ~?*** why won't you agree, you awkward cuss? *pej*

quer·köp·fig [ˈkve:ɐ̯kœpfɪç] *adj (fam)* contrary, wrong-headed

Quer·la·ge *f* MED transverse presentation [*or* lie]; *(bei der Geburt)* torso [*or* trunk] presentation **Quer·lat·te** *f* ① *(quer verlegte Holzlatte)* horizontal slat ② SPORT *(waagerechte Latte eines Tores)* crossbar

quer|le·gen *vr (fam)* ■ **sich ~** to be awkward, to throw a spanner in the works; ■ **sich** *akk* **bei etw** *dat* **~** to make difficulties concerning sth

Quer·leis·te *f* crosspiece, crossbar; *(einer Tür)* rail **Quer·len·ker** *m* AUTO transverse link

quer|lie·gen *vi irreg (fam)* ■ **zu etw** *dat* **~** to clash with sth

Quer·rip·pe *f* [abgedeckte] ~ KOCHK *(vom Rind)* thin [*or* flat] ribs **Quer·ru·der** *nt* LUFT aileron **Quer·schie·ne** *f* BAU diagonal rail

quer|schie·ßen *vi irreg (sl)* to throw [*or* put] a spanner [*or* AM monkey wrench] in the works

Quer·schiff *nt* ARCHIT transept **Quer·schlä·ger** *m* ricochet [shot] **Quer·schnei·der** *m* TYPO cross cutter

Quer·schnitt *m* ① *(Schnitt)* cross-section

② ARCHIT, MATH *(zeichnerische Darstellung)* cross-section

③ *(Überblick)* cross-section *fig*

Quer·schnitts·ana·ly·se *f* MATH cross-section analysis, cross-sectional study

quer·schnitt(s)·ge·lähmt *adj* paraplegic; ■ **~ sein** to be [a] paraplegic **Quer·schnitt(s)·ge·lähm·te(r)** *f(m) dekl wie adj* paraplegic **Quer·schnitt(s)·läh·mung** *f* paraplegia *no pl*

Quer·schussRR *m (fam: Behinderung)* spanner [in the works] BRIT *fam,* monkey wrench AM *fam; (unfaire Kritik)* dig; *Querschüsse* sniping

quer|stel·len *vr (fam) s.* **querlegen**

Quer·stra·ße *f* side-street, turning, turn-off; ***nehmen Sie die dritte ~ rechts*** take the third turning on the right **Quer·strei·fen** *m* horizontal stripe **Quer·strich** *m* horizontal line [*or* stroke] **Quer·sub·ven·ti·on** *f* ÖKON cross-subsidy **quer|sub·ven·ti·o·nie·ren*** *vt* to cross-subsidize **Quer·sub·ven·ti·o·nie·rung** *f* ÖKON cross-subsidizing [*or* BRIT *a.* -ising] *no pl* **Quer·sum·me** *f* MATH sum of the digits [in a number]; ***die ~ von 3315 ist 12*** the sum of the digits in 3,315 is 12 **Quer·trä·ger** *m* AUTO cross member **Quer·trei·ber, -trei·be·rin** <-s, -> *m, f (pej)* troublemaker

Que·ru·lant(in) <-en, -en> [kveruˈlant] *m(f) (geh)* querulous person *form,* griper *fam*

que·ru·la·to·risch [kverulaˈto:rɪʃ] *adj (pej geh)* querulous *form*

Quer·ver·bin·dung *f* ① TRANSP *(direkter Verbindungsweg)* direct connection ② *(gegenseitige Beziehung)* connection, link **Quer·ver·gleich** <-[e]s, -e> *m* SCHWEIZ *(Vergleich mehrerer Dinge)* cross-comparison

Q

Quer·ver·weis *m* cross-reference **Quer·ver·weis·lis·te** *f* cross reference listing
Quer·weg *m* path across sth, side-path
quet·schen ['kvɛtʃn̩] **I.** *vt* ■**etw aus etw** *dat* ~ to squeeze sth out of [*or* from] sth; ■**jdn an** [*o* **gegen**] **etw** *akk* ~ to crush sb against sth; ***der herabstürzende Balken quetschte sie gegen den Schrank*** the falling beam crushed [*or* pinned] her against the cupboard; **sich** *akk* **gegen etw** *akk* ~ to squeeze [oneself] against sth; ***sie quetschte sich an die Wand, um die Leute vorbei zu lassen*** she squeezed against the wall to allow people to pass
II. *vr* ① *(durch Quetschung verletzen)* ■**sich** *akk* ~ to bruise oneself; ■**sich** *dat* **etw** ~ to crush [*or* squash] one's sth; ***ich habe mir den Fuß gequetscht*** I've crushed my foot
② *(fam: sich zwängen)* ■**sich** *akk* **durch etw** *akk/* **in etw** *akk* ~ to squeeze [one's way] through/[oneself] into sth; ***ich konnte mich gerade noch in die U-Bahn*** ~ I was just able to squeeze [myself] into the tube BRIT *fam;* ***nur mit Mühe quetschte sie sich durch die Menge*** she was only able to squeeze [her way] through the crowd with [some] difficulty
Quetsch·fal·te *f* box [*or* pinch] pleat
Que·tschua ['kɛtʃu̯a] *nt s.* **Ketschua**[2]
Quet·schung <-, -en> *f* MED ① *kein pl (Verletzung durch Quetschen)* crushing, squashing; ***wie kam es zu der ~ der Hand?*** how did you [come to] crush your hand?
② *(verletzte Stelle)* bruise, contusion *spec*
Quetsch·wun·de *f* contused wound, contusion
Queue <-s, -s> [kø:] *nt o m* cue
quick ['kvɪk] *adj* NORDD *(alert, rege)* bright, lively
Qui·ckie <-s, -s> ['kvɪki] *m (sl)* quickie *fam*
quick·le·ben·dig ['kvɪkle'bɛndɪç] *adj (fam)* full of beans *fam;* ***zwar ist Großvater schon 85, aber noch immer*** ~ grandfather may have reached 85, but he's still very sprightly
quiek ['kvi:k] *interj* squeak
quie·ken ['kvi:kn̩] *vi* ① *(quiek machen)* to squeak; ***die Ferkel quiekten im Stall*** the piglets squealed in their pen
② *(schrille Laute ausstoßen)* ■[**vor etw** *dat*] ~ to squeal [with sth]; **vor Vergnügen** ~ to squeal with pleasure
Qui·e·tis·mus <-> [kvie'tɪsmʊs] *m kein pl* REL quietism
quiet·schen ['kvi:tʃn̩] *vi* ① *(ein schrilles Geräusch verursachen)* to squeak; ***mit ~ den Bremsen/Reifen hielt der Wagen vor der roten Ampel an*** the car pulled up at the red light with screeching [*or* squealing] brakes/tyres; ■**das Quietschen** [the] squeaking; ***unter lautem Quietschen kam das Fahrzeug zum Stehen*** the vehicle came to a halt with a loud screech
② *(schrille Laute ausstoßen)* ■[**vor etw** *dat*] ~ to squeal [with sth]; **vor Vergnügen** ~ to squeal with pleasure
quietsch·fi·del ['kvi:tʃfi'de:l], **quietsch·ver·gnügt** ['kvi:tʃfɛɐ̯'gny:kt] *adj (fam)* full of the joys of spring BRIT *pred,* chipper
Quietsch·ge·räusch *nt* squealing
Qui·noa [kvi'no:a] *nt (Körnerfrucht)* quinoa
Quin·ta <-, -ten> ['kvɪnta, *pl* 'kvɪntn̩] *f* SCH ① *(veraltend: des Gymnasiums: 2.Klasse) second year of a Gymnasium*
② ÖSTERR *(des Gymnasiums: 5.Klasse) fifth year of a Gymnasium*
Quin·ta·ner(in) <-s, -> [kvɪn'ta:nɐ] *m(f)* SCH ① *(veraltend) pupil in the second year of a Gymnasium*
② ÖSTERR *pupil in the fifth year of a Gymnasium*
Quin·te <-, -n> ['kvɪntə] *f* MUS ① *(fünfter Ton)* fifth
② *(Intervall)* interval
Quint·es·senz ['kvɪntɛsɛnts] *f (geh)* quintessence *form no pl,* essence *no pl*
Quin·tett <-[e]s, -e> [kvɪn'tɛt] *nt* ① MUS quintet
② *(fünf zusammengehörige Leute)* quintet, group [of five]
Quirl <-s, -e> ['kvɪrl] *m* KOCHK whisk, beater
Quirl·be·sen *m* flat coil whisk
quir·len ['kvɪrlən] *vt* ■**etw** [**mit etw** *dat*] [**zu etw** *dat*] ~ to whisk [*or* beat] sth [into sth] [using sth]
quir·lig ['kvɪrlɪç] *adj* lively, full of beans *pred fam*
quitt ['kvɪt] *adj* ■[**mit jdm**] ~ **sein** *(mit jdm abgerechnet haben)* to be quits [with sb] *fam;* *(sich von jdm getrennt haben)* to be finished [with sb]
Quit·te <-, -n> ['kvɪtə] *f* ① BOT *(Obstbaum)* quince [tree]
② *(Frucht)* quince
quit·te·gelb ['kvɪtəgɛlp] **I.** *adj* [pale] yellow
II. *adv* **sich** *akk* ~ **verfärben** to [turn] yellow
quit·tie·ren* [kvɪ'ti:rən] **I.** *vt* ① *(durch Unterschrift bestätigen)* ■[**jdm**] **etw** ~ to give [sb] a receipt for sth; **sich** *dat* **etw** ~ **lassen** to obtain a receipt for sth; *(bestätigen)* to acknowledge [*or* confirm] [the] receipt of sth
② *(geh: beantworten)* ■**etw mit etw** *dat* ~ to meet [*or* answer] sth with sth; *s. a.* **Dienst**
II. *vi* ■[**jdm**] ~ to acknowledge [*or* confirm] [the] receipt of sth [for sb]; ***du hast ihm 5.000 Euro bezahlt und dir*** [***von ihm***] ***nicht ~ lassen?*** you paid him 5,000 euros and didn't [even] get a receipt [from him]?
Quit·tung <-, -en> ['kvɪtʊŋ] *f* ① *(Empfangsbestätigung)* receipt; **jdm eine ~** [**für etw** *akk*] **ausstellen** to issue sb with a receipt [for sth], to make out a receipt *sep* for sb; **gegen** ~ on production [*or* submission] of a receipt; **laut** ~ as per receipt
② *(Zahlungsbeleg)* receipt
③ *(Folge)* ■**die ~ für etw** *akk* [the just] deserts for sth; ***diese Ohrfeigen sind die ~ für deine Frechheiten!*** a thick ear is what you get for being cheeky!; ***du wirst eines Tages noch die ~ dafür bekommen, dass du mich so anschreist!*** one day you'll get your come-uppance *hum fam* for screaming at me like this!
Quit·tungs·block <-blöcke> *m* receipt book **Quit·tungs·for·mu·lar** *nt* receipt form
Quiz <-, -> [kvɪs] *nt* quiz
Quiz·mas·ter, -mas·te·rin <-s, -> ['kvɪsma:stɐ, -ma:stərɪn] *m, f* MEDIA quiz master
quoll [kvɔl] *imp von* **quellen**
Quo·rum <-s> ['kvo:rʊm] *nt kein pl* quorum
Quo·te <-, -n> ['kvo:tə] *f* ① *(Anteil)* proportion
② *(Gewinnanteil)* payout
③ *(Rate)* rate, quota
④ POL *(fam: Quotenregelung)* quota system
⑤ TV [TV] ratings *pl;* **die ~n erfüllen** to satisfy ratings expectations, to pull in the viewers *fam*
Quo·ten·ab·de·ckung *f* JUR, FIN quota cover **Quo·ten·ab·spra·che** *f* ÖKON quota agreement **Quo·ten·er·hö·hung** *f* increase in quotas **Quo·ten·frau** *f (pej)* ≈ token woman [appointee] *pej (woman who is appointed to a position simply to increase the proportion of women in an organization)* **Quo·ten·kar·tell** *nt* ÖKON quota-fixing cartel **Quo·ten·kon·so·li·die·rung** *f* ÖKON proportional consolidation **Quo·ten·mo·dell** *nt* POL quota model **Quo·ten·re·ge·lung** *f* quota regime, ≈ quota regulation *(requirement for a sufficient number of female appointees in an organization)* **quo·ten·stark** *adj* TV, RADIO popular, top-rating *attr* **Quo·ten·sys·tem** *nt* POL ≈ quota system *(system which ensures that a [political] body or organization is made up of an equal number of men and women)* **quo·ten·träch·tig** *adj* TV, RADIO promising high ratings **Quo·ten·trä·ger, -trä·ge·rin** *m, f* quota holder **Quo·ten·über·prü·fung** *f* quota review **Quo·ten·über·tra·gung** *f* quota transfer **Quo·ten·ur·teil** *nt* distributive finding of the issue **Quo·ten·ver·ein·ba·rung** *f* quota agreement **Quo·ten·ver·trag** *m* quota-share treaty **Quo·ten·zu·tei·lung** *f* quota allocation
Quo·ti·ent <-en, -en> [kvo'tsi̯ɛnt] *m* MATH quotient
quo·tie·ren* [kvo'ti:rən] *vt* BÖRSE ■**etw** ~ to quote [*or* list] sth
Quo·tie·rung <-, -en> *f* ① BÖRSE *(Notierung)* quotation, listing
② *(Verteilung nach Quoten)* ≈ quota system *(system requiring that a certain proportion of a certain number of posts in an organization be reserved for women)*

R

R, r <-, - *o fam* -s, -s> [ɛr] *nt* R, r; ~ **wie Richard** R for [*or* as in] Robert; **das ~ rollen** to roll the r; *s. a.* **A 1**
Ra·batt <-[e]s, -e> [ra'bat] *m* discount; ~ [**auf etw** *akk*] **bekommen** to get a discount [on sth]; **jdm ~** [**auf etw** *akk*] **geben** to give sb a discount [on sth]; **~ bei Großbestellung** quantity discount
Ra·bat·te <-, -n> [ra'batə] *f* HORT border
Ra·batt·ge·setz *nt* JUR, HANDEL act on [trade] discounts **Ra·batt·ge·setz·ver·stoß** *m* JUR infringement of discount and rebate regulations
ra·bat·tie·ren* [raba'ti:rən] *vt* ÖKON ■**etw** ~ to give a discount on sth
Ra·batt·kar·tell *nt* ÖKON discount cartel **Ra·batt·kar·tell·ver·trag** *m* JUR discount cartel agreement
Ra·batt·mar·ke *f* trading stamp **Ra·batt·recht** *nt* JUR law on discounts
Ra·batz <-es> [ra'bats] *m kein pl (sl)* racket *fam,* din; ~ **machen** to kick up a fuss *fam,* to kick up [*or* create] [*or* raise] a stink *fam*
Ra·bau·ke <-n, -n> [ra'bau̯kə] *m (fam)* lout *fam,* hooligan, BRIT *fam a.* yob[bo]
Rab·bi <-[s], -s *o* Rabbinen> ['rabi, *pl* ra'bi:nən] *m,* **Rab·bi·ner** <-s, -> [ra'bi:nɐ] *m* REL rabbi
Rab·bi·nat <-[e]s, -e> [rabi'na:t] *nt* REL rabbinate
Ra·be <-n, -n> ['ra:bə] *m* raven
▶WENDUNGEN: **schwarz wie ein ~** [*o* **wie die ~n**] *(fam)* as black as soot [*or fam* the ace of spades]; **wie ein ~ stehlen** [*o* **klauen**] *(fam)* to thieve like a magpie, to pinch anything one can lay one's hands on *fam*
Rä·be <-, -n> ['rɛ:bə] *f* SCHWEIZ *(Weiße Rübe)* white turnip
Ra·ben·el·tern *pl (pej fam)* ≈ cruel parents *pl;* ***das müssen ja ~ sein!*** they're not fit to be parents! **Ra·ben·krä·he** *f* ORN carrion [*or* hooded] crow **Ra·ben·mut·ter** *f (pej fam)* ≈ cruel mother **ra·ben·schwarz** ['ra:bn̩'ʃvarts] *adj* jet-black; **~e Augen** coal-black eyes **Ra·ben·va·ter** *m (pej fam)* ≈ cruel father
ra·bi·at [ra'bi̯a:t] **I.** *adj* ① *(unverschämt)* rude, impertinent, impudent; **ein ~er Kerl** an aggressive chap; **ein ~er Rausschmeißer** a violent [*or* rough] bouncer
② *(aufgebracht)* ■~ **werden** to become aggressive [*or* violent]
③ *(rücksichtslos)* ruthless
II. *adv* ruthlessly; ***sie bahnten sich ~ ihren Weg zum Ausgang*** they forced [*or* fought] their way [through] to the exit
Ra·che <-> ['raxə] *f kein pl* revenge; [**für etw** *akk*] [**an jdm**] ~ **nehmen** [*o geh* **üben**] to take [*or* exact] revenge [on sb] [for sth]; **auf ~ sinnen** *(geh)* to plot revenge; **aus ~** in [*or* as] [*or* out of] revenge; **die ~ der Enterbten** *(fam)* sweet revenge; **die ~ des kleinen Mannes** *(fam)* the revenge of the little man
▶WENDUNGEN: **~ ist süß** *(fam)* revenge is sweet
Ra·che·akt *m* act of revenge **Ra·che·durst** <-[e]s> *m kein pl* thirst for revenge [*or* vengeance] *no pl* **Ra·che·en·gel** *m* avenging angel **Ra·che·feld·zug** *m (fig)* campaign of revenge **Ra·che·ge·dan·ke** *f meist pl* thought[s *pl*] of revenge, vindictive thought[s *pl*] **Ra·che·ge·fühl** *nt meist pl* vengeful feeling
Ra·chen <-s, -> ['raxn̩] *m* ① *(Schlund)* throat, pharynx *spec*
② *(Maul)* jaws *pl,* mouth
▶WENDUNGEN: **den ~ nicht vollkriegen können** *(fam)* to not be able to get enough; **jdm den ~ stopfen** *(fam)* to shut sb up; **jdm etw in den ~ werfen** [*o* **schmeißen**] *(fam)* to give sb sth to shut them up *fam*
rä·chen ['rɛçn̩] **I.** *vt* ① *(durch Rache vergelten)* ■**etw** [**an jdm**] ~ to take revenge [on sb] for sth
② *(jdm Sühne verschaffen)* ■**jdn** ~ to avenge [*or* take [*or* exact] revenge for] sb

II. *vr* ① *(Rache nehmen)* ■**sich** *akk* [**an jdm**] [**für etw** *akk*] ~ to take [*or* exact] one's revenge [*or* avenge oneself] [on sb] [for sth]
② *(sich nachteilig auswirken)* ■**sich** *akk* [**an jdm**] [**durch etw** *akk*] ~ to come back and haunt sb [as a result of sth]; ***früher oder später rächt sich das viele Rauchen*** sooner or later [the] heavy smoking will take its toll

Ra·chen·blüt·ler <-s, -> *m* BOT figwort **Ra·chen·höh·le** *f* ANAT [cavity of the] pharynx *spec,* pharyngeal cavity *spec* **Ra·chen·ka·tarrh** *m* pharyngitis **Ra·chen·raum** *m* MED pharyngeal space *spec* **Ra·chen·schleim·haut** *f* pharyngeal mucosa **Ra·chen·spray** *nt* throat spray

Ra·che·plan *m* plan of [*or* for] revenge; **Rachepläne schmieden** to plot revenge

Rä·cher(in) <-s, -> *m(f)* *(geh: jd, der Rache nimmt)* avenger; ~ **der Enterbten** *(hum)* righter of wrongs

Ra·che·schwur *m* oath of revenge

Rach·gier *f kein pl* lust for revenge **rach·gie·rig** *adj* vengeful

Ra·chi·tis <-> [ra'xiːtɪs] *f kein pl* MED rickets *no pl, no art,* rachitis *spec*

ra·chi·tisch [ra'xiːtɪʃ] *adj* MED rickety, rachitic *spec*

Rach·sucht *f kein pl (geh)* vindictiveness *no pl, no indef art* **rach·süch·tig** *adj (geh)* vindictive

Ra·cker <-s, -> ['rakɐ] *m (fam)* [little] rascal, scamp *dated*

Ra·cke·rei <-> [rakə'rai] *f kein pl (fam)* [real] grind *no pl fam,* slog *no pl fam*

ra·ckern ['rakɐn] *vi (fam)* to slave away *fam*

Ra·clette <- *o* -s, -s> ['raklɛt, ra'klɛt] *f o nt* KOCHK raclette

rad <-, -> [rat] *nt Akr von* **radiation absorbed dosis** rad

Rad[1] <-[e]s, Räder> [raːt, *pl* 'rɛːdɐ] *nt* ① AUTO wheel; BAHN *(Laufrad)* bogie [*or* track] wheel
② TECH *(Zahnrad)* cog, gearwheel
③ HIST *(Foltergerät)* wheel
④ SPORT cartwheel; **ein ~ schlagen** [*o* **machen**] to do [*or* turn] a cartwheel
⑤ ORN **ein ~ schlagen** to fan out [*or* spread] the tail
▸WENDUNGEN: **ein ~ ab haben** *(sl)* to have a screw loose *hum fam;* **das fünfte ~ am Wagen sein** *(fam)* to be superfluous [*or* in the way]; **das ~ der Geschichte** [*o* **Zeit**] *(geh)* the march of time; ***das ~ der Zeit lässt sich nicht anhalten/ zurückdrehen*** the march of time cannot be halted, one cannot turn the clock back, time and tide wait for no man; **unter die Räder kommen** [*o* **geraten**] *(fam)* to fall into bad ways, to go off the rails; **das ~ neu erfinden** *(fam)* to reinvent the wheel

Rad[2] <-[e]s, Räder> [raːt, *pl* 'rɛːdɐ] *nt* bicycle, bike *fam;* ~ **fahren** to cycle [*or* ride a bicycle] [*or fam* bike]; [**bei jdm/irgendwo**] ~ **fahren** *(pej fam)* to crawl [*or pej fam* suck up] [to sb/to grovel [somewhere]; **mit dem ~** by bicycle [*or fam* bike]; ***er fährt jeden Tag 30 Kilometer mit dem ~*** he cycles 30 kilometres every day

RAD <-> *nt* INFORM *kein pl Abk von* **rapid application development** RAD

Rad·ach·se *f* axle

Ra·dar <-s> [ra'daːɐ̯] *m o nt kein pl* ① *(Funkmesstechnik)* radar
② *(Radargerät)* radar
③ *(Radarschirm)* radar screen

Ra·dar·an·flug *m* radar approach **Ra·dar·an·la·ge** *f* radar [installation] **Ra·dar·an·ten·ne** *f* radar antenna [*or* BRIT *a.* aerial] **Ra·dar·be·reich** *m* radar coverage **Ra·dar·bild** *nt* radar display [*or* trace] **Ra·dar·bild·schirm** *m* radar screen **Ra·dar·blind·lan·dung** *f* radar-controlled blind landing **Ra·dar·emp·fän·ger** *m* radar receiver **Ra·dar·er·fas·sung** *f* radar detection **Ra·dar·er·ken·nung** *f* radar identification **Ra·dar·fal·le** *f (fam)* speed [*or* radar] trap; **in eine ~ geraten** to be caught in a speed [*or* radar] trap **Ra·dar·ge·rät** *nt* radar [device [*or* unit]] **Ra·dar·kon·trol·le** *f* TRANSP [radar] speed check **Ra·dar·lan·de·ge·rät** *nt* approach control radar **Ra·dar·lot·se** *m* radar controller **Ra·dar·na·vi·ga·ti·on** *f* radar navigation **Ra·dar·netz** *nt* radar network **Ra·dar·or·tung** *f* radiolocation **Ra·dar·reich·wei·te** *f* range of radar **Ra·dar·schirm** *m* radar screen **Ra·dar·sen·der** *m* radar transmitter unit **Ra·dar·sicht** *f* radar visibility **Ra·dar·sta·ti·on** *f* radar station **Ra·dar·steu·e·rung** *f* radar guidance [*or* control] **Ra·dar·stö·rung** *f* radar jamming [*or* interference] **Ra·dar·strahl** *m* radar beam **Ra·dar·such·ge·rät** *nt* search-radar set **Ra·dar·sys·tem** *nt* radar system **Ra·dar·tech·nik** *f* radar engineering **Ra·dar·tech·ni·ker(in)** *m(f)* radar operator **Ra·dar·turm** *m* radar tower **Ra·dar·über·wa·chung** *f* radar surveillance [*or* monitoring] *no pl* **Ra·dar·wa·gen** *f* [police] radar car **Ra·dar·zei·chen** *nt* radar trace, blip **Ra·dar·zeich·nung** *f* radar plotting

Ra·dau <-s> [ra'dau̯] *m kein pl (fam)* racket *fam,* din, row; ~ **machen** to make a racket [*or* din] [*or* row]

Ra·dau·bru·der *m (fam o pej)* rowdy *pej*

Rad·auf·hän·gung *f* AUTO wheel suspension

Räd·chen ['rɛːtçən] *nt dim von* **Rad** ① *(kleines Zahnrad)* [small] cog
② *(Rändelschraube)* knurled screw
③ *(runde, gezahnte Blechscheibe)* tracing wheel
▸WENDUNGEN: **nur ein ~ im Getriebe sein** to be just a small cog in the works [*or* machine]

Rad·damp·fer *m* paddle steamer

ra·de·bre·chen ['raːdəbrɛçn̩] *vi* ■[**auf etw** *dat*] ~ to speak [in] broken sth; **auf Deutsch/Englisch** ~ to speak [in] broken German/English

ra·deln ['raːdl̩n] *vi sein (fam)* ■[**irgendwohin**] ~ to cycle [somewhere]

rä·deln ['rɛːdl̩n] *vt* ① TECH ■**etw auf etw** *akk* ~ to trace out sth *sep* on sth
② KOCHK **Teig in Streifen** ~ to cut pastry into strips with a fluted wheel

Rä·dels·füh·rer(in) ['rɛːdl̩sfyːrɐ] *m(f)* ringleader

Rä·der·fahr·zeug *nt* wheeled vehicle **Rä·der·ket·ten·fahr·zeug** *nt* half-track vehicle

rä·dern ['rɛːdɐn] *vt* HIST to break sb [up]on the wheel; *s. a.* **gerädert**

Rä·der·tier *nt* ZOOL wheel animal **Rä·der·werk** *nt* TECH gearing *no pl,* gear train; *(Uhr)* gear mechanism, clockwork

Rad|fah·ren *nt* ■[**das**] ~ cycling, riding a bicycle [*or fam* bike]

Rad·fah·rer(in) *m(f)* ① SPORT cyclist ② *(pej fam: Kriecher)* crawler *pej fam* **Rad·fahr·weg** *m* TRANSP *(geh) s.* **Radweg** **Rad·fel·ge** *f* wheel rim **Rad·ga·bel** *f* fork

Ra·di <-s, -> ['raːdi] *m* KOCHK SÜDD, ÖSTERR *(Rettich)* radish

ra·di·al [ra'di̯aːl] *adj* radial

Ra·di·al·rei·fen *m* AUTO radial tyre [*or* AM tire], rad ti

Ra·di·a·tor <-s, -en> [ra'di̯aːtoːɐ̯, *pl* -'toːrən] *m* radiator

Ra·dic·chio <-s> [ra'dɪki̯o] *m kein pl* radicchio

Ra·di·en ['raːdi̯ən] *pl von* **Radius**

ra·die·ren*[1] [ra'diːrən] *vi* to rub out [*or* erase]

ra·die·ren[2] [ra'diːrən] *vi* KUNST to etch

Ra·die·rer <-s, -> *m (fam)* eraser, rubber BRIT

Ra·die·rer(in) <-s, -> *m(f)* KUNST etcher

Ra·dier·gum·mi <-s, -s> *m* rubber BRIT, eraser

Ra·die·rung <-, -en> *f* KUNST etching

Ra·dies·chen <-s, -> [ra'diːsçən] *nt* radish
▸WENDUNGEN: **sich** *dat* **die ~ von unten ansehen** [*o* **besehen**] [*o* **betrachten**] **können** *(hum sl)* to be pushing up [the] daisies *hum*

Ra·di·kal <-s, -e> [radi'kaːl] *nt* CHEM radical; **freie ~e** free radicals

ra·di·kal [radi'kaːl] I. *adj* ① POL *(extremistisch)* radical
② *(völlig)* complete, total; **die ~e Beseitigung** [*o* **Entfernung**] the complete removal; **ein ~er Bruch** a complete break; **eine ~e Verneinung** a flat [*or* categorical] [*or* an outright] denial
③ *(tief greifend)* radical, drastic; **eine ~e Forderung** an excessive [*or* unreasonable] demand
II. *adv* ① POL *(extremistisch)* radically
② *(völlig)* completely, totally; ~ **beseitigen** [*o* **entfernen**] to remove completely; **mit etw** *dat* ~ **brechen** to break with sth completely; ~ **verneinen** to deny flatly [*or* categorically]
③ *(tief greifend)* radically, drastically; ~ **gegen jdn vorgehen** to take drastic action against sb

Ra·di·ka·le(r) *f(m) dekl wie adj* POL radical, extremist

Ra·di·ka·len·er·lass[RR] *m (in Deutschland) decree prohibiting members of extremist organizations from becoming civil servants or teachers*

ra·di·ka·li·sie·ren* [radikali'ziːrən] I. *vt* POL ■**jdn/etw** ~ to radicalize sb/sth [*or* make sb/sth radical]
II. *vr* ■**sich** *akk* ~ to become radical

Ra·di·ka·li·sie·rung <-, -en> *f* POL radicalization *no pl*

Ra·di·ka·lis·mus <-> [radika'lɪsmʊs] *m kein pl* POL radicalism, extremism

Ra·di·ka·li·tät <-> [radikali'tɛːt] *f kein pl* radicalness, radical nature

Ra·di·kal·kur *f* ① MED *(drastische Behandlungsmethode)* drastic [*or* BRIT kill-or-cure] remedy
② *(tief greifende Maßnahmen)* drastic measures *pl*

Ra·dio <-s, -s> ['raːdi̯o] *nt o* SCHWEIZ, SÜDD *m (Rundfunkgerät)* radio; *(Autoradio)* car radio; ~ **hören** to listen to the radio; **im ~** on the radio

ra·dio·ak·tiv [radi̯oʔak'tiːf] I. *adj* radioactive; **~er Abbau** artificial [*or* radioactive] disintegration; **~er Abfall** nuclear scrap [*or* waste], radiowaste; **~e Zerfallskonstante** radioactive decay constant
II. *adv* ~ **verseucht/verstrahlt** contaminated by radioactivity

Ra·dio·ak·ti·vi·tät <-> [radi̯oʔaktivi'tɛːt] *f kein pl* radioactivity *no pl, no indef art*

Ra·dio·an·ten·ne *f* [radio] aerial [*or* AM *usu* antenna] **Ra·dio·ap·pa·rat** *m* RADIO, TECH radio [set] **Ra·dio·as·tro·no·mie** *f kein pl* radio astronomy **Ra·dio·fre·quenz** *f* radio frequency **Ra·dio·ga·la·xie** *f* ASTRON radio galaxy **Ra·dio·ge·rät** *nt* radio set

Ra·dio·gra·fie[RR] <-> [radi̯ogra'fiː] *f kein pl* TECH radiography

Ra·dio·gramm <-s, -e> [radi̯o'gram] *nt* ① MED radiograph
② TELEK *(hist)* radiogram

Ra·dio·gra·phie <-> [radi̯ogra'fiː] *f kein pl s.* **Radiografie**

Ra·dio·iso·to·pen·me·tho·de *f* BIOL radioisotope method

Ra·dio·kar·bon·me·tho·de *f* BIOL radiocarbon dating

Ra·dio·kom·pass[RR] *m* LUFT, NAUT radio compass

Ra·dio·lo·ge, -lo·gin <-n, -n> [radi̯o'loːgə, -'loːgɪn] *m, f* radiologist

Ra·dio·lo·gie <-> [radi̯olo'giː] *f kein pl* MED radiology *no pl, no art*

Ra·dio·me·trie <-> [radi̯ome'triː] *f kein pl* PHYS radiometry *no pl*

Ra·dio·nu·klid <-s, -e> [radi̯onu'kliːt] *nt* radionuclide

Ra·dio·quel·le *f* ASTRON, PHYS radio source

Ra·dio·re·kor·der, Ra·dio·re·cor·der <-s, -> ['raːdi̯orekɔrdɐ] *m* radio cassette recorder **Ra·dio·sen·der** *m* ① *(Sendeanstalt)* radio station ② *(Anlage)* radio transmitter

Ra·dio·son·de ['raːdi̯ozɔndə] *f* METEO, PHYS radiosonde, radiometeorograph

Ra·dio·sta·ti·on *f* radio station **Ra·dio·tech·nik** *f kein pl* radio technology *no pl*

Ra·dio·te·le·skop *nt* radio telescope **Ra·dio·the·ra·pie** [radi̯otera'piː] *f* MED radiotherapy *no pl, no art*

Ra·dio·we·cker *m* radio alarm [clock], clock radio

Ra·dio·wel·le *f* radio wave

Ra·di·um <-s> ['raːdi̯ʊm] *nt kein pl* CHEM radium *no pl, no art*

Ra·di·us <-, Radien> ['raːdi̯ʊs, *pl* 'raːdi̯ən] *m* ① *(halber Durchmesser)* radius
② *(Aktionsradius)* radius [*or* range] [of action]

Rad·kap·pe *f* AUTO hub cap **Rad·kas·ten** *m* AUTO wheel housing [*or* casing] **Rad·kranz** *m* TECH *eines Rads* wheel rim; *eines Zahnrads* toothed rim **Rad·la·ger** *nt* wheel bearing

R

Rad·ler(in) <-s, -> ['ra:dlɐ] *m(f) (fam)* cyclist
Rad·ler ['ra:dlɐ] *nt* SÜDD, ÖSTERR *(Getränk)* shandy
Rad·ler·ho·se *f* SPORT, MODE cycle [*or* cycling] shorts *npl* **Rad·ler·maß** *f* SÜDD shandy
Rad·mut·ter *f* AUTO wheel nut **Rad·mut·tern·kreuz** *nt* AUTO 4-way lug wrench **Rad·mut·tern·schlüs·sel** *m* AUTO lug wrench
Rad·na·be *f* AUTO [wheel] hub
Ra·don <-s> ['ra:dɔn, ra'do:n] *nt kein pl* CHEM radon *no pl, no art*
Rad·renn·bahn *f* cycle [racing] track, velodrome **Rad·ren·nen** *nt* cycle race **Rad·renn·fah·rer(in)** *m(f)* racing cyclist **Rad·renn·sport** *m* cycle racing
Ra·dscha <-s, -s> ['ra(:)dʒa] *m* rajah
Rad·schau·fel *f* TECH wheel blade
Rad|schla·gen *nt* ■**das** ~ doing [*or* turning] a cartwheel
Rad·schnee·schlä·ger *m* rotary whisk **Rad·schrau·be** *f* AUTO wheel bolt **Rad·sport** *m* cycling *no pl* **Rad·sport·ler(in)** *m(f)* cyclist **Rad·stand** *m* AUTO, BAHN wheelbase **Rad·sturz** *m* AUTO camber **Rad·tour** [-tu:ɐ] *f* bicycle [*or fam* bike] ride; [**mit jdm**] **eine ~ machen** [*o* **unternehmen**] to go for a bicycle [*or fam* bike] ride [with sb]; ***wir wollen eine ~ nach Dänemark machen*** we plan to go on a cycling [*or* cycle] tour to Denmark **Rad·wan·dern** *nt* cycling tourism **Rad·wan·de·rung** *f s.* **Radtour** **Rad·wech·sel** *m* AUTO wheel change; **einen ~ machen** to change a wheel **Rad·weg** *m* TRANSP cycle path [*or* track] **Rad·zier·blen·de** *f* AUTO wheel cover
RAF <-> [ɛrʔa:ʔ'ɛf] *f kein pl Abk von* **Rote-Armee-Fraktion** Red Army Faction
Raf·fel <-, -n> ['rafl̩] *f* flat grater
raf·feln ['rafl̩n] *vt bes* SCHWEIZ *(raspeln)* ■**etw** ~ to grate sth
raf·fen ['rafn̩] *vt* ① *(eilig greifen)* ■**etw** [**an sich** *akk*] ~ to grab [*or* snatch [up *sep*]] sth
② *(in Falten legen)* ■**etw** ~ to gather sth; **ein Kleid** ~ to gather up a dress
③ *(kürzen)* ■**etw** ~ to shorten sth
④ *(sl: begreifen)* ■**etw** ~ to get it *fam*
Raff·gier *f* greed *no pl*, avarice *form no pl*, rapacity *form no pl* **raff·gie·rig** *adj* greedy, grasping *pej*, rapacious *form*
Raf·fi·na·de <-, -n> [rafi'na:də] *f* refined sugar
Raf·fi·na·ti·on <-> [rafina'tsi̯o:n] *f kein pl* refining
Raf·fi·ne·ment <-s, -s> [rafinə'mã:] *nt (geh)* ① refinement
② *s.* **Raffinesse**
Raf·fi·ne·rie <-, -n> [rafinə'ri:, *pl* -ri:ən] *f* refinery
Raf·fi·nes·se <-, -n> [rafi'nɛsə] *f* ① *kein pl (Durchtriebenheit)* cunning, slyness, guile *form*
② *(Feinheit)* refinement; **mit allen ~n** with all the [latest] extras [*or hum* trimmings]
raf·fi·nie·ren* [rafi'ni:rən] *vt* ① *(reinigen)* ■**raffiniert werden** to be refined
② *(destillieren)* ■[**zu etw** *dat*] **raffiniert werden** to be refined [*or* made] [into sth]
raf·fi·niert **I.** *adj* ① *(durchtrieben)* cunning, sly
② *(ausgeklügelt)* clever *fam*, ingenious
③ *(geh: verfeinert)* refined, sophisticated
II. *adv* ① *(durchtrieben)* cunningly, slyly
② *(geh: verfeinert)* ~ **komponieren/würzen/zusammenstellen** to compose/season/put together with great refinement [*or* sophistication]
Raf·fi·niert·heit <-> *f kein pl s.* **Raffinesse**
Raff·ke <-s, -s> ['rafkə] *m (fam)* money-grubber
Raff·sucht <-> *f kein pl* avarice, cupidity **raff·süch·tig** <-er, -ste> *adj* avaricious, greedy **Raff·zahn** *m (pej)* greedy bastard
Raf·ting <-s> ['ra:ftɪŋ] *nt kein pl* SPORT rafting *no pl*
Ra·ge <-> ['ra:ʒə] *f kein pl (fam)* ① *(Wut)* rage, fury; **jdn in ~ bringen** [*o* **versetzen**] to enrage [*or* infuriate] sb, to make sb hopping mad *fam*
② *(Erregung)* agitation, annoyance; [**über etw** *akk*] **in ~ geraten** [*o* **kommen**] to get annoyed [about sth]; **in der ~** in the excitement
ra·gen ['ra:gn̩] *vi* ① *(emporragen)* ■**aus etw** *dat* ~ to rise up out of sth; ***die Felsen ragten aus der Bergwand*** the rocks towered [*or* rose] up out of the cliff-face
② *(vorragen)* ■**irgendwohin** ~ to stick [*or* jut] out somewhere
Ra·glan·är·mel ['ragla(:)n-, 'rɛglən-] *m* raglan sleeve **Ra·glan·ta·sche** ['ragla(:)n-, 'rɛglən-] *f* bold welt side pocket
Ra·gout <-s, -s> [ra'gu:] *nt* KOCHK ragout
Rag·time <-[s]> ['rɛgta͜im] *m kein pl* MUS ragtime
Rah <-, -en> [ra:] *f*, **Ra·he** <-, -n> ['ra:ə] *f* NAUT yard
Rahm <-[e]s> [ra:m] *m kein pl* SÜDD, SCHWEIZ *(Sahne)* cream; ÖSTERR *(saure Sahne)* sour cream
▸WENDUNGEN: [**für sich** *akk*] **den ~ abschöpfen** *(fam)* to cream off the best [*or* take the pickings] [for oneself]
Rähm·chen <-s, -> ['rɛ:mçən] *nt dim von* **Rahmen** mount
rah·men ['ra:mən] *vt* ■**etw** ~ to frame sth; **ein Dia** ~ to mount a slide
Rah·men <-s, -> ['ra:mən] *m* ① *(Einfassung)* frame
② *(Fahrradgestell)* frame; AUTO *(Unterbau)* chassis [frame]
③ *(begrenzter Umfang o Bereich)* framework; **im ~ des Möglichen** within the bounds of possibility; **im ~ bleiben, sich** *akk* **im ~ halten** to keep within reasonable bounds; **über den ~ von etw** *dat* **hinausgehen, den ~** [**von etw** *dat*] **sprengen** to go beyond the scope [*or* limits *pl*] of sth; **im ~ einer S.** *gen (im Zusammenhang mit etw)* within the context of sth; *(innerhalb)* within the framework [*or npl* bounds] of sth; **in einem größeren/kleineren ~** on a large/small scale; ***die Gedenkfeier fand in entsprechendem ~ statt*** the memorial service was appropriate for the occasion; **sich** *akk* **in angemessenem ~ halten** to keep [*or* be kept] within reasonable limits; [**mit etw** *dat*] **aus dem ~ fallen** to stand out [becauseof sth]; [**mit etw** *dat*] **nicht in den ~ passen** to not fit in [with sth]
④ *(Atmosphäre)* atmosphere, setting
Rah·men·ab·kom·men *nt* basic [*or* skeleton] [*or* framework] agreement **Rah·men·be·din·gung** *f meist pl* basic [*or* prevailing] conditions *pl; (Vorschriften)* regulatory framework; **rechtliche/wirtschaftliche ~** legal/economic framework; **~ schaffen** to create a positive setting **Rah·men·ge·bühr** *f* JUR sliding-scale fee **Rah·men·ge·setz** *nt* framework [*or* skeleton] law *(Federal law establishing the framework for [more] detailed legislation)* **Rah·men·ge·setz·ge·bung** *f* JUR framework [*or* skeleton] legislation **Rah·men·hand·lung** *f* LIT framework [*or* background] story, basic plot **Rah·men·holz** *nt* BAU frame timber **Rah·men·kon·struk·ti·on** *f* BAU frame construction **Rah·men·kre·dit** *m* FIN framework [*or* global] credit **Rah·men·plan** *m* JUR framework [*or* outline] plan **Rah·men·pro·gramm** *nt* supporting programme [*or* AM -am] **Rah·men·richt·li·ni·en** *pl* [general] guidelines *pl* **Rah·men·trä·ger** *m* AUTO frame member **Rah·men·ver·ein·ba·rung** *f* JUR basic [*or* outline] agreement **Rah·men·ver·trag** *m* JUR framework [*or* skeleton] agreement **Rah·men·vor·schrift** *f* JUR general regulation **Rah·men·werk** *nt* framework
Rahm·kä·se *m* cream cheese **Rahm·so·ße** *f* cream[y] sauce
Rain <-[e]s, -e> [ra͜in] *m* ① *(Landstreifen)* boundary [strip], margin of a field
② SCHWEIZ, SÜDD *(Abhang)* slope
Rai·ne [ra͜i'nə] *f* casserole
Rain·farn *m* BOT tansy
Ra·kel <-, -n> ['ra:kl̩] *f* TYPO squeegee
Ra·kel·druck *m (Siebdruck)* screen printing
rä·keln ['rɛ:kl̩n] *vr s.* **rekeln**
Ra·kel·stel·lung *f* blade position **Ra·kel·tief·druck** *m* gravure process
Ra·ke·te <-, -n> [ra'ke:tə] *f* ① *(Flugkörper)* rocket; MIL missile
② *(Feuerwerkskörper)* rocket
Ra·ke·ten·ab·schuss·ba·sis^RR *f* rocket/missile launching site [*or* pad] **Ra·ke·ten·ab·schuss·ram·pe**^RR *f* rocket launching pad **Ra·ke·ten·ab·wehr** *f* MIL [anti-]missile defence [*or* AM -se] [system] **Ra·ke·ten·ab·wehr·pro·gramm** *nt* missile-defence [*or* AM -se] programme [*or* AM -am] **Ra·ke·ten·ab·wehr·sys·tem** *nt* MIL missile defence system
Ra·ke·ten·an·trieb *m* rocket propulsion [unit] **Ra·ke·ten·ba·sis** *f* MIL missile [launching] base **ra·ke·ten·be·stückt** *adj inv* missile-carrying [*or* -equipped] **Ra·ke·ten·brenn·kam·mer** *f* rocket combustion **Ra·ke·ten·flug·zeug** *nt* rocket plane **Ra·ke·ten·ober·stu·fe** *f* rocket's upper stage, upper stage of a rocket **Ra·ke·ten·start** *m* rocket launch, launch of a/the rocket **Ra·ke·ten·stu·fe** *f* TECH rocket stage **Ra·ke·ten·stütz·punkt** *m* MIL missile base **Ra·ke·ten·tech·nik** *f kein pl* rocketry **Ra·ke·ten·treib·stoff** *nt* rocket propellant [*or* fuel] **Ra·ke·ten·trieb·werk** *nt* rocket engine **Ra·ke·ten·ver·suchs·ge·län·de** *nt* ① MIL rocket range ② RAUM launch site **Ra·ke·ten·waf·fe** *f* MIL missile **Ra·ke·ten·wer·fer** *m* MIL rocket launcher **Ra·ke·ten·zeit·al·ter** <-s> *nt kein pl* space age
Ral·lye <-, -s> ['rali, 'rɛli] *f* rally; ~ [*o* **~s**] **fahren** to go rallying; **eine ~ fahren** to take part [*or* drive] in a rally
Ral·lye·fah·rer(in) ['rali-, 'rɛli-] *m(f)* rally driver
RAM <-, -s> [ram] *nt Akr von* **random access memory** RAM
Ra·ma·dan <-[s]> [rama'da:n] *m kein pl* REL Ramadan
Ra·ma·krish·na-Be·we·gung [rama'krɪʃna-] *f* REL Ramakrishna movement
Ram·ba·zam·ba <-s> *nt kein pl (fam)* fuss *no pl;* **~ machen** to kick up a fuss
Ram·bo <-s, -s> ['rambo] *m (sl)* Rambo *fam*, tough guy, hard man
Ram·bo·typ *m (fam)* Rambo[type of person] *fam*, tough guy [*or fam* girl]
RAM-Chip *m* INFORM RAM chip
RAM DAC <-, -s> *nt* INFORM *Abk von* **random access memory digital to analog converter** RAM DAC
ramm·dö·sig ['ramdø:zɪç] *adj* DIAL *(fam)* dizzy, giddy
Ram·me <-, -n> ['ramə] *f* BAU piledriver
ram·meln ['raml̩n] *vi* ① JAGD *(sich paaren)* to mate
② *(sl)* to have it off BRIT *sl*, to get it on AM *sl*, to screw *vulg*
ram·mel·voll *adj inv (fam)* Zug, Saal packed [out] *fam*
ram·men ['ramən] *vt* ① *(stoßen)* ■**jdn/etw** ~ to ram sb/sth; ■**jdm etw in etw** *akk*/**durch etw** *akk* ~ to ram sth into sb's sth/through sb's sth
② *(schlagen)* ■**etw in etw** *akk* ~ to ram sth into sth
Ramm·ler <-s, -> ['ramlɐ] *m* buck
Ram·pe <-, -n> ['rampə] *f* ① *(schräge Auffahrt)* ramp; *(Laderampe)* loading ramp
② THEAT *(Bühnenrand)* apron
Ram·pen·licht *nt* THEAT *(Beleuchtung)* footlights *pl*
▸WENDUNGEN: **im ~** [**der Öffentlichkeit**] **stehen** to be in the limelight **Ram·pen·win·kel** *m* AUTO ramp breakover angle
ram·po·nie·ren* [rampo'ni:rən] *vt (fam)* ■**etw** ~ to ruin sth; ■**ramponiert** ruined; ***für den ramponierten Schreibtisch wollen Sie noch 1.800 Euro haben?*** you want 1,800 euros for this battered [*or fam* beat-up] [old] desk?; **ramponiert sein/aussehen** to be [*or* feel]/look the worse for wear [*or hum* fragile]
Ramsch <-[e]s> [ramʃ] *m kein pl (fam)* rubbish *no pl*, AM *usu* garbage *no pl*, junk *no pl*
Ramsch·la·den *m (pej fam)* junk shop **Ramsch·tisch** *m* bargain counter **Ramsch·ver·kauf** *m* jumble [*or* AM rummage] sale **Ramsch·wa·re** *f* HANDEL job lot
RAM-Spei·cher *m* INFORM RAM [*or* main] memory **RAM-Spei·cher·mo·dul** *nt* INFORM RAM memory module
ran [ran] **I.** *interj (fam)* let's go!; ***jetzt aber ~, Leute*** come on guys[, get a move-on]!
II. *adv (fam) s.* **heran**
Rand <-es, Ränder> [rant, *pl* 'rɛndɐ] *m* ① *(abfallen-*

des Ende einer Fläche) edge
② *(obere Begrenzungslinie) von Glas, Tasse* rim; *von Teller* edge, side; *von Wanne* top, rim; **etw bis zum ~ füllen** to fill sth to the brim; **voll bis zum ~** full to the brim, brimful
③ *(äußere Begrenzung)* edge; *von Straße, Weg* side; *von Wunde* lip; ***sie stand am ~ der Klippe*** she stood on the edge of the cliff; ***stell das Glas nicht so nah an den ~ von dem Tisch*** don't put the glass so near the edge of the table; ***du hast dir die Hose unten am [rechten/linken] ~ schmutzig gemacht*** you've dirtied the bottom [of the right/left leg] of your trousers; **der ~ des Abgrunds** the brink of the precipice; **am ~e der Gesellschaft** on the fringes of society; **am ~e der Stadt** on the outskirts [*or* edge] of the town; ***er wohnt in einem großen Haus am ~e der Stadt*** he lives in a big house on [*or* at] the edge of the town; **am ~ der Straße** at the side of the road; **am ~e des Waldes** at the edge of the forest
④ *(Einfassung)* border; *einer Brille* rim; *eines Huts* brim; ***eine Brille mit silbernem ~*** spectacles with silver rims, silver-rimmed spectacles; ***er schielte über die Ränder seiner Brille*** he peered over the top of his glasses; ***die Decke hatte einen mit einer Borte verzierten ~*** the quilt was bordered by a braid trimming [*or* had a braid trimming border]
⑤ *(Grenze)* **am ~[e] einer S.** *gen* on the verge [*or* brink] of sth; **sich** *akk* **am ~[e] einer S.** *gen* **bewegen** to border on sth; **am ~e des Bankrotts sein** to be on the verge of bankruptcy; **am ~e eines Krieges** on the brink of war; **jdn an den ~ des Ruins/Wahnsinns bringen** to bring sb to the verge [*or* brink] of ruin/madness; **am ~ der Verzweiflung sein** to be on the verge of despair
⑥ *(auf Papier) von Buch, Heft, Seite* margin; ***Trauerkarten haben einen schwarzen ~*** condolence cards have black edging [*or* a black border]; **etw an den ~ schreiben** to write sth in the margin
⑦ *(Schatten, Spur)* mark; **ein [schmutziger] ~ um die Badewanne** a tidemark around [the rim of] the bath BRIT; **[dunkle/rote] Ränder um die Augen haben** to have [dark/red] rings [a]round one's eyes; ***vom Weinen hatte sie rote Ränder um die Augen*** the rims of her eyes were red with crying
▶WENDUNGEN: **am ~e** in passing, by the way; ***das habe ich am ~e erwähnt*** I mentioned that in passing; ***das interessiert mich nur am ~e*** that's only of marginal interest to me; ***das versteht sich am ~e*** that goes without saying; ***wir haben die Revolution nur am ~e miterlebt*** we were only marginally involved in the revolution; **außer ~ und Band geraten/sein** *(fam)* to go/be wild; ***sie waren außer ~ und Band*** there was no holding them, they were going wild; **halt den ~!** *(sl)* shut your mouth *fam* [*or sl* face] [*or sl* gob]; **[mit etw** *dat*] **zu ~e kommen** *(fam)* to cope [with sth]; ***ich komme damit nicht zu ~e*** I can't manage [it]; **mit jdm zu ~e kommen** *(fam)* to get on with sb
Ran·da·le <-> [ran'da:lə] *f (sl)* rioting *no pl;* **~ machen** to riot
ran·da·lie·ren* [randa'li:rən] *vi* to riot, to [go on the] rampage; ■ **~d** rampaging
Ran·da·lie·rer(in) <-s, -> *m(f)* hooligan
Rand·be·mer·kung *f* ① *(beiläufige Bemerkung)* passing comment; **etw in einer ~ bemerken** to mention sth in passing ② *(Notiz auf einer Schriftseite)* note in the margin, marginal note **Rand·be·schnitt** *m* TYPO edge trim[ming] **Rand·brei·te** *f* TYPO margin width
Ran·de <-, -n> ['randə] *f* SCHWEIZ *(rote Rübe)* beetroot
Rand·er·schei·nung *f* peripheral phenomenon; *(Nebenwirkung)* side effect **Rand·fi·gur** *f* minor figure **Rand·ge·biet** *nt* ① *einer Stadt etc.* outlying district ② *(Sachgebiet)* fringe area **Rand·grup·pe** *f* SOZIOL fringe group **Rand·li·nie** *f* TYPO border rule **Rand·lo·chung** *f* TYPO line hole punching
rand·los *adj* rimless
Rand·no·tiz *f* ① *(handschriftliche Notiz)* note in the margin ② *(beiläufige Erwähnung)* passing reference **Rand·phä·no·men** *nt* fringe [*or* marginal] phenomenon **Rand·phä·no·men** ['rantfɛnome:n] *nt* marginal phenomenon **Rand·pro·blem** *nt* secondary problem **Rand·re·gi·on** <-, -en> *f* ADMIN, ÖKON SCHWEIZ peripheral region **rand·scharf** *adj inv* TYPO with perfect edge definition **Rand·schär·fe** *f* PHYS marginal sharpness **Rand·stein** *m s.* **Bordstein**
Rand·stel·ler *m* TYPO margin stop **Rand·strei·fen** *m* TRANSP, ADMIN verge; *Autobahn* hard shoulder
Rand·the·ma *nt* side issue **Rand·wel·lig·keit** *f (von Papier)* waviness **Rand·zo·ne** *f* outlying district
rang [raŋ] *imp von* **ringen**
Rang <-[e]s, Ränge> [raŋ, *pl* 'rɛŋə] *m* ① *kein pl (Stellenwert)* standing, status; *Entdeckung, Neuerung* importance; **von bestimmtem ~** of a certain importance; **von bedeutendem/hohem/künstlerischem ~** of significant/great/artistic importance; **ersten ~es** of the first order [*or* great significance]
② *(gesellschaftliche Position)* station *no pl,* [social] standing; **alles, was ~ und Namen hat** everybody who is anybody; **zu ~ und Würden kommen** to achieve a high [social] standing [*or* status]; **jdm [durch etw** *akk*/**mit etw** *dat*] **den ~ streitig machen** to [try and] challenge sb's position [with sth]; **einen bestimmten ~ bekleiden** [*o* **einnehmen**] to hold a certain position
③ MIL *(Dienstgrad)* rank; **einen hohen ~ bekleiden** [*o* **einnehmen**] to hold a high rank, to be a high-ranking officer
④ SPORT *(Platz)* place
⑤ FILM, THEAT circle; **vor leeren/überfüllten Rängen spielen** to play to an empty/a packed house
⑥ *(Gewinnklasse)* prize category
▶WENDUNGEN: **jdm den ~ ablaufen** to outstrip [*or* steal a march on] sb
Rang·ab·zei·chen *nt* MIL *(veraltend)* insignia *npl* [of rank], badge of rank **Rang·äl·tes·te(r)** *f(m) dekl wie adj* MIL *(veraltend)* most senior officer **Rang·än·de·rung** *f* JUR change in priority **Rang·be·stim·mung** *f* ranking; **~ von Gläubigern** marshalling of creditors; **~ von Pfandrechten** ranking of liens
Ran·ge <-, -n> ['raŋə] *f* DIAL *(lebhaftes Kind)* [little [*or* young]] rascal
ran|ge·hen ['range:ən] *vi (fam)* ① *(herangehen)* ■ **[an etw** *akk*] **~** to go up [to sth]
② *(in Angriff nehmen)* ■ **[an etw** *akk*] **~** to get stuck in[to sth], to get cracking [on sth]; *s. a.* **Blücher**
Ran·ge·lei <-, -en> [raŋə'lai] *f (fam)* scrapping *no pl;* ***es kam immer wieder zu ~en*** there were numerous [little] scraps
ran·geln ['raŋl̩n] *vi (fam)* ■ **[mit jdm] ~** to scrap [with sb]
Ran·ger <-s, -> ['re:ndʒɐ] *m* [park] ranger
Rang·fol·ge *f* order of priority **rang·höchs·te(r, s)** *adj* MIL highest-ranking *attr* **Rang·höchs·te(r)** *f(m) dekl wie adj* MIL highest-ranking officer/soldier
Ran·gier·bahn·hof [raŋ'ʒi:ɐ̯-] *m* BAHN marshalling [*or* shunting] yard
ran·gie·ren* [rã'ʒi:rən] **I.** *vi* ① *(Stellenwert haben, eingestuft sein)* to rank, to be ranked; ***sie rangiert auf Platz drei der Weltrangliste*** she's ranked [number] three in the world, she's number three in the world rankings
② *(laufen)* ■ **unter etw** *dat* **~** to come under sth
II. *vt* BAHN ■ **etw irgendwohin ~** to shunt sth somewhere
Ran·gie·rer(in) <-s, -> *m(f)* BAHN shunter, switchman AM
Ran·gier·gleis [raŋ'ʒi:ɐ̯-] *nt* BAHN siding **Ran·gier·lok** *f,* **Ran·gier·lo·ko·mo·ti·ve** *f* BAHN shunter, shunting locomotive **Ran·gier·ma·nö·ver** *nt* TRANSP manoeuvre **Ran·gier·ma·schi·ne** *f* shunting engine BRIT
Rang·lis·te *f* SPORT ranking list [*or* rankings] **rang·mä·ßig** *adv (hinsichtlich des Dienstgrades)* according to rank; *(hinsichtlich der Dienststellung)* according to seniority; **~ höher angesiedelt sein** to be higher ranking [*or* in rank] **Rang·ord·nung** *f* hierarchy; **militärische ~** military [order of] ranks
Rang·rück·tritt *m (im Grundbuch)* postponement of priority **Rang·rück·tritts·er·klä·rung** *f* JUR deed [*or* letter] of postponement
Rang·stu·fe *f* rank
Ran·gun <-s> [raŋ'gu:n] *nt* Rangoon, Yangon
Ran·gun·boh·ne *f* Lima bean
Rang·un·ter·schied *m* difference in status **Rang·ver·hält·nis** *nt* JUR rank, priority **Rang·ver·kün·di·gung** <-, -en> *f* SCHWEIZ *announcement of ranking during a competition* **Rang·vor·be·halt** *m* JUR [entry of] reservation of priority
ran|hal·ten *vr irreg (fam)* ■ **sich** *akk* **~** to put one's back into it; ***haltet euch ran*** get a move on *fam*
rank [raŋk] *adj* **~ und schlank** *(geh)* slim and sylph-like *esp hum*
Ran·ke <-, -n> ['raŋkə] *f* BOT tendril
Rän·ke ['rɛŋkə] *pl (veraltet geh)* intrigues *pl,* plots *pl;* **~ schmieden** to intrigue
ran·ken ['raŋkn̩] **I.** *vr haben* ① HORT *(sich winden)* ■ **sich** *akk* **irgendwohin ~** to climb [*or* creep up] [*or* wind itself around] somewhere
② *(verbunden sein)* ■ **sich** *akk* **um jdn/etw ~** *Legenden, Sagen etc.* to have grown up around sb/developed around sth
II. *vi haben o sein* to put out tendrils
Ran·ken·ge·wächs *nt* BOT climber, creeper
Rän·ke·schmied(in) *m(f) (veraltet geh)* intriguer
Rän·ke·spiel *nt (veraltet geh)* intrigues *pl,* plots *pl*
Rank·ge·wächs *nt* BOT creeper, climber, creeping [*or* climbing] plant
Ran·king <-s, -s> ['rɛŋkɪŋ] *nt* quality assessment
ran|klot·zen *vi (sl)* to get cracking [*or* BRIT stuck in] *fam,* to put one's back into making money
ran|kom·men *vi irreg sein (fam)* ① *(drankommen)* ■ **[an etw** *akk*] **~** to [be able to] reach [sth]
② *(vordringen)* ■ **an jdn ~** to get hold of sb *fig;* ***man kommt an ihn einfach nicht ran*** it's impossible to get at him; ***an diese Frau kommt keiner ran*** nobody has a chance [*or* will get anywhere] with her
ran|krie·gen *vt (fam)* ① *(zu anstrengender Arbeit verpflichten)* ■ **jdn [zu etw** *dat*] **~** to get sb else to do [a difficult job]
② *(zur Rechenschaft ziehen)* ■ **jdn [wegen einer S.** *gen*] **~** to bring sb to account [for sth]
ran|las·sen *vt irreg* ① *(fam: heranlassen)* ■ **jdn [an jdn/sich] ~** to let sb near [sb/one]
② *(fam: versuchen lassen)* ■ **jdn ~** to let sb have a go
③ *(sl: den Geschlechtsakt gestatten)* ■ **jdn [an sich** *akk*] **~** to let sb do it [with one] *fam;* ***den lasse ich bestimmt nicht an mich ran*** I'm definitely not letting him do it [*or hum* have his evil way] with me
ran|ma·chen *vr (fam)* ■ **sich** *akk* **an jdn ~** to make a pass at sb, to [try to] chat up sb *sep* BRIT
ran|müs·sen *vi irreg haben (fam)* to have to muck in BRIT *fam,* to have to share the work
rann [ran] *imp von* **rinnen**
ran|neh·men *vt (fam)* ▶WENDUNGEN: **jdn hart ~** to [really] give sb some stick *fam*
rann·te ['rantə] *imp von* **rennen**
ran|schmei·ßen *vr irreg (sl)* ■ **sich** *akk* **an jdn ~** to throw oneself at sb *fam*
ran|trau·en *vr (fam)* ■ **sich** *akk* **an etw** *akk* **~** *(versuchen)* to have the courage [*or fam* guts] to try sth; *(verarbeiten wollen)* to have the courage [*or fam* guts] to deal with sth
Ra·nun·kel <-, -n> [ra'nʊŋkl̩] *f* BOT buttercup, ranunculus *spec*
Ran·zen <-s, -> ['rantsn̩] *m* ① SCH *(Schulranzen)* satchel
② *(fam: Bauch)* paunch, gut; **sich** *dat* **den ~ vollschlagen** *(sl)* to stuff oneself *fam* [*or fam* one's face]; **jdm den ~ vollhauen** *(veraltend fam)* to give sb a good hiding *dated* [*or* thrashing]
ran·zig ['rantsɪç] *adj* rancid; ■ **~ sein/werden** to be/turn rancid
Rap <-> [rɛp] *m kein pl* MUS rap
ra·pi·de [ra'pi:də] *adj* rapid
Rap·pe <-n, -n> ['rapə] *m* black [horse]
Rap·pel <-s, -> ['rapl̩] *m* **den/seinen ~ kriegen** *(fam)* to go completely mad; ***dabei kriegt man***

R

noch den ~! that's enough to drive you up the wall!, that's enough to drive you round the bend! [*or* twist]

rap·pe·lig ['rapəlɪç], **rapp·lig** ['raplɪç] *adj* DIAL *(fam)* jumpy, BRIT *a.* nervy; ***raus mit der Neuigkeit, wir sind alle schon ganz ~!*** come on, let's have [*or* out with] the news, we're all on tenterhooks [already]!

rap·peln ['rapl̩n] *vi (fam)* ❶ *(klappern)* to rattle
❷ *(veraltend: verrückt sein)* ■ **bei jdm rappelt's** sb has a screw loose *fam* [*or* is mad]

rap·pel·voll *adj inv (fam) Raum, Fahrzeug* jam-packed *fam*

rap·pen ['ræpn̩] *vi* MUS to rap

Rap·pen <-s, -> ['rapn̩] *m* [Swiss] centime

Rap·per(in) <-s, -> ['ræpɐ] *m(f)* rapper, rap artist [*or* musician]

rapp·lig ['raplɪç] *adj* DIAL *(fam) s.* **rappelig**

Rap·port <-[e]s, -e> [ra'pɔrt] *m (geh)* ❶ *(Bericht)* report; **jdn zum ~ bestellen** to ask sb to file [*or* submit] a report; **jdm ~ erstatten** to report to sb
❷ *(psychischer Kontakt)* rapport

Raps <-es, -e> [raps] *m* BOT rape[seed]

Raps·ho·nig *m* rapeseed honey **Raps·öl** *nt* rape[seed] oil

Ra·pun·zel <-, -n> [ra'pʊntsl̩] *f* BOT corn salad, lamb's lettuce

Ra·pun·zel·sa·lat *m* corn [*or* lamb's] lettuce

rar [ra:ɐ̯] *adj* rare; ■ **~ sein/werden** to be/become hard to find

Ra·ri·tät <-, -en> [rari'tɛ:t] *f* ❶ *(seltenes Stück)* rarity
❷ *(etwas selten Anzutreffendes)* rarity, curio, curiosity

Ra·ri·tä·ten·ka·bi·nett *nt place displaying rare objects and curios*

rar|ma·chenRR *vr* ■ **sich** *akk* ~ *(fam)* to make oneself scarce

ra·sant [ra'zant] **I.** *adj* ❶ *(ausgesprochen schnell)* fast; **~e Beschleunigung** terrific acceleration; **~e Fahrt, ~es Tempo** breakneck [*or* [very] high] speed
❷ *(stürmisch)* rapid; **eine ~e Zunahme** a sharp increase
II. *adv* ❶ *(zügig)* **~ fahren** to drive at breakneck speed
❷ *(stürmisch)* rapidly; **~ zunehmen** to increase sharply

Ra·sanz <-> [ra'zants] *f kein pl (geh)* [great] pace [*or* speed]

rasch [raʃ] **I.** *adj* quick, rapid; **eine ~e Entscheidung/ein ~er Entschluss** a quick decision; **in ~em Tempo** at a fast [*or* rapid] speed; ***~es Handeln ist geboten*** we must act quickly
II. *adv* quickly; ***~, beeilt euch!*** come on, hurry up!; *s. a.* **Hand**

ra·scheln ['raʃl̩n] *vi* ❶ *(sich scharrend bewegen)* ■ **in etw** *dat* ~ to rustle in sth
❷ *(knistern)* ■ [**mit etw** *dat*] ~ to rustle [sth]

Ra·scheln <-s> ['raʃl̩n] *nt kein pl* rustling *no pl*

rasch·mög·lichst *adj* SCHWEIZ *(schnellstmöglich)* quickest possible *attr*

ra·sen ['ra:zn̩] *vi* ❶ *sein (sehr schnell fahren)* to speed, to race along; ■ **gegen etw** *akk*/**in etw** *akk* ~ to crash into sth; ■ **über etw** *akk* ~ to race [*or* shoot] across [*or* over] sth
❷ *sein (eilends vergehen)* to fly [by]; **die Zeit rast** time flies; *s. a.* **Puls**
❸ *haben (toben)* ■ [**vor etw** *dat*] ~ to go wild [with sth]; ***sie raste [vor Wut]*** she was beside herself [with rage]

Ra·sen <-s, -> ['ra:zn̩] *m* ❶ *(grasbewachsene Fläche)* lawn
❷ SPORT *(Rasenplatz)* field, BRIT *a.* pitch

ra·send **I.** *adj* ❶ *(äußerst schnell)* breakneck, tremendous
❷ *(wütend)* furious; **eine ~e Menge/ein ~er Mob** an angry crowd/mob; ■ **~ sein vor etw** *dat* to be mad [*or* beside oneself] with sth; **~ vor Wut** to be beside oneself with rage; **jd könnte ~ werden, wenn ...** sb could scream when ...; **jdn ~ machen** [**mit etw** *dat*] to drive sb mad [with sth]
❸ *(furchtbar)* terrible; **~er Durst** raging thirst; **~e Eifersucht** a mad fit of jealousy; **ein ~er Schmerz** an excruciating pain; **eine ~e Wut** a blind [*or* violent] rage
❹ *(tobend)* thunderous; **~er Beifall** thunderous applause
II. *adv (fam)* very; ***ich würde das ~ gern tun*** I'd be very [*or* more than] happy [*or* love] to do it

Ra·sen·de(r) *f(m) dekl wie adj* madman *masc,* madwoman *fem,* maniac

Ra·sen·flä·che *f* lawn **Ra·sen·mä·her** <-s, -> *m* lawnmower **Ra·sen·platz** *m* SPORT field, BRIT *a.* pitch **Ra·sen·spren·ger** <-s, -> *m* [lawn-]sprinkler

Ra·ser(in) <-s, -> ['ra:zɐ] *m(f) (fam)* speed merchant *fam*

Ra·se·rei <-, -en> [ra:zə'rai̯] *f* ❶ *(fam: schnelles Fahren)* speeding *no pl*
❷ *kein pl (Wutanfall)* rage, fury; **jdn zur ~ bringen** to send sb into a rage, to drive sb mad [*or* to distraction]

Ra·se·rin <-, -nen> *f fem form von* **Raser**

Ra·sier·ap·pa·rat *m* ❶ *(Elektrorasierer)* [electric] shaver [*or* razor] ❷ *(Nassrasierer)* [safety] razor **Ra·sier·creme** *f* shaving cream

ra·sie·ren* [ra'zi:rən] *vt* ❶ *(Bartstoppeln entfernen)* ■ **sich** *akk* ~ to [have a] shave; **sich** *akk* **elektrisch** [*o* **trocken**] ~ to use a[n] [electric] shaver [*or* an electric razor]; **sich** *akk* **nass** ~ to [have a] wet shave; ■ **sich** *akk* [**von jdm**] ~ **lassen** to get a shave [from sb]; ■ **jdn** ~ to shave sb; ***ich habe mich beim Rasieren geschnitten*** I cut myself shaving
❷ *(von Haaren befreien)* ■ [**jdm**] **etw** ~ *Beine, Nacken* to shave [sb's] sth; ■ **jd rasiert sich** *dat* **etw** sb shaves one's sth

Ra·sie·rer <-s, -> *m (fam)* [electric] shaver, electric razor

Ra·sier·klin·ge *f* razor blade **Ra·sier·mes·ser** *nt* cut-throat [*or* AM straight] razor **Ra·sier·pin·sel** *m* shaving brush **Ra·sier·schaum** *m* shaving foam **Ra·sier·sei·fe** *f* shaving soap **Ra·sier·was·ser** *nt* aftershave **Ra·sier·zeug** *nt* shaving things *pl* [*or* kit]

Rä·son <-> [rɛ'zɔŋ, rɛ'zõ:] *f kein pl* **jdn zur ~ bringen** *(geh)* to bring sb to his/her senses; **~ annehmen** *(geh)* to come to one's senses

Ras·pel <-, -n> ['raspl̩] *f* rasp; KOCHK grater

ras·peln ['raspl̩n] *vt* ■ **etw ~** to grate sth; ■ **geraspelt** grated

rass [ras], **räss** [rɛs] *adj* SÜDD, SCHWEIZ, ÖSTERR ❶ *(scharf)* spicy, hot; **ein ~er Käse** a sharp[-tasting] cheese
❷ *(resolut)* determined

raß [ra:s], **räß** [rɛ:s] *adj* SÜDD, SCHWEIZ, ÖSTERR ❶ *(scharf)* spicy, hot; **ein ~er Käse** a sharp[-tasting] cheese
❷ *(resolut)* determined

Ras·se <-, -n> ['rasə] *f* ❶ *(Menschenrasse)* race
❷ *(Tierrasse)* breed; **~ haben** to have pedigree; *(fig)* to have spirit; ***dieses Pferd hat ~!*** this horse is a thoroughbred!

Ras·se·hund *m* pedigree dog, purebred [dog]

Ras·sel <-, -n> ['rasl̩] *f* rattle

Ras·sel·ban·de <-, -n> *f (fam)* bunch of [little] rascals *fam*

ras·seln ['rasl̩n] *vi* ❶ *haben* ■ [**in etw** *dat*] ~ to rattle [in sth]; ■ **das Rasseln** [the] rattling; ■ **mit etw** *dat*/**an etw** *dat* ~ to rattle sth; **mit/an dem Schlüsselbund/den Schlüsseln ~** to jangle [*or* jingle] one's bunch of keys/keys
❷ *sein (fam: durchfallen)* ■ **durch etw** *akk* ~ to fail [*or* AM *also* flunk] sth

Ras·sen·dis·kri·mi·nie·rung *f* racial discrimination *no pl* **Ras·sen·for·schung** *m* racial research *no pl,* ethnology *no pl form* **Ras·sen·hass**RR *m* racial hatred *no pl* **Ras·sen·kon·flikt** *m* SOZIOL, POL racial conflict **Ras·sen·kra·wall** *m* race riot **Ras·sen·merk·mal** *nt* racial characteristic **Ras·sen·mi·schung** *f* ❶ SOZIOL interbreeding *no pl* [of races], mixture of races, miscegenation *form no pl*
❷ ZOOL interbreeding *no pl,* crossbreeding *no pl* **Ras·sen·schran·ken** *pl* colour bars BRIT, racial dividing lines AM **Ras·sen·tren·nung** *f kein pl* racial segregation **Ras·sen·un·ru·he** *f meist pl* racial unrest *no pl, no indef art* **Ras·sen·un·ter·schied** *m* racial difference **Ras·sen·wahn** *m (pej)* racial hatred

ras·se·rein *adj s.* **reinrassig** **Ras·se·tier** *nt* thoroughbred

ras·sig ['rasɪç] *adj* vivacious, spirited; **ein ~er Wein** a full-bodied wine

ras·sisch ['rasɪʃ] *adj* racial

Ras·sis·mus <-> [ra'sɪsmʊs] *m kein pl* racism, racialism

Ras·sist(in) <-en, -en> [ra'sɪst] *m(f)* racist, racialist

ras·sis·tisch *adj* racist, racialist

Rast <-, -en> [rast] *f* rest, break; [**irgendwo**] **~ machen** to stop for a rest [*or* break] [somewhere]; ***ohne ~ und Ruh*** *(geh)* without respite *form*

Ras·ta·fa·ri-Re·li·gi·on [rasta'fa:ri-] *f* REL Rastafari [*or* Rastafarian] religion

Ras·ta·lo·cken ['rasta-] *f nur pl* dreadlocks *pl*

Ras·te <-, -n> ['rastə] *f* notch

ras·ten ['rastn̩] *vi* to [have a] rest [*or* have [*or* take] a break]; **nicht ~ und nicht ruhen, bis ...** not to rest until ...
▶ WENDUNGEN: **wer rastet, der rostet** *(prov)* a rolling stone gathers no moss *prov*

Ras·ter[1] <-s, -> ['rastɐ] *m* TYPO ❶ *(Glasplatte, Folie)* screen; **48er ~** 48 1/cm screen; **ein ~ hinterlegen** to lay a tint; **feiner ~** fine screen
❷ *(Rasterung)* raster

Ras·ter[2] <-s, -> ['rastɐ] *nt* ❶ TV *(Gesamtheit der Bildpunkte)* raster
❷ *(geh: System von Kategorien)* category; ***man kann sie in kein ~ pressen*** she can't be pigeonholed

Ras·ter·ab·tas·tung *f* INFORM raster scan **Ras·ter·auf·nah·me** *f* TYPO halftone reproduction, screen exposure **Ras·ter·aus·zug** *m* TYPO halftone separation

Ras·ter·bild *nt* TYPO halftone [image], screened image **Ras·ter·bild·ver·ar·bei·ter** *m* INFORM raster image processor

Ras·ter·dich·te *f* TYPO screen density **Ras·ter·druck** *m* halftone printing **Ras·ter**[**·elek·tro·nen**]**·mi·kro·skop** *nt* scanning electron microscope, SEM **Ras·ter·fahn·dung** *f* ≈ computer search *(search for wanted persons by using computers to assign suspects to certain categories)* **Ras·ter·fond** *m* TYPO [screen] tint, tinted background **Ras·ter·gra·fik** *f* INFORM raster graphics + *sing vb* **Ras·ter-Image-Pro·zes·sor** [-'ɪmɪtʃ-] *m* TYPO raster image processor **Ras·ter·ko·pie** *f* TYPO screen copying **Ras·ter·kraft·mi·kro·skop** *nt* PHYS scanning electron microscope **Ras·ter·li·ni·en·zäh·ler** *m* TYPO screen indicator **Ras·ter·mi·kro·skop** *nt* PHYS scanning electron microscope **Ras·ter·pro·gramm** *nt* INFORM raster program **Ras·ter·pro·zent·wert** *m* TYPO percent dot area, screen percentage

Ras·ter·punkt *m* TYPO dot **Ras·ter·punkt·zu·wachs** *m* TYPO dot gain

Ras·ter·steg *m* TYPO cell wall **Ras·ter·tech·nik** *f* INFORM raster technology **Ras·ter·tief·druck** *m* halftone gravure [process] **Ras·ter·ton·wert** *m* TYPO dot percentage, tint level

Ras·te·rung <-, -en> *f* TYPO screening

Ras·ter·win·ke·lung *f* TYPO screen angle

Rast·haus *nt* roadhouse; *(Autobahn)* motorway [*or* AM freeway] service area **Rast·hof** *m* [motorway [*or* AM freeway]] service area

rast·los *adj* ❶ *(unermüdlich)* tireless, unflagging
❷ *(unruhig)* restless

Rast·lo·sig·keit <-> *f kein pl* ❶ *(Unermüdlichkeit)* tirelessness
❷ *(Unruhe)* restlessness

Rast·platz *m* TRANSP picnic area **Rast·stät·te** *f s.* **Rasthof**

Ra·sur <-, -en> [ra'zu:ɐ̯] *f* ❶ *(das Rasieren)* shaving *no pl;* **nach/vor der ~** after/before shaving
❷ *(Resultat des Rasierens)* shave

Rat[1] <-[e]s> [ra:t] *m kein pl* advice; **mit ~ und Tat**

with help and advice; **jdn um ~ fragen** to ask sb for advice [*or* sb's advice]; **jdm einen ~ geben** to give sb some advice; ***wenn ich dir einen ~ geben darf*** if I could give you some [*or* a bit of [*or* a piece of]] advice; **jdm den ~ geben, etw zu tun** to advise sb to do sth; **sich** *dat* **[bei jdm] ~ holen** to get some advice [from sb]; **sich** *dat* **keinen ~ [mehr] wissen** to be at one's wit's end; **sich** *dat* **keinen anderen ~ mehr wissen, als etw zu tun** not to know what to do other than to do sth; **jdn/etw zu ~e ziehen** to consult sb/sth; **auf jds ~ [hin]** on [the strength of] sb's advice; **gegen** [*o* **entgegen**] **jds ~** against sb's advice; **da ist guter ~ teuer** it's hard to know what to do

Rat² <-[e]s, Räte> [ra:t, *pl* 'rɛ:tə] *m* POL council; ***er wurde in den ~ [der Gemeinde/Stadt] gewählt*** he was elected to the [parish/town] council; **der ~ der Weisen** ÖKON the German Expert Council on Overall Economic Development *(independent body of five experts who annually present a report on the economy and its likely future development)*; **Großer ~** SCHWEIZ [Swiss] cantonal parliament; **im ~ sitzen** *(fam)* ≈ to be Councillor [*or* AM *also* Councilor] *(to be a member of a [Swiss] cantonal parliament)*

Rat, Rä·tin <-[e]s, Räte> [ra:t, 'rɛ:tɪn, *pl* 'rɛ:tə] *m, f* ❶ POL *(Stadtrat)* councillor, AM *also* councilor
❷ ADMIN *(fam)* senior official

Ra·te <-, -n> ['ra:tə] *f* FIN instalment [*or* AM *also* -ll-]; **auf** [*o* **in**] **~n** in [*or* by] instalments; **überfällige ~** past-due instalment; **in ~n zahlbar** payable in instalments; **auf ~n kaufen** to buy on easy [*or* instalment] terms; **etw in ~n bezahlen** to pay for sth in [*or* by] instalments, to buy sth on hire purchase [*or* AM using an installment plan]; **mit seinen ~n im Rückstand bleiben** to fall behind with one's instalments

ra·ten <rät, riet, geraten> ['ra:tn̩] **I.** *vi* ❶ *(Ratschläge geben)* ■**[jdm] zu etw** *dat* **~** to advise [sb to do] sth, to recommend sth [to sb]; ***wenn Sie mich fragen, ich würde [Ihnen] zu einem Kompromiss ~*** if you ask me, I'd advise [you to] compromise; ■**jdm ~, etw zu tun** to advise sb to do sth; ■**sich** *dat* **[von jdm] ~ lassen** to take advice [from sb]
❷ *(schätzen)* to guess; **mal ~** to have a guess; **falsch/richtig ~** to guess wrong/right; *s. a.* **dreimal, geraten**
II. *vt* ❶ *(als Ratschlag geben)* ■**jdm etw raten** to advise sb to do sth; ***was rätst du mir?*** what do you advise [me to do]?
❷ *(erraten)* ■**etw ~** to guess sth; **ein Rätsel ~** to solve a riddle

Ra·ten·an·lei·he *f* FIN instalment loan

Ra·ten·kauf *m* hire purchase BRIT, installment plan AM **Ra·ten·kauf·fi·nan·zie·rung** *f* FIN hire purchase credit

Ra·ten·kre·dit *m* FIN instalment loan

ra·ten·wei·se *adv* in [*or* by] instalments

Ra·ten·zah·lung *f* ❶ *kein pl (Zahlung in Raten)* payment in [*or* by] instalments ❷ *(Zahlung einer Rate)* payment of an instalment **Ra·ten·zah·lungs·ge·schäft** *nt* HANDEL hire purchase sale **Ra·ten·zah·lungs·ge·setz** *nt* JUR Hire Purchase Act BRIT **Ra·ten·zah·lungs·kauf** *m* FIN hire [*or* AM deferred payment] purchase **Ra·ten·zah·lungs·ver·kauf** *m* FIN conditional sale

Rä·te·re·pu·blik *f* HIST ≈ soviet republic *(republic governed by [workers'] councils)*

Ra·te·spiel *nt* quiz

Rat·ge·ber <-s, -> *m* ❶ *(Werk)* manual
❷ *(beratende Person)* adviser, advisor; **ein schlechter** [*o* **kein guter**] **~ sein** *(fig)* to be a shaky basis for a decision [*or* a doubtful motive]

Rat·haus *nt* town hall

Ra·ti·fi·ka·ti·on <-, -en> [ratifika'tsi̯o:n] *f s.* **Ratifizierung**

Ra·ti·fi·ka·ti·ons·ur·kun·de *f* JUR ratification instrument

ra·ti·fi·zie·ren* [ratifi'tsi:rən] *vt* POL ■**etw ~** to ratify sth

Ra·ti·fi·zie·rung <-, -en> *f* POL ratification *no pl*

Ra·ti·fi·zie·rungs·pro·zess^RR *m* ratification process **Ra·ti·fi·zie·rungs·ur·kun·de** *f* ratification document

Rä·tin <-, -nen> *f fem form von* **Rat**

Ra·tio <-> ['ra:tsio] *f kein pl (geh)* reason *no art*

Ra·ti·on <-, -en> [ra'tsi̯o:n] *f* ration; **eiserne ~** MIL iron rations *pl*

ra·tio·nal [ratsi̯o'na:l] *adj (geh)* rational

ra·ti·o·na·li·sie·ren* [ratsi̯onali'zi:rən] **I.** *vt* ■**etw ~** to rationalize [*or* streamline] sth
II. *vi* to rationalize, to streamline

Ra·ti·o·na·li·sie·rung <-, -en> *f* rationalization *no pl,* streamlining *no pl*

Ra·ti·o·na·li·sie·rungs·ef·fekt *m* effect of rationalization, streamlining effect **Ra·ti·o·na·li·sie·rungs·in·ves·ti·ti·on** *f* FIN capital expenditure on rationalization *no pl* **Ra·ti·o·na·li·sie·rungs·kar·tell** *nt* ÖKON rationalization cartel **Ra·ti·o·na·li·sie·rungs·maß·nah·me** *f meist pl* ÖKON rationalization [*or* streamlining] measure

Ra·ti·o·na·lis·mus <-> [ratsi̯ona'lɪsmʊs] *m kein pl* rationalism *no pl*

Ra·ti·o·na·list(in) <-en, -en> [ratsi̯ona'lɪst] *m(f) (geh)* rationalist

Ra·ti·o·na·li·tät <-> [ratsi̯onali'tɛ:t] *f kein pl* ❶ *(Vernunft)* rationality *no pl*
❷ *(Wirtschaftlichkeit)* efficiency

ra·ti·o·nell [ratsi̯o'nɛl] *adj* efficient

ra·ti·o·nie·ren* [ratsi̯o'ni:rən] *vt* ■**etw ~** to ration sth

Ra·ti·o·nie·rung <-, -en> *f* rationing *no pl*

rat·los *adj* helpless; ■**~ sein** to be at a loss; ***ich bin völlig ~*** I'm completely at a loss

Rat·lo·sig·keit <-> *f kein pl* helplessness

Rä·to·ro·ma·ne, -ro·ma·nin <-n, -n> [rɛtoro'ma:nə, -ro'ma:nɪn] *m, f* GEOG Rhaetian

rä·to·ro·ma·nisch [rɛtoro'ma:nɪʃ] *adj* LING Rhaeto-Romanic [*or* -Romance]; ■**das Rätoromanisch[e]** Rhaeto-Romanic [*or* -Romance]

rat·sam ['ra:tza:m] *adj* prudent; ■**~ sein, etw zu tun** to be advisable to do sth; **etw für ~ halten** to think sth wise; **es für ~ halten, etw zu tun** to think it wise to do sth

Rats·be·schluss^RR *m* JUR council resolution

ratsch [ratʃ] *interj* rip

Rat·sche ['ra:tʃə], **Rät·sche** <-, -n> ['rɛ:tʃə] *f* ❶ MUS SÜDD, ÖSTERR rattle
❷ *(Werkzeug)* ratchet

rat·schen ['ra:tʃn̩] *vi* SÜDD, ÖSTERR ❶ *(die Ratsche drehen)* to rattle
❷ *(fam: schwatzen)* ■**[mit jdm] ~** to chat [*or fam* natter] [with sb]

Rat·schen·ring·schlüs·sel *m* ratchet ring spanner BRIT [*or* wrench]

Rat·schlag <-s, -schläge> ['ra:tʃla:k, *pl* -ʃlɛ:gə] *m* advice *no pl, no indef art,* bit [*or* piece] of advice *no pl, no def art;* ***spar dir deine Ratschläge*** spare me your advice; **jdm [in etw** *dat*] **einen ~ geben** [*o geh* **erteilen**] to give sb a piece of [*or* some] advice [on sth]

Rat·schluss^RR *m* will *no pl*

Rät·sel <-s, -> ['rɛ:tsl̩] *nt* ❶ *(Geheimnis)* mystery; ***das ~ hat sich endlich aufgeklärt*** we finally solved that mystery; **jdm ein ~ sein/bleiben** to be/remain a mystery to sb; **es ist [jdm] ein ~ warum/wie ...** it is a mystery [to sb] why/how ...
❷ *(Denkaufgabe)* riddle, puzzle; **des ~s Lösung** the solution to the puzzle, the answer to the riddle; **jdm ein ~ aufgeben** to pose a riddle for sb; *Frage* to puzzle [*or* baffle] sb, to be a mystery to sb; **in ~n sprechen** to talk [*or* speak] in riddles; **vor einem ~ stehen** to be baffled
❸ *(Kreuzworträtsel)* crossword [puzzle]

Rät·sel·ecke *f (fam)* puzzle corner

rät·sel·haft *adj* mysterious, enigmatic; **eine ~e Erscheinung/ein ~es Phänomen/ein ~es Verschwinden** a mysterious appearance/phenomenon/disappearance; **auf ~e Weise** in a mysterious manner, mysteriously; ***sie ist unter bisher ~en Umständen ums Leben gekommen*** she lost her life under suspicious circumstances; ■**jdm ~ sein** to be a mystery to sb; ■**es ist jdm ~, warum/wie ...** it's a mystery to sb why/how ...

Rät·sel·heft *nt* puzzle magazine

rät·seln ['rɛ:tsl̩n] *vi* to rack one's brains; ■**~, warum/was/wie ...** to rack one's brains as to [*or* try and work out] why/what/how ...; ***ich weiß es nicht genau, ich kann nur ~*** I don't know exactly, I can only speculate [*or fam* hazard a guess]

Rät·sel·ra·ten <-s> *nt kein pl* ❶ *(das Lösen von Rätseln)* [the] solving [of] puzzles
❷ *(das Mutmaßen)* guessing game

Rats·herr *m* councillor, AM *also* councilor **Rats·kel·ler** *m* rathskeller *(beer hall or restaurant in the cellar of a German town hall)* **Rats·mit·glied** *nt* ADMIN councillor, AM *also* councilor **Rats·sit·zung** *f* council meeting **Rats·ver·samm·lung** *f* council meeting

Rat·tan <-s, -e> ['ratan] *nt pl selten* BOT rattan

Rat·tan·mö·bel <-s, -> *nt* rattan furniture

Rat·te <-, -n> ['ratə] *f* ❶ ZOOL rat
❷ *(sl: Dreckskerl)* rat; ***du miese ~!*** you dirty rat!
▶WENDUNGEN: **die ~n verlassen das sinkende Schiff** *(prov)* the rats are leaving [*or* deserting] the sinking ship

Rat·ten·fal·le *f* rat trap **Rat·ten·fän·ger** *m (veraltet)* rat-catcher; **der ~ von Hameln** the Pied Piper of Hamelin **Rat·ten·fraß** *m* damage caused by rats **Rat·ten·gift** *nt* rat poison *no pl*

Rat·ten·schwanz *m* ❶ ZOOL *(Schwanz einer Ratte)* rat's tail, rat-tail
❷ *(fam: verbundene Serie von Ereignissen)* string, series; ***das könnte einen ganzen ~ von Prozessen auslösen*** this could set off a whole string [*or* series] of cases
❸ *(fam: Frisur)* pigtail

rat·tern ['ratɐn] *vi* ❶ *haben (klappernd vibrieren)* to rattle
❷ *sein (sich ratternd fortbewegen)* to rattle along

rat·ze·kahl ['ratsə'ka:l] *adv (fam)* totally, completely; **~ aufessen/auffressen** to gobble up [*or fam* polish off] the whole lot [*or* everything]; **das Haar ~ abrasieren** to shave off the hair completely

rat·zen ['ratsn̩] *vi* DIAL *(fam: schlafen)* to kip BRIT *fam,* to sleep; *(kleines Schläfchen halten)* to have a kip BRIT *fam* [*or* nap]

rat·ze·putz *adv* DIAL *(fam)* totally, completely; **den Teller ~ leer essen** to polish off everything on the plate *fam*

ratz·fatz ['ratsfats] *adv (fam)* lickety-split *fam,* quick as a flash

rau^RR [rau̯] *adj* ❶ *(spröde)* rough; **~e Hände/Haut/~er Stoff** rough hands/skin/material; **~e Lippen** chapped lips; *s. a.* **Schale**
❷ *(heiser)* sore; **eine ~e Stimme** a hoarse [*or* husky] voice
❸ *(unwirtlich)* harsh, raw; **eine ~e Gegend** a bleak [*or* an inhospitable] region
❹ *(barsch)* harsh; **~es Benehmen/~e Sitten** uncouth behaviour [*or* AM -or]/manners

Raub <-[e]s, -e> [raup] *m pl selten* ❶ *(das Rauben)* robbery; **bewaffneter ~** armed robbery; **schwerer ~** robbery with aggravation
❷ *(das Geraubte)* booty, spoils *npl*
▶WENDUNGEN: **ein ~ der Flammen werden** *(geh)* to be consumed by the flames

Raub·bau *m kein pl* over-exploitation; ■**~ an etw** *dat* over-exploitation of sth; **der ~ am Tropenwald** the destruction of the [tropical] rainforests; **~ treiben** to overdo it, to burn the candle at both ends; ***du treibst ~ mit deiner Gesundheit*** you're ruining your health **Raub·druck** *m* pirate[d] edition [*or* copy]

Rau·bein^RR *nt (fam)* rough diamond BRIT, diamond in the rough AM

rau·bei·nig^RR *adj (fam)* rough-and-ready

rau·ben ['raubn̩] **I.** *vt* ❶ *(stehlen)* ■**[jdm] etw ~** to rob [sb of] sth, to steal sth [from sb]; ***sie raubten ihm das Radio aus dem Auto*** they robbed him of [*or* stole] his radio from his car
❷ *(entführen)* ■**jdn ~** to abduct [*or* kidnap] sb
❸ *(geh)* ■**jdm etw ~** to deprive sb of sth; ***das hat mir viel Zeit geraubt*** this has cost me a lot of time;

s. a. **Nerv**
II. *vi* to rob, to plunder

Räu·ber(in) <-s, -> ['rɔybɐ] *m(f)* robber; ~ **und Gendarm** cops and robbers

Räu·ber·ban·de *f* band [*or* gang] of robbers, bunch of crooks **Räu·ber-Beu·te-Be·zie·hung** *f* BIOL predator-prey relationship **Räu·ber·haupt·mann** *m* gang leader **Räu·ber·höh·le** *f (veraltend)* robbers' den ▶WENDUNGEN: **in einer ~ leben** to live in a pigsty *fig*

Räu·be·rin <-, -nen> *f fem form von* **Räuber**

räu·be·risch *adj* ❶ *(als Räuber lebend)* predatory, rapacious *form*
❷ *(einen Raub bezweckend)* **ein ~er Überfall/eine ~e Unternehmung** a raid/robbery; *s. a.* **Erpressung**

Raub·fisch *m* predatory fish **Raub·gier** *f kein pl* rapacity *no pl* **raub·gie·rig** *adj* rapacious

Raub·gold *nt kein pl* plundered gold *(by the Nazis)* **Raub·gold·be·stän·de** *pl* stocks *pl* of plundered gold

Raub·kat·ze *f* [predatory] big cat **Raub·ko·pie** *f* pirate[d] copy; INFORM bootleg *fam* **raub·ko·pie·ren*** *vt* INFORM, MEDIA ■**etw ~** to pirate sth **Raub·ko·pie·rer, -ko·pie·re·rin** *m, f (von CDs, Filmen)* pirate **Raub·mord** *m* murder with robbery as a motive **Raub·mör·der(in)** *m(f)* robber who commits [*or* committing] murder, murderer and robber **Raub·mö·we** *f* ORN skua **Raub·pres·sung** *f* MUS, VERLAG *(Vorgang)* piracy; *(Kopie)* pirate[d] copy **Raub·rit·ter** *m* HIST robber baron **Raub·tier** *nt* ZOOL predator, beast of prey **Raub·tier·ka·pi·ta·lis·mus** *m kein pl* ÖKON *(pej)* predatory capitalism **Raub·über·fall** *m* robbery, hold-up; *(auf Geldtransport etc. a.)* raid; ■**der/ein ~ auf jdn/etw** the/a hold-up of sb/sth; **einen ~ auf jdn/etw verüben** to hold up sb *sep*/to raid [*or sep* hold up] sth **Raub·vo·gel** *m* ORN bird of prey, predatory bird, raptor *spec* **Raub·zug** *m* raid

Rauch <-[e]s> [raux] *m kein pl* ❶ *(Qualm)* smoke; *(Tabakrauch)* [cigarette] smoke; **in ~ aufgehen** [*o* **sich** *akk* **in ~ auflösen**] to go up in smoke *fig*
❷ KOCHK *(Räucherkammer)* smokehouse, smoking chamber

Rauch·ab·zug *m* BAU flue, smoke outlet **Rauch·be·läs·ti·gung** *f* bothering other people by smoking **Rauch·bom·be** *f* smoke bomb

rau·chen ['rauxn̩] I. *vi* ❶ *(Raucher sein)* to smoke; **sehr stark** [*o* **viel**] **~** to be a very heavy smoker; ***darf man hier/bei Ihnen ~?*** may I smoke [in] here/do you mind if I smoke?
❷ *(qualmen)* to smoke
▶WENDUNGEN: **..., dass es** [**nur so**] **rauchte** *(fam)* like mad *fam*; ***er hat ihm die Leviten gelesen, dass es*** [***nur so***] ***rauchte*** he really read him the riot act; *s. a.* **Kopf**
II. *vt* ■**etw ~** to smoke sth

rau·chend *adj* CHEM fuming; **~e Salpetersäure** fuming nitric acid; **~e Schwefelsäure** fuming sulphuric acid

Rauch·ent·wick·lung *f* build-up [*or* production] of smoke

Rau·cher <-s, -> *m* BAHN *(fam)* smoking compartment [*or* carriage] [*or* AM car], smoker *dated*

Rau·cher(in) <-s, -> *m(f)* smoker; **~ sein** to be a smoker; **„~"** "smoking [area]"

Räu·cher·aal *m* smoked eel

Rau·cher·ab·teil *nt* BAHN smoking compartment [*or* carriage] [*or* AM car], smoker *dated* **Rau·cher·bein** *nt* MED smoker's leg **Rau·cher·ecke** *f* smokers' corner

Räu·cher·fisch *m* smoked fish

Rau·cher·hus·ten *m* smoker's cough

Rau·che·rin <-, -nen> *f fem form von* **Raucher**

Räu·cher·kam·mer *f* KOCHK smokehouse, smoking chamber **Räu·cher·ker·ze** *f* pastille, scented candle **Räu·cher·lachs** *m* smoked salmon *no pl*, lox AM *no pl* **Räu·cher·männ·chen** *m hand-carved wooden incense burner in the shape of a little figure*

räu·chern [rɔyçɐn] I. *vt* ■**etw ~** to smoke sth; ■**geräuchert** smoked; ■**das Räuchern** smoking
II. *vi (fam)* ❶ KOCHK *(gerade räuchern)* to smoke
❷ *(Räucherstäbchen abbrennen)* to burn incense [*or* joss sticks]

Räu·cher·ofen *m* smoke-oven **Räu·cher·speck** *m* smoked bacon **Räu·cher·stäb·chen** *nt* joss stick **Räu·cher·würst·chen** *nt* smoked sausage

Rau·cher·zo·ne *f* smoking area

Rauch·fah·ne *f* plume [*or* trail] of smoke

Rauch·fang *m* ❶ *(Abzugshaube)* chimney hood
❷ ÖSTERR *(Schornstein)* chimney **Rauch·fang·keh·rer(in)** *m(f)* ÖSTERR *(Schornsteinfeger)* chimney sweep

Rauch·fleisch *nt* smoked meat **rauch·frei** *adj inv* **~e Zone** smokefree [*or* smokeless] area

Rauch·gas *nt (geh)* flue gas **Rauch·gas·ent·schwe·fe·lungs·an·la·ge** *f* flue gas desulphurization plant

Rauch·ge·ruch *m* smell of smoke **rauch·ge·schwärzt** *adj* smoke-blackened *attr,* blackened by smoke *pred* **Rauch·glas** <-es> *nt kein pl* TECH smoked glass *no pl* **Rauch·glo·cke** *f* pall of smoke

rau·chig ['rauxɪç] *adj* smoky

Rauch·lachs <-, -e> *m* SCHWEIZ *(Räucherlachs)* smoked salmon, lox AM

rauch·los *adj inv* smokeless

Rauch·mel·der *m* smoke alarm [*or* detector] **Rauch·säu·le** *f* column of smoke **Rauch·schwa·den** <-s, -> *m meist pl* cloud of smoke **Rauch·schwal·be** *f* ORN [common] swallow **Rauch·sig·nal** *nt* smoke signal **Rauch·ver·bot** *nt* ban on smoking; ***darf ich rauchen, oder besteht hier/bei euch ~?*** may I smoke, or do you prefer people not to smoke? **Rauch·ver·gif·tung** *f* MED fume [*or* smoke] poisoning **Rauch·ver·zeh·rer** *m* smoke eater *fam,* air freshener

Rauch·wa·ren[1] *pl (geh)* tobacco [products *pl*]

Rauch·wa·ren[2] *pl (geh)* furs *pl*

Rauch·wol·ke *f* cloud of smoke **Rauch·zei·chen** *nt* smoke signal **Rauch·zim·mer** *nt* smoking [*or* smoker's] room

Räu·de <-, -n> ['rɔydə] *f* mange *no pl*

räu·dig ['rɔydɪç] *adj* mangy; *s. a.* **Hund**

rauf [rauf] I. *interj (fam)* up
II. *adv (fam)* ■**jd darf/ist/kann/muss/soll** [**auf etw** *akk*] **~** sb is allowed [to go] up/is up/can go up/has to go up/is supposed to go up [sth]

Rau·fa·ser(·ta·pe·te)[RR] *f* woodchip [wallpaper]

Rauf·bold <-[e]s, -e> ['raufbɔlt] *m* thug, ruffian *dated*

Rau·fe <-, -n> ['raufə] *f* [hay] rack

rau·fen ['raufn̩] I. *vi* ■[**mit jdm**] **~** to fight [[with] sb]
II. *vr* ■**sich** *akk* [**um etw** *akk*] **~** to fight [over sth]; *s. a.* **Haar**

Rau·fe·rei <-, -en> [raufə'rai] *f* fight, scrap *sl*

rauf·lus·tig *adj* looking [*or* spoiling] for a fight [*or sl* scrap] *pred,* pugnacious *form*

rauh[ALT] [rau] *adj s.* **rau**

Rauh·bein[ALT] *nt s.* **Raubein**

rauh·bei·nig[ALT] *adj s.* **raubeinig**

Rau·heit <-> ['rauhait] *f kein pl* ❶ *(Sprödigkeit)* roughness *no pl*
❷ *(Unwirtlichkeit)* harshness, rawness; *Gegend* bleakness, inhospitableness

Rauh·fa·ser(·ta·pe·te)[ALT] *f s.* **Raufaser(tapete)** **Rauh·putz**[ALT] *m s.* **Rauputz** **Rauh·reif**[ALT] *m kein pl s.* **Raureif**

Rau·ke ['raukə] *f* BOT arugula, rocket, roquette

Raum <-[e]s, Räume> [raum, *pl* 'rɔymə] *m* ❶ *(Zimmer)* room
❷ *kein pl (Platz)* room *no art,* space *no art;* **auf engstem ~** in a very confined space [*or* the most confined of spaces]; **~** [**für etw** *akk*] **schaffen** to make room [*or* create space] [for sth]; **rechtsfreier ~** JUR legal vacuum
❸ *kein pl* PHYS space *no art;* ASTRON [outer] space *no pl, no art*
❹ GEOG *(Gebiet)* region, area; **im ~ Hamburg** in the Hamburg area
▶WENDUNGEN: **im ~**[**e**] **stehen** to be unresolved; **etw in den ~ stellen** to raise [*or* pose] [*or sep* bring up] sth; **eine Hypothese/These in den ~ stellen** to put forward a hypothesis/theory

Raum·akus·tik *f kein pl* ❶ PHYS room acoustics + *sing vb* ❷ *(Klangwirkung)* acoustic[s] *usu pl* **Raum·an·zug** *m* spacesuit **Raum·auf·tei·lung** *f* floor plan **Raum·aus·stat·ter(in)** <-s, -> *m(f)* interior decorator **Raum·bild** *nt* stereoscopic [*or* 3-D] picture **Räum·boot** *m* minesweeper **Raum·de·ckung** *f* FBALL zonal marking

Räum·dienst *m* snow-clearing service

räu·men ['rɔymən] I. *vt* ❶ *(entfernen)* ■**etw aus etw** *dat/***von etw** *dat* **~** to remove [*or* clear] sth from sth; ***räum deine Unterlagen bitte vom Tisch*** clear your papers off [*or* remove your papers from] the table, please
❷ *(einsortieren)* ■**etw in etw** *akk* **~** to put away sth *sep* in sth
❸ *(frei machen)* ■**etw ~** to vacate [*or* move out of] sth; **die Straße ~** to clear the street; ■**etw ~ lassen** to have sth cleared
❹ *(evakuieren)* ■**geräumt werden** to be evacuated
II. *vi* DIAL *(umräumen)* to rearrange things

Raum·er·spar·nis *f kein pl* space-saving *no pl;* **aus Gründen der ~** for reasons of space, to save space **Raum·fäh·re** *f* space shuttle **Raum·fah·rer(in)** *m(f) (veraltend) s.* **Astronaut**

Raum·fahrt *f kein pl* space travel *no art; (einzelner Raumflug)* space flight; **bemannte/unbemannte ~** manned/unmanned space travel **Raum·fahrt·agen·tur** *f* space agency **Raum·fahrt·be·hör·de** *f* space agency [*or* authority] **Raum·fahrt·bio·lo·gie** *f* bioastronautics + *sing vb* **Raum·fahrt·in·dus·trie** *f* aerospace industry **Raum·fahrt·in·ge·ni·eur(in)** *m(f)* aerospace engineer **Raum·fahrt·kon·zern** *m* aerospace group **Raum·fahrt·me·di·zin** *f kein pl* space medicine *no pl, no indef art* **Raum·fahrt·pro·jekt** *nt* [aero]space project **Raum·fahrt·tech·nik** *f* space technology **Raum·fahrt·un·ter·neh·men** *nt* aerospace company, space venture **Raum·fahrt·zeit·al·ter** *nt* space age **Raum·fahrt·zen·trum** *nt* space centre [*or* AM -er], spaceport

Raum·fahr·zeug *nt* spacecraft

Räum·fahr·zeug *nt* bulldozer; *(für Schnee)* snowplough BRIT, snowplow AM

Raum·flug *m* ❶ *(Flug in den Weltraum)* space flight
❷ *kein pl (Raumfahrt)* space travel **Raum·flug·tech·nik** *f* space technology

Raum·for·scher(in) *m(f)* space research expert **Raum·for·schung** *f kein pl* space research *no pl* **Raum·ge·stal·tung** *f* interior design **Raum·glei·ter** <-s, -> *m* space shuttle **Raum·in·halt** *m* MATH volume **Raum·kap·sel** *f* ❶ *(Kabine einer Raumfähre)* space capsule ❷ *s.* **Raumsonde** **Raum·klang** *m* sound **Raum·kli·ma** *nt* room climate

Räum·kom·man·do *nt* clear-up squad BRIT, clean-up crew

Raum·kos·ten *pl* FIN premise expenses **Raum·krüm·mung** *f* MATH space curve **Raum·la·bor** *nt* space laboratory, spacelab, skylab **Raum·las·ter** *m* space truck **Raum·leh·re** *f* geometry

räum·lich ['rɔymlɪç] I. *adj* ❶ *(den Raum betreffend)* spatial; **in großer ~er Entfernung** a long way away; **~e Nähe** physical proximity; **~e Gegebenheiten** spacious conditions [*or* set-up]
❷ *(dreidimensional)* three-dimensional; **das ~e Sehvermögen** the ability to see things in three dimensions [*or* three-dimensionally]
II. *adv* ❶ *(platzmäßig)* spatially; **~** [**sehr**] **beengt** [*o* **beschränkt**] **sein** to be [very] cramped for space; **sich** *akk* **~ beschränken** to limit oneself in terms of space
❷ *(dreidimensional)* three-dimensionally

Räum·lich·keit <-, -en> *f* ❶ *kein pl* KUNST *(räumliche Wirkung, Darstellung)* spatiality *no pl,* three-dimensionality *no pl*
❷ *pl (geh: zusammengehörende Räume)* premises *npl*

Raum·man·gel *m* lack of room [*or* space] *no pl* **Raum·maß** *nt* cubic measure, unit of capacity [*or*

volume] **Raum·me·ter** *m o nt* cubic metre [*or* AM -er] *(of stacked wood)* **Raum·mie·te** *f* space rental
Raum·ord·nung *f* ADMIN regional development planning **Raum·ord·nungs·ge·setz** *nt* JUR Town and Country Planning Act BRIT **Raum·ord·nungs·po·li·tik** *f in der Verkehrsplanung* area planning policy **Raum·ord·nungs·ver·fah·ren** *nt* JUR regional planning procedure **Raum·par·füm** [-parfy:m] *nt* room fragrance
Raum·pfle·ger(in) *m(f)* *(euph: Putzhilfe)* cleaner **Raum·pfle·ge·rin** <-, -nen> *f* *(form) fem form von* Raumpfleger cleaning lady, cleaner
Räum·pflug *m* snowplough BRIT, snowplow AM
Raum·pi·lot(in) *m(f)* space pilot **Raum·pla·nung** *f s.* Raumordnung **Raum·schiff** *nt* spaceship **Raum·son·de** *f* space probe **raum·spa·rend** *adj attr* space-saving *attr* **Raum·sta·ti·on** *f* space station **Raum·tei·ler** *m* room divider, partition **Raum·trans·port** *m* aerospace transportation **Raum·trans·por·ter** *m* space shuttle **Raum·trans·port·sys·tem** *nt* RAUM space transport[ation] system **Raum·über·wa·chung** *f* room monitoring
Räu·mung <-, -en> *f* ❶ *(das Freimachen eines Ortes)* *Kreuzung, Unfallstelle* clearing, clearance; *Wohnung* vacation; *(zwangsweise)* eviction
❷ *(Evakuierung)* evacuation
Räu·mungs·an·spruch *m* JUR eviction claim **Räu·mungs·ar·bei·ten** *pl* clearance work *no pl, no indef art,* clearance operations *pl* **Räu·mungs·aus·ver·kauf** *m* clearance sale, AM *also* close-out; *(mit Geschäftsaufgabe)* going out of business [*or* BRIT *a.* closing-down] sale **Räu·mungs·be·fehl** *m,* **Räu·mungs·be·schluss**RR *m* JUR eviction order **Räu·mungs·kla·ge** *f* JUR eviction suit, ejectment action AM **Räu·mungs·ver·fah·ren** *nt* JUR eviction proceedings *pl* **Räu·mungs·ver·gleich** *m* JUR court settlement requiring tenant to vacate **Räu·mungs·ver·kauf** *m* ÖKON clearance sale
Raum·ver·schwen·dung *f* waste of space **Raum·ver·tei·lungs·plan** *m* BAU diagram of the layout [of a/the building/the rooms] **Raum-Zeit-Kon·ti·nu·um** *nt* PHYS space-time [continuum] **raum·zeit·lich** *adj inv* spatiotemporal
rau·nen ['raunən] **I.** *vi (geh)* to murmur, to whisper; ***ein Raunen ging durch die Menge*** a murmur went through the crowd
II. *vt (geh)* ■**etw** ~ to murmur [*or* whisper] sth
Rau·pe¹ <-, -n> ['raupə] *f* ZOOL caterpillar
Rau·pe² <-, -n> ['raupə] *f* ❶ *(Planierraupe)* caterpillar® [vehicle]
❷ *(Raupenkette)* caterpillar® track
Rau·pen·fahr·zeug *nt* caterpillar® [vehicle] **Rau·pen·ket·te** *f* caterpillar® track **Rau·pen·schlep·per** *m* caterpillar® tractor
Rau·putzRR *m* BAU roughcast *no pl* **Rau·reif**RR *m kein pl* hoar [*or* white] frost, rime
raus [raus] **I.** *interj* [get] out; ***schnell ~ hier!*** quick, get out of here!
II. *adv (fam)* out; ***Sie können da nicht*** ~ you can't get out that way; ***aufmachen, ich will hier ~!*** let me out of here!; *s. a.* **heraus, hinaus**
raus|be·kom·men* *vt irreg (fam) s.* **herausbekommen**
raus|brin·gen *vt irreg (fam)* ■**etw** ~ ❶ *(äußern)* **kein Wort** ~ to not [be able to] utter a word; *s. a.* **herausbringen**
❷ *(nach draußen bringen)* *Müll* to take out sth *sep; s. a.* **hinaustragen**
Rausch <-[e]s, Räusche> [rauʃ, *pl* 'rɔyʃə] *m* ❶ *(Trunkenheit)* intoxication, inebriation; **im Zustand eines ~es** in a state of intoxication; **einen ~ bekommen** to get drunk, to become inebriated [*or* intoxicated] *form;* **einen ~ haben** to be drunk [*or form* inebriated] [*or form* intoxicated]; **seinen ~ ausschlafen** to sleep it off; **sich** *dat* **einen ~ antrinken** to get drunk
❷ *(geh: Ekstase)* ecstasy; **im ~ der Leidenschaft** intoxicated by [*or* inflamed with] passion; **der ~ der Geschwindigkeit/des Erfolges** the thrill [*or* exhilaration] of speed/success
rausch·arm *adj* TECH low-noise
rau·schen ['rauʃn̩] *vi* ❶ *haben* *(anhaltendes Geräusch erzeugen)* *Brandung, Meer, Wasser[fall], Verkehr* to roar; *(sanft)* to murmur; *Baum, Blätter* to rustle; *Lautsprecher* to hiss; *Rock, Vorhang* to swish
❷ *sein (sich geräuschvoll bewegen)* *Bach, Fluten, Wasser* to rush; *Vogelschwarm* to swoosh
❸ *sein (fam: zügig gehen)* to sweep; **sie rauschte aus dem/in das Zimmer** she swept out of/into the room
❹ PHYS **weißes R~** white noise
rau·schend *adj (prunkvoll)* *Ballnacht, Fest* glittering; *(stark)* *Beifall* resounding
rausch·frei *adj* TELEK, MEDIA free of background noise; ***CDs sind völlig ~*** CDs are completely hiss-free [*or* free of background noise]; ***~e Wiedergabe*** hiss-free reproduction
Rausch·gift *nt* drug, narcotic; **~ nehmen** to take drugs; *(drogensüchtig sein)* to be on drugs **Rausch·gift·de·zer·nat** *nt* ADMIN drug [*or* narcotics] squad **Rausch·gift·fahn·der(in)** *m(f)* drug squad officer BRIT, narcotics agent AM **Rausch·gift·fahrt** *f* drug-influenced drive, driving under the influence of drugs **Rausch·gift·han·del** *m* drug trafficking **Rausch·gift·händ·ler(in)** <-s, -> *m(f)* drug dealer [*or* pusher]; *(international)* drug trafficker **Rausch·gift·kri·mi·na·li·tät** *f* drug-related crime **Rausch·gift·ring** *m* drug[s] ring; **einen ~ sprengen** to break up a drug[s] ring **Rausch·gift·schmug·gel** *m* drug smuggling **Rausch·gift·sucht** *f* drug addiction **rausch·gift·süch·tig** *adj inv* addicted to drugs *pred* **Rausch·gift·süch·ti·ge(r)** <-n, -n> *dekl wie adj f(m)* drug addict
Rausch·gold·en·gel *m* angel *(made of Dutch metal/gold)* **Rausch·mit·tel** *nt (geh)* drug, intoxicant *form* **Rausch·tat** *f* JUR offence of intoxication
raus|drän·gen *vr (fam)* ■**sich** *akk* ~ to push one's way out
raus|e·keln ['rausʔe:kl̩n] *vt (fam)* ■**jdn** [**aus etw** *dat*] ~ to hound [*or* drive] sb [out of sth]; *(durch Schweigeterror)* to freeze sb out *sep* [of sth] *fam*
raus|flie·gen *vi irreg sein (fam)* ❶ *(hinausgeworfen werden)* **aus der Schule** ~ to be chucked [*or* slung] [*or* kicked] out of school *fam;* **aus einem Betrieb ~** to be given the boot [*or* the push] *fam*
❷ *(weggeworfen werden)* to get chucked out [*or* away]
raus|ge·ben *vt irreg (fam)* **Geld** ~ to give change
raus|ge·hen *vi irreg sein (fam)* to go out, to leave; *Fleck, Korken* to come out; **aus sich** *dat* ~ to come out of one's shell
raus|gu·cken *vi (fam)* ■[**aus etw** *dat*] ~ ❶ *(heraussehen)* to look out [of sth]
❷ *(fig: hervorstrecken)* to peep out [of sth]
raus|ho·len *vt (fam)* ■**etw** [**aus etw** *dat*] ~ *Geld* to get sth out [of sth]
raus|kom·men *vi irreg (fam) s.* **herauskommen, hinauskommen**
raus|krie·gen *vt (fam)* ■**etw** ~ to cotton on to sth *fam;* ■~, **was/wer/wie/wo ...** to find out what/who/how/where ...; **ein Rätsel** ~ to figure out a puzzle *sep*
raus|neh·men *vt, vr irreg (fam) s.* **herausnehmen**
räus·pern ['rɔyspɐn] *vr* ■**sich** *akk* ~ to clear one's throat; ***durch wiederholtes Räuspern versuchte sie, die Aufmerksamkeit auf sich zu lenken*** by repeatedly clearing her throat, she tried to draw attention to herself
raus|rü·cken *vt s.* **herausrücken**
raus|schmei·ßen *vt irreg (fam)* ❶ *(feuern)* ■**jdn** ~ to chuck [*or* sling] [*or* kick] out sb *sep fam;* ***er wurde aus der Schule rausgeschmissen*** he was chucked out of school; *(aus einer Firma)* to give sb the boot [*or* the push] *fam;* **jd aus dem Haus** ~ to sling [*or* kick] [*or* throw] sb out *sep fam*
❷ *(wegwerfen)* ■**etw** ~ to chuck sth out [*or* away] *fam*
Raus·schmei·ßer <-s, -> *m (fam)* bouncer *fam*
Raus·schmissRR <-es, -e>, **Raus·schmiß**ALT <-sses, -sse> *m (fam)* booting [*or* chucking] [*or* slinging] [*or* throwing] out *fam;* ***mit dem ~ hat er rechnen müssen*** he had to expect the boot
Rau·te <-, -n> ['rautə] *f* MATH rhombus
rau·ten·för·mig *adj* MATH rhombic, diamond-shaped
Ra·ve <-[s], -s> [re:f] *nt* MUS rave *fam*
Ra·vi·o·li [ra'vi̯o:li] *pl* ravioli + *sing vb, no indef art*
Ray·gras ['raigra:s] *nt* BOT rye grass
Ray·on <-s, -s> [rɛ'jõ:] *m* ÖSTERR, SCHWEIZ district
Raz·zia <-, Razzien> ['ratsi̯a, *pl* -tsi̯ən] *f* raid, bust *fam;* **eine ~ veranstalten** [*o* **machen**] [*o* **durchführen**] to [make a] raid
RB <-[s]> *nt kein pl Abk von* **Radio Bremen** *regional public-service radio and TV broadcasting corporation based in Bremen*
RC-Pa·pier *nt* RC [*or* resin-coated] paper
rd. *Abk von* **rund** approx.
Re·a·gens <-, Reagenzien> [re'a:gɛns, *pl* -gɛntsi̯ən], **Re·a·genz** <-es, -ien> [rea'gɛnts, *pl* -tsi̯ən] *nt* CHEM reagent
Re·a·genz·glas *nt* CHEM, PHYS, BIOL test tube
Re·a·genz·glas·be·fruch·tung *f* MED artificial insemination, BRIT *a.* IVF **Re·a·genz·glas·ge·stell** *nt* CHEM test tube rack
Re·a·genz·pa·pier *nt* CHEM test paper
re·a·gie·ren* [rea'gi:rən] *vi* ❶ *(eine Reaktion zeigen)* ■[**auf etw** *akk*] ~ to react [to sth]; ***ich habe ihn um eine Antwort gebeten, aber er hat noch nicht reagiert*** I have asked him for an answer but he hasn't come back to me yet; **empfindlich/sauer** [**auf etw** *akk*] ~ to be sensitive [to sth]/peeved [at sth]
❷ CHEM ■[**mit etw** *dat*] ~ to react [with sth]; **~ reagieren** to react brisk
Re·ak·ti·on <-, -en> [reak'tsi̯o:n] *f* reaction; ■**jds ~ auf etw** *akk* sb's reaction to sth; **umkehrbare ~** CHEM balanced [*or* reversible] reaction
re·ak·ti·o·när [reaktsi̯o'nɛ:ɐ̯] **I.** *adj* POL *(pej: rückständig)* reactionary
II. *adv* in a reactionary way; **~ eingestellt sein** to be a reactionary
Re·ak·ti·o·när(in) <-s, -e> [reaktsi̯o'nɛ:ɐ̯] *m(f)* POL *(pej)* reactionary
Re·ak·ti·ons·fä·hig·keit *f kein pl* ❶ *Mensch* reflexes *pl,* reactions *pl* ❷ CHEM reactivity **Re·ak·ti·ons·ge·schwin·dig·keit** *f* CHEM reaction rate **re·ak·ti·ons·schnell** *adj* with quick reactions; ■**~ sein** to have quick reactions **Re·ak·ti·ons·ver·mö·gen** *nt kein pl* ability to react *no pl,* reactions *pl;* ***Alkohol schränkt das ~ ein*** alcohol slows one's [*or* the] reactions [*or* ability to react] **Re·ak·ti·ons·zeit** *f* reaction time
re·ak·ti·vie·ren* [reakti'vi:rən] *vt* ■**jdn** ~ *beim Militär* to recall sb [to duty]; *im Zivilbereich* to recall sb [to work]
Re·ak·ti·vie·rung <-, -en> *f* recalling [to duty/work]
Re·ak·tor <-s, -en> [re'akto:ɐ̯, *pl* -'to:rən] *m* PHYS reactor
Re·ak·tor·block <-blöcke> *m* reactor block **Re·ak·tor·kern** *m* reactor core **Re·ak·tor·küh·lung** *f* cooling of a/the reactor
Re·ak·tor·si·cher·heit *f* reactor safety **Re·ak·tor·si·cher·heits·kom·mis·si·on** *f* NUKL ■**die** ~ the German Commission on Reactor Safety
Re·ak·tor·un·fall *m* accident at a/the reactor, nuclear accident **Re·ak·tor·un·glück** *nt* reactor accident, accident at a/the reactor
re·al [re'a:l] **I.** *adj* ❶ *(wirklich vorhanden)* real
❷ ÖKON **~e Exportleistung** net export performance; **~es Austauschverhältnis** realistic terms of trade; **~es Bruttosozialprodukt** real value of the gross national product
II. *adv (geh)* **ein ~ denkender Mensch** a realistic thinker; ÖKON in real terms
Re·al·ein·kom·men *nt* ÖKON real income **Re·al·ge·wer·be·be·rech·ti·gung** *f* JUR trade franchise attached to the land
Re·a·lia [re'a:li̯a] *pl* LING realia *pl*
Re·a·li·sa·ti·on <-, -en> [realiza'tsi̯o:n] *f (geh) s.* **Realisierung**
re·a·li·sier·bar *adj (geh)* realizable, feasible, viable;

schwer **~e Pläne/Projekte** plans/projects that are hard to accomplish; **sofort ~e Aktiva** FIN liquid assets

Re·a·li·sier·bar·keit <-> *f kein pl (geh)* feasibility, practicability, viability

re·a·li·sie·ren* [reali'zi:rən] *vt* ■**etw ~** ① *(verwirklichen)* to realize sth, to bring sth about ② *(erkennen)* to realize sth ③ FIN *(in Geld umsetzen)* to realize sth; **Immobilien ~** to sell property

Re·a·li·sie·rung <-, -en> *f pl selten (geh)* realization; *Idee, Plan* implementation

Re·a·lis·mus <-> [rea'lɪsmʊs] *m kein pl* realism *no pl*

Re·a·list(in) <-en, -en> [rea'lɪst] *m(f)* realist

re·a·lis·tisch [rea'lɪstɪʃ] *adj* realistic

Re·a·li·tät <-, -en> [reali'tɛ:t] *f* ① *(Wirklichkeit)* reality; **der ~ ins Auge sehen** to have to face facts [*or fam* to get real]; ***das ist nun mal die ~*** we'll just have to face up to it; **~ werden** to become [a] reality ② *pl (Gegebenheiten)* realities, facts ③ *pl* ÖSTERR *(Immobilien)* real estate *no pl*, property *no pl*

Re·a·li·tä·ten·händ·ler(in) *m(f)* ÖSTERR *(Immobilienhändler)* [real] estate agent

re·a·li·täts·fern *adj* unrealistic; **eine ~e Person** a person out of touch with reality **Re·a·li·täts·fer·ne** *f kein pl* lack of sense of reality, loss of touch with reality **Re·a·li·täts·ge·halt** *m kein pl* reality content **re·a·li·täts·nah** *adj* realistic; **eine ~e Person** a person in touch with reality **Re·a·li·täts·sinn** *m kein pl* sense of reality *no pl* **Re·a·li·täts·ver·wei·ge·rung** *f* denial of reality, refusal to accept reality

Re·a·li·ty-TV <-[s]> [ri'ɛliti-] *nt kein pl* TV reality [*or* fly-on-the-wall] TV *no pl*

Re·al·kanz·lei *f* ÖSTERR real estate agency [*or* office] **Re·al·ka·pi·tal** *nt* ÖKON real [*or* non-monetary] capital **Re·al·kauf** *m* JUR executed sale [*or* purchase] **Re·al·kos·ten** *pl* ÖKON actual costs **Re·al·kre·dit** *m* ÖKON credit on real estate **Re·al·last** *f* JUR land charge **Re·al·lohn** *m* ÖKON real wage **Re·al·lohn·ab·bau** *m* reduction [*or* cut] in real wages

Re·a·lo <-s, -s> [re'a:lo] *m* POL *(fam)* political realist *(of the Green Party)*

Re·al·po·li·tik *f* practical politics + *sing vb*, political realism, realpolitik **Re·al·po·li·ti·ker(in)** *m(f)* political realist **Re·al·sa·ti·re** *f* satirical reality **Re·al·schu·le** *f* ≈ secondary modern school BRIT *hist, secondary/junior high school for ages 10 to 16 where pupils can work towards the intermediate school certificate, 'mittlere Reife'* **Re·al·schü·ler(in)** *m(f)* ≈ secondary school pupil BRIT, ≈ junior high school student AM **Re·al·so·zi·a·lis·mus** *m* POL real socialism **re·al·so·zi·a·lis·tisch** *adj inv* realistic [*or* practical] socialist **Re·al·sta·tut** *nt* JUR real statute **Re·al·steu·er** *f* FIN property tax **Re·al·tei·lung** *f* FIN *(Steuern)* de facto splitting **Re·al·ver·mö·gen** *nt* JUR real estate **Re·al·ver·zin·sung** *f* FIN real interest rate **Re·al·wachs·tums·tem·po** *f* ÖKON real growth rate **Re·al·wert** *nt* ÖKON real value **re·al·wirt·schaft·lich** *adj inv* ÖKON non-monetary **Re·al·zins** *m* ÖKON real interest rate **Re·al·zins·satz** *m* FIN real interest rate

Re·ani·ma·ti·on <-, -en> [reʔanima'tsi̯o:n] *f* MED resuscitation

re·ani·mie·ren* [reʔani'mi:rən] *vt* ■**jdn ~** MED to resuscitate sb

Reb·bau <-s> *m kein pl* SCHWEIZ *(Weinbau)* wine-growing *no pl*, viniculture *no pl form* **Reb·berg** <-[e]s, -e> *m* SCHWEIZ *(Weinberg)* vineyard

Re·be <-, -n> ['re:bə] *f* [grape]vine

Re·bell(in) <-en, -en> [re'bɛl] *m(f)* rebel

re·bel·lie·ren* [rebɛ'li:rən] *vi* ■[**gegen jdn/etw**] ~ to rebel [against sb/sth]

Re·bel·lin <-, -nen> *f fem form von* **Rebell**

Re·bel·li·on <-, -en> [rebɛ'li̯o:n] *f* rebellion; *Studenten* revolt

re·bel·lisch [re'bɛlɪʃ] *adj* rebellious; **jdn/etw ~ machen** *(fam)* to make sb/sth agitated

Re·ben·saft *m kein pl (geh)* wine, juice of the vine *liter*

Reb·huhn ['re:phu:n] *nt* partridge **Reb·kres·se** *f* lamb's lettuce **Reb·laus** ['re:plaus] *f* phylloxera *spec*, vine pest **Reb·sor·te** *f* type of grape **Reb·stock** *m* vine

Re·bus <-, -se> ['re:bʊs, *pl* -ʊsə] *m o nt* rebus, picture puzzle

Re·chaud <-s, -s> [re'ʃo:] *m o nt* hotplate, réchaud *spec*, chafing dish *spec*

re·chen ['rɛçn̩] *vt* ■**etw ~** to rake sth

Re·chen <-s, -> ['rɛçn̩] *m* rake

Re·chen·an·la·ge *nt* INFORM computer system **Re·chen·art** *f* type of arithmetic[al] calculation **Re·chen·auf·ga·be** *f* arithmetic[al] problem **Re·chen·be·fehl** *m* INFORM arithmetic instruction **Re·chen·bei·spiel** *nt* specimen calculation **Re·chen·buch** *nt* SCH *(veraltend)* arithmetic book **Re·chen·ex·em·pel** *nt* sum, arithmetic[al] problem; ***das ist nur ein einfaches ~*** that's just simple arithmetic **Re·chen·feh·ler** *m* arithmetic[al] error [*or* mistake]; INFORM *(Berechnungsfehler)* computational error; **[einen] ~ machen** to make a mistake in one's calculations [*or* miscalculation] **Re·chen·funk·ti·on** *f* INFORM computational function **Re·chen·ge·schwin·dig·keit** *f* INFORM operating speed **Re·chen·hil·fe** *f* MATH calculating device **Re·chen·ka·pa·zi·tät** *f* INFORM computing efficiency **Re·chen·künst·ler(in)** *m(f)* mathematical genius [*or fam* wizard] **Re·chen·leis·tung** *f* INFORM computing power **Re·chen·ma·schi·ne** *f* calculator; *(Abakus)* abacus **Re·chen·ope·ra·ti·on** *f* MATH *(fachspr)* arithmetic operation

Re·chen·schaft <-> *f kein pl* account; **[jdm] [für etw *akk*] zur ~ verpflichtet sein** to be accountable [for sth] [to sb]; **jdm [über etw *akk*] ~ schuldig sein, jdm [über etw *akk*] ~ schulden** to be accountable [*or* have to account] to sb [for sth]; **[jdm] ~ [über etw *akk*] ablegen** to account [to sb] [for sth]; **sich *dat* über etw *akk* ~ ablegen** to account [*or* answer] to oneself for sth; **[von jdm] ~ [über etw *akk*] verlangen** [*o* **fordern**] to demand an explanation [*or* account] [from sb] [about sth]; **jdn [für etw *akk*] zur ~ ziehen** to call sb to account [for sth]

Re·chen·schafts·be·richt *m* report **Re·chen·schafts·le·gung** *f* JUR rendering of account **Re·chen·schafts·pflicht** *f* accountability **re·chen·schafts·pflich·tig** *adj inv* ÖKON accountable

Re·chen·schie·ber *m* slide rule **Re·chen·schritt** *m* INFORM calculation **Re·chen·werk** *nt* ① FIN book-keeping, accounting ② INFORM arithmetic [logic] unit, ALU **Re·chen·zeit** *f* INFORM computing time **Re·chen·zen·trum** *nt* computer centre [*or* AM -er]

Re·cher·che <-, -en> [re'ʃɛrʃə] *meist pl f (geh)* investigation, enquiry; **~n [über jdn/etw] anstellen** to make enquiries [about [*or* into] sb/sth], to investigate [sb/sth]; **die ~ einstellen** to end the investigation

Re·cher·chen·an·fra·ge *f* request for investigation **Re·cher·chen·be·richt** *m* search report **Re·cher·chen·ge·bühr** *f* search fee

re·cher·chie·ren* [reʃɛr'ʃi:rən] **I.** *vi (geh)* to investigate, to make enquiries
II. *vt (geh)* ■**etw ~** to investigate [*or* make enquiries into] sth

rech·nen ['rɛçnən] **I.** *vt* ① *(mathematisch lösen)* ■**etw ~** to calculate sth; **etw im Kopf ~** to do a sum in one's head; ***was für einen Blödsinn hast du da gerechnet?*** *(fam)* how did you get that absurd result?
② *(zählen, messen)* ■**etw ~** to work out sth *sep*, to calculate sth; ***einen Preis in Euro ~*** to calculate a price in Euros; ***die Entfernung in Lichtjahren ~*** to reckon the distance in light years
③ *(veranschlagen)* ■**etw ~** to reckon on [*or* estimate] sth; ***wir müssen mindestens zehn Stunden ~*** we must reckon on at least ten hours; ***wir ~ pro Person zwei Stück Kuchen*** we are reckoning on two pieces of cake per person; ***für vier Personen rechnet man ungefähr ein Pfund Spaghetti*** for four people you should reckon on about one pound of spaghetti; **gut/rund gerechnet** at a generous/rough estimate; **zu hoch/niedrig gerechnet sein** to be an overestimate/underestimate; **das Kilo/den Kilometer zu 50 Cent ~** to reckon on 50 cents a kilo/kilometre [*or* AM -er]
④ *(einbeziehen)* ■**etw ~** to include sth, to take sth into account; ***das sind also vier Gepäckstücke, die Handtasche nicht gerechnet*** so that's four items of luggage, not including the handbag; **alles in allem gerechnet** all in all, taking everything into account
⑤ *(einstufen)* ■**jdn/etw zu etw** *dat* [*o* **unter etw** *akk*] ~ to count sb/sth among [*or* rate sb/sth as] sth; ***ich rechne sie zu meinen besten Freundinnen*** I count her amongst my best [girl]friends; ***ich rechne es mit zur Ehre*** *(geh)* I consider it an honour; **jdn zu den Fachleuten ~** to rate sb as an expert
II. *vi* ① *(Rechenaufgaben lösen)* to do arithmetic [*or* sums]; ***in der Schule lernen die Kinder lesen, schreiben und ~*** the children learn reading, writing and arithmetic at school; ***ich rechne gerade*** I'm just doing [*or* making] a calculation; ***in der Schule war ich gut im ~*** I was good at sums at school; ***ich konnte noch nie gut ~*** I was never any good at arithmetic; ***wenn ich richtig gerechnet habe, dann müsste ich mir das Auto leisten können*** if I've got my sums right, I should be able to afford the car; ***dann rechne doch selbst, du wirst sehen, es stimmt!*** then work it out yourself and you'll see it's correct!; ***er ist ein klug ~der Kopf*** *(fig)* he is a shrewdly calculating person; **an einer Aufgabe ~** to do [*or* make] calculations on a problem; **falsch/richtig ~** to make a mistake [in one's calculations]/to calculate correctly [*or* get it right]; [***da hast du***] ***falsch gerechnet!*** that's wrong!; **gut/schlecht ~ können** to be good/bad at sums [*or* arithmetic]
② *(eingestuft werden)* to count; ***Manuel rechnet noch als Kind*** Manuel still counts as a child
③ *(zählen)* to reckon; ***vom 1. Mai an gerechnet*** reckoning from 1 May; ***in Euro/nach Lichtjahren ~*** to reckon in euros/light years; ***das, was ich geleistet habe, sollte sehr wohl ~*** my input should be given due recognition
④ *(sich verlassen)* ■**auf jdn/etw ~** to count on sb/sth; ***auf sie kann ich ~*** she is someone I can count on
⑤ *(einkalkulieren, erwarten)* ■**mit etw/jdm** *dat* ~ to reckon on [*or* with] sth/sb, to expect sth/sb; ***ich rechne am Mittwoch fest mit dir*** I'll be expecting you on Wednesday; ***sie rechnet mit einem Sieg*** she reckons she'll win; ***damit hatte ich nicht gerechnet*** I wasn't expecting that, I hadn't reckoned on [*or* with] that; ***mit so etwas muss man rechnen*** you have to reckon on [*or* with] that sort of thing happening; ***wann ~ Sie mit einer Antwort?*** when do you expect an answer?; ■**damit ~, dass ...** to reckon with it ..., to be prepared for the fact that ...; ***wir müssen damit ~, dass es schneit*** we must reckon on [*or* with] it snowing; ***wir haben nicht mehr damit gerechnet, dass du noch kommst*** we didn't expect you still to come; **mit allem/dem Schlimmsten ~** to be prepared for anything/the worst
⑥ *(fam: wirtschaften)* ■[**mit etw** *dat*] ~ to economize [*or* budget carefully] [with sth]; **mit jedem Euro** [*o* **Cent**] **~ müssen** to have to count [*or* watch] every penny
III. *vr (sich rentieren)* ■**sich** *akk* ~ to be profitable; ***es rechnet sich einfach nicht*** it simply doesn't pay [*or* isn't profitable]

Rech·nen <-s> ['rɛçnən] *nt kein pl* ① *(Schulfach)* arithmetic ② *(das Ausrechnen)* working out; **am ~ sein** to be working [sth] out

Rech·ner <-s, -> *m* ① *(Taschenrechner)* calculator ② INFORM computer; **festprogrammierter ~** fixed-program computer

Rech·ner(in) <-s, -> *m(f)* arithmetician; **ein guter/schlechter ~ sein** to be good/bad at figures [*or* arithmetic]; **ein eiskalter** [*o* **kühler**] **~ sein** *(fig)*

to be coldly [*or* coolly] calculating

rech·ner·ge·steu·ert *adj inv* INFORM computer-controlled **rech·ner·ge·stützt** *adj inv, meist attr* INFORM computer-aided

rech·ne·risch I. *adj* arithmetic[al]; **~er Gewinn** paper profit

II. *adv* ❶ *(kalkulatorisch)* arithmetically; **~ richtig** arithmetically correct

❷ *(durch Rechnen)* by calculation; **rein ~** purely arithmetically, as far as the figures go

Rech·ner·si·mu·la·ti·on *f* computer simulation **rech·ner·un·ter·stützt** *adj* computer-aided **Rech·ner·ver·bund** *m* INFORM [computer] network

Rech·nung <-, -en> *f* ❶ *(schriftliche Abrechnung)* bill, AM *also* check; JUR, ÖKON invoice, bill; ***darf ich bitte die ~ kassieren?*** would you like to pay now?; ***„~ beiliegend"*** "invoice enclosed"; **auf die ~ kommen** to be put on [*or* added to] the bill; **jdm die ~ machen** to make out the bill for sb; **etw auf die ~ setzen** to put sth on the bill; **[jdm] etw in ~ stellen** [*o* **setzen**] to charge [sb] for sth; **eine ~ ausstellen** to invoice; **eine ~ begleichen/stornieren** to settle/cancel an invoice; **die ~ beläuft sich auf** [*o* **macht**] [*o* **beträgt**]**...** the bill [*or* total] comes to ...; **laufende ~** current account; **auf ~ [bestellen/kaufen]** [to order/to buy] on account; **auf feste ~ kaufen** to buy firm; **laut ~** as per invoice; **auf** [*o* **für**] **eigene ~** out of one's own pocket; **auf Ihre ~** to your account; **fällige ~** bill for collection; **auf** [*o* **für**] **eigene ~ [und Gefahr]** ÖKON at one's own expense [and risk]; ***ich arbeite auf eigene ~*** I work for myself; **auf jds ~ gehen** *(von jdm bezahlt werden)* to go on sb's account; *(verantwortlich für etw sein)* to be down [*or* AM up] to sb; ***das geht auf meine ~*** I'm paying for this

❷ *(Berechnung)* calculation; **die ~ stimmt nicht** [*o* **geht nicht auf**] the sum just doesn't work; **nach meiner ~** according to my calculations; **etw außer ~ lassen** to leave sth out of the equation

▶WENDUNGEN: **mit jdm eine [alte] ~ zu <u>begleichen</u> haben** to have a[n old] score to settle with sb; **jds ~ [bei jdm] <u>geht/geht</u> nicht auf** sb's plans [*or* intentions] [for sb] are/aren't working out; **[bei etw** *dat*] **auf seine ~ <u>kommen</u>** to get [*or* have] one's money's worth [out of sth], to get what one expected [from sth]; **etw auf seine ~ <u>nehmen</u>** to take responsibility for sth; **jdm die ~ [für etw** *akk*] **<u>präsentieren</u>** to bring sb to book [*or* make sb pay] [for sth]; ***dir wird eines Tages auch noch die ~ präsentiert werden*** one day you too will be called to account; **etw** *dat* **~ <u>tragen</u>** *(geh)* to take account of sth, to take sth into account, to bear sth in mind; **die ~ ohne den <u>Wirt</u> machen** to fail to reckon with [*or* on] sb/sth; ***wir haben die ~ ohne den Wirt gemacht*** there's one thing we didn't reckon with

Rech·nungs·ab·gren·zung *f* FIN accruals and deferrals *pl* **Rech·nungs·ab·gren·zungs·pos·ten** *pl* FIN deferred items, accrued and deferred items, accruals and deferrals

Rech·nungs·ab·schlussRR *m* FIN balance [*or* closing] of accounts **Rech·nungs·ab·tei·lung** *f* ÖKON *(selten)* accounting [*or* accounts] department, accounts *npl* **Rech·nungs·ad·res·se** *f* billing [*or* invoice] address **Rech·nungs·aus·stel·lung** <-> *f kein pl* ÖKON invoicing *no pl*, billing *no pl* **Rech·nungs·be·trag** *m* [total] amount of a/the bill [*or* AM *also* check] [*or* invoice]; **fälliger ~** balance due **Rech·nungs·buch** *nt* account[s] book **Rech·nungs·da·tum** *nt* billing date, date of invoice **Rech·nungs·er·stel·lung** *f* invoice creation **Rech·nungs·füh·rer(in)** <-s, -> *m(f)* ❶ *(Kassenwart)* treasurer ❷ AGR *(Buchhalter)* bookkeeper **Rech·nungs·füh·rung** *f* ÖKON bookkeeping *no pl*, accounting *no pl*, accountancy *no pl* **Rech·nungs·hof** *m* audit office, BRIT *a.* ≈ Auditor General's Department; **~ der Europäischen Gemeinschaft** European Community Auditor-General's Office **Rech·nungs·jahr** *nt* financial [*or* fiscal] year

Rech·nungs·le·gung *f* JUR accounting, rendering of account; **~ eines Unternehmens** company reporting; **zur ~ verpflichtet** accountable **Rech·nungs·le·gungs·pflicht** *f* FIN accountability, reporting requirements *pl* **Rech·nungs·le·gungs·vor·schrif·ten** *pl* JUR statutory accounting requirements

Rech·nungs·num·mer *f* HANDEL invoice number **Rech·nungs·prü·fer(in)** <-s, -> *m(f)* auditor

Rech·nungs·prü·fung *f* FIN audit; **betriebliche ~** internal audit **Rech·nungs·prü·fungs·aus·schuss** *m* FIN audit committee

Rech·nungs·stel·lung *f* FIN invoicing **Rech·nungs·sum·me** *f* total **Rech·nungs·we·sen** <-s> *nt kein pl* ÖKON accountancy *no pl*, accounting *no pl* **Rech·nungs·zah·lung** *f* invoice payment

recht [rɛçt] I. *adj* ❶ *(passend)* right „; ***die richtige Person am ~en Ort*** the right person in the right place

❷ *(richtig)* right; ***ganz ~!*** quite right!; ***so ist es ~*** that's fine; ***ich will zum Flughafen, bin ich hier ~?*** I want to get to the airport, am I going the right way?; ***bin ich hier ~ bei Meier?*** is this the Meiers' place?; **nichts ~es** no good; ***aus ihm kann nichts ~es werden*** he will come to no good; ***aus ihm ist nichts ~es geworden*** he never really made it; ***er hat nichts ~es gelernt*** he didn't learn any real trade; **auf der ~en Spur sein** to be on the right track; **~ daran tun, etw zu tun** *(geh)* to be right to do sth

❸ *(ziemlich)* real; **eine ~e Enttäuschung/ein ~er Mann** a real disappointment/a real man; ***ich habe heute keine ~e Lust*** I don't really [*or* particularly] feel up to it today; ***sie hat sich ~e Mühe gegeben*** she made quite an effort; *s. a.* **Ding**

❹ *(gelegen, gewünscht)* all right, OK *fam;* ***ist schon ~*** that's all right [*or fam* OK]; ***ja, ja, ist schon ~!*** *(fam)* yeah, yeah, OK! *fam;* ■**jdm ist etw ~** sth is all right with sb; ***wenn es dir ~ ist...*** if it's all right with you ...; ***das soll mir ~ sein*** that's fine [*or fam* OK] by me; ***dieser Kompromiss ist mir überhaupt nicht ~*** I'm not at all happy with this compromise; ***ist Ihnen der Kaffee so ~?*** is your coffee all right?; ***mir ist es keineswegs ~, dass ...*** I'm not at all happy that ...; ***es war ihr nicht ~, dass ...*** she was not pleased that ...

❺ SCHWEIZ, SÜDD *(anständig)* decent, respectable; **bei jdm einen ~en Eindruck machen** to give sb the impression of being a respectable person

❻ *(angemessen)* right, proper; **alles, was ~ ist!** *(ich bitte Sie!)* fair's fair!; *(alle Achtung!)* respect where it's due!; **nicht mehr als ~ und billig sein** to be only right and proper; **irgendwo nach dem ~en sehen** to see that everything's all right somewhere; ***guten Morgen, ich wollte nur mal nach dem ~en sehen*** good morning, I just thought I'd come and see how you're doing

▶WENDUNGEN: **was dem einen ~ ist, ist dem andern <u>billig</u>** *(prov)* what's sauce for the goose is sauce for the gander *prov*

II. *adv* ❶ *(richtig)* rightly, correctly; ***wenn ich Sie ~ verstehe ...*** if I understand you rightly ...; ***ich verstehe sie nicht so ~, wie kann sie so etwas nur tun?*** I just don't understand her, how can she do such a thing?; ***höre ich ~?*** am I hearing things?; ***ich sehe wohl nicht ~!*** I must be seeing things!; ***versteh mich bitte ~*** please don't misunderstand me [*or* get me wrong]; **jdm ~ geschehen** to serve sb right; *s. a.* **Annahme, Trost**

❷ *(ganz, genau)* really, rightly; ***wenn ich es mir ~ überlege, dann ...*** if I really stop and think about it ...; **nicht so ~** not really; ***ich werde daraus nicht so ~ klug*** I don't really [*or* rightly] know what to make of it; ***hat es dir gefallen? — nicht so ~*** did you like it? — not really; ***die Wunde will nicht so ~ heilen*** the wound is not healing properly; **nicht ~ wissen** to not really know [*or* be sure]; ***ich weiß nicht ~*** I don't really know

❸ *(ziemlich)* quite, rather; ***das Bild ist ~ schön*** the picture is quite nice; **~ viel** quite a lot

❹ *(fam: gelegen, passend)* right; **jdm gerade ~ kommen** [*o* **sein**] to come just in time [*or* at just the right time] [for sb]; *(iron)* to be all sb needs; ***du kommst mir gerade ~!*** *(a. iron)* you're all I need[ed]!; ***das kommt mir gerade ~*** that suits me fine; **jdm nichts ~ machen können** to be able to do nothing right for sb; ***man kann es nicht allen ~ machen*** you cannot please everyone; ***man kann ihr nichts ~ machen*** you can't do anything right for her; *s. a.* **geschehen**

❺ *(sehr)* very; ***~ herzlichen Dank!*** thank you very much indeed!; ***~ herzliche Grüße, Monika*** best wishes, Monika

❻ *(gesetzmäßig, anständig)* **~ handeln/leben** to act/live properly

▶WENDUNGEN: **<u>jetzt</u>** [*o* **<u>nun</u>**] **erst ~** now more than ever; ***jetzt tue ich es erst ~*** that makes me even [*or* all the] more determined to do it, now I'm definitely going to do it; ***jetzt mache ich es erst ~ nicht*** now I'm definitely not going to do it; **<u>tue</u> ~ und scheue niemand** *(prov)* do what's right and fear no one *prov*

Recht <-[e]s, -e> [rɛçt] *nt* ❶ *kein pl* JUR *(Gesetz, Rechtsordnung)* law; ***das Gericht hat für ~ erkannt, dass ...*** the court has reached the verdict [*or* has decided] that ...; ***das ~ war auf ihrer Seite*** she had right on her side; **~ des Erfüllungsortes** lex loci solutionis; **~ des Gerichtsortes** lex fori; **~ der unerlaubten Handlungen** law of torts; **~ des Kaufvertrags** law of sales; **~ der belegenen Sache** lex situs [*or* rei sitae]; **das ~ des Stärkeren** the law of the jungle; **~ des Vertragsortes** lex loci contractus; **akzessorisches ~** accessory right; **alleiniges/veräußerliches ~** sole/alienable right; **ausländisches ~** foreign law; **bürgerliches/kirchliches** [*o* **kanonisches**]**/öffentliches ~** civil/canon/public law; **dispositives ~** optional rules *pl*, flexible law; **formelles/materielles ~** procedural/substantive law; **geltendes ~** prevailing law; **objektives ~** objective law; **positives ~** positive law; **zwingendes ~** cogent [*or* binding] law; **das Recht ~** to bend the law; **das ~ brechen** to break the law; **für das Recht ~** to fight for justice; **~ sprechen** to dispense [*or* administer] justice [*or* the law]; **das ~ mit Füßen treten** to fly in the face of the law; **gegen ~ und Gesetz verstoßen** to infringe [*or* violate] the law; **nach deutschem ~** in [*or* under] [*or* according to] German law; **nach geltendem ~** under the existing law

❷ *(juristischer oder moralischer Anspruch)* right; ***gleiches ~ für alle!*** equal rights for all!; ***das ist dein gutes ~*** that is your right; ***mit welchem ~ hat sie das getan?*** by what right did she do that?; ***ich nehme mir das ~, das zu tun*** I shall make so bold as to do that; ■**jds ~ auf jdn/etw** sb's right to sb/sth; **~ auf Ablehnung eines Richters** right of rejection; **das ~ auf einen Anwalt/auf Verweigerung der Aussage** the right to a lawyer/to remain silent; **das ~ auf Arbeit** the right to work; **~ auf Entnahme** FIN right of withdrawal; **~ auf [rechtliches] Gehör** right to be heard [*or* of audience [in court]]; **~ auf ungestörte Nutzung** right of quiet enjoyment; **~e und Pflichten** laws and duties; **~ auf Prüfung der Bücher** FIN right to inspect the books; **abgeleitetes ~** derivative right; **dingliches ~** right in rem, real right; **grundstücksgleiches ~** full legal title to land; **subjektives ~** [individual's] right; **subjektiv dingliches ~** right ad [*or* in] rem; **wohl erworbenes ~** vested right [*or* interest]; **ein ~ ausüben/verlieren** to exercise/forfeit a right; **ein ~ begründen/genießen** to establish/enjoy a right; **jds ~e beeinträchtigen/verletzen** to encroach/to trespass upon sb's rights; **auf seinem ~ beharren** to stand on one's rights; **sein ~ bekommen** [*o* **erhalten**] [*o fam* **kriegen**] to get one's rights [*or* justice] [*or* one's dues]; **sein ~ fordern** [*o* **verlangen**] to demand one's rights; ***der Körper verlangt sein ~*** the body demands its due; ***der Körper verlangt sein Recht auf Schlaf*** the body demands its due [*or* rightful] sleep; **seine ~e geltend machen** to insist on one's rights; **ein ~ auf etw haben** to have a right to sth; **zu seinem ~ kommen** to get justice [*or* one's rights]; *(fig)* to be given due attention; **auf sein ~ pochen** [*o* **bestehen**] to insist on one's rights; **auf**

R

ein ~ verzichten to relinquish a right; **alle ~e vorbehalten** all rights reserved; **wohl erworbene ~e** acquired [*or* vested] rights; **von ~s wegen** legally, as of right; *(eigentlich)* by rights

3 *kein pl (Befugnis, Berechtigung)* right; ***was gibt Ihnen das ~, ...?*** what gives you the right ...?; ***mit welchem ~?*** by what right?; ***woher nimmst du das ~, das zu sagen?*** what gives you the right to say that?; **zu etw** *dat* **kein ~ haben** to have no right to sth; **jds gutes ~ sein[, etw zu tun]** to be sb's [legal] right [to do sth]; ***das ist mein gutes ~*** it's my right; ***es ist mein gutes ~, zu erfahren ...*** I have every right to know ...; **etw mit [gutem] ~ tun** to be [quite] right to do sth; **sich** *dat* **das ~ vorbehalten, etw zu tun** to reserve the right to do sth; **mit [***o* **zu] ~** rightly, with justification; ***und das mit ~!*** and rightly so!; ***du stellst mir die Frage ganz zu ~*** you are quite right to ask this question

4 *(das Richtige, Zustehende)* right; ***wo*** [*o* ***wenn***] ***er ~ hat, hat er ~*** when he's right, he's right; [**mit etw** *dat*] **~ behalten** to be [proved] right [about sth]; **~ bekommen** to win one's case; **jdm ~ geben** to admit that sb is right, to agree with sb; **~ haben** to be [in the] right; **im ~ sein** to be in the right

5 *(veraltet: Rechtswissenschaft)* jurisprudence; **Doktor der [***o* **beider] ~e** Doctor of Laws

▸WENDUNGEN: **~ muss ~ bleiben** *(Naturrecht)* fair's fair; *(Gesetz)* the law is the law; **gleiche ~e, gleiche Pflichten** *(prov)* equal rights, equal duties; *s. a.* **Fug, Gnade**

rech·te(r, s) *adj attr* 1 *(Gegenteil von linke)* right; **die ~ Seite** the right-hand side; ***das ~ Fenster/Haus*** the window/house on the right; **an den ~n Rand schreiben** to write in the right-hand margin; **auf der ~n Fahrbahn [***o* **Spur] fahren** to drive in the right-hand lane; *s. a.* **Masche**

2 *(außen befindlich)* the right way round, right side out; **etw auf der ~n Seite tragen** to wear sth the right way round [*or* right side out]

3 POL right[-wing]; **der ~ Flügel der Partei** the right wing of the party; **~ Kreise/ein ~r Politiker** right-wing circles/a right-wing politician

4 MATH **ein ~r Winkel** a right angle

Rech·te <-n, -n> [ˈrɛçtə] *f* 1 *(rechte Hand)* right [hand]; **zu jds ~n, zur ~n von jdm** *(geh)* to [*or* on] sb's right, to [*or* on] the right of sb

2 BOXEN *(rechte Gerade)* right

3 POL ■**die ~** the right [*or* Right]; **ein Vertreter der radikalen ~n** a representative of the extreme right

Rech·te(r) *f(m) dekl wie adj* POL right-winger

Recht·eck <-[e]s, -e> *nt* rectangle

recht·eckig *adj* rectangular

rech·tensRR1, **Rech·tens**ALT [ˈrɛçtn̩s] ■**~ sein** to be legal

rech·tens2 [ˈrɛçtn̩s] *adv* 1 *(von Rechts wegen)* legally, by law; **~ *wäre er dazu verpflichtet*** he would be legally bound [*or* committed] to it/that

2 *(zu Recht)* rightly; ***er hat ~ behauptet, dass ...*** he rightly maintained that ...

recht·fer·ti·gen I. *vt* 1 *(als berechtigt begründen)* ■**etw [gegenüber [***o* **vor] jdm] ~** to justify sth [to sb]; ■**es [gegenüber [***o* **vor] jdm] ~, etw getan zu haben** to justify [to sb] having done sth

2 *(als berechtigt erscheinen lassen)* ■**etw ~** to justify sth; ***die besonderen Umstände ~ besondere Maßnahmen*** special circumstances warrant special measures

II. *vr (sich verantworten)* ■**sich** *akk* **~** to justify oneself

Recht·fer·ti·gung *f* justification; ■**zu jds ~** in sb's defence [*or* AM -se]; ■**zur ~ einer S.** *gen* in justification of sth

Recht·fer·ti·gungs·grund *m* JUR legal justification

recht·gläu·big *adj* orthodox **Recht·gläu·big·keit** *f kein pl* orthodoxy

Recht·ha·ber(in) <-s, -> *m(f) (pej)* self-opinionated person, dogmatist *form;* ***er ist so ein ~!*** he always thinks he's right, he's such a know-all!

Recht·ha·be·rei <-> [rɛçtha:bəˈraj] *f kein pl (pej)* cantankerousness, dogmatism *form*

Recht·ha·be·rin <-, -nen> *f (pej) fem form von* Rechthaber

recht·ha·be·risch *adj (pej)* self-opinionated, dogmatic

recht·lich I. *adj inv* JUR legal; *(rechtmäßig)* lawful; **~es Gehör** hearing in accordance with the law; **~e Verpflichtung** legal obligation

II. *adv* JUR legally; *(rechtmäßig)* lawfully; **~ und tatsächlich** in law and in fact; **~ zu etw** *dat* **verpflichtet sein** to be bound by law [*or* legally bound] to do sth; **~ begründet** established in law; **~ [nicht] zulässig** [not] permissible in law, [il]legal

recht·los *adj* without rights *pred;* ■**~ sein** to be without [*or* have no] rights

Recht·lo·se(r) *f(m) dekl wie adj* person without [*or* with no] rights

Recht·lo·sig·keit <-> *f kein pl* lack of rights; **in völliger ~ leben** to have no rights at all

recht·mä·ßig *adj* 1 *(legitim)* lawful, rightful, legitimate

2 *(legal)* legal, in accordance with the law; **nicht ~** illegal, not in accordance with the law

Recht·mä·ßig·keit <-> *f kein pl* 1 *(Legitimität)* legitimacy

2 JUR lawfulness, legality

rechts [rɛçts] I. *adv* 1 *(auf der rechten Seite)* on the right; ***dein Schlüsselbund liegt ~ neben dir*** your keys are just to your right; **etw ~ von etw** *dat* **aufstellen** to put [*or* place] sth to the right of sth; ***etwa 50 Meter ~ vor uns*** about 50 metres ahead of us on the right; **~ oben/unten** at the top/bottom on the right; **nach ~** to the right; **von ~** from the right; **~ *um!*** MIL right turn! [*or* AM *esp* face!]

2 TRANSP *(nach rechts)* [to the] right; **~ abbiegen [***o* **einbiegen]** to turn [off to the] right; **sich** *akk* **~ einordnen** to get into the right-hand lane; **~ ranfahren** to pull over to the right; *(auf der rechten Seite)* on the right; ***halte dich ganz ~*** keep to the right; **~ vor links** right before left; *s. a.* **Auge, Mitte**

3 POL right; **~ eingestellt sein** to lean to the right; **~ [von jdm/etw] stehen [***o* **sein]** to be on the right [of sb/sth], to be right-wing

4 *(richtig herum)* the right way round, right side out; **etw auf ~ drehen [***o geh* **wenden]** to turn sth the right way round [*or* on its right side]

5 *(beim Stricken)* **zwei ~, zwei links** knit two, purl two, two plain, two purl; **~ stricken** to knit plain

▸WENDUNGEN: **von ~ nach links** from right to left; **nicht mehr wissen, wo ~ und links ist** *(fam)* to not know whether one is coming or going *fam*

II. *präp (geh)* **~ des Gebäudes** to the right of the building; **~ des Flusses** on the right bank of the river

Rechts·ab·bie·ger <-s, -> *m* car, bicycle, driver, etc. turning right **Rechts·ab·bie·ger·spur** *f* lane for turning right **Rechts·ab·tei·lung** *f* JUR legal department **Rechts·akt** *m* JUR act of law **Rechts·al·li·anz** *f* POL right-wing alliance **Rechts·än·de·rung** *f* change in legislation, legal change **Rechts·an·ge·le·gen·heit** *f* JUR legal matter, matter of law **Rechts·an·glei·chung** *f* JUR harmonization of laws [*or* legislation] **Rechts·an·spruch** *m* legal right [*or* entitlement]; **einen ~ gerichtlich durchsetzen** to assert a legal right [*or* claim] [*or* entitlement] [through the courts]; **jds Rechtsansprüche vertreten** to protect [*or* safeguard] sb's legal right [*or* entitlement]; **von [***o* **aus] etw** *dat* **einen ~ auf etw** *akk* **ableiten** to use sth to establish a legal right [*or* claim] [*or* entitlement] to sth

Rechts·an·walt, -an·wäl·tin *m, f* lawyer, solicitor BRIT, attorney AM; *(vor Gericht)* barrister BRIT, lawyer AM; **sich** *dat* **einen ~ neh·men** to get a lawyer **Rechts·an·walts·ge·büh·ren** *pl* JUR lawyer's [*or* legal] fees **Rechts·an·walts·kam·mer** *f* JUR chamber of lawyers **Rechts·an·walts·kanz·lei** *f* lawyer's office, BRIT *a.* chambers *pl*

Rechts·an·wen·dung *f* JUR application of the law; **einheitliche/extraterritoriale ~** uniform/extra territorial application of the law **Rechts·auf·fas·sung** *f* conception of legality **Rechts·auf·sicht** *f* JUR legal supervision **Rechts·aus·kunft** *f* [piece of] legal advice **Rechts·aus·le·ger(in)** <-s, -> *m(f)* 1 SPORT southpaw 2 POL *(sl)* right-winger *fam* **Rechts·aus·schuss**RR *m* judicial committee

Rechts·au·ßen <-, -> [rɛçtsˈʔausn̩] *m* 1 FBALL right wing[er]

2 POL *(fam)* extreme right-winger, sb on the far-right

Rechts·aus·übung *f kein pl* JUR exercise of a right; **Unzulässigkeit der ~** estoppel; **missbräuchliche ~** misuse of a legal right; **unzulässige ~** improper exercise of a right **Rechts·be·griff** *m* JUR legal concept; **unbestimmter ~** grey legal concept **rechts·be·grün·dend** *adj inv* JUR constitutive, law-creating

Rechts·be·helf *m* JUR legal remedy, appeal on a point of law; **außergerichtlicher ~** extrajudicial remedy; **~ einlegen** to lodge an appeal **Rechts·be·helfs·be·leh·rung** *f* JUR advice on applicable [legal] remedies

Rechts·bei·stand *m* 1 *(juristisch Sachkundiger)* legal adviser 2 *kein pl (juristische Sachberatung)* legal advice *no pl, no indef art* **Rechts·be·ra·ter(in)** *m(f)* legal adviser **Rechts·be·ra·tung** *f* JUR 1 *(Beratung in Rechtsangelegenheiten)* legal advice *no pl, no indef art;* **unentgeltliche ~** [free] legal aid

2 *(Rechtsberatungsstelle)* legal advice *no pl, no art*

Rechts·be·ra·tungs·miss·brauchRR *m* JUR legal aid abuse

Rechts·be·schwer·de *f* JUR appeal on a point of law; **~ in Bußgeldsachen** to appeal against a fine; **~ einlegen** to lodge an appeal **Rechts·be·schwer·de·frist** *f* JUR deadline for appeals **Rechts·be·schwer·de·ver·fah·ren** *nt* JUR appellate procedure

Rechts·beu·gung *f* JUR perversion [*or* miscarriage] of justice; **eine ~ begehen** to pervert the course of justice **Rechts·be·wusst·sein**RR *nt* sense of right and wrong **Rechts·be·zie·hun·gen** *pl* JUR legal relations **Rechts·bin·dungs·wil·le** *m* JUR intention to create legal relations **Rechts·bre·cher(in)** <-s, -> *m(f)* lawbreaker, criminal **Rechts·bruch** *m* breach of the law; **einen ~ begehen** to commit a breach of the law

rechts·bün·dig TYPO I. *adj* right justified, ranged [*or* flush] right

II. *adv* with right justification; **etw ~ ausdrucken** to print sth out with right justification; **~ anordnen/ausrichten** to right justify

recht·schaf·fen [ˈrɛçtʃafn̩] I. *adj* 1 *(redlich)* honest, upright

2 *(fam: ziemlich)* really; **~en Durst/Hunger haben** to be really thirsty/hungry

II. *adv* 1 *(redlich)* honestly

2 *(fam: ziemlich)* really; **~ durstig/hungrig etc.** to be really thirsty/hungry, etc.; *(fam: nach Kräften)* really; **sich** *akk* **~ anstrengen/bemühen** to try really hard

Recht·schaf·fen·heit <-> *f kein pl* honesty *no pl,* uprightness *no pl*

Rechts·cha·rak·ter *m* JUR legal character, status in law

recht·schrei·ben *vi nur infin* to spell

Recht·schrei·ben <-s> *nt kein pl* spelling *no pl, no indef art;* **im ~ schwach/stark sein** to be poor/good at spelling

Recht·schreib·feh·ler *m* spelling mistake; **~ machen** to make spelling mistakes; **einen ~ machen** to make a spelling mistake **Recht·schreib·hil·fe** *f* INFORM spell [*or* spelling] checker **Recht·schreib·pro·gramm** *nt* INFORM spelling program **Recht·schreib·prüf·pro·gramm** *nt* INFORM spellchecker, spelling checker; **automatisches ~** automatic error correction **Recht·schreib·prü·fung** *f* INFORM spell checker; **~ ausführen** to spellcheck **Recht·schreib·re·form** *f* spelling reform **Recht·schreib·schwä·che** *f* weak spelling

Recht·schrei·bung *f* spelling *no pl, no indef art*

Rechts·drall *m eines Geschosses* clockwise spin; **einen ~ haben** POL *(fam)* to lean to the right

rechts·dre·hend *adj* CHEM dextrorotatory; **~e Milchsäure** dextrorotary lactic acid; **mit ~er**

Milchsäure *(Joghurt)* contains Lactobacillus acidophilus and Bifidobacteria; ~**er Zucker** dextrorotary sugar **Rechts·dre·hung** *f* turn to the right; PHYS dextrorotation **Rechts·durch·set·zung** *f* JUR law enforcement **Rechts·ein·heit** *f* JUR legal uniformity **Rechts·ein·wand** *m,* **Rechts·ein·wen·dung** *f* JUR demurrer [at law], objection; ~ **erheben** to demur **Rechts·emp·fin·den** *nt* sense of [what is] right and wrong; JUR sense of justice; **nach jds ~** by sb's sense of right and wrong **Rechts·ent·scheid** *m* JUR legal decision **Rechts·ent·wick·lung** *f* JUR development of the law **rechts·er·heb·lich** *adj inv* JUR legally relevant, relevant in law *pred;* ~**e Änderung** material alteration **Rechts·er·heb·lich·keit** *f kein pl* JUR relevance in law **rechts·ex·trem** *adj inv* extreme right-wing **Rechts·ex·tre·mis·mus** <-> *m kein pl* POL right-wing extremism *no pl* **Rechts·ex·tre·mist(in)** *m(f)* right-wing extremist **rechts·ex·tre·mis·tisch** *adj* POL right-wing extremist **rechts·fä·hig** *adj inv, pred* JUR judicable, having legal capacity **Rechts·fä·hig·keit** <-> *f kein pl* JUR legal capacity *no pl,* juristic personality *no pl* **Rechts·fall** *m* JUR law [*or* court] case; **schwebender ~** pending case **Rechts·feh·ler** *m* JUR legal mistake, error in law **Rechts·fin·dung** *f kein pl* JUR legal finding; **die ~ behindern** to obstruct the course of justice **Rechts·fol·ge** *f* JUR legal consequence; ~**n für Gläubiger/Schuldner** legal consequences for creditors/debtors; ~**n ausschließen** to refuse to accept legal responsibility

Rechts·form *f* JUR legal form **Rechts·form·än·de·rung** *f* JUR change of legal form

Rechts·fra·ge *f* JUR question of law, legal question [*or* issue] **rechts·frei** *adj inv* JUR ~**er Raum** area not regulated by law **Rechts·frie·den** *m* JUR law and order **Rechts·ge·biet** *nt* JUR field of law, legal sphere **Rechts·ge·fühl** *nt kein pl* sense of justice, sense of right and wrong **Rechts·ge·lehr·te(r)** *f(m)* JUR legal scholar **Rechts·ge·mein·schaft** *f* JUR community of rights, legal community **rechts·ge·rich·tet** *adj* POL right-wing **Rechts·ge·schäft** *nt* JUR legal transaction; **einseitiges ~** unilateral transaction; **sittenwidriges ~** transaction contrary to public morality; **unwirksames ~** void and voidable transaction **Rechts·ge·win·de** *nt* TECH right-hand thread **Rechts·gleich·heit** <-> *f kein pl* JUR SCHWEIZ *(Gleichheitsgrundsatz)* principle of equality **Rechts·grund** *m* JUR cause in law, legal basis **Rechts·grund·la·ge** *f* legal basis **Rechts·grund·satz** *m* JUR principle of law; **allgemeine Rechtsgrundsätze** generally accepted legal principles

rechts·gül·tig **I.** *adj inv* JUR legal, legally valid, in due form *pred;* ~ **sein** to be in force [*or* good in law]; ~**e Quittung** proper [*or* effectual] receipt
II. *adv* valid in law; **etw für ~ erklären, etw ~ machen** to validate sth

Rechts·gül·tig·keit *f kein pl* JUR legal force, validity in law **Rechts·gut** *nt* JUR legal asset, object of legal protection **Rechts·gut·ach·ten** *nt* JUR legal opinion [*or* expertise]; **ein ~ einholen** to take legal opinion

Rechts·guts·ver·let·zung *f* JUR violation [*or* infringement] of a legally protected matter

Rechts·hän·der(in) <-s, -> [ˈrɛçtshɛndɐ] *m(f)* right-hander, right-handed person; ~ **sein** to be right-handed

rechts·hän·dig [ˈrɛçtshɛndɪç] **I.** *adj* right-handed
II. *adv* right-handed, with one's right hand

Rechts·hand·lung *f* JUR legal act; **Widerruf einer ~** revocation of a legal act

rechts·hän·gig *adj inv* JUR pending at law [*or* in court], sub judice

Rechts·hän·gig·keit *f kein pl* JUR pendency, lis pendens; **vor ~** before pendency of the claim; **während ~** while proceedings are pending

rechts·her·um [ˈrɛçtshɛrʊm] *adv* [round] to the right; **etw ~ drehen** to turn sth clockwise

Rechts·hil·fe *f* JUR legal assistance [*or* redress]; **kostenlose ~** [free] legal aid; ~ **leisten** to render legal assistance **Rechts·hil·fe·ab·kom·men** *nt* JUR agreement providing for mutual judicial assistance **Rechts·hil·fe·er·su·chen** *nt* JUR request for judicial assistance, letters rogatory

Rechts·in·ha·ber(in) *m(f)* JUR holder of a right, entitled person **Rechts·in·sti·tut** *nt* JUR legal institution **Rechts·in·stru·ment** *nt* JUR legal instrument **Rechts·irr·tum** *m* JUR judicial error, error in law **Rechts·kol·li·si·on** *f* JUR conflict of laws **rechts·kon·ser·va·tiv** *adj* POL right-wing **Rechts·kos·ten** *pl* JUR legal costs **Rechts·kraft** *f kein pl* JUR res judicata, legal force [*or* validity]; **vor ~ des Urteils** before the verdict becomes/became final; ~ **erlangen** to become law, to come into force

rechts·kräf·tig **I.** *adj* having the force of law, legally valid; ~**es Urteil** final verdict; ■ ~ **sein** to be final; ■ ~ **werden** to come into force
II. *adv* with the force of law; **jdn ~ verurteilen** to pass a final sentence on sb

Rechts·kraft·wir·kung *f* JUR res judicata effect **Rechts·kraft·zeug·nis** *nt* JUR certificate of indefeasibility

Rechts·kun·de *f* legal studies *pl* **rechts·kun·dig** *adj* familiar with [*or* versed in] the law *pred* **Rechts·kur·ve** *f* right-hand bend; **eine ~ machen** to [make a] bend to the right **Rechts·la·ge** *f* legal position [*or* situation]

rechts·las·tig *adj* ① *(rechts zu sehr belastet)* **ein ~es Fahrzeug** a vehicle down at the right; **ein ~es Boot** a boat listing to the right [*or* starboard]
② POL *(pej)* rightist, right-wing

Rechts·las·tig·keit <-> *f kein pl* POL right-wing tendency

rechts·läu·fig *adj inv* running from left to right

Rechts·len·ker <-s, -> *m* AUTO right-hand drive vehicle **Rechts·lü·cke** *f* JUR deficiency [*or* gap] in the law **Rechts·man·gel** *m* JUR deficiency in title **Rechts·män·gel·haf·tung** *f* JUR warranty of title, liability for sound title **Rechts·me·di·zin** *f* forensic [*or* legal] medicine, medical jurisprudence **Rechts·miss·brauch**[RR] *m* JUR abusive exercise of a right, abuse of the law

Rechts·mit·tel *nt* means of legal redress; JUR right of appeal; **[gegen etw** *akk*] **ein ~ einlegen** to lodge an appeal [against sth] **Rechts·mit·tel·an·trag** *m* JUR application to institute appeal proceedings **Rechts·mit·tel·be·grün·dung** *f* JUR appellant's brief to support the appeal **Rechts·mit·tel·be·leh·rung** *f* instruction on rights of redress [*or* appeal] **Rechts·mit·tel·ein·le·gung** *f* JUR lodging an appeal **Rechts·mit·tel·frist** *f* JUR period allowed for appeal **Rechts·mit·tel·füh·rer** *m* JUR appellant **Rechts·mit·tel·in·stanz** *f* JUR court of appeal, appellate court **Rechts·mit·tel·richt·li·ni·en** *pl* JUR appeal rules **Rechts·mit·tel·schrift** *f* JUR petition for review *(appellant's pleadings supporting their appeal)* **Rechts·mit·tel·ver·fah·ren** *nt* JUR appellate proceedings *pl* **Rechts·mit·tel·ver·zicht** *m* JUR waiver of legal remedy

Rechts·nach·fol·ge *m* JUR legal succession, succession in title **Rechts·nach·fol·ger(in)** *m(f)* legal successor, assign[ee] *spec* **Rechts·nach·teil** *m* JUR legal detriment **Rechts·na·tur** *f* JUR legal nature [*or* status]; ~ **der Beschlüsse/des Vertrags** legal status of the decision/contract **Rechts·norm** *f* JUR legal rule, rule of law; **geltende ~en** law of the land **Rechts·ob·jekt** *nt* JUR legal object **Rechts·ord·nung** *f* legal system; **sich** *akk* **an die ~ halten** to observe the law **Rechts·per·son** *f* JUR legal entity **Rechts·per·sön·lich·keit** *f* JUR legal entity [*or* personality]; **Nachweis der ~** proof of legal status **Rechts·pfle·ge** *f* JUR administration of justice; **Organe der ~** law enforcement officers; ~ **ausüben** to administer justice **Rechts·pfle·ger(in)** <-s,> *m(f)* JUR registrar, BRIT *a.* master *spec*

Rechts·pflicht *f* JUR legal duty [*or* obligation] **Rechts·pflicht·merk·mal** *nt* JUR criterion of legal obligation **Rechts·pflicht·ver·let·zung** *f* JUR infringement [*or* violation] of legal duties

Rechts·phi·lo·so·phie *f* JUR philosophy of law **Rechts·po·pu·list(in)** *m(f)* POL right-wing populist **recht·spre·chend** *adj* JUR judicial; ~**e Gewalt** judicial power

Recht·spre·chung <-, -en> *f pl selten* dispensation of justice **Recht·spre·chungs·or·gan** *nt* JUR court

Rechts·quel·len *pl* JUR sources of the law; **steuerrelevante ~** tax-affecting sources of the law

rechts·ra·di·kal **I.** *adj* POL extreme right-wing
II. *adv* with extreme right-wing tendencies; ~ ***eingestellt sein*** to have a tendency to the far-right

Rechts·ra·di·ka·le(r) *f(m) dekl wie adj* right-wing extremist

Rechts·ra·di·ka·lis·mus *m kein pl* right-wing radicalism *no pl*

Rechts·rah·men *m* legal framework

rechts·rhei·nisch [ˈrɛçtsrai̯nɪʃ] **I.** *adj* to [*or* on] the right of the Rhine
II. *adv* to [*or* on] the right of the Rhine

Rechts·ri·si·ko *nt* legal risk

Rechts·ruck <-es, -e> *m* POL shift [*or* swing] to the right

rechts·rum [ˈrɛçtsrʊm] *adv (fam) s.* **rechtsherum**

Rechts·rutsch *m* POL swing to the right

Rechts·sa·che *f* JUR case, legal matter; **vorliegende ~** case before the court; **eine ~ einer Kammer zuweisen** to assign a case to a court; **eine ~ zu späterer Entscheidung zurückstellen** to postpone a case for decision at a later date

Rechts·schein *m* JUR colour [*or* AM -or] of law, prima facie entitlement **Rechts·schein·haf·tung** *f* JUR prima facie liability **Rechts·scheins·an·spruch** *m* JUR colourable [*or* AM -or-] title

Rechts·schöp·fung *f* lawmaking, creation of laws; ~ **durch die Gerichte** judicial lawmaking

Rechts·schutz *m kein pl* JUR legal protection, protection of the law; **gewerblicher ~** protection of industrial property; **umfassender ~** comprehensive legal protection; **vorläufiger ~** temporary relief **Rechts·schutz·be·dürf·nis** *nt* JUR legitimate interest to take legal action **Rechts·schutz·be·geh·ren** *nt* JUR petition for relief by the court **Rechts·schutz·ga·ran·tie** *f* JUR guarantee [*or* assurance] of legal protection **Rechts·schutz·in·ter·es·se** *nt* JUR legitimate interest in the proceedings **Rechts·schutz·rück·ver·si·che·rung** *f* legal expenses reinsurance **Rechts·schutz·ver·si·che·rung** *f* legal costs [*or* expenses] insurance

rechts·sei·tig [ˈrɛçtszai̯tɪç] **I.** *adj* MED of [*or* on] the right[-hand] side; ~**e Armamputation** amputation of the right arm; ~**e Blindheit/Lähmung** blindness in the right eye/paralysis of the right side
II. *adv* on the right side; ~ **gelähmt sein** to be paralysed [*or* AM -yzed] down the/one's right side

Rechts·set·zung *f* JUR legislation, lawmaking **rechts·si·cher** *adj* JUR legally secure **Rechts·si·cher·heit** *f kein pl* JUR legal security, certainty of justice **Rechts·staat** *m* state under [*or* founded on] the rule of law **rechts·staat·lich** *adj* founded on the rule of law *pred* **Rechts·staat·lich·keit** *f kein pl* rule of law *no pl, no indef art* **Rechts·staats·ge·fähr·dung** *f* JUR endangering the constitutional state **Rechts·staats·prin·zip** *nt* JUR principle of the due course of law **Rechts·stel·lung** *f* JUR legal position [*or* status]; ~ **gegenüber Dritten** legal position vis-à-vis third parties **Rechts·streit** *m* litigation, legal proceedings *pl,* lis *spec;* **anhängiger ~** pending action [*or* litigation]; **den ~ führen** to litigate **Rechts·strei·tig·keit** *f* JUR litigation, legal dispute; **bürgerliche ~en** civil action **Rechts·struk·tur** *f* legal structure **Rechts·sys·tem** *nt* legal system **rechts·the·o·re·tisch** *adj* JUR, PHILOS jurisprudential, concerning the theory of law *pred* **Rechts·ti·tel** *m* JUR [legal] title **Rechts·trä·ger** *m* JUR legal entity, holder of a right **Rechts·über·gang** *m* JUR subrogation, transfer of a title **Rechts·über·tra·gung** *f* JUR transfer [*or* assignment] of a right **Rechts·über·tre·tung** *f* JUR infringement of a right

rechts·um [rɛçtsˈʔʊm] *adv* to the right; ~ ***kehrt!*** MIL right about turn! BRIT, about face! AM; ~ **kehrtmachen** *(fam)* to turn right [*or* make a right turn]

rechts·un·fä·hig **I.** *adj inv* JUR incapable, legally incapacitated **II.** *adv* JUR legally incapacitated; **jdn für ~ erklären** to incapacitate sb **Rechts·un·fä·hig·keit** *f kein pl* JUR [legal] incapacity *no pl* **rechts·un·gül·tig, rechts·un·wirk·sam** *adj inv* JUR [legally] invalid, void; **etw ~ machen** to annul sth **Rechts·un·gül·tig·keit** *f kein pl,* **Rechts·un·wirk·sam·keit** *f* JUR *kein pl* [legal] invalidity *no pl* **Rechts·un·kennt·nis** *f kein pl* JUR ignorance of the law, ignoratia legis **Rechts·un·si·cher·heit** *f* POL legal uncertainty, uncertainty about one's legal position **rechts·ver·bind·lich** *adj inv* JUR legally binding, binding in law **Rechts·ver·bind·lich·keit** *f kein pl* JUR legal force, binding effect **Rechts·ver·dre·her(in)** <-s, -> *m(f)* ❶ *(hum fam: Anwalt)* brief *sl,* legal eagle *fam* ❷ *(pej: dubioser Rechtsanwalt)* shyster *fam* **Rechts·ver·ein·heit·li·chung** *f* JUR unification of the law

Rechts·ver·fol·gung *f* JUR prosecution [of an action] **Rechts·ver·fol·gungs·pflicht** *f* JUR duty to prosecute an action

Rechts·ver·glei·chung *f* JUR comparison of laws, comparative jurisprudence **Rechts·ver·hält·nis** *nt* JUR legal relationship, relation; **vertragliches/vertragsähnliches ~** contractual/quasi-contractual relationship; **hinkende ~se** deficient legal relationships

Rechts·ver·kehr *m* driving on the right *no pl, no indef art*

Rechts·ver·let·zung *f* JUR infringement of a right **Rechts·ver·lust** *m* JUR loss of a right **Rechts·ver·mu·tung** *f* JUR presumption of law **Rechts·ver·ord·nung** *f* statutory order, legal regulation **Rechts·ver·tre·ter(in)** *m(f)* JUR legal representative **Rechts·ver·wei·ge·rung** *f* JUR refusal [*or* denial] of justice **Rechts·ver·wir·kung** *f* JUR forfeiture of a right, estoppel **Rechts·ver·zicht** *m* JUR disclaimer [*or* waiver] of a right **Rechts·vor·gän·ger(in)** *m(f)* JUR predecessor in title, legal predecessor **Rechts·vor·schrift** *f* JUR legal [*or* statutory] provision; **zwingende ~en** binding provisions

Rechts·wahl *f,* **Rechts·wahl·mög·lich·kei·ten** *pl* JUR choice of law **Rechts·wahl·klau·sel** *f* JUR choice-of-law clause **Rechts·wahl·ver·trag** *m* JUR choice-of-law contract

Rechts·wah·rung *f* JUR safeguarding of rights

Rechts·weg *m kein pl* legal process; **jdm steht der ~ offen** sb has recourse to legal action [*or* the courts]; **den ~ beschreiten** *(geh)* to take legal action, to go to [the] court[s]; **ordentlicher ~** due course of law; **vorgeschriebener ~** due process of law **Rechts·weg·ent·schei·dung** *f* JUR decision as to the course of justice **Rechts·weg·ga·ran·tie** *f* JUR guarantee of access to the courts

rechts·wid·rig *adj* illegal, unlawful; **~e Handlung** unlawful action; **~e Tat** unlawful act **Rechts·wid·rig·keit** *f kein pl* JUR unlawfulness, illegality **rechts·wirk·sam** *adj inv* JUR legally effective, valid; **etw ~ machen** to validate sth **Rechts·wirk·sam·keit** *f* JUR legal validity [*or* force] **Rechts·wir·kung** *f* JUR legal effect [*or* consequence]; **ohne ~** invalid **Rechts·wis·sen·schaft** *f kein pl (geh)* jurisprudence *no pl form* **Rechts·wis·sen·schaft·ler(in)** *m(f)* jurist **Rechts·wohl·tat** *f* **~ des Zweifels** JUR benefit of doubt **Rechts·zug** *m* JUR recourse to legal process

recht·win·ke·lig, recht·wink·lig *adj* right-angled

recht·zei·tig **I.** *adj* punctual; **~ ankommen** to arrive [*or* be] just in time; **~e Anmeldung** to register in good time BRIT, early [enough] **II.** *adv* on time; ***Sie hätten mich ~ informieren müssen*** you should have told me in good time [*or* given me fair [*or* due] warning] **Recht·zei·tig·keit** *f* punctuality; **~ der Zahlung** readiness in paying

Reck <-[e]s, -e> [rɛk] *nt* SPORT high [*or* horizontal] bar

Re·cke <-n, -n> ['rɛkə] *m (geh)* warrior

re·cken ['rɛkn̩] **I.** *vt* ■**etw [irgendwohin] ~** to stretch sth [somewhere]; **den Hals/Kopf [nach oben] ~** to crane one's neck [upwards]; **seine Glieder ~** to [have a] stretch; **die Faust gegen jdn ~** to raise one's fist to sb

II. *vr* ■**sich** *akk* **[irgendwohin] ~** to stretch [oneself] [somewhere], to have a stretch; ***reck dich nicht so weit aus dem Fenster*** don't lean so far out of the window

Re·cor·der <-s, -> [re'kɔrdɐ] *m* ❶ *(Kassettenrecorder)* cassette recorder
❷ *(Videorecorder)* video [recorder]

re·cy·cel·bar [ri'saiklba:ɐ̯] *adj inv* ÖKOL recyclable

re·cy·celn* [ri'saikl̩n] *vt* ■**etw ~** to recycle sth; ■**recycelt werden** to be recycled; ■**recycelt werden können** to be able to be recycled, to be recyclable

re·cy·cle·bar [ri'saiklba:ɐ̯] *adj* recyclable

Re·cy·cling <-s> [ri'saiklɪŋ] *nt kein pl* recycling

re·cy·cling·ge·recht *adj* recyclable, suitable for recycling **Re·cy·cling·pa·pier** [ri'saiklɪŋ-] *nt* recycled paper

Re·dak·teur(in) <-s, -e> [redak'tø:ɐ] *m(f)* editor

Re·dak·ti·on <-, -en> [redak'tsi̯o:n] *f* ❶ *(redaktionelles Büro)* editorial department [*or* office[s]]
❷ *(Mitglieder eines redaktionellen Büros)* editorial staff
❸ *kein pl (das Redigieren)* editing

re·dak·ti·o·nell [redaktsi̯o'nɛl] **I.** *adj* editorial; **~e Bearbeitung** editing; ***die ~e Leitung hat Dr. Schmid*** the editor is Dr. Schmid
II. *adv* editorially; **etw ~ bearbeiten** [*o* **überarbeiten**] to edit [*or* revise] sth

Re·dak·ti·ons·kon·fe·renz *f* editorial conference **Re·dak·ti·ons·lei·ter(in)** *m(f)* head of the/an editorial department **Re·dak·ti·ons·mit·glied** *nt* member of the/an editorial department **Re·dak·ti·ons·schluss**[RR] *m* time of going to press

Re·dak·tor(in) <-s, -en> [re'dakto:ɐ] *m(f)* SCHWEIZ editor

Re·de <-, -n> ['re:də] *f* ❶ *(Ansprache)* speech; ***die ~ des Präsidenten*** the President's speech, the speech given by the President; **eine ~ halten** [*o fam* **schwingen**] to make [*or* give] a speech
❷ *(Gespräch)* conversation, talk; ***er brachte die ~ auf ein anderes Thema*** he turned the conversation to another subject; ■**es ist von etw/jdm die ~** there is talk [*or* mention] of sth/sb; ***wovon ist die ~?*** what's it [all] about?, what are you talking about?; ***es ist die ~ davon, dass ...*** it is being said that ..., people are saying that ...; ***von dir war gerade die ~*** we were just talking about you; ***aber davon war doch nie die ~!*** but no one was ever talking about that!; **jdm in die ~ fallen** to interrupt sb; **die ~ kam auf jdn/etw** the conversation [*or* talk] turned to sb/sth; **der in ~ stehende Fall** *(form)* the case in question; **die in ~ stehende Person** *(form)* the person in question
❸ *(Äußerungen)* talk, words *pl;* [***das war schon immer***] ***meine ~!*** that's what I've always said!; ***ihre frechen ~n*** her cheek; ***das sind nur ~n*** those are just words, that's just talk; **dumme ~n führen** to talk nonsense; **~ und Gegenrede** dialogue; **große ~n führen** [*o fam* **schwingen**] to talk big *fam;* **kluge/lockere ~n** clever/loose talk
❹ *(Gerücht, Nachrede)* rumour; ***kümmere dich doch nicht um die ~n der Leute!*** don't worry [about] what people say!; ***es geht die ~, dass ...*** there's a rumour that ..., rumour has it that ..., it is rumoured that ...
❺ *(Vortrag)* rhetoric; **in freier ~** without notes; ***sie hat es in freier ~ vorgetragen*** she spoke about it without notes; **die Kunst der ~** the art of rhetoric
❻ LING speech; **direkte** [*o* **wörtliche**]**/indirekte ~** LING direct/indirect speech; **gebundene/ungebundene ~** verse/prose
▸ WENDUNGEN: **[jdm] ~ und Antwort stehen** to justify oneself [to sb]; ***der Minister wollte den Journalisten ~ und Antwort stehen*** the minister wanted to give the journalists a full explanation; **[jdm] für etw** *akk* **~ und Antwort stehen** to account [to sb] for sth; **langer** [*o* **der langen**] **~ kurzer Sinn** *(prov)* to cut a long story short; **von etw** *dat* **kann keine ~ sein** sth is out of the question, there can be no question of sth; ***von einer weiteren Reise dieses Jahr kann keine ~ sein*** another trip this year is out of the question; **jdn [für etw** *akk*] **zur ~ stellen** to take sb to task [for [*or* about] sth]; **nicht der ~ wert sein** to be not worth mentioning; ***das ist doch nicht der ~ wert!*** don't mention it!, it's not worth mentioning!

re·de·faul *adj* uncommunicative

Re·de·fluss[RR] *m kein pl* flow of words; ***ich musste seinen ~ unterbrechen*** I had to interrupt him in mid-flow **Re·de·frei·heit** *f kein pl* freedom of speech **re·de·ge·wandt** *adj (geh)* eloquent **Re·de·ge·wandt·heit** <-> *f kein pl* eloquence *no pl* **Re·de·kunst** *f kein pl* rhetoric *no pl*

re·den ['re:dn̩] **I.** *vi* ❶ *(sprechen)* to talk, to speak; ■**mit jdm [über jdn/etw] ~** to talk to sb [about sb/sth]; ***über manche Themen wurde zu Hause nie geredet*** some topics were never discussed at home; ***wie redest du denn mit deinem Vater!*** that's no way to talk to [*or* speak with] your father; ***er hat geredet und geredet*** he talked and talked; ***genug geredet!*** enough talk[ing]; ***mit ihr kann man nicht ~*** you just can't talk to her; ***darüber wird noch zu ~ sein*** we shall have to come back to that; ***sie lässt mich nie zu Ende ~*** she never lets me finish what I'm saying; **~ *während des Unterrichts*** talking in class; **~ *wir nicht mehr davon*** [*o* ***darüber***] let's not talk [*or* speak] about it any more; ***~ Sie doch nicht!*** come off it! *fam;* ***was gibt es da groß zu ~?*** so what?; **so nicht mit sich** *dat* **~ lassen** to not let oneself be talked [*or* spoken] to in such a way [*or* like that]; ***so lasse ich nicht mit mir ~!*** I won't be spoken to like that!; **mit jdm zu ~ haben** to need to speak to sb; ***die Chefin hat mit dir zu ~*** the boss would like to have a word with you; **miteinander ~** to have a talk [with one another]; ***sie ~ nicht mehr miteinander*** they are no longer on speaking terms; **mit sich** *dat* **selbst ~** to talk to oneself; *s. a.* **Wand**
❷ *(Gerüchte verbreiten)* ■**über jdn/etw ~** to talk about sb/sth; ■**es wird [über jdn/etw] geredet** there is talk [about sb/sth]; ***es wird bereits über dich geredet*** you are already being talked about; **schlecht von jdm ~** to talk [*or* speak] ill of sb
❸ *(eine Rede halten)* ■**über etw** *akk* **~** to speak about [*or* on] sth; ***ich rede nicht gerne öffentlich*** I don't like public speaking; ***wer redet morgen Abend?*** who is to speak tomorrow evening?; **gut ~ können** to be a good speaker
❹ *(ausdiskutieren, verhandeln)* ■**über etw** *akk* **~** to discuss [*or* talk about] sth; **über etw** *akk* **lässt sich ~** we can discuss sth; ***darüber lässt sich ~*** that's a possibility, we can certainly discuss that; ***darüber ließe sich eher ~*** that's more like it; **mit sich** *dat* **[über etw** *akk*] **~ lassen** *(gesprächsbereit sein)* to be willing to discuss [sth]; *(kompromissbereit sein)* to be open to persuasion; *(in Bezug auf Angebote, Preis)* to be open to offers; **nicht mit sich** *dat* **[über etw** *akk*] **~ lassen** to be adamant [about sth]; ***sie lässt nicht mit sich ~*** she is adamant; *(bei eigenen Ansprüchen a.)* she won't take no for an answer
❺ *(sl: etw verraten, gestehen)* to talk, to come clean *fam;* ***sie will nicht ~*** she won't talk; ***nun red schon, was hat er gesagt?*** come on, spill the beans, what did he say? *fam;* **jdn zum R~ bringen** to make sb talk
▸ WENDUNGEN: **du hast gut** [*o* **leicht**] **~** it's easy [*or* all very well] for you to talk; **[viel] von sich** *dat* **~ machen** to be[come] [very much] a talking point; ***sie macht zurzeit viel von sich ~*** everyone is talking about her at the moment; ***der Film, der so viel von sich ~ macht, hält nicht, was er verspricht*** the film which everyone is talking about doesn't live up to expectations; **[das ist ja] mein R~** *(fam)* that's what I've been saying; **nicht zu ~ von ...** not to mention ...; **viel R~s von etw** *dat* **machen** to make a great to-do about sth
II. *vt* ❶ *(sagen)* ■**etw ~** to say sth; ***ich möchte gerne hören, was ihr redet*** I'd like to hear what you're saying; **etw zu ~ haben** to have sth to talk about; **viel/wenig ~** to talk a lot/not talk much; ***es wird immer viel geredet*** there is always a lot of talk; **Unsinn** [*o* **Blödsinn**] **~** to talk nonsense; **kein**

Wort ~ to not say [*or* speak] a word; **einige Worte** ~ to say a few words; *s. a.* **Seele, Wort**

② *(klatschen)* ■**etw** [**über jdn/etw**] ~ to say sth [about sb/sth]; ***damit die Leute wieder etwas zu ~ haben*** so that people have something to talk about again; ■**es wird** [**über jdn/etw**] **geredet**: ***in so einem Dorf wird natürlich viel geredet*** in a village like that naturally people talk a lot; ***es wird schon über uns geredet*** we're being talked about; ***es kann dir doch egal sein, was über dich geredet wird*** it should not matter to you what people say about you

▸WENDUNGEN: **jdn besoffen** ~ *(sl)* to drive sb round the bend with one's chattering *fam*

III. *vr (sich durch Reden in einen Zustand steigern)* ■**sich** *akk* **in etw** *akk* ~ to talk oneself into sth; **sich** *akk* **in Begeisterung** ~ to get carried away with what one is saying; **sich** *akk* **heiser** ~ to talk oneself hoarse; **sich** *akk* **in Rage/Wut** ~ to talk oneself into a rage/fury

Re·dens·art *f* ① *(feststehender Ausdruck)* expression; ***das ist nur so eine ~*** it's just a figure of speech; **eine feste** [*o* **stehende**] ~ *a. pej* a stock phrase

② *pl (pej: leere Versprechung)* empty words [*or* talk]

re·dens·art·lich *adj inv* proverbial; ***... heißt es*** ~ so the saying goes

Re·den·schrei·ber(in) *m(f)* speech writer

Re·de·recht *nt kein pl* right to [*or* voice one's opinions] speak [out]; ***„verteidigt freies ~!"*** "defend the right to [*or* free speech] speak freely!" **Re·de·schlacht** *f (fam)* war of words *fam* **Re·de·schwall** <-[e]s> *m kein pl (pej)* torrent of words **Re·de·ver·bot** *nt* ban on speaking; **jdm ~ erteilen** to ban sb from speaking **Re·de·wei·se** *f* manner [*or* style] of speaking **Re·de·wen·dung** *f* idiom, idiomatic expression **Re·de·zeit** *f* time [allotted] for speaking [*or* talking]; **die ~ auf 5 Minuten begrenzen** [*o* **festsetzen**] to restrict speakers to 5 minutes; ***Ihre ~ ist abgelaufen*** your time [for speaking] has run out

re·di·gie·ren* [redi'gi:rən] *vt* ■**etw** ~ to edit sth

re·di·men·si·o·nie·ren* [redimɛnzi̯o'ni:rən] *vt* SCHWEIZ *(reduzieren)* ■**etw** ~ to reduce sth

re·dis·kont·fä·hig [redɪs'kɔnt-] *adj inv* FIN eligible for rediscount *pred*

Re·dis·kon·tie·rung *f* JUR rediscounting

Re·dis·kont·kre·dit *m* FIN rediscount credit

red·lich ['re:tlɪç] I. *adj* ① *(aufrichtig)* honest, upright

② *(sehr groß)* real; ***es kostete mich ~e Anstrengungen, ihn zu überzeugen*** it took a real effort to convince him

II. *adv* really; ***wir werden uns ~ anstrengen müssen*** we'll really have to make an effort

Red·lich·keit <-> *f kein pl* honesty *no pl*

Red·ner(in) <-s, -> ['re:dnɐ] *m(f)* speaker, orator *form;* ***ein guter/überzeugender ~ sein*** to be a good/convincing speaker; **kein guter/großer ~ sein** to not be a good speaker/to be no great orator

Red·ner·büh·ne *f* platform, rostrum

red·ne·risch I. *adj* oratorical, rhetorical

II. *adv* oratorically, rhetorically; ~ **begabt sein** to be a gifted speaker [*or form* a great orator]

Red·ner·pult *nt* lectern

Re·dox·po·ten·zi·al[RR] [re'dɔks-] *nt* CHEM redox potential **Re·dox·re·ak·ti·on** [re'dɔks-] *f* CHEM redox reaction

red·se·lig ['re:tze:lɪç] *adj* talkative

Red·se·lig·keit <-> *f kein pl* talkativeness *no pl*

Re·duit <-s, -s> [redy'i:] *nt* ① HIST *(Verteidigungsanlage)* inner chamber

② *(Versteck)* hiding place

Re·duk·ti·on <-, -en> [redʊk'tsi̯o:n] *f (form)* reduction, diminution

Re·duk·tio·nist(in) [redʊktsi̯o'nɪst] *m(f)* SCI, PHILOS *(geh)* reductionist

Re·duk·ti·ons·mit·tel *nt* CHEM, PHYS reducing agent **Re·duk·ti·ons·tei·lung** *f* BIOL reduction division

re·dun·dant [redʊn'dant] *adj inv (geh)* redundant

Re·dun·danz <-, -en> [redʊn'dants] *f* LING redundancy *no pl*

Re·du·pli·ka·ti·on [reduplika'tsi̯o:n] *f* LING reduplication

re·du·zier·bar *adj inv* ■**auf etw** *akk* ~ **sein** to be reducible to sth

re·du·zie·ren* [redu'tsi:rən] *vt* ■**etw** ~ to reduce sth

re·du·ziert I. *pp und 3. pers. sing von* **reduzieren**

II. *adj inv* reduced; **stark ~e Ware** heavily discounted [*or* reduced] product [*or* goods]

Re·du·zie·rung <-, -en> *f* reduction; **eine ~ der Kosten** a reduction in costs

Ree·de <-, -n> ['re:də] *f* NAUT safe anchorage, road[s] [*or* roadstead] *spec;* **auf ~ liegen** to lie in the roads

Ree·der(in) <-s, -> ['re:dɐ] *m(f)* shipowner

Ree·de·rei <-, -en> [re:də'rai̯] *f* shipping company [*or* line]

Ree·der·haf·tung *f* JUR liability of shipowners

Ree·de·rin <-, -nen> *f fem form von* **Reeder**

re·ell [re'ɛl] *adj* ① *(tatsächlich)* real; **eine/keine ~e Chance haben** to stand a/no real [*or* fighting] chance

② *(anständig)* honest, straight; **ein ~es Angebot** a fair [*or* decent] offer; **ein ~er Preis** a realistic [*or* fair] price; **ein ~es Geschäft** a sound [*or* solid] business

③ *(fam)* ■[**et**]**was R~es** the real thing

Reet <-s> [re:t] *nt kein pl* NORDD *(Ried)* reeds *pl*

Reet·dach *nt* thatched roof **reet·ge·deckt** *adj* thatched

Re·ex·port [reʔɛks'pɔrt, 're:ʔɛkspɔrt] *m* ÖKON re-export

REFA ['re:fa] *f kein pl* ÖKON *Akr von* **Verband für Arbeitsgestaltung, Betriebsorganisation und Unternehmensentwicklung** REFA *(Association for Work Design/Work Structure, Industrial Organization and Corporate Development)*

REFA-Fach·mann, -frau <-[e]s, -leute *o selten* -männer> *m, f* ÖKON REFA expert

Re·fek·to·ri·um <-s, -rien> [refɛk'to:ri̯ʊm, *pl* -ri̯ən] *nt* refectory

Re·fe·rat[1] <-[e]s, -e> [refe'ra:t] *nt* [seminar] paper; *(in der Schule)* project; **ein ~ [über jdn/etw] halten** to present a paper/project [on sb/sth]

Re·fe·rat[2] <-[e]s, -e> [refe'ra:t] *nt* ADMIN department

Re·fe·rats·lei·ter(in) *m(f)* ÖKON, POL division chief

Re·fe·ren·dar(in) <-s, -e> [referɛn'da:ɐ̯] *m(f) candidates for a higher post in the civil service who have passed the first set of state examinations (Staatsexamen) and are undergoing practical training;* SCH student [*or* trainee] teacher; JUR articled clerk BRIT

Re·fe·ren·da·ri·at <-[e]s, -e> [referɛnda'ri̯a:t] *nt* traineeship; SCH teacher training; JUR [time in] articles BRIT

Re·fe·ren·da·rin <-, -nen> *f fem form von* **Referendar**

Re·fe·ren·dar·zeit *f s.* **Referendariat**

Re·fe·ren·dum <-s, Referenden *o* Referenda> [refe'rɛndʊm, *pl* -da] *nt bes* SCHWEIZ POL referendum; **ein ~ abhalten** to hold a referendum

Re·fe·rent(in) <-en, -en> [refe'rɛnt] *m(f)* ① *(Berichterstatter)* speaker

② ADMIN head of an advisory department; ~ **für Medienfragen** expert on media questions

③ *(Gutachter)* examiner

Re·fe·renz <-, -en> [refe'rɛnts] *f* ① *meist pl (Beurteilung)* reference; **gute ~en aufzuweisen haben** to have [*or* be able to show [*or* provide]] good references; **~en über jdn einholen** to check sb's references

② *(Person)* referee; **jdn als ~ angeben** to give sb as a reference

③ LING reference

Re·fe·renz·grö·ße *f* benchmark **Re·fe·renz·lis·te** *f* cross reference listing **Re·fe·renz·pe·ri·o·de** *f,* **Re·fe·renz·zeit·raum** *m* FIN reference period

re·fe·rie·ren* [refe'ri:rən] *vi* ■[**über jdn/etw**] ~ to present a paper/give a talk/report [on sb/sth]

Re·fer·ti·li·sa·ti·on <-, -en> *f* MED reverse sterilization, reverse vasectomy

re·fer·ti·li·sie·ren* *vt* ■**jdn/etw** ~ to restore sb's/sth's fertility, to make sb/sth fertile again

re·fi·nan·zie·ren* [refinan'tsi:rən] *vt* ÖKON ■**etw** ~ to re-finance sth

Re·fi·nan·zie·rung <-, -en> *f* ÖKON refinancing

Re·fi·nan·zie·rungs·mög·lich·kei·ten *pl* FIN refinancing options

Re·fla·ti·on <-, -en> [refla'tsi̯o:n] *f* ÖKON reflation

re·fla·ti·o·när [reflatsi̯o:nɛ:ɐ̯] *adj inv* ÖKON reflationary

re·flek·tie·ren* [reflɛk'ti:rən] I. *vt* ■**etw** ~ to reflect sth

II. *vi* ① *(zurückstrahlen)* to reflect; ■**~d** reflecting, reflective

② *(fam: interessiert sein)* ■**auf etw** *akk* ~ to be interested in [*or* have one's eye on] sth

③ *(geh: kritisch erwägen)* ■[**über**] **etw** *akk* ~ to reflect on [*or* upon] [*or* ponder [on [*or* upon]]] sth

Re·flek·tor <-s, Reflektoren> [re'flɛkto:ɐ̯, *pl* -'to:rən] *m (Teleskop)* reflector, reflecting telescope

Re·flex <-es, -e> [re'flɛks] *m* ① *(Nervenreflex)* reflex

② *(Lichtreflex)* reflection

re·flex·ar·tig *adj* reflex

Re·flex·be·we·gung *f* reflex [movement] **Re·flex·bo·gen** *m* BIOL, MED reflex arc [*or* circuit]

re·flex·haft *adj Reaktion* knee-jerk *pej*

Re·flex·hand·lung *f* reflex action

Re·fle·xi·on <-, -en> [reflɛ'ksi̯o:n] *f* ① *(das Nachdenken)* reflection

② PHYS reflection

re·fle·xiv [reflɛ'ksi:f] *adj* LING reflexive

Re·fle·xiv·pro·no·men *nt* reflexive pronoun **Re·fle·xiv·verb** *nt* LING reflexive verb

Re·fle·xo·the·ra·pie [reflɛkso-] *f* NATURMED reflexology

Re·flex·pig·ment *nt* reflective pigment

Re·flex·zo·ne *f* NATURMED reflex zone **Re·flex·zo·nen·mas·sa·ge** *f* reflexology **Re·flex·zo·nen·the·ra·pie** *f* reflex-zone therapy

Re·form <-, -en> [re'fɔrm] *f* reform; ~ **an Haupt und Gliedern** root-and-branch [*or* total] [*or* wide-reaching] reform; ***dieses Unternehmen braucht eine ~ an Haupt und Gliedern*** this company needs to be reformed, root and branch

re·for·ma·tio in pei·us [refɔr'ma:tsi̯o ɪn 'pe:jʊs] *f* JUR worsening of sentence on appeal

Re·for·ma·ti·on <-> [refɔrma'tsi̯o:n] *f kein pl* ■**die** ~ REL, HIST the Reformation *no pl*

Re·for·ma·ti·ons·fest *nt* ■**das** ~ Reformation Day **Re·for·ma·ti·ons·kir·chen** *pl* REL Reformed Churches *pl*

Re·for·ma·tor, -to·rin <-s, -en> [refɔr'ma:to:ɐ̯, -'to:rɪn, *pl* -'to:rən] *m, f* ① REL Reformer

② *(geh) s.* **Reformer**

re·for·ma·to·risch [refɔrma'to:rɪʃ] *adj inv* reformational, reformatory; *Eifer* reforming, reformative

re·form·be·dürf·tig *adj* in need of reform *pred* **Re·form·be·für·wor·ter(in)** *m(f)* advocate of reform **Re·form·be·stre·bung** *f* striving for [*or* efforts towards] reform **Re·form·be·we·gung** *f* reform movement

Re·for·mer(in) <-s, -> [re'fɔrmɐ] *m(f)* reformer

re·for·me·risch [re'fɔrmərɪʃ] *adj* reforming

re·form·freu·dig *adj* eager for [*or* keen on] reform, welcoming [*or* in support of] reforms **Re·form·geg·ner(in)** *m(f)* opponent of reform **Re·form·haus** *nt* health food shop [*or* AM *usu* store]

Re·form·haus-Kost <-> *f kein pl* health food

Re·for·mier·an·la·ge *f* CHEM, TECH reforming plant

re·for·mie·ren* [refɔr'mi:rən] *vt* ① *(Reformen durchführen)* ■**etw** ~ to reform sth

② CHEM, TECH ■**das R~** *(zu CO und Wasserstoff)* gas reforming; *von Erdöl* the reforming of oil

re·for·miert [refɔr'mi:ɐ̯t] I. *pp und 3. pers. sing von* **reformieren**

II. *adj inv* REL reformed; **R~e Kirche** Reformed Church

Re·for·mier·te(r) *f(m) dekl wie adj* REL member of the Reformed Church

R

Re·for·mis·mus <-> [refɔr'mɪsmʊs] *m kein pl* POL reformism *no pl*

re·for·mis·tisch *adj inv* POL reformist

Re·form·ju·den·tum <-> *nt kein pl* REL Reform Judaism **Re·form·kost** *f* health food **Re·form·kraft** *f meist pl* POL reformists *pl* **re·form·ori·en·tiert** *adj* POL reform-orient[at]ed **Re·form·plan** *m* POL plan of reform **Re·form·po·li·tik** *f* policy of reform **Re·form·pro·zess**[RR] *m* reform process, process of reform **Re·form·staat** *m* reform country **Re·form·stau** *m* POL blocking of reforms **Re·form·werk** *nt* POL series of reforms **re·form·wil·lig** *adj* willing to countenance reform *form* [*or* accept change]

Re·frain <-s, -s> [rə'frɛ̃:, rə-] *m* chorus, refrain

Re·frak·ti·on <-, -en> [refrak'tsi̯o:n] *f* PHYS refraction

Re·frak·tor <-s, Refraktoren> [re'frakto:ɐ̯, *pl* -frak'to:rən] *m* *(Fernrohr)* refractor, refracting telescope

Re·fu·gi·um <-s, -gien> [re'fu:gi̯ʊm, *pl* -gi̯ən] *nt* *(geh)* refuge

re·fü·sie·ren [rəfy'zi:rən] *vt* SCHWEIZ *(zurückweisen)* ■**etw/jdn** ~ to reject sth/sb

Re·gal <-s, -e> [re'ga:l] *nt* shelves *pl,* shelving *no pl, no indef art,* rack; **etw aus dem ~ nehmen** to take sth off [*or* from] the shelf; **etw ins ~ zurückstellen** to put sth back on the shelf; **in/auf dem ~ stehen** to stand on the shelf

Re·gal·flä·che *f* ÖKON shelf space **Re·gal·schild** *nt* ÖKON shelf wobbler

Re·gat·ta <-, Regatten> [re'gata, *pl* re'gatən] *f* regatta

Reg. Bez. *Abk von* **Regierungsbezirk** ≈ region BRIT, ≈ county AM *(primary administrative division of a Land)*

re·ge ['re:gə] **I.** *adj* ① *(lebhaft)* lively; **~ Anteilnahme/Beteiligung** active interest/participation [*or* involvement]; ***~ r Betrieb*** brisk trade; ***um 16 Uhr 30 herrscht ein ~ r Verkehr*** traffic is very busy at 4.30; *s. a.* **Fantasie**

② *(rührig)* active; **ein ~r Geist** a lively soul; ■**[noch] ~ sein** to be [still] active

③ *(wach)* ■**in jdm ~ werden** to be awakened in sb

II. *adv* actively; **~ besucht werden** to be well attended

Re·gel[1] <-, -n> ['re:gl̩] *f* ① *(Vorschrift)* rule, regulation

② *(Norm)* rule; ***eine ungeschriebene ~*** an unwritten rule

③ *(Gewohnheit)* rule; **sich** *dat* **etw zur ~ machen** to make a habit [*or* rule] of sth; **[jdm] zur ~ werden** to become a habit [with sb]; **in der ~, in aller ~** as a rule

▸WENDUNGEN: **nach <u>allen</u> ~n der Kunst** with all the tricks of the trade; **etw nach allen ~n der Kunst erklären** to explain sth inside out [*or* thoroughly]; **jdn nach allen ~n der Kunst betrügen** to utterly deceive sb, to take sb for a ride *fam;* **keine ~ ohne <u>Ausnahme</u>** *(prov)* the exception proves the rule *prov*

Re·gel[2] <-> ['re:gl̩] *f kein pl (Menstruation)* period; ***meine ~ ist seit zehn Tagen ausgeblieben*** I'm [*or* my period is] ten days overdue; **seine ~ haben/bekommen** to have/get one's period

Re·gel·ar·beits·zeit *f* core time

Re·ge·la·ti·on [regela'tsi̯o:n] *f* GEOL regelation

re·gel·bar *adj* ① *(regulierbar)* adjustable

② *(zu regeln)* able to be sorted out; **eine nicht leicht ~e Frage** a question that cannot be easily settled

Re·gel·blu·tung *f* menstruation **Re·gel·fall** *m kein pl* rule, norm; **im ~** as a rule; **der ~ sein** to be the rule; **die Ausnahme und nicht der ~ sein** to be the exception and not the rule

re·ge·lie·ren [rege'li:rən] *vi* GEOL to regelate

Re·gel·kreis *m* BIOL closed-loop control circuit

re·gel·los *adj* disorderly; *(unregelmäßig)* irregular; **ein ~es Durcheinander** a disorderly mess, a confused muddle; **in ~er Folge** at irregular intervals

re·gel·mä·ßig **I.** *adj* ① *(ebenmäßig)* regular, well-proportioned

② *(in zeitlich gleicher Folge)* regular

③ *(immer wieder stattfindend)* regular, persistent

II. *adv* ① *(in gleichmäßiger Folge)* regularly

② *(immer wieder)* always

Re·gel·mä·ßig·keit <-> *f kein pl* ① *(Ebenmaß)* regularity, even proportions *pl*

② *(das regelmäßige Stattfinden)* regularity

re·geln ['re:gl̩n] **I.** *vt* ■**etw ~** ① *(in Ordnung bringen)* to settle [*or* see to] sth, to sort sth out; **ein Problem ~** to resolve a problem; ■**sich** *akk* **~ lassen** to be able to be settled; ***mit etwas gutem Willen lässt sich alles ~*** everything can be sorted out with a bit of goodwill

② *(festsetzen)* to arrange sth; ***wie ist die gleitende Arbeitszeit in eurer Firma geregelt?*** how is flexitime arranged [*or* set up] in your company?

③ *(regulieren)* to regulate [*or* control] sth

④ JUR **etw außergerichtlich ~** to settle sth out of court; **etw gesetzlich ~** to lay sth down by law; **etw gütlich ~** to settle sth amicably; **etw vertraglich ~** to stipulate sth in writing [*or* by contract]

II. *vr* ■**sich** *akk* **[von selbst] ~** to sort itself out, to take care of itself

re·gel·recht ['re:glrɛçt] **I.** *adj* *(fam: richtiggehend)* proper, real; **eine ~e Schlägerei** a regular brawl; **eine ~e Frechheit** a downright [*or* an utter] cheek

II. *adv* *(fam: richtiggehend)* really; **jdn ~ zur Schnecke** [*o derb* SÜDD **Sau**] **machen** to give sb a good dressing down [*or* BRIT *a.* a real carpeting]; **~ betrunken sein** to be well and truly plastered

Re·gel·satz *m* ADMIN *basic rate for the calculation of employer's contribution set by the Länder* **Re·gel·satz·steu·er** *f* ADMIN *(selten)* basic [*or* standard] tax rate **Re·gel·satz·ver·ord·nung** *f* JUR *ordinance on regular maintenance payment amounts*

Re·gel·schmer·zen *pl* period pains *pl* **Re·gel·stö·run·gen** *pl* irregularities in one's menstrual cycle

Re·gel·stu·di·en·zeit [-ʃtu:di̯ən-] *f* SCH *number of terms prescribed for the completion of a course* **Re·gel·sys·tem** *nt* TECH control system

Re·ge·lung <-, -en> ['re:gəlʊŋ] *f* ① *(festgelegte Vereinbarung)* arrangement; *(Bestimmung)* ruling; JUR regulation, ruling

② *kein pl (das Regulieren)* regulation, control

Re·ge·lungs·tech·nik *f kein pl* control engineering *no pl*

Re·ge·lungs·wut *f kein pl* ADMIN *(pej)* micromanagement *pej,* control freakery *fam or pej*

Re·gel·ver·stoß *m bes* SPORT breach [*or* infringement] of the rules **Re·gel·werk** *nt* set of rules and regulations **Re·gel·wi·der·stand** *m* control resistance, variable resistor

re·gel·wid·rig **I.** *adj* SPORT against the rules *pred,* contrary to the regulations *pred*

II. *adv* against the rules; **~ spielen** [*o* **sich** *akk* **~ verhalten**] to play dirty *fam,* to foul

Re·gel·wid·rig·keit *f* breach of the rules [*or* regulations]

re·gen ['re:gn̩] *vr* ■**sich** *akk* **~** ① *(sich bewegen)* to move, to stir; *s. a.* **Lüftchen, Segen**

② *(sich bemerkbar machen)* to stir; **jede sich ~de Opposition** every stirring [*or* whisper] of opposition

Re·gen <-s, -> ['re:gn̩] *m* rain; ***sicher bekommen wir bald ~*** we are sure to get rain soon; **saurer ~** acid rain; **bei** [*o* **in**] **strömendem ~** in [the] pouring rain

▸WENDUNGEN: **jdn im ~ <u>stehen</u> lassen** *(fam)* to leave sb in the lurch; **vom ~ in die <u>Traufe</u> kommen** [*o* **geraten**] *(prov)* to jump out of the frying pan into the fire *prov;* **ein <u>warmer</u> ~** *(fam)* a windfall

re·gen·arm *adj* dry, with low precipitation *spec,* low rainfall *attr* **Re·gen·bö(e)** *f* rain squall

Re·gen·bo·gen *m* rainbow **Re·gen·bo·gen·far·ben** *pl* colours [*or* AM -ors] *pl* of the rainbow; **in allen ~ schillern** to shimmer iridescently, to shine like all the colours of the rainbow **Re·gen·bo·gen·fo·rel·le** *f* ZOOL rainbow trout **Re·gen·bo·gen·haut** *f* ANAT iris **Re·gen·bo·gen·pres·se** *f* gossip magazines *pl*

Re·gen·cape [-ke:p] *nt* MODE rain [*or* waterproof] poncho

Re·ge·ne·ra·ti·on [regenera'tsi̯o:n] *f* ① *(geh: Erneuerung)* revitalization

② BIOL *(Wiederherstellung)* regeneration

re·ge·ne·ra·tiv [regenera'ti:f] *adj* regenerative, renewable

re·ge·ne·rie·ren* [regene'ri:rən] **I.** *vr* ■**sich** *akk* **~** ① *(geh: sich erneuern)* to renew one's strength, to recuperate

② BIOL *(sich neu bilden)* to regenerate

II. *vt* TECH ■**etw ~** to reclaim [*or* recover] sth

Re·gen·fall *m* rainfall **Re·gen·fall·rohr** *nt* BAU downspout

Re·gen·front *f* METEO rain front, band of rain **Re·gen·ge·biet** *nt* area of high precipitation, high rainfall area **Re·gen·guss**[RR] *m* downpour **Re·gen·ja·cke** *f* anorak, cagoule **Re·gen·leis·te** *f* AUTO drip moulding [*or* AM moulding] **Re·gen·man·tel** *m* raincoat **Re·gen·pfei·fer** *m* ORN plover **Re·gen·pla·ne** *f* tarpaulin, cover **re·gen·reich** *adj* wet, with high rainfall; ■**~ sein** to be wet **Re·gen·rin·ne** *f s.* **Dachrinne**

Re·gens·burg <-s> ['re:gn̩sbʊrk] *nt* Regensburg

Re·gen·schau·er *m* shower [of rain] **Re·gen·schirm** *m* umbrella

Re·gent(in) <-en, -en> [re'gɛnt] *m(f)* ruler, [reigning] monarch; *(Vertreter des Herrschers)* regent

Re·gen·tag *m* day of rain, rainy day **Re·gen·ton·ne** *f* water butt BRIT, rain barrel **Re·gen·trop·fen** *m* raindrop

Re·gent·schaft <-, -en> *f* ① *(Herrschaft)* reign

② *(Amtszeit)* regency

Re·gen·über·lauf·be·cken *nt* rainwater overflow-tank **Re·gen·wald** *m* rainforest; **tropischer ~** tropical rainforest **Re·gen·was·ser** *nt* rainwater **Re·gen·wet·ter** *nt* rainy [*or* wet] weather; *s. a.* **Gesicht** **Re·gen·wol·ke** *f* rain cloud **Re·gen·wurm** *m* earthworm **Re·gen·zeit** *f* rainy season

Reg·gae <-[s]> ['rɛge, 'rɛgi] *m* MUS reggae

Re·gie <-, -n> [re'ʒi:, *pl* re'ʒi:ən] *f* FILM, THEAT, TV direction; RADIO production; **jdn mit der ~ für etw** *akk* **beauftragen** to appoint sb [as] the director of sth; ***„~: Alan Parker"*** "Director: [*or* directed by] Alan Parker"; **[bei etw** *dat*] **die ~ haben** [*o* **führen**] to direct [sth], to be the director [of sth]; **unter jds ~, unter der ~ von jdm** under sb's direction [*or* the direction of sb], directed by sb

▸WENDUNGEN: **in <u>eigener</u> ~** off one's own bat BRIT, on one's own; **in** [*o* **<u>unter</u>**] **jds ~** *(geh)* under sb's control

Re·gie·an·wei·sung [re'ʒi:-] *f* stage direction **Re·gie·as·sis·tent(in)** *m(f)* assistant director

Re·gier·bar·keit <-> *f kein pl* governability *no pl*

re·gie·ren* [re'gi:rən] **I.** *vi* to rule, to reign; ■**über jdn/etw ~** to rule [*or* reign] over sb/sth; *s. a.* **Bürgermeister**

II. *vt* ① POL **ein Land ~** to rule [*or* govern] a country; *Monarch a.* to reign over a country

② LING ■**etw ~** to govern sth

Re·gie·ren·de(r) *f(m)* POL ruler; *die ~n* those in power

Re·gie·rung <-, -en> [re'gi:rʊŋ] *f* POL ① *(Kabinett)* government

② *(Herrschaftsgewalt)* rule, reign; **nach der ~ streben** to strive for power; **jdn an die ~ bringen** to put sb into power [*or* office]; **an der ~ sein** to be in power [*or* office]; **die ~ antreten** to take power [*or* office]

Re·gie·rungs·ab·kom·men *nt* POL governmental agreement **Re·gie·rungs·an·lei·he** *f* FIN government loan **Re·gie·rungs·an·tritt** *m* coming to power, taking of office; **zum ~** on taking power [*or* office] **Re·gie·rungs·ap·pa·rat** *m* POL ① *(Gesamtheit der Institutionen)* government machinery

② *(Herrschaftssystem)* regime, system of rule **Re·gie·rungs·aus·schuss**[RR] *m* government committee **Re·gie·rungs·bank** <-bänke> *f* government benches *pl* **Re·gie·rungs·be·am·te(r)** *f(m)* *dekl wie adj* government official **Re·gie·rungs·be·**

am·tin *f* government official *(female)* **Re·gie·rungs·be·tei·li·gung** *f* ① *(Beteiligung der Regierung an einem Projekt)* government involvement ② *(Beteiligung an der Regierung)* involvement [*or* participation] in government **Re·gie·rungs·be·zirk** *m* ≈ region BRIT, ≈ county AM *(primary administrative division of a Land)* **Re·gie·rungs·bil·dung** *f* formation of a government **Re·gie·rungs·chef(in)** *m(f)* head of [a/the] government **Re·gie·rungs·di·rek·tor, -di·rek·to·rin** *m, f* senior government official **Re·gie·rungs·ent·wurf** *m* FIN government bill **Re·gie·rungs·er·klä·rung** *f* government statement **re·gie·rungs·fä·hig** *adj inv Mehrheit, Koalition* viable, able to govern **re·gie·rungs·feind·lich** *adj* anti-government **Re·gie·rungs·form** *f* form of government; **parlamentarische ~** parliamentary government **Re·gie·rungs·frak·ti·on** *f* POL party in government *(where a coalition of parties form the government)* **Re·gie·rungs·ge·schäf·te** *pl* government business *no pl* **Re·gie·rungs·ko·a·li·ti·on** *f* POL government coalition **Re·gie·rungs·kom·mis·si·on** *f* government commission **Re·gie·rungs·kon·fe·renz** *f* government conference **Re·gie·rungs·krei·se** *pl* government circles *pl* **Re·gie·rungs·kri·se** *f* government crisis **Re·gie·rungs·maß·nah·me** *f* POL government measure **Re·gie·rungs·mit·glied** *nt* member of the government **re·gie·rungs·nah** *adj inv* close to the government *pred; **ein ~er Thinktank*** a think tank with close links to the government **Re·gie·rungs·par·tei** *f* ruling [*or* governing] party, party in power **Re·gie·rungs·po·li·tik** *f* government policy **Re·gie·rungs·prä·si·dent(in)** *m(f) chief administrator of a Regierungsbezirk;* SCHWEIZ *head of a canton government* **Re·gie·rungs·prä·si·di·um** *nt* ≈ regional council BRIT *(highest authority of a Regierungsbezirk)* **Re·gie·rungs·pro·gramm** *nt* government programme [*or* AM -am] [*or* agenda] **Re·gie·rungs·pro·pa·gan·da** *f* government propaganda **Re·gie·rungs·rat** *m kein pl* SCHWEIZ canton government **Re·gie·rungs·rat, -rä·tin** *m, f* senior civil servant **Re·gie·rungs·sitz** *m* seat of government **Re·gie·rungs·spre·cher(in)** *m(f)* government spokesperson **Re·gie·rungs·trup·pe** *f* government troops *pl* **Re·gie·rungs·um·bil·dung** *f* cabinet reshuffle **Re·gie·rungs·ver·tre·ter(in)** *m(f)* government representative **Re·gie·rungs·vier·tel** *nt* government quarter **Re·gie·rungs·vor·ha·ben** <-s, -> *nt* POL government proposal **Re·gie·rungs·wech·sel** *m* change of government **Re·gie·rungs·zeit** *f* period [*or* term] of office **Re·gie·rungs·zu·schuss**RR *m* FIN government grant

Re·gime <-s, -s> [re'ʒi:m] *nt (pej)* regime

Re·gime·geg·ner(in) *m(f)* opponent of a/the regime **Re·gime·kri·ti·ker(in)** *m(f)* critic of the regime, dissident **re·gime·kri·tisch** *adj* POL dissident

Re·gi·ment[1] <-[e]s, -er> [regi'mɛnt] *nt* MIL regiment

Re·gi·ment[2] <-[e]s, -e> [regi'mɛnt] *nt (geh: Herrschaft)* rule; **ein ~ führen** to maintain a regime

Re·gi·ments·an·ge·hö·ri·ge(r) *m dekl wie adj* member of the regiment **Re·gi·ments·fah·ne** *f* regimental colours [*or* AM -ors] *pl* **Re·gi·ments·kom·man·deur** *m* regimental commander

re·gime·treu [re'ʒi:m-] *adj* POL loyal to the government [*or* regime] *pred*

Re·gi·on <-, -en> [re'gi̯o:n] *f* region

▶WENDUNGEN: **in höheren ~en schweben** *(geh)* to have one's head in the clouds

re·gi·o·nal [regi̯o'na:l] I. *adj* regional

II. *adv* regionally; **~ unterschiedlich** [*o* **verschieden**] **sein** to vary [*or* differ] from one region to another [*or* region to region]

Re·gi·o·nal·ab·ga·be *f* FIN regional levy **Re·gi·o·nal·bank** *f* regional bank **Re·gi·o·nal·bör·se** *f* regional stock exchange **Re·gi·o·nal·fern·se·hen** *nt* regional television **Re·gi·o·nal·funk** *m* local radio **Re·gi·o·nal·li·ga** *f* SPORT regional league **Re·gi·o·nal·pla·nung** *f* regional planning **Re·gi·o·nal·pro·gramm** *nt* regional programme [*or* AM -am] **Re·gi·o·nal·sen·der** *m* RADIO regional [*or* local radio] station; TV regional channel [*or* station] **Re·gi·o·nal·teil** *m (einer Zeitung)* local [*or* regional] news section

Re·gis·seur(in) <-s, -e> [reʒɪ'sø:ɐ̯] *m(f)* FILM, TV, THEAT director; RADIO producer

Re·gis·ter <-s, -> [re'gɪste] *nt* ① *(alphabetischer Index)* index

② *(amtliches Verzeichnis)* register

③ MUS register; *(einer Orgel)* stop

④ TYPO register; **genaues ~** close [*or* hairline] register

▶WENDUNGEN: **alle ~ spielen lassen, alle ~ ziehen** to pull out all the stops, to go all out; **andere ~ ziehen** to resort to other methods, to get tough

Re·gis·ter·ab·schrift *f,* **Re·gi·ster·aus·zug** *m* JUR extract from the register, certificate of registration **Re·gis·ter·ein·tra·gung** *f* JUR entry in the register **Re·gis·ter·ge·richt** *nt* JUR court of registration **Re·gis·ter·hal·ten** <-s> *nt kein pl* TYPO register maintenance **Re·gis·ter·lö·schung** *f* JUR cancellation of an entry **Re·gis·ter·pfand·recht** *nt* JUR lien of record **Re·gis·ter·sa·chen** *pl* JUR cases *pl* in a registry court **Re·gis·ter·schnitt** *m (Buch)* index tab cut **Re·gis·ter·ton·ne** *f* NAUT register ton **Re·gis·ter·vor·schrift** *f* JUR registry rule **Re·gis·ter·zwang** *m* JUR compulsory registration

Re·gis·tra·tor, -to·rin <-s, Registratoren> [regɪs'tra:to:ɐ̯, -'to:rɪn, *pl* -'to:rən] *m, f (veraltend)* registrar; HANDEL filing clerk

Re·gis·tra·tur <-, -en> [regɪstra'tu:ɐ̯] *f* ① ADMIN registry, records office

② MUS *(Orgel)* stop

re·gis·trie·ren* [regɪs'tri:rən] I. *vt* ■**etw ~** ① *(verzeichnen)* to register sth; *(wahrnehmen)* to note [*or* notice] sth

② TECH *(aufzeichnen)* to register sth

II. *vi (fam)* ■**~, dass/wie ...** to register that ..., to take note of ...

Re·gis·trier·kas·se *f* cash register

Re·gis·trie·rung <-, -en> *f* registration

Re·gis·trie·rungs·land *nt* country of registration **Re·gis·trie·rungs·pflicht** *f* JUR duty to register

Re·gle·ment <-s, -s> [reglə'mã:] *nt* ① SPORT rules *pl*

② SCHWEIZ *(Vorschriften)* regulations *pl*

re·gle·men·tie·ren* [reglemɛn'ti:rən] *vt (geh)* ① *(genau regeln)* ■**etw ~** to regulate sth

② *(gängeln)* ■**jdn ~** to regiment sb

Re·gle·men·tie·rung <-, -en> *f (Regulierung)* regulation; *(Bevormundung)* regimentation

Reg·ler <-s, -> ['re:glɐ] *m* ELEK regulator, control; AUTO governor

reg·los ['re:klo:s] *adj s.* **regungslos**

Reg·lo·sig·keit <-> *f kein pl s.* **Regungslosigkeit**

reg·nen ['re:gnən] I. *vi impers* to rain; ■**es regnet** it's raining; ***für den Fall, dass es ~ sollte*** in case it rains, in case it should rain *form;* ■**auf etw** *akk*/**durch etw** *akk* **~** to rain on/through sth; *s. a.* **Strom**

II. *vt* ■**etw ~** to rain down sth; **es regnet Beschwerden/Proteste/Vorwürfe** complaints/protests/accusations are pouring in

reg·ne·risch *adj* rainy

Re·gressRR <-es, -e>, **Re·greß**ALT <-sses, -sse> [re'grɛs] *m* JUR recourse, redress; **~ ersuchen** [*o* **geltend machen**] to seek recourse; **ohne ~** without recourse; **jdn** [**für etw** *akk*] **in ~ nehmen** to have recourse against sb [for sth]

Re·gress·an·spruchRR *m* JUR right of recourse **Re·gress·for·de·rung**RR *f* JUR claim [*or* demand] for compensation **Re·gress·haf·tung**RR *f* JUR liability to recourse

Re·gres·si·on <-, -en> [regrɛ'si̯o:n] *f* ① *(geh)* regression; **eine Zeit der wirtschaftlichen ~** a time of economic recession

② PSYCH regression

③ GEOL regression

④ BIOL regression

⑤ MATH regression

Re·gres·si·ons·ana·ly·se *f* MATH regression analysis

re·gres·siv [regrɛ'si:f] *adj inv* ① *(geh: rückschrittlich)* regressive

② PSYCH regressive

③ PHILOS regressive

④ JUR *Forderungen* redressable

⑤ LING **~e Assimilation** regressive [*or* anticipatory] assimilation

Re·gress·kla·geRR *f* JUR recovery suit, action for recourse **Re·gress·pflicht**RR *f* JUR liability to recourse **re·gress·pflich·tig**RR *adj* JUR liable for compensation; **jdn** [**für etw** *akk*] **~ machen** to make sb liable [for compensation] [for sth] **Re·gress·recht**RR *nt* JUR right of recourse

reg·sam <-er, -ste> ['re:kza:m] *adj* lively, active; **geistig ~ sein** to be mentally alert, to have a lively [*or* an active] mind

Reg·sam·keit <-> *f kein pl* liveliness *no pl,* alertness *no pl*

re·gu·lär [regu'lɛ:ɐ̯] I. *adj* ① *(vorgeschrieben)* regular; **die ~e Arbeitszeit** normal [*or* regular] working hours; **das ~e Gehalt** the basic salary

② *(normal)* normal; **~e Truppen** regular troops, regulars *pl*

II. *adv* normally

Re·gu·la·tiv [regula'ti:f] *nt (geh)* regulator

Re·gu·la·tor <-s, -en> [regu'la:to:ɐ̯] *m* ① *(fig: Regler)* regulator; **als ~ wirken** to act as a regulator, to have a regulating effect

② TECH regulator

③ *(veraltet: Pendeluhr)* regulator

④ HIST *(Revolutionär in den Südstaaten der USA)* regulator

⑤ HIST *(USA: Farmer gegen Viehdiebstahl)* regulator

re·gu·la·to·risch [regula'to:rɪʃ] *adj inv* regulatory

re·gu·lier·bar *adj* adjustable

re·gu·lie·ren* [regu'li:rən] I. *vt* ① *(einstellen)* ■**etw** [**mit etw** *dat*] **~** to regulate [*or* adjust] sth [with sth]

② *(geh: begradigen)* ■**etw ~** *Bach, Fluss* to straighten sth

II. *vr* ■**sich** *akk* [**von**] **selbst ~** to regulate itself

Re·gu·lie·rung <-, -en> *f* ① *(Einstellung)* regulation, adjustment

② *(geh: Begradigung eines Gewässers)* straightening

Re·gu·lie·rungs·be·hör·de *f* regulatory authority, watchdog; TV broadcast regulatory authority

Re·gung <-, -en> *f* ① *(Bewegung)* movement

② *(Empfindung)* feeling; **menschliche ~** human emotion; ***folge immer der ~ deines Herzens*** always follow the promptings of your heart; **in einer ~ von Mitleid/Wehmut/Zorn** in a fit of compassion/nostalgia/anger

re·gungs·los I. *adj* motionless; *Miene* impassive

II. *adv* motionless; ***sie lag ~ da*** she lay there motionless

Re·gungs·lo·sig·keit <-> *f kein pl* motionlessness, impassivity

Reh <-[e]s, -e> [re:] *nt* roe deer

Re·ha <-> ['re:ha] *f kein pl* MED *kurz für* **Rehabilitation** rehab

Re·ha·bi·li·ta·ti·on <-, -en> [rehabilita'tsi̯o:n] *f* ① SOZIOL rehabilitation

② *(geh)* rehabilitation, vindication

Re·ha·bi·li·ta·ti·ons·zen·trum *nt* rehabilitation [*or fam* rehab] centre [*or* AM -er]

re·ha·bi·li·tie·ren* [rehabili'ti:rən] *vt* ① SOZIOL ■**jdn ~** to rehabilitate sb

② *(geh)* ■**jdn/etw/sich ~** to clear [*or form* vindicate] [*or form* rehabilitate] sb/sth/oneself

Re·ha·bi·li·tie·rung <-, -en> *f s.* **Rehabilitation**

Re·ha·bi·li·tie·rungs·an·trag *m* JUR application for discharge **Re·ha·bi·li·tie·rungs·be·schluss**RR *m* FIN *(Konkurs)* discharge order **Re·ha·bi·li·tie·rungs·schein** *m* FIN *(Konkurs)* bankrupt's certificate

Re·ha·kli·nik *f* MED rehab [clinic] **Re·ha·zen·trum** *nt* MED rehab [centre]

Reh·bock *m* [roe]buck, stag **Reh·bra·ten** *m (Fleisch)* joint of venison; *(gebraten)* roast venison **Reh·kalb** *nt* fawn **Reh·keu·le** *f* haunch of venison **Reh·kitz** *nt* roe deer fawn **Reh·kuh** *f* doe *(of*

R

the roe deer) **Reh·le·der** *nt* deerskin **Reh·rü·cken** *m* ① KOCHK saddle of venison ② *(Kuchen) long chocolate-covered cake spiked with almonds* **Reh·schle·gel** *m* haunch of venison **Reh·wild** *nt* JAGD roe deer

Rei·bach <-s> ['raibax] *m kein pl (sl)* hefty profit; [**bei etw** *dat*] **einen ~ machen** to make a killing [at [*or* with] sth] *fam*

Rei·be <-, -n> ['raibə] *f* grater

Rei·be·brett *nt* hawk

Reib·ei·sen *nt* ① DIAL *(veraltet: Reibe)* grater; **rau wie ein ~** *(fig fam)* as rough as sandpaper
② *(fam: zänkische Frau)* shrew

Rei·be·ku·chen *m* KOCHK DIAL *(Kartoffelpuffer)* ≈ potato fritter BRIT, ≈ latke AM *(grated raw potatoes fried into a pancake)* **Rei·be·laut** *m* LING fricative

rei·ben <rieb, gerieben> ['raibn̩] **I.** *vt* ① *(über etw hin- und herfahren)* ■**etw ~** to rub sth; *s. a.* **Auge, blank, Hand**
② *(reibend verteilen)* ■**etw auf etw** *akk*/**in etw** *akk* **reiben** to rub sth onto/into sth
③ *(durch Reiben entfernen)* ■**etw aus etw** *dat*/**von etw** *dat* **~** to rub sth out of/off sth
④ *(mit der Reibe zerkleinern)* ■**etw ~** to grate sth
II. *vr* ① *(sich kratzen)* ■**sich** *akk* [**an etw** *dat*] **~** to rub oneself [on [*or* against] sth]; ***die Katze rieb sich an meinen Beinen*** the cat rubbed itself against my legs; ***warum reibst du dich am Rücken?*** why are you rubbing your back?; *s. a.* **wund**
② *(über etw hin- und herfahren)* ■**sich** *dat* **etw ~** to rub one's sth; **sich** *dat* **die Augen/Hände ~** to rub one's eyes/hands; **sich** *dat* **die Haut/die Hände wund ~** to chafe one's skin/hands; **sich** *dat* **den Schlaf aus den Augen ~** *(fig)* to still not be awake [*or* be half asleep]
③ *(fig: sich mit jdm auseinandersetzen)* ■**sich** *akk* **an jdm ~** to rub sb up the wrong way; ***ständig ~ sie sich aneinander*** they are constantly rubbing each other up the wrong way, there is always friction between them
III. *vi* ■[**an etw** *dat*] **~** to rub [on sth]; ***die Schuhe ~ an den Zehen*** my shoes are rubbing my toes

Rei·be·rei·en [raibə'raiən] *pl (fam)* friction *no pl;* **es kommt zu ~, es gibt ~** there's friction

Reib·flä·che *f der Streichholzschachtel* striking surface; *der Reibe* scraping surface **Reib·stein** *m* mortar

Rei·bung <-, -en> *f* ① *kein pl* PHYS friction
② *pl s.* **Reibereien**

Rei·bungs·elek·tri·zi·tät *f kein pl* PHYS frictional electricity *no pl* **Rei·bungs·flä·che** *f* ① TECH frictional surface ② *(Grund zur Auseinandersetzung)* source of friction; **~n bieten** to present sources [*or* be a potential cause] of friction **Rei·bungs·ko·ef·fi·zi·ent** *m* PHYS coefficient of friction **Rei·bungs·kraft** *f* frictional force

rei·bungs·los **I.** *adj* trouble-free, smooth
II. *adv* smoothly; **~ verlaufen** to run smoothly

Rei·bungs·ver·lust *m* frictional loss **Rei·bungs·wi·der·stand** *m* SCI frictional resistance

reich [raiç] **I.** *adj* ① *(sehr wohlhabend)* rich, wealthy; **aus ~em Haus[e] sein** to be from a wealthy family
② *(in Fülle habend)* ■**~ sein an etw** *dat* to be rich in sth; **~ an Erfahrung sein** to have a wealth of experience; **~ an Bodenschätzen sein** to be rich in minerals [*or* mineral resources]
③ *(viel materiellen Wert erbringend)* wealthy; **eine ~e Erbschaft** a substantial inheritance; **eine ~e Heirat** a good catch; *(viel ideellen Wert erbringend)* rich
④ *(kostbar)* costly; *Schmuck* expensive
⑤ *(ergiebig)* rich; *Ernte* abundant; *Ölquelle* productive; *Mahlzeit* sumptuous, lavish; *Haar* luxuriant
⑥ *(vielfältig)* rich, wide; *Möglichkeiten* rich; *Auswahl/Wahl* wide, large; *Bestände* copious; *Leben* varied
⑦ *(viel von etw enthalten)* rich; ***dieser Saft ist ~ an Vitaminen*** this juice is rich in [*or* full of] vitamins; *s. a.* **Maß**
II. *adv* ① *(reichlich)* richly; **jdn ~ belohnen** to reward sb richly [*or* well], to give sb a rich reward; **jdn ~ beschenken** to shower sb with presents
② *(mit viel Gelderwerb verbunden)* **~ erben/heiraten** to come into/marry into money; **~ begütert** very well-off
③ *(reichhaltig)* richly; **~ ausgestattet/geschmückt/illustriert** richly [*or* lavishly] furnished/decorated/illustrated

Reich <-[e]s, -e> [raiç] *nt* ① *(Imperium)* empire; **das ~ Gottes** the Kingdom of God; **das ~ der Mitte** *(geh: China)* the Middle Kingdom; **das ~ der Schatten** *(liter)* the realm of shades *liter,* the underworld; **das ~ der Finsternis** the realm of darkness; **das Dritte ~** HIST the Third Reich; **das Großdeutsche ~** HIST the Greater German Reich, Greater Germany; **das Römische ~** HIST the Roman Empire; **das „Tausendjährige ~"** REL the "Thousand-year Reich"
② *(Bereich)* realm; ***das ist mein eigenes ~*** that is my [very] own domain; **das ~ der aufgehenden Sonne** *(geh)* the land of the rising sun; **das ~ der Frau/des Kindes/des Mannes** the woman's/man's/child's realm; **das ~ der Gedanken/der Träume** the realm of thought/of dreams

Rei·che(r) *f(m) dekl wie adj* rich man/woman; **die ~n** the rich [*or* wealthy] [people]

rei·chen ['raiçn̩] **I.** *vi* ① *(ausreichend, genug sein)* to be enough [*or* sufficient]; ***die Vorräte ~ noch Monate*** the stores will last for months still; ***der Zucker muss noch bis Montag ~*** the sugar must last till Monday; ***reicht das Licht zum Lesen?*** is there enough light to read by?; ***dazu reicht meine Geduld nicht*** I haven't got enough patience; ***dazu ~ meine Fähigkeiten nicht*** I'm not skilled enough for that; ***das sollte eigentlich für vier Personen ~*** that should be enough [*or fam* should do] for four people; ***das Geld wird uns nicht ~*** we haven't got enough money; ■**es reicht** [**jdm**] it's enough [for sb]; ***es müsste eigentlich ~*** it really ought to be enough; ***noch etwas Püree? – danke, es reicht vollauf*** fancy any more mash? — no thanks, this plenty; ***danke, es reicht!*** that's enough, thank you!; ***muss es jetzt sein, reicht es nicht, wenn ich es morgen mache?*** does it have to be now, won't tomorrow do?
② *(auskommen)* ■**mit etw** *dat* **~** to have enough of sth; ***damit müssen wir ~*** we'll have to make it last; **mit dem Brot/Geld** [**nicht**] **~** to [not] have enough bread/money; **mit der Zeit ~** to have enough time
③ *(überdrüssig sein)* ■**etw reicht jdm** sth is enough for sb; ***mir reicht's!*** *(habe genug gehabt)* that's enough for me!; *(habe es satt)* I've had enough!; ***jetzt reicht's*** [***mir***] [***aber***]! that's the last straw! *fam;* ***als das dann noch passiert ist, hat es ihr gereicht*** when that happened it was just too much for her; ***solche ständigen Frechheiten hätten mir schon lange gereicht*** if that was me, I wouldn't have put up with such cheek for all that time; ■**es reicht** [**jdm**], **dass/wie ...** it's enough [for sb] that/how ...; ***langsam reicht es mir, wie du dich immer benimmst!*** I'm beginning to get fed up with the way you always behave!
④ *(sich erstrecken, gehen)* ■**bis zu etw** *dat* **~** to extend [*or* stretch] to sth; ***meine Ländereien ~ von hier bis zum Horizont*** my estates stretch from here to the horizon; ***der Park reicht bis ans Ufer*** the park stretches [*or* extends] [*or* goes right down] to the riverbank; ***die Ärmel ~ mir nur bis knapp über die Ellenbogen*** the sleeves only just reach over my elbows; ***das Wasser reicht mir bis zum Hals*** the water comes up to my neck; ***so weit ~ meine Beziehungen nicht*** my connections are not that extensive; **bis zum Horizont ~** to extend [*or* stretch] to the horizon
⑤ *(gelangen, kommen)* ■[**mit etw** *dat*] **bis irgendwohin ~** to reach somewhere [with sth]; ***wenn ich mich strecke, reiche ich mit der Hand gerade bis oben hin*** if I stretch I can just reach the top; ***er reicht mit dem Kopf bis zur Decke*** his head touches the ceiling; ***das Kabel reicht nicht ganz bis zur Steckdose*** the lead doesn't quite reach to the plug; *s. a.* **Auge**
II. *vt (geh)* ① *(geben)* ■**jdm etw ~** to give [*or* hand] [*or* pass] sb sth; ***würdest du mir bitte mal das Brot ~?*** would you be so kind as to pass me the bread please?; **jdm Feuer ~** to give sb a light
② *(entgegenhalten)* ■**sich** *dat* [*o* **einander**] **etw ~** to [each] reach out sth; ***sie reichte mir die Wange zum Kuss*** she proffered her cheek for a kiss; **jdm die Hand ~** to hold out one's hand [to sb]; **sich** *dat* **die Hände ~** to join hands; **sich** *dat* **die Hand zur Begrüßung ~** to shake hands; **sich** *dat* **die Hand zur Versöhnung ~** to join hands in reconciliation
③ *(servieren)* ■[**jdm**] **etw ~** to serve [sb] sth; ***es wurde Champagner gereicht*** champagne was served; **~ *Sie das Lamm mit neuen Kartoffeln und grünen Bohnen*** serve the lamb with new potatoes and green beans; **das Abendmahl ~** REL to administer [*or* give] Communion; *s. a.* **Hand**

reich·hal·tig ['raiçhaltɪç] *adj* ① *(vielfältig)* wide, large, extensive; *Programm* varied
② *(gut bestückt) Bibliothek, Sammlung etc.* well-stocked, extensive
③ *(üppig)* rich; **eine ~e Mahlzeit** a substantial meal

Reich·hal·tig·keit <-> *f kein pl* ① *(Vielfältigkeit)* extensiveness *no pl,* wideness *no pl,* variety
② *(Üppigkeit)* richness *no pl*

reich·lich ['raiçlɪç] **I.** *adj* large, substantial; *Belohnung* ample; *Trinkgeld* generous; **~es Angebot** ÖKON plentiful supply
II. *adv* ① *(überreich)* amply; **~ Geld/Zeit haben** to have plenty of money/time
② *(fam: mehr als ungefähr)* over; **~ drei Jahre/fünf Stunden** a good three years/five hours; **um ~ ...** [by] a good ...; ***er hat sich um ~ zwei Stunden verspätet*** he is a good two hours late
③ *(ziemlich)* rather, pretty

Reichs·ad·ler *m* HIST imperial eagle **Reichs·bahn** *f* HIST ① *(1920-1945)* German National Railway ② *(1945-1993)* East German State Railway **Reichs·gren·ze** *f* HIST imperial German border **Reichs·haupt·stadt** *f* HIST imperial capital, capital of the Reich

Reichs·kanz·ler *m* HIST ① *(1871-1918)* Imperial Chancellor
② *(1919-1933)* Chancellor of the Republic
③ *(1933-1945)* Reich Chancellor

Reichs·kris·tall·nacht [raiçskrɪs'talnaxt] *f* HIST *the night of 9-10 Nov. 1938 on which Nazis in their pogrom against Jews destroyed Jewish property and synagogues in Germany and Austria* **Reichs·mark** *f* HIST Reichsmark **Reichs·prä·si·dent** *m* HIST German President *(1919-1934)* **Reichs·re·gie·rung** *f* HIST German government *(1919-1945)* **Reichs·stadt** *f* HIST free city [*or* town] [of the Holy Roman Empire]

Reichs·tag *m* ① HIST *(vor 1871)* Imperial Diet ② HIST *(1871-1945)* Reichstag ③ ARCHIT *(Gebäude in Berlin)* Reichstag **Reichs·tags·brand** *m kein pl* POL *(hist)* burning of the Reichstag

Reichs·wehr <-> *f kein pl* HIST ■**die ~** the German army [and navy] [1921-1935]

Reich·tum <-[e]s, Reichtümer> ['raiçtu:m, *pl* -ty:mɐ] *m* ① *kein pl (große Wohlhabenheit)* wealth; **zu ~ kommen** [*o* **gelangen**] to get rich, to come into money
② *pl (materieller Besitz)* riches *npl;* **damit kann man keine Reichtümer erwerben** you cannot get rich that way
③ *kein pl (Reichhaltigkeit)* ■**der ~ an etw** *dat*/**von etw** *dat* the wealth [*or* abundance] of sth

Reich·wei·te *f* ① *(Aktionsradius, Zugriff)* range; **Geschütze großer ~** long-range guns [*or* artillery]; **außer/in ~** [**einer S.** *gen*] out of/within reach [*or* range] [of sth]; **außerhalb/innerhalb der ~ einer S.** *gen* outside the range/within range of sth
② RADIO range; **außerhalb/innerhalb der ~** outside the range/within range

reif [raif] *adj* ① AGR, HORT ripe; ■**~ sein** to be ripe; ■**~ werden** to ripen
② BIOL *(voll entwickelt)* mature, fully developed

③ *(ausgereift)* mature; *Urteil* mature, wise
④ *(älter)* mature; **eine ~e Persönlichkeit** a mature personality; **im ~[er]en Alter** in one's mature[r] years; **im ~en Alter von ...** at the ripe old age of ...; ***ich bin mehr für ~ere Jahrgänge*** I prefer a more mature vintage [*or* those of a more mature age]
⑤ *(fam: im erforderlichen Zustand)* ■ **~ für etw** *akk* **sein** to be ready [*or* ripe] for sth; **~ für die Klapsmühle sein** *(pej)* to be ready for the loony bin *pej;* **~ für die Verwirklichung** ready to be put into practice; **~ für die Insel sein** *(aussteigen wollen)* to want to drop out *fam*
⑥ *(sl: dran)* ■ **~ sein** to be in for it *fam*

Reif¹ <-[e]s> [raif] *m kein pl* METEO hoar frost

Reif² <-[e]s, -e> [raif] *m (Armreif)* bracelet, bangle; *(Stirnreif)* circlet

Rei·fe <-> ['raifə] *f kein pl* ① *(das Reifen) Obst* ripening; *(Reifezustand)* ripeness
② *(Abschluss der charakterlichen Entwicklung)* maturity; **mittlere ~** SCH intermediate school certificate, ≈ GCSEs BRIT, ≈ GED AM *(school-leaving qualification awarded to pupils leaving the 'Realschule' or year 10 of the 'Gymnasium');* **die sittliche ~** moral maturity; *s. a.* **Zeugnis**

rei·fen ['raifn̩] **I.** *vi sein* ① AGR, HORT to ripen; BIOL to mature
② *(sich charakterlich entwickeln)* to mature; ■ **gereift** mature
③ *(gedeihen)* ■ **[zu etw** *dat*] **~** to mature [*or* develop] [into sth]; *s. a.* **Gewissheit**
II. *vt haben (geh: charakterlich entwickeln)* ■ **jdn ~** to mature sb

Rei·fen <-s, -> ['raifn̩] *m* tyre BRIT, tire AM; **den ~ wechseln** to change the tyre; **runderneuerter ~** retread, BRIT *a.* remould

Rei·fen·be·zeich·nung *f* AUTO tire [size] denomination **Rei·fen·de·cke** *f* tyre [*or* AM tire] cover **Rei·fen·druck** *m* tyre [*or* AM tire] pressure **Rei·fen·grö·ße** *f* AUTO tire size [designation] **Rei·fen·pan·ne** *f* puncture, flat, flat tyre [*or* AM tire] **Rei·fen·pro·fil** *nt* tread, tyre [*or* AM tire] tread **Rei·fen·scha·den** *m* tyre [*or* AM tire] defect [*or* damage], faulty tyre **Rei·fen·wech·sel** *m* tyre [*or* AM tire] change

Rei·fe·prü·fung *f* SCH *(geh) s.* **Abitur Rei·fe·tei·lung** *f* BIOL maturation division **Rei·fe·zeit** *f* AGR, HORT ripening time **Rei·fe·zeug·nis** *nt* SCH *(geh) s.* **Abiturzeugnis**

reif·lich ['raiflɪç] *adj (ausführlich)* thorough, [very] careful; **nach ~er Überlegung** after [very] careful consideration

Reif·rock *m* HIST hoop skirt, farthingale dress

Rei·fung <-> *f kein pl* AGR, HORT ripening; BIOL maturing, maturation

Rei·gen <-s, -> ['raign̩] *m (veraltend)* round dance
▶WENDUNGEN: **den ~ beschließen** *(geh)* to bring up the rear; **den ~ eröffnen** *(geh)* to lead [*or* start] off

Rei·he <-, -n> ['raiə] *f* ① *(Linie von Menschen)* row, line; MIL, SCH file; **in ~n antreten** to line up; MIL, SCH to fall in; **sich** *akk* **in [vier] ~n aufstellen** to line up in [four] rows, to form [four] lines; **in ~ zu [je] vier marschieren** MIL to march in rows of four [*or* in fours]; **aus der zweiten ~ schießen** SPORT to take a long shot [at goal]; **in einer ~ stehen** to stand in a row [*or* line]; **sich** *akk* **in die ~ stellen** to join the row [*or* line]; **sich** *akk* **in eine ~ mit jdm stellen** *(fig)* to put oneself on a par [*or* an equal footing] with sb; **in einer ~ mit jdm stehen** *(fig)* to be on a par with sb; **aus der ~ treten** to step out of the line
② *kein pl (Reihenfolge)* series; **der ~ nach** in order [*or* turn], one after the other; ***sie sollen der ~ nach hereinkommen*** they are to come in one by one [*or* one at a time]; ***berichten Sie bitte der ~ nach*** please report events in chronological order; ***erzählen Sie mal der ~ nach, wie das alles war*** tell us how it was in the order it all happened; **die ~ ist an jdm** it's sb's turn; **an die ~ kommen** to be next; ***sie kommt jetzt an die ~*** she's next, it's her turn; ***jeder kommt an die ~*** everyone will get a turn; ***warte, bis du an die ~ kommst*** wait till it's your turn; **[mit etw** *dat*] **an der ~ sein** to be next in line [for sth]; ***wer ist an der ~?*** whose turn is it?; ***du bist an der ~*** it's your turn; ***ich war jetzt an der ~!*** I was next!; ***erst sind wir an der ~!*** we're first!; ***ich bin erst morgen mit der Untersuchung an der ~*** I am only due to be examined tomorrow
③ *kein pl (unbestimmte Anzahl)* ■ **eine ~ von Personen/Sachen** a number of persons/things; ***eine ~ von zusätzlichen Informationen*** a lot of additional information; **eine ganze ~ [von Personen/Sachen]** a whole lot [of people/things]; ***eine ganze ~ von Beschwerden*** a whole string of complaints; ***eine ganze ~ von Fehlern*** a whole host of mistakes
④ *meist pl (Gruppe von Menschen)* ranks *npl;* ***die Flasche ging die ~n herum*** the bottle was passed around; **aus/in den eigenen ~n** from/within one's own ranks; **die ~ eröffnen** to start off; **die ~n lichten sich** the ranks are thinning; **die ~n schließen** to close ranks
⑤ *(Sitzreihe, beim Stricken)* row
⑥ ELEK, TECH **Geräte in ~ schalten** ELEK, TECH to connect pieces of equipment in series
⑦ MATH, MUS series *sing;* **arithmetische ~** arithmetic[al] series [*or* progression]; **geometrische ~** geometric[al] series [*or* progression]; **zufällige ~** random order
⑧ *(im Schach)* rank
▶WENDUNGEN: **außer der ~** out of [the usual] order; *(bei Spielen a.)* out of turn; *(nicht wie gewöhnlich)* out of the usual way of things; ***eine außer der ~ erfolgende Zahlung*** an unexpected payment; ***sie kommt immer außer der ~*** she always comes just when she pleases; **etw in die ~ bringen** to get sth straight; **aus der ~ kommen** *(in Unordnung geraten)* to get out of order; *(seelisch)* to lose one's equilibrium; *(körperlich)* to fall ill; **wieder in die ~ kommen** *(seelisch)* to get one's equilibrium back; *(körperlich)* to get back on form [*or* on one's feet]; **nicht in der ~ sein** to not be well, to be feeling under par; **in Reih und Glied** in rank and file; ***die Kinder standen in Reih und Glied vor dem Lehrer*** the children stood lined up in front of their teacher; **in Reih und Glied antreten** to line up in formation; **etw auf die ~ kriegen** *(fam: etw kapieren)* to get sth into one's head; *(in etw Ordnung bringen)* to handle sth; **aus der ~ tanzen** *(fam)* to step out of line

rei·hen ['raiən] **I.** *vr* ■ **sich** *akk* **an etw** *akk* **reihen** to follow [after] sth; ***ein Misserfolg reihte sich an den anderen*** one failure followed another
II. *vt* ■ **etw auf etw** *akk* **~** to string [*or* thread] sth on sth

Rei·hen·eck·haus <-es, -häuser> *nt the last or corner house in a usually short row of terraced houses* **Rei·hen·ein·fa·mi·li·en·haus** <-es, -häuser> *nt* SCHWEIZ *(Reihenhaus)* terraced house BRIT, row house AM **Rei·hen·fol·ge** *f* order, sequence; **in alphabetischer/chronologischer ~** in alphabetical/chronological order, chronologically, alphabetically

Rei·hen·haus <-es, -häuser> *nt* terraced [*or* AM row] house **Rei·hen·haus·sied·lung** *f* terraced [*or* AM row] house development, estate of terraced houses

Rei·hen·mo·tor *m* AUTO in-line engine **Rei·hen·schal·tung** *f* ELEK series connection [*or* system] **Rei·hen·un·ter·su·chung** *f* MED mass screening

rei·hen·wei·se *adv* ① *(in großer Zahl)* by the dozen
② *(nach Reihen)* in rows [*or* lines]

Rei·her <-s, -> ['raiɐ] *m* heron
▶WENDUNGEN: **wie ein ~ kotzen** *(derb)* to puke one's guts out *sl*

Rei·her·en·te *f* ORN tufted duck

rei·hern ['raiɐn] *vi (sl)* to puke [*or* spew] [up] *sl*

reih·um [raiʔʊm] *adv* in turn; **~ gehen** to go [*or* be passed] round [*or* around]; **etw ~ gehen lassen** to pass sth round [*or* around]

Reim <-[e]s, -e> [raim] *m* ① *(Endreim)* rhyme
② *pl (Verse)* verse[s], poems *pl*
▶WENDUNGEN: **sich** *dat* **einen [*o* seinen] ~ auf etw** *akk* **machen** *(fam)* to draw one's own conclusions about [*or* have one's own opinions on] sth; **sich** *dat* **einen ~ darauf machen, warum/was ...** to be able to work out [*or* make sense of] why/what ...; **sich** *dat* **keinen ~ auf etw** *akk* **machen können** *(fam)* to see no rhyme or reason in [*or* not be able to make head or tail of] sth; **sich** *dat* **keinen ~ darauf machen können, warum/was ...** to be able to see no rhyme or reason why ..., to not be able to make head or tail of what ...

rei·men ['raimən] **I.** *vr* ■ **sich** *akk* **[auf etw** *akk*/**mit etw** *dat*] **~** to rhyme [with sth]
II. *vt* ■ **etw [auf etw** *akk*/**mit etw** *dat*] **~** to rhyme sth [with sth]
III. *vi* to make up rhymes

Re·im·port ['reʔɪmpɔrt] *m* reimport

re·im·por·tie·ren* *vt* ÖKON ■ **etw ~** to reimport sth

rein¹ [rain] *adv (fam)* get in; ***„~ mit dir!"*** "come on, get in!"

rein² [rain] **I.** *adj* ① *(pur, unvermischt)* pure; **~es Gold** pure gold; *s. a.* **Wein**
② *(dialektfrei)* **ein ~es Hochdeutsch** to speak standard German
③ *(sauber)* clean; *Wäsche, Blatt Papier* fresh; ***eine ~e Umwelt*** a clean environment; ■ **~ sein/werden** to be/become clean; ***der Kragen ist nicht ganz ~ geworden*** the collar isn't quite clean yet; **etw ~ halten** to keep sth clean; ***ich leihe dir mein Auto schon aus, aber nur, wenn du es auch ~ hältst*** I'll lend you my car, but only if you keep it clean; **etw ~ machen** to clean sth; **[irgendwo/bei jdm] ~ machen** [*o* **reinemachen**] to do the cleaning [somewhere/at sb's house]; ***im Haus ist seit Monaten nicht mehr ~ gemacht worden*** no cleaning has been done in the house for months; **etw ins R~e schreiben** to make a fair copy of sth; *s. a.* **Weste**
④ *(makellos)* **eine ~ Haut/einen ~ Teint haben** to have a clear skin/complexion
⑤ *(nichts als, nur)* pure, sheer; ***das ist doch ~er Blödsinn!*** that's sheer [*or* pure] [*or* absolute] nonsense!; ***das ist ~e Theorie*** that's pure theory; ***das ist die ~e Wahrheit*** that's the plain truth; ***das ist ~e Zeitverschwendung*** that's a pure [*or* complete] waste of time
⑥ *(ohne Abzüge)* clear; ***der ~e Gewinn/Verlust beträgt ...*** the clear gain/loss is ...; ***die ~e Arbeit kostet ...*** the work alone costs ...
⑦ *(ausschließlich)* purely; ***das ist ein ~es Industrieviertel*** this is purely an industrial quarter; ***das ist ~e Männersache*** it's exclusively a men's affair; ***eine ~e Mädchenschule*** an all girls' school
⑧ *(absolut, völlig)* pure, sheer; ■ **der/die/das ~ste ...:** ***das ist der ~ste Hohn*** it's pure [*or* sheer] mockery; ***das ist doch der ~ste Unsinn!*** that's complete and utter nonsense!; ***das Kinderzimmer ist der ~ste Schweinestall!*** the children's room is an absolute pigsty!; ***du bist der ~ste Dichter*** you are a real poet; ***er ist die ~ste Bestie*** he's a downright brute; *s. a.* **Freude, Vergnügen, Wasser**
⑨ *(geordnet, klar)* **etw ins R~e bringen** to clear sth up *sep;* **mit jdm ins R~e kommen** to get things straightened out with sb; **mit sich** *dat* **[selbst]/etw** *dat* **ins R~e kommen** to get oneself/sth straightened out; **mit jdm/sich** *dat* **selbst im R~en sein** to have got things straightened out with sb/oneself; ***sie ist mit sich selbst nicht im R~en*** she is a odds with herself; **mit etw** *dat* **im R~en sein** to have got sth sorted [*or* straightened] out; ***ich bin mit meinem Gewissen im R~en*** I have a clear conscience; *s. a.* **Tisch**
⑩ *(unschuldig)* pure; *Gewissen* clear; ***sie ist ~ von Schuld*** she is free of guilt; **ein ~es Gewissen haben** to have a clear conscience
⑪ MUS *Klang, Ton* pure
II. *adv* ① *(ausschließlich)* purely; ***eine ~ persönliche Meinung*** a purely personal opinion; ***~ hypothetisch gesprochen*** speaking purely hypothetically; **~ zeitlich** purely from the point of view of time
② *(absolut, völlig)* absolutely; **~ alles/gar nichts** *(fam)* absolutely everything/nothing; ***er hat in der Schule ~ gar nichts gelernt*** he has learned abso-

R

lutely nothing at school; ~ **unmöglich** absolutely [*or* quite] impossible; ~ **zufällig** quite by chance
❸ MUS *(klar)* pure; ***der Verstärker lässt die Musik klar und ~ erklingen*** the amplifier reproduces the music in a clear and pure form; ~ **klingen/singen** to have a pure sound/voice

Rein [rain] *f* casserole

rein|but·tern *vt (fam)* ■**etw** [**in etw** *akk*] ~ *Geld* to pour [*or* sink] sth into sth

Rei·ne·clau·de <-, -n> [rɛːnəˈkloːdə] *f* BOT, HORT *s.* **Reneklode**

Rei·ne·ma·che·frau *f* cleaning lady [*or* woman], cleaner BRIT; *(in großen Gebäuden)* custodian

Rei·ne·ma·chen <-s> *nt kein pl (fam)* cleaning *no pl*

rein·er·big *adj* BIOL homozygous **Rein·er·lös** *m s.* **Reingewinn** **Rein·er·trag** *m* ÖKON net yield

rei·ne·weg [ˈrainəvɛk] *adv (fam)* absolutely, completely; ***das ist ~ gelogen!*** that's a complete lie

Rein·fall [ˈrainfal] *m (fam)* disaster; ***„so ein ~, nichts hat geklappt!“*** “what a washout, nothing went right!”; [**mit jdm/etw**] **einen ~ erleben** to be a disaster; ***„kauf dir das Gerät nicht, du erlebst damit bloß einen ~“*** “don't buy the appliance, it'll just be a disaster”; **ein ~ sein** to be a disaster; ***die neue Mitarbeiterin war ein absoluter ~*** the new employee was a complete disaster

rein|fal·len *vi irreg sein (fam)* ❶ *(eine schwere Enttäuschung erleben)* ■[**mit jdm/etw**] ~ to be taken in [by sb/sth]; ***„ich habe den Versprechungen des Vertreters geglaubt und bin ganz schön reingefallen!“*** “I believed the rep's promises and was completely taken in”
❷ *(hereinfallen, hineinfallen)* ■[**irgendwo**] ~ to fall in [somewhere]; ***„geh nicht zu nahe an den Brunnen, sonst fällst du womöglich rein!“*** “don't go too close to the fountain, or you might fall in!”; ***„die Brille ist mir da reingefallen“*** “my glasses have fallen down there”

Re·in·fek·ti·on [reʔɪnfɛkˈtsi̯oːn] *f* reinfection

rein|ge·hen *vi irreg sein (fam)* to go in

rein|ge·hö·ren* *vi* ■**irgendwo** ~ to belong somewhere

Rein·ge·winn *m* HANDEL clear [*or* net] profit

rein|hal·ten *vt irreg* ■**jdn/etw** ~ to keep sb/sth clean [*or* pure] **Rein·hal·tung** *f kein pl* keeping clean; ***die ~ unserer Umwelt ist eine wichtige Aufgabe*** keeping our environment clean is an important task

rein|hau·en *(fam)* **I.** *vt (schlagen)* to bash *fam;* ■**jdm eine** ~ to thump [*or* sock] sb [one], BRIT *fam a.* to give sb a thump
II. *vi (viel essen)* **ordentlich** ~ to gorge, BRIT *fam a.* to tuck in

Rein·heit <-> [ˈrainhait] *f kein pl* ❶ *(frei von Beimengungen)* purity *no pl*
❷ *(Sauberkeit)* cleanness *no pl;* ***im Gebirge ist die Luft von größerer ~ als in der Stadt*** mountain air is cleaner than [the] air in the city

Rein·heits·ge·bot *nt* [German] beer purity law *(whereby only hops, malt, water, and yeast are permitted to be added in the brewing process)* **Rein·heits·grad** *m* CHEM degree of purity

rein|hö·ren *vi (fam)* ■[**in etw** *akk*] ~ *CD, Lied, Sendung* to give sth a listen

rei·ni·gen [ˈrainɪgn̩] *vt* ■**etw** ~ to clean sth; ***wann ist dein Anzug zum letzten Mal gereinigt worden?*** when was your suit last [dry-]cleaned?

Rei·ni·ger [ˈrainɪgɐ] *m* cleaner, cleanser

Rei·ni·gung <-, -en> *f* ❶ *kein pl (das Reinigen)* cleaning *no pl;* ***auf die ~ ihrer Fingernägel verwendet sie immer viel Zeit*** she always spends a lot of time cleaning her fingernails; ***Müllverbrennungsanlagen müssen nun alle Filter zur ~ der Abluft eingebaut haben*** waste incineration plants must all have filters installed to clean the waste air
❷ *(Reinigungsbetrieb)* cleaner's; **die chemische ~** the dry cleaner's

Rei·ni·gungs·creme *f* cleansing cream **Rei·ni·gungs·dis·ket·te** *f* INFORM cleaning diskette **Rei·ni·gungs·kos·ten** *pl* cleaning costs **Rei·ni·gungs·kraft** *f (form)* cleaner BRIT, member of housekeeping staff AM **Rei·ni·gungs·lo·ti·on** *f* cleansing lotion **Rei·ni·gungs·mas·ke** *f* purifying mask **Rei·ni·gungs·milch** *f* cleansing milk *no pl* **Rei·ni·gungs·mit·tel** *nt* cleansing agent

Re·in·kar·na·ti·on [reʔɪnkarnaˈtsi̯oːn] *f* reincarnation *no pl*

rein|kom·men *vi irreg sein (fam)* to come in; ***darf ich reinkommen?*** may I come in? **rein|krie·gen** *vt (fam)* ***ich krieg das Paket nicht in die Tüte rein*** I can't fit [*or* get] the packet into the carrier bag

Rein·kul·tur *f* pure culture; **in ~** unadulterated; ***das ist doch hirnverbrannter Blödsinn in ~!*** that is just hare-brained unadulterated nonsense!

rein|le·gen *vt (fam)* ❶ *(hineinlegen)* ■**etw** ~ to put sth in sth; ***„leg mir das Geld in die Schublade da rein“*** “put the money in this drawer here for me”
❷ *(hintergehen)* ■**jdn** ~ to take sb for a ride; ***er hat mich reingelegt, das Gemälde war gar nicht echt*** he took me for a ride, the picture wasn't genuine

rein·lich *adj* ❶ *(sauberkeitsliebend, sauber)* clean; ***Katzen sind ~ere Tiere als Hunde*** cats are cleaner animals than dogs; **ein ~es Zimmer** a clean room
❷ *(klar)* clear; **eine ~e Unterscheidung** a clear distinction

Rein·lich·keit <-> *f kein pl* ❶ *(Sauberkeitsliebe)* cleanliness *no pl;* ***Hunde müssen zur ~ erzogen werden*** dogs must be trained to be clean
❷ *(Sauberkeit)* cleanness *no pl*

Rein·luft·ge·biet *nt* pollution-free zone

Rein·ma·che·frau *f s.* **Reinemachefrau**

rein|pfu·schen *vi (pej fam)* ■**in etw** *akk* ~ to stick one's nose into sth *fam or pej* **rein·ras·sig** *adj* thoroughbred; ***mein Golden Retriever ist ein absolut ~es Tier*** my Golden Retriever is a real thoroughbred **Rein·raum** *m* clean room

rein|re·den *vi* ■**jdm** ~ to butt in, to stick one's oar in; **sich** *dat* [**von jdm**] **nicht ~ lassen** to not be swayed by others

rein|rei·ten *vt irreg (fam)* ■**jdn** ~ to get sb into a mess, to drop sb in it BRIT *fam*

rein|rut·schen *vi sein* ■**in etw** *akk* ~ ❶ *(hineinrutschen)* to slip into sth
❷ *(fam) Beruf* to fall into sth, to happen upon sth

rein|schnei·en *vi (fam)* ❶ *haben (schneien)* ■**es schneit rein** the snow's coming in
❷ *sein (hineingehen)* ■[**irgendwo**] ~ to drop in [somewhere] *fam*

rein|schnup·pern *vi (fam)* ■**in etw** *akk* ~ to try sth out, to dabble in sth

Rein·schrift *f* fair copy

rein·sei·den *adj* pure silk

Re·in·te·gra·ti·on <-, -en> [reʔɪntegratsi̯oːn] *f (geh)* reintegration

Rein·ver·mö·gen *nt* FIN net assets *pl* [*or* capital] [*or* worth]

re·in·ves·tie·ren* [reʔɪnvɛsˈtiːrən] *vt* FIN ■**etw** [**in etw** *akk*] ~ to reinvest sth [in sth]

Re·in·ves·ti·ti·on <-, -en> [reʔɪn-] *f* FIN reinvestment

Re·in·ves·ti·ti·ons·rück·la·ge [reʔɪn-] *f* FIN reinvestment reserve

rein|wa·schen *irreg vt irreg (exkulpieren)* ■**jdn** [**von etw** *dat*] ~ to clear sb [of sth]; ***die Untersuchung hat ihn von allem Verdacht reingewaschen*** the investigation cleared him of all suspicion; ■**sich** *akk* [**von etw** *dat*] ~ to clear oneself [of sth]; **sein Gewissen ~** to appease one's conscience

Rein·was·ser *nt* clean [*or* pure] water

rein·weg [ˈrainvɛk] *adv s.* **reineweg**

rein|wür·gen *vt (fam: widerwillig essen)* ■[**sich** *dat*] **etw** ~ to force down sth; **jdm eine[n] ~** *(fig)* to teach sb a lesson

Rein·zeich·nung *f* final drawing, finished artwork

rein|zie·hen *vr irreg* ■**sich** *dat* **etw** ~ ❶ *(sl: konsumieren)* to take sth; ***ich ziehe mir erst mal ein kaltes Bierchen rein*** the first thing I'm going to do is have a cold beer
❷ *(sl: ansehen)* to watch sth

Reis[1] <-es, -e> [rais] *m* AGR, BOT rice *no pl;* **geschälter/ungeschälter ~** husked/unhusked rice; **grüner/roter/schwarzer ~** green/red/black rice

Reis[2] <-es, -er> [rais] *nt* ❶ *(Pfropfreis)* scion
❷ *(veraltend geh: dünner Zweig)* sprig, twig

Reis·bau <-s> *m kein pl* rice-growing, cultivation of rice **Reis·boh·ne** *f* rice bean **Reis·brei** *m* rice pudding

Rei·se <-, -n> [ˈraizə] *f (längere Fahrt)* journey, voyage; ***wie war die ~ mit dem Zug?*** how was the journey by train?; ***die ~ mit dem Schiff nach Singapur war sehr angenehm*** the voyage by ship to Singapore was very pleasant; ***wir freuen uns auf die nächste ~ an die See*** we're looking forward to our next trip to the seaside; **gute** [*o* **angenehme**] [*o* **glückliche**] **~!** bon voyage!, have a good trip!; **eine ~ wert sein** to be worth going to; ***Prag ist sicher eine ~ wert*** Prague is certainly worth a visit; **auf ~n gehen** to travel; ***endlich kann ich es mir leisten, auf ~n zu gehen*** I can finally afford to travel; **viel auf ~n gehen** to do a lot of travelling [*or* AM *also* traveling]; **die ~ geht nach ...** he/she/we, etc. is/are off to ...; ***„du verreist? wohin geht denn die ~?“*** “you're going away? where are you off to?”; **eine ~ machen** to go on a journey; **auf ~n sein, sich** *akk* **auf ~n befinden** *(geh)* to be away; ***„bedauere, der Arzt ist derzeit auf ~n“*** “I'm sorry, the doctor is away at the moment”
▸WENDUNGEN: **die letzte ~ antreten** *(euph geh)* to set out on one's final journey *euph;* **wenn einer eine ~ tut, so kann er was erzählen** *(prov)* journeys are full of incidents

Rei·se·an·den·ken *nt* souvenir **Rei·se·an·tritt** *m* start of a/the journey **Rei·se·apo·the·ke** *f* first aid kit **Rei·se·au·to·bus** *m* tourist bus [*or* coach], touring bus, motor coach **Rei·se·be·darf** *m* travel requisites *npl,* travelling necessaries *npl* **Rei·se·be·glei·ter(in)** *m(f)* travelling [*or* AM *also* traveling] companion **Rei·se·be·kannt·schaft** *f* acquaintance made while travelling **Rei·se·be·richt** *m* account of a journey **Rei·se·be·schrei·bung** *f* description of a journey; *(Buch)* travel account **Rei·se·bi·lanz** *f* ÖKON balance of payments in tourism **Rei·se·bran·che** *f* [the] travel business [*or* trade] **Rei·se·bü·ro** *nt* travel agency **Rei·se·bü·ro·kauf·mann, -kauf·frau** *m, f* travel agent **Rei·se·bus** *m* coach **Rei·se·check** <-s, -s> [-ʃɛk] *m* SCHWEIZ *(Reisescheck)* traveller's cheque BRIT, traveler's check AM **Rei·se·dau·er** *f* journey time, length of a/the journey **Rei·se·de·cke** *f* travelling rug BRIT, lap robe AM **Rei·se·ein·drü·cke** *pl* travelling impressions *pl* **Rei·se·er·in·ne·run·gen** *pl* reminiscences *pl* of one's travels **rei·se·fer·tig** *adj* ready to go [*or* leave]; **sich** *akk* **~ machen** to get oneself ready to go [*or* leave] **Rei·se·fie·ber** *nt kein pl (fam)* travel nerves *npl* **Rei·se·flug·hö·he** *m* cruising altitude **Rei·se·frei·heit** *f* freedom to travel **rei·se·freu·dig** *adj* to like to travel **Rei·se·füh·rer** *m* guidebook, travel guide **Rei·se·füh·rer(in)** *m(f)* guide, courier BRIT **Rei·se·ge·fähr·te, -ge·fähr·tin** *m, f* travel[ling] companion; *(Mitreisender)* fellow passenger

Rei·se·ge·päck *nt* luggage **Rei·se·ge·päck·ver·si·che·rung** *f* luggage [*or* baggage] insurance

Rei·se·ge·schwin·dig·keit *f (geh)* cruising speed **Rei·se·ge·sell·schaft** *f* party of tourists **Rei·se·ge·wer·be·kar·te** *f* JUR licence for an itinerant trade **Rei·se·grup·pe** *f* tourist party **Rei·se·hö·he** *f s.* **Reiseflughöhe** **Rei·se·jour·na·list(in)** *m(f)* travel editor **Rei·se·kas·se** *f* FIN travel funds *pl* **Rei·se·klei·dung** *f* travelling [*or* AM *also* traveling] clothes *npl* **Rei·se·kof·fer** *m* suitcase

Rei·se·kos·ten *pl* travelling expenses *pl*

Rei·se·kos·ten·ab·rech·nung *f* claim for travelling expenses; *(Formular)* claim form for travelling expenses **Rei·se·kos·ten·vor·schuss**[RR] *m* FIN travel advance **Rei·se·kos·ten·zu·schuss**[RR] *m* travel allowance

Rei·se·kran·ken·ver·si·che·rung *f* foreign travel health insurance **Rei·se·krank·heit** *f kein pl* travel [*or* motion] sickness *no pl* **Rei·se·kre·dit·brief** *m*

FIN traveller's letter of credit **Rei·se·land** *nt* holiday destination **Rei·se·lei·ter(in)** *m(f)* courier, guide **Rei·se·lek·tü·re** *f* reading matter for a/the journey **Rei·se·li·te·ra·tur** *f* travel books *pl* [*or* literature] **Rei·se·lust** *f* fondness of travel **rei·se·lus·tig** *adj* fond of travelling; ***meine ~e Schwester war dieses Jahr in Russland*** my sister, who is fond of travelling, has been to Russia this year **Rei·se·ma·ga·zin** *nt* travel magazine **Rei·se·mit·bring·sel** <-s, -> *nt* souvenir **rei·se·mü·de** *adj* travel-weary

rei·sen ['raizn̩] *vi sein* ① *(fahren)* to travel; ***wohin werdet ihr in eurem Urlaub ~?*** where are you going [to] on holiday?
② *(abreisen)* to leave
③ *(als Vertreter unterwegs sein)* to travel as a rep; ***im Mai wird unser Vertreter wieder ~*** our representative will be on the road again in May; ***er reist in Sachen Damenbekleidung*** he travels as a rep selling ladies' clothing

Rei·sen·de(r) *f(m) dekl wie adj* passenger; ***alle ~n nach München werden gebeten, sich an Gleis 17 einzufinden*** all passengers for Munich are requested to go to platform 17

Rei·se·ne·ces·saire <-s, -s> *nt* sponge bag, washbag, toilet[ries] bag **Rei·se·om·ni·bus** *m* tourist bus [*or* coach], touring bus, motor coach **Rei·se·pass**[RR] *m* passport **Rei·se·plä·ne** *pl* travel plans *pl;* ~ **schmieden** to make travel plans [*or* BRIT *or form* plans for a journey] **Rei·se·pro·spekt** *m* travel brochure **Rei·se·pro·vi·ant** *m kein pl* provisions *pl* for the journey **Rei·se·rou·te** *f* itinerary **Rei·se·rück·tritts·ver·si·che·rung** *f* travel cancellation insurance **Rei·se·ruf** *m SOS call to a motorists' association issued by drivers experiencing difficulties* **Rei·se·scheck** *m* TOURIST ① *(bargeldloses Zahlungsmittel)* traveller's cheque BRIT, traveler's check AM ② *(hist: Berechtigung zu einer Ferienreise) certificate issued in the GDR, authorizing the travel to a designated place* **Rei·se·schreib·ma·schi·ne** *f* portable typewriter **Rei·se·schrift·stel·ler(in)** *m(f)* LIT travel writer [*or* author] **Rei·se·spe·sen** *pl* travel expenses *pl*

Reis·es·sig *m* rice vinegar

Rei·se·ste·cker *m* [travel-]plug **Rei·se·ta·ge·buch** *nt* travel diary **Rei·se·ta·sche** *f* holdall, travelling [*or* traveling] bag AM *also* **Rei·se·un·ter·la·gen** *pl* travel documents *pl* **Rei·se·ver·an·stal·ter(in)** *m(f)* tour operator

Rei·se·ver·kehr *m kein pl* holiday traffic *no pl* **Rei·se·ver·kehrs·bi·lanz** *f* ÖKON balance of payments in tourism **Rei·se·ver·kehrs·kauf·frau** <-, -en> *f* travel agent [*or* consultant] **Rei·se·ver·kehrs·kauf·mann** <-[e]s, -leute> *m* travel agent [*or* consultant]

Rei·se·ver·si·che·rung *f* travel insurance **Rei·se·ver·trags·recht** *nt* JUR tourist travel law **Rei·se·vor·be·rei·tung** *f meist pl* travel preparations *pl;* **~en treffen** to prepare for a/the journey **Rei·se·wäh·run·gen** *pl* FIN traveller's payment media *no pl* **Rei·se·we·cker** *m* travelling alarm clock **Rei·se·weg** *m* route, itinerary **Rei·se·wel·le** *f* wave of holiday traffic **Rei·se·welt·meis·ter** *pl (fam)* world champions *pl* in tourism **Rei·se·wet·ter** *nt* weather for travelling **Rei·se·wet·ter·be·richt** *m* holiday weather forecast **Rei·se·zeit** *f* holiday period **Rei·se·ziel** *nt* destination

Reis·feld *nt* paddy [field], rice paddy **Reis·flo·cken** *pl* rice flakes *pl*

Rei·sig <-s> ['raizɪç] *nt kein pl* brushwood *no pl*

Rei·sig·be·sen *m* besom, twig broom **Rei·sig·bün·del** *nt* bundle of brushwood [*or* twigs]

Reis·koch *m* KOCHK rice pudding **Reis·korn** *nt* grain of rice **Reis·nu·deln** *pl* rice noodles *pl,* rice sticks *pl* **Reis·pa·pier** *nt* rice paper **Reis·rand** *m,* **Reis·ring** *m* rice ring

Reiß·aus [rais'ʔaus] *m* [**vor jdm/etw**] ~ **nehmen** *(fam)* to run away [from sb/sth]; ***die Einbrecher nahmen ~, als die Bullen kamen*** the burglars scarpered when the cops arrived

Reiß·brett *nt* drawing-board

Reis·schleim *m* rice pudding

Rei·ßen <-s> ['raisn̩] *nt kein pl* SPORT *(beim Gewichtheben)* snatch

rei·ßen <riss, gerissen> ['raisn̩] **I.** *vi* ① *sein (trennen)* ■ [**an etw** *dat*] ~ *Seil, Faden, Band* to break [*or* snap] [at sth]; *Papier, Stoff* to tear [*or* rip] [at sth]; ***das Seil riss unter dem Gewicht*** the rope broke [*or* snapped] under the weight; ■ **jdm reißt etw** sb's sth breaks [*or* snaps]/tears; *s. a.* **Geduldsfaden, Strick**
② *sein (rissig werden)* to crack; *(großflächig)* to craze
③ *haben (zerren)* ■ **an etw** *dat* ~ to pull [on] sth, to tug at sth; **an seiner Leine** ~ *Hund* to strain at its lead; **an den Nerven** ~ *(fig)* to be nerve-racking
④ *haben* SPORT *(umwerfen) Hochspringer* to knock off *sep* the bar; *Hürdenläufer* to knock down [*or* over] *sep* a/the hurdle; *Reiter* to knock down *sep* a/the fence
⑤ *haben* SPORT *(hochstemmen)* to snatch; ■ [**das**] **Reißen** the snatch
II. *vt haben* ① *(trennen)* ■ **etw** ~, ■ **Seil, Faden, Band** to break [*or* snap] sth; *Papier, Stoff* to tear [*or* rip] sth; **etw mittendurch** ~ to break [*or* snap]/tear [*or* rip] sth in two; ■ **etw in etw** *akk* ~ **etw in Bahnen** ~ to tear sth into strips; **etw in Fetzen/Stücke** ~ to tear up sth *sep,* to tear sth to shreds/pieces; ***ich hätte mich [vor Wut] in Stücke ~ können*** *(fig fam)* I could have kicked myself
② *(Risse erzeugen)* ■ **etw** ~ to crack sth; *(großflächig)* to craze sth
③ *(hervorrufen)* ■ [**sich** *dat*] **etw in etw** *akk* ~ to tear [*or* rip] sth in [one's] sth; ***die Bombe riss einen Trichter in das Feld*** the bomb cratered [*or* left a crater in] the field; ***ihr Tod hat eine große Lücke in ihre Familie gerissen*** *(fig)* her family felt the great loss her death had caused; **ein Loch in jds Ersparnisse** ~ *(fig fam)* to make a hole in sb's savings
④ *(wegziehen)* ■ **etw aus etw** *dat* ~ to tear sth out of sth; **Pflanzen aus dem Boden** ~ to pull up *sep* plants; **etw aus dem Zusammenhang** ~ *(fig)* to take sth out of context; *Zitat a.* to quote sth out of context; ■ **etw von etw** *dat* ~ *Ast, Bauteil* to break sth off sth; *Papier, Stoff* to tear [*or* rip] sth off [*or* from] sth
⑤ *(entreißen)* **jdm etw aus der Hand/vom Kopf** ~ to snatch sth out of sb's hand/off [*or* from] sb's head; ***der Wind riss ihm den Hut vom Kopf*** the wind blew his hat off [his head]; **jdm/sich die Kleider vom Leib** ~ to tear off *sep* sb's/one's clothes; ■ **etw von jdm** ~ to tear [*or* snatch] sth from sb
⑥ *(stoßen)* **jdn/etw mit sich** *dat* ~ to take sb/sth with one/it; *Fluss* to sweep [*or* carry] away sb/sth *sep;* ■ **jdn/etw irgendwohin** ~: ***der Wind riss sie zu Boden*** the wind threw [*or* knocked] her to the ground; ***er riss den Wagen zur Seite*** he wrenched the wheel over; ***sie wurde in den Sog gerissen*** she was pulled [*or* sucked] into the current; ***er wurde in verbrecherische Tätigkeiten gerissen*** *(fig)* he was forced to commit crimes; **jdn in die Höhe/Tiefe** ~ to drag up/down *sep* sb; *s. a.* **Verderben**
⑦ *(greifen)* ■ **jdn/etw an sich** *akk* ~ to clutch sb/sth to one
⑧ *(unterbrechen)* ■ **jdn aus etw** *dat* ~ to rouse sb from sth; **jdn aus seinen Gedanken** ~ to break in on sb's thoughts
⑨ *(zerren)* ■ **etw** ~ to pull sth
⑩ *(töten)* **ein Tier** ~ to kill an animal
⑪ *(bemächtigen)* ■ **etw an sich** *akk* ~ to seize sth; *(fig)* to monopolize sth
⑫ *(fam: machen)* **eine Bemerkung** ~ to quip, to make a remark; **einen Witz** ~ to crack a joke
⑬ SPORT *(umwerfen)* **ein Hindernis** ~ to knock down *sep* a fence; **eine Hürde** ~ to knock down [*or* over] *sep* a hurdle; **die Latte** ~ to knock off *sep* the bar
⑭ SPORT *(hochstemmen)* ■ **etw** ~ to snatch sth
⑮ KUNST *(ritzen)* ■ **etw** ~ to inscribe sth
⑯ *(veraltet: zeichnen)* ■ **etw** ~ to draw sth
▸ WENDUNGEN: [**innerlich**] **hin und her gerissen sein/werden** to be torn [two ways]
III. *vr haben* ① *(verletzen)* ■ **sich** *akk* [**an etw** *dat*] ~ to cut oneself [on sth]; *(kratzen)* to scratch oneself [on sth]; **sich** *akk* **blutig** ~ to bleed [from cuts/a cut]; ■ **sich** *dat* **etw** [**an etw** *dat*] ~ to cut/scratch one's sth [on sth]; ***ich habe mir die Hand blutig gerissen*** my hand is/was bleeding [from the cut/cuts]
② *(zufügen)* ■ **sich** *dat* **etw** ~ **sich** *dat* [**beim Kochen**] **einen Schnitt/eine Wunde** ~ to cut/injure oneself [cooking]; **sich** *dat* **einen Schnitt/eine Wunde an der Hand/am Bein** ~ to cut/injure one's hand/leg; **sich** *dat* **einen Schnitt/eine Wunde an einem Nagel** ~ to cut/injure oneself on a nail
③ *(befreien)* ■ **sich** *akk* **aus/von etw** *dat* ~ to tear oneself out of/from sth
④ *(fam: bemühen)* ■ **sich** *akk* **um jdn/etw** ~ to scramble to get/see sb/sth; ***um diese Arbeit reiße ich mich nicht*** I am not keen to get this work; ■ **sich** *akk* **darum ~, etw zu tun** to be keen to do sth; *s. a.* **gerissen**
IV. *vt impers haben (selten)* ■ **es reißt jdn in etw** *dat* ***es reißt mich in allen Glieder*** my whole body is aching

Rei·ßen <-s> ['raisn̩] *nt kein pl (veraltend fam)* ache; **das ~ [in etw** *dat*] **haben** sb's sth is aching; ***was stöhnst du so, hast du wieder das ~ im Rücken?*** why are you groaning like that, is your back aching again?

rei·ßend I. *adj* ① *(stark strömend)* raging, torrential; **die ~e Strömung** the raging current
② *(räuberisch)* rapacious; **ein ~es Tier** a rapacious animal
③ ÖKON *(fam)* massive; ***die neuen Videospiele finden ~en Absatz*** the new video games are selling like hot cakes
II. *adv (fam)* in huge quantities; ***so ~ haben wir bisher noch nichts verkauft*** we've never sold anything in such huge quantities before

Rei·ßer <-s, -> *m (fam)* ① *(Buch/Film)* thriller
② *(Verkaufserfolg)* big seller; ***diese Shorts sind der ~ der Saison!*** these shorts are the season's big sellers

rei·ße·risch I. *adj* sensational
II. *adv* sensationally

Reiß·fe·der *f* ruling pen **reiß·fest** *adj* tearproof **Reiß·fes·tig·keit** *f* tear resistance [*or* strength] **Reiß·län·ge** *f (Papier)* tear length **Reiß·lei·ne** *f* ripcord **Reiß·na·gel** *m* drawing pin BRIT, thumbtack AM

Reis·spi·nat *m* quinoa

Reiß·pro·be *f (Papier)* tearing test **Reiß·schie·ne** *f* T-square

Reiß·ver·schluss[RR] *m* zip BRIT, zipper AM **Reiß·ver·schluss·prin·zip**[RR] *nt kein pl* TRANSP principle of alternation **Reiß·ver·schluss·sys·tem**[RR] *nt* TRANSP system of alternate filtering; **sich** *akk* **nach dem ~ einfädeln** to filter in [alternately]

Reiß·wolf *m* TECH ① *(industrielles Gerät zum Zerkleinern)* devil ② *(Aktenvernichter)* shredder **Reiß·zahn** *m* fang, carnassial [tooth] *spec* **Reiß·zwe·cke** <-, -n> *f* drawing pin

Reis·ta·fel *f* rice platter **Reis-Tim·ba·le** *f* rice timbale **Reis·waf·fel** *f* rice cake **Reis·wein** *m* rice wine

Reit·an·zug *m* riding outfit **Reit·aus·rüs·tung** *f* riding equipment *no pl* **Reit·bahn** *f* riding arena

rei·ten <ritt, geritten> ['raitn̩] **I.** *vi sein* ① *(auf einem Tier)* to ride; ***bist du schon mal geritten?*** have you ever been riding?; ***wissen Sie, wo man hier ~ lernen kann?*** do you know where it's possible to take riding lessons round here?; ■ **auf etw** *dat* ~ to ride [on] sth; ***bist du schon mal auf einem Pony geritten?*** have you ever ridden a pony?; **im Galopp/Trab** ~ to gallop/trot; ***heute üben wir, im Schritt zu ~*** today we shall practice riding at walking pace; ***die Pferde wurden im Galopp geritten*** the horses were ridden at a gallop; ***das Reiten ist immer ihre ganz große Leidenschaft gewesen*** riding has always been her great passion; ■ **geritten kommen** to come riding up

R

❷ *(schaukelnde Bewegungen machen)* ■ **auf etw** *dat* ~ to ride [on] sth; ***das kleine Mädchen reitet auf ihrem Schaukelpferd*** the little girl is riding her rocking horse; ***„schau mal, da reitet jemand auf dem Dachfirst!"*** "look, there's someone sitting astride the ridge of the roof!"

II. *vt haben* ■ **etw** ~ to ride sth; ***heute will ich den Rappen ~!*** I want to ride the black horse today; ***sie ritten einen leichten Trab*** they rode at a gentle trot; ***reite nicht solch ein Tempo, ich komme ja gar nicht mehr mit!*** don't ride so fast, I can't keep up any more!; *s. a.* **Boden, Haufen**

Rei·ter <-s, -> ['raitɐ] *m (Karteireiter)* index-tab
▸WENDUNGEN: **spanischer** ~ barbed-wire barricade

Rei·ter(in) <-s, -> ['raitɐ] *m(f)* rider; ■ ~ **sein** to be a rider; ***sind Sie ~?*** do you ride?

Rei·te·rei <-, -en> [raitəˈrai] *f* MIL cavalry *no pl*

Rei·te·rin <-, -nen> *f fem form von* **Reiter**

Rei·ter·stand·bild *nt* equestrian statue

Reit·ger·te *f* riding whip **Reit·hal·le** *f* indoor riding arena **Reit·ho·se** *f* riding breeches *npl,* jodhpurs *npl* **Reit·kap·pe** *f* riding cap **Reit·leh·rer(in)** *m(f)* riding instructor **Reit·peit·sche** *f* riding whip [*or* crop] **Reit·pferd** *nt* saddle-horse, mount **Reit·schu·le** *f* riding school **Reit·sitz** *m* riding position; **im** ~ astride **Reit·sport** *m kein pl* equestrianism *no pl,* horse-riding *no pl;* ~ **betreiben** to go horse-riding **Reit·stall** *m* riding-stable **Reit·stie·fel** *m* riding-boot **Reit·stun·de** *f* riding lesson **Reit·tier** *nt* mount **Reit·tur·nier** *nt* showjumping event **Reit·un·ter·richt** *m* riding lessons *pl* **Reit·weg** *m* bridle-path

Reiz <-es, -e> [raits] *m* ❶ *(Verlockung)* appeal, attraction; **[für jdn] den ~ [einer S.** *gen*] **erhöhen** to add to the appeal [*or* attraction] [of a thing] [for sb]; ***Spannung ist etwas, das den ~ einer Sache erhöht*** suspense is something that adds to the appeal of a thing; **[für jdn] einen [*o* seinen] ~ haben** to appeal [to sb]; ***spazieren gehen hat seinen ~ für Naturliebhaber*** going for a walk appeals to nature lovers; **[auf jdn] einen bestimmten ~ ausüben** to hold a particular attraction [for sb]; ***verbotene Dinge üben auf Kinder immer einen besonderen ~ aus*** forbidden things always hold a special attraction for children; **[für jdn] seinen [*o* den] ~ verlieren** to lose its appeal [for sb]
❷ *(Stimulus)* stimulus; ***äußere ~e werden über das Nervensystem zum Gehirn befördert*** external stimuli are transmitted to the brain via the nervous system
❸ *pl (sl: nackte Haut)* charms *npl*

reiz·bar *adj* irritable; ■ **[leicht] ~ sein** to be [extremely] irritable

Reiz·bar·keit <-> *f kein pl* irritability *no pl*

rei·zen ['raitsn̩] **I.** *vt* ❶ *(verlocken)* ■ **jdn** ~ to appeal to sb, to tempt sb; ***diese Frau reizt mich schon irgendwie*** I'm quite attracted to this woman; ***die Herausforderung reizt mich sehr*** I find this challenge very tempting; ***es reizt mich sehr, für ein paar Jahre ins Ausland zu ziehen*** I'm very tempted to go overseas for a couple of years
❷ MED *(stimulieren)* ■ **etw** ~ to irritate sth; ***ätzender Rauch reizt die Lunge*** acrid smoke irritates the lungs
❸ *(provozieren)* ■ **jdn/ein Tier [zu etw** *dat*] ~ to provoke sb/an animal [into sth]; ***reiz ihn besser nicht, er ist leicht aufbrausend*** better not provoke him, he's got a short fuse; ■ **jdn [dazu] reizen, etw zu tun** to provoke sb into doing sth; *s. a.* **Weißglut**

II. *vi* ❶ *(herausfordern)* ■ **zu etw** *dat* ~ to invite sth; ***der Anblick reizte zum Lachen*** what we saw made us laugh; ***ihre Arroganz reizt zur Opposition*** her arrogance invites opposition
❷ MED *(stimulieren)* to irritate; **zum Husten** ~ to make one cough
❸ KARTEN *(hochtreiben)* to bid; ***will noch jemand ~?*** any more bids?; *s. a.* **hoch**

rei·zend *adj* ❶ *(attraktiv)* attractive; ***vom Turm aus hat man einen ~en Blick auf das Tal*** you have a delightful view of the valley from the tower
❷ *(iron: unschön)* charming *iron;* **das ist ja ~** that's charming! *iron;* ***was für eine ~e Überraschung!*** what a lovely surprise! *iron*
❸ *(veraltend)* charming, kind; ***Sie haben wirklich einen ~en Mann!*** you really have a charming husband; ***ach, ist die Kleine aber ~!*** oh, what a charming [*or* delightful] little girl!; ***danke, das ist aber sehr ~ von Ihnen*** thank you, that is really very kind of you

Reiz·fi·gur *f* object of scorn [*or* ridicule] **Reiz·gas** *m* irritant gas **Reiz·hus·ten** *m kein pl* dry cough

Reiz·ker <-s, -> ['raitskɐ] *m* BOT orange agaric

Reiz·kli·ma *nt* ❶ MED, METEO bracing climate
❷ *(konfliktgeladene Atmosphäre)* tense atmosphere

reiz·los *adj* dull, unattractive

Reiz·schwel·le *f* ❶ MED, PSYCH stimulus threshold
❷ ÖKON sales resistance **Reiz·stoff** *m* irritant **Reiz·strom** *m* stimulating current **Reiz·the·ma** *nt* emotive subject **Reiz·über·flu·tung** *f* PSYCH overstimulation *no pl*

Rei·zung <-, -en> *f* irritation

reiz·voll *adj* attractive **Reiz·wä·sche** *f kein pl (fam)* sexy underwear *no pl fam* **Reiz·wort** <-wörter> *nt* emotive word

re·ka·pi·tu·lie·ren* [rekapituˈliːrən] *vt (geh)* ■ **etw** ~ to recapitulate sth

re·keln ['reːkl̩n] *vr* ■ **sich** *akk* **[auf etw** *dat*/**in etw** *dat*] ~ to stretch out [on/in sth]

Re·kla·ma·ti·on <-, -en> [reklamaˈtsi̯oːn] *f* complaint

Re·kla·ma·ti·ons·ab·tei·lung *f* ÖKON *(selten)* complaints department **Re·kla·ma·ti·ons·frist** *f* JUR time for complaint **Re·kla·ma·ti·ons·pflicht** *f* HANDEL duty to file a complaint **Re·kla·ma·ti·ons·recht** *nt* JUR, HANDEL right of complaint **Re·kla·ma·ti·ons·stel·le** *f* HANDEL complaint's department **Re·kla·ma·ti·ons·ver·fah·ren** *nt* HANDEL complaints procedure

Re·kla·me <-, -n> [reˈklaːmə] *f* ❶ *(Werbeprospekt)* advertising brochure
❷ ÖKON *(veraltend: Werbung)* advertising *no pl;* ***dieses Poster ist eine alte ~ für Nudeln*** this poster is an old advertisement for pasta; **keine gute ~ für jdn sein** to not be a good advert [*or* advertisement] for sb; **für jdn/etw ~ machen** to advertise [*or* promote] sb/sth; **mit jdm/etw ~ machen** to show off sth/sb *sep;* ***mit so einer miserablen Leistung lässt sich nicht ~ machen*** a pathetic effort like that is nothing to show off about

Re·kla·me·bei·la·ge *f* bumf BRIT, bumph BRIT, stuffer **Re·kla·me·rum·mel** *m (a. pej fam)* [advertising] hype *also pej fam* **Re·kla·me·schild** *nt* advertising sign **Re·kla·me·ta·fel** *f* HANDEL advertisement hoarding BRIT, billboard **Re·kla·me·trick** *m* advertising gimmick

re·kla·mie·ren* [reklaˈmiːrən] **I.** *vi* ■ **[bei jdm] [wegen einer S.** *gen*] ~ to make a complaint [to sb] [about sth]

II. *vt* ❶ ÖKON *(bemängeln)* ■ **etw [bei jdm]** ~ to complain [to sb] about sth
❷ *(geh: beanspruchen)* ■ **etw [bei jdm]** ~ to claim sth [from sb]
❸ *(geh: in Anspruch nehmen)* ■ **etw für sich** *akk* ~ to lay claim to sth, to claim sth as one's own [*or* for oneself]; ■ **jdn für sich** *akk* ~ to monopolize sb

Re·kom·bi·na·ti·on <-, -en> [rekɔmbinaˈtsi̯oːn] *f* BIOL recombination

Re·kon·fi·gu·ra·ti·on *f* INFORM reconfiguration

re·kon·fi·gu·rie·ren *vt* INFORM ■ **etw** ~ to reconfigure sth

re·kon·stru·ie·ren* [rekɔnstruˈiːrən] *vt* ■ **etw [aus etw** *dat*] ~ ❶ *(nachbilden)* to reconstruct sth [from sth]; ***der Schädel dieses Vormenschen wurde aus Bruchstücken rekonstruiert*** the skull of this primitive man was reconstructed from fragments
❷ *(modernisieren)* **ein Gebäude** ~ to modernize [*or* renovate] a building
❸ *(rückblickend darstellen)* to reconstruct sth [from sth]

Re·kon·struk·ti·on [rekɔnstrʊkˈtsi̯oːn] *f* ❶ *kein pl (das Nachbilden)* reconstruction *no pl*
❷ *kein pl (rückblickende Darstellung)* reconstruction *no pl*
❸ *(Modernisierung)* modernization, renovation

Re·kon·struk·ti·o·nis·mus <-> [rekɔnstrʊktsi̯oˈnɪsmʊs] *m kein pl* REL ❶ *(Judentum)* Jewish Reconstructionism
❷ *(Christentum)* Christian Reconstructionism

Re·kon·va·les·zent(in) <-en, -en> [rekɔnvalɛsˈtsɛnt] *m(f)* convalescent

Re·kon·va·les·zenz <-> [rekɔnvalɛsˈtsɛnts] *f kein pl (geh)* convalescence *no pl*

Re·kord <-s, -e> [reˈkɔrt] *m* record; ***gratuliere, Sie sind ~ geschwommen!*** congratulations, you've swum a record time; ***die Besucherzahlen stellten alle bisherigen ~e in den Schatten*** the number of visitors has beaten all previous records; **ein trauriger ~** a poor showing; *s. a.* **aufstellen, brechen, halten**

Re·kord·be·such *m* record attendance [*or* number of visitors]

Re·kor·der <-s, -> [reˈkɔrdɐ] *m* ❶ *(Kassettenrekorder)* cassette recorder
❷ *(Videorekorder)* video [recorder]

Re·kord·er·geb·nis *nt* record result **Re·kord·ge·winn** *m* HANDEL record profit; **einen ~ erzielen** to notch up a record profit **Re·kord·hal·ter(in)** <-s, -> *m(f)* SPORT record-holder **Re·kord·hoch** *nt* record high **Re·kord·in·ha·ber(in)** *m(f)* record holder **Re·kord·jahr** *nt* record year **Re·kord·leis·tung** *f* record [performance]

Re·kord·mar·ke *f* ❶ SPORT *(bestehender Rekord)* record; ***der Sprung ging über die bisherige ~ von 8,49 m*** the jump beat the previous record of 8.49 m
❷ *(Höchststand)* record level; ***die Absätze haben eine ~ erreicht*** sales have reached record levels

Re·kord·ni·veau [-nivoː] *nt* record level **Re·kord·tief** *nt* record low **Re·kord·um·satz** *m* record level **re·kord·ver·däch·tig** *adj* record-breaking **Re·kord·ver·lust** *m* ÖKON record loss **Re·kord·ver·schul·dung** *f* record debt[s] **Re·kord·ver·such** *m* attempt at the record **Re·kord·wei·te** *f* record distance **Re·kord·wert** *m* all-time high, record **Re·kord·zah·len** *pl* record numbers *pl* **Re·kord·zeit** *f* record time; **in ~** in record time

Re·krut(in) <-en, -en> [reˈkruːt] *m(f)* MIL recruit

Re·kru·ten·schu·le <-, -n> *f* MIL SCHWEIZ recruit school *(school providing basic military training for new recruits)*

re·kru·tie·ren* [rekruˈtiːrən] **I.** *vt* ■ **jdn** ~ to recruit sb

II. *vr* ■ **sich** *akk* **aus etw** *dat* ~ to consist of sth

Re·kru·tie·rung <-, -en> *f* recruitment *no pl*

Re·kru·tin <-, -nen> *f fem form von* **Rekrut**

Rek·ta *pl von* **Rektum**

Rek·ta·kon·nos·se·ment ['rɛkta-] *nt* HANDEL straight bill of lading

rek·tal [rɛkˈtaːl] *adj (geh)* rectal

Rek·ta·pa·pier ['rɛkta-] *nt* FIN nonnegotiable instrument **Rek·ta·wech·sel** *m* FIN nonnegotiable bill of exchange

Rek·ti·fi·ka·ti·on [rɛktifikaˈtsi̯oːn] *f* CHEM fractionation, rectification

Rek·ti·fi·ka·ti·ons·ko·lon·ne *f* CHEM stripping column [*or* tower]

Rek·ti·fi·zier·bo·den *m* CHEM exchange [*or* bubble] plate

rek·ti·fi·zie·ren [rɛktifiˈtsiːrən] *vt* CHEM ■ **etw** ~ to fractionate [*or* rectify] sth

Rek·ti·on <-, -en> [rɛkˈtsi̯oːn] *f* LING government

Rek·tor, Rek·to·rin <-s, -en> ['rɛktoːɐ̯, rɛkˈtoːrɪn, *pl* -ˈtoːrən] *m, f* SCH ❶ *(Repräsentant einer Hochschule)* vice-chancellor BRIT, president AM
❷ *(Leiter einer Schule)* head teacher BRIT, principal AM

Rek·to·rat <-[e]s, -e> [rɛktoˈraːt] *nt* SCH ❶ *(Amtsräume: Universität)* vice-chancellor's office BRIT, vice-president's office AM; *(Schule)* head teacher's study BRIT, principle's office AM
❷ *(Amtszeit: Universität)* vice-chancellor's [*or* AM vice-president's] term of office; *(Schule)* headship

BRIT
Rek·to·rin <-, -nen> *f fem form von* **Rektor**
Rek·tum <-s, Rekta> ['rɛktʊm, *pl* 'rɛkta] *nt (geh)* rectum
Re·kul·ti·vie·rung <-, -en> *f* AGR recultivation
re·ku·pe·ra·tiv *adj inv* BAHN **~es Bremsen** regenerative braking
re·kur·rie·ren* [rekʊ'ri:rən] *vi* SCHWEIZ ■**[gegen etw** *akk*] ~ *(Beschwerde einlegen)* to register a complaint [against sth]; *(Berufung einlegen)* to appeal [against sth]
Re·kurs <-es, -e> [re'kʊrs, *pl* -rzə] *m* ❶ *(geh: Bezug)* reference; **auf etw** *akk* ~ **nehmen** to refer back to sth
❷ JUR *(Beschwerde)* appeal; ~ **einlegen** to lodge an appeal
Re·lais <-, -> [rə'lɛ:] *nt* ELEK relay
Re·lais·sta·ti·on [rə'lɛ:-] *f* TELEK relay station
Re·la·ti·on <-, -en> [rela'tsi̯o:n] *f (geh)* ❶ *(Verhältnismäßigkeit)* appropriateness *no pl,* proportion; ***Sie müssen die ~ im Auge behalten*** you must keep a sense of proportion; ***38 Euro für ein Paar Socken? da kann doch die ~ nicht stimmen!*** 38 euros for a pair of socks? the price is out of all proportion!; **in ~ zu etw** *dat* **stehen** to bear relation [*or* be proportional] to sth; ***der Preis eines Artikels muss in ~ zur Qualität stehen*** the price of an item must be commensurate with its quality; **in keiner ~ zu etw** *dat* **stehen** to bear no relation to sth
❷ *(wechselseitige Beziehung)* relation, relationship; ***diese Phänomene stehen in einer bestimmten ~ zueinander*** there is a certain relationship between these two phenomena
re·la·tiv [rela'ti:f] *adj* relative; **ein ~er Wert** a relative value; **alles ist ~** everything is relative; ***ich wohne in ~er Nähe zum Zentrum*** I live relatively close to the city centre; *s. a.* **Luftfeuchtigkeit, Mehrheit**
re·la·ti·vie·ren* [relati'vi:rən] **I.** *vt (geh)* ■**etw ~** to qualify sth, to relativize sth
II. *vi (geh)* to think in relative terms; ***das Angebot gilt nur unter bestimmten Voraussetzungen, relativierte er*** he qualified his statement by saying that the offer only applied under certain preconditions
Re·la·ti·vis·mus <-> [relati'vɪsmʊs] *m kein pl* PHILOS relativism *no pl*
Re·la·ti·vi·tät <-, -en> [relativi'tɛ:t] *meist sing f (geh)* relativity
Re·la·ti·vi·täts·the·o·rie <-> *f kein pl* ■**die ~** the theory of relativity
Re·la·tiv·pro·no·men *nt* relative pronoun **Re·la·tiv·satz** *m* relative clause **Re·la·tiv·sprin·gen** *nt* SPORT *(Fallschirmspringen)* formation skydiving, relative work
Re·launch <-s, -es> ['ri:lɔntʃ] *m* ÖKON *(wirtschaftlicher Neubeginn)* relaunch
re·laxed [ri'lɛkst] *adv (fam)* calm, relaxed, chilled [out] *sl*
re·la·xen* [ri'lɛksn̩] *vi* to relax
Re·le·ga·ti·ons·spiel [relega'tsi̯o:ns-] *nt* SPORT relegation match
re·le·gie·ren* [rele'gi:rən] *vt* SCH *(geh)* ■**jdn ~** to expel sb
re·le·vant [rele'vant] *adj (geh)* relevant
Re·le·vanz <-> [rele'vants] *f kein pl (geh)* relevance *no pl;* **von einiger/wenig ~** of some/little relevance
Re·li·ef <-s, -s *o* -e> [re'li̯ɛf] *nt* ❶ KUNST *(erhabenes oder vertieftes Bildwerk)* relief
❷ GEOG *(plastische Nachbildung)* plastic relief model
Re·li·ef·bild *nt* TYPO embossed picture **Re·li·ef·druck** *m* raised [*or* relief] printing **Re·li·ef·kar·te** *f* relief map
Re·li·gi·on <-, -en> [reli'gi̯o:n] *f* ❶ *(Glaubensbekenntnis)* religion *no pl*
❷ *(Glaubensgemeinschaft)* religion
❸ SCH *(Religionsunterricht)* religion *no pl,* religious education [*or* instruction] *no pl;* ***wir haben zwei Stunden ~ in der Woche*** we have two hours RE [*or* RI] a week
Re·li·gi·ons·aus·übung *f* exercise of religion **Re·li·gi·ons·be·kennt·nis** *nt* denomination **Re·li·gi·ons·frei·heit** *f* freedom *no pl* of worship **Re·li·gi·ons·ge·mein·schaft** *f (geh)* religious community **Re·li·gi·ons·ge·schich·te** *f* ❶ *kein pl (Entwicklung)* history of religion ❷ *(Werk)* religious historical work **Re·li·gi·ons·krieg** *m* religious war **Re·li·gi·ons·leh·rer(in)** *m(f)* religious instruction [*or* education] teacher
re·li·gi·ons·los *adj inv* irreligious, not religious
Re·li·gi·ons·stif·ter(in) *m(f)* founder of a religion **Re·li·gi·ons·streit** *m* religious dispute **Re·li·gi·ons·un·ter·richt** *m* religious education [*or* instruction] **Re·li·gi·ons·zu·ge·hö·rig·keit** <-, -en> *f meist sing* religion, denomination
re·li·gi·ös [reli'gi̯ø:s] **I.** *adj* religious; **eine ~ Erziehung** a religious upbringing; **aus ~en Gründen** for religious reasons
II. *adv* ❶ *(im Sinne einer Religion)* in a religious manner; ***die mittelalterliche Kunst ist stark ~ geprägt*** mediaeval art is characterized by strong religious themes
❷ *(mit religiösen Gründen)* for religious reasons
Re·li·gi·ö·se Ge·sell·schaft der Freun·de *f* REL Religious Society of Friends
Re·li·gi·o·si·tät <-> [religi̯ozi'tɛ:t] *f kein pl* religiousness *no pl*
Re·likt <-[e]s, -e> [re'lɪkt] *nt (geh)* relic
Re·ling <-, -s *o* -e> ['re:lɪŋ] *f* NAUT rail
Re·li·quie <-, -n> [re'li:kviə] *f* REL relic
Re·li·qui·en·schrein *m* reliquary
Rem <-s, -s> [rɛm] *nt Akr von* **Röntgen equivalent man** rem
Re·mai·ling <-s> [ri'me:lɪŋ] *nt* remailing
Re·make <-s, -s> [ri'me:k, 'ri:me:k] *nt* remake
Re·ma·nenz <-> [rema'nɛnts] *f kein pl* PHYS remanence
Rem·bours <-s> [rã'bu:ɐ̯] *m* FIN reimbursement
Rem·bours·ak·kre·di·tiv *nt* FIN documentary acceptance credit **Rem·bours·auf·trag** *m* FIN order to open a documentary acceptance credit **Rem·bours·bank** *f* FIN accepting bank **Rem·bours·er·mäch·ti·gung** *f* FIN reimbursement authorization **Rem·bours·ge·schäft** *nt* FIN documentary credit transaction **Rem·bours·kre·dit** *m* FIN documentary acceptance credit **Rem·bours·li·nie** *f* FIN acceptance credit line **Rem·bours·re·gress**[RR] *m* FIN reimbursement recourse **Rem·bours·schuld·ner(in)** *m(f)* FIN documentary credit debtor **Rem·bours·trat·te** *f* FIN documentary acceptance [*or* bill] **Rem·bours·ver·bind·lich·keit** *f* FIN indebtedness on documentary acceptance credit **Rem·bours·zu·sa·ge** *f* FIN agreement to reimburse
Re·me·dur <-, -en> [reme'du:ɐ̯] *f (veraltend)* remedy
Re·mi·nis·zenz <-, -en> [reminɪs'tsɛnts] *f (geh)* reminiscence, memory
re·mis [rə'mi:] **I.** *adj inv* SCHACH drawn; ***„~!“ — „einverstanden!“*** “a draw!” — “agreed!”; ***die Partie ist ~*** the game is drawn
II. *adv* SCHACH in a draw; ***„wie ist die Partie ausgegangen?“ — „~“*** “how did the game finish?” — “it ended in a draw”
Re·mis <-, - *o* -en> [rə'mi:] *nt* SCHACH draw; **[gegen jdn] ein ~ erzielen** to achieve a draw [against sb]
Re·mis·si·ons·recht [remɪ'si̯o:ns-] *nt* HANDEL right of return
Re·mit·ten·de <-, -n> [remɪ'tɛndə] *f* TYPO return
Re·mit·tent(in) [remɪ'tɛnt] *m(f)* FIN payee
Re·mix <-es, -e *o* -es> [ri'miks, 'ri:miks] *m* MUS remix
re·mi·xen* [ri'miksn̩] *vt* MUS, TECH ■**etw ~** *Musikstück* to remix sth
Rem·mi·dem·mi <-s> ['rɛmi'dɛmi] *nt kein pl (veraltend sl)* commotion *no pl,* racket *no pl sl;* **~ machen** to make a racket
Re·mons·tra·ti·on [remɔnstra'tsi̯o:n] *f* JUR remonstrance, formal protest
Re·mou·la·de <-, -n> [remu'la:də] *f,* **Re·mou·la·den·so·ße** *f* tartar sauce
rem·peln ['rɛmpl̩n] **I.** *vi (fam)* to push, to jostle; ***es wurde viel gerempelt, als die Fahrgäste einstiegen*** there was a lot of jostling when the passengers boarded; ***he, ~ Sie nicht so!*** hey, stop pushing like that!
II. *vt* SPORT ■**jdn ~** to push sb
REM-Pha·se ['rɛm-] *f* MED, PSYCH REM sleep
Ren <-s, -e> [rɛn, re:n] *nt* ZOOL *s.* **Rentier**[1]
Re·nais·sance <-, -en> [rənɛ'sã:s] *f* ❶ *kein pl* KUNST, HIST *(kulturelle Bewegung)* Renaissance *no pl*
❷ *(geh: Wiederbelebung)* renaissance
Re·nais·sance-An·ti·qua *f* TYPO Old Face **Re·nais·sance·bau** *m* renaissance building **Re·nais·sance·fas·sa·de** *f* renaissance façade **Re·nais·sance·kir·che** *f* renaissance church **Re·nais·sance·schloss**[RR] *nt* renaissance palace
re·na·tu·rie·ren* [renatu'ri:rən] *vt* ÖKOL ■**etw ~** to restore sth to its natural state
Re·na·tu·rie·rung <-, -en> *f* ÖKOL restoring to nature
Ren·dez·vous <-, -> [rãde'vu:, 'rã:devu] *nt* ❶ *(Verabredung)* rendezvous *a. hum,* date; **sich** *dat* **irgendwo ein ~ geben** *(geh)* to meet up [*or* come together] somewhere
❷ RAUM *(Kopplung)* rendezvous
Ren·di·te <-, -n> [rɛn'di:tə] *f* return, yield; **~ bringen** to yield
Ren·di·ten·ge·fäl·le *nt* FIN yield differential [*or* gap] **Ren·di·te·span·ne** *f* FIN yield spread
Re·ne·gat(in) <-en, -en> [rene'ga:t] *m(f) (geh)* renegade
Re·ne·klo·de <-, -n> [re:nə'klodə] *f* greengage
re·ni·tent [reni'tɛnt] *adj (geh)* awkward
Re·ni·tenz <-> [reni'tɛnts] *f kein pl (geh)* awkwardness *no pl*
Ren·ke <-, -n> ['rɛŋkə] *f* pollan, freshwater herring
Renn·bahn *f* racetrack
ren·nen <rannte, gerannt> ['rɛnən] **I.** *vi sein* ❶ *(schnell laufen)* to run; *s. a.* **Unglück, Verderben**
❷ *(fam: hingehen)* ■**zu jdm ~** to run [off] to sb; ***dann renn' doch zu deiner Mama*** why don't you run off to your mummy; ***sie rennt bei jeder Kleinigkeit zur Geschäftsleitung*** she's always going up to management with every little triviality; ***die arme Frau rennt dauernd zur Polizei*** that poor woman's always running to the police
❸ *(stoßen)* ■**an etw** *akk*/**gegen etw** *akk*/**vor etw** *akk* ~ to bump into sth; ***sie ist mit dem Kopf vor einen Dachbalken gerannt*** she banged her head against a roof joist; *s. a.* **Kopf**
II. *vt* ❶ *haben o sein* SPORT ■**etw ~** to run sth; ***er rennt die 100 Meter in 11 Sekunden*** he runs the 100 metres in 11 seconds
❷ *haben (im Lauf stoßen)* ***er rannte mehrere Passanten zu Boden*** he knocked several passers-by over; *s. a.* **Haufen**
❸ *haben (stoßen)* ■**etw in jdn/etw ~** to run sth into sth; ***er rannte ihm ein Schwert in den Leib*** he ran a sword into his body
Ren·nen <-s, -> ['rɛnən] *nt* race; ***das ~ ging über 24 Runden*** the race was over 24 laps; ***Ascot ist das bekannteste ~ der Welt*** Ascot is the most famous racing event in the world; **ein totes ~** SPORT a dead heat; **... im ~ liegen** SPORT to be ... placed; **gut im ~ liegen** to be well placed; **schlecht im ~ liegen** to be badly placed, to be having a bad race
▸ WENDUNGEN: **ins ~ gehen** to take part in [sth]; **das ~ ist gelaufen** *(fam)* the show is over; **[mit etw** *dat*] **... im ~ liegen** to be in a ... position [with sth]; ***wir liegen mit unserem Angebot gut im ~*** we are in a good position with our offer; ***nach dem Vorstellungsgespräch lag er schlechter im ~*** he was in a worse position after the interview; **[mit etw** *dat*] **das ~ machen** *(fam)* to make the running [with sth]; ***die Konkurrenz macht wieder mal das ~*** the competition is making the running again; **jdn ins ~ schicken** to put forward sb *sep;* **jdn aus dem ~ werfen** *(fam)* to put sb out of the running
Ren·ner <-s, -> ['rɛnɐ] *m (fam)* big seller
Renn·fah·rer(in) *m(f)* ❶ *(Autorennen)* racing driv-

er Brit, race car driver Am ❷ *(Radrennen)* racing cyclist **Rẹnn·ku·ckuck** *m* ORN roadrunner

Rẹnn·ofen *m* TECH Renn furnace **Rẹnn·ofen·schla·cke** *f* TECH bloomery slag

Rẹnn·pferd *nt* racehorse; *s. a.* **Ackergaul Rẹnn·platz** *m* racecourse **Rẹnn·rad** *nt* racing bike **Rẹnn·rei·ter(in)** <-s, -> *m(f)* jockey

Rẹnn·sport *m* SPORT ❶ *(Motorrennen)* motor racing *no pl*
❷ *(Radrennsport)* cycle racing
❸ *(Pferderennsport)* horse racing

Rẹnn·stall *m* racing stable **Rẹnn·stre·cke** *f* SPORT course, racetrack **Rẹnn·wa·gen** *m* racing [*or* Am race] car **Rẹnn·wett·steu·er** *f* FIN betting tax [*or* levy] **Rẹnn·wett- und Lot·te·rie·ge·setz** *nt* JUR racing bets and lotteries act

Re·nom·mee <-s, -s> [renɔ'me:] *nt (geh)* reputation; **von ... ~** of ... reputation; ***er ist ein Nachtklubbesitzer von zweifelhaftem ~*** he is a nightclub owner of doubtful reputation

re·nom·mie·ren* [renɔ'mi:rən] *vi (geh)* ■[**mit etw** *dat*] **~** to show off [with sth]; **mit seinem Wissen ~** to flaunt one's knowledge

Re·nom·mier·ob·jekt *nt* showpiece

re·nom·miert *adj (geh)* renowned; ■**~** [**wegen einer S.** *gen*] **sein** to be renowned [for sth]

Re·no·va·ti·on <-, -en> [renova'tsi̯o:n] *f* SCHWEIZ *(Renovierung)* renovation

re·no·vie·ren* [reno'vi:rən] *vt* ■**etw ~** to renovate [*or* refurbish] sth

re·no·viert I. *pp und 3. pers. sing von* **renovieren**
II. *adj inv* renovated; **neu ~** newly renovated, newly [*or* freshly] redecorated

Re·no·vie·rung <-, -en> *f* renovation

ren·ta·bel [rɛn'ta:bl̩] **I.** *adj* profitable
II. *adv* profitably

Ren·ta·bi·li·tät <-> [rɛntabili'tɛ:t] *f kein pl* profitability *no pl*

Ren·ta·bi·li·täts·ana·ly·se *f* FIN profitability [*or* return on investment] [*or* ROI] analysis **Ren·ta·bi·li·täts·be·rech·nung** *f* HANDEL cost accounting, profitability estimate, calculation of profitability **Ren·ta·bi·li·täts·ge·sichts·punkt** *m* FIN profitability aspect [*or* consideration] **Ren·ta·bi·li·täts·gren·ze** *f* HANDEL margin of profitableness, break-even point **Ren·ta·bi·li·täts·prü·fung** *f* HANDEL break-even analysis **Ren·ta·bi·li·täts·stei·ge·rung** *f* gain in profitability

Ren·te <-, -n> ['rɛntə] *f* ❶ *(Altersruhegeld)* pension; **in ~ gehen** to retire; **lohnbezogene ~** earnings-related pension
❷ *(regelmäßige Geldzahlung)* annuity; **~ auf Lebenszeit** annuity for life

Rẹn·ten·al·ter *nt* retirement age **Rẹn·ten·an·lei·he** *f* perpetual [*or* annuity] bond **Rẹn·ten·an·pas·sung** *f* indexation of pensions **Rẹn·ten·an·spruch** *m* right to a pension **Rẹn·ten·an·wart·schaft** *f* JUR accrued future pension rights *pl* **Rẹn·ten·ba·sis** *f* annuity basis **Rẹn·ten·bei·trag** *m* pension contribution **Rẹn·ten·bei·trags·last** *f* pension entitlement **Ren·ten·be·mes·sungs·grund·la·ge** *f* pension assessment basis **rẹn·ten·be·rech·tigt** *adj inv* JUR pensionable, entitled to a pension *pred* **Rẹn·ten·be·scheid** *m* notice of the amount of one's pension **Rẹn·ten·be·stand** *m* FIN bond holdings *pl* **Rẹn·ten·emp·fän·ger(in)** *m(f) (geh)* pensioner **Rẹn·ten·fi·nan·zie·rung** *f* financing of pensions **Rẹn·ten·fonds** *m* fixed-interest fund **Rẹn·ten·han·del** *m kein pl* BÖRSE dealing [*or* trading] in bonds **Rẹn·ten·hö·he** *f* level of pension, pension amount **Rẹn·ten·kas·se** *f* FIN pension fund **Rẹn·ten·kurs** *m* FIN bond price

Rẹn·ten·markt *m* FIN bond market, fixed-interest securities market; **~ in Anspruch nehmen** BÖRSE to tap the bond market **Rẹn·ten·markt·an·la·ge** *f* FIN bond market investment

Rẹn·ten·pa·pie·re *pl* FIN fixed-interest securities *pl*, bonds *pl* **Rẹn·ten·plan** *m* pension plan **Rẹn·ten·po·li·tik** *f kein pl* pensions policy, pension plans *pl* **Rẹn·ten·re·form** *f* reform of pensions **Rẹn·ten·schein** *m* JUR annuity certificate

Rẹn·ten·schuld *f* JUR annuity [land] charge **Rẹn·ten·schuld·brief** *m* JUR annuity-charge certificate **Rẹn·ten·schuld·gläu·bi·ger(in)** *m(f)* JUR holder of an annuity charge

Rẹn·ten·spar·plan *m* FIN retirement savings account **Rẹn·ten·sys·tem** *nt* ÖKON pension scheme; **gestaffeltes ~** graduated pension scheme **Ren·ten·über·lei·tungs·ge·setz** *nt* law governing the transfer of pensions **Rẹn·ten·ver·pflich·tung** *f* JUR pension commitment **Rẹn·ten·ver·si·che·rer** *m* pension insurer

Rẹn·ten·ver·si·che·rung *f* pension scheme Brit, retirement insurance Am **Rẹn·ten·ver·si·che·rungs·bei·trag** *m* pension contribution **Rẹn·ten·ver·si·che·rungs·sys·tem** *nt* pension scheme [*or* plan] **Rẹn·ten·ver·si·che·rungs·trä·ger** *m* pension scheme [*or* plan] provider

Rẹn·ten·wert <-[e]s, -e> *m* FIN fixed-interest security, bond

Ren·tier¹ ['rɛnti:ɐ̯] *nt* ZOOL reindeer

Ren·tier² <-s, -s> [rɛn'ti̯e:] *m (veraltend: Person)* person of independent means

ren·tie·ren* [rɛn'ti:rən] *vr* ■**sich** *akk* [**für jdn**] **~** to be worthwhile [for sb]; ***für uns würde sich ein Auto nicht ~*** it wouldn't be worthwhile our having a car; ***so eine Maschine rentiert sich nicht für unseren kleinen Betrieb*** it doesn't pay to get that kind of machinery for a small business like ours

Rẹnt·ner(in) <-s, -> *m(f)* pensioner, senior citizen

Ren·voi <-> [rã'vo̯a] *m kein pl* ÖKON *(Rücksendung)* renvoi

Re·or·ga·ni·sa·ti·on <-, -en> [reʔɔrganiza'tsi̯o:n] *meist sing f* reorganization

re·or·ga·ni·sie·ren* [reʔɔrgani'zi:rən] *vt (geh)* ■**etw ~** to reorganize sth

Rep <-s, -s> [rɛp] *m* POL *kurz für* **Republikaner** republican *(member of the German right-wing Republican Party)*

re·pa·ra·bel [repa'ra:bl̩] *adj (geh)* repairable; ***der Schaden ist noch/ nicht mehr ~*** the damage can still be/can't be repaired

Re·pa·ra·ti·on <-, -en> [repara'tsi̯o:n] *f* reparations *pl*

Re·pa·ra·ti·ons·zah·lun·gen *pl* reparation payments *pl*

Re·pa·ra·tur <-, -en> [repara'tu:ɐ̯] *f* repair; **etw in** [*o* **zur**] **~ geben** to have sth repaired, to take sth in to have it repaired; ***ich gebe den Computer beim Hersteller in ~*** I'm taking the computer to the manufacturer's to have it repaired; **eine ~ an etw** *dat* **haben** to have to have sth repaired; ***bisher hatte ich noch keinerlei ~ an meinem Auto*** I've not had to have my car repaired at all up to now; **in ~ sein** being repaired; ***mein Wagen ist diese Woche in ~*** my car's being repaired this week; **eine ~** [*o* **~en**] [**an etw** *dat*] **vornehmen** *(geh)* to undertake repairs [on sth] *form*

re·pa·ra·tur·an·fäl·lig *adj* prone to breaking down *pred* **re·pa·ra·tur·be·dürf·tig** *adj* in need of repair *pred* **Re·pa·ra·tur·fahr·zeug** *nt* breakdown van [*or* vehicle] Brit, tow truck Am **Re·pa·ra·tur·kos·ten** *pl* repair costs *pl* **Re·pa·ra·tur·ma·te·ri·al** *nt* TECH repair materials *pl* **Re·pa·ra·tur·me·cha·nis·men** *pl des Körpers* [body's] repair mechanisms *pl* **Re·pa·ra·tur·schu·lungs·pro·gramm** *nt* [car] mechanics' training programme [*or* Am -am] **Re·pa·ra·tur·werk·statt** *f* ❶ *(Werkstatt)* repair workshop ❷ AUTO garage

re·pa·rie·ren* [repa'ri:rən] *vt* ■[**jdm**] **etw ~** to repair sth [for sb]

re·pa·tri·ie·ren* [repatri'i:rən] *vt* ❶ *(erneut heimführen)* ■**jdn** [**in ein Land**] **~** to repatriate sb; ***das Abkommen sah vor, die im Gebiet der Sowjetunion lebenden Polen nach Polen zu ~*** the agreement provided for the repatriation of Poles living in the Soviet Union
❷ *(erneut einbürgern)* ■**jdn ~** to restore sb's citizenship

Re·pa·tri·ie·rung <-, -en> *f* repatriation *no pl*

Re·per·toire <-s, -s> [repɛr'to̯a:ɐ̯] *nt* repertoire

Re·per·toire·the·a·ter *nt* repertory theatre

re·pe·tie·ren* [repe'ti:rən] *vt (geh)* ■**etw ~** to revise sth

Re·pe·ti·ti·on <-, -en> [repeti'tsi̯o:n] *f* SCHWEIZ *(geh) einer Äußerung, eines Textes* repetition

Re·pe·ti·tor, -to·rin <-s, -en> [repe'ti:to:ɐ̯, -'to:rɪn, *pl* -'to:rən] *m, f* SCH coach, private tutor

Re·plik <-, -en> [re'pli:k] *f (geh)* reply

Re·pli·kat <-s, -e> [repli'ka:t] *nt* KUNST reproduction

Re·pli·ka·ti·on <-, -en> [replika'tsi̯o:n] *f* BIOL [DNA] replication

Re·port <-[e]s, -e> [re'pɔrt] *m* MEDIA report

Re·por·ta·ge <-, -n> [repɔr'ta:ʒə] *f* MEDIA report; *(live)* live report [*or* coverage]

Re·por·ter(in) <-s, -> [re'pɔrtɐ] *m(f)* reporter

Re·pọrt·ge·schäft *nt* BÖRSE carryover business **Re·pọrt·satz** *m* BÖRSE carryover rate

Re·prä·sen·tant(in) <-en, -en> [reprɛzɛn'tant] *m(f)* representative

Re·prä·sen·tạn·ten·haus <-es> *nt kein pl (in den USA)* House of Representatives

Re·prä·sen·tanz <-, -en> [reprɛzɛn'tants] *f* ❶ *kein pl (geh: Interessenvertretung)* representation
❷ ÖKON *(Vertretung eines größeren Unternehmens)* representative office [*or* branch]
❸ *kein pl (geh: das Repräsentativsein)* representativeness, representative nature

Re·prä·sen·ta·ti·on <-, -en> [reprɛzɛnta'tsi̯o:n] *f* ❶ *(geh)* prestige *no pl*; **zur ~** for prestige
❷ *(Darstellung)* representation

re·prä·sen·ta·tiv [reprɛzɛnta'ti:f] **I.** *adj* ❶ *(aussagekräftig)* representative; **ein ~er Querschnitt** a representative cross-section
❷ *(etwas Besonderes darstellend)* prestigious
II. *adv* imposingly

Re·prä·sen·ta·tiv·er·he·bung *f* representative survey **Re·prä·sen·ta·tiv·um·fra·ge** *f* SOZIOL representative survey

re·prä·sen·tie·ren* [reprɛzɛn'ti:rən] **I.** *vt (geh)* ■**etw ~** to represent sth
II. *vi (geh)* to perform official and social functions

Re·pres·sa·lie <-, -n> [reprɛ'sa:li̯ə] *f (geh)* reprisal *usu pl*; **~n ergreifen** [*o* **anwenden**] to resort to oppressive measures, to take reprisals; **gegen jdn zu ~n greifen** to take reprisals [against sb]; **aus Angst vor ~n** for fear of reprisal[s]

Re·pres·si·on <-, -en> [reprɛ'si̯o:n] *f (geh)* repression

re·pres·siv [reprɛ'si:f] *adj (geh)* repressive

re·pri·va·ti·sie·ren* [reprivati'zi:rən] *vt* ■**etw ~** to reprivatize sth, to return sth to private ownership

Re·pri·va·ti·sie·rung <-, -en> *f* reprivatization, return to private ownership

Re·pro·an·stalt ['re:pro-] *f* repro shop [*or* studio]

Re·pro·duk·ti·on <-, -en> [reprodʊk'tsi̯o:n] *f* reproduction

Re·pro·duk·ti·ons·me·di·zin *f kein pl* reproduction medicine

Re·pro·du·zier·bar·keit <-> *f kein pl* reproducibility; *(Wiederholbarkeit)* repeatability

re·pro·du·zie·ren* [reprodu'tsi:rən] *vt* ■**etw ~** to reproduce sth

re·pro·fä·hig *adj inv* camera-ready, reproducible

Re·pro·gra·fie^RR^, Re·pro·gra·phie <-, -n> [reprogra'fi:, *pl* -'fi:ən] *f* TYPO ❶ *(Verfahren)* reprography *no pl*
❷ *(Produkt)* reprography

Re·pro·vor·la·ge *f* repro copy [*or* original]

Rep·til <-s, -ien> [rɛp'ti:l, *pl* -li̯ən] *nt* reptile

Rep·ti·li·en·fonds [rɛp'ti:li̯ənfõ:] *m* slush fund

Re·pub·lik <-, -en> [repu'bli:k] *f* republic

Re·pub·li·ka·ner(in) <-s, -> [republi'ka:nɐ] *m(f)* POL ❶ *(in den USA)* Republican
❷ *(in Deutschland)* member of the German Republican Party

re·pub·li·ka·nisch [republi'ka:nɪʃ] *adj* republican

Re·pub·lik Ko·rea *f* ÖSTERR South Korea **Re·pub·lik Mol·dau** *f* Moldavia

Re·pu·ta·ti·on <-, -en> [reputa'tsi̯o:n] *f (veraltend geh) s.* **Renommee**

re·pu·tiert *adj (geh: angesehen)* respected, reputable

Re·qui·em <-s, Requien> ['re:kviɛm, *pl* -viən] *nt* requiem

re·qui·rie·ren* [rekvi'ri:rən] *vt* MIL ■**etw** [**bei jdm**] ~ to commandeer [*or* requisition] sth [from sb]

Re·qui·sit <-[e]s, -en> [rekvi'zi:t] *nt* ❶ *meist pl* THEAT prop *usu pl,* property *form*
❷ *(geh: Zubehör)* requisite; **ein unentbehrliches** ~ an indispensable piece of equipment

Re·qui·si·te <-, -e> [rekvi'zi:tə] *f* THEAT props room [*or* store]

Re·qui·si·teur(in) <-s, -e> [rekvizi'tø:ɐ̯] *m(f)* THEAT, FILM props master *masc* [*or fem* mistress], property manager *form*

resch [rɛʃ] *adj* ÖSTERR ❶ *(knusprig)* crispy; ~**e Semmeln** crusty rolls
❷ *(resolut)* determined

Re·ser·vat <-[e]s, -e> [rezɛr'va:t] *nt* reservation

Re·ser·va·ti·on <-, -en> [rezɛrva'tsi̯o:n] *f* SCHWEIZ *(Reservierung)* reservation

Re·ser·ve <-, -n> [re'zɛrvə] *f* ❶ *(Rücklage)* reserve; **eiserne** ~ emergency reserve; **auf die** ~**n zurückgreifen** to draw on reserves; **stille** ~**n** FIN hidden reserves; *(fam)* reserve fund; **liquide/offene** ~**n** FIN liquid/official reserves; [**noch**] **jdn/etw in** [*o* **auf**] ~ **haben** to have sb/sth in reserve
❷ *(aufgespeicherte Energie)* energy reserves *pl,* reserves *pl* of energy
❸ MIL *(Gesamtheit der Reservisten)* reserves *npl;* **Offizier der** ~ MIL reserve officer
❹ *(geh: Zurückhaltung)* reserve; ***ob er wohl mal seine ~ aufgibt?*** I wonder if he'll come out of his shell eventually; **jdn** [**durch etw** *akk*/**mit etw** *dat*] **aus der** ~ **locken** to bring sb out of his/her shell [with sth]

Re·ser·ve·bank *f* SPORT [substitutes'] bench **Re·ser·ve·be·stand** *m* FIN reserve holding **Re·ser·ve·bil·dung** *f* FIN creation of reserves **Re·ser·ve·bril·le** *f* spare pair of glasses **Re·ser·ve·fonds** *m* FIN reserve fund **Re·ser·ve·ka·nis·ter** *m* spare can **Re·ser·ve·mit·tel** *nt* MED drug held in reserve **Re·ser·ve·of·fi·zier** *m* reserve officer **Re·ser·ve·pa·ckung** *f* spare packet

Re·ser·ve·rad *nt* spare wheel **Re·ser·ve·rad·mul·de** *f* AUTO spare wheel well

Re·ser·ve·rei·fen *m* spare tyre [*or* AM tire] **Re·ser·ve·spie·ler(in)** *m(f)* SPORT reserve, substitute **Re·ser·ve·übung** *f* MIL exercises *pl* for the reserves

re·ser·vie·ren* [rezɛr'vi:rən] *vt* ■[**jdm** [*o* **für jdn**]] **etw** ~ to reserve sth [for sb]; ***ich möchte drei Plätze reservieren*** I'd like to book [*or* reserve] three seats

re·ser·viert *adj (geh)* reserved; **ein** ~**er Mensch** a reserved person

Re·ser·viert·heit <-> *f kein pl (geh)* reserve *no pl,* reservedness *no pl*

Re·ser·vie·rung <-, -en> *f* reservation

Re·ser·vist(in) <-en, -en> [rezɛr'vɪst] *m(f)* reservist

Re·ser·voir <-s, -e> [rezɛr'vo̯a:ɐ̯] *nt (geh)* ❶ *(Vorrat)* store
❷ *(Becken)* reservoir; **die städtischen** ~**e** the municipal reservoirs
❸ *(Tintenreservoir)* reservoir

Re·set-·Tas·te ['ri:sɛt-] *f* INFORM reset button

Re·si·denz <-, -en> [rezi'dɛnts] *f* ❶ *(repräsentativer Wohnsitz)* residence
❷ HIST *(Residenzstadt)* royal seat

Re·si·denz·pflicht *f* JUR residence requirement **Re·si·denz·stadt** *f* HIST royal seat

re·si·die·ren* [rezi'di:rən] *vi (geh)* ■**in etw** *dat* ~ to reside in sth; **im Ausland** ~ to reside abroad

Re·si·du·al·ge·stein [rezi'du̯a:l-] *nt* GEOL residual rocks *pl*

Re·sig·na·ti·on <-, -en> [rezɪgna'tsi̯o:n] *f pl selten (geh)* resignation

re·sig·nie·ren* [rezɪ'gni:rən] *vi (geh)* ■[**wegen einer S.** *gen*] ~ to give up [because of sth]

re·sig·niert *adj (geh)* with resignation *pred,* resigned

re·sis·tent [rezɪs'tɛnt] *adj* MED resistant; ■**gegen etw** *akk* ~ **sein** to be resistant to sth

Re·sis·tenz <-, -en> [rezɪs'tɛnts] *f* MED resistance *no pl;* **eine** ~ **gegen etw** *akk* **entwickeln** to develop a resistance to sth

re·so·lut [rezo'lu:t] **I.** *adj* determined, resolute
II. *adv* resolutely

Re·so·lu·ti·on <-, -en> [rezolu'tsi̯o:n] *f* POL resolution; **gemeinsame** ~ joint resolution

Re·sol·ven·te <-, -n> [rezɔl'vɛntə] *f* MED resolvent

Re·so·nanz <-, -en> [rezo'nants] *f* ❶ *(geh: Entgegnung)* response; ■**die** ~ **auf etw** *akk* the response to sth; **eine bestimmte** ~ **finden, auf eine bestimmte** ~ **stoßen** to meet with a certain response
❷ MUS resonance *no pl*

Re·so·nanz·bo·den *m* MUS soundboard **Re·so·nanz·kör·per** *m* MUS soundbox

Re·so·pal® <-s, -e> [rezo'pa:l] *nt* Formica® *no pl*

re·sor·bie·ren* [rezɔr'bi:rən] *vt* MED ■**etw** ~ to absorb sth

Re·sorp·ti·on <-, -en> [rezɔrp'tsi̯o:n] *f* MED absorption

Re·sorp·ti·ons·stö·run·gen *pl* MED absorption disorders *pl*

re·so·zi·a·li·sie·ren* [rezotsi̯ali'zi:rən] *vt* ■**jdn** ~ to reintegrate sb into society

Re·so·zi·a·li·sie·rung <-, -en> *f* reintegration *no pl* into society

resp. *Abk von* **respektive** or rather

Re·spekt <-s> [re'spɛkt, rɛ-] *m kein pl* respect *no pl;* ***vor dieser ausgezeichneten Leistung muss man einfach ~ haben*** you simply have to respect this outstanding achievement; **ohne jeden** ~ disrespectfully; **voller** ~ respectful; **mit vollem** ~ respectfully; [**jdm**] ~ **einflößen** to command [sb's] respect; **vor jdm/etw** ~ **haben** to have respect for sb/sth; ***vor seinem Großvater hatte er als Kind großen ~*** as a child he was in awe of his grandfather; ***die heutige Jugend hat keinen ~ vor dem Alter!*** young people today have no respect for their elders; **den** ~ **vor jdm verlieren** to lose respect for sb; **sich** *dat* [**bei jdm**] ~ **verschaffen** to earn [sb's] respect; **bei allem** ~**!** with all due respect!; ***bei allem ~, aber da muss ich doch energisch widersprechen!*** with all due respect I must disagree most strongly; **bei allem** ~ **vor jdm/etw** with all due respect to sb/sth; **allen/meinen** ~**!** well done!, good for you!

re·spek·ta·bel [respɛk'ta:bl̩, rɛ-] *adj (geh)* ❶ *(beachtlich)* considerable
❷ *(zu respektieren)* estimable
❸ *(ehrbar)* respectable

re·spek·tie·ren* [respɛk'ti:rən, rɛ-] *vt* ■**etw/jdn** ~ to respect sth/sb

re·spek·ti·ve [respɛk'ti:və, rɛ-] *adv (geh)* or rather; ***er hat mich schon darüber informiert, ~ informieren lassen*** he has already informed me about it, or rather he had someone tell me

re·spekt·los *adj* disrespectful

Re·spekt·lo·sig·keit <-, -en> *f* ❶ *kein pl (respektlose Art)* disrespect *no pl,* disrespectfulness *no pl*
❷ *(respektlose Bemerkung)* disrespectful comment

Re·spekts·per·son *f (geh)* person commanding respect; ***Lehrer, Ärzte und Pfarrer waren ~en*** teachers, doctors and vicars were people who used to command respect

re·spekt·voll *adj* respectful

Re·spi·ra·ti·on <-> [respira'tsi̯o:n, rɛ-] *f kein pl* BIOL, MED respiration

re·spi·ra·to·ri·scher Quo·ti·ent [respira'to:rɪʃɐ, rɛ-] MED respiratory quotient

Res·sen·ti·ment <-s, -s> [rɛsãti'mã:] *nt (geh)* resentment *no pl*

Res·sort <-s, -s> [rɛ'so:ɐ̯] *nt* ❶ *(Zuständigkeitsbereich)* area of responsibility; **in jds** *akk* ~ **fallen** to come within sb's area of responsibility
❷ *(Abteilung)* department

Res·sort·prin·zip *nt* JUR principle of departmental responsibility **Res·sort·ver·ant·wort·lich·keit** *f* area of responsibility

Res·sour·ce <-, -n> [rɛ'sʊrsə] *f* ❶ *(Bestand an Geldmitteln)* resources *npl*
❷ *(natürlich vorhandener Bestand)* resource; *Energie* reserves *pl;* [**neue**] ~**n erschließen** to tap [*or* develop] [new] resources; ***die ~n sind erschöpft*** all resources are exhausted

Res·sour·cen·be·darf *m* ÖKON resource requirements *pl* **Res·sour·cen·frei·set·zung** *f* ÖKON tapping resources **Res·sour·cen-Trans·fer** *m* ÖKON transfer from resources **Res·sour·cen·ver·wal·tung** *f* INFORM resource management

Rest <-[e]s, -e *o* SCHWEIZ *a.* -en> [rɛst] *m* ❶ *(Übriggelassenes)* rest; *Essen* leftovers *npl;* ***„ist noch Käse da?" — „ja, aber nur noch ein kleiner ~ "*** "is there still some cheese left?" — "yes, but only a little bit"; ***heute Abend gibt es ~e*** we're having leftovers tonight; ***iss doch noch den ~ Bratkartoffeln*** won't you eat the rest of the roast potatoes; ~**e machen** NORDD to finish up what's left; ***mach doch ~e mit den Kartoffeln*** do finish up the potatoes; **der letzte** ~ the last bit; *Wein* the last drop; ***den Kuchen haben wir bis auf den letzten ~ aufgegessen*** we ate the whole cake down to the last crumb
❷ *(Endstück)* remnant; ***ein ~ des Leders ist noch übrig*** there's still a bit of leather left over
❸ *(verbliebenes Geld)* remainder, rest; ***den ~ werde ich dir in einer Woche zurückzahlen*** I'll pay you back the rest in a week; ***das ist der ~ meiner Ersparnisse*** that's all that's left of my savings; *(Wechselgeld)* change; ***„hier sind 100 Euro, behalten Sie den ~ "*** "here are 100 euros, keep the change"
▶WENDUNGEN: **jdm den** ~ **geben** *(fam)* to be the final straw for sb; ***diese Nachricht gab ihr den ~*** this piece of news was the final straw for her; **der letzte** ~ **vom Schützenfest** *(hum)* the last little bit

Rest·al·ko·hol *m kein pl* blood alcohol content

Rest·auf·la·ge *f* VERLAG remaindered stock

Re·stau·rant <-s, -s> [rɛsto'rã:] *nt* restaurant

Re·stau·ra·ti·on¹ <-, -en> [restau̯ra'tsi̯o:n, rɛ-] *f* ❶ *(geh: Restaurieren) Antiquitäten* restoration
❷ POL *(Wiederherstellung) einer alten Ordnung* restoration; **die Zeit der** ~ *(hist)* the Restoration

Re·stau·ra·ti·on² <-, -en> [rɛstora'tsi̯o:n] *f* ÖSTERR *(veraltet: Gastwirtschaft)* restaurant

Re·stau·ra·tor, -to·rin <-s, -en> [restau̯'ra:to:ɐ̯, -'to:rɪn, *pl* -'to:rən] *m, f* restorer

re·stau·rie·ren* [restau̯'ri:rən, rɛ-] *vt* ■**etw** ~ to restore sth

Re·stau·rie·rung <-, -en> *f* restoration

Rest·be·stand *m* remaining stock **Rest·be·trag** *m* FIN balance; **geschuldeter/unbezahlter** ~ balance due/arrearage **Rest·buch·wert** *m* FIN net [*or* residual] [*or* remaining] book value

Res·te·ram·pe *f* ÖKON *(fam)* discounter

Rest·er·lös *m* FIN remaining proceeds *npl*

Res·te·ver·kauf *m* remnants sale

Rest·for·de·rung *f* FIN outstanding amount **Rest·ge·bühr** *f* remaining fee **Rest·ge·sell·schaft** *f* HANDEL residual [*or* rump] company **Rest·gut·ha·ben** *nt* FIN remaining credit balance

Re·sti·tu·tio in In·te·grum [resti'tu:tsi̯o ɪn 'ɪntegrʊm, rɛ-] *f* JUR restoration to the previous condition

Re·sti·tu·ti·on <-, -en> [restitu'tsi̯o:n, rɛ-] *f* JUR restitution, refund

Re·sti·tu·ti·ons·an·spruch *m* JUR right to restitution **Re·sti·tu·ti·ons·be·rech·tig·te(r)** *f(m) dekl wie adj* JUR person entitled to restitution **Re·sti·tu·ti·ons·kla·ge** *f* JUR action for a retrial **Re·sti·tu·ti·ons·recht** *nt* JUR restitutory right **Re·sti·tu·ti·ons·ver·fah·ren** *nt* JUR restitution proceedings *pl*

Rest·ka·pi·tal *nt* FIN principal outstanding, remaining investment **Rest·lauf·zeit** *f* FIN remaining term

rest·lich *adj* remaining; ***wo ist das ~e Geld?*** where is the rest of the money?

rest·los **I.** *adj* complete, total
II. *adv* ❶ *(ohne etwas übrig zu lassen)* completely, totally; ***dieser Fleck lässt sich nicht ~ entfernen*** this stain can't be completely removed
❷ *(fam: endgültig)* finally

Rest·müll *m* general [*or* non-recyclable] rubbish [*or* AM trash]

Rest·pos·ten *pl* ÖKON remaining stock; *der Zah-*

R

lungsbilanz residual items

Re·strik·ti·on <-, -en> [restrɪk'tsi̯o:n, rɛ-] *f (geh)* restriction; **jdm ~en auferlegen** to impose restrictions on sb

Re·strik·ti·ons·en·zym *nt* BIOL restriction enzyme

re·strik·tiv [restrɪk'ti:f, rɛ-] *adj (geh)* restrictive

Rest·ri·si·ko *nt* residual risk

restruk·tu·rie·ren* [reʃtrʊktu'ri:rən] *vt* ■**etw** ~ *Unternehmen* to restructure sth

Re·struk·tu·rie·rung <-, -en> *f* ÖKON restructuring

Re·struk·tu·rie·rungs·maß·nah·me *f* ÖKON restructuring measure

Rest·sal·do *m* FIN remaining balance **Rest·schuld** *f* FIN residual debt

Rest·stoff *m* remnant **Rest·stoff·wirt·schaft** *f kein pl* ÖKON recycling sector

Rest·stra·fe *f* remainder of the sentence **Rest·sum·me** *f* balance, amount remaining **Rest·sü·ße** <-> *f kein pl im Wein* residual sweetness *no pl* **Rest·ur·laub** *m* remaining holiday **Rest·wär·me** *f* residual heat [*or* warmth] **Rest·was·ser** *nt* residual water; **verseuchtes ~** contaminated residue water *(in the cask for storage and transport of radioactive material)*

Rest·wert *m* FIN residual value **Rest·wert·ab·schrei·bung** *f* FIN reducing value depreciation

Rest·zah·lung *f* balance

Re·sul·tan·te <-, -n> [rezʊl'tantə] *f* PHYS resultant

Re·sul·tat <-[e]s, -e> [rezʊl'ta:t] *nt* result; **zu einem ~ kommen** [*o* **gelangen**] to come to a conclusion; **zu dem ~ kommen** [*o* **gelangen**], **dass** to come to the conclusion that

re·sul·tie·ren* [rezʊl'ti:rən] *vi (geh)* ❶ *(folgen)* ■**aus etw** *dat* ~ to result from sth, to be the result of sth; ■**aus etw** *dat* **resultiert, dass ...** the conclusion to be drawn from sth is that ..., sth shows that ...

❷ *(sich auswirken)* ■**in etw** *dat* ~ to result in sth

Re·sü·mee <-s, -s> [rezy'me:] *nt (geh)* ❶ *(Schlussfolgerung)* conclusion; **das ~** [**aus etw** *dat*] **ziehen** to conclude [*or* infer] [from sth]

❷ *(zusammenfassende Darstellung)* summary

re·sü·mie·ren* [rezy'mi:rən] **I.** *vi (geh: zusammenfassend darstellen)* to summarize; ***ich resümiere also noch einmal, indem ich die wesentlichen Punkte kurz wiederhole*** I'll sum up once again by briefly repeating the essential points

II. *vt (geh)* ■**etw** ~ to summarize sth

re·tar·diert [retar'di:ɐ̯t] *adj inv* MED, PSYCH *(fachspr)* delayed, retarded *pej old*

Re·tard·kap·sel [rə'ta:ɐ̯-] *f* MED, PHARM retard [*or* slow [*or* modified] [*or* sustained] release] capsule **Re·tard·prä·pa·rat** [rə'ta:ɐ̯-] *nt* MED, PHARM retarder

Re·ten·ti·ons·recht [retɛn'tsi̯o:ns-] *nt* JUR right of retention

Re·ti·ku·lum <-s, Retikula> [re'ti:kulʊm, *pl* re'ti:kula] *nt* BIOL reticulum

Re·tor·si·on <-, -en> [retɔr'zi̯o:n] *f* JUR *(Vergeltung)* retaliation, reprisal

Re·tor·te <-, -n> [re'tɔrtə] *f* CHEM retort; **aus der ~** *(fam)* artificially produced

Re·tor·ten·ba·by [-be:bi] *nt (sl)* test-tube baby *fam*

re·tour [re'tu:ɐ̯] *adv* SCHWEIZ, ÖSTERR *(geh)* back; ***„eine Fahrkarte nach Wien und wieder ~!"*** "a return ticket to Vienna, please"; ***„alles ~, wir haben uns verfranzt!"*** "back everybody! we've lost our bearings!"; **etw ~ gehen lassen** to send sth back

Re·tour·bil·lett ['rətu:ɐ̯bɪljɛt] *nt* SCHWEIZ *(Rückfahrkarte)* return ticket

Re·tou·ren *pl* ❶ HANDEL returned sales

❷ FIN bills and cheques returned unpaid

Re·tour·geld ['rətu:ɐ̯-] *nt* SCHWEIZ *(Wechselgeld)* change *no pl* **Re·tour·kut·sche** *f (fam)* retort

re·tour·nie·ren* [retʊr'ni:rən] *vt* ❶ SCHWEIZ *(zurücksenden o -geben)* ■**etw** ~ to return sth

❷ SPORT **den Ball ~** to return the ball

Re·tour·spiel ['rətu:ɐ̯-] *nt* ÖSTERR, SCHWEIZ *(Rückspiel)* return match **Re·tour·wech·sel** *m* FIN returned bill

re·tro ['retro] *adj (sl)* retro

re·tro·spek·tiv [retro-] *adj inv* JUR retrospective

Re·tro·spek·ti·ve <-, -n> [retro-] *f (geh)* ❶ *(Blick in die Vergangenheit, Rückblick)* retrospective *form*

❷ KUNST *(Präsentation)* retrospective

Re·tro·vi·rus [retro-] *nt* retrovirus

ret·ten ['rɛtn̩] **I.** *vt* ❶ *(bewahren)* ■**jdn/etw** [**vor jdm/etw**] ~ to save sb/sth [from sb/sth]; ***ein geschickter Restaurator wird das Gemälde noch ~ können*** a skilled restorer will still be able to save the painting; ***sie konnte ihren Schmuck durch die Flucht hindurch ~*** she was able to save her jewellery while fleeing

❷ *(den Ausweg weisend)* ■**~d** which saved the day; ***das ist der ~de Einfall!*** that's the idea that will save the day!; *s. a.* **Leben**

▸WENDUNGEN: **bist du noch zu ~?** *(fam)* are you out of your mind?

II. *vr* ■**sich** *akk* [**vor etw** *dat*] ~ to save oneself [from sth]; ***sie konnte sich gerade noch durch einen Sprung in den Straßengraben retten*** she was just able to save herself by jumping into a ditch at the side of the road; ***sie rettete sich vor der Steuer nach Monaco*** she escaped the taxman by moving to Monaco; ***er konnte sich gerade noch ans Ufer ~*** he was just able to reach the safety of the bank; **rette sich, wer kann!** *(fam)* run for your lives!; **sich** *akk* **vor jdm/etw nicht mehr zu ~ wissen, sich** *akk* **vor jdm/etw nicht mehr ~ können** to be swamped by sth/mobbed by sb

ret·tend *adj inv, attr* saving; **ein ~er Gedanke** a brilliant thought

Ret·ter(in) <-s, -> *m(f)* rescuer, saviour [*or* AM -or] *liter;* **der ~ in der Not** the helper in my/our, etc. hour of need

Ret·tich <-s, -e> ['rɛtɪç] *m* radish

Ret·tung <-, -en> *f* ❶ *(das Retten)* rescue; ***das Boot wird für die ~ von Menschen in Seenot eingesetzt*** the boat is used for rescuing people in distress at sea; **jds** [**letzte**] **~** [**vor jdm/etw**] **sein** *(fam)* to be sb's last hope [of being saved from sb/sth]; ***du bist meine letzte ~*** you're my last hope [of salvation]; **für jdn gibt es keine ~ mehr** there is no saving sb, sb is beyond help [*or* salvation]; *s. a.* **Gesellschaft**

❷ *(das Erhalten)* preservation *no pl*

Ret·tungs·ak·ti·on *f* rescue operation **Ret·tungs·an·ker** *m* sheet-anchor ▸WENDUNGEN: **jds ~ sein** to be sb's anchor **Ret·tungs·ar·beit** *f meist pl* rescue work *no pl;* ***die ~en schreiten gut voran*** the rescue operations are progressing well **Ret·tungs·boot** *nt* lifeboat **Ret·tungs·dienst** *m* rescue service **Ret·tungs·flug·wacht** *f* air rescue service **Ret·tungs·hub·schrau·ber** *m* emergency rescue helicopter **Ret·tungs·in·sel** *f* inflatable life-raft **Ret·tungs·kos·ten** *pl* JUR salvage costs *pl* **Ret·tungs·lei·ter** *f* rescue ladder

ret·tungs·los *adj* hopeless

Ret·tungs·mann·schaft *f* rescue party **Ret·tungs·me·dail·le** [-medaljə] *f* life-saving medal **Ret·tungs·ring** *m* ❶ NAUT lifebelt ❷ *(hum fam: Fettpolster)* spare tyre [*or* AM tire] *hum fam* **Ret·tungs·sa·ni·tä·ter(in)** <-s, -> *m(f)* paramedic **Ret·tungs·schuss**RR *m* **finaler ~** *final and fatal shot fired by the police to save lives* **Ret·tungs·schwim·men** *nt kein pl* life-saving *no pl, no art* **Ret·tungs·schwim·mer(in)** *m(f)* life-guard **Ret·tungs·sta·ti·on** *f* rescue centre [*or* AM -er] **Ret·tungs·ver·such** *m* rescue attempt **Ret·tungs·wa·che** *f* rescue service **Ret·tungs·wa·gen** *m* ambulance **Ret·tungs·wes·te** *f* life jacket

Re·turn-Tas·te [ri'tø:ɐ̯n-] *f* INFORM return key

Re·tu·sche <-, -n> [re'tʊʃə] *f* FOTO, TYPO retouching

re·tu·schie·ren* [retu'ʃi:rən] *vt* FOTO, TYPO ■**etw** [**auf etw** *dat*] ~ to retouch sth [on sth]

Reue <-> ['rɔyə] *f kein pl* remorse *no pl*, repentance; **tätige ~** active regret [*or* repentance]

Reue·geld *nt* JUR forfeit money

reue·los *adj inv* unrepentant

reu·en ['rɔyən] *vt (geh)* ■**jdn** ~ to be of regret to sb; ***meine Aussage reut mich*** I regret my statement; ***es reut ihn, ihr nie seine Liebe gestanden zu haben*** he regrets never having confessed his love to her

reu·ig ['rɔyɪç] *adj* repentant, remorseful

reu·mü·tig ['rɔymy:tɪç] **I.** *adj* remorseful, repentant; **~e Sünder** repentant sinners

II. *adv* remorsefully; **~ zu jdm zurückkommen** to come crawling back to sb *fam*

Reu·se <-, -n> ['rɔyzə] *f* fish trap

re·üs·sie·ren* [reʔʏ'si:rən] *vi (geh)* ■[**mit etw** *dat*] ~ to succeed [in doing sth]

re·va·lo·ri·sie·ren* [revalori'zi:rən] *vt* FIN ■**etw** ~ to revalorize sth

Re·van·che <-, -n> [re'vã:ʃə, re'vaŋʃə] *f* ❶ *(Revanchespiel)* return match BRIT, rematch; **jdm ~ geben** to give sb a return match

❷ *(Vergeltung)* revenge *no pl;* **als ~** as a return favour [*or* AM -or]; ***danke für die Einladung, als ~ lade ich dich am nächsten Samstag ins Kino ein*** thanks for the invitation, in return I'll invite you to the cinema next Saturday

Re·van·che·par·tie [re'vã:ʃə, re'vaŋʃə] *f* SPORT return match BRIT, rematch **Re·van·che·spiel** *nt* SPORT return match

re·van·chie·ren* [revã'ʃi:rən, revaŋ'ʃi:rən] *vr* ❶ *(sich erkenntlich zeigen)* ■**sich** *akk* [**bei jdm**] [**für etw** *akk*] ~ to return [sb] a favour [*or* AM -or] [for sth]; ***danke für deine Hilfe, ich werde mich dafür ~*** thanks for your help, I'll return the favour

❷ *(sich rächen)* ■**sich** *akk* [**an jdm**] [**für etw** *akk*] ~ to get one's revenge [on sb] [for sth]

Re·van·chis·mus <-> [revã'ʃɪsmʊs, revaŋ'ʃɪsmʊs] *m kein pl* POL revanchism *no pl*

re·van·chis·tisch [revã'ʃɪstɪʃ] *adj inv (geh)* revanchist

re·ve·nie·ren [reve'ni:rən] *vt* KOCHK **Fleisch ~** to sear meat

Re·vers¹ <-, -> [re've:ɐ̯, re'vɛ:ɐ̯, rə'-] *nt o m* MODE lapel

Re·vers² <-es, -e> [re'vɛrs] *m* declaration

re·ver·si·bel [revɛr'zi:bl̩] *adj (geh)* reversible; **nicht ~ sein** to be irreversible

re·vi·die·ren* [revi'di:rən] *vt (geh)* ❶ *(rückgängig machen)* ■**etw** ~ to reverse sth; **eine Entscheidung ~** to reverse a decision

❷ *(abändern)* ■**etw** [**in etw** *dat*] ~ to revise sth [in sth]; ***die Vorschriften wurden in mehreren Punkten revidiert*** the regulations were revised in several points; **ein revidierter Paragraph** a revised paragraph

Re·vier <-s, -e> [re'vi:ɐ̯] *nt* ❶ *(Polizeidienststelle)* police station; ***keinen Führerschein? Sie müssen mit aufs ~!*** no driving licence? you'll have to accompany me to the station!

❷ *(Jagdrevier)* preserve, shoot

❸ MIL sick-bay

❹ *(Zuständigkeitsbereich)* area of responsibility, province

❺ *kein pl (fam: Industriegebiet)* coalfield; ■**das ~** the Ruhr/Saar mining area

Re·vier·ver·hal·ten [re'vi:ɐ̯-] *nt* BIOL territorial behaviour BRIT [*or* AM -or]

Re·vire·ment <-s, -s> [revirə'mã:] *nt* POL cabinet reshuffle

re·vi·si·bel [revi'zi:bl̩] *adj inv* JUR *(anfechtbar)* reversible, appealable

Re·vi·si·bi·li·tät <-> [revizibili'tɛ:t] *f kein pl* JUR *(Anfechtbarkeit)* reversibility

Re·vi·si·on <-, -en> [revi'zi̯o:n] *f* ❶ FIN, ÖKON audit; **interne ~** internal audit

❷ JUR appeal; **~ einlegen** to appeal, to lodge an appeal; **einer ~ stattgeben** to uphold an appeal; **die ~ zurückweisen** to dismiss an appeal

❸ TYPO final proofreading *no pl*

❹ *(geh: Abänderung)* revision; ***ich bin zu einer ~ meiner Entscheidung bereit*** I am prepared to revise my decision

Re·vi·si·o·nis·mus <-> [revizi̯o'nɪsmʊs] *m kein pl* POL revisionism *no pl*

re·vi·si·o·nis·tisch *adj inv* revisionist

Re·vi·si·ons·ab·tei·lung *f* audit department **Re·vi·si·ons·an·trag** *m* JUR motion for judgment in an appeal; ~ **abgelehnt** leave to appeal denied

Re·vi·si·ons·be·grün·dung *f,* **Re·vi·si·ons·grund** *m* JUR grounds [*or* reasons] for appeal **Re·vi·si·ons·be·grün·dungs·frist** *f* JUR time for filing grounds for appeal

Re·vi·si·ons·be·schwer·de *f* JUR appeal [on points of law] against a court order **Re·vi·si·ons·bo·gen** *m* TYPO clean [*or* final] proof **Re·vi·si·ons·ent·schei·dung** *f* JUR appellate decision on points of law **Re·vi·si·ons·fall** *m* JUR appealed case **Re·vi·si·ons·frist** *f* JUR time for appeal, statutory period for lodging an appeal **Re·vi·si·ons·ge·richt** *nt* final court of appeal, final appeals court BRIT **Re·vi·si·ons·grund** [revi'zi̯o:ns-] *m* JUR reversible error; **absoluter** ~ fundamental error **Re·vi·si·ons·in·stanz** *f* JUR court of appeal **Re·vi·si·ons·klä·ger(in)** *m(f)* JUR appellant **Re·vi·si·ons·klau·sel** *f* JUR re-opener clause **Re·vi·si·ons·rich·ter(in)** *m(f)* JUR appellate [*or* appeal court] judge **Re·vi·si·ons·schrift** *f* JUR notice of appeal on points of law **Re·vi·si·ons·ur·teil** *nt* JUR judgment on appeal **Re·vi·si·ons·zu·las·sung** *f,* **Re·vi·si·ons·zu·las·sungs·be·schluss**[RR] *m* JUR order granting leave to appeal

Re·vi·sor, -so·rin <-s, -en> [re'vi:zo:ɐ̯, -'zo:rɪn, *pl* -'zo:rən] *m, f* auditor

Re·vi·val <-s, -s> [rɪ'vaɪvl] *nt* revival

Re·vo·ka·ti·on <-, -en> [revoka'tsi̯o:n] *f* JUR *(geh: Widerruf)* revocation

Re·vol·te <-, -n> [re'vɔltə] *f* revolt

re·vol·tie·ren* [revɔl'ti:rən] *vi (geh)* ■**[gegen jdn/etw]** ~ to rebel [*or* revolt] [against sb/sth]

Re·vo·lu·ti·on <-, -en> [revolu'tsi̯o:n] *f* revolution; **die Französische** ~ the French Revolution; **eine wissenschaftliche** ~ a scientific revolution

re·vo·lu·ti·o·när [revolutsi̯o'nɛ:ɐ̯] *adj* ❶ *(bahnbrechend)* revolutionary; **eine ~e Entdeckung** a revolutionary discovery
❷ POL *(eine Revolution bezweckend)* revolutionary

Re·vo·lu·ti·o·när(in) <-s, -e> [revolutsi̯o'nɛ:ɐ̯] *m(f)* ❶ POL revolutionary
❷ *(radikaler Neuerer)* revolutionist

re·vo·lu·ti·o·nie·ren* [revolutsi̯o'ni:rən] *vt* ■**etw** ~ to revolutionize sth

Re·vo·lu·ti·ons·füh·rer(in) *m(f)* revolutionary leader **Re·vo·lu·ti·ons·tri·bu·nal** *nt* revolutionary tribunal

Re·vo·luz·zer(in) <-s, -> [revo'lʊtsɐ] *m(f) (pej)* would-be revolutionary *pej*

Re·vol·ver <-s, -> [re'vɔlvɐ] *m* revolver

Re·vol·ver·ab·zug *m* trigger [of a revolver] **Re·vol·ver·blatt** *nt* MEDIA *(fam)* sensationalist newspaper **Re·vol·ver·griff** *m* revolver handle **Re·vol·ver·held** *m (iron)* gunfighter, gunslinger **Re·vol·ver·lauf** *m* barrel of a/the revolver **Re·vol·ver·trom·mel** *f* breech

Re·vue <-, -n> [re'vy:, rə'vy:, *pl* -'vy:ən] *f* THEAT revue
▸WENDUNGEN: **jdn/etw ~ passieren lassen** *(geh)* to recall sb/to review sth

Re·vue·tän·zer(in) *m(f)* THEAT dancer in a revue **Re·vue·the·a·ter** [re'vy:-, rə'vy:-] *nt* THEAT revue theatre [*or* AM -er]

Reyk·ja·vik <-s> ['rai̯kjavi:k, -vɪk] *nt* Reykjavik

Re·zen·sent(in) <-en, -en> [retsɛn'zɛnt] *m(f)* reviewer

re·zen·sie·ren* [retsɛn'zi:rən] *vt* ■**etw** ~ to review sth

Re·zen·si·on <-, -en> [retsɛn'zi̯o:n] *f* review, write-up *fam*

Re·zen·si·ons·ex·em·plar *nt* review copy

re·zent <er, -este> [re'tsɛnt] *adj* ❶ BIOL *Tiere, Pflanzen* living
❷ *(noch bestehend) Kulturen* surviving
❸ DIAL *(säuerlich pikant) Speise* tart, sour

Re·zept <-[e]s, -e> [re'tsɛpt] *nt* ❶ KOCHK recipe
❷ MED prescription; **auf** ~ on prescription; ***diese Tabletten bekommen Sie nur auf*** ~ these tablets are only available on prescription
❸ *(fig: Verfahren)* remedy; ***ich kenne leider kein ~ gegen Langeweile*** unfortunately I don't know of any remedy for boredom

Re·zept·block *m* prescription pad **Re·zept·buch** *nt* KOCHK recipe book, cookbook **Re·zept·for·mu·lar** *nt* prescription form **re·zept·frei** I. *adj* without prescription *after n;* **~e Medikamente** over-the-counter medicines, medicines available without prescription; ■~ **sein** to be available without prescription II. *adv* without prescription, over-the-counter; ~ **zu bekommen sein** to be available without prescription

Re·zep·ti·on <-, -en> [retsɛp'tsi̯o:n] *f* reception

Re·zep·ti·o·nist(in) <-en, -en> *m(f)* receptionist

Re·zep·tor <-s, -en> [re'tsɛpto:ɐ̯, *pl* -'to:rən] *m* BIOL receptor

Re·zept·pflicht *f kein pl* prescription requirement; **der ~ unterliegen** *(geh)* to be available only on prescription **re·zept·pflich·tig** *adj inv* available only on prescription; **nicht** ~ OTC, over-the-counter **Re·zept·prü·fung** *f* examination of prescriptions

Re·zep·tur <-, -en> [retsɛp'tu:ɐ̯] *f* ❶ *(Zubereitung von Arzneimitteln nach Rezept)* dispensing
❷ *(Arbeitsraum in einer Apotheke)* prescriptions *pl*
❸ CHEM formula
❹ KOCHK recipe

Re·zes·si·on [retsɛ'si̯o:n] *f* ÖKON recession; **die ~ bekämpfen** to fight against recession; **die ~ in den Griff bekommen** to buck the recession

re·zes·si·ons·be·dingt *adj inv* ÖKON recessional, recession-induced; **~es Defizit** recession-induced deficit; **~er Nachfragerückgang** recessional slump **Re·zes·si·ons·er·schei·nung** *f* ÖKON symptom of recession **re·zes·si·ons·ge·schä·digt** *adj* ÖKON badly affected by the recession *pred;* **~er Wirtschaftszweig** industry badly affected by the recession **re·zes·si·ons·si·cher** *adj* ÖKON recession-resistant **Re·zes·si·ons·ten·denz** *f* ÖKON recessionary tendency

re·zes·siv [retsɛ'si:f] *adj* ❶ BIOL, MED recessive
❷ ÖKON recessionary; **~e Tendenzen** recessionary trends

Re·zi·pi·ent(in) <-en, -en> [retsi'pi̯ɛnt] *m(f)* ❶ *(geh) eines Textes, Musikstücks u.ä.* percipient form
❷ PHYS vacuum jar [*or* tube]

re·zi·prok [retsi'pro:k] *adj* MATH reciprocal

Re·zi·pro·zi·tät <-> [retsiprotsi'tɛ:t] *f (fachspr: Wechselseitigkeit)* reciprocity

Re·zi·ta·ti·on <-, -en> [retsita'tsi̯o:n] *f* recitation

Re·zi·ta·tiv <-s, -e> [retsita'ti:f] *nt* MUS recitative

Re·zi·ta·tor, -to·rin <-s, -en> [retsi'ta:to:ɐ̯, -'to:rɪn, *pl* -'to:rən] *m, f* reciter

re·zi·tie·ren* [retsi'ti:rən] I. *vt* ■**jdn/etw** ~ to recite sb/sth; ***er konnte Schiller in ganzen Passagen*** ~ he was able to recite whole passages of Schiller
II. *vi* ■**[aus jdm/etw]** ~ to recite [from sb/sth]

R-Ge·spräch ['ɛr-] *nt* reverse charge [*or* AM collect] call

rh *m Abk von* **Rhesusfaktor negativ** rh

Rh[1] *m Abk von* **Rhesusfaktor positiv** Rh

Rh[2] CHEM *Abk von* **Rhodium** Rh

Rha·bar·ber <-s, -> [ra'barbɐ] *m* rhubarb

Rha·bar·ber·ku·chen *m* rhubarb crumble *no pl* **Rha·bar·ber·pflan·ze** *f* rhubarb plant **Rha·bar·ber·stän·gel**[RR] *m* stalk of rhubarb

Rhap·so·die <-, -n> [rapso'di:, *pl* -'di:ən] *f* MUS rhapsody

Rhein <-s> [rai̯n] *m* ■**der** ~ the Rhine; **am Rhein** on the Rhine

Rhein·fall *m* Rhine falls *pl;* ■**der ~ [von Schaffhausen]** the Rhine Falls [at Schaffhausen]

rhei·nisch ['rai̯nɪʃ] *adj attr* ❶ *(des Rheinlandes)* Rhenish, Rhineland; **eine ~e Spezialität** a Rhineland speciality
❷ LING Rhenish, Rhineland; ***er spricht ~en Dialekt*** he speaks with a Rhineland dialect

Rhein·land <-[e]s> ['rai̯nlant] *nt* Rhineland

Rhein·län·der(in) <-s, -> ['rai̯nlɛndɐ] *m(f)* Rhinelander

rhein·län·disch ['rai̯nlɛndɪʃ] *adj* ❶ *(rheinisch)* Rhenish, Rhineland
❷ LING Rhenish, Rhineland

Rhein·land-Pfalz ['rai̯nlant-'pfalts] *f* Rhineland-Palatinate

Rhein·salm *m* KOCHK, ZOOL Rhine salmon **Rhein·wein** *m* Rhine wine

Rhe·ni·um <-s> ['re:ni̯ʊm] *nt kein pl* CHEM rhenium *no pl*

Rheo·lo·gie [reolo'gi:] *f kein pl* PHYS rheology

rheo·lo·gisch *adj* PHYS rheological; **~e Eigenschaften** rheological properties

Rhe·sus·af·fe ['re:zʊs-] *m* rhesus monkey **Rhe·sus·fak·tor** *m* rhesus factor; ~ **positiv/negativ** rhesus positive/negative **Rhe·sus·un·ver·träg·lich·keit** *f* rhesus [*or* Rh] factor incompatibility

Rhe·to·rik <-, -en> [re'to:rɪk] *f* ❶ *kein pl (Lehre)* rhetoric *no pl;* ***die ~ ist die Kunst der Rede*** rhetoric is the art of speaking
❷ *(Redegabe)* rhetoric *no pl,* eloquence *no pl*

rhe·to·risch [re'to:rɪʃ] I. *adj* rhetorical
II. *adv* rhetorically; **rein** ~ purely rhetorically; *s. a.* **Frage**

Rheu·ma <-s> ['rɔy̯ma] *nt kein pl (fam)* rheumatism *no pl;* ~ **haben** to have rheumatism

Rheu·ma·be·hand·lung *f* treatment against rheumatism **Rheu·ma·fak·to·ren** *pl* rheumatic factors *pl* **Rheu·ma·mit·tel** *nt* preparation [*or* remedy] for rheumatism **Rheu·ma·pflas·ter** *nt* belladonna plaster [*or* bandage] **Rheu·ma·prä·pa·rat** *nt* preparation against rheumatism **Rheu·ma·sal·be** *f* rheumatism ointment

Rheu·ma·ti·ker(in) <-s, -> [rɔy̯'ma:tikɐ] *m(f)* rheumatic, person with rheumatism

rheu·ma·tisch [rɔy̯'ma:tɪʃ] *adj* rheumatic

Rheu·ma·tis·mus <-> [rɔy̯ma'tɪsmʊs] *m kein pl* rheumatism *no pl*

Rheu·ma·to·lo·ge, -lo·gin <-n, -n> [rɔy̯mato'lo:gə, -'lo:gɪn] *m, f* rheumatologist

Rhi·no·plas·tik <-, -en> [rino'plastɪk] *f* MED rhinoplasty

Rhi·no·ze·ros <-[ses], -se> [ri'no:tserɔs] *nt* ❶ *(Nashorn)* rhinoceros
❷ *(fam: Dummkopf)* twit *pej fam*

Rhi·zom <-s, -e> [ri'tso:m] *nt* BOT rhizome, rootstock

Rho·di·um <-s> ['ro:di̯ʊm] *nt kein pl* CHEM rhodium *no pl*

Rho·do·den·dron <-s, -dendren> [rodo'dɛndrɔn] *m o nt* rhododendron

Rho·do·pen-Ge·bir·ge <-s> [ro'do:pn̩-] *nt* Rhodope Mountains *pl,* Rhodopes *pl*

Rho·dos ['rɔdɔs, 'ro:dɔs] *nt* Rhodes

Rhom·bo·eder [rɔmbo'ʔe:dɐ] *m* MATH rhombohedron

Rhom·bus <-, Rhomben> ['rɔmbʊs, *pl* 'rɔmbn̩] *m* rhombus

Rhön·rad ['rø:n-] *nt* SPORT gyro-wheel

Rhyth·men *pl von* **Rhythmus**

rhyth·misch ['rʏtmɪʃ] *adj* rhythmic[al]; **~e Bewegungen** rhythmical movements

Rhyth·mus <-, -Rhythmen> ['rʏtmʊs, *pl* 'rʏtmən] *m* rhythm

Rhyth·mus·ge·fühl *nt kein pl* [sense of] rhythm

Ri·ad <-s> [ri̯a:t] *nt* Riyadh

Ri·bi·sel <-, -n> ['ri:bi:zl] *f* DIAL, ÖSTERR *rote* redcurrant; *schwarze* blackcurrant

Ri·bo·nu·kle·in·säu·re [ribonukle'i:n-] *f* ribonucleic acid

Ri·bo·som <-s, -en> [ribo'zo:m] *nt* BIOL ribosome

Richt·an·ten·ne ['rɪçt-] *f* directional aerial [*or* AM antenna], beam antenna

rich·ten ['rɪçtn̩] I. *vt* ❶ *(lenken)* ■**etw irgendwohin** ~ to point sth somewhere; *Strahl a.* to direct sth somewhere; *Waffe, Kamera a.* to train sth somewhere; **den Blick zu Boden** ~ to look down; *(aus Demut, Scham)* to lower one's eyes; **den Blick in die Ferne** ~ to look into the distance; **den Kurs nach Osten** ~ to steer an easterly course; **die Waffe gegen sich** *akk* **selbst** ~ to turn the weapon on oneself; ■**etw auf jdn/etw** ~ to point sth at sb/sth; *Strahl a.* to direct sth towards [*or* at] sb/sth; *Waffe, Kamera a.* to train sth on sb/sth; **die Augen [*o* den Blick] auf jdn** ~ to look directly at sb, to turn one's eyes to sb; **den Blick auf etw** *akk* ~ to [have a] look at sth; *(beobachten)* to observe sth

R

② *(konzentrieren)* ***er hat all sein Tun auf dieses Ziel gerichtet*** everything he did served to achieve this object; ***unsre Verbesserungen sind auf die Verkaufsleistung gerichtet*** our improvements affect sales performance only; ***ein kommunistisch gerichteter Gedanke*** a thought based on [*or* aligned along] communist teachings; **seine Aufmerksamkeit auf etw** *akk* ~ to turn one's attention to sth; **seine ganze Aufmerksamkeit auf etw** *akk* ~ to give sth one's full attention; **all sein Bemühen auf etw** *akk* ~ to direct all one's efforts towards sth; **seine Wut gegen jdn** ~ to vent one's anger on sb
③ *(umändern)* ■**etw nach jdm/etw** ~ to arrange sth to suit sb/sth
④ *(mitteilen)* ■**etw an jdn/etw** ~ to address sth to sb/sth; *Kritik* to direct [*or* level] sth at sb; *(zusenden a.)* to send sth to sb/sth [*or* sb/sth sth]; **eine Bitte/Frage an jdn** ~ to put a request/question to sb; ***die Frage ist an Sie gerichtet*** the question is meant for you; **ein Gesuch an jdn** ~ to petition sb; **eine Mahnung an jdn** ~ to give/send sb a warning; **das Wort an jdn** ~ to address sb
⑤ *(begradigen)* ■**etw** ~ to straighten sth; *(ebnen)* to level sth; **Blech** ~ to flatten sheet metal; **eine Delle** ~ to dress [*or sep* true up] a dent; **einen Knochenbruch** ~ to set a fracture; **Lager/Räder** ~ to centre BRIT [*or* AM center] bearings/wheels
⑥ *(justieren)* ■**etw** ~ to align sth; *eine Antenne* ~ to direct [*or* align] an aerial; **eine Kanone** ~ to aim a cannon
⑦ *(aufstellen)* ■**etw** ~ to build [*or sep* put up] sth
⑧ *esp* SÜDD, ÖSTERR, SCHWEIZ *(ordnen)* **sich/jdm die Haare** ~ to do one's/sb's hair; **sich/jdm die Krawatte** ~ to adjust [*or* straighten] one's/sb's tie
⑨ *esp* SÜDD, ÖSTERR, SCHWEIZ *(reparieren)* ■[**jdm**] **etw** ~ to fix [*or* repair] [*or* mend] sth [for sb]
⑩ *esp* SÜDD, ÖSTERR, SCHWEIZ *(bereiten)* ■[**jdm**] **etw** ~ to prepare sth [*or* get sth ready] [for sb]; **jdm ein Bad** ~ to run a bath for sb; **die Betten** ~ to make the beds; **das Frühstück** ~ to make [*or* get] breakfast; **den Tisch** ~ to lay the table
⑪ *esp* SÜDD, ÖSTERR, SCHWEIZ *(sorgen)* ■**etw** ~ to arrange sth; ***das kann ich schon*** ~ I can arrange it; ***das lässt sich schon*** ~ that should be no problem
⑫ *(aburteilen)* ■**jdn** ~ to judge sb, to pass judg[e]ment on sb
⑬ *(verurteilen)* ■**jdn** ~ to condemn sb
⑭ *(veraltend geh: exekutieren)* ■**jdn** ~ to execute sb
II. *vr* ① *(aufstehen)* **sich** *akk* **in die Höhe** ~ to stand [*or* get] up
② *(lenken)* ■**sich** *akk* **irgendwohin** ~ to point somewhere; *Strahlen a.* to be directed somewhere; *Augen* to look somewhere; ***die Strahlen richteten sich auf einen Punkt*** the beams converged to a point
③ *(konzentrieren)* ***ihr ganzer Hass richtete sich auf ihn*** he was the object of all her hatred; ***sein ganzes Denken richtet sich auf eine Lösung*** his single thought is to find a solution
④ *(kritisieren)* ■**sich** *akk* **gegen jdn/etw** ~ to criticize [*or* BRIT *a.* -ise] sb/sth; ***in seiner Rede richtet er sich gegen die Partei*** he spoke derogatorily of the party, his speech criticized the party
⑤ *(betreffen)* ■**sich** *akk* **an jdn/etw** ~ to be directed at sb/sth; *Kritik, Vorwurf a.* to be aimed [*or* levelled [*or* AM -l-]] at sb/sth; ■**sich** *akk* **gegen jdn/etw** ~ to be directed at [*or* against] sb/sth
⑥ *(fragen)* ■**sich** *akk* **an jdn/etw** ~ to ask sb/sth; *(sich wenden a.)* to turn to sb/sth; *(Rat holen a.)* to consult sb/sth
⑦ *(orientieren)* ■**sich** *akk* **nach jdm/etw** ~ to comply with sb/sth; ***wir richten uns ganz nach Ihnen*** we'll fit in with you; **sich** *akk* **nach den Vorschriften** ~ to follow [*or* keep to] the rules; **sich** *akk* **nach jds Wünschen** ~ to fit in with sb's wishes
⑧ *(abhängen)* ■**sich** *akk* **nach etw** *dat* ~ to depend on sth, to be dependent on sth; *Quantität a.* to be based on sth; ■**sich** *akk* **danach** ~**, ob/wie viel ...** to depend on whether/how much ...
⑨ MIL **richt euch!** right dress!
⑩ *(veraltend geh: töten)* ■**sich** *akk* **selbst** ~ to die by one's own hand
III. *vi* ① *(urteilen)* to pass judg[e]ment; **gerecht/hart** ~ to be an impartial/a harsh judge
② *(geh: verurteilen)* ■**über jdn/in etw** *dat* ~ to judge sb/sth

Rich·ter(in) <-s, -> [ˈrɪçtɐ] *m(f)* judge; **sich** *akk* **zum** ~ [**über jdn/etw**] **aufwerfen** *(pej)* to sit in judgement [on sb/sth] *a. pej;* ~ **an etw** *dat* judge at sth; ***er ist ~ am Verwaltungsgericht*** he is a judge at the administrative court; ~ **kraft Auftrags** commissioned judge; ~ **auf Lebenszeit** judge for life; ~ **auf Probe** judge on probation; **ehrenamtlicher** ~ lay judge; **ersuchter** ~ requested judge; **gesetzlicher** ~ legally competent judge; **vorsitzender** ~ presiding judge

Rich·ter·amt *nt* judicial office, office of judge **Rich·ter·an·kla·ge** *f* JUR judicial prosecution **Rich·ter·dienst·ge·richt** *nt* JUR disciplinary tribunal for judges **Rich·ter·ge·setz** *nt* JUR Law on the Judiciary

Rich·te·rin <-, -nen> *f fem form von* **Richter**

rich·ter·lich *adj attr* judicial; ~**es Prüfungsrecht** judicial review

Rich·ter·rat *m* JUR council of judges **Rich·ter·recht** *nt* JUR case [*or* judge-made] law

Rich·ter·schaft <-> *f kein pl* judiciary *no pl*

Rich·ter·ska·la *f kein pl* GEOL Richter scale *no pl*

Rich·ter·spruch *m* ① *(Urteil)* judgement, judge's verdict ② *(Strafe)* sentence **Rich·ter·vor·be·halt** *m* JUR requirement of judicial authority **Rich·ter·wahl·aus·schuss**RR *m* JUR electoral committee for judges

Richt·fest *nt* topping out [ceremony] **Richt·funk** *m* directional radio **Richt·funk·sen·der** *m* directional transmitter **Richt·ge·schwin·dig·keit** *f* recommended speed limit **Richt·grö·ße** *f* benchmark

rich·tig [ˈrɪçtɪç] **I.** *adj* ① *(korrekt)* correct, right; **die** ~**e Antwort** the right [*or* correct] answer; **die** ~**e Lösung** the correct solution
② *(angebracht)* right; **die** ~**e Handlungsweise** the right course of action; **zur** ~**en Zeit** at the right time; ***es war ~, dass du gegangen bist*** you were right to leave
③ *(am richtigen Ort)* ■**irgendwo/bei jdm** ~ **sein** to be at the right place/address; ***„ja, kommen Sie rein, bei mir sind Sie genau ~"*** "yes, come in, you've come to [exactly] the right place"; ***ist das hier ~ zu/nach ...?*** is this [*or* am I going] the right way to ...?
④ *(echt, wirklich)* real; ***ich bin nicht deine ~e Mutter*** I'm not your real mother
⑤ *(fam: regelrecht)* real; ***du bist ein ~er Idiot!*** you're a real idiot!
⑥ *(passend)* right; ***sie ist nicht die ~e Frau für dich*** she's not the right woman for you
⑦ *(ordentlich)* real, proper; ***es ist lange her, dass wir einen ~en Winter mit viel Schnee hatten*** it's been ages since we've had a proper winter with lots of snow
⑧ *(fam: in Ordnung)* all right, okay; ■~ **sein** to be all right [*or* okay]; ***unser neuer Lehrer ist ~*** our new teacher is okay; *s. a.* **Kopf**
II. *adv* ① *(korrekt)* correctly; ***Sie haben irgendwie nicht ~ gerechnet*** you've miscalculated somehow; ~ **gehend** accurate; **eine** ~ **gehende Uhr** an accurate watch; **höre ich** ~**?** did I hear right?, are my ears deceiving me? *fig;* **ich höre doch wohl nicht** ~**?** excuse me? *fam,* you must be joking!; **sehr** ~**!** quite right!
② *(angebracht)* correctly; *(passend a.)* right; ***der Blumentopf steht da nicht richtig*** the flowerpot is not in the right place there; ***irgendwie sitzt die Bluse nicht richtig*** somehow the blouse doesn't fit properly
③ *(fam: regelrecht)* really; ***ich fühle mich von ihr ~ verarscht*** I feel she has really taken the piss out of me; ***er hat sie ~ ausgenutzt*** he has really used her
④ *(tatsächlich)* ~**, *das war die Lösung*** right, that was the solution

Rich·ti·ge(r) *f(m)* *dekl wie adj* ① *(der passende Partner)* right person; ***schade, dieser Mann wäre für mich der ~ gewesen*** pity, he would have been the right man for me
② *(Treffer)* right numbers/hits; ***wie viel ~ haben wir diesmal im Lotto?*** how many right numbers did we get in the lottery this time?
▸WENDUNGEN: **du bist mir der/die** ~**!** *(iron)* you're a fine one, you are! *iron;* [**bei jdm**] **an den** ~**n/die** ~ **geraten** *(iron)* to pick the wrong person; ***mit der Frage gerätst du bei mir an den ~n!*** I'm the wrong person to ask

Rich·ti·ge(s) *nt dekl wie adj* ① *(Zusagendes)* ■**das** ~**/etwas** ~**s** the right one/something suitable; ***„gefällt Ihnen die Vase?" — „nein, das ist nicht ganz das ~e"*** "do you like the vase?" — "no, it's not quite right"; ***ich habe immer noch nichts ~s gefunden*** I still haven't found anything suitable
② *(Ordentliches)* ■**etwas/nichts** ~**s** something/nothing decent; ***gib doch lieber 1.000 Euro mehr aus, dann hast du wenigstens etwas ~s!*** why don't you spend another 1,000 euros, then at least you'll have something decent!; ***„ich habe den ganzen Tag nichts ~s gegessen!"*** "I haven't had a proper meal all day!"

rich·tig·ge·hend *(fam)* **I.** *adj attr* real, proper; **eine** ~**e Grippe haben** to have a really bad cold
II. *adv* really, completely, totally; ~ **betrunken sein** to be well and truly plastered

Rich·tig·keit <-> *f kein pl* ① *(Korrektheit)* accuracy *no pl,* correctness *no pl;* **mit etw** *dat* **hat es seine** ~ sth is right; ***das wird schon seine ~ haben*** I'm sure that'll be right
② *(Angebrachtheit)* appropriateness *no pl*

rich·tig|lie·gen *vi irreg (fam)* ■[**mit etw** *dat*] ~ to be right [*or* correct] [with sth]; ***damit liegst du*** [***ganz***] ***richtig*** you're [absolutely] right there; ***mit seinen Prophezeiungen hat er bisher immer richtiggelegen*** his predictions have always proved to be right; ***mit Ihrer Annahme liegen Sie genau richtig*** you are quite correct in your assumption; ■**bei jdm** ~ to have come to the right person; ***bei mir liegen Sie genau richtig*** you've come to just the right person; ***bei Herrn Müller liegen Sie in dieser Angelegenheit genau richtig*** Mr Müller is exactly the right person to see in this matter **rich·tig|stel·len** *vt* ■**etw** ~ to correct sth

Rich·tig·stel·lung *f* correction

Richt·kranz *f wreath used in a topping-out ceremony*

Richt·li·nie *f meist pl* guideline *usu pl;* ~**n erlassen** to issue guidelines; ~**n beachten** [*o* **einhalten**] to adhere to guidelines; **sich** *akk* **nicht an die** ~**n halten** not to keep to [*or* follow] the guidelines **Richt·li·ni·en·be·stim·mung** *f* ÖKON directive provision **Richt·li·ni·en·kom·pe·tenz** *f* ÖKON authority to establish guidelines

Richt·mi·kro·fon *nt* directional microphone **Richt·platz** *m* place of execution

Richt·preis *m* ÖKON recommended price; **unverbindlicher** ~ basis price **Richt·preis·span·ne** *f* HANDEL basis price spread

Richt·punkt *m* target **Richt·schnur** *f* ① BAU plumb-line ② *kein pl (Grundsatz)* guiding principle; ■**die** ~ **einer S.** *gen*/**für etw** *akk* the guiding principle of/for sth **Richt·strah·ler** *m* beam [*or* directional] aerial [*or* AM antenna]

Rich·tung <-, -en> [ˈrɪçtʊŋ] *f* ① *(Himmelsrichtung)* direction; ***aus welcher ~ kam das Geräusch?*** which direction did the noise come from?; **eine** ~ **einschlagen** [*o* **nehmen**] to go in a direction; ***welche ~ hat er eingeschlagen?*** which direction did he go in?; **in** ~ **einer S.** *gen* in the direction of sth; ***wir fahren in ~ Süden/Autobahn*** we're heading south/in the direction of the motorway; **in alle** ~**en, nach allen** ~**en** in all directions
② *(Tendenz)* movement, trend; ***sie vertritt politisch eine gemäßigte ~*** she takes a politically moderate line; **etw** *dat* **eine andere** ~ **geben** to steer sth in another direction; ***ich versuchte, dem Gespräch eine andere ~ zu geben*** I tried to steer the conversation in another direction; ***die Labour-***

partei hat ihrer Politik eine andere Richtung gegeben the Labour Party have changed course with their policies; **irgendwas in der** [*o* **dieser**] ~ something along those lines; *Betrag* something around that mark; **in dieser** ~ in this direction

Rich·tungs·än·de·rung *f* change of [*or* in] direction **Rich·tungs·kampf** *m* factional conflict **Rich·tungs·streit** *m kein pl* factional dispute

rich·tung(s)·wei·send *adj* pointing the way [ahead]; ***der Parteitag fasste einen ~en Beschluss*** the party conference took a decision that pointed the way ahead; ■**~ sein** to point the way [ahead]; ***das neue Fertigungsverfahren wird ~ für die industrielle Produktion sein*** the new manufacturing process will point the way ahead for industrial production

Richt·wert *m* guideline

Ri·cke <-, -n> ['rɪkə] *f* ZOOL doe

rieb [ri:p] *imp von* **reiben**

rie·chen <roch, gerochen> ['ri:çn̩] **I.** *vi* ❶ *(duften)* to smell; *(stinken a.)* to stink *pej,* to reek *pej;* ***das riecht hier ja so angebrannt*** there's a real smell of burning here; ■**nach etw** *dat* ~ to smell of sth; ***er riecht immer so nach Schweiß*** there's always such a sweaty smell about him; ***das riecht nach Korruption*** *(fig)* that smells [*or* reeks] of corruption
❷ *(schnuppern)* ■**an jdm/etw** ~ to smell sb/sth; ***„hier, riech mal an den Blumen!"*** "here, have a sniff of these flowers"
II. *vt* ■**etw** ~ to smell sth; ***riechst du nichts?*** can't you smell anything?; ***es riecht hier ja so nach Gas*** there's real stink of gas here; **etw ~ können** [*o* **mögen**] to like the smell of sth; ***ich mag den Tabakrauch gern*** ~ I like the smell of tobacco smoke; ***iss doch nicht immer Zwiebeln, du weißt doch, dass ich das nicht ~ kann!*** stop eating onions all the time, you know I can't stand that
▶WENDUNGEN: **etw ~ können** *(fam)* to know sth; ***das konnte ich nicht riechen!*** how was I supposed to know that!; ***ich rieche doch, dass da was nicht stimmt!*** I have a feeling that there's something funny about it; **jdn nicht ~ können** *(fam)* not to be able to stand sb; ***die beiden können sich nicht*** ~ the two of them can't stand each other; *s. a.* **Braten, Lunte**
III. *vi impers* ■**es riecht irgendwie** there's a certain smell; ***es riecht ekelhaft*** there's a disgusting smell; ■**es riecht nach etw** *dat* there's a smell of sth; ***es riecht nach Gas*** there's a smell of gas; ***wenn er kocht, riecht es immer sehr lecker in der Küche*** there's always a delicious smell in the kitchen when he's cooking; ***wonach riecht es hier so köstlich?*** what's that lovely smell in here?

Rie·cher <-s, -> ['ri:çɐ] *m* **einen guten** [*o* **den richtigen**] ~ [**für etw** *akk*] **haben** *(fam)* to have the right instinct [for sth]

Riech·kol·ben *m (hum fam)* nose, big schnozz AM, conk BRIT *sl* **Riech·nerv** *m* olfactory nerve **Riech·or·gan** *nt* olfactory organ **Riech·salz** *nt* smelling salts *pl*

Ried <-[e]s, -e> ['ri:t, *pl* 'ri:də] *nt* ❶ *(Schilf)* reeds *pl*
❷ SÜDD, SCHWEIZ *(Moor)* marsh

Ried·dach [ri:t-] *nt* thatched roof

rief [ri:f] *imp von* **rufen**

Rie·ge <-, -n> ['ri:gə] *f* ❶ SPORT team
❷ *(pej: Gruppe)* clique *pej;* ***sie hat sich in die ~ der Abtreibungsgegner eingeordnet*** she has joined the anti-abortionist camp

Rie·gel <-s, -> ['ri:gl̩] *m* ❶ *(Verschluss)* bolt; **den ~ [an etw** *dat*] **vorlegen** to bolt sth; ***vergiss nicht, den ~ vorzulegen!*** don't forget to bolt the door
❷ *(Schokoriegel)* bar
▶WENDUNGEN: **etw** *dat* **einen ~ vorschieben** to put a stop to sth

Rie·gel·bau <-s, -bauten> *m* SCHWEIZ ❶ *kein pl (Fachwerkbauweise)* half-timbering
❷ *(Fachwerkhaus)* half-timbered house

Rie·men[1] <-s, -> ['ri:mən] *m (schmaler Streifen)* strap
▶WENDUNGEN: **den ~ enger schnallen** *(fam)* to tighten one's belt; **sich** *akk* **am ~ reißen** *(fam)* to get a grip on oneself, to pull one's socks up BRIT

Rie·men[2] <-s, -> ['ri:mən] *m* NAUT, SPORT oar; **sich** *akk* **in die ~ legen** *(a. fig)* to put one's back into it

Rie·men·san·da·let·te <-, -n> *f* thin-strap [high-heeled] sandal

Ries <-es, -e *o mit Zahlwort* -> [ri:s] *nt (Papiermaß)* ream

Rie·se, Rie·sin <-n, -n> ['ri:zə, 'ri:zɪn] *m, f* giant; **ein ~ von** [**einem**] **Mann** [*o* **Mensch**[**en**]] [*o fam* **Kerl**] a giant of a man; **roter ~** ASTRON red giant; *s. a.* **Adam**

Rie·sel·feld *nt* sewage farm

rie·seln ['ri:zl̩n] *vi sein* ❶ *(rinnen)* ■**auf etw** *akk* ~ to trickle onto sth
❷ *(bröckeln)* ■**von etw** *dat* ~ to flake off sth

Rie·sen·amei·se *f (fam)* carpenter ant **Rie·sen·auf·trag** *m* giant [*or* outsize] order **Rie·sen·boh·ne** *f* jack bean **Rie·sen·chan·ce** *f (fam)* huge opportunity **Rie·sen·er·folg** *m (fam)* huge success **Rie·sen·er·leb·nis** *nt (fam)* tremendous experience **Rie·sen·ex·em·plar** *nt (fam)* huge [*or* BRIT *fam* ginormous] specimen **Rie·sen·gar·ne·le** *f* tiger prawn **Rie·sen·ge·bir·ge** ['ri:zn̩gəbɪrgə] *nt* GEOG Sudeten mountains *pl* **Rie·sen·ge·stalt** *f* ❶ *(Größe)* gigantic figure ❷ *(Hüne)* giant **Rie·sen·ge·winn** *m* huge profit

rie·sen·groß ['ri:zn̩'gro:s] *adj (fam)* ❶ *(sehr groß)* enormous, gigantic, huge
❷ *(außerordentlich)* colossal, enormous; **eine ~e Dummheit** colossal stupidity; **eine ~e Überraschung** an enormous surprise; ***der Urlaub war eine ~e Enttäuschung*** the holiday was a huge disappointment

rie·sen·haft *adj* ❶ *(gigantisch)* gigantic
❷ *(geh)* enormous, huge

Rie·sen·hun·ger *m (fam)* enormous appetite; **einen ~ haben** to be famished [*or fam* starving] **Rie·sen·lärm** *m (fam) kein pl* tremendous racket *no pl fam* **Rie·sen·rad** *nt* Ferris wheel **Rie·sen·schild·krö·te** *f* ZOOL giant tortoise **Rie·sen·schlan·ge** *f (fam)* boa **Rie·sen·schritt** *m* giant stride; **~e machen** to take giant strides; **mit ~en** approaching fast; ***der Termin für die Prüfung nähert sich mit ~en*** the date of the exam is fast approaching **Rie·sen·sla·lom** *m* giant slalom **Rie·sen·tra·ra** *nt (fam) kein pl* big fuss *no pl* **Rie·sen·wuchs** *m* MED *kein pl* giantism *no pl*

rie·sig ['ri:zɪç] **I.** *adj* ❶ *(ungeheuer groß)* gigantic
❷ *(gewaltig)* enormous, huge; **eine ~e Anstrengung** a huge effort; ***zu meiner ~en Freude übergab er mir das Geld*** to my great joy he handed me the money; ***ich habe ~en Durst*** I'm terribly thirsty
❸ *pred (fam: gelungen)* great, terrific; ***die Party bei euch war einfach*** ~ the party at your place was really terrific
II. *adv (fam)* enormously; ***das war ~ nett von Ihnen*** that was terribly nice of you

Rie·sin <-, -nen> *f fem form von* **Riese**

Ries·ling <-s, -e> ['ri:slɪŋ] *m* Riesling

Ries·ter-Ren·te *f* POL *(fam) old-age pension scheme devised by Walter Riester, former German Minister of Labour and Social Affairs*

riet [ri:t] *imp von* **raten**

Riff <-[e]s, -e> [rɪf] *nt* reef

Rift [rɪft] *nt* rift

ri·gi·de [ri'gi:də] *adj (geh)* rigid

Ri·go·ris·mus <-> [rigo'rɪsmʊs] *m kein pl* PSYCH *(geh)* rigorism *rare form*

ri·go·ros [rigo'ro:s] *adj* rigorous; ***vielleicht sollten Sie in dieser Frage weniger ~ sein*** perhaps you ought to be less adamant on this issue

Ri·go·ro·sum <-s, Rigorosa *o* ÖSTERR *bes* Rigorosen> [rigo'ro:zʊm, *pl* -'ro:za, *pl* -'ro:zən] *nt* SCH viva *(oral component of an exam for a doctorate)*

Ri·kam·bio [ri'kambi̯o] *m* FIN redrafted bill, redraft

Ri·kam·bio·wech·sel *m* FIN redrafted bill, redraft

Rik·scha <-, -s> ['rɪkʃa] *f* rickshaw

Ril·le <-, -n> ['rɪlə] *f* groove

Ri·mes·se <-, -n> [ri'mɛsə] *f* FIN remittance

Rind <-[e]s, -er> [rɪnt] *nt* ❶ *(geh: Kuh)* cow
❷ *(Rindfleisch)* beef *no pl*

Rin·de <-, -n> ['rɪndə] *f* ❶ *(Borke)* bark *no pl*
❷ *kein pl* KOCHK crust; *Käse, Speck* rind *no pl*
❸ ANAT cortex

Rin·der·bouil·lon *m* beef bouillon [*or* broth] **Rin·der·bra·ten** *m* roast beef *no pl* **Rin·der·brust** *f* beef brisket **Rin·der·fett** *nt* beef dripping [*or* tallow] **Rin·der·fi·let** *nt* fillet of beef *no pl* **Rin·der·fleck** *m dish made of beef offal* **Rin·der·hack** *nt* minced [*or* ground] beef **Rin·der·her·de** *f* herd of cattle **Rin·der·horn** *nt* cow horn **Rin·der·kamm** *m* neck of beef **Rin·der·kraft·brü·he** *f* beef bouillon [*or* broth] **Rin·der·kraft·schin·ken** *m* beef topside ham **Rin·der·ma·gen** *m* beef stomach **Rin·der·mark** *nt* beef marrow **Rin·der·mett** *nt* beef sausage meat **Rin·der·nie·ren·fett** *nt* ox kidney fat **Rin·der·rou·la·de** *f* roll of beef **Rin·der·talg** *m* beef tallow **Rin·der·wahn·sinn** *m kein pl* mad cow disease *no art, no pl fam,* BSE *no art, no pl* BRIT **Rin·der·zucht** *f* cattle breeding [*or* rearing] [*or* farming] *no art, no pl* **Rin·der·zun·ge** *f* ox [*or* cow] tongue

Rind·fleisch *nt* beef *no art, no pl* **Rind·fleisch·sup·pe** *f* beef soup

Rinds·fett *nt s.* **Rinderfett** **Rinds·le·der** *nt* cowhide, leather **rinds·le·dern** *adj* cowhide, leather **Rinds·wurst** *f* beef sausage

Rind·vieh <-viecher> *nt* ❶ *kein pl (Rinder)* cattle *no art, + pl vb;* ***der Bauer besitzt 45 Stück*** ~ the farmer owns 45 head of cattle
❷ *(sl: Dummkopf)* ass, pillock BRIT *fam*

Ring <-[e]s, -e> [rɪŋ] *m* ❶ *(Fingerring)* ring; **einen ~ am Finger tragen** to wear a ring on one's finger; **die ~e tauschen** [*o geh* **wechseln**] to exchange rings
❷ *(Öse)* ring
❸ *(Kreis)* circle; **einen ~ um jdn bilden** to form a circle round sb; **dunkle ~e** [**unter den Augen**] dark rings [under one's eyes]
❹ *(Syndikat) Händler, Dealer, Hehler* ring; *Lebensmittelhändler, Versicherungen* syndicate
❺ *(Ringstraße)* ring road BRIT, beltway AM
❻ *(Boxring)* ring; **~ frei!** seconds out!
❼ *(Kreis in einer Schießscheibe)* ring
❽ *pl (Turngerät)* rings *npl*

Ring·an·ker *m* BAU peripheral tie beam

Ring·buch *nt* ring binder **Ring·buch·ein·la·ge** *f* loose sheets *pl* for a ring binder

Ring·dros·sel *f* ORN ring ouzel [*or* ousel]

Rin·gel <-s, -> ['rɪŋl̩] *m* [small] ring; *(Locke)* ringlet

Rin·gel·blu·me *f* marigold **Rin·gel·gans** *f* ORN brent goose **Rin·gel·lo·cke** *f* ringlet

rin·geln ['rɪŋl̩n] **I.** *vt* ■**etw** [**um etw** *akk*] ~ to wind sth [around sth]; ***die Python ringelte ihren Leib um den Ast*** the python coiled its body around the branch
II. *vr* ■**sich** *akk* ~ to coil up

Rin·gel·nat·ter *f* grass snake **Rin·gel·rei·hen** <-s, -> *m kein pl* ring-a-ring o' roses **Rin·gel·schwanz** *m* curly tail **Rin·gel·spiel** *nt* ÖSTERR *(Karussell)* merry-go-round, BRIT *also* roundabout, AM *also* carousel **Rin·gel·tau·be** *f* ❶ ORN wood pigeon, ringdove ❷ DIAL *(günstige Gelegenheit)* bargain, snip BRIT *fam;* ***eine ~ für nur 5 Euro*** a snip at only 5 euros **Rin·gel·wurm** *m* ZOOL annelid

rin·gen <rang, gerungen> ['rɪŋən] **I.** *vi* ❶ *(im Ringkampf kämpfen)* ■[**mit jdm**] ~ to wrestle [with sb]
❷ *(mit sich kämpfen)* ■**mit sich** *dat* ~ to wrestle with oneself; *s. a.* **Tod, Träne**
❸ *(schnappen)* **nach Atem** [*o* **Luft**] ~ to struggle for breath
❹ *(sich bemühen)* ■**um etw** *akk* ~ to struggle for sth; **um Worte ~d** struggling for words
II. *vt* ■**jdm etw aus etw** *dat* ~ to wrench [*or form* wrest] sth from sb's sth; ***ich habe ihm die Pistole aus der Hand gerungen*** I wrested the pistol from his hand *form; s. a.* **Hand**

Rin·gen <-s> ['rɪŋən] *nt kein pl* ❶ SPORT wrestling *no art, no pl*
❷ *(geh)* struggle

Rin·ger(in) <-s, -> *m(f)* wrestler

Ring·fahn·dung *f* manhunt [over an extensive

area]; **eine ~ einleiten** to launch a manhunt **Ring·fin·ger** *m* ring finger **Ring·form** *f* ring-shaped baking tin

ring·för·mig **I.** *adj* ring-like, circular, annular *spec;* CHEM cyclic; **eine ~e Autobahn** a circular motorway; **~e Kohlenwasserstoffe** CHEM cyclic hydrocarbons
II. *adv* in the shape of a ring; ***die Umgehungsstraße führt ~ um die Ortschaft herum*** the bypass encircles the town

ring·hö·rig *adj* SCHWEIZ poorly sound-proofed

Ring·kampf *m* fight, wrestling match **Ring·kämp·fer(in)** *m(f) s.* **Ringer** **Ring·lei·tung** *f* ring main

Rin·glot·te <-, -n> [rɪŋ'lɔtə] *f* ÖSTERR greengage

Ring·mus·kel *m* BIOL, MED circular muscle **Ring·ord·ner** *m* ring binder **Ring·rich·ter(in)** *m(f)* referee

rings [rɪŋs] *adv* [all] around; ***sie hatten das Grundstück ~ mit einem Zaun umgeben*** they had surrounded the property with a fence; **~ *von Feinden umgeben*** completely surrounded by enemy forces

Ring·schluss *m* CHEM ring closure **Ring·schlüs·sel** *m* ring spanner [*or* wrench]

rings·he·rum ['rɪŋshɛ'rʊm] *adv s.* **ringsum**

Ring·stra·ße *f* ring road BRIT, beltway AM

rings·um ['rɪŋs'ʔʊm] *adv* [all] around **rings·um·her** ['rɪŋsʔʊm'he:ɐ̯] *adv (geh) s.* **ringsum**

Rin·ne <-, -n> ['rɪnə] *f* ① *(Rille)* channel; *(Furche)* furrow
② *(Dachrinne)* gutter

rin·nen <rann, geronnen> ['rɪnən] *vi sein* ① *(fließen)* to run, to flow
② *(rieseln)* to trickle; *s. a.* **Finger**

Rin·nen·plat·te *f* BAU gutter stone **Rin·nen·pro·fil** *nt* BAU groove

Rinn·sal <-[e]s, -e> ['rɪnza:l] *nt* ① *(winziger Wasserlauf)* rivulet *liter*
② *(rinnende Flüssigkeit)* trickle

Rinn·stein *m* ① *(Gosse)* gutter
② *s.* **Bordstein**

RIP <-[s], -s> *nt* INFORM *Akr von* **raster image processor** RIP

R.I.P. [a:raɪ'pi:] *Abk von* **requiescat in pace** RIP

Ripp·chen <-s, -> ['rɪpçən] *nt* smoked rib [of pork]

Rip·pe <-, -n> ['rɪpə] *f* ① ANAT rib, costa *spec*
② *(Blattader)* rib, costa *spec*
③ KOCHK **flache ~** fore rib, top [*or* AM short] rib
④ TECH fin
⑤ *(Webstreifen)* rib
⑥ ARCHIT *(Gewölbeträger)* rib
▶WENDUNGEN: **nichts auf den ~n haben** *(fam)* to be just skin and bone; **etw auf die ~n kriegen** *(fam)* to put a bit of weight on; **es sich *dat* nicht aus den ~n schneiden können** *(fam)* to not be able to produce sth out of thin air [*or* out of nothing] [*or* from nowhere]; ***er kann es sich nicht aus den Rippen schneiden!*** he can't produce it out of thin air!; **etw aus den ~n schwitzen** *(fam)* to sweat bullets to produce sth

rip·pen ['rɪpn̩] *vt* ■**etw ~** *CD, DVD* to rip sth

Rip·pen·bruch *m* broken [*or* fractured] rib

Rip·pen·fell *nt* [costal] pleura *spec* **Rip·pen·fell·ent·zün·dung** *f* pleurisy

Rip·pen·ge·wöl·be *nt* ribbed vault[ing] **Rip·pen·speer** *m* spare ribs *pl* **Rip·pen·stoß** *m* nudge [*or* dig] in the ribs; **jdm einen ~ geben** [*o geh* **versetzen**] to give sb a dig in the ribs

Ripp·li <-s, -> ['rɪpli] *nt* KOCHK SCHWEIZ salted rib [of pork]

Rips <-es, -e> [rɪps] *m* rep[p], ribbed fabric

RISC <-[s], -s> *m* INFORM *Akr von* **reduced instruction set computer** RISC

RISC-Ar·chi·tek·tur *f* INFORM RISC architecture **RISC-Be·fehl** *m* INFORM RISC instruction **RISC-Com·pu·ter** *m* INFORM RISC computer **RISC-CPU** *f* INFORM RISC-based CPU **RISC-Pro·zes·sor** *m* INFORM RISC-based processor

Ri·si·ko <-s, -s *o* Risiken *o* ÖSTERR *a.* Risiken> ['ri:ziko] *nt* risk, hazard *form;* JUR *a.* peril; **berufliches ~** occupational hazard; **unternehmerisches ~** risk of an undertaking; **ein gewisses ~ bergen** to involve a certain risk; [**bei etw** *dat*] **das ~ eingehen** [*o* **laufen**][, **etw zu tun**] to run the risk [of doing sth] [with sth]; ***bei dieser Unternehmung laufen Sie das ~, sich den Hals zu brechen*** you run the risk of breaking your neck with this venture; **ein ~ übernehmen** to assume a risk; **auf jds** *akk* **~** at sb's own risk; ***nun gut, ich kaufe die Wertpapiere, aber auf Ihr ~*** very well, I'll buy the securities, but on your head be it!; **ohne ~** without risk; **~ des Spediteurs** carrier risk; **~ deszufälligen Untergangs der Ware** HANDEL risk of accidental destruction of the goods; **versicherbares/nicht versicherbares ~** FIN insurable/prohibited class risk

Ri·si·ko·ab·si·che·rung *f* covering a risk **Ri·si·ko·ab·wä·gung** *f* risk assessment **Ri·si·ko·ab·wäl·zung** *f* shifting of a risk **Ri·si·ko·ana·ly·se** *f* risk analysis **ri·si·ko·arm** *adj* low-risk **Ri·si·ko·auf·schlag** *m* JUR danger money **Ri·si·ko·aus·gleich** *m kein pl* ÖKON ① *(Zuschlag für risikoreiches Arbeiten)* spreading of risk ② *(zusätzliches Versicherungsentgelt)* balancing of portfolio **Ri·si·ko·aus·schluss**^{RR} *m* FIN exclusion of risks **Ri·si·ko·be·gren·zung** *f* FIN risk limitation **ri·si·ko·be·haf·tet** *adj inv* with inherent risks, risk-encumbered; **~e Anlage** risk asset **ri·si·ko·be·reit** *adj* ÖKON prepared to take a risk *pred* **Ri·si·ko·be·reit·schaft** *f* willingness to take [high] risks **Ri·si·ko·be·tei·li·gung** *f* FIN retained [*or* uninsured] percentage of loss; **~ des Auftragnehmers/Garantienehmers** contractor's/insured's retention **Ri·si·ko·be·wer·tung** *f* risk evaluation **Ri·si·ko·er·hö·hung** *f* JUR added peril **Ri·si·ko·fak·tor** *m* risk factor **ri·si·ko·frei** *adj inv* risk-free, safe, secure; **~es Kapital** ÖKON secure investment **Ri·si·ko·freu·de** *f (fam)* love of risks; **politische ~** love of political risks; **durch finanzielle ~ gekennzeichnet sein** to love taking financial risks **ri·si·ko·freu·dig** *adj* prepared to take risks *pred,* venturesome *form;* **~er Anleger** ÖKON speculative investor **Ri·si·ko·ge·biet** *nt* area of risk **Ri·si·ko·ge·burt** *f* difficult [*or* complicated] birth **Ri·si·ko·ge·schäft** *nt* FIN speculative undertaking **Ri·si·ko·grup·pe** *f* [high-] risk group

Ri·si·ko·ka·pi·tal *nt* FIN risk [*or* venture] capital **Ri·si·ko·ka·pi·tal·ge·ber** *m* ÖKON, FIN venture capitalist

ri·si·ko·los *adj* safe, risk-free, without [any] risk *pred;* **ein ~er Kauf** a safe buy; ■[**für jdn**] **~ sein** to be without risk [for sb]

Ri·si·ko·ma·nage·ment [-mɛnɪtʃmənt] *nt* FIN risk management **Ri·si·ko·markt** *m* risk market **Ri·si·ko·mi·schung** *f* ÖKON risk spreading **ri·si·ko·reich** *adj inv* risky, high-risk, hazardous *form;* **~e Transaktionen** FIN high-risk transactions **Ri·si·ko·rück·la·ge** *f* FIN contingency reserve **ri·si·ko·scheu** *adj* ÖKON averse to risk *pred;* **~er Anleger** careful investor **Ri·si·ko·schwan·ger·schaft** *f* high-risk pregnancy **Ri·si·ko·streu·ung** *f* ÖKON risk spreading **Ri·si·ko·struk·tur·aus·gleich** *m kein pl risk equalization programme for health insurance companies* **ri·si·ko·träch·tig** *adj* risky **Ri·si·ko·über·gang** *m* FIN transfer [*or* passage] of risk **Ri·si·ko·über·nah·me** *f kein pl* FIN, JUR assumption of risk **Ri·si·ko·ver·si·che·rung** *f* ÖKON ① *(Lebensversicherung)* term insurance ② *(Versicherung gegen spezielle Risiken)* contingent policy **Ri·si·ko·ver·tei·lung** *f* FIN sharing of risks **Ri·si·ko·vor·sor·ge** *f* ① ÖKON provision for risks ② FIN provision for contingent loan losses

ris·kant [rɪs'kant] *adj* risky, chancy *fam;* ■[**jdm**] [**zu**] **~ sein** to be [too] risky [*or fam* chancy] [for sb]; ■**es ist ~, etw zu tun** it is risky doing sth

ris·kie·ren* [rɪs'ki:rən] *vt* ① *(aufs Spiel setzen)* ■**etw** [**bei etw** *dat*] **~** to risk sth [with sth]; **seinen** [*o* **den**] **guten Ruf ~** to risk one's good reputation
② *(ein Risiko eingehen)* ■**etw ~** to risk sth; ***beim Versuch, dir zu helfen, habe ich viel riskiert*** I've risked a lot trying to help you
③ *(wagen)* ***ich riskiere es!*** I'll chance it [*or* my arm]!; ■**es ~, etw zu tun** to risk doing sth; ***riskiere es nicht, dich mit ihm auf einen Kampf einzulassen!*** don't risk getting into a fight with him!

Ris·pe <-, -n> ['rɪspə] *f* BOT panicle

Ris·pen·gras *nt* BOT meadow grass

riss^{RR}, **riß**^{ALT} [rɪs] *imp von* **reißen**

Riss^{RR}, **Riß**^{ALT} <Risses, Risse> [rɪs] *m* ① *(eingerissene Stelle)* crack; ■**ein/der ~ in etw** *dat (Papier)* a/the tear in sth
② *(Knacks)* rift; ***wir haben uns zerstritten, die Risse sind nicht mehr zu kitten*** we fell out and the rift between us can no longer be mended
③ *(Umrisszeichnung)* [outline] sketch

ris·sig ['rɪsɪç] *adj* ① *(mit Rissen versehen)* cracked
② *(aufgesprungen)* chapped; **~e Hände** chapped hands
③ *(brüchig)* brittle, cracked

ris·so·lie·ren [rɪso'li:rən] *vt* KOCHK ■**etw ~** to roast sth until caramelized

Rist <-[e]s, -e> [rɪst] *m* ① *(Fußrücken)* instep
② ZOOL withers *npl spec*

ri·stor·nie·ren* [rɪstɔr'ni:rən] *vt* FIN ■**etw ~** to cancel sth by making a contra entry

Ri·stor·no <-s, -s> [rɪs'tɔrno] *m o nt* ① ÖKON cancellation
② FIN reverse of a contra entry

Ri·ten *pl von* **Ritus**

Rit·scherl ['rɪtʃɐl] *m kein pl* DIAL *(Feldsalat)* lamb's lettuce

ritt [rɪt] *imp von* **reiten**

Ritt <-[e]s, -e> [rɪt] *m* ride; **einen ~ machen** to go for a ride
▶WENDUNGEN: **in einem** [*o* **auf einen**] **~** *(fam)* without a break; **in scharfem ~** at a swift pace

Ritt·ber·ger <-s, -> ['rɪtbɛrgɐ] *m* loop jump

Rit·ter <-s, -> ['rɪtɐ] *m* ① *(Angehöriger des Ritterstandes)* knight; **fahrender ~** knight-errant; **jdn zum ~ schlagen** to knight sb, to dub sb knight
② *(Panzerreiter)* chevalier *hist*
③ *(Adelstitel)* ***Lanzelot ~ von Camelot*** Sir Lancelot of Camelot
④ *(Mitglied)* ***der ~ des Malteserordens*** Knight of Malta
▶WENDUNGEN: **arme ~** KOCHK French toast *(bread soaked in milk and egg and fried)*

Rit·ter·burg *f* HIST knight's castle **Rit·ter·gut** *nt* manor *spec* **Rit·ter·kreuz** *nt* MIL Knight's Cross

rit·ter·lich *adj* ① *(höflich zu Damen)* chivalrous
② HIST knightly *liter*

Rit·ter·lich·keit *f kein pl* chivalry, chivalrousness

Rit·ter·or·den *m* HIST order of knights; **der Deutsche ~** the Teutonic Order **Rit·ter·ro·man** *m* knightly romance, romance of chivalry **Rit·ter·rüs·tung** *f* knight's armour [*or* AM -or] **Rit·ter·schlag** *m* HIST dubbing *no art, no pl;* **den ~ empfangen** to be knighted [*or* dubbed knight]

Rit·ters·mann <-leute> *m (poet)* knight

Rit·ter·sporn *m* BOT delphinium, larkspur **Rit·ter·stand** *m kein pl* HIST knighthood

ritt·lings ['rɪtlɪŋs] *adv* astride

Ri·tu·al <-s, -e *o* -ien> [ri'tu̯a:l, *pl* -li̯ən] *nt* ritual

ri·tu·a·li·sie·ren* [ritu̯ali'zi:rən] *vt* SOZIOL, PSYCH ■**etw ~** to ritualize sth

Ri·tu·a·li·sie·rung <-, -en> *f* BIOL ritualization

Ri·tu·al·mord *m* ritual murder

ri·tu·ell [ri'tu̯ɛl] *adj* ritual

Ri·tus <-, Riten> ['ri:tʊs, *pl* 'ri:tən] *m* REL rite

Ritz <-es, -e> [rɪts] *m* ① *(Kratzer)* scratch
② *s.* **Ritze**

Rit·ze <-, -n> ['rɪtsə] *f* crack

Rit·zel <-s, -> ['rɪtsl̩] *nt* TECH pinion

rit·zen ['rɪtsn̩] **I.** *vt* ① *(einkerben)* ■**etw auf etw** *akk***/in etw** *akk* **~** to carve sth on/in sth
② *(kratzen)* ■**etw ~** to scratch sth
▶WENDUNGEN: **geritzt sein** *(sl)* to be okay *fam*
II. *vr* ■**sich** *akk* [**an etw** *dat*] **~** to scratch oneself [on sth]

Rit·zer <-s, -> *m (fam) s.* **Ritz**

Ri·va·le, Ri·va·lin <-n, -n> [ri'va:lə, ri'va:lɪn] *m, f* rival (**um** +*dat* for)

ri·va·li·sie·ren* [rivali'zi:rən] *vi (geh)* ■**mit jdm** [**um etw** *akk*] **~** to compete with sb [for sth]; ■**~d** rival *attr,* competing *attr*

Ri·va·li·tät <-, -en> [rivali'tɛ:t] *f (geh)* rivalry

Ri·vi·e·ra <-> [ri'vi̯e:ra] *f* riviera; ■**die** ~ the Riviera

Ri·zi·nus <-, - *o* -se> ['ri:tsinʊs] *m* ❶ *(Pflanze)* castor-oil plant
❷ *kein pl (fam: Rizinusöl)* castor oil *no art, no pl*

Ri·zi·nus·öl *nt* castor oil *no art, no pl*

RKR <-> ['ri:as] *m kein pl* HIST *Abk von* **Rundfunk im amerikanischen Sektor** American Sector Radio *(radio station in the American sector of West Berlin)*

RNS <-> [ɛr?ɛn'?ɛs] *f kein pl Abk von* **Ribonukleinsäure** RNA *no art, no pl spec*

Roa·die <-s, -s> ['roʊdɪ] *m* MUS, TECH roadie *fam*

Road·mo·vie <-s, -s> ['roʊdmu:vi] *nt* FILM road movie **Road·show** <-, -s> ['roʊdʃoʊ] *f* road show

Roads·ter <-s, -> ['roʊdstə] *m* AUTO roadster

Roast·beef <-s, -s> ['ro:stbi:f] *nt* roast beef *no indef art, no pl*

Rob·be <-, -n> ['rɔbə] *f* seal

rob·ben ['rɔbn̩] *vi sein* to crawl; ■**irgendwohin/durch etw** *akk* ~ to crawl somewhere/through sth

Ro·be <-, -n> ['ro:bə] *f* ❶ *(langes Abendkleid)* evening gown; **in großer** ~ *(geh)* in evening dress
❷ *(Talar)* robe[s *pl*], gown

Ro·bi·nie <-, -n> [ro'bi:ni̯ə] *f* BOT robinia *spec*

Ro·bo·doc <-[s], -s> [rɔbɔ'dɔk] *m (operierender Roboter)* robodoc, robot surgeon

Ro·bot <-s, -s> ['rɔbɔt] *m* INET *(WWW-Suchprogramm)* robot

Ro·bot·bild *nt* SCHWEIZ Photofit® [picture] BRIT, composite photograph

Ro·bo·ter <-s, -> ['rɔbɔtɐ] *m* robot

Ro·bo·ter·tech·nik *f kein pl* robotics + *sing vb*

Ro·bot·fahr·zeug *nt* RAUM robot vehicle

Ro·bo·tik <-> ['rɔbɔtɪk] *f kein pl* TECH robotics

ro·bust [ro'bʊst] *adj* ❶ *(strapazierfähig)* robust, tough
❷ *(widerstandsfähig)* robust

Ro·bust·heit <-> *f kein pl* ❶ *(Strapazierfähigkeit)* robustness *no art, no pl,* toughness *no art, no pl*
❷ *(Widerstandsfähigkeit)* robustness *no art, no pl*

roch [rɔx] *imp von* **riechen**

rö·cheln ['rœçl̩n] *vi* to breathe stertorously *form liter; Sterbender* to give the death rattle *liter*

Rö·cheln <-s> ['rœçl̩n] *nt kein pl* rasping breath, stertorous breathing *no art, no pl form liter; Sterbender* death rattle *liter*

Ro·chen <-s, -> ['rɔxn̩] *m* ray

Rock[1] <-[e]s, Röcke> [rɔk, *pl* 'rœkə] *m* ❶ *(Damenrock)* skirt
❷ SCHWEIZ *(Kleid)* dress, frock *dated*
❸ SCHWEIZ *(Jackett)* jacket; *s. a.* **König**

Rock[2] <-[s], -[s]> [rɔk] *m kein pl* MUS rock *no art, no pl*

Rock·band [-bænd] *f* rock band

Röck·chen <-s, -> ['rœkçən] *nt dim von* **Rock** little [*or* short] skirt

ro·cken ['rɔkn̩] *vi* to play rock music, to rock

Ro·cker(in) <-s, -> ['rɔkɐ] *m(f)* rocker

Ro·cker·ban·de *f* rocker [*or* motorcycle] gang, gang of bikers **Ro·cker·braut** *f* rocker's old lady BRIT, biker chick AM *sl*

Rock·fes·ti·val *nt* rock festival **Rock·grup·pe** *f* rock group

ro·ckig ['rɔkɪç] *adj inv* MUS rock, rocky

Rock·mu·sik *f* rock [music] **Rock·star** <-s, -s> *m* rock star

Rock·zip·fel *m* ▶WENDUNGEN: **jdn** [**gerade**] **noch am** [*o* **beim**] ~ **erwischen** to [just] manage to catch sb; **an jds** *dat* ~ **hängen** *(fam)* to cling to sb's apron strings *pej*

Ro·del <-s *o* SÜDD, ÖSTERR -, - *o* SÜDD, ÖSTERR -n> ['ro:dl̩] *m o* SÜDD, ÖSTERR *f* sledge, toboggan

Ro·del·bahn *f* toboggan run

ro·deln ['ro:dl̩n] *vi sein o haben* to sledge, to toboggan

rö·deln ['rø:dl̩n] *vi haben (fam)* to toil [away], to work one's backside *fam* off; ***ich habe den ganzen Tag gerödelt ohne Ende*** I worked my backside off all day; ***er hat den ganzen Nachmittag im Garten gerödelt*** he toiled away in the garden all afternoon

Ro·del·schlit·ten *m* DIAL *s.* **Schlitten**

ro·den ['ro:dn̩] *vt* ❶ *(herausreißen)* ■**etw** ~ to clear sth; **Gestrüpp** ~ to clear undergrowth
❷ *(vom Bewuchs befreien)* ■**etw** ~ to clear sth

Ro·deo <-s, -s> [ro'de:o] *nt* SPORT rodeo

Rod·ler(in) <-s, -> ['ro:dlɐ] *m(f)* tobogganer, tobogganist

Ro·dung <-, -en> *f* ❶ *(gerodete Fläche)* clearing
❷ *kein pl (das Roden)* clearance *no art, no pl,* clearing *no art, no pl*

Ro·gen <-s, -> ['ro:gn̩] *m* roe *no art, no pl*

Rog·gen <-s> ['rɔgn̩] *m kein pl* rye *no art, no pl*

Rog·gen·brot *nt* rye bread *no pl* **Rog·gen·mehl** *nt* rye flour **Rog·gen·voll·korn·brot** *nt* wholegrain rye bread *no pl*

roh [ro:] **I.** *adj* ❶ *(nicht zubereitet)* raw; ~**es Gemüse** raw vegetables
❷ *(unbearbeitet)* crude; **ein** ~**er Holzklotz** a rough log; **ein** ~**er Marmorblock** an unhewn [*or spec* undressed] block of marble
❸ *(brutal)* rough; **ein** ~**er Kerl** a rough fellow, a tough[ie] *esp* AM *fam; s. a.* **Gewalt**
❹ *(rüde)* coarse
II. *adv* ❶ *(in rohem Zustand)* raw, in a raw state; ***er schluckte das Ei ~ hinunter*** he swallowed the egg raw
❷ *(ungefüge)* roughly, crudely; ~ **behauene Steinblöcke** rough[ly]-hewn stone blocks

Roh·ana·ly·se *f* rough analysis **Roh·auf·wand** *m* FIN gross expenses *pl* **Roh·aus·beu·te** *f* raw results *pl*

Roh·bau <-bauten> *m* ❶ BAU shell, carcass *spec;* **im** ~ structurally complete; ***unser Haus befindet sich noch im*** ~ the structure of our house has yet to be finished
❷ AUTO body-in-white

Roh·bi·lanz *f* FIN trial balance **Roh·bo·gen** *m* TYPO *(unbeschnitten)* untrimmed sheet **Roh·de·cke** *f* BAU unfinished floor **Roh·ein·nah·men** *pl* FIN gross receipts **Roh·ei·sen** *nt* BERGB pig iron

Ro·heit[ALT] <-, -en> ['ro:hait] *f s.* **Rohheit**

Roh·ent·wurf *m* rough draft **Roh·er·trag** *m* ÖKON gross proceeds *npl* **Roh·erz** *nt* BERGB virgin ore **Roh·fuß·bo·den** *m* BAU unfinished floor **Roh·ge·wicht** *nt* gross weight **Roh·ge·winn** *m* ÖKON gross profit **Roh·gum·mi** *m o nt* raw rubber *no pl*

Roh·heit[RR] <-, -en> ['ro:hait] *f* ❶ *kein pl (Brutalität)* brutality *no art, no pl,* roughness *no art, no pl*
❷ *kein pl (Rauheit)* coarseness *no art, no pl;* **von gefühlloser** ~ **sein** to be coarse and insensitive
❸ *(brutale Handlung)* brutal act

Roh·ka·ros·se·rie *f* AUTO body-in-white

Roh·kost *f* uncooked vegetarian food *no art, no pl,* raw fruit and vegetables + *pl vb* **Roh·kost·plat·te** *f* crudités platter, platter of raw vegetables **Roh·kost·raf·fel** *f* flat vegetable grater

Roh·ling <-s, -e> ['ro:lɪŋ] *m* ❶ *(brutaler Kerl)* brute
❷ *(unbearbeitetes Werkstück)* blank

Roh·ma·te·ri·al *nt* raw material **Roh·me·tall** *nt* raw metal **Roh·milch·sieb** *nt* milk sieve

Roh·öl *nt* crude oil **Roh·öl·no·tie·rung** *f* BÖRSE crude oil price **Roh·öl·preis** *m* BÖRSE crude oil price

Roh·pa·pier *nt* TYPO base paper

Rohr[1] <-[e]s, -e> [ro:ɐ̯] *nt* ❶ TECH pipe; *(mit kleinerem Durchmesser, flexibel)* tube
❷ *(Lauf)* barrel; **aus allen** ~**en feuern** to open up with all guns
❸ SÜDD, ÖSTERR *(Backofen)* oven

Rohr[2] <-[e]s, -e> [ro:ɐ̯] *nt* ❶ *kein pl (Ried)* reed
❷ *kein pl (Röhricht)* reed bed, reeds *pl*
▶WENDUNGEN: [**wie**] **ein** [**schwankendes**] ~ **im Winde sein** *(geh)* to be like a reed in the wind

Rohr·ab·schnei·der *m* tube cutter

Rohr·am·mer <-, -n> *f* ORN reed bunting *spec*

Rohr·bom·be *f* pipe bomb **Rohr·bruch** *m* burst pipe **Rohr·brü·cke** *f* pipe bridge *(12m-wide, steel or concrete pipe anchored 25m under the surface of a Norwegian fjord to carry two lanes of traffic)*

Röhr·chen <-s, -> ['rø:ɐ̯çən] *nt dim von* **Röhre** ❶ PHARM small tube
❷ *(Reagenzglas)* test tube
❸ *(für Alkoholtest)* breathalyzer® tube; **ins** ~ **blasen** *(fam)* to take [*or* have] a breathalyser test, to blow in the bag BRIT *fam*

Rohr·dom·mel <-, -n> *f* ORN bittern

Röh·re <-, -n> ['rø:rə] *f* ❶ *(Hohlkörper)* tube; ~**n** ***aus Ton*** clay pipes
❷ *(Leuchtstoffröhre)* neon tube
❸ *(Backofen)* oven
▶WENDUNGEN: **in die** ~ **gucken** *(fam)* to be left out

Roh·reis *m* paddy [*or* unhusked] rice

röh·ren ['rø:rən] *vi* ❶ JAGD *(brüllen)* to bellow, to bell *spec;* **das R~ der Hirsche** the bellowing [*or spec* belling] of stags
❷ *(fam: heiser grölen)* to bawl
❸ *(laut dröhnen)* to roar

Röh·ren·fern·seh·pro·jek·tor *m* TV tube TV-projector **röh·ren·för·mig** *adj inv* tubular; ~**e Jeans** drainpipe [*or* cigarette leg] jeans **Röh·ren·ho·se** *f (fam)* drainpipe trousers *npl* BRIT, drainpipes *pl* BRIT *fam,* straight-leg pants **Röh·ren·kno·chen** *m* long [*or* tubular] bone **Röh·ren·pilz** *m s.* **Röhrling** **Röh·ren·ver·stär·ker** *m* tube [*or spec* thermionic] amplifier

Rohr·fern·lei·tun·gen *pl* pipelines **Rohr·ge·flecht** *nt* wickerwork *no art, no pl* **Rohr·gra·ben** *m* BAU pipe trench

Röh·richt <-s, -e> ['rø:rɪçt] *nt (geh)* reed bed, reeds *pl*

Rohr·kol·ben *m* BOT great reed mace, bulrush **Rohr·kon·struk·ti·on** *f* BAU pipe construction **Rohr·kre·pie·rer** <-s, -> *m* ❶ MIL barrel burst ❷ *(Reinfall)* flop **Rohr·le·ger(in)** <-s,-> *m(f)* pipe layer **Rohr·lei·tung** *f* pipe, conduit

Röhr·ling <-s, -e> ['rø:ɐ̯lɪŋ] *m* BOT boletus *spec*

Rohr·mat·te *f* rush [*or* reed] mat **Rohr·mö·bel** <-s, -> *nt meist pl* cane furniture *no pl* **Rohr·naht** *f* BAU pipe seam **Rohr·netz** *nt* network of pipes, mains network **Rohr·post** *f* pneumatic dispatch system **Rohr·rah·men** *m* AUTO tubular frame **Rohr·sän·ger** *m* ORN warbler **Rohr·schel·le** *f* BAU pipe clamp **Rohr·spatz** *m* ▶WENDUNGEN: **wie ein** ~ **schimpfen** *(fam)* to swear like a trooper, to curse loudly **Rohr·stock** *m* cane **Rohr·stuhl** *m* cane chair **Rohr·wei·he** *f* ORN marsh harrier **Rohr·zan·ge** *f* pipe [*or* cylinder] wrench **Rohr·zu·cker** *m* cane sugar *no art, no pl*

Roh·schät·zung *f* rough estimate **Roh·schin·ken** <-s, -> *m* SCHWEIZ *(Schinkenspeck)* bacon **Roh·sei·de** *f* raw silk *no art, no pl*

Roh·stoff *m* raw material **Roh·stoff·ab·kom·men** *nt* HANDEL commodity agreement [*or* pact] **Roh·stoff·aus·beu·te** *f* yield from raw material **Roh·stoff·be·stän·de** *pl* raw materials inventory **Roh·stoff·bör·se** *f* commodity exchange **Roh·stof·fe** *pl* **Roh-, Hilfs- und Betriebsstoffe** raw materials and supplies **Roh·stoff·ex·por·teur** [-ɛkspɔrtø:ɐ̯] *m* exporter of commodities [*or* primary products] **Roh·stoff·ex·port·land** *nt* primary exporting country **Roh·stoff·man·gel** *m* shortage [*or* lack] of raw materials **Roh·stoff·preis** *m* price of raw materials, commodity price **Roh·stoff·preis·in·dex** *m* ÖKON commodity price index **Roh·stoff·re·ser·ve** *f meist pl* [natural] reserves *pl* of raw materials **Roh·stoff·rück·ge·win·nung** *f* ÖKON recovery of raw materials; *(Konservierung)* resource conservation **Roh·stoff·ver·ar·bei·tung** *f kein pl* processing *no pl* of raw materials **Roh·stoff·ver·knap·pung** *f* shortage of raw materials

Roh·wol·le *f* raw wool **Roh·zu·cker** *m* cane sugar **Roh·zu·stand** *m* **im** ~ in an/the unfinished state

Ro·ko·ko <-[s]> ['rɔkoko, roko'ko] *nt kein pl* ❶ *(Stil)* rococo *no art, no pl*
❷ *(Zeitalter)* Rococo period *no indef art, no pl*

Rol·la·den[ALT] <-s, Rolläden *o* -> *m s.* **Rollladen**

Roll·back <-[s], -s> ['roʊlbæk] *nt (geh: Rückgang)* rollback AM; **ein** ~ **im Tourismus** a rollback in tourism

Roll·bahn *f* LUFT runway **Roll·band** <-s, -bänder> *nt* moving walkway, BRIT *a.* travelator

Roll·bra·ten *m* KOCHK rolled joint

R

Roll·brett *nt* ❶ *(Montagerollbrett)* [mechanic's] creeper
❷ *(Skateboard)* skateboard
Röll·chen ['rœlçən] *nt* KOCHK roulade
Roll·con·tai·ner *m* roller container
Rol·le <-, -n> ['rɔlə] *f* ❶ *(aufgewickeltes Material)* roll; *(um Hohlkörper gewickelt)* reel *esp* BRIT, spool *esp* AM; ***Tapete wird in ~n verkauft*** wallpaper is sold in rolls; **eine ~ Draht** a reel [*or* spool] of wire; **eine ~ Film** a roll [*or* BRIT reel] [*or* spool] of film; **eine ~ Garn** a reel of cotton BRIT, a spool of thread; **eine ~ Toilettenpapier** a roll of toilet paper, a toilet roll BRIT
❷ *(zu einer Röhre verpackte Gegenstände)* roll; *(in fester Verpackung)* tube; **eine ~ Eurostücke** a roll of one euro pieces; **eine ~ Kekse** a [round] packet of biscuits; **eine ~ Pfefferminzbonbons** a roll of mints; **eine ~ Smarties®** a tube of Smarties®
❸ *(Laufrad)* roller; *(an Möbeln)* castor, caster; *(Flaschenzug)* pulley; ***wir können das Klavier nur auf ~n verschieben*** we'll need to move the piano on rollers
❹ *(Turnübung)* roll; **eine ~ vorwärts/rückwärts** a forward/backward roll; **eine ~ machen** to do a roll
❺ DIAL *(Wäschemangel)* mangle, wringer
❻ KOCHK *(Nudelholz)* rolling pin
❼ *(im Radsport)* roller *(on a pacing motorcycle)*
❽ FILM, THEAT role, part; ***er war sehr gut in der ~ des Königs*** he was very good in the part of the king; ***sie gefiel sich in der ~ der Heldin*** she liked playing the role of the heroine; **in der ~ von jdm auftreten** to appear in the role of sb; **mit verteilten ~n** with each role cast; ***sie lasen das Stück mit verteilten ~n*** they read the play with the parts cast
❾ *(Beteiligung, Part)* role, part; ***in der Situation waren die ~n vertauscht*** it was a situation where the roles were reversed; ■**jds ~ bei etw** *dat* sb's role [*or* part] in sth; ***ich sehe meine ~ bei diesem Projekt als Organisatorin*** I see my role in this project as an organizer; **in jds ~ schlüpfen** *(fam)* to slip into sb's role [*or* the role of sb]; **sich** *akk* **in jds ~ versetzen** to put oneself in sb's place
❿ SOZIOL role; ***ein Ehe mit streng verteilten ~n*** a marriage with strict allocation of roles; ***sie weigerte sich, die traditionelle ~ der Frau zu übernehmen*** she refused to take the traditional woman's role
▶WENDUNGEN: **seine ~ <u>ausgespielt</u> haben** to be finished; **aus der ~ <u>fallen</u>** to behave badly; **von der ~ <u>kommen</u>** *(fam)* to get left behind, to lose ground; [**bei etw** *dat*/**in etw** *dat*] [**für jdn**] **eine ~ <u>spielen</u>** to play a role [*or* part] [in sth] [for sb]; ***das spielt doch keine ~!*** it's of no importance!, it doesn't matter!; ***das spielt jetzt keine ~*** that does not concern us now; ***das Alter spielt natürlich eine wichtige ~*** of course, age plays an important part [*or* role]; ***Geld spielt bei ihr keine ~*** with her money is no object; **es <u>spielt</u> keine ~, ob/wie ...** it doesn't matter whether/how ...
rol·len ['rɔlən] **I.** *vi sein* to roll; *Fahrzeug* to roll [along]; *Flugzeug* to taxi; *Lawine* to slide; ■**irgendwohin ~** to roll/taxi/slide somewhere; *s. a.* **Auge**
▶WENDUNGEN: **etw ins R~ <u>bringen</u>** to set sth in motion, to get sth underway; **eine Lawine ins R~ bringen** to start an avalanche; **ein Verfahren ins R~ bringen** to get proceedings underway
II. *vt* ❶ *(zusammenrollen)* ■**etw ~** to roll [up *sep*] sth
❷ *(rollend fortbewegen)* ■**etw irgendwohin ~** to roll sth somewhere
❸ *(sich einrollen)* ■**sich** *akk* **in etw** *akk* **~** to curl up in sth; ***sie rollte sich in die Bettdecke*** she curled up in the blanket; *s. a.* **R**
III. *vr* ■**sich** *akk* **~** to curl up; **sich** *akk* **an den Ecken ~** to roll up at the corners
Rol·len·ar·beit *f* elaboration of a role **Rol·len·be·set·zung** *f* casting **Rol·len·bild** *nt* SOZIOL role model
rol·lend *adj inv* **~e Fracht** wheeled cargo
Rol·len·druck *m* web printing **Rol·len·druck·ma·schi·ne** *f* web[-fed] press
Rol·len·fi·gur *f* character **Rol·len·hül·se** *f* TYPO reel core **Rol·len·in·ter·pre·ta·ti·on** *f* interpretation of a part **Rol·len·kli·schee** *nt* role cliché **Rol·len·kon·flikt** *m* role conflict, conflict of roles **Rol·len·mus·ter** *nt* SOZIOL role stereotype, role pattern **Rol·len·off·set** *m* rotary [*or* web] offset **Rol·len·spiel** *nt* SOZIOL role play **Rol·len·spie·ler, -spie·le·rin** *m, f* [fantasy] roleplayer **Rol·len·stu·die** *f* analysis of the role **Rol·len·tausch** *m kein pl* SOZIOL role reversal **Rol·len·typ** *m* character type **Rol·len·ver·hal·ten** *nt kein pl* SOZIOL role[-specific] behaviour **Rol·len·ver·ständ·nis** *nt* SOZIOL, PSYCH understanding of one's role in society **Rol·len·ver·tei·lung** *f* ❶ FILM, THEAT casting ❷ SOZIOL role allocation **Rol·len·wech·sel** *m* TYPO reel-change **Rol·len·zwang** *m* SOZIOL role compulsion
Rol·ler <-s, -> ['rɔlɐ] *m* ❶ *(Kinderfahrzeug)* scooter; *(Motorroller)* [motor] scooter; **~ fahren** to ride a/one's scooter
❷ ÖSTERR *(Rollo)* [roller] blind, shade AM
❸ ORN canary
Rol·ler·blade® <-s, -s> ['ro:lɐble:t] *m meist pl* Rollerblade®
Rol·ler·bla·der(in) ['ro:lɐble:dɐ] *m(f)* [roller]blader, in-line skater
Roll·erb·se *f* yellow split pea
Rol·le/Rol·le-Ver·ar·bei·tung *f* TYPO reel-to-reel production
Rol·ler·skate <-s, -s> ['ro:lɐske:t] *nt* roller skate
Roll·feld *nt* LUFT runway **Roll·film** *m* roll film **Roll·fuhr** *f* TRANSP cartage **Roll·fuhr·dienst** *m* cartage service **Roll·ga·bel·schlüs·sel** *m* adjustable spud wrench **Roll·geld** *nt* freight charge, cartage *no pl spec*
Rol·li <-s, -s> ['rɔli] *m (fam)* ❶ *(Pullover)* rollneck [*or* BRIT *also* polo-neck] [*or* AM turtleneck] sweater
❷ *(Rollstuhlfahrer)* person in a wheelchair, wheelchair-user **Roll·kom·man·do** *nt* heavy mob
Roll·kra·gen *m* roll [*or* polo] neck, turtleneck AM **Roll·kra·gen·pull·o·ver** *m* roll [*or* polo] neck, turtleneck AM, polo-neck[ed] jumper
Roll·kur *f* MED *(hist) treatment where patient takes medicine and then lies five minutes each on his side, back and stomach*
Roll·la·den^RR <-s, Rollläden *o* -> *m* shutter *usu pl*
▶WENDUNGEN: **bei jdm geht der ~ <u>runter</u>** sb closes the door **Roll·la·den·kas·ten**^RR *m* roller blind housing
Roll·ma·te·ri·al <-s, -ien> *nt bes* SCHWEIZ BAHN ❶ *(Schienenfahrzeug)* track vehicle ❷ *kein pl (Fuhrpark der Eisenbahn)* rolling stock, fleet of trains **Roll·mops** ['rɔlmɔps] *m* rolled pickled herring, rollmop BRIT
Rol·lo <-s, -s> ['rɔlo, rɔ'lo:] *nt* [roller] blind, shade AM
Roll·ra·sen *m kein pl* HORT [roll of] turf BRIT, sod AM
Roll·schie·ne *f* [roller] rail **Roll·schin·ken** *m* [rolled] smoked ham **Roll·schrank** *m* shutter cabinet, roll-fronted cupboard
Roll·schuh *m* roller skate; **~ laufen** [*o* **fahren**] to roller-skate **Roll·schuh·lau·fen** *nt kein pl* roller-skating *no art, no pl* **Roll·schuh·läu·fer(in)** *m(f)* roller skater
Roll·splitt *m* loose chippings *npl* **Roll·steg** *m* travolator
Roll·stuhl *m* wheelchair **Roll·stuhl·fah·rer(in)** *m(f)* wheelchair user **roll·stuhl·ge·recht** *adj* suitable for wheelchairs [*or* wheelchair access] *pred*
Roll·tisch *m* table on casters, BRIT *a.* trolley; *(zum Zusammenschieben)* pull-out table **Roll·trep·pe** *f* escalator; [**mit der**] **~ fahren** to take the escalator
ROM <-[s], -[s]> [rɔm] *nt* INFORM *Akr von* **read-only memory** ROM; **programmierbares ~** programmable ROM
Rom <-s> [ro:m] *nt kein pl* Rome *no art, no pl; s. a.* **Weg**
Ro·ma [ro:ma] *pl* Roma *pl*
Ro·man <-s, -e> [ro'ma:n] *m* LIT novel
▶WENDUNGEN: [**jdm**] **einen** [**ganzen**] **~ <u>erzählen</u>** *(fam)* to go on for ever [*or* on and on]; **<u>erzähl</u> keine ~e!** *(fam: fass es kurz)* make it short!; *(lüg nicht)* stop telling stories! *fam;* **ich könnte einen ~ <u>schreiben</u>!** I could write a book about it!
Ro·man·ci·er <-s, -s> [romã'sie:] *m (geh)* novelist
Ro·ma·ne, Ro·ma·nin <-n, -n> [ro'ma:nə, ro'ma:nɪn] *m, f* neo-Latin *spec,* person speaking a Romance language
Ro·man·fi·gur <-, -en> *f* character in a novel
ro·man·haft *adj inv* like a novel
Ro·man·heft, Ro·man·heft·chen *nt* LIT, VERLAG cheap [*or* AM dime-store] romance novel **Ro·man·hel·din** *f* heroine [of a novel]
Ro·ma·nik <-> [ro'ma:nɪk] *f kein pl* ■**die ~** the Romanesque period *spec*
Ro·ma·nin <-, -nen> *f fem form von* **Romane**
ro·ma·nisch [ro'ma:nɪʃ] *adj* ❶ LING, GEOG Romance; **die ~en Sprachen** the Romance languages; **die ~en Länder** the Romance countries
❷ HIST Romanesque *spec*
❸ SCHWEIZ *(rätoromanisch)* Rhaetian *spec,* Rhaeto-Romanic *spec*
Ro·ma·nist(in) <-en, -en> [roma'nɪst] *m(f)* scholar/student/teacher of Romance languages and literature [*or* studies]
Ro·ma·nis·tik <-> [roma'nɪstɪk] *f kein pl* Romance languages and literature + *sing vb,* Romance studies
Ro·ma·nis·tin <-, -nen> *f fem form von* **Romanist**
Ro·man·schrift·stel·ler(in) <-s, -> *m(f)* novelist **Ro·man·stoff** *m* novel material, material for a novel
Ro·man·tik <-> [ro'mantɪk] *f kein pl* ❶ *(künstlerische Epoche)* ■**die ~** the Age of Romanticism, the Romantic period
❷ *(gefühlsbetonte Stimmung)* romanticism *no art, no pl;* [**einen**] **Sinn für ~ haben** to have a sense of romance
❸ *(das Schwärmerische)* ■**die ~ einer S.** *gen* the romance [*or* romanticism] of a thing
Ro·man·ti·ker(in) <-s, -> [ro'mantikɐ] *m(f)* ❶ *(Künstler der Romantik)* Romantic writer/composer/poet
❷ *(gefühlsbetonter Mensch)* romantic
ro·man·tisch [ro'mantɪʃ] **I.** *adj* ❶ *(zur Romantik gehörend)* Romantic
❷ *(gefühlsbetont)* romantic
❸ *(gefühlvoll)* romantic; **~es Kerzenlicht** romantic candlelight
❹ *(malerisch)* picturesque
II. *adv* picturesquely; ***das Gut liegt sehr ~*** the property is situated in a very picturesque location
ro·man·ti·sie·ren* [romanti'zi:rən] *vt* ■**etw/jdn ~** to [over-]romanticize sb/sth
Ro·man·ver·fil·mung *f* TV, FILM film adaptation of a novel **Ro·man·vor·la·ge** *f* FILM, TV novel; ***nach der ~ von ...*** based on the novel by ...
Ro·man·ze <-, -n> [ro'mantsə] *f* LIT romance; *(Liebesbeziehung)* romantic affair
Rö·mer <-s, -> ['rø:mɐ] *m (Glas)* rummer *spec*
Rö·mer(in) <-s, -> ['rø:mɐ] *m(f)* ❶ GEOG Roman
❷ HIST Roman; **die alten ~** the ancient Romans
Rö·mer·sa·lat *m* romaine [*or* cos] lettuce **Rö·mer·topf** *m* ≈ cooking brick *(oval earthenware casserole)*
rö·misch ['rø:mɪʃ] *adj* Roman; **~e Ziffern** Roman numerals; **römische Antiqua** TYPO Roman face [*or* type]
rö·misch-ka·tho·lisch *adj* Roman Catholic, RC
Rom·mee, Rom·mé <-s> ['rɔme, rɔ'me:] *nt kein pl* rummy *no art, no pl*
ROM-Spei·cher *m* ROM [store]
Ron·do <-s, -s> ['rɔndo] *nt* MUS rondo *spec*
rönt·gen ['rœntgn̩] *vt* ■**jdn/etw ~** to x-ray sb/sth; ■**sich** *akk* [**von jdm**] **~ lassen** to have an X-ray taken [*or* be x-rayed] [by sb]
Rönt·gen <-s> ['rœntgn̩] *nt kein pl* x-raying *no art, no pl*
Rönt·gen-Ana·ly·se *f* PHYS X-ray analysis **Rönt·gen·arzt, -ärz·tin** <-es, -ärzte> *m, f* radiologist, roentgenologist *hist* **Rönt·gen·auf·nah·me** *f* X-ray [photograph], radiograph, roentgenogram **Rönt·gen-Beu·gungs·dia·gramm** *nt* PHYS X-ray diffraction diagram **Rönt·gen·bild** *nt* X-ray [photo-

graph], radiograph, roentgenogram **Rönt·gen·ge·rät** *nt* X-ray apparatus
rönt·ge·ni·sie·ren* [rœntgeni'zi:rən] *vt* ÖSTERR ■**jdn** ~ to x-ray sb
Rönt·ge·no·lo·ge, -lo·gin <-n, -n> [rœntgeno'lo:gə, -'lo:gɪn] *m, f* radiologist
Rönt·ge·no·lo·gie <-> [rœntgenolo'gi:] *f kein pl* radiology *no art, no pl*
Rönt·ge·no·lo·gin <-, -nen> *f fem form von* **Röntgenologe**
Rönt·gen·pass^RR *m* X-ray registration card **Rönt·gen·sa·tel·lit** *m* X-ray satellite **Rönt·gen·schirm** *m* X-ray screen **Rönt·gen·strah·len** *pl* X-rays *pl* **Rönt·gen·the·ra·pie** *f kein pl* X-ray therapy **Rönt·gen·un·ter·su·chung** *f* X-ray examination
Roo·ming-in <-[s], -s> ['ru:mɪŋ 'ɪn] *nt* MED rooming in
ro·sa ['ro:za] *adj inv* ❶ *(pink)* pink
❷ KOCHK *(Garstufe)* medium rare
Ro·sa <-s, -s> ['ro:za] *nt* pink *no art, no pl*
ro·sa·far·ben, ro·sa·far·big *adj* pink[-coloured [*or* AM -ored]] **ro·sa·rot** *adj* rose pink; *s. a.* **Brille**
rösch [rø:ʃ] *adj* KOCHK *(fachspr)* crisp
Rö·sche ['rø:ʃə, 'rœʃə] *f kein pl* KOCHK *(fachspr)* crispness
Rös·chen <-s, -> ['rø:sçən] *nt dim von* **Rose**
❶ *(kleine Rosenblüte)* [little] rose
❷ KOCHK sprout, florets *pl*
Ro·se <-, -n> ['ro:zə] *f* ❶ *(Strauch)* rose bush
❷ *(Blüte)* rose
▶ WENDUNGEN: **keine ~ ohne Dornen** *(prov)* there's no rose without a thorn *prov;* **man ist nicht auf ~n gebettet** life isn't a bed of roses
ro·sé [ro'ze:] *adj inv* pink; **in ~** [in] pink; ***Hosen in ~*** pink trousers
Ro·sé <-s, -s> [ro'ze:] *m* rosé
Ro·sen·gar·ten *m* rose garden **Ro·sen·holz** *nt* rosewood *no art, no pl* **Ro·sen·kohl** *m* [Brussels [*or* BRIT *a.* Brussel]] sprouts *pl* **Ro·sen·kranz** *m* REL rosary; **den ~ beten** to say a rosary
Ro·sen·mon·tag *m Monday before Shrove Tuesday, climax of the German carnival celebrations* **Ro·sen·mon·tags·zug** *m carnival procession on the Monday before Shrove Tuesday*
Ro·sen·öl *nt* attar *no art, no pl* of roses **Ro·sen·quarz** *m* rose quartz *spec* **ro·sen·rot** *adj (geh)* rosy *liter;* **~e Lippen** rosy lips **Ro·sen·spitz** *m* KOCHK boiled beef topside, prime beef topside **Ro·sen·stock** <-[e]s, -stöcke> *m* rose tree, standard rose **Ro·sen·strauch** *m* rose bush **Ro·sen·was·ser** *nt* rose water **Ro·sen·wir·sing** *m s.* **Rosenkohl** **Ro·sen·zucht** *f* rose-growing
Ro·set·te <-, -n> [ro'zɛtə] *f* ❶ *(Fenster)* rose window
❷ *(Schmuckrosette)* rosette
Ro·sé·wein *m (geh) s.* **Rosé**
ro·sig ['ro:zɪç] *adj* ❶ *(sehr rot)* rosy *liter;* **~e Lippen** rosy lips
❷ *(erfreulich)* rosy; **nicht gerade/nicht ~ sein** to not be looking/to not look too good; *s. a.* **Farbe**
ro·sig|ma·len^RR *vt* **die Zukunft ~** to paint a rosy picture of the future
Ro·si·ne <-, -n> [ro'zi:nə] *f* raisin
▶ WENDUNGEN: **~n im Kopf haben** *(fam)* to have wild [*or* big] ideas; **sich** *dat* **die [besten [*o* größten]] ~n aus dem Kuchen picken [*o* herauspicken]** *(fam)* to pick out the best, to take the pick of the bunch
Ros·ma·rin <-s> ['ro:smari:n] *m kein pl* rosemary *no art, no pl*
Ros·ma·rin·ho·nig *m* rosemary honey **Ros·ma·rin·öl** *nt* rosemary oil
Ross^RR, Roß^ALT <Rosses, Rosse *o* Rösser> [rɔs, *pl* 'rœsɐ] *nt* ❶ *(liter: Reitpferd)* steed *liter;* **sein edles ~** one's noble [*or* fine] steed *liter;* **hoch zu ~** *(geh)* on horseback, astride one's steed *liter*
❷ SÜDD, ÖSTERR, SCHWEIZ *(Pferd)* horse
❸ *(fam: Dummkopf)* idiot, dolt *pej,* twit *fam*
▶ WENDUNGEN: **sich** *akk* **aufs hohe ~ setzen** to get on one's high horse; **auf dem [*o* einem] hohen ~ sitzen** to be on one's high horse; **von seinem hohen ~ heruntersteigen [*o* kommen]** to get down off one's high horse; **~ und Reiter nennen** *(geh)* to name names
Ross·ap·fel^RR *m* SÜDD, ÖSTERR, **Ross·bol·len** <-s, -> *m* SCHWEIZ horse manure *no art, no pl* [*or* droppings] *npl*
Rös·sel·sprung ['rœsl̩-] *m* ❶ *(Schachzug)* knight's move
❷ *(Silbenrätsel) game where a knight is moved across a board, picking up syllables to form words*
Ross·haar^RR *nt kein pl* horsehair *no art, no pl*
Ross·haar·ma·trat·ze^RR *f* horsehair mattress
Ross·kas·ta·nie^RR *f* [horse] chestnut, *esp* BRIT conker **Ross·kur^RR** *f (hum)* drastic cure
Röss·li·spiel^RR ['rœsli-] *nt* SCHWEIZ merry-go-round, BRIT *also* roundabout, AM *also* carousel
Rost[1] <-[e]s> [rɔst] *m kein pl* ❶ TECH rust *no art, no pl;* **~ ansetzen** to begin [*or* start] to rust
❷ BOT rust *no art, no pl*
Rost[2] <-[e]s, -e> [rɔst] *m* ❶ *(Gitter)* grating; *(Schutzrost)* grille
❷ *(Grillrost)* grill
❸ *(Bettrost)* base, frame
rost·an·fäl·lig *adj inv* AUTO prone to rusting **Rost·bil·dung** *f* AUTO rust formation **Rost·bra·ten** *m* ❶ *(Braten)* roast beef *no art, no pl* ❷ *(Steak)* grilled steak **Rost·brat·wurst** *f* grilled [*or* barbecue] sausage **rost·braun** *adj* **~es Haar** auburn hair; **ein ~es Kleidungsstück/Fell** a russet garment/fur
Röst·brot *nt* toast
ros·ten ['rɔstn̩] *vi sein o haben* to rust; *s. a.* **Liebe, rasten**
rös·ten ['rø:stn̩, 'rœstn̩] *vt* ■**etw ~** to roast sth; **Brot ~** to toast bread; **Erze ~** CHEM, TECH to calcine ores
Rost·ent·fer·ner <-s, -> *m* AUTO rust remover
Rös·te·rei <-, -en> [rø:stə'rai] *f* roast[ing] house, roasting establishment; **frisch aus der ~** fresh from the roast, freshly roasted
rost·far·ben, rost·far·big *adj s.* **rostbraun** **Rost·fleck** *m* spot [*or* patch] of rust **Rost·fraß** *m kein pl* rust *no art, no pl,* corrosion *no art, no pl;* **durch ~ angegriffen sein** to be corroded **rost·frei** *adj* stainless; **~er Stahl** stainless steel
röst·frisch *adj inv* freshly roasted
Rös·ti ['rø:sti] *pl* SCHWEIZ [sliced] fried potatoes *pl*
ros·tig ['rɔstɪç] *adj* rusty; ■**~ werden** to go rusty
Röst·kar·tof·feln *pl* fried potatoes *pl*
Rost·lau·be *f (hum fam)* rust bucket *hum fam*
rost·rot *adj s.* **rostbraun**
Rost·schutz *m kein pl* [anti]rust protection *no art, no pl* **Rost·schutz·far·be** *f* antirust[ing] paint **Rost·schutz·mit·tel** *nt* rust prevention agent, rust-proofer, rust inhibitor *spec*
Rost·um·wand·ler <-s, -> *m* rust converter
rot <-er *o* röter, -este *o* röteste> [ro:t] **I.** *adj*
❶ *(Farbe)* red
❷ *(Körperteile bezeichnend)* red; **eine ~e Nase** a red nose; ■**~ werden** to go [*or* turn] red; *(aus Scham a.)* to blush
❸ *(Ampel)* red; ■**es ist ~** it's red
❹ *(politisch linksstehend)* left-wing, left of centre [*or* AM -ers] *pred; (kommunistisch) esp pej* Red; ***lieber tot als ~*** better dead than Red; *s. a.* **Armee, Halbmond, Kreuz, Meer, Platz, Wurst, Tuch**
II. *adv* ❶ *(mit roter Farbe)* red; **etw ~ unterstreichen** to underline sth in red
❷ *(in roter Farbe)* red; ***vor Scham lief er im Gesicht ~ an*** his face went red with shame; **~ glühend** red-hot; **[bei etw** *akk*] **~ sehen** *(fig fam)* to see red [as a result of sth]
❸ POL **~ angehaucht sein** *(fam)* to have left-wing leanings, to be leftish
Rot <-s, -s *o* -> [ro:t] *nt* ❶ *(rote Farbe)* red
❷ *kein pl (rote Karten-, Roulettefarbe)* red; **auf ~ setzen** to put one's money/chips [*or* to bet] on red; ***ich setze zur Abwechslung mal auf ~*** I'm betting on red for a change
❸ *(Ampelfarbe)* red; **die Ampel ist [*o* steht] auf ~** the traffic lights are [at] red [*or* against us/them, etc.]; **bei ~** at red; **bei ~ durchfahren** to go through a red light, to jump the [traffic] lights
Rot·al·ge *f* BOT red alga [*or* algae]
Ro·ta·ti·on <-, -en> [rota'tsi̯o:n] *f* rotation
Ro·ta·ti·ons·ach·se [-aksə] *f* axis of rotation **Ro·ta·ti·ons·druck** *m kein pl* TYPO rotary [machine] printing *no art, no pl spec* **Ro·ta·ti·ons·ge·schwin·dig·keit** *f* ❶ PHYS speed of rotation ❷ LUFT rotation speed **Ro·ta·ti·ons·kol·ben·mo·tor** *m* AUTO rotary piston engine **Ro·ta·ti·ons·ma·schi·ne** *f* TYPO rotary press [*or* machine] *spec* **Ro·ta·ti·ons·prin·zip** *nt* POL rota system BRIT, *system in which political officeholders voluntarily pass on their duties to the next in the line before the end of their term of office* **Ro·ta·ti·ons·sys·tem** *f* system of rotation
Rot·au·ge *nt* ZOOL roach **rot·ba·ckig, rot·bä·ckig** *adj* rosy-cheeked; ■**~ sein** to have rosy cheeks **Rot·bar·be** *f* ZOOL red mullet
Rot·barsch *m* ❶ ZOOL rosefish
❷ KOCHK rosefish *no art, no pl*
rot·bär·tig *adj* red-bearded; ■**~ sein** to have a red beard **rot·blond** *adj* sandy; **eine ~e Frau** a strawberry blonde; **ein ~er Mann** a sandy-haired man; ■**~ sein** to be sandy-haired, to have sandy hair **Rot·bras·se** *f* red sea-bream **rot·braun** *adj* reddish brown **Rot·bu·che** *f* [common] beech **Rot·dorn** *m* [pink] hawthorn **Rot·dros·sel** *f* ORN redwing
Ro·te <-n, -> ['ro:tə] *f* KOCHK *(fam)* red sausage
Ro·te(r) *f(m) dekl wie adj* POL Red *esp pej*
Rö·te <-> ['rø:tə] *f kein pl (geh)* red[ness]; ***ihre Wangen waren vor Scham von brennender ~*** her cheeks burned red with shame
Ro·te-Ar·mee-Frak·ti·on *f,* **RAF** *f* ■**die ~** the Red Army Faction
Rot·ei·sen·stein *m* GEOL red h[a]ematite
Rö·tel <-s, -> ['rø:tl̩] *m* red chalk *no art, no pl*
Ro·te Lis·te Red List
Rö·teln ['rø:tl̩n] *pl* German measles *no art, + sing vb,* rubella *no art, no pl spec*
Rö·teln·impf·stoff *m* German measles [*or* rubella] vaccine
Rö·tel·zeich·nung *f* drawing in red chalk
rö·ten ['rø:tn̩] **I.** *vr* ■**sich** *akk* **~** to turn [*or* become] red; *Wangen a.* to flush
II. *vt* ■**etw ~** to redden sth, to turn sth red
Ro·tes Kreuz *nt* **Deutsches ~** German Red Cross
Ro·tes Meer *nt* Red Sea
Rot·fe·der *f* ZOOL rudd **Rot·fil·ter** *m* FOTO red filter
Rot·fuchs *m* chestnut **rot·grün** *adj inv* POL red-green; **ein ~es Bündnis** a red-green alliance *(an alliance of Socialists and Greens)* **rot·haa·rig** *adj* red-haired; ■**~ sein** to have red hair **Rot·haut** *f (fam)* redskin *dated or pej* **Rot·hirsch** *m* ZOOL red deer **Rot·huhn** *nt* red-legged partridge
ro·tie·ren* [ro'ti:rən] *vi haben o sein* ❶ *(sich um die eigene Achse drehen)* to rotate; **um seine Achse ~** to rotate about its axis
❷ *(fam: hektische Aktivität entfalten)* to rush around like mad *fam;* ***unsere Sekretärin muss unheimlich ~*** our secretary has to work like crazy *fam;* ***du bringst mich wirklich zum R~!*** you're really getting me into a flap!
❸ POL to rotate
Rot·käpp·chen <-s> *nt kein pl* Little Red Riding-hood *no art, no pl* **Rot·kehl·chen** <-s, -> *nt* robin [redbreast *liter*] **Rot·kohl** *m,* **Rot·kraut** *nt* SÜDD, ÖSTERR red cabbage *no art, no pl*
röt·lich ['rø:tlɪç] *adj* reddish
Rot·licht *nt kein pl* red light *no art, no pl* **Rot·licht·mi·li·eu** *nt* demi-monde *liter;* **aus dem ~ kommen** to be one of the demi-monde *liter* **Rot·licht·vier·tel** *nt* red-light district
Ro·tor <-, -en> ['ro:to:ɐ̯] *m* rotor
Ro·tor·flü·gel *m* LUFT *Hubschrauber* rotor [blade]; *Flugzeug* rotor wing *spec*
Rot·schen·kel *m* ORN redshank **Rot·schopf** *m* redhead **Rot·schwanz** *m* ORN redstart
rot|se·hen *vi irreg (fam)* to see red
Rot·stift *m* red pencil/crayon/pen ▶ WENDUNGEN: **[bei etw** *dat*] **den ~ ansetzen** to make cutbacks [in sth]; **dem ~ zum Opfer fallen** to be scrapped; *Arbeitsplätze a.* to be axed **Rot·tan·ne** *f* Norway

spruce

Rot·te <-, -n> ['rɔtə] *f (pej)* mob *fam*

Rott·wei·ler <-s, -> ['rɔtvaile] *m* Rottweiler

Ro·tun·de <-, -n> [ro'tʊndə] *f* ① ARCHIT rotunda
② *(fam o veraltet: öffentliche Toilette)* roundhouse *hist,* public convenience [*or* AM restroom]

Rö·tung <-, -en> *f* reddening *no pl*

rot·vi·o·lett *adj inv* reddish-violet **rot·wan·gig** ['ro:tvaŋɪç] *adj (geh) s.* **rotbackig Rot·wein** *m* red wine

Rot·welsch ['ro:tvɛlʃ] *nt dekl wie adj* LING ■**das ~e** underworld slang

Rot·wild *nt* red deer

Rotz <-es> [rɔts] *m kein pl* ① *(fam: Nasenschleim)* snot *fam*
② *(sl: Krempel)* stuff *no indef art, no pl,* shit *no art, no pl pej fam!*
▸WENDUNGEN: **~ und Wasser heulen** *(fam)* to cry one's eyes out, to blubber, to blub BRIT *fam*

rot·zen ['rɔtsn̩] *vi (fam)* to blow one's nose; ***da hat schon wieder jemand auf den Bürgersteig gerotzt!*** someone's gobbed on the pavement again!; *(schnüffeln)* to sniff; ***dieses ständige R~ ist ja ekelhaft!*** this constant sniffing is disgusting!

Rotz·fah·ne *f (sl)* snot-rag *pej fam* **rotz·frech** ['rɔts'frɛç] *adj (fam)* cocky *fam* **Rotz·gö·re** *f (pej o iron derb)* cheeky brat [*or* little madam] *pej o iron fam*

rot·zig <-er, -ste> ['rɔtsɪç] *adj* ① *(derb) Nase, Taschentuch* snotty *fam*
② *(pej fam: unverschämt frech)* cheeky *fam*
③ *inv* ZOOL, MED glandered, glanderous

Rotz·jun·ge *m (fam o pej)* snotty little brat *pej* **Rotz·löf·fel** *m (pej fam)* snotty-nosed brat *pej fam* **Rotz·lüm·mel** *m (sl)* snotty-nosed [*or* BRIT cheeky] brat *pej fam* **Rotz·na·se** *f (fam)* ① *(schleimige Nase)* runny [*or fam* snotty] nose ② *(freches Kind)* snotty-nosed brat *pej fam*

Rot·zun·ge *f* witch flounder *spec*

Rouge <-s, -s> [ru:ʒ] *nt* ① *(rotes Make-up)* rouge *no art, no pl dated*
② *(Roulettefarbe)* rouge *no art, no pl*

Rouge·pin·sel [ru:ʃ-] *m* blusher brush

Rou·la·de <-, -n> [ru'la:də] *f* KOCHK roulade *spec*

Rou·leau <-s, -s> [ru'lo:] *nt* [roller] blind; **die ~s hochziehen** to raise [*or* pull up] the blinds; **die ~s herablassen** to lower [*or* let down] the blinds

Rou·lette <-s, - *o* -s> [ru'lɛt] *nt* roulette *no art, no pl;* **~ spielen** to play roulette; **russisches ~** Russian roulette

Rou·te <-, -n> ['ru:tə] *f* route

Rou·ten·emp·feh·lung ['ru:tən-] *f* TRANSP recommended route **Rou·ten·pla·ner** <-s, -> ['ru:tən-] *m* route planner

Rou·ti·ne <-> [ru'ti:nə] *f kein pl (Erfahrung)* experience *no art, no pl; (Gewohnheit)* routine *no pl;* [**jdm**] **zur ~ erstarren** [*o* **werden**] to become a routine [for sb]

Rou·ti·ne·an·ruf *m* routine call **Rou·ti·ne·ar·beit** *f* routine work **rou·ti·ne·mä·ßig** I. *adj* routine
II. *adv* as a matter of routine **Rou·ti·ne·un·ter·su·chung** *f* routine examination

Rou·ti·ni·er <-s, -s> [ruti'ni̯e:] *m* experienced person; **ein ~ in etw** *dat* **sein** to be an old hand at [*or* have a lot of experience in] sth

rou·ti·niert [ruti'ni:ɐt] I. *adj* ① *(mit Routine erfolgend)* routine
② *(erfahren)* experienced
II. *adv* in a practised [*or* AM *usu* -iced] manner

Row·dy <-s, -s> ['raudi] *m* hooligan

ro·yal·blau [roa̯'ja:l] *adj inv* royal blue

Ro·ya·list(in) <-en, -en> [roa̯ja'lɪst] *m(f)* royalist

rpm INFORM *Abk von* **rotations per minute** rpm

RSA [ɛrɛs'a:] *m* ADMIN *Abk von* **Risikostrukturausgleich** risk structure equalization

RSI <-[s]> [ɛrʔɛs'i:] *f kein pl* PSYCH *Abk von* **Repetitive Strain Injury** RSI

RSK <-> [ɛrʔɛs'ka:] *f kein pl* NUKL *Abk von* **Reaktorsicherheits-Kommission** nuclear safety commission

RT *Abk von* **Registertonne** reg.tn.

Ru·an·da <-s> *nt,* **Rwan·da** <-s> ['ru̯anda] *nt* SCHWEIZ Rwanda

Ru·an·der(in) <-s, -> ['ru̯andɐ] *m(f)* Rwandan

ru·an·disch ['ru̯andɪʃ] *adj* BRD, ÖSTERR Rwandan

Rub·bel·los ['rʊbl̩-] *nt* [lottery] scratch-card

rub·beln ['rʊbl̩n] I. *vt* ■**etw ~** to rub sth hard
II. *vi* ① *(kräftig reiben)* ■[**mit etw** *dat*] **~** to rub hard [with sth]; ■**sich** *akk* [**mit etw** *dat*] **~** to give oneself a rub-down [with sth]
② *(an einem Rubbelspiel teilnehmen)* to play scratch cards; **~ *Sie doch auch mal, Ihnen winken schöne Gewinne*** why don't you too buy a scratch card, there are wonderful prizes to be won

Rü·be <-, -n> ['ry:bə] *f* ① KOCHK, BOT turnip; **Gelbe ~** SÜDD, SCHWEIZ carrot; **Rote ~** beetroot; **Weiße ~** white turnip
② *(sl: Kopf)* nut *fam,* bonce BRIT *fam;* **seine ~ hinhalten müssen** to have to take the rap for sth *esp* AM *fam;* [**von jdm**] **eins auf die ~ kriegen** to get a clip [*or fam* clout] round the ear [from sb]

Ru·bel <-s, -> ['ru:bl̩] *m* rouble
▸WENDUNGEN: **der ~ rollt** *(fam)* there's a lot of money around

Rü·ben·kraut *nt* sugar beet syrup *no art, no pl* **Rü·ben·schwanz** *m* beet tail

Ru·bens·fi·gur ['ru:bn̩s-] *f (hum)* Rubenesque figure *hum*

Rü·ben·zu·cker *m* beet sugar

rü·ber ['ry:bɐ] *adv (fam) s.* **herüber, hinüber** over, across

rü·ber|brin·gen *vt irreg (fam)* ■[**jdm**] **etw ~** to get across sth *sep* [to sb]

rü·ber|kom·men *vi irreg sein (sl)* ■[**zu jdm**] **~** to come [*or* get] across [to sb]

rü·ber|schie·ben *vt (sl)* **jdm Geld ~** to hand over *sep* money to sb, to cough up *sep* [money] *sl*

Ru·bi·di·um <-s> [ru'bi:di̯ʊm] *nt kein pl* CHEM rubidium *no art, no pl*

Ru·bin <-s, -e> [ru'bi:n] *m* ruby

ru·bin·rot *adj* ruby[-red]

Ru·brik <-, -en> [ru'bri:k] *f* ① *(Kategorie)* category
② *(Spalte)* column

ru·bri·zie·ren* [rubri'tsi:rən] *vt* JUR ■**etw ~** to rubricate sth

Ru·brum ['ru:brʊm] *nt* JUR recitals *pl,* title reference

ruch·bar ['ru:xba:ɐ̯] *adj* ■**~ werden**[**, dass ...**] to become known [that ...]

ruch·los ['ru:xlo:s] *adj (geh)* heinous *form; (niederträchtig a.)* dastardly *liter*

Ruch·lo·sig·keit <-, -en> *f (geh)* ① *kein pl (Niederträchtigkeit)* dastardliness *no art, no pl liter*
② *(ruchlose Tat)* dastardly deed *liter*

ruck [rʊk] *interj* **~, zuck** *(fam)* in no time, in a jiffy; ***langsam! das geht nicht ~, zuck!*** slowly now, you can't rush it!; ***das muss ~, zuck gehen*** it must be done quickly; **etw ~, zuck erledigen** to do sth in no time at all; *s. a.* **hau ruck**

Ruck <-[e]s, -e> [rʊk] *m* ① *(ruckartige Bewegung)* jolt
② POL swing, shift
▸WENDUNGEN: **sich** *dat* **einen ~ geben** *(fam)* to pull oneself together; **mit einem ~** suddenly, in one go; ***er erhob sich mit einem ~*** he got up suddenly

Rück·ab·wick·lung [rʏk-] *f* reversed transaction **Rück·an·sicht** *f* rear [*or* back] view

Rück·ant·wort *f* reply, answer; *s. a.* **Telegramm** **Rück·ant·wort·cou·vert** <-s, -s> *nt* SCHWEIZ *(frankierter Rückumschlag)* self-addressed stamped envelope

ruck·ar·tig I. *adj* jerky, jolting *attr;* **eine ~e Bewegung** a jerk[y movement], a jolt; ***du hast mich aber erschreckt durch dein ~es Aufstehen!*** you startled me by jumping to your feet like that!; ***nur durch das ~e Herumwerfen des Lenkrades konnte sie dem Reh ausweichen*** only by jerking the steering wheel round was she able to avoid the deer
II. *adv* with a jerk

Rück·äu·ße·rung *f (geh) s.* **Rückantwort**

Rück·bau *m kein pl* ① *(Weiterverwendung)* reuse, recycling ② BAU *(euph: Abriss)* demolition ③ ÖKON retrenchment **Rück·be·sin·nung** *f* recollection; ■**~ auf etw** *akk* recollection of sth **rück·be·züg·lich** *adj* LING *s.* **reflexiv**

Rück·bil·dung *f* ① *(Abheilung)* regression *no pl;* **spontane ~ von Tumoren** the spontaneous regression of tumours [*or* AM -ors]
② *(Verkümmerung)* atrophy *no art, no pl*
③ LING back-formation *spec*
④ BIOL degeneration *no pl spec*

Rück·blen·de *f* flashback **Rück·blick** *m* look *no pl* back, retrospective view; ■**ein ~ auf etw** *akk* a look back at [*or* retrospective view of] sth; **einen ~ auf etw** *akk*/**in etw** *akk* **werfen** [*o* **halten**] to look back on [*or* at] sth; **im ~ auf etw** *akk* looking back at [*or* on] sth **rück·bli·ckend** I. *adj* retrospective
II. *adv* in retrospect **Rück·bu·chung** *f* FIN reversing entry **Rück·bürg·schaft** *f* JUR counter-security **rück·da·tie·ren*** *vt* ■**etw** [**auf etw** *akk*/**um etw** *akk*] **~** to backdate sth [to/by sth]

ru·cke·lig ['rʊkəlɪç] *adj (fam) Fahrt* bumpy; *(holprig) Film* shaky

ru·ckeln ['rʊkl̩n] *vi* to be jerky; ■**an etw** *dat* **~** to tug at sth

ru·cken ['rʊkn̩] *vi* to jerk, to jolt

rü·cken ['rʏkn̩] I. *vi sein* ① *(weiterrücken)* ■[**irgendwohin**] **~** to move [somewhere]; **zur Seite ~** to move aside [*or* to one side]; *(auf einer Bank a.)* to budge up BRIT *fam,* to slide down; *s. a.* **Pelle, Pelz**
② *(gelangen)* ***ein bemannter Raumflug zum Mars ist in den Bereich des Wahrscheinlichen gerückt*** a manned space flight to Mars is now within the bounds of probability; **in den Mittelpunkt des Interesses ~** to become the centre [*or* AM -er] of interest; *s. a.* **Ferne**
II. *vt* ① *(schieben)* ■**etw irgendwohin ~** to move sth somewhere; *s. a.* **Stelle**
② *(zurechtrücken)* ■[**jdm**] **etw irgendwohin ~** to move sth somewhere [for sb]; ***er rückte den Hut in die Stirn*** he pulled his hat down over his forehead; **seine Krawatte gerade ~** to straighten one's tie

Rü·cken <-s, -> ['rʏkn̩] *m* ① ANAT back, dorsum *spec; (Nasenrücken)* ridge; *(Handrücken)* back; **jdm den ~ decken** MIL to cover sb's back; **auf den ~ fallen** to fall on one's back; **den Wind im ~ haben** to have the wind at one's back; **jdm den ~ zudrehen** [*o geh* **zukehren**] to turn one's back on sb; **~ an ~** back to back; **auf dem ~** on one's back, supine *form;* **hinter jds** *dat* **~** *(a. fig)* behind sb's back *a. fig;* **mit dem ~ zu jdm/etw** with one's back to sb/sth
② KOCHK saddle
③ *(Buchrücken)* spine
④ *(Messerrücken)* blunt edge
▸WENDUNGEN: **jdm den ~ decken** to back up sb *sep;* **jdm in den ~ fallen** to stab sb in the back; **jdm/sich den ~ freihalten** to keep sb's/one's options open; **jdn/etw im ~ haben** to have sb/sth behind one; **jdm läuft es** [**eis**]**kalt über den ~** cold shivers run down sb's spine; **mit jdm/etw im ~** with sb/sth behind one; **jdm den ~** [**gegen jdn**] **stärken** to give sb moral support [against sb]; **der verlängerte ~** *(hum fam)* one's posterior *hum;* **mit dem ~ zur Wand stehen** to have one's back to the wall

Rü·cken·de·ckung *f* backing *no art, no pl;* **finanzielle ~** financial backing; **jdm ~ geben** to give sb one's backing; MIL *(jds Rücken decken)* to give sb rear cover, to cover sb's rear **Rü·cken·flos·se** *f* dorsal fin *spec* **Rü·cken·la·ge** *f* supine position *form;* **in ~** lying on one's back, in a supine position *form;* **in ~ schlafen** to sleep on one's back **Rü·cken·leh·ne** *f* back rest BRIT, seat back

Rü·cken·mark *nt* spinal cord *no pl* **Rü·cken·mark·ent·zün·dung** *f* MED myelitis **Rü·cken·marks·an·äs·the·sie** *f* MED spinal anaesthesia [*or* AM anesthesia] **Rü·cken·mark·ver·let·zung** *f* injury to the spinal cord

Rü·cken·mus·ku·la·tur *f* back [*or spec* dorsal] muscles *pl* [*or* musculature] *no pl* **Rü·cken·run·dung** *f (Buch)* spine rounding **Rü·cken·schmer·zen** *pl* back pain *nsing,* backache *nsing;* **~ haben** to have back pain [*or* backache] **Rü·cken·schwim·men** *nt* backstroke *no pl* **Rü·cken·schwim·mer**

m ZOOL backswimmer, boat bug AM
Rück·ent·eig·nung *f* JUR retro expropriation
Rü·cken·ti·tel *m (Buch)* back title, spine lettering **Rü·cken·tra·ge** *f* baby backpack **Rü·cken·wind** *m* tail [*or* BRIT following] wind; **~ haben** to have a tail [*or* BRIT following] wind
Rück·er·in·ne·rung *f* reminiscence, recollection, memory **Rück·er·obe·rung** *f* MIL **die ~ einer Stadt** the retaking of a town **Rück·er·satz** *m* FIN reimbursement **Rück·er·satz·pflicht** *f* FIN obligation to reimburse
rück·er·stat·ten* *vt nur infin und pp* ■ **[jdm] etw ~** to refund [sb's] sth; **jdm seine Verluste ~** to reimburse sb for his/her losses *form*
Rück·er·stat·tung *f* refund; *von Verlusten* reimbursement *form* **Rück·er·stat·tungs·an·spruch** *m* HANDEL claim for reimbursement, right to refund
Rück·er·werb *m* HANDEL repurchase **Rück·er·werbs·recht** *nt* HANDEL right of repurchase
Rück·fahr·kar·te *f* return ticket; ***eine ~ nach München*** a return [ticket] to Munich **Rück·fahr·schein·wer·fer** *m* reversing [*or* AM backup] light **Rück·fahrt** *f* return journey; **auf der ~** on the return journey
Rück·fall *m* ❶ MED relapse *form;* **einen ~ erleiden** to suffer a relapse *form*
❷ JUR subsequent offence [*or* AM *usu* -se] [*or* AM *a.* second offense]; **im ~** in case of a repeated offence, repeated; ***im ~ begangene Straftaten*** repeated offences
❸ *(geh: erneutes Aufnehmen)* ■ **ein ~ in etw** *akk* a relapse into sth *form;* ***ein ~ in die Diktatur*** a return to a dictatorship
❹ *(das Zurückfallen)* **~ der Ordertätigkeit** falling off of orders; **~ der Preise** fall in prices; **~ in den Reserven** decline in reserves; **einen ~ hinnehmen** to suffer a setback
rück·fäl·lig *adj* JUR recidivist *attr;* **ein ~er Täter** a repeat offender, a recidivist; ■ **~ sein** to commit a second offence [*or* AM *usu* -se]
Rück·fäl·li·ge(r) *f(m) dekl wie adj* JUR recidivist, repeat [*or* subsequent] offender
Rück·fall·tä·ter(in) *m(f)* JUR *(geh)* recidivist, repeat [*or* subsequent] offender **Rück·fens·ter** *nt* rear window **rück·fet·tend** *adj inv* moisturizing
Rück·flug *m* return flight; **auf dem ~** on the return flight **Rück·flug·ti·cket** *nt* return air [*or* AM round-trip plane] ticket
Rück·fluss^RR *m* FIN return; **~ des spekulativen Kapitals** return on venture capital
Rück·for·de·rung *f* reclaim *spec; (Gegenforderung)* counterclaim *spec* **Rück·for·de·rungs·recht** *nt* JUR right to restitution
Rück·fracht *f* HANDEL homeward freight **Rück·fra·ge** *f* question (**zu** *+dat* regarding), query (**zu** *+dat* regarding); **[bei jdm] eine ~ stellen** to raise a query [*or* to query sth] [with sb]
rück|fra·gen ['rʏkfraːgn̩] *vi nur infin und pp* to enquire, to inquire, to check
Rück·füh·rung *f* ❶ *(Rückzahlung)* repayment
❷ *(Repatriierung)* repatriation *no pl* ❸ *(Zurückführen)* return; *(Reduzierung)* reduction **Rück·füh·rungs·ab·kom·men** *nt* POL *bei Abschiebung* repatriation agreement
Rück·ga·be *f* return **Rück·ga·be·pflicht** *f* JUR obligation to refund **Rück·ga·be·recht** *nt* right of return **Rück·ga·be·ver·fah·ren** *nt* JUR restitution proceedings *pl*
Rück·gang *m* ■ **der/ein ~ einer S.** *gen* the/a fall [*or* drop] in sth; **ein ~ der Zinsen** a drop in interest rates; **im ~ begriffen sein** *(geh)* to be falling [*or* dropping]
rück·gän·gig *adj* **etw ~ machen** to cancel sth; **eine Verlobung ~ machen** to break off *sep* an engagement
Rück·gän·gig·ma·chung *f* JUR cancellation, rescission
Rück·ge·bäu·de *nt* rear annex **Rück·ge·währ** *f* FIN refund, return of premium **Rück·ge·währ·an·spruch** *m* JUR claim to restitution; FIN claim to reimbursement

Rück·ge·win·nung *f* recovery *no pl*
Rück·grat <-[e]s, -e> *nt* ❶ *(Wirbelsäule)* spine, backbone, spinal column *spec*
❷ *kein pl (geh: Stehvermögen)* spine, backbone; ***mit mehr ~ hätte er sich durchsetzen können*** if he'd had more backbone [*or* spine] he could have asserted himself
▸WENDUNGEN: **jdm das ~ brechen** to break sb; *(jdn ruinieren)* to ruin sb; **ohne ~** spineless *pej,* gutless *fam*
Rück·griff *m* recourse *no indef art, no pl;* ■ **ein ~ auf etw** *akk* recourse to sth **Rück·griffs·recht** *nt* JUR right of recourse
Rück·halt *m* support *no art, no pl,* backing *no art, no pl;* **an jdm einen ~ haben** to receive support from sb, to find [a] support in sb
▸WENDUNGEN: **ohne ~** without reservation, unreservedly
rück·halt·los **I.** *adj* ❶ *(bedingungslos)* unreserved, unqualified
❷ *(schonungslos)* unsparing; **~e Kritik** ruthless [*or* scathing] criticism; **~e Offenheit** complete frankness
II. *adv* unreservedly
Rück·hand *f kein pl* SPORT backhand; **mit der ~** on one's backhand
Rück·hol·bänd·chen <-s, -> *nt* [tampon] removal cord **Rück·in·dos·sa·ment** *nt* FIN endorsement to prior endorser **Rück·ka·nal** *m* TV reverse channel
Rück·kauf *m* HANDEL repurchase, reacquisition; *einer Lebensversicherung* surrender **Rück·kauf·preis** *m* BÖRSE *(von Aktien)* call [*or* redemption] price **Rück·kaufs·recht** *nt* right of repurchase; *(für ein Pfand)* right of redemption *spec* **Rück·kaufs·wert** *m* JUR surrender value
Rück·kehr <-> *f kein pl* ❶ *(das Zurückkommen)* ■ **jds ~** sb's return; ***rechnen Sie heute nicht mehr mit meiner ~*** don't expect me back today; **bei/nach/vor jds ~** on/after/before sb's return
❷ *(erneutes Auftreten)* comeback
Rück·keh·rer(in) *m(f)* home-comer, returnee
Rück·kop·pe·lung, Rück·kopp·lung *f* ELEK feedback *no pl* **Rück·kopp·lungs·ef·fekt** *m* TECH feedback effect **Rück·kreu·zung** *f* BIOL *(Standardtest der Züchtungsgenetik)* testcross
Rück·la·ge *f* ❶ *(Ersparnisse)* savings *npl* ❷ FIN *(Reserve)* reserve fund, reserves *pl;* **gesetzliche ~** statutory reserve fund; **~n [für etw** *akk*] **bilden** *(geh)* to create a reserve fund [for sth]; **~ für Ersatzbeschaffung/Wertminderung** reserve for replacements/deprecation; **freie/offene/stille ~n** uncommitted/open/undisclosed reserves; **gesetzliche ~n** legal reserves *pl;* **in der Satzung festgelegte ~** reserve provided by the articles; **~n stärken** to replenish one's reserves **Rück·la·gen·zu·wei·sung** *f* FIN allocation to reserve
Rück·lauf <-[e]s> *m kein pl* ❶ TECH return pipe; *Maschine* return stroke, return travel, reverse motion; *Fernsehgerät, Oszillograph* flyback; *Propeller* thrust astern
❷ *(Gegenströmung)* return flow, countercurrent
❸ *(bei einem Aufnahmegerät)* rewind
❹ *(bei einer Schusswaffe)* recoil
❺ *(von Pfandgut, Fragebögen)* returns *pl;* **einen guten ~ haben** to have a good number of returns
rück·läu·fig ['rʏklɔyfɪç] *adj* declining, falling; **~es Angebot an Arbeitsplätzen** ÖKON decline in jobs; **~e Konjunktur** ÖKON declining economy; **~e Umsatzentwicklung** ÖKON falling sales
Rück·lauf·quo·te *f* HANDEL return[s] [*or* response] rate **Rück·lauf·tas·te** *f* INFORM carriage return
Rück·licht *nt* tail light; *eines Fahrrads a.* back light
Rück·lie·fe·rung *f* JUR return delivery
rück·lings ['rʏklɪŋs] *adv* ❶ *(von hinten)* from behind
❷ *(verkehrt herum)* the wrong way round, around
❸ *(nach hinten)* backwards
❹ *(mit dem Rücken)* ■ **~ an etw** *dat*/**zu etw** *dat* with one's back against/to sth; ***sie lehnte ~ am Baum*** she was leaning with her back against the tree; **~ zur Wand stehen** to stand with one's back to the wall

Rück·marsch *m* ❶ *(Rückweg)* march back
❷ MIL *(Rückzug)* retreat
Rück·mel·de·frist *f* SCH re-registration period
Rück·mel·de·ge·bühr *f* SCH re-registration fee
rück|mel·den *vr* SCH ■ **sich** *akk* **~** to re-register BRIT, to register *(used of continuing students)*
Rück·mel·dung *f* ❶ SCH *(erneute Registrierung)* re-registration
❷ *(Reaktion)* reaction, response
Rück·nah·me <-, -n> *f* ■ **die ~ [einer S.** *gen* [*o* **von etw** *dat*]] taking back sth *sep;* ***wir garantieren die anstandslose ~ der Ware*** we guarantee to take back the goods without objection; JUR **~ der Klage** withdrawal of the action; **~ des Strafantrags** withdrawal of charges **Rück·nah·me·frist** *f* HANDEL take-back deadline **Rück·nah·me·ga·ran·tie** *f* HANDEL repurchase guarantee **Rück·nah·me·pflicht** *f* ÖKOL obligation to take back **Rück·nah·me·ver·pflich·tung** *f* HANDEL repurchase obligation **Rück·nah·me·wert** *m* HANDEL repurchase value
Rück·por·to *nt* return postage *no indef art, no pl*
Rück·prall *m* ricochet; *eines Balls a.* rebound; **beim ~** on the rebound **Rück·prä·mie** *f* BÖRSE put premium **Rück·pro·jek·tor** *m* TV back projector
Rück·re·ak·ti·on *f* CHEM back reaction
Rück·rei·se *f* return journey; **auf der ~** on the return journey **Rück·rei·se·ver·kehr** *m kein pl* homebound traffic **Rück·rei·se·wel·le** *f* [homebound] holiday traffic
Rück·ruf *m* ❶ *(Anruf als Antwort)* return call; ***soll ich ihn um ~ bitten?*** shall I ask him to return your call? ❷ ÖKON *(das Einziehen)* recall **Rück·ruf·ak·ti·on** *f* recall action *no pl,* call-back campaign **Rück·ruf·au·to·ma·tik** *f* TELEK automatic call-back
Rück·rufs·recht *nt* **~ wegen Nichtausübung** JUR right of revocation by reason of non-exercise
Ruck·sack ['rʊkzak] *m* rucksack, backpack AM *usu*
Ruck·sack·tou·rist(in) [-turɪst] *m(f)* backpacker
Rück·sand <-[e]s> *m kein pl* SCHWEIZ *(Zurücksenden)* return; *(Zurückgesandtes)* returns *pl,* returned items *pl* **Rück·schaf·fung** <-, -en> *f* POL SCHWEIZ *(Ausweisung)* deportation of asylum seekers *(to their home country)* **Rück·schau** <-> *f kein pl* ❶ *(Rückblick)* look back, reflection; **~ auf die letzten Jahre halten** to look back over the last few years ❷ MEDIA review **rück·schau·end** *adj inv* retrospective, in retrospect **Rück·scheck** *m* HANDEL returned cheque [*or* AM check] **Rück·schein** *m* return [*or form* recorded delivery] receipt [*or* slip]; *s. a.* **Einschreiben** **Rück·schlag** *m* ❶ *(Verschlechterung)* setback; **einen [schweren] ~ erleben/erleiden** to experience/suffer a [serious] setback ❷ *(Rückstoß)* recoil *no pl* **Rück·schlä·ger(in)** *m(f)* TENNIS receiver **Rück·schlag·ven·til** *nt* TECH non-return [*or* check] valve
Rück·schluss^RR *m* conclusion (**aus** *+akk* from); **einen ~ auf etw** *akk* **erlauben** to allow a conclusion to be drawn about sth; **[aus etw** *dat*] **[bestimmte/seine] Rückschlüsse ziehen** to draw [certain/one's] conclusions [from sth]; **[aus etw** *dat*] **den ~ ziehen, dass ...** to conclude [*or form* infer] [from sth] that ...
Rück·schritt *m* step backwards, retrograde step *form*
rück·schritt·lich *adj* ❶ *(einen Rückschritt bedeutend)* retrograde
❷ *s.* **reaktionär**
Rück·sei·te *f* ■ **die ~** ❶ *(rückwärtige Seite)* the reverse [side]; **siehe ~** see overleaf
❷ *(hintere Seite)* the rear; **auf der/die ~** at/to the rear
rück·sei·tig ['rʏkzaitɪç] **I.** *adj* on the back [*or* reverse [side]] *pred*
II. *adv* on the back [*or* reverse [side]]; ***der Text geht ~ noch weiter*** the text continues overleaf; ***Briefmarken sind ~ mit einem Klebefilm versehen*** stamps have an adhesive film on the reverse side
Rück·sen·dung *f* return; **~ des Akzepts** FIN return of the acceptance **Rück·setz·tas·te** *f* INFORM reset

key

Rück·sicht[1] <-, -en> ['rʏkzɪçt] *f* ① *(Nachsicht)* consideration *no art, no pl;* **ohne ~ auf Verluste** *(fam)* regardless of [*or* without regard to] losses; **keine ~ kennen** to be ruthless; **~ [auf jdn] nehmen** to show consideration [for sb]; **~ auf etw** *akk* **nehmen** to take sth into consideration; **aus [***o* **mit] ~ auf jdn/etw** out of consideration for sb/sth; **ohne ~ auf jdn/etw** with no consideration for sb/sth
② *pl (Rücksichtnahme)* considerations *pl;* **aus moralischen ~en** for moral reasons

Rück·sicht[2] ['rʏkzɪçt] *f kein pl* rear view, rear[ward] visibility *no indef art, no pl;* ***das winzige Heckfenster schränkt die ~ ein*** the tiny rear window restricts the rear view [*or* one's view out the back]

Rück·sicht·nah·me <-> *f kein pl* consideration *no art, no pl*

rück·sichts·los I. *adj* ① *(keine Rücksicht kennend)* inconsiderate, thoughtless; **ein ~er Autofahrer** an inconsiderate driver, a road hog *pej fam*
② *(schonungslos)* ruthless; **mit ~er Offenheit** with ruthless candour [*or* AM -or]
II. *adv* ① *(ohne Nachsicht)* inconsiderately
② *(schonungslos)* ruthlessly

Rück·sichts·lo·sig·keit <-, -en> *f* inconsiderateness *no art, no pl,* thoughtlessness *no art, no pl*

rück·sichts·voll *adj* considerate, thoughtful; ■ **~ zu [***o geh* **gegenüber] jdm sein** to be considerate [*or* thoughtful] [towards sb]

Rück·sitz *m* AUTO rear [*or* back] seat **Rück·sitz·bank** *f* AUTO rear seat bench

Rück·spie·gel *m* AUTO rear [view] [*or* BRIT driving] mirror; **abblendbarer ~** dipping [*or* anti-dazzle] mirror **Rück·spiel** *nt* return match BRIT, rematch **Rück·spra·che** *f* consultation; **~ [mit jdm] nehmen [***o* **halten]** to consult [*or* confer] [with sb] **Rück·spul·au·to·ma·tik** *f eines Aufnahmegerätes* automatic rewind **Rück·spul·ge·schwin·dig·keit** *f* TECH playback speed

Rück·stand[1] *m* ① *(Zurückbleiben hinter der Norm)* backlog *no pl;* **bei etw** *dat* **einen ~ haben** to have a backlog of sth
② *pl* FIN *(fällige Beträge)* outstanding payments *pl;* **mit etw** *dat* **in ~ sein/kommen** to be/fall behind with sth; ***ich bin derzeit gegenüber meinen Zahlungsverpflichtungen mit 35.000 Euro im ~*** I'm currently 35,000 euros in arrears with my payment obligations
③ SPORT *(Zurückliegen in der Wertung)* deficit (**von** *+dat* of); **[gegenüber jdm] mit etw** *dat* **im ~ sein [***o* **liegen]** to be behind [sb] by sth; ***sie liegt gegenüber ihren Konkurrentinnen mit 5 Punkten im ~*** she's five points behind her rivals
④ *(Zurückliegen in der Leistung)* inferior position; **seinen ~ aufholen** to make up lost ground

Rück·stand[2] *m* ① *(Bodensatz)* remains *npl;* CHEM residue, sediment
② *(Abfallprodukt)* residue *form*

rück·stän·dig[1] ['rʏkʃtɛndɪç] *adj (überfällig)* overdue; **die ~e Miete** the overdue rent, the rent arrears *npl*

rück·stän·dig[2] ['rʏkʃtɛndɪç] *adj (zurückgeblieben)* backward; **~es Gebiet** depressed area

Rück·stän·dig·keit <-> *f kein pl* backwardness *no art, no pl*

Rück·stands·ana·ly·se *f* CHEM residue analysis

Rück·stau *m* ① *(zunehmender Stau) esp* BRIT tailback, traffic jam ② *(rückwirkende Anstauung)* backwater **Rück·stell·mo·ment** *nt* AUTO self-aligning torque

Rück·stel·lung *f* ① *meist pl* FIN reserve [fund], provision; **~en für Pensionen und ähnliche Verpflichtungen** provisions for pensions and similar allowances; **~ im Kreditgeschäft** provision for possible loan losses; **~en für etw** *akk* **machen** to make provisions for sth
② *(Verschiebung)* postponement

Rück·stoß *m* ① *(bei Gewehren)* recoil *no pl* ② *(Antriebskraft bei Raketen etc.)* thrust *no pl* **Rück·strah·ler** <-s, -> *m* reflector **Rück·stu·fung** *f* downgrading **Rück·tas·te** *f* backspace [*or* BS] [key] *spec*

Rück·tritt *m* ① *(Amtsniederlegung)* resignation, retirement from office; **mit seinem ~ drohen** to threaten to resign
② JUR withdrawal, rescission, revocation (**von** *+dat* from); **~ der Gläubiger** cancellation by creditors; **den ~ vom Vertrag erklären** to rescind a contract
③ *(Rücktrittbremse)* back-pedal [*or* coaster] brake

Rück·tritt·brem·se *f* back-pedal [*or* coaster] brake

Rück·tritts·er·klä·rung *f* ① *(vom Amt)* [announcement of one's] resignation; **seine ~ bekannt machen** to announce one's resignation ② *(aus Vertrag)* notice of cancellation **Rück·tritts·frist** *f* JUR cooling off period **Rück·tritts·ge·such** *nt* [offer of] resignation; **das ~ einreichen** to hand in [*or* *form* tender] one's resignation **Rück·tritts·grund** *m* JUR *(bei Vertrag)* ground for rescission **Rück·tritts·kla·ge** *f* JUR rescissory action **Rück·tritts·klau·sel** *f* JUR cancellation [*or* withdrawal] clause [*or* escape] **Rück·tritts·recht** *nt* JUR right of withdrawal [*or spec* rescission] [from a contract] **Rück·tritts·vor·be·halt** *m* JUR escape clause, reservation of the right to rescind

rück|über·eig·nen* ['rʏky:bɐʔaignən] *vt* JUR ■**jdm etw ~** to restore sth to sb

rück|ü·ber·set·zen* *vt nur infin und pp* ■**etw ~** to translate sth back into the source language, to back-translate sth *spec*

Rück·über·set·zung *f* LING ① *kein pl (das Rückübersetzen)* translation back into the original language, back-translation *no art, no pl spec* ② *(rückübersetzte Fassung)* back-translation *spec* **Rück·über·tra·gung** *f* JUR reassignment; *(von Grundbesitz)* reconveyance; **~ von Vermögenswerten** re-transfer of assets **Rück·über·tra·gungs·an·spruch** *m* JUR claim to re-transfer

Rück·um·schlag *m* self-addressed stamped envelope, s.a.s.e. **Rück·um·set·zung** *f* INFORM decompilation **rück|ver·gü·ten*** *vt nur infin und pp* ■**jdm etw ~** to refund sb's sth

Rück·ver·gü·tung *f* refund **Rück·ver·gü·tungs·an·spruch** *m* HANDEL refund claim

Rück·ver·kauf *m* FIN resale **Rück·ver·pach·tung** *f* JUR re-lease; **~ an den Verkäufer** re-lease to the seller **Rück·ver·si·che·rer** *m* reinsurer **rück|ver·si·chern*** *vr nur infin und pp* ■**sich** *akk* **[bei jdm/etw] ~** to check [up [*or* back]] [with sb/sth]

Rück·ver·si·che·rung *f* ① *(Absicherung)* checking up *no art, no pl;* ***dieses Vorgehen kann nicht ohne vorherige ~ beim Einsatzleiter empfohlen werden*** this action cannot be recommended without first checking with the head of operations
② *(Versicherungstyp)* reinsurance *no indef art, no pl spec* **Rück·ver·si·che·rungs·ge·schäft** *nt* FIN reinsurance business; *(Transaktion)* reinsurance transaction **Rück·ver·si·che·rungs·ver·trag** *m* FIN reinsurance contract

Rück·ver·weis *m,* **Rück·ver·wei·sung** *f* JUR, FIN renvoi, cross-reference; **versteckte ~** hidden cross-reference **Rück·wand** *f* ① *(rückwärtige Mauer)* back wall ② *(rückwärtige Platte)* back [panel] **Rück·wa·ren** *pl* HANDEL returned goods, returns

rück·wär·tig ['rʏkvɛrtɪç] *adj* ① *(an der hinteren Seite liegend)* back *attr,* rear *attr;* **der ~e Ausgang** the rear exit
② MIL *(im Rücken der Front befindlich)* behind the lines *pred;* **die ~en Verbindungen** the lines of communication

rück·wärts ['rʏkvɛrts] *adv* ① *(rücklings)* backwards; **~ einparken** to reverse into a parking space
② *(nach hinten)* backward; **ein Salto ~** a backward somersault
③ ÖSTERR *(hinten)* at the back; **von ~** SÜDD, ÖSTERR *(von hinten)* from behind; **von ~ kommen** to come [up] from behind

rück·wärts|fah·renRR *vi irreg sein* to reverse; ***da die Sackgasse keinen Wendeplatz hatte, musste sie ~*** as there was nowhere in the cul-de-sac to turn around, she had to reverse out

Rück·wärts·fah·ren *nt* reversing *no art, no pl;* **[das] ~ *bereitet ihr Schwierigkeiten*** she has difficulties reversing **Rück·wärts·gang** *m* AUTO reverse [gear]; **den ~ einlegen** to engage [*or* change into] [*or* AM to shift into] reverse [gear]; **im ~** in reverse [gear]; **im ~ fahren** to [drive in] reverse

rück·wärts|ge·henRR *vi irreg sein* ① *(mit dem Rücken voran)* to walk backwards
② *(fam: schlechter werden)* ■**es geht [mit jdm/etw] rückwärts** sb/sth is deteriorating

Rück·wärts·schritt *m* INFORM backspace

Rück·wech·sel *m* FIN redrafted bill, redraft; JUR re-exchange **Rück·weg** *m* way back; **sich** *akk* **auf den ~ machen, den ~ antreten** *(geh)* to head back; **auf dem ~** on the way back

ruck·wei·se *adv inv* jerkily; **sich** *akk* **~ bewegen** to move jerkily, to jerk

Rück·wei·sung <-, -en> *f* POL SCHWEIZ *temporary rejection of a government bill requiring amendment*

rück·wir·kend I. *adj* retrospective; **eine ~e Gehaltserhöhung** a backdated wage increase, retroactive pay *form*
II. *adv* retrospectively; ***die Erhöhung des Kindergeldes gilt ~ zum 1.1.*** the increase in family allowances is backdated to 1 January

Rück·wir·kung *f* repercussion; *von Vertrag* retroactive effect; ■**~en haben auf** to have repercussions on/for; ***das Gesetz hat keine ~*** the law is not retroactive; ■**mit ~ vom** with retroactive [*or* retrospective] effect from **Rück·wir·kungs·ver·bot** *nt* JUR exclusion of retroactive effects

rück·zahl·bar *adj* repayable

Rück·zah·lung *f* FIN repayment; **~ eines Kredits** repayment of a loan; **~ vor Fälligkeit** redemption before due date **Rück·zah·lungs·be·trag** *m* redemption [*or* repayment] amount **Rück·zah·lungs·frist** *f* FIN deadline for repayment **Rück·zah·lungs·hö·he** *f* redemption amount **Rück·zah·lungs·klau·sel** *f* payback clause **Rück·zah·lungs·wert** *m* FIN redemption value

Rück·zie·her <-s, -> *m* **einen ~ machen** *(fam: eine Zusage zurückziehen)* to back [*or* pull] out; *(nachgeben)* to climb down

Rück·zug *m* ① MIL *(das Zurückweichen)* retreat *no pl;* **ein geordneter/ungeordneter ~** an orderly retreat/a headlong flight; **[mit etw** *dat***] den ~ antreten** to retreat [with sth]; **auf dem ~** during the retreat; **auf dem ~ sein** to be retreating [*or* on the retreat] ② SCHWEIZ *(Abhebung von einem Konto)* withdrawal **Rück·zugs·ge·biet** *nt* MIL area of retreat, reserve; *für Tiere* refuge

rü·de ['ry:də] *adj (geh)* coarse, uncouth; **~s Benehmen** uncouth behaviour [*or* AM -or]; ■**~ [zu jdm] sein** to be uncouth [*or* coarse] [to sb]

Rü·de <-n, -n> ['ry:də] *m* [male] dog

Ru·del <-s, -> ['ru:dl̩] *nt* herd; *von Wölfen* pack; *von Menschen* swarm, horde; **in ~n** in herds/packs/swarms [*or* hordes]; **in einem ~ auftreten** to go around in a herd/pack/swarm [*or* horde]

Ru·der <-s, -> ['ru:dɐ] *nt* ① *(langes Paddel)* oar; **die ~ auslegen/einziehen/streichen** to put out/take in/strike the oars; **sich** *akk* **in die ~ legen** to row strongly
② *(Steuerruder)* helm; *eines kleineren Bootes a.* rudder; **am ~** at the helm
▶ WENDUNGEN: **am ~ bleiben/sein** *(fam)* to remain/be at the helm *fig;* **das ~ herumwerfen** to change course [*or* tack]; **ans ~ kommen** *(fam)* to come to power; **aus dem ~ laufen** to get out of hand; **sich** *akk* **in die ~ legen** to put one's back into it

Ru·der·boot *nt* rowing boat, rowboat AM

Ru·de·rer, Ru·de·rin <-s, -> *m, f* rower, oarsman *masc,* oarswoman *fem*

Ru·der·haus *nt* wheelhouse

Ru·de·rin <-, -nen> *f fem form von* **Ruderer**

ru·dern ['ru:dɐn] **I.** *vi* ① *haben o sein (durch Ruder bewegen)* to row
② *haben (paddeln)* to paddle; **gegen die Strömung ~** to paddle against the current; *s. a.* **Arm**
II. *vt* ① *haben (im Ruderboot befördern)* ■**jdn/etw irgendwohin ~** to row sb/sth somewhere
② *haben o sein (rudernd zurücklegen)* ■**etw ~** to row sth; ***vier Kilometer mussten gerudert wer-***

den a distance of four kilometres had to be rowed

Ru·der·re·gat·ta *f* rowing regatta

Ru·di·ment <-[e]s, -e> [rudiˈmɛnt] *nt* ① *(geh: Überbleibsel)* remnant
② BIOL *(verkümmertes Organ)* rudiment *spec*

ru·di·men·tär [rudimɛnˈtɛːɐ̯] *adj inv (fig)* rudimentary

Rüeb·li <-s, -> [ˈrʏəblɪ] *nt* SCHWEIZ *(Karotte)* carrot

Ruf <-[e]s, -e> [ruːf] *m* ① *(Schrei)* shout; *(entsetzt)* cry; *(an jdn)* call; *(lauter)* scream; *eines Tiers* call; *(fig) eines Horns* sound; ***„warte!" ertönte ein ~*** "wait!" a voice called out; ***sie brachen in den ~ „Zugabe!" aus*** they broke into the cry "encore!"; **anfeuernder ~** shout of encouragement, cheer; **auf jds ~ hin** at sb's call; **entsetzter ~** cry of horror, horrified cry; **der ~ des Muezzin** the call of the muezzin
② *kein pl (Aufruf)* call; **dem ~ des Herzens folgen** [*o* **gehorchen**] to follow one's heart; **dem ~ des Gewissens folgen** [*o* **gehorchen**] to listen to the voice of conscience; **der ~ der Natur** *(hum)* the call of nature *euph;* **der ~ zu den Waffen** the call to arms
③ *kein pl (Forderung)* call (**nach** +*dat* for)
④ *pl selten (Berufung)* offer of a chair [*or* professorship]; ***er bekam einen ~ an die Universität Kiel*** he was offered a chair [*or* professorship] at Kiel University
⑤ *kein pl (Ansehen)* reputation; ***ihr geht ein guter ~ [als Leiterin] voraus*** she has a good reputation [as a supervisor]; ***er hat sich den ~ eines Experten erworben*** he has made a name for himself as an expert; ***sie stand im ~ einer Prostituierten*** she was reputed to be a prostitute; **sich** *dat* **einen ~ als jd/etw erwerben** to make a name for oneself as sb/sth; **jdm geht der ~ voraus, etw zu tun** sb has the reputation of doing sth; **einen guten ~ genießen** to enjoy a good reputation; **einen guten/schlechten ~ als jd/etw haben** [*o* **genießen**] to have a good/bad reputation as sb/sth; **ist der ~ erst ruiniert, lebt es sich ganz ungeniert** you don't have to worry if you've no reputation to lose; **jdn [bei jdm] in schlechten ~ bringen** to get sb a bad reputation [with sb], to give sb a bad name; **seinen ~ wahren** to defend [*or* safeguard] one's reputation; ▪**jd/etw von ~** sb/sth of repute; ***ein Künstler von internationalem ~*** an artist of international repute; **jd von gutem/schlechtem ~** sb with a good/bad reputation
⑥ *pl selten (form: Telefonnummer)* telephone number; **~ *12345*** tel. [no.] 12345
⑦ JAGD bird call
⑧ *kein pl (veraltet: Gerücht)* rumour BRIT [*or* AM -or]; ***es geht der ~, dass ...*** it's being rumoured that ...
▶WENDUNGEN: **jd/etw ist besser als sein ~** sb/sth is better than [*or* is not as bad as] he/she/it is made out to be

Ruf·an·la·ge *f* BAU intercom system **Ruf·aus·beu·tung** *f* **sittenwidrige ~** JUR unethical exploitation of sb's reputation

Rü·fe <-, -n> [ˈryːfə] *f* GEOG SCHWEIZ *(Schlamm- und Geröllawine)* landslide; *(Steinlawine)* rockfall

ru·fen <rief, gerufen> [ˈruːfn̩] **I.** *vi* ① *(ausrufen)* to cry out
② *(jdn kommen lassen)* ▪**[nach jdm] ~** to call [for sb]
③ *(nach Erfüllung drängen)* to call; ***die Pflicht ruft*** duty calls
④ *(durch ein Signal auffordern)* ▪**[zu etw** *dat*] **~** to call [to sth]; ***nach der Mittagspause rief die Werkssirene wieder zur Arbeit*** after the lunch break the works siren called the employees back to work
⑤ *(verlangen)* ▪**nach jdm/etw ~** to call for sb/sth; **nach der Todesstrafe ~** to call for the death penalty; *s. a.* **Hilfe**
⑥ DIAL, SCHWEIZ ▪**jdm ~** to call sb
II. *vi impers* ***es ruft Anna*** Anna is calling
III. *vt* ① *(ausrufen)* ▪**etw ~** to shout [*or* cry out] sth; *s. a.* **Gedächtnis, Ordnung, Waffe**
② *(herbestellen)* ▪**jdn/etw ~** to call sb/sth; ▪**jdn zu sich** *dat* **~** to summon sb [to one]; ▪**jdn ~ lassen** to send for sb; ***der Direktor lässt Sie ~*** the director is asking for you; ***Sie haben mich ~ lassen?*** you sent for me?; **[jdm] wie ge~ kommen** to come just at the right moment; *s. a.* **Hilfe**

Ru·fen <-s> [ˈruːfn̩] *nt kein pl* calling *no pl,* shouting *no pl;* ***was ist das draußen für ein ~?*** what's all that shouting [going on] out there?

Ru·fer(in) <-s, -> *m(f) (geh)* person calling
▶WENDUNGEN: **~ in der Wüste** voice [crying] in the wilderness

Rüf·fel <-s, -> [ˈrʏfl̩] *m (fam)* telling [*or* BRIT *fam* ticking] off

rüf·feln [ˈrʏfl̩n] *vt (fam: zurechtweisen)* ▪**jdn [wegen einer S.** *gen*] **~** to tell [*or* BRIT *fam* tick] off sb *sep* [about sth]

Ruf·fre·quenz *f* calling frequency **Ruf·mord** *m* character assassination **Ruf·na·me** *m* first name [by which a person is known], [fore]name **Ruf·num·mer** *f* [tele]phone number **Ruf·säu·le** *f special pillar-mounted telephone for certain services* **ruf·schä·di·gend** *adj inv* damaging to one's reputation **Ruf·schä·di·gung** *f* JUR disparagement **Ruf·um·lei·tung** *f* call diversion **Ruf·wei·te** *f* **außer/in ~** out of/[with]in earshot [*or* calling distance] **Ruf·zei·chen** *nt* ① TELEK *(Freizeichen)* ringing tone ② ÖSTERR *(Ausrufungszeichen)* exclamation mark [*or* AM point]

Rug·by <-> [ˈrakbi] *nt kein pl* rugby *no art, no pl*

Rü·ge <-, -n> [ˈryːgə] *f (geh)* reprimand, reproach; **jdm eine ~ [wegen einer S.** *gen*] **erteilen** to reprimand [*or* reproach] sb [for sth]

Rü·ge·be·rech·ti·gung *f* JUR right of complaint **Rü·ge·frist** *f* JUR period for claims [*or* complaints]

rü·gen [ˈryːgn̩] *vt (geh)* ▪**etw ~** to censure sth; ▪**jdn [wegen** [*o* **für**] **etw] ~** to reprimand sb [for sth]

Rü·gen [ˈryːgn̩] *nt* Rügen

Rü·ge·ob·lie·gen·heit *f* JUR requirement to give notice of defects **Rü·ge·pflicht** *f* HANDEL requirement to give notice of defects **Rü·ge·recht** *nt* JUR right to make a claim

Ru·he <-> [ˈruːə] *f kein pl* ① *(Stille)* quiet *no art, no pl,* silence *no art, no pl;* **~ [*bitte*]!** quiet [*or* silence] [please]!; ***es herrscht ~*** all is quiet; ***im Raum herrschte absolute ~*** there was dead silence [*or* a complete hush] in the room; ***für diese Arbeit brauche ich absolute ~*** I need absolute quiet for this work; **[einen Moment] um ~ bitten** to ask for [a moment's] silence; **jdn um ~ bitten** to ask sb to be quiet; **jdn zur ~ ermahnen** to tell sb to be quiet; **~ geben** to be quiet; ***gebt ~!*** be quiet!; ***ihr sollt endlich ~ geben!*** once and for all, [will you] be quiet!; ***meinst du, dass die Kleinen ~ geben, wenn ich ihnen eine Geschichte vorlese?*** do you think the kids will settle down when I read them a story?; **~ halten** to keep quiet; **himmlische ~** heavenly peace
② *(Ungestörtheit)* peace *no art, no pl;* ***ich möchte jetzt meine ~ haben!*** I should like [to have] some peace [and quiet] now!; ***ich brauche ~ bei meiner Arbeit*** I need some peace and quiet while I'm working; **in ~ und Abgeschiedenheit** in peaceful seclusion; **in ~ und Frieden** in peace and quiet; **[keine] ~ geben** to [not] stop pestering; *(nicht nachgeben)* to [not] give up; ***hier hast du 10 Euro, aber nun gib auch ~!*** here's ten euros, but now stop bothering me!; **vor jdm ~ haben** to not be bothered by sb; **vor jdm ~ haben wollen** to want a rest from sb; *(endgültig)* to want to get rid of sb; **jdn [mit etw** *dat*] **in ~ lassen** to leave sb in peace [with sth]; ***lass mich in ~!*** leave me in peace!, stop bothering me!; **~ und Ordnung** law and order + *sing vb;* **für ~ und Ordnung sorgen** to uphold [*or* preserve] law and order; **~ und Ordnung wiederherstellen** to restore law and order
③ *(Erholung)* rest; ***der Patient braucht jetzt viel ~*** the patient needs a great deal of rest now; ***die drei Stunden ~ haben mir gutgetan*** the three hours' rest has done me good; **angenehme ~!** *(geh)* sleep well!; **sich** *akk* **zur ~ begeben** *(geh)* to retire [to bed] *form;* **keine ~ finden können** to not be able to find any peace of mind; **jdm keine ~ gönnen** [*o* **lassen**] to not give sb a minute's peace; **sich** *dat* **keine ~ gönnen** to not allow oneself any rest; **zur ~ kommen** to get to some peace; *(solide werden)* to settle down; **jdn zur ~ kommen lassen** to give sb a chance to rest; **jdn nicht zur ~ kommen lassen** to give sb no peace; **jdm keine ~ lassen** to not give sb a moment's rest; **die nächtliche ~ stören** to disturb the nocturnal peace
④ *(Gelassenheit)* calm[ness] *no pl,* composure; **~ ausstrahlen** to radiate calmness; **[die] ~ bewahren** to keep calm [*or fam* one's cool]; **jdn aus der ~ bringen** to disconcert [*or* BRIT *fam* wind up *sep*] sb; ***er ist durch nichts aus der ~ zu bringen*** nothing can wind him up; **sich** *akk* **[von jdm/etw] nicht aus der ~ bringen lassen, [von jdm/etw] nicht aus der ~ zu bringen sein** to not let oneself get worked up [by sb/sth]; **immer mit der ~!** *(fam)* take things easy!, don't panic!; *(keine Eile)* no need to rush!; **in [aller] ~** [really] calmly; ***überlegen Sie es sich in aller ~*** think about it calmly; ***lesen Sie sich den Vertrag in aller ~ durch*** read through the contract calmly and in your own time; ***ich muss mir das in [aller] ~ überlegen*** I must have a quiet think about it; ***sie trank noch in aller ~ ihren Tee aus*** she drank her tea as if she had all the time in the world; **jdm keine ~ lassen** to not give sb any peace; ***der Gedanke lässt mir keine ~*** I can't stop thinking about it; **die ~ selbst sein** to be calmness itself; **die ~ verlieren** to lose one's composure; **die ~ weg haben** *(fam)* to be unflappable
⑤ *(Stillstand)* rest; ***das Pendel ist in ~*** the pendulum is stationary; ***das Rad ist zur ~ gekommen*** the wheel has stopped turning
▶WENDUNGEN: **~ ist die erste Bürgerpflicht** *(prov veraltet)* orderly behaviour is the first duty of the citizen; *(hum)* the main thing is to keep calm; **die ewige ~** *(geh)* eternal rest; **keine ~ geben, bis ...** to not rest until ...; **jdn zur letzten ~ betten** *(geh)* to lay sb to rest; **die letzte ~ finden** *(geh)* to be laid to rest; **sich** *akk* **zur ~ setzen** to retire; **die ~ vor dem Sturm** the calm before the storm; *s. a.* **Seele**

Ru·he·be·dürf·nis *nt kein pl* need *no pl* for peace [*or* quiet]/rest **ru·he·be·dürf·tig** *adj* in need of peace [*or* quiet]/rest *pred* **Ru·he·ge·halt** *nt (geh)* [retirement] pension, BRIT *a.* superannuation *no pl* **Ru·he·geld** *nt* FIN, ÖKON retirement pension **Ru·he·kis·sen** *nt (iron fam)* safety net **ru·he·lie·bend** *adj inv* fond of peace and quiet [*or* the quiet life]

ru·he·los *adj* restless

Ru·he·lo·sig·keit <-> *f kein pl* restlessness *no art, no pl*

ru·hen [ˈruːən] *vi* ① *(geh: ausruhen)* to [have a] rest; **[ich] wünsche, wohl geruht zu haben!** *(geh)* I trust you had a good night's sleep?; **nicht eher ~ werden, bis ..., nicht ~ und rasten, bis ...** to not rest until ...
② *(geh: sich stützen)* ▪**auf etw** *dat* **~** to rest on sth
③ *(geh: verweilen)* ▪**auf jdm/etw ~** to rest on sb/sth; ***sein Blick ruhte auf ihr*** his gaze rested on her; **etw ~ lassen** to let sth rest; **ein Projekt ~ lassen** to drop a project; **die Vergangenheit ~ lassen** to forget the past
④ *(haften)* ▪**auf jdm/etw ~** to be on sth; ***ein Fluch ruht auf ihm*** a curse is on him
⑤ *(eingestellt sein)* to be suspended; ***am Samstag ruht in den meisten Betrieben die Arbeit*** most firms don't work on a Saturday; *s. a.* **Verkehr**
⑥ *(geh: begraben sein)* to lie, to be buried; **„hier ruht [in Gott] ..."** "here lies ..."; *s. a.* **Frieden, sanft**

Ru·hen [ˈruːən] *nt* JUR suspension; **~ des Verfahrens** suspension of the proceedings

Ru·he·pau·se *f* break **Ru·he·po·ten·zi·al**[RR] *nt* BIOL *(Normalzustand der nicht erregten Nervenzelle)* resting potential **Ru·he·raum** *m* ① *(im Büro)* rest room ② *(fig: sicherer Ort)* haven **Ru·he·sitz** *m* retirement home **Ru·he·stand** *m kein pl* retirement *no art, no pl;* **in den ~ gehen** [*o geh* **treten**] to retire, to go into retirement; **jdn in den ~ versetzen** *(geh)* to retire sb; **im ~** retired; ***ein Arzt im ~*** a retired doctor; JUR **einstweiliger ~** provisional retirement; **vorgezogener ~** early retirement **Ru·he·stän·ler(in)** <-s, -> ['ru:əʃtɛntlɐ] *m(f)* retired person **Ru·he·statt** <-, -stätten> *f* [last [*or* final]] resting-place **Ru·he·stät·te** *f* **letzte ~** *(geh)* final [*or* last] resting-place

Ru·he·stel·lung *f* ❶ *einer Maschine* off [*or* stand-by] [*or* neutral] position ❷ *eines Körpers, Pendels* resting position ❸ MED immobile position; ***das Bein muss in ~ bleiben*** the leg must be kept immobile ❹ MIL position behind the lines

ru·he·stö·rend *adj* disturbing the peace *pred;* ■ **~ sein** to disturb the peace; ***das ~e Gehämmere lasse ich mir nicht länger gefallen*** I'm not going to put up any more with having my peace disturbed by this hammering **Ru·he·stö·rung** *f* disturbance [*or* breach] *no pl* of the peace **Ru·he·tag** *m* *(arbeitsfreier Tag)* day off; *(Feiertag)* day of rest; ***„Donnerstag ~"*** "closed all day Thursday" **Ru·he·zo·ne** *f* rest area

ru·hig ['ru:ɪç] **I.** *adj* ❶ *(still, sich still verhaltend)* quiet; **eine ~e Gegend** a quiet area; **ein ~er Mieter** a quiet tenant ❷ *(geruhsam)* quiet; **sich** *dat* **einen ~en Abend machen** to have a quiet evening ❸ *(keine Bewegung aufweisend)* calm; **eine ~e Flamme** a still flame ❹ *(störungsfrei)* smooth; ***ein Achtzylinder hat einen ~en Lauf*** an eight-cylinder engine runs smoothly; **eine ~e Überfahrt** a smooth crossing ❺ *(gelassen)* calm; **ganz ~ sein können** to not have to worry; ***ich werde das schon regeln, da können Sie ganz ~ sein*** I'll sort that out, you don't have to worry; *s. a.* **Gewissen** ❻ *(sicher)* steady; **ein ~er Blick** a steady gaze **II.** *adv* ❶ *(untätig)* idly; **~ dastehen** to stand idly by; **etw ~ stellen** MED *Körperteil* to immobilize sth ❷ *(gleichmäßig)* smoothly ❸ *(gelassen)* calmly ❹ *(beruhigt)* with peace of mind; ***jetzt kann ich ~ nach Hause gehen und mich ausspannen*** now I can go home with my mind at rest and relax **III.** *part (fam)* really; ***geh ~, ich komme schon alleine zurecht*** don't worry about going, I can manage on my own; ***du kannst ~ ins Kino gehen, ich passe schon auf die Kinder auf*** you just go to the cinema, I'll keep an eye on the children

ru·hig|stel·len *vt* MED ❶ *Körperteil s.* **ruhig II 1** ❷ *Person* to sedate; *(beruhigen)* to calm

Ruhm <-es> [ru:m] *m kein pl* fame *no art, no pl,* glory *no art, no pl* ▸WENDUNGEN: **sich** *akk* **nicht [gerade] mit ~ bekleckert haben** *(iron fam)* to have not [exactly] covered oneself in glory *iron*

rüh·men ['ry:mən] **I.** *vt* ■**jdn/etw ~** to praise sb/sth **II.** *vr* ■**sich** *akk* **einer S.** *gen* **~** to boast about sth; ■**sich** *akk* **~, etw getan zu haben** to boast about having done sth; **ohne mich ~ zu wollen** [*o* **zu ~**] without wishing to boast

Ruh·mes·blatt *nt* glorious chapter; **[für jdn] kein ~ sein** to not reflect any credit on sb

rühm·lich *adj* praiseworthy; *s. a.* **Ende**

ruhm·los <-er, -este> *adj* inglorious

ruhm·reich *adj (geh)* glorious **Ruhm·sucht** *f kein pl* thirst for glory **ruhm·süch·tig** *adj* glory-seeking; **~ sein** to be thirsting for glory [*or* after fame] **ruhm·voll** <-er, -ste> *adj* glorious

Ruhr[1] <-> [ru:ɐ̯] *f* ■**die ~** the Ruhr

Ruhr[2] <-> [ru:ɐ̯] *f kein pl* MED ■**die ~** dysentery

Rühr·be·sen *m* whisk **Rühr·ei** ['ry:ɐ̯ʔai̯] *nt* scrambled eggs *pl*

rüh·ren ['ry:rən] **I.** *vt* ❶ *(umrühren)* ■**etw ~** to stir sth ❷ *(erweichen)* ■**jdn/etw ~** to move sb/to touch sth; **jds Gemüt/Herz ~** to touch sb/sb's heart; **das kann mich nicht ~** that doesn't bother me; ■**gerührt** moved *pred; s. a.* **Schlag, Träne** ❸ *(veraltend: bewegen)* ■**etw ~** to move sth; *s. a.* **Finger, Handschlag** **II.** *vi* ❶ *(umrühren)* to stir ❷ *(die Rede auf etw bringen)* ■**an etw** *akk* **~** to touch on sth ❸ *(geh: herrühren)* ■**von etw** *dat* **~** to stem from sth; ■**daher ~, dass ...** to stem from the fact that ... **III.** *vr* ❶ *(sich bewegen)* ■**sich** *akk* **~** to move; ***rührt euch!*** MIL at ease!; *s. a.* **Stelle** ❷ *(sich bemerkbar machen)* ■**sich** *akk* **~** to be roused ❸ *(fam: sich melden)* ■**sich** *akk* **[auf etw** *akk*] **~** to do sth [about sth]; ***die Firmenleitung hat sich nicht auf meinen Antrag gerührt*** the company management hasn't done anything about my application

Rüh·ren <-s> ['ry:rən] *nt kein pl (das Umrühren)* stirring *no art, no pl* ▸WENDUNGEN: **ein menschliches ~ [fühlen]** *(hum)* [to have to answer] the [*or* a] call of nature *usu hum*

rüh·rend **I.** *adj* ❶ *(ergreifend)* touching, moving; **ein ~er Anblick** a touching [*or* moving] sight ❷ *(reizend)* ■ **~ [von jdm] sein** to be sweet [of sb] **II.** *adv* touchingly; ***danke, dass Sie sich während meiner Krankheit so ~ um mich gekümmert haben*** thanks for having taken care of me during my illness, it was really touching

Ruhr·ge·biet *nt kein pl* ■**das ~** the Ruhr [Area]

rüh·rig ['ry:rɪç] *adj* active

Rühr·löf·fel *m* mixing spoon

Rühr·mich·nicht·an <-, -> ['ry:ɐ̯mɪçnɪçtʔan] *nt* BOT touch-me-not ▸WENDUNGEN: **ein Fräulein** [*o* **Pflänzchen**] **~** *(pej fam)* a tender plant *pej fam*

Ruhr·pott *m (fam) s.* **Ruhrgebiet**

Rühr·schüs·sel *f* mixing bowl

rühr·se·lig *adj (pej)* tear-jerking *fam;* **ein ~er Film/ein ~es Buch** a tear jerker *fam*

Rühr·se·lig·keit <-> *f kein pl (pej)* sentimentality *no art, no pl pej*

Rühr·stück *nt* melodrama

Rühr·teig *m* cake [*or* sponge] mixture

Rüh·rung <-> *f kein pl* emotion *no art, no pl;* **vor ~ weinen** to cry with emotion

Ru·in <-s> [ru'i:n] *m kein pl* ruin *no pl;* **jdn in den ~ treiben** *(lit u fig fam)* to be the ruin of sth/sb, to drive sth/sb into the ground

Ru·i·ne <-, -n> [ru'i:nə] *f* ❶ *(zerfallenes Gemäuer)* ruin[s *pl*] ❷ *(fam: körperlich verfallener Mensch)* wreck *fam*

ru·i·nie·ren* [rui'ni:rən] *vt* ❶ *(zugrunde richten)* ■**jdn/etw ~** to ruin sb/sth; ■**sich** *akk* **[für jdn/etw] ~** to ruin oneself [on account of sb/sth] ❷ *(verderben)* ■**[jdm] etw ~** to ruin [sb's] sth

ru·i·nös [rui'nø:s] *adj (geh)* ruinous, cutthroat; **~e Konkurrenz** ÖKON cutthroat competition

rülp·sen ['rʏlpsn̩] *vi* to belch, to burp; ■**das R~** belching, burping

Rülp·ser <-s, -> *m (fam)* belch, burp

rum [rʊm] *adv (fam) s.* **herum** around, BRIT *a.* round

Rum <-s, -s> [rʊm] *m* rum *no art, no pl*

Ru·mä·ne, Ru·mä·nin <-n, -n> [ru'mɛ:nə, ru'mɛ:nɪn] *m, f* Romanian

Ru·mä·ni·en <-s> [ru'mɛ:ni̯ən] *nt* Romania

Ru·mä·nin <-, -nen> *f fem form von* **Rumäne**

Ru·mä·nisch [ru'mɛ:nɪʃ] *nt dekl wie adj* Romanian

ru·mä·nisch [ru'mɛ:nɪʃ] *adj* Romanian

Ru·mä·ni·sche <-n> *nt dekl wie adj* ■**das ~** Romanian, the Romanian language

Rum·ba <-s, -s> ['rʊmba] *m* rumba

rum|brin·gen *vt irreg (fam)* ■**etw ~** *Zeit, Stunden* to fritter away *sep* sth; ***irgendwie bringen wir die Zeit schon um*** we'll find a way to pass the time

rum|-dis·ku·tie·ren *vi (fam)* to blather [*or* waffle] *fam*

rum|ei·ern *vi (pej fam)* to shilly-shally *fam,* to dither

Rum·ge·ei·e·re <-> ['rʊmgəʔai̯ərə] *nt kein pl (pej sl)* spinning *pej*

rum|krie·gen *vt (sl)* ❶ *(zu etw bewegen)* ■**jdn [zu etw** *dat*] **~** to talk sb into sth; ■**jdn dazu ~, etw zu tun** to talk sb into doing sth ❷ *(verbringen)* ■**etw ~** to get through sth; **einen Tag irgendwie ~** to get through a day somehow

rum|lüm·meln *vi (fam)* to veg [out] *sl*

rum|ma·chen *vi (pej sl)* ■**mit jdm ~** to play around with sb

Rum·mel <-s> ['rʊml̩] *m kein pl* ❶ *(fam: Aufhebens)* [hustle and] bustle *no art, no pl* ❷ *(Betriebsamkeit)* commotion *no pl* ❸ DIAL *(Rummelplatz)* fair

Rum·mel·platz *m (fam)* fairground

ru·mo·ren* [ru'mo:rən] **I.** *vi* ❶ *(herumhantieren)* to tinker around, to potter about *esp* BRIT ❷ *(sich bewegen)* to go around **II.** *vi impers* ***in meinem Magen rumort es so*** my stomach's rumbling so much

Rum·pel·kam·mer ['rʊmpl̩-] *f (fam)* junk room

rum·peln ['rʊmpl̩n] *vi* ❶ *haben (dröhnen)* to rumble; *(klappern)* to clatter ❷ *sein (mit Dröhnen fortbewegen)* to rumble; *(klappernd fortbewegen)* to clatter

Rum·pel·stilz·chen <-s> ['rʊmpl̩ʃtɪltsçən] *nt* LIT Rumpelstiltskin *no art, no pl*

Rumpf <-[e]s, Rümpfe> [rʊmpf, *pl* 'rʏmpfə] *m* ❶ *(Torso)* trunk, torso ❷ TECH *eines Flugzeugs* fuselage; *eines Schiffes* hull ❸ SCHWEIZ *(Knitterfalte)* crumple ▸WENDUNGEN: **am** [*o* **an einem**] **~ sein** SCHWEIZ *(völlig erschöpft sein)* to have had it

Rumpf·be·leg·schaft *f* skeleton staff **Rumpf·beu·ge** *f* SPORT forward bend; **~n/eine ~ machen** to do forward bends/a forward bend

rümp·fen ['rʏmpfən] *vt* **die Nase [über etw** *akk*] **~** to turn up *sep* one's nose [at sth]; *(etw verachten)* to sneer [at sth]

Rumpf·ge·schäfts·jahr *nt* FIN abbreviated financial year

rum|pla·gen *vr (fam)* ■**sich** *akk* **[mit etw/jdm] ~** to struggle [with sth/sb]

Rump·steak ['rʊmpste:k, -ʃte:k] *nt* rump steak

rum|stres·sen *vi (sl)* to stress [out] *fam*

Rum·topf *m a rum and sugar mixture with fruit*

rum|trei·ben *vr (fam) irreg* ■**sich** *akk* **[irgendwo] ~** to hang out [somewhere] *fam*

Rum·trei·ber(in) <-s, -> *m(f) (fam)* loiterer *pej,* layabout BRIT *pej fam,* goof-off AM *pej fam*

Run <-s, -s> [ran, rʌn] *m* run; ■**der/ein ~ auf etw** *akk* the/a run on sth; **~ auf Kurzläufer** ÖKON run on shorts

rund [rʊnt] **I.** *adj* ❶ *(kreisförmig)* round, circular ❷ *(rundlich)* plump ❸ FIN *(überschläglich)* round *attr;* **eine ~e Summe** a round sum; **~e fünf Jahre** a good five years + *sing vb* ❹ *(gleichmäßig)* full; **ein ~er Geschmack** a full taste **II.** *adv* ❶ *(im Kreis)* ■ **~ um etw** *akk* around sth; ***wir können ~ um den Block spazieren*** we can walk around the block; *s. a.* **Uhr** ❷ *(überschläglich)* around, about; ***ein neues Dach würde Sie ~ 28.000 Euro kosten*** a new roof would cost you around [*or* about] 28,000 euros ❸ *(kategorisch)* flatly; **etw ~ abschlagen** to flatly reject sth; *s. a.* **rundgehen** ❹ *(gleichmäßig)* smoothly

Rund·bau <-bauten> *m* circular building, rotunda **Rund·blick** *m* panorama **Rund·bo·gen** *m* ARCHIT round [*or spec* full-centre [*or* AM -er]] arch **Rund·brief** *m* circular **Rund·bürs·te** *f* round [hair]brush

Run·de <-, -n> ['rʊndə] *f* ❶ *(Gesellschaft)* company; ***es war eine sehr gemütliche ~*** the company was very convivial; ***wir haben in kleiner ~ gefeiert*** it was a small [*or* an intimate] celebration ❷ *(Rundgang)* rounds *pl; eines Polizisten* beat *no pl; eines Briefträgers* round; **eine ~ [um etw** *akk*] **drehen** AUTO to drive/ride around [sth]; LUFT to circle [over sth]; **seine ~ machen** to do one's rounds; *Polizist* to be on [*or* walking] one's beat ❸ SPORT lap; ***vier ~n sind noch zu fahren*** there are another four laps to go; BOXEN round; KARTEN rubber, round; **eine ~ Bridge** a rubber [*or* round] of

bridge
④ *(Stufe)* round; **die nächste ~ der Tarifgespräche** the next round of wage talks
⑤ *(Bestellung)* round; ***eine ~ für alle!*** a round [of drinks] for everyone!; **[jdm [*o* für jdn]] eine ~ spendieren** [*o* **ausgeben**], **[für jdn] eine ~ schmeißen** *(sl)* to get in a round [for sb]
▶WENDUNGEN: **etw über die ~n bringen** *(fam)* to get sth done; **jdm über die ~n helfen** to help sb get by; **in die/der ~** around; ***was schaust du so erwartungsvoll in die ~?*** what are you looking around so expectantly for?; **[mit etw *dat*] über die ~n kommen** *(fam)* to make ends meet [with sth]; **die ~ machen** *(herumgegeben werden)* to be passed around; **[irgendwo] die ~ machen** *Gerücht* to go around [somewhere]
run·den ['rʊndn̩] *(geh)* **I.** *vr* ■**sich** *akk* ~ ① *(rundlich werden)* to become [*or* grow] round; *(von Gesicht)* to become full, to fill out
② *(konkreter werden)* to take shape
II. *vt* **die Lippen ~** to round one's lips; **Daumen und Zeigefinger [zu etw *dat*] ~** to curl one's thumb and forefinger [to sth]
rund·er·neu·ern* *vt* AUTO ■**etw ~** to retread sth; **die Profile ~** to remould [*or* AM remold] the tread; **runderneuerte Reifen** remoulds
Rund·er·neu·e·rung *f* ① AUTO retread
② *(fig)* overhaul
Rund·fahrt *f* [sightseeing] tour **Rund·flug** *m* [short] circular [sightseeing] flight **Rund·fra·ge** *f* survey (**zu** +*dat* of)
Rund·funk *m* ① *(geh)* radio, wireless BRIT *dated;* **im ~** *(veraltend)* on the radio [*or* BRIT *dated* wireless]
② ■**der ~** *(die Sendeanstalten)* broadcasting; *(die Organisationen)* the broadcasting companies [*or* corporations] **Rund·funk·an·stalt** *f* *(geh)* broadcasting company [*or* corporation] **Rund·funk·emp·fang** <-[e]s> *m kein pl* radio reception **Rund·funk·emp·fän·ger(in)** <-s, -> *m(f)* ① *(Person)* [radio] listener ② *(Gerät)* radio receiver **Rund·funk·ge·bühr** *f meist pl* radio licence [*or* AM -se] fee **Rund·funk·ge·rät** *nt* *(geh)* radio [set], wireless BRIT *dated* **Rund·funk·hö·rer(in)** <-s, -> *m(f)* [radio] listener **Rund·funk·pro·gramm** *nt* radio programme [*or* AM -am] **Rund·funk·rat** *m* broadcasting council **Rund·funk·sen·der** *m* radio station **Rund·funk·sen·dung** *f* radio programme [*or* AM -am] **Rund·funk·spre·cher(in)** *m(f)* radio announcer **Rund·funk·sta·ti·on** *f* radio station **Rund·funk·teil·neh·mer(in)** *m(f)* *(geh)* listener **Rund·funk·über·tra·gung** *f* [radio] broadcast **Rund·funk·wer·bung** *m* radio advertising
Rund·gang *m* walk; *(zur Besichtigung)* tour, round; **einen ~ [durch etw *akk*] machen** to go for a walk [through sth]; *(zur Besichtigung)* to do a tour [*or* round] of sth
rund|ge·hen *irreg* **I.** *vi sein* ① *(herumgereicht werden)* to be passed around; ■**etw ~ lassen** to pass around sth *sep*
② *(herumerzählt werden)* to do the rounds; **wie der Blitz ~** to spread like wildfire
II. *vi impers sein* ① *(fam: was los sein)* to go full tilt; ***es geht rund im Büro*** it's all happening at the office
② *(fam: Ärger geben)* ***jetzt geht es rund!*** now there'll be [all] hell to pay! *fam*
rund·her·aus [rʊnthɛ'raus] *adv* bluntly, point-blank
rund·her·um [rʊnthɛ'rʊm] *adv* ① *(rings herum)* ■~ **[um etw *akk*]** all round [sth]
② *(fam)* *s.* **rundum**
Rund·holz *nt* round wood **Rund·korn·reis** *m* short grain rice
rund·lich ['rʊntlɪç] *adj* plump; **~e Hüften** well-rounded hips; **~e Wangen** chubby [*or* plump] cheeks; ■**~ sein/werden** to be/be getting plump/well-rounded/chubby
Rund·rei·se *f* tour; ■**eine/jds ~ durch etw** *akk* a/sb's tour of sth **Rund·ruf** *m* series of calls; **bei all seinen Freunden einen ~ machen** to call all one's friends **Rund·schrei·ben** *nt* *(geh)* *s.* **Rundbrief** **Rund·sen·dung** *f* circular **Rund·sicht** <-> *f* *kein pl bes* SCHWEIZ *(Rundblick)* panorama **Rund·stahl** *m* BAU tubular steel **Rund·strick·na·del** *f* circular [knitting] needle
rund·um ['rʊnt'ʔʊm] *adv* ① *(ringsum)* all round [*or* around] ② *(völlig)* completely [*or* totally] **Rund·um·be·schnitt** *m* TYPO all-around square [*or* angular] trim **Rund·um·schlag** *m* sweeping [*or* devastating] blow **Rund·um·schutz** *m* FIN, MED all-risks cover
Run·dung <-, -en> *f* ① *(Wölbung)* curve
② *pl (fam)* curves, curvature *no pl;* **weibliche ~en** feminine curves
run·dungs·be·dingt *adj inv* MATH **~e Differenzen** anomalies caused by rounding up or down
Rund·wan·der·weg *m* circular walk
rund·weg ['rʊnt'vɛk] *adv* flatly, point-blank; **sich** *akk* **~ weigern** to flatly refuse, to refuse point-blank
Rund·wurm *m* ZOOL roundworm
Ru·ne <-, -n> ['ru:nə] *f* rune
Ru·nen·schrift *f* runic writing [*or* script] [*or* alphabet] **Ru·nen·zei·chen** *nt* runic character, rune
Run·gen·wa·gen ['rʊŋən-] *m* BAHN *(offener Güterwagen)* flat car
Run·kel·rü·be *f,* **Run·kel** ['rʊnkl-] *f* ÖSTERR, SCHWEIZ mangold
Run·ning Gag ['ranɪŋ 'gɛk] *m* running gag [*or* joke]
run·ter ['rʊnte] *interj* *(fam: weg)* ~ ***mit dem Zeug von meinem Schreibtisch!*** get [*or* clear] that stuff off my desk!; ~ ***vom Baum/von der Leiter!*** get out of that tree/get [down] off that ladder!
run·ter|fal·len *vi* *(fam)* ■**[etw] ~** to fall down [sth]
run·ter|hau·en *vt* *(fam)* ① *(ohne Sorgfalt schreiben)* **einen Text ~** *(pej)* to bang out [*or fam* dash off] a text
② *(Ohrfeige geben)* **jdm eine [*o* ein paar] ~** to give sb a clip [*or* a couple of clips] round the ear BRIT, to slap sb in the kisser
run·ter|ho·len *vt* ① *(herunternehmen)* ■**jdn/etw [von etw *dat*] ~** to fetch sb/sth [from sth]
② *(sl)* ■**sich** *dat* **einen ~** to [have a] wank BRIT *sl,* to choke one's chicken AM *sl;* ■**jdm/sich einen ~** to jerk [*or* toss] sb/oneself off *sl*
run·ter|kom·men *vi irreg sein* ① *(fam: herunterkommen)* ■**[von etw *dat*/zu jdm] ~** to get down [off sth]/to come down [to sb]
② *(sl: clean werden)* ■**von etw** *dat* **~** to come off sth
run·ter|la·den *vt* ■**[sich** *dat*] **etw ~** INET to download sth
run·ter|las·sen *vt irreg (fam)* ■**etw ~** to let down sth *sep;* **die Hose ~** to lower [*or sep* pull down] one's pants
run·ter|sprin·gen *vi* *(fam)* to jump down
run·ter|zie·hen *vt irreg (fam)* ■**jdn ~** *(deprimieren)* to get someone down *fam*
Run·zel <-, -n> ['rʊntsl̩] *f* wrinkle, furrow
run·ze·lig ['rʊntsəlɪç], **runz·lig** ['rʊntslɪç] *adj* wrinkled, shrivelled; *Stirn* lined, furrowed; **~ sein [im Gesicht]** to have a wrinkled face
run·zeln ['rʊntsl̩n] **I.** *vt* ■**etw ~** to wrinkle [*or* crease] sth; **die Brauen/die Stirn ~** to knit one's brows/to wrinkle one's brow; **gerunzelte Brauen/eine gerunzelte Stirn** knitted brows/a wrinkled brow; *(ärgerlich)* a frown *no pl*
II. *vr* ■**sich** *akk* **~** to become wrinkled
runz·lig <-er, -ste> ['rʊntslɪç] *adj s.* **runzelig**
Rü·pel <-s, -> ['ry:pl̩] *m* lout, yob[bo] BRIT *fam*
Rü·pe·lei <-, -en> [ry:pə'lai] *f* insolent [*or* loutish] act/remark
rü·pel·haft *adj* loutish; **~er Kerl** lout, yob[bo] BRIT *fam;* ■**~ sein** to be loutish [*or* a lout] [*or* BRIT *fam* a yob[bo]]
Rup·fen <-s> ['rʊpfn̩] *nt kein pl* TYPO *(Papier)* picking
rup·fen ['rʊpfn̩] *vt* ① *(von den Federn befreien)* ■**etw ~** to pluck sth
② *(zupfen)* ■**etw [aus etw *dat*] ~** to pull up sth *sep* [out of sth]
③ *(sl: finanziell übervorteilen)* ■**jdn ~** to fleece sb *fam,* to take sb to the cleaner's *fam; s. a.* **Hühnchen**
Rupf·fes·tig·keit *f* *(Papier)* picking resistance, sizing strength
Ru·pie <-, -n> ['ru:pi̯ə] *f* rupee
rup·pig ['rʊpɪç] **I.** *adj* gruff; **eine ~e Antwort** an abrupt [*or* a gruff] [*or* a terse] answer; ■**~ [zu jdm] sein** to be gruff [*or* rough] [with sb]
II. *adv* gruffly; **jdn ~ behandeln** to treat sb gruffly [*or* roughly]; **sich** *akk* **~ verhalten** to be gruff
Rü·sche <-, -n> ['ry:ʃə] *f* ruche, frill
rü·schen ['ry:ʃn̩] *vt* MODE ■**etw ~** *Kleid, Bluse* to ruche sth
Rü·schen·blu·se *f* frilly blouse **Rü·schen·hemd** *nt* frilly shirt
Ruß <-es> [ru:s] *m kein pl* soot; *Dieselmotor* particulate; *Kerze* smoke; *Lampe* lampblack
Ruß·bil·dung *f* build-up [*or* formation] of soot
Rus·se, Rus·sin <-n, -n> ['rʊsə, 'rʊsɪn] *m, f* Russian [man/boy/woman/girl]; **~ sein** to be Russian; **die ~n** the Russian
Rüs·sel <-s, -> ['rʏsl̩] *m* ① *(Tierrüssel)* snout, proboscis *spec; Elefant a.* trunk
② *(Saugrüssel) Insekt* proboscis *spec*
③ *(sl: Mund)* trap *sl,* gob BRIT *sl*
Rüs·sel·kä·fer *m* ZOOL weevil **Rüs·sel·tier** *nt* ZOOL elephant
Ruß·emis·si·o·nen *pl* AUTO particulate emission *no pl*
ru·ßen ['ru:sn̩] **I.** *vi* to produce soot; *Fackel, Kerze* to smoke
II. *vt* SCHWEIZ, SÜDD *(entrußen)* ■**etw ~** to clean the soot out of sth; **den Kamin ~** to sweep the chimney
Ruß·fil·ter *m* smoke [*or* flue-gas] filter; AUTO diesel [particulate *form*] filter **Ruß·flo·cke** *f* soot particle, smut
ru·ßig ['ru:sɪç] *adj* blackened [with soot *pred*]; *(verschmutzt a.)* sooty
Rus·sin <-, -nen> *f fem form von* **Russe**
rus·sisch ['rʊsɪʃ] *adj* Russian, in/of Russia *pred;* **die ~e Sprache** Russian, the Russian language
Rus·sisch ['rʊsɪʃ] *nt dekl wie adj* ① LING Russian; ■**das ~e** Russian, the Russian language; ■**auf ~** in Russian
② *(Fach)* Russian
Rus·si·sche Fö·de·ra·ti·on *f* ÖSTERR Russia
Russ·land[RR], **Ruß·land**[ALT] <-s> ['rʊslant] *nt* Russia
Russ·land·deut·sche(r)[RR] *f(m) dekl wie adj* ethnic German from Russia, Russo-German; **die ~n** the Russo-Germans; **~ sein** to be [a] Russo-German
Ruß·par·ti·kel *nt* soot [*or* smut] particle, particle of soot [*or* smut], particulate
rüs·ten ['rʏstn̩] **I.** *vi* to arm, to build up arm[ament]s
II. *vr* *(geh)* ■**sich** *akk* **zu etw** *dat* **~** to prepare [*or* get ready] for sth
III. *vt* SCHWEIZ *(vorbereiten)* ■**etw ~** to get together sth *sep*
Rüs·ter <-, -n> ['rʏste] *f* BOT elm
rüs·tig ['rʏstɪç] *adj* sprightly; ■**~ sein** to be sprightly
Rüs·tig·keit <-> *f kein pl* sprightliness
rus·ti·kal [rʊsti'ka:l] **I.** *adj* rustic; **~er Stil** rustic [*or* farmhouse] [*or* country] style; *s. a.* **Eiche**
II. *adv* **sich** *akk* **~ einrichten/~ wohnen** to furnish one's home in a rustic [*or* farmhouse] [*or* country] style
Rüs·tung <-, -en> ['rʏstʊŋ] *f* ① *kein pl (das Rüsten)* [re]armament
② *(Ritterrüstung)* armour [*or* AM -or]
Rüs·tungs·ab·bau *m* reduction in arm[ament]s **Rüs·tungs·an·lei·he** *f* FIN defence loan **Rüs·tungs·be·gren·zung** *f* arms limitation, restriction of arm[ament]s, arm[ament]s reduction **Rüs·tungs·be·schrän·kung** *f* arms limitation **Rüs·tungs·be·trieb** *m* armaments [*or form* ordnance] company **Rüs·tungs·etat** *m* arms [*or* armaments] budget **Rüs·tungs·ex·port** *m* export of arms [*or* armaments] **Rüs·tungs·geg·ner(in)** *m(f)* supporter of disarmament **Rüs·tungs·in·dus·trie** *f* defence [*or* armament[s]] industry **Rüs·tungs·kon·trol·le** *f* arms control, control of armaments **Rüs·tungs·kon·troll·ver·ein·ba·rung** *f* arms control agreement **Rüs·tungs·kon·troll·ver·hand·lun·gen** *pl* arms control talks *pl* **Rüs·tungs·kon·zern** *m*

armaments [*or form* ordnance] company **Rüs·tungs·müll** *m kein pl* arms waste *no pl* **Rüs·tungs·un·ter·neh·men** *nt* MIL, ÖKON armaments concern **Rüs·tungs·wett·lauf** *m* arms race
Rüst·zei·ten *pl* TYPO change-over times *pl*
Rüst·zeug *nt kein pl* ① *(Werkzeug)* equipment *no pl, no indef art,* tools *pl*
② *(Know-how)* know-how, skills *pl; (Qualifikationen)* qualifications *pl*
Ru·te <-, -n> ['ru:tə] *f* ① *(Gerte)* switch
② *(Angelrute)* [fishing] rod
③ *(Wünschelrute)* divining [*or* dowsing] rod
Ru·ten·gän·ger(in) <-s, -> *m(f)* diviner, dowser
Ru·the·ni·en <-s> [ru'te:ni̯ən] *nt* Ruthenia
Ru·the·ni·um <-s> [ru'te:ni̯ʊm] *nt kein pl* CHEM ruthenium *no pl, no indef art*
Rüt·li·schwur ['ry:tli-] *m kein pl* HIST ■**der** ~ *oath taken on the Rütli mountain by the founders of Switzerland*
Rutsch <-es, -e> [rʊtʃ] *m* landslide; **in einem** ~ *(fig fam)* in one go; ***guten ~!*** *(fam)* happy New Year!
Rutsch·bahn *f* ① *(Kinderrutschbahn)* slide
② *(Straße)* slippery slope
③ *(Rummelplatz)* helter-skelter
Rut·sche <-, -n> ['rʊtʃə] *f* ① TECH chute, slideway
② *(fam: Kinderrutschbahn)* slide
rut·schen ['rʊtʃn̩] *vi sein* ① *(ausrutschen)* to slip
② *(fam: rücken)* ■[**mit etw** *dat*] [**nach links/zur Seite etc.**] ~ to move [*or fam* shove] [sth] [to the left/side, etc.]; **auf dem Stuhl hin und her** ~ to fidget [*or* shift around] on one's chair; ***rutsch mal!*** move [*or fam* shove] over [*or* up]
③ *(gleiten)* ■[**auf etw** *dat*] ~ to slide [on sth]
④ *(auf Rutschbahn)* ■[**auf der Rutschbahn**] ~ to play on the slide
⑤ *(von Erde, Kies)* **ins R~ geraten** [*o* **kommen**] to start slipping
rutsch·fest *adj inv* non-slip; *(strapazierfähig)* hard-wearing **Rutsch·ge·fahr** *f kein pl* danger of slipping; *(von Auto)* danger [*or* risk] of skidding
rut·schig ['rʊtʃɪç] *adj* slippery, slippy *fam*
Rutsch·par·tie *f (fam)* series of slides; *Auto* series of skids; ***die Fahrt war die reinste*** ~ the roads were like an ice-rink **rutsch·si·cher** *adj* non[-]slip
Rüt·tel·ma·schi·ne ['rʏtl̩-] *f* TYPO jogging machine
rüt·teln ['rʏtl̩n] **I.** *vt* ■**jdn** [**an etw** *dat*] ~ to shake sb [by sth]/sb['s sth]
II. *vi* ■**an etw** *dat* ~ to shake sth; **an feststehenden Tatsachen** ~ to upset the apple[-]cart; ***daran ist nicht zu ~, daran gibt es nichts zu*** ~ there's nothing one/you/we can do about it, there's no doubt about it
Rüt·tel·sieb *nt* ① TECH vibrating screen
② KOCHK flour sifter
Rwan·der(in) <-s, -> ['rvandɐ] *m(f) s.* **Ruander**
rwan·disch ['rvandɪʃ] *adj* SCHWEIZ *s.* **ruandisch**

S

S, s <-, -> [ɛs] *nt* S, s; *(Mehrzahl)* S[']s, s's; ~ **wie Siegfried** S for [*or* as in] Sugar; *s. a.* **A 1**
s. *Abk von* **siehe** cf.
S *Abk von* **Süden** S[.], So.
S. *Abk von* **Seite** p[.]; *(Mehrzahl)* pp[.]
s.a.[1] *Abk von* **siehe auch** cf.
s.a.[2] *Abk von* **sine anno** s.a.
Sa. *Abk von* **Samstag** Sat.
SA <-> [ɛs'ʔa:] *f kein pl* HIST *Abk von* **Sturmabteilung**: ■**die** ~ the SA
Saal <-[e]s, Säle> [za:l, *pl* 'zɛ:lə] *m* hall
Saal·die·ner *m* POL usher **Saal·schlacht** *f (fam)* brawl, fighting *no pl*
Saar <-> [za:ɐ̯] *f* ■**die** ~ the Saar
Saar·brü·cken <-s> *nt* Saarbrücken **Saar·land** *nt* ■**das** ~ the Saarland **Saar·län·der(in)** <-s, -> *m(f)* Saarlander **saar·län·disch** ['za:ɐ̯lɛndɪʃ] *adj* [of/in the] Saarland
Saat <-, -en> [za:t] *f* ① *kein pl (das Säen)* ■**die** ~ sowing; **bei der ~ sein** to be sowing
② *(Saatgut)* seed[s *pl*]
③ *(gesprießte Halme)* young crop[s *pl*], seedlings *pl*
Saat·gans *f* ORN bean goose **Saat·gut** *nt kein pl (geh)* seed[s *pl*] **Saat·kar·tof·fel** *f* seed potato
Saat·korn *nt* ① *(zum Aussäen)* seed corn [*or* grain]
② BOT *s.* **Samenkorn**
Saat·krä·he *f* rook
Sab·bat <-s, -e> ['zabat] *m* ■**der** ~ the Sabbath
Sab·ba·ti·cal <-s, -s> [sə'bætɪkl̩] *nt* sabbatical
Sab·bat·jahr *nt kein pl* sabbatical [year]
sab·beln ['zabl̩n] *vi* DIAL *(sabbern)* to slobber
Sab·ber <-s> ['zabɐ] *m kein pl* DIAL slaver, saliva, slobber *pej*
Sab·ber·lätz·chen *nt* DIAL bib
sab·bern ['zabɐn] **I.** *vi (fam)* ■[**auf etw** *akk*] ~ to slaver [*or pej* slobber] on [*or* over] sth
II. *vt* DIAL *(fam)* ■**etw** ~ to blather *fam* [*or pej* spout] sth; **unverständliches Zeug** ~ to [talk] drivel
Sä·bel <-s, -> ['zɛ:bl̩] *m (leicht gebogenes Schwert)* sabre BRIT, saber AM; *(Krummsäbel)* scimitar
▸WENDUNGEN: **mit dem ~ rasseln** to rattle one's sabre [*or* AM -er]
Sä·bel·fech·ten *nt* sabre fencing
sä·beln ['zɛ:bl̩n] **I.** *vt (fam)* ■**etw** [**von etw** *dat*] ~ to saw sth off sth, to saw away at sth
II. *vi (fam)* ■[**an etw** *dat*] ~ to saw away [at sth]
Sä·bel·ras·seln <-s> *nt kein pl* sabre-rattling **Sä·bel·schnäb·ler** <-s, -> *m* ORN avocet
Sa·bot <-[s], -s> [za'bo:] *m* MODE sabot
Sa·bo·ta·ge <-, -n> [zabo'ta:ʒə] *f* sabotage; ~ [**an etw** *dat*] **begehen** to perform acts/an act of sabotage, to sabotage sth; ~ **treiben** to practise sabotage
Sa·bo·ta·ge·akt [zabo'ta:ʒə-] *m* act of sabotage; **einen ~/~e** [**an etw** *dat*] **begehen** [*o* **verüben**] to perform an act/acts of sabotage, to sabotage sth
Sa·bo·teur(in) <-s, -e> [zabo'tø:ɐ̯] *m(f)* saboteur; *(kommunistisch a.)* diversionist
sa·bo·tie·ren* [zabo'ti:rən] **I.** *vt* ■**etw** ~ to sabotage sth
II. *vi* to practise sabotage
Sac·cha·rid [zaxa'ri:t] *nt* CHEM saccharide
Sac·cha·ri·me·ter [zaxari'me:tɐ] *nt* saccharometer
Sa(c)·cha·rin <-s> [zaxa'ri:n] *nt kein pl* saccharin
Sac·(c)ha·ro·se <-, -> [zaxa'ro:zə] *f kein pl* sucrose, saccharose
Sach·an·la·gen *pl* FIN tangible assets **Sach·aus·ga·ben** *pl* FIN material expenses **Sach·be·ar·bei·ter(in)** *m(f)* specialist; *(in einer Behörde)* official in charge; *(im Sozialamt)* caseworker **Sach·be·reich** *m* [specialist] area **Sach·be·schä·di·gung** *f* JUR [criminal] damage to property, vandalism; ~ **begehen** to commit [an act of] vandalism
sach·be·zo·gen I. *adj* relevant, pertinent, germane *pred form*
II. *adv* ~ **argumentieren/jdn ~ befragen** to use relevant [*or* pertinent] arguments/to ask relevant [*or* pertinent] questions of sb
Sach·be·zü·ge *pl* FIN payment in kind **Sach·buch** *nt* non[-]fiction book [*or* work]
sach·dien·lich *adj (form)* ① *(nützlich)* relevant, pertinent; **ein ~er Tipp** a useful tip; **~e Hinweise** relevant information, helpful hints, information relevant to the case
② *(relevant)* pertinent, relevant; **etw für ~ halten** to think sth is pertinent; ■~ **sein** to be relevant [*or* pertinent] [*or form* germane]
③ *(geeignet)* suitable, appropriate
Sach·dien·lich·keit *f* JUR expediency, pertinency
Sa·che <-, -n> ['zaxə] *f* ① *(Ding)* thing, object; *(im Laden a.)* article
② *pl (Alkohol)* **scharfe ~n** *(fam)* hard stuff *fam* [*or* liquor] *sing*
③ *pl (Kleidung)* things, clothes, togs *fam;* **warme ~n** warm clothes [*or nsing* clothing]
④ *pl* KUNST *(fam: Werke, Stücke)* pieces
⑤ *meist pl (Eigentum)* property; ■**jds ~n** sb's things [*or* belongings] [*or* goods] [*or fam* stuff]; **bewegliche/unbewegliche ~n** JUR personal property [*or* chattels] [*or* movables]/immovables [*or* things immovable]; **eingebrachte** ~ contributed item; **herrenlose** ~ derelict property, res nullius; **verbrauchbare** ~ consumable; **vertretbare** ~ fungible
⑥ *(Angelegenheit)* matter, affair; *(Problem, Frage a.)* question; *(Thema)* subject; *(Anliegen)* cause; ***ich hatte mir die ~ eigentlich anders vorgestellt*** in fact, I had imagined things differently; ***wie ist die ~ mit dem Haus gelaufen?*** how did the house business turn out?; ***die ~ ist schiefgegangen*** everything went wrong; ***die ~ steht gut*** things are looking good; ***das ist so eine ~*** *(fam)* that's a bit tricky [*or* bit of a problem]; ***das ist eine andere*** ~ that's another matter [*or* something else]; ***das ist eine ~ des Geschmacks*** that's a matter of taste; ***es ist eine ~ seiner Abstammung*** it's a question of his origins; ■**jds ~ sein** to be sb's affair [*or* business]; **eine aussichtslose** ~ a lost cause;**beschlossene ~ sein** to be [all] settled [*or* a foregone conclusion]; **in eigener** ~ on one's own behalf; ■**eine ~ für sich** *akk* **sein** to be a matter apart [*or* chapter in itself]; **geschäftliche** ~ business matter; **eine gute** ~ *(angenehm)* a good thing; *(wohltätig)* a good cause; **eine unangenehme** ~ an unpleasant affair [*or* business]; **um der ~ willen** for the love of it [*or* it's own sake]; *s. a.* **Natur**
⑦ JUR *(Fall)* case, cause; **in ~n ...** in the matter of ...; **in ~n Umwelt bleibt noch viel zu tun** there is still a lot to be done where the environment is concerned; **in ~n** [*o* **in der ~**] **Meier gegen Müller** in the case [of] [*or form* in re] Meier versus Müller; **eine ~ verhandeln/vertreten/verweisen** to hear/uphold/remit a case; **sich** *akk* **zur ~ äußern** to refer to the merits of the case; **zur ~ vernommen werden** to be questioned [with regard to the matter itself]
⑧ *(Sachlage)* factual situation; ***die ~ ist die, dass ...*** *(es geht darum, dass ...)* the matter so far is that ...; *(einschränkend)* the thing is [that] ...; **bei der ~ bleiben** to keep to the point; **neben der ~ liegen** *(fam)* to be beside the point; **nichts zur ~ tun** to be irrelevant, to not matter; **sich** *dat* [**bei jdm/etw**] **seiner ~ sicher** [*o geh* **gewiss**] **sein** to be sure of one's ground; **zur ~ kommen** to come to the point
⑨ *(Aufgabe)* job; ***er macht seine ~ gut*** he's doing well [*or* a good job]; ***es ist ~ der Polizei, den Schuldigen zu finden*** it's up to [*or* it's for] the police to find the guilty person; **keine halben ~n machen** to not do things by halves, to not deal in half-measures; **seine ~ verstehen** to know what one is doing [*or fam* is about]
⑩ *pl (Vorfall)* things; ***mach keine ~n!*** *(fam: was du nicht sagst)* [what] you don't say?; *(tu das bloß nicht)* don't be daft! *fam;* ***was machst du bloß für ~n!*** *(fam)* the things you do!; ***was sind denn das für ~n?*** what's going on here?; ***das sind doch keine ~n!*** *(fam)* you shouldn't do that
⑪ *pl (fam: Stundenkilometer)* **mit 255 ~n** at 255 [kph [*or fam* kli[c]ks]]
▸WENDUNGEN: **bei der ~ sein** to be concentrating; ***er war nicht bei der*** ~ his mind was wandering; ***er war bei den Hausaufgaben nicht ganz bei der*** ~ he didn't give his full attention to his homework; **mit jdm gemeinsame ~ machen** to make common cause with sb; **~n gibt's[, die gibt's gar nicht]!** *(fam)* [well] would you credit it?, isn't it amazing?; **nicht jedermanns ~ sein** to be not everyone's cup of tea; **jemandem sagen, was ~ ist** *(fam)* to tell sb what's what *fam,* to put sb in the picture *fam;* **zur ~!** come to the point; *(in Parlament a.)* [the] question!
Sach·ein·la·ge *f* FIN contribution in kind, non-cash contribution
Sa·chen·mehr·heit *f* JUR plurality of things **Sa·chen·recht** *nt* JUR law of property, real law
Sach·ent·schei·dung *f* decision on the merits
Sa·cher·tor·te *f* Sachertorte *(rich chocolate gateau from Austria)*
Sach·fahn·dung *f* JUR tracing of stolen property
Sach·fra·ge *f meist pl* factual question **sach·**

fremd *adj* irrelevant **Sạch·früch·te** *pl* JUR fruits *pl* of a thing **Sạch·ge·biet** *nt* [specialized] field
sạch·ge·mäß I. *adj* proper; **bei ~er Verwendung** when properly used
II. *adv* properly
sạch·ge·recht *adj s.* **sachgemäß Sạch·haf·tung** *f* JUR liability for risks arising from property **Sạch·in·be·griff** *m* JUR aggregate of things **Sạch·ka·ta·log** *m* subject index **Sạch·ken·ner(in)** *m(f)* expert, authority (**auf/in** +*dat* on) **Sạch·kennt·nis** *f* expert knowledge *no pl* **Sạch·kon·to** *nt* FIN inventory [*or* nominal] account **Sạch·kos·ten** *pl* FIN material expenses, costs of materials; **Sach- und Dienstleistungskosten** costs of materials and services
Sạch·kun·de *f kein pl* ❶ *(geh) s.* **Sachkenntnis** ❷ SCH *(fam) s.* **Sachkundeunterricht Sạch·kun·de·un·ter·richt** *m* ■**der** ~ General Knowledge
sạch·kun·dig I. *adj* [well-]informed; ■**~/~er sein** to be [well]/better informed; **sich** *akk* **[auf etw** *dat/* **in etw** *dat*] **~ machen** to inform oneself [on sth]
II. *adv* **~ antworten/erklären** to give an informed answer/explanation **Sạch·kun·di·ge(r)** *f(m) dekl wie adj s.* **Sachkenner Sạch·la·ge** *f kein pl* situation, state of affairs, lie of the land *fam* **Sạch·le·gi·ti·ma·ti·on** *f* JUR legitimacy as the proper party **Sạch·leis·tung** *f* FIN payment in kind; *(Versicherung)* in-kind [*or* non-cash] benefit
sach·lich ['zaxlɪç] **I.** *adj* ❶ *(objektiv)* objective; ■**~ bleiben** to remain objective, to keep to the point; ■**~ sein** to be objective
❷ *(in der Angelegenheit begründet)* factual; **ein ~er Unterschied** a factual [*or* material] difference
❸ *(schmucklos)* functional; **sich** *akk* **~ kleiden** to dress businesslike
II. *adv* ❶ *(objektiv)* objectively; **sich** *akk* **~ verhalten** to be objective
❷ *(inhaltlich)* factually
säch·lich ['zɛçlɪç] *adj* LING neuter
Sạch·lich·keit <-> *f kein pl* ❶ *(Objektivität)* objectivity
❷ KUNST, LIT **die Neue ~** new realism, neo-realism
Sạch·man·gel *m meist pl* JUR material deficiency **Sạch·män·gel·aus·schluss**RR *m* JUR caveat emptor, all faults **Sạch·män·gel·haf·tung** *f* JUR warranty of quality, liability for defects
Sạch·pa·tent *nt* product patent **Sạch·re·gis·ter** *nt* subject index **Sạch·scha·den** *m* damage to property, property damage *no indef art, no pl*
Sach·se, Säch·sin <-n, -n> ['zaksə, 'zɛksɪn] *m, f* Saxon
säch·seln ['zɛksl̩n] *vi (fam)* to speak with a Saxon accent/in the Saxon dialect
Sach·sen <-s> ['zaksn̩] *nt* Saxony **Sach·sen-An·halt** <-s> [zaksn̩'anhalt] *nt* Saxony-Anhalt
Säch·sin <-, -nen> ['zɛksɪn] *f fem form von* **Sachse**
säch·sisch ['zɛksɪʃ] *adj* Saxon, of Saxony *pred;* ■**das S~e** Saxon
Sạch·spen·de *f* donation in kind
sacht [zaxt], **sach·te** ['zaxtə] **I.** *adj* ❶ *(sanft)* gentle; ***nun mal ~e!, ~e, ~e!*** *(fam)* take it easy!
❷ *(geringfügig)* gentle, gradual
II. *adv* ❶ *(sanft)* gently
❷ *(leicht)* gently, gradually, by degrees
Sạch- und Streit·stand *m* JUR position of the stage of the proceedings
Sạch·ur·teil *nt* JUR judgment on the merits [of the case] **Sạch·ver·halt** <-[e]s, -e> *m* facts *pl* [of the case] **Sạch·ver·mö·gen** *nt* FIN tangible assets *pl* **Sạch·ver·stand** *m kein pl* expertise *no pl, no indef art*
sạch·ver·stän·dig *adj* competent, professional, expert *attr;* **~er Zeuge** expert witness
Sạch·ver·stän·di·ge(r) *f(m) dekl wie adj* expert; *(vor Gericht)* expert witness; *(für Versicherung)* surveyor, appraiser; **gerichtlich/öffentlich bestellter ~** court-appointed/publicly appointed expert; **einen ~n beauftragen/bestellen/hinzuziehen** to commission/appoint/consult an expert; **die Begutachtung durch einen ~n vornehmen lassen** to ask for an expert opinion **Sạch·ver·stän·di·gen·aus·schuss**RR *m* committee of experts **Sạch·ver·stän·di·gen·be·weis** *m* JUR expert evidence **Sạch·ver·stän·di·gen·gut·ach·ten** *nt* JUR expert's report, expertise, expert opinion **Sạch·ver·stän·di·gen·rat** *m* expert advisory council, council [*or* panel] of experts
Sạch·vor·trag *m* JUR factual submissions *pl* **Sạch·wal·ter(in)** *m(f)* JUR agent, private attorney, trustee
Sạch·wert *m* ❶ *kein pl* FIN commodity [*or* real] value; **bilanzierbarer ~** tangible assets ❷ *meist pl (Wertgegenstände)* tangible assets *spec* **Sạch·wert·ab·fin·dung** *f* FIN non-cash compensation **Sạch·wert·ver·fah·ren** *nt* FIN asset value method
Sạch·wör·ter·buch *nt* specialist [*or* technical] dictionary; **~ der Gesteinskunde** dictionary of geology [*or* geological terms] **Sạch·wu·cher** *m kein pl* JUR predatory dealing **Sạch·zu·sam·men·hang** *m* JUR factual connection **Sạch·zwang** *m meist pl* SOZIOL material [*or* practical] constraint; **Sachzwängen unterliegen** to be constrained by circumstances; **unter ~ stehen** to be constrained by circumstances; **frei von Sachzwängen sein** to be unconstrained by circumstances
Sack <-[e]s, Säcke> [zak, *pl* 'zɛkə] *m* ❶ *(großer Beutel)* sack; **drei ~ Kartoffel/Kohlen** three sacks of potatoes/sacks [*or* bags] of coal; **etw in Säcke füllen** to put sth into sacks, to sack sth *spec*
❷ SÜDD, ÖSTERR, SCHWEIZ *(Hosentasche)* [trouser [*or* pants]] pocket; **etw im ~ haben** *(sl)* to have sth safely in one's pocket
❸ *(vulg: Hodensack)* balls *npl sl*
❹ *(pej fam: Kerl)* bastard *sl,* cunt *vulg*
❺ *(Tränensack)* bag, sac[cus] *spec*
▸WENDUNGEN: **in ~ und Asche gehen** *(fig geh)* to wear [*or* be in] sackcloth and ashes *liter;* **es ist leichter, einen ~ Flöhe zu hüten** *(fam)* I'd rather climb Mount Everest *fam;* **wie ein nasser ~** *(sl)* as if poleaxed, like a limp rag; **mit ~ und Pack** *(fam)* with bag and baggage; **den ~ schlagen und den Esel meinen** *(prov)* to kick the dog and mean the master *prov;* **jdn in den ~ stecken** *(fig fam)* to knock [the] spots off sb BRIT *fam*
Sạck·bahn·hof *m s.* **Kopfbahnhof**
Säck·chen ['zɛkçən] *nt dim von* **Sack** small sack, bag
Sä·ckel <-s, -> ['zɛkl] *m* SÜDD *(veraltend: Hosentasche)* pocket; **tief in den ~ greifen müssen** to have to dig deep [into one's pockets]
Sä·ckel·meis·ter(in) <-s, -> ['zɛkl-] *m(f)* SCHWEIZ *(Kassenwart)* treasurer
sa·cken ['zakn̩] *vi sein* ❶ *(sich senken)* to sink, to subside; *(zur Seite)* to lean
❷ *(sinken)* to sink; *Kopf a.* to droop
sä·cke·wei·se *adj* by the sack/bag
Sạck·gas·se *f (a. fig)* cul-de-sac, blind alley, dead end *a. fig;* **in einer ~ stecken** to have come to a dead end [*or* an impasse] **Sạck·ge·bühr** <-, -en> *f* ADMIN SCHWEIZ *duty on the purchase of refuse sacks covering the disposal costs* **Sạck·gut** *nt* bagged cargo **Sạck·hüp·fen** *nt kein pl* sack race; **~ machen** to have a sack race **Sạck·kar·re** *f* barrow, handcart **Sạck·lei·nen** *nt* sackcloth, sacking, burlap AM **Sạck·mes·ser** <-s, -> *nt* SCHWEIZ *(Taschenmesser)* pen knife, pocket knife **Sạck·tuch** *nt* ❶ SÜDD, ÖSTERR, SCHWEIZ *(Taschentuch)* handkerchief, hankie *fam* ❷ *s.* **Sackleinen**
Sad·du·zä·er <-s, -> [zadu'tsɛːɐ] *m (Mitglied einer alten jüdischen Gemeinschaft)* Sadducee
Sa·dis·mus <-, Sadismen> [za'dɪsmʊs, *pl* za'dɪsmən] *m* ❶ *kein pl (Veranlagung)* sadism
❷ *pl* sadism *no pl,* sadistic acts
Sa·dist(in) <-en, -en> [za'dɪst] *m(f)* sadist
sa·dịs·tisch I. *adj* sadistic; ■**~ sein** to be sadistic
II. *adv* sadistically
Sa·do·ma·so·chis·mus [zadomazɔ'xɪsmʊs] *m kein pl* sadomasochism, SM *no pl*
SAD-Syn·drom [ɛsʔa'deː-zʏn'droːm] *nt* SAD, seasonal affective disorder
sä·en ['zɛːən] **I.** *vt* ■**etw ~** ❶ *(aussäen)* to sow sth
❷ *(geh: erzeugen)* to sow [the seeds of] sth
II. *vi* to sow; *s. a.* **dünn**
▸WENDUNGEN: **Wind ~ und Sturm ernten** to sow the wind and reap the whirlwind *dated*
Sa·fa·ri <-, -s> [za'faːri] *f* safari; **eine ~ machen** to go on safari
Sa·fa·ri·helm *m* safari hat **Sa·fa·ri·hemd** *nt* safari jacket **Sa·fa·ri·park** *m* safari park
Safe <-s, -s> [seːf] *m* safe; **einen ~ aufbrechen** to break open a safe
Sa·fer Sex ['zeːfɐ 'zɛks] *m* safe sex
Saf·fi·an ['zafi̯a(ː)n] *m,* **Saf·fi·an·le·der** <-s> *nt kein pl* morocco [leather]
Sa·flor·öl [za'floːɐ̯-] *nt* safflower oil
Saf·ran <-s, -e> ['zafraːn] *m* ❶ BOT saffron [crocus]
❷ *(Gewürz)* saffron
Saft <-[e]s, Säfte> [zaft, *pl* 'zɛftə] *m* ❶ *(Fruchtsaft)* [fruit] juice *no pl*
❷ *(Pflanzensaft)* sap *no pl;* **ohne ~ und Kraft** *(fig: von Rede)* wishy-washy, insipid; *(von Mensch: lustlos)* listless
❸ *(fam: Strom)* juice *fam*
▸WENDUNGEN: **im eigenen ~ schmoren** *(fig fam)* to be up against a brick wall; **jdn im eigenen ~ schmoren lassen** *(fam)* to let sb stew in their own juice
Sạft·brä·ter *m* oval-shaped casserole *(with a perforated insert in the lid for channelling basting liquids to the meat)*
saf·tig ['zaftɪç] *adj* ❶ *(viel Saft enthaltend)* juicy, succulent
❷ *(üppig)* lush
❸ *(fam: in unangenehmer Weise berührend)* **ein ~er Brief** one hell of a letter, a snorter BRIT *sl;* **ein ~er Preis/eine ~e Rechnung** a steep [*or* an exorbitant] price/bill
Sạft·la·den *m (pej fam)* dump *pej* **sạft·los** *adj* insipid, wishy-washy **Sạft·pres·se** *f* fruit press, juice extractor
Sạft·sack *m (pej sl)* stupid bastard *sl* [*or* BRIT *vulg* twat]
Sạft·schub·se <-, -n> *f (hum sl)* stewardess, flight attendant, Mandy *pej fam*
Sạft·zen·tri·fu·ge *f* juice extractor
Sa·ga <-, -s> ['saːga] *f* saga
Sa·ge <-, -n> ['zaːgə] *f* legend
Sä·ge <-, -n> ['zɛːgə] *f* ❶ *(Werkzeug)* saw
❷ ÖSTERR *(Sägewerk)* sawmill
Sä·ge·bauch *m* sawfish **Sä·ge·blatt** *nt* saw blade [*or spec* web]
Sä·ge·bock *m (Holzbock)* sawhorse, AM *a.* sawbuck
Sä·ge·fisch *m* sawfish **Sä·ge·mehl** *nt* sawdust **Sä·ge·mes·ser** *nt* serrated knife **Sä·ge·müh·le** *f* SÜDD *(Sägewerk)* sawmill
sa·gen ['zaːgn̩] **I.** *vt* ❶ *(äußern, behaupten)* ■**etw [zu jdm] ~** to say sth [to sb]; ■**~, dass/ob ...** to say [that]/whether ...; ■**~, wann/wie/warum ...** to say when/how/why ...; ***man sagt von ihr, dass ...*** it is said of her that ...; ***warum haben Sie das nicht gleich gesagt?*** why didn't you say that [*or* so] before?; ***ich sage, wie es ist*** I'm just telling you the way it is; ***das sage ich nicht!*** I'm not telling!; ***ich sage gar nichts mehr!*** I'm not saying another word!; ***das kann ich noch nicht sagen*** I can't say yet; ***sag nicht so etwas!*** don't say things like that!, don't talk like that!; ***so was sagt man doch nicht!*** you mustn't say things like that!; *(Schimpfworte)* mind [*or* watch] your language!; ***das kann jeder ~*** anybody can claim that, it's easy to talk; ***wie kannst du so etwas ~?*** how can you say such things?; ***das sagst du so einfach!*** that's easy to say [*or* easily said]!; ***das hat sie nur so gesagt*** she didn't mean it; ***das musste einmal gesagt werden*** it had to be said; ***das kann man nicht [so einfach] ~*** you can't really say [*or* tell]; ***ich will nichts gesagt haben*** forget everything I just said; **das oben Gesagte** what has been said above; *(in einem Vortrag)* the foregoing [remarks]; **etw ist schnell gesagt** sth is easily said; **was ich noch ~ wollte, ...** just one more thing, ...; ***oh, was ich noch ~ wollte, vergiss nicht Milch einzukaufen*** by the way, don't forget to buy milk

S

② *(ausdrücken, formulieren)* ■**etw** ~ to say sth; ***das hast du gut gesagt*** you put that well; ***so kann man es auch*** ~ you could put it like that; **etw in aller Deutlichkeit** ~ to make sth perfectly clear; **genauer gesagt** or [to put [*or* putting] it] more precisely
③ *(mitteilen)* ■**jdm etw** ~ to tell sb sth; ■**jdm ~, dass/ob ...** to tell sb [that]/whether ...; ■**jdm ~, wann/wie/warum ...** to say [*or* tell] sb when/how/why ...; ***könnten Sie mir ~, ...?*** could you tell me ...?; ***ich sage es ihr*** I'll tell her; ***ich hab's [dir] ja gleich gesagt!*** I told you so!; ***das hätte ich dir gleich ~ können*** I could have told you that before; ***das kann ich dir nicht*** ~ I couldn't say, I don't know; ***ich will dir mal was*** ~ let me tell you something; ***das brauchst du mir nicht zu*** ~ you don't need to tell me [that], I know that only too well; ***ich habe mir ~ lassen, dass ...*** I've been told that ...; ***lass dir das [o lass dir von mir] gesagt sein[, ...]*** let me tell you [*or* take it from me] [...]; ***er lässt sich nichts*** ~ he won't be told, you can't tell him anything; ***was ich mir von ihr nicht alles ~ lassen muss!*** the things I have to take from her!; **jdm Grobheiten** ~ to speak rudely to sb; **jdm etwas ~ lassen** to ask somebody to tell sb sth; **jdm seine Gründe/seinen Namen** ~ to give [sb] one's reasons/name
④ *(Meinung äußern)* ■**etw** ~ to say sth; ***was ~ Sie dazu?*** what do you think about it?; ***hast du dazu etwas zu ~?*** do you have anything to say [about that]?; ***dazu sage ich lieber nichts*** I prefer not to say anything on that point; ***ich sag's ja immer, ...*** I always say ..., I've always said ...; ***was soll man dazu [noch] ~?*** what can you say?; ***was sagst du nun?*** now what do you say?, what do you say to that?; ***das will [o würde] ich nicht*** ~ I wouldn't say that; ***ich möchte fast ~, ...*** I'd almost say ...,, one could almost say ...,; ***wenn ich so ~ darf*** if I may say so; ***da soll noch einer ~, ...*** never let it be said, ...
⑤ *(befehlen)* ■**jdm ~, dass er etw tun soll** to tell sb to do sth; ■**jdm ~, wie/was ...** to tell sb how/what ...; **etwas/nichts zu ~ haben** to have a/no say; ***hat sie in der Firma etwas zu ~?*** does she have a say in the firm?; ***du hast mir gar nichts zu*** ~ you've no right to order me about; ***von ihr lasse ich mir nichts*** ~ I'm not taking orders from her; **das ~ haben** to have the say, to call the shots *fam;* ***hier habe ich das*** ~ what I say goes!
⑥ *(bedeuten)* ■**etw** ~ to mean sth; ***was will er damit*** ~ what does he mean [by that]?; ***willst du damit ~, dass ...?*** are you trying say that ...?, do you mean to tell me that ...?; ***ich will damit nicht ~, dass ...*** I don't mean to imply [*or* say] that ...; ***hat das etwas zu ~?*** does that mean anything?; ***das will nichts [o hat nichts zu]*** ~ that doesn't mean anything; ***das will nicht viel*** ~ that doesn't mean much; ***damit ist nicht gesagt, dass ...*** that doesn't mean [to say] that ...; ***damit ist alles gesagt*** that says everything, that says it all; ***ihre Miene sagte alles*** it was written all over her face; **jdm etwas/nichts/wenig** ~ to mean something/to not mean anything/to mean little to sb; ***sagt dir der Name etwas?*** does the name mean anything to you?
⑦ *(nennen)* ■**zu jdm/etw ...** ~ to call sb/sth ...; ***du kannst Monika zu mir*** ~ you can call me Monika
▸WENDUNGEN: **das sage ich dir!** I'm telling [*or* warning] you!; **sag das nicht!** not necessarily!; **du sagst es!** very true!; **gesagt, getan** no sooner said than done; **das kann ich dir sagen!** you can be sure of that!; **das kannst du laut [o kann man wohl] sagen** you can say that again; **das ist leichter gesagt als getan** that's easier said than done; **sag mir, was du liest, und ich sage dir, wer du bist** *(prov)* tell me what you read and I'll tell you what kind of person you are; **das ist nicht gesagt** that is by no means certain; **es ist nicht zu ~, wie ...** no words can express how ...; **das ist zu viel gesagt** that's going too far, that's an exaggeration; **was sage ich ...** what am I talking about ...; **was du nicht sagst/Sie nicht ~!** *(bes iron)* you don't say!; **wem sagst du/~ Sie das!** you don't need to tell me [that]!; **wenn ich es [dir] sage!** I'll promise [you]!; **na, wer sagt's denn!** there you are[, I knew it]!; **sag, was du willst, ...** say what you like ...; **sich** *dat* **etwas nicht zweimal ~ lassen** to not need to be told/asked twice; ***das lasse ich mir nicht zweimal ~!*** I'd love to!
II. *vi* to say; ***wie sagt man [da]?*** what does one say?, what's the [right] word?; ***wenn ich so ~ darf*** if I may put it this way; *(entschuldigend)* if you will pardon the expression; **sag/~ Sie [mal], ...** tell me [*or* say], ...; ***sag mal/~ Sie mal, wie viel hat der Wein gekostet?*** tell me, how much did the vine cost?; ***sag mal, Anne, wollen wir heute Abend ins Kino?*** hey, Anne, listen, shall we go to the cinema tonight?; ***sag mal, willst du nicht endlich aufstehen?*** come on, isn't it time to get up?; ***nun sag mal selber, ist das nicht ziemlich unbequem?*** you must admit that's uncomfortable!; **~ wir [mal] ...** let's say ...; ***wir treffen uns, ~ wir, um viertel vor 7*** let's meet at, say, a quarter to 7; **unter uns gesagt** between you and me, between you, me and the gatepost *hum;* **wie [schon] gesagt, wie ich schon sagte** as I've [just [*or* already]] said [*or* mentioned]; **im Vertrauen gesagt** in confidence
▸WENDUNGEN: **sag bloß!** *(fam)* you don't say!, get away [with you]! *fam;* ***sag bloß, du hast es vergessen!*** don't say you've forgotten it!; **ich muss schon ~!** I must say!; **sage und schreibe** believe it or not, would you believe it; ***sage und schreibe 100 Gäste*** 100 guests, would you believe it; **um nicht zu ~ ...** not to say, to call the shots *fam;* **will** ~ or rather, that is to say
III. *vr* ■**sich** *dat* **~, dass ...** to tell oneself [that] ...; ***das hättest du dir schon vor 10 Jahren ~ können*** you should have known [*or* realized that] 10 years ago
IV. *vr impers* ***das sagt sich so einfach*** that's easy to say [*or* easily said]
Sa·gen *nt* ▸WENDUNGEN: **das ~ haben** to hold sway, to be in control, to say what's what
sä·gen ['zɛːgn̩] **I.** *vt* ■**etw** ~ to saw sth; ***er sägte den Ast in kleine Stücke*** he sawed the branch into little bits
II. *vi* ① *(mit der Säge arbeiten)* to saw; ■**an etw** *dat* ~ to saw sth, to saw away at sth *iron*
② *(fam: schnarchen)* to snore, to saw wood AM
sa·gen·haft **I.** *adj* ① *(fam: phänomenal)* incredible; **~es Aussehen** stunning looks *npl*
② *(fam: unvorstellbar)* incredible; **ein ~er Preis/~er Reichtum** a staggering price/staggering wealth
③ *(geh: legendär)* legendary; **eine ~e Gestalt** a legendary figure, a figure from legend
II. *adv (fam)* incredibly
sa·gen·um·wo·ben ['zaːgn̩ʊmvoːbn̩] *adj (geh) Burg, Stadt* steeped in legend
Sä·ge·rei <-, -en> [zɛːgəˈrai] *f* SCHWEIZ *(Sägewerk)* sawmill, lumbermill AM
Sä·ge·spä·ne *pl* sawdust; *(gröber)* wood shavings *pl* **Sä·ge·werk** *nt* sawmill, lumbermill AM **Sä·ge·zahn** *m* saw tooth
Sa·go <-s> ['zaːgo] *m o nt kein pl* sago
Sa·go·pal·me *f* sago palm
sah [zaː] *imp von* **sehen**
Sa·ha·ra <-> [zaˈhaːra, ˈzaːhara] *f kein pl* ■**die** ~ the Sahara [Desert]
Sa·hel·zo·ne [zaˈheːl, ˈzaːhɛl] *f* GEOG [the] Sahel
Sah·ne <-> [ˈzaːnə] *f kein pl* cream; **saure/süße** ~ sour cream/[fresh] cream; ■**mit** ~ with cream; **~ zum Schlagen** whipping cream; **allererste** ~ *(sl)* great *fam,* wicked *fam*
Sah·ne·eis *nt* ice cream **Sah·ne·häub·chen** <-s, -> [-hɔypçən] *nt (hum fam)* pièce de resistance, the icing on the cake *hum* **Sah·ne·meer·ret·tich** *m* horseradish cream sauce **Sah·ne·so·ße** *f* cream sauce **Sah·ne·tor·te** *f* cream gateau
sah·nig [ˈzaːnɪç] *adj* creamy; **etw ~ schlagen** to whip [*or* beat] sth until creamy
Saib·ling <-s, -e> [ˈzaiplɪŋ] *m* arctic char[r]
Sai-Re·li·gi·on [ˈzai-] *f* REL Sai Religion
Sai·son <-, -s *o* SÜDD, ÖSTERR -en> [zɛˈzõː, zɛˈzɔŋ] *f* season; **außerhalb der** ~ in [*or* during] the off-season
sai·so·nal [zɛzoˈnaːl] **I.** *adj* seasonal; **~e Belastungen** seasonal strains; **~e Schwankungen** ÖKON seasonal variations
II. *adv* seasonally; **~ bedingt sein** to be due to seasonal factors
Sai·son·ar·beit [zɛˈzõː-, zɛˈzɔŋ-] *f* seasonal work **Sai·son·ar·bei·ter(in)** *m(f)* seasonal worker **Sai·son·ar·ti·kel** *m* HANDEL seasonal article **sai·son·be·dingt** *adj* seasonal; ■**~ sein** to be seasonal [*or* due to seasonal factors]; **~e Ermäßigung** ÖKON seasonal reductions **Sai·son·be·ginn** *m* start of the season **sai·son·be·rei·nigt** *adj inv* ÖKON seasonally adjusted; **~e Angaben** seasonally adjusted figures; **saison- und kalenderbereinigt** ÖKON seasonally adjusted **Sai·son·be·rei·ni·gung** *f* ÖKON seasonal adjustment **Sai·son·be·schäf·tig·te(r)** *f(m) dekl wie adj* seasonal worker **Sai·son·be·schäf·ti·gung** *f* seasonal work **Sai·son·be·trieb** *m kein pl* seasonal business **Sai·son·en·de** *nt* end of season **Sai·son·er·öff·nung** *f* opening of the season **Sai·son·fak·to·ren** *pl* ÖKON seasonal factors **sai·son·ge·mäß** *adj* ÖKON seasonal **Sai·son·kre·dit** *m* ÖKON *(landwirtschaftlicher Überbrückungskredit)* seasonal credit
Sai·son·nier <-s, -s> [zɛzoˈni̯eː] *m* SCHWEIZ *(Saisonarbeiter)* seasonal worker
Sai·son·schwan·kung *f* ÖKON seasonal variation
sai·son·üb·lich *adj inv* ÖKON seasonal; **~e Zunahme** seasonal gain **Sai·son·wa·re** *f* ÖKON seasonal goods *pl* **Sai·son·zu·schlag** *m* in-season [*or* seasonal] [*or* high-season] supplement
Sai·te <-, -n> [ˈzaitə] *f* MUS string; **die ~n einer Gitarre stimmen** to tune [the strings of] a guitar
▸WENDUNGEN: **andere [o strengere] ~n aufziehen** *(fam)* to get tough; **in jdm eine ~ klingen lassen** *(fam)* to strike a chord with sb
Sai·ten·in·stru·ment *nt* string[ed] instrument **Sai·ten·wurst** *f* frankfurter
Sa·ke <-> [ˈzaːkə] *m kein pl (japanischer Reiswein)* sake, saki
Sak·ko <-s, -s> [ˈzako] *m o nt* sports jacket
sa·kral [zaˈkraːl] *adj (geh)* sacred, religious; **ein ~er Akt** a sacred [*or liter* sacral] act; **~e Kunst** religious [*or liter* sacral] art
Sa·kral·bau *m* sacred [*or* ecclesiastical] building
Sa·kra·li·tät <-> *f kein pl (geh)* sacrality **Sa·kral·kunst** *f* religious [*or liter* sacral] art
Sa·kra·ment <-[e]s, -e> [zakraˈmɛnt] *nt* sacrament; **das ~ der Taufe** the sacrament of baptism; **~ [noch mal]!** SÜDD *(sl)* Jesus [H. *hum*] Christ! *sl*
Sa·kri·leg <-s, -e> [zakriˈleːk] *nt (geh)* sacrilege; **ein ~ begehen** to commit [a] sacrilege
Sa·kris·tei <-, -en> [zakrɪsˈtai] *f* sacristy, vestry
sa·kro·sankt [zakroˈzaŋkt] *adj (geh)* sacrosanct, inviolable
sä·ku·lar [zɛkuˈlaːɐ̯] *adj (geh)* ① *(weltlich, zeitlich)* secular
② ASTRON secular
③ *(außergewöhnlich)* exceptional, outstanding
Sä·ku·la·ri·sa·ti·on <-, -en> [zɛkularizaˈtsi̯oːn] *f* secularization
sä·ku·la·ri·sie·ren* [zɛkulariˈziːrən] *vt* ■**etw** ~ to secularize sth
Sä·ku·la·ri·sie·rung <-> *f kein pl* REL, SOZIOL *(geh)* secularization
Sä·ku·la·ris·mus <-> [zɛkulaˈrɪsmʊs] *m kein pl* secularism
Sa·la·man·der <-s, -> [zalaˈmandɐ] *m* salamander
Sa·la·mi <-, -s> [zaˈlaːmi] *f* salami
Sa·la·mi·tak·tik *f (fam)* salami tactics *spec sl,* policy of small steps *(to achieve what cannot be done in one go)*
Sa·lär <-s, -e> [zaˈlɛːɐ̯] *nt* ÖSTERR, SCHWEIZ *(geh: Honorar)* salary
sa·la·rie·ren [zalaˈriːrən] *vt* SCHWEIZ *(entlohnen)* ■**jdn [für etw** *akk*] ~ to pay sb [for sth]
Sa·lat <-[e]s, -e> [zaˈlaːt] *m* ① *(Pflanze)* lettuce; **~ pflanzen** to plant [*or* set] lettuce

❷ *(Gericht)* salad; **grüner ~** green [*or* lettuce] salad; **gemischter ~** mixed salad
▶WENDUNGEN: **da** [*o* **jetzt**] **haben wir den ~!** *(fam)* now we're in a fine mess, now we've had it *fam*
Sa·lat·be·steck *nt* salad servers *pl* **Sa·lat·dres·sing** *nt* [salad] dressing **Sa·lat·gur·ke** *f* cucumber **Sa·lat·kar·tof·fel** *f* waxy potato **Sa·lat·kopf** *m* [head of] lettuce **Sa·lat·ma·jo·nä·se, Sa·lat·ma·yon·nai·se** [-majonɛ:zə] *f* mayonnaise **Sa·lat·öl** *nt* salad oil **Sa·lat·plat·te** *f* ❶ *(Teller)* salad dish ❷ *(Gericht aus Salaten)* [mixed] salad **Sa·lat·sau·ce** *f* salad dressing **Sa·lat·schleu·der** *m* salad drainer **Sa·lat·schüs·sel** *f* salad bowl **Sa·lat·sei·her** *m* colander **Sa·lat·so·ße** *f* [salad] dressing **Sa·lat·tel·ler** *m* salad dish **Sa·lat·zan·ge** *f* salad tongs *npl*
sal·ba·dern [zal'ba:dɐn] *vi (pej fam)* to waffle BRIT *fam*, to gab AM *fam*
Sal·be <-, -n> ['zalbə] *f* ointment, salve
Sal·bei <-s> ['zalbai̯] *m kein pl* sage *no pl*
Sal·bei·ho·nig *m kein pl* sage honey *no pl*
sal·ben ['zalbn̩] *vt* ■**jdn ~** to anoint sb
sal·ben·ar·tig *adj inv* ointment-like **Sal·ben·form** *f* ointment form **Sal·ben·topf** *m* ointment pot, gallipot *spec*
Salb·öl *nt* REL consecrated oil
Sal·bung <-, -en> *f* anointing, unction
sal·bungs·voll I. *adj (pej)* unctuous *pej*
II. *adv (pej)* unctuously *pej*, with unction *pej*
Sal·chow <-s, -s> ['zalço] *m (im Eiskunstlauf)* salchow
Sal·den *pl von* Saldo
Sal·den·be·stä·ti·gungs·ak·ti·on *f* FIN verification of a/the statement **Sal·den·bi·lanz** *f* FIN trial balance sheet
Sal·di *pl von* Saldo
sal·die·ren* *vt* FIN ■**etw ~** to balance sth
Sal·die·rungs·ver·bot *nt* FIN prohibition to net debit with credit balances
Sal·dier·werk [zal'di:ɐ̯-] *nt* TECH balance counter
Sal·do <-s, -s *o* Saldi *o* Salden> ['zaldo, *pl* 'zaldi, *pl* 'zaldn̩] *m* FIN balance, bottom line; **einen ~ ausgleichen** to balance an account; **~ der Kapitalbilanz** balance of capital transactions; **~ der laufenden Posten** balance of current items; **~ der statistisch erfassten Transaktionen** statistical balance of transactions; **aktiver/passiver ~** credit/debit balance; **~ ziehen/feststellen** to [strike a] balance/to establish a balance; **~ zu Ihren Gunsten/Lasten** your credit/debit balance
Sal·do·an·er·kennt·nis *f* JUR confirmation of balance **Sal·do·an·spruch** *m* JUR claim to the balance **Sal·do·aus·gleich** *m* FIN settlement of an account **Sal·do·pfän·dung** *f* JUR sequestration of the balance **Sal·do·ver·fü·gung** *f* JUR decree concerning the balance **Sal·do·vor·trag** *m* FIN balance brought [*or* carried] forward **Sal·do·wech·sel** *m* FIN balance bill
Sä·le *pl von* Saal
Sa·li·cyl·prä·pa·rat [zali'tsy:l-] *nt* salicylic preparation **Sa·li·cyl·säu·re** *f* salicylic acid
Sa·li·ne <-, -n> [za'li:nə] *f* ❶ *(Gradierwerk)* salt collector, saltern *spec*
❷ *(Salzwerk)* salt works + *sing/pl verb*, saltern *spec*
Salm <-[e]s, -e> [zalm] *m (Lachs)* salmon
Sal·mi·ak <-s> [zal'mi̯ak, 'zalmi̯ak] *m o nt kein pl* ammonium chloride, sal ammoniac *spec*
Sal·mi·ak·geist <-s> *m kein pl* [household] [liquid [*or spec* aqua]] ammonia
Salm·ler <-s, -> ['zalmlɐ] *m* ZOOL characin
Sal·mo·nel·le <-, -n> [zalmo'nɛlə] *f meist pl* salmonella
Sal·mo·nel·len·ver·gif·tung *f* salmonella poisoning
Sal·mo·nel·lo·se <-, -n> [zalmonɛ'lo:zə] *f* MED salmonellosis
Sa·lo·mo·nen [zalo'mo:nən] *pl*, **Sa·lo·mon·in·seln** ['za:lomɔn-] *pl* SCHWEIZ, BRD *(fam)* ■**die ~** the Solomon Islands *pl*
Sa·lo·mo·ner(in) <-s, -> *m(f)* Solomon Islander
sa·lo·mo·nisch [zalo'mo:nɪʃ] *adj* ❶ GEOG Solomon Islander [*or* Islands], Solomon
❷ REL [worthy] of Solomon *pred*
Sa·lo·mons·sie·gel ['za:lomɔns-] *m* BOT Solomon's seal
Sa·lon <-s, -s> [za'lõ:, za'lɔŋ] *m (geh)* drawing room, salon
sa·lon·fä·hig [za'lõ:-, za'lɔŋ-] *adj* socially acceptable; ■**nicht ~ sein** to be not socially acceptable; *(von Witz)* to be risqué [*or* objectionable]; **etw ~ machen** to make sth socially acceptable **Sa·lon·lö·we** *m (pej)* society man, social lion *dated* **Sa·lon·wa·gen** *m* BAHN Pullman [carriage]
sa·lopp [za'lɔp] **I.** *adj* ❶ *(leger)* casual
❷ *(ungezwungen)* slangy
II. *adv* ❶ *(leger)* casually; **~ angezogen gehen** to go/go around in casual clothing
❷ *(ungezwungen)* **sich** *akk* **~ ausdrücken** to use slang[y] expressions [*or* language]
Sal·pe·ter <-s> [zal'pe:tɐ] *m kein pl* saltpetre [*or* AM -er] *no pl*, nitre [*or* AM -er] *no pl spec*
Sal·pe·ter·säu·re *f kein pl* nitric acid *no pl*; **rauchende ~** fuming nitric acid
sal·pet·rig [zal'pe:trɪç] *adj* CHEM nitrous; **~e Säure** nitrous acid
Sal·to <-s, -s *o* Salti> ['zalto, *pl* 'zalti] *m* somersault; *(beim Turmspringen a.)* turn; **ein doppelter ~** a double somersault/turn; **~ mortale** *(im Zirkus)* death-defying leap; *(riskantes Unternehmen)* wildcat enterprise; **ein** [**dreifacher**] **~ vorwärts/rückwärts** a [triple] forwards/backwards somersault; **einen ~ machen** *(turnen)* to [do [*or* perform] a] somersault; *(sich überschlagen)* to somersault, to flip over
sa·lü [za'ly:, 'zaly] *interj* SCHWEIZ *(fam)* ❶ *(hallo)* hi
❷ *(tschüs)* bye
Sa·lut <-[e]s, -e> [za'lu:t] *m* salute; **~ schießen** to fire a/the salute
sa·lu·tie·ren* [zalu'ti:rən] *vi* MIL to [give a] salute
Sa·lut·schuss^RR *m* MIL [gun] salute
Sal·va·do·ri·a·ner(in) <-s, -> [zalvado'ri̯a:nɐ] *m(f)* Salvadoran, Salvadorean
sal·va·do·ri·a·nisch [zalvado'ri̯a:nɪʃ] *adj* Salvador[e]an
sal·va·to·risch [zalva'to:rɪʃ] *adj* **~e Klausel** JUR saving [*or* supplementary] clause
Sal·ve <-, -n> ['zalvə] *f* salvo, volley; *(Ehrensalve)* [gun] salute; **eine ~ abgeben** [*o* **abfeuern**] to fire [*or* give] a [gun] salute; **eine ~ auf jdn abgeben** [*o* **abfeuern**] to fire a salvo [*or* volley] at sb
Salz <-es, -e> [zalts] *nt* salt; **zu viel ~ an etw** *akk* **tun** to put too much salt in [*or* to oversalt] sth; **etw in ~ legen** to salt down [*or* away] sth *sep*, to pickle sth
▶WENDUNGEN: **jdm nicht das ~ in der Suppe gönnen** *(fam)* to begrudge sb the [very] air they breathe
salz·arm I. *adj* low-salt *attr*, with a low salt content *pred*; ■**~ sein** to have a low-salt content **II.** *adv* **~ essen/kochen/leben** to eat low-salt food/to cook low-salt fare/to live on a low-salt diet **Salz·berg·bau** *m* salt mining **Salz·berg·werk** *nt* salt mine
Salz·bre·zel *f* pretzel
Salz·burg <-s> ['zaltsbʊrk] *nt* Salzburg
sal·zen <salzte, gesalzen *o selten* gesalzt> ['zaltsn̩] **I.** *vt* ■[**jdm/sich**] **etw ~** to salt [sb's/one's] sth
II. *vi* to add salt; ***du brauchst nicht noch extra zu ~*** you don't need to add any more salt
Salz·fäss·chen^RR *nt* salt cellar BRIT, [salt] shaker **Salz·fisch** *m* salt fish **Salz·fleisch** *nt kein pl* salted meat *no pl* **Salz·ge·bäck** *nt kein pl* savoury [*or* AM -ory] biscuits *pl* **Salz·ge·halt** *m* salt content **Salz·ge·win·nung** *f* salt production [*or* manufacture] **Salz·gur·ke** *f* pickled gherkin **salz·hal·tig** *adj* salty, saline *spec* **Salz·he·ring** *m* salted [*or* pickled] herring
sal·zig ['zaltsɪç] *adj* ❶ *(gesalzen)* salty
❷ *(salzhaltig)* salty, saline *spec*
Salz·kar·tof·feln *pl* boiled potatoes **Salz·korn** *nt* grain of salt **Salz·la·ger·stät·te** *f* salt [*or spec* saline] deposit **Salz·la·ke** *f* brine, souse
salz·los I. *adj* salt-free
II. *adv* **~ essen** to eat no salt; **~ kochen/zubereiten** to use no salt in cooking [food]/preparing food; **~ leben** to live on a salt-free diet
Salz·lö·sung *f* saline [solution] *spec* **Salz·man·deln** *pl* salted almonds **Salz·pflan·ze** *f* BOT halophyte **Salz·säu·le** *f* pillar of salt; **zur ~ erstarren** to stand rooted to the spot **Salz·säu·re** *f kein pl* hydrochloric acid **Salz·see** *m* salt lake **Salz·stan·ge** *f* salt[ed] stick **Salz·stock** *m* salt mine, [mined] salt deposit; GEOL salt dome *spec* **Salz·streu·er** <-s, -> *m* salt cellar BRIT, [salt] shaker **Salz·tek·to·nik** *f kein pl* GEOL salt tectonics + *sing vb* **Salz·was·ser** *nt kein pl* salt [*or* sea] water **Salz·wüs·te** *f* salt desert [*or* flat]
SA-Mann <-Leute> [ɛs'ʔa:-] *m* stormtrooper, SA man
Sa·ma·ri·ter <-s, -> [zama'ri:tɐ] *m* Samaritan; **ein barmherziger ~** *(geh)* a good [*or* Good] Samaritan
Sa·ma·ri·um <-s> [za'ma:ri̯ʊm] *nt kein pl* samarium *no pl*
Sam·ba <-s, -s> ['zamba] *m* samba
Sam·bia <-s> ['zambi̯a] *nt* Zambia
Sam·bi·er(in) <-s, -> ['zambi̯ɐ] *m(f)* Zambian
sam·bisch ['zambɪʃ] *adj* Zambian
Sa·me[1] <-ns, -n> *m (geh) s.* **Samen**
Sa·me, Sa·min[2] <-n, -n> ['za:mə, 'za:mɪn] *m, f* Sami, Saami
Sa·men <-s, -> ['za:mən] *m* ❶ *(Pflanzensamen)* seed
❷ *kein pl (Sperma)* sperm, semen *no pl*; **~ ausstoßen** to ejaculate
Sa·men·an·la·ge *f* BOT ovule **Sa·men·bank** *f* sperm bank **Sa·men·bla·se** *f* seminal vesicle, spermatocyst *spec* **Sa·men·er·guss**^RR *m* ejaculation, seminal discharge *form* **Sa·men·fa·den** *m* spermatozoon *spec* **Sa·men·flüs·sig·keit** *f* seminal fluid **Sa·men·hand·lung** *f* seed shop **Sa·men·kap·sel** *f* seed capsule **Sa·men·korn** *nt* seed **Sa·men·lei·ter** <-s, -> *m* seminal duct, vas deferens *spec* **Sa·men·pflan·ze** *f* BOT seed plant, spermatophyte **Sa·men·scha·le** *f* BOT seed coat **Sa·men·spen·der** *m* sperm donor **Sa·men·strang** *m* MED spermatic cord **Sa·men·zel·le** *f* sperm cell
Sä·me·rei·en [zɛ:mə'rai̯ən] *pl* seeds *pl*
sä·mig ['zɛ:mɪç -] *adj* thick, creamy; **etw ~ kochen** to reduce sth until creamy
Sa·min <-, -nnen> *f fem form von* **Same**[2]
sa·misch ['za:mɪʃ] *adj* Samish, Saamish
Sa·misch ['za:mɪʃ] *nt dekl wie adj* Samish, Saamish
Samische <-n> *nt* ■**das ~** Samish, Saamish
Sä·misch·le·der ['zɛ:mɪʃ-] *nt* chamois leather
Sam·mel·ak·tie ['zaml̩-] *f* FIN multiple share certificate **Sam·mel·al·bum** *nt* [collector's] album **Sam·mel·an·schluss**^RR *m* TELEK private [branch] exchange **Sam·mel·band** *m* anthology **Sam·mel·be·cken** *nt* ❶ *(Behälter)* collecting tank ❷ *(Anziehungspunkt)* melting pot (+*gen*/**von** +*dat* for) **Sam·mel·be·griff** *m* LING collective name [*or* term] **Sam·mel·be·häl·ter** *m* collection bin **Sam·mel·be·stel·lung** *f* collective [*or* joint] order **Sam·mel·be·zeich·nung** *f s.* **Sammelbegriff** **Sam·mel·büch·se** *f* collecting [*or* collection] box [*or* BRIT *esp* tin] **Sam·mel·bu·chung** *f* FIN compound journal entry **Sam·mel·de·pot** [-depo:] *nt* FIN collective custody account **Sam·mel·ein·bür·ge·rung** *f* JUR group naturalization **Sam·mel·fahr·kar·te** *f (für mehrere Personen)* group ticket; *(für mehrere Fahrten)* multiple ticket **Sam·mel·frucht** *f* BOT multiple fruit **Sam·mel·ge·neh·mi·gung** *f* HANDEL collective authorization **Sam·mel·kas·se** *f* kitty *fam* **Sam·mel·kla·ge** *f* JUR class-action lawsuit **Sam·mel·kon·nos·se·ment** *nt* HANDEL grouped [*or* collective] bill of lading **Sam·mel·kon·to** *nt* FIN collation account **Sam·mel·la·dung** *f* HANDEL consolidated shipment **Sam·mel·la·ger** *nt* refugee camp **Sam·mel·lin·se** *f* TECH convex [*or* convergent] lens **Sam·mel·map·pe** *f* file
sam·meln ['zamln̩] **I.** *vt* ❶ *(pflücken)* ■**etw ~** to pick [*or* gather] sth

S

② *(aufsammeln)* ■**etw** ~ to gather sth; **etw von der Erde** ~ to pick up sth *sep* [off the ground]
③ *(ansammeln)* ■**etw** ~ to collect sth
④ *(einsammeln)* ■**etw** ~ to collect sth [in]
⑤ *(zusammentragen)* ■**etw** ~ to gather sth [in]; **Belege** ~ to retain [*or* keep] receipts
⑥ *(um sich scharen)* ■**jdn** [**um sich** *akk*] ~ to gather [*or* assemble] sb; **Truppen** ~ to gather [*or* assemble] [*or* rally] troops
⑦ *(aufspeichern)* ■**etw** ~ to gain [*or* acquire] sth; **Erinnerungen** ~ to gather memories
II. *vr* ① *(zusammenkommen)* ■**sich** *akk* [**an etw** *dat*/**auf etw** *dat*/**vor etw** *dat*] ~ to assemble [at/on/in front of sth]
② *(sich anhäufen)* ■**sich** *akk* **in etw** *dat* ~ to collect [*or* accumulate] in sth
③ *(geh: sich konzentrieren)* ■**sich** *akk* ~ to collect [*or* compose] one's thoughts [*or* oneself]
III. *vi* ■[**für jdn/etw**] ~ to collect [for sb/sth]

Sạm·mel·num·mer *f* TELEK private exchange number **Sạm·mel·platz** *m* assembly point **Sạm·mel·pro·duk·ti·on** *f* collect-run production **Sạm·mel·punkt** *m* ① *(Treffpunkt)* assembly point ② *(Brennpunkt)* focal point **Sạm·mel·schie·ne** *f* busbar **Sạm·mel·stel·le** *f* ① *(für Gegenstände)* collection [*or* collecting] point ② *(von Menschen)* meeting point

Sam·mel·su·ri·um <-s, -rien> [zaml̩ˈzuːri̯ʊm, *pl* -ri̯ən] *nt* hotchpotch, hodgepodge AM

Sạm·mel·ta·xi *nt* [collective] taxi *(for several fares)* **Sạm·mel·ter·min** *m* JUR *date for court hearing of several cases* **Sạm·mel·ver·mö·gen** *nt* JUR combined assets *pl* **Sạm·mel·ver·wah·rung** *f* JUR collective centralized custody of securities **Sạm·mel·wag·gon** *m* consolidated car **Sạm·mel·werk** *nt* JUR compilation **Sạm·mel·wut** *f* collecting mania

Sạmm·ler(in) <-s, -> *m(f)* ① *(von Gegenständen)* collector
② *(von Beeren, Pilzen etc.)* picker, gatherer

Sạmm·ler·mün·ze *f* commemorative coin **Sạmm·ler·stück** *nt* collector's item **Sạmm·ler·wert** *m* value to collectors

Sạmm·lung <-, -en> *f* ① *(Ansammlung, Kollektion)* collection
② *kein pl (geh: innere Konzentration)* composure *no pl*

Sa·moa <-s> [zaˈmoːa] *nt* Samoa

Sa·mo·a·ner(in) <-s, -> [zamoˈaːnɐ] *m(f)* Samoan

sa·mo·a·nisch [zamoˈaːnɪʃ] *adj* Samoan

Sa·mo·war <-s, -e> [ˈzamovaːɐ̯, zamoˈvaːɐ̯] *m* samovar

Sam·ple <-s, -s> [ˈsaːmpl̩] *nt* [random] sample; MUS sample

sam·plen [ˈsaːmpl̩n] *vt* MUS ■**etw** ~ to sample sth

Sam·pler <-s, -> [ˈsaːmplɐ] *m* sampler

Sam·pling <-s, -s> [ˈsaːmplɪŋ] *nt* sampling

Sams·tag <-[e]s, -e> [ˈzamstaːk] *m* Saturday; **verkaufsoffener** ~ late-closing Saturday; *s. a.* **Dienstag**

Sạms·tag·abend^{RR} *m* Saturday evening; *s. a.* **Dienstag** **sạms·tag·abends**^{RR} *adv* [on] Saturday evenings

sạms·tä·gig *adj* on Saturday

sạms·täg·lich *adj* [regular] Saturday *attr;* ***wir machen heute unseren ~en Einkauf*** we're doing our [regular] Saturday shopping today

Sạms·tag·mịt·tag^{RR} *m* [around] noon on Saturday; *s. a.* **Dienstag** **sạms·tag·mịt·tags**^{RR} *adv* [around] noon on Saturdays **Sạms·tag·mọr·gen**^{RR} *m* Saturday morning; *s. a.* **Dienstag** **sạms·tag·mọr·gens**^{RR} *adv* [on] Saturday mornings **Sạms·tag·nạch·mit·tag**^{RR} *m* Saturday afternoon; *s. a.* **Dienstag** **sạms·tag·nạch·mit·tags**^{RR} *adv* [on] Saturday afternoons **Sạms·tag·nạcht**^{RR} *m* [on] Saturday night; *s. a.* **Dienstag** **sạms·tag·nạchts**^{RR} *adv* [on] Saturday nights

sạms·tags *adv* [on] Saturdays; ~ **abends/nachmittags/vormittags** [on] Saturday evenings/afternoons/mornings

Sạms·tag·vo̱r·mit·tag^{RR} *m* Saturday morning; *s. a.* **Dienstag** **sạms·tag·vo̱r·mit·tags**^{RR} *adv* [on] Saturday mornings

samt [zamt] **I.** *präp* ■ ~ **jdm/etw** along [*or* together] with sb/sth
II. *adv* ~ **und sonders** all and sundry; ***sie/die Mitglieder wurden ~ und sonders verhaftet*** the whole bunch of them were [*or* was]/every one of the members was arrested

Samt <-[e]s, -e> [zamt] *m* velvet

sạmt·ar·tig *adj* velvety, like velvet *pred*

sam·ten [ˈzamtn̩] *adj (geh)* velvet

Sạmt·en·te *f* ORN velvet scooter **Sạmt·hand·schuh** *m* velvet glove; **jdn mit ~en anfassen** *(fig fam)* to handle sb with kid gloves

sam·tig [ˈzamtɪç] *adj s.* **samtweich**

sämt·lich [ˈzɛmtlɪç] **I.** *adj* ① *(alle)* all; **~e Anwesenden** all those present; ***~e Unterlagen wurden vernichtet*** every one of the documents was destroyed, the documents were all destroyed
② *(ganze)* ■**jds ~e(r, s)** ... all [of] sb's ...; ***ihr ~er Besitz*** all their possessions
II. *adv* all; ***sie sind ~ verschwunden*** they have all disappeared

sạmt·weich *adj* velvety, velvet *attr,* [as] soft as velvet *pred;* ■ ~ **sein** to be [as] soft as velvet

Sa·mu·rai <-[s], -[s]> [zamuˈrai̯] *m* HIST samurai

Sa·naa, Sa·n'a <-s> [ˈzaːna, zaˈnaː] *nt* Sana'a, Sanaa

Sa·na·to·ri·um <-, -rien> [zanaˈtoːri̯ʊm, *pl* -ri̯ən] *nt* sanatorium, sanitarium AM

Sand <-[e]s, -e> [zant] *m* sand *no pl*
▶ WENDUNGEN: **jdm ~ in die Augen streuen** to throw dust in sb's eyes; **auf ~ gebaut sein** to be built [up]on sandy ground; **~ ins Getriebe streuen** to put a spanner [*or* wrench] in the works; **das/die gibt es wie ~ am Meer** *(fam)* there are heaps of them *fam,* they are thick on the ground *fam;* **etw in den ~ setzen** *(fam)* to blow sth [to hell *fam*]; **im ~e verlaufen** to peter [*or* fizzle] out, to come to nothing [*or liter* naught]

San·da·le <-, -n> [zanˈdaːlə] *f* sandal; **offene ~n** open-toed sandals

San·da·let·te <-, -n> [zandaˈlɛtə] *f* high-heeled sandal

Sạnd·bank <-bänke> *f* sandbank; *(in Flussmündung a.)* sandbar **Sạnd·blatt·fei·le** *f* emery board **Sạnd·bo·den** *m* sandy soil **Sạnd·burg** *f* sandcastle; **eine ~ bauen** to build a sandcastle **Sạnd·dorn** *m* BOT sea buckthorn **Sạnd·dü·ne** *f* [sand] dune

San·del·holz [ˈzandl̩hɔlts] *nt* sandalwood

san·deln [ˈzandl̩n] ÖSTERR, SÜDD, **sän·deln** [ˈzɛndl̩n] *vi* SCHWEIZ *(mit Sand spielen)* to play in the sand

sạnd·far·ben, sạnd·far·big *adj* sand-coloured [*or* AM -ored] **Sạnd·fel·chen** *nt* whitefish **Sạnd·ge·bäck** *nt kein pl* ≈ shortbread *no pl* **Sạnd·gru·be** *f* sandpit **Sạnd·hau·fen** *m* pile of sand

san·dig [ˈzandɪç] *adj* ① *(Sand enthaltend)* sandy, arenaceous *spec*
② *(mit Sandkörnern verschmutzt)* sandy, full of sand *pred*

Sạnd·kas·ten *m* ① *(Kinderspielplatz)* sandpit BRIT, sandbox AM ② MIL sand table *spec* **Sạnd·kas·ten·freund(in)** *m(f)* [early] childhood friend **Sạnd·kas·ten·spiel** *nt* theoretical manoeuvrings [*or* AM maneuverings]

Sạnd·korn *nt* grain of sand; ■**Sandkörner** sand

Sạnd·ku·chen *m* KOCHK ≈ Madeira cake **Sạnd·mann** *m* sandman **Sạnd·männ·chen** *nt* ■**das** ~ the sandman **Sạnd·pa·pier** *nt* sandpaper **Sạnd·pis·te** *f (fam)* sandy track **Sạnd·platz** *m* clay court **Sạnd·re·gen·pfei·fer** *m* ORN ringed plover **Sạnd·sack** *m* ① *(in Boxen)* punchbag ② *(zum Schutz)* sandbag **Sạnd·stein** *m* sandstone, freestone; **roter** ~ red sandstone, brownstone AM **sạnd·strah·len** *vt* BAU ■**etw** ~ to sandblast sth **Sạnd·strahl·ge·blä·se** *nt* sandblaster **Sạnd·strand** *m* sandy beach **Sạnd·sturm** *m* sandstorm

sand·te [ˈzantə] *imp von* **senden**^{2}

Sạnd·uhr *f* hourglass, egg timer

Sand·wich <-[s], -[e]s> [ˈzɛntvɪtʃ] *nt o m* sandwich, sarnie BRIT *fam*

Sand·wich-Ver·bin·dung *f* CHEM sandwich compound

Sạnd·wüs·te *f* [sandy] desert

sanft [zanft] **I.** *adj* ① *(sacht)* gentle; **eine ~e Berührung** a gentle [*or* soft] touch
② *(gedämpft)* gentle; **~e Beleuchtung/Farben** soft [*or* subdued] lighting/colours [*or* AM -ors]; **eine ~e Lautstärke** a soft level; **~e Musik** soft music; **eine ~e Stimme** a gentle [*or* soft] voice
③ *(leicht)* gentle, gradual
④ *(schwach)* gentle, soft
⑤ *(zurückhaltend)* gentle; *s. a.* **Gewalt**
II. *adv* gently; ~ **entschlafen** *(euph geh)* to pass away peacefully *euph;* ***ruhe ~!*** rest eternal, rest in peace, R[.]I[.]P[.]

Sänf·te <-, -n> [ˈzɛnftə] *f* litter; *(17., 18. Jh.)* sedan [chair]

Sạnft·heit <-> *f kein pl* ① *(sanfte Wesensart)* gentleness ② *(sanfte Beschaffenheit) Stimme a., von Musik* softness; *Blick* tenderness **Sạnft·mut** <-> *f kein pl (geh)* gentleness, sweetness [of temper]

sạnft·mü·tig *adj (geh)* gentle

sang [zaŋ] *imp von* **singen**

Sang <-[e]s, Sänge> [zaŋ, *pl* ˈzɛŋə] *m (geh)* song
▶ WENDUNGEN: **mit ~ und Klang** *(fam)* with drums drumming and pipes piping; *(iron)* disastrously; **ohne ~ und Klang** *(fam)* quietly

Sän·ger <-s, -> [ˈzɛŋɐ] *m (geh)* songbird, songster

Sän·ger(in) <-s, -> [ˈzɛŋɐ] *m(f)* singer

San·gria <-, -s> [zaŋˈgriːa] *f* KOCHK sangria

San·gu·i·ni·ker(in) <-s, -> [zaŋˈguiːnikɐ] *m(f)* sanguine type [*or* person]

san·gu·i·nisch [zaŋˈguiːnɪʃ] *adj* sanguine

sạng- und klạng·los *adv (fam)* without any [*or* great] ado, unwept and unsung *a. iron*

sa·nie·ren* [zaˈniːrən] **I.** *vt* ■**etw** ~ ① *(renovieren)* to redevelop [*or sep* clean up] sth
② *(wieder rentabel machen)* to rehabilitate sth, to put sth back on an even keel
II. *vr* ① *(fam: sich gesundstoßen)* ■**sich** *akk* [**bei etw** *dat*] ~ to line one's pockets [with sth] *fam*
② *(wirtschaftlich gesunden)* ■**sich** *akk* ~ to put itself [back] on an even keel

Sa·nie̱·rung <-, -en> *f* ① *(Renovierung)* redevelopment
② ÖKON *einer Firma, eines Industriezweiges etc.* rescue operation, turnround; FIN *eines Kontos* nursing
③ *(fam: Bereicherung)* self-enrichment
④ ÖKOL *Boden* remediation

Sa·nie̱·rungs·ar·bei·ten *pl* redevelopment [*or* renovation] work *no pl* **Sa·nie̱·rungs·be·dürf·tig** *adj* MED needing treatment *pred* **Sa·nie̱·rungs·bi·lanz** *f* FIN reconstruction balance sheet **Sa·nie̱·rungs·fall** *m* ÖKON company in need of rescue **Sa·nie̱·rungs·ge·biet** *nt* redevelopment area **Sa·nie̱·rungs·ge·winn** *m* FIN recapitalization gains *pl,* reorganization surplus **Sa·nie̱·rungs·kon·zept** *nt* ÖKON recovery strategy, reconstruction package **Sa·nie̱·rungs·kos·ten** *pl* FIN costs of redevelopment **Sa·nie̱·rungs·maß·nah·me** *f* ① BAU redevelopment measure ② FIN rehabilitation measure **Sa·nie̱·rungs·plan** *m* ÖKON redevelopment [*or* financial rescue] plan **Sa·nie̱·rungs·pro·gramm** *nt* redevelopment programme [*or* AM -am] **Sa·nie̱·rungs·rück·la·ge** *f* FIN reserve for rescue operations

sa·ni·tär [zaniˈtɛːɐ̯] *adj attr* sanitary; **~e Anlagen** sanitation *no pl,* sanitation facilities *pl,* sanitary facilities

Sa·ni·tät <-, -en> [zaniˈtɛːt] *f* ① *kein pl* ÖSTERR *(Gesundheitsdienst)* ■**die** ~ the medical service
② SCHWEIZ *(Ambulanz)* ambulance
③ ÖSTERR, SCHWEIZ *(Sanitätstruppe)* medical corps

Sa·ni·tä·ter(in) <-s, -> [zaniˈtɛːtɐ] *m(f)* ① first-aid attendant, paramedic
② MIL [medical] orderly

Sa·ni·tä̱ts·dienst *m* MIL ■**der** ~ the medical corps **Sa·ni·tä̱ts·flug·zeug** *nt* air ambulance, flying doctor's aircraft **Sa·ni·tä̱ts·of·fi·zier** *m* MIL medical officer, M[.]O[.] **Sa·ni·tä̱ts·wa·gen** *m* ambulance **Sa·ni·tä̱ts·we·sen** *nt kein pl* medical ser-

vice[s] **Sa·ni·täts·zug** *m* hospital train
sank [zaŋk] *imp von* **sinken**
Sankt [zaŋkt] *adj inv* Saint, St[.]
Sankt Gott·hard <-[s], -> [zaŋkt 'gɔthart] *m* Saint Gotthard
Sank·ti·on <-, -en> [zaŋk'tsi̯o:n] *f (fig geh)* sanction, penalty (**von** +*dat* from/by); **gegen jdn/etw ~en aufheben/verhängen** to lift/impose [*or* apply] sanctions against sb/sth; **finanzielle ~en** pecuniary sanctions; **strafrechtliche ~en** penal sanctions; **wirtschaftliche ~en** economic sanctions
sank·ti·o·nie·ren* [zaŋktsi̯o'ni:rən] *vt* ■**etw [durch etw** *akk*] ~ 1 *(geh: gutheißen)* to sanction [*or* approve] sth [with sth]
2 JUR *(rechtlich bestätigen)* to sanction sth [with sth]
Sank·ti·ons·maß·nah·men *pl* sanctions **Sank·ti·ons·recht** *nt* JUR power [*or* right] to impose sanctions
Sankt Mo·ritz <-> [zaŋkt mo'rɪts, zaŋkt 'mo:rɪts] *nt* Saint Moritz **Sankt-Nim·mer·leins-Tag** [zaŋkt 'nɪmɐlai̯nsta:k] *m* ■**am ~** *(fam)* never ever *fam;* ■**bis zum ~** *(fam),* ■**auf den ~** *(fam)* till doomsday
Sankt Pe·ters·burg <-s> [zaŋkt 'pe:tɐsbʊrk] *nt* Saint Petersburg
San·ma·ri·ne·se, San·ma·ri·ne·sin <-n, -n> [zanmari'ne:zə, -mari'ne:zɪn] *m, f* Sammarinese, San Marinese
san·ma·ri·ne·sisch [zanmari'ne:zɪʃ] *adj* San Marinese, AM *a.* Sammarinese
San Ma·ri·no <-s> [zanma'ri:no] *nt* San Marino
sann [zan] *imp von* **sinnen**
San·si·bar ['zanziba:ɐ̯, zanzi'ba:ɐ̯] *nt* Zanzibar
San·ta·fé de Bo·go·tá, San·ta Fé de Bo·go·tá <-s> ['santa'fe,debogo'ta] *nt* [Santa Fe de] Bogotá
San·ti·a·go de Chi·le <-s> [zan'ti̯a:go de 'tʃi:le] *nt* Santiago
San·to·me·er(in) <-s, -> [santo'me:ɐ] *m(f)* Sãotomese, AM *a.* São Tomean
san·to·me·isch [santo'me:ɪʃ] *adj* Sãotomese, AM *a.* São Tomean
Sa·phir <-s, -e> ['za:fɪr, 'zafi:ɐ, za'fi:ɐ] *m* sapphire
Sap·peur <-s, -e> [za'pø:ɐ̯] *m* MIL SCHWEIZ sapper
Sa·pro·phy·ten [zapro'fy:tn̩] *pl* BOT saprophytes *pl*
Sa·ra·je·wo <-s> [zara'je:vo] *nt* Sarajevo
Sar·de, Sar·din <-n, -> ['zardə, 'zardɪn] *m, f* Sardinian
Sar·del·le <-, -n> [zar'dɛlə] *f* anchovy
Sar·del·len·pas·te *f* anchovy paste
Sar·din <-, -nen> *f fem form von* **Sarde**
Sar·di·ne <-, -n> [zar'di:nə] *f* sardine
Sar·di·nen·büch·se *f,* **Sar·di·nen·do·se** *f* tin [*or* can] of sardines; *(leer)* sardine tin
Sar·di·ni·en <-s> [zar'di:ni̯ən] *nt* Sardinia
sar·di·nisch [zar'di:nɪʃ], **sar·disch** ['zardɪʃ] *adj* Sardinian, of Sardinia *pred*
Sar·disch ['zardɪʃ] *nt dekl wie adj* Sardinian
Sar·di·sche <-n> *nt* ■**das ~** Sardinian, the Sardinian language
Sarg <-[e]s, Särge> [zark, *pl* 'zɛrgə] *m* coffin, casket AM, box *fam*
Sarg·de·ckel *m* coffin [*or* AM casket] lid **Sarg·tisch·ler(in)** *m(f)* coffin [*or* AM casket] maker **Sarg·trä·ger** *m* pall-bearer
Sa·ri <-[s], -s> ['za:ri] *m* MODE sari, saree
Sar·kas·mus <-, -men> [zar'kasmʊs, *pl* -'kasmən] *m* 1 *kein pl (Hohn)* sarcasm
2 *(sarkastische Bemerkung)* sarcastic remark; ■**Sarkasmen** sarcastic remarks, sarcasm *no pl*
sar·kas·tisch [zar'kastɪʃ] I. *adj* sarcastic, sarky BRIT *fam*
II. *adv* sarcastically
Sar·kom <-s, -e> [zar'ko:m] *m* sarcoma
Sar·ko·phag <-[e]s, -e> [zarko'fa:k, *pl* -fa:gə] *m* sarcophagus
Sar·ko·sin [zarko'zi:n] *nt* sarcosine
Sa·rong <-[s], -s> ['za:rɔŋ] *m* MODE sarong
Sa·ros·zyk·lus ['za:rɔs] *m* ASTRON saros
saß [za:s] *imp von* **sitzen**
Sas·se <-, -n> ['zasə] *f* JAGD *(fachspr: Ruheplatz eines Hasen)* form
Sa·tan <-s, -e> ['za:tan] *m* 1 *kein pl (Luzifer)* ■**[der] ~** Satan, the Devil
2 *(fam: teuflischer Mensch)* fiend
3 *(fam: Kind)* [little] terror [*or* devil]
sa·ta·nisch [za'ta:nɪʃ] I. *adj attr* satanic, diabolical, fiendish
II. *adv* diabolically, fiendishly; **~ lächeln** to give a diabolical [*or* fiendish] grin
Sa·tans·bra·ten *m (hum fam)* little [*or* BRIT young] devil *hum fam* **Sa·tans·jün·ger** *m* apostle of Satan **Sa·tans·kult** *m* ■**der ~** the Satan cult, the Cult of Satan **Sa·tans·mes·se** *f* black mass **Sa·tans·pilz** *m* Satan's mushroom, Boletus [*or* boletus] satanas *spec*
Sa·tel·lit <-en, -en> [zatɛ'li:t] *m* satellite
Sa·tel·li·ten·an·ten·ne *f* satellite dish **Sa·tel·li·ten·bild** *nt* satellite picture **Sa·tel·li·ten·de·co·der** *m* satellite decoder **Sa·tel·li·ten·emp·fang** *m* satellite reception *no art* **Sa·tel·li·ten·fern·se·hen** *nt kein pl* satellite television *no pl* **Sa·tel·li·ten·fo·to** *nt* satellite photo [*or* picture] **sa·tel·li·ten·ge·stützt** *adj inv* satellite-based **Sa·tel·li·ten·han·dy** *nt* satellite mobile [phone] **Sa·tel·li·ten·ka·me·ra** *f* satellite camera **Sa·tel·li·ten·kom·mu·ni·ka·ti·on** *f kein pl* satellite communication **Sa·tel·li·ten·na·vi·ga·ti·on** *f* TRANSP satellite navigation, navigation by satellite **Sa·tel·li·ten·na·vi·ga·ti·ons·sys·tem** *nt* Global Positioning System **Sa·tel·li·ten·schüs·sel** *f* satellite dish **Sa·tel·li·ten·staat** *m* satellite state **Sa·tel·li·ten·stadt** *f* satellite town [*or* suburb] **Sa·tel·li·ten·start** *m* satellite launch **Sa·tel·li·ten·te·le·fon** *nt* TELEK satellite [tele]phone **Sa·tel·li·ten·te·le·skop** *nt* satellite telescope **Sa·tel·li·ten·über·wa·chung** *f* satellite surveillance
Sa·tin <-s, -s> [za'tɛ̃:] *m* satin; *(aus Baumwolle)* sateen
Sa·ti·na·ge <-, -n> [zati'na:ʒə] *f* TYPO calendering, glazing
Sa·tin·blu·se *f* satin blouse
sa·ti·nie·ren [zati'ni:rən] *vt* ■**etw ~** to satinize sth
Sa·ti·re <-, -n> [za'ti:rə] *f* 1 *kein pl* ■**[die] ~** satire
2 *(Werk)* satire (**auf** +*akk* on)
Sa·ti·ri·ker(in) <-s, -> [za'ti:rikɐ] *m(f)* satirist
sa·ti·risch [za'ti:rɪʃ] *adj* satirical
satt [zat] I. *adj* 1 *(gesättigt)* full [BRIT up] *pred fam,* replete *pred form,* sated *form;* ■**~ sein** to have had enough [to eat], to be full [BRIT up] *fam* [*or form* replete] [*or form* sated]; **jdn ~ bekommen** [*o fam* **kriegen**] to fill sb's belly *fam;* ***er ist kaum ~ zu kriegen*** he's insatiable; **sich** *akk* **[an etw** *dat*] **~ essen** *(bis zur Sättigung essen)* to eat one's fill [of sth]; *(überdrüssig werden)* to have had one's fill of sth; **~ machen** to be filling; **jdn/etw ~ sein** to have had enough of sb/sth, to be fed up with sb/sth *fam;* **jdn/etw gründlich ~ sein** to be thoroughly fed up with sb/sth *fam,* to be fed up to the back teeth with sb/sth BRIT *fam*
2 *(kräftig)* rich, deep, full
3 *(geh: übersättigt)* sated *form;* *(selbstzufrieden)* complacent
4 *(fam: groß, reichlich)* cool *fam;* **eine ~e Mehrheit** a comfortable majority
5 *(fam: voll, intensiv)* rich, full; **~er Applaus** resounding applause; **ein ~es Selbstvertrauen** unshak[e]able self-confidence
6 SCHWEIZ *(eng anliegend)* tight
II. *adv (fam)* 1 *(reichlich)* ***sie verdient Geld*** **~** she earns [more than] enough money, she's raking it in *fam*
2 *(genug)* **~/nicht ~ zu essen haben** to have/to not have enough to eat
satt|be·kom·men* RR *vt irreg* ■**etw ~** to get fed up with sth
Sat·tel <-s, Sättel> ['zatl̩, *pl* 'zɛtl̩] *m* 1 *(für Reittier)* saddle; **den ~ auflegen** to put on the saddle, to saddle the horse; **ohne ~ reiten** to ride bareback [*or* without a saddle]; **sich** *akk* **in den ~ schwingen** to leap [*or* swing oneself] into the saddle; **fest im ~ sitzen** *(a. fig)* to be firmly in the saddle; **sich** *akk* **im ~ halten** *(a. fig)* to stay in the saddle
2 *(Fahrradsattel)* saddle; **sich** *akk* **auf den ~ schwingen** to jump on[to] one's bicycle [*or fam* bike]
3 *(Bergrücken)* saddle
4 KOCHK saddle
Sat·tel·dach *nt* gable [*or* saddle] [*or spec* double pitch] roof **sat·tel·fest** *adj* experienced; ■**in** [*o* **auf**] **etw** *dat* **~ sein** *(fig)* to have a firm grasp of [*or* be well-versed in] sth; **in** [*o* **auf**] **etw** *dat* **nicht ganz ~ sein** *(fig)* to be a little [*or* bit] shaky in sth **Sat·tel·kis·sen** *nt* saddle cushion
sat·teln ['zatl̩n] *vt* ■**ein Tier ~** to saddle an animal, to put the saddle on an animal
Sat·tel·na·se *f* MED saddle[-back]nose **Sat·tel·rock** *m* yoke skirt **Sat·tel·schlep·per** <-s, -> *m (Zugmaschine)* truck [*or* AM semi-trailer] [tractor]; *(Sattelzug: Zugmaschine und Aufleger)* articulated lorry BRIT, artic BRIT *fam,* semi-trailer [truck] AM, semi AM *fam* **Sat·tel·stüt·ze** *f* saddle support **Sat·tel·ta·sche** *f* saddlebag **Sat·tel·zug** *m s.* **Sattelschlepper**
satt|ha·ben RR *vt irreg* ■**jdn/etw ~** to have had enough of sb/sth, to be fed up with sb/sth *fam;* **jdn/etw gründlich ~** to be thoroughly fed up with sb/sth *fam,* to be fed up to the back teeth with sb/sth BRIT *fam*
Satt·heit <-> *f kein pl* 1 *(Sättigung)* repletion *form,* satiety *liter;* **ein Gefühl der ~** a feeling of repletion *form* [*or* being full]
2 *(Saturiertheit)* complacency
3 *(Intensität)* richness, fullness
sät·ti·gen ['zɛtɪgn̩] I. *vt* 1 *(geh: satt machen)* ■**jdn ~** to satiate sb *form;* ■**sich** *akk* **~** to eat one's fill
2 *(voll sein)* ■**[mit** [*o* **von**] **etw** *dat*] **gesättigt sein** to be saturated [with sth]
II. *vi* to be filling
sät·ti·gend *adj* filling, satiating *form*
Sät·ti·gung <-, -en> *f pl selten* 1 *(das Sättigen)* repletion *form;* **ein Gefühl der ~** a feeling of repletion *form;* **der ~ dienen** to serve to satisfy [one's] hunger
2 *(Saturierung)* saturation (+*gen* of), glut (+*gen* in/on)
Sät·ti·gungs·bei·la·ge *f* KOCHK *(veraltend: Beilage)* side dish, side AM **Sät·ti·gungs·grad** *m* 1 ÖKON *(eines Marktes)* saturation point 2 KOCHK *(eines Lebensmittels)* repletion point *form* **Sät·ti·gungs·gren·ze** *f* ÖKON *(eines Marktes)* absorption point **Sät·ti·gungs·kur·ve** *f* SCI S-shaped curve **Sät·ti·gungs·wert** *m* SCI saturation value
satt|krie·gen RR *vt (fam) s.* **sattbekommen**
Satt·ler(in) <-s, -> ['zatlɐ] *m(f)* saddler; *(Polsterer)* upholsterer
Satt·le·rei <-, -en> [zatlə'rai̯] *f* saddler's; *(von Polsterer)* upholsterer's
Satt·le·rin <-, -nen> *f fem form von* **Sattler**
satt·sam ['zatza:m] *adv* amply, sufficiently; **~ bekannt** sufficiently [well-]known
satt|se·hen RR *vr irreg* ■**sich** *akk* **an etw** *dat* **~:** ***ich kann mich nicht ~ an ...*** I can't see enough of ...
sa·tu·riert [zatu'ri:ɐ̯t] *adj (geh)* complacent
Sa·turn <-s> [za'tʊrn] *m kein pl* ■**der ~** Saturn
Sa·tyr <-s *o* -n, -n *o* -e> ['za:tʏr] *m* satyr
Satz[1] <-es, Sätze> [zats, *pl* 'zɛtsə] *m* 1 LING sentence; *(Teilsatz)* clause; **keinen ~ miteinander sprechen** to not speak a word to each other; **mitten im ~** in mid-sentence
2 JUR *(Unterabschnitt)* clause
3 MUS movement
4 *(Set)* set; **ein ~ Schraubenschlüssel** a set of spanners [*or* wrenches]; **ein ~ von 24 Stück** a 24-piece set
5 TYPO *(Schriftsatz)* setting; *(das Gesetzte)* type [matter] *no pl;* **in den ~ gehen** to be sent [*or* go] in for setting; **im ~ sein** to be [in the process of] being set
6 *(festgelegter Betrag)* rate
7 SPORT set; *(Tischtennis)* game
8 MATH theorem; **der ~ des Pythagoras/Thales** Pythagoras'/Thales' theorem
Satz[2] <-es, Sätze> [zats, *pl* 'zɛtsə] *m* leap, jump; ■**mit einem ~** in one leap [*or* bound]; **sich** *akk* **mit einem ~ retten** to leap to safety; **in großen Sätzen**

davonlaufen to bound away; **einen ~ machen** [*o* **tun**] to leap, to jump

Satz³ <-es> [zats] *m kein pl* dregs *npl; (Kaffeesatz)* grounds *npl; (Teesatz)* leaves *pl*

Satz·an·wei·sung *f* TYPO instructions for the typesetter **Satz·ball** *m* SPORT set point; *(Tischtennis)* game point **Satz·band** *nt* TYPO tape of [type]setting instructions **Satz·bau** <-s> *m kein pl* LING sentence construction **Satz·be·fehl** *m* TYPO typographical [*or* typesetting] command **Satz·brei·te** *f* TYPO image width, line length [*or* measure] **Satz·elek·tro·nik** *f* TYPO typesetting electronics + *sing vb* **Satz·fah·ne** *f* TYPO proof **Satz·feh·ler** *m* TYPO compositor's [*or* keyboarding] error **satz·fer·tig** *adj* TYPO ready for setting *pred* **Satz·ge·fü·ge** *nt* LING complex [*or* compound] sentence **Satz·her·stel·lung** *f* TYPO typesetting **Satz·kon·struk·ti·on** *f* LING construction of a/the sentence, syntax *no pl spec* **Satz·leh·re** *f kein pl* LING syntax **Satz·pa·ra·me·ter** *m* typesetting parameters **Satz·rech·ner** *m* TYPO typesetting computer **Satz·spie·gel** *m* TYPO type area **Satz·tech·nik** *f* TYPO typesetting technology **Satz·teil** *m* LING part [*or* constituent] of a/the sentence

Sat·zung <-, -en> ['zatsʊŋ] *f* constitution, statutes *npl;* **~ der Gesellschaft** memorandum [and articles] of association, AM articles of incorporation; *Verein* [standing] rules *pl* [of procedure]

Sat·zungs·än·de·rung *f* JUR amendment of the statutes, alteration of the articles of association **Sat·zungs·au·to·no·mie** *f* JUR autonomous regional legislation **Sat·zungs·be·stim·mung** *f* JUR provision of the articles **sat·zungs·ge·mäß** I. *adj* statutory, constitutional, according to [*or* in accordance with] the statutes/the articles/the rules *pred;* **~e Rücklagen** statutory reserves II. *adv* as set down in the statutes/articles/rules **Sat·zungs·recht** *nt* JUR statutory law **sat·zungs·wid·rig** *adj inv* JUR, ADMIN unconstitutional

Satz·vor·be·rei·tung *f* TYPO copy preparation **Satz·vor·la·ge** *f* TYPO [text] copy, manuscript **Satz·zei·chen** *nt* LING punctuation mark **Satz·zu·sam·men·hang** *m* LING context [of a/the sentence]

Sau <-, Säue *o* Sauen> [zau̯, *pl* 'zɔyə, 'zau̯ən] *f* ① <*pl* Säue> *(weibliches Schwein)* sow ② <*pl* Sauen> *(weibliches Wildschwein)* wild boar ③ <*pl* Säue> *(pej sl: schmutziger Mensch)* filthy pig *fam* [*or sl* bastard] *pej; (Frau)* disgusting cow BRIT *pej sl; (Schweinehund)* bastard *pej sl; (gemeine Frau)* bitch *pej sl,* cow BRIT *pej sl*

▶WENDUNGEN: **wie eine gesengte ~** *(sl)* like a lunatic [*or* maniac]; **..., dass es der ~ graust** *(sl)* ..., it makes me/you want to puke *sl;* **keine ~** not a single bastard *sl;* **jdn [wegen einer S.** *gen*] **zur ~ machen** *(sl)* to bawl sb out *fam* [because of sth], to give sb a bollocking [about sth] BRIT *sl,* to chew somebody out [about sth] AM *fam;* **die ~ rauslassen** *(sl: über die Stränge schlagen)* to let it all hang out *sl,* to party till one pukes *sl; (seiner Wut freien Lauf lassen)* to give him/her/them etc. what for; **unter aller ~** *(sl)* it's enough to make me/you puke *sl*

Sau·ba·cke *f (pej)* swine

sau·ber ['zau̯bɐ] I. *adj* ① *(rein)* clean; ■**~ sein** to be clean; **etw ~ machen** to clean sth; **jdn ~ machen** to wash sb; **jdm/sich etw ~ machen** to wash sb's/one's sth; *(wischen)* to wipe sb's/one's sth; **sich** *dat* **die Fingernägel ~ machen** to clean one's fingernails; ***hier/in meinem Zimmer müsste mal wieder ~ gemacht werden*** this place/my room needs to be cleaned again ② *(unkontaminiert)* clean, unpolluted; **~es Wasser** clean [*or* pure] water ③ *(stubenrein)* ■**~ sein** to be house-trained ④ *(sorgfältig)* neat; **eine ~e Arbeit** neat [*or* a decent job of] work ⑤ *(perfekt)* neat ⑥ *(iron fam)* fine *iron* ⑦ *(anständig)* ***bleib ~!*** *(hum fam)* keep your nose clean *fam;* **~, ~!** *(fam)* that's the stuff [*or* what I like to see]! *fam*

▶WENDUNGEN: **nicht ganz ~ sein** *(sl)* to have [got] a screw loose *hum fam*

II. *adv* ① *(sorgfältig)* **etw ~ abfegen/ausspülen** to sweep/rinse sth clean; **etw ~ flicken/reparieren/schreiben** to patch/repair/write sth neatly; **etw ~ halten** to keep sth clean; **etw ~ harken** to rake sth clear [*or* neatly]; **etw ~ kratzen** to scour sth clean; **etw ~ putzen** to wash sth [clean]; *(fegen)* to sweep sth clean; **etw [mit etw** *dat*] **~ scheuern** to scrub [*or* scour] sth clean [with sth]; [**sich** *dat*] **etw ~ schrubben** to wash [*or* scrub] one's sth; **etw ~ spülen** to wash [up *sep*] sth ② *(perfekt)* neatly

Sau·ber·keit <-> *f kein pl* ① *(Reinlichkeit)* clean[li]ness; **vor ~ strahlen** to be clean and shining ② *(Reinheit)* cleanness; *(von Wasser, Luft a.)* purity

Sau·ber·keits·fim·mel *m (pej fam)* mania for cleaning, thing about cleaning *fam*

säu·ber·lich ['zɔybɐlɪç] I. *adj* neat; **~e Ordnung** neat and tidy [*or hum* regimental] order II. *adv* neatly; **etw ~ aufräumen** to tidy up sth *sep; s. a.* **fein**

Sau·ber·mann, -frau <-männer> *m, f (iron fam)* moral crusader *a. iron; (Mann a.)* Mr[.] Clean *fam*

säu·bern ['zɔybɐn] *vt* ① *(geh: reinigen)* ■[**jdm/sich] etw ~** to clean [sb's/one's] sth; **etw wieder ~** to get sth clean ② *(euph: befreien)* ■**etw von etw** *dat* **~** to purge sth of sth

Säu·be·rung <-, -en> *f (euph)* purge; **ethnische ~** ethnic cleansing

sau·blöd ['zau̯'bløːt], **sau·blö·de** ['zau̯'bløːdə] *adj (sl) s.* **saudumm** **Sau·boh·ne** *f* broad bean

Sau·ce <-, -n> ['zoːsə] *f s.* **Soße**

Sau·cen·kel·le *f* gravy ladle

Sau·ci·e·re <-, -n> [zo'si̯eːrə, zo'si̯ɛːrə] *f* sauce boat; *(bes mit Fleischsoße)* gravy boat

Sau·di-A·ra·ber(in) <-s, -> ['zau̯di-, za'uːdi-] *m(f)* Saudi, Saudi-Arabian

Sau·di-A·ra·bi·en ['zau̯di-, za'uːdi-] *nt* Saudi Arabia, Saudi *sl*

sau·di-a·ra·bisch ['zau̯di- , za'uːdi-] *adj* Saudi, Saudi-Arabian

sau·dumm I. *adj (sl)* damn stupid *fam; (von Mensch a.)* as thick as pigshit [*or* two short planks] *pred* BRIT *fam* II. *adv (sl)* **~ fragen** to ask stupid questions; **sich** *akk* **~ verhalten** to behave like a stupid idiot *fam*

sau·en ['zau̯ən] *vi (sl)* ■[**mit etw** *dat*] **~** to mess up the place [with sth], to make a mess

sau·er ['zau̯ɐ] I. *adj* ① *(nicht süß)* sour; **saure Drops** acid drops; **saure Früchte** sour [*or* tart] fruit *no pl;* **saurer Wein** sour [*or* BRIT rough] wine; ■**~ sein** to be sour/tart/BRIT rough ② *(geronnen)* **saure Milch** sour milk; ■**~ sein/werden** to be [*or* have turned]/turn sour; ***die Milch ist ~*** the milk is [*or* has turned] sour [*or* is off] ③ *(sauer eingelegt)* pickled; **etw ~ einlegen** to pickle sth ④ *(Humussäure enthaltend)* acidic ⑤ *(Säure enthaltend)* acid[ic]; **saurer Regen** acid rain ⑥ *(fam: übel gelaunt)* mad *fam,* pissed off *pred,* pissed *pred* AM *sl;* **ein saures Gesicht machen** to look mad *fam* [*or* AM *sl* pissed]; ■**~ [auf jdn/etw] sein/werden** to be/be getting mad *fam* [*or* AM *sl* pissed] [at sb/sth], to be pissed off [with sb/sth] *sl;* ■**~ sein, dass/weil ...** to be mad *fam* [*or* AM *sl* pissed] that/because ... II. *adv* ① *(mühselig)* the hard way; **~ erworbenes Geld** hard-earned money ② *(fam: übel gelaunt)* **~ antworten** to snap out an answer; **~ reagieren** to get mad *fam* [*or* AM *sl* pissed]

Sau·er·amp·fer <-, -n> *m* sorrel **Sau·er·bra·ten** *m* sauerbraten *(beef roast marinated in vinegar and herbs)* **Sau·er·brun·nen** *m* GEOL acidulous mineral water

Sau·e·rei <-, -en> [zau̯ə'rai̯] *f (sl)* ① *(sehr schmutziger Zustand)* God-awful mess *fam* ② *(unmögliches Benehmen)* [downright [*or* BRIT *fam* bloody]] disgrace ③ *(Obszönität)* filthy joke/story

Sau·er·kir·sche *f* sour cherry **Sau·er·kirsch·mar·me·la·de** *f* sour cherry jam

Sau·er·klee *m* BOT wood sorrel **Sau·er·kraut** *nt,* **Sau·er·kohl** *m* DIAL sauerkraut, pickled cabbage **Sau·er·land** <-[e]s> ['zau̯ɐlant] *nt* Sauerland

säu·er·lich ['zɔyɐlɪç] I. *adj* ① *(leicht sauer)* [slightly] sour; **~e Früchte** [slightly] sour [*or* tart] fruit *no pl* ② *(übellaunig)* annoyed; **ein ~es Lächeln** a sour [*or* bitter] smile; ■**~ sein** to be annoyed [*or fam* mad] II. *adv* ① *(leicht sauer)* **~ schmecken** to taste sour/tart ② *(übellaunig)* sourly; **~ reagieren** to get mad *fam*

Sau·er·milch *f* sour [*or* curdled] milk

säu·ern ['zɔyɐn] I. *vt* ■**etw [mit etw** *dat*] **~** to sour sth [*or* make sth sour] [with sth]; *(konservieren)* to pickle sth [with sth] II. *vi* to [turn [*or* go]] sour

Sau·er·rahm *m* sour[ed BRIT] cream

Sau·er·stoff *m kein pl* oxygen *no pl* **Sau·er·stoff·ap·pa·rat** *m* oxygen [*or* breathing] apparatus **sau·er·stoff·arm** *adj* low in oxygen *pred; (zu wenig)* oxygen-deficient; **~e Luft** stale air; ■**~ sein/werden** *(von Luft in größeren Höhen)* to be/become thin **Sau·er·stoff·atom** *nt* oxygen atom **Sau·er·stoff·be·darf** *m* oxygen demand **Sau·er·stoff·fla·sche** *f* oxygen cylinder; *(kleiner a.)* oxygen bottle [*or* flask] **sau·er·stoff·ge·bleicht** ['zau̯ɐʃtɔfgəblai̯çt] *adj inv Papier, Zellstoff, Baumwolle* oxygen-bleached **Sau·er·stoff·ge·halt** *m* oxygen content **Sau·er·stoff·ge·rät** *nt* ① *(Atemgerät)* breathing apparatus ② MED *(Beatmungsgerät)* respirator **sau·er·stoff·hal·tig** *adj* containing oxygen *pred,* oxygenous *spec,* oxygenic *spec;* ■**~ sein** to contain oxygen, to be oxygenous [*or* oxygenic] *spec* **Sau·er·stoff·man·gel** *m kein pl* lack of oxygen; **ein akuter ~** oxygen deficiency *no pl* **Sau·er·stoff·mas·ke** *f* oxygen mask **Sau·er·stoff·mess·füh·ler**RR *m* AUTO oxygen sensor, lambda probe [*or* sensor] **sau·er·stoff·reich** *adj* rich in oxygen *pred,* oxygen-rich *attr;* ■**~ sein** to be rich in oxygen **Sau·er·stoff·schuld** *f* BIOL oxygen debt **Sau·er·stoff·the·ra·pie** *f* MED oxygen therapy **Sau·er·stoff·ver·brauch** *m* oxygen consumption, consumption of oxygen **Sau·er·stoff·zelt** *nt* oxygen tent; **unter einem ~** in an oxygen tent

Sau·er·teig *m* sourdough, leaven[ing]

sau·er·töp·fisch ['zau̯ɐtœpfɪʃ] *adj (pej fam)* sour[-faced]

Sauf·bold <-[e]s, -e> ['zau̯fbɔlt, *pl* -bɔldə] *m (pej sl)* drunk[ard], pisshead BRIT *pej sl,* piss artist BRIT *sl*

sau·fen <säuft, soff, gesoffen> ['zau̯fn̩] I. *vt* ■**etw ~** ① *(sl)* to drink sth; *(schneller)* to knock back sth *sep fam* ② *(Tiere)* to drink sth II. *vi* ① *(sl: trinken)* to drink, to [be/go on the] booze *fam,* to be/go on the piss BRIT *sl* ② *(sl: Alkoholiker sein)* to drink, to take to the bottle ③ *(Tiere)* to drink; *(zu Wasser geführt)* to be watered; *s. a.* **Loch**

Säu·fer(in) <-s, -> ['zɔyfɐ] *m(f) (sl)* drunk[ard], boozer *fam,* pisshead BRIT *pej sl,* piss artist BRIT *sl*

Sau·fe·rei <-, -en> [zau̯fə'rai̯] *f (sl: Besäufnis)* booze-up *fam,* piss-up BRIT *sl; (übermäßiges Trinken)* drinking *no art, no pl,* boozing *no art, no pl fam*

Säu·fe·rin <-, -nen> *f fem form von* **Säufer**

Säu·fer·le·ber *f (fam)* gin drinker's liver *fam* **Säu·fer·na·se** *f (fam)* whisky [*or* brandy] nose

Sauf·ge·la·ge *nt (pej fam)* booze-up *fam,* piss-up BRIT *sl* **Sauf·kum·pan(in)** *m(f) (sl)* drinking pal [*or* AM buddy], fellow drinker

säuft [zɔyft] *3. pers. pres von* **saufen**

sau·gen <sog *o* saugte, gesogen *o* gesaugt> ['zau̯gn̩] I. *vi* ① *(Staub saugen)* to vacuum, to hoover BRIT ② *(einsaugen)* ■[**an etw** *dat*] **~** to suck [[on] sth] II. *vt* ① *(Staub saugen)* ■**etw ~** to vacuum [*or* BRIT hoover] sth ② *(einsaugen)* ■**etw [aus etw** *dat*] **~** to suck sth [from sth]; *s. a.* **Finger**

säu·gen ['zɔygn̩] *vt* ① *(veraltend: stillen)* ■**jdn ~** to

suckle [*or* breast-feed] [*or old* give the breast to] sb
② *(Tier)* ■ **sein Junges ~** to suckle its young
Sau·ger <-s, -> *m* ① *(auf Flasche)* teat, nipple AM
② *(fam: Staubsauger)* vac *fam,* vacuum cleaner [*or* hoover] *fam*
Säu·ger <-s, -> *m (geh),* **Säu·ge·tier** *nt* mammal[ian *spec*]
saug·fä·hig *adj* absorbent; ■ **~ sein** to be absorbent
Saug·fä·hig·keit *f kein pl* absorbency **Saug·fla·sche** *f* feeding [*or* baby['s]] bottle **Saug·glo·cken·ge·burt** *f* suction [*or* ventouse] delivery **Saug·he·ber** *m* siphon **Saug·kraft** *f kein pl* absorbency, absorbent properties
Säug·ling <-s, -e> ['zɔyklɪŋ] *m* baby, infant *form*
Säug·lings·al·ter *nt* ■ **das ~** babyhood, infanthood *form* **Säug·lings·be·klei·dung** *f* baby clothes *npl,* babywear *no pl* **Säug·lings·heim** *nt* home for babies **Säug·lings·nah·rung** *f* baby food **Säug·lings·pfle·ge** *f kein pl* baby [*or form* infant] care *no pl* **Säug·lings·schwes·ter** *f* baby [*or* infant] nurse **Säug·lings·sta·ti·on** *f* baby ward [*or* unit] **Säug·lings·sterb·lich·keit** *f kein pl* infant mortality *no pl*
Saug·mo·tor *m* AUTO naturally aspirated engine **Saug·napf** *m* suction cup, sucker BRIT **Saug·re·flex** *m* BIOL suckling reflex **Saug·rohr** *nt* AUTO induction pipe **Saug·rüs·sel** *m* ① *(von Insekt)* proboscis *spec* ② *(an Tankstelle)* suction tube **Saug·wurm** *m* ZOOL trematode
Sau·hau·fen *m (pej sl)* bunch of [useless] layabouts [*or* BRIT *pej fam* piss artists] [*or* AM lazy bums]
säu·isch ['zɔyɪʃ] *adj (sl)* ① *(abwertend)* filthy; **ein ~er Typ** a bastard *sl;* **ein ~er Witz** a filthy joke
② *(stark, groß)* **~ Kälte/~es Glück** bloody cold/luck *sl*
③ *(intensivierend)* ***er fühlte sich ~ wohl*** he felt bloody good *sl*
sau·kalt ['zau̯'kalt] *adj (sl)* ■ **~ sein** to be damn *fam* [*or* BRIT *sl* bloody] cold, to be freezing cold, to be brass monkey weather BRIT *sl* **Sau·käl·te** *f (sl)* damn *fam* [*or* BRIT *sl* bloody] cold weather, freezing weather, brass monkey weather *no art* BRIT *sl* **Sau·kerl** *m (sl)* bastard *sl,* cunt *vulg*
Säu·le <-, -n> ['zɔylə] *f* ① ARCHIT column, pillar; **die ~n des Herkules** the Pillars of Hercules
② *(Bildsäule)* statue
③ *(geh: Stütze)* pillar; **die ~n der Gesellschaft** the pillars [*or* backbone] of society
④ *(fam: Zapfsäule)* petrol [*or* AM gas] pump
Säu·len·chro·ma·to·gra·fie *f* CHEM column chromatography **Säu·len·dia·gramm** *nt* ÖKON bar chart
säu·len·för·mig I. *adj* column-shaped, columnar *spec*
II. *adv* **~ wachsen** to grow in a column/columns
Säu·len·fuß *m* base, plinth **Säu·len·gang** *m* colonnade; *(mit Innenhof)* peristyle *spec* **Säu·len·hal·le** *f* columned hall **Säu·len·ka·pi·tell** *nt* capital [of a/the column] **Säu·len·schaft** *m* shaft [of a/the column] **Säu·len·tem·pel** *m* colonnaded temple; *(rundförmig)* monopteros *spec*
Sau·lus <-> ['zau̯lʊs] *m* ■ **[der] ~** Saul
▸ WENDUNGEN: **vom ~ zum Paulus werden** *(geh)* to have seen the light *a. hum*
Saum <-[e]s, Säume> [zau̯m, *pl* 'zɔymə] *m* ① *(umgenähter Rand)* hem
② *(geh: Rand)* edge, margin, marge *old liter*
Sau·ma·gen *m* KOCHK *a pig's stomach stuffed with meat and vegetables, a delicacy from the Rhineland-Palatinate*
sau·mä·ßig I. *adj (sl)* ① *(unerhört)* bastard *attr sl*
② *(miserabel)* lousy *fam,* shitty *sl*
II. *adv (sl)* like hell *fam;* **~ bluten** to bleed like hell *fam; (von Mensch a.)* to bleed like a [stuck] pig; **~ kalt/schwer** bastard [*or* BRIT *sl* bloody] cold/heavy; **etw ~ schlecht machen** to make a pig's ear of sth BRIT *fam,* to screw sth up royally; ***die Prüfung war ~ schwer*** the exam was a [real] bastard *sl*
säu·men ['zɔymən] I. *vt* ■ **etw ~** ① *(Kleidung)* to hem sth
② *(geh: zu beiden Seiten stehen)* to line sth; *(zu beiden Seiten liegen)* to skirt sth
II. *vi (geh)* to tarry *liter;* ■ **ohne zu ~,** ■ **ohne S~** without delay
säu·mig ['zɔymɪç] *adj* FIN *(geh)* **ein ~er Schuldner/Zahler** a slow [*or* defaulting] debtor, a defaulter; **ein ~er Zahler sein** to be behind[hand BRIT] with one's payments
Säu·mig·keit *f* JUR dilatoriness
Säum·nis <-, -se *o wenn nt* -ses, -se> ['zɔymnɪs] *f o nt* JUR default, delay; **~ im Termin** failure to appear in court, non-appearance at a trial
Säum·nis·ge·bühr *f* JUR, FIN default fine **Säum·nis·ur·teil** *nt* JUR default judgment **Säum·nis·ver·fah·ren** *nt* JUR default proceedings *pl* **Säum·nis·zin·sen** *pl* FIN interest on arrears **Säum·nis·zu·schlag** *m* ADMIN surcharge on overdue payment
Saum·pfad *m* mountain trail, bridle path **Saum·tier** *nt* pack animal
Sau·na <-, -s *o* Saunen> ['zau̯na] *f* sauna; **in die ~ gehen** to go for a sauna; **gemischte ~** mixed[-sex] sauna
Sau·na·land·schaft *f* [public] sauna facility
sau·nie·ren* [zau̯'ni:rən] *vi* to have [*or* take] a sauna, to sauna
Sau·re(s) *nt dekl wie adj* **etwas/nichts ~s** something/nothing sour; ***gib ihm ~s!*** *(fig sl)* let him have it! *fam*
Säu·re <-, -n> ['zɔyrə] *f* ① CHEM acid
② *(saure Beschaffenheit)* sourness, acidity
säu·re·be·stän·dig *adj inv* acid-resistant **Säu·re·blo·cker** <-s, -> *m* MED, PHARM anti-acid **säu·re·frei** *adj Papier* acid-free **Säu·re·funk·ti·on** *f* CHEM acid function
Sau·re·gur·ken·zeit, **Sau·re-Gur·ken-Zeit**[RR] [zau̯rə'gʊrkn̩tsai̯t] *f (fam)* silly season
säu·re·hal·tig *adj inv* acid[ic] **Säu·re·hem·mer** *m* MED acid inhibitor **Säu·re·schutz·man·tel** *m* protective layer of the skin **Säu·re·strom** *m* ÖKOL flow of acid
Sau·ri·er <-s, -> ['zau̯ri̯ɐ] *m* dinosaur, saurian *spec*
Saus [zau̯s] *m* **in ~ und Braus leben** to live it up, to live like a lord [*or* king]
sau·schwer *adj inv (emph fam)* ① *(sehr schwierig)* damn [*or sl* bloody] difficult *fam*
② *(sehr schwer)* damn [*or sl* bloody] heavy *fam*
Sau·se <-, -n> ['zau̯zə] *f (sl: Feier)* piss-up BRIT *sl; (Zechtour)* pub crawl BRIT *fam,* bar-hopping; **eine ~ machen** to go on a pub crawl BRIT, to go bar-hopping
säu·seln ['zɔyzl̩n] I. *vi* ① *(leise sausen)* ■ **[in etw dat] ~** *Wind* to sigh [*or* whisper] [in sth]; *Blätter* to rustle
② *(geh: schmeichelnd sprechen)* to purr
II. *vt (geh)* ■ **etw ~** to purr sth; *s. a.* **Ohr**
sau·sen ['zau̯zn̩] *vi* ① *haben (von Wind)* to whistle, to whine; *(von Sturm)* to roar
② *sein (von Kugel, Peitsche)* to whistle; **die Peitsche ~ lassen** to strike out with the whip
③ *sein (fam: sich schnell bewegen)* ■ **irgendwohin ~** to dash somewhere
④ *sein (schnell fahren)* ■ **irgendwohin ~** to roar [*or* zoom] [off] somewhere
⑤ *(sl)* **einen ~ lassen** to let off [a fart] *sl,* to let one off *sl*
⑥ *(nicht bestehen)* **durch ein Examen ~** to fail [*or fam* flunk] an exam
⑦ *(fam: sein lassen)* **etw ~ lassen** to forget sth
⑧ *(fam: gehen lassen)* **jdn ~ lassen** to drop sb
Sau·ser <-s, -> *m* SCHWEIZ *(neuer Wein)* fermented grape juice
Sau·se·schritt *m (fig fam)* **im ~** *(äußerst rasch, geschwind)* double-quick *fam,* in double-quick time *fam*
Sau·stall *m (sl)* pigsty *fam* **sau·stark** *adj (sl)* wicked *fam*
sau·tie·ren *vt* ■ **etw ~** to sauté sth
Sau·wet·ter *nt (sl)* bloody awful [*or sl* bastard] weather *no indef art* BRIT **sau·wohl** *adj* ■ **jd fühlt sich** *akk* **~** *(sl)* ■ **jdm ist ~ zumute** *(sl)* sb feels really [*or* BRIT *sl* bloody] good [*or* AM *fam* like a million bucks]
Sa·van·ne <-, -n> [za'vanə] *f* savanna[h]
Sa·voy·en <-s> [za'vɔyən] *nt* Savoy
Sa·voy·er Al·pen [za'vɔyɐ-] *pl* Savoy Alps *pl*
Sa·xo·fon[RR] <-[e]s, -e> [zakso'fo:n] *nt* saxophone, sax *fam*
Sa·xo·fo·nist(in)[RR] <-en, -en> [zaksofo'nɪst] *m(f)* saxophone [*or fam* sax] player, saxophonist
Sa·xo·phon <-[e]s, -e> [zakso'fo:n] *nt s.* **Saxofon**
Sa·xo·pho·nist(in) <-en, -en> [zaksofo'nɪst] *m(f) s.* **Saxofonist**
SB [ɛs'be:] *Abk von* **Selbstbedienung** self-service
S-Bahn ['ɛs-] *f* suburban train
S-Bahn·hof *m* S-Bahn station *(suburban railway station)* **S-Bahn-Li·nie** *f* suburban line **S-Bahn-Netz** *nt* suburban rail[way] network **S-Bahn-Zug** *m* suburban train
SBB <-> [ɛsbe:'be:] *f kein pl Abk von* **schweizerische Bundesbahn** ≈ BR BRIT, ≈ Amtrak AM
SB-Bank [ɛs'be:-] *f* self-service bank
s.Br. *Abk von* **südlicher Breite** S
SB-Tank·stel·le *f* self-service petrol [*or* filling] [*or* AM gas] station
sc. *Abk von* **scilicet/sculpsit** sc.
Scad-Di·ving <-s> ['skɛd daɪvɪŋ] *nt kein pl* SPORT scad diving *(unattached free fall into a net-like device from a height of around 50 metres)*
Scam·pi ['skampi] *m* scampi
Scan·di·um ['skandi̯ʊm] *nt kein pl* CHEM scandium, Sc
Scan·funk·ti·on ['skɛn-] *f* INFORM scanning function **Scan·leis·te** *f* INFORM scanning bar
scan·nen ['skɛnən] *vt* ■ **etw ~** to scan sth
Scan·ner <-s, -> ['skɛnɐ] *m* INFORM scanner; **etw mit dem ~ einlesen/in den Computer einlesen** to scan in sth *sep*/to scan sth into the computer
Scan·ner·kas·se *f* electronic checkout **Scan·ner·pro·gramm** *nt* INFORM scanner program
Scan·ning <-[s]> ['skɛnɪŋ] *nt kein pl* INFORM scanning *no pl, no indef art*
Scha·be <-, -n> ['ʃa:bə] *f* ① BRD cockroach, roach AM *fam*
② SCHWEIZ, SÜDD *(Motte)* moth
Scha·be·fleisch *nt* DIAL *(Rindergehacktes)* minced steak BRIT, ground beef
scha·ben ['ʃa:bn̩] *vt* ■ **etw ~** to scrape sth; **Bartstoppeln ~** to scrape off stubble *sep;* **ein Fell ~** to shave [*or spec* flesh] a hide
Scha·ber <-s, -> *m* scraper
Scha·ber·nack <-[e]s, -e> ['ʃa:bɐnak] *m (veraltend)* prank, practical joke; **jdm einen ~ spielen** to play a prank [*or* practical joke] on sb; **aus ~** for a laugh
schä·big ['ʃɛ:bɪç] *adj* ① *(unansehnlich)* shabby
② *(gemein)* mean, rotten *fam;* ■ **~ [von jdm] sein** to be mean [*or fam* rotten] [of sb]; ***wie ~!*** that's mean [*or fam* rotten] of him/her/you etc.
③ *(dürftig)* paltry; **ein ~er Lohn** peanuts *npl fam,* chickenshit BRIT *sl;* ***das hier ist der ~e Rest*** that's all that's left of it
Scha·blo·ne <-, -n> [ʃa'blo:nə] *f* ① *(Vorlage)* stencil; **nach ~** *(fig fam)* according to pattern; **nach ~ arbeiten** *(fam)* to work mechanically; **nach einer ~ handeln** *(fam)* to follow the same routine
② *(Klischee)* cliché; **in ~n denken** to think in a stereotyped way [*or* in stereotypes]
scha·blo·nen·haft I. *adj (pej)* hackneyed *pej,* cliché *pred;* **~es Denken** stereotyped thinking
II. *adv (pej)* **sich** *akk* **~ ausdrücken** to use hackneyed expressions *pej* [*or* clichés]; **~ denken** to think in a stereotyped way
Scha·bra·cke <-, -n> [ʃa'brakə] *f* ① *(Fensterbehang)* pelmet
② *(Satteldecke)* saddlecloth
③ *(pej fam: alte Frau)* hag
④ BAU valance
Schach <-s> [ʃax] *nt kein pl (Spiel)* chess *no art, no pl; (Stellung)* check!; **eine Partie ~** a game of chess; ***~ und matt!*** checkmate!, [check and] mate *fam;* **jdm ~ bieten** to put sb in check, to check sb; **~ spielen** to play chess; **im ~ stehen** [*o* **sein**] to be in check; **jdm/etw ~ bieten** *(fig geh)* to thwart [*or* foil] sb/sth; **jdn [mit etw** *dat*] **in ~ halten** *(fig)* to

S

keep sb in check [*or* at bay] [with sth]; **jdn mit einer Schusswaffe in ~ halten** to cover sb [*or* keep sb covered] [with a firearm]

Schach·blu·me *f* BOT snake's head fritillary **Schach·brett** *nt* chessboard **schach·brett·ar·tig** I. *adj* chequered BRIT, checkered AM II. *adv* **~ gemustert sein** to have a chequered pattern **Schach·brett·mus·ter** *nt* chequered [*or* AM check[ered]] pattern **Schach·com·pu·ter** *m* chess computer

Scha·chen <-s, Schächen> [ˈʃaxn̩, *pl* ˈʃɛçn̩] *m* ① DIAL, ÖSTERR, SCHWEIZ, SÜDD *(kleine Waldung)* small forest
② SCHWEIZ *(Flussniederung)* fluvial plain

Scha·cher <-s> [ˈʃaxɐ] *m kein pl (pej)* ■ **der ~ [um etw** *akk***]** haggling [over sth]; POL horse-trading [over sth] *pej;* **~ um etw** *akk* **treiben** to haggle over sth; POL to horse-trade over sth *pej*

Scha·che·rer, Scha·che·rin <-s, -> *m, f (pej)* haggler

scha·chern [ˈʃaxɐn] *vi (pej)* ■ **[mit jdm] um etw** *akk* **~** to haggle [with sb] over sth; POL to horse-trade [with sb] over sth *pej*

Schach·fi·gur *f* ① *(Spielfigur)* chess piece, chessman ② *(Mensch)* pawn **Schach·groß·meis·ter** *m* chess grand master **schach·matt** [ʃaxˈmat] *adj* ① *(Stellung in Schach)* checkmate, mate *fam;* **jdn ~ setzen** *(a. fig)* to checkmate [*or fam* mate] sb; **~!** checkmate, [check and] mate *fam* ② *(erschöpft)* ■ **~ sein** *(fig)* to be exhausted [*or fam* dead beat] **Schach·par·tie** *f* game of chess **Schach·spiel** *nt* ① *(Brett und Figuren)* chess set ② *(das Schachspielen)* ■ **das ~** chess **Schach·spie·ler(in)** *m(f)* chess player; **~ sein** to play chess

Schacht <-[e]s, Schächte> [ʃaxt, *pl* ˈʃɛçtə] *m* ① BERGB shaft; *Brunnen* well
② *(Papiernachfüllmagazin)* paper tray

Schach·tel <-, -n> [ˈʃaxtl̩] *f* ① *(kleine Packung)* box; **eine ~ Zigaretten** a packet [*or* pack] of cigarettes
② *(Frau)* **alte ~** *(sl)* old bag *pej sl*

Schach·tel·be·tei·li·gung *f* FIN intercompany [*or* intercorporate] participation **Schach·tel·er·trag** *m* FIN intercompany [*or* intercorporate] income **Schach·tel·ge·sell·schaft** *f* JUR interlocking company, consolidated corporation **Schach·tel·halm** *m* BOT horsetail, mare's tail **Schach·tel·pri·vi·leg** *nt* FIN affiliation [*or* intercorporate] privilege **Schach·tel·un·ter·neh·men** *nt* HANDEL interrelated company BRIT, consolidated corporation

schäch·ten [ˈʃɛçtn̩] *vt* ■ **ein Tier ~** to slaughter an animal *(in accordance with religious rites)*

Schach·tur·nier *nt* chess tournament **Schach·zug** *m* ① SCHACH move, half-move *spec* ② *(fig: Manöver)* move, manoeuvre BRIT, maneuver AM

schad [ʃaːt] *adj* DIAL *s.* schade

scha·de [ˈʃaːdə] *adj pred* ① *(bedauerlich)* **[das ist aber] ~!, wie ~!** what a pity [*or* shame], that's too bad; ***ich finde es ~, dass ...*** [I think] that's a shame [*or* pity]/it's a shame [*or* pity] that; ■ **[wirklich/zu] ~, dass ...** it's [really] a pity [*or* a shame] [*or* too bad] that ..., it's a [real [*or* great]] pity [*or* shame] that ..., it's [just] too bad that ...; ■ **es ist ~ um jdn/etw** it's a shame [*or* pity] about sb/sth
② *(zu gut)* ■ **für jdn/etw zu ~ sein** to be too good for sb/sth; ■ **sich** *dat* **für etw** *akk* **zu ~/nicht zu ~ sein** to think [*or* consider] oneself too good for sth/to not think [*or* consider] sth [to be] beneath one; ■ **sich** *dat* **für nichts zu ~ sein** to consider nothing [to be] beneath one, to take on anything

Schä·del <-s, -> [ˈʃɛːdl̩] *m* ① *(Totenkopf, Tierschädel)* skull; *(von Mensch a.)* cranium *spec*
② *(fam: Kopf)* head, bonce BRIT *fam;* **[mit etw** *dat***] eins auf den ~ bekommen** to get one over [*or fam* round] the head [from sth]; **jdm den ~ einschlagen** to smash sb's skull [*or* head] in; **[von etw** *dat***] einen dicken ~ haben** *(fam)* to have a hangover [*or* be hung-over] [from sth]; **jdm brummt der ~** *(fam: Kopfschmerzen haben)* sb's head is throbbing; *(nicht mehr klar denken können)* sb's head is buzzing [*or* going round and round]; **sich** *dat* **[an etw** *dat***] den ~ einrennen** *(fam)* to crack one's skull [against sth]; *(wiederholt)* to beat one's head [against sth]

Schä·del·ba·sis *f* MED skull base, base of the skull, cranial floor *spec* **Schä·del·ba·sis·bruch** *m* fracture of the skull base, base [*or spec* basilar] skull fracture

Schä·del·bruch *m* fractured skull, fracture of the skull **Schä·del·de·cke** *f* MED roof [*or* top] of the skull, skullcap, calvaria *spec* **Schä·del·form** *f* shape of the skull **Schä·del·grö·ße** *f* size of the skull **Schä·del·kno·chen** *m* skull [*or spec* cranial] bone **Schä·del·naht** *f* MED suture

scha·den [ˈʃaːdn̩] *vi* ■ **jdm/sich ~** to do harm to sb/oneself; ■ **etw** *dat***/etw** *dat* **sehr ~** to damage/to do great damage to sth; ***Arbeit hat noch keinem geschadet*** *(fam)* work never did [*or* has never done] anybody any harm; **es kann nichts ~, wenn jd etw tut** it would do no harm if sb does sth [*or* for sb to do sth]; **schadet das was?** *(fam)* so what?

Scha·den <-s, Schäden> [ˈʃaːdn̩, *pl* ˈʃɛːdn̩] *m* ① *(Sachschaden)* damage *no indef art, no pl* **(durch** *+akk* caused by); *(Verlust)* loss; **absichtlich herbeigeführter ~** wilful damage; **eingetretener ~** detriment incurred; **ideeller ~** non-pecuniary damage; **immaterieller ~** intangible damage; **mittelbarer ~** consequential [*or* indirect] damage; **einen ~** [*o* **Schäden**] **[in Höhe von etw** *dat***] verursachen** to cause damage [amounting to sth]; **jdm/etw ~ zufügen** to harm sb/to harm [*or* damage] sth; **es soll jds ~ nicht sein** it will not be to sb's disadvantage, sb won't regret it; **~ anrichten/erleiden** to cause/suffer damage; **für einen ~ haften** to be liable for a loss; **~ nehmen** to suffer damage
② *(Verletzung)* injury; **[bei etw** *dat***] zu ~/nicht zu ~ kommen** *(geh)* to be hurt [*or* injured] [in sth]/to not come to any harm [in sth]; **Schäden aufweisen** MED to exhibit lesions *spec;* *(fehlerhaft sein)* to be defective [*or* damaged]
▶ WENDUNGEN: **keine ~** not a single bastard *sl;* **wer den ~ hat, braucht für den Spott nicht zu sorgen** *(prov)* don't mock the afflicted

Scha·den·aus·gleich *m* JUR compensation for damage **Scha·den·be·ar·bei·tung** *f* JUR claims management

Scha·den·er·satz, Scha·dens·er·satz *m* JUR compensatory damages, compensation [for damages]; **~ wegen Nichterfüllung** damages for non-performance; **auf ~ erkennen** to award damages; **~ fordern** to claim damages; **[jdm] [für etw** *akk* [*o* **wegen einer S.** *gen*]] **~ leisten** to pay [sb] damages [for sth]; **jdn auf ~ verklagen** to sue sb for damages; **~ zuerkennen** to award damages **Scha·den·er·satz·an·spruch** *m* JUR claim for damages [*or* compensation]; **Schadenersatzansprüche geltend machen** to claim damages **Scha·den·er·satz·kla·ge** *f* JUR suit [*or* action] for damages; **~ wegen eines Verkehrsunfalls** action to recover accident damages; **~ wegen Nichterfüllung** action for damages due to non-performance **Scha·den·er·satz·leis·tung** *f* JUR indemnity payment **Scha·den·er·satz·pflicht** *f* JUR liability for damages; **die ~ ablehnen** to disclaim liability **scha·den·er·satz·pflich·tig** *adj inv* liable for damages **Scha·den·er·satz·recht** *nt* JUR civil damages law **Scha·den·er·satz·ur·teil** *nt* JUR damage award

Scha·den·fest·stel·lung *f* JUR assessment of damages **Scha·den·fol·ge·kos·ten** *pl* FIN consequential costs **scha·den·frei** I. *adj* damage-free *attr,* claim-free *attr* BRIT II. *adv* **~ fahren** to have never had an accident when driving **Scha·den·frei·heits·ra·batt** *m (geh)* no-claim[s] bonus BRIT

Scha·den·freu·de *f* malicious joy, gloating, schadenfreude *liter*

scha·den·froh I. *adj* malicious, gloating; **eine ~e Stimme** a voice full of gloating; ■ **~ sein** to delight in others' misfortunes
II. *adv* **~ grinsen** to grin with gloating

Scha·den·hö·he *f* JUR extent [*or* amount] of damage **Scha·den·mel·dung** *f* JUR notification of claim **Scha·den·rech·nung** *f* FIN claims statement **Scha·dens·ab·tei·lung** *f* ÖKON *(selten)* claims department **Scha·dens·ab·wick·lung** *f* FIN claims settlement [*or* adjustment] **Scha·dens·an·zei·ge** *f* notice of a claim, notification of a loss **Scha·dens·be·gren·zung** *f* loss [*or* damage] limitation; ■ **zur ~** to limit the losses [*or* damage] **Scha·dens·be·mes·sung** *f,* **Scha·dens·be·rech·nung** *f* assessment of damage **Scha·dens·be·sich·ti·gung** *f* damage survey

Scha·dens·ein·tritt *m* occurrence of damage [*or* loss] **Scha·dens·ein·tritts·ort** *m* place where the damage was incurred

Scha·dens·er·mitt·lung *f* ascertainment of damages

Scha·dens·er·satz *m s.* Schadenersatz **Scha·dens·er·satz·an·spruch** *m s.* Schadenersatzanspruch **Scha·dens·er·satz·leis·tung** *f* JUR *s.* Schadenersatzleistung **Scha·dens·er·satz·pflicht** *f s.* Schadenersatzpflicht

Scha·dens·fall *m* case of damage; *(Versicherung)* claim; **Schadensfälle bearbeiten** to handle claims; **im ~** in the event of damage **Scha·dens·fest·stel·lung** *f* assessment of damages **Scha·dens·fol·gen** *pl* consequential damages **Scha·dens·haf·tung** *f* JUR liability for losses [*or* damages] **Scha·dens·häu·fung** *f* loss cumulation **Scha·dens·her·ab·set·zung** *f,* **Scha·dens·min·de·rung** *f* minimizing a loss **Scha·dens·hö·he** *f* extent of damage, amount of loss; **durchschnittliche ~** loss ratio **Scha·dens·mel·dung** *f* FIN *(Versicherung)* notice of claim [*or* damage] **Scha·dens·min·de·rungs·pflicht** *f* duty to reduce the damage **Scha·dens·pau·scha·lie·rung** *f* FIN lump-sum loss arrangement **Scha·dens·re·gu·lie·rer** *m* claims adjuster **Scha·dens·re·gu·lie·rung** *f* claims settlement [*or* adjustment] **Scha·dens·sum·me** *f* [financial] damage **Scha·dens·um·fang** *m* extent of damage [*or* loss] **Scha·dens·ver·hü·tung** *f* damage prevention **Scha·dens·ver·si·che·rung** *f* FIN insurance against losses **Scha·dens·ver·ur·sa·chung** *f* perpetration of damage **Scha·dens·zu·fü·gung** *f* causing damage **Scha·dens·zu·rech·nung** *f* loss [*or* damage] allocation **Scha·den·ver·si·che·rungs·sum·me** *f* FIN insurance cover

schad·haft [ˈʃaːthaft] *adj* faulty, defective; *(beschädigt)* damaged

Schad·haf·tig·keit <-> *f kein pl* defectiveness

schä·di·gen [ˈʃɛːdɪgn̩] *vt* ① *(beeinträchtigen)* ■ **jdn/etw [durch etw** *akk***] ~/sehr ~** to harm sb/sth/to do sb/sth great harm [with sth]
② *(finanziell belasten)* ■ **jdn [um etw** *akk***] [durch etw** *akk***] ~** to cause sb losses [of sth] [with sth]
③ *(beschädigen)* ■ **etw [durch etw** *akk***] ~** to damage sth [with sth]

schä·di·gend *adj* damaging

Schä·di·gung <-, -en> *f* ① *(das Schädigen)* ■ **~ einer S.** *gen* damage done to sth
② *(Schaden)* harm *no indef art, no pl* (*+gen* to); *(organisch)* lesion *spec* (*+gen* of)

Schä·di·gungs·ab·sicht *f* JUR intent to cause damage, actual malice

schäd·lich [ˈʃɛːtlɪç] *adj* harmful, injurious *form;* *(giftig)* noxious *form;* ■ **~ [für jdn/etw] sein** to be harmful, to be bad for sb's health/for sth, to be damaging to sth

Schäd·lich·keit <-> *f kein pl* harmfulness (**für** *+akk* to), harmful [*or* detrimental] effect[s *pl*] (**für** *+akk* on)

Schäd·ling <-s, -e> [ˈʃɛːtlɪŋ] *m* pest

Schäd·lings·be·kämp·fung *f* pest control; **biologische ~** biological pest control **Schäd·lings·be·kämp·fungs·mit·tel** *nt* pesticide; *(gegen Insekten a.)* insecticide

schad·los [ˈʃaːtloːs] *adj* **sich** *akk* **[für etw** *akk***] an jdm ~ halten** to make sb pay [for sth]; **sich** *akk* **an etw** *dat* **~ halten** *(hum fam)* to do justice to sth *hum;* *(als Ersatz nehmen)* to make up for it on sth *a. hum*

Schad·los·bür·ge, -bür·gin *m, f* JUR collection guarantor **Schad·los·bürg·schaft** *f* JUR deficiency guarantee, indemnity bond **Schad·los·hal·**

tung *f* JUR indemnification, indemnity

Scha·dor <-s, -s> [ʃa'doːɐ̯] *m s.* **Tschador**

Schad·pilz *m* BIOL poisonous mushroom

Schad·stoff *m* harmful substance; *(in der Umwelt)* pollutant **Schad·stoff·ab·ga·be** *f* pollutant emission rate **Schad·stoff·ana·ly·se** *f* analysis of harmful pollutants **schad·stoff·arm** *adj* containing [*or* producing] a low level of harmful substances *pred;* ~**es Auto/**~**er Motor** low-emission car/engine **Schad·stoff·aus·stoß** *m* [pollution] emissions *pl* **schad·stoff·be·las·tet** *adj Boden, Luft, Lebensmittel* contaminated with harmful substances, polluted **Schad·stoff·be·las·tung** *f* pollution; **zulässige** ~ **der Luft** air pollution allowance **Schad·stoff·fil·ter**RR *m* pollution filter **schad·stoff·ge·prüft** *adj inv* tested for harmful substances *pred* **Schad·stoff·grenz·wert** *m* AUTO emission standard **schad·stoff·hal·tig** *adj inv* containing pollutants, polluting, contaminating **Schad·stoffil·ter**ALT *m s.* **Schadstofffilter** **schad·stoff·in·ten·siv** *adj* high-polluting **Schad·stoff·kon·zen·tra·ti·on** *f* concentration of harmful substances [*or* toxic matter]

Schaf <-[e]s, -e> [ʃaːf] *nt* ❶ *(Tier)* sheep; *(Mutterschaf)* ewe; **das schwarze** ~ **sein** *(fig)* to be the black sheep (**in** +*dat*/+*gen* of)
❷ *(fam: Dummkopf)* idiot, dope *fam,* twit BRIT *fam;* ***ich*** ~**!** what an idiot [*or* a dope] [*or* BRIT a twit] I am [*or* I've been] *fam*

Schaf·bock *m* ram, tup BRIT

Schäf·chen <-s, -> ['ʃɛːfçən] *nt dim von* **Schaf**
❶ *(kleines o junges Schaf)* lamb, little sheep
❷ *pl (Gemeindemitglieder)* flock
▸WENDUNGEN: **sein** ~ **ins <u>Trockene</u> bringen** *(fig fam)* to see oneself all right *fam;* **sein** ~ **im <u>Trockenen</u> haben** *(fig fam)* to have feathered one's own nest; ~ **<u>zählen</u>** to count sheep

Schäf·chen·wol·ken *pl* fleecy [*or* cotton-wool] clouds

Schä·fer(in) <-s, -> ['ʃɛːfɐ] *m(f)* shepherd *masc,* shepherdess *fem*

Schä·fer·dich·tung *f* LIT ■**die** ~ pastoral poetry **Schä·fer·hund** *m* Alsatian [dog], German shepherd [dog]

Schä·fe·rin <-, -nen> *f fem form von* **Schäfer** shepherdess

Schä·fer·stünd·chen *nt (hum veraltend)* [lovers'] tryst *hum,* bit of hanky-panky *dated fam*

Schaf·fell *nt* sheepskin, fleece

schaf·fen1 <schaffte, geschafft> ['ʃafn̩] **I.** *vt* ❶ *(bewältigen)* ■**etw** ~ to manage [to do] sth; ***wie schaffst du das nur?*** how do you [manage to] do it [all]?; ***schaffst du es noch?*** can you manage?; ***ich schaffe es nicht mehr*** I can't manage [*or* cope] any more, I can't go on; ***du schaffst es schon*** you'll do [*or* manage] it; ***wir*** ~ ***das schon*** we'll manage; ~ ***wir das zeitlich?*** are we going to make it?; ***wenn wir uns beeilen,*** ~ ***wir es vielleicht noch*** we might still make it if we hurry; ***wie soll ich das bloß*** ~**?** how am I supposed to do [*or* manage] that?; ***das schafft er nie*** he'll never manage it; [***so,***] ***das hätten wir*** [*o* ***das wäre***] ***geschafft!*** [there,] that's done; **ein Examen** [*o* **eine Prüfung**] ~ to pass an exam; **eine Hürde** ~ to manage [*or* clear] a hurdle; **einen Termin** ~ to make a date; **viel** ~ to manage to do a great deal
❷ *(fam: fertigbringen)* ■**es** ~[**, etw zu tun**] to manage [to do sth]; ***das hast du wieder mal geschafft*** you've [gone and] done it again; ***ich habe es nicht mehr geschafft, dich anzurufen*** I didn't get round to calling you; ***wir haben nicht viel geschafft gekriegt*** we haven't managed to do much [*or* got much done]; ***sie schafft es noch, dass ich sie rauswerfe*** she'll end up with me throwing her out
❸ *(gelangen)* ***wir müssen es bis zur Grenze*** ~ we've got to get to the border; ***schaffe ich es rechtzeitig bis zum Flughafen?*** will I get to the airport on time [*or* in good time]?
❹ *(fam: verzehren können)* ■**etw** ~ to manage sth *fam;* ***ich habe es nicht geschafft*** I couldn't manage it all
❺ *(befördern)* ■**etw irgendwohin** ~ *akk* to put sth somewhere; ***wie sollen wir die Sachen auf den Berg*** ~**?** how are we supposed [*or* will we manage] to get the things up the mountain?; ***alte Zeitungen auf den Dachboden*** ~ to put old newspapers in the attic; ***den Koffer zum Bahnhof*** ~ to take the suitcase to the station; ***die Kisten in den Keller*** ~ to take the boxes to the cellar; **etw aus der Welt** ~ to settle sth [for good]; *s. a.* **Hals, Leib**
❻ *(sl: erschöpfen)* ■**jdn** ~ to take it out of sb, to knacker sb BRIT *sl;* ■**geschafft sein** to be exhausted [*or fam* shattered] [*or* BRIT *sl* knackered]; ***das hat mich geschafft*** it took it out of me
II. *vi* ❶ *(fam: hantieren)* to do; ***was hast du dort zu*** ~**?** what do you think you're doing [there]?; **sich** *dat* **an etw** *dat* **zu schaffen machen** to fiddle about with sth; ***was machst du dir an meinem Schreibtisch zu*** ~**?** what are you doing at my desk?
❷ *(zusetzen)* **jdm** [**sehr** [*o* **schwer**]] **zu** ~ **machen** to cause sb [a lot of] trouble; *(bekümmern)* to worry sb [a lot]; ***das macht ihm heute noch zu*** ~ he still worries about it today
❸ *(fam: in Verbindung stehen)* **mit jdm/etw etw zu** ~ **haben** to have sth to do with sb/sth; ***ich habe damit nichts zu*** ~ that has nothing to do with me; ***was habe ich mit dieser Sache zu*** ~**?** what does this matter have to do with me?; ***mit ihr will ich nichts zu*** ~ ***haben*** I don't want to have anything to do with her
❹ SÜDD *(arbeiten)* to work; ***er schafft bei einer großen Firma*** he works for a big company; ***sie schafft als Lehrerin*** she works as a teacher

schaf·fen2 <schuf, geschaffen> ['ʃafn̩] *vt* ■**etw** ~ ❶ *(herstellen)* to create sth; **Arbeitsplätze** ~ to create jobs; **Bedingungen** ~ to create conditions; **Frieden** ~ to make peace; **Linderung** ~ to bring relief; **eine Methode/ein System** ~ to create [*or* develop] a method/system; **Platz** [*o* **Raum**] ~ to make room; **eine Situation** ~ to create a situation; **klare Verhältnisse** ~ to clear things up, to straighten things out; *s. a.* **Abhilfe, Ordnung**
❷ *(geh: erschaffen)* to create sth; **wie Gott ihn ge~hat** as God made him; **der** ~**de Mensch** the creative human being; **die** ~**de Natur** the creative power of nature; **für jdn/etw wie ge~ sein** to be made for sb/sth; ***dafür bist du wie ge~*** you're just made for it
❸ *(verursachen)* to cause sth; **etw schafft jdm Unruhe/Verdruss** sth causes sb trouble/frustration

schaf·fen3 <schaffte, geschafft> ['ʃafn̩] *vi* SÜDD, ÖSTERR, SCHWEIZ *(arbeiten)* ■**irgendwo/bei jdm** ~ [**gehen**] [to go] to work somewhere/for sb; **nichts mit jdm/etw zu** ~ **haben** to have nothing to do with sb/sth; ***ich habe damit nichts zu*** ~ that has nothing to do with me; ***was hast du mit ihm zu*** ~**?** what got you mixed up with him?; ***was hast du/haben Sie da zu*** ~**?** what do you think you're doing there?, lost something? *iron;* ***daran hast du/haben Sie nichts zu*** ~**!** *(fam)* there's nothing for you there, you'll find nothing of interest there; **jd macht jdm** [**mit etw** *dat*] **zu** ~ sb annoys [*or* irritates] sb [with sth], sb['s sth] gets on sb's wick BRIT *fam;* **jdm** [**mit etw** *dat*] **zu** ~ **machen** to cause sb [a lot of] trouble [with sth]; ***mein Herz macht mir noch zu*** ~ my heart's still giving me trouble [*or* BRIT *sl* gyp]; **sich** *dat* **an etw** *dat* **zu** ~ **machen** to start tampering/fumbling with sth

Schaf·fen <-s> ['ʃafn̩] *nt kein pl (geh)* creative activity; *(einzelne Werke)* work[s *pl*]

Schaf·fens·drang *m kein pl* creative urge **Schaf·fens·freu·de** *f kein pl* creative enthusiasm **Schaf·fens·kraft** *f kein pl* creative power, creativity *no pl* **Schaf·fens·kri·se** *f* creative [*or* artistic] crisis

Schaf·fer(in) <-s, -> ['ʃafɐ] *m(f)* SÜDD, SCHWEIZ *(fleißiger Mensch)* hard worker, workaholic

Schaff·hau·sen <-s> [ʃaf'hauzn̩] *nt* Schaffhausen

schaf·fig ['ʃafɪç] *adj* SÜDD, SCHWEIZ *(fleißig)* hard-working

Schaf·fig·keit ['ʃafɪçkait] *f kein pl* SÜDD *(fam)* industriousness

Schaf·fleisch *nt* mutton

Schaff·ner(in) <-s, -> ['ʃafnɐ] *m(f) (im Zug)* guard BRIT, conductor AM; *(in der Straßenbahn)* conductor

Schaf·fung <-> *f kein pl* creation; *(einer Methode/eines Systems a.)* development

Schaf·gar·be <-, -n> *f* BOT [common] yarrow **Schaf·her·de** *f* flock of sheep **Schaf·hirt(in)** *m(f)* shepherd *masc,* shepherdess *fem*

Schäf·lein <-s, -> *nt (poet)* lamb, little sheep

Schaf·maul *nt* lamb's lettuce *no pl*

Scha·fott <-[e]s, -e> [ʃa'fɔt] *nt* scaffold; **das** ~ **besteigen** to mount the scaffold; **auf dem** ~ **enden** to die on the scaffold

Schaf·schur *f* [sheep-]shearing *no art*

Schafs·kä·se *m* sheep's milk cheese **Schaf(s)·kopf** *m* ❶ KARTEN sheepshead, schafkopf *(a simplified form of skat)* ❷ *(pej: Dummkopf)* idiot **Schafs·milch** *f* sheep's [*or* ewe's] milk **Schafs·pelz** *m* sheepskin; *s. a.* **Wolf**

Schaf·stall *m* sheepfold **Schaf·stel·ze** *f* ORN yellow wagtail

Schaft <-[e]s, Schäfte> [ʃaft, *pl* 'ʃɛftə] *m* ❶ *(lang gestreckter Teil)* shaft
❷ *(Gewehrlauf)* stock
❸ *(astfreier Teil)* stalk, [main] stem
❹ *(Stiefelschaft)* leg

Schaft·stie·fel *pl* high boots

Schaf·wol·le *f* sheep's wool **Schaf·züch·ter** *m* sheep breeder, sheep farmer

Schah <-s, -s> [ʃaː] *m* shah

Scha·kal <-s, -e> [ʃa'kaːl] *m* jackal

Schä·kel <-s, -> ['ʃɛːkl] *m* NAUT shackle

Schä·ker(in) <-s, -> ['ʃɛːkɐ] *m(f)* flirt; *(Spaßvogel)* joker

schä·kern ['ʃɛːkɐn] *vi (veraltet)* ■[**mit jdm**] ~ to flirt [with sb]

schal [ʃaːl] *adj* ❶ *(abgestanden)* flat, stale; ~**es Wasser** stale water
❷ *(inhaltsleer)* meaningless, vapid

Schal <-s, -s *o* -e> [ʃaːl] *m* scarf

Schäl·chen <-s, -> ['ʃɛːlçən] *nt dim von* **Schale**2 [small] bowl

Scha·le1 <-, -n> ['ʃaːlə] *f* ❶ *(Nussschale)* shell
❷ *(Fruchtschale)* skin; *(abgeschält)* peel; **die** ~ **einer S.** *gen*/**von etw** *dat* **abziehen** to peel sth
❸ *(Tier)* shell; *Muscheln a.* valve *spec*
▸WENDUNGEN: **eine <u>raue</u>** ~ **haben** to be a rough diamond; **sich** *akk* **in** ~ **<u>werfen</u>** *(fam)* to get dressed up; *(von Frau a.)* to get dolled up BRIT *fam*

Scha·le2 <-, -n> ['ʃaːlə] *f* ❶ *(flache Schüssel)* bowl; *(flacher)* dish
❷ ÖSTERR, SCHWEIZ, SÜDD *(Tasse)* cup; **eine** ~ **Kaffee** a cup of coffee

schä·len ['ʃɛːlən] **I.** *vt* ❶ *(von der Schale befreien)* ■**etw** ~ to peel sth; **Getreide** ~ to husk grain
❷ *(wickeln)* ■**etw aus etw** *dat* ~ to unwrap sth [from sth]; **ein Ei aus der Schale** ~ to shell an egg, to peel the shell off an egg
II. *vr* ❶ *(sich pellen)* ■**sich** *akk* ~ to peel
❷ *(fam: sich von etwas befreien)* ■**sich** *akk* **aus etw** *dat* ~ to slip off sth *sep*

Scha·len·kof·fer *m* shell suitcase **Scha·len·obst** *nt* [edible] nuts *pl* **Scha·len·sitz** *m* AUTO bucket seat **Scha·len·tier** *nt* shellfish, crustacean **Scha·len·wild** *nt* hoofed game

Schal·erb·se *f* yellow split pea

Schalk <-[e]s, -e *o* Schälke> [ʃalk, *pl* 'ʃɛlkə] *m (veraltend)* rogue, rascal, scoundrel
▸WENDUNGEN: **jdm <u>schaut</u> der** ~ **aus den Augen** sb has got a mischievous gleam in his/her eye; **jdm <u>sitzt</u> der** ~ **im Nacken** sb is a real rogue [*or* rascal]

schalk·haft I. *adj* mischievous, rascally
II. *adv* mischievously

Schal·kra·gen *m* shawl collar

Schall <-s, -e *o* Schälle> [ʃal, *pl* 'ʃɛlə] *m* ❶ *(Laut)* sound; **der** ~ **der Glocken/Trompeten** the sound of the bells/trumpets
❷ *kein pl* PHYS sound *no art*
▸WENDUNGEN: **etw ist** ~ **und <u>Rauch</u>** sth signifies nothing; **etw ist <u>leerer</u>** ~ sth is without substance

schall·däm·mend I. *adj* noise-reducing, sound-absorbing II. *adv* in a way which reduces noise level; ~ **beschichtet sein** to have a sound-absorbing layer **Schall·däm·mung** *f* noise-reduction, sound-absorption; *(Abdichtung)* sound insulation **Schall·dämp·fer** <-s, -> *m einer Schusswaffe* silencer; *eines Auspuffs a.* muffler AM **schall·dicht** I. *adj* soundproof; ~**e Abdichtung** soundproofing II. *adv* ***diese Fenster lassen sich ~ verschließen*** these windows are soundproof when closed
schal·len ['ʃalən] *vi* to resound, to echo
schal·lend I. *adj* ① *(hallend)* resounding; **mit ~em Gelächter** with a gale of laughter
② *(knallend)* resounding; ***sie gab ihm eine ~e Ohrfeige*** she gave him a hearty [*or* hefty] clip round the ear
II. *adv* ① *(lauthals)* resoundingly; ~ **lachen** to roar with laughter
② *(mit lautem Knall)* resoundingly
Schall·ge·schwin·dig·keit *f kein pl* PHYS speed [*or* velocity] of sound; **mit doppelter ~ fliegen** to fly at twice the speed of sound **Schall·gren·ze** *f s.* **Schallmauer Schall·iso·lie·rung** *f* soundproofing **Schall·mau·er** *f* sound [*or* sonic] barrier; **die ~ durchbrechen** to break the sound [*or* sonic] barrier **Schall·pe·gel** *m* noise level
Schall·plat·te *f* record **Schall·plat·ten·samm·lung** *f* record collection
schall·schlu·ckend *adj, adv s.* **schalldämmend**
Schall·schutz *m* soundproofing **Schall·schutz·fens·ter** *nt* sound-absorbing [*or* noise-reducing] window **Schall·schutz·wall** *m* sound-absorbing barrier
Schall·wel·le *f* PHYS sound wave
Schal·mei <-, -en> [ʃal'mai] *f* MUS shawm
Schäl·mes·ser *nt* peeling knife
Schal·obst *nt s.* **Schalenobst**
Scha·lot·te <-, -n> [ʃa'lɔtə] *f* shallot
Schäl·rip·pe *f* KOCHK cured belly of pork
schalt [ʃalt] *imp von* **schelten**
Schalt·an·la·ge ['ʃalt-] *f* switchgear **Schalt·bild** *nt s.* **Schaltplan Schalt·brett** *nt* switchboard, control panel
schal·ten ['ʃaltn̩] I. *vi* ① AUTO to change gear
② *(fam: begreifen)* to get it *fam,* to catch on *fam*
③ *(sich einstellen)* to switch to
►WENDUNGEN: ~ **und walten** to manage things as one pleases; ***sein Vorgesetzter lässt ihn frei ~ und walten*** his boss gives him a completely free hand
II. *vt* ① *(einstellen)* ■**etw auf etw** *akk* ~ to switch [*or* turn] sth to sth, to put sth on sth *fam,* to turn [*or fam* put] the switch on sth to sth; **die Heizung auf Handbetrieb** ~ to switch the heating [*or* heater] to manual; **die Herdplatte auf Stufe 3** ~ to turn [*or* switch] the ring [*or* knob] to three
② AUTO ■**etw** ~ to change gear; ■**sich** *akk* ~ **lassen**: ***der Wagen lässt sich auch von Anfängern problemlos*** ~ even beginners can change gear in this car without any problems
③ ELEK ■**etw** ~ to switch [*or* turn] on sth *sep;* ***die Treppenhausbeleuchtung ist so geschaltet, dass sie nach 2 Minuten automatisch ausgeht*** the light on the stairs switches off automatically after two minutes
④ *(einfügen)* ■**etw** ~ to insert sth; **eine Anzeige** ~ to place an advert [*or* ad]
III. *vr* ■**sich** *akk* ~: ***der Wagen schaltet sich sehr einfach*** it is very easy to change gear in the car
Schal·ter <-s, -> ['ʃaltɐ] *m* ① ELEK switch; **einen ~ betätigen** to operate a switch; **einen ~ umlegen** to throw a switch; *(zum Unterbrechen)* circuit breaker
② ADMIN, BAHN counter; *(mit Sichtfenster)* window
③ INFORM **elektronischer** ~ latch
Schal·ter·be·am·te(r), -be·am·tin *m, f dekl wie adj* clerk; *(bei der Eisenbahn)* ticket clerk **Schal·ter·hal·le** *f* main hall; BAHN travel centre [*or* AM -er], booking [*or dated* ticket] hall **Schal·ter·raum** *m* counter room; *(im Bahnhof)* ticket office **Schal·ter·schluss**[RR] *m* close of business **Schal·ter·stun·den** *pl* opening hours *pl*

Schalt·flä·che *f* INFORM button **Schalt·ge·trie·be** *nt* manual gearbox [*or* transmission] **Schalt·he·bel** *m* AUTO gear lever ►WENDUNGEN: **an den ~n** [**von etw** *dat*] **sitzen** to sit at the [steering] wheel [*or* to be in the driving seat] [of sth]; **an den ~n der Macht sitzen** to hold the reins of power, to have the reins of power in one's hands **Schalt·jahr** *nt* leap year **Schalt·kas·ten** *m* fuse box **Schalt·knüp·pel** *m* gearstick **Schalt·kreis** *m* circuit; **integrierter** ~ integrated circuit; **bistabiler** ~ bistable circuit, multivibrator **Schalt·plan** *m* diagram of a wiring system; INFORM, ELEK circuit diagram **Schalt·pult** *nt* control desk [*or* panel], controls *npl* **Schalt·stel·le** *f* control centre [*or* AM -er] **Schalt·ta·fel** *f* control panel **Schalt·tag** *m* leap day
Schal·tung <-, -en> *f* ① AUTO gears *pl*
② ELEK circuit; **integrierte** ~ integrated circuit
Schalt·zen·tra·le *f* ① TECH control centre [*or* AM -ter]; ELEK distributing centre [*or* AM -ter]
② POL, ÖKON *(fig)* management level
Scha·lung *f* BAU form[work], shuttering
Scha·lungs·brett *nt* form board
Scha·lup·pe <-, -n> [ʃa'lʊpə] *f* NAUT ① *(hist: kleineres Frachtschiff)* sloop
② *(Beiboot eines Seglers)* dinghy
Scham <-> [ʃa:m] *f kein pl* ① *(Beschämung)* shame; ~ **empfinden** to be ashamed; **kein bisschen ~ im Leibe haben** to be [completely] barefaced [*or* shameless] [*or* brazen]
② *(Schüchternheit)* **aus falscher** ~ out of a false sense of modesty; **nur keine falsche ~!** *(fam)* don't be shy!
③ *(Verlegenheit)* embarrassment; **vor ~ glühen/rot werden** to go red [*or* blush] with embarrassment; **vor ~ vergehen/in den Boden versinken** to die of embarrassment *fig*
④ *(Schamröte)* blush; ***ihm stieg die ~ ins Gesicht*** he blushed
⑤ *(veraltend geh)* shame *old liter,* private parts
Scha·ma·ne <-n, -n> [ʃa'ma:nə] *m* shaman
Scha·ma·nis·mus <-> [ʃama'nɪsmʊs] *m kein pl* REL shamanism
Scham·bein *nt* pubic bone **Scham·berg** *m* MED mount of Venus, mons veneris; *(selten) eines Mannes* mons pubis
schä·men ['ʃɛ:mən] *vr* ① *(Scham empfinden)* ■**sich** *akk* **einer S.** *gen* ~ to be ashamed of sth; ■**sich** *akk* [**wegen einer S.** *gen*] ~ to be [*or* feel] ashamed [of sth/sb]; ■**sich** *akk* **für etw/jdn** ~ to be [*or* feel] ashamed of sth/for sb; ■**sich** *akk* **vor jdm** ~ to be [*or* feel] ashamed in front of sb; *(einem peinlich werden in jds Gegenwart)* to be [*or* feel] embarrassed in front of sb; **sich** *akk* **in Grund und Boden** ~ to be utterly ashamed; **jd sollte sich** [**was**] ~ sb should be ashamed of himself/herself; ***schäm dich!*** shame on you!
② *(sich scheuen)* ■**sich** *akk* ~**, etw zu tun** to stop at [*or* to shrink from] doing sth, to be embarrassed to do sth; ***ich schäme mich, ihn schon wieder um einen Gefallen zu bitten*** I'm ashamed [*or* embarrassed] to ask him to do me yet another favour
Scha·mes·rö·te *f kein pl* blush; **jdm die ~ ins Gesicht treiben** to make sb blush, to make sb turn [bright] red
Scham·ge·fühl *nt kein pl* sense of shame, modesty; ***hast du denn gar kein ~?*** haven't you got any [sense of] shame? **Scham·ge·gend** *f* pubic region, pubes *spec* **Scham·haar** *nt* pubic hair
scham·haft *adj (geh)* shy, bashful, modest
Scham·haf·tig·keit *f* modesty
Scham·lip·pen *pl* labia *pl;* **die kleinen/großen ~** labia minora/majora
scham·los *adj* ① *(keine Scham kennend)* shameless, rude; **eine ~e Gebärde** a rude [*or* indecent] gesture
② *(unverschämt)* **eine ~e Dreistigkeit** sheer audacity *no pl;* **eine ~e Frechheit** brazen [*or* barefaced] impudence *no pl;* **eine ~e Lüge** a barefaced [*or* blatant] [*or* downright] lie
Scham·lo·sig·keit <-, -en> *f* ① *kein pl (mangelndes Schamgefühl)* shamelessness *no pl,* impudence *no pl,* shameless behaviour [*or* AM -or]
② *(schamlose Bemerkung)* rude remark
Scha·mot·te·stein [ʃa'mɔt-] *m* firebrick
scha·mot·tie·ren [ʃamɔ'ti:rən] *vt* ■**etw** ~ to line sth with firebrick
Scham·pus <-s> ['ʃampʊs] *m kein pl (fam)* bubbly *fam,* champers *fam + sing vb* BRIT
scham·rot ['ʃa:mro:t] *adj* red-faced; ■~ **sein/werden** to blush [*or* go red] with shame/embarrassment
Scham·rö·te *f* blush of embarrassment; **jdm steigt die ~ ins Gesicht** sb blushes [*or* goes red] with shame/embarrassment **Scham·tei·le** *pl* private parts *pl,* privates *pl fam*
Schan·de <-> ['ʃandə] *f kein pl* ignominy, disgrace, shame; ~ **über jdn bringen** to bring disgrace on [*or* upon] sb, to bring shame on [*or* to] [*or* upon] sb; **jdn vor ~ bewahren** to save sb from disgrace; **in ~ geraten** *(veraltet: ein uneheliches Kind bekommen)* to become pregnant out of wedlock; **eine** [**wahre**] ~ **sein!** to be a[n utter [*or* absolute]] disgrace!; **eine** [**wahre**] ~ **sein,** [**dass**]**/wie ...** to be a[n utter [*or* absolute]] disgrace [that]/how ...; **keine ~ sein, dass ...** to not be a disgrace that ...; **mach mir** [**nur**] **keine ~!** *(hum)* don't let me down!; **jdm/etw ~ machen** to disgrace [*or* to be a disgrace to] sb/sth, to call [*or* bring] down disgrace [*or form* ignominy] on sb/sth; **jdm/etw keine ~ machen** to not be a disgrace to sb/sth; **zu jds** [**bleibenden**] ~ to sb's [everlasting] shame; ***ich muss zu meiner großen ~ gestehen, dass ich unsere Verabredung völlig vergessen habe*** I'm deeply ashamed to have to admit that I had completely forgotten our engagement; *s. a.* **Schimpf**
schän·den ['ʃɛndn̩] *vt* ① *(verächtlich machen)* ■**etw** ~ to discredit [*or* dishonour] sth; **jds Ruf** ~ to sully sb's name
② *(selten: verschandeln)* ■**etw** ~ to defile [*or* ruin] sth
③ *(entweihen)* ■**etw** ~ *Grab, Leichnam, Denkmal* to desecrate [*or* defile] sth
④ *(veraltend: vergewaltigen)* ■**jdn** ~ to rape [*or form* violate] sb
Schand·fleck *m* blot [on the landscape], disgrace
schänd·lich ['ʃɛntlɪç] I. *adj* ① *(niederträchtig)* disgraceful, shameful; **ein ~es Verbrechen** a despicable crime
② *(fam: schlecht)* dreadful, appalling; **in einem ~en Zustand sein** to be in a disgraceful state
II. *adv* ① *(gemein)* shamefully, disgracefully, dreadfully, appallingly
② *(sehr)* outrageously; ~ **teuer** outrageously dear
Schänd·lich·keit <-, -en> *f* ① *(niederträchtige Tat)* shameful [*or* ignominious] deed [*or* action]
② *kein pl (Abscheulichkeit)* shamefulness *no pl,* infamy, baseness *no pl form*
Schand·mal *nt (geh) s.* **Schandfleck**
Schand·maul *nt (pej)* ① *(sl: Maul)* malicious [*or* poisonous] tongue, gob BRIT *fam;* ***halt dein ~!*** shut your face! *fam sl*
② *(geh: lästernde Person)* gossiper, scandalmonger
Schand·tat *f* abomination, iniquity; **zu jeder ~ bereit sein** *(hum fam)* to be ready [*or* game] for anything
Schän·dung <-, -en> *f* desecration, defilement; *(Vergewaltigung)* violation
Schän·ke[RR] <-, -n> ['ʃɛŋkə] *f* pub; *(Gastwirtschaft auf dem Land)* inn
Schan·ker <-s, -> ['ʃaŋkɐ] *m* chancroid, chancre; **harter/weicher** ~ hard/soft chancre
Schank·er·laub·nis *f* licence [*or* AM -se] [to sell alcohol] **Schank·kon·zes·si·on** *f* JUR liquor licence **Schank·tisch** *m* bar **Schank·wirt(in)** ['ʃaŋkvɪrt] *m(f)* publican BRIT, barkeeper AM **Schank·wirt·schaft** *f* pub[lic house] BRIT, bar
Schan·ze <-, -n> ['ʃantsə] *f* ski jump
Schar[1] <-, -en> [ʃa:ɐ̯] *f von Vögeln* flock; *von Menschen* crowd, horde, *fam* gang; **in** [**hellen**] **~en** in droves [*or* swarms]
Schar[2] <-, -en> [ʃa:ɐ̯] *f* ploughshare BRIT, plowshare AM
Scha·ra·de <-, -n> [ʃa'ra:də] *f* charade; **~n spielen**

to play charades

Schar·bocks·kraut <-[e]s> ['ʃa:ɐ̯bɔks-] *nt kein pl* BOT lesser celandine, pilewort

Schä·re <-, -n> ['ʃɛ:rə] *f* skerry, small rocky island

scha·ren ['ʃa:rən] I. *vt* ■**Dinge/Menschen um sich** *akk* ~ to gather things/people around oneself II. *vr* ■**sich** *akk* **um jdn/etw** ~ *(sich versammeln)* to gather [*or* flock together] around sb/sth; *(sich eifrig bewegen)* to swarm about sb/sth; *(schützend)* to rally around sb/sth

Schä·ren·land·schaft <-> *f* Stockholm Archipelago, Garden of Skerries, Stockholm's Skerries *pl*

scha·ren·wei·se *adv* in hordes [*or* droves]; ***die Fans sammelten sich ~ um den Star herum*** the fans swarmed around the star

scharf <schärfer, schärfste> [ʃarf] I. *adj* ① *(gut geschliffen) Messer, Klinge* sharp, keen *form;* **~e Krallen/Zähne** sharp claws/teeth; **etw ~ machen** to sharpen sth; **etw ~ schleifen** to sharpen sth
② *(spitz zulaufend)* sharp; **eine ~e Bügelfalte** a sharp crease; **~e Gesichtszüge** sharp features; **eine ~e Kante** a sharp edge; **eine ~e Kurve/Kehre** a hairpin bend; **eine ~e Nase** a sharp nose
③ KOCHK *(hochprozentig)* strong; *(sehr würzig)* highly seasoned; *(stark gewürzt)* hot; **~e Gewürze/~er Senf** hot spices/mustard; **~er Käse** strong cheese; **einen S~en trinken** *(fam)* to knock back some of the hard stuff *fam*
④ *(ätzend)* aggressive, caustic [*or* strong]; **~e Dämpfe** caustic vapours [*or* AM -ors]; **ein ~er Geruch** a pungent odour [*or* AM -or]; **~e Putzmittel** aggressive detergents; *s. a.* **Sache**
⑤ *(schonungslos, heftig)* harsh, severe, tough; **~e Ablehnung** fierce [*or* strong] opposition; **~e Aufsicht/Bewachung/Kontrolle** rigorous [*or* strict] supervision/surveillance/control; **~e Auseinandersetzungen** bitter altercations; **~e dirigistische Eingriffe** POL drastic state interference; **etw in schärfster Form verurteilen** to condemn sth in the strongest possible terms; **ein ~er Gegner** a fierce opponent; **~e Konkurrenz** fierce [*or* keen] competition; **~e Maßnahmen ergreifen** to take drastic [*or* harsh] measures; **ein ~er Polizist** a tough policeman; **ein ~er Prüfer** a strict examiner; **~er Protest** strong [*or* vigorous] protest; **ein ~es Urteil** a harsh [*or* scathing] judgement
⑥ *(bissig)* fierce, vicious *pej;* **~e Kritik** biting [*or* fierce] criticism; **ein ~er Verweis** a strong reprimand; **~er Widerstand** fierce [*or* strong] resistance; **eine ~e Zunge haben** to have a sharp tongue; **sehr ~ gegen jdn werden** to be very sharp with sb
⑦ *inv (echt)* real; **eine ~e Bombe** a live bomb; **mit ~en Patronen schießen** to shoot live bullets; **~e Schüsse abfeuern** to shoot with live ammunition
⑧ *(konzentriert, präzise)* careful, keen; **ein ~er Analytiker** a careful [*or* thorough] analyst; **eine ~e Auffassungsgabe haben** to have keen powers of observation; **ein ~es Auge für etw** *akk* **haben** to have a keen eye for sth; **ein ~er Beobachter** a keen [*or* perceptive] observer; **~e Beobachtung** astute [*or* keen] observation; **~e Betrachtung** careful [*or* thorough] examination; **~er Blick** close [*or* thorough] inspection; **~e Intelligenz** keen intelligence; **ein ~er Verstand** a keen [*or* sharp] mind
⑨ FOTO sharp; ***ein gestochen ~es Foto*** an extremely sharp photo; **eine ~e Linse** a strong [*or* powerful] lens; **~e Umrisse** sharp outlines
⑩ *(schneidend)* biting; **~er Frost** sharp frost; **~e Kälte** biting [*or* fierce] cold; **~es Licht** glaring [*or* stabbing] light; **~e Luft** raw air; **eine ~e Stimme** a sharp voice; **ein ~er Ton** a shrill sound; **ein ~er Wind** a biting wind
⑪ *(forciert)* hard, fast; **in ~em Galopp reiten** to ride at a furious gallop; **ein ~er Ritt** a hard ride; **in ~em Tempo** at a [fast and] furious pace
⑫ *(sl: fantastisch)* great *fam,* fantastic *fam,* terrific; **ein ~es Auto** a cool car; **[das ist] ~!** [that is] cool!; **das ist das Schärfste!** *(sl)* that [really] takes the biscuit [*or* AM cake]! *fig*
⑬ FBALL *(kraftvoll)* fierce; **ein ~er Schuss** a fierce shot
⑭ *(aggressiv)* fierce; **ein ~er [Wach]hund** a fierce [watch]dog
⑮ *(sl: aufreizend, geil)* spicy *fam,* naughty *fam,* sexy *fam;* **ein ~es Mädchen** a sexy girl; **~ auf jdn sein** *(fam)* to have the hots for sb *fam;* **auf etw** *akk* **~ sein** to [really] fancy sth *fam,* to be keen on sth
II. *adv* ① *(in einen scharfen Zustand)* **~ gebügelte Hosen** sharply ironed trousers [*or* pants]
② *(intensiv gewürzt)* ***ich esse/koche gerne*** **~** I like eating/cooking spicy/hot food; **~ schmecken** to taste hot; **etw ~ würzen** to highly season sth
③ *(heftig)* sharply; **etw ~ ablehnen** to reject sth outright [*or* out of hand], to flatly reject sth; **etw ~ angreifen** [*o* **attackieren**] to attack sth sharply [*or* viciously]; **~ durchgreifen** to take drastic action; **etw ~ kritisieren** to criticize sth sharply [*or* harshly] [*or* severely]; **gegen etw** *akk* **~ protestieren** to protest strongly [*or* vigorously] against sth; **etw ~ verurteilen** to condemn sth strongly [*or* harshly]; **jdm ~ widersprechen** to vehemently contradict
④ *(konzentriert, präzise)* carefully; **~ analysieren** to analyze carefully [*or* painstakingly] [*or* thoroughly]; **~ aufpassen** to take great [*or* extreme] care; **ein Problem ~ beleuchten** to get right to the heart of a problem; **~ beobachten** to observe [*or* watch] carefully [*or* closely]; **~ hinsehen** to look good and hard; **etw ~ unter die Lupe nehmen** to investigate sth carefully [*or* thoroughly], to take a careful [*or* close] look at sth; **~ nachdenken** to think hard; **etw ~ umreißen** to define sth clearly [*or* sharply]
⑤ *(streng)* hard, closely; **etw ~ bekämpfen** to fight hard [*or* strongly] against sth; **jdn ~ bewachen** to keep a close guard on sb; **gegen etw** *akk* **~ durchgreifen** [*o* **vorgehen**] to take drastic [*or* vigorous] action [*or* to take drastic steps] against sth
⑥ *(klar)* sharply; ***der Baum hebt sich ~ vom Hintergrund ab*** the tree contrasts sharply to the background; **das Bild/den Sender ~ einstellen** to sharply focus the picture/tune in the station; **~ sehen** to have keen [*or* sharp] eyes
⑦ *(abrupt)* abruptly, sharply; **~ links/rechts abbiegen/einbiegen** to take a sharp left/right, to turn sharp left/right; **Fleisch ~ anbraten** to sear meat; **~ bremsen** to brake sharply, to slam on the brakes
⑧ *(gefährlich)* **~ geladen sein** to be loaded [with live ammunition]; **~ schießen** to shoot [with live ammunition]
⑨ *(in forciertem Tempo)* fast, like the wind [*or* devil]; **~ reiten** to ride hard
⑩ FBALL *(kraftvoll)* fiercely; **~ schießen** to shoot fiercely

Scharf·blick *m kein pl* astuteness *no pl,* perspicacity *no pl form,* shrewdness *no pl*

Schär·fe <-, -n> ['ʃɛrfə] *f* ① *(guter Schliff)* sharpness, [sharp] edge; **die ~ einer Axt** the sharpness of an axe
② KOCHK spiciness; *eines Käses* sharpness, strength; *von Senf/Chilis/Pfeffer* hotness; *einer Zitrone* tanginess
③ *(Heftigkeit) einer Ablehnung* severity; *der Konkurrenz* keenness, strength; *der Kritik* severity, sharpness; *von Worten* harshness; **in aller ~ kritisieren** to criticize severely [*or* sharply]; **in aller ~ zurückweisen** to refuse/reject outright, to flatly refuse, to reject out of hand
④ *(Präzision)* sharpness, keenness; *der Augen/des Gehörs/des Verstandes* keenness
⑤ FOTO sharpness; *einer Brille/eines Brillenglases* strength
⑥ *(ätzende Wirkung)* causticity
⑦ *(schneidend sein) des Windes* bitterness; *des Frosts* sharpness
⑧ FBALL **ein Schuss von unheimlicher ~** an incredibly hard shot

schär·fen ['ʃɛrfn̩] *vt* ① *(scharf schleifen)* ■**etw ~** to sharpen sth
② *(verfeinern)* ■**etw ~** to make sth sharper [*or* keener]; **den Verstand ~** to sharpen the intellect

Schär·fen·ein·stel·lung *f* focus[ing] control

Schär·fen·tie·fe *f* FILM depth of field [*or* focus]

scharf·kan·tig *adj* sharp-edged

scharf|ma·chen *vt* ① *Messer, Klinge s.* **scharf I 1**
② *(fam: aufhetzen)* **jdn/einen Hund ~** to incite sb/a dog, to egg on *sep* sb/a dog
③ *(sl: erregen)* **jdn ~** to turn sb on *fam,* to make sb feel horny *sl*

Scharf·ma·cher(in) ['ʃarfmaxɐ] *m(f) (pej fam)* hellraiser *fam,* agitator, rabble-rouser

Scharf·rich·ter *m* HIST executioner

Scharf·schüt·ze, -schüt·zin *m, f* marksman *masc,* markswoman *fem*

scharf·sich·tig *adj inv* sharp-[*or* keen-]sighted; *(fig)* perspicacious

Scharf·sinn *m kein pl* astuteness *no pl,* perspicacity *no pl form*

scharf·sin·nig I. *adj* astute, perceptive, perspicacious *form*
II. *adv* astutely, perceptively, perspicaciously *form*

scharf·zün·gig ['ʃarftsʏŋɪç] *adj* sharp-tongued

Scha·ria <-> [ʃa'ri:a] *f kein pl* sharia [*or* shariat]

Schar·lach[1] <-s> ['ʃarlax] *m kein pl* MED scarlet fever

Schar·lach[2] <-> ['ʃarlax] *nt kein pl* scarlet

schar·lach·rot *adj* scarlet

Schar·la·tan <-s, -e> ['ʃarlatan] *m* ① *(großsprecherischer Betrüger)* fraud, con man *fam*
② *(Kurpfuscher)* charlatan, quack *fam*

Schar·la·ta·ne·rie <-, -n> [ʃarlatanə'ri:, *pl* ʃarlatanə'ri:ən] *f (pej)* charlatanism, charlatanry

Scharm <-s> [ʃarm] *m kein pl s.* **Charme**

schar·mant [ʃar'mant] *adj, adv s.* **charmant**

Schar·müt·zel <-s, -> [ʃar'mʏtsl̩] *nt (veraltend: kleines Gefecht)* skirmish

Schar·nier <-s, -e> [ʃar'ni:ɐ̯] *nt* hinge

Schar·nier·ge·lenk *nt* ANAT hinge joint

Schär·pe <-, -n> ['ʃɛrpə] *f* sash

schar·ren ['ʃarən] I. *vi* ■**[mit etw** *dat***] ~** to scratch [with sth]; **mit den Krallen ~** to claw [*or* scratch]; **etw mit der Pfote ~** to paw [at] sth; **etw mit einem Huf ~** to paw [*or* scrape] [at] sth with a hoof
II. *vt* ■**jdn/etw in etw** *akk* **~** to bury sb/sth in a shallow grave

Schar·te <-, -n> ['ʃartə] *f* ① *(Einschnitt)* nick, notch; **eine ~ auswetzen** to grind out a nick
② HIST *(Schießscharte)* embrasure
▶ WENDUNGEN: **eine ~ auswetzen** to make good [*or* rectify] a mistake, to make amends

schar·tig ['ʃartɪç] *adj* jagged, ragged

schar·wen·zeln* [ʃar'vɛntsl̩n] *vi sein o haben (fam)* ■**[um jdn/vor jdm] ~** to dance attendance [on sb] BRIT, to kowtow [to sb], to suck up [to sb] *fam*

Schasch·lik <-s, -s> ['ʃaʃlɪk] *nt* [shish] kebab

schas·sen ['ʃasn̩] *vt (fam)* ■**jdn ~** ① *(entlassen)* to fire [*or* sack] sb, to kick sb out
② *(der Schule verweisen)* to expel sb

Schat·ten <-s, -> ['ʃatn̩] *m* ① *(schattige Stelle)* shade; **30 im ~** 30 degrees in the shade; **~ spendend** shady; **~ spenden** [*o* **geben**] to afford shade *form;* **im ~ liegen** to be in the shade; **lange ~ werfen** to cast long shadows
② *(schemenhafte Gestalt)* shadow; **nur noch ein ~ seiner selbst sein** to be a shadow of one's former self *form* [*or* of what one used to be]; **sich** *akk* **vor seinem eigenen ~ fürchten** to be afraid of one's own shadow; **einem ~ nachjagen** to chase phantoms
③ *(dunkle Stelle)* shadow; **~ unter den Augen** [dark] shadows [*or* rings] under the eyes
④ *(geh)* **in das Reich der ~ hinabsteigen** *(euph: sterben)* to descend into the realm of the shades
⑤ *(Observierer)* shadow
▶ WENDUNGEN: **im ~ bleiben** to stay in the shade; **einen ~ haben** to be crazy; **über seinen ~ springen** to force oneself to do sth; **nicht über seinen [eigenen] ~ springen können** to be unable to act out of character; **in jds ~ stehen** to be in sb's shadow [*or* to be overshadowed by sb]; **jdn/etw in den ~ stellen** to put sb/sth in the shade *fig;* **seinen ~ vorauswerfen** to cast one's shadow before one *fig,* to make oneself felt; **einen ~ [auf etw** *akk***] werfen** to cast [*or* throw] a shadow [over sth] *fig*

Schat·ten·blu·me *f* BOT May lily

Schat·ten·bräu·ne <-> *f kein pl* suntan acquired in the shade

S

Schạt·ten·da·sein *nt* **ein ~ fristen** [*o* **führen**] *(geh: am Rande der Existenz leben)* to lead a miserable existence; *(nicht real existieren)* to lead a shadowy existence **Schạt·ten·exis·tenz** *f* shadow existence **Schạt·ten·fu·ge** *f* BAU shadow groove

schạt·ten·haft **I.** *adj* shadowy; **~e Umrisse** vague outlines

II. *adv* **sich** *akk* **~ abzeichnen** to loom in a shadowy fashion; **etw ~ ausmachen/erkennen** to just be able to make sth out

Schạt·ten·ka·bi·nett *nt* shadow cabinet **Schạt·ten·mo·rel·le** *f* ❶ *(Sauerkirschbaum)* morello tree, morello cherry tree ❷ *(Baum)* morello, morel, morello cherry **Schạt·ten·riss**RR *m* silhouette **Schạt·ten·sei·te** *f* negative side [*or* aspect], dark side, drawback

Schạt·ten·spiel *nt* ❶ *kein pl* THEAT *(Schattentheater)* shadow play [*or* show]

❷ THEAT *(Stück für das Schattentheater)* shadow play

❸ *meist pl (Schattenbild mit Händen)* shadow play

Schạt·ten·wirt·schaft *f kein pl* POL black economy

schat·tie·ren* [ʃaˈtiːrən] *vt* KUNST ■**etw ~** to shade sth [in]

schat·tiert *adj inv* **~e Schrift** TYPO shaded type

Schat·tie·rung <-, -en> *f* ❶ KUNST shading

❷ *pl (geh: Richtungen)* shade; **alle** [**verschiedenen**] **Meinungs~en** all [different] shades of opinion

Schat·tie·rungs·ef·fekt *m* shading

schat·tig [ˈʃatɪç] *adj* shady

Scha·tul·le <-, -n> [ʃaˈtʊlə] *f (geh)* casket

Schatz <-es, Schätze> [ʃats, *pl* ˈʃɛtsə] *m* ❶ *(Ansammlung kostbarer Dinge)* treasure

❷ *(fam: Liebling)* darling, sweetheart, love; **ein ~ sein** *(fam)* to be a dear [*or* a love] [*or* a treasure]

Schạtz·amt *nt* ÖKON treasury, BRIT Exchequer, AM Treasury Department **Schạtz·an·wei·sung** *f* government [*or* treasury] bond

schặtz·bar *adj inv (geh)* **nicht leicht/schwer ~ sein** to be not easy/difficult to assess [*or* estimate]; **etw ist nur annähernd** [*o* **ungefähr**] **~** one can only make a rough assessment [*or* an approximate estimate] of sth; **etw ist genau ~** one can make a precise assessment [*or* estimate] of sth; **gut/schlecht ~ sein** to be easy/difficult to assess [*or* estimate]

Schặtz·be·trag *m* estimated amount

Schặtz·chen <-s, -> [ˈʃɛtsçən] *nt (fam) dim von* Schatz 2 darling, sweetheart

schặt·zen [ˈʃɛtsn̩] **I.** *vt* ❶ *(einschätzen)* ■**jdn/etw** [**auf etw** *akk*] **~** to guess [*or* reckon] that sb/sth is sth; **jdn/etw auf ein bestimmtes Alter ~** to guess sb's/sth's age; ***meistens werde ich jünger geschätzt*** people usually think I'm younger; **jdn auf eine bestimmte Größe/etw auf eine bestimmte Höhe ~** to guess the height of sb/sth; ***ich schätze sein Gewicht auf ca. 100 kg*** I reckon he weighs about 100 kilos; **grob geschätzt** at a rough guess [*or* estimate]

❷ *(wertmäßig einschätzen)* ■**etw auf etw** *akk* **~** to assess the value of sth, to assess sth at sth; ***der Schaden wird auf 100.000 Euro geschätzt*** the damage is estimated at 100,000 euros

❸ *(würdigen)* ■**jdn** [**als jdn**] **~** to value sb [*or* to regard sb highly] [as sb]; ■**jdn ~** to hold sb in high esteem [*or form* regard]; ■**etw ~** to appreciate [*or form* treasure] sth; ■**es ~, etw zu tun** to enjoy doing sth; ■**es ~, dass etw getan wird** to appreciate the fact that sth is being done; ***ich schätze es nicht sehr, wenn man mir immer ins Wort fällt*** I don't appreciate/enjoy being constantly interrupted; **jdn/etw ~ lernen** to come [*or* learn] to appreciate [*or* value] sb/sth; **etw zu ~ wissen** to appreciate sth; *s. a.* **glücklich, wissen**

II. *vi (fam)* to guess; **richtig ~** to guess [*or form* estimate] correctly; **man kann nur ~ ...** it's anybody's guess ...; **schätz mal** guess, have [*or* take] a guess

schặt·zens·wert *adj inv* estimable; *Verhalten* commendable

Schặt·zer(in) <-s, -> *m(f)* assessor

Schạtz·grä·ber(in) <-s, -> *m(f)* treasure seeker [*or* hunter] **Schạtz·kam·mer** *f* treasure-house **Schạtz·kanz·ler(in)** *m(f)* ÖKON, POL Chancellor of the Exchequer BRIT, Secretary of the Treasury AM, minister of finance, finance minister **Schạtz·käst·chen** *nt (veraltend o hum)* casket **Schạtz·meis·ter(in)** *m(f)* treasurer **Schạtz·ob·li·ga·ti·on** *f* FIN treasury bond

Schặt·zung <-, -en> *f* ❶ *kein pl (wertmäßiges Einschätzen)* assessment [*or* estimate] of the value, valuation

❷ *(Anschlag)* estimate; **nach einer groben ~** at a rough estimate [*or* guess]; **~ anhand von ...** estimate based on ...; **bei vorsichtiger ~** at a conservative estimate; **nach jds ~** sb would say; ***wann wird sie denn nach deiner ~ wieder zurück sein?*** when would you say she'll be back?

schặt·zungs·wei·se *adv* about, approximately, roughly

Schạtz·wech·sel *m* FIN treasury bill, T-bill *fam* **Schạtz·wech·sel·dis·kont·satz** *m* FIN treasury's discount rate **Schạtz·wech·sel·til·gun·gen** *pl* FIN discharge of treasury bills **Schạtz·wech·sel·zins·satz** *m* FIN interest rate on treasury bills

Schặtz·wert *m* estimated value

Schau <-, -en> [ʃau̯] *f* ❶ *(Ausstellung)* exhibition; **etw zur ~ stellen** to display [*or* to exhibit] sth, to put sth on display; **Emotionen/Gefühle zur ~ tragen** to make a show of one's emotions/feelings

❷ *(Vorführung)* show

►WENDUNGEN: **jdm** [**mit etw** *dat*] **die ~ stehlen** *(fam)* to steal the show from sb [with sb] *fig; s. a.* **Show**

Schau̲·bild *nt* diagram **Schau̲·bu·de** *f* [show] booth **Schau̲·büh·ne** *f (veraltend)* theatre BRIT [*or* AM -er]

Schau·der <-s, -> [ˈʃau̯dɐ] *m (geh)* shiver, shudder

schau̲·der·haft *adj* ❶ *(grässlich)* ghastly, horrific, terrible

❷ *(fam: furchtbar)* awful, dreadful

schau·dern [ˈʃau̯dɐn] **I.** *vt impers* ■**es schaudert jdn bei etw** *dat* sth makes sb shudder [*or* shiver]

II. *vi* ❶ *(erschauern)* to shudder; ■[**vor etw** *dat*] **~** to shake [with sth]

❷ *(frösteln)* to shiver

schau·en [ˈʃau̯ən] **I.** *vi* SÜDD, ÖSTERR, SCHWEIZ ❶ *(blicken)* to look; **auf die Uhr ~** to look at the clock; ■**auf jdn/etw ~** to look at sb/sth; ■**um sich** *akk* **~** to look around, to have a look around; **wohin man schaut, ...** wherever you look, ...

❷ *(aussehen)* to look; ***schau nicht so verbittert/traurig!*** don't look so bitter/sad!

❸ *(darauf achten)* ■**auf etw** *akk* **~** to pay attention to sth; **auf Sauberkeit ~** to be concerned about [*or* pay attention to] cleanliness

❹ *(sich kümmern)* ■**nach jdm/etw ~** to have [*or* take] a look at sb/sth, to check up on sb/sth; ***wenn ich in Urlaub bin, schaut mein Freund nach den Blumen*** my friend is going to look after my flowers while I'm on holiday

❺ *(suchen)* ■[**nach etw** *dat*] **~** to look [for sth]

❻ *(ansehen)* to look, to watch; **~** ***Sie, die Tür wurde aufgebrochen!*** look! the door has been broken open!

❼ *(fam: zusehen)* ■**~, dass/wie ...**: ***schau, dass du pünktlich bist*** see [*or* make sure] [*or* mind] that you are on time

►WENDUNGEN: **da schaust du aber!** *(fam)* how about that!, what do you think of that?; [**ja,**] **da schau her!** *(schau, schau)* well, well; **~ mal, ...** well [*or* look] ...; **schau, schau!** *(fam)* well, well

II. *vt* ■**etw ~** ❶ *(geh: visionär erblicken)* to behold sth

❷ *s.* **gucken**

Schau·er <-s, -> [ˈʃau̯ɐ] *m* ❶ *(Regenschauer)* shower

❷ *s.* **Schauder**

Schau̲·er·ge·schich·te *f (fam) s.* Schauermärchen

schau̲·er·lich *adj* ❶ *(grässlich)* ghastly, horrific, terrible

❷ *(fam: furchtbar)* awful, dreadful

Schau̲·er·mann <-[e]s, -leute> *m* NAUT stevedore **Schau̲·er·mär·chen** *nt (fam)* horror story, blood-curdling tale

schau·ern [ˈʃau̯ɐn] **I.** *vi* ■[**vor etw** *dat*] **~** to shiver [with sth]

II. *vt impers* ■**jdn** [*o* **jdm**] **schauert** [**es**] [**bei etw** *dat*] sth makes sb shudder

Schau̲·er·ro·man *m* ❶ *(Horrorroman)* horror story

❷ *(des 18. Jahrhunderts)* gothic novel

Schau·fel <-, -n> [ˈʃau̯fl̩] *f* ❶ *(Werkzeug)* shovel; *(für Mehl o.Ä.)* scoop; *(für Kehricht)* dustpan; *(Spielzeugschaufel)* spade

❷ *(eine Schaufel voll)* shovel, shovelful; **~ um ~** by the shovelful

❸ *(Geweihende)* antlers *pl*

❹ *(am Bagger)* shovel

❺ NAUT *(fachspr: Blatt von Ruder und Paddel)* paddle

❻ *(von Turbine)* blade, vane

schau·feln [ˈʃau̯fl̩n] **I.** *vi* to shovel, to dig

II. *vt* ■**etw ~** ❶ *(graben)* to dig sth; *s. a.* **Grab**

❷ *(verlagern)* to shovel sth

Schau̲·fel·stück *nt* KOCHK [beef] clod [*or* shoulder]

Schau̲·fens·ter *nt* shop window; **~ gucken** *(fam)* to go window-shopping

Schau̲·fens·ter·aus·la·ge *f* [shop] window display **Schau̲·fens·ter·bum·mel** *m* window-shopping *no pl, no indef art;* **einen ~ machen** to go window-shopping **Schau̲·fens·ter·de·ko·ra·teur(in)** <-s, -e> *m(f)* window-dresser **Schau̲·fens·ter·de·ko·ra·ti·on** *f* [shop] window display **Schau̲·fens·ter·pup·pe** *f* mannequin, shop dummy BRIT **Schau̲·fens·ter·wer·bung** *f kein pl* advertising in shop windows

Schau̲·glas *nt* TECH inspection glass **Schau̲·kampf** *m* SPORT exhibition fight **Schau̲·kas·ten** *m* display cabinet, showcase

Schau·kel <-, -n> [ˈʃau̯kl̩] *f* swing

schau·keln [ˈʃau̯kl̩n] **I.** *vi* ❶ *(die Schaukel benutzen)* to [go on the] swing

❷ *(auf und ab wippen)* ■[**mit etw** *dat*] **~** to rock [sth]; **im Schaukelstuhl sitzen und ~** to sit in the rocking chair and rock backwards and forwards

❸ *(schwanken)* to roll [from side to side]; *(hin und her schwingen)* to swing [backwards and forwards]

II. *vt* ❶ *(hin und her bewegen)* ■**jdn ~** to push sb [on the swing], to swing sb

❷ *(bewerkstelligen)* ■**etw ~** to manage sth; ***wie hat er das nur geschaukelt?*** how on earth did he manage that?; *s. a.* **Kind, Sache**

Schau̲·kel·pferd *nt* rocking horse **Schau̲·kel·po·li·tik** *f kein pl* POL *(pej)* seesaw policy, opportunistic and unprincipled politics *pl;* **eine ~ betreiben** to pursue a seesaw policy **Schau̲·kel·stuhl** *m* rocking chair

schau̲·lus·tig *adj* curious, gawping *pej fam;* **ein ~er Mensch** a [curious] onlooker

Schau̲·lus·ti·ge(r) *f(m) dekl wie adj* onlooker, spectator

Schaum <-s, Schäume> [ʃau̯m, *pl* ˈʃɔy̯mə] *m* ❶ *(blasige Masse)* foam; *(auf einer Flüssigkeit)* froth

❷ *(Seifenschaum)* lather; *(auf einer Flüssigkeit)* foam

❸ *(Geifer)* foam [*or* froth]; **~ vor dem Mund haben** to foam [*or* froth] at the mouth

❹ *(Schaumspeise)* mousse; **etw zu ~ schlagen** to beat sth [until frothy]

►WENDUNGEN: **~ schlagen** *(sl)* to talk big

Schau̲m·bad *nt* bubble bath **Schau̲m·bild·ner** *m* CHEM foaming agent **Schau̲m·bla·se** *f* bubble [in the foam [*or* froth]]

schäu·men [ˈʃɔy̯mən] *vi* ❶ *(in Schaum übergehen)* to lather; *Motoröl* to froth, to foam

❷ *(aufschäumen)* to froth

❸ *(geh: rasen)* to fume, to seethe; *s. a.* **Wut**

Schau̲m·fes·ti·ger *m* setting mousse

Schau̲m·gum·mi *m* foam rubber **Schau̲m·gum·mi·pols·ter** *nt* [foam rubber] pad

schau·mig [ˈʃau̯mɪç] *adj* frothy; **etw ~ schlagen** to beat sth until it is frothy; **Butter und Zucker ~ schlagen** to beat butter and sugar until fluffy

Schaum·kel·le *f* skimming ladle **Schaum·kro·ne** *f* ❶ *(auf Wellen)* white crest ❷ *(auf einem Bier)* head **Schaum·löf·fel** *m s.* **Schaumkelle**
Schaum·par·ty ['ʃaumpa:ɐ̯ti] *f* foam party
Schaum·schlä·ger¹ *m (Schneebesen)* whisk
Schaumschläger(in)² *m(f) (pej: Angeber)* boaster, hot-air artist *dated*
Schaum·schlä·ge·rei [ʃaumʃlɛ:gəˈrai] *f kein pl (fam)* big talk *fam,* hot air *fam* **Schaum·spei·se** *f* mousse
Schaum·stoff *m* foam **Schaum·stoff·pols·ter** *nt* foam pad [*or* upholstery] *no pl, no indef art*
Schaum·ver·hü·tungs·mit·tel *nt* CHEM, TECH foam inhibitor
Schaum·wein *m* sparkling wine **Schaum·wein·steu·er** *f* FIN tax on sparkling wines
Schaum·zi·ka·de *f* ZOOL froghopper, spittlebug
Schau·ob·jekt *nt* exhibit **Schau·platz** *m* scene
Schau·pro·zess^RR *m* show trial
schau·rig ['ʃaurɪç] *adj* ❶ *(unheimlich)* eerie, weird, scary
❷ *(gruselig)* macabre, scary
❸ *(fam: furchtbar)* awful, dreadful
schau·rig-schön ['ʃaurɪç'ʃø:n] *adj* ❶ *(unheimlich, aber anziehend)* weird and wonderful
❷ *(gruselig, aber anziehend)* wonderfully macabre [*or* scary], scary and wonderful
Schau·spiel ['ʃauʃpi:l] *nt* ❶ THEAT play, drama *no indef art*
❷ *(geh)* spectacle
Schau·spiel·aus·bil·dung *f* drama course
Schau·spie·ler(in) ['ʃauʃpi:lɐ] *m(f)* actor *masc,* actress *fem a. fig*
Schau·spie·le·rei [ʃauʃpi:ləˈrai] *f kein pl* ❶ *(fam: Beruf)* acting *no art, no pl*
❷ *(Verstellung)* acting, pretence; ***lass die ~*** stop acting [*or* pretending]
Schau·spie·ler·en·sem·ble [-ã'sã:bl] *nt* acting [*or* actors'] ensemble
Schau·spie·le·rin <-, -nen> *f fem form von* **Schauspieler** actress
schau·spie·le·risch ['ʃauʃpi:lərɪʃ] **I.** *adj* acting; **~e Arbeit** work as an actor/actress; **~e Begabung/~es Können** talent/ability as an actor/actress, acting talent/ability; **eine ~e Leistung** a piece of acting
II. *adv* ***~ war dieses Debüt wirklich bemerkenswert*** this really was a remarkable acting debut; ***die Leistung in diesem Stück war ~ schwach*** the acting in this play was weak
schau·spie·lern ['ʃauʃpi:lɐn] *vi* ❶ *(sich verstellen)* to act, to play-act
❷ THEAT to act
Schau·spiel·haus *nt* theatre [*or* AM -er], playhouse
Schau·spiel·kar·ri·e·re *f* stage career **Schau·spiel·kunst** *f kein pl* dramatic art, drama **Schau·spiel·leh·rer(in)** *m(f)* acting coach [*or* teacher] **Schau·spiel·schu·le** *f* drama school **Schau·spiel·schü·ler(in)** *m(f)* drama student **Schau·spiel·trai·ning** *nt* training **Schau·spiel·un·ter·richt** *m* drama lesson, acting class; [**bei jdm**] **~ nehmen** to take drama lessons [with sb]
Schau·stel·ler(in) <-s, -> *m(f)* showman **Schau·ta·fel** *f* chart
Scheck <-s, -s> [ʃɛk] *m* cheque BRIT, check AM; ■**ein ~ über etw** *akk* a cheque for sth; **bestätigter ~** certified cheque; **gedeckter/ungedeckter ~** covered/uncovered cheque; **gekreuzter ~** crossed cheque; **gesperrter/girierter ~** stopped/endorsed cheque; **vorausdatierter ~** post-dated cheque; [**jdm**] **einen ~** [**über etw** *akk*] **ausstellen** to write [sb] a cheque [for sth]; **mit** [**einem**] **~ bezahlen** to pay by cheque; **einen ~ einlösen** to cash a cheque; **auf den Überbringer lautender ~** cheque [payable] to bearer; **einen ~ auf ein Guthaben ziehen** to draw a cheque upon an account
Scheck·ab·kom·men *nt* FIN cheque agreement **Scheck·ab·rech·nung** *f* FIN cheque clearing **Scheck·aus·stel·ler(in)** *m(f)* drawer [*or* maker] of a cheque **Scheck·be·trug** *m* cheque fraud **Scheck·buch** *nt* chequebook **Scheck·bürg·schaft** *f* JUR cheque guarantee **Scheck·du·pli·kat** *nt* JUR duplicate cheque
Sche·cke¹ <-n, -n> ['ʃɛkə] *m* piebald
Sche·cke² <-, -n> ['ʃɛkə] *f* female piebald
Scheck·ein·lö·sung *f* FIN cashing of a/the cheque **Scheck·ein·lö·sungs·be·stä·ti·gung** *f* FIN credit slip, cheque [*or* AM check] paying-in slip **Scheck·ein·lö·sungs·ge·bühr** *f* FIN exchange collection charges
Scheck·ein·rei·chung *f* FIN presentation of a cheque **Scheck·ein·zug** *m* FIN cheque collection **Scheck·emp·fän·ger(in)** *m(f)* FIN payee of a cheque **Scheck·fäl·schung** *f* JUR cheque forgery **Scheck·ge·setz** *nt* JUR Cheques Act **Scheck·heft** *nt* chequebook
sche·ckig ['ʃɛkɪç] *adj* patched, mottled; *Gesicht* blotchy; **ein ~es Pferd** a piebald [horse]
sche·ckig|la·chen^RR *vr* ■**sich** *akk* [**über jdn/etw**] **~** *(sl)* to laugh oneself silly [*or fig* to split one's sides laughing] [over sb/sth]
Scheck·in·ha·ber(in) *m(f)* FIN bearer of a/the cheque **Scheck·in·kas·so** *nt* FIN cheque collection **Scheck·kar·te** *f* cheque card **Scheck·mahn·be·scheid** *m* JUR *default summons based on a cheque* **Scheck·neh·mer(in)** *m(f)* payee of a cheque **Scheck·num·mer** *f* cheque number **Scheck·pro·test** *m* JUR protesting a cheque **Scheck·recht** *nt* JUR law of cheques; **Scheck-, Wechsel- und Transportrecht** law on cheques, bills of exchange and transport **Scheck·rück·ga·be** *f* FIN return of unpaid cheques; **~ mangels Deckung** return of cheque for lack of funds **Scheck·sper·re** *f* FIN stop payment order **Scheck·ver·kehr** *m* FIN cheque traffic **Scheck·ver·lust** *m* cheque loss **Scheck·vor·druck** *m* cheque
scheel [ʃe:l] **I.** *adj (fam)* ❶ *(geringschätzig)* contemptuous
❷ *(missbilligend)* disapproving
❸ *(missgünstig)* malevolent
❹ *(misstrauisch)* suspicious
❺ *(neidisch)* envious, jealous
II. *adv* **jdn ~ ansehen** to eye sb [contemptuously/disapprovingly/malevolently/ suspiciously/enviously/jealously]
Schef·fel <-s, -> ['ʃɛfl] *m* scoop, bushel *old; s. a.* **Licht**
schef·feln ['ʃɛfln] *vt* ■**etw ~** to accumulate sth, to amass sth *form;* **Geld ~** to rake in money
scheib·chen·wei·se ['ʃaipçən-] *adv* ❶ *(Scheibchen für Scheibchen)* slice for slice
❷ *(nach und nach)* bit by bit
Schei·be <-, -n> ['ʃaibə] *f* ❶ *(dünnes Glasstück)* [piece of] glass; *(eckig/rechteckig)* [pane of] glass; *(Fensterscheibe)* window[pane]
❷ *(Autofenster)* [car] window; *(Windschutzscheibe)* windscreen, windshield AM
❸ KOCHK slice; **etw in ~n schneiden** to slice sth, to cut sth into slices
❹ *(kreisförmiger Gegenstand)* disc
❺ MUS *(fam: Schallplatte)* disc, record
▶WENDUNGEN: **sich** *dat* **von jdm eine ~ abschneiden können** *(fam)* to [be able to] take a leaf out of sb's book *fig,* to [be able to] learn a thing or two from sb
Schei·ben·brem·se *f* disc brake **Schei·ben·gar·di·ne** *f* net [*or* glass] curtain **Schei·ben·he·ber** *m* AUTO *(manuell)* window winder; *(elektrisch)* window switch **Schei·ben·rad** *nt* disc wheel **Schei·ben·schie·ßen** *nt* target shooting; *(als Übung)* target practice **Schei·ben·wasch·an·la·ge** *f* windscreen [*or* AM windshield] washer system
schei·ben·wei·se *adv* in slices
Schei·ben·wi·scher <-s, -> *m* windscreen wiper
Scheich <-s, -e> [ʃaiç] *m* ❶ *(arabischer Potentat)* sheikh, sheik
❷ *(fam: Typ)* bloke BRIT, guy
Scheich·tum <-[e]s, -tümer> *nt* sheikhdom [*or* sheikdom]
Schei·de <-, -n> ['ʃaidə] *f* ❶ *(Schwert-/Dolchscheide)* scabbard, sheath
❷ ANAT *(Vagina)* vagina
schei·den <schied, geschieden> ['ʃaidn̩] **I.** *vt haben* ❶ *(eine Ehe lösen)* ■**jdn ~** to divorce sb; ■**sich** *akk* [**von jdm**] **~ lassen** to get divorced [from sb]; ■**geschieden** divorced; ***wir sind geschiedene Leute*** *(fig)* it's all over between us
❷ *(rechtlich auflösen)* ■**etw ~** to dissolve sth
❸ *(trennen)* ■**etw von etw** *dat* **~** to separate sth from sth
❹ CHEM ■**etw ~** to separate [out] [*or* refine] sth
II. *vi (geh)* ❶ *sein (sich trennen)* ■**voneinander ~** to separate, to go one's separate ways
❷ *sein (aufgeben)* ■**aus etw** *dat* **~** to leave [*or sep* give up] sth; **aus einem Amt ~** to retire from a position [*or* post]; **aus einem Dienst ~** to retire from a service; *s. a.* **Leben**
III. *vr haben (verschieden sein)* ■**sich** *akk* [**an etw** *dat*] **~** to diverge [*or* divide] [at sth]; ***an diesem Punkt ~ sich die Ansichten*** opinions diverge at this point; *s. a.* **Geist, Weg**
Schei·den·aus·fluss^RR *m* MED vaginal discharge **Schei·den·krampf** *m* MED vaginismus **Schei·den·mu·schel** *f* razor clam **Schei·den·zäpf·chen** *nt* MED vaginal suppository
Schei·de·trich·ter *m* CHEM separating funnel **Schei·de·wand** *f* partition **Schei·de·was·ser** *nt* CHEM nitric acid, aqua fortis *hist* **Schei·de·weg** *m* **am ~ stehen** *(fig)* to stand at a crossroads [*or* before an important decision]
Schei·dung <-, -en> *f* divorce; **in eine ~ einwilligen** to agree to a divorce; **in ~ leben** to be separated; **die ~ einreichen** to file a petition for divorce, to start divorce proceedings
Schei·dungs·an·trag *m* JUR petition for divorce **Schei·dungs·an·walt, -an·wäl·tin** *m, f* divorce lawyer **Schei·dungs·fol·ge·sa·chen** *pl* JUR ancillary consequential matters *pl* of a divorce **Schei·dungs·grund** *m* JUR grounds *npl* for divorce; *(hum) person one is leaving one's spouse for* **Schei·dungs·kind** *nt* child from a broken home, child of divorced parents **Schei·dungs·kla·ge** *f* JUR divorce petition, petition for divorce **Schei·dungs·pro·zess^RR** *m* divorce proceedings *pl* **Schei·dungs·ra·te** *f* divorce rate **Schei·dungs·recht** *nt* divorce laws *pl* **Schei·dungs·ver·fah·ren** *nt* JUR divorce proceedings *pl*
Schein <-[e]s, -e> [ʃain] *m* ❶ *kein pl (Lichtschein)* light
❷ *kein pl (Anschein)* appearance; **sich** *akk* **vom** [**äußeren**] **~ täuschen lassen** to be blinded [*or* taken in] by [external] appearances; **der ~ spricht gegen jdn** appearances are against sb; **der ~ trügt** appearances are deceptive; **den ~ wahren** [*o* **aufrechterhalten**] to keep up appearances; **dem ~ nach** on the surface [of things]; **etw zum ~ tun** to pretend to do sth
❸ *(Banknote)* [bank]note
❹ *(fam: Teilnahmebescheinigung)* certificate [of participation]
❺ *(fam: Bescheinigung)* certificate
Schein·ar·gu·ment *nt* spurious [*or* bogus] [*or* hollow] argument
schein·bar *adj* apparent, seeming
Schein·bo·ni·tät *f kein pl* JUR, FIN sham soundness, ostensible credit standing **Schein·bu·chung** *f* JUR, FIN imputed entry, ostensible booking **Schein·ehe** *f* sham marriage
schei·nen¹ <schien, geschienen> ['ʃainən] *vi* ❶ *(leuchten)* to shine
❷ *(strahlen)* to shine
schei·nen² <schien, geschienen> ['ʃainən] *vi* ❶ *(den Anschein haben)* ■**etw zu sein ~** to appear [*or* seem] to be sth; ■**es scheint, dass/als** [**ob**] ... it appears [*or* seems] that/as if ...; ***wie es scheint, hast du recht*** it appears [*or* seems] [that] you are right
❷ *(so vorkommen)* ■**jdm ~, dass ...** to appear [*or* seem] to sb that ...; ***mir scheint, dass es heute kälter ist als gestern*** it appears [*or* seems] to me that it's colder today than it was yesterday
Schein·er·be, -er·bin *m, f* JUR presumptive heir
Schein·fir·ma *f,* **Schein·ge·sell·schaft** *f* HAN-

S

DEL bogus [*or* sham] [*or* fictitious] company [*or* firm], dummy corporation **Schein·ge·fecht** *nt* mock battle **Schein·ge·schäft** *nt* ÖKON fictitious transaction **Schein·ge·sell·schaf·ter(in)** *m(f)* HANDEL nominal partner

Schein·ge·winn *m* ÖKON paper [*or* fictitious] profit **Schein·ge·winn·be·steu·e·rung** *f* FIN taxation of fictitious profits

Schein·grund *m* pretext

schein·hei·lig [ˈʃainhailɪç] **I.** *adj* *(pej)* hypocritical, sanctimonious; *(unschuldig erscheinend)* innocent, goody-goody *fam;* ~ **tun** to play the innocent
II. *adv* *(pej)* hypocritically, sanctimoniously; *(unschuldig erscheinend)* innocently, in a goody-goody way *fam*

Schein·hei·rat *f* marriage on paper **Schein·kauf·mann, -kauf·frau** *m, f* JUR ostensible merchant **Schein-KG** *f* JUR bogus limited partnership **Schein·kla·ge** *f* JUR sham plea **Schein·lö·sung** *f* apparent [*or* not a real] solution **Schein·pro·zess**[RR] *m* JUR mock trial, fictitious action **Schein·ren·di·te** *f* JUR, FIN non-existent earnings *pl,* sham [*or* bogus] yield **Schein·schwan·ger·schaft** *f* phantom [*or* false] pregnancy

Schein·selb·stän·di·ge(r) *f(m)* *dekl wie adj* falsely designated self-employed person

Schein·selb·stän·dig·keit [ˈʃainzɛlpʃtɛndɪxkait] *f* ÖKON dependent contracting *(describes the situation of a worker who, though not an employee of a company, is in a position of economic dependence on, and under an obligation to perform duties for, that company)* **Schein·sitz** *m* JUR non-existent base, sham domicile **Schein·tat·be·stand** *m* JUR ostensible facts *pl* **Schein·tod** *m* MED apparent death **schein·tot** *adj* apparently [*or* seemingly] dead; **sich** *akk* ~ **stellen** to pretend to be dead ▸WENDUNGEN: **der ist doch schon** ~ *(pej)* he has one foot in the grave

scheint's *adv* SÜDD, SCHWEIZ *(anscheinend)* seemingly

Schein·ur·teil *nt* JUR sham judgment

Schein·ver·hand·lung *f* ❶ JUR sham trial [*or* proceedings] *pl*
❷ ÖKON bogus [*or* fictitious] [*or* sham] transaction

Schein·ver·kauf *m* JUR, ÖKON fictitious [*or* sham] [*or* pro forma] sale **Schein·welt** *f* make-believe [*or* fairy-tale] [*or* unreal] world

Schein·wer·fer *m* ❶ *(Strahler)* spotlight; *(Licht zum Suchen)* searchlight ❷ AUTO headlight; **die** ~ **aufblenden** to turn the headlights on full [*or* AM high beam]; **die** ~ **kurz aufblenden** to flash one's headlights; **aufgeblendete** ~ full headlights BRIT, high beams AM; **die** ~ **abblenden** to dip one's headlights BRIT, to click on one's low beams AM **Schein·wer·fer·ein·stel·lung** *f* AUTO headlight beam setting

Schein·wer·fer·licht *nt* spotlight; ***der Zaun war in helles*** ~ ***getaucht*** the fence was lit by bright spotlights
▸WENDUNGEN: **im** ~ [**der Öffentlichkeit**] **stehen** to be in the public eye, to have the spotlight on one *fig,* to be under public scrutiny

Schein·wer·fer·wasch·an·la·ge *f* AUTO headlights washer [system]

Schein·wert *m* ÖKON apparent value, fictitious value **Schein·wi·der·stand** *m* ELEK impedance **Schein·zu·sam·men·schluss**[RR] *m* HANDEL bogus merger

Scheiß <-> [ʃais] *m* *kein pl* *(sl)* ❶ *(Quatsch)* crap *fam!,* garbage *fam,* rubbish; ***he, was soll der*** ~**!** hey, what [the bloody *fam* [*or* *vulg* fucking] hell] are you doing!; ***lass doch den*** ~ [bloody well] stop it *fam,* stop farting [*or* *vulg* fucking] around; ~ **machen** to make a complete mess [*or* pig's ear] [*or* cock-up] of things; **mach/macht keinen** ~**!** stop farting around! *vulg,* don't be so bloody *fam* [*or* *vulg* fucking] stupid!, *fam* don't be such a bloody fool/bloody fools [*or* *vulg* a fucking idiot/fucking idiots]!
❷ *(Fluchwort)* **so ein** ~**!** shit! *fam,* bloody *fam* [*or* *vulg* fucking] hell!

Scheiß·dreck *m* *(sl)* *(Mist)* crap *fam!,* garbage *fam,* rubbish
▸WENDUNGEN: ~**!** shit! *fam,* damn! *fam,* bugger! BRIT *vulg,* fuck [it]! *vulg,* fucking hell! *vulg;* **jdn einen** ~ **angehen** to be none of sb's [damn [*or* *fam* bloody] [*or* *vulg* fucking]] business; **sich** *akk* **einen** ~ **um jdn/etw kümmern** to not give a shit about sb/sth *fam!;* **einen** ~ **tun** to do fuck all [*or* sweet f. all] [*or* bugger all] BRIT *vulg;* **wegen jedem** ~ for every little thing

schei·ße [ˈʃaisə] *adv* *(sl)* fucking *vulg,* bloody BRIT *fam!,* way AM *sl;* ***die Musik war*** ~ ***laut*** the musik was fucking loud

Schei·ße <-> [ˈʃaisə] *f* *kein pl* ❶ *(fam!: Darminhalt)* shit *fam!*
❷ *(sl: Mist)* ~**!** shit! *fam,* damn! *fam,* bugger! BRIT *vulg,* fuck [it]! *vulg,* fucking hell! *vulg;* ~ **reden** to talk rubbish [*or* *fam!* shit] [*or* AM *fam* garbage], to talk a load of crap *fam!;* ***verdammte*** ~**!** *(sl)* damn it! *fam,* shit! *fam!,* bloody BRIT *fam!* [*or* *vulg* fucking] hell!; ~ **sein** *(sl)* to be [complete] garbage *fam* [*or* *fam!* crap], to be a load of crap *fam!;* ~ **sein, dass ...** it's a [great] pity [*or* *fam* pain] [that] ...; ~ **verbrechen/bauen** to make a [complete] mess [*or* *fam* cock-up] [of sth]
▸WENDUNGEN: **aus** ~ **Bonbons machen** *(hum sl)* to make a silk purse out of a sow's ear; **in der** ~ **sitzen** *(sl)* to be in the shit *fam!,* to be up to one's eyes [*or* neck] in it *fam*

scheiß·egal [ˈʃaisʔeˈgaːl] *adj* *(sl)* ■**jdm ist es** ~ sb couldn't give a damn *fam* [*or* *fam!* a shit]; ■**es ist** ~**, ob/wann/was/wie ...** it does not matter a damn *fam* [*or* at all] if/when/what/how ...

schei·ßen <schiss, geschissen> [ˈʃaisn̩] **I.** *vi* ❶ *(vulg)* to shit *vulg,* to have [*or* take] a shit *fam!*
❷ *(sl: verzichten können)* ■**auf jdn/etw** ~ to not give a damn *fam* [*or* *fam!* shit] about sb/sth
II. *vr* *(vulg)* **sich** *dat* [**vor Angst**] **in die Hosen** ~ to shit oneself *vulg,* to have [*or* get] the shits *vulg*

Schei·ßer(in) <-s, -> *m(f)* *(fam!)* shit *sl,* arsehole BRIT *vulg,* asshole AM *vulg,* bastard *fam!*

scheiß·freund·lich [ˈʃaisˈfrɔyntlɪç] *adj* *(sl)* ■~ [**zu jdm**] **sein** to be as nice [*or* sweet] as pie to sb *pej* **Scheiß·haus** *nt* *(vulg)* bog BRIT *sl,* john AM *sl;* **auf dem** ~ **sitzen** to sit in the bog **Scheiß·kerl** *m* *(pej derb)*, **Scheiß·typ** <-s, -en> *m* *(pej derb)* wanker BRIT *fam!,* asshole AM *vulg*

Scheit <-[e]s, -e *o* ÖSTERR, SCHWEIZ -er> [ʃait] *m* log [of wood]

Schei·tan <-s> [ʃaiˈtaːn] *m* *kein pl* REL Shaitan

Schei·tel <-s, -> [ˈʃaitl̩] *m* ❶ *(Teilung der Frisur)* parting; **jdm einen** ~ **machen** [*o* **ziehen**] to give sb a parting
❷ ASTRON *(Zenit)* zenith, apex
❸ MATH *(Schnittpunkt eines Winkels)* vertex
▸WENDUNGEN: **vom** ~ **bis zur Sohle** from head to foot [*or* toe]

Schei·tel·hö·he *f* MATH angular point

schei·teln [ˈʃaitl̩n] *vt* ■**etw** ~ to part sth; ■**jdm das Haar** ~ to give sb a parting; ■**gescheitelt** parted

Schei·tel·punkt *m* ❶ *(höchster Punkt)* highest point, vertex *form*
❷ *(Zenit)* highest point, zenith *form*

Schei·ter·hau·fen *m* pyre; *(für zum Tode Verurteilte)* stake; **auf dem** ~ **sterben** to die [*or* be burnt] at the stake

schei·tern [ˈʃaitɐn] *vi* *sein* ■[**an jdm/etw**] ~ to fail [*or* be unsuccessful] [because of sb/sth]; ■**etw scheitert an etw** *dat* sth flounders [*or* runs aground] on sth *fig;* **kläglich** ~ to fail miserably

Schei·tern <-s> [ˈʃaitɐn] *nt* *kein pl* failure; **das** ~ **der Verhandlungen** the breakdown of the talks [*or* negotiations]; **etw zum** ~ **bringen** to thwart [*or* frustrate] [*or* *form* foil] sth; **zum** ~ **verurteilt sein** to be doomed [to failure]

Scheit·holz *nt* firewood

Schel·lack <-[e]s, -e> [ˈʃɛlak] *m* shellac

Schel·le <-, -n> [ˈʃɛlə] *f* ❶ *(Rohrschelle)* clamp
❷ DIAL *(Türklingel)* [door]bell

schel·len [ˈʃɛlən] **I.** *vi* *(klingeln)* ■[**bei jdm**] ~ to ring sb's [*or* the] bell
II. *vi impers* to ring; ***es hat geschellt*** the bell's rung, the doorbell's gone

Schel·len [ˈʃɛlən] *pl* KARTEN *(bayerische Spielkartenfarbe, entspricht Karo)* diamonds *pl*

Schel·len·baum *m* MUS bell tree, Turkish [*or* Chinese] crescent, Jingling John[ny]

Schell·en·te *f* ORN goldeneye **Schell·fisch** *m* haddock

Schelm <-[e]s, -e> [ʃɛlm] *m* ❶ *(Schalk)* rascal
❷ SCHWEIZ *(veraltend: Dieb)* thief

Schel·men·ro·man *m* LIT picaresque novel

schel·misch *adj* ❶ *(schalkhaft)* mischievous, wicked
❷ *(unartig)* naughty

Schel·te <-, -n> [ˈʃɛltə] *f* ❶ *(Schimpfe)* reprimand *form,* trouble, telling-off, ticking-off *fam;* **von jdm** ~ **bekommen** to get into trouble with sb [*or* a telling-off from sb]
❷ *(massive Kritik)* tongue-lashing *with art,* reprimand *with art form*

schel·ten <schilt, schalt, gescholten> [ˈʃɛltn̩] **I.** *vt* *(veraltend)* ❶ *(schimpfen)* ■**jdn** [**für** [*o* **wegen**] **etw**] ~ to scold sb *dated* [*or* *form* reprimand sb] [for sth/doing sth], to tell sb off [for sth/doing sth], to give sb a dressing-down *fam;* *(ewig schimpfen)* to nag [at] sb [for sth/doing sth]
❷ *(pej: nennen)* ■**jdn etw** ~ to call sb sth
II. *vi* *(veraltend: schimpfen)* ■**mit jdm** ~ to scold sb *dated,* to tell sb off, to reprimand sb *form,* to give sb a dressing-down *fam;* *(ewig schimpfen)* to nag [at] sb

Sche·ma <-s, -ta *o* Schemen> [ˈʃeːma, *pl* ˈʃeːmata, ˈʃeːmən] *nt* ❶ *(gedankliches Konzept)* scheme, concept; **nach einem** ~ according to a scheme [*or* concept]; **nach einem festen** ~ **vorgehen** to work according to [*or* to follow] a fixed scheme [*or* concept]; **in kein** ~ **passen** to not fit into a mould
❷ *(schematische Darstellung)* chart/diagram/plan
▸WENDUNGEN: **nach** ~ **F** *(fam)* ***in Behörden läuft alles nach*** ~ ***F*** in the local government offices they always follow the rules and regulations

sche·ma·tisch [ʃeˈmaːtɪʃ] **I.** *adj* schematic; **ein** ~**er Abriss** a plan
II. *adv* schematically; ~ **arbeiten** to work according to a scheme [*or* plan]; **etw** ~ **bearbeiten** to process sth according to a scheme [*or* plan]; **etw** ~ **darstellen** to show sth in the form of a plan/chart/diagram, to represent sth schematically *form*

sche·ma·ti·sie·ren* [ʃematiˈziːrən] *vt* ❶ *(schematisch darstellen)* ■**etw** ~ to make a plan/chart/diagram of sth; ■**schematisiert** in the form of a plan/chart/diagram
❷ *(pej: zu stark vereinfachen)* ■**etw** ~ to [over]simplify sth

Sche·mel <-s, -> [ˈʃeːml̩] *m* stool

Sche·men[1] *pl von* **Schema**

Sche·men[2] <-s, -> *m* *(geh)* shadowy figure, shadow

sche·men·haft **I.** *adj* *(geh)* shadowy
II. *adv* *(geh)* **etw** ~ **erblicken/sehen** to make out the outline [*or* silhouette] of sth; ***die Türme der Burg hoben sich gegen den nächtlichen Himmel nur*** ~ ***ab*** the towers of the castle rose shadowy against the night sky

Schen·ge·ner Ab·kom·men [ˈʃɛŋənɐ] *nt* *kein pl* Schengen Agreement

Schen·ke <-, -n> [ˈʃɛŋkə] *f* pub; *(Gastwirtschaft auf dem Land)* inn

Schen·kel <-s, -> [ˈʃɛŋkl̩] *m* ❶ *(Oberschenkel)* thigh; **einem Pferd die** ~ **geben** to urge on a horse; **sich** *dat* **auf die** ~ **klopfen** [*o* **schlagen**] to slap one's thighs
❷ MATH side
❸ *(Griff)* arm

Schen·kel·bruch *m* broken femur *form* [*or* thigh bone]

Schen·kel·hals *m* head of the femur *form* [*or* thigh bone] **Schen·kel·hals·bruch** *m* fractured head of the femur *form,* broken [*or* fractured] hip

schen·ken [ˈʃɛŋkn̩] **I.** *vt* ❶ *(als Geschenk geben)* ■**jdm etw** [**zu etw** *dat*] ~ to give sb sth as a present [*or* gift] [for sth]; *(zu einem Anlass)* to present sb with sth [on the occasion of sth] *form;* ***den Rest von***

dem Geld schenke ich dir you can keep the rest of the money; ***ich möchte nichts geschenkt haben!*** I don't want any presents!; ***ich nehme nichts geschenkt!*** I'm not accepting any presents!; ***das ist geschenkt!*** it's a present!; ■**sich** *dat* **[gegenseitig] etw ~** to give each other sth, to exchange presents; **etw [von jdm] [zu etw** *dat*] **geschenkt bekommen** to get [*or* be given] sth [from sb] [for sth]; ***zu Weihnachen habe ich einen Ring geschenkt bekommen*** I got a ring for Christmas; ***zu Weihnachten hat sie nichts geschenkt bekommen*** she didn't get anything [*or* any presents] for Christmas; **jdm etw zum Geburtstag ~** to give sb sth for his/her birthday [*or* as a birthday present]; **sich** *dat* **etw ~ lassen** to get sth as a present [*or* gift]; **[von jdm] nichts geschenkt haben wollen** to not want any presents [*or* gifts] [from sb]
❷ *(ersparen)* ■**jdm etw ~** to let sb off sth; ■**jdm/sich etw ~** to spare sb/oneself sth; ■**jdm wird nichts geschenkt** sb is spared nothing; ***im Leben ist mir nichts geschenkt worden*** I've had a hard time [*or* I haven't had it easy] [in life]; **jdm eine Reststrafe ~** to spare sb the rest of their punishment/prison sentence; **[von jdm] nichts geschenkt haben wollen** to not want any preferential treatment [from sb]; ***ich möchte nichts geschenkt haben!*** I don't want any special treatment!
❸ *(geh: gewähren)* ■**jdm etw ~** to give sb sth; ***sie schenkte ihm ein Lächeln*** she favoured him with a smile; ***sie schenkte ihm einen Sohn*** *(geh)* she bore him a son; **jdm/etw Aufmerksamkeit** [*o* **Beachtung**] **~** to give sb/sth one's attention; **jdm/etw [keinen] Glauben schenken** to give [no] credence to sb/sth; **jdm/einem Tier die Freiheit ~** to set sb/an animal free; **jdm das Leben ~** to spare sb's life; **einem Kind das Leben ~** *(geh)* to give birth to a child; **jdm Liebe ~** to love sb, to give sb one's love; **jdm Vertrauen ~** to trust sb, to place one's trust in sb *form*
❹ *(geh: eingießen)* ■**etw in etw** *akk* **schenken**: ***ich habe dir Kaffee in die Tasse geschenkt*** I've poured you a cup of coffee; **Wein ins Glas ~** to serve vine
▶WENDUNGEN: **das ist geschenkt** *(fam)* don't bother; **etw ist [fast** [*o* **halb**]] **geschenkt** *(sehr billig)* sth is a real bargain; *(sehr einfach)* sth is an easy task [*or* BRIT *fam* a doddle]; **etw nicht [mal] geschenkt haben wollen** to not want to accept sth [even] as a present; ***das möchte ich nicht mal geschenkt haben!*** I wouldn't want it if it was given to me!; **geschenkt ist geschenkt!** a present is a present!; *s. a.* **Gaul**
II. *vi* to give presents [*or* gifts]; ***er schenkt gerne*** he loves to give presents
III. *vr* ❶ *(sich sparen)* ■**sich** *dat* **etw ~** to spare [*or* save] oneself sth, to give sth a miss *fam;* ***deine Komplimente kannst du dir ~!*** you can keep your compliments!; ***deine Ausreden kannst du dir ~!*** you can save your excuses!; ***sie hat sich nichts geschenkt*** she spared no pains; ***die beiden haben sich nichts geschenkt*** neither was giving anything away; *s. a.* **Mühe**
❷ *(geh: hingeben)* ■**sich** *akk* **jdm ~** *Frau* to give oneself to sb

Schen·kung <-, -en> *f* JUR donation, gift; **~ unter Auflage** gift subject to a condition; **~ unter Lebenden** gift inter vivos, lifetime gift; **~ von Todes wegen** donatio mortis causa, testamentary gift; **mittelbare ~** indirect donation

Schen·kungs·emp·fän·ger(in) *m(f)* JUR donee **Schen·kungs·steu·er** *f* capital transfer tax BRIT **Schen·kungs·ver·spre·chen** *nt* JUR promise to make a gift, executory donation **Schen·kungs·ver·trag** *m* JUR deed of gift, contract of donation **Schen·kungs·wi·der·ruf** *m* JUR revocation of a gift [*or* donation]

schep·pern [ˈʃɛpɐn] **I.** *vi* ❶ *(fam: lose Gegenstände)* to rattle, to clank
❷ *(fam: einen Autounfall geben)* ***auf der Kreuzung hat es ganz schön gescheppert*** there was an almighty bang at the crossroads
❸ DIAL *(schippern)* to sail
II. *vt* DIAL *(fam: jdn ohrfeigen)* ■**jdm eine ~** to box sb's ears, to clip sb round the ear

Scher·be <-, -n> [ˈʃɛrbə] *f* [sharp] piece [*or form* fragment]; **in ~n gehen** to smash to pieces
▶WENDUNGEN: **~n bringen Glück** *(prov)* broken glass [*or* china] is lucky

scher·beln [ˈʃɛrbl̩n] *vi* SCHWEIZ *(scheppern)* to clatter

Scher·ben·hau·fen *m* ▶WENDUNGEN: **jd steht vor einem ~** sb's life is in ruins [*or* is a shambles], sb is in a [right] mess

Sche·re <-, -n> [ˈʃeːrə] *f* ❶ *(Werkzeug)* scissors *npl,* pair *sing* of scissors
❷ ZOOL claw
❸ SPORT scissors hold

sche·ren¹ <schor, geschoren> [ˈʃeːrən] *vt* ❶ *(abrasieren)* **ein Tier ~** to shear an animal
❷ *(stutzen)* **sich** *dat* **den Bart ~ lassen** to have one's beard cropped [*or* sheared]; **jdm eine Glatze ~** to shave sb's head; **die Hecke ~** to prune [*or* trim] the hedge; **den Rasen ~** to mow the lawn

sche·ren² [ˈʃeːrən] **I.** *vr* ❶ *(sich kümmern)* ■**sich** *akk* **[um etw** *akk*] **~** to bother [about sth]; ■**sich** *akk* **nicht [um etw** *akk*] **~** to not bother [*or fam* give a damn [*or fam!* shit]] [about sth]
❷ *(fam: abhauen)* **scher dich [weg]!** get out [of here]!; **jd kann/soll sich** *akk* **zum Teufel ~** sb can go to hell *fam*
II. *vt* ■**jdn schert etw nicht** sb couldn't care less [*or* does not care at all] [*or* give a damn] about sth; ***was schert es mich, was er von mir hält!*** what the hell do I care what he thinks of me! *fam*

Sche·ren·git·ter *nt* [folding] fence; **mit einem ~ umgeben sein** to be fenced off **Sche·ren·schlei·fer(in)** <-s, -> *m(f)* knife-grinder **Sche·ren·schnitt** *m* silhouette [out of paper]

Sche·re·rei <-, -en> [ʃeːrəˈrai] *f meist pl (fam)* trouble *sing;* **[wegen einer S.** *gen*] **[mit jdm] ~en bekommen** [*o fam* **kriegen**]/**haben** to get into/be in trouble [with sb] [because of sth]

Scherf·lein <-s, -> [ˈʃɛrflain] *nt* mite; **sein ~ beitragen** [*o* **beisteuern**] *(geh)* to make one's contribution, to do one's bit

Scher·ge <-n, -n> [ˈʃɛrgə] *m (pej geh)* thug *pej,* henchman *pej*

Scher·kopf *m* ELEK head [of an electric razor]

Sche·rung <-, -en> *f* ❶ PHYS, TECH shear[ing]
❷ MATH shear

Sche·rungs·elas·ti·zi·tät *f kein pl* PHYS transverse elasticity

Scher·ver·such *m* PHYS shear test **Scher·wind** *m* sudden change of wind direction

Scherz <-es, -e> [ʃɛrts] *m* ❶ *(Spaß)* joke; **aus** [*o* **zum**] **~** as a joke, for fun, for a laugh *fam;* **im ~** as a joke, for [*or* in] fun, in jest *liter,* for a laugh *fam;* ***es war nur ein ~*** it was just a joke
❷ *pl (fam: Blödheiten)* tomfoolery *no art, no pl,* jokes *pl iron;* **einen ~ machen, ~e machen** to joke; **mach keine ~e!** *(fam)* you're joking [*or* not serious]! *fam;* **keine ~e [mit so etwas] machen** to not joke [about things like that], to not make a joke [of things like that]; **[ganz] ohne ~!** *(fam)* no kidding! *fam,* no joke! *fam;* **sich** *dat* **einen ~ [mit jdm] erlauben** to have sb on *sl,* to take sb for a ride *sl*

Scherz·ar·ti·kel *m meist pl* joke article

scher·zen [ˈʃɛrtsn̩] *vi (geh)* ■**[mit jdm] ~** to crack a joke/jokes [with sb], to tell [sb] a joke; ■**über jdn/etw ~** to joke about sb/sth; **Sie belieben zu ~!** *(geh),* **Sie ~ wohl!** you must be joking!; **mit jdm/etw ist nicht zu ~** sb/sth is not to be trifled with

Scherz·fra·ge *f* riddle

scherz·haft I. *adj (aus Spaß erfolgend)* jocular, joke *attr fam*
II. *adv* jocularly, in a jocular fashion; ***nicht böse sein, das war doch nur ~ gemeint!*** don't be angry, it was only a joke [*or* I only meant it as a joke]!

Scherz·keks *m (fam)* ❶ *(Witzemacher)* comedian
❷ *(hum: Witzbold)* [practical] joker

Scher·zo <-s, -s *o* Scherzi> [ˈskɛrtso] *nt* MUS scherzo

scheu [ʃɔy] *adj* ❶ *(menschenscheu)* shy; *(vorübergehend scheu)* bashful; **ein ~es Tier** a shy [*or* timid] animal
❷ *(schüchtern)* shy, self-conscious; **ein ~er Blick** a shy [*or* sidelong] [*or* furtive] glance; **ein ~es Wesen** a shy [*or* self-conscious] creature; *s. a.* **Pferd**

Scheu <-> [ʃɔy] *f kein pl* shyness *no pl; (vorübergehend)* bashfulness; **ohne jede ~** without holding back [*or* [any] inhibitions]; **sich** *akk* **jdm ohne jede ~ anvertrauen** to confide in sb unreservedly, to open one's heart to sb

scheu·chen [ˈʃɔyçn̩] *vt* ❶ *(treiben)* **Rindvieh/Pferde/Schafe ~** to drive cattle/horses/sheep; **das Vieh aus dem Stall/von der Weide ~** to shoo the cattle out of the shed/off the pasture
❷ *(fam: jagen)* ■**jdn ~** to chase sb; **jdn aus dem Bett ~** to chase sb out of bed

scheu·en [ˈʃɔyən] **I.** *vt* ■**[etw] ~** to fight shy [of sth] BRIT, to shrink [from sth]; **keine Unannehmlichkeiten ~** to spare no trouble; *s. a.* **Mühe**
II. *vr* ■**sich** *akk* **[vor etw** *dat*] **~** to fight shy [of sth] BRIT, to shrink [from sth]; ■**sich** *akk* **[davor] ~[, etw zu tun]** to fight shy [of doing sth] BRIT, to shrink [from doing sth], to not want to [do sth]
III. *vi* ■**[vor etw** *dat*] **~** to shy [at sth]

Scheu·er <-, -n> [ˈʃɔyɐ] *f* barn

Scheu·er·bürs·te *f* scrubbing brush **Scheu·er·fes·tig·keit** *f (Farbe)* abrasion resistance **Scheu·er·lap·pen** *m* floorcloth

Scheu·er·leis·te *f* ❶ *(Fußleiste)* skirting board BRIT, baseboard AM
❷ NAUT rubbing strake

scheu·er·mann·sche Krank·heit <-n -> *f kein pl* MED Scheuermann's disease

Scheu·er·mit·tel *nt* scouring agent

scheu·ern [ˈʃɔyɐn] **I.** *vt* ■**etw ~** ❶ *(sauber reiben)* to scour sth, to scrub sth; **etw blank ~** to scour [*or* scrub] sth clean
❷ *(reiben)* to scour [*or* scrub] [*or* rub] sth; **etw aus einer Pfanne/einem Topf ~** to get [*or* clean] sth out of a pan/saucepan
▶WENDUNGEN: **[von jdm] eine gescheuert bekommen** [*o* **kriegen**] *(sl)* to get a clout [round the ears] [from sb] BRIT *fam,* to get hit [up alongside the head AM]; **jdm eine ~** *(sl)* to give sb a clout [round the ears] BRIT *fam,* to hit somebody [up alongside the head AM]
II. *vi* to rub, to chafe
III. *vr* ■**sich** *akk* **an etw** *dat* **~** to rub one's sth; **sich** *akk* **an etw** *dat* **wund ~** to rub one's sth raw; *s. a.* **wund**

Scheu·klap·pe *f* blinkers *pl* BRIT, blinders *pl* AM
▶WENDUNGEN: **~n aufhaben** [*o* **tragen**] to have a blinkered attitude BRIT, to have a closed mind

Scheu·ne <-, -n> [ˈʃɔynə] *f* barn

Scheu·nen·bo·den *m* floor of a barn **Scheu·nen·dach** *nt* roof of a barn, barn roof **Scheu·nen·dre·scher** <-s, -> *m* **wie ein ~ essen** *(fam)* to eat like a horse BRIT *fig,* to be a bottomless pit *fig* **Scheu·nen·tor** *nt* barn door

Scheu·sal <-s, -e> [ˈʃɔyzaːl] *nt* beast, monster

scheuß·lich [ˈʃɔyslɪç] **I.** *adj* ❶ *(abstoßend)* repulsive
❷ *(ekelhaft)* disgusting, revolting
❸ *(fam)* dreadful, awful, terrible
II. *adv* ❶ *(widerlich)* in a disgusting [*or* revolting] manner [*or* way]; **~ riechen/schmecken** to smell/taste disgusting [*or* revolting]
❷ *(gemein)* **jdn ~ behandeln** to treat sb appallingly [*or* cruelly]; **sich** *akk* **~ benehmen** [*o* **verhalten**] to behave disgracefully
❸ *(fam)* dreadfully, terribly; **sich** *akk* **~ erbrechen** to be dreadfully [*or* awfully] [*or* horribly] [*or* terribly] sick; **~ wehtun/schmerzen** to hurt/ache dreadfully [*or* awfully] [*or* horribly]

Scheuß·lich·keit <-, -en> *f* ❶ *kein pl (Abscheulichkeit)* dreadfulness *no pl; Gewalttat* barbarity, hideousness *no pl*
❷ *(abscheuliche Tat)* barbarity, monstrosity
❸ *(grausame Tat)* atrocity

Schi <-s, -er *o* -> [ʃiː, *pl* ˈʃiːɐ] *m s.* **Ski**

Schicht¹ <-, -en> [ʃɪçt] *f* ❶ *(aufgetragene Lage)* lay-

S

er; **eine ~ Farbe/Lack** a coat of paint/varnish; *(eine dünne Lage)* film
❷ *(eine von mehreren Lagen)* layer
❸ ARCHÄOL, GEOL stratum, layer
❹ *(Gesellschaftsschicht)* class, stratum; **die herrschende ~** the ruling classes; **alle ~en der Bevölkerung** all levels of society

Schicht² <-, -en> [ʃɪçt] *f* shift; **~ arbeiten** to do shift work; **die ~ wechseln** to change shifts

Schicht·ar·beit *f kein pl* shift work *no pl* **Schicht·ar·bei·ter(in)** *m(f)* shift worker **Schicht·ar·beits·plan** *m* shift-work plan; **flexibler ~** flexible shift working

schich·ten [ˈʃɪçtn̩] *vt* ■**etw [auf etw** *akk*] ~ to stack [*or* pile] [up *sep*] sth [on/on top of sth]; **etw zu einem Stapel ~** to stack [*or* pile] sth up

schich·ten·wei·se *adv* in shifts

Schicht·flä·che *f* stratification [*or* bedding] [*or* deposition] plane **Schicht·press·stoff**^RR *m* TECH laminate **Schicht·sei·te** *f (Film)* emulsion side **Schicht·wech·sel** [-vɛksl] *m* change of shift **schicht·wei·se** *adv inv* ❶ *(in Schichten, Schicht bei Schicht)* in layers, layer upon layer ❷ *(Gruppe für Gruppe) s.* **schichtenweise** **Schicht·zu·la·ge** *f* ÖKON shift premium

schick [ʃɪk] **I.** *adj* ❶ *(modisch elegant)* chic, fashionable, stylish, trendy *fam; (gepflegt)* smart; ***du bist heute wieder so*** ~ you look very smart again today
❷ *(fam)* super, fabulous, terrific *fam*, cool *sl*, wicked *sl*
II. *adv (modisch elegant)* fashionably, stylishly; *(gepflegt)* smartly

Schick <-s> [ʃɪk] *m kein pl* style; **~ haben** to have style, to be chic

schi·cken [ˈʃɪkn̩] **I.** *vt* ❶ *(senden)* ■**[jdm] etw ~** to send [sb] sth; ÖKON to dispatch [*or* despatch] sth [to sb]; **etw mit der Post ~** to send sth by post [*or* AM mail], to post [*or* AM mail] sth; ■**etw [von jdm] geschickt bekommen** to get [*or* receive] sth from sb
❷ *(kommen/gehen lassen)* ■**jdn [zu jdm/irgendwohin] ~** to send sb [to sb/somewhere]
❸ *(zu tun heißen)* ■**jdn etw tun ~** to send sb to do sth; **jdn einkaufen ~** to send sb to the shops BRIT, to send sb shopping
II. *vi (geh)* ■**nach jdm ~** to send for sb
III. *vr* ❶ *(geziemen)* ■**etw schickt sich [für jdn]** sth befits [*or* becomes] [sb], sth is suitable [*or form* fitting] [*or* proper] [for sb]
❷ *(veraltend: anpassen)* ■**sich** *akk* **[in etw** *akk*] ~ to reconcile [*or* resign] oneself [to sth]
IV. *vr impers* ■**es schickt sich nicht [für jdn], etw zu tun** it is not right [*or* fitting] [*or* proper] [*or dated form* seemly] [for sb] to do sth

Schi·cke·ria <-> [ʃɪkəˈriːa] *f kein pl (pej)* jet set *pej*, in-crowd

Schi·cki·brau·se [ʃɪkiˈbrauzə] *f (hum fam)* bubbly *fam*, champers BRIT *fam*

Schi·cki·mi·cki <-s, -s> [ʃɪkiˈmɪki] *m (pej fam)* jet-setter, one of the in-crowd *fam*

schick·lich [ˈʃɪklɪç] *adj (veraltend geh)* seemly *dated form*, proper

Schick·sal <-s, -e> [ˈʃɪkzaːl] *nt* destiny, fate; **Ironie des ~s** irony [*or* trick] of fate; **ein hartes ~** a cruel fate; **das ~ nimmt seinen Lauf** fate takes its course; **jds ~ ist besiegelt** *(geh)* sb's fate is sealed; **sich** *akk* **in sein ~ ergeben** to be reconciled [*or* resigned] to one's fate; **jd ist vom ~ geschlagen** fate has been unkind to sb; **jdn seinem ~ überlassen** to leave sb to their fate; **etw dem ~ überlassen müssen** to leave sth to fate; **[das ist|/das nenne ich ~!** *(fam)* it's [just] fate!
►WENDUNGEN: **~ spielen** *(fam)* to pull strings, to play God

schick·sal·haft *adj* ❶ *(folgenschwer)* fateful, portentous *liter*
❷ *(unabwendbar)* fated, inevitable

Schick·sals·er·ge·ben·heit <-> *f kein pl (geh)* [feeling of] being resigned to one's fate **Schick·sals·fra·ge** *f* vital [*or* fateful] question **schick·sals·ge·beu·telt** *adj* plagued by bad luck *pred*, victimized by fate *pred*, doomed **Schick·sals·ge·mein·schaft** *f group of people who have been thrown together by fate* **Schick·sals·ge·nos·se, -ge·nos·sin** *m, f* person who shares sb's fate **Schick·sals·schlag** *m* stroke of fate; **ein harter ~** a cruel stroke of fate

Schick·schuld *f* JUR debt to be discharged by remittance

Schie·be·dach *nt* sunroof **Schie·be·fens·ter** *nt* sliding window **Schie·be-He·be-Dach** *nt* AUTO tilt [*or* slide] sunroof **Schie·be·ko·pie** *f* TYPO multiple plate burns *pl*

schie·ben <schob, geschoben> [ˈʃiːbn̩] **I.** *vt* ❶ *(vorwärtsrollen)* ■**etw [irgendwohin] ~** to push sth [somewhere]; ***er schob den Einkaufswagen durch den Supermarkt*** he wheeled the shopping trolley through the supermarket
❷ *(rücken)* ■**jdn/etw ~** to push [*or fam* shove] sb/sth; ***lass uns den Schrank in die Ecke*** ~ let's shift the cupboard into the corner
❸ *(antreiben)* ■**jdn ~** to push sb
❹ *(stecken)* ■**etw irgendwohin ~** to put [*or* push] [*or fam* stick] sth somewhere; **sich** *dat* **etw in den Mund ~** to put [*or fam* stick] sth in one's mouth; **die Pizza in den Ofen ~** to stick [*or* shove] the pizza into the oven *fam*
❺ *(zuweisen)* ■**etw auf jdn ~** to lay [*or* put] [*or* place] sth on sb; **die Schuld auf jdn ~** to lay the blame on sb [*or* at sb's door]; **die Verantwortung auf jdn ~** to place [*or* put] the responsibility on sb['s shoulders]; ■**etw auf etw** *akk* ~ to put sth down to sth, to blame sth for sth; ***sie schob ihre Müdigkeit aufs Wetter*** she put her tiredness down to the weather
❻ *(abweisen)* ■**etw von sich** *dat* ~ to reject sth; **den Verdacht von sich** *dat* ~ to not accept the blame; **die Schuld/Verantwortung von sich** *dat* ~ to refuse to take the blame/[the] responsibility
❼ *(sl)* ■**etw ~** to do sth *fam*; **Kohldampf ~** to be starving *fig*; **eine ruhige Kugel ~** to take it easy; **eine Nummer ~** to get laid *sl*; **Rauschgift ~** to traffic in drugs; **eine Schicht ~** to work a shift; **Wache ~** to be on sentry duty [*or* guard]
II. *vi* ❶ *(vorwärtsrollen)* to push
❷ *(fam: unlautere Geschäfte machen)* **mit Zigaretten/Drogen ~** to traffic cigarettes/drugs
III. *vr* ❶ *(sich vorwärtsbewegen)* ■**sich** *akk* **irgendwohin ~** to push [*or* force] [*or* elbow] one's way somewhere
❷ *(sich drängen)* ■**sich** *akk* ~ to shove one's way; **sich** *akk* **nach vorn ~** to shove one's way to the front

Schie·ber <-s, -> [ˈʃiːbɐ] *m* ❶ *(Absperrvorrichtung)* bolt; *(an einer Rohrleitung)* slide valve
❷ DIAL *(Bettpfanne)* bedpan
❸ *(veraltend: Tanz)* **einen ~ tanzen** to dance a shuffle

Schie·ber(in) <-s, -> [ˈʃiːbɐ] *m(f) (Schwarzhändler)* black marketeer; *(illegaler Waffenhändler)* gunrunner; *(Drogenhändler)* [drug] pusher

Schie·be·reg·ler *m* TECH slide switch [*or* control] **Schie·ber·müt·ze** *f large, soft-peaked cap* **Schie·be·tür** *f* sliding door **Schie·be·tü·ren·schrank** *m* sliding-door cupboard

Schieb·leh·re <-, -n> *f* TECH slide gauge

Schie·bung <-> *f kein pl (pej)* ❶ *(Begünstigung)* pulling strings
❷ *(unehrliches Geschäft)* shady deal, fixing
❸ POL rigging; ***bei der Wahl war ~ im Spiel*** the election was rigged
❹ SPORT fixing; **~!** fixed!

schiech [ʃiːç] *adj* ÖSTERR, SÜDD ❶ *(hässlich, abscheulich)* ugly, revolting
❷ *(zornig, wütend)* angry, furious

schied [ʃiːt] *imp von* **scheiden**

Schieds·ab·re·de *f* JUR arbitration [*or* arbitral] clause **Schieds·aus·schuss**^RR *m* HANDEL arbitration committee [*or* panel] **Schieds·fä·hig·keit** *f kein pl* JUR right to arbitration **Schieds·ge·richt** *nt* ❶ JUR arbitration tribunal [*or* panel] ❷ SPORT *highest authority which can rule on a point of dispute*

schieds·ge·richt·lich **I.** *adj inv* JUR arbitral, by arbitration *pred*
II. *adv* **etw ~ entscheiden** to decide sth by arbitration

Schieds·ge·richts·bar·keit *f* JUR arbitration, arbitral jurisdiction; **internationale ~** international arbitration **schieds·ge·richts·fä·hig** *adj inv* JUR arbitrable **Schieds·ge·richts·hof** *m* JUR court of arbitration **Schieds·ge·richts·klau·sel** *f* JUR arbitration clause **Schieds·ge·richts·ver·ein·ba·rung** *f* JUR arbitration agreement **Schieds·ge·richts·ver·fah·ren** *nt* JUR arbitration [*or* arbitral] proceedings *pl* **Schieds·ge·richts·ver·trag** *m* JUR arbitration agreement

Schieds·gut·ach·ten *nt* JUR arbitrator's award **Schieds·kom·mis·si·on** *f* HANDEL arbitration committee **Schieds·mann, -frau** <-[e]s, -leute> *m, f* arbitrator **Schieds·ord·nung** *f* arbitration statutes *pl*

Schieds·rich·ter(in) *m(f)* ❶ SPORT referee; *(bei Tennis, Baseball, Federball)* umpire
❷ JUR arbitrator

schieds·rich·ter·lich **I.** *adj inv* ❶ JUR arbitral, arbitrational; **~es Verfahren** arbitration proceedings *pl*
❷ SPORT umpiring
II. *adv* **einen Fall ~ entscheiden** JUR to arbitrate a case

Schieds·sa·che *f* JUR arbitration matter **Schieds·spruch** *m* JUR arbitrator's award, arbitration; **einen ~ fällen/aufheben** to pronounce [*or* render]/set aside an award; **einen ~ für nichtig erklären** to annul an award; **sich** *akk* **einem ~ unterwerfen** to submit to arbitration; **einen ~ gegen eine Partei geltend machen** to invoke an award against a party **Schieds·stel·le** *f* arbitration [*or* arbitrative] board **Schieds·tä·tig·keit** *f* arbitration service **Schieds·ver·ein·ba·rung** *f* arbitration agreement **Schieds·ver·fah·ren** *nt* arbitration proceedings *pl*, arbitral procedure **Schieds·ver·gleich** *m* JUR settlement in arbitration proceedings **Schieds·ver·trag** *m* JUR arbitration agreement

schief [ʃiːf] **I.** *adj* ❶ *(schräg)* crooked, not straight *pred*, lopsided *fam*; **~e Absätze** worn[-down] heels; **ein ~er Baumstamm** a leaning tree trunk; *s. a.* **Bahn, Ebene, Turm**
❷ *(entstellt)* distorted; **ein völlig ~es Bild von etw** *dat* **haben** to have a wholly false impression of sth; **eine ~e Darstellung** a distorted account; **ein ~er Eindruck** a false impression; *s. a.* **Vergleich**
❸ *(fig: scheel)* wry; **jdm einen ~en Blick zuwerfen** to look askance at sb; **sich** *akk* **in einer ~en Lage befinden** to find oneself in an awkward position
II. *adv* ❶ *(schräg)* crooked, not straight, lopsided; **etw ~ aufhaben/aufsetzen** to not have/put sth on straight, to have/put sth on crooked; **etw ~ halten** to not hold sth straight, to hold sth crooked; **den Kopf ~ halten** to have one's head cocked to one side; **etw ~ hinstellen** to put sth at an awkward angle; **die Absätze ~ laufen** to wear one's heels down on one side; **etw ~ treten** to wear sth down on one side; **~ wachsen** to grow crooked, to not grow straight
❷ *(fig: scheel)* wryly; **jdn ~ ansehen** to look askance at sb

Schie·fer <-s, -> [ˈʃiːfɐ] *m* slate

Schie·fer·dach *nt* slate roof **Schie·fer·fas·sa·de** *f* slate front [*or form* facade] **Schie·fer·ta·fel** *f* slate

schief|ge·hen *vi irreg sein (fam)* to go wrong, to misfire, to come to grief *fam* ►WENDUNGEN: **[es] wird schon ~!** *(iron)* it'll be [*or* turn out] OK! *fam* **schief|ge·wi·ckelt** *adj (fig fam)* ■**~ sein** to be seriously [*or* very much] mistaken **schief|la·chen** *vr (fam)* ■**sich** *akk* ~ to crack up *fam*, to laugh one's head off *fam* **Schief·la·ge** *f (fig)* disturbing situation **schief|lau·fen** *vi irreg sein (fig fam)* to go wrong **schief|lie·gen** *vi irreg (fig fam)* to be on the wrong track [*or* wide of the mark] [*or fam* barking up the wrong tree] **schief·win·ke·lig, schief·wink·lig** *adj* MATH oblique-angled; **~es Dreieck** scalene

[triangle]

schie·len [ˈʃiːlən] *vi* ① MED to squint, to be cross-eyed ② *(haben wollen)* ■ **auf etw** *akk* ~ to look at sth out of the corner of one's eye; ■ **nach etw** *dat* ~ to steal a glance at sth; *(fig)* to have one's eye on sth ③ *(verstohlen schauen)* ■ **zu jdm rüber~** to glance across at sb [*or* to look at sb] out of the corner of one's eye; **durchs Schlüsselloch** ~ to peek through the keyhole ④ *(im Blick haben)* ■ **auf etw** *akk* ~ to have sth in one's sights, to have one's eye on sth

Schie·len <-s> [ˈʃiːlən] *nt kein pl* squint[ing], strabismus *spec*

schie·lend *adj inv* squinting, cross-eyed, strabismal *spec*

Schie·ler(in) <-s, -> *m(f)* squinter

Schiel·trai·ning *nt* squint training

schien [ʃiːn] *imp von* **scheinen**

Schien·bein [ˈʃiːnbain] *nt* shin bone, tibia *spec;* **jdm gegen** [*o* **vor**] **das ~ treten** to kick sb in the shin

Schie·ne <-, -n> [ˈʃiːnə] *f* ① BAHN, TRANSP rail *usu pl;* ***bitte die ~ nicht überqueren*** please do not cross the rails [*or* railway lines]; ■ **die ~** the railway; **aus den ~n springen** to come off the rails *a. fig* ② TECH *(Führungsschiene)* rail, runner; *Backofen* shelf ③ MED splint ④ *(Stoßkante)* runner ⑤ *(fam)* [line of] approach; ***ich bin beruflich so eingespannt, dass auf der privaten ~ wenig läuft*** I'm so busy with my job that I don't have much [of a] private life ⑥ *(Verbindung)* contact ⑦ *(Hauptübertragungsleitung)* main transmission line; *(Sammelschiene)* busbar ⑧ TECH fishplate; *(in der Weberei)* lease rod

schie·nen [ˈʃiːnən] *vt* MED ■ **etw** ~ to splint sth, to put sth in a splint/splints

Schie·nen·an·bin·dung *f* rail link **Schie·nen·aus·bau** *m kein pl* BAHN extension of a/the railway **Schie·nen·bahn** *f* track railway [*or* AM railroad] **Schie·nen·bus** *m* rail bus [*or* car] **Schie·nen·fahr·zeug** *nt* BAHN *(geh)* track vehicle **Schie·nen·fern·ver·kehr** *m* TRANSP rail traffic **schie·nen·ge·bun·den** *adj inv, attr* rail-borne [*or* -bound]; **~er Personennahverkehr** local passenger rail traffic **schie·nen·gleich** *adj inv, attr* **~er Bahnübergang** level [*or* AM grade] crossing **Schie·nen·nah·ver·kehr** *m* local rail traffic **Schie·nen·netz** *nt* BAHN rail network **Schie·nen·räu·mer** *m* rail guard, track clearer **Schie·nen·stoß** *m* rail joint **Schie·nen·strang** *m* BAHN [railway] line, track **Schie·nen·trans·port** *m* rail transport, railage, carriage by rail

Schie·nen·ver·kehr *m kein pl* TRANSP rail traffic *no pl* **Schie·nen·ver·kehrs·pro·jekt** *nt* rail [traffic] project

Schie·nen·weg *m* **auf dem ~** by train [*or* rail]

Schie·ne-Stra·ße-Ver·kehr *m* rail-road transport [*or* traffic]

schier[1] [ʃiːɐ̯] *adj inv, attr* ① *(pur)* pure, unadulterated; *(perfekt)* perfect, flawless ② *(bloß)* sheer

schier[2] [ʃiːɐ̯] *adv* almost, well-nigh *form;* **~ unglaublich/nicht zu fassen** [almost] incredible; **~ endlos erscheinen** to seem almost an eternity; **~ unendlich dauern** to take [almost] an eternity; **~ unmöglich** [almost] impossible

Schier·ling <-s, -e> [ˈʃiːɐ̯lɪŋ] *m* BOT hemlock

Schieß·baum·wol·le *f kein pl* CHEM gun cotton, explosive [*or* exploding] cotton **Schieß·be·fehl** *m* order[s] to shoot; ■ **~ haben** to have orders to shoot

Schieß·bu·de *f* shooting gallery **Schieß·bu·den·fi·gur** *f (pej fam)* clown

Schieß·ei·sen *nt (hum sl)* gun, shooting iron AM, rod AM

schie·ßen <schoss, geschossen> [ˈʃiːsn̩] **I.** *vi* ① *haben (feuern)* ■ [**mit etw** *dat*] ~ to shoot [with sth]; ■ **auf jdn/etw ~** to shoot at sb/sth; ~ [*o* **zum S~**] **gehen** to go shooting ② *haben* FBALL ■ [**an etw** *akk*/**auf etw** *akk*/**in etw** *akk*] ~ to shoot [at/into sth]; ***daneben, genau an die Latte geschossen!*** missed, it hit the crossbar!; **aufs Tor ~** to shoot [for goal]; **neben das Tor ~** to miss the goal ③ *sein* BOT to shoot; *(zu schnell sprießen)* to bolt; *s. a.* **Höhe, Kraut** ④ *sein (fam)* to shoot, to come flying *fam;* ***das Auto kam um die Ecke geschossen*** the car came flying round the corner; **jdm durch den Kopf ~** to flash through sb's mind ⑤ *sein (spritzen)* to shoot; ***das Blut schoss aus der Wunde*** the blood shot out of the wound ▶WENDUNGEN: **wie das Hornberger S~ ausgehen** to come to nothing; [**das ist**] **zum S~** *(fam)* [that's] crazy *fam*

II. *vt haben* ① *(etw feuern)* ■ **etw ~** to shoot sth ② FBALL ■ **etw** [**irgendwohin**] ~ to shoot sth [somewhere]; **den Ball ins Netz ~** to put the ball in the net; **den Ball ins Tor ~** to score [*or* shoot] a goal; *s. a.* **Krüppel**

III. *vr* ■ **sich ~** *akk* to have a shoot-out

Schie·ße·rei <-, -en> [ʃiːsəˈrai] *f* ① *(meist pej: andauerndes Schießen)* shooting ② *(wiederholter Schusswechsel)* shooting, gunfight, shoot-out

Schieß·ge·wehr *nt (kindersprache)* rifle **Schieß·hund** *m* gun [*or* hunting] dog ▶WENDUNGEN: **wie ein ~ aufpassen** *(fam)* to be on one's toes, to keep one's eyes peeled [*or* BRIT skinned] **Schieß·platz** *m* [firing [*or* shooting] [*or* rifle]] range **Schieß·pul·ver** *nt* gunpowder **Schieß·schar·te** *f* embrasure *form,* slit **Schieß·schei·be** *f* target; **das Schwarze der ~** the bull['s eye] **Schieß·sport** *m kein pl* shooting *no art, no pl* **Schieß·stand** *m* shooting range

schieß·wü·tig [ˈʃiːsvyːtɪç] *adj (pej fam)* trigger-happy

Schiff[1] <-[e]s, -e> [ʃɪf] *nt* ① *(Wasserfahrzeug)* ship; **ab/per ~** HANDEL ex/by ship ② TYPO galley ③ DIAL *(veraltet: im Kohleherd)* boiler ▶WENDUNGEN: **klar ~ machen** *(fam: etw säubern)* to clear the decks *fam; (etw bereinigen)* to clear the air [*or* things up]; **das ~ des Staates** the ship of the state; **das ~ der Wüste** the ship of the desert

Schiff[2] <-[e]s, -e> [ʃɪf] *nt* ARCHIT *(Mittelschiff)* nave; *(Seitenschiff)* aisle; *(Querschiff)* transept

Schiffahrt[ALT] *f kein pl, getrennt: Schiff·fahrt s.* **Schifffahrt**

schiff·bar *adj* navigable

Schiff·bau *m kein pl* shipbuilding *no indef art, no pl* **Schiff·bau·er** *m s.* **Schiff(s)bauer**

Schiff·bruch *m* shipwreck; **~ erleiden** to be shipwrecked ▶WENDUNGEN: [**mit etw** *dat*] **~ erleiden** to fail

schiff·brü·chig *adj* shipwrecked; ■ **~ werden** to be shipwrecked

Schiff·brü·chi·ge(r) *f(m) dekl wie adj* shipwrecked person

Schiff·chen <-s, -> *nt* ① *dim von* **Schiff**[1] ② MODE, MIL forage cap ③ CHEM boat

schif·fen [ˈʃɪfn̩] **I.** *vi* ① *sein (veraltend: mit dem Schiff fahren)* to ship *old,* to travel by ship, to sail ② *haben (sl: urinieren)* to go for a whizz *sl,* to go for [*or* have] [*or* take] a pee [*or esp* BRIT wee], to spend a penny BRIT *fam*

II. *vi impers haben (sl: regnen)* ■ **es schifft** it's raining cats and dogs, it's bucketing [*or* BRIT chucking it] down *fam,* it's pissing with rain BRIT *fam!*

Schif·fer(in) <-s, -> [ˈʃɪfɐ] *m(f)* skipper

Schif·fer·kla·vier *nt* accordion **Schif·fer·kno·ten** *m* sailor's [*or* seaman's] knot **Schif·fer·müt·ze** *f* sailor's cap

Schiff·fahrt[RR] [ˈʃɪffaːɐ̯t] *f* shipping *no indef art, no pl*

Schiff·fahrts·ge·sell·schaft[RR] *f* shipping company **Schiff·fahrts·kon·fe·renz**[RR] *f* freight conference **Schiff·fahrts·li·nie**[RR] *f* NAUT ① *(Reederei)* shipping line ② *(Route)* shipping route **Schiff·fahrts·stra·ße**[RR] *f,* **Schiff·fahrts·weg** *m* ① *(Route)* shipping route [*or* lane] ② *(Wasserstraße)* waterway

Schiff·län·de <-, -n> [-lɛndə] *f* SCHWEIZ *(Schiffslandeplatz)* berth

Schiffs·ab·fahrts·lis·te *f* sailing list **Schiffs·agen·tur** *f* HANDEL shipping agency **Schiffs·apo·the·ke** *f* ship's pharmacy **Schiffs·arzt, -ärz·tin** *m, f* ship's doctor **Schiffs·aus·rüs·ter** *m* ① *(Reeder)* shipowner ② *(jd, der ein Schiff versorgt)* [ship['s]] chandler **Schiff(s)·bau·er(in)** <-s, -> *m(f)* shipwright, shipbuilder **Schiffs·bau·re·gis·ter** *nt* JUR ship construction register **Schiffs·be·frach·ter** *m* HANDEL charterer, freighter **Schiffs·be·frach·tung** *f* HANDEL chartering, freighting **Schiffs·be·sat·zung** *f* [ship's] crew **Schiffs·bug** *m* bow [of a ship]

Schiff·schau·kel *f* swingboat

Schiffs·eig·ner(in) *m(f) (geh)* shipowner **Schiffs·flag·ge** *f* [ship's] flag **Schiffs·fracht** *f* [ship's] freight [*or* cargo] **Schiffs·füh·rer(in)** *m(f)* NAUT skipper **Schiffs·glo·cke** *f* [ship's] bell **Schiffs·gut** *nt* cargo, freight **Schiffs·haut** *f* [ship's] hull **Schiffs·he·be·werk** *nt* canal lift **Schiffs·heck** *nt* [ship's] stern

Schiffs·hy·po·thek *f* JUR mortgage of a vessel **Schiffs·hy·po·the·ken·for·de·rung** *f* JUR ship mortgage claim **Schiffs·hy·po·the·ken·gläu·bi·ger(in)** *m(f)* JUR ship mortgagee

Schiffs·jun·ge *m* ship['s] boy **Schiffs·ka·bi·ne** *f* [ship's] cabin **Schiffs·koch, -kö·chin** *m, f* ship's cook **Schiffs·kü·che** *f* galley **Schiffs·la·dung** *f* [ship's] cargo, shipload; **die ~ deklarieren** to enter a cargo **Schiffs·lan·de·platz** *m* berth **Schiffs·la·ter·ne** *f* ship's lantern **Schiffs·mak·ler(in)** *m(f)* HANDEL shipbroker **Schiffs·mann·schaft** *f* [ship's] crew **Schiffs·mie·te** *f* HANDEL charter [money] **Schiffs·mo·tor** *m* [ship's] engine **Schiffs·pa·pie·re** *f* [ship's] papers [*or* documents] *pl* **Schiffs·raum** *m kein pl* HANDEL shipping space, ship's hold; **leerer/verfügbarer ~** waste stowage/shipping space **Schiffs·rumpf** *m* [ship's] hull **Schiffs·schrau·be** *f* ship's propeller [*or* screw] **Schiffs·tau·fe** *f* launch [of a ship] **Schiffs·un·fall** *m* NAUT shipping accident **Schiffs·ver·bin·dung** *f* [sea] communications *pl, no art* **Schiffs·ver·kehr** *m* shipping *no indef art, no pl* **Schiffs·zwie·back** *m* ship's biscuit, hard tack

Schi·is·mus <-> [ʃiˈɪsmʊs] *m kein pl* Shiism

Schi·it(in) <-en, -en> [ʃiˈiːt] *m(f)* Shiite, Shia[h]

schi·i·tisch *adj inv* Shiite

Schi·ka·ne <-, -n> [ʃiˈkaːnə] *f* ① *(kleinliche Quälerei)* harassment *no indef art;* **aus** [**reiner**] **~** [just] to harass sb ② SPORT chicane ▶WENDUNGEN: **mit allen ~n** *(fam)* with all the modern conveniences [*or* all the extras] [*or* BRIT *fam* mod cons]

schi·ka·nie·ren* [ʃikaˈniːrən] *vt* ■ **jdn** [**durch etw** *akk* [*o* **mit etw** *dat*]] ~ to harass sb [with sth/by doing sth], to mess sb about [with sth/by doing sth] BRIT *fam*

schi·ka·nös [ʃikaˈnøːs] **I.** *adj* harassing, vexatious *form;* **eine ~e Behandlung/Maßnahme** a harassing treatment/measure; **eine ~e Person** a bully

II. *adv* **jdn ~ behandeln** to bully [*or* harass] sb, to mess sb around

Schi·ko·ree[RR] <-[s]> [ˈʃɪkore, ʃikoˈreː] *m kein pl s.* **Chicorée**

Schild[1] <-[e]s, -er> [ʃɪlt, *pl* ˈʃɪldɐ] *nt* ① *(Hinweisschild)* sign ② *(fam)* price tag

Schild[2] <-[e]s, -e> [ʃɪlt, *pl* ˈʃɪldə] *m* shield ▶WENDUNGEN: **jdn auf den ~ erheben** *(geh)* to make sb one's leader; **etw im ~e führen** to be up to sth; **etw gegen jdn/etw im ~e führen** to plot sth against sb/sth

Schild·bür·ger(in) *m(f) (pej)* simpleton, fool *fam* **Schild·bür·ger·streich** *m (pej)* act of stupidity, disastrously ill-advised measure

Schild·drü·se *f* thyroid [gland]

Schild·drü·sen·funk·ti·on *f* functioning of the thyroid [gland] **Schild·drü·sen·hor·mon** *nt* thyroxin **Schild·drü·sen·krebs** *m* MED thyroid cancer **Schild·drü·sen·ope·ra·ti·on** *f* thyroid operation; *(Entfernung der Schilddrüse)* thyroidectomy **Schild·drü·sen·über·funk·ti·on** *f* overactive [*or* hyperactive] thyroid [gland], hyperthyroidism *spec* **Schild·drü·sen·un·ter·funk·ti·on** *f* underactive [*or* hypoactive] thyroid [gland], hypothyroidism *spec* **Schild·drü·sen·ver·grö·ße·rung** *f* enlargement of the thyroid [gland]

Schil·der·ma·ler(in) *m(f)* sign painter

schil·dern ['ʃɪldɐn] *vt* ■[**jdm**] **etw** ~ to describe [*or liter* portray] sth [to sb]; **etw in allen Einzelheiten** ~ to give an exhaustive account of sth; **etw plastisch** ~ to describe sth vividly

Schil·de·rung <-, -en> *f* description, portrayal *liter; Ereignisse* account, description, report

Schil·der·wald *m (hum fam)* forest of signs

Schild·krö·te ['ʃɪltkrøːtə] *f* tortoise; *(Seeschildkröte)* turtle

Schild·krö·ten·fleisch *nt* turtle [meat] **Schild·krö·ten·pan·zer** *m* tortoiseshell **Schild·krö·ten·sup·pe** *f* turtle soup

Schild·laus *f* scale insect **Schild·müt·ze** *f* peaked cap **Schild·patt** <-s> *nt kein pl* tortoiseshell

Schilf <-[e]s, -e> [ʃɪlf] *nt* BOT ❶ *(Pflanze)* reed
❷ *(bewachsene Fläche)* reeds *pl*

Schilf·dach *nt* thatched roof **Schilf·gras** *nt* reed **Schilf·ma·te·ri·al** *nt* reeds *pl* **Schilf·rohr** *nt s.* Schilf

Schill <-s, -en> [ʃɪl] *m* KOCHK, ZOOL pikeperch

Schil·ler·lo·cke *f* KOCHK ❶ *(Fisch) strip of smoked belly of dogfish*
❷ *(Gebäck)* cream horn

schil·lern ['ʃɪlɐn] *vi* to shimmer; **in allen Farben** ~ to shimmer in all the colours [*or* AM -ors] of the rainbow

schil·lernd *adj* shimmering, resplendent; ~**er Charakter** a many-sided [*or* multifaceted] character; ~**e Persönlichkeit** flamboyant personality

Schil·ling <-s, -e *o bei Preisangaben* -> ['ʃɪlɪŋ] *m* schilling

schil·pen ['ʃɪlpn̩] *vi* ORN *s.* **tschilpen**

schilt [ʃɪlt] *imper sing von* **schelten**

Schi·mä·re <-, -n> [ʃi'mɛːrə] *f (geh)* [wild] fancy, flight of fancy, pipe dream, chimera *form*

Schim·mel[1] <-s> ['ʃɪml̩] *m kein pl* mould [*or* AM mold]

Schim·mel[2] <-s, -> ['ʃɪml̩] *m* ZOOL white horse, grey, AM gray

schim·me·lig ['ʃɪməlɪç] *adj s.* **schimmlig**

schim·meln ['ʃɪmln̩] *vi sein o haben* to go mouldy

Schim·mel·pilz *m* mould

Schim·mer <-s> ['ʃɪmɐ] *m kein pl* ❶ *(matter Glanz)* lustre [*or* AM -er], shimmer
❷ *(kleine Spur)* slightest trace (+*gen*/**von** +*dat* of); **ein ~ von Anstand** a scrap of decency; **ein ~ von Hoffnung** a glimmer [*or* spark] of hope; **kein ~ eines Verdachtes** not the slightest suspicion
▶WENDUNGEN: **keinen** __**blassen**__ [*o* **nicht den** __**geringsten**__] [*o* **nicht den** __**leisesten**__] ~ [**von etw** *dat*] **haben** *(fam)* to not have the faintest [*or* slightest] [*or* foggiest] idea [about sth]

schim·mern ['ʃɪmɐn] *vi* to shimmer, to gleam

schimm·lig, schim·me·lig ['ʃɪm(ə)lɪç] *adj* mouldy; ~**es Leder/Buch** mildewed leather/book

Schim·pan·se <-n, -n> [ʃɪm'panzə] *m* chimpanzee

Schimpf <-[e]s> [ʃɪmpf] *m kein pl* affront *dated form*, abuse *no indef art, no pl;* **mit ~ und Schande** *(geh)* in disgrace; **jdm einen ~ antun** *(veraltend geh)* to affront sb *dated form*

schimp·fen ['ʃɪmpfn̩] **I.** *vi* ❶ *(sich ärgerlich äußern)* ■[**auf** [*o* **über**] **jdn/etw**] ~ to grumble [about sb/sth]
❷ *(fluchen)* to [curse and] swear; **wie ein Rohrspatz** ~ to curse like a washerwoman [*or* sailor]
❸ *(ärgerlich zurechtweisen)* to grumble; ■**mit jdm** ~ to scold sb, to tell sb off, to slap sb's wrists *fig*
II. *vr (fam)* ■**sich** *akk* **etw** ~ to call oneself sth; ***die schießen jeden Ball daneben, und so was schimpft sich Nationalelf!*** they couldn't score in a brothel *fam!* and they call themselves the national team!; **sich** *akk* **selbst einen Esel** ~ to call oneself an ass

Schimpf·ka·no·na·de *f (fam)* shower [*or* stream] of abuse

schimpf·lich ['ʃɪmpflɪç] **I.** *adj (geh)* disgraceful, shameful; **eine ~e Niederlage** a humiliating [*or* ignominious] [*or* shameful] defeat
II. *adv (geh)* disgracefully, shamefully; **jdn ~ verjagen** to throw sb out in disgrace

Schimpf·na·me *m* abusive nickname **Schimpf·wort** *nt* swear word

Schin·del <-, -n> ['ʃɪndl̩] *f* shingle

Schin·del·dach *nt* shingle roof

schin·den <schindete, geschunden> ['ʃɪndn̩] **I.** *vr* ■**sich** *akk* [**mit etw** *dat*] ~ to work oneself to death [at/over sth], to slave [away] [at sth], to work like a Trojan [at sth] BRIT
II. *vt* ❶ *(grausam antreiben)* ■**jdn** ~ to work [*or* treat] sb like a slave, to work sb into the ground; **ein Tier** ~ to ill-treat an animal, to work an animal to death
❷ *(veraltet: abhäuten)* **ein Tier** ~ to flay an animal
❸ *(fam)* ■**etw** [**bei jdm**] ~ to get sth [from sb]; **einen Aufschub** ~ to get a postponement; **Applaus** [*o* **Beifall**] ~ to fish for applause; **Eindruck** ~ to play to the gallery; **Erfolg** ~ to score a spurious success; **Zeit** ~ to play for time; **bei jdm ein paar Zigaretten** ~ to cadge [*or* bum] a few cigarettes off sb

Schin·der(in) <-s, -> *m(f)* ❶ *(Ausbeuter)* slave-driver, hard taskmaster
❷ *(veraltet: Abhäuter)* knacker BRIT

Schin·de·rei <-, -en> [ʃɪndə'rai] *f* grind, hard work [*or* graft], bloody hard work [*or* graft] BRIT; **Jahre der** ~ years of slavery [*or* hard graft]

Schind·lu·der *nt* ▶WENDUNGEN: **mit jdm/etw** ~ __**treiben**__ *(fam)* to gravely abuse [*or* misuse] sb/sth

Schin·ken <-s, -> ['ʃɪŋkn̩] *m* ❶ KOCHK ham; **Prager/Schwarzwälder** ~ Prague/Black Forest ham
❷ *(pej o hum fam)* big awful painting; **ein alter** ~ *(Buch)* a big awful book; *(Film)* a dismal film

Schin·ken·bein *nt* KOCHK *s.* **Eisbein Schin·ken·speck** *m* bacon **Schin·ken·stück** *nt* KOCHK gammon piece **Schin·ken·wurst** *f* ham sausage [meat]

Schip·pe <-, -n> ['ʃɪpə] *f* ❶ *bes* NORDD *(Schaufel)* shovel
❷ KARTEN NORDD spades *npl;* ~ **König** king of spades
▶WENDUNGEN: **jdn auf die ~** __**nehmen**__ *(fam)* to pull sb's leg *fig*, to make fun of sb; **etw auf die ~** __**nehmen**__ *(fam)* to make fun of [*or* poke fun at] [*or* ridicule] sth

schip·pen ['ʃɪpn̩] *vt* NORDD ■**etw** ~ to shovel sth

schip·pern ['ʃɪpɐn] *vi sein* to sail [*or* cruise]

Schi·ri <-s, -s> ['ʃiːri] *m* SPORT *(sl)* referee, zebra *sl; baseball* umpire

Schirm <-[e]s, -e> [ʃɪrm] *m* ❶ *(Regenschirm)* umbrella, brolly BRIT *fam*
❷ *(Sonnenschirm)* sunshade; *(tragbar)* parasol
❸ *(Mützenschirm)* peak
❹ *(fam)* [TV] screen; **über den ~ gehen** *(gesendet werden)* to be shown on TV
❺ *(Lampenschirm)* lampshade
❻ BOT cap

Schirm·bild·auf·nah·me *f (fachspr)* X-ray **Schirm·herr(in)** *m(f)* patron **Schirm·herr·schaft** *f* patronage; **unter der ~ von jdm/etw** under the patronage of sb/sth **Schirm·hül·le** *f* [umbrella] cover **Schirm·müt·ze** *f* peaked cap **Schirm·pilz** *m* parasol mushroom **Schirm·stän·der** *m* umbrella stand

Schi·rok·ko <-s, -s> [ʃi'rɔko] *m* sirocco

schiss[RR], **schiß**[ALT] [ʃɪs] *imp von* **scheißen**

Schiss[RR] <-es>, **Schiß**[ALT] <-sses> [ʃɪs] *m kein pl* ~ [**vor jdm/etw**] **haben** [*o* **kriegen**] *(sl)* to be shit-scared [*or* scared shitless] [of sb/sth] *sl*

Schis·ser <-s, -> *m (derb o pej)* chickenshit *pej sl*

schi·zo·phren [ʃitso'freːn, sçitso'freːn] *adj* ❶ MED schizophrenic
❷ *(geh: absurd)* neurotic, irrational, absurd; ***das ist ~!*** that's absurd!

Schi·zo·phre·ne(r) <-n, -n> *f(m)* MED schizophrenic

Schi·zo·phre·nie <-, -n> [ʃitsofre'niː, sçitso-, *pl* -'niːən] *f pl selten* ❶ MED *(Spaltungsirresein)* schizophrenia
❷ *(pej: Widersinn)* schizophrenia *pej*, absurdity, irrationality

Schlab·ber·ho·se *f* MODE baggy trousers, baggies *fam*

schlab·be·rig ['ʃlabərɪç] *adj (fam)* ❶ *(dünn)* watery, thin; ***diese ~e Brühe nennst du Bier?*** you call this dishwater beer?
❷ *(schlaff)* loose[-fitting]

Schlab·ber·look <-s> [-lʊk] *m kein pl* MODE formless, sloppy clothes [*or* clothing]

schlab·bern ['ʃlabɐn] **I.** *vi (fam)* ❶ *(Essen aussabbern)* to dribble
❷ *(weit fallen)* to fit loosely; **eine ~de Jacke** a loose[-fitting] jacket
❸ DIAL *(pej: schwatzen)* to blether BRIT *fam*
II. *vt (fam)* ■**etw** ~ to lap sth [up]

Schlacht <-, -en> [ʃlaxt] *f* battle; **jdm eine ~ liefern** *(geh)* to join [*or* do] battle with sb *form;* **in die ~ ziehen** *(geh)* to go into battle; **die ~ bei** *dat*/**in** *dat* ... the battle of/in ...; **die ~ bei Waterloo** the Battle of Waterloo

Schlacht·bank *f* ▶WENDUNGEN: **jdn zur ~** __**führen**__ *(geh)* to lead sb like a lamb to the slaughter; *s. a.* **Lamm**

schlach·ten ['ʃlaxtn̩] **I.** *vt* ■**ein Tier** ~ to slaughter an animal; *s. a.* **Sparschwein**
II. *vi* to slaughter; ■**das S~** the slaughter

Schlach·ten·bumm·ler(in) *m(f)* SPORT *(fam)* away [*or* visiting] supporter

Schlach·ter(in) <-s, -> *m(f)* ❶ *(Metzger)* butcher *a. fig*
❷ *(Schlachthofangestellter)* slaughterer
❸ *(Fleischerladen)* butcher's [shop]

Schläch·ter(in) <-s, -> ['ʃlɛçtɐ] *m(f)* ❶ NORDD *(Schlachter)* butcher
❷ *(brutaler Mörder)* butcher

Schlach·te·rei <-, -en> [ʃlaxtə'rai] *f* butcher's [shop]

Schläch·te·rei <-, -en> [ʃlɛçtə'rai] *f* ❶ NORDD *s.* **Schlachterei**
❷ *(Metzelei)* slaughter

Schläch·te·rin *f s.* **Schlächter**

Schlacht·feld *nt* battlefield, battleground; **wie ein ~ aussehen** to look like a battlefield; ***das Zimmer sah aus wie ein ~*** the room looked as though a bomb had hit it **Schlacht·fest** <-[e], -e> *nt* KOCHK *feast following the home-slaughtering of a farm animal* **Schlacht·haus** *nt* slaughterhouse, abattoir **Schlacht·hof** *m s.* **Schlachthaus**

Schlacht·plan *m* ❶ MIL plan of battle, battle plan
❷ *(Plan für ein Vorhaben)* plan of action; **einen ~ machen** to draw up a plan of action

Schlacht·plat·te <-, -n> *f dish of freshly locally slaughtered meat accompanied with sauerkraut, potatoes or dumplings that is served in different ways in different regions* **Schlacht·rei·fe** *f kein pl* AGR slaughter age **Schlacht·ross**[RR] *nt* charger, warhorse **Schlacht·ruf** *m* HIST battle [*or* war] cry **Schlacht·schiff** *nt* battleship

Schlach·tung <-, -en> *f meist sing* slaughter[ing]

Schlacht·vieh *nt animals kept for meat production*

Schla·cke <-, -n> ['ʃlakə] *f* ❶ *(Verbrennungsrückstand aus dem Hochofen)* slag; *(aus dem Haushaltsofen)* cinders *npl*, ashes *pl*
❷ *(Ballaststoffe)* roughage
❸ NATURMED waste products
❹ GEOL scoria

schla·ckern ['ʃlakɐn] *vi* NORDD *(schlottern)* ■[**gegen etw** *akk*/**um etw** *akk*] ~ to flap [against/around sth]; ***der weite Rock schlackerte ihr um die Knie*** her wide skirt flapped loosely around her knees; *s. a.* **Ohr**

Schlaf[1] <-[e]s> [ʃlaːf] *m kein pl* sleep *no pl;* **sich** *dat* **den ~ aus den Augen reiben** to rub the sleep out of one's eyes; **jdn um den** [*o* **seinen**] **~ bringen** to keep sb awake at night; **aus dem ~ fahren** to wake

up with a start; **in einen tiefen/traumlosen ~ fallen** to fall into a deep/dreamless sleep; **keinen ~ finden** *(geh)* to be unable to sleep; **einen festen ~ haben** to sleep deeply, to be a deep sleeper; **halb im ~[e]** half asleep; **einen leichten ~ haben** to sleep lightly, to be a light sleeper; **um seinen ~ kommen** to be unable to sleep; **im tiefsten ~ liegen** to be fast [*or* sound] asleep; **versäumten ~ nachholen** to catch up on one's sleep; **im ~ reden** to talk in one's sleep; **jdm den ~ rauben** to keep sb awake; **aus dem ~ gerissen werden** to wake up suddenly, to jerk out of one's sleep; **aus dem ~ schrecken** to wake up with a start; **jdn in den ~ singen** to sing sb to sleep; **in ~ sinken** *(geh)* to fall into a deep sleep; **sich** *akk* **in den ~ weinen** to cry oneself to sleep
▸WENDUNGEN: **nicht im ~ an etw** *akk* **denken** to not dream of [doing] sth; **den ~ des Gerechten schlafen** to sleep the sleep of the just; **etw im ~ können** [*o* **beherrschen**] *(fam)* to be able to do sth in one's sleep [*or* with one hand tied behind one's back] *fig*

Schlaf² <-[e]s, Schläfe> [ʃla:f] *m (veraltet: Schläfe)* temple

Schlaf·an·zug *m* pyjamas *npl*

Schläf·chen <-s, -> ['ʃlɛ:fçən] *nt* nap, snooze, lie-down; **ein ~ machen** to have forty winks [*or* a nap] [*or* a snooze] [*or* a lie-down]

Schlaf·couch *f* sofa bed, studio couch

Schlä·fe <-, -n> ['ʃlɛ:fə] *f* temple; **graue ~n haben** to have grey [*or* AM gray] hair at the temples

schla·fen <schlief, geschlafen> ['ʃla:fn̩] **I.** *vi* ❶ *(nicht wach sein)* to sleep, to be asleep; ***bei dem Lärm kann doch kein Mensch ~!*** nobody can sleep with that noise [going on]!; ***darüber muss ich erst ~*** I'll have to sleep over that; **schlaf gut** [*o geh* **schlafen Sie wohl**] sleep well; **etw lässt jdn nicht ~** sth keeps sb awake; **ein Kind ~ legen** to put a child to bed; **~ gehen, sich** *akk* **~ legen** to go to bed; **sich** *akk* **~d stellen** to pretend to be asleep; **noch halb ~d** to still be half asleep; **gut/schlecht ~** to sleep well/badly; **fest/tief ~** to sleep deeply/soundly, to be deeply/sound asleep; **leicht ~** to sleep lightly
❷ *(zum Schlafen auf etw liegen)* **hart ~** to sleep on something hard; ***bloß keine weiche Matratze, ich schlafe lieber hart*** don't give me a soft mattress, I prefer a hard one
❸ *(nächtigen)* ■**bei jdm ~** to stay with sb, to sleep at sb's; ***du kannst jederzeit bei uns ~*** you can sleep at our place [*or* stay with us] any time; **im Freien ~** to sleep in the open [*or* outdoors]
❹ *(unaufmerksam sein)* ■**[bei** [*o* **während**] **etw]** **~** to doze [*or* to snooze] [during sth]; ***die Konkurrenz hat geschlafen*** our competitors were asleep
❺ *(euph fam: koitieren)* ■**mit jdm ~** to sleep with sb *euph; s. a.* **Hund, Murmeltier**
II. *vr* ❶ *impers (ruhen)* ■**es schläft sich gut/schlecht irgendwo** it is comfortable/not comfortable to sleep somewhere; ***auf dem neuen Sofa schläft es sich ausgesprochen gut*** you can get an excellent night's sleep on the new sofa; **sich** *akk* **gesund ~** to get better by sleeping
❷ *(fam: koitieren)* **sich** *akk* **nach oben ~** to sleep one's way up through the hierarchy [*or* to the top]

Schlä·fen·bein *nt* ANAT temporal bone

schla·fend **I.** *adj inv* sleeping
II. *adv inv* asleep; **sich** *akk* **~ stellen** to pretend to be asleep

Schla·fen·ge·hen *nt kein pl* going to bed; ***ich habe noch keine Lust zum ~*** I don't feel like going to bed yet

Schla·fens·zeit *f* bedtime, time for bed

Schlä·fer(in) <-s, -> ['ʃlɛ:fɐ] *m(f)* sleeper

Schlä·fer·zel·le *f* [terrorist] sleeper cell

schlaff [ʃlaf] **I.** *adj* ❶ *(locker fallend)* slack; **eine ~e Fahne** a drooping flag
❷ *(nicht straff)* sagging, flabby; **ein ~er Händedruck** a limp handshake
II. *adv* ❶ *(locker fallend)* slackly
❷ *(kraftlos)* feebly

Schlaff·heit <-> *f kein pl* ❶ *der Haut* looseness, slackness
❷ *der Muskulatur* flabbiness
❸ *(fig: Trägheit)* listlessness, limpness

Schlaf·fi <-s, -s> ['ʃlafi] *m (pej)* weed

Schlaf·for·schung *f* MED research into sleep

Schlaf·ge·le·gen·heit *f* bed [for the night], place to sleep

Schla·fitt·chen <-s> [ʃla'fɪtçən] *nt* ▸WENDUNGEN: **jdn am** [*o* **beim**] **~ fassen** [*o* **kriegen**] [*o* **packen**] to collar [*or* grab] [*or* nab] sb

Schlaf·krank·heit *f* sleeping sickness **Schlaf·la·bor** *nt* sleep laboratory, sleep research lab **Schlaf·lied** *nt* lullaby

schlaf·los **I.** *adj* sleepless; MED insomniac
II. *adv* sleeplessly

Schlaf·lo·sig·keit <-> *f kein pl* sleeplessness *no pl;* MED insomnia *no pl*

Schlaf·me·di·zin *f kein pl* MED ***das ist die beste ~ für mich*** that puts me to sleep immediately

Schlaf·mit·tel *nt* sleep-inducing medication; *(als Tablette)* sleeping tablet **Schlaf·müt·ze** *f* ❶ *(Kopfbedeckung)* nightcap ❷ *(fam: verschlafene Person)* sleepy head *fam,* dope *fam* **Schlaf·pe·ri·o·de** *f* period of sleep

schläf·rig ['ʃlɛ:frɪç] *adj* sleepy, drowsy; ■**~ sein** to be [*or* feel] sleepy [*or* drowsy]; ■**etw macht jdn ~** sth makes sb [feel] sleepy [*or* drowsy]

Schläf·rig·keit <-> *f kein pl* sleepiness, drowsiness

Schlaf·rock *m* ❶ MODE dressing gown ❷ KOCHK **Äpfel im ~** apples baked in [short-crust or puff] pastry; **Würstchen im ~** ≈ sausage roll **Schlaf·saal** *m* dormitory **Schlaf·sack** *m* sleeping bag **Schlaf·stadt** *f* dormitory town **Schlaf·stel·le** *f* place to sleep **Schlaf·stö·run·gen** *pl* insomnia *form,* sleeplessness, sleeping disorder; **unter ~ leiden** to suffer from insomnia **Schlaf·ta·blet·te** *f* sleeping pill **schlaf·trun·ken** **I.** *adj (geh)* [still] half asleep, drunk with sleep *liter,* sleepy **II.** *adv* sleepily **Schlaf·wa·gen** *m* sleeper, sleeping car **Schlaf·wa·gen·platz** *m* sleeper berth **schlaf·wan·deln** *vi sein o haben* to sleepwalk, to walk in one's sleep

Schlaf·wan·deln <-s> *nt kein pl* sleepwalking *no pl*

Schlaf·wand·ler(in) <-s, -> *m(f)* sleepwalker

schlaf·wand·le·risch *adj inv* somnambulistic; **mit ~er Sicherheit** with instinctive assurance

Schlaf·zim·mer *nt* ❶ *(Raum)* bedroom ❷ *(Einrichtung)* bedroom suite [*or* furniture] **Schlaf·zim·mer·blick** *m (hum fam)* come-to-bed look *fam,* bedroom eyes *pl fam* **Schlaf·zim·mer·ein·rich·tung** *f* bedroom furniture [*or* suite]

Schlag <-[e]s, Schläge> [ʃla:k, *pl* 'ʃlɛ:gə] *m* ❶ *(Hieb)* blow **(auf/gegen/in/vor** *+akk* to, on), knock **(auf** *+akk* on, **gegen/in/vor** *+akk* in), wallop **(auf/gegen/vor** *+akk* on, **in** *+akk* in), sock *fam* **(auf/gegen/vor** *+akk* on, **in** *+akk* in), clout *fam* **(auf/gegen/vor** *+akk* on, **in** *+akk* in); *(mit Faust a.)* punch **(auf** *+akk* on, **gegen/vor** *+akk* on, to, **in** *+akk* in); *(dumpfer)* thump; *(mit Handfläche)* slap, smack **(auf/gegen/vor** *+akk* on, **in** *+akk* in); *(leichter)* pat **(auf** *+akk* on); *(mit Peitsche)* lash; SPORT stroke; *(Golf a.)*shot; **jdm Schläge androhen** to threaten sb with a beating [*or fam* clobbering]; **gern Schläge austeilen** to be fond of one's fists; **[von jdm] Schläge bekommen** [*o fam* **beziehen**] [*o fam* **kriegen**] to get a beating [*or fam* clobbering] [*or* to get beaten up] [*or fam* clobbered]; **ein ~ ins Gesicht** *(a. fig)* a slap in the face *also fig;* **ein ~ unter die Gürtellinie sein** *(fig fam)* to be below the belt; **einen ~ [weg]haben** *(fig fam)* to have a screw loose *fam;* **~ mit etw** *dat* blow with sth; **~ mit der Axt** blow [*or* stroke] of the axe; **~ mit der Faust** punch/thump; **~ mit der Peitsche** lash of the whip; **~ gegen das Ohr** blow to/punch on/slap [*or* clip] on [*or* BRIT *also* round] the ear; **jdm einen ~ auf den Rücken geben** *(aufmuntern)* to pat sb [*or* give sb a pat] on the back; *(stärker)* to thump sb [*or* give sb a thump] on the back; **ein tödlicher ~** a fatal blow; **jdm Schläge verabreichen** [*o fam* **verpassen**] to give sb a beating [*or fam* clobbering]; **jdm einen ~ [auf/gegen/in/vor etw** *akk*] **versetzen** to hit [*or* strike] sb [on/in sth], to deal sb a blow [to/on sth], to wallop sb [*or* give sb a wallop] [on/in sth], to clout sb [*or* give sb a clout] [on/in/BRIT *also* round sth] *fam;* **ein ~ ins Wasser** *(fig)* a [complete] washout [*or* flop] *fam*
❷ *(Aktion)* blow **(für/gegen** *+akk* for/against); MIL *also* attack; **zum entscheidenden ~ ausholen** to make ready [*or* to prepare] for the decisive blow/attack; **ein vernichtender ~** a crushing blow; **einen vernichtenden ~ gegen jdn führen** to deal sb a crushing blow
❸ *(Geräusch)* bang **(an** *+dat* on); *(dumpfer)* thud; *(leichter)* bump; *(mit Faust)* thump **(an** *+dat* on); *(Klopfen)* knock **(an** *+dat* on)
❹ *(Rhythmus)* beating *no pl; (dumpfer a.)* thudding *no pl,* thumping *no pl; (heller a.)* knocking *no pl; eines Pendels* swinging *no pl; (einzeln)* beat; *(dumpfer a.)* thud, thump; *(heller a.)* knock; *eines Pendels* swing; *eines Kolbens, Ruders* stroke; **ein unregelmäßiger ~ des Pulses** an irregular pulse [beat]
❺ *(Töne) einer Uhr* striking *no pl; einer Glocke* ringing *no pl; (lauter)* peal, pealing *no pl; einer Trommel* beating *no pl; eines Gongs* clanging *no pl; (einzeln) einer Uhr* stroke; *einer Glocke* ring; *(lauter)* peal; *einer Trommel* beat; *eines Gongs* clang; **~ Mitternacht/acht [Uhr]** on the stroke of midnight/eight [*or* at 8 o'clock sharp]
❻ *kein pl (Gesang)* song
❼ *(Blitz)* lightning *no art, no pl,* bolt [*or* flash] of lightning; ***ein kalter/zündender ~ schlug ein*** lightning struck without causing/and caused a fire; **ein ~ ins Kontor [für jdn/etw]** *(fig fam)* a real blow [to sb/sth]
❽ *(Stromstoß)* [electric] shock; **einen ~ [an etw** *dat*] **bekommen** [*o fam* **kriegen**] to get an electric shock [through sth]
❾ *(fam: Anfall)* stroke; **einen ~ bekommen/haben** to suffer/have a stroke
❿ *(Unglück)* blow **(für** *+akk* to); **die Schläge des Lebens** life's buffetings; **ein ~ des Schicksals** a stroke of fate; **jdm einen ~ versetzen** to be [*or* come as] a blow to sb
⓫ *(Taubenstall)* [pigeon] loft, cote; *(für weiße Tauben)* [dove]cote
⓬ *(Typ)* type, kind, stamp; **vom alten ~[e]** from [*or* of] the old school; **vom gleichen ~ sein** to be made of the same stuff, to be birds of a feather
⓭ *(Rasse)* race; *eines Tiers* breed, stock
⓮ *(fam: Portion)* helping, portion; **ein ~ Eintopf/Erbsen/Kartoffeln** a portion of stew/peas/potatoes; **ein zweiter ~ Eintopf/Erbsen/Kartoffeln** a second helping of stew/peas/potatoes
⓯ *kein pl* ÖSTERR *(fam: Sahne)* whipped cream; **Kuchen mit/ohne ~** cake with/without whipped cream
⓰ FORST *(Fällen)* felling *no indef art, no pl,* clearing *no indef art, no pl; (Stelle)* felling area [*or* site]; *(abgeschlossen)* clearing; ***einige Schläge sind geplant*** there are plans to clear a number of sites
⓱ AGR field; **ein ~ Mais/Roggen/Weizen** a maize BRIT [*or* AM corn]/rye/wheat field
⓲ *(beim Segeln)* tack *spec;* **falscher/kurzer/langer ~** false/short/long tack *spec*
⓳ NAUT *(Knoten)* hitch; **halber ~** half hitch; **zwei halbe Schläge** clove hitch *sing*
⓴ MODE **eine Hose mit ~** flared trousers *npl,* flares *npl;* **etw auf ~ nähen** to flare sth
㉑ *(veraltend: Tür)* door
▸WENDUNGEN: **~ auf ~** in rapid succession; ***alles geht ~ auf ~*** everything's going [*or* happening] so fast; **~ auf ~ kommen** to come thick and fast; **auf einen ~** [*o* **mit einem ~[e]**] *(fam)* suddenly, all at once; **mit einem ~ berühmt werden** to become famous overnight; **wie vom ~ getroffen** [*o* **gerührt**] **sein** to be thunderstruck [*or fam* flabbergasted]; **jd hat bei jdm [einen] ~** *(fam)* sb is popular [*or fam* well in] [*or* BRIT *fam also* matey] with sb; **etw hat bei jdm [einen] ~** sth is popular with sb; ***dieser Wein hat keinen ~ bei mir*** this wine leaves me cold; **jdn rührt** [*o* **trifft**] **der ~** *(fam)* sb is dumbfounded [*or* thunderstruck] [*or fam* flabbergasted] [*or*

S

BRIT *fam also* gobsmacked]; ***mich trifft der ~!*** I'm lost for words!, well, blow me down [*or* I'll be blowed] [*or dated* strike me pink]! BRIT *fam;* ***ich dachte, mich trifft der ~, als ...*** I couldn't believe my eyes/ears when ...; ***mich traf fast der ~, als ...*** I nearly had a fit when ...; **der ~ soll dich treffen!** *(sl)* go to hell! *fam;* **keinen ~ tun** *(fam)* to not/never do a stroke of work [*or* lift a finger [*or* hand]]

Schlag·ab·tausch *m* ① *(Rededuell)* exchange of words, clash; **einen heftigen ~ haben** to have a sharp exchange of words, to go at it hammer and tongs BRIT ② *(beim Boxen)* exchange of blows ③ MIL conflict, combat **Schlag·ader** *f* artery **Schlag·an·fall** *m* stroke; **einen ~ haben** [*o* **erleiden**] to have [*or* suffer] a stroke **schlag·ar·tig** **I.** *adj* sudden, abrupt, swift; **eine ~e Veränderung** an abrupt change **II.** *adv* suddenly, abruptly, without warning, in the twinkling of an eye *fam;* **~ zu der Einsicht kommen, dass ...** to suddenly come to realize that ... **Schlag·ball** *m* SPORT ① *kein pl (Spiel)* ≈ rounders *+ sing vb* BRIT ② *(Ball)* ≈ rounders ball BRIT **schlag·bar** *adj* beatable; ■**nicht ~ sein** to be unbeatable **Schlag·baum** *m* barrier; **den ~ hochgehen/heruntergehen lassen** to raise/lower the barrier **Schlag·boh·rer** *m* hammer drill **Schlag·bohr·ma·schi·ne** *f* hammer drill

Schlä·gel <-s, -> [ˈʃlɛːgl] *m* ① MUS [drum]stick ② TECH mallet

schla·gen [ˈʃlaːgn̩]

I. TRANSITIVES VERB **II.** INTRANSITIVES VERB **III.** REFLEXIVES VERB

I. TRANSITIVES VERB

① <schlug, geschlagen> *haben (hauen)* ■**jdn ~** to hit [*or form* strike] sb; *(mit der Faust)* to punch sb; *(mit der flachen Hand)* to slap sb; ***sie schlug ihm das Heft um die Ohren*** she hit him over the head with the magazine; **mit der Faust auf den Tisch ~** to hammer on the table with one's fist; **den Gegner zu Boden ~** to knock one's opponent down; **jdm etw aus der Hand ~** to knock sth out or sb's hand; **etw kurz und klein** [*o* **in Stücke**] **~** to smash sth to pieces; **jdn mit der Peitsche ~** to whip sb; **jdn mit einem Schlagstock ~** to club [*or* hit] [*or* beat] sb with a stick; **jdm** [**wohlwollend**] **auf die Schulter ~** to give sb a [friendly] slap on the back

② <schlug, geschlagen> *haben (prügeln)* ■**jdn ~** to beat sb; ***schlägt dich dein Mann?*** does your husband beat you [up] [*or* hurt] you?; **jdn bewusstlos ~** to beat sb senseless [*or* unconscious]; **jdn blutig ~** to leave sb battered and bleeding; **jdn halb tot ~** to leave sb half dead; **jdn zum Krüppel ~** to cripple sb

③ <schlug, geschlagen> *haben (geh: heimsuchen)* ■**jdn ~**: ***das Schicksal hat ihn hart*** [*o* ***schwer***] ***ge~*** fate has dealt him a hard blow; **mit einer Krankheit geschlagen sein** to be afflicted by an illness; **ein vom Schicksal geschlagener Mensch** a man dogged by ill-fate; *s. a.* **Blindheit, Dummheit**

④ <schlug, geschlagen> *haben (besiegen)* ■**jdn ~** to defeat sb; SPORT to beat sb; ■**jdn** [**in etw** *dat*] **~** to beat sb [in [*or* at] sth]; **den Feind mit Waffengewalt ~** to defeat the enemy with force of arms; **sich** *akk* **ge~ geben** to admit defeat; **den Gegner vernichtend ~** to inflict a crushing defeat on one's opponent; **jd ist nicht zu ~** sb is unbeatable

⑤ <schlug, geschlagen> *haben (Spielfiguren eliminieren)* ■**etw ~** to take sth; ***Läufer schlägt Bauern!*** bishop takes pawn!; ***ich brauche drei Augen, um deinen Spielstein zu ~*** I need a three to take you[r counter]

⑥ <schlug, geschlagen> *haben* KOCHK ■**etw ~** to beat sth; **Sahne ~** to whip cream; **Eiweiß steif** [*o* **zu Schnee**] **~** to beat the egg white until stiff; **Eier in die Pfanne ~** to crack eggs into the pan; **die Soße durch ein Sieb ~** to pass the gravy through a sieve

⑦ <schlug, geschlagen> *haben* MUS *(zum Erklingen bringen)* **die Saiten ~** to pluck the strings; **den Takt ~** to beat time; **die Trommel ~** to beat the drums

⑧ <schlug, geschlagen> *haben (läuten)* ■**etw ~** to strike sth; ***die Uhr hat gerade 10*** [*o geh* ***die zehnte Stunde***] ***ge~*** the clock has just struck ten; *(fig)* ***die Stunde der Rache/Wahrheit hat ge~*** the moment of revenge/truth has come; *(fig)* ***jetzt schlägt's aber dreizehn!*** that's a bit much [*or* thick]!; **eine ge~e Stunde warten** to wait for a whole hour; **wissen, was die Glocke** [*o* **Uhr**] **ge~ hat** *(fig)* to know what's what

⑨ <schlug, geschlagen> *haben (treiben)* ■**etw** [**irgendwohin**] **~** to hit sth [somewhere]; **den Ball ins Aus ~** to kick the ball out of play; **ein Loch ins Eis ~** to break [*or* smash] a hole in the ice; **einen Nagel in die Wand ~** to knock [*or* hammer] a nail into the wall

⑩ <schlug, geschlagen> *haben (geh: krallen)* **die Fänge/Krallen/Zähne in die Beute ~** to dig [*or* sink] its claws/talons/teeth into the prey

⑪ <schlug, geschlagen> *haben (legen)* ■**etw irgendwohin ~** to throw sth somewhere; **die Arme um jdn ~** to throw one's arms around sb; **ein Bein über das andere ~** to cross one's legs; **die Decke zur Seite ~** to throw off the blanket; **die Hände vors Gesicht ~** to cover one's face with one's hands; **den Kragen nach oben ~** to turn up one's collar

⑫ <schlug, geschlagen> *haben* POL, ÖKON *(hinzufügen)* **die Unkosten auf den Verkaufspreis ~** to add the costs to the retail price; **ein Gebiet zu einem Land ~** to annex a territory to a country

⑬ <schlug, geschlagen> *haben (wickeln)* ■**etw/jdn in etw** *akk* **~** to wrap sth/sb in sth; **das Geschenk in Geschenkpapier ~** to wrap up the present; **das Kind in die Decke ~** to wrap the child in the blanket

⑭ <schlug, geschlagen> *haben (ausführen)* ■**etw ~**: ***das Kleid schlägt Falten*** the dress gets creased; **einen Bogen um das Haus ~** to give the house a wide berth; **das Kreuz ~** to make the sign of the cross; **mit dem Zirkel einen Kreis ~** to describe a circle with compasses

⑮ <schlug, geschlagen> *haben (fällen)* **einen Baum ~** to fell a tree

⑯ <schlug, geschlagen> *haben* JAGD *(reißen)* **ein Tier ~** to take an animal

⑰ <schlug, geschlagen> *haben (veraltend: prägen)* **Medaillen ~** to strike medals; **Münzen ~** to mint coins

⑱ <schlug, geschlagen> *haben (fechten)* **eine Mensur ~** to fight a duel; **eine ~de Verbindung** a duelling [*or* AM dueling] fraternity

⑲ <schlug, geschlagen> *(in Verbindung mit einem Substantiv)* **Funken ~** to send out sparks *sep;* **eine Schlacht ~** to fight a battle

▸ WENDUNGEN: **ehe ich mich ~ lasse!** *(hum fam)* oh all right [*or* go on] then!, before you twist my arm!; **jdn in die Flucht ~** to put sb to flight; **etw in den Wind ~** to reject sth out of hand; *s. a.* **Alarm, Krach, Profit, Purzelbaum, Rad**

II. INTRANSITIVES VERB

① <schlug, geschlagen> *haben (hauen)* ■**nach jdm ~** to hit out at sb; ■[**mit etw** *dat*] **um sich** *akk* **~** to lash [*or* thrash] about [with sth]; ***er schlug*** [***wie***] ***wild um sich*** he lashed [*or* hit] out wildly all round him; ■[**mit etw** *dat*] **irgendwohin ~** to hit sth [with sth]; **mit der Faust gegen eine Tür ~** to beat at a door with one's fist; [**jdm**] [**mit der Hand**] **ins Gesicht ~** to slap sb's face; **jdm in die Fresse ~** *(derb)* to punch sb in the face *fam;* **gegen das Tor ~** to knock at the gate

② <schlug, geschlagen> *sein (auftreffen)* ■**an** [*o* **gegen**] **etw** *akk* **~** to land on sth, to strike against sth; ***der Stein schlug hart auf das Straßenpflaster*** the stone landed with a thud on the road; ***die schweren Brecher schlugen gegen die Hafenmauer*** the heavy breakers broke [*or* crashed] against the harbour wall; ***hörst Du, wie der Regen gegen die Fensterläden schlägt?*** can you hear the rain [beating] against the shutters?; ***der Regen schlug heftig gegen die Fensterscheibe*** the rain lashed against the window; ***ich habe doch irgendwo eine Tür ~ hören!*** but I heard a door slam somewhere!

③ <schlug, geschlagen> *sein (explodieren)* to strike; ***ein Blitz ist in den Baum ge~*** the tree was struck by lightning

④ <schlug, geschlagen> *haben (pochen)* to beat; ***ihr Puls schlägt ganz schwach/unregelmäßig/kräftig*** her pulse is very weak/irregular/strong; ***nach dem Lauf hier hoch schlägt mir das Herz bis zum Hals*** my heart's pounding after running up here; ***sein Herz hat aufgehört zu ~*** his heart has stopped; ***vor Angst schlug ihr das Herz bis zum Hals*** she was so frightened that her heart was in her mouth; *(fig)* ***ihr Herz schlägt ganz für Bayern München*** she's a whole-hearted Bayern Munich fan

⑤ <schlug, geschlagen> *haben (läuten)* ■**etw schlägt** sth is striking; ***hör mal, das Glockenspiel schlägt*** listen, the clock is chiming; ***die Kirchglocken ~*** the church bells are ringing; *s. a.* **Stunde**

⑥ <schlug, geschlagen> *sein o haben (emporlodern)* ■**etw schlägt aus etw** *dat* sth is shooting up from sth; ***aus dem Dach schlugen die Flammen*** the flames shot up out of the roof

⑦ <schlug, geschlagen> *haben* ORN *(singen)* *Nachtigalle, Fink* to sing

⑧ <schlug, geschlagen> *haben (bewegen)* **mit den Flügeln ~** to beat its wings

⑨ <schlug, geschlagen> *sein (fam: ähneln)* ■**nach jdm ~** to take after sb; ***er schlägt überhaupt nicht nach seinem Vater*** he doesn't take after his father at all; *s. a.* **Art**

⑩ <schlug, geschlagen> *sein (in Mitleidenschaft ziehen)* ■**jdm** [**auf etw** *akk*] **~** to affect sb['s sth]; ***das schlechte Wetter schlägt mir langsam aufs Gemüt*** the bad weather is starting to get me down; ***der Streit ist ihr auf den Magen ge~*** the quarrel upset her stomach

⑪ <schlug, geschlagen> *sein (zugehören)* **in jds Fach ~** to be in sb's field

⑫ <schlug, geschlagen> *sein (dringen)* ***Lärm schlug an meine Ohren*** the noise reached my ears; ***das Blut schlug ihm ins Gesicht*** the blood rushed to his face; ***die Röte schlug ihr ins Gesicht*** she turned quite red

III. REFLEXIVES VERB

① <schlug, geschlagen> *haben (sich prügeln)* ■**sich** *akk* **~** to have a fight, to fight each other; ■**sich** *akk* [**mit jdm**] **~** to fight [sb]; **sich** *akk* **selbst ~** to hit [*or* beat] oneself

② <schlug, geschlagen> *haben (sich duellieren)* ■**sich** *akk* **~** to duel

③ <schlug, geschlagen> *haben (rangeln)* ■**sich** *akk* [**um etw** *akk*] **~** to fight [over sth]; ***das Konzert ist ausverkauft, die Leute haben sich um die Karten geradezu ge~*** the tickets went like hot cakes and the concert is sold out; *(iron fam)* ***ich schlage mich nicht darum, das Geschirr zu spülen*** I'm not desperate to do the washing up

④ <schlug, geschlagen> *haben (sich wenden)* ■**sich** *akk* **irgendwohin ~** to strike out; **sich** *akk* **nach rechts ~** to strike out to the right; **sich** *akk* **in die Büsche ~** to slip away *hum,* to go behind a tree *hum;* **sich** *akk* **auf jds Seite ~** to take sb's side; *(die Fronten wechseln)* to go over to sb

⑤ <schlug, geschlagen> *haben (in Mitleidenschaft ziehen)* **etw schlägt sich** *akk* **jdm aufs Gemüt** sth gets sb down; **etw schlägt sich jdm auf den Magen** sth affects sb's stomach

⑥ <schlug, geschlagen> *haben (sich anstrengen)* ■**sich** *akk* [**irgendwie**] **~** to do somehow; **sich** *akk* **gut ~** to do well; ***wie war die Prüfung? — ich denke, ich habe mich ganz gut geschlagen*** how was the exam? – I think I've done pretty well

schla·gend **I.** *adj* forceful, compelling, convincing; **ein ~er Beweis** conclusive proof

II. *adv* ~ **beweisen/widerlegen** to prove/disprove convincingly; *s. a.* **Verbindung, Wetter**
Schla·ger <-s, -> ['ʃla:gɐ] *m* MUS ❶ *(Lied)* [pop] song ❷ *(Erfolg)* [big] hit, great success
Schlä·ger <-s, -> ['ʃlɛ:gɐ] *m* SPORT ❶ *(Tennis-, Squashschläger)* racquet, racket; **Tischtennis~** table tennis paddle
❷ *(Stockschläger)* stick, bat; **Golf~** golf club; **Kricket~** cricket bat
❸ *s.* **Schlagholz**
Schlä·ger(in) <-s, -> ['ʃlɛ:gɐ] *m(f)* ❶ *(Raufbold)* thug, hoodlum
❷ SPORT batsman *masc,* batswoman *fem,* hitter; *(beim Baseball)* batter
Schlä·ger·ban·de *f* gang of thugs
Schlä·ge·rei <-, -en> [ʃlɛ:gə'rai] *f* fight, brawl, punch-up BRIT *fam*
Schla·ger·fes·ti·val *nt* pop [music] festival
Schlä·ge·rin <-, -nen> *f fem form von* **Schläger**
Schlä·ger·müt·ze *f (fam)* [peaked] cap
Schla·ger·sän·ger(in) *m(f)* pop singer
Schlä·ger·trup·pe *f* group [*or* gang] of thugs
schlag·fer·tig I. *adj* quick-witted; *Antwort a.* clever
II. *adv* quick-wittedly; ~ **antworten** to be quick with an answer
Schlag·fer·tig·keit *f kein pl* quick-wittedness; *Antwort* cleverness
schlag·fest *adj inv* impact-resistant
Schlag·holz *nt* SPORT bat **Schlag·ho·se** *f* MODE flares *pl,* bell-bottoms *npl,* bell-bottomed trousers *pl* **Schlag·in·stru·ment** *nt* MUS percussion instrument **Schlag·kraft** *f kein pl* ❶ MIL strike power ❷ *(Wirksamkeit)* effectiveness
schlag·kräf·tig *adj* ❶ *(kampfkräftig)* powerful [in combat]
❷ *(wirksam)* **ein ~es Argument** a forceful [*or* compelling] [line of] argument; **ein ~er Beweis** compelling proof *no pl*
Schlag·licht *nt* KUNST, FOTO highlight
▶ WENDUNGEN: **ein** [**kennzeichnendes**] ~ **auf jdn/etw werfen** to put sb/sth into a characteristic/particular light
Schlag·loch *nt* pothole **Schlag·mann** *m* SPORT stroke **Schlag·mes·ser** *nt* Chinese cleaver **Schlag·rahm** *m,* **Schlag·obers** ['ʃla:kʔo:bɐs] *nt* SÜDD, ÖSTERR, SCHWEIZ *(Schlagsahne)* whipping cream **schlag·reif** *adj* **ein ~er Baum** tree ready for felling **Schlag·ring** *m* knuckleduster, brass knuckles **Schlag·sah·ne** *f* KOCHK cream; *(flüssig)* whipping cream; *(geschlagen)* whipped cream
Schlag·sei·te *f kein pl* NAUT list; ~ **haben** [*o* **bekommen**] to develop a list; ***der Tanker hatte bereits schwere*** ~ the tanker had already developed a heavy list [*or* was listing badly]
▶ WENDUNGEN: ~ **haben** *(hum fam)* to be three sheets to the wind *fam,* to be legless BRIT *sl*
Schlag·stock *m* club, cudgel; *(Gummiknüppel)* truncheon **Schlag·stock·ein·satz** *m* baton charge
Schlag·werk *nt kein pl* striking mechanism **Schlag·wet·ter** *pl* BERGB firedamp
Schlag·wort *nt* ❶ <*pl* -worte> *(Parole)* slogan, catchphrase, cliché *pej* ❷ <*pl* -wörter> *(Stichwort)* keyword, headword **Schlag·wort·ka·ta·log** *m* library catalogue [*or* AM *also* catalog] of keywords
Schlag·zei·le *f* MEDIA headline; **~n machen** [*o* **für ~n sorgen**] to make headlines [*or* the front page]
schlag·zei·len *vt (sl: als Schlagzeile bringen)* ***„Diana verlässt Charles", schlagzeilten die Boulevardblätter*** "Diana leaves Charles" was [*or* screamed] the headline in the tabloids **Schlag·zeug** <-[e]s, -e> *nt* drums *pl; (im Orchester)* percussion *no pl;* **am ~** on drums
Schlag·zeu·ger(in) <-s, -> *m(f) (fam),* **Schlag·zeug·spie·ler(in)** <-s, -> *m(f)* drummer; *(im Orchester)* percussionist
Schlaks <-es, -e> [ʃla:ks] *m (pej fam)* gangly young man
schlak·sig ['ʃla:ksɪç] *adj (fam)* gangling, lanky, gawky; **~e Bewegungen** clumsy and awkward movements
Schla·mas·sel <-s, -> [ʃla'masl̩] *m o nt (fam)*
❶ *(Durcheinander)* mess, muddle
❷ *(ärgerliche Situation)* ***jetzt haben wir den ~!*** now we're in a [right] mess [*or fam* pickle]!
Schlamm <-[e]s, -e *o* Schlämme> [ʃlam, *pl* 'ʃlɛmə] *m* mud; *(breiige Rückstände)* sludge *no indef art, no pl,* residue *form,* gunge *fam no indef art, no pl* BRIT
Schlamm·bad *nt* mud bath **Schlamm·er·de** *f (als Heilerde)* mud **Schlamm·fau·lung** *f* sludge digestion **Schlamm·fie·ber** *nt* swamp [*or* harvest] fever **Schlamm·fracht** *f* cargo of slurry
schlam·mig ['ʃlamɪç] *adj* muddy; **~es Wasser** muddy [*or* sludgy] water
Schlämm·krei·de *f kein pl* CHEM prepared chalk, Spanish white
Schlamm·la·wi·ne *f* GEOG mudslide **Schlamm·pa·ckung** *f* mud pack **Schlamm·schicht** *f* layer of mud
Schlamm·schlacht *f* ❶ *(Fußballspiel)* mudbath
❷ *(fig: Streit)* mud-slinging *no pl, no indef art*
Schlamm·sprin·ger *m* ZOOL mudskipper
Schlämm·trich·ter *m* CHEM elutriating [*or* washing] funnel
Schlam·pe <-, -n> ['ʃlampə] *f (pej fam)* slut, tart *sl;* **diese alte ~** that old witch [*or* bag]
schlam·pen ['ʃlampn̩] *vi (fam)* ■[**bei etw** *dat*] ~ to do a sloppy job [of sth] *fam*
Schlam·per(in) <-s, -> ['ʃlampɐ] *m(f)* slovenly fellow *fam*
Schlam·pe·rei <-, -en> [ʃlampə'rai] *f (fam)*
❶ *(Nachlässigkeit)* sloppiness *fam*
❷ *(Unordnung)* mess, untidiness
Schlam·per·mäpp·chen *nt* [*soft*] *small pencil bag*
schlam·pig ['ʃlampɪç] I. *adj* ❶ *(nachlässig)* sloppy *fam; (liederlich)* slovenly
❷ *(ungepflegt)* unkempt, bedraggled
II. *adv* ❶ *(nachlässig)* sloppily *fam*
❷ *(ungepflegt)* in a slovenly [*or* unkempt] way
schlang [ʃlaŋ] *imp von* **schlingen**[1, 2]
Schlan·ge <-, -n> ['ʃlaŋə] *f* ❶ ZOOL *(a. fig)* snake
❷ *(lange Reihe)* queue, line AM; *Fahrzeuge a.* tailback BRIT, traffic jam; [**irgendwo**] ~ **stehen** to queue up [somewhere], to stand in line [somewhere] AM
❸ *(pej: hinterlistige Frau)* Jezebel; **eine falsche ~** *(pej)* a snake in the grass *fig*
❹ TECH *(Heizschlange)* heating coil; *(Kühlschlange)* cooling spiral [*or* coil]
▶ WENDUNGEN: **eine ~ am Busen nähren** *(geh)* to cherish a viper in one's bosom; **sich** *akk* **winden wie eine ~** to go through all sorts of contortions
schlän·geln ['ʃlɛŋl̩n] *vr* ❶ ZOOL *(sich winden)* ■**sich** *akk* ~ to crawl, to coil its way
❷ *(kurvenreich verlaufen)* ■**sich** *akk* ~ to snake [*or* wind] [one's way]; *Fluss, Straße* to meander
❸ *(sich winden)* ■**sich** *akk* ~ to wind one's way; ***sie schlängelte sich durch die Menschenmenge*** she wormed her way through the crowd
Schlan·gen·ad·ler *m* short-toed eagle **Schlan·gen·be·schwö·rer(in)** <-s, -> *m(f)* snake charmer **Schlan·gen·biss**[RR] *m* snake bite **Schlan·gen·boh·rer** *m* auger bit **Schlan·gen·gift** *nt* snake poison **Schlan·gen·gur·ke** *f* long cucumber **Schlan·gen·küh·ler** *m* CHEM coil [*or* spiral] condenser **Schlan·gen·le·der** *nt* snakeskin **Schlan·gen·li·nie** *f* wavy line; **in ~n fahren** to weave [one's way] [from side to side] **Schlan·gen·mensch** *m* contortionist **Schlan·gen·stern** *m* ZOOL brittlestar
Schlan·ge·ste·hen <-s> *nt kein pl* queu[e]ing [up], lining up, standing in a queue [*or* AM line]
schlank [ʃlaŋk] *adj* ❶ *(dünn)* slim; ~ **machen** *Essen* to be good for losing weight; *Kleidung* to be slimming, to make sb look slim; **sich** *akk* ~ **machen** to breathe in, to hold oneself in
❷ *(schmal)* slender, slim; **ein ~er Baum** a slender tree; **von ~em Wuchs** of slender shape; *s. a.* **Linie**
Schlank·heit <-> *f kein pl* slimness, slenderness
Schlank·heits·di·ät *f* slimming diet **Schlank·heits·kur** *f* diet; **eine ~ machen/anfangen** to be/go on a diet
schlank·weg ['ʃlaŋkvɛk] *adv (fam)* [**etw**] ~ **ablehnen** to flatly refuse [sth], to refuse [sth] outright [*or* point-blank]; **etw ~ abstreiten** [*o* **bestreiten**] to flatly deny sth; **jdm etw ~ ins Gesicht sagen** to say sth straight to sb's face, to come right out with sth and tell sb
schlapp [ʃlap] *adj* ❶ *pred (fam: erschöpft)* worn out; *(nach einer Krankheit)* washed out; **jdn ~ machen** *(fam)* to wear sb out
❷ *(fam: ohne Antrieb)* feeble, weak, listless
❸ *(fam: mager)* measly; **für ~e 10 Euro** for a measly 10 euros *fam;* **ein ~er Betrag** a measly amount *fam*
Schlap·pe <-, -n> ['ʃlapə] *f (fam)* setback, upset; [**bei etw** *dat*] **eine ~ einstecken müssen, eine ~** [**in etw** *dat*] **erleiden** to suffer a setback
Schlap·pen <-s, -> ['ʃlapn̩] *m* DIAL *(fam)* slipper
Schlapp·heit <-> *f kein pl* listlessness
Schlapp·hut *m* ❶ *(Hut)* floppy hat
❷ *(hum fam: Geheimdienstmitarbeiter)* spook *fam*
schlapp|ma·chen *vi (fam)* ❶ *(erschöpft aufgeben)* to give up
❷ *(erschöpft langsamer machen)* to flag [*or* droop]
❸ *(erschöpft umkippen)* to pass [*or* BRIT *fam* flake] out
Schlapp·ohr *nt* ❶ ZOOL *(hum)* lop-ear; **~en** floppy ears *fam* ❷ *s.* **Schlappschwanz** **Schlapp·schwanz** *m (pej fam)* wimp *pej fam*
Schla·raf·fen·land [ʃla'rafn̩-] *nt* ❶ LIT Cockaigne *form*
❷ *(geh: Land des Überflusses)* land of milk and honey
Schlar·pe <-, -n> ['ʃlarpə] *f meist pl* SCHWEIZ *(Schlappen)* slipper
schlau [ʃlau̯] I. *adj* ❶ *(clever)* clever, shrewd; ***du bist ein ~es Bürschlein!*** what a clever clogs you are! BRIT
❷ *(gerissen)* crafty, wily; **ein ~er Fuchs** a sly fox; **eine ~e Idee** an ingenious [*or fam* bright] idea *a. iron;* **ein ~er Plan/Vorschlag** an ingenious plan/suggestion; **aus jdm/etw ~ werden** to understand sb/sth, to understand what sb/sth is about *fam;* ***ich werde nicht ~ aus der Bedienungsanleitung*** I can't make head nor tail of the operating instructions; **ein ganz S~er/eine ganz S~e** *(iron fam)* a clever clogs BRIT *iron fam; s. a.* **Kopf**
II. *adv* cleverly, shrewdly, craftily, ingeniously
Schlau·ber·ger(in) <-s, -> ['ʃlaubɛrgɐ] *m(f) (fam)*
❶ *(pfiffiger Mensch)* clever one
❷ *(iron: Besserwisser)* clever clogs [*or* Dick] BRIT *iron,* smart alec *iron*
Schlauch <-[e]s, Schläuche> [ʃlau̯x, *pl* 'ʃlɔy̯çə] *m*
❶ *(biegsame Leitung)* hose
❷ *(Reifenschlauch)* [inner] tube
❸ *(fam: Strapaze)* grind *fam,* hard labour [*or* AM -or] *no indef art, no pl;* ***die Wanderung war ein echter ~*** the hike was a real slog
▶ WENDUNGEN: **auf dem ~ stehen** *(fam: ratlos sein)* to be at a loss
Schlauch·boot *nt* rubber [*or* inflatable] dinghy
schlau·chen ['ʃlau̯xn̩] I. *vt (fam)* ■**jdn ~** to [almost] finish sb off, to take it out of sb; ■**geschlaucht sein** to be worn out
II. *vi (fam)* to wear sb out, to take it out of sb *fam;* ***das schlaucht ganz schön!*** that really takes it out of you!
schlauch·los *adj* AUTO tubeless
Schlauch·rei·fen *m* AUTO tube-type tyre **Schlauch·wa·gen** *m* [garden] hose trolley
Schläue <-> ['ʃlɔy̯ə] *f kein pl* ❶ *(clevere Art)* shrewdness
❷ *(Gerissenheit)* craftiness, cunning
Schlau·fe <-, -n> ['ʃlau̯fə] *f* loop; *(aus Leder)* strap
Schlau·heit <-> *f kein pl s.* **Schläue**
Schlau·kopf *m (fam) s.* **Schlauberger**
schlau|ma·chen[RR] *vr (fam)* ■**sich** *akk* **über etw** +*akk* ~ to find out about sth, to do some research on sth **Schlau·mei·er** *m (fam) s.* **Schlauberger**
Schla·wi·ner(in) <-s, -> [ʃla'vi:nɐ] *m(f) (hum fam)* rascal
schlecht [ʃlɛçt] I. *adj* ❶ *(nachteilig, übel)* bad; ***nicht***

~! not bad!; ***das ist keine ~ e Idee!*** that's not a bad idea!; ***das ist ein ~ es Zeichen*** that's a bad sign; ***Rauchen ist ~ für die Gesundheit*** smoking is bad for your health; **~es Benehmen** bad manners *pl;* **~er Geschmack** bad taste; **ein ~er Geruch** a bad smell; **~e Gewohnheiten** bad habits; **~er Laune sein** to be in a bad mood; **~e Manieren haben** to have bad manners; **eine ~e Meinung über jdn haben** to have a poor opinion of sb; **sich** *akk* **zum S~en wenden** to take a turn for the worse; **~es Wetter** bad weather; **~e Zeiten** hard times
❷ *(minderwertig)* bad, poor; **ein ~es Beispiel geben** to be a bad example; **~e Luft** stale air; **von ~er Qualität** of poor quality; **~er Stil** bad style; **~e Verarbeitung/Waren** inferior workmanship/goods
❸ *präd* KOCHK *(verdorben) Lebensmittel* bad; ■ **~ sein/werden** to be/become bad, to be/go off BRIT; ***ich fürchte, das Fleisch ist ~ geworden*** I'm afraid the meat has gone off BRIT
❹ *(ungenügend)* poor; ***deine Aussprache ist noch zu ~*** your pronunciation is still not good enough; ***er sprach [ein] ~es Französisch*** he spoke poor French; ***es regnete stark, und die Sicht war ~*** it was raining heavily and visibility was poor; **ein ~er Esser sein** to be a poor eater; **eine ~e Ernte** a poor harvest; **ein ~es Gehalt** a poor salary; **in Latein/Mathematik ~ sein** to be bad at Latin/mathematics; ***in Englisch ist er ~ er als ich*** he is worse at English than I am
❺ *(moralisch)* bad, wicked, evil; ***er ist ein ~er Mensch*** he is a wicked man; ***er ist nicht der S~ este*** he's not too bad; ***ich habe nur S~es über sie gehört*** I've heard only bad things about her; ***das war ein ~ er Scherz*** that was a dirty trick; **ein ~es Gewissen haben** to have a bad conscience; **das S~e im Menschen/in der Welt** the evil in man/in the world; **jdm etwas S~es nachsagen** to speak disparagingly about sb, to cast aspersions on sb *form;* **einen ~en Ruf haben** [*o* **in ~em Ruf stehen**] to have a bad reputation; **S~es über jdn sagen** to say sth bad about sb; *s. a.* **Gesellschaft**
❻ MED *(nicht gut funktionierend)* bad, poor; **~e Augen** poor [*or* weak] eyesight, weak eyes; **eine ~e Durchblutung** a poor [*or* bad] circulation; **eine ~e Entwässerung** water retention; **bei ~er Gesundheit sein** to be in poor health; **ein ~es Herz** a bad heart; **in ~er Verfassung** [*o* **in ~em Zustand**] **sein** to be in [a] poor condition
❼ *präd (körperlich unwohl)* ■**jdm ist** [*o* **wird**] [**es**] ~ sb feels sick [*or* ill]; ***da kann einem ja ~ werden!*** *(fig fam)* it's enough to make you ill!
▶WENDUNGEN: **es** [**bei jdm**] **~ haben** to not be doing well [*or* to be doing badly] [with sb]
II. *adv* ❶ *(nachteilig, übel)* ***in dem Restaurant speist man nicht ~*** you can eat [quite] well in that restaurant; ***so ~ habe ich selten gegessen*** I've rarely had such bad food; **~ aussehen** *(Mensch)* to look sick [*or* ill]; *(Lage)* to look bad; ***es sieht ~ aus*** it doesn't [*or* things don't] look good; ***mit ihm sieht es ~ aus*** the prospects [*or* things] don't look good for him; **~ beraten** ill-advised; **~ gelaunt** [*o fam* **drauf**] bad-tempered, ill-tempered *form,* in a bad mood *pred;* **~ sitzend** ill-fitting; **um jdn/etw steht es ~** sb/sth is in a bad way, things look bad for sb/sth
❷ *(ungenügend)* badly, poorly; ***die Geschäfte gehen ~*** business is bad; ***sie verdient ziemlich ~*** she is badly [*or* poorly] paid; ***er spricht ~ Französisch*** he speaks poor French; ***ich kann dich ~ sehen*** I can't see you very well; ***sie war ~ zu verstehen*** she was hard to understand; ***er kann sich ~ anpassen*** he finds it difficult [*or* hard] to adjust; ***die Vorstellung war ~ besucht*** the performance was poorly attended; **etw ~ beschreiben** to describe sth superficially [*or* badly]; **~ bezahlt** badly [*or* poorly] paid, low-paid *attr;* **~ geplant/konzipiert** badly [*or* poorly] planned/conceived; **~ lernen** to be a poor learner; **~ zahlen** to pay badly
❸ *(moralisch)* **von jdm ~ denken** to think ill of sb; **an jdm ~ handeln** to do sb wrong, to wrong sb; **über jdn ~ reden** to say bad things about sb, to speak disparagingly about sb
❹ *(fast nicht)* ***die beiden können sich ~ leiden*** the two of them don't get along [with each other]; **~ mit jdm auskommen** to not get on [well] with sb; **sich** *akk* **~ vertragen** *Menschen* to not get on well; *Dinge, Farbe* to not go well together; ***die beiden vertragen sich ~*** they don't get on well; ***die Farben vertragen sich ~*** the colours don't go well together
❺ *(körperlich)* **jdm geht es ~** sb doesn't feel [*or* isn't] well; **~ hören** to be hard of hearing; **~ sehen** to have poor [*or* weak] eyesight
❻ *(kaum, schwerlich)* hardly; ***du wirst ~ anders können*** you can't really do anything else; ***es ist ~ vorstellbar*** it's difficult to imagine; ***sie kann ~ nein sagen*** she finds it hard to say no, she can't say no; ***da kann man ~ nein sagen*** you can hardly say no; ***heute geht es ~*** today is not very convenient; ***heute passt es mir ~*** it's not very convenient for me today; ***das lässt sich ~ machen*** that's not really possible; ***das kann ich ~ sagen*** it's hard to say, I can't really say; ***er kann es sich ~ leisten, das Treffen jetzt abzusagen*** he can ill afford to cancel the meeting now; ***das wird sich ~ vermeiden lassen*** it can hardly be avoided
▶WENDUNGEN: **~ gerechnet** at the very least; **jdn aber ~ kennen** to not know sb [very well]; **nicht ~** *(fam)* ***er war nicht ~ beeindruckt*** he wasn't half impressed *fam;* **nicht ~ staunen** *(fam)* to be astonished; ***da hat sie nicht ~ gestaunt*** she wasn't half surprised *fam;* **nicht ~ verwundert sein** to be amazed; **~ und recht** [*o* **mehr ~ als recht**] *(hum fam)* after a fashion, more or less; ***ich spiele Klavier, aber mehr ~ als recht*** I can play the piano, after a fashion; **auf jdn/etw ~ zu sprechen sein** to not have a good word to say for sb/sth

schlẹcht·be·zahlt *adv s.* **schlecht II 2**

schlech·ter·dings [ˈʃlɛçtɐˈdɪŋs] *adv inv* ❶ *(ganz und gar)* absolutely; ***es war mir ~ unmöglich*** it was utterly [*or* simply] impossible for me
❷ *(nahezu)* virtually; **~ alles** virtually [*or* practically] everything

Schlẹcht·er·fül·lung *f* JUR defective performance

schlẹcht·er|stel·len^RR **I.** *vt* ■**jdn ~** to cut sb's pay; **schlechtergestellt sein** to be worse off **II.** *vr* **sich** *akk* **~** to be worse off **Schlẹch·ter·stel·lung** *f* JUR discrimination

schlẹcht|ge·hen *vi irreg sein s.* **schlecht II 2, 5**

schlẹcht·ge·launt *adj, adv s.* **schlecht II 1**

Schlẹcht·heit *f kein pl* badness

schlecht·hin [ˈʃlɛçtˈhɪn] *adv* ❶ *(in reinster Ausprägung)* **etw ~ sein** to be the epitome of sth
❷ *(geradezu)* just, absolutely; ***das dürfte ~ unmöglich sein*** that is completely impossible

Schlẹch·tig·keit <-, -en> *f* ❶ *kein pl (üble Beschaffenheit)* badness, wickedness, evil
❷ *(üble Tat)* wicked [*or* bad] deed

Schlẹcht·leis·tung *f* JUR insufficient performance, poor workmanship

schlẹcht|ma·chen *vt* ■**jdn ~** to run sb down, to bad-mouth sb *fam,* to make disparaging remarks about sb, to vilify sb *form*

schlẹcht|re·den *vt* ■**etw ~** to run sth down, to make disparaging remarks about sth

schlẹcht|stel·len^RR **I.** *vt* **jdn ~** to pay sb badly; **schlechtgestellt sein** to be badly off
II. *vr* **sich** *akk* **~** to be badly off

Schlẹcht·wet·ter·geld [ʃlɛçtˈvɛtɐ-] *nt* bad-weather allowance

schle·cken [ˈʃlɛkn̩] SÜDD, ÖSTERR, SCHWEIZ **I.** *vt* ■**etw ~** to lick sth; *Katze* to lap up sth *sep*
II. *vi* ❶ *(naschen)* to eat sth sweet; **Lust auf etwas zum S~ haben** to feel like [eating] sth sweet
❷ *(lecken)* ■**an etw** *dat* **~** to lick sth

Schle·cke·rei <-, -en> [ʃlɛkəˈrai] *f* ÖSTERR, SÜDD *(Süßigkeit)* sweet, nibble *usu pl*

Schlẹ·cker·maul *nt (hum fam) s.* **Leckermaul**

Schlẹck·stän·gel^RR <-s, -> *m* SCHWEIZ *(Lutscher)* lollipop, lolly BRIT *fam* **Schlẹck·wa·ren** *pl* SCHWEIZ *(Süßigkeiten)* candies *pl*

Schle·gel^ALT1 <-s, -> [ˈʃle:gl̩] *m* MUS, TECH *s.* **Schlägel**

Schle·gel² <-s, -> [ˈʃle:gl̩] *m* KOCHK SÜDD, ÖSTERR, SCHWEIZ *(Hinterkeule)* drumstick

Schleh·dorn <-[e]s, -e> [ˈʃle:dɔrn] *m* blackthorn, sloe

Schle·he <-, -n> [ˈʃle:ə] *f* sloe

schlei·chen <schlich, geschlichen> [ˈʃlaiçn̩] **I.** *vi sein* ❶ *(leise gehen)* ■[**irgendwohin**] **~** to creep [*or liter* steal] [*or pej* sneak] [somewhere]
❷ *(auf Beutejagd)* to prowl
❸ *(langsam gehen, fahren)* to crawl along
II. *vr haben* ❶ *(leise gehen)* ■**sich** *akk* **irgendwohin ~** to creep [*or liter* steal] [*or pej* sneak] somewhere; **sich** *akk* **aus dem Haus ~** to steal away softly *form*
❷ *(auf Beutejagd)* ■**sich** *akk* **irgendwohin ~** to prowl somewhere
▶WENDUNGEN: **schleich dich!** SÜDD, ÖSTERR *(sl)* get lost [*or* out of here]!

schlei·chend **I.** *adj attr* MED *(langsam fortschreitend)* insidious; **~e Inflation** creeping inflation
II. *adv* insidiously

Schlei·cher(in) <-s, -> [ˈʃlaiçɐ] *m(f) (pej)* sycophant, crawler BRIT *fam,* brown-noser AM, arse-licker BRIT *vulg,* ass-kisser AM *vulg*

Schleich·han·del *m* JUR smuggling, illicit trade [*or* traffic]; **der ~ mit Waffen** gunrunning **Schleich·händ·ler(in)** *m(f)* trafficker, black marketeer **Schleich·wa·re** *f* JUR contraband [goods *pl*], illicit goods *pl* **Schleich·weg** *m* back way; *(geheimer Weg)* secret path **Schleich·wer·bung** *f* plug

Schleie <-, -n> [ˈʃlaiə] *f* ZOOL tench

Schlei·er <-s, -> [ˈʃlaiɐ] *m* ❶ *(durchsichtiges Gewebe)* veil; **den ~ nehmen** REL *(veraltend geh: Nonne werden)* to take the veil
❷ *(Dunst)* [veil of] mist
❸ CHEM cloudiness
▶WENDUNGEN: **den ~ lüften** to reveal all [*or* the secret]; **den ~ des Vergessens über etw** *akk* **breiten** *(geh)* to draw a veil over sth *fig*

Schlei·er·eu·le *f* barn owl **Schlei·er·fahn·dung** *f* stop and search [*or* frisk]

schlei·er·haft *adj (fam)* ■[**jdm**] **~ sein** to be a mystery [to sb]

Schlei·er·kraut *nt* BOT gypsophila, baby's breath

Schleif·blatt *nt* abrasive disc

Schlei·fe <-, -n> [ˈʃlaifə] *f* ❶ MODE bow
❷ GEOG *Fluss* oxbow; *Straße* horseshoe bend
❸ LUFT *(Kehre)* loop

schlei·fen¹ [ˈʃlaifn̩] **I.** *vt haben* ❶ *(über den Boden ziehen)* ■**etw/jdn ~** to drag sth/sb
❷ *(hum fam: mitschleppen)* ■**jdn ~** to drag sb
❸ *(niederreißen)* ■**etw ~** to raze sth to the ground, to tear sth down
II. *vi* ❶ *haben (reiben)* to rub [*or* scrape]; **die Kupplung ~ lassen** AUTO to slip the clutch
❷ *sein o haben (gleiten)* ■[**über etw** *dat*] **~** to slide [*or* drag] [over sth]; *Schleppe* to trail
▶WENDUNGEN: **etw ~ lassen** *(fam)* to let sth slide; *s. a.* **Zügel**
III. *vr (fam)* ■**sich** *akk* **irgendwohin ~** to drag oneself somewhere

schlei·fen² <schliff, geschliffen> [ˈʃlaifn̩] *vt* ❶ *(schärfen)* ■**etw ~** to sharpen [*or* grind] sth
❷ *(in Form polieren)* ■**etw ~** to polish sth; *(mit Sandpapier)* to sand sth; **Edelsteine ~** to cut precious stones
❸ MIL *(fam: brutal drillen)* ■**jdn ~** to drill sb hard

Schlei·fer(in) <-s, -> *m(f)* ❶ *(Facharbeiter, der Steine schleift)* grinder; *(von Edelsteinen)* cutter
❷ MIL *(sl)* slave-driver, martinet *form*

Schleif·lack *m* polishing varnish [*or* lacquer] **Schleif·ma·schi·ne** *f* sander, sanding machine **Schleif·pa·pier** *nt* sandpaper **Schleif·stein** *m* grindstone; *s. a.* **Affe**

Schleim <-[e]s, -e> [ʃlaim] *m* ❶ MED *(Schleimdrüsenabsonderung)* mucus; *(in Bronchien oder Hals)* phlegm
❷ *(klebrige Masse)* slime
❸ *(Brei)* gruel; **Hafer~** porridge

Schleim·beu·tel *m* MED bursa *spec* **Schleim·drü·**

se *f* mucous gland
schlei·men ['ʃlaimən] *vi (pej fam)* to crawl *pej fam;* ■**jdn** ~ to butter sb up, to suck up to sb *fam,* to soft-soap sb BRIT
Schlei·mer(in) <-s, -> *m(f) (pej fam)* crawler BRIT *fam,* brown-noser AM
Schleim·haut *f* ANAT mucous membrane
schlei·mig ['ʃlaimɪç] **I.** *adj* ❶ MED mucous
❷ *(glitschig)* slimy, sticky
❸ *(pej: unterwürfig)* slimy *pej fam,* obsequious *pej form*
II. *adv (pej)* in a slimy way *pej,* obsequiously *pej*
Schleim·pilz *m* BOT slime mould [*or* AM mold] **Schleim·säu·re** *f kein pl* CHEM mucic acid **Schleim·schei·ßer(in)** <-s, -> *m(f) (pej derb)* crawler BRIT *fam,* brown-noser AM, slimy git BRIT *sl,* slimeball *sl*
schlem·men ['ʃlɛmən] **I.** *vi* to have a feast
II. *vt* ■**etw** ~ to feast on sth
Schlem·mer(in) <-s, -> ['ʃlɛmɐ] *m(f)* gourmet
Schlem·me·rei <-, -en> [ʃlɛmə'rai] *f* KOCHK ❶ *(dauerndes Schlemmen)* feasting, indulgences *pl*
❷ *(Schmaus)* feast
schlen·dern ['ʃlɛndɐn] *vi sein* ■[**irgendwohin**] ~ to stroll [*or* amble] along [somewhere]
Schlend·ri·an <-[e]s> ['ʃlɛndria:n] *m kein pl (fam)*
❶ *(Trott)* rut
❷ *(Schlamperei)* sloppiness
Schlen·ker <-s, -> ['ʃlɛŋkɐ] *m* ❶ TRANSP *(Ausweichmanöver)* swerve; **einen ~ machen** to swerve
❷ *(kleiner Umweg)* detour
schlen·kern ['ʃlɛŋkɐn] *vi* ❶ *(pendeln)* to dangle; ■**etw ~ lassen** to let sth dangle [*or* swing]; **mit den Beinen** ~ to swing one's legs
❷ *(schlackern)* to flap; ***der lange Rock schlenkerte ihr um die Beine*** the long skirt flapped around her legs
❸ *(vom Weg abkommen)* to swerve
Schlepp [ʃlɛp] *m* **etw im ~ haben** to have sth in tow, to tow sth; **jdn/etw ~ nehmen** to take sb/sth in tow *a. fig*
Schlepp·damp·fer *m* NAUT *(geh)* tug
Schlep·pe <-, -n> ['ʃlɛpə] *f* MODE train
schlep·pen ['ʃlɛpn̩] **I.** *vt* ❶ *(schwer tragen)* ■**jdn/etw** [**irgendwohin**] ~ to carry [*or fam* lug] sb/sth
❷ *(zerren)* ■**jdn/etw** ~ to drag sb/sth
❸ *(abschleppen)* ■**etw** [**irgendwohin**] ~ to tow sth [somewhere]; **das Auto in die Werkstatt ~ lassen** to have the car towed to the garage
❹ *(fam: schleifen)* ■**jdn** [**irgendwohin**] ~ to drag sb [somewhere]
❺ *(fam: tragen)* ■**etw** [**mit sich** *dat*] [**herum**]~ to lug sth around [with one]
II. *vr* ❶ *(sich mühselig fortbewegen)* ■**sich** *akk* [**irgendwohin**] ~ to drag oneself somewhere
❷ *(sich hinziehen)* ■**sich** *akk* ~ to drag on
schlep·pend **I.** *adj* ❶ *(zögerlich)* slow; **~e Bearbeitung** delayed processing
❷ *(schwerfällig)* shuffling, shambling; **~e Schritte** dragging steps; **~er Absatz** ÖKON sluggish market; **~e Nachfrage** ÖKON slack demand
❸ *(gedehnt)* [long-]drawn-out; **~es Sprechen** slow speech
II. *adv* ❶ *(zögerlich)* slowly; **~ in Gang kommen** to be slow in getting started
❷ *(schwerfällig)* **~ gehen, sich** *akk* **~ bewegen** to shuffle along
❸ *(gedehnt)* in a [long] drawn-out way [*or* fashion], slowly
Schlep·per <-s, -> ['ʃlɛpɐ] *m* ❶ NAUT *s.* **Schleppdampfer**
❷ *(veraltend: Zugmaschine)* tug [and tow]
Schlep·per(in) <-s, -> ['ʃlɛpɐ] *m(f) (sl)* ❶ *(Fluchthelfer)* sb who organizes illegal entry into a country
❷ *(Kundenfänger)* tout
Schlep·per·kri·mi·na·li·tät *f* transporting of illegal immigrants
Schlepp·fi·sche·rei *f* trawling **Schlepp·kahn** *m* NAUT lighter, barge **Schlepp·lift** *m* ski tow **Schlepp·mit·tel** *nt* CHEM entrainer
Schlepp·netz *nt* trawl [net] **Schlepp·netz·fahn·dung** *f* JUR dragnet technique
Schlepp·tau *nt* towline, tow rope; **im ~** in tow; **etw ins ~ nehmen** to take sth in tow; **jdn ins ~ nehmen** *(fig fam)* to take sb under one's wing [*or* in tow]; **mit jdm im ~** *(fam)* with sb in one's wake [*or* in tow] *fig*
Schle·si·en <-s> [ʃle:zi̯ən] *nt kein pl* Silesia
Schle·si·er, Schle·si·e·rin <-s, -> ['ʃle:zi̯ɐ, 'ʃle:zi̯ərɪn] *m, f* Silesian
schle·sisch ['ʃle:zɪʃ] *adj* Silesian
Schles·wig-Hol·stein <-s> ['ʃle:svɪç'hɔlʃtain] *nt* Schleswig-Holstein
Schleu·der <-, -n> ['ʃlɔydɐ] *f* ❶ *(Waffe)* catapult
❷ *(Wäscheschleuder)* spin drier [*or* dryer]
Schleu·der·ball *m* SPORT ❶ *(Ball) leather ball with a throwing strap to gain distance* ❷ *(Spiel) team game played with such a ball* **Schleu·der·ge·fahr** *f kein pl* risk of skidding **Schleu·der·guss·ver·fah·ren**[RR] *nt* TECH centrifugal casting **Schleu·der·ho·nig** *m* KOCHK extracted honey, centrifuged honey
schleu·dern ['ʃlɔydɐn] **I.** *vt haben* ❶ *(werfen)* ■**etw** [**irgendwohin**] ~ to hurl [*or* fling] sth [somewhere]; *s. a.* **Gesicht**
❷ TECH *(zentrifugieren)* ■**etw** ~ to spin sth; **Salat** ~ to dry [the] lettuce
II. *vi sein* ■[**irgendwohin**] ~ to skid [somewhere]; **ins S~ geraten** [*o* **kommen**] to go into a skid; *(fig)* to find one is losing control of a situation
Schleu·der·preis *m* knock-down price; **etw zum ~ verkaufen** to sell sth at a knock-down price
Schleu·der·sitz *m* LUFT ejector seat; *(fig)* hot seat
Schleu·der·spur *f* skid mark *usu pl*
schleu·nig ['ʃlɔynɪç] **I.** *adj attr (geh)* rapid, swift, speedy; **~stes Eingreifen** immediate measures
II. *adv (geh)* rapidly, swiftly
schleu·nigst *adv* straight away, without delay, at once
Schleu·se <-, -n> ['ʃlɔyzə] *f* lock; *(Tor)* sluice gate
▸WENDUNGEN: **der Himmel hat seine ~n geöffnet** the heavens opened
schleu·sen ['ʃlɔyzn̩] *vt (fam)* ❶ *(heimlich leiten)* ■**jdn** [**irgendwohin**] ~ to smuggle sb in [somewhere]
❷ *(geleiten)* ■**jdn** [**durch etw** *akk* [*o* **über etw** *akk*]] ~ to escort sb [through [*or* across] sth]
❸ NAUT *(durch eine Schleuse bringen)* ■**etw** ~ to take [*or* pass] [*or* send] sth through a lock
Schleu·sen·be·am·ter, -be·am·tin *m, f* NAUT, ADMIN lock-keeper **Schleu·sen·kam·mer** *f* lock basin [*or* chamber] **Schleu·sen·meis·ter(in)** *m(f)* lock-keeper **Schleu·sen·öff·nung** *f* NAUT opening of lock gate[s] **Schleu·sen·stra·ße** *f* series of locks **Schleu·sen·tor** *nt* sluice gate **Schleu·sen·wär·ter(in)** <-s, -> *m(f)* lock-keeper
Schleu·ser <-s, -> ['ʃlɔyzɐ] *m* human trafficker
Schleu·ser·ban·de <-, -n> *f* [gang of] human [*or* people] traffickers *pl* **Schleu·ser·kri·mi·na·li·tät** *f* smuggling [*or* trafficking] of illegal immigrants
schlich [ʃlɪç] *imp von* **schleichen**
Schlich <-[e]s, -e> [ʃlɪç] *m* ❶ GEOL schlich
❷ *(List)* ■**~e** *pl* tricks *pl;* **jdm auf die ~e kommen, hinter jds ~e kommen** to find sb out, to get wise to sb, to rumble sb BRIT *fam,* to suss sb out BRIT *fam*
schlicht [ʃlɪçt] **I.** *adj* ❶ *(einfach) Einrichtung, Feier, Form, Kleidung, Mahlzeit* simple, plain *esp pej;* **~e Eleganz** understated elegance; **in ~e Verhältnisse leben** to live in modest circumstances
❷ *(wenig gebildet)* simple, unsophisticated
❸ *attr (bloß)* plain; ***das ist eine ~e Tatsache*** it's a simple fact
▸WENDUNGEN: **~ um ~ handeln** *(geh)* to barter
II. *part (ganz einfach)* simply; ***das ist ~ gelogen/falsch*** that's a barefaced lie/just plain wrong; **~ und einfach** *(fam)* [just] plain; **~ und ergreifend** *(hum fam)* plain and simple; ***das ist ~ und ergreifend falsch!*** that's just plain wrong!
schlich·ten ['ʃlɪçtn̩] **I.** *vt* ■**etw** ~ to settle sth; [**in etw** *akk*] **~d eingreifen** to act as mediator [in sth]
II. *vi* ■[**in etw** *dat*] ~ to mediate [*or* arbitrate] [in sth]
Schlich·ter(in) <-s, -> ['ʃlɪçtɐ] *m(f)* arbitrator, mediator; **einen ~ einschalten** to go to arbitration
Schlicht·heit <-> *f kein pl* simplicity, plainness
Schlich·tung <-, -en> *f* mediation, settlement, arbitration
Schlich·tungs·aus·schuss[RR] *m* arbitration committee **Schlich·tungs·klau·sel** *f* arbitration clause **Schlich·tungs·ko·mi·tee** *nt* JUR arbitration board [*or* tribunal] **Schlich·tungs·kom·mis·si·on** *f s.* **Schlichtungsausschuss** **Schlich·tungs·stel·le** *f* arbitration [*or* conciliation] board **Schlich·tungs·ver·fah·ren** *nt* JUR, ÖKON arbitration proceedings *pl* **Schlich·tungs·ver·hand·lung** *f meist pl* arbitration [negotiations]; **~en aufnehmen** to go to arbitration **Schlich·tungs·ver·trag** *m* JUR arbitration agreement **Schlich·tungs·we·sen** *nt* arbitral jurisdiction
Schlick <-[e]s, -e> [ʃlɪk] *m* silt
schlid·dern ['ʃlɪdɐn] *vi haben o sein* NORDD *(schlittern)* to slide
schlief [ʃli:f] *imp von* **schlafen**
Schlie·re <-, -n> ['ʃli:rə] *f* ❶ *(Schmutzstreifen)* smear
❷ GEOL, PHYS stria
Schlie·ße <-, -n> ['ʃli:sə] *f* fastener, clasp
schlie·ßen <schloss, geschlossen> ['ʃli:sn̩] **I.** *vi*
❶ *(zugehen)* to close; ***die Tür schließt nicht richtig*** the door doesn't close properly
❷ *(Geschäftsstunden unterbrechen)* to close, to shut
❸ *(Betrieb einstellen)* to close [*or* shut] [down]
❹ *(enden)* ■[**mit etw** *dat*] ~ to close [*or* end] [with sth]; ***der Vorsitzende schloss mit den Worten ...*** the chairman closed by saying ...
❺ *(schlussfolgern)* ■[**aus etw** *dat* [*o* **von etw** *dat*]] [**auf etw** *akk*] ~ to conclude [*or* infer] [sth] [from sth]; ■**von jdm auf jdn** ~ to judge sb by sb's standards; ***du solltest nicht immer von dir auf andere ~!*** you shouldn't project your character on others; **vom Besonderen auf das Allgemeine** ~ to proceed inductively; **etw lässt auf etw** *akk* ~ sth indicates [*or* suggests] sth
❻ BÖRSE to close; **fest/schwächer** ~ to finish higher/lower; **flau** ~ to leave off flat; ***die Börse schloss heute freundlich*** the stock exchange closed up on the day
II. *vt* ❶ *(geh: zumachen)* ■**etw** ~ to close [*or* shut] sth; **eine geschlossene Anstalt** a top-security mental hospital; **ein hinten geschlossenes Kleid** a dress that fastens at the back
❷ *(unpassierbar machen)* ■**etw** ~ to close sth
❸ *(Geschäftsstunden unterbrechen)* ■**etw** ~ to close sth
❹ *(Betrieb einstellen)* **einen Betrieb/Laden** ~ to close down a factory/shop
❺ *(geh: beenden)* ■**etw** ~ to close [*or* conclude] sth, to bring sth to a close *form,* to wind sth up; ***die Verhandlung ist geschlossen!*** the proceedings are closed!
❻ *(eingehen)* [**mit jdm**] **ein Abkommen** ~ to come to an agreement [with sb]; **ein Bündnis** ~ to enter into [*or* form] an alliance; **eine Ehe** ~ to get married; **Freundschaft** ~ to become friends; **Frieden** ~ to make peace; **einen Kompromiss** ~ to reach a compromise; **einen Pakt** ~ to make a pact
❼ *(auffüllen)* ■**etw** ~ to fill sth; **eine Lücke** ~ to fill a gap; **die Reihen** ~ MIL to close ranks
❽ *(schlussfolgern)* ■**etw** [**aus etw** *dat*] ~ to conclude [*or* infer] sth [from sth]; ■[**aus etw** *dat*] **~, dass ...** to conclude [*or* infer] [from sth] that ...
❾ *(geh: beinhalten)* ■**etw in sich** *dat* ~ to imply sth
❿ *(einschließen)* ■**etw in etw** *akk* ~ to lock sth away in sth *sep*
⓫ *(befestigen)* ■**etw an etw** *akk* ~ to lock sth up to sth *sep;* ***er schließt das Fahrrad immer mit einer Kette an einen Baum*** he always chains his bike to a tree
⓬ *(folgen lassen)* ■**etw an etw** *akk* ~ to follow sth up with sth *sep*
⓭ *(umfassen)* **jdn in die Arme** ~ to take sb in one's arms; **jdn** [**mit**] **ins Gebet** ~ to include sb in one's

S

prayers; *s. a.* **Arm, Herz**
III. *vr* ❶ *(zugehen)* ■**sich** *akk* ~ to close, to shut; ***die Türen ~ sich automatisch*** the doors close automatically; ■**sich** *akk* **um etw** *akk* ~ to close around sth
❷ *(sich anschließen)* ■**sich** *akk* **an etw** *akk* ~ to follow sth; ***an die Filmvorführung schloss sich eine Diskussion mit dem Regisseur an*** after the showing there was a discussion with the film's director

Schließ·fach *nt* ❶ *(Gepäckschließfach)* locker
❷ *(Bankschließfach)* safe-deposit box ❸ *(Postfach)* post-office [*or* PO] box **Schließ·frucht** *f* BOT indehiscent fruit **Schließ·korb** *m* hamper

schließ·lich ['ʃli:slɪç] *adv* ❶ *(endlich)* at last, finally; ~ **und endlich** in the end, ultimately
❷ *(immerhin)* after all

Schließ·mus·kel *m* sphincter **Schließ·stan·ge** *f* BAU locking bar

Schlie·ßung <-, -en> *f* ❶ *(Betriebsaufgabe)* closure
❷ *(geh: Beendigung)* close

Schließ·zy·lin·der *m* BAU locking cylinder

schliff [ʃlɪf] *imp von* **schleifen[2]**

Schliff <-[e]s, -e> [ʃlɪf] *m* ❶ *kein pl (das Schleifen)* sharpening, grinding
❷ *kein pl (das Polieren von Edelsteinen)* cutting; *(das Polieren von Glas)* cutting and polishing
❸ *(geschliffener Zustand)* edge
❹ *(polierter Zustand)* cut
❺ *(fig: Umgangsformen)* polish, sophistication; **jdm ~ beibringen** to give sb polish; **keinen ~ haben** to be without refinement; **etw** *dat* **den letzten ~ geben** to put the finishing touches to sth

schlimm [ʃlɪm] **I.** *adj* ❶ *(unangenehm)* bad; *(stärker)* dreadful, terrible; ***was ist so ~ daran?*** what's so bad about it?; ***mit ihr wird es noch ein ~es Ende nehmen*** she'll come to a bad end; ***die erste Zeit war ~ für sie*** in the beginning she had a hard time of it; **eine ~e Entwicklung/Geschichte** an ugly [*or* a bad] development/business; **ein ~er Fall** a nasty case [*or* instance]; **eine ~e Nachricht, ~e Neuigkeiten** bad news *pl;* **eine ~e Zeit** a terrible [*or* dreadful] time; ■**es ist ~, dass ...** it is dreadful [*or* terrible] that ...; **etw wird** [*o* **mit etw** *dat* **wird es**] **immer ~er** sth gets worse and worse; ***mit der Hitze wird es auch von Jahr zu Jahr ~er*** the heat gets worse from year to year; ***in letzter Zeit ist es immer ~er geworden*** things have gone from bad to worse recently; ■**etwas S~es/S~eres** something dreadful [*or* terrible]/worse; ■**das S~ste** the worst; ***man muss auf das S~ste gefasst sein*** one has to be prepared for the worst; **das S~e daran ist, [dass] ...** the worst of it [*or* the awful thing about it] is [that] ...; **es gibt S~eres** there are worse things; **es gibt nichts S~eres als ...** there's nothing worse than ...; **~, ~!** that's dreadful [*or* terrible]!
❷ *(gravierend)* serious, grave *form;* ■**nicht** [**so**] **~ sein** to be not [so] bad [*or* terrible]; **eine ~e Tat** a grave misdeed *form;* **ein ~es Verbrechen begehen** to commit a serious crime; **ein ~es Versäumnis** a glaring omission; **ein ~er Vorwurf** a serious reproach
❸ *(fam: ernst)* serious; **wenn es nichts S~eres ist!** as long as it's nothing more serious than that!, if that's all it is!; **eine ~e Verletzung** a bad [*or* nasty] wound
❹ *(moralisch schlecht)* bad, wicked; ***daran ist nichts S~ es*** there's nothing wrong in it
▶WENDUNGEN: **etw ist <u>halb</u> so ~** sth is not as bad as all that; **ist <u>nicht</u> ~!** no problem!, don't worry!
II. *adv* ❶ *(gravierend)* seriously; **sich** *akk* **~ irren** to make a serious mistake
❷ *(schlecht)* dreadfully; **sich** *akk* **~ benehmen** to behave badly
❸ *(übel)* badly; **jdn ~ verprügeln** to beat sb up badly; **jdn ~ zurichten** to give sb a severe beating
❹ *(unangenehm)* **~ dran sein** *(fam)* to be in a bad way *fam;* **wenn es ganz ~ kommt** if the worst comes to the worst; **es steht ~** [**um jdn/mit etw** *dat*] things look bad [for sb/for sth]; **~ genug, dass ...** it's bad enough that ...; **umso** [*o* **desto**] **~er** so much the worse
❺ *(sehr)* badly; ***die Scheidung hat sie ~ mitgenommen*** she's had a rough time with her divorce

Schlim·me(r) *f(m) dekl wie adj* ❶ *(übler Mensch)* nasty person [*or* piece of work]
❷ *(hum fam)* naughty boy/girl *hum fam*

schlimms·ten·falls ['ʃlɪmstṇ'fals] *adv* if the worst comes to the worst

Schlin·ge <-, -n> ['ʃlɪŋə] *f* ❶ *(gebundene Schlaufe)* loop; *(um jdn aufzuhängen)* noose
❷ *(Falle)* snare; **~n legen** [*o* **stellen**] to lay out [*or* set] a snare
❸ MED sling; *s. a.* **Kopf**

Schlin·gel <-s, -> ['ʃlɪŋl] *m (fam)* [little] rascal

schlin·gen[1] <schlang, geschlungen> ['ʃlɪŋən] **I.** *vt (geh)* ■**etw** [**um etw** *akk*] **~** to wind sth [about sth]; **etw zu einem Knoten ~** to tie [*or* knot] sth; **die Arme um jdn ~** to wrap one's arms around sb
II. *vr* ■**sich** *akk* [**um etw** *akk*] **~** ❶ *(geh: sich winden)* to wind [*or* coil] itself [around sth]
❷ BOT to creep [around sth], to twine itself [around sth]

schlin·gen[2] <schlang, geschlungen> ['ʃlɪŋən] *vi (fam)* to gobble [*or* BRIT bolt] one's food

Schlin·ger·kurs ['ʃlɪŋekʊrs] *m kein pl* POL *(fig sl)* [political] agenda full of U-turns; ***die Regierung fährt einen ~*** the government's agenda is full of U-turns

schlin·gern ['ʃlɪŋen] *vi* NAUT to roll [from side to side]

Schling·pflan·ze *f* creeper

schlip·fen ['ʃlɪpfṇ] *vi sein* SCHWEIZ *(ausgleiten)* to slip

Schlips <-es, -e> [ʃlɪps] *m* tie; **in** [*o* **mit**] **~ und Kragen** *(fam)* in [*or* with] a collar and tie
▶WENDUNGEN: **sich** *akk* [**durch jdn/etw**] **auf den ~ <u>getreten</u> fühlen** *(fam)* to feel offended by sb; **jdm auf den ~ <u>treten</u>** *(fam)* to put sb out, to upset sb, to tread on sb's toes

Schlit·tel·weg <-[e]s, -e> ['ʃlɪtḷ-] *m* SCHWEIZ *(Rodelbahn)* toboggan run

Schlit·ten <-s, -> ['ʃlɪtṇ] *m* ❶ *(Rodel)* sledge, sled; *(Rodelschlitten)* toboggan; *(mit Pferden)* sleigh; **~ fahren** to go tobogganing
❷ *(sl: Auto)* wheels *sl pl*
❸ TECH *(einer Schreibmaschine)* carriage
▶WENDUNGEN: **mit jdm ~ <u>fahren</u>** *(pej fam)* to bawl sb out, to give sb a hard time *fam* [*or sl* hell]

Schlit·ten·fah·ren <-s> *nt kein pl* sledging; *(mit Rodelschlitten)* tobogganing; *(mit Pferdeschlitten)* sleighing **Schlit·ten·fahrt** *f* sleigh ride

Schlit·ter·bahn *f* NORDD slide

schlit·tern ['ʃlɪten] *vi* ❶ *sein o haben (rutschen)* ■[**irgendwohin**] **~** to slide [somewhere]
❷ *sein (ausrutschen)* to slip; *Wagen* to skid
❸ *sein (fam: unversehens geraten)* ■[**in etw** *akk*] **~** to slide [*or* slither] [into sth]; **in die Pleite ~** to slide into bankruptcy

Schlitt·ler(in) <-s, -> ['ʃlɪtle] *m(f)* SCHWEIZ *(Rodler)* tobogganer

Schlitt·schuh ['ʃlɪtʃu:] *m* SPORT skate; **~ fahren** [*o* **laufen**] to skate **Schlitt·schuh·bahn** *f* ice [*or* skating] rink **Schlitt·schuh·lau·fen** <-s> *nt kein pl* SPORT skating **Schlitt·schuh·läu·fer(in)** *m(f)* skater

Schlitz <-es, -e> [ʃlɪts] *m* ❶ *(Einsteckschlitz)* slot
❷ *(schmale Öffnung)* slit
❸ MODE slit; *(fam: Hosenschlitz)* flies *pl*

Schlitz·au·ge *nt (pej)* ❶ *(Augenform)* slant [*or pej* slit] eye ❷ *(Person)* Chink *pej* **schlitz·äu·gig** *adj* almond-eyed, slant-eyed

schlit·zen ['ʃlɪtsṇ] *vt* ■**etw/jdn ~** to slit [open] sth/sb

Schlitz·ohr *nt (fam)* rogue, wily fox, shifty sod BRIT, weasel

schlitz·oh·rig *adj (fam)* cunning, crafty

Schlitz·per·fo·ra·ti·on [-pɛrfora'tsi̯o:n] *f* TYPO slot perforation

Schlö·gel <-s, -> ['ʃlø:gl] *m* ÖSTERR leg; *vom Wild* haunch

schloh·weiß ['ʃlo:'vai̯s] *adj Haare* snow-white

schloss[RR], **schloß[ALT]** [ʃlɔs] *imp von* **schließen**

Schloss[RR] <-es, Schlösser>, **Schloß[ALT]** <-sses, Schlösser> [ʃlɔs, *pl* 'ʃlœse] *nt* ❶ *(Palast)* palace
❷ *(Türschloss)* lock; **ins ~ fallen** to snap [*or* click] shut; *(laut)* to slam shut; **die Tür ins ~ fallen lassen** to let the door close
❸ *(Verschluss)* catch; *(an einer Handtasche)* clasp; *(an einem Rucksack)* buckle
❹ *(Vorhängeschloss)* padlock
▶WENDUNGEN: **jdn hinter ~ und <u>Riegel</u> bringen** to put sb behind bars; **hinter ~ und <u>Riegel</u> sitzen** to be behind bars [*or* doing time]

Schlo·ße <-, -n> ['ʃlo:sə] *f meist pl* DIAL *(Hagelkorn)* hailstone

Schlos·ser(in) <-s, -> ['ʃlɔsɐ] *m(f)* locksmith; *(Metallschlosser)* metalworker; *(Autoschlosser)* mechanic; *(Maschinenschlosser)* fitter

Schlos·ser·aus·bil·dung *f* apprenticeship as a fitter/locksmith/mechanic

Schlos·se·rei <-, -en> [ʃlɔsə'rai̯] *f s.* **Schlosserwerkstatt**

Schlos·ser·ge·sel·le *m* journeyman fitter/[lock]smith/mechanic **Schlos·ser·ham·mer** *m* engineer's hammer **Schlos·ser·hand·werk** *nt* fitter's/[lock]smith's/mechanic's trade

Schlos·se·rin <-, -nen> *f fem form von* **Schlosser**

Schlos·ser·leh·re *f s.* **Schlosserausbildung**

Schlos·ser·lehr·ling *m* apprentice to a fitter/[lock]smith/mechanic **Schlos·ser·werk·statt** *f (für Metallarbeit)* smith's shop; *(für Maschinenreparaturen)* fitter's shop; *(für Schlösser)* locksmith's shop; *(für Autoreparaturen)* car workshop

Schloss·gar·ten[RR] *m* castle garden **Schloss·herr(in)[RR]** <-en, -en> *m(f)* owner of a/the castle **Schloss·hund[RR]** *m* ▶WENDUNGEN: **<u>heulen</u> wie ein ~** *(fam)* to cry [*or fam* bawl] one's eyes out **Schloss·kas·ten[RR]** *m* BAU lock case **Schloss·park[RR]** *m* castle grounds *pl,* estate **Schloss·ter·ras·se[RR]** *f* palace terrace **Schloss·turm[RR]** *m* palace tower

Schlot <-[e]s, -e> [ʃlo:t] *m* ❶ *(langer Schornstein)* chimney
❷ GEOL vent, chimney
❸ NAUT funnel
❹ *(pej fam: Nichtsnutz)* good-for-nothing
▶WENDUNGEN: **<u>rauchen</u> wie ein ~** *(fam)* to smoke like a chimney

schlot·te·rig, schlott·rig ['ʃlɔt(ə)rɪç] *adj (fam)* ❶ *(zittrig)* shaky; *Knie* trembling
❷ *(schlaff herabhängend)* baggy

schlot·tern ['ʃlɔten] *vi* ❶ *(zittern)* ■[**vor etw** *dat*] **~** to tremble [with sth]; **vor Angst/Erschöpfung ~** to shake with fear/exhaustion; **vor Kälte ~** to shiver with cold; **am ganzen Körper ~** to shake all over
❷ *(schlaff herabhängen)* ■[**um etw** *akk*] **~** to flap [around sth]

schlott·rig ['ʃlɔtrɪç] *adj (fam) s.* **schlotterig**

Schlucht <-, -en> [ʃlʊxt] *f* gorge, ravine

schluch·zen ['ʃlʊxtsṇ] *vi* to sob

Schluch·zer <-s, -> ['ʃlʊxtsɐ] *m* sob

Schluck <-[e]s, -e> [ʃlʊk] *m* ❶ *(geschluckte Menge)* mouthful; **einen ~** [**von etw** *dat*] **nehmen** to have a sip [of sth], to try [sth]; **ein ~ zu trinken** [a drop of] something to drink; **~ für ~** sip by sip; **in** [*o* **mit**] **einem ~** at one go, in one swallow; **drei ~[e] Milch** three mouthfuls of milk
❷ *(das Schlucken)* swallow; *(größer)* gulp; *(kleiner)* sip

Schluck·auf <-s> ['ʃlʊkʔau̯f] *m kein pl* hiccup; **den** [*o* **einen**] **~ haben** to have hiccups **Schluck·be·schwer·den** *pl* difficulties in swallowing

Schlück·chen <-s, -> ['ʃlʏkçən] *nt dim von* **Schluck** [small] sip, drop; **ein ~** [**von etw** *dat*] **nehmen** to have a drop of sth

schlu·cken ['ʃlʊkṇ] **I.** *vt* ■**etw ~** ❶ *(hinunterschlucken)* to swallow sth
❷ *(sl: trinken)* to drink sth
❸ AUTO *(fam)* to guzzle sth; ***der alte Wagen schluckt 14 Liter*** the old car guzzles 14 litres for every 100 km
❹ *(fam: hinnehmen, glauben)* to swallow sth
❺ ÖKON *(fam: übernehmen)* to swallow sth; **etw**

ganz ~ to swallow sth [lock, stock and barrel]
⑥ *(dämpfen)* ■**etw schluckt etw** sth absorbs sth
II. *vi* ① *(Schluckbewegungen machen)* to swallow; *(größer)* to gulp
② *(sl: Alkohol konsumieren)* to booze *sl*
▶WENDUNGEN: **[erst mal] ~ müssen** *(fam)* to [first] take a deep breath

Schlu·cker <-s, -> *m* ▶WENDUNGEN: **armer ~** *(fam)* poor blighter [*or* BRIT *fam!* sod] [*or* devil]

Schluck·impf·stoff *m* oral vaccine **Schluck·imp·fung** *f* oral vaccination **Schluck·specht** *m* *(fam)* drinker, boozer *sl*

schluck·wei·se *adv* in sips; **etw ~ genießen** [*o* **trinken**] to sip sth

Schlu·de·rei <-, -en> [ʃlu:də'rai] *f* *(fam)* *s.* **Schlamperei**

schlu·de·rig ['ʃlu:dərɪç] *adj* *(fam)* *s.* **schlampig**

schlu·dern ['ʃlu:dɐn] *vi* *(fam)* *s.* **schlampen**

schlud·rig ['ʃlu:drɪç] *adj* *(fam)* *s.* **schlampig**

Schluf·fi <-s, -s> ['ʃlʊfi] *m* *(pej fam)* slacker *sl*

schlug [ʃlu:k] *imp von* **schlagen**

Schlum·mer <-s> ['ʃlʊmɐ] *m kein pl (geh)* slumber *liter;* *(Schläfchen)* doze, catnap; **in einen tiefen ~ sinken** to sink into a deep sleep [*or liter* slumber]

Schlum·mer·mo·dus *m* INFORM standby, sleep mode

schlum·mern ['ʃlʊmɐn] *vi* *(geh)* to slumber *liter;* *(ein Schläfchen halten)* to doze

schlum·mernd *adj inv* ① *(schlafend)* slumbering
② *(unentfaltet)* *Kräfte, Talent, Energien* latent, dormant
③ *(latent)* *Krankheit* latent

Schlund <-[e]s, Schlünde> [ʃlʊnt, *pl* 'ʃlʏndə] *m*
① ANAT throat, pharynx *form;* *(eines Tiers)* maw
② *(geh)* abyss, chasm; **der ~ des Meeres** the depths of the sea, the deep; **der ~ des Vulkans** the pit of the volcano

Schlupf <-[e]s, -e *o* Schlüpfe> [ʃlʊpf, *pl* 'ʃlʏpfə] *m* AUTO slip

schlüp·fen ['ʃlʏpfn̩] *vi sein* ① ORN, ZOOL ■**[aus etw** *dat*] ~ to hatch out [of sth]
② *(rasch kleiden)* ■**[aus etw** *dat*] ~ to slip out of sth; ■**[in etw** *akk*] ~ to slip into sth, to slip on sth *sep*
③ *(rasch bewegen)* ■**[irgendwohin]** ~ to slip somewhere; **unter die Decke ~** to slide under the blanket

Schlüp·fer <-s, -> ['ʃlʏpfɐ] *m* MODE *(veraltend)*
① *(Damen- und Kinderunterhose)* panties *npl,* knickers *npl* BRIT
② *(weiter Herrenmantel)* raglan

Schlupf·lid *nt* receding [*or* inverted] eyelid **Schlupf·loch** *nt* ① *(Öffnung)* opening, hole ② *(fig)* loophole ③ *s.* **Schlupfwinkel**

schlüpf·rig ['ʃlʏpfrɪç] *adj* ① *(unanständig)* lewd, suggestive
② *(glitschig)* slippery

Schlüpf·rig·keit <-, -en> *f* ① *kein pl (Unanständigkeit)* lewdness, coarseness
② *(schlüpfrige Bemerkung)* lewd [*or* coarse] [*or* suggestive] remark

Schlupf·wes·pe *f* ZOOL ichneumon fly **Schlupf·win·kel** *m* *(Versteck)* hiding place; *(von Gangstern)* hideout

Schlup·pe ['ʃlʊpə] *f* NORDD loop

schlur·fen ['ʃlʊrfn̩] *vi sein* to shuffle; *(absichtlich)* to scuff [one's feet]

schlür·fen ['ʃlʏrfn̩] **I.** *vt* ■**etw ~** to slurp sth; ***er schlürfte genüsslich seine Suppe*** he lapped up his soup with relish
II. *vi* to slurp, to drink noisily

Schluss[RR] <-es, Schlüsse>, **Schluß**[ALT] <Schlusses, Schlüsse> [ʃlʊs, *pl* 'ʃlʏsə] *m* ① *kein pl (zeitliches Ende)* end (+*gen* of); *(Ladenschluss)* closing time; ***es ist ~!*** enough's enough!; **keinen ~ finden** to go on endlessly; **~ für heute!** that's enough [*or* that'll do] for today!; **~ [jetzt]!** that's enough!, that'll do!; **jetzt [ist] aber ~ [damit]!** that's enough [of that]!, that'll do!; **kurz vor ~** just before closing time; **~ machen** *(Feierabend)* to stop working, to knock off *fam;* *(fam: kündigen)* to quit [one's job] *fam* (**bei** +*dat* at); **[mit jdm] ~ machen** *(abweisen)* to break it off [with sb], to finish with sb; **[mit etw** *dat*] **~ machen** *(aufhören)* to stop [sth]; ***ich muss jetzt ~ machen*** I have to stop now; *(am Telefon)* I have to go now; **mit der Arbeit ~ machen** to stop work, to knock off *fam;* **~ für heute machen** to call it a day; **mit dem Rauchen/Trinken ~ machen** to stop smoking/drinking; **[mit sich [*o* dem Leben]] ~ machen** *(fam)* to end it all, to top oneself *fam;* **zum** [*o* **am**] **~** at the end (+*gen* of); *(schließlich)* in the end, finally; ***zum ~ möchte ich ...*** finally [*or* in conclusion] I would like ...; **zum ~ kommen** to finish, to bring one's remarks/speech to a conclusion; **zum ~ einer S.** *gen* **kommen** to finish sth, to bring sth to a conclusion; ***damit komme ich zum ~ meiner Rede*** that brings me to the end of my speech; ■**irgendwo ist ~** somewhere is the end; ***hier ist ~*** this is the end of the line; ■**~ mit etw** *dat!*: **~ damit!** stop it!; **~ *mit dem Blödsinn!*** enough of this nonsense!; **~ *mit deiner Winselei!*** stop whining!; **~ mit lustig!** *(fam)* enough joking now!; ■**mit etw** *dat* **ist ~** sth is over with; ***mit dem Rauchen ist jetzt ~!*** *(an andere)* right! that's enough smoking now!; *(an sich selbst)* I'm going to stop smoking right now!
② *(Hinterteil)* end, back; *eines Zuges a.* rear; *einer Reihe* end; ***und dann war ~ mit guten Ideen*** *(fam)* and then we/they etc. ran out of good ideas; **den ~ [einer S.** *gen*] **bilden** to be at the back [*or* rear] [*or* end] [of sth]; *Person a.* to take the rear
③ *(abschließender Abschnitt)* end, last part; *eines Berichts a.* conclusion; **~ *folgt [im nächsten Heft]*** final part in the next issue; **der krönende ~ [einer S.** *gen*] the climax [*or* culmination] [of sth]
④ *(Folgerung)* conclusion (**auf** +*akk* regarding); **[aus etw** *dat*] **einen ~/bestimmte Schlüsse ziehen** to draw [*or* reach] a conclusion/particular conclusions from sth; **aus etw** *dat* **den ~ ziehen, dass ...** to draw from sth the conclusion [*or* to reach the conclusion] that ...; **zu dem ~ kommen, dass ...** to come to the conclusion that ...
⑤ MUS conclusion, cadence *spec*
⑥ *kein pl* TECH *(Schließvermögen)* fit; **[einen] guten ~ haben** to fit tightly [*or* well], to shut [*or* close] tight; *Dichtung* to form a good seal
⑦ *kein pl (beim Reiten)* seat; **einen/keinen guten ~ haben** to have a good/have no seat; **mit den Knien [guten] ~ nehmen** to grip with one's knees
⑧ BÖRSE closing, close
⑨ SPORT *(Rugby)* fullback
⑩ PHILOS [logical] deduction
⑪ MATH *(Logik)* inference, syllogism *spec*
⑫ ELEK *(sl: Kurzschluss)* short [circuit]
⑬ *kein pl (veraltet: Schließen)* ***nach ~ der Türen*** after the doors have closed
⑭ *(veraltet: Abkommen)* agreement; *(Beschluss)* resolution; *(Entschluss)* decision
▶WENDUNGEN: **[nun ist aber] ~ im Dom!** DIAL that's enough [of that]!, that'll do!; **mit jdm/etw ist ~** *(fam)* sb/sth has had it *fam;* **es ist ~ mit lustig** it's the end of the party, the fun's over

Schluss·ab·rech·nung[RR] *f* final statement **Schluss·ak·te**[RR] *f* final communiqué **Schluss·an·trag**[RR] *m* JUR conclusion, submission **Schluss·be·hand·lung**[RR] *f* TECH final treatment **Schluss·be·mer·kung**[RR] *f* final [*or form* concluding] remark [*or* comment] **Schluss·be·steu·e·rung**[RR] *f* ultimate transaction **Schluss·be·stim·mung**[RR] *f* JUR final provision **Schluss·be·trach·tung**[RR] *f* *(abschließende Bemerkung)* closing remarks *pl* **Schluss·bi·lanz**[RR] *f* FIN final balance **Schluss·di·vi·den·de**[RR] *f* BÖRSE final dividend; FIN *einer Versicherung* terminal bonus

Schlüs·sel <-s, -> ['ʃlʏsl] *m* ① *(Türöffner)* key
② *(fam: Schraubenschlüssel)* spanner, wrench
③ *(Mittel zur Erschließung)* ■**der ~ zu etw** *dat* the key to sth; **der ~ zum Erfolg** the key to [*or* the secret of] success
④ *(Verteilungsschema)* scheme [*or* plan] [of distribution]
⑤ *(Lösung)* key
⑥ *(Codeschlüssel)* code

Schlüs·sel·an·hän·ger *m* [key] fob **Schlüs·sel·an·hän·ger·for·mat** *nt* ■**im ~** having the size of a key-ring pendant

Schlüs·sel·auf·ga·be *f* key function **Schlüs·sel·bart** *m* TECH [toothed] bit [of a/the key] **Schlüs·sel·bein** *nt* collarbone, clavicle **Schlüs·sel·blu·me** *f* cowslip **Schlüs·sel·brett** *nt* key hooks *pl* **Schlüs·sel·bund** *m o nt* bunch of keys **Schlüs·sel·da·ten** *pl* ÖKON key data + *sing/pl vb* **Schlüs·sel·dienst** *m* security key [*or* locksmith] service **Schlüs·sel·er·leb·nis** *nt* crucial experience **Schlüs·sel·etui** *nt* key case **schlüs·sel·fer·tig** **I.** *adj* ready to move into [*or* for immediate occupancy] *pred,* turnkey *form* **II.** *adv* ***die Wohnungen werden ~ zum Kauf angeboten*** the flats are offered for sale ready for immediate occupancy **Schlüs·sel·fi·gur** *f* key [*or* central] figure **Schlüs·sel·in·dus·trie** *f* ÖKON key industry **Schlüs·sel·kind** *nt* latchkey child

Schlüs·sel·loch *nt* keyhole **Schlüs·sel·loch·chi·rur·gie** *f* MED keyhole surgery

Schlüs·sel·po·si·ti·on *f* key position; **eine ~ einnehmen/[inne]haben** to take up/hold a key position **Schlüs·sel·qua·li·fi·ka·ti·on** *f* key qualifications *pl* **Schlüs·sel·reiz** *m* BIOL key stimulus **Schlüs·sel·ring** *m* key ring **Schlüs·sel·rol·le** *f* key [*or* crucial] role; **jdm/etw kommt** [*o* **fällt**] **eine ~ zu** sb/sth assumes [*or* takes on] a key role **Schlüs·sel·ro·man** *m* roman-à-clef **Schlüs·sel·sek·tor** *m* key sector **Schlüs·sel·stel·lung** *f* key position; ***er hat in der Firma eine ~ inne*** he has a key position in the firm **Schlüs·sel·sze·ne** *f* key [*or* central] scene **Schlüs·sel·tech·no·lo·gie** *f* key technology **Schlüs·sel·wort** *nt* keyword

schluss·end·lich[RR] *adv* DIAL finally, in conclusion

schluss·fol·gern[RR] *vt* *(ableiten)* ■**etw [aus etw** *dat*] ~ to deduce sth [from sth]; ■**[aus etw** *dat*] **~, dass ...** to deduce [*or* conclude] [from sth] that ...

Schluss·fol·ge·rung[RR] *f* deduction, conclusion; ■**eine ~ aus etw** *dat* a conclusion [*or* deduction] drawn from sth; **eine ~ [aus etw** *dat*] **ziehen** to draw a conclusion [*or* to deduce sth] [from sth]; **[aus etw** *dat*] **die ~ ziehen, dass ...** to draw the conclusion [*or* to deduce] [from sth] that ...; **übereilte ~en ziehen** to jump to conclusions **Schluss·for·mel**[RR] *f* in *Briefen* conventional ending [*or* close]

schlüs·sig ['ʃlʏsɪç] *adj* ① *(folgerichtig)* logical; JUR *(eindeutig)* conclusive; **~e Beweisführung** conclusive evidence; **~es Verhalten** conduct from which the intention may be implied
② *(im Klaren)* ■**sich** *dat* **[über etw** *akk*] **~ sein/werden** to have made up/make up one's mind [about sth]; **sich** *dat* **über die Hintergründe einer Sache/eine Taktik ~ sein** to have made up one's mind about the reasons for sth/a strategy [to pursue]; ***sie sind sich immer noch nicht ~*** they still haven't made up their minds, they are still undecided; **sich** *dat* **darüber ~ sein, dass/ob/wie ...** to make [*or* have made] up one's mind that/whether/how ...

Schluss·ka·pi·tel[RR] *nt* last [*or* final] chapter **Schluss·kom·mu·ni·kee**[RR], **Schluss·kom·mu·ni·qué**[RR] *nt s.* Schlussakte **Schluss·kurs**[RR] *m* BÖRSE closing price **Schluss·leuch·te**[RR] *f* AUTO tail light [*or* lamp]

Schluss·licht[RR] *nt* AUTO rear [*or* tail] light
▶WENDUNGEN: **das ~ [einer S.** *gen*] **bilden** [*o* **sein**] to bring up the rear [of sth]

Schluss·no·te[RR] *f* BÖRSE contract note **Schluss·no·tie·rung**[RR] *f* BÖRSE closing quotation **Schluss·of·fen·si·ve** *f* final offensive **Schluss·pfiff**[RR] *m* final whistle **Schluss·pha·se**[RR] *f* final stage **Schluss·preis**[RR] *m* BÖRSE closing price

Schluss·punkt[RR] *m* ① LING full stop
② *(Abschluss)* conclusion; *einer Feier* finale
▶WENDUNGEN: **einen ~ unter** [*o* **hinter**] **etw setzen** to put an end to sth

Schluss·run·de[RR] *f* SPORT ① *(eines Rennens)* final lap
② *(eines Box-, Ringkampfes)* final round

S

Schluss·satzRR *m* ① *(Abschluss eines Textes)* concluding *form* [*or* last] sentence
② MUS last movement
Schluss·sit·zungRR *f* closing session **Schluss·strich**RR *m (Strich am Ende)* line at the end of sth; **einen ~ unter die Rechnung ziehen** to draw a line under the bill ▶WENDUNGEN: **einen ~ [unter etw** *akk*] **ziehen** *(etw erledigt sein lassen)* to draw a line [under sth], to put an end to sth; *(einen Streit beenden)* to bury the hatchet [over sth] **Schluss·ur·teil**RR *nt* JUR final judgement **Schluss·ver·kauf**RR *m* sales *pl* **Schluss·vor·trag**RR *m* JUR final address, summing-up; **~ in der Hauptverhandlung** summing-up in a trial **Schluss·wort**RR *nt* final word
Schmach <-> [ʃmaːx] *f kein pl (geh)* humiliation, ignominy *form no indef art, no pl;* **jdm [eine] ~ antun** to bring shame on sb; *s. a.* **Schande**
schmach·ten [ˈʃmaxtn̩] *vi (geh)* ① *(leiden)* **im Kerker ~** to languish in a dungeon; ■**jdn ~ lassen** to let sb suffer [with sth], to leave sb languishing [for sth] *hum;* **jdn vor Sehnsucht** [*o* **Verlangen**] **~ lassen** to let sb stew
② *(sich sehnen)* ■**[nach jdm] ~** to crave [*or* desire] [sb]; **vor Sehnsucht nach etw** *dat* **~** to yearn [*or* pine] [*or* long] for sth; **vor Verlangen nach etw** *dat* **~** to crave sth
schmach·tend *adj* soulful; **~er Blick** longing [*or* soulful] look
schmäch·tig [ˈʃmɛçtɪç] *adj* slight, weedy BRIT *pej;* **ein ~er Mensch** a person of slight build
schmach·voll *adj (geh) s.* **schmählich**
Schma·ckes [ˈʃmakəs] *pl* ▶WENDUNGEN: **mit ~** *(fam)* spiritedly, vigorously
schmack·haft *adj (geh: wohlschmeckend)* tasty; **~er Wein** delicious wine
▶WENDUNGEN: **jdm etw ~ machen** to make sth tempting to sb; ***ich konnte ihm eine Beteiligung nicht ~ machen*** I couldn't tempt him to take part
Schmäh <-s, -[s]> [ʃmɛː] *m* ÖSTERR *(fam)* ① *(Schwindel, Trick)* trick
② *kein pl (Sprüche und Scherze)* banter
Schmäh·brief *m* nasty letter
schmä·hen [ˈʃmɛːən] *vt (geh: herabsetzen)* ■**jdn/etw ~** to malign [*or form* vilify] sb/sth
schmäh·lich I. *adj (geh)* shameful, ignominious *form*
II. *adv* shamefully; ***er hat seine Familie ~ im Stich gelassen*** he abandoned his family in the most disgraceful manner
Schmäh·re·de *f* invective *form,* diatribe *form* **Schmäh·schrift** *f* lampoon *form* **Schmäh·sucht** *f* strong tendency to disparage **schmäh·süch·tig** *adj* always happy to malign [*or* vilify]
Schmä·hung <-, -en> *f (geh)* ① *kein pl (das Schmähen)* vilification *form*
② *(Schmährede)* abuse, invective
schmal <-er *o* schmäler, -ste *o* schmälste> [ʃmaːl] *adj* ① *(nicht breit)* narrow; **ein ~es Gesicht** a narrow [*or* thin] face; **~e Hände/Lippen** narrow [*or* thin] hands/lips; **~e Hüfte/Taille** narrow [*or* slim] hips/waist; **ein ~er Mensch** a slim person; **ein ~er Baum** a slender tree; **ein ~es Büchlein** a slim volume; **das ~e Ende eines Tisches** the short end of a table; **~e Schrift** TYPO condensed typeface
② *(dürftig)* meagre [*or* AM -er]; **eine ~e Auswahl/ein ~es Angebot** a limited choice; *s. a.* **Kost**
Schmal·bahn *f (Papier)* long grain **schmal·brüs·tig** *adj* narrow-chested
schmä·lern [ˈʃmɛːlɐn] *vt (heruntermachen)* ■**etw ~** to run sth down, to belittle sth
Schmä·le·rung <-, -en> *f* belittlement; **~ der Gewinnmargen** ÖKON narrowing of profit margins
Schmal·film *m* 8/16mm [cine] film **Schmal·film·ka·me·ra** *f* 8/16mm [cine] camera
Schmal·hans *m* ▶WENDUNGEN: **bei jdm ist ~ Küchenmeister** *(veraltend fam)* sb is on short rations
schmal·lip·pig [ˈʃmaːl,lɪpɪç] *adj* ① *(mit schmalen Lippen)* narrow-lipped
② *(fig: leicht verkniffen)* purse-lipped
Schmal·sei·te *f* **die ~ eines Gegenstandes** the short side of an object
Schmal·spur *f* BAHN narrow gauge **Schmal·spur·aka·de·mi·ker** *m (pej)* small-town [*or* minor] academic *pej* **Schmal·spur·bahn** *f* BAHN narrow gauge railway **Schmal·spur·den·ken** *nt kein pl (pej)* narrow thinking *pej* **Schmal·spur·gleis** *nt* BAHN narrow-gauge platform
Schmalz1 <-es, -e> [ʃmalts] *nt* KOCHK dripping; *(vom Schwein)* lard
Schmalz2 <-es> [ʃmalts] *m kein pl (pej fam)* schmaltz *fam,* sentimentality
schmal·zig [ˈʃmaltsɪç] *adj (pej fam)* schmaltzy *fam,* slushy *fam,* gushing *fam*
Schman·kerl <-s, -n> [ˈʃmaŋkɐl] *nt* SÜDD, ÖSTERR ① *(süßes tütenförmiges Gebäck aus dünn ausgebackenem Teig)* thin, sweet, cone-shaped pastry
② *(Leckerbissen)* delicacy, treat
schma·rot·zen* [ʃmaˈrɔtsn̩] *vi* ① *(pej: ausnutzend leben)* ■**[bei jdm] ~** to sponge [off [*or* on] [*or* from] sb] *pej fam*
② BIOL *(parasitieren)* to live as a parasite [in/on sth]
Schma·rot·zer <-s, -> *m* BIOL parasite
Schma·rot·zer(in) <-s, -> *m(f) (pej)* sponger BRIT *pej,* freeloader *pej*
Schmar·ren, Schmarrn <-s, -> [ˈʃmar(ə)n] *m* SÜDD, ÖSTERR ① KOCHK *pancake torn into small pieces*
② *(fam: Quatsch)* rubbish *fam,* nonsense, bollocks BRIT *vulg;* ***so ein ~!*** what a load of rubbish!; **einen ~** *(fam)* a damn, two pins BRIT *fam,* a monkey's BRIT *vulg*
schmat·zen [ˈʃmatsn̩] *vi* ① *(geräuschvoll essen)* to eat/drink noisily; *(mit Genuss schmatzen)* to smack one's lips; ***musst du beim Essen immer so ~?*** do you have to make such a noise when you're eating?
② *(mit schmatzendem Laut)* ***er küsste sie laut ~d auf die Wange*** he gave her a smacker [*or* loud kiss] on the cheek
Schmat·zer <-s, -> [ˈʃmatsɐ] *m (fam)* smack, smooch *fam*
schmau·chen [ˈʃmauxn̩] *vt* ■**etw ~** to puff on sth
Schmaus <-es, Schmäuse> [ʃmaus, *pl* ˈʃmɔyzə] *meist sing m (veraltend o hum)* feast
schmau·sen [ˈʃmauzn̩] *vi (geh)* to eat with relish
schme·cken [ˈʃmɛkn̩] I. *vi* ① *(munden)* ***hat es geschmeckt?*** did you enjoy it?, was it OK?, was everything to your satisfaction? *form;* ***so, ich hoffe, es schmeckt!*** so, I hope you enjoy it!; ***na, schmeckt's? — klar, und wie!*** well, is it OK? — you bet!; ***das schmeckt aber gut*** that tastes wonderful; **es sich** *dat* **~ lassen** *(mit Appetit essen)* to enjoy one's food; ***lasst es euch ~!*** tuck in!; **nach nichts ~** to not taste of anything [much], to be tasteless; **das schmeckt nach mehr!** *(fam)* it's more-ish! BRIT
② *(Geschmack haben)* ■**[nach etw** *dat*] **~** to taste [of sth]; ***hier schmeckt das Wasser nach Chlor*** the water here tastes of chlorine
③ *(fam: gefallen)* ■**jdm [irgendwie] ~:** ***na, wie schmeckt [dir] der neue Job?*** well, how do you like [*or* are you enjoying] the new job?; ***das schmeckt mir gar nicht!*** I don't like the sound of that at all
④ SÜDD, ÖSTERR, SCHWEIZ *(riechen)* smell
▶WENDUNGEN: **jdn nicht ~ können** to not be able to stand sb
II. *vt* ■**jd schmeckt etw** sb tastes [*or* has a taste of] [*or* tries] sth
Schmei·che·lei <-, -en> [ʃmaiçəˈlai] *f* flattery *no pl, no indef art; (übertriebenes Lob)* sweet talk *no pl, no indef art,* soft soap *fam no pl, no indef art* BRIT
schmei·chel·haft *adj* flattering, complimentary; **~e Worte** kind words; ■**~ [von jdm] sein** to be [very] kind [of sb]; ■**wenig ~ [für jdn/etw] sein** to be not very flattering [*or* complimentary] [for sb]
schmei·cheln [ˈʃmaiçl̩n] I. *vi* ① *(übertrieben loben)* ■**[jdm] ~** to flatter [*or* BRIT *fam* soft-soap] sb, to butter sb up
② *(jds Selbstwertgefühl heben)* ■**es schmeichelt jdm, dass ...** sb/sth is flattered [*or* finds it flattering] that ...
③ *(günstig darstellen)* ■**jdm/etw ~** to flatter sb/sth, to put sb/sth in a good light; ***die neue Frisur schmeichelt Ihnen [wirklich sehr]*** your new hairstyle suits you [very well] [*or* is very flattering]; ■**etw ist geschmeichelt** sth is flattering; ***es ist sehr durchschnittlich und das ist noch geschmeichelt!*** it's very average and that's putting it mildly!
④ *(kosen)* to cuddle up; ***na, Kätzchen, du schmeichelst? willst wohl was zu fressen!*** you're cuddling up, eh, kitty? I suppose you want some food!
II. *vr (geh: sich etw auf etw einbilden)* ■**sich** *dat* **~[, dass ...]** to flatter oneself [that ...]
Schmeich·ler(in) <-s, -> [ˈʃmaiçlɐ] *m(f)* flatterer, sweet-talker, soft-soaper BRIT *fam*
schmei·ch·le·risch *adj* ① *(pej: lobhudelnd)* flattering; **~e Worte** honeyed words
② *s.* **schmeichelhaft**
schmei·ßen <schmiss, geschmissen> [ˈʃmaisn̩] I. *vt (fam)* ① *(werfen)* ■**etw [irgendwohin/nach jdm] ~** to throw [*or fam* chuck] sth [somewhere/at sb]; *(mit Kraft)* to hurl [*or* fling] sth [somewhere/at sb]
② *(sl: spendieren)* ■**etw [für jdn] ~** to stand sth [for sb]; **eine Party ~** to throw a party; **eine Runde [Schnaps] ~** to stand a round [of schnapps]
③ *(sl: managen)* ■**etw ~** to run sth; ***kein Problem, wir werden das Ding schon ~*** don't worry, we'll manage it
④ *(fam: hinausweisen)* ■**jdn aus etw** *dat* **~** to throw sb out of sth; **jdn aus der Schule/dem Haus ~** to throw sb out of school/the house
⑤ *(fam: abbrechen)* ■**etw ~** to pack sth in; **das Studium ~** to pack [*or* BRIT *fam* jack] in one's studies
⑥ THEAT, TV *(sl: verderben)* ■**etw ~** to make a mess of sth; **eine Szene ~** to make a mess of a scene
II. *vi (fam)* ① *(werfen)* ■**mit etw** *dat* **[nach jdm/nach einem Tier] ~** to throw [*or fam* chuck] sth [at sb/at an animal]; *(mit Kraft)* to fling [*or* hurl] sth [at sb/at an animal]
② *(etw sehr häufig gebrauchen)* ■**mit etw** *dat* **um sich** *akk* **~** to be always using sth; ***diese Politikerin schmeißt gerne mit lateinischen Zitaten um sich*** this politician is always using Latin quotations; *(mit etw verschwenderisch umgehen)* to throw sth about [*or* around]
③ *(ausgeben)* ■**mit etw** *dat* **um sich** *akk* **~** to throw sth around; ***er schmeißt mit seinem Geld nur so um sich*** he just throws his money around
III. *vr* ① *(sich fallen lassen)* ■**sich** *akk* **[auf etw** *akk*] **~** to throw oneself onto sth; *(mit Kraft)* to fling [*or* hurl] oneself onto sth; **sich** *akk* **auf ein Bett/Sofa ~** to stretch out on the bed/sofa; **sich** *akk* **vor einen Zug ~** to throw oneself in front of a train
② *(sich kleiden)* ■**sich** *akk* **in etw** *akk* **~** to get togged [*or* dressed] up [in sth]; **sich** *akk* **in einen Smoking/den besten Anzug ~** to get togged up in a dinner jacket/one's best suit; **sich** *akk* **in Schale ~** to put on one's glad rags; ***sieh an, du hast dich heute aber in Schale geschmissen!*** well, you're all dolled up today, aren't you?
③ *(bewerfen)* ■**sich** *akk* **mit etw** *dat* **~** to throw sth at each other; *s. a.* **Hals**
Schmeiß·flie·ge *f* blowfly, bluebottle, greenbottle
Schmelz <-[e]s, -e> [ʃmɛlts] *m* ① *(Zahnschmelz)* enamel
② *(geh: Glasur)* glaze
③ *kein pl (Ausdruck)* sweetness; **der ~ der Stimme** the softness of voice; **der ~ der Farben** the glowing of colour [*or* AM -or]; **verblasster ~ der Jugend** faded sweetness of youth
Schmel·ze <-, -n> [ˈʃmɛltsə] *f* ① *(geschmolzenes Metall)* molten metal, melt
② *(Magma)* magma
schmel·zen <schmolz, geschmolzen> [ˈʃmɛltsn̩] I. *vi sein* ① *(weich werden)* to melt; **jds Herz zum S~ bringen** to melt sb's heart
② *(schwinden)* to melt; ***ihre Zweifel schmolzen schnell*** her doubts soon disappeared
II. *vt haben (zergehen lassen)* ■**etw ~** to melt sth; **Metall ~** to smelt metal

Schmẹlz·hüt·te *f* smelting works + *sing/pl vb* **Schmẹlz·kä·se** *m* KOCHK ❶ *(in Scheiben/Stücken)* processed cheese ❷ *(streichfähig)* cheese spread **Schmẹlz·ofen** *m* smelting furnace **Schmẹlz·punkt** *m* melting point **Schmẹlz·schwei·ßen** <-s> *nt kein pl* butt welding **Schmẹlz·tie·gel** *m* melting pot **Schmẹlz·wär·me** *f* CHEM, PHYS heat of fusion **Schmẹlz·was·ser** *nt* GEOG meltwater **Schmẹlz·zen·tri·fu·ge** *f* CHEM, TECH centrifugal furnace

Schmer·bauch ['ʃme:ɐ̯-] *m (fam)* paunch, pot belly; *(Mensch)* person with a paunch [*or* pot belly]

Schmer·le <-, -n> ['ʃmɛrlə] *f* ZOOL loach, groundling

Schmerz <-es, -en> [ʃmɛrts] *m* ❶ *(körperliche Empfindung)* pain; *(anhaltend und pochend)* ache; **~en haben** to be in pain; **unter ~en** in pain; **vor ~en** in pain

❷ *kein pl (Kummer)* [mental] anguish *no indef art, no pl; (über den Tod eines Menschens)* grief *no indef art, no pl*

❸ *(Enttäuschung)* heartache; **jdn mit ~ erfüllen** *(Kummer)* to fill sb with sorrow

▸WENDUNGEN: **geteilter ~ ist halber ~** *(prov)* a problem shared is a problem halved; **hast du sonst noch ~en?** *(iron fam)* [have you got] any other problems? *iron fam*

schmẹrz·be·täu·bend I. *adj* painkilling II. *adv* **~ wirken** to have a painkilling effect **schmẹrz·emp·find·lich** *adj* ❶ *(leicht Schmerzen empfindend)* sensitive [to pain *pred*] ❷ *(leicht schmerzend)* sensitive, tender

schmer·zen ['ʃmɛrtsn̩] I. *vi* ❶ *(wehtun)* to hurt; *(anhaltend und pochend)* to ache; ■**~d** painful, aching

❷ *(geh: Kummer bereiten)* ■**es schmerzt, dass/wenn ...** it hurts [*or form* pains sb] that/if/when ...

II. *vt (geh: Kummer bereiten)* ■**jdn ~** to hurt sb; ***es schmerzt mich, dass er nie geschrieben hat*** it hurts [*or form or liter* pains] me that he's never written

Schmẹr·zens·geld *nt* compensation **Schmẹr·zens·geld·an·spruch** *m* claim for damages sustained on account of pain and suffering

Schmẹr·zens·laut *m (geh)* cry [*or* shout] of pain; **ein leiser/unterdrückter ~** a moan of pain **Schmẹr·zens·schrei** *m* scream of pain

Schmẹrz·gren·ze *f (fam: absolutes Limit)* bottom line *fam; (Grenze des Erträglichen)* limit

schmẹrz·haft *adj* ❶ *(Schmerzen verursachend)* painful

❷ ÖKON *(fig)* **~ hohe Zinsen** exorbitant interest

❸ *(geh) s.* **schmerzlich**

schmẹrz·lich I. *adj (geh)* painful, distressing, distressful

II. *adv* ❶ *(vor Schmerz)* painfully

❷ *(bitter)* cruelly, painfully; ***ich habe dich ~ vermisst*** I missed you such a lot

schmẹrz·lin·dernd I. *adj* pain-relieving; ■**~ sein** to be pain-relieving [*or* a pain-reliever]

II. *adv* **~ wirken** to relieve pain

schmẹrz·los *adj* painless; ■**[für jdn] ~ sein** to be painless [for sb]; ***seien Sie unbesorgt, der Eingriff wird völlig ~ sein*** don't worry, the operation won't hurt a bit

▸WENDUNGEN: **kurz und ~** short and sweet

Schmẹrz·me·di·zi·ner(in) *m(f) doctor who specializes in pain relief* **Schmẹrz·mit·tel** *nt* analgesic, painkiller, pain-reliever **schmẹrz·stil·lend** *adj* painkilling; ■**~ sein** to be a painkiller **Schmẹrz·ta·blet·te** *f* painkiller, analgesic [*or* painkilling] [tablet] **Schmẹrz·the·ra·peut(in)** <-en, -en> *m(f)* pain [management] therapist **Schmẹrz·the·ra·pie** *f* pain [management] therapy, pain relief therapy **schmẹrz·ver·zerrt** *adj* twisted in [*or* with] pain *pred*

schmẹrz·voll *adj (geh) s.* **schmerzlich**

Schmẹt·ter·ball *m* smash

Schmẹt·ter·ling <-s, -e> ['ʃmɛtɐlɪŋ] *m* butterfly

Schmẹt·ter·lings·blüt·ler <-s, -> *m* BOT papilionaceous plant/tree **Schmẹt·ter·lings·schwim·men** *nt* SPORT butterfly **Schmẹt·ter·lings·stil** *m* butterfly style

schmet·tern ['ʃmɛtɐn] I. *vt haben* ❶ *(schleudern)* ■**etw [irgendwohin] ~** to fling [*or* hurl] sth [somewhere]

❷ SPORT ■**etw ~** to smash sth; **einen Ball ~** to smash a ball

❸ MUS ■**etw ~** to blare sth out; **ein Lied ~** to bawl out a song

II. *vi* ❶ *sein (aufprallen)* ■**irgendwohin ~** to crash somewhere, to smash against sth

❷ *haben* SPORT to smash

❸ *haben* MUS to blare [out]

Schmied(in) <-[e]s, -e> [ʃmi:t, *pl* 'ʃmi:də] *m(f)* smith; **Huf~** blacksmith; **Silber~/Gold~** silversmith/goldsmith; *s. a.* **Glück**

Schmie·de <-, -n> ['ʃmi:də] *f* forge, smithy

Schmie̱·de·ar·beit *f* metalwork **Schmie̱·de·ei·sen** *nt* wrought iron **schmie̱·de·ei·sern** *adj* wrought-iron **Schmie̱·de·ham·mer** *m* forging [*or* blacksmith's] hammer

schmie·den ['ʃmi:dn̩] *vt* ❶ *(glühend hämmern)* ■**etw ~** to forge sth

❷ *(aushecken)* **Intrige** [*o* **Ränke**] **[gegen jdn] ~** to hatch out a plan [*or* to intrigue] [*or* to plot] [against sb]; **einen Plan ~** to hammer out a plan

❸ *(festmachen)* ■**jdn [an etw/jdn] ~** to chain sb [to sth/sb]; *s. a.* **Eisen, Kette**

Schmie̱·de·stahl *m* forged steel

Schmie̱·din <-, -nen> *f fem form von* **Schmied**

schmie·gen ['ʃmi:gn̩] I. *vr* ❶ *(sich kuscheln)* ■**sich** *akk* **[an jdn] ~** to cuddle [*or* snuggle] up [to sb]

❷ *(eng anliegen)* ■**sich** *akk* **[an etw** *akk*] ~ to hug [sth]; ***das Kleid schmiegte sich an ihren Körper*** the dress was figure-hugging

II. *vt (selten: eng anlehnen)* ■**etw [an etw** *akk*] ~ to press sth close [to sth]

schmieg·sam *adj* supple

Schmie·re <-, -n> ['ʃmi:rə] *f (schmierige Masse)* grease; *(schmieriger Schmutz)* slimy mess, ooze

▸WENDUNGEN: **~ stehen** *(fam)* to keep watch, to act as [*or* to keep a] lookout

schmie·ren ['ʃmi:rən] I. *vt* ❶ *(streichen)* ■**etw ~** to spread sth; **Butter aufs Brot ~** to butter [a slice of] bread; **Salbe auf eine Wunde ~** to apply cream to a wound; **sich** *dat* **Creme ins Gesicht ~** to rub [*or pej* smear] cream into one's face

❷ *(fetten)* ■**etw ~** to lubricate [*or* grease] sth

❸ *(pej: malen)* ■**etw ~** to scrawl sth; **politische Parolen an die Häuser ~** to daub political slogans on the walls of houses

❹ *(fam: bestechen)* ■**jdn ~** to grease sb's palm

▸WENDUNGEN: **jdm eine ~** *(fam)* to give sb a [good] thump [*or* a clout] *fam;* **wie geschmiert** *(fam)* without a hitch, like clockwork [*or* a dream]; *s. a.* **Brot**

II. *vi* ❶ *(pej: schmierend verbreiten)* ■**[mit etw** *dat*] ~ to smear sth about

❷ *(pej: unsauber schreiben)* to smudge; ***der Kuli schmiert*** this biro smudges

❸ *(Gleitmittel auftragen)* to grease, to lubricate

❹ *(fam: bestechen)* ***wenn man einen Auftrag an Land ziehen will, da muss man schon mal ~*** if you want to land a contract, you have to [be ready to] grease a few palms

schmie̱·rend *adj inv* **nicht ~er Lippenstift** smudge-[*or* smear-]proof lipstick

Schmie·re·rei <-, -en> [ʃmi:rə'rai] *f (pej fam)* [smudgy] mess *pej*

Schmie̱r·fett *nt* grease **Schmie̱r·film** *m* AUTO lubrication film

Schmie̱r·fink *m (pej)* ❶ *(schmutziges Kind)* mucky pup BRIT *pej fam,* dirty kid

❷ *(fam: unsauberer Mensch)* [slobbish and] dirty-minded person

❸ *(Wandschmierer)* graffiti artist

❹ *(Journalist)* muckraker, scandalmonger

Schmie̱r·geld *nt (fam)* bribe, kickback *fam* **Schmie̱r·geld·zah·lung** *f* POL payment of bribe money

Schmie̱r·heft *nt* rough book

schmie·rig ['ʃmi:rɪç] *adj* ❶ *(nass und klebrig)* greasy

❷ *(pej: schleimig)* slimy *pej,* smarmy BRIT *pej;* ***was für ein ~er Typ!*** what a smarmy guy!

Schmie̱r·mit·tel *nt* lubricant **Schmie̱r·öl** *nt* lubricating oil **Schmie̱r·pa·pier** *nt* rough paper **Schmie̱r·sei·fe** *f* soft soap **Schmie̱r·stoff** *m* lubricant

Schmie̱·rung <-, -en> *f* lubrication

Schmie̱r·zet·tel *m* notepaper

Schmin·ke <-, -n> ['ʃmɪŋkə] *f* make-up

schmin·ken ['ʃmɪŋkn̩] *vt* ❶ *(Schminke auftragen)* ■**jdn ~** to put make-up on sb, to make sb up; ■**sich** *akk* **~** to put on make-up, to make up [one's face], to do one's face; **stark/dezent geschminkt sein** to be heavily/discreetly made up

❷ *(mit Schminke bestreichen)* ■**etw ~** to put make-up on sth, to make sth up; **die Lippen ~** to put on lipstick *sep;* ■**sich** *dat* **[etw] ~** to make up one's sth; **sich** *dat* **die Lippen/den Mund ~** to put on [some] lipstick *sep*

❸ *(fig: beschönigen)* ■**etw ist geschminkt** sth is sanitized

Schmịnk·kof·fer *m* cosmetic case **Schmịnk·täsch·chen** *nt* make-up bag **Schmịnk·tisch** *m* make-up table

schmir·geln ['ʃmɪrgl̩n] I. *vt* ■**etw ~** to sand sth down; ■**etw [von etw** *dat*] ~ to remove sth [from sth] with sandpaper

II. *vi* to sand [down]

Schmir·gel·pa·pier ['ʃmɪrgl̩-] *nt* sandpaper; *(für die Nägel)* emery board

schmiss[RR], **schmiß**[ALT] [ʃmɪs] *imp von* **schmeißen**

Schmiss[RR] <-es, -e>, **Schmiß**[ALT] <-sses, -sse> [ʃmɪs] *m* ❶ *(Narbe)* duelling [*or* AM dueling] scar

❷ *(veraltend: Schwung)* bounce, drive, whoomp[h] *fam;* **~ haben** to be bouncy, to have a lot of drive [*or fam* whoomp[h]]

schmis·sig ['ʃmɪsɪç] *adj (veraltend: schwungvoll)* bouncy, foot-tapping

Schmitz·ring ['ʃmɪts-] *m* TYPO bearer ring, cylinder bearer

Schmö·ker <-s, -> ['ʃmø:kɐ] *m (fam) longish escapist book*

schmö·kern ['ʃmø:kɐn] I. *vi (fam: genüsslich lesen)* ■**[in etw** *dat*] ~ to bury oneself in sth

II. *vt (fam: etw genüsslich lesen)* ■**etw ~** to devour sth

Schmoll·ecke ['ʃmɔl-] *f (fam)* **sich** *akk* **in die ~ zurückziehen** to go off into a corner to sulk; **in der ~ sitzen** to have the sulks *fam*

schmol·len ['ʃmɔlən] *vi* to sulk, to be in a huff

Schmọll·mund *m* **einen ~ machen** to pout

schmolz [ʃmɔlts] *imp von* **schmelzen**

Schmon·zet·te <-, -n> [ʃmɔn'tsɛtə] *f (pej fam)* piece of fluff; ***der Soundtrack zu dieser Hollywood~*** the soundtrack to this piece of Hollywood fluff

Schmor·bra·ten ['ʃmo:ɐ̯-] *m* pot roast, braised beef

schmo·ren ['ʃmo:rən] I. *vt* ■**etw ~** to braise sth

II. *vi* ❶ KOCHK to braise

❷ *(fam: schwitzen)* to swelter; **am Strand/in der Sonne ~** to roast [*or* swelter] on the beach/in the sun

❸ *(fam: unbearbeitet liegen)* to sit [*or* lie] [around]

▸WENDUNGEN: **jdn ~ lassen** *(fam)* to let sb stew [in their own juice] [for a bit]; *s. a.* **Saft**

Schmor·pfan·ne *f,* **Schmor·topf** ['ʃmo:ɐ̯-] *m* shallow braising pan

Schmu <-s> [ʃmu:] *m kein pl (fam)* ❶ *(Unsinn)* rubbish BRIT, trash AM, claptrap *fam,* twaddle *sl;* ***erzähl mir keinen ~!*** don't give me that rubbish!

❷ *(Betrug)* trick; **[bei etw** *dat*] **~ machen** to cheat [when doing sth], to work a fiddle

schmuck [ʃmʊk] *adj (veraltend geh: hübsch)* handsome; **ein ~es Kleidungsstück** a smart piece of clothing

Schmuck <-[e]s> [ʃmʊk] *m kein pl* ❶ *(Schmuckstücke)* jewellery BRIT, jewelry AM *no indef art, no pl,* piece of jewellery

❷ *(Verzierung)* decoration, ornamentation

schmü·cken ['ʃmʏkn̩] I. *vt* ❶ *(Schmuck anlegen)* ■**sich** *akk* **[mit etw** *dat*] ~ to put on [*or* wear] sth, to

S

adorn *liter* oneself [with sth], to deck oneself out [in sth]
② *(dekorieren)* ■ **etw** [**mit etw** *dat*] ~ to decorate sth [with sth]; ***die Stadt war mit bunten Lichterketten geschmückt*** the town was illuminated [*or* decorated] with strings of coloured lights
II. *vr (Schmuck anlegen)* ■ **sich** *akk* ~ to wear jewellery [*or* AM jewelry]; *s. a.* **Feder**

Schmuck·ge·gen·stand *m s.* **Schmuckstück 1** **Schmuck·käst·chen** *nt* jewellery box

schmuck·los *adj* bare; ~**e Fassade** plain facade [*or* front]

Schmuck·lo·sig·keit <-> *f kein pl* plainness *no pl,* simplicity *no pl,* bareness *no pl* **Schmuck·sa·chen** *pl* jewellery *no indef art, no pl,* pieces of jewellery

Schmuck·stück *nt* ① *(Schmuckgegenstand)* piece of jewellery BRIT [*or* AM jewelry]
② *(fam: Prachtstück)* jewel, masterpiece, gem

Schmuck·wa·ren *pl* jewellery *no indef art, no pl*

Schmud·del ['ʃmʊdl] *m* NORDD *(fam)* muck, filth

Schmud·del·fas·sa·de *f* grimy facade [*or* front]

schmud·de·lig ['ʃmʊdəlɪç] *adj s.* **schmuddlig**

Schmud·del·kind *nt* ① *(Schmutzfink)* mucky pup BRIT, grubby urchin ② *(Straßenkind)* urchin **Schmud·del·kla·mot·ten** *pl* dirty clothes [*or* BRIT togs], filthy rags **Schmud·del·look** *m* grubby look *fam* **Schmud·del·wet·ter** *nt* dirty [*or* foul] weather

schmudd·lig, schmud·de·lig ['ʃmʊd(ə)lɪç] *adj* grimy, dirty; *(etwas dreckig)* grubby *fam; (sehr dreckig)* filthy; *(schmierig)* grimy; **eine** ~**e Tischdecke** a greasy tablecloth; **ein** ~**es Lokal** a grotty pub BRIT *sl,* a real dive *sl*

Schmug·gel <-s> ['ʃmʊgl] *m kein pl* smuggling *no art, no pl*

Schmug·ge·lei <-, -en> [ʃmʊgə'lai] *f* smuggling *no indef art, no pl*

Schmug·gel·gut *nt* JUR contraband [goods *pl*]

schmug·geln ['ʃmʊgl̩n] *vt* ■ **jdn/etw** ~ to smuggle sb/sth

Schmug·gel·or·ga·ni·sa·ti·on *f* smuggling organization **Schmug·gel·wa·re** *f* smuggled goods *pl,* contraband *no pl*

Schmugg·ler(in) <-s, -> ['ʃmʊglɐ] *m(f)* smuggler

Schmugg·ler·ring *m* smuggling ring

schmun·zeln ['ʃmʊntsl̩n] *vi* ■ [**über jdn/etw**] ~ to grin quietly to oneself [about sb]

Schmun·zeln <-s> ['ʃmʊntsl̩n] *nt kein pl* grin

Schmus <-es> [ʃmu:s] *m kein pl (fam)* ① *(leeres Gerede)* waffle *no pl fam*
② *(Schöntun)* soft soap *no pl fam*

Schmu·se·kurs *m* line of least resistance; **sich** *akk* **für den** ~ **entscheiden** to take the line of least resistance

schmu·sen ['ʃmu:zn̩] *vi (fam)* ■ [**mit jdm**] ~ to cuddle [sb], to cuddle up [to sb], to kiss and cuddle [*or sl* to neck] [with sb]; ■ [**miteinander**] ~ to kiss and cuddle [*or dated* canoodle], to have a cuddle, to neck

Schmu·se·pup·pe *f* cuddly toy

schmu·sig ['ʃmu:zɪç] *adj (fam)* ① *(gerne schmusend)* cuddly
② *Lied, Musik* smoochy

Schmutz <-es> [ʃmʊts] *m kein pl* ① *(Dreck)* dirt; ~ **abweisend** dirt-resistant
② *(Schlamm)* mud
▸ WENDUNGEN: **jdn mit** ~ **bewerfen** to sling mud at sb, to cast aspersions on sb *form;* ~ **und Schund** trash and muckraking, scandalmongering; **jdn/etw in den** ~ **ziehen** to blacken [*or form* sully] sb's name/sth's reputation, to vilify sb/sth

schmutz·ab·wei·send *adj s.* **Schmutz 1**

schmut·zen ['ʃmʊtsn̩] *vi* ■ [**leicht**] ~ to get [slightly] dirty

Schmutz·fah·ne *f von Schadstoffen* trail of pollution

Schmutz·fink *m (fam)* ① *(pej) s.* **Schmierfink 1, 2**
② *(unmoralischer Mensch)* dirty bastard *fam!*

Schmutz·fleck *m* dirt stain, dirty mark; ~ **in der Landschaft** blot on the landscape **Schmutz·gei·er** *m* ORN Egyptian vulture **Schmutz·häuf·chen** *nt* pile of dirt

schmut·zig ['ʃmʊtsɪç] *adj* ① *(dreckig)* dirty; **sich** *dat* **etw** [**bei etw** *dat*] ~ **machen** to get [*or* make] sth dirty [doing sth]
② *(obszön)* smutty, dirty, lewd; ~**e Witze** dirty jokes
③ *(pej: unlauter)* shady, dubious, crooked; ~**es Geld** dirty money; ~**e Geschäfte** shady deals
④ *(pej: frech)* insolent; *s. a.* **Finger**
⑤ MIL ~**e Bombe** dirty bomb

Schmutz·kam·pa·gne [-kam'panjə] *f* SOZIOL, POL, MEDIA *(pej)* smear campaign *pej* **Schmutz·lö·ser** *m* cleaning agent **Schmutz·schicht** *f* layer of dirt **Schmutz·ti·tel** *m* TYPO bastard [*or* fly] [*or* half] [*or* mock] title **Schmutz·wä·sche** *f* dirty laundry [*or* BRIT *a.* washing]

Schmutz·was·ser *nt* ① *(schmutziges Wasser)* dirty water
② *(Abwasser)* sewage *no pl,* waste water

Schna·bel <-s, Schnäbel> ['ʃna:bl̩, *pl* 'ʃnɛ:bl̩] *m* ① ORN *(Vogelschnabel)* beak, bill
② *(lange Tülle)* spout; ~ **eines Krugs** lip of a jug
③ *(fam: Mund)* trap *sl,* gob BRIT *sl,* kisser *sl;* **halt den** [*o* **deinen**] ~**!** *(fam)* shut up! *fam,* shut your trap [*or* BRIT gob]! *sl,* button it! *sl*
▸ WENDUNGEN: **reden, wie der** ~ **gewachsen ist** *(fam)* to say what one thinks, to not mince words

schnä·beln ['ʃnɛ:bl̩n] *vi* to bill

Schna·bel·schuh *m* crakow **Schna·bel·tas·se** *f* feeding cup **Schna·bel·tier** *nt* ZOOL duck-billed platypus

schna·ckeln ['ʃnakl̩n] *vi impers* ① *bes* SÜDD *(fam: kapieren)* **es hat** [**bei jdm**] **geschnackelt** he's/she's got it *fam,* bingo *fam*
② *(plötzlich verlieben)* **es hat geschnackelt** it suddenly went click

schnack·seln ['ʃnaksl̩n] *vi* SÜDD *(fam)* to bonk BRIT *hum,* to screw AM *fam!*

Schna·ke <-, -n> ['ʃna:kə] *f* ZOOL ① *(Weberknecht)* crane fly, daddy-long-legs *fam*
② DIAL *(fam: Stechmücke)* midge, gnat

Schnal·le <-, -n> ['ʃnalə] *f* ① *(Schließe)* buckle
② *(pej derb: Frau)* ***blöde*** ~ ***!*** stupid bitch! *fam!*

schnal·len ['ʃnalən] *vt* ① *(durch eine Schnalle befestigen)* ■ **etw** ~ to do [*or* buckle] sth up, to fasten sth; **etw enger/weiter** ~ to tighten/loosen sth
② *(aufschnallen)* ■ [**jdm/sich**] **etw** [**auf etw** *akk*] ~ to strap sth on[to sth]; **sich** *dat* **einen Rucksack auf den Rücken** ~ to strap a rucksack onto one's back
③ *(losschnallen)* ■ **etw** [**von etw** *dat*] ~ to unstrap [*or* undo] sth [from sth]
④ *(fam: kapieren)* ■ **etw** ~ to get sth *fam,* to cotton on to sth BRIT *fam*

Schnal·len·schuh *m* buckle shoe **Schnal·len·ver·schluss**[RR] *m* buckle

schnal·zen ['ʃnaltsn̩] *vi* **mit den Fingern** ~ to snap one's fingers; **mit der Zunge** ~ to click one's tongue

Schnalz·laut *m* click

Schnäpp·chen <-s, -> ['ʃnɛpçən] *nt (fam)* bargain; [**bei etw** *dat*] **ein** ~ **machen** to make [*or* get] a bargain [with sth]

Schnäpp·chen·ad·res·se *f* INET *online shopping web sites with especially low prices* **Schnäpp·chen·füh·rer** *m guidebook to the best outlet and bargain stores* **Schnäpp·chen·jagd** *f (fam)* bargain hunting **Schnäpp·chen·jä·ger(in)** *m(f) (fam)* bargain hunter **Schnäpp·chen·markt** *m (fam)* bargain basement **Schnäpp·chen·preis** *m (fam)* bargain [*or* rock-bottom] price

schnap·pen ['ʃnapn̩] **I.** *vi* ① *haben (greifen)* ■ [**nach etw** *dat*] ~ to grab [for sth], to snatch [at sth]; *s. a.* **Luft**
② *haben (mit den Zähnen)* ■ [**nach jdm/etw**] ~ to snap [at sb/sth]
③ *sein (klappen)* ■ **etw schnappt** sth snaps; ***der Riegel schnappte ins Schloss*** the bolt snapped to the holder
II. *vt haben (fam)* ① *(ergreifen)* ■ [**sich** *dat*] **etw/jdn** ~ to grab sth/sb
② *(fassen)* ■ **etw/jdn** ~ to catch [*or* get] [*or* grab] sth/sb; **etwas frische Luft** ~ to get a gulp of fresh air
③ *(festnehmen)* ■ **jdn** ~ to catch [*or fam* nab] sb
▸ WENDUNGEN: **etw geschnappt haben** *(fam)* to have understood [*or fam* got] sth; **jdn hat es geschnappt** sb has copped it BRIT *fam*
III. *vr (fam: abpassen)* ■ **sich** *dat* **jdn** ~ to catch sb

Schnap·per *m* snapper

Schnapp·mes·ser *nt* flick knife BRIT, switchblade AM **Schnapp·schloss**[RR] *nt* spring lock **Schnapp·schuss**[RR] *m* snapshot

Schnaps <-es, Schnäpse> [ʃnaps, *pl* 'ʃnɛpsə] *m* schnapps

Schnaps·bren·ne·rei <-, -en> ['ʃnapsbrɛnərai] *f* ① *kein pl (das Brennen)* distilling *no pl*
② *(Betrieb)* distillery

Schnäps·chen <-s, -> ['ʃnɛpsçən] *nt dim von* **Schnaps** wee dram SCOT

Schnaps·fah·ne *f (fam)* smell of schnapps on one's/sb's breath; **eine** ~ **haben** to stink of schnapps **Schnaps·fla·sche** *f* bottle of schnapps, schnapps bottle **Schnaps·glas** *nt* schnapps glass **Schnaps·idee** *f (fam)* daft *fam* [*or fam* hare-brained] [*or fam* crackpot] idea **Schnaps·na·se** *f (fam)* drinker's nose **Schnaps·zahl** *f (hum fam) a figure consisting of identical digits*

schnar·chen ['ʃnarçn̩] *vi* to snore; ■ **das S**~ snoring

Schnar·cher <-s, -> *m (Geräusch)* snore

Schnar·cher(in) <-s, -> *m(f) (Mensch)* snorer; ■ ~ **sein** to snore

schnar·ren ['ʃnarən] *vi (dumpf surren)* to buzz

schnat·tern ['ʃnatɐn] *vi* ① ORN *(klappernde Laute erzeugen)* to cackle
② *(fam: schwatzen)* to chatter [*or* BRIT *fam* natter]

schnau·ben <schnaubte *o veraltet* schnob, geschnaubt *o veraltet* geschnoben> ['ʃnaubn̩] **I.** *vi* ① *(außer sich sein)* ■ [**vor etw** *dat*] ~ to snort [with sth]; **vor Wut** ~ to snort with rage
② *(durch die Nase pusten)* to snort; **wütend** ~**d** snorting with rage
③ *(sich schnäuzen)* to blow one's nose
II. *vr* **sich** *dat* **die Nase** ~ to blow one's nose

Schnauf <-[e]s> [ʃnauf] *m kein pl* SCHWEIZ *(Atem, Puste)* breath

schnau·fen ['ʃnaufn̩] *vi* ① *haben (angestrengt atmen)* to puff [*or* pant]
② *haben bes* SÜDD *(atmen)* to breathe
③ *sein (fam: sich keuchend bewegen)* ■ [**irgendwohin**] ~ to puff [somewhere]; ***schwer beladen schnaufte sie den Gang entlang*** heavily laden, she puffed along the corridor

Schnau·ferl <-s, - *o* -n> ['ʃnaufɐl] *nt* ÖSTERR *(hum fam)* vintage [*or* veteran] car

Schnauz <-es, Schnäuze> [ʃnauts, *pl* 'ʃnɔytsə] *m* SCHWEIZ *(Schnauzbart)* moustache

Schnauz·bart *m* ① *(großer Schnurrbart)* large moustache; **hängender** ~ walrus moustache; **nach oben gezogener** ~ handlebar moustache
② *(Schnauzbartträger)* man with a large moustache

Schnau·ze <-, -n> ['ʃnautsə] *f* ① ZOOL *(Maul)* snout
② *(sl: Mund)* gob BRIT *sl,* kisser *sl,* trap *fam,* chops *sl;* **eine große** ~ **haben** *(sl)* to have a big mouth *fam;* [**über etw** *akk*] **die** [*o* **seine**] ~ **halten** *(sl)* to keep quiet [about sth], to keep sth under one's hat, to keep one's trap shut *sl* [about sth]; ~**!** *(sl)* shut up! *fam,* shut your trap *fam*!; **immer mit der** ~ **voran** [*o* **vorneweg**] **sein** to have a big mouth
③ *(fam: Motorhaube)* front
④ *(fam: Bug)* nose
▸ WENDUNGEN: [**mit etw** *dat*] **auf die** ~ **fallen** *(sl)* to fall flat on one's face [with sth] *fig;* **frei** [**nach**] ~ *(fam)* as one thinks fit [*or* best]; **die** ~ [**von etw** *dat*] [**gestrichen**] **voll haben** *(sl)* to be fed up to the [back] teeth [with sth] BRIT, to be sick to death [of sth]

schnau·zen ['ʃnautsn̩] *vi (fam: barsch reden)* to bark [*or* snarl]

schnäu·zen[RR] ['ʃnɔytsn̩] *vr* **sich** *akk* [**in ein Taschentuch**] ~ to blow one's nose [with a handkerchief]

Schnau·zer <-s, -> ['ʃnautsɐ] *m* ① ZOOL schnauzer
② *(fam) s.* **Schnauzbart**

Schnäu·zer <-s, -> ['ʃnɔytsɐ] *m* DIAL *(Schnauzbart)*

moustache

Schne·cke <-, -n> ['ʃnɛkə] *f* ① ZOOL snail; *(Nacktschnecke)* slug
② *meist pl* KOCHK snails *pl*
③ *(Gebäck)* Chelsea bun
④ ANAT cochlea
▶WENDUNGEN: **jdn [wegen einer S.** *gen*] **zur ~ machen** *(fam)* to give sb what for [for sth] *fam,* to give sb a dressing-down

schne·cken·för·mig *adj inv* spiral

Schne·cken·gang *m* TECH spiral, volution **Schne·cken·ge·häu·se** *nt (geh) s.* Schneckenhaus

Schne·cken·haus *nt* snail shell
▶WENDUNGEN: **sich** *akk* **in sein ~ zurückziehen** to retreat into one's shell

Schne·cken·pfan·ne *f* snail pan **Schne·cken·tem·po** *nt* **im ~** *(fam)* at a snail's pace **Schne·cken·zan·ge** *f* snail tongs *npl*

Schnee <-s> [ʃneː] *m kein pl* ① METEO snow
② *(sl: Kokain)* snow *sl*
▶WENDUNGEN: **~ von gestern** [*o* **vorgestern**] *(fam)* stale [news], [ancient] history

Schnee·am·mer *f* ORN snow bunting **Schnee·an·zug** *m* snow suit

Schnee·ball *m* ① *(Schneekugel)* snowball
② BOT snowball tree, guelder rose

Schnee·ball·ef·fekt *m kein pl* snowball effect **Schnee·ball·schlacht** *f* snowball fight; **eine ~ machen** to have a snowball fight **Schnee·ball·sys·tem** *nt* FIN, ÖKON pyramid selling *no art, no pl*

schnee·be·deckt *adj* snow-covered, snowy **Schnee·be·sen** *m* whisk **schnee·blind** *adj* snow-blind **Schnee·blind·heit** *f* snow blindness **Schnee·bril·le** *f* snow goggles **Schnee·de·cke** *f* blanket of snow; ***die ~ schmolz rasch dahin*** the snow melted quickly **Schnee·fall** *m* snowfall, fall of snow; ***gegen 15 Uhr setzte ~ ein*** around 3 pm snow began to fall **Schnee·flo·cke** *f* snowflake **Schnee·frä·se** *f* snowblower **schnee·frei** *adj* free of snow *pred;* **~ haben** SCH to have time [*or* a day] off school because of snow **Schnee·gans** *f* snow goose **Schnee·ge·stö·ber** *nt* snowstorm **schnee·glatt** *adj* slippery with packed snow *pred* **Schnee·glät·te** *f* slippery surface of packed snow; ***auf den bezeichneten Streckenabschnitten tritt verbreitet ~ auf*** the marked stretches of road are prone to be slippery because of packed snow **Schnee·glöck·chen** <-s, -> *nt* snowdrop **Schnee·gren·ze** *f* snowline **Schnee·hemd** *nt* MIL white camouflage suit **Schnee·huhn** *f* ORN ptarmigan **Schnee·ka·no·ne** *f* snow gun [*or* cannon] **Schnee·ket·te** *f meist pl* snow chain[s *pl*] **Schnee·kö·nig** *m* ▶WENDUNGEN: **sich** *akk* **wie ein ~ freuen** *(fam)* to be as pleased as Punch, to be tickled pink, to be over the moon BRIT *fam* **Schnee·mann** *m* snowman **Schnee·matsch** *m* slush **Schnee·mo·bil** *nt* snowmobile **Schnee·pflug** *m* snowplough, snowplow AM **Schnee·rau·pe** *f* snowcat, piste basher *fam* **Schnee·re·gen** *m* sleet **Schnee·schau·er** *m* snow shower **Schnee·schau·fel** *f* snow shovel **Schnee·schip·pe** *f* DIAL snow shovel **Schnee·schmel·ze** *f* thaw

Schnee·schuh *m* ① *(wasserdichter, warmer Schuh)* snow shoe
② *(veraltet: Rahmen, der unter den Schuh geschnallt wird)* snowshoe
③ *(veraltet: Ski)* ski

schnee·si·cher *adj* **ein ~es Gebiet** an area where snow is assured **Schnee·sturm** *m* snowstorm **Schnee·trei·ben** *nt* snowstorm, driving snow; ***urplötzlich setzte ein munteres ~ ein*** a brisk snowstorm set in all of a sudden **Schnee·ver·hält·nis·se** *pl* snow conditions *pl* **Schnee·ver·we·hung** *f* snowdrift **Schnee·we·he** *f* snowdrift **schnee·weiß** ['ʃneːvais] *adj* as white as snow *pred,* snow-white; ■**~ [im Gesicht] sein** [*o* **werden**] to be [*or* go] as white as a sheet **Schnee·witt·chen** <-s> [ʃneː'vɪtçən] *nt* Snow White **Schnee·zaun** *m* drift fence

Schneid <-[e]s> [ʃnait] *m kein pl (fam)* guts *npl fam,* bottle BRIT *sl,* balls *vulg;* **~ haben** to have guts; [**nicht den**] **~ haben, etw zu tun** to [not] have the guts [*or* balls] [*or* BRIT bottle] to do sth
▶WENDUNGEN: **jdm den ~ abkaufen** to put sb off, to unnerve sb, to intimidate sb

Schneid·ab·fall *m* TYPO trim waste, waste trim **Schneid·bren·ner** <-s, -> *m* oxyacetylene torch, blowtorch

Schnei·de <-, -n> ['ʃnaidə] *f* ① *(der Klinge)* edge, blade
② GEOG steep ridge; *s. a.* **Messer**

Schnei·de·boh·ne *f* runner bean **Schnei·de·mar·ke** *f* TYPO cutting mark **Schnei·de·ma·schi·ne** *f* ① TYPO cutter ② KOCHK slicer **Schnei·de·mes·ser** *nt* carving knife

schnei·den <schnitt, geschnitten> ['ʃnaidn̩] **I.** *vt* ■**etw ~** ① *(zerteilen)* to cut sth; **Wurst in die Suppe ~** to slice sausage into the soup
② *(kürzen)* to cut [*or* trim] sth; **einen Baum ~** to prune a tree; **das Gras ~** to cut [*or* mow] the grass; **jdm die Haare ~** to cut sb's hair; ***sie hat sich die Haare ganz kurz ~ lassen*** she has had her hair cut really short
③ *(gravieren)* to carve sth; **ein markant geschnittenes Gesicht** craggy features; **mit mandelförmig geschnittenen Augen** almond-eyed
④ *(einschneiden)* to cut sth; **ein Loch in den Stoff ~** to cut a hole in the material
⑤ AUTO *(knapp einscheren)* to cut sth; ■**jdn ~** to cut sb
⑥ *(kreuzen)* to cut [*or* intersect] [*or* cross] sth
⑦ FILM *(cutten)* to edit sth
⑧ *(fam: operieren)* ■**jdn/etw ~** to cut sb/sth open *fam,* to operate [on sb/sth]; **einen Furunkel/Karbunkel ~** to lance a boil/carbuncle
⑨ MODE *(zuschneiden)* to cut sth out; **zu eng/zu weit geschnitten sein** to be cut too tight/too loose; **eine gut geschnittene Wohnung** a well-designed flat [*or* AM apartment]
⑩ *(meiden)* ■**jdn ~** to cut [*or* snub] sb; *s. a.* **Fratze, Grimasse, Kurve, Luft**
II. *vr* ① *(sich mit einer Schneide verletzen)* ■**sich** *akk* **~** to cut oneself; **sich** *dat o akk* **in den Finger ~** to cut one's finger; **sich** *akk* **an einer Glasscherbe ~** to cut oneself on a piece of broken glass; *s. a.* **Fleisch**
② *(sich kreuzen)* ■**sich** *akk* **~** to intersect [*or* cross]
▶WENDUNGEN: **sich** *akk* [**gründlich**] **geschnitten haben** *(fam)* to have made a [big] mistake
III. *vi* ① MED *(operieren)* to operate
② *(zerteilen)* to cut; ***das Messer schneidet gut*** the knife cuts well
③ *(geh: schneidend sein)* ■**etw schneidet** sth is biting; ■**jdm [irgendwohin] ~** to hit sb [somewhere]; ***der eisige Wind schnitt ihr ins Gesicht*** the icy wind hit her in the face; *s. a.* **Herz**

schnei·dend *adj* ① *(durchdringend)* biting
② *(scharf)* sharp

Schnei·der(in) <-s, -> ['ʃnaidɐ] *m(f)* ① MODE tailor
② KARTEN *score of under 30 points in skat;* **im ~ sein** *to have less than 30 points in skat;* **aus dem ~ sein** *to have more than 30 points in skat*
▶WENDUNGEN: **aus dem ~ sein** *(fam)* to be over the worst of it [*or* be in the clear]; **frieren wie ein ~** *(fam)* to freeze [almost] to death *fig,* to be frozen stiff

Schnei·der·är·mel *m* tailored sleeve

Schnei·de·raum *m* FILM, TV cutting room

Schnei·de·rei <-, -en> [ʃnaidə'rai] *f* ① *kein pl (Handwerk) für Damenkleidung* dressmaking; *für Herrenkleidung* tailoring
② *(Werkstatt)* tailor's [shop]

Schnei·de·rin <-, -nen> *f fem form von* **Schneider**

Schnei·der·kra·gen *m* tailored collar

schnei·dern ['ʃnaidɐn] **I.** *vi* to work as a tailor; *(als Hobby)* to do [some] dressmaking
II. *vt (zuschneiden)* ■[**jdm/sich**] **etw ~** to make sth [for sb/oneself]; **selbst geschneidert** homemade

Schnei·der·pup·pe *f* tailor's [*or* dressmaker's] dummy **Schnei·der·sitz** *m* **im ~** cross-legged

Schnei·de·zahn *m* incisor

schnei·dig ['ʃnaidɪç] *adj* smart, dashing

schnei·en ['ʃnaiən] **I.** *vi impers* to snow; ***es hat geschneit*** it has been snowing
II. *vt impers* ■**es schneit etw** it is snowing sth; *(fig)* sth is raining down; ***es schneite dicke Flocken*** it was snowing thick flakes, thick snowflakes were falling; ***es schneite Konfetti*** there was a shower of confetti

Schnei·se <-, -n> ['ʃnaizə] *f* path, aisle

schnell [ʃnɛl] **I.** *adj* ① TRANSP *(eine hohe Geschwindigkeit erreichend)* fast
② *(zügig)* prompt, rapid
③ *attr (baldig)* swift, speedy; **ein ~er Abschluss** a swift end; **eine ~e Genesung** a speedy recovery; **eine ~e Mark machen** *(fam)* to make a fast buck *fam;* **ein ~er Tod** a quick death
II. *adv* ① *(mit hoher Geschwindigkeit)* fast; **~/~er fahren** to drive fast/faster
② *(zügig)* quickly; **~ trocknend** quick-drying; **~ verderblich** highly perishable; **~ verkäuflich** HANDEL fast-selling; **~ verschleißend** TECH fast-wearing; **~ gehen** to be done quickly; ***geht das ~/wie ~ geht das?*** will it take long/how long will it take?; **~ machen** to hurry up; **nicht so ~!** not so fast!, slow down!

Schnell·ana·ly·se *f* rapid [*or* instant] analysis

Schnelläu·fer(in)^ALT <-s, -> *m(f) s.* **Schnellläufer**

Schnell·bahn *f* high-speed railway **Schnell·bahn·netz** *nt* high-speed train network

Schnell·bau·wei·se *f* high-speed building methods *pl* **Schnell·boot** *nt* speedboat **Schnell·brat·pfan·ne** *f* sauté pan **Schnell·damp·fer** *m* express liner **Schnell·dru·cker** *m* INFORM high-speed printer **Schnell·druck·mo·dus** *m* INFORM draft mode **Schnell·druck·qua·li·tät** *f* INFORM draft quality

Schnel·le <-> ['ʃnɛlə] *f kein pl* ① *(Schnelligkeit)* speed
② *(fam)* **auf die ~** quickly, at short notice; ***haben Sie etwas zu essen, was auf die ~ geht?*** do you have anything quick to eat?; **etw auf die ~ machen** to do sth at short notice

schnelle·big^ALT *adj s.* **schnelllebig**

Schnell·ein·greif·trup·pe *f* rapid reaction force

schnel·len ['ʃnɛlən] *vi sein* ① *(federnd hochspringen)* **in die Höhe** [*o* **nach oben**] **~** to shoot up
② *(federn)* ■[**von etw** *dat*/**irgendwohin**] **~** to shoot [from sth/somewhere]; ***der Pfeil schnellte vom Bogen in die Zielscheibe*** the arrow shot from the bow and hit the target; ■**etw [irgendwohin] ~ lassen** to flick sth [somewhere]

Schnell·feu·er·ge·wehr *nt* automatic pistol **Schnell·feu·er·waf·fe** *f* rapid-fire weapon **Schnell·gast·stät·te** *f* fast-food restaurant

Schnell·ge·richt[1] *nt* ready-made meal

Schnell·ge·richt[2] *nt* JUR summary court

Schnell·hef·ter *m* loose-leaf binder

Schnel·lig·keit <-, -en> *f pl selten* ① *(Geschwindigkeit)* speed
② *(Zügigkeit)* speediness; *Ausführung* promptness

Schnell·im·biss^RR *m* takeaway **Schnell·koch·plat·te** *f* high-speed ring **Schnell·koch·topf** *m* pressure cooker **Schnell·kurs** *m* crash course **Schnell·läu·fer(in)**^RR <-s, -> *m(f)* ① SPORT sprinter ② TECH high-speed machine ③ ASTRON high-velocity star **schnell·le·big**^RR *adj* fast-moving **Schnell·pa·ket** *nt* express parcel **Schnell·rei·ni·gung** *f* express cleaner's **Schnell·re·stau·rant** *nt* fast-food restaurant

schnells·tens *adv* as soon [*or* quickly] as possible

schnellst·mög·lich ['ʃnɛlst'møːklɪç] *adj* quickest possible *attr*

Schnell·stra·ße *f* expressway **Schnell·such·lauf** <-[e]s> *m kein pl* rapid search **Schnell·tas·te** *f* INFORM shortcut **Schnell·trieb·wa·gen** *m* fast rail car **schnell·trock·nend** *adj inv s.* **schnell II 2** **schnell·ver·derb·lich** *adj s.* **schnell II 2**

Schnell·ver·fah·ren *nt* ① JUR summary trial [*or* proceedings] *pl;* **im ~** summarily
② *(fam)* **im ~** in a rush; **im ~ duschen** to have a quick shower

S

schnell·ver·käuf·lich *adj* HANDEL *s.* **schnell II 2** **Schnell·ver·kehr** *m* rapid [*or* express] traffic **schnell·ver·schlei·ßend** *adj* TECH *s.* **schnell II 2** **Schnell·zug** *m (veraltend)* fast train
Schnep·fe <-, -n> ['ʃnɛpfə] *f* ❶ ORN snipe ❷ *(pej fam)* stupid [*or* silly] cow *sl*
schnet·zeln ['ʃnɛtsl̩n] *vt* KOCHK ■**etw** ~ to cut sth into fine strips, to shred sth
schneu·zenALT ['ʃnɔytsn̩] *vr s.* **schnäuzen**
Schnib·bel·boh·ne ['ʃnɪbl̩-] *f* DIAL runner bean
Schnick·schnack <-s> ['ʃnɪkʃnak] *m kein pl (fam)* ❶ *(Krimskrams)* junk *no pl* ❷ *(dummes Geschwätz)* twaddle *no pl,* poppycock *no pl*
schnie·fen ['ʃni:fn̩] *vi* to sniffle, to sniff
schnie·ke <schnieker, schniekste> ['ʃni:kə] *adj (fam)* stylish, snazzy *fam*
Schnipp·chen <-s> ['ʃnɪpçən] *nt* ▶WENDUNGEN: **jdm ein ~ schlagen** *(fam)* to put one over on sb *fam*
Schnip·pel <-s, -> ['ʃnɪpl̩] *m o nt* DIAL *(fam: Schnipsel)* shred
schnip·peln ['ʃnɪpl̩n] **I.** *vi (fam)* ■**[an etw** *dat***]** ~ to snip [at sth]
II. *vt (fam)* ■**etw** ~ to cut sth
schnip·pen ['ʃnɪpn̩] **I.** *vi* **mit den Fingern** ~ to snap one's fingers
II. *vt* ■**etw [von etw** *dat***]** ~ to flick sth [off sth]
schnip·pisch ['ʃnɪpɪʃ] **I.** *adj* saucy, cocky *fam*
II. *adv* saucily, cockily
Schnip·sel <-s, -> ['ʃnɪpsl̩] *m o nt (fam)* shred
schnip·seln ['ʃnɪpsl̩n] *vi (fam) s.* **schnippeln**
schnip·sen ['ʃnɪpsn̩] *vi* **mit den Fingern** ~ to snap one's fingers
schnitt [ʃnɪt] *imp von* **schneiden**
Schnitt <-[e]s, -e> [ʃnɪt] *m* ❶ *(Schnittwunde)* cut ❷ *(Haarschnitt)* cut ❸ MODE *(Zuschnitt)* cut ❹ FILM *(das Cutten)* editing ❺ ARCHIT, MATH *(Darstellung in der Schnittebene)* section; **im** ~ ARCHIT in section; *(durchschnittlich)* on average; ~ **zweier Ebenen** MATH intersection; **der goldene** ~ MATH the golden section
▶WENDUNGEN: **[bei etw** *dat***] einen [*o* seinen] bestimmten ~ machen** *(fam)* to make a certain profit [on sth]
Schnitt·blu·men *pl* cut flowers *pl* **Schnitt·boh·nen** *pl* runner beans *pl*
Schnit·te <-, -n> ['ʃnɪtə] *f* ❶ KOCHK slice ❷ *(belegtes Brot)* open sandwich
▶WENDUNGEN: **[bei jdm/etw] keine ~ haben** *(fam)* to have no chance [with sb/sth]
Schnitt·flä·che *f* ❶ cut surface ❷ MATH *s.* **Schnitt 5** **Schnitt·holz** *nt kein pl* FORST timber, AM *a.* lumber
schnit·tig ['ʃnɪtɪç] *adj* stylish, streamlined
Schnitt·kan·ten *pl* TYPO cutting edges *pl* **Schnitt·kä·se** *m* hard cheese **Schnitt·lauch** ['ʃnɪtlaux] *m kein pl* chives *npl* **Schnitt·men·ge** *f* MATH intersection
Schnitt·mus·ter *nt* MODE ❶ [paper] pattern ❷ *s.* **Schnittmusterbogen** **Schnitt·mus·ter·bo·gen** *m* MODE pattern chart
Schnitt·punkt *m* ❶ MATH point of intersection ❷ *(Kreuzung)* intersection **Schnitt·sa·lat** *m* mixed salad leaves *pl*
Schnitt·stel·le *f* ❶ INFORM interface; **parallele/serielle** ~ parallel/serial interface ❷ *(vermittelnde Instanz)* go-between **Schnitt·stel·len·an·schluss**RR *m* INFORM interface, port
Schnitt·ver·let·zung *f* cut **Schnitt·wun·de** *f* cut
Schnitz <-es, -e> [ʃnɪts] *m* DIAL slice [of fruit]
Schnit·zel[1] <-s, -> ['ʃnɪtsl̩] *nt* KOCHK pork escalope; **Wiener** ~ Wiener schnitzel
Schnit·zel[2] <-s, -> ['ʃnɪtsl̩] *nt o m* shred
Schnit·zel·bank <-, -bänke> *f* SCHWEIZ *custom maintained by some regions during the carnival season, involving the depiction of local affairs on large boards and an accompanying satirical commentary* **Schnit·zel·jagd** *f* paperchase
schnit·zeln ['ʃnɪtsl̩n] *vt* ■**etw** ~ to shred sth
schnit·zen ['ʃnɪtsn̩] **I.** *vt* ❶ *(aus Holz schneiden)* ■**etw [aus etw** *dat***]** ~ to carve sth [out of sth] ❷ *(in Holz einschneiden)* ■**etw [in etw** *akk***]** ~ to carve sth [into sth]
II. *vi* ■**[an etw** *dat***]** ~ to carve [sth], to whittle [at sth]; ■**das S~** carving; *(Holz)* woodcarving
Schnit·zer <-s, -> ['ʃnɪtsɐ] *m (fam)* blunder, cock-up BRIT *sl,* screw-up AM *sl;* **einen ~ machen** to commit a blunder, to cock up *sl*
Schnit·zer(in) <-s, -> ['ʃnɪtsɐ] *m(f)* woodcarver
Schnit·ze·rei <-, -en> [ʃnɪtsə'rai] *f* woodcarving
Schnit·ze·rin <-, -nen> *f fem form von* **Schnitzer**
Schnitz·mes·ser *nt* woodcarving knife
schnob [ʃno:p] *(veraltet) imp von* **schnauben**
schnod·de·rig, schnodd·rig ['ʃnɔd(ə)rɪç] *adj (pej fam)* impudent, cheeky BRIT *fam*
schnö·de ['ʃnø:də] **I.** *adj (pej geh)* despicable, mean, vile; ■**etw ist ~ [von jdm]** sth is despicable [*or* mean] [of sb]
II. *adv (pej geh)* despicably, vilely, in a despicable [*or* vile] manner; *s. a.* **Mammon**
Schnor·chel <-s, -> ['ʃnɔrçl̩] *m* snorkel
schnor·cheln ['ʃnɔrçl̩n] *vi* ■**[irgendwo]** ~ to go snorkelling [*or* AM snorkeling] [somewhere]
Schnör·kel <-s, -> ['ʃnœrkl̩] *m* scroll, squiggle *hum*
schnör·ke·lig ['ʃnœrkəlɪç] *adj* full of flourishes *pred,* squiggly *hum*
schnör·kel·los *adj* simple, plain, without frills; ~ **formuliert** put simply, in simple [*or* plain] words
schnor·ren ['ʃnɔrən] **I.** *vi* ❶ *(fam: nassauern)* ■**[bei jdm]** ~ to scrounge [from sb] *fam* ❷ SCHWEIZ *(fam: daherreden)* to talk drivel
II. *vt (fam)* ■**etw** ~ to scrounge sth *fam*
Schnor·rer(in) <-s, -> *m(f) (fam)* scrounger *fam*
Schnö·sel <-s, -> ['ʃnø:zl̩] *m (fam)* snotty[-nosed] little git *fam*
Schnu·ckel·chen ['ʃnʊkl̩çən] *nt (fam)* cutey pie, sweetie pie
schnu·cke·lig ['ʃnʊkəlɪç] *adj (fam)* ❶ *(herzig)* cute ❷ *(nett)* cute, nice
Schnüf·fe·lei <-, -en> [ʃnʏfə'lai] *f (fam)* ❶ *(ständiges Schnüffeln)* sniffing ❷ *(das Hinterherspionieren)* snooping *fam*
schnüf·feln ['ʃnʏfl̩n] *vi* ❶ *(schnuppern)* ■**[an jdm/etw]** ~ to sniff [sb/sth] ❷ *(fam: spionieren)* ■**[in etw** *dat***]** ~ to nose around [in sth] ❸ *(sl) Lösungsmittel, Klebstoff* to sniff glue; **das S~** glue-sniffing
Schnüff·ler(in) <-s, -> *m(f)* ❶ *(fam: Detektiv)* detective, snooper BRIT *fam* ❷ *(sl: Süchtiger)* glue-sniffer
Schnul·ler <-s, -> ['ʃnʊlɐ] *m* dummy
Schnul·ze <-, -n> ['ʃnʊltsə] *f (fam)* schmaltz *fam*
Schnul·zen·sän·ger(in) <-s, -> *m(f)* MUS *(pej fam)* singer of schmaltzy *fam* songs
schnul·zig ['ʃnʊltsɪç] *adj (fam)* schmaltzy *fam,* corny *fam*
Schnupf <-s, -e *o* -s> [ʃnʊpf] *m* SCHWEIZ *(Schnupftabak)* snuff
schnup·fen ['ʃnʊpfn̩] **I.** *vi* ❶ *(Schnupftabak nehmen)* to take snuff ❷ *(schniefen)* to sniff *fam,* to sniffle *fam;* ■**[in etw** *akk***]** ~ to sniffle [in sth]; ***sie schnupfte ins Taschentuch*** she sniffled in her hanky ❸ *(selten: unter wiederholtem Schnupfen äußern)* to sniff [*or* sniffle] *fam*
II. *vt* ■**etw** ~ to take a sniff of sth, to snort sth *sl;* **Tabak** ~ to take snuff; **Kokain** ~ to snort *sl* cocaine
III. *vr* **sich** *akk* **zu Tode** ~ to die snorting cocaine
Schnup·fen <-s, -> ['ʃnʊpfn̩] *m* MED cold; **[einen] ~ bekommen, sich** *dat* **[irgendwo/bei jdm] einen ~ holen** *(fam)* to get a cold [somewhere/from sb]; **[einen] ~ haben** to have a cold
Schnup·fen·mit·tel *nt* cold remedy
Schnupf·ta·bak *m* snuff **Schnupf·ta·bak(s)·do·se** *f* snuff box
schnup·pe ['ʃnʊpə] *adj (fam)* ■**es/jd/etw ist [jdm]** ~ sb does not care less [about it]/about sb/sth, sb does not give a stuff [about it]/about sb/sth BRIT *fam;* ■**es ist [jdm] ~, ob/was/wie/wo ...** sb does not care less whether/what/how/where ...
Schnup·per·fahrt *f* test drive **Schnup·per·kurs** *m* taster course **Schnup·per·leh·re** <-, -n> *f* SCHWEIZ *(Praktikum)* [period of] practical training, AM *a.* internship
schnup·pern ['ʃnʊpɐn] **I.** *vi* ❶ *(riechen)* ■**[an jdm/etw]** ~ to sniff [at sb/sth] ❷ SCHWEIZ *(Schnupperlehre absolvieren)* to complete a taster course
II. *vt* ■**etw** ~ to sniff sth
Schnup·per·wo·che *f* taster week
Schnur <-, Schnüre> [ʃnu:ɐ̯, *pl* 'ʃny:rə] *f* cord
Schnür·band <-[e]s, -bänder> *nt* DIAL lace
Schnür·chen <-s, -> ['ʃny:ɐ̯çən] *nt dim von* **Schnur** thin cord
▶WENDUNGEN: **wie am ~** *(fam)* like clockwork *fam*
schnü·ren ['ʃny:rən] **I.** *vt* ❶ *(verschnüren)* ■**etw [zu etw** *dat***]** ~ to tie sth together [in sth] ❷ *(mit einer Schnur befestigen)* ■**etw [auf etw** *akk***]** ~ to tie sth [onto sth]; ***er schnürte sich den Rucksack auf den Rücken*** he fastened the rucksack to his back ❸ *(zubinden)* ■**[jdm/sich] etw** ~ to tie [sb's/one's] sth [up]; **seine/jds Schuhe** ~ to lace up one's/sb's shoes
II. *vi (fam) Hose, Kleider* to be tight
III. *vr* ■**sich** *akk* **[in etw** *akk***]** ~ to lace oneself up [in sth]
schnur·ge·ra·de ['ʃnu:ɐ̯gə'ra:də] **I.** *adj* dead straight
II. *adv* ❶ *(völlig gerade)* in a straight line ❷ *(fam) s.* **schnurstracks**
Schnur·ke·ra·mik *f* ARCHÄOL string ceramics *pl,* corded ware
schnur·los *adj* cordless
Schnur·los·tech·nik *f* TELEK wireless [*or* cordless] technology
Schnurr·bart ['ʃnʊrba:ɐ̯t] *m* moustache; ■**einen ~ haben [*o* tragen]** to have [*or dated* wear] a moustache
schnurr·bär·tig *adj* ■**~ sein** to have a moustache
schnur·ren ['ʃnʊrən] *vi* ❶ *(Katze)* to purr; **vor Zufriedenheit** ~ to purr with contentment ❷ *(surren)* to whirr
Schnurr·haa·re *pl* whiskers *pl*
schnur·rig <-er, -ste> ['ʃnʊrɪç] *adj (veraltend)* amusing, funny, droll; **ein ~er alter Kauz** a funny old bird [*or* cove]
Schnür·schuh *m* lace-up shoe **Schnür·sen·kel** *m* shoelace **Schnür·stie·fel** *m* laced [*or* lace-up] boot
schnur·stracks ['ʃnu:ɐ̯'ʃtraks] *adv* straight; ~ **nach Hause gehen** to go straight home
schnurz [ʃnʊrts] *adj (sl)* ■**es ist [jdm]** ~ to be all the same [to sb]; ***das ist mir*** **~** I couldn't care less
Schnu·te <-, -n> ['ʃnu:tə] *f* NORDD *(Mündchen)* pout; **eine ~ ziehen** *(fam)* to pout
schob [ʃo:p] *imp von* **schieben**
Scho·ber <-s, -> ['ʃo:bɐ] *m* AGR SÜDD, ÖSTERR ❶ *(Heuhaufen)* haystack ❷ *s.* **Heuschober**
Schock <-[e]s, -s> [ʃɔk] *m* shock; ■**der ~ einer S.** *gen* the shock [*or* trauma] of sth; **einen ~ bekommen [*o geh* erleiden] [*o fam* kriegen]** to receive [*or fam* get] a shock; **unter ~ stehen** to be in [a state of] shock; **[jdm] einen ~ versetzen** to shock [sb]
Schock·ef·fekt *m* shock effect
scho·cken ['ʃɔkn̩] *vt (sl)* ■**jdn [mit etw** *dat***]** ~ to shock sb [with sth]
Scho·cker <-s, -> ['ʃɔkɐ] *m* FILM *(sl)* film designed to shock
Schock·far·be *f* violent colour [*or* AM -or]
Schock·fros·ten [-frɔstən] *nt kein pl* KOCHK blast-freezing **schock·ge·frie·ren*** *vt* KOCHK ■**etw** ~ *Lebensmittel* to blast-freeze sth
scho·ckie·ren* [ʃɔ'ki:rən] *vt* ■**jdn [mit etw** *dat***]** ~ to shock sb [with sth]; ■**etw schockiert jdn** sth shocks sb; ■**[über etw** *akk***] schockiert sein** to be shocked [about sth]
Schock·scha·den *m* JUR impairment of health due to shock **Schock·star·re** *f kein pl* PSYCH rigidity induced by shock, state of shock **Schock·the·ra·**

pie *f* shock therapy **Schọck·wel·le** *f* shock wave **Schọck·wir·kung** *f* shock effect; **unter ~ stehen** to be in a state of [*or* be suffering from] shock

scho·fel ['ʃo:fl̩], **scho·fe·lig** ['ʃo:fəlɪç], **schof·lig** ['ʃo:flɪç] *adj* DIAL *(sl)* ① *(schäbig) Verhalten* mean, rotten, beastly; *Ausrede* miserable, mean; **~ [zu jdm] sein** to be rotten [*or* mean] [to sb]; **~ [von jdm] sein, etw zu tun** to be rotten [of sb] to do sth
② *(geizig)* **sich** *akk* **~ zeigen** to show oneself to be mean [*or* stingy]

Schöf·fe, Schöf·fin ['ʃœfə, 'ʃœfɪn] *m, f* JUR *lay assessor in criminal cases*

Schọ̈f·fen·amt *nt* JUR *position of lay assessor in court* **Schọ̈f·fen·ge·richt** *nt* JUR *court of first instance for criminal matters consisting of one judge and two lay judges* **Schọ̈f·fen·wahl·aus·schuss**RR *m* JUR interior redecoration

Schọ̈f·fin <-, -nen> *f fem form von* **Schöffe**

schof·lig ['ʃo:flɪç] *adj s.* **schofel**

Scho·ko ['ʃo:ko] *f (fam)* chocolate, choc *fam*

Scho·ko·la·de <-, -n> [ʃoko'la:də] *f* ① *(Kakaomasse)* chocolate
② *(geh: Kakaogetränk)* hot chocolate; *(kalt)* chocolate milk

Scho·ko·la̲·den·creme *f* chocolate cream **Scho·ko·la̲·den·eis** *nt* chocolate ice cream **Scho·ko·la̲·den·fi·gur** *f* figure made of chocolate **Scho·ko·la̲·den·pud·ding** *m* chocolate pudding **Scho·ko·la̲·den·pul·ver** *nt* chocolate powder **Scho·ko·la̲·den·rie·gel** *m* chocolate bar, bar of chocolate **Scho·ko·la̲·den·sei·te** *f (fam)* the good part[s]; **sich** *akk* **von seiner ~ zeigen** to show oneself at one's best **Scho·ko·la̲·den·über·zug** *m* chocolate coating

Scho̲·ko·rie·gel *m* chocolate bar

Scho·las·tik <-> [ʃo'lastɪk] *f kein pl* scholasticism *no pl*

Scho·las·ti·ker(in) <-s, -> [ʃo'lastikɐ] *m(f)* scholastic

scholl [ʃɔl] *imp von* **schallen**

Schol·le[1] <-, -n> ['ʃɔlə] *f* ZOOL, KOCHK plaice

Schol·le[2] <-, -n> ['ʃɔlə] *f* ① *(flacher Erdklumpen)* clod [of earth]
② *(Eisbrocken)* [ice] floe
③ *(geh: Ackerland)* arable land

Schol·li ['ʃɔli] *m* ▶WENDUNGEN: **mein lieber ~!** *(fam: na warte!)* just you wait! *fam; (na so was!)* my goodness!

Schöll·kraut ['ʃœlkraut] *nt* BOT greater celandine

schon [ʃo:n] **I.** *adv* ① *(jetzt)* ***sind wir ~ da?*** are we there yet?; ***hast du ~ gehört?*** have you heard?; ***sie kommen ~ heute*** they're coming today; ***du willst ~ gehen?*** you want to leave now [*or* already]?; ***nach fünf Minuten war ich ~ fertig*** I was finished after only five minutes, I was already finished after five minutes; **~ bald darauf** very soon after; ■**es ist ~ ...:** ***es ist ~ spät*** it is already late [*or* late already]
② *(danach)* ***nur eine Minute, und ~ bin ich weg*** just one minute, and then I'm gone; ***kaum leg ich mich hin, ~ klingelt das Telefon wieder*** I hardly have time to lie down before the telephone rings yet again *form;* ***kaum verließ sie das Zimmer, ~ rauchte er*** she had hardly left the room when he lit up
③ *(vorab)* ***ihr könnt [ja] ~ [mal] anfangen*** you can start now
④ *(wirklich)* ***was, ~ 5 Uhr?*** what, 5 o'clock already?; ***er wiegt ~ 200 kg!*** he now weighs 200 kg!; ***eine kleine Menge kann ~ Wunder wirken*** just [*or* even] a small amount can work wonders; ***~ ein Teilerfolg würde sich lohnen*** even a partial success would be worth it; ***CD-Rohlinge gibt es ~ für ein paar Cent*** blank CDs can be had for as little as a few cents; ***~ 8-Jährige surfen im Internet*** children as young as eight are surfing the internet
⑤ *(früher)* ***~ in den Siebzigern gab es Mikrocomputer*** there were microcomputers as early as [*or* back in] the seventies; ***~ Ovid schrieb darüber/über diese Idee*** that/that idea is as old as Ovid; ***~ als Kind wollte ich Schauspieler werden*** since I was a child I've always wanted to be an actor; **~ damals/gestern/jetzt** even at that time/even yesterday/even now; **~ früh** early on; **~ immer** always; ***sie war ~ immer schwierig*** she always was difficult; ***ich sagte es ja ~ immer*** I've always said so; **~ seit Jahren** for years [now]; **~ lange/länger** for a long time [now]; **~ längst** *(die ganze Zeit)* for ages; *(vor langer Zeit)* ages ago; **~ oft** several times [already]
⑥ *(inzwischen)* ***das kenn ich ~*** I know that already; ***ich wollte vorher ~ fragen*** I wanted to ask anyway; **~ [ein]mal** ever; ***hast du ~ mal Austern gegessen?*** have you ever eaten oysters?; **wie ~ gesagt** as was/has been said already [*or* beforehand]; **wie ~ so oft** as was/has been often the case [before]
⑦ *(allein)* ***warum sich beklagen? es geht uns ~ so schlecht*** why complain? we're badly off as it is; **~ darum/deshalb/aus dem Grunde** for that reason alone; **~ die Tatsache, dass ...** the fact alone that ..., the very fact that ...; **~ Grund genug sein** to be already reason enough; *s. a.* **allein**

II. *part* ① *(wirklich)* ***das ist ~ eine Schande!*** that really is a disgrace!; ***es ist ~ wahr*** it's true all right; ***ich sehe ~, ...*** I can see, ...; ***ich kann mir ~ denken, was du willst*** I can well imagine what you want; ***das will ~ was heißen*** those are promising words; ***du wirst ~ sehen!*** you'll see!; ***es ist ~ angenehm, nichts zu tun*** it really is pleasant doing nothing; ***das will ich nicht, und ~ gar nicht von dir*** I don't want it, and especially not from you; **~ wieder** [once] again; ***nicht das/sie ~ wieder!*** not that/her again!
② *(fam: endlich)* ***jetzt komm ~!*** hurry up!; ***hör ~ auf damit!*** will you stop that!; ***sag doch ~!*** out with it!; ***geh ~!*** go on!; ***gib ~ her!*** come on, give it here!; ***mach ~!*** hurry up!
③ *(aber)* ***wenn du ~ nicht bleibst, [dann] iss eine Kleinigkeit*** if you really can't stay, then have a bite to eat; ***wenn ich euch ~ fahre, dann [aber] vor Mitternacht*** if I do drive you, then before midnight
④ *(irgendwie)* all right; ***danke, es geht ~*** thanks, I can manage; ***es wird ~ klappen*** it will work out all right
⑤ *(irgendwann)* in the end, one day; ***es wird ~ noch [mal] klappen*** it will work out in the end [*or* one day]
⑥ *(eigentlich)* ***ich glaube ~*** I think so; ***so was kann ~ mal vorkommen*** such things can happen; ***Lust hätte ich ~, nur keine Zeit*** I do feel like it, I simply don't have time; ***das stimmt ~*** that's true enough; ***das ist ~ möglich/wahr*** that's possible/true, I suppose; ***~ möglich, aber [o doch] [o nur] nicht sehr wahrscheinlich*** that's possible, but not very probable; **[ja] ~[, aber ...]** [well] yes [*or* sure][, but ...]; ***findest du sie attraktiv? — ja, ~*** do you think she's attractive? – yes, she's okay; **~ gut!** okay! *fam;* **und [***o* **na] wenn ~!** *(fam)* so what? *fam*
⑦ *(andererseits)* ***wir durften nicht draußen spielen, die anderen [aber] ~*** we weren't allowed to play outside, but the others were; ***auf dieser Straße kommen Sie nicht nach Köln, auf der ~*** you won't get to Cologne on this road, but on that one
⑧ *(usu pej: ausgerechnet)* ***was ist ~ Reichtum?*** what's wealth of all things?; ***was hast du ~ zu sagen?*** what have you of all people got to say?; **was sind ~ zehn Jahre?** what do ten years matter?; ***was macht das ~?*** what does it matter?; ***was nützt das ~?*** what possible use is that?; ***wen interessiert das ~?*** who's possibly interested?
⑨ *(nur)* ***wenn ich das ~ rieche/sehe!*** the mere smell/sight of that!; ***wenn ich das ~ höre!*** just hearing about it!; *s. a.* **ja, möglich**
⑩ DIAL *(noch)* ***wie war ~ Ihr Name?*** what was your name again?

schön [ʃø:n] **I.** *adj* ① *(anziehend)* beautiful; *Mann, Jugendlicher* handsome; *(ansprechend)* lovely, nice; ***sie ist ~ von Gestalt*** she has a beautiful/lovely [*or* nice] figure; ***er brachte ihr etwas S~es*** he brought her something nice; ***~e Frau, was möchten Sie?*** *(hum)* what would you like, my pretty [one]? *fam;* **jd findet etw ~** sb finds sth beautiful/lovely [*or* nice], sth appeals to sb; **das ~e Geschlecht** *(hum fam)* the fair[er] sex *hum dated;* ■**das S~e** beauty; *(Gegenstände)* beautiful things *pl;* **die Reichen und die S~en** the rich and the beautiful
② *(großartig)* great, lovely, splendid; *(wunderschön a.)* wonderful; *(angenehm)* good, pleasant; *Wetter a.* fine; *(nett a.)* nice; ***das war eine ~e Zeit*** those were wonderful days; ***ich wünsche euch ~e Ferien/einen ~en Tag*** have a good [*or* nice] holiday/day; ***~es Wochenende!*** have a good [*or* nice] weekend!; ***bei uns ist es ~*** the weather is fine here; ***ich kann mir etwas S~eres vorstellen, als nur hier zu sitzen*** I can think of better things to do than just sitting here; ***das war alles nicht ~ [für ihn]*** it was all rather [*or* quite] unpleasant [for him]; ***macht euch eine ~e Woche*** enjoy yourselves for a week; ***alles war in ~ster Ordnung*** everything was perfect [*or* in perfect order]; ***ich hatte mir alles so ~ gedacht, aber ...*** I really thought everything was going to be fine, but ...; ***das ist nicht mehr ~*** *(fam)* that's [getting] beyond a joke *fam;* ***du hast dich ihr gegenüber nicht sehr ~ verhalten*** you were quite rude to her; **das S~e an jdm/etw** the nice thing about sb/sth; **aufs S~ste [***o* **~ste]** wonderfully, marvellously BRIT [*or* AM -l-]; ***der Kuchen gelang mir aufs S~ste*** the cake was a brilliant success; **~, dass ...** it's good that ..., I'm pleased that ...; **es gibt nichts S~eres als ...** there is [*or* could be] nothing nicer than ...; ***es gibt nichts S~eres als ein kaltes Bier*** nothing beats a cold beer *fam;* ***es gibt nichts S~eres, als sommers im Garten zu sitzen*** there's nothing more pleasant than sitting in the garden in summer; **~/nicht ~ [von jdm] sein** to be nice/to be not very nice [of sb]; **einen ~en Tod haben** to die peacefully; **wie ~!** *(iron)* that's [*or* how] nice! *also iron,* you don't say [so]! *fam;* **~e Worte** *(iron)* fine[-sounding] words; **das ist [doch] zu ~, um wahr zu sein** that's too good to be true; **ein ~er Zug** a pleasant [*or* nice] trait; ***das ist ein ~er Zug an ihr*** that's one of the good [*or* pleasant] [*or* nice] things about her; *s. a.* **Kunst, Literatur**
③ *esp* NORDD *(gut)* good; **~ riechen/schmecken** to smell/taste really [*or esp* AM *fam* real] good
④ *siehe auch n (in Höflichkeitsformeln)* **~sten [***o* **recht ~en] Dank [für etw** *akk***]** thank you very much [for sth]; **~e Grüße** best wishes; ***~e Grüße von Uli [o ich soll dir ~e Grüße von Uli bestellen]*** Uli sends you his kind regards; *s. a.* **bitte, danke**
⑤ *(fam: einverstanden)* **[~ [***o* **also] [***o* **na],] ~** all right [*or fam* okay] then, fine; **[das ist ja alles] ~ und gut, aber ...** that's all very well, but ..., that may well be, but ...
⑥ *(fam: beträchtlich)* great, good, whopping *fam; Geldsumme a.* handsome, tidy *attr fam;* ***das hat eine ganz ~e Größe*** it's quite a size; **ein ~es Alter erreichen** to reach a ripe [*or* fine] old age; **eine ~e Leistung** no mean feat, quite an achievement; **ein ~er Schrecken** a real fright, quite a fright; **ein ~es Stück Arbeit/eine ~e Strecke** quite a bit of work/quite a stretch; **ein ~es Sümmchen** a nice bit of cash *fam; s. a.* **Stange, Stück**
⑦ *(iron fam: unschön)* great, nice; ***das sind ja ~e Aussichten!*** what wonderful [*or* great] prospects!; ***das wird ja immer ~er!*** things are getting worse and worse!; ■**etwas S~es** a fine mess; ■**das S~ste** the best of it *iron;* **das S~ste [daran] ist, dass ...** the worst thing [about it] is [that] ..., the worst of it is [that] ...; *s. a.* **Bescherung**
⑧ *(iron: verblüffend)* astonishing

II. *adv* ① *(anziehend)* beautifully; **sie sind ~ eingerichtet** they have a beautiful [*or* lovely] home; **sich** *akk* **~ anziehen** to get dressed [*or fam* dolled] up; **sich** *akk* **~ schminken/frisieren** to make oneself [*or fam* get dolled] up/do one's hair nicely
② *(angenehm)* well; **sich** *akk* **~ amüsieren/ausschlafen/ausspannen/ausruhen** to have a good time/lie-in/break/rest; **es ~ [irgendwo] haben** *(wohnen)* to live well [somewhere]; *(amüsieren)* to

have a good [*or* nice] time [somewhere]
③ *(gut)* well, nicely; ***das hast du ~ gemacht*** you did that well [*or* nicely], you did [*or* made] a good job of it
④ *(iron)* **wie es so ~ heißt** as they say; **wie man so ~ sagt** as they say
⑤ *(fam: angebracht)* ***~ eine Reihe bilden!*** everybody get in a nice orderly line!; ***bleib ~ sitzen!*** be good and don't get up; ***hör ~ zu!*** listen carefully; ***jetzt räumst du dein Spielzeug ~ weg*** now clear away your toys, there's a good boy/girl!; **~ groß/kalt/langsam/süß** nice and big/cold/slow/sweet; ***sei ~ artig!*** be a good boy/girl!
⑥ *(fam: beträchtlich)* really; ***das hat ganz ~ wehgetan!*** that really hurt!; *s. a.* **ganz**

Schon·auf·la·ge *f* protective cover **Schon·be·zug** *m* protective cover

Schön·druck *m* one-[*or* single-]sided printing

Schö·ne <-n, -n> *f* beauty; **die ~ und das Biest** Beauty and the Beast

scho·nen [ˈʃoːnən] **I.** *vt* ① *(pfleglich behandeln)* ■**etw ~** to look after sth, to take care of sth
② *(nicht überbeanspruchen)* ■**etw ~** to be kind to sth, to go easy on sth; **seine Leber mehr ~** to be kinder to one's liver; **seine Gesundheit/sein Herz etwas ~ müssen** to have to go a bit easy on one's health/heart; ***das schont die Gelenke*** it is easy on the joints
③ *(vorsichtig einwirken)* ■**etw ~** to be kind to sth; ***dieses Waschmittel schont das Gewebe/die Hände*** this detergent is kind to the fabric/your hands
④ *(Rücksicht nehmen)* ■**jdn/etw ~** to spare sb/sth; **jds Gefühle ~** to spare sb's feelings
⑤ *(verschonen)* ■**jdn ~** to spare sb
II. *vr* ■**sich** *akk* **~** to take things easy

Scho·nen <-s> [ˈʃoːnən] *nt* Scania

schö·nen [ˈʃøːnən] *vt* ① *(veraltend)* ■**etw ~** to embellish sth, to dress sth up
② CHEM ■**etw ~** to refine [*or* clear] sth

scho·nend **I.** *adj* ① *(pfleglich)* careful
② *(rücksichtsvoll)* considerate
③ *(nicht strapazierend)* gentle, kind
II. *adv* ① *(pfleglich)* carefully, with care
② *(rücksichtsvoll)* **jdm etw ~ beibringen** to break sth to sb gently

Scho·ner¹ <-s, -> [ˈʃoːnɐ] *m* NAUT schooner

Scho·ner² <-s, -> [ˈʃoːnɐ] *m (fam) s.* **Schonbezug**

schön|fär·ben *vt (iron)* ■**etw ~** to whitewash sth *iron*

Schön·fär·be·rei <-, -en> [ʃøːnfɛrbəˈrai] *f (iron)* whitewash *iron;* **~ betreiben** to whitewash things, to gloss over things

Schon·frist *f* period of grace

Schon·gang *m* ① AUTO, TECH *(Gang)* overdrive
② TECH *(Waschprogramm)* gentle action wash

Schön·geist *m* aesthete, esthete AM **schön·geis·tig** *adj* aesthetic, esthetic AM; *s. a.* **Literatur**

Schön·heit <-, -en> *f* ① *kein pl (schönes Äußeres)* beauty
② *(schöne Frau)* beauty

Schön·heits·chir·urg(in) *m(f)* cosmetic [*or* plastic] surgeon **Schön·heits·chir·ur·gie** *f* cosmetic [*or* plastic] surgery **Schön·heits·chir·ur·gin** *f fem form von* **Schönheitschirurg** **Schön·heits·farm** *f* beauty farm

Schön·heits·feh·ler *m* ① *(kosmetische Beeinträchtigung)* blemish
② *(geringer Makel)* flaw

Schön·heits·ide·al *nt* ideal of beauty **Schön·heits·kö·ni·gin** *f* beauty queen **Schön·heits·kor·rek·tur** *f* cosmetic procedure **Schön·heits·ope·ra·ti·on** *f* cosmetic operation **Schön·heits·pfläs·ter·chen** <-s, -> *nt* beauty patch **Schön·heits·pfle·ge** *f* beauty care **Schön·heits·sa·lon** *m* beauty salon **Schön·heits·wett·be·werb** *nt* beauty contest

Schon·kost *f (Spezialdiät)* special diet; *(Nahrung einer Spezialdiät)* special diet foods *pl*

Schön·ling <-s, -e> *m (pej)* pretty boy *fam*

schön|ma·chen *vr (fam)* ■**sich** *akk* [**für jdn**] **~** to make oneself up [for sb]; *(sich schön kleiden)* to dress oneself up [for sb], to get dressed up [for sb]

Schon·pro·gramm *nt* delicates programme [*or* AM -am]

schön|rech·nen *vt (pej)* ■**etw ~** *Zahlen, Statistik* to massage sth

schön|re·den *vt* ■**etw ~** to play down *sep* sth, to gloss over *sep* sth, to whitewash sth

Schön·re·de·rei <-> [ʃøːnreːdəˈrai] *f (pej)* whitewashing

Schön·schreib·dru·cker *m* letter-quality printer

Schön·schrift *f* ① *(ordentliche Schrift)* tidy handwriting; **in ~** in one's best handwriting
② INFORM near letter quality, NLQ

schön|tun *vi irreg* ■[**jdm**] **~** to flatter [*or* BRIT *fam* soft-soap] [sb]; *(vor jdm kriechen)* to suck up to sb *fam*

Schön- und Wi·der·druck *m* TYPO face and back printing, perfecting

Schö·nung <-, -en> *f* fining

Scho·nung¹ <-> *f kein pl* ① *(das pflegliche Behandeln)* care
② MED *(Entlastung)* care; ***du solltest das zur ~ deiner Gelenke tun*** you should do that to take care of [*or* look after] your joints
③ *(Schutz)* protection; ***die Gartenhandschuhe dienen der ~ der Hände*** gardening gloves serve to protect the hands
④ *(Rücksichtnahme)* consideration
⑤ *(Verschonung)* mercy

Scho·nung² <-, -en> *f* FORST forest plantation area

scho·nungs·be·dürf·tig *adj* in need of rest; ■[**noch**] **~ sein** to [still] need to convalesce

scho·nungs·los **I.** *adj* blunt, merciless; **~e Kritik** savage criticism; **~e Offenheit** unabashed openness
II. *adv* bluntly, mercilessly

Scho·nungs·lo·sig·keit <-> *f kein pl* bluntness, savageness, mercilessness

Schön·wet·ter·la·ge *f* fine weather conditions *pl*

Schon·zeit *f* JAGD close season

Schopf <-[e]s, Schöpfe> [ʃɔpf, *pl* ˈʃœpfə] *m*
① *(Haarschopf)* shock of hair
② ORN tuft, crest

schöp·fen [ˈʃœpfn̩] *vt* ① *(mit einem Behältnis entnehmen)* ■[**sich** *dat*] **etw** [**aus etw** *dat*] **~** to scoop sth [from sth]; **Suppe/Eintopf** [**aus etw** *dat*] **~** to ladle soup/stew [from sth]; **Wasser aus einem Boot ~** to bale out a boat; *s. a.* **Atem, Luft**
② *(gewinnen)* ■**etw ~** to draw sth; **Mut/Kraft ~** to summon [up] courage/strength; *s. a.* **Verdacht**
③ *(kreieren)* ■**etw ~** to create sth; *(Ausdruck, Wort)* to coin sth

Schöp·fer(in) <-s, -> *m(f)* ① *(Gott)* ■**der ~** the Creator; **jd dankt seinem ~, dass ...** sb thanks their Maker [*or* Creator] that ...
② *(geh: Erschaffer)* creator

schöp·fe·risch [ˈʃœpfərɪʃ] **I.** *adj* creative
II. *adv* creatively; *s. a.* **Augenblick, Pause**

Schöpf·kel·le *f* ladle **Schöpf·löf·fel** *m* ladle

Schöp·fung <-, -en> *f* ① *kein pl (Erschaffung)* creation
② *(Kreation)* creation; *(Ausdruck, Wort)* coinage
③ *kein pl* REL ■**die ~** the Creation; *s. a.* **Herr, Krone**

Schöp·fungs·ge·schich·te *f kein pl* REL ■**die ~** the story of the Creation

Schop·pen <-s, -> [ˈʃɔpn̩] *m* ① *(Viertelliter)* quarter-litre [*or* AM -er]
② SÜDD, SCHWEIZ *(Babyfläschchen)* bottle

Schöps <-es, -e> [ʃœps] *m* ÖSTERR *(Hammel)* mutton

schor [ʃoːɐ̯] *imp von* **scheren¹**

Schorf <-[e]s, -e> [ʃɔrf] *m* scab

Schor·le <-, -n> [ˈʃɔrlə] *f* spritzer

Schorn·steh·rer *m* DIAL chimney sweep

Schorn·stein [ˈʃɔrnʃtain] *m (Schlot)* chimney
▶WENDUNGEN: **etw in den ~ schreiben** *(fam)* to write off sth *sep,* to forget [about] sth

Schorn·stein·fe·ger(in) <-s, -> *m(f)* chimney sweep **Schorn·stein·fe·ger·hand·werk** *nt* **Bundesverband des ~s** national chimney sweep association

Schorn·stein·kopf *m* BAU chimney top

schoss^RR^, **schoß**^ALT^ [ʃɔs] *imp von* **schießen**

Schoß <-es, Schöße> [ʃoːs, *pl* ˈʃøːsə] *m* ① ANAT lap; **jdn auf den ~ nehmen** to take sb on one's lap
② *(geh: Mutterleib)* womb
③ MODE *(veraltend: Rockschoß)* tail
▶WENDUNGEN: **der ~ der Erde** *(geh)* the bowels of the earth; **etw fällt jdm in den ~** sth falls into sb's lap; **im ~ der Familie** in the bosom of the family; **im ~ einer S.** *gen (geh)* in the close circle of a thing; *s. a.* **Abraham, Hand**

Schoß·hund *m* lapdog

Schöss·ling^RR^, **Schöß·ling**^ALT^ <-s, -e> [ˈʃœslɪŋ] *m* shoot

Schöss·lings·ver·meh·rung^RR^ *f* BOT shoot propagation

Schoß·rock *m* frock coat

Scho·te¹ <-, -n> [ˈʃoːtə] *f* BOT pod

Scho·te² <-, -> [ˈʃoːtə] *f (fam: Geschichte)* tall story *fam,* yarn *fam*

Scho·te³ <-, -n> [ˈʃoːtə] *f* NAUT sheet

Schott <-[e]s, -e> [ʃɔt] *nt* NAUT bulkhead
▶WENDUNGEN: **die ~en dichtmachen** *(fam)* to batten down the hatches

Schot·te, Schot·tin <-n, -n> [ˈʃɔtə, ˈʃɔtɪn] *m, f* Scot, Scotsman *masc,* Scotswoman *fem*

Schot·ten·ka·ro *nt,* **Schot·ten·mus·ter** *nt* tartan **Schot·ten·rock** *m* ① *(Rock mit Schottenmuster)* tartan skirt ② *(Kilt)* kilt

Schot·ter <-s, -> [ˈʃɔtɐ] *m* gravel

Schot·ter·de·cke *f* gravel surface, road metal [*or* macadam] surface *spec*

schot·tern [ˈʃɔtɐn] *vt* ■**etw ~** to gravel over sth

Schot·ter·pis·te *f (fam)* [loose] gravel road **Schot·ter·stra·ße** *f* gravel road

Schot·tin <-, -nen> *f fem form von* **Schotte** Scotswoman

schot·tisch [ˈʃɔtɪʃ] *adj* ① *(Schottland betreffend)* Scottish
② LING Scottish

Schot·ti·sches Hoch·land <-n -s> *nt* Scottish Highlands *pl*

Schott·land [ˈʃɔtlant] *nt* Scotland

schraf·fie·ren* [ʃraˈfiːrən] *vt* ■**etw ~** to hatch sth

Schraf·fie·rung <-, -en> *f* ① *kein pl (das Schraffieren)* hatching
② *s.* **Schraffur**

Schraf·fur <-, -en> [ʃraˈfuːɐ̯] *f* hatching

schräg [ʃrɛːk] **I.** *adj* ① *(schief)* sloping; *(Position, Wuchs)* slanted; *(Linien, Streifen)* diagonal, oblique; *(Kante)* bevelled, beveled AM
② TYPO *(kursiv)* italic
③ *(fam: unharmonisch)* strident, untuneful
④ *(fam: von der Norm abweichend)* offbeat *fam; s. a.* **Vogel**
II. *adv* ① *(schief)* at an angle, askew, at a slant; **einen Hut ~ aufsetzen** to put a hat on at a slant [*or* an angle]; **etw ~ schraffieren** to hatch sth with diagonal [*or* oblique] lines; ***das Bild hängt ~*** the picture is hanging askew; *s. a.* **Auge**
② TYPO *(kursiv)* in italics
③ TRANSP *(im schiefen Winkel)* **links/rechts ~ abbiegen** to bear to the left/right; **~ abknicken** to fork off; **~ überqueren** to cross diagonally
▶WENDUNGEN: **jdn ~ ansehen** *(fam)* to look askance at sb

Schrä·ge <-, -n> [ˈʃrɛːgə] *f* ① *(schräge Fläche)* slope, sloping surface
② *(Neigung)* slant; **die ~ eines Dachs** the pitch [*or* slope] of a roof; **die ~ einer Wand** the slant of a wall

Schräg·heck *nt* fastback, hatchback **Schräg·rohr** *nt* BAU inclined pipe **Schräg·schrift** *f* TYPO italics *npl* **Schräg·strei·fen** *m* ① *(beim Nähen)* bias binding ② *(Muster)* diagonal stripe **Schräg·strich** *m* oblique

schrak [ʃraːk] *imp von* **schrecken**

Schram·me <-, -n> [ˈʃramə] *f* ① *(längliche Schürfwunde)* graze
② *(länglicher Kratzer)* scratch

Schram·mel·mu·sik [ˈʃraml̩-] *f* MUS ÖSTERR *Viennese folk music for violins, guitar and accordion*

schram·meln [ˈʃraml̩n] *vi* MUS *(fam)* to strum, to spank the plank *sl or hum*

Schram·meln [ˈʃraml̩n] *pl* MUS ÖSTERR *quartet playing Schrammelmusik*

schram·men [ˈʃramən] **I.** *vi* ■**[über etw** *akk*] ~ to scrape [across sth]

II. *vr* ■**sich** *akk* ~ to scratch oneself; **sich** *dat* **die Haut** ~ to scratch one's skin

Schrank <-[e]s, Schränke> [ʃraŋk, *pl* ˈʃrɛŋkə] *m* cupboard; *s. a.* **Tasse**

Schrạnk·bett *nt* foldaway bed

Schränk·chen <-s, -> [ˈʃrɛŋkçən] *nt dim von* **Schrank** small cupboard

Schran·ke <-, -n> [ˈʃraŋkə] *f* ❶ BAHN barrier, gate

❷ *(Grenze)* limit; **keine ~n kennen** to know no limits [*or* bounds]; **jdn in seine ~n weisen** [*o* **verweisen**] to put sb in their place

Schran·ken <-s, -> [ˈʃraŋkn̩] *m* BAHN ÖSTERR *(Schranke 1)* [railway] gate, [railway] barrier

schrạn·ken·los *adj* unlimited, boundless; ■~ **[in etw** *dat*] **sein** to be boundless [*or* unlimited] [in sth]

Schrạn·ken·wär·ter(in) *m(f)* BAHN level-crossing attendant

Schrạnk·fach *nt* shelf **Schrạnk·kof·fer** *m* wardrobe trunk **Schrạnk·wand** *f* wall unit

Schran·ze <- *o* -n , -n> [ˈʃrantsə] *f o m (pej)* toady, poodle *pej*

Schrat <-[e]s, -e> [ʃraːt] *m* forest goblin

Schraub·de·ckel *m* screw lid; *Flasche* screw top **Schraub·de·ckel·glas** *nt* screw-top jar **Schraub·de·ckel·öff·ner** *m* screw-top opener **Schraub·de·ckel·zan·ge** *f* screw-top tongs *pl*

Schrau·be <-, -n> [ˈʃraubə] *f* ❶ TECH screw

❷ NAUT propeller

❸ SPORT twist

►WENDUNGEN: **eine ~ ohne Ende sein** to be an endless circle; **bei jdm ist eine ~ locker** *(fam)* sb has a screw loose *fam*

schrau·ben [ˈʃraubn̩] **I.** *vt* ❶ *(mit Schrauben befestigen)* ■**etw [an** [*o* **auf**] **etw** *akk*] ~ to screw sth [into/onto sth]

❷ *(drehen)* ■**etw [auf etw** *akk*] ~ to push sth up [to sth]; **etw höher/niedriger** ~ to raise/lower sth; **etw fester/loser** ~ to tighten/loosen sth; **eine Glühbirne aus der Fassung** ~ to unscrew a light bulb; **einen Schraubdeckel vom Glas** ~ to unscrew a jar; *s. a.* **Höhe**

II. *vr* **sich** *akk* **nach oben** [*o* **in die Höhe**] ~ to spiral upwards [*or* into the air]

Schrau·ben·bol·zen *m* bolt; *(mit Ansatz)* shoulder bolt **Schrau·ben·dre·her** <-s, -> *m (geh) s.* **Schraubenzieher schrau·ben·för·mig** *adj inv* **~e Bakterien** spiral bacteria **Schrau·ben·ge·win·de** *nt* screw thread **Schrau·ben·kopf** *m* screw head **Schrau·ben·schlüs·sel** *m* spanner [*or* wrench] **Schrau·ben·zie·her** <-s, -> *m* screwdriver

Schrau·ber <-s, -> [ˈʃraubɐ] *m (hum fam)* Saturday [*or* weekend] [*or* hobby] mechanic

Schraub·fas·sung *f* screw fixture **Schraub·glas** *nt* screw-top jar **Schraub·stock** *m* vice; **jdn wie in einem ~ umklammern** to hold sb in a vice-like grip **Schraub·ver·schluss**RR *m* screw top **Schraub·zwin·ge** *f* TECH screw clamp

Schre·ber·gar·ten [ˈʃreːbɐ] *m* allotment

Schreck <-s> [ʃrɛk] *m kein pl* fright *no pl;* **jdm fährt der ~ in alle Glieder** [*o* **Knochen**] sb's legs turn to jelly *fam;* **jdm sitzt** [*o* **steckt**] **der ~ noch in allen Gliedern** [*o* **Knochen**] sb's legs are still like jelly *fam;* **einen ~ bekommen** [*o fam* **kriegen**] to take fright *form,* to get a fright *fam;* **jdm [mit etw** *dat*] **einen ~ einjagen** to give sb a fright [with sth]; **~ lass nach!** *(hum fam)* for goodness sake!; **auf den ~ [hin]** to get over the fright; **vor ~** with fright

schre·cken [ˈʃrɛkn̩] **I.** *vt* <schreckte, geschreckt> *haben* ■**etw schreckt jdn** sth frightens [*or* scares] sb

II. *vi* <schrak, geschrocken> *sein* ■**[aus etw** *dat*] ~ to be startled [out of sth]

Schre·cken <-s, -> [ˈʃrɛkn̩] *m (Entsetzen)* fright, horror; *(stärker)* terror; **~ erregend** terrifying, horrifying, horrific; **mit dem ~ davonkommen** to escape with no more than a fright; **etw** *dat* **den ~ nehmen** to take the fright out of sth, to make sth less frightening; **mit ~** with horror; **zu jds ~** to sb's horror; *s. a.* **Angst, Ende**

schre·ckens·bleich [ˈʃrɛkn̩sˈblaiç] *adj* as white as a sheet **Schrẹ·ckens·bot·schaft** *f* horrific news **Schrẹ·ckens·herr·schaft** *f* reign of terror **Schrẹ·ckens·mel·dung** *f* horror story **Schrẹ·ckens·nach·richt** *f* horrifying news **Schrẹ·ckens·vi·si·on** *f* terrifying vision

Schrẹck·ge·spenst *nt* bogey

schrẹck·ge·wei·tet *adj inv (geh)* **mit ~en Augen** wide-eyed with terror

schrẹck·haft *adj* jumpy *fam* [*or* easily startled]

Schrẹck·haf·tig·keit <-> *f kein pl* nervousness *no pl,* jumpiness *no pl fam*

schreck·lich [ˈʃrɛklɪç] **I.** *adj* ❶ *(entsetzlich)* terrible, dreadful; ■**etwas S~es** something dreadful [*or* terrible]

❷ *(hum fam: schlimm)* terrible; ■**~ sein** to be terrible; ***du bist ~!*** you're terrible!

II. *adv* ❶ *(entsetzlich)* terribly, awfully, dreadfully

❷ *(fam: sehr)* awfully, terribly; **~ *gern!*** I'd simply love to!

Schreck·nis <-ses, -se> [ˈʃrɛknɪs, *pl* ˈʃrɛknɪsə] *nt (geh)* horror

Schrẹck·schrau·be *f (pej fam)* old bag *pej fam*

Schrẹck·schussRR *m* warning shot; **einen ~ [auf jdn] abgeben** to fire a warning shot [at sb] **Schrẹck·schuss·pis·to·le**RR *f* blank gun

Schrẹck·se·kun·de *f* moment of shock **Schrẹck·star·re** *f kein pl* stiffness caused by fear; ***in ~*** frozen with [*or* in] terror **Schrẹck·stoff** *m* ZOOL alarm substance

schred·dern [ˈʃrɛdɐn] *vt* BAU, TECH ■**etw** ~ to shred sth

Schrei <-[e]s, -e> [ʃrai] *m* ❶ *(lautes Aufschreien)* scream, cry; **ein ~ der Empörung** *(geh)* a cry of indignation; **ein spitzer ~** a [piercing] shriek; **einen ~ ausstoßen** to utter a cry, to shriek; **mit einem ~** with a yell

❷ ORN, ZOOL cry; *(Esel)* bray

►WENDUNGEN: **der letzte ~** MODE *(fam)* the latest thing *fam,* the latest style

Schreib·ar·beit *f meist pl* paperwork *no pl* **Schreib·art** *f* way of writing **Schreib·block** *m* writing pad **Schreib·dich·te** *f* TYPO density; **einfache/doppelte ~** single/double density

Schrei·be <-> [ˈʃraibə] *f kein pl (fam)* writing

schrei·ben <schrieb, geschrieben> [ˈʃraibn̩] **I.** *vt* ❶ *(verfassen)* ■**etw** ~ to write sth; LIT, MUS *a.* to compose sth; **eine Arbeit ~** SCH to do a paper; **jdm einen Brief ~** to write a letter to sb [*or* sb a letter]; **einen guten/schlechten Stil ~** to have [*or* write] a good/bad style; **etw noch einmal ~** to rewrite sth

❷ *(ausstellen)* ■**etw** ~ to write [*or* make] [out] sth *sep;* ***ich schreibe Ihnen einen Scheck über 200 Euro*** I'll write you a cheque for 200 euros

❸ *(schriftlich darstellen)* **etw falsch ~** to spell sth wrongly, to misspell sth; **etw richtig ~** to spell sth right

❹ *(berichten)* ■**etw** ~ to write [*or* say] sth; ***was schreibt die Zeitung?*** what does the paper say [*or* it say in the paper]?

❺ *(geh: verzeichnen)* ■**etw** ~ to record sth; ***was ~ wir heute für ein Datum/für einen Tag?*** what date/day is it today?; ***man schrieb das Jahr 1822*** it was the year 1822; **~ *Sie das auf die Rechnung*** put it on the bill; ***dies ist das erste Jahr, in dem wir Gewinne ~*** this is the first year we have recorded a profit; **rote Zahlen ~** to be in the red; *s. a.* **Gesicht, krank, Stern**[1], **Stirn**

II. *vi* ❶ *(Schrift erzeugen)* to write; ***der Kuli schreibt gut*** this biro writes well; **jd schreibt falsch/richtig** sb's spelling is wrong/correct; **links/rechts ~** to write left-handed/right-handed; **mit Bleistift/Tinte ~** to write in pencil/ink; **mit der Maschine ~** to type; ■**etwas zum S~** something to write with

❷ *(schreibend arbeiten)* to write; ■**an etw** *dat* ~ to be working on [*or* writing] sth; ■**für jdn/etw ~** to write for sb/sth; ■**über etw** *akk* ~ to write about sth

❸ *(Verfasser sein)* to be a writer; ***schreibt er gut?*** is he a good writer

❹ *(einen Brief schicken)* to write; ■**jdm ~** to write to sb, to drop sb a line *fam;* ***du könntest ihm eigentlich zum Geburtstag ~*** you might write to him on his birthday

❺ *(schriftlich mitteilen)* ■**~, dass ...** to write that ...; ***in dem Artikel schreibt man, dass ...*** the article says [*or* it is written in the article] that ...; ***wie die Zeitung schreibt ...*** according to the paper ...; ■**[jdm] ~, dass ...** to tell [sb] in a letter [*or* to write and tell [sb]] that ...; ***man schreibt uns, dass ..*** we are informed that ...

❻ *(Gesundheitszustand bescheinigen)* **jdn arbeitsunfähig/gesund** to certify sb incapable of working/healthy

III. *vr* ❶ *(geschrieben werden)* ■**sich** *akk* **[irgendwie] ~** to be spelt [in a certain way]; ***wie schreibt sich das Wort?*** how do you spell that word?, how is that word spelt?

❷ *(korrespondieren)* ■**sich** *dat* **schreiben** to write to each other, to correspond

❸ DIAL *(veraltend: heißen)* **sich** *akk* **Meier ~** to call oneself Meier; ***schreibt sie sich jetzt wieder mit ihrem Mädchennamen?*** is she calling herself by her maiden name again?

►WENDUNGEN: **sich** *akk* **„von [und zu]" ~** *(fam)* to have a handle to one's name *fam*

Schrei·ben <-s, -> [ˈʃraibn̩] *nt (geh)* letter

Schrei·ber <-s, -> [ˈʃraibɐ] *m (fam)* pen

Schrei·ber(in) <-s, -> [ˈʃraibɐ] *m(f) (Verfasser)* author, writer

Schrei·ber·ling <-s, -e> [ˈʃraibɐlɪŋ] *m (pej)* scribbler

schreib·faul *adj* ■**~ sein** to be a bad letter writer, to be lazy about letter writing **Schreib·fe·der** *f* quill *old* **Schreib·feh·ler** *m* spelling mistake **Schreib·ge·rät** *nt* writing implement **schreib·ge·schützt** *adj* INFORM write-protected **Schreib·heft** *nt* exercise book, jotter BRIT **Schreib·kopf** *m* INFORM record [*or* write] head **Schreib·kraft** *f (geh)* typist **Schreib·krampf** *m* writer's cramp

Schreib-Le·se-Kopf *m* INFORM read-write head **Schreib-Le·se-Spei·cher** *m* INFORM read-write memory **Schreib-Le·se-Zy·klus** *m* INFORM read-write cycle

Schreib·map·pe *f* writing case **Schreib·ma·schi·ne** *f* typewriter; **~ schreiben können** to be able to type; **etw auf** [*o* **mit**] **der ~ schreiben** to type sth [up] **Schreib·ma·schi·nen·pa·pier** *nt* typing paper

Schreib·mo·dus *m* INFORM writing **Schreib·pa·pier** *nt* letter paper, writing paper **Schreib·po·si·ti·on** *f* writing position **Schreib·pult** *nt* [writing] desk **Schreib·schrank** *m* bureau, escritoire, secretaire **Schreib·schrift** *f* script, cursive writing

Schreib·schutz *m* INFORM write protection, read only **Schreib·schutz·eti·kett** *nt* INFORM write-protect tab **Schreib·schutz·ring** *m* INFORM write-protect ring

Schreib·stu·be *f* ADMIN, MIL orderly room

Schreib·tisch *m* desk

Schreib·tisch·lam·pe *f,* **Schreib·tisch·leuch·te** *f* desk lamp [*or* light] **Schreib·tisch·tä·ter(in)** *m(f) (pej)* mastermind behind a crime; **~ sein** to mastermind a crime

Schreib·übung *f* writing exercise

Schrei·bung <-, -en> *f* spelling

Schreib·un·ter·la·ge *f* desk pad

Schreib·wa·ren *pl* stationery *no pl* **Schreib·wa·ren·ge·schäft** *nt* stationer's **Schreib·wa·ren·händ·ler(in)** *m(f)* stationer **Schreib·wa·ren·hand·lung** *f* stationer's

Schreib·wei·se *f* ❶ *(Rechtschreibung)* spelling

❷ *(Stil)* style [of writing] **Schreib·zeug** *nt* writing utensils *pl*

schrei·en <schrie, geschrie[e]n> [ˈʃraiən] **I.** *vi* ❶ *(brüllen)* to yell

S

❷ *(fam: laut reden)* ▪[**mit jdm**] ~ to shout [at sb]
❸ ORN, ZOOL *(rufen)* to cry; *(Eule)* to screech
❹ *(laut rufen)* ▪[**nach jdm**] ~ to shout [for sb]
❺ *(heftig verlangen)* ▪[**nach jdm/etw**] ~ to cry out [for sb/sth]; ***das Kind schreit nach der Mutter*** the child is crying out for its mother
❻ *(lächerlich)* **zum S~** *(fam)* a scream *fam*, a hoot *fam*; ***du siehst in dem Anzug einfach zum S~ aus*** you look ridiculous in that suit; *s. a.* **Hilfe, Spieß**
II. *vt (etw brüllen)* ▪**etw** ~ to shout [out] sth; *s. a.* **Gesicht**
III. *vr* **sich** *akk* **in Rage/Wut** ~ to get into a rage/become angry through shouting; **sich** *akk* **in den Schlaf** ~ to cry oneself to sleep; *s. a.* **heiser**

schrei·end *adj* ❶ *(grell)* garish, loud
❷ *(flagrant)* flagrant, glaring

Schrei·er(in) <-s, -> [ˈʃraie] *m(f) (fam)* ❶ *(lauter Mensch)* rowdy, bawler BRIT
❷ *(laut fordernder Mensch)* noisy troublemaker

Schrei·e·rei <-, -en> [ʃraiəˈrai] *f (fam)* yelling

Schrei·e·rin <-, -nen> *f fem form von* **Schreier**

Schrei·hals *m (fam)* rowdy, bawler BRIT *fam*

Schrei·krampf *m* screaming fit; **einen ~ bekommen** [*o geh* **erleiden**] [*o fam* **kriegen**] to have [*or* throw] a screaming fit

Schrein <-[e]s, -e> [ʃrain] *m (geh)* ❶ *(Schränkchen)* shrine
❷ *(Sarg)* coffin

Schrei·ner(in) <-s, -> [ˈʃraine] *m(f)* DIAL carpenter

Schrei·ne·rei <-, -en> [ʃrainəˈrai] *f* TECH, BAU DIAL
❶ *(Tischlerei)* carpenter's workshop
❷ *(das Tischlern)* carpentry

schrei·nern [ˈʃrainen] *vt, vi* DIAL to do carpentry; ▪**etw** ~ to make sth

schrei·ten <schritt, geschritten> [ˈʃraitn̩] *vi sein*
❶ *(geh: gehen)* ▪[**irgendwohin**] ~ to stride [somewhere]
❷ *(geh: etw in Angriff nehmen)* ▪[**zu etw** *dat*] ~ to proceed [with sth]; **zur Tat** ~ to get down to action [*or* work]; **zur Abstimmung** ~ to go to a vote; *s. a.* **äußerste(r, s), Urne, Wahlurne**

schrickt [ʃrɪkt] *3. pers. sing von* **schrecken**

schrie [ʃriː] *imp von* **schreien**

schrieb [ʃriːp] *imp von* **schreiben**

Schrieb <-s, -e> [ʃriːp] *m (fam)* missive *fam*

Schrift <-, -en> [ʃrɪft] *f* ❶ *(Handschrift)* [hand]writing
❷ *(Schriftsystem)* script
❸ TYPO *(Druckschrift)* type; *(Computer)* font; ~ **in negativ** lettering reversed white on black
❹ *(Abhandlung)* paper; **die nachgelassenen ~en eines Autors** an author's posthumous writings [*or* works]; **die Heilige** ~ REL the [Holy] Scriptures *pl*

Schrift·art *f* font, type, typeface **Schrift·bild** *nt (von Handschrift)* script; *(von Druckschrift)* typeface **Schrift·deutsch** *nt* standard German **Schrift·di·cke** *f* TYPO character [*or* font] width

Schrift·form *f* JUR writing, written form; **gesetzliche/gewillkürte** ~ statutory/mutually agreed written form; **in der** ~ in writing **Schrift·form·auf·he·bung** *f* JUR waiver of written form **Schrift·form·er·for·der·nis** *f* JUR statutory written form **Schrift·form·klau·sel** *f* JUR stipulation requiring the written form

Schrift·füh·rer(in) *m(f)* secretary **Schrift·ge·lehr·te(r)** *f(m) dekl wie adj* REL scribe **Schrift·grad** *m*, **Schrift·grö·ße** *f* type size; *(Computer)* font size **Schrift·grö·ßen·ab·stu·fung** *f* character sizing increments *pl* **Schrift·kon·tur** *f* character outlines *pl* **Schrift·lei·tung** *f (veraltend: Funktion)* editorship; *(Abteilung)* editorial department

schrift·lich [ˈʃrɪftlɪç] I. *adj* ❶ *(geschrieben)* written; ▪**etwas S~es** something in writing
❷ *(fam: die schriftliche Prüfung)* ▪**das S~e** the written exam [*or* test]
II. *adv (durch geschriebene Mitteilung)* in writing; ***ich habe mich ~ für all die Geschenke bedankt*** I have written to say thank you for all the presents; **jdn ~ einladen** to send out a written invitation to sb; **etw ~ niederlegen** to put sth down in writing; **jdm etw ~ geben** to give sb sth in writing; ***das kann ich dir/Ihnen ~ geben*** *(iron fam)* do you want that in writing? *iron fam*

Schrift·li·nie *f* baseline, type line **Schrift·mus·ter·samm·lung** *f* TYPO type specimen collection **Schrift·prä·gung** *f* TYPO type embossing **Schrift·re·li·gi·on** *f* REL religion based on written scriptures **Schrift·sa·che** *f* written matter **Schrift·sach·ver·stän·di·ge(r)** *f(m) dekl wie adj* handwriting expert

Schrift·satz *m* JUR brief, written pleading; **bestimmender** ~ procedural brief, substantive pleading; **nachgereichter** ~ subsequent filed brief; **vorbereitender** ~ pleading

Schrift·scha·blo·ne *f* writing template **Schrift·schnitt** *m* TYPO design, typeface, type style, weight **Schrift·set·zer(in)** *m(f)* typesetter **Schrift·spra·che** *f* standard language

Schrift·stel·ler(in) <-s, -> [ˈʃrɪftʃtɛlɐ] *m(f)* author, writer

Schrift·stel·le·rei <-> [ʃrɪftʃtɛləˈrai] *f kein pl* writing

Schrift·stel·le·rin <-, -nen> *f fem form von* **Schriftsteller**

schrift·stel·le·risch [ˈʃrɪftʃtɛlərɪʃ] I. *adj* literary
II. *adv* as a writer; ~ **begabt sein** to have talent as a writer

schrift·stel·lern [ˈʃrɪftʃtɛlen] *vi (fam)* to try one's hand as an author *fam*

Schrift·stel·ler·na·me *m* pen-name, nom de plume **Schrift·stel·ler·ver·band** *m* authors' [*or* writers'] association

Schrift·stil *m* INFORM, TYPO type style **Schrift·stück** *nt* JUR document **Schrift·ver·kehr** *m (geh)* correspondence; [**mit jdm**] **in ~ treten** to enter into correspondence [with sb] **Schrift·wech·sel** *m s.* **Schriftverkehr** **Schrift·wei·te** *f* TYPO character width, set [*or* width] of type **Schrift·zei·chen** *nt* character **Schrift·zug** *m* ❶ *(geschriebenes Wort)* hand[writing] ❷ *meist pl (Charakteristik)* stroke

schrill [ʃrɪl] I. *adj* ❶ *(durchdringend hell)* shrill; *(Klang)* jarring
❷ *(nicht moderat)* brash; *(Farbe)* garish
II. *adv* shrilly; ~ **auflachen** to shriek with laughter

schril·len [ˈʃrɪlən] *vi* to shrill, to shriek

schritt [ʃrɪt] *imp von* **schreiten**

Schritt <-[e]s, -e> [ʃrɪt] *m* ❶ *(Tritt)* step; *(weit ausholend)* stride; *(hörbar)* footstep; ***er machte einen ~ zur Tür*** he took a step towards the door; ***ich gehe nur ein paar ~e spazieren*** I'm only going for a short walk; ***sie hat seit Wochen kaum einen ~ aus dem Haus getan*** she has hardly set foot outside the house for weeks; ***mit zwei ~en durchquerte er das Zimmer*** he crossed the room in two strides; ***sie kam mit trippelnden ~en auf mich zu*** she tripped towards me; ***der Schnee knirschte unter seinen ~en*** the snow crunched under his footsteps; **jds ~e beflügeln** to hasten sb's step; ***die Freude beflügelte meine ~e*** joy gave me wings; **seine ~e beschleunigen/verlangsamen** to quicken one's pace [*or* walk faster]/to slow one's pace [*or* stride]; **die ersten ~e machen** [*o* **tun**] to take one's first steps; **mit großen/kleinen ~en** in big strides/small steps; **lange** [*o* **große**] **~e machen** to take long [*or* big] strides; **langsame/schnelle ~e machen** to walk slowly/quickly; **mit langsamen/schnellen ~en** slowly/quickly; **mit schleppenden ~en** dragging one's feet; **einen ~ zur Seite gehen/zurücktreten** to step aside/back; ***er trat einen ~ von der Bahnsteigkante zurück*** he took a step back from the edge of the platform; *s. a.* **Politik**
❷ *kein pl (Gangart)* walk, gait; **seinen ~ beschleunigen/verlangsamen** to quicken one's pace [*or* walk faster]/to slow one's pace [*or* stride]; **eines beschwingten ~es** *(geh)* with a spring [*or* bounce] in one's step; **jdn am ~ erkennen** to recognize sb by his/her walk [*or* gait]; **einen flotten** [*o* **ziemlichen**] **~ am Leibe haben** to be walking quickly [*or* at a fair pace]; ***der hat aber auch einen ~ am Leibe!*** he seems to be in a bit of a hurry!; **gemessenen/langsamen/leichten ~es** with measured/slow/light steps; **eines würdevollen ~es** with dignity in one's step
❸ *(als Maßangabe)* pace; ***nur ein paar ~e entfernt*** only a few yards away from us; ***in etwa 50 ~[en] Entfernung*** at a distance of about 50 paces; ***mit 5 ~[en] Abstand*** at a distance of five paces; *(fig)* ***sie ist der Konkurrenz immer ein paar ~e voraus*** she is always a few steps ahead of the competition; **sich** *dat* **jdn drei ~[e] vom Leib halten** *(fig)* to keep sb at arm's length; **jdn einen großen** [*o* **guten**] **~ voranbringen** *(fig)* to take sb a lot further; **einen ~ weiter gehen** *(fig)* to go a step further; **einen ~ zu weit gehen** *(fig)* to go too far, to overstep the mark
❹ *kein pl (Gleichschritt)* **im ~ gehen** to walk in step; **aus dem ~ kommen** to get out of step
❺ *kein pl (beim Pferd)* walk; ***sie ritt im ~ auf ihn zu*** she walked her horse towards him; **im Schritt** ~ to walk
❻ *kein pl* MODE *(Teil der Hose)* crotch
❼ *kein pl (fam: Schritttempo)* walking pace; **„~ fahren"** "dead slow"
❽ *(Maßnahme)* measure, step; **den ersten ~** [**zu etw** *dat*] **tun** to take the first step [in sth]; *(mit etw beginnen)* to take the first step; *(als Erster handeln)* to make the first move; **gerichtliche ~e einleiten** to initiate judicial proceedings; **~e** [**gegen jdn/etw**] **unternehmen** to take steps [against sb/sth]; **~e in die Wege leiten** to arrange for steps [*or* measures] to be taken
▸WENDUNGEN: ~ **für** ~ step by step, little by little; [**mit jdm/etw**] ~ **halten** to keep up [with sb/sth]; **mit der Zeit ~ halten** to keep abreast of the times; **auf ~ und Tritt** everywhere one goes, every move one makes; ***sie folgte ihm auf ~ und Tritt*** she followed him wherever she went; ***sie wurde auf ~ und Tritt von ihm beobachtet*** he watched her every move; **den zweiten ~ vor dem ersten tun** to run before one can walk, to put the cart before the horse

Schrittem·poALT *nt s.* **Schritttempo** **Schritt·ge·schwin·dig·keit** *f* walking speed **Schritt·län·ge** *f* length of one's stride **Schritt·ma·cher** <-s, -> *m* pacemaker **Schritt·tem·po**RR *nt* walking pace [*or* speed]; **im ~ fahren** to drive at walking speed; **„~"** "dead slow"

schritt·wei·se I. *adj* gradual
II. *adv* gradually

schroff [ʃrɔf] I. *adj* ❶ *(barsch)* curt, brusque
❷ *(abrupt)* abrupt
❸ *(steil)* steep
II. *adv* ❶ *(barsch)* curtly, brusquely
❷ *(steil)* steeply

Schroff·heit <-, -en> *f* ❶ *kein pl (barsche Art)* curtness, brusqueness
❷ *(schroffe Äußerung)* brusque comment, curt comment

schröp·fen [ˈʃrœpfn̩] *vt* ❶ *(fam: ausnehmen)* ▪**jdn** [**um etw** *akk*] ~ to cheat [*or* BRIT *fam* diddle] sb [out of sth]
❷ MED *(mit dem Schröpfkopf behandeln)* ▪**jdn** ~ to bleed [*or* cup] sb

Schröpf·kopf *m* MED cupping glass

Schrot[1] <-[e]s, -e> [ʃroːt] *m o nt kein pl* AGR coarsely ground wholemeal
▸WENDUNGEN: **von altem** [*o* **echtem**] ~ **und Korn** *(veraltend)* of the old school

Schrot[2] <-[e]s, -e> [ʃroːt] *m o nt* JAGD shot

Schrot·brot *nt* [coarse] wholemeal bread

schro·ten [ˈʃroːtn̩] *vt* ▪**etw** ~ to grind sth coarsely; ▪**geschrotet** coarsely ground

Schrot·flin·te *f* shotgun **Schrot·ku·gel** *f* pellet **Schrot·la·dung** *f* round of shot **Schrot·pa·tro·ne** *f* shot cartridge

Schrott <-[e]s> [ʃrɔt] *m kein pl* ❶ *(Metallmüll)* scrap metal
❷ *(fam: wertloses Zeug)* rubbish *no pl*, junk *no pl*; **etw zu ~ fahren** AUTO *(fam)* to write sth off

Schrott·au·to *nt* write-off

Schrott·fahr·zeug *nt* AUTO junk car, scrap vehicle

Schrott·fahr·zeug·teil *nt* vehicle scrap

Schrott·hal·de *f* scrap heap **Schrott·händ·ler(in)** *m(f)* scrap dealer [*or* merchant] **Schrott·hau·fen** *m* scrap heap **Schrott·müh·le** *f* *(pej fam)* rustbucket *fam* **Schrott·platz** *m* scrapyard **schrott·reif** *adj* fit for the scrap heap; **etw ~ fah·ren** *(fam)* to write sth off **Schrott·wert** *m* scrap value

schrub·ben ['ʃrʊbn̩] **I.** *vt* ■**[jdm/sich] etw ~** to scrub [sb's/one's] sth
II. *vr* ■**sich** *akk* ~ to scrub oneself
III. *vi* to scrub

Schrub·ber <-s, -> ['ʃrʊbɐ] *m* scrubbing brush

Schrul·le <-, -n> ['ʃrʊlə] *f* *(fam)* quirk

schrul·lig ['ʃrʊlɪç] *adj* *(fam)* quirky

schrum·pe·lig, schrump·lig ['ʃrʊmp(ə)lɪç] *adj* *(fam)* wrinkled *fam*

Schrumpf·ban·de·ro·lie·rung <-, -en> ['ʃrʊmpf-bandəro'li:rʊŋ] *f* shrink sleeving

schrump·fen ['ʃrʊmpfn̩] *vi sein* ① *(einschrumpfen)* ■**[auf etw** *akk*] ~ to shrink [to sth]; *(Ballon)* to shrivel up; *(Frucht)* to shrivel, to get wrinkled; *(Muskeln)* to waste
② *(zurückgehen)* ■**[um etw** *akk*/**auf etw** *akk*] ~ to shrink [*or* dwindle] [by/to sth]

schrump·fend *adj inv* shrinking, diminishing; **~er Marktanteil** ÖKON diminishing share of the market

Schrumpf·fo·lie *f* TECH shrink film **Schrumpf·kopf** *m* shrunken head **Schrumpf·le·ber** *f* cirrhosis of the liver **Schrumpf·nie·re** *f* cirrhosis of the kidney

Schrump·fung <-, -en> *f* ① *(das Schrumpfen)* shrinking, contraction
② *(das Zurückgehen)* shrinking, dwindling
③ TYPO shrinkage

schrump·lig ['ʃrʊmplɪç] *adj s.* **schrumpelig**

Schrund <-[e]s, Schründe> [ʃrʊnt, -dəs, *pl* 'ʃrʏndə] *m bes* ÖSTERR, SCHWEIZ ① GEOL *(Spalte)* crevasse
② MED *(selten: Riss)* crack

Schrun·de <-, -n> ['ʃrʊndə] *f* ① MED *(Riss)* crack
② GEOG *(Spalte)* crevasse

schrun·dig ['ʃrʊndɪç] *adj* cracked; *(durch Kälte)* chapped

schrup·pen ['ʃrʊpn̩] SCHWEIZ **I.** *vt* *(schrubben)* ■**etw ~** to scrub sth
II. *vi* SCHWEIZ *(schrubben)* to scrub

Schrup·per <-s, -> ['ʃrʊpɐ] *m* SCHWEIZ *(Schrubber)* scrubbing brush

Schub <-[e]s, Schübe> [ʃu:p, *pl* 'ʃy:bə] *m* ① PHYS *(Vortrieb)* thrust
② MED *(einzelner Anfall)* phase
③ *(Antrieb)* drive
④ *(Gruppe)* batch
⑤ *(fam: Schubfach)* drawer
⑥ HANDEL push, shove

Schub·be·trieb *m* AUTO deceleration

Schu·ber <-s, -> ['ʃu:bɐ] *m* slip case

Schub·fach *nt* drawer **Schub·fach·prin·zip** *nt* pigeon-hole principle

Schub·haft *f* JUR, POL detention prior to deportation **Schub·häft·ling** *m* JUR, POL deportee **Schub·kar·re** *f*, **Schub·kar·ren** *m* wheelbarrow **Schub·kas·ten** *m* drawer **Schub·kraft** *f* PHYS *(Vortrieb)* thrust

Schub·la·de <-, -n> ['ʃu:pla:də] *f* drawer
▸WENDUNGEN: **für die ~** for nothing; **in der ~** not acted upon

Schub·la·den·den·ken *nt* stereotyped thinking

Schub·leh·re *f* vernier calliper

Schüb·ling <-s, -e> ['ʃy:plɪŋ] *m* *(sl)* deportee

Schubs <-es, -e> [ʃʊps] *m* *(fam)* shove *fam;* **jdm einen ~ geben** to give sb a shove [*or* push]

schub·sen ['ʃʊpsn̩] *vt* *(fam)* ① *(anstoßen)* ■**jdn ~** to shove *fam* [*or* push] sb
② *(stoßen)* ■**jdn [irgendwohin/von etw** *dat*] ~ to shove *fam* [*or* push] sb [somewhere/from sth]

schub·wei·se *adv* ① MED in phases
② *(in Gruppen)* in batches

schüch·tern ['ʃʏçtɐn] *adj* ① *(gehemmt)* shy
② *(zaghaft)* timid; *(Versuch)* half-hearted

Schüch·tern·heit <-> *f kein pl* shyness

schuf [ʃu:f] *imp von* **schaffen**[2]

Schu·fa <-> ['ʃu:fa] *f kein pl Akr von* **Schutzgemeinschaft für allgemeine Kreditsicherung** German society for the securing of loans

Schu·fa-Aus·kunft *f* FIN *confidential information on a potential borrower's credit standing*

Schuft <-[e]s, -e> [ʃʊft] *m* *(pej)* rogue *pej,* villain *pej*

schuf·ten ['ʃʊftn̩] *vi* *(fam)* ■**[für jdn/an etw** *dat*] ~ to slave away [for sb/at sth]

Schuf·te·rei <-, -en> [ʃʊftə'rai] *f* *(fam)* drudgery, hard graft *fam*

schuf·tig <-er, -ste> ['ʃʊftɪç] *adj* *(fam o pej)* mean, despicable; **sich** *akk* **~ jdm gegenüber verhalten** to behave vilely [*or* despicably] to sb

Schuf·tig·keit <-, -en> *f* *(fam o pej)* ① *kein pl (das Schuftigsein)* meanness
② *(schuftige Handlung)* mean [*or* despicable] thing

Schuh <-[e]s, -e> [ʃu:] *m* shoe
▸WENDUNGEN: **wo drückt der ~?** *(fam)* what's bothering you? *fam;* **jdm etw in die ~e schieben** *(fam)* to put the blame for sth on sb; **umgekehrt wird ein ~ draus** *(fam)* it's quite the opposite; **jd weiß, wo jdn der ~ drückt** *(fam)* sb knows what's bothering sb *fam*

Schuh·ab·satz *m* heel [of a/one's shoe] **Schuh·ab·tei·lung** *f* shoe department **Schuh·an·zie·her** <-s, -> *m s.* **Schuhlöffel**

Schuh·band <-[e]s, -bänder> *nt,* **Schuh·bän·del** <-s, -> *m* SÜDD, SCHWEIZ shoelace **Schuh·bürs·te** *f* shoe brush **Schuh·creme** *f* shoe polish **Schuh·ein·la·ge** *f* insole, inner sole **Schuh·fa·brik** *f* shoe factory **Schuh·ge·schäft** *nt* shoe shop **Schuh·grö·ße** *f* shoe size **Schuh·her·stel·ler** *f* shoe manufacturer **Schuh·la·den** *m* shoe shop **Schuh·löf·fel** *m* shoehorn **Schuh·ma·cher(in)** <-s, -> ['ʃu:maxɐ] *m(f)* shoemaker

Schuh·ma·che·rei <-, -en> [ʃu:maxə'rai] *f* ① *kein pl (Handwerk)* shoemaking *no pl*
② *(Betrieb)* cobbler's, shoemaker's

Schuh·num·mer *f* shoe size **Schuh·platt·ler** <-s, -> ['ʃu:platlɐ] *m* ÖSTERR, SÜDD *Bavarian folk dance, involving alternate slapping of the knees, shoe heels and Lederhosen* **Schuh·pro·duk·ti·on** *f* shoe production **Schuh·put·zer(in)** <-s, -> *m(f)* shoeshine boy/girl **Schuh·putz·mit·tel** *nt* shoe polish **Schuh·putz·zeug** <-[e]s, -e> *nt meist sing* shoe cleaning kit **Schuh·rie·men** *m s.* **Schnürsenkel** **Schuh·schrank** *m* shoe cupboard **Schuh·soh·le** *f* sole [of a/one's shoe] **Schuh·span·ner** *m* shoe tree **Schuh·werk** <-[e]s> *nt kein pl* footwear

Schu·ko·ste·cker® ['ʃu:koʃtɛkɐ] *m* safety plug

Schul·ab·bre·cher(in) ['ʃu:l-] *m(f)* SCH high school dropout **Schul·ab·bruch** *m* SCH dropout; ***Schulabbrüche und Schulverweisungen sollen vermieden werden*** dropouts and expulsions are to be avoided **Schul·ab·gän·ger(in)** <-s, -> *m(f)* *(geh)* school-leaver **Schul·ab·schluss**[RR] *m* school-leaving qualification BRIT, high school diploma AM **Schul·al·ter** *nt* school age; **ins ~ kommen** to reach school age; **im ~** school-age **Schul·amt** *nt* education authority **Schul·an·fang** *m* beginning of term **Schul·an·fän·ger(in)** *m(f)* *child who has just started school* **Schul·ar·beit** *f* SCH ① *meist pl (Hausaufgaben)* homework *no pl;* **die/seine ~en machen** to do one's homework ② ÖSTERR *(Klassenarbeit)* [class] test **Schul·arzt, -ärz·tin** *m, f* school doctor

Schul·auf·ga·be *f* ① *pl (Hausaufgaben)* homework *no pl;* **die/seine ~n machen** to do one's homework
② SÜDD *(Klassenarbeit)* [class] test

Schul·aus·flug *m* school trip [*or* outing] **Schul·bank** *f* school desk; **die ~ drücken** *(fam)* to go to school **Schul·be·ginn** *m s.* **Schulanfang** **Schul·be·hör·de** *f* education authority **Schul·bei·spiel** *nt* ■**ein ~ [für etw** *akk*] a classic example [of sth]; ■**ein ~ dafür, wie ...** a classic example of how ... **Schul·be·such** *m* *(geh)* school attendance **Schul·bil·dung** *f kein pl* school education *no pl* **Schul·buch** *nt* school book, textbook **Schul·buch·ver·lag** *m* educational publisher **Schul·bus** *m* school bus

schuld [ʃʊlt] *adj* ■**[an etw** *dat*] ~ **sein** to be to blame [for sth]; ■**jd ist ~, dass/wenn etw geschieht** sb is to blame [*or* it is sb's fault] that/when sth happens

Schuld[1] <-> [ʃʊlt] *f kein pl* ① *(Verschulden)* fault *no pl,* blame *no pl;* ***es war meine eigene ~*** it was my own fault; ***beide trifft die ~ am Scheitern der Ehe*** both carry the blame for the break-up of the marriage; ***die ~ an den Missständen liegt bei der Regierung*** culpability for the deplorable state of affairs lies with the Government; **frei von ~** blameless; **durch jds ~** due to sb's fault; ***nur durch deine ~ habe ich den Zug verpasst*** it's your fault that I missed the train; **jdm/etw [die] ~ [an etw** *dat*] **geben** [*o* **zuschreiben**] to blame sb/sth [for sth], to put the blame [for sth] on sb/sth; **~ haben** to be at fault; **~ an etw** *dat* **haben** to be [the one] to blame for sth; **die ~ bei jemand anderem suchen** to try to blame sb else; **die ~ [an etw** *dat*] **auf sich** *akk* **nehmen** to take [*or* accept] the blame [for sth]; **die ~ an etw** *dat* **tragen** to be to blame [*or* responsible] for sth; **jdn trifft keine ~ [an etw** *dat*] sb is not to blame [for sth]; **jdm die ~ [an etw** *dat*] **zuschieben** to blame sb [for sth]
② JUR fault *no pl,* blame *no pl,* guilt *no pl;* *(im Zivilrecht)* liability *no pl;* ***seine ~ ist nicht bewiesen*** his guilt has not been established
③ *(verschuldete Missetat)* guilt *no pl;* REL sin; ***er ist sich keiner ~ bewusst*** he's not aware of having done anything wrong; **kollektive ~** collective guilt; **eine ~ auf sich** *akk* **laden** *(geh)* to burden oneself with guilt; **~ und Sühne** guilt and atonement

Schuld[2] <-, -en> [ʃʊlt] *f meist pl* FIN *(Zahlungsverpflichtung)* debt, indebtedness; **seine ~en abtragen** [*o* **abzahlen**] [*o fachspr* **tilgen**] to redeem [*or* pay off] one's debts; **~en bedienen** *(fachspr)* to service debts; **seine ~en begleichen** [*o* **bezahlen**] to pay [*or* meet] [*or* settle] one's debts, to discharge one's liabilities; **~en eintreiben** to call in [*or* collect] debts; **jdm ~en erlassen** to release sb from debts; **fällige ~** debt due [*or* owing]; **frei von ~en sein** to be free from [*or* of] debts; *Immobilien* to be unencumbered; **~en haben** to have debts, to be in debt; **€5.000 ~en haben** to have debts totalling €5.000; **~en bei jdm haben** to owe sb money; **~en machen** to build [*or* run] up debts, to go into debt; **sich** *akk* **in ~en stürzen** to plunge into debt
▸WENDUNGEN: **mehr ~en als Haare auf dem Kopf haben** *(fam)* to be up to one's ears in debt *fam;* **[tief] in jds ~ stehen** *(geh)* to be [deeply] indebted to sb

Schuld·an·er·kennt·nis *nt* JUR acknowledgement of a debt **Schuld·aus·schlie·ßungs·grund** *m* JUR lawful excuse **Schuld·be·frei·ung** *f* FIN discharge of debt **Schuld·bei·tritt** *m* JUR cumulative assumption of debts **Schuld·be·kennt·nis** *nt* confession; **ein ~ [gegenüber jdm] ablegen** to confess [to sb] **Schuld·be·weis** *m* JUR proof of guilt, inculpatory evidence **schuld·be·wusst**[RR] **I.** *adj Mensch* guilt-ridden; *Gesicht, Miene, Schweigen* guilty; ■**~ sein** to have a guilty conscience **II.** *adv* guiltily **Schuld·be·wusst·sein**[RR] *nt* guilty conscience

Schuld·brief *m* ① FIN, JUR mortgage note
② FIN SCHWEIZ *(Schuldschein)* promissory note

Schuld·buch *nt* debt register **Schuld·buch·for·de·rung** *f* debt register claim

Schuld·ein·trei·bung *f* FIN recovery [*or* collection] of debts

schul·den ['ʃʊldn̩] *vt* ① *(zahlen müssen)* ■**jdm etw [für etw** *akk*] ~ to owe sb sth [for sth]
② *(verpflichtet sein)* ■**jdm etw ~** to owe sb sth

Schul·den·ab·bau *m* debt reduction **Schul·den·ab·tra·gung** *f* FIN paying off debts **Schul·den·auf·nah·me** *f* JUR contraction of debts **Schul·den·be·glei·chung** *f* FIN settlement [*or* clearing] of a debt **Schul·den·be·las·tung** *f* debt burden **Schul·den·berg** *m* JUR mountain [*or* pile] of debts **Schul·den·dienst** *m* debt service **Schul·den·ein·trei·bung** *f* JUR debt collection **Schul·den·er·**

S

lass[RR] *m* FIN remission of [*or* release from] debts **Schul·den·ex·plo·si·on** *f* exploding debts **schul·den·frei** *adj* ■~ **sein** to be free of debt; *(Besitz)* to be unmortgaged **Schul·den·klem·me** *f* debt crisis **Schul·den·kri·se** *f* debt crisis **Schul·den·last** *f* JUR indebtedness; *(von Immobilien)* encumbrance **Schul·den·mas·se** *m* FIN total of indebtedness, liabilities *pl* **Schul·den·nach·weis** *m* FIN proof of debt **Schul·den·sal·do** *m* FIN debt balance **Schul·den·stand** *m* level of debt **Schul·den·til·gung** *f* FIN clearing of a debt, liquidation of debts, debt repayment [*or* redemption]

Schuld·fä·hig·keit *f* JUR criminal capacity; **verminderte** ~ diminished criminal responsibility **Schuld·fra·ge** *f* JUR question of guilt **Schuld·ge·fühl** *nt* feeling of guilt **Schuld·ge·ständ·nis** *nt* JUR plea of guilty, confession of guilt; **ein ~ ablegen** to plead guilty **Schuld·haft** *f* JUR detention for debts

schuld·haft I. *adj* JUR culpable
II. *adv* culpably

Schul·dienst *m kein pl* schoolteaching *no pl;* **in den ~ gehen** to go into schoolteaching; **im ~ [tätig] sein** to be a teacher [*or* in the teaching profession]

schul·dig [ˈʃʊldɪç] *adj* ❶ *(verantwortlich)* to blame; ■**der an etw** *dat* **~e Mensch** the person to blame for sth
❷ JUR guilty; ■**[einer S.** *gen*] **~ sein** to be guilty [of sth]; **sich** *akk* **~ bekennen** to plead guilty; **jdn einer S.** *gen* **für ~ befinden** [*o* **erklären**] JUR to find sb guilty of sth; **~ geschieden sein/werden** to be/become the guilty party in a divorce; **sich** *akk* **einer S.** *gen* **~ machen** JUR to be guilty of sth; **jdn ~ sprechen** JUR to find sb guilty
❸ *(geh: gebührend)* due; **jdm die ihm ~e Anerkennung geben** to give sb his/her due recognition
❹ *(zahlungspflichtig)* ■**jdm etw ~ sein** to owe sb sth
❺ *(verpflichtet)* ■**jdm/etw etw ~ sein** to owe sb/sth sth
▶WENDUNGEN: **jdm nichts ~ bleiben** to give [sb] as good as one gets

Schul·di·ge(r) *f(m) dekl wie adj* guilty person

Schul·dig·keit <-> *f kein pl* duty; **seine ~ getan haben** to have met one's obligations; **seine ~ tun** to do one's duty; *s. a.* **Pflicht**

schul·dig|spre·chen *vt s.* **schuldig 2**

Schuld·in·ter·lo·kut *nt* JUR separate finding of guilt

schuld·los *adj* blameless; ■**~ [an etw** *dat*] **sein** to be blameless, to have no blame in sth; **~ geschieden werden/sein** JUR to become/be the blameless party in a divorce

Schuld·lo·sig·keit <-> *f kein pl* innocence *no pl,* blamelessness *no pl*

Schuld·ner(in) [ˈʃʊldnɐ] *m(f)* debtor, obligor; **flüchtiger ~** absconding debtor; **gepfändeter ~** attached debtor; **säumiger ~** debtor in arrears [*or* default]

Schuld·ner·be·güns·ti·gung *f* JUR unlawful preference for a debtor **Schuld·ner·be·ra·ter(in)** <-s, -> *m(f)* debt counsellor [*or* AM counselor] **Schuld·ner·be·ra·tung** *f* debt counselling [*or* AM counseling] **Schuld·ner·land** *nt* ÖKON debtor nation **Schuld·ner·schutz** *m kein pl* JUR debtor protection **Schuld·ner·staat** *m* debtor nation **Schuld·ner·ver·zeich·nis** *nt* JUR list of insolvent debtors **Schuld·ner·ver·zug** *m* JUR debtor's delay, default of the debtor **Schuld·ner·wech·sel** *m* JUR assignment of liabilities, assumption of an obligation

Schuld·recht *nt* JUR law of obligations **schuld·recht·lich** *adj* JUR contractual, under the law of obligation *pred*

Schuld·schein *m* promissory note **Schuld·schein·in·ha·ber(in)** *m(f)* JUR noteholder, bondholder

Schuld·spruch *m* JUR conviction, verdict of guilty; **einen ~ aufheben** to quash a conviction; **einen ~ fällen** to return a verdict **Schuld·ti·tel** *m* JUR instrument of indebtedness **Schuld·über·gang** *m* JUR **gesetzlicher ~** statutory devolution of debts **Schuld·über·nah·me** *f* JUR assumption of debts [*or* liabilities] **Schuld·un·fä·hig·keit** *f kein pl* JUR automatism *no pl,* criminal incapacity **Schuld·ver·hält·nis** *nt* JUR contractual obligation **Schuld·ver·schrei·bung** *f* FIN debenture bond; **~ *en werden lebhaft gehandelt*** debentures are enjoying a brisk trade; **öffentliche ~** bond issued by a public authority; **staatliche ~en** public [*or* government] bonds; **~en der öffentlichen Hand** public securities *pl;* **~en privater Unternehmen** corporate bonds; **~ auf den Inhaber** bearer bond **Schuld·ver·spre·chen** *nt* JUR promissory note, promise to pay a debt **Schuld·ver·trag** *m* JUR debt contract **Schuld·ver·trags·recht** *nt* JUR law of debt contracts **Schuld·wech·sel** *m* FIN bills [*or* notes] payable *pl* **Schuld·zin·sen·ab·zug** *m* FIN tax relief on loan interest **Schuld·zu·wei·sung** *f* accusation

Schu·le <-, -n> [ˈʃuːlə] *f* ❶ SCH *(Lehranstalt)* school; **höhere ~** grammar school; **hohe ~** haute école; **zur** [*o* **auf die**] [*o* **in die**] **~ gehen** to go to school; **von der ~ abgehen** to leave school; **an der ~ sein** *(fam)* to be a schoolteacher; **in die ~ kommen** to start school; **auf** [*o* **in**] **der ~** at [*or* in] school
❷ *(Schulgebäude)* school
❸ *(Unterricht)* school; ***morgen ist keine ~*** there is no school tomorrow; ***die ~ ist aus*** school is out
❹ *(Schüler und Lehrer)* school
❺ *(geh: bestimmte Richtung)* school; **der alten ~** of the old school
▶WENDUNGEN: **durch eine <u>harte</u> ~ gehen** *(geh)* to learn the hard way; **die <u>hohe</u> ~ einer S.** *gen (geh)* the perfected art of a thing; **~ <u>machen</u>** to catch on *fam;* **aus der ~ <u>plaudern</u>** to spill the beans *sl*

schu·len [ˈʃuːlən] **I.** *vt* ■**jdn/etw ~** to train sb/sth
II. *vi* to give lessons

Schul·ent·las·sung *f* school-leaving

Schü·ler(in) <-s, -> [ˈʃyːlɐ] *m(f)* ❶ SCH schoolboy *masc,* schoolgirl *fem*
❷ *(Adept)* pupil

Schü·ler·aus·tausch *m* school exchange **Schü·ler·aus·weis** *m* school identity card

Schü·le·rin <-, -nen> *f fem form von* **Schüler** schoolgirl

Schü·ler·kar·te *f* schoolchild's season ticket **Schü·ler·lot·se, -lot·sin** *m, f* lollipop man *masc* BRIT, lollipop lady *fem* BRIT, crossing guard AM **Schü·ler·mit·ver·wal·tung** *f* school council **Schü·ler·schaft** <-, -en> *f (geh)* pupils *pl* **Schü·ler·spra·che** *f* school slang **Schü·ler·zahl** *f* number of pupils **Schü·ler·zei·tung** *f* school newspaper

Schul·fach *nt* [school] subject **Schul·fe·ri·en** *pl* school holidays *pl,* summer vacation AM **Schul·fern·se·hen** *nt* schools' programmes BRIT [*or* AM programs] *pl* **Schul·flug·zeug** *nt* training plane **schul·frei** *adj* ■**an** [*o* **am**] **... ist ~** there is no school on ...; ***an Feiertagen ist ~*** there is no school on public holidays; **[an** [*o* **am**]] **... ~ haben** not to have school [on ...] **Schul·freund(in)** *m(f)* school friend **Schul·funk** *m* schools' radio **Schul·ge·bäu·de** *nt* school building **Schul·ge·brauch** *m* **für den ~** for use in schools

Schul·geld *nt* SCH school fees *pl*
▶WENDUNGEN: **jd kann sich** *dat* **sein ~ <u>wiedergeben</u> lassen** *(fam)* school was a waste of time for sb *fam*

Schul·haus <-es, -häuser> *nt bes* SCHWEIZ *(Schulgebäude)* school building **Schul·heft** *nt* exercise book **Schul·hof** *m* school playground

schu·lisch [ˈʃuːlɪʃ] **I.** *adj* ❶ *(die Schule betreffend)* school *attr;* **~e Angelegenheiten** school matters
❷ *(den Unterricht betreffend)* at school; **~e Leistungen/~es Verhalten** performance/behaviour [*or* AM -or] at school
II. *adv* at school; **~ versagen** to fail [*or* be a failure] at school

Schul·jahr *nt* SCH ❶ *(Zeitraum)* school year
❷ *(Klasse)* year

Schul·jun·ge *m (veraltend: Schüler)* schoolboy
▶WENDUNGEN: **jd <u>behandelt</u> jdn wie einen [dummen] ~n** sb treats sb like a little boy

Schul·ka·me·rad(in) *m(f) (veraltend)* school friend **Schul·kennt·nis·se** *pl* SCH school knowledge *no pl* **Schul·kind** *nt* schoolchild **Schul·kin·der·gar·ten** *m* pre-school playgroup **Schul·klas·se** *f (geh)* [school] class **Schul·land·heim** *nt state-run boarding school in the country used for school trips* **Schul·lei·ter(in)** *m(f) (geh)* headmaster/headmistress BRIT, principal **Schul·lei·tung** *f* SCH school administration **Schul·mäd·chen** *nt (veraltend)* schoolgirl **Schul·map·pe** *f* satchel **Schul·me·di·zin** *f* orthodox medicine **Schul·mei·nung** *f* received opinion **Schul·meis·ter** *m (veraltet)* schoolmaster *dated*

schul·meis·ter·lich *adj (pej)* schoolmasterish

schul·meis·tern *vt (pej)* ■**jdn ~** to lecture sb

Schul·pflicht *f kein pl* compulsory school attendance

schul·pflich·tig *adj* school-age, of school age; **~ sein** to be required to attend school **Schul·ran·zen** *m* satchel **Schul·rat, -rä·tin** *m, f* schools inspector **Schul·re·form** *f* educational reform **Schul·rei·se** <-, -n> *f* SCHWEIZ *(Schulausflug)* school trip [*or* outing] **Schul·schiff** *nt* NAUT training ship **Schul·schluss**[RR] *m kein pl* end of school **Schul·schwän·zer(in)** [ˈʃuːlʃvɛntsɐ] *m(f)* SCH *(fam)* truant, pupil who bunks off school BRIT *fam,* student who skips school [*or* AM cuts class] *fam* **Schul·se·na·tor(in)** *m(f)* education minister, minister for education *(in Berlin, Bremen, Hamburg)* **Schul·spei·sung** *f kein pl* school meals *pl* **Schul·spre·cher(in)** *m(f)* head boy BRIT **Schul·stress**[RR] *m* stress at school **Schul·stun·de** *f* period, lesson **Schul·sys·tem** *nt* school system **Schul·tag** *m* schoolday **Schul·ta·sche** *f s.* **Schulmappe**

Schul·ter <-, -n> [ˈʃʊltɐ] *f* ❶ ANAT shoulder; **mit gebeugten/hängenden ~n** with hunched shoulders/with a slouch; **mit gebeugten/hängenden ~n gehen/dasitzen** to slouch; **jdm auf die ~ klopfen** to tap sb on the shoulder; *(anerkennend)* to give sb a slap on the shoulder; **die ~n hängen lassen** to let one's shoulders droop; *(niedergeschlagen)* to hang one's head; **mit den ~n zucken** to shrug one's shoulders
❷ MODE *(Schulterpartie)* shoulder
❸ KOCHK shoulder
▶WENDUNGEN: **~ <u>an</u> ~** shoulder to shoulder; *(gemeinsam)* side by side; **jd <u>nimmt</u> etw auf die leichte ~** *(fam)* sb takes sth very lightly, sb doesn't take sth very seriously; **etw <u>ruht</u> auf jds ~n** sth rests on sb's shoulders; **jd <u>zeigt</u> jdm die kalte ~** *(fam)* sb gives sb the cold shoulder

Schul·ter·blatt *nt* shoulder blade **schul·ter·frei** *adj* off the shoulder *pred* **Schul·ter·ge·lenk** *nt* shoulder joint **Schul·ter·gurt** *m* shoulder strap **Schul·ter·gür·tel** *m* ANAT pectoral girdle **Schul·ter·hö·he** *f* **bis [in] ~** up to shoulder height; **in ~** to shoulder height **Schul·ter·klap·pe** *f* epaulette **schul·ter·lang I.** *adj* shoulder-length **II.** *adv* shoulder-length; **das Haar ~ tragen** to wear one's hair shoulder-length

schul·tern [ˈʃʊltɐn] *vt* **etw ~** to shoulder sth

Schul·ter·pas·se <-, -n> *f* MODE yoke **Schul·ter·pols·ter** *nt* shoulder pad **Schul·ter·rie·men** *m* shoulder strap **Schul·ter·schluss**[RR] *m* SCHWEIZ solidarity **Schul·ter·sieg** *m* SPORT fall **Schul·ter·stück** *nt* ❶ MIL epaulette ❷ KOCHK piece of shoulder

Schul·tes [ˈʃʊltəs] *m* POL *(iron fam: Bürgermeister)* mayor

Schul·trä·ger *m (geh) institution supporting a public or private school* **Schul·tü·te** *f colourfully decorated cardboard cone filled with sweets and small gifts, given to children on their very first day of school*

Schu·lung <-, -en> *f* training; *(von Gedächtnis, Auffassungsgabe)* schooling

Schu·lungs·kos·ten *pl* ÖKON training costs *pl* **Schu·lungs·maß·nah·me** *f* ÖKON training measure **Schul·uni·form** *f* SCH school uniform

Schul·un·ter·richt *m kein pl (geh)* school lessons *pl* **Schul·un·ter·richts·stun·de** *f* school lesson

Schul·ver·sa·gen *nt* failure at school **Schul·ver·sa·ger(in)** <-s, -> *m(f)* failure at school **Schul·ver·weis** *m* SCH exclusion BRIT; *(befristet)* suspension AM; *(völliger Ausschluss)* expulsion AM **Schul·wan·de·rung** *f* school hike **Schul·weg** *m* way to/from school; **auf dem ~** on the way to school **Schul·weis·heit** *f* book learning **Schul·we·sen** *nt kein pl* school system **Schul·zeit** *f kein pl* schooldays *pl* **Schul·zen·trum** *nt* school complex **Schul·zeug·nis** *nt (geh)* school report BRIT, report card AM **Schul·zim·mer** <-s, -> *nt* SCHWEIZ *(Klassenzimmer)* classroom

schum·meln ['ʃʊmḷn] **I.** *vi (fam)* to cheat; **bei einem Spiel/einer Klassenarbeit ~** to cheat at a game/in a test
II. *vr (fam)* ■**sich** *akk* **durch etw** *akk* **~** *das Leben, die Schule* to negotiate [*or fam* wangle] one's way through sth

schum·me·rig, schumm·rig ['ʃʊm(ə)rɪç] *adj* ❶ *(schwaches Licht gebend)* weak
❷ *(schwach beleuchtet)* dim

Schund <-[e]s> [ʃʊnt] *m kein pl (pej)* trash *no pl,* rubbish *no pl;* ***das ist wirklich der letzte ~*** that really is a load of rubbish [*or* trash]

Schund·li·te·ra·tur *f (pej)* trash, trashy literature, pulp fiction **Schund·ro·man** *m* trashy [*or* pulp] novel

schun·keln ['ʃʊŋkḷn] *vi* to sway rhythmically with linked arms

schup·fen ['ʃʊpfn̩] *vt* SCHWEIZ *s.* **schubsen**

Schup·fer <-s, -> ['ʃʊpfɐ] *m* ÖSTERR, SCHWEIZ, SÜDD shove

Schup·pe <-, -n> ['ʃʊpə] *f* ❶ ZOOL scale
❷ *pl* MED dandruff *no pl*
▸WENDUNGEN: **jdm fällt es wie ~n von den Augen** the scales fall from sb's eyes

schup·pen ['ʃʊpn̩] **I.** *vt* KOCHK **etw ~** to remove the scales from sth
II. *vr* ❶ *(unter schuppender Haut leiden)* **sich** *akk* **~** to peel [*or* be peeling]
❷ *(sich abschuppen)* **sich** *akk* **~** to flake

Schup·pen <-s, -> ['ʃʊpn̩] *m* ❶ *(Verschlag)* shed
❷ *(fam: Lokal)* joint *sl,* dive *pej sl*

schup·pen·ar·tig *adj inv* scale-like; **die Scheiben ~ aufeinanderlegen** to arrange the slices like overlapping scales **Schup·pen·flech·te** *f* MED psoriasis **Schup·pen·tier** *nt* scaly anteater

schup·pig ['ʃʊpɪç] **I.** *adj* ❶ *(Schuppen aufweisend)* scaly; *(Haut)* flaky
❷ *(Kopfschuppen aufweisend)* **~e Haare haben** to have dandruff
II. *adv* **sich** *akk* **~ ablösen/~ abblättern** to flake [off]

Schur <-, -en> [ʃuːɐ̯] *f* shearing

schü·ren ['ʃyːrən] *vt* ❶ *(anfachen)* **etw ~** to poke sth
❷ *(anstacheln)* **etw [bei jdm] ~** to stir sth up in sb, to fan the flames of sth [in sb]

schür·fen ['ʃʏrfn̩] **I.** *vi* ❶ *(graben)* **[nach etw** *dat*] **~** to dig [for sth]
❷ *(schleifen)* **über etw** *akk* **~** to scrape across sth
II. *vt* **etw ~** to mine sth
III. *vr* **sich** *dat* **etw ~** to graze one's sth; **sich** *akk* **~** to graze oneself; **sich** *akk* **am Knie ~** to graze one's knee

Schürf·recht *nt* POL mining right

Schür·fung <-, -en> *f* ❶ *(Verletzung)* graze, abrasion
❷ BERGB, BAU open cut

Schürf·wun·de *f* graze

Schür·ha·ken *m* poker

Schur·ke <-n, -n> ['ʃʊrkə] *m (veraltend)* scoundrel *dated*

Schur·ken·staat *m* POL *(pej sl)* rogue state *pej* **Schur·ken·streich** <-[e]s, -e> *m (pej veraltend)* dirty trick

Schur·kin <-, -nen> *f fem form von* **Schurke**

schur·kisch ['ʃʊrkɪʃ] *adj (veraltend)* despicable

Schur·wol·le *f* virgin wool; **„reine ~"** "pure new wool"; **aus ~** made from pure new wool

Schurz <-es, -e> [ʃʊrts] *m* apron

Schür·ze <-, -n> ['ʃʏrtsə] *f* MODE apron; *(mit Latz)* pinafore, pinny BRIT *fam*
▸WENDUNGEN: **jd hängt jdm an der ~** *(fam)* sb is tied to sb's apron strings

schür·zen ['ʃʏrtsn̩] *vt (geh)* **etw ~** to gather sth up

Schür·zen·jä·ger *m (fam)* philanderer

Schuss[RR] <-es, Schüsse>, **Schuß**[ALT] <-sses, Schüsse> [ʃʊs, *pl* 'ʃʏsə] *m* ❶ *(Ab- o Einschuss)* shot; **ein scharfer ~** a shot using live ammunition; **einen ~ [***o* **Schüsse] auf jdn/etw abgeben** to fire a shot [*or* shots] at sb/sth
❷ *(Patrone)* round; **zehn ~ [***o* **Schüsse]** ten shots [*or* rounds]
❸ *(Spritzer)* splash; ***Cola mit einem ~ Rum*** cola with a splash of rum
❹ FBALL *(geschossener Ball)* shot
❺ *(sl: Drogeninjektion)* shot; **sich** *dat* **den goldenen ~ setzen** to OD *sl* [*or* overdose]; **sich** *dat* **einen ~ setzen** to give oneself a shot, to shoot up *sl*
▸WENDUNGEN: **ein ~ vor den Bug** a warning signal; **einen ~ vor den Bug bekommen** to receive a warning signal; **jdm einen ~ vor den Bug setzen** [*o* **geben**] to give sb a warning signal; **einen ~ haben** *(fam)* to be bonkers [*or* BRIT *a.* crackers] *fam;* **in ~** *(fam)* in top shape; **zum ~ kommen** *(fig)* to have a chance to do sth, to get a look-in; **mit ~** with a shot *(of alcohol);* **ein ~ in den Ofen** *(sl)* a dead loss *sl;* **keinen ~ Pulver wert sein** *(fam)* not to be worth tuppence [*or* AM a dime] *fam;* **ein ~ ins Schwarze** *(fam)* a bull's eye *fam;* **weit vom ~ sein, weitab vom ~ liegen** *(fam)* to be miles away

schuss·be·reit[RR] *adj inv* ❶ *(feuerbereit) Waffe* ready to fire *pred,* ready for firing *pred,* cocked
❷ *(zum Schießen bereit)* ready to fire *pred;* **sich** *akk* **~ machen** to prepare [*or* get ready] to fire

Schus·sel <-s, -> ['ʃʊsl̩] *m (fam)* clumsy clot [*or* oaf] *fam*

Schüs·sel <-, -n> ['ʃʏsl̩] *f* ❶ *(große Schale)* bowl, dish; **etw aus dem Kochtopf in eine ~ umfüllen** to transfer sth from a saucepan into a bowl; **eine ~ Reis** a bowl of rice; **vor leeren ~n sitzen** to have nothing to eat
❷ *(Waschschüssel)* washbasin
❸ *(Satellitenschüssel)* [satellite] dish
❹ *(WC-Becken)* toilet bowl [*or* pan]

schus·se·lig ['ʃʊsəlɪç] *adj (fam)* scatterbrained

Schus·se·lig·keit <-, -en> *f* ❶ *kein pl (fam: Fahrigkeit)* daftness *no pl*
❷ *(fahrige Handlung)* clumsiness *no pl*

Schuss·fahrt[RR] *f* SKI schuss

schuss·lig[RR], **schuß·lig**[ALT] *adj (fam) s.* **schusselig**

Schuss·li·nie[RR] [-liːni̯ə] *f* line of fire; **sich** *akk* **in die ~ begeben** to put oneself in the firing line *fig;* **in jds** *akk* **~ geraten** to come under fire from sb *fig* **Schuss·rich·tung**[RR] *f* direction of fire **schuss·si·cher**[RR] *adj inv* bulletproof **Schuss·ver·let·zung**[RR] *f* MED gunshot [*or* bullet] wound

Schuss·waf·fe[RR] *f* firearm[s *pl*]; **von der ~ Gebrauch machen** to use a firearm **Schuss·waf·fen·ge·brauch**[RR] *m (geh)* use of firearms

Schuss·wech·sel[RR] *m* exchange of fire **Schuss·wei·te**[RR] *f* range [of fire]; **sich** *akk* **in/außer ~ befinden** to be within/out of range **Schuss·wun·de**[RR] *f s.* **Schussverletzung**

Schus·ter(in) <-s, -> ['ʃuːstɐ] *m(f) (Schuhmacher)* shoemaker, cobbler *esp dated*
▸WENDUNGEN: **~, bleib bei deinen Leisten!** *(prov)* cobbler, keep [*or* stick] to your last! *prov;* **auf ~s Rappen** *(hum)* on Shanks's pony

Schus·ter·jun·ge *m* TYPO orphan

schus·tern ['ʃuːstɐn] *vi* ❶ *(veraltet fam: Schuhe machen oder flicken)* to cobble *old*
❷ *(fam o pej: pfuschen)* to cobble [together] *sep*

Schutt <-[e]s> [ʃʊt] *m kein pl* rubble *no indef art;* ***„~ abladen verboten"*** "no tipping [*or* dumping]"
▸WENDUNGEN: **etw in ~ und Asche legen** to reduce sth to rubble [*or* raze sth to the ground]; **in ~ und Asche liegen** to be [*or* lie] in ruins

Schutt·ab·la·de·platz *m* [rubbish [*or* AM garbage]] dump [*or* BRIT tip]

Schütt·dich·te *f* TECH bulk density

Schüt·tel·frost *m* MED [violent] shivering fit **Schüt·tel·läh·mung** *f* Parkinson's disease **Schüt·tel·ma·schi·ne** *f* CHEM mechanical shaker

schüt·teln ['ʃʏtl̩n] **I.** *vt* ❶ *(rütteln)* ■**etw/jdn ~** to shake sth/sb; **das Obst vom Baum ~** to shake fruit from a tree; *s. a.* **Hand, Kopf**
❷ *(erzittern lassen)* ■**etw schüttelt jdn** sth makes sb shiver; ***das Fieber schüttelte sie*** she was racked with fever
II. *vi* to shake; **verneinend mit dem Kopf ~** to shake one's head; **verwundert mit dem Kopf ~** to shake one's head in amazement
III. *vr* ■**sich** *akk* **[vor etw** *dat*] **~** to shudder at the thought [of sth]; **sich** *akk* **vor Kälte ~** to shake [*or* shiver] with [the] cold; **sich** *akk* **vor Lachen ~** to laugh one's head off
IV. *vi impers* ■**es schüttelt jdn** sb shudders; ***es schüttelte sie vor Ekel*** she shuddered with disgust

Schüt·tel·reim *m* ≈ deliberate spoonerism **Schüt·tel·rut·sche** *f* TECH shaking chute

schüt·ten ['ʃʏtn̩] **I.** *vt* ❶ *(kippen)* ■**etw [irgendwohin] ~** to tip sth [somewhere]; ***sie schüttete das Mehl in eine Schüssel*** she poured the flour into a bowl
❷ *(gießen)* ■**etw [irgendwohin] ~** to pour sth [somewhere]
❸ *(fam: begießen)* ■**jdm/sich etw irgendwohin ~** to pour sb/oneself sth somewhere; **sich** *dat* **Wein ins Glas ~** to pour wine into one's glass *fam*
II. *vi* ■**es schüttet** *impers (fam)* it's pouring [down] [*or* BRIT bucketing down], it's tipping [it] down BRIT *fam*

schüt·ter ['ʃʏtɐ] *adj* ❶ *(nicht dicht)* **~es Haar** thin, sparse hair
❷ *(schwach)* weak, puny; **mit ~er Stimme** in a thin voice

Schütt·ge·wicht *nt kein pl* HANDEL piled weight **Schütt·gü·ter** *pl* HANDEL bulk material, bulk goods *pl* **Schütt·gut·la·dung** *f* bulk cargo **Schütt·gut·ta·rif** *m* bulk load rate **Schütt·gut·trans·por·ter** *m* bulk carrier

Schutt·hal·de *f* pile [*or* heap] of rubble **Schutt·hau·fen** *m* pile [*or* heap] of rubble

Schütt·stein *m* SCHWEIZ sink

Schutz <-es, -e> [ʃʊts] *m* ❶ *kein pl (Sicherheit gegen Schaden)* protection; ■**~ vor etw** *dat/***gegen etw** *akk* protection against/from sth; **~ vor dem Regen suchen** to seek shelter from the rain; **irgendwo ~ suchen** to seek refuge [*or* shelter] somewhere; **im ~[e] der Dunkelheit** under cover of darkness; **zum ~ der Augen** to protect the eyes; **zum ~ gegen [***o* **vor] Ansteckung** to protect from [*or* against] infection, as a safeguard against infection; MIL cover; **unter dem ~ des Artilleriefeuers** under artillery cover
❷ *kein pl (Absicherung)* protection; ■**der ~ von Personen/Sachen [vor jdm/etw]** the protection of people/things [against [*or* from] sb/sth]; **den ~ des Gesetzes genießen** to enjoy the protection of law; **zu jds ~** for sb's own protection; **~ Dritter** protection of third parties; **~ geistigen Eigentums** protection of intellectual property; **~ eines Patents** scope of a patent; **urheberrechtlicher ~** copyright protection
❸ *kein pl (Beistand)* protection; **~ suchend** seeking refuge *pred;* **jdn jds** *dat* **~ anvertrauen** to entrust sb to sb's care; **sich** *akk* **in jds ~ begeben** to place oneself under the protection of sb [*or* sb's protection]; **~ bieten [***o* **gewähren]** to offer protection; **jdn um [seinen] ~ bitten** to ask sb for protection; **jdn [vor jdm/etw] in ~ nehmen** to defend sb [against sb/sth], to protect sb [from [*or* against] sb/sth], to stand up for sb [against sb/sth]; **unter jds** *dat* **~ stehen** to be under the protection of sb [*or* sb's protection]; **jdn unter polizeilichen ~ stellen** to put sb under police protection; **jdm ~ zusichern** to guarantee sb protection
❹ TECH protector, protecting device; *(Panzer)* armour [*or* AM -or]

Schutz·ab·kom·men *nt* JUR protection agreement **Schutz·an·strich** *m* protective coat[ing *no pl*] **Schutz·an·zug** *m* protective clothes *npl* [*or* clothing *no indef art, no pl*] **schutz·be·dürf·tig** *adj* in need of protection *pred* **Schutz·be·foh·le·ne(r)**

f(m) JUR ward, charge **Schụtz·be·haup·tung** *f* self-serving declaration **Schụtz·blech** *nt* mudguard; *Mähdrescher, Rasenmäher* guard plate **Schụtz·brief** *m* [international] travel insurance **Schụtz·bril·le** *f* protective goggles *npl* **Schụtz·dach** *nt* BAU shelter; *Hauseingang* porch **Schụtz·dau·er** *f (Patent)* time of protection

Schụ̈t·ze, Schụ̈t·zin <-n, -n> ['ʃʏtsə, 'ʃʏtsɪn] *m, f* ❶ *(Mitglied eines Schützenvereins)* member of a shooting [*or* rifle] club
❷ SPORT *(Schießsportler)* marksman/markswoman; *(beim Fußball)* scorer
❸ JAGD hunter
❹ MIL private, rifleman
❺ *kein pl* ASTROL Sagittarius; **[ein] ~ sein** to be a Sagittarian

schụ̈t·zen ['ʃʏtsn̩] **I.** *vt* ❶ *(beschirmen)* ■**jdn [vor jdm/etw] ~** to protect sb [against [*or* from] sb/sth]; ■**sich** *akk* **[vor etw** *dat* [*o* **gegen etw** *akk*]] **~** to protect oneself [against sth]; **Gott schütze dich!** may the Lord protect you!
❷ *(geschützt aufbewahren)* ■**etw [vor etw** *dat*] **~** to keep sth away from sth; ***das Öl ist vor Sonnenlicht zu ~*** this oil must be kept away from [*or* out of] [direct] sunlight
❸ *(unter Naturschutz stellen)* ■**etw/Tiere ~** to place a protection order on sth/animals [*or* protect sth/animals by law]; **geschützte Pflanzen** protected plants
❹ *(patentieren)* ■**etw ~** to patent sth [*or* protect sth by patent]; **ein Firmensignet ~ lassen** to copyright [*or* register] a company logo [*or* protect a company logo by copyright]; **gesetzlich geschützt** registered [as a trade mark]; **patentrechtlich** [*o* **durch das Patentrecht**] **geschützt** protected by patent, patented; **urheberrechtlich** [*o* **durch das Urheberrecht**] **geschützt** protected by copyright, copyright[ed]
II. *vi* ■**[vor etw** *dat* [*o* **gegen etw** *akk*]] **~** to provide [*or* offer] [*or* give] protection [from [*or* against] sth]

schụ̈t·zend *adj* protective; ***vor dem Gewitter suchten die Wanderer Zuflucht unter einem ~en Baum*** the walkers sheltered [*or* sought shelter] from the storm under a tree; *s. a.* **Hand**

Schụ̈t·zen·fest *nt* rifle [*or* shooting] club['s] festival **Schụ̈t·zen·fisch** *m* ZOOL archerfish

Schụtz·en·gel *m* REL guardian angel; **einen [guten] ~ haben** to have a [special] guardian angel looking over one

Schụ̈t·zen·gra·ben *m* MIL trench **Schụ̈t·zen·haus** *nt* rifle [*or* shooting] club clubhouse **Schụ̈t·zen·hil·fe** *f* support; **jdm [bei etw** *dat*] **~ geben** to support sb [*or* back sb up] [in sth] **Schụ̈t·zen·kö·nig(in)** *m(f)* champion marksman/markswoman [at a Schützenfest] **Schụ̈t·zen·pan·zer** *m* MIL armoured [*or* AM -ored] personnel carrier **Schụ̈t·zen·ver·ein** *m* rifle [*or* shooting] club

Schụtz·fak·tor *m* safety factor; *Sonnenmilch* protection factor, SPF **Schụtz·far·be** *f* protective coat[ing] **Schụtz·fär·bung** *f* ZOOL protective coloration, camouflage **Schụtz·film** *m* protective coat **Schụtz·frist** *f* JUR term [*or* period] of copyright, copyright term [*or* period]; *(Patent)* life of a patent, period of protection **Schụtz·gas·at·mo·sphä·re** *f kein pl* CHEM protective [furnace] atmosphere

Schụtz·ge·biet *nt* ❶ POL *(Protektorat)* protectorate
❷ *(Naturschutzgebiet)* [nature] reserve

Schụtz·ge·bühr *f* ÖKON token [*or* nominal] charge [*or* fee]

Schụtz·geld *nt (euph)* protection money *no pl* **Schụtz·geld·er·pres·sung** *f* JUR extortion [*or* protection] racket, racketeering

Schụtz·ge·mein·schaft *f* ≈ shareholders' association **Schụtz·ge·setz** *nt* JUR protective law **Schụtz·git·ter** *nt* protective grille

Schụtz·haft *f* ❶ POL *(Vorbeugehaft)* preventive detention
❷ JUR *(Schutzgewahrsam)* detention, protective custody; **jdn in ~ nehmen** to take sb into [protective] custody

Schụtz·hand·schuh *m* protective glove **Schụtz·hau·be** *f* protective cover **Schụtz·hei·li·ge(r)** *f(m)* REL patron saint **Schụtz·helm** *m* protective [*or* safety] helmet, hard hat **Schụtz·hül·le** *f s.* **Schutzumschlag Schụtz·hüt·te** *f* shelter **schụtz·imp·fen** ['ʃʊtsʔɪmpfn̩] *vt* MED ■**jdn [gegen etw** *akk*] **~** to vaccinate [*or* inoculate] sb [against sth] **Schụtz·impf·stoff** *m* protective vaccine **Schụtz·imp·fung** *f* MED vaccination, inoculation

Schụ̈t·zin <-, -nen> *f fem form von* **Schütze**

Schụtz·kap·pe *f* [protective] cap **Schụtz·klau·sel** *f* JUR protective [*or* safeguard] clause; **verfassungsrechtliche ~** entrenchment clause **Schụtz·klei·dung** *f* protective clothing **Schụtz·kol·lo·id** [-kɔloiːt] *nt* CHEM protective colloid **Schụtz·kon·takt** *m* ELEK protective [*or* BRIT earthing] contact, ground AM **Schụtz·la·ckie·rung** *f* protective varnishing **Schụtz·leis·te** *f* protective strip; *(um Maschine)* guard rail

Schụ̈tz·ling <-s, -e> ['ʃʏtslɪŋ] *m* ❶ *(Protegé)* protégé
❷ *(Schutzbefohlene)* charge

schụtz·los I. *adj* defenceless [*or* AM -seless]
II. *adv* **jdm ~ ausgeliefert** [*o* **preisgegeben**] **sein** to be at the mercy of sb, to be at sb's mercy

Schụtz·macht *f* POL protecting power **Schụtz·mann** <-[e]s, -männer *o* -leute> *m* ❶ *(fam o veraltet: Polizist)* police officer, BRIT *a.* [police] constable, copper *fam;* **eiserner ~** *(hum)* emergency [police] telephone ❷ SPORT defender **Schụtz·man·tel** *m* TECH protective covering [*or* layer] **Schụtz·mar·ke** *f* trademark **Schụtz·mas·ke** *f* protective mask **Schụtz·maß·nah·me** *f* precautionary measure (**vor** *+dat/***gegen** *+akk* against), precaution (**vor** *+dat/***gegen** *+akk* against) **Schụtz·me·cha·nis·mus** *m* protective mechanism **Schụtz·mit·tel** *nt* ❶ *(äußerlich)* means of protection ❷ *(innerlich)* protective substance **Schụtz·pa·tron(in)** <-s, -e> *m(f)* REL patron saint **Schụtz·po·li·zei** *f (geh)* police force, constabulary BRIT **Schụtz·raum** *m* [fallout] shelter **Schụtz·recht** *nt* JUR property [*or* protective] right; **~ am geistigen Eigentum** intellectual property right; **gewerbliches ~** industrial property right; **vorläufiges ~** right of provisional protection **Schụtz·rech·te** *pl* JUR patent rights **Schụtz·rechts·über·schrei·tung** *f,* **Schụtz·rechts·ver·let·zung** *f* JUR industrial property right infringement **Schụtz·re·flex** *m* BIOL protective reflex **Schụtz·schicht** *f* protective layer; *(Überzug)* protective coating **Schụtz·schild** *m* TECH shield; **menschlicher ~** human shield **Schụtz·schrift** *f* JUR caveat **Schụtz·strei·fen** *m* protective strip **Schụtz·trup·pe** *f* ❶ *(Friedenstruppe)* peacekeeping force ❷ *(hist)* colonial force [*or* army] **Schụtz·um·fang** *m* JUR scope of protection

Schụtz·um·schlag *m* ❶ *(vom Buch)* dust jacket, dust cover ❷ *(von CD)* sleeve **Schụtz·um·schlag·klap·pe** *f* jacket flap

Schụtz·ver·ei·ni·gung *f* ÖKON [campaigning] organization **Schụtz·vor·rich·tung** *f* safety device **Schụtz·vor·schrift** *f* safety [*or* protective] regulation **Schụtz·wald** *m forest for absorbing the impact of avalanches* **Schụtz·wall** *m* protective wall **Schụtz·weg** *m* TRANSP ÖSTERR pedestrian crossing **Schụtz·wes·te** *f* bulletproof vest **schụtz·wür·dig** *adj* JUR worthy of [*or* meriting] protection **Schụtz·zoll** *m* ÖKON protective duty [*or* tariff] **Schụtz·zo·ne** *f* protected zone [*or* area]

Schwa <-[s], -[s]> [ʃvaː] *nt kein pl* LING schwa

schwab·be·lig ['ʃvabəlɪç] *adj (fam)* flabby, wobbly

schwab·beln ['ʃvabl̩n] *vi (fam)* to wobble

Schwa·be, Schwä·bin <-n, -n> ['ʃvaːbə, 'ʃvɛːbɪn] *m, f* GEOG Swabian

schwä·beln ['ʃvɛːbl̩n] *vi (fam)* to speak in [the] Swabian dialect

Schwa·ben <-s> ['ʃvaːbn̩] *nt* GEOG Swabia

Schwa̲·ben·streich <-[e]s, -e> *m (hum)* piece of folly

Schwä̲·bin <-, -nen> *f fem form von* **Schwabe**

schwä·bisch ['ʃvɛːbɪʃ] *adj* Swabian

Schwä̲·bi·sche A̲lb *f* ■**die ~** the Swabian Mountains *pl*

schwach <schwächer, schwächste> [ʃvax] **I.** *adj* ❶ *(nicht kräftig)* weak; *Stimme* feeble, faint; ■**für etw** *akk* **zu ~ sein** to not be strong enough for sth; **krank und ~** weak and ill; ■**der Schwächere/Schwächste** the weaker/weakest person; **~er Widerstand** weak [*or* feeble] resistance
❷ *(wenig selbstbewusst) Charakter* weak; **einen ~en Willen haben** to be weak-willed
❸ *(wenig leistend)* weak; ***in Rechtschreibung ist er ziemlich ~*** his spelling is rather poor; **ein ~er Mitarbeiter/Sportler** a poor worker/sportsman; **ein ~er Schüler** a poor [*or* weak] pupil
❹ MED *(unzureichend)* weak, poor; **ein ~es Gehör/Sehvermögen** poor [*or* weak] hearing/eyesight; ***im Alter wird das Gehör schwächer*** one's hearing becomes poorer in old age; **~e Gesundheit** poor health; **eine ~e Konstitution haben** to have a frail constitution
❺ *(dürftig)* weak, poor; **~es Ergebnis** poor result; **eine ~e Leistung** a poor performance [*or fam* show]
❻ *(nicht stichhaltig) Argument* weak; *Theorie* shaky; ***es gibt noch einige ~e Stellen in unserem Plan*** our plan has still got some weaknesses
❼ *(gering)* weak; *Licht* dim; **~e Ähnlichkeit** remote resemblance; **ein ~es Anzeichen** a faint [*or* slight] indication; **ein ~er Bartwuchs** a sparse [growth of] beard; **eine ~e Beteiligung** [*o* **Teilnahme**] poor participation; **ein ~es Interesse** [very] little interest; **~e Nachfrage** poor demand; **eine ~e Resonanz** a lukewarm response; **eine ~e Vorstellung von etw** *dat* **haben** to have a faint idea of sth
❽ *(leicht)* weak; **~e Atmung** faint breathing; **eine ~e Bewegung** a slight [*or* faint] movement; **~er Druck** light pressure; **ein ~er Herzschlag** a faint heartbeat; **ein ~er Luftzug/Wind** a gentle [*or* light] breeze/wind; **eine ~e Strömung** a light current; ■**schwächer werden** to become fainter
❾ PHYS *(eine geringe Leistung aufweisend)* low-powered; *Batterie* low; *Ladung* weak; **~es Magnetfeld** low-intensity magnetic field; ***dieser Motor ist zu ~*** this engine is not powerful enough; ***das Licht wird schwächer*** the light is fading [*or* failing]
❿ *(dünn) Brett, Eisdecke* thin; **ein ~es Kettenglied** a weak chain-link
⓫ CHEM *(gering konzentriert)* weak
▸ WENDUNGEN: **[bei jdm/etw] ~ werden** *(fam)* to be unable to resist [sb/sth]; ***bei Schokoladentorte werde ich immer ~*** I can never resist chocolate gateau; ***bei dem Gehalt würde wohl jeder ~ werden*** anybody would be tempted by a salary like that; ***nur nicht ~ werden! (standhaft bleiben!)*** don't weaken!; *(durchhalten!)* don't give in!; **jdm wird ~ [zumute]** *(fam)* sb feels faint; *s. a.* **Augenblick, Bild, Trost, Stelle**
II. *adv* ❶ *(leicht)* faintly; ***das Herz schlug nur noch ~*** the heartbeat had become faint; ***er hat sich nur ~ gewehrt*** he didn't put up much resistance
❷ *(spärlich)* sparsely; ***nachts sind die Grenzübergänge ~ besetzt*** the border crossings aren't very heavily [*or* well] manned at night; ***mit Nachschlagewerken sind wir nun wirklich nicht ~ bestückt*** we really have got quite a few [*or* lot of] reference works; ***die Ausstellung war nur ~ besucht*** the exhibition wasn't very well [*or* was poorly] attended
❸ *(geringfügig)* ***Ihre Tochter beteiligt sich in den letzten Monaten nur noch ~ am Unterricht*** your daughter has hardly been participating in class in recent months; ***dieses Problem hat mich immer nur ~ interessiert*** this problem has never been of any great interest to me; **~ applaudieren** to applaud sparingly; **eine ~e Erinnerung an etw** *akk* **haben** to vaguely remember sth
❹ *(dürftig)* feebly; ***die Mannschaft spielte ausgesprochen ~*** the team put up a feeble performance
❺ KOCHK *(mild)* slightly; ***der Arzt hat mir geraten, ~ gesalzen zu essen*** my doctor has advised me not to add [too] much salt to my food; ***das Essen ist zu***

~ ***gewürzt*** the food isn't spicy enough
6 NUKL ~ **aktiv** low level active; ~ **aktiver Abfall** low level active waste
7 CHEM ~ **basisch** weak basic; ~ **flüchtig** low volatile; ~ **löslich** weakly soluble
Schwä·che <-, -n> [ˈʃvɛçə] *f* 1 *kein pl (geringe Stärke)* weakness; **die militärische ~ des Gegners** the enemy's military weakness; **jds ~ ausnutzen** to exploit sb's vulnerability
2 *kein pl (Unwohlsein)* [feeling of] faintness
3 *kein pl (Vorliebe)* ■**eine/jds ~ für jdn/etw** a/sb's weakness for sb/sth
4 *(Unzulänglichkeit)* weakness
Schwä·che·an·fall *m* MED sudden feeling of faintness
schwä·chen [ˈʃvɛçn̩] I. *vt* 1 *(entkräften)* ■**jdn/ein Tier ~** to weaken sb/an animal; ■**geschwächt** weakened; [***das***] ***Fieber hat sie geschwächt*** the fever weakened her
2 *(in der Wirkung mindern)* ■**jdn/etw ~** to weaken sb/sth
II. *vi* to have a weakening effect
Schwach·heit <-, -en> *f kein pl* weakness; *(physisch a.)* frailty ▶WENDUNGEN: **bilde dir bloß keine ~en ein!** *(fam)* don't get your hopes up [*or* kid yourself] *fam;* **~, dein Name ist Weib!** *(prov)* frailty, thy name is woman **Schwach·kopf** *m (fam)* idiot, bonehead *sl,* blockhead *sl*
schwäch·lich [ˈʃvɛçlɪç] *adj* weakly, feeble; ***er war immer etwas ~*** he had always been a bit weakly [*or* delicate]
Schwäch·lich·keit <-, -en> *f meist sing* weakness, sickliness, delicateness
Schwäch·ling <-s, -e> [ˈʃvɛçlɪŋ] *m* weakling
schwach|ma·chen^RR *vt* ■**jdn ~** to lead sb into temptation; ***die Aussicht, ihn dort zu treffen, hat mich schwachgemacht*** I was unable to resist the prospect of seeing him there; ***ihr schmachtender Blick macht mich jedes Mal schwach*** her languishing look always makes me go weak at the knees
Schwach·punkt *m* weak spot; **jds ~ treffen** to hit upon sb's weak spot [*or* weakness]
Schwach·sinn *m kein pl* 1 MED mental deficiency, feeble-mindedness
2 *(fam: Quatsch)* rubbish *no art* BRIT, garbage AM; ***so ein ~!*** what a load of rubbish!
schwach·sin·nig *adj* 1 MED mentally deficient, feeble-minded
2 *(fam: blödsinnig)* idiotic, daft
Schwach·sin·ni·ge(r) *f(m) dekl wie adj* MED mentally defective [*or* feeble-minded] person, idiot *a. fig*
Schwach·stel·le *f* 1 *(Problemstelle)* weak spot [*or* point]
2 *(undichte Stelle)* leak
Schwach·strom *m* ELEK weak [*or* low-voltage] current
Schwach·strom·an·la·ge *f* ELEK weak-current [*or* low-voltage current] system **Schwach·strom·lei·tung** *f* ELEK weak-current line **Schwach·strom·tech·nik** *f* ELEK light-current [*or* weak-current] engineering
Schwä·chung <-, -en> *f* weakening; *Abwehrkraft, Gesundheit, Immunsystem a.* impairment
Schwa·den <-s, -> [ˈʃvaːdn̩] *m meist pl* cloud
Schwa·dron <-, -en> [ʃvaˈdroːn] *f* MIL, HIST squadron
schwa·dro·nie·ren* [ʃvadroˈniːrən] *vi* to bluster; ■**von etw** *dat* ~ to hold forth on [*or* sound off about] sth
Schwa·fe·lei <-, -en> [ʃvaːfəˈlai] *f (pej fam)* drivel *fam,* waffle BRIT *fam,* twaddle BRIT *fam*
schwa·feln [ˈʃvaːfl̩n] *vi (pej fam)* 1 *(faseln)* to talk drivel [*or* BRIT twaddle] *fam,* to waffle [on] BRIT *fam,* to ramble on
2 *(unsinniges Zeug reden)* ■[**von etw** *dat*] ~ to drivel [*or* waffle] [*or* twaddle] [*or* ramble] [on] [about sth] *fam;* ***was schwafelst du da?*** don't talk such rubbish!
Schwaf·ler(in) <-s, -> *m(f) (pej fam)* waffler BRIT *fam*
Schwa·ger, Schwä·ge·rin <-s, Schwäger> [ˈʃvaːgɐ, ˈʃvɛːgərɪn, *pl* ˈʃvɛːgɐ] *m, f* brother-in-law *masc,* sister-in-law *fem*
Schwal·be <-, -n> [ˈʃvalbə] *f* ORN swallow
▶WENDUNGEN: **eine ~ macht noch keinen Sommer** *(prov)* one swallow doesn't make a summer
Schwal·ben·nest *nt* 1 ORN swallow's nest 2 *pl* KOCHK bird's nest soup 3 NAUT *(hist)* sponson 4 MIL, MUS [bandman's] epaulette **Schwal·ben·schwanz** *m* ZOOL swallowtail [butterfly]
Schwall <-[e]s, -e> [ʃval] *m* 1 *(Guss)* stream, gush; ***ein ~ von abgestandenem Rauch schlug ihm entgegen*** a wave of stale smoke hit him
2 *(Flut)* torrent *fig;* ***sie begrüßte ihn mit einem ~ unverständlicher Worte*** she greeted him with an incoherent flood of words
schwamm [ʃvam] *imp von* **schwimmen**
Schwamm <-[e]s, Schwämme> [ʃvam, *pl* ˈʃvɛmə] *m* 1 *(zur Reinigung)* sponge
2 ZOOL sponge
3 *(Hausschwamm)* dry rot *no indef art, no pl;* **den ~ haben** to have dry rot
4 SÜDD, ÖSTERR, SCHWEIZ *(essbarer Pilz)* mushroom
▶WENDUNGEN: **~ drüber!** *(fam)* let's forget it!
Schwämm·chen <-s, -> [ˈʃvɛmçən] *nt dim von* **Schwamm**
schwam·mig [ˈʃvamɪç] I. *adj* 1 *(weich und porös)* spongy
2 *(aufgedunsen)* puffy, bloated
3 *(vage)* vague, woolly
4 *(vom Schwamm befallen)* affected by dry rot
II. *adv* vaguely; **sich** *akk* **~ ausdrücken** to not make oneself clear
Schwan <-[e]s, Schwäne> [ʃvaːn, *pl* ˈʃvɛːnə] *m* ORN swan
▶WENDUNGEN: **mein lieber ~!** *(fam: wehe!)* woe betide sb!; *(Donnerwetter!)* my goodness!; ***mein lieber ~! eine reife Leistung!*** oh, damn *fam* [it]! what a performance!
schwand [ʃvant] *imp von* **schwinden**
schwa·nen [ˈʃvaːnən] *vi* **jdm schwant nichts Gutes/Ungutes/Unheil** sb has a sense of foreboding; ■**jdm schwant, dass ...** sb has a feeling [*or* senses] that ...
schwang [ʃvaŋ] *imp von* **schwingen**
Schwang [ʃvaŋ] *m* ▶WENDUNGEN: **im ~e sein** to be in vogue
schwan·ger [ˈʃvaŋɐ] *adj* pregnant; ***sie ist im sechsten Monat ~*** she's six months pregnant, she's in the sixth month [of her pregnancy]; ■[**von jdm**] **~ sein** to be pregnant [by sb]
▶WENDUNGEN: **mit etw** *dat* **~ gehen** to be full of sth
Schwan·ge·re *f dekl wie adj* pregnant woman, expectant mother
Schwan·ge·ren·kon·flikt·be·ra·tung *f advice for pregnant women who have got into a conflict through their pregnancy*
schwän·gern [ˈʃvɛŋɐn] *vt* 1 *(ein Kind zeugen)* ■**jdn ~** to get [*or* make] sb pregnant, to impregnate sb *form*
2 *(erfüllen)* ■**mit** [*o* **von**] **etw geschwängert sein** to be thick with sth; **mit Weihrauch geschwängert sein** to be heavy [*or* impregnated] with incense
Schwan·ger·schaft <-, -en> *f* MED pregnancy
Schwan·ger·schafts·ab·bruch *m* abortion, termination of [a] pregnancy **Schwan·ger·schafts·be·ra·tung** *f* MED pregnancy advice **Schwan·ger·schafts·be·ra·tungs·schein** *m* SOZIOL, JUR *proof relating to pregnancy advice* **Schwan·ger·schafts·früh·test** *m* early pregnancy test **Schwan·ger·schafts·gym·nas·tik** *f* MED antenatal exercises **Schwan·ger·schafts·kon·flikt·be·ra·tung** *f* MED counselling of pregnant women in conflict situations **Schwan·ger·schafts·mo·nat** *m* MED month [of pregnancy] **Schwan·ger·schafts·strei·fen** *m meist pl* MED stretch marks *pl* **Schwan·ger·schafts·test** *m* MED pregnancy test **Schwan·ger·schafts·un·ter·bre·chung** *f* MED abortion, termination of [a] pregnancy **Schwan·ger·schafts·ur·laub** *m* maternity leave **Schwan·ger·schafts·ver·hü·tung** *f* MED contraception *no indef art, no pl* **Schwan·ger·schafts·zu·cker** *m* gestational diabetes
Schwank <-[e]s, Schwänke> [ʃvaŋk, *pl* ˈʃvɛŋkə] *m* 1 THEAT farce
2 *(Schwankerzählung)* comical [*or* merry] tale
3 *(lustige Begebenheit)* amusing [*or* funny] story
schwan·ken [ˈʃvaŋkn̩] *vi* 1 *haben (schwingen)* to sway; **ins S~ geraten** to begin to sway [*or* swaying]
2 *sein (wanken)* to stagger [*or* reel]; ■**irgendwohin ~** to stagger [*or* reel] somewhere; ***der Betrunkene schwankte über die Straße*** the drunk tottered over the road
3 *haben (nicht stabil sein)* to fluctuate [*or* vary]; ***seine Stimme schwankte*** his voice wavered
4 *haben (unentschlossen sein)* ■[**noch**] ~ to be [still] undecided; ***ich schwanke noch, ob wir erst morgen oder doch schon heute fahren sollen*** I'm still unsure [*or* still hesitating] whether we should leave today or tomorrow; ■**zwischen zwei Dingen ~** to be torn between two things; ■**das S~** indecision, indecisiveness; **jdn ~[d] machen** to weaken sb's resolve; **ein ~der Charakter** a hesitant character
schwan·kend *adj* 1 *(sich biegend) Baum* swaying
2 *(schaukelnd) Boot* rocking; *(heftiger)* rolling
3 *(bebend) Boden* shaking; **auf ~em Boden stehen** to be on shaky ground
4 *(unstet) Charakter* wavering, vacillating; *(zögernd)* hesitant; **~ werden** to [begin to] waver; ***er ist immer sehr ~ in seinen Entschlüssen*** he can never make up his mind
5 *(wankend)* staggering; *Schritte* unsteady, wavering; *Gang* rolling; **mit ~en Schritten** with wavering steps
6 *(veränderlich) Kurs, Preis, Zahl* fluctuating, variable, floating; *Gesundheit* unstable; *Stimme* wavering
7 PHYS transient; **~e Werte** transient values
Schwan·kung <-, -en> *f* 1 *(Schwingung)* swaying *no pl;* **etw in ~en versetzen** to make sth sway
2 *(ständige Veränderung)* fluctuation, variation; **~en der Zinssätze auf dem Geld- und Kapitalmarkt** fluctuations in money- and capital-market interest rates; **jahreszeitliche** [*o* **saisonale**]**/konjunkturelle ~en** seasonal/market fluctuations; **~en ausschalten** to eliminate fluctuations
Schwan·kungs·be·reich *m* ÖKON range **Schwan·kungs·brei·te** *f kein pl* ÖKON fluctuation margin; *(in der Statistik)* range
Schwanz <-es, Schwänze> [ʃvants, *pl* ˈʃvɛntsə] *m* 1 *(Verlängerung der Wirbelsäule)* tail
2 ORN train, trail
3 *(sl: Penis)* cock *vulg,* dick *vulg,* prick *vulg*
▶WENDUNGEN: **einen ~ bauen** to have to repeat an exam; **den ~ einziehen** *(fam)* to climb down; **jd lässt den ~ hängen** *(fam)* sb's spirits droop; **kein ~** *(sl)* not a bloody *fam* [*or vulg* fucking] soul; **jdm auf den ~ treten** *(fam)* to tread on sb's toes *fig*
schwän·zeln [ˈʃvɛntsl̩n] *vi* to wag one's tail
Schwän·zel·tanz *m* BIOL *(Kommunikationsform der Bienen)* waggle dance
schwän·zen [ˈʃvɛntsn̩] I. *vt* SCH *(fam)* ■**etw ~** to skive off sth BRIT *sl,* to cut sth *fam;* **die Schule ~** to skive off [from] [*or* cut] school, to play truant, to play hook[e]y AM
II. *vi* SCH *(fam)* to skive off BRIT *sl,* to play truant
Schwanz·fe·der *f* ORN tail feather **Schwanz·flos·se** *f* ZOOL tail [*or* caudal] fin **schwanz·ge·steu·ert** [ˈʃvantsgəʃtɔyɐt] *adj (pej sl) Mann, Verhalten* controlled by [*or* thinking with] his dick [*or* cock] *fam* **Schwanz·lurch** *m* ZOOL caudate **Schwanz·mei·se** *f* ORN long-tailed tit **Schwanz·rol·le** *f* KOCHK beef topside steak **Schwanz·stück** *nt* beef silverside
schwap·pen [ˈʃvapn̩] *vi* 1 *sein (sich im Schwall ergießen)* ■**irgendwohin ~** to splash [*or fam* splosh] somewhere; ***das Wasser schwappte über den Rand des Swimmingpools*** the water splashed over the edge of the swimming pool
2 *haben (sich hin und her bewegen)* to slosh around
3 *sein (fam: sich verbreiten)* ■**irgendwohin ~** to

S

have spread somewhere; ***eine Welle des Unmuts schwappte über Europa*** a wave of dissatisfaction spread over Europe

Schwä·re <-, -n> ['ʃvɛːrə] *f (veraltend geh)* festering sore

Schwarm¹ <-[e]s, Schwärme> [ʃvarm, *pl* 'ʃvɛrmə] *m* ① ZOOL swarm; *Fische* shoal
② *(Menschenmenge)* swarm

Schwarm² <-[e]s> [ʃvarm] *m* ① *(fam: schwärmerisch verehrter Mensch)* heart-throb *fam;* ***der Englischlehrer war immer mein [geheimer] ~ gewesen*** I always had a [secret] crush *sl* on the English teacher
② *(selten: Vorliebe)* [secret] passion

schwär·men¹ ['ʃvɛrmən] *vi sein* ① ZOOL to leave the nest [in swarms]
② *(im Schwarm fliegen)* ■ **irgendwo** [*o* **irgendwohin**] **~** to swarm somewhere
③ *(sich in Mengen bewegen)* ■ **irgendwohin ~** to swarm somewhere *fig*

schwär·men² ['ʃvɛrmən] *vi* ① *haben (begeistert reden)* ■ **[von etw** *dat*] **~** to go into raptures [about [*or* over] sth]; **[über etw** *akk*] **ins S~ geraten** to go into raptures [about [*or* over] sth]
② *(begeistert verehren)* ■ **für jdn ~** to be mad [*or* crazy] about sb
③ *(sich begeistern)* ■ **für etw** *akk* **~** to have a passion for sth

Schwär·mer <-s, -> *m* ① *(Schmetterling)* hawkmoth, sphinx moth
② *(Feuerwerkskörper)* ≈ serpent, ≈ jumping jack

Schwär·mer(in) <-s, -> *m(f)* ① *(sentimentaler Mensch)* sentimentalist
② *(Begeisterter)* enthusiast
③ *(Fantast)* dreamer; ***er ist und bleibt ein ~*** he's a dreamer and always will be

Schwär·me·rei <-, -en> [ʃvɛrmə'rai] *f* ① *(Wunschtraum)* [pipe] dream
② *(Passion)* passion
③ *(Begeisterungsreden)* **sich** *akk* **in ~en [über jdn/etw] ergehen** *(geh)* to go into raptures [about [*or* over] sb/sth]

Schwär·me·rin <-, -nen> *f fem form von* Schwärmer

schwär·me·risch *adj* impassioned; **~e Leidenschaft** enraptured passion

Schwar·te <-, -n> ['ʃvartə, 'ʃvaːɐ̯tə] *f* ① KOCHK rind
② *(pej fam)* thick old book
▸WENDUNGEN: **arbeiten, dass** [*o* **bis**] **[einem] die ~ kracht** *(sl)* to work until one drops, to work [*or* sweat] one's guts out *fam*

Schwar·ten·ma·gen *m* KOCHK brawn

schwarz <schwärzer, schwärzeste> [ʃvarts] **I.** *adj* ① *(tiefdunkel)* black; *(stark sonnengebräunt)* deeply tanned, brown; ***der Kuchen ist ziemlich ~ geworden*** the cake is quite burnt; ***mir wurde ~ vor den Augen*** everything went black, I blacked out; ***es geschah in ~er Nacht*** it happened in the dead of night; **~ wie Ebenholz** jet-black; **~ von Menschen** crowded [*or* black] with people; **~ wie die Nacht** as black as pitch
② *(fam: sehr schmutzig)* black [as an old boot], filthy[-black]; **~e Fingernägel haben** to have grimy fingernails; ***wo bist du denn so ~ [am Hemd/an der Jacke] geworden?*** where did you manage to get [your shirt/jacket] so dirty?
③ *attr (fam: illegal)* illicit; ***die ~e Benutzung von Software*** the illegal [*or* illicit] use of software; ***der ~e Besitz/Erwerb einer Schusswaffe ist strafbar*** ownership of/buying a firearm without [holding] a licence is a criminal offence; ***er unterhält neben dem offiziellen noch ein ~es Konto*** in addition to his official account he also has another [*or* a separate] one for [all] his shady deals; **~es Geld** untaxed money; **~ Geschäfte machen** to do shady deals; **der ~e Markt** the black market
④ *(fam: katholisch)* Catholic [and conservative]; ***ihre Eltern waren so ~, dass ...*** her parents were such staunch Catholics that ...
⑤ *(fam: einer christlichen Partei angehörend)* conservative; **~ wählen** to vote for the Christian Democrats [in Germany]
⑥ *(unglücklich)* black; **ein ~er Tag** a black day; **der S~e Freitag** FIN Black Friday
⑦ *(abgründig)* black; **~e Gedanken** evil thoughts; **~er Humor** black humour
⑧ *(negrid)* black; **der S~e Kontinent** the Dark Continent; **die ~e Rasse** the Blacks *pl,* the Black Man
⑨ PHYS **~er Körper** black body, full radiator; **~e Strahlung** black body radiation
⑩ ASTRON **~es Loch** black hole
▸WENDUNGEN: **~e Blattern** [*o* **Pocken**] smallpox *sing;* **~e Diamanten** black diamonds; **die ~e Kunst** *(Buchdruckerkunst)* [the art of] printing; *(Magie)* black magic; **der ~e Mann** *(Schornsteinfeger)* the [chimney-]sweep; *(Kinderschreck)* the bogeyman; **~er Peter** *(Kartenspiel)* children's card game, ≈ old maid *(with a black cat card instead of an old maid);* **jdm den ~en Peter zuschieben** *(Verantwortung zuschieben)* to leave sb holding the baby *fam; (die ganze Last aufbürden)* to give sb the worst of the deal; **~er Pfeffer** black pepper; **~er Star** MED amaurosis *spec;* **der ~e Tod** Black Death; **~ auf weiß** in black and white [*or* writing]; ***das habe ich ~ auf weiß*** I've got it in black and white; ***das kann ich dir ~ auf weiß geben*** you can take that from me, to lose every trick; ***sie wurde ~ vor Ärger*** her face went black; **bis jd ~ wird** *(fam)* till the cows come home *fam;* ***da kannst du warten, bis du ~ wirst*** you can wait till the cows come home; **in den ~en Zahlen sein** to be in the black; *s. a.* **Brett, Gold, Kaffee, Liste, Magie, Meer, Messe, Schaf, Seele, Tee, Witwe**
II. *adv* ① *(mit schwarzer Farbe)* black; **~ gemustert** with a black pattern; **~ gerändert** black-edged, edged in black *nach n; Augen* black-rimmed; **~ gestreift** with black stripes
② *(fam: auf illegale Weise)* illicitly; ***die Reparatur lassen wir ~ machen*** we're going to get the repair work done by a moonlighter *fam;* **sich** *dat* **etw ~ besorgen** to get sth illicitly [*or* on the black market]; **~ Bus fahren** to go on the bus without paying; **~ über die Grenze gehen** to cross the border illegally; **etw ~ kaufen/verkaufen** to buy/sell sth illicitly [*or* on the black market]; **etw ~ verdienen** to earn sth on the side *fam*

Schwarz <-[es]> [ʃvarts] *nt kein pl* black; **in ~** in black; **in ~ gehen** [*o* **sein**] to wear black

Schwarz·afri·ka *nt* GEOG Black Africa, sub-Saharan Africa

Schwarz·afri·ka·ner(in) *m(f)* Black African

schwarz·afri·ka·nisch *adj inv* Black African

Schwarz·ar·beit *f kein pl* JUR illicit work; **in ~ bauen** [*o* **errichten**] to build using illicit workers [*or* workers paid cash in hand] **schwarz|ar·bei·ten** *vi* to do illicit work, to work cash in hand **Schwarz·ar·bei·ter(in)** *m(f)* person doing illicit work [*or* working [for] cash in hand]; **~ sein** to work illicitly [*or* [for] cash in hand] **schwarz|är·gern**[RR] *vr* ■ **sich** *akk* **[über etw** *akk*] **~** to drive oneself mad [about sth]; ***ich könnte mich darüber ~*** that makes me see red! **schwarz·äu·gig** *adj* black-eyed; ■ **~ sein** to have black eyes, to be black-eyed **Schwarz·bär** *m* ZOOL Asian black bear **schwarz·blau** *adj* blackish blue **Schwarz·blech** *nt* black plate **schwarz·braun** *adj* blackish brown **Schwarz·brot** *nt* KOCHK brown [*or* rye] bread

Schwar·ze(r) *f(m) dekl wie adj* ① *(Mensch)* black
② POL *(pej fam: Christdemokrat)* [German] Christian Democrat

Schwar·ze(s) *nt dekl wie adj* ① *(schwarze Masse)* ■ **etwas ~s** sth black, a black thing
② *(schwarze Stelle)* ■ **das ~** the bull's eye; **[mit etw** *dat*] **ins ~ treffen** to hit the bull's eye [with sth] *a. fig,* to hit the nail on the head *fig*
▸WENDUNGEN: **jdm nicht das ~ unter den Fingernägeln gönnen** to begrudge sb the [very] air he/she breathes; **das kleine ~** sb's little black number

Schwär·ze <-, -n> ['ʃvɛrtsə] *f kein pl* ① *(Dunkelheit)* darkness; **in der ~ der Nacht** *(geh)* in the dead of night
② *(Farbe)* black; **das Gesicht mit ~ einschmieren** to blacken one's face

schwär·zen ['ʃvɛrtsn̩] *vt* ① *(schwarz machen)* ■ **[jdm/sich] etw ~** to blacken [sb's/one's] sth
② SÜDD, ÖSTERR *(fam)* ■ **etw ~** to smuggle sth

Schwar·zes Meer *nt* Black Sea

schwarz|fah·ren *vi irreg sein* ① *(ohne zu zahlen)* to travel without buying a ticket, to dodge paying one's fare ② *(ohne Führerschein)* to drive without a licence [*or* AM -se] **Schwarz·fah·rer(in)** *m(f)* ① *(Fahrgast ohne Fahrausweis)* fare-dodger ② *(Fahrer ohne Führerschein)* driver without a licence **Schwarz·geld** <-[e]s, -er> *nt (fam)* illegal earnings *npl;* POL illegal contributions **Schwarz·geld·kon·to** *nt* FIN, JUR offshore account

schwarz·haa·rig *adj* black-haired; ■ **~ sein** to have black hair

Schwarz·haa·ri·ge(r) *f(m) dekl wie adj* person with black hair

Schwarz·han·del *m kein pl* black market (**mit** +*dat* for); **~ [mit etw** *dat*] **treiben** to deal in the black market [in sth] **Schwarz·händ·ler(in)** *m(f)* black marketeer **schwarz|hö·ren** *vi* RADIO to use a radio without a licence **Schwarz·hö·rer(in)** *m(f)* RADIO [radio] licence-dodger, sb who listens to the radio without a licence **Schwarz·kauf** *m* black-market [*or* illicit] purchase **Schwarz·kon·to** *nt* illicit account **schwarz|ko·pie·ren***[RR] *vt* to pirate

schwärz·lich ['ʃvɛrtslɪç] *adj* blackish

schwarz|ma·len *(fig)* **I.** *vi* to be pessimistic; ***vielleicht male ich zu schwarz*** perhaps I'm painting too black a picture **II.** *vt* ■ **etw ~** to be pessimistic about sth, to take a pessimistic view of sth, to paint a black [*or* gloomy] picture of sth; ***er malt immer alles schwarz*** he always looks on the gloomy side **Schwarz·ma·ler(in)** *m(f) (fam)* pessimist, doom-merchant *fam,* doom-monger *fam,* merchant of doom *fam* **Schwarz·ma·le·rei** [ʃvartsmaːlə'rai] *f (fam)* pessimism, doom-mongering *fam* **Schwarz·ma·le·rin** *f fem form von* Schwarzmaler

Schwarz·markt *m* black market; **auf dem ~** on the black market **Schwarz·markt·preis** *m* ÖKON black market price

Schwarz·meer·küs·te <-> *f* Black Sea Coast **Schwarz·pul·ver** *nt* black powder **Schwarz-Rot-Gold** ['ʃvarts'roːt'gɔlt] *nt* black-red-and-gold *(colours of the German flag)* **schwarz·rot·gol·den, schwarz-rot-gol·den**[RR] *adj* black-red-and-gold *(colours of the German flag);* **die ~e Fahne** the black-red-and-gold [German] flag

schwarz|se·hen *irreg* **I.** *vi* ① TV to watch television without a licence
② *(pessimistisch sein)* ■ **[für jdn/etw] ~** to be pessimistic [about sb/sth]
II. *vt (pessimistisch sein)* ■ **etw ~** to be pessimistic about sth, to take a pessimistic view of sth; ***er sieht immer alles schwarz*** he is deeply pessimistic about everything; **etw zu schwarz sehen** to be too pessimistic about sth, to take too pessimistic a view of sth

Schwarz·se·her(in) *m(f)* ① *(Pessimist)* pessimist
② TV [television] licence [*or* AM -se] dodger, person who watches television without a licence

Schwarz·se·he·rei <-> *f kein pl (fam)* pessimism, doom-mongering *fam*

Schwarz·se·he·rin <-, -nen> *f fem form von* Schwarzseher

Schwarz·sen·der *m* pirate [radio] station [*or* transmitter]

Schwarz·specht *m* ORN black woodpecker **Schwarz·tee** *m* black tea

Schwär·zung <-, -en> *f* blackening *no pl*

Schwär·zungs·kur·ve *f (Repro)* density gradation curve

Schwarz·wald ['ʃvartsvalt] *m* GEOG ■ **der ~** the Black Forest

Schwarz·wäl·der ['ʃvartsvɛldɐ] *adj inv, attr* GEOG Black Forest *attr;* **~ Kirschtorte** Black Forest gateau; **~ Kirschwasser** Black Forest kirsch[wasser]; **eine ~ Spezialität** a Black Forest speciality

Schwarz·wäl·der(in) <-s, -> ['ʃvartsvɛldɐ] *m(f)* GEOG person from [*or* inhabitant of] the Black Forest

schwarz-weiß[RR], **schwarz·weiß** [ʃvarts'vais] **I.** *adj* FILM, FOTO, MODE black-and-white *attr,* black and white *pred*

II. *adv* ① MODE **ein ~ gemusterter/gestreifter Rock** a skirt with a black-and-white pattern/stripes [*or* black-and-white striped skirt]
② FILM, FOTO **~ filmen/fotografieren** to film/photograph in black and white
③ *(fig)* **~ malen** to depict in black and white [*or* black-and-white terms]; **etw ~ malen** to depict sth in black and white [*or* black-and-white terms]

Schwarz·weiß·auf·nah·me *f* black-and-white photograph **Schwarz·weiß·bild** *nt* black-and-white picture **Schwarz·weiß·bild·schirm** *m* monochrome screen **Schwarz-Weiß-Den·ken**[RR], **Schwarz·weiß·den·ken** *nt kein pl* black-and-white mindset **Schwarz·weiß·fern·se·hen** *nt* black-and-white television [*or* TV] **Schwarz·weiß·fern·se·her** *m* black-and-white television [*or* TV] [set] **Schwarz·weiß·film** *m* FILM, FOTO black-and-white film **Schwarz·weiß·fo·to** *nt s.* **Schwarzweißaufnahme Schwarz·weiß·ma·le·rei** *f kein pl* depiction in black and white; **~ betreiben** to depict in black and white

schwarz|wer·den[RR] *vi irreg sein* KARTEN to get whitewashed

Schwarz·wild *nt* JAGD wild boars *pl* **Schwarz·wur·zel** *f* KOCHK black salsify

Schwatz <-es, -e> [ʃvats] *m (fam)* chat, natter BRIT *fam;* **einen [kleinen] ~ mit jdm halten** to have a [little [*or* BRIT *fam* wee]] chat with sb

Schwätz·chen <-s, -> ['ʃvɛtsçən] *nt (fam)* small talk, chit-chat; **mit jdm ein ~ halten** to chat with sb

schwat·zen ['ʃvatsn̩], **schwät·zen** ['ʃvɛtsn̩] SÜDD, ÖSTERR **I.** *vi* ① *(sich lebhaft unterhalten)* to talk [*or* chat] [*or* BRIT *fam* natter]
② *(sich wortreich auslassen)* to talk a lot
③ *(pej: etw ausplaudern)* to blab
④ *(im Unterricht reden)* to talk [out of turn] in class
▶WENDUNGEN: **es wird viel geschwatzt, wenn der Tag lang ist** *(prov)* you can't believe everything you hear

II. *vt* ■**etw ~** to talk sth; **dummes Zeug ~** to talk rubbish [*or* AM trash]; **Unsinn ~** to talk nonsense

Schwät·zer(in) <-s, -> *m(f) (pej)* ① *(Schwafler)* windbag *fam*
② *(Angeber)* boaster
③ *(Klatschmaul)* gossip, waffler BRIT

schwatz·haft *adj (pej)* talkative, garrulous; ***erzähl ihm nicht zu viel, er ist sehr ~ und kann nichts für sich behalten*** you shouldn't tell him everything, he's a gossip and won't keep anything to himself

Schwatz·haf·tig·keit <-> *f kein pl* talkativeness, garrulousness

Schwe·be <-> ['ʃveːbə] *f kein pl* **etw in der ~ halten** to balance sth; **sich** *akk* **in der ~ halten** to be balanced; **in der ~ sein** to be in the balance; **etw in der ~ lassen** to leave sth undecided; **in vollkommener ~** CHEM in full teeter

Schwe·be·bahn *f* TRANSP ① *(an Schienen)* overhead [*or* suspension] railway ② *s.* **Seilbahn Schwe·be·bal·ken** *m* SPORT [balance] beam **Schwe·be·bett** *nt kein pl* CHEM, TECH fluidized bed **Schwe·be·flug** *m* ① *von Insekten* hovering ② *eines Hubschraubers* hover flight ③ *(Segelflug)* soaring

schwe·ben ['ʃveːbn̩] *vi* ① *haben (in der Luft gleiten)* ■**[irgendwo] ~** to float [somewhere]; *Drachenflieger, Vogel* to hover [somewhere]; **in Lebensgefahr ~** to be in danger of one's life; *(Patient)* to be in a critical condition; *s. a.* **Gefahr, Angst**
② *sein (durch die Luft gleiten)* ■**[irgendwohin] ~** to float [somewhere]; *(an einem Seil)* to dangle [somewhere]
③ *haben (unentschieden sein)* ■**[noch] ~** to [still] be in the balance; **~des Verfahren** lawsuit which is pending [*or* BRIT sub justice]

schwe·bend *adj inv* ① TECH, CHEM suspended; **~e Fähre** suspension ferry
② *(fig: offen) Frage* unresolved, outstanding
③ JUR *Verfahren* pending; *(unterbrochen)* suspended; **~e Schuld** floating debt
④ ÖKON *Geschäft* outstanding
⑤ FIN *Schulden* floating
⑥ LIT *Betonung* hovering

Schwe·be·zeit *f* pendency **Schwe·be·zu·stand** *m* state of uncertainty; **sich** *akk* **im ~ befinden** to be in a state of uncertainty

Schweb·flie·ge *f* ZOOL hoverfly **Schweb·stoff** <-[e]s, -e> *m meist pl* CHEM suspended matter *no pl*

Schwe·bung *f* ELEK beat, interference

Schwe·bungs·dau·er *f* ELEK beat period

Schwe·de, Schwe·din <-n, -n> ['ʃveːdə, 'ʃveːdɪn] *m, f (Nationalität)* Swede
▶WENDUNGEN: **alter ~** NORDD *(fam)* my old mucker [*or* mate] [*or* AM buddy] *fam*

Schwe·den <-s> ['ʃveːdn̩] *nt* Sweden

Schwe·den·stahl *m* Swedish steel

Schwe·din <-, -nen> *f fem form von* **Schwede**

schwe·disch ['ʃveːdɪʃ] *adj* ① GEOG Swedish
② LING Swedish
▶WENDUNGEN: **hinter ~en Gardinen sitzen** *(fam)* to be behind bars *fam* [*or* BRIT *sl* banged up] [*or* locked up]

Schwe·disch ['ʃveːdɪʃ] *nt dekl wie adj* Swedish

Schwe·fel <-s> ['ʃveːfl̩] *m kein pl* CHEM sulphur
▶WENDUNGEN: **wie Pech und ~ sein** to be inseparable

Schwe·fel·di·oxid *nt* CHEM sulphur dioxide

schwe·fel·hal·tig *adj inv* sulphur[e]ous; **~ sein** to contain sulphur

schwe·fe·lig, schwef·lig ['ʃveːf(ə)lɪç] *adj* sulphurous; **~e Säure** sulphurous acid; **~ riechen** to smell of sulphur

Schwe·fel·koh·len·stoff *m* CHEM carbon disulphide

schwe·feln ['ʃveːfl̩n] *vt* ■**etw ~** to sulphurize sth

Schwe·fel·pu·der *nt* CHEM sulphur powder **Schwe·fel·säu·re** *f* CHEM sulphuric acid; **rauchende ~** fuming sulfuric acid

Schwe·fe·lung <-, -en> *f (zur Haltbarmachung des Weins)* sulphurization

Schwe·fel·was·ser·stoff [ʃveːfl̩'vasɐʃtɔf] *m* CHEM hydrogen sulphide

schwef·lig ['ʃveːflɪç] *adj s.* **schwefelig**

Schweif <-[e]s, -e> [ʃvaif] *m* tail

schwei·fen ['ʃvaifn̩] **I.** *vi sein (geh)* to roam, to wander; **durch die Wälder ~** to roam [*or* wander] through the woods; **seine Blicke ~ lassen** to let one's gaze wander; *s. a.* **Ferne**

II. *vt (fachspr)* **ein Brett ~** to cut a curve into a board

Schwei·ge·an·ruf *m* silent call **Schwei·ge·geld** *nt* hush money **Schwei·ge·marsch** *m* silent [protest] march **Schwei·ge·mi·nu·te** *f* minute's silence; **eine ~ einlegen** to hold a minute's silence

schwei·gen <schwieg, geschwiegen> ['ʃvaign̩] *vi* ① *(nicht sprechen)* to remain silent [*or* keep quiet]; ***schweig, ich will kein Wort mehr hören*** [that's] enough, I don't want to hear another word [from you]; ***er schwieg betroffen, als er das hörte*** he was so shocked he couldn't say anything; **in ~der Anklage** in silent reproach
② *(nicht antworten)* ■**auf** [*o* **zu**] **etw ~** *akk* to say nothing in [*or* make no] reply to sth
③ *(aufhören)* to stop; ***endlich ~ die Waffen*** the weapons have finally fallen [*or* are finally] silent
▶WENDUNGEN: **ganz zu ~ von etw** *dat,* **von etw** *dat* **ganz zu ~** quite apart from sth; *s. a.* **Grab**

Schwei·gen <-s> ['ʃvaign̩] *nt kein pl* ① silence; **das ~ brechen** to break the silence; **jdn zum ~ bringen** *(jdn mundtot machen)* to silence sb; *(euph: jdn liquidieren)* to liquidate sb
② JUR silence; **~ als Annahme/Nichtannahme** silence interpreted as acceptance/non-acceptance
▶WENDUNGEN: **~ im Walde** *(aufgrund von Angst)* no volunteers; **sich** *akk* **[über etw** *akk*] **in ~ hüllen** to maintain one's silence [*or* remain silent] [*or* keep quiet] [about sth]

schwei·gend I. *adj* silent; *s. a.* **Mehrheit**

II. *adv* in silence; **~ verharren** to remain silent; **~ zuhören** to listen in silence [*or* silently]

Schwei·ge·pflicht *f* obligation to [preserve] secrecy; **die ärztliche/priesterliche ~** a doctor's/priest's duty to maintain confidentiality; **der ~ unterliegen** to be bound to maintain confidentiality **Schwei·ge·pflicht·klau·sel** *f* zipper clause AM *fam*

Schwei·ge·recht *nt* JUR right to silence

schweig·sam ['ʃvaikzaːm] *adj* ① *(wortkarg)* taciturn
② *(wenig gesprächig)* ■**~ sein** to be quiet

Schweig·sam·keit <-> *f kein pl* quietness, reticence

Schwein <-s, -e> [ʃvain] *nt* ① ZOOL pig
② *kein pl* KOCHK *(fam: Schweinefleisch)* pork *no indef art, no pl*
③ *(pej fam: gemeiner Kerl)* swine *esp dated,* bastard *fam*
④ *(fam: unsauberer Mensch)* pig *fam*
⑤ *(fam: obszöner Mensch)* lewd person, dirty bugger BRIT *fam!*
⑥ *(fam: ausgelieferter Mensch)* **[ein] armes ~** *(fam)* [a] poor devil [*or* BRIT *fam!* sod]
▶WENDUNGEN: **wie ein ~ bluten** *(fam)* to bleed like a [stuck] pig; **faules ~** *(fam)* lazy devil [*or* BRIT *fam!* sod]; **ein ~ haben** *(fam)* to be a lucky devil [*or* BRIT *fam!* sod]; **[großes] ~ haben** *(fam)* to be lucky; **kein ~** *(fam)* nobody, not a [damn *fam*] soul; **wie die ~e** *(fam)* like pigs *fam*

Schwein·chen <-s, -> *nt dim von* **Schwein** little pig, piggy [*or* piggie]

Schwei·ne·bauch *m* belly of pork **Schwei·ne·bra·ten** *m* joint of pork, pork joint **Schwei·ne·fett** *nt* lard, pork fat **Schwei·ne·fleisch** *nt* pork *no indef art, no pl* **Schwei·ne·fraß** *m (pej fam)* pigswill, muck **Schwei·ne·fuß** *m* pig's trotter [*or* foot] **Schwei·ne·fut·ter** *nt* pig feed, pigswill **Schwei·ne·geld** *nt kein pl (fam)* packet *no def art fam* **Schwei·ne·ha·sen** *m* KOCHK *larded pork filet in a creamy mushroom sauce* **Schwei·ne·hund** *m (sl)* swine *esp dated,* bastard *fam!* ▶WENDUNGEN: **den/seinen inneren ~ überwinden** *(fam)* to overcome one's weaker self **Schwei·ne·ko·ben** <-s, -> *m* pigsty, AM pigpen **Schwei·ne·ko·te·lett** *nt* pork chop [*or* cutlet] **Schwei·ne·ma·gen** *m* pig's stomach **Schwei·ne·mas·ke** *f* KOCHK pig's head **Schwei·ne·mast** *f* pig feed **Schwei·ne·mast·be·trieb** *m* pig-fattening operation **Schwei·ne·mäs·ter(in)** <-s, -> ['ʃvainəmɛste] *m(f)* AGR feedlot worker *(worker specializing in fattening pigs for slaughter)* **Schwei·ne·netz** *nt* KOCHK pig's mesentery **Schwei·ne·pest** *f* ZOOL swine fever

Schwei·ne·rei <-, -en> [ʃvainə'rai] *f (fam)* ① *(unordentlicher Zustand)* mess; ***wer ist verantwortlich für die ~ im Bad?*** who is responsible for that bloody mess in the bathroom? *fam*
② *(Gemeinheit)* mean [*or* dirty] trick; ***~!*** what a bummer! *sl*
③ *(Skandal)* scandal; ***ich finde, es ist eine ~, dass ...*** I think it's scandalous [*or* a scandal] that ...
④ *(fig: Obszönität)* smut

Schwei·ner·ne(s) *nt kein pl, dekl wie adj* KOCHK *(fam)* pork *no indef art*

Schwei·ne·rü·cken *m* saddle of pork **Schwei·ne·schmalz** *nt* lard, dripping

Schwei·ne·stall *m* [pig]sty, pigpen
▶WENDUNGEN: **etw sieht aus wie ein ~** *(fam)* sth looks like a pigsty; **es sieht irgendwo aus wie im** [*o* **in einem**] **~** *(fam)* sth looks [*or* is] like a pigsty; ***hier sieht es ja aus wie in einem ~!*** good heavens, this place looks like a pigsty!

Schwei·ne·sül·ze *f* pork in aspic **schwei·ne·teu·er** *adj inv (sl: sehr teuer)* extortionate; **~ sein** to cost the earth *fam,* to cost an arm and a leg *sl*

Schwein·igel ['ʃvainʔiːgl̩] *m (pej fam)* ① *(obszöner Mensch)* dirty pig *fam*
② *(Ferkel)* mucky pup BRIT *fig*

schwei·nisch I. *adj (fam)* smutty, dirty

II. *adv (fam)* **sich** *akk* **~ aufführen/benehmen** to behave like a pig; **sich** *akk* ~ **hinflegeln** to loll around like a slob

Schwein·kram *m (fam)* smut *no indef art, on pl,* filth *no indef art, no pl;* ***so einen ~ sehe ich mir doch nicht an*** I'm not going to watch such smut [*or* filth]

Schweins·äug·lein *pl (fam)* [little] piggy eyes **Schweins·bors·te** *f* pig's bristle **Schweins·ha·xe, Schweins·hach·se** *f* SÜDD knuckle of pork, pork knuckle **Schweins·jung·fer** *f* ÖSTERR *(Schweinefilet)* pork fillet **Schweins·kä·se** *m pork sausage meat baked in an oblong tin* **Schweins·le·der** *nt* pigskin **schweins·le·dern** *adj* pigskin

Schweins·ohr *nt* ① ZOOL *(Schweineohr)* pig's ear ② KOCHK *(Gebäck)* pastry [shaped like a pig's ear] ③ *(Pilz)* cantharellus clavatus

Schweiß <-es> [ʃvais] *m kein pl* sweat, perspiration *form;* **kalter** ~ cold sweat; **jdm bricht der ~ aus** sb breaks out in a sweat; **in ~ gebadet sein** to be bathed in [*or* dripping with] sweat
▸WENDUNGEN: **im ~e seines Angesichts** *(geh)* in [*or* by] the sweat of one's brow; **viel ~ kosten** to be really hard work

Schweiß·ap·parat *m* TECH welding gear

Schweiß·aus·bruch *m* [profuse] sweating *no indef art, no pl* **schweiß·be·deckt** *adj* covered [*or* bathed] in sweat *pred*

Schweiß·bren·ner *m* TECH welding torch **Schweiß·bril·le** *f* TECH welding goggles *npl*

Schweiß·drü·se *f* ANAT sweat gland

schwei·ßen [ˈʃvaisn̩] **I.** *vt* ■**etw** ~ TECH to weld sth **II.** *vi* TECH to weld

Schwei·ßen <-s> [ˈʃvaisn̩] *nt kein pl* welding *no indef art, no pl*

Schwei·ßer(in) <-s, -> *m(f)* welder

Schweiß·fleck *m* sweat stain **Schweiß·fuß** *m meist pl* sweaty foot; **Schweißfüße haben** to have sweaty [*or fam* smelly] feet **schweiß·ge·ba·det** *adj* bathed in sweat *pred* **Schweiß·ge·ruch** *m* smell of sweat, body odour [*or* AM -or], BO **schweiß·hem·mend** *adj inv* **~es Mittel** antiperspirant

Schweiß·naht *f* TECH weld [seam [*or* joint]]

schweiß·nass^RR *adj inv* dripping with sweat *pred,* [very] sweaty **Schweiß·per·le** *f meist pl (geh)* bead of sweat [*or form* perspiration]

Schweiß·stel·le *f* TECH weld, welding

schweiß·trei·bend *meist inv adj* MED sudorific *spec,* causing perspiration; *(fig, hum)* arduous **schweiß·trie·fend** *adj* dripping with sweat *pred,* bathed in sweat *pred* **Schweiß·trop·fen** *m* bead [*or* drop] of sweat [*or form* perspiration]

Schweiz <-> [ʃvaits] *f* Switzerland; **die französische/italienische** ~ French-speaking/Italian-speaking Switzerland

Schwei·zer [ˈʃvaitsɐ] *adj attr* Swiss; ***Bern ist die ~ Hauptstadt*** Berne is the Swiss capital [*or* capital of Switzerland]

Schwei·zer(in) <-s, -> [ˈʃvaitsɐ] *m(f)* ① *(Einwohner der Schweiz)* Swiss; ***ich bin*** ~ I'm Swiss ② *(Melker)* dairyman ③ *(päpstlicher Leibgardist)* Swiss Guard

schwei·zer·deutsch [ˈʃvaitsɐdɔytʃ] *adj* LING Swiss-German **Schwei·zer·deutsch** <-[s]> [ˈʃvaitsɐdɔytʃ] *nt dekl wie adj* LING Swiss German **Schwei·zer·gar·de** *f kein pl* Swiss Guard

Schwei·ze·rin <-, -nen> *f* GEOG *fem form von* Schweizer

schwei·ze·risch [ˈʃvaitsərɪʃ] *adj* GEOG *s.* **Schweizer**

Schwei·ze·ri·sche Bun·des·bah·nen *pl* Swiss railway companies

schweiz·weit *adj* SCHWEIZ *(in der ganzen Schweiz)* throughout [the whole of] [*or* all over] Switzerland *pred*

Schwel·brand *m* smouldering fire

schwe·len [ˈʃveːlən] **I.** *vi* to smoulder **II.** *vt* TECH ■**etw** ~ to burn sth slowly

schwel·gen [ˈʃvɛlgn̩] *vi (geh)* ① *(sich gütlich tun)* to indulge oneself ② *(übermäßig verwenden)* ■**in etw** *dat* ~ to over-indulge in sth; **in Erinnerungen** ~ to wallow in memories

schwel·ge·risch *adj (geh)* sumptuous

Schwel·le <-, -n> [ˈʃvɛlə] *f* ① *(Türschwelle)* threshold; *(aus Stein)* sill; **jds ~ betreten, seinen Fuß über jds ~ setzen** to set foot in sb's house ② *(Bahnschwelle)* sleeper ③ PSYCH *(Reizschwelle)* threshold ④ GEOG rise ⑤ BAU joist
▸WENDUNGEN: **an der ~ stehen** [*o* **sich** *akk* **befinden**] to be on the threshold; ***wir stehen an der ~ eines neuen Jahrtausends*** we are on the threshold of a new millennium; **auf der ~ zu etw** *dat* **stehen** to be on the verge of sth

schwel·len¹ <schwoll, geschwollen> [ˈʃvɛlən] *vi sein* ① MED *(anschwellen)* to swell [up]; ***der Knöchel ist ja ganz geschwollen*** the ankle is very swollen ② *(sich verstärken)* to grow
▸WENDUNGEN: **jdm schwillt der Kamm** *(fam)* sb gets too big for their boots *fam,* sb gets cocky

schwel·len² [ˈʃvɛlən] *vt (geh)* to swell out [*or* BRIT belly [out]]; **mit geschwellter Brust** [with] one's breast swelled [*or* filled] with pride

Schwel·len·angst *f* PSYCH fear of entering a place; ***du willst noch immer nicht mit dem PC arbeiten? das ist nur ~, das lernst du schnell*** you are still reluctant to use the PC? once you get started, you'll soon get used to it; **die ~ vor dem Kauf von etw** *dat* the fear of buying sth **Schwel·len·land** *nt* threshold country, emerging nation, newly industrializing nation **Schwel·len·preis** *m* ÖKON threshold [*or* trigger] price

Schwel·len·wert *m* PHYS, PSYCH threshold value **Schwel·len·wert·ver·ein·ba·rung** *f* HANDEL agreement on threshold values

Schwel·ler <-s, -> [ˈʃvɛlɐ] *m* AUTO sill

Schwell·kör·per *m* ANAT corpus cavernosum *spec,* erectile tissue **Schwell·kör·per·mus·ku·la·tur** *f* erectile tissue

Schwel·lung <-, -en> *f* ① *kein pl (das Anschwellen)* swelling ② *(geschwollene Stelle)* swelling

Schwem·me <-, -n> [ˈʃvɛmə] *f* ① *(Überangebot)* glut ② *(Bad für Tiere)* watering place ③ *(Kneipe)* bar

schwem·men [ˈʃvɛmən] *vt* to wash ashore; **an Land/an den Strand/ans Ufer** ~ to wash ashore/onto the beach/onto the riverbank; **Tiere** ~ to water cattle; **Pelze** ~ to soak hides

Schwemm·land <-[e]s> *nt kein pl* alluvial land *no pl*

Schwen·gel <-s, -> [ˈʃvɛŋl̩] *m* ① *(an Pumpe)* handle ② *(Klöppel)* clapper

Schwen·gel·pum·pe *f* handle pump

Schwenk <-[e]s, -s> [ʃvɛŋk] *m* ① TV *(Schwenkbewegung)* pan, panning movement ② *(Richtungsänderung)* wheeling about [*or* round] [*or* around] *no indef art, no pl* ③ *(Änderung der Politik)* about-face, U-turn

Schwenk·arm *m* TECH swivel arm

schwenk·bar **I.** *adj* swivelling, swiveling AM; **eine ~e Kamera** a swivel-mounted camera; **eine ~e Lampe** a swivel lamp **II.** *adv* **etw ~ befestigen** to set up *sep*/mount sth so that it can swivel

schwen·ken [ˈʃvɛŋkn̩] **I.** *vt haben* ① *(mit etw wedeln)* ■**etw** ~ to wave [*or* flourish] sth ② *(die Richtung verändern)* ■**etw** ~ to swivel sth; *Kamera* to pan sth; *Mikrofon* to swing round [*or* around] sth *sep* ③ *(spülen)* ■**etw** [**in etw** *dat*] ~ to rinse sth [in sth]; **den Pullover in handwarmem Wasser** ~ to rinse the pullover in hand-hot water ④ KOCHK *(hin und her bewegen)* ■**etw** [**in etw** *dat*] ~ to toss sth [in sth]; **das Gemüse in Butter** ~ to toss the vegetables in butter; *s. a.* **Arm**
II. *vi* ① *sein (zur Seite bewegen)* to wheel [about [*or* round]] [*or* around] ② *haben (sich richten)* to pan ③ MIL **links/rechts schwenkt, marsch!** left/right wheel, march!

Schwen·ker <-s, -> [ˈʃvɛŋkɐ] *m* brandy [*or* BRIT balloon] glass

Schwenk·flü·gel *m* TECH swing-wing, variable geometry wing **Schwenk·kas·se·rol·le** *f,* **Schwenk·pfan·ne** *f* sauté pan

Schwen·kung <-, -en> *f s.* **Schwenk**

schwer <schwerer, schwerste> [ʃveːɐ̯] **I.** *adj* ① *(nicht leicht)* heavy, weighty; **~ wie Blei** as heavy as lead ② *(von bestimmtem Gewicht)* **20 kg ~ sein** to weigh 20 kg; **ein fünf Kilo ~er Fisch** a fish weighing five kilos, a five kilo fish ③ *(anstrengend)* hard; **ein ~es Amt** a difficult [*or* hard] task; **~e Arbeit** hard work; **eine ~e Bürde** a heavy burden; **eine ~e Geburt/Operation** a difficult [*or* complicated] birth/operation ④ *(gravierend)* serious, grave; **~e Bedenken** strong reservations; **ein ~er Fehler** [*o* **Irrtum**] a serious [*or* bad] mistake; **~e Körperverletzung** JUR grievous bodily harm; **ein ~er Mangel** an acute shortage; **~e Mängel aufweisen** to be badly defective; **~er Schaden** extensive [*or* serious] [*or* severe] damage; **ein ~es Unrecht** a blatant [*or* rank] injustice; **~e Verluste erleiden** to suffer severe losses ⑤ *(schlimm)* bad; *Schock, Unfall, Verletzung a.* severe, serious; **eine ~e Enttäuschung** a deep [*or* great] disappointment; **ein ~es Leiden** a terrible affliction [*or* illness]; **ein ~er Tod** a painful death; **~e Verwüstung[en] anrichten** to cause utter [*or* complete] devastation ⑥ *(hart)* hard, tough *fam;* **S~es mitmachen** [*o* **durchmachen**] to live through hard [*or* difficult] times; **ein ~es Schicksal** a hard lot; **eine ~e Strafe** a harsh [*or* severe] punishment; **eine ~e Zeit** a hard [*or* difficult] time ⑦ *(schwierig)* hard, difficult; ***die Rechenaufgaben sind heute besonders*** ~ today's sums are particularly tricky ⑧ *(anspruchsvoll)* [**eine**] **~e Lektüre/Musik** heavy reading/music ⑨ *(heftig)* heavy; *Gewitter, Sturm a.* violent, severe; **~e Kämpfe** heavy fighting ⑩ NAUT *(stürmisch)* **eine ~e See** a heavy [*or* rough] [*or* stormy] sea; **eine ~e Welle** a high [*or* tall] wave ⑪ *(derb, grobschlächtig) Pferd, Schuhe* heavy ⑫ AUTO *(groß)* big, large; **ein ~er Lkw** *(mit starkem Motor)* a heavy truck ⑬ MIL *(großkalibrig)* heavy ⑭ *(gehaltvoll) Essen* rich, heavy; *Likör, Wein, Zigarre* strong ⑮ *(intensiv)* strong; **ein ~er Duft/ein ~es Parfüm** a pungent scent/perfume ⑯ AGR **~er Boden** *(lehmig)* heavy [*or* hard] soil; *(nährstoffreich)* rich soil ⑰ *(fam: reich)* **1 Million ~ sein** to be worth 1 million ⑱ *(fam: viel)* **~es Geld kosten** to cost a packet *fam;* **~es Geld verdienen** to make big money *fam* ⑲ *(massiv)* solid; **aus ~em Gold** [made of] solid gold; **ein ~er Stoff** a heavy cloth ⑳ *(feucht)* **~e Luft** oppressively humid air ㉑ *(traurig)* **jdm ist ~ ums Herz** sb is heavy-hearted ㉒ *(müde)* heavy; ***die Beine wurden ihm*** ~ his legs grew heavy; **~er Schlaf** deep [*or* heavy] sleep; *s. a.* **Geschütz, Schlag, Wasser**
II. *adv* ① *(hart)* hard; ~ **arbeiten** to work hard; **jdn ~ bestrafen** to punish sb severely; **etw ~ büßen müssen** to pay a heavy price [*or* penalty] for sth; **sich** *dat* **etw ~ erkämpfen müssen** to have to fight hard for sth; **es ~ haben** to have it hard [*or* a hard time [of it]]; **es ~ mit jdm haben** to have a hard time [of it] with sb ② *(mit schweren Lasten)* heavily; ~ **bepackt** [*o* **beladen**] **sein** to be heavily laden; ~ **auf jdm lasten** *(fig)* to weigh heavily on sb; ~ **zu tragen haben** to have a lot [*or* a heavy load] to carry; ~ [**an etw** *dat*] **zu tragen haben** *(fig)* to have a heavy cross to bear [as a result of sth]

❸ *(mit Mühe)* with [great] difficulty; ~ **abbaubare Materialien** materials which do not decompose [*or* degrade] very easily; ~ **atmen** to have difficulty breathing; ~ **erarbeitet** hard-earned; **ein ~ erziehbares Kind** a problem child; ~ **hören** to be hard of hearing; ~ **löslich** not easily dissoluble; ~ **verdaulich** [*o* **verträglich**] difficult [*or* hard] to digest; *(fig: schwierig, düster)* heavy-going *attr,* heavy going *pred;* ~ **vermittelbar** difficult to place [in employment]
❹ *(fam: sehr)* really; ***das will ich ~ hoffen!*** I sincerely hope so; ***er ist ~ in Ordnung*** he really is a cool guy *fam;* ~ **beleidigt sein** to be deeply offended; ~ **betrunken** dead drunk; **sich** *akk* ~ **hüten** [*o* **in Acht nehmen**] to take great care; **jdn ~ zur Kasse bitten** to hit sb hard in the [back] pocket *fam;* **etw ~ missbilligen** to strongly disapprove of [*or* object to] sth; **jdm ~ zu schaffen machen** to give sb a hard time; **jdn ~ schröpfen** to fleece sb big time *sl;* ~ **verdienen** to earn a packet *fam; s. a.* **Ordnung**
❺ *(ernstlich)* seriously, badly; ~ **behindert** [*o* **beschädigt**] severely handicapped [*or* disabled]; **sich** *akk* ~ **erkälten** to catch a bad [*or* heavy] cold; ~ **erkrankt sein** to be seriously [*or* gravely] ill; ~ **gestürzt sein** to have had a bad fall; ~ **verletzt** seriously [*or* badly] [*or* severely] injured; ~ **verunglückt sein** to have had a bad [*or* serious] accident; ~ **wiegend** serious; ~ **wiegende Bedenken** strong [*or* serious] reservations; **eine ~ wiegende Entscheidung** a momentous decision; **ein ~ wiegender Grund** a sound [*or* convincing] [*or* compelling] reason
❻ *(schwierig)* difficult; **etw ist ~ zu beantworten** there is no easy answer to sth; ~ **zu begreifen** difficult to; **sich** *dat*/**jdm etw ~ machen** to make sth difficult for oneself/sb; **jdm das Leben ~ machen** to make life difficult for sb; ~ **zu sagen** hard to say; ~ **verständlich** *(geistig)* scarcely comprehensible; *(akustisch)* hard [*or* difficult] to understand *pred*
❼ *(traurig)* **jdm das Herz ~ machen** to make sb's heart heavy [*or* sad]
❽ *(mit großkalibrigen Waffen)* ~ **bewaffnet sein** to be heavily armed

Schwer·ar·beit *f kein pl* heavy work, heavy labour [*or* AM -or] **Schwer·ar·bei·ter(in)** *m(f)* heavy worker, heavy labourer [*or* AM -orer] **Schwer·ath·let(in)** *m(f) sportsman/sportswoman who is active in the fields of weightlifting, wrestling or any other sport requiring great strength* **Schwer·ath·le·tik** *f weightlifting, wrestling or any other sport requiring great strength* **Schwer·ath·le·tin** *f fem form von* **Schwerathlet** **Schwer·be·hin·der·te(r)** *f(m) dekl wie adj* severely disabled [*or dated* handicapped] person **Schwer·be·hin·der·ten·ar·beits·platz** *m* job for a severely disabled person **Schwer·be·schä·dig·te(r)** <-n, -n> *f(m) dekl wie adj* MED, ADMIN *(veraltet)* seriously disabled person

schwer·blü·tig ['ʃveːɐ̯blyːtɪç] *adj* phlegmatic

Schwe·re <-> ['ʃveːrə] *f kein pl* ❶ JUR *(Härte)* seriousness, gravity; **die ~ der Strafe** the severity of the punishment; ~ **der Tat** gravity of the offence
❷ MED *(ernste Art)* seriousness, severity
❸ *(Schwierigkeit)* difficulty; *einer Aufgabe a.* complexity
❹ *(Gewicht)* heaviness, weight; **das Gesetz der ~** the law of gravity
❺ *(Intensität) eines Parfüms* pungency
❻ *(Gehalt) von Wein* body
❼ *(Luftfeuchtigkeit)* heaviness

Schwe·re·feld *nt* PHYS gravitational field, field of gravity

schwe·re·los *adj* PHYS weightless

Schwe·re·lo·sig·keit <-> *f kein pl* PHYS weightlessness

Schwe·re·nö·ter <-s, -> ['ʃveːrənøːtɐ] *m (veraltend geh)* ladykiller, Casanova

schwer|fal·len *vi irreg sein* ■ **es fällt jdm schwer, etw zu tun** it is difficult [*or* hard] for sb to do sth, sb has difficulty doing sth; ***diese Entscheidung ist mir sehr schwergefallen*** this was a very difficult decision for me to make

schwer·fäl·lig <-er, -ste> **I.** *adj* ❶ *(ungeschickt)* awkward, clumsy
❷ *(umständlich)* pedestrian, ponderous
II. *adv* awkwardly, clumsily

Schwer·fäl·lig·keit <-> *f kein pl* ❶ *(körperlich)* heaviness, ponderousness, cumbersomeness
❷ *(geistig)* dullness, ponderousness
❸ *(Ungeschicktheit)* clumsiness, awkwardness

Schwer·ge·wicht *nt* ❶ *(Gewichtsklasse)* heavyweight
❷ *(Sportler)* heavyweight
❸ *(Schwerpunkt)* emphasis

schwer·ge·wich·tig *adj inv* heavy

Schwer·ge·wicht·ler(in) <-s, -> *m(f) s.* **Schwergewicht**

Schwer·gut *nt* HANDEL deadweight cargo **Schwer·gut·fracht** *f* heavy[-lift] cargo

schwer·hö·rig *adj inv* hard of hearing *pred;* **sich** *akk* ~ **stellen** to turn a deaf ear *fig*

Schwer·hö·rig·keit *f kein pl* MED hardness of hearing

Schwer·in·dus·trie *f* heavy industry

Schwer·io·nen *pl* PHYS heavy ions *pl* **Schwer·io·nen·be·schleu·ni·ger** *m* PHYS heavy ion accelerator

Schwer·kraft *f kein pl* PHYS gravity **Schwer·kran·ke(r)** *f(m) dekl wie adj* MED seriously [*or* desperately] [*or* gravely] ill person **Schwer·kri·mi·nel·le(r)** *f(m) dekl wie adj* criminal, felon *spec*

schwer·lich *adv* hardly, scarcely

schwer·lös·lich *adj s.* **schwer II 3**

Schwer·me·tall *nt* CHEM heavy metal **schwer·me·tall·frei** *adj inv* free of heavy metals *pred*

Schwer·mut <-> *f kein pl* melancholy

schwer·mü·tig <-er, -ste> ['ʃveːɐ̯myːtɪç] *adj* melancholic *form,* melancholy

schwer|neh·men *vt irreg* ■ **etw ~** to take sth badly [*or* hard] [*or* [too much] to heart]; **das Leben ~** to take life [too] seriously **Schwer·öl** *nt* CHEM heavy oil [*or* fuel]

Schwer·punkt *m* ❶ *(Hauptgewicht)* main emphasis; **auf etw** *akk* **den ~ legen** to put the main emphasis [*or* stress] on sth; **~e setzen** to establish [*or* set] priorities; **den ~ [auf etw** *akk*] **verlagern** to shift the emphasis [onto sth] ❷ PHYS centre [*or* AM -er] of gravity **schwer·punkt·mä·ßig I.** *adj inv, attr* **ein ~er Streik** a pinpoint [*or* selective] strike **II.** *adv* selectively; **etw ~ abhandeln** to focus on sth **Schwer·punkt·streik** *m* pinpoint [*or* selective] strike **Schwer·punkt·the·ma** *nt* focal theme [*or* subject]

schwer·reich *adj inv, attr (fam)* stinking [*or* filthy] rich *fam*

Schwerst·ab·hän·gi·ge(r) *f(m) dekl wie adj* most heavily dependent addict **Schwerst·kri·mi·na·li·tät** *f* very serious crime

Schwert <-[e]s, -er> [ʃveːɐ̯t] *nt* ❶ *(Hieb- und Stichwaffe)* sword; **einschneidiges/zweischneidiges ~** single-edged/double-edged [*or* two-edged] sword; **das ~ ziehen** [*o geh* **zücken**] to draw one's sword
❷ NAUT centreboard [*or* AM -er-]
▸ WENDUNGEN: **das ~ des Damokles hängt** [*o* **schwebt**] **über jdm** the sword of Damocles is hanging above sb's head; **ein zweischneidiges ~ sein** to be a double-edged sword *fig* [*or* cut two ways]

Schwert·blatt *nt* blade [of a sword] **Schwert·boh·ne** *f* broad bean **Schwert·fisch** *m* ZOOL swordfish **Schwert·li·lie** *f* BOT iris

Schwer·trans·port *m* HANDEL carriage of heavy goods

Schwert·schei·de *f* sheath [for a sword] **Schwert·schlu·cker(in)** <-s, -> *m(f)* sword-swallower **Schwert·spit·ze** *f* point [of a sword]

schwer|tun *vr irreg* ■ **sich** *akk* **bei** [*o* **mit**] **etw** *dat* ~ to have trouble with sth, to make heavy weather of sth *fam;* ■ **sich** *akk* **mit jdm ~** to have trouble [getting along] with sb

Schwert·wal *m* ZOOL killer whale

Schwer·ver·bre·cher(in) *m(f)* JUR serious offender

Schwer·ver·kehr <-s> *m kein pl* heavy goods traffic **Schwer·ver·kehrs·ab·ga·be** *f* road-user charge for trucks, truck tolls

Schwer·ver·letz·te(r) *f(m) dekl wie adj* MED seriously [*or* badly] [*or* severely] injured person **schwer·ver·mit·tel·bar** *adj* ÖKON *s.* **schwer II 3** **Schwer·ver·wun·de·te(r)** *f(m) dekl wie adj* MIL seriously wounded person **Schwer·was·ser·re·ak·tor** *m* heavy-water reactor

Schwes·ter <-, -n> ['ʃvɛstɐ] *f* ❶ *(weibliches Geschwisterteil)* sister
❷ *(Krankenschwester)* nurse
❸ *(weibliches Gemeindemitglied)* sister
❹ REL *(Nonne)* nun

Schwes·ter·chen <-s, -> *nt dim von* **Schwester 1** little [*or* baby] sister

Schwes·ter·fir·ma *f* sister [*or* associate] firm [*or* company] **Schwes·ter·ge·sell·schaft** *f* sister [*or* associate] company **Schwes·ter·herz** *nt (fam)* dear sister; ***hallo, ~, schön, dich mal wieder zu sehen!*** hello, sister dear, it's [so] lovely to see you again!

Schwes·ter·lein <-s, -> *nt (liter) s.* **Schwesterchen**

schwes·ter·lich I. *adj* sisterly
II. *adv* **sich** *akk* ~ **lieben/~ verbunden sein/zusammenhalten** to love each other in a sisterly way [*or* be like [*or* as close as] sisters]/have a sisterly relationship/stick together like sisters

Schwes·tern·hel·fe·rin *f* nursing auxiliary BRIT **Schwes·tern·or·den** *m* REL sisterhood **Schwes·tern·wohn·heim** *nt* nurses' home [*or* hostel]

Schwes·ter·par·tei *f* sister party **Schwes·ter·schiff** *nt* NAUT sister ship

schwieg [ʃviːk] *imp von* **schweigen**

Schwie·ger·el·tern ['ʃviːgɐ-] *pl* parents-in-law *pl* **Schwie·ger·mut·ter** *f* mother-in-law **Schwie·ger·sohn** *m* son-in-law **Schwie·ger·toch·ter** *f* daughter-in-law **Schwie·ger·va·ter** *m* father-in-law

Schwie·le <-, -n> ['ʃviːlə] *f* ❶ *(verdickte Hornhaut)* callus; **~n an den Händen haben** to have calluses on one's hands
❷ MED *(Vernarbung)* weal, callus

schwie·lig ['ʃviːlɪç] *adj* callous

schwie·me·lig ['ʃviːməlɪç] *adj (fam)* nasty [*or* AM *a.* scuzzy] *fam*

schwie·rig ['ʃviːrɪç] **I.** *adj* ❶ *(nicht einfach)* difficult, hard; **eine ~e Prüfung** a difficult exam
❷ *(verwickelt)* complicated; **eine ~e Situation** a tricky situation
❸ *(problematisch)* complex; **ein ~er Fall sein** to be a problematic[al] case; **ein ~er Mensch** a difficult person
II. *adv* with difficulty

Schwie·rig·keit <-, -en> *f* ❶ *kein pl (Problematik)* difficulty; *eines Falles* problematical nature; *einer Lage, eines Problems* complexity; *einer Situation* trickiness; **mit** [**einiger**] ~ with [some] difficulty
❷ *pl (Probleme)* problems *pl;* **finanzielle ~en** financial difficulties *pl;* **jdn in ~en bringen** to get sb into trouble; **in ~en geraten** [*o* **kommen**] to get into difficulties [*or* trouble] [*or fam* hot water]; [**jdm**] **~en machen** [*o* **bereiten**] to make trouble [for sb], to give sb trouble; [**jdm**] **keine ~en machen** [*o* **bereiten**] to be no trouble [for sb]; **ohne ~en** without any difficulty [*or* problems]

Schwie·rig·keits·grad *m* degree of difficulty; SCH level of difficulty

schwill [ʃvɪl] *imper sing von* **schwellen**

Schwimm·bad *nt* swimming pool, swimming bath[s *pl*] BRIT; **ins ~ gehen** to go swimming **Schwimm·bas·sin** *nt,* **Schwimm·be·cken** *nt* [swimming] pool **Schwimm·bla·se** *f* ZOOL air bladder, swimming bladder **Schwimm·bril·le** *f* goggles *npl* **Schwimm·dock** *nt* floating dock

schwim·men <schwamm, geschwommen> ['ʃvɪmən] **I.** *vi* ❶ *sein (sich im Wasser fortbewegen)* to swim; ***ich kann nicht*** ~ I can't swim; ~ **gehen** to go swimming
❷ *haben (fam: sich in einer Flüssigkeit bewegen)* ■ **auf etw** *dat* [*o* **in etw** *dat*] ~ to float on/in sth; ***auf*** [*o* ***in***] ***der Suppe schwimmt eine Fliege*** the-

S

re's a fly [floating] in the soup
3 *haben (unsicher sein)* to be at sea, to flounder
4 *haben (nass sein)* to be awash [*or* flooded]; ***pass auf, dass nicht wieder der ganze Boden schwimmt, wenn du gebadet hast!*** mind you don't drench the bathroom floor again when you have your bath!
5 *haben s.* **verschwimmen**
▸WENDUNGEN: **in Geld** ~ to be rolling in money *fam* [*or fam* it]; **mit/gegen den Strom** ~ to swim with/against the current *usu fig*
II. *vt sein o haben* ■**etw** ~ to swim sth; ***in welcher Zeit schwimmst du die 100 Meter?*** how fast can you [*or* how long does it take you to] swim [the] 100 metres?

Schwim·men <-s> [ˈʃvɪmən] *nt kein pl* swimming *no art*
▸WENDUNGEN: **ins** ~ **geraten** [*o* **kommen**] to get out of one's depth *fig*

schwim·mend *adj inv* 1 *(im Wasser)* floating; ~**e Brücke** floating [*or* pontoon] bridge; ~**e Ladung** floating cargo
2 KOCHK ~**es Fett** deep fat; **etw in** ~**em Fett ausbacken** to deep-fry sth

Schwim·mer <-s, -> [ˈʃvɪmɐ] *m* TECH float

Schwim·mer(in) <-s, -> [ˈʃvɪmɐ] *m(f)* *(schwimmender Mensch)* swimmer; ~ **sein** to be a swimmer [*or* able to swim]

Schwim·mer·be·cken *nt* swimmers' pool

Schwim·me·rin <-, -nen> *f fem form von* Schwimmer

Schwimm·flos·se *f* flipper **Schwimm·flü·gel** *m* SPORT water wing, float **Schwimm·fuß** *m* ZOOL *meist pl* web-foot, webbed foot, palmiped[e] *spec* **Schwimm·ge·wächs** *nt* BOT waterweed[s] **Schwimm·gür·tel** *m* swimming belt **Schwimm·hal·le** *f* indoor [swimming] pool, swimming bath[s *pl*] BRIT **Schwimm·haut** *f* ORN web **Schwimm·kä·fer** *m* ZOOL water beetle **Schwimm·leh·rer(in)** *m(f)* swimming instructor **Schwimm·meis·ter(in)** *m(f)* *(fachspr)* [pool] attendant; *(am Strand)* lifeguard **Schwimm·sport** *m* swimming *no indef art* **Schwimm·stil** *m* stroke **Schwimm·un·ter·richt** *m* swimming lessons *pl* [*or* instruction] **Schwimm·vo·gel** *m* ORN waterbird, waterfowl, palmiped[e] *spec* **Schwimm·wes·te** *f* life jacket

Schwin·del <-s> [ˈʃvɪndl̩] *m kein pl* 1 *(Betrug)* swindle, fraud; ***es war alles*** ~ it was all a [big] swindle [*or* fraud]; ***alles ~!*** it's all lies!
2 MED dizziness, giddiness, vertigo; **in ~ erregender Höhe** high enough to cause dizziness [*or* giddiness] [*or* vertigo] [*or* to make one [feel] dizzy [*or* giddy]], at a vertiginous height *form;* **mit ~ erregender Geschwindigkeit** at breathtaking speed; ~ **erregend** *(fig)* astronomical
▸WENDUNGEN: **der ganze** ~ *(pej fam)* the whole lot [*or sl* caboodle] [*or* BRIT *sl* shoot]

Schwin·del·an·fall *m* MED attack of dizziness [*or* giddiness] [*or* vertigo], dizzy turn *fam*

Schwin·de·lei <-, -en> [ʃvɪndəˈlai] *f* *(fam)* 1 *(kleine Lüge)* lying *no indef art, no pl;* **eine kleine** ~ a fib [*or* little lie]
2 *(kleine Betrügerei)* fiddle

schwin·del·frei *adj inv* ■~ **sein** to have a [good] head for heights [*or* not suffer from vertigo] **Schwin·del·ge·fühl** *nt* feeling of dizziness [*or* giddiness] [*or* vertigo] **Schwin·del·ge·schäft** *nt* JUR, ÖKON fraudulent [*or* bogus] transaction

schwin·de·lig, schwind·lig [ˈʃvɪnd(ə)lɪç] *adj pred* dizzy, giddy; ■[**von etw** *dat*] ~ **werden/sein** to get/be [*or* feel] dizzy [*or* giddy] because of sth

schwin·deln [ˈʃvɪndl̩n] **I.** *vi* 1 *(fam: lügen)* to lie; ***das glaube ich nicht, du schwindelst!*** I don't believe it, you're having me on! *fam*
2 *(schwindlig sein)* to be dizzy; **in ~ der Höhe** at a dizzy height; **jdn ~ machen** to make sb feel dizzy [*or* giddy]
II. *vt* *(fam)* 1 *(etw Unwahres sagen)* ■**etw** ~ to lie about sth; ■**etw ist geschwindelt** sth is a pack of lies
2 *(schmuggeln)* **etw durch den Zoll** ~ to smuggle sth through customs
III. *vr* *(fam)* ■**sich** *akk* [**durch etw** *akk*] ~ to wangle one's way [through sth] *fam;* **sich** *akk* **durch eine Kontrolle/den Zoll** ~ to kid one's way through a checkpoint/customs; **sich** *akk* **durchs Leben** ~ to con [*or* BRIT kid] one's way through life
IV. *vi impers* ■**jdm schwindelt** [**es**] sb feels dizzy [*or* giddy]

Schwin·del·un·ter·neh·men *nt* JUR fraudulent device

schwin·den <schwand, geschwunden> [ˈʃvɪndn̩] *vi sein* 1 *(geh: abnehmen)* to run out, to dwindle; **im S~ begriffen sein** to be running out [*or* dwindling]
2 *(vergehen)* ■**etw schwindet** sth is fading away; *Effekt, [schmerzstillende] Wirkung* to be wearing off; *Erinnerung, Hoffnung* to be fading [away]; *Interesse* to be flagging [*or* waning]; *Kräfte* to be fading [away] [*or* failing]; *Lebensmut, Mut, Zuversicht* to be failing; **die Sinne ~ jdm** sb feels faint
3 *(geh: dahingehen) Jahre* to pass
4 *(fachspr)* to contract, to shrink, to decrease; ELEK to fade

Schwind·ler(in) <-s, -> [ˈʃvɪndlɐ] *m(f)* 1 *(Betrüger)* swindler, con man *fam*
2 *(fam: Lügner)* liar

schwind·lig [ˈʃvɪndlɪç] *adj s.* **schwindelig**

Schwind·sucht *f* MED *(veraltend: Tuberkulose)* consumption, pulmonary tuberculosis; **die ~ haben** to have consumption [*or* pulmonary tuberculosis], to be consumptive

schwind·süch·tig *adj* MED *(veraltend)* consumptive

Schwing·be·sen <-s, -> *m* SCHWEIZ *(Schneebesen)* whisk **Schwing·bo·den** *m* BAU resilient floor

Schwin·ge <-, -n> [ˈʃvɪŋə] *f* 1 *(geh)* wing, pinion *poet*
2 TECH *(im Getriebe)* tumbler lever; *(in der Mechanik)* crank

schwin·gen <schwang, geschwungen> [ˈʃvɪŋən] **I.** *vt haben* 1 *(mit etw wedeln)* ■**etw** ~ to wave sth
2 *(mit etw ausholen)* ■**etw** ~ to brandish sth; ***er schwang die Axt*** he brandished the axe
3 *(hin und her bewegen)* ■**jdn/etw** ~ to swing sb/sth; ***der Dirigent schwingt seinen Taktstock*** the conductor flourishes his baton; **Fahnen** ~ to wave flags; **das Tanzbein** ~ to shake a leg *fig*
4 AGR **Flachs** ~ to swingle flax; *s. a.* **Becher**
II. *vi haben o sein* 1 *(vibrieren)* to vibrate; *Brücke* to sway; **etw zum S~ bringen** to make sth [*or* cause sth to] vibrate
2 *(pendeln)* ■[**an etw** *dat*] [**irgendwohin**] ~ to swing [somewhere] [on sth]; ***im Sport mussten wir heute an die Ringe und*** ~ we had to swing on the rings in PE today
3 *(geh: mitschwingen)* ■**etw schwingt** [**in etw** *dat*] sth can be heard [*or* detected] [in sth]; ***in seinen Worten schwang eine gewisse Bitterkeit*** his words hinted at a certain bitterness
4 PHYS *Wellen* to oscillate
5 SCHWEIZ *(ringen)* wrestle; *s. a.* **Rede**
6 *sein* SCHWEIZ **obenauf** [*o* **obenaus**] ~ *(die Oberhand gewinnen)* to gain the upper hand
III. *vr haben* 1 *(sich schwungvoll bewegen)* ■**sich** *akk* **auf etw** *akk***/in etw** *akk* ~ to jump [*or* leap] onto/into sth; **sich** *akk* **aufs Fahrrad** ~ to hop on one's bike; **sich** *akk* **auf den Thron** ~ *(fig)* to usurp the throne
2 *(schwungvoll überspringen)* ■**sich** *akk* **über etw** *akk* ~ to jump [*or* leap] over sth; *Turner* to vault [sth]
3 *(geh: sich ausgedehnt erstrecken)* ■**sich** *akk* ~ to stretch out; *s. a.* **Luft**

Schwin·ger <-s, -> [ˈʃvɪŋɐ] *m* 1 *(beim Boxen)* swinging blow, haymaker *sl*
2 SCHWEIZ *s.* **Ringer**

Schwing·kreis *m* oscillatory circuit **Schwing·tür** *f* swing door

Schwin·gung <-, -en> *f* 1 PHYS oscillation; **gedämpfte** ~ damped oscillation; **harmonische** ~ harmonic oscillation; **kontinuierliche** ~ continuous wave; **in ~ geraten** to begin to vibrate; [**etw**] **in ~ versetzen** to set [sth] swinging
2 *(Regung)* stirring; **seelische** ~**en** inner stirrings

Schwin·gungs·ver·lauf *m* PHYS waveform

Schwips <-es, -e> [ʃvɪps] *m* *(fam)* tipsiness *no indef art, no pl;* **einen ~ haben/bekommen** to be/get tipsy

schwir·ren [ˈʃvɪrən] *vi sein* 1 *(surren) Mücken, Bienen* to buzz; *Vogel* to whir[r]; *s. a.* **Kopf**
2 *(sich verbreiten)* to buzz, to fly about, around
3 *(fam: sich begeben)* ■**irgendwohin** ~ to whizz [*or* pop] [*or* BRIT nip] somewhere *fam;* ***sie kam ins Zimmer geschwirrt*** she popped into the room

Schwitz·bad *nt* steam bath, sweating bath

Schwit·ze <-, -n> [ˈʃvɪtsə] *f* KOCHK roux

schwit·zen [ˈʃvɪtsn̩] **I.** *vi* 1 *(Schweiß absondern)* to sweat [*or form* perspire]
2 *(Kondenswasser absondern)* to steam [*or* become steamed] up
3 *(brüten)* to sweat over sth; ***er schwitzt noch immer über der schwierigen Rechenaufgabe*** he's still sweating over the difficult sums
II. *vr* **sich** *akk* **nass** ~ to get soaked with [*or* bathed in] sweat
III. *vt* KOCHK **Mehl in Butter** ~ to brown flour in hot butter
▸WENDUNGEN: **Blut und Wasser** ~ to sweat blood

Schwit·zen <-s> [ˈʃvɪtsn̩] *nt kein pl* sweating *no indef art,* perspiring *no indef art esp form;* **ins ~ geraten** [*o* **kommen**] to start to sweat [*or form* perspire]

Schwitz·fleck *m* sweat mark

Schwitz·kas·ten *m* *(Griff)* headlock
▸WENDUNGEN: **jdn im ~ haben** to have sb in a headlock; **jdn in den ~ nehmen** to get sb in a headlock [*or* put a headlock on sb]

Schwitz·was·ser *nt kein pl* condensation *no pl*

Schwof <-[e]s, -e> [ʃvoːf] *m* *(fam)* dance, bop BRIT *fam,* hop *dated fam*

schwo·fen [ˈʃvoːfn̩] *vi* *(fam)* ■[**mit jdm**] ~ to dance [*or* BRIT *fam* bop] [with sb]

schwoll [ʃvɔl] *imp von* **schwellen**

schwor [ʃvoːɐ̯] *pret von* **schwören**

schwö·ren <schwor, geschworen> [ˈʃvøːrən] **I.** *vi* 1 *(einen Eid leisten)* to swear; **auf die Verfassung** ~ to swear on the constitution
2 *(fam: verfechten)* ■[**auf jdn/etw**] ~ to swear [by sb/on [*or* by] sth]; ***er schwört auf Vitamin C*** he swears by vitamin C
II. *vt* 1 *(etw beeiden)* ■**etw** ~ to swear sth; ***ich könnte ~/ich hätte ~ können, dass ich das Fenster zugemacht habe/hatte*** I could have sworn [that] I closed the window
2 *(fest versichern)* ■**jdm etw** ~ to swear sth to sb; ■**jdm ~, etw zu tun** to swear [to sb] to do sth
III. *vr* *(fam: sich vornehmen)* ■**sich** *dat* **etw geschworen haben** to have sworn sth [to oneself]

schwuch·te·lig [ˈʃvʊxtəlɪç] *adj* *(hum o pej)* camp

schwul [ʃvuːl] *adj* *(fam)* gay *fam,* queer *pej sl*

schwül [ʃvyːl] *adj* 1 METEO sultry, close, muggy *fam*
2 *(beklemmend) Stimmung, Atmosphäre* oppressive
3 *(geh: betörend)* ~**er Duft/**~**e Träume** sultry [*or* sensual] scent/dreams

Schwü·le <-> [ˈʃvyːlə] *f kein pl* METEO sultriness, closeness, mugginess *fam*

Schwu·le(r) *m dekl wie adj* *(fam)* gay *fam,* queer *pej sl,* shirtlifter BRIT *pej sl,* faggot AM

Schwu·len·por·no *m* gay porn **Schwu·len·sze·ne** *f* gay scene *fam*

Schwu·li·tät <-, -en> [ʃvuliˈtɛːt] *f meist pl* *(fam)* 1 *(Schwierigkeiten)* difficulty, trouble *no pl;* **jd in ~en bringen** to get sb into trouble, to land sb in it BRIT; **in ~en geraten** [*o* **kommen**] to get into a fix *fam* [*or* trouble]
2 *kein pl* DIAL *(Erregung)* fury

Schwulst <-[e]s> [ʃvʊlst] *m kein pl* *(pej)* [over-]ornateness, floridity, floridness

schwuls·tig [ˈʃvʊlstɪç] *adj* 1 *(geschwollen)* swollen, puffed up
2 ÖSTERR *(schwülstig)* [over-]ornate, florid

schwüls·tig [ˈʃvʏlstɪç] **I.** *adj* *(pej)* [over-]ornate, flor-

id; **eine ~e Formulierung** bombastic [*or* pompous] wording; **eine ~e Redeweise/ein ~er Stil** a bombastic [*or* pompous] manner of speaking/style
II. *adv (pej)* bombastically, pompously

schwum·me·rig, schwumm·rig ['ʃvʊm(ə)rɪç] *adj (fam)* ① *(schwindelig, benommen)* dizzy
② *(unbehaglich, bang)* **jdm wird ~** sb's head starts to spin

Schwund <-[e]s> [ʃvʊnt] *m kein pl* ① *(Rückgang)* decline, decrease; *Bestände, Vorräte* dwindling
② *(Gewichtsverringerung)* weight loss; *(Schrumpfung)* shrinkage
③ MED *der Muskulatur* atrophy
④ RADIO *(Fading)* fading

Schwung <-[e]s, Schwünge> [ʃvʊŋ, *pl* 'ʃvʏŋə] *m* ① *(schwingende Bewegung)* swing[ing movement]; **~ holen** to build up [*or* gain] momentum
② *kein pl (Antriebskraft)* drive, verve; **etw in ~ bringen** *(fam)* to knock [*or* whip] sth into shape; **in ~ kommen** *(fam)* to get going; **[richtig] in ~ sein** *(fam: in Fahrt)* to be in full swing; *(reibungslos funktionieren)* to be doing really well
③ *(Linienführung)* sweep
④ *(fam: größere Anzahl)* stack *fam,* pile *fam,* sackful; *Besucher, Gäste, Touristen* batch, bunch

Schwung·fe·der *f* ORN wing feather

schwung·haft I. *adj* flourishing, booming, thriving; **~er Handel** flourishing [*or* roaring] trade
II. *adv* **sich** *akk* **~ entwickeln** to be booming

Schwung·rad *nt* TECH flywheel **Schwung·schei·be** *f* AUTO flywheel

schwung·voll I. *adj* ① *(weit ausholend)* sweeping
② *(mitreißend)* lively; **eine ~e Ansprache/Rede** a passionate [*or* rousing] [*or* stirring] speech; **das ~e Spiel eines Orchesters** the invigorating playing of an orchestra; **~er Markt** ÖKON lively market
II. *adv* lively

schwupp [ʃvʊp] *interj lautmalerisch* whoosh

Schwur <-[e]s, Schwüre> [ʃvu:ɐ̯] *m* ① *(feierliches Versprechen)* vow
② *(Eid)* oath; **einen ~ leisten** to take [*or* make] a vow

schwur·beln [ʃvu:ɐ̯bl̩n] *vi (pej sl)* to declaim *form or hum;* ***geschwurbelte Texte*** bombastic writings

Schwur·ge·richt *nt* JUR *criminal court composed of three professional and two lay judges that deals with the most serious crimes*

Schwyz <-> ['ʃvi:ts] *nt* GEOG Schwyz

Sci·ence·fic·tion[RR], **Sci·ence-Fic·tion**[RR], **Sci·ence-fic·tion**[ALT] <-, -s> ['saiəns'fɪkʃn̩] *f* LIT science fiction, sci-fi *fam*

Sci·ence·fic·tion·film[RR], **Sci·ence-Fic·tion-Film**[RR] *m* science-fiction [*or fam* sci-fi] film **Sci·ence·fic·tion·ro·man**[RR], **Sci·ence-Fic·tion-Ro·man**[RR] *m* science-fiction [*or fam* sci-fi] novel

Sci·en·to·lo·ge, -lo·gin <-n, -n> [saiənto'lo:gə, -'lo:gɪn] *m, f* Scientologist

Sci·en·to·lo·gy(-Kir·che) <-> [saiən'tɔlodʒi] *f kein pl* [Church of] Scientology *no pl*

sc(il). *Abk von* **scilicet** sc.

Scoo·ter <-s, -> ['sku:tɐ] *m* scooter

Scra·pie-Er·kran·kung ['skre:pi-] *f* MED scrapie

Scree·ning <-s, -s> ['skri:nɪŋ] *nt* MED screening [test]; ***Drogen ~s*** drug screening test

Screen·shot <-s, -s> ['skri:nʃɔt] *m* FILM *(fachspr)* screenshot

SCSI <-, -s> *nt* INFORM *Abk von* **small computer systems interface** SCSI

SCSI-A·dap·ter *m* INFORM SCSI adapter **SCSI-Fest·plat·te** *f* INFORM SCSI disk **SCSI-Host·adap·ter** [skasɪ'hoʊst-] *m* INFORM SCSI host adapter **SCSI-Schnitt·stel·le** *f* INFORM SCSI port **SCSI-Schnitt·stel·len·kar·te** *f* INFORM SCSI interface board

Scyl·la <-> ['stsʏla] *f kein pl s.* **Szylla**

SDI <-> *f kein pl Abk von* **Strategic Defense Initiative** SDI

SDR <-[s]> [ɛsde:'ʔɛr] *m kein pl* HIST *Abk von* **Süddeutscher Rundfunk** South German Radio

Seal <-s, -s> [zi:l] *m o nt* seal[skin]

Sé·ance <-, -n> [ze'ä:s(ə)] *f* seance; **eine ~ abhalten** to hold [*or* conduct] a seance

sec *Abk von* **Sekunde** sec

sechs [zɛks] *adj* six; *s. a.* **acht**[1]

Sechs <-, -en> [zɛks] *f* ① *(Zahl)* six
② KARTEN six; *s. a.* **Acht**[1] **4**
③ *(auf Würfel)* **lauter ~en würfeln** to throw nothing but sixes
④ *(Verkehrslinie)* ■**die ~** the [number] six
⑤ SCH *(schlechteste Zensur)* bottom [*or* lowest] mark [*or* grade]
⑥ SCHWEIZ *(beste Zensur)* top [*or* highest] mark [*or* grade]

Sechs·eck *nt* hexagon **sechs·eckig** *adj* hexagonal

sechs·ein·halb ['zɛksʔain'halp] *adj* ① *(Bruchzahl)* six and a half
② *(fam: Geld)* six and a half grand *sl*

Sech·ser <-s, -> ['zɛksɐ] *m* ① SCH *(fam: die Note Ungenügend)* unsatisfactory [mark [*or* grade]]
② *(6 Richtige)* six [winning] numbers

sech·ser·lei ['zɛksɐ'lai] *adj inv* six [different]; *s. a.* **achterlei**

Sech·ser·pack *m* pack of six, six-pack

sechs·fach, 6-fach ['zɛksfax] **I.** *adj* **die ~e Menge nehmen** to take six times the amount
II. *adv* six times, sixfold

Sechs·fa·che, 6-fa·che *nt dekl wie adj* **das ~ verdienen** to earn six times as much; *s. a.* **Achtfache**

sechs·hun·dert ['zɛks'hʊndɐt] *adj* six hundred; *s. a.* **hundert**

sechs·hun·dert·jäh·rig *adj* six-hundred-year-old *attr,* [of] six hundred years *pred;* **das ~e Bestehen von etw** *dat* **feiern** to celebrate the sexcentenary *form* of sth

sechs·jäh·rig, 6-jäh·rig[RR] *adj* ① *(Alter)* six-year-old *attr,* six years old *pred; s. a.* **achtjährig 1**
② *(Zeitspanne)* six-year *attr; s. a.* **achtjährig 2**

Sechs·jäh·ri·ge(r), 6-Jäh·ri·ge(r)[RR] *f(m) dekl wie adj* six-year-old **Sechs·kant·schlüs·sel** *m* BAU Allen wrench **Sechs·kant·schrau·be** *f* BAU hexagonal bolt **sechs·köp·fig** *adj* six-person; *s. a.* **achtköpfig**

sechs·mal, 6-mal[RR] *adv* six times; *s. a.* **achtmal**

sechs·ma·lig *adj* six times; *s. a.* **achtmalig** **sechs·stel·lig** *adj* six-figure **sechs·stö·ckig** *adj inv* six-storey [*or* AM *also* -story] *attr,* with six storeys *pred* **sechs·stün·dig, 6-stün·dig**[RR] *adj* six-hour *attr; s. a.* **achtstündig**

sechst [zɛkst] *adv* ■**zu ~ sein** to be a party of six

Sechs·ta·ge·ren·nen [zɛks'ta:gərɛnən] *nt* six-day [cycling] race

sechs·tau·send ['zɛks'taʊznt] *adj* ① *(Zahl)* six thousand; *s. a.* **tausend**
② *(fam: Geld)* six grand, six thou *sl,* six G's [*or* K's] + *sing/pl vb* AM *sl*

Sechs·tau·sen·der <-s, -> *m* a mountain over 6,000 metres [*or* AM meters]

sechs·te(r, s) ['zɛkstə, 'zɛkste, 'zɛkstəs] *adj* ① *(nach dem fünften kommend)* sixth; *s. a.* **achte(r, s) 1**
② *(Datum)* sixth, 6th; *s. a.* **achte(r, s) 2, Sinn**

Sechs·te(r) ['zɛkstə, 'zɛkste, 'zɛkstəs] *m dekl wie adj* ① *(Person)* sixth; *s. a.* **Achte(r) 1**
② *(bei Datumsangaben)* **der ~/am ~en** *(geschrieben:)*, **der 6./am 6.** the sixth/on the sixth; *(geschrieben:)* the 6th/on the 6th; *s. a.* **Achte(r) 2**
③ *(als Namenszusatz)* **Ludwig der ~** *(geschrieben:)*, **Ludwig VI.** Louis the Sixth; *(geschrieben:)* Louis VI

sechs·tel ['zɛkstl̩] *adj* sixth

Sechs·tel <-s, -> ['zɛkstl̩] *nt* sixth; *s. a.* **Achtel**

sechs·tens ['zɛkstn̩s] *adv* sixthly, in sixth place

Sechs·zy·lin·der *m* AUTO ① *(Auto)* six-cylinder car
② *(Motor)* six-cylinder engine

sech·zehn ['zɛçtse:n] *adj* sixteen; *s. a.* **acht**[1]

Sech·zehn·en·der <-s, -> ['zɛçtse:nʔɛndɐ] *m* JAGD sixteen-pointer

sech·zehn·te(r, s) *adj* sixteenth; *s. a.* **achte(r, s)**

Sech·zehn·tel·no·te *f* MUS semiquaver BRIT, sixteenth note AM

sech·zig ['zɛçtsɪç] *adj* sixty

Sech·zig <-, -en> ['zɛçtsɪç] *f* sixty

sech·zi·ger, 60·er *adj attr, inv* **die ~ Jahre** the sixties [*or* 60s]; *s. a.* **achtziger**

Sech·zi·ger[1] <-s, -> *m (Wein)* a 1960 [*or* '60] vintage

Sech·zi·ger[2] *pl* ■**die ~** the sixties [*or* 60s]; ■**in den ~n sein** to be in one's sixties; *s. a.* **Achtziger**[3]

Sech·zi·ger(in) <-s, -> *m(f)* ① *(Mensch in den Sechzigern)* sexagenarian
② *(60 Jahre alt)* sixty-year-old

Sech·zi·ger·jah·re *pl* ■**die ~** the sixties [*or* 60s] *npl*

sech·zig·jäh·rig, 60-jäh·rig[RR] *adj attr* ① *(Alter)* sixty-year-old *attr,* sixty years old *pred*
② *(Zeitspanne)* sixty-year *attr* **Sech·zig·jäh·ri·ge(r), 60-Jäh·ri·ge(r)**[RR] *f(m) dekl wie adj* sixty-year-old

sech·zig·ste(r, s) *adj* sixtieth; *s. a.* **achte(r, s)**

Se·cond·hand·ar·ti·kel [zɛknt'hɛnt-] *m* second-hand item/goods *npl* **Se·cond·hand·klei·dung** [zɛknt'hɛnt-] *f* second-hand clothes *npl* **Se·cond·hand·la·den** [zɛknt'hɛnt-] *m* second-hand shop **Se·cond·hand·markt** [zɛknt'hɛnt-] *m* ÖKON second-hand market **Se·cond·hand·shop** [zɛknt'hɛnt-] *m* second-hand [clothes] shop

SED <-> [ɛsʔe:'de:] *f kein pl* HIST *Abk von* **Sozialistische Einheitspartei Deutschlands** *state party of the former GDR*

Se·da·ti·vum <-s, -tiva> [zeda'ti:vʊm] *nt* PHARM sedative

se·de·zi·mal [zedetsi'ma:l] *adj* MATH hexadecimal

se·die·ren* [ze'di:rən] *vt* MED, PHARM ■**jdn ~** to sedate sb

Se·di·ment <-[e]s, -e> [zedi'mɛnt] *nt* ① GEOL sediment
② CHEM deposit

Se·di·men·ta·ti·on [zedimɛnta'tsio:n] *f* CHEM sedimentation, deposition

Se·di·ment·ge·stein *nt* GEOL sedimentary rock

se·di·men·tie·ren [zedimɛn'ti:rən] *vi* CHEM to sediment; *Kristalle* to deposit

Se·dis·va·kanz <-, -en> [zedɪsva'kants] *f* REL sede vacante *(interregnum between a Pope's death or resignation and the election of his successor)*

See[1] <-s, -n> [ze:] *m* lake; **der ~ Genezareth** REL the Sea of Galilee; **der Genfer ~** Lake Geneva; **die Großen ~n** the Great Lakes; **ein künstlicher ~** an artificial lake

See[2] <-, -n> [ze:] *f* ① GEOG *(Meer)* sea; **an der ~** at the seaside, by the sea, on the coast
② NAUT *(Meer)* sea; **auf ~** at sea; **auf hoher [*o* offener] ~** on the high seas; **auf ~ bleiben** *(euph)* to die at sea; **in ~ gehen [*o* stechen]** to put to sea; **zur ~ fahren** to be a sailor [*or* [merchant] seaman]; **zur ~ gehen** to go to sea, to become a sailor
③ NAUT *(Seegang)* heavy sea, swell
④ NAUT *(Sturzwelle)* [high [*or* tall]] wave

See·aal *m* KOCHK flake *no indef art* **See·ad·ler** *m* ORN sea eagle **See·al·pen** *pl* Maritime Alps *pl* **See·ane·mo·ne** *f* ZOOL sea anemone **See·bad** *nt* TOURIST seaside [health] resort

See·bär *m* ① *(hum fam: erfahrener Seemann)* sea dog, old salt
② ZOOL fur seal

See·barsch *m* ZOOL sea bass **See·be·ben** *nt* GEOL seaquake, waterquake **See·bras·se** *f* ZOOL sea bream **See·ele·fant**[RR], **See-Ele·fant** *m* ZOOL sea elephant, elephant seal **See·fah·rer** *m* NAUT *(veraltend)* seafarer **See·fähr·schiff** *nt* seagoing ferry-boat, train ferry

See·fahrt *f* NAUT ① *kein pl (Schifffahrt)* sea travel, seafaring *no art;* **die christliche ~** *(hum)* seafaring *no art,* a life on the ocean waves ② *(veraltend) s.* **Seereise** **See·fahrt(s)·buch** *nt* discharge book BRIT, seaman's passport AM **See·fahrt(s)·schu·le** *f* naval college

see·fest *adj Ladung* secured for sea transport; *Schiff* seaworthy; **~ sein** *Mensch* to have one's sea legs

See·fisch *m* ① ZOOL saltwater fish, sea fish
② *kein pl* KOCHK *(Fleisch von Seefischen)* sea fish *no art,* saltwater fish *no art*

See·flie·ger(in) *m(f)* naval [*or* seaplane] pilot **See·flug·ha·fen** *m* seadrome **See·flug·zeug** *nt* seaplane **See·fo·rel·le** *f* lake [*or* BRIT grey] trout

See·fracht *f* sea freight *no indef art* **See·fracht·brief** *m* bill of lading **See·fracht·ge·schäft** *nt* carriage by sea **See·fracht·recht** *nt* HANDEL law of carriage by sea **See·fracht·ver·si·che·rung** *f* cargo insurance **See·fracht·ver·trag** *m* JUR maritime contract of affreightment

See·frau *f fem form von* Seemann **See·funk** *m* marine radio **See·funk·dienst** *m* marine radio service **See·gang** *m kein pl* swell; **schwerer** [*o* **hoher**] [*o* **starker**] ~ heavy [*or* rough] seas [*or* swell] **See·ge·biet** *nt* sea territory, territorial waters *pl* **See·ge·fahr** *f* sea [*or* maritime] risk **See·ge·fecht** *nt* MIL naval [*or* sea] battle **See·ge·richts·bar·keit** *f kein pl* JUR maritime jurisdiction **see·ge·stützt** *adj* sea-based **See·gras** *nt* BOT seagrass, eelgrass, grass wrack **See·gren·ze** *f* sea frontier **see·grün** *adj inv* sea green **See·gur·ke** *f* ZOOL sea cucumber **See·gü·ter·ver·si·che·rung** *f* marine cargo insurance **See·ha·fen** *m* ① NAUT *(Gegenteil von Binnenhafen)* harbour [*or* AM -or], [sea]port ② GEOG *(Küstenstadt mit Hafen)* seaport **See·haft·pflicht·ver·si·che·rung** *f* FIN marine liability insurance

See·han·del *m* sea [*or* maritime] trade **See·han·dels·ge·sell·schaft** *f* sea trading company **See·han·dels·gü·ter** *pl* seaborne goods *npl* **See·han·dels·recht** *nt kein pl* merchant shipping law

See·hecht *m* ZOOL hake **See·herr·schaft** *f kein pl* maritime [*or* naval] supremacy **See·hund** *m* ZOOL common seal **See·igel** *m* ZOOL sea urchin, sea hedgehog, echinoid *spec* **See·kar·te** *f* NAUT sea [*or* nautical] chart **See·kar·ten·sys·tem** *nt* NAUT series of sea charts; **elektronisches** ~ electronic charts *pl* **See·kas·ko·ver·si·che·rung** *f* FIN [marine] hull insurance **see·klar** *adj* NAUT ready to put to sea *pred,* ready to sail *pred;* **etw ~ machen** to prepare sth to put to sea [*or* to sail] **See·kli·ma** *nt* METEO maritime climate **See·kon·nos·se·ment** *nt* HANDEL ocean bill of lading **see·krank** *adj* MED seasick **See·krank·heit** *f kein pl* MED seasickness **See·krieg** *m* MIL naval warfare **See·kuh** *f* ZOOL sea cow, manatee, sirenian *spec*

See·kun·de *f* ① *(Schifffahrt)* navigation
② *(Wissenschaft)* nautical science
③ *(Lehrfach)* nautics + *sing vb*

See·lachs *m* coalfish, saithe, coley

See·land <-s> ['ze:lant] *nt* ① *(Niederlande)* Zeeland
② *(Dänemark)* Zealand

Seel·chen <-s, -> ['ze:lçən] *nt (pej) dim von* **Seele** dear soul

See·le <-, -n> ['ze:lə] *f* ① REL soul; **die armen ~n** the souls of the dead; **die ~ aushauchen** to breathe one's last
② PSYCH *(Psyche)* mind; **mit Leib und ~** wholeheartedly; **Schaden an seiner ~ nehmen** to lose one's moral integrity; **mit ganzer ~** heart and soul, with complete dedication; **aus tiefster** [*o* **innerster**] **~** *(zutiefst)* from the bottom of one's heart; *(aus jds Innerem)* from the heart; **eine kindliche ~ haben** to be a simple soul; **eine schwarze ~ haben** to be a bad lot; **jdm tut etw in der ~ weh** sth breaks sb's heart
③ *(Mensch)* soul; **eine durstige ~** *(fam)* a thirsty soul; **eine treue ~** a faithful soul; **ein Dorf mit 500 ~n** *(veraltend)* a village of 500 souls
④ *(an Waffen)* bore
⑤ TECH *eines Kabels, Seils* core
▸ WENDUNGEN: **die ~ baumeln lassen** *(hum fam)* to take time out [to breathe], to veg out *fam;* **etw brennt jdm auf der ~** *(fam)* sb is dying to do sth; ***dieses Problem brennt mir schon lange auf der ~*** this problem's been on my mind for some time [now]; **es brennt jdm auf der ~, etw zu tun** sb can't wait to do sth; **ein Herz und eine ~ sein** to be inseparable; **jdm auf der ~ knien** to plead with sb to do sth; **sich** *dat* **die ~ aus dem Leibe brüllen** *(fam)* to shout [*or* scream] one's head off; **sich** *dat* **die ~ aus dem Leib husten** to cough one's guts up *sl;* **dann hat die liebe** [*o* **arme**] **~ Ruh** *(fam)* now sb has got what they want, perhaps we'll have some peace; **etw liegt** [*o* **lastet**] **jdm auf der ~** sth is [weighing] on sb's mind; **meiner Seel!** *(veraltet)* upon my sword *old;* **eine ~ von Mensch** [*o* **einem Menschen**] **sein** to be a good[-hearted] soul; **sich** *dat* **etw von der ~ reden** to get sth off one's chest; **die ~ einer S.** *gen* **sein** to be the heart and soul of sth; **jdm aus der ~ sprechen** *(fam)* to say exactly what sb is thinking; ***du sprichst mir aus der ~!*** I couldn't have put it better myself!; *s. a.* **Teufel**

See·len·frie·de(n) *m (geh)* peace of mind **See·len·grö·ße** *f (geh)* magnanimity **see·len·gut** ['ze:lən'gu:t] *adj inv* kind-hearted **See·len·heil** *nt* REL ■**jds ~** the salvation of sb's soul [*or* spiritual welfare] **See·len·la·ge** *f* state [*or* frame] of mind **See·len·le·ben** *nt kein pl (geh)* inner [*or* spiritual] life **See·len·mas·sa·ge** *f (fam)* gentle persuasion, comforting words *pl* **See·len·müll** *m kein pl (pej sl)* mental detritus **See·len·qual** *f meist pl (geh)* mental anguish [*or* torment] *no pl* **See·len·ru·he** *f* **in aller ~** as cool as you please [*or* calm as you like] **see·len·ru·hig** ['ze:lən'ru:ɪç] *adv inv* calmly

See·len·ver·käu·fer *m* ① NAUT coffin ship, floating death trap
② *(skrupelloser Mensch)* the kind of person who would sell his own granny *(unscrupulous, avaricious and exploitative person)*

see·len·ver·wandt *adj* kindred; **~e Menschen** [people who are] kindred spirits; ■**~ sein** to be kindred spirits **See·len·ver·wandt·schaft** *f* close similarity in personality; ***es gibt eine ~ zwischen ihnen*** they are kindred spirits **See·len·wan·de·rung** *f* REL transmigration of souls, metempsychosis **See·len·zu·stand** *m* state of mind

See·leu·te *pl von* **Seemann**

see·lisch ['ze:lɪʃ] **I.** *adj* psychological; **~e Belastungen/Nöte** emotional stress/trouble; **~e Erschütterung/Qual** emotional upset/mental ordeal; **~es Gleichgewicht** mental balance; **das ~e Gleichgewicht verlieren** to lose one's mental balance; *s. a.* **Grausamkeit**
II. *adv* **~ bedingt sein** to have psychological causes

See·lö·we, -lö·win <-n, -n> *m, f* sea lion

Seel·sor·ge *f kein pl* REL spiritual welfare

Seel·sor·ger(in) <-s, -> ['ze:lzɔrge] *m(f)* REL pastor

seel·sor·ge·risch I. *adj* REL pastoral
II. *adv* REL **~ tätig sein** to carry out pastoral duties

See·luft *f kein pl* sea air **See·macht** *f* POL naval [*or* sea] [*or* maritime] power **See·mak·ler(in)** *m(f)* HANDEL shipbroker **See·mann** <-leute> ['ze:man, *pl* -lɔytə] *m* sailor, seaman

see·män·nisch ['ze:mɛnɪʃ] *adj* nautical; **~e Tradition** seafaring tradition

See·manns·aus·druck <-ausdrücke> *m* nautical term **See·manns·bar** *f* sailors' pub [*or* bar]

See·mann·schaft *f* seamanship

See·manns·garn *nt kein pl (fam)* sailor's yarn *fam;* **~ spinnen** *(fig)* to spin a [sailor's] yarn *fig* **See·manns·lied** *nt* [sea] shanty **See·manns·sonn·tag** *m* NAUT Thursday **See·manns·spra·che** *f* nautical jargon, sailor's slang

see·mä·ßig I. *adj inv* seaworthy, seaproof; **~e Verpackung** cargopack
II. *adv* seaworthy, seaproof; **~ verpackt** seaworthy-packed, packed seaworthy

See·mei·le *f* nautical [*or* sea] mile **See·mi·ne** *f* [sea] mine **See·na·del** *f* ZOOL pipefish

Seen·ge·biet *nt* lake district

See·not *f kein pl* distress [at sea] *no pl;* **in ~ sein, sich** *akk* **in ~ befinden** to be in distress [at sea]; **in ~ geraten** to get into difficulties **See·not·ret·tungs·dienst** *m* sea rescue service, coastguard **See·not·ret·tungs·flug·zeug** *nt* sea rescue aircraft **See·not·ret·tungs·kreu·zer** *m* lifeboat **See·not·ruf** *m* nautical distress signal [*or* call] **See·not·wel·le** *f* distress frequency [*or* wave] **See·not·zei·chen** *nt* distress signal

Seen·plat·te *f* GEOG *larger lowland plain comprising several lakes;* **die Mecklenburgische ~** the Mecklenburg Lakes

See·pas·sa·ge·ver·trag *m* ÖKON sea passage contract **See·pfand·recht** *nt* maritime lien **See·pferd(·chen)** *nt* sea horse **See·quap·pe** *f* rockling **See·raub** *m* piracy **See·räu·ber(in)** *m(f)* pirate **See·räu·be·rei** [ze:rɔybə'rai] *f kein pl* piracy **See·räu·be·rin** *f fem form von* Seeräuber **See·räu·ber·schiff** *nt* pirate ship **See·räu·ber·spe·lun·ke** *f* pirates' den **See·räu·ber·tum** *nt* piracy **See·recht** *nt kein pl* JUR maritime law, law of the seas **see·recht·lich** *adj inv, attr* under maritime law

See·ree·de·rei *f* HANDEL ① *(Firma)* shipping company
② *(Handel)* shipping business [*or* trade]

See·rei·se *f* voyage; *(Kreuzfahrt)* cruise **See·rei·sen·de(r)** *f(m) dekl wie adj* sea voyager **See·ro·se** *f* ① BOT water lily ② ZOOL sea anemone **See·rou·te** *f* sea route **See·sack** *m* sailor's kitbag, seabag AM **See·scha·den** *m* JUR average **See·scha·den·be·rech·nung** *f* adjustment of average **See·schiff** *nt* seagoing vessel, sea boat **See·schiff·fahrt**[RR] *f kein pl* maritime [*or* ocean] shipping **See·schlacht** *f* sea battle **See·schlan·ge** *f* sea snake **See·schlep·per** *m* seagoing tug **See·schleu·se** *f* sea lock **See·schwal·be** *f* ORN tern **See·spe·di·teur** *m* HANDEL ocean carrier **See·stadt** *f* ① *(Stadt am Meer)* seaside town ② *(Seehafen)* seaport **See·stern** *m* starfish **See·stra·ße** *f* sea lane **See·stra·ßen·ord·nung** *f* international regulations for preventing collisions at sea **See·streit·kräf·te** *pl* naval forces *pl* **See·tang** *m* seaweed **See·tes·ta·ment** *nt* JUR nuncupative will in distress at sea **See·teu·fel** *m* ZOOL monkfish, anglerfish

See·trans·port *m* sea transport, shipment [*or* carriage] by sea **See·trans·port·ge·schäft** *nt* HANDEL shipping business [*or* trade], marine transport **See·trans·port·ver·si·che·rung** *f* JUR marine insurance

see·tüch·tig *adj* seaworthy **See·tüch·tig·keit** *f kein pl* seaworthiness **See·ufer** *nt* lakeside, shore of a lake **See- und Land·trans·port** *m* sea and land carriage, carriage by land and sea **See·un·fall** *m* sea accident, accident at sea **see·un·tüch·tig** *adj inv* unseaworthy **See·un·tüch·tig·keit** *f kein pl* unseaworthiness **See·ver·bin·dung** *f* HANDEL sea route, shipping line **See·ver·kehr** *f kein pl* HANDEL ocean traffic **see·ver·packt** *adj inv* HANDEL packed for ocean shipment *pred* **See·ver·pa·ckung** *f* HANDEL seaworthy packaging **See·ver·si·che·rer** *m* marine [*or* AM ocean] insurer

See·ver·si·che·rung *f* marine [*or* AM ocean] insurance **See·ver·si·che·rungs·ge·sell·schaft** *f* marine [*or* AM ocean] insurance company **See·ver·si·che·rungs·po·li·ce** *f* marine [*or* AM ocean] insurance policy

See·vo·gel *m* seabird **See·volk** *nt* maritime nation, seafaring people **See·völ·ker·recht** *nt* JUR law of the sea **See·war·te** *f* naval [*or* marine] observatory

see·wärts ['ze:vɛrts] *adv* seaward[s], towards the sea; ***der Wind weht ~*** the wind is blowing out to sea

See·was·ser *nt* sea water, salt water **See·weg** *m* sea route; **auf dem ~** by sea **See·wet·ter·be·richt** *m* shipping forecast **See·wet·ter·dienst** *m* marine weather service **See·wind** *m* onshore wind **See·wolf** *m* ZOOL wolf fish **See·zei·chen** *nt* navigational sign **See·zoll·gren·ze** *f* maritime customs border **See·zoll·ha·fen** *m* port of entry *(within customs territory)* **See·zun·ge** *f* sole

Se·gel <-s, -> ['ze:gl] *nt* NAUT sail; **mit vollen ~n** *(a. fig)* under full sail, full speed ahead *a. fig;* **die ~ hissen** to hoist the sails; [**die**] **~ setzen** [*o* **aufziehen**] to set sail [*or* the sails]; **die ~ reffen** [*o* **streichen**] to lower [*or* reef] the sails; **unter ~** under sail; ***das Schiff verließ unter ~ den Hafen*** the ship sailed out of the harbour
▸ WENDUNGEN: [**vor jdm/etw**] **die ~ streichen** *(geh)* to give in [to sb], to throw in the towel

Se·gel·an·wei·sung *f* sailing directions *pl* [*or* instruction] **Se·gel·boot** *nt* sailing boat, sailboat AM **Se·gel·fahrt** *f* sailing voyage [*or* trip], sail **se·gel·flie·gen** *vi nur infin* to glide; ~ **lernen** to learn to fly a glider **Se·gel·flie·gen** *nt* gliding **Se·gel·flie·ger(in)** *m(f)* glider pilot **Se·gel·flie·ge·rei** *f* gliding, glider flying **Se·gel·flie·ger·schein** *m* glider pilot's licence [*or* AM -se]

Se·gel·flug *m* ① *(Flug mit einem Segelflugzeug)* glider flight ② *kein pl s.* **Segelfliegen** **Se·gel·flug·dau·er·re·kord** *m* endurance record for sailplanes **Se·gel·flug·platz** *m* gliding field **Se·gel·flug·sport** *m* gliding **Se·gel·flug·zeug** *nt* glider

Se·gel·jacht *f* [sailing] yacht **Se·gel·kar·te** *f* sailing [*or* track] chart **se·gel·klar** *adj inv* ready to sail **Se·gel·klub** *m* yacht[ing] [*or* sailing] club **Se·gel·kurs** *m* sailing course **Se·gel·ma·cher(in)** <-s, -> *m(f)* sailmaker

se·geln ['ze:gl̩n] **I.** *vt sein o haben* ■**etw** ~ to sail sth; **eine Regatta** ~ to sail in a regatta; **eine Wende** ~ to go about

II. *vi* ① *sein (mit einem Segelschiff fahren)* ■[**irgendwo/irgendwohin**] ~ to sail [somewhere]; ~ **gehen** to go sailing

② *sein (fliegen)* ■[**durch etw** *akk*] ~ to sail [through sth]; **durch die Luft** ~ to sail through the air

③ *sein (fig fam: durchfallen)* ■**durch etw** *akk* ~ to fail sth, to flop in sth

④ *(fam: fallen)* **auf den Boden** ~ to fall to the ground

▸WENDUNGEN: **von der Schule** ~ to be thrown out of school

Se·geln <-s> ['ze:gl̩n] *nt kein pl* sailing; **zum** ~ **gehen** to go sailing

Se·gel·oh·ren *pl (pej fam)* mug [*or* trophy] ears *fam* **Se·gel·re·gat·ta** *f* sailing [*or* yachting] regatta **Se·gel·schiff** *nt* sailing ship **Se·gel·schiff·fahrt**RR *f* sail navigation **Se·gel·schu·le** *f* sailing school **Se·gel·schul·schiff** *nt* training sailing boat **Se·gel·sport** *m* sailing *no art* **Se·gel·törn** *m* yacht cruise **Se·gel·tour** *f* sailing [*or* yacht] cruise **Se·gel·tuch** *nt* sailcloth, canvas **Se·gel·tuch·pla·ne** *f* canvas **Se·gel·yacht** *f s.* **Segeljacht**

Se·gen <-s, -> ['ze:gn̩] *m* ① *kein pl* REL *(religiöser Glückwunsch)* blessing; **jdm den** ~ **erteilen** [*o* **spenden**] to give sb a blessing, to bless sb; **den** ~ **sprechen** to say the benediction; *(Beistand)* blessing

② *(fam: Zustimmung)* blessing; **seinen** ~ [**zu etw** *dat*] **geben** to give one's blessing [to sth]; **jds** ~ **haben** to have sb's blessing; **mit jds** ~ with sb's blessing

③ *(Wohltat)* blessing, godsend; **ein** ~ **für die Menschheit** a benefit for mankind; **ein wahrer** ~ **sein** to be a real godsend

④ *(Menge, Fülle)* yield; **der ganze** ~ *(iron fam)* the whole lot *fam*

▸WENDUNGEN: **sich** *akk* **regen bringt** ~ *(prov)* hard work brings its own reward

se·gens·reich *adj (geh)* beneficial; *Erfindung, Entdeckung* heaven-sent, blessed; *Tätigkeit, Wirken, Schaffen* worthwhile; *(materiellen Gewinn bringend)* prosperous

Seg·ge <-, -n> ['zɛgə] *f* BOT sedge

Seg·ler(in) <-s, -> ['ze:glɐ] *m(f)* yachtsman/yachtswoman

Seg·ler <-s, -> ['ze:glɐ] *m* ① *(Segelboot)* sailing boat, sailboat AM

② *(Segelflugzeug)* glider

③ *(geh: segelnder Vogel)* gliding bird; ~ **der Lüfte** bird sailing on currents of air

④ ZOOL swift

Seg·ment <-[e]s, -e> [zɛg'mɛnt] *nt* ① *(geh: Teilstück)* segment

② MATH, MED, ZOOL segment

seg·men·tie·ren* [zɛgmɛn'ti:rən] *vt (geh)* ■**etw** ~ to segment sth

Seg·men·tie·rung <-, -en> *f* ZOOL segmentation

seg·nen ['ze:gnən] *vt* ① REL *(mit einem Segen bedenken)* ■**jdn/etw** ~ to bless sb/sth; **mit** ~**der Gebärde** in blessing; **segnend die Hände heben** to raise one's hands in blessing; *s. a.* **Gott**

② *(geh: reich bedenken, beglücken)* ■**jdn** [**mit etw** *dat*] ~ to bless sb [with sth]; ■[**mit etw** *dat*] **gesegnet sein** to be blessed with sth; **ein gesegnetes Alter erreichen** to reach a venerable age; **einen gesegneten Appetit haben** to have a healthy appetite; **einen gesegneten Schlaf haben** *(fam)* to sleep like a log

③ *(veraltend: preisen)* ■**etw** ~ to bless sth

Seg·nung <-, -en> *f* ① REL *(das Segnen)* blessing

② *meist pl (Vorzüge, segensreiche Wirkung)* benefits, advantages; **die** ~**en der modernen Forschung** the benefits [*or* advantages] of modern research

Se·gre·ga·ti·on <-, -en> [zegrega'tsi̯o:n] *f* ① BIOL segregation

② *(Trennung)* segregation

seh·be·hin·dert *adj (geh)* visually impaired, partially sighted

Seh·be·hin·der·te(r) *f(m) dekl wie adj* partially sighted [*or* visually handicapped [*or* impaired]] person

se·hen ['ze:ən]

I. TRANSITIVES VERB **II.** INTRANSITIVES VERB
III. REFLEXIVES VERB

I. TRANSITIVES VERB

① <sah, gesehen> *(mit den Augen wahrnehmen)* ■**jdn/etw** ~ to see sb/sth; ***siehst du irgendwo meine Schlüssel?*** can you see my keys anywhere?; ***man darf dich bei mir nicht*** ~ you can't be seen with me; ***ich habe ihn vom Fenster aus ge~*** I saw him from the window; ***das sieht man, das kann man*** ~ you can see that, you can tell that [just by looking]; ***niemand war zu*** ~ there was nobody to be seen; ***von ihr war nichts zu*** ~ she was nowhere to be seen; ***darf ich das mal*** ~ ***?*** can I have a look at that?, can I see that?; ***lass mich*** ~ ***!*** let me see!; ***sieht man das?*** does it show?; ***den möchte ich*** ~, ***der das gern tut*** I'd like to meet the person who does enjoy doing it; ***wenn ich das schon sehe, wird mir schlecht*** just looking at it makes me feel sick, I feel sick just looking at it; ***es war so neblig, dass man die Hand nicht vor den Augen sah*** it was so foggy that you couldn't see your hand in front of your face; ***die Berge waren nur verschwommen zu*** ~ you could only see the mountains hazily; ***meine Augen sind so müde, dass ich alles doppelt sehe*** my eyes are so tired that I see everything double; *(geh)* ***wir*** ~ ***ihn häufig bei uns*** [***zu Besuch***] we often have him as a visitor; *(geh)* ***wir*** ~ ***häufig Gäste*** [***bei uns***] ***zum Tee*** we frequently have guests to tea; **jdn/etw** [**nicht**] **zu** ~ **bekommen** to [not] get to see sb/sth; **ein gern ge~er Gast** a welcome guest; **gut/schlecht zu** ~ **sein** to be well/badly visible; **jdn vom** ~ **kennen** to know sb by sight; **jdn kommen/weggehen** ~ to see sb coming/leaving; **überall gern ge~!** be welcome [everywhere]

② <sah, gesehen> *(sich im Geiste vorstellen)* ■**jdn/etw sehen** to see sb/sth; ***ich sehe ihn noch deutlich vor mir*** I can still see him clearly in my mind; ***sie sah ihren Sohn schon als großen Künstler*** she already saw her soon as a great artist; ***sie sieht nur ihren Vorteil*** she's only out for herself; **etw kommen** ~ to see sth coming; ***ich sehe es schon kommen, dass wir wieder die Letzten sein werden*** I can see it coming that we are going to be last again

③ <sah, gesehen> *(angucken, betrachten)* ■**etw** ~ to see [*or* watch] sth; ***hast du gestern Abend die Übertragung des Spiels ge~ ?*** did you watch [*or* see] the game last night?; ***ich hätte Lust, ein Ballett zu*** ~ I quite fancy going to see a ballet; ***Sie sahen eine Sendung des ORF*** you have been watching a broadcast by the Austrian Radio; ***es gibt hier nichts zu*** ~ there's nothing to see here; **eine Fernsehsendung/einen Film** ~ to watch a television programme/a movie

④ <sah, gesehen> *(erleben)* ■**jdn/etw sehen** to see sb/sth; ***wir haben sie selten so fröhlich ge~*** we've rarely seen her so happy; ***hat man so etwas schon ge~ !*** did you ever see anything like it!; ***er hat schon bessere Zeiten ge~*** he has seen better days; *(hum)* ***dieser Mantel hat auch schon bessere Zeiten ge~*** this coat has seen better days; ***das muss man ge~ haben*** it has to be seen to be believed; ***hat man so was schon ge~ !*** did you ever see [*or* have you ever seen] anything like it!; ***ich möchte den*** ~, ***der diese Leistung überbieten kann*** I'd like to see someone do better

⑤ <sah, gesehen> *(feststellen)* ■**etw sehen:** ***das sieht man an der Farbe*** you can tell by the colour; ***da sieht man es mal wieder!*** there you are again!, it's the same old story!, that's just typical!; ***sie sieht überall nur Fehler*** she finds nothing but mistakes; ***von der einstigen Begeisterung war nichts mehr zu*** ~ the old enthusiasm was all gone; ***ich sehe schon, wir kommen zu spät*** I see, we'll be late; ***wie ich sehe, ist hier alles in Ordnung*** everything is obviously okay here; ***wie ich sehe, haben Sie zu tun*** I [can] see you're busy; ***ich sehe schon, du willst das nicht*** I can see you don't want to; ***sie wird schon*** ~, ***was sie davon hat*** she'll soon get her just desserts; ***ich sehe sehr wohl, was hier los ist*** I can see very well what is happening here; ***da kann man mal*** ~, ***was alles passieren kann*** that just goes to show you the things that can happen

⑥ <sah, gesehen> *(treffen)* ■**jdn** ~ to see sb; ***wann sehe ich dich das nächste Mal?*** when will I see you again?; ***neuerdings*** ~ ***wir die Kinder wieder häufiger*** we've seen more of the children [just] recently; ■**sich** *akk* ~ to see each other; ***wann werden wir uns*** ~ ***?*** when shall we meet again?; ***wir*** ~ ***uns dann morgen!*** [right, I'll] see you tomorrow!; ***ich freue mich, dich zu*** ~ ***!*** nice to see you!

⑦ <sah, gesehen> *(einschätzen)* ■**etw** [**irgendwie**] ~ to see sth [somehow]; ***ich sehe die Aussichten wenig rosig*** the prospects look less than rosy to me; ***ich sehe das so: ...*** the way I see it, ...; ***das darfst du nicht so eng*** ~ you mustn't take such a narrow view; ***die Dinge*** ~, ***wie sie sind*** to see things as they are; ***wir sahen unsere Wünsche alle erfüllt*** we found all our wishes fulfilled; ***wie siehst du das?*** how do you see it?; ***das sehe ich anders*** I see it differently; ***so sehe ich das nicht*** that's not how I see it; ***so darf man das nicht*** ~ you mustn't look at it that way [*or* like that]; ***du siehst das nicht richtig*** you've got it wrong; ***du hast wohl keine Lust, oder wie sehe ich das?*** you don't feel like, right [*or* do you]?; ***sie sieht in jeder Frau gleich die Rivalin*** she sees every woman as a rival; **auf die Dauer ge~** in the long run; **rein dienstlich/menschlich/rechtlich ge~** [seen] from a purely personal/official/legal point of view; **alles falsch/verzerrt** ~ to see everything wrong/distorted; **so ge~** from that point of view, looking at it that way, looked at [*or* regarded] in this way; **die Verhältnisse nüchtern** ~ to have a sober view of things

⑧ <sah, gesehen> *(erkennen, erfassen)* ■**etw sehen:** ***ich sehe nur allzu deutlich, wie es gemeint ist*** it's all too clear how that's meant

⑨ <sah, gesehen> *(zusehen, dafür sorgen)* to look after; ***ich werde*** ~, ***was ich für Sie tun kann*** I'll see what I can do for you; ***ich werde*** ~, ***was sich tun lässt*** I'll see what can be done; ***er soll*** ~ ***sehen, wie er das löst*** he'll have to deal with it himself; ***jeder muss*** ~, ***wo er bleibt*** every man for himself; ***heutzutage muss man*** ~, ***wo man bleibt*** nowadays you've got to make the most of your chances; ***sieh, dass du schnell fertig wirst*** make sure [*or* see to it that] you're finished quickly

⑩ <sah, gesehen> *(nachsehen)* to see; ***ich sehe mal, wer da an der Tür ist*** I'll see who is at the door

⑪ <sah, gesehen> *(abwarten)* to wait and see; ***wir müssen*** ~, ***was die Zukunft bringt*** we'll have to wait and see what the future holds; ***ich möchte doch einmal*** ~, ***ob er es wagt*** I'd just like to see

S

whether he dares [to]; ***das wollen wir** [**doch**] **erst mal ~!*** [well,] we'll see about that!; ***wir wollen** [**doch**] **erst mal ~, ob ...*** we'll see if ...; ***das müssen wir erst mal ~*** that remains to be seen

▸WENDUNGEN: **etw gern sehen** to approve of sth; **etw nicht gerne ~** to not like sth; **es nicht gern ~, dass** [*o* **wenn**] **...** to not like it when ...; ***man sieht es nicht gern, wenn Frauen sich betrinken*** it is frowned upon if women get drunk; **jdn/etw nicht mehr ~ können** *(fam)* to not be able to stand [*or* bear] the sight of sb/sth; ***ich kann diesen Menschen nicht mehr ~*** I can't stand the sight of him any more; **etw nicht ~ können** ***ich kann kein Blut ~*** I can't stand the sight of blood; ***ich kann nicht ~, wie schlecht du sie behandelst*** I can't bear to see how badly you treat her; **sich** *akk* [**irgendwo**] **~ lassen** to show up [somewhere]; ***er hat sich schon lange nicht mehr zu Hause ~ lassen*** he hasn't shown up at home for a long time; ***er lässt sich kaum noch bei uns ~*** he hardly comes to see us any more; ***lassen Sie sich doch mal wieder ~!*** do come again!; **sich** *akk* **~ lassen können** to be something to be proud of; ***deine Leistung kann sich wirklich ~ lassen*** you can be proud of what you've achieved; ***eine Leistung, die sich ~ lässt*** an impressive [*or* a considerable] achievement; ***in diesem Kostüm kannst du dich wirklich ~ lassen*** you look terrific in that suit; ***kann ich mich in diesem Anzug ~ lassen?*** do I look all right in this suit?; **sich** *akk* **nicht ~ lassen können** ***mit dieser Frisur kannst du dich nicht ~ lassen!*** you can't go around with your hair like that!; ***sie kann sich in der Nachbarschaft nicht mehr ~ lassen*** she can't show her face in the neighbourhood any more; **ich sehe was, was du nicht siehst** *(Kinderspiel)* I spy with my little eye

II. INTRANSITIVES VERB

❶ <sah, gesehen> *(Sehvermögen haben)* to see; ***mit der neuen Brille sehe ich viel besser*** I can see much better with my new glasses; ***er sieht nur noch auf einem Auge*** he can only see out of one eye; ***sehe ich recht?*** am I seeing things?; **~den Auges** *(geh)* with open eyes, with one's eyes open; **gut/schlecht ~** to be/not be able to see very well, to have good/bad eyesight

❷ <sah, gesehen> *(angucken)* to look; ***lass mal ~!*** let me see!, let me have a look!; ***willst du mal ~?*** do you want to see [*or* look]?

❸ <sah, gesehen> *(blicken)* to look; ***alle Welt sieht auf den neuen Präsidenten*** all eyes are on the new president; **jdm tief in die Augen ~** to look deep in sb's eyes; **durch die Brille ~** to look through one's glasses; **aus dem Fenster ~** to look out of the window; **auf das Meer ~** to look at the sea; **jdm über die Schulter ~** to look over sb's shoulder; **siehe Seite** [*o* **s. S.**] **... /oben** [*o* **s. o.**]**/ unten** [*o* **s. u.**] see page .../above/below; **auf die Uhr ~** to look at one's watch; **in die Zukunft ~** to look into the future; ***ich sehe sehr optimistisch in die Zukunft*** I'm very optimistic about the future

❹ <sah, gesehen> *(liegen, weisen)* ***die Fenster ~ auf den Hof*** the windows look onto the yard; **nach Norden/Süden ~** to face north/south

❺ <sah, gesehen> *(feststellen, merken)* to see; ***sieh doch nur, die schönen Blumen*** look at the pretty flowers; ***siehst du*** [***wohl***]!, ***siehste!*** *(fam)* [there you are,] you see?; ***na siehst du, war doch nicht schlimm*** see, it wasn't that bad; *(hum)* ***sieh da!*** lo and behold!; ***sieh doch*** [*o* ***mal***]! look [here]!; ***wir werden*** [***ja, schon***] **~** we'll see; ***ihr werdet schon ~*** you'll see

❻ <sah, gesehen> *(abwarten)* to see; ***mal ~!*** we'll see!, wait and see!; ***wir wollen ~*** we'll have to see; ***man wird ~ müssen*** we'll [just have to] see

❼ <sah, gesehen> *(nachsehen)* ■ **nach jdm ~** to look in on sb, to go and see sb; ■ **nach etw** *dat* **~** to check on sth; ***ich muss mal eben nach den Spaghetti ~*** I must just have a quick look at the spaghetti; **nach dem Essen ~** to check [on] the cooking; **nach der Post ~** to see if there is any post

❽ <sah, gesehen> *(auf etw achten, Wert legen)* ■ **auf jdn/etw ~** to pay attention to sb/sth; ***er sieht nur auf seinen Vorteil*** he's only out for himself; ***du solltest mehr auf dich selbst ~*** you should think more about yourself; ***wir müssen darauf ~, dass wir nicht gegen das Gesetz verstoßen*** we'll have to watch out that we don't break the law; **auf Ordnung/Sauberkeit ~** to be particular about cleanliness/tidiness; **auf den Preis ~** to pay attention to the price; ***beim Lebensmitteln sehe ich mehr auf Qualität als auf den Preis*** when buying food, quality is more important to me than the price

❾ <sah, gesehen> *(zusehen, sich bemühen)* ***wir müssen ~, dass wir pünktlich sind*** we must see [to it] that we're on time; ***sieh, dass du ...*** make sure [*or* see] [that] you ...; ***man muss sehen, wo man bleibt*** [it's] every man for himself

❿ <sah, gesehen> DIAL *(auf jdn/etw aufpassen)* ***könntest du bitte auf die Kinder ~?*** could you please keep an eye on the children

⓫ <sah, gesehen> *(geh: herausragen)* ■ **etw sieht aus etw** *dat* sth is sticking out of sth; ***eine Weinflasche sah aus ihrer Einkaufstasche*** a wine bottle was sticking out of her shopping bag; ***das Boot sah nur ein kleines Stück aus dem Wasser*** the boat hardly showed above the water; *(fig)* ***die Dummheit sah ihr aus den Augen*** you could see how stupid she was

III. REFLEXIVES VERB

❶ <sah, gesehen> *(lange betrachten)* ■ **sich** *akk* **~**: ***ich habe mich müde ge~*** I've seen more than enough

❷ <sah, gesehen> *(sich einschätzen)* ■ **sich** *akk* **~**: ***ich sehe mich außerstande, Ihnen zu helfen*** I do not feel able to help you; **sich** *akk* **betrogen/enttäuscht/verlassen ~** to feel cheated/disappointed/deserted; **sich** *akk* **genötigt** [*o* **gezwungen**] **~, etw zu tun** to feel compelled to do sth; **sich** *akk* **in der Lage ~, etw zu tun** to feel able [*or* think one is able] to do sth; **sich** *akk* **veranlasst ~, etw zu tun** to feel it necessary to do sth

❸ <sah, gesehen> *(sich betrachten)* ■ **sich** *akk* **~**: ***ich sehe mich in dieser Angelegenheit als unparteiische Vermittlerin*** I consider myself a neutral intermediary in this situation

Se·hen <-s> ['ze:ən] *nt kein pl* seeing; **jdn nur vom ~ kennen** to only know sb by sight

se·hens·wert *adj* worth seeing; **eine wirklich ~e Ausstellung** an exhibition well worth seeing **se·hens·wür·dig** *adj s.* **sehenswert** **Se·hens·wür·dig·keit** <-, -en> *f* sight; **~en besichtigen** to do [*or* see] the sights

Se·her(in) <-s, -> *m(f) (veraltend)* seer, prophet

Se·her·blick *m kein pl* prophetic eye, visionary powers *pl*

Se·he·rin <-, -nen> *f fem form von* **Seher**

se·he·risch *adj attr* prophetic

Seh·farb·stoff *m* BIOL retinol **Seh·feh·ler** *m* visual defect **Seh·feld** *nt* BIOL, MED field of vision, visual field **Seh·kraft** *f kein pl* [eye]sight **Seh·leis·tung** *f* eyesight

Seh·ne <-, -n> ['ze:nə] *f* ❶ ANAT tendon, sinew ❷ *(Bogensehne)* string ❸ MATH chord

seh·nen ['ze:nən] *vr* ■ **sich** *akk* **nach jdm/etw ~** to long for sb/sth

Seh·nen <-s> ['ze:nən] *nt kein pl (geh)* longing, yearning

Seh·nen·rissRR *m* torn tendon

Seh·nen·schei·de *f* ANAT tendon sheath **Seh·nen·schei·den·ent·zün·dung** *f* MED tendosynovitis *spec*

Seh·nen·zer·rung *f* pulled tendon

Seh·nerv *m* optic nerve

seh·nig ['ze:nɪç] *adj* ❶ KOCHK sinewy, stringy ❷ *(drahtig, ohne überflüssiges Fett)* sinewy, stringy; **~e Beine** wiry legs

sehn·lich ['ze:nlɪç] *adj* ardent, eager; **in ~er Erwartung** in eager expectation; **etw ~** [**herbei**]**wünschen** to long for sth [to happen]

sehn·lichst *adj Wunsch* dearest, keenest, most ardent

Sehn·sucht <-, -süchte> ['ze:nzʊxt, *pl* -zʏçtə] *f* longing, yearning; **~ nach Liebe** yearning to be loved; **~** [**nach jdm/etw**] **haben** to have a longing [*or* yearning] [for sb/sth]; **vor ~** with longing; ***du wirst schon mit ~ erwartet*** *(fam)* they are longing [*or* can't wait] to see you

sehn·süch·tig ['ze:nzʏçtɪç] *adj attr* longing, yearning; **ein ~er Blick** a wistful gaze [*or* look]; **~e Erwartung** eager expectation; **~es Verlangen** ardent longing; **ein ~er Wunsch** an ardent wish

sehn·suchts·voll *adj (geh) s.* **sehnsüchtig**

sehr <[noch] mehr, am meisten> ['ze:ɐ̯] *adv* ❶ *vor vb (in hohem Maße)* very much, a lot; **danke ~!** thanks a lot; ***bitte ~, bedienen Sie sich*** go ahead and help yourself; ***das will ich doch ~ hoffen*** I very much hope so; ***das freut/ärgert mich*** [***aber***] **~** I'm very pleased/annoyed about that ❷ *vor adj, adv (besonders)* very; **jdm ~ dankbar sein** to be very grateful to sb; ***das ist aber ~ schade*** that's a real shame; *s. a.* **nicht, so, wie, zu**

Seh·schär·fe *f* visual acuity **Seh·schär·fe·prü·fung** *f* AUTO eye test

Seh·stö·rung *f* visual [*or* sight] defect **Seh·test** *m* eye test **Seh·trai·ning** *nt* eye exercises **Seh·ver·mö·gen** *nt kein pl* strength of vision, sight **Seh·wei·se** *f* way of seeing things **Seh·zel·le** *f* BIOL photoreceptor

sei [zai] *imper, 1. und 3. pers sing Konjunktiv von* **sein**

seicht [zaiçt] *adj* ❶ *(flach)* shallow; **~es Gewässer** shallow stretch of water ❷ *(pej: oberflächlich, banal)* shallow, superficial

seid [zait] *2. pers. pl pres von* **sein**

Sei·de <-, -n> ['zaidə] *f* silk

Sei·del <-s, -> ['zaidl̩] *nt* ❶ *(Bierkrug)* beer mug ❷ *(veraltet: Flüssigkeitsmaß)* half-litre [*or* AM -er]

Sei·del·bast *m* BOT daphne

sei·den ['zaidn̩] *adj attr* silk; **~e Bettwäsche** silk sheets; **~ glänzen** to gleam silkily

Sei·den·glanz *m* silky sheen **Sei·den·ma·le·rei** *f* silk [screen] painting **Sei·den·pa·pier** *nt* tissue paper **Sei·den·pro·te·in** *nt* silk protein

Sei·den·rau·pe *f* silkworm **Sei·den·rau·pen·zucht** *f* sericulture

Sei·den·rei·her *m* ORN egret **Sei·den·schwanz** *m* ORN waxbill **Sei·den·spin·ner** *m* silk moth **Sei·den·stra·ße** *f* HIST Silk Road **Sei·den·strumpf** *m* MODE *(veraltend)* silk stocking **Sei·den·tuch** *nt* silk scarf **Sei·den·wa·ren** *pl* silk goods [*or* wares] *npl* **sei·den·weich** ['zaidn̩'vaiç] *adj* silky soft; ■ **~ sein** to be soft as silk

sei·dig ['zaidɪç] *adj* silky

Sei·fe <-, -n> ['zaifə] *f* soap

sei·fen ['zaifn̩] *vt* DIAL to soap; ■ **jdm etw ~** to soap sb's sth; **jdm die Haare/den Kopf ~** to shampoo sb's hair

Sei·fen·bla·se *f* soap bubble; **~n machen** to blow [soap] bubbles; **wie eine ~ zerplatzen** to burst like a bubble **Sei·fen·fa·brik** *f* soap factory **Sei·fen·lau·ge** *f* soapy water, soapsuds *npl* **Sei·fen·oper** *f* TV *(sl)* soap opera **Sei·fen·pul·ver** *nt* soap powder **Sei·fen·scha·le** *f* soap dish **Sei·fen·schaum** *m* [soapy] lather **Sei·fen·spen·der** *m* soap dispenser **Sei·fen·was·ser** *nt kein pl* soapy water *no pl*, suds *npl*

sei·fig ['zaifɪç] *adj* soapy; **ein ~er Geschmack** a soapy taste

sei·hen ['zaiən] *vt* ■ **etw ~** to strain [*or* sieve] sth

Sei·her <-s, -> *m bes* SÜDD, ÖSTERR strainer, colander

Seih·löf·fel *m* disk skimmer

Seil <-[e]s, -e> [zail] *nt* ❶ *(dünnes Tau)* rope; **in den ~en hängen** *(a. fig)* to be on the ropes, to be shattered *fig* ❷ *(Drahtseil)* cable; **auf dem ~ tanzen** to dance on the high wire

Seil·akro·bat(in) *m(f)* tightrope acrobat

Seil·bahn *f* ❶ TRANSP cable railway, funicular

② *(Drahtseilbahn)* cable car
Seil·brü·cke *f* rope bridge
Sei·ler(in) <-s, -> ['zailɐ] *m(f)* rope-maker
Sei·ler·wa·ren *pl* rope goods *npl*
Seil·fäh·re *f* rope [*or* cable] ferry **seil|hüp·fen** *vi nur infin und pp sein s.* **seilspringen**
Seil·schaft <-, -en> *f* ① *(Gruppe von Bergsteigern)* roped party
② *(zusammenarbeitende Gruppe)* working party
Seil·schwe·be·bahn *f* cable railway **seil|sprin·gen** *vi irreg, nur infin und pp sein* to skip [rope] **Seil·sprin·gen** *nt* [rope-]skipping **Seil·tanz** *m* *(akrobatischer Akt)* tightrope act ▶WENDUNGEN: [wahre] Seiltänze vollführen *(fam)* to bend over backwards **Seil·tän·zer(in)** *m(f) s.* **Seilakrobat**
Seil·win·de *f* winch **Seil·zie·hen** <-s> *nt kein pl bes* SCHWEIZ *(Tauziehen)* tug-of-war **Seil·zug** *m* cable
Seim·ho·nig ['zaim-] *m* pressed honey

sein¹ [zain] *sein*

I. INTRANSITIVES VERB — II. UNPERSÖNLICHES INTRANSITIVES VERB — III. AUXILIARVERB

I. INTRANSITIVES VERB

① <ist, war, gewesen> *sein + adj (Eigenschaft haben)* ***wie ist das Wetter?*** what's the weather like?; ***wie ist der Wein?*** how's the wine?; ***wie wäre es mit einem Kaffee?*** how about a coffee?; ***wie war das noch mit morgen/dem Klempner?*** what was that about tomorrow/a plumber?; ***also, wie ist es? macht ihr mit?*** so, what about it? do you want to join in?; ***wie ist es mit dir? willst du auch eins?*** how about you? do you want one as well?; ***sei doch nicht so!*** *(fam)* don't be like that!; ***was ist mit dir?*** what's the matter [with you]?, what's up with sb? *fam;* **böse/dumm/klug/nett ~** to be angry/stupid/clever/nice; ***die Menge ist begeistert!*** the crowd are ecstatic!; ***er war so freundlich und hat das überprüft*** he was kind enough to check it out; ***seien Sie bitte so freundlich und holen Sie mir ein Glas Wasser*** [would you] be so kind as to fetch me a glass of water?; ***sei so lieb und störe mich bitte nicht*** I would be grateful if you didn't disturb me; ***ist das heiß heute!*** it's so hot today!; ***sie ist kleiner als er*** she is smaller than him [*or form* he] [*or* he is]; ***es ist bitterkalt*** it's bitterly cold; **freundlich/gemein/lieb zu jdm ~** to be friendly/mean/kind to sb; **jdm zu dumm/gewöhnlich/primitiv ~** to be too stupid/common/primitive for sb [to bear]
② <ist, war, gewesen> *sein (existieren)* to be; ***wenn du nicht gewesen wärest, wäre ich jetzt tot*** if it hadn't been for you I'd be dead now; ***es ist schon immer so gewesen*** it's always been this way; ***was nicht ist, kann noch werden*** there's still hope; ***es kann nicht ~, was nicht ~ darf*** some things just aren't meant to be; ***das war einmal*** that's history [*or* all in the past now]; ***sind noch Fragen?*** [are there] any more questions?; **nicht mehr ~** *(geh)* to be no more [*or* no longer with us]
③ <ist, war, gewesen> *sein (sich befinden)* ■**irgendwo ~** to be somewhere; ***wo ist das Bier? — es ist im Kühlschrank*** where's the beer? – it's [sitting] in the fridge; ***in diesen Wäldern sind viele Wölfe*** there are many wolves in these woods; ***ich bin wieder da*** I'm back again; ***ist da jemand?*** is somebody there?; ***hier wären wir*** here we are; ***morgen ist er in Berlin*** he'll be in Berlin tomorrow; ***wie lange bist du schon hier?*** how long have you been here?; ***seit fünf Jahren bin ich hier*** I've been here for five years; ***sind Sie schon in London gewesen?*** have you already been to London?; ***ich war die ganze Zeit im Rückspiegel*** *(fig fam)* I had my eyes glued on the rear-view mirror the whole time
④ <ist, war, gewesen> *sein (zutreffen)* ***es ist so, wie ich sage*** it's like I say; **dem ist so** that's right; **dem ist nicht so** it isn't so, that's not the case
⑤ <ist, war, gewesen> *sein (darstellen)* ■**jd/etw ~** to be sb/sth; ***wenn ich du wäre*** if I were you; ***ich bin es*** it's me, it is I *form;* ***das ist sie*** that's her; ***bist du es?*** is that you?; ***das wären zwei Euro*** that'll be two euros; ***die Länge x sei 2 Meter*** let the length x be 2 metres; ***das wärs*** *(basta)* that's that; *(in Laden)* that's all [*or* it]; ***und der/die/das wäre/die wären?*** namely?, and what would [*or* might] that/they be?; ***es ist nicht mehr das, was es einmal war*** it isn't what it used to be; **wer immer jd auch ~ möge** whoever sb might be
⑥ <ist, war, gewesen> *sein (zugeordnet)* ■**jd ~** to be sb; ***sie ist Lehrerin*** she is a teacher; ***was sind Sie [von Beruf]?*** what do you do [for a living]?; ***ich bin Übersetzer von Beruf*** I translate for a living, I am a translator by profession; ***sie ist Tischlerin von Beruf*** she is a joiner by trade; ***wer war es? — es war Uwe*** *(wessen Schuld?)* who was it? – it was Uwe [who did/said etc. it]; ***keiner will es gewesen sein*** nobody will admit to it; **Däne/Deutscher/Franzose ~** to be Danish [*or* a Dane]/[a] German/French [*or* a Frenchman/Frenchwoman]; **jemand** [*o fam* **wer**] **~** to be somebody; ***wir sind wieder wer*** aren't we important? *iron;* **ein Kind ~** to be a child; **nichts ~** *(fam)* to be nothing [*or* a nobody]; ***ohne Geld bist du nichts*** without money you are nothing; **der Schuldige ~** to be guilty [*or* the guilty party]; ■**aus etw** *dat* **~** to come [*or* be] from sth; ***sie ist aus Rumänien*** she is [*or* comes] from Romania; **aus gutem Hause ~** to come from a good family
⑦ <ist, war, gewesen> *sein (gehören)* ***das Buch ist meins*** the book is mine; ***er ist mein Cousin*** he is my cousin; ***ich bin dein*** *(veraltend geh)* I am yours [*or old* thine]
⑧ <ist, war, gewesen> *sein (ergeben)* ■**etw ~** to be [*or* make] sth; ***zwei mal zwei ist*** [*o fam* ***sind***] ***vier*** two times two is [*or* makes] four
⑨ <ist, war, gewesen> *sein (stattfinden)* ***die Party war gestern/am Montag*** the party was [*or* took place] yesterday/on Monday; ***wenn etwas ist*** [*o* ***– sollte***], ***ruf mich an*** *(fam)* call me if anything happens; **ist [et]was?** *(fam: was ist los?)* what's up? *fam,* what's the matter?; *(was will jd?)* what is it?; **was ist [denn schon wieder]?** what is it [*or fam* what's up] [now]?; **sei[']s drum** *(fam)* so be it!, all right!; **ist was [mit mir]?** *(fam)* is there something the matter [with me]?, have I done something?; **nicht ~** *(fam)* ***Rauchen ist bei ihr nicht*** she won't allow smoking at her place; ***heute ist Fernsehen nicht*** I'll give TV a miss today BRIT *fam;* **was war?** what was that about?; **war was?** *(fam)* did anything [*or* something] happen?; ***war was, als ich weg war?*** *(fam)* have I missed anything?
⑩ <ist, war, gewesen> *sein (betreiben)* ***wir waren schwimmen*** we were swimming
⑪ <ist, war, gewesen> *sein (hergestellt)* ■**aus etw** *dat* **~** to be [made of] sth
⑫ <ist, war, gewesen> *sein + comp (gefallen)* **etw wäre jdm angenehmer/lieber [als etw]** sb would prefer sth [to sth]; **etw wäre jdm angenehmer/lieber [als etw] gewesen** sb would have preferred sth [to sth]
⑬ <ist, war, gewesen> *sein (empfinden)* ***mir ist heute nicht gut*** I'm not feeling well today; ***ist dir etwas?*** *(fam)* are you [feeling] all right?, is something the matter [with you]?; **jdm ist heiß/kalt** sb is [*or* feels] hot/cold; **jdm ist komisch zumute/übel** sb feels funny/sick; ■**jdm ist, als ob ...** sb feels as if [*or* though] ...
⑭ <ist, war, gewesen> *sein (Lust haben)* ■**jdm ist nach etw** *dat (fam)* sb feels like [*or* BRIT *fam* fancies] sth; ***mir ist jetzt nicht danach*** I don't feel like it right now; *(verärgert a.)* I'm not in the mood for it right now; ***mir ist jetzt nach einem Eis*** I feel like [having] an ice cream
⑮ <ist, war, gewesen> *sein (meinen)* ***mir ist, als habe ich Stimmen gehört*** I thought I heard voices; ***ihm ist, als träume er*** he thinks he must be dreaming; ***mir ist, als wäre ich nicht allein im Haus*** I have a feeling that I'm not alone in the house
⑯ <ist, war, gewesen> *sein mit Modalverb (passieren)* **etw kann/darf/muss/soll ~:** ***es braucht nicht sofort zu ~*** it needn't be done straight away; ***was darf es ~?*** *(in Laden)* what can I get you?; ***das darf doch nicht wahr ~!*** that can't be true!; ***das kann schon ~*** that may well be; ***das kann doch nicht sein!*** that's simply [*or* just] not possible!; ***das kann doch nicht ~, dass er das getan hat!*** he can't possibly have done that!; ***muss das ~?*** *(musst du?)* do you really have to?; *(war das nötig?)* was that really necessary?; ***was ~ muss, muss ~*** what will be[,] will be, *usu* AM *fam also* that's the way the cookie crumbles; ***es hat nicht ~ sollen*** [*o* ***sollen ~***] it wasn't [meant] to be; **kann es ~, dass ...?** could it be that ...?, is it possible that ...?; **jdn ~ lassen** *(fam)* to leave sb alone [*or fam* be]; **etw ~ lassen** *(fam: aufhören)* to stop [doing sth]; *(aufgeben)* to drop sth; *(in Ruhe lassen)* to leave sth alone; ***lass das ~!*** stop it [*or* that]!
⑰ <ist, war, gewesen> *sein mit infin + zu (werden können)* ***das war zu erwarten*** that was to be expected; ***sie ist nicht zu sehen*** you can't see her; ***mit ihr ist nicht zu reden*** you can't talk with her; ***morgen sind sie nicht zu erreichen*** they'll be unavailable tomorrow, we won't be able to reach them tomorrow; ***kein Laut war zu hören*** there was not a sound to be heard; ***die Schmerzen sind kaum zu ertragen*** the pain is almost unbearable; ***das ist mit Geld nicht zu bezahlen*** money can't pay for that; **etw ist zu schaffen** sth can be done; **zu verkaufen ~** to be [up] for sale
⑱ <ist, war, gewesen> *sein mit infin + zu (werden müssen)* **es ist zu bestrafen/zu belohnen/zu überprüfen** it should be punished/rewarded/checked out; **etw ist zu erledigen/auszuführen/zu befolgen** sth must [*or* is to] be done/carried out/followed

II. UNPERSÖNLICHES INTRANSITIVES VERB

① <ist, war, gewesen> *(bei Zeitangaben)* ***es ist jetzt 9 Uhr*** it [*or* the time] is now 9 o'clock; **es ist Januar/Frühling/hell/Nacht** it is January/spring/daylight/night
② <ist, war, gewesen> *(sich ereignen)* **mit etw** *dat* **ist es nichts** *(fam)* sth comes to nothing, sth doesn't come to anything
③ <ist, war, gewesen> *(bei Wetterangaben)* **jdm ist es zu feucht/kalt** it's too wet/cold for sb
④ <ist, war, gewesen> *+ adj (empfinden)* ***mir ist es heute nicht gut*** I'm not feeling well today; **jdm ist es heiß/kalt/peinlich** sb is hot/cold/embarrassed; **jdm ist es übel** sb feels sick
⑤ <ist, war, gewesen> *(geh: tun müssen)* ■**es ist an jdm, etw zu tun** it is for [*or* up to] sb to do sth
⑥ <ist, war, gewesen> *(betreffen)* ■**jd ist es, der etw tut** it is sb who [*or* that] does sth; ***immer bist du es, der Streit anfängt*** it's always you who starts a fight, you are always the one to start a fight
⑦ <ist, war, gewesen> *(vorziehen)* ***es wäre klüger gewesen, die Wahrheit zu sagen*** it would have been wiser to tell the truth
⑧ <ist, war, gewesen> *(der Fall sein)* ***heute ist es wohl nichts mit Schwimmbad*** *(fam)* looks like the pool is out today *fam;* ***es sei!*** so be it!; ***so sei es denn!*** so be it!; **sei es ..., sei es ...** whether ... or ...; **sei es ... oder sei es ...** whether ... or ...; **sei es, [dass] ..., [oder] sei es, [dass] ...** whether ... or ...; ***sei es, dass sie log, oder sei es, dass sie nicht besser wusste*** whether she lied or she didn't know [any] better; **wie dem auch sei** be that as it may, in any case; **es sei denn, dass ...** unless ...; **es war einmal ...** there was once ...; *(in Märchen)* once upon a time ...; ***es war einmal ein König*** once upon a time there was a king; ***es war einmal in einem fernen Land*** once upon a time in a country far away; **die Sache ist die: ...** it's like this: ...; **es ist so, [dass] ...** it's just that ..., you see, ..., it's like this: ...; ***die Geschäfte machen hier um 6 zu, das ist [einfach] so*** the shops here close at 6 – that's just the way it is; **wie wäre es mit jdm/etw?** how about sb/sth?; **sei es, wie es wolle** be that as it may; **sei dem** [*o* **dem sei**], **wie ihm wolle** be that as it may

S

III. AUXILIARVERB

① <ist, war, gewesen> *+pp* **geblieben/gestorben/sich** *dat* **begegnet** ~ to have stayed/died/met; **etw gewesen/geworden** ~ to have been/become sth; ***sie ist lange krank gewesen*** she was/has been ill for a long time; ***er ist so misstrauisch geworden*** he became/has become so suspicious; ***das Auto ist früher rot gewesen*** the car used to be red

② <ist, war, gewesen> *+pp, passiv* **jd ist gebissen/vergiftet/erschossen/verurteilt worden** sb was/has been bitten/poisoned/shot dead/convicted

③ <ist, war, gewesen> *+pp, bei Bewegungsverben* **jd ist gefahren/gegangen/gehüpft** sb drove/left/hopped/sb has driven/left/hopped

④ <ist, war, gewesen> *(+pp als Zustand)* ***das Fenster ist geöffnet/geschlossen*** the window is open/closed; ***die Rechnung ist bezahlt*** the bill has been paid; ***wir sind gerettet!*** we're saved!

⑤ <ist, war, gewesen> *(fam: pp ausgelassen)* ***sie sind noch schnell in die Stadt*** they have just popped into town

sein[2] [zain] *pron poss, adjektivisch* ① *(einem Mann gehörend)* his; *(zu einem Gegenstand gehörend)* its; *(einem Mädchen gehörend)* her; *(zu einer Stadt, einem Land gehörend)* its
② *auf man bezüglich* one's; *auf ‚jeder' bezüglich* his, their *fam;* ***jeder bekam ~ eigenes Zimmer*** everyone got his own room
③ *auf m und nt Nomen bezüglich (fam: gut und gerne)* ■ **~e** definitely; ***er trinkt ~e 5 Tassen Kaffee am Tag*** he regularly drinks 5 cups of coffee a day

Sein <-s> [zain] *nt kein pl* PHILOS existence; **~ und Schein** appearance and reality

Sei·ne <-> ['zɛ:n(ə)] *f* Seine

sei·ne(r, s) ['zainə, -nɐ, -nəs] *pron poss, substantivisch (geh)* ① *ohne Substantiv (jdm gehörender Gegenstand)* his; ■ **der/die/das S~** his; ***ist das dein Schal oder der S~ ?*** is that your scarf or his?
② *(jds Besitztum)* ■ **das S~** his [own]; **das S~ tun** *(geh)* to do one's bit; **jedem das S~** each to his own
③ *(Angehörige)* ■ **die S~n** his family

sei·ner *pron pers (veraltend) gen von* **er, es**[1] him; ***wir wollen ~ gedenken*** we will remember him

sei·ner·seits ['zainɐ'zaits] *adv* on his part, as far as he is concerned; **ein Missverständnis ~** a misunderstanding on his part

sei·ner·zeit ['zainɐtsait] *adv* in those days, back then *fam*

sei·nes *pron poss s.* **seine(r, s)**

sei·nes·glei·chen ['zainəs'glaiçn̩] *pron inv*
① *(Leute seines Standes)* people of his [own] kind, his equals
② *(jd wie er)* someone like him
③ *(etw wie dies)* **~ suchen** to be unparalleled, to have no equal; ***das ist ein Gefühl, das ~ sucht*** that feeling is without equal [*or* unique]

sei·net·hal·ben ['zainət'halbn̩] *adv (veraltend geh),* **sei·net·we·gen** ['zainət've:gn̩] *adv* on his account, because of him; **~ *kamen wir zu spät*** because of him we were late **sei·net·wil·len** ['zainət'vɪlən] *adv* **um ~** for his sake, for him

sei·ni·ge ['zainɪgə] *pron poss (veraltend geh) s.* **seine(r, s)**

seins *pron poss* his; *s. a.* **seine(r, s)**

Seins·fra·ge *f* ■ **die ~** the fundamental question

Sei·ser Alm <- -> ['zaizɐ] *f* Alpe di Siusi, Seiser Alm

seis·misch ['zaismɪʃ] *adj inv* GEOL seismic; **~e Welle** seismic wave

Seis·mo·graf[RR] <-en, -en> [zaismo'gra:f] *m* GEOL seismograph **Seis·mo·gramm** <-s, -e> [zaismo'gram] *nt* GEOL seismogram **Seis·mo·graph** <-en, -en> [zaismo'gra:f] *m* GEOL *s.* **Seismograf** **Seis·mo·lo·gie** <-> [zaismolo'gi:] *f kein pl* GEOL seismology **seis·mo·lo·gisch** [zaismo'lo:gɪʃ] *adj* seismological **Seis·mo·me·ter** [zaismo'me:tɐ] *nt* seismometer

seit [zait] **I.** *präp +dat (Anfangspunkt)* since; *(Zeitspanne)* for; ***diese Regelung ist erst ~ kurzem/einer Woche in Kraft*** this regulation has only been effective [for] a short while/a week; **~ einiger Zeit** for a while; **~ damals** since then; **~ neuestem** recently; **~ wann?** since when?
II. *konj (seitdem)* since

seit·dem [zait'de:m] **I.** *adv* since then; **~ *hat sie kein Wort mehr mit ihr gesprochen*** she hasn't spoken a word to her since [then]
II. *konj* since

Sei·te <-, -n> ['zaitə] *f* ① *(Fläche eines Körpers)* side; **die hintere/vordere/obere/untere ~** the back/front/top/bottom
② *(rechte oder linke Fläche)* side; **etw auf die ~ legen** to put sth on its side
③ *(Fläche eines flachen Gegenstandes)* side; ***das ist die andere ~ der Medaille*** *(fig)* that's the other side of the coin *fig;* ***alles hat [seine] zwei ~n*** there's two sides to everything; **die A-/B-~ einer Schallplatte** the A-/B-side of a record; **die bedruckte ~ des Stoffes** the printed side of the material
④ *(Blatt eines Buches, Hefts)* page; *(Fläche eines Blattes)* side; *(in Buch, Heft)* page; ***aus dem Buch wurden einige ~n herausgerissen*** some pages have been torn out of the book; ***ich habe fünf ~n geschrieben*** I've written five sides; **eine ~ aufschlagen** to open at a page; **die erste ~** *(Buch)* the first page; *(Zeitung)* the front page; **gelbe ~n** *(Branchenverzeichnis)* Yellow Pages
⑤ ANAT *(seitlicher Teil)* side; **jdn von der ~ ansehen** *(a. fig)* to look at sb from the side, to look askance at sb *fig;* **auf der rechten ~ gelähmt sein** to be paralyzed on one's right [*or* right[-hand] side]
⑥ *(rechts oder links der Mitte)* side; **zur ~ sprechen** to speak to one side; THEAT to make an aside
⑦ *(rechts oder links von etwas)* side; ***sieh doch mal zur ~*** look beside you; ***gehen wir auf die andere ~*** let's cross the street; **auf [*o* zu] beiden ~n einer S.** *gen* on both sides of sth
⑧ *(aus dem Weg, beiseite)* ■ **zur ~** aside; **zur ~ gehen [*o* geh treten]** to step aside; **jdn zur ~ nehmen** to take sb aside
⑨ *(Gebietsteil)* **die österreichische ~ der Alpen** the Austrian part of the Alps
⑩ *(Richtung)* side; ***die Bühne ist nur nach einer ~ offen*** the stage is only open on one side; **nach allen ~n** in all directions
⑪ MATH *(Linie)* side; *(Teil einer Gleichung)* side
⑫ *(Aspekt)* side; **auf der einen ~..., auf der anderen [~]** ... on the one hand, ..., on the other [hand], ...; **etw von der heiteren ~ sehen** to look on the bright side [of sth]; **etw** *dat* **eine komische ~ abgewinnen** to see the funny side of sth
⑬ *(Wesen, Verhalten)* side; ***das ist ja eine ganz neue ~ an dir*** that's a whole new side to you; **sich** *akk* **von seiner besten ~ zeigen** to show oneself at one's best, to be on one's best behaviour; **neue ~n an jdm entdecken** to discover new sides to sb; **jds schwache ~ sein** *(Unzulänglichkeit)* to be sb's weakness [*or fam* weak point]; *(einen starken Reiz darstellen)* to be tempting for sb; **jds starke ~ sein** *(fam)* to be sb's forte [*or* strong point]
⑭ *(Partei)* side, party; **von allen ~n** from everywhere [*or* all sides]; ***das Abkommen wurde von allen ~n bestätigt*** the agreement was confirmed by all; **von dritter ~** from a third party; **die ~n wechseln** SPORT to change ends; *(zu jdm übergehen)* to change sides
⑮ *(Standpunkt)* side; **von jds ~ [aus]** as far as sb is concerned; ***von meiner ~ gibt es keine Einwände*** there are no objections on my part; **etw von einer bestimmten ~ betrachten** to see sth from a certain point of view; **jdn auf seine ~ bringen [*o* ziehen]** to get sb on one's side; **sich** *akk* **auf jds ~ schlagen** to change over to sb's side; **auf jds ~ stehen [*o* sein]** to be on sb's side
⑯ *(Instanz)* **von bestimmter ~** from certain circles; **von kirchlicher/offizieller ~** from ecclesiastical/official sources
⑰ *(genealogische Linie)* side; **von *mütterlicher ~ her*** from the maternal side
▸ WENDUNGEN: **an jds ~** with sb; ***sie lebte sehr glücklich an der ~ ihres Mannes*** she was very happy living with her husband; **~ an ~** side by side; **[jdm] nicht von der ~ gehen [*o* weichen]** to not leave [sb's] side; **Geld auf die ~ legen** to put some money on one side [*or* aside]; **an jds grüner ~ sitzen** *(hum)* to sit by sb; **etw auf die ~ schaffen** *(fam)* to pocket sth; **jdn auf die ~ schaffen** *(sl)* to bump sb off *sl;* **jdm zur ~ springen** *(fam)* to jump to sb's assistance [*or* aid]; **jdm zur ~ stehen** to stand by sb; **jdn jdm an die ~ stellen** to give sb to sb as support

Sei·ten *präp* ■ **auf ~ [*o* aufseiten] einer S.** *gen/***eines Menschen** on the part of sth/sb; ***auf ~ der Wähler gab es viele Proteste*** from the voters came many protests; ■ **von ~ [*o* vonseiten] einer S.** *gen/***eines Menschen** from the part of sth/sb

Sei·ten·air·bag [-ærbɛg] *m* AUTO lateral [*or* side] airbag **Sei·ten·al·tar** *m* side altar **Sei·ten·an·fang** *m* top of a/the page, head of a/the form **Sei·ten·an·ga·be** *f* page reference **Sei·ten·an·la·ge·mar·ke** *f* TYPO side lay **Sei·ten·an·sicht** *f* side view; INFORM page preview **Sei·ten·arm** *m* GEOG branch **Sei·ten·auf·bau** *m* INET page construction; ***die Seite hat einen extrem langsamen ~*** the page is extremely slow to load **Sei·ten·auf·prall·schutz** *m kein pl* AUTO side-impact protection **Sei·ten·auf·ruf** *m* INET page view **Sei·ten·aus·gang** *m* side exit **Sei·ten·aus·li·nie** *f* SPORT sideline; *(Fußball)* touchline **Sei·ten·be·schrei·bungs·spra·che** *f* INFORM page description language, PDL **Sei·ten·be·we·gung** *f* LUFT, NAUT lateral movement **Sei·ten·blick** *m* sidelong glance, glance to the side; **jdm einen ~ zuwerfen** to glance at sb from the side **Sei·ten·bord·mo·tor** *m* outboard motor **Sei·ten·brei·te** *f* page width **Sei·ten·dru·cker** *m* INFORM page printer, page-at-a-time printer **Sei·ten·ein·gang** *m* side entrance **Sei·ten·ein·stei·ger(in)** <-s, -> *m(f) (sl) sb who got in through the back door* **Sei·ten·en·de** *nt* end of page **Sei·ten·end·film** *m* TYPO final page film

Sei·ten·flü·gel *m* ① ARCHIT *(seitlicher Teil eines Gebäudes)* side wing
② REL *(Flügel eines Flügelaltars)* wing

Sei·ten·gang *m* ① BAHN corridor; *(in einem Gebäude)* corridor
② NAUT lateral drift; **~ haben** to be drifting sideways; ***das Schiff hat ~*** the ship is drifting sideways
③ NAUT *(Schiffsbau)* side strake
④ *(beim Reiten)* sidestep

Sei·ten·gas·se *f* side street [*or* alley] **Sei·ten·ge·bäu·de** *nt* side building, annex; *eines Bauernhofs* outbuilding **sei·ten·glatt** *adj inv* **~er Film** TYPO final page [*or* full-page] film **Sei·ten·gleis** *nt* siding **Sei·ten·hieb** *m* sideswipe; **jdm einen ~ versetzen** to sideswipe sb; **~e [auf jdn] verteilen** to make sideswipes [at sb] **Sei·ten·ka·nal** *m* lateral [*or* side] canal **Sei·ten·la·ge** *f* side position; **in ~ schlafen/ruhen/schwimmen** to sleep/rest/swim on one's side; **in der ~** on one's side; **stabile ~** stable side position **sei·ten·lang I.** *adj* comprising several pages, several pages long; ■ **~ sein** to be several pages long; **~e Briefe schreiben** to write endless letters **II.** *adv* in several pages **Sei·ten·län·ge** *f* ① *(Länge einer Seite)* length of a side ② *(Umfang einer Manuskriptseite)* page length **Sei·ten·leh·ne** *f* armrest **Sei·ten·leit·werk** *nt* rudder assembly **Sei·ten·licht** *nt* LUFT, NAUT sidelight

Sei·ten·li·nie *f* ① ZOOL lateral line ② FBALL touchline ③ TENNIS sideline ④ *(Nebenlinie im Stammbaum)* offset, offshoot ⑤ BAHN branch line **Sei·ten·li·ni·en·or·gan** *nt* ZOOL lateral-line organ

Sei·ten·num·me·rie·rung *f* folios *pl,* paging **sei·ten·ori·en·tiert** *adj* page-oriented; **~er Drucker** page printer **Sei·ten·rand** *m* TYPO margin **sei·ten·rich·tig** *adv inv* TYPO right-reading, emulsion side up **Sei·ten·ru·der** *nt* LUFT rudder

sei·tens ['zaitn̩s] *präp +gen (geh)* on the part of

Sei·ten·schei·tel *m* side parting **Sei·ten·schiff**

nt side aisle **Sei·ten·schlitz** *m* side slit **Sei·ten·schnei·der** *m* cutter, diagonal cutting pliers *npl* **Sei·ten·sprung** *m (fam)* bit on the side *fam;* **einen ~ machen** to have a bit on the side [*or* an affair] **Sei·ten·ste·chen** *nt kein pl* stitch; **~ haben** to have a stitch **Sei·ten·steu·er** *nt* LUFT rudder **Sei·ten·stra·ße** *f* side street **Sei·ten·strei·fen** *m (Notspur)* hard shoulder; *(Bankett)* verge BRIT; **„~ nicht befahrbar"** "do not drive on the verge [*or* shoulder]" **Sei·ten·ta·sche** *f* side pocket **Sei·ten·trakt** *m* side wing **Sei·ten·um·bruch** *m* TYPO page break **Sei·ten·um·fang** *m* number of pages, page count, pagination **sei·ten·ver·kehrt** *adj* back to front, the wrong way around; TYPO laterally reversed, mirror image **Sei·ten·wa·gen** *m* sidecar **Sei·ten·wand** *f* AUTO side panel **Sei·ten·wech·sel** *m* SPORT changeover, change of ends; TYPO page change **Sei·ten·weg** *m* byway

Sei·ten·wind *m* crosswind **Sei·ten·wind·emp·find·lich·keit** *f* AUTO crosswind sensitivity

Sei·ten·zahl *f* ❶ *(Anzahl der Seiten)* number of pages
❷ *(Ziffer)* page number

seit·her [zaitˈheːɐ̯] *adv* since then

seit·lich [ˈzaitlɪç] **I.** *adj* side *attr;* **~er Wind** crosswind; **~ Streifen an der Hose** stripes on the sides of the trousers [*or* pants]; **die ~e Begrenzung der Fahrbahn** the side boundaries of the lane
II. *adv* at the side; **~ stehen** to stand sideways; **~ gegen etw** *akk* **prallen** to crash sideways into sth
III. *präp +gen* ■ **~ einer S.** *gen*/**eines Menschen** at the side of [*or* beside] sb/sth; **~ *der Straße verläuft ein Graben*** a ditch runs along the side of the road

Seit·pferd *nt* SPORT pommel horse

seit·wärts [ˈzaitvɛrts] **I.** *adv* ❶ *(zur Seite)* sideways
❷ *(auf der Seite)* on one's side
II. *präp +gen (geh)* beside; **~ des Weges** on the side of the path

Seit·wärts·gang *m* SPORT *im Reitsport* sideways gait

seit·wärts|wen·denRR *vt* **den Körper etwas ~** to turn one's body a little to the side

SEK <-[s], -s> [ɛsʔeːˈkaː] *nt Abk von* **Sondereinsatzkommando** Special Branch BRIT

sek., Sek. *Abk von* **Sekunde** sec.

Se·kan·te <-, -n> [zeˈkantə] *f* secant

sek·kie·ren* [zɛˈkiːrən] *vt* ÖSTERR *(geh)* ■**jdn ~** to pester [*or* badger] sb

Se·kret <-[e]s, -e> [zeˈkreːt] *nt* secretion

Se·kre·tär <-s, -e> [zekreˈtɛːɐ̯] *m* bureau BRIT, secretaire BRIT, secretary

Se·kre·tär(in) <-s, -e> [zekreˈtɛːɐ̯] *m(f)* ❶ *(Assistent)* secretary
❷ *(leitender Funktionär)* secretary
❸ *(Schriftführer)* secretary
❹ *(Beamter des mittleren Dienstes)* middle-ranking civil servant
❺ ORN secretary bird

Se·kre·ta·ri·at <-[e]s, -e> [zekretaˈri̯aːt] *nt* ❶ *(Abteilung für Verwaltung)* secretary's office
❷ *(Räumlichkeit)* office

Se·kre·tä·rin <-, -nen> *f fem form von* **Sekretär**

Se·kre·ti·on <-, -en> [zekreˈtsi̯oːn] *f* secretion

Se·kre·to·ly·ti·kum <-s, -ka> [zekretoˈlyːtikum, *pl* -lyːtika] *nt* MED secretagogue

Sekt <-[e]s, -e> [zɛkt] *m* sparkling wine

Sek·te <-, -n> [ˈzɛktə] *f* sect

Sekt·emp·fang *m* champagne reception

Sek·ten·an·hän·ger(in) *m(f)* member of a sect **Sek·ten·füh·rer(in)** *m(f)* sect leader **Sek·ten·mit·glied** *nt* member of a sect **Sek·ten·zen·tra·le** *f* headquarters of a sect

Sekt·früh·stück *nt* champagne breakfast **Sekt·glas** *nt* champagne [*or* sekt] glass

Sek·tie·rer(in) <-s, -> [zɛkˈtiːrɐ] *m(f)* ❶ REL *(Sektenanhänger)* sectarian
❷ *(geh: Abweichender einer Richtung)* deviationist

sek·tie·re·risch [zɛkˈtiːrərɪʃ] *adj inv* ❶ *(zu einer Sekte gehörend)* sectarian
❷ *(im Kommunismus)* deviationist

Sek·tie·rer·tum <-s> *nt kein pl* REL, SOZIOL *(pej)* sectarianism

Sek·ti·on <-, -en> [zɛkˈtsi̯oːn] *f* ❶ *(Abteilung)* section
❷ MED autopsy, post mortem [examination]
❸ *(fachspr: vorgefertigtes Bauteil)* section

Sek·ti·ons·chef(in) *m(f)* ADMIN ÖSTERR head of a/the ministry BRIT, section chief AM

Sekt·kelch *m* champagne flute **Sekt·kor·ken** *m* champagne cork **Sekt·küh·ler** *m* champagne [*or* sekt] cooler **Sekt·lau·ne** *f kein pl (hum)* champagne flush

Sek·tor <-s, -en> [ˈzɛktoːɐ̯, *pl* zɛkˈtoːrən] *m* ❶ *(Fachgebiet)* sector, field; **primärer/sekundärer ~** primary/secondary sector; **staatlicher ~** public sector
❷ MATH *(Kreisausschnitt)* sector
❸ HIST *(Besatzungszone in Berlin)* sector
❹ INFORM *(Bereich der Magnetplatte)* sector; **fehlerhafter ~** bad [*or* faulty] sector

Sekt·quirl *m* swizzle stick

Se·kun·dant(in) <-en, -en> [zekunˈdant] *m(f)* HIST, SPORT second

Se·kun·danz <-, -en> [zekunˈdants] *f pl selten (geh)* ❶ *(Tätigkeit eines Sekundanten)* duties of a second
❷ *(Beistand, Unterstützung)* support

se·kun·där [zekunˈdɛːɐ̯] *adj (geh)* secondary

Se·kun·dar·arzt, -ärz·tin [zekunˈdaːɐ̯-] *m, f* junior doctor, houseman BRIT, intern AM

Se·kun·där·boy·kott *m* secondary boycott **Se·kun·där·ener·gie** *f* secondary energy **Se·kun·där·in·fek·ti·on** *f* secondary infection **Se·kun·där·kreis·lauf** *m von Kühlkreisläufen* secondary cycle

Se·kun·dar·leh·rer(in) *m(f)* SCH SCHWEIZ secondary school teacher

Se·kun·där·li·te·ra·tur *f* secondary literature **Se·kun·där·markt** *m* ÖKON secondary market **Se·kun·där·pro·dukt** *nt* HANDEL secondary product **Se·kun·där·recht** *nt* secondary law **Se·kun·där·roh·stof·fe** *pl* secondary raw materials *pl*

Se·kun·dar·schu·le *f* SCH SCHWEIZ secondary school **Se·kun·dar·stu·fe** *f* SCH secondary school level; **~ I** *classes with students aged 10 to 15;* **~ II** *fifth and sixth form classes*

Se·kun·där·tu·gend *f* PHILOS secondary virtue **Se·kun·där·ver·trag** *m* secondary contract

Se·kun·da·wech·sel [zeˈkunda-] *m* JUR second of exchange

Se·kun·de <-, -n> [zeˈkundə] *f* ❶ *(Zeiteinheit)* second; **auf die ~ genau** to the second
❷ *(fam: Augenblick)* second; **[eine] ~!** hang on a second! *fam;* ***wir dürfen keine ~ verlieren*** we haven't got a moment to lose
❸ MUS, MATH second

Se·kun·den·bruch·teil *m* fraction of a second **Se·kun·den·kle·ber** *m* instant adhesive

se·kun·den·lang I. *adj* a few seconds; ***nach ~em Zögern*** after hesitating for a few seconds
II. *adv* for a few seconds; ***ihre Unentschlossenheit dauerte nur ~*** her indecision lasted only a few seconds

Se·kun·den·schnel·le *f kein pl* **in ~** in a matter of seconds **Se·kun·den·zei·ger** *m* second hand

se·kun·die·ren* [zekunˈdiːrən] *vi* ❶ *(geh: unterstützen)* to second, to back up; ■**jdm [bei etw** *dat*/**in etw** *dat*] **~** to back sb up [in sth]
❷ *(bei Wettkämpfen o Duellen betreuen)* ■**jdm [bei etw** *dat*] **~** to be sb's second [in sth]

sel·be(r, s) [ˈzɛlbə, ˈzɛlbe, ˈzɛlbəs] *pron* ■**der/die/das ~ ...** the same ...; **im ~n Haus** in the same house; **am ~n Ort** at the same place; **an der ~n Stelle** on the [very] same spot; **zur ~n Zeit** at the same time; **~ Zeit, ~r Ort** same time, same place

sel·ber [ˈzɛlbɐ] *pron dem (fam)* myself/yourself/himself etc.; ***ich geh lieber ~*** I'd better go [by] myself

Sel·ber·ma·chen <-s> *nt kein pl* do-it-yourself, DIY *fam;* **zum ~** build-your-own, make-your-own

sel·big [ˈzɛlbɪç] *pron dem (veraltend geh)* the same; **am ~en Tag** on that same [*or* very] day

selbst [zɛlpst] **I.** *pron dem* ❶ *(persönlich)* myself/yourself/himself etc.; **mit jdm ~ sprechen** to speak to sb oneself; ***„wie geht es dir?" — „gut! und ~?"*** "how are you?" — "fine, and [how are] you?"; ***das möchte ich ihm lieber ~ sagen*** I'd like to tell him that myself; *(an sich)* itself; ***er ist nicht mehr er ~*** *(fam)* he is not himself anymore; **~ eine(r, s)!** *(fam)* so are you!
❷ *(ohne Hilfe, alleine)* by oneself; **etw ~ machen** to do sth by oneself; **von ~** automatically; **etw versteht sich von ~** it goes without saying; ***der Rest kommt dann ganz von ~*** the rest will take care of itself
❸ *(fam: verkörpern)* ■**etw ~ sein** to be sth in person [*or* itself]; ***er ist die Ruhe ~*** he is calmness itself [*or* personified]; *s. a.* **Frau, Mann**
II. *adv* ❶ *(eigen)* self; **~ ernannt** self-appointed; **~ gemacht** home-made; **~ gestrickt** hand-knitted; *(fig: selbst erfunden)* homespun; **~ verdient** earned by oneself
❷ *(sogar)* even; **~ *der Direktor war anwesend*** even the director was present; **~ wenn** even if

Selbst <-> [zɛlpst] *nt kein pl (geh)* self; ■**jds ~** sb's self

Selbst·ab·ho·ler *m person collecting his/her own furniture, etc.* **Selbst·ab·leh·nung** *f* JUR self-disqualification of a judge **Selbst·ach·tung** *f* self-respect **Selbst·ähn·lich·keit** *f* MATH self-similarity

selb·stän·dig [ˈzɛlpʃtɛndɪç] *adj s.* **selbstständig**

Selb·stän·di·ge(r) *f(m) dekl wie adj s.* **Selbstständige(r)**

Selb·stän·dig·keit <-> *f kein pl s.* **Selbstständigkeit**

Selbst·an·zei·ge *f* JUR self-denunciation; **eine ~ erstatten** to report oneself to the police/Inland Revenue **Selbst·auf·ga·be** *f kein pl* PSYCH mental collapse **Selbst·auf·lö·sung** *f einer Gruppierung* voluntary disbanding **Selbst·auf·op·fe·rung** *f (geh)* self-sacrifice; **bis zur [völligen] ~** [right] down to self-sacrifice **Selbst·aus·beu·tung** *f kein pl* ÖKON exploiting oneself, working for too little **Selbst·aus·lö·ser** *m* FOTO delayed-action shutter release **Selbst·bau·bran·che** *f* DIY, do-it-yourself **Selbst·be·die·nung** *f* self-service **Selbst·be·die·nungs·la·den** *m* self-service shop **Selbst·be·die·nungs·re·stau·rant** *nt* self-service restaurant

Selbst·be·frie·di·gung *f* masturbation **Selbst·be·fruch·tung** *f* self-fertilization **Selbst·be·halt** <-[e]s, -e> *m* FIN, JUR *(Selbstbeteiligung bei Versicherung)* deductible, excess BRIT **Selbst·be·haup·tung** *f kein pl* self-assertion **Selbst·be·herr·schung** *f* self-control; **die ~ wahren** [*o* **behalten**] to keep one's self-control; **die ~ verlieren** to lose one's self-control [*or* temper]

Selbst·be·lie·fe·rung *f* HANDEL self-supply **Selbst·be·lie·fe·rungs·vor·be·halt** *m* HANDEL reservation as to oneself obtaining the supplies

Selbst·be·rei·che·rung *f (pej)* self-enrichment *pej* **Selbst·be·schrän·kung** *f* HANDEL self-restraint; **~ im Export** voluntary export restraint **Selbst·be·stä·ti·gung** *f* self-affirmation **Selbst·be·stäu·bung** *f* self-pollination **selbst·be·stimmt** *adj* self-determined

Selbst·be·stim·mung *f kein pl* self-determination

Selbst·be·stim·mungs·recht *nt kein pl* ❶ POL right to self-determination
❷ *(Recht, selbst zu entscheiden)* right of self-determination

Selbst·be·tei·li·gung *f* FIN [percentage] excess **Selbst·be·trug** *m kein pl* self-deception **Selbst·be·weih·räu·che·rung** *f (pej fam)* self-adulation **selbst·be·wusst**RR *adj* self-confident **Selbst·be·wusst·sein**RR *nt (Selbstsicherheit)* self-confidence; *(Selbstkenntnis)* self-awareness **Selbst·be·zich·ti·gung** *f* JUR self-incrimination

selbst·be·zo·gen [ˈzɛlpstbətsoːgn̩] *adj (meist pej)* self-centred *pej*

Selbst·be·zo·gen·heit <-> [ˈzɛlpstbətsoːgn̩hait] *f kein pl* PSYCH solipsism

Selbst·bild *nt* PSYCH self-image **Selbst·bild·nis** *nt* self-portrait **Selbst·bin·dung** *f* JUR self-engage-

S

ment **Sẹlbst·bräu·ner** *m* self-tanning lotion [*or* cream] **Sẹlbst·bräu·nungs·creme** *f* self-tanning [*or* autobronzing] cream **Sẹlbst·bräu·nungs·milch** *f* self-tanning milk **Sẹlbst·dar·stel·ler(in)** *m(f)* SOZIOL showman

Sẹlbst·dar·stel·lung *f* ❶ *(Selbstbeschreibung)* description of oneself; *(Imagepflege)* image ❷ KUNST *s.* **Selbstbildnis**

Sẹlbst·dis·zi·plin *f kein pl* self-discipline **Sẹlbst·ein·tritt** *m* JUR self-contracting, self-dealing **Sẹlbst·ein·tritts·recht** *nt* JUR right to enter into contract with oneself **Sẹlbst·ent·fal·tung** *f kein pl* self-realization **Sẹlbst·ent·lei·bung** *f (geh)* suicide **Sẹlbst·ent·sor·ger(in)** *m(f)* ÖKOL independent disposer of waste

Sẹlbst·er·fah·rung *f kein pl* self-awareness **Sẹlbst·er·fah·rungs·grup·pe** *f* self-awareness group

Sẹlbst·er·hal·tung *f kein pl* self-preservation *no pl,* survival *no pl* **Sẹlbst·er·hal·tungs·trieb** *m* survival instinct

Sẹlbst·er·kennt·nis *f kein pl* self-knowledge ▶WENDUNGEN: ~ **ist der erste Schritt zur Besserung** *(prov)* self-knowledge is the first step to self-improvement **sẹlbst er·stellt** *adj inv* self-generated; ~**e Anlagen** self-constructed assets **Sẹlbst·fi·nan·zie·rung** *f* FIN self-financing

Sẹlbst·fin·dung *f kein pl* self-discovery *no pl*

Sẹlbst·ge·brauch *m kein pl* personal use; JUR personal consumption **Sẹlbst·ge·dreh·te** *f dekl wie adj (fam)* roll-up *fam;* ~ **rauchen** to roll one's own **Sẹlbst·ge·fähr·dung** *f* self-endangering **sẹlbst·ge·fäl·lig** *adj (fig)* self-satisfied, smug *fam* **Sẹlbst·ge·fäl·lig·keit** *f kein pl* self-satisfaction, smugness *fam* **sẹlbst·ge·nüg·sam** *adj* modest **sẹlbst·ge·recht** *adj (pej)* self-righteous **Sẹlbst·ge·rech·tig·keit** *f kein pl (pej)* self-righteousness **Sẹlbst·ge·spräch** *nt* monologue; **Selbstgespräche führen** [*o* **halten**] to talk to oneself **sẹlbst·ge·strickt** *adj inv, attr (fam) s.* **selbst II 1** **sẹlbst·haf·tend** *adj inv* self-adhesive **Sẹlbst·hass**^RR *m* PSYCH self-hatred **Sẹlbst·hei·lungs·kraft** *f* self-healing power **Sẹlbst·hei·lungs·me·cha·nis·men** *pl des Körpers* self-healing mechanism **sẹlbst·herr·lich** *adj (pej)* high-handed; *Anführer* autocratic **Sẹlbst·herr·lich·keit** *f kein pl (pej)* high-handedness

Sẹlbst·hil·fe *f kein pl* self-help; **zur ~ greifen** to take matters into one's own hand; **Hilfe zur ~ leisten** to help sb to help himself/herself **Sẹlbst·hil·fe·grup·pe** *f* self-help group **Sẹlbst·hil·fe·recht** *nt* JUR right of self-redress **Sẹlbst·hil·fe·ver·kauf** *m* JUR self-help sale

Sẹlbst·in·duk·ti·on *f* ELEK self-induction **Sẹlbst·in·sze·nie·rung** *f* self-aggrandizement *pej* **Sẹlbst·iro·nie** *f* self-mockery **sẹlbst·iro·nisch** *adj* self-ironic **Sẹlbst·jus·tiz** *f* JUR vigilantism; ~ [**an jdm**] **üben** to take the law into one's own hand [with regards to sb] **Sẹlbst·kle·be·eti·kett** *nt* self-adhesive label **sẹlbst·kle·bend** *adj* self-adhesive **Sẹlbst·kon·tra·hent(in)** *m(f)* JUR self-contracting party **Sẹlbst·kon·tra·hie·ren** *nt kein pl* JUR self-contracting, self-dealing

Sẹlbst·kon·trol·le *f kein pl* ❶ PSYCH self-restraint, self-control ❷ *(eigenverantwortliche Kontrollinstitution)* self-regulation **Sẹlbst·kon·zept** *nt* PSYCH *(fachspr)* self-concept

Sẹlbst·kos·ten *pl* FIN cost of sales, cost price, prime cost; **niedrige ~** low prime costs; ~ **veranschlagen** to cost **Sẹlbst·kos·ten·be·rech·nung** *f* FIN cost accounting, costing, prime cost calculation **Sẹlbst·kos·ten·be·tei·li·gung** *f* excess **Sẹlbst·kos·ten·de·ckung** *f* covering one's costs **Sẹlbst·kos·ten·preis** *m* cost price BRIT, cost; **zum ~** at cost price **Sẹlbst·kos·ten·wert** *m* HANDEL cost price

Sẹlbst·kri·tik *f kein pl* self-criticism; ~ **üben** to criticize oneself **sẹlbst·kri·tisch** *adj* self-critical **Sẹlbst·läu·fer** *m (fam)* runner *fam,* sure-fire success **Sẹlbst·laut** *m* vowel **Sẹlbst·ler·nen** *nt* selfstudy **Sẹlbst·ler·ner(in)** *m(f)* self-taught person, autodidact *spec* **Sẹlbst·lie·be** *f* love for oneself **Sẹlbst·lob** *nt kein pl* self-praise

sẹlbst·los *adj* selfless, unselfish

Sẹlbst·lo·sig·keit <-> *f kein pl* selflessness

Sẹlbst·me·di·ka·ti·on *f* MED self-medication **Sẹlbst·mit·leid** *nt* self-pity **sẹlbst·mit·lei·dig** *adj* self-pitying

Sẹlbst·mord *m* suicide; ~ **begehen** to commit suicide **Sẹlbst·mord·an·schlag** *m,* **Sẹlbst·mord·at·ten·tat** *nt* suicide attack, suicide bombing **Sẹlbst·mord·at·ten·tä·ter(in)** *m(f)* suicide bomber [*or* attacker]

Sẹlbst·mör·der(in) *m(f)* suicidal person; ***ich bin doch kein ~!*** *(fam)* I'm not about to commit suicide *fam*

sẹlbst·mör·de·risch *adj* suicidal

Sẹlbst·mord·kan·di·dat(in) *m(f)* potential suicide **Sẹlbst·mord·kom·man·do** *nt* suicide squad **Sẹlbst·mord·ver·such** *m* suicide attempt, attempted suicide; **einen ~ machen/verhindern** to make/prevent a suicide attempt **Sẹlbst·mo·ti·va·ti·on** *f kein pl* PSYCH self-motivation **sẹlbst·or·ga·ni·sie·rend** ['zɛlpstɔrganiziːrənd] *adj inv* SCI, BIOL self-organizing [*or* BRIT *a.* -ising]

Sẹlbst·pflü·cker(in) *m(f)* ***Erdbeeren für ~*** pick-your-own strawberries

Sẹlbst·por·trät *nt* self-portrait **sẹlbst·prü·fend** *adj inv* introspective **Sẹlbst·prü·fung** *f* INFORM self test, auto verify; **automatische ~** automatic checking, built-in check **sẹlbst·quä·le·risch** *adj* self-tormenting **sẹlbst·re·dend** *adv* of course **sẹlbst·re·fe·ren·ziell** ['zɛlpstreferɛntsi̯ɛl] *adj inv* PHILOS *(geh)* self-referential **Sẹlbst·re·gu·lie·rung** *f* self-regulation, self-adjustment

Sẹlbst·rei·ni·gung *f* self-purification **Sẹlbst·rei·ni·gungs·kraft** *f* self-purifying power

Sẹlbst·schnei·de·schrau·be *f* BAU self-tapping screw **sẹlbst·schuld·ne·risch** *adj* JUR directly liable [*or* suable], owing as a principal debtor *pred;* ~**e Bürgschaft** personal guarantee **Sẹlbst·schuss·an·la·ge**^RR *f* automatic firing system **Sẹlbst·schutz** *m* self-protection; **zum ~** for self-protection **Sẹlbst·schutz·trupp** *m* MIL self-protection unit **sẹlbst·si·cher** *adj* self-assured, self-confident **Sẹlbst·si·cher·heit** *f kein pl* self-assurance, self-confidence

sẹlbst·stän·dig^RR *adj* ❶ *(eigenständig)* independent; ~ **arbeiten** to work on one's own [*or* independently] ❷ *(beruflich unabhängig)* self-employed; ■~/~ **als jd sein** to be self-employed/a self-employed sb; **sich** *akk* ~ **machen** to start up one's own business ▶WENDUNGEN: **etw macht sich ~** *(hum fam)* sth grows legs *hum fam*

Sẹlbst·stän·di·gen·quo·te^RR *f* number [*or* quota] of self-employed people

Sẹlbst·stän·di·ge(r)^RR *f(m) dekl wie adj* self-employed person

Sẹlbst·stän·di·ger·wer·ben·de(r)^RR *f(m) dekl wie adj* SCHWEIZ *(Freiberufler)* freelance[r]

Sẹlbst·stän·dig·keit^RR *f* <->, *f kein pl* ❶ *(Eigenständigkeit)* independence ❷ *(selbständige Stellung)* self-employment

Sẹlbst·stän·dig·keits·be·stre·bun·gen^RR *pl* PSYCH self-confidence training *no pl*

Sẹlbst·stu·di·um *nt* self-study, private study; **etw im ~ lernen** to learn sth by studying on one's own **Sẹlbst·sucht** *f kein pl* selfishness *no pl,* egoism *no pl* **sẹlbst·süch·tig** <-er, -ste> *adj* selfish, egoistic; ~ **handeln** to act selfishly [*or* egoistically] **sẹlbst·tä·tig** **I.** *adj* automatic **II.** *adv* automatically **Sẹlbst·täu·schung** *f* self-deception [*or* -delusion] **Sẹlbst·test** *m* INFORM self test

sẹlbst·tra·gend *adj inv* ❶ TECH monocoque, unitized; ~**e Karosserie** monocoque, unitized body ❷ FIN *Verein, Organisation* self-financing, financially independent; **sich ~er Aufschwung** boom

Sẹlbst·über·he·bung *f (geh: Einbildung, Dünkelhaftigkeit)* hubris, overreaching oneself **Sẹlbst·über·hö·hung** ['zɛlpsty:behø:ʊŋ] *f (geh)* self-aggrandizement **Sẹlbst·über·schät·zung** *f* overestimation of one's [own] abilities; **an ~ leiden** to have an exaggerated opinion of oneself **Sẹlbst·über·win·dung** *f* self-discipline; **etw kostet jdn ~** sth takes will power for sb **Sẹlbst·un·fall** <-s, -unfälle> *m* SCHWEIZ *road accident where injury or damage is sustained only by the party responsible for the accident* **Sẹlbst·ver·an·la·gung** *f* FIN self-assessment **Sẹlbst·ver·ant·wor·tung** *f kein pl* personal responsibility **Sẹlbst·ver·brauch** *m kein pl* JUR personal consumption **Sẹlbst·ver·bren·nung** *f* setting fire [*or* light] to oneself **Sẹlbst·ver·lag** *m* **ein Buch im ~ herausgeben** to publish a book at one's own expense; **im ~ erschienen** published at one's own expense **Sẹlbst·ver·leug·nung** *f kein pl (geh)* self-denial; **bis zur** [**völligen**] **~** [right] down to self-denial

sẹlbst·ver·liebt *adj* self-regarding

Sẹlbst·ver·liebt·heit *f kein pl* being in love with oneself

Sẹlbst·ver·nich·tung *f* self-destruction **Sẹlbst·ver·pflich·tung** *f* self-commitment **Sẹlbst·ver·schul·den** *nt* one's [own] fault; **bei ~** if the claimant himself is at fault **sẹlbst·ver·schul·det** *adj* due to one's [own] fault **Sẹlbst·ver·sor·ger(in)** *m(f)* self-sufficient person; ~ **sein** to be self-sufficient

sẹlbst·ver·ständ·lich **I.** *adj* natural; ■~ **sein** to be a natural course of action; ***das ist doch ~*** don't mention it; **etw ~ finden, etw für ~ halten** to take sth for granted
II. *adv* naturally, of course; **wie ~** as if it were the most natural thing in the world; [**aber**] **~!** [but] of course!

Sẹlbst·ver·ständ·lich·keit <-, -en> *f* naturalness, matter of course BRIT; **etw als ~ ansehen** to regard sth as a matter of course BRIT; **etw mit der größten ~ tun** to do sth as if it were the most natural thing in the world; **eine ~ sein** to be the least that could be done; **für jd eine ~ sein** to be the least that sb could do; **mit einer ~, die ...** with a naturalness that ...

Sẹlbst·ver·ständ·nis *nt kein pl* ■**jds ~** the way sb sees himself **Sẹlbst·ver·stüm·me·lung** *f* self-mutilation **Sẹlbst·ver·such** *m* experiment on oneself **Sẹlbst·ver·tei·di·gung** *f a.* JUR self-defence [*or* AM -se]; **individuelle/kollektive ~** individual/collective self-defence **Sẹlbst·ver·tei·di·gungs·kurs** *m* class in self-defence [*or* AM -se] **Sẹlbst·ver·trau·en** *nt* self-confidence; **ein gesundes ~ haben** to be reasonably confident; **jds ~ heben** [*o* **stärken**] to increase [*or* raise] sb's self-confidence **sẹlbst·ver·wal·tet** *adj* self-governed **Sẹlbst·ver·wal·tung** *f* JUR self-administration, self-government; **kommunale ~** local government **Sẹlbst·ver·wirk·li·chung** *f* self-fulfilment, self-realization **Sẹlbst·wahr·neh·mung** *f* PSYCH introspection; ■**seine ~** the way one sees oneself **Sẹlbst·wert·ge·fühl** *nt* [sense of] self-esteem **Sẹlbst·zen·sur** *f der Medien* self-regulation **sẹlbst·zen·triert** *adj inv (geh)* self-centred [*or* AM -centered] **Sẹlbst·zer·flei·schung** *f* self-laceration **sẹlbst·zer·stö·re·risch** *adj* self-destructive **Sẹlbst·zer·stö·rung** *f* self-destruction **sẹlbst·zu·frie·den** *adj (pej)* self-satisfied **Sẹlbst·zweck** *m kein pl* end in itself; **etw ist reiner ~** sth is really only an end in itself **Sẹlbst·zwei·fel** *m* self-doubt

sel·chen ['zɛlçn̩] *vt* KOCHK SÜDD, ÖSTERR ■**etw ~** to smoke sth

Sẹlch·fleisch *nt* KOCHK SÜDD, ÖSTERR *(Rauchfleisch)* smoked meat

se·lek·tie·ren* [zelɛk'tiːrən] *vt* ■**etw/jdn ~** to select [*or* pick out] sth/sb

Se·lek·ti·on <-, -en> [zelɛk'tsi̯oːn] *f (geh)* ❶ *kein pl (geh: Auswahl)* selection ❷ BIOL *(Auslese)* selection

se·lek·ti·o·nie·ren [zelɛktsi̯oni:rən] *vt* SCHWEIZ *(selektieren)* ■**etw/jdn ~** to select [*or* pick out *sep*] sth/sb

Se·lek·ti·ons·druck *m* BIOL selection pressure

se·lek·tiv [zelɛk'tiːf] *adj (geh)* selective

Se·len <-s> [ze'leːn] *nt* selenium

Self·made·man <-s, -men> ['zɛlfmeːt'mɛn] *m* self-made man

se·lig ['zeːlɪç] *adj* ❶ *(überglücklich)* overjoyed, ec-

static; **jdn ~ machen** to make sb ecstatic [*or* extremely happy]; ***er war ~ über die gute Nachricht*** he was ecstatic about the good news
② *(fam: leicht betrunken)* merry, tipsy; ***nach einem Glas Wein ist er bereits ~*** he's already tipsy after one glass of wine
③ REL *(von irdischen Übeln erlöst)* **bis an jds ~es Ende** until sb's dying day; ***Gott habe ihn ~*** God rest his soul
④ *(veraltend geh: verstorben)* late; **die ~e Frau Schmidt** the late Mrs Schmidt
▸WENDUNGEN: **wer's glaubt, wird ~** *(iron fam)* that's a likely story *iron fam; s. a.* **Angedenken, Ende, Gott**

Se·li·ge(r) *f(m) dekl wie adj* ① *(verstorbener Ehepartner)* dear departed husband/wife; ***um finanzielle Angelegenheiten hat sich immer mein ~r gekümmert*** my dear departed husband dealt with all the finances
② *pl (geh: Tote im Reich Gottes)* blessed spirit; **das Reich der ~n** the spirit world
③ REL *(Seliggesprochener)* blessed

Se·lig·keit <-> *f kein pl* ① REL salvation; **die [ewige] ~ erlangen** [*o* **gewinnen**] to attain a state of [eternal] salvation
② *(geh: Glücksgefühl)* bliss, ecstasy

se·lig|spre·chen *vt irreg* ■**jdn ~** to bless [*or* beatify] sb

Se·lig·spre·chung <-, -en> *f* beatification

Sel·le·rie <-s, -[s]> ['zɛləri] *m (Knollensellerie)* celeriac; *(Stangensellerie)* celery

sel·ten ['zɛltn̩] *adj* ① *(kaum vorkommend, nicht häufig)* rare; **ein ~es Schauspiel** a rare event; **höchst ~** very [*or* extremely] rare; **~ *so gelacht!*** *(iron fam)* very funny, I don't think! *iron*
② *(besonders)* exceptional; **ein ~ schönes Exemplar** an exceptionally beautiful specimen; *s. a.* **Gast**

Sel·ten·heit <-, -en> *f* ① *kein pl (seltenes Vorkommen)* rare occurrence
② *(seltene Sache)* rarity; ***bei ihm ist das keine ~*** that's not unusual for him

Sel·ten·heits·wert *m kein pl* rarity value; **~ haben** to possess a rarity value, to be very rare; **etw von ~** sth very rare

Sel·ters <-, -> ['zɛltɐs] *nt (fam),* **Sel·ters·was·ser** *nt* DIAL soda [water]

selt·sam ['zɛltza:m] *adj* strange; *Mensch a.* odd; *Geschichte, Sache, Umstände a.* peculiar; **ein ~es Gefühl haben** to have an odd feeling; **sich** *akk* **~ benehmen** to behave in an odd way; ***mir ist heute ganz ~ zumute*** I'm in an odd mood today

selt·sa·mer·wei·se *adv* strangely [*or* oddly] enough

Selt·sam·keit <-, -en> *f* ① *kein pl (seltsame Art)* strangeness, peculiarity
② *(seltsame Erscheinung)* oddity

Se·man·tik <-> [ze'mantɪk] *f kein pl* semantics + *sing vb*

se·man·tisch [ze'mantɪʃ] **I.** *adj* semantic
II. *adv* semantically

Se·ma·sio·lo·gie <-> [zemazi̯olo'gi:] *f kein pl* LING semasiology

Se·mes·ter <-s, -> [ze'mɛstɐ] *nt* ① SCH *(akademisches Halbjahr)* semester, term *(lasting half of the academic year)*; ***ich bin im sechsten ~*** I'm in the third year [*or* sixth semester]
② SCH *(sl: Student)* **ein siebtes ~** a fourth-year; **ein älteres** [*o* **höheres**] **~** *(fam)* a senior student
▸WENDUNGEN: **ein älteres ~** *(hum fam)* no spring chicken *hum fam*

Se·mes·ter·fe·ri·en *pl* [university] vacation; ÖSTERR *a. (Schulferien)* school holiday [*or* AM vacation]

Se·mi·fi·na·le ['ze:mifina:lə] *nt* semi-final

Se·mi·ko·lon <-s, -s *o* -kola> [zemi'ko:lɔn, *pl* -ko:la] *nt* semicolon

Se·mi·kon·duk·tor <-s, -en> ['ze:mikɔn'dʊkto:ɐ̯, *pl* -kɔndʊk'to:rən] *m* semiconductor

Se·mi·nar <-s, -e *o* ÖSTERR -ien> [zemi'na:ɐ̯, *pl* -ri̯ən] *nt* ① SCH *(Lehrveranstaltung an der Universität)* seminar
② SCH *(Universitätsinstitut)* department; **das historische ~** the History Department
③ REL *(fam)* seminary
④ *(Lehrgang für Referendare)* course for student teachers prior to the second state examination

Se·mi·nar·ar·beit *f* seminar paper

Se·mi·na·rist(in) <-en, -en> [zemina'rɪst] *m(f)* seminarist

Se·mi·nar·schein *m certificate of successful attendance at a seminar*

Se·mi·olo·gie <-> [zemi̯olo'gi:] *f kein pl* LING semiology

Se·mi·o·tik <-> [ze'mi̯o:tɪk] *f kein pl* LING semiology

se·mi·per·me·a·bel [zemipɛrme'a:bl̩] *adj* semipermeable; **semipermeable Membran** [porous] diaphragm

Se·mit(in) <-en, -en> [ze'mi:t] *m(f)* Semite

se·mi·tisch [ze'mi:tɪʃ] *adj* Semitic

Sem·mel <-, -n> [zɛml̩] *f* KOCHK DIAL [bread] roll
▸WENDUNGEN: **weggehen wie warme ~n** *(fam)* to go [*or* sell] like hot cakes *fam*

Sem·mel·brö·sel *pl* ÖSTERR, SÜDD breadcrumbs **Sem·mel·knö·del** *m* SÜDD, ÖSTERR bread dumpling **Sem·mel·mehl** *nt* fine breadcrumbs *pl*

sem·meln ['zɛmln̩] *vt* ■**etw irgendwo hin ~** *(fam)* to chuck [*or* AM toss] sth away

sen. *Abk von* **senior**

Se·nat <-[e]s, -e> [ze'na:t] *m* ① HIST, POL, SCH senate
② JUR appellate court division

Se·na·tor, Se·na·to·rin <-s, -en> [ze'na:to:ɐ̯, zena'to:rɪn, *pl* -'to:rən] *m, f* senator

Se·nats·aus·schuss^RR^ *m* senate committee **Se·nats·be·schluss**^RR^ *m* senate decision **Se·nats·kanz·lei** *f* office of the senate **Se·nats·sit·zung** *f* senate session **Se·nats·spre·cher(in)** *m(f)* senate speaker **Se·nats·ver·wal·tung** *f* senate administration

Send·bo·te, -botin <-n, -n> *m, f (poet)* emissary

Sen·de·an·la·ge *f* transmitter, transmitting installation **Sen·de·an·stalt** *f* broadcasting institution **Sen·de·an·ten·ne** *f* transmission aerial [*or* dish] **Sen·de·be·reich** *m* transmission area **Sen·de·be·trieb** *m* RADIO, TV **den ~ aufnehmen** to start transmitting [*or* broadcasting] **Sen·de·ein·rich·tung** *f* broadcasting equipment, transmitting facility

Sen·de·fol·ge *f* ① *(Reihenfolge der Sendungen)* sequence of programmes [*or* AM -ams]
② *(selten: Fortsetzungssendung)* episode

Sen·de·ge·biet *nt s.* **Sendebereich** **Sen·de·ge·rät** *nt* transmission set **Sen·de·lei·ter(in)** <-s, -> *m(f)* producer **Sen·de·mast** *m* TELEK transmitter [*or* mobile phone] [*or* radio] mast **Sen·de·mi·nu·te** *f* TV, RADIO broadcast minute

sen·den[1] ['zɛndn̩] **I.** *vt* to broadcast; **ein Fernsehspiel ~** to broadcast a television play; **ein Signal/eine Botschaft ~** to transmit a signal/message
II. *vi* to be on the air

sen·den[2] <sandte *o* sendete, gesandt *o* gesendet> ['zɛndn̩] **I.** *vt (geh)* ■**jdn/etw ~** to send sb/sth; **Truppen ~** to despatch troops; ■**jdm etw ~,** ■**etw an jdn ~** to send sth to sb
II. *vi (geh)* ■**nach jdm ~** to send for sb

Sen·den <-s> ['zɛndn̩] *nt kein pl* INFORM dispatch [*or* despatch]

Sen·de·pau·se *f* [programme [*or* AM -am]] interval; **~ haben** *(fig fam)* to keep silent, to stop talking; ***es herrscht ~*** *(fam)* there is deadly silence **Sen·de·platz** *m* TV, RADIO channel

Sen·der <-s, -> ['zɛndɐ] *m* ① *(Sendeanstalt)* TV channel, station; *Radio* station; **einen ~ gut/schlecht empfangen** to have [*or* get] good/poor reception of a station/channel
② TELEK *(Sendegerät)* transmitter
▸WENDUNGEN: **jdm auf den ~ gehen** *(sl)* to get on sb's nerves, to get up sb's nose *fam*

Sen·de·raum *m* studio **Sen·de·rei·he** *f* series + *sing vb* **Sen·der·such·lauf** *m* automatic station search, search tuning **Sen·der·such·sys·tem** *nt* automatic station search [system], search tuning [system] **Sen·de·schluss**^RR^ *m* close-down **Sen·de·zei·chen** *nt* call sign **Sen·de·zeit** *f* broadcasting time, airtime; **zur besten ~** at prime time

Sen·dung[1] <-, -en> *f* TV, RADIO ① *(Ausstrahlung)* broadcasting; *Signal* transmission; **auf ~ gehen/sein** to go/be on the air
② *(Rundfunk-, Fernsehsendung)* programme [*or* AM -am]; **eine ~ ausstrahlen** to broadcast a programme; **eine ~ hören** to listen to a programme

Sen·dung[2] <-, -en> *f* ① *(etw Gesandtes: Briefsendung)* letter; *(Paketsendung)* parcel; **den Empfang einer ~ bestätigen** to confirm receipt of a parcel; *(Warensendung)* consignment; **postlagernde ~** poste restante, AM general delivery
② *(das Senden)* sending *no pl*
③ *kein pl (geh: Mission)* mission

Sen·dungs·be·wusst·sein^RR^ *nt* SOZIOL, REL, POL sense of mission

Se·ne·gal <-s> ['ze:negal] *nt kein pl* ① *(Fluss in Westafrika)* Senegal [River]
② *(Republik Senegal)* Senegal

Se·ne·ga·le·se, Se·ne·ga·le·sin <-n, -n> [zenega'le:zə, zenega'le:zɪn] *m, f* Senegalese

se·ne·ga·le·sisch [zenega'le:sɪʃ] *adj inv* Senegalese

Senf <-[e]s, -e> [zɛnf] *m* ① KOCHK mustard; **scharfer/mittelscharfer/süßer ~** hot/medium-hot/sweet mustard
② BOT mustard
▸WENDUNGEN: **seinen ~ [zu etw** *dat*] **dazugeben** *(fam)* to get one's three ha'p'orth in [sth] BRIT *hum fam,* to add one's 2 cents [to sth] AM, to have one's say [in sth] *fam*

senf·far·ben, senf·far·big *adj* mustard[-coloured]

Senf·gas *nt* mustard gas **Senf·gur·ke** *f* gherkin *(pickled with mustard seeds)* **Senf·korn** *nt,* **Senf·sa·men** *m meist pl* mustard seed **Senf·pul·ver** *nt* mustard powder **Senf·so·ße** *f* mustard sauce

sen·gen ['zɛŋən] **I.** *vt* ■**etw ~** to singe sth
II. *vi* to scorch

sen·gend *adj* scorching; **~e Hitze** scorching heat

se·nil [ze'ni:l] *adj (geh)* senile; **~e Demenz** senile dementia

Se·ni·li·tät <-> [zenili'tɛ:t] *f kein pl (geh)* senility

se·ni·or ['ze:ni̯o:ɐ̯] *adj* senior

Se·ni·or <-s, -en> ['ze:ni̯o:ɐ̯, *pl* ze'ni̯o:rən] *m* ① *meist pl (ältere Menschen)* senior citizen, OAP BRIT
② *(Seniorchef)* [senior] boss; *(hum: Vater)* the old man *hum*
③ *pl* SPORT ■**die ~en** the seniors
④ *(hum fam: Ältester einer Gruppe)* **der ~ einer Mannschaft sein** to be the granny/grandad of a team

Se·ni·or·chef(in) [-ʃɛf] *m(f)* senior boss

Se·ni·o·ren·heim *nt* old people's home, home for the elderly **Se·ni·o·ren·kar·te** *f* senior citizen's ticket **Se·ni·o·ren·knast** *m (fam)* prison for people over 60 **Se·ni·o·ren·mann·schaft** *f* SPORT senior team **Se·ni·o·ren·pass**^RR^ *m* senior citizen's travel pass **Se·ni·o·ren·stu·di·um** *nt* university course for senior citizens **Se·ni·o·ren·tanz·tee** *m* senior citizens' tea dance

Se·ni·or·part·ner(in) *m(f)* senior partner

Senk·blei *nt* BAU plumb [bob]

Sen·ke <-, -n> ['zɛŋkə] *f* depression

Sen·kel <-s, -> ['zɛŋkl̩] *m (fam)* lace
▸WENDUNGEN: **jdm auf den ~ gehen** *(fam)* to get on sb's nerves *fam*

sen·ken ['zɛŋkn̩] **I.** *vt* ■**etw ~** ① *(ermäßigen)* to lower [*or* decrease] sth; **die Preise ~** to reduce [*or* lower] prices; *(niedriger machen)* to lower sth; **den Blutdruck/das Fieber ~** to lower the blood pressure/reduce fever; **den Grundwasserspiegel ~** to lower the groundwater level
② *(geh: abwärtsbewegen)* to lower sth; **den Kopf ~** to bow one's head; **ein Boot ins Wasser ~** to lower a boat into the water; **die Stimme ~** *(fig)* to lower one's voice
II. *vr* ① *(niedriger werden)* to sink; ■**sich** *akk* [**um etw** *akk*] **~** to drop [*or* subside] [by sth]; ***das Grundstück senkt sich leicht zu einer Seite*** the property subsides slightly to one side
② *(sich niedersenken)* ■**sich** *akk* [**auf jdn/etw**] **~** to lower itself/oneself [onto sb/sth]; ***die Nacht senkt sich über das Land*** *(liter)* night is falling

over the land *liter*
Senk·fuß *m* MED fallen arches *pl spec,* flat feet *pl;* **Senkfüße haben** to have flat feet **Senk·gru·be** *f* cesspit, cesspool **Senk·ho·nig** *m* liquid honey **Senk·kopf·schrau·be** *f* BAU countersunk screw
senk·recht ['zɛŋkrɛçt] *adj* vertical
▶WENDUNGEN: **halt dich ~!** *(fam)* keep out of trouble!; **immer schön ~ bleiben!** *(fam)* stay cool! *fam*
Senk·rech·te <-n, -n> *f dekl wie adj* ① MATH perpendicular
② *(senkrechte Linie)* vertical line
Senk·recht·start *m* vertical take-off
Senk·recht·star·ter *m* LUFT vertical take-off aircraft
Senk·recht·star·ter(in) *m(f) (fig fam)* high-flyer, whizz kid *fam;* ***der Film entpuppte sich als ~*** the film turned out to be an instant sell-out
Sen·kung <-, -en> *f* ① *kein pl (Ermäßigung)* decrease, lowering; *der Preise* reductions; *Gelder, Löhne, Subventionen* cut; *Steuern a.* decrease
② *(das Senken)* drop, subsidence; *des Fiebers* subsidence; *der Stimme* lowering
③ MED *(Blutsenkung)* sedimentation of the blood
④ GEOL subsidence
⑤ *(selten: Senke)* depression, hollow
Senn <-[e]s, -e> [zɛn] *m* SÜDD, ÖSTERR, SCHWEIZ *s.* **Senner**
Sen·ne <-, -n> ['zɛnə] *f* SÜDD, ÖSTERR Alpine pasture
Sen·ner(in) <-s, -> ['zɛnɐ] *m(f)* SÜDD, ÖSTERR Alpine dairyman
Sen·ne·rei <-, -en> *f* SÜDD, ÖSTERR, SCHWEIZ Alpine dairy
Sen·ne·rin <-, -nen> *f fem form von* **Senner**
Senn·hüt·te *f* Alpine hut
Sen·sa·ti·on <-, -en> [zɛnza'tsi̯o:n] *f* sensation
sen·sa·ti·o·nell [zɛnzatsi̯o'nɛl] *adj* sensational
Sen·sa·ti·ons·be·richt *f* sensational report **Sen·sa·ti·ons·blatt** *nt* MEDIA *(pej)* sensationalist newspaper **Sen·sa·ti·ons·fo·to·graf(in)** *m(f)* sensation-seeking photographer, paparazzo **Sen·sa·ti·ons·gier** *f kein pl (pej)* sensationalism *pej* **Sen·sa·ti·ons·lust** *f* desire for sensation **sen·sa·ti·ons·lüs·tern** *adj (fig)* sensation-seeking **Sen·sa·ti·ons·ma·che** *f (pej)* sensationalism **Sen·sa·ti·ons·mel·dung** *f* sensational news + *sing vb* **Sen·sa·ti·ons·nach·richt** *f* sensational news + *sing vb,* scoop **Sen·sa·ti·ons·pro·zess**[RR] *m* sensational trial
Sen·se <-, -n> ['zɛnzə] *f* scythe
▶WENDUNGEN: **jetzt ist aber ~!** *(sl)* that's enough!
Sen·sen·mann <-männer> *m (euph)* ■**der** ~ the [Grim] Reaper *liter*
sen·si·bel [zɛn'zi:bl̩] *adj* sensitive
Sen·si·bel·chen <-s, -> [zɛn'zi:bl̩çən] *nt (fam)* softy *fam*
Sen·si·bi·li·sa·tor [zɛnzibili'za:to:ɐ̯] *m* CHEM, PHYS sensitizer, sensibilization agent
sen·si·bi·li·sie·ren* [zɛnzibili'zi:rən] *vt (geh)* ■**jdn** [**für etw** *akk*] ~ to sensitize sb [for sth], to make sb aware [of sth]
Sen·si·bi·li·sie·rung <-, -en> *f (geh)* sensitization
Sen·si·bi·li·tät <-, -en> [zɛnzibili'tɛ:t] *f (geh)* sensitivity
Sen·sor <-s, -en> ['zɛnzo:ɐ̯, *pl* -'zo:rən] *m* sensor
Sen·sor·au·ge *nt* sensor eye **Sen·sor·bild·schirm** *m* INFORM touch screen **Sen·sor·tas·te** *f* sensor control
Sen·tenz <-, -en> [zɛn'tɛnts] *f (geh)* aphorism
sen·ti·men·tal [zɛntimɛn'ta:l] *adj* sentimental
Sen·ti·men·ta·li·tät <-, -en> [zɛntimɛntali'tɛ:t] *f* sentimentality
se·pa·rat [zepa'ra:t] *adj* separate; **ein ~er Eingang** a separate entrance
Se·pa·ra·tis·mus <-> [zepara'tɪsmʊs] *m kein pl* separatism
Se·pa·ra·tist(in) <-en, -en> [zepara'tɪst] *m(f)* separatist
se·pa·ra·tis·tisch *adj* separatist
Sé·pa·rée, Se·pa·ree <-s, -s> [zepa're:] *nt* private room
Se·phar·dim [ze'fardi:m, zefar'di:m] *pl* REL Sefardim *pl,* Sephardim *pl*
se·phar·disch [ze'fardɪʃ] *adj* REL Sephardic
Se·pia <-, Sepien> ['ze:pi̯a, *pl* -pi̯ən] *f* ① ZOOL cuttlefish
② *kein pl (Farbstoff)* sepia
Se·pia·tin·te *f* sepia ink **Se·pia·zeich·nung** *f* sepia drawing
Sep·sis <-, Sepsen> ['zɛpsɪs] *f* MED *(geh)* sepsis
Sep·tem·ber <-[s], -> [zɛp'tɛmbɐ] *m* September; *s. a.* **Februar**
Sep·tett <-[e]s, -e> [zɛp'tɛt] *nt* septet, septette BRIT
Sep·tim <-, -en> [zɛp'ti:m] *f,* **Sep·ti·me** <-, -n> [zɛp'ti:mə] *f* MUS seventh
sep·tisch ['zɛptɪʃ] *adj (geh)* septic
se·quen·ti·ell [zekvɛn'tsi̯ɛl] *adj inv s.* **sequenziell**
Se·quenz <-, -en> [ze'kvɛnts] *f* ① *(geh: Aufeinanderfolge von etwas Gleichartigem)* sequence
② MUS *(Wiederholung eines musikalischen Motivs)* sequence
③ MUS, REL *(hymnusartiger Gesang)* sequence
④ FILM *(kleinere filmische Einheit)* sequence
⑤ KARTEN *(Serie gleicher Karten)* run, flush
⑥ INFORM *(Folge von Befehlen/Daten)* sequence
se·quen·zi·ell[RR] [zekvɛn'tsi̯ɛl] *adj inv* INFORM sequential
Se·quen·zier·au·to·mat *f* BIOL sequencing machine
se·quen·zie·ren* [zekvɛn'tsi:rən] *vt* BIOL, MUS ■**etw** ~ to sequence sth
Se·quen·zier·ver·fah·ren *nt* BIOL [shotgun] sequencing
Se·quenz·mo·dus *m* TECH sequential mode
Se·ques·ter(in) [ze'kvɛstɐ] *m(f)* JUR sequestrator
Se·ques·tra·ti·on [zekvɛstra'tsi̯o:n] *f* JUR sequestration
Se·ra ['ze:ra] *pl von* **Serum**
Ser·be, Ser·bin <-n, -n> ['zɛrbə, 'zɛrbɪn] *m, f* Serb, Serbian
ser·beln ['zɛrbl̩n] *vi* SCHWEIZ *(kränkeln)* to be sickly [*or* in poor health]
Ser·bi·en <-s> ['zɛrbi̯ən] *nt* Serbia
Ser·bi·en und Mon·te·ne·gro [-mɔnte'ne:gro] *nt* the Union of Serbia and Montenegro
Ser·bin <-, -nen> *f fem form von* **Serbe**
ser·bisch ['zɛrbɪʃ] *adj* Serbian
Ser·bo·kro·a·tisch [zɛrbokro'a:tɪʃ] *nt dekl wie adj* Serbo-Croat
Se·ren ['ze:rən] *pl von* **Serum**
Se·re·na·de <-, -n> [zere'na:də] *f* serenade
Se·rie ['ze:ri̯ə] *f* ① *(Reihe)* series + *sing vb;* **eine ~ Briefmarken** a set of stamps; **eine ~ von Unfällen/Anschlägen** a series of accidents/attacks
② ÖKON line; ***diese ~ läuft bald aus*** this line will soon be discontinued; **in ~ gehen** to go into production; **etw in ~ produzieren** to mass-produce sth; **in ~** mass-produced
③ MEDIA, TV series + *sing vb; s. a.* **Gesetz**
se·ri·ell [ze'ri̯ɛl] *adj* ① *(als Reihe)* series; **~ herstellbar** mass-produced; **~es Addieren** MATH serial addition
② INFORM serial; **~e Schnittstelle** serial interface
Se·ri·en·an·lauf *m kein pl* HANDEL start of series production **Se·ri·en·ar·ti·kel** *m* HANDEL mass-produced article **Se·ri·en·aus·füh·rung** *f* HANDEL standard design **Se·ri·en·aus·stat·tung** *f* standard fittings *pl* **Se·ri·en·brief** *m* personalized circular [letter]
se·ri·en·mä·ßig *adj* ① *(in Serienfertigung)* mass-produced; **etw ~ anfertigen** [*o* **herstellen**] to mass-produce sth
② *(bereits eingebaut sein)* standard; ■**~ sein** to be a standard feature
Se·ri·en·mord ['ze:ri̯ən-] *m meist pl* JUR serial killing *usu pl* **Se·ri·en·mör·der(in)** *m(f)* serial killer [*or* murderer] [*or fem* murderess], serial *spec sl* **Se·ri·en·num·mer** *f* serial number **Se·ri·en·pro·duk·ti·on** *f* mass production **Se·ri·en·rei·fe** *f* readiness to go into production; **bis zur ~** until the start of production **Se·ri·en·schal·tung** *f* ELEK series connection **Se·ri·en·tä·ter(in)** *m(f)* repeat offender
se·ri·en·wei·se ['ze:ri̯ən-] *adv* ① *(als Serien)* in series; **etw** [**nur**] **~ verkaufen** to [only] sell sth in a set; **ein Produkt ~ herstellen** to mass-produce a product ② *(fam: in Mengen)* one after the other
se·ri·fen·be·tont [ze'ri:fn̩] *adj inv* TYPO **~e Antiqua** Slab Serif
se·ri·fen·los [ze'ri:fn̩-] *adj inv* TYPO **~e Antiqua** Sans Serif
se·ri·ös [ze'ri̯ø:s] **I.** *adj* ① *(ordentlich, gediegen)* respectable; **ein ~er Herr** a respectable gentleman; *(ernst zu nehmend)* serious; **~e Absichten** honourable [*or* AM -orable] intentions
② ÖKON *(vertrauenswürdig)* respectable, reputable; **ein ~es Unternehmen** a reputable business
II. *adv* respectably
Se·ri·o·si·tät <-> [zeri̯ozi'tɛ:t] *f kein pl* ① *(seriöse Art)* respectability; *(Ernsthaftigkeit)* seriousness
② ÖKON *(Vertrauenswürdigkeit)* repute
Ser·mon <-s, -e> [zɛr'mo:n] *m* ① *(pej fam: langweiliges Gerede)* sermon *pej,* lecture *pej*
② *(veraltet: Rede, Predigt)* sermon
se·ro·po·si·tiv [zero-] *adj* seropositive
Ser·pen·ti·ne <-, -n> [zɛrpɛn'ti:nə] *f* ① *(schlangenförmige Straße)* winding road
② *(steile Kehre, Windung)* sharp bend; **in ~n** in winds; ***der Weg führte in ~n um den Berg herum*** the road wound [*or* zigzagged] its way around the hill
Se·rum <-s, Seren *o* Sera> ['ze:rʊm, *pl* 'ze:rən, *pl* 'ze:ra] *nt* serum
Ser·ver <-s, -> ['sœ:rvɐ] *m* INFORM server
Ser·vice[1] <-, -s> ['zøɐ̯vɪs] *m* ① *kein pl (Bedienung, Kundendienst)* service
② TENNIS serve
Ser·vice[2] <-[s], -> [zɛr'vi:s] *nt* dinner/coffee service
Ser·vice·an·ge·bot *nt* ÖKON range of services, service range **Ser·vice·be·reich** *m* ÖKON service section **Ser·vice·cen·ter**[RR], **Ser·vice-Cen·ter** <-s, -> ['sœrvɪs,sentəʳ] *nt* service centre [*or* AM -er] **Ser·vice·hot·line**[RR] ['zøɐ̯vɪshɔtlai̯n] *f* TELEK customer service hotline **Ser·vice·leis·tung** *f* ÖKON services *pl* **Ser·vice·markt** ['zøɐ̯vɪs-] *m* INFORM service market **Ser·vice·mit·ar·bei·ter(in)** *m(f)* ÖKON service person [*or* staff member] **Ser·vice·mo·dul** ['zøɐ̯vɪs-] *nt* TECH service module **Ser·vice·pa·let·te** *f* ÖKON spectrum of services **Ser·vice·per·so·nal** ['zøɐ̯vɪs-] *nt* service personnel [*or* staff] **Ser·vice·pro·vi·der** <-[s], -> ['sə:vɪsprovai̯də] *m* TELEK service provider **Ser·vice·un·ter·neh·men** ['zøɐ̯vɪs-] *nt* service company
Ser·vier·brett *nt* tray
ser·vie·ren* [zɛr'vi:rən] **I.** *vt* ■[**jdm**] **etw ~** to serve sth [to sb]; ***was darf ich Ihnen ~?*** what can I offer you?; ■**sich** *dat* **etw** [**von jdm**] **~ lassen** to have sth served [by sb]
II. *vi* ① *(auftragen)* to serve; ***zu Tisch, es ist serviert!*** dinner is served!; ***nach 20 Uhr wird nicht mehr serviert*** there is no waiter service after 8 pm
② TENNIS to serve
Ser·vier·tisch *m* serving table **Ser·vier·vor·schlag** *m* KOCHK serving suggestion **Ser·vier·wa·gen** *m* trolley
Ser·vi·et·te <-, -n> [zɛr'vi̯ɛtə] *f* napkin, serviette
Ser·vi·et·ten·ring *m* napkin ring
ser·vil [zɛr'vi:l] *adj (pej geh)* servile
Ser·vi·li·tät <-> [zɛrvili'tɛ:t] *f kein pl (pej geh)* servility
Ser·vi·tut [zɛrvi'tu:t] *nt* JUR servitude, easement
Ser·vo·brem·se ['zɛrvo-] *f* servo [*or* power-assisted] brake **Ser·vo·len·kung** *f* power steering **Ser·vo·mo·tor** *m* servomotor **ser·vo·un·ter·stützt** *adj inv* AUTO power-assisted
ser·vus ['zɛrvʊs] *interj* ÖSTERR, SÜDD *(hallo)* hello; *(tschüs)* [good]bye
Se·sam <-s, -s> ['ze:zam] *m* ① BOT sesame
② *(Samen)* sesame seed
▶WENDUNGEN: **~ öffne dich** *(hum fam)* open sesame
Se·sam·kro·kant *m* sesame brittle
Ses·sel <-s, -> ['zɛsl̩] *m* ① *(Polstersessel)* armchair
② ÖSTERR *(Stuhl)* chair
Ses·sel·form *f kein pl* CHEM *von Zuckermolekülen* chair formation **Ses·sel·leh·ne** *f* [chair] arm **Ses·sel·lift** *m* chairlift **Ses·sel·pols·te·rung** *f* chair

upholstery

sess·haft^RR^, **seß·haft**^ALT^ ['zɛshaft] *adj* ① *(bodenständig)* settled
② *(ansässig)* ■ **~ sein** to be resident; ■ **~ werden** to settle down; **~e Stämme** settled tribes

Ses·si·on <-, -s> ['zɛʃn̩, zɛ'si̯o:n] *f* session

Set <-s, -s> [zɛt] *m o nt* set

Set point <-[s], -s> ['zɛtpɔɪnt] *m* MED set point

Set-point-The·o·rie *f* MED set point theory

Set·ting <-s, -s> ['zɛtɪŋ] *nt* setting

Set-Top-Box ['zɛtɔpbɔks] *f* TV *(Decoder für digitales Fernsehen)* set-top box

Set·up [sɛt'ʌp] *nt* INFORM setup

set·zen ['zɛtsn̩] **I.** *vt* haben ① *(a. fig: platzieren)* ■ **jdn/etw irgendwohin ~** to put [*or* place] sb/sth somewhere; ***ein Kind jdm auf den Schoß ~*** to put [*or* sit] a child on sb's lap; ***den Topf auf den Herd ~*** to place the pot on the stove; ***das Glas an den Mund ~*** to put the glass to one's lips; ***einen Hund auf eine Fährte ~*** to put a dog on a trail; **seinen Ehrgeiz in etw** *akk* **~** to make sth one's goal; **eine Figur/einen Stein ~** to move piece/man; **seine Hoffnung/sein Vertrauen in** [*o* **auf**] **jdn ~** to put [*or* pin] one's hopes/trust on sb; **sein Leben an etw** *akk* **~** to devote one's life to sth; **ein Schiff auf Grund ~** to run a ship aground; *s. a.* **Fuß, Land**
② *(schreiben)* ■ **etw ~** to put sth; ***ein Gericht auf die Speisekarte ~*** to put a dish on the menu; **ein Komma/einen Punkt** [**falsch**] **~** to put a full stop/comma [in the wrong place]; **jdn auf die Liste ~** to put sb on the list; **seinen Namen/seine Unterschrift unter etw** *akk* **~** to put one's signature to sth, to sign sth; **etw auf die Rechnung ~** to put sth on the bill; **ein Stück auf den Spielplan ~** to put on a play; **etw in die Zeitung ~** to put sth in the paper; *s. a.* **Tagesordnung**
③ *(festlegen)* ■ **etw ~** to set sth; **etw** *dat* **ein Ende ~** to put a stop to sth; **jdm/sich eine Frist ~** to set sb/oneself a deadline; **jdm/etw Grenzen ~** to set limits for sb/sth; **etw** *dat* **Schranken ~** to keep sth within limits; **sich** *dat* **ein Ziel ~** to set oneself a goal; *s. a.* **Akzent, Fall, Priorität, Zeichen**
④ *(bringen)* **etw in/außer Betrieb setzen** *Maschine etc.* to start sth up/stop sth; *Lift etc.* to put sth into operation/take sth out of service; *(ein-/ausschalten)* to switch sth on/off; **jdn auf Diät ~** to put sb on a diet; **jdn in Erstaunen setzen** to astonish sb; **ein Gedicht/einen Text in Musik setzen** to set a poem/words to music; *s. a.* **Fuß, Szene, Trab, Umlauf**
⑤ *(aufstellen)* ■ **etw ~** to set [*or* put] up sth, to build sth; [**jdm**] **ein Denkmal ~** to set [*or* put] up [*or* build] a monument [to sb]; **einen Mast ~** to put up a mast; **eine Norm ~** to set a norm; **die Segel ~** to set the sails
⑥ *(wetten)* ■ **etw** [**auf jdn/etw**] **~** to put [*or* place] [*or* stake] sth [on sb/sth]; ***auf seinen Kopf sind 200.000 Dollar gesetzt*** there's 200,000 dollars on his head; **Geld auf jdn/etw ~** to stake [*or* put] money on sb/sth; **ein Pfand ~** to pledge sth; **auf ein Pferd ~** to place a bet on a horse
⑦ SPORT **jdn auf den 1./2./3. Platz ~** to seed sb first/second/third; ***die auf Platz 1 gesetzte Spielerin*** the no. 1 seeded player
⑧ TYPO ■ **etw ~** to set sth; **ein Manuskript ~** to set a manuscript
⑨ BIOL, HORT *(pflanzen)* ■ **etw ~** to plant [*or* set] sth; **Kartoffeln/Tomaten ~** to plant potatoes/tomatoes; **Fische in einen Teich ~** to stock a pond with fish
⑩ *(sl: spritzen)* ■ **etw ~** to inject [*or sl* shoot] sth; **sich** *dat* **Heroin ~** to shoot Heroin; **sich** *dat* **einen Schuss ~** *(fam)* to shoot up *fam;* **jdm/sich eine Spritze ~** to give sb/oneself an injection
⑪ JAGD *(gebären)* **Junge ~** to produce offspring
▶ WENDUNGEN: **es setzt gleich was!** *(fam)* there'll be trouble!; **sich** *dat* **etw in den Kopf ~** to take sth into one's head
II. *vr* haben ① *(sich niederlassen)* ■ **sich** *akk* **~** to sit [down]; *Vogel* to perch, to alight; ***bitte ~ Sie sich*** [***doch***]! please sit down!; ***setz dich!*** take a seat!; *(zu einem Hund)* sit!; ■ **sich** *akk* **zu jdm ~** to sit next to sb; ***wollen Sie sich nicht zu uns ~?*** won't you join us?; ***darf ich mich zu Ihnen ~?*** may I join you?; **sich** *akk* **ins Auto ~** to get into the car; **sich** *akk* **aufs Sofa/in den Sessel ~** to sit on the sofa/in the chair; **sich** *akk* **an den Tisch** [*o* **zu Tisch**] **~** to sit [down] at the table; **sich** *akk* **in die Sonne ~** to sit in the sun; **sich** *akk* **jdm auf den Schoß ~** to sit on sb's lap
② *(sinken)* ■ **sich** *akk* **~** *Kaffee, Lösung, Teeblätter* to settle; *Sedimente* to sink to the bottom; ***langsam setzt sich der Kaffeesatz*** the coffee grounds are slowly settling
③ *(dringen)* to get into; ***der Geruch/Rauch/Staub setzt sich in die Kleider*** the smell/smoke/dust gets into your clothes
④ *(in Verbindungen mit Substantiven)* **sich** *akk* **mit jdm ins Einvernehmen ~** to come to an agreement with sb; *s. a.* **Spitze, Unrecht, Verbindung, Wehr**
III. *vi* ① *haben (wetten)* ■ **auf jdn/etw ~** to bet on sb/sth, to put one's money on sb/sth, to back sb/sth; **hoch/niedrig ~** to play for high/low stakes; **auf ein Pferd ~** to place a bet on a horse
② *haben* TYPO to set
③ *haben (sich auf jdn verlassen)* ■ **auf jdn/etw ~** to rely on sb/sth
④ *sein o haben (springen)* ■ **über etw** *akk* **~** *Pferd, Läufer* to jump over sth; **über einen Graben/ein Hindernis/einen Zaun ~** to jump [over] or clear a ditch/hurdle/fence
⑤ *sein o haben (überschiffen)* **über einen Fluss ~** to cross a river
⑥ *haben* JAGD *(gebären)* to give birth

Set·zer(in) <-s, -> *m(f)* typesetter

Set·ze·rei <-, -en> [zɛtsə'rai̯] *f* composing room

Set·ze·rin <-, -nen> *f fem form von* **Setzer**

Setz·feh·ler *m* typeset error **Setz·kas·ten** *m* ① HORT seed box ② TYPO case

Setz·ling <-s, -e> ['zɛtslɪŋ] *m* ① HORT seedling
② *(junger Fisch)* fry

Setz·ma·schi·ne *f* typesetting machine, typesetter **Setz·riss**^RR^ *m* BAU settlement crack **Setz·stu·fe** *f* BAU riser

Seu·che <-, -n> ['zɔy̯çə] *f* ① MED *(Epidemie)* epidemic
② *(fig: Plage)* plague

Seu·chen·be·kämp·fung *f* epidemic control **Seu·chen·er·re·ger** *m* epidemic agent **Seu·chen·ge·biet** *nt* epidemic zone **Seu·chen·herd** *m* centre [*or* AM -er] of an epidemic **Seu·chen·me·di·zi·ner(in)** *m(f)* epidemiologist

seuf·zen ['zɔy̯ftsn̩] *vi* to sigh; **erleichtert ~** to heave a sigh of relief

Seuf·zer <-s, -> *m* sigh; **einen ~ ausstoßen** to heave [*or* to sigh] a sigh; **seinen letzten ~ tun** *(fig fam)* to breathe one's last sigh *fig*

Se·vil·la <-s> [ze'vɪlja] *nt* Seville

Sex <-[es]> [zɛks] *m kein pl* ① *(Sexualität)* sex; **~ zur Kunstform erheben** to elevate sex to an art form
② *(sexuelle Anziehungskraft)* sexiness, sex appeal; **~ haben** to be sexy
③ *(Geschlechtsverkehr)* sex; **~ haben** *(fam)* to have sex

Sex·ap·peal^RR^, **Sex-Ap·peal** <-s> [-əpi:l] *m kein pl* sex appeal **Sex·ar·bei·te·rin** *f* sex worker, worker in the sex industry **Sex·bom·be** *f* bombshell, sex bomb **Sex·club** *m* sex club **Sex·film** *m* sex film

Se·xis·mus <-> [zɛ'ksɪsmʊs] *m kein pl* sexism *no pl*

Se·xist(in) <-en, -en> [zɛ'ksɪst] *m(f)* sexist

se·xis·tisch **I.** *adj* sexist
II. *adv* sexist

Sex·muf·fel <-s, -> ['zɛks-] *m (hum sl)* grump [who is] uninterested in sex **Sex·ob·jekt** *nt* sex object **Sex·or·gie** *f (fam)* [sex] orgy **Sex·per·te** <-n, -n> [zɛks'pɛrtə] *m (hum)* sexpert **Sex·shop** <-s, -s> [-ʃɔp] *m* sex shop **Sex·sucht** ['zɛks-] *f kein pl* PSYCH sex addiction **Sex·sym·bol** *nt* sex symbol

Sex·ta <-, -ten> ['zɛksta] *f* SCH *(veraltend)* ① *(1. Klasse des Gymnasiums)* first year of a Gymnasium
② ÖSTERR *(6. Klasse des Gymnasiums)* sixth year of a Gymnasium

Sex·ta·ner(in) <-s, -> [zɛks'ta:nɐ] *m(f)* SCH ① *(veraltend)* pupil in the first year of a Gymnasium
② ÖSTERR *pupil in the sixth year of a Gymnasium*

Sex·tant <-en, -en> [zɛks'tant] *m* sextant

Sex·te <-, -n> ['zɛkstə] *f* MUS sixth

Sex·te·le·fon *nt kein pl* sex chatline

Sex·tett <-[e]s, -e> [zɛks'tɛt] *nt* sextet, sextette BRIT

Sex·tou·ris·mus [-turɪsmʊs] *m (fam)* sex tourism

Se·xu·al·de·likt [zɛ'ksu̯a:l] *nt* sexual offence, sex crime **Se·xu·al·er·zie·hung** *f* sex education **Se·xu·al·for·scher(in)** *m(f)* sexologist **Se·xu·al·for·schung** *f* sexology **Se·xu·al·hor·mon** *nt* sex hormone

Se·xu·a·li·tät <-> [zɛksu̯ali'tɛ:t] *f kein pl* sexuality

Se·xu·al·kun·de *f kein pl* sex education **Se·xu·al·kun·de·un·ter·richt** *m* sex education lesson

Se·xu·al·le·ben *nt kein pl* sex[ual] life **Se·xu·al·lock·stoff** *m* ZOOL sexual attractant **Se·xu·al·mo·ral** *f* sex morals *pl* **Se·xu·al·mord** *m* sex killing [*or* murder] **Se·xu·al·ob·jekt** *nt* sex object **Se·xu·al·part·ner(in)** *m(f)* sex partner, lover **Se·xu·al·prak·tik** [zɛ'ksu̯a:lpraktɪk] *f* sexual practice **Se·xu·al·straf·tat** *f* sexual offence, sex crime **Se·xu·al·tä·ter(in)** *m(f)* sex offender **Se·xu·al·to·ni·kum** *nt* sex tonic **Se·xu·al·trieb** *m* sex[ual] drive **Se·xu·al·ver·bre·chen** *nt* sex crime **Se·xu·al·ver·bre·cher(in)** *m(f)* sex offender **Se·xu·al·ver·hal·ten** *nt* sexual [*or* mating] behaviour [*or* AM -or] **Se·xu·al·wis·sen·schaft** *f kein pl* sexology

se·xu·ell [zɛ'ksu̯ɛl] *adj* sexual; **~e Belästigung** sexual harassment

se·xy ['zɛksi] *adj inv (fam)* sexy *fam*

Sey·chel·len <-> [ze'ʃɛlən] *pl* ■ **die ~** the Seychelles *npl*

Sey·chel·ler(in) <-s, -> [ze'ʃɛlɐ] *m(f)* Seychellois

sey·chel·lisch [ze'ʃɛlɪʃ] *adj* Seychellois, Seychelles

Se·zes·si·on <-, -en> [zetsɛ'si̯o:n] *f* ① POL *(Abspaltung)* secession
② KUNST *(Abspaltung einer Künstlergruppe)* disaffiliation

Se·zes·si·o·nis·mus <-> [zetsɛsi̯o'nɪsmʊs] *m kein pl* POL secessionism

Se·zes·si·ons·krieg *m* HIST *(in den USA)* ■ **der ~** the American Civil War

se·zie·ren* [ze'tsi:rən] **I.** *vt* ■ **jdn/etw ~** to dissect sb/sth; **eine Leiche ~** to dissect a corpse
II. *vi* to dissect

Se·zier·saal *m* dissecting room **Se·zier·tisch** [ze'tsi:r-] *m* MED autopsy table

SFB <-[s]> [ɛs?ɛf'be:] *m kein pl Abk von* **Sender Freies Berlin** Radio Free Berlin

SFOR <-> ['ɛsfo:ɐ̯] *f kein pl* MIL *Akr von* **Stabilization Force** SFOR

S-för·mig ['ɛsfœrmɪç] *adj* S-shaped

sFr *Abk von* **Schweizer Franken** SFr

SGML <-> *f kein pl* INFORM *Abk von* **standard generalized markup language** SGML

SGML-E·di·tor *m* INFORM SGML editor

Sgraf·fi·to <-s, -s *o* Sgraffiti> [sgra'fi:to, *pl* -'fi:ti] *nt s.* **Graffito**

Shai·vis·mus <-> [ʃai̯'vɪsmʊs] *m kein pl* REL Shaivism

Shak·tis·mus <-> [ʃak'tɪsmʊs] *m kein pl* REL Shaktism

Sham·poo <-s, -s> ['ʃampu, 'ʃampo] *nt* shampoo

sham·poo·nie·ren* [ʃampo'ni:rən, ʃɛmpu-] *vt* ■ **jdn/etw ~** to shampoo sb/sth; **jdm/sich das Haar ~** to shampoo sb's/one's hair

Shan·go-Kult <-[e]s> ['ʃaŋgo-] *m kein pl* REL Shango cult

Share·hol·der <-s, -> ['ʃɛ:ɐ̯ho:ldɐ] *m* BÖRSE *(Anteilseigner, Aktionär)* shareholder

Share·hol·der Va·lue <-[s]> ['ʃɛ:ɐ̯ho:ldɐvælju:] *m kein pl* BÖRSE *(Marktwert des Eigenkapitals)* shareholder value

Share·hol·ding <-[s]> ['ʃɛ:ɐ̯ho:ldɪŋ] *nt kein pl* BÖRSE investment, shareholdings *pl*

S

Share·ware <-, -s> ['ʃɛːɐ̯vɛːɐ̯] *f* INFORM shareware
She·riff <-s, -s> ['ʃɛrɪf] *m* sheriff
Sher·pa <-, -> ['ʃɛrpa] *m o f* Sherpa
Sher·ry <-s, -s> ['ʃɛri] *m* sherry
Sher·ry·es·sig *m* sherry vinegar
Shet·land·po·ny ['ʃɛtlant-, 'ʃɛtlənd-] *nt* Shetland pony, sheltie
Shift-Tas·te ['ʃɪft-] *f* INFORM shift [key]
Shii·ta·ke·pilz [ʃi'taːkə-] *m* BOT *(japanischer Zuchtpilz)* shiitake [mushroom]
Shin·to·is·mus <-> [ʃɪnto'ɪsmʊs] *m kein pl* REL Shintoism
Shirt <-s, -s> [ʃøːɐ̯t] *nt* shirt
Shi·va·is·mus <-> [ʃiːva'ɪsmʊs] *m*, **Shi·va-Ver·eh·rung** <-> ['ʃiːva-] *f kein pl* REL Shivaism, Shiva worship
Sho·na[1] <-, -> ['ʃoːna] *m o f* Mashona, Shona
Sho·na[2] <-> ['ʃoːna] *nt* ■**das** ~ Mashona, Shona
Shoo·ting <-s, -s> ['ʃuːtɪŋ] *nt (Fototermin)* photocall
Shoo·ting·star <-s, -s> ['ʃuːtɪŋstaːɐ̯] *m (fam)* overnight success, whizz-kid
shop·pen ['ʃɔpn̩] *vi (sl)* to shop
Shop·pen <-s> ['ʃɔpən] *nt kein pl* shopping
Shop·ping <-s> ['ʃɔpɪŋ] *nt kein pl* shopping
Shop·ping·cen·terRR, **Shop·ping-Cen·ter** <-, -s> ['ʃɔpɪŋsɛntɐ] *nt* shopping mall **Shop·ping·mall**RR, **Shop·ping-Mall** <-, -s> [ʃɔpɪŋmoːl] *f* shopping mall
Shorts [ʃoːɐ̯ts, ʃɔrts] *pl* pair of shorts, shorts *npl*
Sho·sho·ne, Sho·sho·nin <-n, -n> [ʃoʊ'ʃoʊnə, ʃoʊ'ʃoʊnɪn] *m, f* Shoshone, Shoshoni
Sho·sho·ne <-> [ʃoʊ'ʃoʊnɪ] *nt* ■**das** ~ Shoshone, Shoshoni, Shoshonian
Show <-, -s> [ʃoː] *f* show; **eine ~ abziehen** *(sl)* to put on a show *fam;* **eine ~ machen** to make a show [of sth]; **jdm die ~ stehlen** *(fam)* to steal the show from sb
Show·biz <-> ['ʃoʊbɪz] *nt kein pl (sl: Showbusiness)* showbiz *fam*
Show·busi·nessRR, **Show-Busi·ness**RR, **Show·busi·neß**ALT <-> ['ʃoːbɪznɪs] *nt kein pl* show business **Show·down** <-[s], -s> [ʃoː'daʊn, 'ʃoːdaʊn] *m* showdown **Show·ein·la·ge** ['ʃoː-] *f* supporting show; *(Zwischenspiel)* interlude **Show·fi·gur** *f (pej)* plaything of the media **Show·ge·schäft** *nt kein pl* show business **Show·mas·ter** <-s, -> [-maːstɐ] *m* compère BRIT **Show·pro·gramm** *nt* THEAT show **Show·room** <-s, -s> [-ruːm] *m* showroom
Shrimp <-s, -s> [ʃrɪmp] *m meist pl* ZOOL shrimp
Shut·tle <-s, -s> [ʃatl] *nt* shuttle
Si·am <-s> ['ziːam] *nt* Siam
si·a·me·sisch [zi̯a'meːzɪʃ] *adj* Siamese; *s. a.* **Zwilling**
Si·am·kat·ze *f* Siamese cat
Si·bi·rer(in) <-s, -> [zi'biːrɐ] *m(f)* Siberian
Si·bi·ri·en <-s> [zi'biːri̯ən] *nt* Siberia
si·bi·risch [zi'biːrɪʃ] *adj* Siberian; *s. a.* **Kälte**
si·byl·li·nisch [zibʏ'liːnɪʃ] *adj (geh)* sibylline, sibyllic
sich [zɪç] *pron refl* ❶ *im akk* oneself; ■**er/sie/es ...** ~ he/she/it ... himself/herself/itself; ■**Sie ...** ~ you ... yourself/yourselves; ■**sie ...** ~ they ... themselves; ***er sollte ~ da heraushalten*** he should keep out of it; ***man fragt ~, was das soll*** one asks oneself what it's all about; ~ **freuen** to be pleased; ~ **gedulden** to be patient; ~ **schämen** to be ashamed of oneself; ~ **wundern** to be surprised
❷ *im dat* one's; ~ **etw einbilden** to imagine sth; ~ **etw kaufen** to buy sth for oneself; ***die Katze leckte ~ die Pfote*** the cat licked its paw
❸ *pl (einander)* each other, one another; ~ **lieben/hassen** to love/hate each other; ~ **küssen** to kiss each other; ~ **prügeln** to beat each other
❹ *unpersönlich* ***hier arbeitet es ~ gut*** it's good to work here; ***das Auto fährt ~ prima*** the car drives well; ***das lässt ~ schlecht in Worten ausdrücken*** that's difficult to put into words
❺ *mit Präposition* **die Schuld bei ~ suchen** to blame oneself; **wieder zu ~ kommen** *(fam)* to regain consciousness, to come round; **jdn mit zu ~ nehmen** to take sb to one's house; **nicht ganz bei ~ sein** *(fam)* to not be quite with it *fam;* **etw von ~ aus tun** to do sth of one's own accord; **etw für ~ tun** to do sth for oneself; ***er denkt immer nur an ~*** he only ever thinks of himself; ***er hat etwas an ~, das mir nicht gefällt*** *(fam)* there's something about him that I don't like
Si·chel <-, -n> ['zɪçl̩] *f* ❶ AGR sickle
❷ *(sichelförmiges Gebilde)* crescent; **die ~ des Mondes** the crescent of the moon
si·chel·för·mig *adj inv* crescent-[*or* sickle-]shaped
Si·chel·zel·len·anä·mie *f* MED *(krankhafte Veränderung der roten Blutkörperchen)* sickle-cell anaemia
si·cher ['zɪçɐ] **I.** *adj* ❶ *(gewiss)* certain, sure; **ein ~er Gewinn/Verlust** a sure [*or* certain] win/loss; **eine ~e Zusage** a definite confirmation; ■**~ sein** to be certain, to be for sure, to be a sure thing; ■**~ sein, dass/ob ...** to be certain that/as to whether ...; ■**etwas S~es** something certain; ■**sich** *dat* **~ sein, dass ...** to be sure [*or* certain] that ...; ■**sich** *dat* **einer S.** *gen*/**seiner Sache** *gen* **~ sein** to be sure of sth/of what one is doing/saying; ■**sich** *dat* **seiner selbst ~ sein** to be sure of oneself; **so viel ist ~** that much is certain
❷ *(ungefährdet)* safe; **eine ~e Anlage** a secure investment; **ein ~er Arbeitsplatz** a steady job; ■**~ [vor jdm/etw] sein** to be safe [from sb/sth]; **~ ist ~** you can't be too careful
❸ *(zuverlässig)* reliable; **~er Beweis** definite [*or* reliable] proof; **eine ~e Methode** a foolproof method; **etw aus ~er Quelle haben** [*o* **wissen**] to have [*or* know] sth from a reliable source
❹ *(geübt)* competent; **ein ~es Händchen für etw** *akk* **haben** *(fam)* to have a knack for sth; **ein ~er Autofahrer** a safe driver; **ein ~es Urteil** a sound judgement; **ein ~er Schuss** an accurate [*or* good] shot
❺ *(selbstsicher)* self-confident, self-assured; **ein ~es Auftreten haben** to appear/be self-confident; *s. a.* **Quelle**
II. *adv* surely; ***du hast ~ recht*** you are certainly right, I'm sure you're right; ***es ist ~ nicht das letzte Mal*** this is surely not the last time; **[aber] ~!** [*o* **~ doch!**] *(fam)* of course!, sure!
si·cher|ge·hen *vi irreg sein* to make sure; ■**~, dass ...** to make sure that ...; ***um sicherzugehen, dass ich da bin, ruf vorher an!*** ring me first to be [*or* make] sure that I'm there
Si·cher·heit <-, -en> *f* ❶ *kein pl (gesicherter Zustand)* safety; **die innere ~** domestic security; **die öffentliche ~** public safety; **soziale ~** social security; **etw/jdn/sich in ~ bringen** to get sth/sb/oneself to safety; **[irgendwo] in ~ sein** to be safe [somewhere]; **sich in ~ wiegen** [*o* **wähnen**] to think oneself safe; **jdn in ~ wiegen** to lull sb into a false sense of security; **der ~ halber** to be on the safe side, in the interests of safety
❷ *kein pl (Gewissheit)* certainty; **mit an ~ grenzender Wahrscheinlichkeit** almost certainly; **mit ~** for certain; ***ich kann es nicht mit letzter ~ sagen*** I can't be one hundred per cent sure about that
❸ *kein pl (Zuverlässigkeit)* reliability; **von absoluter ~ sein** to be absolutely reliable; *eines Urteils* soundness
❹ *kein pl (Gewandtheit)* skilfulness, competence; **~ im Auftreten** assured manner
❺ FIN *(Kaution)* surety, security, collateral; **dingliche ~** real security; **ursprüngliche/zusätzliche ~** original/additional security; **eine ~ freigeben** to release a security; **~ leisten** [*o* **geben**] to offer security; JUR to stand bail; **~ für eine Forderung** security for a debt; **Darlehen gegen ~** loan against collateral
Si·cher·heits·ab·stand *m* safe distance **Si·cher·heits·alarm** *m* security alarm **Si·cher·heits·ap·pa·rat** *m* ADMIN security apparatus **Si·cher·heits·ar·rest** *m* JUR preventive custody **Si·cher·heits·aus·schuss**RR *m (selten)* security committee **Si·cher·heits·be·am·te(r)**, **-be·am·tin** *m, f* security officer **Si·cher·heits·be·hör·de** *f* security service **Si·cher·heits·be·lan·ge** *pl* security interests *pl* **Si·cher·heits·be·ra·ter(in)** *m(f)* safety advisor **Si·cher·heits·be·scheid** *m* JUR security clearance **Si·cher·heits·be·stim·mung** *f* safety regulation **Si·cher·heits·bin·dung** *f* safety binding **Si·cher·heits·dienst** *m* security service **Si·cher·heits·ex·per·te, -ex·per·tin** *m, f* safety expert **Si·cher·heits·ga·ran·tie** *f* safety guarantee **Si·cher·heits·glas** *nt* safety glass **Si·cher·heits·grün·de** *pl* **aus ~n** for safety reasons **Si·cher·heits·gurt** *m* safety [*or* seat] belt **si·cher·heits·hal·ber** *adv* to be on the safe side **Si·cher·heits·ket·te** *f* safety chain **Si·cher·heits·klau·sel** *f* JUR escape [*or* savings] clause **Si·cher·heits·kon·trol·le** *f* security check **Si·cher·heits·kon·zept** *nt* safety concept **Si·cher·heits·ko·pie** *f* INFORM security copy, back-up **Si·cher·heits·kraft** *f meist pl* member of security; ■**Sicherheitskräfte** security [staff] + *sing/pl vb;* ■**eine ~/Sicherheitskräfte sein** to be [from] security **Si·cher·heits·leis·tung** *f* JUR *(Kaution)* bail, judicial bond; **~ im Zivilprozess** civil bail; **eine ~ anordnen/ablehnen** to grant/refuse bail; **eine ~ verfallen lassen** to abscond bail **Si·cher·heits·lü·cke** *f* security breach, gap [*or* loophole] in security **Si·cher·heits·mann** <-s, -leute *o* -männer> *m* security man; ■**Sicherheitsleute** security [staff] + *sing/pl vb;* ■**ein ~ sein** to be a security man [*or* [from] security] **Si·cher·heits·mar·ge** *f* safety margin **Si·cher·heits·maß·nah·me** *f* safety [*or* security] measure [*or* precaution] **Si·cher·heits·me·cha·nis·mus** *m* safety mechanism **Si·cher·heits·merk·mal** *nt* security mark **Si·cher·heits·na·del** *f* safety pin **Si·cher·heits·pakt** <-[e]s> *m kein pl* security pact **Si·cher·heits·pe·dal** *nt* safety pedal **Si·cher·heits·po·li·tik** *f kein pl* security policy **si·cher·heits·po·li·tisch** *adj* relating to security policy *pred,* security policy *attr* **Si·cher·heits·rat** *m kein pl* security council **Si·cher·heits·rie·gel** *m* BAU safety latch **Si·cher·heits·ri·si·ko** *nt* security risk **Si·cher·heits·rück·la·ge** *f* FIN contingency reserve **Si·cher·heits·schleu·se** *f* security checkpoint **Si·cher·heits·schloss**RR *nt* safety lock **Si·cher·heits·soft·ware** *f* security software **Si·cher·heits·stan·dard** *m* safety standard **Si·cher·heits·sys·tem** *nt* security system, system of security **Si·cher·heits·tür·git·ter** *nt* safety gate **Si·cher·heits·über·prü·fung** *f* safety [*or* security] check **Si·cher·heits·ven·til** *nt* safety valve **Si·cher·heits·ver·schluss**RR *m* safety catch **Si·cher·heits·ver·wah·rung** *f* preventive detention **Si·cher·heits·vor·keh·rung** *f* security [*or* safety] precaution **Si·cher·heits·vor·schrift** *f meist pl* safety regulation **Si·cher·heits·wacht** *f meist sing* security *no pl* **Si·cher·heits·wäch·ter, -wäch·te·rin** *m, f* security guard **Si·cher·heits·zo·ne** *f* security [*or* safety] zone
si·cher·lich *adv* surely
si·chern ['zɪçɐn] *vt* ❶ *(schützen)* ■**etw [durch etw** *akk* [*o* **mit etw** *dat*]] **[gegen etw** *akk*] ~ to safeguard sth [with sth] [from sth]; **die Grenzen/den Staat ~** to safeguard the borders/state
❷ *(mit der Sicherung versehen)* **eine Schusswaffe ~** to put on a safety catch on a firearm; **die Tür/Fenster ~** to secure the door/windows
❸ *(absichern)* ■**jdn/etw ~** to protect sb/sth; ■**sich** *akk* **[durch etw** *akk*] **[gegen etw** *akk*] ~ to protect oneself [with sth] [against sth]; **einen Bergsteiger mit einem Seil ~** to secure [*or* belay] a climber with a rope; **den Tatort ~** to secure the scene of the crime; ■**gesichert sein** to be protected
❹ *(sicherstellen, verschaffen)* ■**etw ~** to secure sth; **ein Vorkaufsrecht ~** to secure an option to buy; **einen Sieg ~** to secure a victory
❺ INFORM ■**etw ~** to save sth; **Daten ~** to save data
❻ *(sicherstellen, garantieren)* ■**[jdm/sich] etw ~** to secure sth [for sb/oneself]; ***die Verfassung sichert allen Bürgern die Menschenrechte*** the constitution guarantees all citizens human rights
si·cher|stel·len *vt* ❶ *(in Gewahrsam nehmen)* ■**etw ~** to take possession [*or* confiscate] sth;

Beweise to secure sth; **die Beute ~** to confiscate the loot

❷ *(garantieren)* ■**etw ~** to guarantee [*or* safeguard] sth

Si̱·cher·stel·lung *f* ❶ *(das Sicherstellen)* safekeeping, confiscation

❷ *(das Garantieren)* guarantee, safeguard

❸ JUR security, safeguarding

Si̱·che·rung <-, -en> *f* ❶ *(das Sichern, Schützen)* securing, safeguarding; **zur ~ meiner Existenz** to safeguard my existence; **~ des Friedens** safeguarding peace; **~ des Unfallortes** securing the scene of the accident; **~ der Arbeitsplätze** ÖKON safe working conditions ❷ ELEK fuse; ***die ~ ist durchgebrannt/ herausgesprungen*** the fuse has blown ❸ *(Schutzvorrichtung)* safety catch ❹ INFORM back-up; **~ auf Band** tape back-up ▶WENDUNGEN: **jdm brennt die ~ durch** *(fam)* sb blows a fuse **Si̱·che·rungs·ab·tre·tung** *f* JUR assignment for security **Si̱·che·rungs·ar·bei·ten** *pl* work on safeguarding **Si̱·che·rungs·be·schlag·nah·me** *f* JUR attachment by way of security **Si̱·che·rungs·ei·gen·tum** *nt* ownership by way of security, equitable lien **Si̱·che·rungs·fonds** [-fõ:] *m* FIN security fund **Si̱·che·rungs·ge·gen·stand** *m* FIN, JUR collateral **Si̱·che·rungs·grund·schuld** *f* JUR land charge serving as collateral **Si̱·che·rungs·gut** *nt* JUR property serving as security **Si̱·che·rungs·haft** *f kein pl* JUR precautionary detention, remand in custody **Si̱·che·rungs·hy·po·thek** *f* FIN covering [*or* claim-securing] mortgage **Si̱·che·rungs·kas·ten** *m* fuse box **Si̱·che·rungs·kauf** *m* BÖRSE hedge buying, hedging operation **Si̱·che·rungs·käu·fe** *pl* BÖRSE hedge buying **Si̱·che·rungs·ko·pie** *f* INFORM back-up [*or* dump] copy; **~ einer Datei erstellen** to back-up a file **Si̱·che·rungs·maß·nah·me** *f* security measure **Si̱·che·rungs·recht** *nt* JUR charging lien **Si̱·che·rungs·schei·be** *f* internal tooth lock washer **Si̱·che·rungs·sys·tem** *nt* back-up system **Si̱·che·rungs·treu·hand** *f* JUR trust for purpose of security **si̱·che·rungs·über·eig·nen*** *vt* JUR ■**jdm etw ~** to assign sth to sb as security **si̱·che·rungs·über·eig·net** *adj* JUR pledged [as security]

Si̱·che·rungs·über·eig·nung *f* JUR collateral assignment, chattel mortgage; **die ~ aufheben** to release from trust **Si̱·che·rungs·über·eig·nungs·ver·trag** *m* JUR *(Vereinbarung)* security agreement; *(Dokument)* bill of sale BRIT, trust receipt AM

Si̱·che·rungs·über·gang *f* FIN devolution [*or* transfer] of security **Si̱·che·rungs·ver·fah·ren** *nt* JUR confinement proceedings *pl* **Si̱·che·rungs·ver·wah·rung** *f* JUR preventive detention [*or* custody]; **Unterbringung in der ~** commitment to an institution of protective custody **Si̱·che·rungs·voll·stre·ckung** *f* JUR provisional attachment **Si̱·che·rungs·zes·si·on** *f* JUR fiduciary assignment **Si̱·che·rungs·zie·her** <-s, -> *m* fuse puller

Sicht <-, -en> [zɪçt] *f pl selten* ❶ *(Aussicht)* view; **eine gute/schlechte ~ haben** to have a good/ poor view; ***du nimmst mir die ~*** you're in my way, you're blocking my view; *(klare Sicht)* visibility; ***die ~ beträgt heute nur 20 Meter*** visibility is down to 20 metres today; **auf kurze/mittlere/lange ~** *(fig)* in the short term/midterm/long term; **nach ~ fliegen** to fly without instruments; **außer ~ sein** to be out of sight; **in ~ sein** to be in [*or* come into] sight; ***Land in ~!*** land ahoy!; **etw ist in ~** *(fig)* sth is on the horizon *fig*

❷ *(Ansicht, Meinung)* [point of] view; **aus jds ~** from sb's point of view

❸ ÖKON *(Vorlage)* **auf** [*o* **bei**] [*o* **nach**] **~** at sight; **bei ~ fällig werden** to mature upon presentation; **bei ~ zahlen** to pay at sight

Si̱cht·ak·kre·di·tiv *nt* FIN clean credit

si̱cht·bar *adj* *(mit den Augen wahrnehmbar)* visible; *(erkennbar, offensichtlich)* apparent; **gut/ nicht/kaum/schlecht ~ sein** to be well/not/ hardly/poorly visible; ■**[für jdn] ~ sein** to be apparent [to sb]

Si̱cht·be·ton *m* BAU exposed concrete **Si̱cht·blen·de** *f* screen; *(Jalousie)* blind **Si̱cht·ein·la·ge** *f* FIN demand [*or* sight] deposit

sich·ten ['zɪçtn̩] *vt* ❶ *(ausmachen)* ■**etw ~** to sight sth; **die Küste/einen Eisberg ~** to sight the coast/ an iceberg; **Wild ~** to spot game; ■**jdn ~** to spot sb *fam*

❷ *(durchsehen)* ■**etw ~** to look through sth; **die Akten ~** to look through [*or* inspect] the files

Si̱cht·fens·ter *nt* TECH [observation] window; **ein Backofen mit ~** an oven with a glass[-panelled [*or* AM paneled]] door **Si̱cht·flug** *m* contact flight **Si̱cht·fu·ge** *f* BAU exposed joint **Si̱cht·geld** *nt* FIN demand money **Si̱cht·ge·rät** *nt* monitor **Si̱cht·gren·ze** *f* limit of visibility **Si̱cht·hül·le** *f* clear plastic pocket **Si̱cht·kurs** *m* BÖRSE sight rate

si̱cht·lich *adj* obvious, visible; **~ beeindruckt sein** to be visibly impressed

Si̱cht·map·pe *f* clear plastic folder **Si̱cht·mau·er·werk** *nt* BAU exposed masonry

Si̱cht·schutz *m kein pl* partition *(ensuring privacy); (zwischen Bürotischen a.)* modesty panel **Si̱cht·schutz·git·ter** *nt* BAU protective screen

Si̱cht·trat·te *f* FIN sight draft

Si̱ch·tung <-, -en> *f* ❶ *kein pl (das Sichten)* sighting

❷ *(Durchsicht)* looking through, sifting; **die ~ des Materials** sifting through the material

Si̱cht·ver·bind·lich·kei·ten *pl* FIN sight [*or* demand] liabilities **Si̱cht·ver·hält·nis·se** *pl* visibility *no pl*; **gute /schlechte ~** good/poor visibility **Si̱cht·ver·merk** *m (geh)* visa [stamp]; *Wechsel* endorsement **Si̱cht·wech·sel** *m* FIN demand bill **Si̱cht·wei·se** *f* way of looking at things, point of view **Si̱cht·wei·te** *f* visibility; **außer/in ~ sein** to be out of/in sight; ***die ~ beträgt 100 Meter*** visibility is 100 metres

Sick·buil·ding·syn·drom ['sɪkbɪldɪŋ-] *nt* MED sick building syndrome

Si·cker·gru·be ['zɪke-] *f* soakaway BRIT, recharge basin

si·ckern ['zɪken̩] *vi sein (rinnen)* ■**aus etw** *dat/* **durch etw** *akk* **~** to seep from sth/through sth; ***das Wasser sickert in den Boden*** water seeps into the ground; *(fig)* ***vertrauliche Informationen ~ immer wieder in die Presse*** confidential information is constantly leaked out to the press

Si̱·cker·schacht *m* soakaway

Si̱·cker·was·ser *nt kein pl surface water seeping through the ground* **Si̱·cker·was·ser·tank** *m* seepage tank

Side·board <-s, -s> ['za̱itbo:ɐ̯t] *nt* sideboard

sie [zi:] *pron pers, 3. pers.* ❶ <*gen* ihrer, *dat* ihr, *akk* sie> *sing* she; **~ *ist es!*** it's her!; *(weibliche Sache bezeichnend)* it; ***ich habe meine Jacke gesucht, konnte ~ aber nicht finden*** I looked for my jacket but couldn't find it; *(Tier bezeichnend)* it; *(bei weiblichen Haustieren)* she

❷ <*gen* ihrer, *dat* ihnen, *akk* sie> *pl* they; **~ *wollen heiraten*** they want to get married

Sie[1] <*gen* Ihrer, *dat* Ihnen, *akk* Sie> [zi:] *pron pers, 2. pers. sing o pl, mit 3. pers. pl vb gebraucht*

❶ *(förmliche Anrede)* you; ***könnten ~ mir bitte die Milch reichen?*** could you pass me the milk, please?

❷ *(förmliche Aufforderung)* ***kommen ~, ich zeige es Ihnen!*** come on, I'll show you!; **~ *! was fällt Ihnen ein!*** Sir/Madam! what do you think you're doing!

Sie[2] <-s> [zi:] *nt kein pl* ***die Anrede mit „~ "*** polite form of address using "Sie"; **jdn mit ~ anreden** to address sb in the "Sie" form; **zu etw** *dat* **muss man ~ sagen** *(hum fam) sth is so good that it must be treated with respect*

Sie[3] [zi:] *f kein pl (fam)* ■**eine ~** a female; ***der Hund ist eine ~*** the dog is female

Sieb <-[e]s, -e> [zi:p, *pl* 'zi:bə] *nt* ❶ *(Küchensieb)* sieve; *(größer)* colander; *(Kaffeesieb, Teesieb)* strainer

❷ BAU riddle

❸ TECH *(Filtersieb)* filter; *s. a.* **Gedächtnis**

Sie̱b·de·ckel *m* perforated pan lid *(for straining cooking liquids off food)* **Sie̱b·druck** *m* ❶ *kein pl (Druckverfahren)* [silk-]screen printing ❷ *(Druckerzeugnis)* [silk-]screen print **Sie̱b·ein·satz** *m* KOCHK steamer insert

sie·ben[1] ['zi:bn̩] *adj* seven; *s. a.* **acht**[1], **Weltwunder**

sie·ben[2] ['zi:bn̩] **I.** *vt* ❶ *(durchsieben)* ■**etw ~** to sieve sth, to pass sth though a sieve; **nach Gold ~** to screen for gold

❷ *(fam: aussortieren)* ■**jdn/etw ~** to pick and choose sth/sb; **Material ~** to select material; **Bewerber ~** to weed out applicants

II. *vi (fam)* to pick and choose *fam*, to be selective

Sie·ben <-, - *o* -en> ['zi:bn̩] *f* ❶ *(Zahl)* seven

❷ KARTEN seven; *s. a.* **Acht**[1] **4**

❸ *(Verkehrslinie)* ■**die ~** the [number] seven

Sie·ben·bür·gen <-s> [zi:bn̩'bʏrgn̩] *nt* Transylvania

sie·ben·ein·halb ['zi:bn̩?a̱in'halp] *adj* ❶ *(Bruchzahl)* seven and a half, seven-and-a-half *attr*

❷ *(fam: Geld)* seven-and-a-half grand *fam* [*or* AM *sl* G's] + *sing vb*; *s. a.* **anderthalb**

sie·be·ner·lei ['zi:bənɐ'la̱i] *adj inv, attr* seven [different]; *s. a.* **achterlei**

sie·ben·fach, 7-fach ['zi:bn̩fax] **I.** *adj* sevenfold; **die ~e Menge nehmen** to take seven times the amount; **in ~er Ausfertigung** in septuplicate *form*

II. *adv* seven times, sevenfold

Sie̱·ben·fa·che, 7-fa·che *nt dekl wie adj* seven times the amount; *s. a.* **Achtfache**

Sie·ben·ge·bir·ge <-s> ['zi:bn̩gəbɪrgə] *nt* Siebengebirge **Sie̱·ben·ge·stirn** <-[e]s> *nt kein pl* ASTRON Seven Sisters *npl*, Pleiades *npl* **sie·ben·hun·dert** ['zi:bn̩'hʊndɐt] *adj* seven hundred; *s. a.* **hundert** **sie̱·ben·hu̱n·dert·jäh·rig** *adj* seven-hundred-year-old *attr*; **~es Bestehen/~e Herrschaft** seven hundred years' [*or* years of] existence/rule

sie·ben·jäh·rig, 7-jäh·rig[RR] ['zi:bn̩jɛ:rɪç] *adj* ❶ *(Alter)* seven-year-old *attr*, seven years old *pred*; *s. a.* **achtjährig 1**

❷ *(Zeitspanne)* seven-year *attr*; *s. a.* **achtjährig 2**

Sie̱·ben·jäh·ri·ge(r), 7-Jäh·ri·ge(r)[RR] *f(m) dekl wie adj* seven-year-old

sie̱·ben·köp·fig *adj* seven-person *attr*; *s. a.* **achtköpfig**

sie·ben·mal ['zi:bn̩ma:l] *adv* seven times; *s. a.* **achtmal**

sie·ben·ma·lig ['zi:bn̩ma:lɪç] *adj* seven times; *s. a.* **achtmalig**

Sie·ben·mei·len·stie·fel [zi:bn̩'ma̱ilənʃti:fl̩] *pl* ▶WENDUNGEN: **~ anhaben** to have got one's seven-league boots on; **mit ~n gehen** to walk with giant strides

Sie·ben·me·ter [zi:bn̩'me:tɐ] *m* SPORT penalty **Sie·ben·me̱·ter·brett** *nt* seven-metre [*or* AM -er] [diving] platform

Sie·ben·mo·nats·kind [zi:bn̩'mo:natskɪnt] *nt* MED seven-month baby **Sie·ben·sa·chen** ['zi:bn̩'zaxn̩] *pl (fam)* things, belongings, stuff *fam*; ■**jds ~** sb's things [*or* belongings] [*or fam* stuff] **Sie̱·ben·schlä·fer** *m* ❶ ZOOL fat [*or* edible] dormouse ❷ *(veraltend fam)* late riser

sie̱·ben·tä·gig, 7-tä·gig[RR] *adj* seven-day *attr*

sie·ben·tau·send [zi:bn̩'ta̱uzn̩t] *adj* ❶ *(Zahl)* seven thousand; *s. a.* **tausend 1**

❷ *(fam: Geld)* seven grand *no pl*, seven thou *no pl sl*, seven G's [*or* K's] *no pl* AM *sl*

Sie̱·ben·tau·sen·der *m* mountain over 7,000 metres [*or* AM meters]

sie·ben·te(r, s) ['zi:bn̩tə, 'zi:bn̩tɐ, 'zi:bn̩təs] *adj (geh) s.* **siebte(r, s)**

Sie·ben·tel <-s, -> ['zi:bn̩tl̩] *nt s.* **Siebtel**

sie·ben·tens ['zi:bn̩təns] *adv (geh) s.* **siebtens**

Sie̱b·sei·te *f (Papier)* wire side

sieb·te(r, s) ['zi:ptə, 'zi:ptɐ, 'zi:ptəs] *adj* ❶ *(nach dem sechsten kommend)* seventh; *s. a.* **achte(r, s) 1**

❷ *(Datum)* seventh, 7th; *s. a.* **achte(r, s) 2**

Sieb·te(r) ['zi:ptə, 'zi:ptɐ] *f(m) dekl wie adj* ❶ *(Person)* seventh; *s. a.* **Achte(r) 1**

❷ *(bei Datumsangaben)* **der ~/am Siebten** *(geschrieben:)*, **der 7./am 7.** the seventh/on the

S

seventh; *(geschrieben:)* the 7th/on the 7th; *s. a.* **Achte(r) 2**
❸ *(Namenszusatz)* **Karl der ~** *(geschrieben:)*, **Karl VII.** Charles the Seventh; *(geschrieben:)* Charles VII
Sieb·tel <-s, -> ['zi:ptl̩] *nt* seventh
sieb·tens ['zi:ptn̩s] *adv* seventhly
Sieb·tuch *nt* cheese [*or* straining] cloth
sieb·zehn ['zi:ptse:n] *adj* seventeen; *s. a.* **acht**[1]
sieb·zehn·te(r, s) *adj* seventeenth; *s. a.* **achte(r, s)**
Sieb·zehn·tel <-s, -> *nt* seventeenth
sieb·zig ['zi:ptsɪç] *adj* seventy; *s. a.* **achtzig 1, 2**
Sieb·zig <-, -en> ['zi:ptsɪç] *f* seventy
sieb·zi·ger, 70·er *adj attr, inv* **der ~ Bus** the number seventy bus; ■**die ~ Jahre** the seventies [*or* 70s]; *s. a.* **achtziger**
Sieb·zi·ger[1] <-s, -> *m* 1970/1870 vintage
Sieb·zi·ger[2] <-, -> *f (fam: Briefmarke)* seventy-cent stamp
Sieb·zi·ger[3] *pl* ■**die ~** the seventies [*or* 70s]; **in den ~n sein** to be in one's seventies; *s. a.* **Achtziger**[3]
Sieb·zi·ger(in) <-s, -> *m(f)* ❶ *(Mensch in den Siebzigern)* septuagenarian *form*
❷ *(70 Jahre alt)* seventy-year-old
Sieb·zi·ger·jah·re *pl (Jahrzehnt)* **in den ~n** in the seventies; ■**die ~** *(Lebensjahrzehnt)* one's seventies
sieb·zig·jäh·rig, 70-jäh·rig[RR] *adj attr* ❶ *(Alter)* seventy-year-old *attr,* seventy [years old] *pred*
❷ *(Zeitspanne)* seventy-year
Sieb·zig·jäh·ri·ge(r), 70-Jäh·ri·ge(r)[RR] *f(m) dekl wie adj* seventy-year-old
sieb·zigs·te(r, s) *adj* seventieth; *s. a.* **achte(r, s)**
Sieb·zigs·tel <-s, -> *nt* seventieth
siech [zi:ç] *adj (geh)* ailing *attr; (von Mensch a.)* infirm; ■**~ sein/werden** to be/become infirm
Siech·tum <-[e]s> *nt kein pl (geh)* infirmity, lingering illness, malady *dated form*
Sie·de·be·reich *m* CHEM boiling range **Sie·de·ge·fäß** *nt* CHEM distilling [*or* distillation] flask **Sie·de·ka·pil·la·re** *f* CHEM air leak tube **Sie·de·kes·sel** *m* CHEM scratch pan
sie·deln ['zi:dl̩n] *vi* to settle
sie·den <siedete *o* sott, gesiedet *o* gesotten> ['zi:dn̩] *vi* to boil; **etw zum S~ bringen** to bring sth to the boil
▸WENDUNGEN: **jdn [mit etw** *dat*] **zum S~ bringen** to drive sb mad [with sth]; **~d heiß** *(fam)* boiling [*or* scalding] hot; ***es ist mir ~d heiß eingefallen, dass ...*** *(fig fam)* I suddenly remembered that ..., I remembered in a flash that ... *fam*
sie·dend *adj inv* **~e Hitze** scalding heat; **~ heiß** boiling hot
Sie·de·punkt *m (Kochpunkt)* boiling point; *(Höhepunkt)* boiling point **Siede·salz** *nt* TECH boiled salt **Sie·de·stein** *m* CHEM boiling stone [*or* chip] **Sie·de·ver·zug** *m* CHEM, PHYS retardation of boiling, defervescence **Sie·de·was·ser·re·ak·tor** *m* boiling-water reactor, BWR
Sied·fleisch <-[e]s> *nt kein pl* SCHWEIZ, SÜDD
❶ *(Rindfleisch zum Kochen)* boiling beef
❷ *(gekochtes Rindfleisch)* boiled beef
Sied·ler(in) <-s, -> ['zi:dlɐ] *m(f)* settler
Sied·lung <-, -en> ['zi:dlʊŋ] *f* ❶ *(Wohnhausgruppe)* housing estate
❷ *(Ansiedlung)* settlement
Sied·lungs·ge·biet *nt* HIST area of settlement, settled region **Sied·lungs·ge·sell·schaft** *f* HANDEL housing association [*or* cooperative]
Sieg <-[e]s, -e> [zi:k, *pl* 'zi:gə] *m* ❶ *(Erfolg)* victory, triumph (**über** +*akk* over); **etw** *dat* **zum ~ verhelfen** to help sth to triumph, to make sth triumph
❷ *(militärischer Erfolg)* victory (**über** +*akk* over); **den ~ davontragen** [*o geh* **erringen**] to be victorious
❸ *(sportlicher Erfolg)* win, victory (**über** +*akk* over); **jdn um den ~ bringen, jdn den ~ kosten** to cost sb his/her victory [*or* win]; **den ~ [in etw** *dat*] **davontragen** [*o geh* **erringen**] to be the winner/winners [in sth]; **um den ~ kämpfen** to fight for victory
Sie·gel <-s, -> ['zi:gl̩] *nt* seal; *Behörde* stamp, seal; *(privates a., kleineres)* signet; **das ~ aufbrechen** to break the seal; **das ~ auf etw** *akk* **setzen** to affix the/one's seal to sth; **das ~ am Schluss von etw** *dat* **setzen** to append the/one's seal to sth; **etw mit einem ~ versehen** to affix a seal to sth, to seal sth
▸WENDUNGEN: **unter dem ~ der Verschwiegenheit** under pledge [*or* the seal] of secrecy; *s. a.* **Brief, Buch**
Sie·gel·bruch *m* JUR breaking official seals **Sie·gel·lack** *m* sealing wax
sie·geln ['zi:gl̩n] *vt* ■**etw ~** to affix a seal to sth, to seal sth
Sie·gel·ring *m* signet ring
sie·gen ['zi:gn̩] *vi* ❶ *(gewinnen)* ■**[bei etw** *dat*/**in etw** *dat*] **~** to be the victor [at sth/in sth] *form*
❷ MIL to triumph [*or* be victorious] [at/in sth]; ■**über jdn ~** to vanquish [*or* triumph over] sb
❸ SPORT to win [sth]; **bei einem Wettbewerb ~** to win a competition, to carry the day *form;* **haushoch ~** to have a crushing victory, to win hands down; **nur knapp ~** to scrape a win; ■**über jdn ~** to beat [*or* win against] sb
Sie·ger(in) <-s, -> *m(f)* ❶ MIL victor; **als ~ aus etw** *dat* **hervorgehen** to emerge victorious [*or* as the victor[s]] from sth
❷ SPORT winner; **der zweite ~** the runner-up; **~ sein** to be the winner, to have won; **~ nach Punkten/durch K.o.** *(Boxen)* to win on points/by a knockout; **[in etw** *dat*] **~ bleiben** to remain the winner [*or* champion] [of sth]; *(Boxen a.)* to have successfully defended one's title [in sth]; **als ~ aus etw** *dat* **hervorgehen** to win sth, to be the winner of sth
Sie·ger·eh·rung *f* SPORT presentation ceremony
Sie·ge·rin <-, -nen> *f fem form von* **Sieger**
Sie·ger·macht *f* victorious power **Sie·ger·po·dest** *nt* winners' [*or* victory] rostrum **Sie·ger·po·se** *f* victory pose **Sie·ger·stra·ße** *m* road to victory **Sie·ger·trepp·chen** *nt* [medallists' [*or* AM medalists']] podium **Sie·ger·typ** *m* [natural] winner, one of life's winners **Sie·ger·ur·kun·de** *f* SPORT winner's certificate
sie·ges·be·wusst[RR] *adj s.* **siegessicher Sie·ges·fei·er** *f* victory celebration
Sie·ges·freu·de *f* joy over a/the victory **sie·ges·ge·wiss**[RR] *adj (geh) s.* **siegessicher Sie·ges·göt·tin** *f* goddess of victory, Victory *no art liter* **Sie·ges·kranz** *m* victor's wreath [*or* laurels] *npl* **Sie·ges·rausch** *m* thrill of victory **sie·ges·si·cher I.** *adj* certain [*or* assured] [*or* sure] of victory *pred;* **ein ~es Lächeln** a confident smile; ■**~ sein** to be certain [*or* assured] [*or* sure] of victory [*or* winning]
II. *adv* certain [*or* assured] [*or* sure] of victory; **~ lächelnd** with a confident smile
Sie·ges·tau·mel *m* PSYCH, SOZIOL *(geh)* [post-victory] high [*or* euphoria] **Sie·ges·zug** *m* MIL triumphal march; *(fig: gewaltiger Erfolg)* triumph
sieg·reich I. *adj* ❶ MIL victorious, triumphant
❷ SPORT winning *attr,* successful
II. *adv* in triumph; **~ heimkehren** to return triumphant [*or* in triumph]; **~ aus etw** *dat* **hervorgehen** to emerge triumphant from sth
sieh [zi:], **sie·he** ['zi:ə] *(geh) imper sing von* **sehen**
SI-Ein·heit [ɛs'ʔi:-] *f* CHEM, PHYS SI unit
Siel <-[e]s, -e> [zi:l] *nt o m* NORDD sluice, floodgate
Si·er·ra Le·o·ne <-s> ['zi̯ɛra le'o:nə] *nt* Sierra Leone
Si·er·ra-Le·o·ner(in) <-s, -> [zi̯ɛrale'o:nɐ] *m(f)* Sierra Leonean
si·er·ra·le·o·nisch *adj* Sierra Leonean
Si·er·ra Ne·va·da <- -> ['zi̯ɛra ne'va:da] *f* Sierra Nevada
Sie·vert <-s, -> ['zi:vɐt] *nt* PHYS sievert, Sv
sie·zen ['zi:tsn̩] *vt* ■**jdn/sich ~** to use the formal term of address to sb/each other, to address sb/each other in the "Sie" form
Siff <-s> [zɪf] *m kein pl (pej sl)* gunk *sl*
Siff·wet·ter *nt (pej fam)* lousy [*or* foul] weather *fam*
Si·gel <-s, -> ['zi:gl̩] *nt* ❶ *(beim Stenographieren)* grammalogue *spec,* logogram *spec*
❷ *(Abkürzung für Buchtitel)* short form, abbreviation
si·geln ['zi:gl̩n] *vt (fachspr)* ■**etw ~** to give sth an abbreviation; ■**etw mit etw** *dat* **~** to give sth the abbreviation sth
Sight·see·ing <-s> ['zaitzi:ɪŋ] *nt* sightseeing *no art;* **~ machen** to do some sightseeing
Si·gle <-, -n> ['zi:gl̩] *f s.* **Sigel**
Si·gnal <-s, -e> [zɪ'gna:l] *nt* ❶ *(Zeichen)* signal; **das ~ zum Angriff/Start** the signal for the attack/start; **[mit etw** *dat*] **[ein] ~ geben** to give a/the signal [with sth]; **mit der Hupe [ein] ~ geben** to sound the horn [as a/the signal]; **~e aussenden** to transmit signals
❷ BAHN signal; **ein ~ überfahren** to pass a signal at danger, to overrun a signal
❸ *pl (geh: Ansätze)* signs; **[durch etw** *akk* [*o* **mit etw** *dat*]] **~e [für etw** *akk*] **setzen** *(geh)* to blaze a trail [for sth] [with sth]
❹ TELEK signal; **analoges ~** analogue [*or* AM *also* -og] signal
Si·gnal·an·la·ge *f* signals *pl* **Si·gnal·arm** *m* BAHN signal [*or* semaphore] arm **Si·gnal·ball** *m* NAUT signal ball **Si·gnal·far·be** *f* bright, easily visible colour [*or* AM -or] **Si·gnal·feu·er** *nt* signal fire, balefire **Si·gnal·flag·ge** *f* signal flag
Sig·na·li·sa·ti·on <-, -en> [zɪgnaliza'tsi̯o:n] *f* SCHWEIZ *(Beschilderung)* sign posting
si·gna·li·sie·ren* [zɪgnali'zi:rən] **I.** *vt* ■**[jdm] etw ~** to signal sth [to sb]
II. *vi (geh)* ■**jdm ~, dass ...** to give sb to understand that ...; ■**es signalisiert, dass ...** it is a sign [*or* indication] that ...
Si·gnal·lam·pe *f* ❶ *(Taschenlampe)* signalling [*or* AM signaling] lamp ❷ BAHN signal lamp **Si·gnal·leuch·te** *f* signal lamp **Si·gnal·licht** *nt* signal [*or* warning] light **Si·gnal·mast** *m* signal mast [*or* post] **Si·gnal·pfei·fe** *f* signalling [*or* AM signaling] whistle **Si·gnal·pis·to·le** *f* Very pistol **Si·gnal·ra·ke·te** *f* signal rocket **Si·gnal·schei·be** *f* BAHN signal disc **Si·gnal·schuss**[RR] *m* signal shot **Si·gnal·stab** *m* BAHN signalling [*or* AM signaling] disc **Si·gnal·tech·nik** *f* signalling BRIT, signaling AM **Si·gnal·ton** *m* signal tone; *(Warnton)* warning tone **Si·gnal·tuch** *nt* LUFT signal panel **Si·gnal·wir·kung** *f* signal
Si·gna·tar(in) <-s, -e> [zɪgna'ta:ɐ̯] *m(f)* JUR *(veraltet geh)* signatory (+*gen* to)
Si·gna·tur <-, -en> [zɪgna'tu:ɐ̯] *f* ❶ *(in der Bibliothek)* shelf mark, classification number
❷ *(Kartenzeichen)* symbol
❸ *(geh: Unterschrift)* signature
❹ INFORM signature; **digitale ~** digital signature
Si·gna·tur·schlüs·sel *m* INFORM signature key
Si·gnet <-s, -s> [zɪ'gne:t, zɪn'je:] *nt* ❶ VERLAG printer's [*or* publisher's] mark; *(allgemein)* logo
❷ INFORM signet
si·gnie·ren* [zɪ'gni:rən] *vt* ■**etw ~** to sign sth; *(bei einer Autogrammstunde)* to autograph sth; ■**signiert** signed, autographed
Si·gnier·stun·de *f* book-signing
Si·gnie·rung <-, -en> *f* signing; *(bei einer Autogrammstunde)* autographing
si·gni·fi·kant [zɪgnifi'kant] *adj (geh)* ❶ *(bedeutsam)* significant
❷ *(charakteristisch)* characteristic, typical
Si·grist(in) <-en, -en> ['zi:grɪst, zi'grɪst] *m(f)* SCHWEIZ REL ❶ *(Küster)* sexton, verger
❷ *(Messdiener)* server
Sikh <-s, -s> [zi:k] *m* Sikh
Si·khis·mus <-> [zik'ɪsmʊs] *m kein pl* REL Sikhism
Sil·be <-, -n> ['zɪlbə] *f* syllable; **eine kurze/lange ~** a short/long syllable; **auf etw** *akk* **mit keiner ~ eingehen** to not go into sth, to not say a word about sth; **etw mit keiner ~ erwähnen** not to mention sth at all, not to breathe [*or* say] a word about sth; **keine ~** not one word; ***ich verstehe keine ~*** I can't hear a word
Sil·ben·kreuz·wort·rät·sel *nt puzzle involving combining syllables to form words* **Sil·ben·rät·sel** *nt word game in which words are made up from a given list of syllables* **Sil·ben·trenn·pro·gramm** *nt* hyphenation program **Sil·ben·tren·nung** *f* LING

syllabification; TYPO hyphenation; **falsche** ~ bad break

Sil·ber <-s> ['zɪlbɐ] *nt kein pl* ❶ *(Metall)* silver *no pl* ❷ *(Tafelsilber)* silver[ware]
❸ SPORT *(sl)* silver [medal]; ~ **holen** to win a silver [medal]

Sil·ber·bar·ren *m* silver bullion **Sil·ber·be·steck** *nt* silver cutlery **Sil·ber·blick** *m (hum fam)* **einen ~ haben** *(fam)* to have a cast, to [have a] squint **sil·ber·far·ben, sil·ber·far·big** *adj* silver[-coloured] **Sil·ber·fisch·chen** *nt* silverfish **Sil·ber·fuchs** *m* ❶ *(Tierart)* silver fox ❷ *(Pelz)* [fur of the] silver fox **Sil·ber·ge·halt** *m* silver content **Sil·ber·geld** *nt kein pl* silver *no pl* **Sil·ber·ge·schirr** *nt kein pl* silver[ware] **sil·ber·grau** *adj* silvery [*or* silver-]grey [*or* AM gray] **sil·ber·hal·tig** *adj inv* silver-bearing, argentiferous *spec* **Sil·ber·han·del** *m* silver trading **sil·ber·hell** *adj inv Stimme, Lachen* silvery **Sil·ber·hoch·zeit** *f* silver wedding [anniversary]

sil·be·rig ['zɪlbərɪç] *adj* silvery

Sil·ber·lachs *m* salmon trout BRIT **Sil·ber·lö·we** *m s.* **Puma Sil·ber·me·dail·le** *f* silver medal **Sil·ber·mö·we** *f* ORN herring gull **Sil·ber·mün·ze** *f* silver coin

sil·bern ['zɪlbɐn] *adj* ❶ *(aus Silber bestehend)* silver; ~**es Besteck** silverware
❷ *(Farbe)* silver[y]

Sil·ber·no·tie·rung *f* price of silver **Sil·ber·pa·pier** *nt* silver paper **Sil·ber·pap·pel** *f* white poplar, abele *spec* **Sil·ber·schei·be** *f (fam: CD)* silver disc **Sil·ber·schei·de·an·stalt** *f* TECH silver [re]finery **Sil·ber·schmied(in)** *m(f)* silversmith **Sil·ber·stim·me** *f* silvery voice **Sil·ber·streif** *m*, **Sil·ber·strei·fen** *m* silver line [*or* strip]
▶WENDUNGEN: **ein ~ am** **Horizont** *(geh)* a ray of hope **Sil·ber·ta·blett** *nt* ▶WENDUNGEN: **jdm etw/jdn auf dem ~** **präsentieren** [*o* **servieren**] to serve sth/sb up on a plate [*or* silver platter] to sb **sil·ber·weiß** *adj* silver-white, silvery white

silb·rig ['zɪlbrɪç] **I.** *adj* silver[y]
II. *adv* ~ **glänzen/schimmern** to have a silvery lustre [*or* AM -er]/sheen

Sil·hou·et·te <-, -n> [zi'lu̯ɛtə] *f* silhouette; *Stadt* skyline, outline[s *pl*]; **sich** *akk* **als ~ gegen etw** *akk* **abheben** to be silhouetted against sth

Si·li·ci·um <-s> [zi'li:tsi̯ʊm] *nt s.* **Silizium**

Si·li·kat <-[e]s, -e> [zili'ka:t] *nt* silicate

Si·li·kon <-s, -e> [zili'ko:n] *nt* silicone

Si·li·kon·im·plan·tat *nt* silicone implant **Si·li·kon·sprit·ze** *f* silicone injection

Si·li·ko·se <-, -n> [zili'ko:zə] *f* MED silic[at]osis

Si·li·zi·um <-s> [zi'li:tsi̯ʊm] *nt kein pl* silicon *no pl*

Si·li·zi·um·chip *m* INFORM silicon chip **Si·li·zi·um·schei·be** *f* ELEK silicon wafer

Si·lo <-s, -s> ['zi:lo] *m* silo

Sil·va·ner <-s, -> [zɪl'va:nɐ] *m* ❶ *(Rebsorte)* Sylvaner [grape]
❷ *(Wein)* Sylvaner [wine]

Sil·ves·ter <-s, -> [zɪl'vɛstɐ] *m o nt* New Year's Eve; *(in Schottland)* Hogmanay

Sil·ves·ter·abend *m* New Year's Eve; *(in Schottland)* Hogmanay **Sil·ves·ter·fei·er** *f* New Year['s Eve] party **Sil·ves·ter·nacht** *f* night of New Year's Eve; *(in Schottland)* night of Hogmanay **Sil·ves·ter·par·ty** *f* New Year's Eve party [*or* celebration]; *(in Schottland)* Hogmanay party

Sim·bab·we <-s> [zɪm'bapvə] *nt* Zimbabwe

Sim·bab·wer(in) <-s, -> [zɪm'bapvɐ] *m(f)* Zimbabwean

sim·bab·wisch [zɪm'bapvɪʃ] *adj* BRD, ÖSTERR Zimbabwean

SIMD <-[s], -s> *m* INFORM *Abk von* **single instruction multiple data stream** SIMD

SIMD-Ver·fah·ren *nt* INFORM SIMD procedure

Si·mi·li·stein ['zi:mili-] *m* imitation stone

SIM-Kar·te ['zɪm-] *f s.* **subscriber identification module** SIM card

sim·mern ['zɪmɐn] *vi* KOCHK to simmer

sim·pel ['zɪmpl] **I.** *adj* ❶ *(einfach)* simple; **eine simple Erklärung/Lösung/Methode** a simple [*or* straightforward] explanation/solution/method; ■[**ganz**] ~ **sein** to be [really] simple [*or* straightforward]; ■[**jdm**] **zu ~ sein** to be too simple [for sb]
❷ *(schlicht)* simple, plain [old *fam*]
II. *adv* simply

Sim·pel <-s, -> ['zɪmpl] *m (fam)* simpleton, fool

sim·pli·fi·zie·ren* [zɪmplifi'tsi:rən] *vt (geh)* ■**etw ~** to simplify sth

Sims <-es, -e> [zɪms] *m o nt (Fenstersims: innen)* [window] sill; *(Fenstersims: außen)* [window] ledge; *(Gesims)* ledge; *(Kaminsims)* mantelpiece

sim·sa·la·bim [zɪmzala'bɪm] *interj* hey presto

sim·sen ['zɪmzən] *(fam)* **I.** *vt* ■**jdm ~** to text sb, to send sb a text message [*or* SMS]
II. *vi* to write/send text messages [*or* SMS's]

Si·mu·lant(in) <-en, -en> [zimu'lant] *m(f)* malingerer

Si·mu·la·ti·on <-, -en> [zimula'tsi̯o:n] *f* simulation

Si·mu·la·ti·ons·pro·gramm *nt* INFORM simulating program

Si·mu·la·tor <-s, -en> [zimu'la:to:ɐ̯, *pl* -'to:rən] *m* simulator; LUFT, RAUM flight simulator

si·mu·lie·ren* [zimu'li:rən] **I.** *vi* to malinger, to pretend to be ill, to sham *pej*, to feign illness *liter*
II. *vt* ❶ *(vortäuschen)* **eine Krankheit ~** to pretend to be ill, to feign *liter* [*or pej* sham] illness; **Blindheit ~** to pretend to be blind, to feign blindness *liter*
❷ SCI ■**etw ~** to [computer-*form*]simulate sth

si·mul·tan [zimʊl'ta:n] **I.** *adj (geh)* simultaneous
II. *adv (geh)* simultaneously, at the same time; **~ dolmetschen** to interpret simultaneously

Si·mul·tan·dol·met·schen <-s> *nt kein pl* simultaneous interpreting **Si·mul·tan·dol·met·scher(in)** *m(f)* simultaneous interpreter **Si·mul·tan·haf·tung** *f* JUR simultaneous liability

sin. *Abk von* **Sinus** sin

Si·nai <-[s]> ['zi:nai̯] *m*, **Si·nai·halb·in·sel** <-> *f* Sinai, Sinai Peninsula

sind [zɪnt] *1. u. 3. pers. pl von* **sein**

si·ne tem·po·re ['zi:nə 'tɛmpore] *adv* SCH *(geh)* punctually

Sin·fo·nie <-, -n> [zɪnfo'ni:, *pl* -fo'ni:ən] *f* symphony

Sin·fo·nie·kon·zert *nt* symphony concert **Sin·fo·nie·or·ches·ter** *nt* symphony orchestra

sin·fo·nisch [zɪn'fo:nɪʃ] *adj inv* MUS symphonic

Sin·ga·pur <-s> ['zɪŋgapu:ɐ̯] *nt* Singapore

Sin·ga·pu·rer(in) <-s, -> ['zɪŋgapu:rɐ] *m(f)* Singaporean

sin·ga·pu·risch ['zɪŋgapu:rɪʃ] *adj* Singaporean

Sing·dros·sel *f* ORN song thrush

sin·gen <sang, gesungen> ['zɪŋən] **I.** *vi* ❶ MUS to sing; *(Vögel a.)* to carol *liter;* ■**zu etw** *dat* **~** to sing to sth
❷ *(sl: gestehen)* to squeal *sl,* to sing *sl*
II. *vt* ■**etw ~** to sing sth; ***das kann ich schon ~*** *(fig fam)* I know it [all] backwards

Sin·gen <-s> ['zɪŋən] *nt kein pl* singing

Sin·ge·rei <-> [zɪŋə'rai̯] *f kein pl (fam)* singing *no pl*

Sin·gha·le·se, Sin·gha·le·sin <-n, -n> [zɪŋga'le:zə, zɪŋga'le:zɪn] *m, f* Sin[g]halese

Sin·gha·le·sisch [zɪŋga'le:zɪʃ] *nt dekl wie adj* Sinhalese, Sinhala

Sin·gha·le·si·sche <-n> *nt* ■**das ~** Sinhalese, the Sinhalese language, Sinhala

Sin·gle[1] <-, -[s]> [zɪŋl] *f (Schallplatte)* single

Sin·gle[2] <-s, -s> [zɪŋl] *m (Lediger)* single person

Sin·gle[3] <-, -[s]> [zɪŋl] *nt* SPORT singles + *sing vb*

Sin·gle·club ['zɪŋl-] *m* single club **Sin·gle·par·ty** *f* singles party

Sing·saal <-[e]s, -säle> *m* SCHWEIZ place for musical events **Sing·sang** <-s, -s> ['zɪŋzaŋ] *m* [monotonous] singing [*or* chanting] [*or pej a.* droning] **Sing·schwan** *m* ORN whooper swan **Sing·spiel** *nt* Singspiel *spec* **Sing·stim·me** *f* vocal part, voice

Sin·gu·lar <-s, -e> ['zɪŋgula:ɐ̯] *m* LING singular

Sin·gu·lar·suk·zes·si·on [-zʊktsɛ'si̯o:n] *f* JUR singular succession

Sin·gu·lett [zɪŋu'lɛt] *nt* PHYS singlet

Sing·vo·gel *m* songbird, passerine *spec*

si·nis·ter [zi'nɪstɐ] *adj (geh)* sinister

sin·ken <sank, gesunken> ['zɪŋkn̩] *vi sein* ❶ *(versinken)* to sink; *Schiff* to go down, to founder; **auf den Grund ~** to sink to the bottom; **sich** *akk* **~ lassen** to sink
❷ *(herabsinken)* to descend; **sich** *akk* **~ lassen** *(geh) Sonne* to go down
❸ *(niedersinken)* to drop, to fall; **ins Bett ~** to fall into bed; **zu Boden/auf ein Sofa ~** to sink [*or* drop] to the ground/on[to] a sofa; **sich** *akk* **in den Sessel/in den Schnee ~ lassen** to sink into the armchair/snow; **die Hände ~ lassen** to let one's hands fall, to drop one's hands; **den Kopf ~ lassen** to hang [*or* droop] one's head; *s. a.* **Arm, Schlaf**
❹ *(abnehmen)* to go down, to abate; *Fieber* to fall; *Wasserpegel, Verbrauch* to go down; ***die Temperatur sank auf 2°C*** the temperature went down to 2°C; *Kurs, Preis* to fall, to drop, to be on the decline; ■**~d** falling; **~de Produktion** ÖKON falling production; **~der Dollar** BÖRSE sagging dollar
❺ *(schwinden)* to diminish, to decline; *Hoffnung* to sink; **den Mut ~ lassen** to lose courage
❻ *(schlechter werden)* **in jds Achtung/Ansehen ~** to go down [*or* sink] in sb's estimation [*or* esteem], to lose sb's favour [*or* AM -or]; *s. a.* **tief**

Sink·flug *m* LUFT descent, dive

Sink·stoff <-[e]s, -e> *m meist pl* settleable solid *usu pl*

Sinn <-[e]s, -e> [zɪn] *m* ❶ *(Organ der Wahrnehmung)* sense; **die fünf ~e** the five senses; **seine fünf ~e nicht beisammenhaben** *(fam)* to not have [all] one's wits about one, to be not all there *fam;* **der sechste ~** the sixth sense; **einen sechsten ~ für etw** *akk* **haben** to have a sixth sense for sth
❷ *pl (Bewusstsein)* senses *pl;* ***bist du noch bei ~en?*** *(geh)* have you taken leave of your senses?, are you out of your mind?; ***ihr schwanden die ~*** she fainted; **von** [*o* **nicht mehr bei**] **~en sein** *(geh)* to be out of one's [*fam* tiny] mind [*or* one's senses]; **wie von ~en sein** *(geh)* to behave as if one were demented
❸ *kein pl (Bedeutung)* meaning; *(von Wort a.)* sense; ***sein Sohn äußerte sich im gleichen ~*** his son said more or less the same thing; **im besten/wahrsten ~e des Wortes** in the best/true sense of the word; **in diesem ~e** with this in mind; **im eigentlichen ~e** in the real [*or* literal] sense, literally; **im engeren/weiteren ~e** in a narrower/wider [*or* broader] sense; **im ~e des Gesetzes** within the meaning of the act; **in gewissem ~e** in a way [*or* certain sense]; **der tiefere/verborgene ~** the deeper/hidden sense; **im übertragenen ~e** in the figurative sense, figuratively; **keinen ~** [**er**]**geben** not to make [any] [*or* to make no] sense; **~ machen** to make sense
❹ *kein pl (Zweck)* purpose; **es hat keinen ~**[**, etw zu tun**] there's no point [in doing sth]; **der ~ des Lebens** the meaning of life; **ohne ~ und Verstand sein** to make no sense at all, to be pointless; **etw ohne ~ und Verstand tun** to do something without rhyme or reason; **~ und Zweck einer S.** *gen* the [aim and] object of sth
❺ *kein pl (Interesse)* interest; **in** [*o* **nach**] **jds ~ sein** to be what sb would have wished; ***das ist ganz in seinem ~*** that suits him fine; ***das ist nicht im ~ unseres Klienten*** that's not in the interest[s] of our client; ***das war nicht im ~ des Erfinders*** that wasn't the object of the exercise; **in jds ~ handeln** to act according to sb's wishes [*or* as sb would have wished]
❻ *kein pl (Verständnis)* **~ für etw** *akk* **haben** to appreciate sth; ***er hat nur ~ für Autos*** he's only interested in cars; **~ für Humor haben** to have a sense of humor; **~ Kunst/Literatur haben** to appreciate art/literature; **~ für Musik haben** to have an ear for music; **keinen ~ für etw** *akk* **haben** to have no appreciation of sth, to fail to appreciate sth
❼ *kein pl (Gedanke)* mind; **anderen ~es sein** *(geh)* to have changed one's mind; **seinen ~ ändern** *(geh)* to change one's mind; **eines ~es sein** *(geh)* to be of one mind *form;* **mit jdm eines ~es sein** *(geh)* to be of the same mind as sb *form;* **etw im ~ behalten** to bear sth in mind; **etw geht** [*o* **will**] **jdm nicht aus dem ~** sb can't get sth out of

his mind; **jdn im ~ haben** to have sb in mind; **etw [mit jdm/etw] im ~ haben** to have sth in mind [with sb/sth]; ***sie hat irgendetwas im ~*** she's up to something; **jdm in den ~ kommen** to come [*or* occur] to sb; **sich** *dat* **etw aus dem ~ schlagen** to put [all idea of] sth out of one's mind, to forget all about sth; **es will jdm nicht in den ~, dass jd etw tut** sb doesn't even think about sb's doing sth; ***so etwas will mir nicht in den ~!*** I won't even think about such a thing!
⑧ *kein pl (geh: Denkart)* mind

Sịnn·bild *nt* symbol

sịnn·bild·lich I. *adj* symbolic
II. *adv* symbolically; **etw ~ verstehen** to understand sth as being [*or* to be] symbolic

sin·nen <sann, gesonnen> ['zɪnən] *vi (geh)* ① *(nachgrübeln)* ■**[über etw** *akk***] ~** to brood [*or* muse] [over sth], to ponder [[on] sth], to reflect [on sth]; ■**~d** brooding/broodingly, musing/musingly, pondering/ponderingly
② *(trachten)* ■**auf etw** *akk* **~** to devise [*or* think of [*or sep* up]] sth; **auf Mord/Vergeltung/Verrat ~** to plot murder/retribution/treason; **auf Rache ~** to plot [*or* scheme] revenge; **jds S~ und Trachten** all sb's thoughts and energies

Sin·nen·lust *f kein pl* sensuality

sịnn·ent·leert *adj inv* empty [*or* bereft] of content

sịnn·ent·stel·lend I. *adj* distorting [the meaning *pred*]; ■**~ sein** to distort the meaning **II.** *adv* **etw ~ übersetzen** to render a distorted translation of sth, to render a translation which distorts the meaning of sth; **etw ~ wiedergeben** to give a distorted account of sth; **etw ~ zitieren** to quote sth out of context

Sịn·nes·än·de·rung *f* change of mind [*or* heart] **Sịn·nes·ein·druck** *m* sensory impression, impression on the senses **Sịn·nes·or·gan** *nt* sense [*or* sensory] organ **Sịn·nes·stö·rung** *f* sensory disorder **Sịn·nes·täu·schung** *f (Illusion)* illusion; *(Halluzination)* hallucination **Sịn·nes·wahr·neh·mung** *f* sensory perception *no pl* **Sịn·nes·wan·del** *m* change of heart [*or* mind] **Sịn·nes·zel·le** *f* BIOL receptor cell

sịnn·fäl·lig *adj inv (geh: einleuchtend) Vergleich* obvious, meaningful

sịnn·frei *adj (iron: inhaltslos)* senseless

sịnn·ge·mäß I. *adj* **eine ~e Wiedergabe einer Rede** an account giving the gist [*or* general sense] of a speech
II. *adv* in the general sense; **etw ~ wiedergeben** to give the gist [*or* general sense] of sth

sịnn·ge·treu *adj inv* true to the sense [*or* meaning]; *Übersetzung* faithful; **etw ~ wiedergeben** to describe [*or* report] [*or* repeat] sth faithfully

sin·nie·ren* [zɪ'ni:rən] *vi* ■**[über etw** *akk***] ~** to brood [*or* muse] [over sth], to ponder [[on] sth], to ruminate [about sth]

sin·nig ['zɪnɪç] *adj* appropriate; **sehr ~** *(iron)* how apt *iron*

Sịnn·kri·se <-, -n> *f psychological crisis about the meaning of one's life*

sịnn·lich I. *adj* ① *(sexuell)* sexual, carnal *form;* **~e Liebe** sensual [*or form* carnal] love
② *(sexuell verlangend)* sensual; *(stärker)* voluptuous
③ *(gern genießend)* sensuous, sensual
④ *(geh: die Sinne ansprechend)* sensory, sensorial
II. *adv* ① *(sexuell)* sexually
② *(mit den Sinnen)* sensuously

Sịnn·lich·keit <-> *f kein pl* sensuality *no pl, no art,* sensuousness *no pl, no art*

sịnn·los *adj* ① *(unsinnig)* senseless; **~e Bemühungen** futile efforts; **~es Geschwätz** meaningless [*or* idle] gossip; ***das ist doch ~!*** that's futile!
② *(pej: maßlos)* frenzied; **~er Hass** blind hatred; **~e Wut** blind [*or* frenzied] rage

Sịnn·lo·sig·keit <-, -en> *f* senselessness *no pl,* meaninglessness *no pl,* futility *no pl*

sịnn·reich <-er, -ste> *adj* ① *(zweckmäßig) Erfindung, Einrichtung* useful ② *(tiefsinnig) Spruch* profound, meaningful **Sịnn·spruch** *m* LIT aphorism **Sịnn·stif·ter(in)** *m(f)* meaning maker **Sịnn·stif·tung** *f kein pl (geh)* creation of a sense of values

Sịnn·su·che *f kein pl* search for a deeper meaning **sịnn·ver·wandt** *adj* synonymous **sịnn·voll I.** *adj* ① *(zweckmäßig)* practical, appropriate; **~ sein** to make sense, to be a good idea; ***wenn ich etwas S~ es tun kann, sag Bescheid*** just let me know if I can be of any use ② *(Erfüllung bietend)* meaningful ③ *(eine Bedeutung habend)* meaningful, coherent **II.** *adv* sensibly **sịnn·wid·rig** *adj inv* nonsensical; *Verhalten* absurd

Si·no·lo·ge, -lo·gin <-n, -n> [zino'lo:gə, -'lo:gɪn] *m, f* sinologist

Si·no·lo·gie <-> [zinolo'gi:] *f kein pl* sinology *no pl*

Si·no·lo·gin <-, -nen> *f fem form von* **Sinologe**

Sint·flut ['zɪntflu:t] *f* ■**die ~** the Flood [*or form* Deluge]
▸WENDUNGEN: **nach mir die ~** *(fam)* who cares when I'm gone [*or* after I've gone]?

sint·flut·ar·tig *adj* torrential

Sin·ti ['zɪnti] *pl* Sinti, Manush

Si·nus <-, - *o* -se> ['zi:nʊs] *m* MATH sine

si·nus·för·mig *adj* PHYS, MATH sinusoidal; **~e Bewegung** harmonic motion

Si·nus·funk·ti·on *f* MATH sine [*or* harmonic] function

Si·nu·si·tis <-, Sinusitiden> [zinu'zi:tɪs, *pl* zinuzi'ti:dn̩] *f* MED sinusitis

Si·phon <-s, -s> ['zi:fõ, zi'fõ:, zi'fo:n] *m* ① TECH *(Geruchsverschluss)* odour [*or* AM -or] trap
② *(Sodawasser herstellend)* [soda] siphon [*or* syphon]

Sip·pe <-, -n> ['zɪpə] *f* ① SOZIOL [extended] family
② *(hum fam: Verwandtschaft)* family, relations *pl,* clan *fam*

Sip·pen·haft *f liability of a family for the (usu political) crimes or activities of one of its members*

Sipp·schaft <-, -en> *f (pej fam)* ① *(Sippe 2)* clan *fam,* tribe *hum fam,* relatives *pl*
② *(Pack)* bunch *fam*

Si·re·ne <-, -n> [zi're:nə] *f* siren

Si·re·nen·ge·heul *nt* wail of a siren/the siren/sirens

sir·ren ['zɪrən] *vi* ① *haben (hell surren)* to buzz
② *sein (sirrend fliegen)* to buzz; *(von Geschoss)* to whistle

Si·rup <-s, -e> ['zi:rʊp] *m* ① *(Rübensaft)* syrup, treacle BRIT, molasses + *sing vb* AM
② *(dickflüssiger Fruchtsaft)* syrup

Si·sal <-s> ['zi:zal] *m kein pl* sisal *no pl*

Si·sal·aga·ve *f* sisal

SISD <-[s], -s> [ɛsʔi:ʔɛs'de:] *m* INFORM *Abk von* **single instruction stream single data stream** SISD

SISD-Rech·ner *nt* INFORM SISD computer

sis·tie·ren* [zɪs'ti:rən] *vt* ① JUR *(festnehmen)* ■**jdn ~** to arrest [*or* apprehend] sb
② *(geh: unterbinden)* ■**etw ~** to suspend [*or form* stay] sth

Sis·tie·rung <-, -en> [zɪs'ti:rʊŋ] *f bes* SCHWEIZ ① JUR *(Festnahme)* arrest, apprehension
② *(geh: Einstellung)* suspension

Si·sy·phus·ar·beit ['zi:zyfʊs-] *f* never-ending task [*or liter* Sisyphean task]

Sit·com <-, -s> ['zɪtkɔm] *f kurz für* **situation comedy** sitcom *fam*

Site <-, -s> ['saɪt] *f* INET *kurz für* **Website** site

Sit·te <-, -n> ['zɪtə] *f* ① *(Gepflogenheit)* custom; **[bei jdm] [so] ~ sein** to be the custom [for sb]; ***es ist bei uns ~, ...*** *(geh)* it is our custom [*or* it is customary with us] ...; **nach alter ~** traditionally
② *meist pl (Manieren)* manners *npl;* ***was sind denn das für ~n?*** *(veraltend)* what sort of a way is that to behave?; **gute ~n** good manners; ***das sind ja schöne ~n*** *(iron)* that's a nice way to behave *iron; (moralische Normen)* moral standards *pl*
③ JUR ■**~n** customs; **ein Verstoß gegen die guten ~n sein** to be contrary to bonos mores, to offend against common decency
④ *(sl: Sittendezernat)* ■**die ~** the vice squad
▸WENDUNGEN: **andere Länder, andere ~n** other countries, other customs

Sịt·ten·apos·tel *m (iron)* moralizer *pej* **Sịt·ten·de·zer·nat** *nt* vice squad **Sịt·ten·ge·schich·te** *f* history of customs **Sịt·ten·leh·re** *f* ethics + *sing vb*

sịt·ten·los <-er, -este> *adj* immoral

Sịt·ten·lo·sig·keit <-, -en> *f* immorality

Sịt·ten·po·li·zei *f kein pl* vice squad **sịt·ten·streng** *adj (veraltend)* highly moral, having high moral standards **Sịt·ten·strolch** *m (pej veraltend)* sex fiend *pej* **Sịt·ten·ver·fall** *m kein pl* decline in moral standards **Sịt·ten·ver·stoß** *m* JUR infringement of ethical principles **Sịt·ten·wäch·ter(in)** *m(f) (pej)* [self-appointed] guardian of public morals **sịt·ten·wid·rig** *adj* immoral, unethical, contra bonos mores *spec* **Sịt·ten·wid·rig·keit** *f kein pl* JUR violation of bonos mores [*or* morality]

Sit·tich <-s, -e> ['zɪtɪç] *m* parakeet

sịtt·lich *adj (geh)* moral; **~e Verwahrlosung** moral depravity

Sịtt·lich·keit <-> *f kein pl (veraltend geh)* morality; **öffentliche ~** public decency

Sịtt·lich·keits·ver·bre·chen *nt* sex crime

sitt·sam <-er, -ste> ['zɪtza:m] *adj (veraltend)* ① *(wohlerzogen) Benehmen* decorous; *Kind* well-mannered
② *(züchtig)* demure; **~ die Augen niederschlagen** to lower one's eyes demurely

Sịtt·sam·keit <-> *f kein pl* decorousness *no pl,* demureness *no pl*

Si·tu·a·ti·on <-, -en> [zitu̯a'tsi̯o:n] *f* situation; *(persönlich a.)* position; **sich** *akk* **in einer schwierigen ~ befinden** to be in a difficult situation [*or* position]

Si·tu·a·ti·ons·ko·mö·die *f* sitcom **Si·tu·a·ti·ons·plan** <-[e]s, -pläne> *m* SCHWEIZ *(Lageplan)* map of the area

si·tu·ie·ren* [zitu'i:rən] **I.** *vt bes* SCHWEIZ *(platzieren)* ■**etw ~** to situate sth
II. *vr* ■**sich** *akk* **~** to orient [*or* position] oneself; ***der Autor ~ sich zwischen Essentialismus und Konstruktivismus*** the position of the author lies between essentialism and constructivism

si·tu·iert [zitu'i:ɐ̯t] *adj pred (geh)* **entsprechend ~ sein** to have the means; **gut/schlecht ~ sein** to be comfortably off [*or* well-off]/badly off

Sitz <-es, -e> [zɪts] *m* ① *(Sitzgelegenheit)* seat; *(auf einem Holzstamm a.)* perch
② *(Sitzfläche)* seat; **den ~ [eines Stuhls] neu beziehen** to reseat a chair
③ *(Amtssitz)* seat; *Gesellschaft, Verwaltung* headquarters + *sing/pl vb; Unternehmen* head office; *Universität* seat; *(Hauptniederlassung)* principal establishment
④ *kein pl (Passform)* sit; *(bezüglich Größe)* fit; **einen bequemen/richtigen ~ haben** to sit comfortably/correctly/to be a comfortable/correct fit

Sịtz·bad *nt* hip bath; MED sitz-bath; **ein ~ nehmen** to wash [oneself] in a hip bath [*or* sitz-bath]

Sịtz·ba·de·wan·ne *f* hip bath; MED sitz-bath **Sịtz·bank** *f (geh)* bench **Sịtz·be·zug** *m* AUTO seat cover **Sịtz·blo·cka·de** *f* sit-in **Sịtz·ecke** *f* seating corner

sit·zen <saß, gesessen> ['zɪtsn̩] *vi haben o* SÜDD, ÖSTERR, SCHWEIZ *sein* ① *(sich gesetzt haben)* to sit; *(auf einer Kante, Vogel a.)* to perch; ***wir saßen auf Barhockern und tranken ein Bier*** we perched on bar stools and had a beer; ***sitz!*** *(Befehl an Hund)* sit!; **[*bitte*] *bleib/bleiben Sie ~!*** [please] don't get up, [please] remain seated *form;* ■**im S~** when seated, sitting down, in/from a sitting position; **bequem/gut ~** to be comfortable [*or* sitting comfortably]; ***sitzt du bequem?*** are you comfortable?; **eine ~de Lebensweise** a sedentary life; **jdm Modell ~** to sit for sb
② *(sich befinden)* to sit; ***sie sitzt noch bei Tisch*** *(form)* she is still eating [*or* having her meal]; ***er sitzt den ganzen Tag vor dem Fernseher/in der Kneipe*** *(fam)* he spends the whole day sitting in front of the telly/in the pub BRIT *fam;* ***ich habe stundenlang beim Zahnarzt ~ müssen*** I had to spend hours at the dentist's; ***sie sitzt jetzt in einem kleinen Dorf*** *(fam)* she's living in a small village now; ***er sitzt in Moskau und hat kein Geld für die Rückfahrt*** *(fam)* he's stuck in Moscow and has no money for a return ticket; **auf der Anklagebank ~** to be in the dock; **beim Frühstück/Mittagessen ~** to be having breakfast/lunch; **bei einem Glas Wein/**

einer Tasse Kaffee ~ to sit over a glass of wine/a cup of coffee; **beim Kartenspiel/Schach** ~ to sit playing cards/over a game of chess; **im Sattel** ~ to be in the saddle; **auf der Toilette** ~ to be on the toilet ❸ *(sich beschäftigen)* ■ **an** [*o* **über**] **etw** *dat* ~ to sit over sth; ***sie sitzt viel über den Büchern*** she spends a lot of time sitting over her books; **an einer Arbeit** ~ to sit over a piece of work
❹ JUR, POL *(tagen) Gericht, Regierung* to sit
❺ *(angehören)* ■ **in etw** *dat* ~ to sit on [*or* be in] sth; ***sie sitzt in einigen Ausschüssen*** she sits on a number of committees; ***er sitzt im Verteidigungsministerium*** he's in the Ministry of Defence BRIT [*or* AM Department of Defense]; **im Parlament/Vorstand** ~ to have a seat in parliament/on the management board; **in der Regierung** ~ to be with the government
❻ *(fam: inhaftiert sein)* to do time *fam,* to be inside *fam;* ***er musste vier Jahre*** ~ he had to do four years *fam;* **gesessen haben** to have done time [*or* been inside] *fam*
❼ *(seinen Sitz haben)* ■ **irgendwo** ~ *Firma, Gesellschaft etc.* to have its headquarters somewhere; ***das Unternehmen sitzt in München*** the company is based [*or* has its headquarters] in Munich
❽ *(befestigt sein)* to be; ***der Knopf sitzt an der falschen Stelle*** the button isn't in the right place; ***die Tür sitzt schief in den Angeln*** the door is not hanging straight
❾ *(stecken)* ■ **in etw** *dat* ~ to be in sth; ***der Splitter sitzt fest in meinem Zeh*** the splinter won't come out of my toe; ***ihr sitzt der Schreck noch in den Gliedern*** *(fig)* her knees are still like jelly; **fest** ~ to be stuck tight[ly]; ***der Deckel/ die Schraube sitzt ziemlich fest*** the lid is on/the screw is in rather tightly
❿ *(Passform haben) Kleidung* to fit; ***das Jackett sitzt gut*** the jacket fits well; ***sitzt die Fliege korrekt?*** is my bow tie straight?; ***dein Hut sitzt schief*** your hat is [on] crooked; **eng/locker ~d** close-/loose-fitting
⓫ MED *(von etwas ausgehen) Infektion, Schmerz* to be [located [*or* situated]]; ***ihr Hass saß tief*** *(fig)* she felt nothing but hatred
⓬ *(fam: treffen)* to hit [*or* strike] home; ***das hat gesessen!*** that hit home!
⓭ SCH [**in Mathe/Englisch**] ~ **bleiben** *(fam)* to [have to] repeat a year [in maths [*or* AM math]/English], to stay down [a year] [in maths/English] BRIT; **jdn ~ lassen** *(fam)* to keep sb down [*or* hold sb back] [a year]
⓮ *(fam: nicht absetzen können)* **auf etw** *dat* ~ **bleiben** to be left with [*or fam* be sitting on] sth
⓯ *(fam: etw nicht hergeben)* ■ **auf etw** *akk* ~ to hang [*or* cling] on to sth; ***sie sitzt auf ihrem Geld*** she's very tight with her money *fam*
⓰ *(fam: gut eingeübt sein)* to have sunk in; ***du musst die Vokabeln so oft wiederholen, bis sie*** ~ you must keep on repeating the vocab till it sticks *fam;* ***sie hatte so lange geübt, bis jeder Schritt wie im Schlafe saß*** she had practised till she could do every step in her sleep
▸ WENDUNGEN: ~ **bleiben** *(pej fam: als Frau unverheiratet)* to be left on the shelf; *(beim Tanz)* to be left sitting; **jdm auf den Fersen** ~ to be on sb's tail; **einen ~ haben** *(fam)* to have had one too many; **jdn ~ lassen** *(fam: im Stich lassen)* to leave sb in the lurch; *(versetzen)* to stand sb up *fam;* *(nicht heiraten)* to jilt [*or* walk out on] sb; ***er hat Frau und Kinder ~ lassen*** he left his wife and children; **etw nicht auf sich** *dat* ~ **lassen** not to take [*or* stand for] sth; ***das lasse ich nicht auf mir*** ~ I won't take [*or* stand for] that; **jdm auf der Pelle** [*o* **dem Pelz**] **sitzen** *(fam)* to keep bothering sb, to keep on at sb *fam*

Sit·zen·blei·ber(in) <-s, -> ['zɪtsn̩blaibɐ] *m(f)* SCH *(pej fam)* pupil [*or* student] who must repeat a year

sit·zend I. *adj attr* sedentary; **~e Lebensweise** sedentary life
II. *adv* sitting [down], in/from a sitting position

Sitz·flä·che *f* AUTO seat squab

Sitz·fleisch *nt kein pl* ❶ *(hum fam: Gesäß)* backside *fam,* derrière *hum*
❷ *(fam: Beharrlichkeit)* ability to sit still [*or fam* on one's backside]; **kein ~ haben** to be restless, to be constantly rushing [*or* BRIT *fam* faffing] about [*or* around]; ~ **haben** *Gäste* to be eager to stay a long time

Sitz·gar·ni·tur *f* suite [of furniture] **Sitz·ge·le·gen·heit** *f* seats *pl,* seating [accommodation]; *(Stein, Kiste)* seat, perch **Sitz·hei·zung** *f* AUTO heated seats *pl* **Sitz·kis·sen** *nt* ❶ *(Auflage)* [seat] cushion ❷ *(Sitzmöbel)* [floor] cushion

Sitz·la·de·fak·tor *m* passenger load factor **Sitz·mö·bel** *pl* seating furniture *no pl* **Sitz·ord·nung** *f* seating plan **Sitz·platz** *m* seat **Sitz·pols·ter** *nt* AUTO seat bolster **Sitz·rei·he** *f* row [of seats]; *(in Theater)* tier **Sitz·streik** *m* sit-in

Sit·zung <-, -en> *f* ❶ *(Konferenz)* meeting, conference; **zu einer ~ zusammentreten** to gather for a meeting, to meet; *(im Parlament)* [parliamentary] session; *(Gericht)* session, hearing; **außerordentliche** ~ special session; **eine ~ anberaumen** to fix a date [*or* to appoint a day] for a [parliamentary] session; **eine ~ vertagen** to adjourn a meeting; **in öffentlicher/nicht öffentlicher** ~ in open court/chambers [*or* camera]; **öffentliche ~ des Gerichtshofes** public sitting of the court
❷ MED *(Behandlung)* visit
❸ *(Porträtstunde)* sitting
❹ *(spiritistische Sitzung)* seance
❺ INFORM session; **die ~ eröffnen/schließen** to log in/off

Sit·zungs·be·richt *m* report of the hearing; *(Gerichtsverhandlung)* written proceedings *pl* **Sit·zungs·geld** *nt* attendance fee **Sit·zungs·pe·ri·o·de** *f* POL [parliamentary] session; JUR term **Sit·zungs·pro·to·koll** *nt* JUR minutes *pl* of proceedings **Sit·zungs·saal** *m* conference hall

Sitz·ver·le·gung *f* JUR transfer of the place of business **Sitz·ver·stel·lung** *f* AUTO seat adjustment **Sitz·ver·tei·lung** *f* POL distribution of seats **Sitz·wür·fel** *m* cube footstool, AM *a.* ottoman

SI-Vi·rus *nt* MED SI virus

Six·pack <-s, -s> ['zɪkspɛk] *m* six-pack; **etw im ~ kaufen** to buy a six-pack of sth; *(öfter)* to buy sth in six-packs

Si·zi·li·a·ner(in) <-s, -> [zitsi'li̯a:nɐ] *m(f)* Sicilian

si·zi·li·a·nisch [zitsi'li̯a:nɪʃ] *adj* ❶ *(Sizilien betreffend)* Sicilian
❷ LING Sicilian

Si·zi·li·en <-s> [zi'tsi:li̯ən] *nt* Sicily

Ska·bi·o·se <-, -n> [ska'bi̯o:zə] *f* BOT scabious

Ska·la <-, Skalen *o* -s> ['ska:la, *pl* 'ska:lən] *f* ❶ *(Maßeinteilung)* scale; **runde** ~ dial
❷ *(geh: Palette)* range, gamut *no indef art*

Ska·lar <-s, -e> [ska'la:ɐ̯] *m* MATH scalar

Ska·lar·pro·dukt *nt* MATH scalar product

Ska·len·ein·tei·lung *f* graduation **Ska·len·er·trä·ge** *pl* FIN returns to scale **Ska·len·strich** *m* grading line

ska·lie·ren [sla'li:rən] *vt* INFORM ■ **etw** ~ to scale sth

Skalp <-s, -e> [skalp] *m* scalp

Skal·pell <-s, -e> [skal'pɛl] *nt* scalpel

skal·pie·ren* [skal'pi:rən] *vt* ■ **jdn** ~ to scalp sb

Skan·dal <-s, -e> [skan'da:l] *m* scandal; ***das ist ja ein ~!*** that's scandalous [*or* a scandal]!; **einen ~ machen** *(fam)* to kick up a fuss [*or* BRIT *fam* row]

Skan·dal·blatt *nt (pej)* scandal sheet *pej* **Skan·dal·nu·del** *f (hum fam)* scandal magnet

skan·da·lös [skanda'lø:s] **I.** *adj* scandalous, outrageous, shocking
II. *adv* outrageously, shockingly

skan·dal·träch·tig *adj* potentially scandalous

skan·dal·um·wit·tert *adj* surrounded by scandal

Skan·den ['skandn̩] *pl* Scandinavian Mountains *pl,* Skanderna

skan·die·ren* [skan'di:rən] *vt (geh)* ■ **etw** ~ to chant sth; **Verse** ~ to scan verse

Skan·di·na·vi·en <-s> [skandi'na:vi̯ən] *nt* Scandinavia

Skan·di·na·vi·er(in) <-s, -> [skandi'na:vi̯ɐ] *m(f)* Scandinavian

skan·di·na·visch [skandi'na:vɪʃ] *adj* Scandinavian

Ska·ra·bä·us <-, Skarabäen> [skara'bɛ:ʊs, *pl* -'bɛ:ən] *m* ❶ ZOOL dung beetle, scarab [beetle] *spec*
❷ *(Nachbildung des Skarabäus)* scarab[aeus *spec*]

Skat <-[e]s, -e> [ska:t] *m* KARTEN skat; ~ **spielen** to play skat

Skate·board <-s, -s> ['ske:tbo:ɐ̯t] *nt* skateboard; ~ **fahren** to skateboard

ska·ten ['ske:tn̩] *vi (fam)* to blade *fam*

Ska·ter ['ske:tɐ] *m* skat player

Skat·spiel *nt* pack of skat cards **Skat·spie·ler(in)** *m(f)* skat player

Skeet·schie·ßen <-s> ['ski:t-] *nt kein pl* SPORT skeet [shooting]

Ske·lett <-[e]s, -e> [ske'lɛt] *nt* skeleton; **zum ~ abgemagert sein** *(fig)* to be nothing but skin and bone; **das reinste** [*o* **nur noch ein**] ~ **sein** *(fig fam)* to be little more than a skeleton

Ske·lett·bürs·te *f* vent brush

Skep·sis <-> ['skɛpsɪs] *f kein pl* scepticism BRIT, skepticism AM; **mit/voller** ~ sceptically; **etw** *dat* **mit ~ begegnen** to be very sceptical about sth

Skep·ti·ker(in) <-s, -> ['skɛptikɐ] *m(f)* sceptic BRIT, skeptic AM; **eingefleischter** ~ confirmed sceptic

skep·tisch ['skɛptɪʃ] **I.** *adj* sceptical BRIT, skeptical AM; ■ ~ **sein[, ob ...]** to be sceptical [whether ...]
II. *adv* sceptically BRIT, skeptically AM

Skep·ti·zis·mus <-> [skɛpti'tsɪsmʊs] *m kein pl* PHILOS scepticism *no pl*

Sketch, Sketsch <-[e]s, -e> [skɛtʃ] *m* sketch

Ski <-s, - *o* -er> [ʃi:, 'ʃi:ɐ] *m* ski; ~ **laufen** [*o* **fahren**] to ski

Ski·an·zug *m* ski suit **Ski·aus·rüs·tung** *f* ski equipment **Ski·bril·le** *f* ski goggles *npl*

Ski·er ['ʃi:ɐ] *pl von* Ski

Ski·fah·ren ['ʃi:-] *nt kein pl* skiing *no pl, no art;* [**zum**] ~ **gehen** to go skiing **Ski·fah·rer(in)** *m(f)* skier **Ski·frei·zeit** <-, -en> *f* ski camp **Ski·ge·biet** *f* ski[ing] area **Ski·gym·nas·tik** *f kein pl* skiing exercises *pl* **Ski·ha·serl** <-s, -[n]> *nt* SÜDD, ÖSTERR *(hum)* girl skier **Ski·ho·se** *f* pair of ski pants, ski pants *pl* **Ski·kurs** *m* skiing course [*or* lessons *pl*] **Ski·la·ger** <-s, -> *nt bes* SCHWEIZ *(Skifreizeit)* ski camp **Ski·lang·lauf** *m kein pl* cross-country skiing *no pl, no art* **Ski·lauf** <-s> *m,* **Ski·lau·fen** <-s> *nt kein pl* skiing *no pl, no art* **Ski·läu·fer(in)** *m(f)* skier **Ski·leh·rer(in)** *m(f)* ski instructor **Ski·lift** *m* ski lift **Ski·müt·ze** *f* ski cap

Skin·head <-s, -s> ['skɪnhɛt] *m* skinhead, skin *fam*

Skin·ner·box[RR], **Skin·ner-Box** ['skɪnə-] *f* BIOL, PSYCH Skinner box

Ski·pass[RR] *m* ski pass **Ski·pis·te** *f* ski run **Ski·schu·le** *f* ski school **Ski·sport** *m kein pl* skiing *no pl, no art* **Ski·sprin·gen** *nt kein pl* ski jumping *no pl, no art* **Ski·sprin·ger(in)** *m(f)* ski jumper **Ski·stie·fel** *m* ski boot **Ski·stock** *m* ski stick **Ski·trä·ger** *m* AUTO ski rack [*or* carrier] **Ski·ur·laub** *m* skiing holiday **Ski·zir·kus** *m* ski circus

Skiz·ze <-, -n> ['skɪtsə] *f* ❶ *(knappe Zeichnung)* sketch, rough drawing [*or* plan]
❷ *(kurze Aufzeichnung)* sketch

Skiz·zen·block <-blöcke> *m* sketch[ing] pad

skiz·zen·haft I. *adj* ❶ *(einer Skizze ähnelnd)* roughly sketched
❷ *(in Form einer Skizze)* rough
II. *adv* **etw ~ beschreiben/festhalten/zeichnen** to give a rough description of sth/to put sth down in outline/to sketch sth roughly

skiz·zie·ren* [skɪ'tsi:rən] *vt* ❶ *(umreißen)* ■ [**jdm**] **etw** ~ to outline sth [for sb]; **etw knapp** ~ to give the bare bones of sth
❷ *(als Skizze 1 darstellen)* ■ **etw** ~ to sketch sth

Skiz·zie·rung <-, -en> *f pl selten* ❶ *(Umreißung)* outlining
❷ *(skizzenhaftes Darstellen)* sketching

S-Klas·se [ɛs'klasə] *f* ÖKON *(fam)* Rolls-Royce *fam*

Skla·ve, Skla·vin <-n, -n> ['skla:və, 'skla:vɪn] *m, f* slave; **~n halten** to keep slaves; **jdn zum ~ machen** to make a slave of [*or* to enslave] sb; ■ ~ **einer S.** *gen* **sein** to be a slave to sth; ■ **zum ~n einer S.** *gen* **werden** to become a slave to sth;

■ **sich** *akk* **zum ~ einer S.** *gen* **machen** to become a slave to sth
Skla·ven·ar·beit *f* ❶ *(pej fam: Schufterei)* slave labour [*or* AM -or], drudgery
❷ *(von Sklaven geleistete Arbeit)* slave labour [*or* AM -or]
Skla·ven·hal·ter(in) *m(f)* ❶ *(hist)* slave keeper
❷ *(pej, fig: herrschsüchtiger Mensch)* tyrant
Skla·ven·han·del *m kein pl* slave trade *no pl* **Skla·ven·händ·ler(in)** *m(f)* slave trader, slaver **Skla·ven·trei·ber(in)** *m(f) (pej fam)* slave-driver *pej fam*
Skla·ve·rei <-, -en> [skla:və'rai] *f* slavery *no art;* **jdn in die ~ führen** to enslave sb, to make sb a slave; **jdn in die ~ verkaufen** to sell sb into slavery
Skla·vin <-, -nen> *f fem form von* **Sklave**
skla·visch ['skla:vɪʃ] *(pej)* **I.** *adj* slavish, servile
II. *adv* slavishly, with servility
Skle·ro·se <-, -n> [skle'ro:zə] *f* sclerosis; **multiple ~** multiple sclerosis, MS
Skon·to <-s, -s *o* Skonti> ['skɔnto, *pl* 'skɔnti] *nt o m* [cash] discount, discount [for cash]; **[jdm] ~ [auf etw** *akk*] **geben** [*o geh* **gewähren**] to give [*or* award] sb a [cash] discount [*or* discount for cash] [on sth]; **5 % ~ gewähren** *(geh)* to allow a 5% discount, to take 5% off the price
Skon·to·ab·zug *m* discount deduction
Skon·tro <-[s], -s> ['skɔntro] *nt* BÖRSE, FIN auxiliary ledger
Skor·but <-[e]s> [skɔr'bu:t] *m kein pl* scurvy *no pl,* scorbutus *no pl spec*
Skor·pi·on <-s, -e> [skɔr'pi̯o:n] *m* ❶ ZOOL scorpion
❷ ASTROL *(Tierkreiszeichen)* Scorpio; *(im Skorpion Geborener)* Scorpion; **ein ~ sein** to be a Scorpio
Sko·te, Sko·tin <-n, -n> ['sko:tə, 'sko:tɪn] *m, f* HIST Scot
Skript <-[e]s, -en> [skrɪpt] *nt* ❶ SCH set of lecture notes, lecture notes *pl*
❷ *(schriftliche Vorlage)* transcript
❸ FILM [film] script
Skro·tum <-s, Skrota> ['skro:tʊm, *pl* 'skro:ta] *nt* MED *(fachspr)* scrotum
Skru·pel <-s, -> ['skru:pl̩] *m meist pl* scruple, qualms *pl;* **~ haben** to have [one's] scruples, to have qualms; **keine ~ haben** [*o* **kennen**] to have [*or* know] no scruples, to have no qualms; **[keine] ~ haben, etw zu tun** to have [no] qualms about doing sth; **ohne [jeden]** [*o* **den geringsten**] **~** without any qualms [*or* the slightest scruple]
skru·pel·los *(pej)* **I.** *adj* unscrupulous
II. *adv* without scruple
Skru·pel·lo·sig·keit <-> *f kein pl (pej)* unscrupulousness
Skua <-, -s> ['sku:a] *f* ORN skua
Skulp·tur <-, -en> [skʊlp'tu:ɐ̯] *f* ❶ *(Plastik)* [piece of] sculpture
❷ *kein pl (Bildhauerkunst)* sculpture
Skunk <-s, -s *o* -e> [skʊŋk] *m* skunk
skur·ril [skʊ'ri:l] *adj (geh)* bizarre
S-Kur·ve ['ɛskʊrvə] *f* S-bend, double bend; **scharfe ~** double hairpin bend [*or* turn]
Sky·sur·fingRR, **Sky Sur·fing** ['skai̯zø:ɐfɪŋ] *nt kein pl* SPORT sky surfing
s. l. *Abk von* **sine loco** s.l.
Sla·lom <-s, -s> ['sla:lɔm] *m* slalom; **~ fahren** *(fam)* to career [from side to side]
Slang <-s> [slɛŋ] *m kein pl* LING ❶ *(saloppe Umgangssprache)* slang *no art*
❷ *(Fachjargon)* jargon
Slap·stick <-s, -s> ['slɛpstɪk] *m* slapstick [comedy]
Sla·we, Sla·win <-n, -n> ['sla:və, 'sla:vɪn] *m, f* Slav
sla·wisch ['sla:vɪʃ] *adj* Slav[on]ic
Sla·wist(in) <-en, -en> [sla'vɪst] *m(f)* Slav[onic]ist
Sla·wis·tik <-> [sla'vɪstɪk] *f kein pl* Slavonic studies + *sing vb*
Sla·wis·tin <-, -nen> *f fem form von* **Slawist**
Slide Show <-, -s> ['slaɪdʃo:] *f* INET slide show
slim·men ['slɪmən] *vi* to slim
Sling·pumps ['slɪŋpœmps] *m* slingback shoe
Slip <-s, -s> [slɪp] *m* panties *pl*
Slip·ein·la·ge *f* panty liner
Slip·per <-s, -> ['slɪpɐ] *m* slip-on [shoe]
Slo·gan <-s, -s> ['slo:gn̩] *m* slogan; *(einer Partei a.)* catchword
Slo·wa·ke, Slo·wa·kin <-n, -n> [slo'va:kə, slo'va:kɪn] *m, f* Slovak
Slo·wa·kei <-> [slova'kai̯] *f* ■ **die ~** Slovakia
Slo·wa·kin <-, -nen> *f fem form von* **Slowake**
slo·wa·kisch [slo'va:kɪʃ] *adj* Slovak[ian]
Slo·wa·kisch [slo'va:kɪʃ] *nt dekl wie adj* Slovak
Slo·wa·ki·sche <-n> *nt* ■ **das ~** Slovak, the Slovak language
Slo·we·ne, Slo·we·nin <-n, -n> [slo've:nə, slo've:nɪn] *m, f* Slovene
Slo·we·ni·en <-s> [slo've:ni̯ən] *nt* Slovenia
Slo·we·nin <-, -nen> *f fem form von* **Slowene**
slo·we·nisch [slo've:nɪʃ] *adj* Slovenian, Slovene
Slo·we·nisch [slo've:nɪʃ] *nt dekl wie adj* Slovene
Slo·we·ni·sche <-n> *nt* ■ **das ~** Slovene, the Slovene language
Slum <-s, -s> [slam] *m* slum
sm *Abk von* **Seemeile** sm
Small·talkRR, **Small Talk**RR, **Small talk**ALT <-> ['smo:lto:k] *m kein pl (geh)* small talk *no pl*
small·tal·ken ['smo:lto:kn̩] *vi (fam)* to [chit]chat
Sma·ragd <-[e]s, -e> [sma'rakt] *m* emerald, smaragd *spec*
Sma·ragd·arm·band *nt* emerald bracelet **Sma·ragd·bro·sche** *f* emerald brooch **Sma·ragd·col·li·er** *nt* emerald necklace
sma·rag·den [sma'rakdn̩] *adj (geh)* emerald *attr,* of emeralds *pred*
sma·ragd·grün I. *adj* emerald [green]
II. *adv* like emerald
smart [sma:ɐ̯t, smart] *adj* ❶ *(elegant)* chic
❷ *(clever)* smart
Smart·card <-, -s> *f,* **Smart·kar·te** <-, -n> [smart-] *f* smart card
Smi·ley <-s, -s> ['smai̯li] *m* smiley, smilie
Smog <-[s], -s> [smɔk] *m* smog
Smog·alarm *m* smog alert; **~ Stufe II** smog warning level 2
Smo·king <-s, -s> ['smo:kɪŋ] *m* dinner jacket, dj *fam,* tuxedo AM, tux AM *fam*
SM-Pa·pier *nt* typing paper
SMS [ɛsʔɛm'ɛs] *f Abk von* **Short Message Service** text [message], SMS
SMV <-, -s> [ɛsʔɛm'fau̯] *f Abk von* **Schülermitverwaltung/-verantwortung** school [*or* student] council
Snack <-s, -s> [snɛk] *m* KOCHK *(fam)* snack
Snob <-s, -s> [snɔp] *m (pej)* snob *pej*
snö·ben ['snø:bn̩] *vi* SCHWEIZ *(Snowboard fahren)* to go snowboarding, to snowboard
Snö·ber(in) <-s, -> ['snø:bɐ] *m(f)* SCHWEIZ *(Snowboarder)* snowboarder
Sno·bis·mus <-> [sno'bɪsmʊs] *m kein pl (pej)* snobbery *pej,* snobbishness *no pl pej*
sno·bis·tisch [sno'bɪstɪʃ] *adj (pej)* snobby *pej,* snobbish *pej*
Snoo·ker <-[s]> ['snu:kɐ] *nt kein pl* SPORT snooker
Snow·board <-s, -s> ['sno:bo:ɐ̯t] *nt* snowboard
snow·boar·den ['sno:bo:ɐ̯dn̩] *vi* to snowboard
Snow·boar·ding <-[s]> ['sno:bo:ɐ̯dɪŋ] *nt kein pl* SKI snowboarding
so [zo:] **I.** *adv* ❶ *mit adj und adv (derart)* so; *(vergleichend)* as; ***ich bin nicht so naiv, das zu glauben*** I'm not naive enough to believe that; ***dass es ~ lange regnen würde, ...*** that it could rain for so long ...; ■ **~ ... wie** as ... as; ***du bist ~ groß wie ich*** you are as big as me [*or* I am]; ***es ist ~, wie du sagst*** it is [just] as you say; ***mach es ~, wie ich es dir sage*** [just] do what I tell you; **~ gut [wie] ich kann** as best as I can; **~ viel** as much; **noch einmal ~ viel** as much again; **~ viel wie** as much as; **~ viel wie etw sein** to be tantamount [*or* to amount] to sth; **~ viel wie nötig** as much as is necessary; **~ weit** as far as; ***das ist ~ weit richtig, aber ...*** on the whole that is right [*or* that is right as far as it goes], but ...; **~ weit sein** *(fam)* to be ready; ***das Essen ist gleich ~ weit*** dinner will soon be ready [*or* served]
❷ *mit vb (derart)* so; ***sie hat sich ~ darauf gefreut*** she was so [very] looking forward to it; ***es hat ~ geregnet, dass ...*** it rained so heavily that ...; ***ich habe mich ~ über ihn geärgert!*** I was so angry with him; **~ sehr, dass ...** to such a degree [*or* an extent] that ...
❸ *(auf diese Weise)* [just] like this/that, thus *form;* ***~ musst du es machen*** this is how you must do it [*or* how to do it]; ***mach es so, wie ich es dir gesagt habe*** do it the way [*or* as] I told you; ***~ geht's, wenn man nicht aufpasst*** that's what comes of not paying attention; ***es ist [vielleicht] besser ~*** [perhaps] it's better that way; ***das war sehr klug ~*** that was very clever of you; ***~ ist er nun mal*** that's what he's like; ***~ ist das eben [o nun mal]*** *(fam)* that's [*or* you'll just have to accept] the way things are; ***~ ist das [also]!*** so that's your game[, is it]!; ***ist das ~?*** is that so?; ***~ ist es*** that's right; ***~ kam es, dass ...*** and so ...; **~, als ob ...** as if ...; ***mir ist ~, als ob ...*** I think [*or* feel] [that] ...; **~ genannt** so-called; **~ oder ~** either way; **und ~ weiter [und ~ fort]** et cetera[, et cetera], and so on and so forth
❹ *(mit diesen Worten)* ***..., ~ der Bundeskanzler in seiner Rede*** according to the Federal Chancellor in his speech, ...
❺ *(solch)* ■ **~ ein(e)** ... such a/an ...; ***~ eine blöde Gans!*** what a silly goose!; ***er ist ~ einer wie du*** *(fam)* he is like you; **~ etwas** such a thing; ***~ etwas sagt man nicht*** you shouldn't say such things [*or* such a thing]; ***hast du ~ etwas schon mal gehört?*** have you ever heard anything like it?; ***~ etwas Peinliches, ich habe es vergessen*** how embarrassing for me, I've forgotten it; ***~ etwas Dummes habe ich noch nie gehört!*** I've never heard of such a stupid thing; ***~ etwas Schönes habe ich noch nie gesehen*** I've never seen something as beautiful as that; ***[na] ~ [et]was!*** *(fam)* well I never!; *(als Erwiderung a.)* [what] you don't say! *a. iron,* really? *a. iron*
❻ *(bleibt unübersetzt)* **~ manche(r)** a number of [*or* quite a few] people
❼ *(fam: etwa)* ***wir treffen uns ~ gegen 7 Uhr*** we'll meet at about 7 o'clock [*or* at 7 o'clock or so [*or* thereabouts]]
❽ *(fam: oder Ähnliches)* **oder ~** or so; **und ~** or something [like that]; ***wir gehen was trinken und ~*** we'll go and have a drink or something; ***ich fahre um 5 oder ~*** I'm away at 5 or so; ***heißt sie nicht Kaminski oder ~?*** isn't she called Kaminski or something?
❾ *(wirklich)* ***ich habe solche Kopfschmerzen — ~?*** I have such a headache — have you [*or* really]?; ***er kommt bestimmt! — ~, meinst du?*** he must be coming! — you think so?
❿ *(beiläufig)* ***das habe ich nur ~ gesagt*** I didn't really mean it
⓫ *(fam: umsonst)* for nothing
▸ WENDUNGEN: **~ oder ~** in any case, either way
II. *konj* ❶ *(konsekutiv)* ■ **~ dass,** ■ **sodass** ÖSTERR so that; ***er versetzte ihm einen schweren Schlag, ~ dass er taumelte*** he dealt him a heavy blow, causing him to stagger
❷ *(obwohl)* ***~ leid es mir auch tut*** as sorry as I am; ***~ peinlich ihr das auch war, ...*** as embarrassing as it was to her, ...; ***~ schnell ich auch rannte, ...*** however fast I ran ...
❸ *(vergleichend)* ***~ schön sie ist, ~ arrogant ist sie auch*** she is as arrogant as she is beautiful
❹ *(geh: konditional)* ***tu es, ~ du dich traust*** do it, if you dare to
III. *interj* ❶ *(also)* so, right; ***~, jetzt gehen wir ...*** right [*or* well], let's go and ...
❷ *(siehst du)* [well] there we/you have it
❸ *(ätsch)* so there!
❹ *(ach)* **~, ~!** *(fam)* [what] you don't say! *a. iron,* is that a fact? *iron*
IV. *part* ❶ *(nachdrücklich)* ***~ komm doch endlich!*** do get a move on[, will you]!
❷ *(beiläufig)* ***was machst du ~ den ganzen Tag?*** so what are you doing all day?
s.o. *Abk von* **siehe oben** see above
SO *Abk von* **Südosten** SE
so·bald [zo'balt] *konj* as soon as
Söck·chen <-s, -> ['zœkçən] *nt dim von* **Socke**

So·cke <-, -n> ['zɔkə] *f* sock
▶WENDUNGEN: **sich** *akk* **auf die ~n machen** *(fam)* to get a move on *fam;* **von den ~n sein** *(fam)* to be flabbergasted [*or* BRIT *fam* gobsmacked]; ***da bist du von den ~n!*** that's knocked you for six!
So·ckel <-s, -> ['zɔkl̩] *m* ① *(Pedestal)* plinth, pedestal, socle *spec*
② *(von Gebäude)* plinth, base course *spec*
③ *(Schraubteil)* holder
So·ckel·be·trag *m* ÖKON basic amount [*or* sum] **So·ckel·leis·te** *f* skirting [board], baseboard **So·ckel·ta·rif** *m* ÖKON base rate
So·cken <-s, -> ['zɔkn̩] *m* SÜDD, ÖSTERR, SCHWEIZ *(Socke)* sock
So·da <-s> ['zo:da] *nt kein pl* ① CHEM soda, sodium carbonate *spec*
② *(Sodawasser)* soda [water]
so·dann [zo'dan] *adv inv (veraltend)* ① *(dann, darauf, danach)* thereupon *old form*
② *(ferner, außerdem)* further
so·dass^RR [zo'das] *konj* ÖSTERR *(so)* so that
So·da·was·ser *nt* soda [water]
Sod·bren·nen [zo:t-] *nt* heartburn, [gastric] pyrosis *spec*
So·de <-, -n> ['zo:də] *f* sod, [piece of] turf
So·do·mie <-> [zodo'mi:] *f kein pl* ① *(Sex mit Tieren)* buggery
② *(veraltet: Homosexualität)* homosexuality
so·eben [zo'ʔe:bn̩] *adv (geh)* ① *(gerade zuvor)* just [this minute [*or* moment]]; ***er hat ~ das Haus verlassen*** he has just [this minute [*or* moment]] left the building
② *(gerade)* just; ***es ist ~ 20 Uhr*** it has just turned eight
So·fa <-s, -s> ['zo:fa] *nt* sofa, settee *esp* BRIT
So·fa·kis·sen *nt* sofa cushion
so·fern [zo'fɛrn] *konj* if, provided that; ***~ es dir keine/nicht zu viel Mühe macht*** provided it's no/if it isn't too much trouble to you
soff [zɔf] *imp von* **saufen**
So·fia <-s> ['zɔfi̯a, 'zo:fi̯a] *nt* Sofia
so·fort [zo'fɔrt] *adv* immediately, forthwith *form,* at once, [right] now, this instant; ***komm ~ her!*** come here this instant!
So·fort·ab·schrei·bung *f* FIN initial allowance, immediate charge-off [*or* write-off] **So·fort·bild·ka·me·ra** *f* instant camera, instamatic *fam* **So·fort·druck** *m* instant [*or* express] printing
So·fort·hil·fe *f* emergency relief [*or* aid] *no art* **So·fort·hil·fe·pro·gramm** *nt* emergency relief [*or* aid] programme [*or* AM -am]
so·for·tig [zo'fɔrtɪç] *adj* immediate, instant; **~e Bestrafung** summary punishment; **mit ~er Wirkung** immediately effective
So·fort·lie·fe·rung *f* immediate delivery **So·fort·maß·nah·me** *f* immediate measure [*or* action]; **~n ergreifen** to take immediate action **So·fort·pro·gramm** *nt* emergency programme [*or* AM -am] **So·fort·wir·kung** *f* immediate effect **So·fort·zah·lung** *f* HANDEL down payment
Soft·drink <-s, -s> ['zɔft-] *m* soft drink **Soft·eis** *nt* soft [*or* BRIT whipped] ice cream
Sof·tie <-s, -s> ['zɔfti] *m (fam)* softie *fam,* softy *fam*
Soft·por·no ['sɔft-] *m* TV *(Erotikfilm)* soft[-core] porn [film]
Soft Skill <-[s], -s> ['zɔftskɪl] *nt meist pl* ÖKON, SOZIOL soft skill *usu. pl*
Soft·ware <-, -s> ['sɔftvɛ:ɐ̯] *f* software; **benutzerfreundliche/integrierte ~** user-friendly/integrated software; **~ übertragen** to transfer software
Soft·ware·bi·blio·thek ['sɔftvɛ:ɐ̯-] *f* INFORM software library **Soft·ware·de·co·der** ['sɔftvɛ:ɐ̯deko:dɐ] *m* INFORM software decoder **Soft·ware·ent·wick·ler, -ent·wick·le·rin** ['zɔftvɛ:ɐ̯-] *m, f* INFORM software developer **Soft·ware·feh·ler** ['sɔftvɛ:ɐ̯-] *m* program [*or* software] error [*or* fault]; **~ bereinigen** to troubleshoot **Soft·ware·haus** ['sɔftvɛ:ɐ̯-] *nt* software house **Soft·ware·her·stel·ler** ['zɔftvɛ:ɐ-] *m* software manufacturer [*or* house] [*or* company] **Soft·ware·kon·fi·gu·ra·ti·on** ['sɔftvɛ:ɐ̯-] *f* INFORM software configuration **Soft·ware·li·zenz** ['sɔftvɛ:ɐ̯-] *f* INFORM software licence **Soft·ware·pa·ket** ['sɔftvɛ:ɐ̯-] *nt* software package **Soft·ware·pi·rat(in)** ['sɔftvɛ:ɐ̯-] *m(f)* software pirate **Soft·ware·platt·form** ['sɔftvɛ:ɐ̯-] *f* INFORM software platform **Soft·ware·por·ta·bi·li·tät** ['sɔftvɛ:ɐ̯pɔrtabilitɛ:t] *f* INFORM software portability **Soft·ware·schnitt·stel·le** ['sɔftvɛ:ɐ̯-] *f* INFORM application program interface **Soft·ware·un·ter·neh·men** *nt* software company **Soft·ware·ver·si·on** ['sɔftvɛ:ɐ̯-] *f* INFORM software version; **die neueste ~** the latest software version **Soft·ware·war·tung** ['sɔftvɛ:ɐ̯-] *f* INFORM software maintenance
sog [zo:k] *imp von* **saugen**
sog. *Abk von* **so genannt** so-called
Sog <-[e]s, -e> [zo:k] *m* suction; *(von Flugzeug)* slipstream; *(von Brechern)* undertow
so·gar [zo'ga:ɐ̯] *adv (emph)* even, no less; ***danach war mir ~ noch schlechter*** after that I felt even more sick; ***~ mein Bruder kam*** even my brother came; ***die zweite Prüfung war ~ schwerer als die erste*** the second exam was even more difficult than the first; ***er ist krank, ~ schwer krank*** he is ill, in fact seriously so
Sog·kraft *f kein pl* lure, power of attraction
so·gleich [zo'glaiç] *adv (geh) s.* **sofort**
Sog·wir·kung *f* mass appeal
Soh·le <-, -n> ['zo:lə] *f* ① *(Schuhsohle)* sole; **~n aus Leder** leather soles; **sich** *akk* **an jds ~n heften** [*o fam* **hängen**] to dog sb's heels [*or* every step]
② *(Fußsohle)* sole [of the/one's foot], planta *spec;* **mit nackten ~n** barefoot; **sich** *dat* **die ~n nach etw** *dat* **ablaufen** *(fam)* to walk one's legs off looking for sth
③ *(Einlegesohle)* insole
④ *(eines Tals o.Ä.)* bottom
▶WENDUNGEN: **eine kesse** [*o* **tolle**] **~ aufs Parkett legen** *(hum fam)* to trip the light fantastic BRIT *hum;* **auf leisen ~n** noiselessly, softly
soh·len ['zo:lən] **I.** *vt (besohlen)* ■**etw ~** *Schuhe* to sole sth
II. *vi* DIAL *(lügen)* to lie
Sohn <-[e]s, Söhne> [zo:n, *pl* 'zø:nə] *m* son; **na, mein ~** *(fam)* well, son[ny]; **der ~ Gottes** the Son of God; **der verlorene ~** the prodigal son
Söhn·chen <-s, -> ['zø:nçən] *nt (fam) dim von* **Sohn** ① *(kleiner Sohn)* baby son
② *(Bürschchen)* ■**[mein] ~** sonny
Soh·ne·mann <-s> *m kein pl* DIAL *(fam)* son
Soi·ree <-, -een *o* -s> [so̯a're:] *f (geh)* soirée *form or hum*
So·ja <-s, -jen> ['zo:ja, *pl* 'zo:jən] *f meist sing* soy *no pl,* soya *no pl* BRIT
So·ja·boh·ne *f* soybean, soya bean BRIT **So·ja·boh·nen·kei·me** *pl* bean sprouts *pl*
So·ja·mehl *nt* soy [*or* BRIT *a.* soya] flour **So·ja·milch** *f kein pl* soy milk *no pl* **So·ja·öl** *nt* soy [*or* BRIT soya] oil **So·ja·so·ße** *f* soy[a BRIT] sauce **So·ja·spross**^RR *m* [soya] bean sprout
So·jen *pl von* **Soja**
So·ko <-, -s> ['zoko] *f Akr von* **Sonderkommission** special commission [*or* committee]
so·lang, so·lan·ge [zo'laŋ(ə)] *konj* as [*or* so] long as; ***~ wir noch hier sind ...*** so long as we're still here ...; ***~ sie noch zur Schule geht ...*** while she still goes to school ...
so·lar [zo'la:ɐ̯] *adj inv* ASTRON, METEO, PHYS solar
So·lar·an·la·ge *f* solar equipment **So·lar·ener·gie** *f* solar energy **So·lar·farm** *f s.* **Sonnenfarm**
So·la·ri·um <-s, -rien> [zo'la:ri̯ʊm, *pl* -'la:ri̯ən] *nt* solarium
So·lar·kol·lek·tor *m* solar panel **So·lar·kraft·werk** *nt* solar power station **So·lar·mo·bil** <-s, -e> *nt* AUTO solar car **So·lar·ple·xus** <-, -> *m* solar [*or spec* coeliac] plexus **So·lar·rech·ner** *m* solar[-powered] calculator **So·lar·strom** *m* solar[-generated] electricity **So·lar·tech·nik** *f* solar [cell] technology **So·lar·zeit·al·ter** *nt kein pl* solar age **So·lar·zel·le** *f* solar cell
So·la·wech·sel ['zo:lavɛksl] *m* FIN promissory note
Sol·bad ['zo:l] *nt* ① *(Badeort)* saltwater spa
② *(medizinisches Bad)* saltwater [*or* brine] bath
Sol·ber·fleisch ['zɔlbɐ-] *nt* KOCHK *dish of cured pig's mouth, neck, ears, trotters and spine*
solch [zɔlç] *adj inv (geh)* such; ***~ ein Mann*** such a man, a man like this/that/yours etc.; ***~ ein Luder!*** what a brat!; ***~ feiner Stoff*** material as fine as this
sol·che(r, s) *adj* ① *attr* such; **~ Frauen** such women, women like that; **eine ~ Frechheit** such impertinence; ***sie hatte ~ Angst ...*** she was so afraid ...
② *substantivisch (solche Menschen)* such people, people like that; *(ein solcher Mensch)* such a person, a person like this/that; ***~ wie wir*** people like us; ***~, denen man nichts recht machen kann*** people for whom one can do nothing right; **nicht ein ~r/eine ~ sein** not to be like that, not to be of that ilk *a. pej;* **als ~(r, s)** as such, in itself; ***der Mensch als ~r*** man as such; ***es gibt ~ und ~ Kunden*** there are customers and customers
sol·cher·art ['zɔlçɐ'ʔa:ɐ̯t] **I.** *adj* such
II. *adv* thus
sol·cher·lei ['zɔlçɐ'lai̯] *adj attr, inv (geh)* such; **~ Dinge** such things, things like that
Sold <-[e]s> [zɔlt] *m kein pl* MIL pay; **in jds ~ stehen** *(geh)* to be in sb's pay
Sol·dat(in) <-en, -en> [zɔl'da:t] *m(f)* soldier; ■**~ sein** to be a soldier [*or* in the army]; ■**~ werden** to join the army, to join up *fam,* to become a soldier; **~ auf Zeit** *soldier serving for a set time;* **~ spielen** to play [at] soldiers *a. pej*
Sol·da·ten·fried·hof *m* military cemetery **Sol·da·ten·ge·setz** *nt* POL *law defining the legal position of soldiers in the German defence force*
Sol·da·tes·ka <-, -tesken> [zɔlda'tɛska] *f (pej)* band of soldiers
Sol·da·tin <-, -nen> *f fem form von* **Soldat**
sol·da·tisch I. *adj* military
II. *adv* like a [true] soldier
Sold·buch *nt* HIST military paybook
Söld·ner(in) <-s, -> ['zœldnɐ] *m(f)* mercenary
So·le <-, -n> ['zo:lə] *f* brine, salt water
Sol·ei *nt* pickled [hard-boiled] egg
So·le·quel·le *f* saltwater spring
So·li ['zo:li] *pl von* **Solo**
so·lid [zo'li:t], **so·li·de** [zo'li:də] **I.** *adj* ① *(haltbar, fest)* solid; **~e Kleidung** durable [*or* hard-wearing] clothes *npl;* **~es Möbel** solid [*or* sturdy] furniture
② *(fundiert)* sound, thorough; **eine ~e Ausbildung** a sound education
③ *(untadelig)* respectable, steady-going; **ein ~es Leben** a steady life
④ *(finanzkräftig)* solid, sound, well-established *attr; (zuverlässig, seriös)* sound
II. *adv* ① *(haltbar, fest)* **~ gebaut** solidly constructed
② *(untadelig)* respectably; **~ leben** to lead a steady life, to live respectably
So·li·dar·bei·trag [zoli'da:ɐ̯-] *m* contribution to social security **So·li·dar·bürg·schaft** *f* JUR joint and several guarantee **So·li·dar·ge·mein·schaft** *f* mutually supportive group; *(die Gesellschaft)* caring society
so·li·da·risch [zoli'da:rɪʃ] **I.** *adj* **eine ~e Haltung** an attitude of solidarity; **jds ~es Verhalten** sb's show of solidarity; **sich** *akk* **[mit jdm/etw] ~ erklären** to declare one's solidarity [with sb/sth]; **sich** *akk* **mit jdm ~ fühlen** to feel solidarity with sb
II. *adv* in solidarity; **sich** *akk* **~ verhalten** to show one's solidarity
so·li·da·ri·sie·ren* [zolidari'zi:rən] *vr* ■**sich** *akk* **[mit jdm/etw] ~** to show [one's] solidarity [with sb/sth]
So·li·da·ri·tät <-> [zolidari'tɛ:t] *f kein pl* solidarity; **aus ~** out of solidarity
So·li·da·ri·täts·bei·trag *m* POL *s.* **Solidaritätszuschlag** **So·li·da·ri·täts·prin·zip** *nt kein pl* SOZIOL social solidarity **So·li·da·ri·täts·streik** *m* sympathy strike **So·li·da·ri·täts·zu·schlag** *m* POL *additional pay deduction to finance the economic rehabilitation of former East Germany*
So·li·dar·pakt *m* POL solidarity pact, solidarity agreement **So·li·dar·prin·zip** *nt* SOZIOL sliding-scale principle
So·li·di·tät <-> [zolidi'tɛ:t] *f kein pl (geh)* solidness,

S

sollen

1. Vorschlag/Frage

Für Vorschläge in Frageform, die im Deutschen mit *ich/wir* stehen, wird *shall* verwendet:

Soll ich dir helfen? – *Shall I* help you?
Sollen wir nach dem Mittagessen spazieren gehen? – *Shall we* go for a walk after lunch?
Kannst du mir helfen? – Natürlich, *was soll ich tun?* – Can you help me? Sure, *what shall I do?*
Soll ich dem Patienten erlauben aufzustehen? – *Shall* I allow the patient to get up?
Sie fragte mich, ob sie mir helfen *solle.* – She asked me if she *should* help me.

2. Anweisungen von Dritten

Erfolgt die Anweisung von einem Dritten oder ergeht an einen Dritten, wird meist *to be to* verwendet.

Sie *soll* am Tag zwei Tabletten einnehmen. – She'*s to* take two pills a day.
Du *sollst* sofort kommen! – You *are to* come immediately! (= Anweisung eines Dritten)
Sie *sollte* gestern zum Arzt gehen. – She *was to go* to the doctor yesterday.

In folgenden Sätzen wird *sollen* eher im Sinne von *etwas ausrichten* gebraucht:

Er *soll* endlich damit aufhören! – *Tell* him *to* stop!
Sie *soll* reinkommen – *Tell* her *to* come in.

3. Verbot/Befehl/Verpflichtung

Du *sollst* sofort damit aufhören! – Stop it, will you!
Niemand *soll* sagen, dass ... – No one *shall* say that ...
Warum *soll(t)en* wir das bezahlen? – Why *should* we pay for it?
Wie lange *soll* ich denn noch warten? – How much longer *am I supposed to* wait?

Eine verstärkte äußere Verpflichtung durch Dritte wird mit *supposed to, meant to* ausgedrückt:

Ich *soll* morgen einen Bericht *abgeben.* – *I'm meant/supposed to hand in* a report tomorrow.

Bei Verboten:

Du *sollst* hier *nicht* spielen! – I told you not to play here! (= eingehendes Verbot vom Sprecher selbst, etwa Mutter zu ihrem Kind)
Du *sollst* doch nicht so viel rauchen! – You'*re not supposed to* smoke so much. (= dringende Empfehlung)

In religiösen Formeln findet sich dagegen noch die archaische Form *shalt*:

Du sollst nicht töten. – Thou shalt not kill.

4. Kritisches Erstaunen

Drückt *sollen* kritisches Erstaunen aus, wird *supposed to* verwendet:

Soll ich *etwa* die Fenster putzen? – *Am I supposed to* clean the windows?
Soll das die ganze Wahrheit sein? – Is that *supposed to* be the whole truth?
Soll das alles sein? – Is that *supposed to* be all? Oder: Is that it?
Was *soll* das wieder heißen? – What's that *supposed to* mean?

5. Ratschlag/Empfehlung

Das deutsche *du solltest* wird durch *you should/ought to* ausgedrückt. Dabei nimmt sich der Sprecher mit *ought to* etwas mehr zurück, sodass die Empfehlung objektiver wirkt.

Da *solltest du* mitfahren! – *You should* come / *ought to* come along!
Was *sollte ich* deiner Meinung nach tun? – What do you think *I should* do / *ought to* do?
Du *solltest* dir *unbedingt* diesen Film anschauen. – You *really should* see / *ought to* see this film!
Du *hättest* ihn sehen *sollen*! – You *should* have seen him!
So etwas *sollte man nicht tun.* – One *shouldn't* do / *oughtn't to* do that.
Du *solltest* mal wieder deine Mutter besuchen. – You *should* visit/ *ought to* visit your mother again.
Du solltest dich schämen! – *You should be/ought to* be ashamed [of yourself]!
Du *hättest nicht* über seine Fehler lachen *sollen*! – You *shouldn't have* laughed about his mistakes!
Du *solltest* wirklich zum Arzt gehen, aber ich würde es auch nicht tun wollen. – You really *ought to* see a doctor but I wouldn't want to either.

Im letzten Satz wirkt *ought to* natürlicher, da der Sprecher durch den Nachsatz seine Empfehlung wieder einschränkt.

Vorschläge der Art *solltest lieber* werden mit *had better* übersetzt:

Du *solltest lieber* das Fenster schließen. – You'*d better* close the window.

Bezieht sich der Ratschlag auf etwas Vergangenes, wird *should/ought to have verb+ed* verwendet:

Du *hättest* dort hingehen *sollen.* – You *should have/ought* to *have gone* there.
Was *hätte* ich tun *sollen*? – What *should* I *have done/ought* I *to have done*?

Verneint:

Das *hätte nicht* vorkommen *sollen.*	It *should not have/ought not to have* happened.

6. Absichtserklärung des Sprechers

Hier wird *shall* verwendet:

Du *sollst* dein Geld zurückbekommen.	You *shall* get your money back.
Es *soll nicht* wieder vorkommen!	It *shan't (= shall not)* happen again!

7. Plan/Vereinbarung

Geplante Vorhaben werden mit *meant to/supposed to* übersetzt:

Das *sollte* eigentlich für meine Schwester *sein.*	That was *meant for* my sister.
Das Zimmer *soll* nächste Woche *gestrichen werden.*	The room *is meant to be painted* next week.
Das *sollte* ein Witz *sein.*	That *was meant to be* a joke.
Er *hätte* die Hauptrolle spielen *sollen.*	He was *meant/supposed to* play the leading part.
Ich *soll* die Stelle übernehmen.	I *am to* take over the job.

8. ‚Schicksal'

Für schicksalhafte Wendungen wird *to be to* verwendet:

Sie *sollten* Rom *nie erreichen.*	*They were never to reach* Rome.
Es sollten viele Jahre *vergehen,* bevor ...	Many years *were to pass* before ...
Sie *sollten* sich schon bald *wiedertreffen.*	They *were to meet* again soon.

9. Ratlosigkeit

Was *soll* ich jetzt *nur tun*?	What am I *supposed to* do now?
Wie *sollen* wir das nur verstehen?	How are we *supposed to* understand that?

10. Sprecherfremde Behauptung

Wenn ein Sprecher über Dinge berichtet, die er selbst aber nur über Dritte erfahren hat und über deren Wahrheitsgehalt er nicht sicher ist, benutzt man *said to, supposed to.*

Sie *soll* sehr reich *sein.*	She *is supposed to be* very rich.
Er soll eine Gehaltserhöhung *bekommen.* (= Angeblich bekommt er eine Gehaltserhöhung.)	He'*s supposed to be getting* a pay rise.
Alle Insassen *sollen ums Leben gekommen sein.*	All passengers *are said to have been killed/are reported dead.*

11. Anstelle von konditionalem *wenn*

Das konditionale *sollte* wird mit *should* übersetzt:

Sollte sie anrufen (= falls sie anruft/anrufen sollte), ...	*Should* she call/*if* she *should* call, ...
Sollte ich einen Fehler gemacht haben, tut es mir Leid.	*Should* I have made a mistake, I'm sorry.

soundness

So·lip·sis·mus <-> [zolɪ'psɪsmʊs] *m kein pl* solipsism

So·list(in) <-en, -en> [zo'lɪst] *m(f)* MUS soloist

So·li·tär <-s, -e> [zoli'tɛːɐ̯] *m* ① *(Edelstein)* solitaire [diamond], diamond solitaire
② *(Gehölz)* specimen [bush]
③ *kein pl (Brettspiel)* solitaire

So·li·tär·ring *m* solitaire ring

Sol·jan·ka <-> [zol'janka] *f kein pl* KOCHK *(russische Eintopfsuppe)* solyanka

Soll <-[s], -[s]> [zɔl] *nt* ① *(Sollseite)* debit side; **~ und Haben** *(veraltend)* debit and credit; [**mit etw** *dat*] [**hoch**] **im ~ sein/ins ~ geraten** to be [deep] in/to go [*or* slide] [deeply] into the red [by sth]
② *(Produktionsnorm)* target; [**X %**] **unter dem/seinem ~ bleiben** to fall short of the/one's target [by X%]; **ein/sein ~ erfüllen** to reach a/one's target

Soll·auf·kom·men *nt* FIN budgeted yield **Soll·be·steu·e·rung** *f* FIN imputed taxation **Soll·bu·chung** *f* FIN debit entry **Soll·ein·nah·men** *pl* FIN estimated receipts

sol·len ['zɔlən]

I. AUXILIARVERB

① <sollen> *im Präsens (Befehl, Verpflichtung)* ■ **jd soll etw tun** sb is to do sth; ***sie soll am Tag zwei Tabletten einnehmen*** she's to [*or* she must] take two pills a day; ***er soll sofort kommen*** he is to come immediately; ***ich soll Ihnen sagen, dass ...*** I am [*or* I've been asked] to tell you that ...; ***ich soll dir schöne Grüße von Richard bestellen*** Richard asked me to give you his best wishes; [***sagen Sie ihr,***] ***sie soll hereinkommen*** tell her to come in; ***du sollst sofort damit aufhören!*** you're to stop that at once!; ***du sollst das lassen!*** stop it [*or* that]!; ***du weißt, dass du das nicht tun sollst!*** you know that you shouldn't do that!; ***du sollst herkommen, habe ich gesagt!*** I said [you should] come here!; ***du sollst nicht töten*** REL thou shalt not kill *liter;* ***du sollst Vater und Mutter ehren*** REL honour thy father and thy mother *liter*
② <sollen> *im Präsens (eigentlich müssen)* ■ **jd soll etw tun** sb is [supposed [*or* meant]] to do sth; ***ich soll morgen einen Bericht abgeben, aber er ist noch nicht fertig*** I'm supposed to hand in a report tomorrow, but it's not yet finished; ***was ich*** [***nicht***] ***alles tun/wissen soll!*** the things I'm meant [*or* supposed] to do/know!
③ <sollte> *in der Vergangenheit (Verpflichtung)* ■ **jd sollte etw tun** sb was [supposed [*or* meant]] to do sth; ***sie sollte gestern zum Arzt gehen*** she was [supposed] to go to the doctor yesterday; ***solltest du nicht bei ihr anrufen?*** weren't you supposed to ring her?; ***du solltest ihn gestern anrufen*** you were meant to phone him yesterday; ***wie sollte ich das wissen?*** how was I to know that?; ***er ärgerte sich, weil er draußen warten sollte*** he was annoyed because he was to wait outside
④ <sollte, sollen> *im Präsens, Konditional II, in der Vergangenheit (Absicht, Wunsch)* ***so soll***[***te***] ***es sein*** that's how it should be; ***das soll***[***te***] ***dich nicht stören*** don't let it bother you; ***du sollst*** [*o* ***solltest***] ***dir deswegen keine Gedanken machen*** you shouldn't worry about it; ***du sollst dein Geld zurückbekommen*** you shall get your money back; ***du sollst dich ganz wie zu Hause fühlen!*** [just] make yourself at home!; ***es soll nicht wieder vorkommen!*** it won't [*or* shan't] happen again!; ***niemand soll sagen, dass ...*** let no one say that ..., no one shall say that ...; ***wozu soll denn das gut sein?*** what's the good of that?; ***das soll sie erst mal tun!*** just let her try!; ***mir soll es gleich sein*** it's all the same to me; ***der soll*** [***mir***] ***nur kommen!*** just let him come!; ***das sollte ein Witz sein*** that was meant to be a joke
⑤ <sollen> *im Präsens (etw ist geplant)* ■ **jd/etw soll etw tun** sb/sth is to do sth; ***ich soll die Stelle übernehmen*** I am to take over the job; ***hier soll ein Einkaufszentrum entstehen*** an arcade is to be built here; ***das Zimmer soll nächste Woche gestrichen werden*** the room [is meant] to be painted next week
⑥ <sollen> *im Präsens (bei Ratlosigkeit)* ■ **was soll ich/er tun?** what shall [*or* should] I/he do?, what am I/is he to do?; *(was ist geplant a.)* what am

S

I/is he meant to do?; ***kannst du mir helfen? – natürlich, was soll ich tun?*** can you help me? — of course, what shall I do?; ***soll ich dir helfen?*** shall [*or* can] I help you?; ***soll ich dir noch etwas Wein nachschenken?*** shall [*or* can] I give you some more wine?; ***was ~ wir machen?*** what shall we do?; ***was soll ich nur machen?*** what am I to do?; ***was soll man da machen?*** what is one to do?, what shall I/we do?; ***was soll nur aus ihm werden?*** what is to become of him?; ***ich weiß nicht, was ich machen soll*** I don't know what I should do [*or* what to do]; ***sie weiß nicht, wie sie das Problem lösen soll*** she doesn't know how to solve the problem; ***man hat mir gesagt, ich soll Sie fragen*** I was told to ask you

7 *im Konjunktiv II (Rat)* ■ **jd sollte etw tun** sb should [*or* ought to] do sth; ***da solltest du mitfahren!*** you ought to come along!; ***das solltest du unbedingt sehen!*** you have to see this!, come and look at this!; ***du solltest dich schämen!*** you should [*or* ought to] be ashamed [of yourself]; ***so etwas sollte man nicht tun*** one shouldn't do that; ***mit deiner Erkältung solltest du besser zu Hause bleiben*** with your cold you had better stay at home; ***du solltest lieber etwas früher kommen*** it would be better if you came early; ***was sollte ich deiner Meinung nach tun?*** what do you think I should [*or* ought to] do?

8 *im Konjunktiv II (Rat im Nachhinein)* ■ **jd hätte etw tun ~** sb should have done sth; ***du hättest dort hingehen ~*** you should have gone there; ***du hättest sie anrufen ~*** you should have phoned her; ***du hättest ihr das nicht erzählen ~*** you shouldn't have told her that; ***das hättest du sehen ~!*** you should have seen it!; ***das hätte er nicht sagen ~*** he shouldn't have said that; ***das hättest du besser nicht tun ~*** it would have been better if you hadn't done that; ***das hätte nicht vorkommen ~*** it should not have [*or* ought not to have] happened; ***was hätte ich tun ~?*** what should I [*or* ought I to] have done?

9 <sollte> *in der Vergangenheit (schicksalhaft)* ■ **jd/etw sollte etw sein/tun** sb/sth was to be/do sth; ***sie sollten Rom nie erreichen*** they were never to reach Rome; ***es sollte ganz anders kommen*** things were to turn out quite differently; ***dieser Schicksalsschlag sollte nicht der letzte sein*** this stroke of fate was not to be the last; ***es sollten viele Jahre vergehen, bevor ...*** many years were to pass before ...; ***es sollte nicht lange dauern, bis ...*** it was not to be long until ...; ***es hat nicht sein ~, es hat nicht ~ sein*** it was not to be; ***es hat nicht sein ~, dass die beiden sich je wiedertreffen*** the two were destined never to meet again

10 <sollen> *im Präsens (angeblich)* ■ **jd/etw soll etw sein/tun** sb/sth is supposed to be/do sth; ***sie soll sehr reich sein*** she is supposed [*or* said] to be very rich; ***sie soll heute kommen*** she's supposed to come today; ***er soll eine Gehaltserhöhung bekommen*** he's supposed to be getting a pay rise; ***sie soll geheiratet haben*** I've heard she has got married; ***der Sommer soll heiß werden*** they say we're going to have a hot summer; ***soll das [schon] alles [gewesen] sein?*** is that [supposed to be] all?; ***so etwas soll es geben*** these things happen; ***das soll vorkommen*** things like that can happen; ***das soll gar nicht so einfach sein*** they say it's not that easy; ***was soll das heißen?*** what's that supposed to mean?, what are you/is he/she etc. getting at?; ***was soll dieses Bild darstellen?*** what is this picture supposed [*or* meant] to represent?; ***wer soll das sein?*** who's that [supposed [*or* meant] to be]?

11 *im Konjunktiv II (Zweifel ausdrückend)* ***sollte das möglich sein?*** is that [*or* can that be] possible?; ***sollte sie mich belogen haben?*** does that mean [*or* are you saying] [that] she lied to me?; ***sollte ich mich so getäuscht haben?*** could I have been so wrong?; ***man sollte glauben, dass ...*** you would think that ...

12 *im Konditionalsatz (falls)* ■ **sollte jd etw tun, ...** should sb do sth, ...; ***sollte sie anrufen, ..., falls sie anrufen sollte, ...*** should she ring up, ...; ***sollte das passieren, ...*** if that should happen, ..., should that happen, ...; ***wenn du sie sehen solltest, sag ihr bitte ...*** if you should see her, please tell her ...; ***sollte es regnen, [dann] bleibe ich zu Hause*** if it should rain, I will stay at home; ***sollte ich einen Fehler gemacht haben, tut es mir leid*** if [*or* should] I have made a mistake, I'm sorry; ***ich werde es versuchen, und sollte ich auch verlieren*** I'll try, even though I may lose

II. INTRANSITIVES VERB

1 <sollte, gesollt> *(eigentlich müssen)* ***soll ich? – ja, du sollst!*** should I? — yes, you should!; ***soll er reinkommen? – ja, er soll*** should he come in? — yes, he should; ***das sollst [o solltest] du nicht*** you shouldn't do that; ***du sollst sofort nach Hause*** you should go home at once; ***du solltest jetzt ins Bett*** you should go to bed now; ***immer soll ich!*** it's always me [who has to do it]!; ***und warum soll ich das?*** and why am I to do that?; ***was man nicht alles soll!*** the things one has to do!, the things you're meant to!; ***sie hätte eigentlich in die Schule gesollt*** she should have gone to school; ***das hast du nicht gesollt*** you shouldn't have done that

2 <sollte, gesollt> *(bedeuten)* ***was soll der Blödsinn?*** what's all this nonsense about?; ***was soll das?*** what's that supposed to mean?; *(warum denn das?)* what's that for?; ***was soll ich dort?*** what would I do there?; ***was soll's?*** *(fam)* who cares?, what the heck? *fam*; ***soll er doch!*** *(fam)* [just] let him/her!

Söl·ler <-s, -> ['zœlɐ] *m (balkonartiger Anbau)* balcony; *(veraltend: Dachboden)* attic; **auf den/dem ~** into/in the attic

Soll·er·trag *m* ÖKON estimated [*or* budgeted] receipts *pl* **Soll·fer·ti·gungs·zeit** *f* ÖKON standard labour [*or* AM -or] time **Soll·ge·wicht** *nt kein pl* MED recommended [*or* required] weight **Soll·kauf·mann, -kauf·frau** *m, f* businessman by registration **Soll·kos·ten** *pl* ÖKON budget costs **Soll·sal·do** *m* FIN debit balance **Soll·sei·te** *f* FIN, ÖKON debit side **Soll·stär·ke** *f* MIL required strength, authorized strength **Soll·vor·schrift** *f* JUR directory provision **Soll·wert** *m* FIN, MATH actual value **Soll·zah·len** *pl* ÖKON target figures **Soll·zeit** *f* ÖKON required time **Soll·zins** *m* FIN borrowing rate, debtor interest rate **Soll·zin·sen** *pl* debit interest *no pl*, interest receivable [*or* owing] *no pl*

so·lo ['zo:lo] *adj inv* 1 MUS solo

2 *(fam: ohne Begleitung)* ■ **~ sein** to be alone, to be on one's own [*or* BRIT *fam* tod]; **~ kommen** to come alone [*or* by oneself]

So·lo <-s, Soli> ['zo:lo, *pl* 'zo:li] *nt* MUS solo

So·lo·al·bum *nt* MUS solo album **So·lo·exis·tenz** *f* life as a single

Sol·quel·le *f* GEOL salt spring

sol·vent [zɔl'vɛnt] *adj* FIN solvent; ■ **~ sein** to be solvent [*or* in the black]

Sol·venz <-, -[i]en> [zɔl'vɛnts] *f* FIN solvency

So·ma·li [zo'ma:li] *nt* Somali

So·ma·lia <-> [zo'ma:li̯a] *nt* Somalia

So·ma·li·er(in) <-s, -> *m(f)* Somali

so·ma·lisch *adj inv* Somali

So·ma·ti·sie·rungs·stö·rung [zomati'si:rʊŋsʃtø:rʊŋ] *f* MED, PSYCH somatization disorder

so·mit [zo'mɪt] *adv* therefore, consequently, hence *form*

Som·me·li·er <-s, -s> [zɔmə'li̯e:] *m* KOCHK sommelier, wine waiter

Som·mer <-s, -> ['zɔmɐ] *m* summer; **im nächsten ~** next summer; ***es ist/wird ~*** it is/will soon be summer; **im ~** in summer; **~ wie Winter** [*o* **im ~ und im Winter**] all [the] year round; **den ganzen ~ über** throughout the whole summer

Som·mer·an·fang *m* beginning of summer **Som·mer·an·zug** *m* summer suit **Som·mer·fahr·plan** *m* summer timetable **Som·mer·fe·ri·en** *pl* summer holidays *pl* [*or* AM vacation]; **es gibt** [*o* **wir haben**] **~** it's the summer holidays; ***wann gibt es ~?*** when are the summer holidays?; **~ haben** to have one's summer holidays **Som·mer·fest** *nt* summer [*or* open-air] festival **Som·mer·fri·sche** *f (veraltet)* 1 *(Sommerurlaub)* summer holiday; **in die ~ gehen/fahren** to go away for a summer holiday 2 *(Urlaubsort)* summer [holiday] resort **Som·mer·halb·jahr** *nt* summer semester **Som·mer·kleid** *nt* summer dress **Som·mer·klei·dung** *f* summer clothing [*or* clothes]; *(Marktartikel)* summerwear **Som·mer·kol·lek·ti·on** *f* summer collection

som·mer·lich **I.** *adj* 1 *(im Sommer vorherrschend)* summer *attr;* **~es Wetter** summer[-like] [*or* summery] weather

2 *(dem Sommer entsprechend)* summer *attr*

II. *adv* 1 *(wie im Sommer)* like in summer; **~ warme Temperaturen** warm summer-like temperatures

2 *(dem Sommer entsprechend)* **sich** *akk* **~ kleiden** to wear summer clothes

Som·mer·loch *nt* POL *(sl)* silly season BRIT *fam* **Som·mer·man·tel** *m* summer coat, coat for summer **Som·mer·mo·nat** *m* summer month **Som·mer·olym·pi·a·de** *f* ■ **die ~** the Summer Olympics *npl* **Som·mer·pau·se** *f* POL summer recess **Som·mer·rei·fen** *m* normal [*or* summer] tyre [*or* AM tire]

som·mers ['zɔmɐs] *adv (geh)* in [the] summer; **~ wie winters** all [the] year round

Som·mer·sa·chen *f* summer clothes [*or* things] **Som·mer·sai·son** *f* summer season **Som·mer·schluss·ver·kauf**[RR] *m* summer sale[s *pl*] **Som·mer·se·mes·ter** *nt* SCH summer semester, ≈ summer term BRIT **Som·mer·smog** *m* summer smog **Som·mer·spiel** *nt* summer [*or* open-air] play [*or* festival] **Som·mer·spie·le** *pl* ■ **die [Olympischen] ~** the Summer Olympics [*or* Olympic Games] **Somm·er·spros·se** *f meist pl* freckle; **~n haben** to have [got] freckles

som·mer·spros·sig *adj* freckled, freckly; **ein [stark] ~es Gesicht haben** to have a face full of freckles, to be freckle-faced

Som·mer·tag *m* summer['s] day **Som·mer·the·a·ter** *nt* summer [*or* open-air] theatre [*or* AM -er]

Söm·me·rung <-, -en> ['zœmərʊŋ] *f* 1 DIAL *(Sonnenbad)* sunbathing *no art, no pl*

2 DIAL, SCHWEIZ *(Viehauftrieb) driving of cattle up to [Alpine] pastures; (Viehhaltung)* cattle farming in summer pastures

3 *von Teichen* draining of ponds

Som·mer·zeit *f* summertime; ***wann wird auf ~ umgestellt?*** when are the clocks changed to summertime [*or* put forward]?; **zur ~** *(geh)* in summertime

So·na·te <-, -n> [zo'na:tə] *f* sonata

Son·de <-, -n> ['zɔndə] *f* 1 MED *(Schlauchsonde)* tube; *(Operationssonde)* probe

2 *(Raumsonde)* probe

3 *(Radiosonde)* sonde *spec*

Son·den·spit·ze *f* probe tip

Son·der·ab·fall ['zɔndɐ-] *m* hazardous [*or* toxic] waste **Sond·er·ab·neh·mer** *m* HANDEL special-rate consumer **Son·der·ab·neh·mer·ver·trag** *m* HANDEL special-rate supply contract

Son·der·ab·schrei·bung *f meist pl* FIN, ÖKON extraordinary [*or* accelerated] depreciation **Son·der·an·fer·ti·gung** *f* special model [*or* edition]; *(Auto a.)* custom car **Son·der·an·ge·bot** *nt* special offer; **etw im ~ haben** to have sth on special offer **Son·der·ar·beits·ver·hält·nis** *nt* ÖKON *für Langzeitarbeitslose* special working regulation[s] *(governing the long-term unemployed)* **Son·der·aus·füh·rung** *f* custom-built [*or* special] model

Son·der·aus·ga·be *f* 1 MEDIA, VERLAG *(zusätzliche, einmalige Ausgabe)* special edition 2 *kein pl* ÖKON additional [*or* contingent] expenses *pl* 3 *pl* FIN extras

Son·der·aus·ga·ben·pausch·be·trag *m* FIN blanket allowance for special expenses

Son·der·aus·schüt·tung *f* FIN extra distribution

Son·der·aus·stat·tung *f* AUTO optional equipment **Son·der·aus·stel·lung** *f* special exhibition

son·der·bar ['zɔndɐba:ɐ̯] **I.** *adj* peculiar, strange,

odd; **unter ~en Umständen** in strange circumstances; **~es Verhalten** strange behaviour [*or* AM -or]
II. *adv* strangely

son·der·ba·rer·wei·se *adv* strangely [enough], strange to say

Son·der·be·auf·trag·te(r) *f(m) dekl wie adj* POL special emissary **Son·der·be·din·gun·gen** *pl* special terms [*or* conditions] **Son·der·be·hand·lung** *f* special treatment **Son·der·bei·la·ge** *f* MEDIA, TYPO, VERLAG special supplement **Son·der·be·rech·nung** *f* HANDEL **gegen ~** at extra cost **Son·der·be·stim·mun·gen** *pl* special terms [*or* conditions] **Son·der·be·triebs·aus·ga·ben** *pl* FIN extraordinary operating expenditure [*or* costs] **Son·der·be·triebs·ein·nah·men** *pl* FIN extraordinary operating receipts [*or* income] **Son·der·be·triebs·ver·mö·gen** *nt* FIN special property **Son·der·bi·lanz** *f* FIN special-purpose financial statement **Son·der·bus** *m* extra [*or* special] bus **Son·der·de·likt** *nt* JUR special statutory offence **Son·der·de·po·nie** *f* depository for hazardous waste **Son·der·ei·gen·tum** *nt* JUR separate property **Son·der·ein·heit** *f* special force [*or* unit] **Son·der·ein·la·gen** *pl* ÖKON, BÖRSE special deposits *pl* **Son·der·ein·satz** *m* special operation [*or* action] **Son·der·ein·satz·kom·man·do** *nt* special operations unit, armed [*or* tactical] response unit **Son·der·ent·gelt** *nt* FIN extra pay **Son·der·er·mä·ßi·gung** *f* HANDEL special price reduction **Son·der·er·mitt·ler** *m (bei der Polizei)* special investigator; POL special envoy **Son·der·er·zie·hungs·rech·te** *pl* special drawing rights *pl,* SDR **Son·der·fahrt** *f* excursion, [special] trip **Son·der·fahr·zeug** *nt* special-purpose vehicle **Son·der·fall** *m* special case; **in Sonderfällen** in special [*or* exceptional] cases **Son·der·far·be** *f* TYPO house [*or* special] colour [*or* AM -or] **Son·der·flug** *m* special flight **Son·der·for·schungs·be·reich** *m* special research area **Son·der·funk·ti·on** *f* TECH special function **Son·der·ge·bühr** *f* special [*or* extraordinary] charge **Son·der·ge·fah·ren** *pl* FIN *(Versicherung)* extraneous perils **Son·der·ge·neh·mi·gung** *f* special authorization *no art;* **eine ~ haben** to have special authorization **Son·der·ge·richt** *nt* JUR, POL special court [*or* tribunal] **Son·der·ge·richts·bar·keit** *f* JUR jurisdiction of special tribunals **Son·der·ge·winn·steu·er** *f* windfall tax

son·der·glei·chen ['zɔndɐ'glaiçn] *adj inv, nach n (geh)* beyond compare; **eine Frechheit/Rücksichtslosigkeit ~** the height of cheek BRIT /inconsideration; **mit einer Frechheit/Rücksichtslosigkeit ~** with unparalleled cheek BRIT /inconsideration; ***eine Erfolgsstory ~*** a success story unlike any other

Son·der·gut *nt* JUR *(bei Gütergemeinschaft)* separate property **Son·der·heft** ['zɔndɐhɛft] *nt* special issue **Son·der·kom·man·do** *nt* MIL, POL special unit **Son·der·kom·mis·si·on** *f* special commission **Son·der·kon·di·ti·o·nen** *pl* special conditions [*or* terms] *pl* **Son·der·kon·to** *nt* special [*or* separate] account **Son·der·la·ckie·rung** *f* AUTO premium paint **Son·der·lehr·stun·de** *f für Behinderte* special needs lesson **Son·der·leis·tung** *f* extra performance [*or* contribution]

son·der·lich ['zɔndɐlɪç] **I.** *adj* ① *attr (besonders)* particular; **ohne ~es Interesse** without much [*or* any particular] interest
② *(seltsam)* strange, peculiar, odd
II. *adv* particularly; **nicht ~ begeistert** not particularly [*or* very] enthusiastic

Son·der·ling <-s, -e> ['zɔndɐlɪŋ] *m* queer bird BRIT *fam,* oddball *fam*

Son·der·mar·ke *f* special issue [*or* stamp] **Son·der·ma·schi·ne** *f* special aircraft **Son·der·mel·dung** *f* TV, RADIO special announcement

Son·der·müll *m* hazardous waste **Son·der·müll·de·po·nie** *f* hazardous [*or* toxic] waste depot

son·dern ['zɔndɐn] *konj* but; ***nicht sie war es, ~ er*** it wasn't her, but him; ***ich fahre nicht mehr zurück, ~ bleibe lieber da*** I won't be driving back now, I would rather stay here [instead]; ***ich habe keine Kartoffeln mitgebracht, ~ Reis*** I didn't bring any potatoes, but rice [instead]

Son·der·nach·lass[RR] *m* JUR special rebate [*or* discount] **Son·der·num·mer** *f* ① *(Spezialausgabe)* special edition [*or* issue] ② *(zusätzliche Nummer)* extra edition **Son·der·nut·zung** *f* special use **Son·der·par·tei·tag** *m* special party conference **Son·der·pos·ten** *m* ÖKON exceptional item **Son·der·preis** *m* special [reduced] price **Son·der·pro·gramm** *nt* special programme [*or* AM -am] **Son·der·ra·batt** *m* special discount **Son·der·recht** *nt* [special] privilege; *(von Ämtern)* [special] immunity; **ein ~ [*o* ~e] haben** to have a special privilege [*or* special privileges] **Son·der·re·ge·lung** *f* special provision [*or* arrangement]

son·ders ['zɔndɐs] *adv* **samt und ~** all and sundry

Son·der·schu·le *f* special school; *(für geistig Behinderte a.)* school for the mentally handicapped **Son·der·schü·ler(in)** *m(f)* pupil at a special needs school **Son·der·schul·leh·rer(in)** *m(f)* teacher at a special school/a school for the mentally handicapped **Son·der·schul·pä·da·go·gik** ['zɔndɐʃu:lpɛdago:gɪk] *f* special education teacher training **Son·der·sen·dung** *f* special [programme [*or* AM -am]] **Son·der·sit·zung** *f* special session [*or* meeting] **Son·der·staats·an·walt, -an·wäl·tin** *m, f* special prosecutor **Son·der·stel·lung** *f* special [*or* privileged] position **Son·der·stem·pel** *m (bei der Post)* special [*or* commemorative] postmark **Son·der·sub·ven·ti·on** *f* FIN supplementary aid **Son·der·ta·rif** *m* special rate [*or* tariff] **Son·der·tas·te** *f* INFORM special key **Son·der·tisch** *m* bargain counter **Son·der·ur·laub** *m* special leave; *(im Todesfall)* compassionate leave BRIT **Son·der·ver·an·stal·tung** *f* special event **Son·der·ver·gü·tung** *f* ÖKON fringe [*or* supplementary] benefits *pl,* extra pay **Son·der·ver·kauf** *m* JUR special sale **Son·der·ver·mö·gen** *nt* FIN special [*or* separate] assets *pl* **Son·der·ver·wah·rung** *f* FIN separate safe custody **Son·der·voll·macht** *f* JUR special authority, special power of attorney **Son·der·voll·ver·samm·lung** *f* special plenary session, extraordinary general meeting **Son·der·weg** *m* special [*or* extra] path **Son·der·wirt·schafts·zo·ne** *f* ÖKON special economic zone

Son·der·wunsch *m meist pl* special request [*or* wish]; **Sonderwünsche haben** to have special requests **Son·der·zah·lung** *f* special payment **Son·der·zei·chen** *nt* INFORM special character **Son·der·zie·hungs·recht** *nt* BÖRSE, FIN special drawing right, SDR **Son·der·zug** *m* special train **Son·der·zu·wen·dung** *f* JUR special grant

son·die·ren* [zɔn'di:rən] **I.** *vt (geh)* ■**etw ~** *(erkunden)* to sound out sth *sep;* MED to probe sth
II. *vi (geh)* ■**[für jdn] ~** to sound things out [for sb]

Son·die·rung <-, -en> *f* ① *(geh: Erkundung)* sounding out *no pl*
② MED probe
③ NAUT sounding
④ *meist pl* POL exploratory talks *pl*

So·nett <-[e]s, -e> [zo'nɛt] *nt* sonnet

Song <-s, -s> [zɔŋ] *m (fam)* song

Song·hai[1] <-, -> [sɔŋ'hai] *m o f* Songhai

Song·hai[2] <-> [sɔŋ'hai] *nt* ■**das ~** Songhai

Sonn·abend ['zɔnʔa:bn̩t] *m* DIAL *(Samstag)* Saturday

sonn·abends *adv* DIAL *(samstags)* on Saturday[s]

Son·ne <-, -n> ['zɔnə] *f* ① *kein pl* ■**die ~** the sun, Sol *spec;* ***die ~ steht hoch am Himmel*** the sun is high in the sky; ***die ~ geht auf/unter*** the sun rises/sets; **der glücklichste Mensch unter der ~ sein** *(liter)* to be the happiest person alive
② *(Stern)* star; *(mit Planeten a.)* sun; **schwarze ~** ASTRON total eclipse [*or* shadow]
③ *kein pl (Sonnenlicht)* sun[light]; ***geh mir aus der ~!*** *(fig fam)* get out of my [*or* the] light!; **in der ~ sitzen/liegen** to sit/lie in the sun; ***das Zimmer hat viel/wenig ~*** the room gets a lot of/doesn't get much sun[light]

son·nen ['zɔnən] *vr* ① *(sonnenbaden)* ■**sich** *akk* ~ to sun oneself, to sunbathe
② *(geh: genießen)* ■**sich** *akk* **in etw** *dat* ~ to bask in sth

son·nen·ab·ge·wandt *adj inv* turned away [*or* averted] from the sun *pred* **Son·nen·ak·ti·vi·tät** *f* solar activity **Son·nen·an·be·ter(in)** <-s, -> *m(f)* sun worshipper **Son·nen·an·be·te·rin** *f* ① *(fam)* sun worshipper ② ZOOL praying mantis **Son·nen·auf·gang** *m* sunrise, sunup AM; **bei/nach/vor ~** at/after/before sunrise [*or* AM sunup] **Son·nen·bad** *nt* sunbathing *no art, no pl;* **ein ~ nehmen** to sunbathe, to bask in the sun **son·nen·ba·den** *vi nur infin und pp* to sunbathe **Son·nen·bank** *f* sunbed BRIT, tanning bed AM **son·nen·be·schie·nen** *adj inv (geh)* sunlit **Son·nen·be·strah·lung** *f* **direkte ~** direct sunlight **Son·nen·blo·cker** <-s, -> *m* sunblock

Son·nen·blu·me *f* sunflower

Son·nen·blu·men·ho·nig *m* sunflower honey **Son·nen·blu·men·kern** *m* sunflower seed **Son·nen·blu·men·öl** *nt* sunflower oil

Son·nen·brand *m* sunburn *no art;* **einen ~ bekommen/haben** to get sunburnt/have got sunburn **Son·nen·bräu·ne** *f* suntan **Son·nen·bril·le** *f* pair of sunglasses [*or fam* shades], sunglasses *npl,* shades *npl* **Sonn·en·creme** *f* suncream

Son·nen·dach *nt* ① *(Sonnenschutz)* awning
② AUTO *(veraltend)* sunroof

Son·nen·deck *nt* sun deck **son·nen·durch·flu·tet** *adj inv (geh) Raum* sunbathed, flooded with sunlight *pred; Tag* gloriously sunny **Son·nen·ein·strah·lung** *f* insolation **Son·nen·ener·gie** *f* solar energy **Son·nen·fa·ckeln** *pl* ASTRON solar flares *pl,* faculae *pl* **Son·nen·farm** *f* solar farm **Son·nen·fins·ter·nis** *f* solar eclipse, eclipse of the sun; **eine partielle/totale ~** a partial/total eclipse of the sun **Son·nen·fleck** *m meist pl* ASTRON sunspot **son·nen·ge·bräunt** *adj* suntanned **Son·nen·ge·flecht** *nt* ANAT solar [*or spec* coeliac] plexus **Son·nen·gel** *nt* sun gel **son·nen·ge·reift** *adj inv* sun-ripened **Son·nen·gott** *m* sun god **Son·nen·hit·ze** *f* heat [of the sun] **son·nen·hung·rig** *adj* sun-seeking **son·nen·klar** ['zɔnən'kla:ɐ̯] *adj (fam)* crystal-clear, clear as daylight *pred;* ■**[jdm [*o* für jdn]] ~ sein** to be crystal-clear [*or* clear as daylight] [to sb]; ■**[jdm] ~ sein, dass/was/wie ...** to be crystal-clear [*or* clear as daylight] [to sb] that/what/how ... **Sonn·en·kol·lek·tor** *m* solar panel **Son·nen·kö·nig** *m kein pl* HIST ■**der ~** the Sun King, the Roi Soleil *liter* **Son·nen·kraft·werk** *nt* solar power station **Son·nen·licht** *nt kein pl* sunlight *no pl* **Son·nen·milch** *f* suntan lotion **Son·nen·öl** *nt* suntan oil **Son·nen·pad·del** *nt* RAUM solar paddle **Son·nen·schein** *m* sunshine; **bei strahlendem [*o* im strahlenden] ~** in brilliant sunshine ▸WENDUNGEN: **es herrscht eitel ~** *(iron fam)* everything's coming up roses *fam* **Son·nen·schirm** *m* sunshade; *(bes. hist: für Frauen a.)* parasol

Son·nen·schutz *m* ① *(Maßnahme)* protective measure against sunburn
② *(Konstruktion)* sunshade

Son·nen·schutz·creme *f* suntan cream [*or* lotion] **Son·nen·schutz·fak·tor** *m* protection factor **Son·nen·schutz·mit·tel** *nt* sun protection product

Son·nen·se·gel *nt* ① *(Schutzdach)* awning ② RAUM solar sail [*or* panel] **Son·nen·sei·te** *f* side facing the sun, sunny side; *(fig: positive Seite)* sunny [*or* bright] side **Son·nen·stich** *m* sunstroke *no art,* heatstroke *no art;* **einen ~ bekommen/haben** to get/have sunstroke; ***du hast wohl einen ~!*** *(fig)* the sun must have addled *sl* [*or fam* got to] your brain! **Son·nen·store** <-s, -n> *m* SCHWEIZ *(Rollo)* [roller] blind, shade AM **Son·nen·strahl** *m* sunbeam, ray of sunshine **Son·nen·stu·dio** *nt* solarium, tanning studio [*or esp* AM salon] **Son·nen·sys·tem** *nt* solar system **Son·nen·tag** *m* sunny day, day of sunshine **Son·nen·tau** *m* BOT sundew **Son·nen·temp·ler(in)** <-s, -> *m(f) (Mitglied einer Sekte)* Sun Templar **Son·nen·uhr** *f* sundial **Son·nen·un·ter·gang** *m* sunset; **bei/nach/vor ~** at/after/before sunset [*or* AM sundown] **Son·nen·wen·de** *f* solstice **Son·nen·wind** *m* ASTRON solar wind **Son·nen·zy·klus** *m* ASTRON solar cycle

son·nig ['zɔnɪç] *adj* sunny

Sọnn·sei·te *f* ÖSTERR, SCHWEIZ, SÜDD *(Sonnenseite)* side facing the sun, sunny side

Sọnn·tag ['zɔntaːk] *m* ■**[der]** ~ Sunday; *bes* REL the Sabbath; **Weißer** [*o* **der Weiße**] ~ Low Sunday; *s. a.* **Dienstag**

Sọnn·tag·abendRR *m* Sunday evening; *s. a.* **Dienstag sọnn·tag·abends**RR *adv* [on] Sunday evenings

sọnn·täg·lich *adj* [regular] Sunday *attr*

Sọnn·tag·mịt·tagRR *m* [around] noon on Sunday; *s. a.* **Dienstag sọnn·tag·mịt·tags**RR *adv* [around] noon on Sundays **Sọnn·tag·mọr·gen**RR *m* Sunday morning; *s. a.* **Dienstag sọnn·tag·mọr·gens**RR *adv* [on] Sunday mornings **Sọnn·tag·nach·mit·tag**RR *m* Sunday afternoon; *s. a.* **Dienstag sọnn·tag·nach·mit·tags**RR *adv* [on] Sunday afternoons **Sọnn·tag·nacht**RR *m* Sunday night; *s. a.* **Dienstag sọnn·tag·nachts**RR *adv* [on] Sunday nights

sọnn·tags *adv* on Sundays, on a Sunday

Sọnn·tags·ar·beit *f* Sunday working, work[ing] on Sundays **Sọnn·tags·aus·flug** *m* Sunday outing **Sọnn·tags·aus·flüg·ler(in)** <-s, -> *m(f)* Sunday tripper **Sọnn·tags·blatt** *nt* Sunday paper **Sọnn·tags·bra·ten** *m* Sunday roast **Sọnn·tags·dienst** *m (von Polizist)* Sunday duty, duty on Sunday; *(von Apotheker)* opening on Sundays *no art;* ~ **haben** *(von Polizist)* to be on duty on a Sunday; *(von Apotheker)* to be open on a Sunday **Sọnn·tags·es·sen** *nt* Sunday meal **Sọnn·tags·fah·rer(in)** *m(f)* *(pej)* Sunday driver *pej* **Sọnn·tags·fra·ge** *f* POL Sunday poll **Sọnn·tags·kind** *nt* child of fortune; **ein** ~ **sein** to be born under a lucky star, to be born with a silver spoon in one's mouth **Sọnn·tags·ma·ler(in)** *m(f)* KUNST Sunday-afternoon painter **Sọnn·tags·re·de** *f (pej)* turgid [*or* BRIT *pej* drivelling] [*or* AM *pej* driveling] speech; **eine** ~ **halten** to deliver a turgid [*or pej* drivelling] speech; ~**n halten** *(fam)* to drivel *pej* [*or pej fam* babble] [on] **Sọnn·tags·red·ner(in)** *m(f)* *(pej)* speechifier *hum* **Sọnn·tags·rück·fahr·kar·te** *f* weekend ticket

Sọnn·tags·ru·he *f* 1 *(sonntägliche Arbeitsruhe)* Sunday observance

2 *(sonntägliche Ruhe)* peace and quiet on a Sunday

Sọnn·tags·staat <-[e]s> *m kein pl (fam o veraltend)* Sunday best; **im** ~ in one's Sunday best **Sọnn·tags·zei·tung** *f* Sunday [news]paper

Sọnn·tag·vor·mit·tagRR *m* Sunday morning; *s. a.* **Dienstagvormittag sọnn·tag·vor·mit·tags**RR *adv* [on] Sunday mornings

Sọnn- und Fei·er·ta·ge *pl* Sundays and bank [*or* public] holidays *pl*

sọnn- und fei·er·tags *adv* on Sundays and bank [*or* public] holidays

Sonn·wend·fei·er ['zɔnvɛntfaiɐ] *f* midsummer/midwinter celebrations *pl*

So·no·gra·fieRR, **So·no·gra·phie** <-, -n> [zonoɡra'fiː] *f* MED sonography

so·nor [zo'noːɐ̯] *adj* sonorous

sonst [zɔnst] **I.** *adv* 1 *(in anderer Hinsicht)* or [else], [for *liter*] otherwise; ***wie geht's ~?*** how are things otherwise?; ***aber ~ geht's dir gut?*** *(iron fam)* are you feeling all right? *iron,* anything else [you'd like [*or* want]]? *iron;* ***wenn ich dir ~ noch behilflich sein kann ...*** if I can help you in any [*or* some] other way ...; ~ ***war alles unverändert*** otherwise nothing had changed

2 *(gewöhnlich)* usually; ***warum zögerst du, du hast doch ~ keine Bedenken?*** why do you hesitate? you don't usually have any doubts; **anders als/genau wie** ~ different from/the same as usual; **freundlicher/kälter als** ~ more friendly/colder than usual; **mehr/weniger als** ~ more/less than usual; ***mein ~ so arroganter Nachbar war gestern ausgesprochen freundlich*** my neighbour, who is usually so arrogant, was really friendly yesterday

3 *(früher)* before; ***war das auch ~ so?*** has it always been like that?; ***war das auch ~ der Fall?*** was that always the case?; ***alles war wie ~*** everything was the same as usual; ***fuhr er ~ nicht immer einen anderen Wagen?*** didn't he drive a different car before?; ***das war ~, jetzt ist es anders*** that was then [*or* before], now it's different

4 *(außerdem)* ***wer war ~ anwesend?*** who else was present?; ~ ***waren keine Besucher da*** there were no other visitors; ***kommt ~ noch jemand?*** is anybody else coming?; ~ ***noch Fragen?*** any other [*or* further] questions?; ***wenn ~ keine Fragen mehr sind, ...*** if there are no more [*or* further] questions ...; ***kann ich Ihnen ~ noch behilflich sein?*** can I help [*or* be of help to] you in any other way?; ***wenn du ~ irgendwann mal kommen kannst ...*** if you can come any other time ...; ***wo warst du ~ noch überall?*** where else were you?; ***wer weiß, was ~ noch alles passiert wäre, wenn ...*** goodness knows what would have happened if ...; ***sie ist ganz gut in Geschichte, aber ~ ?*** she is quite good at history, but apart from that?; ~ **keine(r)** [*o* **niemand**] nobody else; ***er und keiner ~*** nobody else but he, he and nobody else; ~ ***weiß das niemand*** nobody [*or* no one] else knows; ~ **nichts** nothing else; ***es gab ~ nichts Neues*** other than [*or* apart from] that, there was nothing new; ***hat sie ~ nichts gesagt?*** [apart from that], she didn't say anything else?; ~ [***willst du***] ***nichts?*** *(iron)* anything else [you'd like [*or* want]]? *iron;* ~ **noch etwas** something else; ~ ***noch etwas?*** will that be all?; *(im Geschäft a.)* will there be anything else?; *(iron)* anything else [you'd like [*or* want]]? *iron;* **was/wer/wie ~?** what/who/how else?; ***kommst du mit? – was denn sonst?*** are you coming along? — of course; ~ **was** whatever; ***von mir aus können Sie ~ was machen*** as far as I'm concernedyou can do whatever you like; ***er sah mich an, als hätte ich ~ was angestellt*** he looked at me as if I had done something terrible; ~ **wer** [*o* **jemand**] *(fam)* somebody else; ***es könnte ja ~ wer sein*** it could be anybody; ***erzähl das ~ wem!*** [go [and]] tell that to the marines! *fam;* ~ **wie** [in] some other way; *(fragend, verneint)* in any other way; ~ **wo[hin]** somewhere else; *(fragend, verneint)* anywhere else; ~ **woher** [from] somewhere else; *(fragend, verneint)* [from] anywhere else

▸WENDUNGEN: **denken** [*o* **meinen**] [*o* **sich** *dat* **einbilden**], **man sei** ~ **wer** to think that one is the bee's knees [*or* the cat's whiskers] *fam;* ***sie bildet sich ein, sie sei sonst wer*** she thinks she's the bee's knees

II. *konj* otherwise, [or] else; ***mach das Fenster zu, ~ wird es hier zu kalt*** shut the window, otherwise it'll get too cold here

sons·tig ['zɔnstɪç] *adj attr* 1 *(weiteres)* [all/any] other; ~**e Auskünfte** [all/any] other [*or* further] information *no pl;* **keine** ~**en Beschwerden** no other complaints; **„~es"** "other"; ~**e betriebliche Aufwendungen** FIN other operational expenditure; ~**e betriebliche Erträge** FIN other operating earnings; ~**e Gläubigerforderungen/Vermögensgegenstände** FIN other creditor claims/assets

2 *(anderweitig)* ***und wie sind ihre ~en Leistungen?*** and how is her performance otherwise?; ***aber sein ~es Verhalten ist tadellos*** otherwise his conduct is impeccable

so·oft [zo'ʔɔft] *konj* whenever; ~ ***ich kann*** whenever [*or* as often as] I can

Soor <-[e]s, -e> [zoːɐ̯] *m* MED soor *no art spec*

So·phist(in) <-en, -en> [zo'fɪst] *m(f)* *(pej geh)* sophist *liter;* PHILOS Sophist

So·phis·te·rei <-, -en> [zofɪstə'raị] *f* *(geh: Haarspalterei)* sophistry

So·pran <-s, -e> [zo'praːn] *m* 1 *kein pl* *(Stimmlage)* soprano; *(von Kind a.)* treble

2 *(Sänger)* soprano [singer]; *(Kind a.)* treble [singer]

So·pra·nist(in) <-en, -en> [zopra'nɪst] *m(f)* soprano [singer]; *(Kind a.)* treble [singer]

Sor·be, Sor·bin <-n, -n> ['zɔrbə, 'zɔrbɪn] *m, f* Sorb, Wend

Sor·bet <-s, -s> ['zɔrbɛt, zɔr'beː] *m o nt*, **Sorbett** <-[e]s, -e> [zɔr'bɛt] *m o nt* sherbe[r]t

Sọr·bin <-, -nen> *f fem form von* **Sorbe**

Sor·bin·säu·re [zɔr'biːn-] *f* sorbic acid

sor·bisch ['zɔrbɪʃ] *adj* Sorbian

Sor·bisch ['zɔrbɪʃ] *nt dekl wie adj* Sorbian, Lusatian, Wendish, Wend

Sọr·bi·sche <-n> *nt* ■**das** ~ Sorbian, the Sorbian language, Lusatian, Wendish

Sor·ge <-, -n> ['zɔrgə] *f* 1 *(Gefühl der Unruhe)* worry (**um** +*dat* for); ***das ist meine geringste ~*** that's the least of my worries; **eine große** ~ a serious worry; ~**n mit sich** *dat* **herumtragen** to be worried, to be weighed down with problems; **jdn in ~ versetzen** to worry sb; ~**n haben** to have problems; **ständig/nur/nichts als ~n** [**mit jdm/etw**] **haben** to have constant/nothing but trouble [with sb/sth]; **in** ~ **sein**[, **dass ...**] to be worried [that ...]; **jdm ~n machen** [*o* **bereiten**] to cause sb a lot of worry, to worry sb; **es macht jdm ~n, dass ...** it worries sb that ...; ***dass ..., macht mir ~n*** it worries me that ..., [the fact] that ... worries me; **sich** *dat* [**wegen einer S.** *gen*/**einer Person**] ~**n machen** *gen* to worry [about sb/sth]; ***wir haben uns solche ~n gemacht!*** we were so worried; ***machen Sie sich deswegen keine ~n!*** don't worry about that; ***sei/seien Sie ohne ~!*** *(geh)* do not fear *liter* [*or* worry]; **mit** ~ with concern; ***du hast/ihr habt ~n!, ~n hast du/habt ihr!*** *(iron fam)* you call that worries [*or* problems]? *fam or iron,* you think you've got troubles [*or* problems]! *iron fam;* ***deine ~n möchte ich haben!*** *(iron fam)* I wish I had your problems! *iron fam;* [**keine**] ~ **haben, dass/ob/wie ...** [not] to be worried that/as to whether/as to how ...; ***lassen Sie das meine ~ sein!*** let me worry about that; **für etw** *akk* ~ **tragen** *(geh)* to attend [*or* see] to sth, to take care of sth; **dafür ~ tragen, dass ...** *(geh)* to see to it [*or* to ensure] that ...; ***keine ~!*** *(fam)* don't [you] worry; **eine ~ weniger** one less thing to worry about; ***diese ~ bist du los!*** you're rid of that worry

2 *kein pl* JUR care; **die elterliche ~ ausüben** to exercise parental care and custody

sor·ge·be·rech·tigt *adj* entitled to custody *pred*

sor·gen ['zɔrgn̩] **I.** *vi* 1 *(aufkommen, sich kümmern)* ■**für jdn** ~ to provide for sb, to look after sb

2 *(besorgen)* ■**für etw** *akk* ~ to get sth; ***ich sorge für die Getränke*** I'll get [*or* take care of] the drinks

3 *(sich kümmern)* **für gute Stimmung/die Musik** ~ to create a good atmosphere/attend [*or* see] to the music; ■**dafür ~, dass ...** to see to it [*or* to make sure] that; ***dafür ist gesorgt*** that's taken care of

4 *(bewirken)* **für Aufsehen/Unruhe** ~ to cause a sensation/disturbance; ■**dafür ~, dass ...** to ensure that ...

II. *vr* ■**sich** *akk* **um jdn/etw** ~ to be worried [*or* to worry] about sb/sth

Sọr·gen·fal·te *f* worry line **sọr·gen·frei I.** *adj* carefree, free of care [*or* worry] *pred* **II.** *adv* free of care [*or* worry] **Sọr·gen·kind** *nt (fam)* problem child **sọr·gen·los** *adj s.* **sorgenfrei**

sọr·gen·voll I. *adj* 1 *(besorgt)* worried; **mit ~er Stirn** with a worried frown

2 *(viele Probleme bietend)* full of worries [*or* troubles] *pred*

II. *adv* worriedly, anxiously; ***er sah mich ~ an*** he looked at me anxiously

sọr·gen·zer·furcht *adj inv (geh)* furrow-browed, with furrowed brow

Sọr·ge·recht *nt kein pl* JUR custody [right]; **gemeinsames** ~ joint custody **Sọr·ge·rechts·ver·fah·ren** *nt* JUR custody proceedings *pl*

Sorg·falt <-> ['zɔrkfalt] *f kein pl* care; JUR *a.* circumspection; **mit mehr/größter/der erforderlichen** ~ with more/the greatest/due care; **mangelnde** ~ want [*or* lack] of care; **verkehrsübliche** ~ due care and attention

sọrg·fäl·tig I. *adj* careful; **eine ~e Arbeit** a conscientious piece of work

II. *adv* carefully, with care

Sọrg·falts·pflicht *f* JUR duty of care; **Vernachlässigung der beruflichen** ~ professional negligence; **die ~ verletzen** to be negligent **Sọrg·falts·**

pflicht·ver·let·zung *f* JUR negligence, infringement of the duty to exercise due care

sorg·falts·wid·rig *adj* JUR careless, negligent

sorg·los ['zɔrklo:s] I. *adj* ❶ *(achtlos)* careless
❷ *s.* **sorgenfrei**
II. *adv* ❶ *(achtlos)* carelessly
❷ *(sorgenfrei)* free of care

Sorg·lo·sig·keit <-> *f kein pl* carelessness; *(ohne Sorge)* carefreeness

sorg·sam ['zɔrkza:m] *adj (geh) s.* **sorgfältig**

Sor·te <-, -n> ['zɔrtə] *f* ❶ *(Art)* kind, variety; ***welche ~ [von] Tomaten?*** what kind [*or* sort] of tomatoes?
❷ *(Marke)* brand
❸ *(fam)* ***was für eine ~ Mensch ist er?*** what's he like?; ***diese Werbeleute sind eine komische ~*** these admen are a funny bunch *fam*
❹ *pl* FIN foreign currency

Sor·ten·ab·tei·lung *f* FIN foreign currency department **Sor·ten·han·del** *m* BÖRSE dealing in foreign notes and coin **Sor·ten·kurs** *m* BÖRSE exchange rate for notes and coin **Sor·ten·schutz** *m* JUR *(Patent)* plant varieties protection

sor·tie·ren* [zɔr'ti:rən] *vt* ❶ *(ordnen)* **etw [nach Farbe/Größe/Qualität]** ~ to sort [*or* grade] sth [according to colour/size/quality]; **die Post [nach Rechnungen und Werbung]** ~ to sort the post [into bills and advertisements]; **etw [alphabetisch]** ~ to arrange sth in alphabetical order; *(von Computeralgorithmus a.)* to sort sth [alphabetically]
❷ *(einordnen)* ■**etw in etw** *akk* ~ to sort sth and place it in sth; **Dias in einen Kasten** ~ to sort slides and place them in a box
❸ INFORM *(Daten zusammentragen)* ■**etw** ~ to collate sth

Sor·tie·rer <-s, -> *m* INFORM collator

Sor·tier·lauf *m* INFORM sort run, sorting pass **Sor·tier·ma·schi·ne** *f* sorting machine, sorter

Sor·ti·ment <-[e]s, -e> [zɔrti'mɛnt] *nt* range [of goods]

Sor·ti·ments·an·pas·sung *f* HANDEL adapted product line **Sor·ti·ments·brei·te** *f* HANDEL product range **Sor·ti·ments·er·wei·te·rung** *f* product diversification

SOS <-, -> [ɛsʔo:'ʔɛs] *nt Abk von* **save our souls** SOS; ~ **funken** to put out an SOS

so·sehr [zo'ze:ɐ̯] *konj* ■~ [**... auch**] however much ..., no matter how much ...; ***..., ~ ich es [auch] bedaure ...***, however much I regret it; ***er schaffte es nicht, ~ er sich auch anstrengte*** he couldn't manage it, no matter how hard he tried

so·so [zo'zo:] I. *interj* [what] you don't say?
II. *adv (fam)* so-so *fam*, middling *fam*; ***wir kommen ~ zurecht*** we're just about managing, we'll muddle through somehow

So·ße <-, -n> ['zo:sə] *f* ❶ KOCHK sauce; *(Bratensoße)* gravy; *(Salatsoße)* dressing
❷ *(pej sl)* ooze, gunge

So·ßen·löf·fel *m* sauce spoon [*or* ladle]

sott [zɔt] *imp von* **sieden**

Sot·ti·se <-, -n> [zɔ'ti:zə] *f (geh)* ❶ *(Dummheit, Unsinnigkeit)* folly
❷ *(Grobheit)* rudeness
❸ *(Stichelei)* dig, jibe, AM *usu* gibe

Souf·flé, Souf·flee^RR <-s, -s> [zu'fle:] *nt* KOCHK soufflé

Souf·fleur <-s, -e> [zu'flø:ɐ̯] *m*, **Souf·fleu·se** <-, -n> [zu'flø:zə] *f* THEAT prompter

Souf·fleur·kas·ten [zu'flø:ɐ̯-] *m* THEAT prompt[er's] box

Souf·fleu·se <-, -n> [zu'flø:zə] *f fem form von* **Souffleur**

souf·flie·ren* [zu'fli:rən] I. *vi* THEAT ■[**jdm**] ~ to prompt sb
II. *vt (geh)* ■**jdm etw** ~ to prompt sb by repeating sth

Sound <-s, -s> [zaʊ̯nt] *m* sound

Sound·da·tei ['zaʊ̯nt-] *f* INFORM sound file **Sound·file** <-s, -s> ['zaʊ̯ntfaɪ̯l] *nt* INET sound file **Sound·kar·te** ['zaʊ̯nt-] *f* INFORM sound board

so·und·so ['zo:ʔʊntzo:] I. *adv (fam)* such and such; ~ **breit/groß** of such and such a width/size; ~ **oft** a hundred times *fam*, umpteen times *fam*; ~ **viele** so and so many
II. *adj* so-and-so; **auf Seite** ~ on page so-and-so [*or* such-and-such]

So·und·so <-s, -s> ['zo:ʔʊntzo:] *m* ■**Frau/Herr** ~ *(fam)* M[r]s/Mr what's-her/his-name [*or* what-do-you-call-her/him]

so·und·so·viel·te(r, s) ['zo:ʔʊntzo'fi:ltə, -'fi:ltɐ, -'fi:ltəs] *adj (fam)* such and such; ***wir treffen uns am ~n August*** we're meeting on such and such a date in August; ***sie kam als ~, ich glaube als 37.*** she finished in such and such a place, I think 37th

Sound·track <-s, -s> ['zaʊ̯nttrɛk] *m* soundtrack

Sou·ta·ne <-, -n> [zu'ta:nə] *f* REL cassock, soutane *spec*

Sou·ter·rain <-s, -s> [sutɛ'rɛ̃:, 'zu:tɛrɛ̃] *nt* basement

Sou·ve·nir <-s, -s> [zuvə'ni:ɐ̯] *nt* souvenir

Sou·ve·nir·la·den *m* souvenir shop

sou·ve·rän [zuvə'rɛ:n] I. *adj* ❶ *(unabhängig)* sovereign *attr*; ■~ **sein/werden** to be [*or* become] a sovereign state
❷ *(geh: überlegen)* superior
II. *adv (geh)* with superior ease; **etw ~ beherrschen** to have a commanding knowledge of sth; **etw ~ machen** [*o* **meistern**] to do sth with consummate ease [*or* have complete mastery of [*or* over] sth]

Sou·ve·rän <-s, -e> [zuvə'rɛ:n] *m* ❶ SCHWEIZ ■**der** ~ the voting public [*or* voters] *pl*
❷ *(veraltend: Herrscher)* sovereign

Sou·ve·rä·ni·tät <-> [zuvərɛni'tɛ:t] *f kein pl* sovereignty *no pl*; *(geh: Überlegenheit)* superior ease (+*gen*/**von** +*dat* in)

so·viel [zo'fi:l] *konj* as [*or* so] far as; ~ ***ich weiß*** as far as I know; ~ ***ich auch trinke ...*** no matter how much I drink ...

so·viel·mal [zo'fi:lma:l] *konj* ■~ **... auch** no matter how many times ..., however many times ...

so·weit [zo'vaɪ̯t] *konj* as [*or* so] far as; ~ ***ich sehe/weiß*** as [*or* so] far as I can see [*or* tell]/as [*or* so] far as I know

so·we·nig [zo've:nɪç] *konj* ■~ **... auch** however little ..., as little ...; ~ ***du auch damit zu tun haben willst, ...*** however little you claim to have to do with it, ...

so·wie [zo'vi:] *konj* ❶ *(sobald)* as soon as, the moment [that]
❷ *(geh)* as well as

so·wie·so [zovi'zo:] *adv* anyway, anyhow; ***du bist ~ eingeladen*** you're invited anyway [*or* anyhow]; ***das war ~ klar*** that was clear from the start; ***das ~!*** *(fam)* of course!, does a bear shit in the woods? *iron sl*

So·wjet <-s, -s> [zɔ'vjɛt, 'zɔvjɛt] *m* soviet; **der Oberste** ~ the Supreme Soviet

So·wjet·bür·ger(in) *m(f)* POL *(hist)* Soviet citizen

so·wje·tisch [zɔ'vjɛtɪʃ, zɔ'vje:tɪʃ] *adj* Soviet

So·wjet·re·pub·lik *f (hist)* Soviet Republic **So·wjet·uni·on** [zɔ'vjɛtʔuni̯o:n] *f (hist)* ■**die** ~ the Soviet Union

so·wohl [zo'vo:l] *konj* ■~ **... als auch ...** both ... and ..., ... as well as ...

So·ze <-n, -n> ['zo:tsə] *m (meist pej fam)*, **So·zi** <-s, -s> ['zo:tsi] *m (meist pej fam) kurz für* **Sozialdemokrat** SocDem *fam*, Socialist, pinko *pej*

So·zia <-, -s> ['zo:tsi̯a] *f fem form von* **Sozius**

so·zi·al [zo'tsi̯a:l] I. *adj* ❶ *(gesellschaftlich)* social; ~**e Verhältnisse/Stellung** social conditions/status; ~**es Gefüge** POL social fabric
❷ *(für Hilfsbedürftige gedacht)* social security *attr*, by social security *pred*; ~**e Leistungen** social security [*or* welfare] payments
❸ *(gesellschaftlich verantwortlich)* public-spirited; **eine ~e Ader** a streak of [the] public spirit; ~**es Handeln** acting in a public-spirited way
II. *adv* ~ **schwach** socially deprived; ~ **denken** to be socially [*or* social-]minded; ~ **handeln** to act for the good of all; *s. a.* **Friede, Jahr, Wohnungsbau**

So·zi·al·ab·bau *m kein pl* cuts in social services **So·zi·al·ab·ga·ben** *pl* social security contributions [*or* payments] **So·zi·al·amt** *nt* social security office BRIT, welfare department AM **So·zi·al·ar·beit** *f kein pl* social [*or* welfare] work *no pl* **So·zi·al·ar·bei·ter(in)** *m(f)* social worker **So·zi·al·aus·ga·ben** *pl* public expenditure **So·zi·al·aus·schuss**^RR *m* social committee **So·zi·al·be·hör·de** *f* welfare authority **So·zi·al·bei·trä·ge** *pl* social contributions **So·zi·al·be·reich** *m* social services sector, area of social services **So·zi·al·be·ruf** *m* caring profession **So·zi·al·bi·lanz** *f* ÖKON social-economic balance sheet **so·zi·al·dar·wi·nis·tisch** [zo'tsi̯a:ldarvinɪstɪʃ] *adj* SOZIOL social-Darwinian [*or* -Darwinist] **So·zi·al·de·mo·krat(in)** [zo'tsi̯a:ldemokra:t] *m(f)* social democrat; ■**die ~en** the Social Democrats **So·zi·al·de·mo·kra·tie** [zo'tsi̯a:ldemokrati:] *f kein pl* social democracy *no pl, no art* **So·zi·al·de·mo·kra·tin** *f fem form von* **Sozialdemokrat** **so·zi·al·de·mo·kra·tisch** *adj* social-democratic **So·zi·al·de·zer·nent** *m* head of social services **So·zi·al·diens·te** *pl* welfare services *pl* **So·zi·al·dum·ping** [-dampɪŋ] *nt flouting of the laws governing the minimum wage, working hours, and health and safety income support* **So·zi·al·ein·rich·tung** *f meist pl* ÖKON welfare institution **So·zi·al·ex·per·te** *m* social services [*or* welfare] expert **So·zi·al·fall** *m (geh)* hardship case **So·zi·al·for·schung** *f* social research **So·zi·al·ge·flecht** *nt* social fabric **So·zi·al·ge·fü·ge** *nt* social welfare net [*or* system] **So·zi·al·ge·heim·nis** *nt* JUR confidential nature of social insurance data

So·zi·al·ge·richt *nt* [social] welfare tribunal **So·zi·al·ge·richts·bar·keit** *f* JUR jurisdiction for social security litigation **So·zi·al·ge·richts·ge·setz** *nt* JUR *law concerning social security tribunals and their procedure*

So·zi·al·ge·schich·te *f* social history **So·zi·al·ge·setz·buch** *nt* code of social law *(covering laws on social security and services, vocational training, finding employment and other matters)* **So·zi·al·ge·setz·ge·bung** *f* welfare [*or* social] legislation **So·zi·al·hil·fe** *f kein pl* income support, [social] welfare AM

So·zi·al·hil·fe·emp·fän·ger(in) *m(f)* person receiving income support [*or* supplementary benefit]

So·zi·al·hil·fe·leis·tung *f* income support, supplementary benefit

So·zi·al·hil·fe·pro·gramm *nt* welfare scheme **So·zi·al·hil·fe·recht** *nt* JUR public welfare law **So·zi·al·hil·fe·satz** *m* social security [*or* BRIT supplementary benefit] [*or* AM welfare] rate

So·zi·a·li·sa·ti·on <-> [zotsi̯aliza'tsi̯o:n] *f kein pl* SOZIOL, PSYCH socialization

so·zi·a·li·sie·ren* [zotsi̯ali'zi:rən] *vt* ❶ POL *(verstaatlichen)* ■**etw** ~ to nationalize sth
❷ SOZIOL, PSYCH ■**jdn** ~ to socialize sb; **jdn wieder** ~ to reintroduce sb into society

So·zi·a·li·sie·rung <-, -en> *f* ❶ POL nationalization
❷ SOZIOL, PSYCH socialization

So·zi·a·lis·mus <-> [zotsi̯a'lɪsmʊs] *m kein pl* ■**der** ~ socialism

So·zi·a·list(in) <-en, -en> [zotsi̯a'lɪst] *m(f)* socialist

so·zi·a·lis·tisch [zotsi̯a'lɪstɪʃ] *adj* ❶ *(Sozialismus betreffend)* socialist, leftist *a. pej*
❷ ÖSTERR *(sozialdemokratisch)* social-democratic

So·zi·al·kam·pa·gne *f* social welfare campaign **So·zi·al·kas·sen** *nur pl f* FIN social security **So·zi·al·klau·sel** *f* JUR social hardship clause **So·zi·al·kom·pe·tenz** *f* PSYCH social skill, social competence **So·zi·al·kri·tik** *f kein pl* social criticism **So·zi·al·kür·zung** *f meist pl* POL cutback in social services **So·zi·al·le·ben** *nt* social life **So·zi·al·leis·tun·gen** *pl (des Staates)* social services; *(aus Sozialversicherung)* social security benefits **So·zi·al·leis·tungs·miss·brauch**^RR *m* benefit abuse **so·zi·al·li·be·ral** *adj* liberal socialist; *Koalition* social democrat, socialist-liberal **So·zi·al·mie·ter(in)** *m(f)* receiver of housing benefit BRIT, subsidized [*or* Section 8] tenant AM; ■**ein ~/eine ~in sein** to receive housing benefit BRIT, to be a subsidized [*or* Section 8] tenant AM **So·zi·al·mi·nis·ter, -mi·nis·te·rin** *m, f* Social Services Minister BRIT, Secretary of Social

Services AM **So·zi·al·mi·nis·te·ri·um** *f* Social Services Ministry BRIT, Department of Social Services AM **So·zi·al·neid** *m kein pl* SOZIOL class envy **So·zi·al·pä·da·go·ge, -pä·da·go·gin** *m, f* social education worker **So·zi·al·pä·da·go·gik** *f* ■ **die** ~ social education **So·zi·al·pä·da·go·gin** *f fem form von* **Sozialpädagoge** **so·zi·al·pä·da·go·gisch** *adj* relating to social education **So·zi·al·pakt** *m* social pact **So·zi·al·part·ner** *pl* unions and management, both sides of industry **So·zi·al·plan** *m* redundancy payments scheme BRIT, severance scheme **So·zi·al·po·li·tik** *f kein pl* social policy **So·zi·al·po·li·ti·ker** *m politician who specializes in social welfare or person concerned with social policy* **so·zi·al·po·li·tisch** *adj inv* POL socio-political **So·zi·al·pres·tige** *nt* social standing **So·zi·al·pro·dukt** *nt* ÖKON [gross] national product **So·zi·al·recht** *nt kein pl* social legislation **So·zi·al·ren·te** *f (geh)* state pension **So·zi·al·rent·ner(in)** *m(f) (geh)* social insurance pensioner **So·zi·al·ro·man·ti·ker(in)** *m(f)* POL *(pej)* social justice romantic **So·zi·al·se·na·tor(in)** *m(f)* social services minister, minister for social services *(in Berlin, Bremen, Hamburg)*

So·zi·al·staat *m* welfare state **So·zi·al·staats·prin·zip** *nt* JUR principle of social justice and the welfare state

So·zi·al·sta·ti·on *f* health and advice centre [*or* AM -er] **So·zi·al·sys·tem** *nt* social [welfare] system **So·zi·al·the·ra·pie** *f* social therapy **So·zi·al·uni·on** *f* unified social welfare system **So·zi·al·ver·hal·ten** *nt* social behaviour [*or* AM -or]

So·zi·al·ver·si·che·rung *f* National Insurance BRIT, Social Security AM

So·zi·al·ver·si·che·rungs·aus·weis *m* National Insurance card BRIT **So·zi·al·ver·si·che·rungs·bei·trag** *m* FIN National Insurance contribution BRIT, Social Security contribution [*or* AM tax] **So·zi·al·ver·si·che·rungs·ge·setz** *nt* JUR, FIN National Insurance Act BRIT, Federal Insurance Contribution Act AM **So·zi·al·ver·si·che·rungs·ge·setz·ge·bung** *nt* social security legislation **so·zi·al·ver·si·che·rungs·pflich·tig** *adj inv* ÖKON subject to social insurance *pred,* within the scope of National Insurance **So·zi·al·ver·trag** *m* POL, SOZIOL social contract

so·zi·al·ver·träg·lich *adj* reconcilable with a welfare state **So·zi·al·we·sen** *nt kein pl* social welfare *no pl* **So·zi·al·wis·sen·schaf·ten** *pl* social sciences **So·zi·al·wis·sen·schaft·ler** *m* social scientist **so·zi·al·wis·sen·schaft·lich** *adj* social science, socio-scientific **So·zi·al·woh·nung** *f* council house [*or* flat] BRIT, [housing] project

So·zi·e·täts·ver·trag [zotsi̯e'tɛ:ts-] *m* partnership agreement

So·zio·bio·lo·gie ['zo:tsi̯o-] *f* sociobiology **so·zio·kul·tu·rell** *adj* sociocultural **So·zio·lekt** <-[e]s, -e> [zotsi̯o'lɛkt] *m* LING, SOZIOL sociolect **So·zio·lin·gu·is·tik** [zotsi̯olɪŋ'gu̯ɪstɪk] *f* ■ **die** ~ sociolinguistics + *sing vb* **so·zio·lin·gu·is·tisch** *adj inv* LING sociolinguistic **So·zio·lo·ge, -lo·gin** <-n, -n> [zotsi̯o'lo:gə, -'lo:gɪn] *m, f* sociologist **So·zio·lo·gie** <-> [zotsi̯olo'gi:] *f kein pl* ■ **die** ~ sociology **So·zio·lo·gin** <-, -nen> *f fem form von* **Soziologe** **so·zio·lo·gisch** [zotsi̯o'lo:gɪʃ] *adj* sociological **so·zio·öko·no·misch** *adj inv* socio-economic

So·zi·us, So·zia[1] <-, Sozii> ['zo:tsi̯ʊs, 'zo:tsi̯a, *pl* 'zo:tsii] *m, f* ❶ ÖKON *(Teilhaber einer Sozietät)* partner
❷ *(veraltend o hum fam: Kumpan)* mate BRIT *fam,* buddy AM *fam,* partner-in-crime *fam or hum*

So·zi·us, So·zia[2] <-, -se> ['zo:tsi̯ʊs, 'zo:tsi̯a, *pl* 'zo:tsi̯ʊsə] *m, f* ❶ *(Beifahrer)* pillion rider [*or* passenger]; **als ~ mitfahren** to ride pillion
❷ *s.* **Soziussitz**

So·zi·us·sitz *m* pillion [seat]

so·zu·sa·gen [zo:tsu'za:gn̩] *adv* as it were, so to speak

Spach·tel <-s, -> ['ʃpaxtl̩] *m (Werkzeug)* spatula; KUNST palette knife

Spach·tel <-s> ['ʃpaxtl̩] *m kein pl,* **Spach·tel·mas·se** *f* filler, screed *spec*

spach·teln ['ʃpaxtl̩n] **I.** *vt* ■ **etw** ~ *Wand, Gips* to fill [in *sep*] [*or sep* smooth over] [*or* stop] sth
II. *vi* ❶ *(mit Spachtel*[2] *arbeiten)* to do some filling [*or* smoothing over]
❷ DIAL *(fam: reichlich essen)* to tuck in

spac·ig ['spe:sɪç] **I.** *adj (sl)* space-age *attr,* out of this world *pred*
II. *adv (fam)* futuristically; ***spacig gekleidete Mitarbeiter*** employees in space-age uniforms

Spa·gat <-[e]s, -e> [ʃpa'ga:t] *m o nt* the splits *npl;* [**einen**] ~ **machen, in den ~ gehen** to do the splits; *(schwierige Position)* balancing act

Spa·get·ti[RR] [ʃpa'gɛti] *pl* spaghetti + *sing vb*

Spa·get·ti·he·ber[RR] *m* spaghetti spoon **Spa·get·ti·topf** *m* pasta pan **Spa·get·ti·trä·ger** *m* spaghetti strap **Spa·get·ti·zan·ge** *f* spaghetti tongs *npl*

Spa·ghet·ti [ʃpa'gɛti] *pl s.* **Spagetti**

spä·hen ['ʃpɛ:ən] *vi* ❶ *(suchend blicken)* **aus dem Fenster** ~ to peer out of the window; ■ **aus etw** *dat* ~ to peer out of sth; *(schnell)* to [quickly] peep out of sth; ■ **durch etw** *akk* [**auf etw** *akk*/**in etw** *akk*] ~ to peep [*or* peek] [at/in[to] sth] through sth; *(schnell)* to take a quick peep [*or* peek] [at/in sth] through sth
❷ *(Ausschau halten)* ■ **nach jdm/etw** ~ to look out [*or* keep a lookout] for sb/sth

Spä·her(in) <-s, -> ['ʃpɛ:ɐ] *m(f)* MIL scout

Späh·trupp ['ʃpɛ:-] *m* MIL reconnaissance [*or* scouting] party, patrol

Spa·lier <-s, -e> [ʃpa'li:ɐ̯] *nt* ❶ *(Gittergestell)* trellis; *(für Obst a.)* espalier; **etw an ~en ziehen** to trellis/espalier sth, to train sth [on a trellis/an espalier]
❷ *(Gasse aus Menschen)* row, line; **ein ~ bilden, ~ stehen** to form a line; *(Ehrenformation)* to form a guard of honour [*or* AM -or]

Spalt <-[e]s, -e> [ʃpalt] *m* gap; *(im Vorhang a.)* chink; ***kannst du den Vorhang einen ~ offen lassen?*** can you leave the curtains open slightly?; *(Riss)* crack; *(Felsspalt)* crevice, fissure; *(Gletscherspalt)* crevasse; **die Tür einen ~ öffnen/offen lassen** to open the door slightly/leave the door ajar

spalt·bar *adj* NUKL fissionable, fissile *spec;* **ein ~er Atomkern** a fissile nucleus *spec*

spalt·breit *adj* narrow; **ein ~er Schlitz/eine ~e Öffnung** a crack

Spalt·breit <-> *m kein pl* gap; **die Tür einen ~ öffnen** to open the door slightly

Spal·te[1] <-, -n> ['ʃpaltə] *f (Öffnung)* fissure; *(Felsspalte a.)* cleft, crevice; *(Gletscherspalte)* crevasse; **eine ~ in der Hauswand** a crack in the wall of the house

Spal·te[2] <-, -n> ['ʃpaltə] *f* TYPO, MEDIA column; **in ~n** columnar

spal·ten ['ʃpaltn̩] **I.** *vt* <*pp* gespalten *o* gespaltet> ❶ *(zerteilen)* ■ **etw** ~ to split [*or liter* cleave] sth; **Holz** ~ to chop wood (**in** + *akk* into)
❷ *(trennen)* **etw** ~ to rend [*or* divide] sth; **die Partei** ~ to split [*or* divide] the party; ■ **gespalten sein** to be divided
❸ CHEM to split, to break down
❹ NUKL ■ **etw** ~ to split [*or spec* fission] sth
II. *vr* <*pp* gespalten> ❶ *(der Länge nach reißen)* ■ **sich** *akk* ~ to split
❷ *(sich teilen o trennen)* ■ **sich** *akk* [**in etw** *akk*] ~ to divide [into sth]; *(von Partei a.)* to split [into sth]

Spal·ten·aus·ga·be *f* TYPO galley exposure [*or* output]

Spalt·frucht *f* BOT *(Frucht, die sich bei der Samenreife öffnet)* dehiscent fruit **Spalt·ge·sell·schaft** *f* HANDEL break-up company **Spalt·le·der** *nt* split leather **Spalt·ma·te·ri·al** *nt* NUKL fissile material **Spalt·öff·nung** *f* BOT stoma *spec* **Spalt·pro·dukt** *nt* NUKL fission product **Spalt·pro·zess**[RR] *m* fission [process]

Spal·tung <-, -en> *f* ❶ NUKL splitting, fission; **spontane** ~ spontaneous fission
❷ *(Aufspaltung in Fraktionen)* division; *(von Partei a.)* split (+ *gen* into)
❸ PSYCH split; **die ~ des Bewusstseins** [*o* **der Persönlichkeit**] the split in one's mind [*or* personality], schizophrenia
❹ FIN splitting

Spalt·ver·fah·ren *nt* CHEM cracking

Spammail <-, -s> ['spæmme:l] *f* INET *(pej)* spam [mail], junk mail

Spam·ming <-s> ['spæmɪŋ] *nt kein pl* INET *(Versenden elektronischer Sendungen)* spamming

Span <-[e]s, Späne> [ʃpa:n, *pl* 'ʃpɛ:nə] *m (Holzspan)* shaving, [wood]chip, wood chipping; *(Bohrspan)* boring, swarf *no pl spec*
▶ WENDUNGEN: **wo gehobelt wird,** [**da**] **fallen Späne** *(prov)* you can't make an omelette without breaking eggs *prov*

Span·fer·kel ['ʃpa:nfɛrkl̩] *nt* sucking pig

Span·ge <-, -n> ['ʃpaŋə] *f* ❶ *(Haarspange)* hairslide BRIT, barrette
❷ *(Armreif)* bracelet; *(um den Oberarm a.)* bangle
❸ *(Zahnspange)* [dental] brace

Span·gen·schuh *m* strap shoe

Spa·ni·en <-s> ['ʃpa:ni̯ən] *nt* Spain

Spa·ni·er(in) <-s, -> ['ʃpa:ni̯ɐ] *m(f)* Spaniard; ■ **die** ~ the Spanish; **stolz wie ein ~ sein** to be as proud as a peacock, to be puffed up with pride

spa·nisch ['ʃpa:nɪʃ] *adj* Spanish; ***das kommt mir ~ vor*** *(fig fam)* I don't like the look of it/this, there's something fishy [going on] here *fam*

Spa·nisch ['ʃpa:nɪʃ] *nt dekl wie adj* Spanish; ■ **das ~e** Spanish; **auf** ~ in Spanish

Spa·ni·sche Flie·ge *f* ZOOL blister beetle; *kein pl (Aphrodisiakum a.)* Spanish fly

spann [ʃpan] *imp von* **spinnen**

Spann <-[e]s, -e> [ʃpan] *m* ANAT instep

Spann·an·ker *m* BAU turnbuckle **Spann·be·ton** *m* prestressed concrete **Spann·bett·tuch**[RR] *nt* fitted sheet **Spann·brei·te** *f kein pl* spectrum **Spann·draht** *m* BAU bracing wire

Span·ne <-, -n> ['ʃpanə] *f* ❶ ÖKON *(Handelsspanne)* [trade] margin; *(Gewinnspanne)* [profit] margin; *(Zinsspanne)* margin [of interest]; ~ **in den Zinssätzen** gap in interest rates; ~ **zwischen Geld und Brief** difference between asked and bid
❷ *(geh: Zeitspanne)* span, space; **eine ~** [**Zeit**] a span [*or* space] of time

span·nen ['ʃpanən] **I.** *vt* ❶ *(straffen)* ■ **etw** ~ to tighten sth, to make sth taut; **die Zügel** ~ to pull [back] on the reins
❷ *(aufspannen)* **eine Hängematte/Wäscheleine über/zwischen etw** *akk* ~ to put [*or* hang] up a hammock/washing line *sep* over/between sth; **ein Seil über/zwischen etw** *akk* ~ to stretch a rope over/between sth
❸ *(anspannen)* ■ **ein Tier vor etw** *akk* ~ to harness an animal to sth; ■ **etw** ~ *Muskeln* to flex [*or* tense] sth; *Gewehr* to cock sth; *s. a.* **Bogen**
❹ *(straff befestigen)* **einen Bogen in die Schreibmaschine** ~ to insert [*or* put] a sheet in the typewriter; **eine Leinwand zwischen die Bretter** ~ to stretch a canvas between the boards; **ein Werkstück in/zwischen etw** *akk* ~ to clamp a workpiece in/between sth
❺ DIAL *(sl: merken)* ■ ~, **dass ...** to catch on that ...
II. *vr* ❶ *(sich straffen)* ■ **sich** *akk* ~ *Seil* to become taut
❷ *(geh: sich wölben)* ■ **sich** *akk* **über etw** *akk* ~ to span [*or* stretch across] sth
III. *vi* ❶ *(zu eng sitzen)* **im Schnitt/unter den Armen/an den Schultern** ~ to be too close-fitting/[too] tight under the arms/at the shoulders
❷ *(zu straff sein)* ■ [**an etw** *dat*/**in etw** *dat*] ~ to be [*or* feel] taut [on/in sth]; ***meine Haut spannt von der Sonne/an den Schultern/im Gesicht*** the sun has made my skin taut/my skin is taut on my shoulders/face
❸ *(fam)* ***die Erben ~ darauf, dass sie endlich stirbt*** the heirs can't wait for her to die

span·nend **I.** *adj* exciting; *(stärker)* thrilling; ***mach's nicht so ~!*** *(fam)* don't keep us/me in suspense
II. *adv* **etw ~ darstellen** to bring across sth as exciting; **sich** *akk* **~ lesen** to be an exciting/thrilling read; ~ **schreiben** to write in an exciting manner

Span·ner[1] <-s, -> *m (Schuhspanner)* shoe tree

Span·ner[2] <-s, -> *m (Falter)* geometer [*or spec* geometrid] [moth]
Span·ner(in) <-s, -> *m(f) (sl: Voyeur)* peeping Tom
Spann·ka·nal *m* TYPO cylinder [*or* lock-up] gap **Spann·kraft** *f kein pl* buoyancy; *(von Muskeln)* tone, tonus *spec; (von Haar)* elasticity; PHYS tension force **Spann·rol·le** *f* AUTO tensioner, jockey pulley; *(am Förderband)* jockey wheel **Spann·schrau·be** *f* clamp bolt; *Hobel* frog-adjustment screw; *Kesselpauke* tie rod **Spann·tep·pich** *m* SCHWEIZ [wall-to-wall] carpet
Span·nung[1] <-, -en> *f* ① *kein pl (fesselnde Art)* tension, suspense
② *kein pl (gespannte Erwartung)* suspense; **jds/die ~ bis zur letzten Minute aufrechterhalten** to keep sb in suspense/maintain the suspense until the [very] last minute; **mit/voller ~** with/full of excitement; **etw** *akk* **mit ~ erwarten** to await sth full of suspense
③ *meist pl* tension; *(zwischen Volksgruppen a.)* strained relations *pl*
④ *kein pl (straffe Beschaffenheit)* tension, tautness; TECH stress
Span·nung[2] <-, -en> *f* ELEK voltage; **unter ~ stehen** to be live
Span·nungs·än·de·rung *f* change [*or* fluctuation] in voltage **Span·nungs·ebe·ne** *f* ELEK voltage level **Span·nungs·feld** *nt* area of tension; *(fig)* ■ **im ~ von etw** *dat* in the tense atmosphere of sth **span·nungs·frei** *adj Verhältnis, Atmosphäre* relaxed **Span·nungs·ge·biet** *nt* POL area of tension **Span·nungs·mes·ser** <-s, -> *m* ELEK voltmeter **Span·nungs·prü·fer** *m* voltage detector **Span·nungs·sprung** *m* ELEK voltage transient **Span·nungs·ver·hält·nis** *nt* tension **span·nungs·voll** *adj* charged with tension **Span·nungs·wand·ler** *m* ELEK voltage regulator
Spann·wei·te *f* ① ORN, ZOOL wingspan
② BAU span
Span·plat·te *f* chipboard *no pl*
Spar·an·lei·he *f* FIN savings bond **Spar·be·schluss**[RR] *m* savings resolution, resolution to make savings [*or* cuts] **Spar·brief** *m* savings certificate **Spar·buch** *nt* savings book **Spar·büch·se** *f* piggy bank **Spar·do·se** *f* piggy bank **Spar·ei·fer** <-s> *m kein pl* enthusiasm for saving **Spar·ein·la·ge** *f* FIN savings deposit; **~n mit gesetzlicher/vereinbarter Kündigungsfrist** savings deposits at statutory/agreed notice; **befristete/jederzeit rückzahlbare ~** time deposit/savings deposit redeemable on demand
spa·ren ['ʃpa:rən] **I.** *vt* ① FIN *(zurücklegen)* ■ **etw ~** to save sth
② *(einsparen)* ■ **etw ~** to save sth; **Arbeit/Energie/Strom/Zeit ~** to save work/energy/electricity/time
③ *(ersparen)* ■ **jdm/sich etw ~** to spare sb/oneself sth; **jdm/sich die Mühe/Ärger ~** to spare sb/oneself the effort/trouble; ***den Weg hätten wir uns ~ können*** we could have saved ourselves that journey
④ *(verzichten)* ■ **sich** *dat* **etw ~** to keep sth to oneself; ***deinen Ratschlag hättest du dir ~ können*** you could have kept your advice to yourself
II. *vi* ① FIN *(Geld zurücklegen)* to save; ■ **auf** [*o* **für**] **etw ~** to save up for sth
② *(sparsam sein)* ■ [**an etw** *dat*] **~** to economize [on sth]; **nicht mit Anerkennung/Lob ~** to be unstinting [*or* generous] in one's recognition/praise; **am falschen Ende ~** *(fam)* to be penny-wise and pound-foolish
Spa·rer(in) <-s, -> *m(f)* saver; **ein ~ sein** to be a saver
Spa·rer·frei·be·trag *m* FIN savers' tax-free amount **Spa·rer·frei·be·trag** *m* ÖKON saver's tax allowance
Spar·flam·me *f* ▶WENDUNGEN: **auf ~** just ticking over BRIT *fam;* **auf ~ kochen** *(fam)* to go easy [*or* BRIT keep things ticking over] *fam*
Spar·gel <-s, -> ['ʃpargl] *m* BOT, KOCHK asparagus *no pl*
Spar·gel·boh·ne *f* bird's trefoil
Spar·gel·der *pl* FIN savings deposits
Spar·gel·erb·se *f* asparagus pea **Spar·gel·he·ber** *m* asparagus server **Spar·gel·kohl** *m* broccoli **Spar·gel·sa·lat** *m* asparagus salad **Spar·gel·schä·ler** *m* asparagus peeler **Spar·gel·spit·ze** *f* asparagus tip **Spar·gel·zeit** *f meist sing* asparagus season
Spar·gut·ha·ben *nt* FIN savings *npl* **Spar·heft** *nt* SCHWEIZ *(Sparbuch)* savings account
Spar·ka·pi·tal *nt* FIN savings capital **Spar·ka·pi·tal·bil·dung** *f* FIN accumulation of savings
Spar·kas·se *f* FIN bank *(supported publicly by the commune or district)* **Spar·kas·sen·ge·setz** *nt* JUR, FIN Trustee Savings Bank Act BRIT **Spar·kas·sen·ver·band** *m* JUR association of savings banks
Spar·kon·to *nt* savings account **Spar·kurs** *m* policy of cutbacks
spär·lich ['ʃpɛ:ɐ̯lɪç] **I.** *adj Haarwuchs, Vegetation* sparse; **~e Ausbeute/Reste** meagre [*or* scanty] spoil/scraps
II. *adv* sparsely; **~ bekleidet** scantily clad [*or* dressed]; **~ besucht** poorly attended; **~ bevölkert** sparsely populated
Spar·maß·nah·me *f* cost-cutting measure **Spar·pa·ckung** *f* economy pack **Spar·pa·ket** *nt* government cutbacks package, budget tightening package **Spar·plan** *m* savings plan **Spar·po·li·tik** *f* cost-cutting policy **Spar·prä·mie** *f* savings premium **Spar·preis** *m* budget [*or* economy] price
Spar·pro·gramm *nt* ① POL programme [*or* AM -am] of economy measures
② ÖKOL economy programme [*or* AM -am] [*or* cycle]
Spar·quo·te *f* ÖKON national income savings ratio
Spar·ren <-s, -> ['ʃparən] *m* BAU rafter
Spar·ring <-s> ['ʃparɪŋ] *nt kein pl* SPORT sparring *no pl*
Spar·rings·part·ner *m* sparring partner
spar·sam ['ʃpa:ɐ̯za:m] **I.** *adj* ① *(wenig verbrauchend)* thrifty
② *(ökonomisch)* economical; ■ **~** [**in etw** *dat*] **sein** to be economical [in sth]; ***dieses Waschmittel ist sehr ~ im Verbrauch*** this washing powder is very economical
II. *adv* ① *(wenig verbrauchend)* thriftily; ***mit diesem Balsamico muss man ~ umgehen*** this balsamic vinegar should be used sparingly
② *(ökonomisch)* sparingly
Spar·sam·keit <-> *f kein pl* thriftiness *no pl*
Spar·schä·ler *m* swivel-bladed peeler **Spar·schwein** *nt* piggy bank
Spar·ta·ner(in) <-s, -> [ʃpar'ta:nɐ] *m(f)* HIST Spartan
spar·ta·nisch [ʃpar'ta:nɪʃ] **I.** *adj* ① HIST *(Sparta betreffend)* Spartan
② *(sehr bescheiden)* spartan
II. *adv* in a spartan fashion
Spar·ta·rif *m* TELEK, INET, TRANSP budget tariff BRIT, budget rate AM; *(Telefon)* [budget] calling plan AM; ***Surfen zum ~*** budget-rate web surfing
Spar·te <-, -n> ['ʃpartə] *f* ① *(Branche)* line of business
② *(Spezialbereich)* area, branch
③ MEDIA *(Rubrik)* section, column
Spar·ten·ka·nal *m* TV speciality channel **spar·ten·über·grei·fend** *adj* cross-divisional
Spar·ur·kun·de *f* savings certificate
Spar·ver·si·on *f* TECH cut-down version **Spar·ver·trag** *m* FIN savings agreement **Spar·vor·schlag** *m* savings suggestion **Spar·zer·ti·fi·kat** *nt* FIN treasury savings certificate **Spar·zins** *m meist pl* interest *no pl (on savings)* **Spar·zu·la·ge** *f* ÖKON savings bonus **Spar·zwang** *m* ÖKON compulsory saving
spas·misch ['ʃpasmɪʃ] *adj* MED spasmic
Spas·mo·ly·ti·kum <-s, -ka> [ʃpasmo'ly:tikum, *pl* -'ly:tika] *nt* MED antispasmodic, spasmolytic
Spaß <-es, Späße> [ʃpa:s, *pl* 'ʃpɛ:sə] *m* ① *kein pl (Vergnügen)* fun *no pl;* **~ haben** to have fun; **~ an etw** *dat* **haben** to enjoy sth [*or* get fun out of doing sth]; [**nur**] **~ machen** to be [just [*or* only]] kidding; [**jdm**] **~ machen** to be fun [for sb]; ***mir würde das viel ~ machen*** I'd really enjoy that, that'd be a lot of fun; **es macht jdm ~, etw zu tun** sb enjoys doing sth; ***es macht mir keinen ~, das zu tun*** it's no fun doing it; **sich** *dat* **einen ~ daraus machen, etw zu tun** to get pleasure [*or fam* a kick] out of doing sth; **jdm den ~ verderben** to spoil sb's fun; **„viel ~!"** "have fun [*or* a good time]!", "enjoy yourself/yourselves!"
② *(Scherz)* joke; ***aus*** [***dem***] ***~ wurde Ernst*** the fun took a serious end; **irgendwo hört** [**für jdn**] **der ~ auf** that's going beyond a joke [for sb]; **~ muss sein** *(fam)* there's no harm in a joke; **etw aus** [*o* **zum**] **~ sagen** to say sth as a joke [*or* in jest] [*or fam* for a laugh]; **keinen ~ verstehen** to not stand for any nonsense, to not have a sense of humour [*or* AM -or]; **~ beiseite** *(fam)* seriously, joking apart [*or* aside]
▶WENDUNGEN: **ein teurer ~ sein** *(fam)* to be an expensive business
Spaß·bad *nt* waterpark **Spaß·brem·se** *f (fam)* spoilsport, party pooper *fam*
Späß·chen <-s, -> *nt dim von* **Spaß** little joke
spa·ßen ['ʃpa:sn̩] *vi (geh)* to joke [*or* jest]; **mit jdm ist nicht zu ~, jd lässt nicht mit sich** *dat* **~** sb doesn't stand for any nonsense; **mit etw** *dat* **ist nicht zu ~** sth is no joking [*or* laughing] matter
spa·ßes·hal·ber *adv* for fun, for the fun [*or sl* heck] of it
Spaß·ge·sell·schaft *f (oft pej)* society obsessed with pleasure, fun-loving [*or* hedonistic] society
spaß·haft **I.** *adj* joking; ***das war doch nur ~!*** it was only a joke!
II. *adv* jokingly
spa·ßig ['ʃpa:sɪç] *adj* funny
Spaß·ma·cher(in) *m(f) (veraltend)* joker, jester **Spaß·ver·der·ber(in)** <-s, -> *m(f)* spoilsport *fam* **Spaß·vo·gel** *m* joker
Spas·ti·ker(in) <-s, -> ['ʃpastikɐ] *m(f)* MED spastic
spas·tisch ['ʃpastɪʃ] *adj* MED spastic
Spat <-[e]s, -e> [ʃpa:t, *pl* 'ʃpɛ:tə] *m* spar
spät [ʃpɛ:t] **I.** *adj* ① *(zeitlich nicht früh)* late; **am ~en Abend/Morgen/Nachmittag** in the late evening/morning/afternoon; ■ **~ sein/werden** to be/be getting late
② *(ausgehend)* late; **das ~e Mittelalter** the late Middle Ages
③ *(verspätet)* belated; *s. a.* **Mädchen**
II. *adv* ① *(nicht früh)* late
② *(verspätet)* late; ***du kommst zu ~*** you're too late; **~ dran sein** to be late; **zu ~** too late
▶WENDUNGEN: **wie ~** what time; ***wie ~ kommst du heute nach Hause?*** what time are you coming home today?
Spät·aus·sied·ler(in) *m(f) German emigrant who returned to Germany long after the end of World War II* **Spät·bu·cher(in)** *m(f)* TOURIST holidaymaker with a late [*or* last-minute] booking **Spät·dienst** <-[e]s, -> *m kein pl* late shift
Spa·tel <-s, -> ['ʃpa:tl̩] *m* ① MED spatula
② *s.* **Spachtel**
Spa·ten <-s, -> ['ʃpa:tn̩] *m* ① *(Gartenwerkzeug)* spade
② KOCHK angled spatula
Spa·ten·stich *m* cut of the spade
▶WENDUNGEN: **der erste ~** the first cut of the spade
Spät·ent·wick·ler(in) *m(f)* MED, PSYCH late developer
spä·ter ['ʃpɛ:tɐ] **I.** *adj* later
II. *adv* ① *(zeitlich danach)* later [on]; ***sehen/treffen/sprechen wir uns ~ noch?*** will we see each other/meet/talk later [on]?; **bis ~!** see you later!; **nicht ~ als** not later than
② *(die Zukunft)* the future; ***jeder Mensch sollte für ~ vorsorgen*** every person should make provisions for the future; **jdn auf ~ vertrösten** to put sb off; **~** [**ein**]**mal** at a later date; ***weißt du denn schon, was du ~ einmal werden willst?*** do you know what you want to be when you grow up?
spä·tes·tens ['ʃpɛ:təstn̩s] *adv* at the latest; ***der Kredit muss ~ bis zum 31. Mai zurückgezahlt sein*** the loan has to be paid back by 31 May at the latest
Spät·fol·ge <-, -n> *f meist pl* long-term consequence, delayed effect; MED late sequela *usu pl*
Spät·ge·burt *f* post-term [*or* post-mature] birth

S

Spät·go·tik <-> *f* ARCHIT late Gothic **Spät·heim·keh·rer** *m late returnee from a prisoner-of-war camp* **Spät·herbst** *m* late autumn *no pl* **Spät·le·se** *f* AGR late vintage **Spät·obst** *nt kein pl* late fruit **Spat·pro·dukt** *nt* MATH parallelepipedal [*or* triple scalar] product
spät·pu·ber·tär *adj inv* PSYCH late adolescent **Spät·scha·den** <-s, -schäden> *m meist pl* long-term damage *no pl, no indef art* **Spät·schicht** *f* late shift **Spät·som·mer** *m* late summer *no pl* **Spät·sta·di·um** *nt* advanced stadium **Spät·vor·stel·lung** *f* late show[ing] **Spät·werk** *nt* KUNST late work
Spatz <-en *o* -es, -en> [ʃpats] *m* ❶ ORN sparrow
❷ *(fam: Kosewort: Schatz)* darling, sweetie
▶WENDUNGEN: **besser ein ~ in der Hand als eine Taube auf dem Dach** *(prov)* a bird in the hand is worth two in the bush *prov;* **das pfeifen die ~en von den Dächern** *(fam)* everybody knows that
Spätz·chen <-s, -> [ˈʃpɛtsçən] *nt (fam) dim von* **Spatz** cutie-pie *fam*
Spat·zen·hirn *nt (pej fam)* birdbrain *fam*
Spätz·le [ˈʃpɛtslə] *pl* SÜDD spaetzle + *sing/pl vb,* spätzle + *sing/pl vb (small dough dumplings typical of southern Germany);* **handgeschabte ~** handmade spaetzle
Spätz·le·pres·se *f* KOCHK spaetzle press
Spätz·li [ˈʃpɛtsli] *pl* SCHWEIZ *s.* **Spätzle**
Spät·zün·der(in) *m(f) (hum fam)* slow person *fam;* ***ich bin leider ein ~*** I'm a bit slow [on the uptake] unfortunately **Spät·zün·dung** *f* AUTO *(verzögerte Zündung)* retarded ignition *no pl* ▶WENDUNGEN: **~ haben** *(fam)* to be a bit slow *fam*
spa·zie·ren* [ʃpaˈtsiːrən] *vi sein* to stroll [*or* walk]; [**auf und ab**] ~ to stroll [up and down]; **jdn/etw ~ führen** to take sb/sth for a walk; **~ fahren** to go for a drive; **jdn ~ fahren** to take sb out for a drive; **das Baby im Kinderwagen ~ fahren** to take the baby out for a walk in the pram [*or* AM carriage]; [**mit jdm**] **~ gehen** to go for a walk [with sb]; **~ sein** to be taking a stroll
spa·zie·ren|füh·ren[ALT] *vt s.* **spazieren**
Spa·zier·fahrt *f* drive; **eine ~ machen** to go for a drive
Spa·zier·gang <-gänge> *m* walk, stroll; **~ im All** walk in space; **einen ~ machen** to go for a stroll [*or* walk]
▶WENDUNGEN: **kein ~ sein** to be no child's play [*or* BRIT doddle]
Spa·zier·gän·ger(in) <-s, -> *m(f)* stroller **Spa·zier·stock** *m* walking stick **Spa·zier·weg** *m* walk, path
SPD <-> [ɛspeːˈdeː] *f kein pl* POL *Abk von* **Sozialdemokratische Partei Deutschlands** Social Democrat Party
Specht <-[e]s, -e> [ʃpɛçt] *m* woodpecker
Spe·cial·ef·fects [ˈspɛʃlɪfɛkt] *pl* special effects *pl*
Speck <-[e]s, -e> [ʃpɛk] *m* ❶ *(durchwachsener Schweinespeck)* bacon *no pl; (weißer Speck)* bacon fat
❷ *(fam: Fettpolster)* fat *no pl;* **~ ansetzen** *(fam)* to get fat *fam* [*or* put on weight]
▶WENDUNGEN: **mit ~ fängt man Mäuse** *(prov)* you have to throw a sprat to catch a mackerel *prov;* **ran an den ~!** *(fam)* let's get stuck in! *fam*
Speck·bauch *m (fam)* pot belly *fam* **Speck·boh·ne** *f* broad bean
spe·ckig [ˈʃpɛkɪç] *adj* greasy
Speck·man·tel *m* **im ~** KOCHK rolled in bacon **Speck·rol·le** *f (hum fam)* roll of fat, BRIT *a.* spare tyre **Speck·schwar·te** *f* bacon rind *no pl* **Speck·sei·te** *f* side of bacon **Speck·stein** *m* soapstone, steatite
spe·die·ren [ʃpeˈdiːrən] *vt bes* SCHWEIZ ❶ *(Frachtgut befördern)* **etw ~** to carry freight
❷ *(fig hum: befördern)* **jdn ins Freie ~** to escort sb outside
Spe·di·teur(in) <-s, -e> [ʃpediˈtøːɐ̯] *m(f) (Transportunternehmer)* haulage [*or* shipping] contractor; *(Umzugsunternehmer)* removal firm BRIT, moving company AM
Spe·di·teur·be·schei·ni·gung *f* carrier receipt **Spe·di·teur·haft·pflicht·ver·si·che·rung** *f* carrier's insurance **Spe·di·teur·haf·tung** *f* carrier's liability **Spe·di·teur·rech·nung** *f* cartage note
Spe·di·ti·on <-, -en> [ʃpediˈtsi̯oːn] *f* ÖKON, TRANSP *(Transportunternehmen)* haulage company; *(Umzugsunternehmen)* removal firm
Spe·di·ti·ons·auf·trag *m* HANDEL forwarding order **Spe·di·ti·ons·be·trieb** *m* carriers *pl* **Spe·di·ti·ons·ge·schäft** *nt* carrying business [*or* trade] **Spe·di·ti·ons·ge·wer·be** *nt* HANDEL forwarding industry **Spe·di·ti·ons·kos·ten** *pl* haulage costs *pl,* carrying charges *pl* **Spe·di·ti·ons·un·ter·neh·men** *nt* carriers *pl* **Spe·di·ti·ons·ver·trag** *m* JUR forwarding contract
spe·di·tiv [ʃpediˈtiːf] *adj* SCHWEIZ *(geh: zügig)* speedy, swift
Speed[1] <-s, -s> [spiːt] *nt* PHARM speed
Speed[2] <-s, -s> [spiːt] *m* SPORT speed
Spee·der <-s, -> [ˈspiːdɐ] *m* SPORT speeder *(the special shuttlecock used in speedminton)*
Speed·golf <-s> [ˈspiːtgɔlf] *nt kein pl* SPORT speed golf *(where the aim is to get round the golf course in as fast a time as possible)*
Speed·min·ton® <-s> [ˈspiːtmɪntən] *nt kein pl* SPORT Speedminton® *(a variety of badminton played without a net or court and using a special shuttlecock called a "speeder")*
Speed·ska·ting [ˈspiːtskeːtɪŋ] *nt* speed skating **Speed·ski·ing** <-s> [ˈspiːtskiːɪŋ] *nt kein pl* SPORT speed skiing
Speer <-[e]s, -e> [ʃpeːɐ̯] *m* ❶ SPORT javelin
❷ HIST *(Waffe)* spear
Speer·spit·ze *f* ❶ *(Spitze eines Speers)* spearhead
❷ *(Vorreiter und Verfechter)* spearhead **Speer·wer·fen** *nt kein pl* SPORT the javelin *no pl;* **im ~** in the javelin **Speer·wer·fer(in)** *m(f)* ❶ SPORT javelin thrower ❷ HIST spear carrier
Spei·che <-, -n> [ˈʃpai̯çə] *f* ❶ TECH spoke
❷ ANAT radius
Spei·chel <-s> [ˈʃpai̯çl̩] *m kein pl* saliva *no pl*
Spei·chel·drü·se *f* ANAT salivary gland **Spei·chel·fluss**[RR] <-sses> *m kein pl* salivation **Spei·chel·le·cker(in)** <-s, -> *m(f) (pej)* bootlicker BRIT *fam,* toady BRIT, wussy *sl* **Spei·chel·le·cke·rei** [ʃpai̯çl̩lɛkəˈrai̯] *f (pej)* bootlicking *no pl pej fam* **Spei·chel·pro·be** *f* MED, JUR saliva sample **Spei·chel·test** *m* JUR, MED saliva test
Spei·chen·rad *nt* AUTO wire wheel
Spei·cher <-s, -> [ˈʃpai̯çɐ] *m* ❶ *(Dachboden)* attic, loft; **auf dem ~** in the attic [*or* loft]
❷ *(Informationsspeicher)* memory, store BRIT; **externer/interner/dauerhafter ~** external/internal/permanent memory
❸ *(Lagerhaus)* storehouse
Spei·cher·aus·zug *m* INFORM memory dump **Spei·cher·bau·stein** *m* INFORM memory module **Spei·cher·be·darf** *m* INFORM storage requirement **Spei·cher·be·reich** *m* INFORM storage area; **hoher ~** upper memory **Spei·cher·chip** *m* INFORM memory chip **Spei·cher·ein·tei·lung** *f* INFORM storage partitioning **Spei·cher·er·wei·te·rung** *f* TECH memory expansion **Spei·cher·funk·ti·on** *f* INFORM memory function **Spei·cher·grö·ße** *f* INFORM memory capacity **spei·cher·in·ten·siv** *adj* memory-hogging **Spei·cher·ka·pa·zi·tät** *f* ❶ INFORM memory [*or* storage] capacity ❷ *(Lagermöglichkeit)* storage capacity **Spei·cher·kar·te** *f* INFORM memory board [*or* card] **Spei·cher·me·di·um** *nt* INFORM storage medium
spei·chern [ˈʃpai̯çɐn] **I.** *vt* ❶ *(in den Speicher übertragen)* ■**etw** [**auf etw** *akk o dat*] ~ to save sth [on[to] sth] [*or* store sth [on sth]]; ***die Texte sollen auf Diskette gespeichert werden*** the texts should be saved on disc [*or* on[to] a disc]; **etw ~ unter ...** to save sth as ...; ***die Anlage speichert bis zu zehn Sender*** the system stores up to ten stations
❷ *(aufbewahren)* ■**etw ~** to store sth
II. *vi* to save
Spei·cher·plat·te *f* ❶ KOCHK, ELEK storage hotplate ❷ INFORM storage disk; **optische ~** optical storage disk **Spei·cher·platz** *m* INFORM memory [*or* storage] space; *(auf Festplatte)* disk space; ***100 MB freier ~*** 100 MB free **spei·cher·pro·gram·mier·bar** *adj inv* with programmable memory **Spei·cher·schreib·ma·schi·ne** *f* memory typewriter **Spei·cher·schutz** *m* INFORM memory protection
Spei·che·rung <-, -en> *f* INFORM storage *no pl,* storing *no pl;* **magnetische ~** magnetic storage
Spei·cher·ver·mö·gen *nt* INFORM memory capacity **Spei·cher·zel·le** *f* INFORM storage cell
spei·en <spie, gespie[e]n> [ˈʃpai̯ən] *vt* ❶ *(ausspeien)* ■**etw** [**auf etw** *akk*] ~ to spew sth [onto sth]
❷ *(geh: spucken)* ■**etw** [**irgendwohin**] ~ to spit sth [somewhere]; *s. a.* **Gift**
Speis[1] <-, -en> [ʃpai̯s] *f* ÖSTERR *(Speisekammer)* pantry
Speis[2] <-es> [ʃpai̯s] *m kein pl* BAU DIAL mortar *no pl*
Spei·se <-, -n> [ˈʃpai̯zə] *f* ❶ *meist pl (geh: Gericht)* meal
❷ *(Nahrung)* food *no pl;* ***vielen Dank für Speis und Trank*** *(geh)* thank you for your hospitality
Spei·se·brei *m* MED chyme **Spei·se·eis** *nt (geh)* ice cream **Spei·se·fisch** *m* food fish **Spei·se·ho·nig** *m* honey **Spei·se·kam·mer** *f* larder, pantry **Spei·se·kar·te** *f* menu
spei·sen [ˈʃpai̯zn̩] **I.** *vi (geh)* to dine *form,* to eat; ***haben Sie/die Herrschaften bereits gespeist?*** will you be dining, sir/madam?
II. *vt* ❶ *(geh: etw essen)* ■**etw ~** to eat sth; ***haben Sie schon etwas zu Abend gespeist?*** have you dined?
❷ SCI *(versorgen)* ■**etw ~** to feed sth
Spei·sen·auf·zug *m* dumb waiter **Spei·sen·fol·ge** *f* menu, order of the courses
Spei·se·öl *nt* culinary oil; *(zum Braten)* cooking oil **Spei·se·plan** <-s, -pläne> *m* menu **Spei·se·quark** *m* quark *(with a dry fat content of 40%)* **Spei·se·raum** *m der Besatzung* mess room
Spei·se·res·te *pl* ❶ *(Reste einer Mahlzeit)* leftovers *pl*
❷ *(Essensreste zwischen den Zähnen)* food particles *pl,* bits *pl* of food *fam*
Spei·se·röh·re *f* ANAT gullet **Spei·se·saal** *m* dining room; *(Refektorium)* refectory; *(auf einem Schiff)* dining saloon **Spei·se·salz** *nt* table salt **Spei·se·wa·gen** *m* restaurant car
Spei·sung <-, -en> *f* ❶ *(geh: Beköstigung)* feeding *no pl*
❷ SCI *(Versorgung)* supply, feeding *no pl*
spei·übel [ˈʃpai̯ˈʔyːbl̩] *adj* ■**jdm ist/wird ~** [**von etw** *dat*] sb feels sick [from sth]; ***bei solchen Horrorfilmen kann einem wirklich ~ werden*** these horror films are enough to make you feel sick
Spek·ta·kel[1] <-s, -> [ʃpɛkˈtaːkl̩] *m (fam)* ❶ *(Lärm)* racket *no pl fam,* rumpus *no pl fam*
❷ *(Ärger)* palaver *no pl fam,* fuss *no pl fam*
Spek·ta·kel[2] <-s, -> [ʃpɛkˈtaːkl̩] *nt (geh)* spectacle
spek·ta·ku·lär [ʃpɛktakuˈlɛːɐ̯] *adj* spectacular
Spek·tra *pl von* **Spektrum**
spek·tral [ʃpɛkˈtraːl] *adj* PHYS spectral; **~e Auflösung** dispersion
Spek·tral·ana·ly·se [ʃpɛkˈtraːl-] *f* spectrum analysis **Spek·tral·far·be** *f* colour [*or* AM -or] of the spectrum **Spek·tral·klas·se** *f* PHYS spectral type [*or* class] **Spek·tral·li·nie** *f* PHYS spectral line; **dreifache ~** triplet
Spek·tren [ˈʃpɛktrən] *pl von* **Spektrum**
Spek·tro·me·ter <-s, -> *nt* spectrometer **Spek·tro·skop** <-s, -e> [ʃpɛktroˈskoːp] *nt* PHYS spectroscope **Spek·tro·sko·pie** [ʃpɛktroskoˈpiː] *f* PHYS spectroscopy
Spek·trum <-s, Spektren *o* Spektra> [ˈʃpɛktrʊm, *pl* ˈʃpɛktrən, ˈʃpɛktra] *nt* spectrum
Spe·ku·lant(in) <-en, -en> [ʃpekuˈlant] *m(f)* BÖRSE speculator
Spe·ku·la·ti·on <-, -en> [ʃpekulaˈtsi̯oːn] *f* ❶ *(geh: Mutmaßung)* speculation; [**über etw** *akk*] **~en anstellen** *(geh)* to speculate [*or* make speculations] [about sth]; **~en anstellen, ob ...** to speculate as to whether ...
❷ BÖRSE *(das Spekulieren)* speculation; **~ mit**

Aktien speculation in shares; ~ **an der Börse** speculation on the stock market

Spe·ku·la·ti·ons·bla·se *f* BÖRSE speculative bubble **Spe·ku·la·ti·ons·fie·ber** *nt* BÖRSE speculative frenzy **Spe·ku·la·ti·ons·ge·schäft** *nt* speculative transaction [*or* dealing] **Spe·ku·la·ti·ons·ge·winn** *m* speculative profit [*or* gain] **Spe·ku·la·ti·ons·in·ter·es·se** *nt* BÖRSE speculative interest **Spe·ku·la·ti·ons·mög·lich·keit** *f* speculative opportunity **Spe·ku·la·ti·ons·ob·jekt** *nt* object of speculation **Spe·ku·la·ti·ons·tä·tig·keit** *f* BÖRSE speculation

spe·ku·la·tiv [ʃpekula'ti:f] *adj* FIN speculative; **~e Kapitalbewegungen** speculative capital transactions

spe·ku·lie·ren* [ʃpeku'li:rən] *vi* ① *(fam: auf etw rechnen)* ■**auf etw** *akk* ~ to speculate on sth; ■**darauf ~, dass ...** to speculate that ...
② BÖRSE *(Spekulant sein)* ■[**mit etw** *dat*] ~ to speculate [in sth]

Spe·lun·ke <-, -n> [ʃpe'lʊŋkə] *f* *(pej fam)* dive *fam*

spen·da·bel [ʃpɛn'da:bl̩] *adj* *(fam)* generous

Spen·de <-, -n> ['ʃpɛndə] *f* donation; **~n für gemeinnützige Zwecke** donations to charity; **bitte** [**um**] **eine kleine ~!** please spare a small donation!

spen·den ['ʃpɛndn̩] **I.** *vt* ① *(kostenlos zur Verfügung stellen)* ■**etw** [**für jdn/etw**] ~ to donate sth [to sb/sth] [*or* contribute sth [to sth]]; ■**jdm etw** ~ to donate sth to sb
② MED *(sich entnehmen lassen)* ■**etw** ~ to donate sth; **Blut** ~ to give blood
③ *(geh: abgeben)* ■**etw** ~ to give sth
II. *vi (Geld schenken)* ■[**für jdn/etw**] ~ to donate [to sb/sth]

Spen·den·af·fä·re *f scandal involving undeclared donations to the CDU* **Spen·den·auf·ruf** *m* donation appeal **Spen·den·do·se** *f* collection tin **Spen·den·geld** *nt* money from donations **Spen·den·kon·to** *nt* donations account **Spen·den·re·gis·ter** *nt bei Organspende* organ donors' register, register of organ donors **Spen·den·samm·ler(in)** *m(f)* POL *politician who collects party donations from lobbyists* **Spen·den·wasch·an·la·ge** *f* money-laundering facility

Spen·der <-s, -> ['ʃpɛndɐ] *m* *(Dosierer)* dispenser

Spen·der(in) <-s, -> ['ʃpɛndɐ] *m(f)* ① *(jd, der spendet)* donator
② MED donor

Spen·der·aus·weis *m* donor card **Spen·der·blut** *nt* donated blood; **verseuchtes** ~ contaminated blood donation **Spen·der·box** *f* collection box

spen·die·ren* [ʃpɛn'di:rən] *vt* *(fam)* ■[**jdm**] **etw** ~ to get [*or* buy] [sb] sth; ***das Essen spendiere ich*** [***dir***] the dinner's on me; ***das spendiere ich dir*** it's on me

Spen·dier·ho·sen *pl* ►WENDUNGEN: **seine ~ anhaben** *(fam)* to be in a generous mood [*or* feeling generous]

Speng·ler(in) <-s, -> ['ʃpɛŋlɐ] *m(f)* SÜDD, ÖSTERR *(Klempner)* plumber

Spen·zer <-s, -> ['ʃpɛntsɐ] *m* spencer

Sper·ber <-s, -> ['ʃpɛrbɐ] *m* sparrowhawk

sper·bern ['ʃpɛrbɐn] *vi* SCHWEIZ *s.* **spähen**

Spe·renz·chen [ʃpe'rɛntsçən], **Spe·ren·zi·en** [ʃpe'rɛntsi̯ən] *pl* *(fam)* fuss *no pl;* ~ **machen** to play up

Sper·ling <-s, -e> ['ʃpɛrlɪŋ] *m* sparrow

Sper·ma <-s, Spermen *o* -ta> ['ʃpɛrma, 'spɛrma, *pl* -mata] *nt* sperm

Sper·ma·to·zo·on <-s, Spermatozoen> [ʃpɛrmato'tso:ɔn, *pl* -'tso:ən] *nt* BIOL spermatozoon

sper·mi·zid [ʃpɛrmi'tsi:t, spɛrmi'tsi:t] *adj inv* spermicidal

sperr·an·gel·weit ['ʃpɛr'ʔaŋl̩'vai̯t] *adv* ~ **offen stehen** [*o* **sein**] *(fam)* to be wide open

Sperr·auf·trag *m* BÖRSE stop order **Sperr·be·reich** *m* ELEK, PHYS blocking-state region **Sperr·be·trag** *m* FIN frozen [*or* blocked] amount **Sperr·be·zirk** *m* ADMIN *area of town where prostitution is prohibited* **Sperr·de·pot** *nt* FIN blocked [security] deposit **Sperr·dif·fe·ren·zi·al**[RR] *nt* AUTO limited-slip differential

Sper·re <-, -n> ['ʃpɛrə] *f* ① *(Barrikade)* barricade
② *(Kontrollstelle)* control barrier
③ *(Sperrvorrichtung)* barrier
④ SPORT *(Spielverbot)* ban
⑤ INFORM lock-up

Sperr·ein·gang *m* INFORM inhibiting input

sper·ren ['ʃpɛrən] **I.** *vt* ① SÜDD, ÖSTERR *(schließen)* ■**etw** [**für jdn/etw**] ~ to close sth off [to sb/sth]
② *(blockieren)* to block; **jdm das Konto** ~ to freeze sb's account; **einen Scheck** ~ to stop a check
③ *(einschließen)* ■**jdn/ein Tier in etw** *akk* ~ to lock sb/an animal up in sth
④ SPORT *(ein Spielverbot verhängen)* ■**jdn** ~ to ban sb
⑤ *(verbieten)* **jdm den Ausgang** ~ to confine sb; **einem Kind den Ausgang** ~ to ground a child; **jdm den Urlaub** ~ to stop sb's [*or* sb from taking his/her] holiday
II. *vr* ■**sich** *akk* [**gegen etw** *akk*] ~ to back away [from sth] [*or* jib [at sth]]; ***sperr dich nicht länger, sag ja*** stop pussyfooting, just say yes

Sperr·er·klä·rung *f* JUR instruction to stop payment **Sperr·feu·er** *nt* MIL barrage; **ins ~ der Kritik geraten** *(fig)* to run into a barrage of criticism **Sperr·flug** *m* interception flight **Sperr·frist** *f* JUR, FIN qualifying [*or* blocking] period [*or* waiting] **Sperr·ge·biet** *nt* prohibited [*or* no-go] area **Sperr·gut** *nt* *(geh)* bulky freight *no pl* **Sperr·holz** *nt* plywood *no pl*

sper·rig ['ʃpɛrɪç] *adj* ① *(unhandlich)* unwieldy, bulky
② *(wenig kooperativ)* uncooperative
③ *(komplex und schwer zu erklären)* unwieldy

Sperr·klau·sel *f* JUR restrictive [*or* exclusion] clause **Sperr·kon·to** *nt* blocked account **Sperr·loch·steck·do·se** *f* ELEK childproof electrical outlet [*or* BRIT *a.* power point] **Sperr·min·der·heit** *f* JUR blocking minority **Sperr·mi·no·ri·tät** *f* POL, ÖKON blocking [*or* vetoing] minority

Sperr·müll *m* skip refuse *no pl;* ***die Matratze gebe ich jetzt zum*** ~ I'm going to put that mattress on the skip **Sperr·müll·ab·fuhr** *f* skip collection

Sperr·pa·tent *nt* blocking patent **Sperr·schicht** *f* ELEK barrier [*or* blocking] [*or* depletion] layer **Sperr·sitz** *m kein pl* FILM, THEAT back seats *pl* **Sperr·stun·de** *f* closing time **Sperr·tem·pe·ra·tur** *f* ELEK junction temperature

Sper·rung <-, -en> *f* ① *(Schließung)* closing off *no pl*
② *(Blockierung)* blocking *no pl; eines Schecks* stopping *no pl; eines Kontos* freezing *no pl*

Sperr·ver·merk *m* JUR blocking note, restriction notice **Sperr·wir·kung** *f* JUR blocking [*or* freezing] effect

Spe·sen ['ʃpe:zn̩] *pl* expenses *npl;* **auf** ~ on expenses

Spe·sen·ab·rech·nung *f* FIN expenses report **Spe·sen·auf·stel·lung** *f* statement of expenses **spe·sen·frei** *adj* FIN free of charge **Spe·sen·kon·to** *nt* FIN expense account

Spe·zi[1] <-s, -s> ['ʃpe:tsi] *m* SÜDD *(fam: Kumpel)* pal, mate BRIT *fam*

Spe·zi[2] <-, -s> ['ʃpe:tsi] *nt* *(Mixlimonade)* cola and orangeade

Spe·zi·al·am·bu·lanz [ʃpe'tsi̯a:l-] *f* special [*or* paramedic] ambulance **Spe·zi·al·an·bie·ter(in)** *m(f)* ÖKON specialist supplier, specialized provider **Spe·zi·al·an·fer·ti·gung** *f* customized design; *(Auto)* custom car **spe·zi·al·an·ge·fer·tigt** *adj inv* custom-built **Spe·zi·al·aus·bil·dung** *f* special[ized] training **Spe·zi·al·aus·füh·rung** *f* special model **Spe·zi·al·bank** *f* ÖKON specialized bank **Spe·zi·al·be·schich·tung** *f* special coating **Spe·zi·al·ef·fekt** *m* FILM special effect **Spe·zi·al·ein·heit** *f* special unit **Spe·zi·al·fahr·zeug** *nt* special-purpose vehicle **Spe·zi·al·fall** *m* special case **Spe·zi·al·ge·biet** *nt* special field, speciality **Spe·zi·al·hand·lungs·voll·macht** *f* special power of attorney **Spe·zi·al·hand·schuh** *m* SPORT special [protective] glove

spe·zi·a·li·sie·ren* [ʃpetsi̯ali'zi:rən] *vr* ■**sich** *akk* [**auf etw** *akk*] ~ to specialize [in sth]

Spe·zi·a·li·sie·rung <-, -en> *f* specialization

Spe·zi·a·li·sie·rungs·kar·tell *nt* ÖKON specialization cartel

Spe·zi·a·list(in) <-en, -en> [ʃpetsi̯a'lɪst] *m(f)* specialist

Spe·zi·a·li·tät <-, -en> [ʃpetsi̯ali'tɛ:t] *f* speciality

Spe·zi·al·prä·ven·ti·on *f* JUR *deterrent effect on a particular offender* **Spe·zi·al·rech·ner** *m* dedicated [*or* special-purpose] computer **Spe·zi·al·voll·macht** *f* special authorization

spe·zi·ell [ʃpe'tsi̯ɛl] **I.** *adj* *(spezialisiert: Beschäftigung, Tätigkeit)* specialized; *(Wunsch, Interessen)* special
►WENDUNGEN: **auf dein/Ihr** [**ganz**] **S~es!** to your good health!
II. *adv* especially, specially

Spe·zi·es <-, -> ['ʃpe:tsi̯ɛs, 'sp-] *f* ① *(Art)* species + *sing vb*
② *(fam: Sorte Mensch)* species + *sing vb*

Spe·zi·es·kauf *m* JUR sale of ascertained goods **Spe·zi·es·schuld** *f* JUR specific [*or* determinate] obligation

Spe·zi·fik <-> [ʃpe'tsi:fɪk] *f kein pl* *(geh)* specific aspect; **die ~ eines Falles/Problems** the specific aspects of a case/problem

Spe·zi·fi·ka·ti·on <-, -en> [ʃpetsifika'tsi̯o:n] *f* ① TECH *(spezifiziertes Verzeichnis)* specifications *pl*
② *(geh: das Spezifizieren)* specification

Spe·zi·fi·ka·ti·ons·kauf *m* HANDEL sale to specification [*or* by description] **Spe·zi·fi·ka·ti·ons·pflicht** *f* obligation to specify items

spe·zi·fisch [ʃpe'tsi:fɪʃ] **I.** *adj* ① *(charakteristisch)* specific; *s. a.* **Gewicht**
② *(speziell)* specific
II. *adv* typically

spe·zi·fi·zie·ren* [ʃpetsifi'tsi:rən] *vt* ■**etw** ~ ① *(genauer darlegen) Aussage* to specify sth
② *(einzeln aufführen) Rechnungsposten* to itemize sth, to break down sth

Spe·zi·fi·zie·rung <-, -en> *f* *(geh)* specification

Sphä·re <-, -n> ['sfɛ:rə] *f* *(geh)* *(Bereich)* sphere
►WENDUNGEN: **in höheren ~n schweben** to have one's head in the clouds

sphä·risch ['sfɛ:rɪʃ] *adj* MATH spherical

Sphinx <-, -e *o* Sphingen> [sfɪŋks, *pl* 'sfɪŋən] *f* sphinx

Spick·aal *m* smoked eel

spi·cken ['ʃpɪkn̩] *vt* ① KOCHK ■**etw** [**mit etw** *dat*] ~ to lard sth [with sth]; **einen Braten mit Knoblauchzehen** ~ to insert garlic cloves into a roast
② *(fam: durchsetzen)* ■**etw mit etw** *dat* ~ to lard sth with sth; ■**gespickt** larded
③ *(fam: abschreiben)* to crib *fam*

Spick·gans *f* smoked goose breast **Spick·mes·ser** *nt* lardoning knife **Spick·zet·tel** *m* SCH *(fam)* crib *fam*

spie [ʃpi:] *imp von* **speien**

Spie·gel <-s, -> ['ʃpi:gl̩] *m* mirror
►WENDUNGEN: **jdm den ~ vorhalten** to hold up a mirror to sb; ***unser Kind hält uns den ~ vor*** seeing our child is like looking in the mirror

Spie·gel·bild *nt* mirror image

spie·gel·bild·lich *adj* mirror-image

spie·gel·blank **I.** *adj* gleaming, shining; ■~ **sein** to gleam [*or* shine] **II.** *adv* **bis etw ~ ist** until sth is shining like a mirror **Spie·gel·ei** *nt* fried egg **Spie·gel·fech·te·rei** <-, -en> *f* shadow-boxing *no pl* **Spie·gel·flä·che** *f* mirror surface **spie·gel·glatt** ['ʃpi:gl̩'glat] *adj* slippery, smooth as glass **spie·gel·gleich** *adj inv* symmetrical **Spie·gel·karp·fen** *m* mirror carp

spie·geln ['ʃpi:gl̩n] **I.** *vi* ① *(spiegelblank sein)* to gleam [*or* shine]
② *(stark reflektieren)* to reflect [*or* mirror]
II. *vr* ■**sich** *akk* **in etw** *dat*/**auf etw** *dat* ~ to be reflected [*or* mirrored] in/on sth

Spie·gel·re·flex·ka·me·ra *f* reflex camera **Spie·gel·schrank** *m* mirrored cabinet/wardrobe **Spie·gel·schrift** *f* mirror writing; ***sie kann ~ schrei-***

ben she can write backwards **Spie·gel·te·le·skop** *nt* reflexive telescope

Spie·ge·lung <-, -en> ['ʃpi:gəlʊŋ] *f* ① MED endoscopy
② *(Luftspiegelung)* mirage

spie·gel·ver·kehrt *adj inv* mirror-image

Spiel <-[e]s, -e> [ʃpi:l] *nt* ① *(Spielerei)* ***er sah dem ~ der Kinder zu*** he watched the children playing [*or* at play]; ***er war ganz in sein ~ [mit den Zinnsoldaten] vertieft*** he was completely absorbed in play[ing with the tin soldiers]; **jd hat freies ~** sb can do what he/she wants [*or* as he/she pleases]; **im ~ innehalten** to stop playing; **wie im ~** as if it were child's play
② *(nach Regeln)* game; **das königliche ~** chess; **ein ~ machen** *(spielen)* to play a game; *(gewinnen)* to win [a game]; **ein ~ spielen** to play a game; **jdm bei einem ~ zusehen** to watch sb play [a game]
③ *(Wettspiel)* gambling *no art, no pl,* gaming *no art, no pl;* ***machen Sie Ihr ~!*** *(Roulette)* place your bets!, faites vos jeux!; **ein ehrliches/gefährliches ~** *(fig)* an honest/a dangerous game; ***das ist ein gefährliches ~*** that's a dangerous game, that's playing with fire; **sein Geld beim ~ verlieren** to gamble away *sep* one's money; **dem ~ verfallen sein** to be addicted to gambling [*or* gaming]
④ SPORT *(Wettkampf)* game; BOXEN, FBALL *a.* match; ***das ~ steht 1:0*** it's 1-0; ***das ~ endete 1:0*** the game/match ended 1-0; **das ~ machen** to call the shots [*or* tune]; **einen Spieler aus dem/ins ~ nehmen** to take off *sep*/send on *sep* a player; **die Olympischen ~e** the Olympic Games; **das ~ verloren geben** to give up *sep* the game/match for lost; BOXEN *a.* to throw in the towel [*or* sponge]
⑤ *kein pl (Spielweise)* game
⑥ *(Abschnitt)* game; ***~, Satz und Sieg Becker*** game, set[,] and match to Becker
⑦ *(Spielgegenstände)* game; *(Karten)* pack BRIT [*or* AM deck] [of cards]; ***das ~ ist nicht vollständig*** there's a piece/there are some pieces missing; **ein ~ Karten** a pack BRIT [*or* AM deck] of cards
⑧ *(Satz)* set; **ein ~ Knöpfe** a set of buttons
⑨ *kein pl (Schauspielerei)* performance
⑩ *kein pl Musiker* performance, playing *no indef art;* ***sie hörte dem ~ des Pianisten zu*** she listened to the pianist playing; **mit klingendem ~** *(veraltend)* with the band playing
⑪ *(Bühnenstück)* play; **ein ~ im ~** LIT a play within a play
⑫ SCHWEIZ *(Kapelle)* marching band + *sing/pl vb*
⑬ *kein pl (Bewegung)* **das freie ~ der Kräfte** the free play of forces; **das ~ des Schicksals** [*o* **Zufalls**] the whim[s *pl*] of chance
⑭ *kein pl (selten: Übergehen)* **ein ~ ins Gelbliche/Rötliche** a yellowish/reddish tinge
⑮ *(unernster Umgang)* game; ***das war ein ~ mit dem Leben*** you etc. were risking your etc. life; **ein abgekartetes ~** a set-up *fam;* **ein abgekartetes ~ sein** to be a set-up *fam,* to be rigged [in advance]; **aus dem ~ wurde bitterer Ernst** the game turned deadly serious; **ein doppeltes ~ treiben** to double-cross sb; **ein falsches ~ treiben** to play sb false; **genug des grausamen ~s!** *(hum)* enough is enough!; **das ~ mit der Liebe** playing with love; **[s]ein ~ mit jdm/etw treiben** to play games with sb/sth; **das ~ zu weit treiben** to push one's luck too far; ▪ **für jdn ein ~ sein** to be a game to sb
⑯ TECH *(Abstand)* play *no indef art, no pl;* *(erwünscht)* clearance; *(unerwünscht)* slackness *no pl;* *(zulässig)* allowance; *(Rückschlag)* backlash *no pl*
⑰ JAGD *(Schwanz)* tail
▸ WENDUNGEN: **aus dem ~ bleiben** to stay out of it; **jdn/etw [mit] ins ~ bringen** to bring sb/sth into it; **ein ~ mit dem Feuer** playing with fire; **bei jdm gewonnenes ~ haben** to be home and dry BRIT [*or* AM home free] [with sb]; **[bei etw** *dat*] **[mit] im ~ sein** to be involved [*or* at play] [in sth]; **ins ~ kommen** to come into it; *Person a.* to become involved; *Faktor* to come into play; **jdn/etw aus dem ~ lassen** to keep [*or* leave] sb/sth out of it; **ein leichtes ~ [mit jdm/etw] haben** to have an easy job of it, to have an easy job with sb/sth; ***man hat mit ihr leichtes ~*** she's easy game for anyone; **Pech im ~, Glück in der Liebe** *(prov)* ≈luckyat cards, unlucky in love *prov;* **etw aufs ~ setzen** to put sth on the line [*or* at stake], to risk sth; **auf dem ~ stehen** to be at stake; **jdm das ~ verderben** to ruin sb's plans; **das ~ verloren geben** to throw in the towel [*or* sponge]

Spiel·an·zug *m* playsuit **Spiel·art** *f* variety **Spiel·au·to·mat** *m* gambling machine, fruit machine BRIT **Spiel·ball** *m* TENNIS game point ▸ WENDUNGEN: **ein ~ einer S.** *gen* **sein** *(geh)* to be at the mercy of sth **Spiel·bank** *f s.* **Spielkasino Spiel·bank·ab·ga·be** *f* FIN gambling casino levy **Spiel·be·ginn** *m* start of play **Spiel·be·trieb** *m* matches, games **Spiel·brett** *nt* game board

Spiel·chen[1] <-, -> *nt dim von* **Spiel** little game

Spiel·chen[2] <-, -> *nt (fam: Trick)* little games *pl*

Spiel·com·pu·ter [-kɔmpju:tɐ] *m* game computer [*or* console], PlayStation® *(computer designed primarily for playing computer games)* **Spiel·do·se** *f* MUS musical box

Spie·le·kon·so·le *f* INFORM games console

spie·len ['ʃpi:lən] **I.** *vt* ① *(mit einem Spiel beschäftigt sein)* ▪ **etw ~** to play sth; **Lotto ~** to play the lottery
② *(können)* **Basketball/Schach/Tennis ~** to play basketball/chess/tennis; **Gitarre/Klavier ~** to play the guitar/piano
③ MUS *(vortragen)* ▪ **etw ~** to play sth
④ FILM, THEAT *(darstellen)* ▪ **jdn/etw ~** to play sb/sth; ***die Rolle war schlecht gespielt*** the role [*or* part] was acted badly
⑤ FILM, THEAT *(aufführen)* **einen Film ~** to show a film; ***was wird im Kino gerade gespielt?*** what's on [*or* showing] at the cinema at the moment?; ***im Theater wird heute Abend ein Stück von Brecht gespielt*** one of Brecht's plays is on at the theatre tonight
⑥ *(vortäuschen)* **den Ahnungslosen/Unschuldigen ~** to act [*or* play] the ignorant/innocent, to pretend to be ignorant/innocent
⑦ *(Rolle haben)* ▪ **jdn ~** to act [*or* play] sb; **den Gastgeber ~** to play [*or* act] the host, to put on the host act
⑧ SPORT *(Position innehaben)* **Mittelstürmer ~** to play centre-forward
⑨ *(Ball etc. bewegen)* **den Ball irgendwie/irgendwohin ~** to play the ball somehow/somewhere; **den Ball zu jdm ~** to pass sb the ball
⑩ *(etw im Spiel einsetzen)* **eine Karte ~** to play a card
▸ WENDUNGEN: **was wird hier gespielt?** *(fam)* what's going on here?; *s. a.* **Streich, Vordergrund**
II. *vi* ① *(sich beschäftigen)* ▪ **[irgendwo] ~** to play [somewhere]
② *(musizieren)* to play; **falsch ~** to play a wrong note
③ FILM, THEAT *(auftreten)* ***er hat wieder einmal hervorragend gespielt*** he gave another marvellous performance; ***er spielt am Stadttheater*** he's engaged at the municipal theatre; **gut/schlecht ~** to play [*or* act] well/badly [*or* perform]; ▪ **in etw** *dat* **~** to star in sth; **in der Hauptrolle ~** to play the lead; **vor vollem Haus ~** to play to a full house
④ FILM, LIT, THEAT *(als Szenario haben)* ▪ **irgendwann/irgendwo ~** to be set in some time/place; ***Macbeth spielt im Schottland des 11. Jahrhunderts*** Macbeth is set in 11th-century Scotland
⑤ SPORT *(ein Match austragen)* **gegen jdn/ein Team ~** to play [against] sb/a team; **gut/schlecht ~** to play well/badly; **unentschieden ~** to draw
⑥ *(Glücksspiel betreiben)* to gamble; **um Geld ~** to play for money
⑦ *(nicht ernst nehmen)* ▪ **mit jdm/etw ~** to play [around] with sb/sth; **mit den Gefühlen einer Person** *gen* **~** to play with sb's feelings
⑧ *(nicht in Ruhe lassen)* **mit etw** *dat* **~** to play with sth; ***sie spielte mit ihrer Gabel*** she was playing [*or* fiddling] around with her fork
⑨ *(leicht bewegen)* ▪ **irgendwo/mit etw** *dat* **~** to play somewhere/with sth; ***der Wind spielte mit dem Laub*** the wind was playing with the leaves
⑩ *(übergehen)* ▪ **in etw** *akk* **~** to have a tinge of sth; ***das Grün spielt ins Türkis*** this green has a turquoise tinge
⑪ *(in Betrieb sein) Radio* to be on
⑫ *(einsetzen)* **etw ~ lassen** to bring sth into play; **seinen Charme ~ lassen** to use one's charms
III. *vr impers* **sich** *akk* **gut/schlecht ~** to be good/not very good to play on; ***auf einem nassen Platz spielt es sich sehr schlecht*** a wet pitch isn't very good to play on

spie·lend *adv* easily

Spiel·en·de *nt kein pl* SPORT end of play

Spie·le·pro·gramm *nt* INFORM gameplaying program

Spie·ler(in) <-s, -> ['ʃpi:lɐ] *m(f)* ① *(Mitspieler)* player
② *(Glücksspieler)* player, gambler
③ INFORM gamer

Spie·le·rei <-, -en> [ʃpi:lə'rai] *f* ① *kein pl (leichte Beschäftigung)* doddle *no pl* BRIT *fam,* child's play *no pl*
② *meist pl (Kinkerlitzchen)* knick-knacks *pl*

Spie·ler·frau *f* FBALL footballer's [*or* AM soccer player's] wife

Spie·le·rin <-, -nen> *f fem form von* **Spieler**

spie·le·risch I. *adj* ① *(unbekümmert)* playful
② SPORT *(durch Spieler erbracht)* playing
II. *adv (mit unbekümmerter Leichtigkeit)* playfully; ***seine Aufgaben bewältigt er mit ~er Leichtigkeit*** he manages his duties with consummate ease; ***~ war unsere Mannschaft den Gegnern weit überlegen*** our team outshone the opponents in terms of playing skill

Spie·ler·na·tur *f* ▪ **jds ~** sb's hang towards gambling **Spie·ler·wech·sel** *m* SPORT substitution

Spie·le·soft·ware *f* INFORM game software, gameware

Spiel·feld ['ʃpi:lfɛlt] *nt* playing field; FBALL *a.* pitch **Spiel·film** *m* film

Spiel·film·hit *m* top [*or* successful] feature film, blockbuster [movie]

Spiel·freu·de *f* PSYCH enjoyment of playing **Spiel·ge·fähr·te, -ge·fähr·tin** *m, f* playmate **Spiel·geld** *nt* play money *no pl* **Spiel·ge·rä·te·steu·er** *f* FIN gambling duty **Spiel·ge·sche·hen** <-s, -> *nt meist kein pl* state of play **Spiel·hal·le** *f* amusement arcade **Spiel·hin·weis** *m* INFORM tip, hint **Spiel·höl·le** *f (fam)* gambling den **Spiel·hös·chen** <-s, -> *nt* rompers *pl* **Spiel·ka·me·rad(in)** *m(f) s.* **Spielgefährte**

Spiel·kar·te *f (geh)* playing card **Spiel·kar·ten·steu·er** *f* FIN tax on playing cards

Spiel·ka·si·no *nt* casino **Spiel·klas·se** *f* division **Spiel·kon·so·le** *f* games console **Spiel·lei·den·schaft** *f* gambling passion **Spiel·lei·ter(in)** <-s, -> *m(f)* ① TV, FILM, THEAT director ② SPORT organizer ③ *(Conférencier)* quizmaster, master of ceremonies, MC **Spiel·ma·cher(in)** *m(f)* key player **Spiel·mann** <-leute> *m* HIST minstrel **Spiel·mar·ke** *f* chip **Spiel·mi·nu·te** *f* minute [of play] **Spiel·ort** *m (Aufführungsort für Theaterstücke)* performance space

Spie·lo·thek [ʃpilo'te:k] *f* ① *(Spieleverleih)* games library
② *(Spielhalle)* amusement arcade

Spiel·plan *m* THEAT, FILM programme [*or* AM -am] **Spiel·platz** *m* playground **Spiel·raum** *m* free play *no pl,* leeway *no pl,* scope *no pl* **Spiel·re·gel** *f* ① *meist pl (bei einem Spiel)* rules *pl* ② *pl (Verhaltenskodex)* rules *pl* **Spiel·sa·chen** *pl* toys *pl* **Spiel·schuld** *f meist pl* gambling debts *pl* **Spiel·soft·ware** *f* INFORM *s.* **Spielesoftware Spiel·sper·re** *f* ① SPORT ban [*or* AM *usu* suspension] ② *(beim Spielen)* ban **Spiel·stand** *m* ① SPORT score ② INFORM savegame **Spiel·stät·te** *f* THEAT stage **Spiel·sucht** *f* ① *(Glücksspiel um Geld)* compulsive gambling ② INFORM compulsive gaming **Spiel·süch·ti·ge(r)** *dekl wie adj f(m)* ① *(Glücksspieler)* compulsive gambler ② INFORM compulsive gamer **Spiel·tag** *m* day [of play] **Spiel·the·o·rie** *f* game theory **Spiel·tisch** *m* gambling table **Spiel·trieb** <-[e]s> *m kein pl* play instinct **Spiel·uhr** *f* musical box **Spiel·ver·bot** *nt* SPORT ban; **~ haben** to be banned **Spiel·ver·der·ber(in)** <-s, -> *m(f)* spoilsport; **ein ~ sein** to be a spoilsport

Spiel·wa·ren *pl (geh)* toys *pl* **Spiel·wa·ren·ge·schäft** *nt* toy shop

Spiel·wei·se *f* way of playing, play **Spiel·wie·se** *f* **1** SPORT playing field **2** *(bevorzugter Tummelplatz)* playground

Spiel·zeit *f* **1** FILM *(Dauer der Vorführung)* run **2** THEAT *(Saison)* season **3** SPORT *(festgesetzte Zeit für ein Match)* playing time

Spiel·zeug *nt* toy **Spiel·zeug·ei·sen·bahn** *f* toy train set **Spiel·zeug·re·vol·ver** *m* toy pistol

Spieß <-es, -e> [ʃpiːs] *m* **1** *(Bratspieß)* spit; *(kleiner)* skewer; *(Cocktailspieß)* cocktail skewer **2** MIL *(sl: Kompaniefeldwebel)* sarge *sl* **3** HIST *(Stoßwaffe)* spike ▶WENDUNGEN: **wie am ~ brüllen** [*o* **schreien**] *(fam)* to squeal [*or* scream] like a stuck pig; **den ~ umdrehen** [*o* **umkehren**] *(fam)* to turn the tables

Spieß·bra·ten *m* spit roast

Spieß·bür·ger(in) *m(f) s.* **Spießer**

spieß·bür·ger·lich *adj s.* **spießig**

spie·ßen [ˈʃpiːsn̩] *vt* ■**etw auf etw** *akk* **~** to spit [*or* skewer] sth on sth; *(auf einer Nadel)* to pin sth on sth

Spieß·en·te *f* ORN pintail

Spie·ßer(in) <-s, -> [ˈʃpiːsɐ] *m(f) (fam)* pedant, petit-bourgeois person, middle-class person

Spieß·ge·sel·le *m (pej: Mittäter)* accomplice

spie·ßig [ˈʃpiːsɪç] *adj (fam)* conventional, pedantic

Spie·ßig·keit <-> *f kein pl (pej fam)* petit bourgeois narrow-mindedness

Spieß·ru·te *f* ▶WENDUNGEN: **~n laufen** to run the gauntlet

Spikes [ʃpaiks, sp-] *pl (an Schuhen)* spikes *pl; (an Reifen)* studs *pl*

Spin <-s, -s> [spɪn] *m* NUKL spin

Spi·nat <-[e]s> [ʃpiˈnaːt] *m kein pl* BOT, KOCHK spinach *no pl*

Spind <-[e]s, -e> [ʃpɪnt, *pl* ˈʃpɪndə] *m* MIL, SPORT locker

Spin·del <-, -n> [ˈʃpɪndl̩] *f* spindle

spin·del·dürr [ˈʃpɪndl̩ˈdʏr] *adj (pej fam)* thin as a rake, spindly; ■**~ sein** to be [as] thin as a rake **Spin·del·trep·pe** *f* BAU spiral staircase

Spind·lu·der *nt (sl)* pin-up girl, locker-door totty

Spin·doc·tor, - <-s, -s> [ˈspɪndɔktɐ] *m, f* POL spin doctor

Spi·nett <-s, -e> [ʃpiˈnɛt] *nt* MUS spinet

Spin·na·ker <-s, -> [ˈʃpɪnakɐ] *m* NAUT spinnaker

Spin·ne <-, -n> [ˈʃpɪnə] *f* spider ▶WENDUNGEN: **wie die ~ im Netz sitzen** to prey like a hawk

spin·ne·feind [ˈʃpɪnəˈfaint] *adj pred* ■**sich** *dat* [*o* **einander**] **~ sein** *(fam)* to be arch-enemies

spin·nen <spann, gesponnen> [ˈʃpɪnən] **I.** *vt* **1** *(am Spinnrad verarbeiten)* to spin; **Wolle ~** to spin wool **2** *(ersinnen)* to invent [*or* concoct] [*or* spin]; **eine Geschichte/Lüge ~** to spin [*or* invent] a story/lie **II.** *vi* **1** *(am Spinnrad tätig sein)* to spin **2** *(fam: nicht bei Trost sein)* to be mad [*or* crazy], to be off one's head BRIT [*or* out of one's mind] *sl;* ***sag mal, spinnt der?*** is he off his head?; ***spinn doch nicht!*** don't talk such rubbish!; ***du spinnst wohl!*** you must be mad!

Spin·nen·netz *nt* spider's web **Spin·nen·tier** *nt* ZOOL arachnid

Spin·ner(in) <-s, -> [ˈʃpɪnɐ] *m(f)* **1** *(fam)* idiot, nutcase *fam* **2** *(Beruf)* spinner

Spin·ne·rei <-, -en> [ʃpɪnəˈrai] *f* **1** MODE spinning **2** *kein pl (fam: Blödsinn)* nonsense *no pl,* tomfoolery *no pl*

Spin·ne·rin <-, -nen> *f fem form von* **Spinner**

spin·nert [ˈʃpɪnɐt] *adj bes* SÜDD *(pej)* nutty *fam*

Spinn·fa·den *m* CHEM filament **Spinn·ge·we·be** *nt* spider's web

Spin·ning <-s> [ˈspɪnɪŋ] *nt* SPORT spinning

Spinn·kram *m kein pl (pej fam)* flimflam **Spinn·ma·schi·ne** *f* spinning machine **Spinn·rad** *nt* spinning wheel **Spinn·ro·cken** <-s, -> *m* distaff **Spinn·we·be** <-, -n> *f* cobweb

Spin-off <-s, -s> [ˈspɪnʔɔf] *m* spin-off

Spi·on <-s, -e> [ʃpi̯oːn] *m* **1** *(fam: Agent)* spyhole, peephole **2** TECH feeler [gauge], thickness gauge

Spi·on(in) <-s, -e> [ʃpi̯oːn] *m(f)* spy

Spi·o·na·ge <-> [ʃpi̯oˈnaːʒə] *f kein pl* espionage *no pl;* **~ [für jdn] treiben** to spy [*or* carry out espionage] [for sb]

Spi·o·na·ge·ab·wehr *f* counter-intelligence [*or* counter-espionage] [service] **Spi·o·na·ge·netz** *nt* spy [*or* espionage] network **Spi·o·na·ge·ring** *m* spy ring **Spi·o·na·ge·sa·tel·lit** *m* spy satellite **Spi·o·na·ge·zweck** *m* **zu ~en** for spying

spi·o·nie·ren* [ʃpi̯oˈniːrən] *vi* **1** *(als Spion tätig sein)* ■**[für jdn] ~** to spy [for sb] **2** *(fam: heimlich lauschen)* to spy [*or* snoop]

Spi·o·nin <-, -nen> *f fem form von* **Spion**

Spi·ral·block *m* spiral-bound notebook [*or* pad] **Spi·ral·boh·rer** *m* twist drill

Spi·ra·le <-, -n> [ʃpiˈraːlə] *f* **1** *(gewundene Linie)* spiral **2** MED *(Intrauterinpessar)* coil

Spi·ral·ef·fekt *m* ÖKON spiral effect **Spi·ral·fe·der** *f* coil spring, hairspring **spi·ral·för·mig** *adj* spiral **Spi·ral·hef·ter** *m* spiral binder **Spi·ral·ne·bel** *m* ASTRON spiral nebular

Spi·ri·tis·mus <-> [ʃpiriˈtɪsmʊs, sp-] *m kein pl* spiritualism *no pl*

Spi·ri·tist(in) <-en, -en> [ʃpiriˈtɪst, sp-] *m(f)* spiritualist

spi·ri·tis·tisch *adj* spiritualistic

Spi·ri·tu·a·lis·mus <-> [ʃpiritu̯aˈlɪsmʊs, sp-] *m kein pl* PHILOS spiritualism

spi·ri·tu·ell [ʃpiriˈtu̯ɛl, sp-] *adj (geh)* spiritual

Spi·ri·tu·o·sen [ʃpiriˈtu̯oːzn̩, sp-] *pl (geh)* spirits *pl*

Spi·ri·tus <-> [ˈʃpiːritʊs] *m kein pl* spirit *no pl;* **etw in ~ legen** to put sth in alcohol

Spi·ri·tus·bren·ner *m* spirit [*or* alcohol] burner **Spi·ri·tus·ko·cher** *m* spirit stove **Spi·ri·tus·lam·pe** *f* spirit lamp

Spi·ri·tus Rec·tor <- -[s]> [ˈspiːritʊs ˈrɛktoːɐ̯] *m kein pl (geh)* guiding spirit

Spi·tal <-s, Spitäler> [ʃpiˈtaːl, *pl* -ˈtɛːlɐ] *nt* MED ÖSTERR, SCHWEIZ *(Krankenhaus)* hospital

Spi·tex <-> [ˈʃpiːtɛks] *f kein pl* MED SCHWEIZ *(Hauspflege)* home care [*or* help]

spitz [ʃpɪts] **I.** *adj* **1** *(mit einer Spitze versehen)* pointed, sharp; *Winkel* acute; **~e Klammern** angle brackets **2** *(spitz zulaufend)* tapered; *Schuh* pointed; **eine ~e Nase/ein ~es Kinn/Gesicht** a pointy nose/chin/face **3** *(schrill) Schrei* shrill **4** *(abgezehrt)* pinched, drawn **5** *(stichelnd)* sharp, curt **6** *(fam: scharf)* keen; **jdn ~ machen** to turn sb on; ■**auf jdn/etw ~ sein** to be keen on sb/sth [*or* fancy sb/sth] **II.** *adv* **1** *(V-förmig)* to a point, tapered **2** *(spitzzüngig) bemerken, antworten* sharply **3** *(knapp)* **~ rechnen** [*o* **kalkulieren**] to calculate very carefully

Spitz <-[e]s, -e> [ʃpɪts] *m* **1** *(Hund)* spitz, Pomeranian **2** DIAL *(leichter Rausch)* slight inebriation

Spitz·bart *m* **1** *(spitz zulaufender Bart)* goatee **2** *(Mann mit Spitzbart 1)* man with a goatee **Spitz·bauch** *m* pot belly *fam* **Spitz·bein** *nt* KOCHK pig's trotter [*or* foot] **spitz|be·kom·men*** *vt irreg (sl)* ■**etw ~** to cotton [*or* catch] on to sth *fam;* ■**~, dass ...** to cotton on to the fact that ...

Spitz·ber·gen [ˈʃpɪtsbɛrgn̩] *nt* **1** *(Spitzbergen)* Spitsbergen **2** *(Svalbard)* Svalbard

Spitz·bo·gen *m* ARCHIT pointed arch **Spitz·bu·be** *m (fam)* scallywag *fam*

spitz·bü·bisch **I.** *adj* cheeky BRIT, roguish, mischievous **II.** *adv* mischievously, cheekily BRIT

Spit·ze¹ <-, -n> [ˈʃpɪtsə] *f* **1** *(spitzes Ende o spitze Ecke)* point; *eines Berges* peak, summit; *eines Baumes* top; *eines Dreiecks* top; *eines Haars* end; *eines Turms* spire; *eines Fingers, der Nase* tip; *eines Schuhs* pointed toe **2** *(vorderster Teil)* head, front; *eines Zuges* front **3** *bes* SPORT *(erster Platz)* top [position]; **an der ~ liegen** *(in Rennen, Wettbewerb)* to be in front [*or a. fig* in the lead]; *(in Wertung)* to be at the top; **sich** *akk* **an die ~ setzen** *(in Rennen)* to take the lead; *(in Wertung)* to move into [*or* take [over]] first place; **an der ~ einer S.** *gen* **stehen** to be at the head of sth; **die ~ der Tabelle übernehmen** to take over at the top of the table [*or* division] [*or* league] **4** SPORT *(Spieler in vorderster Position)* striker **5** *(Höchstwert)* peak; ***die Temperaturen erreichten im August ~n von 35, 36° C*** the temperature peaked at 35-36° C in August **6** *(Höchstgeschwindigkeit)* top speed; ***bei einer ~ von 250 km/h*** with a top speed of 250 km/h **7** ÖKON *(führende Gruppe)* management **8** *pl (führende Leute)* ■**die ~n** the leaders *pl; der Gesellschaft* the top; *eines Unternehmens* the heads; *der Wirtschaft* the leaders **9** *(fam: Zigarettenspitze)* holder **10** *(spitze Bemerkung)* dig; ***diese ~ war gegen dich gezielt*** that was a dig at you ▶WENDUNGEN: **nur die ~ des Eisbergs sein** to be only the tip of the iceberg; **etw** *dat* **die ~ nehmen** *(geh)* to take the sting out of sth; **~ sein** *(fam)* to be great; **~!** great!; **etw auf die ~ treiben, es [mit etw** *dat***] auf die ~ treiben** to take sth to extremes

Spit·ze² <-, -en> [ˈʃpɪtsə] *f* MODE lace *no pl*

Spit·zel <-s, -> [ˈʃpɪtsl̩] *m* **1** *(Polizeispitzel)* police informer **2** *(Informant)* informer, spy

spit·zeln [ˈʃpɪtsl̩n] *vi* ■**[für jdn] ~** to spy [*or* act as an informer] [for sb]

spit·zen [ˈʃpɪtsn̩] *vt* ■**etw ~** to sharpen sth; *s. a.* **Mund, Ohr**

Spit·zen·ak·ti·en *pl* BÖRSE leading stock **Spit·zen·an·ge·bot** *nt* ÖKON marginal supply **Spit·zen·an·la·ge** *f* state-of-the-art [*or* BRIT top-of-the-range] stereo **Spit·zen·be·am·te(r), -be·am·tin** *m, f dekl wie adj* top official **Spit·zen·be·darf** *m kein pl* ÖKON peak demand

Spit·zen·be·las·tung *f* **1** ÖKON peak load; ***in Zeiten der ~*** in peak periods **2** TECH maximum load **3** ELEK peak load

Spit·zen·be·trag *m* FIN residual amount

Spit·zen·blu·se *f* lace blouse

Spit·zen·er·zeug·nis *nt* top-quality product **Spit·zen·frau** *f fem form von* **Spitzenmann** top woman **Spit·zen·funk·ti·o·när(in)** *m(f)* ÖKON top official **Spit·zen·ge·halt** *nt* top salary **Spit·zen·ge·schwin·dig·keit** *f* top [*or* peak] speed **Spit·zen·ge·spräch** *nt* POL top-level discussions [*or* talks] *pl* **Spit·zen·gre·mi·um** *nt* top echelon **Spit·zen·grup·pe** *f* SPORT leading group

Spit·zen·hau·be *f* MODE lace bonnet

Spit·zen·jahr *nt* exceptionally good year **Spit·zen·kan·di·dat(in)** *m(f)* POL top candidate **Spit·zen·klas·se** *f* top class; **~ sein** *(fam)* to be top-class [*or* first-rate]

Spit·zen·kleid *nt* lace dress

Spit·zen·kraft *f* first-rate professional

Spit·zen·kra·gen *m* lace collar

Spit·zen·leis·tung *f* top [*or* first-rate] performance; AUTO peak power [output] **Spit·zen·lohn** *m* top wage **Spit·zen·ma·na·ger(in)** *m(f)* top-flight manager **Spit·zen·mann, -frau** <-es, -männer *o* -leute> *m, f (fam)* top man **spit·zen·mä·ßig** **I.** *adj (sl)* ace *sl,* brilliant **II.** *adv (sl)* brilliantly **Spit·zen·pa·pier** *nt* BÖRSE leading stock **Spit·zen·platz** *m* leading place **Spit·zen·po·li·ti·ker(in)** *m(f)* top [*or*

senior] politician **Spit·zen·po·si·ti·on** *f* top [*or* leading] position **Spit·zen·qua·li·tät** *f* top quality *no pl* **Spit·zen·qua·li·täts·aus·rüs·tung** *f* top-of-the-line equipment **Spit·zen·rei·ter** *m* leader, front runner; *(Verkaufsschlager)* top seller, hit; ~ **sein** to be on top; *(in der Hitparade)* to be top of the pops, to be number one [in the charts] **Spit·zen·spiel** *m* top match [*or* game] **Spit·zen·sport·ler(in)** *m(f)* top sportsperson **Spit·zen·steu·er·satz** *m* FIN top [income] tax rate **Spit·zen·tech·no·lo·gie** *f* state-of-the-art technology **Spit·zen·tem·pe·ra·tur** *f* peak temperature **Spit·zen·um·satz** *m* HANDEL record sales *pl* **Spit·zen·ver·band** *m* central association, umbrella association **Spit·zen·ver·die·ner(in)** <-s, -> *m(f)* top earner **Spit·zen·ver·dienst** *m* top income **Spit·zen·ver·kehr** *m* peak traffic **Spit·zen·ver·tre·ter(in)** *m(f)* leading representative **Spit·zen·wein** *m* top-quality wine **Spit·zen·wert** *m* ❶ MATH, ÖKON peak value
❷ BÖRSE leading share

Spit·zen·zeit *f* ❶ SPORT *(beste Zeit)* best time; *(hervorragende Zeit)* outstanding [*or* excellent] time
❷ *(Zeit der Höchstbelastung)* ■**~en** *pl* peak [*or* rush] hours *pl*

Spit·zer <-s, -> [ˈʃpɪtsɐ] *m (fam)* sharpener

spitz·fin·dig I. *adj* hair-splitting, nit-picking *fam*
II. *adv* ~ **argumentieren/auslegen** [*o* **interpretieren**] to split hairs

Spitz·fin·dig·keit <-, -en> *f* ❶ *(spitzfindige Art)* hair-splitting nature
❷ *(spitzfindige Äußerung)* hair-splitting *no pl*

Spitz·ha·cke *f* pickaxe **Spitz·keh·re** *f* ❶ TRANSP hairpin bend ❷ SKI kick-turn

spitz|krie·gen *vt (fam) s.* **spitzbekommen**

Spitz·maus *f* shrew

Spitz·na·me *m* nickname; ***sie gaben ihm den ~n ...*** they nicknamed him ... **Spitz·sieb** *nt* chinois [sieve] **Spitz·we·ge·rich** [ˈʃpɪtsveːgərɪç] *m* ribwort **spitz·win·ke·lig, spitz·wink·lig** I. *adj Dreieck* acute-angled; *Ecke* sharp[-cornered]
II. *adv* sharply **Spitz·zan·ge** *f* needle-nose pliers *npl*

spitz·zün·gig [ʃpɪtsˈtsʏŋɪç] *adj* sharp-tongued, biting

Spleen <-s, -s> [ʃpliːn, sp-] *m (fam)* strange habit, eccentricity; **einen ~ haben** to be off [*or* out of] one's head

splee·nig [ˈʃpliːnɪç, ˈsp-] *adj (fam)* nutty *fam*, eccentric

splei·ßen <spliss, gesplissen> [ˈʃplaisn̩] *vi* to split

Splint <-[e]s, -e> [ʃplɪnt] *m* ❶ TECH split pin
❷ *kein pl* FORST sapwood *no pl*

Splitt <-[e]s, -e> [ʃplɪt] *m* stone chippings *pl*

Split·ter <-s, -> [ˈʃplɪtɐ] *m* splinter

Split·ter·bom·be *f* MIL fragmentation bomb

split·ter(·fa·ser)·nackt [ˈʃplɪtɐ(ˈfaːzɐ)ˈnakt] I. *adj (fam)* stark naked, starkers BRIT *fam*
II. *adv (fam)* stark naked, starkers

Split·ter·grup·pe *f* POL splinter group

split·te·rig, splitt·rig [ˈʃplɪt(ə)rɪç] *adj* ❶ *(leicht splitternd)* splintering
❷ *(mit Splittern bedeckt)* splintered

split·tern *vi sein o haben* to splinter

Split·ter·par·tei *f* POL *s.* **Splittergruppe Split·ter·sied·lung** *f* JUR scattered housing

Split·ting <-s, -s> [ˈʃplɪtɪŋ, ˈsp-] *nt* ❶ FIN, ADMIN *(Ehebesteuerung)* splitting *(separate taxing of husband and wife)*
❷ POL splitting *no pl*

Split·ting·ta·rif *m kein pl* FIN, ADMIN ■**der ~** *tax rate for separate taxing of husband and wife* **Split·ting·ver·fah·ren** *nt* FIN splitting procedure

splitt·rig *adj s.* **splitterig**

SPÖ <-> [ɛspeːˈʔøː] *f kein pl* POL *Abk von* **Sozialdemokratische Partei Österreichs:** ■**die ~** the Austrian Socialist Party

Spoi·ler <-s, -> [ˈʃpɔylɐ, ˈsp-] *m* spoiler

Spö·ken·kie·ke·rei <-, -en> [ʃpøːkn̩kiːkəˈrai] *f* ❶ NORDD *(Hellseherei)* clairvoyance
❷ *(pej fam)* fantasizing

spon·sern [ˈʃpɔnzɐn, ˈsp-] *vt* ■**jdn/etw ~** to sponsor sb/sth

Spon·sor, Spon·so·rin <-s, -en> [ˈspɔnzɐ, ˈʃp-, -ˈzoːrɪn, *pl* -ˈzoːrən] *m, f* sponsor

Spon·so·ren·ver·trag [ʃpɔnˈzoːrən-] *m* ÖKON, JUR sponsorship agreement [*or* contract]

Spon·so·ring <-s> [ˈʃpɔnzorɪŋ, ˈsp-] *nt kein pl* sponsoring *no pl*

spon·tan [ʃpɔnˈtaːn, sp-] *adj* spontaneous

Spon·ta·ne·i·tät <-> [ʃpɔntaneiˈtɛːt, sp-] *f kein pl (geh)* spontaneity *no pl*

Spon·tan·kauf *m* HANDEL impulse buy

Spon·ti <-s, -s> [ˈʃpɔnti] *m* POL *(hum) member of a political activist movement during the 1970s that rejected traditional procedures and instead advocated a 'spontaneity of the masses'*

spo·ra·disch [ʃpoˈraːdɪʃ, sp-] *adj* sporadic

Spo·re <-, -n> [ˈʃpoːrə] *f* BIOL spore

Spo·ren [ˈʃpoːrən] *pl von* **Sporn**

Spo·ren·tier *nt* ZOOL sporozoan

Sporn <-[e]s, Sporen> [ʃpɔrn, *pl* ˈʃpoːrən] *m* ❶ *meist pl* spur; **einem Reittier die Sporen geben** to spur a mount
❷ BOT spur
▶WENDUNGEN: **sich** *dat* **die [ersten] Sporen verdienen** to win one's spurs

Sport <-[e]s, -e> [ʃpɔrt] *m pl selten* ❶ SPORT sport *no pl;* ~ **treiben** to do sport
❷ SCH games *pl*
❸ MEDIA sports news; ~ **sehen** to watch [the] sport
❹ *(Zeitvertreib)* pastime, hobby; **etw aus** [*o* **zum**] ~ **betreiben** to do sth for fun
▶WENDUNGEN: **sich** *dat* **einen ~ daraus machen, etw zu tun** *(fam)* to get a kick out of doing sth *fam*

Sport·ab·zei·chen *nt* sports certificate **Sport·an·la·ge** *f* sports complex **Sport·an·zug** *m* sports clothes *npl; (Trainingsanzug)* tracksuit **Sport·art** *f* discipline, kind of sport **Sport·ar·ti·kel** *m meist pl* sports equipment; ■**ein ~** a piece of sports equipment **Sport·arzt, -ärz·tin** *m, f* sports doctor **Sport·be·richt** *m* sports report **Sport·blatt** *nt* sports paper **Sport·bo·gen** *m* SPORT *(beim Bogenschießen)* target bow **Sport·bril·le** *f* sports glasses **Sport·bund** *m* sports association; **Deutscher ~** *German umbrella organization for sports* **Sport·er·eig·nis** *nt* [major] sports event **Sport·fest** *nt* sports festival **Sport·flug·zeug** *nt* sports aircraft **Sport·ge·rät** *nt* piece of sports equipment **Sport·ge·schäft** *nt* sports shop **Sport·ge·tränk** *nt* isotonic drink **Sport·hal·le** *f* sports hall **Sport·hemd** *nt* casual shirt **Sport·hoch·schu·le** *f* SCH college of physical education

spor·tiv [spɔrˈtiːf, ʃp-] *adj* MODE sporty

Sport·ja·cke *f* sports jacket **Sport·klei·dung** *f* sportswear **Sport·klub** *m s.* **Sportverein Sport·leh·rer(in)** *m(f)* SCH PE teacher **Sport·lenk·rad** *nt* AUTO sports-car-style steering wheel

Sport·ler(in) <-s, -> [ˈʃpɔrtlɐ] *m(f)* sportsman *masc*, sportswoman *fem*

sport·lich [ˈʃpɔrtlɪç] I. *adj* ❶ *(den Sport betreffend)* sporting
❷ *(trainiert)* sporty, athletic
❸ *(fair)* sporting, sportsmanlike
❹ MODE *(flott)* casual
❺ AUTO *(rasant)* sporty
II. *adv* ❶ SPORT *(in einer Sportart)* in sports; **sich** *akk* ~ **betätigen** to do sport
❷ *(flott)* casually
❸ AUTO *(rasant)* sportily

Sport·lich·keit <-> *f kein pl* ❶ *(Trainiertheit)* sportiness *no pl*
❷ *(Fairness)* sportsmanship *no pl*

Sport·me·di·zin *f* sports medicine *no pl* **Sport·mel·dung** *f* sports report [*or usu + sing vb* news] **Sport·nach·rich·ten** *pl* sports news **Sport·platz** *m* sports field **Sport·re·por·ta·ge** *f* sports report **Sport·re·por·ter(in)** *m(f)* sports reporter [*or* journalist] **Sport·schuh** *m* SPORT trainer; MODE casual shoe **Sport·schüt·ze, -schüt·zin** *m, f* rifleman *masc,* riflewoman *fem (in a sports club); (Bogenschütze)* archer **Sports·freund** *m (fam)* sport *fam* **Sports·ka·no·ne** *f (fam)* jock *fam or hum* **Sport·stät·te** *f* sports complex **Sport·tau·cher, -tau·che·rin** *m, f* SPORT scuba-diving **Sport·über·tra·gung** *f* TV, RADIO ❶ *(Senden)* sport[s] transmission [*or* broadcasting] ❷ *(Sendung)* sport[s] programme [*or* AM -am] [*or* broadcast] **Sport·über·tra·gungs·rech·te** *pl* TV sport broadcasting rights *pl* **Sport·un·fall** *m* sporting accident **Sport·ver·an·stal·tung** *f* sports event **Sport·ver·band** *m* sports association **Sport·ver·ein** *m* sports club **Sport·wa·gen** *m* ❶ AUTO sports car ❷ *(offener Kinderwagen)* buggy **Sport·zei·tung** *f* sports paper

Spot <-s, -s> [spɔt, ʃp-] *m* ❶ MEDIA *(kurzer Werbefilm)* commercial, ad *fam*
❷ ELEK *(Punktstrahler)* spot

Spot·ge·schäft *nt* BÖRSE spot transaction **Spot·markt** *m* ÖKON spot market

Spott <-[e]s> [ʃpɔt] *m kein pl* ridicule *no pl,* mockery *no pl;* **seinen ~ mit jdm treiben** *(geh)* to make fun of sb

Spott·bild *nt (veraltet)* travesty, mockery; **ein ~ seiner selbst** a caricature of oneself **spott·bil·lig** [ˈʃpɔtˈbɪlɪç] I. *adj (fam)* dirt cheap II. *adv (fam)* dirt cheap **Spott·dros·sel** *f* ORN mockingbird

Spöt·te·lei <-, -en> [ʃpœtəˈlai] *f* teasing *no pl*

spöt·teln [ˈʃpœtl̩n] *vi* ■**[über jdn/etw] ~** to make fun [of sb/sth]

spot·ten [ˈʃpɔtn̩] *vi* ❶ *(höhnen)* to ridicule [*or* mock]; ■**[über jdn/etw] ~** to make fun [of sb/sth] [*or* tease sb]
❷ *(geh: missachten)* **einer Gefahr/Warnung ~** to scorn [*or* dismiss] a danger/warning; *s. a.* **Beschreibung**

Spöt·ter [ˈʃpœtɐ] *m* ORN warbler

Spöt·ter(in) <-s, -> [ˈʃpœtɐ] *m(f)* mocker

spöt·tisch [ˈʃpœtɪʃ] *adj* mocking

Spott·preis *m* ridiculously low price, snip BRIT *fam;* **für einen ~** dirt cheap

sprach [ʃpraːx] *imp von* **sprechen**

Sprach·ap·pa·rat *m* BIOL speech apparatus **Sprach·at·las** *m* LING linguistic atlas **Sprach·aus·ga·be** *f* INFORM voice output **Sprach·bar·ri·e·re** *f* language barrier **sprach·be·gabt** *adj* linguistically talented; ■**~ sein** to be good at languages **Sprach·be·ga·bung** *f* linguistic talent *no pl* **Sprach·blo·cka·de** *f* language barrier **Sprach·com·pu·ter** *m* voice computer **Sprach·de·fi·zit** *nt* lack of linguistic ability

Spra·che <-, -n> [ˈʃpraːxə] *f* ❶ *(Kommunikationssystem)* language; **lebende/tote ~** living/extinct language; **die neueren ~n** modern languages; **eine ~ sprechen** to speak a language
❷ *kein pl (Sprechweise)* way of speaking
❸ *kein pl (Ausdrucksweise)* form of expression, language *no pl*
❹ *kein pl (das Sprechen)* speech *no pl;* **etw zur ~ bringen, die ~ auf etw** *akk* **bringen** to bring sth up; **zur ~ kommen** to come up
▶WENDUNGEN: **jetzt** [*o* **auf einmal**] **eine ganz andere ~ sprechen** to change one's tune; **jdm bleibt die ~ weg, jd verliert die ~** sb is speechless, the cat got sb's tongue; **die gleiche ~ sprechen** to be on the same wavelength; **heraus mit der ~!** *(fam)* out with it!; **mit der ~ herausrücken** [*o* **herauskommen**] to come out with it; **nicht mit der ~ herauswollen** to not want to talk; ***sie wollte nicht mit der ~ heraus*** she didn't want to talk; **eine klare** [*o* **deutliche**] **~ sprechen** to speak for itself; **jds ~ sprechen** to speak sb's language; **jdm die ~ verschlagen** to leave sb speechless; **die ~ wiederfinden** to find one's tongue again

Sprach·ebe·ne *f* LING stylistic level

Sprach·ein·ga·be *f* INFORM voice entry **Sprach·ein·ga·be·da·ten** *pl* INFORM voice data entry **Sprach·er·ken·nung** *f* INFORM voice [*or* speech] recognition *no pl* **Sprach·er·ken·nungs·pro·gramm** *nt* INFORM speech [*or* voice] recognition program **Sprach·er·ken·nungs·soft·ware** *f* INFORM speech recognition software

Sprach·er·werb *m* language acquisition *no pl* **Sprach·fa·mi·lie** *f* language family **Sprach·feh·**

ler *m* speech impediment; **einen ~ haben** to have a speech impediment **Sprach·for·scher(in)** *m(f)* *s.* Sprachwissenschaftler **Sprach·for·schung** *f* *kein pl s.* Sprachwissenschaft **Sprach·füh·rer** *m* phrase book **Sprach·ge·brauch** *m* language usage *no pl* **Sprach·ge·fühl** *nt kein pl* feel for language *no pl;* **ein bestimmtes ~ haben** to have a certain feel for language **Sprach·ge·mein·schaft** *f* LING, SOZIOL language [*or* linguistic] community **Sprach·ge·nie** *nt* linguistic genius **Sprach·ge·schich·te** *f* ❶ LING linguistic history *no pl* ❷ *(Buch)* linguistic history **sprach·ge·steu·ert** *adj* INFORM speech-driven **sprach·ge·wal·tig** *adj* eloquent; *Redner* powerful **Sprach·gren·ze** *f* LING linguistic boundary **Sprach·kennt·nis·se** *pl* language skills *pl;* **gute ~ haben** to have proficient language skills **Sprach·kom·pe·tenz** *f* linguistic competence **sprach·kun·dig** *adj* proficient in a language; ■ **~ sein** to be proficient in [*or* good at] a language **Sprach·kurs** *m* language course **Sprach·la·bor** *nt* language laboratory [*or fam* lab] **Sprach·leh·re** *f* grammar **Sprach·leh·rer(in)** <-s, -> *m(f)* language teacher

sprach·lich I. *adj* linguistic

II. *adv* ❶ LING grammatically; **~ falsch/korrekt sein** to be grammatically incorrect/correct

❷ *(stilistisch)* stylistically

sprach·los *adj* speechless

Sprach·lo·sig·keit <-> *f kein pl* speechlessness *no pl*

Sprach·mo·dul *nt* INFORM speech chip **Sprach·nach·richt** *f* **digitale ~** digital voicemail **Sprach·raum** *m* LING language area **Sprach·re·ge·lung** *f* official version **Sprach·rei·se** *f* language holiday

Sprach·rohr *nt* megaphone

▶WENDUNGEN: **sich** *akk* **zum ~ einer S.** *gen*/**zu jds ~ machen** to become a mouthpiece for [*or* of] sth/sb

Sprach·schu·le *f* language school **Sprach·steu·e·rung** <-, -en> *f meist kein pl* voice control *(controlling sth by vocal commands)* **Sprach·stö·rung** *f* speech disorder **Sprach·stu·di·um** *nt* course of study [*or* degree] in languages **Sprach·syn·the·se** [-zynte:zə] *f* INFORM speech synthesis **Sprach·sys·tem** *nt* language system **Sprach·test** *m* language test **Sprach·the·ra·peut(in)** *m(f)* speech therapist **Sprach·the·ra·pie** *f* speech therapy **Sprach·trai·ning·pha·se** *f* speech training phase **Sprach·übung** *f* [oral] language exercise **Sprach·un·ter·richt** *m* language instruction *no pl;* *(in der Schule)* language lesson **Sprach·ur·laub** *m* language-learning holiday **Sprach·ver·ar·bei·tungs·an·la·ge** *f* INFORM interactive dialogue [*or* AM -log] system **Sprach·wan·del** *m kein pl* change in language **Sprach·wis·sen·schaft** *f* linguistics + *sing vb;* **allgemeine ~** linguistics; **vergleichende ~en** comparative linguistics **Sprach·wis·sen·schaft·ler(in)** *m(f)* linguist **sprach·wis·sen·schaft·lich** *adj* linguistic **Sprach·witz** *m kein pl* way with words

Sprach·zen·trum *nt* ❶ MED, PSYCH speech centre [*or* AM -er]

❷ LING *(Sprachschule)* language centre [*or* AM -er]

sprang [ʃpraŋ] *imp von* **springen**

Spray <-s, -s> [ʃpre:, spre:] *m o nt* spray

Spray·do·se [ʃpre:-, ˈspre:-] *f* aerosol, spray

spray·en [ˈʃpre:ən, ˈsp-] **I.** *vi* to spray; ■**[mit etw** *dat*] **~** to spray [with sth]

II. *vt* ■**etw [auf etw** *akk*] **~** to spray sth [on sth]

Spray·er <-s, -> [ˈʃpre:ɐ] *m* sprayer

Sprech·akt *m* LING speech act, function **Sprech·an·la·ge** *f* intercom **Sprech·bla·se** *f* speech bubble, balloon **Sprech·chor** *m* chorus; ***der ~ der Umweltschützer brachte seine Ablehnung von Atomkraft zum Ausdruck*** the chorus of environmentalists voiced their opposition to nuclear power; **im ~ rufen** to chorus

spre·chen <spricht, sprach, gesprochen> [ˈʃprɛçn̩] **I.** *vi* ❶ *(reden)* to speak, to talk; ***kann das Kind schon ~?*** can the baby talk yet?; ***ich konnte vor Aufregung kaum ~*** I could hardly speak for excitement; ***sprich!/~ Sie!*** speak!; ***nun sprich doch endlich!*** go on, say something!; ***sprich doch nicht so laut*** don't talk so loud; ***hier können wir nicht ~*** we can't talk here; ***Schluss damit, jetzt spreche ich!*** enough of that, now it's my turn!; ***Achtung, hier spricht die Polizei!*** attention, this is the police!; ***es spricht Herr Michael Kuhn*** the speaker is Mr Michael Kuhn; ***das ~ fällt ihr noch schwer*** she still finds it difficult to speak; ***ich kann nur für mich ~*** I can only speak for myself; ***also sprach der Herr ...*** REL thus spoke [*or poet* spake] the Lord ...; **auf jdn/etw zu ~ kommen** to come to talk about sb/sth; ***jetzt, wo wir gerade darauf zu ~ kommen, ...*** now that we've come to mention it, ...; **flüsternd** [*o* **im Flüsterton**] **~** to speak in a whisper; **frei ~** to extemporize *form,* to speak off the cuff *fam;* **ganz allgemein gesprochen** generally speaking; **im Rundfunk ~** to speak on the radio; **im Schlaf ~** to talk in one's sleep; ■**mit jdm [über etw** *akk*] **~** to talk to sb [about sth]; ***ich muss mit dir ~*** I must talk to you; ***ich habe mit dir zu ~*** I want to have a word with you; ***sie spricht nicht mit jedem*** she doesn't speak [*or* talk] to just anybody; ***sprich nicht in diesem Ton mit mir!*** don't speak to me like that!; ***wie sprichst du mit mir?*** who do you think you're talking to?; ***so spricht man nicht mit seinem Vater!*** that's no way to talk [*or* speak] to one's father!; ***sie ~ nicht mehr miteinander*** they are no longer on speaking terms, they're not speaking any more; **mit sich** *dat* **selbst ~** to talk to oneself; ■**über etw** *akk* **~** to talk [*or* speak] about sth, to discuss sth; ***über Sex wurde bei uns zu Hause nie gesprochen*** sex was never talked about [*or* discussed] in our house; ***worüber habt Ihr gesprochen?*** what were you talking about?; ***es wurde über alles Mögliche gesprochen*** we/they talked about all sorts of things; ***darüber spricht er nicht gern*** he doesn't like talking about that; ***darüber spricht man nicht*** one doesn't talk about such things; ***~ wir nicht mehr darüber*** [*o* ***davon***] let's drop the subject, let's not talk about it anymore; **über ein Thema ~** to speak about a subject; ■**von etw** *dat* **~** to talk about sth; ***von was ~ Sie eigentlich?*** what are you talking about?; ***ich weiß nicht, wovon Sie ~*** I don't know what you're talking about; ***~ wir von etwas anderem*** let's talk about something else, let's change the subject; ***wir haben gerade noch von dir gesprochen*** we were just talking about you; **gut/schlecht von jdm** [*o* **über jdn**] **~** to speak well/ill of sb; ■**zu jdm ~** to speak [*or* talk] to sb

❷ TELEK *(telefonieren)* ■**mit jdm ~** to speak with sb; ***sie spricht gerade*** she's on the phone; ***mit wem möchten Sie ~?*** who would you like to speak to?; ***hallo, wer spricht denn da?*** hello, who's speaking?; ***mit wem spreche ich?*** who is speaking please?, to whom am I speaking, please?; ***~ Sie!, bitte ~!*** you're through [now]

❸ *(empfehlen)* ■**für jdn/etw ~** to be in favour [*or* AM -or] of [*or* speak well for] sb/sth; ***seine Pünktlichkeit spricht sehr für ihn*** his punctuality is very much a point in his favour; ***das spricht nicht für sie*** that doesn't say much for her; **für sich** *akk* [**selbst**] **~** to speak for itself; ***das spricht für sich*** [***selbst***] that speaks for itself; ■**gegen jdn/etw ~** to not be in sb's/sth's favour, to be a point against sb/sth

❹ *(erkennbar sein)* **aus jdm/etw spricht Angst/Entsetzen/Hass etc.** sb/sth expresses [*or* speaks] fear/horror/hate etc.; ***aus seinen Worten sprach der blanke Hass*** his words expressed pure hate; ***aus ihrem Blick sprach Angst*** the look in her eyes expressed fear

▶WENDUNGEN: **lass Blumen ~!** say it with flowers!; **sein Herz ~ lassen** to follow the dictates of one's heart; **auf etw nicht gut zu ~ sein** ***darauf ist sie nicht gut zu ~*** she doesn't like that; **auf jdn schlecht** [*o* **nicht gut**] **zu ~ sein** to be on bad terms with [*or* ill-disposed towards] sb; **die Vernunft ~ lassen** to listen to reason, to let the voice of reason be heard

II. *vt* ❶ *(können)* ■**etw ~** to speak sth; ***~ Sie Chinesisch?*** do you speak Chinese?; ***hier spricht man Deutsch*** German spoken, we speak German; **einen Dialekt/eine Sprache ~** to speak a dialect/a language

❷ *(aussprechen)* ■**etw ~** to say sth; ***sprich ...*** pronounced ...; **einen Satz/ein Wort ~** to say a word/a sentence; ***sie konnte keinen vernünftigen Satz ~*** she couldn't say a single coherent sentence; ***wie spricht man dieses Wort?*** how do you pronounce this word?

❸ *(sagen)* ■**etw sprechen** to say sth; ***und Gott sprach: ...*** and God said, ...; ***alles, was er sprach ...*** everything he said ...; ***was spricht denn die Uhr?*** *(hum)* what's the time?; ***sie spricht wenig/viel*** she doesn't say [*or* talk] much/talk a lot; ***es wurde viel gesprochen*** there was a lot of talk; **die Wahrheit ~** to speak the truth

❹ *(verlesen)* ■**etw ~** to say sth; ***heute spricht Pfarrer Michael Kuhn die Predigt*** today, prayer will be taken by the Reverend Michael Kuhn; **einen Eid ~** to pronounce an oath; **ein Gebet ~** to say a prayer; **ein Gedicht ~** to recite a poem; **ein Schlusswort ~** to give [*or* make] a concluding speech; **über jdn/etw den ~ sprechen** REL to pronounce one's blessing upon sb/sth; **ein Urteil ~** to pronounce a verdict; *s. a.* **Recht**

❺ *(sich unterreden)* ■**jdn ~** to speak to sb; ***kann ich Sie mal kurz ~?*** can I see you for a moment?, can I have a quick word?; ***sie ist nicht zu ~*** she can't see anybody; ***ich bin für niemanden zu ~*** I can't see anybody, I'm not available; ***für dich bin ich jederzeit zu ~*** I'm always at your disposal; ***Sie können eintreten, der Herr Professor ist jetzt zu ~*** you can come in, the Professor will see you now

❻ *(telefonieren)* ■**jdn ~** to speak to sb; ***kann ich bitte Herrn Fuchs ~?*** may I speak to Mr Fuchs, please?; ***ich hätte gern Herrn Fuchs gesprochen*** could I speak to Mr Fuchs?; ***Sie haben mich ~ wollen?*** you wanted speak to me?

▶WENDUNGEN: **wir ~ uns noch!** you haven't heard the last of this!

Spre·chen <-s> [ˈʃprɛçn̩] *nt kein pl* ❶ *(die menschliche Sprache)* speech *no pl;* **das ~ lernen** to learn to speak [*or* talk]

❷ *(das Reden)* speaking *no pl,* talking *no pl;* **jdn zum ~ bringen** to make sb talk

spre·chend *adj* ❶ *(menschliche Laute von sich gebend)* talking

❷ *(beredt)* eloquent

Spre·cher(in) <-s, -> *m(f)* ❶ *(Wortführer)* spokesperson; **sich** *akk* **zum ~ von jdm/etw machen** to become the spokesperson for [*or* voice of] sb/sth

❷ ADMIN *(Beauftragter)* speaker

❸ RADIO, TV announcer; *(Nachrichtensprecher)* newsreader, newscaster

❹ LING *(Muttersprachler)* native speaker

Sprech·er·zie·hung *f kein pl* speech training *no pl,* *no indef art,* elocution *no pl, no indef art*

Sprech·funk *m* radio; **über ~** over radio **Sprech·funk·ge·rät** *nt* walkie-talkie **Sprech·funk·ver·kehr** *m kein pl* local radio traffic *no pl*

Sprech·ge·sang *m* MUS Sprechgesang, speech song **Sprech·mu·schel** *f* mouthpiece

Sprech·stun·de *f* MED surgery; **~ halten** to hold surgery **Sprech·stun·den·hil·fe** *f* receptionist *(in a doctor's or dentist's surgery)*

Sprech·übung *f* speech [*or* elocution] exercise **Sprech·wei·se** *f* way of speaking

Sprech·zeit *f* ❶ MED *Arzt* surgery [hours *pl*], practice opening hours *pl*

❷ *(Zeit für Gespräche)* consulting hours *pl*

❸ TELEK *(Dauer eines Gesprächs)* call time

Sprech·zim·mer *nt* MED consultation room

Sprei·ten [ˈʃpraitn̩] *nt kein pl* CHEM *von Öl* spreading

Spreiz·dü·bel *m* expansion bolt

sprei·zen [ˈʃpraitsn̩] **I.** *vt* ■**etw ~** to spread sth; **die Beine ~** to open [*or* spread] one's legs

II. *vr* ❶ *(sich zieren)* ■**sich** *akk* [**gegen etw** *akk*] **~** to make a fuss [*or* hesitate] [about sth]; ***jetzt spreize***

dich nicht erst lange! don't be silly [*or* shy]!
② *(sich sträuben)* ■**sich** *akk* **gegen etw** *akk* ~ to be reluctant about sth

Spreiz·fuß *m* MED spread-foot, splay-foot

Spreng·bom·be *f* MIL high-explosive bomb

Spren·gel <-s, -> [ˈʃprɛŋl̩] *m* ① REL parish
② ÖSTERR *(veraltend: Verwaltungsbezirk)* administrative district

spren·gen¹ [ˈʃprɛŋən] **I.** *vt* ■**etw** ~ ① *(zur Explosion bringen)* to blow sth up
② *(bersten lassen)* to burst sth; *s. a.* **Kette**
③ *(gewaltsam auflösen)* to break sth up
II. *vi* to blast

spren·gen² [ˈʃprɛŋən] *vt* ■**etw** ~ ① *(berieseln)* to water sth [*or* spray sth with water]
② *(benetzen)* to sprinkle sth with water

spren·gen³ [ˈʃprɛŋən] *vi sein (geh)* ■**irgendwohin** ~ to thunder somewhere

Spreng·ge·la·ti·ne *f* gelignite, gelly *fam* **Spreng·kom·man·do** *nt* demolition squad; *(zur Bombenentschärfung)* bomb disposal squad **Spreng·kopf** *m* warhead **Spreng·kör·per** *m* explosive device **Spreng·kraft** *f kein pl* explosive force *no pl* **Spreng·la·dung** *f* explosive charge **Spreng·meis·ter(in)** *m(f)* demolition expert **Spreng·satz** *m* explosive device

Spreng·stoff *m* ① *(Substanz zum Sprengen)* explosive
② *(Thema)* explosive material *no pl*

Spreng·stoff·an·schlag *m* bomb attack; **einen ~ [auf jdn/etw] verüben** to launch a bomb attack [on sb/sth]; ***auf den Politiker wurde ein ~ verübt*** the politician was the subject of a bomb attack **Spreng·stoff·ex·per·te, -ex·per·tin** *m, f* explosives expert **Spreng·stoff·ge·setz** *nt* JUR Explosive Substances Act **Spreng·stoff·gür·tel** *m* explosive belt

Spren·gung <-, -en> *f* ① *kein pl (das Sprengen)* blasting *no pl,* blowing-up *no pl*
② *(Explosion)* explosion, blasting *no pl*

Spreng·wa·gen *m* street sprinkler **Spreng·wir·kung** *f* explosive effect

Spren·kel <-s, -> [ˈʃprɛŋkl̩] *m* spot; *(Schmutzfleck)* mark

Spreu <-> [ʃprɔy] *f kein pl* AGR chaff *no pl*
▶WENDUNGEN: **die ~ vom Weizen trennen** to separate the wheat from the chaff *fig*

sprich [ʃprɪç] namely, in other words, that is, i.e.; ***wir müssen schon bald, ~ in drei Stunden, aufbrechen*** we have to leave soon, i.e. in three hours; ***sie hat das Klassenziel nicht erreicht, ~, sie ist durchgefallen*** she didn't meet the class goal, in other words [*or* that is], she failed; ***das wird eine Menge Geld, ~ etwa 1000 Euro, kosten*** it will cost a lot of money, namely 1000 euros

Sprich·wort <-wörter> [ˈʃprɪçvɔrt, *pl* -vœrte] *nt* proverb, saying

sprich·wört·lich *adj* proverbial

sprie·ßen <spross *o* sprießte, gesprossen> [ˈʃpriːsn̩] *vi sein* BOT to spring up [*or* shoot]; *Bart, Brüste, Haare* to grow

Spring·bock *m* ZOOL springbok **Spring·brun·nen** *m* fountain

sprin·gen¹ <sprang, gesprungen> [ˈʃprɪŋən] *vi sein* to shatter; *(einen Sprung bekommen)* to crack

sprin·gen² <sprang, gesprungen> [ˈʃprɪŋən] **I.** *vi sein* ① *(hüpfen)* to jump [*or* leap]; ***die Kinder sprangen hin und her*** the children leapt [*or* jumped] about; ***der Hase sprang über die Wiese*** the rabbit leapt [*or* bounded] across the meadow
② *(hinunterspringen)* to jump
③ SPORT *(durch die Luft schnellen)* to jump
④ *(fam: Anordnungen eilends ausführen)* to jump; ***jeder hat zu ~, wenn der Chef es verlangt*** everyone has to jump at the boss's request
⑤ DIAL *(eilen)* ■**irgendwohin** ~ to nip [*or* pop] [in] somewhere *fam;* ***springst du mal eben zum Metzger?*** can you nip round [*or* out] to the butcher's for me?
⑥ *(fliegen)* to fly; ***ihm sprang ein Funke ins Gesicht*** a spark flew into his face; ***der Knopf sprang ihm von der Hose*** the button flew off his trousers
⑦ *(wegspringen)* ■**aus etw** *dat* ~ to jump out of sth; ***beim Zählen sprang ihr eine Münze aus der Hand*** while she was counting a coin jumped out of her hand
⑧ *(ruckartig vorrücken)* ■**auf etw** *akk* ~ to jump to sth; ***die Ampel sprang auf rot*** the traffic light jumped to red
▶WENDUNGEN: **etw ~ lassen** *(fam)* to fork out sth
II. *vt haben* SPORT, SKI ■**etw** ~ to jump sth; **einen Rekord ~** to make a record jump; ***sie sprang die größte Weite*** she jumped the furthest distance

Sprin·gen <-s> [ˈʃprɪŋən] *nt kein pl* SPORT jumping *no pl; (ins Wasser)* diving *no pl*

sprin·gend *adj inv* **der ~e Punkt** the crucial [*or* salient] point

Sprin·ger <-s, -> [ˈʃprɪŋɐ] *m* SCHACH knight

Sprin·ger(in) <-s, -> [ˈʃprɪŋɐ] *m(f)* SPORT, SKI jumper

Sprin·ger·stie·fel *pl* army boots *pl*

Spring·flut *f* spring tide **Spring·form** *f* spring-clip tin BRIT, spring-form pan AM **Spring·kraut** *nt* BOT balsam **Spring·maus** *f* ZOOL jumping mouse **Spring·rei·ten** *nt* showjumping *no pl* **Spring·rol·lo** *nt* roller blind **Spring·schwanz** *m* ZOOL springtail **Spring·seil** *nt* skipping [*or* AM jumping] rope **Spring·teu·fel** *m* jack-in-a-box

Sprink·ler <-s, -> [ˈʃprɪŋklɐ] *m* TECH sprinkler

Sprink·ler·an·la·ge *f* sprinkler system

Sprint <-s, -s> [ʃprɪnt] *m* SPORT sprint

sprin·ten [ˈʃprɪntn̩] **I.** *vi sein* to sprint
II. *vt haben* SPORT **400 m ~** to sprint 400 m, to do the 400 m sprint

Sprin·ter(in) <-s, -> *m(f)* sprinter

Sprit <-[e]s> [ʃprɪt] *m kein pl* ① *(fam: Benzin)* petrol *no pl*
② *(fam: Schnaps)* booze *no pl fam*
③ *(Äthylalkohol)* pure spirit *no pl*

Spritz·be·steck *nt* shooting kit *sl (equipment used by a drug addict to take his/her drugs)* **Spritz·beu·tel** *m* piping bag

Sprit·ze <-, -n> [ˈʃprɪtsə] *f* ① MED *(Injektionsspritze)* syringe
② MED *(Injektion)* injection, jab *fam;* **eine ~ bekommen** to have an injection [*or fam* a jab]; **jdm eine ~ geben** to give sb an injection
③ *(Motorspritze)* hose

sprit·zen [ˈʃprɪtsn̩] **I.** *vi* ① *haben (in Tropfen auseinanderstieben) Regen, Schlamm* to spray; *Fett* to spit
② *sein (im Strahl gelangen) Wasser* to spurt; *(aus einer Wasserpistole)* to squirt
③ *haben* MED *(injizieren)* to inject; *(sl: mit Drogen)* to shoot [up] *sl*
II. *vt haben* ① *(im Strahl verteilen)* ■**etw [auf etw** *akk*] ~ to squirt sth [onto sth]; **jdm/sich etw ins Gesicht ~** to squirt sth into sb's/one's face
② *(bewässern)* ■**etw** ~ to sprinkle [*or* water] sth
③ MED *(injizieren)* ■**etw** ~ to inject sth; ■**[jdm/sich] etw ~** to give [sb/oneself] an injection; ***die Pfleger spritzten ihr ein starkes Beruhigungsmittel*** the nurses injected her with a tranquillizer; **sich** *dat* **Heroin ~** *(sl)* to shoot [up] heroin
④ KOCHK **Sahne/Zuckerguss auf etw** *akk* ~ to pipe cream/icing onto sth
⑤ *(mit Bekämpfungsmittel besprühen)* ■**etw [gegen etw** *akk*] ~ to spray sth [against sth]
⑥ AUTO *(mit der Spritzpistole lackieren)* ■**etw** ~ to spray sth

Sprit·zen·haus *nt* fire station

Sprit·zer <-s, -> *m* ① *(gespritzte Tropfen)* splash
② *(kleine Flüssigkeitsmenge)* splash; *Whisky* small drop

spritz·fer·tig *adj inv* ① *(zum Spritzen bereit)* ready to be sprayed [*or* injected] ② KOCHK *Creme, Masse* ready to be piped **Spritz·fla·sche** *f* CHEM wash[ing] bottle **Spritz·gieß·ma·schi·ne** *f* TECH injection moulding machine

sprit·zig [ˈʃprɪtsɪç] *adj* ① *(prickelnd)* tangy
② *(flott)* lively, sparkling; **~es Auto** quick [*or* BRIT nippy] car

Spritz·kan·ne <-, -n> *f* SCHWEIZ *(Gießkanne)* watering can **Spritz·ku·chen** *m* KOCHK [sweet] fritter, doughnut BRIT, donut AM, cruller AM **Spritz·la·ckie·rung** *f* spraying **Spritz·pis·to·le** *f* spray gun **Spritz·tour** *f (fam)* spin **Spritz·tü·te** *f* piping bag **Spritz·werk** <-s, -e> *nt* SCHWEIZ *(Lackiererei)* paint shop

Spröd·bruch *m* TECH brittle fracture

sprö·de [ˈʃprøːdə] *adj* ① *(unelastisch)* brittle
② *(rau)* rough; *Haar* brittle; *Lippen* chapped
③ *(abweisend)* aloof

Sprö·dig·keit <-> [ˈʃprøːdɪçkait] *f kein pl Glas* brittleness *no pl; Haar* dryness *no pl; Stimme* harshness *no pl,* roughness *no pl; Thema* unwieldiness *no pl; Wesen* aloofness *no pl*

spross[RR], **sproß**[ALT] [ʃprɔs] *imp von* **sprießen**

Spross[RR] <-es, -e>, **Sproß**[ALT] <-sses, -sse> [ʃprɔs] *m* ① BOT *(Schössling)* shoot
② *(geh: Nachkomme)* scion *form*

Spross·ach·se[RR] *f* BOT stem axis

Spros·se <-, -n> [ˈʃprɔsə] *f* ① *(Leitersprosse)* step
② BAU *(Fenstersprosse)* mullion

spros·sen [ˈʃprɔsn̩] *vi sein* BOT *(geh)* to shoot, to sprout

Spros·sen·fens·ter *nt* BAU lattice window **Spros·sen·kohl** *m kein pl* ÖSTERR *(Rosenkohl)* Brussel[s] sprout **Spros·sen·wand** *f* SPORT wall bars *pl*

Spros·ser <-s, -> [ˈʃprɔsɐ] *m* ORN thrush nightingale

Spröss·ling[RR], **Spröß·ling**[ALT] <-s, -e> [ˈʃprœslɪŋ] *m (hum)* offspring

Sprot·te <-, -n> [ˈʃprɔtə] *f* sprat

Spruch <-[e]s, Sprüche> [ʃprʊx, *pl* ˈʃprʏçə] *m* ① *(Ausspruch)* saying, aphorism, slogan; ***die Wände waren mit Sprüchen beschmiert*** slogans had been scrawled on the walls; ***das ist doch nur wieder einer dieser dummen Sprüche*** it's all just empty talk [*or fam* meaningless prattle]
② *(einstudierter Text)* quotation
③ JUR *(Schiedsspruch)* award, verdict, [arbitration] award; **der ~ der Geschworenen** the [jury's] verdict; **einen ~ fällen** to pronounce a sentence; *Schiedsrichter* to make an award
▶WENDUNGEN: **Sprüche machen** [*o* **klopfen**] *(fam)* to drivel [*or* BRIT waffle]

Spruch·band <-bänder> *nt* banner

Sprü·che·klop·fer(in) [ˈʃprʏçəklɔpfɐ] *m(f) (fam)* prattle-monger BRIT *fam,* big talker *fam*

Spruch·kör·per *m* JUR panel of judges

Sprüch·lein <-s, -> *nt dim von* **Spruch** ▶WENDUNGEN: **sein ~ sagen** to say one's little piece

spruch·reif *adj (fam)* ■**~/noch nicht ~ sein** to be/not be definite

Spruch·rei·fe *f kein pl* JUR ripeness for a court decision

Spru·del <-s, -> [ˈʃpruːdl̩] *m* ① *(Mineralwasser)* sparkling mineral water
② ÖSTERR *(Erfrischungsgetränk)* fizzy drink

spru·deln [ˈʃpruːdl̩n] *vi* ① *haben (aufschäumen)* to bubble, to effervesce, to fizz
② *sein (heraussprudeln)* to bubble

Spru·del·ta·blet·te *f* effervescent tablet

Sprud·ler <-s, -> [ˈʃpruːdlɐ] *m* ÖSTERR whisk

Sprüh·do·se *f s.* **Spraydose**

sprü·hen [ˈʃpryːən] **I.** *vt haben* to spray; ■**etw auf/über etw** *akk* ~ to spray sth onto/over sth
II. *vi* ① *haben (schwach spritzen)* to spray
② *sein (als Aerosol spritzen)* ■**aus etw** *dat/* **irgendwohin** ~ to spray from sth/somewhere
③ *sein (umherfliegen)* ■**[irgendwohin]** ~ to fly [somewhere]; ***die Funken des Feuers ~ überall hin*** the sparks of the fire spray everywhere
④ *haben* to flash
⑤ *haben (lebhaft sein)* to sparkle; **vor Begeisterung ~** to sparkle with excitement

sprü·hend *adj* sparkling

Sprüh·fla·sche *f* spray bottle, atomizer **Sprüh·kle·ber** *m* spray adhesive **Sprüh·ne·bel** *m* spray, mist **Sprüh·re·gen** *m* drizzle *no pl* **Sprüh·wachs** *nt* AUTO spray wax

Sprung¹ <-[e]s, Sprünge> [ʃprʊŋ, *pl* ˈʃprʏŋə] *m* crack

Sprung² <-[e]s, Sprünge> [ʃprʊŋ, *pl* ˈʃprʏŋə] *m* ① *(Satz)* leap, jump, bound; **einen ~ [irgendwohin/über etw** *akk*] **machen** to leap [*or* jump] [somewhere/over sth]; ***der Bock machte einen ~ in die Luft*** the ram bounded into the air; **zum ~ ansetzen** to get ready to jump
② SPORT vault, jump
▶WENDUNGEN: **auf dem ~ sein** to be about to leave [*or* go]; **immer auf dem ~ sein** *(fam)* to be always on the go; **nur einen ~ entfernt von etw** *dat* **sein** to be only a stone's throw away from sth; **ein großer ~ nach vorn** a giant leap forwards; [**mit etw** *dat*] **keine großen Sprünge machen können** *(fam)* to not be able to live it up [with sth]; **jdm auf die Sprünge helfen** to give sb a helping hand; ***wir müssen dir wohl erst auf die Sprünge helfen, was?*** looks like we need to help things along a bit; **jdm auf die Sprünge kommen** *(fam)* to get on to sb; ***na warte, wenn ich dir erst auf die Sprünge komme!*** just wait until I get a hold of you!; **einen ~ in der Schüssel haben** to not be quite right in the head; **auf einen ~ [bei jdm] vorbeikommen** *(fam)* to pop in [*or* by] to see sb *fam*

Sprung·be·fehl *m* INFORM jump instruction **sprung·be·reit** *adj inv* ready to jump [*or* spring]; *Katze* ready to pounce

Sprung·brett *nt* ① SPORT diving board
② SPORT *(Turngerät)* springboard
③ *(geh: gute Ausgangsbasis)* springboard

Sprung·fe·der *f* spring **Sprung·ge·lenk** *nt* ankle [joint] **Sprung·gru·be** *f* pit

sprung·haft I. *adj* ① *(in Schüben erfolgend)* rapid
② *(unstet)* volatile, fickle
③ ÖKON spasmodic, erratic; **~er Umsatzanstieg** jump in sales
II. *adv* in leaps and bounds

Sprung·haf·tig·keit <-> *f kein pl* fickleness *no pl*, volatile nature

Sprung·re·vi·si·on *f* JUR leapfrog appeal **Sprung·schan·ze** *f* ski jump **Sprung·seil** *nt* SPORT BRIT skipping rope, AM jump rope **Sprung·stab** *m* vaulting pole **Sprung·tem·pe·ra·tur** *f* PHYS critical [*or* transformation] temperature **Sprung·tuch** *nt* jumping blanket [*or* sheet] **Sprung·turm** *m* diving platform

SPS <-, -s> *nt* NUKL *Abk von* **Superprotonensynchrotron** SPS, super proton synchrotron

Spu·cke <-> [ˈʃpʊkə] *f kein pl (fam) (Speichel)* spit *no pl*
▶WENDUNGEN: **jdm bleibt die ~ weg** sb is flabbergasted; ***da bleibt mir die ~ weg*** I'm [totally] flabbergasted

spu·cken [ˈʃpʊkn̩] I. *vi* ① *(ausspucken)* to spit
② DIAL *(sich übergeben)* to throw up *fam*, to vomit
③ *(fam: Maschine)* to splutter
II. *vt* ■**etw ~** to spit sth out; ■**etw [auf etw** *akk*] **~** *(gezielt)* to spit sth [onto sth]; *s. a.* **Hand**

Spuck·napf *m* spittoon

Spühl·trog <-[e]s, -tröge> *m* SCHWEIZ *(Spülbecken)* sink

Spuk <-[e]s, -e> [ʃpuːk] *m* ① *(Geistererscheinung)* [ghostly] apparition, spook *fam*
② *(schreckliches Erlebnis)* nightmare

spu·ken [ˈʃpuːkn̩] *vi impers* ① *(nicht geheuer sein)* to haunt; ■**irgendwo spukt es** somewhere is haunted; ***hier spukt's*** this place is haunted
② *(fam: nicht ganz bei Trost sein)* ■**bei jdm spukt es** sb is out of his/her mind; ***ich glaube, bei ihr spukt's*** I think she must be out of her mind

Spuk·ge·schich·te *f* ghost story **Spuk·schloss**^RR *nt* haunted castle

Spül·be·cken *nt* sink

Spu·le <-, -n> [ˈʃpuːlə] *f* ① *(Garnrolle)* bobbin
② FILM spool, reel
③ ELEK *(Schaltelement)* coil

Spü·le <-, -n> [ˈʃpyːlə] *f* [kitchen] sink

spu·len [ˈʃpuːlən] I. *vt* ■**etw [von etw** *dat*] **auf etw** *akk* **~** to wind [*or* spool] sth [from sth] onto sth
II. *vi* to wind [on]

spü·len [ˈʃpyːlən] I. *vi* ① *(Geschirr abwaschen)* to wash up
② *(die Toilette abziehen)* to flush
II. *vt* ① *(abspülen)* ■**etw ~** to wash up sth *sep*
② *(schwemmen)* ■**etw irgendwohin ~** to wash sth somewhere; ***das Meer spülte die Leiche an Land*** the sea washed the body ashore

Spül·kas·ten *m* cistern **Spül·lap·pen** *m* dishcloth **Spül·ma·schi·ne** *f* dishwasher **spül·ma·schi·nen·fest** *adj* dishwasher-safe

Spül·mit·tel *nt* washing-up liquid, dish soap AM **Spül·pro·gramm** *nt* rinse cycle **Spül·stein** *m* DIAL sink **Spül·trog** <-[e]s, -tröge> *m* SCHWEIZ *(Spülbecken)* sink [unit]

Spü·lung <-, -en> *f* ① *(gegen Mundgeruch)* rinsing *no art*
② *(Wasserspülung)* flush; **die ~ betätigen** to flush [the toilet]
③ *(Haarspülung)* conditioner

Spül·was·ser *nt* dishwater, washing-up water BRIT

Spul·wurm *m* roundworm, ascarid *spec*

Spund¹ <-[e]s, Spünde *o* Spunde> [ʃpʊnt, *pl* ˈʃpʏndə] *m* bung, spigot

Spund² <-[e]s, -e> [ʃpʊnt] *m* ■**junger ~** *(fam)* stripling, young pup *fam*

Spund·loch *nt* bunghole **Spund·wand** *f* BAU sheet piling

Spun·ten <-s, -> [ˈʃpʊntn̩] *m* SCHWEIZ *(fam)*
① *(Spund¹)* bung, spigot
② *(einfache Gaststätte)* simple restaurant

Spur <-, -en> [ʃpuːɐ̯] *f* ① *(hinterlassenes Anzeichen)* trace; *Verbrecher a.* clue; **~en hinterlassen** to leave traces; *Verbrecher a.* to leave clues; **keine ~en hinterlassen** to leave no trace; ***der Täter hat keine ~en hinterlassen*** the culprit has left no traces [*or* marks]; **~en einer Hochkultur** remnants of an advanced civilization; **~en des Krieges** scars of the war; **seine ~en verwischen** to cover up one's tracks; **~en der Verwüstung** signs [*or* marks] of devastation
② *(Reihe von Hinweisen, Fährte)* trail *no pl; (Abdrücke)* track[s *pl*]; JAGD scent; ***dieses Beweisstück brachte die Polizei auf die ~ des Täters*** this piece of evidence helped the police [to] trace [*or* track down] the culprit *pl;* **die ~ aufnehmen** to pick up the trail; **andere ~en verfolgen** to follow up other leads
③ *(kleine Menge)* trace; *Knoblauch, Pfeffer* touch, soupçon *a. hum;* **~en von Blut** traces of blood
④ *(Fünkchen)* scrap, shred; ***hätte er nur eine ~ mehr Verstand gehabt, wäre dies nicht geschehen*** if he'd had just an ounce more common sense this wouldn't have happened; **keine ~ von Anstand** not a scrap of decency
⑤ *(ein wenig)* **eine ~ zu laut** a touch too load; **eine ~ salziger/süßer** a touch saltier/sweeter; ***die Suppe könnte eine ~ salziger sein*** this soup could do with a touch more salt; **eine ~ zu salzig/süß** a touch too salty/sweet
⑥ *(Fahrstreifen)* lane; **die linke/rechte ~** the left-hand/right-hand lane; **aus der ~ geraten** to move [*or* swerve] out of lane; **~ halten** to keep in lane; **die ~ wechseln** to switch lanes
⑦ AUTO *(Spurweite)* track [*or* AM tread] width; *(Radstellung)* tracking *no pl, no indef art;* **~ halten** *(Fahreigenschaft)* to keep track
⑧ TECH, INFORM track; ***das Tonbandgerät hat acht ~en*** the tape recorder has eight tracks, this is an 8-track tape recorder
⑨ SKI course, track
▶WENDUNGEN: **auf der falschen ~ sein** to be on the wrong track [*or* barking up the wrong tree]; **eine heiße ~** a firm lead; **etw hat seine ~en hinterlassen** *Schicksal* sth has left its marks; **keine** [*o* **nicht die**] **~** *(fam)* not at all; **jdm/einer Sache auf die ~ kommen** to get onto sb/something; **jdn auf die richtige ~ bringen** to put sb on[to] the right track [*or* the scent]; **auf der richtigen ~ sein** to be on the right track; **jdm auf der ~ sein** to be on sb's trail [*or* the trail of sb]; **auf jds ~en wandeln** to follow in sb's tracks

Spur·ab·wei·chung *f* TRANSP lane deviation, weaving

spür·bar *adj* perceptible, noticeable

Spur·bus *m* bus *(driving on its own special lane)*

Spur·ein·stel·lung *f* AUTO front-end alignment

spu·ren [ˈʃpuːrən] *vi (fam)* ■**[bei jdm] ~** to do as one is told, to obey [sb], to toe the line *fam*

spü·ren [ˈʃpyːrən] I. *vt* ■**etw ~** ① *(körperlich wahrnehmen)* to feel sth; **den Alkohol ~** to feel the effects of the alcohol; ***einen Schnaps spürt er sofort im Kopf*** just one schnapps makes him feel heady; **die Peitsche zu ~ bekommen** to be given a taste of the whip
② *(merken)* to sense sth; ***sie wird jetzt sein Missfallen zu ~ bekommen*** she will get to feel his displeasure now; ■**jdn seine Verärgerung ~ lassen** to let [*or* make] sb feel one's annoyance, to let sb know that one is annoyed, to make no attempt to hide one's annoyance [at sb]; **etw zu ~ bekommen** to feel the [full] force of sth; [**es**] **zu ~ bekommen, dass ...** to be made conscious [*or* aware] of the fact that ...
II. *vi* ■**~, dass/ob/wie ...** to sense [*or* notice] that/whether/how ...; ■**jdn [deutlich] ~ lassen, dass ...** to leave sb in no doubt that ...

Spu·ren·ana·ly·se *f* CHEM trace analysis

Spu·ren·ele·ment *nt* trace element **Spu·ren·e·le·men·te·the·ra·pie** *f* NATURMED trace element therapy, therapy with trace elements

Spu·ren·gas *nt* trace gas **Spu·ren·si·che·rer(in)** <-s, -> *m(f)* JUR crime scene technician **Spu·ren·si·che·rung** *f* securing of evidence *no pl, no indef art* **Spu·ren·su·che** *f kein pl* tracking *no pl, no indef art* **Spu·ren·su·cher** *m* forensic detective

Spür·hund *m* tracker dog; *(fig)* sleuth

spur·los I. *adj* without [a] trace *pred*
II. *adv* ① *(keine Spuren hinterlassend)* without [leaving a] trace
② *(keine Eindrücke hinterlassend)* **an jdm ~/nicht ~ vorübergehen** to not leave/to leave its/their mark on sb

Spür·na·se *f* ① *(detektivischer Scharfsinn)* flair *no pl*, intuition *no pl*
② *(ausgeprägter Geruchssinn)* [good] nose [*or* sense of smell]

Spür·pan·zer *m* MIL nuclear, biological, chemical [*or* NBC] reconnaissance vehicle, Fox vehicle

Spur·ril·le *f* rut

Spür·sinn *m kein pl* nose; **einen [feinen/unfehlbaren] ~ für etw** *akk* **haben** to have a [fine]/a[n infallible] nose for sth

Spur·stan·ge *f* BAHN tie bar [*or* rod], gauge

Spurt <-s, -s *o* -e> [ʃpʊrt] *m* sprint, spurt; **zum ~ ansetzen** to make a final spurt

spur·ten [ˈʃpʊrtn̩] *vi sein* to sprint, to spurt

Spür·trupp *m* NUKL radiac detection unit

Spur·ver·en·gung *f* gauge narrowing **Spur·wech·sel** *m* AUTO lane change **Spur·wei·te** <-, -n> *f* ① AUTO track ② BAHN gauge BRIT, gage AM

spu·ten [ˈʃpuːtn̩] *vr* DIAL ■**sich** *akk* **~** to hurry [up]; ***spute dich!*** hurry up!, look sharp!

Sput·nik <-s, -s> [ˈʃpʊtnɪk, ˈsp-] *m* sputnik

Squash <-> [skvɔʃ] *nt* squash

Squash·hal·le *f* squash courts *pl*

Squids [skvɪds] *pl* PHYS SQUIDS *pl*, superconducting quantum interference devices *pl*

SR <-[s]> [ɛsˈʔɛr] *m kein pl Abk von* **Saarländischer Rundfunk** Saarland Radio

Sri Lan·ka <-s> [ˈsriː ˈlaŋka] *nt* Sri Lanka

Sri-Lan·ker(in) <-s, -> [sriˈlaŋkɐ] *m(f)* Sri Lankan

sri-lan·kisch [sriˈlaŋkɪʃ] *adj* Sri Lankan

SS¹ <-> [ɛsˈʔɛs] *f kein pl* HIST *Abk von* **Schutzstaffel** SS

SS² *Abk von* **Sommersemester** summer semester [*or* BRIT *a.* term]

SS. *Abk von* **Sante, Santi** Saints

SSK <-> *f kein pl* NUKL *Abk von* **Strahlenschutzkommission** commission for radiation protection

SSV <-[s], -s> *m Abk von* **Sommerschlussverkauf** summer sales

s. t. SCH *Abk von* **sine tempore**

St.¹ *Abk von* **Stück** pce[.], pcs[.] *pl*

St.² *Abk von* **Sankt** St, SS *pl*

Staat <-[e]s, -en> [ʃtaːt] *m* ① *(Land)* country
② *(staatliche Institutionen)* state; **eine Einrichtung des ~es** a state institution; **beim ~ arbeiten** [*o* **sein**] *(fam)* to be employed by the government [*or* state]; **ein ~ im ~e** a state within a state
③ *(Insektenstaat)* colony
④ *pl (USA)* ■ **die ~en** the States; **die Vereinigten ~en [von Amerika]** the United States [of America], the US[A], the U.S. of A. *hum*
⑤ *(Ornat)* finery; **in vollem ~** in all one's finery
▸WENDUNGEN: **viel ~ machen** to make a big [*or* lot of] fuss; **damit ist kein ~ zu machen** [*o* **damit kann man keinen ~ machen**] that's nothing to write home about *fam;* ***mit diesem alten Anzug kannst du* [*beim Fest*] *keinen ~ machen*** you'll hardly be a great success [at the celebrations] in [*or* with] that old suit; ***mit diesem verwilderten Garten ist kein ~ zu machen*** this overgrown garden won't impress anyone; **von ~s wegen** on the part of the [state] authorities, on a governmental level
Staa·ten·bund <-bünde> *m* confederation [of states]
Staa·ten·ge·mein·schaft *f* community of states **Staa·ten·ge·mein·schafts·recht** *nt* JUR *(EU)* Community law
staa·ten·los *adj* stateless; ■ **~ sein** to be stateless, to be stateless persons/a stateless person
Staa·ten·lo·se(r) *f(m) dekl wie adj* stateless person
staa·ten·über·grei·fend *adj inv* POL international
staat·lich I. *adj* ① *(staatseigen)* state-owned; *(staatlich geführt)* state-run; **~e Einrichtungen** state [*or* government] facilities; **~e Schuldenverwaltung** management of the national debt; **~e Schuldtitel/Stellen** government bonds/agencies
② *(den Staat betreffend)* state *attr,* national; **~e Anreize** POL government incentives
③ *(aus dem Staatshaushalt stammend)* government *attr,* state *attr;* **~e Förderung** government promotion; **~e Mittel** public funds; *(Stipendium)* grant; **~e Unterstützung** ÖKON government support
II. *adv* **~ anerkannt** state-[*or* government-]approved; **~ gefördert** FIN government-sponsored; **~ geprüft** [state-]certified; **~ subventioniert** state-subsidized, subsidized by the state *pred*
staat·li·cher·seits *adv* POL *(geh)* on the part of the government
Staats·ab·ga·ben *pl* FIN state [*or* government] taxes
Staats·af·fä·re *f* POL affair of state
▸WENDUNGEN: **eine ~ aus etw** *dat* **machen** to make [such] a fuss about [*or pej fam* a song and dance out of] sth
Staats·akt *m* ① *(Festakt)* state ceremony [*or* occasion]
② *(Rechtsvorgang)* act of state
Staats·ak·ti·on *f* POL major operation
▸WENDUNGEN: **aus etw** *dat* **eine ~ machen** *(iron fam)* to make a song and dance out of sth
Staats·an·ge·hö·ri·ge(r) *f(m) dekl wie adj* citizen, national *form;* **britische ~** British citizens [*or form* nationals] [*or* subjects]
Staats·an·ge·hö·rig·keit *f* nationality, national status *form* **Staats·an·ge·hö·rig·keits·ge·setz** *nt* JUR Nationality Act
Staats·an·lei·he *f* government [*or* state] [*or* public] loan [*or* bond[s *pl*]] **Staats·an·walt, -an·wäl·tin** *m, f* public prosecutor BRIT, district attorney AM
Staats·an·walt·schaft <-, -en> *f* public prosecutor's office, prosecuting attorney's office AM **Staats·ap·pa·rat** *m* apparatus of state, government [*or* state] machinery **Staats·ar·chiv** *nt* national [*or* state] archives *pl,* Public Record Office BRIT **Staats·auf·sicht** *f* government [*or* state] supervision **Staats·auf·trag** *m* POL appointment of the government; **im ~ handeln** to act by appointment of the government **Staats·aus·ga·ben** *pl* public expenditure *no pl* **Staats·bank** *f* state bank **Staats·ban·kett** *nt* state banquet **Staats·be·am·te(r), -be·am·tin** *m, f* public [*or* civil] servant **Staats·be·gräb·nis** *nt* state [*or* national] funeral **Staats·be·sitz** *m kein pl* public ownership **Staats·be·such** *m* state visit **Staats·be·trieb** *m* state-owned enterprise, nationalized enterprise **Staats·bi·blio·thek** *f* national library
Staats·bür·ger(in) *m(f) (geh)* national *form,* citizen; **britische ~** British nationals *form* [*or* citizens] [*or* subjects]
staats·bür·ger·lich *adj attr (geh)* civic, public; **~e Rechte** civil rights
Staats·bür·ger·schaft *f* nationality; **doppelte ~** dual nationality **Staats·bür·ger·schafts·recht** *nt* POL ■ **das ~** ≈ the Immigrants Act *(German law dealing with nationality and citizenship of immigrants)*
Staats·chef(in) [-ʃɛf] *m(f) (fam)* head of state **Staats·dar·le·hen** *nt* FIN state loan **Staats·de·fi·zit** *nt* FIN budget deficit **Staats·die·ner** *m* public servant **Staats·dienst** *m* government service *no art,* civil service; **in den ~ übernommen werden** to become a civil servant **Staats·du·ma** *nt* national [*or* state] duma **staats·ei·gen** *adj inv* ÖKON state-owned; **~er Betrieb** state-owned enterprise **Staats·ei·gen·tum** *nt* state ownership **Staats·ein·nah·men** *pl* ÖKON state [*or* government] revenue **Staats·emp·fang** *m* state reception; **einen ~ geben** to give [*or* hold] a state reception **Staats·ex·a·men** *nt* state exam[ination]; *(zur Übernahme in den Staatsdienst)* civil service examination **Staats·feind(in)** *m(f)* enemy of the state **staats·feind·lich** *adj* subversive, hostile to the state *pred* **Staats·fi·nan·zen** *pl* public finances *pl* **Staats·flag·ge** *f* national flag **Staats·form** *f* form [*or* system] of government; **die ~ der Monarchie** monarchism, monarchical government *form* **Staats·füh·rung** *f* government **Staats·ge·biet** *nt* national territory **staats·ge·fähr·dend** *adj* POL seditious **Staats·ge·heim·nis** *nt* state [*or* official] secret **Staats·ge·walt** *f kein pl* state [*or* government[al]] authority; **Widerstand gegen die ~** resistance to state authority **Staats·gren·ze** *f* [national [*or* state]] border **Staats·haf·tung** *f* JUR public [*or* government] liability **Staats·haus·halt** *m* national budget **Staats·ho·heit** *f kein pl* POL sovereignty, sovereign power **Staats·kanz·lei** *f* state chancellery, minister president's office
Staats·ka·ros·se *f* ① *(Staatskutsche)* state coach [*or* carriage]
② *(fam: Dienstwagen)* government car
Staats·kas·se *f* treasury, public purse BRIT **Staats·kir·che** *f* state church **Staats·kne·te** *f (sl)* government handout[s *pl*] *a. pej fam* **Staats·kos·ten** *pl* public expenses; ■ **auf ~** at [the] public expense **Staats·kunst** *f kein pl* POL *(geh)* statecraft **Staats·macht** *f* power of the state [*or* government] **Staats·mann** *m (geh)* statesman **staats·män·nisch** *adj (geh)* statesmanlike **Staats·mi·nis·ter(in)** <-s, -> *m(f)* secretary [*or* BRIT *a.* minister] of state **Staats·not·wehr** *f kein pl* JUR national self-defence **Staats·ober·haupt** *nt* head of state **Staats·ob·li·ga·ti·on** *f* FIN government bond [*or* security] **Staats·oper** *f* state opera **Staats·or·gan** *nt* ADMIN state institution, government agency **Staats·pa·pier** *nt* FIN government bond [*or* security] **Staats·par·tei** *f* government party **Staats·prä·si·dent(in)** *m(f)* president [of a/the state] **Staats·prü·fung** *f (geh) s.* **Staatsexamen** **Staats·quo·te** [-kvoːtə] *f* ÖKON ratio of public spending to GNP **Staats·rä·son** *f* POL reasons *pl* of state
Staats·rat *m* ① *(Organ)* council of state; SCHWEIZ cantonal government ② *(Person)* state councillor [*or* AM -lor]; SCHWEIZ member of a/the cantonal government ③ *kein pl (Titel)* councillor of state **Staats·rats·vor·sit·zen·de** *m* head of state
staats·recht·lich *adj inv, attr* constitutional **Staats·re·gie·rung** *f* [state [*or* national]] government **Staats·re·li·gi·on** *f* POL, REL state religion **Staats·sä·ckel** <-s, -> *m* POL, FIN *(hum fam)* government [*or* BRIT *a.* state] coffer *usu pl*
Staats·schuld *f* FIN, POL national debt **Staats·schuld·buch** *nt* JUR national debt ledger **Staats·schul·den** *pl* ÖKON national debt
Staats·schutz *m* protection of the state **Staats·schutz·de·likt** *nt* JUR security-related offence
Staats·se·kre·tär(in) *m(f)* state [*or* BRIT permanent] secretary, undersecretary AM; **parlamentarischer ~** parliamentary secretary
Staats·si·cher·heit *f* state [*or* national] security **Staats·si·cher·heits·dienst** *m kein pl* POL *(hist)* state security service
Staats·streich *m* coup [d'état] **Staats·the·a·ter** *nt* state [*or* national] theatre [*or* AM -er] **staats·the·o·re·tisch** *adj* POL, PHILOS concerning theory of state **staats·tra·gend** *adj* representing the interests of the state *pred;* **die ~en Parteien** the established parties **Staats·trau·er** *f kein pl* national mourning *no pl, no indef art;* **~ anordnen** to declare a period of national mourning **Staats·un·ter·neh·men** *nt* state-owned enterprise **Staats·ver·brauch** *m kein pl* ÖKON national consumption *no pl* **Staats·ver·dros·sen·heit** *f* political apathy *no pl* **Staats·ver·schul·dung** *f* state [*or* government] indebtedness, national debt *no pl, no indef art;* **innere ~** internal national debt
Staats·ver·trag *m* ① *(international)* [international] treaty
② *(zwischen Gliedstaaten)* interstate treaty [*or* agreement]
Staats·ver·wal·tung *f* JUR public administration
Staats·volk *nt* POL nation; **das ~** the people
Staats·we·sen *nt (geh)* state [system]
Stab <-[e]s, Stäbe> [ʃtaːp, *pl* ˈʃtɛːbə] *m* ① *(runde Holzlatte)* rod, staff
② *(Gitterstab)* bar
③ SPORT *(Stabhochsprungstab)* pole; *(Staffelstab)* baton
④ MUS *(Taktstock)* baton
⑤ *(beigeordnete Gruppe)* staff; *Experten* panel
⑥ MIL staff
▸WENDUNGEN: **den ~ über jdn brechen** *(geh)* to roundly condemn sb
Stäb·chen <-s, -> [ˈʃtɛːpçən] *nt* ① *(Essstäbchen)* chopstick
② *(beim Mikado)* jackstraw, spillikin, pick-up stick, picka-stick
③ *(Häkelmasche)* treble [crochet]
④ ANAT *(Augensinneszelle)* rod
⑤ *(fam: Zigarette)* cigarette, fag BRIT *fam,* ciggy BRIT *fam*
Stäb·chen·bak·te·ri·um <-s, -rien> *nt* BIOL bacillus
Sta·bel·le <-, -n> [ʃtaˈbɛlə] *f* SCHWEIZ *(Holzstuhl) wooden chair to which the legs and backrest are attached separately*
stab·för·mig *adj* rod-shaped; MED *a.* bacilliform *spec* **Stab·heu·schre·cke** *f* ZOOL stick insect, AM *a.* walking stick **Stab·hoch·sprin·ger(in)** *m(f)* pole-vaulter **Stab·hoch·sprung** *m* pole vault
sta·bil [ʃtaˈbiːl, st-] *adj* ① *(strapazierfähig)* sturdy, stable
② *(beständig)* stable
③ *(nicht labil)* steady; **~e Gesundheit/Konstitution** sound health/constitution
Sta·bi·li·sa·tor <-s, -toren> [ʃtabiliˈzaːtoːɐ̯, *pl* -zaˈtoːrən] *m* ① AUTO stabilizer [bar], anti-roll bar
② CHEM stabilizer, stabilizing agent
sta·bi·li·sie·ren* [ʃtabiliˈziːrən] **I.** *vt* ① *(geh: standfester machen)* ■ **etw ~** to stabilize sth, to make sth stable
② *(kräftigen)* ■ **jdn ~** to stabilize sb
II. *vr* ■ **sich** *akk* **~** ① *(beständig werden)* to stabilize, to become stable
② *(sich festigen)* to stabilize, to become stable [*or* steady]
Sta·bi·li·sie·rung <-, -en> *f* stabilization
Sta·bi·li·sie·rungs·an·lei·he *f* FIN stabilization loan **Sta·bi·li·sie·rungs·maß·nah·me** *f* BÖRSE stabilization measure
Sta·bi·li·tät <-> [ʃtabiliˈtɛːt, st-] *f kein pl* ① *(Festigkeit)* stability, solidity
② *(Beständigkeit)* stability
Sta·bi·li·täts·ge·setz *nt* JUR stabilization law **Sta·bi·li·täts·im·por·te** *pl* HANDEL stabilizing imports

sta·bi·li·täts·ori·en·tiert *adj inv* ÖKON stability-oriented **Sta·bi·li·täts·pakt** *m* ÖKON stability pact **Sta·bi·li·täts·po·li·tik** *f kein pl* ÖKON stabilization policy **Sta·bi·li·täts·pro·gramm** *nt* AUTO **elektronisches ~** electronic stability program, ESP

Stab·lam·pe *f* [electric] torch BRIT, flashlight AM **Stab·ma·gnet** *m* bar magnet **Stab·mi·xer** *m* hand-held blender

Stab·reim *m* alliteration

Stabs·arzt, -ärz·tin *m, f* MIL captain in the medical corps **Stabs·chef, -che·fin** [-ʃɛf, -ʃɛfɪn] *m, f* MIL chief of staff **Stabs·feld·we·bel** *m* MIL warrant officer 2nd class **Stabs·of·fi·zier** *m* MIL field officer

Stab·wech·sel *m* SPORT baton change, changeover

stach [ʃtaːx] *imp von* **stechen**

Sta·chel <-s, -n> [ˈʃtaxl̩] *m* ① *(spitzer Dorn: von Rose)* thorn; *(von Kakteen)* spine; **kleiner ~** prickle, spinule *spec*
② *(von Igel, Seeigel)* spine; *(kleiner)* prickle, spiculum *spec; (von Stachelschwein)* quill
③ *(Giftstachel)* sting[er], aculeus *spec*
④ *(spitzes Metallstück) Zaun, Halsband* spike; *Stacheldraht* barb
▸ WENDUNGEN: **ein ~ im Fleisch** *(geh)* a thorn in the flesh [*or* side]; **wider den ~ löcken** to kick against the pricks BRIT

Sta·chel·bee·re *f* gooseberry **Sta·chel·beer·strauch** *m* gooseberry bush

Sta·chel·draht *m* barbed wire; **hinter ~** *(fig a.)* behind barbed wire, behind bars, locked up **Sta·chel·draht·ver·hau** *m* barbed-wire entanglement **Sta·chel·draht·zaun** *m* barbed wire fence; **elektrisch geladene Stacheldrahtzäune** live [*or* electrically charged] barbed wire fencing *no pl, no indef art*

Sta·chel·häu·ter <-s, -> *m* ZOOL echinoderm

sta·che·lig, stach·lig [ˈʃtax(ə)lɪç] *adj Rosen* thorny; *Kakteen, Tier* spiny, spinous *spec; (mit kleineren Stacheln)* prickly

Sta·chel·rad·wal·ze *f* TYPO sprocket [wheel] **Sta·chel·schne·cke** *f* sting winkle **Sta·chel·schwein** *nt* porcupine

stach·lig [ˈʃtaxlɪç] *adj s.* **stachelig**

Sta·del <-s, -> [ˈʃtaːdl̩] *m* SÜDD, ÖSTERR, SCHWEIZ barn

Sta·di·en *pl von* **Stadion, Stadium**

Sta·di·on <-s, Stadien> [ˈʃtaːdi̯ɔn, *pl* ˈʃtaːdi̯ən] *nt* stadium, AM *a.* bowl

Sta·di·um <-s, Stadien> [ˈʃtaːdi̯ʊm, *pl* ˈʃtaːdi̯ən] *nt* stage; **im letzten ~** MED at a [*or* the] terminal stage

Stadt <-, Städte> [ʃtat, *pl* ˈʃtɛ(ː)tə] *f* ① *(Ort)* town; *(Großstadt)* city; **am Rande der ~** on the edge of [the] town, on the outskirts of the city; **im Zentrum der ~** in the centre [*or* AM -er] of town, in the city/town centre; **in ~ und Land** *(geh)* throughout the land, the length and breadth of the land
② *(fam: Stadtverwaltung)* [city/town] council; *(von Großstadt a.)* corporation; **bei der ~ arbeiten** [*o* **sein**] to work for the council/corporation

städt. *Abk von* **städtisch**

Stadt·ar·chiv *nt* town/city archives *pl* **stadt·aus·wärts** *adv* out of town/the city **Stadt·au·to** *nt* town [*or* city] car *(with very low fuel consumption)* **Stadt·au·to·bahn** *f* urban motorway [*or* AM freeway] **Stadt·bahn** *f* suburban [*or* metropolitan] railway, city railroad AM **Stadt·bau·amt** *nt* town planning department **stadt·be·kannt** *adj* well-known, known all over town *pred* **Stadt·be·zirk** *m* municipal district, borough **Stadt·bi·blio·thek** *f* town/city [*or* municipal] library **Stadt·bild** *nt* cityscape/townscape **Stadt·bü·che·rei** *f* municipal [*or* city/town] [lending] library **Stadt·bum·mel** *m* stroll in the [*or* through] town; **einen ~ machen** to go for a stroll through town

Städt·chen <-s, -> [ˈʃtɛ(ː)tçən] *nt dim von* **Stadt** small [*or* little] town

Stadt·di·rek·tor(in) *m(f)* chief executive of a city/town, city/town manager AM

Städ·te·bau *m kein pl* urban development *no pl* **Städ·te·bau·för·de·rung** *f* promotion of urban renewal **städ·te·bau·lich I.** *adj* in/of urban development *pred;* **~er Entwicklungsbereich** urban development area; **~e Entwicklungsmaßnahme** urban development programme; **~e Sanierungsmaßnahme** urban renewal programme **II.** *adv* in terms of urban development

stadt·ein·wärts *adv* [in]to town, downtown AM

Städ·te·mar·ke·ting *nt* marketing of towns

Stadt·ent·wick·lung *f* urban development **Stadt·ent·wick·lungs·se·na·tor(in)** *m(f)* minister for urban development *(of Berlin, Bremen, Hamburg)*

Städ·te·part·ner·schaft *f* partnership between cities/towns, town twinning BRIT

Städ·ter(in) <-s, -> [ˈʃtɛ(ː)tɐ] *m(f)* ① *(Einwohner einer Stadt)* city/town dweller
② *(Stadtmensch)* city/town dweller, townie *pej fam*

Stadt·er·neu·e·rung *f* urban regeneration [*or* renewal]

Städ·te·tag *m* congress of municipalities **Städ·te·tou·ris·mus** *m* TOURIST city tourism

stadt·fein *adj* sophisticated [and] urban **Stadt·flit·zer** *m* AUTO *(fam)* city nipper *fam,* runabout *fam* **Stadt·flucht** *f kein pl* exodus from the cities, urban outmigration **Stadt·füh·rer(in)** <-s, -> *m(f)* ① *(Person)* town/city guide ② *(Buch)* town/city guidebook **Stadt·füh·rung** *f* guided tour [through the city/town] **Stadt·ge·biet** *nt* municipal area; *(von Großstadt a.)* city zone **Stadt·ge·schich·te** *f* history of the town/city **Stadt·ge·spräch** *nt* [**das**] **~ sein** to be the talk of the town **Stadt·gren·ze** *f* municipal border; *(von Großstadt a.)* city limits *pl*

Stadt·hal·le *f* city [*or* civic] [*or* municipal] hall

Stadt·haus *nt* ① *(Verwaltungsgebäude)* council office building ② *(Wohnhaus)* town house

städ·tisch [ˈʃtɛ(ː)tɪʃ] *adj* ① *(kommunal)* municipal, city/town *attr*
② *(geh: urban)* urban, city/town *attr,* of the city/town *pred;* **~er Mittelstand** urban middle class

Stadt·käm·me·rer, -käm·me·rin *m, f* city/town treasurer **Stadt·kas·se** *f* city/town [*or* municipal] treasury **Stadt·kern** *m* city/town centre [*or* AM -er] **Stadt·kind** *nt* city boy *masc,* city girl *fem* **Stadt·kom·man·dant** *m* MIL military governor [of a town/city] **Stadt·luft** *f kein pl* town/city air ▸ WENDUNGEN: **~ macht frei** *(prov)* city air is liberating *(refers to a time when a serf became a freeman if he remained in a town/city for a year and a day)* **Stadt·mau·er** *f* city/town wall **Stadt·mensch** *m* city/town person, townie *pej fam* **Stadt·mit·te** *f* city/town centre; **bis** [**zur**] **~** to the [city/town] centre, to the centre of town **Stadt·mu·se·um** *nt* town/city museum **Stadt·ober·haupt** *m* head of a/the town/city **Stadt·park** *m* municipal [*or* city/town] park **Stadt·par·la·ment** *nt* city council **Stadt·plan** *m* [street] map [of a/the city/town], A to Z [of a/the city/town] BRIT **Stadt·pla·ner** *m* town planner **Stadt·pla·nung** *f* town/city planning **Stadt·rand** *m* edge of [the] town/outskirts *npl* of the city; **am/an den ~** on/to the edge of town/the outskirts of the city **Stadt·rand·sied·lung** *f* settlement on the outskirts of a/the town/city, BRIT *a.* suburban housing scheme

Stadt·rat *m* [city/town [*or* municipal]] council

Stadt·rat, -rä·tin *m, f* [city/town] councillor [*or* AM councilor]

Stadt·rats·frak·ti·on *f* party [*or* faction] on the town/city council

Stadt·re·gie·rung *f* town/city government **Stadt·rei·ni·gung** *f* town/city environmental and operational services **Stadt·rund·fahrt** *f* sightseeing tour [of a/the city/town]; **eine ~ machen** to go on a [sightseeing] tour of a/the city/town **Stadt·sä·ckel** <-s, -> *m* ÖKON, ADMIN *(hum fam)* city coffer *usu pl* **Stadt·spar·kas·se** *f* town/city savings bank **Stadt·staat** *m* city state **Stadt·strei·cher(in)** *m(f)* city/town tramp [*or esp* AM vagrant] **Stadt·teil** *m* district, part of town **Stadt·the·a·ter** *nt* municipal theatre [*or* AM -er] **Stadt·tor** *nt* city/town gate **Stadt·vä·ter** *pl* city fathers *pl* **Stadt·ver·band** *m* town/city association **Stadt·ver·kehr** *m* city/town traffic

Stadt·ver·ord·ne·te *m o f* town/city councillor [*or* AM councilor] **Stadt·ver·ord·ne·ten·ver·samm·lung** *f* [town/city] council meeting

Stadt·ver·wal·tung *f* [city/town] council **Stadt·vier·tel** *nt* district, part of town **Stadt·wap·pen** *nt* municipal coat of arms **Stadt·wer·bung** *f* city/town advertising **Stadt·wer·ke** *pl* [city's/town's] department of [public] works + *sing vb,* municipal [*or* council] services *pl* **Stadt·woh·nung** *f* city/town apartment [*or* BRIT flat] **Stadt·zen·trum** *nt* city/town centre; ■ **im ~** in the city/town centre, downtown AM

Sta·fet·te <-, -n> [ʃtaˈfɛtə] *f* SCHWEIZ *(o veraltet)* ① SPORT *(Staffellauf)* relay [race]
② *(Meldereiter)* courier, messenger

Staf·fa·ge <-, -n> [ʃtaˈfaːʒə] *f* ① KUNST staffage
② *(Nebensächliches)* accessories *pl*
③ *(Ausstattung)* decoration, window dressing *no pl*

Staf·fel <-, -n> [ˈʃtafl̩] *f* ① MIL *(Luftwaffeneinheit)* squadron; *(Formation)* echelon
② SPORT *(Staffellauf)* relay [race]; *(Mannschaft)* relay team
③ TV season; ***die 3. Staffel von „Deep Space Nine"*** the 3rd season of "Deep Space Nine"

Staf·fel·be·steu·e·rung *f* FIN graduated taxation

Staf·fe·lei <-, -en> [ʃtafəˈlai̯] *f* easel

Staf·fel·lauf *m* relay [race] **Staf·fel·läu·fer(in)** <-s, -> *m(f)* relay runner/skier **Staf·fel·lohn** *m* ÖKON differential wage; *(nach Leistung)* incentive wage **Staf·fel·mie·te** *f* JUR step-up lease, graduated rent

staf·feln [ˈʃtafl̩n] *vt* ① *(einteilen)* ■**etw ~** to grade [*or* graduate] sth
② *(formieren)* ■**etw ~** to stack [up *sep*] sth [in a pyramid shape]
③ SPORT **gestaffelte Abwehr/Startzeiten** staggered defence [*or* AM -se]/starting times

Staf·fel·preis *m* HANDEL graduated price **Staf·fel·schwim·men** *nt* relay swimming *no pl, no indef art* **Staf·fel·ta·rif** *m* differential tariff

Staf·fe·lung, Staff·lung <-, -en> *f* ① *(Einteilung)* graduation, grading
② *(Formierung)* stacking [in the shape of a pyramid]
③ SPORT *Startzeiten* staggering *no pl, no indef art*

Stag·fla·ti·on <-, -en> [ʃtakflaˈtsi̯oːn, st-] *f* ÖKON stagflation

Stag·na·ti·on <-, -en> [ʃtagnaˈtsi̯oːn, st-] *f* stagnation, stagnancy

Stag·na·ti·ons·pe·ri·o·de *f* ÖKON period of stagnation

stag·nie·ren* [ʃtaˈgniːrən, st-] *vi* to stagnate; **~de Börse** stagnant market

Stag·nie·rung <-, -en> *f* ÖKON stagnation; **geschäftliche ~** stagnation of trade

stahl [ʃtaːl] *imp von* **stehlen**

Stahl <-[e]s, -e *o* Stähle> [ʃtaːl, *pl* ˈʃtɛːlə] *m* ① *(legiertes Eisen)* steel; **rostfreier ~** stainless steel
② *kein pl (poet: Stichwaffe)* blade

Stahl·ar·bei·ter *m* steelworker

Stahl·bau[1] *m kein pl (Bautechnik)* steel construction *no art,* structural steel engineering *no art*

Stahl·bau[2] <-bauten> *m (Bauwerk)* steel structure, steel-girder construction

Stahl·be·ton *m* reinforced concrete, R/C, ferroconcrete *spec* **Stahl·blech** *nt* sheet steel; *(Stück)* steel sheet

stäh·len [ˈʃtɛːlən] *vt* ■**etw ~** to harden [*or* toughen] sth

stäh·lern [ˈʃtɛːlɐn] *adj* ① *(aus Stahl hergestellt)* steel, of steel *pred*
② *(fig geh)* iron *attr,* of iron *pred*

Stahl·fe·der *f* ① *(Schreibfeder)* steel nib ② *(Sprungfeder)* steel spring **Stahl·ge·rüst** *nt* [tubular] steel scaffolding *no pl, no indef art* **stahl·hart** [ˈʃtaːlˈhart] *adj (a. fig)* [as] hard as steel *pred,* iron-hard *fig;* ■ **~ sein** to be [as] hard as steel; **ein ~er Händedruck** a crushing [*or* an iron] grip **Stahl·helm** *m* MIL steel helmet **Stahl·in·dus·trie** *f kein pl* steel industry **Stahl·kam·mer** *f* strongroom, steel vault **Stahl·kap·pe** *f* steel toe cap **Stahl·ko·cher** *m* steelworker **Stahl·pro·duk·ti·on** *f* steel production

Stahl·rohr *nt* steel tube [*or* pipe] **Stahl·rohr·mö·bel** *pl* tubular steel furniture *no pl*

Stahl·rossRR <-es, -rösser> *nt (Dampflokomo-*

tive) iron horse *liter,* steamer *fam* **Stahl·stab** *m* BAU steel rod **Stahl·stich** *m* die-stamping, relief stamping, steel engraving **Stahl·trä·ger** *m* steel girder **Stahl·un·ter·neh·men** *nt* steel company **Stahl·wa·ren** *pl* steelware *no pl* **Stahl·werk** *nt* steel mill, steelworks + *sing/pl verb*

stak [ʃtaːk] *imp von* **stecken I**

Sta·ke <-n, -n> [ˈʃtaːkə] *f,* **Sta·ken** <-s, -> [ˈʃtaːkn̩] *m* DIAL [punt] pole, bargepole

sta·ken [ˈʃtaːkn̩] **I.** *vt Floß, Kahn* to pole, to punt **II.** *vi sein (staksen)* to stalk

Sta·ke·ten·zaun [ʃtaˈkeːtn̩-] *m* paling, BRIT *a.* palings *pl,* picket fence

Stak·ka·to <-s, -s *o* Stakkati> [ʃtaˈkaːto, *pl* -ˈkaːti] *nt* staccato

stak·sen [ˈʃtaːksn̩] *vi sein (fam)* to stalk; *(mühselig)* to hobble; *(unsicher)* to teeter

stak·sig [ˈʃtaːksɪç] **I.** *adj* awkward, clumsy **II.** *adv* ~ **gehen** to hobble, to move clumsily; *(unsicher)* to teeter [*or* wobble]

Sta·lag·mit <-en *o* -s, -en> [ʃtalaˈgmiːt, st-] *m* stalagmite

Sta·lak·tit <-en *o* -s, -en> [stalakˈtiːt, ʃt-] *m* stalactite

Sta·li·nis·mus <-> [ʃtaliˈnɪsmʊs, st-] *m kein pl* Stalinism *no art*

Sta·li·nist(in) <-en, -en> [ʃtaliˈnɪst, st-] *m(f)* Stalinist

sta·li·nis·tisch *adj* Stalinist

Sta·lin·or·gel *f (fam)* multiple rocket launcher

Stal·ker <-s, -> [ˈstɔːkɐ] *m* stalker

Stal·king <-[s]> [ˈstɔːkɪŋ] *nt kein pl* stalking

Stall <-[e]s, Ställe> [ʃtal, *pl* ˈʃtɛlə] *m* ❶ AGR *(Hühnerstall)* coop, hen house; *(Kaninchenstall)* hutch; *(Kuhstall)* cowshed, [cow] barn, byre BRIT *liter; (Pferdestall)* stable; *(Schweinestall)* [pig]sty, [pig]pen AM ❷ SPORT *(sl: Rennstall)* [racing] team
▶WENDUNGEN: **ein** [**ganzer**] ~ **voll** *(fam)* a [whole] bunch [*or* load] *fam;* ***ein ganzer ~ voll Kinder*** a whole herd of kids

Stalla·ter·ne[ALT] *f s.* **Stalllaterne** **Stall·bur·sche** *m* stable lad, groom

Stall·ge·ruch *m kein pl* ❶ *(Geruch in einem Viehstall)* stable smell ❷ SOZIOL *(hum fam)* reputation

Stall·ha·se *m (hum fam)* rabbit *(kept in a hutch by breeders)* **Stall·knecht** *m (veraltend: für Pferde)* stable hand [*or* lad], groom; *(für Kühe)* cow hand **Stall·la·ter·ne**[RR] *f* stable lamp **Stall·meis·ter** *m* head groom; **königlicher** ~ equerry

Stal·lung <-, -en> *f meist pl* stables *pl,* stabling *no pl, no indef art*

Stamm <-[e]s, Stämme> [ʃtam, *pl* ˈʃtɛmə] *m* ❶ *(Baumstamm)* [tree] trunk, bole *liter; s. a.* **Apfel** ❷ BIOL *(Kategorie)* phylum; *(von Bakterien, Pflanzen-, Tierzüchtung)* strain ❸ LING stem ❹ *(Volksstamm)* tribe ❺ *(feste Kunden)* regulars *pl,* regular customers *pl; (Mitglieder)* regular members *pl; (Belegschaft)* permanent staff + *sing/pl verb*
▶WENDUNGEN: **vom ~e Nimm sein** *(hum, pej a. fam)* to be a great one for accepting gifts *hum fam,* to be out for what one can get *pej fam*

Stamm·ak·tie *f* ordinary share, common stock AM **Stamm·ak·ti·o·när(in)** *m(f)* BÖRSE ordinary shareholder [*or* AM stockholder] **Stamm·baum** *m* family [*or* genealogical] tree, phylogenetic tree *spec* **Stamm·be·leg·schaft** *f* permanent [*or* regular] staff + *sing/pl verb* **Stamm·be·trieb** *m* ÖKON parent company

Stamm·buch *nt* family register
▶WENDUNGEN: **jdm etw ins ~ schreiben** to make sb take note of sth [*or* take sth to heart]

Stamm·da·tei *f* INFORM master file **Stamm·ein·la·ge** *f* FIN capital contribution

stam·meln [ˈʃtamln̩] **I.** *vi* to stammer **II.** *vt* ■**etw** ~ to stammer [out] sth

stam·men [ˈʃtamən] *vi* ❶ *(gebürtig sein)* **von Berlin/aus dem Ausland** ~ to come from Berlin/abroad [*or* overseas]; ***woher ~ Sie?*** where are you [*or* where do you come] from [originally]? ❷ *(herrühren)* **von jdm/aus dem 16.Jahrhundert** ~ to [originally] belong to sb/to date from [*or* back to] the 16th century; ***diese Unterschrift stammt nicht von mir*** this signature isn't mine

Stam·mes·brauch *m* tribal custom **Stam·mes·ent·wick·lung** *f* BIOL phylogeny **Stam·mes·feh·de** *f* tribal conflict [*or* feud] **Stam·mes·füh·rer(in)** *m(f)* tribal leader **Stam·mes·fürst** *m* tribal chief, chief of a/the tribe **Stam·mes·häupt·ling** *m* chieftain, head of a/the tribe, head honcho AM *fam*

Stamm·form *f* LING base [*or spec* cardinal] form **Stamm·funk·ti·on** *f* MATH original [function] **Stamm·gast** *m* regular [guest], habitué *liter* **Stamm·gut** *nt* JUR family estate **Stamm·hal·ter** *m* son and heir **Stamm·haus** *nt* ÖKON parent company **Stamm·holz·pro·duk·ti·on** *f* round timber production

stäm·mig [ˈʃtɛmɪç] *adj* stocky, sturdy, thickset

Stamm·ka·pi·tal *nt* ordinary [*or* equity] share capital **Stamm·knei·pe** *f* local [*or* usual] pub [*or* bar], local BRIT *fam* **Stamm·kun·de, -kun·din** *m, f* regular [customer] **Stamm·kund·schaft** *f* regulars *pl,* regular customers *pl* **Stamm·lo·kal** *nt* favourite [*or* AM favorite] [*or* usual] café/restaurant/bar; *(Kneipe a.)* local BRIT *fam* **Stamm·mut·ter**[RR] *f* ancestress, progenitrix *form* **Stamm·platz** *m* regular [*or* usual] seat, regular place **Stamm·sitz** *m* ancestral seat; *Firma* headquarters + *sing/pl verb*

Stamm·tisch *m* ❶ *(Tisch für Stammgäste)* table reserved for the regulars ❷ *(Stammgäste am Stammtisch 1)* [group of] regulars; [**seinen**] ~ **haben** to meet [[up] with *fam*] one's fellow regulars **Stamm·tisch·bru·der** *m (pej)* armchair pundit **Stamm·tisch·ni·veau** [-nivoː] *nt kein pl (pej)* level of a pub debate **Stammut·ter**[ALT] *f s.* **Stammmutter** **Stamm·va·ter** *m* ancestor, progenitor *form* **stamm·ver·wandt** *adj inv* related; *Wörter* cognate **Stamm·ver·zeich·nis** *nt* INFORM root directory **Stamm·vo·kal** *m* LING root [*or* stem] vowel **Stamm·wäh·ler(in)** *m(f)* staunch supporter, loyal voter **Stamm·werk** *nt* principal factory

Stamm·zel·le *f* stem cell; **embryonale** ~ embryonic stem cell **Stamm·zel·len·for·schung** *f* stem cell research

stamp·fen [ˈʃtampfn̩] **I.** *vi* ❶ *haben (aufstampfen)* [**mit dem Fuß** [**auf den Boden**]] ~ to stamp [one's foot]; [**mit den Hufen**] ~ to paw the ground [with its hooves] ❷ *sein (stampfend gehen)* ■**irgendwohin** ~ to stamp off somewhere; *(schweren Schrittes a.)* to tramp somewhere; *(mühselig)* to trudge [*or* plod] somewhere ❸ *haben (von Maschine)* to pound ❹ *haben (von Schiff)* to pitch **II.** *vt haben* ❶ *(feststampfen)* ■**etw** ~ to tamp [down *sep*] sth; **gestampfter Lehm** tamped [*or spec* pugged] clay ❷ *(zerstampfen)* ■**etw** [**zu etw** *dat*] ~ to mash sth [to sth]; **Kartoffeln** [**zu Kartoffelbrei**] ~ to mash potatoes; **Trauben mit den** [**nackten**] **Füßen** ~ to tread grapes

Stamp·fer <-s, -> *m* ❶ *(Kartoffelstampfer)* [potato] masher ❷ *(für Sand/Schotter)* tamper

stand [ʃtant] *imp von* **stehen**

Stand <-[e]s, Stände> [ʃtant, *pl* ˈʃtɛndə] *m* ❶ *(das Stehen)* standing [position]; **keinen festen/sicheren ~ auf der Leiter haben** to not have a firm/safe [*or* secure] foothold on the ladder; **aus dem ~** from a standing position [*or* start]; **den Motor im ~ laufen lassen** to let the engine idle ❷ *(Verkaufsstand)* stand; *(Messestand a.)* booth; *(Marktstand a.)* stall BRIT; *(Taxenstand)* rank ❸ *(Anzeige)* reading; **laut ~ des Barometers** according to the barometer [reading] ❹ *kein pl (Zustand)* state, status; **der ~ der Forschung** the level of research; **der neueste ~ der Forschung/Technik** state of the art; **der ~ der Dinge** the [present] state of things [*or* affairs]; **beim gegenwärtigen ~ der Dinge** at the present state of affairs, the way things stand [*or* are] at the moment; **sich** *akk* **auf dem neuesten ~ befinden** to be up-to-date; **etw auf den neuesten ~ bringen** to bring sth up-to-date ❺ BÖRSE, ÖKON *(Kurs)* rate, quotation; ~ **der Aktiva und Passiva** statement of assets and liabilities ❻ *(Spielstand)* score ❼ SCHWEIZ *(Kanton)* canton ❽ *(Gesellschaftsschicht)* station, status; *(Klasse)* class, rank; **der geistliche** ~ the clergy
▶WENDUNGEN: **aus dem** ~ [**heraus**] off the cuff; **der dritte** ~ the third estate; **in den ~ der Ehe treten** *(geh)* to be joined in matrimony *form;* **einen/keinen festen ~ unter den Füßen haben** to be settled/unsettled; [**bei jdm**] **einen schweren** [*o* **keinen leichten**] ~ **haben** to have a hard time of it [with sb]; **aus dem ~ verreisen** to go away on an impromptu journey

Stan·dard <-s, -s> [ˈʃtandart, ˈst-] *m* ❶ *(Grundausstattung)* standard [equipment]; *(Grundeinrichtung)* standard [facility] ❷ *(Norm)* standard ❸ *(gesetzlicher Feingehalt in Münzen)* standard [for coins]

Stan·dard·ab·wei·chung *f in der Statistik* standard deviation **Stan·dard·an·wen·dung** *f* TECH standard application **Stan·dard·ar·ti·kel** *m* ÖKON standard article, stock item **Stan·dard·at·mo·sphä·re** *f* standard atmosphere **Stan·dard·aus·füh·rung** *f* standard design [*or* model] **Stan·dard·aus·rüs·tung** *f* standard equipment **Stan·dard·aus·stat·tung** *f* standard facilities *pl* **Stan·dard·bau·wei·se** *f* HANDEL standard design **Stan·dard·brief** *m* standard letter **Stan·dard·ein·stel·lung** *f* standard setting **Stan·dard·er·zeug·nis** *nt* HANDEL standard product **Stan·dard·for·mat** *nt* TECH standard format **Stan·dard·for·mu·lie·rung** *f* standard wording *no pl, no indef art* **Stan·dard·ge·bühr** *f* standard fee **Stan·dard·grö·ße** *f* standard size

stan·dar·di·sie·ren* [ʃtandardiˈziːrən, st-] *vt* ■**etw** ~ to standardize sth; ■**standardisiert** standardized

Stan·dar·di·sie·rung <-, -en> *f* standardization

Stan·dard·lö·sung *f* CHEM standard [*or* normal] solution

stan·dard·mä·ßig *adj* standard **Stan·dard·mo·dell** *nt* standard model **Stan·dard·mus·ter** *nt* HANDEL standard pattern **Stan·dard-PC** [-peːtseː] *m* INFORM standard PC **Stan·dard·schnitt·stel·le** *f* INFORM standard interface **Stan·dard·selbst·kos·ten** *pl* HANDEL standard cost price **Stan·dard·soft·ware** *f* INFORM standard software **Stan·dard·sor·ti·ment** *nt* HANDEL standard range of products **Stan·dard·tanz** *m* set-pattern dance **Stan·dard·ta·rif** *m* ÖKON standard rate **Stan·dard·text·pro·gramm** *nt* INFORM standard text program **Stan·dard·typ** *m* HANDEL stock model **Stan·dard·ver·fah·ren** *nt* ADMIN standard procedure **Stan·dard·ver·trag** *m* JUR standard form contract **Stan·dard·ver·zeich·nis** *nt* INFORM standard directory **Stan·dard·werk** *nt* core literature; ***das ~ der deutschen Literaturgeschichte ist ...*** the book that everyone needs to have [read] on German literature is ... **Stan·dard·wer·te** *pl* BÖRSE leaders **Stan·dard·zah·lungs·sys·tem** *nt* FIN standard system of payment

Stan·dar·te <-, -n> [ʃtanˈdartə] *f* ❶ *(Fahne)* standard, banner; *Auto* pennant ❷ HIST [SA/SS] unit

Stand·bein *m* standing [*or* support] leg; SPORT *(beim Basketball)* pivot leg; *(Eislauf)* tracing leg; *(Fechten)* rear leg **Stand·bild** *nt* statue; **jdm ein ~ errichten** to erect [*or* raise] a statue to sb

Stand-by-Be·trieb [stɛntˈbai-, ˈʃtɛntbai-, st-] *m* standby mode; ■**im** ~ in standby mode **Stand-by-Kre·dit** *m* FIN standby credit **Stand-by-Mo·dus** *m* INFORM standby mode **Stand-by-Tas·te** *f* standby button

Ständ·chen <-s, -> [ˈʃtɛntçən] *nt* serenade; **jdm**

ein ~ bringen to serenade sb

Stan·der <-s, -> ['ʃtandɐ] *m* pennant

Stän·der <-s, -> ['ʃtɛndɐ] *m* ❶ *(Gestell)* stand; *(Stempelständer)* [stamp] rack
❷ *(sl: erigierter Penis)* hard-on *sl*; **einen ~ bekommen/haben** *(sl)* to get/have [got] a hard-on *sl*

Stän·de·rat *m* SCHWEIZ upper chamber *(of the Swiss parliament)*

Stän·de·rat, -rä·tin *m, f* SCHWEIZ member of the upper chamber *(of the Swiss parliament)*

Stän·der·bo·den *m* BAU raised floor **Stän·der·bohr·ma·schi·ne** *f* drill press

Stan·des·amt *nt* registry office *esp* BRIT **stan·des·amt·lich** I. *adj* civil; **eine ~e Bescheinigung** a certificate from the registry office; **eine ~e Heirat** a registry office [*or* civil] wedding; **~e Urkunde** document issued by a registrar's office II. *adv* **sich** *akk* **~ trauen lassen** to get married in a registry office, to have a registry office [*or* civil] wedding, to be married by the Justice of the Peace AM **Stan·des·be·am·te(r), -be·am·tin** *m, f* registrar **Stan·des·dün·kel** *m kein pl (pej)* snobbery

stan·des·ge·mäß I. *adj* befitting one's social status [*or* standing] *pred*; **~e Heirat** marriage within one's social class; ■ **~ sein** to befit one's social status [*or* standing]
II. *adv* in a manner befitting one's social status [*or* standing]; **~ heiraten** to marry within one's social class

stan·des·wid·rig *adj* unbefitting one's social [*or* professional] status

stand·fest *adj* stable, steady **Stand·fes·tig·keit** *f kein pl* ❶ *(Stabilität)* stability *no pl* ❷ *s.* **Standhaftigkeit** **Stand·flü·gel** *m* BAU fixed wing **Stand·ge·fäß** *nt* CHEM show [*or* storage] flask **Stand·geld** *nt* stallage, stall rent **Stand·ge·nau·ig·keit** *f* TYPO positioning [*or* register] accuracy **Stand·ge·richt** *nt* MIL summary [*or spec* drumhead] court martial; **jdn vor ein ~ stellen** to try sb by martial law, to court-martial sb

stand·haft I. *adj* steadfast; ■ **~ sein** to be steadfast, to stand firm
II. *adv* steadfastly; **sich** *akk* **~ weigern** to steadfastly [*or* staunchly] refuse

Stand·haf·tig·keit <-> *f kein pl* steadfastness

stand|hal·ten ['ʃtanthaltn̩] *vi irreg* ❶ *(widerstehen)* ■[**etw** *dat*] **~** to hold out against [*or* withstand] sth, to hold out; **der Belastung von etw** *dat* **~** to put up with the strain of sth; **einer näheren Prüfung/ einer kritischen Prüfung ~** to bear [*or* stand up to] closer/a critical examination
❷ *(aushalten)* ■**etw** *dat* **~** to endure sth; *Brücke* to hold [*or* bear] sth

Stand·hei·zung *f* AUTO parking heater

stän·dig ['ʃtɛndɪç] I. *adj* ❶ *(dauernd)* constant; **~er Regen** constant [*or* continual] rain
❷ *(permanent)* permanent
II. *adv* ❶ *(dauernd)* constantly, all the time; ***mit ihr haben wir ~ Ärger*** she's a constant nuisance [to us], we're constantly having trouble with her; ***musst du mich ~ kritisieren?*** do you always have to criticize me?, must you constantly criticize me?, must you keep [on] criticizing me?
❷ *(permanent)* **sich** *akk* **irgendwo ~ niederlassen** to find a permanent home somewhere

Stan·ding·ova·tions, Stan·ding Ova·tions ['stɛndɪŋo've:ʃn̩s] *pl* standing ovation

Stand·kü·chen·ma·schi·ne *f* food processor **Stand·lei·tung** *f* INFORM leased line **Stand·licht** *nt kein pl* sidelights *pl* BRIT, parking lights *pl* **Stand·mie·te** *f* ÖKON stall rent, market dues *pl*; *(auf Messe)* stand rent **Stand·mi·xer** *m* blender

Stand·ort <-[e]s, -e> *m* ❶ *(Unternehmenssitz)* site, location ❷ *(Standpunkt)* position ❸ MIL garrison, post ❹ *(von Pflanzen)* site **Stand·ort·ana·ly·se** *f* ÖKON location analysis **stand·ort·an·ge·passt^RR** *adj* **~e Nutzpflanzen** habitat-adapted crops **stand·ort·be·dingt** *adj inv* caused by the location *pred* **Stand·ort·be·din·gung** *f* ÖKON locational condition **Stand·ort·er·kun·dung** *f* site [*or* location] reconnaissance [*or* survey] **Stand·ort·fak·tor** *m* locational factor **Stand·ort·nach·teil** *m* ÖKON geographical disadvantage **Stand·ort·op·ti·mie·rung** *f* optimization of location **Stand·ort·po·li·tik** *f kein pl* ÖKON location policy **Stand·ort·si·che·rung** *f kein pl eines Betriebs* protection of a location **stand·ort·un·ab·hän·gig** *adj inv* regardless of location *pred* **Stand·ort·vor·teil** *m* ÖKON locational advantage **Stand·ort·wahl** *f* choice of location

Stand·pau·ke *f (fam)* telling-off, lecture *fam*; **jdm eine ~ halten** to give sb a telling-off [*or fam* lecture]; *(stärker)* to read the Riot Act to sb *hum fam* **Stand·platz** *m (am Campingplatz)* pitch; *(für Taxis)* [taxi] rank

Stand·punkt *m* ❶ *(Meinung)* [point of] view, viewpoint, standpoint; ***wie ist Ihr ~, was diese Angelegenheit angeht?*** what's your view of this matter?; **etw von einem anderen ~ aus betrachten** to see sth from a different angle [*or* point of view]; [**in etw** *dat*] **auf einem anderen ~ stehen,** [**in etw** *dat*] **einen anderen ~ vertreten** to take a different [point of] view [of [*or* on] sth]; **auf dem ~ stehen, dass ..., den ~ vertreten, dass ...** to take the view [*or form* be of the opinion] that ...
❷ *(Beobachtungsplatz)* vantage point, viewpoint

Stand·recht <-[e]s> *nt kein pl* MIL martial [*or* military] law **stand·recht·lich** *adv* summarily; **~ erschossen werden** MIL to be put [straight] before a firing squad **Stand·rohr** *nt* BAU standpipe **Stand·seil·bahn** *f* funicular railway **Stand·spur** *f* hard shoulder BRIT, shoulder **Stand-still-Klau·sel** *f* JUR standstill clause **Stand·uhr** *f* grandfather clock

Stan·ge <-, -n> ['ʃtaŋə] *f* ❶ *(langer, runder, dünner Stab)* pole; *(kürzer)* rod
❷ *(Metallstange)* bar
❸ *(Gewürzstange)* stick
❹ *(mit Zigaretten)* carton
❺ *(Ballett)* barre
❻ *(Vogelstange)* perch; *(Hühner a.)* roost
❼ *(zylindrisches Glas)* tall glass
❽ *(Geweihteil)* beam
❾ *(Kandareteil)* bit
❿ *(sl: erigierter Penis)* rod *sl*, hard-on *sl*
►WENDUNGEN: **bei der ~ bleiben** *(fam)* to stick at it *fam*; **eine** [**schöne**] **~ Geld** *(fam)* a pretty penny, a packet BRIT *fam*; ***das ist eine ~ Geld!*** *(fam)* that must have cost [you/them etc.] a pretty penny [*or fam* a packet]!; **jdm die ~ halten** *(fam)* to stand [*or fam* stick] up for sb; **jdn bei der ~ halten** *(fam)* to keep sb at it *fam*; **von der ~** *(fam)* off the peg [*or* AM rack]; **Kleider von der ~ kaufen** to buy clothes off the peg, to buy off-the-peg [*or* ready-to-wear] clothes

Stän·gel^RR <-s, -> ['ʃtɛŋl̩] *m* stalk, stem
►WENDUNGEN: **vom ~ fallen** to be floored [*or* bowled over] [*or fam* gobsmacked]; [**jdm**] **vom ~ fallen** to collapse [*or fam* pass out] [on sb]

Stän·gel·ge·mü·se^RR *nt* stalk [*or* stem] vegetables *npl*

Stan·gen·boh·ne *f* runner bean **Stan·gen·brot** *nt (geh)* French loaf **Stan·gen·sel·le·rie** *f* celery *no pl* **Stan·gen·spar·gel** *m* asparagus spears *pl*

stank [ʃtaŋk] *imp von* **stinken**

Stän·ke·rei <-, -en> [ʃtɛŋkə'rai] *f (fam)* troublemaking *no pl, no indef art*

Stän·ke·rer, Stän·ke·rin <-s, -> ['ʃtɛŋkərɐ, 'ʃtɛŋkərɪn] *m, f (fam)* troublemaker, stirrer BRIT

stän·kern ['ʃtɛŋkɐn] *vi (fam)* to make [*or* stir up] trouble, to stir things up *fam*

Stan·ni·ol <-s, -e> [ʃta'ni̯o:l, st-] *nt* silver [*or* tin] [*or* BRIT aluminium] [*or* AM aluminum] foil

Stan·ni·ol·pa·pier *nt* silver paper

Stan·ze <-, -n> ['ʃtantsə] *f* [blanking *spec*] press, stencil

stan·zen ['ʃtantsn̩] *vt* ❶ *(ausstanzen)* ■**etw ~** to press sth
❷ *(einstanzen)* ■**etw in etw** *akk* **~** to cut sth in sth; **Löcher in etw** *akk* **~** to punch holes in sth

Sta·pel <-s, -> ['ʃta:pl̩] *m* ❶ *(geschichteter Haufen)* stack; *(unordentlicher Haufen)* pile; *Wäsche* mound
❷ NAUT stocks *pl*; **etw vom ~ lassen** to launch sth; **vom ~ laufen** to be launched, to take the water *form*
❸ INFORM *(Daten- oder Programmeinheit)* batch
►WENDUNGEN: **etw vom ~ lassen** *(fam)* to come out with sth *fam*; **Flüche vom ~ lassen** to rain down curses, to rail; **Verwünschungen gegen jdn/etw vom ~ lassen** to launch into a tirade against sb/sth; **einen Witz vom ~ lassen** to crack a joke

Sta·pel·ar·ti·kel *m* HANDEL staple [commodity] **Sta·pel·da·tei** *f* INFORM sequential [*or* batch] file **Sta·pel·gut** *nt* HANDEL staples *pl*, staple commodities *pl* **Sta·pel·kon·trol·le** *f* INFORM batch control **Sta·pel·lauf** *m* NAUT launch[ing]

sta·peln ['ʃta:pl̩n] I. *vt* ■**etw** [**auf etw** *akk*] **~** to stack sth [on sth]; **Holz ~** to stack [up *sep*] wood
II. *vr* ■**sich** *akk* [**auf etw** *dat*/**in etw** *dat*] **~** to pile up [on/in sth]

Sta·pel·num·mer *f* INFORM batch number **Sta·pel·rech·nung** *f* INFORM batched invoice

Sta·pel·ver·ar·bei·tung *f* INFORM batch processing **Sta·pel·ver·ar·bei·tungs·pro·gramm** *nt* INFORM batch processing program **Sta·pel·ver·ar·bei·tungs·sys·tem** *nt* INFORM batch system

stap·fen ['ʃtapfn̩] *vi sein* ■**durch etw** *akk* **~** to tramp through sth; *(mühseliger)* to trudge [*or* plod] through sth

Stap·fen <-s, -> ['ʃtapfn̩] *m* footprint

Sta·phy·lo·kok·ken·in·fek·ti·on [ʃtafylo'kɔkn̩-] *f* MED staphylococcal infection

Sta·phy·lo·kok·kus <-, Staphylokokken> [ʃtafylo'kɔkʊs] *m* staphylococcus, staph

Star^1 <-[e]s, -e> [ʃta:ɐ̯] *m (Vogelart)* starling

Star^2 <-[e]s, -e> [ʃta:ɐ̯] *m* MED cataract; **grauer ~** grey [*or* AM gray] [*or spec* lenticular] cataract; **grüner ~** glaucoma
►WENDUNGEN: **jdm den ~ stechen** *(fam)* to tell sb some home truths *fam*

Star^3 <-s, -s> [sta:ɐ̯, ʃt-] *m* ❶ *(berühmte Person)* star
❷ *(berühmter Vertreter seines Fachs)* leading light

Star·al·lü·ren [-aly:rən] *pl (pej)* airs and graces *pl pej*; **~ zeigen** [*o* **haben**] to put on airs and graces, to act like a prima donna *pej*; **~ an den Tag legen** to put on [*or* give oneself] airs [and graces] **Star·an·walt, -an·wäl·tin** *m, f* star lawyer, legal eagle *fam* **Star·ar·chi·tekt(in)** *m(f) (fam)* leading [*or* top] architect

starb [ʃtarp] *imp von* **sterben**

Star·be·set·zung *f* FILM, THEAT stellar cast **Star·di·ri·gent(in)** *m(f) (fam)* leading [*or* star] conductor

stark <stärker, stärkste> [ʃtark] I. *adj* ❶ *(kraftvoll)* strong; **ein ~er Händedruck** a powerful grip; **~e Muskeln** strong muscles, brawn *no pl*
❷ *(mächtig)* powerful, strong
❸ *(unbeugsam) Charakter, Wille* strong
❹ *(dick) Ast, Schnur, Wand* thick
❺ *(von bestimmter Dicke)* **ein 500 Seiten ~es Buch** a book of 500 pages
❻ *(zahlreich) Anwesenheit* large; ***die Veranstaltung erfreute sich einer ~en Beteiligung*** a large number of people took part in the event; **~e Nachfrage** great demand
❼ *(zahlenstark)* **120 Mann ~ sein** to be 120 strong, to number 120
❽ *(euph: korpulent)* large *euph*, well-built *euph*; **stärker werden** to put on weight
❾ *(hochgradig)* **~e Ähnlichkeit** strong resemblance; **~er Raucher/Trinker** heavy smoker/ drinker
❿ *(gehaltvoll, wirksam) Kaffee, Zigaretten* strong; **~e Drogen/~er Schnaps** strong [*or* hard] drugs/ schnapps; **~e Medikamente** strong [*or* potent] medicines
⓫ *(heftig, intensiv)* severe, heavy; **~er Druck** high pressure; **ein ~er Erdstoß** a heavy seismic shock; **~er Frost** severe [*or* heavy] frost; **~e Hitze/Kälte** intense [*or* severe] heat/cold; **~e Regenfälle/ Schneefälle** heavy rainfall *no pl*/snowfall[s]; **~e Schwüle** oppressive sultriness; **~e Strömung** strong [*or* forceful] current; **~er Sturm** violent storm
⓬ *(kräftig, laut)* loud; **~er Applaus** hearty [*or* loud]

S

applause; **ein ~er Aufprall/Schlag/Stoß** a hard [*or* heavy] impact/blow/knock; **ein ~es Rauschen** a [loud] roar[ing]
⑬ *(schlimm)* severe; **~e Entzündung/Vereiterung** severe inflammation/suppuration; **eine ~e Erkältung** a bad [*or* heavy] cold; **~es Fieber** a bad [*or* high] fever; **eine ~e Grippe/Kolik** a bad case of [the *fam*] flu/colic; **~e Krämpfe** bad [*or* severe] cramps; **~er Schmerz** severe [*or* intense] pain
⑭ *(tief empfunden) Eindruck, Gefühle* intense, strong; **~e Bedenken** considerable reservations; **~e Liebe** deep [*or* profound] love
⑮ *(leistungsfähig) Glühbirne, Motor* powerful; *Herz, Nerven* strong; *Brille* strong
⑯ *(fähig) Gegner* strong; *Schüler, Sportler a.* able; **in etw** *dat* **~ sein** to be strong in sth
⑰ *(sehr gut) Leistung* great; ***meiner Meinung nach war sein letztes Buch sein bisher stärkstes*** in my opinion his last book was his best up to now
⑱ *(sl: hervorragend)* great *fam*
⑲ *(fam: dreist)* ***das ist ~!*** that's a bit much! *fam; s. a.* **Stück**
⑳ LING *Deklination, Konjugation* strong
II. *adv* ① *(heftig)* heavily; ***gestern hat es ~ gestürmt*** there was a heavy [*or* violent] storm yesterday; **~ regnen/schneien** to rain/snow heavily [*or* a lot]
② *(in höherem Maße)* greatly, a lot; ***die Ausstellung war ~ besucht*** there were a lot of visitors to the exhibition; **sich** *akk* **an etw** *dat* **~ beteiligen** to be heavily involved [*or* to play a big part] in sth; **~ betrunken sein** to be very drunk; **~ gekauft werden** to sell extremely well [*or fam* like hot cakes]; **sich** *akk* **~ langweilen** to be bored stiff [*or* BRIT rigid] *fam;* **~ übertreiben** to greatly [*or* grossly] exaggerate; **~ vertreten** strongly represented
③ *(schlimm)* severely; **~ beschädigt** badly [*or* considerably] damaged; **~ bluten** to bleed profusely [*or* heavily]; **~ erkältet sein** to have a bad [*or* heavy] cold
④ *(kräftig)* hard; ***du musst stärker drücken*** you must push harder; **~ applaudieren** to applaud loudly [*or* heartily]
⑤ *(eine große Menge verwendend)* strongly; **zu ~ gesalzen** too salty; **~ gewürzt** highly spiced
⑥ *(sl: hervorragend)* really well
Stark·bier *nt* strong beer
Stär·ke¹ <-, -n> ['ʃtɛrkə] *f* ① *(Kraft)* strength
② *(Macht)* power; **militärische ~** military strength [*or* might]
③ *(Dicke)* thickness
④ *(zahlenmäßiges Ausmaß)* size; *Armee* strength; *Partei* numbers *pl*
⑤ *(Fähigkeit)* **jds ~ sein** to be sb's forte [*or* strong point]
Stär·ke² <-, -n> ['ʃtɛrkə] *f* ① CHEM starch, amylum *spec*
② *(Wäschestärke)* starch
stär·ke·hal·tig *adj* starchy; **~e Pflanzen** plants containing starch
Stär·ke·mehl *nt* thickening agent, ≈ cornflour BRIT, ≈ cornstarch AM
stär·ken ['ʃtɛrkn̩] I. *vt* ■**etw ~** ① *(kräftigen)* to strengthen sth; **die Konzentrationsfähigkeit ~** to improve concentration; *s. a.* **Rücken**
② *(verbessern)* to strengthen [*or* consolidate] sth
③ *(steif machen)* **ein Hemd ~** to starch a shirt
II. *vi* ■**~d** fortifying, restorative; **~des Mittel** tonic, restorative
III. *vr* ■**sich** *akk* **~** to take some refreshment
stark|ma·chen^RR *vr (fam)* ■**sich** *akk* **für jdn/etw ~** to stand up for sb/sth
Stark·strom *m* ELEK heavy [*or* power] current; ***„Vorsicht ~!"*** "danger! — high-voltage lines" **Stark·strom·ka·bel** *nt* power cable **Stark·strom·lei·tung** *f* power line
Stär·kung <-, -en> *f* ① *kein pl (das Stärken)* strengthening *no pl,* consolidation *no pl;* **~ der Währungsreserven** ÖKON bolstering of the currency reserves
② *(Kräftigung)* refreshment
Stär·kungs·mit·tel *nt* tonic, restorative
Star·let <-s, -s> ['sta:ɐ̯lɛt] *nt* FILM, MEDIA *(pej)* starlet
Star·mo·dell *nt (fam)* top model **Star·ope·ra·ti·on** *f* MED cataract operation [*or* extraction]
starr [ʃtar] I. *adj* ① *(steif)* rigid
② *(erstarrt)* stiff, paralysed; ■**~ vor etw** *dat* paralysed with sth; **~ vor Kälte** numb with cold; **~ vor Schreck** paralysed with fear [*or* terror]; **~ vor Staunen/Verblüffung** dumbfounded, gobsmacked BRIT
③ *(reglos)* **~e Augen** glassy eyes; **~er Blick** [fixed] stare; **ein ~es Grinsen** a forced grin
④ *(rigide)* inflexible, rigid; **eine ~e Haltung** an unbending [*or* BRIT *form* intransigent] attitude
II. *adv* ① *(bewegungslos)* **jdn/etw ~ ansehen** to stare at sb/sth; **~ lächeln** to force a smile, to give a forced smile
② *(rigide)* **~ an etw** *dat* **festhalten** to hold rigidly to sth
Starr·ach·se *f* AUTO rigid axle
Star·re <-> ['ʃtarə] *f kein pl* immovability *no pl; Leiche* rigidity *no pl,* stiffness *no pl*
star·ren ['ʃtarən] *vi* ① *(starr blicken)* ■**an etw** *akk/* **in etw** *akk* **~** to stare at/into sth
② *(bedeckt sein)* **von/vor Dreck ~** to be thick [*or* covered] with dirt; **von Waffen ~** to bristle [*or* BRIT be stiff] with weapons
Starr·heit <-> *f kein pl* intransigence *no pl form*
Starr·kopf *m* pig-headed [*or* obstinate] person; **einen ~ haben** to be pig-headed
starr·köp·fig *adj s.* **starrsinnig**
Starr·krampf *m* MED tetanus, lockjaw **Starr·sinn** *m* stubbornness *no pl,* pig-headedness *no pl* **starr·sin·nig** *adj* stubborn, pig-headed
Start <-s, -s> [ʃtart, start] *m* ① LUFT take-off; **zum ~ freigeben** to give clearance to start; ***die Maschine kann noch nicht zum ~ freigegeben werden*** the plane cannot be cleared for take-off yet; RAUM lift-off, launch
② SPORT start; **am ~ sein** *(von Läufern)* to be on [*or* at] the starting line; *(von Fahrern/Rennwagen)* to be on the starting grid; **fliegender/stehender ~** flying [*or* rolling]/standing start
③ *(Beginn)* start; *Projekt* launch[ing]; **automatischer ~** TECH auto-start
Start·auf·la·ge *f kein pl* VERLAG first printing **Start·au·to·ma·tik** *f* AUTO automatic choke **Start·bahn** *f* LUFT [take-off] runway **Start·bat·te·rie** *f* AUTO start-up battery
start·be·reit *adj* ① LUFT ready for take-off *pred;* RAUM ready for lift-off *pred*
② SPORT ready to start [*or* to go] [*or* BRIT *fam* for the off] *pred*
Start·bit *nt* INFORM start bit [*or* element] **Start·block** *m* SPORT starting block; *(Schwimmen)* starting platform **Start·dis·ket·te** *f* INFORM start-up [*or* boot] disk **Start·di·vi·den·de** *f* BÖRSE initial dividend
star·ten ['ʃtartn̩, 'st-] I. *vi sein* ① LUFT to take off; RAUM to lift [*or* blast] off, to be launched
② SPORT ■**[zu etw** *dat*] **~** to start [[on] sth]; ***die Läufer sind gestartet!*** the runners have started [*or* are off]!; ■**für jdn/etw ~** to participate [*or* take part] for sb/sth
③ *(beginnen)* to start; *Projekt* to be launched
II. *vt haben* ■**etw ~** ① *(anlassen)* to start sth; **ein Auto ~** to start a car; **einen Computer ~** to initialize a computer, to boot [up *sep*] a computer *spec;* **ein Programm ~** INFORM to start [*or* run] a program
② *(abschießen)* to launch sth; **einen Wetterballon ~** to send up *sep* a weather balloon
③ *(beginnen lassen)* to launch [*or* start] sth; **eine Expedition ~** to get an expedition under way; *s. a.* **Versuch**
Star·ter <-s, -> ['ʃtarte, 'st-] *m* AUTO starter, starting motor
Star·ter(in) <-s, -> ['ʃtarte, 'st-] *m(f)* SPORT *(Startsignalgeber, Wettkampfteilnehmer)* starter
Start·er·laub·nis *f* LUFT clearance for take-off; **jdm die ~ erteilen** [*o* **geben**] to clear sb for take-off; **~ haben** to be cleared for take-off **Start·flag·ge** *f* starting flag **Start·frei·ga·be** *f s.* **Starterlaubnis** **Start·geld** *nt* SPORT *(vom Wettkampfteilnehmer)* entry fee; *(an Sportler gezahlt)* appearance money [*or* fee] **Start·ge·schwin·dig·keit** *f* take-off [*or* lift-off] speed
Start·hil·fe *f* ① *(Zuschuss)* initial aid, start-up grant, pump-priming
② AUTO jump-start; **jdm ~ geben** to give sb a jump-start
Start·hil·fe·ka·bel *nt* jump leads *pl,* jumper cables *pl* AM **Start·ka·pi·tal** *nt* starting [*or* initial] capital, seed money [*or* capital] **start·klar** *adj s.* **startbereit** **Start·kom·man·do** *nt* launching command **Start·kre·dit** *m* start-up loan **Start·leis·te** *f* INFORM task bar **Start·leit·zen·trum** *nt* RAUM ground control **Start·li·nie** *f* starting line **Start·lis·te** *f* starting list
Start·loch *nt* SPORT starting hole *(used before the advent of starting blocks)*
▸WENDUNGEN: **schon in den Startlöchern** sitzen [*o* stehen] *(fig fam)* to be on one's blocks BRIT, to be ready and waiting
Start·num·mer *f* [starting] number **Start·pha·se** *f* start-up phase **Start·platt·form** *f* RAUM launching platform, launch pad **Start·pro·gramm** *nt* INFORM bootstrap routine **Start·ra·ke·te** *f* RAUM booster rocket, launch vehicle **Start·ram·pe** *f* RAUM launch[ing] pad **Start·schub** *m* RAUM take-off thrust **Start·schuss^RR** *m* SPORT starting signal
▸WENDUNGEN: **den ~ [für etw** *akk*] geben *(fig)* to give [sth] the green light [*or* the go-ahead] **Start·sei·te** *f* INET start [*or* home] page **Start·si·gnal** *nt* starting signal **Start·stre·cke** *f* RAUM take-off distance [*or* run] **Start·stu·fe** *f* RAUM launcher stage **Start·trieb·werk** *nt* RAUM booster engine
Start·up <-s, -s> ['sta:tʌp] *nt* INET, ÖKON start-up
Start·up·fir·ma^RR, **Start·up-Fir·ma**, **Start-up-Fir·ma** ['sta:tʌp-] *f* start-up
Start·ver·bot *nt* ① SPORT ban; **jdn mit einem ~ belegen** to ban [*or* bar] sb [from the sport]; **jdn mit einem befristeten ~ belegen** to suspend sb [from the sport] ② LUFT ban on take-off; **~ haben** to be grounded **Start·zei·chen** *nt* starting signal **Start·zeit** *f* take-off time
Sta·si¹ <-> ['ʃta:zi] *f kein pl kurz für* **Staatssicherheit[sdienst]** *state security service of the former GDR*
Sta·si² <-s, -s> ['ʃta:zi] *m (fam: Angehöriger der Stasi¹)* state security man
State·ment <-s, -s> ['ste:tmənt] *nt* statement
Sta·tik <-, -en> ['ʃta:tɪk, 'st-] *f* ① *kein pl (Stabilität)* stability *no pl*
② *kein pl* PHYS statics + *sing verb*
③ *(statische Berechnung)* static [*or* structural] calculation
Sta·ti·ker(in) <-s, -> ['ʃta:tike, 'st-] *m(f)* TECH structural engineer
Sta·ti·on <-, -en> [ʃta'tsi̯o:n] *f* ① *(Haltestelle)* stop
② *(Aufenthalt)* stay, stopover; **~ machen** to make a stop, to have a rest; **in einem Rasthaus ~ machen** to stopover [*or* stay] in a motel
③ *(Klinikabteilung)* ward; **innere ~** medical ward; **auf ~ 1 liegen** to be on ward 1
④ *(Sender)* station
⑤ METEO, MIL, SCI station
⑥ REL station [of the cross]
sta·ti·o·när [ʃtatsi̯o'nɛ:ɐ̯] I. *adj* ① MED in-patient *attr;* **ein ~er Aufenthalt** a stay in [AM the] hospital; **~e Einweisung** admission to hospital, hospitalization
② *(örtlich gebunden)* fixed, stationary; ***unser ~es Labor befindet sich in Hamburg*** our main [*or* permanent] laboratory is in Hamburg
II. *adv* MED in [AM the] hospital; **jdn ~ aufnehmen** [*o* **einweisen**] to admit sb to hospital, to hospitalize sb; **jdn ~ behandeln** to treat sb in hospital, to give sb in-patient treatment
sta·ti·o·nie·ren* [ʃtatsi̯o'ni:rən] *vt* MIL ① *(installieren)* ■**jdn/etw irgendwo ~** to station [*or* post] sb/sth somewhere
② *(aufstellen)* ■**etw irgendwo ~** to deploy sth somewhere

Sta·ti·o·nie·rung <-, -en> *f* MIL ① *(das Installieren)* stationing, posting
② *(Aufstellung)* deployment

Sta·ti·ons·arzt, -ärz·tin *m, f* ward doctor [*or* physician] **Sta·ti·ons·schwes·ter** *f* ward sister BRIT, senior nurse AM **Sta·ti·ons·vor·ste·her(in)** *m(f)* BAHN stationmaster

sta·tisch ['ʃtaːtɪʃ, 'st-] *adj* ① BAU static; **~e Zeichnung** structural drawing
② ELEK static
③ *(keine Entwicklung aufweisend)* in abeyance *pred,* at a standstill *pred*

Sta·tist(in) <-en, -en> [ʃta'tɪst] *m(f)* FILM extra; THEAT supernumerary *spec*

Sta·tis·tik <-, -en> [ʃta'tɪstɪk] *f* ① SCI statistics + *sing verb*
② *(statistische Aufstellung)* statistics *pl;* ■ **eine ~** a set of statistics; ■ **~en** statistics *pl*

Sta·tis·ti·ker(in) <-s, -> [ʃta'tɪstikɐ] *m(f)* statistician

Sta·tis·tin <-, -nen> *f fem form von* **Statist**

sta·tis·tisch [ʃta'tɪstɪʃ] **I.** *adj* statistical; **~e Berechnung** structural analysis; **~e Daten** statistics + *pl vb;* **~e Erhebung** statistical investigation; **~er Fehler** random [*or* statistic] error; **~e Zahlen** statistics
II. *adv* statistically; **etw ~ erfassen** to make a statistical survey of sth, to record the statistics of sth; **~ nicht aufgliederbare Transaktionen** transactions not included in the statistics

Sta·tiv <-s, -e> [ʃta'tiːf, *pl* ʃta'tiːvə] *nt* tripod

statt [ʃtat] **I.** *präp +gen* ■ **~ jds/einer S.** *gen* instead of sb/sth, in sb's/sth's place
II. *konj (anstatt)* ■ **~ etw zu tun** instead of doing sth

Statt <-> [ʃtat] *f kein pl* ■ **an jds ~** in sb's place [*or geh* stead]; *s. a.* **Eid, Kind**

statt·des·sen[RR] *adv* instead; ***der Film läuft nicht mehr — wollen wir ~ in den anderen?*** the film isn't showing anymore — shall we see the other one instead?

Stät·te <-, -n> ['ʃtɛtə] *f (geh)* place

statt|fin·den ['ʃtatfɪndn̩] *vi irreg* ① *(abgehalten werden)* to take place; *Veranstaltung a.* to be held
② *(sich ereignen)* to take place, to happen **statt|ge·ben** *vi irreg (geh)* ■ **etw** *dat* **~** to grant sth; **einem Antrag/Einspruch ~/nicht ~** to sustain/overrule a motion/an objection; **einer Beschwerde ~** to allow [*or* grant] an appeal

statt·haft *adj pred* ■ **~ sein** to be allowed [*or* permitted]

Statt·hal·ter(in) ['ʃtathaltɐ] *m(f)* HIST governor

statt·lich ['ʃtatlɪç] *adj* ① *(imposant)* imposing; **ein ~er Bursche** a strapping [*or* powerfully built] young man; **ein ~es Gebäude** a stately [*or* an imposing] [*or* a magnificent] building; **ein ~es Auto/Tier** a magnificent [*or* splendid] car/animal; **ein ~er Fisch** a whopper *fam;* ***ist er nicht ~?*** isn't he a hunk? *fam*
② *(beträchtlich)* handsome, considerable; **eine ~e Größe** a considerable height

Sta·tue <-, -n> ['ʃtaːtu̯ə, 'st-] *f* statue; *(kleiner)* statuette

Sta·tu·en·grup·pe *f* group of statues

Sta·tu·et·te <-, -n> [ʃta'tu̯ɛtə] *f* KUNST statuette

sta·tu·ie·ren* [ʃtatu'iːrən, st-] *vt (geh)* **aus etw** *dat* **ein Exempel ~** to make an example out of sth

Sta·tur <-, -en> [ʃta'tuːɐ̯] *f (geh)* build, physique; **von imposanter/kräftiger ~ sein** to be of imposing/powerful stature

Sta·tus <-, -> ['ʃtaːtʊs, 'st-] *m* ① *(Stellung)* status, position; **~ quo/~ quo ante** status quo/status quo ante
② JUR status
③ MED state, status
④ INFORM state; **aktiver ~** active state

Sta·tus·sym·bol *nt* status symbol **Sta·tus·zei·le** *f* INFORM status line

Sta·tut <-[e]s, -en> [ʃta'tuːt] *nt meist pl* statute; *Verein a.* standing rules *pl;* ■ **die ~en aufstellen** to draw up the statutes/standing rules

Sta·tu·ten·wech·sel *m* JUR change of jurisdiction

Stau <-[e]s, -e *o* -s> [ʃtau̯] *m* ① *(Verkehrsstau)* traffic jam, congestion; **ein ~ von 10 km** a 10 km tailback BRIT [*or* traffic jam]
② *(von beweglichen Massen)* build-up

Staub <-[e]s, -e *o* Stäube> [ʃtau̯p, *pl* 'ʃtɔybə] *m* ① *kein pl (Dreck)* dust *no pl, no indef art;* **~ saugen** to vacuum, to hoover BRIT; **~ wischen** to dust; **zu ~ werden** [*o* **zerfallen**] *(geh)* to turn to dust; *Mumie, archäologische Fundstücke* to crumble into dust
② *meist pl* SCI dust *no pl*
▶ WENDUNGEN: **~ aufwirbeln** *(fam)* to kick up a lot of dust; *(in der Öffentlichkeit)* to make [*or* create] a [big] stir; **den ~ [eines Ortes/Landes] von den Füßen schütteln** to shake the dust [of a place/country] off one's feet; **vor jdm im ~e kriechen** *(veraltet)* to grovel before sb [*or* at sb's feet]; **sich** *akk* **aus dem ~[e] machen** *(fam)* to clear [*or* make] off *fam;* **sich** *akk* **vor jdm in den ~ werfen** *(veraltet)* to throw oneself at sb's feet

Staub·blatt *nt* BOT stamen, stamina **Staub·blü·te** *f* BOT androecium **Stau·be·cken** *nt* [catchment [*or* storage] *spec*] reservoir [*or* basin]

stau·ben ['ʃtau̯bn̩] *vi impers (Staub aufwirbeln)* **bei etw** *dat* **staubt es sehr** sth makes a lot of dust
▶ WENDUNGEN: **pass auf, sonst staubt's!** watch it, or there'll be trouble!

stäu·ben ['ʃtɔybn̩] *vt* ■ **etw auf/über etw** *akk* **~** to sprinkle sth on/over sth; **Mehl/Puderzucker auf/über etw** *akk* **~** to dust sth with flour/icing sugar

Staub·fa·den *m* BOT filament **Staub·fän·ger** <-s, -> *m (pej)* dust collector **Staub·flo·cke** *f* piece of fluff, fluff *no indef art, no pl* **Staub·ge·fäß** *nt* BOT stamen

stau·big ['ʃtau̯bɪç] *adj* dusty; ■ **~ sein/werden** to be/get dusty

Staub·korn <-körner> *nt* speck [*or liter* mote] of dust, dust particle **Staub·lum·pen** <-s, -> *m* DIAL, SCHWEIZ *(Staubtuch)* duster **Staub·lun·ge** *f* MED black lung, pneumo[no]coniosis *spec* **Staub·par·ti·kel** *f meist pl* dust particle **staub·sau·gen** <*pp* staubgesaugt>, **Staub sau·gen** <*pp* Staub gesaugt> **I.** *vi* to vacuum, to hoover BRIT
II. *vt* ■ **etw ~** to vacuum [*or* BRIT hoover] sth
Staub·sau·ger *m* vacuum [cleaner], hoover BRIT, vac BRIT *fam* **Staub·schei·be** *f* ASTRON dust disk **Staub·schicht** *f* layer of dust **Staub·schweif** *m* ASTRON *eines Kometen* dust tail **staub·tro·cken** ['ʃtau̯p'trɔkn̩] *adj (überaus trocken)* as dry as a bone; *Lack* touch-dry **Staub·tuch** *nt* duster, dust cloth **Staub·wand** *f* BAU dust partition **Staub·wol·ke** *f* cloud of dust **Staub·zu·cker** *m* icing sugar, confectioner's sugar AM

stau·chen ['ʃtau̯xn̩] *vt* ① *(zusammendrücken)* ■ **etw ~** to compress sth; TECH *Metall* to upset sth
② *(verstauchen)* ■ **[sich** *dat*] **etw ~** to sprain one's sth
③ *(fam: zusammenstauchen)* ■ **jdn ~** to tear sb off a strip *fam*

Stau·damm *m* dam

Stau·de <-, -n> ['ʃtau̯də] *f* HORT perennial [plant]; **winterharte ~** hardy perennial

Stau·den·sel·le·rie *m kein pl* celery *no pl, no indef art*

stau·en ['ʃtau̯ən] **I.** *vt* ■ **etw ~** ① BAU to dam [up *sep*] sth; **einen Fluss ~** to dam [up] a river
② NAUT to stow sth
II. *vr* ① *(sich anstauen)* ■ **sich** *akk* **[in etw** *dat*/**hinter etw** *dat*] **~** to collect [*or* accumulate] [in/behind sth]; *(von Wasser a.)* to rise [in/behind sth]
② *(Schlange bilden)* ■ **sich** *akk* **[vor etw** *dat*] **~** to pile up [*or* become congested] [at [the site of] sth]; ***vor der Unfallstelle stauten sich die Fahrzeuge auf eine Länge von acht Kilometern*** the accident caused an 8 km tailback

Stau·fach *nt* storage compartment **Stau·ge·fahr** *f* risk of congestion; **„~"** "delays likely" **stau·ge·plagt** *adj* TRANSP prone to tailbacks [*or* traffic jams] **Stau·mau·er** *f* dam wall **Stau·mel·der** ['ʃtau̯mɛldɐ] *m* traffic jam monitor **Stau·mel·dung** *f* traffic news + *sing vb,* traffic jam information [*or* report]

stau·nen ['ʃtau̯nən] *vi* ■ **[über jdn/etw] ~** to be astonished [*or* amazed] [at sb/sth]; *(mit Bewunderung a.)* to marvel at sb/sth; **mit offenem Mund ~** to gape in astonishment [*or* amazement]; ■ **~, dass ...** to be astonished [*or* amazed] that ...; *(mit Bewunderung a.)* to marvel that ...; ■ **~, wie jd etw tut** to be astonished [*or* amazed]/to marvel at sb's ability to do sth; **da staunst du, was?** *(fam)* you weren't expecting that, were you?, that's shocked you, hasn't it?; *s. a.* **Bauklotz**

Stau·nen <-s> ['ʃtau̯nən] *nt kein pl* astonishment *no pl,* amazement *no pl;* **jdn in ~ versetzen[, dass/wie ...]** to astonish [*or* amaze] sb [that/how ...], to fill sb with astonishment [*or* amazement]; **voller ~** struck [dumb] with astonishment [*or* amazement]

Stau·pe¹ <-, -n> ['ʃtau̯pə] *f (Hundekrankheit)* distemper *no pl, no art*

Stau·pe² <-, -n> ['ʃtau̯pə] *f* HIST *(öffentliche Züchtigung)* public beating [*or* birching/caning]

Stau·raum *m* TRANSP, NAUT cargo space, storage capacity; NAUT stowage, stow space **Stau·see** *m* reservoir, artificial lake **Stau·stu·fe** *f* ARCHIT barrage *(which is one of several on the same river)*

Stau·ung <-, -en> *f* ① *(Verkehrsstau)* traffic jam, congestion *no indef art, no pl;* **eine lange ~** a long tailback [*or* traffic jam]
② *kein pl (das Anstauen)* build-up
③ MED congestion *no pl,* engorgement, stasis *spec*

Std. *Abk von* **Stunde** hr[.]

Steak <-s, -s> [steːk, ʃteːk] *nt* steak

Steak·mes·ser *nt* steak knife

Ste·a·rin <-s, -e> [ʃtea'riːn, st-] *nt* stearin

Stech·ap·fel *m* BOT thorn apple, AM *a.* jimson weed **Stech·be·cken** *nt* MED *(veraltet)* bedpan **Stech·bei·tel** *m* firmer chisel

ste·chen <sticht, stach, gestochen> ['ʃtɛçn̩] **I.** *vi* ① *(pieksen)* to prick; *Werkzeug* to be sharp
② *(von Insekten)* to sting; *Mücken, Moskitos* to bite
③ *(mit spitzem Gegenstand eindringen)* ■ **[mit etw** *dat*] **durch etw** *akk*/**in etw** *akk* **~** to stick sth through/into sth
④ *(brennen)* **auf der Haut/in den Augen/in der Nase ~** to sting one's skin/eyes/nose; ***die Sonne sticht in den Augen*** the sun hurts one's eyes
⑤ KARTEN ■ **[mit etw** *dat*] **~** to take the trick [with sth]; **mit einem Trumpf ~** to trump
⑥ *(spielen)* **ins Gelbliche ~** *Farbe* to have a yellowish tinge [*or* tinge of yellow]
II. *vt* ① *(durch etwas Spitzes verletzen)* ■ **jdn [mit etw** *dat*] **~** to stab sb [with sth]
② *(pieksen)* ■ **jdn ~** to prick sb; ■ **sich** *akk o dat* **in etw** *akk* **~** to prick one's sth
③ *(von Insekt)* ■ **jdn/ein Tier ~** to sting sb/an animal; *(von Mücken, Moskitos)* to bite sb/an animal
④ KARTEN ■ **etw [mit etw** *dat*] **~** to take sth [with sth]
⑤ *(gravieren)* ■ **etw [in etw** *akk*] **~** to engrave sth [in sth]; **wie gestochen** very easy to read; **wie gestochen schreiben** to write a clear hand; *s. a.* **Auge, Spargel, Torf**
III. *vr* ■ **sich** *akk* **[an etw** *dat*] **~** to prick oneself [on sth]
IV. *vi impers* **es sticht [jdm** [*o* **jdn**]] **in der Seite** sb has a sharp [*or* stabbing] pain in his/her side

Ste·chen <-s, -> ['ʃtɛçn̩] *nt* ① *(stechender Schmerz)* sharp [*or* stabbing] pain, stitch
② *(beim Reiten)* jump-off

ste·chend *adj* ① *(scharf)* sharp, stabbing
② *(durchdringend)* piercing, penetrating
③ *(beißend)* acrid; **ein ~er Geruch** an acrid [*or* a pungent] smell

Stech·gins·ter *m* BOT gorse, furze **Stech·hy·gro·me·ter** *nt* TYPO sword-type hygrometer **Stech·kar·te** *f* time [*or* BRIT clocking] card **Stech·mü·cke** *f* gnat, midge; *([sub]tropisch)* mosquito **Stech·pal·me** *f* holly, ilex *spec* **Stech·uhr** *f* time clock, telltale BRIT **Stech·zir·kel** *m* pair of dividers, dividers *pl*

Steck·brief *m* "wanted" poster **steck·brief·lich** *adv* **~ gesucht werden** to be wanted [by the police], to be on the wanted list; **jdn ~ verfolgen** to put up "wanted" posters of sb

Steck·do·se *f* [wall] socket, power point, electrical outlet **Steck·do·sen·schutz** *m* safety socket cover

Steck·ein·heit *f* TECH plug-in unit **Steck·ei·sen** *nt* BAU iron dowel

ste·cken ['ʃtɛkn̩] **I.** *vi* <steckte *o geh* stak, gesteckt> ❶ *(festsitzen)* ■**in/hinter/zwischen etw** *dat* ~ to be stuck in/behind/between sth; *Dorn, Gräte, Kugel* to be [sticking [*or* lodged]] in/behind/between sth; [**in etw** *dat*] ~ **bleiben** to get stuck [in sth]; ***das Auto blieb im Schlamm*** ~ the car got stuck in the mud

❷ *(eingesteckt sein)* ■**an etw** *dat* ~ *Abzeichen, Nadel* to be pinned to sth; **einen Ring am Finger** ~ **haben** to have a ring on one's finger; ■**in etw** *dat* ~ to be in sth; ***der Schlüssel steckt im Schloss*** the key is in the lock; ***sie hat den Schlüssel*** ~ ***lassen*** she has left the key in the lock; ***lass*** [***dein Geld***] ~***!*** leave your money where it is [*or* in your pocket]!, let me pay for this

❸ *(verborgen sein)* ■**in etw** *dat* ~ to be in sth; *(von Kindern a.)* to be hiding in sth; ***wo hast du denn gesteckt?*** *(fam)* where have you been [hiding]?; ***wo steckt er denn bloß wieder?*** *(fam)* where has he got to again?; ***sie steckt immer nur zu Hause*** *(fam)* she never goes out

❹ *(talentiert sein)* ***in ihm steckt mehr als ich gedacht habe*** he's got more in him than I thought; **zeigen, was in einem steckt** to show what one is made of

❺ *(investiert sein)* ***darin steckt eine ganze Menge Arbeit*** a lot of work has gone [*or* been put] into it

❻ *(verantwortlich sein)* ■**hinter etw** *dat* ~ to be behind [*or* at the bottom of] sth

❼ *(verwickelt sein in)* [**tief**] **in der Arbeit** ~ to be bogged down in [one's] work; **in einer Krise** ~ to be in the throes of a crisis; **mitten im Examen** ~ to be in the middle of one's exams; **in der Scheiße** ~ *(sl)* to be in the shit BRIT *sl,* to be up shit creek [without a paddle] *hum sl;* **in Schwierigkeiten/**[**tief**] **in Ärger** ~ to be in difficulties/in [deep] trouble; **tief in Schulden** ~ to be deep[ly] in debt

❽ *(stocken)* [**in etw** *dat*] ~ **bleiben** to get stuck [in sth]; **in einem Gedicht** ~ **bleiben** to get stuck in [reciting] a poem

❾ *(voll sein)* **voller Fehler/Unfug** ~ to be full of mistakes/mischief; *s. a.* **Hals**

II. *vt* <steckte, gesteckt> ❶ *(schieben)* ■**etw irgendwohin** ~ to put sth somewhere; ***das kannst du dir irgendwohin*** ~***!*** *(fam)* you can stick that where the sun don't shine! *pej fam;* **einen Brief unter die Tür/einen Geldschein in die Tasche** ~ to slip a letter under the door/a note into one's pocket; **das Hemd in die Hose** ~ to tuck one's shirt in one's trousers; **den Kopf aus dem Fenster** ~ to pop one's head out of the window *fam;* **sich** *dat* **einen Ring an den Finger** ~ to slip a ring on one's finger, to slip [*or* put] on a ring *sep*

❷ *(befestigen)* **sich** *dat* **ein Abzeichen an den Kragen** ~ to pin a badge to one's collar; **sich** *dat* **Blumen ins Haar** ~ to put flowers in one's hair

❸ *(fam: befördern)* ■**jdn in etw** *akk* ~ to put [*or fam* stick] sb in sth; **jdn ins Bett** ~ to put sb to bed *fam;* **jdn ins Gefängnis** ~ to stick sb in prison *fam,* to put sb away [*or* inside] *fam*

❹ *(einpflanzen)* **Zwiebeln** ~ to plant bulbs

❺ *(anordnen)* **Blumen** ~ to arrange flowers; **jds Haar zu einem Knoten** ~ to put sb's hair up in a knot

❻ *(von Kleidungsstück)* ■**etw** ~ to pin sth [together]; **den Saum** ~ to pin up the hem *sep*

❼ *(fam: investieren)* ■**etw in etw** *akk* ~ to put sth into sth; **viel Zeit in etw** *akk* ~ to devote a lot of time to sth

❽ *(sl: verraten)* ■**jdm etw** ~ to tell sb sth; ■**jdm** ~**, dass ...** to tell sb that ...; **es jdm** ~ to tell sb what's what

Ste·cken <-s, -> ['ʃtɛkn̩] *m* DIAL, SCHWEIZ stick; *(flexibler a.)* switch

ste·cken·ge·ra·de *adj* SCHWEIZ *(fam)* as stiff as a poker

Ste·cken·pferd *nt (fig a.)* hobby horse, hobby

Ste·cker <-s, -> *m* plug; **den** ~ **herausziehen** to unplug; **einheitlicher** ~ standard plug

Ste·cker·buch·se *f* socket **ste·cker·kom·pa·ti·bel** *adj* plug-to-plug compatible

Steck·kar·te *f* INFORM pluggable board, adapter card

Steck·kon·takt *m* ELEK plug

Steck·ling <-s, -e> ['ʃtɛklɪŋ] *m* HORT cutting

Steck·mo·dul *nt* INFORM pluggable module **Steck·na·del** *f* pin ▸WENDUNGEN: **eine** ~ **im Heuhaufen suchen** to look for a needle in a haystack **Steck·platz** *m* INFORM slot; **freier** ~ empty slot **Steck·rü·be** *f* BOT DIAL swede, rutabaga AM **Steck·schlüs·sel** *m* box [*or* BRIT socket] spanner [*or* wrench] **Steck·schuss[RR]** *m* **ein** ~ **im Kopf** a bullet [lodged] in the/one's head **Steck·ver·bin·dung** *f* TECH plug socket

Steel·drum <-, -s> ['stiːldrʌm] *f* MUS steel drum

Steg <-[e]s, -e> [ʃteːk] *m* ❶ *(schmale Holzbrücke)* footbridge

❷ *(Bootssteg)* landing stage, jetty

❸ MUS bridge, chevalet *spec*

❹ *(Brillensteg)* bridge, nosepiece

❺ *(an Hosen)* foot strap

Steganografie[RR], **Ste·ga·no·gra·phie[ALT]** [ʃteganogra'fiː] *f kein pl* INFORM steganography

Steg·ho·se *f* stirrup pants *npl*

Steg·reif ['ʃteːkraif] *m* ■**etw aus dem** ~ **tun** to do sth off the cuff [*or* just like that]; **eine Rede aus dem** ~ **halten** to make an impromptu [*or* off-the-cuff] [*or* ad-lib] speech

Steg·span·gen·schuh *m* T-strap shoe

Steh·auf·männ·chen ['ʃteːʔaufmɛnçən] *nt* ❶ *(Spielzeug)* tumbler

❷ *(Mensch, der sich immer wieder erholt)* somebody who always bounces back; ***er ist ein richtiges*** ~ he always bounces back

Steh·bild·ka·me·ra *f* stills camera **Steh·bord·kra·gen** *m* stand-up collar **Steh·bünd·chen** *nt* turtleneck; **Pullover mit** ~ turtleneck [sweater] **Steh·ca·fé** *nt* stand-up cafe

ste·hen ['ʃteːən]

I. INTRANSITIVES VERB	II. UNPERSÖNLICHES INTRANSITIVES VERB
III. REFLEXIVES VERB	
IV. UNPERSÖNLICHES REFLEXIVES VERB	V. TRANSITIVES VERB

I. INTRANSITIVES VERB

❶ <stand, gestanden> *haben o* SÜDD, ÖSTERR, SCHWEIZ *sein (in aufrechter Stellung sein) Mensch* to stand; *längliche Gegenstände a.* to be [placed] upright; ***ich kann nicht mehr*** ~ I can't stand up any longer; ***unsere alte Schule steht noch*** our old school is still standing [*or* is still there]; ***nach dem Erdbeben waren nur ein paar Häuser*** ~ ***geblieben*** after the earthquake, only a few houses were left standing; ***so wahr ich hier stehe*** as sure as I'm standing here; *(fig)* ***er steht zwischen uns*** he comes between us; *(fam)* ***deine Hose steht vor Dreck*** your trousers are stiff with dirt; ***ich habe keine Zeit, stundenlang am Herd zu*** ~ I haven't got time to spend hours slaving over a hot stove; **an der Bushaltestelle** ~ to stand [*or* wait] at the bus stop; **unter der Dusche** ~ to be in the shower; **fest/sicher** ~ to stand firm[ly]/securely; *Mensch* to have a firm/safe foothold; **gebückt** [*o* **krumm**] ~ to slouch; **gerade** ~ to stand up straight; **einen** ~ **haben** *(sl)* to have a hard-on *sl;* **neben jdm zu** ~ **kommen** to end up beside sb

❷ <stand, gestanden> *haben o* SÜDD, ÖSTERR, SCHWEIZ *sein (sich befinden)* ■[**hinter etw** *dat*/**in etw** *dat*] ~ to be [behind/in sth]; ***die Tasse steht auf dem Tisch*** the cup is on the table; ***auf der Straße stand Wasser*** there was water on the road; ***Schweißperlen standen auf ihrer Stirn*** there were beads of sweat on her forehead; ***der Weizen steht gut*** the wheat is growing well; *(fig)* ***die Dinge*** ~ ***nicht gut*** things are looking bad; ***ich tue alles, was in meinen Kräften*** [*o* ***in meiner Macht***] ***steht*** I'll do everything in my power; ***das steht zu erwarten/fürchten*** that is to be expected/feared; **unter Alkohol/Drogen** ~ to be under the influence of alcohol/drugs; **vor dem Bankrott** ~ to be faced with bankruptcy; **in voller Blüte** ~ to be in full bloom; **vor einer Entscheidung** ~ to be faced with a decision; **am Himmel** ~ to be in the sky; ***der Mond stand am Himmel*** the moon was shining; **kurz vor dem Krieg** ~ to be on the brink of war; **im Rentenalter** ~ to be of pensionable age; **unter Schock** ~ to be in a state of shock

❸ <stand, gestanden> *haben o* SÜDD, ÖSTERR, SCHWEIZ *sein (geparkt haben)* ■**auf etw** *dat*/**in etw** *dat* ~ *Fahrzeug* to be parked on/in sth; *Fahrer* to have parked on/in sth; ***wo steht dein Auto?*** where is your car [parked]?; ***wo stehst du?*** where have you parked?

❹ <stand, gestanden> *haben o* SÜDD, ÖSTERR, SCHWEIZ *sein (verzeichnet sein)* ■[**auf etw** *dat*/**in etw** *dat*] ~ to be [on/in sth]; ***wo steht das?*** where does it say that?; *(fig)* who says so?; ***was steht in der Zeitung/seinem Brief?*** what does the paper/his letter say?, what does it say in the paper/his letter?; ***in der Zeitung steht, dass ...*** it says in the paper that ...; ***das steht bei Goethe*** that comes from Goethe; ***in der Bibel steht*** [***geschrieben***], [***dass***] ... it is written [in the Bible] [*or* it says in the Bible] that ...; **im Gesetz** ~ to be [embodied in *form*] the law; ***das steht nicht im Gesetz*** the law says nothing about that; **auf einer Liste** ~ to be [*or* appear] on a list

❺ <stand, gestanden> *haben o* SÜDD, ÖSTERR, SCHWEIZ *sein (nicht in Bewegung sein)* to have stopped; *Fließband, Maschine a.* to be at a standstill; ***der ganze Verkehr stand*** all traffic was at a complete standstill; ***das Auto ist auf ein*** ~ ***des Fahrzeug aufgefahren*** the car bumped into a stationary vehicle; ~ **bleiben** to stop; *Zeit* to stand still; *Kraftfahrzeug, Zug a.* to come to a stop [*or* halt] [*or* standstill]; ***meine Uhr ist*** ~ ***geblieben*** my watch has stopped; ***in welcher Zeile waren wir*** ~ ***geblieben?*** where did we get to [in the book]?, where did we stop reading?; ~ ***bleiben!*** MIL halt!; **etw zum S~ bringen** to stop sth; **zum S~ kommen** to come to a stop

❻ <stand, gestanden> *haben o* SÜDD, ÖSTERR, SCHWEIZ *sein (belassen, zurücklassen)* **jdn/etw** ~ **lassen** to leave sb/sth [behind]; ***lass das*** [***auf dem Tisch***] ~***!*** leave it [on the table]!; ***lass die Blumen da*** ~***!*** leave the flowers where they are!; ***das kannst du so nicht*** ~ ***lassen*** *(a. fig)* you can't leave it as it is; ***den Teig eine Stunde*** ~ ***lassen*** leave the dough to rest for an hour; **jdn einfach** ~ **lassen** to walk off and leave sb, to leave sb standing [there], to walk out on sb *fam;* **das Essen** ~ **lassen** to leave the food untouched; **einen Fehler** ~ **lassen** to leave [in] a mistake; **jdn in der Kälte/vor der Tür** ~ **lassen** to leave sb standing in the cold/outside

❼ <stand, gestanden> *haben o* SÜDD, ÖSTERR, SCHWEIZ *sein (anzeigen)* ■**auf etw** *dat* ~ to be at sth; *Nadel a.* to point to sth; ***die Ampel steht auf Rot*** the traffic light is red; ***der Zeiger steht auf 4 Uhr*** the clock says 4 o'clock; ***das Barometer steht hoch/tief/auf Regen*** the barometer is reading high/low/indicating rain; ***der Wasserpegel steht auf 3,50 m*** the water mark is at 3.50 m; ***der Wind steht günstig/nach Süden*** the wind stands fair/is from the south; **im roten Bereich** ~ to be in the red

❽ <stand, gestanden> *haben o* SÜDD, ÖSTERR, SCHWEIZ *sein (einen bestimmten Spielstand haben)* ***wie steht das Spiel?*** what's the score?; ***es steht 0:0*** neither side has scored, there is still no score; ***das Spiel steht 1:1*** the score is one all; ***es steht 2:1 für Manchester*** the score is [*or* it is] 2-1 to Manchester

❾ <stand, gestanden> *haben o* SÜDD, ÖSTERR, SCHWEIZ *sein* FIN *(einen bestimmten Wechselkurs haben)* ■**bei etw** *dat* ~ to be [*or* stand] at sth; ***wie steht das Pfund?*** what's the rate for the pound?, how's the pound doing? *fam;* ***das Pfund steht besser/sehr tief*** the pound is stronger/very low [*or* down a lot]; ***am besten steht der Franken*** the

Swiss franc is strongest; ***die Aktie steht gut/ schlecht*** the share price is high/low
⑩ <stand, gestanden> *haben o* SÜDD, ÖSTERR, SCHWEIZ *sein* LING **mit dem Akkusativ/Dativ ~** to be followed by [*or* to take] the accusative/dative
⑪ <stand, gestanden> *haben o* SÜDD, ÖSTERR, SCHWEIZ *sein (passen zu)* **jdm [gut/nicht] ~** to suit sb [well] [*or form* to become sb]/to not suit [*or form* become] sb; ***der Hut steht dir gut*** the hat suits you
⑫ <stand, gestanden> *haben o* SÜDD, ÖSTERR, SCHWEIZ *sein (fam: zusammengestellt sein) Plan, Rede, Programm* to be ready; ***die Mannschaft steht noch nicht*** the team hasn't been picked [*or* selected] yet; ***die Sache steht jetzt endlich*** the whole business is finally settled
⑬ <stand, gestanden> *haben o* SÜDD, ÖSTERR, SCHWEIZ *sein (geahndet werden)* ***auf Mord steht Gefängnis*** the penalty for murder is imprisonment, murder is punishable by imprisonment
⑭ <stand, gestanden> *haben o* SÜDD, ÖSTERR, SCHWEIZ *sein (ausgesetzt sein)* ***auf die Ergreifung der Terroristen steht eine Belohnung*** there is a reward [*or* a reward has been offered] for the capture of the terrorists
⑮ <stand, gestanden> *haben o* SÜDD, ÖSTERR, SCHWEIZ *sein (fam: gut finden)* ■ **auf jdn/etw ~** to be mad [*or* crazy] about sb/sth *fam;* ***stehst du auf Techno?*** are you into techno? *sl;* ***sie steht total auf ihn*** she's nuts about him *fam*
⑯ <stand, gestanden> *haben o* SÜDD, ÖSTERR, SCHWEIZ *sein (stellvertretend sein)* ■ **für etw** *akk* **~** to stand for sth
⑰ <stand, gestanden> *haben o* SÜDD, ÖSTERR, SCHWEIZ *sein (unterstützen)* ■ **hinter jdm/etw ~** to support [*or* be behind] sb/sth
⑱ <stand, gestanden> *haben o* SÜDD, ÖSTERR, SCHWEIZ *sein (zu jdm halten)* ■ **zu jdm ~** to stand [*or fam* stick] by sb
⑲ <stand, gestanden> *haben o* SÜDD, ÖSTERR, SCHWEIZ *sein (an etw festhalten)* ■ **zu etw** *dat* **~** to stand by sth; ***ich stehe zu dem, was ich gesagt habe*** I stick to what I've said; **zu einer Abmachung ~** to stand by [*or* keep to] an agreement; **zum Kommunismus ~** to be a staunch communist; **zu seinem Versprechen ~** to stand by [*or* keep] one's promise
⑳ <stand, gestanden> *haben o* SÜDD, ÖSTERR, SCHWEIZ *sein (eingestellt sein)* ***wie ~ Sie dazu?*** what are your views on it?, what is your opinion on [*or* of] it?; **mit jdm gut/schlecht ~** to be on good/bad terms [*or* get on well/badly] with sb; **negativ/positiv zu etw** *dat* **~** to have a negative/positive opinion [*or* view] of sth
▸WENDUNGEN: **alles ~ und liegen lassen** to drop everything; **sich** *dat* **einen Bart ~ lassen** to grow a beard; **sich** *dat* **die Beine in den Bauch ~** to stand until one is ready to drop; **mit jdm/etw ~ und fallen** to depend on sb/sth, to stand or fall with sb/sth; ***mit ihm steht und fällt die Mannschaft*** he's the kingpin of the team; **jdm steht etw bis hier** [*o* **oben**] [*o* **zum Hals[e]**] *(fam)* sb is sick and tired with sth *fam,* sb is fed up [to the back teeth] with sth *fam;* ***die Schulden ~ ihr bis zum Hals*** she's up to her neck in debt *fam*

II. UNPERSÖNLICHES INTRANSITIVES VERB

① <stand, gestanden> *(sich darstellen)* ***es steht gut/schlecht mit jdm/etw*** things look [*or* it looks] good/bad for sb/sth, sb/sth is faring well/badly; ***wie steht es bei euch?*** how are things with you?; [***wie geht's,***] ***wie steht's?*** [how are you,] how are [*or* how's] things? *fam;* ***wie steht es damit?*** how about it?; ***wie steht es mit deinen Finanzen?*** how are your finances?; ***so steht es also!*** so that's how [*or* the way] it is!
② <stand, gestanden> *(gesundheitlich)* **es steht gut/schlecht um jdn/etw** sb/sth is doing well/badly; ***wie steht es um deine Gesundheit?*** how are you feeling?, how is your health?
③ <stand, gestanden> *(geh: anstehen)* **es steht zu befürchten/erwarten, dass ...** it is to be feared/expected that ...

III. REFLEXIVES VERB

① <stand, gestanden> *(gestellt sein)* **sich** *akk* **besser/gut/schlecht [bei etw** *dat*] **~** to be better/well off/badly off [with sth]
② <stand, gestanden> *(auskommen)* ■ **sich** *akk* **gut/schlecht mit jdm ~** to get on [well]/badly with sb
③ <stand, gestanden> *(lange auf den Füßen sein)* **sich** *akk* **müde stehen** to get tired of standing

IV. UNPERSÖNLICHES REFLEXIVES VERB

<stand, gestanden> ***hier steht es sich nicht gut*** this isn't a good place to stand

V. TRANSITIVES VERB

<stand, gestanden> **einen Sprung ~** *(beim Eislaufen, im Skisport)* to perform a jump without falling; **Wache ~** to stand on guard

Ste·hen <-s> [ˈʃteːən] *nt kein pl* ■ **das ~** standing; **gerades** [*o* **aufrechtes**] **~** standing upright; **etw im ~ tun** to do sth standing up; **im ~ essen** to have a stand-up meal, to eat standing up

ste·hend *adj attr* stagnant; **~es Gewässer** stretch of standing [*or* stagnant] water

Ste·her·ren·nen [ˈʃteːɐ-] *nt (Rad- und Motorradsport)* motor-paced race

Steh·gei·ger(in) *m(f)* cafe violinist **Steh·knei·pe** *f* stand-up bar **Steh·kra·gen** *m* stand-up collar, choker *fam* **Steh·lam·pe** *f* floor [*or* standard] lamp **Steh·lei·ter** *f* stepladder

steh·len <stahl, gestohlen> [ˈʃteːlən] **I.** *vt* ■ **[jdm] etw ~** to steal [*or hum* purloin] [sb's] sth
▸WENDUNGEN: **das/er/sie usw. kann mir gestohlen bleiben!** *(fam)* to hell with it/him/her etc.! *fam,* he/she etc. can go take a running jump! *fam;* **dem lieben Gott die Zeit ~** to laze the time away; **woher nehmen und nicht ~?** *(hum)* where on earth am I going to find that/them etc.?; **jdm die Zeit ~** to take up [*or* waste] sb's time
II. *vi* to steal; ***es wird dort viel gestohlen*** there's a lot of stealing there
III. *vr* ① *(sich heimlich schleichen)* ■ **sich** *akk* **von etw** *dat* **~** to steal [*or* sneak] away from sth
② *(sich drücken vor)* ■ **sich** *akk* **aus etw** *dat* **~** to sneak out of sth

Steh·mon·ta·ge [-mɔntaːʒə] *f* TYPO assembly for re-use, standing form[e] **Steh·platz** *m* **24 Stehplätze** standing room for 24; ***es gab nur noch Stehplätze*** there was standing room only; ***ich bekam nur noch einen ~*** I had to stand **Steh·pult** *nt* high desk **Steh·satz·ver·wal·tung** *f* TYPO long-term data management **Steh·tisch** *m* bar-height bistro table, tall table **Steh·ver·mö·gen** *nt kein pl* staying power *no pl, no indef art,* stamina *no pl, no indef art;* **[großes] ~ haben** to have [a lot of] staying power [*or* stamina]

Stei·er·mark <-> [ˈʃtaiɐmark] *f* ■ **die ~** Styria

steif [ʃtaif] *adj* ① *(starr)* stiff; **ein ~er Kragen** a stiff collar; **~ vor Kälte** stiff [*or* numb] with cold; **~ wie ein Brett** as stiff as a board
② *(schwer beweglich)* stiff; **ein ~es Bein** a stiff leg; **einen ~en Hals haben** to have a stiff neck; ■ **~ sein/werden** to be/grow stiff; **sich** *akk* **~ machen** to go rigid, to lock one's muscles
③ *(förmlich)* stiff, starchy BRIT *pej fam;* **ein ~er Empfang/eine ~e Begrüßung** a [rather] formal [*or pej fam* starchy] reception/greeting
④ *(erigiert)* erect; **ein ~er Penis** an erect [*or* a hard] [*or* a stiff] penis, an erection; ■ **~ sein/werden** to be/become erect
⑤ *(fam: alkoholische Getränke)* stiff; **ein ~er Grog** a tot [*or* shot] of strong grog, a stiff tot of grog
⑥ NAUT **ein ~es Boot** a stiff boat; **eine ~e Brise/See** a stiff breeze/heavy sea
▸WENDUNGEN: **~ und fest** obstinately, stubbornly, categorically; **sich** *dat* **~ und fest einbilden, dass ...** to have got it into one's head that ...

stei·fen [ˈʃtaifn̩] *vt* ■ **etw ~** to stiffen sth; *Wäsche* to starch sth

steif|hal·ten *vt irreg* ▸WENDUNGEN: **die Ohren** [*o* **den Nacken**] **~** to keep one's chin up

Steif·heit <-> *f kein pl* ① *(Festigkeit)* stiffness *no pl,* hardness *no pl,* erectness *no pl*
② *(körperliche Unbeweglichkeit)* stiffness *no pl*
③ *(fig: geistige Unbeweglichkeit)* stiffness *no pl,* starchiness *no pl*
④ *(fig: Förmlichkeit)* stiffness *no pl,* formality

Steig·bü·gel [ˈʃtaik-] *m* stirrup; MED *a.* stapes *spec*
Steig·bü·gel·hal·ter(in) *m(f) (pej)* backer, supporter; **jds ~ sein** to help sb [to] come to power

Stei·ge <-, -n> [ˈʃtaigə] *f* DIAL ① *(steile Straße)* steep track
② *s.* **Stiege**

Steig·ei·sen *nt* ① *(für Schuhe)* climbing iron; *(Bergsteigen)* crampon
② *(an Mauern)* step iron, rung [set into a wall]

stei·gen <stieg, gestiegen> [ˈʃtaign̩] **I.** *vi sein*
① *(klettern)* to climb; ■ **auf etw** *akk* **~** to climb [up] sth; **durchs Fenster ~** to climb through the window
② *(besteigen)* ■ **auf etw** *akk* **~** to get on[to] sth; **aufs Fahrrad ~** to get on the bike; **auf ein Pferd ~** to get on[to] [*or* mount] a horse
③ *(absteigen)* ■ **von etw** *dat* **~** to get off sth; **vom Fahrrad ~** to get off the bike; **von einer Leiter ~** to come down off a ladder; **von einem Pferd ~** to get off a horse, to dismount
④ *(einsteigen)* ■ **in etw** *akk* **~** to get [*or* step] into sth; ***er stieg in seine Hose*** *(fam)* he put on his trousers; **in die Badewanne ~** to climb [*or* get] into the bath; **in einen Zug ~** to get on [*or* board] a train, to entrain *liter*
⑤ *(aussteigen)* ■ **aus etw** *dat* **~** to get [*or* step] out of sth; **aus dem Bett ~** to get out of bed; **aus einem Bus ~** to get off [*or* BRIT *form* alight from] a bus; **aus einem Zug ~** to get off [*or form* alight from] a train, to detrain *liter*
⑥ *(fam: treten)* **auf die Bremse/aufs Gas ~** to step on the brakes/on the accelerator [*or fam* gas]; **jdm auf den Fuß ~** to tread on sb's foot
⑦ *(sich aufwärtsbewegen)* to rise; *Nebel* to lift; ***die Tränen stiegen ihr in die Augen*** her eyes welled up with tears; ***das Blut stieg ihm ins Gesicht*** the blood rushed to his face, he blushed; ***der Sekt ist mir zu Kopf gestiegen*** the sparkling wine has gone to my head; ***der Duft stieg ihm in die Nase*** the smell reached his nostrils; **in die Luft ~** to rise [-up] [*or* soar] into the air; *Flugzeug* to climb [into the air]; ■ **etw ~ lassen** to fly sth; **Drachen ~ lassen** to fly kites [*or* go kite-flying]; **Luftballons ~ lassen** to release balloons into the air
⑧ *(fam: sich begeben)* ■ **in etw** *akk* **~** to get into sth; **ins Examen ~** to take one's exam
⑨ *(sich erhöhen)* to rise, to go up; *Temperatur a.* to climb; *Popularität* to grow; *Preis, Wert* to increase, to rise; *Flut* to swell, to rise; ***der Preis dieses Artikels ist um 10% auf €22 gestiegen*** the price of this article has risen by 10% to €22; **in jds Achtung ~** to rise in sb's estimation; **das S~ und Sinken der Kurse** the rise and fall of prices [*or* rates]
⑩ *(sich intensivieren)* to increase, to grow; *Spannung, Ungeduld, Unruhe a.* to mount
⑪ *(sich bessern) Chancen, Stimmung* to improve; ***meine Stimmung stieg*** my spirits rose
⑫ *(fam: stattfinden)* ■ **[bei jdm] ~** to be [*or fam* go down] [at sb's place]; ***heute Abend steigt das Fest des Sportvereins*** the sport club's having a party tonight
⑬ *(sich aufbäumen) Pferd* to rear
II. *vt sein* **Stufen/Treppen ~** to climb [up] steps/stairs

stei·gend *adj inv* ① *(sich erhöhend) Preise, Löhne* rising, increasing, escalating
② *(sich intensivierend) Spannung, Ungeduld* rising, increasing, mounting, escalating
③ *Flugzeug, Straße* climbing

Stei·ger <-s, -> [ˈʃtaigɐ] *m* BERGB pit foreman, overman

stei·gern [ˈʃtaigɐn] **I.** *vt* ① *(erhöhen, verstärken)*

■etw [auf etw *akk*/um etw *akk*] ~ to increase sth [to/by sth]; **die Geschwindigkeit** ~ to increase speed, to accelerate; **die Produktion** ~ to increase [*or sep* step up] production
② *(verbessern)* ■**etw** ~ to add to [*or* improve] sth; **die Qualität** ~ to improve [*or* enhance] the quality
③ LING ■**etw** ~ to compare sth, to form the comparative of sth
II. *vr* ① *(sich erhöhen)* ■**sich** *akk* [**auf etw** *akk*/**um etw** *akk*] ~ to increase [*or* rise] [to/by sth]
② *(sich intensivieren)* ■**sich** *akk* ~ to increase, to grow; *a. Spannung, Ungeduld, Unruhe, Wind* to mount; **gesteigertes Interesse/Misstrauen** great interest/deep[ening] mistrust
③ *(seine Leistung verbessern)* ■**sich** *akk* ~ to improve
④ *(sich hineinsteigern)* ■**sich** *akk* **in etw** *akk* ~ to work oneself [up] into sth; **sich** *akk* **in Wut** ~ to work oneself [up] into a rage

Stei·ge·rung <-, -en> *f* ① *(Erhöhung)* increase (+*gen* in), rise (+*gen* in); **eine** ~ **der Beschleunigung** an increase in [the] acceleration
② *(Verbesserung)* improvement (+*gen* to)
③ LING comparative/superlative
④ HANDEL run-up; ~ **der Einfuhren** ÖKON increase in imports; **eine** ~ **um 5 % gegenüber dem Vorjahr** a 5% improvement over last year

Stei·ge·rungs·form *f* LING comparative/superlative form **Stei·ge·rungs·ra·te** *f* rate of increase

Steig·flug *m* LUFT climb, ascent; **in den** ~ **übergehen** to go into a climb

Stei·gung <-, -en> *f* ① *(ansteigende Strecke)* ascent, acclivity *spec*
② *(Anstieg)* slope; **eine** ~ **von 10 %** a gradient of one in ten [*or* of 10%]

steil [ʃtail] **I.** *adj* ① *(stark abfallend)* steep; ~**e Klippen** steep [*or* precipitous] [*or* sheer] cliffs; **ein** ~**es Ufer** a steep bank, a bluff
② *(eine starke Steigung aufweisend)* steep; ■~ **sein/**~**er werden** to be steep/to become [*or* get] steeper
③ *(sehr rasch)* rapid; **ein** ~**er Aufstieg** a rapid [*or* meteoric] rise
④ SPORT **ein** ~**er Pass/eine** ~**e Vorlage** a through ball [*or* pass]
II. *adv* steeply, precipitously; **sich** *akk* ~ **aufrichten** to stand up to one's full height

Steil·hang *m* steep slope; *(von Klippe a.)* precipice **Steil·heck** *nt* hatchback

Steil·heit <-> *f kein pl* steepness

Steil·küs·te *f* steep coast, bluff **Steil·pass**RR *m* through ball [*or* pass] **Steil·ufer** *nt* steep bank **Steil·vor·la·ge** *f (Vorlage, Einladung)* **jdm eine** ~ [**für etwas**] **geben/liefern** to give sb an open goal [for sth] **Steil·wand** *f* steep face, precipice

Stein <-[e]s, -e> [ʃtain] *m* ① *(Gesteinsstück)* stone, rock AM; *(größer)* rock; **mit** ~**en gepflastert** paved with stone
② *kein pl (Naturstein)* stone *no pl; (Steinschicht in der Erde)* rock *no pl;* **zu** ~ **erstarren/werden** to turn to stone, to petrify *spec*
③ *(Baustein)* stone; **ein Haus aus** ~ a house [made] of stone, a stone house; *(Ziegelstein)* brick; *(Pflasterstein)* paving stone, flag[stone]; *(Kopfsteinpflaster)* cobblestone
④ *(Grabstein)* gravestone
⑤ *(Edelstein)* [precious] stone, jewel; *(Diamant a.)* rock *fam; (in Uhr)* jewel; **imitierte/unechte** ~**e** paste [jewellery [*or* AM jewelry]] + *sing verb*
⑥ *(Obstkern)* stone
⑦ *(Spielstein)* piece, counter
⑧ MED stone, calculus *spec*
▸WENDUNGEN: **keinen** ~ **auf dem anderen lassen** to leave no stone standing; ***es blieb kein*** ~ ***auf dem anderen*** there wasn't a stone left standing; **der/ein** ~ **des Anstoßes** *(geh)* the/a thorn in sb's eye; *(umstritten)* the/a bone of contention; *(in Vertrag a.)* the/a stumbling block; ~ **und Bein schwören, etw getan zu haben** *(fam)* to swear by all that's holy [*or fam* all the gods] that one did sth; **bei jdm einen** ~ **im Brett haben** *(fam)* to be well in with sb *fam;* **mir fällt ein** ~ **vom Herzen!** that's [taken] a load off my mind!; **es fällt dir kein** ~ **aus der Krone!** it won't hurt [*or* kill] you!; **es friert** ~ **und Bein** *(fam)* it's freezing cold, it's brass monkey weather BRIT *sl;* **den/einen** ~ **ins Rollen bringen** *(fam)* to start [*or* set] the ball rolling; **wie ein** ~ **schlafen** *(fam)* to sleep like a log *fam;* **jdm** ~**e in den Weg legen** to put a spoke in sb's wheel BRIT, to put obstacles in sb's way; **jdm alle** ~**e aus dem Weg räumen** to remove all obstacles from sb's path, to smooth sb's path, to pave the way for sb

Stein·ad·ler *m* golden eagle **stein·alt** [ˈʃtainˈʔalt] *adj* ancient, as old as Methuselah *pred hum;* ■~ **sein/werden** to be/become [*or* grow] as old as Methuselah *hum* **Stein·bock** *m* ① ZOOL ibex ② ASTROL Capricorn; [**ein**] ~ **sein** to be a Capricorn **Stein·boh·rer** *m* masonry drill **Stein·brech** <-s> *m kein pl* BOT saxifrage **Stein·bruch** *m* quarry **Stein·butt** *m* turbot **Stein·dat·tel** *f* date shell **Stein·druck** *m* lithography, stone printing **Stein·ei·che** *f* holm [*or* holly] oak

stei·nern [ˈʃtainɐn] *adj* stone *attr,* [made] of stone *pred*

Stein·er·wei·chen *nt* ■**zum** ~ heartbreakingly, fit to break your heart *fam*

Stei·ne·wer·fer(in) *m(f)* JUR *(fam)* stone-thrower

Stein·flie·ge *f* ZOOL stonefly **Stein·fraß** *m* stone erosion *no pl, no indef art* **Stein·frucht** *f* stone fruit **Stein·fuß·bo·den** *m* stone floor

Stein·gut *nt kein pl* earthenware *no pl, no indef art; (Steinzeug)* stoneware *no pl, no indef art* **Stein·gut·ge·schirr** *nt* stoneware crockery *no pl, no indef art*

stein·hart [ˈʃtainˈhart] *adj* rock-hard, [as] hard as [a] rock *pred;* ■~ **sein/werden** to be/become rock-hard [*or* [as] hard as [a] rock] **Stein·haus** [ˈʃtainhaus] *nt* stone house

stei·nig [ˈʃtainɪç] *adj* stony; ■~ **sein** to be stony [*or* full of stones]

stei·ni·gen [ˈʃtainɪɡn̩] *vt* ■**jdn** ~ to stone sb

Stein·kauz *m* ORN little owl **Stein·klee** *m* BOT sweet clover, melilot

Stein·koh·le *f kein pl* hard [*or spec* glance] coal **Stein·koh·le·ein·heit** *f (frühere Energievergleichseinheit)* coal unit

Stein·koh·len·berg·bau *m* coal mining *no pl, no art* **Stein·koh·len·berg·werk** *nt* coal mine, colliery, pit **Stein·koh·len·för·de·rung** *f* hard-[*or spec* glance-]coal extraction **Stein·koh·len·la·ger** *nt* coal bed **Stein·koh·len·ze·che** *f* coal mine, colliery, pit

Stein·krug *m* earthenware mug [*or* jug]; *(für Bier)* [beer] stein **Stein·lei·den** *nt* MED calculosis **Stein·mar·der** *m* ZOOL stone [*or* beech] marten **Stein·metz(in)** <-en, -en> [ˈʃtainmɛts] *m(f)* stonemason **Stein·obst** *nt* stone fruit[s *pl*] **Stein·pilz** *m* cep, porcino, penny bun boletus **Stein·plat·te** *f* stone slab **stein·reich** [ˈʃtainˈraiç] *adj (fam)* stinking [*or pej a.* filthy] rich *fam;* ■~ **sein/werden** to be rolling in it/to make loads of money *fam* **Stein·salz** *nt* rock [*or spec* mineral] salt **Stein·sarg** *m* sarcophagus

Stein·schlag *m* rockfall[s *pl*]; **„Achtung ~"** "danger — falling [*or* fallen] rocks" **Stein·schlag·schä·den** *pl* AUTO stone chippings *pl* **Stein·schlag·schutz·grund** *m* AUTO anti-chip coating

Stein·schleu·der *f* catapult BRIT, slingshot AM **Stein·schmät·zer** <-s, -> *m* ORN wheatear **Stein·ta·fel** *f* stone tablet, [stone] plaque **Stein·wäl·zer** *m* ORN turnstone **Stein·wol·le** *f* rock [*or* mineral] wool **Stein·wurf** *m* [thrown] stone; **einen** ~ **weit** [**entfernt**] *(fig)* a stone's throw [away] *fig* **Stein·wüs·te** *f* stony desert, desert of stones **Stein·zeit** *f kein pl* ■**die** ~ the Stone Age; **der Mensch der** ~ Stone Age man; **ältere/mittlere/jüngere** ~ Palaeolithic [*or* AM Paleolithic]/Mesolithic/Neolithic period; **aus der** ~ ancient, antediluvian *hum,* from before the Flood *pred hum*

stein·zeit·lich *adj* ① *(aus der Steinzeit stammend)* Stone Age *attr,* from/of the Stone Age *pred*
② *(völlig veraltet)* ancient, antediluvian *hum*

Stein·zeit·mensch *m* BIOL, ARCHÄOL Stone Age man **Stein·zer·trüm·me·rer** <-s, -> *m* MED *für Blasensteine* lithotrite; *für Nierensteine* lithotripter

Steiß <-es, -e> [ʃtais] *m* ① *(fam)* bum, bottom BRIT *fam,* fanny AM *fam*
② ANAT coccyx

Steiß·bein *nt* ANAT coccyx **Steiß·huhn** *nt* tinamou **Steiß·la·ge** *f* MED breech presentation

Ste·le <-, -n> [ˈsteːlə, ˈʃteːlə] *f* ARCHÄOL stele

Stel·la·ge <-, -n> [ʃtɛˈlaːʒə] *f* BÖRSE put and call

stel·lar [ʃtɛˈlaːɐ̯, st-] *adj* stellar

Stell·dich·ein <-[s], -[s]> [ˈʃtɛldɪçʔain] *nt (veraltet)* rendezvous, tryst *old liter;* **sich** *dat* **ein** ~ **geben** to come together

Stel·le <-, -n> [ˈʃtɛlə] *f* ① *(Platz)* place; *(genauer)* spot; *(Standort)* position; **an anderer** ~ elsewhere, in another place; **an dieser** ~ in this place; *(genauer)* on this spot; **auf der** ~ **laufen** to run on the spot; **etw von der** ~ **bekommen** [*o fam* **kriegen**] to be able to move [*or* shift] sth; **sich** *akk* **nicht von der** ~ **rühren** to not move [*or fam* budge], to stay where one is; ***rühren Sie sich nicht von der Stelle!*** *(von Polizei)* freeze!; **eine** ~ **im Wald** a place [*or* an area] in the woods
② *(umrissener Bereich)* spot; *(größer)* area; *(Fleck auf der Haut)* mark, spot; **empfindliche** ~ tender spot; *(fig)* sensitive point; **entzündete/wunde** ~ inflammation/sore; **fettige/rostige** ~ grease/rust spot; **kahle** ~ bald patch
③ *(in Buch)* place; *(Verweis)* reference; *(Abschnitt)* passage; *(in Bibel)* verse
④ MUS passage
⑤ *(in Rede etc.)* point
⑥ *(Zeitpunkt)* moment
⑦ MATH digit, figure; **eine Zahl mit sieben** ~**n** a seven-digit [*or* -figure] number; **etw auf 5** ~**n hinter dem Komma berechnen** to calculate sth to 5 decimal places
⑧ *(Posten)* place; ***er hat die*** ~ ***des technischen Leiters übernommen*** he took over from the technical director; **an** ~ **einer Person/einer S.** *gen* instead of sb/sth; **jdn/etw an die** ~ **einer Person/einer S. *gen* setzen** to replace sb/sth; **an jds** ~ **treten** to take sb's place; *(eines Spielers)* to sub sb; *(in einem Amt)* to succeed sb; **etw an jds** ~ [*o* **an** ~ **einer Person**] **tun** to do sth for sb; ***ich gehe an Ihrer*** ~ I'll go in your place; **schwache** ~ *(fig)* weak point; **undichte** ~ *(fig fam)* leak
⑨ *(Lage)* position; ***an deiner*** ~ ***würde ich …*** in your position [*or* if I were you] I would …; ***ich möchte nicht an ihrer Stelle sein*** I wouldn't like to be in her shoes [*or* place]
⑩ *(in der Reihenfolge)* **an erster/zweiter** ~ first[ly] [*or* first and foremost]/secondly, in the first/second place [*or* instance]; ***an wievielter*** ~ ***auf der Liste taucht der Name auf?*** where does the name come [up] on the list?; ***er ging an 25./letzter*** ~ ***durchs Ziel*** he was 25th/the last to cross the line [*or* to finish]; [**für jdn** [*o* **bei jdm**]] **an erster/zweiter** ~ **kommen** [*o* **sein**] [*o* **stehen**] to come [*or* be] first/second [for sb]; **in der Hitliste an erster/zweiter** ~ **sein** [*o* **stehen**] to have reached [*or* be [at]] number one/two in the charts; **an erster** ~ **auf einer Liste/der Tagesordnung stehen** to be at the top of a list/the agenda
⑪ *(Arbeitsplatz)* job, post *form; (Rang)* position; ***was hat sein Vater für eine*** ~**?** what kind of position has his father got?; **freie** [*o* **offene**] ~ vacancy; **offene** ~**n** *(in der Zeitung)* situations vacant; **ohne** ~ jobless, without a job
⑫ *(Abteilung)* office, department; *(Behörde)* authority; ***Sie sind hier bei mir an der richtigen*** ~ *(fam)* you've come to the right place; ***Mitleid? da bist du bei mir aber nicht an der richtigen*** ~ sympathy? you won't get any out of me [*or iron fam* you're knocking at the wrong door]; **höhere/höchste** ~ higher/the highest[-ranking] authority; **sich** *akk* **an höherer** ~ **beschweren** to complain to sb higher up [*or* to a higher authority]
▸WENDUNGEN: **auf der** ~ on the spot, forthwith *form;* ***er war auf der*** ~ ***tot*** he died immediately; **sich** *akk*

zur ~ **melden** MIL to report [for duty]; ***zur ~!*** reporting!, present!; **auf der ~ treten** [*o* **nicht von der ~ kommen**] to not make any progress [*or* headway], to not get anywhere; MIL *a.* to mark time; **zur ~ sein** to be on the spot [*or* on hand]; ***wenn man sie braucht, ist sie immer zur ~*** she's always there when you need her; *s. a.* **Ort**[1]

stel·len [ˈʃtɛlən] **I.** *vr* ① *(verweilen)* ■**sich** *akk* **irgendwohin ~** to go and stand somewhere; *(herkommen)* to come and stand somewhere; *(Stellung beziehen)* to take up position somewhere; **sich** *akk* **ans Ende der Schlange ~** to go/come to the back [*or* end] of the queue [*or* AM *also* line]; **sich** *akk* **ans Fenster ~** to go/come and stand at [*or* by] the window; **sich** *akk* **an die Theke ~** to go/come and stand at the bar; **sich** *akk* **auf einen Baum ~** to climb up a tree; **sich** *akk* **auf eine Leiter ~** to climb [*or* get] on a ladder; **sich** *akk* **[wieder] in die Reihe ~** to get [back] in line; **sich** *akk* **jdm in den Weg ~** to stand in sb's way; ■**sich** *akk* **neben jdn ~** to go/come and stand next to sb; *(Stellung beziehen)* to take up position next to sb [*or* by sb's side]; ■**sich** *akk* **um jdn/etw ~** to go/come and stand around sb/sth, to group around sb/sth; ■**sich** *akk* **zu jdm ~** to [go/come and] join sb; *s. a.* **Weg, Zehenspitze**
② *(unterstützen)* ■**sich** *akk* **gegen jdn/etw ~** to oppose sb/sth; ■**sich** *akk* **hinter jdn/etw ~** to support [*or* back] [*or* stand by] sb/sth; ■**sich** *akk* **vor jdn ~** to stand up for sb; **sich** *akk* **schützend vor jdn ~** to protect sb; ■**sich** *akk* **zu jdm/etw ~** to support sb/sth
③ *(vortäuschen)* ***sie stellt sich nur so*** she's only pretending; **sich** *akk* **ahnungslos ~** to play [*or* act] the innocent; **sich** *akk* **dumm ~** *(fam)* to act stupid [*or esp* AM *fam also* dumb]; **sich** *akk* **krank/schlafend/tot ~** to pretend to be ill/asleep/dead; **sich** *akk* **taub/verständnislos ~** to pretend not to hear/understand; **sich** *akk* **überrascht ~** to pretend to be surprised, to feign surprise; **sich** *akk* **unwissend ~** to claim one knows nothing [*or* doesn't know anything], to feign ignorance
④ *(melden)* ■**sich** *akk* **[jdm] ~** *Täter* to turn oneself in [*or* give oneself up] [to sb]; MIL to report to sb
⑤ *(entgegentreten)* ■**sich** *akk* **jdm/etw ~** to face sb/sth; **sich** *akk* **einer Diskussion ~** to agree to take part in a discussion; **sich** *akk* **einem Herausforderer/einer Herausforderung ~** to take on *sep* [*or* face] a challenger/to take up *sep* [*or* face] a challenge; **sich** *akk* **den Journalisten/den Fragen der Journalisten ~** to make oneself available to the reporters/to be prepared to answer reporters' questions; **sich** *akk* **den Tatsachen ~** to face the facts
⑥ *(verhalten)* ***wie ~ Sie sich dazu?*** what do you think of it?, what's your opinion [of [*or* on] it]?; ***wie ~ Sie sich zu Ihrer Kollegin?*** what do you think of your colleague?; **sich** *akk* **gut mit jdm ~** to try to get on good terms with sb; **sich** *akk* **negativ/positiv zu etw** *dat* **~** to have a negative/positive attitude to[wards] sth; **sich** *akk* **negativ/positiv zu jdm ~** to not think/to think well of sb; **sich** *akk* **stur ~** to dig in *sep* one's heels [*or* toes] [*or* feet]
⑦ *(ergeben)* ■**sich** *akk* **[jdm] ~** to arise [for sb], to confront sb
⑧ DIAL *(stehen)* ■**sich** *akk* **~** to stand
⑨ HANDEL *esp* ÖSTERR *(kosten)* **sich** *akk* **höher/niedriger ~** to cost more/less; ***der Preis stellt sich niedriger als geplant*** the price is lower than planned; ■**sich** *akk* **auf etw** *akk* **~** to cost sth
⑩ *(selten: versammeln)* ■**sich** *akk* **irgendwo ~** to gather somewhere
⑪ *siehe auch n* ■**sich** *akk* **auf etw** *akk* **~ sich** *akk* **auf den Standpunkt ~, dass ...** to take the view that ...; ■**sich** *akk* **zu etw** *dat* **~ sich** *akk* **zur Wahl ~** to run [*or* BRIT *also* stand] for election
II. *vt* ① *(hintun)* ■**[jdm] jdn/etw irgendwohin ~** to put sb/sth somewhere [for sb]; *(ordentlich a.)* to place sth somewhere [for sb]; *(aufrecht a.)* to stand [up *sep*] sth somewhere [for sb]; ***wie soll ich die Stühle ~?*** where should I put the chairs?; *(ordentlich a.)* how should I position the chairs?; **etw an die Wand ~** to put [*or* place] [*or* lean] sth against the wall; **jdn wieder auf die Füße ~** to put sb back on his feet; **etw auf den Kopf ~** *(fam)* to turn sth upside down; **etw gegen die Wand ~** to put [*or* place] [*or* lean] sth against the wall; **das Auto in die Garage ~** to put the car in the garage; **ein Kind in die Ecke ~** to put [*or* stand] a child [*or* make a child stand] in the corner; ■**jd kann etw nicht ~** sb doesn't have enough room for sth; ■**etw lässt sich nicht ~** there is not enough room for sth; ***hier lässt sich nicht viel/nichts mehr ~*** there's not much room/no room left here for putting things in
② *(aufrichten)* ■**etw ~** to place [*or* put] sth upright; **die Ohren ~** *Tier* to prick up *sep* its ears; **den Schwanz ~** *Tier* to stick up *sep* its tail
③ *(vorziehen)* ■**etw über etw** *akk* **~** to prefer sth to sth
④ *(aufbauen)* ■**etw auf etw** *akk* **~** to base sth on sth
⑤ *(konfrontieren)* ■**jdn vor etw** *akk* **~** to confront sb with sth; **jdn vor ein Rätsel ~** to baffle sb
⑥ *(vorbereiten)* **eine Falle ~** to lay [*or* set] a trap; **ein Netz ~** to spread [*or* lay] a net
⑦ *(einrichten)* ■**etw ~** to set sth; **das Badewasser heißer/kälter ~** to run more hot/cold water in the bath; **die Heizung höher/kleiner ~** to turn up/down *sep* the heating [*or* heater]; **den Fernseher lauter/leiser ~** to turn up/down *sep* the television; **die Gasflamme größer/kleiner ~** to turn up/down *sep* the gas; **einen Hebel schräg ~** to tip a lever; **die Uhr ~** to set the clock to the right time; ■**etw auf etw** *akk* **~** to set sth at [*or* to] sth; **die Kochplatte auf Stufe zwei ~** to turn up/down *sep* the heat to level two; **etw auf volle Lautstärke ~** to turn sth up [at] full blast; **das Radio auf laut/leise ~** to turn up/down *sep* the radio; **ein Radio auf einen Sender ~** to tune a radio to a station; **einen Schalter auf null ~** to turn a switch to [*or* set a switch at] zero; **den Wecker auf 7 Uhr ~** to set the alarm for 7 o'clock; **einen Zähler auf null ~** to reset a counter
⑧ *(liefern)* ■**[jdm] etw ~** to provide [*or* supply] [*or* furnish] [sb with] sth; *(spenden a.)* to donate sth; **die Kaution ~** to stand bail; ■**[jdm] jdn ~** to provide [sb with] sb; **einen Richter ~** to appoint a judge; **einen Zeugen ~** to produce a witness
⑨ *(lagern)* **etw kalt/warm ~** to put sth in the fridge/oven; **den Sekt/Wein kalt ~** to chill the Sekt/wine, to put the Sekt/wine in the fridge
⑩ *(aufhalten)* ■**jdn ~** to hunt down sb *sep;* ■**ein Tier ~** to catch an animal
⑪ *(ansprechen)* ■**jdn ~** to corner [*or fam* buttonhole] sb; *s. a.* **Rede**
⑫ *(bezahlen)* ***die Firma will ihn nicht anders ~*** the firm won't revise his pay; **entsprechend gestellt sein** to have the means
⑬ *(arrangieren)* ■**etw ~** to set up sth *sep;* ***das Ballett wurde nach der Musik gestellt*** the ballet was choreographed on the basis of the music; ***dieses Foto wirkt gestellt*** this photo looks posed; **eine Szene ~** to prepare a scene, to block in *sep* the moves for a scene *spec*
⑭ *(anfertigen)* ■**[jdm] etw ~** to provide [sb with] sth, to make sth [for sb]; **eine Diagnose/Prognose ~** to make a diagnosis/prognosis; **jdm sein Horoskop ~** to cast [*or sep* draw up] sb's horoscope; **[jdm] eine Rechnung ~** DIAL to make out *sep* a bill [to sb]
⑮ *(übertragen)* **[jdm] eine Aufgabe/ein Thema ~** to set [sb] a task/subject; **[jdm] Bedingungen ~** to make [*or* stipulate] conditions, to set sb conditions; **eine Forderung ~** to put in *sep* a claim; **[jdm] eine Frage ~** to ask [sb] a question, to put a question [to sb]; **[jdm] ein Ultimatum ~** to give [*or* set] [sb] an ultimatum; ■**etw [an jdn] ~ einen Antrag [an jdn] ~** to put forward [*or* BRIT *also* to table] a motion [to sb]; **eine Bitte [an jdn] ~** to put a request [to sb]; **Forderungen an jdn ~** to make demands on [*or form* of] sb; **ein Gesuch [an jdn] ~** to submit [*or* present] a request [to sb]; *(urkundlich a.)* to file a request; ■**etw in etw** *akk* **~ etw in jds Belieben** [*o* **Ermessen**] **~** to leave sth to sb's discretion, to leave sth up to sb; **etw in den Mittelpunkt ~** to focus on sth; **etw in den Mittelpunkt des Gesprächs ~** to make sth the focus of discussion; **etw in Zweifel ~** to cast doubt on sth; ■**[jdm] etw in etw** *akk* **~ [jdm] etw in Rechnung ~** to bill [*or* charge] sb for sth, to invoice sth; ■**jdn/etw unter etw** *akk* **~ jdn unter Anklage ~** to charge sb; **jdn unter Aufsicht ~** to place sb under supervision; **etw unter Beweis ~** to provide [*or* furnish] proof of sth; **etw unter Strafe ~** to make sth punishable; ■**jdn vor etw** *akk* **~ jdn vor Gericht ~** to take sb to court; ■**[jdm] etw zu etw** *dat* **~ jdm etw zur Disposition ~** to place sth at sb's disposal; **[jdm] etw zur Verfügung ~** to provide [sb with] sth
▸WENDUNGEN: **auf sich** *akk* **selbst gestellt sein** to have to fend for oneself

Stel·len·ab·bau *m* downsizing *no pl,* personnel cutbacks *pl,* job cuts *pl* **Stel·len·an·ge·bot** *nt* offer of employment, job offer; *(offene Stelle)* vacant position; **„~e"** "situations vacant"; **ein ~ [von jdm/etw] bekommen** to be offered a job [from sb/sth]; **jdm ein ~ machen** to offer sb a job **Stel·len·an·zei·ge** *f* job advertisement [*or fam* ad] [*or* BRIT advert]; **„~n"** "job advertisements" **Stel·len·aus·schrei·bung** *f* job advertisement **Stel·len·be·schrei·bung** *f* ÖKON job description **Stel·len·be·wer·bung** *f* job application **Stel·len·ge·such** *nt* ÖKON *(geh)* "employment wanted" advertisement **Stel·len·su·che** *f kein pl* job search, job-hunt *fam;* **auf ~ sein** to be looking for a job, to be on the job-hunt *fam* **Stel·len·über·hang** *m* surplus of jobs [*or* places]

Stel·len·ver·mitt·lung *f* ÖKON ① *(das Vermitteln einer Arbeitsstelle)* finding of jobs ② *(Einrichtung zur Vermittlung von Arbeitsstellen)* employment agency [*or* bureau] **Stel·len·ver·mitt·lungs·bü·ro** *f* employment agency [*or* bureau] [*or* office], job centre BRIT

stel·len·wei·se *adv* in [some] places; ***~ gibt es Nebel*** there is some patchy fog

Stel·len·wert *m* ① MATH [place] value
② *(Bedeutung)* status *no art, no pl,* standing *no art, no pl;* ***wie hoch der ~ der Qualität in dieser Firma ist, kann man an der strengen Qualitätskontrolle erkennen*** one can see what emphasis is laid on quality in this company by looking at the strict quality control; **[für jdn] einen bestimmten ~ haben** *(geh)* to be of particular importance [*or* value] to sb

Stell·flä·che *f* hard surface, hard standing BRIT **Stell·platz** *m* AUTO parking space; *(für Wohnwagen)* site, pitch BRIT **Stell·ring** *m* rubber-ringed base *(for mixing bowls)* **Stell·schrau·be** *f* adjusting [*or* regulating] screw, set screw *spec*

Stel·lung <-, -en> *f* ① *(Arbeitsplatz)* job, position; **ohne ~ sein** to be unemployed [*or* without a job]
② *(Rang)* position; **eine führende ~ einnehmen** to rank high
③ *(Körperhaltung)* position; *(beim Geschlechtsakt)* position; **in einer gebückten ~** bending [over]
④ *(Position)* position; **in bestimmter ~** in a particular position; **etw in ~ bringen** MIL to put sth into position; **in ~ gehen** to take up position; **die ~ [gegen jdn/etw] halten** MIL to hold the position [against sb/sth]; **die ~ halten** *(hum)* to hold the fort
⑤ *(Standpunkt)* **~ zu etw** *dat* **beziehen** to take a stand [*or* take up a definite position] on sth; **~ zu etw** *dat* **nehmen** to express an opinion on [*or* to state one's view about] sth; **~ für jdn/etw nehmen** [*o* **beziehen**] to take sb's/sth's side; **~ gegen jdn/etw nehmen** [*o* **beziehen**] to come out [*or* take sides] against sb/sth; ***ich beziehe weder für noch gegen irgendwen ~*** I'm not taking sides

Stel·lung·nah·me <-, -n> *f* ① *kein pl (das Beziehen einer Position)* ■**jds/eine ~ zu etw** *dat* sb's/a view [*or* sb's/an opinion] of [*or* sb's position on] sth
② *(Meinungsäußerung)* statement; **eine ~ [zu etw** *dat*] **abgeben** to make a statement [about sth]

Stel·lungs·be·fehl *f* MIL call-up papers *pl* BRIT, draft card AM

S

stel·lungs·los *adj inv* unemployed, jobless
Stel·lungs·su·chen·de(r) *f(m) dekl wie adj* job seeker **Stel·lungs·wech·sel** *m (Wechsel des Arbeitsplatzes)* change of job
stell·ver·tre·tend I. *adj attr (vorübergehend)* acting *attr; (zweiter)* deputy *attr;* JUR vicarious, acting, deputizing **II.** *adv* ① *(an jds Stelle)* ■**~ für jdn** on sb's behalf; ***wegen einer Erkrankung des Ministers führte der Staatssekretär ~ die Verhandlungen*** the secretary of state deputized for the minister during the negotiations because he was ill
② *(etw ersetzend)* ■**~ für etw** *akk* **sein** to stand for sth **Stell·ver·tre·ter(in)** *m(f)* deputy
Stell·ver·tre·ter·krieg *m* POL, MIL proxy war
Stell·ver·tre·tung *f* ① *(Stellvertreter)* deputy; *(beim Arzt) esp* BRIT locum; **die ~ von jdm übernehmen** to act [*or* stand in] for sb, to deputize for sb; **in ~ einer Person** *gen*, **in jds** *dat* **~** on sb's behalf
② JUR agency, representation; **gewillkürte ~** agency by private act; **mittelbare ~** indirect agency
Stell·wand *f* movable wall, partition[ing] wall, partition **Stell·werk** *nt* BAHN signal box [*or* AM *also* tower]
Stel·ze <-, -n> [ˈʃtɛltsə] *f* ① *(hölzerne Stelze)* stilt; **auf ~n gehen** to walk on stilts
② ORN wagtail
③ *meist pl* KOCHK ÖSTERR *(Schweinsfüße)* pig's trotters BRIT [*or* feet] *pl*
stel·zen [ˈʃtɛltsn̩] *vi sein* ■**[irgendwohin] ~** *(auf Stelzen gehen)* to walk [somewhere] on stilts; *(staksen)* to stalk [*or* strut] [somewhere]
Stelz·vo·gel *m* ORN wader
Stemm·bo·gen *m* SKI stem turn **Stemm·ei·sen** *nt* crowbar; **etw mit einem ~ aufbrechen** to crowbar sth [open]; *(Meißel)* [mortise *spec*] chisel
stem·men [ˈʃtɛmən] **I.** *vt* ① *(hochdrücken)* ■**jdn/etw [irgendwohin] ~** to lift sb/sth [somewhere]; **jdn/etw nach oben ~** to lift [up *sep*] sb/sth
② *(meißeln)* ■**etw [in etw** *akk***] ~** to chisel sth [into sth], to make sth [in sth]; **Löcher in eine Wand ~** to knock [*or* make] holes in a wall; *(mit einem Bohrer)* to drill holes in a wall
③ *(stützen)* **die Arme in die Seiten ~** to put one's hands on one's hips, to stand with arms akimbo; **den Rücken/die Füße gegen etw** *akk* **~** to brace one's back/feet against sth
④ *(bewältigen)* ■**etw ~** to manage sth
II. *vr* ■**sich** *akk* **gegen etw** *akk* **~** ① *(sich drücken)* to brace oneself [*or* push] against sth
② *(sich sträuben)* to be against sth; ***er wird sich nicht gegen die neue Umgehungsstraße ~*** he won't stand in the way of the bypass
Stemm·schwung *m* SKI stem turn
Stem·pel¹ <-s, -> [ˈʃtɛmpl̩] *m* ① *(Gummistempel)* [rubber] stamp
② *(Stempelabdruck)* stamp; ***der Brief trägt den ~ vom 23.5.*** the letter is stamped [*or* postmarked] 23/5
③ *(Punzierung)* hallmark; **den ~ von etw** *dat* [*o* **einer S.** *gen*] **tragen** to bear [*or* have] the hallmark of sth
▸WENDUNGEN: **jdm/etw den/seinen ~ aufdrücken** to leave one's mark on sb/sth; **jds ~/den ~ von etw** *dat* [*o* **einer S.** *gen*] **tragen** to bear [*or* have] sb's mark/the mark of sth
Stem·pel² <-s, -> [ˈʃtɛmpl̩] *m* BOT pistil *spec*
Stem·pel·auf·druck *m* stamp; *(Poststempelaufdruck)* postmark **Stem·pel·blü·te** *f* BOT gynoecium **Stem·pel·far·be** *f* [stamp-pad [*or* stamping]] ink **Stem·pel·ge·bühr** *f* stamp duty **Stem·pel·geld** *nt kein pl* ÖKON *(veraltend fam)* dole [money] BRIT *fam* **Stem·pel·kis·sen** *nt* stamp pad, ink-pad
stem·peln [ˈʃtɛmpl̩n] **I.** *vt* ■**etw ~** to stamp sth; *(frankieren)* to frank sth; **einen Briefumschlag ~** to postmark/frank a letter/an envelope
II. *vi (fam)* to stamp sth; ***ich habe den ganzen Tag nur gestempelt!*** I've been stamping things all day
▸WENDUNGEN: **~ gehen** *(veraltend fam)* to be on the dole BRIT *fam*
Stem·pel·steu·er *f* FIN stamp tax **Stem·pel·uhr** *f* time clock

Sten·gelALT <-s, -> [ˈʃtɛŋl̩] *m s.* **Stängel**
Ste·no <-> [ˈʃteːno] *f kein pl (fam) kurz für* **Stenografie** shorthand *no art, no pl,* stenography *no art, no pl* AM
Ste·no·block <-[e]s, -s> *m* shorthand pad
Ste·no·graf(in) <-en, -en> [ʃtenoˈgraːf] *m(f)* shorthand typist BRIT, stenographer AM
Ste·no·gra·fie <-, -n> [ʃtenograˈfiː] *f* shorthand *no art, no pl,* stenography *no art, no pl* AM
ste·no·gra·fie·ren* [ʃtenograˈfiːrən] **I.** *vt* ■**etw ~** to take down sth *sep* in shorthand
II. *vi* to do shorthand; *(etw stenografieren)* to take down sth *sep* in shorthand
Ste·no·gra·fin <-, -nen> *f fem form von* **Stenograf**
ste·no·gra·fisch *adj inv* shorthand *attr,* stenographic
Ste·no·gramm <-gramme> [ʃtenoˈgram] *nt* text in shorthand; **ein ~ aufnehmen** to take down sth in shorthand **Ste·no·gramm·block** <-blöcke> *m* shorthand pad
Ste·no·graph(in) <-en, -en> [ʃtenoˈgraːf] *m(f) s.* **Stenograf**
Ste·no·gra·phie <-, -n> [ʃtenograˈfiː] *f s.* **Stenografie**
ste·no·gra·phie·ren* [ʃtenograˈfiːrən] *vt, vi s.* **stenografieren**
Ste·no·gra·phin <-, -nen> *f s.* **Stenograph**
ste·no·gra·phisch *adj inv s.* **stenografisch**
Ste·no·ty·pist(in) <-en, -en> [ʃtenotyˈpɪst] *m(f)* shorthand typist BRIT, stenographer AM
SteppRR <-s, -s> [ʃtɛp, stɛp] *m* tap [dance]; **~ tanzen** to tap-dance
Stepp·de·cke *f esp* BRIT duvet, comforter AM, [BRIT *a.* continental] quilt
Step·pe <-, -n> [ˈʃtɛpə] *f* GEOG steppe
step·pen¹ [ˈʃtɛpn̩, ˈst-] *vt (mit Steppnaht nähen)* ■**etw ~** to backstitch sth
step·pen² [ˈʃtɛpn̩, ˈst-] *vi* to tap-dance
Step·pen·kli·ma *nt* steppe-prairie climate
Stepp·ke <-[s], -s> [ˈʃtɛpkə] *m (fam)* ① *(kleiner Junge)* lad
② *(kleines Kind)* [little] nipper
Stepp·naht *f* MODE quilted stitching *no pl*
Stepp·tanzRR [ˈʃt-, ˈst-] *m* ① *(Tanzart)* tap[-dancing] *no art, no pl*
② *(Vorführung)* tap dance
Ster [ʃteːɐ̯] *nt kein pl* FORST stere
Ster·be·be·glei·ter(in) <-s, -> *m(f)* carer for the terminally ill **Ster·be·be·glei·tung** *f kein pl* care [*or* support] for the terminally ill, hospice care
Ster·be·bett *nt* deathbed *old;* **auf dem ~ liegen** to be on one's deathbed *old;* **auf dem ~** on one's deathbed *old;* ***das musste ich ihm auf dem ~ schwören*** I had to promise him that when he was on his deathbed *old*
Ster·be·buch *nt* JUR register of deaths **Ster·be·fall** *m* death, fatality; *in der Familie a.* bereavement **Ster·be·geld** *nt kein pl* death benefit, burial expenses *npl* **Ster·be·hil·fe** *f kein pl* euthanasia *no art, no pl;* ***sie hat ihren Arzt um ~ gebeten*** she asked her doctor to help her to die; **jdm ~ geben** to help sb [to] die **Ster·be·kas·se** *f* burial [*or* death benefit] fund
ster·ben <starb, gestorben> [ˈʃtɛrbn̩] *vi sein* ① *(aufhören zu leben)* ■**[an etw** *dat***] ~** to die [of sth]; ***mein Großonkel ist schon lange gestorben*** my great uncle died a long time ago [*or* has been dead for years]; **daran wirst du [schon] nicht ~!** *(hum fam)* it won't kill you! *fam;* **als Held ~** to die a hero['s death]; *s. a.* **Tod**
② *(vergehen)* ■**[fast] vor etw** *dat* **~** to be [nearly] dying of sth
▸WENDUNGEN: **etw ist gestorben** *(wurde aufgegeben)* sth is shelved, sth has died a death; **für jdn ist jd/etw gestorben** sb is finished with sb/sth
Ster·ben <-s> [ˈʃtɛrbn̩] *nt kein pl* death *no art, no pl,* dying *no art, no pl;* **im ~ liegen** to be dying
▸WENDUNGEN: **zum ~ elend** [*o* **übel**] [as] sick as a pig [*or* dog] *fam;* **zum ~ langweilig** *(fam)* deadly boring, [as] boring as hell *fam*
Ster·ben·de(r) *f(m) dekl wie adj* dying person

ster·bens·elend [ˈʃtɛrbn̩sˈʔeːlɛnt] *adj pred (fam)* ■**jdm ist ~,** ■**jd fühlt sich ~** sb feels wretched [*or* terrible] [*or* lousy] **ster·bens·krank** [ˈʃtɛrbn̩sˈkraŋk] *adj* mortally [*or* severely] ill **Ster·bens·wort** [ˈʃtɛrbn̩sˈvɔrt] *nt,* **Ster·bens·wört·chen** [ˈʃtɛrbn̩sˈvœrtçən] *nt* **kein** [*o* **nicht ein**] **~** not a [single] word; ***nicht ein ~ kam über meine Lippen!*** not a word crossed my lips!
Ster·be·ra·te *f* death [*or* mortality] rate **Ster·be·re·gis·ter** *nt* register of deaths **Ster·be·sa·kra·men·te** *pl* last rites *pl,* sacraments *pl;* **jdm die ~ spenden** to give sb the last rites **Ster·be·ur·kun·de** *f* death certificate **Ster·be·zim·mer** *nt* ■**jds ~** room in which [*or* where] sb died, sb's death chamber *liter form*
sterb·lich [ˈʃtɛrplɪç] *adj (geh)* mortal *a. liter; s. a.* **Hülle, Überrest**
Sterb·li·che(r) *f(m) dekl wie adj (geh)* mortal *liter or a. hum*
Sterb·lich·keit <-> *f kein pl* ① *(Rate der Todesfälle)* mortality rate; **die ~ bei Frühgeburten** the number of deaths [*or* the mortality rate] amongst premature babies
② *(Gegenteil von Unsterblichkeit)* mortality
Sterb·lich·keits·zif·fer *f* mortality rate
ste·reo [ˈʃteːreo, ˈst-] *adj pred* [in *pred*] stereo[phonic *form*]
Ste·reo <-> [ˈʃteːreo, ˈst-] *nt kein pl* stereo *no art, no pl;* **in ~** in stereo
Ste·reo·an·la·ge *f* stereo [system] **Ste·reo·auf·nah·me** *f* stereo recording **Ste·reo·che·mie** *f* stereochemistry **Ste·reo·emp·fang** *m* stereo reception **ste·reo·fon**RR [ʃtereoˈfoːn, st-] *adj inv* stereophonic **Ste·reo·fo·nie**RR [ʃtereofoˈniː, st-] *f kein pl (geh)* stereophony *no art, no pl spec,* stereophonics *no art, + sing vb spec* **Ste·reo·klang** *m* stereo sound **ste·reo·phon** [ʃtereoˈfoːn, st-] *adj inv s.* **stereofon** **Ste·reo·pho·nie** <-> [ʃtereofoˈniː, st-] *f kein pl s.* **Stereofonie** **Ste·reo·sen·dung** *f* programme [*or* AM -am] broadcast in stereo
Ste·reo·skop <-s, -e> [ʃtereoskoːp, st-] *nt* stereoscope *spec*
ste·reo·typ [ʃtereoˈtyːp, st-] **I.** *adj* stereotype *attr pej,* stereotyped *pej,* stereotypical *pej*
II. *adv* stereotypically *pej;* ***„kein Kommentar!" sagte er ~*** "no comment!" was his stereotype answer
Ste·reo·typ <-s, -e> [ʃtereoˈtyːp, st-] *nt* PSYCH stereotype
ste·ril [ʃteˈriːl, st-] *adj* ① *(keimfrei)* sterile
② *(unfruchtbar)* infertile, sterile
Ste·ri·li·sa·ti·on <-, -en> [ʃteriliza'tsi̯oːn, st-] *f* sterilization
Ste·ri·li·sier·box *f für Babyfläschchen* sterilizing unit
ste·ri·li·sie·ren* [ʃteriliˈziːrən] *vt* ■**jdn/ein Tier ~** to sterilize sb/an animal; ■**sich** *akk***/ein Tier ~ lassen** to get [oneself]/an animal sterilized
Ste·ri·li·sie·rung <-, -en> *f* sterilization
Ste·ri·li·tät <-> [ʃteriliˈtɛːt, st-] *f kein pl* ① *(Keimfreiheit)* sterility *no art, no pl*
② *(Unfruchtbarkeit)* infertility *no art, no pl,* sterility *no art, no pl*
ste·risch *adj* CHEM steric; **~e Hinderung** steric hindrance
Ster·let <-te, -ten> [ˈʃtɛrlɛt] *m* KOCHK sterlet
Ster·ling·block [ˈʃtɛrlɪŋ, ˈst-] *m kein pl* POL sterling bloc **Ster·ling·block-Land** *nt* POL sterling nation
Stern <-[e]s, -e> [ʃtɛrn] *m* star
▸WENDUNGEN: **jds ~ geht auf** sb is a rising star; **unter einem/keinem glücklichen** [*o* **guten**] **~ stehen** to have a promising start/to be ill-starred; *Mensch meist* to be born under a lucky/an unlucky star; **nach den ~en greifen** *(geh)* to reach for the stars; **jdm** [*o* **für jdn**] **die ~e vom Himmel holen** to go to the ends of the earth and back again for sb; ***er wollte die ~e vom Himmel holen*** he wanted the moon; **~e sehen** *(fam)* to see stars; **jds ~ ist im Sinken** [*o* **Untergehen**] sb is on the [*or* his/her] way out; **[noch] in den ~en [geschrieben] stehen** to be written in the stars; ***es steht noch in den***

~ en[geschrieben], ob ... whether ... is still written in the stars, is still a matter of speculation whether ...
Stẹrn·anis *m* star anise, star aniseed **Stẹrn·bild** *nt* constellation
Stẹrn·chen <-s, -> *nt dim von* Stern ❶ *(kleiner Stern)* little [*or* small] star
❷ TYPO asterisk, star
Stẹr·ne-Ho·tẹl *nt* graded hotel
Stẹr·nen·ban·ner *nt* ■**das** ~ the Star-spangled Banner, the Stars and Stripes + *sing vb* **stẹr·nen·be·deckt** *adj (geh)* starry, star-studded *attr liter* **Stẹr·nen·ex·plo·si·on** *f* stellar explosion **Stẹr·nen·him·mel** *m* starry sky **stẹr·nen·klar** *adj inv* starry *attr,* starlit **Stẹr·nen·zelt** <-[e]s> *nt kein pl (geh)* canopy of stars *poet,* starry firmament *no pl liter*
Stẹr·ne·re·stau·rant *nt a restaurant that has been awarded one or more stars for quality*
Stẹrn·fahrt *f* rally **stẹrn·för·mig** *adj* star-shaped, stellate *spec* **Stẹrn·frucht** *f* starfruit **Stẹrn·gu·cker(in)** *m(f) (hum fam)* star-gazer **stern·ha·gel·blau, stern·ha·gel·voll** [ˈʃtɛrnˈhaːglˈfɔl] *adj (sl: völlig betrunken)* plastered *fam,* pissed BRIT *fam!* **Stẹrn·hau·fen** *m* cluster of stars, star cluster **stẹrn·hell** *adj (geh)* starlit, starry **Stẹrn·kar·te** *f* star map **stern·klar** [ˈʃtɛrnklaːɐ̯] *adj* starlit, starry **Stẹrn·kun·de** *f kein pl* astronomy *no pl, no art* **Stẹrn·marsch** *m s.* Sternfahrt **Stẹrn·schnup·pe** <-, -n> *f* shooting star **Stẹrn·sin·ger(in)** *m(f)* REL DIAL carol singer **Stẹrn·stun·de** *f (geh)* ■**jds** ~ sb's great moment [*or* moment of glory]; ***deine ~ wird kommen*** your time [*or* moment of glory] will come **Stẹrn·sys·tem** *nt* star [*or* stellar] system, galaxy **Stẹrn·tül·le** *f* piping bag **Stẹrn·war·te** *f* observatory **Stẹrn·zei·chen** *nt* [star] sign **Stẹrn·zeit** *f* ASTRON sidereal time *no pl, no indef art*
Ste·ro·id <-s, -e> [ʃteroˈiːt, st-] *nt* steroid *usu pl*
Stẹrt·spitz [ʃteːɐ̯t-] *m* prime boiled beef
Sterz[1] <-es, -e> [ʃtɛrts] *m* ❶ *(Griff)* handle
❷ ZOOL rump
Sterz[2] <-es, -e> [ʃtɛrts] *m* SÜDD, ÖSTERR *(Mehlspeise)* dumpling portions *pl*
stet [ʃteːt] *adj attr (geh) s.* **stetig**
Ste·tho·skop <-s, -e> [ʃtetoˈskoːp] *nt* stethoscope
ste·tig [ˈʃteːtɪç] *adj* steady, constant; *~es* **Wachstum** ÖKON steady growth
Ste·tig·keit <-> *f kein pl* ❶ *(Beständigkeit)* steadiness *no pl,* constancy *no pl*
❷ MATH continuousness *no pl*
stets [ʃteːts] *adv* always, at all times
Steu·er[1] <-s, -> [ˈʃtɔyɐ] *nt* ❶ AUTO [steering] wheel; **jdn ans ~ lassen** to let sb drive [*or* get behind the wheel]; **am** [*o* **hinterm**] **~ sitzen** *(fam)* to drive, to be behind the wheel
❷ NAUT [ship's] wheel, helm; **am ~ stehen** [*o* **sein**] to be at the helm [*or* wheel]
▶WENDUNGEN: **das ~ herumwerfen** POL to change course
Steu·er[2] <-, -n> [ˈʃtɔyɐ] *f* ÖKON tax; **fällige ~n** matured taxes; **kommunale ~n** community charge; **progressive ~** graduated tax; **~n abführen** [*o* **entrichten**] to pay taxes; **etw von der ~ absetzen** to set off sth *sep* against tax; **eine ~ auf etw** *akk* **erheben** to impose a tax on sth; **jdn zur ~ heranziehen** to tax sb; **der ~ unterliegen** to be subject to taxation, to be taxable; **~n zahlen** to pay tax[es]; **nach ~n** after tax; **~n vom Einkommen** taxes on income; **vor ~** before tax [*or* pre-tax]
Steu·er[3] <-> [ˈʃtɔyɐ] *f kein pl (fam: Finanzamt)* ■**die** [Leute von der] ~ the taxman
Steu·er·ab·schlag *m* FIN tax deduction **Steu·er·ab·sen·kung** *f* FIN tax-rate reduction **Steu·er·ab·zug** *m* tax deduction **steu·er·ab·zugs·fä·hig** *adj inv* FIN tax-deductible, eligible for tax relief *pred* **Steu·er·an·glei·chung** *f* FIN *(EU)* tax harmonization **Steu·er·an·mel·dung** *f* FIN tax return **Steu·er·an·pas·sung** *f* FIN coordinating taxation, tax harmonization [*or* adaptation] [*or* adjustment] **Steu·er·an·rech·nung** *f* FIN tax imputation [*or* AM credit] **Steu·er·an·reiz** *m* FIN tax incentive **Steu·er·an·spruch** *m* FIN tax claim **Steu·er·ar·rest** *m* JUR attachment for tax debts **Steu·er·auf·kom·men** *nt* tax revenue[s *pl*], revenue[s *pl*] from tax; **~ pro Kopf der Bevölkerung** pro capita tax revenue **Steu·er·auf·wand** *m* FIN tax charge [*or* expense] **Steu·er·auf·wen·dun·gen** *pl* FIN tax expenditure **Steu·er·aus·fall** *m* FIN shortfall in [*or* loss of] tax revenue **Steu·er·aus·gleich** *m* FIN equalizing valuation of taxes, revenue sharing **Steu·er·be·am·te(r), -be·am·tin** *m, f* tax official **steu·er·be·freit** *adj inv* FIN tax-exempt, tax-free **Steu·er·be·frei·ung** *f kein pl* FIN tax exemption **steu·er·be·güns·tigt** *adj inv* FIN tax-privileged, tax-advantaged, enjoying tax relief *pred;* ■**~ sein** to have tax privileges; **~es Sparen** tax-privileged saving **Steu·er·be·güns·ti·gung** *f* FIN tax concession [*or* privilege], favourable tax treatment **Steu·er·be·hör·de** *f* FIN tax authorities *pl,* BRIT Inland Revenue, AM Internal Revenue Service
Steu·er·be·las·tung *meist sing f* tax burden **Steu·er·be·las·tungs·quo·te** *f* FIN tax load ratio
Steu·er·be·mes·sungs·grund·la·ge *f* FIN tax base, taxable amount; **individuelle Ermittlung der ~** case-by-case ascertainment of the tax base **Steu·er·be·nach·tei·li·gung** *f* FIN tax disadvantage **Steu·er·be·ra·ter(in)** *m(f)* tax consultant **Steu·er·be·rech·nung** *f* FIN tax assessment **Steu·er·be·scheid** *m* tax assessment note **Steu·er·be·schei·ni·gung** *f* FIN tax notification
Steu·er·be·trag *m* FIN tax amount **Steu·er·be·trags·er·mä·ßi·gung** *f* FIN tax reduction [*or* sheltering]
Steu·er·be·trug *m kein pl* FIN tax evasion [*or* fraud] **Steu·er·be·voll·mäch·tig·te(r)** *f(m) dekl wie adj* tax consultant
Steu·er·bi·lanz *f* FIN tax balance sheet [*or* statement] **Steu·er·bi·lanz·ge·winn** *m* FIN taxable income **Steu·er·bi·lanz·recht** *nt* JUR, FIN tax accounting law **Steu·er·bi·lanz·wert** *m* FIN tax accounting value
steu·er·bord [ˈʃtɔybɔrt] *adv inv* LUFT, NAUT starboard
Steu·er·bord [ˈʃtɔybɔrt] *nt kein pl* starboard *no art, no pl*
Steu·er·bus *m* INFORM control bus
Steu·er·code [-koːt] *m* FIN tax code **Steu·er·de·bat·te** *f* POL tax debate **Steu·er·de·fi·zit** *m* FIN tax deficit **Steu·er·de·likt** *nt* JUR tax [*or* revenue] offence [*or* AM -se] **Steu·er·dis·kri·mi·nie·rung** *f* FIN tax discrimination **steu·er·ehr·lich** *adj* honest to the Inland Revenue *pred* **Steu·er·ein·heit** *f* unit of tax **Steu·er·ein·nah·men** *pl* FIN taxation revenue **Steu·er·ein·trei·bung** *f* POL revenue [*or* tax] collection **Steu·er·ein·zie·hung** *f* FIN tax collection [*or* gathering]
Steu·er·elek·tro·nik *f* INFORM control electronics + *sing vb*
Steu·er·ent·las·tung *f* POL tax relief
Steu·er·er·he·bung *f* FIN tax collection [*or* gathering]; **~ an der Quelle, ~ nach dem Quellenprinzip** deduction of tax at source **Steu·er·er·he·bungs·ver·fah·ren** *nt* FIN tax collection procedure
Steu·er·er·hö·hung *f* increase in tax, tax increase **Steu·er·er·klä·rung** *f* FIN tax return [*or* declaration]; **gemeinsame/vereinfachte ~** joint/simplified return **Steu·er·er·lass**[RR] *m* FIN remission of tax **Steu·er·er·leich·te·rung** *f* FIN tax relief [*or* concession]; **~en für kleine Einkommen** small income relief; **~ für kinderreiche Familien** tax privileges for large families; **~ für gewerbliche Unternehmen** business relief **Steu·er·er·mä·ßi·gung** *f* FIN tax reduction [*or* sheltering]; **~ beantragen** to claim tax relief; **~ erhalten** to receive tax shelter **Steu·er·er·spar·nis** *f* FIN tax saving
Steu·er·er·stat·tung *f* FIN tax refund **Steu·er·er·stat·tungs·an·spruch** *m* POL tax refund claim
Steu·er·er·trags·ho·heit *f* FIN revenue-raising power **Steu·er·fach·ge·hil·fe, -ge·hil·fin** *m, f* articled clerk **Steu·er·fahn·dung** *f (Verfahren)* tax investigation; *(Abteilung)* office for tax investigation **Steu·er·fest·set·zung** *f* FIN tax assessment **Steu·er·flucht** *f* JUR, FIN *(Veruntreuung)* tax evasion *(by transferring assets or headquarters abroad); (Vermeidung)* tax avoidance **Steu·er·flüch·ti·ge(r)** *f(m) dekl wie adj* FIN tax exile [*or* dodger] **Steu·er·flücht·ling** *m sb who avoids tax by transferring assets abroad;* ■**ein ~ sein** to avoid tax by transferring assets abroad; ***die US-Firma will deutsche ~e anpeilen*** the US firm wants to target capital from tax-plagued German investors **Steu·er·for·de·rung** *f* tax claim [*or* demand] **Steu·er·for·mu·lar** *nt* tax form
steu·er·frei I. *adj* tax-exempt *attr,* exempt from tax *pred* **II.** *adv* without paying tax **Steu·er·frei·be·trag** *m* tax-free allowance [*or* amount] **Steu·er·frei·gren·ze** *f* FIN exemption [*or* tax-free] limit **Steu·er·frei·heit** *f* tax exemption **Steu·er·frei·jah·re** *pl* FIN tax holidays **Steu·er·frei·stel·lung** *f* FIN tax exemption
Steu·er·fuß *m* SCHWEIZ *(Steuersatz)* tax rate **Steu·er·ge·heim·nis** *nt* FIN tax secret **Steu·er·ge·hil·fe, -ge·hil·fin** *m, f* articled clerk **Steu·er·gel·der** *pl* taxes *pl,* tax revenue[s *pl*], taxpayers' money *no art, nsing usu pej*
Steu·er·geld·ver·schwen·dung *f* POL wasting [*or* squandering] taxpayers' money
Steu·er·ge·rät *nt* ❶ TECH controller, control unit
❷ RADIO receiver
Steu·er·ge·rech·tig·keit *f kein pl* FIN tax equity, equitable tax burden
Steu·er·ge·setz *nt* JUR, FIN tax law, Finance [*or* AM Revenue] Act **Steu·er·ge·setz·buch** *nt* JUR, FIN Tax Code **Steu·er·ge·setz·ent·wurf** *m* JUR, FIN tax bill **Steu·er·ge·setz·ge·bung** *f* JUR, FIN tax [*or* fiscal] legislation [*or* revenue] [*or* laws *pl*], ≈ Internal Revenue Code AM
Steu·er·gläu·bi·ger(in) *m(f)* FIN tax creditor **Steu·er·grund·la·ge** *f* FIN tax base **Steu·er·gut·ha·ben** *nt* BÖRSE tax credit **Steu·er·gut·schrift** *f* BÖRSE tax credit [*or* voucher]; **Dividende pro Aktie vor ~** dividend per share before tax credit **Steu·er·har·mo·ni·sie·rung** *f* FIN fiscal [*or* tax] harmonization *no art, no pl spec;* ***die Europaminister sind noch zu keiner Regelung in der ~ gekommen*** the EU ministers have still not managed to harmonize the different tax systems **Steu·er·heh·le·rei** *f* JUR purchasing [*or* handling] tax-evaded goods **Steu·er·hin·ter·zie·hung** *f* tax evasion *no art, no pl* **Steu·er·höchst·gren·ze** *f* FIN tax limit **Steu·er·höchst·satz** *m* FIN maximum tax rate **Steu·er·ho·heit** *f* FIN fiscal sovereignty **Steu·er·in·län·der** *m* FIN resident taxpayer **Steu·er·jahr** *nt* FIN tax [*or* fiscal] year **Steu·er·kar·te** *f* tax card **Steu·er·ket·te** *f* AUTO timing chain **Steu·er·klas·se** *f* tax category [*or* group]; *(für Einkommenssteuer a.)* income-tax bracket *form*
Steu·er·knüp·pel *m* LUFT joystick, control lever [*or* column]
Steu·er·last *f* FIN tax [*or* fiscal] burden **Steu·er·last·quo·te** *f* FIN tax load ratio; **~ pro Kopf der Bevölkerung** per capita tax burden **Steu·er·last·ver·schie·bung** *f* FIN tax shift **Steu·er·last·ver·tei·lung** *f* FIN distribution of the tax burden **Steu·er·lei·tung** *f* ELEK control panel wiring
steu·er·lich I. *adj* tax *attr;* **~e Anreize** tax incentives; **~e Belastungsgrenze** taxable capacity; **~e Vergünstigungen/Vorteile** tax privileges/advantages
II. *adv* **~ absetzbar** tax-deductible; **etw ~ belasten** to tax sth; **~ entlasten** to provide tax relief; **etw ~ berücksichtigen** to provide tax allowance on sth; **~ berücksichtigt werden** to receive tax allowance; **~ günstig** tax-supported, with low tax liability *pred;* **~ privilegiert** tax-privileged; **~ ungünstig** tax-ridden, with high tax liability *pred;* **~ vorteilhaft** tax-incentive *attr,* carrying tax benefits *pred;* **~ zulässige Jahresabschreibung** annual tax write-offs
steu·er·los *adj* out of control
Steu·er·mann <-männer *o* -leute> [ˈʃtɔyɐman, *pl* -mɛnɐ, -lɔytə] *m* ❶ NAUT helmsman; *(in der Handelsmarine a.)* mate; *(in der Kriegsmarine a.)* navigating boatswain

S

2 SPORT cox[swain] *form*

Steu·er·mar·ke *f* stamp BRIT, [revenue] stamp AM; *(für einen Hund)* dog licence [*or* AM -se] disk *(attached to a dog's collar)* **Steu·er·mess·be·scheid**[RR] *f* FIN tax assessment notice **Steu·er·mess·be·trag**[RR] *m* FIN tentative tax **Steu·er·mess·zahl**[RR] *f* basic rate of tax

steu·ern [ˈʃtɔyɐn] **I.** *vt* 1 AUTO, LUFT *(lenken)* ■**etw** ~ to steer sth
2 LUFT *(lotsen)* ■**etw** ~ to fly [*or* pilot] sth
3 *(regulieren)* ■**etw** ~ to control sth
4 *(in eine gewünschte Richtung bringen)* ■**etw in eine bestimmte Richtung** ~ to steer sth in a particular direction
II. *vi* 1 AUTO to drive
2 NAUT ■**irgendwohin** ~ to go [*or* sail] somewhere

Steu·er·nach·for·de·rung *f* FIN additional tax demand **Steu·er·nach·lass**[RR] *m* tax abatement [*or* relief] **Steu·er·nach·zah·lung** *f* FIN payment of tax arrears **Steu·er·num·mer** *f* FIN, ADMIN tax [office reference] number **Steu·er·oa·se** *f* tax haven **Steu·er·ob·jekt** *nt* FIN taxable unit **Steu·er·ord·nungs·wid·rig·keit** *f* FIN fiscal violation, breach of tax regulations **Steu·er·pa·ra·dies** *nt* tax haven **Steu·er·pau·scha·le** *f* FIN lump-sum taxation **Steu·er·pau·scha·lie·rung** *f* FIN lump-sum taxation **Steu·er·pau·schal·satz** *m* FIN lump-sum tax rate **Steu·er·pe·ri·o·de** *f* FIN fiscal [taxable] period **Steu·er·pflicht** *f* tax liability *no art, no pl,* liability to [pay] tax; **der ~ unterliegen** *(geh)* to be liable to [pay] tax **steu·er·pflich·tig** *adj inv* FIN taxable, liable to [pay] tax *pred;* **~es Einkommen/~er Gewinn** taxable income/profit; **nicht** ~ non-taxable **Steu·er·pflich·ti·ge(r)** *f(m) dekl wie adj* FIN [legal] taxpayer; **inländischer** ~ resident taxpayer; **im Ausland wohnhafter** ~ non-resident taxpayer **Steu·er·pflich·tig·keit** *f kein pl* FIN taxability, liability for tax **Steu·er·po·li·tik** *f kein pl* fiscal policy **steu·er·po·li·tisch** **I.** *adj inv, attr* FIN fiscal, tax[-policy] *attr* **II.** *adv* FIN fiscally **Steu·er·pri·vi·leg** *nt* FIN tax privilege **Steu·er·pro·gramm** *nt* INFORM control program **Steu·er·pro·gres·si·on** *f* progressive taxation *no art, no pl spec,* tax progression *no art, no pl spec* **Steu·er·prü·fer(in)** *m(f)* tax inspector [*or* auditor] **Steu·er·prü·fung** *f* tax inspection [*or* audit]

Steu·er·pult *nt* control desk **Steu·er·quo·te** *f* FIN taxation ratio

Steu·er·rad *nt* 1 NAUT wheel, helm
2 *(veraltend: Lenkrad)* driving wheel BRIT *old*

Steu·er·recht *nt kein pl* tax [*or* revenue] law **steu·er·recht·lich** *adj* JUR relating to tax law *pred;* **~ festgelegte Nutzungsdauer** deemed tax life **Steu·er·rechts·än·de·rung** *f* FIN change of tax law **Steu·er·rechts·an·glei·chung** *f* FIN adjustment [*or* harmonization] of the tax law **Steu·er·rechts·ord·nung** *f* FIN tax regime **Steu·er·rechts·per·son** *f,* **Steu·er·rechts·sub·jekt** *nt* FIN taxpayer **Steu·er·rechts·spre·chung** *f* FIN court rulings in tax matters

Steu·er·re·form *f* tax reform **Steu·er·re·gres·si·on** *f* FIN tax regression

Steu·er·rück·er·stat·tung *f* FIN tax refund [*or* rebate] **Steu·er·rück·er·stat·tungs·an·trag** *m* FIN refund claim; **einen ~ stellen** to file a refund claim **Steu·er·rück·stel·lun·gen** *pl* FIN provisions for taxation **Steu·er·rück·zah·lung** *f* tax refund

Steu·er·ru·der *nt* rudder

Steu·er·satz *m* rate of tax[ation], tax rate **Steu·er·satz·er·mä·ßi·gung** *f* FIN reduction of the tax rate

Steu·er·schal·tung *f* control console **Steu·er·schät·zung** *f* tax estimate **Steu·er·schlupf·loch** *nt* tax loophole **Steu·er·schrau·be** *f* ►WENDUNGEN: **die ~ anziehen, an der ~ drehen** *(fam)* to squeeze the taxpayer *fam* **Steu·er·schuld** *f* tax[es *pl*] owing [*or* due] *no art,* tax liability *no art,* AM *a.* tax delinquency *no art, no pl* **Steu·er·schuld·ner(in)** *m(f)* FIN tax debtor **Steu·er·schuld·ver·hält·nis** *nt* FIN government-taxpayer relationship **Steu·er·sen·kung** *f* cut [*or* reduction] in taxes, tax cut [*or* reduction] **Steu·er·si·gnal** *nt* control signal **Steu·er·straf·recht** *nt* JUR law on criminal prosecution for tax offenders **Steu·er·straf·tat** *f* JUR tax offence [*or* AM -se] **Steu·er·straf·ver·fah·ren** *nt* JUR criminal prosecution of a tax offence **Steu·er·sün·der, -sün·de·rin** *m, f* tax evader **Steu·er·sys·tem** *nt* tax[ation] system **Steu·er·ta·bel·le** *f* POL tax table **Steu·er·ta·rif** *m* FIN tax scale [*or* rate]

Steu·er·tas·te *f* INFORM navigation key

Steu·er·tat·be·stand *m* FIN taxable event **Steu·er·til·gung** *f* FIN tax payment **Steu·er·topf** *m* POL, FIN *(fam)* tax [*or* revenue] coffers *pl* **Steu·er·trä·ger(in)** *m(f)* FIN taxpayer **Steu·er·um·ge·hung** *f* s. **Steuervermeidung**

Steu·e·rung[1] <-> *f kein pl (Regulierung)* control *no indef art, no pl;* **die ~ *des Produktionsprozesses erfolgt von diesem Raum aus*** the production process is steered [*or* controlled] from this room; **~ der Geldmenge** ÖKON control of the money supply

Steu·e·rung[2] <-, -en> *f* ■**die ~ [einer S.** *gen* [*o* **von etw** *dat*]] 1 LUFT piloting [*or* flying] [sth] *no art, no pl;* **die ~ übernehmen** to take over control
2 NAUT steering [sth] *no art, no pl*

Steu·e·rungs·si·gnal *nt* INFORM control signal **Steu·e·rungs·tas·te** *f* INFORM control key

Steu·er·ver·an·la·gung *f* FIN tax assessment, assessment for tax purposes **Steu·er·ver·bind·lich·kei·ten** *pl* FIN tax liabilities **Steu·er·ver·ein·ba·rung** *f* FIN tax convention **Steu·er·ver·ein·fa·chung** *f* FIN tax simplification **Steu·er·ver·fah·rens·recht** *nt* JUR tax procedural law **Steu·er·ver·gleich** *m* FIN tax comparison **Steu·er·ver·güns·ti·gung** *f* FIN tax allowance [*or* relief] **Steu·er·ver·gü·tung** *f* FIN tax rebate [*or* refund] **Steu·er·ver·kür·zung** *f* JUR tax evasion [*or* reduction] **Steu·er·ver·mei·dung** *f* FIN tax avoidance [*or* evasion]; **legale** ~ tax avoidance **Steu·er·vor·aus·zah·lung** *f* FIN advance tax payment; **~en leisten** to pay taxes in advance **Steu·er·vor·schrift** *f* POL tax regulation **Steu·er·vor·teil** *m* FIN tax benefit [*or* advantage]

Steu·er·werk *nt* INFORM control unit

Steu·er·we·sen *nt* FIN taxation **Steu·er·zah·ler(in)** *m(f)* taxpayer; **Bund der deutschen ~** German tax payers' association **Steu·er·zah·ler·bund** *m* JUR association of taxpayers

Steu·er·zah·lung *f* tax payment

Steu·er·zei·chen *nt* 1 INFORM control character
2 *(form: Banderole)* revenue stamp [*or* seal]

Steu·er·zu·schlag *m* FIN additional tax

Ste·ven <-s, -> [ˈʃteːvn̩] *m* NAUT **Vorder~** stem *spec;* **After~** stern[post] *spec*

Ste·ward <-s, -s> [ˈstjuːɐt] *m* steward

Ste·war·dess[RR] <-, -en>, **Ste·war·deß**[ALT] <-, -ssen> [ˈstjuːɐdɛs] *f fem form von* **Steward** steward/stewardess

St. Gal·len <-s> [zaŋkt ˈgalən] *nt* St[.] Gallen

StGB <-[s], -s> [ɛsteːgeːˈbeː] *nt Abk von* **Strafgesetzbuch** penal [*or* criminal] code

sti·bit·zen* [ʃtiˈbɪtsn̩] *vt (hum fam)* ■**[jdm] etw** ~ to swipe [*or* pinch] [*or* nick] [sb's] sth *hum fam*

stich [ʃtɪç] *imper sing von* **stechen**

Stich <-[e]s, -e> [ʃtɪç] *m* 1 *(Stichwunde)* stab wound; ■**ein ~ durch etw** *akk*/**in etw** *akk* a stab through/in sth; **jdm einen ~ [mit etw** *dat*] **[in etw** *akk*] **versetzen** to stab sb [in sth] [with sth]; ***sie versetzte ihm mit der Hutnadel einen ~ ins Gesicht*** she stabbed him in the face with her hatpin
2 *(Insektenstich)* sting; *(Mückenstich)* bite
3 *(stechender Schmerz)* stabbing [*or* sharp] pain; **~e haben** to have [*or* experience] a stabbing [*or* sharp] pain/stabbing [*or* sharp] pains
4 *(Nadelstich)* stitch; **~ um ~** stitch by stitch
5 *(Radierung)* engraving
6 *(Farbschattierung)* ■**ein ~ in etw** *akk* a tinge of sth; **ein ~ ins Rote** a tinge of red; **einen ~ in etw** *akk* **bekommen** to get a tinge of sth, to go a bit sth *fam*
7 KARTEN trick; **~ auf ~** trick by trick, one trick after the other; **einen ~ machen** to get [*or* win] a trick
►WENDUNGEN: **einen ~ haben** *(fam: verdorben sein)* to have gone [*or* to be] off; *(sl: übergeschnappt sein)* to be out to lunch, to be off one's rocker *fam,* to be nuts *fam;* **jdn im ~ lassen** *(jdn verlassen)* to abandon sb; *(jdn in einer Notlage lassen)* to fail [*or* let down] sb; ***mit zunehmendem Alter ließ sie ihr Gedächtnis immer mehr im ~*** her memory got worse [*or* became more and more unreliable] as she got older

Stich·art *f (Buchmacherei)* stitch type

Sti·chel <-s, -> [ˈʃtɪçl̩] *m* KUNST graver, burin *spec*

Sti·che·lei <-, -en> [ʃtɪçəˈlai] *f (pej fam)* 1 *(ständiges Sticheln)* needling *no art, no pl fam;* ***sie ließ keine Gelegenheit zu einer ~ aus*** she never missed a chance to get at him/her etc.
2 *(stichelnde Bemerkung)* jibe, AM *usu* gibe, dig, cutting remark

sti·cheln [ˈʃtɪçl̩n] *vi (pej fam)* ■**[gegen jdn]** ~ to make nasty [*or* cutting] [*or* snide] remarks [about sb]

Stich·ent·scheid *m* SCHWEIZ [president's] casting vote

stich·fest *adj inv (nicht flüssig) Jogurt* solid; **hieb- und ~** *(fig)* watertight, cast-iron

Stich·flam·me *f* flash, jet [*or liter* tongue] of flame

stich·hal·tig, stich·häl·tig *adj* ÖSTERR *(überzeugend)* **ein ~es Alibi** an unassailable [*or* airtight] alibi; **eine ~e Argumentation** a sound argument, sound reasoning; **ein ~er Beweis** conclusive evidence; ■**[nicht] ~ sein** to [not] hold water

Stich·hal·tig·keit <-> *f kein pl Begründung* soundness *no pl; Argument, Grund, Antwort* validity *no pl; Beweis* conclusiveness *no pl*

Stich·ling <-s, -e> [ˈʃtɪçlɪŋ] *m* ZOOL stickleback

Stich·pro·be *f (die Probe aufs Exempel)* spot check, random sample [*or* survey]; *(Kontrollen)* spot check; **~n machen** [*o* **vornehmen**] to carry out a spot check [*or* random sample] **Stich·pro·ben·aus·wahl** *f kein pl* random sampling

Stich·punkt *m* note, keyword; **sich** *dat* **~e machen** to make notes **Stich·sä·ge** *f* compass saw *spec* **Stich·tag** *m (maßgeblicher Termin)* fixed [*or* qualifying] date; *(letzter Möglichkeit)* deadline **Stich·tags·prin·zip** *nt* FIN cut-off date principle

Stich·waf·fe *f* stabbing weapon **Stich·wahl** *f* POL final ballot, run-off

Stich·wort [ˈʃtɪçvɔrt] *nt* 1 *(Haupteintrag)* entry, reference, headword *form* 2 *meist pl (Wort als Gedächtnisstütze)* cue; *(Schlüsselwort)* keyword; **~ *Geld, ich wollte mit Ihnen über eine Gehaltserhöhung reden*** speaking of [*or form* apropos] money, I wanted to talk to you about a rise; **jdm das [vereinbarte** [*o* **verabredete**]] **~ geben** *(das Zeichen zum Beginn von etw)* to give sb the [pre-arranged] lead-in [*or* cue]; THEAT to cue in sb *sep;* ***du sprichst von Geld? damit lieferst du mir das ~*** money? now that's something I wanted to talk about; ***warum musstest du das sagen? jetzt hast du ihr das ~ gegeben*** what did you have to say that for? now you've started her off; **sich** *dat* **~e machen** to make notes **stich·wort·ar·tig** *adv* briefly **Stich·wort·ka·ta·log** *m* classified catalogue [*or* AM *also* -og] **Stich·wort·su·che** *f* INFORM index word search **Stich·wort·ver·zeich·nis** *nt* index

Stich·wun·de *f* stab wound

sti·cken [ˈʃtɪkn̩] **I.** *vt (durch Sticken herstellen)* ■**etw [auf etw** *akk*] ~ to embroider sth [on[to] sth]; ***das Tischtuch wies am Rand gestickte Verzierungen auf*** the tablecloth had an embroidered edge; ■**etw** ~ to embroider sth
II. *vi* ■**[an etw** *dat*] ~ to embroider [sth], to do embroidery; ***man braucht viel Geduld zum S~ eines Blumenmotifs*** it requires a lot of patience to embroider a flower motif

Sti·cker <-s, -> [ˈstɪkɐ, ˈʃt-] *m (fam)* sticker

Sti·cke·rei <-, -en> [ʃtɪkəˈrai] *f* embroidery *no art, no pl*

Stick·garn *nt* embroidery thread, crewel *no art, no pl spec*

sti·ckig [ˈʃtɪkɪç] *adj* stuffy; **~e Luft** stale air

Stick·mus·ter *nt* embroidery pattern **Stick·na·del**

f embroidery [*or spec* crewel] needle
Stick·oxid, Stick·oxyd *nt* CHEM nitrogen oxide [*or spec* nitric oxide] *no art, no pl*
Stick·rah·men *m* embroidery frame
Stick·stoff ['ʃtɪkʃtɔf] *m kein pl* nitrogen *no art, no pl*
Stick·stoff·dün·ger *m* nitrogen[ous] fertilizer
stie·ben <stob *o* stiebte, gestoben *o* gestiebt> ['ʃti:bn̩] *vi (geh)* ❶ *haben o sein (sprühen)* to spray; ***Funken stiebten von dem rot glühenden Eisen*** sparks flew from the glowing iron
❷ *sein (rennen)* ■**irgendwohin** ~ to rush [*or* dash] [off] somewhere; **nach allen Seiten** ~ to scatter in all directions; **von dannen** ~ to rush [*or* dash] off
Stief·bru·der ['ʃti:f-] *m* stepbrother
Stie·fel <-s, -> ['ʃti:fl] *m* ❶ *(Schuhwerk)* boot; *(aus Gummi)* rubber boot, wellington BRIT, wellington boot BRIT; **ein Paar** ~ a pair of boots
❷ *(Trinkgefäß) large, boot-shaped beer glass;* **einen** ~ [**Bier**] **trinken** ≈ to drink a yard BRIT; **er verträgt einen** [**ordentlichen**] ~ he can take his drink
Stie·fe·let·te <-, -n> [ʃti:fə'lɛtə] *f* ankle boot
Stie·fel·knecht *m* bootjack
stie·feln ['ʃti:fl̩n] *vi sein (fam)* ■**irgendwohin** ~ to march [*or* stride] somewhere
Stie·fel·schaft *m* leg of a/the boot
Stief·el·tern *pl* step-parents *pl* **Stief·ge·schwis·ter** *pl* stepbrother[s] and sister[s] + *pl vb* **Stief·kind** *nt* stepchild **Stief·mut·ter** *f* stepmother **Stief·müt·ter·chen** *nt* BOT pansy **stief·müt·ter·lich** I. *adj* poor, shabby II. *adv* in a poor fashion, shabbily; **jdn/etw ~ behandeln** to pay little attention to sb/sth **Stief·schwes·ter** *f* stepsister **Stief·sohn** *m* stepson **Stief·toch·ter** *f* stepdaughter **Stief·va·ter** *m* stepfather
stieg [ʃti:k] *imp von* **steigen**
Stie·ge <-, -n> ['ʃti:gə] *f* narrow staircase [*or npl* stairs]
Stie·gen·haus *nt* SÜDD, ÖSTERR *(Treppenhaus)* staircase
Stieg·litz <-es, -e> ['ʃti:glɪts] *m* ORN goldfinch *spec*
stiehl [ʃti:l] *imper sing von* **stehlen**
Stiel <-[e]s, -e> [ʃti:l] *m* ❶ *(Handgriff, langer Stab)* handle; *(Besenstiel)* broom handle, broomstick
❷ *(Blumenstiel)* stem, stalk
❸ *(Stück zwischen Fuß und Kelch)* stem
Stiel·au·gen *pl* ▶WENDUNGEN: ~ **kriegen** [*o* **machen**] *(fam)* to look goggle-eyed *fam*, BRIT *a.* to have one's eyes out on stalks; ***die Nachbarn haben ~ gemacht*** the neighbours' eyes almost popped out of their heads *fam* **stiel·äu·gig** *adj inv* goggle-eyed, with eyes popping **Stiel·ei·che** *f* BOT common oak **Stiel·kamm** *m* tail comb **Stiel·ko·te·lett** *nt* loin chop **Stiel·topf** *m* saucepan
stier [ʃti:ɐ̯] I. *adj* ❶ *(starr)* vacant, glassy, fixed
❷ *pred* DIAL, ÖSTERR, SCHWEIZ *(pleite)* broke *fam*
II. *adv* vacantly, glassily, fixedly; ~ **irgendwohin blicken** to look somewhere with a vacant [*or* glassy] stare
Stier <-[e]s, -e> [ʃti:ɐ̯] *m* ❶ *(junger Bulle)* bull; *(kastriert)* steer, bullock; **wie ein ~ brüllen** to scream like a stuck pig
❷ ASTROL Taurus
▶WENDUNGEN: **den ~ bei den Hörnern packen** [*o* **fassen**] to get [*or* take] the bull by the horns
stie·ren ['ʃti:rən] *vi* ■**irgendwohin** *akk* ~ to stare vacantly [*or* glassily] [*or* fixedly] somewhere; **zu Boden** ~ to stare vacantly [*or* glassily] [*or* fixedly] at the floor; ■**auf jdn/etw** ~ to stare vacantly [*or* glassily] [*or* fixedly] at sb/sth
Stier·kampf *m* bullfight **Stier·kampf·are·na** *f* bullring
Stier·kämp·fer(in) *m(f)* bullfighter, matador
Stier·na·cken *m* thick neck
stier·na·ckig *adj* bull-necked, with a thick neck *pred;* ■~ **sein** to be bull-necked, to have a thick neck
stieß [ʃti:s] *imp von* **stoßen**
Stift¹ <-[e]s, -e> [ʃtɪft] *m* ❶ *(Stahlstift)* tack, pin
❷ *(zum Schreiben)* pen/pencil; ***haben Sie einen ~?*** do you have something to write with [*or* a pen/pencil]?
❸ ELEK stylus
Stift² <-[e]s, -e> [ʃtɪft] *nt* ❶ *(Heim)* home
❷ REL *(christliches Internat)* church boarding school, seminary *dated; (christliches Internat für Mädchen)* convent
❸ REL ÖSTERR *(Männerkloster)* monastery; *(Frauenkloster)* convent
Stift³ <-[e]s, -e> [ʃtɪft] *m (fam: Lehrling im handwerklichen Beruf)* apprentice
Stift·com·pu·ter *m* pen-based computer
stif·teln ['ʃtɪftl̩n] *vt* ■**etw** ~ KOCHK to shred sth
stif·ten ['ʃtɪftn̩] *vt* ❶ *(spenden)* ■[**jdm**] **etw** ~ to donate sth [to sb]; [**jdm**] **eine Seelenmesse** ~ to pay for mass to be said [for sb's soul]
❷ *(verursachen)* ■**etw** ~ to create [*or* cause] sth; **Ärger** ~ to cause trouble; **Unruhe** ~ to create unrest
❸ *(gründen)* ■**etw** ~ to found sth
❹ *(fam: abhauen)* ~ **gehen** to scram *fam*, to do a bunk BRIT *fam*, to scarper BRIT *fam*
Stif·ter(in) <-s, -> ['ʃtɪftɐ] *m(f)* ❶ *(Spender)* don[at]or
❷ *(Gründer)* founder
Stift·plot·ter *m* INFORM pen plotter **Stift·schlüs·sel** *m* TECH pin spanner; *(Sechskantstiftschlüssel)* socket screw key
Stifts·kir·che *f* collegiate church
Stif·tung *f* JUR foundation; ~ **des öffentlichen Rechts** foundation under public law
Stif·tung <-, -en> *f* ❶ JUR *(gestiftete Organisation)* foundation, institute, trust; **gemeinnützige** ~ charitable foundation
❷ *(Schenkung)* donation
❸ *(Gründung)* foundation; ***die ~ dieser Universität datiert in das Jahr 1960*** this university was founded in 1960
Stif·tungs·bei·rat *f* board of trustees **Stif·tungs·ge·schäft** *nt* endowment transaction **Stif·tungs·ge·setz** *nt* JUR endowments and foundations act **Stif·tungs·ka·pi·tal** *nt* FIN settlement capital **Stif·tungs·rat** *m* JUR board of trustees **Stif·tungs·recht** *nt* JUR law on foundations and endowments **Stif·tungs·ver·mö·gen** *nt* FIN endowment [*or* trust] fund, estate trust **Stif·tungs·vor·stand** *m* board of trustees
Stift·zahn *m* post crown *spec*
stig·ma·ti·sie·ren [ʃtɪgmati'zi:rən] *vt (geh)* ■**jdn** ~ to stigmatize sb
Stig·ma·ti·sie·rung [ʃtɪgmati'zi:rʊŋ] *f (geh)* stigmatization
Stil <-[e]s, -e> [ʃti:l, st-] *m* ❶ LIT style
❷ *(Verhaltensweise)* ■**jds** ~ sb's conduct [*or* manner], sb's way of behaving [*or* behaviour]; ***das ist nicht unser ~*** that's not the way we do things [here]; **der ~ des Hauses** *(a. euph)* the way of doing things in the company; ***das verstößt gegen den ~ des Hauses*** that is not the way things are done in this company, that violates the company's code of conduct *form*
❸ *(charakteristische Ausdrucksform)* style
▶WENDUNGEN: **im großen ~, großen ~s** on a grand scale
stil·bil·dend *adj inv* trendsetting; ***er ist zwar nicht reich, dafür aber ~*** it's true he isn't wealthy, but he is a style leader
Stil·blü·te *f (hum)* stylistic blunder, howler **Stil·bruch** *m* inconsistency in style; KUNST, LING stylistic incongruity **Stil·ebe·ne** *f* style level **stil·echt** I. *adj* period *usu attr* II. *adv* in period style
Sti·lett <-s, -e> [ʃti'lɛt, st-] *nt* stiletto
Sti·let·to <-[s], -s> [sti'lɛto] *m meist pl* MODE *(Stöckelschuh)* stiletto *fam*
Stil·feh·ler *m* flaw in style **Stil·ge·fühl** *nt kein pl* sense of style, feeling for style, stylistic sense *no pl*
stil·ge·treu *adj* true to the original style
sti·li·sie·ren* [ʃtili'zi:rən, st-] *vt (geh)* ■**etw** ~ to stylize sth
sti·li·siert I. *adj* stylized
II. *adv* in a stylized fashion [*or* way]
Sti·li·sie·rung <-, -en> *f* stylization
Sti·lis·tik <-, -en> [ʃti'lɪstɪk] *f* ❶ *kein pl (Stilkunde)* stylistics + *sing vb, no art*
❷ *(Anleitung)* guide to stylistics
sti·lis·tisch *(geh)* I. *adj* stylistic
II. *adv* stylistically; ~ **gesehen** from a stylistic standpoint [*or* point of view]
Stil·kun·de *f* ❶ LIT style *no art, no pl*
❷ MEDIA *(Werk)* book on style
still [ʃtɪl] I. *adj* ❶ *(geräuschlos)* silent; ***im Haus war es still*** the house was silent; ~ **werden** to go quiet, to fall silent; ***im Haus wurde es ~*** the house fell silent
❷ *(lärmfrei) Ort* quiet, peaceful, still *liter*
❸ *(bewegungslos) Luft* still; *Gewässer* calm; **die Füße/Hände ~ halten** to keep one's feet/hands still
❹ *(ruhig, schweigsam)* **ein ~er Mensch** a quiet [*or* silent] person; **sei ~!** be quiet!
❺ *(beschaulich)* quiet; **in ~em Gedenken** in silent memory; ***wir wollen uns jetzt des seligen Bischofs in ~em Gedenken erinnern*** now we will keep a moment's silence in memory of the late bishop; **in ~er Trauer** in silent grief; *s. a.* **Stunde**
❻ *(heimlich)* secretly; **im S~en** in secret; *(bei sich)* to oneself; **im S~en hoffen** to secretly hope; **in ~em Einvernehmen** by tacit agreement [*or* understanding]; **mit einem ~en Seufzen** with a silent [*or* an inner] sigh; **ein ~er Vorwurf** a silent reproach; **jds ~e Zustimmung voraussetzen** to assume sb's approval [*or* agreement]
❼ JUR *Gesellschafter, Partnerschaft, Teilhaber* dormant, silent; **~e Rücklagen** hidden assets
▶WENDUNGEN: **um jdn ist es ~ geworden** you don't hear much about sb anymore; *s. a.* **Wasser**
II. *adv* ❶ *(geräuschlos)* quietly; ~ **vor sich** *akk* **hin weinen** to cry quietly to oneself
❷ *(wortlos)* without saying a word
❸ *(bewegungslos)* ~ **sitzen/stehen** to sit/stand still
Stil·le <-> ['ʃtɪlə] *f kein pl* ❶ *(Ruhe)* quiet *no art, no pl;* ***die ~ nach der Hektik des Tages war sehr angenehm*** the peace [and quiet] after the day's rush and tumble was very pleasant; *(ohne Geräusch)* silence *no art, no pl;* **es herrschte** ~ there was silence/peace and quiet; **in aller** ~ quietly; **jdn in aller ~ beisetzen** to bury sb quietly, to have a quiet funeral [for sb]; ***die Trauung wird in aller ~ stattfinden*** it will be a quiet wedding; ***er hat sich in aller ~ davongemacht, ohne mir ein Sterbenswörtchen zu sagen!*** he left [*or* slipped out] without saying a word!
❷ *(Abgeschiedenheit)* peace *no art, no pl*, calm *no art, no pl*
Stille·ben^ALT^ *nt s.* **Stillleben**
stille·gen^ALT^ <stillgelegt> *vt s.* **stillllegen**
Stille·gung^ALT^ <-, -en> *f s.* **Stilllegung**
stil·len ['ʃtɪlən] I. *vt* ❶ *(säugen)* ■**jdn** ~ to breastfeed [*or* suckle] sb
❷ *(befriedigen)* ■**etw** ~ to satisfy [*or liter* still] sth; **den Durst** ~ to quench [*or* slake] sb's thirst
❸ *(stoppen)* ■**etw** ~ to stop sth; **den Blutverlust** ~ to staunch [*or* AM *a.* stanch] the flow of blood; **die Schmerzen** ~ to ease the pain
II. *vi* to breastfeed
Stil·len <-s> ['ʃtɪlən] *nt kein pl* breastfeeding
Still·hal·te·ab·kom·men *nt* moratorium *form*
still|hal·ten *vi irreg* to keep [*or* stay] still
stillie·gen^ALT^ <stillgelegen> *vi irreg s.* **stillliegen**
Still·le·ben^RR^ ['ʃtɪlle:bn̩] *nt* still life
still|le·gen^RR^ <stillgelegt> *vt* ■**etw** ~ to close [*or* shut] [down *sep*] sth; ■**stillgelegt** closed [*or* shut] [down]
Still·le·gung^RR^ <-, -en> *f* closure, shutdown
Still·le·gungs·prä·mie^RR^ *f* EU, AGR set-aside [payment]
still|lie·gen^RR^ <stillgelegen> *vi haben o* SÜDD, ÖSTERR, SCHWEIZ *sein* to be closed [*or* shut] [down]; ***seit diese Bahnlinie stillliegt, kommen kaum mehr Touristen*** since the closure of the railway line there have been hardly any tourists
stil·los *adj* lacking [*or* without] any definite style

S

pred; ■ ~ **sein** to lack [a definite] [*or* have no [definite]] style

still|schwei·gen *vi irreg (geh)* to be [*or* keep] quiet [*or* silent], to keep quiet [*or* stay silent] [*or form* maintain silence] about sth; ***schweig still!*** be quiet!, silence!

Still·schwei·gen *nt* silence *no art, no pl;* **jdn [in etw** *dat*] **zu strengstem ~ auffordern** to ask sb to maintain the strictest silence [about sth] *form;* **über jdn/etw ~ bewahren, jdn/etw mit ~ übergehen** to keep quiet [*or* stay silent] [*or form* maintain silence] about sb/sth

still·schwei·gend [ˈʃtɪlʃvaigṇt] **I.** *adj* tacit; **ein ~es Einverständnis** a tacit understanding; ***ich setze auf Ihr ~es Einverständnis*** I [will] assume you are in agreement
II. *adv* tacitly; **etw ~ billigen** to give sth one's tacit approval

still|sit·zen *vi irreg sein o haben* to sit still [*or* quietly]; ***er kann einfach nicht ~!*** he just can't sit still!

Still·stand *m kein pl* standstill *no pl;* **etw zum ~ bringen** to bring sth to a standstill; **eine Blutung zum ~ bringen** to staunch a flow of blood; **zum ~ kommen** *(zum Erliegen)* to come to a standstill; *(aufhören)* to stop **Still·stands·pe·ri·o·de** *f* ÖKON period of stagnation **Still·stands·zeit** *f* stop period; **störungsbedingte ~** down time

still|ste·hen *vi irreg sein o haben* ❶ *(außer Betrieb sein)* to be at a standstill, to stand idle
❷ *(sich nicht rühren)* ■ **stillgestanden!** MIL attention!; *(von Polizei)* stop!

still·ver·gnügt *adj inv* inwardly contented; **~ in sich** *akk* **hinein grinsen** *(fam)* to grin contentedly [*or* with inner contentment]

Stil·merk·mal *nt* stylistic feature **Stil·mö·bel** *nt meist pl* period furniture *no pl* **stil·prä·gend** *adj* **~ sein** to promote a particular style **stil·voll** *adj* stylish **Stil·vor·la·ge** *f* style sheet

Stimm·ab·ga·be *f* POL vote, voting *no art, no pl*

Stimm·band *nt meist pl* ANAT vocal c[h]ord **Stimm·band·ent·zün·dung** *f* MED inflammation of the vocal cords, chorditis *spec*

stimm·be·rech·tigt *adj* entitled to vote *pred;* ■ [**bei etw** *dat*] **~ sein** to be entitled to vote [*or* have a vote] [in sth] **Stimm·be·rech·tig·te(r)** *f(m) dekl wie adj* voter, person entitled to vote; ■ **die ~n** the voters *pl,* the electorate + *sing/pl vb* **Stimm·be·tei·li·gung** *f* SCHWEIZ *(Wahlbeteiligung)* poll **Stimm·be·zirk** *m* constituency

Stimm·bil·dung *f* voice training

Stimm·bin·dungs·ver·trag *m* JUR voting trust agreement **Stimm·bin·dungs·zer·ti·fi·kat** *nt* JUR voting trust certificate

Stimm·bruch *m* ***der ~ setzt zwischen dem 11. und 14. Lebensjahr ein*** the voice breaks between the ages of 11 and 14; ***er war mit 12 im ~*** his voice broke when he was 12

Stimm·bür·ger(in) *m(f)* POL SCHWEIZ voter; **die gesamten ~** the electorate + *sing/pl vb*

Stim·me <-, -n> [ˈʃtɪmə] *f* ❶ *(Art des Sprechens)* voice; ***du hast heute so eine heisere ~*** you are [*or* your voice is] very hoarse today; **mit bestimmter ~ sprechen** to speak in a particular [tone of] voice; ***sprich nicht mit so lauter ~, man könnte uns hören!*** don't speak so loudly, someone might hear us!; ***er sprach mit erstickter Stimme*** there was a catch in his voice; **mit leiser ~ sprechen** to speak in a quiet [tone of] voice [*or* quietly]; **mit honigsüßer ~ sprechen** to speak in honeyed tones
❷ *(sprechender Mensch)* voice; ***da rief doch eben eine ~!*** there was [*or* I heard] a voice calling!
❸ POL vote; **die entscheidende ~** the deciding vote; **ungültige ~** invalid vote; **sich** *akk* **der ~ enthalten** to abstain; **seine ~ [für jdn/etw] abgeben** to vote [for sb/sth]; **eine/keine ~ haben** to have/not have a vote
❹ *(Meinungsäußerung)* voice; ***es werden ~n laut, die sich gegen das Projekt aussprechen*** voices are being raised against the project; ***die ~n, die mit dieser Politik nicht einverstanden sind, mehren sich*** the number of voices not in favour of this policy is increasing
❺ *(Gefühl)* ■ **die ~ einer S.** *gen* the voice of sth; **die ~ des Herzens/der Vernunft/des Gewissens** the voice of one's heart/of reason/of one's conscience; ***höre auf die ~ deines Herzens*** listen to [the voice of] your heart

stim·men[1] [ˈʃtɪmən] *vi* ❶ *(zutreffen)* to be right [*or* correct]; ■ **es stimmt, dass jd etw ist/tut** it is true that sb is/does sth; **stimmt!** *(fam)* right!; ***habe ich nicht völlig Recht? — stimmt!*** don't you think I'm right? — yes, I do!
❷ *(korrekt sein)* to be correct; ***diese Rechnung stimmt nicht!*** there's something wrong with this bill!; **etwas stimmt mit jdm nicht** something must be wrong with sb; **da [o hier] stimmt was nicht!** *(fam)* there's something wrong [*or fam* funny [going on]] here!; **stimmt so!** *(fam)* that's [*or* the rest is] for you, keep the change!

stim·men[2] [ˈʃtɪmən] *vt* MUS ■ **etw ~** to tune sth

stim·men[3] [ˈʃtɪmən] *vi* ■ **für/gegen jdn/etw ~** to vote for/against sb/sth

Stim·men·ab·ga·be *f* vote; **zur ~ schreiten** to move to a vote **Stim·men·an·teil** *m* share of the vote **Stim·men·aus·zäh·lung** *f* vote count, count of votes, counting the votes; **eine ~ verlangen** to call a count **Stim·men·fang** *m kein pl* POL *(pej)* electioneering; **auf ~ gehen** to go on the campaign trail **Stim·men·fän·ger(in)** *m(f)* POL *(fam)* canvasser, vote-getter *fam* **Stim·men·ge·winn** *m* gain of votes; **einen ~ verzeichnen [o verbuchen]** to record a gain of votes

Stim·men·ge·wirr *nt* babble of voices

Stim·men·gleich·heit *f* tie[d vote] **Stim·men·mehr·heit** *f* majority of votes; **jdn durch ~ besiegen** to outvote sb; **über eine ~ verfügen** to have the majority [of votes] on one's side

Stimm·ent·hal·tung *f* abstention; **~ üben** to abstain

Stim·men·ver·lust *m* loss of votes; **einen ~ hinnehmen müssen** to suffer a loss of votes; ***die Umfrage sagte einen ~ von ca. 6 % voraus*** the survey prophesied a loss of 6% of the votes **Stim·men·wä·gung** *f* weighting of votes

Stimm·er·ken·nung *f* INFORM voice recognition **Stimm·ga·bel** *f* MUS tuning fork **stimm·haft** LING **I.** *adj* voiced *spec* **II.** *adv* **~ ausgesprochen werden** to be voiced *spec*

stim·mig [ˈʃtɪmɪç] *adj* ■ **[in sich** *dat*] **~ sein** to be consistent [*or* coherent]

Stim·mig·keit <-> *f kein pl* coherence

Stimm·la·ge *f* MUS voice

stimm·lich *adj* vocal

stimm·los LING **I.** *adj* voiceless *spec*
II. *adv* **~ ausgesprochen werden** to be voiceless *spec*

Stimm·pflicht *f* duty to cast one's vote

Stimm·recht *nt* right to vote; **[das] ~ haben** to have the right to vote; **Aktie mit/ohne ~** voting/non-voting share [*or* AM stock]; **von seinem ~ Gebrauch machen** to exercise one's voting rights; **sein ~ verlieren** to forfeit one's voting right **Stimm·rechts·ak·tie** *f* FIN voting share [*or* AM stock] **Stimm·rechts·an·teil** *m* BÖRSE *(eines Aktionärs)* voting stake **Stimm·rechts·aus·schluss**[RR] *m* exclusion of voting rights **Stimm·rechts·aus·übung** *f* exercise of a voting right **Stimm·(rechts·)aus·weis** <-es, -e> *m* POL SCHWEIZ *(Wahlbenachrichtigung)* polling card **Stimm·rechts·be·schrän·kung** *f* restriction of a voting right **Stimm·rechts·bin·dung** *f* voting commitment **stimm·rechts·los** *adj inv* BÖRSE non-voting; **~e Aktie** non-voting share **Stimm·rechts·miss·brauch**[RR] *m* abuse of voting rights **Stimm·rechts·trä·ger(in)** *m(f)* voter, elector **Stimm·rechts·über·tra·gung** *f* transfer of voting rights **Stimm·rechts·voll·macht** *f* FIN shareholder's [*or* AM stockholder's] proxy

Stimm·rit·ze *f* ANAT glottis

Stim·mung <-, -en> *f* ❶ *(Gemütslage)* mood; **jdn in ~** *akk* **bringen** to get [*or* put] sb in a good/the right mood; ■ **in der ~ [zu etw** *dat*] **sein** *(fam)* to be in the mood [for sth]; ■ **in der ~ sein, etw zu tun** to be in the mood for doing sth; **in ~ kommen** *(fam)* to get in the [right] mood, to liven up
❷ *(Atmosphäre)* atmosphere; **eine geladene ~** a tense [*or* charged] atmosphere
❸ *(öffentliche Einstellung)* public opinion *no art, no pl;* **~ für/gegen jdn/etw machen** to stir up [public] opinion for/against sb/sth
❹ *(geh: Ambiente)* atmosphere *no pl,* ambience *no pl liter*

stim·mungs·auf·hel·lend *adj* emotionally elevating **Stim·mungs·auf·hel·ler** *m* PHARM *(fam)* mood booster *fam* **Stim·mungs·ba·ro·me·ter** *nt* mood [of [public] opinion], barometer of public opinion; **das ~ steigt/steht auf null** *(fam)* the mood [of [public] opinion] is improving/pessimistic **Stim·mungs·hoch** <-s, -s> *nt pl selten (fam)* high **Stim·mungs·ka·no·ne** *f (fam: Unterhalter)* entertainer; **eine ~ sein** to be the life and soul of the party **Stim·mungs·la·ge** *f* mood; **eine gereizte ~** a tense atmosphere **Stim·mungs·ma·che** *f (pej)* [cheap] propaganda *no art, no pl pej* **Stim·mungs·ma·cher(in)** *m(f)* ❶ *(pej)* propagandist ❷ *(Stimmungskanone)* the life and soul of the party **Stim·mungs·schwan·kung** *f meist pl* mood swing *usu. pl* **Stim·mungs·tief** <-s, -s> *nt* PSYCH, POL *(fam)* low [period] **Stim·mungs·um·schwung** *m* POL change of mood [*or* atmosphere] **stim·mungs·voll** *adj* sentimental *usu pej;* ***das ~e Gedicht gibt die Atmosphäre der beeindruckenden Gebirgslandschaft gelungen wieder*** the poem aptly reflects the atmosphere of the impressive mountain landscape **Stim·mungs·wan·del** *m* ❶ *(allgemein)* change of atmosphere ❷ POL change in [public] opinion

Stimm·ver·lust *m kein pl* loss of [one's] voice

Stimm·volk <-[e]s, -völker> *nt* SCHWEIZ *(Wählerschaft)* electorate *no indef art, no pl,* constituents *pl*

Stimm·wech·sel *m s.* **Stimmbruch**

Stimm·zet·tel *m* voting slip, ballot [paper]

Sti·mu·lans <-, Stimulantia *o* Stimulanzien> [ˈʃtiːmulans, ˈst-, *pl* ʃtimuˈlantsi̯a, ʃtimuˈlantsi̯ən] *nt* ❶ PHARM stimulant
❷ *(geh: aufreizende Darstellung)* stimulation *no pl*

Sti·mu·lanz <-, -ien> [ʃtimuˈlants, *pl* -tsi̯ən] *f (geh)* stimulant

Sti·mu·la·ti·on <-, -en> [ʃtimulaˈtsi̯oːn] *f (geh: sexuelle Reizung)* stimulation

sti·mu·lie·ren* [ʃtimuˈliːrən] *vt* ❶ *(geh: anspornen)* ■ **jdn [zu etw** *dat*] **~** to spur [*or* urge] on sb *sep* [to sth], to encourage sb [to do sth]; **jdn sehr ~** to be a great encouragement to sb
❷ *(geh: sexuell reizen)* ■ **jdn/etw ~** to stimulate sb/sth
❸ MED *(auslösen)* ■ **etw ~** to stimulate sth

Sti·mu·lus <-, -li> [ˈʃtiːmulʊs, ˈst-, *pl* -muli] *m* ❶ PSYCH stimulus
❷ *(geh: Antrieb)* stimulus

Stink·bom·be *f* stink bomb

Stin·ke·fin·ger *m (fam)* **jdm den ~ zeigen** to tell sb to fuck off *fam! sl,* to flip sb the bird AM **Stin·ke·fuß** *m* smelly feet *pl*

stin·ken <stank, gestunken> [ˈʃtɪŋkṇ] **I.** *vi* ❶ *(unangenehm riechen)* ■ **[nach etw** *dat*] **~** to stink [*or* reek] [of sth]
❷ *(fam: verdächtig sein)* to stink; ***die Sache stinkt*** the whole business stinks [*or* is [very] fishy]
❸ *(sl: zuwider sein)* ■ **jdm stinkt etw** sb is fed up [to the back teeth] [*or* is sick to death] with sth *fam;* ■ **etw [an jdm/etw] stinkt jdm** sth [about sb/sth] sickens sb, sb is fed up with sth about sb/sth; ■ **jdm stinkt es, etw tun zu müssen** sb is fed up [to the back teeth] with having to do sth *fam;* **mir stinkt's!** I'm fed up [to the back teeth] with it! *fam; s. a.* **Himmel, Pest**
II. *vi impers* **es stinkt [nach etw** *dat*] it stinks [of sth]

stin·kend *adj* stinking

stink·faul [ˈʃtɪŋkˈfaul] *adj (fam)* bone lazy, bone idle BRIT; ***du bist wirklich ~*** you really are bone idle [*or pej fam* a lazy slob] **Stink·fin·ger** *m meist pl* sticky [*or* dirty] fingers *pl* **stink·lang·wei·lig** *adj (fam)* dead boring, deadly boring, boring as hell *pred fam,* [as] dull as ditchwater *pred fam;* ***es war ein ~er Vortrag*** the lecture was as boring as hell *fam* **Stink·mor·chel** *f* BOT stinkhorn *spec,* carrion fungus *spec* **stink·nor·mal** ['ʃtɪŋknɔr'ma:l] *adj (fam)* perfectly normal [*or* ordinary]; **wie ein ~er Mensch** like an ordinary mortal *hum* **stink·reich** ['ʃtɪŋk'raiç] *adj (fam)* rolling in it *pred fam,* stinking rich *pred pej fam* **stink·sau·er** ['ʃtɪŋk'zauɐ] *adj inv (fam)* **~ auf etw/jdn sein** to be pissed off *sl* with sth/sb **Stink·stie·fel** *m (pej fam)* [miserable/rude] git *pej fam* **Stink·tier** *nt* skunk **Stink·wut** ['ʃtɪŋk'vu:t] *f (fam)* towering rage *no pl,* savage fury *no pl;* ■**eine ~ haben** to seethe with rage, to be livid [*or* in a raging temper]; ■**eine ~ auf jdn haben** to be in a raging temper [*or* be livid] with sb

Sti·no <-s, -s> ['ʃtɪno] *m (pej o iron sl) kurz für* **stinknormaler Mensch** Joe Bloggs *fam*

Stint <-[e]s, -e> [ʃtɪnt] *m* ZOOL smelt *no indef art, no pl*

Sti·pen·di·at(in) <-en, -en> [ʃtipɛn'di̯a:t] *m(f)* person receiving a stipend/scholarship

Sti·pen·di·um <-s, -dien> [ʃti'pɛndi̯ʊm, *pl* -di̯ən] *nt (für den Klerus)* stipend; *(für Studenten)* scholarship

stip·pen ['ʃtɪpn̩] *vt* DIAL *(tunken)* ■**etw in etw** *akk* **~** to dunk [*or* dip] sth in sth

Stipp·vi·si·te ['ʃtɪpvizi:tə] *f (fam)* quick [*or* BRIT flying] visit; **bei jdm eine ~ machen** to pay sb a flying visit

stirb [ʃtɪrn] *imper sing von* **sterben**

Stirn <-, -en> [ʃtɪrn] *f* forehead, brow *liter;* **die ~ runzeln** [*o* **krausziehen**] to frown; **über jdn/etw die ~ runzeln** to frown over sb's doings/sth

▶WENDUNGEN: **jdm etw an der ~ ablesen** to read sth [plainly] in [*or* all over] sb's face; **jdm/etw die ~ bieten** *(geh)* to face [*or* stand] up to sb/sth; **mit eiserner ~** *(unverschämt)* brazenly; *(unerbittlich)* resolutely; **da fasst man sich an die ~** you wouldn't believe it, would you?; **auf der ~ geschrieben stehen** *(geh)* to be written on sb's face; **die ~ haben** [*o* **besitzen**]**, etw zu tun** to have the nerve [*or* BRIT cheek] to do sth

Stirn·band <-bänder> *nt* headband **Stirn·bein** *nt* ANAT frontal bone **Stirn·fal·te** *f* wrinkle [*or* line] [on the forehead] **Stirn·glat·ze** *f* receding hairline; **eine ~ haben** to have a receding hairline

Stirn·höh·le *f* ANAT [frontal *spec*] sinus **Stirn·höh·len·ent·zün·dung** *f* MED sinusitis *no art, no pl spec* **Stirn·höh·len·ver·ei·te·rung** *f* MED sinusitis *no art, no pl spec*

Stirn·rad *nt* TECH spur gear [*or* wheel] **Stirn·run·zeln** <-s> *nt kein pl* frown **Stirn·sei·te** *f* [narrow] side; *eines Hauses* end wall, gable end; ***der Hausherr pflegte immer an der ~ des Esstisches Platz zu nehmen*** the head of the household always liked to sit at the head of the table **Stirn·wand** *f* ARCHIT end wall, side

stob [ʃto:p] *imp von* **stieben**

stö·bern ['ʃtø:bɐn] *vi* ■**in etw** *dat* [**nach etw** *dat*] **~** to rummage in sth [for sth]

sto·chern ['ʃtɔxɐn] *vi* ■[**mit etw** *dat*] **in etw** *dat* **~** to poke [*or* prod] [around in] sth [with sth]

Stö·chio·me·trie [ʃtøçi̯ome'tri:] *f kein pl* CHEM stoichiometry

stö·chio·me·trisch [ʃtøçi̯o'me:trɪʃ] *adj* CHEM stoichiometric; **~er Faktor** stoichiometric factor

Stock[1] <-[e]s, Stöcke> [ʃtɔk, *pl* 'ʃtœkə] *m* ❶ *(lange Holzstange)* stick

❷ HORT *(Topfpflanze)* plant

❸ *(Bienenstock)* [bee]hive

▶WENDUNGEN: **am ~ gehen** *(fam)* to be worn out [*or* worn to a shadow] [*or* BRIT *fam!* knackered]; **über ~ und Stein** across country

Stock[2] <-[e]s, -> [ʃtɔk] *m* floor, storey, AM *also* story; **der 1. ~** the ground [*or* AM first] floor, the first storey; **im 2. ~** on the first [*or* AM second] floor, on the second storey

stock·be·sof·fen ['ʃtɔkbə'zɔfn̩] *adj (fam)* stinking [*or* dead] [*or* BRIT blind] drunk *fam,* pie-eyed *fam,* plastered *fam*

Stock·bett *nt* bunk bed

Stöck·chen <-s, -> ['ʃtœkçən] *nt dim von* **Stock 1** little stick

stock·dumm ['ʃtɔk'dʊm] *adj (fam)* thick *fam,* [as] thick as two short planks [*or* as a brick] *fam* **stock·dun·kel** ['ʃtɔk'dʊŋkl̩] *adj (fam)* pitch-black [*or* -dark]

Stö·ckel·ab·satz *m* high heel

stö·ckeln ['ʃtœkl̩n] *vi sein (fam)* ■**irgendwohin ~** to strut [*or* stalk] somewhere; *(unsicher gehen)* to totter somewhere; *(affektiert gehen)* to trip [*or* BRIT mince] somewhere *pej*

Stö·ckel·schuh *m* high-[*or* stiletto-]heeled shoe, high heel, stiletto

sto·cken ['ʃtɔkn̩] *vi* ❶ *(innehalten)* ■[**in etw** *dat*] **~** to falter [in sth]

❷ *(zeitweilig stillstehen)* to come to a [temporary] halt [*or* stop], to be held up; ***immer wieder stockte der Verkehr*** there were constant hold-ups in the [flow of] traffic; **ins S~ geraten** [*o* **kommen**] to stop, to grind to a halt

❸ KOCHK *(gerinnen)* to thicken; *Milch* to curdle; *Eier* to set

sto·ckend *adj inv* ❶ *(mit Pausen) Unterhaltung* flagging, faltering, hesitant

❷ *(stehend) Verkehr* stop-start

❸ ÖKON stagnant; **~e Wirtschaft** stagnant economy

Stock·en·te *f* ORN mallard

stock·fins·ter *adj (fam) s.* **stockdunkel**

Stock·fisch *m* dried cod, stockfish *spec*

Stock·fleck *m* mildew *no art, no pl,* mould [*or* AM mold] spot

Stock·hieb *m* blow [with [*or* from] a stick]

Stock·holm <-s> ['ʃtɔkhɔlm] *nt* Stockholm *no art, no pl*

stock·kon·ser·va·tiv ['ʃtɔkkɔnzɛrva'ti:f] *adj (fam)* ultraconservative, diehard conservative, arch-conservative *pej,* stick-in-the-mud *pej fam,* fuddy-duddy BRIT *pej*

Stock-Op·ti·on ['stɔkɔpʃn̩] *f* BÖRSE stock option **Stock-Op·ti·on-Mo·dell** ['stɔkɔpʃn̩-] *nt* BÖRSE stock option model

Stock·ro·se *f* HORT hollyhock

stock·sau·er ['ʃtɔk'zauɐ] *adj (fam)* foaming at the mouth *pred fam,* pissed off *pred* BRIT *fam!;* ■**~** [**auf jdn**] **sein** to be sore [at sb], to be pissed off [with sb] BRIT *fam!*

Stock·schirm *m* stick [*or* walking-length] umbrella

Stock·schlag *m* blow [from a stick]; **mit Stockschlägen bestraft werden** to be punished with a beating

stock·steif ['ʃtɔk'ʃtaif] **I.** *adj (fam)* [very] stiff, [as] stiff as a poker *pred;* **in ~er Haltung** [as] stiff as a poker/as pokers **II.** *adv* [very] stiffly, as stiff as a poker **stock·taub** ['ʃtɔk'taup] *adj (fam)* [as] deaf as a post *pred,* stone deaf *fam*

Sto·ckung <-, -en> *f* hold-up (*+gen* in); **ohne ~** without a hold-up; **ohne ~ zu Ende gehen/verlaufen** to finish [*or* end]/continue without a hold-up

Stock·werk *nt s.* **Stock**[2]

Stock·zahn <-[e]s, -zähne> *m* ÖSTERR, SCHWEIZ, SÜDD *(Backenzahn)* back tooth, molar

Stoff <-[e]s, -e> [ʃtɔf] *m* ❶ *(Textil)* material, cloth

❷ *(Material)* material

❸ CHEM substance

❹ *(thematisches Material)* material *no indef art, no pl*

❺ *(Lehrstoff)* subject material *no indef art, no pl*

❻ *kein pl (sl: Rauschgift)* dope *no art, no pl fam,* shit *no art, no pl sl*

Stoff·bahn *f* length of material **Stoff·bal·len** *m* roll of material [*or* cloth] **Stoff·be·zug** *m* cloth cover

Stof·fel <-s, -> ['ʃtɔfl̩] *m (fam: Tölpel)* boor, booby *fam*

Stoff·fet·zenRR, **Stoffet·zen**ALT *m* scrap [*or* shred] of material [*or* cloth]

stoff·ge·bun·den *adj inv* MED, PSYCH *(fachspr)* substance-related; ***~e Süchte*** substance addictions

stoff·lich ['ʃtɔflɪç] *adj inv* ❶ *(das Thema betreffend) Unterschiede* with regard to subject matter

❷ PHILOS *(materiell)* material

Stoff·pup·pe *f* rag doll **Stoff·rest** *m* remnant **Stoff·schuh** *m* cloth shoe **Stoff·ser·vi·et·te** *f* [cloth] napkin [*or* BRIT *a.* serviette] **Stoff·tier** *nt* soft [*or* BRIT *a.* cuddly] toy

Stoff·wech·sel *m* metabolism *no art, no pl spec* **Stoff·wech·sel·krank·heit** *f* metabolic disease [*or* disorder] *spec,* disease of the metabolism *spec* **Stoff·wech·sel·pro·dukt** *nt* product of metabolism

stöh·nen ['ʃtø:nən] *vi* to moan; *(vor Schmerz)* to groan

Stöh·nen <-s> ['ʃtø:nən] *nt kein pl* moan; *(vor Schmerz)* groan; **unter ~ sprechen** to moan/groan, to speak through one's moans/groans; **etw unter ~ hervorstoßen** to moan/groan out sth *sep*

stöh·nend **I.** *adj* moaning *no art, no pl; (vor Schmerz)* groaning *no art, no pl;* **~e Laute** moans/groans; **mit ~er Stimme** moaning/groaning

II. *adv* with a moan/groan; **etw ~ hervorpressen** to gasp [out *sep*] sth with a groan, to groan out sth *sep*

sto·isch ['ʃto:ɪʃ, 'st-] *adj (geh)* stoic[al] *a. form*

Sto·la <-, Stolen> ['ʃto:la, 'st-] *f* ❶ MODE shawl; *(aus Pelz)* stole *form*

❷ REL stole *spec*

Stol·le <-, -n> ['ʃtɔlə] *f* KOCHK *(Weihnachtsgebäck)* stollen

Stol·len[1] <-s, -> ['ʃtɔlən] *m* BERGB tunnel; **senkrechter/waagrechter ~** shaft/gallery

Stol·len[2] <-s, -> ['ʃtɔlən] *m* KOCHK stollen *(sweet bread made with dried fruit often with marzipan in the centre, eaten at Christmas)*

Stol·per·draht *m* tripwire

stol·pern ['ʃtɔlpɐn] *vi sein* ❶ *(zu fallen drohen)* to trip, to stumble; ■**über etw** *akk* **~** to trip [*or* stumble] over sth

❷ *(als auffallend bemerken)* ■**über etw** *akk* **~** to be puzzled by [*or* to wonder at] sth

❸ *(seine Stellung verlieren)* ■**über jdn/etw ~** to come to grief [*or* come unstuck] [*or* BRIT *fam* come a cropper] over sb/sth

Stol·per·stein *m* stumbling block

stolz [ʃtɔlts] *adj* ❶ *(sehr selbstbewusst)* proud, arrogant; *(pej)* cocky *fam,* conceited *pej*

❷ *(hocherfreut)* proud, delighted; **der ~e Vater** the proud father; ■**~ auf jdn/etw sein** to be proud of [*or* delighted with] sb/sth

❸ *(geh: erhebend)* proud, great, glorious

❹ *(imposant)* proud; **eine ~e Burg** a lofty [*or* majestic] [*or* splendid] castle

❺ *(beträchtlich)* high, stiff, steep *fam;* **eine ~e Summe** a tidy sum *fam*

Stolz <-es> [ʃtɔlts] *m kein pl* ❶ *(starkes Selbstwertgefühl)* pride *no art, no pl;* **jds ganzer ~ sein** to be sb's pride and joy; *Sohn/Tochter a.* to be the apple of sb's eye

❷ *(freudige Zufriedenheit)* pride *no art, no pl*

stol·zie·ren* [ʃtɔl'tsi:rən] *vi sein* ■**irgendwohin ~** to strut [*or* prance] somewhere

stop [ʃtɔp] *interj s.* **stopp**

StopALT <-s, -s> [ʃtɔp] *m s.* **Stopp**

Stop-and-go <-s> ['stɔpʔənd'go:] *nt,* **Stop-and-go-Ver·kehr** <-s> *m kein pl* stop-and-go traffic *no art, no pl*

Stopf·ei *nt* darning egg [*or* mushroom]

stop·fen ['ʃtɔpfn̩] **I.** *vt* ❶ *(hineinzwängen)* ■[**sich** *dat*] **etw in etw** *akk* **~** to push [*or* stuff] [*or fam* cram] sth into sth; **Essen in den Mund ~** to stuff [*or* cram] food into one's mouth [*or* face] *fam;* **sich** *dat* **Watte in die Ohren ~** to put wool in one's ears

❷ *(mit etw füllen)* ■**etw** [**mit etw** *dat*] **~** to fill sth [with sth]; ***zu prall gestopft*** overstuffed; **eine Pfeife mit etw** *dat* **~** to fill [*or* pack] a pipe with sth; **ein Loch mit etw** *dat* **~** to fill [*or* pack] [*or fam* stuff] a hole with sth; *s. a.* **Loch**

❸ *(mit Nadel und Faden ausbessern)* ■**etw ~** to darn sth

II. *vi* ❶ *(flicken)* to darn, to do darning

❷ *(sättigen)* to be filling, to fill up one/sb *sep*

❸ *(fam: hineinschlingen)* to stuff oneself *fam*

❹ *(die Verdauung hemmen)* to cause constipation

Stop·fen <-s, -> ['ʃtɔpfn̩] *m* DIAL *(Stöpsel)* stopper; *(für Badewanne)* plug; *(Fassstöpsel)* bung; *(Korken)* cork

Stopf·garn *nt* darning thread [*or* wool] [*or* cotton] *no art, no pl* **Stopf·le·ber** *f* KOCHK *liver of a specially fattened goose* **Stopf·na·del** *f* darning needle

Stop-Loss-Or·der [stɔp'lɔs'o:dɐ] *f* BÖRSE stop-loss order

stopp [ʃtɔp] *interj* stop; ~ **mal!** *(fam)* just a moment!

Stopp[RR] <-s, -s> [ʃtɔp] *m* ❶ *(Halt)* stop; **ohne** ~ without stopping

❷ FIN *(Einfrieren)* freeze; ***die Regierung erwägt einen ~ für Löhne/ Gehälter und Preise*** the government is considering freezing wages/salaries and prices

❸ SPORT drop shot; *(Volley)* stop volley

Stopp·be·fehl *m* stop instruction **Stopp·bit** [-bɪt] *nt* INFORM stop bit [*or* element]

Stop·pel[1] <-, -n> ['ʃtɔpl̩] *f meist pl* ❶ AGR *(Getreidestoppel)* stubble *no art, no pl*

❷ *(Bartstoppel)* stubble *no art, no pl; (gegen Abend a.)* five o'clock shadow *no pl*

Stop·pel[2] <-s, -> ['ʃtɔpl̩] *m* ÖSTERR *(Stöpsel)* plug

Stop·pel·bart *m* *(stoppeliges Kinn)* stubble [on one's/sb's chin]; *(gegen Abend a.)* five o'clock shadow *no pl; (kurzer Bart)* stubbly beard **Stop·pel·feld** *nt* AGR stubble *no art, no pl,* stubble field, field of stubble **Stop·pel·haar** *nt* close[ly]-shorn hair *no pl,* crew cut, buzz cut

stop·pe·lig, stopp·lig ['ʃtɔp(ə)lɪç] *adj* stubbly

stop·pen ['ʃtɔpn̩] **I.** *vt* ❶ *(anhalten)* ■**jdn/etw** ~ to stop sb/sth

❷ *(zum Stillstand bringen)* ■**etw** ~ to stop [*or* put a stop to] sth, to bring sth to a halt [*or* stop] [*or* standstill]; ***die Verhandlungsgespräche sind gestoppt worden*** the negotiations have broken down; **die Ausführung** ~ INFORM, TECH to abort the execution

❸ SPORT *(Zeit nehmen)* ■**jdn/etw** ~ to time sb/sth

II. *vi* ■[**vor etw** *dat*] ~ to stop [at [*or* in front of] [*or form* before] sth]

Stop·per <-s, -> ['ʃtɔpɐ] *m* *(Bremse am Rollschuh)* brake stop

stopp·lig ['ʃtɔplɪç] *adj s.* **stoppelig**

Stopp·schild <-schilder> *nt* stop [*or* BRIT *a.* halt] sign **Stopp·stra·ße** *f* stopstreet *(road with stop signs)* **Stopp·uhr** *f* stopwatch

Stöp·sel <-s, -> ['ʃtœpsl̩] *m* ❶ *(Pfropfen)* stopper; *(für Badewanne/Waschbecken)* plug; *(Fassstöpsel)* bung

❷ *(hum fam: Knirps)* [little] nipper *fam,* kid *fam,* sprog BRIT *fam*

stöp·seln ['ʃtœpsl̩n] *vt* ■**etw in etw** *akk* ~ to put [*or* insert] sth in sth, to plug in sth *sep;* ***den Fernsehstecker in die Steckdose*** ~ to plug in the TV *sep*

Stör <-[e]s, -e> [ʃtø:ɐ̯] *m* ZOOL sturgeon

stör·an·fäl·lig *adj* liable to break down *pred;* ~**e Elektronik** interference-prone electronics *spec*

Storch <-[e]s, Störche> [ʃtɔrç, *pl* 'ʃtœrçə] *m* stork

Stor·chen·bei·ne *pl* long thin legs *pl* **Stor·chen·nest** *nt* stork's nest

Stör·chin ['ʃtœrçɪn] *f fem form von* **Storch** female stork

Storch·schna·bel *m* BOT cranesbill

Store <-s, -s> [ʃto:ɐ̯, st-] *m* net curtain

stö·ren ['ʃtø:rən] **I.** *vt* ❶ *(beeinträchtigend unterbrechen)* ■**jdn** [**bei etw** *dat*] ~ to disturb [*or* bother] sb [when he/she is doing sth]; ***bitte lassen Sie sich nicht ~!*** please don't let me disturb you!; ***entschuldigen Sie, wenn ich Sie störe*** I'm sorry to bother you [*or* if I'm disturbing you]; ***tut mir leid, wenn ich dich störe, aber könntest du mir sagen, wie spät es ist?*** sorry to trouble [*or* bother] you, but could you tell me the time?; ***störe mich jetzt nicht!*** don't bother [*or* disturb] me now!; **jdn bei der Arbeit** ~ to disturb sb at his/her work

❷ *(im Fortgang unterbrechen)* ■**etw** [**durch etw** *akk*] ~ to disrupt sth [by sth/by doing sth]; ***die Konferenz wurde von einer Gruppe Demonstranten gestört*** the meeting was disrupted by a group of demonstrators

❸ *(beeinträchtigen)* ■**etw** ~ to disturb sth; **ein gutes Verhältnis** ~ to spoil a good relationship; **jds Pläne** ~ to interfere with sb's plans; **jds Schlaf** ~ to disturb sb's sleep; ***mein Schlaf wurde durch den Verkehrlärm gestört*** my sleep was disturbed by the noise of the traffic

❹ TECH **den Empfang** ~ to interfere with reception; ***hier ist der Empfang oft gestört*** there is often interference [with reception] here; **einen Sender** ~ to interfere with a transmitter; *(absichtlich)* to jam a transmitter

❺ *(missfallen)* ■**etw stört jdn** [**an jdm/etw**] sth [about sb/sth] bothers sb, sb doesn't like [*or* dislikes] sth [about sb/sth]; ***stört es Sie, wenn ich rauche?*** do you mind [*or* does it bother you] if I smoke?; ***ich würde gern das Fenster aufmachen – stört dich das?*** I'd like to open the window — do [*or* would] you mind?; ***das stört mich nicht*** that doesn't bother me, I don't mind; ***was mich daran stört ...*** what I don't like about it ...; ***das stört mich an ihm*** that's what I don't like about him; ***hör bitte auf! das stört mich!*** please stop! that's annoying me [*or* getting on my nerves]!

II. *vi* ❶ *(unterbrechen, im Weg sein)* to disturb sb/sth; [***bitte***] ***nicht ~!*** [please] do not disturb!; ***ich möchte nicht*** ~ I don't want to be a nuisance; *(in Privatsphäre)* I don't want to intrude; ***ich will nicht ~, aber ...*** I'm sorry to disturb [*or* bother] you, but ...; ***störe ich?*** am I intruding?; ***wenn ich nicht störe ...*** if I'm not in the way [*or* disturbing you] ...; ***ich habe sie allein gelassen, ich hatte das Gefühl zu*** ~ I left them alone, as I felt I was in the way; ***wenn ich störe, musst du es mir sagen!*** if I'm in the way, you must tell me!

❷ *(Belästigung darstellen)* ■[**bei etw** *dat*] ~ to be irritating [*or* annoying] [when sb is doing sth]; *Geräusch, Dröhnen, Musik* to be too loud [to do sth [*or* for doing sth]]; ***könntest du die Musik etwas leiser machen, das stört bei der Arbeit*** could you turn down the music a bit, I can't [*or* it's too loud to] work; ***stört es, wenn ich Radio höre?*** would it disturb you if listen to the radio?; ***der Lärm machte sich sehr ~d bemerkbar*** the noise was very intrusive; **etw als ~d empfinden** to find sth annoying [*or* irritating]; ***ich empfinde seine Anwesenheit als ~d*** I find his presence annoying [*or* irritating]; **es als ~d empfinden, wenn jd etw tut** to find it annoying [*or* irritating] when sb does sth, to find sb's doing sth annoying [*or* irritating]; ***empfinden Sie es als ~d, wenn ich rauche?*** do you mind [*or* does it bother you] if I smoke?; **eine ~de Begleiterscheinung** a troublesome side-effect; **ein ~der Besucher** an unwelcome visitor; **ein ~der Lärm** a disturbing noise; **ein ~der Umstand** a nuisance, an annoyance

❸ *(unangenehm auffallen)* ■**etw stört** sth spoils the effect; ***sie hat ein hübsches Gesicht, nur die lange Nase stört ein bisschen*** she's got a pretty face, though the long nose spoils the effect a bit

III. *vr* ■**sich** *akk* **an etw** *dat* ~ to take exception to sth; ***ich störe mich an seinem arroganten Gehabe*** I take exception to his arrogant demeanour

Sto·ren <-s, -> ['ʃto:rən] *m* SCHWEIZ ❶ *(Jalousie)* venetian blind

❷ *(Markise)* awning

stö·rend <-er, -ste> *adj Lärm* disturbing, intrusive; *Umstand* annoying; *Begleiterscheinung* troublesome; *Besucher* unwelcome; **etw als ~ empfinden** to find sth irritating [*or* annoying]

Stö·ren·fried <-[e]s, -e> *m* *(fam)* troublemaker, mischief-maker

Stö·rer(in) <-s, -> *m(f)* nuisance, pest *fam;* JUR *a.* intruder, troublemaker

Stör·fak·tor *m* disruptive element [*or* factor]/pupil **Stör·fall** *m* *(technischer Defekt)* fault; *(Fehlfunktion)* malfunction; **im ~** in case [*or* the event] of malfunction **Stör·feu·er** *nt* MIL distracting fire **Stör·ge·räusch** *nt* interference *no art, no pl* **Stör·ma·nö·ver** *nt* attempt to disrupt sth, disruptive action *no pl*

Stor·ni *pl s.* **Storno**

stor·nie·ren* [ʃtɔr'ni:rən] *vt* ■**etw** ~ to cancel sth; **eine Buchung** ~ to reverse an entry

Stor·nie·rung <-, -en> *f* ❶ HANDEL *eines Auftrags* cancellation; ~ **einer Bestellung** order cancellation

❷ FIN *einer Buchung* reversal, correcting entry

Stor·no <-s, Storni> ['ʃtɔrno, *pl* 'ʃtɔrni] *m o nt Reise, Auftrag* cancellation; *einer Buchung* reversal

Stor·no·be·richt *m* FIN cancellation report **Stor·no·ge·bühr** *f* HANDEL cancellation fee [*or* charge]

stör·risch ['ʃtœrɪʃ] **I.** *adj* ❶ *(widerspenstig)* obstinate, stubborn

❷ *(schwer zu kämmen)* stubborn, unmanageable

II. *adv* obstinately, stubbornly

Stör·sen·der *m* jammer, jamming transmitter

Stö·rung <-, -en> *f* ❶ *(Unterbrechung)* interruption, disruption, disturbance; ~ **der öffentlichen Sicherheit** [*o* **Ordnung**] disturbance of the peace

❷ METEO **eine atmosphärische** ~ atmospheric disturbance

❸ *(Störsignale)* interference *no art, no pl*

❹ *(technischer Defekt)* fault; *(Fehlfunktion)* malfunction

❺ MED *(Dysfunktion)* disorder, dysfunction *spec*

▸ WENDUNGEN: **eine atmosphärische** ~ a tense atmosphere

Stö·rungs·dienst *m* TELEK faults service BRIT, repair service **stö·rungs·frei** *adj inv* TV, RADIO free from interference; ~**er Empfang** distortion-free reception **Stö·rungs·stel·le** *f* TELEK faults department *hist,* customer hotline, customer service

Sto·ry <-, -s> ['sto:ri, 'stɔri] *f* *(fam)* story

Stoß[1] <-es, Stöße> [ʃto:s, *pl* 'ʃtø:sə] *m* ❶ *(Schubs)* push, shove; *(mit dem Ellbogen)* dig; *(schwächer)* nudge; *(mit der Faust)* punch; *(mit dem Fuß)* kick; *(mit dem Kopf)* butt; **jdm einen ~ versetzen** *(geh)* to give sb a push/kick/nudge etc., to push/kick/nudge etc. sb

❷ *(das Zustoßen) einer Waffe* thrust

❸ *(Anprall)* bump, jolt

❹ *(Erschütterung)* bump

❺ *(Erdstoß)* tremor

▸ WENDUNGEN: **sich** *dat* **einen ~ geben** to pull oneself together

Stoß[2] <-es, Stöße> [ʃto:s, *pl* 'ʃtø:sə] *m* *(Stapel)* pile, stack

Stoß·band <-bänder> *nt* MODE edging [*or* reinforcement] band [*or* tape] *spec* **Stoß·dämp·fer** *m* AUTO shock absorber, shock *spec fam*

Stö·ßel <-s, -> ['ʃtø:sl] *m* pestle

sto·ßen <stößt, stieß, gestoßen> ['ʃto:sn̩] **I.** *vt* ❶ *(einen Stoß versetzen)* ■**jdn** ~ to push sb; *(stark)* to shove sb; *(leicht)* to poke sb; ***er hat sie die Treppe hinunterge~*** he shoved her down the stairs; ■**jdn aus etw** *dat*/**von etw** *dat* ~ to push [*or* shove] sb out of/off sth; **jdn aus dem Haus** ~ *(fig)* to throw sb out [of the house]; **jdn von der Leiter/aus dem Zug** ~ to push sb down the ladder/out of the train; ■**jdn in etw** *akk*/**vor etw** *akk* ~ to push [*or* shove] sb into/in front of sth; **jdn ins Elend** ~ *(fig)* to plunge sb into misery; ■**jdn mit etw** *dat* ~ to knock sb with sth; ■**jdn von sich** *dat* ~ to push sb away; *(fig)* to cast sb aside; **jdn mit der Faust/dem Fuß/dem Kopf** ~ to punch/kick/butt sb; **jdn in die Seite** ~ to poke sb in the ribs; ***sie stieß ihn mit dem Ellbogen in die Seite*** she poked him in the ribs with her elbow; **jdn/etw zur Seite** ~ to push sb/sth aside; *(mit dem Fuß)* to kick sb/sth aside [*or* to one side]; *s. a.* **Kopf**

❷ *(herausklopfen)* **ein Loch ins Eis** ~ to make [*or* bore] a hole in the ice

❸ *(hineintreiben)* **jdm einen Dolch/ein Messer in die Rippen** ~ to plunge [*or* thrust] a dagger/knife into sb's ribs

❹ SPORT *(schleudern)* **den Ball mit dem Kopf ins Tor** ~ to head the ball into the goal; **die Kugel** ~ *(Leichtathletik)* to put the shot; *(Billard)* to hit the ball

❺ *(aufmerksam machen)* ■**jdn auf etw** *akk* ~ to point out sth *sep* to sb; ***man muss sie immer drauf*** ~ she always has to have things pointed out to her

6 *(zerstoßen)* **Pfeffer/Zimt/Zucker ~** to pound pepper/cinnamon/sugar
7 *(fam: hinweisen)* ■**jdm etw ~** to hammer sth home to sb
8 SCHWEIZ *(schieben)* **ein Fahrrad ~** to push a bicycle
9 SCHWEIZ *(Auto anschieben)* ■**jdn ~** to give sb a push; ***können Sie mich bitte mal ~?*** can you please give me a push?
10 *(vulg)* **eine Frau ~** to poke a woman *vulg*
II. *vr* 1 *(sich verletzen)* ■**sich** *akk* **[an etw** *dat*] ~ to hurt [*or* knock] oneself [on sth]; ■**[sich** *dat*] **etw [an etw** *dat*] ~ to bang [*or* bump] [*or* hurt] one's sth [on sth]; ***sie stolperte und stieß sich das Knie am Tisch*** she tripped and banged her knee on the table; **sich** *dat* **den Kopf [an etw** *dat*] ~ to bang [*or* bump] one's head [on sth]; **sich** *dat* **den Kopf blutig ~** to bang one's head and cut it
2 *(Anstoß nehmen)* ■**sich** *akk* **an jdm/etw ~** to take exception to sth, to disapprove of [*or* object to] sth; ***er stößt sich daran, wenn Frauen Zigarren rauchen*** he takes exception to women smoking cigars; **sich** *akk* **an jds** *dat* **Aussehen ~** to find fault with sb's appearance
III. *vi* 1 *sein (aufschlagen)* ■**an etw** *akk* ~ to knock [*or* bang] [*or* bump] against sth; **mit dem Kopf an etw** *akk* ~ to bang one's head on [*or* against] sth; ■**gegen etw ~** to knock [*or* bump] into sth; *Auto* to crash into sth
2 *haben (zustoßen)* ■**[mit etw** *dat*] **nach jdm ~** to thrust at sb [with sth]; ***er hat mit einem Messer nach mir ge~*** he trust at me with a knife; ***er stieß immer wieder mit dem Stock nach mir*** he tried again and again to hit me with the stick; ***der Stier stieß [mit den Hörnern] nach dem Torero*** the bull charged the matador [with lowered horns]; **jdm in die Seite ~** to poke sb in the ribs
3 *sein (grenzen)* ■**an etw** *akk* ~ to be bordered by sth, to border on sth; *Zimmer* to be [right] next to sth; ***mein Grundstück stößt im Süden an einen Bach*** my plot is bordered to the south by a stream, a stream borders my plot to the south
4 *sein (direkt hinführen)* ■**auf etw** *akk* ~ *Weg, Straße* to lead to [*or* meet] sth
5 *sein (zufällig begegnen)* ■**auf jdn ~** to bump [*or* run] into sb
6 *sein (sich jdm anschließen)* ■**zu jdm ~** to join sb
7 *sein (entdecken)* ■**auf etw ~** to find [*or* come across [*or* upon]] sth; **auf Erdöl ~** to strike oil; **auf Grundwasser ~** to discover underground water
8 *sein (konfrontiert werden)* ■**auf etw** *akk* ~ to meet with sth; **auf Ablehnung/Zustimmung ~** to meet with disapproval/approval; **auf Widerstand ~** to meet with [*or* encounter] resistance
9 *haben* SCHWEIZ *(auf Türen: drücken)* to push; ***bitte ~!*** please push!
10 *haben (veraltet: blasen)* **ins Horn/in die Trompete ~** to blow [*or* sound] the horn/trumpet
11 *sein (angreifen)* ■**auf etw ~** *Raubvogel* to swoop down on sth
Stoß·fän·ger *m* AUTO bumper **stoß·fest** *adj* shock-proof; ***angeblich soll es sich um kratzfeste und ~e Gläser handeln*** apparently you can't scratch or break these glasses; **~e Verpackung** padded packaging **Stoß·fu·ge** *f* BAU butt joint **Stoß·ge·bet** *nt* [quick [*or* hurried]] prayer; **ein ~ zum Himmel schicken** to send up a [quick [*or* hurried]] prayer **Stoß·seuf·zer** *m* deep sigh **Stoß·stan·ge** *f* bumper; **~ an ~** bumper to bumper **Stoß·trupp** *m* MIL shock troops *pl* **Stoß·ver·kehr** *m* TRANSP rush hour [traffic] *no art, no pl* **Stoß·waf·fe** *f* HIST stabbing weapon, weapon for stabbing
stoß·wei·se *adv* 1 *(ruckartig)* spasmodically, in fits and starts, fitfully; **~ atmen** *(hecheln)* to pant; *(unregelmäßig)* to breathe irregularly
2 *(in Stapeln)* in piles; ***auf diese Anzeige kamen ~ Bewerbungen*** there were piles of applications in answer to the advert *fam*
Stoß·zahn *m* tusk
Stoß·zeit *f* 1 *(Hauptverkehrszeit)* rush hour *no art, no pl*
2 *(Hauptgeschäftszeit)* peak [*or* busy] time; ***kommen Sie doch bitte außerhalb der üblichen ~en*** please don't come [*or* it's better not to come] at peak time
Stot·te·rei <-, -en> *f (fam)* stuttering *no art, no pl; (aus Verlegenheit a.)* stammering *no art, no pl*
Stot·te·rer, Stot·te·rin <-s, -> *m, f* stutterer; *(aus Verlegenheit a.)* stammerer
stot·tern ['ʃtɔtɐn] **I.** *vi* 1 *(stockend sprechen)* to stutter; *(aus Verlegenheit a.)* to stammer; **ins S~ geraten** [*o* **kommen**] to start [*or* begin] stuttering/stammering
2 TECH *Motor* to splutter
II. *vt* ■**etw ~** to stammer [out *sep*] sth
Stöv·chen <-s, -> ['ʃtøːfçən] *nt* [teapot/coffee pot] warmer
Stoxx <-> [stɔks] *m kein pl (europäischer Aktienindex)* Stoxx
StPO <-, -s> *f Abk von* **Strafprozessordnung** code of criminal procedure
Str. *Abk von* **Straße** St, AM *a.* St.
stracks [ʃtraks] *adv* straight; ***jetzt aber ~ nach Hause!*** home with you, straight away!
Straf·än·de·rung *f* JUR change of penalty **Straf·an·dro·hung** *f* JUR warning of criminal proceedings, commination; **jdn unter ~ vorladen** to subpoena sb **Straf·an·stalt** *f* penal institution, prison, jail **Straf·an·trag** *m* petition *form (for a particular penalty or sentence);* **den/seinen ~ stellen** to institute [*or* initiate] criminal proceedings *form;* **einen ~ gegen jdn stellen** to start [*or form* institute] legal proceedings against sb, to take sb to court **Straf·an·zei·ge** *f* [criminal] charge; **~ [gegen jdn] erstatten** to bring [*or form* prefer] a criminal charge against sb **Straf·ar·beit** *f* SCH [written] punishment; *(geschrieben a.)* lines *pl* BRIT, extra work; **jdm eine ~ aufgeben** to punish sb/to give sb lines; ***die Lehrerin gab ihm eine ~ [in Form eines Aufsatzes] auf*** the teacher gave him an extra essay to do **Straf·ar·rest** *m* JUR *short-term military imprisonment* **Straf·auf·he·bungs·grund** *m* JUR reason for withdrawal of punishment **Straf·auf·schub** *m* JUR deferment [*or* deferral] of sentence **Straf·aus·schlie·ßungs·grund** *m* JUR legal reason for exemption from punishment **Straf·aus·set·zung** *f* JUR suspension of sentence; **~ zur Bewährung** suspension of sentence on probation **Straf·aus·stand** *m* JUR unserved portion of a sentence **Straf·bank** *f* SPORT *(beim Handball, Eishockey)* penalty bench, sin bin *fam;* **die ~ drücken** *(fam o fig)* to be on the penalty bench [*or fam* in the sin bin]
straf·bar *adj* punishable [by law], liable to prosecution *pred;* **~e Handlung** criminal act; **sich** *akk* **[mit etw** *dat*] **~ machen** to make oneself liable to prosecution; **sich** *akk* **~ machen, wenn man etw tut** to make oneself liable to prosecution if one does sth
Straf·bar·keit <-> *f kein pl* JUR criminal [*or* penal] liability
Straf·be·fehl *m* JUR order of summary punishment *(on the application of the public prosecutor's office)*
Straf·be·fehls·ver·fah·ren *nt* JUR summary punishment
Straf·be·hör·de *f* JUR penal authority **Straf·be·mes·sung** *f* JUR assessment of punishment **Straf·be·stim·mung** *f* JUR penal[ty] provision [*or* regulation]; *(in einem Vertrag)* penalty clause
Stra·fe <-, -n> ['ʃtraːfə] *f* 1 *(Bestrafung)* punishment *no pl;* JUR *a.* penalty, sentence; **Absehen von ~** exemption from punishment; **eine gerechte** [*o* **verdiente**] **~** a just punishment; ***er hat seine verdiente ~ bekommen!*** *(fam)* he got what was coming to him! *fam;* **das ist die ~ [dafür]!** *(fam)* that's what you get [for doing it]!; **die ~ dafür sein, etw getan zu haben** to be the punishment for doing sth; ***er hat einen Unfall gehabt, das war die ~ dafür, bei Glatteis Auto zu fahren*** he had an accident, that's what happens when you drive in icy conditions; **eine ~ sein** *(fam)* to be a pest [*or* a real pain in the neck] *fam;* **eine ~ sein, etw tun zu müssen** *(fam)* to be a pain having to do sth; **~ muss sein!** discipline is necessary!; ***ab in dein Zimmer, ~ muss sein!*** go to your room, you'll have to be punished; **zur ~** as a punishment
2 *(Geldstrafe)* fine; **~ zahlen** to pay a fine; *(Haftstrafe)* sentence; **seine ~ abbüßen** [*o* **absitzen**] [*o fam* **abbrummen**] to serve [out] one's [*or* a] sentence, to do porridge BRIT *sl,* to do time; ***sie wird ihre acht Jahre ~ abbrummen müssen*** she'll have to go behind bars for eight years [*or* BRIT *fam* to do eight years' porridge]; **es ist bei ~ verboten, etw zu tun** it is forbidden on pain of punishment to do sth *form*
▶ WENDUNGEN: **die ~ folgt auf dem Fuße** [the] punishment follows swiftly
stra·fen ['ʃtraːfn̩] *vt* 1 *(geh: bestrafen)* ■**jdn [für etw** *akk*] ~ to punish sb [for sth]; ***das Leben/Schicksal hat sie für ihre früheren Missetaten gestraft*** life/fate has been hard on her for her earlier misdeeds; **mit jdm/etw gestraft sein** to suffer under sb/sth, to be stuck with sb/sth *fam;* ***mit dieser Arbeit bin ich wirklich gestraft*** this work is a real pain *fam*
2 *(behandeln)* ■**jdn mit etw** *dat* ~ to punish sb with sth; ***sie strafte meine Warnungen nur mit Hohn*** she greeted my warnings with derision; **jdn mit Verachtung ~** to treat sb with contempt; *s. a.* **Lüge**
stra·fend I. *adj attr* punitive, punishing *attr;* **mit einem ~en Blick/~en Worten** with a withering look/sharp words; **jdn mit ~en Worten tadeln** to speak sharply to sb
II. *adv* punishingly; **jdn ~ ansehen** to give sb a withering look
Straf·ent·las·se·ne(r) *f(m) dekl wie adj* ex-convict, ex-prisoner **Straf·er·lass**[RR] *m* remission [of a/the sentence]; **ein vollständiger ~** a pardon
straff [ʃtraf] **I.** *adj* 1 *(fest gespannt)* taut, tight
2 *(nicht schlaff)* firm
3 *(aufrecht)* erect
4 *(eng anliegend)* tight; **einen ~en Sitz haben** to fit tightly
5 *(streng)* strict
II. *adv* 1 *(fest gespannt)* tightly
2 *(eng anliegend)* tightly
3 *(streng)* severely; **~ gescheiteltes Haar** severely parted hair
4 *(strikt)* strictly
straf·fäl·lig *adj* JUR punishable, culpable *form,* criminal *attr;* **ein ~er Mensch** a criminal; **ein ~er Jugendlicher** a young offender; ■**~ sein/werden** to have committed/commit a criminal offence [*or* AM -se], to be/become a criminal [*or* an offender]; ***mehrfach ~ gewordene Täter*** those with previous convictions
Straf·fäl·lig·keit *f kein pl* JUR *(fachspr)* delinquency, criminal activity
straf·fen ['ʃtrafn̩] **I.** *vt* 1 *(straff anziehen)* ■**etw ~** to tighten sth
2 *(kürzen)* ■**etw ~** to shorten sth; **einen Artikel/Text ~** to shorten an article/text; *(präziser machen)* to tighten up an article/text *sep*
3 MED *(straffer machen)* ■**[jdm] etw ~** to make sb's sth firmer, to tighten up sb's sth *sep;* ■**sich** *dat* **etw ~ lassen** to have one's sth made firmer [*or* tighter]; **sich** *dat* **das Gesicht ~ lassen** to have a facelift
II. *vr* ■**sich** *akk* ~ to tighten; *Segel* to fill with wind
Straff·heit <-> *f kein pl* 1 *(Spannung) der Haut* firmness; *eines Seils* tautness, tightness
2 *(fig) einer Ordnung* strictness
straf·frei I. *adj* unpunished; **~ bleiben** [*o* **ausgehen**] to go unpunished, to get off scot-free; *Kronzeuge* to be immune from criminal prosecution
II. *adv* with impunity **Straf·frei·heit** *f kein pl* immunity from criminal prosecution
Straf·fung <-, -en> *f* tightening
Straf·fungs·creme *f* lifting cream
Straf·ge·bühr *f* JUR penalty charge **Straf·ge·fan·ge·ne(r)** *f(m) dekl wie adj* prisoner **Straf·geld** *nt* fine **Straf·ge·richt** *nt (geh)* punishment; **Gottes ~** divine judgement; **ein ~ abhalten** to hold a trial
Straf·ge·setz *nt* criminal [*or* penal] law **Straf·ge·setz·buch** *nt* penal [*or* criminal] code

S

Straf·jus·tiz *f kein pl* criminal [*or* penal] justice *no pl, no art* **Straf·kam·mer** *f* JUR criminal court [*or* division] *(of a district court)* **Straf·kla·ge·ver·brauch** *m* JUR ne bis in idem **Straf·klau·sel** *f* JUR penalty clause **Straf·la·ger** *nt* prison [*or* detention] camp; POL *(euph: KZ)* concentration camp

sträf·lich [ˈʃtrɛːflɪç] *adj* criminal *attr*

Sträf·ling <-s, -e> [ˈʃtrɛːflɪŋ] *m* prisoner; *(condemned to do forced labour)* convict

Sträf·lings·klei·dung *f* prison clothing *no pl, no indef art,* prison clothes *npl*

straf·los *adj inv* unpunished; **~ bleiben** [*o* **ausgehen**] to go unpunished [*or fam* get off scot-free]

Straf·ma·kel *m* JUR taint of a previous conviction **Straf·man·dat** *nt* ticket; *(Strafgebühr)* fine; [**für etw** *akk*] **ein ~ bekommen** to get a ticket/fine [for sth] **Straf·maß** *nt* sentence; **das höchste ~** the maximum penalty [*or* sentence]; **das ~ bestimmen** to fix the penalty **Straf·maß·nah·me** *f* JUR sanction, punitive measure, penalty **straf·mil·dernd** *adj inv* JUR mitigating **Straf·mil·de·rung** *f* JUR mitigation of punishment; **für** [*o* **auf**] **~ plädieren** to plead in mitigation **straf·mün·dig** *adj inv* of the age of criminal responsibility **Straf·por·to** *nt* excess postage, surcharge **Straf·pre·digt** *f (fam)* sermon *pej;* **jdm eine ~ halten** to lecture sb; ***jetzt hör aber auf, mir ~ en zu halten!*** stop lecturing [*or pej* preaching at [*or* to]] me!

Straf·pro·zessRR *m* trial, criminal proceedings *pl* **Straf·pro·zess·ord·nung**RR *f* code of criminal procedure **Straf·pro·zess·recht**RR *nt* JUR law of criminal procedure

Straf·punkt *m* SPORT penalty point **Straf·rah·men** *m* JUR range of punishment[s]; **gesetzlicher ~** statutory range of punishment **Straf·raum** *m* FBALL penalty area

Straf·recht *nt kein pl* JUR criminal [*or* penal] law *no art, no pl;* **internationales ~** international criminal law; **Straf- und Ordnungswidrigkeitenrecht** criminal law **Straf·recht·ler(in)** <-s, -> *m(f)* criminal lawyer **straf·recht·lich** *adj* criminal *attr;* **eine ~e Frage/Problematik** a question/problem concerning criminal law; **jdn** [**wegen einer S.** *gen*] **~ belangen** to prosecute sb [for sth], to bring [*or form* prefer] a criminal charge against sb **Straf·rechts·pfle·ge** *f* JUR administration of penal justice

Straf·re·gis·ter *nt* criminal [*or* police] records *pl,* register of [previous] convictions; ***sein Name erscheint nicht im ~*** he doesn't have a criminal record **Straf·re·gis·ter·aus·zug** *m* JUR extract from a judicial record

Straf·rich·ter(in) *m(f)* [criminal court] judge **Straf·sa·che** *f* criminal case [*or* matter] **Straf·schär·fung** *f* JUR aggravation of sentence **Straf·se·nat** *m* JUR high criminal court *(of the Court of Appeal/Federal Supreme Court)* **Straf·stoß** *m* FBALL, SPORT penalty [kick]

Straf·tat *f* [criminal] offence [*or* AM -se], criminal act; **politische ~** political offence; **eine ~ begehen/verfolgen** to commit/prosecute an offence **Straf·tat·be·stand** *m* JUR facts constituting an offence; **angenommener ~** construed offence

Straf·tä·ter(in) *m(f)* criminal, offender **Straf·un·mün·dig·keit** *f* JUR age below criminal responsibility **Straf·ur·teil** *nt* JUR conviction and sentence **Straf·ver·bü·ßung** *f* JUR serving a sentence **Straf·ver·fah·ren** *nt* criminal proceedings *pl;* **ein ~ einleiten** to institute criminal proceedings; **ein ~ einstellen** to dismiss [*or* withdraw] the charge, to drop the case **Straf·ver·fol·ger(in)** *m(f)* JUR public prosecutor BRIT, district attorney AM

Straf·ver·fol·gung *f* JUR [criminal] prosecution; **die ~ veranlassen** to authorize prosecution; **die ~ einstellen** to drop the charge, to discontinue the prosecution **Straf·ver·fol·gungs·be·hör·de** *f* prosecution service

Straf·ver·lan·gen *nt kein pl* JUR request for punishment **straf·ver·schär·fend** *adj inv Umstand* aggravating **straf·ver·set·zen*** *vt nur infin und pp* ■[**irgendwohin**] **strafversetzt werden** to be transferred [somewhere] for disciplinary reasons [*or* on disciplinary grounds] **Straf·ver·set·zung** *f* disciplinary transfer, transfer for disciplinary reasons [*or* on disciplinary grounds] **Straf·ver·tei·di·ger(in)** *m(f)* defence [*or* AM -se] lawyer, counsel for the defence BRIT, defending counsel AM **Straf·voll·stre·ckung** *f* JUR penal execution

Straf·voll·zug *m* execution of a sentence **Straf·voll·zugs·an·stalt** *f (geh)* penal institution, prison **Straf·voll·zugs·ge·setz** *nt* JUR ■**das ~** the laws *pl* of prison administration

Straf·vor·be·halt *m* JUR reserved punishment **Straf·wurf** *m* SPORT penalty throw **Straf·zet·tel** *m (fam)* [parking/speeding] ticket **Straf·zu·mes·sung** *f* JUR award [*or* assessment] of punishment

Strahl <-[e]s, -en> [ʃtraːl] *m* ❶ *(Lichtstrahl)* ray [of light]; *(Sonnenstrahl)* sunbeam BRIT, sunray; *(konzentriertes Licht)* beam
❷ *pl* PHYS *(Wellen)* rays *pl*
❸ *(Wasserstrahl)* jet

Strahl·brei·te *f* beam spread

Strah·le·mann *m (fam)* sunny boy

strah·len [ˈʃtraːlən] *vi* ❶ *(leuchten)* ■**irgendwohin ~** to shine somewhere; **auf jdn ~** to shine on sb; **jdm ins Gesicht/auf jds Gesicht ~** to shine [straight] into sb's eyes
❷ *(Radioaktivität abgeben)* to be radioactive
❸ *(ein freudiges Gesicht machen)* ■[**vor etw** *dat*] **~** to beam [*or* be radiant] [with sth]; **vor Gesundheit ~** to radiate [good] health; **über das ganze Gesicht ~** to beam all over one's face
❹ *(glänzen)* ■[**vor etw** *dat*] **~** to shine [with sth]

sträh·len [ˈʃtrɛːlən] *vt* SCHWEIZ, SÜDD *(o veraltet: kämmen)* **sich** *dat* **sein Haar ~** to comb one's hair

Strah·len·be·hand·lung *f* radiotherapy *no art, no pl* **strah·len·be·las·tet** *adj* radioactive **Strah·len·be·las·tung** *f* radiation *no art, no pl,* radioactive contamination *no pl* **Strah·len·bio·lo·gie** *f kein pl* radiobiology **Strah·len·bre·chung** *f* refraction **Strah·len·bün·del** *nt* pencil of rays

strah·lend I. *adj* ❶ *(sonnig)* glorious
❷ *(freudestrahlend)* beaming
❸ *(radioaktiv verseucht)* radioactive
II. *adv* **jdn ~ ansehen** to beam [*or* smile happily] at sb

Strah·len·do·sis *f* dose of radiation, radiation [*or* exposure] dose **strah·len·ex·po·niert** *adj inv* exposed to radiation *pred* **strah·len·ge·schä·digt** *adj* suffering from radiation sickness, damaged by radiation **Strah·len·krank·heit** *f* MED radiation sickness *no art, no pl;* ***viele Tausende litten nach der Reaktorkatastrophe an der ~*** thousands of people suffered from the effects of radiation after the reactor disaster **Strah·len·mes·ser** *m* actinometer *spec* **Strah·len·mess·stel·le**RR *f* radiation measuring station **Strah·len·op·fer** *nt* victim of radioactivity **strah·len·re·sis·tent** *adj inv* resistant to radiation *pred* **Strah·len·ri·si·ko** *nt* risk of radiation **Strah·len·satz** *m* MATH intercept theorem **Strah·len·schä·den** *pl* radiation injuries *pl* [*or no pl, no indef art* damage]

Strah·len·schutz *m kein pl* radiation protection [*or* shielding] *no art, no pl,* protection against radioactivity **Strah·len·schutz·kom·mis·si·on** *f* NUKL ■**die ~** the German Commission on Radiation Protection

Strah·len·the·ra·pie *f s.* **Strahlenbehandlung**

Strah·len·ver·bren·nung *f* radiation burn

strah·len·ver·seucht *adj* contaminated with radioactivity *pred*

Strah·ler <-s, -> *m (Leuchte)* spotlight, spot *fam;* NUKL radiation emitter *spec*

Strahl·trieb·werk *nt* LUFT jet engine

Strah·lung <-, -en> *f* PHYS radiation *no art, no pl;* **elektromagnetische ~** electromagnetic radiation; **radioaktive ~** radioactivity; **weiße ~** white radiation

strah·lungs·arm *adj* low-radiation **Strah·lungs·ener·gie** *f* radiant energy **Strah·lungs·grill** *m* radiator grille **Strah·lungs·gür·tel** *m* PHYS radiation belt **Strah·lungs·in·ten·si·tät** *f* intensity of radiation **Strah·lungs·wär·me** *f* radiant heat

Strähn·chen <-s, -> *nt* streak; *(ein Ton heller)* highlight; **~ machen lassen** to have streaks done

Sträh·ne <-, -n> [ˈʃtrɛːnə] *f* strand; ***dir fallen die ~n in die Stirn*** your hair's falling in your eyes; ***als Erinnerung an sie bewahrte er eine ~ ihres Haares auf*** he kept a lock of her hair as a souvenir of her; **eine weiße ~** a white streak; ***sie hat sich blonde ~n in die Haare machen lassen*** she had blond streaks put in her hair, she had her hair streaked blond

Sträh·nen·kamm *m* Afro pick

sträh·nig [ˈʃtrɛːnɪç] *adj* straggly; **~es Haar** straggly hair, hair in rat's tails

stramm [ʃtram] I. *adj* ❶ *(straff)* tight; ■**etw ~ ziehen** to pull sth tight, to tighten sth; **seinen Gürtel ~ ziehen** to cinch [*or* tighten] one's belt
❷ *(eng anliegend)* tight
❸ *(kräftig)* strong, brawny, strapping *hum fam;* **ein ~es Baby** a bouncing baby
❹ *(drall)* taut; **~ Beine/Waden** sturdy legs/calves
❺ *(fam: intensiv)* intensive; **~e Arbeit** hard work; **ein ~er Marsch** a brisk march
❻ *(aufrecht)* erect, upright
❼ *(linientreu)* staunch; **ein ~er Katholik** a strict [*or* dyed-in-the-wool] Catholic
❽ KOCHK **~er Max** *ham and fried eggs on toast*
II. *adv* ❶ *(eng anliegend)* tightly
❷ *(fam: intensiv)* intensively; **~ arbeiten** to work hard; **~ marschieren** to march briskly

stramm|ste·hen *vi irreg* ■[**vor jdm**] **~** to stand to attention [in front of [*or form* before] sb]

stramm|zie·hen *vt irreg s.* **stramm I 1**

Stram·pel·an·zug *m* romper suit **Stram·pel·hös·chen** [-høːsçən] *nt* romper suit, rompers *npl,* Babygro® BRIT

stram·peln [ˈʃtramplṇ] *vi* ❶ *haben (heftig treten)* [**mit den Beinen**] **~** to kick [[about *sep*] one's legs], to kick about
❷ *sein (fam: Rad fahren)* to cycle; **ganz schön ~** to pedal like mad [*or* crazy] *fam*
❸ *haben (fam: sich abmühen)* to struggle, to slave [away]; ***ich muss ziemlich ~, um die Miete zahlen zu können*** it's a struggle to pay the rent

Stramp·ler <-s, -> *m* crawler, rompers *npl*

Strand <-[e]s, Strände> [ʃtrant, *pl* ˈʃtrɛndə] *m* beach, seashore; **am ~** on the beach [*or* seashore]; *eines Sees* shore

Strand·bad *nt* bathing beach **Strand·dis·tel** *f* BOT sea holly

stran·den [ˈʃtrandṇ] *vi sein* ❶ *(auf Grund laufen)* ■**irgendwo ~** to run aground somewhere
❷ *(geh: scheitern)* ■[**in etw** *dat*/**mit etw** *dat*] **~** to fail [in sth]
▸WENDUNGEN: **irgendwo gestrandet sein** to be stranded somewhere

Strand·gut *nt kein pl (geh)* flotsam and jetsam + *sing vb* **Strand·ha·fer** *m* BOT beach grass *no art, no pl spec* **Strand·haus** *nt* beach house **Strand·ho·tel** *nt* beach [*or* seaside] hotel, hotel on the beach **Strand·korb** *m* beach chair **Strand·krab·be** *f* ORN common shore crab, harbour [*or* AM -or] crab **Strand·läu·fer** *m* ORN sandpiper **Strand·mat·te** *f* beach mat **Strand·pro·me·na·de** *f* promenade **Strand·schne·cke** *f* ZOOL periwinkle, whelk

Strang <-[e]s, Stränge> [ʃtraŋ, *pl* ˈʃtrɛŋə] *m* ❶ *(dicker Strick)* rope
❷ *(Bündel von Fäden)* hank, skein
▸WENDUNGEN: **wenn alle Stränge reißen** if all else fails, as a last resort; **am gleichen** [*o* **an demselben**] **~ ziehen** *(fam)* to [all] pull together [*or* in the same direction]; **über die Stränge schlagen** to run riot, to kick over the traces *dated*

Strang·ent·lüf·ter *m* BAU vent stack **strang·ge·presst**RR *adj inv* BAU extruded

Stran·gu·la·ti·on <-, -en> [ʃtraŋgulaˈtsi̯oːn] *f* strangulation *no art, no pl*

stran·gu·lie·ren* [ʃtraŋguˈliːrən] *vt* ■**jdn ~** to strangle sb; ■**sich** *akk* **~** to strangle oneself

Stra·pa·ze <-, -n> [ʃtraˈpaːtsə] *f* stress *no art, no pl,* strain *no art, no pl,* stresses and strains *pl*

stra·paz·fä·hig *adj* ÖSTERR *(strapazierfähig)* robust

stra·pa·zie·ren* [ʃtrapaˈtsiːrən] **I.** *vt* ❶ *(stark beanspruchen)* ■**etw** ~ to wear sth; *(abnutzen)* to wear out sth *sep;* ***man darf diese Seidenhemden nur nicht zu sehr*** [*o* ***stark***] ~ you can't put too much wear [and tear] on these silk shirts; ***bei fünf Kindern werden die Sitzmöbel ziemlich strapaziert*** with five children the furniture takes a lot of punishment [*or* a lot of wear and tear]; ***das Leder kann beliebig strapaziert werden*** you can be as hard as you like on this leather
❷ *(jds Nerven belasten)* ■**jdn** [**mit etw** *dat*] ~ to get on sb's nerves [*or* to put a strain on sb's nerves] [with sth]
❸ *(überbeanspruchen)* ■**etw** ~ to wear out sth *sep;* **jds Geduld** ~ to tax sb's patience; **jds Nerven** ~ to get on sb's nerves; **jds Nerven über Gebühr** ~ to wear sb's nerves to a shred BRIT
❹ *(fam: zu häufig verwenden)* ■**etw** ~ to flog [*or* do] sth to death *fam*
II. *vr* ■**sich** *akk* [**bei etw** *dat*] ~ to overdo it/things [when doing sth], to wear oneself out [doing sth]; ***ich habe mich beim Umzug zu sehr strapaziert*** I overdid it/things when we were moving

stra·pa·zier·fä·hig *adj* hard-wearing, durable

stra·pa·ziert *adj inv* ~**e Haut** stressed skin

stra·pa·zi·ös [ʃtrapaˈtsi̯øːs] *adj (geh)* strenuous, exhausting

Straps <-es, -e> [ʃtraps] *m meist pl* suspender[s *pl*] BRIT, garter AM, suspender [*or* AM garter] belt

Straß·burg <-s> [ˈʃtraːsbʊrk] *nt* Strasbourg

Stra·ße <-, -n> [ˈʃtraːsə] *f* ❶ *(Verkehrsweg)* road; *(bewohnte Straße)* street; *(enge Straße auf dem Land)* lane; ***schicken Sie bitte einen Abschleppwagen, ich liege auf der ~ fest*** please send a breakdown lorry, I've broken down; **auf die ~ gehen** to demonstrate; **auf der ~ sitzen** [*o* **stehen**] *(fam)* to be [out] on the streets; **die ~ von Dover/Gibraltar/Messina** the Straits of Dover/Gibraltar/Messina
❷ *(das Volk)* ■**die** ~ the mob + *sing/pl vb pej*
▸WENDUNGEN: **auf der ~ liegen** *(arbeitslos sein)* to be on the dole BRIT [*or* AM unemployment [insurance]] *fam;* **auf offener** ~ *(vor aller Augen)* in broad daylight; **jdn auf die ~ setzen** *(fam: jdn fristlos kündigen)* to throw out sb *sep*

Stra·ßen·ab·schnitt *m* road section **Stra·ßen·an·zug** *m* lounge [*or* AM business] suit **Stra·ßen·ar·bei·ten** *pl* roadworks *pl* BRIT, roadwork *no art, no pl* **Stra·ßen·ar·bei·ter(in)** *m(f)* [road] construction worker **Stra·ßen·auf·sicht** *f* JUR traffic surveillance

Stra·ßen·bahn *f* ❶ *kein pl (Verkehrsmittel)* ■**die** ~ the tram BRIT [*or* AM streetcar]; **mit der ~ fahren** to go by tram ❷ *(Straßenbahnwagen)* tram[car] BRIT, streetcar AM, AM *a.* trolley **Stra·ßen·bahn·de·pot** *nt* tram depot BRIT, car barn AM, barnyard AM **Stra·ßen·bah·ner(in)** <-s, -> *m(f)* tramwayman BRIT, tramway [*or* AM streetcar-line] employee

Stra·ßen·bahn·fah·rer(in) *m(f)* ❶ *(Führer einer Straßenbahn)* tram BRIT [*or* AM streetcar] driver
❷ *(Fahrgast)* tram BRIT [*or* AM *usu* streetcar] passenger; ~ **sein** *(regelmäßig mit der Straßenbahn fahren)* to travel regularly by tram, to be a regular user of the tram

Stra·ßen·bahn·hal·te·stel·le *f* tram stop **Stra·ßen·bahn·li·nie** *f* tram route BRIT, streetcar line AM **Stra·ßen·bahn·netz** *nt* tram network **Stra·ßen·bahn·schaff·ner(in)** *m(f)* tram [*or* AM streetcar] conductor **Stra·ßen·bahn·schie·ne** *f* tram[line] BRIT, streetcar rail AM **Stra·ßen·bahn·wa·gen** *m* tramcar BRIT, streetcar AM

Stra·ßen·bau *m kein pl* road building [*or* construction] *no art;* ***drei Firmen des ~s*** three road-building firms [*or* road-construction companies] **Stra·ßen·bau·amt** *nt* highways [*or* roads] department, road commission AM **Stra·ßen·bau·ar·bei·ten** *pl* road construction work **Stra·ßen·bau·be·hör·de** *f* road construction authorities *pl* **Stra·ßen·bau·in·ge·ni·eur(in)** *m(f)* road [*or* highway] engineer **Stra·ßen·bau·ma·schi·nen** *pl* road construction machinery **Stra·ßen·bau·stel·le** *f* road construction site

Stra·ßen·be·lag *m* road surface [*or* surfacing] **Stra·ßen·be·leuch·tung** *f* street lighting **Stra·ßen·be·nut·zer(in)** *m(f)* road user **Stra·ßen·be·nut·zungs·ab·ga·be** *f,* **Stra·ßen·be·nut·zungs·ge·bühr** *f* FIN road toll; ~ **für LKW** truck toll rate **Stra·ßen·bie·gung** *f* road bend [*or* curve], turning **Stra·ßen·bild** *nt* street scene **Stra·ßen·block** *m* block **Stra·ßen·brü·cke** *f* road [*or* highway] bridge **Stra·ßen·ca·fé** *nt* sidewalk [*or* BRIT *a.* pavement] cafe **Stra·ßen·damm** *m* road embankment **Stra·ßen·de·cke** *f s.* **Straßenbelag Stra·ßen·drei·eck** *nt* triangular road junction **Stra·ßen·ecke** *f* street corner **Stra·ßen·ein·mün·dung** *f* road junction **Stra·ßen·fahr·zeug** *nt* AUTO road vehicle **Stra·ßen·fe·ger(in)** <-s, -> *m(f)* road sweeper, street cleaner AM **Stra·ßen·fest** *nt* street party **Stra·ßen·flucht** *f* road building line **Stra·ßen·front** *f* street front **Stra·ßen·füh·rung** *f* route **stra·ßen·ge·bun·den** *adj inv* road-bound **Stra·ßen·glät·te** *f* slippery road surface **Stra·ßen·gra·ben** *m* [roadside] ditch **Stra·ßen·gü·ter·fern·ver·kehr** *m* TRANSP long-distance road haulage **Stra·ßen·gü·ter·nah·ver·kehr** *m* TRANSP local road haulage **Stra·ßen·gü·ter·ver·kehrs·steu·er** *f,* **Stra·ßen(·gü·ter)·ver·kehrs·ab·ga·be** *f* FIN road haulage tax **Stra·ßen·haf·tung** *f kein pl* roadholding, road adhesion **Stra·ßen·han·del** *m* street trading **Stra·ßen·händ·ler(in)** *m(f)* street trader [*or* vendor] **Stra·ßen·in·stand·hal·tung** *f* road maintenance **Stra·ßen·in·stand·set·zung** *f* road repair [work] **Stra·ßen·jun·ge** *m (pej)* street urchin **Stra·ßen·kampf** *m meist pl* street fight[ing]; ***ihr Sohn wurde bei Straßenkämpfen tödlich verletzt*** her son was fatally injured in a street fight [*or* during street fighting] **Stra·ßen·kar·te** *f* road map [*or* atlas] **Stra·ßen·keh·rer(in)** <-s, -> *m(f)* DIAL *(Straßenfeger)* road sweeper **Stra·ßen·kehr·ma·schi·ne** *f* street sweeper

Stra·ßen·kids [ˈʃtraːsənkɪts] *pl* street children [*or* kids] *pl* **Stra·ßen·kind** *nt* street urchin

Stra·ßen·kon·trol·le *f* road [*or* street] check **Stra·ßen·kon·troll·punkt** *m* checkpoint **Stra·ßen·kö·ter** *m* BIOL *(pej fam)* street dog

Stra·ßen·kreu·zer <-s, -> *m (fam)* limousine, limo *fam* **Stra·ßen·kreu·zung** *f* crossroads + *sing vb,* intersection **Stra·ßen·kri·mi·na·li·tät** *f kein pl* street crime *no pl* **Stra·ßen·la·ge** *f* roadholding *no indef art;* ***das Cabrio hat eine gute ~*** the convertible holds the road well **Stra·ßen·lärm** *m* street [*or* road] noise **Stra·ßen·la·ter·ne** *f* street lamp, street light **Stra·ßen·lo·kal** *nt* pavement [*or* AM sidewalk] café, roadside pub **Stra·ßen·mäd·chen** *nt* streetwalker, prostitute **Stra·ßen·mar·kie·rung** *f* road markings *pl* **Stra·ßen·meis·te·rei** <-, -en> *f* road [*or* highway] maintenance department **Stra·ßen·mu·si·kant(in)** *m(f)* street musician, busker BRIT **Stra·ßen·na·me** *m* street name, name of the/a street **Stra·ßen·netz** *nt* road network [*or* system] **Stra·ßen·pflas·ter** *nt* pavement **Stra·ßen·pla·ner(in)** *m(f)* traffic planner **Stra·ßen·rand** *m* roadside, side of the road **Stra·ßen·recht** *nt* JUR law of public streets and roads **Stra·ßen·rei·ni·gung** *f* street [*or* road] cleaning **Stra·ßen·re·kla·me** *f kein pl* street advertising **Stra·ßen·ren·nen** *nt* road race **Stra·ßen·rin·ne** *f* gutter **Stra·ßen·samm·lung** *f* street collection **Stra·ßen·sän·ger(in)** *m(f)* street singer **Stra·ßen·schild** *nt* street sign **Stra·ßen·schlacht** *f* street riot **Stra·ßen·schlucht** *f (fam)* street *(between high-rise buildings)* **Stra·ßen·schmutz** *m* dirt in the streets **Stra·ßen·schot·ter** *m* road metal

Stra·ßen·sei·te *f* ❶ *(Seite einer Straße)* roadside, side of a/the street [*or* road]
❷ *(Seite eines Gebäudes)* side next to the road/street, street side

Stra·ßen·sper·re *f* roadblock **Stra·ßen·sper·rung** *f* closing [off] of a/the street [*or* road]; ***wegen eines Unfalls war eine vorübergehende ~ erforderlich geworden*** the street had had to be temporarily closed off because of an accident **Stra·ßen·strich** *m (fam)* red-light district, prostitutes' [*or* streetwalkers'] patch BRIT; ***er/sie arbeitet auf dem ~*** he/she works on the street [as a prostitute]; **auf den ~ gehen** to go on the game BRIT *fam,* to become a streetwalker **Stra·ßen·sze·ne** *f* street scene [*or* culture] **stra·ßen·taug·lich** *adj inv* roadworthy **Stra·ßen·taug·lich·keits·prü·fung** *f* road test **Stra·ßen·trans·port** *m* road transport [*or* haulage] **Stra·ßen·tun·nel** *m* road tunnel, underpass **Stra·ßen·über·füh·rung** *f* overbridge, road bridge; *für Fußgänger* footbridge; *für Fahrzeuge* flyover BRIT, overpass **Stra·ßen·über·gang** *m* pedestrian crossing **Stra·ßen·um·lei·tung** *f* diversion **Stra·ßen- und We·ge·recht** *nt kein pl* JUR law of public streets and roads **Stra·ßen·un·ter·füh·rung** *f für Fahrzeuge* underpass; *für Fußgänger* [pedestrian] subway, underpass *esp* AM **Stra·ßen·un·ter·halt** <-[e]s> *m kein pl* SCHWEIZ *(Straßeninstandhaltung)* road maintenance **Stra·ßen·ver·en·gung** *f* road bottleneck **Stra·ßen·ver·hält·nis·se** *pl* road conditions *pl* **Stra·ßen·ver·kauf** *m* HANDEL street sale

Stra·ßen·ver·kehr *m* [road] traffic; **Gefährdung des ~s** JUR endangering road traffic **Stra·ßen·ver·kehrs·amt** *nt* Road Traffic Licensing Department BRIT, Department [*or* Bureau] of Motor Vehicles AM **Stra·ßen·ver·kehrs·ge·setz** *nt* JUR road traffic law **Stra·ßen·ver·kehrs·la·ge** *f* traffic conditions *pl* **Stra·ßen·ver·kehrs·ord·nung** *f* road traffic regulations, ≈ Highway Code BRIT **Stra·ßen·ver·kehrs·recht** *nt* JUR traffic law **Stra·ßen·ver·kehrs-Zu·las·sungs-Ord·nung** *f* JUR Road Traffic Licensing Regulations *pl*

Stra·ßen·ver·zeich·nis *nt* street index **Stra·ßen·wacht** *f* road maintenance **Stra·ßen·wal·ze** *f* roadroller **Stra·ßen·zei·tung** *f* ≈ Big Issue BRIT *(newspaper to help homeless people help themselves, by providing a legal income through the sale of the magazine)* **Stra·ßen·zoll** *m* road toll **Stra·ßen·zug** *m* street of houses

Stra·ßen·zu·stand *m* road conditions *pl* **Stra·ßen·zu·stands·be·richt** *m* road report, report on road conditions

Stra·ße von Gi·bral·tar *f* Straits of Gibraltar

Stra·te·ge, Stra·te·gin <-n, -n> [ʃtraˈteːgə, st-, ˈʃtraˈteːgɪn] *m, f* strategist

Stra·te·gie <-, -en> [ʃtrateˈgiː, st-, *pl* -ˈgiːən] *f* strategy

Stra·te·gie·pa·pier *nt* strategy document

Stra·te·gin <-, -nen> *f fem form von* **Stratege**

stra·te·gisch [ʃtraˈteːgɪʃ, st-] *adj* strategic

Stra·to·sphä·re [ʃtratoˈsfɛːrə, st-] *f kein pl* stratosphere

sträu·ben [ˈʃtrɔybn̩] **I.** *vr* ❶ *(sich widersetzen)* ■**sich** *akk* [**gegen etw** *akk*] ~ to resist [sth]; **sich** *akk* **gegen einen Plan** ~ to fight against a plan
❷ *(sich aufrichten)* ■**sich** *akk* ~ to stand on end; ***dem Hund sträubte sich das Fell*** the dog raised its hackles; *s. a.* **Haar**
II. *vt* ■**etw** ~ to raise [*or* ruffle] sth [up]; ***die Katze sträubte das Fell*** the cat raised its hackles

Strauch <-[e]s, Sträucher> [ʃtraux, *pl* ˈʃtrɔyçɐ] *m* shrub, bush

Strauch·boh·ne *f,* **Strauch·erb·se** *f* pigeon pea

strau·cheln [ˈʃtrauxl̩n] *vi sein (geh)* ❶ *(stolpern)* ■[**über etw** *akk*] ~ to stumble [*or* trip] [over sth]
❷ *(straffällig werden)* to go astray; **gestrauchelte Jugendliche** young people who have gone astray

Strauß[1] <-es, Sträuße> [ʃtraus, *pl* ˈʃtrɔysə] *m* bunch [of flowers]

Strauß[2] <-es, -e> [ʃtraus] *m* ostrich

Strau·ßen·ei *nt* ostrich egg **Strau·ßen·fe·der** *f* ostrich feather **Strau·ßen·wirt·schaft, Strauß·wirt·schaft** *f* SÜDD *temporary bar selling new home-grown wine, often signalled by a bunch of twigs hanging above the door*

Strea·mer <-s, -> [ˈstriːmɐ] *m* INFORM streamer

Strea·mer·kas·set·te *f* INFORM streamer tape

Stre·be <-, -n> [ˈʃtreːbə] *f* brace, strut

Stre·be·bo·gen *m* ARCHIT flying buttress

stre·ben ['ʃtre:bn̩] *vi* ① *haben (sich bemühen)* ■**nach etw** *dat* ~ to strive [*or* try hard] for sth; ■**danach ~, etw zu tun** to strive [*or* try hard] to do sth ② *sein (geh: sich hinbewegen)* to make one's way purposefully; **zum Ausgang/zur Tür/an den Strand ~** to make [*or* head] for the exit/door/beach

Stre·ben <-s> ['ʃtre:bn̩] *nt kein pl (geh)* striving; ■**~ nach etw** *dat* striving for sth; **~ nach Geld und Ruhm** aspirations to fame and fortune

Stre·be·pfei·ler *m* ARCHIT buttress

Stre·ber(in) <-s, -> ['ʃtre:bɐ] *m(f) (pej fam)* swot BRIT *pej fam*, grind AM *fam*

Stre·be·rei <-> *f kein pl* SCH swotting BRIT *fam*, grinding AM *fam*

stre·ber·haft <-er, -este> *adj (pej)* ① *(ehrgeizig)* pushy *pej* ② SCH swotty BRIT *fam or pej*

Stre·ber·tum <-[e]s> *nt kein pl (pej)* ① *(Ehrgeizigkeit)* pushiness *pej* ② SCH swotting BRIT *fam or pej*

streb·sam ['ʃtre:pza:m] *adj* assiduous, industrious

Streb·sam·keit <-> *f kein pl* assiduousness, assiduity, industriousness

Streck·bank *f (Folterbank)* rack

Stre·cke <-, -n> ['ʃtrɛkə] *f* ① *(Wegstrecke)* distance; **eine ~ von zehn Kilometern zurücklegen** to cover [*or* do] a distance of ten kilometres; ***bis zur Berghütte ist es noch eine ziemliche ~ zu gehen*** it's still quite a [long] way to the mountain hut; ***die ~ bis zur Hütte führt von jetzt an ziemlich steil bergan*** the next stretch up to the hut is rather steep; ***ich kann doch nicht die ganze ~ zwei schwere Koffer mitschleppen*** I can't carry two heavy suitcases all that way; ***ich habe auf der ganzen ~ geschlafen*** I slept the whole way; **auf halber ~** halfway; **über weite ~n [hin]** for long stretches; ***in nur 20 Jahren wird das Gebiet über weite ~n zur Steppe geworden sein*** large parts of the region will have turned to steppe in just 20 years ② BAHN *(Abschnitt)* [section of] line; **auf freier [*o* offener] ~** between stations, on the open line ③ SPORT *(zurückzulegende Entfernung)* distance ▶ WENDUNGEN: **auf der ~ bleiben** *(fam)* to fall by the wayside, to drop out of the running; **jdn zur ~ bringen** to hunt sb down, to apprehend sb

stre·cken ['ʃtrɛkn̩] **I.** *vt* ① *(recken)* to stretch; **den Arm/die Beine ~** to stretch one's arm/legs; **den Kopf ~** to crane one's neck; **den Finger ~** to raise [*or* stick up] one's finger; *s. a.* **Boden** ② *(fam: ergiebiger machen)* ■**etw ~** to stretch sth, to make sth go further; *Drogen etc.* to thin down [*or* dilute] ③ *(fam: länger ausreichen lassen)* ■**etw [um etw** *akk*] **~** to eke sth out [for a certain time] **II.** *vr* ■**sich** *akk* **~** to [have a] stretch

Stre·cken·ab·schnitt *m* BAHN section of the line **Stre·cken·ar·bei·ter(in)** <-s, -> *m(f)* BAHN trackman, platelayer BRIT, track worker **stre·cken·be·zo·gen** *adj inv* **~e Autobahngebühr** distance-related motorway toll **Stre·cken·fracht** *f* HANDEL distance freight **Stre·cken·ge·schäft** *nt* HANDEL transfer orders

Stre·cken·netz *nt* BAHN rail network **Stre·cken·netz·plan** *m* BAHN map of a/the railway [*or* AM railroad] network, railway [*or* AM railroad] map

Stre·cken·still·le·gungRR *f* BAHN line closure **Stre·cken·wär·ter(in)** *m(f)* BAHN line[s]man *masc*, track walker AM

stre·cken·wei·se *adv* in parts [*or* places]

Streck·mus·kel *m* ANAT extensor [muscle]

Stre·ckung <-, -en> *f* MATH dilation

Stre·ckungs·wachs·tum *nt* BOT *(zweite Phase des Wachstums einer Zelle)* enlargement

Streck·ver·band *m* MED extension [*or* traction] bandage

Street·ball <-s> ['stri:tbo:l] *m kein pl* streetball **Street·ho·ckey** ['stri:thɔki] *nt* street hockey **Street·wear** <-> ['stri:twεə] *f kein pl* MODE casual wear **Street·wor·ker(in)** <-s, -> ['stri:tvø:ɐ̯kɐ] *m(f)* street [*or* community] worker

Streich <-[e]s, -e> [ʃtraiç] *m* ① *(Schabernack)* prank; **ein böser [*o* bösartiger] ~** a nasty trick; **jdm einen ~ spielen** to play a trick on sb; ***dein Gedächtnis spielt dir einen ~*** your memory is playing tricks on you ② *(geh: Schlag)* blow; **jdm einen ~ versetzen** *(geh)* to strike sb, to deal [*or* fetch] sb a blow

Streich·an·la·ge *f* TYPO coating plant

Strei·chel·ein·hei·ten *pl (Zärtlichkeit)* tender loving care, TLC *fam;* **ein paar ~** a bit of tender loving care; *(Lob)* praise and appreciation; **ein paar ~** a little [*or* a few words of] praise and appreciation

strei·cheln ['ʃtraiçl̩n] *vt* ■**jdn/etw ~** to stroke [*or* caress] sb/sth; ■**jdm etw ~** to stroke [*or* caress] sb's sth

strei·chen <strich, gestrichen> ['ʃtraiçn̩] **I.** *vt haben* ① *(mit Farbe bestreichen)* ■**etw [mit etw** *dat*] **~** to paint sth [with sth] ② *(schmieren)* ■**etw [auf etw** *akk*] **~** to spread sth [on sth]; [**sich** *dat*] **Butter aufs Brot ~** to put butter on one's bread, to butter one's bread ③ *(ausstreichen)* ■**etw ~** to delete sth ④ *(zurückziehen)* ■[**jdm**] **etw ~** to cancel sth, to withdraw sth [from sb] **II.** *vi* ① *haben (darüberfahren)* ■**über etw** *akk* **~** to stroke sth; **jdm über die Haare ~** to stroke sb's hair ② *sein (streifen)* to prowl

Strei·cher(in) <-s, -> ['ʃtraiçɐ] *m(f)* MUS string player; **die ~** the strings, the string section

streich·fä·hig *adj inv* easy to spread, spreadable **Streich·fä·hig·keit** *f* spreading property

Streich·holz *nt* match **Streich·holz·schach·tel** *f* matchbox

Streich·in·stru·ment *nt* string[ed] instrument **Streich·kä·se** *m* cheese spread **Streich·mu·sik** *f* music for strings, string music **Streich·or·ches·ter** *nt* string orchestra **Streich·quar·tett** *nt* string quartet **Streich·quin·tett** *nt* string quintet **Streich·trio** *nt* string trio

Strei·chung <-, -en> *f* ① *(das Streichen)* deletion, cancellation; **~ einer Rechtssache im Register** removal of a case from the register ② *(das Zurückziehen) Auftrag, Projekt* cancellation; *Unterstützung, Zuschüsse* withdrawal ③ *(gestrichene Textstelle)* deletion

Strei·chungs·mel·dung *f von Flug* cancellation message

Streich·wurst *f* sausage for spreading

Streif·band <-[e]s, -bänder> *nt* wrapper *(for sending printed papers at a reduced rate)* **Streif·band·zei·tung** *f* [*partially*] *wrapped newspaper sent at a reduced rate*

Strei·fe <-, -n> ['ʃtraifə] *f* patrol; **auf ~ sein [*o* gehen]** to be [*or* go] on patrol

strei·fen ['ʃtraifn̩] **I.** *vt haben* ① *(flüchtig berühren)* ■**jdn ~** to touch [*or* brush against] sb; ***der Schuss streifte ihn nur*** the shot just grazed him ② *(flüchtig erwähnen)* ■**etw [nur] ~** to [just] touch [up]on sth ③ *(überziehen)* ■**etw auf etw** *akk*/**über etw** *akk* **~** to slip sth on/over sth; ***der Bräutigam streifte der Braut den Ring auf den Finger*** the groom slipped the ring onto the bride's finger; ***streife dir den Pullover über den Kopf*** slip the pullover over your head; ***er streifte sich die Mütze über die Ohren*** he pulled his cap down over his ears; **sich** *dat* **die Handschuhe über die Hände ~** to pull on one's gloves ④ *(abstreifen)* ■**etw von etw** *dat* **~** to slip sth off sth; **sich** *dat* **den Schmutz von den Schuhen ~** to wipe the dirt off one's shoes **II.** *vi sein (geh)* to roam [*or* wander]

Strei·fen <-s, -> ['ʃtraifn̩] *m* ① *(schmaler Abschnitt)* stripe ② *(schmales Stück)* strip ③ FILM *(fam)* film, flick *fam*

Strei·fen·bar·be *f* black sea bream **Strei·fen·bil·dung** *f* TYPO streaking **Strei·fen·dienst** *m* patrol duty **Strei·fen·ein·schie·ßer** *m* TYPO tape inserter **strei·fen·frei** *adj inv* streak-free **Strei·fen·fun·da·ment** *nt* BAU strip foundation **Strei·fen·hörn·chen** <-s, -e> *nt* ZOOL chipmunk **Strei·fen·kar·te** *f* ticket strip **Strei·fen·mus·ter** *nt* striped [*or* stripy] pattern; **Krawatten mit ~** striped [*or* stripy] ties

Strei·fen·po·li·zist(in) *m(f)* policeman/policewoman on patrol **Strei·fen·wa·gen** *m* patrol car

strei·fig ['ʃtraifɪç] *adj* stripy, streaky; **ein ~es Muster** a stripy pattern; **ein ~er Spiegel/~es Fenster** a streaky mirror/window; ■**~ sein** to be stripy/streaky; ***die Fenster sind ja ganz ~*** the windows are all streaky

Streif·licht *nt* ① *(schmaler Lichtstreifen)* streak [*or* beam] of light ② *(kurze Darlegung)* highlight **Streif·schuss**RR *m* graze **Streif·zug** *m* ① *(Bummel)* expedition; **ein ~ durch die Antiquitätengeschäfte/über die Flohmärkte** a trip [*or* tour] round [*or* to] the antique shops/flea markets; **einen ~ durch etw** *akk* **machen** to take a wander through sth; **einen ~ durch die Kneipen machen** to go on a pub crawl BRIT, to go bar-hopping AM ② HIST *(Raubzug)* raid ③ *(Exkurs)* digression; **ein musikalischer ~ durch die Barockzeit** a brief musical survey of the baroque period

Streik <-[e]s, -s *o selten* -e> [ʃtraik] *m* strike; **mit ~ drohen** to threaten strike action [*or* to [go on] strike]; **in den ~ treten** to come out [*or* go] on strike; **wilder ~** wildcat strike; **einen ~ beschließen** to call [out] a strike; **einen ~ brechen** to break a strike

Streik·ab·stim·mung *f* POL, ÖKON strike ballot **Streik(·an)·dro·hung** *f* strike warning, threat of strike; **die ~ zurücknehmen** to lift the strike threat **Streik·an·kün·di·gung** *f* JUR strike notice **Streik·auf·ruf** *m* strike call, call for strike action **Streik·aus·schuss**RR *m* strike committee; **überbetrieblicher ~** umbrella strike committee **streik·be·dingt** *adj inv* strike-induced **Streik·bre·cher(in)** *m(f)* strike-breaker, blackleg BRIT *pej*, scab *pej fam*

strei·ken ['ʃtraikn̩] *vi* ① *(die Arbeit niederlegen)* to come out [*or* go] on strike ② *(nicht arbeiten)* to be on strike, to strike; ■**für etw** *akk* **~** to strike for sth ③ *(hum fam: nicht funktionieren)* to pack up *fam* ④ *(fam: sich weigern)* to go on strike

Strei·ken·de(r) *f(m) dekl wie adj* striker

streik·freu·dig *adj* ÖKON quick to take strike action **Streik·geld** *nt* strike pay **Streik·kas·se** *f* FIN strike fund **streik·lus·tig** *adj* ÖKON strike-prone **Streik·pos·ten** *m* picket; **~ stehen** to picket, to be [*or* stand] on the picket line; **~ aufstellen** to mount a picket [*or* set up a picket line] **Streik·recht** *nt kein pl* right to strike **Streik·wel·le** *f* wave [*or* series] of strikes

Streit <-[e]s, -e> [ʃtrait] *m* ① *(Auseinandersetzung)* argument, dispute, quarrel, row BRIT; **[mit jdm] ~ [wegen einer S.** *gen*] **bekommen** to get into an argument [with sb] [about sth]; **[mit jdm] ~ [wegen einer S.** *gen*] **haben** to argue [*or* quarrel] [*or* row] [with sb] [about sth], to have an argument [*or* a quarrel] [*or* row]; **~ suchen** to be looking for an argument [*or* a quarrel]; **einen ~ schlichten** JUR to settle a dispute; **keinen ~ [mit jdm] wollen** not to want an argument [*or* a row] [with sb]; ***ich will wirklich keinen ~ mit dir*** I really don't want to argue [*or* quarrel] with you; **im ~** during an argument [*or* a quarrel] ② *(Kontroverse)* argument, dispute

Streit·axt *f* battleaxe ▶ WENDUNGEN: **die ~ begraben** to bury the hatchet

streit·bar *adj* ① *(streitlustig)* pugnacious ② *(veraltend: kampfbereit)* combative, valiant

streit·be·fan·gen *adj* JUR in litigation *pred;* **~e Sache** pending case **Streit·bei·le·gung** *f* JUR settlement of a dispute

strei·ten <stritt, gestritten> ['ʃtraitn̩] **I.** *vi* ① *(einen Streit haben)* ■**[mit jdm] ~** to argue [*or* quarrel] [with sb] ② *(diskutieren)* ■**mit jdm über etw** *akk* **~** to argue with sb about sth; ***darüber lässt sich ~*** that's open to argument [*or* debatable] **II.** *vr* ① *(einen Streit haben)* ■**sich** *akk* **[miteinan-**

der] ~ to quarrel [*or* argue] [with each other]; ***habt ihr euch wieder gestritten?*** have you quarrelled [*or* been fighting] again?; ***wegen jeder Kleinigkeit ~ sie sich*** they argue [*or* quarrel] about every little thing [*or* the slightest thing]; ***streitet euch nicht mehr*** [***miteinander***]! stop quarrelling [*or* squabbling] [with each other]!; ■**sich** *akk* **um etw** *akk* ~ to argue [*or* fight] over sth; ***die Kinder ~ sich um das neue Spielzeug*** the children are squabbling over the new toy; ■**sich** *akk* **mit jdm** [**wegen einer S.** *gen*] ~ to argue with sb [about sth]
❷ *(diskutieren)* ■**sich** *akk* [**darüber**] **~, ob/wer/wie ...** to argue [over] whether/who/how ...

Strei·ter(in) <-s, -> [ˈʃtraitɐ] *m(f) (geh)* fighter; ~ **für eine gerechte Sache** champion of a just cause

Strei·te·rei <-, -en> [ʃtraitəˈrai] *f (fam)* arguing [*or* quarrelling] [*or* AM quarreling] [*or* rowing] *no indef art, no pl*

Strei·te·rin <-, -nen> *f fem form von* **Streiter**

Streit·fall *m* dispute, conflict; ***das ist ein*** ~ that is a point of dispute; **im** ~ in case of dispute [*or* conflict] **Streit·fra·ge** *f* [disputed] issue **Streit·ge·gen·stand** *m* JUR subject matter of the proceedings **Streit·ge·hil·fe, -ge·hil·fin** *m, f* JUR party intervening on the side of a litigant **Streit·ge·nos·se, -ge·nos·sin** *m, f* JUR joint litigant [*or* plaintiff]; **notwendige ~n** necessary parties **Streit·ge·nos·sen·schaft** *f* JUR joinder of parties **Streit·ge·spräch** *nt* debate, disputation *form* **Streit·hahn** *m (oft hum fam)* quarrelsome individual, squabbler **Streit·ham·mel** *m (fam)* quarrelsome so-and-so *fam* **Streit·hel·fer(in)** *m(f)* JUR intervener, intervening party; **Antrag auf Zulassung als** ~ application to intervene

Streit·hil·fe *f* JUR intervention **Streit·hil·fe·an·trag** *f* JUR application to intervene; **einen ~ ablehnen** to dismiss an application to intervene **Streit·hil·fe·schrift·satz** *m* JUR statement in intervention

strei·tig [ˈʃtraitɪç] *adj* disputed, contentious; JUR contentious, litigious, controversial; **~es Verfahren** litigious proceedings *pl;* **~e Verhandlung** adversarial hearing; **nicht ~** non-contentious; **jdm etw ~ machen** to challenge sb's sth; **jdm eine Stellung ~ machen** to challenge sb's position; **einem Land das Anrecht auf ein Gebiet ~ machen** to contest [*or* dispute] a country's right to a territory

Strei·tig·keit *f meist pl* quarrel, argument, dispute; **öffentlich-rechtliche** ~ JUR public-law dispute

Streit·kräf·te *pl* [armed] forces *pl* **streit·lus·tig** *adj s.* **streitbar Streit·macht** *f (veraltend)* troops *pl* **Streit·par·tei** *f* JUR party to the litigation **Streit·punkt** *m* POL disputed point, contentious issue, point at issue **Streit·re·ge·lungs·ver·fah·ren** *nt* JUR disputes settlement machinery

Streit·sa·che *f* ❶ *(Konflikt)* [matter in] dispute
❷ JUR *(Rechtsstreit)* litigation, lawsuit

Streit·schlich·tungs·ver·fah·ren *nt* JUR disputes settlement machinery **Streit·schrift** *f* written polemic **streit·süch·tig** *adj* quarrelsome, argumentative **Streit·sum·me** *f* JUR sum in dispute **Streit·ver·kün·dung** *f* JUR third-party notice **Streit·wa·gen** *m* chariot

Streit·wert *m* JUR sum [*or* amount] in dispute **Streit·wert·fest·set·zung** *f* JUR assessment of the value in dispute **Streit·wert·her·ab·set·zung** *f* JUR reduction of the amount in dispute **Streit·wert·re·vi·si·on** *f* JUR change of the amount in dispute

streng [ʃtrɛŋ] **I.** *adj* ❶ *(auf Disziplin achtend)* strict; ■~ [**zu jdm**] **sein** to be strict [towards [*or* with] sb]; **eine ~e Erziehung** a strict education
❷ *(unnachsichtig)* severe; **ein ~er Verweis** a severe reprimand; **~e Disziplin** strict [*or* stern] discipline; **~e Kontrolle** strict [*or* stringent] control
❸ *(strikt)* strict; **~e Einhaltung der Vorschriften** strict observance of the rules; **~e Anweisung** strict instructions; **eine ~e Diät/Überprüfung** a strict diet/rigorous examination; **~e Bettruhe** complete [*or* absolute] [bed] rest
❹ *(durchdringend)* pungent
❺ *(extrem kalt)* severe; **~er Frost/Winter** sharp [*or* severe] frost/severe winter; **~e Kälte** intense cold
❻ *(konsequent)* strict; ***ich bin ~er Antialkoholiker/ Vegetarier/ Katholik/ Moslem*** I am a strict teetotaller/vegetarian/Catholic/Muslim
❼ SCHWEIZ *(anstrengend)* strenuous, demanding
II. *adv* ❶ *(unnachsichtig)* strictly; ***wir wurden sehr ~ erzogen*** we were brought up very strictly; **~ durchgreifen** to take rigorous action; ***kontrollieren Sie nächstens ~er*** make a more rigorous check next time
❷ *(strikt)* strictly; ***ich verbiete Ihnen ~stens, so etwas noch einmal zu machen!*** I strictly forbid you to do anything like that again!; **~ genommen** strictly speaking; **es mit etw** *dat* **~ nehmen** to be strict on [*or* about] sth; ***du solltest es mit seiner Erziehung ~er nehmen*** you should take his education more seriously
❸ *(durchdringend)* pungently; ***was riecht hier so ~?*** what's that strong [*or* pungent] smell?; ***der Käse schmeckt mir doch etwas zu*** ~ the cheese is rather too strong [*or* sharp] for me

Stren·ge <-> [ˈʃtrɛŋə] *f kein pl* ❶ *(Unnachsichtigkeit)* strictness *no pl;* **mit unnachsichtiger ~** with unrelenting severity; **mit besonderer ~ darauf achten, dass ...** to take especially strict care that ...
❷ *(Härte)* severity; ***die Kontrollen waren von äußerster ~*** the checks were extremely rigorous
❸ *(Ernsthaftigkeit) Gesichtszüge, Stil* severity
❹ *(extreme Kälte) Winter, Frost* severity
❺ *(Intensität) Geschmack* sharpness, intensity; *Geruch* pungency

streng·gläu·big *adj* strict; ■~ **sein** to be strictly [*or* deeply] religious [*or* a strict believer]

Strep·to·kok·kus <-, -ken> [ʃtrɛptoˈkɔkʊs, st-] *meist pl m* streptococcus

Strep·to·my·zin <-s> [ʃtrɛptomyˈtsiːn, st-] *nt kein pl* PHARM streptomycin

Stress^RR^ <-es, -e>, **Streß**^ALT^ <-sses, -sse> [ʃtrɛs, st-] *m* stress; **~ haben** to experience stress; **im ~ sein/unter ~ stehen** to be under stress; ***ich bin voll im ~*** I am completely stressed out *fam*

Stress·be·wäl·ti·gung^RR^ *f* stress management **Stress·be·wäl·ti·gungs·trai·ning**^RR^ *nt* stress-management training

stres·sen [ˈʃtrɛsn̩] *vt* ■**jdn ~** to put sb under stress; ■**sich** *akk* **gestresst fühlen** to feel under stress; ■[**durch etw** *akk*] **gestresst sein** to be under stress [because of sth]; ***bist du durch deine Arbeit gestresst?*** is your work putting you under stress?

Stress·fak·tor^RR^ *m* stress factor **stress·frei**^RR^ *adj* stress-free **stress·ge·plagt**^RR^ *adj* highly stressed, under stress *pred,* stressed-out *fam;* ■~ **sein** to be suffering from stress; **~er Manager** highly stressed manager **Stress·hor·mon**^RR^ <-s, -e> [ˈʃtrɛs-, strɛs-] *nt* stress hormone

stres·sig [ˈʃtrɛsɪç] *adj* stressful

Stres·sor <-s, -en> [ˈʃtrɛsoːɐ̯] *m* PSYCH *(fachspr)* stressor *spec*

Stress·si·tu·a·ti·on^RR^ *f* stress situation

Stretch <-[e]s, -es> [strɛtʃ] *m* stretch fabric

stret·chen [ˈʃtrɛtʃn̩] SPORT **I.** *vi* to stretch
II. *vr* ■**sich** *akk* ~ to stretch

Stretch·ho·se *f* stretch [*or* elastic] trousers *npl*

Stret·ching <-, -> [ˈstrɛtʃɪŋ] *nt* SPORT, MED stretching

Stretch·li·mou·si·ne <-, -n> [ˈstrɛtʃlimuziːnə] *f* stretch limo[usine]

Streu <-> [ʃtrɔy] *f kein pl* litter

Streu·bom·be [ˈʃtrɔybɔmbə] *f* MIL cluster bomb **Streu·büch·se** *f,* **Streu·do·se** *f* shaker; *für Mehl* dredger; *für Zucker* caster, dredger

streu·en [ˈʃtrɔyən] **I.** *vt* ❶ *(hinstreuen)* ■**etw auf etw** *akk* ~ to scatter [*or* spread] [*or* sprinkle] sth on sth; **Futter/Samen ~** to scatter food/seed; **Dünger ~** to spread fertilizer; **etw auf einen Kuchen/ein Gericht ~** to sprinkle sth on a cake/a dish
❷ *(gegen Glätte)* ■**etw ~** to grit/salt sth
❸ *(verbreiten)* ■**etw ~** to spread sth; **Gerüchte ~** to spread rumours [*or* AM -ors]; **die Opposition ließ ~,** [**dass**] ... the opposition put it about that ...
II. *vi* ❶ *(Streumittel anwenden)* to grit BRIT, to put down salt
❷ *(Geschosse verteilen)* to scatter
❸ PHYS to scatter

Streu·er <-s, -> *m* shaker; **der ~ mit dem Salz/Pfeffer** the salt cellar [*or* shaker]/pepper pot [*or* shaker]; *Mehl* dredger; *Zucker* dredger, caster [*or* castor]

Streu·fahr·zeug *nt* gritter BRIT, gritting lorry BRIT **Streu·gut** *nt* TRANSP *(geh)* grit BRIT, salt

streu·nen *vi* ❶ *haben o sein (umherstreifen)* to roam about [*or* around]; **durch die Stadt ~** to roam about the town; **~de Hunde/Katzen** stray dogs/cats
❷ *sein (ziellos umherziehen)* to wander around; **durch die Straßen ~** to roam [*or* wander] the streets

Streu·salz *nt* road salt

Streu·sand <-[e]s> *m kein pl* ❶ *(für Straße)* grit *no pl, no indef art*
❷ *(veraltet: feiner Sand)* fine sand *no pl, no indef art*

Streu·schei·be *f* AUTO lens

Streu·sel <-s, -> [ˈʃtrɔyzl̩] *nt* streusel *esp* AM, crumble [topping]

Streu·sel·ku·chen *m* streusel [cake] *esp* AM, crumble

Streu·ung <-, -en> *f* ❶ MIL *(Abweichung)* dispersion
❷ MEDIA *(Verbreitung)* distribution
❸ *(Verteilung)* spread[ing]; **bei einer ~ seiner Anlagen/des Risikos** by spreading one's investments/the risk
❹ MED metastasis

strich [ʃtrɪç] *imp von* **streichen**

Strich <-[e]s, -e> [ʃtrɪç] *m* ❶ *(gezogene Linie)* line; **einen ~** [**unter etw** *akk*] **ziehen** to draw a line [under sth]
❷ *(Skaleneinteilung)* line
❸ *(fam: Gegend mit Prostitution)* red-light district; **auf den ~ gehen** to go on the game BRIT *fam,* to become a streetwalker; **auf dem ~** on the game *fam*
▸WENDUNGEN: **nach ~ und Faden** *(fam)* good and proper *fam,* well and truly; **jdm gegen den ~ gehen** *(fam)* to go against the grain, to rub sb up the wrong way; **ein ~ in der Landschaft sein** *(hum fam)* to be as thin as a rake; **einen ~ unter etw** *akk* **machen** [*o* **ziehen**] to put sth behind one, to put an end to sth; **jdm einen ~ durch etw** *akk* **machen** *(fam)* to mess up [*or* wreck] sb's plans for sth; ***der Regen machte uns einen ~ durch alles*** the rain wrecked all our plans; ***ich werde einen ~ durch ihren sauberen Plan machen*** I will foil [*or* thwart] her nice little plan; **jd/etw macht jdm einen ~ durch die Rechnung** sb/sth messes up [*or* wrecks] sb's plans, sb/sth throws a spanner [*or* wrench] in the works, sb puts a spoke in sb's wheel; **unterm ~** *(fam)* at the end of the day, all things considered

Strich·ab·bil·dung *f* TYPO line illustration [*or* reproduction] **Strich·auf·nah·me** *f* TYPO line exposure [*or* reproduction] **Strich·code** [-koːt] *m* bar code

stri·cheln [ˈʃtrɪçl̩n] *vt* ■**etw ~** to sketch sth in; ■**gestrichelte Linie** dotted line; *Straße* broken line

Stri·cher <-s, -> *m (sl)* rent boy BRIT *fam,* young male prostitute

Strich·jun·ge *m (fam)* rent boy *fam*

Strich·kode [-koːt] *f s.* **Strichcode**

strich·lie·ren* [ʃtrɪçˈliːrən] *vt* ÖSTERR *(stricheln)* ■**etw ~** to hatch [*or sep* sketch in] sth

Strich·lis·te *f* list

Strich·mäd·chen *nt (fam)* streetwalker *fam,* hooker AM *sl*

Strich·männ·chen <-s, -> *nt* matchstick man, stick figure **Strich·punkt** *m s.* **Semikolon Strich·um·set·zung** *f* TYPO conversion to line art, line conversion **Strich·vo·gel** *m* flocking bird

strich·wei·se *adv* METEO here and there, in places

Strich·zeich·nung *f* line drawing

Strick <-[e]s, -e> [ʃtrɪk] *m* rope
▸WENDUNGEN: **wenn alle ~e reißen** *(fam)* if all else fails; **jdm aus etw** *dat* **einen ~ drehen** *(fam)* to use sth against sb; **da kann ich mir gleich einen ~ nehmen** [*o* **kaufen**] *(fam)* I may as well end it all now

Strick·bünd·chen <-s, -> *nt* knitted welt
stri·cken ['ʃtrɪkn̩] **I.** *vi* to knit
II. *vt* ■**etw** ~ to knit sth
▶WENDUNGEN: **einfach gestrickt** *(fam)* simple
Strick·garn *nt* knitting wool [*or* yarn] **Strick·hemd** *nt* knit[ted] shirt **Strick·ja·cke** *f* cardigan **Strick·lei·ter** *f* rope ladder **Strick·ma·schi·ne** *f* knitting machine
Strick·mus·ter *nt* ❶ *(gestricktes Muster)* knitting pattern; **nach** ~ from a pattern
❷ *(hum: Machart)* formula
Strick·müt·ze *f* woollen hat **Strick·na·del** *f* knitting needle **Strick·wa·ren** *pl* knitwear *no pl* **Strick·wes·te** *f* cardigan **Strick·zeug** *nt* knitting
Strie·gel <-s, -> ['ʃtri:gl̩] *m* curry-comb
strie·geln ['ʃtri:gl̩n] *vt (fam)* ■**etw** ~ to groom [*or spec* curry] sth
Strie·men <-s, -> ['ʃtri:mən] *m,* **Strie·me** <-, -n> ['ʃtri:mə] *f (selten)* weal
strikt [ʃtrɪkt, st-] **I.** *adj* strict; **eine ~e Ablehnung/Weigerung** a point-blank rejection
II. *adv* strictly; **~ gegen etw** *akk* **sein** to be totally against sth; **auf das S~este befolgt werden** to be followed to the letter; **sich** *akk* **~ gegen etw** *akk* **aussprechen** to reject sth point-blank
strin·gent <-er, -este> [ʃtrɪŋ'gɛnt, st-] *adj (geh) Schluss, Beweisführung* compelling
String·tan·ga ['ʃtrɪŋtaŋga] *m* MODE thong
Strip <-s, -s> [ʃtrɪp, st-] *m (sl)* strip[tease]
Strip·lo·kal ['strɪploka:l] *nt (fam)* strip joint *fam*
Strip·pe <-, -n> ['ʃtrɪpə] *f (fam)* ❶ *(Schnur)* string
❷ *(Leitung)* cable
▶WENDUNGEN: **jdn an die ~ bekommen** to get [*or* reach] sb on the phone; **jdn an der ~ haben** to have sb on the line [*or* phone] [*or* BRIT *fam* blower]; **die ~n ziehen** *(fam)* to be pulling the strings, to be the power behind the throne
strip·pen ['ʃtrɪpn̩, 'st-] *vi* to strip, to do a strip[tease]
Strip·pen·zie·her(in) ['ʃtrɪpəntsi:ɐ] *m(f) (pej fam)* power behind the throne, power broker
Strip·per(in) <-s, -> ['ʃtrɪpɐ, 'st-] *m(f) (fam)* stripper
Strip·ping <-[s], -s> ['ʃtrɪpɪŋ] *nt* BÖRSE stripping
Strip·tease <-> ['ʃtrɪpti:s, 'st-] *m o nt kein pl* striptease
Strip·tease·lo·kal *nt* striptease club [*or fam* joint] **Strip·tease·tän·zer(in)** ['ʃtrɪpti:s-, 'strɪp-] *m(f)* striptease artist
stritt [ʃtrɪt] *imp von* **streiten**
strit·tig ['ʃtrɪtɪç] *adj* contentious; **ein ~er Fall** a controversial case; **eine ~e Grenze** a disputed border; **der ~e Punkt** the point at issue; ■**~ sein** to be in dispute [*or* at issue]
Stroh <-[e]s> [ʃtro:] *nt kein pl* straw
▶WENDUNGEN: **wie ~ brennen** to go up like dry tinder; **~ dreschen** *(fam)* to waffle [*or* ramble] [on] *fam;* [**nur**] **~ im Kopf haben** *(fam)* to be dead from the neck up [*or* BRIT have sawdust between one's ears] *fam*
Stroh·bal·len *m* bale of straw, straw bale **stroh·blond** *adj Mensch* flaxen-haired; *Haare* straw-coloured [*or* AM -ored], flaxen **Stroh·blu·me** *f* strawflower **Stroh·dach** *nt* thatched roof, roof thatched with straw **stroh·dumm** *adj (fam)* brainless, thick *fam;* ■**~ sein** to have nothing between the ears
Stroh·feu·er *nt* ▶WENDUNGEN: **nur ein ~ sein** to be a flash in the pan, to be just a passing fancy
Stroh·frau *f fem form von* **Strohmann**
Stroh·halm *m* straw
▶WENDUNGEN: **nach jedem ~ greifen, sich** *akk* **an jeden ~ klammern** to clutch at any straw
Stroh·hut *m* straw hat
stro·hig <-er, -ste> ['ʃtro:ɪç] *adj Gemüse* tough; *Orangen* dried-up; *Haar* strawy, like straw
Stroh·kopf *m (fam)* blockhead *fam* **Stroh·la·ger** *nt* bed of straw **Stroh·mann, -frau** *m, f* front man *masc,* front woman *fem* **Stroh·mat·te** *f* straw mat **Stroh·pup·pe** *f* straw doll
Stroh·sack *m* palliasse
▶WENDUNGEN: **heiliger ~!** *(veraltend fam)* Great Scott! *dated fam,* holy mackerel [*or* cow]! *fam*
Stroh·wit·wer, -wit·we *m, f (hum fam)* grass widower *masc,* grass widow *fem*
Strolch <-[e]s, -e> [ʃtrɔlç] *m* ❶ *(fam: Schlingel)* rascal
❷ *(veraltend: übler Bursche)* ruffian *dated*
Strom[1] <-[e]s, Ströme> [ʃtro:m, *pl* 'ʃtrø:mə] *m* ELEK electricity *no indef art, no pl;* **~ führen** to be live; **elektrischer ~** electric current; **~ führend** live; **unter ~ stehen** *(elektrisch geladen sein)* to be live; *(überaus aktiv sein)* to be a live wire *fig fam*
Strom[2] <-[e]s, Ströme> [ʃtro:m, *pl* 'ʃtrø:mə] *m* ❶ *(großer Fluss)* [large] river
❷ *(fließende Menge)* river; **Ströme von Blut** rivers of blood; **ein ~ von Schlamm** a torrent of mud; **in Strömen fließen** to flow freely [*or* like water]; ***das Blut floss in Strömen*** there were rivers of blood, there was heavy bloodshed
❸ *(Schwarm)* stream; **Ströme von Fans/Besuchern/Kunden** streams of fans/visitors/customers
▶WENDUNGEN: **in Strömen gießen** [*o* **regnen**] to pour [down] [with rain]; **mit dem/gegen den ~ schwimmen** to swim with/against the current, to swim with/against the tide [*or* go with/against the flow] *fig fam*
Strom·ab·neh·mer(in) <-s, -> *m(f)* ❶ TECH current collector ❷ *(Verbraucher)* electricity user [*or* consumer] **Strom·ab·schal·tung** *f* power off; **automatische ~** automatic power off
strom·ab·wärts [ʃtro:m'ʔapvɛrts] *adv* downstream
Strom·an·schluss[RR] *m* power connector
strom·auf·wärts [ʃtro:m'ʔaufvɛrts] *adv* upstream
Strom·aus·fall *m* power cut [*or* failure], power outage **Strom·be·zugs·wahl** *f kein pl* choice of electricity provider **Strom·ein·spei·sung** *f* electricity feed
strö·men ['ʃtrø:mən] *vi sein* ❶ *(in Mengen fließen)* ■[**aus etw** *dat*] **~** to pour [out of sth]; ***Gas strömte durch die Pipeline*** gas flowed through the pipeline
❷ *(in Scharen eilen)* ■[**aus etw** *dat*] **~** to stream [out of sth]; ***die Touristen strömten zu den Pforten des Palasts*** the tourists flocked to the gates of the palace; *s. a.* **Regen**
Strom·ent·gelt *nt* electricity price, price of electricity, charge for electricity
Stro·mer <-s, -> ['ʃtro:mɐ] *m* ❶ *(Herumtreiber)* roamer, rover, gadabout *fam*
❷ *(Landstreicher)* tramp, vagabond, AM *a.* hobo
Strom·er·zeu·ger *m* [electricity] generator **Strom·er·zeu·gung** *f* generation of electricity **Strom·ge·biet** *nt* river basin **Strom·ge·win·nung** *f* electricity generation **Strom·ka·bel** *nt* electric[ity] [*or* power] cable **Strom·kon·zern** *m* electricity company **Strom·kos·ten** *pl* electricity costs *pl* **Strom·kreis** *m* [electric[al]] circuit **Strom·lei·tung** *f* electric cable [*or* cabling] [*or* wiring] **Strom·lie·fe·rant** *m* HANDEL supplier of electricity **Strom·lie·fe·rungs·ver·trag** *m* contract for the supply of electricity **Strom·li·ni·en·form** [-li:niən-] *f* streamlined shape **strom·li·ni·en·för·mig** [-li:niən-] *adj* streamlined **Strom·mast** *m* ELEK pylon **Strom·netz** *nt* electricity [*or* power] supply system, mains supply **Strom·preis** *m* electricity price, price of electricity **Strom·quel·le** *f* power source, source of electricity **Strom·rech·nung** *f* electricity [*or* AM electric] bill **Strom·schie·ne** *f* live [*or* third] rail; *(für Elektrobus)* busbar **Strom·schlag** *m* electric shock **Strom·schnel·le** *f meist pl* rapids *npl* **Strom·sper·re** *f* power cut **Strom·stär·ke** *f* current [strength] **Strom·stoß** *m* electric shock, jolt of electricity
Strö·mung <-, -en> *f* ❶ *(stark fließendes Wasser)* current
❷ *(Tendenz)* trend; ***es gibt verschiedene ~en innerhalb der Partei*** there are various tendencies within the party
Strö·mungs·ana·ly·se *f kein pl* PHYS flow analysis
Strom·un·ter·bre·chung *f* power interruption **Strom·ver·brauch** *m* electricity [*or* power] consumption; **einen geringen ~ haben** to not use a lot of electricity **Strom·ver·bund** *m* ≈ European electricity grid *(electricity trade association of mainland European countries)* **Strom·ver·sor·ger** *m* electricity supplier
Strom·ver·sor·gung *f* electricity [*or* power] supply **Strom·ver·sor·gungs·ein·heit** *f* power supply unit
Strom·zäh·ler *m* electricity meter **Strom·zu·fuhr** *f kein pl* ELEK electrical [*or* electricity] supply
Stron·ti·um <-s> ['ʃtrɔntsi̯ʊm, 'st-] *nt kein pl* strontium *no pl*
Stro·phe <-, -n> ['ʃtro:fə] *f* ❶ *(Liederstrophe)* verse
❷ *(Gedichtstrophe)* stanza
strot·zen ['ʃtrɔtsn̩] *vi* ❶ *(überschäumen)* ■**von** [*o* **vor**] **etw ~** to be bursting with sth
❷ *(besonders viel von etw haben)* ■**vor etw** *dat* **~** to be covered in [*or* with] sth, to be full of sth; **vor** [*o* **von**] **Gesundheit ~** to be bursting with health
strot·zend *adj inv* bursting; **vor** [*o* **von**] **Energie ~** bursting with energy
strub [ʃtru:p] *adj* DIAL, SCHWEIZ ❶ *(ruppig) Mensch* gruff
❷ *(schwierig) Situation* difficult
strub·be·lig, strubb·lig ['ʃtrʊb(ə)lɪç] *adj (fam)* tousled; **~es Fell** tangled fur
Strub·bel·kopf ['ʃtrʊblkɔpf] *m (fam)* ❶ *(Haar)* tousled hair, mop [of hair], mop-top *fam*
❷ *(Mensch)* tousle-head, mop-top *fam*
strubblig ['ʃtrʊblɪç] *adj (fam) s.* **strubbelig**
Stru·del[1] <-s, -> ['ʃtru:dl̩] *m* ❶ *(Wasserwirbel)* whirlpool; **kleiner ~** eddy
❷ *(geh: rascher Lauf)* **der ~ der Ereignisse** the whirl of events
Stru·del[2] <-s, -> ['ʃtru:dl̩] *m (Gebäck)* strudel
stru·deln ['ʃtru:dl̩n] *vi* to swirl; *(sanfter)* to eddy
Stru·del·wurm *m* ZOOL turbellaria
Struk·tur [ʃtrʊk'tu:ɐ̯, strʊ-] *f* ❶ *(Aufbau)* structure
❷ *(von Stoff usw.)* texture
Struk·tu·ra·lis·mus <-> [ʃtrʊktura'lɪsmʊs] *m kein pl* structuralism *no pl*
Struk·tur·an·pas·sungs·pro·gramm *nt* ÖKON restructuring programme [*or* AM -am] **Struk·tur·ein·heit** *f* ÖKON structural unit
struk·tu·rell [ʃtrʊktu'rɛl] *adj inv* ❶ *(geh: eine bestimmte Struktur aufweisend)* structural; **~e Arbeitslosigkeit** ÖKON structural unemployment
❷ LING structural
Struk·tur·for·mel *f* CHEM structural formula **struk·tur·ge·wan·delt** *adj inv* ÖKON, SOZIOL *Land, Gebiet* having a modernized structure **Struk·tur·glas** *nt* BAU patterned glass **Struk·tur·hil·fe** *f* subsidy for infrastructure renewal/development
struk·tu·rie·ren* [ʃtrʊktu'ri:rən, st-] *vt* ■**etw ~** to structure sth [*or* put sth together]
struk·tu·riert *adj* structured; *(von Stoffen)* textured
Struk·tu·rie·rung <-, -en> *f* ❶ *kein pl (das Strukturieren)* structuring
❷ *(Struktur)* structure; *(von Stoff usw.)* texture
Struk·tur·kri·se *f* structural crisis **Struk·tur·po·li·tik** *f* economic development [*or* structural] policy **Struk·tur·re·form** *f* ÖKON structural reform **struk·tur·schwach** *adj* economically underdeveloped **Struk·tur·schwä·che** *f* economic underdevelopment **struk·tur·ver·än·dernd** *adj inv* ÖKON causing structural changes *pred* **Struk·tur·ver·än·de·rung** *f* structural change, change in structure **Struk·tur·ver·schie·bung** *f* structural displacement **Struk·tur·wan·del** *m* structural change
Strumpf <-[e]s, Strümpfe> [ʃtrʊmpf, *pl* 'ʃtrʏmpfə] *m* ❶ *(Kniestrumpf)* knee-high; *(Socke)* sock
❷ *(Damenstrumpf)* stocking
Strumpf·band <-bänder> *nt,* **Strumpf·hal·ter** <-s, -> *m* suspender, garter AM **Strumpf·hal·ter·gür·tel** *m* suspender belt, garter belt AM **Strumpf·ho·se** *f* tights *npl,* pantyhose AM; ■**eine ~** a pair of tights **Strumpf·mas·ke** *f* stocking mask **Strumpf·wa·ren** *pl* hosiery *no pl*
Strunk <-[e]s, Strünke> [ʃtrʊŋk, *pl* 'ʃtrʏŋkɛ] *m* stalk
strunz·doof, strun·zen·doof *adj (pej sl)* dense [*or* BRIT *a.* thick]
strup·pig ['ʃtrʊpɪç] *adj Haare* tousled, tangled, windswept; *Fell* shaggy, tangled
Struw·wel·pe·ter ['ʃtrʊvlpe:tɐ] *m* ❶ LIT ■**der ~** Struwwelpeter, slovenly [*or* Shock-headed] Peter

② *(fam: Kind mit Strubbelkopf)* tousle-head *fam,* mop-head *fam*

Strych·nin <-s> [ʃtrʏçˈniːn, st-] *nt kein pl* strychnine

Stu·be <-, -n> [ˈʃtuːbə] *f* ① DIAL *(Wohnzimmer)* living room; **die gute** ~ the front room, the parlour [*or* AM parlor] *dated*

② MIL [barrack] room

Stu·ben·ar·rest *m* ~ **bekommen/haben** *(fam)* to be confined to one's room, to be grounded *fam* **Stu·ben·flie·ge** *f* housefly **Stu·ben·ge·lehr·te(r)** *f(m) dekl wie adj (pej)* armchair academic *pej* **Stu·ben·ho·cker(in)** <-s, -> *m(f) (pej fam)* house mouse *fam*

stu·ben·rein *adj* ① *(zur Sauberkeit erzogen) Haustier* house-trained, housebroken AM

② *(hum fam: nicht verdorben) Witz usw.* clean

Stück <-[e]s, -e *o nach Zahlenangaben* -> [ʃtʏk] *nt* ① *(bestimmte Menge)* piece; **ein ~ Brot/Kuchen** a piece [*or* slice] of bread/cake; **ein ~ Papier** *(Blatt)* a piece of paper; *(Schmierzettel)* a scrap of paper; **sechs ~ Käsekuchen** six pieces [*or* portions] of cheesecake; **ein ~ Seife** a bar of soap; **ein ~ Zucker** a lump of sugar; **aus einem ~** in one piece; **aus einem ~ gemacht sein** to be made from one [*or* a single] piece; **~ für ~** piece by piece, bit by bit; **im** [*o* **am**] **~** in one piece; **geschnitten oder am ~?** sliced or unsliced?

② *(einzelner Artikel)* piece; ÖKON item, unit; ***ich nehme drei ~ von den Äpfeln dort*** I'll take three of those apples over there; **nach ~** by the piece; **nach ~ bezahlt werden** to be paid on piece-work basis; **das** [*o* **pro**] **~** each; **vier Euro das** [*o* **pro**] **~** four euros each

③ *(besonderer Gegenstand)* piece, item; **ein seltenes ~** a rare specimen; **ein wertvolles ~** a valuable item

④ *(Teil)* bit, piece; **in ~e gehen** [*o* **zerbrechen**] [*o* **zerspringen**] to break [*or* shatter] into pieces; **etw in ~e reißen** to tear sth to pieces [*or* shreds]; **etw in ~e schlagen** to smash sth to pieces; **in tausend ~e schlagen** to smash to smithereens

⑤ *(Abschnitt)* part; *(von Buch)* passage; ***ich begleite dich noch ein ~*** [***Weges***] I'll come part of the way with you; ***die Straße war auf einem ~ von 500 Metern Länge aufgerissen worden*** a 500 metre stretch of the road had been ripped up; **ein ~ Acker** part of a field; **mein ~ Garten** my bit of garden; **ein ~ Geschichte** a chapter of history; **ein ~ Land** a plot of land

⑥ FIN **in ~en zu 50 Euro** in 50 euro notes

⑦ THEAT play

⑧ MUS piece

⑨ *(pej fam: Subjekt)* so-and-so *pej fam;* ***du mieses ~!*** you rotten [*or* lousy] bastard!; ***sie ist ein ganz niederträchtiges ~*** she's a really nasty piece of work; **ein ~ Dreck** [*o* **Scheiße**] *(pej sl)* a piece of shit *pej sl; (Mann)* a bastard *pej sl; (Frau)* a bitch *pej sl*

⑩ *(Hinsicht)* **in allen/vielen ~en** in all/many respects

▸WENDUNGEN: **sich von jdm/etw ein ~ <u>abschneiden</u>** [**können**] *(fam)* to take a leaf out of sb's book; **ein ~ <u>Arbeit</u>** *(fam)* a job; **ein hartes ~ Arbeit** a tough job; **ein ziemliches ~ Arbeit** quite a job; **jds <u>bestes</u> ~** *(hum fam: liebste Sache)* sb's pride and joy; *(Mensch)* the apple of sb's eye; **aus <u>freien</u> ~en** of one's own free will, voluntarily; **<u>große</u> ~e auf jdn halten** *(fam)* to think highly [*or* the world] of sb; **ein <u>gutes</u>** [*o* **<u>schönes</u>**] **~** a good [*or* fair] bit; **ein gutes ~ weiterkommen** to get a good bit further [*or* make considerable progress]; **ein schönes ~ Geld** *(fam)* a pretty penny; **<u>in</u> einem ~** *(fam)* incessantly; **<u>kein</u> ~** *(sl)* not a bit, not at all; **sich** *akk* **für jdn in ~e <u>reißen</u> lassen** *(fam)* to do anything [*or* go through fire and water] for sb; **sich** *akk* **lieber in ~e <u>reißen</u> lassen, als ...** *(fam)* to rather die than ...; **ein <u>starkes</u> ~ sein** *(fam)* to be a bit much [*or* thick]; **ein ~ <u>weit</u>** *(fam)* a little [bit] [*or* BRIT *a.* a bit], somewhat

Stuck <-[e]s> [ʃtʊk] *m kein pl* stucco, cornices *pl*

Stück·ak·tie [-aktsi̯ə] *f* BÖRSE unit share *(without a nominal value)* **Stück·ak·ti·en·ge·setz** *nt* BÖRSE, JUR *law allowing unit shares*

Stuck·ar·beit *f* stucco [work] *no indef art, no pl*

Stu·cka·teur(in)^RR <-s, -e> [ʃtʊkaˈtøːɐ̯] *m(f)* stucco plasterer

Stück·chen <-s, -> *nt dim von* **Stück 1, 3, 4**

① *(kleines Teil)* little piece [*or* bit]

② *(kleine Strecke)* little way

Stuck·de·cke *f* stucco[ed] ceiling

stü·ckeln [ˈʃtʏkl̩n] *vt* FIN **■etw ~** to split sth into denominations

Stü·cke·lung <-, -en> *f* ① FIN denomination; ***in welcher ~ hätten Sie die 1.000 Euro gern?*** how would you like your [*or* the] 1,000 euros?

② BÖRSE *von Aktien* division into shares

Stü·cke·schrei·ber(in) *m(f)* playwright

Stück·gut *nt* HANDEL single item sent, individually packaged goods; **als ~ versenden** to convey by goods train **Stück·gut·be·frach·tung** *f* berth freighting **Stück·gut·fracht** *f* general cargo **Stück·gut·frach·ter** *m* cargo ship **Stück·gut·la·dung** *f* HANDEL general [*or spec* break-bulk] cargo **Stück·gut·lie·fe·rung** *f* less-than-carload delivery **Stück·gut·sen·dung** *f* less-than-carload consignment **Stück·gut·ver·kehr** *m kein pl* less-than-carload traffic

Stück·kos·ten *pl* HANDEL unit cost **Stück·kurs** *m* BÖRSE unit quotation

Stück·lohn *m* piecework wage, piece rate **Stück·lohn·ar·beit** *f* ÖKON piecework

Stück·num·mer *f* BÖRSE number **Stück·preis** *m* unit price **Stück·schuld** *f* JUR, FIN specific [*or* determinate] obligation **Stück·ver·mächt·nis** *nt* JUR bequest of an individual object

stück·wei·se *adv* individually, separately

Stück·werk *nt kein pl* ▸WENDUNGEN: [**nur**] **~ <u>sein</u>** [*o* **<u>bleiben</u>**] to be [*or* remain] incomplete **Stück·zahl** *f* HANDEL number of pieces [*or* units]; **Herstellung in großer ~** large-scale production **Stück·zins** *m* FIN accrued interest

stud. *Abk von* **studiosus**: **~ med./phil.** student of medicine/philosophy

Stu·dent(in) <-en, -en> [ʃtuˈdɛnt] *m(f)* student

Stu·den·ten·aus·weis *m* student card **Stu·den·ten·be·ra·tung** *f* student counselling [*or* AM counseling] [*or* advice] **Stu·den·ten·be·we·gung** *f* student movement **Stu·den·ten·bu·de** *f* student's room [*or* BRIT *fam* digs] **Stu·den·ten·fut·ter** *nt* nuts and raisins **Stu·den·ten·heim** *nt* student hostel; *(auf dem Campus)* hall of residence **Stu·den·ten·knei·pe** *f* student pub [*or* bar] **Stu·den·ten·le·ben** *nt kein pl* student life, life as a student *no pl*

Stu·den·ten·schaft <-, -en> *f pl selten* students *pl,* student body

Stu·den·ten·un·ru·hen *f* student unrest **Stu·den·ten·ver·bin·dung** *f* students' society; *für Männer* fraternity AM; *für Frauen* sorority AM **Stu·den·ten·werk** *nt* student union **Stu·den·ten·wohn·heim** *nt* hall of residence, student hostel BRIT, residence hall AM

Stu·den·tin <-, -nen> *f fem form von* **Student**

stu·den·tisch *adj attr* student *attr*

Stu·die <-, -n> [ˈʃtuːdi̯ə] *f* ① *(wissenschaftliche Abhandlung)* study; **eine ~ über Möglichkeiten** a feasibility study

② KUNST study, sketch

Stu·di·en [ˈʃtuːdi̯ən] *pl von* **Studie, Studium**

Stu·di·en·ab·bre·cher(in) <-s, -> *m(f)* dropout *fam (student who fails to complete his/her course of study)* **Stu·di·en·ab·schluss**^RR *m* SCH degree **Stu·di·en·an·fän·ger(in)** *m(f)* first-year student, fresher BRIT, freshman **Stu·di·en·auf·ent·halt** *m* study visit **Stu·di·en·bei·hil·fe** *f* educational [*or* study] grant **Stu·di·en·be·ra·ter(in)** <-s, -> *m(f)* course adviser, tutor **Stu·di·en·be·ra·tung** *f* course guidance and counselling [*or* AM counseling] service **Stu·di·en·be·wer·ber(in)** *m(f)* university applicant **Stu·di·en·be·wer·bung** *f* university application **Stu·di·en·buch** *nt* study record BRIT, academic transcript AM *(detailing courses/lectures attended)* **Stu·di·en·di·rek·tor(in)** *m(f)* deputy head teacher, vice-principal AM **Stu·di·en·ein·stieg** *m kein pl* start of higher education studies **Stu·di·en·fach** *nt* subject **Stu·di·en·fahrt** *f* study trip **Stu·di·en·freund(in)** *m(f)* university/college friend **Stu·di·en·gang** *m* course [of study] **Stu·di·en·ge·büh·ren** *pl* tuition fees *pl* **stu·di·en·hal·ber** *adv inv* for study purposes [*or* the purpose of studying] **Stu·di·en·in·halt** *m* course contents *pl* **Stu·di·en·jahr** *nt* academic year **Stu·di·en·kon·to** *nt the number of free courses available to a student (i.e. without having to pay tuition fees)* **Stu·di·en·pla·nung** *f* planning one's time at university **Stu·di·en·platz** *m* university/college place; **ein ~ in Mikrobiologie** a place to study microbiology **Stu·di·en·rat, -rä·tin** *m, f* secondary-school teacher *(with the status of a civil servant)* **Stu·di·en·re·fe·ren·dar(in)** *m(f)* student teacher **Stu·di·en·re·form** *f* course reform **Stu·di·en·rei·se** *f* educational trip

Stu·di·en·zeit *f* student days *pl,* time as a student **Stu·di·en·zeit·be·gren·zung** *f* limitation on a/the period of study

Stu·di·en·zweck *m* **zu ~en** for study purposes [*or* the purposes of study]; ***er hielt sich zu ~en in Edinburgh auf*** he was studying in Edinburgh

stu·die·ren* [ʃtuˈdiːrən] **I.** *vi* to study; ***sie studiert noch*** she is still a student; **~ wollen** to want to go to [AM a] university/college; ***ich studiere derzeit im fünften/sechsten Semester*** I'm in my third year [at university/college]; *s. a.* **probieren**

II. *vt* ① *(als Studium haben)* **■etw ~** to study [*or* BRIT *form* read] sth

② *(genau betrachten)* **■etw ~** to study sth

Stu·die·ren·de(r) *f(m) dekl wie adj (geh)* student

Stu·dier·stu·be *f (veraltend)* study

stu·diert *adj (fam)* educated; **■~ sein** to have been to [AM a] university/college, to have had a university education

Stu·dier·zim·mer *nt (veraltend)* study

Stu·dio <-s, -s> [ˈʃtuːdi̯o] *nt* ① FILM, KUNST, RADIO, TV studio

② ARCHIT studio, studio flat [*or* AM apartment]

③ SPORT fitness studio, gym

Stu·dio·auf·nah·me *f* studio production **Stu·dio·gast** [ˈʃtuːdi̯o-] *m* TV, RADIO [studio] guest, guest in the studio **Stu·dio·pu·bli·kum** *nt* studio audience

Stu·di·o·sus <-, -si> [ʃtuˈdi̯oːzʊs] *m (hum)* student

Stu·dio·sys·tem *nt* studio system

Stu·di·um <-, Studien> [ˈʃtuːdi̯ʊm, *pl* ˈʃtuːdi̯ən] *nt* ① SCH studies *pl;* **ein ~ aufnehmen** to begin one's studies; **das ~ der Medizin/Chemie** the medicine/chemistry course

② *(eingehende Beschäftigung)* study; [**seine**] **Studien machen** [*o* **treiben**] to study

③ *kein pl (genaues Durchlesen)* study; ***das ~ der Akten ist noch nicht abgeschlossen*** the files are still being studied

Stu·fe <-, -n> [ˈʃtuːfə] *f* ① *(Treppenabschnitt)* step; **~ um ~** step by step

② *(geh: Niveau)* level; **auf der gleichen** [*o* **auf einer**] **~ stehen** to be on the same [*or* on a] level; **sich** *akk* **mit jdm auf die gleiche** [*o* **auf eine**] **~ stellen** to put [*or* place] oneself on the same level [*or* on a level [*or* par]] with sb

③ *(Abschnitt)* stage, phase

④ ELEK position

⑤ *(Raketenstufe)* stage

stu·fen [ˈʃtuːfn̩] *vt* **■etw ~** ① *Preise* to graduate sth

② *Haare* to layer sth

③ *Gelände* to terrace [*or* step] sth

Stu·fen·bar·ren *m* SPORT asymmetric bars *pl*

stu·fen·för·mig *adj inv* ① *(stufig)* stepped, terraced; **etw ~ anlegen** to terrace sth

② *(fig: schrittweise)* gradual, in stages

Stu·fen·füh·rer·schein *m* [graded] motorcycle licence [*or* AM -se] **Stu·fen·grün·dung** *f* HANDEL *company formation by incorporators and subscribers* **Stu·fen·heck** *nt* AUTO notchback **Stu·fen·kla·ge** *f* JUR action by stages **Stu·fen·kon·zept** *nt* FIN investment-in-stages concept **Stu·fen·lei·ter** *f* ladder *fig;* **die ~ des Erfolgs** the ladder of success; **die gesellschaftliche** [*o* **soziale**] **~ erklimmen** to climb the social ladder

stu·fen·los I. *adj Regelung, Schaltung* continuously variable

II. *adv* smoothly; ***die Geschwindigkeit der Scheibenwischer kann ~ geregelt werden*** the wipers can be adjusted to any speed you like

Stu·fen·mo·dell *nt* phased model **Stu·fen·plan** *m* phased plan **Stu·fen·ra·ke·te** *f* multistage rocket **Stu·fen·schal·ter** *m* sequence switch **Stu·fen·schnitt** *m (Frisur)* layered cut

stu·fen·wei·se I. *adj* phased

II. *adv* step by step

stu·fig ['ʃtu:fɪç] **I.** *adj Haarschnitt* layered

II. *adv* in layers; **~ schneiden** to layer

Stuhl[1] <-[e]s, Stühle> [ʃtu:l, *pl* 'ʃty:lə] *m* chair; **elektrischer ~** electric chair; **auf dem elektrischen ~** in the electric chair; **der Heilige ~** the Holy See

▶WENDUNGEN: **jdn vom ~ hauen** *(sl)* to knock sb sideways [*or* bowl sb over] *fam;* **sich** *akk* **zwischen zwei Stühle setzen** to fall between two stools; **zwischen zwei Stühlen sitzen** to have fallen between two stools; **jdm den ~ vor die Tür setzen** *(fam)* to kick sb out *fam*

Stuhl[2] <-[e]s, Stühle> [ʃtu:l, *pl* 'ʃty:lə] *m* MED *(geh)* stool *form*

Stuhl·auf·satz *m* booster seat **Stuhl·bein** *nt* chair leg

Stuhl·gang *m kein pl* MED *(geh)* bowel movement[s]; **~ haben** to have a bowel movement; **keinen ~ haben** not to have any bowel movements

Stuhl·leh·ne *f* chair back

Stuhl·pro·be *f* MED stool sample **Stuhl·test** *m* MED stool test

Stuk·ka·teur(in)ALT <-s, -e> [ʃtʊka'tø:ɐ̯] *m(f) s.* **Stuckateur**

Stul·le <-, -n> ['ʃtʊlə] *f* NORDD piece [*or* slice] of bread and butter; *(belegt)* sandwich

Stul·pe <-, -n> ['ʃtʊlpə] *f am Ärmel* [wide] cuff; *am Handschuh* cuff, gauntlet; *am Stiefel* [boot] top

stül·pen ['ʃtʏlpn̩] *vt* ① *(überziehen)* ■**etw auf etw** *akk*/**über etw** *akk* **~** to put sth on/over sth

② *(wenden)* ■**etw ~** to turn sth [inside] out

Stul·pen·hand·schuh *m* gauntlet **Stul·pen·stie·fel** *m* top boot

stumm [ʃtʊm] **I.** *adj* ① *(nicht sprechen könnend)* dumb; *s. a.* **Diener, Kreatur**

② *(schweigend)* silent; ■**~ werden** to go silent

③ LING mute, silent

④ THEAT non-speaking

▶WENDUNGEN: **jdn** [**für immer**] **~ machen** *(sl)* to silence sb [for good]; **jdn ~** [**vor Staunen**] **machen** to render sb speechless [with sth]

II. *adv* silently

Stum·me(r) *f(m) dekl wie adj* dumb person, mute *dated*

Stum·mel <-s, -> ['ʃtʊml̩] *m Glied* stump; *Bleistift, Kerze* stub

Stumm·film *m* silent film [*or* movie]

Stum·pen <-s, -> ['ʃtʊmpn̩] *m* cheroot

Stüm·per(in) <-s, -> ['ʃtʏmpɐ] *m(f) (pej)* bungler, incompetent

Stüm·pe·rei <-, -en> [ʃtʏmpə'rai̯] *f (pej)* ① *kein pl (stümperhaftes Vorgehen)* bungling *no pl,* incompetence

② *(stümperhafte Leistung)* bungled [*or* botched] job

stüm·per·haft I. *adj (pej)* amateurish; **eine ~e Arbeit/Leistung** a botched job/botch-up; **~es Vorgehen** incompetence

II. *adv* incompetently; **~ vorgehen** to act [*or form* proceed] amateurishly

Stüm·pe·rin <-, -nen> *f fem form von* **Stümper**

stüm·pern ['ʃtʏmpɐn] *vi (pej)* ■[**bei etw** *dat*] **~** to be incompetent [at sth], to bungle

stumpf [ʃtʊmpf] *adj* ① *(nicht scharf)* blunt; ■**~ werden** to go/become blunt; **eine ~e Nase** a snub nose; **ein Tisch mit ~en Ecken** a table with rounded corners

② MATH **ein ~er Winkel** an obtuse angle; **ein ~er Kegel** a truncated cone

③ *(glanzlos)* dull

④ *(abgestumpft)* lifeless, impassive, apathetic

Stumpf <-[e]s, Stümpfe> [ʃtʊmpf, *pl* 'ʃtʏmpfə] *m* stump

▶WENDUNGEN: **mit ~ und Stiel** root and branch BRIT; **etw mit ~ und Stiel beseitigen/vernichten** to eliminate/eradicate sth root and branch; **etw mit ~ und Stiel aufessen** to polish off sth *sep,* to eat up every last scrap *sep*

Stumpf·heit *f kein pl* ① *(Nichtscharfsein)* bluntness

② *(Abgestumpftheit)* apathy, impassiveness; *der Sinne* dullness

Stumpf·sinn *m kein pl* ① *(geistige Trägheit)* apathy

② *(Stupidität)* mindlessness, tedium; **eine Tätigkeit voller ~** a mindless [*or* tedious] activity ③ *(fam: Blödsinn)* nonsense **stumpf·sin·nig** *adj* ① *(geistig träge)* apathetic ② *(stupide)* mindless, tedious **stumpf·win·ke·lig, stumpf·wink·lig** *adj* MATH obtuse

Stünd·chen <-s, -> ['ʃtʏntçən] *nt dim von* **Stunde**: **ein ~** an hour or so

Stun·de <-, -n> ['ʃtʊndə] *f* ① *(60 Minuten)* hour; ***eine ~ Aufenthalt*** an hour's stop, a stop of an hour; ***eine halbe ~ Pause*** a half-hour break, a break of half an hour; ***eine halbe ~ entfernt*** half an hour away; ***in einer halben ~*** in half an hour; ***zwei ~n mit dem Auto/zu Fuß*** two hours' drive/walk; ***eine Reise von sechs ~n*** a six-hour journey; ***130 km in der ~ fahren*** to do 130 kilometres [*or* AM -ers] per hour; ***20 Euro*** [***für***] ***die*** [*o* ***in der***] [*o* ***pro***] ***~ bekommen*** to get 20 euros an [*or* per] hour; **anderthalb ~n** an hour and a half, one and a half hours; **eine halbe/viertel/drei viertel ~** half an hour/a quarter/three-quarters of an hour; **nach ~n bezahlt werden** to be paid by the hour; **eine ganze/gute/knappe ~** a whole/good hour/barely an hour; ***nur noch eine knappe ~*** just under an hour to go; **jede** [**volle**] **~** every hour [on the hour], once an hour; ***der Zug fährt jede volle ~*** the train departs every hour on the hour; **jede** [*o* **alle**] **halbe ~** every half an hour; ***um diese Zeit verkehrt der Bus nur noch alle halbe ~*** at this time of day/night there's only one bus every half an hour; **in den nächsten ~n** in the next few hours; **~ um ~, ~n um ~n** [for] hour after hour; ***~ um ~ verging*** hour after hour went by; ***ich wartete ~n um ~n*** I waited hour after hour; **zur vollen ~** on the hour; ***die Kirchturmuhr schlägt zur vollen ~*** the church clock strikes on the hour; **von ~ zu ~** from hour to hour, hourly; ***es wird jetzt von ~ zu ~ klarer*** it's becoming clearer by the hour

② *(Augenblick, Zeitpunkt)* time, moment; **sich** *akk* **nur an die angenehmen ~n erinnern** to remember only the pleasant times; **bis zur ~** up to the present moment, as yet; **die ~ der Entscheidung/Wahrheit** the moment of decision/truth; **jds große ~ ist gekommen** sb's big moment has come; **in der ~ der Not** in sb's hour of need; **in einer schwachen ~** in a moment of weakness; **jds schwerste ~** sb's darkest hour; **in einer stillen ~** in a quiet moment; **von Stund an** *(veraltet)* thenceforth *form or old;* **zu dieser ~** *(geh)* at the present time; **zu früher ~** at an early hour; **zu jeder ~, jede ~** [at] any time; ***die Nachricht kann zu jeder ~ eintreffen*** the news may arrive at any time; ***die Polizei kann jede ~ hier sein!*** the police may be here [at] any moment!; **zu später** [*o geh* **vorgerückter**] **~** at a late hour

③ SCH *(Unterrichtsstunde)* lesson, class, period; ***morgen haben wir nur vier ~n*** we'll have only four lessons tomorrow; ***was hast du in der nächsten ~?*** what do you have next period?; ***in der zweiten ~ haben wir Deutsch*** in the second period we have German; ***meine letzte ~ geht bis um 2 Uhr*** my last class ends at 2 o'clock; **eine freie ~** a free period; **~n geben** to teach, to give lessons; **~n nehmen** to have [*or* take] lessons

▶WENDUNGEN: **der ersten ~** original, pioneering; **eine Frau/ein Mann der ersten ~** a prime mover; **jds** [**letzte**] **~ ist gekommen** [*o* **hat geschlagen**] sb's [last] hour has come; **die Gunst der ~ nutzen** to strike while the iron is hot, to make hay while the sun shines; **jdm schlägt die ~** sb's time is up, sb's hour has come; **wissen, was die ~ geschlagen hat** to know what's coming [*or* how things stand]; **die ~ X** MIL the impending onslaught; **sich** *akk* **auf die Stunde X vorbereiten** to prepare for the inevitable; *s. a.* **null**

stun·den ['ʃtʊndn̩] *vt* ■**jdm etw ~** to give sb time to pay sth; ***wir sind bereit, Ihnen den Betrag bis zum 1.9./noch weitere sechs Wochen zu ~*** we are prepared to give you until Sept. 1st/another six weeks to repay the amount

Stun·den·an·satz <-es, -ansätze> *m* SCHWEIZ *(Stundenlohn)* hourly wage [*or* rate] **Stun·den·ge·schwin·dig·keit** *f* speed per hour; ***bei einer ~ von 80 km*** at a speed of 80 kph **Stun·den·ho·tel** *nt* sleazy hotel *(where rooms are rented by the hour)* **Stun·den·ka·pa·zi·tät** *f* ÖKON output per hour **Stun·den·ki·lo·me·ter** *pl* kilometres [*or* AM -ers] *pl* per hour

stun·den·lang I. *adj* lasting several hours *pred;* **nach ~em Warten** after hours of waiting; **~e Telefonate** hour-long phone calls, hours on the phone

II. *adv* for hours

Stun·den·leis·tung *f* TECH output per hour **Stun·den·lohn** *m* hourly wage [*or* rate]; **einen ~ bekommen** [*o* **erhalten**] to be paid by the hour **Stun·den·plan** *m* SCH timetable, schedule **Stun·den·satz** *m* hourly rate **Stun·den·takt** *m* ■**im ~** at hourly intervals **Stun·den·ver·pflich·tung** *f* SCH obligation to teach a certain number of lessons

stun·den·wei·se I. *adv* for an hour or two [at a time]

II. *adj* for a few hours *pred;* **~ Beschäftigung** part-time job; ***„~ Aushilfe im Büro gesucht"*** "part-time temp required"

Stun·den·zei·ger *m* hour hand

Stünd·lein <-s, -> *nt dim von* **Stunde 1**: ■**ein ~** an hour or so, a [short] while; **jds letztes ~ hat geschlagen** *(hum fam)* sb's last hour has come

stünd·lich ['ʃtʏntlɪç] **I.** *adj* hourly

II. *adv* hourly, every hour; **jdn ~ erwarten** to expect sb at any moment

Stun·dung <-, -en> *f* deferment of payment

Stun·dungs·an·trag *m,* **Stun·dungs·ge·such** *nt* FIN request for a respite; **einen ~ stellen** to apply for a respite **Stun·dungs·frist** *f* JUR respite; FIN period of grace [*or* deferral] **Stun·dungs·mög·lich·keit** *f* FIN option to respite **Stun·dungs·zin·sen** *pl* FIN moratorium interest, interest for delayed payment

Stunk <-s> [ʃtʊŋk] *m kein pl (fam)* trouble; ***es wird ~ geben*** there will be trouble; **~ machen** to make [*or* cause] a stink *fam*

Stunt <-s, -s> [stant] *m* stunt

Stunt·man, -wo·man <-s, -men> ['stantmɛn, 'stantvʊmən] *m, f* stuntman *masc,* stuntwoman *fem*

Stunt·show ['stantʃo:] *f* stunt show

Stu·pa <-s, -s> ['ʃtu:pa, 'st-] *m* REL, ARCHIT *(buddhist. Sakralbau für Reliquien)* stupa, tope

stu·pend [ʃtu'pɛnt, st-] *adj (geh)* amazing

stup·fen ['ʃtʊpfn̩] *bes* SÜDD, SCHWEIZ, **stüp·fen** ['ʃtʏpfn̩] *vt* ÖSTERR, SCHWEIZ, SÜDD *(fam: stupsen)* ■**jdn ~** to nudge sb; **jdn zur Seite ~** to push sb aside

stu·pid [ʃtu'pi:t, st-], **stu·pi·de** [ʃtu'pi:də, st-] *adj (pej geh)* ① *(monoton)* mindless; ■[**jdm**] **zu ~ sein** to be too boring [*or* monotonous] [for sb]

② *(beschränkt)* mindless, moronic

Stups <-es, -e> [ʃtʊps] *m (fam)* nudge

stup·sen ['ʃtʊpsn̩] *vt (fam)* ■**jdn ~** to nudge sb

Stups·na·se *f* snub [*or* turned-up] nose

stur [ʃtu:ɐ̯] **I.** *adj* stubborn, obstinate; **eine ~e Verweigerung** an obdurate refusal

II. *adv* ① *(ohne abzuweichen)* doggedly; **~ geradeaus gehen** to keep going straight on regardless; **~ nach Vorschrift arbeiten** to work strictly to [the] regulations

② *(uneinsichtig)* obstinately; **~ auf seinem Standpunkt beharren** to stick obstinately [*or* doggedly] to one's point of view; ~ **weitermachen** to carry on regardless; **sich** *akk* ~ **stellen** *(fam)* to dig one's heels in; *s. a.* **Bock**

stur·heil *adv (sl)* straight

Stur·heit <-> *f kein pl* stubbornness, obstinacy

sturm [ʃtʊrm] *adj* SCHWEIZ, SÜDD ❶ *(schwindlig)* dizzy
❷ *(verworren)* complicated

Sturm <-[e]s, Stürme> [ʃtʊrm, *pl* 'ʃtʏrmə] *m* ❶ *(starker Wind)* storm, gale; *s. a.* **Barometer**
❷ FBALL forward line; **im ~ spielen** to play in attack [*or* up front]
❸ *(heftiger Andrang)* ■**ein ~ auf etw** *akk* a rush for sth; **ein ~ auf Karten/Plätze/das Flugzeug** a rush for tickets/seats/the plane; **ein ~ auf die Bank** a run on the bank
❹ MIL *(Angriff)* **im ~** by storm; **der ~ auf die Bastille** the storming of the Bastille
▶WENDUNGEN: ~ **und Drang** LIT Sturm und Drang, Storm and Stress; **gegen etw** *akk* ~ **laufen** to be up in arms against sth; ~ **läuten** to lean on the [door]bell; **die Menschen** [*o* **die Herzen**] **im ~ erobern** [*o* **nehmen**] to take people by storm [*or* capture people's hearts]

Sturm·ab·tei·lung <-,> *f kein pl* POL, HIST Storm Troops *pl*, SA **Sturm·an·griff** *m* MIL assault **Sturm·bö** *f* squall, [heavy] gust of wind

stür·men ['ʃtʏrmən] **I.** *vi impers haben* ■**es stürmt** a gale is blowing
II. *vi* ❶ *haben* SPORT to attack
❷ *sein (rennen)* ■[**irgendwohin**] ~ to storm somewhere; **aus dem Haus** ~ to storm out of the house
III. *vt haben* ❶ MIL ■**etw** ~ to storm sth
❷ *(fam: auf etw eindringen)* ■**etw** ~ to storm sth; **die Bühne** ~ to storm the stage

Stür·mer(in) <-s, -> ['ʃtʏrmɐ] *m(f)* forward; *(weiter vorne)* striker

Sturm·flut *f* storm tide **sturm·ge·peitscht** *adj inv (geh)* storm-lashed; **auf ~er See** on the storm-tossed sea

stür·misch ['ʃtʏrmɪʃ] **I.** *adj* ❶ METEO blustery; *(mit Regen)* stormy
❷ *(vom Sturm aufgewühlt)* rough; **~e See** rough sea
❸ *(vehement)* tumultuous; **eine ~e Begrüßung** a tumultuous welcome; **~er Beifall/Jubel** tumultuous [*or* frenzied] applause/cheering; **ein ~er Mensch** an impetuous person; **nicht so ~!** take it easy!
❹ *(leidenschaftlich)* passionate
❺ CHEM vigorous; **~e Gärung** boiling [*or* fiery] fermentation; **~e Reaktion** vigorous reaction
II. *adv* tumultuously; ***die Kinder begrüßten ihre Tante*** ~ the children gave their aunt a tumultuous welcome

Sturm·mö·we *f* ORN common gull **Sturm·scha·den** *m meist pl* storm damage *no indef art, no pl* **Sturm·schritt** *m* **im ~** at the double **Sturm·stär·ke** *f* storm force **Sturm·tau·cher** *m* ORN shearwater **Sturm·tief** *nt* storm front, trough of low pressure **Sturm-und-Drang-Zeit** *f kein pl* LIT Sturm und Drang period, Storm and Stress period **Sturm·vo·gel** *m* ORN fulmar **Sturm·war·nung** *f* gale warning

Sturz[1] <-es, Stürze> [ʃtʊrts, *pl* 'ʃtʏrtsə] *m* ❶ *(Hinfallen)* fall; ■**ein ~ aus etw** *dat*/**von etw** *dat* a fall out of/from [*or* off] sth
❷ *(drastisches Absinken)* [sharp] fall, drop; **ein ~ des Dollars** a slump in [*or* collapse of] the dollar; ***ein beträchtlicher ~ der Preise für diesen Artikel*** a considerable drop in the price of this article; **ein ~ der Temperaturen um 15° C** a drop in temperature of 15° C
❸ *(erzwungener Rücktritt)* fall, removal; *Regierung, Regime* fall, overthrow, removal from power

Sturz[2] <-es, Stürze> [ʃtʊrts, *pl* 'ʃtʏrtsə] *m* ❶ BAU lintel
❷ AUTO *(Achssturz)* camber
❸ ÖSTERR, SCHWEIZ, SÜDD *(Käseglocke)* cheese cover

Sturz·bach *m* torrent

sturz·be·sof·fen *adj (sl)* pissed as a newt BRIT *sl*, drunk as a skunk *fam* **sturz·be·trun·ken** *adj (fam)* completely hammered [*or* wasted] *fam*

stür·zen ['ʃtʏrtsn̩] **I.** *vi sein* ❶ *(plötzlich fallen)* to fall; ***ich wäre fast gestürzt*** I nearly fell [down [*or* over]]; **schwer** ~ to fall heavily; ■[**aus** [*o* **von**] **etw**] ~ to fall [out of [*or* from] [*or* off] sth]; **vom Dach/Tisch/Fahrrad/Pferd** ~ to fall off the roof/table/bicycle/horse; **zu Boden** ~ to fall to the ground; *(heftiger)* to crash to the ground
❷ POL ■[**über etw** *akk*] ~ *Regierung* to fall [*or* collapse] [over sth]; *Mensch* to be forced to resign [over sth]
❸ *(rennen)* ■[**irgendwohin** [*o* **irgendwoher**]] ~ to rush [*or* dash] [somewhere]; ***wohin ist der denn so eilig gestürzt?*** where did he rush [*or* dash] off to in such a hurry?; **ins Zimmer** ~ to burst into the room
II. *vt haben* ❶ *(werfen)* ■**jdn/sich** [**aus etw** *dat*/**vor etw** *akk*] ~ to throw [*or* hurl] sb/oneself [out of [*or* from] [*or* off]/in front of sth]
❷ POL *(absetzen)* ■**jdn/etw** ~ to bring sb/sth down; *Minister* to make sb resign; *Diktator* to overthrow sb; *Regierung* to topple sb/sth; *(mit Gewalt)* to overthrow sb/sth
❸ KOCHK *(aus der Form kippen)* ■**etw** ~ to turn sth upside down; **den Kuchen** ~ to turn out the cake
❹ *(kippen)* ■**etw** ~ to turn sth upside down [*or* over]; ***„[bitte] nicht ~!"*** "this way [*or* side] up!"
III. *vr* ❶ *(sich werfen)* ■**sich** *akk* [**auf jdn**] ~ to pounce [on sb]; ■**sich** *akk* [**auf etw** *akk*] ~ to fall on sth; ***die Gäste stürzten sich aufs kalte Büfett*** the guests fell on the cold buffet
❷ *(sich mit etw belasten)* ■**sich** *akk* [**in etw** *akk*] ~ to plunge into sth; **sich** *akk* **in Schulden** ~ to plunge into debt; **sich** *akk* **in Unkosten** ~ to go to great expense; *s. a.* **Unglück, Verderben, Vergnügen**

Sturz·flug *m* LUFT nosedive; ORN steep dive; **im ~** in a nosedive/steep dive

Sturz·gü·ter *pl* bulk goods *npl* **Sturz·gü·ter·be·frach·tung** *f* bulk loading **Sturz·gü·ter·sen·dung** *f* bulk shipment

Sturz·helm *m* crash helmet

Stürz·pud·ding *m* nap pudding

Sturz·see *f* NAUT breaker, breaking [*or* heavy] sea **Sturz·wel·le** *f* breaker

Stuss[RR] <-es>, **Stuß**[ALT] <-sses> [ʃtʊs] *m kein pl (fam)* rubbish *fam*, twaddle *fam*, garbage AM, codswallop BRIT *sl*

Stu·te <-, -n> ['ʃtu:tə] *f* mare

Stutt·gart <-s> ['ʃtʊtgart] *nt* Stuttgart

Stütz·ban·da·ge [-banda:ʒə] *f* support bandage

Stüt·ze <-, -n> ['ʃtʏtsə] *f* ❶ *(Stützpfeiler)* support [pillar], strut, prop
❷ *(Halt)* support, prop
❸ *(Unterstützung)* support; ***sie war ihm nach dem Tod seiner Eltern eine große*** ~ she was a great support [to him] following the death of his parents
❹ *(sl: finanzielle Hilfe vom Staat)* dole BRIT *fam*, welfare *esp* AM; **von der ~ leben** to live on the dole [*or* on welfare]

stut·zen[1] ['ʃtʊtsn̩] *vi* to hesitate [*or* pause], to stop short

stut·zen[2] ['ʃtʊtsn̩] *vt* ❶ HORT ■**etw** ~ to prune [*or* trim] sth
❷ ZOOL ■[**einem Tier**] **etw** ~ to clip [an animal's] sth; **die Ohren** ~ to clip the ears; **gestutzte Flügel** clipped wings; **einem Hund den Schwanz** ~ to dock a dog's tail
❸ *(kürzen)* ■**jdm/sich** [**etw**] ~ to trim sb's/one's sth; **sich** *dat* **den Bart vom Friseur ~ lassen** to get the hairdresser [*or* barber] to trim one's beard

Stut·zen <-s, -> ['ʃtʊtsn̩] *m* ❶ *(Gewehr)* carbine
❷ *(Rohrstück)* short piece of connecting pipe; *Zapfsäule* nozzle
❸ SPORT stirrup sock

stüt·zen ['ʃtʏtsn̩] **I.** *vt* ❶ *(Halt geben)* ■**jdn/etw** ~ to support sb/sth
❷ BAU ■**etw** ~ to support sth, to prop sth up
❸ *(aufstützen)* ■**etw** [**auf etw** *akk*] ~ to rest sth [on sth]; **die Ellbogen auf den Tisch** ~ to rest [*or* prop] one's elbows on the table; **das Kinn in die Hand** ~ to cup one's chin in one's hand; **den Kopf auf die Hände** ~ to hold one's head in one's hands; **den Kopf auf die Hände gestützt** head in hands
❹ *(gründen)* ■**etw** [**auf etw** *akk*] ~ to base sth [on sth]
❺ *(untermauern)* ■**etw** ~ to back sth up; **die Theorie/Beweise** ~ to support the theory/evidence
❻ *(verstärken)* ■**etw** ~ to increase sth; **jds Motivation/Vertrauen** ~ to increase sb's motivation/reinforce sb's trust
❼ FIN ■**etw** ~ to support sth; **den Dollar** ~ BÖRSE to back the dollar
II. *vr* ❶ *(sich aufstützen)* ■**sich** *akk* [**auf jdn/etw**] ~ to lean [*or* support oneself] [on sb/sth]
❷ *(basieren)* ■**sich** *akk* [**auf etw** *akk*] ~ to be based on sth; **sich** *akk* **auf Tatsachen/Indizien** ~ to be based on facts/circumstantial evidence

Stütz·ge·we·be *nt* supporting tissue

stut·zig ['ʃtʊtsɪç] *adj* **jdn ~ machen** to make sb suspicious; ~ **werden** to get suspicious, to begin to wonder

Stütz·kurs *m special course for weaker pupils*

Stütz·last *f* AUTO tongue load **Stütz·mau·er** *f* retaining [*or* supporting] wall **Stütz·pfei·ler** *m* supporting pillar; *(eines Staudamms)* buttress; *(einer Brücke)* pier

Stütz·punkt *m* ❶ MIL base
❷ ÖKON [service] centre [*or* AM -er], dealer

Stütz·strumpf *m* surgical [*or* support] stocking

Stüt·zung <-, -en> *f* support; ~ **der konjunkturellen Kräfte** ÖKON underpinning economic forces

Stüt·zungs·käu·fe *pl* ❶ BÖRSE backing ❷ FIN support buying **Stüt·zungs·preis** *m* support price

Stütz·ver·band *m* support bandage

stv. *Abk von* **stellvertretend** deputy *attr; (vorübergehend)* acting *attr*

StVO <-, -s> [ɛste:fau'ʔo:] *f kein pl Abk von* **Straßenverkehrsordnung** road traffic regulations, ≈ Highway Code BRIT

sty·len ['stailən] *vt* ■**etw** ~ to design sth; *Haar* to style

Sty·ling <-s> ['stailɪŋ] *nt kein pl* styling

sty·lisch ['stailɪʃ] *adj (sl)* stylish, of-the-moment, now *pred sl*, in [style] *pred fam*; ***Trenchcoats sind sehr ~ im Moment*** Trench coats are very now

Sty·ro·por® <-s> [ʃtyro'po:ɐ̯] *nt kein pl* polystyrene

s.u. *Abk von* **siehe unten** see below

Su·a·he·li [zua'he:li] *nt dekl wie adj* Swahili

sub·al·tern [zʊpʔal'tɛrn] *adj (pej geh)* ❶ *(untergeordnet)* subordinate
❷ *(devot)* obsequious

sub·ato·mar [zʊpʔato'ma:ɐ̯] *adj inv* NUKL subatomic

Sub·auf·trag·neh·mer(in) *m(f)* subcontractor

Sub·com·pu·ter [sʌb-] *m* subcomputer

Sub·do·mi·nan·te [zʊpdomi'nantə] *f* MUS subdominant; *(Dreiklang)* subdominant chord

Sub·duk·ti·on <-, -en> [zʊpdʊk'tsi̯o:n] *f* subduction

Sub·duk·ti·ons·zo·ne *f* GEOL subduction zone

Sub·jekt <-[e]s, -e> [zʊp'jɛkt] *nt* ❶ LING subject
❷ *(pej: übler Mensch)* creature; **ein übles ~** a nasty character [*or* customer] *fam*

sub·jek·tiv [zʊpjɛk'ti:f, 'zʊp-] *adj* subjective

Sub·jek·ti·vi·tät <-> [zʊpjɛktivi'tɛ:t] *f kein pl (geh)* subjectivity *no pl*

Sub·jekt·steu·ern *pl* FIN personal taxes

Sub·kon·ti·nent ['zʊpkɔntinɛnt] *m* subcontinent; **der indische ~** the Indian subcontinent

Sub·kul·tur ['zʊpkʊltu:ɐ̯] *f* subculture

sub·ku·tan [zʊpku'ta:n] *adj* MED subcutaneous

Sub·li·ma·ti·on <-, -en> [zublima'tsi̯o:n] *f* CHEM sublimation

Sub·li·mie·rung <-, -en> *f* PSYCH sublimation

Sub·mis·si·ons·ab·spra·che [zʊpmɪ'si̯o:ns-] *f* HANDEL collusive tendering **Sub·mis·si·ons·kar·tell** *nt* ÖKON bidding cartel

Sub·netz *nt* subnetwork

sub·op·ti·mal [zʊpʔɔpti'ma:l] *adj meist präd* suboptimal, mediocre, not exactly optimal *iron*, somewhat less than perfect *iron*

sub·si·di·är [zʊpzi'di̯ɛːɐ̯] *adj* JUR, POL *(geh)* subsidiary
Sub·si·di·a·ri·tät <-, -en> *f* JUR, POL subsidiarity
Sub·si·di·a·ri·täts·prin·zip [zʊpzidi̯ari'tɛːt] *nt* JUR subsidiarity principle
Sub·skri·bent(in) <-en, -en> [zʊpskri'bɛnt] *m(f)* subscriber
sub·skri·bie·ren* [zʊpskri'biːrən] *vt* ■**etw** ~ to subscribe to sth
Sub·skrip·ti·on <-, -en> [zʊpskrɪp'tsi̯oːn] *f* subscription; ***bei ~ der Enzyklopädie*** by subscribing to the encyclopedia
Sub·skrip·ti·ons·preis *m* subscription price
sub·stan·ti·ell [zʊpstan'tsi̯ɛl] *adj inv s.* **substanziell**
sub·stan·ti·iert *adj* JUR *s.* **substanziiert**
sub·stan·tiv [zʊpstan'tiːf] *adj* CHEM substantive; **~er Farbstoff** direct dyestuff
Sub·stan·tiv <-s, -e *o selten* -a> ['zʊpstantiːf] *nt* noun, substantive *rare*
Sub·stanz <-, -en> [zʊp'stants] *f* ❶ *(Material)* substance
❷ *kein pl (geh: Essenz)* essence; [**jdm**] **an die ~ gehen** *(fam)* to take it out of sb
❸ FIN capital; **von der ~ leben** to live on [*or* off] one's capital [*or* assets]
Sub·stanz·er·trags·steu·er *f* FIN property yield tax
sub·stan·zi·ell^RR [zʊpstan'tsi̯ɛl] *adj inv* ❶ PHILOS *(stofflich)* material
❷ *(geh: wesentlich)* essential
❸ *(nahrhaft)* substantial, solid
sub·stan·zi·iert^RR *adj* JUR substantiated; **~es Bestreiten** substantiated denial
sub·stanz·los *adj* insubstantial
sub·stanz·reich *adj* solid
Sub·stanz·ver·lust *m* FIN real-asset loss **Sub·stanz·ver·schleiß** *m* FIN real-asset loss
Sub·stanz·wert *m* ÖKON net asset value, real asset **Sub·stanz·wert·zu·satz** *m* ÖKON real asset growth
sub·sti·tu·ie·ren* [zʊpstitu'iːrən] *vt* *(geh)* ■**etw** [**durch etw** *akk*] ~ to substitute sth [for sth], to replace sth [with sth]
Sub·sti·tut(in) <-en, -en> [zʊpsti'tuːt] *m(f)* SCHWEIZ *(Assistent eines Abteilungsleiters)* assistant [*or* deputy] manager
Sub·sti·tu·ti·on <-, -en> [zʊpstitu'tsi̯oːn] *f* substitution
Sub·sti·tu·ti·ons·wett·be·werb *m* ÖKON substitute competition
Sub·strat <-[e]s, -e> [zʊp'straːt] *nt* substratum
Sub·sum·ti·on [zʊpzʊm'tsi̯oːn] *f* JUR subsumption
Sub·sum·ti·ons·irr·tum *m* JUR error of subsumption
Sub·sys·tem ['zʊpzysteːm] *nt* TECH subsystem
sub·til [zʊp'tiːl] *adj* *(geh)* subtle
Sub·ti·li·tät <-, -en> [zʊptili'tɛːt] *f* subtlety
Sub·tra·hend <-en, -en> [zʊptra'hɛnt, *pl* -'ɛndn̩] *m* MATH subtrahend
sub·tra·hie·ren* [zʊptra'hiːrən] **I.** *vt* ■**etw** [**von etw** *dat*] ~ to subtract sth [from sth]
II. *vi* to subtract
Sub·trak·ti·on <-, -en> [zʊptrak'tsi̯oːn] *f* subtraction
Sub·trak·ti·ons·zei·chen *nt* subtraction sign
Sub·tro·pen ['zʊptroːpn̩] *pl* ■**die** ~ the subtropics *pl*
sub·tro·pisch ['zʊptroːpɪʃ] *adj* subtropical
Sub·un·ter·neh·men *nt* HANDEL subcontractor; **einen Vertrag mit einem ~ abschließen** to subcontract sth to a firm **Sub·un·ter·neh·mer(in)** ['zʊpʔʊntɐneːmɐ] *m(f)* HANDEL subcontractor; **einen ~ verpflichten** to bind a subcontractor **Sub·un·ter·neh·mer·ver·trag** *m* HANDEL subcontract
Sub·ven·ti·on <-, -en> [zʊpvɛn'tsi̯oːn] *f* subsidy
sub·ven·ti·o·nie·ren* [zʊpvɛntsi̯o'niːrən] *vt* ■**etw** ~ to subsidize sth
Sub·ven·ti·o·nie·rung <-, -en> *f* ÖKON subsidization
Sub·ven·ti·ons·be·trug *m* JUR fraudulent acquisition of subsidies **Sub·ven·ti·ons·kon·trol·le** *f* FIN subsidy controls *pl* **Sub·ven·ti·ons·po·li·tik** *f* subsidy policy, policy of granting subsidies **Sub·ven·ti·ons·recht** *nt* JUR law on subsidies **Sub·ven·ti·ons·ver·bot** *nt* JUR prohibition of subsidies
sub·ver·siv [zʊpvɛr'ziːf] **I.** *adj* *(geh)* subversive
II. *adv* *(geh)* subversively; **sich** *akk* **~ betätigen** to engage in subversive activities
Sub·woo·fer <-s, -> ['zapvuːfɐ] *m* MUS, TECH subwoofer
Suc·ca·nat [zʊka'naːt] *m* raw cane sugar
Such·ak·ti·on *f* organized search **Such·be·griff** *m* target word; INFORM search key [*or* word] **Such·be·reich** *m* INFORM seek area **Such·dienst** *m* missing persons tracing service
Su·che <-, -n> ['zuːxə] *f* search (**nach** *+dat* for); **trotz intensiver ~** despite an intensive search; **auf die ~** [**nach jdm/etw**] **gehen, sich** *akk* **auf die ~** [**nach jdm/etw**] **machen** to go in search [of sb/sth], to start looking [for sb/sth]; **auf der ~** [**nach jdm/etw**] **sein** to be looking [for sb/sth]; **rückwärtsgerichtete ~** INFORM retrospective search
su·chen ['zuːxn̩] **I.** *vt* ❶ *(zu finden versuchen)* ■**jdn/etw ~** to look for sb/sth; *(intensiver, von Computer a.)* to search for sb/sth; ■**sich** *dat* **jdn/etw ~** to look for sb/sth; **irgendwo nichts zu ~ haben** to have no business to be somewhere; ***du hast hier nichts zu ~!*** you have no right [*or* business] to be here!
❷ *(nach etw trachten)* ■**etw ~** to seek sth; **den Nervenkitzel ~** to be looking for thrills
▸WENDUNGEN: **etw sucht ihresgleichen/seinesgleichen** *(geh)* sth is unparalleled [*or* unequalled] [*or* AM unequaled]
II. *vi* ■[**nach jdm/etw**] **~** to search [*or* be looking] [for sb/sth]; ***such!*** seek!, find!
Su·cher <-s, -> *m* viewfinder
Such·funk·ti·on *f* INFORM search function **Such·ge·rät** *nt* locating equipment **Such·hund** *m* search dog, tracker dog **Such·lauf** *m* INFORM search process; RADIO, TV search **Such·mann·schaft** *f* search party **Such·ma·schi·ne** *f* INET search engine **Such·me·tho·de** *f* INFORM search method **Such·pro·fil** *nt* INFORM search profile **Such·schein·wer·fer** *m* searchlight
Sucht <-, Süchte> [zʊxt, *pl* 'zʏçtə] *f* ❶ *(krankhafte Abhängigkeit)* addiction; **~ erzeugend** addictive
❷ *(unwiderstehliches Verlangen)* obsession; ■**die/jds ~ nach etw** *dat* the/sb's craving for sth; **eine ~ nach Süßem** a craving for sweet things; ■**eine/jds ~, etw zu tun** an/sb's obsession with doing sth; ***im Lotto zu spielen kann manchmal eine ~ sein*** playing the lottery can sometimes be obsessive [*or* an obsession]
sucht·ar·tig **I.** *adj inv* obsessive
II. *adv* *(wie in einer Sucht)* obsessively
Sucht·be·auf·trag·te(r) *f(m) dekl wie adj* addiction counsellor [*or* AM counselor] **Sucht·be·ra·ter(in)** *m(f)* addiction counsellor **sucht·er·zeu·gend** *adj inv s.* **Sucht 1** **Sucht·fak·tor** *m* addictive quality [*or* nature] **Sucht·for·scher(in)** *m(f)* researcher on addiction **Sucht·ge·fahr** *f* danger of addiction
süch·tig ['zʏçtɪç] *adj* ❶ MED *(abhängig)* addicted *pred;* **~e Menschen** addicts; ■**~ sein/werden** to be/become [*or* get] addicted; ***von einer Marihuanazigarette wird man nicht ~*** one joint won't make you an addict; **~ machen** to be addictive
❷ *(begierig)* ■[**nach etw** *dat*] **~ sein** to be hooked [on sth]; **~ nach Anerkennung sein** to be desperate for acceptance [*or* recognition]
Süch·ti·ge(r) *f(m) dekl wie adj* addict
Süch·tig·keit <-> *f kein pl* addiction
Sucht·kli·nik *f* MED addiction clinic **Sucht·kran·ke(r)** <-n, -n> *f(m) dekl wie adj* addict **Sucht·mit·tel** *nt* PSYCH object of addiction, addictive substance **Sucht·po·ten·zi·al**^RR *nt* MED, PSYCH potential addiction **Sucht·ver·hal·ten** *nt* PSYCH *(fachspr)* addictive behaviour [*or* AM -ior]
Sud <-[e]s, -e> [zuːt] *m* ❶ KOCHK stock
❷ PHARM decoction
Süd <-[e]s, -e> [zyːt] *m* ❶ *kein pl, kein art bes* NAUT south; *s. a.* **Nord 1**
❷ *pl selten* NAUT *(Südwind)* south wind
Süd·afri·ka ['zyːtʔaːfrika] *nt* South Africa **Süd·afri·ka·ner(in)** *m(f)* South African **süd·afri·ka·nisch** ['zyːtʔafri'kaːnɪʃ] *adj* South African **Süd·ame·ri·ka** ['zyːtʔa'meːrika] *nt* South America **Süd·ame·ri·ka·ner(in)** *m(f)* South American **süd·ame·ri·ka·nisch** *adj* South American
Su·dan <-> [zu'daːn] *m* [the] Sudan
Su·da·ner(in) <-s, -> [zu'daːnɐ] *m(f),* **Su·da·ne·se, Su·da·ne·sin** <-n, -n> [zuda'neːzə, zuda'neːzɪn] *m, f* Sudanese
su·da·ne·sisch [zuda'neːzɪʃ] *adj* Sudanese
Süd·asi·en <-s> ['zyːtʔaːzi̯ən] *nt* southern Asia, the south of Asia
Süd·chi·ne·si·sches Meer *nt* South China Sea
süd·deutsch ['zyːtdɔytʃ] *adj* South German **Süd·deut·sche(r)** *f(m) dekl wie adj* South German **Süd·deutsch·land** ['zyːtdɔytʃlant] *nt* South[ern] Germany
Su·del <-s, -> ['zuːdl̩] *m* SCHWEIZ *(Entwurf, Konzept)* draft
Su·de·lei <-, -en> [zuːdə'lai̯] *f* *(fam o pej)* ❶ *(Schmiererei)* making a mess; *beim Schreiben* scrawl[ing]; *beim Malen* daubing
❷ *(Schlamperei)* botch[-up]
su·deln ['zuːdl̩n] *vi* ❶ *(mit Matsch usw. schmieren)* ■[**mit etw** *dat*] **~** to make a mess, to mess about with sth; **mit Farbe ~** to daub with paint
❷ *(nachlässig schreiben)* ■[**irgendwohin**] **~** to scribble [somewhere]
Sü·den <-s> ['zyːdn̩] *m kein pl, kein indef art* ❶ *(Himmelsrichtung)* south; *s. a.* **Norden 1**
❷ *(südliche Gegend)* south; **gen ~ ziehen** to fly [*or* migrate] south; *s. a.* **Norden 2**
Süd·eng·land *nt* southern England, the south of England
Su·de·ten [zu'deːtn̩] *pl* ■**die ~** the Sudeten Mountains [*or* Highlands] *npl,* the Sudetes *npl*
Su·de·ten·deut·sche(r) *f(m)* German from the Sudetenland **Su·de·ten·land** *nt kein pl* ■**das ~** the Sudetenland
Süd·eu·ro·pa <-s> ['zyːtʔɔy'roːpa] *nt* southern Europe **Süd·frank·reich** *nt* southern France, the south of France **Süd·frucht** *f meist pl* [sub]tropical fruit **Süd·halb·ku·gel** *f* southern hemisphere **Süd·hang** *m* southern slope **Süd·ita·li·en** ['zyːtʔi'taːli̯ən] *nt* southern Italy, the south of Italy **Süd·je·men** *nt* South Yemen **Süd·kar·pa·ten** *pl* Transylvanian Alps *pl* **Süd·ko·rea** ['zyːtko'reːa] *nt* *(fam)* South Korea **Süd·ko·re·a·ner(in)** *m(f)* South Korean **süd·ko·re·a·nisch** *adj* South Korean **Süd·küs·te** *f* south[ern] coast **Süd·la·ge** *f* southern aspect; **Grundstücke in ~** plots with a southern aspect
Süd·län·der(in) <-s, -> ['zyːtlɛndɐ] *m(f)* Southern European; ***sie bevorzugt ~*** she prefers Mediterranean types; ■**~ sein:** ***mein Mann ist ~*** my husband comes from southern Europe
süd·län·disch *adj* Southern European; **ein ~es Temperament** a Latin temperament
südl. Br. *Abk von* **südliche Breite** S.lat.
süd·lich ['zyːtlɪç] **I.** *adj* ❶ *(in südlicher Himmelsrichtung befindlich)* southern; *s. a.* **nördlich I 1**
❷ *(im Süden liegend)* southern; **S~er Polarkreis** Antarctic Circle; **S~er Wendekreis** Tropic of Capricorn; *s. a.* **nördlich I 2**
❸ *(von/nach Süden)* southwards, southerly; *s. a.* **nördlich I 3**
❹ *(für den Süden charakteristisch)* southern
II. *adv* ■**~ von etw** *dat* [to the] south of sth
III. *präp +gen* [to the] south of sth
Süd·licht *nt* southern lights *pl,* aurora australis *sing*
Süd·ost·asi·en [zyːtʔɔst'ʔaːzi̯ən] *nt* South-East Asia **Süd·ost·asi·en·pakt** *m* South-East Asia Treaty Organization, SEATO
Süd·os·ten [zyːt'ʔɔstn̩] *m kein pl, kein indef art* ❶ *(Himmelsrichtung)* south-east; *s. a.* **Norden 1**
❷ *(südöstliche Gegend)* south-east; *s. a.* **Norden 2**
Süd·ost·eu·ro·pa *nt* South-East[ern] Europe
süd·öst·lich [zyːt'ʔœstlɪç] **I.** *adj* ❶ *(im Südosten gelegen)* south-eastern; *s. a.* **nördlich 2**

② *(von/nach Südosten)* south-eastwards, south-easterly; *s. a.* **nördlich 3**
II. *adv* ■ ~ [**von etw** *dat*] [to the] south-east [of sth]
III. *präp +gen* [to the] south-east of sth; *s. a.* **nördlich III**

Süd·pol ['zy:tpo:l] *m* ■ **der** ~ the South Pole **Süd·see** ['zy:tze:] *f kein pl* ■ **die** ~ the South Seas *pl,* the South Pacific **Süd·sei·te** *f* south[ern] side

Süd-So·tho¹ <-, -> ['zy:d'zo:to] *m o f* Basotho, Southern Sotho

Süd-So·tho² <-> ['zy:d'zo:to] *nt* ■ **das** ~ Sesotho, the Southern Sotho language

Süd·spa·ni·en <-s, -> *nt* southern Spain **Süd·staa·ten** ['zy:tʃta:tn̩] *pl (in den USA)* ■ **die** ~ Southern States **Süd·staat·ler(in)** <-s, -> *m(f) (in USA)* Southerner **Süd·ti·rol** ['zy:ttiro:l] *nt* South Tyrol **Süd·ti·ro·ler(in)** ['zy:ttiro:lɐ] *m(f)* South Tyrolean **Süd·vi·et·nam** *nt* South Vietnam **Süd·vi·et·na·me·se, -vi·et·na·me·sin** *m, f* South Vietnamese **süd·vi·et·na·me·sisch** *adv* South Vietnamese

süd·wärts ['zy:tvɛrts] *adv* southwards; ~ **blicken/fahren** to look/drive south; ***der Wind dreht*** ~ the wind is moving round to the south

Süd·wein *m* southern wine

Süd·wes·ten [zy:t'vɛstn̩] *m kein pl, kein indef art*
① *(Himmelsrichtung)* south-west; ■ **nach** ~ *(geh)* to[wards] the south-west, south-westwards; *s. a.* **Norden 1**
② *(südwestliche Gegend)* south-west; *s. a.* **Norden 2**

Süd·wes·ter <-s, -> [zy:t'vɛstɐ] *m* sou'wester BRIT

süd·west·lich [zy:t'vɛstlɪç] **I.** *adj* ① *(in südwestlicher Himmelsrichtung befindlich)* south-western
② *(im Südwesten liegend)* south-western; *s. a.* **nördlich 2**
③ *(von/nach Südwesten)* south-westwards, south-westerly; *s. a.* **nördlich 3**
II. *adv* [to the] south-west; ■ ~ **von etw** *dat* [to the] south-west of sth
III. *präp +gen* ■ ~ **einer S.** *gen* south-west of sth; *s. a.* **nördlich III**

Süd·west·rund·funk *m* RADIO *radio broadcasting corporation in South-West Germany* **Süd·wind** *m* south wind

Su·es·ka·nal, Su·ez·ka·nal ['zu:ɛskana:l] *m* ■ **der** ~ the Suez Canal

Suff <-[e]s> [zʊf] *m kein pl (fam)* boozing *fam no pl, no indef art;* **dem** ~ **verfallen** to hit the bottle; **zum** ~ **finden** to hit the bottle *fam;* **im** ~ while under the influence; ***das kann ich nur im ~ gesagt haben*** I can only have said that when I was under the influence [*or fam* plastered]

süf·feln ['zʏfl̩n] *vt (fam)* ■ **etw** ~ to sip on sth

süf·fig ['zʏfɪç] *adj* very drinkable; ~**er sein als ...** to be easier to drink than ...; ***zu gegrilltem Fleisch eignen sich ~e Weine besser*** light wines are a better accompaniment to grilled meat

süf·fi·sant [zʏfi'zant] *adj (geh)* smug

Suf·fix <-es, -e> [zʊ'fɪks, 'zʊ-] *nt* ① *(Nachsilbe)* suffix
② INFORM *(Dateikennung)* file extension

Suf·fix·schreib·wei·se *f* INFORM suffix notation

Suf·fra·get·te <-, -n> [zʊfra'gɛtə] *f* suffragette

Su·fi <-[s], -s> ['zu:fi] *m (islamischer Mystiker)* Sufi **Su·fi-Or·den** *m* Sufic order

Su·fis·mus <-> [zu'fɪsmʊs] *m kein pl (Mystik des Islams)* Sufism

sug·ge·rie·ren* [zʊge'ri:rən] *vt (geh)* ■ [**jdm**] **etw** ~ to suggest sth [to sb], to put sth into sb's mind

Sug·ges·ti·on <-, -en> [zʊgɛs'ti̯o:n] *f kein pl (geh)* suggestion

sug·ges·tiv [zʊgɛs'ti:f] *adj (geh)* suggestive

Sug·ges·tiv·fra·ge *f (geh)* leading question

Suh·le <-, -n> ['zu:lə] *f* wallow

suh·len ['zu:lən] *vr* ① *(geh: sich ergehen)* ■ **sich** *akk* [**in etw** *dat*] ~ to revel [*or* wallow] [in sth]
② ZOOL *(sich wälzen)* ■ **sich** *akk* [**in etw** *dat*] ~ to wallow [in sth]

Süh·ne <-, -n> ['zy:nə] *f (geh)* atonement *form,* expiation *form*

süh·nen ['zy:nən] *vt (geh)* ■ **etw** [**durch** [*o* **mit**] **etw**] ~ to atone for sth [with sth] *form*

Süh·ne·ver·such *m* JUR attempt at reconciliation

sui ge·ne·ris ['zu:i 'gɛnerɪs] *adj inv (geh: einzigartig)* sui generis

Sui·te <-, -n> ['svi:tə, zu'i:tə] *f* ① *(Zimmerflucht)* suite
② MUS suite

Su·i·zid <-[e]s, -e> [zui'tsi:t] *m (geh)* suicide

Su·i·zi·da·li·tät <-> [zuitsidali'tɛ:t] *f kein pl* PSYCH *(fachspr)* suicidal tendency *usu pl,* suicide risk

Su·i·zid·ge·fahr *f kein pl* PSYCH suicidal tendency

su·i·zid·ge·fähr·det *adj inv* PSYCH suicidal, at risk of [committing] suicide *pred;* ***~e Menschen*** people at risk of [committing] suicide

Su·jet <-s, -s> [zy'ʒe:] *nt (geh)* subject

Suk·koth [zʊ'ko:t] *pl* REL *(Laubhüttenfest)* Sukkoth, Succoth, Feast of Tabernacles

suk·ku·lent [zʊku'lɛnt] *adj* BOT succulent

Suk·ku·lent <-en, -en> [zʊku'lɛnt] *m* BOT succulent [plant]

Suk·zes·si·ons·prin·zip [zʊktsɛ'si̯o:ns-] *nt* JUR succession principle

suk·zes·siv [zʊktsɛ'si:f] *adj inv (geh)* gradual

suk·zes·si·ve [zʊktsɛ'si:və] *adv inv (geh)* gradually

Suk·zes·siv·lie·fe·rung *f* HANDEL multiple delivery **Suk·zes·siv·lie·fe·rungs·ver·trag** *m* HANDEL multi-delivery contract, continuing sales contract

Sulf·amid [zʊlfa'mi:t] *nt* CHEM sulfamide

Sul·fat <-[e]s, -e> [zʊl'fa:t] *nt* sulphate BRIT, sulfate AM

Sul·fid <-[e]s, -e> [zʊl'fi:t] *nt* sulphide BRIT, sulfide AM

Sul·fit <-s, -e> [zʊl'fi:t] *nt* sulphite BRIT, sulfite AM

Sul·fon·a·mid <-[e]s, -e> [zʊlfona'mi:t] *nt* PHARM sulphonamide BRIT, sulfonamide AM

Sul·tan, Sul·ta·nin <-s, -e> ['zʊlta:n, zʊl'ta:nɪn] *m, f* sultan *masc,* sultana *fem*

Sul·ta·nat <-[e]s, -e> [zʊlta'na:t] *nt* sultanate

Sul·ta·nin <-, -nen> *f fem form von* **Sultan**

Sul·ta·ni·ne <-, -n> [zʊlta'ni:nə] *f* sultana

Sül·ze <-, -n> ['zʏltsə] *f* ① *(Fleisch)* brawn; *(Fisch)* diced fish in aspic
② *(Aspik)* aspic

sül·zen ['zʏltsn̩] **I.** *vi (fam)* ■ [**über etw** *akk*] ~ to rabbit [*or* ramble] on [about sth] *fam*
II. *vt (fam)* ■ **etw** ~ to spout sth *fam;* **den absoluten Blödsinn** ~ to spout absolute nonsense; ***was sülzt der da?*** what's he blathering [*or* spouting] on about?

sül·zig *adj (pej fam) Musik, Film* slushy, slushily sentimental

sum·ma cum lau·de ['zʊma kʊm 'lau̯də] *adv* SCH summa cum laude *(with the utmost distinction)*

Sum·mand <-en, -en> [zʊ'mant] *m* MATH summand

sum·ma·risch [zʊ'ma:rɪʃ] **I.** *adj* summary; **eine** ~**e Zusammenfassung** a brief summary
II. *adv* summarily; **etw** ~ **darstellen** [*o* **zusammenfassen**] to summarize sth

sum·ma sum·ma·rum ['zʊma zʊ'ma:rʊm] *adv* altogether, in all

Sümm·chen <-s> ['zʏmçən] *nt dim von* **Summe 2:** **ein hübsches** [*o* **nettes**] ~ *(hum fam)* a tidy little sum *fam*

Sum·me <-, -n> ['zʊmə] *f* ① *(Additionsergebnis)* sum, total
② *(Betrag)* sum, amount; ~ **der Einnahmen** total receipts *pl;* **ausstehende/geschuldete** ~ sum receivable/sum payable
③ *(geh: Gesamtheit)* sum total

sum·men ['zʊmən] **I.** *vi* ① MUS to hum
② *(leise surren) Biene* to buzz [*or* hum]; *Motor* to hum
II. *vi impers* ■ **es summt** there's a buzzing/hum[ming]
III. *vt* ■ **etw** ~ to hum sth

Sum·men·bi·lanz *f* FIN turnover balance **Sum·men·for·mel** *f* CHEM molecular formula **Sum·men·ver·wah·rung** *f* JUR deposit on fungible securities

Sum·mer <-s, -> ['zʊmɐ] *m* buzzer

sum·mie·ren* [zʊ'mi:rən] **I.** *vt* ■ **etw** ~ ① *(zusammenfassen)* to summarize sth, to sum up sth *sep*
② *(addieren)* to add sth up
II. *vr* ■ **sich** *akk* [**auf etw** *akk*] ~ to mount up [*or* amount] to sth

Su·mo <-> ['zu:mo] *nt kein pl* SPORT sumo

Su·mo·rin·ger(in) *m(f)* sumo [wrestler]

Sumpf <-[e]s, Sümpfe> [zʊmpf, *pl* 'zʏmpfə] *m* ① *(Morast)* marsh, bog; *(in den Tropen)* swamp
② *(Abgrund übler Zustände)* quagmire

Sumpf·blü·te *f (fam)* low life **Sumpf·bo·den** *m* marshy ground, bog **Sumpf·dot·ter·blu·me** *f* marsh marigold **Sumpf·fie·ber** *nt* malaria, swamp fever *dated* **Sumpf·ge·biet** *nt* marsh[land]; *in den Tropen* swamp[land] **Sumpf·huhn** *nt (pej)* moorhen

sump·fig ['zʊmpfɪç] *adj* marshy, boggy; *(in den Tropen)* swampy

Sumpf·kuh *f (sl)* slob *fam or pej* **Sumpf·land** *nt kein pl* marsh[land]; *(in den Tropen)* swamp[land] **Sumpf·mei·se** *f* ORN marsh tit **Sumpf·ohr·eu·le** *f* ORN short-eared owl **Sumpf·ot·ter** *m* mink **Sumpf·pflan·ze** *f* marsh plant **Sumpf·vo·gel** *m* marshbird, wader

Sund <-[e]s, -e> [zʊnt] *m* GEOG sound

Sün·de <-, -n> ['zʏndə] *f* ① REL sin; **eine ~ begehen** to commit a sin, to sin
② *(Missgriff)* error of judgement, mistake; **es ist eine ~ und Schande** *(fam)* it's a crying shame; **es ist eine** ~ *(fam)* it's sinful [*or* a sin] *fam*

Sün·den·bock *m (fam)* scapegoat; **jdn zum** ~ [**für etw** *akk*] **machen** to make sb the scapegoat [for sth]

Sün·den·fall *m kein pl* REL ■ **der** ~ the Fall [of Man] **Sün·den·re·gis·ter** *nt* ■ **jds** ~ sb's list of sins [*or* catalogue [*or* AM *also* catalog] of misdeeds]

Sün·der(in) <-s, -> *m(f)* REL sinner

sünd·haft ['zʏnthaft] *adj* ① *(exorbitant hoch)* outrageous
② REL sinful; *s. a.* **teuer**

sün·dig ['zʏndɪç] *adj* ① REL sinful; ■ ~ **werden** to sin
② *(lasterhaft)* dissolute, salacious, wanton; *s. a.* **Meile**

sün·di·gen ['zʏndɪgn̩] *vi* ① REL to sin; **in Gedanken** ~ to have sinful thoughts; **mit Worten/Taten** ~ to say/do sinful things
② *(hum fam)* to transgress *hum*

sünd·teu·er ['zʏnt'tɔyɐ] *adj* ÖSTERR *(fam)* extremely [*or fam* wickedly] expensive

Sun·na <-> ['zʊna] *f kein pl (Richtschnur islam. Lebensweise)* Sunna

Sun·nit(in) <-en, -en> [zʊ'ni:t] *m(f) (Anhänger der orthodoxen Hauptrichtung des Islams)* Sunnite

sun·ni·tisch *adj inv* Sunnite

Sun·ny·boy <-s, -s> ['sʌnɪbɔy] *m (fam) sb with a positive, laid-back attitude who is always in a good mood*

su·per ['zu:pɐ] **I.** *adj inv (fam)* super *fam,* great *fam*
II. *adv (fam)* great *fam;* ***sie kann*** [***wirklich***] ***~ singen/tanzen*** she's a [really] great singer/dancer; ***dieser Wagen fährt sich ~/~ leicht*** this car is great to drive/handles really easily

Su·per <-s> ['zu:pɐ] *nt kein pl* AUTO four-star BRIT, premium AM; ~ **bleifrei** four-star [*or* premium] unleaded; ~ **verbleit** four-star [*or* premium] leaded

Su·per-8-Film [zu:pɐ'ʔaxt-] *m* super 8 film **Su·per-8-Ka·me·ra** [zu:pɐ'ʔaxt-] *f* super 8 camera

Su·per·au·to *nt (fam)* great car *fam* **Su·per·ben·zin** *nt* super, AM *a.* premium **Su·per·chip** *m* superchip **Su·per·com·pu·ter** *m* supercomputer **Su·per·ding** *nt (fam)* terrific thing *fam,* super job *fam* **Su·per·di·vi·den·de** *f* FIN superdividend, surplus dividend **su·per·ein·fach** *adj (fam)* dead easy [*or* simple] BRIT *fam,* super easy AM **su·per·fein** ['zu:pɐfai̯n] *adj inv* superfine **Su·per-GAU** *m kein pl (fam)* ultimate MCA *fam,* total meltdown *fig* **su·per·geil** *adj (fam)* dead good, [dead] wicked BRIT *fam,* dead cool *fam* **su·per·güns·tig** *adj inv* super value **su·per·gut** *adj (fam)* dead good BRIT *fam* **Su·per·hau·fen** *m* ASTRON supercluster **Su·per·held(in)** *m(f)* superhero

Su·pe·ri·or, Su·pe·ri·o·rin [zu'pe:ri̯o:ɐ, zupe'ri̯o:rɪn] *m, f* REL [Father/Mother] Superior

S

Su·pe·ri·o·ri·täts·kom·plex [zuperi̯ori'tɛ:ts-] *m* superiority complex
su·per·klug *adj (iron fam)* brilliant *iron,* smartalec[k BRIT] *pej;* ***du hältst dich wohl für ~*** you think you're brilliant, don't you?
Su·per·la·tiv <-[e]s, -e> ['zu:pɐlati:f] *m* superlative
su·per·leicht ['zu:pɐlai̯çt] *adj (fam)* dead easy BRIT *fam,* super easy AM **Su·per·macht** *f* superpower
Su·per·mann *m (fam)* ① *kein pl (Comicfigur)* Superman *no pl*
② *(Mann)* superman
Su·per·markt ['zu:pɐmarkt] *m* supermarket **Su·per·markt·ket·te** <-, -n> *f* supermarket chain
Su·per·mi·nis·ter(in) *m(f)* BRD POL superminister *(government minister with responsibility for several areas)* **Su·per·mo·del** <-s, -s> ['zu:pɐmɔdl] *nt* supermodel
Su·per·no·va [zupɐ'no:va, *pl* -'no:vɛ] *f* ASTRON supernova **Su·per·preis** *m (fam)* terrific price *fam* **Su·per·qua·li·tät** *f (fam)* brilliant quality *fam;* ***der neue Fernseher hat eine ~*** the new TV is a real humdinger *fam* **su·per·reich** ['zu:pɐ-] *adj inv (pej)* super-rich **Su·per·re·stau·rant** *nt (fam)* super [*or* BRIT brilliant] restaurant *fam* **Su·per·star** *m* superstar **su·per·stark** *adj (fam)* really great *fam* **Su·per·stern** *m* supergiant [star] **Su·per·tan·ker** *m* supertanker **Su·per·weib** *nt (iron)* superwoman **Su·per·wein** *m (fam)* top-quality [*or* excellent] wine
Süpp·chen <-s, -> ['zʏpçən] *nt dim von* **Suppe** [small bowl of] soup
▸WENDUNGEN: **sein eigenes ~ kochen** *(fam)* to do one's own thing [*or* go one's own way] [and disregard everyone else]
Sup·pe <-, -n> ['zʊpə] *f* ① KOCHK soup; **klare ~** consommé
② *(fam: Nebel)* pea-souper BRIT *fam,* pea soup *fam*
▸WENDUNGEN: **die ~ auslöffeln müssen** *(fam)* to have to face the music *fam;* ***jetzt musst du die ~, die du dir eingebrockt hast, schon selbst auslöffeln*** you've made your [own] bed, [and] now you must lie on it *prov;* **jdm in die ~ spucken** to put a spanner in the works, to spoil sb's plans; **jdm die ~ versalzen** *(fam)* to put a spoke in sb's wheel BRIT *fam,* to screw up sb's plans, to queer sb's pitch BRIT *fam; s. a.* **Haar**
Sup·pen·ein·la·ge *f solid ingredients added to a soup* **Sup·pen·fleisch** *nt* meat for making soup/stews **Sup·pen·ge·mü·se** *nt* vegetables for making soup **Sup·pen·ge·würz** *nt* soup seasoning *(herbs for flavouring stock)* **Sup·pen·grün** *nt* herbs and vegetables for making soup **Sup·pen·huhn** *nt* boiling chicken [*or* fowl] **Sup·pen·kel·le** *f* soup ladle **Sup·pen·kü·che** *f (veraltend)* soup kitchen ▸WENDUNGEN: **das ist ja die reinste ~** it's a pea-souper [*or* like pea soup] out there **Sup·pen·löf·fel** *m* soup spoon **Sup·pen·nu·del** *f meist pl* soup noodles *pl* **Sup·pen·schüs·sel** *f* soup tureen **Sup·pen·tel·ler** *m* soup plate **Sup·pen·ter·ri·ne** *f* KOCHK ① *(Terrine)* soup tureen ② *(Suppen-, Eintopfgericht)* soup **Sup·pen·wür·fel** *m* stock cube
Sup·ple·ment·band <-bände> [zuple'mɛnt-] *m* supplement[ary volume]
Sup·po·si·to·ri·um <-s, -rien> [zʊpozi'to:ri̯ʊm, *pl* -'to:ri̯ən] *nt* MED *(geh)* suppository
su·pra·flüs·sig *adj* PHYS superfluid; **~es Helium** superfluid helium **su·pra·lei·tend** ['zu:pra-] *adj inv* PHYS superconducting, superconductive **Su·pra·lei·ter** ['zu:pra'lai̯tɐ] *m* PHYS superconductor **Su·pra·leit·fä·hig·keit** *f* PHYS superconductivity **su·pra·na·ti·o·nal** [zupranatsi̯o'na:l] *adj inv* ÖKON supranational
Su·re <-, -n> ['zu:rə] *f* REL sura
Surf·brett ['zø:ɐ̯f-] *nt* ① *(zum Windsurfen)* windsurfer
② *(zum Wellensurfen)* surfboard
Sur·fen <-s> ['zø:ɐ̯fn̩] *nt kein pl* surfing *no pl, no indef art*
sur·fen ['zø:ɐ̯fn̩] *vi* ① *(windsurfen)* to windsurf
② *(wellensurfen)* to surf
③ *(in Datennetzen)* to surf; **im Internet ~** to surf [*or* browse] the internet
Sur·fer(in) <-s, -> ['sø:ɐ̯fɐ] *m(f)* ① *(Windsurfer)* windsurfer
② *(Wellensurfer)* surfer
③ INET internet surfer
Sur·fing <-s> ['zø:ɐ̯fɪŋ] *nt kein pl* ① *(Windsurfen)* windsurfing
② *(Wellensurfen)* surfing
Su·ri·na·me <-s> [zuri'na:mə] *nt* Surinam[e]
Su·ri·na·mer(in) <-s, -> *m(f)* Surinamese, Surinamer
su·ri·na·misch *adj* Surinamese
Sur·plus <-, -> ['zø:ɐ̯pləs] *nt* ÖKON surplus
Sur·plus·pro·dukt *nt* ÖKON surplus product **Sur·plus·pro·fit** *m* HANDEL surplus [profit]
sur·re·al ['zʊrea:l, 'zʏr-] *adj* surreal
Sur·re·a·lis·mus <-> [zʊrea'lɪsmʊs, zʏr-] *m kein pl* ■**der ~** surrealism
sur·re·a·lis·tisch [zʊrea'lɪstɪʃ, zʏr-] *adj* **ein ~er Autor/Maler** a surrealist writer/painter; **ein ~er Film/~es Buch** a surrealistic film/book
sur·ren ['zʊrən] *vi* ① *haben (leise brummen) Insekt* to buzz [*or* hum]; *Motor, Hochspannungsleitung* to hum; *Kamera, Ventilator* to whirr
② *sein (sich surrend bewegen)* ■[**irgendwohin**] **~** to buzz/hum [somewhere]
Sur·ro·gat <-[e]s, -e> [zʊro'ga:t] *nt* surrogate
Sur·ro·ga·ti·on <-> [zʊrogaʼtsi̯o:n] *f kein pl* JUR surrogation, substitution
Sur·ro·ga·ti·ons·prin·zip *nt* JUR surrogation principle **Sur·ro·ga·ti·ons·recht** *nt* JUR right of substitution
Sur·round-Laut·spre·cher <-s, -> [sə'raʊnd-] *m* MEDIA surround loudspeaker
Su·shi <-s, -s> ['zu:ʃi] *nt* KOCHK sushi
su·spekt [zʊs'pɛkt] *adj (geh)* suspicious; ■**jdm ~ sein** to look suspicious to sb
sus·pen·die·ren* [zʊspɛn'di:rən] *vt* ① *(vorübergehend des Amtes entheben)* ■**jdn** [**von etw** *dat*] **~** to suspend sb [from sth]
② *(geh: von der Pflicht zur Teilnahme befreien)* ■**jdn** [**von etw** *dat*] **~** to excuse [*or* exempt] sb [from sth]
③ CHEM ■**etw ~** to suspend sth; **einen Feststoff in einer Flüssigkeit ~** to suspend a solid matter in a liquid
Sus·pen·die·rung <-, -en> *f* suspension; **~ von Vertragspflichten** suspension of contractual obligations
Sus·pen·die·rungs·klau·sel *f* JUR suspensory clause
Sus·pen·si·on <-, -en> [zʊspɛn'zi̯o:n] *f* PHARM suspension
Sus·pen·si·ons·farb·stoff *m* TECH dispersed dye **Sus·pen·si·ons·mit·tel** *nt* TECH suspending agent
Sus·pen·siv·ef·fekt *m,* **Sus·pen·siv·wir·kung** [zʊspɛn'zi:f-] *f* JUR *(aufschiebende Wirkung)* suspensory effect
süß [zy:s] **I.** *adj* sweet
II. *adv* ① *(mit Zucker zubereitet)* with sugar; ***ich esse nicht gern ~*** I don't like [*or* I'm not fond of] sweet things; ***ich trinke meinen Kaffee nie ~*** I never take sugar in coffee; ***sie bereitet ihre Kuchen immer viel zu ~ zu*** she always makes her cakes far [*or* much] too sweet
② *(lieblich)* sweetly; **~ duften** to give off a sweet scent
Sü·ße <-> ['zy:sə] *f* ① *kein pl (geh: süßer Geschmack)* sweetness *no pl*
② *(Süßstoff)* sweetener
Sü·ße(r) *f(m) dekl wie adj* sweetie *fam,* poppet BRIT *fam;* [**mein**] **~r/**[**meine**] **~** *(fam)* my sweet *fam,* sweetheart [*or fam* sweetie]
sü·ßen ['zy:sn̩] **I.** *vt* ■**etw** [**mit etw** *dat*] **~** to sweeten sth [with sth]; ***Joghurt und Müsli süße ich nicht noch extra*** I don't add [any] sugar to yoghurt or muesli
II. *vi* ■[**mit etw** *dat*] **~** to sweeten things [with sth]; ***ich bin Diabetikerin, ich darf nur mit künstlichem Süßstoff ~*** I am a diabetic, I am only allowed to use artificial sweeteners
Süß·holz *nt kein pl* liquorice [*or* AM licorice] [root]
▸WENDUNGEN: **~ raspeln** *(fam)* to be full of sweet talk, to be honey-tongued
Sü·ßig·keit <-, -en> ['zy:sɪçkai̯t] *f* ① *meist pl (etw Süßes zum Essen)* sweet, candy AM
② *pl selten* sweetness
Süß·kar·tof·fel *f* sweet potato, yam AM **Süß·kir·sche** *f* sweet cherry **Süß·kraft** *f kein pl* CHEM, KOCHK sweetening power
süß·lich *adj* ① *(unangenehm süß)* sickly sweet; **~es Parfüm** cloying perfume [*or* scent]
② *(übertrieben liebenswürdig)* terribly sweet; **~es Lächeln** sugary smile; **~e Miene** ingratiating [*or* BRIT smarmy] expression; **~er Tonfall** ingratiating [*or* BRIT wheedling] tone of voice; **~e Worte** honeyed words
Süß·most *m* unfermented fruit juice
süß·sau·er ['zy:s'zau̯ɐ] **I.** *adj* ① KOCHK sweet-and-sour; **Schweinefleisch ~** sweet-and-sour pork
② *(fig)* artificially friendly; **süßsaures Lächeln** forced smile; **ein süßsaures Gesicht machen** to make [*or* BRIT pull] a wry face
II. *adv* ① KOCHK in a sweet-and-sour sauce
② *(fig)* **~ lächeln** to smile wryly
Süß·spei·se *f* sweet, dessert **Süß·stoff** *m* sweetener
Sü·ßungs·mit·tel *nt* [natural] sweetener [*or* sweetening]
Süß·wa·ren *pl* confectionery *no pl,* AM *a.* candy *no pl* **Süß·wa·ren·ge·schäft** *nt* confectionery [*or* chocolate] [*or* BRIT *fam* sweetie] shop **Süß·wa·ren·in·dus·trie** *f kein pl* HANDEL sugar confectionery industry
Süß·was·ser *nt* fresh water **Süß·was·ser·fisch** *m* freshwater fish
Süß·wein *m* sweet wine
SW [ɛs've:] *Abk von* **Südwesten** south-west
Swa·hi·li [sva'hi:li] *nt dekl wie adj s.* **Suaheli**
Swap¹ <-s, -s> [svɔp] *m o nt kurz für* **Swapgeschäft** swap
Swap² <-s, -s> [svɔp] *m* INFORM *(Auslagerung)* swap
Swap·ge·schäft <-[e]s, -e> *nt* ÖKON, BÖRSE swap [deal] **Swap·op·ti·on** *f* FIN swap option, swaption **Swap·satz** *m* ÖKON, BÖRSE swap rate, forward margin
Swa·si <-, -> ['sva:zi] *m fem form gleich* BRD Swazi
Swa·si·land <-s> ['sva:zilant] *nt* Swaziland
Swa·si·län·der(in) <-s, -> *m(f)* ÖSTERR *s.* **Swasi**
swa·si·län·disch *adj* Swazi
Sweat·shirt <-s, -s> ['svɛtʃœrt] *nt* sweatshirt
Sweat·shop <-s, -s> ['svɛtʃɔp] *m* ÖKON, SOZIOL *(pej sl)* sweatshop
Swe·den·bor·gi·a·ner(in) <-s, -> [sve:dn̩bɔrgi̯a:nɐ] *m(f)* REL Swedenborgian, Swedenborgian Church
SWIFT <-> *f kein pl* FIN *Abk von* **Society for Worldwide Interbank Financial Telecommunication** SWIFT
Swim·ming·pool <-s, -s> ['svɪmɪŋpu:l] *m* swimming pool
Swing <-[s]> [svɪŋ] *m kein pl* ① MUS swing
② ÖKON swing
Switch <-[s]> [svɪtʃ] *m kein pl* BÖRSE *(Portfolioverlagerung)* portfolio shift, switch
swit·chen ['svɪtʃn̩] *vi* FIN to switch
SWR <-[s]> [ɛsve:'ʔɛr] *m kein pl Abk von* **Südwestrundfunk** *radio broadcasting corporation in South-West Germany*
Syd·ney <-s> ['sɪdnɪ] *nt* Sydney
Sylt [zʏlt] *nt* Sylt; **auf ~** on Sylt; **nach ~ fahren** to go [*or* travel] to Sylt; **von ~ kommen** to come from Sylt; **auf ~ leben** to live on Sylt
Sym·bi·ont <-en, -en> [zʏm'bi̯ɔnt] *m* BIOL symbiont
Sym·bi·o·se <-, -n> [zʏm'bi̯o:zə] *f* symbiosis; **eine ~ eingehen** to form a symbiotic relationship
Sym·bol <-s, -e> [zʏmbo:l] *nt* symbol
Sym·bol·fi·gur *f* symbol[ic figure]
Sym·bo·lik [zʏm'bo:lɪk] *f* symbolism
sym·bo·lisch [zʏm'bo:lɪʃ] *adj* symbolic
sym·bo·li·sie·ren* [zʏmboli'zi:rən] *vt* ■**etw ~** to

symbolize sth
Sym·bo·lis·mus <-> [zymbo'lɪsmʊs] *m kein pl* ■**der** ~ Symbolism
Sym·bol·leis·te *f* INFORM toolbar
Sym·me·trie <-, -n> [zyme'tri:, *pl* -'tri:ən] *f* symmetry
Sym·me·trie·ach·se *f* MATH axis of symmetry
sym·me·trisch [zy'me:trɪʃ] *adj* symmetrical
Sym·pa·thie <-, -en> [zympa'ti:, *pl* -'ti:ən] *f* sympathy; *(Zuneigung)* affection; **jds ~ haben** to have sb's approval [*or* support]; ***die Aktion hat meine volle*** ~ I sympathize completely with the campaign
Sym·pa·thie·be·kun·dung *f* expression of sympathy [*or* support] **Sym·pa·thie·kund·ge·bung** *f* demonstration [*or* show] of support **Sym·pa·thie·streik** *m* JUR sympathy strike
Sym·pa·thi·kus <-> [zym'pa:tikʊs] *m kein pl* MED sympathetic nervous system
Sym·pa·thi·sant(in) <-en, -en> [zympati'zant] *m(f)* sympathizer
Sym·pa·thi·san·ten·sze·ne *f* sympathizers' scene [*or* circuit]
sym·pa·thisch [zym'pa:tɪʃ] *adj* nice, pleasant, likeable; ■**jdm ~ sein** to appeal to sb; ***sie war mir gleich*** ~ I liked her [*or* took to her] at once, I took an immediate liking to her; ■**[jdm] nicht ~ sein** to be not very appealing [to sb]; ***es ist mir nicht gerade*** ~ it doesn't really [*or* exactly] appeal to me
sym·pa·thi·sie·ren* [zympati'zi:rən] *vi* ■**mit jdm/etw ~** to sympathize with sb/sth
Sym·pho·nie <-, -en> [zymfo'ni:, *pl* -'ni:ən] *f s.* **Sinfonie**
sym·pho·nisch [zym'fo:nɪʃ] *adj* MUS *s.* **sinfonisch**
Sym·po·si·um <-s, -sien> [zym'po:zi̯ʊm, *pl* -i̯ən] *nt* symposium
Sym·ptom <-s, -e> [zymp'to:m] *nt* symptom; **ein ~ für etw** *akk* a symptom of sth
sym·pto·ma·tisch [zympto'ma:tɪʃ] *adj (geh)* symptomatic; ■**~ für etw** *akk* **sein** to be symptomatic of sth
Symp·tom·kon·trol·le *f* MED symptom control
Sy·na·go·ge <-, -n> [zyna'go:gə] *f* synagogue
Sy·nap·se <-, -n> [zy'napsə] *f* BIOL *(Verknüpfung zweier Nervenzellen)* synapse
syn·ap·tisch [zyn'ʔaptɪʃ, zy'naptɪʃ] *adj inv* MED synaptic; **~er Spalt** synaptic gap
Syn·äs·the·sie <-, -n> [zynʔɛs'te:zi:] *f* synaesthesia BRIT, synesthesia AM
Syn·äs·the·ti·ker(in) <-s, -> [zynʔɛs'te:tikɐ, zynɛs'te:tikɐ] *m(f)* PSYCH synaesthete BRIT, synesthete AM
syn·chron [zyn'kro:n] **I.** *adj* ❶ *(geh: gleichzeitig)* synchronous, simultaneous
❷ LING synchronic
II. *adv* ❶ *(geh)* synchronously, simultaneously
❷ LING synchronically
Syn·chron·ein·rich·tung *f* AUTO synchronizer
Syn·chro·ni·sa·ti·on <-, -en> [zynkroniza'tsi̯o:n] *f* ❶ FILM, TV dubbing
❷ *(Abstimmung)* synchronization
syn·chro·ni·sie·ren* [zynkroni'zi:rən] *vt* ❶ FILM, TV ■**etw ~** to dub sth
❷ *(geh: zeitlich abstimmen)* ■**etw ~** to synchronize sth
Syn·chro·ni·sie·rung <-, -en> *f* ❶ FILM dubbing
❷ TECH *(Gleichlauf)* synchronization
❸ *(geh: zeitliches Abstimmen)* synchronization
❹ AUTO synchronizer
Syn·chron·sprin·ger(in) *m(f)* SPORT synchronized diver
Syn·chro·tron <-s, -e> ['zynkrotro:n] *nt* NUKL synchrotron
Syn·chro·tron·strah·lung *f* PHYS synchrotron radiation
Syn·det·sei·fe [zyn'de:t-] *f* syndet *(synthetic detergent)*
Syn·di·ka·lis·mus <-> [zyndika'lɪsmʊs] *m kein pl* ÖKON syndicalism
Syn·di·kat <-[e]s, -e> [zyndi'ka:t] *nt* syndicate
Syn·di·kus <-, -se *o* -izi> ['zyndikʊs, *pl* -kʊsə, -ditsi] *m* JUR *(ständiger Rechtsbeistand)* legal adviser, company secretary BRIT, corporation lawyer AM
Syn·di·kus·an·walt, -an·wäl·tin *m, f* JUR permanently employed legal adviser
Syn·drom <-s, -e> [zyn'dro:m] *nt* MED, SOZIOL syndrome
Syn·er·gie <-, -n> [zynɛr'gi:, *pl* -'gi:ən] *f* synergy
Syn·er·gie·ef·fekt *m* synergetic effect
syn·er·gis·tisch [zynɛr'gɪstɪʃ] *adj* CHEM **~er Effekt** synergistic effect
Syn·kre·tis·mus <-> [zynkre'tɪsmʊs] *m kein pl* REL syncretism
Syn·kre·tist(in) <-en, -en> [zynkre'tɪst] *m(f)* REL syncretist
syn·kre·tis·tisch *adj* REL syncretic, syncretistic
Sy·no·de <-, -n> [zy'no:də] *f* REL synod
sy·no·nym [zyno'ny:m] *adj inv* synonym
Sy·no·nym <-s, -e> [zyno'ny:m] *nt* synonym
Sy·no·nym·wör·ter·buch *nt* dictionary of synonyms, thesaurus; ■**Synonymwörterbücher** *pl* thesauruses [*or form* thesauri]
Syn·op·sis <-, -psen> ['zynʔɔpsɪs, 'zy:nɔpsɪs, *pl* 'zynʔɔpsn̩, zy'nɔpsn̩] *f (geh)* synopsis
syn·tag·ma·tisch [zynta'gma:tɪʃ] *adj inv* LING syntagmatic
syn·tak·tisch [zyn'taktɪʃ] *adj* syntactic
Syn·tax <-, -en> ['zyntaks] *f* syntax
Syn·tax·feh·ler *m* ❶ LING *(Grammatikfehler)* syntax error
❷ INFORM *(Softwarefehler)* syntax error
Syn·the·se <-, -n> [zyn'te:zə] *f* synthesis
Syn·the·se·gas *nt* ÖKOL syngas
Syn·the·si·zer <-s, -> ['zyntəsaizɐ] *m* MUS synthesizer
Syn·the·tik <-> [zyn'te:tɪk] *nt kein pl* synthetic [*or* man-made] fibre [*or* AM -er]; ***das Hemd ist aus*** ~ the shirt is made of artificial fibres
syn·the·tisch [zyn'te:tɪʃ] *adj* synthetic; **eine ~e Faser** a man-made fibre; **~er Kampfer** pinene hydrochloride, turpentine camphor
syn·the·ti·sie·ren* [zynteti'zi:rən] *vt* CHEM ■**etw ~** to synthesize sth
Syn·thi(e) <-s, -s> ['zynti] *m* MUS *(sl)* synth *fam*
Sy·phi·lis <-> ['zy:filɪs] *f kein pl* syphilis *no pl*
Sy·phi·lis·er·re·ger *m* MED syphilitic pathogen[e]
Sy·rer(in) <-s, -> [y:rɐ] *m(f)* Syrian
Sy·ri·en <-s> ['zy:ri̯ən] *nt* Syria
Sy·ri·er(in) <-s, -> ['zy:ri̯ɐ] *m(f)* Syrian
sy·risch ['zy:rɪʃ] *adj* Syrian
Sys·tem <-s, -e> [zys'te:m] *nt* system; **~ in etw** *akk* **bringen** to bring some order into sth; **nach einem bestimmten ~ vorgehen** to proceed according to a fixed system; **mit ~** systematically; **duales ~** *refuse recycling system implemented in Germany;* **das kommunistische ~** the communist system; **ein ~ beenden** INFORM to quit a system
Sys·tem·ab·schal·tung *f* TECH system break **Sys·tem·ab·sturz** *m* INFORM system crash **Sys·tem·ana·ly·se** *f* systems analysis **Sys·tem·ana·ly·ti·ker(in)** *m(f)* systems analyst **Sys·tem·an·bie·ter** *m* TECH system provider
Sys·te·ma·tik <-, -en> [zyste'ma:tɪk] *f* ❶ *(geh: Ordnungsprinzip)* system
❷ *kein pl* BIOL systematology
sys·te·ma·tisch [zyste'ma:tɪʃ] *adj* systematic
sys·te·ma·ti·sie·ren* [zystemati'zi:rən] *vt (geh)* ■**etw ~** to systemize sth
Sys·tem·aus·fall *m* INFORM system failure **Sys·tem·aus·las·tung** *f* TECH, INFORM full system capacity **Sys·tem·be·darf** *m* INFORM, TECH system requirements *pl* **sys·tem·be·dingt** *adj inv* determined by the system **Sys·tem·be·schrei·bung** *f* INFORM, TECH system specifications *pl* **Sys·tem·be·treu·er(in)** *m(f)* INFORM computer systems supervisor **Sys·tem·bi·blio·thek** *f* INFORM system library **Sys·tem·bus** *m* INFORM system bus **Sys·tem·da·tei** *f* INFORM system file **Sys·tem·ein·heit** *f* INFORM system unit **Sys·tem·er·wei·te·rung** *f* INFORM system extension
Sys·tem·feh·ler *m* TECH, INFORM system error **Sys·tem·feh·ler·be·he·bung** *f* TECH system diagnostics + *sing/pl vb*
Sys·tem·haus *nt* INFORM systems house [*or* company] **Sys·tem·kom·po·nen·te** *f* system components *pl* **sys·tem·kon·form** **I.** *adj (an ein System angepasst)* in conformity with a system; *(pej)* conformist **II.** *adv sich ~ verhalten* to conform [to the system] **Sys·tem·kri·ti·ker(in)** *m(f)* critic of the system **sys·tem·kri·tisch** **I.** *adj inv* critical of the system **II.** *adv* **sich** *akk* **~ äußern** to speak critically of the system, to openly criticize the system
sys·tem·los <-er, -este> *adj* unsystematic
Sys·tem·me·nü *nt* INFORM system menu **Sys·tem·op·ti·mie·rung** *f* INFORM, TECH system optimization **Sys·tem·pfle·ge** *f* systematic care **Sys·tem·pla·ner(in)** <-s, -> *m(f)* system[s] planner [*or* designer] **Sys·tem·pla·ti·ne** *f* INFORM system disk **Sys·tem·pro·gramm** *nt* systems program **Sys·tem·prompt** *nt* INFORM system prompt **Sys·tem·prü·fung** *f* system check **Sys·tem·re·ge·lung** *f* TECH system control **Sys·tem·si·cher·heit** *f* INFORM system security **Sys·tem·soft·ware** *f* INFORM system[s] software **sys·tem·spe·zi·fisch** *adj* INFORM system-specific **Sys·tem·start** *m* INFORM system start **Sys·tem·tech·nik** *f kein pl* systems technology **Sys·tem·ver·sa·gen** *nt* INFORM system failure **Sys·tem·vor·aus·set·zung** *f* INFORM system prerequisite **Sys·tem·zu·sam·men·bruch** *m* INFORM system[s] breakdown **Sys·tem·zwang** *m* system-induced pressure [to conform]
Sys·to·le <-, -n> ['zystolə, zy'sto:lə] *f* MED systole
sys·to·lisch [zys'to:lɪʃ] *adj inv* ANAT systolic
Sze·na·rio <-s, -s> [stse'na:ri̯o] *nt (a. geh)* scenario
Sze·na·ri·um <-s, -rien> [stse'na:ri̯ʊm, *pl* -ri̯ən] *nt (a. fig)* scenario
Sze·ne <-, -n> ['stse:nə] *f* ❶ THEAT, FILM scene; **in ~ gehen** to be staged; ***die ~ spielt in Estland*** the scene is set in Estonia; **[etw] in ~ setzen** *(a. fig)* to stage sth; **sich** *akk* **in ~ setzen** *(fig)* to play to the gallery, to draw attention to oneself; **auf offener ~** during the performance
❷ *(fam: Krach)* scene; ***wenn er angetrunken nach Hause kommt, gibt es jedes Mal eine*** ~ whenever he comes home drunk there is always a scene; **[jdm] eine ~ machen** *(fam)* to make a scene [in front of sb] *fam;* ***bitte, mach mir nicht schon wieder eine*** ~ please let's not have another scene
❸ *kein pl (fam: Milieu)* scene *sl;* ■**die ~** the scene *sl* [*or* subculture]; **sich** *akk* **in der ~ auskennen** to know one's way around the scene; **die literarische ~** the literary scene; **die ~ beherrschen** to dominate the scene; *(fig)* to keep things under control
Sze·ne-Bar *f (fam)* fashionable [*or* trendy] bar [*or* pub], bar for the in-crowd **Sze·ne-In·si·der** [-ɪnzaidɐ] *m* scenester **Sze·ne-Kid** *nt (fam)* [young] scenester **Sze·ne·knei·pe** *f* fashionable [*or* trendy] pub [*or* bar], bar frequented by the in-crowd **Sze·ne·la·den** *m (fam: Kneipe)* trendy bar; *(Disco oder Club)* trendy club
sze·ne·mä·ßig *adj inv* in the subculture
Sze·nen·wech·sel *m* change of scene
Sze·ne·par·ty <-, -s> *f* party for the in-crowd
Sze·ne·rie <-, -n> [stsenə'ri:, *pl* -'ri:ən] *f* ❶ *(geh: landschaftliche Umgebung)* scenery
❷ FILM, LIT setting
❸ *(Bühnendekoration)* set
Sze·ne·treff <-s, -s> *m (fam)* trendy spot **Sze·ne·volk** *nt* scenesters *pl*
sze·nig ['stse:nɪç] *adj (sl)* trendy
sze·nisch ['stse:nɪʃ] *adj inv* THEAT scenic
Szi·en·tis·mus <-> [stsi̯ɛn'tɪsmʊs] *m kein pl* PHILOS scientism
SZR [ɛstsɛt'ʔɛr] *pl Abk von* **Sonderziehungsrechte** special drawing rights, SDR
Szyl·la <-> ['stsyla] *f* ▶ WENDUNGEN: **zwischen ~ und Charybdis** *(geh)* between the devil and the deep blue sea *fam,* between Scylla and Charybdis *liter*

S

T

T, t <-, - *o fam* -s, -s> [te:] *nt* T, t; ~ **wie Theodor** T for Tommy BRIT, T as in Tare; *s. a.* **A 1**

t *Abk von* **Tonne** ton

Ta·bak <-s, -e> ['tabak, 'ta:bak, ÖSTERR ta'bak] *m* tobacco; **leichter/starker** ~ mild/strong tobacco

Ta·bak·an·bau <-s>, **Ta·bak·bau** *m kein pl* tobacco growing [*or* cultivation] **Ta·bak·ern·te** *f* tobacco crop **Ta·bak·händ·ler(in)** <-s, -> *m(f)* tobacco merchant, tobacconist **Ta·bak·in·dus·trie** *f* tobacco industry **Ta·bak·kon·sum** *m* consumption of tobacco **Ta·bak·kon·zern** *m* tobacco company **Ta·bak·la·den** *m* tobacconist's **Ta·bak·mo·sa·ik·vi·rus** *nt* BIOL tobacco mosaic virus **Ta·bak·plan·ta·ge** *f* tobacco plantation

Ta·baks·beu·tel *m* tobacco pouch **Ta·baks·do·se** *f* tobacco tin **Ta·baks·pfei·fe** *f* pipe

Ta·bak·steu·er *f* duty on tobacco **Ta·bak·un·ter·neh·men** *nt* tobacco company **Ta·bak·wa·ren** *pl* tobacco products *pl* **Ta·bak·wer·bung** *f* tobacco advertising

ta·bel·la·risch [tabɛ'la:rɪʃ] **I.** *adj* tabular
II. *adv* in tabular form

ta·bel·la·ri·sie·ren* *vt* ■**etw** ~ to tabulate sth

Ta·bel·la·ri·sie·rung <-, -en> *f* (*fachspr*) tabulation

Ta·bel·le <-, -n> [ta'bɛlə] *f* table; FBALL *a.* league [table]

Ta·bel·len·form *f* **in** ~ in the form of a table [*or* chart] **Ta·bel·len·füh·rer(in)** *m(f)* SPORT league leaders *pl*, top of the league; ~ **sein** to be at the top of the league **Ta·bel·len·füh·rung** *f* SPORT top of the [league/championship] table; ***Werder Bremen hat die ~ übernommen*** Werder Bremen has taken over at [*or* gone to the] the top of the table

Ta·bel·len·kal·ku·la·tion *f* INFORM spreadsheet **Ta·bel·len·kal·ku·la·tions·pro·gramm** *nt* INFORM spreadsheet program

Ta·bel·len·platz *m* SPORT league position, position in the league **Ta·bel·len·satz** *m* TYPO tabbing, tabular composition [*or* matter] **Ta·bel·len·spit·ze** *f* top of the league **Ta·bel·len·stand** <-[e]s> *m kein pl* SPORT [sport]league-position

Ta·ber·na·kel <-s, -> [tabɛr'na:kl] *nt o m* tabernacle

Ta·blar <-s, -e> [ta'bla:ɐ̯] *nt* SCHWEIZ (*Schrank-, Regalbrett*) shelf

Ta·blett <-[e]s, -s *o* -e> [ta'blɛt] *nt* tray
▸WENDUNGEN: [**jdm**] **etw auf einem silbernen ~ servieren** to hand [sb] sth on a plate [*or* platter]

Ta·blet·te <-, -n> [ta'blɛtə] *f* pill, tablet

Ta·blet·ten·miss·brauchRR *m kein pl* pill abuse **Ta·blet·ten·sucht** *f kein pl* addiction to pills **ta·blet·ten·süch·tig** *adj* addicted to pills **Ta·blet·ten·süch·ti·ge(r)** *f(m) dekl wie adj* person addicted to pills

ta·blie·ren *vt* KOCHK **Zucker** ~ to tablet sugar

Tab·tas·te [ta:p-] *f s.* **Tabulatortaste**

ta·bu [ta'bu:] *adj inv* taboo; ■[**für jdn**] ~ **sein** to be taboo [for sb]

Ta·bu <-s, -s> *nt* (*geh*) taboo [subject]; [**für jdn**] **ein ~ sein** to be a taboo subject [for sb]

Ta·bu·bruch [ta'bu:-] *m* breaking of a taboo

ta·bu·i·sie·ren* [tabui'zi:rən] *vt* ■**etw** ~ to make sth a taboo subject

Ta·bu·la ra·sa ['ta:bula 'ra:za] *f kein pl* ▸WENDUNGEN: ~ ~ **machen** (*fam*) to make a clean sweep of sth

Ta·bu·la·tor <-s, -en> [tabu'la:to:ɐ̯, *pl* -'to:rən] *m* tabulator, tab *fam*

Ta·bu·la·tor·tas·te *f* INFORM tab key

Ta·ch(e)·les ['taxələs] ▸WENDUNGEN: [**mit jdm**] ~ **reden** (*fam*) to do some straight talking [to sb] *fam*

Ta·cho <-s, -s> ['taxo] *m* (*fam*) *kurz für* **Tachometer** speedometer

Ta·cho·me·ter *m o nt* speedometer

Ta·cho·me·ter·stand *m* speedometer-reading

Ta·cho·wel·le *f* AUTO speedometer cable

Ta·del <-s, -> ['ta:dl] *m* ❶ (*Verweis*) reprimand; **jdm einen ~ wegen einer S.** *gen* **erteilen** to reproach sb for sth
❷ (*Makel*) **ohne** ~ impeccable, faultless; **Ritter ohne Furcht und** ~ a most perfect gentle knight

ta·del·los I. *adj* (*einwandfrei*) perfect
II. *adv* perfectly

ta·deln *vt* ❶ (*zurechtweisen*) ■**jdn** [**für etw** *akk* [*o* **wegen einer S.** *gen*]] ~ to reprimand [*or* rebuke] sb [for sth], to scold sb [for sth], to tell sb off [for sth] (*esp children*); **jdn scharf** ~ to sharply rebuke sb
❷ (*missbilligen*) ■**etw** ~ to express one's disapproval; ■**~d** reproachful; **~de Bemerkungen** reproachful remarks

ta·delnd *adj inv Blick, Worte* reproachful

ta·delns·wert *adj inv Verhalten* reprehensible

Ta·dschi·ke, Ta·dschi·kin <-n, -n> [ta'dʒi:kə, ta'dʒi:kɪn] *m, f* Tajik

ta·dschi·kisch *adj* Tajik

Ta·dschi·ki·stan <-s> [ta'dʒi:kista:n] *nt* Tajikistan, Tadzhikistan

Ta·fel <-, -n> ['ta:fl] *f* ❶ (*Platte*) board; **eine ~ Schokolade** a bar of chocolate; **Anzeige~** board; **Gedenk~** plaque; **Schul~** [black]board; **Schreib~** slate
❷ ELEK panel; **Schalt~** control panel [*or* console]
❸ MEDIA (*Bildtafel*) plate
❹ (*geh: festlicher Esstisch*) table; [**jdn**] **zur ~ bitten** to ask [sb] to the table
❺ *kein pl* (*geh: feine Küche*) cuisine

Ta·fel·berg *m kein pl* GEOL table mountain **Ta·fel·be·steck** *nt* cutlery; (*wertvolles Besteck*) [best] silver **Ta·fel·en·te** *f* ORN common pochard **ta·fel·fer·tig** *adj inv, pred* KOCHK ready to serve **Ta·fel·ge·schäft** *nt* over-the-counter transaction **Ta·fel·ge·schirr** *nt* tableware **Ta·fel·ho·nig** *m* processed honey **Ta·fel·leuch·ter** *m* candelabra

ta·feln ['ta:fl̩n] *vi* (*geh*) to feast *form*

tä·feln [tɛ:fl̩n] *vt* ■**etw** ~ to panel sth; ■**getäfelt** panelled [*or* AM paneled]

Ta·fel·obst *nt kein pl* dessert fruit **Ta·fel·run·de** *f* (*geh*) company at a table **Ta·fel·sil·ber** *nt* silver **Ta·fel·spitz** *m* KOCHK boiled beef topside, prime boiled beef

Tä·fe·lung <-, -en> *f* panelling [*or* AM paneling]

Ta·fel·was·ser *nt* (*geh*) table water, mineral water *fam* **Ta·fel·wein** *m* (*geh*) table wine

taff [taf] *adj* (*fam*) tough, demanding

Taft <-[e]s, -e> [taft] *m* taffeta

Taft·kleid *nt* taffeta dress

Tag[1] <-[e]s, -e> [ta:k, *pl* ta:gə] *m* ❶ (*Abschnitt von 24 Stunden*) day; ***das war heute wieder ein ~!*** what a day that was!; **alle ~e** (*fam*) every day; **alle drei ~e** every three days; **achtmal am ~** eight times a day; **auf** [*o* **für**] **ein paar ~e** for a few [*or* couple of] days; **eines** [**schönen**] **~es** one day, one of these [fine] days; ***eines*** [***schönen***] ***~es klingelte es und ihre alte Jugendliebe stand vor der Tür*** one fine day there was a ring at the door and her old flame was standing at the door; ***eines schönen ~es wirst du auf die Schnauze fallen*** you'll come a cropper one of these days! *fam;* **sich** *dat* **einen faulen** [*o* **schönen**] **~ machen** to take things easy for the day; **ein freier ~** a day off; **~ für ~** every day; ***~ für ~ erreichen uns neue Hiobsbotschaften*** every day there's more terrible news; **den ganzen ~** [**lang**] all day long, the whole day; **das Gespräch**[**sthema**]/**der Held des ~es** the talking point/hero of the day; **jds großer ~** sb's big day; [**s**]**einen guten/schlechten ~ haben** to have a good/bad day; ***gestern hatte ich*** [***m***]***einen schlechten ~, da ist alles schiefgegangen*** yesterday just wasn't my day, everything went wrong; ***wenn ich einen schlechten ~ habe, geht alles schief*** when I have an off day everything goes wrong; **jeden ~** every day; ***der Vulkan kann jetzt jeden ~ ausbrechen*** the volcano could erupt at any time; ***der Brief muss jeden ~ kommen*** the letter should arrive any day now; **das Neueste vom ~e** the latest [news]; ***weißt du schon das Neueste vom ~e?*** have you heard the latest?; **seinen ... ~ haben** to feel ... today; ***da hast du 20 Euro, ich habe heute meinen großzügigen ~*** here's 20 euros for you, I'm feeling generous today; **von einem ~ auf den anderen** (*plötzlich*) overnight; (*ständig*) continually; ***sie mussten ihr Haus von einem ~ auf den anderen räumen*** they had to vacate their house overnight; ***ich verschiebe es von einem ~ auf den anderen*** I keep putting it off; **von ~ zu ~** from day to day; **jeden zweiten ~** every other day
❷ (*Datum*) day; ***welcher ~ ist heute?*** what day is it today?; ***lass uns also ~ und Stunde unseres Treffens festlegen*** let's fix a day and a time for our meeting; **am ~ danach** [*o* **folgenden ~**] the next day; **am ~ vorher** [*o* **vorherigen ~**] the day before; **auf den ~** [**genau**] [exactly] to the day; ***ich kann es Ihnen nicht auf den ~ genau sagen*** I can't tell you to the exact day; **dieser ~e** (*fam: früher*) in the last few days; (*später*) in the next few days; **heute in fünf ~en** five days from now; **bis zum heutigen ~** up to the present day; **in den nächsten ~en** in the next few days; **~ der offenen Tür** open day; **der ~ X** D-day
❸ (*Gedenktag*) ■**der ~ des/der ...** ...day; ***der 4. Juli ist der ~ der Unabhängigkeit Amerikas*** 4th July is America's Independence Day; **der ~ der Arbeit** Labour Day; ***der 1. Mai ist traditionell der ~ der Arbeit*** 1st May is traditionally Labour Day; **der ~ des Herrn** (*geh*) the Lord's Day; **der ~ des Kindes** Children's Day
❹ (*Tageslicht*) light; ***es ist noch nicht ~*** it's not light yet; ***im Sommer werden die ~e länger*** the days grow longer in summer; **am ~** during the day; ***am ~ bin ich immer im Büro*** I'm always in the office during the day; **bei ~**[**e**] while it's light; ***wir reisen besser bei ~e ab*** we had better leave while it's light; [**bei**] **~ und Nacht** night and day; ***in den letzten Wochen habe ich ~ und Nacht geschuftet*** I've been grafting away night and day for these last few weeks; **~ sein/werden** to be/become light; ***sobald es ~ wird, fahren wir los*** we'll leave as soon as it's light; ***im Sommer wird es früher ~ als im Winter*** it gets light earlier in summer than in winter
❺ *pl* (*fam: Menstruation*) period; ■**jds ~e** sb's period; **sie hat ihre ~e** [**bekommen**] it's that time of the month for her
❻ *pl* (*Lebenszeit*) days; **auf seine/ihre alten ~e** at his/her time of life; ***auf seine alten ~e hat er noch ein Studium angefangen*** despite his advanced years he has begun some serious studies; **die ~e der Jugend** one's salad days *old;* **bis in unsere ~e** [**hinein**] up to the present day; **in unseren ~en** nowadays
❼ BERGB ■**über/unter ~e** above/below ground
▸WENDUNGEN: **es ist noch nicht aller ~e Abend** it's not all over yet; **man soll den ~ nicht vor dem Abend loben** (*prov*) one shouldn't count one's chickens before they're hatched *prov;* **schon bessere ~e gesehen haben** to have seen better days; ***na, dein Auto hat auch schon bessere ~ gesehen!*** well, your car has seen better days, hasn't it?; **etw an den ~ bringen** to bring sth to light; **ewig und drei ~e** (*hum fam*) for ever and a day; **guten ~!** good day! *form*, hello!, good afternoon/morning!; **nur guten ~ sagen wollen** to just want to say hallo; ***willst du nicht zum Essen bleiben? — nein, ich wollte nur schnell guten ~ sagen*** won't you stay and have something to eat? — no, I just wanted to pop in and say hallo; **der Jüngste ~** REL the Day of Judgement; **etw kommt an den ~** sth comes to light; **in den ~ hinein leben** to live from day to day; **Interesse** [**an etw** *akk*] **an den ~ legen** to show interest [in sth]; **Aufmerksamkeit an den ~ legen** to pay attention; **den lieben langen ~** all day long, [all] the livelong day *form;* **viel reden** [*o* **erzählen**], **wenn der ~ lang ist** (*fam*) to tell somebody anything; **~!** (*fam*) morning! *fam*

Tag[2] <-[s], -s> [tɛk] *nt* INFORM tag

Ta·ga·lisch [ta'ga:lɪʃ] *nt* Tagalog

Ta·ga·li·sche <-n> *nt* ■**das ~** Tagalog

tag·aus [taːkˈʔaus] *adv* ~, **tagein** day after day [*or* day in, day out]

Ta·ge·bau *m kein pl* open-cast mining; **im ~** by open-cast mining; ***Braunkohle wird im ~ gefördert*** lignite is mined by the open-cast method **Ta·ge·bau·pro·jekt** *nt* BERGB opencast mine

Ta·ge·buch *nt* ❶ *(tägliche Aufzeichnungen)* diary; **ein ~ führen** to keep a diary ❷ *(Terminkalender)* appointments diary **Ta·ge·dieb(in)** *m(f) (pej veraltet)* idler, wastrel

Ta·ge·geld *nt* ❶ *(tägliches Krankengeld)* daily invalidity pay ❷ *(tägliche Spesenpauschale)* daily allowance **Ta·ge·geld·ver·si·che·rung** *f* daily benefits insurance

tag·ein [taːkˈʔain] *adv s.* **tagaus**

ta·ge·lang I. *adj* lasting for days; **nach ~em Warten** after days of waiting II. *adv* for days; ***nachdem es ~ geregnet hatte, kam endlich mal wieder die Sonne heraus*** after it had rained for days the sun finally came out again **Ta·ge·lohn** *m* daily wage; **im ~ stehen/arbeiten** to be paid by the day **Ta·ge·löh·ner(in)** <-s, -> [ˈtaːɡəløːnɐ] *m(f) (veraltend)* day labourer [*or* AM -orer]

ta·gen[1] [ˈtaːɡn̩] *vi impers (geh)* ***es tagt!*** day is breaking! *form*

ta·gen[2] *vi* to meet; ***in Berlin tagt zurzeit ein Ärztekongress*** there is a medical congress currently meeting in Berlin

Ta·ges·ab·lauf *m* daily routine **Ta·ges·ab·schluss**RR *m* FIN daily balance **ta·ges·ak·tu·ell** *adj* **das ~e Geschehen** the latest events of the day **Ta·ges·an·bruch** *m* dawn, daybreak; **bei/nach/vor ~** at/after/before daybreak [*or* after] [*or* before] **Ta·ges·aus·flug** *m* day trip **Ta·ges·be·fehl** *m* MIL order of the day **Ta·ges·cre·me** *f* day cream **Ta·ges·de·cke** *f* bedspread **Ta·ges·ein·nah·men** *pl* day's takings *npl* **Ta·ges·end·stand** *m* BÖRSE daily settlement price **Ta·ges·end·wert** *m* BÖRSE daily settlement price **Ta·ges·fahrt** *f* day-trip **Ta·ges·form** *f* form on the day *(in terms of fitness and performance)*; ***er hat heute keine gute ~*** *(a. hum fig)* he's not on form today **Ta·ges·geld** *nt* FIN overnight money **Ta·ges·geld·ein·la·ge** *f* BÖRSE money market deposit **Ta·ges·ge·richt** *nt* KOCHK dish of the day **Ta·ges·ge·schäft** *nt* ❶ BÖRSE day order ❷ *(täglicher Ablauf)* daily business *no pl*, daily tasks *pl* **Ta·ges·ge·sche·hen** *nt* daily events *pl* **Ta·ges·ge·spräch** *nt* talking point of the day **Ta·ges·ge·winn** *m* HANDEL day's profit **Ta·ges·hälf·te** *f* half of the day **Ta·ges·hoch** *nt* high of the day **Ta·ges·höchst·kurs** *m* BÖRSE day's highest price **Ta·ges·höchst·satz** *m* HANDEL day's highest rate

Ta·ges·kar·te *f* ❶ *(Speisekarte)* menu of the day ❷ *(einen Tag gültige Eintrittskarte)* day ticket

Ta·ges·kas·se *f* ❶ *(tagsüber geöffnete Kasse)* box-office open during the day; ***die ~ hat zwischen 10 und 13 Uhr geöffnet*** the box-office is open during the day between 10 a.m. and 1 p.m. ❷ *(Tageseinnahmen)* day's takings *npl*

Ta·ges·kauf *m* BÖRSE day order **Ta·ges·kurs** *m* FIN current rate

Ta·ges·licht *nt kein pl* daylight *no pl*; **bei ~** by [*or* in] daylight; ***das müssen wir uns morgen mal bei ~ ansehen*** we'll have to have a look at it tomorrow in daylight; *(vor Einbruch der Dunkelheit)* before dark; ***ich muss mich beeilen, ich will noch bei ~ zu Hause sein*** I must hurry, I want to be home before dark ▸WENDUNGEN: **etw ans ~ bringen** to bring sth to light; **etw kommt ans ~** sth comes to light; **das ~ scheuen** to shun the light of day **Ta·ges·licht·pro·jek·tor** *m* overhead projector

Ta·ges·marsch *m* day's march **Ta·ges·mut·ter** *f* childminder **Ta·ges·nach·rich·ten** *pl* daily news *usu + sing vb* **Ta·ges·nied·rigst·kurs, Ta·ges·tiefst·kurs** *m* BÖRSE day's lowest price

Ta·ges·ord·nung *f* agenda; **etw auf die ~ setzen** to put sth on the agenda; **auf der ~ stehen** to be on the agenda; ***dieses Thema steht für morgen auf der ~*** this topic is on tomorrow's agenda ▸WENDUNGEN: **an der ~ sein** to be the order of the day; [**wieder**] **zur ~ übergehen** to carry on as usual **Ta·ges·ord·nungs·punkt** *m* item on the agenda

ta·ges·po·li·tisch [ˈtaːɡəspoliːtɪʃ] *adj* POL everyday [*or* short-term] political; ***eine Gruppe, die sich mit ~en Themen befaßt*** a group concerning itself with everyday political topics **Ta·ges·preis** *m* ÖKON current price **Ta·ges·pro·duk·tion** *f* daily production **Ta·ges·ra·tion** *f* daily ration

Ta·ges·rei·se *f* ❶ *(eintägiger Ausflug)* day trip ❷ *(Strecke)* day's journey

Ta·ges·satz *m* ❶ *(tägliche Kosten)* daily rate ❷ *(Geldstrafe) fine calculated from the daily rate of income*

Ta·ges·schau *f kein pl* TV *daily TV news show of the ARD*; **die ~ schauen** ≈ to watch the news **Ta·ges·schwan·kun·gen** *pl* BÖRSE intraday fluctuations **Ta·ges·soll** *nt* HANDEL day's target **Ta·ges·sup·pe** *f* soup of the day **Ta·ges·tief** *nt* low of the day **Ta·ges·um·satz** *m* daily sales returns *pl* **Ta·ges·ver·brauch** *m* daily consumption **Ta·ges·wert** *m* HANDEL going price **Ta·ges·zeit** *f* time [of day]; **zu jeder Tages- und Nachtzeit** *(fam)* at any hour of the night or day **Ta·ges·zei·tung** *f* daily [paper] **Ta·ges·zu·las·sung** *f* AUTO registration for a [single] day

Tagetes <-> [taˈɡeːtɛs] *f kein pl* HORT marigold

ta·ge·wei·se *adv* on a daily basis

Ta·ge·werk *nt kein pl (geh)* day's work

Tag·fal·ter *m* butterfly **Tag·geld** *nt* ÖSTERR, SCHWEIZ *(Tagegeld)* daily allowance **tag·hell** [ˈtaːkˈhɛl] *adj* as bright as day

täg·lich [ˈtɛːklɪç] I. *adj attr* daily; *s. a.* **Brot** II. *adv* daily, every day

tags [taːks] *adv* by day; **~ darauf** the following day; **~ zuvor** the day before

Tag·schicht *f* ❶ *(Arbeitszeitraum)* day shift; **~ haben** to be on day shift ❷ *(personelle Besetzung)* day shift workers *pl*

tags·über [ˈtaːksʔyːbɐ] *adv* during the day

tag·täg·lich [ˈtaːkˈtɛːklɪç] I. *adj* daily II. *adv* on a daily basis, every day

Tag·traum *m* daydream **Tag·träu·mer(in)** *m(f)* [day]dreamer

Tag·und·nacht·glei·che <-, -n> *f* equinox

Ta·gung <-, -en> *f* ❶ *(Fachtagung)* conference ❷ *(Sitzung)* meeting

Ta·gungs·be·ginn *m* beginning of a conference **Ta·gungs·bü·ro** *nt* conference office **Ta·gungs·dau·er** *f* duration of a conference **Ta·gungs·geld** *nt* ADMIN attendance [*or* sitting] fee **Ta·gungs·ort** *m* conference venue **Ta·gungs·raum** *m* conference room **Ta·gungs·teil·neh·mer(in)** *m(f)* participant at a conference

Ta·hi·ti [taˈhiːti] *nt* Tahiti

Ta·hi·tier(in) <-s, -> [taˈhiːtjɐ] *m(f)* Tahitian

ta·hi·tisch [taˈhiːtɪʃ] *adj* Tahitian

Ta·hi·tisch <-> [taˈhiːtɪʃ] *nt* Tahitian

Ta·hi·ti·sche <-n> *nt* ■**das ~** Tahitian

Tai Chi <-> [taiˈtʃiː] *nt*, **Tai Chi Chuan** <-> [taitʃiˈtʃuan] *nt kein pl* t'ai chi [ch'uan]

Tai·fun <-s, -e> [taiˈfuːn] *m* typhoon

Tai·ga <-> [ˈtaiga] *f kein pl* ■**die ~** the taiga

Tail·le <-, -n> [ˈtaljə] *f* waist

tail·len·be·tont *adj inv* figure-hugging **Tail·len·wei·te** *f* waist measurement

tail·liert [ta(l)ˈjiːɐt] *adj* fitted at the waist

Tai·peh <-s> [taiˈpeː] *nt* Taipei

Tai-Spra·che <-, -n> [ˈtai-] *f* Tai [*or* Dai] language

Tai-Volk <-[e]s, -völker> *nt* Tai, Dai, Tai people

Tai·wan <-s> [taiˈvaːn] *nt* Taiwan

Tai·wa·ner(in) <-s, -> [taiˈvaːnɐ] *m(f)* Taiwanese

tai·wa·nisch [taiˈvaːnɪʃ] *adj inv* Taiwanese

Ta·ke·la·ge <-, -n> [takəˈlaːʒə] *f* NAUT rigging

ta·keln [ˈtaːkl̩n] *vt* NAUT ■**etw ~** to rig sth

Take·over <-[s], -> [ˈteːkʔoːvɐ] *nt o m* ÖKON *(Firmenübernahme)* takeover

Takt <-[e]s, -e> [takt] *m* ❶ MUS bar; **den ~ [zu etw dat] schlagen** to beat time to sth ❷ *kein pl (Rhythmus)* rhythm; **den ~ angeben** [*o* **schlagen**] to beat time; **jdn aus dem ~ bringen** to make sb lose their rhythm, to disconcert sb; **jd kommt aus dem ~** to lose one's rhythm [*or* the beat]; **im ~** in time to sth ❸ *kein pl (Taktgefühl)* tact; **etw mit ~ behandeln** to deal tactfully with sth; **keinen ~ [im Leib] haben** *(fam)* not to have an ounce of tact in one; **gegen den ~ verstoßen** to behave tactlessly ❹ AUTO stroke; **4-~-Motor** 4-stroke [engine] ❺ *kein pl* LING foot ❻ TECH phase ▸WENDUNGEN: **ein paar ~e** *(fam)* a few words; **ein paar ~e mit jdm reden** to have a word with sb

Takt·fre·quenz *f* INFORM clock frequency

Takt·ge·ber *m* TECH clock; **externer ~** external clock **Takt·ge·ber·ra·te** *f* TECH clock rate

Takt·ge·fühl *nt* ❶ *(Feingefühl)* sense of tact; **~ haben** to have a sense of tact ❷ MUS sense of rhythm

tak·tie·ren* [takˈtiːrən] *vi* to use tactics; **klug/geschickt ~** to use clever/skilful tactics

Tak·tik <-, -en> [ˈtaktɪk] *f* tactics *pl*; [**mit etw** *dat*] **eine bestimmte ~ verfolgen** to pursue certain tactics [with sth]; ***wir müssen herausbekommen, welche ~ die Konkurrenz verfolgt*** we must find out what tactics our competitors are pursuing

Tak·ti·ker(in) <-s, -> [ˈtaktikɐ] *m(f)* tactician

tak·tisch [ˈtaktɪʃ] I. *adj* tactical II. *adv* tactically

takt·los *adj* tactless

Takt·lo·sig·keit <-, -en> *f* ❶ *kein pl (taktlose Art)* tactlessness ❷ *(taktlose Aktion)* piece of tactlessness

Takt·ra·te *f* INFORM clock rate [*or* speed] **Takt·si·gnal** *nt* INFORM clock pulse **Takt·stock** *m* baton **Takt·strich** *m* MUS bar [line] **takt·voll** *adj* tactful

Tal <-[e]s, Täler> [taːl, *pl* ˈtɛːlɐ] *nt* valley; **zu ~** *(geh)* down into the valley; *(flussabwärts)* downstream ▸WENDUNGEN: **~ der Tränen** *(geh)* vale of tears

tal·ab·wärts [taːlˈʔapvɛrts] *adv* down the valley

Ta·lar <-s, -e> [taˈlaːɐ] *m* JUR robe, gown; REL cassock; SCH gown

TA-Lärm *f kein pl* JUR Technical Directive on Noise Pollution Control

tal·auf·wärts [taːlˈʔvɛrts] *adv* up the valley, upstream

Tal des To·des *nt* Death Valley

Ta·lent <-[e]s, -e> [taˈlɛnt] *nt* ❶ *(Begabung)* talent; ■**jds ~ für** [*o* **zu**] **etw** sb's talent for sth; **~** [**für** [*o* **zu**] **etw**] **haben** to have a talent [for sth] ❷ *(begabter Mensch)* talent *no pl*; ***Ihr Sohn ist ein wirkliches ~*** your son is a real talent; **junge ~e** young talents

ta·len·tiert [talɛnˈtiːɐt] I. *adj* talented II. *adv* in a talented way

Ta·lent·show [taˈlɛntʃou] *f* talent show

Ta·ler <-s, -> [ˈtaːlɐ] *m* HIST thaler

Tal·fahrt *f* ❶ *(Fahrt ins Tal)* descent [into the valley [*or* down a valley]], journey downstream ❷ *(fig: starke Verluste)* steep decline; **die Konjunktur ist in der ~** there's a downtrend in economic activity

Talg <-[e]s, -e> [ˈtalk, *pl* ˈtalgə] *m* ❶ *(festes Fett)* suet ❷ *(Absonderung der Talgdrüsen)* sebum

Talg·drü·se *f* sebaceous gland **Talg·drü·sen·über·funk·ti·on** *f* seborrhoea BRIT, seborrhea AM

Ta·lis·man <-s, -e> [ˈtaːlɪsman] *m* talisman, lucky charm, mascot

Talk[1] <-[e]s> [talk] *m kein pl (Mineral)* talc

Talk[2] <-s, -s> [tɔːk] *m (Plauderei)* talk

tal·ken [ˈtɔːkn] *vi* SOZIOL, MEDIA to chat, to talk

Talker(in) <-s, -> [ˈtɔːkɐ] *m(f)* TV *(sl)* chat show presenter [*or* host] BRIT, talk show host AM

Tal·kes·sel *m* basin, hollow

Talk·mas·ter(in) <-s, -> [ˈtɔːkmaːstɐ] *m(f)* chat show host BRIT, talk show host

Talk·pu·der *m o nt s.* **Talkum**

Talk·showRR, **Talk-Show**ALT <-, -s> [ˈtɔːkʃoː] *f* talk show, chat show BRIT

Tal·kum <-s> [ˈtalkʊm] *nt kein pl* ❶ *(Talk)* talcum, talc ❷ *(Puder)* talc, talcum [powder]

Tal·linn <-s> [ˈtalɪn] *nt* Tallin[n]

Tal·mi <-s> ['talmi] *nt kein pl (veraltend)* pinchbeck *form*, cheap rubbish [*or* AM garbage]; *(unechter Schmuck)* imitation jewellery [*or* AM jewelery]

Tal·mi·gold *nt* pinchbeck gold

Tal·mud <-[e]s, -e> ['talmu:t, *pl* -u:də] *m kein pl* REL Talmud

Tal·mul·de *f* basin, hollow

Ta·lon [ta'lõ:] *m* JUR renewal coupon

Tal·schaft <-, -en> *f* SCHWEIZ *(Territorium)* valley area; *(politische Einheit)* valley community

Tal·soh·le *f* ① *(Boden eines Tales)* bottom of a valley ② *(fig: Tiefstand)* rock bottom; *(Wirtschaft)* trough **Tal·sper·re** *f* TECH *s.* **Staudamm Tal·sta·ti·on** *f* valley station

TA-Luft *f kein pl* JUR Technical Directive on Air Pollution Control, air quality directive

tal·wärts ['ta:lʔvɛrts] *adv inv* down to the valley

Ta·ma·got·chi® <-[s], -[s]> [tama'gɔtʃi] *nt* tamagotchi

Ta·ma·ril·lo <-, -[s]> [tama'rɪlo] *f* BOT tamarillo, tree tomato

Ta·ma·rin·de <-, -n> [tama'rɪndə] *f* tamarind

Ta·ma·ris·ke <-, -n> [tama'rɪskə] *f* tamarisk

Tam·bour <-en, -en> ['tambu:ɐ, tam'bu:ɐ] *m* SCHWEIZ *(Trommler)* drummer

Tam·bur·in <-s, -e> [tãbu'rɛ̃:] *nt* tambourine

Ta·mil [ta:mɪl] *nt* Tamil

Ta·mi·le, Ta·mi·lin <-n, -n> [ta'mi:lə, ta'mi:lɪn] *m, f* Tamil

Tam·pon <-s, -s> ['tampɔn, tam'po:n, tã'põ:] *m* tampon

Tam·tam <-s, -s> *nt* ① *(asiatisches Becken)* tom-tom ② *kein pl (fam: großes Aufheben)* fuss; **ein** [**großes**] ~ [**um jdn/etw**] **machen** *(fam)* to make a [big] fuss [about [*or* over] sb/sth]

Tand <-[e]s> [tant] *m kein pl (veraltend geh)* knick-knacks *pl*

Tän·de·lei <-, -en> [tɛndə'lai] *f (geh)* ① *(Liebelei)* dalliance *liter* ② *(Spielerei)* trifle

tän·deln ['tɛndl̩n] *vi (veraltend geh)* ■[**mit etw** *dat*] ~ to dally with sth; ■[**mit jdm**] ~ to trifle [with sb] *dated*

Tan·dem <-s, -s> ['tandɛm] *nt* tandem; ~ **fahren** to ride a tandem

Tand·ler(in) <-s, -> ['tandlɐ] *m(f)* ÖSTERR *(fam)* ① *(Trödler)* junk dealer ② *(Charmeur)* flirt, philanderer

Tang <-[e]s, -e> ['taŋ] *m* seaweed

Tan·ga <-s, -s> ['taŋga] *m* tanga

Tan·gens <-, -> ['taŋgɛns] *m* tangent

Tan·gen·te <-, -n> [taŋ'gɛntə] *f* ① MATH tangent ② TRANSP bypass, ring road

Tan·gen·ten·nä·he·rungs·ver·fah·ren *nt kein pl* MATH Newtonian method of approximation **Tan·gen·ten·schar** *f* MATH web of a curve

tan·gen·ti·al [taŋgɛn'tsia:l] *adj inv* MATH tangential

Tan·ger <-s> ['taŋɐ] *nt* Tangier[s]

tan·gie·ren* [taŋ'gi:rən] *vt* ① *(geh: streifen)* ■**jdn/etw** ~ to touch upon sb/sth; ***in unserer Besprechung wurde dieses Problem nur tangiert*** this problem was only touched upon in our discussion ② *(geh: betreffen)* ■**jdn/etw** ~ to affect sb/sth; **jdn nicht** ~ *(fam)* not to bother sb ③ MATH ■**etw** ~ to be tangent to

Tan·go <-s, -s> ['taŋgo] *m* tango

Tank <-s, -s> [taŋk] *m* TECH, MIL tank

Tank·de·ckel *m* fuel [*or* BRIT *a.* filler] cap [*or* BRIT *a.* petrol]

Tan·ke <-, -n> *f (sl: Tankstelle)* garage, petrol [*or* service] station BRIT, gas station AM

tan·ken ['taŋkn̩] **I.** *vi (den Tank füllen) Auto* to fill up with [*or* get some] petrol [*or* AM gas]; *Flugzeug* to refuel
II. *vt* ① *(als Tankfüllung)* ■**etw** ~ to fill up with sth; ***ich tanke nur noch Super bleifrei*** I only fill up with Super lead-free ② *(fam: in sich aufnehmen)* ■**etw** ~ to get sth; **frische Luft/Sonne** ~ to get some fresh air/sun; ***ich fahre an die See, um neue Kräfte zu*** ~ I'm going to the seaside to recharge my batteries *fig*
▸WENDUNGEN: [**ganz schön** [*o* **reichlich**] [*o* **ziemlich**]] **getankt haben** *(fam)* to have downed a fair amount

Tan·ker <-s, -> ['taŋkɐ] *m* NAUT tanker

Tank·fahrt *f* NAUT tanker shipping **Tank·füll·stu·tzen** *m* filler pipe **Tank·fül·lung** *f* a tankful **Tank·in·halt** *m* tank capacity **Tank·la·ger** *nt* petrol [*or* oil] depot **Tank·las·ter** *m* tanker **Tank·last·wa·gen** *m* tanker **Tank·last·zug** *m* tanker **Tank·säu·le** *f* petrol [*or* AM gas] pump

Tank·stel·le *f* garage, filling [*or* AM gas] [*or* BRIT petrol] station **Tank·stel·len·be·trei·ber, -be·trei·be·rin** *m, f* service station operator **Tank·stel·len·shop** *m* service [*or* BRIT petrol] [*or* AM gas] station shop

Tank·top <-s, -s> ['tæŋktɔp] *nt* MODE tank top

Tank·uhr *f* fuel [*or* petrol] gauge **Tank·ver·schluss**^RR *m* ① *(Verschluss eines Tanks 2)* tank lid ② AUTO *(geh) s.* **Tankdeckel Tank·wa·gen** *m* tanker **Tank·wart(in)** *m(f)* petrol pump attendant BRIT, gas station attendant AM **Tank·zug** *m* petrol train

Tan·ne <-, -n> ['tanə] *f* fir; *(Weißtanne)* silver fir

Tan·nen·baum *m* ① *(Weihnachtsbaum)* Christmas tree ② *(fam: Tanne)* fir-tree **Tan·nen·hä·her** *m* ORN nutcracker **Tan·nen·holz** *nt* pine-wood **Tan·nen·ho·nig** *m* pine honey **Tan·nen·mei·se** *f* ORN coal tit **Tan·nen·na·del** *f* fir needle **Tan·nen·wald** *m* pine forest **Tan·nen·zap·fen** *m* fir cone

Tan·nin <-s> [ta'ni:n] *nt kein pl* tannin

Tan·sa·nia <-> [tanza'ni:a] *nt* Tanzania

Tan·sa·ni·er(in) <-s, -> [tan'za:ni̯ɐ] *m(f)* Tanzanian

tan·sa·nisch [tan'za:nɪʃ] *adj inv* Tanzanian

Tan·tal <-s> ['tantal] *nt kein pl* CHEM tantalum *no pl*

Tan·ta·lus·qua·len ['tantalʊs-] *pl* ▸WENDUNGEN: ~ **leiden** *(geh)* to suffer the torments of Tantalus *liter*

Tan·te <-, -n> ['tantə] *f* ① *(Verwandte)* aunt, auntie *fam* ② *(pej fam: Frau)* old dear *pej fam* ③ *(kindersprache)* lady; ***sag der ~ schön guten Tag!*** say hello nicely to the lady!

Tan·te-Em·ma-La·den *m (fam)* corner shop

Tan·ti·e·me <-, -n> [tã'tie:mə, tã'tiɛ:me] *f* ① *(Absatzhonorar)* royalty ② *meist pl (Gewinnbeteiligung)* percentage of the profits

Tan·ti·e·men·ab·rech·nung *f* HANDEL royalty statement **Tan·ti·e·men·steu·er** *f* FIN royalty tax **Tan·ti·e·men·ver·gü·tung** *f* FIN royalty payment

Tan·tra <-> ['tantra] *nt*, **Tan·tris·mus** <-> [tan'trɪsmʊs] *m kein pl* REL Tantra, Tantrism

Tan·tri·ker(in) <-s, -> ['tantrikɐ] *m(f)* REL Tantrist

tan·trisch ['tantrɪʃ] *adj* REL Tantric, Tantrist

Tanz <-es, Tänze> ['tants, *pl* 'tɛntsə] *m* ① MUS dance; **jdn zum ~ auffordern** to ask sb to dance ② *kein pl (Tanzveranstaltung)* dance ③ *(fam: Auseinandersetzung)* song and dance; **einen ~ [wegen einer S.** *gen*] **machen** [*o* **aufführen**] *(fam)* to make a song and dance [about sth] *fam*
▸WENDUNGEN: **der ~ ums Goldene Kalb** worship of the golden calf [*or* of Mammon]; **ein ~ auf dem Vulkan** *(geh)* playing with fire

Tanz·abend *m* evening's dancing, ball

tanz·bar *adj* MUS *(sl)* danc[e]y *fam*, good to dance to *pred*; ~***e Tracks*** tracks [that] you can dance to

Tanz·bein *nt* **das ~ schwingen** *(hum fam)* to take to the floor *fam* **Tanz·ca·fé** *nt* coffee house with a dance floor

Tänz·chen <-s, -> ['tɛntsçən] *nt dim von* **Tanz** dance; **ein ~ wagen** *(hum)* to venture onto the dance floor

Tanz·ein·la·ge *f* dance number

tän·zeln ['tɛntsl̩n] *vi* ① *haben (auf und ab federn) Boxer* to dance; *Pferd* to prance ② *sein (sich leichtfüßig fortbewegen)* to skip

tan·zen ['tantsn̩] **I.** *vi* ① *haben (einen Tanz aufführen)* to dance; ***wollen wir ~?*** shall we dance?; ~ [*o* **zum T~**] **gehen** to go dancing; *s. a.* **Pfeife** ② *sein (sich tanzend fortbewegen)* to dance; **auf dem Seil ~** to walk the tightrope [*or* high wire] ③ *haben (hüpfen) Gläser, Würfel* to jump in the air; ***das kleine Boot tanzte auf den Wellen*** the little boat bobbed up and down on the waves; ***ihm tanzte alles vor den Augen*** the room was spinning before his eyes
II. *vt haben* **einen Tango/ein Solo ~** to dance the tango/a solo
III. *vr* **sich** *akk* **in Ekstase ~** to dance oneself into a state of ecstasy; **sich** *akk* **müde/heiß ~** to dance oneself into a state of exhaustion/a sweat

Tän·zer(in) <-s, -> ['tɛntsɐ] *m(f)* ① *(Tanzpartner)* dancer, [dancing] partner; **ein guter/schlechter ~ sein** to be a good/bad dancer; **kein ~ sein** to be no dancer ② *(Balletttänzer)* ballet dancer

tän·ze·risch I. *adj* dancing; ***die Paare zeigten ihr ~es Können*** the couples showed their dancing ability
II. *adv* in terms of dancing; ***die Kür war ~ ausgezeichnet*** the dancing in the free section was excellent

Tanz·flä·che *f* dance floor **Tanz·grup·pe** *f* dance group **Tanz·ka·pel·le** *f* dance band

Tanz·kurs *m* ① *(Lehrgang für Tanzen)* dancing lessons ② *(Teilnehmer eines Tanzkurses)* dance class

Tanz·leh·rer(in) *m(f)* dance [*or* dancing] teacher **Tanz·lo·kal** *nt* café with a dance floor **Tanz·mu·sik** *f* dance music **Tanz·num·mer** *f* dance number **Tanz·or·ches·ter** *nt* dance orchestra **Tanz·part·ner(in)** *m(f)* dancing partner **Tanz·schritt** *m* dance step **Tanz·schu·le** *f* dancing school, school of dancing **Tanz·schup·pen** *m (sl)* [dance] club

Tanz·stun·de *f* ① *kein pl (Kurs)* dancing class ② *(Unterrichtsstunde)* dancing lesson; **~n nehmen** to have dancing lessons

Tanz·tee *m* tea-dance **Tanz·the·a·ter** *nt* dance theatre [*or* AM -er] **Tanz·tur·nier** *nt* dance tournament

tanz·wü·tig *adj* dance-crazy [*or* -mad]

Tanz·wü·ti·ge(r) *f(m) dekl wie adj* dance addict *hum*; *(bei Techno a.)* raver; ■**eine ~/ein ~r sein** to be dance-crazy [*or* -mad]

Tao <-> ['ta:o] *nt kein pl* PHILOS Tao

Taoismus <-> [tao'ɪsmʊs] *m kein pl* REL *(chin. Religion und Philosophie)* Taoism

Ta·pe·na·de *f* KOCHK tapenade

ta·pern ['ta:pɐn] *vi* NORDD *(fam)* to make one's way clumsily [*or* awkwardly]

Ta·pet [ta'pe:t] *nt* ▸WENDUNGEN: **etw aufs ~ bringen** *(fam)* to bring up sth *sep*; **aufs ~ kommen** *(fam)* to come up

Ta·pe·te <-, -n> [ta'pe:tə] *f* wallpaper *no pl*
▸WENDUNGEN: **die ~n wechseln** to have a change of scenery

Ta·pe·ten·bahn *f* strip of wallpaper **Ta·pe·ten·far·be** *f* colour [*or* AM -or] of the wallpaper **Ta·pe·ten·ge·schäft** *nt* wallpaper shop [*or* AM store] **Ta·pe·ten·mus·ter** *nt* ① *(Design)* wallpaper pattern ② *(Probe)* wallpaper sample **Ta·pe·ten·rol·le** *f* roll of wallpaper **Ta·pe·ten·tür** *f* concealed door

Ta·pe·ten·wech·sel *m (fam)* change of scene
▸WENDUNGEN: **einen ~ brauchen** to need a change of scenery

ta·pe·zie·ren* [tape'tsi:rən] *vt* ■**etw ~** to wallpaper sth

Ta·pe·zie·rer(in) <-s, -> *m(f)* decorator

Ta·pe·zier·tisch *m* wallpapering-table

tap·fer ['tapfɐ] *adj* ① *(mutig)* brave, courageous ② *(fam: munter)* heartily; ***greif' nur ~ zu!*** just help yourself to as much as you like!

Tap·fer·keit <-> *f kein pl* bravery, courage

Tap·fer·keits·me·dail·le *f* bravery medal

Ta·pi·o·ka <-> [ta'pi̯o:ka] *nt kein pl (Stärkemehl aus Maniokknollen)* tapioca, manioc starch

Ta·pir <-s, -e> ['ta:pi̯ɐ] *m* ZOOL tapir

tap·pen ['tapn̩] *vi* ① *sein (schwerfällig gehen)* ■[**irgendwohin**] ~ to walk hesitantly; ***schlaftrunken tappte er zum Telefon*** he shuffled drowsily to the phone

② *haben (tasten)* ■[**nach etw** *dat*] ~ to grope [*or* fumble] [for sth]; *s. a.* **dunkel, Falle**

täp·pisch <-er, -ste> ['tɛpɪʃ] *adj* clumsy, awkward

tap·sen ['tapsn̩] *vi sein (fam) Kleinkind* to toddle; *Bär* to lumber

tap·sig ['tapsɪç] *adj (fam)* awkward, clumsy

Ta·ra <-, Taren> ['ta:ra, *pl* 'ta:rən] *f* tare

Ta·ran·tel <-, -n> [ta'rantl̩] *f* ZOOL tarantula
▶WENDUNGEN: **wie von der ~ gestochen** *(fam)* as if one had been stung

Ta·ren *pl von* Tara

ta·rie·ren* [ta'ri:rən] *vt* HANDEL ■**etw** ~ to tare sth

Ta·rif <-[e]s, -e> [ta'ri:f] *m* ① *(festgesetzter Einheitspreis)* charge
② *(gewerkschaftliche Gehaltsvereinbarung)* pay scale; **nach/über/unter** ~ according to/above/below the negotiated rate; **geltender/gestaffelter** ~ rate in force/differential tariff
③ ÖKON *(Preis)* tariff, rate; ~ **für Durchgangsgüter** transit rate; ~ **für Großkunden** bulk tariff; ~**e angleichen/senken** to standardize/cut rates; ~**e festsetzen** to tariff, to fix a tariff; **laut** ~ as per tariff

Ta·rif·ab·bau *m kein pl* ÖKON cut in rates **Ta·rif·ab·kom·men** *nt* JUR trade agreement, wage settlement, AM labor pact **Ta·rif·ab·schluss**RR *m* wage agreement **Ta·rif·aus·ein·an·der·set·zung** *f* wage bargaining **Ta·rif·au·to·no·mie** *f* right to free collective bargaining **Ta·rif·be·las·tung** *f* FIN tariff rate [*or* tax rate] burden **ta·rif·be·steu·ert** *adj inv* FIN fully taxed, taxed according to scale *pred* **Ta·rif·be·stim·mung** *f* POL price setting, pricing **Ta·rif·be·zirk** *m* ÖKON, ADMIN tariff area **Ta·rif·bin·dung** *f* obligation to pay in line with a collective pay agreement **Ta·rif·dschun·gel** *m (fig)* maze of prices **Ta·rif·fä·hig·keit** *f kein pl* pay negotiating capacity **Ta·rif·ge·fü·ge** *nt* JUR wage bargaining structure **Ta·rif·ge·halt** *nt* standard salary **Ta·rif·ge·stal·tung** *f* rate making **Ta·rif·grup·pe** *f* ÖKON wage bracket [*or* group]; **jdn in eine höhere/niedrigere ~ einstufen** to upgrade/downgrade sb

ta·ri·fie·ren* [tari'fi:rən] *vt* ■**etw** ~ to rate [*or* classify] sth

Ta·rif·kampf [ta'ri:f-] *m* ÖKON [tense] wage [*or* pay] negotiations *pl* **Ta·rif·kom·mis·sion** *f* ÖKON, ADMIN joint working party on wages **Ta·rif·kon·flikt** *m* pay [*or* wage] dispute **Ta·rif·land·schaft** *f* current pay situation

ta·rif·lich I. *adj* negotiated; **der ~e Stundenlohn** the negotiated hourly wage rate
II. *adv* by negotiation; ***in den meisten Branchen sind Löhne und Gehälter ~ festgelegt*** in most sectors wages and salaries are determined by negotiation

Ta·rif·lohn *m* standard wage

ta·rif·mä·ßig I. *adj inv* in accordance with the tariff
II. *adv* tariff-wise

Ta·rif·par·tei *f*, **Ta·rif·par·tner** *m meist pl* ÖKON labour and management, unions and management; **die ~en des Einzelhandels** bargaining agents for retail traders **Ta·rif·part·ner(in)** *m(f)* party to a wage agreement **Ta·rif·po·li·tik** *f kein pl* ÖKON pay policy **Ta·rif·recht** *nt kein pl* JUR collective bargaining law **ta·rif·recht·lich** *adj* JUR under collective bargaining law **Ta·rif·run·de** *f* pay round, round of collective bargaining **Ta·rif·span·ne** *f* HANDEL rate range **Ta·rif·staf·fe·lung** *f* HANDEL rate scale **Ta·rif·streit** *m* wage dispute **Ta·rif·sys·tem** *nt* collective wage system **Ta·rif·ta·bel·le** *f* scale of rates **Ta·rif·un·ter·schied** *m* ÖKON wage differential; **örtlich bedingte ~e** regional wage differential **Ta·rif·ur·laub** *m* JUR collectively agreed holiday **Ta·rif·ver·ein·ba·rung** *f* ÖKON *(für Löhne)* wage settlement, collective bargaining [*or* wage] agreement **Ta·rif·ver·hand·lung** *f meist pl* collective wage negotiations *pl*

Ta·rif·ver·trag *m* JUR *(für Löhne)* collective wage agreement [*or* bargaining contract]; **unternehmensspezifischer** ~ house agreement; **einen ~ aushandeln** to negotiate a settlement **ta·rif·ver·trag·lich** *adj* JUR collectively agreed, under the collective wage agreement **Ta·rif·ver·trags·par·tei** *f*, **Ta·rifs·ver·trags·part·ner** *m meist pl* ÖKON *s.* **Tarifpartei** **Ta·rif·ver·trags·po·li·tik** *f* collective bargaining policy **Ta·rif·ver·trags·recht** *nt* JUR law governing collective bargaining **Ta·rif·(ver·trags·)sys·tem** *nt* collective pay agreements system, wage-rate system

Ta·rif·vor·schrift *f* JUR tariff regulation **Ta·rif·wert** *m* ① ÖKON tariff value ② BÖRSE public utility **Ta·rif·we·sen** *nt kein pl* ÖKON collective agreement system **Ta·rif·zo·ne** *f* fare zone

Tarn·an·strich *m* camouflage **Tarn·an·zug** *m* camouflage battledress, battle dress uniform AM

tar·nen ['tarnən] *vt* ① MIL *(unkenntlich machen)* ■**sich** *akk* ~ to camouflage oneself; ■**etw** [**gegen etw** *akk*] ~ to camouflage sth [against sth]
② *(Identität wechseln)* ■**etw** [**durch** [*o* **als**] **etw**] ~ to disguise sth [by doing sth]; ■**sich** *akk* [**als jd**] ~ to disguise oneself [as sb]; ***der Privatdetektiv hatte sich als Mitarbeiter getarnt*** the private detective had disguised himself as an employee

Tarn·far·be *f* camouflage paint **Tarn·fir·ma** *f* camouflage organization

Tarn·kap·pe *f* magic cap of invisibility **Tarn·kap·pen·bom·ber** *m* MIL Stealth bomber

Tarn·na·me *m* cover name

Tar·nung <-, -en> *f* ① *kein pl (das Tarnen)* camouflage
② MIL camouflage
③ *(tarnende Identität)* cover

Ta·rock <-s, -s> [ta'rɔk] *m o nt* DIAL tarot

Täsch·chen <-s, -> ['tɛʃçən] *nt dim von* Tasche small bag

Ta·sche <-, -n> ['taʃə] *f* ① *(Handtasche)* [hand]bag; *(Einkaufstasche)* [shopping] bag; *(Aktentasche)* briefcase
② *(in Kleidungsstücken)* pocket; *(Hosentasche)* pocket; ***nimm die Hände aus der ~!*** take your hands out of your pockets!; **etw in der ~ haben** to have sth in one's pocket
③ *(Hohlraum)* pouch; *(Backentasche)* cheek pouch
▶WENDUNGEN: [**etw**] **aus der eigenen ~ bezahlen** *(fam)* to pay for sth out of one's own pocket; **sich** *dat* **in die eigene ~ lügen** to fool [*or* kid] oneself; **etw in die eigene ~ stecken** *(fam)* to pocket sth; **sich** *dat* **die [eigenen] ~n füllen** to feather one's own nest; **etw in der ~ haben** to have sth in the bag *fig;* **jdm auf der ~ liegen** *(fam)* to live off sb; **jdn in die ~ stecken** *(fam)* to be head and shoulders above sb; **tief in die ~ greifen müssen** *(fam)* to have to dig deep into one's pocket; **in die eigene ~ wirtschaften** *(fam)* to line one's own pocket[s]; **jdm das Geld aus der ~ ziehen** *(fam)* to con money out of sb

Ta·schen·aus·ga·be *f* pocket edition

Ta·schen·buch *nt* paperback **Ta·schen·buch·aus·ga·be** *f* paperback edition

Ta·schen·com·pu·ter *m* hand-held computer **Ta·schen·dieb(in)** *m(f)* pickpocket **Ta·schen·falz** *m* TYPO buckle fold **Ta·schen·for·mat** *nt* pocket size; ~ **haben** to be pocket size[d]; **im** ~ pocket-size; **eine Videokamera im ~** a pocket-size video camera

Ta·schen·geld *nt* pocket money **Ta·schen·geld·pa·ra·graph** *m* JUR pocket money rule for minors **Ta·schen·ka·len·der** *m* pocket diary **Ta·schen·kamm** *m* pocket comb **Ta·schen·krebs** *m* [common] crab **Ta·schen·lam·pe** *f* torch **Ta·schen·mes·ser** *nt* penknife **Ta·schen·rech·ner** *m* pocket calculator **Ta·schen·schirm** *m* telescopic [*or* collapsible] umbrella **Ta·schen·spie·gel** *m* pocket mirror **Ta·schen·spie·ler·trick** *m (pej)* trick, sleight of hand **Ta·schen·tuch** *nt* handkerchief **Ta·schen·uhr** *f* pocket watch **Ta·schen·wör·ter·buch** *nt* pocket dictionary **Ta·schen·zer·stäu·ber** *m* pocket atomizer

Tasch·kent <-s> [taʃ'kɛnt] *nt* Tashkent

Task·leis·te ['ta:sk-] *f* INFORM task bar **Task·steu·e·rung** *f* INFORM task management **Task·wech·sel** *m* INFORM task switch

Tas·man·see ['tasman-] *f* Tasman Sea

Täss·chenRR, **Täß·chen**ALT <-s, -> ['tɛsçən] *nt dim von* **Tasse** ① *(kleine Tasse)* little cup
② *(Menge)* drop *fig*

Tas·se <-, -n> ['tasə] *f* ① *(Trinkgefäß)* cup
② *(Menge einer Tasse)* cup; **eine ~ Tee** a cup of tea
▶WENDUNGEN: **hoch die ~n!** *(prov fam)* bottoms up! *fam;* **nicht alle ~n im Schrank haben** *(fam)* not to be right in the head *fam;* **trübe** ~ *(fam)* a drip *fam*

tas·sen·fer·tig *adj inv* KOCHK ready to serve in a cup

Tas·ta·tur <-, -en> [tasta'tu:ɐ̯] *f* keyboard; **ergonomische/alphanumerische** ~ ergonomic/alphanumeric keyboard

Tas·ta·tur·ab·de·ckung *f* keyboard cover **Tas·ta·tur·an·schluss**RR *m* INFORM keyboard pin [*or* connection] **Tas·ta·tur·be·fehl** *m* INFORM key command **Tas·ta·tur·ein·ga·be** *f* INFORM key in **tas·ta·tur·ge·steu·ert** *adj* INFORM keyboard-driven **Tas·ta·tur·ka·bel** *nt* INFORM keyboard cable **tas·ta·tur·kom·pa·ti·bel** *adj* INFORM keyboard compatible **Tas·ta·tur·pro·zes·sor** *m* INFORM keyboard processor **Tas·ta·tur·scha·blo·ne** *f* INFORM keyboard template **Tas·ta·tur·trei·ber** *m* INFORM keyboard driver

tast·bar *adj inv* palpable; **eine deutlich ~e Verhärtung** a hardening that can be easily felt

Tast·bild·schirm *m* INFORM touch-screen terminal

Tas·te <-, -n> ['tastə] *f (auf Tastatur)* key; *(auf Telefon)* button; **programmierbare** ~ programmable key; ~ **zum Rückwärtsblättern/Vorwärtsblättern** page down/up key; ~ **zum Entfernen** delete [*or* cancel] key; [**mächtig**] **in die ~n greifen** to strike up a tune; **auf die ~n hauen** [*o* **hämmern**] *(hum fam)* to hammer away at the keyboard *hum fam*

tas·ten ['tastn̩] I. *vi (fühlend suchen)* ■[**nach etw** *dat*] ~ to feel [*or* grope] [for sth]; ~**de Fragen** tentative questions; **ein erster ~der Versuch** a first tentative attempt
II. *vr (sich vortasten)* ■**sich** *akk* **irgendwohin** ~ to grope one's way to somewhere
III. *vt* ① *(fühlend wahrnehmen)* ■**etw** ~ to feel sth
② *(per Tastendruck eingeben)* ■**etw** ~ to enter sth; ***taste eine 9*** press 9

Tas·ten·an·schlag *m* keystroke **Tas·ten·block** *m* keypad **Tas·ten·feld** *nt* key pad **Tas·ten·in·stru·ment** *nt* keyboard instrument **Tas·ten·kap·pe** *f* keycap **Tas·ten·kom·bi·na·ti·on** *f* key sequence **Tas·ten·rei·he** *f* key row **Tas·ten·te·le·fon** *nt* push-button telephone **Tas·ten·ton** *m* touch tone

Tast·or·gan *nt* tactile organ, organ of touch **Tast·sinn** *m kein pl* sense of touch

tat [ta:t] *imp von* **tun**

Tat <-, -en> [ta:t] *f* ① *(Handlung)* act, deed *form;* **eine gute** ~ a good deed; **eine verhängnisvolle** ~ a fateful deed *form;* **zur ~ schreiten** *(geh)* to proceed to action; **etw in die ~ umsetzen** to put sth into effect
② JUR *(Straftat)* crime, offence [*or* AM -se], act, deed; **Schwere der** ~ gravity [*or* seriousness] of the offence; **jdn auf frischer ~ ertappen** to catch sb in the very act [*or fig* red-handed]
③ SCHWEIZ *(in Wirklichkeit)* **in ~ und Wahrheit** actually, really, in fact
▶WENDUNGEN: **in der ~** indeed; **jdm mit Rat und ~ beistehen** to support sb in word and deed [*or* in every way possible]; *s. a.* **Mann**

Ta·tar <-s> [ta'ta:ɐ̯] *nt kein pl* KOCHK tartare

Tatar(in) <-en, -en> [ta'ta:ɐ̯] *m(f)* Tartar

Ta·ta·ren·mel·dung *f (veraltend)* false alarm

Tat·be·stand *m* ① *(Sachlage)* facts [of the matter]
② JUR elements of an offence [*or* AM -se], facts of the case *pl;* ***sein Verbrechen erfüllt den ~ der vorsätzlichen Tötung*** his offence constitutes premeditated murder; **objektiver/subjektiver** ~ physical/mental elements *pl* of an offence **Tat·be·stands·auf·nah·me** *f* JUR fact finding **Tat·be·stands·ele·ment** *nt* JUR constituent element **Tat·be·stands·irr·tum** *m* JUR factual mistake **Tat·be·stands·merk·mal** *nt* JUR constituent fact of an offence [*or* AM -se]; **subjektives** ~ mental element **Tat·be·tei·lig·te(r)** *f(m)* JUR accomplice **Tat·ein·heit** <-> *f kein pl* JUR coincidence *(commission of two or more*

offences in one act); **in ~ mit etw** *dat* concomitantly with sth

Ta·ten·drang *m kein pl (geh)* thirst for action [*or* enterprise] **ta·ten·durs·tig** [ta:tən'dʊrstɪç] *adj (geh)* eager for action *pred*

ta·ten·los *adj inv* idle; ~ **zusehen** to stand and watch, to stand idly by

Tä·ter(in) <-s, -> ['tɛ:tɐ] *m(f)* culprit, offender, perpetrator; **mittelbarer/unmittelbarer** ~ indirect perpetrator/actual offender; **unbekannte** ~ unknown culprits; ~ **einer unerlaubten Handlung** *(fachspr)* tortfeasor *spec*

Tä·ter·pro·fil *nt* JUR suspect profile, profile of the suspect

Tä·ter·schaft <-> *f kein pl* commission of the offence; **mittelbare** ~ perpetration of an offence using an innocent agent

Tat·her·gang *m* JUR sequence of events [when a crime was committed]

tä·tig ['tɛ:tɪç] *adj* ❶ *(beschäftigt)* employed; ■[**irgendwo**] ~ **sein** to work [somewhere]; ***sie ist als Abteilungsleiterin in der pharmazeutischen Industrie*** ~ she works as a departmental head in the pharmaceutical industry
❷ *attr (tatkräftig)* active
❸ *(aktiv)* active; JUR *a.* in active practice *pred;* ~**e Reue** active regret; **unentwegt** ~ **sein** to be always on the go *fam;* ■[**in etw** *dat*] ~ **werden** *(geh)* to take action [in sth]

tä·ti·gen ['tɛ:tɪgn̩] *vt (geh)* ■**etw** ~ to carry out sth, to effect sth; **einen Abschluss** ~ to conclude a deal

Tä·tig·keit <-, -en> *f* ❶ *(Beruf)* job, occupation; ***das ist eine recht gut bezahlte*** ~ that's a really well paid occupation; **eine** ~ **ausüben** to practise a profession; **berufliche/geschäftliche** ~ professional occupation/business activity; **bisherige** ~ previous career; **freiberufliche** ~ freelance work; **gewerbliche** ~ commercial activity, pursuit of a trade; **industrielle** ~ industrial employment; **einer geregelten** ~ **nachgehen** to have a regular occupation
❷ *kein pl (Aktivität)* activity; **außer** ~ **gesetzt** put out of action; **in** ~ **sein** to be operating [*or* running]; **in** ~ **treten** to intervene; *Alarmanlage, Überwachungskamera* to come into operation; *Vulkan* to become active

Tä·tig·keits·be·reich *m* field of activity **Tä·tig·keits·be·richt** *m* ÖKON activity [*or* progress] report **Tä·tig·keits·de·likt** *nt* JUR offence by commission **Tä·tig·keits·feld** *nt* area [*or* field] of activity **Tä·tig·keits·form** *f* LING active [voice] **Tä·tig·keits·merk·ma·le** *pl* occupational characteristics *pl* **Tä·tig·keits·ver·gü·tung** *f* FIN consideration for labour, wage **Tä·tig·keits·wort** *nt* LING verb

Tat·irr·tum *m* JUR mistake of fact

Tat·kraft *f kein pl* drive *no pl*

tat·kräf·tig *adj* active, energetic

tät·lich ['tɛ:tlɪç] *adj* violent; [**gegen jdn**] ~ **werden** to become violent [towards sb]

Tät·lich·keit <-, -en> *f meist pl* violence *no pl;* **es kam zu** ~**en** there was violence

Tat·mehr·heit *f* JUR plurality of acts **Tat·mensch** *m* man/woman of action **Tat·mo·tiv** *nt* JUR motive

Tat·ort *m* scene of the crime **Tat·ort·spur** *f* crime scene sample, sample taken from a crime scene

tä·to·wie·ren* [tɛto'vi:rən] *vt* ■**jdn** ~ to tattoo sb; ■[**jdm**] **etw** [**irgendwohin**] ~ to tattoo sth [on sb] [somewhere]; ■**tätowiert** tattooed

Tä·to·wie·rung <-, -en> *f* ❶ *(eingeritztes Motiv)* tattoo
❷ *kein pl (das Tätowieren)* tattooing

Tat·sa·che ['ta:tzaxə] *f* fact; **auf dem Boden der** ~**n stehen** to be realistic; **unter Vorspiegelung falscher** ~**n** under false pretences [*or* AM -ses]; **offenkundige** ~ JUR obvious fact; **etw beruht auf** ~**n** sth is based on facts; **den** ~**n entsprechen** to be consistent with [*or* to fit] the facts; **die** ~**n verdrehen** to distort [*or* twist] the facts; ~ **ist** [**aber**], **dass** the fact of the matter is [however] that; **das ist** [**eine**] ~ *(fam)* that's a fact; ~**?** *(fam)* really? *fam;* ~**!** *(fam: zur Bekräftigung)* it's a fact!, it's true! ▸WENDUNGEN: **den** ~**n ins Auge sehen** to face the facts; **nackte** ~**n** *(die ungeschminkte Wahrheit)* the naked facts; *(nackte Körper[teile])* bare facts; **vollendete** ~**n schaffen** to create a fait accompli; **jdn vor vollendete** ~**n stellen** to present sb with a fait accompli; **vor vollendeten** ~**n stehen** to be faced with a fait accompli **Tat·sa·chen·be·haup·tung** *f* JUR allegation of fact, factual claim **Tat·sa·chen·be·richt** *m* factual report **Tat·sa·chen·be·weis** *m* JUR factual evidence **Tat·sa·chen·fest·stel·lung** *f* JUR conclusion of fact

tat·säch·lich ['ta:tzɛçlɪç, ta:t'zɛçlɪç] **I.** *adj inv, attr (wirklich)* actual *attr,* real; JUR *a.* factual; ***der Bericht basiert auf*** ~***en Begebenheiten*** the report is based on actual events; ~**e Feststellung** JUR ascertainment of facts
II. *adv* ❶ *(in Wirklichkeit)* actually, really, in fact
❷ *(in der Tat)* really; ***er hat das*** ~ ***gesagt?*** did he really say that?; ~**?** *(wirklich?)* really?; ***er will auswandern — ~?*** he wants to emigrate — are you serious?; ~**!** really!

tät·scheln ['tɛ:tʃl̩n] *vt* ■**jdn/etw** ~ to pat sb/sth

Tat·ter·greis(in) <-es, -e> *m(f) (pej)* old dodderer *pej*

Tat·te·rich ['tatərɪç] *m* **den** ~ **haben/bekommen** *(fam)* to have/get the shakes *fam*

tat·te·rig, tatt·rig ['tat(ə)rɪç] *adj (fam)* doddery BRIT, shaky; ■~ **sein/werden** to be/become doddery; **eine** ~**e Schrift** shaky handwriting

Tat·too <-s, -s> [tɛ'tu:, ta'tu:] *nt* tattoo

Tat·too-Stu·dio <-s, -s> [tɛ'tu:ʃtu:di̯o] *nt* tattoo studio

tatt·rig ['tatrɪç] *adj (fam) s.* **tatterig**

Tat·um·stand <-[e]s, -stände> *m meist pl* JUR circumstance[s] pertaining to an incident **Tat·ver·dacht** *m* suspicion; **es besteht** ~ there are grounds for suspicion; **dringender/hinreichender** ~ strong/reasonable suspicion of an offence; **unter** [**dringendem**] ~ **stehen** *(geh)* to be under [strong] suspicion **tat·ver·däc·htig** *adj* suspected, under suspicion; ■~ **sein** to be a suspect **Tat·ver·däch·ti·ge(r)** *f(m) dekl wie adj* suspect **Tat·waf·fe** *f* murder weapon, weapon [used in the crime] **Tat·werk·zeug** *nt* object used in committing a crime

Tat·ze <-, -n> ['tatsə] *f* ❶ *(Pranke)* paw
❷ *(pej fam: große Hand)* paw *fam;* ***nimm deine*** ~ ***da weg!*** hands off!, get your hands off that!
❸ DIAL *(Stockschlag auf die Hand)* stroke with the cane [on the hand]

Tat·zeit *f* time of the crime [*or* incident] **Tat·zeu·ge, -zeu·gin** *m, f* JUR incident-witness

Tau[1] <-[e]s> [tau̯] *m kein pl (Tautropfen)* dew ▸WENDUNGEN: **vor** ~ **und Tag** *(geh)* at the crack of dawn

Tau[2] <-[e]s, -e> [tau̯] *nt* rope

taub [tau̯p] *adj* ❶ *(gehörlos)* deaf; ■~ **sein** to be deaf; **bist du** ~**?** *(iron)* are you deaf? *iron;* **sich** *akk* ~ **stellen** to turn a deaf ear
❷ *(gefühllos)* numb
❸ *(ignorant)* ■[**gegen** [*o* **für**] **etw**] ~ **sein** to be deaf [to sth]; ***... aber du bist ja ~ für alle gut gemeinten Ratschläge*** ... but you never listen to any well-intended advice
❹ *(unfruchtbar)* **eine** ~**e Nuss** an empty nut; ~**er Boden** GEOL barren ground; ~**es Metall** dull metal; ~**es Erz** base [*or* low-grade] metal; *s. a.* **Ohr**

Täub·chen <-s, -> ['tɔypçən] *nt dim von* **Taube**
❶ *(kleine Taube)* little dove
❷ *(Schatz)* little cherub

Tau·be <-, -n> ['tau̯bə] *f* ❶ ORN dove, pigeon; **sanft wie eine** ~ gentle as a dove
❷ POL *(fam)* ~**n und Falken** doves and hawks ▸WENDUNGEN: **die gebratenen** ~**n fliegen einem nicht ins Maul** *(prov fam)* you can't expect things to be handed to you on a plate

Tau·be(r) *f(m) dekl wie adj* deaf person

tau·ben·blau *adj* bluey-grey [*or* AM gray] **Tau·ben·ei** *nt* pigeon's [*or* dove's] egg **tau·ben·grau** *adj* dove grey [*or* AM gray] **Tau·ben·haus** *nt* dovecot

Tau·ben·schlag *m (Verschlag für Tauben)* pigeon loft ▸WENDUNGEN: [**hier geht es zu**] **wie im** ~ *(fam)* [it's] like Piccadilly Circus

Täu·ber <-s, -> ['tɔybɐ] *m* cock pigeon

Tau·be·rich ['tau̯bərɪç], **Täu·be·rich** <-s, -e> ['tɔybərɪç] *m* ORN male dove

Taub·heit <-> *f kein pl* ❶ *(Gehörlosigkeit)* deafness *no pl*
❷ *(Gefühllosigkeit)* numbness *no pl*

Täub·ling <-s, -e> ['tɔyplɪŋ] *m* BOT, KOCHK russula

Taub·nes·sel *f* dead-nettle

taub·stumm *adj* deaf and dumb **Taub·stum·me(r)** *f(m) dekl wie adj* deaf mute **Taub·stum·men·spra·che** *f* language for deaf-mutes

Tauch·arzt, -ärz·tin *m, f* MED, SPORT *doctor who specializes in treating divers*

tau·chen [tau̯xn̩] **I.** *vi* ❶ *haben o sein (untertauchen)* to dive; ■[**nach jdm/etw**] ~ to dive [for sb/sth]; **nach Perlen** ~ to dive for pearls; *U-Boot* to dive, to submerge
❷ *sein (auftauchen)* ■[**aus etw** *dat*] ~ to appear, to emerge, to surface
II. *vt haben* ❶ *(eintauchen)* ■**etw** [**in etw** *akk*] ~ to dip sth [in sth]; **in** [**gleißendes**] **Licht getaucht** bathed in [glistening] light
❷ *(untertauchen)* ■**jdn/etw** ~ to duck sb/sth

Tau·chen <-s> [tau̯xn̩] *nt kein pl* diving

Tau·cher(in) <-s, -> [tau̯xɐ] *m(f)* ❶ *(Tauchender)* diver
❷ ORN diver

Tau·cher·an·zug *m* diving suit **Tau·cher·aus·rüs·tung** *f* diving equipment **Tau·cher·bril·le** *f* diving goggles *npl* **Tau·cher·flos·se** *f* flipper **Tau·cher·glo·cke** *f* diving bell **Tau·cher·helm** *m* diver's [*or* diving] helmet

Tau·che·rin <-, -nen> *f fem form von* **Taucher**

Tau·cher·krank·heit *f* deep-sea sickness **Tau·cher·mas·ke** *f* diving mask

Tauch·farb·werk *nt* TYPO dip-roller [*or* immersion-type] inking unit

Tauch·gang *m* dive **Tauch·schein** *m* SPORT diver certification **Tauch·sie·der** <-s, -> *m* immersion heater **Tauch·sta·ti·on** *f* NAUT **auf** ~ **gehen** to dive ▸WENDUNGEN: **auf** ~ **gehen** *(fam)* to make oneself scarce; ***ich habe Urlaub, ich gehe jetzt für drei Wochen auf*** ~ I'm on holiday, I'm going to disappear for three weeks **Tauch·tie·fe** *f* ❶ *(beim Tauchen)* diving depth ❷ NAUT *(Tiefgang) Fluss* depth

tau·en ['tau̯ən] **I.** *vi* ❶ *haben (Tauwetter setzt ein)* ■**es taut** it is thawing
❷ *sein (schmelzen)* to melt
❸ *sein (abschmelzen)* ■[**von etw** *dat*] ~ to melt [*or* thaw] [on sth]
II. *vt* ■**etw** ~ to melt sth; ***die Sonne hat den Schnee getaut*** the sun has melted the snow

Tauf·be·cken *nt* font

Tau·fe <-, -n> ['tau̯fə] *f (christliches Aufnahmeritual)* baptism, christening; **jdn aus der** ~ **heben** to be a godparent to sb ▸WENDUNGEN: **etw aus der** ~ **heben** *(hum fam)* to launch sth

tau·fen ['tau̯fn̩] *vt* ❶ *(die Taufe vollziehen)* ■**jdn** ~ to baptize sb, to christen sb; ■**sich** *akk* ~ **lassen** to be baptized; **ein getaufter Jude** a converted Jew
❷ *(in der Taufe benennen)* ■**jdn** ~ to christen sb
❸ *(fam: benennen)* ■**etw** ~ to christen sth; **ein Schiff** ~ to christen a ship

Täu·fer <-s, -> ['tɔyfɐ] *m* REL baptist; **Johannes der** ~ John the Baptist

Tauf·ka·pel·le *f* christening chapel **Tauf·kleid** *nt* christening robe

Tau·flie·ge *f* ZOOL fruit fly

Täuf·ling <-s, -e> *m* child [*or* person] to be baptized

Tauf·name *m* Christian name **Tauf·pa·te, -pa·tin** *m, f* godfather *masc,* godmother *fem* **Tauf·re·gis·ter** *nt* baptismal register

tau·frisch *adj inv* dewy; ~**e Blumen** fresh flowers; **eine** ~**e Wiese** a meadow covered in dew ▸WENDUNGEN: **nicht mehr** [**ganz**] ~ **sein** *(fam)* to be [a bit] over the hill *fam,* to be no spring chicken *fam*

Tauf·schein *m* certificate of baptism **Tauf·stein** *m* font

tau·gen ['taugn̩] *vi* ❶ *(wert sein)* ■ **etwas/viel/nichts ~** to be useful/very useful/useless; ■ **jd taugt etwas/nichts** to be of use/no use; ***der Kerl taugt nichts*** the bloke's useless [*or* no good]
❷ *(geeignet sein)* ■ **als** [*o* **zu**] [*o* **für**] **etw ~** to be suitable for; ***er taugt dazu wie der Esel zum Lautespielen*** he's like a pig with a fiddle

Tau·ge·nichts <-[es], -e> ['taugənɪçts] *m* *(veraltend)* good-for-nothing

taug·lich ['tauklɪç] *adj* ❶ *(geeignet)* suitable; ■ **[für etw** *akk***] ~ sein** to be suitable [for sth]
❷ MIL *(wehrdiensttauglich)* fit [for military service]; ■ **~ sein** to be fit [for military service]; **jdn ~ schreiben** to declare sb fit for military service

Taug·lich·keit <-> *f kein pl* ❶ *(Eignung für einen Zweck)* suitability
❷ MIL *(Wehrdiensttauglichkeit)* fitness [for military service]

Taug·lich·keits·prü·fung *f* ÖKON examination of serviceableness **Taug·lich·keits·zeug·nis** *nt* JUR certificate of fitness

Tau·mel <-s> ['tauml̩] *m kein pl (geh)* ❶ *(Schwindelgefühl)* dizziness, giddiness; **wie im ~** in a daze
❷ *(geh: Überschwang)* frenzy; **ein ~ des Glücks** a frenzy of happiness; **im ~ der Leidenschaft** in the grip of passion

tau·me·lig, taum·lig ['taum(ə)lɪç] *adj* ❶ *(schwankend)* dizzy, giddy
❷ *(benommen)* ■ **~ sein/werden** to be/become dizzy [*or* giddy]; ***gib mir deinen Arm, ich bin etwas ~*** give me your arm, I feel a little dizzy

tau·meln ['taumln̩] *vi sein* to stagger; ***was hast du? du taumelst ja!*** what's the matter? why are you staggering?; ***die Maschine begann zu ~ und stürzte ab*** the plane began to roll and then crashed

taum·lig ['taumlɪç] *adj s.* **taumelig**

Tau·nus ['taunʊs] *m* Taunus

Tau·on <-s, -en> ['tauɔn, *pl* tau'o:nən] *nt* NUKL tauon

Tau·rus-Gebirge <-s> ['taurʊs-] *nt* Taurus Mountains *pl*

Tausch <-[e]s, -e> [tauʃ] *m* exchange, swap; **jdm etw zum** [*o* **im**] **~** [**für etw** *akk*] **anbieten** to offer sth to sb in exchange [for sth]; [**etw**] **in ~ geben** to give [sth] in exchange; **einen guten/schlechten ~ machen** to make a good/bad exchange; ***ich habe einen guten ~ gemacht*** I've made a good exchange; [**etw**] **in ~ nehmen** to take [sth] in exchange; **im ~ gegen** [*o* **für**] [**etw**] in exchange for [sth]

Tausch·ab·kom·men *nt* ÖKON barter agreement [*or* arrangement] **Tausch·bör·se** *f* INET on-line exchange service

tau·schen ['tauʃn̩] **I.** *vt* ❶ *(gegeneinander einwechseln)* ■ **etw** [**gegen etw** *akk*] **~** to exchange [*or* swap] sth [for sth]; ■ [**etw**] **mit jdm ~** to swap [sth] with sb; ***würden Sie den Platz mit mir ~?*** would you swap places with me?
❷ *(geh: austauschen)* ■ **etw ~** to exchange sth; ***mir ist aufgefallen, dass die beiden Blicke tauschten*** I noticed that the two of them were exchanging glances; **die Rollen ~** to swap parts [*or* roles]; **Zärtlichkeiten ~** to exchange caresses
II. *vi* to swap; ***wollen wir ~?*** shall we swap?
▸ WENDUNGEN: **mit niemandem** [*o* **mit jdm nicht**] **~ wollen** not to wish to change places with sb; ***ich möchte nicht mit ihr ~*** I wouldn't want to change places with her [*or fig* like to be in her shoes]

täu·schen ['tɔyʃn̩] **I.** *vt (irreführen)* ■ **jdn ~** to deceive sb; **durch jds Verhalten/Behauptung getäuscht werden** to be deceived by sb's behaviour [*or* AM -or]/assertion; ■ **sich** *akk* [**von jdm/etw**] **nicht ~ lassen** not to be fooled [by sb/sth]; **wenn mich nicht alles täuscht** if I'm not completely mistaken; **wenn mich mein Gedächtnis nicht täuscht** unless my memory deceives me
II. *vr (sich irren)* ■ **sich** *akk* **~** to be mistaken [*or* wrong]; ***du musst dich getäuscht haben*** you must be mistaken; ***ich kann mich natürlich ~*** of course I could be mistaken; ■ **sich** *akk* [**in jdm/etw**] **~** to be mistaken [*or* wrong] [about sb/sth]; ***darin täuschst du dich*** you're wrong about that; ■ **sich** *akk* [**in etw** *dat*] **getäuscht sehen** to be mistaken [*or* wrong] [about sth]
III. *vi* ❶ *(irreführen)* to be deceptive; **der Schein täuscht** appearances are deceptive
❷ SPORT to feint, to sell sb a dummy BRIT
❸ SCH *(geh: schummeln)* to cheat

täu·schend **I.** *adj inv (trügerisch)* deceptive; *(zum Verwechseln)* apparent; **~e Ähnlichkeit** remarkable [*or* striking] resemblance [*or* similarity]
II. *adv (trügerisch)* deceptively; *(zum Verwechseln)* remarkably, strikingly; ***sie sieht ihrer Mutter ~ ähnlich*** she bears a striking resemblance to her mother

Tausch·ge·schäft *nt* exchange, swap; [**mit jdm**] **ein ~ machen** to exchange [*or* swap] sth [with sb]

Tausch·han·del *m* ❶ *kein pl* ÖKON barter; **~ treiben** to [practise [*or* AM -ce]] barter
❷ *s.* **Tauschgeschäft**

Tausch·mit·tel *nt* ÖKON medium of exchange **Tausch·mo·tor** *m* AUTO rebuilt engine **Tausch·ob·jekt** *nt* **ein begehrtes ~** a sought after object for bartering

Täu·schung <-, -en> ['tɔyʃʊŋ] *f* ❶ *(Betrug)* deception; JUR *a.* fraudulent misrepresentation; **arglistige ~** JUR malicious deceit
❷ *(Irrtum)* error, mistake; **optische ~** optical illusion; **einer ~ erliegen** [*o* **unterliegen**] to be the victim of a delusion *form;* **sich** *akk* **einer ~ hingeben** *(geh)* to delude oneself

Täu·schungs·ab·sicht *f* JUR intention to deceive **Täu·schungs·ge·fahr** *f* JUR threat of deception **Täu·schungs·hand·lung** *f* JUR act of deception **Täu·schungs·ma·nö·ver** *nt* ploy, ruse **Täu·schungs·ver·such** *m* attempt to deceive

Tausch·ver·trag *m* JUR barter agreement **Tausch·ver·wah·rung** *f* JUR exchangeable custody **Tausch·wert** *m* ÖKON exchange value **Tausch·wirt·schaft** *f kein pl* ÖKON barter [*or* non-monetary] economy

tau·send ['tauzn̩t] *adj* ❶ *(Zahl)* a [*or* one] thousand; ***ich wette mit dir ~ zu eins, dass er verliert*** I'll bet you any money [*or* a thousand to one] that he loses; **~ Jahre alt sein** to be a [*or* one] thousand years old; **einige ~ Euro** several thousand euros; ***auf die paar ~ Leute kommt es nicht drauf an*** those few thousand people won't make a difference; **einer von ~ Menschen** one in every thousand people; **in ~ Jahren** in a thousand years [from now]
❷ *(fam: sehr viele)* thousands of [*or* a thousand] ...; ***ich muss noch ~ Dinge erledigen*** I've still got a thousand and one things to do; ***~ Grüße auch an deine Kinder*** my very best wishes to your children too; **~ Ausreden** a thousand excuses; **~ Ängste ausstehen** to be terribly worried; *s. a.* **Dank**
▸ WENDUNGEN: **~ Tode sterben** to be worried to death

Tau·send[1] <-s, -e> ['tauzn̩t, *pl* -n̩də] *nt* ❶ *(Einheit von 1000 Dingen)* a thousand; **ein halbes ~** five hundred; **einige** [*o* **mehrere**] **~** several thousand; [**zehn/zwanzig etc.**] **von ~** [ten/twenty etc.] per thousand [*or* out of every thousand]
❷ *pl, auch kleingeschrieben (viele tausend)* thousands *pl;* **einige ~e ...** several thousand ...; **~e von ...** thousands of ...; ***~e von Menschen, ~er Menschen*** thousands of people; **einer von** [*o* **unter**] **~** one in a thousand; **in die ~e gehen** *Kosten, Schaden* to run into the thousands; **zu ~en** by the thousands; **~ und Abertausend ...** thousands and thousands of ...

Tau·send[2] <-, -en> ['tauzn̩t, *pl* -n̩dn̩] *f* thousand

tau·send·eins [tauzn̩tʔains] *adj s.* **tausendundeins**

Tau·sen·der <-s, -> ['tauzn̩dɐ] *m* ❶ *(fam: Geldschein)* thousand-dollar/franc etc. note [*or* AM *usu* bill]
❷ *(1000 als Bestandteil einer Zahl)* thousands
❸ *(fam: Berg) mountain over 1,000 m*

tau·sen·der·lei ['tauzn̩də'lai] *adj inv (fam)* a thousand [different]; ***ich habe ~ zu tun heute*** I've a thousand and one things to do today

tau·send·fach, 1000fach ['tauzn̩tfax] **I.** *adj* thousandfold; **ein ~ bewährtes Mittel** *(fam)* a well-established cure, a cure tried a thousand times; *s. a.* **achtfach**
II. *adv* thousandfold, a thousand times over

Tau·send·fa·che, 1000fache *nt dekl wie adj* a thousand times the amount, the thousandfold *rare; s. a.* **Achtfache**

Tau·send·füß·ler <-s, -> ['tauzn̩tfy:slɐ] *m* centipede **Tau·send·jahr·fei·er** *f* millennium [celebrations *pl*] **tau·send·jäh·rig, 1000-jährig**[RR] ['tauzn̩tjɛ:rɪç] *adj* ❶ *(Alter)* thousand-year-old *attr,* one thousand years old *pred; s. a.* **achtjährig 1**
❷ *(Zeitspanne)* thousand year *attr; s. a.* **Reich**

tau·send·mal, 1000-mal[RR] ['tauzn̩tma:l] *adv* ❶ a thousand times; *s. a.* **achtmal**
❷ *(fam: sehr viel, sehr oft)* a thousand times, thousands of times; ***ich bitte ~ um Entschuldigung!*** *(fam)* a thousand apologies!; *s. a.* **hundertmal 2**

Tau·send·sa·sa *m,* **Tau·send·sas·sa** <-s, -[s]> ['tauzn̩tsasa] *m* ÖSTERR, SCHWEIZ ❶ *(vielseitig begabter Mensch)* jack of all trades
❷ *(veraltet: Schwerenöter)* philanderer **Tau·send·schön·chen** <-s, -> ['tauzn̩tʃø:nçn̩] *nt* daisy

tau·send·ste(r, s) ['tauzn̩tstə] *adj* [one] thousandth; *s. a.* **achte(r, s)**

Tau·send·ste(r, s) ['tauzn̩tstə] *nt* the [one] thousandth; *s. a.* **achte(r, s)**

Tau·sends·tel <-s, -> ['tauzn̩tstl̩] *nt o* SCHWEIZ *m* thousandth

tau·send·und·ei·ne(r, s) *adj* a thousand and one; *s. a.* Nacht **tau·send·und·eins** [tauzn̩tʔʊnt'ains] *adj* one thousand and one

Tau·to·lo·gie <-, -ien> [tautolo'gi:] *f* tautology

tau·to·lo·gisch [tauto'lo:gɪʃ] *adj inv (geh)* tautological, tautologous

Tau·trop·fen *m* dewdrop **Tau·was·ser** <-s, -wasser> *nt* melt [*or* defrosted] water **Tau·werk** <-[e]s> *nt kein pl* NAUT rigging **Tau·wet·ter** *nt* ❶ *(Schneeschmelze)* thaw; **~ haben** [*o* **sein**] to be thawing; ***wir haben ~*** a thaw has set in; **bei ~** during a thaw, when it thaws ❷ *(fig: politisch versöhnlichere Zeit)* thaw

Tau·zie·hen *nt kein pl* ❶ *(Seilziehen)* tug-of-war
❷ *(fig geh: Hin und Her)* tug-of-war; ***nach langem ~ einigte man sich auf einen Kompromiss*** after a lengthy tug-of-war a compromise was agreed

Ta·ver·ne <-, -n> [ta'vɛrnə] *f* tavern

Ta·xa·me·ter <-s, -> [taksa'me:tɐ] *m* taximeter, clock *fam*

Ta·xa·tor, Ta·xa·to·rin <-s, -en> [ta'ksa:to:ɐ̯, taksa'to:rin, *pl* -'to:rən] *m, f* ÖKON *(Schätzer)* valuer, appraiser

Tax·card <-, -s> *f* SCHWEIZ *(Telefonkarte)* telephone card

Ta·xe <-, -n> ['taksə] *f* ❶ *(Kurtaxe)* charge
❷ *(Schätzwert)* estimate, valuation
❸ DIAL *(Taxi)* taxi

Ta·xi <-s, -s> ['taksi] *nt* cab, taxi; **~ fahren** *(als Fahrgast)* to go by taxi; *(als Chauffeur)* to drive a taxi; **sich** *dat* **ein ~ nehmen** to take a taxi [*or* cab]; **~!** taxi!

ta·xie·ren* [taks'i:rən] *vt* ❶ *(schätzen)* ■ **etw** [**auf etw** *akk*] **~** to estimate [*or* value] sth [at sth]
❷ *(fam: abschätzen)* ■ **jdn ~** to look sb up and down
❸ *(geh: einschätzen)* ■ **etw ~** to assess

Ta·xie·rung <-, -en> *f* ÖKON appraisal, valuation

Ta·xi·fah·rer(in) *m(f)* taxi [*or* cab] driver, cabby *sl* **Ta·xi·fahrt** *f* taxi [*or* cab] journey

Ta·xis <-, Taxen> ['taksɪs, *pl* 'taksn̩] *f* BIOL taxis

Ta·xi·stand *m* taxi [*or* cab] rank

Ta·xol <-s> *nt kein pl* PHARM Taxol

Tax·preis *m* ÖKON estimated price **Tax·wert** *m* ÖKON estimated value

Tay·bee·re ['teɪ-] *f* tayberry

Tb [te:'be:], **Tbc** <-, -s> [te:be:'tse:] *f Abk von* **Tuberkulose** TB; **~ haben** to have TB

Tb(c)-krank *adj* to have TB

Tbit <-[s], -s> *nt* INFORM *Abk von* **Terabit** Tbit

Tbyte <-[s], -s> *nt* INFORM *Abk von* **Terabyte** Tbyte

T

Teak·holz ['ti:k-] *nt* teak
Team <-s, -s> [ti:m] *nt* team; **im ~** as a team; ***er arbeitet nicht gerne im ~*** he's not a team player
Team·ar·beit ['ti:m-] *f* teamwork; **in ~** by teamwork **team·fä·hig** *adj* PSYCH able to work in [*or* as part of] a team **Team·fä·hig·keit** *f kein pl* team spirit; **~ haben** to have team spirit, to work well in a team **Team·geist** *m kein pl* team spirit **Team·sit·zung** ['ti:m-] *f* team meeting **Team·work** <-s> *nt kein pl s.* **Teamarbeit**
Tech·ne·ti·um <-s> [tɛç'ne:tsi̯ʊm] *nt kein pl* CHEM technetium
Tech·nik <-, -en> ['tɛçnɪk] *f* ① *kein pl (Technologie)* technology; **auf dem neuesten Stand der ~** state-of-the-art technology
② *kein pl (technische Ausstattung)* technical equipment; **mit modernster ~ ausgestattet** equipped with the most modern technology
③ *kein pl (technische Konstruktion)* technology
④ *(besondere Methode)* technique; ***jeder Hochspringer hat seine eigene ~*** every high jumper has his own technique
⑤ *inv (fam: technische Abteilung)* technical department
⑥ ÖSTERR *(technische Hochschule)* college of technology
Tech·ni·ka *pl von* **Technikum**
tech·nik·be·ses·sen *adj* obsessed with technology
Tech·ni·ken *pl von* **Technik, Technikum**
Tech·ni·ker(in) <-s, -> ['tɛçnɪkɐ] *m(f) (Fachmann der Technik 1)* engineer; *(der Technik 2,3,4)* technician; **Fernseh~** TV engineer
Tech·nik·feind, -fein·din *m, f* technophobe
tech·nik·feind·lich *adj* technophobic
Tech·nik·feind·lich·keit *f kein pl* technophobia **Tech·nik·fol·gen·ab·schät·zung** *f* technology assessment **Tech·nik·freak** <-s, -s> ['tɛçnɪkfri:k] *m (fam)* technogeek *sl* **Tech·nik·gläu·big·keit** <-> *f kein pl (oft pej)* naive trust in [the power of] technology **Tech·nik·spie·le·rei** *f meist pl (meist pej fam)* technogeekery
Tech·ni·kum <-s, Technika> ['tɛçnɪkʊm, *pl* -ka] *nt* college of technology
Tech·nik·ver·liebt·heit <-> *f kein pl (oft pej)* infatuation with technology
tech·nisch ['tɛçnɪʃ] **I.** *adj* ① *attr (technologisch)* technical; ***die ~en Einzelheiten finden Sie in der beigefügten Bedienungsanleitung*** you'll find the technical details in the enclosed operating instructions; **~e Anlagen und Maschinen** plant and machinery
② *(technisches Wissen vermittelnd)* technical; **~e Hochschule** college [*or* university] of technology
③ *(Ausführungsweise)* technical; **~es Können** technical ability; **unvorhergesehene ~e Probleme** unforeseen technical problems
II. *adv (auf technischem Gebiet)* technically; **ein ~ fortgeschrittenes Land** a technologically advanced country; ***er ist ~ begabt*** he is technically gifted; *s. a.* **Zeichner, Unmöglichkeit**
tech·ni·sie·ren* [tɛçni'zi:rən] *vt* ■**etw ~** to mechanize
Tech·ni·sie·rung <-, -en> *f* ÖKON mechanization
Tech·ni·sie·rungs·grad *m* TECH level of technology
Tech·no <-[s]> ['tɛçno] *m o nt kein pl* MUS techno
Tech·no·krat(in) <-en, -en> [tɛçno'kra:t] *m(f) (geh)* technocrat
Tech·no·kra·tie <-> [tɛçnokra:'ti:] *f kein pl (geh)* technocracy *form*
Tech·no·kra·tin <-, -nen> *f fem form von* **Technokrat**
tech·no·kra·tisch <-er, -ste> *adj* TECH, ÖKON ① *(die Technokratie betreffend)* technocratic
② *(pej: ohne Rücksicht auf Individuelles)* technocratic
Tech·no·lo·ge, -lo·gin <-n, -n> [tɛçno'lo:gə, -'lo:gɪn] *m, f* technologist
Tech·no·lo·gie <-, -n> [tɛçnolo'gi:] *f* technology; **fortgeschrittene/veraltete ~** advanced/defunct technology; **neueste ~** state-of-the-art technology
Tech·no·lo·gie·park *m* technology park **Tech·no·lo·gie·sek·tor** *m* technology sector **Tech·no·lo·gie·trans·fer** *m* transfer of technology **Tech·no·lo·gie·un·ter·ne·hmen** *nt* technology company **Tech·no·lo·gie·zen·trum** *nt* technology centre [*or* AM -er]
Tech·no·lo·gin <-, -nen> [tɛçno'lo:gɪn] *f fem form von* **Technologe**
tech·no·lo·gisch [tɛçno'lo:gɪʃ] *adj* technological
Tech·no·phi·lie <-> *f kein pl* technophilia
Tech·no·pho·bie <-> *f kein pl* technophobia
Tech·tel·mech·tel <-s, -> [tɛçtl̩'mɛçtl̩] *nt (fam)* affair; **ein ~ [mit jdm] haben** to have an affair [with sb]
Ted·dy ['tɛdi] *m,* **Ted·dy·bär** *m* teddy [bear]
TEE <-[s], -s> [teə'ə] *m Abk von* **Trans-Europ-Express** TEE, Trans-Europe-Express
Tee <-s, -s> [te:] *m* ① *(Getränk)* tea; **eine Tasse ~** a cup of tea; *(aus Heilkräutern)* herbal tea; **schwarzer/grüner ~** black/green tea; **jdn zum ~ einladen** to invite sb to tea; **~ kochen** to make some tea
② *(Pflanze)* tea
▶ WENDUNGEN: **abwarten und ~ trinken** *(fam)* to wait and see; **einen im ~ haben** *(fam)* to be tipsy *fam*
Tee·au·to·mat *m* tea urn **Tee·beu·tel** *m* tea bag **Tee·blatt** *nt meist pl* tea leaf **Tee·brüh·löf·fel** *m* spoon tea infuser **Tee·ei**[RR], **Tee-Ei** *nt* tea infuser **Tee·fil·ter** *m* tea-strainer **Tee·ge·bäck** *nt* tea biscuits **Tee·glas** *nt* tea-glass **Tee·kan·ne** *f* teapot **Tee·kes·sel** *m* kettle **Tee·licht** *nt* small candle, tea warmer candle **Tee·löf·fel** *m* ① *(Löffel)* teaspoon ② *(Menge)* teaspoon[ful]
Teen <-s, -s> [ti:n] *m,* **Teen·ager** <-s, -> ['ti:ne:dʒɐ] *m* teenager
Tee·nie <-s, -s> ['ti:ni] *m (fam)* young teenager
Tee·nie·zeit ['ti:ni-] *f (fam)* teenage years
Tee·ny <-s, -s> *m (fam) s.* **Teenie**
Teer <-[e]s, -e> [te:ɐ] *m* tar
tee·ren ['te:rən] *vt* ■**etw ~** to tar sth; **jdn ~ und federn** HIST to tar and feather sb
Teer·far·be *f meist pl* aniline dyes *pl*
Tee·ro·se *f* tea rose
Teer·pap·pe *f* bituminous roofing felt **Teer·sei·fe** *f* coal tar soap
Tee·ser·vice [-zɛrvi:s] *nt* tea service **Tee·sieb** *nt* tea strainer **Tee·strauch** *m* tea bush **Tee·stu·be** *f* tea-room **Tee·tas·se** *f* teacup **Tee·wa·gen** *m* tea trolley **Tee·wurst** *f smoked sausage spread*
Tef·lon® <-s> ['tɛflo:n] *nt kein pl* teflon®
Teich <-[e]s, -e> [taiç] *m* pond; **der große ~** *(fam)* the pond *fam*
Teich·huhn *nt* ORN moorhen **Teich·molch** *m* ZOOL smooth newt **Teich·mu·schel** *f* ZOOL freshwater mussel **Teich·rohr·sän·ger** *m* ORN reed warbler **Teich·ro·se** *f* yellow water lily
Teig <-[e]s, -e> [taik] *m (Hefe-, Rühr-, Nudelteig)* dough; *(Mürbe-, Blätterteig)* pastry; *(flüssig)* batter; *(in Rezepten)* mixture; **~ kneten** to knead dough
Teig·fla·den *m* flat bread **Teig·förm·chen** *pl* cake tins and moulds [*or* AM molds]
tei·gig [taigɪç] *adj* ① *(nicht ausgebacken)* doughy
② *(mit Teig bedeckt)* covered in dough [*or* pastry]
③ *(fahl)* pasty; **ein ~er Teint** a pasty complexion
Teig·kne·ter *m* dough kneading machine **Teig·räd·chen** *nt* pastry wheel **Teig·rol·ler** *m* rolling pin **Teig·wa·ren** *pl (geh)* pasta + *sing vb*
Teil[1] <-[e]s, -e> [tail] *m* ① *(Bruchteil)* part; **in zwei ~e zerbrechen** to break in two [*or* half]; **zu einem bestimmten ~** for the ... part; ***sie waren zum größten ~ einverstanden*** for the most part they were in agreement; **zum ~ ..., zum ~ ...** partly..., partly...; **zum ~** partly; ***du hast zum ~ recht*** you're partly right; *(gelegentlich)* on occasion
② *(Anteil)* share; **zu gleichen ~en** equally, in equal shares; **seinen ~ zu etw *dat* beitragen** to contribute one's share to sth, to make one's contribution to sth; **seinen ~ dazu beitragen, dass etw geschieht** to do one's bit to ensure that sth happens; **seinen ~ bekommen** to get what is coming to one; **sich *dat* seinen ~ denken** to draw one's own conclusions
③ *(Bereich) einer Stadt* district; *(einer Strecke)* stretch; *(eines Gebäudes)* section, area; *(einer Zeitung, eines Buches)* section
④ JUR *(Seite)* party
▶ WENDUNGEN: **ich [*o* wir] für meinen [*o* unseren] ~** I, [*or* we] for my [*or* our] part; ***tu, was du für richtig hältst, ich für meinen ~ habe mich bereits entschieden*** do what you think is right, I, for my part, have already decided; **ein gut ~** *(fam)* quite a bit; ***ich habe ein gut ~ dazu beigetragen*** I've contributed quite a bit to it
Teil[2] <-[e]s, -e> [tail] *nt* ① *(Einzelteil)* component, part
② *(sl: Ding)* thing
Teil·ab·nah·me *f* HANDEL partial acceptance **Teil·ab·schnitt** *m* section **teil·ab|schrei·ben** *vt* ÖKON, FIN ■**etw ~** to write sth down; ■**teilabgeschrieben** partly written off **Teil·ab·schrei·bung** *f* ÖKON, ADMIN writedown **Teil·ab·tre·tung** *f* JUR partial assignment **Teil·ak·kre·di·tiv** *nt* FIN divisible credit **Teil·ak·tie** *f* FIN stock scrip
Teil·amor·ti·sa·ti·on *f* FIN partial amortization **Teil·amor·ti·sa·ti·ons·ver·trag** *m* JUR partial amortization contract
Teil·an·mel·dung *f (Patent)* divisional application **Teil·an·sicht** *f* partial view **Teil·as·pekt** *m* aspect **Teil·auf·lage** *f* VERLAG a part-publication
teil·bar *adj* ① *(aufzuteilen)* ■**[in etw *akk*] ~ sein** which can be divided [into sth]
② MATH *(dividierbar)* ■**[durch etw *akk*] ~ sein** to be divisible [by sth]
③ JUR separable, severable; **~e Leistung** severable performance
Teil·bar·keit *f* divisibility
Teil·be·reich *m* section, sub-area **Teil·be·sitz** *m kein pl* JUR part possession **Teil·be·trag** *m* instalment, AM *also* installment, part-payment **Teil·be·triebs·auf·ga·be** *f* HANDEL partial closure **Teil·be·triebs·er·geb·nis** *nt* FIN surplus on interest and commission earnings; JUR divisional result, partial operating result **Teil·be·triebs·ver·äu·ße·rung** *f* FIN partial disposal [*or* sell-off] **Teil·be·weis** *m* JUR partial evidence **Teil·bürg·schaft** *f* JUR partial suretyship
Teil·chen <-s, -> *nt dim von* **Teil**[1] 1 ① *(Partikel)* particle
② NUKL nuclear particle; **geladenes ~** charged particle
③ KOCHK DIAL pastries *pl*
Teil·chen·be·schleu·ni·ger <-s, -> *m* PHYS particle accelerator **Teil·chen·dich·te** *f* NUKL particle number density **Teil·chen·phy·sik** *f* PHYS particle physics + *sing vb*
Teil·dienst·fä·hig·keit *f eines Beamten* partial fitness for work
Teil·ei·gen·tum *nt* JUR part ownership **Teil·ei·gen·tums·grund·buch** *nt* JUR *land title register for commercial condominium units*
tei·len ['tailən] **I.** *vt* ① *(aufteilen)* ■**etw [mit jdm] ~** to share sth [with sb]
② MATH *(dividieren)* ■**etw [durch etw *akk*] ~** to divide sth [by sth]
③ *(an etw teilhaben)* ■**etw [mit jdm] ~** to share sth [with sb]; ***wir ~ Ihre Trauer*** we share your grief; **jds Schicksal ~** to share sb's fate; *s. a.* **Meinung**
④ *(gemeinsam benutzen)* ■**etw [mit jdm] ~** to share sth [with sb]
⑤ *(trennen)* ■**etw ~** to divide [*or* separate] sth
▶ WENDUNGEN: **Freud und Leid miteinander ~** to share the rough and the smooth; **geteiltes Leid ist halbes Leid** *(prov)* a trouble shared is a trouble halved
II. *vr* ① *(sich aufteilen)* ■**sich *akk* [in etw *akk*] ~** to split up [into sth]
② *(sich gabeln)* ■**sich *akk* [in etw *akk*] ~** to fork [*or* branch] [into sth]; ***da vorne teilt sich die Straße*** the road forks up ahead
③ *(unter sich aufteilen)* ■**sich *dat* etw [mit jdm] ~** to share sth [with sb]; ***sie teilten sich die Kosten*** they split the costs between them

④ *(gemeinsam benutzen)* ■**sich** *dat* **etw** ~ *(geh)* to share sth
III. *vi (abgeben)* to share; ***sie teilt nicht gern*** she doesn't like to share

Tei·ler <-s, -> *m* MATH divisor; **größter gemeinsamer** ~ [*o* **ggT**] greatest common divisor, G.C.D.

Teil·er·folg *m* partial success **Teil·er·fül·lung** *f* JUR part performance **Teil·er·geb·nis** *nt* partial result **Teil·er·zeug·nis** *nt* ÖKON subproduct **Teil·for·de·rung** *f* JUR part claim **Teil·fracht·füh·rer** *m* HANDEL part-carrier **Teil·fu·si·on** *f* HANDEL partial merger **Teil·ge·biet** *nt* branch **teil·ge·deckt** *adj inv* BÖRSE partly paid[-up]; ~**e Aktien** partly paid[-up] shares **Teil·ge·schäfts·fä·hig·keit** *f* HANDEL partial capacity **Teil·ge·winn·ab·füh·rungs·ver·trag** *m* FIN agreement to transfer [a] part of the profits **Teil·ha·be** *f* participation **teil|ha·ben** *vi irreg (geh: partizipieren)* ■[**an etw** *dat*] ~ to participate [in sth]; **an jds Aktionen** ~ to participate in sb's activities; **an jds Freude** ~ to share in sb's joy

Teil·ha·ber(in) <-s, -> *m(f)* partner, associate; **als** ~ **eintreten** to join a partnership; **jdn zum** ~ **machen** to take sb into partnership; **beschränkt/unbeschränkt haftender** ~ limited [*or* special]/unlimited [*or* general] partner; **geschäftsführender/stiller** ~ acting/dormant partner **teil·ha·ber·ähn·lich** *adj* HANDEL partner-like *attr* **Teil·ha·ber·pa·pier** *nt* FIN equity paper [*or* security] **Teil·ha·ber·schaft** <-> *f kein pl* ÖKON partnership, participation; **eine** ~ **begründen** to organize a partnership; **eine** ~ **auflösen/eingehen** to dissolve/enter into a partnership **Teil·ha·ber·steu·er** *f* FIN partnership tax **Teil·ha·ber·ver·gü·tung** *f* FIN partner's remuneration

Teil·haf·ter(in) *m(f)* JUR limited [*or* special] partner **Teil·haf·tung** *f* JUR limited [*or* partial] liability **Teil·in·dos·sa·ment** *nt* JUR partial endorsement **Teil·ka·pi·tal·de·ckung** *f kein pl* FIN partial capital cover **teil·kas·ko·ver·si·chert** *adj* covered by partially comprehensive insurance **Teil·kas·ko·ver·si·che·rung** *f* partially comprehensive insurance **Teil·kla·ge** *f* JUR action for a part of the claim **Teil·kün·di·gung** *f* FIN *einer Anleihe* part redemption **Teil·la·dung** *f* HANDEL part shipment; **in** ~**en zum Versand bringen** to deliver goods by instalments **Teil·leis·tung** *f* JUR part[ial] performance **Teil·lie·fe·rung** *f* ÖKON partial delivery, delivery by instalments; *(Übersee)* partial shipment **Teil·men·ge** *f* MATH subset **teil·mö·bliert** *adj inv* partly furnished

Teil·nahme <-, -en> ['tailna:mə] *f* ① *(Beteiligung)* participation (**an** +*dat* in); JUR *a.* complicity (**an** +*dat* in); ~ **an einer Straftat** complicity in a criminal offence
② *(geh: Mitgefühl)* sympathy
③ *(geh: Interesse)* interest

Teil·nah·me·be·din·gung *f* entry condition **teil·nah·me·be·rech·tigt** *adj inv* eligible

teil·nahms·los *adj* apathetic, indifferent; ***aus ihrem ~en Gesicht schloss ich völliges Desinteresse*** I could tell she couldn't care less by the indifferent look on her face

Teil·nahms·lo·sig·keit <-> *f kein pl* apathy, indifference

teil·nahms·voll *adv* compassionately

teil|neh·men *vi irreg* ① *(anwesend sein)* ■[**an etw** *dat*] ~ to attend [sth]; **am Gottesdienst** ~ to attend a service
② *(sich beteiligen)* ■[**an etw** *dat*] ~ **an einem Wettbewerb** ~ to participate [*or* take part] in a contest; **an einem Kurs** [*o* **Unterricht**] ~ to attend a class [*or* lessons]; **an einem Krieg** ~ to fight in a war
③ *(geh: Anteil nehmen)* ■[**an etw** *dat*] ~ to share [in sth]

Teil·neh·mer(in) <-s, -> *m(f)* ① *(Anwesender)* person present; ***alle ~ fanden diese Vorlesung äußerst interessant*** everyone present found this lecture extremely interesting ② *(Beteiligte)* participant; ■**ein** ~ **an etw** *dat* ~ **an einem Wettbewerb** contestant [*or* participant in a contest]; ~ **an einem Kurs** person attending a class [*or* lessons], student; ~ **an einem Krieg** combatant ③ *(Telefoninhaber)* subscriber **Teil·neh·mer·ge·bühr** *f* HANDEL attendance fee **Teil·neh·mer·land** *nt* EU participating country **Teil·neh·mer·wäh·rung** *f* FIN participating currency

Teil·nich·tig·keit *f kein pl* JUR partial nullity, severability **Teil·nich·tig·keits·klau·sel** *f* JUR severability clause

Teil·pen·sum <-s, -pensen *o* -pensa> *nt* ① *(Teil des Pensums)* part of the work ② ÖKON SCHWEIZ *(Teilzeitbeschäftigung)* part-time employment **Teil·pri·va·ti·sie·rung** *f* ÖKON partial privatization **Teil·re·pro·duk·ti·ons·wert** *m* FIN reproduction [*or* net asset] value **Teil·rück·kauf** *m (bei Versicherung)* partial surrender **Teil·rück·zug** *m* partial retreat

teils [tails] *adv* in part, partly; ~, ~ *(fam)* yes and no; ~ ..., ~ ... *(fam)* partly..., partly...; ***im Tagesverlauf ist es ~ heiter, ~ bewölkt*** during the day it will be cloudy with sunny intervals

Teil·scha·den *m (Versicherung)* partial loss **Teil·schuld·ner(in)** *m(f)* JUR joint debtor, part-debtor **Teil·sen·dung** *f* part-consignment

teil·sta·ti·o·när *adj* MED *Behandlung* [treatment] divided between hospital and home

Teil·stre·cke *f* ① TRANSP stretch; *einer Reise* stage ② SPORT leg, stage **Teil·strich** *m* secondary graduation line **Teil·stück** *nt* part, stretch

Tei·lung <-, -en> *f* division

Tei·lungs·an·ord·nung *f* JUR [testator's] instructions *pl* to apportion the estate **Tei·lungs·ar·ti·kel** *m* LING partitive article **Tei·lungs·ge·neh·mi·gung** *f* JUR permission for a partition [of land] **Tei·lungs·kla·ge** *f* JUR action for partition **Tei·lungs·mas·se** *f* JUR estate to be apportioned **Tei·lungs·plan** *m* JUR scheme of partition **Tei·lungs·sa·che** *f* JUR partition matter **Tei·lungs·ver·trag** *m* JUR deed of separation

Teil·ur·teil *nt* JUR partial verdict **Teil·ver·ur·tei·lung** *f* JUR verdict on a part of the charge **Teil·ver·wei·sung** *f* JUR partial referral **Teil·voll·stre·ckung** *f* JUR execution in part

teil·wei·se ['tailvaizə] I. *adv* partly
II. *adj attr* partial; ~**r Erfolg** partial success

Teil·wei·ter·be·hand·lung *f* continuation in part

Teil·wert *m* HANDEL part [*or* fractional] value **Teil·wert·ab·schrei·bung** *f* FIN write-down to going-concern value **Teil·wert·be·rich·ti·gung** *f* FIN readjustment of part values; ~ **von Anlagegegenständen** adjustment of fixed-asset part values

Teil·zah·lung *f (Ratenzahlung)* instalment, AM *also* installment, part payment; **auf** ~ on hire purchase **Teil·zah·lungs·ge·schäft** *nt* HANDEL hire purchase business **Teil·zah·lungs·kauf** *m* HANDEL BRIT hire purchase, instalment plan **Teil·zah·lungs·kre·dit** *m* FIN instalment credit **Teil·zah·lungs·preis** *m* hire purchase price **Teil·zah·lungs·ver·pflich·tung** *f* JUR hire purchase commitment **Teil·zah·lungs·wech·sel** *m* FIN instalment sale financing bill

Teil·zeit *f* part-time; ~ **beschäftigt** employed part-time **Teil·zeit·an·ge·stell·te(r)** *f(m) dekl wie adj* SCHWEIZ *(Teilzeitbeschäftigte)* part-time worker **Teil·zeit·ar·beit** *f* part-time work **Teil·zeit·be·schäf·tig·te(r)** *f(m) dekl wie adj* part-time worker **Teil·zeit·be·schäf·ti·gung** *f* part-time employment **Teil·zeit·kraft** *f* ÖKON part-timer

teil·zeit·lich *adv* SCHWEIZ *(als Teilzeitbeschäftigung)* part-time

Teil·zeit·mo·dell *nt* ÖKON part-time employment scheme

Tein <-s> [te'i:n] *nt kein pl* thein BRIT

Teint <-s, -s> [tɛ̃:] *m* complexion

T-Ei·sen *nt* tee-iron

Tek·tit <-s, -e> [tɛk'ti:t] *m* GEOL tektite

tek·to·nisch [tɛk'to:nɪʃ] *adj inv* GEOL tectonic

Te·le·ar·beit *f kein pl* teleworking **Te·le·ar·bei·ter(in)** ['te:lə-] *m(f)* telecommuter **Te·le·ar·beits·platz** *m* workstation **Te·le·ban·king** ['te:ləbɛŋɪŋ] *nt* home banking **Te·le·brief** *m* telemessage

Te·le·fax ['te:ləfaks] *nt* ① *(Gerät)* fax ② *(gefaxte Mitteilung)* fax **Te·le·fax·an·lage** *f* fax installation **Te·le·fax·an·schluss**RR *m* fax connection

te·le·fa·xen ['te:ləfaksn̩] *vt, vi (geh) s.* **faxen**

Te·le·fax·ge·rät *nt* fax machine **Te·le·fax·über·tra·gung** *f* fax transmission

Te·le·fon <-s, -e> ['te:lefo:n, tele'fo:n] *nt* telephone, phone *fam*; ~ **haben** to be on the [tele]phone; **am** ~ **verlangt werden** to be wanted on the phone

Te·le·fon·an·la·ge *f* telephone system **Te·le·fon·an·ruf** *m* telephone call **Te·le·fon·an·ruf·be·ant·wor·ter** *m* telephone answering-machine **Te·le·fon·an·sa·ge** *f* telephone information service **Te·le·fon·an·schluss**RR *m* telephone connection **Te·le·fon·ap·pa·rat** *m* telephone

Te·le·fo·nat <-[e]s, -e> [te:lefo'na:t] *nt (geh)* telephone call; **ein** ~ **führen** to make a telephone call

Te·le·fon·aus·kunft *f* directory enquiries *pl* **Te·le·fon·ban·king, Te·le·bank·ing** *nt kein pl* FIN telephone banking, tele-banking

Te·le·fon·be·ant·wor·ter <-s, -> *m* SCHWEIZ *(Anrufbeantworter)* answering machine [*or* BRIT *a.* answerphone] **Te·le·fon·buch** *nt* telephone book [*or* directory] **Te·le·fon·buch·se** [tele'fo:n-] *f* telephone point [*or* AM jack] **Te·le·fon·ge·bühr** *f meist pl* telephone charge[s *pl*] **Te·le·fon·ge·sell·schaft** *f* [tele]phone company **Te·le·fon·ge·spräch** *nt* telephone call; **ein** ~ **nach Tokio** a telephone call to Tokyo; **ein** ~ **führen** to make a telephone call **Te·le·fon·häus·chen** [-hɔysçən] *nt* call [*or* phone] box BRIT, payphone **Te·le·fon·hö·rer** *m* telephone receiver

Te·le·fo·nie [telefo'ni:] *f kein pl* telephony

te·le·fo·nie·ren* [telefo'ni:rən] *vi (das Telefon verwenden)* ■[**mit jdm**] ~ to telephone [sb]; ***mit wem hast du eben so lange telefoniert?*** who have you just been on the phone to for so long?; ■[**irgendwohin**] ~ to telephone [somewhere]

Te·le·fo·nie·ser·ver *m* INFORM, TELEK telephony server **Te·le·fo·nie·soft·ware** *f* INFORM, TELEK telephony software

te·le·fo·nisch I. *adj* telephone; ~**e Anfrage** telephone enquiry; ~**e Beratung** advice over the telephone
II. *adv* by telephone, over the telephone; ***der Auftragseingang wurde ~ bestätigt*** reception of the order was confirmed by telephone

Te·le·fo·nist(in) <-en, -en> [telefo'nɪst] *m(f)* switchboard operator, telephonist

Te·le·fon·ka·bel *nt* telephone cable **Te·le·fon·ka·bi·ne** <-, -n> *f* SCHWEIZ *(Telefonzelle)* call [*or* phone] box BRIT, pay phone AM **Te·le·fon·kar·te** *f* phonecard **Te·le·fon·ket·te** *f* telephone chain **Te·le·fon·kon·fe·renz** *f* telephone conference **Te·le·fon·lei·tung** *f* telephone line; **freie** ~ free line **Te·le·fon·lis·te** *f* telephone list **Te·le·fon·mar·ke·ting** *nt* telephone marketing **Te·le·fon·netz** *nt* telephone network **Te·le·fon·num·mer** *f* telephone number; **geheime** ~ ex-directory number **Te·le·fon·rech·nung** *f* [tele]phone bill **Te·le·fon·re·gis·ter** *nt* telephone register **Te·le·fon·seel·sor·ge** *f* Samaritans *pl* **Te·le·fon·sex** *m* telephone sex **Te·le·fon·sys·tem** *nt* telephone system **Te·le·fon·ta·rif** *m* telephone rental **Te·le·fon·ta·xe** <-, -n> *f* SCHWEIZ *(Telefongebühr)* telephone charge **Te·le·fon·ter·ror** *m kein pl* telephone harassment **Te·le·fon·über·wa·chung** *f* telephone surveillance [*or* monitoring] [*or* tapping] **Te·le·fon·ver·bin·dung** *f* telephone connection **Te·le·fon·ver·zeich·nis** *nt* telephone list **Te·le·fon·zel·le** *f* call [*or* phone] box BRIT, payphone **Te·le·fon·zen·tra·le** *f* switchboard

te·le·gen [tele'ge:n] *adj* telegenic

Te·le·graf <-en, -en> [tele'gra:f] *m* telegraph

Te·le·gra·fen·amt *nt* telegraph office **Te·le·gra·fen·lei·tung** *f* telegraph cable **Te·le·gra·fen·mast** *m* telegraph pole [*or* mast]

Te·le·gra·fie <-> [telegra:'fi:] *f kein pl* telegraphy

te·le·gra·fie·ren* [telegra:'fi:rən] I. *vi (telegrafisch kommunizieren)* ■[**jdm**] ~ to telegraph [sb]
II. *vt (telegrafisch übermitteln)* ■[**jdm**] **etw** ~ to telegraph [sb] sth

te·le·gra·fisch *adj* telegraphic

Te·le·gramm <-s, -e> [tele'gram] *nt* telegram

T

Te·le·gramm·ad·res·se *f* telegraphic address **Te·le·gramm·for·mu·lar** *nt* telegram form **Te·le·gramm·ge·bühr** *f* telegram charge **Te·le·gramm·stil** *m kein pl* abrupt style; **im ~** in an abrupt style
Te·le·graph [tele'gra:f] *m s.* **Telegraf**
Te·le·heim·ar·beit *f* teleworking [from home] **Te·le·kar·te** *f* phone card **Tele·ki·ne·se** <-> [teleki'ne:zə] *f kein pl* telekinesis **Te·le·kol·leg** ['te:ləkɔle:k] *nt* Open University BRIT
Te·le·kom <-> ['te:ləkɔm] *f kein pl kurz für* **Deutsche Telekom AG:** ■**die ~** *German Telecommunications company*
Te·le·kom·mu·ni·ka·ti·on *f* telecommunication
Te·le·kom·mu·ni·ka·ti·ons·an·bie·ter *m* telecoms provider **Te·le·kom·mu·ni·ka·ti·ons·bran·che** *f* telecommunications industry **Te·le·kom·mu·ni·ka·ti·ons·markt** *m* telecommunications market **Te·le·kom·mu·ni·ka·ti·ons·netz** *nt* telecommunications network **Te·le·kom·mu·ni·ka·ti·ons·sa·tel·lit** *m* telecommunications satellite **Te·le·kom·mu·ni·ka·ti·ons·sys·tem** *nt* telecommunications system
Te·le·kon·fe·renz *f* teleconference **Te·le·ko·pie** *f (veraltend)* fax **Te·le·ko·pie·rer** *m (veraltend)* fax machine **Te·le·lear·ning** <-[s]> [-lø:ɐnɪŋ] *nt kein pl* telelearning *no pl, no indef art* **Te·le·mar·ke·ting** ['te:ləmarkətɪŋ] *nt* telesales *pl* **Te·le·me·di·zin** *f kein pl* telemedicine **Te·le·ob·jek·tiv** *nt* telephoto lens
Te·le·pa·thie <-> [telepa'ti:] *f kein pl* telepathy
te·le·pa·thisch [tele'pa:tɪʃ] *adj* telepathic
Te·le·pa·tho·lo·gie *f kein pl* telepathology **Te·le·promp·ter** <-s, -> *m* autocue, teleprompter AM **Te·le·shop·ping** <-s> ['te:leʃɔpɪŋ] *nt kein pl* teleshopping
Te·le·skop <-s, -e> [tele'sko:p] *nt* telescope
Te·le·spiel *nt (veraltend)* video game **Te·le·spiel·kon·so·le** *f* video game console
Te·le·tex <-> ['teletɛks] *m kein pl* teletex *no pl*
Te·lex <-, -e> ['te:lɛks] *nt* telex
Te·lex·an·schlussRR *m* telex-connection
te·le·xen ['te:lɛksn̩] *vt* ■[jdm] **etw ~** to telex [sb] sth
Tel·ler <-s, -> ['tɛlɐ] *m* ❶ *(Geschirrteil)* plate; **flacher ~** dinner plate; **tiefer ~** soup plate
❷ *(Menge)* plateful; **ein ~ Spaghetti** a plateful of spaghetti
Tel·ler·be·sen *m* flat whisk **Tel·ler·brett** *nt* shelf for plates **Tel·ler·ge·richt** *nt* KOCHK one-course meal **Tel·ler·mi·ne** *f* MIL flat anti-tank mine
Tel·ler·rand *m* ▸WENDUNGEN: **über den ~ hinausschauen** *(fam)* to not be restricted in one's thinking; **über den ~ nicht hinausschauen** *(fam)* to not see further than [the end of] one's nose
Tel·ler·wär·mer <-s, -> *m* plate warmer **Tel·ler·wä·scher(in)** *m(f)* dishwasher; ***die klassische amerikanische Erfolgsstory: vom ~ zum Millionär*** the classic American success story: from rags to riches
Tel·lur <-s> [tɛ'lu:ɐ] *nt kein pl* CHEM tellurium *no pl*
Tel·net <-s> ['telnet] *nt kein pl* INFORM telnet
Te·lo·mer <-s, -e> [telo'me:ɐ] *nt* BIOL telomere
Te·lo·mer·ab·schnitt *m* telomere band
Te·lo·me·ra·se <-> [telome'ra:zə] *f kein pl (Enzym)* telomerase
Tem·pel <-s, -> ['tɛmpl̩] *m* temple
Tem·pel·ge·sell·schaft *f* REL Temple Society **Tem·pel·tän·ze·rin** *f* temple dancer
Tem·pe·ra <-, -s> ['tɛmpəra] *f* tempera
Tem·pe·ra·far·be *f* tempera colour [*or* AM -or]
Tem·pe·ra·ment <-[e]s, -e> [tɛmpəra'mɛnt] *nt* ❶ *(Wesensart)* temperament, character; ***sein ~ ist mit ihm durchgegangen*** he lost his temper; **ein feuriges/sprudelndes ~** a fiery/bubbly *fam* character
❷ *kein pl (Lebhaftigkeit)* vitality, vivacity; **~ haben** to be very lively
▸WENDUNGEN: **die vier ~e** the four humours [*or* AM -ors]; **seinem ~ die Zügel schießen lassen** to lose control over one's feelings
tem·pe·ra·ment·los *adj* lifeless, spiritless
Tem·pe·ra·ments·sa·che *f* **das [*o* etw] ist eine ~** this [*or* sth] is a matter of temperament **tem·pe·ra·ment·voll** I. *adj* lively, vivacious II. *adv* in a lively manner, vivaciously
Tem·pe·ra·tur <-, -en> [tɛmpəra'tu:ɐ] *f* ❶ *(Wärmegrad)* temperature; **gefühlte ~** apparent temperature; **[seine/die] ~ messen** to take one's/to measure the temperature; **die ~ steigt/sinkt** the temperature rises/falls; ***die ~en steigen heute bis zu 40°C*** temperatures will rise to around 40°C today
❷ MED temperature; **erhöhte ~** temperature higher than normal; **[erhöhte] ~ haben** to have [*or* be running] a temperature
Tem·pe·ra·tur·an·stieg *m* rise in temperature **Tem·pe·ra·tur·aus·gleich** *m* temperature equalizing **tem·pe·ra·tur·aus·glei·chend** *adj inv* temperature equalizing **Tem·pe·ra·tur·füh·ler** *m* TECH temperature sensor **Tem·pe·ra·tur·reg·ler** *m* thermostat **Tem·pe·ra·tur·rück·gang** *m* drop [*or* fall] in temperature **Tem·pe·ra·tur·schwan·kung** *f* fluctuation [*or* variation] in temperature **Tem·pe·ra·tur·sturz** *m* plunge in temperature, sudden drop in temperature
tem·pe·rie·ren* [tɛmpə'ri:rən] *vt* ■**etw ~** ❶ *(wärmen)* to bring sth to the correct temperature; ■**temperiert** at the right temperature; **angenehm temperierte Räume** rooms at a pleasant temperature
❷ *(geh: mäßigen)* to curb, to moderate; **seine Gefühle ~** to curb one's feelings
Tem·pi ['tɛmpi] ❶ *pl von* **Tempo**
❷ *(geh)* **~ passati** *(vergangene Zeiten)* bygone times
Tem·po[1] <-s, -s *o fachspr* Tempi> ['tɛmpo, *pl* 'tempi] *nt* ❶ *(Geschwindigkeit)* speed; **~ des Konjunkturauftriebs** ÖKON pace of prosperity; **mit [*o* in] einem bestimmten ~** at a certain speed; **mit hohem ~** at high speed; **das erlaubte ~ fahren** to stick to the speed limit; **~!** *(fam)* get a move on! *fam*
❷ *(musikalisches Zeitmaß)* tempo; **das ~ angeben** to set the tempo
Tem·po®2 <-s, -s> *nt (fam: Papiertaschentuch)* [paper] tissue, ≈ kleenex®
Tem·po-30-Zo·ne [-'draisɪg-] *f* restricted speed zone **Tem·po·li·mit** *nt* speed limit **Tem·po·li·mi·te** <-, -n> *f* SCHWEIZ *(Tempolimit)* speed limit
Tem·po·mat [tɛmpo'ma:t] *m* AUTO cruise control
Tem·po·ra ['tɛmpora] *pl von* **Tempus**
tem·po·ral [tɛmpo'ra:l] *adj* LING temporal
Tem·po·ral·satz *m* temporal clause
tem·po·rär [tɛmpo'rɛ:ɐ] *adj (geh)* temporarily
Tem·po·sün·der(in) <-s, -> *m(f)* speeder
Tem·po·ta·schen·tuch® *nt* paper-handkerchief, tissue
Tem·pus <-, Tempora> ['tɛmpʊs, *pl* -pora] *nt* LING tense
Ten·denz <-, -en> [tɛn'dɛnts] *f* ❶ *(Trend)* trend, tendency; **fallende/steigende ~ haben** to have a tendency to fall/rise; **kurserholende ~** rallying tendency; **sinkende ~** *der Kurse* downward trend
❷ *(Neigung)* ■**eine [*o* jds] ~ zu etw** *dat* a [*or* sb's] tendency to sth; **die ~ haben[, etw zu tun]** to have a tendency [to do sth]
❸ *meist pl (Strömung)* trend; **neue ~en in der Kunst** new trends in art
❹ *kein pl (meist pej: Parteilichkeit)* bias, slant
Ten·denz·än·de·rung *f* ÖKON change in trends **Ten·denz·be·trieb** *m* HANDEL enterprise serving political purposes
ten·den·zi·ell [tɛndɛn'tsi̯ɛl] *adj inv* ***es zeichnet sich eine ~e Entwicklung zum Besseren ab*** trends indicate a change for the better
ten·den·zi·ös <-er, -este> [tɛndɛn'tsi̯ø:s] *adj (pej)* tendentious
Ten·denz·stück *nt* tendentious play **Ten·denz·wen·de** *f* ÖKON turnround
Ten·der <-s, -> ['tɛndɐ] *m* BAHN, NAUT tender
Ten·der·an·lei·he *f* BÖRSE tender loan
ten·die·ren* [tɛn'di:rən] *vi* ❶ *(hinneigen)* ■**[zu etw** *dat*] **~** to tend [towards sth]; ■**dazu ~, etw zu tun** to tend to do sth; **dazu ~ abzulehnen/zuzustimmen** to tend to say no/yes; **dazu ~, zu unterschreiben/bestellen** to be moving towards signing/ordering
❷ *(sich entwickeln)* ■**[irgendwohin] ~** to have a tendency [to move in a certain direction]; ***die Aktien tendieren schwächer*** shares are tending to become weaker
Ten·dron <-s, -s> *nt* KOCHK sliced veal breast
Te·ne·rif·fa [tene'rɪfa] *nt* Tenerife
Ten·ne <-, -n> ['tɛnə] *f* AGR threshing floor
Ten·nis <-> ['tɛnɪs] *nt kein pl* tennis; **~ spielen** to play tennis
Ten·nis·arm *m* MED tennis elbow **Ten·nis·ball** *m* tennis ball **Ten·nis·hal·le** *f* indoor tennis court **Ten·nis·klub** *m* tennis club **Ten·nis·platz** *m* SPORT ❶ *(Spielfeld)* tennis court ❷ *(Anlage)* outdoor tennis complex **Ten·nis·schlä·ger** *m* tennis racket
Ten·nis·spiel *nt* ❶ *(Sportart)* tennis
❷ *(Einzelspiel)* game of tennis
Ten·nis·spie·ler(in) *m(f)* tennis player **Ten·nis·tur·nier** *nt* tennis tournament [*or* championship]
Te·nor <-s, Tenöre> [te'no:ɐ, *pl* te'nø:rə] *m* ❶ MUS tenor
❷ *kein pl* JUR tenor; **~ eines Urteils** operative provisions of a judgement
Te·nor·stim·me *f* tenor
Ten·sid <-[e]s, -e> [tɛnzi:t, *pl* -i:də] *nt* CHEM surfactant
Ten·sor·ana·ly·sis ['tɛnzo:ɐ-] *f* MATH tensor analysis
Ten·ta·kel <-s, -> [tɛn'takl̩] *m o nt* tentacle
Te·nue, Te·nü <-s, -s> [tə'ny:] *nt* SCHWEIZ *(Bekleidung)* style of dress; MIL *(Uniform)* prescribed style of dress, uniform
Tep·pich <-s, -e> ['tɛpɪç] *m* ❶ *(Fußbodenbedeckung)* carpet; **Wand~** tapestry, wall hanging; **einen ~ klopfen** to beat a carpet
❷ *(Ölteppich)* slick
▸WENDUNGEN: **auf dem ~ bleiben** *(fam)* to keep one's feet on the ground *fam;* **etw unter den ~ kehren** *(fam)* to sweep sth under the carpet
Tep·pich·bo·den *m* fitted carpet; **etw mit ~ auslegen** to fit sth with wall-to-wall carpeting **Tep·pich·flie·se** *f* carpet tile **Tep·pich·ge·schäft** *nt* carpet shop **Tep·pich·grö·ße** *f* size of carpet **Tep·pich·keh·rer** <-s, -> *m* carpet sweeper **Tep·pich·kehr·ma·schi·ne** *f* carpet sweeper **Tep·pich·klop·fer** <-s, -> *m* carpet-beater **Tep·pich·knüp·fer(in)** *m(f)* carpet maker **Tep·pich·mu·schel** *f* carpet shell **Tep·pich·mus·ter** *nt* carpet design **Tep·pich·rei·ni·ger** *m* carpet cleaner **Tep·pich·schaum** *m* carpet foam cleaner **Tep·pich·stan·ge** *f frame used for carpet beating*
Te·ra·bit ['te:ra-] *nt* INFORM terabit
Te·ra·byte *nt* INFORM terabyte
Ter·bi·um <-s> ['tɛrbi̯ʊm] *nt kein pl* CHEM terbium *no pl*
Term <-s, -e> [tɛrm] *m* MATH term
Ter·min <-s, -e> [tɛr'mi:n] *m* ❶ *(verabredeter Zeitpunkt)* appointment; **einen ~ [bei jdm] [für etw** *akk*] **haben** to have an appointment [with sb] [for sth]; **sich** *dat* **einen ~ [für etw** *akk*] **geben lassen** to make an appointment [for sth]; **einen ~ vereinbaren** to arrange an appointment; **einen ~ verpassen [*o* versäumen]** to miss an appointment; **etw auf einen späteren ~ verschieben** to postpone sth
❷ *(festgelegter Zeitpunkt)* deadline; **zu einem bestimmten ~ fällig werden** to mature on a particular date; **an feste ~ gebunden sein** to have fixed dates; ***der ~ für die Veröffentlichung steht schon fest*** the deadline for publishing has already been fixed; **der letzte ~** the deadline [*or* latest date]; SPORT fixture
❸ JUR *(Verhandlungstermin)* hearing; **~ zur mündlichen Verhandlung** date of hearing
Ter·min·ab·lauf *m* ❶ JUR *(Fristende)* expiry of a/the term [*or* deadline]
❷ *(Tagesverlauf)* course of the day
Ter·mi·nal[1] <-s-, -s> ['tøɐminl̩] *nt* INFORM terminal
Ter·mi·nal[2] <-s, -s> ['tøɐminl̩] *nt o m* LUFT, TRANSP terminal

Ter·mi·nal·pro·gramm *nt* INFORM terminal program
Ter·min·bör·se *f* FIN futures market **Ter·min·druck** *m kein pl* time pressure; **unter ~ stehen** to be under time pressure **Ter·min·ein·la·ge** *f* FIN time deposit **Ter·min·geld** *nt* fixed-term deposit **ter·min·ge·mäß** *adj inv* on schedule *pred*
ter·min·ge·recht I. *adj* according to schedule
II. *adv* on time [*or* schedule]; **~ liefern** HANDEL to deliver on schedule
Ter·min·ge·schäft *nt* BÖRSE futures trading; **bedingtes/festes ~** option/fixed-date deal; **~e in Aktienindices** stock index futures trading **Ter·min·han·del** *m* BÖRSE options and futures trading
Ter·mi·ni *pl von* Terminus
ter·mi·nie·ren* [tɛrmi'niːrən] *vt (geh)* ■**etw [auf etw** *akk*] **~** to set a deadline [of sth] for sth
Ter·min·jä·ger *m* deadline chaser **Ter·min·ka·len·der** *m* [appointments] diary [*or* AM calendar]; **einen vollen ~ haben** to have a full appointments diary **Ter·min·kauf** *m* HANDEL forward buying **Ter·min·käu·fer** *m* BÖRSE forward buyer **Ter·min·kon·trakt** *m* FIN forward [*or* futures] contract
ter·min·lich I. *adj inv, attr* with regard to the schedule; **~e Verpflichtungen** commitments
II. *adv* as far as the schedule is concerned; ***ja, das kann ich ~ einrichten!*** yes, I can fit that into my schedule!
Ter·min·lie·fe·rung *f* HANDEL future delivery **Ter·min·markt** *m* ÖKON forward market **Ter·min·no·tie·rung** *f* BÖRSE forward [*or* futures] quotation
Ter·mi·no·lo·gie <-, -n> [tɛrminolo'giː, *pl* -'giːən] *f* terminology
ter·mi·no·lo·gisch [tɛrmino'loːgɪʃ] *adj inv, attr* terminological
Ter·min·plan *m* schedule
Ter·min·pla·ner <-s, -> *m* ❶ *(Kalender)* schedule, diary BRIT, Filofax®, personal organizer
❷ TECH, INFORM *(elektronischer Kleincomputer)* electronic diary [*or* organizer]
Ter·min·pla·nung *f* scheduling **Ter·min·schwie·rig·kei·ten** *pl* schedule difficulties *pl*
Ter·mi·nus <-, Termini> ['tɛrminʊs, *pl* -ni] *m* term; **~ technicus** technical term; **ein medizinischer ~ technicus** a specialized medical term
Ter·min·ver·kauf *m* BÖRSE forward sale **Ter·min·ver·le·gung** *f* JUR adjournment of trial **Ter·min·ver·säum·nis** *nt* HANDEL, JUR non-appearance, failure to appear **Ter·min·ver·trag** *m* BÖRSE forward contract **Ter·min·ver·wal·tung** *f* calendar management
Ter·mi·te <-, -n> [tɛr'miːtə] *f* termite
Ter·mi·ten·hü·gel *m* termites' nest **Ter·mi·ten·staat** *m* termite colony
ter·när [tɛr'nɛːɐ̯] *adj inv* PHYS ternary
Ter·pen·tin <-s, -e> [tɛrpɛn'tiːn] *nt o* ÖSTERR *m* CHEM
❶ *(flüssiges Harz)* turpentine, turps *fam*
❷ *(fam) s.* Terpentinöl
Ter·pen·tin·öl *nt* oil of turpentine
Ter·rain <-s, -s> [tɛ'rɛ̃ː] *nt* ❶ MIL, GEOG *(Gelände)* terrain
❷ *(a. fig: Grundstück)* site; **das ~ sondieren** *(geh)* to see how the land lies; **sich** *akk* **auf unbekanntem ~ bewegen** to be on unknown territory
Ter·ra·kot·ta <-, -kotten> [tɛra'kɔta] *f kein pl* terracotta
Ter·ra·kot·ta·topf *m* terracotta pot
Ter·ra·ris·tik <-> [tɛraː'rɪstɪk] *f kein pl* keeping animals in terrariums
Ter·ra·ri·um <-s, -rien> [tɛ'raːri̯ʊm, *pl* -ri̯ən] *nt* terrarium
Ter·ras·se <-, -n> [tɛ'rasə] *f* ❶ *(Freisitz)* terrace; *(Balkon)* [large] balcony
❷ *(Geländestufe)* terrace
Ter·ras·sen·dach *nt* roof terrace **ter·ras·sen·för·mig** *adj* terraced **Ter·ras·sen·haus** *nt* split-level house
Ter·raz·zo <-s, Terrazzi> [tɛ'ratso, *pl* -tsi] *m* terrazzo
ter·res·trisch [tɛ'rɛstrɪʃ] *adj* terrestrial
Ter·ri·er <-s, -> ['tɛri̯ɐ] *m* terrier
Ter·ri·ne <-, -n> [tɛ'riːnə] *f* tureen
ter·ri·to·ri·al [tɛrito'ri̯aːl] *adj* territorial
Ter·ri·to·ri·al·an·spruch *m* POL territorial claim (an +*akk* on) **Ter·ri·to·ri·al·heer** *nt* territorial army
Ter·ri·to·ri·a·li·täts·prin·zip *nt,* **Ter·ri·to·ri·a·li·täts·recht** *nt* JUR principle of territoriality, BRIT jus soli
Ter·ri·to·ri·al·ver·hal·ten *nt* territorial behaviour BRIT [*or* AM -or]
Ter·ri·to·ri·um <-s, -rien> [tɛri'toːri̯ʊm, *pl* -ri̯ən] *nt* territory
Te·rroir <-[s], -s> [tɛr'ʀwa] *nt* AGR terroir *spec (combination of soil, climate and location for wine-growing)*
Ter·ror <-s> ['tɛroːɐ̯] *m kein pl* ❶ *(terroristische Aktivitäten)* terrorism
❷ *(Furcht und Schrecken)* terror; **die Verbreitung von ~** the spreading of terror
❸ *(Schreckensregime)* reign of terror; **blutiger ~** terror and bloodletting
❹ *(fam: Stunk)* huge fuss; **~ machen** to make a huge fuss
Ter·ror·ab·wehr *f kein pl* counterterrorism **Ter·ror·akt** *m* act of terrorism **Ter·ror·an·schlag** *m* terrorist attack **Ter·ror·grup·pe** *f* terrorist group **Ter·ror·herr·schaft** *f kein pl* reign of terror
ter·ro·ri·sie·ren* [tɛrori'ziːrən] *vt* ❶ *(fam: schikanieren)* ■**jdn ~** to intimidate sb
❷ *(in Angst und Schrecken versetzen)* ■**jdn/etw ~** to terrorize sb/sth
Ter·ro·ris·mus <-> [tɛro'rɪsmʊs] *m kein pl* terrorism
Ter·ro·ris·mus·be·kämp·fung *f* fight against terrorism **Ter·ro·ris·mus·ex·per·te** *m* expert on terrorism
Ter·ro·rist(in) <-en, -en> [tɛro'rɪst] *m(f)* terrorist
ter·ro·ris·tisch *adj* terrorist *attr;* **~e Aktivitäten** terrorist activities; **~e Organisation** [*o* **Vereinigung**] terrorist organization
Ter·ror·kom·man·do *nt* terrorist commando **Ter·ror·op·fer** *nt* victim of terror[ism] **Ter·ror·or·ga·ni·sa·ti·on** *f* terror [*or* terrorist] organization **Ter·ror·re·gime** <-s, -> [-reʒiːm, *pl* -reʒiːmə] *nt* terror regime **Ter·ror·wel·le** *f* wave of terror **Ter·ror·zel·le** *f* terrorist cell
ter·tiär [tɛr'tsi̯ɛːɐ̯] *adj inv* tertiary
Tertiär <-s> [tɛr'tsiɛːɐ] *nt kein pl* GEOL tertiary
Ter·ti·är·öl·för·de·rung *f kein pl* TECH tertiary oil recovery
Terz <-, -en> [tɛrts] *f* MUS third
Ter·zett <-[e]s, -e> [tɛr'tsɛt] *nt* MUS trio
Te·sa·film® ['teːzafɪlm] *m* Sellotape® BRIT, Scotch tape® AM
Tes·sin <-s> [tɛ'siːn] *nt* ■**das ~** Ticino
Test <-[e]s, -s *o* -e> [tɛst] *m* ❶ *(Versuch)* test; **einen ~ machen** to carry out a test
❷ PHARM test; **einen ~ machen** to undergo a test
❸ SCH test
Tes·ta·ment <-[e]s, -e> [tɛsta'mɛnt] *nt* ❶ JUR [last] will, testament, last will and testament; **anfechtbares ~** voidable will; **eigenhändiges ~** holographic will; **gemeinschaftliches ~** joint will; **jüngeres ~** later will; **öffentliches ~** notarial will; **ein ~ aufsetzen** to draft [*or* draw up *sep*] a will; **ein ~ eröffnen/vollstrecken** to open/administer a will; **ein ~ errichten** to testate, to write [*or* execute] a will; **sein ~ machen** to make one's will
❷ REL **Altes/Neues ~** Old/New Testament
▸WENDUNGEN: **dann kann jd sein ~ machen** *(fam)* then sb had better make a will
tes·ta·men·ta·risch I. *adj* testamentary; **eine ~e Verfügung** an instruction in the will
II. *adv* in the will; **jdn ~ bedenken** to include sb in one's will; **etw ~ festlegen** to write sth in one's will; **etw ~ verfügen** to dispose of sth by will; **jdm etw** *akk* **~ vermachen** to leave sb sth in one's will
Tes·ta·ments·an·fech·tung *f* JUR contesting a will **Tes·ta·ments·aus·le·gung** *f* JUR construction of a will **Tes·ta·ments·aus·schla·gung** *f* JUR disclaimer [of a testamentary gift] **Tes·ta·ments·er·öff·nung** *f* reading [*or* opening] of the will **Tes·ta·ments·voll·stre·cker(in)** *m(f)* executor **Tes·ta·ments·voll·stre·ckung** *f* JUR execution of a will
Tes·tat <-[e]s, -e> [tɛst'aːt] *nt* JUR testimonial, attestation
Tes·ta·tor(in) [tɛst'aːtoːɐ̯] *m(f)* JUR testator
Test·bild *nt* TV test card BRIT, test pattern AM **Test·bo·gen** *m* test paper
tes·ten ['tɛstn̩] *vt* ■**jdn/etw [auf etw** *akk*] **~** to test sb/sth [for sth]
Test·er·geb·nis *nt* test result **Test·fah·rer(in)** *m(f)* test driver **Test·fra·ge** *f* test question
tes·tie·ren* [tɛst'iːrən] **I.** *vt (geh)* ■**jdm etw ~** to certify [*or* testify] sth for sb; ■**jdm ~, dass ...** to give sb written proof that ...
II. *vi* JUR *(geh)* to make a will
tes·tier·fä·hig *adj* JUR testable, capable of making a will; **~ sein** to have testamentary capacity, to be of sound and disposing mind AM; **nicht ~** intestable **Tes·tier·fä·hig·keit** *f kein pl* JUR testamentary capacity, AM disposing capacity **tes·tier·un·fä·hig** *adj* JUR incapable of making a will **Tes·tier·un·fä·hig·keit** *f kein pl* JUR testamentary incapacity
Tes·ti·kel <-s, -> [tɛst'iːkl̩] *m* MED testicle
Test·lauf *m* TECH test run **Test·markt** *m* ÖKON test market **Test·me·tho·de** *f* test method
Tes·to·ste·ron <-s, -e> [tɛstoste'roːn] *nt* testosterone
Tes·to·ste·ron-Spie·gel <-s, -> *m* MED testosterone level
Test·per·son *f* subject **Test·pi·lot(in)** *m(f)* test pilot **Test·pro·gramm** *nt* test programme [*or* AM -am] **Test·re·ak·tor** *m* test reactor **Test·rei·he** *f* series of tests **Test·stre·cke** *f* test track **Test·strei·fen** *m* test strip **Test·zwe·cke** *pl* ■**zu ~n** for test purposes
Te·ta·nus <-> ['teːtanʊs] *m kein pl* tetanus *no pl*
Te·ta·nus·schutz·imp·fung *f* tetanus vaccination [*or fam* jab]
Tete-a-teteRR, **Tête-à-tête** <-, -s> [tɛta'tɛːt] *nt* tête-à-tête
Te·tra·chlor·koh·len·stoff *m kein pl* CHEM carbon tetrachloride, tetrachloromethane
Te·tra·eder <-s, -> [tetra'ʔeːdɐ] *nt* MATH tetrahedron
Te·tra·zy·klin <-s, -e> *nt kein pl* PHARM tetracycline
teu·er ['tɔyɐ] **I.** *adj* <teurer, teuerste> ❶ *(viel kostend)* expensive; ■**jdm zu ~ sein** to be too expensive [*or* dear] for sb; **ein teures Vergnügen** an expensive bit of fun
❷ *(hohe Preise verlangend)* expensive
❸ *(geh: geschätzt)* dear; ■**jdm [lieb und] ~ sein** to be dear to sb; **mein Teurer/meine Teure, mein T~ster/meine T~ste** *(poet o hum)* my dearest; *(unter Männern)* my dear friend
II. *adv (zu einem hohen Preis)* expensively; ***das hast du aber zu ~ eingekauft*** you paid too much for that; **sich** *dat* **etw ~ bezahlen lassen** to demand a high price for sth
▸WENDUNGEN: **etw ~ bezahlen müssen** to pay a high price for sth; **~ erkauft** dearly bought; **jdn ~ zu stehen kommen** to cost sb dear, sb will pay dearly
Teu·e·rung <-, -en> ['tɔyərʊŋ] *f* price rise [*or* increase], rise [*or* increase] in price
Teu·e·rungs·aus·gleich <-[e]s> *m kein pl* FIN SCHWEIZ *(Inflationsausgleich)* inflation relief, inflationary compensation **Teu·e·rungs·ra·te** *f* rate of price increase **Teu·e·rungs·zu·la·ge** *f* FIN, POL cost-of-living allowance **Teu·e·rungs·zu·schlag** *m* surcharge
Teu·fel <-s, -> [tɔyfl̩] *m* ❶ *kein pl (Satan)* ■**der ~** the Devil, Satan; **vom ~ besessen sein** *(wahnsinnig)* to be mad; *(fig: übermütig)* to be wild; **den ~ im Leib haben** *(fig)* to be possessed by the devil
❷ *(teuflischer Mensch)* devil, evil person; **ein ~ von einem Mann/einer Frau** a devil of a man/woman; **ein/der ~ in Menschengestalt** a/the devil in disguise
▸WENDUNGEN: **armer ~** *(fam)* poor devil; **~ auch!** *(fam)* damn [it all]! *fam;* *(bewundernd)* well I'll be damned! *fam;* **den ~ durch** [*o* **mit dem**] **Beelze-**

T

bub austreiben to jump out of the frying pan into the fire; **etw fürchten/scheuen wie der ~ das Weihwasser** to fear nothing more than sth/avoid sth like the plague; **des ~s Gebetbuch** [*o* **Gesangbuch**] *(hum fam)* a pack BRIT [*or* AM deck] of cards; **geh** [*o* **scher dich**] **zum ~!** *(fam)* go to hell! *fam;* **zum ~ gehen** *(fam: kaputtgehen)* to be ruined; **in dich ist wohl der ~ gefahren!** *(fam: du bist frech)* what do you think you're doing?; *(du bist leichtsinnig)* you must be mad; **hinter etw** *dat* **her sein wie der ~ hinter der armen Seele** to be greedy for sth; ***sie ist hinter dem Geld her wie der ~ hinter der armen Seele*** she's a money-grubber *fam;* **soll jdn/etw [doch] der ~ holen** *(fam)* to hell with sb/sth *fam;* ***hol dich der ~*** *(fam)* go to hell! *fam,* to hell with you! *fam;* ***hol's der ~!*** *(fam)* damn it! *fam,* to hell with it! *fam;* **jdn zum ~ jagen** [*o* **schicken**] *(fam)* to send sb packing *fam;* **auf ~ komm raus** *(fam)* come hell or high water, like crazy; ***die Termine müssen auf ~ komm raus eingehalten werden*** the dates have to be met, come hell or high water; **jdn/sich in ~s Küche bringen** *(fam)* to get sb/oneself into a hell of a mess *fam;* **in ~s Küche kommen** *(fam)* to get into a hell of a mess *fam;* **sich** *akk* **den ~ um etw** *akk* **kümmern** [*o* **scheren**] *(fam)* to not give a damn about sth *fam;* **irgendwo ist der ~ los** *(fam)* all hell is breaking loose somewhere *fam;* ***in der Firma war gestern der ~ los*** all hell broke loose in the firm yesterday; **~ noch mal** [*o* **aber auch**]**!** *(fam)* well, I'll be damned! *fam,* damn it [all]! *fam;* **jdn reitet der ~!** *(fam)* ***dich reitet wohl der ~!*** what's got into you?; ***ich weiß auch nicht, was für ein ~ mich da geritten hat*** I don't know what got into me; ***ihn muss der ~ geritten haben*** he must have had a devil in him; **des ~s sein** *(fam)* to be mad, to have taken leave of one's senses; ***ja bist du denn des ~s?*** have you lost your senses [*or* mind]?, are you mad [*or* crazy]?; **zum ~ sein** *(fam: kaputt)* to have had it *fam,* to be ruined; *(verloren)* to have gone west *fam;* **wenn man vom ~ spricht** [**, dann ist er nicht weit**] *(prov)* speak [*or* talk] of the devil [and he appears] *prov;* **der ~ steckt im Detail** it's the little things that cause big problems; **den ~ tun werden, etw zu tun** *(fam)* to be damned *fam* if one does sth; ***sie wird den ~ tun, das zu machen*** she'll be damned if she does that; ***den ~ werde ich*** [***tun***]! *(fam)* like hell I will! *fam,* I'll be damned if I will! *fam;* **den ~ an die Wand malen** to imagine the worst; ***mal bloß nicht den ~ an die Wand!*** don't invite trouble!; *(stärker)* disaster by talking like that!; **jdn/etw wie der ~ das Weihwasser fürchten** *(hum fam)* to avoid sb/sth like the plague *fam;* **weiß der ~** *(fam)* who the hell knows *fam;* ***das weiß der ~!*** God [only] knows; ***weiß der ~, was/wie/wo ...*** God knows what/how/where ...; **wie der ~** *(fam)* like hell [*or* the devil] *fam;* ***er ritt wie der ~*** to rode like the devil; **jdn zum ~ wünschen** *(fam)* to wish sb in hell; **es müsste mit dem ~ zugehen, wenn ...** *(fam)* hell would have to freeze over, before ...; **zum ~!** *(fam)* damn [it]! *fam,* blast [it]! *fam or dated;* **zum ~ mit dir!** to hell with you!; **... zum ~ ...?** *(fam)* ... the devil [*or* hell] ...?; ***wer zum ~ ist Herr Müller?*** who the hell is Mr Müller? *fam*

Teu·fe·lei <-, -en> [tɔyfəˈlai] *f* evil trick

Teu·fels·aus·trei·bung *f kein pl* exorcism **Teu·fels·ding** *nt (fam)* amazing gadget [*or* object]; ***kleine ~er*** amazing little gadgets **Teu·fels·frat·ze** *f* devil's face **Teu·fels·kerl** *m (fam)* amazing fellow **Teu·fels·kreis** *m* vicious circle **Teu·fels·zeug** *nt (pej fam: Substanz)* evil [*or* dangerous] stuff *fam;* *(Sache)* devilish thing *fam*

teuf·lisch [ˈtɔyflɪʃ] **I.** *adj* devilish, diabolical
II. *adv* ❶ *(diabolisch)* diabolically, devilishly
❷ *(fam: höllisch)* hellishly, like hell

teu·rer [ˈtɔyrɐ] *komp von* **teuer**

Teu·ro <-s, -[s]> [ˈtɔyro] *m meist sing (pej)* expensive euro *(amalgamation of teuer and Euro; used pejoratively in reference to the Euro)*

Teu·to·ne, Teu·to·nin <-n, -n> [tɔyˈtoːnə, tɔyˈtoːnɪn] *m, f* Teuton

teu·to·nisch [tɔyˈtoːnɪʃ] *adj* Teutonic

Text <-[e]s, -e> [tɛkst] *m* ❶ *(schriftliche Darstellung)* text; **verborgener ~** hidden text
❷ *(Lied)* lyrics
❸ *(Wortlaut)* text; *Rede* script
▶WENDUNGEN: **jdn aus dem ~ bringen** *(fam)* to confuse sb; **aus dem ~ kommen** *(fam)* to become confused; **weiter im ~!** *(fam)* let's get on with it *fam*

Text·ab·ruf·sys·tem *nt* TYPO text retrieval system **Text·an·fang** *m* start-of-text **Text·auf·ga·be** *f* MATH problem **Text·bau·stein** *m* text block **Text·be·ar·bei·tung** *f* text manipulation **Text·buch** *nt* song book, libretto **Text·da·tei** *f* INFORM text file **Text·dich·ter(in)** *m(f)* songwriter, librettist **Text·do·ku·ment** *m* text document **Text·edi·tor** *m* INFORM text editor **Text·ein·ga·be** *f* INFORM text input

tex·ten [ˈtɛkstn̩] **I.** *vt* ■**etw ~** to write sth
II. *vi* to write songs; *(in der Werbung)* to write copy

Text·en·de *nt* end-of-text

Tex·ter(in) <-s, -> *m(f)* songwriter; *(in der Werbung)* copywriter

Text·er·fas·ser(in) <-s, -> *m(f)* galley typist, keyboard operator **Text·er·fas·sung** *f* INFORM text input **Text·er·ken·nung** *f* INFORM text recognition **Text·form** *f* TYPO shape of text matter **Text·for·ma·tie·rer** *m* INFORM text formatter **Text·for·ma·tie·rung** *f* INFORM text formatting

tex·til [tɛksˈtiːl] *adj* fabric

Tex·til·ar·bei·ter(in) <-s, -> *m(f)* textile worker **Tex·til·bran·che** *f* textile industry **Tex·til·fa·brik** *f* textile factory **Tex·til·fa·ser** *f* textile fibre [*or* AM -er] **Tex·til·ge·schäft** *nt (fam) shop that sells linen and clothing* **Tex·til·her·stel·ler** *m* textile manufacturer

Tex·ti·li·en [tɛksˈtiːli̯ən] *pl* fabrics *pl*

Tex·til·in·dus·trie *f* textile industry

Text·kri·tik *f* textual criticism **Text·mo·dus** *m* INFORM text mode **Text·mon·ta·ge** *f* TYPO text assembly **Text·pas·sa·ge** *f* extract [*or* passage] from the text **Text·stel·le** *f* passage **Text·sys·tem** *nt s.* **Textverarbeitungssystem** **Text·um·stel·lung** *f* cut and paste

Text·ver·ar·bei·tung *f* word processing **Text·ver·ar·bei·tungs·an·la·ge** *f* INFORM word processor, word processing system **Text·ver·ar·bei·tungs·pro·gramm** *nt* word processing program, word processor **Text·ver·ar·bei·tungs·sys·tem** *nt* word processor, word processing system

Te·zett [ˈteːtsɛt] *nt* ▶WENDUNGEN: **bis ins ~** *(fam)* inside out *fam*

TH <-, -s> [teˈha] *f Abk von* **Technische Hochschule** training college providing degree courses in technical and scientific subjects

Thai [tai̯] *nt* Thai

Thai·land [ˈtai̯lant] *nt* Thailand

Thai·län·der(in) <-s, -> [ˈtai̯lɛndɐ] *m(f)* Thai

thai·län·disch [ˈtai̯lɛndɪʃ] *adj* Thai

Thal·li·um <-s> [ˈtali̯ʊm] *nt kein pl* CHEM thallium

THC <-[s]> [tehaˈtseː] *nt kein pl Abk von* **Tetrahydrocannabinol** THC

The·a·ter <-s, -> [teˈatɐ] *nt* ❶ *(Gebäude)* theatre [*or* AM -er]
❷ *(Schauspielkunst)* theatre [*or* AM -er]; **zum ~ gehen** to go on the stage; **~ spielen** to put on a show, to act; **nur ~ sein** *(fam)* to be only an act *fam*
❸ *(fam: Umstände)* drama, fuss *fam;* **[ein] ~ machen** to make [*or* create] a fuss *fam*

The·a·ter·abon·ne·ment *nt* theatre [*or* AM -er] subscription **The·a·ter·auf·füh·rung** *f* theatre performance, play **The·a·ter·be·such** *m* theatre visit **The·a·ter·be·su·cher(in)** <-s, -> *m(f)* theatregoer **The·a·ter·di·rek·tor(in)** <-s, -en> *m(f)* theatre manager **The·a·ter·fe·ri·en** *pl* theatre-season holidays *pl* **The·a·ter·grup·pe** *f* theatrical group **The·a·ter·kar·te** *f* theatre ticket **The·a·ter·kas·se** *f* theatre box office **The·a·ter·kri·ti·ker(in)** *m(f)* theatre critic **The·a·ter·ma·cher(in)** *m(f)* theatre maker; *(Theaterregisseur a.)* stage director; *(Theaterintendant a.)* theatre manager **The·a·ter·pro·be** *f* rehearsal **The·a·ter·pub·li·kum** *nt* theatre audience **The·a·ter·re·gis·seur(in)** <-s, -e> *m(f)* theatre director **The·a·ter·stück** *nt* play **The·a·ter·vor·stel·lung** *f* theatre performance

the·a·tra·lisch [teaˈtraːlɪʃ] *adj* theatrical

The·is·mus <-> [teˈɪsmʊs] *m kein pl* theism *no pl*

The·ke <-, -n> [ˈteːkə] *f* counter; *(in einem Lokal)* bar

T-Hel·fer-Ge·dächt·nis·zel·le *f* BIOL T helper cell

The·ma <-s, Themen *o* -ta> [ˈteːma, *pl* -mən, -ta] *nt*
❶ *(Gesprächsthema)* subject, topic; **ein ~ ist [für jdn] erledigt** *(fam)* a matter is closed as far as sb is concerned; **beim ~ bleiben** to stick to the subject [*or* point]; **jdn vom ~ abbringen** to get sb off the subject; **vom ~ abschweifen** to wander [*or fam* get] off the subject; **~ Nr. 1 sein** to be the main subject of discussion; **das ~ wechseln** to change the subject
❷ *(schriftliches Thema)* subject
❸ *(Bereich)* subject area
❹ MUS theme
▶WENDUNGEN: **wir wollen das ~ begraben** *(fam)* let's not talk about that anymore; **etw zum ~ machen** to make an issue out of sth; **ein/kein ~ sein** to be/not be an issue

The·ma·tik <-> [teˈmaːtɪk] *f kein pl* topic

the·ma·tisch [teˈmaːtɪʃ] **I.** *adj* regarding subject matter
II. *adv* as far as the subject is concerned

the·ma·ti·sie·ren* [tematiˈziːrən] *vt* ■**etw ~** to make sth subject of discussion, to discuss sth

The·men [ˈteːmən] *pl von* **Thema**

The·men·park [ˈteːmən-] *m* TOURIST theme [*or* amusement] park

Theo·di·zee <-, -n> [teodiˈtseː, *pl* teodiˈtseːən] *f* PHILOS, REL *(fachspr)* theodicy

Theo·kra·tie <-, -n> [teokraˈtiː, *pl* teokraˈtiːən] *f* POL, REL *(geh)* theocracy

Theo·lo·ge, Theo·lo·gin <-n, -n> [teoˈloːgə, teoˈloːgɪn] *m, f* theologian

Theo·lo·gie <-, -n> [teoloˈgiː, *pl* -giːən] *f* theology

Theo·lo·gin <-, -nen> *f fem form von* **Theologe**

theo·lo·gisch [teoˈloːgɪʃ] **I.** *adj* theological
II. *adv* ❶ *(in der Theologie)* in theological matters
❷ *(für die Theologie)* theologically, from a theological point of view

The·o·rem <-s, -e> [teoˈreːm] *nt (geh)* theorem

The·o·re·ti·ker(in) <-s, -> [teoˈreːtikɐ] *m(f)* theoretician, theorist

the·o·re·tisch [teoˈreːtɪʃ] **I.** *adj* theoretical
II. *adv* theoretically; **~ betrachtet** in theory, theoretically

the·o·re·ti·sie·ren* [teoretiˈziːrən] *vi* ■**[über etw** *akk*] **~** to theorize [about sth]

The·o·rie <-, -n> [teoˈriː, *pl* -riːən] *f* theory; **allumfassende ~** PHYS theory of everything; **große vereinheitlichte ~** PHYS grand unified theory; **graue ~ sein** to be all very well in theory; **nur ~ sein** to only be hypothetical; **in der ~** in theory; *s. a.* **Freund**

Theo·soph(in) <-en, -en> [teoˈzoːf] *m(f)* REL theosophist

Theo·so·phie <-> [teozoˈfiː] *f kein pl* REL theosophism

theo·so·phisch *adj* REL theosophic[al]

The·ra·peut(in) <-en, -en> [teraˈpɔyt] *m(f)* therapist

The·ra·peu·tik <-> [teraˈpɔytɪk] *f kein pl* therapeutics + *sing vb*

The·ra·peu·tin <-, -nen> *f fem form von* **Therapeut**

the·ra·peu·tisch [teraˈpɔytɪʃ] **I.** *adj* therapeutic
II. *adv* as therapy

The·ra·pie <-, -n> [teraˈpiː, *pl* iːən] *f* therapy

The·ra·pie·form *f* form of therapy **The·ra·pie·mög·lich·keit** *f* possibility of treatment

the·ra·pier·bar *adj inv* MED treatable [with therapy]

the·ra·pie·ren* [teraˈpiːrən] *vt* MED ■**jdn ~** to treat [*or* give therapy to] sb; ■**etw ~** to treat sth

The·ra·va·da-Bud·dhis·mus [teraˈvaːda-] *m* REL Theravada Buddhism

Ther·mal·bad [tɛrˈmaːl-] *nt* ❶ *(Hallenbad)* thermal baths *pl* ❷ MED *(Heilbad)* thermal bath, hot springs

npl 3 *(Kurort)* spa resort **The·rmal·quel·le** *f* thermal [*or* hot] spring
Ther·me <-, -n> ['tɛrmə] *f* thermal bath, hot springs *npl;* ▪**die ~n** HIST the thermal baths
ther·misch ['tɛrmɪʃ] *adj attr* thermal
ther·mo·ba·risch [tɛrmo'ba:rɪʃ] *adj* **~e Bombe** thermobaric bomb **Ther·mo·dru·cker** *m* thermal printer **Ther·mo·dy·na·mik** [tɛrmody'na:mɪk] *f kein pl* PHYS thermodynamics + *sing vb* **ther·mo·dy·na·misch** [tɛrmody'na:mɪʃ] *adj inv* thermodynamical **ther·mo·elek·trisch** [tɛrmoʔe'lɛktrɪʃ] *adj inv* thermoelectrical **Ther·mo·ho·se** *f* thermal [*or* quilted] trousers *npl* **Ther·mo·lu·mi·nes·zenz** <-, -en> [tɛrmoluminɛs'tsɛnts] *f* GEOL thermoluminescence
Ther·mo·me·ter <-s, -> [tɛrmo'me:tɐ] *nt* thermometer
Ther·mo·me·ter·stand *m* temperature
ther·mo·nuk·le·ar [tɛrmonukle'a:ɐ̯] *adj* thermonuclear **Ther·mo·pa·pier** *nt* thermal paper **Ther·mo·pau·se** *f* METEO thermopause
Ther·mos·fla·sche® ['tɛrmosflaʃə] *f* Thermos® [flask [*or* bottle]], vacuum flask **Ther·mos·kan·ne** *f* Thermos® flask
Ther·mo·sphä·re *f* METEO thermosphere
Ther·mo·stat <-[e]s, -e *o* -en, -en> [tɛrmo'sta:t] *m* thermostat
Ther·mo·stat·ven·til *nt* AUTO exhaust manifold heat control valve
Ther·mo·trans·fer·dru·cker *m* thermal transfer printer
the·sau·rie·ren [tezau̯'ri:rən] *vt* FIN ▪**etw ~** to retain sth
the·sau·riert [tezau̯'ri:rt] *adj* FIN accumulated; **~er Gewinn** accumulated profit
The·sau·rie·rung <-, -en> [tezau̯'ri:rʊŋ] *f* ÖKON accumulation
The·sau·rus <-, -ren *o* -ri> [te'zaurʊs, *pl* -rən, -ri] *m* thesaurus
The·se <-, -n> ['te:zə] *f (geh)* thesis
The·sen·pa·pier *nt* theory paper
Thes·sa·li·en <-s> [tɛ'sa:li̯ən] *nt* Thessaly
thes·sa·lisch [tɛ'sa:lɪʃ] *adj* Thessalian
Think·tank <-s, -s> ['θɪŋktæŋk] *m (sl)* think tank
Tho·mas·christ(in) ['to:mas-] *m(f)* REL Saint Thomas Christian
Thon <-s> [to:n] *m kein pl* SCHWEIZ *(Tunfisch)* tuna [fish] *no pl*
Tho·ra <-> ['to:ra] *f kein pl* REL Torah, [the] Pentateuch
Tho·ri·um <-s> ['to:ri̯ʊm] *nt kein pl* CHEM thorium *no pl*
Thra·ki·en <-s> ['tra:ki̯ən] *nt* Thrace
Thrill <-s> [θrɪl] *m kein pl (sl)* thrill
Thril·ler <-s, -> ['θrɪlɐ] *m* thriller
Throm·bo·se <-, -n> [trɔm'bo:sə] *f* thrombosis
Thron <-[e]s, -e> [tro:n] *m* throne
▸WENDUNGEN: **jds ~ wackelt** sb's throne is shaking
Thron·be·stei·gung *f* accession [to the throne]
thro·nen ['tro:nən] *vi* to sit enthroned
Thron·er·be, -er·bin *m, f* heir to the throne **Thron·fol·ge** *f* line of succession **Thron·fol·ger(in)** <-s, -> *m(f)* heir [*or* successor] to the throne **Thron·re·de** *f* Monarch's speech [at the opening of parliament]
Thu·li·um <-s> ['tu:li̯ʊm] *nt kein pl* CHEM thulium *no pl*
Thun·fisch ['tu:nfɪʃ] *m s.* **Tunfisch**
Thur·gau <-s> ['tuɐ̯gau̯] *nt* Thurgau
Thü·rin·gen <-s> ['ty:rɪŋən] *nt* Thuringia
Thü·rin·ger(in) <-s, -> ['ty:rɪŋɐ] *m(f)* Thuringian
thü·rin·gisch ['ty:rɪŋɪʃ] *adj inv* Thuringian
THW <-[s], -s> [te:ha:'ve:] *nt Abk von* **Technisches Hilfswerk** technical support/breakdown service
Thymian <-s, -e> ['ty:mi̯a:n] *m* thyme
Thy·ro·xin <-s, -e> [tyrɔ'ksi:n] *nt* MED thyroxine
Ti·a·ra <-, Tiaren> ['ti̯a:ra, *pl* -rən] *f* REL triple crown
Ti·bet¹ <-s> ['ti:bɛt, ti'be:t] *nt* Tibet
Ti·bet² <-[e]s, -e> ['ti:bɛt] *m (Wollart)* Tibetan wool
Ti·be·ta·ner(in) <-s, -> [ti:bɛ'ta:nɐ] *m(f) s.* **Tibeter**
Ti·be·ter(in) <-s, -> [ti'be:tɐ] *m(f)* Tibetan
ti·be·tisch [ti'be:tɪʃ] *adj* Tibetan
Ti·be·tisch [ti'be:tɪʃ] *nt dekl wie adj* Tibetan
Ti·be·ti·sche <-n> [ti'be:tɪʃə] *nt* ▪**das ~** Tibetan, the Tibetan language
Tick <-[e]s, -s> [tɪk] *m (fam)* 1 *(Marotte)* quirk *fam;* **einen ~ haben** to have a quirk
2 *(geringe Menge)* tad; ***kannst du das einen ~ leiser stellen?*** can you turn it down a tad?
ti·cken ['tɪkn̩] *vi* 1 *(ein klickendes Geräusch machen)* to tick
2 *(fam: funktionieren)* to tick *fam;* ***du tickst wohl nicht richtig*** you must be out of your mind
Ti·cker <-s, -> ['tɪkɐ] *m* TELEK *(fam)* ticker
Ti·cket <-s, -s> ['tɪkət] *nt* ticket
tick·tack ['tɪk'tak] *interj* tick-tock!
Tick·tack <-, -s> ['tɪk'tak] *f (kindersprache: Uhr)* tick-tock
Tie·break^RR^, Tie-Break <-s, -s> ['tai̯bre:k] *m o nt* tie-break
tief [ti:f] **I.** *adj* 1 *(nach unten)* deep; **zwei Meter/Kilometer ~** two metres [*or* AM -ers]/kilometres [*or* AM -ers] deep; ***eine sechs Meter ~e Grube*** a pit six metres [*or* AM -ers] deep; **ein ~er Fall** a deep fall
2 *(in der Breite)* deep; ▪**drei Meter/Zentimeter ~** three metres [*or* AM -ers]/centimetres [*or* AM -ers] deep
3 *(weit reichend, nicht flach)* deep; **~es Einatmen** breathing in deeply; **~er Schnee** deep snow; **ein ~er Schnitt/eine ~e Wunde** a deep cut/wound; **ein ~er Teller** a soup plate; **~es Wasser** deep water
4 *(niedrig)* low; **ein ~er Stuhl/Tisch** a low chair/table; **~e Temperaturen** low temperatures
5 MODE **ein Kleid mit einem ~en Ausschnitt** a dress with a low neckline
6 MUS low; **ein ~er Ton** a low sound
7 *(dunkel) Farbton, Stimme* deep; **eine ~ Stimme** a deep voice
8 *(intensiv, stark)* deep; ***das war ein ~er Eingriff in seine Rechte*** it was a gross infringement of his rights; **~es Bedauern** deep regret; **~es Elend** utter misery; **~es Leid/~er Schmerz** deep [*or* intense] suffering/pain; **~e Not** dire need; **ein ~er Schlaf** a deep sleep; **ein ~es Seufzen** a deep sigh; **~e Sorge/Zuneigung** deep concern/affection; **ein ~es Verständnis** a deep understanding
9 *(ins Wesentliche dringend)* deep; ***ein Satz von ~er Bedeutung*** a phrase of deep significance; **~e Einsichten** profound insights; **der ~ere Sinn** the deeper meaning; **die ~eren Ursachen** the underlying causes
10 *(mitten in etw liegend)* deep; **im ~sten Innern** in one's heart of hearts; **im ~sten Mittelalter** in the depths of the middle ages; **in ~er Nacht** at dead of night; **im ~en Wald** in the depths of the forest, deep in the forest; **im ~en Winter** in the depths of winter
II. *adv* 1 *(weit nach unten)* deep; ***~ herabhängende Äste*** low-hanging branches; ***~ unter uns*** far below us; **~ bohren/graben** to drill/dig deep; **in etw** *akk* **~ einsinken** to sink deep into sth; **~ fallen** [*o* **stürzen**]/**sinken** to fall/sink a long way; ***er stürzte 4 Meter ~*** he fell 4 metres [deep]; **~ tauchen** to dive deep
2 *(weiter unten)* ***sie wohnt einen Stock ~er*** she lives one floor down [*or* on the floor below]
3 *(weit in etw hinein)* deep; ***wir müssen ~er ins All vorstoßen*** we have to push deeper into space; ***sie sah ihm ~ in die Augen*** she looked deep into his eyes; ***sie war ~ in Gedanken*** [***versunken***] she was deep in thought; ***das geht bei ihr nicht sehr ~*** it doesn't go very deep with her; **bis ~ in etw** *akk* **hinein** deep into sth; **~ atmen/einatmen** to breathe/inhale deeply; **etw ~er begründen** to find a deeper reason for sth; **~ greifend** [*o* **schürfend**] far-reaching, extensive; **~ in Schulden stecken** to be deep in debt; **~ in die Tasche greifen müssen** to have to reach [*or* dig] deep in one's pocket; **jdn ~ verletzen** to hurt sb deeply; **eine ~ verwurzelte Tradition** a deeply rooted custom
4 *(niedrig)* low; ***den Sitz ~er stellen*** to lower the seat; ***die Heizung etwas ~er stellen*** to turn the heating down a bit; ***im Winter steht die Sonne ~er*** the sun is lower [in the sky] in winter; **~ stehende** *Sonne* low on the horizon; ***die ~ stehende Sonne tauchte alles in rotes Licht*** the setting sun bathed eveyrthing in red light; ***ein moralisch ~ stehender Mensch*** a person of little moral principles; **~ fliegen** to fly low; **~ liegend** *Gegend* low-lying *attr; Augen* deep-set *attr;* **~er liegen** to be at a lower level; ***Como liegt ~er als Montemezzo*** Como is lower-lying than Montemezzo; ***das Haus liegt ~er als die Straße*** the house lies below [the level of] the road
5 MODE ***ein ~ ausgeschnittenes Kleid*** a low-cut dress
6 MUS low; ***das Klavier ist zu ~ gestimmt*** the piano is tuned too low; ***sie spielt das Lied eine Terz ~er*** she plays the song a third lower; **zu ~ singen** to sing flat; **etw ~er stimmen** to tune sth down
7 *(dunkel)* **~ sprechen** to talk in a deep voice
8 *(intensiv, stark)* deeply; **etw ~ bedauern** to regret sth profoundly; **~ bekümmert** deeply distressed; **~ betrübt** deeply saddened; **~ bewegt** deeply moved; **~ empfundener Dank** heartfelt thanks; **~ empfundenes Mitleid** heartfelt sympathy; **~ erröten** to deeply redden, to go bright red *fam;* **jdn ~ erschrecken** to frighten sb terribly; **~ erschüttert** badly shaken; **~ fühlen** to feel deeply; **~ gläubig** deeply religious; **~ nachdenken** to think deeply; **~ schlafen** to sleep soundly; **~ verschneit** deep [*or* thick] with snow
9 *(mitten in etw liegend)* ***ihre Augen lagen ~ in den Höhlen*** her eyes were like hollows in her face; ▪**~ in etw** *dat* in the depths of sth, deep in sth; **~ in Afrika/im Dschungel** deep in Africa/in the jungle; **~ im Innern** in one's heart of hearts; **~ in der Nacht** at dead of night; **bis ~ in die Nacht** until late into the night; **~ im Wald** in the depths of the forest, deep in the forest; **~ im Winter** in the depths of winter
▸WENDUNGEN: **~ blicken lassen** to be very revealing; **~ fallen** to go downhill; **~ sinken** to sink low; *s. a.* **Glas**
Tief <-[e]s, -e> [ti:f] *nt* 1 METEO *(Tiefdruckgebiet)* low, low pressure system, depression
2 *(depressive Phase)* low [point], depression
Tief·ät·zung *f* deep etching
Tief·bau *m kein pl* civil engineering *no pl* **Tief·bau·amt** *nt authority in charge of planning, design, construction and maintenance of fixed structures and ground facilities*
tief·be·trübt *adj inv s.* **tief II 8** **tief·blau** *adj* deep blue
Tief·druck¹ *m kein pl* TYPO gravure *no pl*
Tief·druck² *m kein pl* METEO low pressure *no pl*
Tief·druck·er *m* gravure printer
Tief·druck·ge·biet *nt* low pressure area **Tief·druck·keil** *m* METEO trough of low pressure
Tie·fe <-, -n> ['ti:fə] *f* 1 *(Wassertiefe)* depth
2 *(vertikal hinabreichende Ausdehnung)* depth; ***der Schacht führt hinab bis in 1200 Meter ~*** the shaft goes 1200 metres deep
3 *(horizontal hineinreichende Ausdehnung)* depth
4 *kein pl (Intensität)* intensity
5 *(Tiefgründigkeit)* depth
6 *(dunkle Tönung)* ***die ~ des Blaus*** the depth of blue
7 *(dunkler Klang)* deepness
Tief·ebe·ne *f* lowland plain; **die Norddeutsche ~** the North German Lowlands *pl;* **die Oberrheinische ~** the Upper Rhine Valley
Tie·fen *pl (Repro)* shadow area *no pl,* shadows *pl*
Tie·fen·grund *m* BAU deep solvent primer **Tie·fen·mas·sa·ge** *f* deep massage **Tie·fen·öko·lo·gie** *f kein pl* deep ecology **tie·fen·öko·lo·gisch** *adj inv* deep-ecological **Tie·fen·psy·cho·lo·ge, -psy·cho·lo·gin** *m, f* psychoanalyst **Tie·fen·psy·cho·lo·gie** *f* psychoanalysis **Tie·fen·psy·cho·lo·gin** *f fem form von* **Tiefenpsychologe** **Tie·fen·schär·fe** *f kein pl* FOTO depth of field *no pl*
Tie·fen·wir·kung *f* 1 *(räumliche Tiefe)* effect of depth

❷ MODE *eines Kosmetikums* deep action; ■ **mit ~** deep-acting

tie·fer·ge·legt *adj inv* AUTO lowered

Tief·flie·ger *m* low-flying aircraft **Tief·flug** *m* low-altitude flight; **im ~** at low altitude; **etw im ~ überfliegen** to fly over sth at low altitude **tief|frie·ren** *vt nur als Infinitiv und Partizip Perfekt* ■ **etw ~** to deep-freeze sth **Tief·gang** *m* NAUT draught BRIT, draft AM ▸ WENDUNGEN: **~ haben** to have depth, to be profound **Tief·ga·ra·ge** *f* underground car park BRIT, underground parking lot AM **tief·ge·frie·ren** *vt irreg* ■ **etw ~** to freeze sth **Tief·ge·frie·ren** <-s> *nt kein pl* freezing *no pl, no indef art* **tief·ge·fro·ren, tief·ge·kühlt** *adj* frozen **tief·ge·stellt** *adj inv* **~es Zeichen** TYPO inferior character **tief·grei·fend** *adj s.* **tief II 3**

tief·grün·dig ['ti:fgrʏndɪç] **I.** *adj* ❶ *Gedanken* profound, deep

❷ AGR *Boden* deep

II. *adv diskutieren, untersuchen* in depth

Tief·küh·ler <-s, -> *m bes* SCHWEIZ freezer; *(Tiefkühltruhe)* freezer chest; *(Tiefkühlfach)* freezer compartment **Tief·kühl·fach** *nt* freezer compartment **Tief·kühl·kost** *f* frozen foods *pl* **Tief·kühl·schrank** *m* freezer **Tief·kühl·tru·he** *f* freezer chest

Tief·la·der <-s, -> *m* low-loading vehicle **Tief·land** ['ti:flant] *nt* lowlands *pl* **Tief·prä·gung** *f* TYPO deep embossing **Tief·punkt** *m* low point; **einen ~ haben** to feel worn out, to suffer a low; *(deprimiert sein)* to go through a low patch **Tief·schlaf** *m kein pl* deep sleep *no pl* **Tief·schlag** *m* ❶ SPORT hit below the belt ❷ *(schwerer Schicksalsschlag)* body blow **Tief·schnee** *m* deep snow **tief·schwarz** *adj inv Haar* jet black; *Nacht* pitch-black

Tief·see *f* deep sea

Tief·see·ang·ler·fisch *m* deep-sea angler [fish] **Tief·see·fau·na** *f* deep-sea fauna **Tief·see·fisch** *m* deep-sea fish **Tief·see·for·schung** *f kein pl* deep-sea research **Tief·see·gra·ben** *m* deep-sea ditch **Tief·see·ka·bel** *nt* deep-sea cable **Tief·see·tau·cher(in)** *m(f)* deep-sea diver

Tief·sinn <-[e]s> *m kein pl* ❶ *(grüblerisches Nachdenken)* profundity; **in ~ verfallen** to become depressed

❷ *(tiefere Bedeutung)* essence, fundamental nature

tief·sin·nig *adj* profound **Tief·stand** *m* low; ***der Dollar ist auf einen neuen ~ gesunken*** the dollar has sunk to a new low **Tief·sta·pe·lei** <-> *f kein pl* understatement **tief|sta·peln** *vi* to understate the case, to be modest **tief·ste·hend** *adj s.* **tief II 4**

Tiefst·kurs *m* BÖRSE lowest share price **Tiefst·preis** *m* lowest [*or fam* rock-bottom] price **Tiefst·tem·pe·ra·tur** *f* lowest temperature **Tiefst·wert** *m* lowest value

Tief·tö·ner <-s, -> [-tø:nɐ] *m* RADIO woofer **Tief·tö·ner·aus·gang** *m* woofer outlet

tief·trau·rig ['ti:ftraurɪç] *adj* extremely sad

Tie·gel <-s, -> ['ti:gl̩] *m* ❶ *(flacher Kochtopf)* [sauce]pan

❷ *(Cremebehälter)* jar

❸ *(Schmelztiegel)* pot

❹ CHEM crucible

Tier <-[e]s, -e> [ti:ɐ̯] *nt* animal; **wie ein ~** like an animal

▸ WENDUNGEN: **ein großes** [*o* **hohes**] **~** *(fam)* big shot *fam,* bigwig

Tier·art *f* animal species + *sing vb* **Tier·arzt, -ärz·tin** *m, f* vet, veterinary surgeon *form* **tier·ärzt·lich** *adj inv, attr* veterinary **Tier·bän·di·ger(in)** <-s, -> *m(f)* animal tamer

Tier·chen <-s, -> *nt dim von* **Tier** little creature

▸ WENDUNGEN: **jedem ~ sein Pläsierchen** each to his own

Tier·fa·brik *f (pej fam)* factory farm **Tier·freund(in)** *m(f)* animal lover **Tier·gar·ten** *m* zoo **Tier·hal·ter(in)** *m(f)* pet owner **Tier·hal·ter·haf·tung** *f* JUR liability for animals

Tier·hal·tung *f (Haustiere)* pet ownership; AGR animal husbandry; **~e Tierhaltung** keeping animals in a near-natural environment **Tier·hand·lung** *f* pet shop **Tier·heim** *nt* animal home

tie·risch ['ti:rɪʃ] **I.** *adj* ❶ *(bei Tieren anzutreffend)* animal *attr*

❷ *(sl: gewaltig)* deadly *fam,* terrible; **einen ~en Durst/Hunger haben** to be thirsty/hungry as hell *sl*

❸ *(grässlich)* bestial, brutish

II. *adv (sl)* loads *fam;* **~ schuften/schwitzen** to work/sweat like hell *sl;* **~ wehtun** to hurt like hell *sl*

Tier·kli·nik *f* animal hospital

Tier·kör·per·ver·wer·tungs·an·stalt *f* AGR *(form)* carcass processing centre [*or* plant], rendering plant AM

Tier·kreis *m kein pl* zodiac **Tier·kreis·zei·chen** *nt* sign of the zodiac, zodiacal sign

Tier·kun·de *f* zoology **tier·lieb** *adj* animal-loving *attr,* pet-loving *attr;* ■ **~ sein** to be fond of animals **Tier·lie·be** *f* love of animals **Tier·mast** *f* animal feed **Tier·me·di·zin** *f* veterinary medicine **Tier·mehl** *nt* AGR meat and bone meal *no pl* **Tier·nah·rung** *f* animal food **Tier·park** *m* zoo **Tier·pfle·ger(in)** *m(f)* zoo-keeper **Tier·quä·ler(in)** <-s, -> *m(f)* person who is cruel to animals **Tier·quä·le·rei** ['ti:ɐ̯kvɛːləraɪ] *f* animal cruelty, cruelty to animals **Tier·reich** *nt kein pl* animal kingdom

Tier·schutz *m* protection of animals

Tier·schüt·zer(in) *m(f)* animal conservationist

Tier·schutz·ge·setz *nt* JUR Prevention of Cruelty to Animals Act **Tier·schutz·ver·ein** *m* society for the prevention of cruelty to animals

Tier·seu·chen·ge·setz *nt* JUR Epizootic Diseases Act **Tier·ver·such** *m* animal experiment **Tier·welt** *f selten pl* animal kingdom **Tier·wirt, -wir·tin** *m, f* animal husbandry worker **Tier·zucht** *f kein pl* live-stock breeding *no pl,* animal husbandry *no pl* **Tier·züch·ter(in)** <-s, -> *m(f)* animal breeder

Tif·fa·ny·lam·pe ['tɪfənɪ-] *f* tiffany lamp

Tif·lis ['tɪflɪs] *nt,* **Tbi·lis·si** <-> *nt* Tbilisi

Ti·ger <-s, -> [ti:gɐ] *m* tiger

Ti·ger·au·ge *nt* tiger's-eye

Ti·ger-Fonds ['taɪgefõ:] *m* BÖRSE tiger fund

ti·gern ['ti:gɐn] *vi sein (fam)* to mooch [about] BRIT *fam,* to loiter; ■ **durch etw** *akk* **~** to traipse [*or* BRIT mooch] through sth

Ti·ger·staat *m* ÖKON, POL tiger economy

Tights ['taɪts] *pl* MODE leggings

Tig·ray <-, -> ['ti:graɪ] *m o f* Tigray

Tig·re ['ti:grə] *f* Tigré

Til·de <-, -n> ['tɪldə] *f* tilde

tilg·bar *adj* FIN *Schulden* redeemable, repayable; **nicht ~** irredeemable

til·gen ['tɪlgn̩] *vt (geh)* ■ **etw ~** ❶ FIN *(abtragen)* to pay sth off

❷ *(beseitigen)* to wipe out sth *sep;* ■ **etw von etw** *dat* **~** to erase sth from sth

Til·gung <-, -en> *f (geh)* ❶ FIN *(das Tilgen)* repayment; **~ der Verpflichtungen** discharge of liabilities; **teilweise ~** partial extinction

❷ *(Beseitigung)* erasure, deletion

Til·gungs·an·lei·he *f* FIN redemption loan **Til·gungs·dar·le·hen** *nt* FIN redeemable loan **Til·gungs·dau·er** *f* FIN amortization period **Til·gungs·fonds** *m* FIN sinking fund **til·gungs·frei** *adj* FIN free of amortization, redemption-free *attr* **Til·gungs·leis·tung** *f* FIN redemption payment; **~en einstellen** to suspend payments **Til·gungs·ra·te** *f* FIN repayment instalment **Til·gungs·recht** *nt* FIN right of redemption

Til·gungs·schuld *f* FIN redemption loan **Til·gungs·schuld·ver·schrei·bung** *f* FIN redemption bond

Til·gungs·sum·me *f* FIN payoff **Til·gungs·ver·pflich·tung** *f* FIN redemption commitment; **den ~en nachkommen** to meet repayments **Til·gungs·zeit·raum** *m* FIN payback [*or* repayment] period, period for redemption

Tim·bre <-s, -s> ['tɛ̃:brə] *nt (geh)* timbre

ti·men ['taɪmən] *vt* ■ **etw ~** to time sth

Time·sha·ring[RR], **Time-sha·ring**[ALT] <-s> ['taɪmʃɛːrɪŋ] *nt kein pl* ❶ INFORM *(gemeinsame Benutzung eines Großrechners)* time-sharing

❷ *(gemeinsamer Besitz von Ferienwohnungen)* time share

Ti·ming <-s> ['taɪmɪŋ] *nt* timing

tin·geln ['tɪŋl̩n] *vi sein (fam)* to gig around *fam*

Tink·tur <-, -en> [tɪŋk'tu:ɐ̯] *f* tincture

Tin·nef <-s> ['tɪnəf] *m kein pl (pej fam)* ❶ *(wertloses Zeug)* trash

❷ *(Unsinn)* nonsense, BRIT *a.* rubbish

Tin·te <-, -n> ['tɪntə] *f* ink

▸ WENDUNGEN: **in der ~ sitzen** *(fam)* to be in the soup *fam,* to be in a scrape *fam*

Tin·ten·fass[RR] *nt* inkpot **Tin·ten·fes·tig·keit** *f (Papier)* ink-resistance **Tin·ten·fisch** *m* squid; *(mit acht Armen)* octopus **Tin·ten·fleck** *m* ink blot; *(auf Kleidung)* ink stain **Tin·ten·gum·mi** *m* ink rubber **Tin·ten·klecks** *m* ink blot **Tin·ten·pa·tro·ne** *f* ink cartridge **Tin·ten·ra·dier·gum·mi** *m* ink eraser **Tin·ten·stift** *m* indelible pencil **Tin·ten·strahl·dru·cker** *m* ink-jet printer

Tipp[ALT], **Tipp**[RR] <-s, -s> [tɪp] *m* ❶ *(Hinweis)* tip, hint; **jdm einen ~ geben** to give sb a tip

❷ SPORT *(gewettete Zahlen)* tip

tip·peln ['tɪpl̩n] *vi sein (fam)* ❶ *(zu Fuß gehen)* to foot it

❷ *(kleine Schritte machen)* to trip

tip·pen[1] [tɪpn̩] **I.** *vi* ❶ *(Wettscheine ausfüllen)* to fill in one's coupon; **im Lotto/Toto ~** to play the lottery/pools

❷ *(fam: etw vorhersagen)* to guess; ■ **auf jdn/etw ~** to put one's money on sb/sth; ■ **darauf ~, dass jd etw tut/dass etw geschieht** to bet that sb does sth/that sth happens

II. *vt* **eine Zahl ~** to play a number

tip·pen[2] [tɪpn̩] **I.** *vi* ❶ *(fam: Schreibmaschine schreiben)* to type

❷ *(kurz anstoßen)* ■ **an etw** *akk*/**auf etw** *akk* **~** to tap on sth; ■ **gegen etw** *akk* **~** to tap against sth

II. *vt (fam)* to type; ■ [**jdm**] **etw ~** to type sth [for sb]

Tipp-Ex® <-> ['tɪpɛks] *nt kein pl* Tipp-Ex® BRIT, Liquid Paper® AM, whiteout

Tipp·feh·ler *m* typing mistake [*or* error]

Tipp·schein *m* lottery coupon

Tipp·se <-, -n> ['tɪpsə] *f (pej fam)* typist

tipp·topp ['tɪp'tɔp] *(fam)* **I.** *adj* tip-top *fam,* perfect, immaculate

II. *adv* immaculately

Tipp·zet·tel *m (fam)* lottery ticket

Ti·ra·de <-, -n> [ti'ra:də] *f meist pl (pej geh)* tirade

Ti·ra·na <-s> [ti'ra:na] *nt* GEOG Tirana, Tirane

Ti·rol <-s> [ti'ro:l] *nt* Tyrol

Ti·ro·ler(in) <-s, -> [ti'ro:lɐ] *m(f)* Tyrolese, Tyrolean

Ti·ro·ler·hut *m* Tyrolean hat

Ti·ro·le·rin <-, -nen> *f fem form von* **Tiroler**

Tisch <-[e]s, -e> [tɪʃ] *m* ❶ *(Esstisch)* table; **jdn zu ~ bitten** to ask sb to take their place [at the table]; **etw auf den ~ bringen** *(fam)* to serve sth; **zu ~ gehen** *(geh)* to go to lunch/dinner; **zu ~ sein** *(geh)* to be having one's lunch/dinner; **am** [*o geh* **bei**] [*o geh* **zu**] **~ sitzen** to sit at the table; **bei ~** *(geh)* at the table; **vor/nach ~** *(geh)* before/after the meal; **zu ~!** *(geh)* lunch/dinner is served

❷ *(an einem Tisch sitzende Personen)* table

▸ WENDUNGEN: **jdn an einen ~ bringen** to get sb round [*or* around] the table; **unter den ~ fallen** *(fam)* to go by the board *fam;* **am grünen ~** [*o* **vom grünen ~ aus**] **planen** from a bureaucratic ivory tower; **vom ~ müssen** to need clearing up; **reinen ~ machen** to sort things out, to get things straight; **am runden ~** among equals; **sich** *akk* [**mit jdm**] **an einen ~ setzen** to get round the table [with sb]; **jdn unter den ~ trinken** [*o sl* **saufen**] to drink sb under the table *fam;* **vom ~ sein** to be cleared up; **etw vom ~ wischen** to strike sth off the roll, to dismiss sth; **jdn über den ~ ziehen** *(fam)* to lead sb up the garden path *fam*

Tisch·bein ['tɪʃbaɪn] *nt* table-leg **Tisch·com·pu·ter** *m* desktop computer **Tisch·da·me** *f fem form von* **Tischherr** **Tisch·de·cke** *f* tablecloth **Tisch·en·de** *nt* end of a/the table; **am oberen/unteren**

~ **sitzen** to sit at the top/bottom of a/the table **tisch·fer·tig** *adj inv* KOCHK ready to serve **Tisch·feu·er·werk** *nt* indoor firework **Tisch·feu·er·zeug** *nt* table lighter **Tisch·fuß·ball** *nt* table-top football **Tisch·ge·bet** *nt* grace **Tisch·ge·sell·schaft** *f* dinner party **Tisch·ge·spräch** *nt* table talk **Tisch·grill** *m* table-top [*or* portable] grill **Tisch·herr, -da·me** *m, f* dinner partner **Tisch·kan·te** *f* table-edge **Tisch·kar·te** *f* place card **Tisch·ki·cker** <-s> *m kein pl* table football BRIT, foosball AM **Tisch·kreis·sä·ge** *f* table saw **Tisch·lam·pe** *f* table lamp

Tisch·ler(in) <-s -> ['tɪʃlɐ] *m(f)* joiner, carpenter, cabinet maker

Tisch·le·rei <-, -en> [tɪʃlə'rai] *f* joiner's [*or* carpenter's] workshop

Tisch·le·rin <-, -nen> *f fem form von* **Tischler**

tisch·lern ['tɪʃlɐn] **I.** *vi (fam)* to do woodwork **II.** *vt (fam)* ■**etw** ~ to make sth

Tisch·ler·plat·te *f* wood core plywood **Tisch·ler·wer·kstatt** *f* joiner's [*or* carpenter's] workshop

Tisch·ma·nie·ren ['tɪʃmani:rən] *pl* table manners *pl* **Tisch·nach·bar(in)** <-n, -n> *m(f)* table partner *(immediate neighbour when sat at a [dinner] table)* **Tisch·ord·nung** *f* seating plan **Tisch·plat·te** *f* tabletop **Tisch·plot·ter** *m* INFORM plotter table **Tisch·rech·ner** *m* desk calculator **Tisch·re·de** *f* after-dinner speech; **eine ~ halten** to hold an after-dinner speech

Tisch·sit·te *f* ① *(Manieren)* ■~**n** table manners *pl* ② *(Brauch)* custom [at table]

Tisch·ten·nis *nt* table tennis, Ping-Pong® *fam* **Tisch·ten·nis·ball** *m* table-tennis ball **Tisch·ten·nis·plat·te** *f* table-tennis [*or fam* Ping-Pong®] table **Tisch·ten·nis·schlä·ger** *m* table-tennis [*or fam* Ping-Pong®] bat

Tisch·tuch <-tücher> *nt s.* **Tischdecke** **Tisch·wä·sche** *f kein pl* table linen **Tisch·wein** *m* table wine

Ti·tan[1] <-en, -en> [ti'ta:n] *m* Titan

Ti·tan[2] <-s> [ti'ta:n] *nt kein pl* CHEM titanium *no pl*

Ti·tel <-s, -> ['ti:tl̩] *m* ① *(Überschrift)* heading; **laufender ~ in der Kopfzeile/Fußzeile** INFORM running header/footer ② *(Namenszusatz)* [academic] title ③ *(Adelstitel)* title ④ MEDIA *(Publikation)* title ⑤ MUS *(Schlager)* song ⑥ SPORT *(sportlicher Rang)* title ⑦ JUR *(vollstreckbarer Rechtsanspruch)* section, title, enforceable instrument; **vollstreckbarer ~** enforceable legal document; **einen ~ erwirken** to obtain judgment

Ti·tel·an·wär·ter(in) <-s, -> *m(f)* contender for the title **Ti·tel·bild** *nt* cover [picture]

Ti·tel·blatt *nt* ① *(Buchseite mit dem Titel)* title page ② *(einer Zeitung)* front page; *Zeitschrift* cover

Ti·tel·bo·gen *m (Buch)* preliminary page, prelims *pl*

Ti·te·lei <-, -en> [ti:tə'lai] *f (Buch)* preliminary matter

Ti·tel·ge·schich·te *f* lead [*or* cover] story

Ti·tel·hal·ter(in) <-s, -> *m(f)* titleholder **Ti·tel·held(in)** *m(f)* eponymous hero *masc*, eponymous heroine *fem liter* **Ti·tel·kampf** *m* title fight

Ti·tel·mäd·chen *nt* cover girl [*or* model]

ti·teln ['ti:tl̩n] *vt* ■**etw** ~ to headline sth

Ti·tel·rol·le *f* title role **Ti·tel·schutz** *m* JUR copyright, protection of title **Ti·tel·sei·te** *f* front page; *(einer Zeitschrift)* cover **Ti·tel·song** ['ti:tl̩sɔŋ, 'tɪtl̩sɔŋ] *m* title song **Ti·tel·stück** *nt* MUS title-track **Ti·tel·trä·ger(in)** *m(f)* title bearer **Ti·tel·ver·tei·di·ger(in)** *m(f)* title holder **Ti·tel·vor·spann** *m* opening title [*or* credit]

Ti·ter ['ti:tɐ] *m kein pl* CHEM titre, titer AM

Ti·tra·ti·on [titra'tsi̯o:n] *f* CHEM volumetric analysis, titration

ti·trie·ren [ti'tri:rən] *vt* CHEM **eine Säure** ~ to titrate an acid

Tit·te <-, -n> ['tɪtə] *f (derb)* tit *sl*, boob *fam*

Ti·tu·lar·pro·ku·ra [titu'la:ɐ̯-] *f* nominal power of attorney **Ti·tu·lar·rang** *m* nominal rank

ti·tu·lie·ren* [titu'li:rən] *vt (geh)* ■**jdn irgendwie** ~ to call sb sth; ■**jdn als** [*o* **mit**] ... ~ to address sb as ...

tja [tja] *interj* well

TNT <-[s]> ['te:'ʔɛn'ʔte:] *nt kein pl Abk von* **Trinitrotoluol** TNT

Toast[1] <-[e]s, -e> [to:st] *m* ① *kein pl (Toastbrot)* toast ② *(Scheibe Toastbrot)* ■**ein** ~ a slice [*or* piece] of toast

Toast[2] <-[e]s, -e> [to:st] *m* toast; **einen ~ auf jdn/etw ausbringen** to propose a toast to sb/sth

Toast·brot *nt* toasting bread

toas·ten[1] [to:stn̩] *vt* ■**etw** ~ to toast sth

toas·ten[2] [to:stn̩] *vi (geh)* ■[**auf jdn/etw**] ~ to toast [to sb/sth]

Toas·ter <-s, -> *m* toaster

To·bak ['to:bak] *m* ▶WENDUNGEN: **das ist starker ~!** *(veraltend fam)* that's a bit much! *fam; s. a.* **Anno**

To·bel <-s, -> ['to:bl̩] *nt* GEOL ÖSTERR, SCHWEIZ, SÜDD *(enge Schlucht)* ravine

to·ben ['to:bn̩] *vi* ① *haben (wüten)* ■[**vor etw** *dat*] ~ to be raging [*or* to go wild] [with sth]; **wie ein Wilder/wie eine Wilde ~** to go berserk ② *haben (ausgelassen spielen)* to romp [around [*or* about]] ③ *sein (fam: sich ausgelassen fortbewegen)* ■**irgendwohin** ~ to romp somewhere

To·bin-Steu·er ['toʊbɪnʃtɔyɐ] *f* FIN Tobin Tax

Tob·sucht *f kein pl* rage, raving madness *no pl*

tob·süch·tig *adj* raving mad, maniacal

Tob·suchts·an·fall *m (fam)* fit of rage, raving madness; **einen ~ bekommen/haben** to blow one's top *fam*, to go through/have a tantrum

To·chter <-, Töchter> ['tɔxtɐ, *pl* 'tœçtɐ] *f* ① *(weibliches Kind)* daughter; **die ~ des Hauses** *(geh)* the young lady of the house *form* ② ÖKON *(Tochterfirma)* subsidiary; **Töchter der Großbanken** subsidiaries of the big three

Töch·ter·chen <-s, -> ['tœçtɐçən] *nt dim von* **Tochter 1** little daughter

Toch·ter·fir·ma *f s.* **Tochtergesellschaft** **Toch·ter·ge·schwulst** *f* MED secondary growth **Toch·ter·ge·sell·schaft** *f* subsidiary [firm [*or* company]] **Toch·ter·ge·sell·schaf·ter** *m* HANDEL partner in a subsidiary partnership **Toch·ter·pla·ti·ne** *f* INFORM daughterboard **Toch·ter·un·ter·neh·men** *nt* HANDEL subsidiary, allied company **Toch·ter·zel·le** *f* secondary cell

Tod <-[e]s, -e> [to:t] *m (Lebensende)* death; ■**der ~** *(liter)* Death, the Grim Reaper *liter;* ■~ **durch etw** *akk* death by sth; ~ **durch Erschießen** execution by firing squad; ~ **durch Ertrinken** death by drowning; ~ **durch Fahrlässigkeit** negligent homicide; ~ **durch Unfall** accidental death; **von ~es wegen** on account of death; **eines friedlichen ~es sterben** to die a peaceful death; **etw mit dem ~e bezahlen** *(geh)* to pay for sth with one's life; **jdn ereilt der ~** *(geh)* sb is overtaken by death; **den ~ finden** *(geh)* to meet one's death, to perish; **jdm in den ~ folgen** *(geh)* to follow sb to the grave; [**für jdn/etw**] **in den ~ gehen** *(geh)* to die [for sb]; **jdn in den ~ reißen** to kill sb; **bis dass der ~ uns scheidet** 'til death do us part; **des ~es sein** *(geh)* to be doomed; **bis in den ~** until death ▶WENDUNGEN: **jdn/etw auf den ~ nicht ausstehen können** [*o* **leiden**] *(fam)* to be unable to stand sb/sth *fam;* **zu ~e betrübt sein** to be deeply despaired; **sich** *dat* **den ~ holen** *(fam)* to catch one's death [of cold] *fam;* **sich** *akk* **zu ~e langweilen** to be bored to death; **sich** *akk* **zu ~e schämen** to be utterly ashamed; *s. a.* **Kind, Leben**

tod·brin·gend *adj inv* deadly, lethal **tod·ernst** ['to:t'ʔɛrnst] **I.** *adj* deadly [*or* absolutely] serious **II.** *adv* in a deadly serious manner, dead earnest

To·des·angst *f* ① *(fam: entsetzliche Angst)* mortal fear; **Todesängste ausstehen** *(fam)* to be scared to death, to be frightened out of one's wits ② *(Angst vor dem Sterben)* fear of death **To·des·an·zei·ge** *f* MEDIA obituary **To·des·dro·hung** *f* death threat; **gegen jdn eine ~ aussprechen** to threaten sb with death **To·des·en·gel** *m* angel of death **To·des·er·klä·rung** *f* [official] declaration of death **To·des·fall** *m* death **To·des·fal·le** *f* death-trap **To·des·fol·ge** *f kein pl* JUR **Körperverletzung mit ~** physical injury resulting in death **To·des·ge·fahr** *f* mortal danger **To·des·kampf** *m* death throes **To·des·kan·di·dat(in)** *m(f)* doomed man, goner *sl* **To·des·kom·man·do** *nt* death squad **To·des·la·ger** *nt* death camp **to·des·mu·tig I.** *adj* [completely] fearless **II.** *adv* fearlessly **To·des·nach·richt** *f* news of sb's death **To·des·op·fer** *nt* casualty; **die Zahl der ~** the death toll **To·des·schuss[RR]** *m* ■**der/ein ~ auf jdn** the fatal shot which killed sb; **gezielter ~** JUR shot to kill **To·des·schüt·ze, -schüt·zin** *m, f* assassin **To·des·schwa·dron** *f* death squad **To·des·sprit·ze** *f* lethal injection **To·des·stoß** *m* deathblow; **jdm den ~ versetzen** to deal sb the deathblow; **etw** *dat* **den ~ versetzen** *(fig)* to deal the deathblow to sth *fig* **To·des·stra·fe** *f* death penalty; **auf etw** *akk* **steht die ~** sth is punishable by death **To·des·stun·de** *f* hour of death **To·des·tag** *m* anniversary [*or* day] of sb's death **To·des·trakt** *m* ■**der ~** death row; **im ~ sitzen** to be on death row **To·des·trieb** *m* PSYCH death wish **To·des·ur·sa·che** *f* cause of death **To·des·ur·teil** *nt* death sentence; **jds ~ bedeuten** to be sb's sure death; **das ~ fällen** to pass the death sentence

To·des·ver·ach·tung *f* ① *(Furchtlosigkeit)* fearlessness, defiance of death ② *(fam: starke Abneigung)* disgust; **mit ~** *(fam)* with complete and utter disgust *fam*

To·des·wil·li·ge(r) *f(m) dekl wie adj* terminally ill patient who wants to die **To·des·zel·le** *f* death cell

Tod·feind(in) ['to:tfai̯nt] *m(f)* deadly [*or* mortal] enemy **tod·ge·weiht** *adj (geh)* doomed **tod·krank** ['to:t'kraŋk] *adj* terminally ill **tod·lang·wei·lig** ['to:t'laŋvai̯lɪç] *adj inv* deadly boring

töd·lich ['tø:tlɪç] **I.** *adj* ① *(den Tod verursachend)* deadly; ~**es Gift** lethal [*or* deadly] poison; ~**e Dosis** lethal [*or* deadly] dose ② *(lebensgefährlich)* mortal, deadly ③ *(fam: absolut)* deadly; ***das ist mein ~er Ernst*** I'm deadly [*or* absolutely] serious ④ *(fam: fatal)* fatal **II.** *adv* ① *(mit dem Tod als Folge)* ~ **verunglücken** to be killed in an accident; ~ **abstürzen** to fall to one's death ② *(fam: entsetzlich)* **sich** *akk* ~ **langweilen** to be bored to death; **jdm ist ~ übel** sb feels horribly [*or* BRIT *fam* dead] sick

tod·mü·de ['to:t'my:də] *adj (fam)* dead tired *fam* **tod·schick** *adj (fam)* dead smart BRIT *fam*, snazzy *fam* **tod·si·cher I.** *adj (fam)* dead certain [*or fam* sure]; **eine ~e Methode** a sure-fire Method *fam* **II.** *adv (fam)* for sure *fam* **Tod·sün·de** *f* deadly [*or* mortal] sin **tod·un·glück·lich** ['to:t'ʔʊnglʏklɪç] *adj (fam)* deeply [*or* dreadfully] unhappy

To·fu ['to:fu] *m* tofu

To·ga <-, Togen> ['to:ga] *f* toga

To·go <-s> ['to:go] *nt* Togo

To·go·er(in) <-s, -> ['to:goɐ] *m(f)* Togolese

to·go·isch ['to:goɪʃ] *adj* Togolese

To·go·le·se, To·go·le·sin <-n, -n> [togo'le:zə, togo'le:zɪn] *m, f s.* **Togoer**

To·hu·wa·bo·hu <-[s], -s> [to:huva'bo:hu] *nt* chaos

To·i·let·te <-, -n> [twa'lɛtə] *f* toilet, loo BRIT *fam;* ***ich muss mal auf die ~*** I need to go to the toilet [*or fam* loo]; **öffentliche ~** public toilet

To·i·let·ten·ar·ti·kel *pl* toiletries *pl* **To·i·let·ten·bürs·te** *f* toilet [*or* lavatory] brush **Toi·let·ten·frau** [tȯa'lɛtən-] *f* toilet attendant **To·i·let·ten·gar·ni·tur** *f* toilet [*or* bathroom] set **Toi·let·ten·häus·chen** [tȯa'lɛtən-] *nt* portable toilet, BRIT Portaloo®, AM Portajohn® **To·i·let·ten·mann, -frau** *m, f* toilet attendant **To·i·let·ten·pa·pier** *nt* toilet paper **To·i·let·ten·sei·fe** *f* toilet soap **To·i·let·ten·sitz** *f* toilet [*or* lavatory] seat **To·i·let·ten·tisch** *m* dressing table

toi, toi, toi ['tɔy 'tɔy 'tɔy] *interj (fam)* ① *(ich drücke die Daumen)* good luck, I'll keep my fingers crossed

❷ *(hoffentlich auch weiterhin)* touch [*or* AM knock on] wood
To·ken <-s, -> ['to:kn̩] *m* INFORM token
To·kio <-s> ['tokio] *nt* Tokyo
To·kio·ter [to'kiote] *adj attr* Tokyo
Tö·le <-, -n> ['tø:lə] *f* DIAL *(fam: Hund)* mutt *fam*
to·le·ra·bel [tole'ra:bl̩] *adj* tolerable
to·le·rant [tole'rant] *adj* tolerant; ■~ **[gegen jdn** [*o* **gegenüber jdm**]] **sein** to be tolerant [of [*or* towards] sb]
To·le·ranz¹ <-> [tole'rants] *f kein pl (geh)* tolerance; ■**jds** ~ **gegen jdn** [*o* **gegenüber jdm**] sb's tolerance of [*or* towards] sb
To·le·ranz² <-, -en> [tole'rants] *f* SCI tolerance
To·le·ranz·be·reich *m* range of tolerance **To·le·ranz·gren·ze** *f* TECH tolerance limit; **obere/untere** ~ upper/lower tolerance limit **To·le·ranz·klau·sel** *f* JUR minor merger [*or* deviation] clause
to·le·rie·ren* [tole'ri:rən] *vt (geh)* ■**etw** ~ to tolerate sth, to stand for [*or fam* put up with] sth; ■~, **dass jd etw tut** to tolerate, that sb does sth
toll [tɔl] **I.** *adj (fam)* great *fam*, fantastic, terrific
II. *adv* ❶ *(wild)* wild, crazy; **irgendwo geht es ~ zu** things are pretty wild somewhere *fam*; ***ihr treibt es manchmal wirklich zu ~!*** you really go too far sometimes!
❷ *(fam: sehr gut)* very well
Tol·le <-, -n> ['tɔlə] *f* quiff
tol·len ['tɔlən] *vi* ❶ *haben (umhertoben)* to romp around [*or* about]
❷ *sein (ausgelassen laufen)* to charge about
Toll·kir·sche *f* deadly nightshade, belladonna **toll·kühn** ['tɔlky:n] *adj* daring, daredevil *attr* **Toll·kühn·heit** *f kein pl* daring *no pl*
Toll·patsch^RR <-es, -e> ['tɔlpatʃ] *m (fam)* clumsy fool *fam*
toll·pat·schig^RR ['tɔlpatʃɪç] **I.** *adj* clumsy
II. *adv* **sich** *akk* ~ **anstellen** to act clumsily
Toll·wut *f* rabies
toll·wü·tig *adj* ■~ **sein** ❶ ZOOL *(von Tollwut befallen)* to be rabid, to have rabies
❷ *(rasend)* to be raving mad
Tol·patsch^ALT <-es, -e> *m s.* **Tollpatsch**
tol·pat·schig^ALT *adj, adv s.* **tollpatschig**
Töl·pel <-s, -> ['tœlpl̩] *m (fam)* fool
töl·pel·haft I. *adj* silly
II. *adv* foolishly
To·ma·te <-, -n> [to'ma:tə] *f (Frucht o Strauch)* tomato
▶WENDUNGEN: ~**n auf den** __Augen__ **haben** *(fam)* to be blind; **du** __treulose__ ~! *(fam)* you're a fine friend! *iron*
To·ma·ten·ket·chup *nt* [tomato] ketchup [*or* AM *a.* catsup] **To·ma·ten·mark** *nt* tomato puree **To·ma·ten·saft** *m* tomato juice **To·ma·ten·sa·lat** *m* tomato salad **To·ma·ten·sau·ce, To·ma·ten·so·ße** *f* tomato sauce **To·ma·ten·sup·pe** *f* tomato soup
Tom·bo·la <-, -s *o* Tombolen> ['tɔmbola, *pl* -bolən] *f* raffle
To·mo·graf^RR <-en, -en> [tomo'gra:f] *m* tomograph
To·mo·gra·fie^RR <-, -n> [tomogra'fi:] *f* tomography
To·mo·graph <-en, -en> [tomo'gra:f] *m s.* **Tomograf**
To·mo·gra·phie <-, -n> [tomogra'fi:] *f s.* **Tomografie**
Ton¹ <-[e]s, -e> [to:n] *m* clay
Ton² <-[e]s, Töne> [to:n, *pl* tø:nə] *m* ❶ *(hörbare Schwingung)* sound; **halber/ganzer** ~ MUS semitone/tone
❷ FILM, RADIO, TV *(Laut)* sound
❸ *(fam: Wort)* sound; ***ich will keinen ~ mehr hören!*** not another sound!; **große Töne spucken** *(sl)* to brag about *fam*; **keinen ~ herausbringen** [*o* **hervorbringen**] to not be able to utter a word; **keinen ~ sagen** [*o* **von sich** *dat* **geben**] *(geh)* to not utter a sound
❹ *(Tonfall)* tone; **einen ~ am Leibe haben** *(fam)* to be [very] rude; **einen schärferen/vorsichtigeren ~ anschlagen** to strike a harsher/softer note; **einen anderen ~ anschlagen** to change one's tune; **sich** *dat* **diesen ~ verbitten** to not be spoken to like that; ***ich verbitte mir diesen ~!*** I will not be spoken to like that!
❺ *(Farbton)* shade, tone; ~ **in** ~ tone in tone
▶WENDUNGEN: **den ~** __**angeben**__ to set the tone; **der** __**gute**__ ~ etiquette; __**hast**__ **du Töne!** *(fam)* you're not serious! *fam;* **jdn/etw in den** __**höchsten**__ **Tönen loben** *(fam)* to praise sb/sth to the skies; **der ~** __**macht**__ **die Musik** *(prov)* it's not what you say but the way you say it
ton·an·ge·bend *adj* setting the tone *pred;* ■~ **sein** to set the tone
Ton·ar·chiv *nt* sound archives *pl* **Ton·arm** *m* pick-up arm **Ton·arm·lift** *m* pick-up arm *(on a record player)*
Ton·art *f* ❶ MUS key
❷ *(Typ von Ton¹)* type of clay
Ton·auf·nah·me *f* sound recording
Ton·band <-bänder> *nt* tape; **digitales** ~ digital audiotape, DAT; **etw auf ~ aufnehmen** to tape sth **Ton·band·auf·nah·me** *f* tape recording; **eine ~** [**von etw** *dat*] **machen** to record [sth] on tape **Ton·band·auf·zeich·nung** *f* tape-recording **Ton·band·ge·rät** *nt* tape recorder
Ton·do·ku·ment *nt* [archive] sound recording
To·nen <-s> ['to:nən] *nt kein pl* TYPO scumming
tö·nen¹ ['tø:nən] *vi* ❶ *(klingen)* to sound, to ring
❷ *(großspurig reden)* to boast
tö·nen² ['tø:nən] *vt* ■**etw** ~ to tint sth; [**sich** *dat*] **die Haare** ~ to colour [*or* AM -or] [one's] hair; ■**getönt** tinted; *(Haar)* coloured [*or* AM -ored]
To·ner <-s, -> ['to:nɐ] *m* toner
Ton·er·de *f kein pl* alumina, aluminium [*or* AM aluminum] oxide; **essigsaure** ~ aluminium acetate
tö·nern ['tø:nɐn] *adj attr* clay; *s. a.* **Fuß**
To·ner·pa·tro·ne *f* toner cartridge
Ton·fall *m* tone of voice, intonation **Ton·film** *m* sound film **Ton·fol·ge** *f* sequence of notes
Ton·ga <-s> ['tɔŋa] *nt* ❶ *(Inselstaat)* Tonga
❷ *(Sprache)* ■**das** ~ Tongan
Ton·ga·er(in) <-s, -> ['tɔŋaɐ] *m(f)* Tongan
ton·ga·isch ['tɔŋaɪʃ] *adj* Tongan
Ton·gal·gen *m* FILM [microphone] boom
Ton·ge·fäß <-es, -e> *nt* earthenware vessel **Ton·ge·schirr** *nt* earthenware
Ton·hö·he *f* pitch
To·nic <-[s], -s> ['tɔnɪk] *nt* tonic, pick-me-up
To·nic·wa·ter <-[s], -> ['tɔnɪkwɔ:tə] *nt* tonic water
To·ni·kum <-s, Tonika> ['to:nikʊm, *pl* -ka] *nt* tonic
Ton·in·ge·ni·eur, -in·ge·ni·eu·rin [-ɪnʒeniø:ɐ̯] *m, f* sound engineer
to·ni·sie·ren* [toni'zi:rən] *vt* ■**etw** ~ to tonicize sth
Ton·ka·me·ra *f* FILM sound camera **Ton·kopf** *m* recording head
Ton·krug *m* earthenware jug
Ton·la·ge *f* pitch **Ton·lei·ter** *f* scale
ton·los *adj* flat
Ton·meis·ter(in) *m(f)* FILM sound designer
Ton·na·ge <-, -n> [tɔ'naʒə] *f* tonnage
Ton·na·ge·steu·er *f* NAUT tonnage tax
Ton·ne <-, -n> ['tɔnə] *f* ❶ *(zylindrischer Behälter)* barrel, cask
❷ *(Mülltonne)* bin BRIT, AM *usu* can; **gelbe** ~ recycling bin for plastic; **grüne** ~ recycling bin for paper
❸ *(Gewichtseinheit)* ton
❹ NAUT *(Bruttoregistertonne)* [register] ton
❺ NAUT *(zylindrische Boje)* buoy
❻ *(fam: fetter Mensch)* fatty *fam*
▶WENDUNGEN: **etw in die ~** __**treten**__ [**können**] *(sl)* to kiss sth goodbye *sl*
Ton·nen·ge·wöl·be *nt* ARCHIT barrel vaulting **ton·nen·schwer** *adj (fam)* weighing a ton *pred*
ton·nen·wei·se *adv* by the tonne [*or* ton]; ***er hat ~ Fische gefangen*** *(fam)* he caught tons [*or* loads] of fish *fam*
Ton·reg·ler *m* sound control **Ton·set·zer(in)** *m(f)* MUS *(liter)* composer **Ton·sig·nal** *nt* TELEK dial tone **Ton·spur** *f s.* **Tonstreifen** **Ton·stö·rung** *f* sound interference **Ton·strei·fen** *m* soundtrack
Ton·sur <-, -en> [tɔn'zu:ɐ̯] *f* tonsure
Ton·tau·be *f* clay pigeon **Ton·tau·ben·schie·ßen** *nt* clay pigeon shooting
Ton·tech·ni·ker(in) *m(f)* sound technician **Ton·trä·ger** *m* sound carrier
Tö·nung <-, -en> *f* ❶ *(das Tönen)* tinting
❷ *(Produkt für Haare)* hair colour [*or* AM -or]
❸ *(Farbton)* shade, shading
Ton·ver·ar·bei·tung *f* sound processing
Ton·wert *m (Repro)* tonal [*or* tone] value **ton·wert·rich·tig** *adj inv* with correct tonal value
Ton·wie·der·ga·be *f* sound playback
Tool <-s, -s> [tu:l] *nt* INFORM tool
Tool·box <-en> ['tu:lbɔks] *f* INFORM toolbox
Top <-s, -s> [tɔp] *nt* top
Top·act <-s, -s> ['tɔpɛkt] *m* headline act **Top·agent(in)** <-en, -en> *m(f)* top agent **top·ak·tu·ell** *adj inv* completely up-to-date
To·pas <-es, -e> [to'pa:s] *m* topaz
Top-E·ta·ge ['tɔpeta:ʒə] *f (Vorstand)* top level
Topf <-[e]s, Töpfe> [tɔpf, *pl* 'tœpfə] *m* ❶ *(Kochtopf)* pot, sauce pan
❷ *(Nachttopf)* potty *fam*, bedpan
❸ *(sl: Toilette)* loo BRIT *fam*, can AM *sl*
❹ *(Topf für Kleinkinder)* potty *fam;* **auf den ~ gehen** to use the potty
▶WENDUNGEN: __**alles**__ **in einen ~ werfen** to lump everything together
Top·fah·rer(in) *m(f)* SPORT top racer
Topf·blu·me *f* potted flower
Töpf·chen <-s, -> ['tœpfçən] *nt dim von* **Topf**
❶ *(kleiner Kochtopf)* small pot [*or* [sauce] pan]
❷ HORT *(kleiner Blumentopf)* small pot
❸ *(Toilettentopf für Kinder)* potty *fam*
Top·fen <-s, -> ['tɔpfn̩] *m* SÜDD, ÖSTERR curd, quark *(soft cheese made from skimmed milk)*
Töp·fer(in) <-s, -> ['tœpfɐ] *m(f)* potter
Töp·fe·rei <-, -en> [tœpfə'rai] *f* pottery
Töp·fe·rin <-, -nen> *f fem form von* **Töpfer**
töp·fern ['tœpfɐn] **I.** *vi* to do pottery
II. *vt* ■**etw** ~ to make sth from clay
Töp·fer·schei·be *f* potter's wheel **Töp·fer·wa·ren** *pl* pottery
Topf·gu·cker *m* ❶ *(hum) person who looks into pots to see what is up for dinner*
❷ *(pej: neugieriger Mensch)* nosey parker
top·fit ['tɔp'fɪt] *adj (fam)* ■~ **sein** to be as fit as a fiddle [*or* in top form]
Topf·ku·chen *m s.* **Napfkuchen** **Topf·lap·pen** *m* oven cloth BRIT, pot holder AM **Topf·pflan·ze** *f* potted plant, pot plant BRIT **Topf·un·ter·set·zer** *m* pot mat
Top·kon·di·ti·on *f* ÖKON very competitive rate
Top·ma·na·ge·ment *nt kein pl* ADMIN top management **Top·ma·na·ger(in)** *m(f)* top manager **Top·mo·del** ['tɔpmɔdl̩] *nt* supermodel **top·mo·disch** *adj inv* fashionable
To·po·gra·fie^RR <-, -n> [topogra'fi:, *pl* -iən] *f* topography
to·po·gra·fisch^RR *adj* topographic[al]
To·po·gra·phie <-, -n> [topogra'fi:, *pl* -iən] *f s.* **Topografie**
to·po·gra·phisch *adj s.* **topografisch**
To·po·lo·gie <-> [topolo'gi:] *f kein pl* MATH topology
top·pen ['tɔpn̩] *vt (sl)* ■**jdn/etw** ~ to top sb/sth
Top·spin <-s, -s> *m* SPORT *(im Tennis)* topspin
Tor <-[e]s, -e> [to:ɐ̯] *nt* ❶ *(breite Tür)* gate; *Garage* door; **seine ~e schließen** *(fig fam)* to close its gates for the last time
❷ ARCHIT *(Torbau)* gateway
❸ SPORT goal; ~**!** goal!; **es fällt ein ~** a goal is scored; **ein ~ schießen** to score [*or* shoot] a goal; **im ~ stehen** to be goalkeeper
❹ SKI *(Durchgang)* gate
Tor, Tö·rin <-en, -en> [to:ɐ̯, 'tø:rɪn] *m, f (veraltend geh)* fool
Tor·bo·gen *m* archway **Tor·ein·fahrt** *f* entrance gate, gateway
To·re·ro <-[s], -s> [to're:ro] *m* torero
To·res·schluss^RR *m* ▶WENDUNGEN: __**kurz**__ **vor ~** at the eleventh hour [*or* last minute]
Torf <-[e]s, -e> [tɔrf] *m* peat; ~ **stechen** to cut peat
Torf·bo·den *m* peat **Torf·ge·win·nung** *f*

peat-harvesting

tor·fig *adj* peaty

Tor·flü·gel *m* gate *(one of a double gate)*

Torf·moor *nt* peat bog **Torf·moos** *nt* sphagnum [moss] **Torf·mull** *m* garden peat

Tor·frau *f fem form von* **Tormann**

Torf·ste·cher, -ste·che·rin *m, f* turf-cutter, peat-cutter

Tor·heit <-, -en> *f (geh)* ① *kein pl (Unvernunft)* foolishness, folly ② *(unvernünftige Handlung)* foolish action

Tor·hü·ter(in) *m(f) s.* **Torwart**

tö·richt ['tœrɪçt] I. *adj (geh)* foolish, unwise II. *adv (geh)* foolishly

tö·rich·ter·wei·se *adv (geh)* stupidly, foolishly

Tö·rin <-, -nen> *f fem form von* **Tor**

Tor·jä·ger *m* [on form] striker [*or* goalscorer]

tor·keln ['tɔrkl̩n] *vi sein* ① *(taumeln)* to reel ② *(irgendwohin taumeln)* to stagger; ***er torkelte aus der Kneipe auf die Straße*** he staggered out of the bar onto the street

Tor·li·nie *f* goal-line

Tor·mann *m* goalkeeper

Törn <-s, -s> [tœrn] *m* NAUT cruise

Tor·na·do <-s, -s> [tɔr'na:do] *m* tornado, AM *a.* twister

Tor·nis·ter <-s, -> [tɔr'nɪstɐ] *m* ① MIL knapsack ② DIAL *(Schulranzen)* satchel

tor·pe·die·ren* [tɔrpe'di:rən] *vt* ■**etw** ~ ① NAUT *(mit Torpedos beschießen)* to torpedo sth ② *(geh: zu Fall bringen)* to sabotage sth

Tor·pe·do <-s, -s> [tɔr'pe:do] *m* torpedo

Tor·pe·do·boot *nt* torpedo-boat

Tor·pfos·ten *m* goalpost

Tor·raum *m* goal-mouth

Tor·schlussRR <-schlusses> *m kein pl* last minute ▶WENDUNGEN: **kurz vor** ~ at the eleventh hour [*or* last minute] **Tor·schluss·pa·nik**RR *f (fam)* ~ **haben** to be afraid of missing the boat, BRIT to be left on the shelf *fam* **Tor·schuss**RR *m* FBALL [shot at] goal

Tor·schüt·ze, -schüt·zin *m, f* scorer **Tor·schüt·zen·kö·nig, -kö·ni·gin** *m, f* top goal scorer, leading [*or* top] scorer

Tor·si·on <-, -en> [tɔr'zio:n] *f* torsion

Tor·si·ons·stab *m* AUTO torsion bar

Tor·so <-s, -s *o* Torsi> ['tɔrzo, *pl* -zi] *m* ① KUNST *(Statue ohne Gliedmaßen)* torso ② *(geh: unvollständiges Ganzes)* skeleton ③ *(menschlicher Rumpf)* torso

Tört·chen <-s, -> ['tœrtçən] *nt dim von* **Torte** [small] tart, tartlet BRIT

Tor·te <-, -n> ['tɔrtə] *f* gateau, [fancy] cake; *(Obstkuchen)* flan

Tor·ten·be·lag *m* flan topping **Tor·ten·bo·den** *m* flan case, base **Tor·ten·dia·gramm** *nt* pie chart **Tor·ten·guss**RR *m* glaze **Tor·ten·he·ber** <-s, -> *m* cake slice **Tor·ten·plat·te** *f* cake plate

Tor·tur <-, -en> [tɔr'tu:ɐ̯] *f (geh)* torture

Tor·ver·hält·nis *nt* score **Tor·wart(in)** *m(f)* goalkeeper, goalie *fam* **Tor·weg** *m* gateway

to·sen ['to:zn̩] *vi* ① *haben (brausen)* to roar; *Wasserfall* to foam; *Sturm* to rage ② *sein (sich brausend bewegen)* to roar, to foam; *Sturm* to rage

to·send *adj* thunderous, raging; ***~er Beifall ertönte*** there was a thunderous applause

Tos·ka·na <-> [tɔs'ka:na] *f* Tuscany

tot [to:t] *adj* ① *(gestorben)* dead; ~ **geboren werden** to be stillborn; **sich** *akk* ~ **stellen** to play dead, to feign death; ~ **umfallen** to drop dead; ~ **zusammenbrechen** to collapse and die ② *(abgestorben)* dead ③ *(nicht mehr genutzt)* disused ④ *(fam: völlig erschöpft)* dead *fam*, beat *fam*, whacked BRIT *fam;* **mehr ~ als lebendig** *(fam)* more dead than alive ⑤ AUTO **~er Winkel** blind spot ▶WENDUNGEN: **für jdn ~ sein** to be dead as far as sb is concerned; **ich will ~ umfallen[, wenn das nicht wahr ist]** *(fam)* cross my heart and hope to die[, if it isn't true] *fam; s. a.* **Briefkasten, Flussarm, Gleis, Kapital, Meer, Punkt, Rennen, Sprache, Winkel**

to·tal [to'ta:l] *adj* total, complete

To·tal <-s, -e> [to'ta:l] *nt* ÖKON SCHWEIZ *(Gesamtsumme)* total [amount], grand total

To·tal·aus·fall *m* catastrophic failure **To·tal·aus·ver·kauf** *m* clearance sale **To·tal·ent·nah·me** *f* FIN total withdrawal **To·tal·ge·winn** *m* FIN total profit

to·ta·li·tär [totali'tɛ:ɐ̯] I. *adj* totalitarian II. *adv* in a totalitarian manner

To·ta·li·ta·ris·mus <-> [totalita'rɪsmʊs] *m kein pl* totalitarianism *no pl*

To·ta·li·tät <-, -en> [totali'tɛ:t] *f* ① PHILOS entirety ② POL totality

To·tal·ope·ra·ti·on *f* extirpation; *Gebärmutter* hysterectomy; *Brust* mastectomy **To·tal·scha·den** *m* write-off **To·tal·ver·lust** *m* total loss

tot|ar·bei·ten *vr (fam)* ■**sich** *akk* ~ to work oneself to death **tot|är·gern** *vr (fam)* ■**sich** *akk* **[über jdn/etw]** ~ to be/become livid [about sb/sth], to get really annoyed [about sb/sth] *fam*, to be hopping mad [about sb/sth] *fam*

To·te(r) ['to:tə] *f(m) dekl wie adj (toter Mensch)* dead person, dead man/woman, [dead] body; *(Todesopfer)* fatality

To·tem <-s, -s> ['to:tɛm] *nt* totem

To·te·mis·mus <-> [tote'mɪsmʊs] *m kein pl* REL Totemism

To·tem·pfahl *m* totem pole

tö·ten ['tø:tn̩] *vt* ■**jdn/etw** ~ to kill sb/sth; *s. a.* **Blick, Nerv**

To·ten·bett *nt s.* **Sterbebett** **to·ten·blass**RR ['to:tn̩'blas] *adj s.* **leichenblass** **To·ten·bläs·se** *f s.* **Leichenblässe** **to·ten·bleich** ['to:tn̩'blaiç] *adj s.* **leichenblass** **To·ten·fei·er** *f* funeral [*or* burial] ceremony **To·ten·glo·cke** *f* knell, death bell **To·ten·grä·ber** <-s, -> *m* ZOOL burying [*or* sexton] beetle **To·ten·grä·ber(in)** <-s, -> *m(f)* gravedigger **To·ten·hemd** *nt* shroud **To·ten·kopf** *m* ① ANAT *(Knochenschädel)* skull ② *(Zeichen)* skull and crossbones, death's head **To·ten·kult** *m* cult of the dead **To·ten·mas·ke** *f* death mask **To·ten·mes·se** *f* requiem mass **To·ten·schä·del** *m s.* **Totenkopf** **To·ten·schein** *m* death certificate **To·ten·sonn·tag** *m protestant church holiday on the last Sunday of the church year commemorating the dead* **To·ten·star·re** *f* rigor mortis **to·ten·still** ['to:tn̩'ʃtɪl] *adj* ■**es/alles ist** ~ it/everything is deadly silent [*or* quiet] **To·ten·stil·le** ['to:tn̩'ʃtɪlə] *f* dead[ly] silence **To·ten·tanz** *m* dance of death **To·ten·wa·che** *f* **die ~ halten** to hold the wake

tot|fah·ren *irreg vt (fam)* ■**jdn/etw** ~ to run over and kill sb/sth *fam* **Tot·ge·burt** *f* stillbirth **Tot·ge·glaub·te(r)** *f(m) dekl wie adj* person believed to be dead **tot|ge·hen** *vi irreg sein bes* NORDD *(fam)* to die **Tot·ge·sag·te(r)** *f(m) dekl wie adj* person declared dead

to·ti·po·tent *adj inv* BIOL fully viable

tot|krie·gen *vt (fam)* **jd ist nicht totzukriegen** you can't get the better of sb; *(äußerst strapazierfähig)* sb can go on for ever **tot|la·chen** *vr (fam)* ■**sich** *akk* **[über etw/jdn]** ~ to kill oneself laughing [about sth/sb] *fam*, to split one's sides laughing [about sth/sb]; **zum T~ sein** to be too funny for words, to be dead funny *fam* **tot|lau·fen** *vr irreg (fam)* ■**sich** *akk* ~ to peter away [*or* out] **tot|ma·chen** I. *vt (fam)* ■**jdn/etw** ~ to kill sb/sth II. *vr (fam)* ■**sich** *akk* **[für jdn/bei etw** *dat*] ~ to bend over backwards [for sb/sth] *fam*, to go out of one's way [for sb/sth] *fam*

To·to <-s, -s> ['to:to] *nt o m* pools *npl* BRIT, pool AM; [**im**] ~ **spielen** to do the pools BRIT, to be in a [football] pool AM

To·to·schein *m* pool[BRIT -s] ticket

Tot·punkt *m* TECH dead centre [*or* AM -er] **tot|sa·gen** *vt* ■**jdn/etw** ~ to declare sb/sth as dead **tot|schie·ßen** *vt irreg (fam)* ■**jdn/etw** ~ to shoot sb/sth dead

Tot·schlag *m kein pl* JUR manslaughter *no pl* **Tot·schlag·ar·gu·ment** *nt (pej fam)* killer argument *(one that ends a discussion as there is no answer to it)*

tot|schla·gen *vt irreg* ① *(fam)* ■**jdn/etw** ~ to beat sb/sth to death ② *(fig fam)* ***du kannst mich ~, aber …*** [*o* ***und wenn du mich totschlägst***] for the life of me … *fam*, … for the life of me *fam* **Tot·schlä·ger** *m* cosh BRIT, blackjack AM **Tot·schlä·ger(in)** *m(f)* JUR person convicted of manslaughter **tot|schwei·gen** *vt irreg* ① *(über etw nicht sprechen)* ■**etw** ~ to hush up sth; ■**totgeschwiegen** hushed-up ② *(über jdn nicht sprechen)* ■**jdn** ~ to keep quiet about sb **Tot·tas·te** *f* INFORM dead key **tot|tre·ten** *vt irreg* ■**jdn** ~ to trample sb to death

Tö·tung <-, -en> *f pl selten* killing; JUR *a.* homicide; ~ **auf Verlangen** assisted suicide, euthanasia; **fahrlässige** ~ negligent homicide, culpable manslaughter; **vorsätzliche** ~ wilful homicide

Tö·tungs·ab·sicht *f* JUR intention to kill **Tö·tungs·ver·such** *m* JUR attempted murder

Tot·zeit *f* INFORM dead time

Touch <-s, -s> [tatʃ] *m* touch

tou·chie·ren [tu'ʃi:rən] *vt bes* SPORT ■**jdn** ~ to graze sb; *Fahrzeug* to bump into sb; ■**touché!** *(a. fig)* touché!

Touch·screenRR <-s, -s> ['tatʃskri:n] *m* INFORM touch screen

tough [tʌf] *adj (sl)* tough; ***sie war permanent bemüht, ~ zu wirken*** she was always trying to act hard *sl*

Tou·pet <-s, -s> [tu'pe:] *nt* toupee

tou·pie·ren* [tu'pi:rən] *vt* ■**jdm/sich die Haare** ~ to backcomb sb's/one's hair

Tou·pier·kamm [tu'pi:ɐ̯-] *m* teaser comb

Tour <-, -en> [tu:ɐ̯] *f* ① *(Geschäftsfahrt)* trip; **auf ~ gehen** *(fam)* to go away on a trip, to take to the road *fam;* **auf ~ sein** *(fam)* to be away on a trip, to be on the road *fam* ② TOURIST *(Ausflugsfahrt)* tour, outing, excursion; **eine ~/~en machen** to go on a tour [*or* outing]/tours [*or* outings] ③ TECH *(Umdrehung)* revolution; **auf ~en kommen** to reach top speed; **auf vollen ~en** at top speed ④ *(fam: Vorhaben)* ploy, wheeling and dealing *fam;* **auf die langsame ~** slowly, in a slow way; **jdm auf die dumme/linke ~ kommen** to try to cheat sb; ***sie versucht es immer auf die krumme ~*** she always tries to wheel and deal ▶WENDUNGEN: **jdn auf ~en bringen** *(fam)* to get sb going *fam; (jdn wütend machen)* to get sb worked up *fam;* **in einer ~** *(fam)* non-stop *fam;* **auf ~en kommen** *(fam)* to get into top gear; *(wütend werden)* to get worked up

Tour de Force <- - -, -s - -> [turdə'fɔrs] *f (geh)* tour de force

Tour de France <-> ['tu:ɐ̯ də 'frã:s] *f kein pl* SPORT ■**die** ~ the Tour de France

tou·ren [tu:rən] *vi* to [be [*or* go] on] tour

Tou·ren·ge·her, -ge·he·rin ['tu:rən-] *m, f* ski tourer

Tou·ren·rad [tu:rən-] *nt* tourer **Tou·ren·ski** *m* cross country ski **Tou·ren·wa·gen·meis·ter·schaft** *f* SPORT touring car championship **Tou·ren·zahl** *f* number of revolutions **Tou·ren·zäh·ler** *m* revolution counter

Tou·ri <-s, -s> ['tu:ri] *m (pej fam)* [mass] tourist

Tou·ris·mus <-> [tu'rɪsmʊs] *m kein pl* tourism *no pl;* **sanfter** ~ eco-tourism

Tou·ris·mus·bran·che *f,* **Tou·ris·mus·ge·wer·be** *nt* tourist industry [*or* trade]

Tou·rist(in) <-en, -en> [tu'rɪst] *m(f)* tourist

Tou·ris·ten·at·trak·ti·on [tu'rɪstənatraktsio:n] *f* tourist attraction **Tou·ris·ten·füh·rer(in)** <-s, -> *m(f)* tourist guide **Tou·ris·ten·grup·pe** <-, -n> *f* group [*or* party] of tourists **Tou·ris·ten·klas·se** *f* tourist class **Tou·ris·ten·nep·per, -nep·pe·rin** *m, f rip-off merchant who preys on tourists* **Tou·ris·ten·ver·kehr** *m* tourist traffic, tourism **Tou·ris·ten·vi·sum** *nt* tourist visa **Tou·ris·ten·zen·trum** *nt* tourist centre [*or* AM -er]

Tou·ris·tik <-> [tu'rɪstɪk] *f kein pl* tourism *no pl,*

T

tourist industry
Tou·ris·ti·ker(in) <-s, -> *m(f)* travel consultant
Tou·ris·tik·un·ter·neh·men *nt* tourist company
Tou·ris·tin <-, -nen> *f fem form von* **Tourist**
tou·ris·tisch *adj inv* touristic *attr*
Tour·nee <-, -n *o* -s> [tʊrˈneː, *pl* -ˈneːən] *f* tour; **auf ~ gehen, eine ~ machen** to go on tour; **auf ~ sein** to be on tour
Tow·er <-s, -> [ˈtaʊə] *m* control tower
To·xi·ko·lo·ge, -lo·gin <-n, -n> [tɔksikoˈloːgə, -ˈloːgɪn] *m, f* toxicologist
To·xi·ko·lo·gie <-> [tɔksikoloˈgiː] *f kein pl* toxicology
To·xi·ko·lo·gin <-, -nen> *f fem form von* **Toxikologe**
to·xi·ko·lo·gisch [tɔksikoˈloːgɪʃ] *adj* toxicological
to·xisch [ˈtɔksɪʃ] *adj* toxic
To·xo·plas·mo·se <-, -n> [tɔksoplasˈmoːzə] *f* MED toxoplasmosis
TPI [teːpeːˈʔiː] *pl* INFORM *Abk von* **tracks per inch** TPI
Trab <-[e]s> [traːp] *m kein pl (Gangart)* trot; **im ~** at a trot
▶WENDUNGEN: **auf ~ sein** *(fam)* to be on the go *fam;* **jdn auf ~ bringen** *(fam)* to make sb get a move on *fam;* **jdn in ~ halten** *(fam)* to keep sb on the go *fam;* **auf ~ kommen** *(fam)* to get a move on *fam;* **sich** *akk* **in ~ setzen** *(fam)* to get cracking *fam*
Tra·bant <-en, -en> [traˈbant] *m* satellite
Tra·ban·ten·stadt *f* satellite town
tra·ben [ˈtraːbn̩] *vi* ❶ *haben o sein (im Trab laufen o reiten)* to trot
❷ *sein (sich im Trab irgendwohin bewegen)* to trot
Tra·ber <-s, -> *m* trotter
Trab·renn·bahn *f* trotting course **Trab·ren·nen** *nt* trotting race
Tracht <-, -en> [traxt] *f* ❶ *(Volkstracht)* [traditional [*or* national]] costume
❷ *(Berufskleidung)* garb, dress, uniform
▶WENDUNGEN: **eine ~ Prügel** *(fam)* a thrashing *fam,* a good hiding *fam*
Trach·ten *pl von* **Tracht**
trach·ten [ˈtraxtn̩] *vi (geh)* ■**nach etw** *dat* **~** to strive for [*or* after] sth; ■**danach ~, etw zu tun** to strive to do sth; *s. a.* **Leben**
Trach·ten·hau·be *f bonnet that forms part of a region's traditional dress* **Trach·ten·ja·cke** *f* traditionally styled woollen jacket **Trach·ten·kos·tüm** *nt* traditional costume
trächtig [ˈtrɛçtɪç] *adj* ZOOL pregnant
Track <-s, -s> [træk] *m (sl: Song)* track
Track·ball <-s, -s> [ˈtrɛkbɔːl] *m* trackball
Tra·der <-s, -> [ˈtreːdɐ] *m* trader
tra·die·ren* [traˈdiːrən] *vt (geh)* ■**etw ~** to hand down sth *sep*
Tra·di·ti·on <-, -en> [tradiˈtsi̯oːn] *f* tradition; **[bei jdm] ~ haben** to be a tradition [with sb]; **eine lange ~ haben** to have a long tradition; **aus ~** traditionally, by tradition
Tra·di·ti·o·na·lis·mus <-> [traditsi̯onaˈlɪsmʊs] *m kein pl* traditionalism
Tra·di·ti·o·na·list(in) <-en, -en> [traditsi̯onaˈlɪst] *m(f)* traditionalist
tra·di·ti·o·na·lis·tisch *adj (oft pej)* traditionalist[ic]
traditionell [traditsi̯oˈnɛl] *adj meist attr* traditional
tra·di·ti·ons·be·wusst^RR^ *adj* traditional; ■**~ sein** to be conscious of tradition **tra·di·ti·ons·ge·mäß** *adv* traditionally **Tra·di·ti·ons·pa·pier** *nt* JUR negotiable document of title **tra·di·ti·ons·reich** *adj* rich in tradition **Tra·di·ti·ons·un·ter·neh·men** *nt* old-established business
traf [traːf] *imp von* **treffen**
Traf·fic <-[s], -s> [ˈtræfɪk] *m* INFORM *(Zugriffshäufigkeit auf ein Online-Angebot)* traffic
Tra·fik <-, -en> [traˈfɪk] *f* ÖSTERR tobacconist's [shop], tobacco shop
Tra·fi·kant(in) <-en, -en> [trafiˈkant] *m(f)* ÖSTERR tobacconist
Tra·fo <-[s], -s> [ˈtraːfo] *m* ELEK *kurz für* **Transformator** transformer
Tra·fo·häus·chen *nt (fam)* transformer station **Tra·fo·sta·ti·on** [ˈtraːfoʃtatsi̯oːn] *f* substation

Trag·bah·re *f* stretcher
trag·bar *adj* ❶ *(portabel konstruiert)* portable; *Computer* hand-held
❷ *(akzeptabel)* acceptable
Tra·ge <-, -n> [ˈtraːgə] *f* stretcher
trä·ge [ˈtrɛːgə] **I.** *adj* ❶ *(schwerfällig)* lethargic; *(faul und schlapp)* sluggish; **jdn ~ machen** to make sb lethargic [*or* sluggish]
❷ ÖKON sluggish, dull; **~r Markt** sluggish market
❸ PHYS, CHEM *(im Zustand der Trägheit befindlich)* inert
II. *adv* lethargically, sluggishly
Tra·ge·gurt *m* carrying strap **Tra·ge·korb** *m* pannier
tra·gen <trägt, trug, getragen> [ˈtraːgn̩] **I.** *vt* ❶ *(befördern)* ■**jdn/etw ~** to carry [*or* take] sb/sth; ***einen Brief zur Post*** **~** to take a letter to the post office; *(fig)* ***das Auto wurde aus der Kurve ge~*** the car went off the bend; **vom Wasser/Wind ge~** carried by water/[the] wind
❷ *(halten)* ■**etw ~** to hold sth; ***er trug den rechten Arm in der Schlinge*** he had his right arm in a sling; ***der Ast trägt dich nicht*** the branch won't take your weight; ***die Schwimmweste wird dich ~*** the life jacket will hold you up
❸ *(mit sich führen)* ■**etw bei sich** *dat* **~** to carry [*or* have] sth on [*or* with] one; ***er trug eine Pistole bei sich*** he had a gun on him, he carried a gun
❹ *(anhaben)* ■**etw ~** *Kleidung, Schmuck* to wear sth; ***man trägt wieder Hüte*** hats are in fashion again; **ge~e Kleider** second-hand fashion [*or* clothes]; *(abgelegt)* cast-offs; **eine Prothese ~** to have false teeth
❺ *(in bestimmter Weise frisiert sein)* ■**etw ~** to have sth; ***wie trägt sie jetzt ihre Haare?*** how is she wearing her hair now?; **einen Bart ~** to have a beard; **das Haar lang/kurz ~** to have long/short hair
❻ AGR, HORT *(als Ertrag hervorbringen)* ■**etw ~** to produce [*or* bear] sth; ***der Acker trägt viel Weizen*** the field produces a good crop of wheat; *(in dieser Saison)* the field is full of wheat; **Früchte ~** *(a. fig)* to bear fruit; ***der Baum trägt viele Früchte*** the tree produces a good crop of fruit; *(in dieser Saison)* the tree is full of fruit; ***der Birnbaum trägt dieses Jahr nur wenige Früchte*** the pear tree has only grown a few fruits this year; **gut/wenig ~** *Baum* to produce a good/poor crop; *Feld* to produce a good/poor yield
❼ FIN **Zinsen ~** to yield interest
❽ *(geh: schwanger sein mit)* **ein Kind ~** to be carrying a baby
❾ *(ertragen)* ■**etw ~** to bear sth; **schweres Leid ~** to endure great suffering; **das Schicksal ~** to bear fate; *s. a.* **Kreuz**
❿ *(für etw aufkommen)* ■**etw ~** to bear sth; ***die Versicherung wird den Schaden ~*** the insurance will pay for the damage; **die Folgen ~** to bear [*or* be responsible for] the consequences; **die Kosten ~** to bear [*or* carry] the costs; **das Risiko ~** to bear [*or* take] the risk; **die Schuld/Verantwortung ~** to take the blame/responsibility; ***er trägt die Schuld*** he is to blame; *s. a.* **Sorge**
⓫ *(unterhalten, finanzieren)* ■**etw tragen** to support [*or* maintain] sth; ***eine Schule ~*** to support a school
⓬ *(versehen sein mit)* ■**etw ~** to bear [*or* have] sth; ***der Brief trägt das Datum vom ...*** the letter is dated ...; **ein Etikett ~** to have a label; **ein Siegel/eine Unterschrift ~** to bear [*or* carry] a seal/a signature; **einen Titel ~** to have [*or* bear] a title; ***er trägt einen Doktortitel*** he has a PhD
II. *vi* ❶ *(Last befördern)* **schwer zu ~ haben** to have a lot to carry; ***wir hatten schwer zu ~*** we were heavily laden; **an etw** *dat* **schwer zu ~ haben** *(fig)* to have a heavy cross to bear with sth
❷ AGR, HORT *(als Ertrag haben)* to crop, to produce a crop; **gut/schlecht ~** to crop well/badly, to produce a good/bad crop; *(in dieser Saison)* to have a good/bad crop; ***der Baum trägt gut*** the tree produces a good crop; *(in dieser Saison)* the tree has a lot of fruit on it
❸ *(trächtig sein)* to be pregnant [*or* carrying young]; ***eine ~de Sau/Kuh*** a pregnant sow/cow
❹ *(das Begehen aushalten)* to take weight; ***das Eis trägt noch nicht*** the ice is not yet thick enough to skate/walk on
❺ MODE to wear; ***sie trägt lieber kurz*** she likes to wear short clothes; ***man trägt wieder lang*** long skirts are in fashion again
▶WENDUNGEN: **etw zum T~ bringen** to bring sth to bear; **zum T~ kommen** to come into effect
III. *vr* ❶ *(sich schleppen lassen)* **sich** *akk* **leicht/schwer ~** to be light/heavy to carry; ***schwere Lasten ~ sich besser auf dem Rücken*** it is better to carry heavy loads on one's back
❷ MODE ■**sich** *akk* **~** to wear; ***die Hose trägt sich angenehm*** the pants are comfortable; ***der Stoff trägt sich sehr angenehm*** the material is pleasant to wear
❸ MODE *(selten: sich kleiden)* to dress; ***sie trägt sich nach der letzten Mode*** she's dressed in the latest fashion
❹ *(geh: in Erwägung ziehen)* **sich** *akk* **mit der Absicht** [*o* **dem Gedanken**] **~, etw zu tun** to contemplate the idea of doing sth; ***sie trägt sich mit dem Gedanken, nach Australien auszuwandern*** she is contemplating [the idea of] emigrating to Australia
❺ FIN *(ohne Zuschüsse auskommen)* ■**sich** *akk* **~** to pay for itself, to be self-supporting; ***die Organisation trägt sich selbst*** the organisation is self-supporting
tra·gend *adj* ❶ ARCHIT, BAU, TECH *(stützend)* supportive; **~e Wand** bearing wall
❷ *(zugrunde liegend)* fundamental
Trä·ger <-s, -> *m* ❶ *meist pl* MODE strap; *Hose* braces *npl* BRIT, suspenders *npl* AM
❷ BAU *(Stahlträger)* girder
❸ CHEM carrier
Trä·ger(in) <-s, -> *m(f)* ❶ *(Lastenträger)* porter
❷ *(Inhaber)* bearer
❸ ADMIN *(verantwortliche Körperschaft)* responsible body; JUR agency, legally and economically responsible body; ***die Kommunen sind die ~ der öffentlichen Schulen*** the local authorities are responsible for public schools; **~ öffentlicher Gewalt** agencies in whom state power is vested
Trä·ger·gas *nt* CHEM, TECH carrier gas **Trä·ger·ge·sell·schaft** *f* ÖKON, POL participating company *(in a job-creation scheme)* **Trä·ger·hemd** *nt* sleeveless top **Trä·ger·hemd** *nt* singlet **Trä·ger·hose** *f* trousers [*or* pants] with straps *npl*
Trä·ge·rin <-, -nen> *f fem form von* **Träger**
Trä·ger·kleid *nt* pinafore dress
trä·ger·los *adj inv* strapless
Trä·ger·ra·ke·te *f* carrier [*or* satellite launch] rocket **Trä·ger·rock** *m* pinafore dress
Trä·ger·schaft *f* maintenance
Trä·ger·sys·tem *nt* MIL delivery system
Trä·ger·top *nt* pinafore top
Trä·ger·ver·ein *m* sponsoring organization
Tra·ge·ta·sche *f* [carrier] bag
trag·fä·hig *adj* BAU *Putz* non-crackling; *(fig)* able to take weight [*or* a load]
Trag·fä·hig·keit *f kein pl* load-bearing capacity
Trag·flä·che *f* wing **Trag·flä·chen·boot** *nt* hydrofoil **Trag·flü·gel·boot** *nt* hydrofoil
Träg·heit <-, -en> *f pl selten* ❶ *(Schwerfälligkeit)* sluggishness, lethargy; *(Faulheit)* laziness
❷ PHYS inertia
Träg·heits·ge·setz *nt kein pl* PHYS law of inertia **Träg·heits·mo·ment** *nt* PHYS moment of inertia
Tra·gik <-> [ˈtraːgɪk] *f kein pl* tragedy; ■**die ~ einer S.** *gen* the tragedy of sth
Tra·gi·ko·mik [traːgiˈkoːmɪk] *f (geh)* tragicomedy **tra·gi·ko·misch** [ˈtraːgikoːmɪʃ] *adj (geh)* tragicomic **Tra·gi·ko·mö·die** [traːgikoːmˈøːdi̯ə] *f* tragicomedy
tra·gisch [ˈtraːgɪʃ] **I.** *adj* tragic; **es ist nicht** [**so** [*o* **weiter**]] **~** *(fam)* it's not the end of the world *fam*
II. *adv* tragically; **etw ~ nehmen** *(fam)* to take sth

to heart *fam;* **nimm's nicht so ~!** *(fam)* don't take it to heart! *fam*

Trag·kraft *f kein pl* weight-bearing capacity **Trag·last** *f (geh)* load **Trag·luft·hal·le** *f* air [*or* supported] hall

Tra·gö·de, Tra·gö·din <-n, -n> [tra'gø:də] *m, f* THEAT, FILM *(geh)* tragedian *fem,* tragedienne *masc*

Tra·gö·die <-, -n> [tra'gø:di̯ə] *f* ❶ LIT, THEAT tragedy ❷ *(tragisches Ereignis)* tragedy; **eine/keine ~ sein** *(fam)* to be/not to be the end of the world *fam,* to be a/no great tragedy *fam;* **eine ~ aus etw** *dat* **machen** *(fam)* to make a mountain out of a molehill *fam*

Tra·gö·din <-nen, -nen> [tra'gø:dɪn] *f* THEAT, FILM *(geh) fem form von* **Tragöde**

Trag·rie·men *m* strap; *Gewehr*sling **Trag·schicht** *f* BAU base [*or* bearing] course **Trag·ta·sche** <-, -n> *f* SCHWEIZ *(Tragetasche)* [carrier] bag **Trag·wei·te** *f* scale; *(einer Entscheidung, Handlung)* consequence; **von großer ~ sein** to have far-reaching consequences **Trag·werk** *nt* wing assembly

Trai·ler <-s, -> ['tre:lɐ] *m* FILM trailer

Trai·ler·schiff ['tre:lɐ-] *nt* trailer

Train·coup·lingRR <-[s], -s> ['trɛnkʌplɪŋ] *nt* BAHN train coupling *(coupling together of two or more individual trains)*

Trai·nee <-s, -s> [trɛ'ni:] *m* trainee

Trai·ner <-s, -> ['trɛ:nɐ] *m* SCHWEIZ track-suit

Trai·ner(in) <-s, -> ['trɛ:nɐ] *m(f)* coach

trai·nie·ren* [trɛ'ni:rən] **I.** *vt* SPORT ❶ *(durch Training üben)* ■ **etw ~** to practice sth ❷ *(durch Training auf Wettkämpfe vorbereiten)* ■ **jdn ~** to coach [*or* train] sb
II. *vi* ❶ *(üben)* to practice; ■ **mit jdm ~** to practice with sb
❷ *(sich auf Wettkämpfe vorbereiten)* to train

Trai·ning <-s, -s> ['trɛ:nɪŋ] *nt* SPORT training, practice; **autogenes ~** PSYCH relaxation through self-hypnosis

Trai·nings·an·zug *m* tracksuit **Trai·nings·ein·heit** *f* training unit **Trai·nings·ge·rät** *nt* piece of training equipment; ■ **~e** *pl* training equipment *sing* **Trai·nings·ho·se** *f* track-suit trousers *npl* [*or fam* bottoms *npl*], track pants *npl* AM **Trai·nings·ja·cke** *f* track-suit top **Trai·nings·la·ger** *nt* training camp **Trai·nings·maß·nah·me** *f* training measure

Train·sha·ringRR <-[s]> ['trɛnʃɛ:ɐ̯rɪŋ] *nt kein pl* BAHN train sharing *(splitting a train into two independent parts)*

Trai·teur(in) <-s, -e> [trɛ'tø:ɐ̯] *m(f)* ❶ *(Leiter einer Großküche)* manager of a large kitchen
❷ SCHWEIZ *(Hersteller von Fertiggerichten)* producer of instant meals

Trakt <-[e]s, -e> [trakt] *m* wing

Trak·tan·den *pl von* **Traktandum**

Trak·tan·den·lis·te *f* SCHWEIZ agenda

trak·tan·die·ren [traktan'di:rən] *vt* SCHWEIZ *(auf die Tagesordnung setzen)* ■ **etw ~** to put sth on the agenda

Trak·tan·dum <-s, -den> [trak'tandʊm] *nt* SCHWEIZ agenda item

Trak·tat <-[e]s, -e> [trak'ta:t] *m o nt (geh)* tract

trak·tie·ren* [trak'ti:rən] *vt (fam)* ❶ *(schlecht behandeln)* ■ **jdn/etw ~** to ill-treat sb/sth
❷ *(misshandeln)* ■ **jdn/ein Tier ~** to abuse sb/an animal; **jdn mit Stockschlägen ~** to beat sb with a stick

Trak·tor <-s, -en> ['trakto:ɐ̯, *pl* -'to:rən] *m* tractor

träl·lern ['trɛlɐn] **I.** *vi* to warble
II. *vt* ■ **etw ~** to warble sth

Tram <-s, -s> [tram] *f o nt* SCHWEIZ tramway

Tram·bahn *f* SÜDD tram BRIT, streetcar AM

Trampdampfer ['tramp-] *m* tramp steamer

Tram·pel <-s, -> ['trampl] *m o nt (fam)* clumsy oaf *fam*

tram·peln ['tramplṇ] **I.** *vi* ❶ *haben (stampfen)* **mit den Füßen ~** to stamp one's feet
❷ *sein (sich trampelnd bewegen)* to stomp along; ***sie trampelten die Treppe hinunter*** they stomped down the stairs
II. *vt haben* ❶ *(durch Trampeln entfernen)* ■ **etw von etw** *dat* **~** to stamp sth from sth; *s. a.* **Tod**
❷ *(durch Trampeln herstellen)* ■ **etw ~** to trample sth

Tram·pel·pfad *m* track, path

Tram·pel·tier *nt* ❶ ZOOL *(zweihöckriges Kamel)* camel
❷ *(fam: unbeholfener Mensch)* clumsy oaf *fam*

tram·pen [trɛmpṇ] *vi sein* to hitch-hike, to hitch *fam*

Tram·per(in) <-s, -> ['trɛmpɐ] *m(f)* hitch-hiker, hitcher *fam*

Tram·po·lin <-s, -e> ['trampoli:n] *nt* trampoline

Tramp·ree·der(in) *m(f)* tramp owner

Tramp·schiff *nt* HANDEL tramp **Tramp·schiff·fahrt**RR *f* tramp shipping, tramping

Tramp·ver·kehr *m* tramping trade

Tram·way <-, -s> ['tramvai̯] *f* ÖSTERR *(Straßenbahn)* tram[way]

Tran <-[e]s, -e> [tra:n] *m* train [*or* fish] oil
▶ WENDUNGEN: **im ~** *(fam)* dopey *fam;* ***das habe ich im ~ ganz vergessen*** it completely slipped my mind; **wie im ~** *(fam)* in a daze

Tran·ce <-, -n> ['trã:s(ə)] *f* trance; **in ~ fallen** to fall [*or* go] into a trance; **jdn/sich in ~ versetzen** to put sb/oneself in[to] a trance

Tran·ce·zu·stand *m* [state of] trance

Tran·che <-, -n> ['trã:ʃ(ə)] *f* BÖRSE tranche

Tran·chier·be·steck [trã'ʃi:r-] *nt* carving cutlery

tran·chie·ren* [trã'ʃi:rən] *vt* ■ **etw ~** to carve sth

Tran·chier·mes·ser *nt* carving-knife

tran·cig ['trænzɪç] *adj* MUS trancey

Trä·ne <-, -n> ['trɛ:nə] *f* tear, teardrop; **in ~n aufgelöst** in tears; **den ~n nahe sein** to be close to tears; **jdm kommen die ~n** sb is starting to cry; **~n lachen** to laugh until one cries; **jdm/etw keine ~ nachweinen** to not shed any tears over sb/sth; **mit den ~n ringen** *(geh)* to fight [to hold back] one's tears; **jdn zu ~n rühren** to move sb to tears; **~n weinen** to shed tears; **unter ~n** in tears

trä·nen ['trɛnən] *vi* to water; **jdm ~ die Augen** sb's eyes are watering

Trä·nen·drü·se *f meist pl* lachrymal gland ▶ WENDUNGEN: **[mit etw** *dat*] **auf die ~ drücken** to get the waterworks going [with sth] *fam;* ***mit dem Film will der Regisseur auf die ~ drücken*** the director wants the film to be a real tear-jerker **Trä·nen·gas** *nt* tear gas **Trä·nen·sack** *m* lachrymal sac **trä·nen·trie·fend** *adj inv* tearful, reduced to tears

Tran·fun·zel <-, -n> *f (pej)* slow-coach

tra·nig ['tra:nɪç] *adj* ❶ *(nach Tran schmeckend)* tasting of train oil
❷ *(fam: träge)* sluggish, slow

trank [traŋk] *imp von* **trinken**

Trank <-[e]s, Tränke> [traŋk, *pl* 'trɛŋkə] *m (geh)* beverage *form,* drink

Trän·ke <-, -n> ['trɛŋkə] *f* watering place

trän·ken ['trɛŋkṇ] *vt* ❶ *(durchnässen)* ■ **etw [mit etw** *dat*] **~** to soak sth [with sth]; ***er tränkte den Schwamm mit Wasser*** he soaked the sponge in water
❷ AGR *(trinken lassen)* ■ **ein Tier ~** to water an animal

Trans·ak·ti·on <-, -en> [trans?ak'tsi̯o:n] *f* ÖKON transaction; **geschäftliche ~** trade transaction; **~en im militärischem Bereich** military transactions; **unsichtbare ~** invisible transaction

Trans·ak·ti·ons·ana·ly·se *f* MATH, PSYCH transaction analysis **Trans·ak·ti·ons·kos·ten** *pl* transaction costs *pl* **Trans·ak·ti·ons·wert** *m* FIN transaction value; **alternativer ~** substitute value

Trans·at·lan·tik·flug *m* transatlantic flight

trans·at·lan·tisch [trans?at'lantɪʃ] *adj (geh)* transatlantic

tran·schie·ren* [tran'ʃi:rən] *vt* ÖSTERR *s.* **tranchieren**

Tran·schier·mes·ser [tran'ʃi:r-] *nt s.* **Tranchiermesser**

Tran·se <-, -n> ['transə] *f (pej sl)* tranny *pej sl*

Trans·fer <-s, -s> [trans'fe:ɐ̯] *m* transfer

Trans·fer·ge·neh·mi·gung *f* ÖKON transfer permit **Trans·fer·ge·schwin·dig·keit** *f* INFORM transfer rate

trans·fe·rier·bar *adj inv* transferable

trans·fe·rie·ren* [transfe'ri:rən] *vt* ■ **etw ~** to transfer sth; **Geld auf ein Konto ~** to transfer money [on BRIT] to an account; **etw ins Ausland ~** to transfer sth abroad

Trans·fer·leis·tun·gen *pl* FIN transfers; **hohe ~** high transfers **Trans·fer·lei·tung** *f* ÖKON transfer line **Trans·fer·mo·dus** *m* INFORM transfer mode; **asynchroner/synchroner ~** asynchronous/synchronous transfer **Trans·fer·ra·te** *f* ❶ INFORM transfer rate ❷ FIN transfer charge **Trans·fer·zah·lung** *f* ÖKON transfer

trans·fi·nit [transfi'ni:t] *adj inv* MATH transfinite; **~e Zahl** transfinite number

Trans·for·ma·ti·on <-, -en> [transfɔrma'tsi̯o:n] *f* transformation

Trans·for·ma·ti·ons·ge·setz *nt* JUR transformation act

Trans·for·ma·tor <-s, -en> [transfɔr'ma:to:ɐ̯, *pl* -'to:rən] *m* transformer

Trans·for·ma·to·ren·häus·chen *nt* transformer installation

trans·for·mie·ren* [transfɔr'mi:rən] *vt* PHYS ■ **etw ~** to transform sth

Trans·fu·si·on <-, -en> [transfu'zi̯o:n] *f* transfusion

trans·gen *adj* transgenetic

Tran·sis·tor <-s, -en> [tran'zɪsto:ɐ̯, *pl* -'to:rən] *m* transistor; **bipolarer ~** bipolar transistor

Tran·sis·tor·ra·dio *nt* transistor radio **Tran·sis·tor·zün·dung** *f* AUTO transistor ignition, transistorized ignition [system]

Tran·sit <-s, -e> [tran'zi:t] *m* transit

Tran·sit·ab·kom·men *nt* transit agreement **Tran·sit·ge·bühr** *f* transit fee **Tran·sit·gü·ter** *pl* transit goods *pl* **Tran·sit·han·del** *m* ÖKON transit trade

tran·si·tiv ['tranziti:f] *adj* LING transitive

Tran·sit·land *nt* transit country

tran·si·to·risch [tranzi'to:rɪʃ] *adj* FIN deferred, transitory; **~e Aktiva** prepaid expenses

Tran·sit·raum *m* transit lounge **Tran·sit·rei·sen·de(r)** *f(m) dekl wie adj* transit passenger **Tran·sit·ver·kehr** *m* transit traffic **Tran·sit·vi·sum** *nt* transit visa **Tran·sit·zoll** *m* transit customs *npl*

trans·kri·bie·ren* [transkri'bi:rən] *vt* ■ **etw ~** ❶ *(in andere Schrift umschreiben)* to transcribe sth
❷ MUS *(für andere Instrumente umschreiben)* to arrange

Tran·skrip·ti·on <-, -en> [transkrɪp'tsi̯o:n] *f* LING, MUS transcription

trans·ku·tan [transku'ta:n] *adj inv* transcutaneous

Trans·li·te·ra·ti·on <-, -en> [translɪtera'tsi̯o:n] *f* LING transliteration

trans·li·te·rie·ren* [translɪte'ri:rən] *vt* LING ■ **etw ~** to transliterate sth

Trans·mis·si·on <-, -en> [transmɪ'si̯o:n] *f* TECH, PHYS transmission

Trans·mu·ta·ti·on <-, -en> [transmuta'tsi̯o:n] *f* ❶ *(geh: Verwandlung)* transmutation
❷ *(fachspr: Umwandlung)* transmutation

Trans·mu·ta·ti·ons·an·la·ge *f* ÖKOL, PHYS transmutation plant

trans·nu·kle·ar *adj* transnuclear

trans·pa·rent [transpa'rɛnt] *adj (durchscheinend)* transparent
▶ WENDUNGEN: **etw [für jdn] ~ machen** *(geh)* to make sth lucid [*or* transparent] [for sb]

Trans·pa·rent <-[e]s, -e> [transpa'rɛnt] *nt* banner

Trans·pa·rent·pa·pier *nt* tracing paper **Trans·pa·rent·pu·der** *nt* translucent powder

Trans·pa·renz <-> [transpa'rɛnts] *f kein pl (geh)* transparency, lucidity *no pl*

Trans·pi·ra·ti·on <-> [transpira'tsi̯o:n] *f kein pl (geh)* perspiration *no pl*

trans·pi·rie·ren* [transpi'ri:rən] *vi (geh)* to perspire

Trans·plan·tat <-[e]s, -e> [transplan'ta:t] *nt* transplant

Trans·plan·ta·ti·on <-, -en> [transplanta'tsi̯o:n] *f* MED transplant; *Haut* graft

Trans·plan·tat·re·ser·ven *pl* MED reserves *pl* of organ transplants

trans·plan·tie·ren* [transpla'ti:rən] *vt* ■[**jdm**] **etw** ~ to transplant [sb's] sth; **jdm die Haut** ~ to graft sb's skin

Trans·port <-[e]s, -e> [trans'pɔrt] *m* transport

trans·por·ta·bel [transpɔr'ta:bl] *adj (geh)* transportable; **transportables Gebäude** Portakabin®

Trans·port·ar·bei·ter(in) *m(f)* transport worker **Trans·port·auf·kom·men** *nt* ÖKON total transports *pl* **Trans·port·band** *nt* conveyer belt **Trans·port·be·darf** *m* transport requirement **Trans·port·be·häl·ter** *m* transport container *(for nuclear waste)*

Trans·por·ter <-s, -> [trans'pɔrtɐ] *m* AUTO ① *(Lieferwagen)* transporter, van
② LUFT *(Transportflugzeug)* transport plane

Trans·por·teur <-s, -e> [transpɔr'tø:ɐ̯] *m* haulage contractor

trans·port·fä·hig *adj* MED movable, transportable; HANDEL ready for transport *pred* **Trans·port·fä·hig·keit** *f* transportability **Trans·port·fahr·zeug** *nt* transport [*or* carrier] vehicle **Trans·port·fir·ma** *f* transport company [*or* agency], carrier, haulier **Trans·port·flug·zeug** *nt* transport plane **Trans·port·ge·bühr** *f* transport charge [*or* fee], carriage **Trans·port·ge·fahr** *f* JUR transport hazard, risk of conveyance

Trans·port·ge·schäft *nt* ① *kein pl (Gewerbe)* carrying trade
② *(Firma)* transport company [*or* agency], carrier, hauler, transport corporation

Trans·port·ge·wer·be *nt* carrying trade **Trans·port·gut** *nt* cargo **Trans·port·haft·pflicht·ge·setz** *nt* Carrier's Liability Act BRIT **Trans·port·hub·schrau·ber** *m* cargo helicopter

trans·por·tier·bar *adj inv* transportable

trans·por·tie·ren* [transpɔr'ti:rən] *vt* ① *(befördern)* ■**etw** ~ to transport [*or* carry] sth; ■**jdn** ~ to move sb
② FOTO **den Film** ~ to wind the film

Trans·port·ko·lon·ne *f* motor transport column [*or* convoy] **Trans·port·kos·ten** *pl* transport[ation] costs *pl* **Trans·port·leis·tun·gen** *pl* carryings *pl* **Trans·port·mit·tel** *nt* means [*or* mode] of transport[ation] **Trans·port·mög·lich·keit** *f* transport facility **Trans·port·pan·zer** *m* MIL armoured [*or* AM armored] personnel carrier **Trans·port·pa·pie·re** *pl* HANDEL shipping documents **Trans·port·pflicht** *f* HANDEL transport obligation

Trans·port·raum *m* ① *(Kapazität)* transport capacity
② *(Räumlichkeit)* cargo space

Trans·port·recht *nt* JUR [public] transport law **Trans·port·scha·den** *m* damage [on goods] in transit **Trans·port·schä·den** *pl* HANDEL damage in transit, transport loss [*or* damage] **Trans·port·schiff** *nt* cargo ship [*or* vessel]; MIL transport ship **Trans·port·un·ter·neh·men** *nt* haulage contractor, forwarding agent **Trans·port·un·ter·neh·mer** *m* haulage contractor **Trans·port·un·ter·neh·mer·haf·tung** *f* carrier's liability **Trans·port·ver·pa·ckung** *f* cargo packaging **Trans·port·ver·si·che·rung** *f* transport [*or* shipping] insurance **Trans·port·vo·lu·men** *nt* ÖKON total transports *pl* **Trans·port·vor·schrif·ten** *pl* HANDEL forwarding instructions **Trans·port·weg** *m* HANDEL *(Route)* transport route; *(Entfernung)* distance, haul **Trans·port·wert** *m* HANDEL transport value **Trans·port·we·sen** *nt kein pl* ÖKON transport *no pl*, transportation *no pl*

Trans·ra·pid® <-[s]> [transra'pi:t] *m kein pl [German] high-speed magnetic train*

trans·se·xu·ell [transze'ksu̯ɛl] *adj* transsexual

Trans·se·xu·el·le(r) *f(m) dekl wie adj* transsexual

Trans·syl·va·ni·en <-s> [transzʏl'va:ni̯ən] *nt* Transylvania

Trans·ves·tit <-en, -en> [transvɛs'ti:t] *m* transvestite

trans·zen·dent [transtsɛn'dɛnt] *adj inv* ① PHILOS transcendent
② MATH transcendental

trans·zen·den·tal [transtsɛndɛn'ta:l] *adj* transcendental; ~**e Meditation** Transcendental Meditation

Trans·zen·denz <-> [transtsɛn'dɛnts] *f kein pl (geh)* transcendence, transcendency

Tra·pez <-es, -e> [tra'pe:ts] *nt* ① MATH trapezium BRIT, trapezoid AM
② *(Artistenschaukel)* trapeze

Tra·pez·akt *m* trapeze act **Tra·pez·flü·gel** *m* tapered wing

Trap·pist <-en, -en> [tra'pɪst] *m* REL Trappist [monk]

Trap·schie·ßen <-s> *nt kein pl* SPORT *(Tontaubenschießen)* trapshooting

Tra·ra <-s, -s> [tra'ra:] *nt (fam)* hoo-ha *fam;* **ein** ~ [**um jdn/etw**] **machen** to create a hoo-ha [about sb/sth]

Trash <-s> [træʃ] *m kein pl* trash

tra·shig ['træʃɪç] *adj (sl)* trashy *fam*

Trash-TV <-> [trɛʃti:'vi:, -te:'fau̯] *nt* trash TV

Tras·sant(in) <-en, -en> [tra'sant] *m(f)* FIN drawer

Tras·sat(in) <-en, -en> [tra'sa:t] *m(f)* FIN drawee

Tras·se <-, -n> ['trasə] *f* ① *(abgesteckter Verkehrsweg)* marked route
② *(Bahntrasse)* railway line

Tras·see <-s, -s> ['trase] *nt* SCHWEIZ *s.* **Trasse**

Tras·sen·füh·rung *f* BAU pipe route

tras·sie·ren* [tra'si:rən] *vt* ■**etw** ~ ① ARCHIT *(eine Trasse ziehen)* to draw a route through sth
② ÖKON *(einen Wechsel auf jdn ziehen)* to draw sth

Tras·sie·rung <-, -en> *f* laying of rail beds

trat [tra:t] *imp von* **treten**

Tratsch <-[e]s> [tra:tʃ] *m kein pl (fam)* gossip *no pl*

trat·schen ['tra:tʃn̩] *vi (fam)* ■[**über jdn/etw**] ~ to gossip [about sb/sth]

Trat·sche·rei <-, -en> [tra:tʃə'rai̯] *f (fam)* gossiping *no pl*, scandalmongering *no pl*

Trat·te <-, -n> ['tratə] *f* FIN bill; **eine** ~ **akzeptieren/ausstellen/einlösen** to honour/negotiate/discharge a bill

Trat·ten·an·kün·di·gung *f* FIN advice of draft **Trat·ten·avis** *m o nt* FIN advice of draft

Trau·al·tar *m* altar; [**mit jdm**] **vor den** ~ **treten** *(geh)* to stand at the altar [with sb], to walk down the aisle [with sb]

Trau·be <-, -n> ['trau̯bə] *f* ① *meist pl (Weintraube)* grape *usu pl*
② BOT *(Büschel von Beeren)* bunch of grapes
③ BOT *(büschelförmiger Blütenstand)* raceme
④ *(Ansammlung)* cluster; **eine** ~ **von Menschen** a cluster of people

trau·ben·för·mig *adj inv* grape-shaped **Trau·ben·le·se** *f* grape harvest **Trau·ben·saft** *m* grape juice **Trau·ben·zu·cker** *m* glucose, dextrose

trau·en[1] ['trau̯ən] *vt* ■**jdn** ~ to marry sb, to join sb in marriage; ■**sich** *akk* ~ **lassen** to get married, to marry

trau·en[2] ['trau̯ən] **I.** *vi* ① *(vertrauen)* ■**jdm** ~ to trust sb
② *(Glauben schenken)* ■**etw** *dat* ~ to believe [*or* trust] sth; *s. a.* **Auge, Ohr, Weg**
II. *vr* ■**sich** *akk* ~, **etw zu tun** to dare to do sth; ***er traute sich nicht, das zu tun*** he didn't have the courage to do that; ■**sich** *akk* **zu jdm** ~ to dare to go to sb

Trau·er <-> ['trau̯ɐ] *f kein pl* sorrow *no pl*, grief *no pl*
▸WENDUNGEN: ~ **tragen** to be in mourning

Trau·er·an·zei·ge *f* obituary, death notice **Trau·er·ar·beit** *f* mourning, grieving **Trau·er·bin·de** *f* black armband **Trau·er·brief** *m* letter informing of sb's death **Trau·er·es·sen** *nt* SCHWEIZ funeral meal **Trau·er·fall** *m* bereavement, death **Trau·er·fa·mi·lie** *f* SCHWEIZ bereaved family **Trau·er·fei·er** *f* funeral service **Trau·er·flor** *m* black ribbon **Trau·er·got·tes·dienst** *m* funeral service **Trau·er·jahr** *nt* year of mourning **Trau·er·klei·dung** *f* mourning **Trau·er·kloß** *m (fam)* wet blanket *fam* **Trau·er·marsch** *m* funeral march **Trau·er·mie·ne** *f (fam)* long face *fam;* **eine** ~ **aufsetzen** to make a long face; **mit einer** ~ with a long face

trau·ern ['trau̯ɐn] *vi* ■**um jdn** ~ to mourn [for] sb

Trau·er·rand *m* ① *(schwarze Einrahmung)* black border ② *pl (fam: schwarze Fingernägel)* dirty fingernails **Trau·er·spiel** *nt* fiasco; **es ist ein** ~ **mit jdm** *(fam)* sb is really pathetic **Trau·er·wei·de** *f* weeping willow **Trau·er·zir·ku·lar** <-[e]s, -e> *f* SCHWEIZ obituary **Trau·er·zug** *m* funeral procession

Trauf·blech *nt* BAU eaves flashing **Trauf·brett** *nt* BAU fascia board

Trau·fe <-, -n> ['trau̯fə] *f* eaves *npl; s. a.* **Regen**

träu·feln ['trɔyfl̩n] **I.** *vt haben* ■**etw** ~ to drip sth; **Medizin** ~ to apply drops of medicine
II. *vi haben o sein (geh)* to trickle

Trauf·hö·he *f* ARCHIT height to eaves

Traum <-[e]s, Träume> [trau̯m, *pl* trɔymə] *m* dream; ***es war nur ein*** ~ it was only a dream; **ein böser** ~ a bad dream; *(furchtbares Erlebnis)* nightmare; **nicht in meinen kühnsten Träumen** not in my wildest dreams; ***es war immer mein ~, mal so eine Luxuslimousine zu fahren*** I've always dreamed of being able to drive a limousine like that; **ein** ~ **von etw** *dat* a dream sth; **ein Traum von einem Mann** a dream man
▸WENDUNGEN: **aus der** ~**!** it's all over!, so much for that!; **etw fällt jdm im** ~ **nicht ein** sb wouldn't dream of it; ***es fällt mir doch im ~ nicht ein, das zu tun*** I wouldn't dream of doing that; **Träume sind Schäume** *(prov fam)* dreams are but shadows

Trau·ma <-s, Traumen *o* -ta> ['trau̯ma, *pl* -mən, -mata] *nt* trauma

tra·uma·tisch [trau̯'ma:tɪʃ] *adj* traumatic

trau·ma·ti·sie·ren [trau̯ma:ti'si:rən] *vt* PSYCH ■**jdn** ~ to traumatize sb

trau·ma·ti·siert *adj* traumatized

Trau·ma·ti·sie·rung <-, -en> *f* PSYCH traumatization

Traum·be·ruf *m* dream job **Traum·deu·tung** *f* interpretation of dreams, dream interpretation

Trau·men *pl von* **Trauma**

träu·men ['trɔymən] **I.** *vi* ① *(Träume haben)* to dream; ■~, **dass jd etw tut/dass etw geschieht** to dream that sb does sth/that sth happens; **schlecht** ~ to have bad dreams [*or* nightmares]
② *(Wünsche)* ■**von jdm/etw** ~ to dream about sb/sth; ***sie hat immer davon geträumt, Ärztin zu werden*** she had always dreamt of becoming a doctor; **jd hätte sich** *dat* **etw nicht/nie** ~ **lassen** sb would not/never have dreamed of sth, sb would not/never have thought sth possible; **jd hätte sich** *dat* **nicht/nie** ~ **lassen, dass ...** sb would not/never have thought it possible, that...
③ *(abwesend sein)* to daydream, to be on another planet *fam*, to be in a reverie *form*
▸WENDUNGEN: **und wovon träumst du nachts?** *(fam)* not in a million years!; **du träumst wohl!** *(fam)* you must be dreaming [*or* joking]!
II. *vt* ■**etw** ~ to dream sth

Träu·mer(in) <-s, -> ['trɔymɐ] *m(f)* [day]dreamer

Träu·me·rei <-, -en> [trɔymə'rai̯] *f meist pl* dream *usu pl;* ***das sind alles ~en*** that's building castles in the air

Träu·me·rin <-, -nen> *f fem form von* **Träumer**

träu·me·risch *adj* dreamy

Traum·fa·brik *f* dream factory

traum·haft *adj (fam)* dreamlike, fantastic

Traum·haus *nt* dream house **Traum·job** *m* dream job **Traum·land·schaft** *f* dream landscape **Traum·no·te** *f* SCH, SPORT *(euph fam)* perfect score **Traum·paar** *nt* perfect couple **Traum·prinz** *m* knight in shiny armour **Traum·pro·dukt** <-s, -e> *nt* perfect product **Traum·tän·zer(in)** *m(f)* person living in a dream world **Traum·ur·laub** *m* dream holiday [*or* AM vacation] **traum·ver·lo·ren** *adj inv* dreamy; ~ **dasitzen** to sit there in a dream-like state **traum·wand·le·risch** *adj* somnambulistic; [**sich** *akk*] **mit** ~**er Sicherheit** [**bewegen**] to move with the certainty of a sleepwalker

trau·rig ['trau̯rɪç] **I.** *adj* ① *(betrübt)* sad, down, unhappy; ■~ [**über jdn/etw**] **sein** to be sad [*or* in a sad mood] [about sb/sth]; ■~ **sein, dass/weil ...** to be sad that/because ...
② *(betrüblich)* sorry; ***das sind ja ~e Verhältnisse*** that's a sorry state of affairs; **die** ~**e Tatsache ist, dass ...** it's a sad fact that ...; **in** ~**en Verhältnissen leben** to live in a sorry state

③ *(sehr bedauerlich)* ■ **[es ist] ~, dass ...** it's unfortunate [*or* sad] that ...
II. *adv (betrübt)* sadly, sorrowfully; ***warum siehst du mich so ~ an?*** why are you looking at me in such a sad way?
▸WENDUNGEN: **mit etw** *dat* **sieht es ~ aus** sth doesn't look too good; ***damit sieht es ~ aus*** it doesn't look too good, it looks pretty bad
Trau·rig·keit <-> *f kein pl* sadness *no pl*
Trau·ring *m* wedding ring [*or* AM *a.* band] **Trau·schein** *m* marriage certificate
traut [traut] *adj (geh)* dear; **in ~em Kreise** among family and friends; **in ~er Runde** among good friends
▸WENDUNGEN: **~es Heim, Glück allein** *(prov)* home sweet home *prov*
Trau·ung <-, -en> ['trauʊŋ] *f* marriage ceremony, wedding
Trau·zeu·ge, -zeu·gin *m, f* best man, [marriage] witness
Tra·vel·ler·scheck ['trɛvəlɐ-] *m* FIN *(Reisescheck)* traveller's cheque BRIT, traveler's check AM
Tra·ves·tie <-, -n> [travɛs'tiː, *pl* -iːən] *f* travesty
Traw·ler <-s, -> ['trɔːlɐ] *m* NAUT trawler
Treck <-s, -s> [trɛk] *m* trail, trek
Tre·cker <-s, -> *m (fam)* tractor
Tre·cking <-s, -s> ['trɛkɪŋ] *nt s.* **Trekking**
Treff <-s, -s> [trɛf] *m (fam)* ① *(Treffen)* meeting, get-together *fam,* rendezvous
② *(Treffpunkt)* meeting point, rendezvous
tref·fen <trifft, traf, getroffen> [trɛfn̩] **I.** *vt haben*
① *(mit jdm zusammenkommen)* ■**jdn ~** to meet [up with] sb; ***wir haben uns dann später noch auf einen Drink getroffen*** we met up again later for a drink; **jdn zum Mittagessen ~** to meet sb for lunch
② *(zufällig begegnen)* ■**jdn ~** to run [*or fam* bump] into sb; ***rate mal, wen ich heute getroffen habe!*** guess who I ran into today!; ***ich habe ihn zufällig in der Stadt getroffen*** I bumped into him in town
③ *(zum Ziel haben)* ■**jdn/etw [mit etw** *dat*] **~** to hit [*or* strike] sb/sth [with sth]; ***ins Ziel getroffen!*** it's a hit!; ***warum muss es immer mich ~?*** why does it always have to be me?; ***es trifft immer die Falschen*** it's always the wrong people who are hit [*or* affected]; ***dich trifft keine Schuld*** you are not [*or* in no way] to blame; ***auf dem Foto bist du wirklich gut getroffen*** that's a good photo [*or fam* shot] [*or* picture] of you; **vom Blitz getroffen** struck by lightning; **von einer Kugel getroffen** wounded by a bullet; **jdn ins Gesicht/am Kopf ~** to hit [*or* strike] sb in the face/on the head
④ *(kränken)* ■**jdn ~** to hurt sb; ■**jdn mit etw** *dat* **~** to hit a sore spot with sth; ***das hat sie schwer in ihrem Stolz getroffen*** it hurt her pride; **sich** *akk* **durch etw** *akk* **getroffen fühlen** to feel hurt by sth; *(persönlich nehmen)* to take sth personally; ***fühlst du dich da etwa getroffen?*** is that a sore point?
⑤ *(vornehmen)* **eine Abmachung ~** to have an agreement; **eine Entscheidung ~** to take [*or* BRIT make] a decision; **Maßnahmen/Vorkehrungen ~** to take measures/precautions; **eine Vereinbarung ~** to make an agreement; **Vorbereitungen ~** to make preparations; **eine Wahl ~** to make a choice
⑥ *(erkennen)* ■**etw ~** to hit [up]on sth; ***getroffen!*** bingo!; ***du hast's getroffen!*** *(mit Aussage)* you've hit the nail on the head!; *(mit Geschenk)* that's the very thing!; ***damit hast du genau meinen Geschmack getroffen*** that's exactly my taste; ***mit dem Geschenk hast du das Richtige getroffen*** your present was just the thing; **den falschen/richtigen Ton ~** to hit [*or* strike] the wrong/right note
⑦ *(vorfinden)* **jd hätte es schlechter ~ können** sb could have been worse off; ***ich hätte es auch schlechter ~ können*** it could have been worse; **es [mit jdm/etw] gut/schlecht getroffen haben** to be fortunate [*or* lucky]/unlucky [to have sb/sth]; ***mit seinem Chef hat er es wirklich gut getroffen*** he's really fortunate to have a boss like that
II. *vi* ① *sein (begegnen)* ■**auf jdn ~** to meet sb, to bump into sb *fam;* ■**auf etw** *akk* **~** to come upon sth; **auf Ablehnung/Schwierigkeiten/Widerstand ~** to meet with [*or* encounter] rejection/difficulties/resistance; **auf jdn/eine Mannschaft ~** SPORT to come up against sb/a team
② *haben (ins Ziel gehen) Schlag, Schuss* to hit [the target]; ***der Schuss hat getroffen*** the shot hit it/him/her; **gut/schlecht ~** to aim well/badly; **nicht ~** to miss [the target]; *s. a.* **Schwarze(s)**
III. *vr haben* ■**sich** *akk* **[mit jdm] ~** to meet [sb], to meet up [with sb]; ***ihre Blicke trafen sich*** their eyes met; ***unsere Interessen ~ sich im künstlerischen Bereich*** we are both interested in arts
IV. *vr impers haben* ***das trifft sich gut!*** that's very convenient!; ***es trifft sich [gut], dass ...*** it is [very] convenient, that ...
Tref·fen <-s, -> [trɛfn̩] *nt (Zusammenkunft)* meeting
▸WENDUNGEN: **etw ins ~ führen** *(geh)* to put sth forward
tref·fend *adj* appropriate, striking
Tref·fer <-s, -> *m* ① *(ins Ziel gegangener Schuss)* hit; **einen ~ landen** to have a hit
② SPORT *(Tor)* goal
③ SPORT *(Berührung des Gegners)* hit
④ *(Gewinnlos)* winner
Tref·fer·quo·te *f* hit rate
Treff·ge·nau·ig·keit *f* exact precision, accuracy
treff·lich <-er, -ste> *adj attr (geh o veraltend)* splendid
Treff·punkt *m* meeting point, rendezvous **treff·si·cher** *adj* accurate; **eine ~e Bemerkung** an apt remark; **ein ~es Urteil** a sound judgement
Treff·si·cher·heit *f kein pl* ① *(sicher treffende Schussweise)* accuracy *no pl*
② *(das präzise Zutreffen)* accuracy *no pl,* soundness *no pl,* aptness *no pl*
Treib·eis *nt* drift ice
trei·ben <trieb, getrieben> ['traibn̩] **I.** *vt haben*
① *(in bestimmte Richtung drängen)* ■**jdn/Tiere [irgendwohin] ~** to drive sb/animals [somewhere]; **Hasen/Wild ~** JAGD to beat hares/game; ■**jdn/Tiere aus/von etw** *dat* **~** to drive sb/animals out of/from sth
② *(bewegen)* ■**jdn/etw [irgendwohin] ~** *(durch Wasser)* to wash [*or* carry] sb/sth [somewhere]; *(durch Wind)* to blow [*or* carry] sb/sth [somewhere]; ***der Wind treibt mir den Schnee ins Gesicht*** the wind is blowing snow in my face
③ *(zum schnellen Handeln antreiben)* **jdn [zur Eile] ~** to rush sb, to make sb hurry [up]
④ *(veranlassen)* ■**jdn zu etw** *dat* **~** to drive [*or* push] sb to sth; ***du treibst mich noch dazu, das zu tun*** you'll end up making me do that; **jdn zur Arbeit ~** to make sb work; **jdn in den Selbstmord/Tod ~** to drive sb to commit suicide/to sb's death; **jdn in den Wahnsinn ~** to drive sb mad
⑤ *(hervorbringen)* **etw treibt jdm das Blut ins Gesicht/den Schweiß auf die Stirn** sth makes sb blush/sweat; **etw treibt jdm Tränen in die Augen** sth makes sb's eyes water [*or* brings tears to sb's eyes]
⑥ TECH *(antreiben)* ■**etw ~** to propel sth
⑦ *(geh: einschlagen, pressen)* **einen Nagel/Pfosten in etw** *akk* **~** to drive a nail/post into sth; ■**einen Stollen durch etw** *akk* **~** to drive a tunnel through sth
⑧ *(formen)* **Messing/Silber ~** to beat brass/silver
⑨ BOT *(hervorbringen) Blätter, Knospen* to sprout; *(heranziehen) Gemüse, Blumen* to force
⑩ *(betreiben)* ■**etw ~** to do sth; *Studien* to pursue sth; **ein Gewerbe ~** to carry out a trade; **[mit etw** *dat*] **Handel ~** to trade [in sth]
⑪ *(fam: tun, anstellen)* ■**etw ~** to be up to sth; ***was hast du denn die ganze Zeit getrieben?*** what have you been doing all this time?; ***dass ihr mir bloß keinen Blödsinn treibt!*** don't you get up to any nonsense!
⑫ *(fam)* **es zu bunt/wild ~** to go too far; **es zu toll ~** to overdo it
⑬ *(sl: Sex haben)* **es [mit jdm] ~** to do it [with sb]; *s. a.* **Verzweiflung, Wahnsinn**
II. *vi* ① *sein (sich fortbewegen)* to drift; **im Wasser ~** to drift [*or* float] in the water; **sich** *akk* **~ lassen** *(fig)* to drift; **sich** *akk* **von einer Stimmung ~ lassen** to let oneself be carried along by a mood
② *haben* BOT *(austreiben)* to sprout
③ *haben* KOCHK *(aufgehen)* to rise; ***die Hefe treibt*** the yeast makes the dough rise
④ *haben (diuretisch wirken)* to have a diuretic effect
Trei·ben <-s> ['traibn̩] *nt kein pl* ① *(pej: üble Aktivität)* ■**jds ~** sb's dirty tricks
② *(geschäftige Aktivität)* hustle and bustle
trei·bend I. *part pres von* **treiben**
II. *adj inv* driving; **die ~e Kraft bei einer Sache sein** to be the driving force behind sth
Trei·ber <-s, -> ['traibɐ] *m* INFORM driver
Trei·ber(in) <-s, -> ['traibɐ] *m(f)* JAGD beater
Trei·ber·soft·ware *f* INFORM driving software
Treib·gas *nt* propellant **Treib·gut** *nt kein pl* flotsam and jetsam *pl*
Treib·haus *nt* HORT greenhouse, hothouse **Treib·haus·ef·fekt** *m kein pl* ÖKOL ■**der ~** the greenhouse effect **Treib·haus·kli·ma** *nt* global warming **Treib·haus·luft** *f kein pl* hothouse [atmosphere]; ***lüftet mal, hier herrscht ja eine richtige ~!*** can't you open a window, it's like an oven in here! **Treib·haus·pflan·ze** *f* HORT hothouse plant
Treib·holz *nt kein pl* driftwood *no pl* **Treib·jagd** *f* JAGD battue **Treib·la·dung** *f* propelling charge
Treib·mit·tel *nt* ① CHEM propellant
② KOCHK raising agent
Treib·netz *nt* drift-net **Treib·netz·fi·sche·rei** *f* driftnet fishing
Treib·rie·gel·schloss[RR] *nt* BAU bolt lock **Treib·sand** *m kein pl* quicksand **Treib·satz** *m* TECH explosive substances *pl*
Treib·stoff *m* fuel **Treib·stoff·rück·stän·de** *pl* fuel residue *no pl* **Treib·stoff·ver·brauch** *m kein pl* fuel consumption
Trei·del·pfad ['traidlpfaːt] *m* NAUT towpath
Trek·king <-s, -s> ['trɛkɪŋ] *nt* trekking
Trek·king·bike [-baik] *nt,* **Trek·king·rad** *nt* trekking bike
Tre·ma <-s, -s *o* -ta> ['treːma, *pl* -ata] *nt* LING, MED dieresis
Tre·mo·lo <-s, -s *o* Tremoli> ['treːmolo, *pl* -li] *nt* MUS tremolo
Trench·coat <-[s], -s> ['trɛntʃkoːt] *m* trench coat
Trend <-s, -s> [trɛnt] *m* trend; ***der ~ in der Mode geht wieder in Richtung längere Röcke*** the latest fashion trend is towards long[er] skirts again, long[er] skirts are coming back into fashion; **ganz groß der [vorherrschende] ~ sein** to be very much the [current] trend [*or fam* very trendy] [*or* very much in [fashion]]; **den ~ haben, etw zu tun** to have a tendency to do sth; **mit etw** *dat* **[voll] im ~ liegen** *(fam)* to have the very latest sth; ***mit diesen Hemden lag der Hersteller voll im ~*** the manufacturer had the very latest [in] fashion shirts; ***das Buch liegt voll im ~*** the book is very of the moment
Trend·ana·ly·se *f* BÖRSE, ÖKON trend analysis
Trend·bar *f* fashionable [*or* trendy] bar [*or* pub], bar for the in-crowd **Trend·far·be** *f* fashionable colour [*or* AM -or] **Trend·for·scher(in)** *m(f)* trend analyst
tren·dig *adj (fam)* trendy
Trend·scout <-s, -s> ['trɛntskaut] *m* trendspotter
Trend·set·ter(in) <-s, -> *m(f)* trendsetter
Trend·sport ['trɛnt-] *m* SPORT trendy [*or* [currently] fashionable] sport **Trend·ver·än·de·rung** *f* BÖRSE, ÖKON alteration in trends **Trend·wen·de** *f* change [of direction]
tren·dy ['trɛndi] *adj (fam)* trendy
Trend·zeit·schrift ['trɛnd-] *f* trend magazine
trenn·bar *adj* ① LING *(zu trennen)* separable
② *(voneinander zu trennen)* ■**[voneinander] ~ sein** to be detachable [from each other]; ***Jacke und Kapuze sind ~*** the hood is detachable [*or* can be detached [*or* removed]] from the jacket; ***Mantel und Futter sind leicht [voneinander] ~*** the lining is easily detachable [*or* can be easily detached [*or* removed]] from the coat
Trenn·bit *nt* INFORM fence bit

Trẹnn·blatt *nt* subject divider

tren·nen ['trɛnən] **I.** *vt* ① *(abtrennen)* ■**etw von etw** *dat* ~ to separate sth from sth; *(mit scharfem Gegenstand)* to cut sth off sth; *(Körperteil bei einem Unfall)* to sever sth from sth
② *(ablösen)* ■**etw aus etw** *dat* ~ to take sth out of sth; ■**etw von etw** *dat* ~ to detach [*or* remove] sth from sth; ***vor dem Reinigen müssen die Lederknöpfe vom Mantel getrennt werden*** the leather buttons have to be removed from [*or* taken off] the coat before cleaning; **das Eiweiß vom Eigelb** ~ to separate the egg white from the yolk
③ *a.* CHEM *(zerlegen)* ■**etw** ~ to separate sth
④ *(auseinandernehmen)* ■**etw** ~ to separate sth; **eine Naht** ~ to undo [*or* unpick] a seam
⑤ *(auseinanderbringen)* ■**jdn und jdn/von jdm** ~ to separate sb and sb/from sb; ***es kann gefährlich sein, bei einer Prügelei die Streitenden zu*** ~ it can be dangerous to separate people in a fight; ***nichts kann uns mehr*** ~ nothing can ever come between us
⑥ *(scheiden)* **eine Ehe** ~ to dissolve a marriage
⑦ *(teilen)* ■**etw** [**von etw** *dat*] ~ to separate [*or* divide] sth [from sth]; ***ein Zaun trennt die beiden Grundstücke*** the two plots are separated by a fence
⑧ *(dazwischen liegen)* ■**jdn/etw von jdm/etw** ~ to separate sb/sth and sb/sth; ***die Wüste trennt den Norden vom Süden des Landes*** the north and south of the country are separated by the desert; ***die beiden*** ~ ***Welten*** the two are worlds apart; ***zu vieles trennt sie*** they have too little in common; ***vom Frühlingsanfang ~ uns nur noch wenige Tage*** we've only got a few days to go till the first day of spring
⑨ *(unterscheiden)* ■**etw und etw** [*o* **von etw** *dat*] ~ to differentiate [*or* distinguish] between sth and sth; ***man muss Ursache und Wirkung*** ~ one has to make a distinction between cause and effect
⑩ *(nicht vermischen)* ■**etw von etw** *dat* ~ to keep sth and sth separate
⑪ *(nach Rasse, Geschlecht)* ■**jdn/etw** ~ to segregate sb/sth; **die Geschlechter** ~ to segregate the sexes; ■**jdn und jdn/von jdm** ~ to segregate sb and sb/from sb
⑫ *(unabhängig betrachten)* ■**etw von etw** *dat* ~ to separate sth from sth
⑬ TELEK *(Verbindung unterbrechen)* **jdn** ~ to cut off [*or* disconnect] sb
⑭ LING *(durch Silbentrennung zerlegen)* ■**etw** ~ to divide [*or* split up *sep*] sth
II. *vr* ① *(getrennt weitergehen)* ■**sich** *akk* ~ to separate; *(Abschied nehmen)* to part [from each other [*or* one another]]; ***hier ~ wir uns*** this is where we part company [*or* go our separate ways]
② *(die Beziehung lösen)* ■**sich** *akk* [**voneinander**] ~ to split up [with each other [*or* one another]], to separate; ***der Schwimmer und sein Trainer haben sich vergangenen Monat getrennt*** the swimmer and his coach parted company last month; ■**sich** *akk* **von jdm** ~ to split up with sb; **sich** *akk* **im Bösen/Guten** ~ to part on bad/good terms
③ *(von etw lassen)* ■**sich** *akk* **von etw** *dat* ~ to part with sth; ***er gehört zu den Menschen, die sich von nichts ~ können*** he is one of those people who have to hold on to everything; **sich** *akk* **von einem Anblick trennen** to take one's eyes off sth; **sich** *akk* **von einem Plan trennen** to give up a plan
④ *(euph: kündigen)* ■**sich** *akk* **von jdm** ~ to part [company] with sb
⑤ SPORT *(mit einem Spielstand beenden)* ■**sich** *akk* **irgendwie** ~ to finish somehow; ***Schalke 04 und Hertha trennten sich 5:3*** [the game between] Schalke 04 and Hertha finished 5-3, the final score [in the game] between Schalke 04 and Hertha was 5-3; *s. a.* **Weg**
III. *vi* ① *(unterscheiden)* ■[**zwischen etw** *dat* **und etw** *dat*] ~ to draw [*or* make] a distinction [*or* differentiate] [between sth and sth]
② RADIO **gut/schlecht** ~ to have good/bad selectivity

Trẹnn·fu·ge *f* INFORM soft hyphen **Trẹnn·kost** *f* Hay's diet **Trẹnn·li·nie** *f* dividing line **Trẹnn·schär·fe** *f kein pl* TV, TECH selectivity **Trẹnn·schnitt** *m* TYPO center [*or* split] cut

Trẹn·nung <-, -en> *f* ① *(Scheidung)* separation; ***seit unserer ~ habe ich nichts mehr von ihm gehört*** I haven't heard anything from him since our separation [*or* we separated] [*or* split up]; **in ~ leben** to be separated; ***wir leben seit einem Jahr in*** ~ we've been separated for a year
② *(Unterscheidung)* differentiation, distinction; ***die ~ einiger Begriffe fällt nicht immer leicht*** differentiating [*or* distinguishing] [*or* making [*or* drawing] a distinction] between some terms is not always easy
③ *(das Auseinanderbringen)* separation, splitting up
④ LING *(Silbentrennung)* division, splitting up

Trẹn·nungs·ent·schä·di·gung *f,* **Trẹn·nungs·geld** *nt* separation allowance **Trẹn·nungs·li·nie** *f* dividing line **Trẹn·nungs·strich** *m* LING hyphen

Trẹnn·ver·bot *nt* TYPO forbid hyphenation **Trẹnn·wand** *f* partition [wall] **Trẹnn·zei·chen** *nt* INFORM separator, guide bar

Tre·nse <-, -n> ['trɛnzə] *f* snaffle[-bit]

Tre·pa·na·ti·on <-, -en> [trepana'tsi̯o:n] *f* MED trepanation, trephination

trepp·ab [trɛp'ʔap] *adv inv* **treppauf,** ~ up and down the stairs

trepp·auf [trɛp'ʔau̯f] *adv* upstairs, up the stairs; ~**, treppab** up and down stairs

Trep·pe <-, -n> ['trɛpə] *f* stairs *pl,* staircase; **eine steile** ~ a steep staircase [*or* flight of stairs]; **eine steinerne** ~ stone steps *pl;* ***der Fahrstuhl ist ausgefallen, wir werden einige ~n steigen müssen*** the lift is broken, we'll have to use [*or* climb] the stairs; ***bis zu Müllers sind es fünf ~n*** it's five more flights [of stairs] to the Müllers; ***Gehwege und ~n müssen im Winter rechtzeitig gestreut werden*** pavements and steps must be gritted [*or* salted] in good time in [the] winter

Trẹp·pen·ab·satz *m* landing **Trẹp·pen·flur** *m* *(Hausflur)* hall **Trẹp·pen·ge·län·der** *nt* ban[n]ister[s *pl*] **Trẹp·pen·haus** *nt* stairwell **Trẹp·pen·lift** ['trɛpənlɪft] *m* stairlift **Trẹp·pen·stu·fe** *f* step **Trẹp·pen·witz** *m* ▸WENDUNGEN: ~ **der** [**Welt**]**Geschichte** cruel irony of [global [*or* world]] history

Tre·sen <-s, -> ['tre:zn̩] *m* ① *(Theke)* bar
② *(Ladentisch)* counter

Tre·sor <-s, -e> [tre'zo:ɐ̯] *m* ① *(Safe)* safe
② *s.* **Tresorraum**

Tre·sor·fach *nt* lock [*or* safe deposit] box **Tre·sor·raum** *m* strongroom, vault

Tres·se <-, -n> ['trɛsə] *f meist pl* MODE braid *no pl,* strip[s *pl*] of braid

Trẹt·au·to *nt* pedal-car **Trẹt·boot** *nt* NAUT pedal-boat, pedalo **Trẹt·ei·mer** *m* pedal bin

tre·ten <tritt, trat, getreten> ['tre:tn̩] **I.** *vi* ① *sein* *(gehen)* ■**irgendwohin** ~ to step somewhere; *(hineingehen a.)* to go somewhere; *(hereinkommen a.)* to come somewhere; ***bitte ~ Sie näher!*** please come in!; ***pass auf, wohin du trittst*** mind [*or* watch] your step, watch where you tread [*or* step] [*or* you're treading]; ■**an etw** *akk* ~ to step up [*or* come/go [up]] to sth; ■**auf etw** *akk* ~ to step on [to] [*or esp* AM *also* onto] sth; **auf den Flur** ~ to step into the hall; **von einem Fuß auf den anderen** ~ to shift from one foot to the other; ■**aus etw** *dat* ~ to step [*or* come/go] out of [*or fam* out] sth; *Raum a.* to leave sth; ***er trat aus der Tür*** he walked out of [*or fam* out] the door; ■**hinter etw** *akk* ~ to step behind sth; ***die Sonne tritt hinter die Wolken*** *(fig)* the sun disappeared behind the clouds; ■**in etw** *akk* ~ to step [*or* come/go] into sth; *Raum a.* to enter sth; ■**von etw** *dat* ~ *(absteigen)* to step off sth; *(zurückgehen)* to step [*or* move] [*or* come/go] away from sth; ■**vor jdn** ~ to appear before sb; ■**vor etw** *akk* ~ to step in front of sth; **vor den Spiegel** ~ to step up to the mirror; **vor die Tür** ~ to step outside; ■**zu jdm/etw** ~ to step up to sb/sth; **zur Seite** ~ to step [*or* move] aside
② *sein* *(fließen)* ***der Fluss trat über seine Ufer*** the river broke [*or* burst] [*or* overflowed] its banks; ***Schweiß trat ihm auf die Stirn*** sweat appeared on [*or* beaded] his forehead; ■**aus etw** *dat* ~ to come out of sth; *(durch Auslass)* to exit from sth; *(quellen)* to ooze from sth; *(tropfen)* to drip from sth; *(stärker)* to run from sth; *(strömen)* to pour [*or* gush] from [*or* out of] sth; *(entweichen)* to leak from sth; ***der Schweiß trat ihm aus allen Poren*** he was sweating profusely; ***Wasser tritt aus den Wänden*** water was coming out of the walls, the walls were exuding water
③ *sein o selten haben (den Fuß setzen)* ■**auf etw** *akk* ~ to tread [*or* step] on sth; **jdm auf etw** *akk* ~ to tread [*or* step] on sb's sth; **jdm auf den Fuß** ~ to tread [*or* step] on sb's foot [*or* toes]; ■**in etw** *akk* ~ to step in sth; ***du bist in etwas ge~*** *(euph)* smells like you've stepped in something; **in einen Nagel** ~ to tread [*or* step] on a nail; *s. a.* **Schlips**
④ *haben (stampfen)* ■**auf/in etw** *akk* ~ to stamp on sth
⑤ *haben (schlagen)* ■[**mit etw** *dat*] ~ to kick; ■**jdm an/vor etw** *akk* ~ to kick sb's sth [*or* sb on sth]; ■**gegen etw** *akk* ~ to kick sth; ■**jdm gegen/in etw** *akk* ~ to kick sb in sth; **jdm in den Hintern** ~ *(fam)* to kick sb [*or* give sb a kick] up the backside [*or* BRIT *also* bum] *fam;* ■**nach jdm** ~ to kick out [*or* aim a kick] at sb
⑥ *haben (betätigen)* ■**auf etw** *akk* ~ to step on sth, to press [*or* depress] sth with one's foot; **auf den Balg** ~ to operate the bellows; **auf die Bremse** ~ to brake, to apply [*or* step on] the brakes; **aufs Gaspedal** ~ to accelerate, AM *fam also* to hit the gas; **voll aufs Gaspedal** ~ to floor the accelerator [*or* AM *fam also* gas]; **auf die Kupplung** ~ to engage [*or* operate] the clutch; **auf die Pedale** ~ to pedal
⑦ *haben (pej fam: schikanieren)* **nach unten** ~ to bully [*or* harass] the staff under one
⑧ *sein (anfangen)* ***sie ist in ihr 80.Jahr ge~*** she has now turned 80; **in Aktion** ~ to go into action; **in den Ausstand** ~ to go on strike; **in jds Dienste** ~ to enter sb's service; **in den Ruhestand** ~ to go into retirement; **in den Stand der Ehe** ~ *(geh)* to enter into the state of matrimony *form;* **in Verhandlungen** ~ to enter into negotiations
⑨ *sein (fig)* **in jds Bewusstsein** ~ to occur to sb; **in Erscheinung** ~ to appear; *Person a.* to appear in person; **in jds Leben** ~ to come into sb's life; **auf jds Seite** ~ to take sb's side; *s. a.* **Hintergrund, Stelle, Vordergrund**
⑩ *sein (selten: einschwenken)* **in eine Umlaufbahn** ~ to enter into orbit
⑪ *haben (begatten)* **eine Henne** ~ to tread a hen *spec*
II. *vt haben* ① *(schlagen)* ■**jdn/etw** [**mit etw** *dat*] ~ to kick sb/sth [with one's sth]; **den Ball** [*o* **das Leder**] ~ FBALL *(sl)* to play football; **jdn mit dem Fuß** ~ to kick sb
② *bes* FBALL *(stoßen)* **den Ball ins Aus/Tor** ~ to kick the ball out of play/into the net
③ FBALL *(ausführen)* **eine Ecke/einen Elfmeter/einen Freistoß** ~ to take a corner/penalty/free kick
④ *(betätigen)* ■**etw** ~ to step on sth, to press [*or* depress] sth with one's foot; **den Balg** ~ to operate the bellows; **die Bremse** ~ to brake, to apply [*or* step on] the brakes; **die Kupplung** ~ to engage [*or* operate] the clutch; **die Pedale** ~ to pedal
⑤ *(bahnen)* ***die Mönche haben eine Spur auf die Steintreppe ge~*** the monks have worn away the stone steps with their feet; **einen Pfad durch etw** *akk* ~ to trample [*or* tread] a path through sth
⑥ *(stampfen)* ***tretet mir keinen Dreck ins Haus!*** wipe your feet before coming into the house!; [**jdm**] **eine Delle in etw** *akk* ~ to kick/stamp a dent in [sb's] sth; **etw in die Erde/einen Teppich** ~ to tread/stamp sth into the earth/a carpet; **etw zu Matsch** ~ to stamp sth to a mush; **etw platt** ~ to stamp sth flat; ***ihr tretet meine Blumen platt!*** you're trampling all over my flowers!
⑦ *(schikanieren)* ■**jdn** ~ to bully [*or* harass] sb
⑧ *(fam: antreiben)* ■**jdn** ~ to give sb a kick up the backside [*or* in the pants] *fam;* ■**jdn ~, damit er**

etw tut to give sb a kick to make him do sth
III. *vr* ■ **sich** *dat* **etw in etw** *akk* **~** to get sth in one's sth; ***sie trat sich einen Nagel in den Fuß*** she stepped onto a nail [*or* ran a nail into her foot]; ■ **sich** *dat* **etw von etw** *dat* **~** to stamp sth off one's sth

Tre·ter <-s, -> ['tre:tɐ] *m (fam)* comfortable shoe

Tret·la·ger *nt* bottom bracket bearing **Tret·mi·ne** *f* MIL anti-personnel mine **Tret·müh·le** *f (fam)* treadmill **Tret·rol·ler** *m* pedal scooter

treu [trɔy] **I.** *adj* ① *(loyal)* loyal, faithful; **~e Dienste/Mitarbeit** loyal service/assistance; **~ ergeben** devoted; ■ **jdm ~ sein/bleiben** to be/remain loyal [*or* faithful] to sb; **etw** *dat* **~ bleiben** to remain true to a thing; **sich** *dat* **selbst ~ bleiben** to remain true to oneself
② *(verlässlich)* loyal
③ *(keinen Seitensprung machend)* faithful; ■ **[jdm] ~ sein/bleiben** to be/remain faithful [to sb]; ***ich weiß, dass mein Mann mir ~ ist*** I know my husband is [*or* has been] faithful to me
④ *(treuherzig)* trusting
⑤ *(fig)* ■ **jdm ~ bleiben** to continue for sb; ***der Erfolg blieb ihm ~*** his success continued; ***hoffentlich bleibt dir das Glück auch weiterhin treu*** hopefully your luck will continue to hold [out]; *s. a.* **Gold**
II. *adv* ① *(loyal)* loyally
② *(treuherzig)* trustingly, trustfully

Treu·bruch *m* breach of faith **treu·doof** ['trɔy'do:f] *adj (pej fam)* trusting and naïve, gullible

Treue <-> ['trɔyə] *f kein pl* ① *(Loyalität)* loyalty, faithfulness *no pl*, fidelity *no pl*; *eines Mitarbeiters/Untertans/Vasalls* loyalty
② *(Verlässlichkeit)* loyalty
③ *(monogames Verhalten)* faithfulness *no pl*, fidelity *no pl*; **jdm die ~ brechen** to be unfaithful to sb; **jdm die ~ halten** to be [*or* remain] faithful to sb
▶ WENDUNGEN: **auf Treu und Glauben** in good faith; **in guten ~n** SCHWEIZ *(in gutem Glauben)* in good faith

Treu·eid *m* oath of allegiance [*or* loyalty]

Treue·prä·mie *f* loyalty bonus

Treue·ra·batt *m* HANDEL loyalty [*or* patronage] rebate **Treue·ra·batt·kar·tell** *nt* ÖKON loyalty discount cartel

Treue·schwur *m* ① *(Schwur, jdm treu zu sein)* vow to be faithful [*or* of fidelity] ② HIST *(Eid)* oath of allegiance [*or* loyalty] **Treue·ver·hält·nis** *nt* JUR fiduciary relation

Treu·gut *nt* FIN trust property [*or* capital]

Treu·hand *f*, **Treu·hand·an·stalt** *f* Treuhand[anstalt], Treuhand agency *(organization which was charged with managing and, if possible, privatizing the property of the former GDR)*

Treu·hän·der(in) ['trɔyhɛndɐ] *m(f)* JUR trustee, fiduciary *form*; **mutmaßlicher ~** constructive trustee **Treu·hän·der·haf·tung** *f* JUR trustee's liability

treu·hän·de·risch *adj inv* JUR fiduciary *form*, in trust *pred*; **etw ~ verwalten** to hold sth in escrow

Treu·hand·fol·ge *f* post-'Treuhand' period **Treu·hand·fonds** [-fõ:] *m* FIN trust fund **Treu·hand·ge·schäft** *nt* HANDEL trust transaction **Treu·hand·ge·sell·schaft** *f* HANDEL trust company **Treu·hand-KG** *f* HANDEL trustee limited partnership **Treu·hand·kon·to** *nt* FIN escrow [*or* trust] account **Treu·hand·kre·dit** *m* FIN trust loan **Treu·hand·nach·fol·ge·ein·rich·tung** *f* organization set up as the successor to the 'Treuhand' **Treu·hand·rat** *m der UNO* Trusteeship Council **Treu·hand·schaft** <-, -en> *f* JUR trusteeship **Treu·hand·ver·mö·gen** *nt* JUR trust property [*or pl* assets] **Treu·hand·ver·trag** *m* JUR trust agreement, deed of trust

treu·her·zig **I.** *adj* [naïvely] trusting [*or* trustful]
II. *adv* trustingly, trustfully

Treu·her·zig·keit <-> *f kein pl* [naïve] trust; ***sie ist von großer ~*** she's very trusting

treu·los **I.** *adj* ① *(nicht treu)* unfaithful; **ein ~er Ehemann** an unfaithful husband
② *(ungetreu)* disloyal, unfaithful; **ein ~er Vasall** a disloyal vassal
II. *adv* disloyally

Treu·lo·sig·keit <-> *f kein pl* disloyalty, unfaithfulness *no pl*

Treu und Glau·ben *f* JUR trust, good faith; **gegen ~ verstoßen** to act in breach of good faith; **nach ~** bona fide, in good faith; **wider ~** in breach of good faith

Tri·an·gel <-s, -> ['tri:aŋl̩] *m o* ÖSTERR *nt* MUS triangle

Tri·ath·let(in) <-en, -en> ['tri:atle:t] *m(f)* SPORT triathlete

Tri·ath·lon <-n, -s> ['tri:atlɔn] *m* SPORT triathlon

Tri·bun <-s *o* -en, -e[n]> [tri'bu:n] *m* HIST tribune

Tri·bu·nal <-s, -e> [tribu'na:l] *nt (geh)* tribunal

Tri·bü·ne <-, -n> [tri'by:nə] *f* SPORT stand

Tri·but <-[e]s, -e> [tri'bu:t] *m* HIST tribute
▶ WENDUNGEN: **etw** *dat* **~ zollen** to pay tribute to sth

tri·but·pflich·tig *adj inv* obliged to pay tribute

Tri·chi·ne <-, -n> [trɪ'çi:nə] *f* ZOOL trichina, trichinella

Trich·ter <-s, -> ['trɪçtɐ] *m* ① *(Einfülltrichter)* funnel
② *(Explosionskrater)* crater
▶ WENDUNGEN: **jdn auf den [richtigen] ~ bringen** *(fam)* to get sth over [*or* across] to sb *fam*; **auf den ~ kommen** *(fam)* to get it *fam*

Trich·ter·falz *m* TYPO former fold **trich·ter·för·mig** *adj* funnel-shaped

Trick <-s, -s *o selten* -e> [trɪk] *m* ① *(Täuschungsmanöver)* trick; **keine faulen ~s!** *(fam)* no funny business! *fam*
② *(Kunstgriff)* trick, dodge; ***es ist ein ~ dabei*** there's a trick to [doing] it; **den ~ raushaben[, wie etw gemacht wird]** *(fam)* to have [got] the knack [of doing sth]

Trick·auf·nah·me *f* FILM special effect **Trick·be·trug** *m* JUR confidence trick **Trick·be·trü·ger(in)** *m(f)* JUR confidence trickster **Trick·film** *m* cartoon [film] **Trick·kis·te** *f* box of tricks **trick·reich** *adj (fam)* clever, cunning

trick·sen ['trɪksn̩] **I.** *vi (fam)* to do a bit of wangling *fam*
II. *vt (fam)* ■ **etw ~** to wangle sth *fam*

Trick·ser(in) <-s, -> *m(f) (fam)* grifter, con artist

Trick·se·rei <-, -en> [trɪksə'rai] *f (pej fam)* tricks *pl*, funny business *fam*

Trick·track <-s, -s> ['trɪktrak] *nt* trictrac, tricktrack

trieb [tri:p] *imp von* **treiben**

Trieb¹ <-[e]s, -e> [tri:p, *pl* 'tri:bə] *m* BOT *(Spross)* shoot

Trieb² <-[e]s, -e> [tri:p, *pl* 'tri:bə] *m* ① BIOL, PSYCH *(innerer Antrieb)* drive, impulse; ***das Beschützen eines Kindes scheint ein natürlicher ~ zu sein*** protecting a child seems to be a natural instinct
② *(Sexualtrieb)* sex[ual] drive, libido *form*

Trieb·ab·fuhr *f* sexual gratification **Trieb·fe·der** *f* motivating force; ***bei diesem Verbrechen war Eifersucht die ~*** jealousy was the motive for this crime

trieb·ge·steu·ert [tri:pgəʃtɔyɐt] *adj* PSYCH driven by desire [*or* lust] *pred*

trieb·haft *adj* driven by physical urges [*or* desires] *pred*; ■ **~ sein** to be driven by one's physical urges [*or* desires]

Trieb·haf·tig·keit <-> *f kein pl* domination by one's physical urges [*or* desires]; ***ihre ~ kennt keine Grenzen*** her physical urges [*or* desires] know no bounds

Trieb·hand·lung *f* act motivated by physical urges **Trieb·kon·trol·le** *f* PSYCH [self-]control of urges **Trieb·kraft** *f* ① *(fig)* driving force ② BOT germinating power **Trieb·tä·ter(in)** *m(f)* JUR sex[ual] offender **Trieb·ver·bre·chen** *nt* JUR sex[ual] crime **Trieb·ver·bre·cher(in)** *m(f)* *s.* Triebtäter **Trieb·wa·gen** *m* BAHN railcar **Trieb·werk** *nt* engine

Trief·au·ge *nt* MED watering eye

trief·äu·gig *adj* MED bleary-eyed

trie·fen <triefte *o geh* troff, getrieft *o selten* getroffen> ['tri:fn̩] *vi* ① *(rinnen)* to run; *(Auge)* to water; ***ich habe Schnupfen, meine Nase trieft nur so!*** I've got a cold, and it's given me such a runny nose!; ■ **aus** [*o* **von**] **etw** *dat* **~** to pour from sth
② *(tropfend nass sein)* ■ **[von etw** *dat***] ~** to be dripping wet [from sth]; **vor Nässe ~** to be dripping wet
③ *(geh: strotzen)* ■ **von** [*o* **vor**] **etw** *dat* **~** to be dripping with sth *fig*; ***diese Schnulze trieft ja von Schmalz und Sentimentalität*** this slushy song just oozes schmaltz and sentimentality

Triel <-s, -e> [tri:l] *m* ORN stone curlew

Trier <-> [tri:ɐ̯] *nt* GEOG Trier

trie·zen ['tri:tsn̩] *vt (fam)* ■ **jdn ~** to crack the whip over sb

trifft [trɪft] *3. pers. sing von* **treffen**

trif·tig ['trɪftɪç] **I.** *adj* good; **ein ~es Argument** a convincing [*or* valid] argument; **eine ~e Entschuldigung** an acceptable [*or* good] [*or* valid] excuse; **ein ~er Grund** a convincing [*or* good] [*or* sound] [*or* valid] reason
II. *adv* convincingly; **[jdm etw] ~ begründen** to offer [sb] a sound argument in favour [*or* AM -or] of sth, to make a valid case for sth [to sb]

Tri·go·no·me·trie <-> [trigonome'tri:] *f kein pl* MATH trigonometry *no indef art*

tri·go·no·me·trisch [trigono'me:trɪʃ] *adj inv* MATH trigonometric

Tri·ko·lo·re <-, -n> [triko'lo:rə] *f* tricolour [*or* AM -or]

Tri·kot¹ <-s> [tri'ko:, 'trɪko] *m o nt kein pl* MODE *(dehnbares Gewebe)* tricot

Tri·kot² <-s, -s> [tri'ko:, 'trɪko] *nt* MODE shirt, jersey; ***das Basketballteam tritt in dunklen ~s an*** the basketball team played in dark shirts [*or* jerseys] [*or* a dark strip]; **das gelbe/grüne/rosa ~** SPORT the yellow/green/pink jersey

Tri·ko·ta·ge <-, -n> [triko'ta:ʒə] *f meist pl* cotton jersey underwear *no pl*

Tri·kot·wer·bung *f* shirt advertising

Tril·ler <-s, -> ['trɪlɐ] *m* ① ORN trill, warble
② MUS *(rasch wechselnde Tonwiederholung)* trill

tril·lern ['trɪlɐn] *vi* ① ORN *(zwitschern)* to trill, warble
② *(singen)* to trill

Tril·ler·pfei·fe *f* [shrill-sounding] whistle

Tril·li·ar·de <-, -n> [trɪ'li̯ardə] *f (10 hoch 21)* billion trillion

Tril·li·on <-, -en> [trɪ'li̯o:n] *f* trillion BRIT, quintillion

Tri·lo·gie <-, -n> [trilo'gi:, *pl* -'gi:ən] *f* LIT, FILM trilogy

tri·mer [tri'me:ɐ̯] *adj* CHEM trimeric; **~es Molekül** trimeric molecule

Tri·mes·ter <-s, -> [tri'mɛstɐ] *nt* SCH trimester, [three-month] term

Trimm-dich-Pfad *m* keep-fit trail

trim·men ['trɪmən] **I.** *vt* ① *(trainieren)* ■ **jdn [auf etw** *akk***] ~** to train [*or* prepare] sb [for sth]
② *(in einen bestimmten Zustand bringen)* ■ **jdn auf etw** *akk* **~** to teach sb [*or* school sb in] sth; ***sie hatten ihre Kinder auf gute Manieren getrimmt*** they had taught their children [*or* schooled their children in] good manners
③ *(scheren)* ■ **etw ~** to clip sth; **einen Hund ~** to clip a dog
II. *vr* ■ **sich** *akk* **[durch etw** *akk***] ~** to keep fit [with sth]; **sich** *akk* **durch Radfahren/Schwimmen/Waldläufe ~** to keep fit by cycling/[going] swimming/going for runs in the forest; ***er trimmt sich jeden Morgen durch Yogaübungen*** he keeps fit with [*or* by doing] yoga exercises every morning

Trimm·pfad *m* keep-fit trail

Tri·ni·dad und To·ba·go <-s> ['trɪnidat ʊnt to'ba:go] *nt* Trinidad and Tobago

trink·bar *adj* drinkable; ***für den Preis ist das ein gut ~er Wein*** that's not a bad[-tasting] wine for the price

trin·ken <trank, getrunken> ['trɪŋkn̩] **I.** *vt* ① *(Flüssigkeit schlucken)* ■ **etw ~** to drink sth; **Wasser ~** to drink [*or* have] some water; ***kann ich bei Ihnen wohl ein Glas Wasser ~?*** could you give [*or* spare] me a glass of water [to drink]?; ***möchten Sie lieber Kaffee oder Tee ~?*** would you prefer coffee or tea [to drink]?; ***ich trinke gerne Orangensaft*** I like drinking orange juice; ■ **etw zu ~** sth to drink; **gern [mal] einen ~** *(fam)* to like a[n occasional] drink; **[mit jdm] einen ~ gehen** *(fam)* to go for a drink [with sb]
② *(anstoßen)* ■ **auf jdn/etw ~** to drink to sb/sth; ***sie tranken alle auf sein Wohl*** they all drank to his health

II. *vi* ① *(Flüssigkeit schlucken)* to drink, to have a drink
② *(alkoholische Getränke zu sich nehmen)* to drink; ***er ist eigentlich ein netter Mensch, leider trinkt er*** he's a nice person really, but he likes his drink

Trin·ker(in) <-s, -> *m(f)* drunkard; *(Alkoholiker)* alcoholic

Trin·ker·heil·an·stalt *f (veraltet)* detoxification centre [*or* AM -er]

trink·fest *adj* ■ **~ sein** to be able to hold one's drink; ***seine ~e Freundin trank ihn unter den Tisch*** his hard-drinking girlfriend drank him under the table **Trink·fla·sche** *f* sports bottle **Trink·ge·fäß** *nt* drinking-vessel; ***ich habe keine sauberen ~e*** I haven't got anything clean to drink out of **Trink·ge·la·ge** *nt* drinking session **Trink·geld** *nt* tip; ***der Rest ist ~*** keep the difference [*or* change]; **~ bekommen** to receive tips [*or* a tip]; **~ geben** to give tips [*or* a tip] **Trink·glas** *nt* [drinking-]glass

Trink·hal·le *f* ① *(Kur)* pump room, taproom
② *(Kiosk) kiosk that sells alcohol, which can be consumed there and then*

Trink·halm *m* [drinking-]straw **Trink·kur** *f* mineral water cure; **eine ~ machen** to take the waters **Trink·lern·tas·se** *f* beaker cup **Trink·spruch** *m* toast; **einen ~ auf jdn/etw ausbringen** to propose a toast to sb/sth

Trink·was·ser *nt* drinking-water; ***„kein ~!"*** "[this water is] not for drinking" **Trink·was·ser·auf·be·rei·tung** *f* drinking-water purification, purification of drinking-water **Trink·was·ser·auf·be·rei·tungs·an·la·ge** *f* drinking water treatment plant **Trink·was·ser·ge·win·nung** *f* recovery of drinking-water **Trink·was·ser·knapp·heit** *f* drinking-water shortage **Trink·was·ser·ver·sor·gung** *f* drinking-water supply

Trio <-s, -s> ['tri:o] *nt* ① MUS trio
② *(dreiköpfige Gruppe)* trio, triumvirate *form*

Trip <-s, -s> [trɪp] *m* ① *(fam: Ausflug)* trip
② *(sl: Drogenrausch)* trip *fam;* **auf einem ~ sein** to be tripping *fam*
▶ WENDUNGEN: **auf einem bestimmten ~ sein** *(sl)* to be going through a certain phase

Tri·pi·ta·ka <-> [tri'pi:taka] *nt kein pl* REL *(Sammlung von buddhistischen Texten)* Tripitaka

Tri·plett [tri'plɛt] *nt* CHEM, PHYS triplet

Tri·po·lis <-s> ['tri:polɪs] *nt* Tripoli

trip·peln ['trɪpl̩n] *vi sein* to patter; ***leichtfüßig trippelte die Primaballerina auf die Bühne*** the prima ballerina tiptoed lightly across the stage

Trip·per <-s, -> ['trɪpɐ] *m* MED gonorrhoea [*or* AM -hea] *no art;* ***ich habe mir im Puff den ~ geholt!*** *(fam)* I got [*or* picked up] a dose of the clap in that brothel! *sl*

Tri·so·mie <-, -n> *f* MED trisomy

trist [trɪst] *adj (geh)* dismal, dreary, dull

Tris·tesse <-, *selten* -n> [trɪs'tɛs, *pl* -sn̩] *f (geh)* dreariness, tristesse *liter*

Tri·ti·um <-s> ['tri:tsi̯ʊm] *nt kein pl* tritium *no pl*

tritt [trɪt] *3. pers. sing von* **treten**

Tritt <-[e]s, -e> [trɪt] *m* ① *(Fußtritt)* kick; **einen ~ bekommen** [*o* **kriegen**] to be kicked; ***er bekam einen ~ in den Hintern*** he got [*or* received] a kick up the backside [*or* in the pants]; **jdm/etw einen ~ geben** [*o geh* **versetzen**] to kick sb/sth [*or* give sb/sth a kick]; ***beim Thaiboxen darf man dem Gegner ~e versetzen*** one is allowed to kick one's opponent in Thai boxing
② *kein pl (Gang)* step, tread
③ *(Stufe)* step
▶ WENDUNGEN: [**wieder**] **~ fassen** to get [back] into a routine

Tritt·blech *nt* step

Tritt·brett *nt* TRANSP step **Tritt·brett·fah·rer(in)** *m(f)* ① *(fam: ohne Fahrgeld)* fare-dodger BRIT *fam,* freerider AM *fam* ② *(fig)* freeloader *fam*

Tritt·ho·cker *m* stepping-stool **Tritt·lei·ter** *f* stepladder **Tritt·stu·fe** *f* BAU tread

Tri·umph <-[e]s, -e> [tri'ʊmf] *m* ① *(großartiger Erfolg)* triumph; ***ich gratuliere dir zu diesem ~*** congratulations on your success; **~e** [*o* **einen ~ nach dem anderen**] **feiern** to have [*or* enjoy] great success [*or* success after success] [*or* a string of successes]
② *kein pl (triumphierende Freude)* triumph
③ *(Triumphzug)* triumphal procession; **im ~** in a triumphal procession; **irgendwo im ~ einziehen** to make a triumphal entrance somewhere

tri·um·phal [triʊm'fa:l] I. *adj* ① *(im Triumph erfolgend)* triumphal, triumphant
② *(überragend)* **ein ~er Erfolg** a tremendous [*or* brilliant] [*or* great] [*or* huge] success; **ein ~er Sieg** a glorious victory
II. *adv* triumphally, triumphantly

Tri·um·pha·tor <-s, -en> [triʊm'fa:to:ɐ̯, *pl* -fa'to:rən] *m* victor

Tri·umph·bo·gen *m* ARCHIT triumphal arch **Tri·umph·ge·schrei** *nt* triumphant shouts *pl*

tri·um·phie·ren* [triʊm'fi:rən] *vi (geh)* ① *(frohlocken)* to rejoice [*or* exult]; **höhnisch ~** to gloat
② *(erfolgreich sein)* ■ **über jdn ~** to triumph over sb; ■ **über etw** *akk* **~** to overcome [*or* triumph over] sth

tri·um·phie·rend I. *adj* triumphant
II. *adv* triumphantly

Tri·umph·zug *m* triumphal procession; **im ~** in a triumphal procession

Tri·um·vi·rat <-[e]s, -e> [triʊmvi'ra:t] *nt* HIST triumvirate

tri·vi·al [tri'vi̯a:l] *adj* banal, trite

Tri·vi·a·li·tät <-, -en> [trivi̯ali'tɛ:t] *f (geh)* ① *kein pl (das Trivialsein)* triviality
② *(triviale Äußerung, Idee)* triviality

Tri·vi·al·li·te·ra·tur *f kein pl* MEDIA, LING, VERLAG light [*or pej* pulp] fiction

Tri·zeps <-[es], -e> ['tri:tsɛps] *m* BIOL triceps

tro·cken ['trɔkn̩] I. *adj* ① *(ausgetrocknet)* dry; **~er Boden** dry [*or* arid] ground; **~e Erde** dry [*or* arid] soil
② *(nicht mehr nass)* dry; ■ **~ sein/werden** to be/become dry; ***dieser Lack wird nach dem Verstreichen rasch ~*** this paint dries very quickly [*or* is dry very soon] after being applied; **auf dem T~en** on dry land [*or* terra firma]; **im T~en** in the dry
③ METEO *(wenig Niederschlag aufweisend)* dry; **ein ~es Gebiet/~er Landstrich/eine ~e Wüste** a dry [*or* arid] region/area/wilderness; ***infolge des Treibhauseffektes soll das Klima ~er werden*** the climate is expected to become drier as a result of the greenhouse effect
④ KOCHK *(herb)* dry
⑤ *(nüchtern)* dry, dull; **ein ~es Buch** a dull book; **~e Zahlen** dry [*or* bare] figures; *(lapidar)* dry
⑥ *(hart)* dry
⑦ *(fam: vom Alkoholismus geheilt)* ■ **~ sein** to be on the wagon *sl*
▶ WENDUNGEN: **auf dem T~en sitzen** *(fam)* to be broke *fam* [*or* BRIT *sl* skint]; *s. a.* **Auge, Fuß**
II. *adv* **~ aufbewahren** [*o* **lagern**] to keep [*or* store] in a dry place; **sich** *akk* **~ rasieren** to use an electric razor [*or* a[n electric] shaver]

Tro·cken·au·to·mat *m* tumble dryer **Tro·cken·bee·ren·aus·le·se** *f* KOCHK *a sweet [German] white wine made from selected grapes affected by noble rot* **Tro·cken·dock** *nt* NAUT dry dock

Tro·cken·eis *nt* dry ice **Tro·cken·eis·ne·bel** *m* MUS, THEAT dry ice fog

Tro·cken·erb·se *f* dried pea **Tro·cken·fleisch** <-[e]s> *nt kein pl* SCHWEIZ dried meat **Tro·cken·fracht** *f* HANDEL dry cargo **Tro·cken·ge·stell** *nt* clothes-horse **Tro·cken·ge·wicht** *nt kein pl* HANDEL dry weight **Tro·cken·gut** *nt* dry cargo **Tro·cken·hau·be** *f* [salon] hair-dryer

Tro·cken·heit <-, -en> *f pl selten* METEO ① *(Dürreperiode)* drought
② *(trockene Beschaffenheit)* dryness *no pl; eines Gebietes, eines Landstrichs, einer Wüste* dryness *no pl,* aridness *no pl,* aridity *no pl*

Tro·cken·koch·boh·ne *f* dried cooking bean **Tro·cken·kurs** *m* beginners' course *(taking place outside the actual environment where the activity normally takes place)* **Tro·cken·la·dung** *f* dry cargo

tro·cken|le·gen *vt* ① *(windeln)* **ein Baby ~** to change a baby's nappy [*or* AM diaper]
② *(durch Drainage entwässern)* ■ **etw ~** to drain sth
③ *(fam: jdm den Alkohol entziehen)* ■ **jdn ~** to put sb on the wagon *sl* [*or* help sb dry out]

Tro·cken·mas·se *f* KOCHK dry weight **Tro·cken·milch** *f* dried [*or* powdered] milk **Tro·cken·obst** *nt kein pl* dried fruit **Tro·cken·pe·ri·o·de** ['trɔkn̩peri̯o:də] *f* dry spell **Tro·cken·platz** *m* drying area **Tro·cken·ra·sie·rer** *m* electric razor [*or* shaver] **Tro·cken·ra·sur** *f* dry shave **tro·cken|rei·ben** *vt irreg* ■ **jdn/etw ~** to rub sb/sth dry **Tro·cken·rei·ni·gung** *f* dry-cleaning **Tro·cken·schleu·der** *f* tumble dryer [*or* drier], spindryer **Tro·cken·sham·poo** *nt* dry shampoo **Tro·cken·spi·ri·tus** *m* fire lighter **Tro·cken·stoff** *m (Farbe)* dryer, drying agent, siccative **tro·cken|tup·fen** *vt* ■ **etw ~** to dab sth dry **Tro·cken·wä·sche** *f* dry-weight *(of washing)* **Tro·cken·zeit** *f* dry season

trock·nen ['trɔknən] I. *vi sein* to dry; ***häng die nasse Wäsche zum T~ auf die Leine*** hang the wet washing [out] on the line to dry; ■ **etw ~ lassen** to let sth dry; ***die Sonne ließ die nasse Straße rasch wieder ~*** the sun soon quickly dried the wet road again
II. *vt haben* ① *(trocken machen)* ■ **etw ~** to dry sth; ■ **jdm/sich etw ~** to dry sb's/one's sth; ***er trocknete sich/ der Patientin die schweißige Stirn*** he dried [*or* mopped] his/the patient's sweaty brow
② KOCHK *(dörren)* ■ **etw ~** to dry [*or* desiccate] sth
③ *(abtupfen)* ■ **etw ~**: ***sie trocknete ihm den Schweiß von der Stirn*** she dabbed up the sweat from his brow; ***komm, ich trockne dir die Tränen*** come and let me dry [*or* wipe away] your tears

Trock·ner <-s, -> *m* drier; *(Trockengestell)* airer

Trod·del <-, -n> ['trɔdl̩] *f* tassel

Trö·del <-s> ['trø:dl̩] *m kein pl (fam)* junk *no indef art, no pl*

Trö·de·lei <-, -en> [trø:də'lai̯] *f (fam)* dawdling *no pl, no indef art,* dilly-dallying *no pl, no indef art fam*

Trö·del·hei·ni <-s, -s> *m (pej)* dawdling idiot **Trö·del·kram** *m (pej fam)* junk **Trö·del·markt** *m s.* **Flohmarkt**

trö·deln ['trø:dl̩n] *vi* ① *haben (langsam sein)* to dawdle [*or fam* dilly-dally]
② *sein (langsam schlendern)* to [take a] stroll

Tröd·ler(in) <-s, -> ['trø:dlɐ] *m(f)* ① *(Altwarenhändler)* second-hand dealer
② *(fam: trödelnder Mensch)* dawdler, dilly-dallier, slowcoach BRIT *fam*

troff [trɔf] *imp von* **triefen**

trog *imp von* **trügen**

Trog <-[e]s, Tröge> [tro:k, *pl* 'trø:gə] *m* trough

Tro·ja·ner [tro'ja:nɐ] *m* ① *(Einwohner Trojas)* Trojan
② INFORM Trojan [horse]

tro·ja·nisch [tro'ja:nɪʃ] *adj inv* Trojan; **T~es Pferd** INFORM, MYTH Trojan horse

Troll <-s, -e> [trɔl] *m* troll

Troll·blu·me *f* BOT globeflower

trol·len ['trɔlən] *vr (fam)* ■ **sich** *akk* **~** to push off *sl;* ***ich werd mich jetzt nach Hause ~*** I think I'll push off home now *sl*

Trol·ley <-s, -s> ['trɔli] *m* trolley suitcase

Trol·ley·bus ['trɔlibʊs] *m* SCHWEIZ trolley bus

Trom·mel <-, -n> ['trɔml̩] *f* MUS, TECH, INFORM drum; **die ~ schlagen** to beat the drum, to play the drum[s]; ***im Orchester schlägt er die ~*** he plays the drum[s] in the orchestra

Trom·mel·brem·se *f* drum brake **Trom·mel·da·tei** *f* INFORM drum file **Trom·mel·dru·cker** *m* drum printer **Trom·mel·fell** *nt* ANAT ear-drum; ***da platzt einem ja das ~*** *(fam)* the noise is [almost] ear-splitting **Trom·mel·feu·er** *nt* MIL drumfire; *(fig)* heavy barrage; **unter ~ liegen** to be under drumfire

trom·meln ['trɔml̩n] I. *vi* ① MUS *(die Trommel schlagen)* to drum, play the drum[s *pl*]
② *(laut klopfen)* ■ **an** [*o* **auf**] [*o* **gegen**] **etw** *akk* **~** to drum on sth; **gegen die Tür ~** to bang on the door;

sie trommelte mit den Fingern auf den Schreibtisch she drummed her fingers on the desk
③ *(rhythmisch auftreffen)* ■**an** [*o* **auf**] [*o* **gegen**] **etw** *akk* ~ to beat on [*or* against] sth
II. *vt* MUS ■**etw** ~ to beat out sth *sep; s. a.* **Schlaf**

Trom·mel·plot·ter *m* TYPO, INFORM drum plotter **Trom·mel·re·vol·ver** [-re'vɔlvɐ] *m* revolver **Trom·mel·spei·cher** *m* INFORM drum memory [*or* storage] **Trom·mel·stock** *m* drumstick **Trom·mel·wir·bel** *m* MUS drum-roll

Tromm·ler(in) <-s, -> *m(f)* drummer

Trom·pe·te <-, -n> [trɔm'pe:tə] *f* trumpet; ~ **spielen** [*o* **blasen**] to play the trumpet; *s. a.* **Pauke**

trom·pe·ten* [trɔm'pe:tn̩] **I.** *vi* ① MUS *(Trompete spielen)* to play the trumpet
② *(trompetenähnliche Laute hervorbringen)* to trumpet; **ins Taschentuch** ~ *(fam)* to blow one's nose loudly; ~**de Elefanten** trumpeting elephants
II. *vt (fam)* ■**etw** ~ to shout sth from the roof-tops

Trom·pe·ten·baum *m* BOT catalpa

Trom·pe·ter(in) <-s, -> *m(f)* trumpeter

Tro·pen ['tro:pn̩] *pl* ■**die** ~ the tropics *pl*

Tro·pen·an·zug *m* safari suit **Tro·pen·helm** *m* sun-helmet, pith helmet, topee **Tro·pen·holz** *nt* wood from tropical trees *pl* **Tro·pen·in·sti·tut** *nt* MED, SCI tropical disease unit **Tro·pen·krank·heit** *f* tropical disease **Tro·pen·pflan·ze** *f* tropical plant **Tro·pen·wald** *m* tropical rain forest

Tropf¹ <-[e]s, -e> [trɔpf] *m* MED drip; **am** ~ **hängen** *(fam: eine Tropfinfusion erhalten)* to be on a drip; *(fam: subventioniert werden)* to be subsidized

Tropf² <-[e]s, Tröpfe> [trɔpf, *pl* 'trœpfə] *m* ▸WENDUNGEN: **armer** ~ *(fam)* poor devil

Tropf·blech *nt* BAU dripping pan

Tröpf·chen ['trœpfçən] *nt* PHYS droplet

Tröpf·chen·in·fek·ti·on *f* MED droplet [*or* airborne] infection **Tröpf·chen·kon·den·sa·ti·on** *f* PHYS dropwise condensation

tröpf·chen·weise [trœpfçən-] *adv* in [small] drops

tröp·feln ['trœpfl̩n] **I.** *vi* ① *haben (ständig tropfen)* to drip
② *sein (rinnen)* ■**aus etw** *dat* ~ to drip from sth
II. *vi impers* to spit [with rain]
III. *vt* ■**etw auf etw** *akk*/**in etw** *akk* ~ to put sth onto/into sth

trop·fen ['trɔpfn̩] *vi* ① *haben (Tropfen fallen lassen)* to drip; *(Nase)* to run
② *sein (tropfenweise gelangen)* ■**aus** [*o* **von**] **etw** *dat* [**irgendwohin**] ~ to drip [somewhere] from sth

Trop·fen <-s, -> ['trɔpfn̩] *m* ① *(kleine Menge Flüssigkeit)* drop; *(an der Nase)* dewdrop *euph;* *(Schweißtropfen)* bead; **bis auf den letzten** ~ [down] to the last drop; ~ **für** ~ drop after drop
② *pl* PHARM, MED *(in Tropfen verabreichte Medizin)* drops *pl;* ***haben Sie das Mittel auch als ~?*** do you also have this medicine in the form of drops [*or* drop-form]?
③ *(fam)* drop *no pl*
▸WENDUNGEN: **ein guter** [*o* **edler**] ~ *(fam)* a good drop [of wine]; **ein** ~ **auf den heißen Stein** *(fam)* a [mere] drop in the ocean; **steter** ~ **höhlt den Stein** *(prov)* constant dropping wears [*or* will wear] away a stone *prov*

Trop·fen·fän·ger <-s, -> *m* drip-catcher

trop·fen·wei·se *adv* in drops; ***dieses hochwirksame Präparat darf nur ~ verabfolgt werden*** this extremely potent preparation should only be administered drop by drop

Tropf·fla·sche *f* CHEM dropping bottle **Tropf·ho·nig** *m* liquid honey **Tropf·in·fu·si·on** *f* MED intravenous drip **tropf·nass**^RR *adj* dripping wet

Tropf·stein *m* GEOL ① *(Stalaktit)* stalactite ② *(Stalagmit)* stalagmite **Tropf·stein·höh·le** *f* GEOL stalactite cavern [*or* cave]

Tro·phäe <-, -n> [tro'fɛ:ə] *f* SPORT, JAGD trophy

tro·pisch ['tro:pɪʃ] *adj* GEOG tropical

Tro·po·pau·se [tropo'pauzə] *f* METEO tropopause **Tro·po·sphä·re** [tropo'sfɛ:rə] *f* troposphere

Tross^RR <-es, -e>, **Troß**^ALT <-sses, -sse> [trɔs] *m* ① *(Zug)* procession of followers
② MIL *(Nachschubeinheit)* baggage-train
③ HIST *(Gefolge)* retinue

Tros·se <-, -n> ['trɔsə] *f* NAUT hawser

Trost <-[e]s> [tro:st] *m kein pl* ① *(Linderung)* consolation; ***sie fand in der Kirche ~*** she found comfort in the church; **ein schwacher** [*o* **schlechter**] ~ **sein** to be of little consolation [*or* pretty cold comfort]; **das ist ein schöner** ~ *(iron)* some comfort that is *iron;* **ein/jds** ~ **sein** to be a consolation/sb's comfort; **als** ~ as a [*or* by way of] consolation; ***der Hauptgewinner erhielt 50.000 Euro, die nächsten zehn Gewinner als ~ je 100 Euro*** the main prize winner received 50,000 euros and the next ten winners 100 euros each as a consolation prize
② *(Zuspruch)* words of comfort; **jdm** ~ **spenden** to console [*or* comfort] sb; **zum** ~ as a comfort [*or* consolation]; ***zum ~ strich er der Weinenden über die Haare*** he comforted the crying girl by stroking her hair
▸WENDUNGEN: **nicht** [**ganz** [*o* **recht**]] **bei** ~ **sein** *(fam)* to have taken leave of one's senses, not to be [quite] all there

trös·ten ['trø:stn̩] **I.** *vt (jds Kummer lindern)* ■**jdn** ~ to comfort [*or* console] sb; ***sie war von nichts und niemandem zu ~*** she was utterly inconsolable; ■**etw tröstet jdn** sth is of consolation to sb
II. *vr* ■**sich** *akk* [**mit jdm/etw**] ~ to find consolation [with sb]/console oneself [with sth], to find solace [in sth] *form;* ~ **Sie sich, ...** console yourself with the thought that ...

trös·tend I. *adj* comforting, consoling, consolatory
II. *adv* **jdm** ~ **über die Haare streichen** to stroke sb's hair in a comforting [*or* consoling] [*or* consolatory] manner; **jdn** ~ **umarmen** to give sb a comforting [*or* consoling] [*or* consolatory] hug

Trös·ter(in) <-s, -> *m(f)* comforter

tröst·lich *adj* comforting; ■**etw ist** ~ **zu hören/sehen/wissen** sth is comforting to hear/see/know; ■**es ist** ~ [**zu hören/sehen/wissen**], **dass ...** it's comforting [to hear/see/know] that ...; ***dass du dem endlich einmal zugestimmt hast, ist ~*** it's comforting to know that you've finally agreed to it

trost·los *adj* ① *(deprimierend)* miserable, wretched; ***bei diesem ~en Regenwetter habe ich zu nichts Lust*** I don't feel like doing anything in this miserable rainy [*or* wet] weather
② *(öde und hässlich)* desolate; **eine** ~**e Landschaft** a bleak landscape

Trost·lo·sig·keit <-> *f kein pl* ① *(deprimierende Art)* miserableness *no pl,* wretchedness *no pl;* *(Wetter)* miserableness *no pl*
② *(triste Beschaffenheit)* desolateness *no pl*

Trost·pflas·ter *nt* consolation; **als** ~ as a [*or* by way of] consolation **Trost·pfläs·ter·chen** *nt (hum) dim von* **Trostpflaster** some consolation **Trost·preis** *m* consolation prize **trost·reich** *adj inv Worte* comforting

Trös·tung <-, -en> *f (geh)* comfort

Trö·te <-, -n> ['trø:tə] *f (Kinderspielzeug)* toy trumpet

Trott <-s> [trɔt] *m kein pl* routine; **in einen bestimmten** ~ **verfallen** to get into a certain rut

Trot·te <-, -n> ['trɔtə] *f* SCHWEIZ *(Kelter)* wine press

Trot·tel <-s, -> ['trɔtl̩] *m (fam)* idiot, bonehead *sl,* blockhead *sl,* plonker BRIT *sl*

trot·te·lig ['trɔtəlɪç] **I.** *adj (fam)* stupid; ***dieser ~e Kerl*** this stupid [*or* idiot of a] guy [*or* BRIT bloke] [*or* BRIT plonker] *sl;* ***sei nicht so ~*** don't be so stupid [*or* BRIT *sl* such a plonker]
II. *adv (fam)* **sich** *akk* ~ **anstellen/benehmen** to act/behave stupidly [*or* like an idiot] [*or sl* a bonehead] [*or sl* a blockhead] [*or* BRIT *sl* a plonker]

Trot·tel·lum·me *f* ORN common guillemot

trot·ten ['trɔtn̩] *vi sein* to trudge [*or* plod] [along]

Trot·teur <-s, -s> [trɔ'tø:ɐ̯] *m* casual [shoe]

Trot·ti·nett <-s, -e> ['trɔtinɛt] *nt* SCHWEIZ *(Kinderroller)* [children's] scooter

Trot·toir <-s, -s *o* -e> [trɔ'to̯a:ɐ̯] *nt* SÜDD, ÖSTERR, SCHWEIZ *(Bürgersteig)* pavement

trotz [trɔts] *präp +gen* in spite of, despite

Trotz <-es> [trɔts] *m kein pl* defiance; ***dass die Kleine so widerspenstig ist, ist nichts als ~*** the child's rebelliousness is nothing more than contrariness; ■**jds** ~ **gegen jdn/etw** sb's defiance of sb/sth; **aus** ~ [**gegen jdn/etw**] out of spite [for sb/sth]; **jdm/etw zum** ~ in defiance of sb/a thing

Trotz·al·ter *nt* difficult age; **im** ~ **sein** to be going through [*or* be at] a difficult age

trotz·dem ['trɔtsde:m] *adv* nevertheless; *(aber)* still; ***der ist aber teuer — ~! ich finde ihn schön*** it sure is expensive — still! I think it's gorgeous

trot·zen ['trɔtsn̩] *vi* ■**jdm/etw** ~ *(die Stirn bieten)* to resist sb/brave a thing; *(sich widersetzen)* to defy sb/a thing; **einer Herausforderung** ~ to meet a challenge

trot·zig ['trɔtsɪç] *adj* difficult, awkward

Trotz·kopf *m (fam) (trotziges Kind)* awkward [*or* BRIT *fam* bolshie] little so-and-so ▸WENDUNGEN: **seinen** ~ **durchsetzen** to have [*or* get] one's way; **einen** ~ **haben** to be awkward [*or* BRIT *fam* bolshie] **Trotz·re·ak·ti·on** *f* act of defiance; ***das war doch nur eine ~ von ihr*** she merely acted like that out of defiance

Trou·ba·dour <-s, -s *o* -e> ['tru:badu:ɐ̯, truba'du:ɐ] *m* HIST, MUS troubadour

trü·be ['try:bə] *adj* ① *(unklar)* murky; ~**s Bier/**~**r Saft/**~**r Urin** cloudy beer/juice/urine; ~**s Glas/eine** ~ **Fensterscheibe/ein** ~**r Spiegel** dull glass/a dull window/mirror
② *(matt)* dim; ~**s Licht** dim light
③ METEO *(dunstig)* dull; **ein** ~**r Himmel** a dull [*or* overcast] [*or* grey] sky [*or* AM gray]
④ *(deprimierend)* bleak; ~ **Erfahrungen** unhappy experiences; **eine** ~ **Stimmung** a gloomy mood
▸WENDUNGEN: **im T~n fischen** *(fam)* to fish in troubled waters; [**mit**] **etw** *dat* **sieht** [**es**] ~ **aus** the prospects are [looking] bleak [for sth]; *s. a.* **Tasse**

Tru·bel <-s> ['tru:bl̩] *m kein pl* hurly-burly, hustle and bustle

tru·be·lig *adj Stadt* bustling; **im** ~**en Großstadtleben** in the hurly-burly of the big city

trü·ben ['try:bn̩] **I.** *vt* ■**etw** ~ ① *(unklar machen)* to make sth murky; **Bier/Saft** ~ to make beer/juice cloudy
② *(beeinträchtigen)* to cast a cloud over sth; **Beziehungen/ein Verhältnis** ~ to strain [*or* put a strain on] relations/a relationship
II. *vr* ■**sich** *akk* ~ ① *(unklar werden)* to go murky
② *(geh: unsicher werden)* to become clouded; ***sein Gedächtnis trübte sich im Alter*** his memory deteriorated [*or* became hazy] in his old age

Trüb·sal ['try:pza:l] *f kein pl (geh)* ① *(Betrübtheit)* grief
② *(Leid)* suffering, misery
▸WENDUNGEN: ~ **blasen** *(fam)* to mope

trüb·se·lig *adj* ① *(betrübt)* gloomy, miserable, melancholy; **ein** ~**es Gesicht/eine** ~**e Miene** a gloomy [*or* miserable] face/expression
② *(trostlos)* bleak, dreary

Trüb·sinn *m kein pl* gloom[iness *no pl*], melancholy

trüb·sin·nig *adj* gloomy, miserable, melancholy; **ein** ~**er Gesichtsausdruck/eine** ~**e Miene** a gloomy [*or* miserable] expression

Trü·bung <-, -en> *f* ① *(Veränderung zum Unklaren)* clouding; ***bei zu starkem Algenwachstum kann eine ~ des Teichwassers eintreten*** excessive algae growth can lead to the pond water becoming murky
② *(Beeinträchtigung)* straining; ***sein Betrug führte zu einer ~ unseres Einvernehmens*** his deception put a strain on our friendly relationship
③ CHEM cloudiness

Truck <-s, -s> [trak] *m* truck

Tru·cker <-s, -> ['trakɐ] *m* trucker

tru·deln ['tru:dl̩n] *vi sein o haben* LUFT to spin; ***die Maschine begann zu Boden zu ~*** the plane went into a [tail]spin; **ins T~ geraten** to go into a [flat] spin

Trüf·fel¹ <-, -n> ['trʏfl̩] *f* BOT *(Pilz)* truffle

Trüf·fel² <-s, -> ['trʏfl̩] *m* KOCHK *(gefüllte Praline)* truffle

Trüf·fel·ho·bel *f* truffle grater **Trüf·fel·öl** *nt* truffle oil

Trug <-[e]s> [tru:k] *m kein pl* ❶ *(Betrug)* delusion; **Lug und ~** lies and deception
❷ *(Sinnestäuschung)* illusion

trug [tru:k] *imp von* **tragen**

Trugbild *nt (veraltend geh)* illusion, hallucination

trü·gen <trog, getrogen> ['try:gn̩] **I.** *vt (täuschen)* ■**jdn ~** *(geh)* to deceive sb; **wenn mich nicht alles trügt** unless I'm very much mistaken
II. *vi (täuschen)* to be deceptive

trü·ge·risch ['try:gərɪʃ] *adj* deceptive

Trug·schluss[RR] *m* fallacy; **ein ~ sein, etw zu tun** to be a fallacy to do sth; **einem ~ unterliegen** to labour [*or* AM -or] under a misapprehension

Tru·he <-, -n> ['tru:ə] *f* chest

Trüm·mer ['tryme] *pl* rubble; *eines Flugzeugs* wreckage; **in ~n liegen** to lie in ruins

Trüm·mer·feld *nt* expanse of rubble **Trüm·mer·frau** *f* POL, HIST *woman who helped clear debris after WWII* **Trüm·mer·hau·fen** *m* heap [*or* pile] of rubble **Trüm·mer·teil** *nt* piece of rubble, debris

Trumpf <-[e]s, Trümpfe> [trʊmpf, *pl* 'trʏmpfə] *m* ❶ KARTEN *(Trumpfkarte)* trump [card]; **~ sein** to be trumps
❷ *(fig: entscheidender Vorteil)* trump card *fig;* **den ~ aus der Hand geben** to waste [*or* give up] one's trump card; **noch einen ~ in der Hand haben** to have another ace [*or* card] up one's sleeve; **seinen ~/den entscheidenden ~/seinen letzten ~ ausspielen** to play one's/the decisive/one's last trump card

trump·fen ['trʊmpfn̩] *vi* KARTEN ■**[mit etw** *dat***] ~** to trump [with sth]

Trumpf·ka·rte *f* KARTEN trump [card]

Trunk <-[e]s, Trünke> [trʊŋk, *pl* 'trʏŋkə] *m (geh)* drink, beverage *form;* **dem ~ verfallen** [*o* **ergeben**] **sein** to be a victim of the demon drink [*or* have taken to drink]

trun·ken ['trʊŋkn̩] *adj (geh)* ■**~ vor etw** *dat* **sein** to be intoxicated [*or* drunk] with sth

Trun·ken·bold <-[e]s, -e> *m (pej)* drunkard *pej*

Trun·ken·heit <-> *f kein pl* drunkenness *no pl,* intoxication; **~ am Steuer, ~ im Verkehr** JUR drunken driving, driving [whilst] under the influence of alcohol

Trunk·sucht <-> *f kein pl (geh)* alcoholism *no indef art*

trunk·süch·tig *adj (geh)* ■**~ sein** to be an alcoholic

Trupp <-s, -s> [trʊp] *m* group; MIL squad, detachment; ***die Wanderer lösten sich in kleinere ~s auf*** the walkers split up into smaller groups

Trup·pe <-, -n> ['trʊpə] *f* ❶ *kein pl* MIL *(Soldaten an der Front)* combat [*or* front-line] unit; ■**die ~** *(fam)* the army
❷ MIL *(Soldatenverband mit bestimmter Aufgabe)* squad
❸ *(gemeinsam auftretende Gruppe)* troupe, company; ***er ist Schauspieler in einer bekannten ~*** he's an actor with a famous company
▶WENDUNGEN: **von der [ganz] schnellen ~ sein** *(fam)* to be a fast worker [*or pl* fast workers]; ***Sie sind aber von der ganz schnellen ~!*** you're a fast worker!, you don't hang about[, do you?] *fam;* **nicht von der schnellen ~ sein** *(fam)* to be a bit slow, to not exactly be the brain of Britain BRIT *fam*

Trup·pen·ab·bau *m* POL, MIL reduction of troops **Trup·pen·ab·zug** *m* MIL withdrawal of troops, troop withdrawal **Trup·pen·an·samm·lung** *f* gathering of troops **Trup·pen·be·we·gung** *f meist pl* MIL troop movement[s *pl*] **Trup·pen·dienst·ge·richt** *nt* JUR court martial **Trup·pen·füh·rer** *m* MIL commander **Trup·pen·gat·tung** *f* MIL an arm of the services; ***die Kavallerie ist eine ~ der Vergangenheit*** the cavalry was formerly an arm of the services **Trup·pen·kon·tin·gent** *nt* POL, MIL contingent **Trup·pen·pa·ra·de** *f* military parade [*or* review] **Trup·pen·stär·ke** *f* troop strength **Trup·pen·teil** *m* MIL unit **Trup·pen·trans·por·ter** *m* MIL troop carrier **Trup·pen·übung** *f* military exercise **Trup·pen·übungs·platz** *m* MIL military training area **Trup·pen·ver·schie·bung** *f* troop displacement

Trü·sche <-, -n> ['trʏʃə] *f* ZOOL burbot, eelpout

Trust <-[e]s, -s *o* -e> [trast] *m* trust

Tru·te <-, -n> *f* SCHWEIZ *(Truthenne)* turkey[hen]

Trut·hahn ['tru:tha:n] *m* turkey[cock]; ***viele englische Familien essen zu Weihnachten ~*** many English families eat turkey at Christmas **Trut·henne** *f* turkey[hen]

Trutz·burg ['trʊtsbʊrk] *f* ❶ HIST *(Burg) castle built for the purpose of besieging an enemy's castle*
❷ *(fig geh)* isolationist group

Tschad <-s> [tʃat] *nt* Chad

Tscha·der(in) <-s, -> ['tʃadɐ] *m(f)* Chadian

tscha·disch ['tʃadɪʃ] *adj* Chadian

Tscha·dor <-s, -s> [tʃa'do:ɐ̯] *m* chador

Tschad·see *m* Lake Chad

tschau [tʃau̯] *interj (fam)* cheerio BRIT *fam,* see you *fam,* so long *fam,* ciao *fam*

Tsche·che, Tsche·chin <-n, -n> ['tʃɛçə, 'tʃɛçɪn] *m, f* Czech

Tsche·chei <-> [tʃɛç'?ai̯] *f* ■**die ~** the Czech Republic

Tsche·chi·en <-s> ['tʃɛçi̯ən] *nt* Czech Republic

Tsche·chin <-, -nen> *f fem form von* **Tscheche**

tsche·chisch ['tʃɛçɪʃ] *adj* ❶ GEOG Czech
❷ LING Czech

Tsche·chisch ['tʃɛçɪʃ] *nt dekl wie adj* Czech

Tsche·chi·sche <-n> *nt* ■**das ~** Czech, the Czech language

Tsche·chi·sche Re·pu·blik *f* Czech Republic

Tsche·cho·slo·wa·ke, Tsche·cho·slo·wa·kin <-n, -n> [tʃɛçoslo'va:kə, tʃɛçoslo'va:kɪn] *m, f (hist)* Czechoslovak[ian] *hist*

Tsche·cho·slo·wa·kei [tʃɛçoslova'kai̯] *f (hist)* ■**die ~** Czechoslovakia *hist*

tsche·cho·slo·wa·kisch [tʃɛçoslo'va:kɪʃ] *adj (hist)* Czechoslovak[ian] *hist*

Tscher·kes·se, Tscher·kes·sin <-n, -n> [tʃɛr'kɛsə, tʃɛr'kɛsɪn] *m, f* Circassian

Tscher·kes·si·en <-s> [tʃɛr'kɛsi̯ən] *nt* Circassia

tscher·kes·sisch [tʃɛr'kɛsɪʃ] *adj* Circassian, Circassic

Tscher·kes·sisch [tʃɛr'kɛsɪʃ] *nt dekl wie adj* Circassian

Tscher·kes·si·sche <-n> *nt* ■**das ~** Circassian

Tsche·tsche·ne, Tsche·tsche·nin <-n, -n> [tʃe'tʃe:nə, tʃe'tʃe:nɪn] *m, f* Chechen

Tsche·tsche·ni·en <-s> [tʃe'tʃe:ni̯ən] *nt* Chechnya, Chechenia

tsche·tsche·nisch [tʃe'tʃe:nɪʃ] *adj* Chechen

Tsche·tsche·nisch [tʃe'tʃe:nɪʃ] *nt dekl wie adj* Chechen

Tsche·tsche·ni·sche <-n> *nt* ■**das ~** Chechen

tschil·pen ['tʃɪlpn̩] *vi* to chirp

Tsching·de·ras·sa·bum <-s> [tʃɪŋdərasa'bʊm] *nt kein pl (hum fam)* oompah music *fam or hum*

Tschum·pel <-s, -> ['tʃʊmpl̩] *m* SCHWEIZ *(fam: Trottel)* idiot, blockhead *sl*

tschüs, tschüss[RR] [tʃy:s] *interj (fam)* bye *fam,* cheerio BRIT *fam,* see you *fam,* so long *fam;* **jdm ~ sagen** to say bye [*or* cheerio] to sb

Tschu·wa·sche, Tschu·wa·schin <-n, -n> [tʃu'vaʃə, tʃu'vaʃɪn] *m, f* Chuvash

tschu·wa·schisch [tʃu'vaʃɪʃ] *adj* Chuvash

Tschu·wa·schisch [tʃu'vaʃɪʃ] *nt dekl wie adj* Chuvash

Tschu·wa·schi·sche <-n> *nt* ■**das ~** Chuvash

Tsd. *Abk von* **Tausend**

Tse·tse·fliege ['tse:tse:-] *f* tsetse fly

T-Shirt <-s, -s> ['ti:ʃø:ɐ̯t] *nt* T-shirt, tee-shirt

Tsu·na·mi <-, -s> [tsu'na:mi] *m* tsunami

Tswa·na <-, -> ['tsva:na] *m o f* Tswana

T-Trä·ger ['te:-] *m* BAU T-girder

TU <-, -s> [te:'?u:] *f* SCH *Abk von* **technische Universität** technical university

tu(e) [tu:(ə)] *imper sing von* **tun**

Tu·a·reg ['tu̯a:rɛk] *pl (Volk in der Sahara)* Tuareg

Tu·ba <-, Tuben> ['tu:ba, *pl* 'tu:bn̩] *f* MUS tuba

Tu·be <-, -n> ['tu:bə] *f* tube
▶WENDUNGEN: **auf die ~ drücken** *(fam)* to step on it, to put one's foot down

Tu·ben *pl von* **Tube, Tuba**

Tu·ber·kel·ba·zil·lus [tu'bɛrkl̩-] *m* MED tubercle [*or* Koch's] bacillus

tu·ber·ku·lös [tubɛrku'lø:s] *adj* MED *(geh)* tubercular, tuberculous

Tu·ber·ku·lo·se <-, -n> [tubɛrku'lo:zə] *f* MED tuberculosis *no indef art, no pl*

tu·ber·ku·lo·se·krank *adj* MED tubercular, tuberculous; ■**~ sein** to be tubercular [*or* tuberculous], to have tuberculosis **Tu·ber·ku·lo·se·kran·ke(r)** *f(m) dekl wie adj* MED person suffering from tuberculosis

Tuch[1] <-[e]s, Tücher> [tu:x, *pl* 'ty:çɐ] *nt* ❶ *(Kopftuch)* [head]scarf; *(Halstuch)* scarf
❷ *(dünne Decke)* cloth
▶WENDUNGEN: **wie ein rotes ~ auf jdn wirken** to be like a red rag to a bull to sb; ***so was wirkt wie ein rotes ~ auf ihn*** that sort of thing is like a red rag to a bull to him [*or* [really] makes him see red]

Tuch[2] <-[e]s, -e> [tu:x,] *nt (textiles Gewebe)* cloth, fabric

Tuch·bal·len *m* bale of cloth

Tuch·füh·lung *f* ▶WENDUNGEN: **auf ~ bleiben** *(fam)* to stay in touch [*or* contact]; **mit jdm auf ~ sitzen** [*o* **sein**] *(fam)* to sit close to sb; ***ich mag es nicht, wenn man mit mir auf ~ sitzt*** I don't like it when somebody sits [too] close to me

Tuch·han·del *m* ÖKON, HIST ■**der ~** the cloth trade **Tuch·händ·ler(in)** <-s, -s> *m(f)* cloth merchant

tüch·tig ['tʏçtɪç] **I.** *adj* ❶ *(fähig)* capable, competent; **~, ~!** well done!
❷ *(fam: groß)* sizeable, big; **eine ~e Tracht Prügel** a good hiding [*or* beating]
II. *adv (fam)* ❶ *(viel)* **~ anpacken/mithelfen** to muck in BRIT, to share tasks/accommodation etc.; **~ essen** to eat heartily; **~ sparen** to save hard
❷ *(stark)* **~ regnen** to rain hard; **~ schneien** to snow hard [*or* heavily]; ***es stürmt ~*** the [*or* a] storm is raging

Tüch·tig·keit <-> *f kein pl* competence, efficiency

Tu·cke <-, -n> ['tʊkə] *f (pej fam: Homosexueller)* queen *sl*

Tü·cke <-, -n> ['tʏkə] *f* ❶ *kein pl (Heimtücke)* malice; *(einer Tat)* maliciousness
❷ *kein pl (Gefährlichkeit)* dangerousness; *(von Krankheiten)* perniciousness
❸ *(Unwägbarkeiten)* ■**~n** *pl* vagaries *pl;* **seine ~n haben** to be temperamental
▶WENDUNGEN: **das ist die ~ des Objekts** these things have a will of their own!

tu·ckern ['tuken] *vi* ❶ *haben (blubbernde Geräusche machen)* to chug
❷ *sein (mit blubbernden Geräuschen fahren)* to chug

tü·ckisch ['tʏkɪʃ] *adj* ❶ *(hinterhältig)* malicious; **ein ~er Mensch** a malicious [*or* spiteful] person
❷ *(heimtückisch)* pernicious
❸ *(gefährlich)* treacherous

Tüf·te·lei <-, -en> [tʏftə'lai̯] *f (fam)* complicated and awkward [*or* BRIT fiddly] job *fam*

tüf·teln ['tʏftl̩n] *vi (fam)* to fiddle about *fam;* ■**an etw** *dat* **~** to fiddle about [*or* tinker] with sth *fam*

Tüft·ler(in) <-s, -> ['tʏftlɐ] *m(f) (fam)* person who likes fiddly [*or* AM *usu* picky] work [*or* projects]

Tu·gend <-, -en> ['tu:gn̩t] *f* ❶ *(wertvolle Eigenschaft)* virtue
❷ *kein pl (moralische Untadeligkeit)* virtue; *s. a.* **Not**

tu·gend·haft *adj* virtuous

Tu·gend·haf·tig·keit <-> *f kein pl* virtuousness *no pl*

Tu·gend·wäch·ter(in) *m(f) (oft iron)* [self-appointed] moral guardian

Tu·kan <-s, -e> ['tu:kan] *m* ORN toucan

Tüll <-s, -e> [tʏl] *m* MODE tulle

Tül·le <-, -n> ['tʏlə] *f* ❶ *(Ausguss)* spout
❷ TECH *(Ansatzstück)* attachment; *(Dichtungsring)* grommet

Tul·pe <-, -n> ['tʊlpə] *f* ❶ BOT tulip
❷ *(konisches Bierglas)* tulip-glass

Tul·pen·zwie·bel *f* BOT tulip-bulb

tumb [tʊmp] *adj (pej)* naive *pej; (einfältig)* slow

Tumb·ler <-s, -s> ['tamblɐ] *m* SCHWEIZ *(Wäschetrockner)* tumble-drier [*or* dryer]

Tum·mel·feld <-[e]s, -er> *nt* SCHWEIZ *(Tummelplatz)* play area

tum·meln ['tʊml̩n] *vr* ■ **sich** *akk* ~ ❶ *(froh umherbewegen)* to romp [about]
❷ *(sich beeilen)* to hurry [up]

Tum·mel·platz *m (geh)* play area

Tüm·mler <-s, -> ['tʏmlɐ] *m* porpoise

Tu·mor <-s, -en> ['tu:mo:ɐ̯, tu'mo:ɐ̯, *pl* tu'mo:rən] *m* tumour [*or* AM -or]

Tu·mor·ent·nah·me *f* tumour removal, removal of a/the tumour **Tu·mor·mar·ker** <-s, -> *m* MED tumour marker **Tu·mor·such·sys·tem** *nt* tumour search system, system that searches for tumours **Tu·mor·zel·le** *f* tumour cell

Tüm·pel <-s, -> ['tʏmpl̩] *m* [small] pond

Tu·mult <-[e]s, -e> [tu'mʊlt] *m* ❶ *kein pl (lärmendes Durcheinander)* commotion, tumult
❷ *meist pl (Aufruhr)* disturbance

tu·mul·tu·ös [tumʊl'tu̯ø:s], **tu·mul·tu·os** [tumʊl'tu̯o:s] *adj* tumultuous, turbulent

tun [tu:n]

I. TRANSITIVES VERB II. REFLEXIVES VERB
III. INTRANSITIVES VERB IV. MODALVERB

I. TRANSITIVES VERB

❶ <tat, getan> *(machen)* ■ **etw** ~ to do sth; ***was tust du da?*** what are you doing [there]?; ***was tut er nur den ganzen Tag?*** what does he do all day?; ***was tut die Schere im Kühlschrank?*** *(fam)* what are the scissors doing in the fridge?; ***so etwas tut man nicht!*** you just don't do things like that!; **einen Hopser/Schrei** ~ to jump/cry [out]; **was jd zu ~ und zu lassen hat** what sb can and can't [*or* should and shouldn't] do; **~ und lassen können, was man will** to do as one pleases [*or* likes]; ***tu, was du nicht lassen kannst*** well, if you must; **das eine ~, und das andere nicht lassen** to do one thing without neglecting the other; **etw aus Liebe/Verzweiflung** ~ to do sth out of [*or* for] love/desperation; ■ **etw mit jdm** ~ to do sth with sb; ***was haben sie mit dir getan, dass du so verängstigt bist?*** what have they done to you to make you so frightened?; **etw noch ~ müssen** to have still got sth to do; **nichts ~, als ...** *(fam)* to do nothing but ...; ***er tut nichts, als sich zu beklagen*** he does nothing but complain; **etw nicht unter etw** *dat* ~ *(fam)* to not do sth for less than sth; ***das Radio muss repariert werden — der Techniker tut es nicht unter 100 Euro*** the radio needs repairing — the electrician won't do it for less than 100 euros; **was ~?** what's to be done?
❷ <tat, getan> *(arbeiten)* ■ **etw [für jdn/etw]** ~ to do sth [for sb/sth]; **noch viel ~ müssen** to have still got a lot to do
❸ <tat, getan> *(unternehmen)* ■ **etw** ~ to do sth; ***was ist zu tun?*** what is there to be done?; ***was sollen wir bloß ~?*** whatever shall we do?; ***was tut man in einer solchen Situation?*** what should one do in a situation like this?; **einiges/etwas/nichts** ~ to do quite a lot [*or* bit]/something/nothing; ***in dieser Angelegenheit wird derzeit einiges von uns getan*** we're currently undertaking a number of things in this matter; ***warum tut denn niemand etwas?*** why does nobody act?; **einiges/etwas/nichts für jdn** ~ to do quite a lot [*or* bit]/something/nothing [for sb], to do quite a lot [*or* bit]/something/nothing for sb; ***der Arzt kann nichts mehr für ihn ~*** the doctor can't do anything [*or* can do nothing] more for him; ***du musst etwas für dich ~*** you need to do something for your health; ***was tut man nicht alles für seine Nichten und Neffen!*** the things we do for our nephews and nieces!; ***was kann ich für Sie ~?*** *(im Geschäft)* can I help you?, what can I do for you?; **einiges/etwas/nichts für etw** *akk* ~ to do quite a lot [*or* bit]/something/nothing for sth; ***ich muss mehr für meine schlanke Linie ~*** I must do more for my figure; **etw gegen etw** *akk* ~ to do sth about sth; **~, was man kann** to do what one can; ***man tut, was man kann*** one does what one can; **was sich ~ lässt** what can be done; ***ich will sehen, was sich da ~ lässt*** I'll see what I can do [*or* can be done] [about it]
❹ <tat, getan> *(antun)* ■ **[jdm] etwas/nichts** ~ to do something/nothing [to sb]; ***keine Angst, der Hund tut Ihnen nichts*** don't worry, the dog won't hurt you; ***dein Hund tut doch hoffentlich nichts?*** your dog won't bite, will it?; **sich** *dat* **etw** ~ to hurt oneself; ***hast du dir was getan?*** are you all right?
❺ <tat, getan> *(fam: legen o stecken)* ■ **etw irgendwohin** ~ to put sth somewhere
❻ <tat, getan> *(fam: funktionieren)* ■ **es noch/nicht mehr** ~ to be still working [*or* going]/broken [*or sl* kaput] [*or fam* have had it]; ***tut es dein altes Tonbandgerät eigentlich noch?*** is your old tape recorder still working?
❼ <tat, getan> *(fam: ausmachen)* **etwas/nichts** ~ to matter/not to matter; ***das tut nichts*** it doesn't matter; ***was tut's*** what difference does it make?, what does it matter?
❽ <tat, getan> *(fam: ausreichen, Zweck erfüllen)* ■ **es [für etw** *akk*] ~ to do [for sth]; ***tut es das?*** will that do?; ***ein Bleistift tut's auch*** a pencil will do; ***das Sofa tut's noch ein Weilchen*** the sofa has a bit more wear in it; ***für heute tut's das*** that'll do for today; ***damit ist es [noch] nicht getan*** that isn't enough
❾ <tat, getan> *(sl: Geschlechtsverkehr haben)* ■ **es [mit jdm]** ~ to do it [with sb] *sl*

▸ WENDUNGEN: **was du nicht willst, dass man dir tu, das füg auch keinem andern zu** *(prov)* do as you would be done by *prov*

II. REFLEXIVES VERB

<tat, getan> **einiges/etwas/nichts tut sich** quite a lot [*or* bit]/something/nothing is happening; ***in der Sache hat sich noch nichts getan*** *(Entwicklung)* things haven't changed; *(Besserung)* nothing has been done about it

III. INTRANSITIVES VERB

❶ <tat, getan> *(sich benehmen)* to act; ***~ Sie wie zu Hause*** make yourself feel at home; **albern [*o* dumm]** ~ to play dumb; **informiert/kompetent ~** to pretend to be well-informed/competent; **nur so ~** to be only pretending; ***er ist doch gar nicht wütend, er tut nur so*** he's not angry at all, he's [just] pretending [to be]; ***der Fußballspieler war gar nicht verletzt, er hat nur so getan*** the footballer wasn't injured at all, he was just play-acting; ***tu doch nicht so!*** *(fam: stell dich nicht so an)* stop pretending!; *(reg dich nicht auf)* don't make such a fuss!; **so ~, als ob** to pretend; ***er schläft doch gar nicht, er tut nur so, als ob*** he's not asleep at all, he's only pretending [to be]; ***ich tue jetzt so, als ob ich ginge*** I'll pretend to be [*or* that I'm] going now
❷ <tat, getan> *(Dinge erledigen)* ■ **zu ~ haben** to be busy; ***störe mich jetzt nicht, ich habe [noch] zu ~*** don't disturb me now, I'm busy; ***am Samstag habe ich noch in der Stadt/im Garten zu ~*** I've got [some] things to do in town/in the garden on Saturday

▸ WENDUNGEN: **es mit jdm zu ~ bekommen [*o* kriegen]** *(fam)* to get into trouble with sb; ***pass auf, sonst kriegst du es mit mir zu ~*** watch it, or you'll have me to deal with [*or* answer to]; **gut daran ~, etw zu ~** to do well to do sth; ***du tätest gut daran, deine Vokabeln zu lernen*** you would do well to learn your vocabulary; **es mit jdm zu ~ haben** to be dealing with sb; **mit sich** *dat* **selbst zu ~ haben** to have problems of one's own [*or* enough on one's own plate]; **mit wem habe ich es zu ~?** who might you be [*or* are you]?; **etwas/nichts mit jdm/etw zu ~ haben** to have something/nothing to do with sb/sth; ***was habe ich damit zu ~?*** where do I come in?; ***sie wollen nichts mit ihren Nachbarn zu ~ haben*** they don't want to have anything to do with their neighbours; **jdm ist es um jdn/etw zu ~** *(geh)* sb is concerned [*or* worried] about sb/sth; ***ihr ist sehr um gute Nachbarschaft zu ~*** good neighbourliness is very important to her

IV. MODALVERB

❶ <tat, getan> *mit vorgestelltem Infinitiv* ***mögen tu ich wohl, nur darf ich es nicht*** I'd like to [do it], but I'm not allowed [to]; ***singen tut sie ja gut*** she's a good singer, she sings well
❷ <tat, getan> *mit nachgestelltem Infinitiv* DIAL ***ich tu nur schnell den Braten anbraten*** I'll just brown the joint [off]; ***tust du die Kinder ins Bett bringen?*** will you put the children to bed?; ***er tut sich schrecklich ärgern*** he's really getting worked up; ***macht es dir was aus, wenn ich das mache? — ja, das tut es*** does [*or* would] it matter to you if I do this? — yes, it does [*or* would]
❸ <tat, getan> *konjunktivisch mit vorgestelltem Infinitiv* DIAL ***deine Gründe täten mich schon interessieren*** I would be interested to hear [*or* know] your reasons; ***er täte so gerne wissen, warum ich das nicht gemacht habe*** he would love to know why I didn't do it

Tun <-s> [tu:n] *nt kein pl* action; ***ihr ganzes ~ und Trachten*** everything she does [*or* did]; **jds ~ und Treiben** what sb does; ***berichte mal über euer ~ und Treiben in den Ferien*** *(hum)* tell me what you did during the holidays

Tün·che <-, -n> ['tʏnçə] *f* whitewash *no pl*

tün·chen ['tʏnçn̩] *vt* ■ **etw** ~ to whitewash sth

Tun·dra <-, Tundren> ['tʊndra] *f* GEOG tundra *no pl*

tu·nen ['tju:nən] *vt* ■ **etw** ~ to tune sth; **einen CD-Player** ~ to tune a CD player

Tu·ner <-s, -> ['tju:nɐ] *m* TV, RADIO tuner

Tu·ne·si·en <-s> [tu'ne:zi̯ən] *nt* Tunisia

Tu·ne·si·er(in) <-s, -> [tu'ne:zi̯ɐ] *m(f)* Tunisian

tu·ne·sisch [tu'ne:zɪʃ] *adj* ❶ *(Tunesien betreffend)* Tunisian
❷ LING Tunisian

Tun·fisch^RR ['tu:nfɪʃ] *m* tuna [fish]

Tu·nicht·gut <-[e]s, -e> ['tu:nɪçtgu:t] *m* good-for-nothing, ne'er-do-well *dated*

Tu·ni·ka <-, Tuniken> ['tu:nika] *f* MODE, HIST tunic

Tu·ning <-s, -s> ['tju:nɪŋ] *nt* INFORM tuning

Tun·ke <-, -n> ['tʊŋkə] *f* KOCHK sauce; *(Bratentunke)* gravy

tun·ken ['tʊŋkən] *vt* ■ **etw in etw** *akk* ~ to dip [*or* dunk] sth into sth

tun·lich *adj* possible, feasible; *(ratsam)* advisable

tun·lichst *adv* if possible; ***du solltest ~ von einem so gefährlichen Unterfangen Abstand nehmen*** you would be well-advised to steer clear of such a dangerous venture; ***wir sollten das aber ~ geheim halten*** we should do our best to keep it a secret

Tun·nel <-s, - *o* -s> ['tʊnl̩] *m* tunnel; *(für Fußgänger)* subway

Tun·nel·blick *m (a. fig)* tunnel vision **Tun·nel·bohr·ma·schi·ne** *f* tunnel excavator **Tun·nel·ef·fekt** *m* PHYS tunnel effect

tun·neln ['tʊnl̩n] *vi* PHYS to tunnel

Tun·te <-, -n> ['tʊntə] *f (fam)* queen *pej sl,* fairy *pej sl*

tun·tig ['tʊntɪç] *adj (pej fam)* fairy-like *pej*

Tüp·fel <-s, -> ['tʏpfl̩] *m* BOT pit

Tüp·fel·ana·ly·se *f* CHEM drop [*or* spot] analysis

Tüp·fel·chen <-s, -> *nt (kleiner Tupfen)* dot
▸ WENDUNGEN: **das ~ auf dem i** the final [*or* finishing] touch; **nicht ein ~** not a single thing, nothing whatsoever

tüp·feln ['tʏpfl̩n] *vt* ■ **etw** ~ to spot sth

tup·fen ['tʊpfn̩] *vt* ■ **etw von etw** *dat* ~ to dab sth from sth; ■ **sich** *dat* **etw** ~ to dab one's sth

Tup·fen <-s, -> ['tʊpfn̩] *m* dot

tup·fen·gleich I. *adj* SÜDD, SCHWEIZ *(genau gleich)* exactly the same, selfsame *attr;* ***ich habe mir gestern das ~e Kleid gekauft*** I bought exactly the same [*or* the selfsame] dress yesterday
II. *adv* SÜDD, SCHWEIZ *(genau gleich)* in exactly the

T

same way
Tu̲p·fer <-s, -> *m* MED swab
Tu̲p·per·ware® <-> ['tʊpewa:rə] *f kein pl* Tupperware®
Tür <-, -en> [ty:ɐ̯] *f* door; **an die ~ gehen** to go to the door; **jdm die ~ weisen** *(geh)* to show sb the door; **~ an ~** next door to one another [*or* each other] [*or* sb]; **in der ~** in the door[way]
▸WENDUNGEN: **zwischen ~ und Angel** *(fam)* in passing; ***sie fertigte den Vertreter zwischen ~ und Angel ab*** she dealt with the sales rep as quickly as she could; **jdm [fast] die ~ einrennen** *(fam)* to pester sb constantly; **mit der ~ ins Haus fallen** *(fam)* to blurt it [straight] out; **du kriegst die ~ nicht zu!** *(fam)* well, I never!; **vor der ~ sein** to be just [a]round the corner; **jdm die ~ vor der Nase zumachen/zuschlagen** *(fam)* to slam the door in sb's face; ***als sie sah, dass es der Gerichtsvollzieher war, schlug sie ihm rasch die ~ vor der Nase zu*** when she saw [that] it was the bailiff, she quickly slammed the door in his face; **[bei jdm] [mit etw** *dat*] **offene ~en einrennen** to be preaching to the converted [with sth]; **jdn vor die ~ setzen** *(fam)* to kick [*or* throw] sb out; **etw** *dat* **~ und Tor öffnen** to open the door to a thing; **hinter verschlossenen ~en** behind closed doors, in camera *form*
Tü̲r·an·gel *f* [door-]hinge
Tur·ban <-s, -e> ['tʊrba:n] *m* turban
Tur·bi·ne <-, -n> [tʊr'bi:nə] *f* turbine
Tur·bi̲·nen·an·trieb *m* turbine drive
Tur·bo <-s, -s> ['tʊrbo] *m* AUTO ① *(Turbolader)* turbocharger
② *(Auto mit Turbomotor)* car [*or* model] with a turbocharged engine, turbocharged car; ***die verbesserte Version der Limousine ist jetzt als ~ herausgekommen*** the improved version of this saloon is now available as a turbocharged model [*or* with a turbocharger]
Tu̲r·bo·abi·tur *nt (fam) school-leaving exam that is taken after 12 years rather than 13* **Tu̲r·bo·auf·la·dung** *f* AUTO turbo-charging **Tu̲r·bo·die·sel** *m* car [*or* model] with a turbocharged diesel engine, turbodiesel car **Tu̲r·bo·gym·na·si·um** *nt* turbo-grammar school *(in which pupils attain the equivalent of A-levels in 12 rather than 13 years)* **Tu̲r·bo·ka·pi·ta·lis·mus** <-> *m kein pl* turbocapitalism, unbridled capitalism **Tu̲r·bo·la·der** <-s, -> *m* AUTO turbocharger **Tu̲r·bo·la·dung** *f* AUTO *s.* **Turboaufladung** **Tu̲r·bo·loch** *nt* AUTO turbo lag **Tu̲r·bo·mo·tor** *m* AUTO turbocharged engine **Tu̲r·bo-Pro̲p-Ma·schi·ne** *nt* LUFT turboprop [aircraft]
tur·bu·lent [tʊrbu'lɛnt] **I.** *adj* turbulent, tempestuous; ***wir haben ausgiebig gefeiert, es war ein ~es Wochenende*** we celebrated long and hard, it was a riotous [*or* tumultuous] weekend; ***die Wochen vor Weihnachten waren reichlich ~*** the weeks leading up to Christmas were really chaotic
II. *adv* turbulently; **~ verlaufen** to be turbulent [*or* stormy]; ***auf der Aktionärsversammlung ging es sehr ~ zu*** the shareholders' meeting was [a] very stormy [*or* tempestuous] [one]
Tur·bu·lenz <-, -en> [tʊrbu'lɛnts] *f* ① METEO *(Luftwirbel)* turbulence *no pl*
② *meist pl (geh: turbulentes Ereignis)* turbulence *no pl*, turmoil *no pl*
Tü̲r·dich·tung *f* AUTO door seal **Tü̲r·drü·cker** *m* automatic [*or* electric] door-opener
Tü·re <-, -n> ['ty:rə] *f* DIAL *(Tür)* door
Tü̲r·fal·le *f* SCHWEIZ *(Türklinke)* door-handle **Tü̲r·flü·gel** *m* one of the doors in a double door **Tü̲r·fül·lung** *f* door panel
Tur·gor <-s> ['tʊrgo:ɐ̯] *m kein pl* BIOL turgor
Tü̲r·griff *m (außen)* door handle; *(innen)* door release handle **Tü̲r·griff·si·che·rung** *f* door handle safety-catch [*or* lock]
Tür·ke <-n, -n> ['tʏrkə] *m (sl)* cock-and-bull story
Tür·ke, Tür·kin <-n, -n> ['tʏrkə, 'tʏrkɪn] *m, f* Turk
Tür·kei <-> [tʏr'ka̯i] *f* ■**die ~** Turkey
tür·ken ['tʏrkn̩] *vt (sl)* ■**etw ~** to fabricate [*or sep* make up] sth
Tü̲r·ken·bund·li·lie *f* BOT Turk's-cap [lily], martagon *spec* **Tü̲r·ken·tau·be** *f* ORN collard dove
Tü̲r·kin <-, -nen> *f fem form von* **Türke**
tür·kis [tʏr'ki:s] *adj* turquoise
Tür·kis¹ <-es, -e> [tʏr'ki:s] *m* GEOL turquoise
Tür·kis² <-> [tʏr'ki:s] *nt kein pl (Farbe)* turquoise
tür·kisch ['tʏrkɪʃ] *adj* ① *(die Türkei betreffend)* Turkish
② LING Turkish
Tür·kisch ['tʏrkɪʃ] *nt dekl wie adj* Turkish
Tü̲r·ki·sche <-n> *nt* ■**das ~** Turkish, the Turkish language
tü̲r·kisch·stäm·mig *adj inv Person* of Turkish origin
tür·ki̲s·far·ben *adj* turquoise
Tü̲r·klin·ke *f* door-handle **Tü̲r·klop·fer** *m* door-knocker
Turk·me·ne, Turk·me·nin <-n, -n> [tʊrk'me:nə, tʊrk'me:nɪn] *m, f* Turkmen
Turk·me·ni·en <-s> [tʊrk'me:ni̯ən] *nt* Turkmenistan
turk·me·nisch [tʊrk'me:nɪʃ] *adj* Turkmen
Turk·me·nisch [tʊrk'me:nɪʃ] *nt dekl wie adj* Turkmen
Turk·me̲·ni·sche <-n> *nt* ■**das ~** Turkmen, the Turkmen language
Turk·me·ni·stan <-s> [tʊrk'me:nɪsta:n] *nt* Turkmenistan
Tü̲r·knauf *m* doorknob **Tü̲r·knopf** *m* AUTO door lock
Turm <-[e]s, Türme> [tʊrm, *pl* 'tʏrmə] *m* ① ARCHIT tower; *(spitzer Kirchturm)* spire, steeple
② SPORT *(Sprungturm)* diving-platform
③ SCHACH castle, rook
Tur·mal·in <-s, -e> [tʊrma'li:n] *m* GEOL tourmaline
Türm·chen <-s, -> ['tʏrmçən] *nt* ARCHIT *dim von* **Turm** turret
tür·men¹ ['tʏrmən] **I.** *vt haben* ■**etw [auf etw** *akk*] **~** to pile up sth *sep* [on sth], to stack [up *sep*] sth [on sth]; ***wegen Platzmangels müssen wir die Bücher schon ~*** we're already having to stack the books on top of each other due to a lack of space
II. *vr* ■**sich** *akk* **[auf etw** *dat*] **~** to pile up [on sth]
tür·men² ['tʏrmən] *vi sein (fam)* to clear off *fam*, to do a bunk BRIT *sl*, to scarper BRIT *sl;* **aus dem Knast ~** to break out of jail [*or* prison]
Tu̲rm·fal·ke *m* kestrel **turm·hoch** ['tʊrmho:x] *adj inv* towering **Tu̲rm·sprin·gen** *nt kein pl* high diving *no indef art, no pl* **Tu̲rm·sprin·ger(in)** *m(f)* SPORT BASE jumper *(Building, Antenna, Span, Earth)* **Tu̲rm·uhr** *f* [tower] clock
Tu̲rn·an·zug *m* leotard
Turn-around, Turn·around^RR <-[s], -s> [tə:nə'raʊnd] *m* ÖKON turnaround
Turn·around·zeit ['tə:nə'ra̲unt-] *f* LUFT turnaround time
Tu̲rn·beu·tel *m* gymnastics bag
tur·nen ['tʊrnən] **I.** *vi haben* ① SPORT *(Turnen betreiben)* to do gymnastics; **am Pferd/Boden/Balken ~** to do exercises on the horse/floor/beam
② *sein (sich flink bewegen)* to dash; ***er turnte durch die engen Gänge*** he dashed along the narrow corridors *fam*
II. *vt haben* SPORT ■**etw ~** to do [*or* perform] sth; ***für diese fehlerfrei geturnte Übung erhielt er 9,9 Punkte*** he received 9.9 points for this flawlessly performed exercise
Tur·nen <-s> ['tʊrnən] *nt kein pl* ① SPORT gymnastics *+ sing vb*
② SCH *(Unterrichtsfach)* physical education *no pl, no art*, PE *no pl, no art*
Tur·ner(in) <-s, -> ['tʊrnɐ] *m(f)* gymnast
tu̲r·ne·risch I. *adj* gymnastic
II. *adv* gymnastically
Tu̲rn·ge·rät *nt* gymnastic apparatus **Tu̲rn·hal·le** *f* gymnasium, gym *fam* **Tu̲rn·hemd** *nt* gym shirt [*or* vest] **Tu̲rn·hose** *f* gym shorts
Tur·nier <-s, -e> [tʊr'ni:ɐ̯] *nt* ① SPORT *(längerer Wettbewerb)* tournament; *der Springreiter* show-jumping competition
② HIST tournament
Tur·ni̲er·pferd *nt* show horse **Tur·ni̲er·rei·ter(in)** *m(f)* show-jumper **Tur·ni̲er·tän·zer(in)** *m(f)* competitive ballroom dancer
Tu̲rn·leh·rer(in) *m(f)* SCH PE [*or* gym] teacher
Tu̲rn·schuh *m* trainer BRIT, sneaker AM **Tu̲rn·schuh·fir·ma** *f* sports footwear company **Tu̲rn·schuh·ge·ne·ra·ti·on** *f* kids of the '80s **Tu̲rn·schuh·held(in)** *m(f) (pej) sb who always goes around in trainers;* ■**ein ~/eine ~in sein** to always go around in trainers [*or* AM sneakers]; ***bis auf ~en lässt der Türsteher sonst alle durchgehen*** the doorman lets everyone through if they're not wearing trainers
Tu̲rn·stun·de *f* PE [*or* Physical Education] [*or* gym] lesson **Tu̲rn·übung** *f* gymnastic exercise **Tu̲rn·un·ter·richt** *m kein pl* SCH gymnastics *+ sing vb*, PE *no pl, no art*
Tur·nüre <-, -n> [tʊr'ny:rə] *f* MODE bustle
Tur·nus <-, -se> [tʊrnʊs] *m* ① *(regelmäßige Abfolge)* regular cycle; ***für die Kontrollgänge gibt es einen festgesetzten ~*** there is a set rota for the tours of inspection; **im [regelmäßigen] ~ [von etw** *dat*] at regular intervals [of sth], regularly
② MED ÖSTERR internship, residency
tu̲r·nus·mä·ßig *adj* regular, at regular intervals
Tu̲rn·ver·ein *m* gymnastics club **Tu̲rn·zeug** *nt* gym [*or* PE] kit
Tü̲r·öff·ner *m* automatic [*or* electric] door-opener
Tü̲r·öff·nung <-, -en> *f* ① *(Öffnung einer Tür)* opening of a door
② *(zu Räumen)* doorway
③ *(in einer Mauer)* door opening [*or* aperture]
④ *no pl* SCHWEIZ *(Einlass)* admission
Tü̲r·pfos·ten *m* doorpost **Tü̲r·rah·men** *m* door-frame **Tü̲r·rie·gel** *m* doorbolt **Tü̲r·schild** *nt* door-plate, name-plate **Tü̲r·schlie·ßer** *m* BAU door closer **Tü̲r·schloss^RR** *nt* door-lock **Tü̲r·schnal·le** *f* ÖSTERR *(Türklinke)* door-handle **Tü̲r·schwel·le** *f* threshold **Tü̲r·spalt** *m space between door frame and door* **Tü̲r·ste·her** *m* doorman, bouncer *fam* **Tü̲r·sturz** *m* BAU lintel
tur·teln ['tʊrtl̩n] *vi* ■**[miteinander] ~** to whisper sweet nothings [to one another [*or* each other]], to bill and coo [with one another [*or* each other]] BRIT
Tu̲r·tel·tau·be *f* ① ORN turtle-dove
② *pl (fam: turtelnde Verliebte)* **~n** love-birds
Tü̲r·vor·le·ger *m* doormat
Tusch <-es, -e> [tʊʃ] *m* MUS fanfare, flourish
Tu·sche <-, -n> ['tʊʃə] *f* Indian ink
tu·scheln ['tʊʃl̩n] *vi (heimlich reden)* ■**[über jdn/etw] ~** to gossip secretly [about sb/sth]
tu·schen¹ ['tʊʃn̩] *vt* ① *(malen)* ■**etw ~** to paint sth in water colours
② *(schminken)* **sich** *dat* **die Wimpern ~** to put [one's] mascara on
tu·schen² ['tʊʃn̩] *vt* DIAL *(zum Schweigen bringen)* ■**jdn ~** to silence sb
Tu̲sch·kas·ten *m* paintbox **Tu̲sch·zeich·nung** *f* pen-and-ink drawing
Tus·si <-, -s> ['tʊsi] *f (pej sl)* chick *sl*, girl, bird BRIT *sl; (Freundin)* bird *sl*, chick *sl*, girl
Tu·te <-, -n> ['tu:tə] *f* ① *(fam: Hupe)* toot
② DIAL *(Tüte)* bag
Tü·te <-, -n> ['ty:tə] *f* ① bag; ***tun Sie mir die Einkäufe doch bitte in eine ~*** can you put the shopping in a [carrier] bag, please?; ***ich esse heute eine Suppe aus der ~*** I'm going to eat a packet soup today; **eine ~ Popcorn** a bag of popcorn
② *(sl: Joint)* spliff BRIT *fam*, blunt AM *fam*
▸WENDUNGEN: **[das] kommt nicht in die ~!** *(fam)* not on your life! *fam*, no way! *fam*
tu·ten ['tu:tn̩] *vi (ein Horn o eine Hupe ertönen lassen)* to hoot, to sound one's [*or* the] horn, to toot one's horn; *Schiff* to sound its fog-horn; ***es hat getutet, das Taxi ist da*** I heard a hoot, the taxi's here
▸WENDUNGEN: **von T~ und Blasen keine Ahnung haben** *(fam)* not to have a clue [*or* have the faintest idea [about sth]]
Tü̲·ten·sup·pe *f* packet soup
Tu·tor, Tu·to·rin <-s, -en> ['tu:to:ɐ̯, tu:'to:rɪn, *pl*

tu'to:rən] *m, f* SCH ❶ *(Leiter eines Universitätstutoriums)* seminar conducted by a post-graduate student
❷ *(Mentor)* tutor

Tut·si <-, -[s]> ['tʊtzi] *m o f* Tutsi

TÜV <-s, -s> [tʏf] *m Akr von* **Technischer Überwachungsverein** Technical Inspection Agency *(also performing MOTs on vehicles)*; ***ich muss noch beim ~ anrufen und einen Termin ausmachen*** I must ring up for the car to be MOT'd; ***ich muss in der nächsten Woche [mit dem Wagen] zum ~*** I've got to get the car MOT'd next week; **jds/der ~ läuft ab** sb's/the MOT BRIT is about to run out; **[noch] eine bestimmte Zeit ~ haben** to have a certain amount of time left on the MOT; **durch den ~ kommen** to get [a [*or* the] vehicle] through its [*or* the] MOT; ***mit diesem Wagen komme ich bestimmt nicht durch den ~*** I definitely won't get this car through its [*or* the] MOT

Tu·va·lu <-s> [tu'va:lu] *nt* Tuvalu

Tu·va·lu·er(in) <-s, -> *m(f)* Tuvaluan

tu·va·lu·isch *adj* Tuvaluan

TÜV-Pla·ket·te *f* MOT certificate BRIT *(disc on the number plate showing that a car has a technical seal of approval)*

Tu·wa <-s> [tu'va] *nt* Tuva

Tu·wi·ne, Tu·wi·nin <-n, -n> [tu'vi:nə, tu'vi:nɪn] *m, f* Tuvinian, Tuvian

tu·wi·nisch [tu'vi:nɪʃ] *adj* Tuvinian, Tuvian

Tu·wi·nisch [tu'vi:nɪʃ] *nt dekl wie adj* Tuvinian, Tuvian

Tu·wi·ni·sche <-n> *nt* ■**das ~** Tuvinian, Tuvian

TV¹ <-[s], -s> [te:'fau] *m Abk von* **Turnverein** sports club

TV² <-[s], -s> [ti:'vi:, te:'fau] *nt Abk von* **Television** TV

TV-An·stalt [te:'fau-] *f* TV station [*or* company] **TV-Du·ell** *f* [head-to-head] debate on TV **TV-Fea·ture** <-s, -[s]> [te:'faufi:tʃɐ] *nt (Fernsehbeitrag)* TV feature **TV-Hop·pen** <-s> *nt kein pl* zapping **TV-Ka·me·ra** *f* TV camera **TV-Mo·de·ra·tor(in)** <-s, -en> *m(f)* TV [*or* television] presenter **TV-Po·si·ti·o·nie·rung** *f* [TV-channel] tuning **TV-Spot** [te:'fauspɔt] *m* TV short TV advertising film **TV-Talk·show** [te:'fautɔ:kʃoʊ] *f* TV talkshow **TV-Ver·an·stal·ter** *m* TV-promoter **TV-Zeit·schrift** *f* TV programme [*or* AM -am] guide

Tweed <-s, -s *o* -e> [tvi:t] *m* MODE tweed

Tweed·ja·cke *f* tweed jacket

Twen <-[s], -s> [tvɛn] *m (veraltend)* person in their twenties

Twill <-s, -s> [tvɪl] *m* twill

Twin·set <-[s], -s> ['tvɪnzɛt] *nt o m* MODE twin set

Twist¹ <-es, -e> [tvɪst] *m (Stopfgarn)* twist

Twist² <-s, -s> [tvɪst] *m (Tanz)* twist *no pl*

Ty·coon <-s, -s> [tai'ku:n] *m* [business] tycoon

Typ <-s, -en> [ty:p] *m* ❶ ÖKON *(Ausführung)* model; ■**der ~ einer S.** *gen* this model of a thing [*or* sth model]; ***dieser ~ Computer*** this model of computer [*or* computer model]; ***dieser ~ Sportwagen*** this sports car model
❷ *(Art Mensch)* type [*or* sort] [of person] *fam;* ***was ist er für ein ~, dein neuer Chef?*** what type [*or* sort] of person is your new boss?; **jds ~ sein** *(fam)* to be sb's type; ■**der ~ ... sein, der ...** to be the type of ... who ...; ***dein ~ ist nicht gefragt*** *(fam)* we don't want your sort here; ***dein ~ wird verlangt*** *(fam)* you're wanted
❸ *(sl: Kerl)* fellow *fam,* guy *sl,* bloke BRIT *fam*
❹ *(sl: Freund)* guy *sl,* man, boyfriend, bloke BRIT *fam*

Ty·pe <-, -n> ['ty:pə] *f* ❶ TYPO *(Drucktype)* type
❷ *(fam: merkwürdiger Mensch)* character; ***was ist denn das für eine ~?*** what a weirdo!

Ty·pen ['ty:pn̩] *pl von* **Typ, Type, Typus**

Ty·pen·be·zeich·nung *f* TECH model designation

Ty·pen·rad *nt* TYPO daisy wheel, printwheel **Ty·pen·rad·dru·cker** *m* TYPO daisy-wheel printer **Ty·pen·rad·schreib·ma·schi·ne** *f* daisy-wheel typewriter

Ty·pen·rei·he *f* case; **obere/untere ~** upper/lower case **Ty·pen·wal·zen·dru·cker** *m* TYPO barrel printer

Ty·phus <-> ['ty:fʊs] *m kein pl* MED typhoid [fever] *no pl*

ty·pisch ['ty:pɪʃ] **I.** *adj* typical; ■**~ für jdn sein** to be typical of sb; ***[das ist] ~!*** *(fam)* [that's] [just] typical!
II. *adv* ■**~ jd** [that's] typical of sb, that's sb all over; ***~ Frau/Mann!*** typical woman/man!; ■**~ etw** typically sth; **~ britisch/deutsch** typically British/German; ***sein unterkühlter Humor ist ~ hamburgisch*** his dry humour is typical of a person from [*or* the people of] Hamburg

ty·pi·sie·ren* [typi'zi:rən] *vt (geh)* ■**etw ~** ❶ *(einem Typ zuordnen)* to type sth
❷ *(das Typische hervorheben)* to typify sth

Ty·pi·sie·rung <-, -en> *f (geh)* typification

Ty·pist(in) <-en, -en> *m(f)* typist

Ty·po·gra·fie[RR] <-, -n> [typogra'fi:] *f* typography **ty·po·gra·fisch**[RR] [typo'gra:fɪʃ] *adj* typographic[al]

Ty·po·gra·phie <-, -n> [typogra'fi:] *f s.* **Typografie** **ty·po·gra·phisch** [typo'gra:fɪʃ] *adj s.* **typografisch**

Ty·po·lo·gie <-, -ien> [typolo'gi:] *f* PSYCH typology **ty·po·lo·gisch** [typo'lo:gɪʃ] *adj inv* PSYCH typologic[al] **Ty·po·skript** <-s, -e> [typo'skrɪpt] *nt* typescript

Typ·prü·fung *f* AUTO type approval test

Ty·pus <-, Typen> ['ty:pʊs, *pl* ty:pn] *m* ❶ *(Menschenschlag)* race [*or* breed] [of people]
❷ *(geh: Typ 2)* type

Ty·rann(in) <-en, -en> [ty'ran] *m(f)* tyrant

Ty·ran·nei <-, -en> [tyran'nai] *f* tyranny

Ty·ran·nin <-, -nen> *f fem form von* **Tyrann**

tyran·nisch [ty'ranɪʃ] **I.** *adj* tyrannical
II. *adv* **sich** *akk* **~ aufführen/herrschen** to behave/rule tyrannically [*or* like a tyrant]

tyrannisieren* *vt* ■**jdn ~** to tyrannize sb; ■**sich** *akk* **[von jdm/etw] ~ lassen** to [allow oneself to] be tyrannized [by sb/sth]

Ty·ran·no·sau·rus <-, -saurier> [tyrano'zaurʊs] *m* ARCHÄOL tyrannosaur[us]

Tyr·rhe·ni·sches Meer [ty:g're:nɪʃəs -] *nt* Tyrrhenian Sea

T-Zo·ne *f (Stirn, Nase, Kinn)* T-zone

U

U, u <-, - *o fam* -s, -s> [u:] *nt* U, u; **~ wie Ulrich** U for [*or* as in] Uncle; *s. a.* **A 1**

u. *Abk von* **und** and

u.a.¹ *Abk von* **und andere(s)** and other things

u.a.² *Abk von* **unter anderem** among other things

u.Ä. *Abk von* **und Ähnliches** and things like that

UB <-, -s> [u'be:] *f Abk von* **Universitätsbibliothek**

UBA <-[s]> *nt kein pl Abk von* **Umweltbundesamt** ≈ DEFRA BRIT, ≈ EPA AM

U-Bahn [u:-] *f* TRANSP ❶ *(Untergrundbahn)* underground BRIT, tube BRIT *fam,* subway AM; **mit der ~ fahren** to go [*or* travel] on the [*or* by] underground [*or* tube]
❷ *(U-Bahn-Zug)* [underground [*or* BRIT *fam* tube]] train

U-Bahn·hof [u:-] *m* TRANSP underground [*or* BRIT *fam* tube] [*or* AM subway] station

U-Bahn-Netz *nt* underground system [*or* network] BRIT, subway system AM **U-Bahn-Schacht** *m* access to the underground station **U-Bahn-Sta·ti·on** *f* underground station

U-Bar *f* U-bar

übel ['y:bl̩] **I.** *adj* ❶ *(schlimm, ungut)* bad, nasty; ***[das ist] gar nicht [so] ~!*** [that's] not [too [*or* so]] bad at all!; ***sie war übler Laune*** she was in a foul mood; **eine üble Affäre** a sordid [*or* an ugly] affair; **ein übles Ende nehmen** to come to a bad end; **eine üble Erkältung** a bad [*or* nasty] cold; **ein übler Geruch/Geschmack** a nasty smell/taste; **üble Gewohnheiten** bad habits; **in einer üblen Klemme stecken** to be in a bit of a tight spot; **eine üble Kurve** a nasty bend; **ein übler Unfall/eine üble Verletzung** a nasty accident/injury; **in üblem Zustand sein** to be in a sorry state
❷ *(moralisch schlecht)* bad, wicked; ***das ist eine üble Sache!*** it's a bad business!; ***er ist gar kein so übler Kerl*** he's not such a bad bloke BRIT *fam* really; ***er hat ein paar üble Bemerkungen über sie gemacht*** he made some nasty remarks about her; **jdm Übles antun** to do wicked things to sb; **ein übler Bursche** a nasty piece of work BRIT *fam,* a bad sort; **in üble Gesellschaft geraten** to get into bad company; **einen üblen Ruf haben** to have a bad reputation; **ein übles Stadtviertel** a bad area of town; **ein übler Streich** a nasty [*or* dirty] trick; **eine üble Tat** a wicked deed; **ein übles Verbrechen** a foul crime; **auf üble [*o* in der übelsten] Weise** in a most unpleasant way; *s. a.* **gesinnt**
❸ *(physisch schlecht)* ■**jdm ist/wird ~** sb feels sick; ***mir wird ~*** I feel sick; ***ist dir ~? du siehst so bleich aus*** are you not feeling well [*or* are you feeling all right]? you look so pale; **es kann einem ~ werden, wenn ..., wenn ..., kann es einem ~ werden** it's enough to make you feel sick when ...
II. *adv* ❶ *(unangenehm)* ***was riecht hier so ~?*** what's that nasty [*or* unpleasant] smell [in] here?; ***bäh, das Zeug schmeckt aber ~!*** ugh, that stuff tastes awful!; ***die Suppe schmeckt gar nicht so ~*** the soup doesn't taste so bad; **~ riechend** foul-smelling
❷ *(schlecht, ungut)* badly; ***sie spielt nicht ~*** she plays pretty well; **etw ~ aufnehmen** to take sth badly; **jdm etw ~ auslegen [*o* vermerken]** to hold sth against sb; ***ich habe es dir ~ vermerkt, was du damals angerichtet hast*** I've not forgotten what you did back then; **~ beraten** ill-advised; **~ gelaunt** bad-tempered, in a bad [*or* foul] mood *pred;* **nicht ~** not too [*or* so] bad [at all]; ***wie geht's? – danke, nicht ~*** how are things? — not so bad, thanks; ***ihr wohnt ja gar nicht mal so ~*** you live quite comfortably
❸ *(moralisch schlecht)* badly, wickedly; **jdn ~ behandeln** to treat sb badly, to ill-treat sb; **~ über jdn reden** to speak badly [*or* ill] of sb, to say bad things about sb; *s. a.* **mitspielen**
❹ *(physisch schlecht)* ill, poorly; ***das fette Essen scheint mir ~ zu bekommen*** the fatty food seems to have disagreed with me; ***das ist ihr ~ bekommen*** it did her no good at all; **~ dran sein** *(fam)* to be in a bad way; **sich** *akk* **~ fühlen** to feel bad; **es geht jdm ~** sb feels bad; **jdn ~ zurichten** to give sb a working over *fam*
▸WENDUNGEN: **nicht ~ Lust haben, etw zu tun** to have a good mind to do sth; ***ich hätte nicht ~ Lust, das Wochenende in Italien zu verbringe*** I wouldn't mind spending the weekend in Italy; **[jdm] etw ~ nehmen** to take sth amiss, to take offence at sth; ***nimm es mir bitte nicht ~, wenn ich ...*** please don't be offended [*or* take it amiss] if I ...

Übel <-s, -> ['y:bl̩] *nt (Missstand)* evil
▸WENDUNGEN: **zu allem ~** to cap [*or* crown] it all; **das kleinere [*o* geringere] ~** the lesser evil; **ein ~ kommt selten allein** *(prov)* misfortunes never come singly *prov,* it never rains but it pours *prov;* **ein notwendiges ~** a necessary evil; **von ~ sein** to be a bad thing [*or* bad]; **von ~ sein, etw zu tun** to be a bad thing to do sth

Übel·keit <-, -en> *f* nausea, queasiness

übel·lau·nig *adj* ill-humoured [*or* AM -ored] *attr,* ill humoured *pred,* ill-tempered *attr,* ill tempered *pred,* bad-tempered *attr,* bad tempered *pred;* ***der ist heute vielleicht ~!*** he's in such a foul mood today!

Übel·lau·nig·keit <-> *f kein pl* ■**jds ~** sb's ill humour [*or* AM -or] [*or* temper]

Übel·stand *m (geh)* evil, ill **Übel·tat** *f (geh)* evil act, wicked deed **Übel·tä·ter(in)** *m(f)* wrongdoer

übel|wol·len *vi irreg* ■**jdm ~** to wish sb ill; **~d** malevolent

üben ['y:bn̩] **I.** *vt* ❶ *(durch Übung verbessern)*

■ **etw** ~ to practise [*or* AM -ice] sth
② SPORT *(trainieren)* ■ **etw** ~ to practise [*or* AM -ice] sth
③ MUS ■ **etw** ~ to practise [*or* AM -ice] [playing] [*or* [on]] sth; ***ich übe 20 Stunden in der Woche Klavier/Flöte*** I practise [playing] [*or* [on]] the piano/flute for 20 hours every week
II. *vr* ■ **sich** *akk* **in etw** *dat* ~ to practise sth; *s. a.* **Geduld**
III. *vi* ① *(sich durch Übung verbessern)* ■ **[mit jdm]** ~ to practise [*or* AM -ice] [with sb]
② *s.* **geübt**

über ['y:bɐ] **I.** *präp* ① + *dat (oberhalb)* above; ~ ***dem Waschbecken befindet sich ein Spiegel*** there's a mirror above the washbasin
② + *dat (unmittelbar auf)* over; ~ ***diesem Pullover kannst du keinen roten Mantel tragen*** you can't wear a red coat over that pullover; ***reinige die Flasche ~ der Spüle*** clean the bottle over the sink
③ + *dat (auf anderer Seite)* ~ **der Straße** across the street
④ + *akk (höher als)* over; ***er hängte ein Schild über die Tür*** he hang a sign over the door
⑤ + *akk (querend)* over; ***reichst du mir mal den Kaffee ~ den Tisch?*** can you pass me the coffee across the table?; ***die Brücke führt ~ den Fluss*** the bridge goes over [*or* across] the river; ***mit einem Satz sprang er ~ den Graben*** with a single leap he jumped over [*or* across] [*or* cleared] the ditch
⑥ + *akk (sich länger erstreckend: horizontal)* beyond; *(vertikal)* above; ***das Schloss ragte ~ das Tal empor*** the castle towered above the valley; **bis ~ die Knöchel im Dreck versinken** to sink ankle-deep in mud
⑦ + *akk (erfassend)* over; ***der Scheinwerferstrahl strich ~ die Mauer und den Gefängnishof*** the spotlight swept over [*or* across] the wall and the prison courtyard; **ein Blick ~ etw** a view of [*or* over] sth; **ein Überblick ~ etw** an overview of sth
⑧ + *akk (bedeckend)* over; ***sie breitete eine Tischdecke ~ den Tisch*** she spread a tablecloth over the table
⑨ + *akk (berührend)* over; ***er strich ihr ~ das Haar/die Wange*** he stroked her hair/cheek
⑩ TRANSP *(passierend)* via; ***seid ihr auf eurer Tour auch ~ München gekommen?*** did you go through Munich on your trip?; **Zug nach Berlin über Leipzig** train to Berlin via [*or* stopping at] Leipzig
⑪ + *akk (überlegen, vorrangig)* above; ***er steht ~ den Dingen*** he is above it all
⑫ + *akk (zeitlich länger)* over; ***es ist ~ eine Woche her, dass ...*** it's over a week since ...; **bis ~ Weihnachten** until after Christmas
⑬ + *akk (während)* over; ***habt ihr ~ das Wochenende schon was vor?*** have you got anything planned for [*or* over] the weekend?; ~ **Wochen** for weeks on end
⑭ + *dat (in Beschäftigung mit)* in; ***vergiss ~ dem ganzen Ärger aber nicht, dass wir dich lieben*** don't forget in the midst of all this trouble that we love you; ***irgendwie muss ich ~ diesem Gedanken wohl eingeschlafen sein*** I must have somehow fallen asleep [whilst] thinking about it; ***sie sitzt ~ ihren Büchern*** she is sitting over her books
⑮ + *dat (mehr als)* over; ***Kinder ~ sechs [Jahre]*** children over six years [*or* of six years and over]; ***bei ~ 40° C ...*** at a temperature [*or* temperatures] of more than [*or* over] 40° C ...
⑯ + *akk (zahlenmäßig entsprechend)* for; ***ich gebe Ihnen einen Scheck ~ Euro 5.000*** I'm giving you a cheque for 5,000 euros
⑰ + *akk (betreffend)* about; ***ich darf Ihnen keine Auskunft ~ diese Sache geben*** I can't give you any information about [*or* on] this affair; **ein Buch ~ jdn/etw schreiben** to write a book about [*or* on] sb/sth
⑱ + *akk (mithilfe von)* through; ***ich habe diese Stelle ~ Beziehungen bekommen*** I got this position through being well connected
⑲ + *akk* RADIO, TV *(etw benutzend)* on; ~ ***Satellit empfange ich 63 Programme*** I can receive 63 channels via [*or* on] satellite
▸WENDUNGEN: **... ~ ...** nothing but ...; ***es waren Vögel ~ Vögel, die über uns hinwegrauschten!*** [what seemed like] an endless stream of birds flew over us!; **Fehler ~ Fehler** nothing but mistakes, mistake after [*or* upon] mistake!; **Reden ~ Reden** speech after speech; ~ **alles** more than anything; ***sein Hund geht ihm ~ alles*** he loves his dog more than anything else
II. *adv* ① *(älter als)* over; ***Kinder, die ~ sechs Jahre alt sind, ...*** children over six
② *(mehr als)* more than
③ *(während)* through; **das ganze Jahr/den ganzen Sommer** ~ all through the year/summer; **den ganzen Tag** ~ all day long
▸WENDUNGEN: ~ **und** ~ all over, completely; ***ihr seid ~ und ~ mit Schlamm verschmiert!*** you're completely covered [*or* covered all over] in mud!; ~ **und ~ verdreckt sein** to be absolutely filthy
III. *adj (fam)* ① *(übrig)* ■ ~ **sein** to be left; *Essen* to be left [over]; **etw [für jdn] ~ haben** to have sth left [for sb]; *Essen* to have sth left [over] [for sb]
② *(überlegen)* ■ **jdm [in etw** *dat*] ~ **sein** to be better than [*or fam* have the edge on] sb [in sth]; **jdm auf einem bestimmten Gebiet ~ sein** to be better than sb in a certain field

über·all [y:bɐ'ʔal] *adv* ① *(an allen Orten)* everywhere; *(an jeder Stelle)* all over [the place]; ***sie hatte ~ am Körper blaue Flecken*** she had bruises all over her body; ~ **wo** wherever
② *(wer weiß wo)* anywhere
③ *(in allen Dingen)* everything; ***er kennt sich ~ aus*** he knows a bit about everything
④ *(bei jedermann)* everyone; ***er ist ~ beliebt/verhasst*** everyone likes/hates him

über·all·her [y:bɐʔal'he:ɐ̯] *adv* from all over; ■ **von** ~ from all over **über·all·hin** [y:bɐʔal'hɪn] *adv* all over; ***sie kann ~ verschwunden sein*** she could have disappeared anywhere **über·al·tert** [y:bɐ'ʔaltɐt] *adj* having a disproportionately high percentage [*or* number] of old people **Über·al·te·rung** <-> [y:bɐ'ʔaltərʊŋ] *f kein pl* increase in the percentage [*or* number] of elderly people **Über·an·ge·bot** *nt* ÖKON surplus; ■ **das/ein ~ an etw** *dat* the/a surplus of sth **über·ängst·lich** *adj* over-anxious; ■ **[in etw** *dat*] ~ **sein** to be over-anxious [about sth] **über·an·stren·gen*** [y:bɐ'ʔanʃtrɛŋən] *vt* ■ **jdn/sich [bei etw** *dat*] ~ to over-exert [*or* overtax] sb/oneself [doing sth]; **seine Augen [bei etw** *akk*] ~ to strain one's eyes [by doing sth]

Über·an·stren·gung *f* ① *kein pl (das Überbeanspruchen)* overstraining *no pl*
② *(zu große Beanspruchung)* overexertion

über·ant·wor·ten* [y:bɐ'ʔantvɔrtn̩] *vt (geh)* ① *(übergeben)* ■ **etw jdm/etw ~** to entrust sth to sb/a thing, to entrust sb/a thing with sth
② *(veraltend: übergeben)* ■ **jdn jdm/etw ~** to hand over sb *sep* to sb/a thing

über·ar·bei·ten* [y:bɐ'ʔarbaitn̩] **I.** *vt* MEDIA *(bearbeiten)* ■ **etw ~** to revise [*or* rework] sth; ■ **überarbeitet** revised
II. *vr* ■ **sich** *akk* ~ to overwork oneself

über·ar·bei·tet *adj* ① *(bearbeitet) Schriftstück* revised, reworked
② *(gestresst) Mensch, Tier* overworked

Über·ar·bei·tung[1] <-, -en> [y:bɐ'ʔarbaitʊŋ] *f* MEDIA ① *kein pl (das Bearbeiten)* revision, reworking
② *(bearbeitete Fassung)* revised version [*or* edition]

Über·ar·bei·tung[2] <-, -en> [y:bɐ'ʔarbaitʊŋ] *f pl selten (überarbeitete Körperverfassung)* overwork *no pl*

über·aus ['y:bɐʔaus] *adv (geh)* extremely

über·ba·cken* [y:bɐ'bakn̩] *vt irreg* KOCHK ■ **etw [mit etw** *dat*] ~ to top sth [with sth] and brown it

Über·bau <-[e]s, -ten *o* -e> ['y:bɐbau] *m* ① *meist sing* POL *(fachspr: Gesamtheit von Vorstellungen)* superstructure ② *meist sing* JUR *(Bauen jenseits der Grundstücksgrenze)* encroachment upon adjoining land ③ BAU superstructure **über·bau·en*** [y:bɐ'bauən] *vt* BAU ■ **etw [mit etw** *dat*] ~ to build [sth] over sth **Über·bau·ren·te** *f* JUR *periodic compensation for having built over the boundary line*

Über·bau·ung <-, -en> *f* SCHWEIZ ① *(das Bebauen)* development ② *(Bauten)* buildings *pl*

über·be·an·spru·chen* *vt* ① *(zu sehr in Anspruch nehmen)* ■ **jdn ~** to overtax sb; ■ **etw ~** to put too great a strain on sth; ■ **überbeansprucht sein** to be overtaxed
② *(zu stark beanspruchen)* ■ **etw ~** to over-stress [*or* overload] [*or* over-strain] sth; **das Sofa ~** to overload the sofa

Über·be·an·spru·chung *f* ① *(die zu große Inanspruchnahme einer Person)* overtaxing *no pl*
② *(das zu starke Belasten)* over-stressing *no pl*, overloading *no pl*, over-straining *no pl*; *von Sofa* overloading

Über·bein *nt* MED ganglion **über|be·kom·men*** *vt irreg (fam)* ■ **jdn/etw ~** to be fed up [to the back teeth] with sb/sth *fam*, to be sick of sb/sth *fam* **über·be·las·ten*** *vt* ■ **jdn/etw ~** to overload sb/sth **Über·be·las·tung** *f* overload[ing]

über·be·le·gen* *vt* ■ **etw ~** to overcrowd sth **über·be·legt** *adj* overcrowded

Über·be·le·gung *f kein pl* overcrowding *no pl* **über·be·lich·ten*** *vt* FOTO ■ **etw ~** to overexpose sth; ■ **überbelichtet** overexposed **Über·be·lich·tung** *f* FOTO overexposure **Über·be·schäf·ti·gung** *f kein pl* over-employment **über·be·setzt** *adj* overstaffed **Über·be·set·zung** *f kein pl* overstaffing *no pl*

über·be·to·nen* *vt* ■ **etw ~** ① *(zu große Bedeutung beimessen)* to overemphasize [*or* overstress] sth
② MODE *(zu stark betonen)* to overaccentuate sth

über·be·völ·kert *adj* overpopulated **Über·be·völ·ke·rung** *f kein pl* overpopulation *no pl*

über·be·wer·ten* *vt* ① *(zu gut bewerten)* ■ **etw ~** to overvalue [*or* overrate] sth; *(Schularbeit)* to mark sth too high [*or* give sth too high a mark]
② *(überbetonen)* ■ **etw ~** to overestimate [*or* overrate] sth; ***du überbewertest diese Äußerung*** you're attaching too much importance [*or* significance] to this comment

Über·be·wer·tung *f* ① *kein pl (das Überbewerten)* attaching too much importance [*or* significance] to
② *(überbewertende Aussage)* overestimation, overrating, overvaluation

über·be·zah·len* *f* ■ **jdn ~** to overpay sb [*or* pay sb too much]; ■ **etw ~** to pay too much for sth; ■ **überbezahlt sein** to be overpaid [*or* paid too much]

Über·be·zah·lung *f* overpayment

über·biet·bar *adj* ■ **nicht [mehr]** [*o* **kaum noch**] ~ which would take some beating [*or* could not be beaten]; ■ **[an etw** *dat*] **nicht [mehr]** [*o* **kaum noch**] ~ **sein** sth could not be beaten [*or* would take some beating] [as far as [its] sth is concerned]

über·bie·ten* [y:bɐ'bi:tn̩] *irreg vt* ① SPORT *(übertreffen)* ■ **etw [um etw** *akk*] ~ to beat [*or* better] sth [by sth]; **einen Rekord ~** to break a record
② *(durch höheres Gebot übertreffen)* ■ **jdn/etw [um etw** *akk*] ~ to outbid sb/sth [by sth]
③ *(sich übertreffen)* ■ **sich** *akk* **[gegenseitig] [an etw** *dat*] ~ to vie with one another [*or* each other] [for sth]

Über·bie·tung <-, -en> *f* SPORT beating; *von Leistung* improvement [on]; *von Rekord* breaking; ***er will eine ~ des Weltrekordes versuchen*** he intends to try and break [*or* to make an attempt on] the world record

über·bin·den* ['y:bɐbɪndn̩] *vt irreg* SCHWEIZ *(auferlegen)* ■ **jdm etw ~** to impose sth [up]on sb

Über·biss^RR *m kein pl* MED overbite

über·blät·tern* *vt* ■ **etw ~** *Textpassage* to skip [over] sth

über|blei·ben *vi irreg sein (fam)* ■ **[für jdn/etw]** ~ to be left [over] [for sb/sth]

Über·bleib·sel <-s, -> ['y:bɐblaipsl] *nt meist pl* ① *(Relikt)* relic
② *(Reste)* remnant, left-over[s *pl*]

über|blen·den[1] *vi* TV, FILM ■ ~ **[zu etw** *dat*] to fade [to sth]

über·blen·den*[2] [y:bɐˈblɛndn̩] *vt (überlagern)* ■**etw** ~ to superimpose sth
Über·blen·dung *f* FILM dissolve, fade, fading
Über·blick [ˈy:bɐblɪk] *m (Rundblick)* view; ■**ein** ~ **über etw** *akk* a view of sth
▸WENDUNGEN: **jdm fehlt der** ~ [**über etw** *akk*] sb does not have a very good idea [about sth]; **einen** ~ [**über etw** *akk*] **haben** to have an overview [of sth]; [**von etw** *dat*] **einen** [**bestimmten**] ~ **haben** to have a [certain] view [of sth]; **den** ~ [**über etw** *akk*] **verlieren** to lose track [of sth]; **sich** *dat* **einen** ~ [**über etw** *akk*] **verschaffen** to gain an overview [of sth]
über·blick·bar *adj bes* SCHWEIZ *s.* **überschaubar**
über·bli·cken* [y:bɐˈblɪkn̩] *vt* ❶ *(überschauen)* ■**etw** [**von etw** *dat* **aus**] ~ to be able to see [out over] sth [from sth]
❷ *(in der Gesamtheit einschätzen)* ■**etw** ~ to have an overview of sth; **Verwüstungen** ~ to assess the damage[s] [*or* devastation]; ***können Sie schon ~, wie lange Sie dafür brauchen werden?*** do you have an idea of how long you will need to do it?; **Kosten** ~ to estimate costs
über·bor·dend [y:bɐˈbɔrdn̩t] *adj* excessive; ~**e Defizite/Kosten/Schulden** excessive shortfalls/costs/debts; ~**e Produktion** excessive production levels; ~**er Verkehr** excessive levels of traffic **über·breit** *adj* of above-average width *pred;* ***der Schrank ist ~, er passt nicht durch die Tür*** the cupboard is too wide to fit through the door **Über·brei·te** *f* above-average width; ~ **haben** to be of above-average width; **mit** ~ of above-average width
über·brin·gen* [y:bɐˈbrɪŋən] *vt irreg* ■[**jdm**] **etw** ~ to deliver sth [to sb]; ***er ließ ihr die Nachricht durch einen Boten*** ~ he sent her the news via [*or* through] a messenger
Über·brin·ger(in) <-s, -> *m(f)* bringer, bearer **Über·brin·ger·scheck** *m* FIN cheque [*or* AM check] to bearer
über·brück·bar *adj* reconcilable
über·brü·cken* [y:bɐˈbrʏkn̩] *vt* ❶ *(notdürftig bewältigen)* ■**etw** ~ to get through sth; **eine Krise** ~ to ride out a crisis
❷ *(ausgleichen)* ■**etw** [**durch etw** *akk*] ~ to reconcile sth [by means of sth]; ■**sich** *akk* ~ **lassen** to be reconcilable
Über·brü·ckung <-, -en> *f* ❶ *(das Überbrücken)* getting through ❷ *(das Ausgleichen)* reconciliation; ■**zur** ~ **von etw** *dat* to reconcile [sth] **Über·brü·ckungs·bei·hil·fe** *f* interim financial aid **Über·brü·ckungs·gel·der** *pl für Arbeitslose* interim aid, seed money from the state **Über·brü·ckungs·kre·dit** *m* FIN bridging [*or* interim] loan **Über·brü·ckungs·re·ge·lung** *f* JUR interim arrangement
über·brü·hen* *vt* KOCHK ■**etw** ~ to scald sth
über·bu·chen* *vt* ■**etw** ~ to overbook sth
über·da·chen* [y:bɐˈdaᵘxn̩] *vt* BAU ■**etw** ~ to roof over sth *sep;* ■**überdacht** covered
Über·da·chung <-, -en> *f* BAU canopy
über·dau·ern* *vt* ■**etw** ~ to survive sth
über|de·cken[1] [ˈy:bɐdɛkn̩] *vt (fam: auflegen)* ■**jdm etw** ~ to cover [up *sep*] sb with sth
über·de·cken*[2] [y:bɐˈdɛkn̩] *vt (verdecken)* ■**etw** ~ to cover [over *sep*] sth; **einen schlechten Geruch/Gestank** ~ to mask [*or sep* cover up] a bad smell; **einen bestimmten Geschmack** ~ to mask a certain taste
über·deh·nen* [y:bɐˈde:nən] *vt* ■**etw** [**bei etw** *dat*] ~ to overstretch sth [[when] doing sth]; **Bänder/Gelenke** [**bei etw** *dat*] ~ to put too great a strain on one's ligaments/joints [[when] doing sth]
über·den·ken* [y:bɐˈdɛŋkn̩] *vt irreg* ■**etw** [**noch einmal**] ~ to think over sth *sep* [*or* [re]consider sth] [again]
über·deut·lich I. *adj* perfectly clear, only too clear *pred*
II. *adv* only too clearly
über·dies [y:bɐdi:s] *adv (geh)* moreover, furthermore, what is more
über·di·men·si·o·nal *adj* colossal, oversize[d] **Über·di·vi·den·de** *f* FIN superdividend, surplus dividend **über·do·sie·ren*** *vt* to overdose; ■**etw** ~ to overdose sth **Über·do·sis** *f* PHARM overdose, OD *sl;* ■**eine** ~ **einer S.** *gen* [*o* **an etw** *dat*] an overdose of a thing [*or* of sth]
über·dre·hen* [y:bɐˈdre:ən] *vt* ■**etw** ~ ❶ AUTO to over-rev [*or* overspeed] sth ❷ TECH *(zu stark hineinschrauben)* to over-tighten sth; **eine Uhr** ~ to overwind a clock **über·dreht** *adj (fam)* over-excited
Über·druck *m* ❶ PHYS excess pressure *no pl,* over-pressure *no pl* ❷ TYPO imprint, overprint **Über·druck·ven·til** *nt* TECH pressure-relief valve
Über·drussRR <-es>, **Über·druß**ALT <-sses> [ˈy:bɐdrʊs] *m kein pl* aversion; **aus** ~ [**an etw** *dat*] out of an aversion [to sth]; **bis zum** ~ until it comes out of one's ears *fam;* ***ich habe das nun schon bis zum ~ gehört*** I've heard that ad nauseam [by now]
über·drüs·sig [ˈy:bɐdrʏsɪç] *adj* ■**jds/einer S.** *gen* ~ **sein/werden** to be/grow tired of sb/a thing
über·dün·gen* [y:bɐˈdʏŋən] *vt* ■**etw** ~ to over-fertilize sth **Über·dün·gung** *f* over-fertilization
über·durch·schnitt·lich I. *adj* above-average *attr,* above average *pred*
II. *adv* above average; ***dieser Sommer war ~ heiß/feucht*** this summer was hotter/damper than the average [one]
über·eck [y:bɐˈʔɛk] *adv* across the [*or* a] corner
Über·ei·fer [ˈy:bɐʔaifɐ] *m* overeagerness *no pl,* overzealousness *no pl;* **in jds** ~, **etw zu tun** in sb's overeagerness [*or* overzealousness] to do sth **über·eif·rig** *adj (pej)* overeager, overzealous
über·eig·nen* [y:bɐˈʔaignən] *vt (geh)* ■**jdm etw** ~ to transfer [*or sep* make over] sth to sb
Über·eig·nung *f* JUR transfer of ownership, conveyance; ~ **eines Grundstücks** conveyance of property; ~ **im Todesfall** transfer on death **Über·eig·nungs·ur·kun·de** *f* JUR deed of assignment [*or* conveyance]
über·ei·len* *vt* ■**etw** ~ to rush sth; ~ ***Sie Ihre Unterschrift nicht*** don't rush into signing [*or* be too hasty to sign] it, take your time before you sign
über·eilt I. *adj* overhasty, rash, precipitate *form,* precipitous *form;* **eine** ~**e Abreise** an overhasty departure
II. *adv* overhastily, rashly; ***sage nicht ~ zu*** don't rush into [*or* be overhasty in] agreeing, take your time before agreeing
über·ei·nan·der [y:bɐʔaiˈnandɐ] *adv* ❶ *(eins über dem anderen/das andere)* one on top of the other, on top of each other [*or* one another] ❷ *(über sich)* about each other [*or* one another]; ~ **sprechen** to talk about each other [*or* one another] **Über·ei·nan·der·be·lich·tung** *f* TYPO overlay exposure [*or* setting] **über·ei·nan·der|le·gen** *vt* ■**etw** ~ to lay [*or* put] sth one on top of the other, to lay [*or* put] sth on top of each other [*or* one another] **über·ei·nan·der|lie·gen** *vi irreg* to lie one on top of the other, to lie on top of each other [*or* one another] **über·ei·nan·der|schla·gen** *vt irreg* ■**etw** ~ to fold [*or* cross] sth; **die Arme/Beine** ~ to fold one's arms/cross one's legs
über·ein|kom·men [y:bɐˈʔainkɔmən] *vi irreg sein* ■**mit jdm** [**darin**] ~, **etw zu tun** to agree with sb to do sth
Über·ein·kom·men <-s, -> [y:bɐˈʔainkɔmən] *nt* agreement, settlement; ~ **über den Zivilprozess** JUR civil procedure agreement; **stillschweigendes** ~ implicit agreement; [**in etw** *dat*] **ein** ~ **erzielen** to reach [*or* come to] an agreement [on sth]; [**mit jdm**] **ein** ~ **treffen** to enter into an agreement [with sb]
Über·ein·kunft <-, -künfte> [y:bɐˈʔainkʊnft, *pl* -kʏnftə] *f* agreement, arrangement, understanding *no pl;* [**in etw** *dat*] **eine** ~ **erzielen** to reach [*or* come to] an agreement [*or* arrangement] [*or* understanding] [on sth]; **eine** ~ [**über etw** *akk*] **haben** to have an agreement [*or* arrangement] [*or* understanding] [on sth]
über·ein|stim·men [y:bɐˈʔainʃtɪmən] *vi* ❶ *(der gleichen Meinung sein)* ■**in etw** *dat* [*o* **hinsichtlich einer S.** *gen*] ~ to agree on sth [*or* a thing]; ■**mit jdm darin** ~, **dass** to agree [*or* be in agreement] with sb that; ■**mit jdm insoweit** ~, **dass** to agree [*or* be in agreement] with sb insofar as [*or* inasmuch as]
❷ *(sich gleichen)* ■[**mit etw** *dat*] ~ to match [sth]; ***die Unterschriften stimmen überein*** the signatures match
über·ein·stim·mend I. *adj* ❶ *(einhellig)* unanimous
❷ *(sich gleichend)* concurrent, corresponding; ■~ **sein** to be concurrent [with each other [*or* one another]], to correspond [to each other [*or* one another]], to match [each other [*or* one another]]
II. *adv* ❶ *(einhellig)* unanimously
❷ *(in gleicher Weise)* concurrently
Über·ein·stim·mung *f* agreement; [**in etw** *dat*] ~ **erzielen** to reach [*or* come to] an agreement [on sth]; **in** ~ **mit jdm/etw** with the agreement of sb/in accordance with sth
über·emp·find·lich I. *adj* ❶ *(allzu empfindlich)* over-sensitive, touchy
❷ MED *(allergisch)* hypersensitive; ■~ **gegen etw** *akk* **sein** to be hypersensitive to sth; ~**e Haut** hypersensitive skin
II. *adv* ❶ *(überempfindlich)* over-sensitively, touchily
❷ MED *(allergisch)* hypersensitively
Über·emp·find·lich·keit *f* ❶ *(zu große Empfindlichkeit)* over-sensitivity, touchiness *no pl*
❷ *kein pl* MED *(Neigung zu Allergien)* hypersensitivity
über·er·fül·len* *vt* **eine Aufgabe** ~ to really outdo oneself with a task
Über·er·näh·rung *f kein pl* overnutrition *no pl,* hypernutrition *no pl,* overeating *no pl,* hyperalimentation *no pl*
über|es·sen[1] *vt irreg (bis zum Überdruss verzehren)* ■**sich** *dat* **etw** ~ to gorge oneself on sth
über|es·sen[2] <überaß, übergessen> [y:bɐˈɛsn̩] *vr (von etw zu viel essen)* ■**sich** *akk* **an etw** *dat* ~ to eat too much of sth
über·fah·ren*[1] [y:bɐˈfa:rən] *vt irreg* ❶ *(niederfahren)* ■**jdn/etw** ~ to run over [*or* knock down] sb/sth *sep*
❷ *(als Fahrer nicht beachten)* ■**etw** ~ to go through sth; **eine rote Ampel** ~ to go through a red light
❸ *(fam: übertölpeln)* ■**jdn** ~ to railroad sb [into doing sth]
über|fah·ren[2] [ˈy:bɐfa:rən] *vt irreg (über einen Fluss befördern)* ■**jdn/etw** ~ to ferry [*or* take] sb/sth across
Über·fahrt *f* NAUT crossing
Über·fall <-s, -fälle> *m (Raubüberfall)* robbery; *(Banküberfall)* raid, hold-up; **hinterlistiger** ~ JUR perfidious assault
▸WENDUNGEN: **einen** ~ **auf jdn vorhaben** *(hum fam)* to be planning to descend [up]on sb
über·fal·len* [y:bɐˈfalən] *vt irreg* ❶ *(unversehens angreifen)* ■**jdn** ~ to mug [*or* attack] sb; ■**etw** ~ *Bank* to rob [*or* hold up *sep*] sth, to carry out a raid on; *Land* to attack [*or* invade] sth; MIL to raid sth
❷ *(überkommen)* ■**jdn** ~ to come over sb, to overcome sb; ***Heimweh überfiel sie*** she was overcome by homesickness
❸ *(hum fam: überraschend besuchen)* ■**jdn** ~ to descend [up]on sb
❹ *(hum: bestürmen)* ■**jdn** [**mit etw** *dat*] ~ to bombard sb [with sth]
über·fäl·lig *adj* ❶ TRANSP *(ausstehend)* delayed; ■[**seit einer bestimmten Zeit**] ~ **sein** to be [a certain amount of time] late; ***der Zug ist seit 20 Minuten*** ~ the train is 20 minutes late
❷ FIN *(längst zu zahlen)* overdue; ■[**seit einem bestimmten Zeitpunkt/Zeitraum**] ~ **sein** to be [a certain amount of time] overdue [*or* overdue [since a certain time]]
❸ *(längst zu tätigen)* overdue, long-overdue *attr,* long overdue *pred;* ■~ **sein** to be [long] overdue
Über·fall·kom·man·do *nt,* **Über·falls·kom·man·do** *nt* ÖSTERR *(fam)* flying squad, sweeney [todd] BRIT *no indef art, no pl sl*
über·fi·schen* [y:bɐˈfɪʃn̩] *vt* ■**etw** ~ to overfish sth
Über·fi·schung *f* overfishing

über·flie·gen* [y:bɐˈfli:gn̩] *vt irreg* ■ **etw** ~ ❶ LUFT *(über etw hinweg fliegen)* to fly over [*or rare* overfly] sth
❷ *(flüchtig ansehen)* to take a quick look [*or* glance] at sth; *(Text a.)* to skim through sth

Über·flie·ger(in) <-s, -> *m(f) (fig)* high-flyer **Über·flie·ger-Men·ta·li·tät** *f* high-flyer mentality

über|flie·ßen [ˈy:bɐfli:sn̩] *vi irreg sein* ❶ *(überlaufen)* to overflow
❷ *(geh: überschwänglich sein)* ■ **vor etw** *dat* ~ to overflow with sth

Über·flug *m* overflight

über·flü·geln* [y:bɐˈfly:gl̩n] *vt* ■ **jdn** ~ to outstrip [*or* outdo] sb

Über·flug·recht *nt meist pl* right to fly over a country's airspace

Über·fluss^RR, **Über·fluß**^ALT *m kein pl (überreichliches Vorhandensein)* [super]abundance; **im ~ vorhanden sein** to be in plentiful [*or* abundant] supply; **etw im ~ haben** to have plenty [*or* an abundance] of sth [*or* sth in abundance]
▶ WENDUNGEN: **zu allem** [*o* **zum**] ~ to cap [*or* crown] it all **Über·fluss·ge·sell·schaft**^RR *f* affluent society

über·flüs·sig *adj* superfluous; **~e Anschaffungen/Bestellungen** unnecessary purchases/orders; **eine ~e Bemerkung/ein ~er Kommentar** an unnecessary remark/comment; ***ich bin hier ~, ihr schafft das auch ohne mich*** [I can see that] I'm surplus to requirements here, you'll manage [it] [quite well] without me; ■ **~ sein, dass jd etw tut** to be unnecessary for sb to do sth

über·flüs·si·ger·wei·se *adv* unnecessarily; ***du machst dir wirklich ~ Sorgen*** you're really worrying unnecessarily [*or* needlessly], there's really no need for you to worry

über·flu·ten* [y:bɐˈflu:tn̩] *vt* ■ **etw** ~ ❶ *(überschwemmen)* to flood sth
❷ *(über etw hinwegströmen)* to come over the top of sth
❸ *(geh: in Mengen hereinbrechen)* to flood sth *fig*

Über·flu·tung <-, -en> [y:bɐˈflu:tʊŋ] *f* flooding *no pl*

Über·flu·tungs·flä·che *f* flood plain

über·for·dern* [y:bɐˈfɔrdɐn] *vt* ■ **jdn/sich** [**mit etw** *dat*] ~ to overtax [*or* ask too much of] sb/oneself [with sth], to push sb/oneself too hard [with sth]; ■ **jdn** ~ to be too much for sb; ■ [**mit etw** *dat*/**in etw** *dat*] **überfordert sein** to be out of one's depth [with/in sth]

über·for·dert *adj* overtaxed; ***damit bin ich ~*** that's too much for me, that's asking too much of me

Über·for·de·rung <-, -en> *f* ❶ *(zu hohe Anforderung)* excessive demand ❷ *kein pl (das Überfordern)* overtaxing *no pl* **Über·for·de·rungs·syn·drom** *nt* MED, PSYCH overstrain syndrome

über·frach·ten* [y:bɐˈfraxtn̩] *vt* ❶ *(veraltend: überladen)* ■ **etw** ~ to overload sth
❷ *(spicken)* ■ **mit etw** *dat* **überfrachtet sein** to be fraught with sth; **mit Zitaten überfrachtet** fraught with quotations

über·fra·gen* [y:bɐˈfra:gn̩] *vt* ■ **jdn** ~ sb doesn't know [the answer to sth]; ■ [**mit etw** *dat*/**in etw** *dat*] **überfragt sein** not to know [[the answer to] sth/about sth]; ***in diesem Punkt bin ich leider überfragt*** I'm afraid I don't know about that [*or* can't help you on that point]; ***da bin ich überfragt*** I don't know [[the answer to] that], you've got [*or* stumped] me there

über·frem·den* [y:bɐˈfrɛmdn̩] *vt (pej)* ■ **etw** ~ to foreignize sth [*or* swamp sth with foreign influences]

Über·frem·dung <-, -en> *f (pej)* domination by foreign influences; ***die irrationale Angst vor ~ wächst in ganz Europa*** the irrational fear of being swamped by foreign influences is taking hold throughout the whole of Europe

über·fres·sen* [y:bɐˈfrɛsn̩] *vr irreg* ■ **sich** *akk* [**an etw** *dat*] ~ to gorge oneself [on sth]

über·frie·ren* [y:bɐˈfri:rən] *vi sein* to freeze over

über·füh·ren*¹ [ˈy:bɐfy:rən, y:bɐˈfy:rən] *vt* ❶ *(woandershin transportieren)* ■ **jdn** [**irgendwohin**] ~ to transfer sb [somewhere]; **eine Leiche** [**irgendwohin**] ~ to transport a corpse [somewhere]; ■ **etw** [**irgendwohin**] ~ to transport sth [somewhere]
❷ CHEM, TECH ■ **etw** [**in etw** *akk*] ~ to convert sth [to sth]

über·füh·ren*² [y:bɐˈfy:rən] *vt* JUR *(jdm eine Schuld nachweisen)* ■ **jdn** [**durch etw** *akk*] ~ to convict sb [*or* find sb guilty] [on account of sth]; ■ **jdn einer S.** *gen* ~ to convict sb [*or* find sb guilty] of a thing

Über·füh·rung¹ [y:bɐˈfy:rʊŋ] *f* TRANSP *(überquerende Brücke)* bridge; *(über eine Straße)* bridge, overpass; *(für Fußgänger)* [foot-]bridge

Über·füh·rung² [y:bɐˈfy:rʊŋ] *f (das Überführen)* transferring *no pl*, transferral; *(einer Leiche)* transportation *no pl*

Über·füh·rung³ [y:bɐˈfy:rʊŋ] *f* JUR *(Überlisten)* conviction **Über·füh·rungs·stück** *nt* JUR exhibit (proving guilt)

Über·fül·le <-> *f kein pl* profusion, superabundance

über·fül·len* [y:bɐˈfʏlən] *vt* ■ **etw** ~ to overfill sth, to fill sth to overflowing

über·füllt *adj* overcrowded; **ein ~er Kurs** an oversubscribed course; **~e Schulen** overcrowded schools

Über·fül·lung <-, -en> *meist sing f* ❶ *(mit Menschen)* overcrowding *no pl;* **wegen ~ geschlossen** closed due to overcrowding
❷ *(Repro)* spread and choke exposure

Über·funk·ti·on *f* MED hyperactivity; *von Schilddrüse* hyperactivity, hyperthyroidism

über·füt·tern* [y:bɐˈfʏtɐn] *vt* ■ **jdn/etw** ~ to overfeed sb/sth

Über·ga·be *f* ❶ *(das Übergeben)* handing over *no pl*
❷ MIL *(Kapitulation)* surrender **Über·ga·be-Ein·schrei·ben** *nt* ÖKON registered post [*or* AM mail], [return receipt requested] **Über·ga·be·ort** *m* place of delivery **Über·ga·be·pro·to·koll** *nt* certificate of delivery **Über·ga·be·sur·ro·gat** *nt* substitute for delivery

Über·gang¹ <-gänge> *m* ❶ *(Grenzübergang)* border crossing[-point], checkpoint
❷ *kein pl (das Überqueren)* crossing

Über·gang² <-gänge> *m* ❶ *kein pl (Übergangszeit)* interim; ***für den ~*** in the interim [period]
❷ *(Wechsel)* ■ **der ~** [**von etw** *dat*] **zu etw** *dat* the transition [from sth] to sth
❸ *(eine Zwischenlösung)* interim [*or* temporary] solution
❹ JUR *(Übertragung)* devolution, transmission; **~ auf Dritte** devolution to third parties; **~ von Forderungen** devolution of claims; **~ von Vermögen** transfer of property

Über·gangs·be·reich *m* INFORM transient [program] area **Über·gangs·be·stän·de** *pl* HANDEL temporary stock **Über·gangs·be·stim·mung** *f* interim [*or* transitional] provision, temporary regulation **Über·gangs·be·stim·mun·gen** *pl* JUR transitional provisions **Über·gangs·er·schei·nung** *f* temporary phenomenon **Über·gangs·frist** *f* ADMIN, POL transition period **Über·gangs·geld** *nt* ADMIN retirement bonus, severance pay, bridging benefits *pl*

über·gangs·los *adv* seamless, without any transition

Über·gangs·lö·sung *f* temporary solution **Über·gangs·man·tel** *m* between-seasons coat **Über·gangs·maß·nah·me** *f* transitional measure **Über·gangs·pe·ri·o·de** *f* transition, transitional period **Über·gangs·pha·se** <-, -n> *f* transitional phase **Über·gangs·recht** *nt* JUR interim law **Über·gangs·re·ge·lung** *f* JUR transitional [*or* interim] arrangement **Über·gangs·re·gie·rung** *f* interim [*or* caretaker] government

Über·gangs·ri·tus *m* SOZIOL rite of passage **Über·gangs·sta·di·um** *nt* transitional stage **Über·gangs·stich·tag** *m* ÖKON [stipulated] date of transfer **Über·gangs·vor·schrif·ten** *pl* JUR transitional provisions

über·gangs·wei·se *adv inv* temporarily **Über·gangs·wirt·schaft** *f kein pl* ÖKON transitional period of the economy

Über·gangs·zeit *f* ❶ *(Zeit zwischen zwei Phasen, Epochen)* transition, interim [*or* transitional] period
❷ *(Zeit zwischen Hauptjahreszeiten)* in-between [*or* off] season

Über·gangs·zeit·raum *m* transition period

Über·gar·di·ne *f* curtain

über·ge·ben*¹ [y:bɐˈge:bn̩] *vt irreg* ❶ *(überreichen)* ■ [**jdm**] **etw** ~ to hand over sth *sep* [to sb], to hand sb sth [*or* sth to sb]
❷ *(ausliefern)* ■ **jdn jdm** ~ to hand over sb *sep* to sb
❸ MIL *(überlassen)* ■ [**jdm**] **etw** [*o* **etw** [**an jdn**]] ~ to surrender sth [to sb]

über·ge·ben*² [y:bɐˈge:bn̩] *vr irreg (sich erbrechen)* ■ **sich** *akk* ~ to be sick [*or* vomit] [*or* throw up]

Über·ge·bot *nt* JUR higher bid, outbidding *no art, no pl*

über|ge·hen¹ [ˈy:bɐge:ən] *vi irreg sein* ❶ *(überwechseln)* ■ **zu etw** *dat* ~ to move on to sth; ■ **dazu ~, etw zu tun** to go over to doing sth
❷ *(übertragen werden)* **in anderen Besitz** [*o* **in das Eigentum eines anderen**] ~ to become sb else's property
❸ *(einen anderen Zustand erreichen)* ■ **in etw** *akk* ~ to begin to do sth; **in Fäulnis/Gärung/Verwesung** ~ to begin to rot [*or* decay]/ferment/decay
❹ *(verschwimmen)* ■ **ineinander** ~ to merge [*or* blend] into one another [*or* each other], to blur *fig*

über·ge·hen*² [y:bɐˈge:ən] *vt irreg* ❶ *(nicht berücksichtigen)* ■ **jdn** [**bei** [*o* **in**] **etw** *dat*] ~ to pass over sb [in sth]
❷ *(nicht beachten)* ■ **etw** ~ to ignore sth
❸ *(auslassen)* ■ **etw** ~ to skip [over] sth

über·ge·nau *adj* [over-]meticulous, over-precise, pernickety BRIT *fam;* ■ [**bei** [*o* **in**] **etw** *dat*] ~ **sein** to be [over-]meticulous [*or* over-precise] [in sth] **über·ge·nug** *adv* more than enough; **~ von jdm/etw haben** to have had more than enough of sb/sth

über·ge·ord·net *adj* ❶ *(vorrangig)* paramount; **ein ~es Problem** a [most] pressing problem
❷ ADMIN *(vorgesetzt)* higher

Über·ge·päck *nt* LUFT excess luggage [*or* baggage]

über·ge·schnappt *adj (fam)* crazy; ***bist du ~?*** are you crazy [*or* mad] [*or sl* off your rocker]?

Über·ge·wand *nt* SCHWEIZ *(Arbeitsoverall)* overalls *npl*

Über·ge·wicht *nt kein pl* ❶ *(zu hohes Körpergewicht)* overweight *no pl;* **~ haben** to be overweight
❷ *(vorrangige Bedeutung)* predominance; **irgendwo/für jdn ein ~ haben** to be predominant [*or* predominate] somewhere/for sb
▶ WENDUNGEN: **~ bekommen** [*o fam* **kriegen**] to lose one's balance [*or* overbalance]

über·ge·wich·tig *adj* overweight

über·gie·ßen* [y:bɐˈgi:sn̩] *vt irreg* ■ **jdn/sich/etw mit etw** *dat* ~ to pour sth over sb/oneself/sth

über·glück·lich *adj* extremely happy, overjoyed *pred;* ■ **~ sein** to be overjoyed [*or* extremely happy] [*or* over the moon]

über|grei·fen *vi irreg* ■ [**auf etw** *akk*] ~ to spread [to sth]

über·grei·fend *adj Konzept, Maßnahme, Veränderung* comprehensive, extensive; *Informationen, Problem* general; *Ziel, Lösung* overall; ***Analphabetismus ist ein sozial ~es Problem*** illiteracy is a problem that affects all levels of society

Über·griff *m* infringement of [one's/sb's] rights

über·groß *adj* oversize[d], enormous; **~e Kleidung** outsize[d] clothing **Über·grö·ße** *f* outsize, extra large size; **~ haben** to be oversize[d]; **Anzüge in ~n** oversize[d] suits

über|ha·ben *vt irreg (fam)* ❶ *(satthaben)* ■ **jdn/etw** ~ to be fed up with [*or* sick [and tired] of] sb/sth *fam;* **jdn/etw gründlich** ~ to be fed up to the back teeth with sb/sth *fam*
❷ *(übergehängt haben)* ■ **etw** ~ to have on sth *sep*

über·hand|neh·men *vi irreg* to get out of hand

Über·hang <-s, -hänge> *m* ❶ *(überhängende Felswand)* overhang[ing ledge] [*or* rock *no pl*]]
❷ *(die Nachfrage übersteigender Bestand)* ■ **~** [**an etw** *dat*] surplus [of sth]; **~ an Aufträgen** backlog of [unfulfilled] orders

❸ TYPO kern

über|hän·gen¹ [ˈyːbɐhɛŋən] *vi irreg haben o sein* ❶ *(hinausragen)* to hang over; **drei Meter weit ~** to hang over [by] three metres ❷ *(vorragen)* ■[**nach vorn**] ~ to project [out]

über|hän·gen² [ˈyːbɐhɛŋən] *vt* ■**jdm/sich etw ~** to put [*or* hang] sth round sb's/one's shoulders; **sich** *dat* **ein Gewehr ~** to sling a rifle over one's shoulder; **sich** *dat* **eine Tasche ~** to hang a bag over one's shoulder

über·has·ten* [yːbɐˈhastn̩] *vt* ■**etw ~** to rush sth

über·has·tet I. *adj* overhasty, hurried **II.** *adv* overhastily; **etw ~ durchführen** to make a rush job of sth *fam,* to rush sth; **sich** *akk* **~ entschließen** to make hasty decisions/a hasty decision; **~ sprechen** to speak too fast

über·häu·fen* [yːbɐˈhɔyfn̩] *vt* ■**jdn mit etw** *dat* **~** ❶ *(überreich bedenken)* to heap sth [up]on sb; **jdn mit Ehrungen ~** to shower sb with honours [*or* honours [up]on sb] ❷ *(in sehr großem Maße konfrontieren)* to heap sth [up]on sb['s head]; **jdn mit Beschwerden ~** to inundate sb with complaints

über·haupt [yːbɐˈhaupt] **I.** *adv* ❶ *(zudem)* ***„das ist ~ die Höhe!"*** "this is insufferable!" ❷ *(in Verneinungen)* ■**~ kein(e, r)** nobody/nothing/none at all; **~ kein Geld haben** to have no money at all, to not have any money at all; ■**~ nicht** not at all; **~ nicht kalt/heiß** not at all cold/hot, not cold/hot at all; ***es hat ~ nicht weh getan*** it didn't hurt at all; ■**~ nichts** nothing at all; **~ nichts** [**mehr**] **haben** to have nothing [*or* not have anything] at all; ■**~** [**noch**] **nie** never [at all [*or hum a.* ever]]; ■**und ~, ...?** and anyway, ...?; ■**wenn ~** if at all; ***Sie bekommen nicht mehr als Euro 4.200, wenn ~*** you'll get no more than 4,200 euros, if that **II.** *part (eigentlich)* ***was soll das ~?*** what's that supposed to mean?; ***wissen Sie ~, wer ich bin?*** do[n't] you know [*or* realize] who I am?

über·heb·lich [yːbɐˈheːplɪç] *adj* arrogant

Über·heb·lich·keit <-, -en> *f pl selten* arrogance *no pl*

über·hei·zen* [yːbɐˈhaitsn̩] *vt* ■**etw ~** to overheat sth **über·hit·zen*** [yːbɐˈhɪtsn̩] *vt* ■**etw ~** to overheat sth **über·hitzt** *adj* overheated

Über·hit·zung <-, -en> *f pl selten* ÖKON overheating; **~ der Konjunktur** overheating of the boom **Über·hit·zungs·schutz** *m* TECH overheat protect

über·hö·hen* [yːbɐˈhøːən] *vt (geh)* ■**etw/jdn ~** to overrate [*or* [over]hype] sth/sb

über·höht *adj* exorbitant, excessive; **mit ~er Geschwindigkeit** over the speed limit; **mit ~er Geschwindigkeit fahren** to drive over [*or* exceed] the speed limit; **ein ~er Preis** an excessive [*or a* prohibitive] [*or* exorbitant] price

über·ho·len*¹ [yːbɐˈhoːln̩] **I.** *vt* ■**jdn/etw ~** ❶ *(schneller vorbeifahren)* to pass [*or* BRIT overtake] sb/sth ❷ *(übertreffen)* to outstrip [*or* surpass] sb/sth **II.** *vi* to pass, to overtake BRIT

über·ho·len*² [yːbɐˈhoːln̩] *vt* ■**etw ~** to overhaul [*or* recondition] sth

über|ho·len³ [ˈyːbɐhoːln̩] *vi* NAUT ■[**nach Backbord/Steuerbord**] ~ to keel [*or* heel] over [to port/starboard]

Über·ho·len¹ <-s> [yːbɐˈhoːln̩] *nt kein pl* ❶ TRANSP *im Verkehr* overtaking ❷ *(Reparieren) einer Maschine* overhauling

Über·ho·len² <-s> [ˈyːbɐhoːln̩] *nt kein pl* NAUT keeling over

Über·hol·ma·nö·ver *nt* overtaking manoeuvre, take-over manoeuvre BRIT, passing maneuver AM **Über·hol·spur** *f* fast [*or* BRIT overtaking] lane

über·holt *adj* outdated, antiquated *a. hum,* outmoded *a. pej*

Über·hol·ver·bot *nt* restriction on passing [*or* BRIT overtaking]; *(Strecke)* no passing [*or* BRIT overtaking] zone

über·hö·ren* [yːbɐˈhøːrən] *vt* ■**etw ~** *(nicht hören)* to not [*or form* fail to] hear sth; *(nicht hören wollen)* to ignore sth; ***das möchte ich überhört haben!*** [I'll pretend] I didn't hear that!

Über·ich^RR^, Über-Ich <-[s], -[s]> [ˈyːbɐʔɪç] *nt* PSYCH superego

über·in·ter·pre·tie·ren* *vt* ■**etw ~** to overinterpret sth

über·ir·disch [ˈyːbɐʔɪrdɪʃ] *adj* celestial *poet;* **~e Schönheit** divine beauty

über·kan·di·delt [ˈyːbɐkandiːdl̩t] *adj (veraltend fam)* ❶ *(exzentrisch)* eccentric ❷ *(überspannt)* highly-strung

Über·kan·di·del·te *nt* oddity, eccentricities *pl*

Über·ka·pa·zi·tät *f* overcapacity; **seine ~ loswerden** to work off excess capacity **Über·ka·pi·ta·li·sie·rung** <-, -en> *f* ÖKON overcapitalization

über·kauft *adj* ÖKON overbought

über·kle·ben* [yːbɐˈkleːbn̩] *vt* ■**etw** [**mit etw** *dat*] **~** to paste over sth [with sth]; **etw mit Tapete ~** to wallpaper over sth

über|ko·chen [ˈyːbɐkɔxn̩] *vi sein* to boil over

über·kom·men*¹ [yːbɐˈkɔmən] *irreg vt* ■**etw überkommt jdn** sb is overcome with sth; ***es überkam mich plötzlich*** it suddenly overcame me

über·kom·men² [yːbɐˈkɔmən] *adj* traditional; **~e Traditionen** traditions

über·kreu·zen* [yːbɐˈkrɔytsn̩] **I.** *vt* ■**etw ~** ❶ *(überqueren)* to cross sth; **einen Platz ~** to cross a square ❷ *(verschränken)* to cross sth; **die Arme/Beine ~** to cross [*or* fold] one's arms/one's legs **II.** *vr* ■**überschneiden** ■**sich** *akk* **~** to cross [*or* intersect]; **sich ~de Linien** intersecting lines

Über·kreuz·wer·bung *f* cross-promotion

über·krus·tet [yːbɐˈkrʊstət] *adj* covered with a crust *pred;* ■**mit etw** *dat* **~** encrusted with sth

über·la·den*¹ [yːbɐˈlaːdn̩] *vt irreg* ■**etw ~** to overload sth

über·la·den² [yːbɐˈlaːdn̩] *adj* ❶ *(zu stark beladen)* overloaded, overladen ❷ *(geh: überreich ausgestattet)* over-ornate; **ein ~er Stil** a florid [*or* an over-ornate] style

über·la·gern* [yːbɐˈlaːgɐn] *vt* ■**etw ~** to eclipse sth; TECH, INFORM ■**etw** [**mit etw** *dat*] **~** to superimpose sth [on sth] [*or* overlay sth [with sth]]

Über·la·ge·rung¹ *f* ❶ *(von Problemen, Themen)* eclipsing ❷ RADIO *von Sendern* overlapping ❸ PHYS overload

Über·la·ge·rung² <-> *f kein pl (zu lange Lagerung) Wein* over-maturing

Über·land·bus [ˈyːbɐlant-] *m* country bus **Über·land·bus·fahrt** *f* coach tour **Über·land·lei·tung** *f* overhead power cable **Über·land·om·ni·bus** *m* country omnibus **Über·land·stra·ße** <-, -en> *f* SCHWEIZ *(überregionale Strasse)* ≈ A road BRIT, ≈ interstate [highway] AM

über·lang *adj* ❶ *(Überlänge besitzend)* extra long, overlong ❷ *(zu lang)* too long **Über·län·ge** *f* extra length; *Film* exceptional length; **~ haben** to be overlong; *Film* to have an exceptional length; **Hemden mit ~** extra long shirts

über·lap·pen* [yːbɐˈlapn̩] **I.** *vi* to overlap; **einen Zentimeter ~** to overlap by one centimetre **II.** *vr* ■**sich** *akk* **~** to overlap

Über·lap·pung <-, -n> *f* BAU overlap

über·las·sen* [yːbɐˈlasn̩] *vt irreg* ❶ *(zur Verfügung stellen)* ■**jdm etw ~** to let sb have sth; **jdm das Haus ~** to leave one's house in sb's hands ❷ *(verkaufen)* ■**jdm etw** [**für etw** *akk*] **~** to let sb have sth [for sth], to sell sth to sb [for sth] ❸ *(lassen)* ■**jdm etw ~** to leave sth to sb; ***ich überlasse dir die Wahl*** it's your choice; ■**es jdm ~, etw zu tun** to leave it [up] to sb to do sth; **jdm ~ sein** [*o* **bleiben**] to be up to sb; **das/solche Dinge müssen Sie schon mir ~** you must leave that/these things to me ❹ *(preisgeben)* ■**jdn jdm/etw ~** to leave sb to sb/to abandon [*or* leave] sb to sth; **sich** *dat* **selbst ~ sein** [*o* **bleiben**] to be left to one's own resources [*or* devices]; **jdn sich** *dat* **selbst ~** to leave sb to his/her own resources [*or* devices]

Über·las·sung <-, -en> *f (geh)* ❶ *(das Überlassen)* ***die ~ des Autos erfolgte kostenlos*** the car was handed over free of charge ❷ *kein pl (das Anheimstellen)* **die ~ der Wahl an jdn** leaving the choice to sb

Über·las·sungs·ver·trag *m* JUR agreement of transfer of possession

über·las·ten* [yːbɐˈlastn̩] *vt* ❶ *(zu stark in Anspruch nehmen)* ■**jdn ~** to overburden sb; ■**etw ~** to put too great a strain on sth, to overstrain sth; ■[**mit etw** *dat*] **überlastet sein** to be overburdened [*or* overtaxed] [with sth] ❷ *(zu stark belasten)* ■**etw ~** to overload sth; ■**überlastet sein** to be overloaded

Über·las·tung <-, -en> *f* ❶ *(Zustand zu starker Inanspruchnahme)* overstrain *no pl;* **bei nervlichen ~en** when there is too great a strain on the nerves ❷ *(zu starke Belastung)* overloading *no pl* ❸ TRANSP *des Verkehrs* congestion

Über·las·tungs·schutz *m kein pl* protection from overloading

Über·lauf *m* TECH *(Bereichsüberschreitung)* overflow

über·lau·fen*¹ [yːbɐˈlaufn̩] *vt irreg* ■**etw überläuft jdn** sb is seized [*or* overcome] with sth; ***es überlief mich kalt*** a cold shiver ran down my back [*or* up and down my spine]

über|lau·fen² [ˈyːbɐlaufn̩] *vi irreg sein* ❶ *(über den Rand fließen)* to overflow; *Tasse a.* to run over *a. poet* ❷ *(überkochen)* to boil over ❸ MIL *(überwechseln)* ■[**zu jdm/etw**] **~** to desert [*or* go over] [to sb/sth]

über·lau·fen³ [yːbɐˈlaufn̩] *adj* overcrowded, overrun

Über·läu·fer(in) *m(f)* MIL deserter **Über·läu·fer·kar·tell** *nt* ÖKON relinquishment contract

über·le·ben* [yːbɐˈleːbn̩] **I.** *vt* ❶ *(lebend überstehen)* ■**etw ~** to survive sth; ***du wirst es ~*** *(iron fam)* it won't kill you, you'll survive *iron* ❷ *(lebend überdauern)* ■**etw ~** to last sth, to live out [*or* through] sth ❸ *(über jds Tod hinaus leben)* ■**jdn** [**um etw** *akk*] **~** to outlive [*or* survive] sb [by sth] **II.** *vi* to survive **III.** *vr* ■**sich** *akk* [**bald**] **~** to [soon] be[come] a thing of the past **Über·le·ben·de(r)** *f(m) dekl wie adj* survivor; **der/die einzige ~** the only survivor **Über·le·bens·chan·ce** *f* chance of survival **über·le·bens·fä·hig** *adj* able to survive *pred*

über·le·bens·groß [ˈyːbɐleːbn̩sgroːs] **I.** *adj* larger-than-life **II.** *adv* larger than life **Über·le·bens·grö·ße** *f* ■**in ~** larger than life

Über·le·bens·kampf *m* fight for survival, struggle to survive **Über·le·bens·künst·ler, -künst·le·rin** *m, f (fam)* [born] survivor **Über·le·bens·tak·tik** *f* survival tactic **Über·le·bens·trai·ning** *nt* survival training **über·le·bens·wich·tig** *adj* vital, important for survival *pred*

über·lebt *adj* outdated, antiquated *a. hum,* outmoded *a. pej*

über·le·gen*¹ [yːbɐˈleːgn̩] **I.** *vi* to think [about it]; **nach kurzem/langem Ü~** after a short time of thinking/after long deliberation; ***was gibt es denn da zu ~?*** what's there to think about?; ■[**sich** *dat*] **~, dass ...** to think that ...; **ohne zu ~** without thinking; ***überleg*** [***doch***] ***mal!*** just [stop and] think about it! **II.** *vt* ■**sich** *dat* **etw ~** to consider [*or* think about] sth, to think sth over; **sich** *dat* **etw reiflich ~** to give serious thought [*or* consideration] to sth; ***ich will es mir noch einmal ~*** I'll think it over again, I'll reconsider it; **es sich** *dat* [**anders**] **~** to change one's mind, to have second thoughts about it; ***das wäre zu ~*** it is worth considering; ***wenn ich es mir recht*** [*o* ***genau***] ***überlege*** on second thoughts [*or* AM *also* thought], come [*or* BRIT coming] to think about it; **sich** *dat* **etw hin und her ~** *(fig)* to consider sth from all angles

über|le·gen² [ˈyːbɐleːgn̩] *vt* ■**jdm etw ~** to put [*or* lay] sth over sb; **sich** *dat* **etw ~** to put on sth *sep*

über·le·gen³ [yːbɐˈleːgn̩] **I.** *adj* ❶ *(jdn weit übertref-*

fend) superior; **ein ~er Sieg** a good [*or* convincing] victory; ■**jdm [auf etw** *dat*/**in etw** *dat*] **~ sein** to be superior to sb [in sth], to be sb's superior [in sth]; **dem Feind im Verhältnis von 3:1 ~ sein** to outnumber the enemy by 3 to 1
② *(herablassend)* superior, supercilious *pej;* **mit ~er Miene** with an expression of superiority, with a supercilious look [on one's face] *pej*
II. *adv* ① *(mit großem Vorsprung)* convincingly
② *(herablassend)* superciliously *pej*

Über·le·gen·heit <-> *f kein pl* ① *(überlegener Status)* superiority *no pl* (**über** *+akk* over)
② *(Herablassung)* superiority *no pl,* superciliousness *no pl pej*

über·legt [y:bɐˈle:kt] I. *adj* [well-]considered; ■**~/~er sein** to have been given good/better consideration
II. *adv* with consideration, in a considered way

Über·le·gung <-, -en> *f* ① *kein pl (das Überlegen)* consideration *no pl, no indef art,* thought *no pl, no indef art;* **eine ~ wert sein** to be worth considering [*or* consideration] [*or* thinking about] [*or* some thought]; **bei/nach eingehender/nüchterner/sorgfältiger ~** on/after close examination/ reflection/careful deliberation
② *pl (Erwägungen)* considerations; *(Bemerkungen)* observations; **~en [zu etw** *dat*] **anstellen** to think [about sth], to consider [sth], to draw observations [from sth]

über|lei·ten *vi* ■**zu etw** *dat* **~** to lead to sth

Über·lei·tung *f* ① *(das Überleiten)* transition; **ohne ~** seamlessly ② JUR transition, transfer; **~ von Verträgen** transfer of contracts **Über·lei·tungs·ge·setz** *nt* JUR transition act **Über·lei·tungs·ver·trag** *m* JUR transition agreement

über·le·sen* [y:bɐˈle:zn̩] *vt irreg* ① *(übersehen)* ■**etw ~** to overlook [*or* miss] sth
② *(überfliegen)* ■**etw ~** to glance through [*or* skim over] sth

über·lie·fern* [y:bɐˈli:fɐn] *vt* ■**jdm etw ~** to hand down sth *sep* to sb; ■**überliefert sein/werden** to have come down/to be being handed down

über·lie·fert *adj* ① *(althergebracht)* traditional, handed down through the centuries *pred*
② *(tradiert)* bequeathed; **~e Zeugnisse früherer Zeiten** testimonial handed down [*or* come down to us] from earlier times

Über·lie·fe·rung *f* ① *kein pl (das Überliefern)* **im Laufe der ~** in the course of being passed down from generation to generation [*or* through the ages]; **mündliche ~** oral tradition
② *(überliefertes Brauchtum)* tradition; **an alten ~en festhalten** to hold on [*or pej* cling] to tradition; **nach [ur]alter ~** according to [ancient] tradition

Über·li·qui·di·tät *f kein pl* FIN excess liquidity

über·lis·ten* [y:bɐˈlɪstn̩] *vt* ① *(durch eine List übervorteilen)* ■**jdn ~** to outwit [*or* outsmart] sb
② *(gewieft umgehen)* ■**etw ~** to outsmart sth

über·lup·fen* *vr* SCHWEIZ ■**sich** *akk* **~** ① *(sich verheben)* to hurt oneself lifting sth
② *(sich übernehmen)* to take on too much

überm [ˈy:bɐm] = **über dem** *(fam)* **~ Berg** over the mountain

Über·macht *f kein pl* ① *(überlegene Macht)* superiority *no pl,* superior strength [*or liter* might] *no pl;* **in der ~ sein** to have the greater strength
② POL superiority, supremacy; **wirtschaftliche ~** economic supremacy

über·mäch·tig *adj* ① *(die Übermacht besitzend)* superior; **ein ~er Feind** a superior [*or* strong] [*or* powerful] enemy, an enemy superior in strength [*or* numbers]
② *(geh: alles beherrschend)* overpowering; **ein ~es Verlangen** an overwhelming desire

über·ma·len*[1] [y:bɐˈma:lən] *vt* ■**etw ~** to paint over sth

über|ma·len[2] [ˈy:bɐma:lən] *vi (fam)* ■**etw ~** to paint over sth; **den Rand ~** to paint over the edge

über·man·nen* [y:bɐˈmanən] *vt (geh)* ■**jdn ~** to overcome sb

Über·maß *nt kein pl* ■**das ~ einer S.** *gen* the excess[ive amount] of sth; **unter dem ~ der Verantwortung** under the burden of excessive responsibility; ■**ein ~ an etw** *dat*/**von etw** *dat* an excess[ive amount] of sth; **ein ~ von Freude** excessive joy; **im ~** in [*or* to] excess

über·mä·ßig I. *adj* excessive; **~e Einnahmen** FIN surplus receipts; **~e Freude/Trauer** intense joy/ mourning; **~er Schmerz** violent pain; ***das war nicht ~*** that was nothing special *a. iron*
II. *adv* ① *(in zu hohem Maße)* excessively; **sich** *akk* **~ anstrengen** to overdo things, to try too hard
② *(unmäßig)* excessively, to excess, too much; **~ rauchen** to smoke too much, to overindulge in smoking *form*

Über·maß·ver·bot *nt* JUR prohibition of excessiveness, rule of reasonableness **Über·mensch** *m* PHILOS superman **über·mensch·lich** *adj* superhuman; **~e Leistungen** superhuman [*or liter* herculean] achievements; **Ü~es leisten** to perform superhuman feats

über·mit·teln* [y:bɐˈmɪtl̩n] *vt (geh)* ① *(überbringen)* ■**jdm etw ~** to bring [*or* deliver] sth to sb
② *(zukommen lassen)* ■**[jdm] etw ~** to convey sth [to sb] *form*

Über·mit·te·lung, **Über·mitt·lung** <-, -en> *f (geh) eines Briefs, einer Nachricht* delivery; *einer Aufforderung a.* conveyance *form;* ***„vergiss nicht die ~ meiner Grüße!"*** "don't forget to give [*or form* convey] my regards!" **Über·mitt·lungs·irr·tum** *m* JUR error of transmission

über·mor·gen [ˈy:bɐmɔrgn̩] *adv* the day after tomorrow, in two days' time; ■**~ Abend/Früh** the day after tomorrow in the evening/morning, in the evening/morning in two days' time

über·mü·det [y:bɐˈmy:dət] *adj* overtired; *(erschöpft a.)* overfatigued *form*

Über·mü·dung <-> *f kein pl* overtiredness *no pl; (Erschöpfung a.)* overfatigue *no pl form*

Über·mut *m* high spirits *npl,* boisterousness *no pl;* **aus ~** out of wantonness *form,* [just] for kicks [*or* the hell of it] *fam*
▸ WENDUNGEN: **~ tut selten gut** *(prov)* pride goes [*or* comes] before a fall *prov; (zu Kind)* it'll [all] end in tears

über·mü·tig [ˈy:bɐmy:tɪç] I. *adj* high-spirited, boisterous; *(zu dreist)* cocky *fam*
II. *adv* boisterously; **~ herumhopsen** to romp about

übern [ˈy:bɐn] = **über den** *(fam)* **~ Fluss/Graben/See** over the river/ditch/lake

über·nächs·te(r, s) [ˈy:bɐnɛ:çstə, -tɐ, -təs] *adj attr* **~s Jahr/~ Woche** the year/week after next, in two years'/weeks' time; ■**der/die/das ~** the next but one; **die ~ Tür** the next door but one, two doors down

über·nach·ten* [y:bɐˈnaxtn̩] *vi* ■**irgendwo/bei jdm ~** to spend [*or* stay] the night [*or* to stay overnight] somewhere/at sb's place; **in einer Scheune/bei einem Freund ~** to spend the night in a barn/ at a friend's

über·näch·tigt *adj,* **über·näch·tig** [y:bɐˈnɛçtɪç(t)] *adj* ÖSTERR, SCHWEIZ worn out [from lack of sleep] *pred; (a. mit trüben Augen)* bleary-eyed

Über·nach·tung <-, -en> *f* ① *kein pl (das Übernachten)* spending the/a night ② *(verbrachte Nacht)* overnight stay; ***mit zwei ~en in Bangkok*** with two nights in Bangkok; **~ mit Frühstück** bed and breakfast **Über·nach·tungs·mög·lich·keit** *f* overnight accommodation *no pl,* place/bed for the night **Über·nach·tungs·zahl** *f* TOURIST, ÖKON *number of overnight stays over a specific period or in a particular region*

Über(na·gel·)lack *m* top coat

Über·nah·me <-, -n> [ˈy:bɐna:mə] *f* ① *(Inbesitznahme)* taking possession *no pl*
② *(das Übernehmen)* assumption *no pl; von Verantwortung a.* acceptance *no pl*
③ ÖKON takeover; **feindliche/freundliche ~** hostile/friendly takeover

Über·nah·me·an·ge·bot *nt* takeover bid **Über·nah·me·be·schluss** *m* JUR takeover resolution **Über·nah·me·gei·er** *m* JUR takeover vulture **Über·nah·me·ge·rücht** *nt* takeover rumour [*or* AM -or] **Über·nah·me·ge·winn** *m* FIN takeover gain **Über·nah·me·haf·tung** *f* JUR taker's liability **Über·nah·me·kla·ge** *f* JUR takeover suit [*or* action] **Über·nah·me·kon·nos·se·ment** *nt* HANDEL received bill of lading **Über·nah·me·kon·sor·ti·um** *nt* ① ÖKON takeover consortium
② JUR *(Versicherung)* underwriting syndicate **Über·nah·me·kurs** *m* ① ÖKON takeover price ② JUR underwriting price **Über·nah·me·ob·jekt** *nt* takeover target **Über·nah·me·recht** *nt* JUR law on takeovers **Über·nah·me·schlacht** *f* takeover battle **Über·nah·me·ver·lust** *m* FIN loss on takeover **Über·nah·me·ver·such** *m* attempted takeover, takeover attempt **Über·nah·me·ver·trag** *m* ① ÖKON takeover agreement ② JUR underwriting agreement **Über·nah·me·wert** *m* ÖKON takeover price **Über·nah·me·zeit·raum** *m* takeover period

Über·na·me <-ns, -n> *m* SCHWEIZ *(o veraltet: Spitzname)* nickname

über·na·ti·o·nal *adj* supranational *form*

über·na·tür·lich *adj* ① *(nicht erklärlich)* supernatural; **~e Erscheinungen** supernatural phenomena
② *(die natürliche Größe übertreffend)* larger than life

über·neh·men* [y:bɐˈne:mən] *irreg* I. *vt* ① *(in Besitz nehmen)* ■**etw ~** to take [possession of *form*] sth; *(kaufen)* to buy sth; **enteigneten Besitz/ein Geschäft ~** to take over expropriated property/a business
② *(auf sich nehmen, annehmen)* ■**etw ~** to accept sth; ***lassen Sie es, das übernehme ich*** let me take care of it; **einen Auftrag ~** to take on a job *sep,* to undertake a job *form;* **die Kosten ~** [to agree] to pay the costs; **die Verantwortung ~** to take on *sep* [*or form* assume] [*or form* adopt] the responsibility; **die Verpflichtungen ~** to assume [*or* enter into] obligations *form;* ■**es ~, etw zu tun** to take on the job of doing sth, to undertake to do sth; **den Vorsitz ~** to take [*or* assume] the chair
③ *(fortführen)* ■**etw [von jdm] ~** to take over sth *sep* [from sb]; **das Steuer ~** to take the wheel; **die Verfolgung ~** to take up pursuit *sep*
④ *(verwenden)* ■**etw ~** to take [*or* borrow] sth; **ein übernommenes Zitat** a citation taken [*or* borrowed] from another work [*or* source]; **eine Sendung in sein Abendprogramm ~** to include a broadcast in one's evening programmes
⑤ *(weiterbeschäftigen)* ■**jdn ~** to take over sb; **jdn ins Angestelltenverhältnis ~** to employ sb on a permanent basis; **jdn ins Beamtenverhältnis ~** to enter sb in the civil service
II. *vr (sich übermäßig belasten)* ■**sich** *akk* **[mit etw** *dat*] **~** to take on [*or form* undertake] too much [of sth]; ***übernimm dich [nur] nicht!*** *(iron fam)* [mind you] don't strain yourself! *iron*
III. *vi* to take over; ***ich bin zu müde, um weiterzufahren, kannst du mal ~?*** I'm too tired to drive any more, can you take the wheel?

über·ner·vös [-vø:s] *adj* highly strung BRIT, high-strung AM

Über·nut·zung *f kein pl* overuse (*+gen* of, **von** *+dat* of)

über|ord·nen *vt* ① *(Vorgesetzter)* ■**jdn jdm ~** to place sb over sb
② *(Prioritäten setzen)* ■**etw einer Sache ~** to give sth precedence over sth
③ *(hierarchisiert sein)* ■**etw** *dat* **übergeordnet sein** to have precedence over sth

über·par·tei·lich *adj* POL non-partisan, non-party

Über·pfän·dung *f* JUR excessive distraint

Über·pro·duk·ti·on *f* ■**die ~** overproduction, surplus production; **die landwirtschaftliche ~** agricultural overproduction, surplus agricultural production

über·pro·por·ti·o·nal I. *adj* disproportionately large [*or* high], out of proportion *pred*
II. *adv* **ein ~ großer Anteil von etw** *dat* a disproportionately high number of sth

über·prü̱f·bar *adj* verifiable; **leicht/schwer ~ sein** to be easy/difficult to verify

über·prü·fen* [y:bɐˈpry:fn̩] *vt* ① *(durchchecken)* ■**jdn ~** to screen [*or* vet] sb; ■**jdn auf etw** *akk* **~** to check sb for sth, to investigate sb's sth [*or* sth of sb]; ■**etw ~** to verify [*or* check] sth; **jds Papiere/die Rechnung ~** to check [*or* examine] sb's papers/the invoice; ■**etw auf etw** *akk* **~** to check sth for sth; **etw auf seine Richtigkeit ~** to check [*or* verify] [[*or* form] the correctness of] sth, to check [*or* verify] that sth is correct
② *(die Funktion von etw nachprüfen)* ■**etw ~** to examine [*or* inspect] [*or* check] sth; ■**etw auf etw** *akk* **~** to check sth of sth; **die Anschlüsse auf festen Sitz ~** to check the firm fits of the connections, to check that the connections fit firmly
③ *(erneut bedenken)* ■**etw ~** to examine [*or* review] sth; **seine Haltung ~** to reconsider one's view; ■**etw auf etw** *akk* **~** to examine sth of [*or* for] sth; **eine Entscheidung auf Zulässigkeit ~** to examine a decision for its admissibility, to examine the admissibility of a decision; **etw erneut ~** to re-examine sth

Über·prü̱·fung *f* ① *kein pl (das Durchchecken)* screening *no pl*, vetting *no pl*; *(das Kontrollieren)* verification *no pl*, check; **eine nochmalige ~** a re[-]check; **~ der Bestände** HANDEL inventory control
② *(Funktionsprüfung)* examination, inspection, check; **eine ~ der Funktion** a function check *spec*
③ *(erneutes Bedenken)* review, examination; **eine erneute ~** a re-examination

über·prü̱·fungs·pflich·tig *adj* subject to inspection

ü̱ber·pünkt·lich *adj always on time or even a few minutes early*

Ü̱ber·qua·li·fi·ka·ti·on <-, -en> *f* overqualification

ü̱ber|quel·len *vi irreg sein* ① *(übervoll sein)* ■**[vor etw** *dat*] **~** to overflow [with sth]
② *(überkochen)* to boil over; *Teig* to rise over the edge

über·que·ren* [y:bɐˈkve:rən] *vt* ■**etw ~** ① *(sich über etw hinweg bewegen)* to cross [over] sth; **einen Fluss ~** to cross [over] [*or form* traverse] a river
② *(über etw hinwegführen)* to lead over sth

Über·que̱·rung <-, -en> *f* crossing

über·ra·gen*¹ [y:bɐˈra:gn̩] *vt* ① *(größer sein)* ■**jdn [um etw** *akk*] **~** to tower above [*or* over] sb [by sth]; *(um ein kleineres Maß)* to be [sth] taller than sb, to be taller than sb [by sth]; **jdn um einen Kopf ~** to be a head taller than sb; ■**etw [um etw** *akk*] **~** to tower above [*or* over] [*or* rise above] sth [by sth]; *(um ein kleineres Maß)* to be [sth] higher than sth, to be higher than sth [by sth]
② *(über etw vorstehen)* ■**etw [um etw** *akk*] **~** to jut out [*or* project] over sth [by sth]
③ *(übertreffen)* ■**jdn ~** to outshine [*or* outclass] sb; ■**etw ~** to outclass sth

ü̱ber|ra·gen² [ˈy:bɐra:gn̩] *vi* to jut out, to project

über·ra̱·gend *adj* outstanding; **von ~er Bedeutung** of paramount importance; **von ~er Qualität** of superior quality

über·ra·schen* [y:bɐˈraʃn̩] *vt* ① *(unerwartet erscheinen)* ■**jdn ~** to surprise sb; **jdn mit einem Besuch ~** to surprise sb with a visit, to give sb a surprise visit
② *(ertappen)* ■**jdn bei etw** *dat* **~** to surprise [*or* catch] sb doing sth; ■**jdn dabei ~, wie jd etw tut** to catch sb doing sth
③ *(überraschend erfreuen)* ■**jdn mit etw** *dat* **~** to surprise sb with sth; ***lassen wir uns ~!*** *(fam)* let's wait and see [what happens]
④ *(erstaunen)* ■**jdn ~** to surprise sb; *(stärker)* to astound sb; ***du überrascht mich!*** you surprise me!, I'm surprised at you!
⑤ *(unerwartet überfallen)* ■**jdn ~** to take sb by surprise; **vom Regen überrascht werden** to get caught in the rain

über·ra̱·schend I. *adj* unexpected; ■**~ sein** to come as a surprise
II. *adv* unexpectedly; **jdn ~ besuchen** to pay sb a surprise visit; **[für jdn] völlig ~ kommen** to come as a complete surprise [to sb]

über·ra̱·schen·der·we̱i·se *adv* surprisingly, to my/his/her etc. surprise

über·ra̱scht I. *adj* surprised; *(stärker)* astounded; ■**~ sein, dass/wie ...** to be surprised that/at how ...
II. *adv* **jdn ~ ansehen** to look at sb in surprise; **~ aufsehen** to look up surprised [*or* in surprise]; **etw ~ fragen** to ask sth in surprise

Über·ra̱·schung <-, -en> *f* ① *kein pl (Erstaunen)* surprise *no pl*; *(stärker)* astonishment *no pl*; **voller ~** completely surprised, in complete surprise; **zu jds [größter] ~** to sb's [great] surprise, [much] to sb's surprise
② *(etwas Unerwartetes)* surprise; **eine ~ für jdn kaufen** to buy something as a surprise for sb; ■**[für jdn] eine ~ sein** to come as a surprise [to sb]; ***was für eine ~!, ist das eine ~!*** *(fam)* what a surprise!

Über·ra̱·schungs·ef·fekt *m* surprise effect [*or* element]; *von Plan* element of surprise **Über·ra̱·schungs·ei®** *nt* Kinder surprise egg® *(chocolate egg with a toy inside)* **Über·ra̱·schungs·mo·ment** *nt* moment of surprise

Ü̱ber·re·ak·ti·on *f* overreaction *no pl*; **zu ~en neigen** to tend to overreact

über·re·den* [y:bɐˈre:dn̩] *vt* ■**jdn ~** to persuade [*or sep* talk round] sb; ■**jdn zu etw** *dat* **~** to talk sb into sth; ■**jdn [dazu] ~, etw zu tun** to persuade sb to do sth, to talk sb into doing sth; ■**sich** *akk* **~ lassen, etw zu tun** to let oneself be talked [*or* persuaded] into doing sth

Über·re̱·dung <-, -en> *f pl selten* persuasion *no pl*

Über·re̱·dungs·kunst *f* persuasiveness *no pl*, power[s *pl*] of persuasion

ü̱ber·re·gi·o·nal *adj* national; **~e Konkurrenz** ÖKON national competition; **ein ~er Sender/eine ~e Zeitung** a national [*or* nationwide] transmitter/newspaper

ü̱ber·re·gu·liert *adj inv* ADMIN over-regulated

Ü̱ber·re·gu·lie·rung *f* ADMIN, ÖKON overregulation

ü̱ber·reich *adv* ① *(überaus aufwendig)* richly, lavishly
② *(überaus reich)* **jdn ~ beschenken** to lavish [*or* shower] gifts [up]on sb

über·rei·chen* [y:bɐˈraiçn̩] *vt (geh)* ■**jdm etw ~** to hand over sth *sep* to sb; *(feierlich)* to present sth to sb [*or* sb with sth]; **den Behörden etw ~** to submit sth to [*or form* before] the authorities

ü̱ber·reich·lich I. *adj* [more than] ample
II. *adv* **~ speisen/trinken** to eat/drink more than ample; **jdn ~ bewirten** to provide sb with [more than] ample fare

Über·rei̱·chung <-, -en> *f* presentation

ü̱ber·reif *adj* overripe

über·rei·zen* [y:bɐˈraitsn̩] *vt* ■**jdn ~** to overexcite sb; ■**etw ~** to overstrain sth

über·rei̱zt *adj* ① *(überanstrengt)* overstrained; **~e Nerven** overstrained [*or* overwrought] nerves
② *(übererregt)* overexcited

Über·rei̱·zung <-, -en> *f* overexcitement

über·ren·nen* [y:bɐˈrɛnən] *vt irreg* ■**etw ~** to overrun sth

ü̱ber·re·prä·sen·tiert *adj* overrepresented

Ü̱ber·rest *m meist pl* remains *npl*; **jds sterbliche ~e** *(geh)* sb's [mortal] remains *form*

Ü̱ber·rie·se *m* ASTRON supergiant; **roter ~** red supergiant

über·rie·seln* [y:bɐˈri:zl̩n] *vt* ■**etw überrieselt jdn** sth runs down sb's spine

über·ri̱s·sen *adj* SCHWEIZ *(übertrieben)* extreme, excessive

Ü̱ber·roll·bü·gel *m* AUTO rollover bar BRIT, roll bar

über·rol·len* [y:bɐˈrɔlən] *vt* ■**jdn/etw ~** to run over sb/sth; *Panzer* to roll over sb/sth

über·rum·peln* [y:bɐˈrʊmpl̩n] *vt* ■**jdn ~** ① *(fam: unerwartet passieren)* to take sb by surprise, to catch sb unawares; ***lass dich nicht ~!*** don't get caught out!
② *(überraschend angreifen und überwältigen)* to take sb by surprise, to surprise sb

Über·ru̱m·pe·lung, Über·ru̱mp·lung <-, -en> *f* ① *(unerwartetes Ereignis)* ■**die ~ von jdm** catching sb unawares
② *(unerwartete Überwältigung)* surprise attack (+*gen* on)

über·run·den* [y:bɐˈrʊndn̩] *vt* ■**jdn ~** ① SPORT to lap sb
② *(leistungsmäßig übertreffen)* to outstrip sb; *Schüler* to run rings round sb

übers [ˈy:bɐs] = **über das** *s.* **über**

über·sä̱·en *vt* ■**etw mit etw** *dat* **~** to strew [*or* cover] sth with sth

über·sät [y:bɐˈzɛ:t] *adj* covered; **ein mit Sommersprossen ~es Gesicht** a freckled face; ■**mit [*o* von] etw ~ sein** to be covered with sth; *Straße, Boden* to be littered [*or* covered] [*or* strewn] with sth; **mit [*o* von] Blüten ~ sein** to be carpeted [*or* strewn] with blossoms; **ein mit Sternen ~er Himmel** a star-studded sky

über·sät·ti·gen* [y:bɐˈzɛtɪgn̩] *vt* ① *(zu viel von etw haben)* ■**jdn/etw ~** to satiate sb/sth; **den Markt ~** to oversaturate the market; **eine übersättigte Gesellschaft** a society sated with luxuries
② CHEM ■**etw ~** to supersaturate sth

über·sä̱t·tigt *adj* sated *form*, satiated *form*

Über·sä̱t·ti·gung *f* satiety *no pl form*, satiation *no pl form*

über·säu̱·ern* *vt* ■**etw ~** *Boden, Gewässer, Magen* to overacidify sth

Ü̱ber·schall·flug *m* supersonic flight **Ü̱ber·schall·flug·zeug** *nt* supersonic aircraft **Ü̱ber·schall·ge·schwin·dig·keit** *f kein pl* supersonic speed; ■**mit ~** at supersonic speed[s]; **mit ~ fliegen** to fly supersonic [*or* at supersonic speed[s]] **Ü̱ber·schall·jä·ger** *m* supersonic jet fighter **Ü̱ber·schall·knall** *m* sonic boom

ü̱ber·schall·schnell I. *adj* supersonic
II. *adv* at supersonic speed[s]; **~ fliegen** to fly supersonic [*or* at supersonic speed[s]]

über·schat·ten* [y:bɐˈʃatn̩] *vt (geh)* ■**etw ~** to cast a shadow [*or* cloud] over sth

über·schät·zen* [y:bɐˈʃɛtsn̩] *vt* ■**etw ~** ① *(zu hoch schätzen)* to overestimate sth; **die Steuern ~** to overassess taxes
② *(zu hoch einschätzen)* ■**etw/sich** *akk* **~** to overestimate [*or* overrate] sth/oneself; ■**sich** *akk* **~** *(von sich zu viel halten)* to think too highly of oneself

Über·schä̱t·zung *f* overestimation *no pl*; **in ~ einer S.** *gen* overestimating [*or* overrating] sth

über·scha̱u·bar *adj* ① *(abschätzbar)* **eine ~e Größe** a manageable size; **~e Kosten/ein ~er Preis** a clear cost/price structure; **ein ~es Risiko** a contained [*or* containable] risk
② *(einen begrenzten Rahmen habend)* tightly structured

Über·scha̱u·bar·keit <-> *f kein pl von Projekt* comprehensibility *no pl*, clarity *no pl*; **die ~ der Kosten/vom Preis** the clear cost/price structure

über·schau·en* [y:bɐˈʃauən] *vt (geh) s.* **überblicken**

ü̱ber|schäu·men [ˈy:bɐʃɔymən] *vi sein* ① *(mit Schaum überlaufen)* to froth [*or* foam] over; **~der Badeschaum** foaming bubble bath
② *(fig: ganz ausgelassen sein)* ■**vor etw** *dat* **~** to brim [*or* bubble] [over] with sth; ■**~d** bubbling, exuberant, effervescent

ü̱ber|schie·ßen *vi irreg, meist im Partizip Präsens* to go to excess; **~de Energie** overabundant energy

über·schla·fen* [y:bɐˈʃla:fn̩] *vt irreg* ■**etw [bis morgen] ~** to sleep on sth

Ü̱ber·schlag *m* ① SPORT handspring; **einen ~ machen** to do a handspring
② *(überschlägliche Berechnung)* [rough] estimate; **[jdm] einen ~ machen** to make [*or* frame] sb an estimate

über·schla·gen*¹ [y:bɐˈʃla:gn̩] *irreg* I. *vt* ■**etw ~** ① *(beim Lesen auslassen)* to skip [over] sth
② *(überschläglich berechnen)* to [roughly] estimate sth, to make a rough estimate of sth
II. *vr* ① *(eine vertikale Drehung ausführen)* ■**sich**

U

akk ~ *Mensch* to fall head over heels; *Fahrzeug* to overturn
② *(rasend schnell aufeinander folgen)* ■ **sich** *akk* ~ to come thick and fast, to follow in quick succession
③ *(besonders beflissen sein)* **sich** *akk* [**vor Freundlichkeit/Hilfsbereitschaft**] ~ to fall over oneself to be friendly/helpful; ***nun überschlag dich mal nicht!*** *(fam)* don't get carried away!
④ *(schrill werden)* ■ **sich** *akk* ~ *Stimme* to crack

über|schla·gen² ['y:bɐʃla:gn̩] **I.** *vt haben irreg* **die Beine** ~ to cross one's legs; **mit ~en Beinen sitzen** to sit cross-legged
II. *vi sein irreg* ■ **in etw** *akk* ~ ① *(fig)* to turn into sth
② *(brechen)* to overturn; ***die Wellen schlugen über*** the waves broke
③ *(übergreifen)* to spread; ***die Funken schlugen auf die Tischdecke über*** the sparks landed on the table cloth

über·schlä·gig *adj* approximate

über·schläg·lich ['y:bɐʃlɛ:klɪç] **I.** *adj* rough, approximate
II. *adv* roughly, approximately; **etw ~ schätzen** to roughly estimate sth, to give a rough estimate of sth

über|schnap·pen *vi sein (fam)* ① *(verrückt werden)* to crack [up] *fam,* to be cracked [*or* crazy] *fam*
② *(schrill werden)* to crack, to break

über·schnei·den* [y:bɐ'ʃnaidn̩] *vr irreg* ① *(sich zeitlich überlappen)* ■ **sich** *akk* [**um etw** *akk*] ~ to overlap [by sth]
② *(sich mehrfach kreuzen)* ■ **sich** *akk* ~ to intersect

Über·schnei·dung <-, -en> *f* overlapping *no pl*

über·schrei·ben* [y:bɐ'ʃraibn̩] *vt irreg* ① *(betiteln)* ■ **etw mit etw** *dat* ~ to head sth with sth
② *(darüberschreiben)* ■ **etw** ~ to write over sth; INFORM to overwrite sth
③ *(übertragen)* ■ **jdm etw ~,** ■ **etw auf jdn** ~ to make [*or* sign] over sth *sep* to sb

Über·schreib·mo·dus *m* INFORM replace mode

über·schrei·en* [y:bɐ'ʃraiən] *vt irreg* ■ **jdn** ~ to shout down sb; ■ **etw** ~ to shout over sth, to drown out sth *sep* by shouting

über·schrei·ten* [y:bɐ'ʃraitn̩] *vt irreg* ① *(geh: zu Fuß überqueren)* ■ **etw** ~ to cross [over] sth
② *(über etw hinausgehen)* ■ **etw** [**um etw** *akk*] ~ to exceed sth [by sth]
③ *(sich nicht im Rahmen von etw halten)* ■ **etw** [**mit etw** *dat*] ~ to overstep [*or form* transgress] sth [with sth]
④ *(geh: über etw hinaus sein)* ■ **etw** ~ to pass sth

Über·schrei·tung <-, -en> *f* ① *(Überquerung)* crossing
② *(das Überschreiten)* exceeding; ~ **des Liefertermins** exceeding the delivery deadline, late delivery
③ JUR *(Verletzung)* exceeding, transgression; ~ **der Kompetenzen** acting ultra vires; ~ **der Machtbefugnisse** exceeding one's powers [*or* authority]
④ TECH *(Überschuss)* overrange

Über·schrift <-, -en> *f* title, heading; *einer Zeitung* headline; **eine/keine ~ haben** to be titled/untitled, to have a/no title

Über·schuh *m* overshoe; ■ **~e** overshoes, galoshes *dated*

über·schul·det [y:bɐ'ʃʊldət] *adj* FIN heavily indebted, overindebted; *Immobilien* encumbered

Über·schul·dung <-, -en> *f* overindebtedness *no pl,* excessive debts *pl*

Über·schussRR, **Über·schuß**ALT *m* ① ÖKON *(Reingewinn)* profit, surplus; **buchmäßiger** ~ book surplus; ~ **abwerfen** to yield a profit; **einen ~ erwirtschaften** to make a surplus
② *(überschüssige Menge)* surplus *no pl;* ■ **ein ~ an etw** *dat* a surplus [*or* glut] of sth

Über·schuss·ein·künf·teRR *pl* FIN surplus receipts

über·schüs·sig ['y:bɐʃʏsɪç] *adj* surplus *attr;* CHEM excess; **~e finanzielle Mittel** surplus funds

Über·schuss·ma·te·ri·alRR *nt* surplus material **Über·schuss·pro·duk·ti·on**RR *f* surplus production **Über·schuss·rech·nung**RR *f* FIN cash receipts and disbursements method **Über·schuss·re·ser·ve**RR *f* FIN surplus reserve **Über·schuss·si·tu·a·ti·on**RR *f* ÖKON surplus situation

über·schüt·ten* [y:bɐ'ʃʏtn̩] *vt* ① *(übergießen)* ■ **jdn/sich/etw mit etw** *dat* ~ to pour sth over sb/oneself/sth
② *(bedecken)* ■ **etw mit etw** *dat* ~ to cover sth with sth
③ *(überhäufen)* ■ **jdn mit etw** *dat* ~ to inundate sb with sth; **jdn mit Geschenken/Komplimenten** ~ to shower sb with presents/compliments; **jdn mit Vorwürfen** ~ to heap accusations on sb

Über·schwang <-[e]s> *m kein pl* exuberance *no pl;* **im ersten** ~ in the first flush of excitement; **im ~ der Freude/Gefühle** in one's joyful exuberance/one's exuberance

über·schwäng·lichRR ['y:bɐʃvɛŋlɪç] **I.** *adj* effusive, gushing *pej*
II. *adv* effusively, gushingly *pej;* **jdn ~ begrüßen** to greet sb effusively [*or* with great effusion]

Über·schwäng·lich·keitRR <-> *f kein pl* effusiveness *no pl*

über|schwap·pen ['y:bɐʃvapn̩] *vi sein* to spill [over the edge]; *(überfließen)* to slop [*or* splash] over

über·schwem·men* [y:bɐ'ʃvɛmən] *vt* ① *(überfluten)* ■ **etw** ~ to flood sth
② *(in Mengen hineinströmen)* ■ **etw** ~ to pour into sth
③ *(mit großen Mengen eindecken)* ■ **etw mit etw** *dat* ~ to flood [*or* inundate] sth with sth

Über·schwem·mung <-, -en> *f* flood[ing *no pl*]

Über·schwem·mungs·ge·biet *nt* flood area **Über·schwem·mungs·ka·ta·stro·phe** *f* flood disaster

über·schweng·lichALT ['y:bɐʃvɛŋlɪç] *adj, adv s.* **überschwänglich**

Über·schweng·lich·keitALT <-> *f kein pl s.* **Überschwänglichkeit**

Über·see ['y:bɐze:] *kein art* ■ **aus** ~ from overseas [*or hum* the other side of the pond]; ■ **in** ~ overseas, on the other side of the pond *hum;* ■ **nach** ~ overseas, to the other side of the pond *hum*

Über·see·damp·fer *m* ocean[-going] liner **Über·see·ha·fen** *m* international [*or* transatlantic] port **Über·see·han·del** *m* overseas trade

über·see·isch ['y:bɐze:ɪʃ] *adj* overseas *attr*

Über·see·ka·bel *nt* TELEK transoceanic cable **Über·see·li·nie** *f* transocean line **Über·see·markt** *m* overseas market **Über·see·ver·kehr** *m* overseas traffic

über·seh·bar [y:bɐ'ze:ba:ɐ̯] *adj* ① *(abschätzbar)* **~e Auswirkungen** containable effects; **eine ~e Dauer/~e Kosten/Schäden** an assessable period/assessable costs/damage; **~e Konsequenzen** clear consequences; ■ **etw ist ~/noch nicht** ~ sth is in sight/sth is still not known
② *(mit Blicken erfassen)* visible; **schwer ~es Gelände** terrain offering no clear view; ***von hier aus ist das Gelände nicht*** ~ you can't get a good view of the terrain from here

über·se·hen*¹ [y:bɐ'ze:ən] *vt irreg* ■ **etw** ~ ① *(versehentlich nicht erkennen)* to overlook [*or* miss] sth, to fail to see [*or* notice] sth
② *(abschätzen)* to assess sth; ■ **etw lässt sich** ~ sth can be assessed
③ *(mit Blicken erfassen)* to have a view of sth; ***von hier oben lässt sich das Umland besser*** ~ there's a better view of the surroundings from up here

über|se·hen² ['y:bɐze:ən] *vr irreg* ■ **sich** *akk* **an etw** *dat* ~ to get [*or* grow] tired [*or* to tire] of seeing sth

über·sen·den* [y:bɐ'zɛndn̩] *vt irreg (geh)* ■ **jdm etw** ~ to send sb sth, to forward sth to sb *form,* to dispatch sth to sb

Über·sen·dung *f (geh)* sending *no pl,* forwarding *no pl,* dispatch

Über·sen·dungs·be·richt *m* JUR prosecution's report upon criminal appeal

über·setz·bar *adj* translatable; **nicht** ~ untranslatable; **leicht/schwer** ~ easy/difficult [*or* hard] to translate *pred;* **etw ist** [**kaum/leicht**] ~ sth can be translated [only with great difficulty]/[easily] translated

über·set·zen*¹ [y:bɐ'zɛtsn̩] **I.** *vt* ■ **etw** ~ to translate sth; **etw nur schwer/annähernd** ~ to translate sth only with difficulty/to do [*or form* render] an approximate translation of sth; **etw** [**aus dem Polnischen**] [**ins Französische**] ~ to translate sth [from Polish] [into French], to render sth [into French] [from Polish] *form*
II. *vi* ■ [**aus etw** *dat*] [**in etw** *akk*] ~ to translate [from sth] [into sth]

über|set·zen² ['y:bɐzɛtsn̩] **I.** *vt haben* ■ **jdn** ~ to ferry [*or* take] across sb *sep*
II. *vi sein* ■ [**auf etw** *dat*/**in etw** *dat*] ~ to cross [over] [on/in sth]

Über·set·zer(in) *m(f)* translator

Über·set·zer·pro·gramm *nt* INFORM interpreter [*or* translator] program

über·setzt *adj* ① LING *Text* translated
② TECH **hoch/niedrig/anders ~ sein** to have a high/low/different transmission ratio

Über·set·zung¹ <-, -en> *f* TECH transmission [*or* gear] ratio; AUTO gear ratio step up

Über·set·zung² <-, -en> *f* ① *(übersetzter Text)* translation, rendition *form*
② *kein pl (das Übersetzen)* translation *no pl*

Über·set·zungs·bü·ro *nt* translation agency [*or* bureau] **Über·set·zungs·feh·ler** *m* translation error

Über·sicht <-, -en> *f* ① *kein pl (Überblick)* overall view, general idea; **die ~ verlieren** to lose track of things [*or* of what's going on]
② *(knappe Darstellung)* outline, summary

über·sicht·lich **I.** *adj* ① *(rasch erfassbar)* clear; **wenig** ~ confused; ■ **~ sein** to be clear[ly structured], to have [*or form* exhibit] a clear structure
② *(gut zu überschauen)* open *attr;* ■ **~ sein** to offer a clear view [on all sides]; *(wenig Deckung bietend)* to be exposed; ■ **nicht ~ sein** to impede the/one's view [on all sides]
II. *adv* ① *(rasch erfassbar)* clearly
② *(gut überschaubar)* **etw ~ anlegen** to give sth an open layout; **etw ~ planen** to plan sth with a clear structure

Über·sicht·lich·keit <-> *f kein pl* ① *(rasche Erfassbarkeit)* clarity *no pl*
② *(übersichtliche Anlage)* openness *no pl*

Über·sichts·kar·te *f* general [*or* outline] map **Über·sichts·ta·bel·le** *f* summary table

über|sie·deln [y:bɐ'zi:dl̩n] *vi sein (irgendwohin umziehen)* ■ **in etw** *akk*/**nach ...** ~ to take up residence in sth *form*/to move to ...; **ins Ausland** ~ to emigrate

Über·sie·de·lung <-, -en> *f* move (**an/in** +*akk* to), removal *form* (**an/in** +*akk* to)

Über·sied·ler(in) *m(f)* migrant; *(Einwanderer)* immigrants; *(Auswanderer)* emigrants

Über·sied·lung <-, -en> *f s.* **Übersiedelung**

über·sinn·lich *adj* paranormal, supernatural

über·span·nen*¹ [y:bɐ'ʃpanən] *vt* ① *(beziehen)* **etw mit Seide/Leder** ~ to cover sth with silk/leather, to stretch silk/leather over sth
② *(über etw hinwegführen)* ■ **etw** ~ to span sth

über·span·nen² [y:bɐ'ʃpanən] *vt* ■ **etw** ~ ① *(zu stark spannen)* to overstrain sth, to put too much strain on sth; *s. a.* **Bogen**
② *(über ein vernünftiges Maß hinausgehen)* to push sth too far

über·spannt *adj* ① *(übertrieben)* extravagant, wild
② *(exaltiert)* eccentric; ■ **~ sein** to be [an] eccentric
③ *(überanstrengt)* overexcited, overwrought

Über·span·nung *f* ELEK power surge

Über·span·nungs·schutz *m* ELEK over-voltage protection

über·spie·len*¹ [y:bɐ'ʃpi:lən] *vt* ① *(audiovisuell übertragen)* ■ **etw** [**von etw** *dat*] [**auf etw** *akk*] ~ to record sth [from sth] [on[to] sth], to transfer sth [from sth] to sth, to transfer sth from sth [to sth]; **etw auf Kassette** ~ to tape sth, to put [*or* record] sth on[to] [*or* transfer sth to] tape
② INFORM ■ **etw** ~ to export sth; **Daten** ~ to export data

über·spie·len*² [y:bɐ'ʃpi:lən] *vt (verdecken)* ■ **etw** [**durch etw** *akk*] ~ to cover up sth *sep* [with sth]

über·spit·zen* [y:bɐ'ʃpɪtsn̩] *vt (übertreiben)*

■**etw** ~ to carry sth too far, to exaggerate sth

über·spitzt I. *adj* exaggerated
II. *adv* in an exaggerated fashion; **etw** ~ **darstellen** to exaggerate the depiction of sth

über·sprin·gen*[1] [y:bɐˈʃprɪŋən] *vt irreg* ■**etw** ~ ① *(über etw hinwegspringen)* to jump [*or* clear] sth; **eine Mauer** ~ to vault [*or* jump] [*or* clear] a wall ② *(auslassen)* to skip [over] sth; **eine Seite/ein Kapitel** ~ to skip [over] [*or* leave out *sep*] a page/chapter ③ SCH **eine Klasse** ~ to skip [*or* miss out *sep*] a class

über|sprin·gen[2] [ˈy:bɐʃprɪŋən] *vi irreg sein* ① *(sich übertragen)* ■[**auf jdn**] ~ to spread [to sb] ② *(infizieren)* ■**auf jdn/etw** ~ to spread [to sb/sth] ③ *(plötzlich übergreifen)* ■[**von etw** *dat*] **auf etw** *akk* ~ to spread quickly [from sth] [to sth]

über|spru·deln *vi sein* to bubble over; *(beim Kochen)* to boil over

über·spü·len* [y:bɐˈʃpy:lən] *vt* ■**etw** ~ to overflow sth; *Welle* to wash over sth; ■**überspült werden** to be flooded

über·staat·lich *adj* supranational *form*

über·ste·hen*[1] [y:bɐˈʃte:ən] *vt (durchstehen)* ■**etw** ~ to come [*or* get] through sth; **die Belastung** ~ to hold out under the stress; **eine Krankheit/Operation** ~ to get over [*or* recover from] an illness/operation; **die nächsten Tage** ~ to live through [*or* live out *sep*] [*or* to last] the next few days; **es überstanden haben** *(euph)* to have passed away [*or* on] *euph;* ***jetzt haben wir es überstanden*** *(fam)* thank heavens that's over now

über|ste·hen[2] [ˈy:bɐʃte:ən] *vi irreg haben o sein (herausragen)* to jut [*or* stick] out, to project; **40 cm** [**weit**] ~ to jut [*or* stick] out [*or* to project] [by] 40 cm

über·stei·gen* [y:bɐˈʃtaign̩] *vt irreg* ■**etw** ~ ① *(über etw klettern)* to climb over sth; **eine Mauer** ~ to scale [*or* climb over] a wall ② *(über etw hinausgehen)* to go beyond [*or* exceed] sth; **jds Erwartungen** ~ to exceed sb's expectations ③ *(größer als etw sein)* to be beyond [*or* exceed] sth

über·stei·gern* [y:bɐˈʃtaigɐn] *vt* **seine Forderungen** ~ to go too far with one's demands, to push one's demands too far; **die Preise** ~ to force up prices

über·stei·gert *adj* ① *(übernormal verstärkt)* exaggerated, excessive; **ein** ~**es Selbstbewusstsein** an exaggerated sense of one's own importance ② *(zu hoch geschraubt)* excessive, exorbitant; ~**e Erwartungen** highly-pitched [*or* lofty] expectations ③ ÖKON excessive; ~**es Anziehen der Preise** rocketing prices

Über·stei·ge·rung *f* ① *(das Übersteigern)* **die** ~ **der Mieten/Preise** forcing up rents/prices ② *(Zustand der übernormalen Verstärkung)* excess; **etw zur** ~ **treiben** to push sth to excess

über·stel·len* [y:bɐˈʃtɛlən] *vt* ■**jdn jdm** [*o* **an jdn**] ~ to hand over *sep* [*or form* commit] sb to sb

über·steu·ern* I. *vi* AUTO to oversteer
II. *vt* ELEK ■**etw** ~ to overmodulate sth

über·stim·men* [y:bɐˈʃtɪmən] *vt* ① *(mit Stimmenmehrheit besiegen)* ■**jdn** ~ to outvote sb ② *(mit Stimmenmehrheit ablehnen)* ■**etw** ~ to defeat [*or* vote down *sep*] sth

über·strah·len* [y:bɐˈʃtra:lən] *vt (fig)* ■**etw** ~ to outshine sth

über·stra·pa·zie·ren* *vt* ■**etw** ~ ① *(zu sehr ausnutzen)* to abuse sth ② *(zu oft verwenden)* to wear out sth *sep;* ■**überstrapaziert** worn out; **überstrapazierte Ausreden** tired excuses *pej*

über·strei·chen* [y:bɐˈʃtraiçn̩] *vt irreg* ■**etw** [**mit etw** *dat*] ~ to paint over sth *sep* [with sth]; **etw mit frischer Farbe** ~ to give sth a fresh coat of paint

über|strei·fen *vt* ■[**sich** *dat*] **etw** ~ to slip on sth *sep*

über·strö·men* [y:bɐˈʃtrø:mən] *vt* ■**etw** ~ to overflow sth; ***Schweiß überströmte sein Gesicht*** sweat poured down his face, his face was bathed in sweat

über|stül·pen *vt* ■**jdm/sich etw** ~ to slip sth over sb's/one's head

Über·stun·de *f* ÖKON hour of overtime, extra hour; ■~**n** overtime *no pl;* ~**n machen** to do [*or* work] overtime; **geleistete** ~**n** overtime worked

Über·stun·den·ab·bau *m* overtime reduction, cutback in overtime **Über·stun·den·lohn** *m* overtime pay **Über·stun·den·ta·rif** *m* overtime rate **Über·stun·den·ver·bot** *nt* overtime ban **Über·stun·den·zu·schlag** *m* overtime allowance [*or* bonus]

über·stür·zen* [y:bɐˈʃtʏrtsn̩] **I.** *vt* ■**etw** ~ to rush into sth; **eine Entscheidung** ~ to rush [into] a decision; **man soll nichts** ~, **nur nichts** ~ don't rush into anything, look before you leap
II. *vr* ■**sich** *akk* ~ to follow in quick [*or* rapid] succession; *Nachrichten a.* to come thick and fast

über·stürzt I. *adj* overhasty, rash, precipitate *form*
II. *adv* overhastily, rashly, precipitately *form;* ~ **handeln** to go off at half cock *fam,* to go off half-cocked *fam*

Über·stür·zung <-> *f kein pl* rashness *no pl,* precipitation *no pl form*

über·ta·rif·lich I. *adj* above [*or* in excess of] the agreed [*or* union] rate *pred,* in excess of the collectively agreed scale *pred;* ~**e Bezahlung** payment over and above the collectively agreed scale
II. *adv* above [*or* in excess of] the agreed [*or* union] rate

über·teu·ert [y:bɐˈtɔyɐt] *adj* overexpensive, too expensive [*fam* by half] *pred,* overpriced *a. pej;* **ein** ~**er Preis** an excessive [*or* exorbitant] [*or* inflated] price; ■[**um etw** *akk*] ~ **sein** to be too expensive [by sth]

über·töl·peln* [y:bɐˈtœlpl̩n] *vt* ■**jdn** ~ to put [a fast] one over on sb, to dupe sb; ■**sich** *akk* [**von jdm**] ~ **lassen** to let oneself be duped [by sb]

Über·töl·pe·lung <-, -en> *f* taking-in *no pl*

über·tö·nen* *vt* ■**jdn** ~ to drown [out *sep*] sb['s words/screams etc.]; **etw** ~ to drown [out *sep*] sth

Über·topf *m* flower pot holder

Über·trag <-[e]s, Überträge> [ˈy:bɐtra:k, *pl* -trɛ:gə] *m* FIN carryover, amount carried over [*or* forward]; **einen** ~ [**auf etw** *akk*] **machen** to carry over [to sth]

über·trag·bar [y:bɐˈtra:kba:ɐ̯] *adj* ① *(durch Infektion weiterzugeben)* communicable *form* (**auf** +*akk* to), infectious; *(durch Berührung)* contagious, catching *pred fam;* ■[**auf jdn**] ~ **sein** to be communicable [to sb] *form,* to be infectious [*or fam* catching]; *(durch Berührung)* to be contagious [*or fam* catching]; ■**etw ist von jdm/dem Tier auf jdn/das Tier** ~ sth can be passed from sb/animal to sb/animal ② *(anderweitig anwendbar)* ■**auf etw** *akk* ~ **sein** to be applicable to sth ③ *(von anderen zu benutzen)* ■~ **sein** to be transferable ④ INFORM *(transferierbar)* portable

Über·trag·bar·keit <-> *f kein pl* ① JUR transferability, assignability ② BÖRSE *von Aktien* negotiability

über·tra·gen*[1] [y:bɐˈtra:gn̩] *irreg* **I.** *vt* ① *(senden)* ■**etw** ~ to broadcast sth ② *(geh: übersetzen)* ■**etw** ~ to translate sth; **etw wortwörtlich** ~ to translate sth word for word, to do a literal translation of sth; ■**etw aus etw** *dat* ~ to translate [*or form* render] sth from sth; ■**etw in etw** *akk* ~ to translate [*or form* render] sth into sth ③ *(infizieren)* ■**etw** [**auf jdn**] ~ to communicate [*or form* pass on *sep*] sth [to sb]; ■**etw wird von jdm/dem Tier auf jdn/das Tier** ~ sth is communicated [*or* passed on] from sb/animal to sb/animal ④ *(von etw woanders eintragen)* ■**etw auf etw** *akk/***in etw** *akk* ~ to transfer sth to/into sth ⑤ *(mit etw ausstatten)* ■**jdm etw** ~ to vest sb with sth *form;* ■**jdm die Verantwortung** ~ to entrust sb with the responsibility ⑥ *(in den Besitz von etw setzen)* ■**jdm etw** ~, ■**etw auf jdn** ~ to transfer sth to sb; ■**jdm ein Recht** ~ to assign sb a right, to transfer a right to sb ⑦ *(überspielen)* ■**etw auf etw** *akk* ~ to record sth on sth; **etw auf eine Kassette** ~ to tape sth, to record sth on tape [*or* cassette] ⑧ *(anwenden)* ■**etw auf etw** *akk* ~ to apply sth to sth ⑨ TECH ■**etw auf etw** *akk* ~ to transmit [*or* transfer] sth to sth
II. *vr* ① MED ■**sich** *akk* [**auf jdn**] ~ to be communicated *form* [*or* passed on] [*or* transmitted] [to sb] ② *(ebenfalls beeinflussen)* ■**sich** *akk* **auf jdn** ~ to spread [*or form* communicate itself] to sb

über·tra·gen[2] [y:bɐˈtra:gn̩] **I.** *adj* figurative; *(durch Metapher)* transferred; **im** ~**en Sinn** in a/the figurative sense
II. *adv* figuratively; ■**etw** ~ **meinen** to mean sth in a [*or* the] figurative/transferred sense

Über·trä·ger(in) [y:bɐˈtrɛ:gɐ] *m(f)* MED carrier

Über·tra·gung <-, -en> *f* ① *(das Senden)* broadcasting *no pl,* transmission *no pl; (übertragene Sendung)* broadcast, transmission ② *(geh: das Übersetzen)* translation *no pl;* ■**die** ~ **in etw** *akk* the translation [*or form* rendition] into sth; *(Übersetzung)* translation ③ *(das Infizieren)* communication *no pl,* transmission *no pl* ④ *(das Eintragen an andere Stelle)* carryover ⑤ *(das Ausstatten)* vesting *no pl form* (+*gen* with); *von Verantwortung* entrusting *no pl* (+*gen* with) ⑥ JUR transfer; *von Rechten a.* assignment *no pl* ⑦ *(das Anwenden)* application *no pl* (**auf** +*akk* to) ⑧ *kein pl* TECH transmission *no pl* (**auf** +*akk* to)

Über·tra·gungs·bi·lanz *f* ① ÖKON *(Bilanz)* balance of transfers ② FIN *(Betrag)* net transfer payments *pl*
Über·tra·gungs·bi·lanz·de·fi·zit *nt* FIN balance-of-payments deficit

Über·tra·gungs·ein·rich·tung *f* TELEK transmission unit **Über·tra·gungs·en·de** *nt* INFORM end of transmission **Über·tra·gungs·feh·ler** *m* TECH transmission error **Über·tra·gungs·fens·ter** *nt* INFORM, TELEK transmission window **Über·tra·gungs·ge·schwin·dig·keit** *f* TELEK transmission [*or* transfer] speed **Über·tra·gungs·ge·winn** *m* FIN transfer gain **Über·tra·gungs·ka·pa·zi·tät** *f* TECH transmission capacity **Über·tra·gungs·lei·tung** *f* TELEK transmission cable **Über·tra·gungs·mo·dus** *m* TELEK transmission mode **Über·tra·gungs·netz** *nt* TELEK broadcasting network, transmission system

Über·tra·gungs·ra·te *f* ① TELEK transfer rate; **maximale** ~ maximum transmission rate ② INET bandwidth

Über·tra·gungs·steu·e·rung *f* INFORM transmission control **Über·tra·gungs·tech·nik** *f* TELEK transmission technology **Über·tra·gungs·ur·kun·de** *f* JUR [deed of] conveyance, transfer deed **Über·tra·gungs·wa·gen** *m* mobile [broadcast] unit **Über·tra·gungs·zeit** *f* TELEK transfer time

über·tref·fen* [y:bɐˈtrɛfn̩] *vt irreg* ① *(besser sein)* ■**jdn** [**an etw** *dat*/**auf etw** *dat*/**in etw** *dat*] ~ to do better than [*or* to surpass] [*or* to outdo] [*or* to outstrip] sb [in sth]; ■**sich** *akk* **selbst** [**mit etw** *dat*] ~ to surpass [*or* excel] oneself [with sth] ② *(über etw hinausgehen)* ■**etw** [**um etw** *akk*] ~ to exceed sth [by sth]; **jds Erwartungen** ~ to exceed [*or* surpass] sb's expectations ③ *(größer sein)* ■**etw** [**an etw** *dat*] ~ to surpass sth [in sth]

über·trei·ben* [y:bɐˈtraibn̩] *irreg* **I.** *vi* to exaggerate
II. *vt* ■**etw** ~ to overdo sth; ■**es mit etw** *dat* ~ to carry [*or* take] sth too far; ***man kann es auch ~/ mit etw*** *dat* ~ *(fam)* you can overdo things/sth, you can go too far/too far with sth; ■**ohne zu** ~ no exaggeration, I'm not joking [*or fam* kidding], no shit [now] *fam!*

Über·trei·bung <-, -en> *f* ① *kein pl (das Übertreiben)* exaggeration *no pl;* ■**die** ~ **von etw** *dat*/**einer S.** *gen* exaggerating sth; **die** ~ **der Sauberkeit** taking cleanliness too far [*or* to extremes] ② *(übertreibende Äußerung)* exaggeration; **zu** ~**en tendieren** [*o* **neigen**] to tend to exaggeration [*or* exaggerate]

über|tre·ten[1] [ˈy:bɐtre:tn̩] *vi irreg sein* ① *(konvertieren)* ■**zu etw** *dat* ~ to go over [*or* convert] to sth ② SPORT to overstep

❸ *(übergehen)* ■ [**von etw** *dat*] **in etw** *akk* ~ to pass [from sth] into sth; *Krebszellen a.* to metastasize to sth

über·tre·ten*[2] [y:bɐ'tre:tn̩] *vt irreg* ■ **etw** ~ to break [*or* violate] [*or form* infringe] [*or form* contravene] sth

Über·tre·tung <-, -en> [y:bɐ'tre:tʊŋ] *f* ❶ *(das Übertreten)* violation *no pl,* infringement *no pl form,* contravention *no pl form*

❷ *(strafbare Handlung)* misdemeanour [*or* AM -or]

über·trie·ben I. *adj* extreme, excessive; ~**e Vorsicht** excessive caution, overcaution; **stark** ~ greatly exaggerated

II. *adv* extremely, excessively; ~ **vorsichtig** excessively cautious, overly cautious

Über·tritt *m* ■ **der/ein/jds** ~ **zu etw** *dat* the/a/sb's conversion to sth

über·trump·fen* [y:bɐ'trʊmpfn̩] *vt* ■ **jdn/etw** [**mit etw** *dat*] ~ to outdo sb [with sth]/surpass sth [with sth]

über·tün·chen* [y:bɐ'tʏnçn̩] *vt* ❶ *(streichen)* ■ **etw** ~ *Wand* to whitewash over sth; *(anders als weiß)* to paint over sth

❷ *(fig)* ■ **etw** ~ to whitewash sth; *Problem* to cover up sth *sep*

über·über·mor·gen ['y:bɐʔy:bɐ,mɔrgn̩] *adv (fam)* in three days[' time], the day after the day after tomorrow

Über·va·ter *m* alpha male, father figure

über·ver·kauft *adj* ÖKON oversold

über·ver·si·chern* *vt* ■ **jdn/sich** ~ to overinsure sb/oneself

über·ver·si·chert *adj* overinsured

über·ver·sorgt *adj inv* oversupplied (**mit** + *dat* with); ***viele Hausgärten sind extrem mit Nährstoffen*** ~ many household gardens are extremely over-fertilized

über·ver·tre·ten *adj* SCHWEIZ *(überrepräsentiert)* over-represented

über·völ·kert [y:bɐ'fœlkɐt] *adj* overpopulated

Über·völ·ke·rung <-> [y:bɐ'fœlkərʊŋ] *f kein pl* overpopulation

über·voll *adj* ❶ *(mehr als voll)* full to the brim [*or* to overflowing] *pred;* **ein** ~**er Teller** a heaped[-up] plate ❷ *(überfüllt)* crowded; ■ ~ **sein** to be overcrowded [*or fam* crammed] **über·vor·sich·tig** *adj* over[ly]cautious

über·vor·tei·len* [y:bɐ'fɔrtailən] *vt* ■ **jdn** [**durch etw** *akk*] ~ to cheat sb [with sth]; *(bei einem Kauf)* to overcharge [*or fam* sting] sb [with sth]

über·wa·chen* [y:bɐ'vaxn̩] *vt* ❶ *(heimlich kontrollieren)* ■ **jdn/etw** ~ to keep sb/sth under surveillance, to keep a watch on [*or* to watch] sb/sth; **jdn/etw rund um die Uhr** ~ to keep sb/sth under 24-hour surveillance; **jdn/etw genau** ~ to keep a careful eye on sb/sth; **jds Telefon** ~ to monitor sb's calls, to bug sb's telephone

❷ *(durch Kontrollen sicherstellen)* ■ **etw** ~ to supervise sth; *Kamera* to monitor sth

Über·wa·chung <-, -en> *f* ❶ *(das heimliche Kontrollieren)* surveillance *no pl; eines Telefons* monitoring *no pl,* bugging *no pl*

❷ *(das Überwachen)* supervision *no pl; (durch eine Kamera)* monitoring *no pl;* **elektronische** ~ electronic surveillance

Über·wa·chungs·ap·pa·rat *m* surveillance apparatus **über·wa·chungs·be·dürf·tig** *adj* JUR requiring supervision; ~**e Anlage** installation requiring surveillance **Über·wa·chungs·in·stru·ment** *nt* surveillance tool **Über·wa·chungs·ka·me·ra** *f* security [*or* surveillance] camera, CCTV **Über·wa·chungs·kon·zept** *nt* monitoring programme [*or* AM -am] **Über·wa·chungs·recht** *nt* JUR right of inspection **Über·wa·chungs·staat** *m* police state **Über·wa·chungs·sys·tem** *nt* surveillance [*or* monitoring] system **Über·wa·chungs·ver·fah·ren** *nt* inspection procedure **Über·wa·chungs·ver·fü·gung** *f* JUR supervision order

über·wäl·ti·gen* [y:bɐ'vɛltɪgn̩] *vt* ❶ *(bezwingen)* ■ **jdn/etw** ~ to overpower sb/sth

❷ *(geh: übermannen)* ■ **etw überwältigt jdn** sth overcomes [*or* overwhelms] sb, sb is overcome [*or* overwhelmed] by sth

über·wäl·ti·gend *adj* overwhelming; **ein** ~**es Gefühl** an overwhelming [*or* overpowering] feeling; ~**e Schönheit** stunning beauty; **ein** ~**er Sieg** a crushing victory, a whitewash BRIT *fam,* a shutout AM *fam;* ■ **nicht gerade** ~ *(iron)* nothing to write home about *fam*

Über·wäl·ti·gung <-, -en> *f* overpowering *no pl*

Über·wäl·zung <-> [y:bɐ'vɛltsʊŋ] *f kein pl* FIN shifting, passing; *von Steuern* shifting [of taxes]

Über·was·ser·fahr·zeug *nt* surface vessel [*or* craft]

über|wech·seln ['y:bɐvɛksl̩n] *vi sein* ❶ *(sich jd anderem anschließen)* ■ **auf etw** *akk*/**in etw** *akk*/**zu etw** *dat* ~ to go over to/into/to sth; ■ **zu jdm** ~ to go over to sb's side

❷ *(ausscheren)* ■ **auf etw** *akk* ~ to move [in]to sth

❸ *(umsatteln)* ■ **von etw** *dat* **zu etw** *dat* ~ to change from sth to sth

Über·weg *m* pedestrian bridge

Über·wei·dung <-, -en> [y:bɐ'vaidʊŋ] *f* AGR overgrazing

über·wei·sen* [y:bɐ'vaizn̩] *vt irreg* ❶ *(durch Überweisung gutschreiben lassen)* ■ [**jdm**] **etw** [**auf etw** *akk*] ~ to transfer sth [to [sb's] sth]

❷ *(durch Überweisung hinschicken)* ■ **jdn** [**an jdn/in etw** *akk*] ~ to refer sb [to sb/sth]

Über·wei·sung <-, -en> *f* ❶ *(Anweisung von Geld)* [credit *form*] transfer

❷ *(das Überweisen)* ■ **die/eine** ~ **an jdn/in etw** *akk* the/a referral to sb/sth; *(Überweisungsformular)* referral form

Über·wei·sungs·auf·trag *m* banker's order, [*form* credit] transfer order **Über·wei·sungs·be·schluss** *m* JUR transfer order **Über·wei·sungs·be·trag** *m* FIN remittance amount **Über·wei·sungs·emp·fän·ger(in)** *m(f)* FIN remittance recipient **Über·wei·sungs·feh·ler** *m* FIN remittance error **Über·wei·sungs·for·mu·lar** *nt* [credit *form* [*or* bank]] transfer form **Über·wei·sungs·num·mer** *f* FIN remittance number **Über·wei·sungs·scheck** *m* FIN transfer cheque [*or* AM check] **Über·wei·sungs·schein** *m* MED letter of referral **Über·wei·sungs·trä·ger** *m* FIN [money [*or* credit]] transfer form **Über·wei·sungs·ver·fah·ren** *nt* FIN transfer process

Über·wei·te *f* large size; ~ **haben** to be oversize[d]; **Kleider in** ~ outsize dresses, dresses in the larger sizes [*or euph* for the fuller figure]

über|wer·fen[1] ['y:bɐvɛrfn̩] *vt irreg* ■ **sich** *dat* **etw** ~ to wrap sth around one's shoulders; *(schneller)* to throw on sth *sep;* ■ **jdm etw** ~ to wrap sth round sb's shoulders

über·wer·fen*[2] [y:bɐ'vɛrfn̩] *vr irreg* ■ **sich** *akk* ~ to fall out, to break with each other; ■ **sich** *akk* **mit jdm** ~ to fall out [*or* break] with sb

über·wie·gen* [y:bɐ'vi:gn̩] *irreg* I. *vi* ❶ *(hauptsächlich vorkommen)* to be predominant, to predominate

❷ *(vorherrschen)* ■ **es überwiegt** [**bei jdm**] [sb's] sth prevails [*or* gains the upper hand]

II. *vt* ■ **etw überwiegt etw** sth outweighs sth

über·wie·gend [y:bɐ'vi:gn̩t] I. *adj* predominant; **die** ~**e Mehrheit** the vast [*or* overwhelming] majority

II. *adv* predominantly, mainly; ***Ihre Antworten waren*** ~ ***richtig*** most of your answers were correct

über·win·den* [y:bɐ'vɪndn̩] *irreg* I. *vt* ❶ *(nicht länger an etw festhalten)* ■ **etw** ~ to overcome sth; **ein Vorurteil** ~ to outgrow a prejudice

❷ *(im Kampf besiegen)* ■ **jdn** ~ to defeat sb

❸ *(ersteigen)* ■ **etw** ~ to get over [*or* surmount] sth

II. *vr* ■ **sich** *akk* ~ to overcome one's feelings/inclinations etc.; ■ **sich** *akk* **zu etw** *dat* ~, ■ **sich** *akk* **dazu** ~, **etw zu tun** to force oneself to do sth

Über·win·dung <-> *f kein pl* ❶ *(das Überwinden)* overcoming *no pl,* surmounting *no pl; Minenfeld* negotiation *no pl*

❷ *(Selbstüberwindung)* conscious effort; **jdn** ~ **kosten**[**, etw zu tun**] to be an effort of will for sb [to do sth], to take sb a lot of will power [to do sth]

über·win·tern* [y:bɐ'vɪntɐn] *vi* ■ [**in etw** *dat*] ~ to [spend the] winter [in sth]; *Pflanzen* to overwinter [in sth]; *(Winterschlaf halten)* to hibernate [in sth]

Über·win·te·rungs·or·gan *nt* BOT perennating organ

über·wu·chern* [y:bɐ'vu:xɐn] *vt* ■ **etw** ~ to overgrow sth; **Blumen** ~ to choke flowers

Über·wurf <-s, -würfe> *m* counterpane; *(Bettüberwurf)* cover

Über·zahl *f kein pl* ■ **die** [**große**] ~ **einer S.** *gen (Mehrzahl)* the greatest number of sth, most of sth; ■ **in der** ~ **sein** to be in the majority; *Feind* to be superior in number

über·zah·len* [y:bɐ'tsa:lən] *vt* ■ **etw** ~ to pay too much for sth; ■ **etw ist** [**mit etw** *dat*] **überzahlt** [at sth] sth costs too much

über·zäh·lig *adj (überschüssig)* surplus *attr,* excess *attr; (übrig)* spare, odd

über·zeich·nen* [y:bɐ'tsaiçnən] *vt* ❶ BÖRSE *Aktie* oversubscribe

❷ *(geh: überspitzt dargestellt)* ■ **etw/jdn** ~ to overdraw sth/sb

über·zeich·net *adj* FIN *(Wertpapier)* oversubscribed

Über·zeich·nung <-, -en> [y:bɐ'tsaiçnʊŋ] *f* BÖRSE oversubscription

Über·zeit <-, -en> *f* SCHWEIZ *(Überstunden)* overtime *no pl*

über·zeu·gen* [y:bɐ'tsɔygn̩] I. *vt* ■ **jdn** ~ to convince sb; *(umstimmen a.)* to persuade sb; **den Richter** ~ to satisfy the judge; ■ **jdn von etw** *dat* ~ to convince sb of sth; ■ **jdn davon** ~**, dass ...** to convince sb that ...; ■ **sich** *akk* [**von etw** *dat*] ~ **lassen** to be[come] convinced [of sth]; **sich** *akk* **gern** [**von etw** *dat*] ~ **lassen** to be willing to listen [to sth]

II. *vi* ❶ *(überzeugend sein)* ■ [**als jd/in einer Rolle**] ~ to be convincing [*or* carry conviction] [as sb/in a role]; **sie kann nicht** ~ she is unconvincing [*or* not convincing]

❷ *(eine überzeugende Leistung zeigen)* ■ [**bei etw** *dat*/**mit etw** *dat*/**in etw** *dat*] ~ to prove oneself [in/with/in sth]

III. *vr* ■ **sich** *akk* [**selbst**] ~ to convince oneself; ~ ***Sie sich selbst!*** [go and] convince [*or* see for] yourself; ■ **sich** *akk* **von etw** *dat* ~ to convince oneself of sth, to satisfy oneself as to sth; ■ **sich** *akk* [**selbst**] ~**, dass ...** to be convinced that ...

über·zeu·gend I. *adj* convincing; *(umstimmend a.)* persuasive; ■ [**als jd**] ~ **sein** to be convincing [*or* carry conviction] [as sb]

II. *adv* convincingly; ~ **argumentieren** to argue convincingly, to bring forward convincing arguments

über·zeugt *adj* ❶ *(an die Richtigkeit von etw glaubend)* convinced, dedicated; **ein** ~**er Christ/Katholik** a convinced [*or* devout] Christian/Catholic; ■ **von etw** *dat* ~ **sein** to be convinced [*or* be [*or* feel] sure] of sth; ■ [**davon**] ~ **sein, dass ...** to be convinced that ...

❷ *(selbstbewusst)* [**sehr**] **von sich** *dat* ~ **sein** to be [very] sure [*or pej* full] of oneself

Über·zeu·gung <-, -en> [y:bɐ'tsɔygʊŋ] *f* ❶ *(Meinung)* convictions *npl,* principles *pl;* **religiöse** ~ religious beliefs [*or* convictions] *npl;* **zu der** ~ **gelangen** [*o* **kommen**]**, dass ...** to become convinced that ..., to arrive at [*or* reach] the conviction that ...; **der** ~ **sein** to share the conviction; **der** [**festen**] ~ **sein, dass ...** to be [firmly] convinced [*or* of the [firm] conviction] that ...; **nicht der** ~ **sein, dass ...** to not be convinced that ...; **jds** ~ **nach** [*o* **nach jds** ~] [**...**] sb is convinced [that ...]; *s. a.* **Brustton**

❷ JUR *(das Überzeugen)* conviction; **freie** ~ **des Gerichts** independent conviction of the court

Über·zeu·gungs·ar·beit *f* convincing; **einige** ~ **kosten** to take some convincing; ~ **leisten** to do some convincing **Über·zeu·gungs·kraft** *f kein pl* persuasiveness *no pl,* persuasive power **Über·zeu·gungs·tä·ter(in)** *m(f)* JUR offender by conviction; *(politisch)* political[ly motivated] criminal; *(religiös)* religious[ly motivated] criminal

über·zie·hen*[1] [y:bɐ'tsi:ən] *irreg* I. *vt* ❶ *(bedecken)* ■ **etw** ~ to cover sth; *Belag* to coat sth

❷ *(ins Debet bringen)* ■ **etw** [**um etw** *akk*] ~ to

overdraw sth [by sth]; ***er hat sein Konto [um Euro 1.000] überzogen*** he has overdrawn his account [by 1,000 euros], he is [1,000 euros] overdrawn; **den Kreditrahmen** ~ to exceed one's credit limit
③ *(über das zustehende Maß in Anspruch nehmen)* ■**etw [um etw** *akk*] ~ to overrun sth [by sth]
④ *(zu weit treiben)* ■**etw** ~ to carry sth too far; ■**überzogen** exaggerated, over the top *pred fam*
⑤ *(übermäßig versehen)* **ein Land mit Krieg** ~ to invade a country; **ein mit Krieg überzogenes Land** a war-stricken [*or* -torn] country; **jdn mit immer neuen Forderungen** ~ to demand more and more from sb; **jdn mit einem Prozess** ~ to bring legal action against sb
II. *vi* ① *(Kredit auf dem Girokonto in Anspruch nehmen)* ■[**um etw** *akk*] ~ to overdraw an/the/one's account [*or* to be overdrawn] [by sth]
② *(über die eingeteilte Zeit hinaus)* to overrun [one's allotted time]

über|zie·hen² ['y:bɐtsi:ən] *vt irreg* ① *(anlegen)* ■[**sich** *dat*] **etw** ~ to put [*or* slip] on sth *sep*; ■**jdm etw** ~ to put [*or* slip] sth on sb
② *(fam)* **jdm eins [mit etw** *dat*] ~ to clobber [*or* clout] sb [one] [with sth] *fam,* to give sb a clout [with sth] *fam*

Über·zie·her <-s, -> ['y:bɐtsi:ɐ] *m* ① *(veraltend: leichter Herrenmantel)* greatcoat
② *(fam: Präservativ)* condom

Über·zieh·schuh *m* galosh

Über·zie·hung <-, -en> *f* overdraft

Über·zie·hungs·kre·dit *m* loan on overdraft, overdraft provision [*or* facility] **Über·zie·hungs·pro·vi·si·on** *f* FIN overdraft commission **Über·zie·hungs·zin·sen** *pl* overdraft interest *no pl*

über·zo·gen *adj* ① *(bedeckt)* covered; *Himmel* overcast
② FIN *Konto* overdrawn
③ *(übertrieben) Vorstellungen* excessive

über·züch·tet [y:bɐ'tsʏçtət] *adj* overbred; AUTO overdeveloped

Über·zug <-s, -züge> *m* ① *(überziehende Schicht)* coat[ing]; *(dünner)* film; *(Zuckerguss)* icing, frosting AM
② *(Hülle)* cover

Über·zugs·ma·te·ri·al *nt* TYPO covering [*or* lining] material

üb·ler *adj comp von* **übel**

üb·lich ['y:plɪç] *adj* ① *(normalerweise angewandt)* usual; ***es ist bei uns hier [so]*** ~ that's the custom with us here; **wie** ~ as usual
② *(gängig)* customary, usual

Üb·li·che(s) *nt dekl wie adj* ■**das** ~ the usual [thing[s *pl*]]

üb·li·cher·wei·se *adv* usually, generally, normally

U-Boot ['u:bo:t] *nt* submarine, sub *fam; (während der beiden Weltkriege a.)* U-boat

U-Boo·ting <-s> *nt kein pl* SPORT human powered submarine racing

U-Boot-Krieg *m* submarine warfare **U-Boot-Stütz·punkt** *m* submarine base

üb·rig ['y:brɪç] *adj (restlich)* remaining, rest of *attr; (andere a.)* other *attr;* ■**die Ü~en** the remaining ones, the rest of them, the others; ■**das Ü~e** the rest, the remainder; ■**alles Ü~e** all the rest, everything else; **ein Ü~es tun** *(geh)* to go a step further; [**von etw** *dat*] **etw ~ behalten** to have sth left over [from sth]; **etw vom Geld ~ behalten** to keep sth [over] of the money; [**von etw** *dat*] ~ **bleiben** to be left [over], to be left [of sth]; **für jdn ~ bleiben** to be left for sb; ***es wird ihm gar nichts anderes ~ bleiben*** he won't have any choice [*or* any other alternative]; [**jdm**] **etw [von etw** *dat*] ~ **lassen** to leave sth [[*or* over] of sth] [for sb]; **etw vom Geld ~ lassen** to keep sth [over] of the money; ■~ **sein** to be left [over]; **die ~e Welt** the rest of the world

üb·ri·gens ['y:brɪgn̩s] *adv* ① *(nebenbei bemerkt)* incidentally, by the way
② *(außerdem)* ■[**und**] ~ [and] besides

üb·rig|ha·ben *vt irreg* **für jdn etwas/nichts/viel** ~ to have a soft spot for [*or* be fond of] sb/to not care much [*or* have little time] for sb/to be very fond of [*or* have a great liking for] sb; **für etw** *akk* **etwas/nichts/viel** ~ to be interested [*or* have an interest] in sth/to be not at all interested in [*or* have no time at all for] sth/to be very interested in [*or* keen on] sth

Übung¹ <-> ['y:bʊŋ] *f kein pl (das Üben)* practice *no pl;* **in ~ bleiben** to keep in practice, to keep one's hand in; **aus der ~ sein** to be out of practice; ***das ist alles nur*** ~ it's [all] a question of practice, it [all] comes with practice; **aus der ~ kommen** to get out of practice; *(von Geschicklichkeit)* to lose touch; **zur** ~ for practice
▸WENDUNGEN: ~ **macht den Meister** *(prov)* practice makes perfect *prov*

Übung² <-, -en> ['y:bʊŋ] *f* ① *(propädeutische Lehrveranstaltung)* seminar (**zu** +*akk* on)
② *(Übungsstück)* exercise
③ SPORT exercise (**an** +*dat* on)
④ *(Geländeübung)* exercise
⑤ *(Probeeinsatz)* exercise, drill

Übungs·ar·beit *f* SCH practice [*or* mock] test **Übungs·auf·ga·be** *f* SCH exercise **Übungs·buch** *nt* SCH book of exercises **Übungs·ge·län·de** *nt* MIL training ground [*or* area] **Übungs·kel·ler** *m* basement rehearsal room [*or* space] **Übungs·lei·ter, -lei·te·rin** *m, f* SPORT trainer **Übungs·raum** *m* exercise room [*or* practice]

u.d.M. *Abk von* **unter dem Meeresspiegel** below sea-level

ü.d.M. *Abk von* **über dem Meeresspiegel** above sea-level

Ud·mur·tisch [ʊt'mʊrtɪʃ] *nt dekl wie adj* Udmurt

UdSSR <-> [u:de:ʔɛsʔɛs'ʔɛr] *f kein pl* HIST *Abk von* **Union der Sozialistischen Sowjetrepubliken:** ■**die** ~ the USSR

u.E. *Abk von* **unseres Erachtens** in our opinion

UEFA-Cup <-s, -s> [u'e:fakap] *m,* **UEFA-Po·kal** [u'e:fa-] *m* ■**der** ~ the UEFA Cup

U-Ei·sen *nt* U-iron

Ufer <-s, -> ['u:fɐ] *nt (Flussufer)* bank; *(Seeufer)* shore, strand *liter;* **das rettende [*o* sichere] ~ erreichen** to reach dry land [*or* the shore in safety]; **an das [*o* ans] ~ schwimmen** to swim ashore/to the bank; **über die ~ treten** to break [*or* burst] its banks; **an das [*o* ans] ~** to the bank/shore; **an dem [*o* am] ~** on the waterfront, on [*or* at] the water's edge

Ufer·be·fes·ti·gung *f* ① *kein pl (das Befestigen)* bank reinforcement *no pl,* protection of banks/shore
② *(befestigende Bepflanzung)* bank reinforcement

Ufer·bö·schung *f* embankment **Ufer·damm** *m* embankment **Ufer·land·schaft** *f* land on each side of a/the river/lake *no indef art, no pl,* riparian landscape *liter*

ufer·los *adj* endless; **ins U~e gehen** *(zu keinem Ende führen)* to go on forever [*or* on and on]; *(jeden Rahmen übersteigen)* to go up and up

Ufer·pro·me·na·de *f* [riverside/seaside] promenade **Ufer·schnep·fe** *f* ORN godwit **Ufer·schwal·be** *f* ORN sand martin **Ufer·stra·ße** *f* lakeside/riverside road

uff [ʊf] *interj (fam)* phew *fam,* whew *fam;* ***~, das hätten wir geschafft!*** phew, that's that done!

Ufo, UFO <-[s], -s> ['u:fo] *nt Abk von* **Unbekanntes Flugobjekt** UFO

u-för·mig^RR^, U-för·mig *adj* U-shaped

Ugan·da <-> [u'ganda] *nt kein pl* Uganda

Ugan·der(in) <-s, -> [u'gandɐ] *m(f)* Ugandan

ugan·disch [u'gandɪʃ] *adj* Ugandan

U-Haft ['u:-] *f* JUR *(fam) s.* **Untersuchungshaft**

Uhr <-, -en> [u:ɐ̯] *f* ① *(Instrument zur Zeitanzeige)* clock, timepiece *form;* **die ~ in der Küche** the clock in the kitchen, the kitchen clock; *(Armbanduhr)* watch; ■**nach jds** ~ by sb's watch; **auf die ~ sehen** to look at the clock/one's watch; **die ~en [auf Sommer-/Winterzeit] umstellen** to set the clock/one's watch [to summer/winter time]; ***diese ~ geht nach/vor*** this watch is slow/fast; *(allgemein)* this watch loses/gains time; **jds ~ geht nach dem Mond** *(fam)* sb's watch can't tell the time [*or fam* is way out]; **jds innere** ~ sb's biological clock; ■**rund um die** ~ round the clock, 24 hours a day; ■**gegen die** ~ against time
② *(Zeitangabe)* o'clock; **7** ~ 7 o'clock [in the morning], 7 am [*or* a.m.]; MIL O seven hundred [*or written* 0700] hours; **15** ~ 3 o'clock [in the afternoon], 3 pm [*or* p.m.]; MIL fifteen hundred [*or written* 1500] hours; **9 ~ 15** quarter past nine [in the morning/evening], nine fifteen [*or written* 9.15] [am/pm], 15 minutes past 9 [in the morning/evening] *form;* **7 ~ 30** half past 7 [in the morning/evening], seven thirty [*or written* 7:30] [am/pm]; **8 ~ 23** 23 minutes past 8 [in the morning/evening], eight twenty-three [am/pm] *form;* **10 ~ früh [*o* morgens]/abends/nachts** ten [o'clock] in the morning/in the evening/at night; ***wie viel ~ ist es?, wie viel ~ haben wir*** what time is it?; ***um wie viel ~?*** [at] what time?; **um 10** ~ at ten [o'clock] [in the morning/evening]
▸WENDUNGEN: **jds ~ ist abgelaufen** *(geh)* the sands of time have run out for sb *form liter*

Uh·ren·in·dust·rie *f* watch-and-clock[-making] industry **Uh·ren·ver·gleich** *m* comparison of watch [*or* clock] times; **einen ~ machen** to synchronize watches

Uhr·glas *nt* watch-glass **Uhr·ket·te** *f* watch chain, fob [chain] **Uhr·ma·cher(in)** *m(f)* watchmaker/clockmaker, horologist *spec*

Uhr·werk *nt* ① *(Antrieb einer mechanischen Uhr)* clockwork mechanism, works *npl* [of a watch/clock], movements *pl*
② *(Antrieb eines Spielzeugs)* clockwork mechanism; **von einem ~ angetrieben** clockwork *attr,* driven by clockwork *pred*

Uhr·zei·ger *m* hand [of a clock/watch]; **der große/kleine** ~ the big [*or* minute]/small [*or* hour] hand **Uhr·zei·ger·sinn** *m* ■**im** ~ clockwise; ■**entgegen dem** ~ anticlockwise, counterclockwise AM

Uhr·zeit *f* time [of day]; ***was haben wir für eine ~?*** what time [of day] is it? **Uhr·zeit·ge·ber** *m* INFORM real-time clock

Uhu <-s, -s> ['u:hu] *m* eagle owl

Ui·gu·re, Ui·gu·rin <-n, -n> [ui'gu:rə, ui'gu:rɪn] *m, f* Uig[h]ur

Ui·gu·ri·en <-s> [ui'gu:ri̯ən] *nt* Uig[h]uria

ui·gu·risch [ui'gu:rɪʃ] *adj* Uig[h]urian

Ui·gu·risch [ui'gu:rɪʃ] *nt dekl wie adj* Uig[h]urian

Ui·gu·ri·sche <-n> *nt* ■**das** ~ Uig[h]urian

UIP <-> *f kein pl Abk von* **United International Press** UIP

Ukas <-ses, -se> ['u:kas] *m* decree

Uke·lei <-, -en> ['u:kəlai̯] *f (Fischart)* bleak

Ukra·i·ne <-> [ukra'i:nə] *f* ■**die** ~ [the] Ukraine

Ukra·i·ner(in) <-s, -> [ukra'i:nɐ] *m(f)* Ukrainian

ukra·i·nisch [ukra'i:nɪʃ] *adj* ① *(die Ukraine betreffend)* Ukrainian
② LING Ukrainian

Ukra·i·nisch [ukra'i:nɪʃ] *nt dekl wie adj* Ukrainian

Ukra·i·ni·sche <-n> *nt* ■**das** ~ Ukrainian, the Ukrainian language

UKW <-> [u:ka:'ve:] *f kein pl Abk von* **Ultrakurzwelle** ≈ VHF *no pl;* **auf** ~ on VHF; **auf ~ umschalten** to switch to VHF

UKW-Emp·fang *m* VHF reception **UKW-Sen·der** *m* VHF transmitter

Ulan-Ba·tor <-s> ['u:lan 'ba:to:ɐ̯] *nt* Ulan Bator

Ulk <-[e]s, -e> [ʊlk] *m (fam)* joke; **aus ~** as a joke, for a lark *fam*

ul·ken ['ʊlkn̩] *vi (fam)* to joke; *(herumkaspern)* to clown around

ul·kig ['ʊlkɪç] *adj (fam)* ① *(lustig)* funny
② *(seltsam)* peculiar, strange, odd

Ul·me <-, -n> ['ʊlmə] *f* elm

Ul·men·krank·heit *f* ■**die** ~ Dutch elm disease

Ul·ti·ma·ten [ʊlti'ma:tən] *pl von* **Ultimatum**

ul·ti·ma·tiv [ʊltima'ti:f] **I.** *adj* ■**eine ~e Forderung/ein ~es Verlangen** an ultimatum
II. *adv* in the form of an ultimatum; **jdn ~ auffordern, etw zu tun** to give sb an ultimatum to do sth; *Streitmacht* to deliver [*or* issue] an ultimatum to sb to do sth

Ul·ti·ma·tum <-s, -s *o* Ultimaten> [ʊlti'ma:tʊm, *pl* -ma:tən] *nt* ultimatum; **jdm ein ~ stellen** to give sb an ultimatum; *Streitmacht* to deliver [*or* issue] an ultimatum to sb

Ul·ti·mo <-s, -s> ['ʊltimo] *m* ÖKON end [*or* last [day]] of the month; **bis/vor** ~ till [*or* until]/before the end [*or* last [day]] of the month

Ul·ti·mo·ab·rech·nung *f* FIN month-end accounts *pl* **Ul·ti·mo·ab·schluss** *m* FIN end-of-month settlement **Ul·ti·mo·geld** *nt* BÖRSE end-of-month settlement loan

Ul·tra <-s, -s> ['ʊltra] *m* extremist

Ul·tra·kurz·wel·le [ʊltra'kʊrtsvɛlə] *f s.* **UKW** ❶ *(elektromagnetische Welle)* ultrashort [*or spec* metric] wave ❷ *(Empfangsbereich)* ≈ very high frequency [*or* VHF] **Ul·tra·kurz·wel·len·emp·fän·ger** *m* VHF receiver **Ul·tra·kurz·wel·len·sen·der** *m* VHF station

ul·tra·leicht *adj* ultralight *spec* **Ul·tra·leicht·flug·zeug** *nt* microlight, microlite

ul·tra·links *adj* extreme leftist *a. pej* **Ul·tra·ma·rin** <-s> [ʊltrama'ri:n] *nt kein pl* ultramarine *no pl* **ul·tra·or·tho·dox** *adj* extremely orthodox **ul·tra·rechts** *adj* extreme[ly] right-wing **ul·tra·rot** ['ʊltraro:t] *adj* PHYS infra-red

Ul·tra·schall ['ʊltraʃal] *m* ultrasound *no pl* **Ul·tra·schall·auf·nah·me** *f* ultrasound picture, scan **Ul·tra·schall·be·hand·lung** *f* ultrasound treatment **Ul·tra·schall·bild** *nt* ultrasound picture **Ul·tra·schall·di·a·gnos·tik** *f* ultrasound [*or* ultrasonic] diagnosis **Ul·tra·schall·ge·rät** *nt* [ultrasound] scanner **Ul·tra·schall·un·ter·su·chung** *f* ultrasound, scan **Ul·tra·schall·wel·len** *pl* ultrasonic waves *pl*

ul·tra·vi·o·lett [ʊltravi̯o'lɛt] *adj* ultraviolet

um [ʊm] **I.** *präp +akk* ❶ *(kreisend)* ■ ~ **jdn/etw [herum]** around [*or* BRIT ALSO OR *usu* AM *fam* round] sb/sth; ***sie wohnt gleich ~ die Ecke*** she lives just around [*or* BRIT ALSO OR *usu* AM *fam* round] the corner; ***bei ihm dreht sich alles ~ Geld*** *(fig)* money is everything to him; **sich** *akk* ~ **seine Achse drehen** *Rad* to turn on its axle; MATH to rotate on its axis; **ganz ~ etw [herum]** all around [*or* BRIT ALSO OR *usu* AM *fam* round] sth; ~ **etw [herum]gehen/[herum]laufen** to go/run around [*or* BRIT ALSO OR *usu* AM *fam* round] sth

❷ *(umschließend)* ■ ~ **jdn/etw** around [*or* BRIT ALSO OR *usu* AM *fam* round] sb/sth; **etw ~ den Hals tragen** to wear sth around [*or* BRIT ALSO OR *usu* AM *fam* round] one's neck; **schwarze Ringe ~ die Augen** [dark] rings under one's eyes; ~ **etw [herum]stehen**: ~ ***die Wiese [herum] stehen Bäume*** the meadow is bordered by trees; **das Team ~ jdn** *(fig)* the team headed by sb

❸ *siehe auch Verb (nach allen Seiten)* ~ **sich greifen** to spread; ~ **sich schlagen** to lash out, to hit out in all directions; ~ **sich treten** *akk* to kick out in all directions; **mit etw** *dat* ~ **sich werfen** to throw sth about [*or* around]

❹ *siehe auch n (wechselnd)* **einen Tag ~ den anderen** every second day; **Tag ~ Tag** day after day; **Schlag ~ Schlag** blow by blow; **Schritt ~ Schritt** step by step; **Woche ~ Woche** week after week

❺ *siehe auch Verb (vergleichend)* ~ **einiges [*o* manches] besser** quite a bit better; ~ **nichts enger/breiter** no narrower/wider; **den Preis ~ die Hälfte/~ 10 Euro [auf 30 Euro] reduzieren** to halve the price/to reduce the price by €10 [to €30]; ~ **einen Kopf größer/kleiner** a head taller/shorter by a head; ~ **10 cm länger/kürzer** 10 cm longer/shorter

❻ DIAL *(für)* ~ ***10 Euro kann man es kaufen*** you can buy it for €10

❼ *siehe auch adj, n, Verb (bezüglich)* ~ ***was geht es denn?*** *(fam)* what's it about?; ~ **etw bitten/kämpfen** to ask/fight for sth; **ein Film ~ etw** a film about sth; **froh ~ etw** happy about sth; ~ **etw laufen** DIAL to go and fetch sth; **ein Skandal ~ etw** a scandal centred BRIT [*or* AM -ered] on sth; ~ **etw streiten** to argue about sth; **das Wissen ~ etw** knowledge of sth

❽ *(wegen)* ~ **meinetwillen** for my sake; ■ ~ **jdn/etw** for sb/sth; ■ ~ **jds/einer S.** *gen* **willen** for the sake of sb [*or* for sb's sake]/for the sake of sth

II. *adv* ❶ *(genau)* ~ ***fünf [Uhr]*** at five o'clock

❷ *(ungefähr)* ~ **[*die*] *eine Million Euro* [*herum*]** about [*or* around] a million euros, a million euros or thereabout[s]; ***es wurde ~ 1740 geschrieben*** it was written around 1740 [*or* in 1740 or thereabout[s]]; ~ **Ostern/den 15./die Mitte des Monats [herum]** around Easter/the 15th/the middle of the month; ~ **fünf Uhr herum** at about five o'clock

❸ *(vorüber)* ■ ~ **sein** to be over; *Frist* to have expired; ***die Zeit ist ~*** time's up

▸WENDUNGEN: ~ **und** ~ DIAL completely

III. *konj* ❶ *(zwecks)* ■ **jd/etw tut etw,** ~ **etw zu tun** sb/sth does sth [in order] to do sth; ■ **jd/etw tut etw,** ~ **etw nicht zu tun** sb/sth does sth so as not to do sth

❷ *(eignend)* ***ein Rechner, ~ Texte zu bearbeiten*** a computer for editing texts

❸ *(fam: ohne Bezug auf Subjekt)* ~ ***die Verkaufszahlen zu erhöhen, muss das Verkaufsgebiet aufgeteilt werden*** if the sales figures are to improve, the sales area must be divided up; ***sie erhält Geld, ~ sie zum Schweigen zu bringen*** she receives money to keep quiet

❹ *(konsekutiv)* ***die Zeit reicht [nicht] aus, ~ es zu Ende zu bringen*** there's [not] enough time to finish it; **etw brauchen,** ~ **etw zu tun** to need sth to do sth [*or* before one can do sth]; **glücklich/verzweifelt sein,** ~ **etw zu tun** to be so happy/desperate that one could do sth; **naiv/reich/schnell genug sein,** ~ **etw zu tun** to be naive/rich/fast enough to do sth; **nicht die/nicht genug Zeit haben,** ~ **etw zu tun** to not have the/enough time to do sth; **zu arm/klein/krank sein,** ~ **etw zu tun** to be too poor/small/ill to do sth; ■ **es ist,** ~ **etw zu tun**: ***es ist, ~ sich die Haare zu raufen!*** it makes you want to tear your hair!

❺ *(weiterführend)* ***er kam herein, ~ gleich wieder hinauszugehen*** he came in only to go out again soon after

um|ad·res·sie·ren* *vt* ■ **etw** ~ to readdress sth; *(nachsenden)* to redirect sth

um|än·dern *vt* ■ **etw** ~ to alter sth

um|ar·bei·ten *vt* ❶ *(umgestalten)* ■ **etw** ~ to rework [*or* revise] sth; **ein Buch** ~ to rewrite a book; **ein Drehbuch/Manuskript** ~ to rewrite [*or* rework] a script/manuscript

❷ *s.* **umändern**

um·ar·men* [ʊm'ʔarmən] *vt* ■ **jdn** ~ to embrace sb; *(fester)* to hug sb; *(zum Grüßen a.)* to give sb a hug; ***„lass dich ~!"*** "give me a hug!"

Um·ar·mung <-, -en> *f* embrace/hug; **die/eine ~ zweier Liebenden** two lovers embracing

Um·ban·da <-> [ʊm'banda] *f kein pl* REL Umbanda Movement

Um·bau[1] *m kein pl* rebuilding *no pl*, renovation *no pl*; *(zu etw anderem a.)* conversion *no pl*; **sich** *akk* **im ~ befinden** to be being rebuilt/renovated/converted

Um·bau[2] <-bauten> *m* renovated/converted building; *(Teil von Gebäude)* renovated/converted section

um|bau·en[1] ['ʊmbau̯ən] **I.** *vt* ■ **etw** ~ to convert [*or* make structural alterations to] sth

II. *vi* to renovate

um·bau·en*[2] [ʊm'bau̯ən] *vt* ■ **etw [mit etw** *dat*] ~ to enclose sth [with sth]; *s. a.* **Raum**

Um·bau·pro·zess *m* conversion process

um|be·nen·nen* *vt irreg* ■ **etw [in etw** *akk*] ~ to rename sth [sth]

Um·be·nen·nung *f* ■ **die/eine ~ von etw** *dat/* **einer S.** *gen* renaming sth; **Tausende von ~en von Straßen** renaming thousands of streets

Um·ber·fisch ['ʊmbe-] *m* croaker, dumbfish

um|be·set·zen* *vt* ❶ FILM, THEAT ■ **etw** ~ to recast sth

❷ POL ■ **etw** ~ to reassign sth

Um·be·set·zung *f* ❶ FILM, THEAT recasting *no pl*; **eine ~ vornehmen** to alter the cast

❷ POL reassignment; *vom Ministerium* ministry shake-up; *vom Kabinett* reshuffle; **~en vornehmen** to reshuffle the cabinet

um|be·stel·len* **I.** *vt* ❶ *(zu einem anderen Zeitpunkt bestellen)* ■ **jdn** ~ to give another [*or* a new] appointment to sb

❷ *(ändern)* ■ **etw** ~ to change one's/the order/orders for sth

II. *vi* to change the/one's order/orders

um|bet·ten *vt* ❶ *(in ein anderes Bett legen)* ■ **jdn** ~ to move [*or* transfer] sb [to another bed]; ■ **jdn [in etw** *akk*/**auf etw** *akk*] ~ to move [*or* transfer] sb [to sth]

❷ *(euph: woanders beerdigen)* ■ **etw** ~ to transfer sth [to another grave], to rebury sth

um|bie·gen *irreg* **I.** *vt haben* ❶ *(durch Biegen krümmen)* ■ **etw** ~ to bend sth

❷ *(auf den Rücken biegen)* **jdm den Arm** ~ to twist sb's arm [behind sb's back]; **mit umgebogenem Arm** with one's arm twisted behind one's back

II. *vi sein* ❶ *(kehrtmachen)* to turn back [*or* round]

❷ *(abbiegen)* **nach links/rechts** ~ to take the left/right road/path etc.; *Pfad, Straße* to turn [*or* bend] to the left/right

um|bil·den *vt* ■ **etw** ~ to reshuffle [*or* shake up *sep*] sth

Um·bil·dung *f* reshuffle, shake-up

um|bin·den ['ʊmbɪndn̩] *vt irreg* ■ **jdm etw** ~ to put [*or* wrap] sth around sb's neck; *(mit Knoten a.)* to tie sth around sb's neck; ■ **sich** *dat* **etw** ~ to put on sth *sep; (mit Knoten a.)* to tie on sth *sep*

um|blät·tern *vi* to turn over; **ein paar Mal** ~ to turn over a few pages; *(ohne Interesse)* to flip through a few pages

um|bli·cken *vr* ❶ *(nach hinten blicken)* ■ **sich** *akk* ~ to look back; ■ **sich** *akk* **nach jdm/etw** ~ to turn round to look at sb/sth

❷ *(zur Seite blicken)* **sich** *akk* **nach links/rechts** ~ to look to the left/right; *(vor Straßenüberquerung a.)* to look left/right; **sich** *akk* **nach allen Seiten** ~ to look in all directions

Um·bra <-> ['ʊmbra] *f kein pl* umber *no pl*

um|bre·chen[1] *irreg* **I.** *vt haben* ■ **etw** ~ ❶ *(umknicken)* to break down sth *sep*

❷ *(geh: umpflügen)* to turn over [*or* break up] sth *sep*

II. *vi sein* to break

um·bre·chen*[2] *vt irreg* TYPO ■ **etw** ~ *Seite* to make up sth *sep*, to assemble [*or* compose] sth

Um·brel·la-Fonds [ʌm'brelafõ:] *m* BÖRSE *(Dachfonds)* umbrella fund

um|brin·gen *irreg* **I.** *vt* ■ **jdn** ~ to kill sb; *(vorsätzlich a.)* to murder sb; **jdn mit/durch Gift** ~ to kill/murder sb with poison [*or* by poisoning]; **jdn mit einem Messer/durch Messerstiche** ~ to stab sb to death

▸WENDUNGEN: **nicht umzubringen sein** *(fam)* to be indestructible; **es wird mich noch ~!** *(fig fam)* it'll be the death of me! *fam*

II. *vr (Selbstmord begehen)* ■ **sich** *akk* ~ to kill oneself; **sich** *akk* **mit Gift** ~ to kill oneself by taking poison [*or* with poison]; **sich** *akk* **mit einem Messer** ~ to stab oneself to death

▸WENDUNGEN: **sich** *akk* **[fast] vor Freundlichkeit/Höflichkeit** ~ to [practically] fall over oneself to be friendly/polite; **bringen Sie sich nur nicht um!** *(fig fam)* [mind you] don't kill yourself! *iron; (als Appell an die Vernunft)* you'll kill yourself [if you go [*or* carry] on like that]!

Um·bruch <-s, -brüche> ['ʊmbrʊx, *pl* 'ʊmbrʏçə] *m* ❶ *(grundlegender Wandel)* radical change, upheaval; **sich in einem ~ befinden** to be going through a radical change, to be in upheaval

❷ *kein pl* TYPO page make-up [*or* assembly] [*or* composition]; **beim ~ sein** to be being made up; *(umbrochener Satz)* make-up

Um·bruch·ge·stal·tung *f* TYPO pagination layout **Um·bruch·pha·se** *f* POL, SOZIOL, ÖKON upheaval phase **Um·bruch·pro·gramm** *nt* TYPO page break program

um|bu·chen **I.** *vt* ❶ *(auf einen anderen Termin verlegen)* ■ **etw [auf etw** *akk*] ~ to alter [*or* change] one's booking/reservation for sth [to sth]; **den Flug**

auf einen anderen Tag ~ to change one's flight reservation to another day
② *(auf ein anderes Konto buchen)* ■**etw** [**von etw** *dat*] [**auf etw** *akk*] ~ to transfer sth [from sth] [to sth]
II. *vi* ■[**auf etw** *akk*] ~ to alter [*or* change] one's booking/reservation [to sth]

Ụm·bu·chung *f* ① *(umgebuchter Termin)* changed [*or* altered] booking/reservation, change [*or* alteration] to a/the booking/reservation; **eine ~ [auf etw** *akk*] **vornehmen** to change [*or* alter] one's booking/reservation [to sth]
② *(Überweisung)* transfer

ụm|co·die·ren *vt* INFORM, TECH ■**etw ~** to recode sth

um|de·fi·nie·ren* [ʊmdefi'ni:rən] *vt* ■**etw ~** to redefine sth

um|de·kla·rie·ren* *vt* ÖKON, JUR ■**etw ~** *Ware, Ladung* to avoid declaring sth

ụm|den·ken *vi irreg* ■[**in etw** *dat*] ~ to change [*or* modify] one's ideas/views [of sth]

ụm|di·ri·gie·ren* *vt* ■**etw** [**nach .../zu etw** *dat*] ~ to redirect sth [to .../to sth]

ụm|dis·po·nie·ren* *vi* to change one's plans [*or* arrangements], to make new arrangements

ụm|dre·hen I. *vt haben* ① *(auf die andere Seite drehen)* ■**jdn/etw ~** to turn over sb/sth *sep; s. a.* **Arm, Hals**
② *(herumdrehen)* ■**etw ~** to turn sth
▶WENDUNGEN: **jdm jedes Wort im Mund ~** to twist sb's every word
II. *vr haben (in die andere Richtung wenden)* ■**sich** *akk* [**nach jdm/etw**] ~ to turn round [to look at sb/sth]; *s. a.* **Magen**
▶WENDUNGEN: **sich** *akk* **im Grab[e] ~** to turn in one's grave
III. *vi haben o sein* to turn round; *Mensch a.* to turn back

Ụm·dre·hen <-s> *nt kein pl* TYPO work and twist

Ụm·dre·hung [ʊm'dre:ʊŋ] *f* AUTO revs *pl*, revolutions *pl form*; **~en pro Minute** revolutions per minute; **3100 ~en** 3100 rpm

Um·dre·hungs·ge·schwin·dig·keit *f* TECH rotation speed **Um·dre·hungs·zahl** *f* number of revolutions per minute/second

um·ei·nan·der [ʊmʔai'nandɐ] *adv* about each other [*or* one another]; ***wir haben uns nie groß ~ gekümmert*** we never really had much to do with each other

ụm|ent·schei·den* *vr irreg* ■**sich** *akk* ~ to go back on a decision

um|er·zie·hen* ['ʊmɛɐ̯tsi:ən] *vt irreg* ■**jdn ~** to re-educate sb

Ụm·es·te·rung *f* CHEM transesterification, ester interchange

um|fah·ren¹ ['ʊmfa:rən] *irreg vt (fam)* ① *(überfahren)* ■**jdn ~** to knock down [*or* run over] sb *sep*
② *(anfahren und abknicken)* ■**etw ~** to hit sth; ■**umgefahren werden** to be hit by a vehicle

um·fa·hren*² [ʊm'fa:rən] *vt irreg* ■**etw ~** ① *(vor etw ausweichen)* to circumvent sth *form; Auto a.* to drive around sth
② *(Umweg fahren)* to make a detour around sth

Um·fah·rung <-, -en> [ʊm'fa:rʊŋ] *f* ÖSTERR, SCHWEIZ bypass

Ụm·fall *m* POL *(pej fam)* turnaround *a. pej*

ụm|fal·len *vi irreg sein* ① *(umkippen)* to topple [*or* fall] over; *Baum a.* to fall [down]
② *(zu Boden fallen)* to fall over [*or* down], to fall [*or* drop] to the floor/ground; *(schwerfällig)* to slump to the floor/ground; **tot ~** to drop [down] dead
③ *(fam: die Aussage widerrufen)* to retract one's statement
▶WENDUNGEN: **bis zum U~** *(fam)* till you drop

Ụm·fang <-[e]s, -fänge> *m* ① *(Perimeter)* circumference; *eines Baums a.* girth
② *(Ausdehnung)* area; **einen ~ von 5 Hektar haben** to cover an area of 5 hectares
③ *(Ausmaß)* **in begrenztem ~** on a limited scale; **in großem ~** on a large scale; **in vollem ~** completely, entirely, fully; **in vollem ~ freigesprochen werden** to be found not guilty on all points; **eine Katastrophe in vollem ~ erkennen** to recognize the full scale of a disaster; **~ der Steuersenkung** extent of tax cuts

um·fan·gen* [ʊm'faŋən] *vt irreg (geh)* ■**jdn ~** to embrace sb; **jdn/sich ~ halten** to hold sb/each other in one's/their arms

ụm·fang·reich *adj* ① *(voluminös)* extensive; **ein ~es Buch** a thick book
② *(ein erhebliches Ausmaß besitzend)* extensive; **~e internationale Beziehungen** extensive international connections; **~es Ersatzteillager** extensive parts depot; **~e Verkäufe** heavy sales

ụm|fär·ben *vt* ■**etw ~** to dye sth a different colour [*or* AM -or]

um·fas·sen* [ʊm'fasn̩] *vt* ① *(umschließen)* ■**jdn/etw/sich ~** to clasp sb/sth/each other; *(umarmen)* to embrace sb/sth/[each other]
② *(aus etw bestehen)* ■**etw ~** to comprise sth; **vier Seiten/zwei Spalten ~** to have four pages/cover two columns

um·fas·send [ʊm'fasn̩t] **I.** *adj* ① *(weitgehend)* extensive; **~e Vollmachten/Maßnahmen** sweeping [*or* extensive] powers/measures
② *(alles enthaltend)* full; **ein ~er Bericht/ein ~es Geständnis** a full report/confession
II. *adv* **etw ~ berichten** to report all the details of sth, to cover sth thoroughly; **~ gestehen** to admit to everything; **jdn ~ informieren** to keep sb informed of everything

Um·fas·sungs·wand [ʊm'fasʊŋs-] *f* BAU perimeter [*or* exterior] wall **Um·fạs·sungs·zar·ge** *f* BAU U-shaped frame

Ụm·feld *nt* sphere

ụm|fi·nan·zie·ren* *vt* ÖKON ■**etw ~** to refinance sth

Ụm·fi·nan·zie·rung <-, -en> *f* refinancing, refunding

um·flie·gen* [ʊm'fli:gn̩] *vt irreg* ① *(um etw herumfliegen)* ■**etw ~** to fly around [*or* BRIT round] sth
② *(um etw kreisen)* ■**jdn/etw ~** to fly [in circles] around [*or* BRIT round] sb/sth

ụm|for·ma·tie·ren *vt* ■**etw ~** to reformat sth

ụm|for·men *vt* ■**jdn ~** to transform sb

Ụm·for·mer <-s, -> *m* ELEK converter, convertor *spec*

ụm|for·mu·lie·ren* *vt* ■**etw ~** to redraft sth; *Satz* to reword sth

Ụm·for·mung <-, -en> *f* INFORM conversion, remodelling BRIT, AM -eling; **~ von Daten** data conversion

Ụm·fra·ge *f* survey; POL [opinion] poll; **eine ~ [zu etw** *dat*/**über etw** *akk*] **machen** to hold [*or* carry out *sep*] [*or form* conduct] a survey [on sth]

Ụm·fra·ge·er·geb·nis <-ses, -se> *nt meist pl* opinion poll result **Ụm·fra·ge·hoch** *nt* POL high rating in the opinion polls **Ụm·fra·ge·wer·te** *pl* ■**jds ~** public opinion of sb

um·frie·den* [ʊm'fri:dn̩], **um·frie·di·gen*** [ʊm'fri:dɪgn̩] *vt (geh)* ■**etw ~** to enclose sth; *(mit Zaun)* to fence in sth *sep; (mit Mauer)* to wall in sth *sep*

Um·frie·dung <-, -en> *f* ① *(Einfriedigung)* enclosing fence/wall/hedge etc.
② *kein pl (das Einzäunen)* ■**die ~ von etw** *dat*/**einer S.** *gen* [**mit etw** *dat*] enclosing sth [with sth]; **die ~ von etw** *dat* **mit einem Zaun/einer Mauer** fencing/walling in sth

ụm|fül·len *vt* ■**etw** [**von etw** *dat*] [**in etw** *akk*] ~ to transfer sth [from sth] into sth; **Wein in eine Karaffe ~** to decant wine

ụm|funk·ti·o·nie·ren* *vt* ■**etw** [**zu etw** *dat*] ~ to remodel sth [into sth], to change [*or* turn] sth [into sth]

Ụm·funk·ti·o·nie·rung <-, -en> *f* ■**die ~ von etw** *dat*/**einer S.** *gen* [**in etw** *akk*] remodelling sth [into sth], changing sth [into sth], turning sth into sth

Ụm·gang <-gänge> *m* ① *(gesellschaftlicher Verkehr)* ■**jds ~** sb's dealings *pl*; **~ mit jdm haben** *(geh)* to associate with sb, to have dealings with sb; **kein ~ für jdn sein** *(fam)* to be not fit [*or* be no] company for sb
② *(Beschäftigung)* ■**jds ~ mit etw** *dat* sb's having to do [*or* deal] with sth *form*

um·gäng·lich ['ʊmgɛŋlɪç] *adj* sociable, friendly; *(entgegenkommend)* obliging

Ụm·gangs·for·men *pl* [social] manners *pl*; **keine ~ haben** to have no manners **Ụm·gangs·recht** *nt kein pl* JUR right of access *(to children)*

Ụm·gangs·spra·che *f* ① LING colloquial language [*or* speech] *no pl*; **die griechische ~** colloquial Greek
② *(übliche Sprache)* ***in dieser Schule ist Französisch die ~*** the language spoken at this school is French

ụm·gangs·sprach·lich *adj* colloquial; **ein ~er Ausdruck/ein ~es Wort** a colloquial expression/word, a colloquialism *spec*; ■**~ sein** to be a colloquial expression/word [*or spec* a colloquialism]

Ụm·gangs·ton *m* tone, way of speaking

um·gar·nen* [ʊm'garnən] *vt (geh)* ■**jdn ~** to ensnare [*or* beguile] sb; ■**sich** *akk* [**von jdm/etw**] **~ lassen** to let oneself be ensnared [*or* beguiled] [by sb]/beguiled [by sth]

um·ge·ben* [ʊm'ge:bn̩] *irreg* **I.** *vt* ① *(einfassen)* ■**etw mit etw** *dat* ~ to surround sth with sth; **mit einer Mauer/einem Zaun ~ sein** to be walled/fenced in, to be surrounded [*or* enclosed] by a fence/wall
② *(sich rings erstrecken)* ■**etw ~** to lie to all sides of sth; **etw von drei Seiten ~** to lie to three sides of sth
③ *(in Gesellschaft von)* ■**von jdm ~ sein** to be surrounded by sb
II. *vr* ■**sich** *akk* **mit jdm/etw ~** to surround oneself with sb/sth

um·ge·bend *adj* ① *(in der Umgebung)* surrounding; **~e Luft** ambient air
② ÖKOL environmental
③ TECH, CHEM ambient, surrounding

Um·ge·bung <-, -en> [ʊm'ge:bʊŋ] *f* ① *(umgebende Landschaft)* environment, surroundings *pl*; *einer Stadt a.* environs *npl*, surrounding area; *(Nachbarschaft)* vicinity, neighbourhood; **in nächster ~** in the direct [*or* close] vicinity
② *(jdn umgebender Kreis)* people around one

Um·ge·bungs·strah·lung *f* background radiation; **natürliche ~** naturally occurring background radiation **Um·ge·bungs·tem·pe·ra·tur** *f* BAU ambient air temperature

Ụm·ge·gend *f (fam)* surrounding area

um|ge·hen¹ ['ʊmge:ən] *vi irreg sein* ① *(behandeln)* **mit jdm vorsichtig/rücksichtslos ~** to treat [*or* handle] sb carefully [*or* with care]/inconsiderately [*or* with inconsideration]; **mit jdm umzugehen wissen** to know how to handle [*or* deal with] sb, to have a way with sb; **mit jdm nicht ~ können** to not know how to handle [*or* deal with] sb; **mit etw** *dat* **gleichgültig/vorsichtig ~** to handle sth indifferently [*or* with indifference]/carefully [*or* with care]; *s. a.* **Geld**
② *(kolportiert werden)* to circulate, to go about [*or* around]
③ *(spuken)* to walk [abroad *liter*]; ***im Schloss geht ein Gespenst um*** the castle is haunted [by a ghost]

um·ge·hen*² [ʊm'ge:ən] *vt irreg* ■**etw ~** ① *(vermeiden)* to avoid sth
② *(an etw vorbei handeln)* to circumvent sth *form*

um·ge·hend ['ʊmge:ənt] **I.** *adj* immediate; **eine ~e Antwort** an immediate [*or* a prompt] reply; ***ich bitte um ~e Antwort*** please inform me at your earliest convenience *form*
II. *adv* immediately; **jdm ~ antworten** to reply [to sb] at one's earliest convenience *form*

Um·ge·hung¹ <-, -en> [ʊm'ge:ʊŋ] *f* ① *(das Vermeiden)* avoidance *no pl*
② *(das Umgehen)* circumvention *no pl form*; **unter ~ einer S.** *gen* by getting round [*or form* circumventing] sth

Um·ge·hung² <-, -en> [ʊm'ge:ʊŋ] *f*, **Um·ge·hungs·stra·ße** *f* bypass

Um·ge·hungs·ge·schäft *f* JUR transaction for the purpose of evading the law **Um·ge·hungs·hand·lung** *f* JUR evasion, avoidance **Um·ge·hungs·ver·**

bot *nt* JUR exclusion of evading action **Um·ge·hungs·ver·kehr** *m kein pl* re-directed traffic

um·ge·kehrt I. *adj* reversed, reverse *attr;* **in ~er Reihenfolge** in reverse order; *(rückwärts)* backwards; **die ~e Richtung** the opposite direction; **in ~em Verlauf** in reverse; [***es ist*] *gerade ~!*** just the opposite!, quite the contrary!
II. *adv* 1 *(anders herum)* the other way round
2 *(in der entgegengesetzten Reihenfolge)* **einen Film ~ abspielen** to run a film backwards; ***es hat sich genau ~ abgespielt*** just the opposite happened

um|ge·stal·ten* *vt* ■**etw ~** to reorganize sth; **die Anordnung von etw** *dat* **~** to rearrange sth; **ein Gesetzeswerk/die Verfassung ~** to reform a body of laws/the constitution; **einen Park/ein Schaufenster ~** to redesign a park/shop window

Um·ge·stal·tung <-, -en> *f* reorganization *no pl; von Gesetzeswerk, Verfassung* reformation *no pl; eines Parks, Schaufensters* redesign *no pl; Anordnung* rearrangement *no pl*

um·ge·wan·delt *adj* CHEM converted

um|ge·wöh·nen* *vr* ■**sich** *akk* **~** to re-adapt, to adapt to a/the new situation

um|gie·ßen ['ʊmgiːsn̩] *vt irreg* 1 *(umfüllen)* ■**etw in etw** *akk* **~** to pour [out *sep*] sth into sth
2 *(schmelzen)* ■**etw ~** *Metall* to recast sth
3 *(fam: verschütten)* ■**etw ~** to spill sth

Um·glie·de·rung <-, -en> *f* rearrangement, regrouping

um|gra·ben *vt irreg* ■**etw ~** to dig over sth *sep;* **die Erde ~** to turn [over *sep*] the soil

um|grei·fen [ʊm'graifn̩] *vt irreg* ■**etw ~** 1 *(umschließen)* to take hold of sth
2 *(fig: beinhalten)* to comprise sth

um·gren·zen* [ʊm'grɛntsn̩] *vt* ■**etw ~** to surround sth; **ein klar umgrenztes Aufgabengebiet** *(fig)* a clearly defined area of responsibility

um|grup·pie·ren* *vt* ■**jdn/etw ~** to regroup sb/sth; **die Möbel/Skulpturen ~** to rearrange the furniture/sculptures

um·gu·cken *vr (fam) s.* **umsehen**

um|ha·ben *vt irreg (fam)* ■**etw ~** to have on sth *sep*

Um·hang <-[e]s, -hänge> *m* cape

Um·hän·ge·gurt *m* shoulder strap

um|hän·gen[1] ['ʊmhɛŋən] *vt (umlegen)* ■**sich** *dat* **etw ~** to put on sth *sep;* ■**jdm etw ~** to wrap [*or* drape] sth around sb; **jdm/sich Decken ~** to wrap blankets around sb/oneself, to wrap sb/oneself in blankets

um|hän·gen[2] ['ʊmhɛŋən] *vt (woanders hinhängen)* ■**etw ~** to rehang sth, to hang sth somewhere else

Um·hän·ge·ta·sche *f* shoulder bag

um|hau·en ['ʊmhauən] *vt irreg (fam)* 1 *(fällen)* ■**etw ~** to chop [*or* cut] down sth *sep;* **Bäume ~** to fell trees, to chop [*or* cut] down *sep*
2 *(völlig verblüffen)* ■**jdn ~** to stagger sb, to bowl over sb *sep fam*
3 *(lähmen)* ■**jdn ~** to knock out sb *sep*

um·he·gen* [ʊm'heːgn̩] *vt (geh)* ■**jdn/etw ~** to look after sb/sth with loving care; **jdn ~ und umpflegen** to look after sb's every [little] wish; **etw ~ und umpflegen** to look after sth as if it were the apple of one's eye

um·her [ʊm'heːɐ̯] *adv* around, about; **überall ~** everywhere; **weit ~** all around, as far as you can see

um·her|bli·cken [ʊm'heːɐ̯blɪkn̩] *vi* to glance around **um·her|fah·ren** *vi irreg sein* to drive around **um·her|ge·hen** *vi irreg sein* ■**in etw** *dat* **~** to walk about [*or* around] sth **um·her|ir·ren** *vi sein* to wander about [*or* around] **um·her|lau·fen** *vi irreg sein* ■[**in etw** *dat*] **~** to walk around [*or* about] [sth]; *(rennen)* to run around [*or* about] [sth] **um·her|lie·gen** *vi irreg (selten)* to lie around **um·her|schlen·dern** *vi* to stroll around **um·her|wan·dern** *vi sein* ■[**in etw** *dat*] **~** to wander [*or* roam] around [*or* about] [sth] **um·her|zie·hen** *vi irreg sein* to wander [*or* roam] about [*or* around]

um·hin|kom·men [ʊm'hɪn-] *vi irreg (selten)* to be unable to avoid **um·hin|kön·nen** [ʊm'hɪnkœnən] *vi irreg* **jd kann nicht umhin, etw zu tun** sb cannot avoid doing sth

um|hö·ren *vr* ■**sich** *akk* [**nach jdm/etw**] **~** to ask around [about sb/for sth]; ■**sich** *akk* [**irgendwo**] **~** to ask around [somewhere]

um·hül·len* [ʊm'hylən] *vt* ■**jdn/etw** [**mit etw** *dat*] **~** to wrap [up *sep*] sb/sth [in sth]

um|in·ter·pre·tie·ren* *vt* ■**etw ~** to reinterpret sth

um·ju·beln* [ʊm'juːbl̩n] *vt* ■**jdn ~** to cheer sb

um·ju·belt *adj* smash[-hit] *attr fam,* extremely popular; ***die ~e Premiere des Films*** the movie's smash-hit premiere

um·kämpft [ʊm'kɛmpft] *adj* disputed; **ein ~es Gebiet** a disputed area, a war zone; ■**~ sein** to be disputed [*or* the centre of a dispute]

Um·kehr <-> ['ʊmkeːɐ̯] *f kein pl* turning back

um·kehr·bar *adj* reversible; ■**nicht ~** irreversible; **~e Reaktion** CHEM balanced [*or* reversible] reaction

um|keh·ren I. *vi sein* to turn back; **nach Hause/zum Ausgangspunkt ~** to go back home/back to where one started [out]
II. *vt haben (geh)* ■**etw ~** to reverse sth

Um·kehr·ent·wick·lung *f kein pl* FOTO reversal process **Um·kehr·punkt** *m* reversal point **Um·kehr·schluss[RR]** *m* inversion of an argument; JUR argumentum e contrario

Um·keh·rung <-, -en> *f (geh)* reversal

um|kip·pen I. *vi sein* 1 *(seitlich umfallen)* to tip [*or* fall] over; ■[**mit etw** *dat*] **~** *Stuhl, Fahrrad, Roller* to fall over [with sth]
2 *(fam: bewusstlos zu Boden fallen)* to pass out
3 *(sl: die Meinung ändern)* to come round
4 ÖKOL to become polluted; ***durch die Mülldeponie in Ufernähe ist der See umgekippt*** the balance in the lake has been upset by the rubbish tip near the riverbank
5 *(ins Gegenteil umschlagen)* to change course [*or* tack], to do a U-turn [*or* an about-face]; ■**in etw** *akk* **~** to turn into sth; ***seine Laune kann von einer Minute auf die andere ~*** his mood can blow hot and cold from one minute to the next
II. *vt haben* ■**etw ~** to tip [*or* knock] over sth *sep*

um·klam·mern* [ʊm'klamɐn] *vt* 1 *(sich an jdm festhalten)* ■**jdn ~** to cling [on] to sb, to hold on tightly to sb
2 *(fest umfassen)* ■**etw ~,** ■**etw umklammert halten** to hold sth tight

Um·klam·me·rung <-, -en> *f* 1 *kein pl (Umarmung)* embrace
2 *(umklammernder Griff)* clutch; SPORT clinch

Um·klam·me·rungs·re·flex *m eines Neugeborenen* embracing reflex

um|klap·pen *vt* ■**etw ~** to fold down sth *sep*

Um·klei·de·ka·bi·ne *f* changing cubicle [*or* stall]

um|klei·den ['ʊmklaidn̩] *vt (geh)* ■**sich** *akk* **~** to change, to get changed

Um·klei·de·raum *m* changing room

um|kni·cken I. *vi sein* 1 *(brechen) Stab, Zweig* to snap
2 *(zur Seite knicken)* [**mit dem Fuß**] **~** to twist one's ankle
II. *vt haben* ■**etw ~** to snap sth; *(Papier, Pappe)* to fold over; *(Pflanze, Trinkhalm)* to bend sth [over]

um|kom·men *vi irreg sein* 1 *(sterben)* to be [*or* get *fam*] killed, to die; **bei** [*o* **in**] **einem Verkehrsunfall/Flugzeugabsturz ~** to be killed in a traffic accident/plane crash
2 *(fam: verderben)* to go off [*or* bad] *fam*
3 *(fam: es nicht mehr aushalten)* to be unable to stand sth [any longer]; **vor Langeweile ~** to be bored to death

Um·kreis *m* ■**im ~** [**einer S.** *gen*] in the vicinity [*or* surroundings] [of sth], within the environs [of sth] BRIT; ***im ~ von 100 Metern/Kilometern*** within a radius of 100 metres/kilometres

um·krei·sen* [ʊm'kraizn̩] *vt* ■**etw ~** 1 ASTRON *(um etw kreisen)* to revolve around sth, to orbit sth
2 RAUM *(in einer Umlaufbahn sein)* to orbit sth, to circle sth

Um·krei·sung <-, -en> *f* ASTRON *(das Umkreisen)* orbiting; ASTRON, RAUM *(Vollendung einer Umlaufbahn)* orbit

um|krem·peln *vt* 1 *(aufkrempeln)* ■**sich** *dat* **etw ~** to roll up sth *sep; (Hosenbein)* to turn up sth *sep*
2 *(fam: gründlich durchsuchen)* ■**etw ~** to turn sth upside down *fam*
3 *(fam: grundlegend umgestalten)* ■**etw/jdn ~** to turn sth/sb inside out, to shake up sth/sb *sep,* to give sth/sb a good shake up *fam*

Um·la·de·bahn·hof *m* reloading [*or* transfer] station **Um·la·de·gut** *nt* HANDEL goods for transshipment **Um·la·de·ha·fen** *m* HANDEL port of transshipment **Um·la·de·kon·nos·se·ment** *nt* HANDEL transshipment bill of lading **Um·la·de·kos·ten** *pl* HANDEL reloading charges

um|la·den *vt irreg* ■**etw ~** to reload sth

Um·la·de·platz *m* place of transshipment, transfer point, rehandling yard

Um·la·ge *f* 1 FIN share of the cost
2 KOCHK garnish

Um·la·ge·be·frei·ung *f kein pl* JUR exemption from tax, BRIT derating **Um·la·ge·fi·nan·zie·rung** *f* ÖKON, FIN *im Generationsvertrag* shared financing **Um·la·ge·grund·la·ge** *f* FIN levy base **um·la·ge·pflich·tig** *adj* JUR assessable; FIN rate[a]ble

um·la·gern* [ʊmla:gɐn] *vt* ■**jdn ~** to surround sb

Um·la·ge·rung *f* CHEM rearrangement

Um·land *nt kein pl* surrounding area

Um·lauf <-s, -läufe> ['ʊmlauf, *pl* -lɔyfə] *m* 1 ASTRON *(Umkreisung)* rotation
2 ADMIN *(internes Rundschreiben)* circular; **etw in ~ bringen** [*o* **setzen**] to circulate sth, to put sth into circulation; *Gerücht, Lüge, Parole* to spread sth, to put about sth *sep;* ÖKON *(etw kursieren lassen) Banknoten, Geld, Falschgeld* to put into circulation; **im ~ sein** to be in circulation *a. fig*
3 TECH rotation; **Umläufe pro Minute** rotations per minute, rpm

Um·lauf·bahn *f* ASTRON, RAUM *(Kreisbahn, Orbit)* orbit; **die ~en um die Sonne** solar orbits

um|lau·fen ['ʊmlaufn̩] I. *vi sein irreg* 1 ÖKON *(zirkulieren)* to be in circulation
2 *(weitererzählt werden)* to go round, to be circulating
II. *vt haben (fam: umrennen)* ■**jdn/etw ~** to knock sb/sth over

Um·lauf·fä·hig·keit *f kein pl* ÖKON marketability *no pl; (von Aktien)* negotiability *no pl* **Um·lauf·ge·schwin·dig·keit** *f* ÖKON rate of turnover **Um·lauf·ka·pi·tal** *nt* FIN circulating capital **Um·lauf·ren·di·te** *f* FIN running yield **Um·lauf·sa·tel·lit** *m* orbital satellite **Um·lauf·ver·mö·gen** *nt* FIN current assets *pl,* circulating capital *no pl* **Um·lauf·vo·lu·men** *nt* FIN outstanding volume

Um·laut *m* LING umlaut, vowel mutation

um|lau·ten *vt* LING ■[**zu etw** *dat*] **umgelautet werden** to be modified [into sth]

Um·le·ge·kra·gen *m* reversible collar

um|le·gen ['ʊmleːgn̩] *vt* 1 *(auf andere Seite kippen)* ■**etw ~** to turn sth; **einen Schalter ~** to turn a switch
2 *(um Körperteil legen)* ■**jdm/sich etw ~** to put [*or* wrap] sth around sb/oneself
3 *(flachdrücken)* ■**etw ~** to flatten sth
4 *(fällen)* ■**etw ~** to bring down sth *sep*
5 *(sl: umbringen)* ■**jdn** [**mit etw** *dat*] **~** to do in sb [with sth] *sep; (mit Pistole)* to bump sb off *sep;* ■**jdn** [**von jdm**] **~ lassen** to have sb done in [by sb]
6 FIN *(anteilig verteilen)* ■**etw auf jdn/etw ~** to split sth between sb/sth
7 *(verlegen)* ■**etw** [**auf etw** *akk*] **~** to change sth [to sth], to reschedule sth [for sth]

Um·le·gung <-, -en> *f* ÖKON apportionment; **~ von Kosten** allocation of costs

Um·lei·mer <-s, -> *m* BAU edge strip

um|lei·ten *vt* BAU, TRANSP *(um etw herum leiten)* ■**etw** [**irgendwohin**] **~** to divert sth [somewhere]

Um·lei·tung <-, -en> *f* TRANSP 1 *(Strecke für umgeleiteten Verkehr)* diversion, detour
2 *kein pl (das Umleiten)* diversion, re-routing

Um·lei·tungs·emp·feh·lung *f* TRANSP recommended diversion [*or* alternative route] **Um·lei·tungs·schild** *nt* diversion [*or* detour] sign **Um·lei·**

tungs·stra·ße *f* diversion BRIT, detour
um|ler·nen *vi* to rethink, to change one's attitudes
um·lie·gend ['ʊmli:gn̩t] *adj* surrounding
Um·luft *f kein pl* TECH recirculating air
Um·luft·be·trieb *m* AUTO recirculation mode **Um·luft·herd** *m* ELEK fan-assisted [*or* convection] oven
Um·ma <-> *f kein pl* REL *(die moslemische Gemeinde weltweit)* Ummah
um·man·teln* [ʊm'mantl̩n] *vt (fachspr)* ■ **etw** ~ to coat sth
um·mau·ern* [ʊm'mauɐn] *vt* ■ **etw** ~ to wall [in] sth *sep;* ■ **ummauert** walled; *(von Gefängnisbereich)* walled in
um|mel·den *vt* ADMIN **jdn/sich an einen anderen Wohnort** ~ to register sb's/one's change of address
Um·mel·dung <-, -en> *f* ADMIN registration of [one's] change of address
um|mo·deln *vt (fam)* ■ **etw/jdn** ~ to change sth/sb
um|mün·zen *vt (fam)* ■ **etw zu etw** *dat* ~ to convert [*or* transform] sth into sth
um·nach·tet [ʊm'naxtət] *adj* **geistig** ~ [**sein**] *(geh)* [to be] mentally deranged
Um·nach·tung <-, -en> *f* **geistige** ~ *(geh)* mental derangement
Um·or·ga·ni·sa·ti·on *f* reorganization
um|or·ga·ni·sie·ren* *vt* ■ **etw** ~ to reorganize sth
um·ori·en·tie·ren I. *vt* ■ **etw** ~ to realign sth
II. *vr* ■ **sich** *akk* ~ to reorient [*or* BRIT *a.* reorientate] oneself
um|pa·cken[1] *vt* ■ **etw** ~ to repack sth
um·pa·cken*[2] *vt (umfassen)* ■ **jdn/etw** ~ to embrace sb/sth
um|pflan·zen ['ʊmpflantsn̩] *vt* AGR, HORT ❶ *(woandershin pflanzen)* ■ **etw** ~ to transplant sth
❷ *(umtopfen)* ■ **etw** [**in etw** *akk*] ~ to repot sth [into sth]
um|pflü·gen ['ʊmpfly:gn̩] *vt* AGR ■ **etw** ~ to plough [*or* AM plow] up sth *sep*
um|po·len *vt* ❶ PHYS, ELEK ■ **etw** ~ to reverse the polarity of sth
❷ *(fam: völlig ändern)* ■ **jdn** ~ to convert sb
um·pro·gram·mie·ren *vt* ❶ INFORM ■ **etw** ~ *Steuerung, Computer, System* to reprogram sth
❷ *(fig fam)* ■ **etw/jdn** ~ to reprogram sth/sb
um|quar·tie·ren* *vt* ■ **jdn** ~ to relocate [*or* move] sb
um·rah·men* [ʊm'ra:mən] *vt* ❶ *(einrahmen)* ■ **etw** ~ to frame sth
❷ HORT *(einfassen)* ■ **etw** [**mit etw** *dat*] ~ to border sth [with sth]
Um·rah·mung <-, -en> *f* ❶ *(Bilderrahmen)* frame
❷ *kein pl (das Einrahmen)* framing
um·ran·den* [ʊm'randn̩] *vt* ■ **etw** [**rot/mit einem Stift**] ~ to mark [*or* circle] sth [in red/with a pen]
Um·ran·dung <-, -en> *f* ❶ *(einfassender Rand)* border; *(Markierung einzelner Wörter)* marking
❷ *kein pl (das Umranden)* marking
um·ran·ken* [ʊm'raŋkn̩] *vt* ■ **etw** ~ to twine [*or* climb] around sth
um|räu·men I. *vi* to rearrange
II. *vt* ❶ *(woandershin räumen)* ■ **etw** [**irgendwohin**] ~ to move sth [somewhere]
❷ *(die Möblierung umordnen)* ■ **etw** ~ to rearrange sth
um|rech·nen *vt* ❶ MATH *(in andere Zahleneinheiten übertragen)* ■ **etw** [**in etw** *akk*] ~ to convert sth [into sth]
❷ FIN *(in andere Währung übertragen)* ■ **etw in etw** *akk* ~ to convert sth into sth; ***wie viel ist das, umgerechnet in Pfund?*** how much is that in pounds?
Um·rech·nung <-, -en> *f* conversion
Um·rech·nungs·fak·tor *m* FIN, MATH conversion factor **Um·rech·nungs·kurs** *m* BÖRSE exchange rate; **amtlicher** ~ official exchange rate; **zum** ~ **von ...** at the parity of ...
um·rei·ßen* [ʊm'raisn̩] *vt irreg* ■ [**jdm**] **etw** ~ *(Situation, Lage)* to outline sth [to sb]; *(Ausmaß, Kosten)* to estimate sth [for sb]
um|ren·nen *vt irreg* ■ **jdn/etw** ~ to [run into and] knock sb/sth over

um·rin·gen* [ʊm'rɪŋən] *vt* ■ **jdn/etw** ~ to surround sb/sth; *(drängend umgeben)* to crowd around sb/sth
Um·riss[RR], **Um·riß**[ALT] *m meist pl* contour[s *pl*], outline[s *pl*]; **in Umrissen** in outline
um·ris·sen *adj* well defined; **fest ~e Vorstellungen von etw** *dat* **haben** to have a clear-cut impression of sth
um|ru·beln ['ʊmru:bl̩n] *vt bes* OSTD *(fam)* ❶ *(umtauschen)* ■ **etw in etw** *akk* ~ *Geld* to change sth into sth
❷ *(fig)* ■ **etw zu etw** *dat* ~ to make sth out to be sth
um|rüh·ren *vt, vi* ■ [**etw**] ~ to stir [sth]
um·run·den* [ʊm'rʊndn̩] *vt* ■ **etw** ~ to go/drive/sail etc. round sth, to circumnavigate sth *spec*
um|rüs·ten I. *vi* MIL ■ **auf etw** *akk* ~ to rearm with sth
II. *vt* ❶ MIL *(anders ausrüsten)* ■ **etw auf etw** *akk* ~ to rearm sth with sth
❷ TECH *(für etw umbauen)* ■ **etw auf etw** *akk* ~ to re-equip sth with sth
Um·rüs·tung <-, -en> *f* ❶ MIL *(Ausrüsten)* re-equipping
❷ TECH *(Umbauen)* conversion
ums [ʊms] = **um das** *s.* **um**
um|sat·teln *vi (fam)* [**auf einen anderen Beruf**] ~ to change jobs, to switch from one job to another
Um·satz *m* ❶ ÖKON turnover; ~ **machen** *(fam)* to be earning; **1.000 Euro** ~ **machen** to do 1,000 euros worth of business; **gut behaupteter** ~ BÖRSE steady trading
❷ CHEM conversion
Um·satz·ab·ga·be *f* JUR transaction duty **Um·satz·ana·ly·se** *f* sales analysis **Um·satz·an·stieg** *m kein pl* HANDEL increase in turnover **Um·satz·an·teil** *m* sales share **Um·satz·auf·wen·dun·gen** *pl* FIN sales expenditure *no pl* **Um·satz·be·le·bung** *f* HANDEL increase in turnover **Um·satz·be·richt** *m* sales report **Um·satz·be·tei·li·gung** *f* ÖKON commission **Um·satz·bo·nus** *m* HANDEL annual quantity discount **Um·satz·ent·wick·lung** *f* ÖKON sales trend **Um·satz·er·war·tung** *f* ÖKON sales expectation **Um·satz·häu·fig·keit** *f* ÖKON *s.* **Umschlagshäufigkeit Um·satz·ka·pi·tal** *nt* FIN sales investment capital **Um·satz·kos·ten·ver·fah·ren** *nt* FIN cost-of-sales accounting format **Um·satz·kur·ve** *f* ÖKON sales curve **Um·satz·plus** *nt* increase in turnover, sales plus **Um·satz·pro·gno·se** *f* ÖKON sales projection, turnover forecast **Um·satz·pro·vi·si·on** *f* HANDEL sales commission **Um·satz·ren·di·te** *f* FIN percentage return on sales **Um·satz·rück·gang** *m* HANDEL decline in sales, drop in turnover
um·satz·schwach *adj* ÖKON slow-selling, low-volume **Um·satz·schwan·kung** *f meist pl* HANDEL sales fluctuation **Um·satz·spit·zen·rei·ter** *m* BÖRSE volume leader **um·satz·stark** *adj Unternehmen* with high turnover *nach n* **Um·satz·sta·tis·tik** *f* ÖKON sales analysis [*or pl* statistics] **Um·satz·stei·ge·rung** *f* ÖKON sales increase, increase in turnover
Um·satz·steu·er *f* FIN sales tax **Um·satz·steu·er·er·hö·hung** *f* FIN sales tax increase **Um·satz·steu·er·er·klä·rung** *f* FIN sales [*or* turnover] tax return; **eine** ~ **einreichen** to submit a sales tax return **um·satz·steu·er·frei** *adj* FIN zero-rated, exempted from sales tax *pred* **Um·satz·steu·er·har·mo·ni·sie·rung** *f* FIN harmonization of turnover tax **Um·satz·steu·er·iden·ti·fi·ka·ti·ons·num·mer** *f* sales tax identification number **um·satz·steu·er·pflich·tig** *adj* FIN liable to sales tax **Um·satz·steu·er·prü·fung** *f* FIN sales tax audit **Um·satz·steu·er·recht** *nt* JUR, FIN sales tax law **Um·satz·steu·er·rück·er·stat·tung** *f*, **Um·satz·steu·er·rück·ver·gü·tung** *f* FIN sales [*or* turnover] tax refund
Um·satz·vo·lu·men *nt* HANDEL sales volume **Um·satz·wachs·tum** *nt* HANDEL growth in sales **Um·satz·zah·len** *pl* HANDEL turnover figures **Um·satz·zu·nah·me** *f*, **Um·satz·zu·wachs** *m* HANDEL growth [*or* increase] in sales [*or* turnover]
um·säu·men* [ʊm'zɔymən] *vt (geh)* ■ **etw** ~ to line sth

um|schal·ten I. *vi* ❶ RADIO, TV, INFORM *(andere Verbindung herstellen)* to switch over; **auf einen anderen Kanal/Sender** ~ change the channel/station
❷ TRANSP *(Anzeigenfarbe ändern)* to change; **auf Rot/Orange/Grün** ~ to turn [*or* go] red/amber/green
❸ *(fam: sich einstellen)* ***ich brauche ein bisschen Zeit umzuschalten*** I need a little time to shift gears; ■ **auf etw** *akk* ~ to adapt to sth
II. *vt* RADIO, TV *(auf anderen Sender wechseln)* ■ **etw auf etw** *akk* ~ to switch sth to sth; **das Fernsehgerät/Radio** [*o* SÜDD, ÖSTERR, SCHWEIZ **den Radio**] ~ to change the television channel/radio station
Um·schal·ter <-s, -> *m* ❶ TECH change-over switch
❷ INFORM *(bei der Tastatur)* shift-key
Um·schalt·tas·te *f* INFORM case change, shift key
Um·schal·tung <-, -en> *f* TV change of channel; RADIO change of station
Um·schalt·zei·chen *nt* INFORM shift character
Um·schau *f* **nach jdm/etw** ~ **halten** to look out for sb/sth, to keep an eye out for sb/sth
um|schau·en *vr (geh) s.* **umsehen**
um|schich·ten *vt* ❶ *(anders aufschichten)* ■ [**jdm**] **etw** ~ to restack sth [for sth]
❷ *(anders verteilen)* ■ **etw** ~ to redistribute sth
Um·schich·tung <-, -en> *f* ❶ *(Umgruppierung)* regrouping, shifting; ÖKON, SOZIOL restructuring
❷ *(Umverteilung)* redistribution
Um·schich·tungs·han·del *m* FIN reorganization business **Um·schich·tungs·pro·zess**[RR] *m* ❶ FIN *von Kapital, Vermögen* redistribution process, process of redistribution ❷ SOZIOL *in der Bevölkerung* restructuring process, process of restructuring
um·schif·fen* [ʊm'ʃɪfn̩] *vt* NAUT ■ **etw** ~ to sail around sth; *Kap a.* to round, to double; *s. a.* **Klippe**
Um·schlag[1] <-[e]s> *m kein pl* ÖKON transfer, trans-shipment
Um·schlag[2] <-[e]s, -schläge> *m* ❶ *(Kuvert)* envelope; **selbstklebender** ~ self-adhesive envelope
❷ *(Buchumschlag)* jacket
❸ MED *(Wickel)* compress
Um·schlag·bahn·hof *m* trade station **Um·schlag·be·trieb** *m* HANDEL transshipment point
um|schla·gen[1] ['ʊmʃla:gn̩] *irreg* **I.** *vt haben (wenden)* ■ **etw** ~ *(Kragen, Ohrenklappe)* to turn down sth *sep; (Ärmelaufschlag)* to turn up sth *sep*
II. *vi sein* METEO *(Wechseln der Wetterlage)* to change
um|schla·gen[2] ['ʊmʃla:gn̩] *vt irreg* ÖKON ■ **etw** ~ *(umladen)* to transfer [*or* trans-ship] sth
Um·schla·gen <-s> ['ʊmʃla:gn̩] *nt kein pl* TYPO work and turn
Um·schlag·ha·fen *m* ÖKON, NAUT port of transshipment **Um·schlag·platz** *m* ÖKON place of transshipment **Um·schlag·punkt** *m kein pl* CHEM end point of reaction [*or* titration]
Um·schlags·häu·fig·keit *f* ÖKON rate of turnover **Um·schlags·kos·ten** *pl* HANDEL handling charges **Um·schlags·ver·mö·gen** *nt* HANDEL handling capacity **Um·schlags·zeit** *f* HANDEL turnover period; *(Transport)* transit time
Um·schlag·ta·rif *m* HANDEL handling rate
um·schlie·ßen* [ʊm'ʃli:sn̩] *vt irreg* ❶ *(umgeben, umzingeln)* ■ **etw** ~ to enclose sth
❷ *(geh: umarmen)* **jdn/etw mit den Händen/Armen** ~ to take sb/sth in one's hands/arms
❸ *(eng anliegen)* ■ **jdn/etw** ~ to fit sb/sth closely [*or* tightly]
❹ *(einschließen)* ■ **etw** ~ to include [*or* comprise] sth
um·schlin·gen* [ʊm'ʃlɪŋən] *vt irreg* ❶ *(geh: eng umfassen)* ■ **jdn** ~ to embrace sb; **jdn mit den Armen** ~ to hold sb tightly in one's arms, to clasp sb in one's arms *liter*
❷ BOT *(rankend umgeben)* ■ **etw** ~ to twine around sth
um·schlun·gen *adj* **eng** ~ with one's arms tightly around one another; **jdn** [**fest**] ~ **halten** *(geh)* to hold sb [tightly] in one's arms, to embrace sb [tightly]
um·schmei·cheln* [ʊm'ʃmaiçl̩n] *vt* ❶ *(jdm schön-*

U

tun) ■**jdn** ~ to flatter sb

2 *(geh: sanft berühren)* ■**etw umschmeichelt jdn/etw** sth is caressing sb/sth

um|schmei·ßen *vt irreg (fam)* 1 *(umwerfen)* ■[**jdn**] **etw** ~ to knock [sb's] sth over

2 *(zunichtemachen)* ■**etw** ~ *Planung, Plan* to mess up sth *sep*

um|schnal·len *vt* ■[**jdm/sich**] **etw** ~ to buckle on *sep* [sb's/one's] sth

um|schrei·ben[1] ['ʊmʃraibn̩] *vt irreg* 1 MEDIA *(grundlegend umarbeiten)* ■**etw** ~ to rewrite sth

2 JUR *(im Grundbuch übertragen)* ■**etw auf jdn** ~ to transfer sth to sb [*or* sb's name]; ■**etw auf jdn** ~ **lassen** to have sth transferred to sb [*or* sb's name]

um·schrei·ben*[2] [ʊm'ʃraibn̩] *vt irreg* ■**etw** ~ 1 *(indirekt ausdrücken)* to talk around sth, to skate over [*or* around] sth, to gloss over sth

2 *(beschreiben)* to outline [*or* describe] sth; *(in andere Worten fassen)* to paraphrase sth

Um·schrei·bung[1] <-, -en> *f* 1 *(indirektes Ausdrücken)* glossing-over, dodging

2 *(das Beschreiben)* outline, description, paraphrase

Um·schrei·bung[2] <-, -en> *f* JUR *(Ummeldung)* transcription, change of registration

Um·schrift *f* 1 LING *(Transkription)* transcription, transliteration; **phonetische** ~ phonetic transcription

2 *(kreisförmige Beschriftung)* circumscription

um|schul·den ÖKON **I.** *vt* ■**etw** ~ to refinance [*or* reschedule] [*or* roll over] sth

II. *vi* to refinance; **einen Kredit** ~ to convert [*or* fund] a loan

Um·schul·dung <-, -en> *f* FIN funding *no pl*

um|schu·len *vt* 1 *(für andere Tätigkeit ausbilden)* ■**jdn** [**zu etw** *dat*] ~ to retrain sb [as sth]; ■**sich** *akk* ~ **lassen** to undergo retraining

2 SCH *(auf andere Schule schicken)* ■**jdn** ~ to transfer sb to another school

Um·schü·ler(in) *m(f)* retrainee

Um·schu·lung *f* 1 *(Ausbildung für andere Tätigkeit)* retraining

2 SCH *(das Umschulen)* transfer

Um·schu·lungs·kurs *m* SCH, ÖKON retraining course

um|schüt·ten *vt* ■**etw** ~ 1 *(verschütten)* to spill sth

2 *(umwerfen)* to upset sth

3 *(umfüllen)* to pour [out *sep*] sth into sth

um·schwär·men* [ʊm'ʃvɛrmən] *vt* ■**jdn** ~ to idolize sb; *(bedrängen)* to swarm around sb

um·schwärmt *adj* idolized

Um·schwei·fe ['ʊmʃvaifə] *pl* beating about [*or* around] the bush; **ohne** ~ without mincing one's words, straight up; **keine** ~**!** stop [*or* no] beating about the bush!

um|schwen·ken *vi sein o haben* 1 *(zur Seite schwenken) exerzierende Rekruten* to do an about-face [*or* about-turn]; **nach links/rechts** ~ to swing [out] to the left/right

2 *(seine Meinung ändern)* ■[**auf etw** *akk*] ~ to swing round [to sth]

um·schwir·ren* *vt* ■**jdn/etw** ~ to buzz around sb/sth

Um·schwung *m* 1 *(plötzliche Veränderung)* drastic change; **ein politischer/wirtschaftlicher** ~ a political/economic U-turn; ~ **in der Leistungsbilanz** FIN reversal of the current account balance

2 SCHWEIZ *(umgebendes Gelände)* surrounding property

um·se·geln* [ʊm'ze:gl̩n] *vt* NAUT ■**etw** ~ to sail around sth

Um·se·ge·lung <-, -en> *f* circumnavigation

um|se·hen *vr irreg* 1 *(in Augenschein nehmen)* ■**sich** *akk* **irgendwo/bei jdm** ~ to have [*or esp* AM take] a look around somewhere/in sb's home

2 *(nach hinten blicken)* ■**sich** *akk* ~ to look back [*or* BRIT round]; ■**sich** *akk* **nach jdm/etw** ~ to turn to look at sb/sth, to look back [*or* BRIT round] at sb/sth

3 *(zu finden suchen)* ■**sich** *akk* **nach jdm/etw** ~ to look around for sb/sth

um·sei·tig ['ʊmzaitɪç] **I.** *adj* overleaf; **der Text zur** ~**en Abbildung** the text to the illustration overleaf

II. *adv* overleaf; ***die Lösung ist ~ erwähnt*** the solution is given overleaf

um|set·zen[1] ['ʊmzɛtsn̩] *vt* 1 *(an anderen Platz setzen)* ■**jdn** ~ to move sb

2 *(nutzbringend anwenden)* ■**etw** [**in etw** *akk*] ~ to convert sth [to sth]; **etw in die Praxis** ~ to put sth to practice, to translate sth into practice; **etw in Geld** ~ to sell sth, to turn sth into cash [*or* money]; *s. a.* **Tat**

um|set·zen[2] ['ʊmzɛtsn̩] *vt* ÖKON *(verkaufen)* ■**etw** ~ to turn over sth, to have a turnover of sth

Um·set·zung <-, -en> *f* 1 *(Übertragung)* transfer; ~ **von Daten** INFORM data transfer

2 JUR *(Versetzung)* transfer of duties, transfer to a different position; ~ **eines Beamten** transfer of an official to a different position

3 *(Umpflanzung) Pflanze* transplant[ing]; *(in einen anderen Topf)* repotting

4 *(Verwirklichung)* realization; *eines Plans* implementation

5 *(Umformung)* transformation

6 TECH, PHYS conversion

7 ÖKON turnover

8 *(Umsiedelung) in eine andere Wohnung* rehousing

Um·sicht *f kein pl* prudence, circumspection *form*

um·sich·tig **I.** *adj* level-headed, prudent, circumspect *form*

II. *adv* prudently, circumspectly *form*

um|sie·deln **I.** *vt haben* ■**jdn** [**irgendwohin**] ~ to resettle [*or* relocate] sb [somewhere]

II. *vi sein* ■**irgendwohin** ~ to resettle somewhere

Um·sie·de·lung <-, -en> *f* resettlement

Um·sied·ler(in) *m(f)* resettler, resettled person

Um·sied·lung <-, -en> *f* resettlement

um|sin·ken *vi irreg* to sink to the ground

um·sonst [ʊm'zɔnst] *adv* 1 *(gratis)* for free, free of charge; ■~ **sein** to be free [of charge]; *(Pröbchen, Werbegeschenk)* to be complimentary; **etw** ~ [**dazu**] **bekommen** to receive sth free of charge [*or* for free]; **etw** ~ [**dazu**] **geben** to give sth free of charge [*or* for free]

2 *(vergebens)* in vain; ■~ **sein** to be pointless; **nicht** ~ not without reason, not for nothing *fam*

um·sor·gen* [ʊm'zɔrgn̩] *vt* ■**jdn** ~ to look after sb, to care for sb

um·span·nen* [ʊm'ʃpanən] *vt* 1 *(umfassen)* to clasp; ■**etw mit den Armen/Händen** ~ to get [*or* put] one's arms/hands around sth

2 *(zeitlich einschließen)* ■**etw** ~ *Zeitraum* to span sth

Um·span·ner *m* ELEK [voltage] transformer

Um·spann·sta·ti·on *f* ELEK transformer [station]

Um·spann·werk *nt* ELEK transformer station

um·spie·len* [ʊm'ʃpi:lən] *vt* *(geh: andeutungsweise zu sehen sein)* ■**etw** ~ to have a hint [*or* suggestion] of sth; ***ein leises Lächeln umspielte ihre Lippen*** a faint smile played about her lips

um|sprin·gen ['ʊmʃprɪŋən] *vi irreg sein* 1 *(grob behandeln)* ■**mit jdm schlecht** [*o* **grob**] ~ to treat sb badly [*or* roughly]; ***so lasse ich nicht mit mir ~!*** I won't be treated like that!

2 METEO *(rasch die Richtung wechseln)* to veer round

3 TRANSP *(plötzlich umschalten)* to change (**auf** +*akk* to); **auf Rot/Orange/Grün** ~ to change to red/amber/green

um|spu·len *vt* to rewind; **ein Tonband auf eine andere Spule** ~ to wind a tape onto another spool

um·spü·len* [ʊm'ʃpy:lən] *vt (geh)* ■**etw** ~ to wash around [*or* BRIT round] sth

Um·stand <-[e]s, -stände> *m* 1 *(wichtige Tatsache)* fact; **mildernde Umstände** JUR mitigating circumstances; **den Umständen entsprechend** [**gut**] [as good] as can be expected under the circumstances; **unter Umständen** possibly, maybe, perhaps; ***unter diesen Umständen hätte ich das nie unterschrieben*** I would never have signed this under these circumstances; **unter allen Umständen** at all costs

2 *pl (Schwierigkeiten)* bother, trouble; [**jdm**] **Umstände machen** [*o geh* **bereiten**] to put [sb] out, to cause trouble [*or* bother] [*or* inconvenience] [for sb]; [**jdm**] **Umstände machen** [*o geh* **bereiten**], **etw zu tun** to be a bother [to sb] to do sth; **nicht viele Umstände** [**mit jdm/etw**] **machen** to not waste any time [with sb/sth], to make short work [of sb/sth]; **ohne** [**große**] **Umstände** without any [great deal of] fuss [*or* bother]; **bitte keine Umstände!** please don't put yourself out!, please don't go to any bother!

3 *pl (Förmlichkeiten)* fuss; ***wozu die Umstände?*** why are you making such a fuss?, what's this fuss all about?

▸ WENDUNGEN: **in anderen Umständen sein** *(geh: schwanger sein)* to be expecting *form*

um·stän·de·hal·ber *adv* due [*or* owing] to circumstances

um·ständ·lich ['ʊmʃtɛntlɪç] **I.** *adj* 1 *(weitschweifig: Erklärung, Formulierung)* long-winded, ponderous

2 *(mit großem Aufwand verbunden)* laborious; *(Anweisung, Beschreibung)* elaborate, involved; *(Aufgabe, Reise)* complicated, awkward; *(Erklärung, Anleitung)* long-winded; ■~ **sein** to be a [lot of] bother, to be inconvenient; *(Erklärung, Anleitung)* to be long-winded; ■~ **sein, etw zu tun** to be a [real [*or* a lot of]] bother [*or* inconvenience] to do sth; ■**etw ist jdm zu** ~ sth's too much [of a] bother for sb

3 *(unpraktisch veranlagt)* ■~ **sein** to be awkward [*or* fussy], to have a ponderous manner *form*

II. *adv* 1 *(weitschweifig)* long-windedly, ponderously *form*

2 *(mühselig und aufwändig)* laboriously, with some bother

Um·ständ·lich·keit <-> *f kein pl* 1 *(Weitschweifigkeit)* long-windedness, awkwardness, ponderousness *form*

2 *(Aufwändigkeit)* laboriousness, awkwardness

Um·stands·be·stim·mung *f* LING *s.* **Adverbialbestimmung** **Um·stands·kleid** *nt* maternity dress **Um·stands·klei·dung** *f* maternity wear **Um·stands·krä·mer** *m (fam o fig)* pedant, fusspot *fam* **Um·stands·mo·de** *f* maternity wear **Um·stands·wort** *nt* LING *s.* **Adverb**

um·ste·hen*[1] ['ʊmʃte:ən] *vt irreg* ■**jdn/etw** ~ to surround sb/sth; **von Bäumen umstanden** surrounded by trees

um|ste·hen[2] [ʊm'ʃte:ən] *vi irreg* DIAL 1 *(verenden) Tier* to perish

2 *(verderben) Milch* to go off

um·ste·hend ['ʊmʃte:ənt] **I.** *adj attr* 1 *(ringsum stehend)* standing round, surrounding

2 *(geh) s.* **umseitig**

II. *adv (geh) s.* **umseitig**

Um·stei·ge·fahr·schein *m* transfer ticket

um|stei·gen *vi irreg sein* 1 TRANSP to change; ***in Mannheim müssen Sie nach Frankfurt ~*** in Mannheim you must change for Frankfurt

2 *(überwechseln)* ■**auf etw** *akk* ~ to switch [*or* change] [over] to sth

Um·stei·ger(in) <-s, -> *m(f)* TRANSP passenger needing to change; *(im Flughafen)* transfer passenger, passenger in transit

um|stel·len[1] ['ʊmʃtɛlən] **I.** *vt* 1 *(anders hinstellen)* ■**etw** ~ to move sth

2 *(anders anordnen)* ■**etw** ~ to change sth round, to reorder sth

3 *(anders einstellen)* ■**etw** [**auf etw** *akk*] ~ to switch sth over [to sth]; **die Uhr** ~ to turn [*or* put] the clock back/forward

4 *(zu etw anderem übergehen)* ■**etw auf etw** *akk* ~ to convert [*or* switch] sth to sth; **die Ernährung** ~ to change one's diet

II. *vi (zu etw anderem übergehen)* ■**auf etw** *akk* ~ to change over to sth

III. *vr (sich veränderten Verhältnissen anpassen)* ■**sich** *akk* [**auf etw** *akk*] ~ to adapt [*or* adjust] [to sth]

um·stel·len*[2] [ʊmˈʃtɛlən] *vt (umringeln)* ■**jdn/etw** ~ to surround sb/sth; ■**umstellt sein** to be surrounded

Ụm·stel·lung *f* ❶ *(Übergang)* ■**die** ~ [**von etw** *dat*] [**auf etw** *akk*] the switch [*or* change] [from sth] [to sth]; *(Beheizung, Ernährung)* the conversion [from sth] [to sth]; ~ **auf neue Erzeugnisse** ÖKON switching over production to new products; ~ **der Produktion** ÖKON conversion of production
❷ *(Anpassung an veränderte Verhältnisse)* adjustment

Ụm·stel·lungs·kos·ten *pl* ÖKON changeover costs; *beim Datum* cost of changing the date *(at the millennium)* **Ụm·stel·lungs·sa·che** *f* JUR currency conversion litigation

ụm|stim·men *vt* ■**jdn** ~ to change sb's mind, to win sb over *sep,* to win sb [a]round *sep;* ■**sich** *akk* [**von jdm**] ~ **lassen** to let oneself be persuaded [by sb]

ụm|sto·ßen *vt irreg* ■**etw** ~ ❶ *(durch Anstoßen umkippen)* to knock sth over
❷ *(wieder rückgängig machen)* to change sth; *(Plan)* to upset sth

um·strit·ten [ʊmˈʃtrɪtn̩] *adj* ❶ *(noch nicht entschieden)* disputed; ■[**bei jdm/in etw** *dat*] ~ **sein** to be disputed [amongst sb/in sth]
❷ *(in Frage gestellt)* controversial; ■[**als jd**] ~ **sein** to be [a] controversial [sb]; ***sie ist als Politikerin ~*** she's a controversial politician

ụm|struk·tu·rie·ren* *vt* ■**etw** ~ to restructure sth

Ụm·struk·tu·rie·rung *f* restructuring

Ụm·struk·tu·rie·rungs·pro·zess[RR] *m* ÖKON restructuring process

ụm|stül·pen [ˈʊmʃtʏlpn̩] *vt* ■**etw** ~ ❶ *(das Innere nach außen kehren)* to turn sth out
❷ *(auf den Kopf stellen)* to turn sth upside down

Um·stül·pen <-s> [ˈʊmʃtʏlpn̩] *nt kein pl* TYPO work and tumble

Ụm·sturz *m* POL putsch, coup [d'état]

ụm|stür·zen I. *vi sein* to fall
II. *vt haben* ■**etw** ~ to knock sth over, to overturn sth; *(politisches Regime etc.)* to overthrow, to topple

Um·stürz·ler(in) <-s, -> [ˈʊmʃtʏrtslɐ] *m(f)* POL insurgent, subversive

ụm·stürz·le·risch *adj* POL subversive

Ụm·sturz·ver·such *m* POL attempted putsch [*or* coup [d'état]]

ụm|tau·fen *vt* ■**jdn/etw** ~ to rename [*or* rechristen] sb/sth

Ụm·tausch *m* ÖKON ❶ *(das Umtauschen eines Kaufobjektes)* exchange; **im ~ gegen etw** *akk* in exchange for sth
❷ FIN exchange

ụm|tau·schen *vt* ❶ ÖKON *(im Tausch gegen etw zurückgeben)* ■**etw** ~ to exchange sth; ■**etw in** [*o* **gegen**] **etw** *akk* ~ to exchange sth for sth
❷ *(im Umtausch geben)* ■**jdm etw** ~ to exchange sth for sb
❸ FIN *(in andere Währung wechseln)* ■**etw** [**in etw** *akk*] ~ to change sth [into sth]

Ụm·tausch·recht *nt* FIN *(bei Optionsanleihe)* conversion right, option to convert

ụm|top·fen *vt* BOT ■**etw** ~ to repot sth

um·to·sen [ʊmˈtoːzn̩] *vt* ■**etw/jdn** ~ to thunder [*or* rage] all around sth/sb

ụm|trei·ben *vt irreg* ■**jdn** ~ *Angst, Zweifel* to plague sb

Ụm·trieb *m* ❶ *pl (pej: Aktivitäten)* activities *pl*
❷ SCHWEIZ *(Mühe, Aufwand)* bother

ụm·trie·big *adj* dynamic, go-getting

Ụm·trunk *m* drink

ụm|tun *vr irreg (fam)* ❶ *(sich um etw bemühen)* ■**sich** *akk* [**nach etw** *dat*] ~ to look around [for sth]
❷ *(sich umsehen)* ■**sich** *akk* [**irgendwo/nach jdm**] ~ to have a look around [somewhere/for sb]

U-Mu·sik [ˈuː-] *f kein pl kurz für* **Unterhaltungsmusik** easy-listening [music]

Ụm·ver·pa·ckung *f* wholesale packaging

ụm|ver·tei·len* *vt* ÖKON ■**etw** ~ to redistribute sth

Ụm·ver·tei·lung <-, -en> *f* ÖKON redistribution; ~ **von Haushaltsmitteln** reappropriation of budgetary funds

um|wäl·zen [ˈʊmvɛltsn̩] *vt* ■**etw** ~ to circulate sth

ụm·wäl·zend <-er, -este> *adj* radical; **eine ~e Veränderung** a sweeping change; **~e Ereignisse** revolutionary events

Ụm·wälz·pum·pe *f* circulating pump

Ụm·wäl·zung <-, -en> *f* ❶ *kein pl* TECH *(das Zirkulieren)* circulation
❷ *(grundlegende Veränderung)* revolution, radical change

Ụm·wan·del·bar·keit *f* JUR convertibilty, commutability; ~ **des Erfolgsortes** convertibilty of the profit centre; ~ **des Güterstandes** convertibilty of the matrimonial property regime

um|wan·deln [ˈʊmvandl̩n] *vt (die Bestimmung verändern)* ■**etw** [**in etw** *akk*] ~ to convert sth [into sth]; **wie umgewandelt sein** to be a changed person, to be like a completely different person

Ụm·wand·lung *f* ❶ *(Veränderung)* change
❷ ÖKON conversion, transformation; ~ **der Exporterlöse** conversion of the proceeds from exports; ~ **einer Gesellschaft** reorganization of a company; ~ **einer Strafe** commutation of a sentence; **formwechselnde** ~ transformation of a company

Ụm·wand·lungs·an·trag *m* request for conversion **Ụm·wand·lungs·be·schluss**[RR] *m* resolution approving the reorganization **Ụm·wand·lungs·bi·lanz** *f* FIN reorganization balance sheet **Ụm·wand·lungs·ge·bühr** *f* FIN *(Patent)* conversion fee **Ụm·wand·lungs·ge·setz** *nt* JUR Conversion Law **Ụm·wand·lungs·ver·fah·ren** *nt* transformation procedure **Ụm·wand·lungs·ver·kehr** *m kein pl (Zoll)* processing under customs control

ụm|wech·seln [-ks-] *vt* ■[**jdm**] **etw** [**in etw** *akk*] ~ to change sth [into sth] [for sb]; ***können Sie mir wohl 5.000 Euro in Dollar ~ ?*** could you give me 5,000 euros in dollars please?

Ụm·weg *m* detour, long way round; **ein großer** [*o* **weiter**] [*o* **ziemlicher**] ~ **sein** to be completely out of the way; **einen ~ machen/gehen/fahren** to make a detour, to go the long way round; **etw auf ~en erfahren** to find out about sth indirectly; **auf ~en sein Ziel erreichen** to achieve one's goal the roundabout way; **auf dem ~ über jdn** indirectly through [*or* via] sb

Um·welt [ˈʊmvɛlt] *f kein pl* ❶ ÖKOL environment
❷ *(Menschen in jds Umgebung)* environment

Ụm·welt·ab·ga·ben *pl* FIN environmental levy **Ụm·welt·ak·ti·vist, -ak·ti·vis·tin** *m, f* environmental activist **Ụm·welt·ana·ly·se** *f* analysis of the environment **Ụm·welt·auf·la·ge** *f meist pl* JUR environmental [protection] regulations *pl* **Ụm·welt·aus·schuss**[RR] *m* JUR environmental panel **Ụm·welt·aus·wir·kungs·ab·schät·zung** *f* assessment of environmental effects **Ụm·welt·be·din·gun·gen** *pl* environmental conditions *pl* **Ụm·welt·be·hör·de** *f* environment[al protection] agency **ụm·welt·be·las·tend** *adj* damaging to the environment *pred,* environmentally harmful **Ụm·welt·be·las·tung** *f* environmental damage [*or* costs *pl*] **Ụm·welt·be·richt** *m* POL environmental report **Ụm·welt·be·we·gung** *f* environmentalist movement **ụm·welt·be·wusst**[RR] *adj* environmentally [*or* ecologically] aware **Ụm·welt·be·wusst·sein**[RR] *nt kein pl* environmental consciousness **ụm·welt·be·zo·gen** *adj* **~e Prüfung** environmental auditing **Ụm·welt·bi·lanz** *f* environmental audit [*or* balance sheet] **Um·welt·bụn·des·amt** *nt* Federal Environmental Agency, Federal Environment Office **Ụm·welt·de·zer·nent(in)** *m(f)* head of a/the environmental department **Ụm·welt·ein·fluss**[RR] *m* environmental impact [*or* influence] **Ụm·welt·ein·flüs·se** *pl* environmental influences *pl* **Ụm·welt·en·gel** *nt* ≈ eco-label *(symbol on packaging denoting a product that is environmentally friendly)* **Ụm·welt·er·hal·tung** *f kein pl* preservation of the environment, environmental conservation **Ụm·welt·er·zie·hung** *f kein pl* education on environmental issues **Ụm·welt·fak·tor** *m* environmental factor **ụm·welt·feind·lich** *adj* harmful to the environment

Ụm·welt·for·schung *f kein pl* ❶ ÖKOL, BIOL *(Ökologie)* ecology
❷ SOZIOL *(Erforschung der Umwelt)* environmental research

Ụm·welt·fra·gen *pl* green issues *pl* **ụm·welt·freund·lich** *adj* environmentally friendly, eco-friendly *fam;* **~es Auto** clean [*or* low pollution] car **Ụm·welt·freund·lich·keit** *f kein pl* greenness *fam* **Ụm·welt·ge·fahr** *f* endangering the environment **ụm·welt·ge·fähr·dend** *adj* endangering [*or* harmful to] the environment *pred* **Ụm·welt·ge·fähr·dung** *f* environmental threat **ụm·welt·ge·recht** *adj* environmentally suitable **Ụm·welt·gift** *nt* environmental pollution **Ụm·welt·haf·tungs·ge·setz** *nt* JUR law relating to environmental issues **Ụm·welt·ka·ta·stro·phe** *f* ecological disaster **Ụm·welt·kri·mi·na·li·tät** *f* environmental crime **Ụm·welt·maß·nah·me** *f* environmental measure, measure to protect the environment **Ụm·welt·mi·nis·ter(in)** *m(f)* POL environment minister BRIT, Minister for the Environment BRIT, Environmental Secretary AM **Ụm·welt·mi·nis·te·ri·um** *nt* Ministry for the Environment, Department for Environment, Food and Rural Affairs BRIT, Environment Protection Agency AM **Ụm·welt·or·ga·ni·sa·ti·on** *f* environmental organization **Ụm·welt·pa·pier** *nt* recycled paper **Ụm·welt·pla·nung** *f* environmental planning **Ụm·welt·po·li·tik** *f* environmental policy **ụm·welt·po·li·tisch** *adj* relating to environmental policy **Ụm·welt·pro·blem** *nt* ecological [*or* environmental] problem **Ụm·welt·pro·gramm** *nt* environmental programme [*or* AM -am] **Ụm·welt·qua·li·tät** *f* quality of life **Ụm·welt·schä·den** *pl* environmental damage, damage to the environment **ụm·welt·scho·nend** *adj* environmentally friendly, eco-friendly *fam*

Ụm·welt·schutz *m* conservation, environmental protection **Um·welt·schụtz·be·we·gung** *f* Environmental Protection Movement **Ụm·welt·schüt·zer(in)** *m(f)* environmentalist, conservationist **Um·welt·schụtz·ge·setz** *nt* environmental protection law **Um·welt·schụtz·maß·nah·me** *f* environmental protection measure **Um·welt·schụtz·or·ga·ni·sa·ti·on** *f* environmental [*or* conservation] organization **Um·welt·schụtz·pa·pier** *nt* recycled paper **Um·welt·schụtz·po·li·tik** *f* environmental protection policy **Ụm·welt·schutz·recht** *nt* JUR environmental law **Ụm·welt·schutz·tech·nik** *f* conservation technology **Ụm·welt·schutz·vor·ga·ben** *pl* environmental protection guidelines *pl*

Ụm·welt·sek·re·ta·ri·at *nt der UNO* environment secretariat **Ụm·welt·se·na·tor(in)** *m(f)* POL environment minister *(in Berlin, Bremen, Hamburg)* **Um·welt·sọn·der·ab·ga·ben** *pl* FIN special environmental levy **Ụm·welt·steu·er** *f* FIN ecology [*or fam* green] tax **Ụm·welt·stif·tung** *f* ÖKON environmental protection foundation **Ụm·welt·straf·recht** *nt* JUR environmental penal law **Ụm·welt·sün·der(in)** *m(f) (fam)* **ein ~ sein** to be environmentally irresponsible **Ụm·welt·tech·nik** *f* environmental technology **Ụm·welt·tech·no·lo·gie** *f* TECH, ÖKOL ❶ *(Technologie zum Schutz der Umwelt)* environmental technology ❷ *(umweltschonende Technologie)* environmentally-friendly [*or* green] technology **Ụm·welt·ter·ro·ris·mus** *m kein pl* environmental terrorism **Ụm·welt·to·xi·zi·tät** *f kein pl* ecotoxicity **Ụm·welt·ver·band** *m* environmental [*or* ecological] association, ecology group **Ụm·welt·ver·ge·hen** *nt* environmental offence [*or* AM -se] **Ụm·welt·ver·gif·tung** *f* poisoning of the environment

Ụm·welt·ver·schmut·zer(in) <-s, -> *m(f)* ❶ *(die Umwelt verschmutzender Mensch)* **ein ~ sein** to be environmentally irresponsible
❷ *(Quelle der Umweltverschmutzung)* pollutant

Ụm·welt·ver·schmut·zung *f* pollution **ụm·welt·ver·träg·lich** *adj* environmentally friendly

Ụm·welt·ver·träg·lich·keit *f kein pl* environmental tolerance [*or* compatibility] **Ụm·welt·ver·träg·lich·keits·ana·ly·se** *f* analysis of environmental acceptability **Um·welt·ver·träg·lich·keits·prü·fung** *f* environmental assessment, EA, assessment of environmental impact, environmental auditing **Um·welt·ver·träg·lich·keits·prü·fung** *f* environmental compatibility control, ecotest **Um·welt·vor·schrift** *f meist pl* environmental regulation *usu pl* **Um·welt·zei·chen** *nt s.* **Umweltengel** **Um·welt·zer·stö·rung** *f* destruction of the environment, environmental destruction **Um·welt·zie·le** *pl* environmental targets *pl*

um|wen·den *vr irreg* ■**sich** *akk* [**nach jdm/etw**] ~ to turn around [to face sb/sth]

um·wer·ben* [ʊmˈvɛrbn̩] *vt irreg* ■**jdn** [**mit etw** *dat*] ~ to woo [*or* court] sb [with sth]

um|wer·fen *vt irreg* ① *(zum Umfallen bringen)* ■**etw/jdn** ~ to knock sth/sb over
② *(fam: fassungslos machen)* ■**jdn** ~ to bowl sb over, to stun sb
③ *(zunichtemachen)* ■**etw** ~ *(Ordnung, Plan)* to upset sth; *(Vorhaben)* to knock sth on the head
④ *(rasch umlegen)* ■**sich** *dat* **etw** ~ to throw on one's sth; ■**jdm etw** ~ to throw sth on sb; ***er warf seinen Mantel um*** he threw on his coat

um·wer·fend *adj* incredible, fantastic

um·wi·ckeln* [ʊmˈvɪkl̩n] *vt* ■**etw mit etw** *dat* ~ to wrap sth around sth

um|wid·men *vt (geh: anderer Nutzung zuführen)* ■**etw** [**zu etw** *dat*/**in etw** *akk*] ~ to convert sth [into sth]

um·wölkt *adj* shrouded in clouds

um·zäu·nen* *vt* ■**etw** ~ to fence around sth, to fence in sth

um·zäunt *adj* fenced round [*or* in]

Um·zäu·nung <-, -en> *f* ① *kein pl (das Umzäunen)* fencing round
② *(umgebender Zaun)* fence, fencing

um|zie·hen[1] [ˈʊmtsiːən] *vi irreg sein* to move [house]; ***sie ziehen am Wochenende um*** they're moving house at the weekend

um|zie·hen[2] [ˈʊmtsiːən] *vt irreg* ■**sich** *akk* ~ to get changed, to change

um·zin·geln* [ʊmˈtsɪŋl̩n] *vt* ■**jd/etw** ~ to surround sb/sth; *(durch die Polizei)* to cordon off sth *sep*

Um·zin·ge·lung <-, -en> *f* ① *(das Umzingeln)* surrounding
② *(umzingelter Zustand)* encirclement; *(durch die Polizei)* cordon

Um·zug *m* ① *(das Umziehen)* move
② *(gemeinsames Umherziehen)* procession, parade

Um·zugs·kar·ton *m* removal [*or* AM moving] box **Um·zugs·kos·ten** *pl* removal [*or* AM moving] costs *pl*

UN <-> [uːˈʔɛn] *pl Abk von* **United Nations** UN

un·ab·än·der·lich [ʊnʔapˈʔɛndɐlɪç] *adj* unchangeable; *(Tatsache)* well-established; *(Entschluss)* irrevocable, irreversible

un·ab·ding·bar [ʊnʔapˈdɪŋbaːɐ̯] *adj* indispensable; ■[**für jdn**] ~ **sein** to be indispensable [for sb]

Un·ab·ding·bar·keit <-> *f kein pl* JUR indispensability, unchangeability

un·ab·hän·gig [ˈʊnʔaphɛŋɪç] *adj* ① POL *(souverän)* independent; ■~ **werden** to become independent, to gain independence
② *(von niemandem abhängig)* independent; ■[**von jdm/etw**] ~ **sein** to be independent [of sb/sth]; ■[**von jdm/etw**] ~ **werden** to become independent [of sb/sth]; **sich** *akk* ~ **machen** to become self-employed
③ *(ungeachtet)* ■~ **von etw** *dat* regardless [*or* irrespective] of sth, disregarding sth; ~ **davon, ob/wann/was/wie ...** regardless [*or* irrespective] of whether/when/what/how ...; ~ **voneinander** separately

Un·ab·hän·gig·keit *f kein pl* ① POL *(Souveränität)* independence
② *(Eigenständigkeit)* ■**jds** ~ [**von jdm/etw**] sb's independence [of sb/sth]
③ JUR independence; **richterliche** ~ judicial independence

Un·ab·hän·gig·keits·er·klä·rung *f* POL declaration of independence

un·ab·kömm·lich [ʊnʔapkœmlɪç] *adj* ■~ **sein** to be unavailable [*or* engaged] *form*

un·ab·läs·sig [ʊnʔapˈlɛsɪç] **I.** *adj* unremitting, continual; *(Lärm)* incessant; *(Versuche, Bemühungen)* unceasing, unremitting
II. *adv* incessantly, unremittingly

un·ab·seh·bar [ʊnʔapˈzeːbaːɐ̯] *adj* unforeseeable; *(Schäden)* incalculable, immeasurable, not yet known *pred*

un·ab·sicht·lich [ʊnʔapzɪçtlɪç] **I.** *adj* unintentional; *(Beschädigung)* accidental
II. *adv* unintentionally, accidentally

un·ab·wend·bar [ʊnʔapˈvɛntbaːɐ̯] *adj* inevitable

un·acht·sam [ˈʊnʔaxtzaːm] *adj* careless; *(unsorgsam)* thoughtless; *(unaufmerksam)* inattentive

Un·acht·sam·keit *f* carelessness

un·ähn·lich [ˈʊnʔɛːnlɪç] *adj* dissimilar; ■**jdm** ~ **sein** to be unlike sb; ■**jdm nicht** ~ **sein** to be not unlike [*or* dissimilar to] sb

Un·ähn·lich·keit <-, -en> *f* dissimilarity

UN·Aids <-> *nt kein pl* UNAids, UN Aids programme [*or* AM -am]

un·an·fecht·bar [ʊnʔanˈfɛçtbaːɐ̯] *adj* ① JUR *(nicht anfechtbar)* incontestable
② *(unbestreitbar)* irrefutable; *(Tatsache)* indisputable

Un·an·fecht·bar·keit *f kein pl* JUR incontestability, non-appealability

un·an·ge·bracht [ˈʊnʔangəbraxt] *adj* ① *(nicht angebracht)* misplaced, uncalled-for; ***Bescheidenheit ist hier ganz*** ~ there's no need to be modest here
② *(unpassend)* inappropriate, uncalled-for

un·an·ge·foch·ten [ˈʊnʔangəfɔxtn̩] **I.** *adj* unchallenged, uncontested
II. *adv* without challenger; ***er liegt*** ~ ***an der Spitze*** he remains unchallenged at the top

un·an·ge·mel·det [ˈʊnʔangəmɛldət] **I.** *adj* unexpected, unannounced; *(Patient)* without an appointment
II. *adv* unexpectedly, unannounced; *(Patient)* without an appointment

un·an·ge·mes·sen [ˈʊnʔangəmɛsn̩] **I.** *adj* ① *(überhöht)* unreasonable
② *(nicht angemessen)* inappropriate
II. *adv* unreasonably, inappropriately

un·an·ge·nehm [ˈʊnʔangənəːm] **I.** *adj* ① *(nicht angenehm)* unpleasant
② *(unerfreulich)* unpleasant, disagreeable, unfortunate *a. iron;* **wie** ~**!** how unfortunate! *a. iron*
③ *(peinlich)* ■**jdm ist etw** ~ sb feels bad about sth; ■**jdm** ~ **sein, etw tun zu müssen** sb feels bad [*or* awkward] about having to do sth; **jdn** ~ **berühren** to embarrass sb
④ *(unsympathisch)* disagreeable, unpleasant; ~ **werden** to get nasty; ~ **werden können** to be able to get nasty; ***sie kann ganz schön*** ~ ***werden*** she can get quite nasty
II. *adv* unpleasantly

un·an·ge·passt[RR] [ˈʊnʔangəpast] *adj* non-conformist

un·an·ge·tas·tet [ˈʊnʔangətastət] *adj* ~ **bleiben** to remain unviolated, to not be violated

un·an·greif·bar [ˈʊnʔangrai̯fbaːɐ̯] *adj* irrefutable, unassailable

un·an·nehm·bar [ʊnʔanˈneːmbaːɐ̯] *adj* ■[**für jdn**] ~ [**sein**] [to be] unacceptable [to sb]

Un·an·nehm·lich·keit [ˈʊnʔanneːmlɪçkai̯t] *f meist pl* trouble *no pl;* ~**en bekommen** [*o fam* **kriegen**]/**haben** to get into/be in trouble; **jdm** ~**en machen** [*o* **bereiten**] to create trouble for sb

un·an·schau·lich [ʊnanˈʃau̯lɪç] *adj* abstract

un·an·sehn·lich [ˈʊnʔanzeːnlɪç] *adj* ① *(unscheinbar)* unprepossessing, unsightly
② *(heruntergekommen)* shabby

un·an·stän·dig [ˈʊnʔanʃtɛndɪç] **I.** *adj* ① *(obszön)* dirty, rude, indecent
② *(rüpelhaft)* rude, ill-mannered *form*
II. *adv* rudely

Un·an·stän·dig·keit <-, -en> *f* ① *kein pl (obszöne Art)* rudeness, bad manners *pl*
② *(Obszönität)* dirt, smut *pej*

un·an·tast·bar [ʊnʔanˈtastbaːɐ̯] *adj* inviolable, sacrosanct

un·ap·pe·tit·lich [ˈʊnʔapetiːtlɪç] *adj* ① *(nicht appetitlich)* unappetizing
② *(ekelhaft)* disgusting, vile

Un·art [ˈʊnʔaːɐ̯t] *f* terrible [*or* bad] habit

un·ar·tig [ˈʊnʔaːɐ̯tɪç] *adj* naughty, misbehaving; ■~ **sein/werden** to be/become naughty, to misbehave/to start misbehaving

un·ar·ti·ku·liert [ˈʊnʔartikuliːɐ̯t] *adj* inarticulate

un·äs·the·tisch [ˈʊnʔɛsteːtɪʃ] *adj* unappetizing, unsavoury [*or* AM -ory]

un·at·trak·tiv *adj* unattractive

un·auf·dring·lich [ˈʊnʔau̯fdrɪŋlɪç] *adj* ① *(dezent)* unobtrusive; *(Duft)* delicate, unobtrusive
② *(nicht aufdringlich)* unobtrusive, discrete

Un·auf·dring·lich·keit *f kein pl* ① *(dezente Beschaffenheit)* delicateness
② *(zurückhaltende Art)* unobtrusiveness, discretion

un·auf·fäl·lig [ˈʊnʔau̯ffɛlɪç] **I.** *adj* ① *(nicht auffällig)* inconspicuous, discrete
② *(unscheinbar)* not very noticeable, unobtrusive, discrete
II. *adv* ① *(ohne Aufsehen zu erregen)* inconspicuously, discreetly
② *(zurückhaltend)* unobtrusively, discretely

un·auf·find·bar [ʊnʔau̯ffɪntbaːɐ̯] *adj* nowhere to be found; *(Person)* untraceable, missing

un·auf·geb·bar *adj* JUR *Forderung* non-negotiable

un·auf·ge·for·dert [ˈʊnʔau̯fgəfɔrdɐt] **I.** *adj* unsolicited; *(Kommentar, Bemerkung)* uncalled-for
II. *adv* without having been asked; ~ **eingesandte Manuskripte** unsolicited manuscripts

un·auf·ge·klärt [ˈʊnʔau̯fgəklɛːɐ̯t] *adj* unsolved

un·auf·ge·regt *adj* unexcited

un·auf·halt·sam [ʊnʔau̯fhaltzaːm] **I.** *adj* unstoppable, inexorable *form*
II. *adv* without being able to be stopped

un·auf·heb·bar *adj* JUR non-appealable

un·auf·hör·lich [ʊnʔau̯fhøːɐ̯lɪç] **I.** *adj* constant, incessant
II. *adv* ① *(fortwährend)* constantly
② *(ununterbrochen)* incessantly

Un·auf·lös·bar·keit <-> *f kein pl* JUR indissolubility *no pl*

un·auf·lös·lich [ʊnʔau̯fløːslɪç] *adj* ① CHEM indissoluble
② MATH insoluble
③ *Widerspruch, Bindung* insoluble

un·auf·merk·sam [ˈʊnʔau̯fmɛrkzaːm] *adj* ① *(nicht aufmerksam)* inattentive
② *(nicht zuvorkommend)* thoughtless, inconsiderate; ■~ **von jdm sein** to be thoughtless [*or* inconsiderate] of sb

Un·auf·merk·sam·keit *f kein pl* ① *(unaufmerksames Verhalten)* inattentiveness
② *(unzuvorkommende Art)* thoughtlessness

un·auf·rich·tig [ˈʊnʔau̯frɪçtɪç] *adj* insincere; ■~ **gegen jdn** [*o* **gegenüber jdm**] **sein** to be insincere towards sb

Un·auf·rich·tig·keit *f* insincerity

un·auf·schieb·bar [ʊnʔau̯fʃiːpbaːɐ̯] *adj* urgent; ■~ **sein** to be urgent, to not be able to be delayed [*or* postponed]

un·aus·bleib·lich [ʊnʔau̯sˈblai̯plɪç] *adj s.* **unausweichlich**

un·aus·denk·bar [ʊnʔau̯sˈdɛŋkbaːɐ̯] *adj* unimaginable, unthinkable

un·aus·führ·bar [ʊnʔau̯sˈfyːɐ̯baːɐ̯] *adj* unfeasible; ■[**für jdn**] ~ **sein** to be impracticable [for sb]

Un·aus·führ·bar·keit <-> *f kein pl* JUR impracticability *no pl,* unfeasibility *no pl*

un·aus·ge·füllt [ˈʊnʔau̯sgəfʏlt] *adj* ① *(nicht ausgefüllt)* blank; ■~ **sein/bleiben** to be/be left blank
② *(nicht voll beansprucht)* unfulfilled

un·aus·ge·gli·chen [ˈʊnʔau̯sgəglɪçn̩] *adj* unbalanced; *(Mensch)* moody, unevenly tempered; *(Wesensart)* uneven; ~**e Zahlungsbilanz** ÖKON imbalance in payments

Un·aus·ge·gli·chen·heit *f* moodiness, imbalance

un·aus·ge·go·ren ['ʊnʔausgəgo:rən] *adj* raw, half-baked *fam*

un·aus·ge·reift *adj* not properly thought out *pred,* half-baked *pej fam*

un·aus·ge·schla·fen ['ʊnʔausgəʃla:fn̩] **I.** *adj* tired; ■**~ sein** to not have had enough sleep
II. *adv* not having slept long enough, not having had enough sleep

un·aus·ge·spro·chen *adj* unspoken; **~ bleiben** to be left unsaid

un·aus·ge·wo·gen *adj* unbalanced

Un·aus·ge·wo·gen·heit *f* imbalance

un·aus·lösch·lich [ʊnʔaus'lœʃlɪç] *adj (geh)* indelible

un·aus·rott·bar [ʊnʔaus'rɔtba:ɐ̯] *adj* deep-rooted, ineradicable

un·aus·sprech·bar [ʊnʔaus'ʃprɛçba:ɐ̯] *adj* unpronounceable; ■**~ sein** to be impossible to pronounce

un·aus·sprech·lich [ʊnʔaus'ʃprɛçlɪç] *adj* ❶ *(unsagbar)* inexpressible
❷ *s.* **unaussprechbar**

un·aus·steh·lich [ʊnʔaus'ʃte:lɪç] *adj* intolerable; *Mensch, Art a.* insufferable

un·aus·weich·lich [ʊnʔaus'vaiçlɪç] **I.** *adj* unavoidable, inevitable
II. *adv* unavoidably, inevitably

un·bän·dig ['ʊnbɛndɪç] **I.** *adj* ❶ *(ungestüm)* unruly, boisterous
❷ *(heftig)* enormous; *(Hunger)* huge; *(Wut)* unbridled
II. *adv* ❶ *(ungestüm)* boisterously
❷ *(überaus)* enormously

un·bar ['ʊnba:ɐ̯] **I.** *adj* HANDEL *Zahlungsmittel, Zahlungsverkehr* noncash
II. *adv* HANDEL noncash; **etw ~ bezahlen** to not pay sth in cash

un·barm·her·zig ['ʊnbarmhɛrtsɪç] **I.** *adj* merciless; ■**~ sein** to be merciless, showing little [*or* no] mercy
II. *adv* mercilessly

Un·barm·her·zig·keit *f* mercilessness

un·be·ab·sich·tigt **I.** *adj (versehentlich)* accidental; *(nicht beabsichtigt)* unintentional
II. *adv* accidentally, unintentionally

un·be·ach·tet ['ʊnbəʔaxtət] **I.** *adj* overlooked *pred,* unnoticed; **~ bleiben** to remain [*or* go] unnoticed; **etw ~ lassen** to overlook sth; *(absichtlich)* to ignore sth, to not take any notice of sth
II. *adv* without any notice [*or* attention]

un·be·an·stan·det ['ʊnbəʔanʃtandət] **I.** *adj* not objected to; **~ bleiben** to be allowed to pass; **etw ~ lassen** to let sth go [*or* pass]
II. *adv* without objection

un·be·ant·wor·tet ['ʊnbəʔantvɔrtət] **I.** *adj* unanswered; **~ bleiben** to remain unanswered; **etw ~ lassen** to leave sth unanswered
II. *adv* ■**etw ~ zurückgehen lassen** to send sth back unanswered

un·be·ar·bei·tet ['ʊnbəʔarbaitət] *adj* undealt [work]

un·be·auf·sich·tigt *adj* unattended

un·be·baut ['ʊnbəbaut] *adj Land* undeveloped; *Grundstück* vacant

un·be·dacht ['ʊnbədaxt] **I.** *adj* thoughtless; *(Handlung)* hasty; ■**~ [von jdm] sein** to be thoughtless [of sb]
II. *adv* thoughtlessly; *(handeln)* hastily

un·be·darft ['ʊnbədarft] *adj (fam)* simple-minded

un·be·deckt *adj* bare

un·be·denk·lich ['ʊnbədɛŋklɪç] **I.** *adj* harmless, innocuous; *(Situation, Vorhaben)* acceptable, admissible
II. *adv* quite safely

Un·be·denk·lich·keit <-> *f kein pl* harmlessness

Un·be·denk·lich·keits·be·schei·ni·gung *f,* **Un·be·denk·lich·keits·er·klä·rung** *f* declaration of no impediment [*or* no conflict of interest]; FIN clearance certificate, certificate of non-objection **Un·be·denk·lich·keits·vor·be·halt** *m* FIN qualified certificate of non-objection

un·be·deu·tend ['ʊnbədɔytn̩t] **I.** *adj* ❶ *(nicht bedeutend)* insignificant, unimportant, inconsiderable
❷ *(geringfügig)* minimal; *(Änderung, Modifikation)* minor
II. *adv* insignificantly, minimally

un·be·dingt ['ʊnbədɪŋt] **I.** *adj attr* absolute
II. *adv (auf jeden Fall)* really; ***erinnere mich ~ daran, sie anzurufen*** you mustn't forget to remind me to call her; **nicht ~** not necessarily; **~!** absolutely!, definitely!

un·be·ein·druckt ['ʊnbəʔaindrʊkt] **I.** *adj* unimpressed, indifferent; *(Gesicht, Miene)* unaffected; ■**[von etw** *dat*] **~ sein** to be unimpressed [by sth], to be not impressed [by sth]; **[von etw** *dat*] **~ bleiben** to remain indifferent [to sth], to not raise an eyebrow [at sth]; **etw lässt jd ~** sth doesn't impress sb, sth leaves sb cold *fam*
II. *adv* indifferently

un·be·ein·fluss·bar[RR] ['ʊnbə'ʔainflʊsba:ɐ̯] *adj* unswayable, uninfluenceable

un·be·ein·flusst *adv* free from external influence *pred*

un·be·fahr·bar ['ʊnbəfa:ɐ̯ba:ɐ̯] *adj* impassable; ■**~ sein** to be impassable

un·be·fan·gen ['ʊnbəfaŋən] **I.** *adj* ❶ *(unvoreingenommen)* objective, impartial; *(Ansicht)* unbiased
❷ *(nicht gehemmt)* natural, uninhibited
II. *adv* ❶ *(unvoreingenommen)* objectively, impartially; **etw ~ betrachten** to look at sth objectively; **etw ~ beurteilen** to judge sth impartially
❷ *(nicht gehemmt)* uninhibitedly

Un·be·fan·gen·heit *f kein pl* ❶ *(Unvoreingenommenheit)* objectiveness, impartiality
❷ *(ungehemmte Art)* uninhibitedness, naturalness

un·be·fleckt ['ʊnbəflɛkt] *adj* ❶ *(selten: fleckenlos)* spotless, untarnished
❷ *(geh: sittlich makellos, rein)* undefiled; **~e Empfängnis** REL Immaculate Conception

un·be·frie·di·gend ['ʊnbəfri:dɪgn̩t] **I.** *adj* unsatisfactory; ■**[für jdn] ~ sein** to be unsatisfactory [to sb]
II. *adv* in an unsatisfactory way

un·be·frie·digt ['ʊnbəfri:dɪçt] *adj* ❶ *(nicht zufrieden gestellt)* unsatisfied; *(Gefühl, Mensch)* dissatisfied; ■**[von etw** *dat*] **~ [sein]** [to be] unsatisfied [*or* dissatisfied] [with sth]
❷ *(sexuell nicht befriedigt)* unsatisfied, frustrated

un·be·fris·tet ['ʊnbəfrɪstət] **I.** *adj* lasting for an indefinite period; *(Aufenthaltserlaubnis, Visum)* permanent; ■**~ sein** to be [valid] for an indefinite period; *Arbeitsverhältnis, Vertrag* undated, unlimited
II. *adv* indefinitely, permanently; **~ gelten** to be valid indefinitely, unlimited in time

un·be·fugt ['ʊnbəfu:kt] **I.** *adj* unauthorized, ultra vires *form*
II. *adv* without authorization

Un·be·fug·te(r) *f(m) dekl wie adj* unauthorized person

un·be·gabt ['ʊnbəga:pt] *adj* untalented; ■**[für etw** *akk*] **~ sein** to be untalented [*or* useless [at sth] *fam*] [in sth]; ***für Mathematik bin ich einfach ~*** I'm absolutely useless at maths; **handwerklich ~ sein** to be no handyman, to have two left hands *fam or hum*

un·be·geh·bar *adj* inaccessible

un·be·gli·chen *adj* unsettled; **eine ~e Rechnung** an unpaid bill

un·be·greif·lich ['ʊnbəgraiflɪç] *adj* incomprehensible; *(Dummheit, Leichtsinn)* inconceivable; ■**jdm ~ sein** to be incomprehensible [*or* inconceivable] [*or* inexplicable] to sb

un·be·greif·li·cher·wei·se *adv* inexplicably

un·be·grenzt ['ʊnbəgrɛntst] **I.** *adj* unlimited; *(Vertrauen)* boundless, infinite; *s. a.* **Zeit**
II. *adv* indefinitely; **~ gültig sein** to be valid indefinitely; **etw ~ erlauben/einräumen** to allow/grant sth for an indefinite period

un·be·grün·det ['ʊnbəgrʏndət] *adj* ❶ *(grundlos)* unfounded; *(Kritik, Maßnahme)* unwarranted
❷ JUR *(nicht begründet)* unfounded; **eine Klage als ~ abweisen** to dismiss a case as being unfounded

un·be·haart ['ʊnbəha:ɐ̯t] *adj* hairless; *(Kopf)* bald; ■**~ sein** to be hairless [*or* bald], to have no hair

Un·be·ha·gen ['ʊnbəha:gn̩] *nt* uneasiness, apprehension, disquiet *form;* **mit ~** with apprehension [*or* an uneasy feeling]; **mit ~ feststellen** [*o* **sehen**] [*o* **verfolgen**], **dass ...** to be concerned to find that ...

un·be·hag·lich ['ʊnbəha:klɪç] **I.** *adj* uneasy; **sich** *akk* **~ fühlen** to feel uneasy [*or* uncomfortable]
II. *adv* uneasily, uncomfortably; *s. a.* **zumute**

un·be·haust ['ʊnbəhaust] *adj (geh)* homeless

un·be·hel·ligt ['ʊnbəhɛlɪçt] **I.** *adj* undisturbed; *(von Mücken)* unplagued; **[von jdm/etw] ~ bleiben** to remain undisturbed [by sb/sth]; **jdn ~ lassen** to leave sb alone [*or* be]
II. *adv* freely; **~ passieren dürfen** to be allowed to pass [freely]; **~ schlafen** to sleep undisturbed

un·be·herrscht ['ʊnbəhɛrʃt] **I.** *adj* uncontrolled, lacking self-control, intemperate *form;* ■**~ sein** to lack self-control
II. *adv* ❶ *(ohne Selbstbeherrschung)* in an uncontrolled manner [*or* way], without self-control, intemperately *form*
❷ *(gierig)* greedily

un·be·hin·dert [ʊnbɛ'hɪndɐt] *adj s.* **ungehindert**

un·be·hol·fen ['ʊnbəhɔlfn̩] **I.** *adj (schwerfällig)* clumsy; *(wenig gewandt)* awkward
II. *adv* ❶ *(schwerfällig)* clumsily
❷ *(wenig gewandt)* awkwardly, clumsily

Un·be·hol·fen·heit <-> *f kein pl* ❶ *(schwerfällige Art)* clumsiness, awkwardness
❷ *(fehlende Gewandtheit)* clumsiness, helplessness

un·be·irr·bar [ʊnbə'ʔɪrba:ɐ̯] **I.** *adj* unwavering, enduring, unfaltering
II. *adv* perseveringly

un·be·irrt [ʊnbə'ʔɪrt] *adv s.* **unbeirrbar**

un·be·kannt ['ʊnbəkant] *adj* ❶ *(nicht bekannt)* unknown; **ein jdm ~er Mensch/Sachverhalt** a person/fact unknown to sb; ■**jdm ~ sein** to be unknown to sb; *(Gesicht, Name, Wort)* to be unfamiliar to sb; ***der Name ist mir ~*** I have never come across that name before; ***sie dürfte dir nicht ganz ~ sein*** you may have met her before, you may know her; **nicht ~ sein, dass...** to be aware, that ...; **~ verzogen** moved — address unknown; ***er ist ~ verzogen*** he has moved to an unknown address
❷ *(nicht berühmt)* unknown; **[noch] eine ~e Größe sein** up-and-coming
❸ *(fam: fremd)* ■**irgendwo ~ sein** to be not from somewhere; *s. a.* **Anzeige, Ziel**

Un·be·kann·te <-n, -n> *f* MATH unknown

Un·be·kann·te(r) *f(m) dekl wie adj (unbekannte Person)* stranger; **der große ~** the mystery man; **kein ~r mehr sein** to be known to everyone

un·be·kann·ter·wei·se *adv* **jdn ~ von jdm grüßen** to give sb sb's regards *(without knowing him/her)*

un·be·klei·det ['ʊnbəklaidət] **I.** *adj (geh)* unclothed, bare; ■**~ sein** to have no clothes [*or* nothing] on
II. *adv (geh)* without any clothes on

un·be·küm·mert ['ʊnbəkʏmɐt] **I.** *adj* carefree; **sei/seien Sie [ganz] ~** don't upset yourself [*or* worry] [*or esp* BRIT fret]
II. *adv* in a carefree manner

Un·be·küm·mert·heit <-> *f kein pl* carefree mind [*or* manner], light-heartedness; **voller ~** full of light-heartedness, in high spirits

un·be·las·tet ['ʊnbəlastət] **I.** *adj* ❶ *(frei)* ■**von etw** *dat* **~ [sein]** [to be] free of [*or* from] sth, [to be] unhampered [*or form* unencumbered] by sth
❷ FIN *(nicht mit Grundschulden belastet)* unencumbered
II. *adv* freely; ***er fühlt sich wieder frei und ~*** he feels free and easy again

un·be·lebt ['ʊnbəle:pt] *adj* quiet; *(stärker)* deserted

un·be·leckt ['ʊnbəlɛkt] *adj (hum sl)* ignorant, clueless

un·be·lehr·bar ['ʊnbəle:ɐ̯ba:ɐ̯] *adj* obstinate, stubborn, headstrong; **jd ist und bleibt [einfach] ~** sb [just] won't be told by anyone, sb [just] will not learn

Un·be·lehr·bar·keit <-> *f kein pl* ■**jds ~** sb's stubbornness, sb's refusal to listen [to anyone]

un·be·leuch·tet ['ʊnbəlɔyçtət] **I.** *adj* unlit; *(Fahrzeug)* without lights switched [*or esp* AM turned] on; ■**~ sein** to be unlit; *(Fahrzeug)* to have no light[s] on

U

II. *adv* without any light[s]; **etw ~ abstellen/parken** to leave sth standing/park sth without any lights on

un·be·lich·tet ['ʊnbəlɪçtət] *adj* unexposed

un·be·liebt ['ʊnbəli:pt] *adj (nicht beliebt)* unpopular; ■ **[irgendwo/bei jdm] ~ sein** to be unpopular [somewhere/with sb]; **sich** *akk* **[bei jdm] [durch etw** *akk*/**mit etw** *dat*] **~ machen** to make oneself unpopular [with sb] [by doing [*or* with] sth]

Un·be·liebt·heit *f kein pl* ■ **jds ~** sb's unpopularity

un·be·mannt ['ʊnbəmant] *adj* ❶ RAUM *(nicht bemannt)* unmanned

❷ *(hum fam: ohne Partner)* ■ **~ sein** to be single, to not have a partner [*or hum* man]

un·be·merkt ['ʊnbəmɛrkt] I. *adj* unnoticed; **~ bleiben** to remain [*or* go] unnoticed

II. *adv* unnoticed

un·be·mit·telt ['ʊnbəmɪtl̩t] *adj* without means

un·be·nom·men *adj pred (geh)* **es bleibt** [*o* **ist**] **jdm ~, etw zu tun** sb's free [*or* at liberty] to do sth; **etw bleibt** [*o* **ist**] **jdm ~** sb's free [*or* at liberty] to do so

un·be·nutz·bar ['ʊnbənʊtsba:ɐ̯] *adj* unusable, useless

un·be·nutzt ['ʊnbənʊtst] I. *adj* unused; *(Bett)* not slept in; *(Kleidung)* unworn

II. *adv* unused, unworn

un·be·nützt *adj bes* SCHWEIZ *s.* **unbenutzt**

un·be·ob·ach·tet ['ʊnbəʔo:baxtət] *adj* unnoticed, unobserved; *(Gebäude, Platz)* unwatched; **sich** *akk* **~ fühlen** [*o* **glauben**] to think that nobody is looking; *s. a.* **Augenblick, Moment**

un·be·quem ['ʊnbəkve:m] *adj* ❶ *(nicht bequem)* uncomfortable, *esp* BRIT uncomfy *fam*

❷ *(lästig)* awkward, bothersome; ■ **jdm ~ sein/werden** to be/become awkward [*or* a bother] to sb

Un·be·quem·lich·keit <-, -en> *f* ❶ *kein pl (unbequeme Art)* uncomfortableness, discomfort, lack of comfort

❷ *meist pl (unangenehme Umstände)* unpleasantness, awkwardness, bother

un·be·re·chen·bar [ʊnbə'rɛçn̩ba:ɐ̯] *adj* ❶ *(nicht einschätzbar: Gegner, Mensch)* unpredictable

❷ *(nicht vorhersehbar)* unforeseeable

Un·be·re·chen·bar·keit *f kein pl* unpredictability

un·be·rech·tigt ['ʊnbərɛçtɪçt] *adj* unfounded; *(Vorwurf)* unwarranted, unjustified

un·be·rech·tig·ter·wei·se *adv* without permission

un·be·rück·sich·tigt ['ʊnbərʏkzɪçtɪçt] *adj* unconsidered; **~ bleiben** to be not taken into consideration, to be ignored; **jdn/etw ~ lassen** to not take sb/sth into consideration, to leave sb/sth out of consideration

Un·be·rühr·ba·re(r) [ʊnbə'ry:ɐ̯ba:ɐ̯ə, -ɐ̯ɐ] *f(m) dekl wie adj (a. fig)* untouchable; ■ **die ~n** REL the Untouchables

un·be·rührt ['ʊnbə'ry:ɐ̯t] *adj* ❶ *(im Naturzustand erhalten)* unspoiled

❷ *(nicht benutzt)* untouched, unused; ***ihr Bett war morgens*** **~** in the morning her bed had not been slept in; **etw ~ lassen** *(nicht anrühren)* to not touch sth

❸ *(fig)* **[von etw** *dat*] **~ bleiben** *(das seelische Gleichgewicht bewahren)* to remain unmoved [*or* unaffected] [by sth]

un·be·scha·det ['ʊnbəʃa:dət] *präp +gen (geh)* regardless of, disregarding

un·be·schä·digt I. *adj* undamaged

II. *adv* undamaged, without damage; **etw ~ zurückgeben** to return sth undamaged

un·be·schäf·tigt ['ʊnbəʃɛftɪçt] *adj* ❶ *(müßig)* idle

❷ *(arbeitslos)* not working

un·be·schei·den ['ʊnbəʃaidn̩] *adj* bold, presumptuous

Un·be·schei·den·heit *f* presumptuousness, boldness

un·be·schnit·ten *adj* ❶ MED *Mann, Junge* not circumcised

❷ TYPO **~es Format** untrimmed size

un·be·schol·ten ['ʊnbəʃɔltn̩] *adj* upstanding, upright

un·be·schrankt ['ʊnbəʃraŋkt] *adj* BAHN without barriers [*or* gates]; ■ **~ sein** to have no barriers [*or* gates]; **~er [Eisen]bahnübergang** ungated level crossing

un·be·schränkt ['ʊnbəʃrɛŋkt] I. *adj* unlimited, unrestricted; *(Macht)* limitless, absolute; *(Möglichkeiten)* unlimited, limitless

II. *adv* fully; **~ für etw** *akk* **haften** to be fully liable for sth, to have unlimited liability for sth

un·be·schreib·lich ['ʊnbɛʃraiplɪç] I. *adj* ❶ *(maßlos)* tremendous, enormous

❷ *(nicht zu beschreiben)* indescribable, incredible, unimaginable

II. *adv* **sich** *akk* **~ freuen** to be enormously [*or* tremendously] happy; **sich** *akk* **~ ärgern** to be terribly angry; ***sie war einfach* ~ *schön*** she was indescribably [*or* incredibly] beautiful

un·be·schrie·ben [ʊnbəʃri:bn̩] *adj* blank; *s. a.* **Blatt**

un·be·schwert ['ʊnbəʃve:ɐ̯t] *adj* carefree

un·be·se·hen [ʊnbə'ze:ən] *adv* ❶ *(ungeprüft)* without checking

❷ *(ohne weiteres)* without hesitation [*or* thinking twice], unquestioningly; ***und das soll ich Ihnen so einfach* ~ *abnehmen?*** and you expect me to believe it just like that?

un·be·setzt *adj* empty; *Platz* vacant, unoccupied, free; *Schalter* closed, unmanned

un·be·sieg·bar [ʊnbə'zi:kba:ɐ̯] *adj* ❶ MIL *(a. fig: nicht zu besiegen)* invincible

❷ SPORT *(unschlagbar)* unbeatable

un·be·siegt *adj* ❶ MIL *(nicht besiegt)* undefeated

❷ SPORT *(ungeschlagen)* unbeaten, undefeated; ■ **[in etw** *dat*] **~ sein** to be undefeated [*or* unbeaten] [in sth]

un·be·sol·det *adj* unpaid, unsalaried

un·be·son·nen ['ʊnbəzɔnən] *adj* ❶ *(nicht besonnen: Entschluss)* rash, hasty; *(Wesensart)* impulsive, impetuous

❷ *(unbedacht)* rash, hasty, unthinking

Un·be·son·nen·heit <-, -en> *f* ❶ *kein pl (unbesonnene Art)* impetuosity, impulsiveness

❷ *(unbesonnene Äußerung)* hasty remark

❸ *(unbesonnene Handlung)* rashness

un·be·sorgt ['ʊnbəzɔrkt] I. *adj* unconcerned; ***da bin ich ganz* ~** I'm very confident of that

II. *adv* without worrying; ***die Pilze kannst du* ~ *essen*** you needn't worry about eating the mushrooms

un·be·stän·dig ['ʊnbəʃtɛndɪç] *adj* ❶ METEO *(nicht beständig)* unsettled, changeable

❷ *(wankelmütig)* fickle, changeable

❸ ÖKON **~e Exporte** irregular exports

Un·be·stän·dig·keit *f* ❶ METEO *(unbeständige Beschaffenheit)* unsettledness

❷ PSYCH *(Wankelmut)* changeability, fickleness

un·be·stä·tigt ['ʊnbəʃtɛ:tɪçt] *adj* unconfirmed

un·be·stech·lich ['ʊnbɛʃtɛçlɪç] *adj* ❶ *(nicht bestechlich)* incorruptible

❷ *(nicht zu täuschen)* unerring

Un·be·stech·lich·keit *f* ❶ *(nicht zu bestechende Mensch)* incorruptibility

❷ *(nicht zu täuschende Art)* unerring

un·be·stimm·bar ['ʊnbɛʃtɪmba:ɐ̯] *adj* indeterminable

un·be·stimmt ['ʊnbəʃtɪmt] *adj* ❶ *(unklar)* vague

❷ *(noch nicht festgelegt)* indefinite; *(Alter)* uncertain; *(Anzahl, Menge)* indeterminate; *(Grund, Zeitspanne)* unspecified, indefinite

Un·be·stimmt·heit <-> *f kein pl* uncertainty

un·be·streit·bar ['ʊnbəʃtraitba:ɐ̯] I. *adj (nicht zu bestreiten)* indisputable, unquestionable; ■ **~ sein, dass ...** to be unquestionable [*or* without [a shadow of a] doubt ...] that ..., to be no doubt that ...

II. *adv* unquestionably, unarguably

un·be·strit·ten ['ʊnbɛʃtrɪtn̩] I. *adj* ❶ *(nicht bestritten)* undisputed, undenied, unquestionable; *(Argument)* irrefutable; ■ **~ sein, dass ...** to be an undisputed fact that ..., to be without doubt that ...; **~ ist doch wohl, dass ...** one/you cannot deny that ...

❷ JUR *(nicht streitig)* uncontested

II. *adv* ❶ *(wie nicht bestritten wird)* unquestionably, indisputably

❷ *(unstreitig)* unarguably, irrefutably

un·be·tei·ligt ['ʊnbətailɪçt] *adj* ❶ *(an etw nicht beteiligt)* uninvolved, non-participating; ■ **an etw** *dat* **~ sein** to be uninvolved in sth

❷ *(desinteressiert)* indifferent; *(in einem Gespräch)* uninterested; **[innerlich] ~ sein** to be absent-minded

Un·be·tei·lig·te(r) *f(m) dekl wie adj* non-participant; ***bei Attentaten kommen oft auch* ~ *zu Schaden*** innocent bystanders are often hurt during assassinations

un·be·tont ['ʊnbəto:nt] *adj* LING unstressed

un·be·trächt·lich ['ʊnbətrɛçtlɪç] *adj* insignificant; *(Problem)* minor; *(Preisänderung)* slight; ***im letzten Jahr war die Inflationsrate relativ* ~** last year's inflation rate was relatively insignificant; **nicht ~** not insignificant

un·beug·sam [ʊn'bɔykza:m] *adj* ❶ *(nicht zu beeinflussen)* uncompromising

❷ *(unerschütterlich)* unshakable, unflagging, tireless

un·be·wacht ['ʊnbəvaxt] *adj (nicht bewacht: Person)* unguarded; *(Parkplatz)* unattended; **etw/jdn ~ lassen** to leave sth/sb unguarded; *(Gepäck)* unattended; **~ abgestellt sein/liegen/stehen** to be left/left lying/standing unguarded; *s. a.* **Augenblick**

un·be·waff·net ['ʊnbəvafnət] *adj* unarmed

un·be·wäl·tigt ['ʊnbəvɛltɪçt] *adj* unresolved; *(Aufgabe)* unmastered; **jds ~e Vergangenheit** sb's unresolved past

un·be·wan·dert *adj* ignorant, clueless

un·be·weg·lich ['ʊnbɛve:klɪç] *adj* ❶ *(starr)* fixed, rigid; *(Konstruktion, Teil)* immovable; **~er Preis** rigid price; **~e Sachen** *(Immobilien)* immovables; **~es Vermögen** immovable property

❷ *(unveränderlich)* inflexible; *(Gesichtsausdruck)* rigid; *(esp fig)* unmoved

Un·be·weg·lich·keit <-> *f kein pl* ❶ *(sich nicht bewegen lassen)* stiffness, inflexibility

❷ *(Starre des Gesichtsausdrucks)* rigidity

❸ *(unbeweglicher Zustand)* immovability

un·be·wegt ['ʊnbəve:kt] *adj* ❶ *(glatt)* fixed; *(Oberfläche eines Gewässers)* motionless, still, unruffled *liter*

❷ *s.* **unbeweglich 2**

un·be·wie·sen ['ʊnbəvi:zn̩] *adj* unproven

un·be·wohn·bar [ʊnbə'vo:nba:ɐ̯] *adj* uninhabitable

un·be·wohnt *adj* ❶ *(nicht besiedelt)* uninhabited

❷ *(nicht bewohnt)* unoccupied

un·be·wusst^RR^ ['ʊnbəvʊst] I. *adj a.* PSYCH *(nicht bewusst gesteuert)* unconscious

II. *adv (unwissentlich)* unconsciously

Un·be·wuss·te(s)^RR^ *nt kein pl, dekl wie adj* PSYCH ■ **das ~** the unconscious

un·be·zahl·bar [ʊnbə'tsa:lba:ɐ̯] *adj* ❶ *(nicht aufzubringen)* totally unaffordable, prohibitively expensive, extortionate; ■ **[für jdn] ~ sein** to be unaffordable [for sb]

❷ *(äußerst nützlich)* invaluable; ■ **[für jdn] ~ sein** to be invaluable [to sb]

❸ *(immens wertvoll)* priceless

un·be·zahlt *adj* ❶ *(noch nicht beglichen)* unsettled, outstanding

❷ ÖKON, ADMIN *(nicht entlohnt)* unpaid; **~er Urlaub** unpaid leave

un·be·zähm·bar [ʊnbə'tsɛmba:ɐ̯] *adj* irrepressible; *(Lust, Zorn)* uncontrollable

un·be·zwei·fel·bar *adj* undeniable, undisputable; *(Tatsache)* irrefutable, undisputable

un·be·zwing·bar [ʊnbə'tsvɪŋlɪç] *adj,* **un·be·zwing·lich** [ʊnbə'tsvɪŋlɪç] *adj (geh)* ❶ *(uneinnehmbar: Festung)* impregnable

❷ *(unbezähmbar)* uncontrollable

❸ *s.* **unüberwindlich**

Un·bil·den ['ʊnbɪldn̩] *pl (geh)* rigours [*or* AM -ors] *pl*

un·bil·lig ['ʊnbɪlɪç] *adj* ❶ *(geh: unangemessen)* unreasonable

❷ JUR *(unberechtigt)* unfair; **~e Härte** undue hardship

Ụn·bil·lig·keit <-> *f kein pl* ❶ *(geh: Unangemessenheit)* unreasonableness
❷ FIN iniquity
❸ JUR inequity; **grobe ~** gross inequity

UN-Blau·helm *m* UN soldier

un·blu·tig ['ʊnbluːtɪç] **I.** *adj* ❶ *(ohne Blutvergießen)* bloodless, without bloodshed
❷ MED *(nicht chirurgisch)* non-invasive
II. *adv* ❶ *(ohne Blutvergießen)* without bloodshed
❷ MED *(nicht chirurgisch)* non-invasively

un·bot·mä·ßig ['ʊnboːtmɛːsɪç] **I.** *adj (geh)* unruly, recalcitrant *form; (Untertan, Verhalten)* riotous, unruly, insubordinate; *(Kind)* unruly, rebellious, obstreperous; *(Mitarbeiter)* uncooperative
II. *adv (geh)* in a recalcitrant *form* [*or* unruly] manner

Ụn·bot·mä·ßig·keit <-> *f kein pl (geh)* unruliness, recalcitrance *form*

un·brauch·bar ['ʊnbraụxbaːɐ̯] *adj* useless, [of] no use; ■ **[für jdn/etw] ~ sein/werden** to be/become useless [*or* of no use] [to sb/for sth]

Ụn·brauch·bar·ma·chung *f* JUR rendering unserviceable

Ụn·bunt·re·pro·duk·ti·on *f* TYPO achromatic reproduction

un·bü·ro·kra·tisch ['ʊnbyrokraːtɪʃ] **I.** *adj* unbureaucratic
II. *adv* unbureaucratically, avoiding [*or* without] [the] red tape *fam*

un·christ·lich ['ʊnkrɪstlɪç] **I.** *adj* ❶ REL *(nicht christlich)* unchristian
❷ *(fig fam: unüblich)* unearthly, ungodly; ***wer ruft denn zu dieser ~en Stunde an?*** who is that calling at such an ungodly hour?
II. *adv* REL uncharitably, in an unchristian way

un·cool ['ʊnkuːl] *adj (sl)* uncool *sl*

und [ʊnt] *konj* ❶ *verbindend (dazu)* and; ***sie redeten ~ redeten, aber taten nichts*** they talked and talked, but did nothing; ***es regnete ~ regnete*** it kept on [and on] raining; **~ ~ ~** *(fam)* etc. etc.
❷ *konsekutiv (mit der Folge)* and
❸ *konzessiv (selbst)* ■ **~ wenn jd etw tut** even if sb does sth; **~ *wenn es auch stürmt und schneit, wir müssen weiter*** we must continue our journey, come storm or snow
❹ *elliptisch (dann)* and
❺ *fragend (aber)* and; **~ *dann?*** [and] what then?, then what?; **~ warum/~ warum nicht?** and [*or* but] why/why not?; **~ *was hat er dann gesagt?*** and what did he say next?; **~?** *(nun)* well?; *herausfordernd;* **na ~?** *(was soll's)* so what?

Ụn·dank ['ʊndaŋk] *m (geh) (undankbares Verhalten)* ingratitude; **grober ~** JUR gross ingratitude; **[für etw** *akk***] ~ ernten** to receive no [*or* little] thanks [for sth], to meet only with ingratitude for sth
▸WENDUNGEN: **~ ist der Welt Lohn** *(prov)* that's all the thanks one gets, [one should] never expect any thanks for anything

un·dank·bar ['ʊndaŋkbaːɐ̯] *adj* ❶ *(nicht dankbar)* ungrateful
❷ *(nicht lohnend)* thankless

Ụn·dank·bar·keit *f* ungratefulness, ingratitude *form*

un·da·tiert ['ʊndatiːɐ̯t] *adj* undated

un·de·fi·nier·bar ['ʊndefiniːɐ̯baːɐ̯] *adj* ❶ *(nicht eindeutig bestimmbar)* indescribable, indefinable, indeterminate
❷ KOCHK *(fam: hinsichtlich der Konsistenz unbestimmbar)* indefinable, difficult to make out

ụn·de·kla·riert *adj* JUR undeclared

un·de·kli·nier·bar ['ʊndekliniːɐ̯baːɐ̯] *adj* LING indeclinable

un·de·mo·kra·tisch ['ʊndemokraːtɪʃ] *adj* POL undemocratic

un·denk·bar [ʊn'dɛŋkbaːɐ̯] *adj* unimaginable, inconceivable, unthinkable; ■ **~ sein, dass etw geschieht/dass jd etw tut** to be inconceivable [*or* unthinkable], that sth happens/that sb does sth

un·denk·lich [ʊn'dɛŋklɪç] *adj* **seit ~en Zeiten** since time immemorial

Un·der·co·ver·agent(in) ['andɐkavaʔagɛnt] *m(f)* undercover agent

Un·der·dog <-s, -s> ['andɐdɔk] *m* underdog

un·der·dressed [ʌndə'drɛsd] *adj präd* MODE underdressed

Un·der·state·ment <-s, -s> [andɐ'steːtmənt] *nt* understatement

un·deut·lich ['ʊndɔ̯ytlɪç] **I.** *adj* ❶ *(nicht deutlich vernehmbar)* unclear
❷ *(nicht klar sichtbar)* blurred; *(Schrift)* illegible
❸ *(vage)* vague, hazy
II. *adv* ❶ *(nicht deutlich vernehmbar)* unclearly; **~ sprechen** to mumble
❷ *(nicht klar)* unclearly
❸ *(vage)* vaguely

un·dicht ['ʊndɪçt] *adj (luftdurchlässig)* not airtight; *(wasserdurchlässig)* not watertight, leaking; ■ **~ sein/werden** to be leaking/start to leak; ***die Fenster sind ~*** the windows let in draught; *s. a.* **Stelle**

Ụn·dich·tig·keit <-> *f kein pl* BAU leak

Un·ding ['ʊndɪŋ] *nt kein pl* **ein ~ sein[, etw zu tun]** to be absurd [*or* preposterous] [to do sth]

un·dip·lo·ma·tisch ['ʊndiplomaːtɪʃ] **I.** *adj* undiplomatic
II. *adv* undiplomatically

un·dis·zi·pli·niert ['ʊndɪstsipliniːɐ̯t] **I.** *adj (geh)* undisciplined
II. *adv* in an undisciplined manner

un·dog·ma·tisch ['ʊndɔgmaːtɪʃ] *adj (geh)* undogmatic

un·duld·sam ['ʊndʊltzaːm] **I.** *adj* intolerant (**gegen** +*akk* of)
II. *adv* intolerantly

Ụn·duld·sam·keit *f* intolerance; ■ **jds ~ [gegen jdn** [*o* **gegenüber jdm**]] sb's intolerance [of sb [*or* towards sb]]

un·durch·dacht [ʊn'dʊrçdaxt] *adj* ill thought out

un·durch·dring·lich ['ʊndʊrçdrɪŋlɪç] *adj* ❶ *(kein Durchdringen ermöglichend)* impenetrable, dense
❷ *(verschlossen)* inscrutable

un·durch·führ·bar ['ʊndʊrçfyːɐ̯baːɐ̯] *adj* impracticable, unfeasible; *(Vorhaben)* impracticable, unviable; *(Plan)* unworkable, unviable

un·durch·läs·sig ['ʊndʊrçlɛsɪç] *adj* impermeable

un·durch·schau·bar [ʊndʊrç'ʃa̯ubaːɐ̯] *adj (schwer zu durchschauen)* unfathomable, inexplicable; *(Verbrechen)* baffling; *(Wesensart)* enigmatic, inscrutable; *(Miene, Lächeln)* enigmatic

un·durch·sich·tig ['ʊndʊrçzɪçtɪç] *adj* ❶ *(nicht transparent)* non-transparent; *(Glas)* opaque
❷ *(fig: zwielichtig: Geschäfte)* shadowy, devious, shady
❸ *(fig: zweifelhaft)* obscure; *(Motive)* obscure, shady

un·eben ['ʊnʔeːbn̩] *adj* ❶ *(nicht eben)* uneven; *(Straße)* uneven, bumpy
❷ GEOG *(Bodenerhebungen aufweisend)* rough, uneven

Ụn·eben·heit <-, -en> *f* ❶ *kein pl (unebene Beschaffenheit)* unevenness
❷ GEOG *(gegliederte Bodenbeschaffenheit)* roughness, unevenness
❸ *(unebene Stelle)* bump
❹ GEOG *(Bodenerhebung)* uneven patch, bump

un·echt ['ʊnʔɛçt] *adj* ❶ *(imitiert)* fake *usu pej;* **~er Schmuck/~es Leder** imitation [*or* fake] jewellery [*or* AM jewelry]/leather; **~er Pelz** fake fur; **~es Haar** artificial [*or* imitation] hair; **~e Zähne** artificial [*or* false] teeth
❷ *(unaufrichtig)* fake, false, artificial

ụn·ediert *adj* INFORM unedited

un·ehe·lich ['ʊnʔeːəlɪç] *adj* illegitimate

un·eh·ren·haft ['ʊnʔeːrənhaft] **I.** *adj* ❶ *(geh: unlauter)* dishonourable [*or* AM -or-]
❷ MIL *(aufgrund eines Verstoßes)* dishonourable [*or* AM -or-]; **~e Entlassung** dishonourable discharge
II. *adv* ❶ *(unlauter)* dishonourably [*or* AM -or-]
❷ MIL *(aufgrund eines Verstoßes)* dishonourably [*or* AM -or-]; **jdn ~ entlassen** to discharge sb for dishonourable [*or* AM dishonorable] conduct

un·ehr·lich ['ʊnʔeːɐ̯lɪç] **I.** *adj* dishonest
II. *adv* dishonestly

Ụn·ehr·lich·keit *f* dishonesty

ụn·eid·lich *adj* JUR unsworn, not on oath

un·ei·gen·nüt·zig ['ʊnʔa̯ign̩nʏtsɪç] *adj* selfless, unselfish

ụn·ein·bring·lich, ụn·ein·bring·bar *adj* FIN irrecoverable, uncollectible; **~e Forderung** irrecoverable debt

Ụn·ein·bring·lich·keit <-> *f kein pl* FIN uncollectibility; **~ der Kaufpreisforderung** uncollectibility of the demand for payment of the purchase price

ụn·ein·ge·la·den I. *adj inv Gast* uninvited
II. *adv* uninvited

un·ein·ge·löst *adj* unredeemed

un·ein·ge·schränkt ['ʊnʔa̯ingəʃrɛŋkt] **I.** *adj* absolute, total; *(Handel)* free, unrestricted; *(Lob)* unreserved
II. *adv* absolutely, unreservedly, one hundred per cent *fam*

un·ein·ge·weiht ['ʊnʔa̯ingəva̯it] *adj* uninitiated; ■ **~ sein** to be in the dark, to have no idea

ụn·ein·heit·lich *adj* non-uniform, varied, different; BÖRSE varied, mixed, irregular, unsteady

un·ei·nig ['ʊnʔa̯inɪç] *adj* disagreeing; ■ **[sich** *dat*] **[in etw** *dat*/**über etw** *akk*] **~ sein** to disagree [*or* be in disagreement] [on sth/about sth]; ■ **[sich** *dat*] **mit jdm [in etw** *dat*/**über etw** *akk*] **~ sein** to disagree [*or* be in disagreement] with sb [on sth/about sth]

Ụn·ei·nig·keit *f* disaccord, disagreement; **[über etw** *akk*] **herrscht** [*o* **besteht**] **~** there are sharp divisions [over sth]

un·ein·nehm·bar [ʊnʔa̯in'neːmbaːɐ̯] *adj* impregnable

un·eins ['ʊnʔa̯ins] *adj pred s.* uneinig

un·ein·sich·tig ['ʊnʔa̯inzɪçtɪç] *adj* unreasonable; **~ sein/bleiben** to be/remain unreasonable

un·emp·fäng·lich ['ʊnʔɛmpfɛŋlɪç] *adj* impervious; ■ **für etw** *akk* **~ sein** to be impervious [*or* unsusceptible] to sth

un·emp·find·lich ['ʊnʔɛmpfɪntlɪç] *adj* unsusceptible, insensitive; *(durch Erfahrung)* inured; *(Pflanze)* hardy; *(Material)* practical; ■ **[gegen etw** *akk*] **~ sein** to be insensitive [to sth]

Ụn·emp·find·lich·keit *f kein pl* unsusceptibility, hardiness

un·end·lich [ʊn'ʔɛntlɪç] **I.** *adj* ❶ *(nicht überschaubar)* infinite
❷ *(unbegrenzt)* endless, infinite, boundless
❸ *(überaus groß)* infinite, immense; **mit ~er Liebe/Geduld/Güte** with infinite [*or* endless] love/patience/goodness; **~e Strapazen** immense [*or* endless] strain
❹ FOTO *(Einstellung für Entfernung)* **etw auf ~ einstellen** to focus sth at infinity
II. *adv (fam)* endlessly, infinitely; **~ viele Leute** heaven [*or* god] knows how many people; **~ froh sein, sich** *akk* **~ freuen** to be terribly [*or* immensely] happy

Un·ẹnd·lich·keit *f kein pl* infinity; **eine ~** *(fam: ewig lange)* ages *pl fam*

un·ent·behr·lich ['ʊnʔɛntbeːɐ̯lɪç] *adj* ❶ *(unbedingt erforderlich)* essential; ■ **[für jdn/etw] ~ sein** to be essential [for [*or* to] sb/for sth]; **sich** *akk* **[irgendwo/bei jdm] ~ machen** to make oneself indispensable [somewhere/to sb]
❷ *(unverzichtbar)* indispensable

un·ent·gelt·lich ['ʊnʔɛntgɛltlɪç] **I.** *adj* free of charge; **die ~e Benutzung von etw** *dat* free use of sth; **~e Leistungen/Übertragungen** gratuitous services/transfers
II. *adv* free of charge, for free; **~ arbeiten** to work on a voluntary basis, to work for free

un·ent·rinn·bar [ʊnʔɛnt'rɪnbaːɐ̯] *adj (geh)* inescapable; **das ~e Schicksal** the inescapable fate

un·ent·schie·den ['ʊnʔɛntʃiːdn̩] **I.** *adj* ❶ SPORT *(gleicher Punktstand)* drawn
❷ *(noch nicht entschieden)* undecided; ■ **noch ~ sein** to be still [*or* as yet] undecided
II. *adv* SPORT **~ ausgehen** [*o* **enden**] to end in a draw; **~ spielen** to draw

Un·ent·schie·den <-s, -> ['ʊnʔɛntʃiːdn̩] *nt* SPORT

draw; ***das Spiel endete mit einem ~*** the game ended in a draw

un·ent·schlos·sen ['ʊnʔɛntʃlɔsn̩] I. *adj* indecisive, irresolute; ■ **~ sein [darüber], was jd tun soll** to be torn over what to do

II. *adv* indecisively

Un·ent·schlos·sen·heit *f* indecision, undecidedness

un·ent·schuld·bar ['unʔɛnt'ʃʊltba:ɐ̯] *adj* inexcusable; ■ **~ sein, dass jd etw getan hat** to be inexcusable of sb, to do sth

un·ent·schul·digt ['ʊnʔɛntʃʊldɪçt] I. *adj* unexcused

II. *adv* unexcused, without an excuse; **~ fehlen** [*o* **dem Unterricht fernbleiben**] to play truant, to be missing from class, AM *usu* to cut class *fam*

un·ent·wegt [ʊnʔɛnt'veːkt] I. *adj* persevering; **~er Einsatz/Fleiß** untiring commitment/efforts, perseverance

II. *adv* constantly, incessantly

Un·ent·weg·te(r) *f(m) dekl wie adj* stalwart

un·ent·wirr·bar [ʊnʔɛnt'vɪrba:ɐ̯] *adj Geflecht, Knäuel* tangled; **eine ~e politische Lage** a complex political situation

un·er·bitt·lich [ʊnʔɛɐ̯'bɪtlɪç] *adj* ❶ *(nicht umzustimmen)* unrelenting, merciless, inexorable

❷ *(gnadenlos)* pitiless, merciless

Un·er·bitt·lich·keit <-> *f kein pl (nicht umzustimmende Art)* mercilessness, inexorableness

un·er·fah·ren ['ʊnʔɛɐ̯fa:rən] *adj* inexperienced, *fam* green; ■ **[auf etw** *dat*/**in etw** *dat*] **~ sein** to be inexperienced [in sth]

Un·er·fah·re·ne(r) *f(m) dekl wie adj* unexperienced person

Un·er·fah·ren·heit *f* lack of experience, inexperience

un·er·find·lich ['ʊnʔɛɐ̯fɪntlɪç] *adj (geh)* incomprehensible, unfathomable; ■ **[jdm] ~ sein, warum/wie ...** to be incomprehensive [*or* inexplicable] [*or* unfathomable] [to sb], why/how ...; *s. a.* **Grund**

un·er·freu·lich ['ʊnʔɛɐ̯frɔylɪç] I. *adj* unpleasant; *Neuigkeiten, Nachrichten* bad; *Zwischenfall* unfortunate; ■ **[für jdn] ~ sein** to be unfortunate [for sb]; ***ich muss dir etwas U~ es sagen*** I have to tell you some bad news

II. *adv* unpleasantly

un·er·füll·bar [ʊnʔɛɐ̯'fʏlba:ɐ̯] *adj* unattainable, unviable, unrealizable; *(Forderungen, Träume)* unfulfillable; *(Wünsche)* unattainable

un·er·füllt ['ʊnʔɛɐ̯fʏlt] *adj* unattained, unrealized; *Traum* unfulfilled

un·er·gie·big ['ʊnʔɛɐ̯gi:bɪç] *adj* unproductive, unrewarding; *(Ernte)* poor; *(Produkt)* uneconomical

un·er·gründ·bar [ʊnʔɛɐ̯'grʏntba:ɐ̯], **un·er·gründ·lich** [ʊnʔɛɐ̯'grʏntlɪç] *adj* obscure, unfathomable, puzzling; *(Blick, Lächeln)* enigmatic

un·er·heb·lich ['ʊnʔɛɐ̯he:plɪç] I. *adj* insignificant, minor; ■ **~ sein, ob ...** to be irrelevant whether ...; **nicht ~** not insignificant, considerable

II. *adv* insignificantly; **nicht ~** not insignificantly, considerably

un·er·hört ['ʊnɛɐ̯'hø:ɐ̯t] I. *adj attr* ❶ *(pej: skandalös)* outrageous; **[das ist ja] ~!** that's [simply] outrageous!

❷ *(außerordentlich)* incredible, enormous, outrageous *hum*

II. *adv* ❶ *(skandalös)* outrageously

❷ *(außerordentlich)* incredibly

un·er·kannt ['ʊnʔɛɐ̯kant] *adv* unrecognized; ***bitte keine Namen, ich will ~ bleiben*** please, no names, I want to remain incognito

un·er·klär·bar [ʊnʔɛɐ̯'klɛ:ɐ̯ba:ɐ̯], **un·er·klär·lich** [ʊnʔɛɐ̯'klɛ:ɐ̯lɪç] *adj* inexplicable; ■ **jdm ist ~, warum/was/wie ...** sb cannot understand why/what/how ...

un·er·läss·lich^RR^, **un·er·läß·lich**^ALT^ *adj* essential, imperative; ■ **[für jdn/etw] ~ sein** to be imperative [*or* essential] [for sb/for sth]

un·er·laubt ['ʊnʔɛɐ̯laupt] I. *adj* ❶ *(nicht gestattet)* unauthorized

❷ JUR *(ungesetzlich)* illegal; **~e Handlung** tort, tortious [*or* wrongful] act; **~e Werbung** illicit advertising

II. *adv* without permission

un·er·le·digt ['ʊnʔɛɐ̯le:dɪçt] I. *adj* unfinished; *(Antrag)* incomplete; *(Post)* unanswered, not seen to

II. *adv* unfinished; **~ liegen bleiben** to be left unfinished

Un·er·le·dig·tes *nt dekl wie adj, kein pl s.* **unerledigt: Ablage für ~** pending tray

un·er·mess·lich^RR^, **un·er·meß·lich**^ALT^ [ʊnʔɛɐ̯'mɛslɪç] I. *adj (geh)* ❶ *(schier unendlich)* immeasurable

❷ *(gewaltig)* immense, vast; *(Wert, Wichtigkeit)* inestimable; *(Zerstörung)* untold

II. *adv (geh)* immensely

un·er·müd·lich [ʊnʔɛɐ̯'my:tlɪç] I. *adj* untiring, tireless

II. *adv* tirelessly, ceaselessly

un·er·quick·lich ['ʊnʔɛɐ̯kvɪklɪç] *adj (geh)* unedifying *form*, dismal, disagreeable

un·er·reich·bar [ʊnʔɛɐ̯'raiçba:ɐ̯] *adj* unattainable; *(telefonisch)* unavailable

Un·er·reich·bar·keit <-> *f kein pl* unattainability

un·er·reicht [ʊnʔɛɐ̯'raiçt] *adj* unequalled BRIT, AM *usu* unequaled; *(Anforderungen, Ziel)* unattained

un·er·sätt·lich [ʊnʔɛɐ̯'zɛtlɪç] *adj* ❶ *(nicht zu stillen)* insatiable; *(Wissensdurst)* unquenchable

❷ *(gierig)* insatiable, voracious

un·er·schlos·sen ['ʊnɛɐ̯ʃlɔsn̩] *adj* ❶ ADMIN *Gebiet* undeveloped

❷ ÖKON *Markt* untapped

❸ GEOL *Bodenschätze* unexploited

un·er·schöpf·lich [ʊnʔɛɐ̯'ʃœpflɪç] *adj* ❶ *(ein reiches Reservoir bietend)* inexhaustible

❷ *(schier nicht zu erschöpfen)* inexhaustible

un·er·schro·cken ['ʊnʔɛɐ̯ʃrɔkn̩] I. *adj* courageous, fearless

II. *adv* courageously, fearlessly

un·er·schüt·ter·lich [ʊnʔɛɐ̯'ʃʏtɐlɪç] I. *adj* unshakable

II. *adv* unshakably, ceaselessly

un·er·schwing·lich [ʊnʔɛɐ̯'ʃvɪŋlɪç] *adj* exorbitant; ■ **für jdn ~ sein** to be beyond sb's means

un·er·setz·lich [ʊnʔɛɐ̯'zɛtslɪç] *adj* indispensable; *(Wertgegenstand)* irreplaceable; *(Schaden)* irreparable; ■ **[für jdn] ~ sein** to be indispensable [to sb]

un·er·sprieß·lich [ʊnʔɛɐ̯'ʃpri:slɪç] *adj (geh) s.* **unerfreulich**

un·er·träg·lich [ʊnʔɛɐ̯'trɛ:klɪç] I. *adj* ❶ *(nicht auszuhalten)* unbearable, intolerable

❷ *(pej: unmöglich)* impossible, intolerable

II. *adv* ❶ *(nicht auszuhalten)* unbearably

❷ *(pej: unmöglich)* impossibly

un·er·wähnt ['ʊnʔɛɐ̯vɛ:nt] *adj* unmentioned

un·er·war·tet ['ʊnʔɛɐ̯vartət] I. *adj* unexpected; **~er Gewinn** HANDEL windfall [profit]

II. *adv* unexpectedly

un·er·wi·dert ['ʊnʔɛɐ̯vi:dɐt] *adj* ❶ *(nicht beantwortet) Brief* unanswered

❷ *(einseitig) Liebe* unrequited; *Sympathie* one-sided

un·er·wünscht ['ʊnʔɛɐ̯vʏnʃt] *adj* ❶ *(nicht willkommen)* unwelcome

❷ *(lästig)* undesirable

un·er·zo·gen ['ʊnʔɛɐ̯tso:gn̩] *adj* ill-mannered, badly behaved

UNESCO <-> [u'nɛsko] *f kein pl Akr von* **United Nations Educational, Scientific and Cultural Organization:** ■ **die ~** UNESCO

un·fä·hig ['ʊnfɛ:ɪç] *adj* ❶ *(inkompetent)* incompetent

❷ *(nicht imstande)* incapable; ■ **zu etw** *dat* **~ [sein]** [to be] incapable of sth; ■ **~ sein, etw zu tun** to be incapable of doing sth

Un·fä·hig·keit *f kein pl* incompetence

un·fair ['ʊnfɛ:ɐ̯] I. *adj* unfair; ■ **~ [gegen jdn** [*o* **jdm gegenüber**]] **sein** to be unfair [to [*or* towards] sb]

II. *adv* unfairly

Un·fall ['ʊnfal] *m* accident, mishap *hum;* **einen ~ haben** to have an accident

Un·fall·ab·tei·lung *f* casualty [*or* emergency] ward **Un·fall·an·zei·ge** *f* accident report **Un·fall·arzt, -ärz·tin** *m, f* [medical] specialist for accident injuries **Un·fall·be·richt** *m* accident report **Un·fall·be·tei·lig·te(r)** <-n, -n> *dekl wie adj f(m)* person involved in an accident **Un·fall·chir·ur·gie** *f* casualty surgery **Un·fall·fah·rer(in)** *m(f)* driver at fault in an accident **Un·fall·flucht** *f* failure to stop after being involved in an accident; *(mit Verletzten)* hit-and-run [driving] **Un·fall·fol·ge** *f meist pl* consequence of an accident; MED *(Verletzung)* injury resulting from an/the accident

un·fall·frei I. *adj* accident-free; **~es Fahren** accident free driving

II. *adv* without an accident; **~ fahren** to drive without having caused an accident

Un·fall·ge·fahr *f* accident risk, danger of accident **un·fall·ge·fähr·det** *adj Personen* accident-prone **un·fall·ge·neigt** *adj* accident-prone **Un·fall·ge·schä·dig·te(r)** *f(m) dekl wie adj* victim of an accident

Un·fall·haft·pflicht *f kein pl* JUR accident liability; *(auf Grundstück)* occupier's liability **Un·fall·haft·pflicht·ver·si·che·rung** *f* third-party accident insurance

Un·fall·häu·fig·keit *f* accident frequency **Un·fall·häu·fig·keits·zif·fer** *f* accident rate

Un·fall·hel·fer(in) *m(f)* rescuer; *(von Berufs wegen)* member of the emergency services **Un·fall-Hin·ter·blie·be·nen·ver·sor·gung** *f* JUR care for surviving dependants of accident victims **Un·fall·kli·nik** *f*, **Un·fall·kran·ken·haus** *nt* accident [*or* casualty] hospital *(hospital dealing solely with accidents and emergencies)* **Un·fall·mel·dung** *f* accident notification **Un·fall·nei·gung** *f* accident proneness **Un·fall·op·fer** *nt* accident victim **Un·fall·ort** *m* scene of an/the accident; **unerlaubtes Entfernen vom ~** unauthorized removal from the scene of the accident **Un·fall·quo·te** *f* accident quota **Un·fall·ra·te** *f* accident rate **Un·fall·ri·si·ko** *nt* accident hazard [*or* risk] **Un·fall·scha·den** *m* accident damage *no pl* **Un·fall·schutz** *m kein pl (Maßnahmen)* accident protection, prevention of accidents **Un·fall·schutz·vor·rich·tung** *f* safety [*or* protective] device **Un·fall·schwer·punkt** *m* accident black spot **un·fall·si·cher** *adj* accident-proof **Un·fall·sta·ti·on** *f* casualty [*or* accident] ward **Un·fall·sta·tis·tik** *f* accident statistics *pl* **Un·fall·stel·le** *f* place of the accident **Un·fall·tag** *m* accident date **Un·fall·tod** *m* accidental death **Un·fall·to·te(r)** *f(m) dekl wie adj* road casualty **un·fall·träch·tig** <-er, -ste> *adj Fahrer* accident-prone, prone to accidents *pred; Strecke* hazardous **Un·fall·ur·sa·che** *f* cause of a/the accident **Un·fall·ur·sa·chen·for·schung** *f* accident analysis

Un·fall·ver·hü·tung *f kein pl* prevention of an accident, accident prevention **Un·fall·ver·hü·tungs·pro·gramm** *nt* accident programme [*or* AM -am] **Un·fall·ver·hü·tungs·vor·schrif·ten** *pl* JUR safety regulations

Un·fall·ver·letz·te(r) *f(m)* casualty **Un·fall·ver·let·zung** *f* injury caused by an accident, accidental injury **Un·fall·ver·si·che·rung** *f* accident insurance **Un·fall·wa·gen** *m* car involved in an accident **Un·fall·zeu·ge, -zeu·gin** *m, f* witness of an/the accident **Un·fall·zif·fer** *f* accident frequency rate

un·fass·bar^RR^, **un·faß·bar**^ALT^ ['ʊnfasba:ɐ̯] *adj* ❶ *(unbegreiflich)* incomprehensible; *(Phänomen)* incredible; ■ **jdm** [*o* **für jdn**] **~ sein, was/wie ...** to be incomprehensible to sb, what/how ...

❷ *(unerhört)* outrageous

un·fass·lich^RR^, **un·faß·lich**^ALT^ ['ʊnfaslɪç] *adj s.* **unfassbar**

un·fehl·bar [ʊn'fe:lba:ɐ̯] I. *adj* infallible, unfailing; *(Geschmack)* impeccable; *(Gespür, Instinkt)* unerring

II. *adv* without fail

Un·fehl·bar·keit <-> *f kein pl* infallibility; **~ des Papstes** REL papal infallibility

un·fein ['ʊnfain] *adj* unrefined

un·fer·tig ['ʊnfɛrtɪç] *adj* ❶ *(noch nicht fertig gestellt)* unfinished, incomplete; **~e Arbeiten** unfinished work; **~e Erzeugnisse** unfinished products

❷ *(unreif)* immature

un·flä·tig ['ʊnflɛːtɪç] I. *adj (geh)* uncouth, crude; *(Ausdrucksweise)* obscene; *(Verhaltensweise)* coarse
II. *adv* crudely, in an uncouth manner, coarsely

un·for·ma·tiert *adj* INFORM unformatted

un·för·mig ['ʊnfœrmɪç] I. *adj* shapeless; *(groß)* cumbersome; *(Gesicht)* misshapen; *(Bein)* unshapely
II. *adv* shapelessly; **sich** *akk* ~ **vergrößern** to grow unshapely

Un·för·mig·keit <-> *f kein pl* unshapeliness, shapelessness, cumbersomeness

UNFPA <-> *f kein pl Akr von* **United Nations Fund for Population Activities** UNFPA

un·fran·kiert ['ʊnfraŋkiːɐ̯t] I. *adj* unstamped
II. *adv* without a stamp

un·frei ['ʊnfrai̯] *adj* ❶ *(nicht frei)* not free; *(gehemmt)* inhibited; ■~ **sein** *a.* HIST to be a slave [*or* serf]
❷ *s.* **unfrankiert**

Un·frei·e(r) *f(m) dekl wie adj* HIST serf

Un·frei·heit *f kein pl* lack of freedom; *a.* HIST slavery *no indef art, no pl,* bondage *no indef art, no pl form*

un·frei·wil·lig ['ʊnfrai̯vɪlɪç] I. *adj* ❶ *(gezwungen)* compulsory
❷ *(unbeabsichtigt)* unintentional
II. *adv* ■**etw** ~ **tun** to be forced to do sth

un·freund·lich ['ʊnfrɔyntlɪç] I. *adj* ❶ *(nicht liebenswürdig)* unfriendly; ■**zu jdm** ~ **sein** to be unfriendly to sb
❷ *(unangenehm)* unpleasant; *(Wetter)* unpleasant, inclement *form; (Klima)* inhospitable, disagreeable; *(Jahreszeit, Tag)* dreary; *(Raum)* cheerless
II. *adv* **sich** *akk* **jdm gegenüber** ~ **benehmen** to be unfriendly [*or* cold] to sb; **jdn** ~ **behandeln** to treat sb in an unfriendly [*or* cold] manner, to be unfriendly [*or* cold] to sb

Un·freund·lich·keit *f* unfriendliness

Un·frie·de(n) ['ʊnfriːdə] *m kein pl* trouble, strife *no pl, no indef art,* conflict; **in ~n** on bad terms; **~n stiften** to cause trouble [*or* strife]; **in ~n leben** to live in conflict; **in ~n auseinandergehen** to part on acrimonious terms

un·frucht·bar ['ʊnfrʊxtbaːɐ̯] *adj* ❶ MED *(steril)* infertile, sterile
❷ AGR *(nicht ertragreich)* infertile, barren

Un·frucht·bar·keit *f kein pl* ❶ MED *(Sterilität)* infertility, sterility
❷ AGR *(fehlende Bodenfruchtbarkeit)* barrenness

Un·fug <-s> ['ʊnfuːk] *m kein pl* nonsense; ~ **machen** to get up to mischief; ***mach keinen ~!*** stop that nonsense!; **grober** ~ JUR public nuisance

Un·gar(in) <-n, -n> ['ʊŋgar] *m(f)* Hungarian

un·ga·risch ['ʊŋgarɪʃ] *adj* ❶ GEOG Hungarian; **~e Steppe** Hungarian Puszta [*or* Steppe]
❷ LING Hungarian

Un·ga·risch ['ʊŋgarɪʃ] *nt dekl wie adj* Hungarian

Un·ga·ri·sche <-n> *nt* ■**das** ~ Hungarian, the Hungarian language

Un·garn <-s> ['ʊŋgarn] *nt* Hungary

un·gast·lich ['ʊngastlɪç] *adj* uninviting, inhospitable *form*

un·ge·ach·tet ['ʊngəʔaxtət] *präp +gen (geh)* despite sth, in spite of sth; ■~ **dessen, dass ...** in spite of [*or* despite] the fact that ...

un·ge·ahnt ['ʊngəʔaːnt] *adj* undreamed [*or* [*or* Brit] undreamt] of

un·ge·bär·dig ['ʊngəbɛːɐ̯dɪç] *adj* unruly

un·ge·be·ten ['ʊngəbeːtn̩] I. *adj* ❶ *(nicht eingeladen)* uninvited, unwelcome
❷ *(ohne Aufforderung erfolgt)* unwelcome
II. *adv* ❶ *(ohne eingeladen zu sein)* without being invited
❷ *(ohne aufgefordert zu sein)* without an invitation

un·ge·bil·det ['ʊngəbɪldət] *adj* uneducated

un·ge·bo·ren ['ʊngəboːrən] *adj* unborn

Un·ge·bo·re·ne *nt* unborn

un·ge·bräuch·lich ['ʊngəbrɔyçlɪç] *adj* uncommon, not in use *pred; (Methode, Verfahren)* [out]dated

un·ge·braucht I. *adj* unused; ■~ **sein** to have never been used, to be unused
II. *adv* unused

un·ge·bremst *adj* ❶ PHYS **~e Neutronen** free neutrons
❷ *(endlos)* unchecked; **mit ~em Eifer** with unchecked [*or* unbridled] enthusiasm

un·ge·bro·chen ['ʊngəbrɔxn̩] I. *adj* unbroken
II. *adv* ~ **weiterkämpfen/weitermachen** to carry on fighting/carry on incessantly

un·ge·bühr·lich ['ʊngəbyːɐ̯lɪç] I. *adj (geh)* ❶ *(ungehörig)* improper
❷ *(nicht angemessen)* unreasonable
II. *adv (geh)* ❶ *(ungehörig)* improperly
❷ *(über Gebühr)* **sich** *akk* ~ **ärgern** [*o* **aufregen**] to overreact, to make a mountain out of a molehill

un·ge·bun·den ['ʊngəbʊndn̩] *adj* ❶ *(nicht gebunden)* unattached, [fancy-]free; **ein ~es Leben führen** to lead a fancy-free life; ■~ **sein** *(unliiert)* to be unattached, to be footloose and fancy-free
❷ VERLAG **~es Buch** book in sheets, unbound copy of book
❸ CHEM uncombined; **~e Energie** free energy

un·ge·deckt ['ʊngədɛkt] *adj* ❶ FIN uncovered; **~er Kredit** open [*or* unsecured] credit
❷ *(noch nicht gedeckt)* unlaid

Un·ge·duld ['ʊngədʊlt] *f* impatience; **voller** ~ impatiently; **vor** ~ with impatience

un·ge·dul·dig ['ʊngədʊldɪç] I. *adj* impatient
II. *adv* impatiently

un·ge·eig·net ['ʊngəʔai̯gnət] *adj* unsuitable; ■[**für etw** *akk*] ~ **sein** to be unsuited [for sth]

un·ge·fähr ['ʊngəfɛːɐ̯] I. *adv* ❶ *(zirka)* approximately, roughly, about *fam;* **um ~ ..., ~ um ...** by about ...; *(Zeit)* at about [*or* around] ...
❷ *(etwa)* ~ **da** [*o* **dort**] around there, [*or esp* Brit] thereabouts; ~ **hier** around here; ~ **so** something like this/that
❸ *(in etwa)* more or less; ***das dürfte ~ hinkommen*** that's more or less it, that's near enough right
▶WENDUNGEN: **von** ~ by chance, by the by *fam;* **nicht von** ~ not without good reason [*or* cause], not for nothing
II. *adj attr* approximate, rough

un·ge·fähr·det ['ʊngəfɛːɐ̯dət] I. *adj* safe
II. *adv* safely

un·ge·fähr·lich ['ʊngəfɛːɐ̯lɪç] *adj* harmless; ■~ **sein, etw zu tun** to be safe to do sth

un·ge·fäl·lig ['ʊngəfɛlɪç] *adj Mensch* unobliging

un·ge·färbt ['ʊngəfɛrpt] *adj* undyed, natural

un·ge·fragt ['ʊngəfraːkt] *adv* without being asked

un·ge·hal·ten ['ʊngəhaltn̩] I. *adj (geh)* indignant; ■~ [**über etw** *akk*] **sein/werden** to be/become indignant [about sth]
II. *adv (geh)* indignantly

un·ge·heizt ['ʊngəhai̯tst] *adj* unheated

un·ge·hemmt ['ʊngəhɛmt] I. *adj* uninhibited
II. *adv* uninhibitedly

un·ge·heu·er ['ʊngəhɔyɐ] I. *adj* ❶ *(ein gewaltiges Ausmaß besitzend)* enormous
❷ *(größte Intensität besitzend)* tremendous; *(Schmerz, Leiden)* dreadful
❸ *(größte Bedeutung besitzend)* tremendous
II. *adv* ❶ *(äußerst)* terribly
❷ *(ganz besonders)* enormously, tremendously

Un·ge·heu·er <-s, -> ['ʊngəhɔyɐ] *nt* monster, ogre

ungeheuerlich [ʊngə'hɔyɐlɪç] I. *adj* ❶ *(unerhört)* outrageous, preposterous; **das ist ja ~!** that's outrageous!
❷ *(selten: ein gewaltiges Ausmaß besitzend)* enormous
II. *adv* ❶ *(äußerst)* terribly
❷ *(ganz besonders)* enormously, tremendously

Un·ge·heu·er·lich·keit <-, -en> *f* ❶ *kein pl (empörende Art)* outrageousness
❷ *(unerhörte Bemerkung)* outrageous remark; ***das ist ja eine ~!*** how outrageous!
❸ *(unerhörte Handlung)* monstrosity; *(Verbrechen)* atrocity

un·ge·hin·dert ['ʊngəhɪndɐt] I. *adj* unhindered
II. *adv* without hindrance

un·ge·ho·belt ['ʊngəhoːbl̩t] *adj* ❶ *(schwerfällig)* uncouth, boorish; *(grob)* coarse
❷ *(nicht glatt gehobelt)* unplaned

un·ge·hö·rig ['ʊngəhøːrɪç] I. *adj* impertinent
II. *adv* impertinently

Un·ge·hö·rig·keit <-, -en> *f kein pl* impertinence *no pl*

un·ge·hor·sam ['ʊngəhoːɐ̯zaːm] *adj* disobedient; ■[**jdm gegenüber**] ~ **sein** to be disobedient [towards sb]

Un·ge·hor·sam ['ʊngəhoːɐ̯zaːm] *m kein pl* disobedience, insubordination; **ziviler** ~ civil disobedience

un·ge·hört *adv* unheard

Un·geist *m kein pl (geh)* ■**der ~ einer S.** *gen* the demon of sth

un·ge·kämmt I. *adj (nicht gekämmt)* uncombed; *(nicht frisiert)* unkempt
II. *adv* unkempt

un·ge·klärt ['ʊngəklɛːɐ̯t] I. *adj* ❶ *(nicht aufgeklärt)* unsolved; ■[**noch**] ~ **sein** to be [yet] unsolved; *s. a.* **Ursache**
❷ ÖKOL *(nicht geklärt)* untreated
II. *adv* ÖKOL untreated

un·ge·kün·digt ['ʊngəkʏndɪçt] *adj* **ein ~es Arbeitsverhältnis/eine ~e Stellung haben** to not be under notice of resignation; ■~ **sein** to not be under notice of resignation

un·ge·küns·telt <-er, -este> ['ʊngəkʏnstl̩t] *adj* natural, unaffected

un·ge·kürzt ['ʊngəkʏrtst] I. *adj* MEDIA unabridged; *(FILM)* uncut
II. *adv* in its unabridged version; FILM in its uncut version

un·ge·la·den ['ʊngəlaːdn̩] *adj* ❶ *(nicht geladen)* unloaded
❷ *(nicht eingeladen)* uninvited

un·ge·le·gen ['ʊngəleːgn̩] *adj* inconvenient; [**jdm**] ~ **kommen** to be inconvenient [for sb], to be an inconvenience [for sb]; *(zeitlich)* to be an inconvenient time [for sb]

Un·ge·le·gen·hei·ten *pl* inconvenience; **jdm ~ machen** [*o geh* **bereiten**] to inconvenience sb

un·ge·leh·rig ['ʊngəleːrɪç] *adj* unteachable

un·ge·lenk ['ʊngəlɛŋk] I. *adj* clumsy, awkward
II. *adv* clumsily, awkwardly

un·ge·len·kig ['ʊngəlɛŋkɪç] *adj* inflexible, not supple

un·ge·lernt ['ʊngəlɛrnt] *adj attr* unskilled

un·ge·liebt ['ʊngəliːpt] *adj* ❶ *(nicht geliebt)* unloved
❷ *(nicht gemocht)* loathed
❸ *s.* **unbeliebt**

un·ge·lo·gen ['ʊngəloːgn̩] *adv (fam)* honestly, honest *fam;* ***das ist die Wahrheit, ~!*** honestly, it's the truth!

un·ge·löst ['ʊngəløːst] *adj* unsolved; *(Fragen)* unresolved

Un·ge·mach <-s> ['ʊngəmaːx] *nt kein pl (geh)* inconvenience

un·ge·mah·len *adj* unground

un·ge·mein ['ʊngəmai̯n] I. *adv* immensely, terribly; ***das freut mich ganz ~*** I'm immensely happy about that
II. *adj* immense, tremendous

un·ge·müt·lich ['ʊngəmyːtlɪç] *adj* ❶ *(nicht gemütlich)* uninviting
❷ *(unerfreulich)* uncomfortable, disagreeable
▶WENDUNGEN: ~ **werden** [**können**] *(fam)* to become nasty, to be able to become nasty

Un·ge·müt·lich·keit *f* uncomfortableness, unpleasantness

un·ge·nannt ['ʊngənant] *adj* unnamed

un·ge·nau ['ʊngənau̯] I. *adj* ❶ *(nicht exakt)* vague, inexact; ■~ [**in etw** *dat*] **sein** to be vague [in sth]
❷ *(nicht korrekt)* inaccurate
II. *adv* ❶ *(nicht exakt)* vaguely, inexactly
❷ *(nicht korrekt)* incorrectly

Un·ge·nau·ig·keit <-, -en> *f* ❶ *kein pl (nicht exakte Beschaffenheit)* vagueness
❷ *kein pl (mangelnde Korrektheit)* inaccuracy
❸ *(ungenaues Zitat)* inaccuracy

un·ge·niert ['ʊnʒeniːɐ̯t] I. *adj* uninhibited, unembarrassed, unconcerned

U

II. *adv* uninhibitedly, freely

Un·ge·niert·heit <-> *f kein pl* lack of inhibition

un·ge·nieß·bar ['ʊngəniːsbaːɐ] *adj* ❶ *(nicht zum Genuss geeignet)* inedible; *(Getränke)* undrinkable
❷ *(schlecht schmeckend)* unpalatable
❸ *(fam: unausstehlich)* unbearable, loathsome, horrid

un·ge·nü·gend ['ʊngənyːgn̩t] I. *adj* ❶ *(nicht ausreichend)* insufficient; *Information* inadequate
❷ SCH *(schlechteste Zensur)* unsatisfactory *(the lowest mark)*
II. *adv* insufficiently, inadequately

un·ge·nutzt ['ʊngənʊtst], **un·ge·nützt** ['ʊngənʏtst] I. *adj* unused; *(materielle/personelle Ressourcen)* unexploited; *(Gelegenheit)* missed; ~ **bleiben** to not be taken advantage of; **etw ~ lassen** to not take advantage of sth
II. *adv* **eine Chance ~ verstreichen lassen** [*o* **vorübergehen**] to miss a chance, to let a chance go by [*or* slip]

un·ge·ord·net ['ʊngəʔɔrdnət] *adj* disordered; ~ **herumliegen** to lie about in disorder

un·ge·pflegt ['ʊngəpfleːkt] *adj* ❶ *Haus, Garten* neglected; *Person* unkempt; *Kind* scruffy; *Hände* uncared-for
❷ *(vernachlässigt)* neglected, not very well looked after

un·ge·plant *adj* unplanned, unexpected; **~er Gewinn** windfall [profit]

un·ge·prüft ['ʊngəpryːft] I. *adj* unchecked
II. *adv* without checking

un·ge·ra·de ['ʊngəraːdə] *adj* odd; **eine ~ Zahl** an odd number

un·ge·rech·net ['ʊngərɛçnət] *adj attr* not including; **~ der zusätzlichen Unkosten** excluding additional costs

un·ge·recht ['ʊngərɛçt] I. *adj* unjust, unfair; **~e Behandlung** unjust treatment; **ein ~er Richter** a partial judge; ■ **~ [gegen jdn** [*o* **jdm gegenüber**]] **sein** to be unfair [to sb]; ■ **~ [von jdm] sein, etw zu tun** to be unfair [of sb] to do sth
II. *adv* unjustly, unfairly; **sich** *akk* **~ verhalten** to behave unfairly

un·ge·rech·ter·wei·se *adv* unjustly, unfairly

un·ge·recht·fer·tigt ['ʊngərɛçtfɛrtɪçt] *adj* unjustified; JUR unjust; **~e Bereicherung** unjust enrichment; **~e Kündigung** unfair dismissal

Un·ge·rech·tig·keit <-, -en> *f* ❶ *kein pl (ungerechte Art)* injustice, unfairness; **die ~ der Beurteilung** the injustice of the judgement; **so eine ~!** how unjust! [*or* unfair!]
❷ *(ungerechte Handlung)* injustice, unfairness

un·ge·re·gelt ['ʊngəreːglt] *adj* ❶ *(unregelmäßig)* unsettled, disordered
❷ *(selten: nicht erledigt)* unsettled
▶ WENDUNGEN: **~er <u>Katalysator</u>** open-loop catalyst

un·ge·reimt ['ʊngəraimt] *adj* ❶ *(verworren)* muddled; ***er redet völlig ~es Zeug*** he is talking a load of nonsense
❷ *(keinen Reim aufweisend)* unrhymed; **~e Verse** blank verse

Un·ge·reimt·heit <-, -en> *f* ❶ *kein pl (verworrene Art)* muddle
❷ *(ungereimte Äußerung)* inconsistency; ***der Bericht weist viele ~en auf*** there are many inconsistencies in the report

un·gern ['ʊngɛrn] *adv* reluctantly; **etw ~ tun** to do sth reluctantly; [**höchst**] **~!** with [the greatest of] reluctance!

un·ge·rührt ['ʊngəryːɐt] I. *adj* unmoved; **mit ~er Miene** with a deadpan expression [*or* face]
II. *adv* unmoved

un·ge·sal·zen ['ʊngezaltsn̩] *adj* unsalted

un·ge·sät·tigt ['ʊngezɛtɪçt] *adj* ❶ *(geh: noch hungrig)* unsatisfied
❷ CHEM unsaturated

un·ge·säu·ert *adj* ❶ CHEM not acidified
❷ KOCHK *Brot, Teig* unleavened

un·ge·schält ['ʊngəʃɛːlt] I. *adj* *Frucht, Obst* unpeeled; *Getreide, Reis* unhusked
II. *adv* unpeeled

un·ge·sche·hen ['ʊngəʃeːən] *adj* undone; **etw ~ machen** to undo sth

Un·ge·sche·hen·ma·chen <-s> *nt kein pl* PSYCH undoing

Un·ge·schick <-[e]s> ['ʊngɛʃɪk] *nt kein pl (geh) s.* **Ungeschicklichkeit**

Un·ge·schick·lich·keit <-, -en> *f* ❶ *kein pl (ungeschickte Art)* clumsiness
❷ *(ungeschicktes Verhalten)* clumsiness

un·ge·schickt ['ʊngəʃɪkt] *adj* ❶ *(unbeholfen)* clumsy; **eine ~e Bewegung** a clumsy movement; *(unbedacht)* careless, inept; **eine ~e Äußerung** a careless comment; ■ **~ [von jdm] sein** to be inept [of sb]
❷ DIAL, SÜDD *(selten: unhandlich)* unwieldy; **ein ~es Werkzeug** an unwieldy tool; *(ungelegen)* awkward; **etw kommt ~** sth happens at an awkward time

Un·ge·schickt·heit *f s.* **Ungeschicklichkeit**

un·ge·schlacht ['ʊngəʃlaxt] *adj (pej geh) Mensch* hulking great

un·ge·schla·gen ['ʊngəʃlaːgn̩] *adj* unbeaten

un·ge·schlecht·lich *adj* BIOL asexual; **~e Fortpflanzung** asexual reproduction

un·ge·schlif·fen ['ʊngəʃlɪfn̩] *adj* ❶ *(nicht geschliffen)* uncut; *Messer, Klinge* blunt; **~e Diamanten** uncut diamonds
❷ *(pej: grob, ohne Manieren)* uncouth; **~es Benehmen** uncouth behaviour [*or* AM -or]; **ein ~er Kerl** an uncouth man

un·ge·schminkt ['ʊngəʃmɪŋkt] *adj* ❶ *(nicht geschminkt)* without make-up
❷ *(unbeschönigt)* unvarnished; **die ~e Wahrheit** the unvarnished truth; **jdm ~ die Wahrheit sagen** to tell sb the unvarnished truth

un·ge·schnit·ten *adj* FILM, TV *Film* unedited

un·ge·scho·ren ['ʊngəʃoːrən] I. *adj* unshorn; **~e Schafe** unshorn sheep
II. *adv* unscathed; **~ davonkommen** to get away with it

un·ge·schrie·ben ['ʊngəʃriːbn̩] *adj pred* unwritten; **~ bleiben** to be left unwritten; **etw ~ lassen** not to write sth; *s. a.* **Gesetz**

un·ge·se·hen ['ʊngəzeːən] I. *adj (selten)* unseen
II. *adv* unseen, without being seen

un·ge·sel·lig ['ʊngəzɛlɪç] *adj* unsociable

un·ge·setz·lich ['ʊngəzɛtslɪç] *adj* unlawful, illegal

un·ge·setzt *adj* SPORT unseeded

un·ge·si·chert *adj* JUR unsecured; **~er Gläubiger** unsecured creditor

un·ge·stem·pelt ['ʊngəʃtɛmplt] *adj* unstamped; **eine ~e Briefmarke** an unfranked stamp

un·ge·stillt ['ʊngəʃtɪlt] *adj (geh)* unstilled

un·ge·stört ['ʊngəʃtøːɐt] I. *adj* undisturbed; **~ sein wollen** to want to be left alone
II. *adv* without being disturbed

un·ge·straft ['ʊngəʃtraːft] *adv* with impunity; **~ davonkommen** to get away scot-free

un·ge·stüm ['ʊngəʃtyːm] I. *adj* *Art, Temperament* impetuous; *Wind* gusty; *Meer* rough, turbulent; **eine ~e Begrüßung** an enthusiastic greeting
II. *adv* enthusiastically, passionately

Un·ge·stüm <-[e]s> ['ʊngəʃtyːm] *nt kein pl* impetuosity; **jugendliches ~** youthful impetuosity; **voller ~** passionately, boisterously

un·ge·sühnt ['ʊngəzyːnt] *adj* unatoned, unexpiated

un·ge·sund ['ʊngəzʊnt] I. *adj* ❶ *(der Gesundheit abträglich)* unhealthy; **ein ~es Klima** an unhealthy climate
❷ *(nicht gesund, kränklich)* unhealthy; **ein ~es Aussehen** an unhealthy appearance
II. *adv* unhealthily; **sich** *akk* **~ ernähren** to not have a healthy diet

un·ge·süßt *adj* unsweetened

un·ge·teilt ['ʊngətailt] *adj* ❶ *(vollständig) Besitz* complete
❷ *(ganz)* **mit ~er Freude** with total pleasure; **jds ~e Aufmerksamkeit finden** to receive sb's undivided attention

un·ge·trübt ['ʊngətryːpt] *adj* *Freude, Glück* unclouded; *Tage, Zeit* perfect

Un·ge·tüm <-[e]s, -e> ['ʊngətyːm] *nt* ❶ *(veraltend: monströses Wesen)* monster
❷ *(fam: riesiger Gegenstand)* monster *fam;* ***dieses ~ von Schrank passt nicht durch die Haustür*** this monster of a cupboard won't go through the front door

un·ge·übt ['ʊngəʔyːpt] *adj* unpractised [*or* AM -ced]; **~e Lehrlinge** inexperienced apprentices; ■ [**in etw** *dat*] **~ sein** to be out of practice [at sth]

un·ge·wandt ['ʊngəvant] *adj* awkward

un·ge·wissRR ['ʊngəvɪs] *adj* ❶ *(nicht feststehend)* uncertain; **eine ~e Zukunft** an uncertain future; ■ **noch ~ sein, ob/wie ...** to be still uncertain, whether/how ...; **ein Sprung ins U~e** a leap into the unknown
❷ *(unentschlossen)* uncertain, unsure; ■ **sich** *dat* **noch ~ sein** to be still uncertain; **sich** *dat* **über etw** *akk* **im U~en sein** to be uncertain [*or* unsure] about sth; **jdn [über etw** *akk*] **im U~en lassen** to leave sb in the dark [about sth] *fam;* **etw im U~en lassen** to leave sth vague [*or* indefinite]
❸ *(geh: unbestimmbar)* indefinable; **Augen von ~er Farbe** eyes of an indefinable colour [*or* AM -or]

Un·ge·wiss·heitRR <-, -en> *f* uncertainty

un·ge·wöhn·lich ['ʊngəvøːnlɪç] I. *adj* ❶ *(vom Üblichen abweichend)* unusual; **eine ~e Bitte** an unusual request; ■ **etwas/nichts U~es** something/nothing unusual
❷ *(außergewöhnlich)* unusual, remarkable; **eine ~e Leistung** a remarkable achievement
II. *adv* ❶ *(äußerst)* exceptionally; **~ schön/klein** exceptionally beautiful/small; **~ begabt** unusually gifted
❷ *(in nicht üblicher Weise)* unusually; **sich** *akk* **~ benehmen** to behave unusually [*or* strangely]

un·ge·wohnt ['ʊngəvoːnt] *adj* unusual; **ein ~er Anblick** an unusual sight; **~e Freundlichkeit** unusual friendliness; ■ **jdm ~ sein** to be unfamiliar to sb

un·ge·wollt ['ʊngəvɔlt] I. *adj* unintentional, inadvertent; **eine ~e Schwangerschaft** an unwanted pregnancy
II. *adv* unintentionally, inadvertently; ***ich musste ~ grinsen*** I couldn't help grinning

un·ge·zählt ['ʊngətsɛːlt] *adj* ❶ *(selten: unzählig)* innumerable, countless
❷ *(nicht nachgezählt)* uncounted

Un·ge·zie·fer <-s> ['ʊngətsiːfɐ] *nt kein pl* pests *pl,* vermin

un·ge·zo·gen ['ʊngətsoːgn̩] I. *adj* *Kind* naughty, badly-behaved; *Bemerkung* impertinent; ■ **~ [von jdm] sein** to be ill-mannered [of sb]
II. *adv* impertinently, naughtily; **sich** *akk* **~ benehmen** to behave badly

Un·ge·zo·gen·heit <-, -en> *f* ❶ *kein pl (ungezogene Art)* naughtiness, bad behaviour [*or* AM -or]
❷ *(ungezogene Äußerung)* impertinent remark; *(ungezogene Handlung)* bad manners *npl*

un·ge·zü·gelt ['ʊngətsyːglt] *adj* unbridled

un·ge·zwun·gen ['ʊngətsvʊŋən] *adj* casual, informal; **eine ~e Atmosphäre** an informal atmosphere; **frei und ~** without restraint

Un·ge·zwun·gen·heit *f* casualness, informality

un·gif·tig ['ʊngɪftɪç] *adj* non-poisonous

un·gi·riert [-ʒi-] *adj* FIN unendorsed

Un·glau·be ['ʊnglaubə] *m* ❶ *(Zweifel)* disbelief, scepticism
❷ *(Gottlosigkeit)* unbelief, lack of faith

un·glaub·haft ['ʊnglauphaft] I. *adj* unbelievable, incredulous; **~ wirken** to appear to be implausible
II. *adv* unbelievably, incredulously

un·gläu·big ['ʊnglɔybɪç] *adj* ❶ *(etw nicht glauben wollend)* disbelieving, incredulous; **ein ~es Gesicht machen** to raise one's eyebrows in disbelief; **ein ~es Kopfschütteln** an incredulous shake of the head
❷ *(gottlos)* unbelieving, irreligious; **~e Menschen bekehren** to convert the unbelievers

Un·gläu·bi·ge(r) *f(m) dekl wie adj* unbeliever, infidel

un·glaub·lich ['ʊnglauplɪç] I. *adj* ❶ *(nicht glaubhaft)* unbelievable, incredible

② *(unerhört)* outrageous; **ein ~es Benehmen** outrageous behaviour [*or* AM -or]; **~e Zustände** outrageous conditions
II. *adv (fam: überaus)* incredibly, extremely
un·glaub·wür·dig ['ʊnglaupvʏrdɪç] I. *adj* implausible, dubious; **eine ~e Geschichte** an implausible story; **ein ~er Zeuge** an unreliable witness; **sich** *akk* **~ machen** to lose credibility
II. *adv* implausibly, dubiously; ***seine Aussage klingt ~*** his statement sounds dubious [*or* fishy] *fam*
Un·glaub·wür·dig·keit *f* implausibility, unreliability
un·gleich ['ʊnglaiç] I. *adj* ① *(unterschiedlich) Bezahlung* unequal; *Belastung* uneven; *Paar* odd; *Gegenstände, Waffen* different, dissimilar, unalike; **mit ~en Mitteln kämpfen** to fight using different methods
② *(unterschiedliche Voraussetzungen aufweisend)* unequal; **ein ~er Kampf** an unequal fight
II. *adv* ① *(unterschiedlich)* unequally; **~ stark sein** to be unevenly matched
② *vor comp (weitaus)* far
III. *präp mit dat (geh)* unlike
Un·gleich·be·hand·lung *f kein pl* unequal treatment, discrimination **Un·gleich·ge·wicht** *nt* ÖKON imbalance; **~ in der Außenhandelsbilanz** foreign trade imbalance
Un·gleich·heit <-, -en> *f* dissimilarity, difference, inequality
un·gleich·mä·ßig I. *adj* ① *(unregelmäßig)* irregular; **ein ~er Puls** an irregular pulse
② *(nicht zu gleichen Teilen)* uneven; **eine ~e Belastung** an uneven load; **eine ~e Verteilung** an uneven distribution
II. *adv* ① *(unregelmäßig)* irregularly; **~ atmen** to breathe irregularly
② *(ungleich)* unevenly
Un·gleich·mä·ßig·keit <-, -en> *f* ① *(Unregelmäßigkeit)* irregularity
② *(Ungleichheit)* unevenness
un·gleich·na·mig *adj* ① ELEK antilogous
② MATH **~e Brüche** fractions with different denominators
un·gleich·schenk·lig *adj* MATH *Dreieck* not isosceles
un·gleich·sei·tig *adj* MATH with unequal sides; **~es Dreieck** scalene [triangle]
Un·glei·chung *f* MATH inequation
Un·glück <-glücke> ['ʊnglʏk] *nt* ① *kein pl (Pech)* bad luck, misfortune; **[jdm] ~ bringen** to bring [sb] bad luck; **in sein ~ rennen** *(fam)* to rush headlong into disaster; **jdn ins ~ stürzen** *(geh)* to be sb's undoing; **zu allem ~** to make matters worse
② *(katastrophales Ereignis)* disaster, tragedy; **ein ~ verhindern** to prevent a disaster
③ *kein pl (Elend)* unhappiness
▶WENDUNGEN: **ein ~ kommt selten allein** *(prov)* it never rains but it pours *prov;* **~ im Spiel, Glück in der Liebe** *(prov)* unlucky at cards, lucky in love
un·glück·lich ['ʊnglʏklɪç] I. *adj* ① *(betrübt)* unhappy; **ein ~es Gesicht machen** to make [*or* BRIT pull] an unhappy face; **sich** *akk* **~ machen** to bring misfortune on oneself; **jdn ~ machen** to make sb unhappy
② *(ungünstig)* unfortunate; **ein ~er Zufall** an unfortunate incident; **eine ~e Liebe** unrequited love
③ *(einen Unglücksfall verursachend, ungeschickt)* unfortunate, unlucky; **eine ~e Figur abgeben** *(fig)* to cut a sorry figure; **eine ~e Bewegung machen** to move awkwardly
II. *adv* ① *(ohne glücklichen Ausgang)* unfortunately, unhappily; **~ verliebt sein** to be crossed in love
② *(ungeschickt)* unluckily, unfortunately
un·glück·li·cher·wei·se *adv* unfortunately
Un·glücks·bo·te, -bo·tin *m, f* bearer of bad news
Un·glücks·bot·schaft *f* bad news + *sing vb*
un·glück·se·lig ['ʊnglʏkze:lɪç] *adj* ① *(vom Unglück verfolgt)* unfortunate
② *(unglücklich [verlaufend])* disastrous, unfortunate
Un·glücks·fall *m* ① *(Unfall)* accident ② *(unglückliche Begebenheit)* mishap **Un·glücks·ra·be** *m* *(fam)* unlucky person **Un·glücks·re·ak·tor** *m* reactor which caused a/the nuclear accident *(at Chernobyl)*
Un·glücks·tag *m* ① *(fam: unglücklich verlaufener Tag)* bad day
② *(Tag eines Unglücks)* day of the accident
Un·glücks·zahl *f (fam)* unlucky number
Un·gna·de ['ʊngna:də] *f* disgrace, disfavour [*or* AM -or]; **[bei jdm] in ~ fallen/sein** to be out of favour [with sb]; **sich** *dat* **jds ~ zuziehen** to fall out of favour with sb
un·gnä·dig ['ʊngnɛ:dɪç] I. *adj* ① *(gereizt, unfreundlich)* ungracious, bad-tempered
② *(geh: verhängnisvoll)* fated; **ein ~es Schicksal** a cruel fate
II. *adv* bad temperedly, ungraciously; **jdn ~ ansehen** to look at sb with little enthusiasm
un·gül·tig ['ʊngʏltɪç] I. *adj* [null and] void, invalid; **~ sein** to stand void; **ein ~er Pass** an invalid passport; **ein ~es Tor** a disallowed goal; **ein ~er Sprung** a no-jump; **eine ~e Stimme** a spoiled ballot-paper
II. *adv* [null and] void; **etw ~ machen, etw für ~ erklären** to invalidate sth, to declare sth null and void; **eine Ehe für ~ erklären** to annul a marriage
Un·gül·tig·keit *f (fehlende Gültigkeit)* invalidity; *(Nichtigkeit)* invalidity, voidness
Un·gül·tig·keits·er·klä·rung *f* JUR annulment, invalidation, rescission; **~ eines Vermächtnisses** annulment of a legacy
Un·gül·tig·ma·chung *f* JUR vitiation
Un·gunst *f* ① *(geh: Unwillen)* disgrace; *Wetter* inclemency; **sich** *dat* **jds ~ zuziehen** to get into sb's bad books BRIT *fam,* to get on sb's bad side
② *(Nachteil)* **zu jds ~en** to sb's disadvantage
un·güns·tig ['ʊngʏnstɪç] *adj Augenblick, Zeit, Zeitpunkt* inopportune, inconvenient; *Wetter* inclement; **in einem ~en Licht** *(fig)* to appear in an unfavourable [*or* AM -or-] light *fig;* ***Sie kommen in einem ~en Augenblick*** you've come at a very inopportune moment; ■**[für jdn/etw] ~ sein** to be inconvenient [for sb]/unfavourable [for sth]; *s. a.* **Fall**
un·gut ['ʊngu:t] *adj* bad; *Verhältnis* strained; **ein ~es Gefühl bei etw** *dat* **haben** to have an uneasy [*or* bad] feeling about sth
▶WENDUNGEN: **nichts für ~!** no offence [*or* AM -se]!
un·halt·bar ['ʊnhaltba:ɐ̯] *adj* ① *(haltlos)* untenable; **eine ~e Theorie** an untenable theory
② *(unerträglich)* intolerable; **eine ~e Situation** an intolerable situation; **~e Zustände** intolerable conditions
③ SPORT *(fam)* unstoppable; **ein ~er Ball** an unstoppable ball
un·hand·lich ['ʊnhantlɪç] *adj* unwieldy
un·har·mo·nisch ['ʊnharmo:nɪʃ] *adj* ① *(nicht harmonisch, in Einklang)* unharmonious
② *(in Farbe, Form o. Ä. nicht zusammenpassend)* unharmonious
Un·heil ['ʊnhail] *nt (geh)* disaster; **~ anrichten** *(fam)* to get up to mischief; **jdm droht ~** sth spells disaster for sb; **großes/viel ~ anrichten** to wreak havoc
un·heil·bar ['ʊnhailba:ɐ̯] I. *adj* incurable
II. *adv* incurably; **~ krank sein** to be terminally ill
un·heil·schwan·ger *adj (geh)* doom-laden
un·heil·voll ['ʊnhailfɔl] *adj* fateful, ominous; **eine ~ Botschaft** a fateful message; **ein ~er Blick** an ominous look
un·heim·lich ['ʊnhaimlɪç] I. *adj* ① *(Grauen erregend)* eerie, sinister; **eine ~e Begegnung** an eerie encounter; ■**etw/jd ist jdm ~** sth/sb gives sb the creeps
② *(fam: unglaublich, sehr)* incredible; ***du hattest ~es Glück*** you're incredibly lucky
③ *(fam: sehr groß, sehr viel)* terrific, terrible; **~en Hunger haben** to die of hunger *fig;* ***es hat ~en Spaß gemacht*** it was terrific fun
II. *adv (fam)* incredibly; **~ dick/groß sein** to be incredibly fat/tall
UN-Hilfs·flug *m* UN relief flight
un·höf·lich ['ʊnhø:flɪç] *adj* impolite
Un·höf·lich·keit *f* ① *kein pl (unhöfliche Art)* impoliteness
② *(unhöfliche Bemerkung)* discourteous remark; *(unhöfliche Handlung)* rudeness
Un·hold <-[e]s, -e> ['ʊnhɔlt] *m* fiend, monster
un·hör·bar [ʊn'hø:ɐ̯ba:ɐ̯] *adj* inaudible; ■**[für jdn] ~ sein** to be inaudible [to sb]
un·hy·gi·e·nisch ['ʊnhygi̯e:nɪʃ] *adj* unhygienic
uni ['ʏni] *adj* plain; **ein ~ gefärbtes Hemd** a plain shirt
Uni[1] <-, -s> ['ʊni] *f (fam) kurz für* **Universität** university, uni BRIT
Uni[2] <-s, -s> ['ʏni] *nt* MODE plain colour [*or* AM -or]
UNICEF <-> ['u:nitsɛf] *f kein pl Akr von* **United Nations International Children's Emergency Fund:** ■**[die] ~** UNICEF
un·idio·ma·tisch *adj* unidiomatic
uniert [u'ni:ɐ̯t] *adj inv* REL Uniate; **~e Kirche** Uniate Church
uni·far·ben ['ʏni-] *adj* plain
Uni·form <-, -en> [uni'fɔrm, 'ʊnifɔrm] *f* uniform
uni·for·miert [unifɔr'mi:ɐ̯t] *adj* uniformed; ■**~ sein** to be in uniform; **~e Polizisten** uniformed policemen
Uni·for·mier·te(r) *f(m) dekl wie adj* person in uniform
Uni·ho·ckey <-s> *nt* SPORT SCHWEIZ floorball *(ball game similar to hockey but played on a smaller pitch)*
Uni·ka *pl von* **Unikum**
Uni·kat <-[e]s, -e> [uni'ka:t] *nt* ① *(geh: einzigartiges Exemplar)* unique specimen
② *(einzigartige Ausfertigung eines Schriftstücks)* unicum
Uni·kum <-s, -s *o* Unika> ['u:nikʊm, *pl* -ka] *nt*
① *(geh: einzigartiges Exemplar)* unique thing
② *(fam: merkwürdiger Mensch)* real character *fam*
uni·la·te·ral [unilate'ra:l] I. *adj* POL unilateral
II. *adv* POL unilaterally; **einen Vertrag ~ kündigen** to revoke a contract
Uni·la·te·ra·lis·mus <-> [unilatera'lɪsmʊs] *m* POL unilateralism
un·in·te·res·sant ['ʊnʔɪntərɛsant] *adj* ① ÖKON *(nicht interessant)* of no interest; ■**[für jdn] ~ sein** to be of no interest [to sb]; **ein ~es Angebot** an offer that is of no interest
② *(nicht interessant)* uninteresting; **ein ~es Buch** an uninteresting [*or* boring] book
un·in·te·res·siert ['ʊnʔɪntərɛsi:ɐ̯t] *adj* disinterested; **ein ~es Gesicht machen** to appear disinterested; ■**[an etw** *dat***] ~ sein** to not be interested [in sth]
Uni·on <-, -en> [u'ni̯o:n] *f* ① *(Bund)* union; **die Europäische ~** the European Union; **die Westeuropäische ~** the Western European Union
② *kein pl* POL *(fam: die CDU/CSU)* ■**die ~** the CDU and CSU; **die Junge ~** the young CDU and CSU members
Uni·ons·frak·ti·on *f CDU and CSU parliamentary parties* **uni·ons·ge·führt** [u'ni̯o:nsgəfy:rt] *adj* POL *Bundesland, Regierung* led by the CDU/CSU parties *pred* **uni·ons·nah** *adj* POL having close ties to the CDU/CSU parties *pred*
uni·po·lar [unipo'la:ɐ̯] *adj* unipolar
uni·so·no [uni'zo:no] *adv* ① MUS *(einstimmig)* in unison; **~ singen** to sing in unison
② *(geh: übereinstimmend)* unanimously
Uni·ta·ri·er(in) <-s, -> [uni'ta:ri̯ɐ] *m(f)* REL Unitarian
uni·ta·risch [uni'ta:rɪʃ] *adj* REL Unitarian
uni·ver·sal [univɛr'za:l] I. *adj (geh)* universal; **ein ~es Werkzeug** an all-purpose tool; **~es Wissen** broad knowledge
II. *adv (geh)* universally; ***das Gerät ist ~ verwendbar*** the appliance can be used for all purposes
Uni·ver·sal·bank *f* ÖKON general bank **Uni·ver·sal·dün·ger** *m* universal fertilizer **Uni·ver·sal·er·be, -er·bin** *m, f* sole heir *masc,* sole heiress *fem* **Uni·ver·sal·ge·lehr·te(r)** *f(m)* polymath **Uni·ver·sal·ge·nie** *nt* allround genius
Uni·ver·sa·li·en·streit *m* PHILOS universal dispute
Uni·ver·sa·lis·mus <-> [univɛrza'lɪsmʊs] *m kein pl*

U

PHILOS, POL universalism
Uni·ver·sal·kle·ber *m* all-purpose glue **Uni·ver·sal·mes·ser** *nt* general-purpose knife, slicing knife **Uni·ver·sal·mit·tel** *nt* universal remedy **Uni·ver·sal·pro·gramm** *nt* INFORM general programme [*or* AM -am] **Uni·ver·sal·rech·ner** *m* INFORM general purpose computer **Uni·ver·sal·rei·ni·ger** *m* general-purpose cleaner **Uni·ver·sal·schnitt·stel·len·bus** *m* INFORM general purpose interface bus **Uni·ver·sal·spen·der(in)** *m(f)* MED universal donor **Uni·ver·sal·suk·zes·si·on** *f* JUR universal succession **Uni·ver·sal·werk·zeug** *nt* all-purpose tool
uni·ver·sell [univɛrˈzɛl] *adj s.* **universal**
Uni·ver·sel·les Le·ben *nt* REL Universal Life Church
uni·ver·si·tär [univɛrziˈtɛːɐ̯] *adj* university *attr*
Uni·ver·si·tät <-, -en> [univɛrziˈtɛːt] *f* university; **die ~ München** the University of Munich; **an der ~ studieren** to study at university; **die ~ besuchen** to attend university; **auf die ~ gehen** *(fam)* to go to university
Uni·ver·si·täts·an·ge·stell·te(r) *(f)m* university employee **Uni·ver·si·täts·bib·lio·thek** *f* university library **Uni·ver·si·täts·buch·hand·lung** *f* university bookshop [*or* AM bookstore] **Uni·ver·si·täts·in·sti·tut** *nt* university institute **Uni·ver·si·täts·kar·ri·e·re** *f* university career **Uni·ver·si·täts·kli·nik** *f* university hospital [*or* clinic] **Uni·ver·si·täts·lauf·bahn** *f* university career **Uni·ver·si·täts·pro·fes·sor, -pro·fes·so·rin** *m, f* university professor **Uni·ver·si·täts·stadt** *f* university town [*or* city] **Uni·ver·si·täts·stu·di·um** *nt* course of study at university; **mit/ohne ~** with/without a university education
Uni·ver·sum <-s, -sen> [uniˈvɛrzʊm] *nt pl selten* universe; ■**das ~** the universe
un·ka·me·rad·schaft·lich I. *adj* unfriendly; **~es Verhalten** unfriendly behaviour [*or* AM -or]
II. *adv* in an unfriendly way
Un·ke <-, -n> [ˈʊŋkə] *f* ❶ *(Kröte)* toad
❷ *(fam: Schwarzseher)* prophet of doom, Jeremiah
un·ken [ˈʊŋkn̩] *vi (fam)* to prophesy doom
un·kennt·lich [ˈʊnkɛntlɪç] *adj* unrecognizable, indecipherable; **eine ~e Eintragung** an indecipherable entry; **etw ~ machen** to make sth unrecognizable; **sich** *akk* **[mit etw** *dat*] **~ machen** to disguise oneself [with sth]
Un·kennt·lich·keit <-> *f* unrecognizable state, indecipherability; **bis zur ~** beyond recognition
Un·kennt·nis [ˈʊnkɛntnɪs] *f kein pl* ignorance; **in ~ über etw** *akk* **sein** to be ignorant of sth; **jdn in ~ über etw** *akk* **lassen** not to keep sb informed about sth, to keep sb in the dark about sth *fam;* **aus ~** out of ignorance; **~ *des Gesetzes schützt vor Strafe nicht*** ignorance of the law is no excuse for a crime; **fahrlässige/schuldhafte ~** negligent/culpable ignorance; **sich** *akk* **auf ~ [des Gesetzes] berufen** to plead ignorance [of the law]
▶WENDUNGEN: **~ schützt vor Strafe nicht** *(prov)* ignorance of the law is no excuse
Un·ken·ruf *m* ❶ *(fam: pessimistische Äußerung)* prophecy of doom
❷ ZOOL croak
un·klar [ˈʊnklaːɐ̯] I. *adj* ❶ *(unverständlich)* unclear
❷ *(ungeklärt)* unclear; **eine ~e Situation** an unclear situation; ■**~ sein, warum/was/wie/ob ...** to be unclear [as to] why/what/how/whether ...; **[sich** *dat*] **im U~en [über etw** *akk*] **sein** to be uncertain [about sth]; **jdn [über etw** *akk*] **im U~en lassen/halten** to leave/keep sb in the dark [about sth]
❸ *(verschwommen)* indistinct; *Wetter* hazy; **~e Umrisse** blurred outlines; **~e Erinnerungen** vague memories
II. *adv* ❶ *(verschwommen)* **nur ~ zu erkennen sein** to be difficult to make out
❷ *(unverständlich)* unclearly; **sich** *akk* **~ ausdrücken** to express oneself unclearly
Un·klar·heit <-, -en> *f* ❶ *kein pl (Ungewissheit)* uncertainty
❷ *(Undeutlichkeit)* lack of clarity
❸ *(ungeklärter Tatbestand)* outstanding point
Un·klar·hei·ten·re·gel *f* JUR rule concerning uncertainty
un·klug [ˈʊnkluːk] *adj* imprudent, unwise; **ein ~er Entschluss** an unwise decision
un·kol·le·gi·al [ˈʊnkɔlegi̯aːl] I. *adj unaccommodating towards one's colleagues*
II. *adv in an unaccommodating way towards one's colleagues*
un·komp·li·ziert [ˈʊnkɔmplitsiːɐ̯t] *adj* straightforward, simple, uncomplicated; **ein ~er Vorgang** a straightforward process; **ein ~er Fall** a simple case; **ein ~es Gerät** a straightforward appliance; **ein ~er Mensch** an uncomplicated [*or* straightforward] person
un·kon·trol·lier·bar [ˈʊnkɔntrɔliːɐ̯baːɐ̯] *adj* uncontrollable
un·kon·trol·liert [ˈʊnkɔntrɔliːɐ̯t] I. *adj (keiner Kontrolle unterliegend)* unsupervised; **das ~e Betreten des Labors** unsupervised entry to the laboratory; *(ohne kontrolliert zu werden)* unchecked; *(ungehemmt)* uncontrolled; **ein ~er Wutanfall** an uncontrolled fit of anger
II. *adv* without being checked
un·kon·ven·ti·o·nell [ˈʊnkɔnvɛntsi̯onɛl] *adj (geh)* unconventional
UN-Kon·voi *m* UN convoy
un·kon·zen·triert [ˈʊnkɔntsɛntriːɐ̯t] I. *adj* distracted
II. *adv* without concentrating; ***der Schüler arbeitet sehr ~*** the pupil doesn't concentrate on his work at all
Un·kos·ten [ˈʊnkɔstn̩] *pl* [additional] expense, costs *npl;* **[mit etw** *dat*] **~ haben** to incur expense [with sth]; **sich** *akk* **in ~ stürzen** *(fam)* to go to a lot of expense; **abzüglich der ~** less charges; ***die Einnahmen decken nicht einmal die ~*** the takings don't even cover the costs
Un·kos·ten·bei·trag *m* contribution towards expenses [*or* costs] **Un·kos·ten·de·ckung** *f* JUR reimbursement of expenses **Un·kos·ten·ein·spa·rung** *f* FIN cost economies *pl* **Un·kos·ten·er·stat·tung** *f* reimbursement of expenses **Un·kos·ten·rech·nung** *f* FIN expense invoice **Un·kos·ten·ver·tei·lung** *f* ÖKON allocation of expenses
Un·kraut [ˈʊnkraut] *nt* weed
▶WENDUNGEN: **~ vergeht nicht** *(prov)* it will take more than that to finish me/him etc. off
Un·kraut·be·kämp·fung *f* weed control **Un·kraut·be·kämp·fungs·mit·tel** *nt,* **Un·kraut·ver·til·gungs·mit·tel** *nt,* **Un·kraut·ver·nich·ter** <-s, -> *m* herbicide, weed killer *fam*
UN-Kriegs·ver·bre·cher·tri·bu·nal *nt* UN War Crimes Tribunal
un·kri·tisch [ˈʊnkriːtɪʃ] *adj* uncritical
un·kul·ti·viert [ˈʊnkʊltiviːɐ̯t] I. *adj (pej)* uncultured
II. *adv (pej)* in an uncultured manner; **sich** *akk* **~ benehmen** to behave badly
Un·kul·tur [ˈʊnkʊltuːɐ̯] *f (pej: Mangel an kultivierten Umgangsformen)* lack of culture, plebianism, philistinism
un·künd·bar [ˈʊnkʏntbaːɐ̯] *adj Stellung* not subject to notice; *Vertrag* not subject to termination, binding
Un·künd·bar·keit <-> *f kein pl* irredeemability
un·kun·dig [ˈʊnkʊndɪç] *adj (geh)* ignorant; **der ~e Leser** the uninformed reader; ■**einer S.** *gen* **~ sein** to have no knowledge of a thing
un·längst [ˈʊnlɛŋst] *adv (geh)* recently
un·lau·ter [ˈʊnlautɐ] *adj* JUR dishonest; **~e Absichten** dishonourable [*or* AM -or-] intentions; **~er Wettbewerb** unfair competition
Un·lau·ter·keits·recht *nt* HANDEL law on unfair competition
un·leid·lich [ˈʊnlaitlɪç] *adj* ❶ *(schlecht gelaunt)* bad-tempered
❷ *(unerträglich)* intolerable; **ein ~er Zustand** an intolerable situation
un·le·ser·lich [ˈʊnleːzɐlɪç] *adj* illegible
un·leug·bar [ˈʊnlɔykbaːɐ̯] *adj* undeniable, indisputable; **eine ~e Tatsache** an indisputable fact
un·lieb [ˈʊnliːp] *adj* ■**jdm nicht ~ sein** to be rather glad of sth
un·lieb·sam [ˈʊnliːpzaːm] I. *adj* unpleasant
II. *adv* **~ auffallen** to make a bad impression
un·li·ni(·i)ert *adj Papier* unruled, unlined
un·lo·gisch *adj* illogical
un·lös·bar [ʊnˈløːsbaːɐ̯], **un·lös·lich** [ˈunˈløːslɪç] *adj* ❶ *(nicht zu lösen)* insoluble; **ein ~es Problem** an unsolvable problem; **ein ~er Widerspruch** an irreconcilable contradiction
❷ CHEM insoluble
Un·lust [ˈʊnlʊst] *f kein pl* reluctance, lack of enthusiasm; **~ verspüren** to feel a lack of enthusiasm; **etw mit ~ tun** to do sth with reluctance
un·ma·nier·lich [ˈʊnmaniːɐ̯lɪç] *adj (veraltend)* unmannerly
un·männ·lich [ˈʊnmɛnlɪç] *adj* unmanly
Un·maß <-es> [ˈʊnmaːs] *nt kein pl (selten)* excessiveness; **ein ~ an Arbeit** an excess of work
Un·mas·se [ˈʊnmasə] *f (fam) s.* **Unmenge**
un·maß·geb·lich [ˈʊnmaːsgeːplɪç] *adj* inconsequential; **nach meiner ~en Meinung** in my humble opinion *hum*
un·mä·ßig [ˈʊnmɛːsɪç] I. *adj* excessive, immoderate; **~er Alkoholgenuss** excessive consumption of alcohol; **~ in seinen Forderungen sein** to make excessive demands
II. *adv* excessively, immoderately; **~ essen/trinken** to eat/drink to excess [*or* far too much]
Un·mä·ßig·keit *f* excessiveness, immoderation; **jds ~ im Rauchen** sb's excessive smoking
Un·men·ge [ˈʊnmɛŋə] *f* enormous amount [*or* number]; ■**eine ~/~n an etw** *dat*/**von etw** *dat* an enormous amount/enormous amounts of sth; **eine ~ an Post** an enormous amount of post [*or* AM mail]
Un·mensch [ˈʊnmɛnʃ] *m (übler Mensch)* monster, brute; **[doch** [*o* **ja**] [*o* **schließlich**]] **kein ~ sein** *(fam)* not to be a monster [*or* ogre]; ***sei kein ~!*** don't be a brute!
un·mensch·lich [ˈʊnmɛnʃlɪç] *adj* ❶ *(grausam)* inhuman[e], brutal; **ein ~er Diktator** a brutal [*or* inhuman] dictator; **~e Grausamkeit** inhuman cruelty
❷ *(inhuman)* appalling; **~e Bedingungen** appalling conditions
❸ *(fam: mörderisch, unerträglich)* tremendous, terrible; **~e Hitze** tremendous heat
Un·mensch·lich·keit *f* ❶ *kein pl (unmenschliche Art)* inhumanity
❷ *(unmenschliche Tat)* inhuman act
un·merk·lich [ˈʊnmɛrklɪç] *adj* imperceptible
un·me·tho·disch *adj* unmethodical
un·miss·ver·ständ·lich^RR^ [ˈʊnmɪsfɛɐ̯ʃtɛntlɪç] I. *adj* unequivocal, unambiguous; **eine ~e Antwort** a blunt answer
II. *adv* unequivocally
un·mit·tel·bar [ˈʊnmɪtl̩baːɐ̯] I. *adj* ❶ *a.* JUR *(direkt)* direct
❷ *(räumlich/zeitlich nicht getrennt)* immediate; **in ~er Nähe des Bahnhofs** in the immediate vicinity of the station; **ein ~er Nachbar** a next-door neighbour [*or* AM -or]
II. *adv* ❶ *(sofort)* immediately
❷ *(ohne Umweg)* directly, straight
❸ *(direkt)* imminently; **etw ~ erleben** to experience sth at first hand
un·möb·liert [ˈʊnmøbliːɐ̯t] *adj* unfurnished
un·mo·dern [ˈʊnmodɛrn] I. *adj* old-fashioned; ■**~ sein/werden** to be unfashionable/go out of fashion
II. *adv* in an old-fashioned way; **sich** *akk* **~ anziehen** to wear old-fashioned clothes
un·mög·lich [ˈʊnmøːklɪç] I. *adj* ❶ *(nicht machbar)* impossible; **~e Bedingungen** impossible conditions; **ein ~es Vorhaben** an unfeasible plan; **es jdm etw ~ machen** to make sth impossible for sb; **es jdm ~ machen, etw zu tun** to make it impossible for sb to do sth; **jdn/sich [bei jdm/irgendwo] ~ machen** to make a fool of sb/oneself [in front of sb/somewhere]; ■**etwas/nichts U~es** something/nothing that's impossible; **das U~e möglich machen** to make the impossible happen
❷ *(pej fam: nicht tragbar/lächerlich)* ridiculous, impossible *pej; **sie hatte einen ~en Hut auf*** she was wearing a ridiculous hat; *(seltsam)* incredible; ***du***

hast manchmal die ~ sten Ideen! sometimes you have the most incredible ideas!
II. *adv (fam)* not possibly; ***das geht ~*** that's out of the question
Un·mög·lich·keit <-> *f kein pl a.* JUR impossibility; **~ der Erfüllung** impossibility of performance; **nachträgliche/rechtliche ~** supervening/legal impossibility; **objektive/subjektive ~** absolute/relative impossibility; **teilweise ~** partial impossibility; **~ der Leistung einwenden** to put in a plea of impossibility; *s. a.* **Ding**
Un·mo·ral *f* immorality
un·mo·ra·lisch ['ʊnmora:lɪʃ] *adj* immoral
un·mo·ti·viert ['ʊnmotivi:ɐ̯t] I. *adj* unmotivated; **ein ~er Wutausbruch** an unprovoked outburst [*or* fit] of anger
II. *adv* without motivation; **~ loslachen** to start laughing for no reason
un·mün·dig ['ʊnmʏndɪç] *adj* ❶ *(noch nicht volljährig)* underage; **~e Jugendliche** young people who are underage; **sie hat vier ~e Kinder** she has four underage children; **jdn für ~ erklären** to declare sb to be a minor [*or* underage]
❷ *(geistig unselbstständig)* dependent
Un·mün·dig·keit <-> *f* sheepishness
un·mu·si·ka·lisch ['ʊnmuzika:lɪʃ] *adj* unmusical
Un·mut ['ʊnmu:t] *m (geh)* displeasure, annoyance; **seinem ~ freien Lauf lassen** to give vent to one's displeasure; **sich** *dat* **jds ~ zuziehen** to be in sb's bad books BRIT *fam,* to be on sb's bad side
un·mu·tig ['ʊnmu:tɪç] *adj (geh)* annoyed, irritated
Un·muts·äu·ße·rung *f* expression of annoyance
un·nach·ahm·lich ['ʊnna:xʔa:mlɪç] *adj* inimitable
un·nach·gie·big ['ʊnna:xgi:bɪç] I. *adj* intransigent, inflexible
II. *adv* in an intransigent way; **sich** *akk* **~ zeigen** to show oneself to be intransigent
Un·nach·gie·big·keit *f* intransigence, inflexibility
un·nach·sich·tig ['ʊnna:xzɪçtɪç] I. *adj* strict, severe; **eine ziemlich ~e Chefin** a fairly strict boss; **ein ~er Kritiker** a severe critic
II. *adv* mercilessly; **jdn ~ bestrafen** to punish sb unmercifully
Un·nach·sich·tig·keit *f* strictness, severity
un·nah·bar [ʊn'na:ba:ɐ̯] *adj* unapproachable
un·na·tür·lich ['ʊnnary:ɐ̯lɪç] *adj* ❶ *(nicht natürlich)* unnatural; **ein ~er Tod** an unnatural death; ■ **~ sein, etw zu tun** to be unnatural to do sth; *(abnorm)* abnormal; **eine ~e Länge** an abnormal length
❷ *(gekünstelt)* artificial; **ein ~es Lachen** a forced laugh
Un·na·tür·lich·keit *f* unnaturalness
un·nor·mal ['ʊnnɔrma:l] *adj* ❶ *(geistig nicht normal)* abnormal
❷ *(entgegen der Norm, ungewöhnlich)* abnormal; **~es Wetter** abnormal weather
un·nö·tig ['ʊnnø:tɪç] *adj* unnecessary, needless
un·nö·ti·ger·wei·se *adv* unnecessarily, needlessly
un·nütz ['ʊnnʏts] I. *adj* useless, pointless
II. *adv* needlessly
UNO <-> ['u:no] *f kein pl Akr von* **United Nations Organization:** ■**die ~** the UN
UNO-Frie·dens·trup·pen *pl* UN peacekeeping forces *npl*
un·or·dent·lich ['ʊnʔɔrdn̩tlɪç] I. *adj* ❶ *(nachlässig)* untidy, disorderly
❷ *(nicht aufgeräumt)* untidy; **ein ~es Zimmer** an untidy room
II. *adv* untidily; **~ arbeiten** to work carelessly; **sich** *akk* **~ kleiden** to dress carelessly
Un·or·dent·lich·keit *f* untidiness
Un·ord·nung ['ʊnʔɔrdnʊŋ] *f kein pl* disorder, mess; **etw in ~ bringen** to get sth in a mess [*or* muddle]; **in ~ geraten** to get into a mess; **~ machen** to make a mess
un·or·tho·dox ['ʊnʔɔrtodɔks] *adj (geh)* unorthodox
Un·paar·hu·fer <-s, -> ['ʊnpa:ɐ̯hu:fɐ] *m* ZOOL odd-toed ungulate, perissodactyl
un·par·tei·isch ['ʊnpartaiɪʃ] *adj* impartial
Un·par·tei·i·sche(r) *f(m) dekl wie adj* ❶ *(neutrale Person)* ■**ein ~r/eine ~** an impartial [*or* neutral] person
❷ *(fam: Schiedsrichter)* ■**der/die ~** the referee
Un·par·tei·lich·keit ['ʊnpartailɪçkait] *f* impartiality
un·pas·send ['ʊnpasn̩t] *adj* ❶ *(unangebracht)* inappropriate; **eine ~e Bemerkung** an inappropriate remark; **~e Kleidung** unsuitable clothing
❷ *(ungelegen)* inconvenient, inopportune; **ein ~er Augenblick** an inopportune moment
un·pas·sier·bar ['ʊnpasi:ɐ̯ba:ɐ̯] *adj* impassable
un·päss·lich[RR], **un·päß·lich**[ALT] ['ʊnpɛslɪç] *adj (geh)* indisposed *form;* **sich** *akk* **~ fühlen** to feel unwell; **~ sein** to be indisposed
Un·päss·lich·keit[RR] <-, -en> *f pl selten* indisposition *form*
un·per·sön·lich ['ʊnpɛrzø:nlɪç] *adj* ❶ *(distanziert) Mensch* distant, aloof; *Gespräch, Art* impersonal
❷ LING impersonal
un·pfänd·bar [ʊn'pfɛntba:ɐ̯] *adj* JUR unseizable, non-leviable, exempt from seizure *pred;* **~e Bezüge** earnings exempt from garnishment; **~e Forderung** ungarnishable third-party debts; **~e Sache** non-attachable item
Un·pfänd·bar·keit *f* JUR immunity [*or* exemption] from seizure
un·plugged ['anplakt] *adj* unplugged
un·po·lar *adj* CHEM covalent; **~e Bindung** atomic [*or* covalent] [*or* dative] Bond
un·po·li·tisch ['ʊnpoli:tɪʃ] *adj* unpolitical, apolitical
un·po·pu·lär ['ʊnpopulɛ:ɐ̯] *adj* unpopular
un·prak·tisch ['ʊnpraktɪʃ] *adj* ❶ *(nicht handwerklich veranlagt)* unpractical
❷ *(nicht praxisgerecht)* impractical; **ein ~es Gerät** an impractical appliance; ■ **~ sein, etw zu tun** to be impractical to do sth
un·prä·ten·ti·ös ['ʊnprɛtɛntsi̯ø:s] *adj (geh)* unpretentious
un·pro·ble·ma·tisch ['ʊnproblema:tɪʃ] I. *adj* unproblematic
II. *adv* without problem
un·pro·duk·tiv ['ʊnprodʊkti:f] *adj* ❶ ÖKON *(keine Werte schaffend)* unproductive
❷ *(nichts erbringend, unergiebig)* unproductive
un·pro·fes·si·o·nell *adj* unprofessional; *(unpassend)* unsuitable
un·pro·fi·ta·bel *adj* unprofitable
Un·pro·for-Ein·heit ['ʊnprofo:r-] *f* POL UNPROFOR unit
un·pünkt·lich ['ʊnpʏŋktlɪç] I. *adj (generell nicht pünktlich)* unpunctual; *(verspätet)* late; **eine ~e Zahlung** a late payment
II. *adv* late
Un·pünkt·lich·keit *f* ❶ *(unpünktliche Art)* unpunctuality; ***ich hasse deine ~*** I hate you always being late
❷ *(verspätetes Eintreffen)* late arrival
un·qua·li·fi·ziert ['ʊnkvalifitsi:ɐ̯t] I. *adj* ❶ *(keine Qualifikation besitzend)* unqualified; ■ **~ [für etw** *akk*] **sein** to be unqualified [for sth]; **~e Arbeit** unskilled work
❷ *(pej: inkompetent)* incompetent; **eine ~e Bemerkung** an inept remark
II. *adv* incompetently
un·ra·siert ['ʊnrazi:ɐ̯t] *adj* unshaven
Un·rast <-> ['ʊnrast] *f kein pl (geh)* restlessness; **von ~ getrieben sein** to be driven by restlessness
Un·rat <-[e]s> ['ʊnra:t] *m kein pl (geh)* refuse; **~ wittern** *(fig)* to smell a rat
un·ra·ti·o·nell ['ʊnratsi̯onɛl] *adj* inefficient
un·re·a·lis·tisch ['ʊnrealɪstɪʃ] I. *adj* unrealistic
II. *adv* unrealistically
un·recht ['ʊnrɛçt] *adj* ❶ *(geh: nicht rechtmäßig)* wrong; ■ **~ sein , etw zu tun** to be wrong to do sth; **jdm ~ tun** to do sb wrong [*or* an injustice]; **~ daran tun** to make a mistake; *(falsch)* wrong; **zur ~en Zeit** at the wrong time
❷ *(nicht angenehm)* ■**jdm ~ sein** to disturb sb; ***es ist mir nicht ~, dass sie heute nicht kommt*** I don't really mind if she doesn't come today
Un·recht ['ʊnrɛçt] *nt kein pl* ❶ *(unrechte Handlung)* wrong, injustice; **ein großes ~** a great injustice; **ein ~ begehen** to commit a wrong; **jdm ein ~ antun** to do sb an injustice
❷ *(dem Recht entgegengesetztes Prinzip)* **jdm ~ geben** to contradict sb; **~ haben** to be wrong; **nicht ~ haben** not to be so wrong; **im ~ sein** to be [in the] wrong; **jdn/sich [durch etw** *akk*] **ins ~ setzen** to put sb/oneself in the wrong [as a result of sth]; **zu ~** wrongly; **~ bekommen** to be shown to be in the wrong; JUR to lose a case; **jdm ~ geben** to disagree with sb; **nicht zu ~** not without good reason
un·recht·mä·ßig ['ʊnrɛçtmɛ:sɪç] *adj* illegal; **der ~e Besitzer** the unlawful owner
Un·rechts·be·wusst·sein[RR] *nt kein pl* awareness of wrongdoing; JUR guilty knowledge
Un·rechts·staat *m* state whose citizens enjoy few civil rights **Un·rechts·ver·ein·ba·rung** *f* JUR wrongful agreement [*or* sentence]
un·red·lich ['ʊnre:tlɪç] *adj* dishonest
Un·red·lich·keit *f* JUR dishonesty
un·re·ell ['ʊnreɛl] *adj* unfair
un·re·gel·mä·ßig ['ʊnre:gl̩mɛ:sɪç] *adj* irregular; *s. a.* **Abstand**
Un·re·gel·mä·ßig·keit <-, -en> *f* irregularity
Un·re·gier·bar·keit <-> ['ʊnregi:ɐ̯ba:ɐ̯kait] *f kein pl* ungovernableness
un·reif ['ʊnraif] I. *adj* ❶ AGR, HORT *(noch nicht reif)* unripe
❷ *(noch nicht gereift)* immature; **~e Schüler** immature pupils
II. *adv* AGR, HORT *(in nicht reifem Zustand)* unripe
un·rein ['ʊnrain] *adj* impure; *Haut* bad; *Teint* poor; *Wasser* foul; **~e Gedanken** *(fig)* impure thoughts; **~e Haut** blemished skin; **~er Kai-Empfangsschein** HANDEL foul dock receipt; **ein ~er Ton** poor sound quality; **ins U~e sprechen** *(hum fam)* to talk off the top of one's head; **etw ins U~e schreiben** to write out sth in rough
un·ren·ta·bel ['ʊnrɛnta:bl̩] *adj* unprofitable
un·rett·bar [ʊn'rɛtba:ɐ̯] *adv s.* **rettungslos**
un·rich·tig ['ʊnrɪçtɪç] *adj* incorrect, inaccurate
Un·rich·tig·keit *f* JUR inaccuracy, incorrectness; **offenbare ~** obvious mistake
Un·ruh <-, -en> ['ʊnru:] *f* TECH balance spring
Un·ru·he ['ʊnru:ə] *f* ❶ *(Ruhelosigkeit)* restlessness *no pl;* **in** *gen* **~ [wegen einer S.** [*o* **voller**]] **sein** to be anxious [about sth]; **eine innere ~** inner disquiet; *(fehlende Ruhe)* restlessness; **die ~ der Großstadt** the restlessness of the city; *(Lärm)* noise
❷ *(ständige Bewegung)* agitation
❸ *(erregte Stimmung)* agitation *no pl;* **~ stiften** to cause trouble, disquiet *no pl; (hektische Betriebsamkeit)* hustle and bustle *no pl*
❹ *(Aufstand)* ■**~n** *pl* riots *pl;* **politische ~n** political unrest
Un·ru·he·ge·gend *f* area where there is political unrest **Un·ru·he·stif·ter(in)** <-s, -> *m(f) (pej)* troublemaker *pej*
un·ru·hig ['ʊnru:ɪç] I. *adj* ❶ *(ständig gestört)* restless; *Zeit* troubled; **eine ~e Nacht** a restless night; *(ungleichmäßig)* uneven; **ein ~er Herzschlag** an irregular heartbeat
❷ *(laut)* noisy
❸ *(ruhelos)* agitated; *Leben* eventful, busy; **~e Bewegungen** agitated movements; **ein ~er Geist** a restless spirit; **ein ~er Schlaf** fitful sleep
II. *adv* ❶ *(ruhelos)* anxiously, agitatedly
❷ *(unter ständigen Störungen)* restlessly; **~ schlafen** to sleep fitfully, to have a restless night
un·rühm·lich ['ʊnry:mlɪç] *adj* ignominious
uns [ʊns] I. *pron pers* ❶ *dat von wir* [to/for] us; ■**bei ~** at our house [*or* place]; ***er hat den Tag mit ~ verbracht*** he spent the day with us; ■**von ~** from us
❷ *akk von wir* us
II. *pron refl* ❶ *akk, dat von wir* ourselves; ***wir haben ~ die Entscheidung nicht leicht gemacht*** we've made the decision difficult for ourselves
❷ *(einander)* each other; ***wir sollten ~ immer gegenseitig helfen*** we always ought to help each other; *s. a.* **unter**

U

un·sach·ge·mäß ['ʊnzaxgəmɛːs] **I.** *adj* improper; **der ~e Umgang [mit etw** *dat***]** the improper use [of sth]
II. *adv* improperly

un·sach·lich ['ʊnzaxlɪç] *adj* unobjective; **~ werden** to lose one's objectivity

Un·sach·lich·keit <-, -en> *f* ① *kein pl (mangelnde Objektivität)* lack of objectivity, unobjectiveness
② *(unsachliche Bemerkung)* irrelevance

un·sag·bar [ʊn'zaːkbaːɐ̯], **un·säg·lich** [ʊn'zɛːklɪç] *adj (geh)* ① *(unbeschreiblich, sehr groß/stark)* indescribable
② *(übel, albern)* awful

un·sanft ['ʊnzanft] **I.** *adj* rough; **ein ~er Stoß** a hard push; **ein ~es Erwachen** a rude awakening
II. *adv* roughly; **~ geweckt werden** to be rudely awoken; **jdn ~ zurechtweisen** to reprimand sb curtly

un·sau·ber ['ʊnzaubɐ] **I.** *adj* ① *(schmutzig)* dirty; **~e Hände** dirty hands; **~e Geschäfte** *(fig)* shady deals; *(nicht reinlich)* dirty; **ein ~er Mensch** a dirty person
② *(unordentlich, nachlässig)* careless, untidy; *(unpräzise)* unclear; **eine ~e Definition** a woolly definition
II. *adv* carelessly, untidily; **etw ~ zeichnen** to draw sth carelessly; **~ singen** to sing unclearly

un·schäd·lich ['ʊnʃɛːtlɪç] *adj* harmless; **etw ~ machen** to render sth harmless; **jdn ~ machen** *(euph fam)* to eliminate sb, to take care of sb *sl*

Un·schäd·lich·keits·zeug·nis *nt* JUR clearance certificate

un·scharf ['ʊnʃarf] **I.** *adj* ① *(keine klar umrissenen Konturen aufweisend)* blurred, fuzzy; **ein ~es Foto** a blurred photo
② *(nicht scharf)* out of focus; **eine ~e Brille** glasses that are out of focus
③ *(nicht präzise)* imprecise, woolly
II. *adv* ① *(nicht präzise)* out of focus
② *(nicht exakt)* imprecisely, unclearly; **~ formuliert** not clearly formulated

Un·schär·fe *f* blurredness, fuzziness

Un·schär·fe·re·la·ti·on *f* PHYS uncertainty [*or* indeterminacy] principle; **die heisenbergsche ~** the Heisenberg uncertainty principle

un·schätz·bar [ʊn'ʃɛtsbaːɐ̯] *adj* inestimable; **etw ist von ~em Wert** sth is priceless

un·schein·bar ['ʊnʃainbaːɐ̯] *adj* inconspicuous, nondescript; **eine ~e Person** an inconspicuous person

un·schick·lich ['ʊnʃɪklɪç] *adj (geh)* improper

un·schlag·bar [ʊn'ʃlaːkbaːɐ̯] *adj* unbeatable; ▪**[in etw** *dat***] ~ sein** *(fam)* to be unbeatable [at sth]

un·schlüs·sig ['ʊnʃlʏsɪç] *adj* ① *(unentschlossen)* indecisive; **eine ~e Miene** an indecisive expression; ▪**sich** *dat* **~ [über etw** *akk***] sein** to be undecided [about sth]; ▪**sich** *dat* **~ sein, was man tun soll** to be undecided what to do
② *(selten: nicht schlüssig)* undecided; ***die Argumentation ist in sich ~*** the argumentation is itself tentative

Un·schlüs·sig·keit *f* indecision

un·schön ['ʊnʃøːn] *adj* ① *(unerfreulich)* unpleasant; **eine ~e Szene** an ugly scene; ▪**~ von jdm sein[, etw zu tun]** to be unkind of sb [to do sth]
② *(nicht zusagend, hässlich) Farbe* unsightly; *Musik* unattractive; *Wetter* unpleasant; **~ aussehen/klingen** to look/sound unpleasant

Un·schuld ['ʊnʃʊlt] *f* ① *(Schuldlosigkeit)* innocence
② *(Reinheit)* purity; *(Naivität)* innocence; **in aller ~** in all innocence; **~ vom Lande** *(hum fam)* an innocent young girl
③ *(veraltend: Jungfräulichkeit)* virginity; **jdm die ~ rauben** to rob sb of their virginity; **die ~ verlieren** to lose one's virginity

un·schul·dig ['ʊnʃʊldɪç] **I.** *adj* ① *(nicht schuldig)* innocent; **~ verurteilt sein** to be found innocent; ▪**an etw** *dat* **~ sein** not to be responsible [*or* without blame] for sth
② *(arglos)* innocent; **ein ~es Gesicht haben [***o* **machen]** to have an innocent [*or* angelic] face; **~ tun** *(fam)* to act the innocent
II. *adv* ① JUR despite sb's/one's innocence
② *(arglos)* innocently; **jdn ~ anschauen** to look at sb innocently

Un·schul·di·ge(r) *f(m) dekl wie adj* innocent person

Un·schulds·be·teu·e·rung *f meist pl* protestation of innocence **Un·schulds·en·gel** *m (iron),* **Un·schulds·lamm** *nt (iron)* little innocent *iron;* **kein ~ sein** to be no angel **Un·schulds·mie·ne** *f kein pl* innocent expression [*or* face]; **mit ~** with an air of innocence **Un·schulds·ver·mu·tung** *f* JUR presumption of innocence

UN-Schutz·trup·pe *f* UN protection troop *usu pl*

un·schwer ['ʊnʃveːɐ̯] *adv* easily; **~ zu sehen sein** to be easy to see

un·selb·stän·dig ['ʊnzɛlpʃtɛndɪç] *adj s.* **unselbstständig**

Un·selb·stän·dig·keit *f s.* **Unselbstständigkeit**

un·selbst·stän·dig[RR] ['ʊnzɛlpstʃtɛndɪç] *adj (von anderen abhängig)* dependent on others; *(angestellt)* employed; **~e Arbeit** paid employment

Un·selbst·stän·dig·keit[RR] *f* lack of independence, dependence

un·se·lig ['ʊnzeːlɪç] *adj (geh)* ① *(beklagenswert)* **ein ~es Schicksal** a cruel fate
② *(verhängnisvoll)* ill-fated; **ein ~er Plan** an ill-fated plan

un·ser ['ʊnzɐ] **I.** *pron poss* ① *(das uns gehörende)* our; ***auf ~em Schulweg liegt ein Bäcker*** there's a bakery on our way to school
② *(uns betreffend)* **~er Meinung nach** in our opinion
II. *pron pers gen von* **wir** *(geh)* of us; ***in ~ aller Interesse*** in all our interests

un·se·re(r, s), **uns·re(r, s)** ['ʊnz(ə)rə, -z(ə)rɐ, -z(ə)rəs] *pron poss, substantivisch (geh)* ours; ▪**der/die/das unsere** ours; ▪**das Unsere** what is ours; **wir tun das Unsere** we're doing our part

un·ser·ei·ner ['ʊnzɐʔainɐ], **un·ser·eins** ['ʊnzɐʔains] *pron indef (fam)* ① *(jemand, wie wir)* the likes of us
② *(ich)* people like me

un·ser·(er·)seits ['ʊnzər(ər)'zaits] *adv (von uns)* on our part; **~ *bestehen keinerlei Bedenken*** there are no misgivings whatsoever on our part; *s. a.* **ganz**

un·se·res·glei·chen ['ʊnzərəs'glaiçn̩] *pron indef, inv* people like us

un·se·ret·we·gen ['ʊnzərət'veːgn̩] *adv s.* **unsertwegen**

un·se·ret·wil·len ['ʊnzərət'vɪlən] *adv s.* **unsertwillen**

un·se·ri·ge(r, s) ['ʊnzərɪgə, -zərɪgɐ, -zərɪgəs] *pron poss* ① *(veraltend)* ▪**der/die/das U~** ours
② *(geh: unsere Familie)* ▪**die U~n** our family

un·se·ri·ös ['ʊnreriøːs] *adj Firma, Geschäftsmann* untrustworthy, shady; *Angebot* dubious

un·sert·we·gen ['ʊnzɐt'veːgn̩] *adv* ① *(wegen uns)* because of us, on our account
② *(von uns aus)* as far as we are concerned; **~ *kannst du das Auto gerne leihen*** as far as we are concerned you're welcome to borrow the car

un·sert·wil·len ['ʊnzɐt'vɪlən] *adv* **um ~** for our sake

un·si·cher ['ʊnzɪçɐ] **I.** *adj* ① *(gefährlich)* unsafe, dangerous; **ein ~er Reaktor** an unsafe reactor; **eine ~e Gegend** a dangerous area; **die Kneipen ~ machen** *(fam o hum)* to live it up in the pubs [*or* bars]; **die Stadt ~ machen** *(fam o hum)* to paint the town red
② *(gefährdet)* insecure, at risk *pred;* **ein ~er Arbeitsplatz** an insecure job
③ *(nicht selbstsicher)* unsure, uncertain; **ein ~er Blick** an uncertain [*or* hesitant] look; **jdn ~ machen** to make sb uncertain, to put sb off
④ *(unerfahren, ungeübt)* **sich** *akk* **~ fühlen** to feel unsure of oneself; **noch ~ sein** to still be uncertain
⑤ *(schwankend)* unsteady; *Hand* shaky; **ein ~er Gang** an unsteady gait; **auf ~en Beinen** on unsteady legs
⑥ *(ungewiss)* uncertain; **eine ~e Zukunft** an uncertain future; **ein ~er Ausgang** an uncertain outcome
⑦ *(nicht verlässlich)* unreliable; **eine ~e Methode** an unreliable method; ***das ist mir zu ~*** that's too dodgy for my liking *fam*
II. *adv* ① *(schwankend)* unsteadily
② *(nicht selbstsicher)* **~ fahren** to drive with little confidence

Un·si·cher·heit *f* ① *kein pl (mangelnde Selbstsicherheit)* lack of assurance, insecurity
② *kein pl (mangelnde Verlässlichkeit)* unreliability, uncertainty
③ *kein pl (Ungewissheit)* uncertainty
④ *(Gefährlichkeit)* dangers *pl*
⑤ *meist pl (Unwägbarkeit)* uncertainty

Un·si·cher·heits·fak·tor *m* uncertainty factor

un·sicht·bar ['ʊnzɪçtbaːɐ̯] *adj* invisible; **für das menschliche Auge ~ sein** to be invisible to the human eye; **sich** *akk* **~ machen** *(hum fam)* to make oneself invisible; **~e Transaktionen** HANDEL invisible transactions

Un·sicht·bar·keit *f* invisibility

Un·sinn ['ʊnzɪn] *m kein pl* nonsense, rubbish; ***lass den ~!*** stop fooling around! [*or* about], stop messing about! [*or* around]; **~ machen** to mess about, to get up to mischief; ***mach kein ~!*** don't do anything stupid!; **~ reden** *(fam)* to talk nonsense [*or* rubbish] [*or* AM trash]; **so [***o* **was für] ein ~!** *(fam)* what nonsense! [*or* rubbish!]; **~!** *(fam)* nonsense!, rubbish!

un·sin·nig ['ʊnzɪnɪç] **I.** *adj* ① *(absurd)* absurd, ridiculous; **ein ~er Plan** a ridiculous plan; ▪**~ sein, etw zu tun** to be ridiculous to do sth
② *(fam: sehr stark)* terrible *fam;* **~en Hunger haben** to be terribly hungry, to be dying of hunger *fam*
II. *adv (fam: unerhört)* terribly; **~ hohe Preise** ridiculously high prices

Un·sit·te ['ʊnzɪtə] *f (fig)* bad habit; **eine ~ [von jdm] sein, etw zu tun** to be a bad habit [of sb's] to do sth

un·sitt·lich ['ʊnzɪtlɪç] **I.** *adj* ① *(unmoralisch)* indecent; **ein ~er Antrag** an indecent proposal
② JUR immoral, indecent
II. *adv* indecently; **jdn ~ berühren** to indecently assault sb

un·so·li·da·risch ['ʊnzolidaːrɪʃ] *adj* not in solidarity *pred*

un·so·li·de ['ʊnzoliːdə] *adj* dissolute, loose; *Arbeit* shoddy; *Bildung* superficial; *Möbel* flimsy; **ein ~s Leben** a dissolute life

un·sor·tiert *adj* unsorted

un·so·zi·al ['ʊnzotsi̯aːl] *adj* anti-social; **eine ~e Gesetzgebung** anti-social legislation; **~es Verhalten** anti-social behaviour [*or* AM -or]; *Arbeitszeit* unsocial

un·spek·ta·ku·lär *adj* unspectacular

un·sport·lich [ʊn'ʃpɔrtlɪç] *adj* ① *(nicht sportlich)* unathletic
② *(nicht fair)* unsporting

Un·sport·lich·keit *f* lack of sporting prowess, lack of sportsmanship

uns·re ['ʊnzrə] *pron s.* **unser**

uns·rer·seits ['ʊnzrɐ'zaits] *adv s.* **unsererseits**

uns·res·glei·chen ['ʊnzrəs'glaiçn̩] *pron indef s.* **unseresgleichen**

uns·ret·we·gen *adv s.* **unsertwegen**

uns·ret·wil·len *adv s.* **unsertwillen**

uns·ri·ge(r, s) ['ʊnzrɪgə, -zrɪgɐ, -zrɪgəs] *pron s.* **unserige(r, s)**

un·statt·haft ['ʊnʃtathaft] *adj (geh)* inadmissible *form,* not allowed; ▪**~ sein, etw zu tun** not to be allowed to do sth

un·sterb·lich ['ʊnʃtɛrplɪç] **I.** *adj* ① *(ewig lebend)* immortal; **die ~e Seele** the immortal soul; **jdn ~ machen** to immortalize sb
② *(unvergänglich)* undying; **eine ~e Liebe** an undying love; **der ~e Goethe** the immortal Goethe
II. *adv (fam: über alle Maßen)* incredibly; **sich** *akk* **~ blamieren** to make a complete fool of oneself; **sich** *akk* **~ verlieben** to fall madly in love

Un·sterb·lich·keit *f* immortality

un·stet ['ʊnsteːt] *adj* ① *(unbeständig)* unstable
② *(rastlos)* restless; *Leben* unsettled

un·still·bar [ʊnʃtɪlbaːɐ̯] *adj (geh) Wissensdurst* unquenchable; *Sehnsucht, Verlangen* insatiable

Un·stim·mig·keit <-, -en> [ˈʊnʃtɪmɪçkait] *f* ❶ *meist pl (Meinungsverschiedenheit/Differenz)* differences *pl*
❷ *(Ungenauigkeit)* discrepancy, inconsistency

un·strei·tig [ˈʊnʃtraitɪç] **I.** *adv* indisputable; **eine ~e Tatsache** an indisputable fact
II. *adv* indisputably; **~ feststehen** to be indisputable

Un·sum·men [ˈʊnzʊmən] *pl* vast sums *pl* [of money]; **etw verschlingt ~** sth consumes vast sums of money

un·sym·me·trisch [ˈʊnzymeːtrɪʃ] *adj* asymmetric

Un·sym·path(in) <-en, -en> *m(f) (selten)* disagreeable person

un·sym·pa·thisch [ˈʊnzʏmpaːtɪʃ] *adj* ❶ *(nicht sympathisch)* unpleasant, disagreeable; **ein ~er Mensch** a disagreeable person; ■**jd ist ~** sb finds sb disagreeable
❷ *(nicht gefallend)* unpleasant; **ein ~er Gedanke** an unpleasant thought; ■**jdm ~ sein** to be disagreeable to sb

un·sys·te·ma·tisch [ˈʊnzʏstemaːtɪʃ] *adj* unsystematic

un·tade·lig, un·tad·lig [ˈʊntaːd(ə)lɪç] **I.** *adj (geh)* impeccable; **ein ~es Verhalten** irreproachable behaviour [*or* AM -or]
II. *adv* impeccably; **~ gekleidet sein** to be impeccably dressed

Un·tat [ˈʊntaːt] *f* atrocity

un·tä·tig [ˈʊntɛːtɪç] **I.** *adj (müßig)* idle; ■**nicht ~ sein** to be busy; **~ bleiben** to do nothing; **nicht ~ bleiben** to not be idle
II. *adv* idly; **~ zusehen** to stand idly by

Un·tä·tig·keit *f kein pl* inaction, inactivity; *(Müßiggang)* idleness; **~ der Unternehmensführung** management inertia

Un·tä·tig·keits·be·schwer·de *f* complaint about inaction **Un·tä·tig·keits·ein·spruch** *m* opposition on the grounds of inaction **Un·tä·tig·keits·kla·ge** *f* JUR *court action on the grounds of administrative inaction*

un·taug·lich [ˈʊntauklɪç] *adj* ❶ *(ungeeignet)* unsuitable
❷ MIL *(nicht tauglich)* unfit

Un·taug·lich·keit *f kein pl* unsuitability

un·teil·bar [ʊnˈtailbaːɐ̯] *adj* indivisible

Un·teil·bar·keit <-> *f kein pl* indivisibility

un·ten [ˈʊntn̩] *adv* ❶ *(an einer tieferen Stelle)* down; **dort ~** *(fam)* down there; **hier ~** down here; **weiter ~** further down; **nach ~ zu** further down; **von ~** from down below; **von ~ [her]** from the bottom up[wards]; **bis ~ [an etw** *akk*] down [to sth]; **~ an etw** *dat*/**in etw** *dat* at/in the bottom of sth; ***das Buch steht weiter ~ im Bücherschrank*** the book is lower down in the bookcase; **~ in etw** *akk* down [below] in sth; ***ich habe die Bücher ~ ins Regal gelegt*** I've put the books down below on the shelf; **~ links/rechts** [at the] bottom left/right
❷ *(Unterseite)* bottom
❸ *(in einem tieferen Stockwerk)* down below, downstairs; **nach ~** downstairs; ***der Aufzug fährt nach ~*** the lift is going down; **nach ~ gehen** to go downstairs; **~ in etw** *dat* down in sth
❹ *(in sozial niedriger Position)* bottom; **ganz ~** *(fam)* right at the bottom; ***sie hat sich von ganz ~ hochgearbeitet*** she has worked her way up right from the bottom
❺ *(hinten im Text)* bottom; **~ erwähnt** [*o* **genannt**] [*o* **stehend**] mentioned below *pred;* **siehe ~** see below
❻ *(am hinteren Ende)* at the bottom; **~ an etw** *dat* at the bottom of sth
❼ *(fam: im Süden)* down
▸WENDUNGEN: **bei jdm ~ durch sein** *(fam)* to be through with sb

un·ten·drun·ter [ˈʊntn̩ˈdrʊntɐ] *adv (fam)* underneath; **etw ~ legen** to put sth underneath; **eine lange Unterhose ~ anhaben** to have long underwear on underneath **un·ten·he·rum** [ˈʊntn̩hɛˈrʊm] *adv (fam)* down below; *(im Intimbereich a.)* one's nether regions *fam*

un·ter [ˈʊntɐ] **I.** *präp* ❶ *+dat (unterhalb von etw)* under, underneath; **~ *der Jacke trug sie ein T-Shirt*** she wore a t-shirt under the jacket; **~ freiem Himmel** in the open air; **etw ~ dem Mikroskop betrachten** to look at sth under the microscope
❷ *+akk (in den Bereich unterhalb von etw)* under; ***das Haus war bis ~ das Dach voll mit alten Möbeln*** the house was full to the rafters with old furniture; **sich** *akk* **~ die Dusche stellen** to have a shower
❸ *+dat (zahlen-, wertmäßig kleiner als)* below; ***die Temperaturen liegen hier immer ~ null*** the temperatures here are always below zero; ***der Preis liegt ~ zehn Euro*** the price is less than ten euros; **~ dem Durchschnitt liegen** to be below average; **~ 50 Stück** less than 50 pieces; **Kinder ~ sechs Jahren** children under six years of age; **etw ~ Wert verkaufen** to sell sth at less than its value
❹ *+dat (inmitten)* among[st]; **~ anderem** amongst other things [*or spec* inter alia]; **einer ~ tausend** one in a thousand; **einer ~ vielen** one of many; **~ sich** *dat* **sein** to be by themselves
❺ *+dat (zwischen)* between; **~ uns gesagt** between you and me
❻ *+akk (in eine Menge)* **~ Menschen gehen** to get out [of the house]; **sich** *akk* **~ das Volk mischen** *(fam)* to mix with the people
❼ *+dat (begleitet von)* under; **~ der Bedingung, dass ...** on condition that ...; **~ Beifall/Gelächter/Tränen** amid applause/laughter/tears; **~ Lebensgefahr** at risk to one's life; **~ Umständen** possibly; **~ Verwendung einer S.** *gen* by using sth; **~ Zwang** under duress
❽ *+dat o akk (zugeordnet sein)* under; ***was ist ~ diesem Begriff zu verstehen?*** what is meant by this term?; **~ *diesem Datum gibt es keinen Eintrag*** there is no entry under this date; **eine Abteilung ~ sich** *dat* **haben** to be in charge of a department; **jdn ~ sich** *dat* **haben** to have sb under one; **etw ~ ein Motto stellen** to put sth under a motto; **~ jds Schirmherrschaft** under sb's patronage
❾ *+dat (in einem Zustand)* under; **~ Druck/Strom stehen** to be under pressure; **~ einer Krankheit leiden** to suffer from an illness
❿ *+dat* SÜDD *(während)* during; **~ Mittag** in the morning; **~ der Woche** during the week
II. *adv* ❶ *(jünger als)* under; ***er ist noch ~ 30*** he's not yet turned 30
❷ *(weniger als)* less than

Un·ter·ab·tei·lung [ˈʊntɐʔaptailʊŋ] *f* subdivision

Un·ter·an·spruch *m* JUR subordinate [*or* dependent] claim **Un·ter·arm** [ˈʊntɐʔarm] *m* forearm **Un·ter·art** *f* subspecies + *sing vb*

Un·ter·auf·trag *m* HANDEL subcontract, order unit; **Unteraufträge vergeben** to subcontract [*or* outsource] **Un·ter·auf·trag·neh·mer(in)** *m(f)* HANDEL subcontractor

Un·ter·bau [ˈʊntɐbau] *m* ❶ *(Fundament)* foundations *pl;* **theoretischer ~** *(fig)* the theoretical substructure *fig* ❷ BAU *(Tragschicht)* substructure; *Straße* road-bed, base course **Un·ter·be·griff** *m* subsumed concept **un·ter·be·legt** *adj* not full **un·ter·be·lich·ten*** *vt* ■**etw ~** to underexpose sth; ■**unterbelichtet** underexposed; **geistig unterbelichtet** *(fam)* to be a bit dim *fam* **un·ter·be·lich·tet** *adj* ❶ *Foto* underexposed ❷ *(hum fam: dumm)* dim[-witted] *fam* **Un·ter·be·lich·tung** *f kein pl* underexposure **un·ter·be·schäf·tigt** *adj* ÖKON underemployed **Un·ter·be·schäf·ti·gung** *f* ÖKON underemployment **un·ter·be·setzt** *adj* **personell ~** understaffed **Un·ter·be·tei·li·gung** *f* ÖKON indirect holding, subparticipation **un·ter·be·wer·ten*** *vt* ■**etw ~** to undervalue [*or* underrate] sth **Un·ter·be·wer·tung** *f* undervaluation, underrating **un·ter·be·wusst**RR *adj* subconscious; ■**das U~e** the subconscious **Un·ter·be·wusst·sein**RR [ˈʊntɐbəvʊstzain] *nt* ■**das/jds ~** the/sb's subconscious; **im ~** subconsciously **un·ter·be·zahlt** *adj* underpaid; ■**[mit etw** *dat*] **~ sein** to be underpaid [at sth]

Un·ter·be·zah·lung *f* ❶ *kein pl (das Unterbezahlen)* underpaying
❷ *(das Unterbezahltsein)* underpayment

Un·ter·be·zirk *m* subdistrict

un·ter·bie·ten* [ʊntɐˈbiːtn̩] *vt irreg* ❶ *(billiger sein)* ■**jdn/etw [um etw** *akk*] **~** to undercut sb/sth [by sth]
❷ SPORT *(durch bessere Leistung deklassieren)* ■**jdn/etw [um etw** *akk*] **~** to improve on sb's/sth's sth [by sth]; **einen Rekord ~** to beat a record

Un·ter·bie·tungs·wett·be·werb *m* HANDEL cut-throat competition

un·ter·bin·den* [ʊntɐˈbɪndn̩] *vt irreg (geh)* ■**etw ~** to stop sth

un·ter·blei·ben* *vi irreg sein (geh)* ❶ *(aufhören)* to stop [*or* cease]
❷ *(nicht geschehen)* not to happen

Un·ter·bo·den *m* BAU subfloor **Un·ter·bo·den·schutz** *m* underseal **Un·ter·bo·den·wä·sche** *f* AUTO underbody wash

un·ter·bre·chen* [ʊntɐˈbrɛçn̩] *vt irreg* ❶ *(vorübergehend beenden)* ■**etw ~** to interrupt sth; **seine Arbeit ~** to interrupt one's work; **eine Reise ~** to break a journey; **eine Schwangerschaft ~** to terminate a pregnancy; ■**jdn ~** to interrupt sb; ***unterbrich mich nicht immer!*** don't keep interrupting me!
❷ *(vorübergehend aufheben)* ■**etw ~** to interrupt sth
❸ *(räumlich auflockern)* ■**etw ~** to break up sth *sep*

Un·ter·bre·chung <-, -en> *f* ❶ *(das Unterbrechen, Störung)* interruption; **maskierbare ~** INFORM maskable interrupt
❷ *(vorübergehende Aufhebung)* interruption, suspension; **~ der Beziehungen** POL to suspend relations; JUR **~ der Hauptverhandlung** adjournment of the trial; **~ des Kausalzusammenhangs** novus actus interveniens; **~ der Verjährung** interruption of the Statute of Limitations
❸ *(Pause)* interruption; **mit ~en** with breaks; **ohne ~** without a break

Un·ter·bre·chungs·sym·bol *nt* INFORM break symbol **Un·ter·bre·chungs·tas·te** *f* INFORM break [*or* attention] key

un·ter·brei·ten* [ʊntɐˈbraitn̩] *vt (geh)* ❶ *(vorlegen)* ■**jdm etw ~** to present [*or* put] sth to sb
❷ *(informieren)* ■**jdm ~, dass** to advise sb that

un·ter|brin·gen *vt irreg* ❶ *(Unterkunft verschaffen)* ■**jdn ~** to put sb up, to accommodate sb *form;* ■**untergebracht sein** to be housed, to have accommodation; ***die Kinder sind gut untergebracht*** *(fig)* the children are being well looked after; ***er konnte ihr Gesicht nicht ~*** *(fig fam)* he couldn't place her face
❷ *(abstellen)* ■**etw ~** to put sth somewhere
❸ *(fam: eine Anstellung verschaffen)* ■**jdn ~** to get sb a job

Un·ter·brin·gung <-, -en> *f* ❶ *(das Unterbringen)* accommodation; JUR placement, commitment; **einstweilige ~** provisional commitment; **~ im psychiatrischen Krankenhaus** confinement in a psychiatric hospital
❷ *(Unterkunft)* accommodation *no indef art*

Un·ter·bruch [ˈʊntɐbrʊx] *m* SCHWEIZ *(Unterbrechung)* interruption

un·ter|but·tern *vt (fam)* ■**jdn ~** to ride roughshod over sb; **sich** *akk* **[von jdm] ~ lassen** to allow oneself to be pushed around [by sb]

Un·ter·deck *nt* lower deck; **im ~** below deck

un·ter·der·handALT *adv s.* **Hand 10**

un·ter·des·sen [ʊntɐˈdɛsn̩] *adv (geh)* in the meantime, meanwhile

Un·ter·druck <-drücke> *m* ❶ PHYS negative pressure, vacuum
❷ *kein pl (niedriger Blutdruck)* low blood pressure

un·ter·drü·cken* [ʊntɐˈdrʏkn̩] *vt* ❶ *(niederhalten)* ■**jdn ~** to oppress sb; ■**etw ~** to suppress sth, to put down sth *sep*
❷ *(zurückhalten)* ■**etw ~** to suppress sth, hold back; **ein Gähnen ~** to suppress a yawn; **Kritik ~** to hold back criticism

U

Un·ter·drü·cker(in) <-s, -> *m(f)* oppressor
Un·ter·drü·ckung <-, -en> *f* ❶ *kein pl (das Unterdrücken) Bürger, Einwohner, Volk* oppression; *Aufstand, Unruhen* suppression
❷ *(das Unterdrücktsein)* oppression, repression
❸ JUR *(Verbergen)* suppression; ~ **von Beweismaterial** suppression of evidence; ~ **von technischen Aufzeichnungen/Urkunden** suppression of technical records/documents; ~ **von Vermögenswerten** concealment of assets
un·ter·durch·schnitt·lich ['ʊntɐdʊrçʃnɪtlɪç] **I.** *adj* below average; **ein ~es Gehalt** a below average salary
II. *adv* below the average; ~ **intelligente Kinder** children of below average intelligence
un·te·re(r, s) ['ʊntərə, -tərɐ, -tərəs] *adj attr* ❶ *(unten befindlich)* lower; **das ~ Ende** the lower end; **die unterste Schicht** the lowest layer
❷ *(rangmäßig niedriger)* lower; **die ~n Gehaltsklassen** the lower income groups
❸ GEOG *(im Unterlauf befindlich)* lower; **der ~ Rhein** the lower part [*or* stretch] of the Rhine
un·ter·ei·nan·der [ʊntɐʔai'nandɐ] *adv* ❶ *(miteinander)* among yourselves/themselves etc.; **sich** *dat* ~ **helfen** to help each other [*or* one another]
❷ *(eines unterhalb des anderen)* one below the other
un·ter·ent·wi·ckelt *adj* ❶ *(nicht genügend entwickelt)* underdeveloped; **geistig** ~ mentally retarded; **körperlich** ~ physically underdeveloped ❷ *(ökonomisch zurückgeblieben)* underdeveloped; **ein ~es Land** an underdeveloped country **Un·ter·ent·wick·lung** *f kein pl* ÖKON, MED underdevelopment **un·ter·er·nährt** *adj* undernourished **Un·ter·er·näh·rung** *f* malnutrition
un·ter·fan·gen* [ʊntɐ'faŋən] *vt* BAU ■**etw** ~ to underpin sth
Un·ter·fan·gen <-s, -> [ʊntɐ'faŋən] *nt* undertaking; **ein gefährliches** ~ a dangerous undertaking
un·ter|fas·sen *vt (fam)* ❶ *(stützen)* ■**jdn** ~ to take sb's arm
❷ *(einhaken)* ■**jdn** ~ to link arms with sb
un·ter·fi·nan·zie·ren* *vt* ■**jdn/etw** ~ to underfund sb/sth **un·ter·fi·nan·ziert** *adj* underfunded, underfinanced **Un·ter·fi·nan·zie·rung** *f kein pl* POL, FIN underfinancing, underfunding
un·ter·for·dern* *vt* ■**jdn** ~ to not challenge sb enough
Un·ter·fracht·ver·trag *m* HANDEL subcharter
Un·ter·füh·rung [ʊntɐ'fy:rʊŋ] *f* underpass; *Fußgänger* subway
Un·ter·funk·ti·on *f* MED hypofunction
Un·ter·füt·te·rung *f* BAU shim
Un·ter·gang <-gänge> *m* ❶ *(das Versinken)* sinking; **der ~ der Titanic** the sinking of the Titanic
❷ *(Sinken unter den Horizont)* setting; **der ~ der Sonne** the setting of the sun
❸ *(Zerstörung)* destruction; **der ~ einer Zivilisation** the decline of civilization; **vom ~ bedroht sein** to be threatened by destruction; **etw/jd geht seinem ~ entgegen** sth/sb is heading for disaster; **der ~ des Römischen Reiches** the fall of the Roman Empire
❹ *(Verlust)* loss; ~ **eines Pfandes** extinguishment of lien; ~ **von Waren** loss of goods; **zufälliger** ~ accidental loss
Un·ter·gangs·pro·phet, -pro·phe·tin *m, f* prophet of doom **Un·ter·gangs·stim·mung** *f* feeling of doom
un·ter·ge·ben [ʊntɐ'ge:bn̩] *adj* subordinate; ■**jdm ~ sein** to be subordinate to sb
Un·ter·ge·be·ne(r) *f(m) dekl wie adj* subordinate
un·ter|ge·hen *vi irreg sein* ❶ *(versinken)* to sink, to go down *fam;* ■**untergegangen** sunken; ***ihre Worte gingen in dem Lärm unter*** *(fig)* her words were drowned [*or* lost] in the noise
❷ *(unter den Horizont sinken)* to set
❸ *(zugrunde gehen)* to be destroyed; ■**untergegangen** extinct, lost; **untergegangene Kulturen** lost civilizations; *s. a.* **Welt**
un·ter·ge·ord·net *adj* ❶ *(zweitrangig)* secondary; **von ~er Bedeutung sein** to be of secondary importance ❷ *(subaltern)* subordinate; **eine ~e Stellung** a subordinate position **Un·ter·ge·schoss**^RR *nt* basement
Un·ter·ge·stell *nt* ❶ *(Fahrgestell)* base
❷ *(hum fam: Beine)* pins *npl fam*
Un·ter·ge·wicht *nt* underweight; ~ **haben** to be underweight **un·ter·ge·wich·tig** *adj* underweight
un·ter·glie·dern* *vt (gliedern)* ■**etw [in etw** *akk***]** ~ to subdivide sth [into sth]
un·ter·gra·ben*[1] [ʊntɐ'gra:bn̩] *vt irreg* ■**etw** ~ to undermine sth
un·ter|gra·ben[2] ['ʊntɐgra:bn̩] *vt irreg* ■**etw** ~ to dig sth into the soil
Un·ter·grund ['ʊntɐgrʊnt] *m* ❶ GEOL *(Bodenschicht)* subsoil; **ein fester, sandiger** ~ a firm, sandy subsoil; *(Boden)* bottom; **der ~ des Meeres** the bottom of the sea [*or* ocean]
❷ *kein pl (politische Illegalität)* underground; **in den ~ gehen** to go underground; **im** ~ underground
❸ KUNST, MODE *(tragende Fläche)* background; *(unterste Farbschicht)* undercoat
Un·ter·grund·bahn *f* underground **Un·ter·grund·be·we·gung** *f* underground movement **Un·ter·grund·or·ga·ni·sa·ti·on** *f* POL underground organization; **sich** *akk* **einer ~ anschließen** to join an underground organization; **einer ~ angehören** to belong to an underground organization
Un·ter·grup·pe *f* subgroup
un·ter|ha·ken *vt (fam: einhaken)* ■**jdn** ~ to link arms with sb; ■**sich** *akk* **bei jdm** ~ to link arms with sb; **[mit jdm] untergehakt gehen** to walk arm in arm [with sb]
un·ter·halb ['ʊntɐhalp] **I.** *präp (darunter befindlich)* below; ■~ **einer S.** *gen* below sth
II. *adv (tiefer gelegen)* below; *Fluss* downstream; ■~ **von etw** *dat* below sth
Un·ter·halt <-[e]s> ['ʊntɐhalt] *m kein pl* ❶ *(Lebensunterhalt)* keep, maintenance, subsistence; **für jds ~ aufkommen** to pay for sb's keep
❷ JUR *(Unterhaltsgeld)* maintenance, alimony; **angemessener** ~ reasonable maintenance, appropriate support; ~ **gewähren** to provide maintenance; **[für jdn] ~ zahlen** to pay maintenance [for sb]
❸ *(Instandhaltung)* upkeep, maintenance
un·ter·hal·ten*[1] [ʊntɐ'haltn̩] *vt irreg* ❶ *(für jds Lebensunterhalt sorgen)* ■**jdn** ~ to support sb; ***er muss vier Kinder*** ~ he has to support four children
❷ *(instand halten, pflegen)* ■**etw** ~ to maintain sth
❸ *(betreiben)* ■**etw** ~ to run sth
❹ *(innehaben)* ■**etw** ~ to have sth; **ein Konto** ~ *(geh)* to have an account
❺ *(aufrechterhalten)* ■**etw** ~ to maintain sth
un·ter·hal·ten[2] [ʊntɐ'haltn̩] *irreg* **I.** *vt (die Zeit vertreiben)* ■**jdn** ~ to entertain sb
II. *vr* ❶ *(sich vergnügen)* ■**sich** *akk* ~ to keep oneself amused, to have a good time; ***die Kinder können sich alleine*** ~ the children can amuse themselves alone
❷ *(sprechen)* ■**sich** *akk* **[mit jdm] [über jdn/etw]** ~ to talk [to sb] [about sb/sth]; ***wir müssen uns mal*** ~ we must have a talk
un·ter·hal·ten[3] ['ʊntɐhaltn̩] *vt (fam)* ■**etw** ~ to hold sth underneath
un·ter·hal·tend [ʊntɐ'haltənt], **un·ter·halt·sam** [ʊntɐ'haltza:m] *adj* entertaining; **ein ~er Abend** an entertaining evening
Un·ter·hal·ter(in) <-s, -> *m(f)* ❶ *(Entertainer)* entertainer
❷ *(Geldverdiener)* breadwinner
Un·ter·halts·ab·fin·dung *f* FIN maintenance settlement **Un·ter·halts·an·spruch** *m* ADMIN, SOZIOL, ÖKON entitlement to maintenance, maintenance claim **Un·ter·halts·ar·beit** <-, -en> *f* SCHWEIZ *(Wartung)* maintenance **Un·ter·halts·bei·trag** *m* JUR allowance **un·ter·halts·be·rech·tigt** *adj* entitled to maintenance; ■**[jdm gegenüber] ~ sein** to be entitled to maintenance [from sb] **Un·ter·halts·be·rech·tig·te(r)** *f(m) dekl wie adj* JUR person entitled to maintenance payments **Un·ter·halts·geld** *nt* maintenance money **Un·ter·halts·kla·ge** *f* action for maintenance
Un·ter·halts·kos·ten *pl* ❶ JUR maintenance
❷ *(Instandhaltungskosten)* maintenance costs *npl*
❸ *(Betriebskosten)* running costs *pl*
Un·ter·halts·pflicht *f* JUR maintenance obligation, obligation to pay maintenance **un·ter·halts·pflich·tig** *adj* under obligation to provide maintenance; ■**[jdm gegenüber] ~ sein** to be under obligation to provide maintenance [for sb] **Un·ter·halts·pflich·ti·ge(r)** *f(m) dekl wie adj* person liable to provide maintenance **Un·ter·halts·pflicht·ver·let·zung** *f* JUR violation of maintenance obligation
Un·ter·halts·recht *nt* JUR maintenance law **Un·ter·halts·ren·te** *f* JUR maintenance assistance pension **Un·ter·halts·sa·che** *f* JUR *(bei Vaterschaft)* affiliation [*or* bastardy] case **Un·ter·halts·si·che·rung** *f* JUR providing security for maintenance obligations **Un·ter·halts·strei·tig·kei·ten** *pl* disputes over maintenance **Un·ter·halts·ver·fah·ren** *nt* JUR maintenance proceedings *pl; (bei Vaterschaft)* affiliation [*or* bastardy] proceedings **Un·ter·halts·ver·fü·gung** *f* JUR *(bei Vaterschaft)* affiliation [*or* bastardy] order **Un·ter·halts·ver·let·zung** *f* JUR breach of maintenance obligation **Un·ter·halts·ver·pflich·tung** *m* JUR obligation to provide maintenance [*or* support] **Un·ter·halts·zah·lung** *f* maintenance payment
Un·ter·hal·tung[1] <-> *f kein pl* ❶ *(Instandhaltung)* maintenance, upkeep
❷ *(Betrieb)* running
Un·ter·hal·tung[2] <-, -en> *f* ❶ *(Gespräch)* talk, conversation; **eine ~ mit jdm führen** [*o* **haben**] to have a conversation with sb
❷ *kein pl (Zeitvertreib)* entertainment; **gute** [*o* **angenehme**] **~!** enjoy yourselves!, have a good time!
Un·ter·hal·tungs·ar·bei·ten *pl* HANDEL maintenance [work]
Un·ter·hal·tungs·bran·che *f* entertainment industry **Un·ter·hal·tungs·elek·tro·nik** *f (Industrie)* consumer electronics; *(Geräte)* audio and video systems *pl* **Un·ter·hal·tungs·in·dust·rie** *f* entertainment industry **Un·ter·hal·tungs·kon·zern** *m* entertainment concern
Un·ter·hal·tungs·kos·ten *pl* FIN maintenance costs
Un·ter·hal·tungs·kunst *f* art of entertainment **Un·ter·hal·tungs·li·te·ra·tur** *f kein pl* light fiction **Un·ter·hal·tungs·mu·sik** *f* light music **Un·ter·hal·tungs·pro·gramm** *nt* light entertainment programme [*or* AM -am] **Un·ter·hal·tungs·wert** *m* entertainment value
un·ter·han·deln* [ʊntɐ'handl̩n] *vi* ■**[mit jdm]** ~ to negotiate [with sb]
Un·ter·händ·ler(in) ['ʊntɐhɛndlɐ] *m(f)* negotiator
Un·ter·haus ['ʊntɐhaus] *nt* POL lower house; **das britische** ~ the House of Commons BRIT, the Lower House BRIT
Un·ter·haus·wahl *f* Commons vote BRIT
Un·ter·haut *f* MED hypodermis
un·ter|he·ben *vt* ■**etw** ~ KOCHK to fold in sth
Un·ter·hemd ['ʊntɐhɛmt] *nt* vest **Un·ter·hit·ze** *f* bottom heat
un·ter·höh·len* [ʊntɐ'hø:lən] *vt* ❶ *(durch Auswaschung aushöhlen)* ■**etw** ~ to hollow out sth *sep*
❷ *s.* **unterminieren**
Un·ter·holz *nt kein pl* undergrowth **Un·ter·ho·se** ['ʊntɐho:zə] *f* [under]pants; **kurze ~[n]** pants *npl;* **lange ~[n]** long johns *npl* **un·ter·ir·disch** ['ʊntɐʔɪrdɪʃ] **I.** *adj* underground, subterranean; **ein ~es Kabel** an underground cable; **ein ~er Fluss** a subterranean river **II.** *adv* underground; ~ **verlegte Stromkabel** electricity cables laid underground **Un·ter·ja·cke** *f* under-jacket
un·ter·jo·chen* [ʊntɐ'jɔxn̩] *vt* ■**jdn** ~ to subjugate sb
Un·ter·jo·chung <-, -en> *f* subjugation

un·ter|ju·beln *vt (sl)* ① *(andrehen)* ■**jdm etw ~** to palm sth off on sb; ■**sich** *dat* [**von jdm**] **etw ~ lassen** to allow sb to palm sth off on[to] one ② *(anlasten)* ■**jdm etw ~** to pin sth on sb **un·ter·ka·pi·ta·li·siert** *adj* ÖKON undercapitalized **Un·ter·ka·pi·ta·li·sie·rung** *f* ÖKON undercapitalization

un·ter·kel·lern* [ʊntɐˈkɛlɐn] *vt* ■**etw ~** to build sth with a cellar; ■**unterkellert** with a cellar; **ein unterkellertes Haus** a house with a cellar; ■**unterkellert sein** to have a cellar

Un·ter·kie·fer [ˈʊntɐkiːfɐ] *m* lower jaw; **jds ~ fällt** [*o* **klappt**] **herunter** *(fam)* sb's jaw drops [open] **Un·ter·kleid** [ˈʊntɐklait] *nt* underskirt, slip **Un·ter·klei·dung** <-, -en> [ˈʊntɐklaidʊŋ] *f* underwear

un·ter|kom·men *vi irreg sein* ① *(eine Unterkunft finden)* ■**bei jdm/irgendwo ~** to find accommodation at sb's house/somewhere
② *(fam: eine Anstellung bekommen)* ■[**irgendwo/bei jdm**] [**als etw**] **~** to find employment [*or fam* a job] [somewhere/with sb] [as sth]
③ DIAL *(begegnen)* ■**jdm ~** to come across sth/sb; ***so einer ist mir ja noch nie untergekommen!*** I've never come across anyone like him before
④ DIAL *(erleben)* ■**jdm ~** to experience; ***ein so wundersame Gelegenheit kommt einem nicht alle Tage unter*** you don't get such a wonderful opportunity like that every day

Un·ter·kon·to *nt* FIN subsidiary account **Un·ter·kör·per** *m* lower part of the body

un·ter|krie·gen *vt (fam)* ■**jdn ~** to bring sb down; ***die Konkurrenz will uns ~*** our competitors want to bring us down; ***ein guter Mann ist nicht unterzukriegen*** you can't keep a good man down; ■**sich** *akk* [**von jdm/etw**] **~ lassen** to allow sb/sth to get one down; ***von einem kleinen Rückschlag darf man sich nicht ~ lassen*** you shouldn't allow a trivial setback to get you down

un·ter·küh·len* [ʊntɐˈkyːlən] **I.** *vt* ■**jdn ~** to reduce sb's body temperature
II. *vr (fam)* ■**sich** *akk* **~** to get cold; ***ich muss mich im Schatten unterkühlt haben*** I must have got cold standing in the shade

un·ter·kühlt *adj* ① *(mit niedriger Körpertemperatur)* suffering from hypothermia; **stark ~ sein** to be suffering from advanced hypothermia; ***in dem ~ en Zustand konnte sie sich kaum bewegen*** she was so cold she could scarcely move
② *(distanziert)* cool, reserved; **~e Beziehungen** cool relations

Un·ter·küh·lung *f* hypothermia

Un·ter·kunft <-, -künfte> [ˈʊntɐkʊnft, *pl* -kʏnftə] *f* ① *(Unterbringung)* accommodation; **eine ~ suchen** to look for accommodation; **~ mit Frühstück** bed and breakfast; **~ und Verpflegung** board and lodging
② MIL *(Kaserne)* quarters *npl; (privat)* billet; ***die Soldaten kehrten in ihre Unterkünfte zurück*** the soldiers returned to their billets [*or* quarters]

Un·ter·la·ge [ˈʊntɐlaːgə] *f* ① *(flacher Gegenstand zum Unterlegen)* mat, pad; ***bei der Notoperation diente eine Decke als ~*** during the emergency operation a blanket was used for the patient to lie on; ***lege bitte eine ~ unter den Topf!*** please put the pot on a mat!; *(Bettunterlage)* drawsheet
② *meist pl (Beleg, Dokument)* document *usu pl;* **geschäftliche ~n** commercial documents

Un·ter·lags·schei·be *f* BAU washer

Un·ter·lass^RR^, Un·ter·laß^ALT^ [ˈʊntɐlas] *m* **ohne ~** *(geh)* incessantly, continuously

un·ter·las·sen* [ʊntɐˈlasn̩] *vt irreg* ① *(nicht ausführen)* ■**etw ~** not to carry out sth, to omit [*or* fail] to do sth; ***die letzte Untersuchung wurde ~*** the final examination was not carried out; ■**es ~, etw zu tun** to fail to do sth; ***warum haben Sie es ~, mich zu benachrichtigen?*** why did you fail to inform me?; **~e Hilfeleistung** JUR failure to lend assistance
② *(mit etw aufhören)* ■**etw ~** to refrain from doing sth; ***diese dumme Bemerkung hättest du auch ~ können*** you could have refrained from making this stupid remark; **etw nicht ~ können** not to be able to refrain from doing sth; ***scheinbar kann er diese Dummheiten nicht ~*** apparently, he can't stop doing these silly things; **unterlass/~ Sie das!** stop that!; *s. a.* **Hilfeleistung**

Un·ter·las·sen <-s> [ʊntɐˈlasn̩] *nt kein pl* JUR omission, nonfeasance

Un·ter·las·sung <-, -en> [ʊntɐˈlasʊŋ] *f* ① *(das Unterlassen)* omission, failure [to do sth]; ***ich bestehe auf sofortiger ~ dieser Lärmbelästigung*** I insist that this noise pollution be stopped immediately
② JUR failure, negligence; **fahrlässige ~** passive negligence; **auf ~ klagen** to apply for an injunction

Un·ter·las·sungs·an·ord·nung *f* JUR prohibitive injunction BRIT, cease and desist order AM **Un·ter·las·sungs·an·spruch** *m* JUR claim to a forbearance **Un·ter·las·sungs·de·likt** *nt* JUR default [*or* crime] by omission **Un·ter·las·sungs·er·klä·rung** *f* JUR cease and desist letter **Un·ter·las·sungs·fall** <-s> *m kein pl* JUR injunction proceedings *pl;* **im ~** *(geh)* in case of default **Un·ter·las·sungs·kla·ge** *f* JUR action for injunction, injunction suit; **vorbeugende ~** prohibitory suit **Un·ter·las·sungs·ur·teil** *nt* JUR **endgültiges/vorbeugendes ~** final/preventive injunction

Un·ter·lauf <-s, -läufe> [ˈʊntɐlauf, *pl* -lɔyfə] *m* ① GEOL *eines Flusses* lower reaches *pl*
② INFORM *(Bereichsunterschreitung)* underflow

un·ter·lau·fen* [ʊntɐˈlaufn̩] *irreg* **I.** *vt* ① *haben (umgehen)* ■**etw ~** to evade [*or* circumvent] sth; **die Zensur/ein Embargo ~** to evade a censure/an embargo
② SPORT **einen Spieler ~** *to charge a player who is in the air and knock him down*
II. *vi sein* ① *(versehentlich vorkommen)* ■**jdm unterläuft etw** sth happens to sb; ***da muss mir ein Fehler ~ sein*** I must have made a mistake
② *(fam: begegnen)* ■**jdm ~** to happen to sb; ***so etwas Lustiges ist mir selten ~*** something as funny as that has rarely happened to me

un·ter|le·gen^1^ [ˈʊntɐleːgn̩] *vt* ① *(darunter platzieren)* ■[**jdm**] **etw ~** to put sth under[neath] [sb]
② *(abweichend interpretieren)* ■**etw** *dat* **etw ~** to read another meaning into sth

un·ter·le·gen*^2^ [ʊntɐˈleːgn̩] *vt* ① *(mit Untermalung versehen)* ■**etw mit etw** *dat* **~** to use sth to form the background to sth; **einem Film Musik ~** to put music to a film; ***die Modenschau wurde mit Musik unterlegt*** music formed the background to the fashion show
② *(mit einer Unterlage versehen)* ■**etw mit etw** *dat* **~** to underlay sth with sth

un·ter·le·gen^3^ [ʊntɐˈleːgn̩] *adj* ① *(schwächer als andere)* inferior; **~e Kräfte** inferior forces; ■**jdm ~ sein** to be inferior to sb; **zahlenmäßig ~ sein** to be outnumbered
② SPORT *(schwächer)* defeated; ■**jdm ~ sein** to be defeated by sb

Un·ter·le·ge·ne(r) *f(m) dekl wie adj* loser

Un·ter·le·gen·heit <-, -en> *f pl selten* inferiority

Un·ter·leg·schei·be *f* TECH washer

Un·ter·leib *m* [lower] abdomen

Un·ter·leibs·be·schwer·den *f pl* abdominal complaint [*or* pain]

Un·ter·lie·fe·rung <-, -en> *f* TYPO underdelivery, underrun

un·ter·lie·gen* [ʊntɐˈliːgn̩] *vi irreg sein* ① *(besiegt werden)* ■[**jdm**] **~** to lose [to sb], to be defeated [*or* beaten] [by sb]
② *(unterworfen sein)* ■**etw** *dat* **~** to be subject to sth; **einer Täuschung ~** to be the victim of a deception; **der Schweigepflicht ~** to be bound to maintain confidentiality; ***Sie ~ offensichtlich einem Irrtum*** you have obviously made a mistake; *s. a.* **Zweifel**

Un·ter·lip·pe *f* bottom [*or* lower] lip

un·term [ˈʊntɐm] *(fam)* = **unter dem** *s.* **unter**

un·ter·ma·len* [ʊntɐˈmaːlən] *vt* ① *(mit Musik begleiten)* ■**etw** [**mit etw** *dat*] **~** to provide sth as a background to sth; ***der Gedichtvortrag wurde leise mit Musik untermalt*** soft music was provided as a background to the poetry reading
② KUNST ■**etw ~** to prime sth

Un·ter·ma·lung <-, -en> *f* background music

un·ter·mau·ern* [ʊntɐˈmauɐn] *vt* ■**etw** [**mit etw** *dat*] **~** to support sth [with sth]; BAU to underpin sth with sth; ***seine Theorie ist wissenschaftlich gut untermauert*** his theory is scientifically well supported

un·ter·mee·risch *adj inv* undersea, submarine

Un·ter·mensch *m* subhuman

Un·ter·me·nü *nt* INFORM submenu

Un·ter·mie·te [ˈʊntɐmiːtə] *f* ① *(Mieten eines Zimmers)* subtenancy; **in** [*o* **zur**] **~ wohnen** *to rent a room from an existing tenant*
② *(das Untervermieten)* sublease; **jdn in ~ nehmen** to take in sb as a lodger; ***wir mussten jemanden in ~ nehmen*** we had to take in a lodger

Un·ter·mie·ter(in) *m(f)* subtenant

un·ter·mi·nie·ren* [ʊntɐmiˈniːrən] *vt* ■**etw ~** to undermine sth

un·ter|mi·schen [ˈʊntɐmɪʃn̩] *vt (mit etw vermengen)* ■**etw ~** to add [*or sep* mix in] sth

un·tern [ˈʊntɐn] *(fam)* = **unter den** *s.* **unter**

Un·ter(na·gel·)lack *m* base coat, undercoat

un·ter·neh·men* [ʊntɐˈneːmən] *vt irreg* ① *(in die Wege leiten)* ■**etw/nichts** [**gegen jdn/etw**] **~** to take action/no action [against sb/sth]; **Schritte gegen etw** *akk* **~** to take steps against sth
② *(Vergnügliches durchführen)* ■**etw** [**mit jdm**] **~** to do sth [with sb]; ***wollen wir nicht etwas zusammen ~?*** why don't we do something together?
③ *(geh: machen)* ■**etw ~** to do sth; **einen Ausflug ~** to go on an outing; **eine Reise ~** to go on a journey; **einen Versuch ~** to make an attempt
④ *(geh: auf sich nehmen)* ■**es ~, etw zu tun** to take it upon oneself to do sth

Un·ter·neh·men <-s, -> [ʊntɐˈneːmən] *nt* ① ÖKON *(Firma)* firm, company, enterprise; **gemeinnütziges ~** JUR public institution; **verbundene ~** affiliated enterprises
② *(Vorhaben)* undertaking, venture; **ein gewagtes ~** a risky venture

Un·ter·neh·mens·ab·spra·che *f* HANDEL **wettbewerbsbeschränkende ~** anti-competitive agreement in restraint of trade **Un·ter·neh·mens·auf·spal·tung** *f* HANDEL operational split **Un·ter·neh·mens·bei·hil·fen** *pl* FIN operating subsidies **Un·ter·neh·mens·be·ra·ter(in)** *m(f)* management consultant

Un·ter·neh·mens·be·ra·tung *f* ÖKON ① *kein pl (Consulting, Betriebsberatung)* management [*or* business] consultancy *no pl*
② *(Firma)* management consultancy firm

Un·ter·neh·mens·be·ra·tungs·fir·ma *f* HANDEL management consultancy **Un·ter·neh·mens·be·reich** *m* ADMIN division of a/the company **Un·ter·neh·mens·be·steu·e·rung** *f* FIN *(Besteuerung)* company [*or* corporation] taxation; *(Steuerbetrag)* corporation tax **Un·ter·neh·mens·be·wer·tung** *f* FIN business appraisal, operations audit **Un·ter·neh·mens·bi·lanz·sta·tis·tik** *f* FIN business statistics + *pl vb* **Un·ter·neh·mens·buch·füh·rung** *f* FIN business [*or* corporate] accounting **Un·ter·neh·mens·da·ten** *pl* company data + *sing/pl vb* **Un·ter·neh·mens·ein·heit** *f* HANDEL corporate unit **Un·ter·neh·mens·ent·wick·lung** *f* business development **Un·ter·neh·mens·er·trä·ge** *pl* FIN company earnings **Un·ter·neh·mens·fern·se·hen** *nt* TV company [*or* business] TV **Un·ter·neh·mens·form** *f* HANDEL type of business organization, form of enterprise **Un·ter·neh·mens·for·schung** *f* ÖKON operational research **Un·ter·neh·mens·fort·füh·rung** *f* HANDEL continuation of the business as a going concern, continued plant operation **un·ter·neh·mens·fremd** *adj* not related to the company *pred*

Un·ter·neh·mens·füh·rung *f* ÖKON ① *kein pl (Management)* management
② *(Führungskräfte in einem Unternehmen)* management

Un·ter·neh·mens·fu·si·on *f* ÖKON company merger **Un·ter·neh·mens·ge·setz** *nt* JUR companies act **Un·ter·neh·mens·ge·winn** *m* FIN corporate [*or* business] profit **Un·ter·neh·mens·grün·der, -grün·de·rin** *m, f* HANDEL founder [of a business] **Un·ter·neh·mens·grün·dung** *f* HANDEL business start-up [*or* formation] **Un·ter·neh·mens·grup·pe** *f* group [of companies], consortium

Un·ter·neh·mens·kauf *m* HANDEL acquisition [of a company] **Un·ter·neh·mens·kauf·ver·trag** *m* JUR acquisition contract

Un·ter·neh·mens·kon·zen·tra·ti·on *f* ÖKON integration of companies **Un·ter·neh·mens·kreis** *m* **aus ~en** from company sources **Un·ter·neh·mens·lei·ter(in)** *m(f)* ADMIN top manager [*or* executive]

Un·ter·neh·mens·lei·tung *f* ADMIN ❶ *kein pl (Leitung, Führung eines Unternehmens)* management ❷ *(Führungskräfte eines Unternehmens)* management

Un·ter·neh·mens·li·qui·da·ti·on *f* HANDEL winding-up of a company **Un·ter·neh·mens·li·qui·di·tät** *f* FIN corporate liquidity **Un·ter·neh·mens·mit·be·stim·mung** *f* HANDEL co-determination at company [*or* enterprise] level **Un·ter·neh·mens·neu·grün·dung** *f* HANDEL new business start-up, formation of a new company **Un·ter·neh·mens·pacht·ver·trag** *m* JUR company lease agreement **Un·ter·neh·mens·phi·lo·so·phie** *f* corporate philosophy **Un·ter·neh·mens·plan** *m* corporate plan **Un·ter·neh·mens·pla·nung** *f* corporate planning **Un·ter·neh·mens·po·li·tik** *f* ÖKON business [*or* company] [*or* corporate] policy **Un·ter·neh·mens·prä·sen·ta·ti·on** *f* corporate presentation **Un·ter·neh·mens·pro·fil** *nt* corporate profile **Un·ter·neh·mens·recht** *nt* JUR company [*or* corporate] law **Un·ter·neh·mens·res·ti·tu·ti·on** *f* HANDEL company [*or* corporate] restitution **Un·ter·neh·mens·sa·nie·rung** *f* HANDEL company reorganization **Un·ter·neh·mens·sat·zung** *f* JUR articles of association [*or* AM incorporation] **Un·ter·neh·mens·spit·ze** *f* top management, executive level **Un·ter·neh·mens·steu·er** *f* FIN company [*or* corporate] taxation **Un·ter·neh·mens·steu·er·recht** *nt* JUR company [*or* corporate] tax law **Un·ter·neh·mens·struk·tur** *f* corporate structure **Un·ter·neh·mens·tä·tig·keit** *f* HANDEL company's operational [*or* corporate] activities *pl* **Un·ter·neh·mens·teil** *m* ÖKON business operations; **~e absto·ßen** to spin off operations **Un·ter·neh·mens·trä·ger** *m* HANDEL proprietary [*or* holding] company **Un·ter·neh·mens·über·nah·me** *f* ÖKON company take-over **Un·ter·neh·mens·um·wand·lung** *f* HANDEL company reorganization **Un·ter·neh·mens·ver·band** *m* HANDEL association of undertakings [*or* enterprises] **Un·ter·neh·mens·ver·bind·lich·kei·ten** *pl* FIN company [*or* corporate] debts **Un·ter·neh·mens·ver·bin·dun·gen** *pl* HANDEL interlocking relationships **Un·ter·neh·mens·ver·ei·ni·gung** *f* HANDEL association of undertakings [*or* enterprises] **Un·ter·neh·mens·ver·fas·sung** *f* HANDEL company [*or* corporate] structure, company constitution **Un·ter·neh·mens·ver·trag** *m* HANDEL affiliation [*or* intercompany] agreement **Un·ter·neh·mens·ziel** *nt* HANDEL business [*or* corporate] objective, company aim

Un·ter·neh·mens·zu·sam·men·schluss[RR] *m* ÖKON ❶ *(Fusion)* merger, consolidation ❷ *(Kombination)* combine

Un·ter·neh·mer(in) <-s, -> [ʊntɐˈneːmɐ] *m(f)* employer, entrepreneur; **privater/selbständiger ~** private/independent trader

Un·ter·neh·mer·frei·heit *f* HANDEL free enterprise **un·ter·neh·mer·freund·lich** *adj* POL employer-friendly **Un·ter·neh·mer·geist** *m kein pl* ÖKON entrepreneurial spirit **Un·ter·neh·mer·ge·winn** *m* ÖKON [corporate] profit **Un·ter·neh·mer·haft·pflicht** *f,* **Un·ter·neh·mer·haf·tung** *f* JUR company [*or* corporate] liability

un·ter·neh·me·risch [ʊntɐˈneːmərɪʃ] **I.** *adj* entrepreneurial
II. *adv* in a business-like manner; **~ denken** to think in a business-like manner

Un·ter·neh·mer·krei·se *pl* POL industrial circles; **in ~ wird behauptet, dass ...** industrialists are claiming that ... **Un·ter·neh·mer·lohn** *m* employer's remuneration **Un·ter·neh·mer·pfand·recht** *nt* JUR artisan's lien **Un·ter·neh·mer·ri·si·ko** *nt* JUR entrepreneurial [*or* management] risk

Un·ter·neh·mer·schaft <-, -en> *f pl selten* business men *pl,* entrepreneurs *pl*

Un·ter·neh·mer·tä·tig·keit *f* HANDEL entrepreneurial activities *pl*

Un·ter·neh·mer·tum *nt kein pl* ÖKON enterprise, entrepreneurship; ***das freie ~ wird nicht genug gefördert*** there is too little encouragement of free enterprise

Un·ter·neh·mer·ver·band *m* employer's association

Un·ter·neh·mung <-, -en> [ʊntɐˈneːmʊŋ] *f (geh)* undertaking

Un·ter·neh·mungs·form *f* ÖKON form of business organization **Un·ter·neh·mungs·geist** *m kein pl* enterprise, entrepreneurial spirit **Un·ter·neh·mungs·lust** *f kein pl* enterprise, initiative **un·ter·neh·mungs·lus·tig** *adj* enterprising, adventurous **Un·ter·nehm·ungs·zu·sam·men·le·gung** *f* ÖKON corporate merger

Un·ter·of·fi·zier [ˈʊntɐʔɔfitsiːɐ̯] *m* non-commissioned officer; **Offiziere und ~e** officers and other ranks; **~ vom Dienst** duty NCO

un·ter|ord·nen **I.** *vt* ❶ *(vor etw hintanstellen)* ■**etw etw** *dat* **~** to put sth before sth; ***die meisten Mütter ordnen ihre eigenen Bedürfnisse denen ihrer Kinder unter*** most mothers put the needs of their children before their own
❷ *(jdm/einer Institution unterstellen)* ■**jdm/etw untergeordnet sein** to be [made] subordinate to sb/sth
II. *vr* ■**sich** *akk* **[jdm] ~** to take on a subordinate role [to sb]

Un·ter·ord·nungs·kon·zern *m* HANDEL subordinated [*or* vertical] group

Un·ter·pa·ri-E·mis·si·on *f* BÖRSE issue below par

un·ter·pri·vi·le·giert [ˈʊntɐprivilegiːɐ̯t] *adj (geh)* underprivileged

Un·ter·pro·gramm *nt* INFORM subprogram, subroutine

un·ter·pro·por·ti·o·nal **I.** *adj* disproportionately low
II. *adv* **~ vertreten** having a disproportionately low representation

Un·ter·punkt *m* sub-point

Un·ter·re·dung <-, -en> *f* discussion; **eine ~ mit jdm haben** [*o* **führen**] to have a discussion with sb

un·ter·re·prä·sen·tiert *adj* under-represented; **in einem Ausschuss ~ sein** to be under-represented on a committee

Un·ter·richt <-[e]s, -e> [ˈʊntɐrɪçt] *m pl selten* lesson; **theoretischer/praktischer ~** theoretical/practical classes; ***im Sommer beginnt der ~ um zehn vor acht*** in summer lessons begin at ten to eight; **dem ~ fernbleiben** to play truancy [*or* AM hook[e]y]; **[jdm] ~ [in etw** *dat***] geben** to give [sb] lessons [in sth]; **bei jdm ~ haben** to have lessons with sb; ***bei wem haben wir nächste Stunde ~?*** who's our next lesson with?; **im ~ sein** to be in a lesson; ***heute fällt der ~ in Mathe aus*** there will be no maths lesson today

un·ter·rich·ten* [ʊntɐˈrɪçtn̩] **I.** *vt* ❶ *(als Lehrer unterweisen)* ■**jdn/etw [in etw** *dat***] ~** to teach sb/sth [sth]; **eine Klasse in Französisch ~** to teach a class French; ***ich habe ihn früher in Mathematik unterrichtet*** I used to teach him mathematics
❷ *(ein Fach lehren)* ■**etw ~** to teach sth; **Chemie ~** to teach Chemistry
❸ *(geh: informieren)* ■**jdn [über etw** *akk*/**von etw** *dat***] ~** to inform [*or* advise] sb [about sth]; ***ich bin unterrichtet*** I have been informed
II. *vi (als Lehrer tätig sein)* ■**[in etw** *dat***] ~** to teach [at sth]; **in einem Fach ~** to teach a subject; ***an welcher Schule ~ Sie?*** which school do you teach at?
III. *vr (sich informieren)* ■**sich** *akk* **über etw** *akk* **~** to obtain information about sth; ■**sich** *akk* **von jdm über etw** *akk* **~ lassen** to be informed by sb about sth

un·ter·rich·tet *adj* informed; **gut ~ sein** to be well-informed

Un·ter·richts·er·fah·rung *f* SCH teaching experience **Un·ter·richts·fach** *nt* subject **Un·ter·richts·ge·gen·stand** *m* topic **Un·ter·richts·stoff** *m* SCH subject matter **Un·ter·richts·stun·de** *f* lesson, period

Un·ter·rich·tung <-, -en> [ʊntɐˈrɪçtʊŋ] *f (geh)* information

Un·ter·rich·tungs·pflicht *f* JUR duty to inform

Un·ter·rock [ˈʊntɐrɔk] *m* petticoat, slip *dated*

Un·ter·rou·ti·ne *f s.* **Unterprogramm**

un·ter|rüh·ren *vt* ■**etw ~** to stir in sth

un·ters [ˈʊntɐs] *(fam)* = **unter das** *s.* **unter**

un·ter·sa·gen* [ʊntɐˈzaːgn̩] *vt* ■**jdm etw ~** to forbid sb to do sth, to prohibit sb from doing sth; ■**jdm ~, etw zu tun** to forbid sb to do sth; ***ich untersage Ihnen, sich den Medien gegenüber zu äußern*** I forbid you to make statements to the media; ■**[irgendwo] untersagt sein** to be prohibited [somewhere]; ***das Rauchen ist in diesen Räumen untersagt*** smoking is prohibited in these rooms

Un·ter·sa·gung <-, -en> *f* prohibition, injunction; **~ von Zusammenschlüssen** prohibition of mergers

Un·ter·sa·gungs·ver·fü·gung *f* JUR prohibitive order, negative injunction

Un·ter·satz [ˈʊntɐzats] *m (für Gläser)* coaster; *(für heiße Töpfe)* mat; **die Tasse auf einen ~ stellen** to put the cup on a mat
▸WENDUNGEN: **fahrbarer ~** *(hum fam)* wheels *pl hum fam*

Un·ter·scha·le *f* KOCHK *(Rind)* beef silverside; *(Schwein)* gammon piece

un·ter·schät·zen* [ʊntɐˈʃɛtsn̩] *vt* ■**jdn ~** to underestimate sb; **nicht zu ~** not to be underestimated; *(beträchtlich)* not inconsiderable; **ein nicht zu ~der Konkurrent** a rival who is not to be underestimated; **sich in nicht zu ~de Schwierigkeiten begeben** to get oneself into not inconsiderable difficulties

Un·ter·schät·zung <-, -en> *f meist sing* underestimation

un·ter·scheid·bar *adj* distinguishable

un·ter·schei·den* [ʊntɐˈʃaidn̩] *irreg* **I.** *vt* ❶ *(durch Unterschiede differenzieren)* ■**etw ~** to distinguish [*or* make a distinction] between sth; ***der Botaniker unterscheidet Fichten und Kiefern*** the botanist makes a distinction between firs and pines; ■**etw [von etw** *dat***] ~** to tell sth from sth
❷ *(auseinanderhalten)* ■**etw voneinander [an etw** *dat***] ~** to tell the difference between things [*or* to tell things apart] [by sth]; ***ich kann die beiden nie ~*** I can never tell the difference between the two; ***Ulmen und Linden kann man leicht ~*** you can easily tell elm trees from lime trees; ***er kann ein Schneeglöckchen nicht von einer Schlüsselblume ~*** he can't tell the difference between a snowdrop and a cowslip
❸ *(als anders erscheinen lassen)* ■**jdn von jdm ~** to distinguish sb from sb; ***was sie so sehr von ihrer Schwester unterscheidet, ist ihre musikalische Begabung*** what distinguishes her so much from her sister is her musical talent
II. *vi* **[zwischen Dingen] ~** to differentiate [*or* make a distinction] [between things]; **zwischen ... und ... nicht ~ können** to not be able to distinguish [*or* tell the difference] between ... and ...
III. *vr* ■**sich** *akk* **voneinander/von jdm/etw ~** to differ from sb/sth; ***er unterscheidet sich von seiner Kollegin in seiner Gelassenheit*** he differs from his colleague in that he is much more relaxed; ***ihr unterscheidet euch echt nicht voneinander!*** you're as bad as each other!

Un·ter·schei·dung *f* distinction, differentiation; **eine ~/~en treffen** to make a distinction/distinctions

Un·ter·schen·kel *m* ANAT lower leg; KOCHK [chicken] drumstick
Un·ter·schen·kel·frak·tur *f* MED lower leg fracture
Un·ter·schicht *f* lower class
un·ter·schie·ben*[1] [ʊntɐˈʃiːbn̩] *vt irreg (fam)* ■**jdm etw** ~ to attribute sth falsely to sb; ***diese Äußerung unterschiebt mir die Presse*** this statement has been falsely attributed to me by the press; ■**jdm ~, dass jd etw tut** to imply that sb does sth; ***wollen Sie mir etwa ~, dass ich beabsichtigt habe, Sie zu hintergehen?*** are you trying to imply that it was my intention to deceive you?
un·ter|schie·ben[2] [ˈʊntɐʃiːbn̩] *vt irreg* ■**jdm etw** ~ to push sth under[neath] sb; ***schiebst du mir noch ein Kissen unter?*** will you push another cushion under me?
Un·ter·schied <-[e]s, -e> [ˈʊntɐʃiːt] *m* difference, distinction; **ein feiner/großer** ~ a slight/large difference; ***ich sehe keinen ~ zum Original*** I can't see a difference to the original; **einen/keinen** ~ [*o* ~**e**] [**zwischen Dingen**] **machen** to draw a/no distinction [between things]; **einen/keinen ~ machen** to make a/no difference; ***es macht keinen ~, ob du heute bezahlst oder morgen*** it makes no difference whether you pay today or tomorrow; **im ~ zu jdm** unlike sb, in contrast to sb; ***im ~ zu dir bin ich aber vorsichtiger*** unlike you I'm more careful; [**nur**] **mit dem ~, dass** [only] the difference is that; ***sicher tut ihr die gleiche Arbeit, mit dem ~, dass sie das Doppelte verdient*** of course you do thesame work, only the difference is that she earns double what you do; **ohne** ~ indiscriminately; **ein ~ wie Tag und Nacht** *(fam)* as different as chalk and cheese [*or* night and day]; ***vergleiche mal diese mit der ursprünglichen Version — das ist ein ~ wie Tag und Nacht*** just you compare this to the original version — they are worlds apart!; **der kleine** ~ *(iron fam)* la petite différence *(distinguishing men and women)*
un·ter·schied·lich [ˈʊntɐʃiːtlɪç] **I.** *adj* different; ~ ***er Auffassung sein*** to have different views; ***das Klima in Australien ist sehr*** ~ the climate in Australia varies a lot
II. *adv* differently
un·ter·schieds·los *adv* indiscriminately
un·ter·schla·gen* [ʊntɐˈʃlaːgn̩] *vt irreg* ❶ *(unrechtmäßig für sich behalten)* ■**etw** ~ to misappropriate; **Geld** ~ to embezzle money; **einen Brief/Beweise** ~ to withhold a letter/evidence; **eine Nachricht** ~ to keep quiet about sth
❷ *(vorenthalten)* ■**jdm etw** ~ to withhold sth from sb; ***warum hat man mir diese Information ~?*** why was this information withheld from me?
Un·ter·schla·gung <-, -en> [ʊntɐˈʃlaːgʊŋ] *f* ❶ JUR *von Geld, Werten* misappropriation, embezzlement; ~ **im Amt** embezzlement in office; ~ **von Beweismaterial** suppression of evidence; ~ **von Geldern** conversion of funds to one's own use
❷ *(Verschweigen von etw Wichtigem)* withholding, suppression
Un·ter·schlupf <-[e]s, -e> [ˈʊntɐʃlʊpf] *m* hideout, cover; **bei jdm ~ suchen/finden** to look for/find shelter with sb
un·ter|schlup·fen SÜDD *(fam)*, **un·ter|schlüp·fen** *vi sein (fam)* ■[**bei jdm**] ~ to find shelter [at sb's house]; *(verstecken)* to hide [out] [in sb's house]; *(hum)* to stay [at sb's house]; ***ich habe keine Ahnung, wo der Kerl untergeschlüpft ist*** I've no idea where the guy's staying at
Un·ter·schnei·den <-s> [ʊntɐˈʃnaidn̩] *nt kein pl* TYPO *(Satz)* [character] kerning, pair kerning
Un·ter·schrank *m* BAU base cabinet
un·ter·schrei·ben* [ʊntɐˈʃraibn̩] *irreg* **I.** *vt* ■[**jdm**] **etw** ~ to sign sth [for sb]; **eine Meinung/Ansicht ~ können** *(fig)* to be able to subscribe to an opinion/point of view *fig*
II. *vi* ■[**auf etw** *dat*] ~ to sign [sth]; **eigenhändig** ~ to sign in one's own hand
un·ter·schrei·ten* [ʊntɐˈʃraitn̩] *vt irreg* ❶ *(unterbieten)* ■**etw** [**um etw** *akk*] ~ to undercut sth [by sth]
❷ *(unter einer Grenze liegen)* ■**etw** [**um etw** *akk*] ~ to fall below sth [by sth]; **die Zollsätze** ~ ÖKON to be less than the agreed rates; ***ihr tatsächliches Einkommen unterschreitet deutlich ihre Schätzungen*** her actual income falls well short of her estimates
un·ter·schrie·ben *adj* JUR signed; ~ **und besiegelt** signed and sealed
Un·ter·schrift [ˈʊntɐʃrɪft] *f* ❶ *(eigene Signatur)* signature; **seine ~ leisten** to give one's signature; **seine ~ unter etw** *akk* **setzen, etw mit seiner ~ versehen** to put one's signature to sth, to sign sth
❷ *(Bildunterschrift)* caption
Un·ter·schrif·ten·bo·gen <-s, -bögen> *m* POL, SOZIOL SCHWEIZ *(Formular für eine Unterschriftenliste)* petition form **Un·ter·schrif·ten·lis·te** *f* POL, SOZIOL petition **Un·ter·schrif·ten·samm·lung** *f* collection of signatures **Un·ter·schrif·ten·ver·zeich·nis** *nt* signature list
un·ter·schrifts·be·rech·tigt *adj* authorized to sign **un·ter·schrifts·reif** *adj Vertrag* ready to be signed **Un·ter·schrifts·zeich·nung** *f* signature
un·ter·schwel·lig [ˈʊntɐʃvɛlɪç] *adj* subliminal
Un·ter·see·boot [ˈʊntɐzeːboːt] *nt* submarine
un·ter·see·isch [ˈʊntɐzeːɪʃ] *adj* underwater
Un·ter·see·ka·bel *nt* underwater cable
Un·ter·sei·te *f* underside, bottom
un·ter|set·zen[1] [ˈʊntɐzɛtsn̩] *vt* ■**etw** [**jdm/etw**] ~ to put sth underneath [sb/sth]
un·ter·set·zen*[2] [ʊntɐˈzɛtsn̩] **I.** *vt* ■**etw** ~ ❶ ELEK *elektronische Signale* to slow down sth *sep*
❷ TECH *Motorendrehzahl* to decrease sth
II. *vi (mischen)* ■**mit etw** *dat* **untersetzt sein** to be mixed with sth
Un·ter·set·zer <-s, -> [ˈʊntɐzɛtsɐ] *m (für Gläser)* coaster; *(für heiße Töpfe)* mat
un·ter·setzt [ʊntɐˈzɛtst] *adj Person* stocky
un·ter|sprit·zen* *vt* MED ■**etw** ~ *Falten* to treat sth with anti-wrinkle injections; ***ich habe ein paar Falten im Gesicht ~ lassen*** I had anti-wrinkle injections on a couple of lines on my face
un·ter·spü·len* [ʊntɐˈʃpyːlən] *vt* ■**etw** ~ to wash away the bottom of sth
Un·ter·stand *m* ❶ *(Platz zum Unterstellen)* shelter
❷ MIL dugout
un·ters·te(r, s) [ˈʊntɐstə, -tɐstɐ, tɐstəs] *adj superl von* **untere(r, s)**: **das U~ zuoberst kehren** *(fam)* to turn everything upside down; ***die Einbrecher hatten das U~ zuoberst gekehrt*** the burglars had turned everything upside down
un·ter·ste·hen*[1] [ʊntɐˈʃteːən] *irreg* **I.** *vi* ■**jdm/etw** ~ to be subordinate to sb/sth, to come under sb's/sth's control; ***der Abteilungsleiterin ~ 17 Mitarbeiter*** seventeen employees report to the departmental head; **jds Befehl** ~ to be under sb's command; **ständiger Kontrolle** ~ to be subject to constant checks
II. *vr* ■**sich** *akk* **~, etw zu tun** to have the audacity to do sth; ***er hat sich tatsächlich unterstanden, uns zu drohen?*** he actually dared to threaten us?; ***untersteh dich!*** don't you dare!; ***was ~ Sie sich!*** how dare you!
un·ter|ste·hen[2] [ˈʊntɐʃteːən] *vi irreg haben* SÜDD, ÖSTERR, SCHWEIZ to take shelter [*or* cover]; ***es hat so stark geregnet, dass wir eine ganze Weile ~ mussten*** it rained so heavily that we had to take shelter for quite a while
un·ter·stel·len*[1] [ʊntɐˈʃtɛlən] **I.** *vt* ❶ *(unterordnen)* ■**jdm jdn/etw** ~ to put sb in charge of sb/sth; ***wir unterstellen Ihnen vier Abteilungen*** we're putting you in charge of four departments; ■**jdm/etw unterstellt sein** to be under sb/sth; ***Sie sind ab sofort der Redaktion III unterstellt*** as from now you report to editorial department III
❷ *(unterschieben)* ■**jdm etw** ~ to imply [*or* insinuate] that sb has said/done sth; ***~ Sie mir Nachlässigkeit?*** are you implying that I have been negligent?
II. *vi* ■**~, [dass]** ... to suppose [*or* assume] [that] ...; ***ich unterstelle einfach einmal, dass Sie recht haben*** I'm just supposing for once that you are right
un·ter|stel·len[2] [ˈʊntɐʃtɛlən] **I.** *vt* ❶ *(abstellen)* ■**etw irgendwo/bei jdm** ~ to store sth somewhere/at sb's house; **ein Auto bei jdm** ~ to leave one's car at sb's house; ***er stellt ein paar Möbelstücke bei uns unter*** he's storing a few items of furniture at our place
❷ *(darunterstellen)* ■**etw** ~ to store sth underneath; **einen Eimer** ~ to put a bucket underneath
II. *vr* ■**sich** *akk* ~ to take shelter [*or* cover]
Un·ter·stell·mög·lich·keit *f (Überdachung)* bus shelter
Un·ter·stel·lung *f* ❶ *(falsche Behauptung)* insinuation
❷ *kein pl (Unterordnung)* subordination; ■**die/jds ~ unter jdn/etw** the/sb's subordination to sb/sth
un·ter·steu·ern* [ʊntɐˈʃtɔyɐn] *vi* AUTO to understeer
un·ter·strei·chen* [ʊntɐˈʃtraiçn̩] *vt irreg* ■**etw** ~ ❶ *(markieren)* to underline sth; ***sein Name war rot unterstrichen*** his name was underlined in red
❷ *(betonen)* to emphasize sth; **seine Worte mit Gesten** ~ to emphasize one's words with gestures; ***Herbstfarben ~ Ihren Hauttyp*** autumn colours enhance your skin type
❸ *(zustimmen)* ***das kann ich nur*** ~ there's no doubt about that
Un·ter·strei·chung <-, -en> *f* ❶ *(das Unterstreichen)* underlining; ~**en vornehmen** *(geh)* to underline
❷ *kein pl (das Betonen)* emphasizing
Un·ter·strich <-s, -e> *m* TYPO underscore **Un·ter·strö·mung** *f* undercurrent **Un·ter·stu·fe** *f* lower school
un·ter·stüt·zen* [ʊntɐˈʃtʏtsn̩] *vt* ❶ *(durch Hilfe fördern)* ■**jdn** [**bei etw** *dat*/**in etw** *dat*] ~ to support sb [in sth]; **die Heilung** ~ to assist sb's recovery
❷ *(materiell/finanziell fördern)* ■**jdn/etw** [**mit etw** *dat*] ~ to support sb/sth [with sth]; ***wirst du noch von deinen Eltern finanziell unterstützt?*** do your parents still financially support you?
❸ *(sich dafür einsetzen)* ■**etw** ~ to back [*or* support] sth; ***diesen Plan kann ich voll*** ~ I'm fully behind [*or* supportive of] this plan
❹ INFORM ■**etw** ~ to support sth
Un·ter·stüt·zer(in) <-s, -> *m(f)* supporter, backer
Un·ter·stüt·zung *f* ❶ *kein pl (Hilfe)* support; ***ich möchte Sie um Ihre ~ bitten*** I should like to ask you for your support; **zur ~ einer S.** *gen* in support of sth
❷ *(finanzielle Hilfeleistung)* income support; *(Arbeitslosenunterstützung)* benefit; ***nimm die 1.000 Euro als kleine*** ~ take the 1,000 euros to help you out a bit; **eine ~ beantragen** to apply for assistance; **eine ~ beziehen** to be on income support/[unemployment] benefit
Un·ter·stüt·zungs·fonds *m* FIN provident fund **Un·ter·stüt·zungs·zah·lung** *f* benefit payment
Un·ter·such <-s, -e> [ʊntɐˈzuːx] *m* SCHWEIZ *(Untersuchung)* examination, investigation
un·ter·su·chen* [ʊntɐˈzuːxn̩] *vt* ❶ *(den Gesundheitszustand überprüfen)* ■**jdn** ~ to examine sb; ■**jdn auf etw** *akk* ~ to examine sb for sth; ***hat man Sie auf Allergien untersucht?*** have you been examined for allergies?; ■**sich** *akk* [**von jdm**] ~ **lassen** to be examined [by sb]; ***manche Frauen wollen sich nur von Ärztinnen ~ lassen*** some women only want to be examined by a woman doctor; ■**etw** [**auf etw** *akk*] ~ *(medizinisch überprüfen)* to examine sth [for sth]; ***wir schicken das Blut ein, um es auf Krebszellen ~ zu lassen*** we're sending the blood in to have it examined for cancer cells
❷ *(überprüfen)* ■**etw/jdn** ~ to investigate [*or* look into] sth/sb; **einen Plan auf Schwachstellen hin** ~ to check a plan for weaknesses; **ein Fahrzeug** ~ to check a vehicle
❸ *(genau betrachten)* ■**etw/jdn** ~ to scrutinize sth/sb; **die sozialen Verhältnisse** ~ to examine the social conditions; **jds Lebensgewohnheiten** ~ to scrutinize sb's habits
❹ *(durchsuchen)* ■**jdn/etw** [**auf etw** *akk*] ~ to search sb/sth [for sth]; ***die Zollbeamten ~ das Gepäck auf Sprengstoff*** the customs officers

U

search the luggage for explosives
⑤ *(aufzuklären suchen)* ■**etw** ~ to investigate sth; ***die Polizei untersucht den Vorfall*** the police are investigating the incident

Un·ter·su·chung <-, -en> *f* ① *(Überprüfung des Gesundheitszustandes)* examination; **jdn einer ~ unterziehen** *(geh)* to give sb a medical examination; **sich** *akk* **einer ~ unterziehen** *(geh)* to undergo a medical examination; *(medizinische Überprüfung)* examination
② *(Durchsuchung)* search; ***die ~ des Busses förderte Sprengstoff zutage*** the search of the coach unearthed explosives
③ JUR *(Überprüfung)* enquiry, examination, investigation; ***die ~ der Unfallursache ergab, dass die Bremsen versagt hatten*** the investigation into the cause of the accident revealed that the brakes had failed; ***die ~ des Wagens war ergebnislos*** an inspection of the car proved fruitless; **eine ~ einleiten** to institute investigations
④ *(analysierende Arbeit)* investigation, survey; **eine ~ veröffentlichen** to publish an investigation [*or* survey]

Un·ter·su·chungs·aus·schussRR *m* JUR committee of enquiry, investigating committee **Un·ter·su·chungs·be·am·te(r)** *f(m) dekl wie adj,* **Un·ter·su·chungs·be·am·tin** *f* ADMIN, JUR investigator **Un·ter·su·chungs·be·fund** *m* examination report **Un·ter·su·chungs·er·geb·nis** *nt* ① JUR findings *pl* ② MED *(Befund)* results *pl,* findings *pl* **Un·ter·su·chungs·frist** *f* JUR period of inspection **Un·ter·su·chungs·ge·fan·ge·ne(r)** *f(m) dekl wie adj* prisoner on remand **Un·ter·su·chungs·ge·fäng·nis** *nt* remand prison **Un·ter·su·chungs·grund·satz** *m* JUR inquisitorial system

Un·ter·su·chungs·haft *f kein pl* JUR custody, remand, pre-trial detention AM, detention pending trial; **in ~ sein** [*o fam* **sitzen**] to be on remand; **Anrechnung der ~** *making allowance for the time of pre-trial custody;* **~ anrechnen** to make allowance for the pre-trial confinement; **jdn in ~ nehmen** to commit sb for trial

Un·ter·su·chungs·häft·ling *m* prisoner awaiting trial **Un·ter·su·chungs·kom·mis·si·on** *f* investigating [*or* inquiry] committee, commission of inquiry **Un·ter·su·chungs·me·tho·de** *f* examination [*or* investigation] [*or* research] method **Un·ter·su·chungs·pflicht** *f* JUR inspection duty **Un·ter·su·chungs·recht** *nt* JUR right of search **Un·ter·su·chungs·rich·ter(in)** *m(f)* examining magistrate **Un·ter·su·chungs·zim·mer** *nt* examination room

Un·ter·ta·ge·bau [ʊntɐˈtaːgəbau̯] *m kein pl* ① *(Abbau)* underground mining
② *(Grube)* coal mine

un·ter·tags [ʊntɐˈtaːks] *adv* ÖSTERR, SCHWEIZ, SÜDD *(tagsüber)* during the day

un·ter·tan [ˈʊntɐtaːn] *adj* **sich** *dat* **jdn/etw ~ machen** *(geh)* to subjugate sb/dominate sth

Un·ter·tan(in) <-en, -en> [ˈʊntɐtaːn] *m(f)* subject

un·ter·tä·nig <-er, -ste> [ˈʊntɐtɛːnɪç] *adj (pej)* subserviant, submissive *pej;* **Ihr ~ster Diener** *(alt)* your humble [*or* most obedient] servant

un·ter·ta·rif·lich I. *adj* JUR below agreed wages *pred;* **~e Bezahlung/Einstufung** subminimum payment/downgrade
II. *adv* JUR below agreed wages; ***viele Frauen werden ~ bezahlt*** many women receive subminimum wages

Un·ter·tas·se *f* saucer; **fliegende ~** *(fam)* flying saucer *fam*

un·ter|tau·chen [ˈʊntɐtau̯xn̩] I. *vt haben* ■**jdn ~** to duck [*or* dunk] sb's head under water, BRIT to give sb a ducking *fam*
II. *vi sein* ① *(tauchen)* to dive [under]; *U-Boot* to submerge
② *(sich verstecken)* to disappear, to go underground; ■**bei jdm ~** to hide out at sb's place; **im Ausland ~** to go underground abroad
③ *(verschwinden)* ■**irgendwo ~** to disappear somewhere; ***der Taschendieb war bereits in der Menschenmenge untergetaucht*** the pickpocket had already disappeared into the crowd

Un·ter·teil [ˈʊntɐtai̯l] *nt o m* bottom [*or* lower] part

un·ter·tei·len* [ʊntɐˈtai̯lən] *vt* ① *(einteilen)* ■**etw** [**in etw** *akk*] **~** to subdivide sth [into sth]; ***das Formular war in drei Spalten unterteilt*** the form was subdivided into three columns
② *(aufteilen)* ■**etw** [**in etw** *akk*] **~** to partition [*or* divide] sth [into sth]; ***das große Zimmer war in zwei kleinere Räume unterteilt*** the large room was partitioned into two smaller rooms

Un·ter·tei·lung <-, -en> *f* subdivision

Un·ter·tel·ler *m* SCHWEIZ, SÜDD *(Untertasse)* saucer

Un·ter·tem·pe·ra·tur *f* low body temperature

Un·ter·ti·tel [ˈʊntɐtiːtl̩] *m* ① *(eingeblendete Übersetzung)* subtitle ② *(zusätzlich erläuternder Titel)* subheading **Un·ter·ton** *m* undertone **un·ter·tou·rig** [-tuːrɪç] *adj* at low revs; ***eine ~e Fahrweise schadet Motor und Getriebe*** driving at low revs damages the engine and gears

un·ter·trei·ben* [ʊntɐˈtrai̯bn̩] *irreg* I. *vt (etw geringer darstellen)* ■**etw ~** to understate sth; ***musst du immer ~?*** do you always have to understate everything?
II. *vi* to play sth down; ***manche Menschen neigen dazu, zu ~*** some people have a tendency to play things down

Un·ter·trei·bung <-, -en> *f* understatement

un·ter·tun·neln* [ʊntɐˈtʊnl̩n] *vt* ■**etw ~** to tunnel under sth; **der untertunnelte Ärmelkanal** the Channel Tunnel, the Chunnel *fam*

Un·ter·tun·ne·lung *f* tunnelling [*or* AM -eling]

Un·ter·ver·ga·be *f* sub-allocation

un·ter·ver·mie·ten* I. *vt* ■**etw ~** to sublet sth
II. *vi* to sublet; ***laut Mietvertrag darf ich nicht ~*** according to the lease I am not allowed to sublet

Un·ter·ver·mie·tung *f* HANDEL subletting, sublease; **~ zu kommerziellen Zwecken** commercial sublease **Un·ter·ver·pach·tung** *f* HANDEL sublease **un·ter·ver·si·chert** *adj* underinsured **Un·ter·ver·si·che·rung** *f* JUR underinsurance **un·ter·ver·sorgt** *adj inv* undersupplied **Un·ter·ver·sor·gung** *f kein pl* shortage **Un·ter·ver·trag** *m* JUR subcontract **un·ter·ver·tre·ten** *adj* SCHWEIZ *(unterrepräsentiert)* under-represented **Un·ter·ver·tre·ter(in)** *m(f)* HANDEL sub-agent **Un·ter·ver·zeich·nis** *nt* INFORM subdirectory **Un·ter·voll·macht** *f* substitute power of attorney, delegated authority

un·ter·wan·dern* [ʊntɐˈvandɐn] *vt* ■**etw ~** to infiltrate sth

Un·ter·wan·de·rung *f* infiltration

Un·ter·wä·sche <-, -n> [ˈʊntɐvɛʃə] *f* ① *kein pl* MODE underwear *no pl*
② AUTO *(fam: Unterbodenwäsche)* underbody cleaning

Un·ter·was·ser·be·ben *nt* underwater quake **Un·ter·was·ser·ka·me·ra** [ˈʊntɐvasɐ-] *f* underwater camera **Un·ter·was·ser·mas·sa·ge** *f* underwater massage **Un·ter·was·ser·sport** *m* underwater sport

un·ter·wegs [ʊntɐˈveːks] *adv* ① *(auf dem Weg)* on the way; ***wir müssen los, ~ können wir dann Rast machen*** we must be off, we can have a break on the way; ■[**irgendwohin/zu jdm**] **~ sein** to be on the way [to somewhere/sb]; ***Herr Müller ist gerade nach München ~*** Mr. Müller is on his way to Munich at the moment; **für ~** for the journey; ***nehmt ein paar belegte Brote für ~ mit!*** take a few sandwiches for the journey; **von ~** from our/your trip [*or* outing]; ***wir haben ein paar Blumen von ~ mitgebracht*** we've brought a few flowers back from our outing; ***er hat mich von ~ angerufen*** he phoned me while he was on his way; **~ befindliche Waren** HANDEL goods in transit
② *(fam: schwanger)* ***ein Kind ist ~*** a child is on the way, she is/they/we are expecting a child

un·ter·wei·sen* [ʊntɐˈvai̯zn̩] *vt irreg (geh)* ■**jdn** [**in etw** *dat*] **~** to instruct sb [in sth] *form;* ***ich werde Sie in der Benutzung des Computers ~*** I will instruct you how to use the computer

Un·ter·wei·sung *f (geh)* instruction *form*

Un·ter·welt [ˈʊntɐvɛlt] *f kein pl* underworld

un·ter·wer·fen* [ʊntɐˈvɛrfn̩] *irreg* I. *vt* ① *(unterjochen)* ■**jdn/etw ~** to subjugate [*or* conquer] sb/sth; ***die Conquistadores haben weite Teile Südamerikas unterworfen*** the Conquistadores subjugated large parts of South America
② *(unterziehen)* ■**jdn etw** *dat* **~** to subject sb to sth; ***die Zollbeamten unterwarfen die Einreisenden endlosen Prozeduren*** the customs officers subjected the people entering the country to endless procedures
II. *vr* ① *(sich fügen)* **sich** *akk* **jds Willkür ~** to bow to sb's will; **sich** *akk* **einem Herrscher ~** to obey a ruler
② *(sich unterziehen)* ■**sich** *akk* **etw** *dat* **~** to submit to sth; **sich einer Prüfung ~** to do a test

Un·ter·wer·fung <-, -en> *f* subjugation

Un·ter·wer·fungs·er·klä·rung *f* FIN *eines Schuldners* statement of judgment clause **Un·ter·wer·fungs·klau·sel** *f* FIN confession of judgment clause; *(in Wechsel)* cognovit clause

un·ter·wor·fen *adj* ■**jdm/etw ~ sein** to be subject to sb/sth; ***die vorherrschende Mode ist vielen Strömungen ~*** the prevailing fashion is subject to many trends

un·ter·wür·fig [ʊntɐˈvʏrfɪç] *adj (pej)* servile; ***manche meiner Kollegen sind ~ in Gegenwart des Chefs*** some of my colleagues grovel in the presence of the boss

Un·ter·wür·fig·keit <-> *f kein pl (pej)* servility

un·ter·zeich·nen* [ʊntɐˈtsai̯çnən] *vt (geh)* ■**etw ~** to sign sth

Un·ter·zeich·ner(in) [ʊntɐˈtsai̯çnɐ] *m(f) (geh)* signatory

Un·ter·zeich·ner·staat *m* signatory state

Un·ter·zeich·nung *f (geh)* signing; **~ des Kaufvertrags** JUR *(form)* to sign a sales contract

Un·ter·zeug [ˈʊntɐtsɔyk] *nt (fam)* underclothes *npl*

un·ter·zie·hen*1 [ʊntɐˈtsiːən] *irreg* I. *vt* ■**jdn/etw etw** *dat* **~** to subject sb/sth to sth; ***der Arzt unterzog mich einer gründlichen Untersuchung*** the doctor examined me thoroughly; ***das Fahrzeug muss noch einer Generalinspektion unterzogen werden*** the vehicle still has to undergo a general inspection
II. *vr* ■**sich** *akk* **etw** *dat* **~** to undergo sth; **sich** *akk* **einer Operation ~** to have an operation; **sich** *akk* **einem Verhör ~** to undergo a hearing; **sich** *akk* **einer Aufgabe ~** to take on a task

un·ter|zie·hen2 [ˈʊntɐtsiːən] *vt irreg* ■[**sich** *dat*] **etw ~** to put on sth *sep* underneath; ***Sie sollten sich einen Pullover ~*** you ought to put a pullover on underneath

Un·ter·zieh·hemd *nt* vest **Un·ter·zieh·pul·li** *m thin pullover worn underneath normal clothes for added protection; (als Skiunterwäsche)* long-sleeved thermal T-shirt

un·ter·zu·ckert *adj* MED ■**~ sein** *Diabetiker* to have a low blood sugar level

Un·ter·zu·cke·rung <-, -en> *f* low blood sugar level

Un·ter·zug *m* BAU downstand beam, bearer

Un·tie·fe [ˈʊntiːfə] *f* ① *(seichte Stelle)* shallow *usu pl*
② *(geh: große Tiefe)* depth *usu pl;* **in den ~n des Ozeans** in the depths of the ocean

Un·tier [ˈʊntiːɐ̯] *nt* monster

un·tilg·bar [ʊnˈtɪlkbaːɐ̯] *adj* FIN *(geh)* irredeemable, unsinkable

Un·to·te(r) [ˈʊntoːtə, (-tɐ)] *f(m) dekl wie adj* undead

un·trag·bar [ʊnˈtraːkbaːɐ̯] *adj* ① *(unerträglich)* unbearable
② *(nicht tolerabel)* intolerable; ■[**für jdn**] **~ sein/werden** to be/become intolerable [to sb]; ***dieser Politiker ist/wird für seine Partei ~*** this politician is/is becoming a liability to his party

un·trai·niert *adj* untrained

un·trenn·bar [ʊnˈtrɛnbaːɐ̯] *adj* LING inseparable

un·treu [ˈʊntrɔy] *adj* unfaithful; ■**jdm ~ sein/werden** to be unfaithful to sb; *(hum)* to forget all about sb; ***wir hatten schon gedacht, du wolltest uns ~ werden*** we were beginning to think that you'd forgotten all about us; **sich** *dat* **~ werden** *(geh)* to be untrue to oneself; **etw** *dat* **~ werden** to be disloyal to sth

Un·treue *f* ❶ *(untreues Verhalten)* unfaithfulness
❷ JUR *(finanzieller Missbrauch)* embezzlement

un·tröst·lich [ʊn'trøːstlɪç] *adj* inconsolable; ■ **~ sein, dass** to be inconsolable [*or* so [very] sorry] that

un·trüg·lich [ʊn'tryːklɪç] *adj* unmistakable, sure

Un·tu·gend ['ʊntuːgn̩t] *f* bad habit; ***ihre größte ~ ist das Kettenrauchen*** her worst vice is [her] chain-smoking; **eine ~ [von jdm] sein** to be a bad habit [of sb's]

un·ty·pisch *adj* untypical; ■ **~ [für jdn] sein** to be untypical [of sb]

un·übel *adj* [**gar**] **nicht** [**so**] **~** *(fam)* not bad [at all], not so bad; ***er ist gar nicht so ~, wenn man ihn näher kennt*** he's not so bad [*or* BRIT *fam* such a bad bloke [*or* sort]] when you get to know him better

un·über·brück·bar [ʊnʔyːbɐbrʏkbaːɐ̯] *adj* irreconcilable

un·über·hör·bar [ʊnʔyːbɐhøːɐ̯baːɐ̯] *adj* ❶ *(nicht zu überhören)* ■ **~ sein** to be clearly audible; ***das Läuten des Telefons muss ~ gewesen sein*** you could hardly [*or* [surely] couldn't] have missed the phone ringing
❷ *(deutlich herauszuhören)* unmistakable

un·über·legt ['ʊnʔyːbɐleːkt] **I.** *adj* rash
II. *adv* rashly

Un·über·legt·heit <-, -en> *f* ❶ *kein pl (unüberlegte Art)* rashness
❷ *kein pl (Übereiltheit)* rashness
❸ *(unüberlegte Äußerung)* rash [*or* ill-considered] comment
❹ *(unüberlegte Handlung)* rash act

un·über·seh·bar [ʊnʔyːbɐ'zeːbaːɐ̯] *adj* ❶ *(nicht zu übersehen)* obvious; **ein ~er Fehler** an obvious [*or* glaring] mistake; **ein ~er Unterschied** an obvious [*or* striking] difference
❷ *(nicht abschätzbar)* incalculable, inestimable; **~e Konsequenzen** unforeseeable consequences

un·über·setz·bar [ʊnʔyːbɐ'zɛtsbaːɐ̯] *adj* untranslatable

un·über·sicht·lich ['ʊnʔyːbɐzɪçtlɪç] *adj* ❶ *(nicht übersichtlich)* confusing
❷ *(schwer zu überblicken)* unclear; **eine ~e Kurve** a blind bend [*or* curve]

Un·über·trag·bar·keit <-> [ʊnʔyːbɐ'traːkbaːɐ̯kaɪ̯t] *f kein pl* non-transferability, inalienability

un·über·treff·lich [ʊnʔyːbɐ'trɛflɪç] **I.** *adj* unsurpassable, matchless; **ein ~er Rekord** an unbeatable record
II. *adv* superbly, magnificently; ***ein ~ gutes/gelungenes Design*** an unsurpassably good/unsurpassable [*or* matchless] design

un·über·trof·fen [ʊnʔyːbɐ'trɔfn̩] *adj* unsurpassed, unmatched; **ein ~er Rekord** an unbroken record; ■ **~ sein** to be unsurpassable [*or* unmatchable]; ***dieser Rekord ist noch/seit Jahren ~*** this record is still unbroken/hasn't been broken for [some] years

un·über·wind·lich [ʊnʔyːbɐ'vɪntlɪç] *adj* ❶ *(nicht abzulegen)* deep[-rooted]; **eine ~e Antipathie** a deep [*or* strong] antipathy; **ein ~er Hass** an implacable [*or* a deep-rooted] hatred; **~e Vorurteile** deep[-rooted] [*or* ingrained] prejudices
❷ *(nicht zu meistern)* insurmountable, insuperable *form*
❸ *(unbesiegbar)* invincible

un·üb·lich ['ʊnʔyːplɪç] **I.** *adj* uncustomary; ■ **~ sein** to be unusual, not to be customary
II. *adv* unusually; **~ lange dauern** to take an unusually long time

un·um·gäng·lich [ʊnʔʊm'gɛŋlɪç] *adj* unavoidable, inevitable; ■ **~ sein/werden** to be/become inevitable; *(dringend notwendig)* ***ein baldiger Abschluss des Vertrages wird ~*** it's imperative that the contract is concluded soon

un·um·schränkt [ʊnʔʊm'ʃrɛŋkt] **I.** *adj* absolute, unlimited
II. *adv* **~ herrschen** to have absolute rule [*or* power]

un·um·stöß·lich [ʊnʔʊm'ʃtøːslɪç] **I.** *adj* irrefutable, incontrovertible; **ein ~er Entschluss** an irrevocable [*or* irreversible] decision
II. *adv* irrefutably, incontrovertibly; ***die Entscheidung des Gerichts steht ~ fest*** the court's decision is irrevocable [*or* irreversible]

un·um·strit·ten [ʊnʔʊm'ʃtrɪtn̩] **I.** *adj* undisputed, indisputable; ■ **~ sein, dass** to be undisputed [*or* indisputable] that
II. *adv* undisputedly, indisputably; ***das ist ~ einer der besten Rotweine der Welt*** this is without doubt one of the best red wines in the world

un·um·wun·den ['ʊnʔʊmvʊndn̩] *adv* frankly, openly

un·un·ter·bro·chen ['ʊnʔʊntɐbrɔxn̩] **I.** *adj* ❶ *(unaufhörlich andauernd)* incessant, constant
❷ *(nicht unterbrochen)* unbroken, uninterrupted
II. *adv* constantly, incessantly; **~ laufen lassen** INFORM soak tested

un·ver·än·der·lich [ʊnfɛɐ̯'ʔɛndɐlɪç] *adj* ❶ *(gleich bleibend)* unchanging, unvarying
❷ *(feststehend)* constant, invariable, unchanging

un·ver·än·dert ['ʊnfɛɐ̯ʔɛndɐt] **I.** *adj* ❶ *(keine Änderungen aufweisend)* unrevised; ***bis auf einige Korrekturen ist der Text ~*** apart from a few corrections there are no revisions to the text
❷ *(gleich bleibend)* unchanged; **~er Einsatz/Fleiß** unchanging [*or* unvarying] dedication/hard work; ***mein Großvater ist weiterhin bei ~er Gesundheit*** my grandfather's health is still unchanged
II. *adv* ***trotz dieser Meinungsverschiedenheiten begegnete sie uns ~ freundlich*** her greeting was as friendly as ever, despite our [little] difference of opinion; ***ihr ~ gutes Befinden verdankt sie diesen Knoblauchpillen*** she puts her continued good health down to these garlic pills; ***auch morgen ist es wieder ~ heiter/kalt/kühl*** it will remain [just as] clear/cold/cool [*or* be clear/cold/cool again] tomorrow; ***auch für den neuen Auftraggeber arbeitete er ~ zuverlässig*** his work was just as reliable for his new client

un·ver·ant·wort·lich [ʊnfɛɐ̯'ʔantvɔrtlɪç] **I.** *adj* irresponsible; ***in ihrem ~en Leichtsinn ließ sie ihr Auto unverschlossen stehen*** in her irresponsible recklessness she left her car unlocked
II. *adv* irresponsibly; ***du hast ~ viel getrunken*** it was irresponsible of you to drink so much

un·ver·ar·bei·tet ['ʊnfɛɐ̯ʔarbaɪ̯tət] *adj* ❶ *(naturbelassen) Material* raw
❷ PSYCH *Erlebnis, Eindruck* undigested

un·ver·äu·ßer·lich [ʊnfɛɐ̯'ʔɔysɐlɪç] *adj inv* ❶ *(geh: nicht zu entäußern)* inalienable
❷ *(selten: unverkäuflich)* unmarketable, unsaleable

un·ver·bes·ser·lich [ʊnfɛɐ̯'bɛsɐlɪç] *adj* incorrigible; **ein ~er Optimist/Pessimist** an incurable optimist/pessimist

un·ver·bind·lich ['ʊnfɛɐ̯bɪntlɪç] **I.** *adj* ❶ *(nicht verpflichtend)* not binding *pred;* **ein ~es Angebot machen** to make a non-binding offer [*or* an offer without commitment]
❷ *(distanziert)* detached, impersonal; ***meine ~en Geschäftspartner wollten sich wohl ein Hintertürchen offen halten*** my non-committal business partners obviously wanted to leave themselves a way out
II. *adv* without obligation; **jdm einen Preis ~ ausrechnen** to calculate a price for sb that is not binding

Un·ver·bind·lich·keit <-, -en> *f* ❶ *kein pl (Distanziertheit)* detachment, impersonality
❷ *(unverbindliche Äußerung)* non-committal remark

un·ver·bleit ['ʊnfɛɐ̯blaɪ̯t] *adj* unleaded, lead-free

un·ver·blümt [ʊnfɛɐ̯'blyːmt] **I.** *adj* blunt
II. *adv* bluntly, in plain terms

un·ver·braucht ['ʊnfɛɐ̯braʊ̯xt] *adj* fresh, unused; ***sie wurde durch eine junge, ~e Mitarbeiterin ersetzt*** she was replaced by a fresh, young colleague; ■ **[noch] ~ sein** to be [still] fresh; ***mit 40 war sie noch voller Energie und ~*** as a 40-year-old she was still full of youthful energy

un·ver·däch·tig ['ʊnfɛɐ̯dɛçtɪç] **I.** *adj* ❶ *(nicht unter Verdacht stehend)* unsuspected; ***der Einzige, der hier ~ ist, ist das zweijährige Kind*** the only person who is above suspicion here is the two-year-old
❷ *(nicht verdächtig)* unsuspicious; ***legen Sie bitte ein ganz ~es Verhalten an den Tag*** please try not to arouse any suspicion [with your behaviour]; ***sein Auftreten selbst ist völlig ~*** he doesn't look suspicious at all
II. *adv* **~ auftreten/sich** *akk* **~ benehmen** to behave in a way which won't arouse suspicion, not to behave in a way which will arouse suspicion

un·ver·dau·lich ['ʊnfɛɐ̯daʊ̯lɪç] *adj* indigestible

un·ver·daut ['ʊnfɛɐ̯daʊ̯t] **I.** *adj* undigested
II. *adv* **etw ~ wiederausscheiden** to pass sth in an undigested state

un·ver·dient ['ʊnfɛɐ̯diːnt] **I.** *adj* ❶ *(nicht durch Verdienst erfolgend)* unearned
❷ *(unberechtigt)* undeserved, unmerited
II. *adv* undeservedly

un·ver·dien·ter·ma·ßen, un·ver·dien·ter·wei·se *adv* undeservedly

un·ver·dor·ben ['ʊnfɛɐ̯dɔrbn̩] *adj* unspoilt

un·ver·dros·sen ['ʊnfɛɐ̯drɔsn̩] *adv* undauntedly

un·ver·dünnt ['ʊnfɛɐ̯dʏnt] **I.** *adj* undiluted; **~er Alkohol** neat alcohol
II. *adv* **etw ~ anwenden/auftragen/trinken** to use/apply/drink sth in an undiluted state; ***ich trinke meinen Whisky ~*** I like [to drink] my whisky neat

un·ver·ein·bar [ʊnfɛɐ̯'ʔaɪ̯nbaːɐ̯] *adj* incompatible; **~e Gegensätze** irreconcilable differences; ■ **[mit etw** *dat*] **~ sein** to be incompatible [with sth]

Un·ver·fall·bar·keit <-> *f kein pl* non-forfeitability, non-forfeiture

un·ver·fälscht ['ʊnfɛɐ̯fɛlʃt] *adj* unadulterated

un·ver·fäng·lich ['ʊnfɛɐ̯fɛŋlɪç] *adj* harmless; ***auf die Trickfragen hat er mit ~en Antworten reagiert*** he gave non-committal answers to the trick questions; ■ **~ sein, etw zu tun** to be perfectly harmless to do sth

un·ver·fro·ren ['ʊnfɛɐ̯froːrən] *adj* insolent, impudent

Un·ver·fro·ren·heit <-, -en> *f* ❶ *(Dreistigkeit)* audacity, impudence
❷ *(Äußerung)* insolent remark; ***solche ~en muss ich mir nicht anhören*** I don't have to listen to such insolent remarks [*or* insolence]
❸ *(dreistes Benehmen)* insolence *no pl;* ***also ehrlich, mir so was zu sagen, ist schon eine ~*** well really, you've got a cheek saying something like that to me

un·ver·gäng·lich ['ʊnfɛɐ̯gɛŋlɪç] *adj* ❶ *(bleibend)* abiding; **ein ~er Eindruck** a lasting [*or* an indelible] impression; **eine ~e Erinnerung** an abiding [*or* enduring] memory
❷ *(nicht vergänglich)* immortal

un·ver·ges·sen ['ʊnfɛɐ̯gɛsn̩] *adj* unforgotten; **jd/etw bleibt [jdm] ~** sb/sth will always be remembered [by sb], sb will always remember [*or* never forget] sb/sth

un·ver·gess·lich^RR^, **un·ver·geß·lich**^ALT^ [ʊnfɛɐ̯'gɛslɪç] *adj* unforgettable; ***die schönen Stunden mit dir bleiben mir [auf ewig] ~*** I'll never [ever] forget [*or* I will always remember] the wonderful hours I spent with you; ■ **[jdm] ~ bleiben** sb will always remember [*or* never forget] sth; ***die Eindrücke von meiner Weltreise sind immer noch ~*** the impressions of my round-the-world trip are still with me as if they happened yesterday

un·ver·gleich·bar [ʊnfɛɐ̯'glaɪ̯çbaːɐ̯] *adj* incomparable; ■ **~ [miteinander] sein** to be incomparable [to [*or* with] each other [*or* one another]]; ***diese Fälle sind ~ [miteinander]*** these cases can't be compared [*or* are incomparable] to [*or* with] each other [*or* one another]

un·ver·gleich·lich [ʊnfɛɐ̯'glaɪ̯çlɪç] **I.** *adj* incomparable, unique
II. *adv* incomparably

un·ver·hält·nis·mä·ßig ['ʊnfɛɐ̯hɛltnɪsmɛːsɪç] *adv*

excessively; ***wir alle litten unter dem ~ heißen/kalten Wetter*** we are all suffering as a result of the unusually [*or* exceptionally] hot/cold weather; ***das Essen in diesem Restaurant ist zwar erstklassig, aber ~ teuer*** the food in this restaurant is first-rate, but extremely expensive

Un·ver·hält·nis·mä·ßig·keit <-, -en> *f* disproportion

un·ver·hei·ra·tet ['ʊnfɛɐ̯hai̯ra:tət] *adj* unmarried, single

un·ver·hofft ['ʊnfɛɐ̯hɔft] **I.** *adj* unexpected
II. *adv (unerwartet)* unexpectedly; ***sie besuchten uns ~*** they paid us an unexpected visit; ***manchmal kommt die glückliche Wende ganz ~*** sometimes a turn for the better happens quite unexpectedly [*or* is quite unexpected [when it comes]]
▶WENDUNGEN: ~ **kommt oft** *(prov)* the nicest things happen when you don't expect them, life is full of surprises

un·ver·hoh·len ['ʊnfɛɐ̯ho:lən] **I.** *adj* undisguised, unconcealed
II. *adv* openly

un·ver·hüllt <-er, -este> ['ʊnfɛɐ̯hʏlt] *adj* unveiled, undisguised

un·ver·käuf·lich ['ʊnfɛɐ̯kɔyflɪç] *adj* not for sale *pred;* **ein ~es Muster** a free sample

un·ver·kenn·bar [ʊnfɛɐ̯'kɛnba:ɐ̯] *adj* unmistakable; ■ **~ sein/werden, dass** to be/become clear that

un·ver·krampft *adj* relaxed

un·ver·läss·lichRR *adj* unreliable

Un·ver·letz·lich·keit [ʊnfɛɐ̯'lɛtslɪçkai̯t] *f* JUR inviolability; **~ der Wohnung** inviolability of the home

un·ver·letzt ['ʊnfɛɐ̯lɛtst] *adj* uninjured, unhurt; *Körperteil* undamaged

un·ver·meid·bar [ʊnfɛɐ̯'mai̯tba:ɐ̯] *adj s.* **unvermeidlich**

un·ver·meid·lich [ʊnfɛɐ̯'mai̯tlɪç] *adj* unavoidable; **sich** *akk* **ins U~e fügen** to [have to] accept the inevitable, to bow to the inevitable

un·ver·min·dert ['ʊnfɛɐ̯mɪndɐt] **I.** *adj* undiminished
II. *adv* unabated

un·ver·mit·telt ['ʊnfɛɐ̯mɪt|t] **I.** *adj* sudden, abrupt
II. *adv* suddenly, abruptly; **~ bremsen** to brake suddenly [*or* sharply]

Un·ver·mö·gen ['ʊnfɛɐ̯mø:gn̩] *nt kein pl* powerlessness; ■ **jds ~, etw zu tun** sb's inability to do sth

un·ver·mö·gend ['ʊnfɛɐ̯mø:gn̩t] *adj (geh)* without means *pred;* **nicht ~** [quite] well-to-do; ***sie hat einen nicht ~en Mann geheiratet*** she['s] married [quite] a well-to-do man

un·ver·mu·tet ['ʊnfɛɐ̯mu:tət] **I.** *adj* unexpected
II. *adv* unexpectedly; ***sie haben mich gestern ~ besucht*** they paid me an unexpected visit yesterday

Un·ver·nunft ['ʊnfɛɐ̯nʊnft] *f* stupidity; ***so eine ~!*** what [*or* such] stupidity!; ***es ist/wäre eine ~, dieses günstige Angebot abzulehnen*** it's/it would be sheer stupidity [*or* madness] [*or* folly] to turn down this good offer

un·ver·nünf·tig ['ʊnfɛɐ̯nʏnftɪç] *adj* stupid, foolish; ***so etwas U~es, wagt sich allein in die Höhle des Löwen!*** how foolish [*or* what madness [*or* folly]], to [dare] enter the lion's den alone!; ***tu nichts U~es*** don't do anything foolish [*or* stupid]

un·ver·öf·fent·licht ['ʊnfɛɐ̯ʔœfn̩tlɪçt] *adj* unpublished; ■ **[noch] ~ sein** to be [as yet] unpublished

un·ver·packt ['ʊnfɛɐ̯pakt] *adj* without packaging *pred;* **ein ~es Geschenk** an unwrapped present; **~e Waren** bulk commodities; ■ **~ sein** to be unpackaged; ***auf dem Markt verkauftes Obst ist in aller Regel ~*** fruit at a market is generally sold loose

un·ver·putzt ['ʊnfɛɐ̯pʊtst] *adj* BAU unplastered

un·ver·rich·tet ['ʊnfɛɐ̯rɪçtət] *adj* **~er Dinge** without having achieved anything; ***ihr bringt mir das Geld mit, kommt bloß nicht ~er Dinge zurück!*** [you must] bring me the money back with you, don't [[you] dare] come back empty handed!

un·ver·rück·bar [ʊnfɛɐ̯'rʏkba:ɐ̯] *adj* unshakable, firm, unalterable

un·ver·schämt ['ʊnfɛɐ̯ʃɛ:mt] **I.** *adj* ❶ *(dreist)* impudent; **eine ~e Antwort/Bemerkung/ein ~es Grinsen** an insolent [*or* impudent] answer/remark/grin; **ein ~er Bursche/Kerl/Mensch** an impudent [*or* insolent] fellow/chap/person
❷ *(unerhört)* outrageous
II. *adv* ❶ *(dreist)* insolently, impudently; **~ lügen** to tell barefaced [*or* blatant] lies
❷ *(fam: unerhört)* outrageously

Un·ver·schämt·heit <-, -en> *f* ❶ *kein pl (Dreistigkeit)* impudence, insolence; ***wer so dreist lügen kann, muss eine gehörige Portion ~ besitzen*** anybody who can tell such blatant lies must have a fair amount of front; **die ~ besitzen** [*o* **haben**], **etw zu tun** to have the impudence [*or* brazenness] to do sth
❷ *(unverschämte Bemerkung)* impertinent [*or* insolent] remark, impertinence *no pl* [*or* insolence] *no pl;* [**das ist eine**] **~!, so eine ~!** that's outrageous!
❸ *(unverschämte Handlung)* impertinence *no pl*

un·ver·schlos·sen ['ʊnfɛɐ̯ʃlɔsn̩] *adj* ❶ *(nicht abgeschlossen)* unlocked; **ein ~es Fenster** an open window [*or* window which is off the latch]
❷ *(nicht zugeklebt)* unsealed; ***Drucksachen zu ermäßigter Gebühr müssen ~ sein*** printed matter sent at a reduced rate must be left unsealed

un·ver·schul·det ['ʊnfɛɐ̯ʃʊldət] **I.** *adj* through no fault of one's own
II. *adv* through no fault of one's own

un·ver·se·hens ['ʊnfɛɐ̯ze:əns] *adv* unexpectedly; ***sie haben mich gestern ~ besucht*** they paid me an unexpected visit yesterday

un·ver·sehrt ['ʊnfɛɐ̯ze:ɐ̯t] *adj* undamaged; *(Mensch)* unscathed

un·ver·söhn·lich ['ʊnfɛɐ̯zø:nlɪç] *adj* irreconcilable

Un·ver·söhn·lich·keit *f* irreconcilability

un·ver·sorgt ['ʊnfɛɐ̯zɔrkt] *adj* unprovided for *pred*

Un·ver·stand ['ʊnfɛɐ̯ʃtant] *m (geh)* foolishness; ***so ein ~!*** what foolishness!

un·ver·stan·den ['ʊnfɛɐ̯ʃtandn̩] *adj* not understood; **sich** *akk* **~ fühlen** to feel misunderstood

un·ver·stän·dig [ʊnfɛɐ̯ʃtɛndɪç] *adj (geh)* ignorant; ***du darfst ihm das nicht übel nehmen, er ist eben noch ein ~es Kind*** don't be too hard on him, he's still too young to understand

un·ver·ständ·lich ['ʊnfɛɐ̯ʃtɛntlɪç] *adj* ❶ *(akustisch nicht zu verstehen)* unintelligible; ■ **[jdm] ~ sein** to be unintelligible [to sb]
❷ *(unbegreifbar)* incomprehensible; ■ **[jdm] ~ sein, warum/wie ...** to be incomprehensible [to sb] why/how ...

Un·ver·ständ·nis *nt kein pl* lack of understanding; ***ich bin ja nun leider an ~ für meine Ideen gewöhnt*** unfortunately, I'm used to my ideas not being understood

un·ver·steu·ert ['ʊnfɛɐ̯ʃtɔyɐt] *adj* FIN untaxed

un·ver·sucht ['ʊnfɛɐ̯zu:xt] *adj* **nichts ~ lassen** to leave no stone unturned [*or* try everything]; **nichts ~ lassen, um etw zu tun** to leave no stone unturned in trying to do sth

un·ver·teilt *adj* FIN undistributed, undivided; **~er Gewinn** retained earnings

un·ver·träg·lich ['ʊnfɛɐ̯trɛ:klɪç] *adj* ❶ *(sich mit keinem vertragend)* cantankerous, quarrelsome
❷ *(nicht gut bekömmlich)* indigestible; ***ich habe solche Magenbeschwerden, vielleicht habe ich etwas U~es gegessen*** I've got [a] really bad stomach-ache, perhaps I've eaten something that didn't agree with me

Un·ver·träg·lich·keit <-> *f kein pl* ❶ MED *(Lebensmittelunverträglichkeit)* intolerance
❷ *(Streitsucht)* cantankerousness
❸ *(Unvereinbarkeit)* incompatibility

un·ver·wandt *adv (geh)* intently, steadfastly; **jdn/etw ~ anschauen/anstarren** to look/stare at sb/sth with a fixed [*or* steadfast] gaze [*or* fixedly] [*or* steadfastly]

un·ver·wech·sel·bar [ʊnfɛɐ̯'vɛks|ba:ɐ̯] *adj* unmistakable, distinctive

un·ver·wert·bar [ʊnfɛɐ̯'ve:ɐ̯tba:ɐ̯] *adj* unusable

un·ver·wund·bar [ʊnfɛɐ̯'vʊntba:ɐ̯] *adj* invulnerable

un·ver·wüst·lich [ʊnfɛɐ̯'vy:stlɪç] *adj* tough, hard-wearing; [**eine**] **~e Gesundheit** robust health

un·ver·zagt ['ʊnfɛɐ̯tsa:kt] **I.** *adj* undaunted; **sei ~** don't lose heart [*or* be discouraged]
II. *adv* undauntedly

un·ver·zeih·lich [ʊnfɛɐ̯'tsai̯lɪç] *adj* inexcusable, unpardonable, unforgivable; ■ **~ sein, dass** to be inexcusable [*or* unpardonable] [*or* unforgiveable] that

un·ver·zicht·bar [ʊnfɛɐ̯'tsɪçtba:ɐ̯] *adj* essential, indispensable; ■ **[für jdn] ~ sein** to be essential [*or* indispensable] [to [*or* for] sb]

un·ver·zins·lich [ʊnfɛɐ̯'tsɪnslɪç] *adj* ÖKON interest-free

un·ver·zollt ['ʊnfɛɐ̯tsɔlt] *adj* duty-free

un·ver·züg·lich [ʊnfɛɐ̯'tsy:klɪç] **I.** *adj* immediate, prompt
II. *adv* immediately, at once, without delay; **~ gegen jdn vorgehen** to take immediate action against sb; ***da die Polizei ~ eingegriffen hat, konnte Schlimmeres verhindert werden*** thanks to prompt intervention by the police, an escalation of the situation was avoided

Un·ver·züg·lich·keit <-> *f kein pl* JUR promptness

un·voll·en·det ['ʊnfɔlʔɛndət] *adj* unfinished

un·voll·kom·men ['ʊnfɔlkɔmən] *adj* incomplete; ***jeder Mensch ist ~*** nobody is perfect

Un·voll·kom·men·heit *f* imperfection

un·voll·stän·dig ['ʊnfɔlʃtɛndɪç] **I.** *adj* incomplete
II. *adv* incompletely; ***Sie haben das Formular leider ~ ausgefüllt*** I'm afraid [that] you haven't finished filling out [*or* completed] the form; ***das gesamte Mobiliar ist in dieser Aufstellung noch ~ verzeichnet*** not all the furnishings are included on this list

Un·voll·stän·dig·keit *f* incompleteness

un·vor·be·rei·tet ['ʊnfo:ɐ̯bərai̯tət] **I.** *adj* unprepared; **eine ~e Rede** an impromptu speech; ■ **[auf etw** *akk*] **~ sein** not to be prepared [for sth]; ***auf diesen Besuch sind wir völlig ~*** we're not prepared for this visit at all [*or* totally unprepared for this visit]
II. *adv* ❶ *(ohne sich vorbereitet zu haben)* without any preparation
❷ *(unerwartet)* unexpectedly

un·vor·ein·ge·nom·men ['ʊnfo:ɐ̯ʔai̯ngənɔmən] **I.** *adj* unbiased, impartial
II. *adv* impartially

Un·vor·ein·ge·nom·men·heit *f* impartiality

un·vor·her·ge·se·hen ['ʊnfo:ɐ̯he:ɐ̯gəze:ən] **I.** *adj* unforeseen; **ein ~er Besuch** an unexpected visit
II. *adv* unexpectedly; **jdn ~ besuchen** to pay sb an unexpected visit; ***das ist völlig ~ passiert*** that was quite unexpected [*or* happened quite unexpectedly]

un·vor·her·seh·bar *adj* unforeseeable, unpredictable; **~e Ereignisse/Umstände** unforeseen events/circumstances

un·vor·schrifts·mä·ßig ['ʊnfo:ɐ̯ʃrɪftsmɛ:sɪç] **I.** *adj* contrary to [the] regulations *pred*
II. *adv* contrary to [the] regulations; **~ geparkt** illegally parked

un·vor·sich·tig ['ʊnfo:ɐ̯zɪçtɪç] **I.** *adj* ❶ *(unbedacht)* rash; **eine ~e Äußerung/Bemerkung** a rash [*or* an indiscreet] comment/remark
❷ *(nicht vorsichtig)* careless; **~es Fahren/eine ~e Fahrweise** reckless driving/a reckless way of driving
II. *adv* ❶ *(unbedacht)* rashly; **sich** *akk* **~ äußern** to make a rash [*or* an indiscreet] comment [*or* rash [*or* indiscreet] comments]
❷ *(nicht vorsichtig)* carelessly; **~ fahren** to drive recklessly

un·vor·sich·ti·ger·wei·se *adv* carelessly; ***er verplapperte sich ~, nachher tat es ihm dann leid*** he blabbed it out without thinking, but was sorry afterwards; ***dieses Wort ist mir ~ entschlüpft*** this word just [kind of] slipped out

Un·vor·sich·tig·keit <-, -en> *f* ❶ *kein pl (unbedachte Art)* rashness; ***ihre Fahrweise ist von ~ gekennzeichnet*** she's doesn't pay attention when she's driving
❷ *(unbedachte Bemerkung)* rash [*or* indiscreet] comment; ***so eine ~!*** how rash [*or* indiscreet]!
❸ *(unbedachte Handlung)* rash act; ***es war eine ~***

[*von dir*], ***so etwas zu tun*** it was rash of you to do something like that

un·vor·stell·bar [ʊnfo:ɐ̯'ʃtɛlba:ɐ̯] I. *adj* ❶ *(gedanklich nicht erfassbar)* inconceivable; ■**~ sein, dass** to be inconceivable that
❷ *(unerhört)* unimaginable, inconceivable
II. *adv* unimaginably, inconceivably

un·vor·teil·haft ['ʊnfɔrtai̯lhaft] I. *adj* ❶ *(nicht vorteilhaft aussehend)* unflattering, unbecoming
❷ *(nachteilig)* disadvantageous, unfavourable [*or* AM -orable]; **ein ~es Geschäft** an unprofitable business
II. *adv* unattractively, unflatteringly; **sich** *akk* **~ kleiden** not to dress in a very flattering way; [**mit** [*o* **in**] **etw** *dat*] **~ aussehen** sth doesn't look very flattering [*or* becoming] [on sb], sth doesn't flatter [*or* become] sb

un·wäg·bar [ʊn'vɛ:kba:ɐ̯] *adj* incalculable; **~e Konsequenzen** unforeseeable consequences; **~e Kosten** incalculable [*or* inestimable] costs

Un·wäg·bar·keit <-, -en> *f* unpredictability

un·wahr ['ʊnva:ɐ̯] *adj* untrue, false; ■**~ sein, dass** to be untrue that, not to be true that

Un·wahr·heit *f* untruth; **die ~ sagen** to lie, to tell untruths

un·wahr·schein·lich ['ʊnva:ɐ̯ʃai̯nlɪç] I. *adj* ❶ *(kaum denkbar)* improbable, unlikely; **ein ~er Zufall** a remarkable coincidence; ■**~ sein, dass** to be improbable [*or* unlikely] that
❷ *(fam: unerhört)* incredible *fam;* **~es Glück/Pech** incredible [*or* incredibly good] luck/incredibly bad luck; **eine ~e Intrigantin/ein ~er Intrigant** an unbelievable schemer; **ein ~er Mistkerl** an absolute [*or* a real] bastard *sl*
II. *adv (fam)* incredibly *fam;* ***ich habe mich ~ darüber gefreut*** I was really pleased about it; ***letzten Winter haben wir ~ gefroren*** we were incredibly cold last winter; ***du hast ja ~ abgenommen!*** you've lost a hell of a lot [*or* an incredible amount] of weight! *fam*

Un·wahr·schein·lich·keit <-, -en> *f* unlikeliness

un·wan·del·bar [ʊn'vandlba:ɐ̯] *adj (geh)* ❶ *(gleich bleibend)* unalterable
❷ *(stetig) Liebe, Treue* unwavering

un·weg·sam ['ʊnve:kza:m] *adj* [almost] impassable

un·weib·lich *adj* unfeminine

un·wei·ger·lich ['ʊnvai̯gɐlɪç] I. *adj attr* inevitable
II. *adv* inevitably

un·weit ['ʊnvai̯t] I. *präp* ■**~ einer S.** *gen* not far from a thing
II. *adv* ■**~ von etw** *dat* not far from sth; ***die Fähre lief ~ vom Ufer auf eine Sandbank*** the ferry ran aground on a sandbank not far from [*or* close to] the shore

Un·we·sen ['ʊnve:zn̩] *nt kein pl* dreadful state of affairs; ***es wird Zeit, dass dem ~ der Korruption ein Ende bereitet wird*** it's time that an end was put to this dreadful [*or* disgraceful] corruption; [**irgendwo**] **sein ~ treiben** to ply one's dreadful trade [somewhere]; ***dieser Anschlag zeigt, dass die Terroristen ihr*** [***verbrecherisches***] ***~ noch treiben*** this attack proves that the terrorists are still plying their murderous trade; ***in gewissen Horrorfilmen treiben die Vampire bevorzugt in Transsilvanien ihr ~*** in certain horror films Transylvania is the place vampires prefer to terrorize

un·we·sent·lich ['ʊnve:zn̩tlɪç] I. *adj* insignificant
II. *adv* slightly, marginally; ***es unterscheidet sich nur ~ von der ursprünglichen Fassung*** there are only insignificant [*or* very slight [*or* marginal]] differences between it and the original [version]; ***er hat sich in den letzten Jahren nur ~ verändert*** he's hardly changed at all over the last few years

Un·wet·ter ['ʊnvɛtɐ] *nt* violent [thunder]storm

un·wich·tig ['ʊnvɪçtɪç] *adj* unimportant, trivial; ■**~ sein** to be unimportant, not to be important

un·wi·der·leg·bar [ʊnvi:dɐ'le:kba:ɐ̯] *adj* irrefutable

un·wi·der·ruf·lich [ʊnvi:dɐ'ru:flɪç] I. *adj* irrevocable, irreversible
II. *adv* irrevocably; **sich** *akk* **~ entscheiden** [*o* **entschließen**] to make an irrevocable [*or* irreversible] decision; ***steht der Termin nun ~ fest?*** is that a firm date now?

un·wi·der·spro·chen [ʊnvi:dɐ'ʃprɔxn̩] *adj* unchallenged, undisputed; **eine ~e Meldung** an uncontradicted report

un·wi·der·steh·lich [ʊnvi:dɐ'ʃte:lɪç] *adj* irresistible

un·wie·der·bring·lich [ʊnvi:dɐ'brɪŋlɪç] *adj (geh)* irretrievable

Un·wil·le ['ʊnvɪlə], **Un·wil·len** <-s> ['ʊnvɪlən] *m (geh)* displeasure; **voller ~n** with evident displeasure; **jds ~ erregen** to incur sb's displeasure

un·wil·lig ['ʊnvɪlɪç] I. *adj* ❶ *(verärgert)* angry
❷ *(widerwillig)* reluctant, unwilling; **ein ~es Kind** a contrary child
II. *adv* reluctantly, unwillingly; ***ich bat sie um ihre Hilfe, aber sie zeigte sich ~*** I asked her for [her] help, but she was reluctant to give it

un·will·kom·men ['ʊnvɪlkɔmən] *adj* unwelcome; ■[**bei jdm/irgendwo**] **~ sein** to be unwelcome [at sb's [sth]/somewhere], not to be welcome [at sb's [sth]/somewhere]; ***Ihre Anwesenheit ist ~*** you're not welcome here

un·will·kür·lich ['ʊnvɪlky:ɐ̯lɪç] I. *adj* instinctive, involuntary; ***er konnte sich ein ~es Grinsen nicht verkneifen*** he couldn't help grinning
II. *adv* instinctively, involuntarily; **~ grinsen/lachen** not to be able to help grinning/laughing

un·wirk·lich ['ʊnvɪrklɪç] *adj* unreal; ■[**jdm**] **~ sein** to seem unreal [to sb]

un·wirk·sam ['ʊnvɪrkza:m] *adj* ❶ *(unwirksam)* ineffective
❷ JUR *(nichtig)* [null and] void, not binding in law; **~ werden** to lapse [*or* become ineffective]; **etw für ~ erklären** to declare sth [null and] void

Un·wirk·sam·keit <-> *f kein pl* JUR *(Nichtigkeit)* voidness, ineffectiveness; *(Ungültigkeit)* invalidity; **~ eines Rechtsgeschäfts** voidness of a transaction; **~ eines Vermächtnisses** extinguishment of legacy; **schwebende/teilweise ~** pending/partial voidness

Un·wirk·sam·keits·er·klä·rung *f* JUR annulment, declaration of ineffectiveness **Un·wirk·sam·keits·klau·sel** *f* JUR ineffectiveness clause

un·wirsch <-er, -[e]ste> ['ʊnvɪrʃ] *adj* curt, *esp* BRIT brusque

un·wirt·lich ['ʊnvɪrtlɪç] *adj* inhospitable

un·wirt·schaft·lich ['ʊnvɪrtʃaftlɪç] *adj* uneconomic[al]; **ein ~es Auto/eine ~e Fahrweise** an uneconomical car/way of driving

Un·wis·sen *nt s.* **Unwissenheit**

un·wis·send ['ʊnvɪsn̩t] *adj (über kein Wissen verfügend)* ignorant; ***der Vertreter hat so manchen ~en Kunden hereingelegt*** the sales rep tricked many an unsuspecting customer; *(ahnungslos)* unsuspecting

Un·wis·sen·heit <-> ['ʊnvɪsn̩thai̯t] *f kein pl (mangelnde Erfahrung)* ignorance; ***gewiefte Vertreter haben schon die ~ manch eines Interessenten ausgenutzt*** crafty sales reps have exploited the innocence of many an interested party
▸WENDUNGEN: **~ schützt vor Strafe nicht** ignorance is no excuse

un·wis·sen·schaft·lich ['ʊnvɪsn̩ʃaftlɪç] *adj* unscientific

un·wis·sent·lich ['ʊnvɪsn̩tlɪç] *adv* unwittingly, unknowingly

un·wohl ['ʊnvo:l] *adj* ■**jdm ist ~**, ■**jd fühlt sich ~** ❶ *(gesundheitlich nicht gut)* sb feels unwell [*or* sick] ❷ *(unbehaglich)* sb feels uneasy [*or* ill at ease]

Un·wohl·sein ['ʊnvo:lzai̯n] *nt* [slight] nausea; **ein** [**leichtes**] **~ verspüren** to feel [slightly] ill [*or* queasy] [*or esp* AM sick]

un·wohn·lich *adj* unhomely, cheerless

Un·wort *nt* **~ des Jahres** taboo [*or* worst] word of the year

Un·wucht ['ʊnvʊxt] *f* TECH imbalance

un·wür·dig ['ʊnvʏrdɪç] *adj* ❶ *(nicht würdig)* unworthy; ■[**einer S.** *gen*] **~ sein** to be unworthy [of a thing]; ■[**jds**] **~ sein** to be unworthy [of sb], not to be worthy [of sb]
❷ *(schändlich)* disgraceful, shameful

Un·zahl ['ʊntsa:l] *f* ■**eine ~** [**von etw** *dat*] a huge [*or* an enormous] number [of sth], multitude; ***wie soll ich aus dieser ~ von verschiedenen Schrauben die passende herausfinden?*** how am I supposed to find the right one amongst all these different screws?; ***die surrende, schwarze Wolke bestand aus einer ~ von Heuschrecken*** the buzzing black cloud consisted of a multitude of locusts

un·zähl·bar [ʊn'tsɛ:lba:ɐ̯] *adj* countless

un·zäh·lig [ʊn'tsɛ:lɪç] *adj* innumerable, countless; **~e Anhänger/Fans** huge [*or* enormous] numbers of supporters/fans; **~e Bekannte/Freunde** a [very] wide circle of acquaintances/friends; **~e Mal** time and again, over and over again

Un·ze <-, -n> ['ʊntsə] *f* ounce

Un·zeit ['ʊntsai̯t] *f* ■**zur ~** *(geh)* at an inopportune moment

un·zeit·ge·mäß ['ʊntsai̯tgəmɛ:s] *adj* old-fashioned, outmoded

un·zer·brech·lich ['ʊntsɛɐ̯brɛçlɪç] *adj* unbreakable

un·zer·kaut I. *adj* unchewed
II. *adv* unchewed; **~ hinunterschlucken** to swallow whole

un·zer·stör·bar [ʊntsɛɐ̯'ʃtø:ɐ̯ba:ɐ̯] *adj* indestructible

un·zer·trenn·lich [ʊntsɛɐ̯'trɛnlɪç] *adj* inseparable

un·zi·vi·li·siert ['ʊntsivilizi:ɐ̯t] I. *adj* uncivilized
II. *adv* **sich** *akk* **~ benehmen** to behave in an uncivilized manner

Un·zucht ['ʊntsʊxt] *f kein pl (veraltend)* illicit sexual relations *pl;* **~ mit Abhängigen** JUR illicit sexual relations with dependants

un·züch·tig ['ʊntsʏçtɪç] *adj* ❶ *(veraltend: unsittlich)* immoral, indecent
❷ JUR *(pornografisch)* pornographic, obscene

un·zu·frie·den ['ʊntsufri:dn̩] *adj* dissatisfied, discontent[ed], disgruntled; ■[**mit jdm/etw**] **~ sein** to be dissatisfied [with sb/sth], not to be happy [with sb/sth]

Un·zu·frie·den·heit *f* dissatisfaction, discontent[ment]

un·zu·gäng·lich ['ʊntsu:gɛŋlɪç] *adj* ❶ *(schwer erreichbar)* inaccessible
❷ *(nicht aufgeschlossen)* unapproachable

Un·zu·kömm·lich·keit <-, -en> ['ʊntsu:kœmlɪçkai̯t] *f* SCHWEIZ *(Unzulänglichkeit)* shortcoming[s *pl*], inadequacy

un·zu·läng·lich ['ʊntsu:lɛŋlɪç] I. *adj* inadequate; **~e Erfahrungen/Kenntnisse** insufficient experience/knowledge
II. *adv* inadequately; **~ unterstützt sein** to have inadequate [*or* insufficient] support

Un·zu·läng·lich·keit <-, -en> *f* ❶ *kein pl (Mangelhaftigkeit)* inadequacy
❷ *meist pl (mangelhafter Zug)* shortcoming[s *pl*], inadequacy

un·zu·läs·sig ['ʊntsu:lɛsɪç] *adj* inadmissible; **~e Maßnahmen/Methoden** improper measures/methods

Un·zu·läs·sig·keit <-> *f kein pl* JUR inadmissibility

un·zu·mut·bar ['ʊntsu:mu:tba:ɐ̯] *adj* unreasonable; ***es ist ~, dass er heute Abend den ganzen Weg zurückfährt*** he just can't [*or* it's just not reasonable for him to] drive all the way back again tonight; **~e Härte** JUR unreasonable hardship

Un·zu·mut·bar·keit <-> *f kein pl* JUR unreasonableness

un·zu·rech·nungs·fä·hig ['ʊntsu:rɛçnʊŋsfɛ:ɪç] *adj* MED of unsound mind *pred,* not responsible for one's actions *pred;* **jdn für ~ erklären** JUR, MED to certify sb insane

Un·zu·rech·nungs·fä·hig·keit *f* JUR, MED mental incapacity, unsoundness of mind, insanity

un·zu·rei·chend ['ʊntsu:rai̯çn̩t] *adj s.* **unzulänglich**

un·zu·sam·men·hän·gend ['ʊntsuzamənhɛŋənt] *adj* incoherent

un·zu·stän·dig ['ʊntsu:ʃtɛndɪç] *adj* ADMIN, JUR incompetent; ■[**für etw** *akk*] **~ sein** not to be competent [for sth]; **für eine Klage ~ sein** to have no jurisdiction to take cognizance of an action; **sich** *akk* **für ~ erklären** to decline jurisdiction

Un·zu·stän·dig·keit <-> *f kein pl* JUR incompetence

no pl, lack of competence *no pl*

un·zu·stell·bar ['ʊntsuːʃtɛlbaːɐ̯] *adj* undeliverable

un·zu·tref·fend ['ʊntsuːtrɛfn̩t] *adj* incorrect; ■ **~ sein, dass** to be untrue that; **„~es bitte streichen"** "please delete if [*or* where] not applicable"

un·zu·ver·läs·sig ['ʊntsuːfɛɐ̯lɛsɪç] *adj* unreliable

Un·zu·ver·läs·sig·keit *f* unreliability

un·zweck·mä·ßig ['ʊntsvɛkmɛːsɪç] *adj* ❶ *(nicht zweckdienlich)* inappropriate; ■ **~ sein, etw zu tun** to be inappropriate to do sth
❷ *(nicht geeignet)* unsuitable

Un·zweck·mä·ßig·keit *f* inappropriateness, unsuitableness

un·zwei·deu·tig ['ʊntsvaidɔytɪç] **I.** *adj* unambiguous, unequivocal
II. *adv* unambiguously, unequivocally; ***er gab ihm ~ zu verstehen, dass er verschwinden möge*** he told him in no uncertain terms to make himself scarce

un·zwei·fel·haft ['ʊntsvaiflhaft] **I.** *adj (geh)* unquestionable, undoubted
II. *adv (geh) s.* **zweifellos**

Up <-s, -s> [ap] *nt* NUKL up

Up·date <-s, -s> ['apdeːt] *m o nt* INFORM update

up·da·ten ['apdeːtən] *vt* INFORM ■ **etw ~** to update sth

up|gra·den ['apgreːtn̩] *vt* INFORM ■ **etw ~** *Programm* to upgrade sth

Up·load <-s, -s> ['aploːt] *m* INET upload

up|loa·den ['aploːdn̩] *vt* INFORM ■ **etw ~** to upload sth

üp·pig ['ʏpɪç] *adj* ❶ *(schwellend)* voluptuous; **~e Brüste** an ample bosom, ample [*or* large] [*or* voluptuous] breasts
❷ *(reichhaltig)* sumptuous
❸ *(geh: in großer Fülle vorhanden)* luxuriant, lush

Üp·pig·keit <-> *f kein pl (geh)* luxuriance, lushness

U-Pro·fil *nt* AUTO U section, chassis channel

up to date ['ap tu 'deːt] *adj pred* up to date

Ur <-[e]s, -e> [uːɐ̯] *m* ZOOL aurochs

Ur·ab·stim·mung *f* POL ballot [vote] **Ur·adel** *m* ancient nobility, ancienne noblesse **Ur·ahn, -ah·ne** ['uːɐ̯ʔaːn, -ʔaːnə] *m, f* ancestor [*or* forefather]

Ural <-s> [u'raːl] *m* GEOG ■ **der ~** ❶ *(Gebirge)* the Urals *pl,* the Ural Mountains *pl*
❷ *(Fluss)* the [river] Ural

ur·alt ['uːɐ̯ʔalt] *adj* ❶ *(sehr alt)* very old
❷ *(schon lange existent)* ancient, age-old
❸ *(fam: schon lange bekannt)* ancient *fam;* **ein ~es Problem** a perennial problem

Uran <-s> [u'aːn] *nt kein pl* CHEM uranium *no pl*

Uran·berg·werk *nt* uranium mine **Uran·erz** *nt* uranium ore **Uran·kon·ver·si·on** *nt* uranium conversion

Ura·nus <-s> ['uːranʊs] *m kein pl* Uranus *no art*

Uran·vor·kom·men *nt* uranium deposits

ur·auf·füh·ren ['uːɐ̯ʔauffyːrən] *vt nur infin und pp* FILM, THEAT ■ **etw ~ [wollen]** [to plan] to première sth, to perform sth for the first time; **einen Film ~ [wollen]** [to plan] to première a film, to show a film for the first time **Ur·auf·füh·rung** *f* FILM, THEAT première, first night [*or* performance]; *Film* première, first showing

ur·ban [ʊr'baːn] *adj (geh)* ❶ *(städtisch)* urban
❷ *(weltmännisch)* urbane

Ur·ba·ni·tät <-> *f kein pl (geh)* urbanity

ur·bar ['uːɐ̯baːɐ̯] *adj* **etw ~ machen** to cultivate sth; *(Wald)* to reclaim sth

Ur·ba·yer(in) *m(f)* typical [*or* [*or* Brit] dyed in the wool] Bavarian **Ur·be·völ·ke·rung** *f* native population [*or* inhabitants] *pl*

Ur·bild *nt* ❶ *(Prototyp) eines Romans etc.* original transcript
❷ *(Inbegriff)* **ein ~ an Kraft** an epitome of vigour [*or* AM -or]

ur·chig ['ʊrçɪç] *adj* SCHWEIZ *(urig)* original

Urd·boh·ne *f* urd bean, black gram

Ur·du ['ʊrdu] *nt* Urdu

ur·ei·gen ['uːɐ̯ʔaign̩] *adj* very own; ***das sind meine ~en Angelegenheiten*** these matters are of concern to me, and me alone [*or* only of concern to me]; ***es ist in Ihrem ~en Interesse*** it's in your own best interests

Ur·ein·woh·ner(in) *m(f)* native [*or* original] inhabitant **Ur·en·kel(in)** ['uːɐ̯ʔɛŋkl̩] *m(f)* great-grandchild, great-grandson *masc,* great-granddaughter *fem*

ur·ge·müt·lich ['uːɐ̯gə'myːtlɪç] *adj (fam)* really cosy; ■ **es ist [irgendwo] ~** it is really cosy [somewhere]

Ur·ge·schich·te ['uːɐ̯gəʃɪçtə] *f kein pl* prehistory **ur·ge·schicht·lich** *adj* prehistoric **Ur·ge·stein** *nt* GEOL primitive [*or* primary] rocks *pl* **Ur·ge·walt** *f (geh)* elemental force

Ur·groß·el·tern ['uːɐ̯groːsʔɛltɐn] *pl* great-grandparents *pl* **Ur·groß·mut·ter** ['uːɐ̯groːsmʊtɐ] *f* great-grandmother **Ur·groß·va·ter** *m* great-grandfather

Ur·he·ber(in) <-s, -> ['uːɐ̯heːbɐ] *m(f)* ❶ *(Autor)* author
❷ *(Initiator)* originator; **der geistige ~** the spiritual father

Ur·he·ber·per·sön·lich·keits·recht *nt* JUR copyright

Ur·he·ber·recht *nt* JUR ❶ *(Recht des Autors)* copyright; ■ **~ an etw** *dat* copyright on sth
❷ *(Gesamtheit der urheberrechtlichen Bestimmungen)* copyright law

ur·he·ber·recht·lich I. *adj* JUR copyright *attr*
II. *adv* JUR by copyright; **~ geschützt** protected by copyright, copyright[ed]

Ur·he·ber·rechts·ge·setz *nt* JUR Copyright Act **Ur·he·ber·rechts·ver·let·zung** *f* JUR copyright infringement **Ur·he·ber·rechts·ver·trag** *m* JUR copyright contract

Ur·he·ber·schaft <-, -en> *f* JUR ■ **jds ~** sb's authorship

Ur·he·ber·schutz *m kein pl* copyright

Uri <-s> ['uːri] *nt* Uri

urig ['uːrɪç] *adj (fam)* ❶ *(originell)* eccentric; **ein ~er Kauz** a queer [*or* an odd] bird [*or* strange character]
❷ *(Lokalkolorit besitzend)* with a local flavour [*or* AM -or] *pred;* ***dieses Lokal ist besonders ~*** this pub has a real local flavour

Urin <-s, -e> [u'riːn] *m (Harn)* urine
▶WENDUNGEN: **etw im ~ haben** *(sl)* to feel sth in one's bones [*or* BRIT *fam* water], to have a gut feeling *fam*

Uri·nal <-s, -e> [uri'naːl] *nt* urinal

uri·nie·ren* [uri'niːrən] *vi (geh)* to urinate

Urin·pro·be *f* urine sample

Ur·in·stinkt *m* PSYCH primary [*or* basic] instinct

Urin·test *m* MED urine test **Urin·zu·cker** <-> *m kein pl* MED urinal sugar

Ur·knall *m* ASTRON big bang

ur·ko·misch ['uːɐ̯'koːmɪʃ] *adj (fam)* hilarious, side-splittingly funny

Ur·kraft *f* NUKL elemental force

Ur·kun·de <-, -n> ['uːɐ̯kʊndə] *f* JUR document, instrument, certificate; **notarielle ~** notarial instrument; **öffentliche ~** official [*or* public] document; **unechte ~** fabricated document; **verfälschte ~** forged instrument; **vollstreckbare ~** [directly] enforceable instrument

Ur·kun·den·be·weis *m* JUR documentary [*or* written] evidence **Ur·kun·den·fäl·schung** *f* JUR forgery [*or* falsification] of a document [*or pl* documents] **Ur·kun·den·mahn·be·scheid** *m* JUR default summons based on documents **Ur·kun·den·pro·zess**[RR] *m* JUR trial by the record **Ur·kun·den·spra·che** *f* JUR official language of notarial documents **Ur·kun·den·un·ter·drü·ckung** *f* JUR suppression of documents **Ur·kun·den·vor·la·ge** *f* JUR production [*or* submission] of documents

ur·kund·lich ['uːɐ̯kʊntlɪç] **I.** *adj* documentary
II. *adv* **~ belegen** [*o* **beweisen**] [*o* **bezeugen**] to prove [*or* support] by documents [*or* documentary evidence]

Ur·kunds·be·am·ter, -be·am·tin *m, f* JUR authenticating official; **~ der Geschäftsstelle** clerk of the court **Ur·kunds·per·son** *f* JUR authenticator

URL <-, -s> [uːʔɛrʔɛl] *f o m kein pl* INET *Abk von* **Uniform Resource Locator** URL

Ur·la·de·pro·gramm *nt* INFORM bootstrap loader **Ur·la·der** *m* INFORM bootstrap [loader]; **automatischer ~** initial program loader, IPL **Ur·land·schaft** *f* GEOG primeval landscape

Ur·laub <-[e]s, -e> ['uːɐ̯laup] *m* holiday BRIT, AM vacation; ***wir verbringen unseren ~ auf Jamaika*** we're going to spend our holiday[s] in Jamaica; **bezahlter/unbezahlter ~** paid/unpaid leave; **in ~ fahren** to go on holiday [*or* AM vacation]; **~ haben** to be on holiday [*or* AM vacation]; **~ machen** to go on holiday [*or* AM vacation]; ***sie machten ~ von dem ganzen Stress im Büro*** they took a holiday to get away from all the stress at the office; **in** [*o* **auf**] **~ sein** *(fam)* to be on holiday [*or* AM vacation]; **[irgendwo] ~ machen** to go on holiday [*or* AM vacation] [to somewhere], to take a holiday [*or* AM vacation] [somewhere], to holiday [*or* AM vacation] [somewhere]

ur·lau·ben* ['uːɐ̯laubən] *vi (fam)* to [go on] holiday [*or* AM vacation]

Ur·lau·ber(in) <-s, -> *m(f)* holiday-maker BRIT, vacationer AM, vacationist AM

Ur·laubs·ab·gel·tung *f* JUR payment in lieu of vacation **Ur·laubs·an·spruch** *m* holiday [*or* AM vacation] entitlement **Ur·laubs·fee·ling** [-fiːlɪŋ] *nt (fam)* holiday feeling [*or* mood] **Ur·laubs·geld** *nt* holiday pay [*or* money] **Ur·laubs·ort** *m* [holiday] resort, [holiday] destination **Ur·laubs·pa·ra·dies** *nt* holiday paradise **ur·laubs·reif** *adj (fam)* ■ **~ sein** to be ready for a holiday **Ur·laubs·rei·se** *f* holiday [trip]; ***wohin soll denn eure ~ gehen?*** where are you going on holiday, then? **Ur·laubs·schein** *m* MIL pass **Ur·laubs·stim·mung** *f* holiday mood; **in ~ sein** to be in a holiday mood

Ur·laubs·tag *m* ❶ *(Tag eines Urlaubes)* day of one's holiday; ***ich verlebte in dieser reizvollen Gegend erholsame ~e*** I spent some relaxing days in this charming region
❷ *(Tag, an dem jd beurlaubt ist)* day of annual leave

Ur·laubs·ver·tre·tung *f* ÖKON ❶ *kein pl (stellvertretende Übernahme von Arbeit)* temporary replacement
❷ *(Person)* temporary replacement

Ur·laubs·wo·che *f* week of one's holiday; ***wir können uns im Jahr nur zwei ~n leisten*** we can only afford to go away for two weeks each year **Ur·laubs·zeit** *f* holiday season [*or* period]

Ur·lö·sung *f kein pl* CHEM original solution

Ur·ma·te·rie *f kein pl* SCI ylem *spec,* primitive matter

Ur·mensch *m* prehistoric [*or* primitive] man

Ur·ne <-, -n> ['ʊrnə] *f* ❶ *(Graburne)* urn
❷ *(Wahlurne)* ballot-box; **zu den ~n gehen** POL to go to the polls

Ur·nen·fried·hof *m* urn cemetery, cinerarium **Ur·nen·gang** *m* POL going to the polls, election; ***der diesjährige ~ dürfte für einige Überraschungen sorgen*** this year's election should be good for a few surprises; ***in drei Monaten ist die Bevölkerung wieder zum ~ aufgerufen*** in three months [time] the people will be asked to go to the polls again **Ur·nen·grab** *nt* urn grave **Ur·nen·hal·le** *f* columbarium

Uro·lo·ge, Uro·lo·gin <-n, -n> [uro'loːgə, uro'loːgɪn] *m, f* MED urologist

Uro·lo·gie <-> [urolo'giː] *f kein pl* MED urology

Uro·lo·gin <-, -nen> *f fem form von* **Urologe**

uro·lo·gisch *adj* MED urological

Ur·oma *f (fam)* great-grandma *fam,* great-granny *childspeak,* great-grandmother **Ur·opa** *m (fam)* great-granddad *fam,* great-grandpa *childspeak,* great-grandfather **Ur·plas·ma** *nt* primordial plasma

ur·plötz·lich I. *adj attr (fam)* very sudden
II. *adv* very suddenly

Ur·sa·che *f (Grund)* reason; ***das war zwar der Auslöser für diesen Streit, aber nicht dessen eigentliche ~*** that may have been what triggered this dispute, but it wasn't its actual cause; ***ich suche immer noch die ~ für das Flackern der Lampen*** I'm still trying to find out why the lights are flickering; **~ und Wirkung** cause and effect; **alle/keine ~ [zu etw** *dat***] haben** to have good/no

cause [*or* every/no reason] [for sth]; **alle/keine ~ haben, etw zu tun** to have good/no cause [*or* every/no reason] to do [*or* for doing] sth; **die ~ [für etw** *akk* [*o* **einer S.** *gen*]] **sein** to be the cause [of sth [*or* a thing]] [*or* reason [for sth]]; ***defekte Bremsen waren die ~ für den Unfall*** the accident was caused by faulty brakes; **aus einer bestimmten ~** for a certain reason; ***das Flugzeug raste aus noch ungeklärter ~ gegen einen Berg*** the plane crashed into a mountain for an as yet unknown reason; **ohne [jede] ~** without any real reason; ***er kann doch nicht ohne ~ so wütend sein*** there must be a [*or* some] reason why he's so angry
▸ WENDUNGEN: **keine ~!** don't mention it, you're welcome; **kleine ~, große Wirkung** *(prov)* great oaks from little acorns grow *prov*

ur·säch·lich ['u:ɐ̯zɛçlɪç] *adj* causal; ■**[für etw** *akk*] **~ sein** to be the cause [of sth] [*or* reason [for sth]]; *s. a.* **Zusammenhang**

Ur·schrift *f* JUR original [text [*or* copy]]

Ur·sprung <-s, -sprünge> ['u:ɐ̯ʃprʊŋ, *pl* -ʃprʏŋə] *m* origin; **seinen ~ [in etw** *dat*] **haben** to originate [in sth] [*or* have its origins in sth]; **bestimmten ~s sein** to be of a certain origin; ***das Wort „Wolf" ist indogermanischen ~s*** the word "wolf" is of Indo-Germanic extraction [*or* origin] [*or* is Indo-Germanic in origin]

ur·sprüng·lich ['u:ɐ̯ʃprʏŋlɪç] **I.** *adj* ❶ *attr (anfänglich)* original, initial
❷ *(im Urzustand befindlich)* unspoiled, BRIT unspoilt
❸ *(urtümlich)* ancient, [age-]old
II. *adv* originally, initially

Ur·sprụ̈ng·lich·keit <-> *f kein pl* ❶ *(ursprüngliche Beschaffenheit)* unspoiled [*or* BRIT unspoilt] nature
❷ *(Urtümlichkeit)* originality

Ur·sprungs·be·steu·e·rung *f* FIN taxation in the country of origin **Ur·sprungs·be·zeich·nung** *f* JUR mark [*or* designation] of origin **Ur·sprungs·da·tei** *f* INFORM source file **Ur·sprungs·da·ten** *pl* INFORM raw data **Ur·sprungs·do·ku·ment** *nt* JUR original document **Ur·sprungs·dritt·land** *nt* POL *(Zoll)* non-member country of origin **Ur·sprungs·er·zeug·nis** *nt* HANDEL *(Zoll)* originating product **Ur·sprungs·flug·ha·fen** *m* airport of [original] departure; ***die Polizei konnte herausfinden, dass die Bombe vom ~ Athen stammte*** the police were able to ascertain that the bomb was put on board in Athens [*or* at Athens airport] **Ur·sprungs·for·mat** *nt* INFORM native format **Ur·sprungs·land** *nt* country of origin **Ur·sprungs·nach·richt** *f* INFORM source message **Ur·sprungs·ort** *m* GEOG place of origin **Ur·sprungs·ver·merk** *m* JUR mark [*or* statement] of origin **Ur·sprungs·zeug·nis** *nt* JUR certificate of origin

Ur·sup·pe *f (Evolution)* primeval soup

Ur·sü·ße *f* raw cane sugar

Ur·teil <-s, -e> ['ʊrtail] *nt* ❶ JUR judgement, verdict, decision [of the court]; **ein ~ fällen** JUR to pronounce [*or* pass] [*or* deliver] a judgement; *(Strafurteil)* sentence; *(Scheidungsurteil)* decree; **einstimmiges ~** unanimous verdict; **rechtskräftiges ~** final [and absolute] judgement; *(bei Scheidung)* absolute decree; **vorläufiges ~** provisional decree; **vorläufig vollstreckbares ~** provisionally enforceable judgment; **~, bei dem die Kosten in jedem Fall gezahlt werden** 'cost-in-any-event' order; **ein ~ gegen den Beklagten erwirken** to recover judgment against the defendant; **ein ~ abändern/bestätigen** to alter/uphold a judgment; **ein ~ anfechten/aufheben** to appeal against/reverse a judgment
❷ *(Meinung)* opinion; **zu einem ~ kommen** to arrive at [*or* reach] a decision; ***dein ~ ist etwas vorschnell*** you've made a rather hasty decision; **sich** *dat* **ein ~ [über etw** *akk*] **bilden** to form an opinion [about sth]; ***ich bilde mir lieber selber ein ~ [über den Fall]*** I'll form my own opinion [*or sep* make up my own mind] [about the case]; **sich** *dat* **ein ~ [über etw** *akk*] **erlauben** to be in a position to judge [sth]; **ein ~ [über jdn/etw] fällen** to pass [*or* pronounce] judgement [on sb/sth]; **nach jds ~** in sb's opinion; **nach dem ~ von jdm** in the opinion of sb

ur·tei·len ['ʊrtailən] *vi* ■**[über jdn/etw] ~** to judge [sb/sth] [*or* pass judgement [on sb/sth]]; ■**[irgendwie] ~** to judge [somehow]; ***du neigst aber dazu, voreilig zu ~*** you [do] like to make hasty judgements[, don't you?]; **nach etw** *dat* **zu ~** to take sth as a yardstick; ***nach seinem Gesichtsausdruck zu ~, ist er unzufrieden mit dem Ergebnis*** judging by his expression he is dissatisfied with the result

Ụr·teils·auf·he·bung *f* JUR quashing of a judgment **Ụr·teils·aus·fer·ti·gung** *f* JUR court-sealed copy of a judgment **Ụr·teils·aus·le·gung** *f* JUR construction of a sentence **Ụr·teils·be·grün·dung** *f* JUR reasons *pl* [*or* grounds *pl*] for [a/the] judgement, opinion **Ụr·teils·bil·dung** *f* JUR formation of a judgement **Ụr·teils·er·gän·zung** *f* JUR supplementation of the judgment **Ụr·teils·er·schlei·chung** *f* JUR subreption of a judgment **Ụr·teils·fä·hig·keit** *f* power of judgment; PHILOS ability to judge **Ụr·teils·fin·dung** *f* JUR judgment **Ụr·teils·for·de·rung** *f* JUR judgment debt [*or* claim] **Ụr·teils·for·mel** *f* JUR operative part of the judgment [*or* provisions] *pl* **Ụr·teils·kraft** *f kein pl* faculty [*or* power] of judgement **Ụr·teils·spruch** *m* JUR judgement, verdict **Ụr·teils·ver·kün·dung** *f* JUR pronouncement [*or* passing] [*or* delivering] of [a] judgement; **die ~ aussetzen** to suspend the sentence **Ụr·teils·ver·mö·gen** *nt kein pl* power [*or* faculty] of judgement **Ụr·teils·voll·stre·ckung** *f* JUR execution [*or* enforcement] of a judgment **Ụr·teils·zu·stel·lung** *f* JUR service of the judgment

Ur·text *m* original text

Ur·tier·chen *nt* BIOL protozoon

Ur·ti·ter ['u:ɐ̯ti:tɐ] *m kein pl* CHEM titrimetric standard

ur·tüm·lich ['u:ɐ̯ty:mlɪç] *adj* ancient, primeval, [age-]old

Uru·gu·ay <-s> [uru'gu̯ai] *nt* Uruguay

Uru·gu·ay·er(in) <-s, -> [uru'gu̯aiɐ] *m(f)* Uruguayan

uru·gu·ay·isch ['urugvaiɪʃ] *adj* Uruguayan

Ur·ur·enkel(in) ['u:ɐ̯ʔu:ɐ̯-] *m(f)* great-great-grandchild, great-great-grandson *masc,* great-great-granddaughter *fem* **Ur·ur·groß·el·tern** *pl* great-great-grandparents *pl* **Ur·ur·groß·mut·ter** *f* great-great-grandmother **Ur·ur·groß·va·ter** *m* great-great-grandfather

Ur·ver·si·on *f* INFORM original version

ur·ver·wandt *adj* LING cognate; ■**~ [mit etw** *dat*] **sein** to be cognate [with sth]; ■**[miteinander] ~ sein** to be cognate [with each other [*or* one another]]

Ur·vie(c)h <-[e]s, -viecher> *nt (fam)* real character

Ur·vo·gel *m* BIOL archaeopteryx

Ur·wald ['u:ɐ̯valt] *m* GEOG primeval forest **Ur·wald·baum** *m* primeval forest tree

Ur·welt ['u:ɐ̯vɛlt] *f kein pl* GEOL ■**die ~** the primeval world **ur·welt·lich** *adj* GEOL primeval, primordial

ur·wüch·sig *adj* ❶ *(im Urzustand erhalten)* unspoiled, unspoilt BRIT ❷ *(unverbildet)* earthy ❸ *(ursprünglich)* original; ***das Litauische ist wohl die ~ste Sprache Europas*** Lithuanian is probably Europe's oldest language **Ur·zeit** *f kein pl* GEOL ■**die ~** primeval times *pl;* **seit ~en** *(fam)* for [donkey's *fam*] years; **vor ~en** *(fam)* [donkey's *fam*] years ago **ur·zeit·lich** *adj s.* **urweltlich** **Ur·zu·stand** *m kein pl* original [*or* primordial] state

USA [u:ʔɛs'ʔa:] *pl Abk von* **United States of America:** ■**die ~** the USA + *sing vb,* the US + *sing vb*

US-A·me·ri·ka·ner(in) [u:'ʔɛs-] *m(f)* GEOG American **US-a·me·ri·ka·nisch** [u:'ʔɛsʔamerika:nɪʃ] *adj* GEOG American, US

Usance <-, -n> [y'zã:s, *pl* -sn̩] *f* ÖKON *(geh)* custom [*or* usage] [of the trade], practice

usance·ge·mäß, usance·mä·ßig *adj* HANDEL customary **Usan·ce·ge·schäft** *nt* HANDEL cross deal **Usance·han·del** *m* BÖRSE cross dealing

USB <-, -s> [u:'ʔɛs'be:] *f o m* TECH, INFORM *Abk von* **Universal Serial Bus** USB

Us·be·ke, Us·be·kin <-n, -n> [ʊs'be:kə, ʊs'be:kɪn] *m, f* Uzbek, AM *a.* Uzbekistani

us·be·kisch [ʊs'be:kɪʃ] *adj* Uzbek, AM *a.* Uzbekistani

Us·be·kisch [ʊs'be:kɪʃ] *nt dekl wie adj* Uzbek

Us·be̱·ki·sche <-n> *nt* ■**das ~** Uzbek, the Uzbek language

Us·be·ki·stan <-s> [ʊs'be:kista:n] *nt* Uzbekistan

USB-Port [u:'ʔɛs'be:pɔrt] *m* TECH USB-port

US-Dol·lar [u:'ʔɛsdɔlar] *m* US dollar

User(in) <-s, -> ['ju:zɐ] *m(f)* INFORM user

usf. *Abk von* **und so fort** and so forth

Uso·wech·sel *m* FIN bill at usance

Usur·pa·tor, Usur·pa·to·rin <-s, -en> [uzʊr'pa:to:ɐ̯, *pl* -'to:rən] *m, f (geh)* usurper

usur·pie·ren* [uzʊr'pi:rən] *vt (geh)* ■**etw ~** to usurp sth

Usus <-> ['u:zʊs] *m* custom *no pl;* **irgendwo [so] ~ sein** to be the custom somewhere

usw. *Abk von* **und so weiter** etc.

Uten·sil <-s, -ien> [utɛn'zi:l, *pl* -li̯ən] *nt meist pl* utensil, piece of equipment; ***packen Sie bitte Ihre ~ien zusammen, Sie ziehen um in ein anderes Büro*** pack up your things, you're moving to a different office

Ute·rus <-, Uteri> ['u:terʊs, *pl* -ri] *m* ANAT *(geh)* uterus

Ute·rus·krebs *m* MED *(geh)* cancer of the uterus, uterine cancer

Uti·li·ta·ris·mus <-> [utilita'rɪsmʊs] *m kein pl* PHILOS utilitarianism

uti·li·ta·ris·tisch [utilita'rɪstɪʃ] *adj (geh)* utilitarian

Uto·pie <-, -n> [uto'pi:, *pl* -pi:ən] *f (geh)* Utopia

uto·pisch [u'to:pɪʃ] *adj* ❶ *(geh: völlig absurd)* utopian
❷ LIT Utopian

Ut·recht <-> ['u:trɛçt] *nt* GEOG Utrecht

u.U. *Abk von* **unter Umständen** possibly

u.ü.V. *Abk von* **unter üblichem Vorbehalt** with the reservation that

UV [u:'fau̯] *adj Abk von* **ultraviolett** UV

u.v.a.(m.) *Abk von* **und vieles andere [mehr]** and much more besides

UV-Blo·cker [u:'fau̯-] *m* UV blocker **UV-Fil·ter** [u:'fau̯-] *m* PHYS UV [*or* ultraviolet] filter **UV-Hẹm·mer** *m* UV inhibitor **UV-Licht** *nt* PHYS UV light

UVP <-, -s> *f Abk von* **Umweltverträglichkeitsprüfung** environmental assessment, assessment of environmental impact [*or* effects], environmental risk [*or* impact] assessment

UV-Strah·len *pl* UV-rays *pl* **UV-Strah·lung** *f* PHYS UV [*or* ultraviolet] radiation

u.W. *Abk von* **unseres Wissens** to our knowledge

Ü-Wa·gen *m* RADIO, TV OB [*or* outside broadcast] vehicle

UWG <-[s]> *nt kein pl Abk von* **Gesetz gegen unlauteren Wettbewerb** unfair competition law

V

V, v <-, - *o fam* -s, -s> [fau̯] *nt* V, v; **~ wie Viktor** V for [*or* as in] Victor; *s. a.* **A 1**

V *Abk von* **Volt** V

Va·banque·spiel [va'bã:k-] *nt (geh)* dangerous [*or* risky] game

Va·duz [fa'dʊts] *nt* GEOG Vaduz

Va·ga·bund(in) <-en, -en> [vaga'bʊnt, *pl* -bʊndn̩] *m(f)* vagabond

va·ga·bun·die·ren* [vagabʊn'di:rən] *vi* ❶ *(als Landstreicher leben)* to live as a vagabond/as vagabonds
❷ *sein (umherziehen)* to roam [*or* wander]; **durch die halbe Welt/viele Länder ~** to roam over half the world/through many countries
❸ FIN **~de Gelder** flight [*or* hot] money; **~des Kapital** FIN hot money, footloose funds

va·ge ['va:gə] **I.** *adj* vague
II. *adv* vaguely

Va·gi·na <-, Vaginen> [va'gi:na, 'va:gina] *f* ANAT vagina

va·gi·nal [vagi'na:l] I. *adj* MED, ANAT vaginal
II. *adv* MED vaginally

Va·gi·nal·flüs·sig·keit <-, -en> [vagi'na:l-] *f meist kein pl* MED vaginal discharge **Va·gi·nal·zäpf·chen** <-s, -> *f* MED vaginal suppository

Vaj·ra·ya·na-Bud·dhis·mus <-> [vadʒra'ja:na-] *m kein pl* REL Vajrayana, Diamond Vehicle [*or* Way]

va·kant [va'kant] *adj (geh)* vacant; **eine ~e Stelle** a vacant post, vacancy; ■ **[bei jdm] ~ sein/werden** to be/become vacant [at sb's]

Va·kanz <-, -en> [va'kants] *f (geh)* vacancy

Va·kat·sei·te ['va:kat-] *f* TYPO blank [*or* white] page

Va·ku·o·le <-, -n> [vaku̯o:lə] *f* BIOL vacuole

Va·ku·um <-s, Vakuen *o* Vakua> ['va:kuʊm, 'va:kuən, 'va:kua] *nt* ❶ PHYS vacuum
❷ *(geh: Lücke)* vacuum *fig*

Va·ku·um·kam·mer ['va:kuʊm-] *f* TECH vacuum chamber **Va·ku·um·pa·ckung** *f* ÖKON vacuum pack[aging *no pl*] **Va·ku·um·röh·re** *f* vacuum tube **Va·ku·um·suk·ti·on** [-zʊktsi̯o:n] *f* vacuum suction **va·ku·um·ver·packt** *adj* ÖKON vacuum-packed

Va·len·tins·tag ['va:lɛnti:ns-] *m* Valentine's Day

Va·lenz <-, -en> [va'lɛnts] *f* CHEM, LING valency

Va·lo·ren [va'lo:rən] *pl* FIN securities

Va·lu·ta <-, Valuten> [va'lu:ta, *pl* -tən] *f* FIN ❶ *(ausländische Währung)* foreign currency; **harte ~** hard currency
❷ *(Wertstellung)* value [*or* availability] date

Va·lu·ta·auf·wer·tung *f* FIN currency revaluation **Va·lu·ta·dum·ping** *nt kein pl* ÖKON foreign exchange dumping **Va·lu·ta·ein·nah·men** *pl* FIN foreign exchange earnings **Va·lu·ta·ent·wer·tung** *f* FIN devaluation, currency depreciation **Va·lu·ta·ge·schäft** *nt* FIN foreign currency transaction **Va·lu·ta·kurs** *m* FIN exchange rate **Va·lu·ta·no·tie·rung** *f* BÖRSE quotation of exchange **Va·lu·ta·ri·si·ko** *nt* FIN exchange risk **Va·lu·ta·schuld** *f* FIN foreign currency debt **Va·lu·ta·ver·hält·nis** *nt* JUR underlying debt relationship **Va·lu·ta·wech·sel** *m* FIN foreign exchange bill **Va·lu·ta·wer·te** *pl* ÖKON foreign exchange values

Va·lu·tie·rung <-, -en> *f* FIN *(Wertstellung)* settlement of trade

Vamp <-s, -s> [vɛmp] *m* vamp

Vam·pir <-s, -e> [vam'pi:ɐ̯] *m* vampire

Van <-s, -s> ['væn] *m* AUTO people carrier BRIT, van AM

Va·na·di·um <-s> [va'na:diʊm] *nt kein pl* CHEM vanadium *no pl*

Van·co·my·cin <-s, -e> *nt* PHARM vancomycin

Van·da·le, Van·da·lin <-n, -n> [van'da:lə, van'da:lɪn] *m, f* ❶ *(zerstörungswütiger Mensch)* vandal
❷ HIST Vandal

Van·da·lis·mus <-> [vanda'lɪsmʊ] *m kein pl* vandalism

Va·nil·le <-, -en> [va'nɪljə, va'nɪlə] *f* vanilla

Va·nil·le·eis [va'nɪljə-, va'nɪlə-] *nt* vanilla ice-cream **Va·nil·le·kip·ferl** *nt* KOCHK SÜDD, ÖSTERR *small crescent-shaped biscuit made with almonds or nuts, dusted with vanilla sugar and traditionally eaten around Christmas* **Va·nil·le·mark** *nt* KOCHK pulp of a vanilla pod **Va·nil·le·plätz·chen** *nt* vanilla[-flavoured] biscuit BRIT, vanilla[-flavored] cookie AM **Va·nil·le·pud·ding** *m* vanilla pudding **Va·nil·le·sau·ce** *f* vanilla sauce; *(mit Ei)* custard **Va·nil·le·stan·ge** *f* vanilla pod [*or* bean] **Va·nil·le·zu·cker** *m* vanilla sugar

va·nil·lie·ren* *vt* ■ **etw ~** KOCHK to add vanilla flavouring [*or* AM flavoring] to sth, to aromatize sth with vanilla

Va·nil·lin [vanɪ'li:n] *m* KOCHK vanillin

Va·nil·lin·zu·cker *m* vanillin sugar

Va·nu·a·tu·er(in) <-s, -> [va:nʊa'tu:ɐ] *m(f)* ni-Vanuatu

va·nu·a·tu·isch [va:nʊa'tu:ɪʃ] *adj* ni-Vanuatu

va·ri·a·bel [va'ri̯a:bl̩] I. *adj* variable; **variable Kosten** variable costs; **variable Wochenarbeitszeiten** a flexible working week; ■ **[in etw *dat*] ~ sein** to be flexible [in sth]
II. *adv* FIN **~ verzinslich** on a floating rate basis

Va·ri·ab·le <-n, -n> [va'ri̯a:blə] *dekl wie adj f* variable

Va·ri·an·te <-, -n> [va'ri̯antə] *f* ❶ *(geh: Abwandlung)* variation
❷ *(veränderte Ausführung)* variant

Va·ri·anz <-, -en> [va'ri̯ants] *f* MATH variance

Va·ri·a·ti·on <-, -en> [varia'tsi̯o:n] *f* ❶ *(Abwandlung)* variation
❷ MUS *(Abwandlung eines Themas)* variation

Va·ri·a·ti·ons·rech·nung *f* MATH calculus of variations, variational calculus

Va·ri·e·tät <-, -en> [vari̯e'tɛ:t] *f* variety

Va·ri·e·té, Va·ri·e·teeRR <-s, -s> [vari̯e'te:] *nt* THEAT variety show

va·ri·ie·ren* [vari'i:rən] *vi* to vary

Va·sall <-en, -en> [va'zal] *m* HIST vassal

Va·se <-, -n> ['va:zə] *f* vase

Va·se·li·ne <-> [vaze'li:nə] *f kein pl* Vaseline, petroleum jelly

Va·so·re·sek·ti·on <-, -n> *f* MED vasectomy

Va·ter <-s, Väter> ['fa:tɐ, *pl* 'fɛtɐ] *m* ❶ *(männliches Elternteil)* father; **ganz der ~ sein** to be just like [*or* the spitting image of] one's father
❷ *(Urheber)* father; ***er ist der ~ dieses Gedankens*** this idea is his brainchild, this is his idea; **der geistige ~** the spiritual father
▸WENDUNGEN: **der Heilige ~** REL the Holy Father; **~ Staat** *(hum)* the State; *(USA)* Uncle Sam; **~ unser [im Himmel]** REL Our Father

Va·ter·da·tei *f* INFORM father file **Va·ter·haus** *nt (geh)* parental home

Va·ter·land ['fa:tɐlant] *nt* fatherland, motherland BRIT **va·ter·län·disch** *adj (geh)* patriotic **Va·ter·lands·lie·be** *f kein pl (geh)* patriotism, love of one's country

va·ter·lands·los *adj inv (geh)* unpatriotic; **~er Geselle** traitor [to one's own country]

Va·ter·lands·ver·rä·ter(in) *m(f)* traitor to one's country

vä·ter·lich ['fɛtɐlɪç] I. *adj* ❶ *(dem Vater gehörend)* sb's father's
❷ *(einem Vater gemäß)* paternal, fatherly
❸ *(zum Vater gehörend)* paternal
❹ *(fürsorglich)* fatherly
II. *adv* like a father

vä·ter·li·cher·seits *adv* on sb's father's side

Va·ter·lie·be *f* ❶ *(Liebe zum Vater)* love of one's father
❷ *(Liebe eines Vaters)* fatherly [*or* paternal] love

va·ter·los *adj* fatherless

Va·ter·mord *m* patricide **Va·ter·mör·der(in)** *m(f)* patricide

Va·ter·schaft <-, -en> *f* JUR paternity; **die ~ bestreiten/leugnen** to contest/deny paternity

Va·ter·schafts·an·er·ken·nung *f* JUR acknowledgement of paternity **Va·ter·schafts·fest·stel·lung** *f* determination of paternity **Va·ter·schafts·kla·ge** *f* JUR paternity suit **Va·ter·schafts·nach·weis** *m* proof [*or* establishment] of paternity **Va·ter·schafts·test** *m* paternity test **Va·ter·schafts·ur·laub** *m kein pl* ADMIN paternity leave **Va·ter·schafts·ver·mu·tung** *f* JUR presumption of paternity

Va·ter·stadt *f (geh)* home town **Va·ter·stel·le** *f* **[bei jdm] ~ vertreten** *(geh)* to take the place of a father [to sb] [*or* of sb's father] [*or* act as sb's father] **Va·ter·tag** *m* Father's Day **Va·ter·un·ser** <-s, -> [fa:tɐ'ʔʊnzɐ] *nt* REL ■ **das ~** the Lord's Prayer; ■ **ein ~** one recital of the Lord's Prayer

Va·ti <-s, -s> ['fa:ti] *m s.* **Papa**

Va·ti·kan <-s> [vati'ka:n] *m* REL ■ **der ~** the Vatican

va·ti·ka·nisch *adj* Vatican; **das Vatikanische Konzil** the Vatican Council

Va·ti·kan·stadt [vati'ka:n-] *f kein pl* GEOG, REL ■ **die ~** the Vatican City

V-Aus·schnitt ['fau̯-] *m* V-neck; **ein Pullover mit ~** a V-neck jumper

v. Chr. *Abk von* **vor Christus** BC

VEB <-[s], -s> ['fau̯'e:'be:] *Abk von* **volkseigener Betrieb** *nationally-owned factory in the former GDR*

V-Ef·fekt ['fau̯-] *m* V-effect

ve·gan [ve'ga:n] *adj* vegan

Ve·ga·ner(in) <-s, -> [ve'ga:nɐ] *m(f)* vegan

Ve·ge·ta·ri·er(in) <-s, -> [vege'ta:ri̯ɐ] *m(f)* vegetarian

ve·ge·ta·risch [vege'ta:rɪʃ] I. *adj* vegetarian
II. *adv* **sich** *akk* **~ ernähren, ~ essen** [*o* **leben**] to be a vegetarian [*or* eat a vegetarian diet]

Ve·ge·ta·ti·on <-, -en> [vegeta'tsi̯o:n] *f* vegetation

ve·ge·ta·tiv [vegeta'ti:f] I. *adj* ❶ MED *(nicht vom Willen gesteuert)* vegetative; **~es Nervensystem** vegetative [*or* autonomic] nervous system
❷ BIOL *(ungeschlechtlich)* vegetative
II. *adv* ❶ MED *(durch das vegetative Nervensystem)* autonomically
❷ BIOL *(ungeschlechtlich)* vegetatively

ve·ge·tie·ren* [vege'ti:rən] *vi* to eke out a miserable existence, to vegetate

Ve·gi <-s, -s> ['ve:gi] *f o m bes* SCHWEIZ *kurz für* **Vegetarier** vegetarian

ve·he·ment [vehe'mɛnt] I. *adj (geh)* vehement
II. *adv (geh)* vehemently

Ve·he·menz <-> [vehe'mɛnts] *f kein pl (geh)* vehemence

Ve·hi·kel <-s, -> [ve'hi:kl̩] *nt (fam)* vehicle; **ein altes/klappriges ~** an old banger [*or* BRIT *fam* boneshaker] [*or fam* wreck]

Veil·chen <-s, -> ['fai̯lçən] *nt* ❶ BOT violet
❷ *(fam: blaues Auge)* black eye, shiner *sl*

veil·chen·blau *adj* ❶ *(Farbe)* violet
❷ *(fig: betrunken)* **jd ist ~** sb is roaring drunk

Vek·tor <-s, -en> ['vɛkto:ɐ̯, *pl* -'to:rən] *m* MATH vector

Vek·tor·da·ten *pl* MATH vector data + *sing vb* **Vek·tor·gra·fik** *f* MATH object-oriented graphics + *sing vb*

Vek·to·ri·sie·rung <-> *f kein pl* MATH vectorization

Vek·tor·pro·dukt *nt* MATH vector product **Vek·tor·pro·gramm** *nt* INFORM vector program **Vek·tor·raum** *m* MATH vector space **Vek·tor·rech·nung** *f* vector calculation

Ve·lar <-s, -e> [ve'la:ɐ̯] *m*, **Ve·lar·laut** *m* LING velar

Ve·lo <-s, -s> ['ve:lo] *nt* SCHWEIZ *(Fahrrad)* bicycle, bike *fam;* **~ fahren** to ride a bicycle, to cycle

Ve·lours[1] <-, -> [və'lu:ɐ̯] *nt s.* **Veloursleder**

Ve·lours[2] <-, -> [və'lu:ɐ̯] *m* MODE velour[s]

Ve·lours·le·der [və'lu:ɐ̯-] *nt* suede **Ve·lours·tep·pich·bo·den** [və'lu:ɐ̯-] *m* cut-pile [*or* velvet[-pile]] carpet

Ven·da <-, -> ['vɛnda] *m o f* Venda

Ve·ne <-, -n> ['ve:nə] *f* ANAT vein

Ve·ne·dig <-s> [ve'ne:dɪç] *nt kein pl* Venice

Ve·nen·ent·zün·dung ['ve:-] *f* MED phlebitis *no pl* **Ve·nen·mit·tel** *nt* vein medication

ve·ne·risch [ve'ne:rɪʃ] *adj* MED venereal

Ve·ne·ti·en <-s> [ve'ne:tsi̯ən] *nt* GEOG Veneto

Ve·ne·zi·a·ner(in) [vene'tsi̯a:nɐ] *m(f)* GEOG Venetian

ve·ne·zi·a·nisch [vene'tsi̯a:nɪʃ] *adj* Venetian

Ve·ne·zo·la·ner(in) <-s, -> [venetso'la:nɐ] *m(f)* Venezuelan

ve·ne·zo·la·nisch [venetso'la:nɪʃ] *adj* Venezuelan

Ve·ne·zu·e·la <-s> [vene'tsu̯e:la] *nt* Venezuela

ve·ne·zu·e·lisch [vene'tsu̯e:lɪʃ] *adj s.* **venezolanisch**

ve·nös [ve'nø:s] *adj* MED venous

Ven·til <-s, -e> [vɛn'ti:l] *nt* ❶ *(Absperrhahn)* stopcock
❷ *(Schlauchventil)* valve
❸ AUTO valve
❹ MUS valve
❺ *(geh: Mittel des Abbaus von Emotionen)* outlet

Ven·ti·la·ti·on <-, -en> [vɛntila'tsi̯o:n] *f* ❶ *(Belüftung)* ventilation
❷ TECH *(Belüftungsanlage)* ventilation [system]

Ven·ti·la·tor <-s, -en> [vɛnti'la:to:ɐ̯, *pl* -'to:rən] *m* ventilator, fan

Ven·til·ein·stel·lung *f* AUTO valve adjustment

ven·ti·lie·ren* [vɛnti'li:rən] *vt* ■**etw** ~ ① *(lüften)* to ventilate sth
② *(geh: überdenken)* to consider sth carefully
Ven·til·spiel *nt* AUTO valve lash **Ven·til·steu·e·rung** *f* AUTO valve timing **Ven·til·trieb** *m* AUTO valve train
Ve·nus <-s> ['ve:nʊs] *f kein pl* Venus
Ve·nus·flie·gen·fal·le *f* BOT Venus flytrap **Ve·nus·mu·schel** *f* Venus clam
ver·ab·re·den* **I.** *vr* ■**sich** *akk* [**mit jdm**] [**irgendwo/für eine Zeit**] ~ to arrange to meet [sb] [somewhere/for a certain time]; ■[**mit jdm/ irgendwo**] **verabredet sein** to have arranged to meet [sb/somewhere]
II. *vt* ■**etw** [**mit jdm**] ~ to arrange sth [with sb]; **einen Ort/Termin/eine Uhrzeit** ~ to arrange [*or* fix] [*or* agree upon] a place/date/time; ■**verabredet** agreed; **wie verabredet** as agreed [*or* arranged]
III. *vi* ■[**mit jdm**] ~, **dass/was ...** to agree [with sb] that/what ...
Ver·ab·re·dung <-, -en> *f* ① *(Treffen)* date, meeting, appointment
② *(Vereinbarung)* arrangement, agreement; **eine** ~ **einhalten** to keep an appointment; **eine** ~ **treffen** to come to an arrangement, to reach [*or* come to] an agreement
③ *(das Verabreden)* arranging; *Termin* arranging, fixing, agreeing upon; [**mit jdm**] **eine** ~ [**für etw** *akk*] **treffen** *(geh)* to arrange a meeting [with sb] [for a certain time]
④ JUR *(Komplott)* conspiracy; ~ **zu Straftaten** conspiracy to commit a crime
ver·ab·rei·chen* *vt (geh)* ■[**jdm**] **etw** ~ to administer sth [to sb]
ver·ab·scheu·en* *vt* ■**jdn/etw** ~ to detest [*or* loathe] sb/sth; ■~, **etw zu tun** to hate doing sth
ver·ab·schie·den* **I.** *vr* ① *(Abschied nehmen)* ■**sich** *akk* [**von jdm**] ~ to say goodbye [to sb]
② *(sich distanzieren)* ■**sich** *akk* [**aus etw** *dat*] ~ to dissociate oneself from sth
II. *vt* ① POL *(parlamentarisch beschließen)* ■**etw** ~ to pass sth; **einen Haushalt** ~ to adopt a budget
② *(geh: offiziell von jdm Abschied nehmen)* ■**jdn** ~ to take one's leave of sb
③ *(geh: feierlich entlassen)* ■**jdn** ~ to give sb an official farewell [*or* send-off]
Ver·ab·schie·dung <-, -en> *f* ① POL *(Beschließung)* passing; *Haushalt* adoption
② *(feierliche Entlassung)* honourable [*or* AM honorable] discharge
ver·ab·so·lu·tie·ren* [fɛɐ̯ʔapzolu'ti:rən] *vt* ■**etw** ~ to make sth absolute
ver·ach·ten* *vt* ■**jdn/etw** ~ ① *(verächtlich finden)* to despise sb/sth
② *(geh: nicht achten)* to scorn sb/sth; **nicht zu** ~ **sein** *(fam)* [sth is] not to be sneezed [*or* scoffed] at *fam*
Ver·äch·ter(in) <-s, -> [fɛɐ̯'ʔɛçtɐ] *m(f)* ▸WENDUNGEN: **kein** ~ [**von etw** *dat*] **sein** *(euph)* to be quite partial to sth
ver·ächt·lich [fɛɐ̯'ʔɛçtlɪç] **I.** *adj* ① *(Verachtung zeigend)* contemptuous, scornful
② *(verabscheuungswürdig)* contemptible, despicable
II. *adv* contemptuously, scornfully
Ver·ach·tung *f* contempt, scorn; **jdn mit** ~ **strafen** *(geh)* to treat sb with contempt; **voller** ~ contemptuously
ver·al·bern* *vt (fam)* ■**jdn** ~ to pull sb's leg [*or* BRIT have sb on] *fam;* ***da komme ich mir doch echt veralbert vor!*** what do they take me for - a fool?
ver·all·ge·mei·nern* **I.** *vt* ■**etw** ~ to generalize about sth
II. *vi* to generalize
Ver·all·ge·mei·ne·rung <-, -en> *f* ① *kein pl (das Verallgemeinern)* generalization
② *(verallgemeinernde Darstellung)* generalization
ver·al·ten* [fɛɐ̯'ʔaltn̩] *vi sein* to become obsolete; *Ansichten, Methoden* to become outdated [*or* outmoded]
ver·al·tet **I.** *pp von* **veralten**
II. *adj* old, obsolete, out-of-date; *Ausdruck* antiquated
Ve·ran·da <-, Veranden> [ve'randa, *pl* -dən] *f* veranda
ver·än·der·lich *adj* ① METEO *(unbeständig)* changeable
② *(variierbar)* variable; ~**er Stern** ASTRON variable star
Ver·än·der·lich·keit <-, -en> *f meist sing* variability
ver·än·dern* **I.** *vt* ① *(anders machen)* ■**etw** ~ to change sth; ■**jdn** ~ *(im Wesen)* to change sb
② *(ein anderes Aussehen verleihen)* ■**jdn/etw** ~ to make sb/sth look different/change sb's sth
II. *vr* ① *(anders werden)* ■**sich** *akk* ~ to change; ■**sich** *akk* [**zu etw** *dat*] ~ *(im Wesen)* to change [for the sth]; ***er hat sich zu seinem Nachteil/ Vorteil*** ~ he's changed for the worse/better; **sich** *akk* **äußerlich** ~ to change [in appearance]
② *(Stellung wechseln)* ■**sich** *akk* [**irgendwohin**] ~ to change one's job
Ver·än·de·rung *f* ① *(Wandel)* change; *(leicht)* alteration, modification; ~ **gegenüber dem Vorjahr** ÖKON change from last year; ~**en unterliegen** to undergo changes
② *(Stellungswechsel)* change of job
Ver·än·de·rungs·sper·re *f* JUR preservation order *(temporary prohibition to change sth)*
ver·äng·sti·gen* *vt* ■**jdn** ~ to frighten [*or* scare] sb
ver·ängs·tigt **I.** *pp von* **verängstigen**
II. *adj* frightened, scared; **völlig** ~ terrified
ver·an·kern* *vt* ① TECH *(mit Halteseilen)* ■**etw** [**in etw** *dat*] ~ to anchor sth [in sth]
② NAUT ■**etw** ~ to anchor sth
Ver·an·ke·rung <-, -en> *f* ① *kein pl (das Verankern)* anchoring
② *(Fundament für Halteseil)* anchorage
ver·an·la·gen* [fɛɐ̯'ʔanla:gn̩] *vt* FIN *(steuerlich einschätzen)* ■**jdn** [**mit etw** *dat*] ~ to assess sb [at sth]; **sich** *akk* **gemeinsam/getrennt** ~ **lassen** to file joint/separate returns; **jdn zu hoch** ~ to overassess sb; **nicht veranlagt** unassessed
ver·an·lagt [fɛɐ̯'ʔanla:kt] *adj* ① *(angeboren)* ■**ein** [**irgendwie**] ~**er Mensch** a person with a certain bent; **ein homosexuell** ~**er Mensch** a person with homosexual tendencies; **ein künstlerisch/musikalisch** ~**er Mensch** a person with an artistic/a musical disposition; **ein praktisch** ~**er Mensch** a practically minded person; ■[**irgendwie**] ~ **sein** to have a certain bent; ***mein Mann ist praktisch*** ~ my husband is practically minded
② FIN *(mit Steuern)* assessed; **nicht** ~ unassessed
Ver·an·la·gung <-, -en> *f* ① *(angeborene Anlage)* disposition; **eine bestimmte** ~ **haben** to have a certain bent; **eine homosexuelle** ~ **haben** to have homosexual tendencies; **eine künstlerische/artistische** ~ **haben** to have an artistic/a musical bent; **eine praktische** ~ **haben** to be practically minded; **eine** ~ [**zu etw** *dat*] **haben** to have a tendency towards sth
② FIN *(von Steuern)* assessment; **gemeinsame/getrennte** ~ joint/separate assessment; **steuerliche** ~ tax assessment, assessment for tax purposes
ver·an·la·gungs·fä·hig *adj* FIN taxable, chargeable **Ver·an·la·gungs·grund·la·ge** *f* FIN basis of assessment **Ver·an·la·gungs·jahr** *nt* FIN *(von Steuern)* tax year, year of assessment **ver·an·la·gungs·pflich·tig** *adj* FIN assessable, taxable **Ver·an·la·gungs·steu·er** *f* FIN assessed tax **Ver·an·la·gungs·zeit·raum** *m* FIN assessment period
ver·an·las·sen* **I.** *vt* ① *(in die Wege leiten)* ■**etw** ~ to arrange sth [*or* see to it that sth is done]
② *(dazu bringen)* ■**jdn** [**zu etw** *dat*] ~ to induce sb to do sth; ■**jdn** [**dazu**] ~, **dass jd etw tut** to prevail upon sb to do sth; **sich** *akk* **dazu veranlasst fühlen, etw zu tun** to feel obliged [*or* compelled] to do sth
II. *vi* ■~, **dass jd etw tut** to see to it that sb does sth; ■~, **dass etw geschieht** to see to it that sth happens
Ver·an·las·sung <-, -en> *f* ① *(Einleitung)* **auf jds** ~, **auf** ~ [**von jdm**] at sb's instigation
② *(Anlass)* cause, reason; **jdm** ~ [**dazu**] **geben, etw zu tun** to give sb [good] cause [*or* reason] to do sth; **nicht die leiseste** ~ **haben, etw zu tun** to not have the slightest reason [*or* cause] to do sth; **keine** ~ [**zu etw** *dat*] **haben** to have no reason [*or* cause] [for sth]; **keine** ~ [**dazu**] **haben, etw zu tun** to have no reason [*or* cause] to do sth
ver·an·schau·li·chen* [fɛɐ̯'ʔanʃaulɪçn̩] *vt* ■[**jdm**] **etw** ~ to illustrate sth [to sb]
Ver·an·schau·li·chung <-, -en> *f* illustration; **zur** ~ as an illustration
ver·an·schla·gen* *vt* ■**etw** [**mit etw** *dat*] ~ to estimate sth [at sth]; ***mit wie viel würden Sie das ganze Haus*** ~**?** how much would you say the whole house is [*or* was] worth?; ■**etw** [**für etw** *akk*] ~ to estimate that sth will cost sth
ver·an·stal·ten* [fɛɐ̯'ʔanʃtaltn̩] *vt* ① *(durchführen)* ■**etw** ~ to organize sth; **eine Demonstration** ~ to organize [*or* stage] a demonstration; **ein Fest/eine Feier** ~ to give [*or* throw] [*or* organize] a party
② *(fam: machen)* ■**etw** ~ to make sth; **Lärm** ~ to make a lot of noise
Ver·an·stal·ter(in) <-s, -> *m(f)* organizer
Ver·an·stal·tung <-, -en> *f* ① *kein pl (das Durchführen)* organizing, organization; *Feier* giving, throwing, organizing, organization; *öffentliches Ereignis* staging, organizing
② *(veranstaltetes Ereignis)* event
Ver·an·stal·tungs·ka·len·der *m* calendar of events **Ver·an·stal·tungs·ort** *m* venue **Ver·an·stal·tungs·rei·he** *f* series of events **Ver·an·stal·tungs·tipp**RR *m* organizational tip
ver·ant·wor·ten* **I.** *vt* ■**etw** [**vor jdm**] ~ to take [*or* accept] responsibility for sth [*or* [have to] answer to sb for sth]; ***etwaige negative Konsequenzen werden Sie*** [***vor der Geschäftsleitung***] ***zu*** ~ ***haben*** you will have to answer [to the management] for any negative consequences; ■[**es**] ~, **wenn** [*o* **dass**] **jd etw tut** to take [*or* accept] responsibility for sb doing sth
II. *vr* ■**sich** *akk* [**für etw** *akk*] [**vor jdm**] ~ to answer [to sb] [for sth]
ver·ant·wort·lich *adj* ① *(Verantwortung tragend)* responsible; ~**e Redakteurin/**~**er Redakteur** editor-in-chief; [**jdm** [**gegenüber**]] **dafür** ~ **sein, dass etw geschieht** to be answerable [to sb] for seeing to it that sth happens; ■**für jdn/etw** ~ **sein** to be responsible for sb/sth
② *(schuldig)* responsible *pred;* ■[**für etw** *akk*] ~ **sein** to be responsible [for sth]
③ *(mit Verantwortung verbunden)* responsible; **eine** ~**e Aufgabe** a responsible task
Ver·ant·wort·li·che(r) *f(m) dekl wie adj* person responsible; *(für Negatives a.)* responsible party; ■**der/die für etw** *akk* ~ the person responsible for sth
Ver·ant·wort·lich·keit <-, -en> *f* responsibility; *(Haftbarkeit)* liability; *(Rechenschaftspflicht)* accountability; **alleinige** ~ sole responsibility; **strafrechtliche** ~ criminal responsibility BRIT, penal liability AM; ~ **delegieren** to delegate responsibility
Ver·ant·wor·tung <-, -en> *f* ① *(Verpflichtung, für etw einzustehen)* responsibility; **jdn** [**für etw** *akk*] **zur** ~ **ziehen** to call sb to account [for sth]; **jdn gerichtlich zur** ~ **ziehen** JUR to bring sb before the court; **auf deine** [*o* **Ihre**] ~**!** on your head be it! BRIT, it'll be on your head!
② *(Schuld)* ■**die/jds** ~ [**für etw** *akk*] the/sb's responsibility [for sth]; **die** ~ [**für etw** *akk*] **tragen** to be responsible [for sth]; **die** ~ [**für etw** *akk*] **übernehmen** to take [*or* accept] responsibility [for sth]
③ *(Risiko)* **auf eigene** ~ on one's own responsibility, at one's own risk; **die** ~ [**für jdn/etw**] **haben** [*o* **tragen**] to be responsible [for sb/sth]
▸WENDUNGEN: **sich** *akk* **aus der** ~ **stehlen** to dodge [*or* evade] [*or* shirk] responsibility
Ver·ant·wor·tungs·be·reich *m* sphere of responsibility **ver·ant·wor·tungs·be·wusst**RR **I.** *adj* responsible **II.** *adv* ~ **handeln, sich** *akk* ~ **verhalten** to act responsibly [*or* in a responsible manner] **Ver·**

ant·wor·tungs·be·wusst·seinRR *nt* sense of responsibility

ver·ant·wor·tungs·los I. *adj* irresponsible; ■ ~ **sein, etw zu tun** to be irresponsible to do sth
II. *adv* ~ **handeln, sich** *akk* ~ **verhalten** to act irresponsibly [*or* in an irresponsible manner]

Ver·ant·wor·tungs·lo·sig·keit <-> *f kein pl* irresponsibility

Ver·ant·wor·tungs·trä·ger(in) *m(f)* responsible party [*or* person]

ver·ant·wor·tungs·voll *adj* ❶ *(mit Verantwortung verbunden)* responsible
❷ *s.* **verantwortungsbewusst**

ver·äp·peln* [fɛɐ̯'ʔɛpl̩n] *vt (fam) s.* **veralbern**

ver·ar·bei·ten* *vt* ❶ ÖKON *(als Ausgangsprodukt verwenden)* ■ **etw** ~ to use sth; **Fleisch** ~ to process meat; ■ **etw [zu etw** *dat*] ~ to make sth into sth; ~**des Gewerbe** manufacturing sector; ~**de Industrie** processing [*or* manufacturing] industry
❷ *(verbrauchen)* ■ **etw** ~ to use sth [up]; ***der Mörtel muss rasch verarbeitet werden, bevor er fest wird*** the plaster must be applied [*or* used] immediately before it hardens
❸ PSYCH *(innerlich bewältigen)* ■ **etw** ~ to assimilate sth; **eine Enttäuschung/Scheidung/jds Tod** ~ to come to terms with a disappointment/divorce/sb's death

ver·ar·bei·tet *adj* ÖKON finished; **gut/schlampig/schlecht** ~ well/sloppily/badly finished [*or* crafted]

Ver·ar·bei·tung <-, -en> *f* ❶ ÖKON *(das Verarbeiten)* processing
❷ *(Fertigungsqualität)* workmanship *no pl, no indef art*
❸ TYPO *(Druck)* converting
❹ INFORM *(Bearbeitung)* processing; ~ **im Hintergrund** background processing

Ver·ar·bei·tungs·be·trieb *m* ÖKON manufacturing plant **Ver·ar·bei·tungs·ein·heit** *f* INFORM processing unit **Ver·ar·bei·tungs·ge·schwin·dig·keit** *f* INFORM processing power **Ver·ar·bei·tungs·in·dust·rie** *f* ÖKON processing [*or* manufacturing] industry **Ver·ar·bei·tungs·kos·ten** *pl* HANDEL processing expenses **Ver·ar·bei·tungs·vor·schrif·ten** *pl* BAU processing instructions *pl*

ver·ar·gen* [fɛɐ̯'ʔargn̩] *vt* ■ **[jdm] etw** ~ to hold sth against sb; ■ **[es] jdm ~, dass/wenn ...** to hold it against sb that/[*or* blame sb] if ...

ver·är·gern* *vt* ■ **jdn** ~ to annoy sb

ver·är·gert I. *adj* angry, annoyed; ■ **[über jdn/etw]** ~ **sein** to be annoyed [at [*or* with] sb/sth]; ■ ~ **sein, dass/weil ...** to be annoyed that/because ...
II. *adv* in an annoyed manner

Ver·är·ge·rung <-, -en> *f* annoyance

ver·ar·men* [fɛɐ̯'ʔarmən] *vi sein* to become poor [*or* impoverished]; ■ **verarmt** impoverished

Ver·ar·mung <-, -en> *f* impoverishment *no pl*

ver·ar·schen* [fɛɐ̯'ʔarʃn̩] *vt (derb)* ■ **jdn** ~ to mess around with sb, to take the piss out of sb BRIT *vulg*

ver·arz·ten* [fɛɐ̯'ʔa:ɐ̯tstn̩] *vt (fam)* ❶ *(behandeln)* ■ **jdn** ~ to treat sb
❷ *(versorgen)* ■ **[jdm] etw** ~ to fix *fam* [*or fam* patch up *sep*] [sb's] sth

ver·aschen [fɛɐ̯'ʔaʃn̩] *vt* CHEM ■ **etw** ~ to incinerate [*or* ash] sth, to reduce sth to ashes

ver·äs·teln* [fɛɐ̯'ʔɛstl̩n] *vr* ❶ BOT ■ **sich** *akk* ~ to branch out [*or* ramify]
❷ GEOG ■ **sich** *akk* **[in etw** *akk*] ~ *Fluss* to branch out [into sth]

Ver·äs·te·lung <-, -en> *f* branching; *(fig)* ramifications *pl*

Ver·ät·zung <-, -en> *f* ❶ *kein pl (das Verätzen)* cauterization; *(Metall)* corrosion
❷ *(Beschädigung, Verletzung)* burn

ver·aus·ga·ben* [fɛɐ̯'ʔausga:bn̩] *vr* ❶ *(sich überanstrengen)* ■ **sich** *akk* ~ to overexert [*or* overtax] oneself
❷ *(über seine finanziellen Möglichkeiten leben)* ■ **sich** *akk* **[finanziell]** ~ to overspend [*or* spend too much]

ver·aus·la·gen* [fɛɐ̯'ʔausla:gn̩] *vt (geh)* ■ **etw [für jdn]** ~ to pay sth [for sb]; ***könnten Sie das Geld wohl bis morgen für mich ~?*** could you advance [*or* lend] [*or* BRIT *fam* sub] [*or* AM *fam* front] me the money until tomorrow?

ver·äu·ßer·bar *adj* JUR *(form)* disposable, saleable [*or* AM salable]

Ver·äu·ße·rer, Ver·äu·ße·rin <-s, -> *m, f* HANDEL seller, vendor

ver·äu·ßer·lich [fɛɐ̯'ʔɔysɐlɪç] *adj* HANDEL sellable, disposable

ver·äu·ßern* *vt (geh)* ■ **etw [an jdn]** ~ to sell sth [to sb]

Ver·äu·ße·rung <-, -en> *f* JUR disposal, sale; ~ **von Vermögenswerten** realization of assets

Ver·äu·ße·rungs·be·schrän·kun·gen *pl* JUR sales restrictions *pl*, restrictions on disposal; ~ **durch Zwangsvollstreckung** sales restrictions by judicial execution **Ver·äu·ße·rungs·ein·künf·te** *pl* income from sales **Ver·äu·ße·rungs·er·lös** *m* proceeds *pl* **Ver·äu·ße·rungs·ge·winn** *m* JUR, FIN gain on disposal [*or* sale], capital gain **Ver·äu·ße·rungs·kos·ten** *pl* selling costs *pl* **Ver·äu·ße·rungs·preis** *m* selling price **Ver·äu·ße·rungs·recht** *nt* JUR right of disposal **Ver·äu·ße·rungs·ver·bot** *nt* JUR restraint on alienation, prohibition to sell; **gesetzliches** ~ statutory restraint on alienation **Ver·äu·ße·rungs·ver·lust** *m* HANDEL loss on sale [*or* disposal] **Ver·äu·ße·rungs·ver·trag** *m* JUR selling agreement, contract of sale **Ver·äu·ße·rungs·wert** *m* JUR disposal value

Verb <-s, -en> [vɛrp] *nt* LING verb; **ein** ~ **konjugieren** to conjugate a verb; **schwaches/starkes** ~ weak/strong verb

ver·bal [vɛr'ba:l] I. *adj* verbal
II. *adv* verbally

Ver·bal·at·ta·cke *f* verbal attack

ver·ball·hor·nen* [fɛɐ̯'balhɔrnən] *vt* LING ■ **etw** ~ to corrupt sth

Ver·bal·phra·se *f* LING verbal phrase **Ver·bal·ra·di·ka·lis·mus** *m kein pl* POL verbal radicalism

Ver·band[1] <-[e]s, Verbände> [fɛɐ̯'bant, *pl* -'bɛndə] *m* ❶ *(Bund)* association
❷ MIL unit

Ver·band[2] <-[e]s, Verbände> [fɛɐ̯'bant, *pl* -'bɛndə] *m* MED bandage, dressing *no pl*

ver·ban·delt *adj* SÜDD *(iron fam)* ■ **mit jdm** ~ **sein** to have a relationship with sb

Ver·band·pflas·ter *nt* first-aid plaster **Ver·band(s)·kas·ten** *m* first-aid box [*or* kit]

Ver·bands·kla·ge *f* JUR group action **Ver·bands·li·ga** *f* local league

Ver·band(s)·ma·te·ri·al *nt* dressing material **Ver·bands·mull** *m* dressing material **Ver·band(s)·päck·chen** *nt* first-aid kit

Ver·bands·recht *nt* JUR law of association

Ver·bands·stoff *m* dressing

Ver·bands·über·ein·kunft *f* association agreement **Ver·bands·vor·ste·her(in)** *m(f)* ÖKON president

Ver·bands·wat·te *f* surgical cotton wool **Ver·band(s)·zeug** *nt* dressing material **Ver·band·zell·stoff** *m* first-aid cellulose

ver·ban·nen* *vt* ❶ *(zwangsweise ins Exil schicken)* ■ **jdn [irgendwohin]** ~ to exile [*or* banish] sb [to somewhere]
❷ *(geh: ausmerzen)* ■ **etw [aus etw** *dat*] ~ to ban sth [from sth]

Ver·bann·te(r) *f(m) dekl wie adj* exile

Ver·ban·nung <-, -en> *f* ❶ *kein pl (das Verbannen)* exile, banishment
❷ *(Leben als Verbannter)* exile, banishment

ver·bar·ri·ka·die·ren* I. *vt* ■ **etw** ~ to barricade sth
II. *vr* ■ **sich** *akk* **[in etw** *dat*] ~ to barricade oneself in [sth]

ver·bau·en*1 *vt* ❶ *(versperren)* ■ **[jdm] etw** ~ to spoil [*or* ruin] sth [for sb]; **jdm die ganze Zukunft** ~ to spoil all sb's prospects for the future [*or* future prospects]; ■ **sich** *dat* **etw** ~ to spoil [*or* ruin] one's sth
❷ *(durch ein Bauwerk nehmen)* ■ **[jdm] etw** ~ to block [sb's] sth

ver·bau·en*2 *vt (beim Bauen verbrauchen)* ■ **etw** ~ to use sth

ver·baut *adj* badly built

ver·be·am·ten* [fɛɐ̯bə'ʔamtn̩] *vt* ■ **jdn** ~ to give the status of civil servant to sb

ver·bei·ßen* *irreg* I. *vr* ❶ *(die Zähne in etw schlagen)* ■ **sich** *akk* **[in etw** *akk*] ~ to bite [into sth] [*or* sink one's teeth into sth]
❷ *(sich intensivst mit etw beschäftigen)* ■ **sich** *akk* **[in etw** *akk*] ~ to immerse oneself [in sth]
II. *vt (fam: unterdrücken)* ■ **[sich** *dat*] **etw** ~ to suppress sth; **sich** *dat* **einen Aufschrei/ein Lachen** ~ to stifle [*or* suppress] a scream/laugh; **sich** *dat* **[den] Schmerz** ~ to bear [*or* endure] [the] pain

Ver·be·ne <-, -n> [vɛr'be:nə] *f* HORT verbena

ver·ber·gen* *vt irreg* ❶ *(geh: verstecken)* ■ **sich** *akk* **[vor jdm]** ~ to hide [oneself] [*or* conceal oneself] [from sb]; ■ **jdn/etw [vor jdm]** ~ to hide [*or* conceal] sb/sth [from sb]; **einen Partisanen/Verbrecher [vor jdm]** ~ to harbour [*or* AM -or] [*or* hide] [*or* conceal] a partisan/criminal [from sb]
❷ *(verheimlichen)* ■ **[jdm] etw** ~ to hide [*or* conceal] sth [from sb] [*or* keep sth from sb]

ver·bes·sern* I. *vt* ❶ *(besser machen)* ■ **etw** ~ to improve sth
❷ SPORT *(auf einen besseren Stand bringen)* ■ **etw** ~ to improve [up]on [*or* better] sth; **einen Rekord** ~ to break a record
❸ SCH *(korrigieren)* ■ **etw** ~ to correct sth
❹ *(jds Äußerung korrigieren)* ■ **jdn** ~ to correct sb; ■ **sich** *akk* ~ to correct oneself
II. *vr* ❶ *(sich steigern)* ■ **sich** *akk* **[in etw** *dat*] ~ to improve [in sth] [*or* do better [at sth]]
❷ *(eine bessere Stellung bekommen)* ■ **sich** *akk* ~ to better oneself

Ver·bes·se·rung <-, -en> *f* ❶ *(qualitative Anhebung)* improvement; *(das Verbessern)* improvement *no pl*, bettering *no pl*; *Rekord* breaking *no pl*
❷ *(Korrektur)* correction

ver·bes·se·rungs·fä·hig *adj* improvable, capable of improvement *pred*; ■ ~ **sein** to be capable of improvement **Ver·bes·se·rungs·maß·nah·me** *f* improvement measure **Ver·bes·se·rungs·pa·tent** *nt* improvement patent **Ver·bes·se·rungs·vor·schlag** *m* suggestion for improvement; **einen** ~ **machen** to make a suggestion for improvement **ver·bes·se·rungs·wür·dig** *adj* worthy of improvement *pred*

ver·beu·gen* *vr* ■ **sich** *akk* **[vor jdm/etw]** ~ to bow [to sb/sth]

Ver·beu·gung *f* bow; **eine** ~ **[vor jdm/etw] machen** to bow [to sb/sth]

ver·beu·len* *vt* ■ **[jdm] etw** ~ to dent [sb's] sth

ver·beult I. *pp von* **verbeulen**
II. *adj Auto, Hut* dented

ver·bie·gen* *irreg* I. *vt* ■ **etw** ~ to bend sth; ■ **verbogen** bent
II. *vr* ■ **sich** *akk* ~ to bend [*or* become bent]

ver·bies·tert [fɛɐ̯'bi:stɐt] *adj (fam)* grumpy, *esp* BRIT crotchety *fam*

ver·bie·ten <verbot, verboten> I. *vt* ❶ *(offiziell untersagen)* ■ **etw** ~ to ban sth; **eine Organisation/Partei/Publikation** ~ to ban [*or* outlaw] an organization/a party/publication
❷ *(untersagen)* ■ **[jdm] etw** ~ to forbid sth [*or* sb to do sth]; ■ **etw ist [jdm] verboten** sth is forbidden [as far as sb is concerned]; ■ **jdm ~, etw zu tun** to forbid sb to do sth; ■ **es ist verboten, etw zu tun** it is forbidden to do sth; ***ist es verboten, hier zu fotografieren?*** am I allowed to take photo[graph]s [in] here?
II. *vr (undenkbar sein)* **etw verbietet sich von selbst** sth is unthinkable

ver·bild·li·chen* [fɛɐ̯'bɪltlɪçn̩] *vt (geh)* ■ **etw [an etw** *dat*] ~ to illustrate sth [with sth]

ver·bil·li·gen* I. *vt* ÖKON ■ **etw** ~ to reduce sth [in price]; ***die Eintrittskarten sind um 50 % verbilligt worden*** the tickets have been reduced [in price] [*or* ticket prices have been reduced] by 50%, there has been a 50% reduction in the ticket prices; ■ **[jdm] etw [um etw** *akk*] ~ to reduce sth [by sth]

[for sb]
II. *vr* ÖKON ■ **sich** *akk* ~ to become [*or* get] cheaper [*or* come down in price]

ver·bil·ligt I. *adj* reduced; **~er Eintritt/eine ~e Eintrittskarte** reduced entry/a reduced entrance ticket, entry/an entrance ticket at a reduced rate [*or* price]
II. *adv* **etw ~ abgeben/anbieten** to sell sth/offer sth for sale at a reduced price

ver·bin·den*[1] *vt irreg (einen Verband anlegen)* ■ **jdn ~** to dress sb's wound[s]; ■ **[jdm/sich] etw ~** to dress [sb's/one's] sth

ver·bin·den*[2] *irreg* I. *vt* ① *(zusammenfügen)* ■ **etw [miteinander] ~** to join [up *sep*] sth; ■ **etw [mit etw** *dat*] ~ to join sth [to sth]
② TELEK ■ **jdn [mit jdm] ~** to put sb through [*or* connect sb] [to sb]; ***falsch verbunden!*** [you've got the] wrong number!; [***ich***] ***verbinde!*** I'll put [*or* I'm putting] you through, I'll connect you
③ TRANSP ■ **etw [miteinander] ~** to connect [*or* link] sth [with each other [*or* one another]]; ■ **etw [mit etw** *dat*] ~ to connect [*or* link] sth [with sth]
④ *(verknüpfen)* ■ **etw [miteinander] ~** to combine sth [with each other [*or* one another]]; ■ **etw [mit etw** *dat*] ~ to combine sth [with sth]; **das Nützliche mit dem Angenehmen ~** to combine business with pleasure
⑤ *(assoziieren)* ■ **etw [mit etw** *dat*] ~ to associate sth with sth
⑥ *(mit sich bringen)* ■ **der** [*o* **die**] [*o* **das**] **damit verbundene[n]** ... the ... involved; ■ **[mit etw** *dat*] **verbunden sein** to involve [sth]
⑦ *(innerlich vereinen)* ■ **jdn/etw [mit jdm] ~** to unite sb/sth [with sb]; ***uns ~ lediglich Geschäftsinteressen*** we are business associates and nothing more
II. *vr* ① CHEM *(eine Verbindung eingehen)* ■ **sich** *akk* **[mit etw** *dat*] ~ to combine [with sth]
② *(sich zu einem Bündnis zusammenschließen)* ■ **sich** *akk* **[mit jdm/etw] [zu etw** *dat*] ~ to join forces [with sb/sth] [to form sth]; **sich** *akk* **[mit jdm/etw] zu einer Initiative ~** to join forces [with sb/sth] to form a pressure group

ver·bind·lich [fɛɐ̯ˈbɪntlɪç] I. *adj* ① *(bindend)* binding; ***die Auskunft ist ~, Sie können sich darauf verlassen*** this information is reliable, I can assure you of that
② *(entgegenkommend)* friendly
II. *adv* ① *(bindend)* **~ zusagen** to make a binding commitment; **~ vereinbaren** to enter into a binding agreement
② *(entgegenkommend)* in a friendly manner

Ver·bind·lich·keit <-, -en> *f* ① *kein pl (bindender Charakter)* binding nature; *Auskunft* reliability
② *kein pl (entgegenkommende Art)* friendliness
③ *meist pl* FIN *(geh: Schuld)* liability *usu pl,* obligation; **~en gegenüber Banken** liabilities to banks; **~ begleichen** to discharge liabilities; **~en eingehen/erfüllen** to assume [*or* incur] obligations/to meet [*or* discharge] one's liabilities; **~en und Forderungen** claims and liabilities; **~en aus Lieferungen und Leistungen** trade creditors, accounts payable for goods and services; **seinen ~en [nicht] nachkommen** [to fail] to meet one's liabilities

Ver·bin·dung *f* ① *(direkte Beziehung)* contact; **~ [mit jdm] aufnehmen** to contact [*or* get in touch with] sb; **[mit jdm] in ~ bleiben** to keep in touch [with sb]; **~[en] mit** [*o* **zu**] **jdm/etw haben** to have connections *pl* with sb/sth; **sich** *akk* **[mit jdm] in ~ setzen** to contact [*or* get in touch with] sb; **seine ~en spielen lassen** *(fam)* to [try and] pull a few strings; **[mit jdm/miteinander] in ~ stehen** to be in [*or* have] contact [with sb/each other]; **[mit jdm] in ~ treten** to contact sb
② *(Bündnis)* alliance; *(Vereinigung)* association; *(Ehe)* union; ■ **in ~ mit jdm/etw** in association with sb/sth; **eine ~ eingehen** to unite; ***die beiden Parteien gingen eine ~ ein*** the two parties joined forces; **eine eheliche ~ eingehen** to join in marriage
③ TELEK *(Gesprächsverbindung)* connection; ***die*** [***telefonische***] ***~ nach Tokio war sehr schlecht*** the [telephone] line to [*or* connection with] Tokyo was very poor; ***ich bekomme keine ~*** I can't get a connection [*or* line], I can't get through; ***unsere ~ wurde unterbrochen*** we were cut off; **~ aufnehmen** *(per Funk)* to make contact, to establish communication; **eine/keine ~ [irgendwohin] bekommen** to get through/not to be able to get through [to somewhere]
④ LUFT, BAHN *(Verkehrsverbindung)* connection; ***was ist die beste ~ [mit dem Zug] zwischen Hamburg und Dresden?*** what's the best way to get from Hamburg to Dresden [by train]?; **direkte ~ [nach ...]** direct connection [to ...]; ***es gibt eine direkte ~ mit dem Zug nach Kopenhagen*** there's a through train to Copenhagen; ***eine direkte ~ mit dem Flugzeug gibt es leider nicht*** I'm afraid there isn't a direct flight
⑤ TRANSP *(Verbindungsweg)* connection, link
⑥ *(Verknüpfung)* combination; **in ~ mit etw** *dat* in conjunction with sth; ***die Eintrittskarte gilt nur in ~ mit dem Personalausweis*** this entrance ticket is only valid [together] with your ID card; ***in ~ mit dem Einkauf hat sich dieser Besuch gelohnt*** combined with the shopping trip this visit was well worth it
⑦ *(Zusammenhang)* connection; **in ~ mit** in connection with; **jdn/etw mit jdm/etw in ~ bringen** to connect sb/sth with sb/sth; **mit etw** *dat* **in ~ stehen** to be connected with sth
⑧ *(Berührung)* contact; **[mit etw** *dat*] **in ~ stehen** to be in contact [*or* touch] with sth; **eine ~ zwischen zwei Dingen herstellen** to connect two things
⑨ TECH *(Berührungsstelle)* connection, joint; *von Leitungen* junction
⑩ CHEM *(Stoff)* compound; **[mit etw** *dat*] **eine ~ eingehen** to combine [*or* form a compound] [with sth]; **eine ~ aus zwei Stoffen** a compound formed out of two substances
⑪ SCH *(Korporation)* [student] society BRIT; *(für Männer)* fraternity AM; *(für Frauen)* sorority AM; **schlagende/nicht schlagende ~** duelling/non-duelling fraternity

Ver·bin·dungs·ab·bau *m* TELEK disconnection

Ver·bin·dungs·auf·bau *m* TELEK connecting

Ver·bin·dungs·bru·der *m* SCH member of a student society [*or* AM fraternity]

Ver·bin·dungs·frau *f fem form von* **Verbindungsmann** contact woman

Ver·bin·dungs·ge·bühr *f* TELEK connection charge

Ver·bin·dungs·haus *nt* SCH student society [*or* AM fraternity] house

Ver·bin·dungs·ka·bel *nt bes* BAU, TECH feeder, connection [*or* connecting] cable **Ver·bin·dungs·lei·tung** *f bes* BAU, TECH connecting conduit **Ver·bin·dungs·li·nie** *f* connection line **Ver·bin·dungs·mann, -frau** *m, f* intermediary **Ver·bin·dungs·of·fi·zier** *m* liaison officer **Ver·bin·dungs·stra·ße** *f* link road **Ver·bin·dungs·stück** *nt* connecting piece **Ver·bin·dungs·tür** *f* connecting door

ver·bis·sen I. *adj* ① *(hartnäckig)* dogged
② *(verkrampft)* grim
II. *adv* doggedly

Ver·bis·sen·heit <-> *f kein pl* doggedness, dogged determination

ver·bit·ten* *vr irreg* ■ **sich** *dat* **etw [von jdm] ~** not to tolerate sth [from sb]; ***ich verbitte mir diesen Ton!*** I won't be spoken to like that!

ver·bit·tern* [fɛɐ̯ˈbɪtɐn] *vt* ■ **jdn ~** to embitter sb [*or* make sb bitter]

ver·bit·tert I. *adj* embittered, bitter
II. *adv* bitterly

Ver·bit·te·rung <-, -en> *f pl selten* bitterness, embitterment *form*

ver·blas·sen* *vi sein* ① *(blasser werden)* to [*or* grow] pale
② *(schwächer werden)* to fade
③ *(geh: in den Hintergrund treten)* ■ **[gegenüber** [*o* **neben**] **etw] ~** to pale [into insignificance] [in comparison with/beside sth]
④ *(immer schlechter sichtbar werden)* to fade

ver·bläu·enRR* *vt (fam)* ■ **jdn ~** to beat up sb *sep*

Ver·bleib <-[e]s> [fɛɐ̯ˈblaip] *m kein pl (geh)* ① *(das Verbleiben)* ■ **jds ~ in etw** *dat* sb's remaining in sth; ***die Mitglieder werden über Ihren ~ in unserem Verein abstimmen*** the members will vote on whether to allow you to remain [*or* stay] in our club
② *(Aufenthaltsort)* whereabouts *npl*

ver·blei·ben* *vi irreg sein* ① *(eine Vereinbarung treffen)* ■ **[in etw** *dat*] **irgendwie ~** to agree [in sth]; ***wir sind ja bisher noch nicht verblieben*** we still haven't agreed anything as yet; ■ **[mit jdm] so ~, dass** to agree [with sb] that
② *(belassen bleiben)* ■ **jdm ~** sb has sth left
③ *(geh: bleiben)* ■ **irgendwo/bei jdm ~** to remain somewhere/with sb; ***das Original ist für uns bestimmt, der Durchschlag verbleibt [bei] Ihnen*** the original is ours and you keep [*or* retain] the [carbon] copy

Ver·blei·be·recht *nt* JUR right of continued residence

Ver·bleibs·er·klä·rung *f z. B. bei Altautos* declaration of whereabouts

ver·blei·chen* *vi irreg sein* to fade

ver·blei·en* [fɛɐ̯ˈblaiən] *vt* ① *(mit Blei überziehen)* ■ **etw ~** *(Stahl)* to coat sth with lead; *(Kupfergefäß)* to lead-coat sth
② *(Blei zusetzen)* **verbleites Benzin** leaded petrol [*or* AM gasoline]

ver·bleit *adj Benzin* leaded

ver·blen·den*[1] *vt (die Einsicht nehmen)* ■ **jdn ~** to blind sb; ■ **verblendet sein** to be blinded

ver·blen·den*[2] *vt* BAU *(verkleiden)* ■ **etw [mit etw** *dat*] ~ to face sth [with sth]

Ver·blend·mau·er·werk *nt* BAU faced brickwork, facing masonry

Ver·blen·dung[1] *f* blindness

Ver·blen·dung[2] *f* BAU ① *kein pl (das Verblenden)* facing
② *(Verkleidungsmaterial)* facing

ver·bleu·en*ALT *vt s.* **verbläuen**

ver·bli·chen [fɛɐ̯ˈblɪçn̩] I. *pp von* **verbleichen**
II. *adj Farbe* faded

Ver·bli·che·ne(r) *f(m) dekl wie adj (geh)* the deceased

ver·blö·den* [fɛɐ̯ˈbløːdn̩] I. *vi sein (fam)* to turn into a zombie *fam*
II. *vt haben (fam)* ■ **jdn ~** to dull sb's mind

Ver·blö·dung <-> *f kein pl (fam)* dulling of people's minds

ver·blüf·fen* [fɛɐ̯ˈblʏfn̩] *vt* ■ **jdn [mit etw** *dat*] ~ to astonish [*or* amaze] sb [with sth]; ■ **sich** *akk* **durch etw** *akk* [*o* **von etw** *dat*] **verblüffen lassen** to be amazed by sth

ver·blüf·fend *adj* amazing, astonishing, stunning

ver·blüfft I. *adj* astonished, amazed
II. *adv* in astonishment [*or* amazement]; ***warum reagierst du denn auf diese Nachricht so ~?*** why are you so astonished by this news?

Ver·blüf·fung <-, -en> *f* astonishment, amazement; **zu jds ~** to sb's astonishment [*or* amazement]

ver·blü·hen* *vi sein* to wilt [*or* fade] [*or* wither]

ver·blu·ten* *vi sein* to bleed to death

ver·bo·cken* *vt (fam)* ■ **etw ~** to mess up *sep* [*or* botch] sth

ver·boh·ren* *vr (fam)* ■ **sich** *akk* **[in etw** *akk*] ~ ① *(von etw nicht loskommen)* to become obsessed [with sth]
② *(sich verbeißen)* to immerse oneself [in sth]

ver·bohrt *adj (pej)* obstinate, stubborn, pigheaded

Ver·bohrt·heit <-, -en> *f (pej)* obstinacy, stubbornness, pigheadedness

ver·bor·gen*[1] *vt s.* **verleihen**

ver·bor·gen[2] *adj* ① *(geh: versteckt)* hidden, concealed; **jdm ~ bleiben** to remain a secret to sb; **nicht ~ bleiben** not to remain [a] secret; **im V~en bleiben** *(geh)* to remain [a] secret; **sich** *akk* **[irgendwo/bei jdm] ~ halten** to hide [somewhere/at sb's]
② *(geh: nicht offen)* hidden

Ver·bor·gen·heit <-> *f kein pl* seclusion

V

ver·bot [fɛɐ̯ˈboːt] *imp von* **verbieten**

Ver·bot <-[e]s, -e> [fɛɐ̯ˈboːt] *nt* ban; JUR prohibition; **gesetzliches ~** statutory prohibition; **ein ~ umgehen** to beat the ban on sth; ***Sie haben gegen mein ausdrückliches ~ gehandelt*** you did it even though I expressly forbade you to

ver·bo·ten [fɛɐ̯ˈboːtn̩] *adj* ① *(untersagt)* prohibited; ***hier ist das Parken ~!*** this is a "no parking" area!; ■**~ sein, etw zu tun** to be prohibited to do sth; ■**jdm ~ sein** sb is prohibited from doing sth; ***Unbefugten ist das Betreten des Firmengeländes [strengstens] ~*** access to the company site is [strictly] prohibited to unauthorised persons; ■**jdm ~ sein, etw zu tun** sb is prohibited from doing [*or* forbidden to do] sth; **die Verbotene Stadt** the Forbidden City
② *(fam: unmöglich)* ridiculous; **[in etw** *dat***] ~ aussehen** *(fam)* to look a real sight [in sth] *fam*

Ver·bots·be·stim·mun·gen *pl* JUR prohibitory provisions **Ver·bots·ge·setz** *nt* JUR prohibition act **Ver·bots·ge·setz·ge·bung** *f* JUR proscriptive legislation **Ver·bots·irr·tum** *m* JUR error as to the prohibited nature of an act **Ver·bots·prin·zip** *nt* JUR prohibition per se, principle of proscription

Ver·bots·schild *nt* ① TRANSP sign [prohibiting something]; ***hier dürfen Sie nicht parken, sehen Sie nicht das ~?*** you can't park here, can't you see the ["no parking"] sign?
② *(eine Handlung untersagendes Schild)* sign [*or* notice] [prohibiting something]

Ver·bots·ver·fü·gung *f* JUR prohibitory injunction

ver·brach *imp von* **verbrechen**

ver·bracht I. *pp von* **verbringen**
II. *adj* taken; **unrechtmäßig ~e Kulturgüter** unlawfully appropriated cultural items

ver·brä·men* [fɛɐ̯ˈbrɛːmən] *vt* ① *(geh)* ■**etw ~** to embellish sth
② MODE *(geh)* ■**etw [mit etw** *dat***] ~** to trim sth [with sth]

ver·brannt I. *pp von* **verbrennen**
II. *adj Pizza, Kuchen* burnt; *Erde* scorched

ver·bra·ten* *vt irreg (sl: vergeuden, verschleudern)* ■**etw ~** to blow sth *sl;* **seine Energie ~** to waste [one's] energy; ■**etw [für etw** *akk***] ~** to blow sth [on sth] *sl*

Ver·brauch *m kein pl* ① *(das Verbrauchen)* consumption; ■**der ~ an etw** *dat* [*o* **von etw** *dat*] the consumption of sth; **sparsam im ~ sein** to be economical
② *(verbrauchte Menge)* consumption; **~ pro Kopf** ÖKON per capita consumption; **gewerblicher/inländischer ~** industrial/internal consumption

ver·brauch·bar *adj* JUR consumable; **~e Sache** consumable

ver·brau·chen* I. *vt* ① *(aufbrauchen)* ■**etw ~** to use up sth *sep;* **Lebensmittel ~** to eat [*or* consume] food [*or* BRIT foodstuffs]; **Vorräte ~** to use up [one's] provisions
② FIN *(ausgeben)* ■**etw ~** to spend sth
③ ÖKON *(für den Betrieb von etw verwenden)* ■**etw ~** to consume sth
II. *vr (bis zur Erschöpfung arbeiten)* ■**sich** *akk* **~** to wear [*or fam* burn] oneself out

Ver·brau·cher(in) <-s, -> *m(f)* ÖKON consumer

Ver·brau·cher·ab·hol·markt *m* ÖKON cash and carry **Ver·brau·cher·auf·klä·rung** *f* consumer information *no pl* **Ver·brau·cher·aus·ga·ben** *pl* ÖKON consumer spending **Ver·brau·cher·be·fra·gung** *f* ÖKON consumer survey

Ver·brau·cher·be·ra·tung *f* ÖKON ① *kein pl (Beratung von Verbrauchern)* consumer advice
② *(Beratungsstelle für Verbraucher)* consumer advice centre [*or* AM -er]

ver·brau·cher·feind·lich *adj* not in the interests of the consumer [*or* consumers] *pred* **ver·brau·cher·freund·lich** *adj* consumer-friendly **Ver·brau·cher·ge·wohn·hei·ten** *pl* ÖKON consumer habits **Ver·brau·cher·grup·pe** *f* consumer group

Ver·brau·che·rin <-n, -nen> *f fem form von* **Verbraucher**

Ver·brau·cher·kla·ge *f* JUR consumer suit

Ver·brau·cher·kre·dit *m* consumer credit [*or* loan] **Ver·brau·cher·kre·dit·ge·setz** *nt* JUR Consumer Credit Act

Ver·brau·cher·markt *m* cut-price supermarket **Ver·brau·cher·mi·nis·te·ri·um** [fɛɐ̯ˈbrau̯xɐminɪsteːri̯ʊm] *nt German ministry of consumer affairs, food and agriculture* **Ver·brau·cher·nach·fra·ge** *f* ÖKON consumer demand **Ver·brau·cher·or·ga·ni·sa·ti·on** *f* consumer organization **Ver·brau·cher·preis** *m* ÖKON consumer price **Ver·brau·cher·preis·in·dex** *m* ÖKON consumer price index **Ver·brau·cher·sa·chen** *pl* HANDEL consumer matters

Ver·brau·cher·schutz *m* consumer protection *no pl* **Ver·brau·cher·schutz·be·we·gung** *f* consumerism **Ver·brau·cher·schüt·zer** *m* consumer advocate **Ver·brau·cher·schutz·ge·setz** *nt* JUR consumer protection act

Ver·brau·cher·tipp^RR^ *m* consumer information **Ver·brau·cher·ver·band** *m* consumer[s'] association **Ver·brau·cher·ver·hal·ten** *nt* ÖKON consumer behaviour [*or* AM -ior] **Ver·brau·cher·ver·trag** *m* consumer contract **Ver·brau·cher·zen·tra·le** *f* consumer advice centre [*or* AM -er]

Ver·brauchs·ar·ti·kel *m* HANDEL consumer article **Ver·brauchs·er·he·bun·gen** *pl* HANDEL consumer surveys **Ver·brauchs·gut** *nt* ÖKON consumer non-durable **Ver·brauchs·gü·ter** *pl* HANDEL consumer [*or* non-durable] goods *npl;* **kurzlebige/langlebige ~** perishables/[consumer] durables **Ver·brauchs·kon·junk·tur** *f* ÖKON trend of consumption; *(Hochkonjunktur)* boom in consumption **Ver·brauchs·recht** *nt* JUR right of consumption **Ver·brauchs·rück·gang** *m* ÖKON decline in consumption **Ver·brauchs·steu·er** *f* FIN excise [duty], consumption [*or* excise] tax **Ver·brauchs·ver·hält·nis·se** *pl* ÖKON consumer conditions

ver·braucht *adj* exhausted, burnt-out *fam,* burned-out *fam*

ver·bre·chen <verbrach, verbrochen> *vt (fam)* ① *(anstellen)* ■**etw ~** to be up to sth; ***was hast du denn da wieder verbrochen!*** what have you been up to now?
② *(hum: stümperhaft anfertigen)* ■**etw ~** to be the perpetrator of sth

Ver·bre·chen <-s, -> *nt* crime

Ver·bre·chens·auf·klä·rung *f* [crime] clear-up rate **Ver·bre·chens·be·kämp·fung** *f kein pl* crime fighting *no pl, no indef art,* fight against crime [*or* no pl], combating crime *no art* **Ver·bre·chens·ra·te** *f* crime rate **Ver·bre·chens·vor·beu·gung** *f* crime prevention

Ver·bre·cher(in) <-s, -> *m(f)* criminal

Ver·bre·cher·ban·de *f* gang of criminals

ver·bre·che·risch I. *adj* criminal; ■**~ sein** to be a criminal act; ■**~ sein, etw zu tun** to be a criminal act [*or* crime] to do sth
II. *adv* ***sie hat mich ~ verraten*** it was [almost] criminal the way she betrayed me

Ver·bre·cher·kar·tei *f* criminal records *pl*

Ver·bre·cher·tum <-[e]s> *nt kein pl* ■**das ~** the criminal world *no pl*

ver·brei·ten* I. *vt* ① *(ausstreuen)* ■**etw ~** to spread sth; **falsche Informationen/Propaganda ~** to spread [*or* disseminate] false information/propaganda
② MEDIA *(vertreiben)* ■**etw ~** to sell [*or* distribute] sth
③ *(sich ausbreiten lassen)* ■**etw ~** to spread sth; **ein Virus/eine Krankheit ~** to spread a virus/a disease [*or* an illness]
④ *(erwecken)* ■**etw ~** to spread sth; **eine gute/schlechte Stimmung ~** to radiate a good/bad atmosphere
II. *vr* ① *(umgehen)* ■**sich** *akk* **[in etw** *dat***] ~** to spread [through sth] [*or* circulate [[a]round sth]] [*or* get [a]round [sth]]; **schlechte Nachrichten ~ sich immer am schnellsten** bad news always gets around the quickest
② *(sich ausbreiten)* ■**sich** *akk* **[in etw** *dat***] ~** to spread [through sth]; ■**eine gute/schlechte Stimmung verbreitet sich** a good/bad atmosphere spreads through the place
③ AGR, HORT *(das Wachstum ausdehnen)* ■**sich** *akk* **[in etw** *dat***] ~** to spread [through sth]
④ MED *(um sich greifen)* ■**sich** *akk* **~** to spread
⑤ *(geh: sich auslassen)* ■**sich** *akk* **[über etw** *akk***] ~** to hold forth [on sth]

ver·brei·tern* [fɛɐ̯ˈbrai̯tɐn] I. *vt* BAU ■**etw ~** to widen sth [*or* make sth wider]
II. *vr* ■**sich** *akk* **[auf etw** *akk***/um etw** *akk***] ~** to widen [out] [to/by sth]

Ver·brei·te·rung <-, -en> *f* ① BAU *(Aktion des Verbreiterns)* widening
② *(verbreiterter Abschnitt)* widened section

ver·brei·tet *adj* popular; ■**[in etw** *dat***] [weit] ~ sein** to be [very] widespread [*or* popular] [in sth]

Ver·brei·tung <-, -en> *f* ① *kein pl (das Verbreiten)* spreading; *von Fehlinformationen, Propaganda* spreading, dissemination
② MEDIA *(Vertrieb)* sale *no pl,* selling *no pl,* distribution *no pl;* **eine [bestimmte] ~ finden** to have a certain circulation; **eine große ~ finden** to have a large circulation [*or* sell well]
③ MED *(Ausbreitung)* spread
④ BOT *(das allgemeine Auftreten)* distribution, dispersal
⑤ PHYS propagation

Ver·brei·tungs·be·schrän·kung *pl* JUR restrictions on distribution **Ver·brei·tungs·ge·biet** *nt* HANDEL coverage, circulation [*or* distribution] area

Ver·brei·tungs·recht *nt* JUR ① *(Anrecht)* right of distribution
② *(Gesetz)* distribution law

ver·bren·nen* *irreg* I. *vt haben* ① *(in Flammen aufgehen lassen)* ■**etw ~** to burn sth; **Abfall** [*o* **Müll**] **~** to burn [*or* incinerate] waste [*or* AM garbage]; ■**sich** *akk* **~** to set fire to oneself
② HIST ■**jdn ~** to burn sb [to death]; **jdn auf dem Scheiterhaufen/bei lebendigem Leibe ~** to burn sb at the stake/alive
③ *(versengen)* ■**etw ~** to scorch sth
II. *vr haben* ① *(sich verbrühen)* ■**sich** *akk* **~** to scald oneself; **sich** *dat* **die Zunge ~** to scald [*or* burn] one's tongue; *s. a.* **Mund, Schnabel, Zunge**
② *(sich ansengen)* ■**sich** *dat* **etw [an etw** *dat***] ~** to burn one's sth [on sth]
III. *vi sein* to burn; *Gebäude* to burn [down]; *Fahrzeug* to burn [out]; *Mensch* to burn [to death]; ***im Garten unseres Nachbarn verbrennt wieder Abfall!*** our neighbour is burning [*or* incinerating] rubbish in his garden again!

Ver·bren·nung <-, -en> *f* ① *kein pl (das Verbrennen)* burning; *Abfall, Müll* burning, incineration
② AUTO, TECH *(das Verbrennen)* combustion
③ MED *(Brandwunde)* burn; **~ ersten/zweiten/dritten Grades** first-/second-/third-degree burn

Ver·bren·nungs·mo·tor *m* AUTO [internal] combustion engine **Ver·bren·nungs·ofen** *m* furnace **Ver·bren·nungs·rück·stän·de** *pl* remains *npl* after incineration **Ver·bren·nungs·wär·me** *f* combustion heat

ver·brie·fen* [fɛɐ̯ˈbriːfn̩] *vt* ■**[jdm] etw ~** to confirm sth in writing [*or* by document[s]] [for sb]; ■**verbrieft** confirmed in writing [*or* by document[s]]; **verbriefte Rechte** vested [*or* chartered] rights

Ver·brie·fung <-, -en> *f* JUR securitization

ver·brin·gen* *vt irreg* ① *(zubringen)* ■**etw [irgendwo] ~** to spend sth [somewhere]; ■**etw [mit etw** *dat***/in etw** *dat***] ~** to spend sth doing/in sth; ***ich verbringe fast den ganzen Tag mit meiner Arbeit/am Computer*** I spend almost all day working/at [*or* on] my computer
② *(geh: transportieren)* ■**jdn/etw [irgendwohin] ~** to transport [*or* take] sb/sth [somewhere]

VerbrKrG *nt* JUR, ÖKON *Abk von* **Verbraucherkreditgesetz** consumer credit law

ver·bro·chen *pp von* **verbrechen**

ver·brü·dern* [fɛɐ̯ˈbryːdɐn] *vr* ■**sich** *akk* **[mit jdm] ~** to fraternize [with sb]

Ver·brü·de·rung <-, -en> *f* fraternization

ver·brü·hen* *vt* ■**jdn ~** to scald sb; ■**sich** *akk* **[mit**

etw *dat*] ~ to scald oneself [with sth]; ■[**jdm/sich**] **etw** ~ to scald [sb's/one's] sth

Ver·brü·hung <-, -en> *f* scald

ver·bu·chen* *vt* ① FIN *(buchen)* ■**etw** [**auf etw** *dat*] ~ to credit sth [to sth]

② *(verzeichnen)* ■**etw** [**als etw**] ~ to mark up sth [as sth] *sep;* ■**etw** [**für sich** *akk*] ~ to notch up sth [for oneself]; ***hoffentlich können wir bald einen erfolgreichen Ausgang des Prozesses für uns*** ~ hopefully, we'll soon be able to celebrate a successful outcome to the trial

Ver·bu·chung <-, -en> *f* FIN entry

Ver·bu·chungs·da·tum *nt* FIN value date

ver·bud·deln* *vt (fam)* ■**etw** ~ to bury sth

Ver·bum <-s, Verba> ['vɛrbʊm, *pl* 'vɛrba] *nt (geh) s.* **Verb**

ver·bum·meln* *vt (fam)* ① *(vertrödeln)* ■**etw** ~ to waste [*or* BRIT fritter away] sth *sep*

② *(abhandenkommen lassen)* ■**etw** ~ to mislay [*or* lose] sth

Ver·bund <-bunde> [fɛɐ̯'bʊnt, *pl* -'bʏndə] *m* ÖKON combine

ver·bun·den *adj* ① *(geh)* ■**jdm** [**für etw** *akk*] ~ **sein** to be obliged to sb [for sth]; ***danke für den Tipp, ich bin Ihnen sehr*** ~ thanks for the tip, I'm much obliged [to you]

② ÖKON associate, affiliated; ~**e Unternehmen** affiliated companies

ver·bün·den* [fɛɐ̯'bʏndn̩] *vr* ① POL ■**sich** *akk* [**miteinander/mit jdm**] ~ to form an alliance [with each other [*or* one another]/sb] [*or* ally oneself with [*or* to] sb]; ■[**miteinander/mit jdm**] **verbündet sein** to be allies [*or* allied with [*or* to] each other [*or* one another]/sb], to have formed an alliance [with each other [*or* one another]/sb]

② *(sich zusammenschließen)* ■**sich** *akk* [**mit jdm**] [**gegen jdn**] ~ to form an alliance [*or* join forces] [with sb] [against sb] [*or* ally [oneself] with [*or* to] sb [against sb]]

Ver·bun·den·heit <-> *f kein pl* closeness, unity

Ver·bün·de·te(r) *f(m) dekl wie adj* ally

Ver·bund·fahr·aus·weis *m* TRANSP travel pass **Ver·bund·glas** *nt kein pl* laminated glass **Ver·bund·glas·schei·be** *f* AUTO compound glass **Ver·bund·klau·sel** *f* JUR association clause **Ver·bund·ma·te·ri·al** *nt* composite [material]

Ver·bund·netz *nt* ① TECH, ELEK grid system

② TRANSP public transport [*or* AM transportation] network

Ver·bund·part·ner(in) *m(f)* ÖKON associated partner **Ver·bund·pflas·ter** *nt* BAU interlocking pavement **Ver·bund·plat·te** *f* BAU composite board **Ver·bund·pro·dukt** *nt* TECH joint product **Ver·bund·stein** *m* plaster stone **Ver·bund·stein·pflas·ter** *nt* plaster stone surface **Ver·bund·sys·tem** *nt* TRANSP public transport [*or* AM transportation] system **Ver·bunds·zu·stän·dig·keit** *f* JUR joint responsibility **Ver·bund·ver·trag** *m* JUR joint supply contract **Ver·bund·wer·bung** *f* joint advertising **Ver·bund·werk·stoff** *m* TECH composite material

ver·bür·gen* **I.** *vr* ① *(für jdn einstehen)* ■**sich** *akk* **für jdn** ~ to vouch for sb

② *(garantieren)* ■**sich** *akk* **für etw** *akk* ~ to vouch for sth; ■**sich** *akk* [**dafür**] ~, **dass etw irgendwie ist** to vouch for sth being a certain way; ***ich verbürge mich dafür, dass der Schmuck echt ist*** I can vouch for the jewellery being genuine, I guarantee that the jewellery is genuine

II. *vt (die Gewähr bieten)* ■**etw** ~ to guarantee sth

ver·bürgt *adj* guaranteed, established

Ver·bür·gung <-, -en> *f* JUR bailment, guarantee

ver·bü·ßen* *vt* JUR ■**etw** ~ to serve sth

Ver·bü·ßung <-> *f kein pl* JUR serving; **nach/vor** ~ [**von etw** *dat*] after/before serving [sth]

ver·chro·men* [fɛɐ̯'kro:mən] *vt* TECH ■**etw** ~ to chromium-plate [*or* chrome-plate] sth; ■**verchromt** chromium-plated, chrome-plated

ver·chromt *adj* chrome-plated

Ver·dacht <-[e]s, -e *o* Verdächte> [fɛɐ̯'daxt, *pl* -dɛçtə] *m kein pl* suspicion; ***gibt es schon irgendeinen ~ ?*** do you have a suspect [*or* suspect anyone [in particular]] yet?; **jdn** [**bei jdm**] **in ~ bringen** to cast suspicion on sb [in the eyes of sb]; **~ erregen** to arouse suspicion; **einen ~ haben** to have a suspicion, to suspect; **jdn in** [*o* **im**] **~ haben** to suspect sb; **jdn in** [*o* **im**] **~ haben, etw getan zu haben** to suspect sb of having done [*or* doing] sth; **den ~ auf jdn lenken** to cast [*or* throw] suspicion on sb; **den ~ von sich** *dat* **auf jdn lenken** to deflect suspicion [away] from oneself onto sb [else]; [**gegen jdn**] **~ schöpfen** to become suspicious [of sb]; **im ~ stehen, etw getan zu haben** to be suspected of having done [*or* doing] sth; **etw auf ~ tun** to do sth on the strength of a hunch

ver·däch·tig [fɛɐ̯'dɛçtɪç] **I.** *adj* ① JUR *(suspekt)* suspicious; ■[**einer S.** *gen*] **~ sein** to be suspected [of a thing]

② *(Argwohn erregend)* suspicious; **jdm ~ vorkommen** to seem suspicious to sb; **sich** *akk* **~ machen** to arouse suspicion

II. *adv* suspiciously

Ver·däch·ti·ge(r) *f(m) dekl wie adj* suspect

ver·däch·ti·gen* [fɛɐ̯'dɛçtɪgn̩] *vt* ■**jdn** [**einer S.** *gen*] ~ to suspect sb [of a thing]; ■**jdn ~, etw getan zu haben** to suspect sb of having done [*or* doing] sth

Ver·däch·ti·gung <-, -en> *f* suspicion; ■**die ~ einer Person** casting suspicion [up]on sb, suspecting sb [of sth]; **die politische ~ einer Person** casting political suspicion [up]on sb

Ver·dachts·mo·ment *nt* JUR suspicious circumstance; *(Indiz)* [piece of] circumstantial evidence

ver·dad·deln* [fɛɐ̯'dadl̩n] *vt (fam)* ■**etw** ~ to gamble away *sep* [*or sl* blow] sth

ver·dam·men* [fɛɐ̯'damən] *vt* ■**jdn/etw** ~ to condemn sb/sth; ■[**zu etw** *dat*] **verdammt sein** to be doomed [to sth]

ver·dam·mens·wert *adj (geh)* damnable

ver·däm·mern* [fɛɐ̯'dɛmɐn] *vt* ■**etw** ~ *Zeit, Leben* to doze away *sep* sth

Ver·damm·nis <-> [fɛɐ̯'damnɪs] *f kein pl* **die ewige ~** REL eternal damnation *no art*

ver·dammt *adj* ① *(sl o pej: Ärger ausdrückend)* damned *fam,* bloody BRIT *fam,* sodding BRIT *fam,* goddam[ned] *esp* AM; **~ !** damn! *fam,* shit! *fam,* bugger! BRIT *vulg;* ***du ~er Idiot!*** *(fam)* you bloody [*or* goddam] idiot! *fam!*

② *(sehr groß)* ***wir hatten ~es Glück!*** we were damn [*or* BRIT *fam!* *a.* bloody] lucky!

③ *(sehr, äußerst)* damn[ed] *fam,* bloody BRIT *fam*

ver·dampf·fen* *vi sein* to evaporate [*or* vaporize]

Ver·damp·fung <-, -en> *f* vaporization

Ver·damp·fungs·kur·ve *f* PHYS flash curve **Ver·damp·fungs·rück·stand** *m* CHEM coke residue

ver·dan·ken* *vt* ① *(durch etw erhalten)* ■[**jdm**] **etw ~** to have sb to thank for sth; ■[**es**] **jdm ~, dass ...** to have sb to thank that ...; ■**es ist jdm/etw zu ~, dass/wenn ...** it is thanks [*or* due] to sb/a thing that/if ...; **jdm etw zu ~ haben** *(iron)* to have sb to thank for sth *iron*

② SCHWEIZ *(geh: Dank aussprechen)* ■[**jdm**] **etw ~** to express one's thanks [*or* gratitude] [to sb]

Ver·dan·kung <-, -en> *f* SCHWEIZ *(geh)* [official] expression of thanks [*or* gratitude]

ver·darb [fɛɐ̯'darp] *imp von* **verderben**

ver·dat·tert [fɛɐ̯'datɐt] **I.** *adj (fam)* flabbergasted *fam,* stunned; ***mach nicht so ein ~es Gesicht!*** don't look so flabbergasted [*or* nonplussed] [*or* stunned]!

II. *adv (fam)* in a daze

ver·dau·en* [fɛɐ̯'dau̯ən] **I.** *vt* ① *(durch Verdauung zersetzen)* ■**etw** ~ to digest sth

② *(fam: bewältigen)* ■**etw** ~ to get over sth

II. *vi* PHYSIOL to digest one's food

ver·dau·lich *adj* digestible; **gut/schlecht** [*o* **schwer**] **~** easy to digest [*or* easily digestible]/difficult to digest; ■[**irgendwie**] **~ sein** to be digestible [in a certain way]

Ver·dau·lich·keit <-> *f kein pl* digestibility

Ver·dau·ung <-> *f kein pl* digestion; **eine gute/schlechte ~ haben** to have good/poor digestion [*or spec* be eupeptic/dyspeptic]

Ver·dau·ungs·ap·pa·rat *m* digestive system **Ver·dau·ungs·be·schwer·den** *pl* indigestion **Ver·dau·ungs·mit·tel** *nt* substance to aid digestion **Ver·dau·ungs·or·gan** *nt* ANAT digestive organ **Ver·dau·ungs·pro·ble·me** *pl* digestive problems *pl* **Ver·dau·ungs·säf·te** *pl* gastric juices *pl* **Ver·dau·ungs·spa·zier·gang** *m (fam)* after-dinner walk **Ver·dau·ungs·stö·rung** *f meist pl* MED dyspepsia, indigestion **Ver·dau·ungs·trakt** *m* digestive tract

Ver·deck <-[e]s, -e> *nt* hood, [folding [*or* convertible]] top; *Kinderwagen* hood; *Schiff, Bus* upper deck

ver·de·cken* *vt* ① *(die Sicht auf etw nehmen)* ■[**jdm**] **etw** [**mit etw** *dat*] ~ to cover [up *sep*] [sb's] sth [with sth]; **jdm die Sicht** [**mit etw** *dat*] ~ to block sb's view [with sth]

② *(maskieren)* ■**etw** ~ to conceal sth

ver·deckt *adj* ① *(geheim)* undercover; **~er Ermittler** undercover agent; **eine ~e Kamera** a hidden [*or* concealed] camera; **eine ~e Operation** an undercover [*or* a covert] operation

② *(verborgen)* hidden; **~e Arbeitslosigkeit** concealed unemployment; **~e Gewinnausschüttung** undisclosed distribution; **~e Inflation** hidden inflation

Ver·de·ckungs·ab·sicht *f* JUR intention to conceal

ver·den·ken* *vt irreg (geh)* ■[**jdm**] **etw ~** to hold sth against sb; ■[**jdm**] **etw nicht ~ können** not to be able to hold sth against sb; ■**es jdm nicht ~ können** [*o* **werden**], **dass/wenn jd etw tut** not to be able to blame sb for doing/if sb does sth

Ver·derb <-[e]s> [fɛɐ̯'dɛrp] *m kein pl (geh)* spoilage

ver·der·ben <verdarb, verdorben> [fɛɐ̯'dɛrbn̩] **I.** *vt haben* ① *(moralisch korrumpieren)* ■**jdn/etw** ~ to corrupt sb/sth

② *(ruinieren)* ■[**jdm**] **etw** ~ to ruin [sb's] sth; ■**jdn** ~ to ruin sb

③ *(zunichtemachen)* ■[**jdm**] **etw** ~ to spoil [*or* ruin] [sb's] sth

④ *(verscherzen)* ■**es sich** *dat* [**mit jdm**] ~ to fall out [with sb]; **es sich** *dat* **mit niemandem ~ wollen** to try to please [*or* want to keep in with] everybody

II. *vi sein* to spoil, to go off *esp* BRIT, to go bad *esp* AM

Ver·der·ben <-s> [fɛɐ̯'dɛrbn̩] *nt kein pl (geh)* doom; **jds ~ sein** to be sb's undoing [*or* ruin]; **in sein ~ rennen** to be heading for the rocks; **jdn ins ~ stürzen** to bring ruin upon sb

ver·derb·lich [fɛɐ̯'dɛrplɪç] *adj* ① *(nicht lange haltbar)* perishable; ■[**leicht** [*o* **rasch**]] **~ sein** to be [highly] perishable

② *(unheilvoll)* corrupting, pernicious

ver·derbt *adj inv (geh: verdorben)* corrupt

ver·deut·li·chen* [fɛɐ̯'dɔytlɪçn̩] *vt* ■[**jdm**] **etw** ~ to explain sth [to sb]; ***die zusätzlichen Schautafeln sollen den Sachverhalt*** ~ the additional illustrative charts should make the facts clearer; ■**jdm ~, was/wie ...** to explain to sb what/how ...; ■**sich** *dat* [**etw**] ~ to be clear [about sth]; ■**sich** *dat* **~, dass/was ...** to be clear that/as to what ...

Ver·deut·li·chung <-, -en> *f* clarification; **zur ~** [**von etw** *dat*] to clarify [sth]

ver·deut·schen* [fɛɐ̯'dɔytʃn̩] *vt* ■[**jdm**] **etw** ~ ① *(fam)* to translate sth [for sb] into everyday language

② *(veraltend)* to translate sth [for sb] into German

Ver·di <-> ['vɛrdi] *f kein pl* ÖKON *Akr von* **Vereinte Dienstleistungsgewerkschaft** *combined trade union for the service industry*

ver·dich·ten* **I.** *vt* ■**etw** ~ ① *(komprimieren)* to compress sth

② *(ausbauen) Verkehrsnetz* to develop sth

③ BAU ■**etw** ~ to compact sth

II. *vr* ■**sich** *akk* ~ ① METEO *(dichter werden)* to become [*or* get] thicker

② *(sich intensivieren) Eindruck, Gefühl* to intensify; *Verdacht* to grow, to deepen

③ TRANSP *Verkehr* to increase [in volume]

Ver·dich·tung <-, -en> *f* ① *(Zunahme)* ~ **der städtischen Siedlung** urbanization

② INFORM *(Komprimierung)* compression, packing; **~ von Daten** data compression

③ PHYS *(Kondensation)* condensation

Ver·dich·tungs·raum *m* ADMIN densely-populated space

ver·di·cken* **I.** *vt (andicken)* ■ **etw** ~ to thicken sth
II. *vr (dicker werden)* ■ **sich** *akk* ~ *Haut* to thicken; *Glied, Gelenk, Stelle* to swell

Ver·di·ckung <-, -en> *f* ① *(das Verdicken)* thickening *no pl*
② *(verdickte Stelle)* swelling

Ver·di·ckungs·mit·tel *nt* thickening agent

ver·die·nen* **I.** *vt* ① *(als Verdienst bekommen)* ■ **etw** ~ to earn sth; ***er verdient nur 1.000 Euro im Monat*** he only earns 1,000 euros a month
② *(Gewinn machen)* ■ **etw** [**an etw** *dat*] ~ to make sth [on sth]; ***ich verdiene kaum 300 Euro am Wagen*** I'm scarcely making 300 euros on the car
③ *(sich erarbeiten)* ■ [**sich** *dat*] **etw** ~ to earn the money for sth; **seinen Lebensunterhalt/sein Brot** *fam* ~ to earn one's living [*or* BRIT a crust] *fam*
④ *(zustehen)* ■ **etw** [**für etw** *akk*] ~ to deserve sth [for sth]; ***eine glänzende Leistung, dafür ~ Sie Anerkennung*** a magnificent achievement, you deserve recognition for that; **es nicht anders** [*o* **besser**] ~ to not deserve anything else [*or* better]; **sich** *dat* **etw verdient haben** to have earned sth; ***nach dieser Leistung haben wir uns ein Glas Champagner verdient*** we deserve a glass of champagne after this achievement
II. *vi* ① *(einen Verdienst bekommen)* to earn a wage; ■ [**irgendwie**] ~ to earn a [certain] wage; ***als Verkäuferin verdienst du doch viel zu wenig*** you earn far [*or* much] too little as a sales assistant
② *(Gewinn machen)* ■ [**an etw** *dat*] ~ to make a profit [on [*or* from] sth]; ***an diesem Projekt verdiene ich kaum*** I'm scarcely making a profit on this project

Ver·die·ner(in) <-s, -> *m(f)* wage-earner

Ver·dienst[1] <-[e]s, -e> [fɛɐ̯ˈdiːnst] *m* FIN income, earnings *npl;* **effektiver** ~ actual earnings

Ver·dienst[2] <-[e]s, -e> [fɛɐ̯ˈdiːnst] *nt (anerkennenswerte Tat)* ■ **jds ~e** [**um etw** *akk*] sb's credit *sing* [for sth]; **seine ~e um die Heimatstadt** his services to his home town; **sich** *dat* **~e** [**um etw** *akk*] **erwerben** to make a contribution [to sth]; **jds ~/das ~ einer S.** *gen* **sein, dass ...** to be thanks to sb/a thing that ...; ***es ist einzig sein ~, dass die Termine eingehalten werden konnten*** it's solely thanks to him that the schedules could be adhered to

Ver·dienst·aus·fall *m* loss of earnings *pl* **Ver·dienst·aus·fall·ent·schä·di·gung** *f* compensation for loss of earnings **Ver·dienst·aus·sich·ten** *pl* earnings prospects *pl*

Ver·dienst·kreuz *nt national decoration awarded for services to the community*

Ver·dienst·mög·lich·keit *f* source of income

Ver·dienst·or·den *m* Order of Merit

Ver·dienst·span·ne *f* profit margin

ver·dienst·voll *adj* ① *(anerkennenswert)* commendable
② *s.* **verdient 2**

ver·dient [fɛɐ̯ˈdiːnt] **I.** *adj* ① *(zustehend)* well-deserved; **~e Strafe/~er Tadel** rightful punishment/admonition
② *(Verdienste aufweisend)* of outstanding merit; **ein ~er Wissenschaftler** a scientist of outstanding merit; **sich** *akk* **um etw** *akk* **~ machen** to render outstanding services to sth
③ SPORT *(sl: der Leistung gemäß)* deserved
II. *adv* SPORT *(sl: leistungsgemäß)* deservedly; ***die Mannschaft hat ~ gewonnen*** the team deserved to win

ver·die·ner·ma·ßen, ver·die·ner·wei·se *adv* deservedly

Ver·dikt [vɛrˈdɪkt] *nt (Urteil)* verdict

ver·din·gen* [fɛɐ̯ˈdɪŋən] *vr (veraltend)* ■ **sich** *akk* [**bei jdm**] ~ to enter service [with sb] *dated*

Ver·din·gungs·kar·tell *nt* ÖKON contracted cartel **Ver·din·gungs·ord·nung** *f* HANDEL regulations governing construction contracts

ver·dirbt [fɛɐ̯ˈdɪrpt] *3. pers. pres von* **verderben**

ver·dol·met·schen* *vt (fam)* ■ [**jdm**] **etw** ~ to interpret sth [for sb]

ver·don·nern* *vt (fam)* ① *(verurteilen)* ■ **jdn** [**zu etw** *dat*] ~ to sentence sb [to sth]; ***den Einbrecher hat man zu drei Jahren Knast verdonnert*** the burglar was sentenced to three years' imprisonment
② *(anweisen)* ■ **jdn** [**zu etw** *dat*] ~ to order sb to do sth; ***meine Frau hat mich zum Spülen verdonnert*** my wife has ordered me to do the washing up; ■ **jdn dazu ~, etw zu tun** to order sb to do sth

ver·don·nert *adj (veraltend fam)* thunderstruck *dated*

ver·dop·peln* **I.** *vt* ① *(auf das Doppelte erhöhen)* ■ **etw** [**auf etw** *akk*] ~ to double sth [to sth]; ***sie verdoppelte ihren Einsatz auf 100 Euro*** she doubled her stake to one hundred euros
② *(deutlich verstärken)* ■ **etw** ~ to redouble sth; **seine Anstrengungen** ~ to redouble one's efforts; **mit verdoppeltem Eifer** with redoubled enthusiasm
II. *vr (sich auf das Doppelte erhöhen)* ■ **sich** *akk* [**auf etw** *akk*] ~ to double [to sth]; ***im letzten Jahr hat sich unser Gewinn auf Euro 250.000 verdoppelt*** last year our profit doubled to 250,000 euros

Ver·dop·pe·lung, Ver·dopp·lung <-, -en> *f*
① *(Erhöhung auf das Doppelte)* doubling
② *(deutliche Verstärkung)* redoubling

ver·dor·ben [fɛɐ̯ˈdɔrbn̩] **I.** *pp von* **verderben**
II. *adj* ① *(ungenießbar geworden)* bad, off *pred* BRIT; ***das Fleisch riecht so merkwürdig, wahrscheinlich ist es ~*** the meat smells so peculiar, it's probably off
② *(moralisch korrumpiert)* corrupt
③ MED **einen ~en Magen haben** to have an upset stomach

Ver·dor·ben·heit <-> *f kein pl* [moral] corruptness [*or* corruption] *no pl*

ver·dor·ren* [fɛɐ̯ˈdɔrən] *vi sein* to wither; **ein verdorrter Baum** a withered tree

ver·drah·ten* *vt* ■ **etw** ~ to wire up sth *sep*

ver·drän·gen* *vt* ① *(vertreiben)* ■ **jdn** [**aus etw** *dat*] ~ to drive sb out [of sth]
② *(unterdrücken)* ■ **etw** ~ to suppress [*or* repress] sth; **eine Erinnerung** ~ to suppress [*or* repress] a memory
③ PHYS *Wasser* ~ to displace water

Ver·drän·gung <-, -en> *f* ① *(Vertreibung)* driving out, ousting
② *(Unterdrückung)* suppression, repression
③ PHYS displacement

Ver·drän·gungs·kampf *m* battle to drive out the opposition **Ver·drän·gungs·künst·ler(in)** *m(f)* master at suppressing things *pl* **Ver·drän·gungs·stra·te·gie** *f* strategy of ousting [*or* driving out] **Ver·drän·gungs·wett·be·werb** *m* ÖKON cut-throat competition

ver·dre·cken* **I.** *vi sein (fam: sehr dreckig werden)* to get filthy; ■ **etw ~ lassen** to let sth get filthy
II. *vt haben (sehr dreckig machen)* ■ **etw** ~ to make sth filthy [*or* dirty]

ver·dreckt *adj* filthy

ver·dre·hen* *vt* ■ **etw** ~ ① *(wenden)* to twist sth; **die Augen/Hals/Kopf** ~ to roll one's eyes/crane one's neck/twist one's head round
② *(entstellen)* to distort sth; **die Tatsachen** ~ to distort the facts
▸ WENDUNGEN: **jdm den Kopf ~** to turn sb's head

ver·dreht *adj (fam o pej)* crazy

ver·drei·fa·chen* [fɛɐ̯ˈdraifaxn̩] **I.** *vt (auf das Dreifache erhöhen)* ■ **etw** [**auf etw** *akk*] ~ to treble [*or* triple] sth [to sth]
II. *vr (sich auf das Dreifache erhöhen)* ■ **sich** *akk* [**auf etw** *akk*] ~ to treble [*or* triple]; ***ihr Einkommen hat sich verdreifacht*** her income has increased threefold

Ver·drei·fa·chung <-, -en> *f* trebling, tripling

ver·dre·schen* *vt irreg (fam)* ■ **jdn** ~ to beat up sb *sep fam,* to thrash sb

ver·drie·ßen <verdross, verdrossen> [fɛɐ̯ˈdriːsn̩] *vt (geh)* ■ **jdn** ~ to irritate [*or* annoy] sb; **es sich** *dat* **nicht ~ lassen** to not be put off

ver·drieß·lich [fɛɐ̯ˈdriːslɪç] *adj (geh)* ① *(missmutig)* **~es Gesicht** sullen face; **~e Stimmung** morose mood
② *(misslich)* tiresome

ver·dross[RR], **ver·droß**[ALT] [fɛɐ̯ˈdrɔs] *imp von* **verdrießen**

ver·dros·sen [fɛɐ̯ˈdrɔsn̩] **I.** *pp von* **verdrießen**
II. *adj* sullen, morose

Ver·dros·sen·heit <-> *f kein pl* sullenness *no pl,* moroseness *no pl*

Ver·druck·bar·keit *f* TYPO ease of printing, runability, workability

ver·dru·cken *vt* ■ **etw** ~ to misprint sth, to print waste

ver·drü·cken* **I.** *vt (fam: verzehren)* ■ **etw** ~ to polish off sth *sep fam*
II. *vr (fam: verschwinden)* ■ **sich** *akk* [**irgendwohin**] ~ to slip away [somewhere]; ***er verdrückte sich durch den Hintereingang*** he slipped away through the rear entrance

ver·druckst [fɛɐ̯ˈdrʊkst] *adj (fam)* close-minded, hidebound

Ver·druss[RR] <-es, -e>, **Ver·druß**[ALT] <-sses, -sse> [fɛɐ̯ˈdrʊs] *m meist sing (geh)* annoyance; **jdm ~ bereiten** to annoy sb; **zu jds ~, jdm zum ~** to sb's annoyance

ver·duf·ten* *vi sein (fam)* to clear off *fam*

ver·dum·men* [fɛɐ̯ˈdʊmən] **I.** *vt haben (jds geistiges Niveau senken)* ■ **jdn** ~ to dull sb's mind
II. *vi sein (verblöden)* to become stupid

Ver·dum·mung <-> *f kein pl* dulling of sb's mind *no pl*

ver·dun·gen *pp von* **verdingen**

ver·dun·keln* **I.** *vt* ① *(abdunkeln)* ■ **etw** ~ to black out sth
② *(verdüstern)* ■ **etw** ~ to darken sth; ***düstere Gewitterwolken begannen den Himmel zu ~*** murky storm clouds began to darken the sky
③ JUR *(verschleiern)* ■ **etw** ~ to obscure sth
II. *vr (dunkler werden)* ■ **sich** *akk* ~ to darken; ***der Himmel verdunkelt sich*** the sky is growing darker

Ver·dun·ke·lung, Ver·dunk·lung <-, -en> *f*
① *kein pl (das Verdunkeln)* black-out
② JUR *(Verschleierung)* suppression of evidence *no pl*

Ver·dun·ke·lungs·ge·fahr, Ver·dunk·lungs·ge·fahr *f* JUR danger of suppression of evidence

Ver·dunk·lungs·rol·lo *nt* blind

ver·dün·nen* [fɛɐ̯ˈdʏnən] *vt* ■ **etw** [**mit etw** *dat*] ~ to dilute sth [with sth]; ■ **verdünnt** diluted

Ver·dün·ner <-s, -> *m* ① *(für Farben etc.)* thinner
② CHEM diluent, diluting agent

ver·dün·ni·sie·ren* [fɛɐ̯dʏniˈziːrən] *vr (hum fam)* ■ **sich** *akk* ~ to make oneself scarce *fam*

ver·dünnt *adj* ① CHEM depleted, dilute[d], attenuated; **~e Essigsäure** aqueous acetic acid; **~e Säure** dilute acid
② PHYS rarefied

Ver·dün·nung <-, -en> *f kein pl* ① *(das Verdünnen)* dilution *no pl*
② *(verdünnter Zustand)* diluted state, dilution
③ TECH *(Verdünner)* diluent

Ver·dün·nungs·ge·setz *nt kein pl* CHEM, PHYS law of dilution **Ver·dün·nungs·grad** *m kein pl* CHEM degree of dilution **Ver·dün·nungs·mit·tel** *nt* thinning agent

ver·duns·ten* *vi sein* to evaporate

Ver·duns·ter <-s, -> *m* humidifier

Ver·duns·tung <-> *f kein pl* evaporation *no pl*

Ver·duns·tungs·käl·te *f kein pl* PHYS latent heat **Ver·duns·tungs·ver·lust** *m* PHYS, TECH evaporation loss

ver·durs·ten* *vi sein* ① *(an Durst sterben)* to die of thirst
② *(fam: furchtbar durstig sein)* to be dying of thirst *fam*

ver·düs·tern* **I.** *vr (geh)* ■ **sich** *akk* ~ to darken [*or* grow dark]; ***der Himmel verdüstert sich zusehends*** the sky is visibly growing darker
II. *vt (geh)* ■ **etw** ~ to darken sth; ***die Regenwol-***

ken begannen den Himmel zu ~ the rainclouds began to darken the sky
ver·dụt·zen* *vt (fam)* ■**jdn** [**mit etw** *dat*] ~ to confuse sb [with sth], to take sb aback [with sth]
ver·dutzt [fɛɐ̯'dʊtst] **I.** *adj (fam)* ❶ *(verwirrt)* baffled, confused; **ein ~es Gesicht machen** to appear baffled [*or* nonplussed]
❷ *(überrascht)* taken aback *pred*
II. *adv* in a confused [*or* baffled] manner; **sich** *akk* ~ **umdrehen** to turn round in confusion [*or* bafflement]
ver·ẹb·ben* *vi sein (geh)* to subside
ver·edeln* [fɛɐ̯'ʔe:dl̩n] *vt* ■**etw** ~ ❶ *(qualitätsmäßig verbessern)* to refine sth; ■**veredelt** refined
❷ HORT *(durch Aufpfropfen verändern)* to graft sth; ■**veredelt** grafted
Ver·ẹd(e)·lung <-, -en> *f* ❶ TECH refinement
❷ HORT *(das Veredeln)* grafting *no pl*
❸ *(Druck)* finishing
Ver·ẹde·lungs·in·dust·rie *f* refining [*or* finishing] industry **Ver·ẹde·lungs·pro·zess**[RR] *m* refining [*or* finishing] process
ver·ẹhe·li·chen* *vr (geh)* ■**sich** *akk* [**mit jdm**] ~ to marry [sb]
Ver·ẹhe·li·chung <-, -en> *f (geh)* marriage
ver·ẹh·ren* *vt* ❶ *(bewundernd schätzen)* ■**jdn** ~ to admire sb
❷ REL *(anbeten)* ■**jdn** [*o* **ein Tier**] [*o* **etw**] ~ to worship sb [*or* an animal] [*or* sth]
❸ *(hum: schenken)* ■[**jdm**] **etw** ~ to give [sb] sth
Ver·ẹh·rer(in) <-s, -> *m(f)* ❶ *(Bewunderer)* admirer
❷ REL *(Anbeter)* worshipper
ver·ẹhrt *adj* ❶ *(Floskel in einer Ansprache: geschätzt)* ~***e Anwesende!*** *pl* Ladies and Gentlemen! *pl*
❷ *(Floskel im Brief: geehrt)* dear; ~***e Frau Professorin!*** Dear Professor,
Ver·ẹh·rung *f kein pl* ❶ *(bewundernde Schätzung)* admiration *no pl;* **jdm seine ~ bezeigen** to show one's admiration for sb; ■**jds ~ für jdn** sb's admiration for sb
❷ REL *(Anbetung)* worship *no pl*
ver·ẹh·rungs·wür·dig *adj (geh)* honourable [*or* AM -orable], estimable *form*
ver·ei·di·gen* [fɛɐ̯'ʔaidɪgn̩] *vt* JUR ❶ *(einen Eid leisten lassen)* ■**jdn** ~ to swear in sb *sep*
❷ *(eidlich auf etw verpflichten)* ■**jdn** [**auf etw** *akk*] ~ to make sb swear to sth; ***der Präsident wurde auf die Verfassung vereidigt*** the president was sworn to uphold the constitution
ver·ei·digt [fɛɐ̯'ʔaidɪçt] *adj* JUR sworn; **~er Börsenmakler** sworn broker; **ein ~er Übersetzer** a sworn [*or* certified] translator; **gerichtlich** ~ certified before the court
Ver·ei·di·gung <-, -en> *f* JUR swearing in, administration of the oath
Ver·ein <-[e]s, -e> [fɛɐ̯'ʔain] *m* ❶ *(Organisation Gleichgesinnter)* club, association, society; **eingetragener** ~ registered society, incorporated association; **gemeinnütziger** ~ charitable organization; **nicht rechtsfähiger** ~ unincorporated association; **aus einem ~ austreten** to resign from a club; **in einen ~ eintreten** to join a club
❷ *(pej fam: Haufen)* bunch, crowd *fam,* outfit *fam;* ***von dem ~ kommt mir keiner ins Haus!*** none of that lot is setting foot in my house!
▸WENDUNGEN: **im ~ mit jdm** in conjunction with sb
ver·ein·bar *adj* compatible; ■[**mit etw** *dat*] ~ **sein** to be compatible [with sth]
ver·ein·ba·ren* [fɛɐ̯'ʔainba:rən] *vt* ❶ *(miteinander absprechen)* ■**etw** [**mit jdm**] ~ to agree sth [with sb]; ***wir hatten 20 Uhr vereinbart*** we had agreed eight o'clock, our arrangement was for eight o'clock; ■[**mit jdm**] **~, dass** to agree [*or* arrange] [with sb] that
❷ *(in Einklang bringen)* ■**etw** [**mit etw** *dat*] ~ to reconcile sth [with sth]; ***ich weiß nicht, wie ich diese Handlungsweise mit meinem Gewissen ~ soll*** I don't know how to reconcile this behaviour with my conscience; ■**sich** *akk* [**mit etw** *dat*] ~ **lassen** [*o* [**mit etw** *dat*] **zu ~ sein**] to be compatible [with sth]
ver·ein·bart *adj* agreed
Ver·ein·ba·rung <-, -en> *f* ❶ *kein pl (das Vereinbaren)* arranging *no pl*
❷ *a.* JUR *(Abmachung)* agreement, stipulation; **laut** ~ as agreed; **nach** ~ by arrangement; ~ **auf Gegenseitigkeit** reciprocal agreement; ~ **über Gewerkschaftszwang** union membership agreement BRIT; ~ **über die Zahlungsmodalitäten** stipulation of payment; **entgegen früheren ~en** contrary to former agreements; **sich** *akk* **an eine ~ halten** to abide by an agreement; **eine ~ treffen** to reach an agreement; **stillschweigende** ~ implicit [*or* tacit] agreement; **wettbewerbsbeschränkende** ~ restrictive agreement
ver·ein·ba·rungs·ge·mäß *adv* as agreed [*or* arranged] **Ver·ein·ba·rungs·treu·hand** *f* JUR joint trustee **Ver·ein·ba·rungs·zeit·raum** *m* JUR, ÖKON agreement period
ver·ei·nen* *vt* ❶ *(zusammenschließen)* ■**etw** ~ to unite [*or* combine] sth
❷ *(vereinbaren)* ■[**miteinander**] **zu ~ sein** to be able to be reconciled [with each other]; *s. a.* **Hand**
ver·ein·fa·chen* [fɛɐ̯'ʔainfaxn̩] *vt* ■**etw** ~ to simplify sth
ver·ein·facht **I.** *adj* simplified; **eine ~e Skizze** a simplified sketch
II. *adv* in a simplified way
Ver·ein·fa·chung <-, -en> *f* simplification
ver·ein·heit·li·chen* [fɛɐ̯'ʔainhaitlɪçn̩] *vt* ■**etw** ~ to standardize sth
Ver·ein·heit·li·chung <-, -en> *f* standardization; **die große** ~ PHYS the great standardization
ver·ei·ni·gen* **I.** *vt* *(zusammenschließen)* ■**etw** [**zu etw** *dat*] ~ to unite [*or* combine] [to form sth]; **Staaten** ~ to unite states; **Firmen/Organisationen** ~ to merge firms/organizations
II. *vr* ❶ *(sich zusammenschließen)* ■**sich** *akk* [**zu etw** *dat*] ~ to merge [to form sth]
❷ GEOG *(zusammenfließen)* ■**sich** *akk* [**zu etw** *dat*] ~ to meet [to form sth]; ***die beiden Flüsse ~ sich zur Weser*** the two rivers meet to form the Weser
ver·ei·nigt *adj* united; *s. a.* **Emirat, Königreich, Staat**
Ver·ei·nig·te Ara·bi·sche Emi·ra·te *pl* United Arab Emirates *pl*
Ver·ei·nig·tes Kö·nig·reich *nt* United Kingdom
Ver·ei·nig·te Staa·ten (**von Ame·ri·ka**) *pl* United States [of America] *pl*
Ver·ei·ni·gung <-, -en> *f* ❶ *(Organisation)* organization, association; JUR **kriminelle** ~ criminal organization; **Bildung einer kriminellen** ~ formation of a criminal society
❷ *kein pl (Zusammenschluss)* amalgamation; **die ~ verschiedener Chemiefirmen** the amalgamation of various chemical companies; **die deutsche** ~ German reunification
❸ *(Verband)* association; ~ **britischer Handelskammern** Association of British Chambers of Commerce, ABCC; **korporative** ~ corporate body
Ver·ei·ni·gungs·frei·heit *f kein pl* freedom of association **Ver·ei·ni·gungs·kir·che** *f kein pl* REL *(Mun-Sekte)* Unification Church, Moon sect **Ver·ei·ni·gungs·kri·mi·na·li·tät** *f* organized crime
ver·ein·nah·men* [fɛɐ̯'ʔainna:mən] *vt* ❶ *(mit Beschlag belegen)* ■**jdn** ~ to take up sb's time, to monopolize sb
❷ *(geh: einnehmen)* ■**etw** ~ to collect sth; **Steuern** ~ to collect taxes
Ver·ein·nah·mung <-, -en> *f* adsorption
ver·ein·sa·men* [fɛɐ̯'ʔainza:mən] *vi sein* to become lonely
ver·ein·samt *adj* ❶ *(einsam) Mensch* lonely
❷ *(abgeschieden) Gehöft* isolated
Ver·ein·sa·mung <-> *f kein pl* loneliness *no pl*
Ver·eins·bei·trag *m* membership fee **Ver·eins·far·ben** *pl* club colours [*or* AM -ors] *pl* **Ver·eins·frei·heit** *f* JUR freedom of association **Ver·eins·fuß·bal·ler(in)** *m(f)* club player **Ver·eins·ge·setz** *nt* JUR *act regulating clubs and associations* **Ver·eins·jahr** <-[e]s, -e> *nt* SCHWEIZ *(Jahrestournus eines Vereins)* annual programme of a club or society **Ver·eins·lo·kal** *nt* club pub [*or* bar] **Ver·eins·mei·er** [fɛɐ̯ains'maie] *m (pej fam)* **ein richtiger** ~ a clubman through and through **Ver·eins·mit·glied** *nt* club member **Ver·eins·recht** *nt* JUR law of association **Ver·eins·re·gis·ter** *nt* register of societies [*or* associations] **Ver·eins·sat·zung** *f* club rules *pl,* a society's constitution **Ver·eins·ver·mö·gen** *nt* JUR society assets *pl* **Ver·eins·ver·samm·lung** <-, -en> *f* SCHWEIZ *(Generalversammlung eines Vereins)* general meeting **Ver·eins·vor·sit·zen·de(r)** *f(m)* club chairman [*or* chair] **Ver·eins·vor·stand** *m* JUR *(mehrere Personen)* executive committee of an association; *(eine Person)* association's president
ver·eint *adj* united
ver·ein·zelt [fɛɐ̯'ʔaintsl̩t] **I.** *adj* ❶ METEO *(örtlich)* isolated; **~e Regenschauer** isolated [*or* scattered] showers
❷ *(sporadisch auftretend)* occasional
II. *adv* METEO *(örtlich)* in places *pl;* ***es kam ~ zu länger anhaltenden Regenfällen*** there were longer outbreaks of rain in places
ver·ei·sen* **I.** *vi sein* to ice up [*or* over]; ■**vereist** iced up [*or* over]; **eine vereiste Fahrbahn** an icy road; ***fahr vorsichtig, die Straße ist vereist!*** drive carefully, there's ice on the road!
II. *vt haben (lokal anästhesieren)* ■**etw** ~ to freeze sth
Ver·ei·sung <-, -en> *f* icing
ver·ei·teln* [fɛɐ̯'ʔaitl̩n] *vt* ■**etw** ~ to thwart [*or* prevent] sth
Ver·ei·te·lung <-> *f kein pl* thwarting *no pl,* prevention *no pl*
ver·ei·tern* *vi sein (sich eitrig entzünden)* to go septic; *(eitrig entzündet sein)* to have turned septic; **eine vereiterte Wunde** a septic wound; ■**vereitert sein** to be septic
Ver·ei·te·rung <-, -en> *f* sepsis *no pl*
Ver·eit·lung <-> *f kein pl s.* **Vereitelung**
ver·elen·den* [fɛɐ̯'e:lɛndn̩] *vi sein (geh)* to become impoverished
Ver·elen·dung <-> *f kein pl* impoverishment
ver·ẹn·den* *vi sein* to perish [*or* die]
ver·en·gen* [fɛɐ̯'ʔɛŋən] **I.** *vr* ❶ MED, ANAT *(sich zusammenziehen)* ■**sich** *akk* ~ *Pupillen* to contract; *Gefäße* to become constricted
❷ TRANSP *(enger werden)* ■**sich** *akk* [**auf etw** *akk*] ~ to narrow [to sth]; ***die Autobahn verengt sich auf zwei Fahrspuren*** the motorway narrows to [*or* goes into] two lanes
II. *vt* MED, ANAT *(enger werden lassen)* ■**etw** ~ to constrict sth; ***Nikotin verengt die Gefäße*** nicotine constricts the blood vessels
ver·en·gern* [fɛɐ̯'ʔɛŋen] **I.** *vt (enger machen)* ■**etw** ~ to take in sth *sep*
II. *vr* ■**sich** *akk* ~ to become narrower
Ver·ẹn·gung <-, -en> *f* ❶ *kein pl* MED, ANAT *(das Kontrahieren) Gefäß* constriction; *Pupillen* contraction
❷ TRANSP *(verengte Stelle)* narrow section
❸ MED *(verengte Stelle)* stenosis *spec,* stricture *spec*
ver·ẹr·ben* **I.** *vt* ❶ *(als Erbschaft hinterlassen)* ■[**jdm**] **etw** ~ to leave [*or form* bequeath] [sb] sth
❷ *(durch Vererbung weitergeben)* ■[**jdm**] **etw** ~, ■**etw** [**auf jdn**] ~ to pass on sth *sep* [to sb]; *(hum fam: schenken)* to hand on sth *sep* [to sb]
II. *vr* ■**sich** *akk* [**auf jdn**] ~ to be passed on [to sb], to be hereditary
ver·ẹrb·lich *adj* hereditary
Ver·ẹrb·lich·keit <-> *f kein pl* JUR inheritability
Ver·ẹr·bung <-, -en> *f pl selten* BIOL heredity *no pl, no art*
Ver·ẹr·bungs·ge·setz *nt* law of heredity, Mendelian law **Ver·ẹr·bungs·leh·re** *f* genetics + *sing vb, no art*
ver·ewi·gen* [fɛɐ̯'ʔe:vɪgn̩] **I.** *vr (fam: Spuren hinterlassen)* ■**sich** *akk* [**auf etw** *dat*] ~ to leave one's mark for posterity [on sth]
II. *vt* ■**etw** ~ ❶ *(perpetuieren)* to perpetuate sth

② *(unvergesslich, unsterblich machen)* to immortalize sth

ver·fah·ren*[1] [fɛɐ̯ˈfa:rən] *vi irreg sein* ① *(vorgehen)* ■[**irgendwie**] ~ to proceed [*or* act] [in a certain way] ② *(umgehen)* ■[**mit jdm**] [**irgendwie**] ~ to deal with sb [in a certain way]

ver·fah·ren*[2] [fɛɐ̯ˈfa:rən] *irreg* **I.** *vt (durch Fahren verbrauchen)* ■**etw** ~ to use up sth *sep*
II. *vr (sich auf einer Fahrt verirren)* ■**sich** *akk* ~ to lose one's way

ver·fah·ren[3] [fɛɐ̯ˈʔfa:rən] *adj* muddled; ***die Situation ist völlig*** ~ the situation is a total muddle

Ver·fah·ren <-s, -> [fɛɐ̯ˈʔfa:rən] *nt* ① TECH *(Methode)* process; ***dieses ~ soll die Produktion wesentlich verbilligen*** this process should make production considerably cheaper
② JUR *(Gerichtsverfahren)* proceedings *npl;* ~ **mit zulässiger Kautionsstellung** bailable action; ~ **in Forderungspfändungen** garnishment proceedings; **Unterbrechung des ~s** suspension of proceedings; **abgekürztes** [*o* **beschleunigtes**] ~ summary [*or* accelerated] proceedings; **anhängiges** ~ pending case; **konkursrechtliches** ~ bankruptcy proceedings; **mündliches/schriftliches** ~ oral/written procedure; **objektives** ~ in rem proceedings; **streitiges** ~ litigious proceedings; **summarisches** ~ summary proceedings; ~ **eingestellt** case dismissed; **das** ~ **aussetzen** to suspend proceedings; **gegen jdn läuft ein** ~ proceedings are being brought against sb; **ein** ~ [**gegen jdn**] **einleiten** to institute proceedings [against sb]

Ver·fah·rens·ab·lauf *m* JUR procedure **Ver·fah·rens·an·mel·dung** *f (für Patent)* process application **Ver·fah·rens·an·wei·sun·gen** *pl* JUR procedural rules **Ver·fah·rens·art** *f* JUR mode of procedure; **besondere ~en** special forms of procedure **Ver·fah·rens·be·schleu·ni·gung** *f* JUR speeding up of the proceedings **Ver·fah·rens·be·tei·lig·te(r)** *f(m) dekl wie adj* JUR party to the proceedings **Ver·fah·rens·dau·er** *f* JUR duration of proceedings **Ver·fah·rens·ein·lei·tung** *f* JUR institution of legal proceedings **Ver·fah·rens·ein·stel·lung** *f* JUR cessation of proceedings **Ver·fah·rens·ein·wand** *m* JUR plea of exception **Ver·fah·rens·feh·ler** *m* JUR procedural error **Ver·fah·rens·fra·gen** *pl* points *pl* of order **Ver·fah·rens·frist** *f* JUR deadline for proceedings **Ver·fah·rens·ge·büh·ren** *pl* FIN procedural fees **Ver·fah·rens·grund·sät·ze** *pl* JUR procedural principles **Ver·fah·rens·hin·der·nis** *nt* JUR procedural bar, hindrance to proceedings **Ver·fah·rens·in·ge·ni·eur(in)** *m(f)* CHEM chemical engineer **Ver·fah·rens·kos·ten** *pl* JUR costs *pl* [of proceedings]; **die ~ verteilen** to apportion the costs **Ver·fah·rens·li·zenz** *f* JUR process licence [*or* AM -se] **Ver·fah·rens·män·gel** *pl* JUR procedural errors, material defects of legal proceedings **ver·fah·rens·mä·ßig** *adj* JUR procedural **Ver·fah·rens·norm** *f* JUR procedural norm, code of practice **Ver·fah·rens·ord·nung** *f* JUR rules of procedure; *des Gerichts* rules of court **Ver·fah·rens·pfle·ger(in)** *m(f)* JUR family court guardian BRIT, guardian ad litem AM **Ver·fah·rens·recht** *nt* JUR *kein pl* procedural law, law of procedure **ver·fah·rens·recht·lich** *adj* JUR procedural **Ver·fah·rens·re·geln** *pl* JUR rules of procedure; *des Gerichts* rules of court; ~ **des höchsten Gerichts** Rules of the Supreme Court AM **Ver·fah·rens·re·vi·si·on** *f* JUR appeal on a point of law **Ver·fah·rens·richt·li·ni·en** *pl* JUR rules of procedure **Ver·fah·rens·rü·ge** *f* JUR procedural objection **Ver·fah·rens·spra·che** *f* JUR language of the proceedings **Ver·fah·rens·tech·nik** *f* TECH process engineering **Ver·fah·rens·tren·nung** *f* JUR severance of an action **Ver·fah·rens·vor·schrif·ten** *pl* JUR rules of procedure, procedural provisions; **gerichtliche** ~ rules of the court; **Verfahrens- und Formvorschriften** rules of procedure and form **Ver·fah·rens·weg** *m* JUR procedure **Ver·fah·rens·wei·se** *f* procedure

Ver·fall <-s> [fɛɐ̯ˈfal] *m kein pl* ① *(das Verfallen)* dilapidation *no pl, no indef art;* **der ~ historischer Gebäude** the dilapidation of historical buildings; **in ~ geraten** to fall into decay
② MED decline *no pl*
③ *(das Ungültigwerden)* expiry *no pl, no indef art;* **bei** ~ FIN at [*or* on] maturity
④ *(geh: Niedergang)* decline *no pl;* **der ~ der Moral** the decline in morals *npl;* **der ~ des Römischen Reiches** the fall of the Roman Empire
⑤ JUR *(Verwirkung)* forfeiture; *eines Wechsels* due date; *einer Police* lapse

Ver·fall·da·tum *nt s.* **Verfallsdatum**

ver·fal·len*[1] *vi irreg sein* ① *(zerfallen)* to decay, to fall into disrepair
② *(immer schwächer werden)* to deteriorate
③ *(ungültig werden) Eintritts-, Fahrkarte, Ticket, Gutschein* to expire; *Anspruch, Recht* to lapse
④ FIN *(rapide weniger wert werden)* to fall
⑤ *(erliegen)* ■[**jdm**] ~ to be captivated [by sb]; ■[**etw** *dat*] ~ to become enslaved [by a thing]
⑥ *(sich einfallen lassen)* ■[**auf etw** *akk*] ~ to think of sth; ***wer ist denn auf so einen verrückten Plan ~?*** whoever thought up such an insane plan?; ■**darauf ~, etw zu tun** to give sb the idea of doing sth
⑦ *(kommen auf)* ■[**auf jdn**] ~ to think of sb; ***wir suchten einen Spezialisten, da sind wir auf ihn*** ~ we were looking for a specialist and we thought of him
⑧ JUR ■**jdm** ~ to be forfeited to sb

ver·fal·len[2] *adj* ① *(völlig baufällig)* dilapidated
② *(abgelaufen)* expired

Ver·fall·frist *f* expiry period **Ver·fall·ge·schäft** *nt* HANDEL forfeiting deal [*or* transaction] **Ver·fall·klau·sel** *f* JUR forfeiture [*or* expiration] clause

Ver·falls·da·tum *nt* ÖKON ① *(der Haltbarkeit)* use-by date; ***Packungen mit Nahrungsmitteln müssen mit einem ~ gekennzeichnet sein*** packets containing food must be labelled with a best-before-date ② *(bis zur Ungültigkeit)* expiry date
③ *(für Zahlungen)* expiry date **Ver·falls·er·schei·nung** *f* symptom of decline **Ver·falls·tag** *m* FIN maturity [*or* expiry] date

Ver·fall·ver·trag *m* JUR forfeiture agreement

ver·fäl·schen* *vt* ① *(falsch darstellen)* ■**etw** ~ to distort sth
② *(in der Qualität mindern)* ■**etw** [**durch etw** *akk*] ~ to adulterate sth [with sth]

Ver·fäl·schung *f* ① *(das Verfälschen)* distortion
② *(Qualitätsminderung)* adulteration

ver·fan·gen* *irreg* **I.** *vr* ■**sich** *akk* [**in etw** *dat*] ~
① *(hängen bleiben)* to get caught [in sth]
② *(sich verstricken)* to become entangled [in sth]; **sich** *akk* **in Lügen** ~ to become entangled in a web of lies
II. *vi (den erstrebten Effekt hervorrufen)* ■[**bei jdm**] **nicht** [*o* **nicht mehr**] ~ to not cut [*or* to no longer cut] any ice [with sb]

ver·fäng·lich [fɛɐ̯ˈfɛŋlɪç] *adj* awkward, embarrassing

ver·fär·ben* **I.** *vr* ■**sich** *akk* [**irgendwie**] ~ to turn [a certain colour [*or* AM -or]]; ***im Herbst ~ sich die Blätter*** the leaves change colour in autumn
II. *vt* ■**etw** ~ to discolour [*or* AM -or] sth; ***nicht farbechte Kleidungsstücke ~ andere*** items of clothing that are not colourfast discolour other items

Ver·fär·bung *f* ① *kein pl (Wechsel der Farbe)* change of colour [*or* AM -or]
② *kein pl (Annahme anderer Farbe)* discolouration [*or* AM -lor-] *no pl, no indef art*
③ *(abweichende Färbung)* discolouration [*or* AM -lor-] *no pl, no indef art*

ver·fas·sen* *vt* ■**etw** ~ to write sth; **einen Entwurf/ein Gesetz/eine Urkunde** ~ to draw up a design/a law/a document

Ver·fas·ser(in) <-s, -> [fɛɐ̯ˈfasɐ] *m(f)* author

Ver·fas·sung *f* ① *kein pl (Zustand)* condition *no pl; (körperlich)* state [of health]; *(seelisch)* state [of mind]; **in einer bestimmten ~ sein** [*o* **sich** *akk* **in einer bestimmten ~ befinden**] to be in a certain state; **in guter** ~ in good form [*or* shape]
② POL constitution

ver·fas·sung·ge·bend *adj attr* constituent; **die ~e Versammlung** the constituent assembly **ver·fas·sungs·än·dernd** *adj* JUR **~e Gesetze** laws that amend the constitution **Ver·fas·sungs·än·de·rung** *f* JUR constitutional amendment **Ver·fas·sungs·ar·ti·kel** <-s, -> *m* JUR SCHWEIZ *(einzelne Verfassungsbestimmung)* article of the constitution **Ver·fas·sungs·be·schwer·de** *f* JUR constitutional complaint, petition to the constitutional court **Ver·fas·sungs·bruch** *m* POL violation of the constitution **ver·fas·sungs·feind·lich** *adj* JUR anti-constitutional

Ver·fas·sungs·ge·richt *nt* constitutional court **Ver·fas·sungs·ge·richts·hof** *m* JUR Supreme Constitutional Court **Ver·fas·sungs·ge·richts·ur·teil** *nt* JUR constitutional court ruling

Ver·fas·sungs·grund·satz *m* JUR constitutional principle **Ver·fas·sungs·kla·ge** *f formal complaint about unconstitutional decision made by the courts* **ver·fas·sungs·mä·ßig** *adj* constitutional, according to the constitution; **~e Ordnung** constitutional order **Ver·fas·sungs·mä·ßig·keit** *f* JUR constitutionality **Ver·fas·sungs·or·gan** *nt* JUR constitutional organ **Ver·fas·sungs·pa·tri·ot, -pa·tri·o·tin** *m, f* constitutional patriot **Ver·fas·sungs·recht** *nt kein pl* constitutional law

ver·fas·sungs·recht·lich **I.** *adj* JUR constitutional, relating to constitutional law
II. *adv* JUR constitutionally, under constitutional law; ***dieser Reformvorschlag ist ~ fragwürdig/angreifbar*** it is dubious/open to criticism whether this proposed reform falls within the constitution; ***~ gesehen, ist dieses Gesetzesvorhaben sehr interessant*** this new bill will have great import for the constitution; ~ **machbar** constitutional; **etw ist ~ relevant/nicht relevant** sth is relevant/irrelevant under the constitution

Ver·fas·sungs·re·form *f* constitutional reform **Ver·fas·sungs·rich·ter(in)** *m(f)* constitutional [court] judge

Ver·fas·sungs·schutz *m* ① *(Schutz)* protection of the constitution
② *(fam: Amt)* Office for the Protection of the Constitution; **Bundesamt für** ~ Federal Office for the Protection of the Constitution

Ver·fas·sungs·schutz·be·hör·de *f* POL *agency responsible for internal security* **Ver·fas·sungs·schüt·zer(in)** *m(f)* POL *employee working in the office for the protection of the constitution* **Ver·fas·sungs·treue** *f* POL loyalty to the constitution **ver·fas·sungs·wid·rig** *adj* JUR unconstitutional; **~es Gesetz** unconstitutional law; **~e Partei** unconstitutional party

ver·fau·len* *vi sein* ① *(durch Fäulnis verderben)* to rot; **verfaulte Kartoffeln** rotten potatoes
② *(verwesen)* to decay; **verfaulte Zähne** decayed [*or* rotten] teeth

ver·fech·ten* *vt irreg* ■**etw** ~ to champion [*or* advocate] sth

Ver·fech·ter(in) *m(f)* advocate, champion

ver·feh·len* *vt* ① *(nicht treffen)* ■**jdn/etw** ~ to miss sb/sth; ■**nicht zu ~ sein** to be impossible to miss
② *(verpassen)* ■**jdn/etw** ~ to miss sb/sth; ***beeil dich, sonst ~ wir noch unseren Anschluss!*** hurry up or we'll miss our connection!
③ *(nicht erreichen)* ■**etw** ~ not to achieve sth; **das Thema** ~ to go completely off the subject; **seinen Beruf** ~ to miss one's vocation
④ *(versäumen)* ■[**es**] **~, etw zu tun** to fail to do sth

ver·fehlt *adj* ① *(misslungen)* unsuccessful; **eine ~e Politik** an unsuccessful policy
② *(unangebracht)* inappropriate; ■**es wäre ~, etw zu tun** it would be inappropriate to do sth

Ver·feh·lung <-, -en> *f* misdemeanour [*or* AM -or]

ver·fein·den* [fɛɐ̯ˈfaindn̩] *vr* ■**sich** *akk* [**mit jdm/miteinander**] ~ to fall out [with sb/each other]; ■**verfeindet sein** to have quarrelled [*or* AM quarreled], to be enemies; **verfeindete Staaten** enemy states

ver·fei·nern* [fɛɐ̯ˈfainɐn] *vt* ① KOCHK ■**etw** [**mit etw** *dat*] ~ to improve sth [with sth]

② *(raffinierter gestalten)* ■**etw** ~ to refine sth
ver·fei·nert *adj Methode* sophisticated
Ver·fei·ne·rung <-, -en> *f* ① KOCHK improvement
② *(raffiniertere Gestaltung)* refinement
ver·fe·men* [fɛɐ̯ˈfeːmən] *vt (geh)* ■**jdn/etw** ~ to ban sb/sth
ver·fer·ti·gen* *vt (geh)* ■**etw** ~ to produce sth
ver·fes·ti·gen* *vr* ■**sich** *akk* ~ ① *(fester werden)* to harden [*or* solidify]; *Farbe, Lack* to dry; *Klebstoff* to set
② *(erinnert werden)* to become firmly established
ver·fet·ten* *vi sein* MED to become fatty
Ver·fet·tung <-, -en> *f* MED fatty degeneration
ver·feu·ern* *vt* ① *(verschießen)* ■**etw** ~ to fire sth
② *(verbrennen)* ■**etw** ~ to burn sth
ver·fil·men* *vt* ■**etw** ~ to film sth, to make a film of sth
Ver·fil·mung <-, -en> *f* ① *kein pl (das Verfilmen)* filming *no pl, no indef art*
② *(Film)* film
ver·fil·zen* *vi sein Kleidungsstück aus Wolle* to become felted; *Kopfhaar* to become matted; **ein verfilzter Pullover** a felted pullover; **verfilzte Haare** matted hair
ver·filzt *adj (fam)* interconnected; ■**[miteinander]** ~ **sein** to be inextricably linked
ver·fins·tern* [fɛɐ̯ˈfɪnstɐn] **I.** *vt* to darken; **den Mond/die Sonne** ~ to eclipse the moon/the sun
II. *vr* ■**sich** *akk* ~ to darken
ver·fla·chen* [fɛɐ̯ˈflaxn̩] **I.** *vt (flach machen)* ■**etw** ~ *Gelände* to flatten sth, to level out sth *sep*
II. *vi* ① *(flach werden)* to flatten [*or* level] out; *(seicht werden) Wasser* to become shallow
② *(fig: oberflächlich werden)* to become superficial [*or* trivial]
III. *vr (flacher werden)* ■**sich** *akk* ~ to flatten
Ver·fla·chung [fɛɐ̯ˈflaxʊŋ] *f kein pl* dumbing down
ver·flech·ten* *vt irreg* ■**etw** **[miteinander]** ~ to interweave [*or* intertwine] sth
Ver·flech·tung <-, -en> *f* interconnection; POL, FIN integration
Ver·flech·tungs·bi·lanz *f* ÖKON interlacing balance
ver·flie·gen* *irreg* **I.** *vi sein* ① *(schwinden) Zorn* to pass; *Heimweh, Kummer* to vanish
② *(sich verflüchtigen)* to evaporate
II. *vr haben* ■**sich** *akk* ~ *Pilot* to lose one's bearings; *Flugzeug* to stray off course
ver·flie·ßen* *vi irreg sein* ① *(verschwimmen)* to merge [*or* blend]
② *(geh: vergehen)* to go by, to pass; ***die Tage und Wochen verflossen*** the days and weeks went by
ver·flixt [fɛɐ̯ˈflɪkst] **I.** *adj (fam)* ① *(verdammt)* damn[ed] *fam*, blasted *fam*; ***der ~e Schlüssel will nicht ins Schloss gehen!*** the blasted key won't go into the lock!
② *(ärgerlich)* unpleasant; *s. a.* **Jahr**
II. *adv (fam: ziemlich)* damn[ed] *fam*; ***diese Matheaufgabe ist ~ schwer*** this maths exercise is damned difficult
III. *interj (fam: verdammt)* blast [it]! *fam*
ver·flos·sen *adj* ① *(veraltet geh: vergangen)* past; **in den ~en Jahren** in past years; **in den ~en Tagen** these past days
② *(fam: frühere)* former; **eine ~e Freundin** a former [*or* an ex-] girlfriend
Ver·flos·se·ne(r) *f(m) dekl wie adj (fam)* ■**jds** ~ sb's ex- [*or* former] husband/girlfriend etc.
ver·flu·chen* *vt* ■**jdn/etw** ~ to curse sb/sth
ver·flucht **I.** *adj (fam: verdammt)* damn[ed] *fam*, bloody BRIT *fam*; ***jetzt ist dieser ~e Computer schon wieder kaputt!*** this damned computer has broken down again now!
II. *adv (fam: äußerst)* damn[ed] *fam*; ***gestern war es ~ kalt*** it was damned cold yesterday
III. *interj (fam: verdammt)* damn!
ver·flüch·ti·gen* [fɛɐ̯ˈflʏçtɪɡn̩] *vr* ■**sich** *akk* ~ ① *(sich in Luft auflösen)* to evaporate
② *(hum fam: sich davonmachen)* to disappear
►WENDUNGEN: **sich** *akk* **verflüchtigt haben** *(hum fam)* to have disappeared *hum*
ver·flüs·si·gen* [fɛɐ̯ˈflʏsɪɡn̩] **I.** *vt* ■**etw** ~ ① *(flüssig machen)* to liquefy [*or* liquify] sth; ■**verflüssigt** liquefied
② *(hydrieren)* to hydrogenate sth
II. *vr* ■**sich** *akk* ~ *(flüssig werden)* to liquefy [*or* liquify], to become liquid
Ver·flüs·si·gung <-, -en> *f* TECH, CHEM ① *(das Verflüssigen)* liquefaction
② *(Hydrierung)* hydrogenation
ver·folg·bar *adj* JUR actionable; **gerichtlich** ~ actionable; **strafrechtlich** ~ indictable
ver·fol·gen* *vt* ① *(nachsetzen)* ■**jdn** ~ to follow sb
② *(nachgehen)* **eine Spur/einen Weg/eine Diskussion** ~ to follow a lead/a way/ a discussion
③ *(politisch drangsalieren)* ■**jdn** ~ to persecute sb
④ *(zu erreichen suchen)* ■**etw [mit etw** *dat*] ~ to pursue sth [with sth]; **eine Absicht** ~ to have sth in mind; **eine Laufbahn** ~ to pursue a career
⑤ JUR *(gegen etw vorgehen)* ■**etw [irgendwie]** ~ to prosecute sth [in a certain way]; **jdn gerichtlich** ~ to institute legal proceedings against sb; **jdn strafrechtlich** ~ to prosecute sb; ***jeder Ladendiebstahl wird von uns verfolgt*** shoplifters will be prosecuted
⑥ *(belasten)* ■**jdn** ~ to dog sb; **vom Unglück/Pech verfolgt sein** to be dogged by ill fortune/bad luck
Ver·fol·ger(in) <-s, -> *m(f)* pursuer
Ver·folg·te(r) [fɛɐ̯ˈfɔlktə, -tɐ] *f(m) dekl wie adj* victim of persecution
Ver·fol·gung <-, -en> *f* ① *(das Verfolgen)* pursuit *no pl, no indef art*; **die ~ der Flüchtigen** the pursuit of the fugitives; **die ~ [von jdm] aufnehmen** to start in pursuit [of sb], to take up the chase
② *(politische Drangsalierung)* persecution *no pl, no indef art*; **die ~ der Juden** the persecution of the Jews
③ *kein pl (Bezweckung)* pursuance *no pl, no indef art form*; **die ~ verfassungsfeindlicher Ziele** the pursuance of anti-constitutional objectives
④ JUR *(durch Gericht)* prosecution; **strafrechtliche** ~ criminal prosecution; **sich** *akk* **der gerichtlichen ~ entziehen** to evade justice
Ver·fol·gungs·jagd *f* pursuit, chase **Ver·fol·gungs·kam·pa·gne** *f* JUR a campaign of pursuit **Ver·fol·gungs·recht** *nt* JUR right of stoppage in transitu **Ver·fol·gungs·ren·nen** *nt* SPORT *im Radsport* pursuit race **Ver·fol·gungs·ver·jäh·rung** *f* JUR limitation of prosecution **Ver·fol·gungs·wahn** *m* PSYCH persecution mania
ver·for·men* **I.** *vt* ■**etw** ~ to distort sth
II. *vr* ■**sich** *akk* ~ to become distorted, to go out of shape
Ver·for·mung *f* ① *(das Verformen)* distortion
② *(verformte Stelle)* distortion
ver·frach·ten* [fɛɐ̯ˈfraxtn̩] *vt* ① *(fam: bringen)* ■**jdn [irgendwohin]** ~ to bundle sb off [somewhere]; **jdn ins Bett** ~ to bundle sb off to bed; ■**etw [irgendwohin]** ~ to put sth somewhere
② ÖKON ■**etw** ~ to ship [*or* transport] sth
Ver·frach·ter(in) <-s, -> *m(f)* HANDEL shipper, transport agent, carrier, consignor; ~ **und Befrachter** owner and charterer
Ver·frach·tung <-, -en> *f* carriage of goods
ver·fran·zen* *vr (fam)* ■**sich** *akk* ~ ① *(sich verirren)* to lose one's way
② LUFT *(sich verfliegen)* to lose one's bearings, to stray off course
ver·frem·den* *vt* ■**etw** ~ to make sth [appear] unfamiliar
Ver·frem·dung <-, -en> *f* LIT, THEAT alienation
Ver·frem·dungs·ef·fekt *m* LIT alienation effect
ver·fres·sen *adj (pej sl)* [piggishly] greedy *pej*
Ver·fres·sen·heit <-> *f kein pl (pej sl)* [piggish] greediness *no pl pej*
ver·frü·hen* [fɛɐ̯ˈfryːən] *vr* ■**sich** *akk* ~ to arrive too early
ver·früht *adj* premature; **eine ~e Steuererhöhung** a premature rise in taxes *pl*; **etw für ~ halten** to consider sth to be premature
ver·füg·bar *adj* ① *(vorhanden)* available
② ÖKON available; **frei** ~ uncommitted; **~es persönliches Einkommen** disposable personal income; **~e Menge** on-hand quantity; **~er Reingewinn** available surplus
ver·fu·gen* *vt* ■**etw** ~ *Mauer, Wand* to point sth; *Fliesen* to grout sth
ver·fü·gen* **I.** *vi* ① *(besitzen)* ■**über etw** *akk* ~ to have sth at one's disposal; ***wir ~ nicht über die nötigen Mittel*** we don't have the necessary resources at our disposal; ■**über etw** *akk* **[frei] ~ können** to be able to do as one wants with sth
② *(bestimmen)* ■**über jdn** ~ to be in charge of sb; ~ **Sie über mich!** I am at your disposal!
II. *vt* ADMIN *(behördlich anordnen)* ■**etw** ~ to order sth; ■~, **dass** to order that
Ver·fü·gung <-, -en> *f* ① JUR *(behördliche Anordnung)* decree, order, instruction; **einstweilige** ~ temporary injunction; **gerichtliche** ~ court order; **letztwillige** ~ last will and testament; **nachträgliche** ~ amending instruction; **unentgeltliche** ~ gratuitous disposition; ~ **von Todes wegen** disposition mortis causa; **eine ~ beantragen** to petition for an order, to seek an injunction; **einstweilige** ~ JUR [temporary] injunction; **eine einstweilige ~ aufheben** to reverse an injunction
② *(Disposition)* ■**etw zur ~ haben** to have sth at one's disposal; ■**sich** *akk* **zu jds ~ halten** to be available to sb; ***halten Sie sich bitte weiterhin zur ~*** please continue to be available; ■**[für etw** *akk*] **zur ~ stehen** to be available [for sth]; ■**jdm zur ~ stehen** to be available to sb; ■**zu jds** [*o* **jdm zur**] ~ **stehen** to be at sb's disposal; ■**etw zur ~ stellen** to offer to give up sth; ■**[jdm] etw zur ~ stellen** to make sth available [to sb]
Ver·fü·gungs·be·fug·nis *f* JUR power of disposition [*or* disposal] **Ver·fü·gungs·be·rech·tig·te(r)** *f(m) dekl wie adj* JUR person [*or* party] entitled to dispose **Ver·fü·gungs·be·rech·ti·gung** *f* JUR power of disposition, authority to dispose; **absolute** ~ outright disposition **Ver·fü·gungs·be·schrän·kung** *f* JUR restraint on disposal **Ver·fü·gungs·frei·heit** *f kein pl* HANDEL discretionary power[s] **Ver·fü·gungs·ge·walt** *f* JUR *(geh)* power of disposal; ■**die** [*o* **jds**] ~ **[über etw** *akk*] the [*or* sb's] power to use sth **Ver·fü·gungs·kre·dit** *m* revolving credit **Ver·fü·gungs·macht** *f* JUR *s.* **Verfügungsberechtigung** **Ver·fü·gungs·rah·men** *m* FIN cash limit, maximum available funds *pl* **Ver·fü·gungs·recht** *nt* JUR right of disposition [*or* disposal]; **alleiniges** ~ sole right of disposition; ~ **über etw haben** to be entitled to dispose of sth **Ver·fü·gungs·ver·bot** *nt* JUR restraint on disposition, garnishee order
ver·füh·ren* *vt* ① *(verleiten)* ■**jdn [zu etw** *dat*] ~ to entice sb [into doing sth]; ■**jdn** ~ *(sexuell)* to seduce sb
② *(hum: verlocken)* ■**jdn zu etw** *dat* ~ to tempt sb to sth
Ver·füh·rer(in) *m(f)* seducer *masc*, seductress *fem*
ver·füh·re·risch [fɛɐ̯ˈfyːrərɪʃ] *adj* ① *(verlockend)* tempting; **ein ~es Angebot** a tempting offer; ***das riecht aber ~!*** that smells tempting!
② *(aufreizend)* seductive; ~ **angezogen** seductively dressed
Ver·füh·rung *f* ① *(Verleitung)* seduction; ~ **Minderjähriger** JUR seduction of minors
② *(Verlockung)* temptation
ver·fuhr·wer·ken* *vt* SCHWEIZ, SÜDD *(verpfuschen)* ■**etw** ~ to bungle [*or* botch] sth
ver·fül·len* *vt* BAU ■**etw** ~ to backfill sth
ver·fünf·fa·chen* **I.** *vt* ■**etw** ~ to increase sth fivefold
II. *vr* ■**sich** *akk* ~ to increase fivefold
ver·füt·tern* *vt* ■**etw [an Tiere]** ~ to feed sth [to animals]
Ver·füt·te·rung [fɛɐ̯ˈfʏtərʊŋ] *f* AGR feeding (**von** +*dat* of)
Ver·ga·be [fɛɐ̯ˈɡaːbə] *f von Arbeit, Studienplätzen* allocation; *eines Auftrags, Preises, Stipendiums* award
Ver·ga·be·be·din·gun·gen *pl* HANDEL bidding [*or* award] conditions **Ver·ga·be·kri·te·ri·um** *nt für Bürgschaften, Kredite etc.* allocation criterion, cri-

V

terion for awarding **Ver·ga·be·pra·xis** *f* allocation system **Ver·ga·be·richt·li·nie** *f bei Bürgschaften, Krediten etc.* guideline for awarding [*or* allocating] **Ver·ga·be·richt·li·ni·en** *pl* HANDEL contract award regulations **Ver·ga·be·ver·fah·ren** *nt* HANDEL contract awarding procedure

ver·gack·ei·ern* [fɛɐ̯ˈgakʔaiɐn] *vt (fam)* ■**jdn** ~ to pull sb's leg

ver·gäl·len* [fɛɐ̯ˈgɛlən] *vt* ① *(verderben)* ■[**jdm**] **etw** ~ to spoil [sb's] sth
② SCI *(ungenießbar machen)* ■**etw** ~ to denature sth

ver·ga·lop·pie·ren* *vr (fam: sich irren)* ■**sich** *akk* ~ to be on the wrong track

ver·gam·meln* I. *vi sein (fam) Wurst, Essen* to go bad [*or* BRIT *fam* off]; *Brot, Käse* to go stale; ■**vergammelt** bad, stale
II. *vt haben (fam: müßig zubringen)* ■**etw** ~ to idle away sth *sep*

ver·gam·melt <-er, -este> *adj (fam o pej)* scruffy, tatty; *(Auto)* decrepit

ver·gan·gen *adj* past, former

Ver·gan·gen·heit <-, -en> [fɛɐ̯ˈgaŋənhait] *f pl selten* ① *kein pl (Vergangenes)* past; **die jüngste** ~ the recent past; **der** ~ **angehören** to belong to the past
② *(bisheriges Leben)* ■**jds** ~ sb's past; **eine bewegte** ~ **haben** to have an eventful past
③ LING *(Präteritum)* past [tense]

Ver·gan·gen·heits·be·wäl·ti·gung *f* coming to terms with the past

ver·gäng·lich [fɛɐ̯ˈgɛŋlɪç] *adj* transient, transitory

Ver·gäng·lich·keit <-> *f kein pl* transience *no pl*, transitoriness *no pl*

Ver·gä·rung [fɛɐ̯ˈgɛːrʊŋ] *f* fermentation

ver·ga·sen* *vt* ① *(durch Giftgas umbringen)* ■**jdn/Tiere** ~ to gas sb/animals
② TECH *(zu Gas transformieren)* ■**etw** ~ to gasify sth

Ver·ga·ser <-s, -> *m* AUTO carburettor, carburetor AM

Ver·ga·ser·ein·stel·lung *f* TECH adjustment to a/the carburettor [*or* AM carburetor] [*or sl* carb] **Ver·ga·ser·mo·tor** *m* AUTO carburetor engine

ver·gaß [fɛɐ̯ˈgaːs] *imp von* **vergessen**

Ver·ga·sung <-, -en> *f* ① *(Tötung durch Giftgas)* gassing
② TECH *(Transformierung in Gas)* gasification
▸WENDUNGEN: **bis zur** ~ *(fam)* ad nauseam; ***wir mussten bis zur ~ Gedichte lernen*** we had to learn poems ad nauseam

ver·gat·tern* [fɛɐ̯ˈgatɐn] *vt* ① *(mit einem Gatter umgeben)* ■**etw** ~ to fence in *sep* sth
② *(fam: zwingen)* ■**jdn zu etw** *dat* ~ to rope in *sep* sb to do sth

ver·ge·ben* *irreg* I. *vi (verzeihen)* ■[**jdm**] ~ to forgive [sb]
II. *vt* ① *(geh: verzeihen)* ■[**jdm**] **etw** ~ to forgive [sb] sth; ■~, **dass** to forgive sb for; ***ich habe ihm ~, dass er meinen Geburtstag vergessen hat*** I've forgiven him for forgetting my birthday; ***das alles ist doch ~ und vergessen*** all that has been forgiven and forgotten
② *(in Auftrag geben)* ■**etw** [**an jdn**] ~ to award [*or* allocate] sth [to sb]; ***haben Sie den Auftrag bereits ~?*** have you already awarded the contract?
③ *(verleihen)* ■**etw** [**an jdn**] ~ to award sth [to sb]; ***der Nobelpreis wird für herausragende Leistungen ~*** the Nobel Prize is awarded for outstanding achievements
④ *(zuteilen)* ■**etw** [**an jdn**] ~ to allocate sth [to sb]; ***tut mir leid, die vorderen Plätze sind schon alle ~*** sorry, all the front seats have already been allocated; **zu** ~ to be allocated
⑤ *(verpassen)* ■**etw** ~ to miss sth; **eine Chance/eine Möglichkeit** ~ to pass up *sep* an opportunity
▸WENDUNGEN: **bereits** [*o* **schon**] ~ **sein** *(liiert)* to be already spoken for; *(geschäftlicher Termin)* to be booked up; ***die ganze nächste Woche bin ich bereits ~*** I'm booked up for the whole of next week; **sich** *dat* **nichts** ~, **wenn ...** not to lose face, if ...; **was vergibst du dir** [**schon**] ~, **wenn ...** what have you got to lose, if ...

ver·ge·bens [fɛɐ̯ˈgeːbn̩s] I. *adj pred* in vain *pred*, to no avail *pred*
II. *adv s.* **vergeblich**

ver·geb·lich [fɛɐ̯ˈgeːplɪç] I. *adj (erfolglos bleibend)* futile; **ein ~er Versuch** a futile attempt
II. *adv (umsonst)* in vain; ***Sie warten ~, der Bus ist schon weg*** you're waiting in vain, the bus has already gone

Ver·geb·lich·keit <-> *f kein pl* futility *no pl*, *no indef art*

Ver·ge·bung <-, -en> *f* forgiveness *no pl*, *no indef art;* [**jdn**] **um** ~ [**für etw** *akk*] **bitten** to ask for [sb's] forgiveness [for sth]; **ich bitte um ~!** *(geh)* I do apologize!; **die** ~ **der Sünden** REL the forgiveness of sins, absolution

ver·ge·gen·wär·ti·gen* [fɛɐ̯ˈgeːgn̩vɛrtɪgn̩] *vt (sich klarmachen)* ■**sich** *dat* **etw** ~ to realize sth; ■**sich** *dat* ~, **dass** [*o* **was**] ... to realize that [*or* what] ...

ver·ge·hen* [fɛɐ̯ˈgeːən] *irreg* I. *vi sein* ① *(verstreichen)* to go by, to pass
② *(schwinden)* to wear off; ***igitt! da vergeht einem ja gleich der Appetit*** yuk! it's enough to make you lose your appetite
③ *(sich zermürben)* ■[**vor etw** *dat*] ~ to die [*or* be dying] [of sth]; **vor Scham/Hunger/Sehnsucht** ~ to die of shame/be dying of hunger/pine away
II. *vr haben* ① *(an jdm eine Sexualstraftat begehen)* ■**sich** *akk* [**an jdm**] ~ to indecently assault sb
② *(verstoßen)* ■**sich** *akk* [**gegen etw** *akk*] ~ to violate sth; *s. a.* **Lachen**

Ver·ge·hen <-s, -> [fɛɐ̯ˈgeːən] *nt* offence [*or* AM -se], misdemeanour [*or* AM -or] *spec;* **anzeigepflichtiges** ~ JUR notifiable offence

ver·gei·gen* *vt (fam)* ■**etw** ~ to bungle sth

ver·geis·ti·gen* [fɛɐ̯ˈgaistɪgn̩] *vt* ■**etw** ~ to spiritualize sth

ver·geis·tigt *adj* spiritual

ver·gels·tern [fɛɐ̯ˈgɛlstɐn] *vt* SCHWEIZ *(einschüchtern)* ■**jdn** ~ to intimidate sb

ver·gel·ten* *vt irreg* ① *(lohnen)* ■[**jdm**] **etw** [**irgendwie**] ~ to repay sb for sth [in a certain way]; ***wie kann ich Ihnen das nur ~?*** how can I ever repay you?
② *(heimzahlen)* ■[**jdm**] **etw** [**mit etw** *dat*] ~ to repay sth [with sth]; *s. a.* **Gott**

Ver·gel·tung <-, -en> *f (Rache)* revenge; ~ [**für etw** *akk*] **üben** to take revenge [for sth], to carry out an act of retaliation [for sth]

Ver·gel·tungs·an·griff *m* retaliatory strike **Ver·gel·tungs·maß·nah·me** *f* reprisal **Ver·gel·tungs·schlag** *m* retaliatory strike

ver·ge·sell·schaf·ten* [fɛɐ̯gəˈzɛlʃaftn̩] *vt s.* **verstaatlichen**

Ver·ge·sell·schaf·tung *f s.* **Verstaatlichung**

ver·ges·sen <vergisst, vergaß, vergessen> [fɛɐ̯ˈgɛsn̩] I. *vt* ① *(aus dem Gedächtnis verlieren)* ■**etw/jdn** ~ to forget sth/sb; **jd wird jdm etw nie** [*o* **nicht**] ~ sb will never [*or* not] forget sb's sth, sb will never forget what sb did; ***das werde ich ihm nicht ~, das zahle ich ihm heim*** I won't forget what he did, I'll pay him back for that; **dass ich es nicht vergesse, ehe ich es vergesse** before I forget; **nicht zu ~ ...** not forgetting; ***vergessen wir das!*** let's just forget it!; ***schon vergessen!*** never mind!
② *(nicht an die Ausführung von etw denken)* ■**etw** ~ to forget sth; ■~, **etw zu tun** to forget to do sth
③ *(liegen lassen)* ■**etw** [**irgendwo**] ~ to leave sth behind [somewhere]
④ *(nicht mehr bekannt sein)* ■**etw ist** ~ sth has been forgotten
II. *vr (die Selbstbeherrschung verlieren)* ■**sich** *akk* ~ to forget oneself
III. *adj* SCHWEIZ ~ **gehen** *(in Vergessenheit geraten)* to fall [*or* sink] into oblivion

Ver·ges·sen·heit <-> *f kein pl* oblivion *no pl*, *no art;* **in ~ geraten** to be forgotten, to fall [*or* sink] into oblivion

ver·gess·lichRR, **ver·geß·lich**ALT [fɛɐ̯ˈgɛslɪç] *adj* forgetful; ■~ **sein** [*o* **werden**] to be [*or* become] forgetful

Ver·gess·lich·keitRR <-> *f kein pl* forgetfulness *no pl;* ■**jds** ~ sb's forgetfulness

ver·geu·den* [fɛɐ̯ˈgɔydn̩] *vt* ■**etw** ~ to waste [*or* squander] sth; *s. a.* **Zeit**

Ver·geu·dung <-, -en> *f* waste *no pl*, squandering *no pl*

ver·ge·wal·ti·gen* [fɛɐ̯gəˈvaltɪgn̩] *vt* ① *(zum Geschlechtsverkehr zwingen)* ■**jdn** ~ to rape sb
② *(einem fremden Willen unterwerfen)* **eine Kultur/Traditionen** ~ to oppress a culture/traditions; **die Sprache** ~ to murder the language

Ver·ge·wal·ti·gung <-, -en> *f* ① *(das Vergewaltigen)* rape
② *(Unterwerfung unter einen fremden Willen)* oppression *no pl*

ver·ge·wis·sern* [fɛɐ̯gəˈvɪsɐn] *vr* ■**sich** *akk* [**einer S.** *gen*] ~ to make sure [of a thing]; ***wir sollten uns der Zustimmung der Geschäftsleitung ~*** we ought to make sure that we have the agreement of the management; ■**sich** *akk* ~, **dass** [*o* **ob**] **etw geschehen ist** to make sure that sth has happened

ver·gie·ßen* *vt irreg* ■**etw** ~ ① *(versehentlich danebengießen)* to spill sth
② *(als Körperflüssigkeit verlieren)* **Tränen** ~ to shed tears
③ BAU to grout sth; *s. a.* **Blut**

ver·gif·ten* I. *vt* ① *(durch Gift töten)* ■**jdn/ein Tier** ~ to poison sb/an animal; ■**sich** *akk* ~ to poison oneself
② *(giftig machen)* ■**etw** ~ to poison sth; ■[**mit etw** *dat*] **vergiftet** poisoned [with sth]; **mit Kurare vergiftete Pfeile** arrows poisoned with curare
II. *vr (sich eine Vergiftung zuziehen)* ■**sich** *akk* [**an etw** *dat* [*o* **durch etw** *akk*]] ~ to be poisoned [by sth]

Ver·gif·tung <-, -en> *f* ① *kein pl (das Vergiften)* poisoning *no pl*, *no indef art*
② MED poisoning *no pl*, *no indef art*, intoxication *no pl*, *no indef art spec*, toxicosis *no pl*, *no indef art spec*
③ ÖKOL pollution *no pl*, *no indef art*

ver·gil·ben* *vi sein* to turn yellow

ver·gilbt *adj Foto, Papier* yellowed

Ver·giss·mein·nichtRR, **Ver·giß·mein·nicht**ALT <-[e]s, -[e]> [fɛɐ̯ˈgɪsmainnɪçt] *nt* BOT forget-me-not

ver·gisstRR, **ver·gißt**ALT [fɛɐ̯ˈgɪst] *3. pers. pres von* **vergessen**

ver·git·tern* *vt* ■**etw** ~ to put a grill[e] on [*or* over] sth; **vergitterte Fenster** barred windows

Ver·git·te·rung <-, -en> *f* ① *kein pl (das Vergittern)* putting bars *pl* [*or* a grill[e]] on
② *(Gitter)* grill[e], grating; *(Stangen)* bars *pl*

ver·gla·sen* *vt* ■**etw** ~ to glaze sth; ■**verglast** glazed

Ver·gla·sung <-, -en> *f* ① *kein pl (das Verglasen)* glazing *no pl*, *no indef art*
② *(verglaste Fläche)* panes *pl* of glass

Ver·gleich <-[e]s, -e> [fɛɐ̯ˈglaiç] *m* ① *(vergleichende Gegenüberstellung)* comparison; ■~ **mit etw** *dat* comparison with sth; **ein schiefer** ~ an inappropriate [*or* poor] [*or* false] comparison; **den** ~ [**mit etw** *dat*] **aushalten, dem** ~ [**mit etw** *dat*] **standhalten** to bear [*or* stand] comparison [with sth]; **jeden** ~ **aushalten** to bear [*or* stand] every comparison; **einen** ~ **machen** to make [*or* draw] a comparison; **in keinem** ~ [**zu etw** *dat*] **stehen** to be out of all proportion [to sth]; **im** ~ [**zu** [*o* **mit**] **jdm/etw**] in comparison [with sb/sth], compared with [*or* to] sb/sth
② JUR *(Einigung)* settlement, compromise; **außergerichtlicher/gerichtlicher** ~ out-of-court/court settlement; **einen gütlichen** ~ **schließen** to reach an amicable settlement
▸WENDUNGEN: **der** ~ **hinkt** that's a poor [*or* weak] comparison

ver·gleich·bar *adj* comparable; ■[**mit etw** *dat*] ~ **sein** to be comparable [to [*or* with] sth]; ■[**voll** [**miteinander**]] ~ **sein** to be [fully] comparable [with each other], to be [totally] alike; ***ich kenne nichts***

V~ es I know nothing comparable [*or* to compare]; **~es Vorjahresergebnis** ÖKON comparable year-end figures

Ver·gleich·bar·keit <-> *f kein pl* comparability *no pl*

ver·glei·chen* *irreg* **I.** *vt* ① *(prüfend gegeneinander abwägen)* ■ **[miteinander] ~** to compare things [with each other]; ***ich vergleiche die Preise immer genau*** I always compare prices very carefully; ■ **jdn [mit jdm] ~** to compare sb with sb; ■ **etw [mit etw** *dat*] **~** to compare sth [with sth]; **verglichen mit** compared with [*or* to]; ***vergleiche S. 102*** compare p. 102

② *(durch etw bezeichnen)* ■ **jdn/etw [mit etw** *dat*] **~** to compare sb/sth with sth, to liken sb/sth to sth

II. *vr* ■ **sich** *akk* **[mit jdm] ~** ① *(sich gleichsetzen)* to compare oneself with sb

② JUR *(einen Vergleich schließen)* to reach a settlement [*or* to settle] [with sb]

ver·glei·chend *adj* comparative; **die ~e Sprachwissenschaft** comparative linguistics + *sing vb;* **eine ~e Überprüfung** a comparative evaluation; **~e Werbung** comparative advertising

Ver·gleichs·ab·kom·men *nt* JUR composition deed, arrangement **Ver·gleichs·ab·schluss**^RR^ *m* JUR composition, arrangement **Ver·gleichs·an·trag** *m* JUR petition for composition; **einen ~ stellen** to file a petition for composition **Ver·gleichs·be·din·gun·gen** *pl* terms of composition **Ver·gleichs·bi·lanz** *f* FIN comparative balance sheet **Ver·gleichs·er·öff·nung** *f* JUR institution [*or* opening] of composition proceedings **Ver·gleichs·ge·bühr** *f* JUR counsel's fee for negotiating a settlement **Ver·gleichs·ge·richt** *nt* JUR court of composition proceedings **Ver·gleichs·gläu·bi·ger(in)** *m(f)* JUR creditor in composition proceedings **Ver·gleichs·grund·la·ge** *f* basis of comparison **Ver·gleichs·grup·pe** *f* control group **Ver·gleichs·jahr** *nt* ÖKON base year, year of comparison **Ver·gleichs·kal·ku·la·ti·on** *f* FIN comparative costing **Ver·gleichs·maß·stab** *m* comparative rule **Ver·gleichs·mie·te** *f* **ortsübliche ~** local comparative rent **Ver·gleichs·mie·ten·sys·tem** *nt* comparative rent system

Ver·gleichs·ord·nung *f* ① JUR Court Composition Law ② FIN composition [*or* insolvency] rules *pl*, rules *pl* of arrangement **Ver·gleichs·preis** *m* HANDEL comparative price **Ver·gleichs·re·ge·lung** *f* JUR composition settlement, scheme of arrangement **Ver·gleichs·sta·tus** *m* JUR statement of affairs **Ver·gleichs·test** *m* ÖKON [comparative] test, comparison **Ver·gleichs·ver·fah·ren** *nt* JUR composition [*or* insolvency] proceedings *pl*, scheme of arrangement, Chapter 11 receivership AM **Ver·gleichs·ver·trag** *m* JUR deed of arrangement **Ver·gleichs·ver·wal·ter(in)** *m(f)* JUR trustee under a deed of arrangement **Ver·gleichs·vor·schlag** *m* JUR proposed arrangement

ver·gleichs·wei·se *adv* comparatively; ***das ist ~ wenig/viel*** that is a little/a lot in comparison

Ver·gleichs·wert *m* FIN comparative value **Ver·gleichs·zahl** *f meist pl* comparative figure *usu pl* **Ver·gleichs·zeit·raum** *m* HANDEL given period

ver·glim·men* *vi irreg sein (geh)* to [die down and] go out

ver·glü·hen* *vi sein* ① *(verglimmen)* to die away ② *(weiß glühend werden und zerfallen)* to burn up; ***fast alle Meteoriten ~ in der Erdatmosphäre*** nearly all meteorites burn up in the earth's atmosphere

ver·gnatzt [fɛɐ̯ˈgnatst] *adj* DIAL *(verärgert)* annoyed

ver·gnü·gen* [fɛɐ̯ˈgnyːgn̩] **I.** *vr* ■ **sich** *akk* **[mit jdm/etw] ~** to amuse oneself [with sb/sth], to enjoy oneself

II. *vt (belustigen)* ■ **etw vergnügt jdn** sth amuses sb

Ver·gnü·gen <-s, -> [fɛɐ̯ˈgnyːgn̩] *nt (Freude)* enjoyment *no pl; (Genuss)* pleasure *no pl;* **ein teures** [*o* **kein billiges**] **~ sein** *(fam)* to be an expensive [*or* not a cheap] way of enjoying oneself [*or* form of entertainment] [*or* bit of fun]; **ein zweifelhaftes ~** a dubious pleasure; **~ [an etw** *dat*] **finden** to find pleasure in sth; **~ daran finden, etw zu tun** to find pleasure in doing sth; **[jdm] ein ~ sein, etw zu tun** to be a pleasure [for sb] to do sth; **es ist** [*o* **war**] **mir ein ~** it is [*or* was] a pleasure; **kein [reines]** [*o* **nicht gerade ein**] **~ sein, etw zu tun** to not be exactly a pleasure doing sth; **[jdm] ~ machen** [*o geh* **bereiten**] to give sb pleasure; **[jdm] ~ machen** [*o geh* **bereiten**], **etw zu tun** to give sb pleasure doing sth; **sich** *dat* **ein ~ daraus machen, etw zu tun** to find pleasure in doing sth; **mit [bestimmtem] ~** with [a certain] pleasure; **mit großem ~** with great pleasure; **mit größtem ~** with the greatest of pleasure

▸ WENDUNGEN: **mit wem habe ich das ~?** *(geh)* with whom do I have the pleasure of speaking? *form;* **hinein ins ~!** *(fam)* let's start enjoying ourselves!; **sich** *akk* **ins ~ stürzen** *(fam)* to join the fun; **viel ~!** have a good time!; **[na dann] viel ~!** *(iron)* have fun [then]! *iron*

ver·gnüg·lich [fɛɐ̯ˈgnyːklɪç] *adj (geh)* enjoyable, pleasurable; **ein ~er Abend** an enjoyable evening

ver·gnügt [fɛɐ̯ˈgnyːkt] **I.** *adj* happy, cheerful; **ein ~es Gesicht** a cheerful face; ■ **~ [über etw** *akk*] **sein** to be happy [about sth]

II. *adv* happily, cheerfully

Ver·gnü·gung <-, -en> *f* pleasure

Ver·gnü·gungs·damp·fer *m* pleasure steamer **Ver·gnü·gungs·in·dust·rie** *f* entertainment industry **Ver·gnü·gungs·park** *m* amusement [*or* entertainment] park **Ver·gnü·gungs·rei·se** *f* pleasure trip **Ver·gnü·gungs·steu·er** *f* entertainment tax **Ver·gnü·gungs·sucht** *f* craving for pleasure **ver·gnü·gungs·süch·tig** *adj* pleasure-seeking **Ver·gnü·gungs·vier·tel** *nt* entertainment quarter

ver·gol·den* [fɛɐ̯ˈgɔldn̩] *vt* ① *(mit einer Goldschicht überziehen)* **ein Schmuckstück ~** to gold-plate a piece of jewellery [*or* AM jewelery]; **einen Bilderrahmen ~** to gild a picture frame; **ein vergoldetes Schmuckstück** a gold-plated piece of jewellery; **ein vergoldeter Bilderrahmen** a gilded picture frame; ■ **etw ist vergoldet** sth is gold-plated [*or* gilded]

② *(mit goldener Farbe überziehen)* ■ **etw ~** to paint sth gold

③ *(fam: gut bezahlen)* ■ **[jdm] etw ~** to reward sb for sth; ■ **[sich** *dat*] **etw ~ lassen** to put a price on sth; ***na, wenn die mich schon loswerden wollen, dann werde ich mir meinen Weggang wenigstens ~ lassen*** well, if they want to get rid of me, then at least my departure is going to cost them

ver·gön·nen* *vt* ① *(geh: gewähren)* ■ **jdm etw ~** to grant sb sth; ***du vergönnst einem keinen Moment Ruhe!*** you don't grant a person a single moment's peace!; ■ **[jdm] vergönnt sein** to be granted [to sb]; ***vielleicht sind mir in drei Monaten ein paar Tage Urlaub vergönnt*** perhaps in three months I will be granted a few days holiday; ■ **[jdm] vergönnt sein, etw zu tun** to be granted to sb to do sth

② SCHWEIZ *(nicht gönnen)* ■ **[jdm] etw ~** to begrudge sb sth; ***die neidischen Kollegen vergönnten ihr den Erfolg*** her envious colleagues begrudged her her success

ver·göt·tern* [fɛɐ̯ˈgœtɐn] *vt* ■ **jdn ~** to idolize sb

ver·gött·li·chen* [fɛɐ̯ˈgœtlɪçn̩] *vt* ■ **jdn ~** to deify sb

Ver·gött·li·chung <-, -en> *f* idolization

ver·gra·ben* *irreg* **I.** *vt* ■ **etw ~** to bury sth

II. *vr* ① *(sich ganz zurückziehen)* ■ **sich** *akk* **~** to hide oneself away

② *(sich intensivst mit etw beschäftigen)* ■ **sich** *akk* **[in etw** *akk*] **~** to bury oneself in sth; ***wenn sie Kummer hat, vergräbt sie sich in ihre Arbeit*** if she has a problem, she buries herself in her work

ver·grä·men* *vt* ■ **jdn ~** to antagonize sb

ver·grämt *adj* troubled; **eine ~e Miene** a troubled expression

ver·grät·zen* [fɛɐ̯ˈgrɛtsn̩] *vt (fam)* ■ **jdn ~** to vex sb

ver·grau·len* *vt (fam)* ■ **jdn ~** to scare sb away [*or* off]

ver·grei·fen* *vr irreg* ① *(stehlen)* ■ **sich** *akk* **[an etw** *dat*] **~** to misappropriate sth *form,* to steal sth [*or* BRIT *fam* pinch]

② *(Gewalt antun)* ■ **sich** *akk* **[an jdm] ~** to assault sb; *(geschlechtlich missbrauchen)* to indecently assault sb

③ *(sich unpassend ausdrücken)* ■ **sich** *akk* **[in etw** *dat*] **~** to adopt the wrong approach; ***Sie ~ sich im Ton!*** that's the wrong tone to adopt with me!

④ MUS ■ **sich** *akk* **~** to play a wrong note

⑤ *(fam: sich befassen)* ■ **sich** *akk* **an etw** *dat* **~** to touch sth; ***ohne Anweisung werde ich mich nicht an dem neuen Computer ~*** I won't touch the new computer without [some] instruction

ver·grei·sen* [fɛɐ̯ˈgraizn̩] *vi sein* ① *(senil werden)* to become senile

② SOZIOL *Bevölkerung* to age

Ver·grei·sung <-> *f kein pl* ① *(das Vergreisen)* senility *no pl*

② SOZIOL ag[e]ing *no pl*

ver·grif·fen *adj Buch* out of print *pred; Ware* unavailable, sold out, out of stock

ver·grö·ßern* [fɛɐ̯ˈgrøːsɐn] **I.** *vt* ① *(in der Fläche größer machen)* ■ **etw [um etw** *akk*] **[auf etw** *akk*] **~** to extend [*or* enlarge] sth [by sth] [to sth]

② *(die Distanz erhöhen)* ■ **etw ~** to increase sth

③ *(die Zahl der Mitarbeiter erhöhen)* ■ **etw [um etw** *akk*] **[auf etw** *akk*] **~** to expand sth [by sth] [to sth]; ***ich plane, die Firma um 35 Mitarbeiter auf 275 zu ~*** I plan to expand the company by thirty-five employees to two hundred and seventy-five

④ TECH *(etw größer erscheinen lassen)* ■ **etw ~** to magnify sth

⑤ FOTO ■ **etw [auf etw** *akk*] **~** to enlarge [*or sep* blow up] sth [to sth]

⑥ MED *(anschwellen lassen)* ■ **etw ~** to enlarge sth; ***die Leber wird durch ständigen Alkoholmissbrauch vergrößert*** the liver becomes enlarged as a result of constant alcohol abuse

⑦ INFORM ■ **etw ~** to scale up sth *sep,* to zoom sth

II. *vr* ■ **sich** *akk* **~** ① MED *(anschwellen)* to become enlarged

② *(fam: eine größere Wohnung nehmen)* to move to a bigger place

③ *(fam: Familienzuwachs bekommen)* to increase in number

III. *vi (größer erscheinen lassen)* ■ **[irgendwie] ~** to magnify [by a certain amount]; ***Elektronenmikroskope ~ erheblich stärker*** electron microscopes have a considerably greater magnification

Ver·grö·ßern <-s> [fɛɐ̯ˈgrøːsɐn] *nt kein pl* ① TYPO *(Repro)* enlarging, magnifying, scaling up

② INFORM zooming

ver·grö·ßert **I.** *adj* enlarged; ***die Abbildung auf der nächsten Seite ist 25-fach ~*** the picture on the next page has been enlarged twenty-five times

II. *adv* in an enlarged format

Ver·grö·ße·rung <-, -en> *f* ① *(das Vergrößern)* enlargement, increase, expansion, magnification

② *(vergrößertes Foto)* enlargement, blow-up; *(vergrößerte Vorlage)* enlargement; **eine ~ [von etw** *dat*] **machen** to make an enlargement [of sth]; **in bestimmter ~** enlarged [*or* magnified] by a certain factor; ***in 20.000-facher ~*** enlarged by a factor of twenty thousand

③ MED *(Anschwellung)* enlargement

Ver·grö·ße·rungs·glas *m* magnifying glass **Ver·grö·ße·rungs·spie·gel** *m* magnifying mirror

ver·gu·cken* *vr (fam)* ① *(nicht richtig sehen)* ■ **sich** *akk* **~** to see wrong *fam*

② *(verlieben)* ■ **sich** *akk* **in jdn ~** to fall for sb

ver·güns·tigt [fɛɐ̯ˈgʏnstɪçt] *adj* cheaper; **etw zu einem ~en Preis kaufen** to buy sth at a reduced price

Ver·güns·ti·gung <-, -en> *f* ① *(finanzieller Vorteil)* perk; **soziale/steuerliche ~** social benefits/tax concession; **~en erhalten** to receive a preference; **~en gewähren** to grant favours

② *(Ermäßigung)* reduction, concession

Ver·guss·mas·se^RR^ *f* BAU casting compound, grout

ver·gü·ten* [fɛɐ̯ˈgyːtn̩] *vt* ① *(ersetzen)* ■ **[jdm] etw ~**

to reimburse sb for sth, to refund [sb] sth
② *(geh: bezahlen)* ■[**jdm**] **etw** ~ to pay [*or form* remunerate] sb for sth
③ TECH ■**etw** ~ *(legieren)* to temper sth; **vergüteter Stahl** tempered steel; *(beschichten)* to coat sth; **vergütete Linsen** coated lenses

Ver·gü·tung <-, -en> *f* ① *(das Ersetzen)* refunding *no pl*, reimbursement *no pl*
② *(form: Bezahlung)* payment *no pl*, remuneration *no pl form*; [**angemessene**] ~ **für Teilleistungen** adequate remuneration, quantum meruit *form*; ~ **von Überstunden** overtime pay; ~ **mit Wahl des Verhältnisses von Grundgehalt und Nebenleistungen** cafeteria system; **tarifliche** ~ agreed [or standard] pay
③ *(Geldsumme)* payment, remuneration; *(Honorar)* fee

Ver·gü·tungs·an·spruch *m* JUR right to compensation, refund entitlement **Ver·gü·tungs·grup·pe** *f* FIN pay grade **Ver·gü·tungs·pa·ket** *nt* FIN compensation package

verh. *Abk von* **verheiratet** married

ver·hack·stü·cken* [fɛɐ̯ˈhak-] *vt* *(fam)* ① *(verreißen)* ■**etw** ~ to tear sth to pieces
② NORDD *(besprechen)* ■**etw** [**mit jdm**] ~ to discuss sth [with sb]

ver·haf·ten* *vt* ■**jdn** ~ to arrest sb; **Sie sind verhaftet!** you are under arrest!, you're nicked! [*or* busted!] *sl*

Ver·haf·te·te(r) *f(m)* *dekl wie adj* person under arrest, arrested man/woman

Ver·haf·tung <-, -en> *f* arrest

Ver·haf·tungs·wel·le *f* wave of arrests

ver·ha·geln* [fɛɐ̯ˈhaːgl̩n] *vt* ① *(durch Hagel zerstören)* ■**etw** ~ *Getreide* to destroy sth by hail [*or* in a hailstorm]
② *(fig)* ■**etw** ~ *Stimmung, Geschäft* to spoil [*or* ruin]

ver·ha·gelt *adj Getreide* damaged
▶WENDUNGEN: **jdm ist die Petersilie** ~ sb is looking rather the worse for wear

ver·ha·ken* *vr* ■**sich** *akk* ~ to become entangled

ver·hal·len* *vi sein* to die away; *s. a.* **ungehört**

ver·hal·ten*[1] [fɛɐ̯ˈhaltn̩] **I.** *vr irreg* ① *(sich benehmen)* ■**sich** *akk* [**jdm gegenüber**] [**irgendwie**] ~ to behave [in a certain manner] [towards sb]
② *(beschaffen sein)* ■**sich** *akk* [**irgendwie**] ~ to be [a certain way]; ***die Sache verhält sich anders, als du denkst*** the matter is not as you think
③ CHEM *(als Eigenschaft zeigen)* ■**sich** *akk* [**irgendwie**] ~ to react [in a certain way]; ***die neue Verbindung verhält sich äußerst stabil*** the new compound reacts extremely stably
④ *(als Relation haben)* ■**sich** *akk* **zu etw** *dat* ~ to be to sth as; ***8 verhält sich zu 16 wie 16 zu 32*** eight is to sixteen as sixteen is to thirty-two
II. *vt irreg* ■**etw** ~ ① *(unterdrücken, zurückhalten)* to restrain sth; **seinen Atem** ~ to hold one's breath; **Tränen** ~ to hold back tears; **Lachen/Zorn** ~ to contain one's laughter/anger; **seine Stimme** ~ to dampen one's voice
② *(geh)* ■**den Schritt** ~ to pause [*or* stop]
III. *vi (geh)* to pause [*or* stop]

ver·hal·ten[2] [fɛɐ̯ˈhaltn̩] **I.** *adj* ① *(zurückhaltend)* restrained; ~**er Atem** bated breath; ~**e Fahrweise**/~**er Markt** cautious way of driving/cautious market; ~**e Farben/Stimmen** muted colours [*or* AM -ors]/voices; ~**er Spott** gentle mocking; ~**es Tempo** measured tempo; ~**es Wachstum** cautious growth
② *(unterdrückt)* ~**er Ärger/Zorn** suppressed anger
II. *adv* in a restrained manner; ~ **fahren** to drive cautiously

Ver·hal·ten <-s> [fɛɐ̯ˈhaltn̩] *nt kein pl* ① *(Benehmen)* behaviour [*or* AM -or] *no pl*; *(Vorgehen)* conduct; **abgestimmtes** ~ concerted action; **friedliches** ~ **der Streikposten** peaceful picketing; **gleichförmiges** ~ level [*or* parallel] behaviour; **standeswidriges** ~ **eines Anwalts** legal malpractice; **unangemessenes** ~ unreasonable behaviour
② CHEM reaction

ver·hal·tens·auf·fäl·lig *adj* PSYCH displaying behavioural [*or* AM -ioral] problems **Ver·hal·tens·auf·fäl·lig·keit** *f* PSYCH display[s] of behavioural [*or* AM -ioral] problems **Ver·hal·tens·for·schung** *f kein pl* behavioural [*or* AM -oral] research *no pl* **ver·hal·tens·ge·stört** *adj* disturbed; **ein** ~**es Kind** a disturbed child, a child with a behavioural disorder **Ver·hal·tens·ko·dex** *m* ① ÖKON *(Geschäftspraktiken)* code of conduct ② SOZIOL *(geh)* code of behaviour [*or* AM -or] **Ver·hal·tens·kon·trol·le** *f* control of conduct **Ver·hal·tens·maß·re·gel** *f meist pl* rule of conduct **Ver·hal·tens·mus·ter** *nt* behavioural pattern **Ver·hal·tens·öko·lo·gie** *f* behavioural ecology **Ver·hal·tens·richt·li·ni·en** *pl* rules of conduct **Ver·hal·tens·stö·rung** *f meist pl* behaviour disturbance **Ver·hal·tens·the·ra·pie** *f* behavioural therapy **Ver·hal·tens·wei·se** *f* behaviour [*or* AM -ior]

Ver·hält·nis <-ses, -se> [fɛɐ̯ˈhɛltnɪs] *nt* ① *(Relation)* ratio; **in keinem** ~ [**zu etw** *dat*] **stehen** to bear no relation to sth, to be out of all proportion [to sth]; **im** ~ relatively, comparatively; **im** ~ [**von etw** *dat*] [**zu etw** *dat*] in a ratio [of sth] [to sth]; **im** ~ [**zu jdm**] in comparison [with sb]; **im** ~ **zu 1966** in comparison with [*or* compared to] 1966; **vertragsähnliches** ~ JUR quasi-contractual relationship
② *(persönliche Beziehung)* ■**jds** ~ **zu jdm** sb's relationship with sb; *(Liebesverhältnis)* affair; **ein** ~ [**miteinander**] **haben** to have a relationship [with each other]; **ein** ~ [**mit jdm**] **haben** to have an affair [with sb]; **ein bestimmtes** ~ [**zu jdm**] **haben** to have a certain relationship [with sb]; **ein gestörtes** [*o* **getrübtes**] ~ [**zu jdm/etw**] **haben** to have a disturbed relationship [with sb]/to have a peculiar idea [of sth]
③ *(Zustände)* ■~**se** *pl* conditions *pl*, circumstances *pl*; ***wir fahren erst, wenn die ~se auf den Straßen es zulassen*** we'll only leave when the road conditions permit it; **räumliche** ~**se** physical conditions; **unter anderen** ~**sen** under different circumstances
④ *(Lebensumstände)* ■~**se** *pl* circumstances *pl*; **etw geht über jds** ~**se** sth is beyond sb's means; **über seine** ~**se leben** to live beyond one's means; **aus kleinen** ~**sen stammen** [*o* **kommen**] to come from a poor [*or* humble] background; **in bescheidenen** ~**sen leben** to live in modest circumstances; **in geordneten** ~**sen leben** to live an orderly life; **für klare** ~**se sein** to want to know how things stand; **klare** ~**se schaffen, für klare** ~ **sorgen** to get things straightened out

ver·hält·nis·mä·ßig *adv* relatively; ***sie verdient ~ viel*** she earns a relatively large amount

Ver·hält·nis·mä·ßig·keit <-, -en> *f meist sing* JUR *(Angemessenheit)* appropriateness *no pl*, commensurability *no pl*; ~ **der Mittel/der Gerichtsentscheidung** reasonableness of means/of the decision

Ver·hält·nis·mä·ßig·keits·prin·zip *nt* ■**das** ~ the principle of proportionality

Ver·hält·nis·wahl *f* proportional representation *no art* **Ver·hält·nis·wahl·recht** *nt* [system of] proportional representation **Ver·hält·nis·wahl·sys·tem** *nt* JUR proportional representation

Ver·hält·nis·wort *nt* LING preposition

Ver·hal·tung *f* MED retention

ver·han·del·bar *adj inv Preis, Vorschlag* negotiable

ver·han·deln* **I.** *vi* ① *(im Gespräch erörtern)* ■[**mit jdm**] [**über etw** *akk*] ~ to negotiate [with sb] [about sth]
② JUR *(eine Gerichtsverhandlung abhalten)* ■[**gegen jdn**] [**in etw** *dat*] ~ to try sb [in sth]
II. *vt* ■**etw** ~ ① *(aushandeln)* to negotiate sth
② JUR *(gerichtlich erörtern)* to hear sth; ***das Gericht wird diesen Fall wohl erst nach der Sommerpause*** ~ the court will probably hear this case after the summer break

Ver·hand·lung *f* ① *meist pl (das Verhandeln)* negotiation; ~**en** [**mit jdm**] **aufnehmen**, [**mit jdm**] **in** ~**en treten** to enter into negotiations [with sb]; **in** ~**en** [**mit jdm**] **stehen** to be engaged in negotiations [*or* to be negotiating] [with sb]
② JUR *(Gerichtsverhandlung)* trial, [court] hearing; **abgesonderte** ~ separate negotiations *pl*; **erneute** ~ retrial; **gerichtliche** ~ court hearing; **nicht streitige** ~ uncontested case, non-contentious hearing; **öffentliche** ~ hearing in open court, public trial

Ver·hand·lungs·aus·schuss[RR] *m* negotiating committee **Ver·hand·lungs·ba·sis** *f* basis for negotiation[s]; *Preis* or near offer, o.n.o. BRIT, or best offer AM, o.b.o. AM **ver·hand·lungs·be·reit** *adj* ready [*or* prepared] to negotiate *pred*; **jdn** ~ **machen** to force sb to the negotiating table **Ver·hand·lungs·be·reit·schaft** *f* readiness [*or* willingness] to negotiate *no pl* **Ver·hand·lungs·dol·met·schen** *nt kein pl* liaison interpreting **ver·hand·lungs·fä·hig** *adj* JUR able to stand trial *pred* **Ver·hand·lungs·fä·hig·keit** *f kein pl* JUR capacity to act in court **Ver·hand·lungs·füh·rer(in)** *m(f)* JUR [chief] negotiator **Ver·hand·lungs·ge·bühr** *f* JUR [lawyer's] fee for pleading in court **Ver·hand·lungs·ge·gen·stand** *m* subject for negotiations **Ver·hand·lungs·ge·schick** *nt kein pl* negotiating skills *pl* **Ver·hand·lungs·grund·satz** *m* JUR principle of party presentation **Ver·hand·lungs·lei·tung** *f* JUR conduct of the proceedings **Ver·hand·lungs·li·nie** *f* POL negotiation line **Ver·hand·lungs·ma·ra·thon** [fɛɐ̯ˈhandlʊŋsmaːratɔn] *m* marathon negotiations *pl* **Ver·hand·lungs·part·ner(in)** *m(f)* negotiating party, opposite number [in the negotiations *pl*] **Ver·hand·lungs·po·si·ti·on** *f* HANDEL negotiating [*or* bargaining] position **Ver·hand·lungs·punkt** *m* negotiating point, point for negotiation **Ver·hand·lungs·run·de** *f* POL round of negotiations **Ver·hand·lungs·sa·che** *f* matter of [*or* for] negotiation; ***der Preis ist ~*** the price is open to negotiation **Ver·hand·lungs·spiel·raum** *m* POL room to negotiate **Ver·hand·lungs·spra·che** *f* official language [for negotiations] **Ver·hand·lungs·stär·ke** *f* bargaining power **Ver·hand·lungs·tag** *m* JUR day of a/the hearing [*or* trial] **Ver·hand·lungs·ter·min** *m* JUR date of hearing **Ver·hand·lungs·tisch** *m* negotiating table **Ver·hand·lungs·un·fä·hig·keit** *f* JUR unfitness to plead **Ver·hand·lungs·weg** *m* ■**auf dem** ~ by negotiation **ver·hand·lungs·wil·lig** *adj* open to negotiation **Ver·hand·lungs·ziel** *nt* object of the negotiations

ver·han·gen *adj* overcast

ver·hän·gen* *vt* ① *(zuhängen)* ■**etw** [**mit etw** *dat*] ~ to cover sth [with sth]
② SPORT *(aussprechen)* ■**etw** ~ to award [*or* give] sth; ***für das Foul verhängte der Schiedsrichter einen Elfmeter*** the referee awarded a penalty for the foul
③ JUR *(verfügen)* ■**etw** [**über etw** *akk*] ~ to impose sth [on sth]; **einen Ausnahmezustand** ~ to declare a state of emergency; **eine Ausgangssperre über die Stadt** ~ to impose a curfew on the town

Ver·häng·nis <-, -se> [fɛɐ̯ˈhɛŋnɪs] *nt* disaster; [**jdm**] **zum** ~ **werden**, [**jds**] ~ **werden** to be sb's undoing

ver·häng·nis·voll *adj* disastrous, fatal

Ver·hän·gung <-, -en> *f* JUR *(Verfügung)* imposition; ~ **einer Strafe/von Zwangsmaßnahmen** imposition of a sentence/coercive measures

ver·harm·lo·sen* [fɛɐ̯ˈharmloːzn̩] *vt* ■**etw** ~ to play down sth *sep*

Ver·harm·lo·sung <-, -en> *f* playing down

ver·härmt [fɛɐ̯ˈhɛrmt] *adj* careworn

ver·har·ren* *vi haben o sein (geh)* ① *(stehen bleiben)* ■[**irgendwo**] ~ to pause [somewhere]; ***sie verharrte eine Weile und dachte nach*** she paused for a while and reflected
② *(hartnäckig bleiben)* ■[**bei etw** *dat*] ~ to persist [in sth]

ver·har·schen* [fɛɐ̯ˈharʃn̩] *vi sein* ① *(verkrusten)* *Schnee* to crust
② *(verheilen)* *Wunde* to crust over

ver·här·ten* **I.** *vt* ■**jdn/etw** ~ to harden sb/sth
II. *vr* ■**sich** *akk* ~ ① *(starrer werden)* to become hardened; ***die Parteien verhärteten sich immer mehr*** the positions of the parties became more and

more entrenched
② MED *(härter werden)* to become hardened
Ver·här·tung <-, -en> *f* ① *kein pl (Erstarrung)* hardening *no pl*
② MED *(verhärtete Stelle)* induration
ver·has·peln* *vr (fam)* ① *(sich verfangen)* ■**sich** *akk* [**irgendwo**] ~ to become entangled [somewhere]
② *(sich versprechen)* ■**sich** *akk* ~ to get into a muddle
ver·hasst[RR], **ver·haßt**[ALT] [fɛɐ̯'hast] *adj* ① *(gehasst)* hated; ■[**wegen einer S.** *gen*] ~ **sein** [*o* **werden**] to be [*or* become] hated [for sth]; **sich** *akk* [**bei jdm**] ~ **machen** to make oneself deeply unpopular [with sb]
② *(tief zuwider)* ■[**jdm**] ~ **sein** [*o* **werden**] to be [*or* come to be] hated [by sb]; ***dieser Beruf wurde mir immer ~er*** I hated [*or* detested] this profession more and more
ver·hät·scheln* *vt* ■**jdn** ~ to spoil [*or* pamper] sb
Ver·hau <-[e]s, -e> [fɛɐ̯'hau̯] *m* ① MIL entanglement
② *kein pl (fam: heilloses Durcheinander)* mess *no pl*
ver·hau·en* <verhaute, verhauen> **I.** *vt (fam)*
① *(verprügeln)* ■**jdn** ~ to beat up sb *sep*; ■**sich** *akk* ~ to have a fight
② SCH *(schlecht schreiben)* ■**etw** ~ to make a mess of sth; ***ich habe den Aufsatz*** [***gründlich***] ***~!*** I've made a [complete] mess of the essay!, I've [completely] mucked up *sep* the essay! *fam*
II. *vr (fam: sich verkalkulieren)* ■**sich** *akk* [**um etw** *akk*] ~ to slip up [by sth]
ver·he·ben* *vr irreg* ■**sich** *akk* ~ to hurt oneself lifting sth
ver·hed·dern* [fɛɐ̯'hɛdɐn] *vr (fam)* ① *(sich verfangen)* ■**sich** *akk* [**in etw** *dat*] ~ to get tangled up [in sth]
② *(sich versprechen)* ■**sich** *akk* ~ to get into a muddle
③ *(sich verschlingen)* ■**sich** *akk* ~ to get into a tangle; ***die Wolle hat sich völlig verheddert*** the wool has got into a complete tangle [*or* has got completely tangled]
ver·hee·ren* [fɛɐ̯'he:rən] *vt* ■**etw** ~ to devastate sth
ver·hee·rend I. *adj* devastating; **ein ~es Erdbeben** a devastating earthquake
II. *adv* devastatingly; **sich** *akk* ~ **auswirken** to have a devastating effect, to be devastating; ~ **aussehen** *(fam)* to look dreadful
Ver·hee·rung <-, -en> *f* devastation; **~en anrichten** to cause devastation *no pl*
ver·heh·len* *vt (geh)* ■**etw** [**jdm gegenüber**] ~ to conceal [*or* hide] sth [from sb]; ***ich konnte mir die Schadenfreude nicht ~*** I could not conceal my delight in his/her etc. misfortune; ■[**jdm**] **nicht ~, dass** to not hide the fact that
ver·hei·len* *vi sein* to heal [up]
ver·heim·li·chen* [fɛɐ̯'haimlɪçn̩] *vt (geheim halten)* ■[**jdm**] **etw** ~ to conceal sth [from sb], to keep sth secret [from sb]; ■**jdm ~, dass** to conceal the fact from sb that; **etw** [*o* **nichts**] **zu ~ haben** to have sth [*or* nothing] to hide; **sich** *akk* [**nicht**] **~ lassen** [not] to be able to be concealed; **sich** *akk* **nicht ~ lassen, dass ...** not to be able to conceal the fact that ...
Ver·heim·li·chung <-, -en> *f* concealment; *Tatsache* suppression
ver·hei·ra·ten* *vr* ■**sich** *akk* [**mit jdm**] ~ to marry [sb], to get married [to sb]
ver·hei·ra·tet *adj* married; **glücklich ~ sein** to be happily married; ■[**mit jdm**] ~ **sein** to be married [to sb]; **mit etw** *dat* ~ **sein** *(hum fam)* to be married [*or* wedded] to sth *hum fam*
ver·hei·ßen* *vt irreg (geh)* ■[**jdm**] **etw** ~ to promise [sb] sth; *s. a.* **Gute(s)**
Ver·hei·ßung <-, -en> *f (geh)* promise
ver·hei·ßungs·voll I. *adj* promising; **ein ~er Anfang** a promising start; **wenig ~** unpromising
II. *adv* full of promise; ***Ihr Vorschlag hört sich*** [***wenig***] ***~ an*** your suggestion sounds [rather un]promising
ver·hei·zen* *vt* ① *(als Brennstoff verwenden)* ■**etw** ~ to burn sth
② *(sl: sinnlos opfern)* ■**jdn** ~ *Soldaten* to send sb to the slaughter, to use sb as cannon fodder; *Star* to run sb into the ground [*or* cause sb to burn out]
ver·hel·fen* *vi irreg* ① *(bewirken, dass jd etw erhält)* ■[**jdm**] **zu etw** *dat* ~ to help sb to get sth; **jdm zur Erreichung eines Zieles** ~ to help sb achieve an objective
② *(bewirken, dass eine S. etw nach sich zieht)* ■[**jdm/etw**] **zu etw** *dat* ~ to help sb [*or* a thing] achieve sth; ***dieser Erfolg verhalf dem Produkt endlich zum Durchbruch*** this success finally helped the product achieve a breakthrough
ver·herr·li·chen* [fɛɐ̯'hɛrlɪçn̩] *vt* ■**etw** ~ to glorify sth; **die Gewalt ~** to glorify violence
Ver·herr·li·chung <-, -en> *f* glorification *no pl*, extolling *no pl*
ver·het·zen* *vt* ■**jdn** ~ to incite sb
ver·heult *adj (fam)* puffy [*or* swollen] from crying
ver·he·xen* *vt* ■**jdn** ~ to bewitch sb, to cast a spell on sb; **wie verhext sein** *(fam)* to be jinxed
ver·hin·dern* *vt* ■**etw** ~ to prevent [*or* stop] sth; ■**~, dass jd etw tut** to prevent [*or* stop] sb from doing sth; ■**~, dass etw geschieht** to prevent [*or* stop] sth from happening
ver·hin·dert *adj* ① *(aus bestimmten Gründen nicht anwesend)* ■[**irgendwie**] ~ **sein** to be unable to come [for certain reasons]
② *(fam: mit einer verborgenen Begabung)* ■**ein ~er** [*o* **eine ~e**] **... sein** to be a would-be ...
Ver·hin·de·rung <-, -en> *f* ① *(das Verhindern)* prevention *no pl, no indef art*
② *(zwangsläufiges Nichterscheinen)* inability to come [*or* attend]
ver·hoh·len [fɛɐ̯'ho:lən] *adj* **~e Neugier/Schadenfreude** concealed [*or* hidden] curiosity/schadenfreude; **~es Gähnen/Grinsen** suppressed yawn/grin; **kaum ~** barely concealed [*or* suppressed]
ver·höh·nen* *vt* ■**jdn** ~ to mock [*or* ridicule] sb
Ver·höh·nung <-, -en> *f* mocking *no pl, no indef art*, ridiculing *no pl, no indef art*
ver·hö·kern* *vt (fam)* ■**etw** [**an jdn**] ~ to flog sth [off] [to sb] *fam*
Ver·hör <-[e]s, -e> [fɛɐ̯'hø:ɐ̯] *nt* questioning *no pl, no art*, interrogation; **jdn ins ~ nehmen** to question [*or* interrogate] sb; **jdn einem ~ unterziehen** to subject sb to questioning [*or* interrogation]
ver·hö·ren* I. *vt (offiziell befragen)* ■**jdn** ~ to question [*or* interrogate] sb
II. *vr (etw falsch hören)* ■**sich** *akk* ~ to mishear, to hear wrongly
ver·hüh·nern [fɛɐ̯'hy:nɐn] *vt* SCHWEIZ ■**etw** ~
① *(durcheinanderbringen)* to mess *sep* sth up
② *(vergessen)* to forget sth
③ *(verlegen)* to mislay sth
ver·hül·len* *vt* ■**etw** [**mit etw** *dat*] ~ to cover sth [with sth]; ■**sich** *akk* [**mit etw** *dat*] ~ to cover oneself [with sth]
ver·hül·lend *adj* covered; *(beschönigend) Ausdruck* euphemistic
ver·hüllt *adj* ① *(bedeckt)* covered
② *(versteckt)* veiled; **eine ~e Drohung** a veiled threat
ver·hun·dert·fa·chen* [fɛɐ̯'hʊndɐtfaxn̩] **I.** *vt* ■**etw** ~ to increase sth a hundredfold
II. *vr* ■**sich** *akk* ~ to increase a hundredfold
ver·hun·gern* *vi sein* ① *(Hungers sterben)* to starve [to death], to die of starvation *no pl, no art*; ■**jdn ~ lassen** to let sb starve [to death]; [**fast**] **am ~ sein** *(a. fig fam)* to be [just about] starving *also fig*
② *(fam: stehen bleiben)* ■[**irgendwo**] ~ to come to a stop [somewhere]; ***der Golfball verhungerte nur wenige Zentimeter vor dem Loch*** the golf ball came to a stop just a few centimetres from the hole
ver·hun·gert I. *adj (fam)* starved
II. *adv (fam)* half-starved
Ver·hun·ger·te(r) *f(m) dekl wie adj* someone who has starved to death
ver·hun·zen* *vt (fam)* ■**etw** ~ to ruin sth
ver·huscht *adj (fam)* timid
ver·hü·ten* *vt* ■**etw** ~ to prevent sth; **eine Empfängnis verhüten** to prevent conception; *s. a.* **Gott**
Ver·hü·ter·li <-s, -> [fɛɐ̯'hy:tɐli] *nt* SCHWEIZ *(Kondom)* condom
ver·hüt·ten* [fɛɐ̯'hʏtn̩] *vt* ■**etw** ~ to smelt sth
Ver·hüt·tung <-, -en> *f* smelting *no pl, no indef art*
Ver·hü·tung <-, -en> *f* ① *(das Verhindern)* prevention *no pl, no indef art*
② *(Empfängnisverhütung)* contraception *no pl, no art*
Ver·hü·tungs·mit·tel *nt* contraceptive
ver·hut·zelt [fɛɐ̯'hʊts̩lt] *adj (fam)* wizened; *Haut a.* wrinkled; *Obst a.* shrivelled [*or* AM shriveled]
Ve·ri·fi·ka·ti·on <-, -en> [verifika'tsi̯o:n] *f* JUR *(form)* verification
Ve·ri·fi·ka·ti·ons·ab·kom·men *nt* JUR verification agreement
ve·ri·fi·zie·ren* [verifi'tsi:rən] *vt (geh)* ■**etw** ~ to verify sth
Ve·ri·fi·zie·rung <-, -en> *f* verification
ver·in·ner·li·chen* [fɛɐ̯'ʔɪnɐlɪçn̩] *vt* ■**etw** ~ to internalize sth
Ver·in·ner·li·chung <-, -en> *f* internalization
ver·ir·ren* *vr* ■**sich** *akk* ~ to get lost
Ver·ir·rung *f* aberration
Ve·ris·mus <-es> [ve'rɪsmʊs] *m* KUNST verism
ver·ja·gen* *vt* ■**jdn/ein Tier** ~ to chase away sb/an animal *sep*
ver·jäh·ren* *vi sein* JUR ① *(nicht mehr eingetrieben werden können)* to come under the statute of limitations
② *(nicht mehr verfolgt werden können)* to become statute-barred; ■**verjährt** statute-barred
ver·jährt *adj* ① *(veraltend: sehr alt) Person* past it *pred fam*
② JUR *(gerichtlich nicht mehr verfolgbar)* statute-barred; *Ansprüche* in lapse; ~ **sein** to be barred by limitation
Ver·jäh·rung <-, -en> *f* JUR statutory limitation, limitation of actions; **~ von Ansprüchen** limitation of claims; **Beginn der ~** commencement of the limitation period; **Hemmung der ~** *suspension of the running of time for purposes of limitation;* **~ ausschließen** to bar the statutes of limitation
Ver·jäh·rungs·be·ginn *m* JUR commencement of the limitation period **Ver·jäh·rungs·ein·re·de** *f,* **Ver·jäh·rungs·ein·wand** *m* JUR plea of lapse of time **Ver·jäh·rungs·frist** *f* JUR period of limitation; **gesetzliche ~** statutory [period of] limitation **Ver·jäh·rungs·ge·setz** *nt* JUR Limitation Act BRIT **Ver·jäh·rungs·recht** *nt* JUR law of limitation **Ver·jäh·rungs·un·ter·bre·chung** *f* JUR suspension of limitation
ver·ju·beln* *vt (fam: leichtsinnig ausgeben)* ■**etw** ~ to blow sth *sl*
ver·jün·gen* [fɛɐ̯'jʏŋən] **I.** *vi (vitalisieren)* to make one feel younger
II. *vt* ① *(vitalisieren)* ■**jdn** ~ to rejuvenate sb; ***ich fühle mich um Jahre verjüngt*** I feel years younger
② ÖKON *(mit jüngeren Mitarbeitern auffüllen)* ■**etw** ~ to create a younger sth; ***wir sollten das Management der Firma ~*** we should bring some young blood into the management of the company
III. *vr* ■**sich** *akk* ~ ① *(schmaler werden)* to narrow; *Säule* to taper
② *(ein jüngeres Aussehen bekommen)* to look younger; *Haut* to rejuvenate
Ver·jün·gung <-, -en> *f* ① *(das Verjüngen)* rejuvenation; *Personal* recruitment of younger blood
② *(Verengung)* narrowing *no pl*, tapering *no pl*
Ver·jün·gungs·kur *f* rejuvenation cure
ver·ju·xen* [fɛɐ̯'jʊksn̩] *vt (fam)* ■**etw** ~ *Geld* to blow sth
ver·ka·beln* *vt* ELEK, INFORM ■**etw** ~ to wire sth, to connect sth to the cable network
Ver·ka·be·lung <-, -en> *f* cabling, connecting *no pl* to the cable network
ver·ka·cken* [fɛɐ̯'kakn̩] *vt (sl)* ■**etw** ~ to screw up *sep* sth
ver·kal·ken* *vi sein* ① TECH *(Kalk einlagern)* to fur [*or* clog] up, to become furred [*or* clogged]; ■**verkalkt** furred up

❷ ANAT *(durch Kalkeinlagerung verhärten) Arterien* to become hardened; *Gewebe* to calcify [*or* become calcified]
❸ MED *(fam)* ■ **jd verkalkt** *(Arteriosklerose bekommen)* sb suffers from hardening of the arteries *pl; (senil werden)* sb's going senile *fam;* **verkalkt sein** to be senile [*or* BRIT *fam* gaga]

ver·kal·ku·lie·ren* *vr* ❶ *(sich verrechnen)* ■ **sich** *akk* [**bei etw** *dat*/**in etw** *dat*] ~ to miscalculate [sth]
❷ *(fam: sich irren)* ■ **sich** *akk* ~ to be mistaken

Ver·kal·kung <-, -en> *f* ❶ TECH *(das Verkalken)* furring *no pl* BRIT, clogging
❷ ANAT *Arterien* hardening *no pl; Gewebe* calcification *no pl*
❸ MED *(fam: Arteriosklerose)* hardening of the arteries *pl; (Senilität)* senility *no pl*

ver·kannt *adj* unrecognized

ver·kan·ten* *vt* ■ **etw** ~ to tilt sth; SKI *improper use of the edges of the skis which causes imbalance and usually leads to a fall*

ver·kappt *adj attr* disguised; **ein ~er Kommunist** a communist in disguise

ver·kap·seln* [fɛɐ̯ˈkapsl̩n] *vr* MED, BIOL ■ **sich** *akk* ~ to become encapsulated

ver·kars·ten* [fɛɐ̯ˈkarstn̩] *vi sein* GEOL to become karstified

ver·ka·tert [fɛɐ̯ˈkaːtɐt] *adj (fam)* hung-over *pred*

Ver·kauf <-s, Verkäufe> [fɛɐ̯ˈkau̯f, *pl* fɛɐ̯ˈkɔy̯fə] *m*
❶ *(das Verkaufen)* sale, selling *no pl,* disposal; ~ **auf Abzahlungsbasis** [*o* **auf Teilzahlung**] instalment sale [*or* AM *also* -ll-], BRIT hire purchase, AM deferred payment sale; ~ **per Internet** sale on the internet; ~ **auf Kommissionsbasis** sale on consignment; ~ **ab Lager** cash and carry; ~ **nach Muster** sale by sample; ~ **auf Probe** sale on trial, purchase on approval; ~ **auf Rechnung** sale on account; ~ **unter Eigentumsvorbehalt** conditional sale [with reservation of ownership]; ~ **mit Rückgaberecht** sale with right of redemption; **freihändiger** ~ private sale; **vollständiger** ~ clearance sale; **etw zum ~ anbieten** to offer sth [*or* put sth up] for sale; **zum ~ stehen** to be up for sale
❷ *kein pl (Verkaufsabteilung)* sales *no art, + sing o pl verb*

ver·kau·fen* I. *vt* ❶ *(gegen Geld übereignen)* ■ [**jdm**] **etw** [**für etw** *akk*] ~ to sell [sb] sth [for sth]; ■ **etw** [**an jdn**] ~ to sell sth [to sb]; **zu ~ sein** to be for sale; **„zu ~"** "for sale"; **meistbietend** ~ HANDEL to sell to the highest bidder
❷ *(sl: glauben machen)* ■ [**jdm**] **etw** [**als etw**] ~ to sell sth [to sb] [as sth]; *s. a.* **dumm**
II. *vr* ■ **sich** *akk* [**irgendwie**] ~ ❶ *(verkauft werden)* to sell [in a certain way]; ***das Buch verkauft sich gut*** the book is selling well
❷ *(sich selbst darstellen)* to sell oneself [in a certain way]

Ver·käu·fer(in) [fɛɐ̯ˈkɔy̯fɐ] *m(f)* ❶ *(verkaufender Angestellter)* sales [*or* shop] assistant
❷ *(verkaufender Eigentümer)* seller; JUR vendor

Ver·käu·fer·markt *m kein pl* ÖKON seller's market **Ver·käu·fer·op·ti·on** *f* BÖRSE sellers' option **Ver·käu·fer·pfand·recht** *nt* HANDEL seller's lien **Ver·käu·fer·pflich·ten** *pl* HANDEL seller's duties **Ver·käu·fer·recht** *nt* HANDEL seller's right

ver·käuf·lich *adj* ❶ *(zu verkaufen)* for sale *pred*
❷ ÖKON ■ **irgendwie** ~ saleable [*or* sellable] in a certain way; **kaum/schnell ~e Artikel** slow-moving/fast-selling items; **problemlos ~e Produkte** products that are easy to sell

Ver·kaufs·ab·kom·men *nt* JUR marketing agreement **Ver·kaufs·ab·tei·lung** *f* sales department **Ver·kaufs·an·ge·bot** *nt* ❶ HANDEL sales offer ❷ BÖRSE offer for sale **Ver·kaufs·ap·pa·rat** *m* sales organization **Ver·kaufs·ar·gu·ment** *nt* HANDEL sales pitch **Ver·kaufs·ar·ti·kel** *m* purchase article **Ver·kaufs·auf·for·de·rung** *f* sale incitement **Ver·kaufs·auf·trag** *m* BÖRSE order to sell; ~ **bestens** sell order at market **Ver·kaufs·aus·stel·lung** *f* sales exhibition **Ver·kaufs·be·din·gun·gen** *pl* HANDEL conditions of sale and delivery, terms and conditions; **Verkaufs- und Lieferbedingungen** standard conditions of sale and delivery; **allgemeine ~** general conditions of sale **Ver·kaufs·be·schrän·kun·gen** *pl* HANDEL selling [*or* sales] restrictions **Ver·kaufs·be·stä·ti·gung** *f* HANDEL sales confirmation **Ver·kaufs·da·tum** *nt* HANDEL date of sale **Ver·kaufs·de·ckungs·ge·schäft** *nt* HANDEL hedge selling **Ver·kaufs·druck** *m kein pl* pressure to sell **Ver·kaufs·er·lös** *m* ÖKON sales revenue, proceeds *npl* of a/the sale **ver·kaufs·fä·hig** *adj* HANDEL salable **Ver·kaufs·fi·nan·zie·rung** *f* FIN sales financing **Ver·kaufs·flä·che** *f* retail [*or* sales *pl*] area **Ver·kaufs·för·de·rung** *f* HANDEL sales promotion **Ver·kaufs·ge·biet** *nt* HANDEL marketing area, sales territory **Ver·kaufs·ge·gen·stand** *m* HANDEL article of sale **Ver·kaufs·ge·spräch** *nt* sales talk [*or* pitch] **Ver·kaufs·in·te·res·sent(in)** *m(f)* HANDEL prospective seller **Ver·kaufs·kam·pa·gne** *f* sales campaign **Ver·kaufs·kon·fe·renz** *f* sales conference [*or* meeting] **Ver·kaufs·kurs** *m* HANDEL selling price **Ver·kaufs·la·den** <-s, -läden> *m* SCHWEIZ *(Laden)* shop **Ver·kaufs·lei·ter(in)** *m(f)* sales manager [*or* executive] **Ver·kaufs·li·zenz** *f* HANDEL selling licence [*or* AM -se] **Ver·kaufs·mar·ge** *f* HANDEL profit margin **Ver·kaufs·men·ge** *f* sales quantity **Ver·kaufs·me·tho·de** *f* HANDEL sales method; **unlautere ~n** dubious sales methods **Ver·kaufs·mo·no·pol** *nt* HANDEL sales monopoly **ver·kaufs·of·fen** *adj* open for business; ***der erste Samstag im Monat ist immer ~*** the shops are always open late on the first Saturday of every month

Ver·kaufs·op·ti·on *f* ❶ HANDEL option to sell
❷ BÖRSE put option

Ver·kaufs·per·so·nal *nt* sales personnel [*or* staff] **Ver·kaufs·po·li·tik** *f kein pl* HANDEL sales policy; *(Einzelhändler)* sales pitch **Ver·kaufs·prak·ti·ken** *pl* HANDEL sales practices, marketing techniques **Ver·kaufs·preis** *m* retail price **Ver·kaufs·pro·gno·se** *f* HANDEL sales forecast **Ver·kaufs·pro·gramm** *nt* sales programme [*or* AM -am], programme of sales **Ver·kaufs·pro·vi·si·on** *f* FIN selling [*or* sales] provision **Ver·kaufs·rech·nung** *f* HANDEL sales invoice **Ver·kaufs·recht** *nt* JUR right of [*or* to] sale **Ver·kaufs·re·kord** *m* sales record **Ver·kaufs·ren·ner** <-s, -> *m* top-selling item, best seller **Ver·kaufs·schla·ger** *m* best-seller **Ver·kaufs·stät·te** *f* sales outlet **Ver·kaufs·stil** *m* style of selling **Ver·kaufs·stra·te·gie** *f* sales strategy **Ver·kaufs·syn·di·kat** *nt* HANDEL sales [*or* selling] syndicate

ver·kaufs·träch·tig *adj Ware* marketable **Ver·kaufs·un·ter·la·gen** *pl* sales documents *pl* **Ver·kaufs·ver·an·stal·tung** *f* HANDEL sales event; *(Messe)* trade fair **Ver·kaufs·ver·spre·chen** *nt* HANDEL seller's promise [*or* undertaking] **Ver·kaufs·ver·wei·ge·rung** *f* HANDEL refusal to sell **Ver·kaufs·voll·macht** *f* authority [*or* power] to sell **Ver·kaufs·vo·lu·men** *nt* HANDEL sales volume **Ver·kaufs·wert** *nt* HANDEL sales [*or* market] value **Ver·kaufs·zah·len** *pl* HANDEL sales figures *pl* **Ver·kaufs·ziel** *nt* sales target

ver·kauft *adj* sold; ~ **wie besichtigt** sold as seen; **nicht ~** unsold

Ver·kehr <-[e]s> [fɛɐ̯ˈkeːɐ̯] *m kein pl* ❶ *(Straßenverkehr)* traffic *no pl, no indef art;* **ruhender ~** *(geh)* stationary traffic; **den ~ regeln** to control the [*or* regulate the [flow of]] traffic
❷ *(Transport)* transport *no pl, no indef art*
❸ *(Umgang)* contact, dealings *pl;* **jdn aus dem ~ ziehen** *(fam)* to take sb out of circulation, to withdraw sb from the field of operations
❹ *(Handel)* **etw in den ~ bringen** to put sth into circulation; **etw aus dem ~ ziehen** to withdraw sth from circulation
❺ *(euph geh: Geschlechtsverkehr)* intercourse; ~ [**mit jdm**] **haben** *(euph geh)* to have intercourse [with sb]

ver·keh·ren* I. *vi* ❶ *haben o sein (fahren) Boot, Bus, Zug* to run [*or* go]; ***der Zug verkehrt auf dieser Nebenstrecke nur noch zweimal am Tag*** the train only runs twice a day on this branch line; *Flugzeug* to fly [*or* go]
❷ *haben (geh: häufiger Gast sein)* ■ [**irgendwo/bei jdm**] ~ to visit somewhere/sb regularly
❸ *haben (Umgang pflegen)* ■ [**mit jdm**] ~ to associate [with sb]; ***sie verkehrt mit hochrangigen Diplomaten*** she associates with high-ranking diplomats
❹ *haben (euph geh: Geschlechtsverkehr haben)* ■ [**mit jdm**] ~ to have intercourse [with sb]
II. *vr haben (sich umkehren)* ■ **sich** *akk* [**in etw** *akk*] ~ to turn into sth; *s. a.* **Gegenteil**

Ver·kehrs·ab·ga·ben *pl* JUR traffic duty **Ver·kehrs·ader** *f* arterial road **Ver·kehrs·am·pel** *f* traffic lights *pl* **Ver·kehrs·amt** *nt* tourist information office **Ver·kehrs·an·bin·dung** *f* transport link [*or* connection] *usu pl* **Ver·kehrs·an·walt, -an·wäl·tin** *m, f* JUR correspondence lawyer **ver·kehrs·arm** *adj Zeit* quiet; *Gegend* low-traffic *attr* **Ver·kehrs·auf·kom·men** *nt* volume [*or* density] of traffic **Ver·kehrs·be·hin·de·rung** *f* JUR obstruction [of the traffic] **Ver·kehrs·be·richt** *m* traffic report **ver·kehrs·be·ru·higt** *adj* traffic-calmed **Ver·kehrs·be·ru·hi·gung** *f* traffic calming *no pl, no indef art* **Ver·kehrs·be·schrän·kun·gen** *pl* traffic restrictions [*or* restraints] **Ver·kehrs·be·stim·mun·gen** *pl* traffic regulations *pl* **Ver·kehrs·be·trie·be** *pl* transport services *pl* **Ver·kehrs·cha·os** *nt* road chaos, chaos on the roads **Ver·kehrs·de·likt** *nt* traffic offence [*or* AM -se] **Ver·kehrs·dich·te** *f kein pl* traffic density; *(im Personenverkehr)* passenger density **Ver·kehrs·dis·zi·plin** *f* traffic discipline **Ver·kehrs·durch·sa·ge** *f* traffic announcement **Ver·kehrs·ein·rich·tun·gen** *pl* traffic facilities *pl* **Ver·kehrs·er·zie·hung** *f* road safety training, traffic instruction **Ver·kehrs·fä·hig·keit** *f kein pl* HANDEL marketability *no pl,* merchantability *kein pl* **Ver·kehrs·flug·zeug** *nt* commercial aircraft, airliner **Ver·kehrs·fluss**[RR] *m kein pl* traffic flow **ver·kehrs·frei** *adj* **~e Zone** traffic-free area, pedestrian precinct **ver·kehrs·fremd** *adj* JUR, TRANSP **~e Straftat** non-traffic-related criminal offence **Ver·kehrs·funk** *m* radio traffic service **Ver·kehrs·ge·fähr·dung** *f* hazard to other traffic **Ver·kehrs·gel·tung** *f kein pl* HANDEL general acceptance in trade **ver·kehrs·ge·recht** *adj Verhalten* in keeping with traffic regulations **Ver·kehrs·ge·schäft** *nt* HANDEL carrying trade, haulage business **Ver·kehrs·ge·sell·schaft** *f* common carrier, transport company **Ver·kehrs·ge·wer·be** *nt* carrying industry **ver·kehrs·güns·tig** *adj* conveniently situated for [*or* close to] public transport **Ver·kehrs·hilfs·po·li·zist(in)** *m(f)* traffic warden **Ver·kehrs·hin·der·nis** *nt* obstruction to traffic **Ver·kehrs·hin·weis** *m* traffic announcement **Ver·kehrs·hy·po·thek** *f* JUR ordinary mortgage **Ver·kehrs·in·farkt** *m* traffic jam **Ver·kehrs·in·fra·struk·tur** *f* transport infrastructure **Ver·kehrs·in·sel** *f* traffic island **Ver·kehrs·in·ves·ti·ti·on·en** *pl* capital expenditure on communications **Ver·kehrs·kno·ten·punkt** *m* traffic junction **Ver·kehrs·kol·laps** *m* transport collapse, collapse of the transport [*or* AM *usu* transportation] system **Ver·kehrs·kon·trol·le** *f* spot check on the traffic

Ver·kehrs·la·ge *f* TRANSP ❶ *(Situation im Straßenverkehr)* traffic [conditions *pl*]
❷ *(Nähe zu Verkehrsverbindungen)* location with regards to transport facilities, proximity to public transport

Ver·kehrs·lärm *m kein pl* traffic noise **Ver·kehrs·last** *f* BAU live [*or* traffic] load **Ver·kehrs·leis·tung** *f* TRANSP transport [*or* traffic] capacity **Ver·kehrs·leit·sys·tem** *nt* traffic guidance system **Ver·kehrs·luft·fahrt** *f* commercial aviation **Ver·kehrs·ma·na·ge·ment** *nt* traffic management **Ver·kehrs·mel·dun·gen** *pl* traffic news + *sing vb* **Ver·kehrs·mi·nis·ter(in)** *m(f)* transport minister BRIT, Minister of Transport BRIT, Secretary of Transportation AM **Ver·kehrs·mi·nis·te·ri·um** *nt* Ministry of Transport BRIT, Department of Transportation AM **Ver·kehrs·mit·tel** *nt* means + *sing/pl vb* of transport; **öffentliches/privates ~** public/private transport **Ver·kehrs·mo·no·pol** *nt* transport monopoly **Ver·kehrs·netz** *nt* transport system, traffic network **Ver·kehrs·op·fer** *nt* road casualty

Ver·kehrs·ord·nung *f kein pl* traffic regulations *pl,* Road Traffic Act **ver·kehrs·ord·nungs·wid·rig** *adj* in violation of road traffic regulations **Ver·kehrs·ord·nungs·wid·rig·keit** *f* JUR traffic violation

Ver·kehrs·pla·ner(in) *m(f)* traffic planner **Ver·kehrs·pla·nung** *f* traffic planning **Ver·kehrs·po·li·tik** *f* transport [*or* traffic] policy **ver·kehrs·po·li·tisch** *adj* concerning transport policy **Ver·kehrs·po·li·zei** *f* traffic police **Ver·kehrs·po·li·zist(in)** *m(f)* traffic policeman *masc,* policewoman *fem* **Ver·kehrs·pro·blem** *nt* traffic problem **Ver·kehrs·recht** *nt* traffic law[s] **Ver·kehrs·re·gel** *f* traffic regulation **Ver·kehrs·re·ge·lung** *f* traffic control **ver·kehrs·reich** *adj* **~e Straße** busy street **Ver·kehrs·rich·tung** *f* direction of traffic **Ver·kehrs·row·dy** *m* road hog *fam* **Ver·kehrs·sa·che** *f* JUR traffic case **Ver·kehrs·schild** *nt* road sign **ver·kehrs·schwach** *adj* **~e Zeit** off-peak traffic **Ver·kehrs·se·na·tor(in)** *m(f)* minister of transport *(in Berlin, Bremen, Hamburg)* **ver·kehrs·si·cher** *adj Fahrzeug* safe; *(bes. Auto)* roadworthy **Ver·kehrs·si·cher·heit** *f kein pl einer Staße* road safety; *eines Fahrzeugs* roadworthiness **Ver·kehrs·si·che·rungs·pflicht** *f* JUR duty to maintain safety **Ver·kehrs·sit·te** *f* JUR common usage **Ver·kehrs·spit·ze** *f* rush-hour traffic, BRIT *a.* traffic peak **Ver·kehrs·spra·che** *f* language of communication, lingua franca **ver·kehrs·stark** *adj* **~e Zeit** rush [*or* BRIT *a.* peak] hours **Ver·kehrs·stau(·ung)** *f* traffic jam [*or* congestion]

Ver·kehrs·steu·er *f* FIN ① *(Straßenverkehrssteuer)* road fund licence BRIT, transport tax AM

② *(bei Börsengeschäften)* transaction tax

Ver·kehrs·sto·ckung *f* traffic hold-up **Ver·kehrs·straf·sa·che** *f* JUR motoring [*or* traffic] case **Ver·kehrs·stra·ße** *f* road open to traffic **Ver·kehrs·strei·fe** *f* traffic patrol **Ver·kehrs·sün·der(in)** *m(f) (fam)* traffic offender **Ver·kehrs·sün·der·kar·tei** *f (fam) s.* **Verkehrszentralregister** **Ver·kehrs·ta·fel** *f* traffic sign **Ver·kehrs·tech·nik** *f* traffic technology

ver·kehrs·tech·nisch I. *adj* traffic-wise

II. *adv* **[ein Gebiet] ~ erschließen** to open up to traffic; **~ gesehen** in terms of traffic engineering

Ver·kehrs·teil·neh·mer(in) *m(f) (geh)* road-user **Ver·kehrs·te·le·ma·tik** *f* road transport informatics + *sing vb* **Ver·kehrs·to·te(r)** *f(m)* road fatality [*or* death] **Ver·kehrs·trä·ger** *m* [traffic] carrier **ver·kehrs·tüch·tig** *adj* roadworthy **Ver·kehrs·tüch·tig·keit** <-> *f kein pl eines Fahrzeugs* roadworthiness; *einer Person* fitness to drive **Ver·kehrs·über·tre·tung** *f* traffic violation **Ver·kehrs·über·wa·chung** *f* traffic control **Ver·kehrs·un·fall** *m* road accident **Ver·kehrs·un·ter·neh·men** *nt* common carrier, transport company **Ver·kehrs·un·ter·richt** *m* road safety instruction **Ver·kehrs·ver·bin·dung** *f (durch Verkehrswege)* route; *(durch Verkehrsmittel)* connection, [transport] link **Ver·kehrs·ver·bund** *m* association of transport companies *pl* **Ver·kehrs·ver·ein** *m* tourist promotion agency **Ver·kehrs·ver·ge·hen** *nt* JUR motoring [*or* traffic] offence [*or* AM -se] **Ver·kehrs·ver·hält·nis·se** *pl* traffic situation *no pl* **Ver·kehrs·ver·stoß** *m* road traffic offence [*or* AM -se] **Ver·kehrs·vor·schrift** *f* traffic regulation [*or* rule] **Ver·kehrs·wacht** *f kein pl* traffic [*or* road] patrol **Ver·kehrs·wach·tel** *f (pej) traffic policewoman who is unpleasant* **Ver·kehrs·weg** *m* [traffic] route, communication **Ver·kehrs·wert** *m* HANDEL market value **Ver·kehrs·we·sen** <-s> *nt kein pl* traffic [system], communications *pl,* transportation **ver·kehrs·wid·rig** *adj* contrary to road traffic regulations *pl;* **~es Verhalten** disobeying road traffic regulations **Ver·kehrs·wid·rig·keit** *f* traffic violation **Ver·kehrs·wirt·schafts·recht** *nt kein pl* JUR transport law **Ver·kehrs·zäh·lung** *f* traffic census **Ver·kehrs·zei·chen** *nt s.* **Verkehrsschild** **Ver·kehrs·zen·tral·re·gis·ter** *m* central index [*or* register] of traffic offenders [*or* violations]

ver·kehrt I. *adj (falsch)* wrong; **die ~e Richtung** the wrong direction; ■ **der V~e** the wrong person; **es gibt nichts V~eres, als ...** there's nothing worse than ...; ***jetzt nur nichts V~es sagen*** now, just don't say anything stupid [*or* the wrong thing]; **jd/etw ist gar nicht [so] ~** *(fam)* sb/sth is not all that bad; ***unser neuer Klassenlehrer ist gar nicht so ~*** our new class teacher is not all that bad

▸ WENDUNGEN: **mit dem ~en Bein aufgestanden sein** to have got out of bed on the wrong side; **Kaffee ~** *little coffee with a lot of milk*

II. *adv* ① *(falsch)* wrongly; ***du machst ja doch wieder alles ~!*** you're doing everything wrong again!

② *(falsch herum)* the wrong way round; ***das Bild hängt ~*** the picture is hanging the wrong way round; **~ herum** the wrong way round

ver·kei·len* I. *vt* ① *(befestigen)* ■ **etw ~** *Mast, Fahrzeug* to wedge sth tight

② DIAL *(verprügeln)* ■ **jdn ~** to thrash sb

II. *vr* ■ **sich** *akk* **~** to become wedged together

ver·keilt *adj* **[ineinander] ~** gridlocked

ver·ken·nen* *vt irreg (falsch einschätzen)* ■ **etw ~** to misjudge sth; ■ **~, dass** to fail to recognize [*or* appreciate] that; ■ **[von jdm] verkannt werden** to remain unrecognized [by sb]; **es ist nicht zu ~, dass** it cannot be denied that; **ich will nicht ~, dass** I would not deny that

Ver·ken·nung *f* misjudgement, underestimation; **in ~ einer S.** *gen* misjudging a thing; ***sie verlangte 12.000 Euro in ~ des Machbaren*** her demand for 12,000 euros was out of touch with reality

ver·ket·ten* I. *vt* ① *(durch eine Kette verbinden)* ■ **etw [mit etw** *dat*] **~** to chain sth [to sth]

② *(durch eine Kette verschließen)* ■ **etw ~** to put a chain on sth

③ INFORM *(verbinden)* ■ **etw [mit etw** *dat*] **~** to catenate sth [with sth]

④ SCI ■ **etw ~** to interlink sth

II. *vr* ■ **sich** *akk* **~** ① *(sich aneinander anschließen)* to follow close on one another

② *(sich zu einer Einheit verbinden) Moleküle* to combine

ver·ket·tet *adj* ELEK interlinked; **~e Kreise** interlinked circuits

Ver·ket·tung <-, -en> *f* chain

ver·ket·zern* [fɛɐ̯ˈkɛtsɐn] *vt* ■ **jdn/etw ~** to denounce sb/sth

ver·kie·seln [fɛɐ̯ˈkiːzl̩n] GEOL, CHEM I. *vi* to silicify

II. *vt* **organische Substanzen ~** to silicify organic substances

Ver·kie·se·lung <-, -en> [fɛɐ̯ˈkiːzəlʊŋ] *f (fachspr)* GEOL silicification *spec*

ver·kifft [fɛɐ̯ˈkɪft] *adj (sl)* stoned

ver·kit·schen* [fɛɐ̯ˈkɪtʃn̩] *vt* ■ **etw ~** ① *(kitschig gestalten)* to turn sth into kitsch, to make sth kitschy

② *(sl: billig verkaufen)* to flog [off *sep*] sth *fam*

ver·kit·ten* *vt* ■ **etw ~** to cement sth

ver·kla·gen* *vt* JUR ■ **jdn [wegen einer S.** *gen*] **~** to take proceedings against sb [for sth]; ■ **jdn [auf etw** *akk*] **~** to sue sb [for sth]

ver·klam·mern* I. *vt* ■ **etw ~** to clamp sth, to staple together sth *sep;* TECH to brace sth, to put braces *pl* around sth; **eine Wunde ~** to apply clips *pl* to a wound

II. *vr* ■ **sich** *akk* **[ineinander] ~** to clutch each other

ver·klap·pen* *vt* ■ **etw [irgendwo] ~** to dump sth [in the sea] [somewhere]

Ver·klap·pung <-, -en> *f* dumping [in the sea]

ver·klä·ren* *vr* ① *(heiter werden)* ■ **sich** *akk* **~** to become elated; ■ **verklärt** with an elated look

② *(nostalgisch werden)* ■ **etw verklärt sich** sth takes on a nostalgic air

ver·klärt <-er, -este> *adj* transfigured

Ver·kla·rung <-, -en> [fɛɐ̯ˈklaːrʊŋ] *f* JUR ship's protest

ver·klau·su·lie·ren* [fɛɐ̯klauzuˈliːrən] *vt* ① JUR ■ **etw ~** *Vertrag* to hedge around with restrictive clauses

② *(kompliziert darstellen)* **sich** *akk* **verklausuliert ausdrücken** to be difficult to understand

ver·klau·su·liert I. *adj* limited with qualifying clauses *pred*

II. *adv* in a convoluted [*or* roundabout] manner

ver·kle·ben* I. *vt haben* ① *(zukleben)* ■ **etw [mit etw** *dat*] **~** to cover sth [with sth]

② *(zusammenkleben)* ■ **etw [mit etw** *dat*] **~** to stick sth together [with sth]

③ *(festkleben)* ■ **etw ~** to stick sth [down]

II. *vi sein (zusammenkleben)* to stick together; **verklebte Hände** sticky hands

ver·kle·ckern* *vt* ■ **etw ~** ① *(kleckern) Suppe etc.* to spill sth

② *(verschwenden) Geld* to waste sth

ver·klei·den* I. *vt* ① *(kostümieren)* ■ **jdn [als etw** *akk*] **~** to dress up *sep* sb [as sth]; **ihr verkleideter Bruder** her brother in fancy dress

② *(ausschlagen)* ■ **etw [mit etw** *dat*] **~** to line sth [with sth]

③ BAU *(überdecken)* ■ **etw [mit etw** *dat*] **~** to cover sth [with sth]

II. *vr* ■ **sich** *akk* **[als etw] ~** to dress up [as sth]

Ver·klei·dung <-, -en> *f* ① *(Kostüm)* disguise, fancy dress; **in dieser ~** in this disguise [*or* fancy dress]

② BAU *(das Verkleiden)* covering; *(verkleidende Überdeckung)* lining

ver·klei·nern* [fɛɐ̯ˈklainɐn] I. *vt* ■ **etw ~** ① *(in der Fläche verringern)* to reduce sth

② *(die Zahl der Mitarbeiter verringern)* to reduce sth

③ FOTO to reduce sth

④ MED *(schrumpfen lassen)* to shrink sth; **einen Tumor ~** to shrink a tumor

⑤ INFORM to scale down *sep* sth

II. *vr* ① *(sich verringern)* ■ **sich** *akk* **[um etw** *akk*] **~** to be reduced in size [by sth]; ***das Grundstück hat sich um 10 % verkleinert*** the property has been reduced in size by 10%

② *(schrumpfen)* ■ **sich** *akk* **~** to shrink

Ver·klei·nern <-s> [fɛɐ̯ˈklainɐn] *nt kein pl* TYPO *(Repro)* reducing, scaling down

ver·klei·nert I. *pp von* **verkleinern**

II. *adj* reduced

Ver·klei·ne·rung <-, -en> *f* ① *kein pl (das Verkleinern)* reduction *no pl*

② *(verkleinerte Vorlage)* reduction

Ver·klei·ne·rungs·fak·tor *m* reduction ratio **Ver·klei·ne·rungs·form** *f* LING diminutive [form] **Ver·klei·ne·rungs·maß·stab** *m* MATH reduction scale

ver·klem·men* *vr* ■ **sich** *akk* **~** to jam, to get stuck

ver·klemmt *adj (fam)* [sexually] inhibited, uptight [about sex *pred*] *fam*

Ver·klemmt·heit [fɛɐ̯ˈklɛmthait] *f* uptightness

ver·kli·ckern* *vt (fam)* ■ **[jdm] etw ~** to explain sth [*or* to make sth clear] [to sb], to spell out sth *sep* [to sb] [in words of one syllable]; ■ **[jdm] ~, dass/wie ...** to tell sb [that]/how ...

ver·klin·gen* *vi irreg sein* to fade [*or* die] away

ver·klop·pen* *vt* DIAL *(fam)* ① *(verprügeln)* ■ **jdn ~** to beat [*or* BRIT *fam* duff] up sb *sep,* to give sb what for *fam*

② *(verkaufen)* ■ **etw ~** to sell [*or fam* flog] sth

ver·klum·pen* [fɛɐ̯ˈklʊmpn̩] *vr* ■ **sich** *akk* **~** to clump [up], to turn [*or* get] lumpy

ver·kna·cken* *vt (fam)* ■ **jdn ~** to put sb away [*or fam* inside]; **jdn zu einer Geldstrafe/zu zehn Jahren ~** to fine sb/to give sb ten years; ■ **[für etw** *akk*] **verknackt werden** to get done [*or* get put away] [for sth]

ver·knack·sen* *vt* **sich** *dat* **den Fuß ~** to sprain [*or* twist] one's ankle

ver·knal·len* *(fam)* I. *vt (verschwenden)* ■ **etw ~** to squander sth

II. *vr (sich verlieben)* ■ **sich** *akk* **[in jdn] ~** to fall head over heels in love [with sb]; ■ **[in jdn] verknallt sein** to be head over heels in love [with sb], to be crazy [*or fam* nuts] about sb

Ver·knap·pung <-, -en> *f* ÖKON shortage; **infolge zeitweiliger ~** owing to temporary shortage

ver·knaut·schen* I. *vt* ■ **etw ~** to crease [*or* crumple] sth; *(unabsichtlich a.)* to get sth creased

II. *vi sein* to be/get creased [*or* crumpled [up]]

ver·knei·fen* *vr irreg (fam)* ■**sich** *dat* **etw** ~ ① *(nicht offen zeigen)* to repress sth; **sich** *dat* **eine Äußerung nicht ~ können** to be unable to resist [*or* bite back] a remark; ***ich konnte mir ein Grinsen nicht*** ~ I couldn't keep a straight face [*or* help grinning]
② *(sich versagen)* to do without sth; **sich** *dat* **etw ~ müssen** to have to do [*or* manage] without sth

ver·knif·fen *adj* **eine ~e Miene** a pinched [*or* a strained] [*or* an uneasy] expression; **etw ~ sehen** *(fam)* to take a narrow view of sth, to be small-minded [*or pej* petty[-minded]] [*or* uncharitable] about sth; **etwas V~es haben** to look as if one has sucked on a lemon *hum*

ver·knit·tern* *vt* ■**etw** ~ to crumple sth

ver·knö·chert [fɛɐ̯ˈknœçɐt] *adj* inflexible, rigid; **ein ~er Mensch** a[n old] fossil *fam;* **~e Bürokraten** old fossils of bureaucrats *fam*

ver·knorzt [fɛɐ̯ˈknɔrtst] *adj* ① *(fam) Baum* gnarly
② *(pej fam) Person* uptight

ver·kno·ten* I. *vt* ■**etw** ~ to knot [*or* make [*or* tie] a knot in] sth; ■**etw miteinander** ~ to tie together sth *sep,* to knot together sth *sep*
II. *vr* ■**sich** *akk* ~ to become [*or* get] knotted

ver·knüp·fen* *vt* ① *(verknoten)* ■**etw** [**miteinander**] ~ to knot together sth *sep,* to tie [together *sep*] sth
② *(verbinden)* ■**etw** [**mit etw** *dat*] ~ to combine sth [with sth]
③ INFORM ■**etw** [**mit etw** *dat*] ~ to combine [*or* integrate] sth [with sth]
④ *(in Zusammenhang bringen)* ■**etw** [**mit etw** *dat*] ~ to link sth [to [*or* with] sth]

Ver·knüp·fung <-, -en> *f* ① *(Verbindung)* combination
② *(Zusammenhang)* link, connection
③ INFORM nexus
④ CHEM linkage, linking

ver·knu·sen* [fɛɐ̯ˈknuːzn̩] *vt (fam)* ■**jdn/etw nicht ~ können** to not be able to stand sb/sth

ver·ko·chen* *vi sein* ① *(verdampfen)* to boil away
② *(zerfallen)* to fall apart; *(zu einer breiigen Masse)* to go mushy *fam*

ver·koh·len*[1] I. *vi sein (zu Kohle werden)* to turn to charcoal
II. *vt sein* CHEM, TECH ■**etw** ~ to carbonate [*or* carbonize] sth

ver·koh·len*[2] *vt (fam)* ① *(veräppeln)* ■**jdn** ~ to pull sb's leg, to have [*or* put] sb on *fam*
② *(auf die falsche Spur führen)* to lead sb up the garden path

Ver·koh·lung *f* CHEM, TECH carbonization

ver·ko·ken *vt* TECH **Braunkohle** ~ to coke brown coal

ver·kokst [fɛɐ̯ˈkoːkst] *adj (pej sl)* coked-up *sl*

Ver·ko·kung *f kein pl* TECH coking

Ver·ko·kungs·kam·mer *f* TECH coking chamber

ver·kom·men*[1] *vi irreg sein* ① *(verwahrlosen)* to decay; *Mensch* to go to rack [*or esp* AM wrack] and ruin [*or fam* to the dogs]; *Gebäude* to decay, to become run-down, to fall into disrepair; **im Elend** ~ to sink into misery, to become destitute
② *(herunterkommen)* to go to the dogs [*or* to rack [*or esp* AM wrack] [*or fam* pot] and ruin]; ■**zu etw** *dat* ~ to degenerate into sth
③ *(sittlich sinken)* ■[**zu etw** *dat*] ~ to degenerate [into sth]
④ *(verderben)* to spoil, to go rotten [*or* bad] [*or* BRIT off]
⑤ *(versumpfen)* to stay out late [*or* be out on the town,] drinking

ver·kom·men[2] *adj* ① *(verwahrlost)* degenerate
② *(im Verfall begriffen)* decayed, dilapidated

Ver·kom·men·heit <-> *f kein pl* ① *(Verwahrlosung)* degeneration *no art, no pl*
② *(moralische Verwahrlosung)* profligacy *no art, no pl form; (schlimmer)* depravity *no art, no pl*

ver·komp·li·zie·ren* *vt* ■**etw** ~ to [unnecessarily] complicate sth

ver·kon·su·mie·ren* *vt (fam)* ■**etw** ~ to get through [*or sep fam* polish off] [*or esp* AM kill] sth

ver·kopft [fɛɐ̯ˈkɔpft] *adj (pej od iron fam)* ■~ **sein** to be led by one's head[, not one's heart]

ver·kop·peln* *vt* ■**etw** [**mit etw** *dat*] ~ to couple sth [to sth]

ver·kor·ken* *vt* ■**etw** ~ to cork [up *sep*] sth

ver·kork·sen* [fɛɐ̯ˈkɔrksn̩] *(fam)* I. *vt* ■**etw** ~ to make a mess of sth, to screw *fam* [*or* BRIT *fam!* cock] up sth *sep;* ■**jdm etw** ~ to wreck [*or sep* mess up] sth for sb; **ein verkorkster Magen** an upset stomach; **eine verkorkste Person** a screwed-up person *fam;* **jds Vergnügen** ~ to spoil [*or* ruin] sb's fun
II. *vr* **sich** *dat* **den Magen** ~ to upset one's stomach

ver·korkst <-er, -este> *adj* screwed-up *sl,* ruined; **ein ~er Magen** an upset stomach

ver·kör·pern* [fɛɐ̯ˈkœrpɐn] I. *vt* ① FILM, THEAT ■**jdn/etw** ~ to play [the part of] sb/sth
② *(personifizieren)* ■**etw** ~ to personify sth
II. *vr* ■**etw verkörpert sich in jdm/etw** sb/sth is the embodiment of sth

Ver·kör·pe·rung <-, -en> *f* ① *kein pl* FILM, THEAT portrayal
② *(Inbegriff)* personification
③ *(Abbild)* embodiment

ver·kos·ten* *vt* ■**etw** ~ to try [*or* taste] sth; *(prüfend)* to sample sth

ver·kös·ti·gen* [fɛɐ̯ˈkœstɪgn̩] *vt bes* ÖSTERR ■**jdn** ~ to feed [*or* cater for] sb, to provide a meal/meals for sb; ■**sich** *akk* ~ to cater for [*or fam* feed] oneself

ver·kra·chen* *(fam)* I. *vr (fam)* ■**sich** *akk* [**mit jdm**] ~ to fall out [*or* quarrel] [with sb]
II. *vi sein* ① *(bankrottgehen)* to go bankrupt [*or fam* bust]; ■**verkracht** bankrupt
② *(scheitern)* to fail

ver·kracht *adj (fam)* failed; *s. a.* **Existenz**

ver·kraf·ten* [fɛɐ̯ˈkraftn̩] *vt* ■**etw** ~ ① *(innerlich bewältigen)* to cope with sth
② *(aushalten)* to cope with [*or* stand] sth; ***ich könnte ein Bier*** ~ *(hum)* I could do with a beer

ver·kral·len* *vr* ■**sich** *akk* **in jdm/etw** ~ to dig one's nails/to dig [*or* stick] its claws into sb/sth

ver·kramp·fen* *vr* ■**sich** *akk* ~ ① *(zusammenkrümmen)* to be/become [*or* get] cramped
② *(sich anspannen)* to tense [up]
③ *(sich verspannen)* to tense [up], to get [*or* go] tense

ver·krampft I. *adj* ① *(unnatürlich wirkend)* tense, strained
② *(innerlich nicht gelöst)* tense, nervous
II. *adv* ① *(unnatürlich)* tensely; ~ **wirken** to seem unnatural
② *(in angespannter Verfassung)* tensely, nervously

Ver·kramp·fung <-, -en> *f* tension *no art, no pl; Muskulatur* muscular tension, [muscular] cramp

ver·krie·chen* *vr irreg* ① *(in ein Versteck kriechen)* ■**sich** *akk* ~ to creep [*or* crawl] away [to hide [oneself]]
② *(fam: sich begeben)* ■**sich** *akk* [**irgendwohin**] ~ to crawl [somewhere]
③ *(fam: einen Vergleich scheuen)* **sich** *akk* **vor jdm nicht** [**zu**] ~ **brauchen** not to need to fear comparison with sb, you don't have to worry about him

ver·krü·meln* *vr (fam)* ■**sich** *akk* ~ to make oneself scarce, to do a bunk BRIT *fam*

ver·krüm·men* I. *vt* ■**etw** ~ to bend sth
II. *vr* ■**sich** *akk* ~ to bend; *Baum* to grow crooked; *Holz* to warp

Ver·krüm·mung <-, -en> *f* bend (+*gen* in); *Finger* crookedness *no art, no pl; Holz* warp; *Rückgrat* curvature

ver·krüp·peln* I. *vt* ■**jdn/etw** ~ to cripple sb/sth
II. *vi sein* to be/grow [*or* become] stunted

ver·krüp·pelt <-er, -este> *adj* ① *(missgestaltet gewachsen)* stunted
② *(missgestaltet zugerichtet)* crippled

ver·krus·ten* [fɛɐ̯ˈkrʊstn̩] *vi sein* to become encrusted

ver·krus·tet *adj* time-honoured [*or* AM -ored], set *attr*

ver·küh·len* *vr* DIAL, BES ÖSTERR *(fam)* ■**sich** *akk* ~ to catch [*or* get] a cold [*or* chill]; ■**sich** *dat* **etw** ~ to catch [*or* get] a chill [*or* cold] in sth; **sich** *dat* **die Blase** ~ to get a chill on the bladder

Ver·küh·lung <-, -en> *f* DIAL, ÖSTERR chill, cold

ver·küm·mern* *vi sein* ① MED to waste away, to atrophy; *(durch einen natürlichen Prozess)* to degenerate
② *(eingehen)* to [shrivel and] die
③ *(verloren gehen)* to wither away
④ *(die Lebenslust verlieren)* to waste away

ver·kün·den* *vt* ① *(geh: mitteilen)* ■[**jdm**] **etw** ~ to announce sth [to sb]; ■[**jdm**] **~, dass ...** to announce [to sb] that ...
② JUR **einen Beschluss** ~ to announce a decision; **ein Urteil** ~ to pronounce sentence
③ *(geh: ankündigen)* ■**etw** ~ to speak [*or* promise] sth; **Gutes/Unheil** ~ to augur/to not augur well *form*

Ver·kün·der(in) <-s, -> *m(f) (geh)* messenger, bringer of [good/bad etc.] news *liter*

ver·kün·di·gen* *vt (geh)* ■[**jdm**] **etw** ~ to proclaim sth [to sb] *form*

Ver·kün·di·gung *f (geh)* ① *(das Verkündigen)* announcement; *Evangelium* preaching *no art, no pl,* propagation *no art, no pl;* **Mariä** ~ the Annunciation
② *(Proklamation)* proclamation

Ver·kün·dung <-, -en> *f* ① *(Ankündigung)* announcement
② JUR *eines Gesetzes* promulgation; *eines Urteils* pronouncement, proclamation

Ver·kün·dungs·ter·min *m* JUR date for the pronouncement of a decision

ver·kup·fern* *vt* ■**etw** ~ ① *(mit Kupfer überziehen)* to copper-plate sth
② *(fam: zu Geld machen)* to cash in sth *sep*

ver·kup·peln* *vt* ■**jdn** [**mit jdm/an jdn**] ~ to pair off sb *sep* [with sb]

ver·kür·zen* I. *vt* ① *(kürzer machen)* ■**etw** [**auf etw** *akk*/**um etw** *akk*] ~ to shorten sth [to/by sth]
② *(zeitlich vermindern)* ■**etw** [**auf etw** *akk*/**um etw** *akk*] ~ to reduce [*or* shorten] sth [to/by sth]; **die Arbeitszeit** ~ to reduce working hours; **das Leben** ~ to shorten life; **einen Urlaub** ~ to shorten [*or sep* cut short] a holiday [*or* AM vacation]
③ *(verringern)* ■**etw** [**auf etw** *akk*] ~ to reduce sth [to sth]; **den Abstand** ~ to reduce [*or* shorten] sb's lead; *(den Vorsprung aufholen)* to close the gap
④ *(weniger lang erscheinen lassen)* ■[**jdm**] **etw** ~ to make sth pass more quickly [for sb]
II. *vr* ■**sich** *akk* ~ to become shorter, to shorten

Ver·kür·zung *f* ① *(das Verkürzen)* ■**die ~** [**einer S.** *gen* [*o* **von etw** *dat*]] shortening [sth], cutting short [sth *sep*]
② *(zeitliche Verminderung)* reduction, cutting short; *kein art, no pl*
③ *(Verringerung)* reduction

ver·la·chen* *vt* ■**jdn** ~ to laugh at [*or* ridicule] sb

Ver·la·de·auf·trag *m* HANDEL loading [*or* shipping] instruction, broker's order **Ver·la·de·bahn·hof** *m* loading station **ver·la·de·be·reit** *adj* HANDEL ready for loading [*or* shipping] **Ver·la·de·brü·cke** *f* loading bridge **Ver·la·de·ein·rich·tung** *f* TECH loading gear **Ver·la·de·flug·ha·fen** *m* airport of dispatch **Ver·la·de·ge·wicht** *nt* HANDEL loading [*or* shipping] weight

ver·la·den* *vt irreg* ① *(zur Beförderung laden)* ■**etw** [**auf etw** *akk*/**in etw** *akk*] ~ to load sth [on/in sth]
② *(sl: hintergehen)* ■**jdn** ~ to pull the wool over sb's eyes, to take sb for a ride *fam;* ■**sich** *akk* [**von jdm**] ~ **lassen** to get taken for a ride *fam*

Ver·la·de·ram·pe *f* TECH loading ramp [*or* platform]; *(für Autos)* loading bay **Ver·la·de·schein** *m* HANDEL shipping note

Ver·la·dung <-, -en> *f* HANDEL loading *no art, no pl;* **zur ~ bereit** ready for loading [*or* shipping]

Ver·la·dungs·schein *m* HANDEL bill of lading

Ver·lag <-[e]s, -e> [fɛɐ̯ˈlaːk, *pl* -ˈlaːgə] *m* publisher's, publishing house *form;* ***in welchem ~ ist der Titel erschienen?*** who published the book?, which publisher brought out the book?

ver·la·gern* I. *vt* ❶ *(auslagern)* ■etw [irgendwohin] ~ to move [*or* shift] sth [somewhere]
❷ *(an eine andere Stelle bringen)* ■etw [auf etw *akk*] ~ to move [*or* shift] sth [to sth]; **den Schwerpunkt** ~ to shift the emphasis
II. *vr* METEO ■**sich** *akk* [**irgendwohin**] ~ to move [somewhere]

Ver·la·ge·rung *f* ❶ *(das Auslagern)* ***die ~ der Kunstgegenstände diente dem Schutz vor Bombenangriffen*** the works of art were moved to protect them from bombs
❷ METEO ***die ~ des Hochs lässt feuchtwarme Luftmassen nach Mitteleuropa strömen*** the high is moving and that allows warm, humid air to flow towards central Europe

Ver·lags·an·ge·stell·te(r) *f(m)* sb who works for a publisher; ■**~/~r sein** to work for a publisher **Ver·lags·buch·han·del** *m* publishing trade *no indef art, no pl* **Ver·lags·buch·händ·ler(in)** *m(f) (veraltend) s.* **Verleger Ver·lags·buch·hand·lung** *f publishing house purveying its own booksellers* **Ver·lags·ge·setz** *nt* JUR Publishing Act **Ver·lags·haus** *nt* publishing house *form* **Ver·lags·ka·ta·log** *m* publisher's catalogue [*or* AM *also* -og] **Ver·lags·kauf·mann, -kauf·frau** *m, f* publishing manager **Ver·lags·lei·ter(in)** *m(f)* publishing director **Ver·lags·pro·gramm** *nt* publisher's list **Ver·lags·recht** *nt* JUR copyright, publishing rights; **die ~e beantragen** to apply for the copyright; **das ~ verletzen** to infringe a copyright

ver·lags·recht·lich I. *adj attr* JUR copyright *attr*
II. *adv* JUR ~ ***gesehen, handelt es sich bei diesem Problem um eine alte Geschichte*** this is a copyright problem with a history; ~ **geschützt** copyrighted; **eine ~ relevante/unwichtige Frage** a relevant/irrelevant issue on copyright

Ver·lags·re·dak·teur(in) *m(f)* [publishing] editor **Ver·lags·ver·trag** *m* JUR publishing contract **Ver·lags·ver·tre·ter(in)** *m(f)* publishing representative **Ver·lags·we·sen** *nt kein pl* publishing **Ver·lags·wirt·schaft** *f kein pl* publishing industry [*or* trade]

ver·lan·den* *vi sein* GEOG *(zu Land werden)* to silt up; *(austrocknen)* to dry up

Ver·lan·dung *f* GEOG ❶ *(Landwerdung)* silting up *no art, no pl*
❷ *(Austrocknung)* drying up *no art, no pl*

ver·lan·gen* I. *vt* ❶ *(fordern)* ■**etw** [**von jdm**] ~ to demand sth [from sb]; **einen Preis** ~ to ask [*or* charge] a price; **eine Bestrafung/das Eingreifen/eine Untersuchung** ~ to demand [*or* call for] punishment/intervention/an investigation; **Maßnahmen** ~ to demand that steps [*or* measures] be taken; ■**~, dass jd etw tut/etw geschieht** to demand that sb does sth/sth be done
❷ *(erfordern)* ■**etw** [**von jdm**] ~ to require sth [from sb], to call for sth
❸ *(erwarten)* ■**etw** [**von jdm**] ~ to expect sth [from sb]; **das ist ein bisschen viel verlangt** that's a bit much, that's too much to expect; **das ist nicht zu viel verlangt** that is not too much to expect
❹ *(sich zeigen lassen)* ■**etw** ~ to ask [*or* want] to see [*or* to ask for] sth
II. *vi* ❶ *(erfordern)* ■**nach etw** *dat* ~ to demand [*or* require] sth
❷ *(geh: jd zu sehen, sprechen wünschen)* ■**nach jdm** ~ to ask for sb
❸ *(geh: um etw bitten)* ■**nach etw** *dat* ~ to ask for sth
III. *vt impers (geh)* ■**es verlangt jdn nach jdm/etw** sb longs [*or* yearns] for sb/sth; ■**es verlangt jdn danach, etw zu tun** sb longs [*or* yearns] to do sth

Ver·lan·gen <-s, -> *nt* ❶ *(dringender Wunsch)* desire; **kein ~ nach etw** *dat* **haben** *(geh)* to have no desire for sth
❷ *(Forderung)* demand; **auf ~** on demand; **auf jds** *akk* **~ [hin]** at sb's request

ver·lan·gend *adj Blick* longing

ver·län·gern* [fɛɐ̯ˈlɛŋɐn] I. *vt* ❶ *(länger machen)* ■**etw** [**um etw** *akk*] ~ to lengthen [*or* extend] sth [by sth] [*or* to make sth longer]
❷ *(länger dauern lassen)* ■[**jdm**] **etw** ~ to extend sth [for sb]; **jdm das Leben** ~ to prolong sb's life; **einen Vertrag** ~ to renew [*or* extend] a contract
II. *vr* ■**sich** *akk* [**um etw** *akk*] ~ to be longer [by sth]; *Leben, Leid* to be prolonged [by sth]; ***das Abonnement verlängert sich automatisch um ein weiteres Jahr*** the subscription will be renewed automatically for another year

Ver·län·ge·rung <-, -en> *f* ❶ *kein pl (Vergrößerung der Länge)* ■**die ~** [**einer S.** *gen* [*o* **von etw** *dat*]] lengthening sth; *(durch ein Zusatzteil)* the extension [to sth]
❷ *kein pl (zeitliche Ausdehnung)* extension; JUR prolongation; **stillschweigende ~** tacit renewal
❸ SPORT extra time *no art, no pl*
❹ *(fam) s.* **Verlängerungskabel**

Ver·län·ge·rungs·ka·bel *nt,* **Ver·län·ge·rungs·schnur** *f* extension [cable [*or* lead]]

Ver·län·ge·rungs·wech·sel *m* FIN renewal bill

ver·lang·sa·men* [fɛɐ̯ˈlaŋzaːmən] I. *vt* ■**etw** ~
❶ *(langsamer werden lassen)* to reduce sth; **die Fahrt/das Tempo** ~ to reduce [one's] speed; **die Schritte** ~ to slow [*or* slacken] one's pace
❷ *(aufhalten)* to slow down sth *sep;* **Verhandlungen** ~ to hold up *sep* negotiations
II. *vr* ■**sich** *akk* ~ to slow [down], to slacken off [*sep* one's pace]

Ver·lang·sa·mung <-, -en> *f* ❶ *(Herabsetzung des Tempos)* slowing down *no art, no pl*
❷ *(das Verlangsamen)* slowing down *no art, no pl,* slackening off *no art, no pl;* ~ **des Preisauftriebs** HANDEL price slowdown

ver·langt *adj* ÖKON wanted, in demand *pred;* **~es Angebot** solicited offer

Ver·lass^RR <-es>, **Ver·laß**^ALT <-sses> [fɛɐ̯ˈlas] *m kein pl* ■**auf jdn/etw ist/ist kein ~** you can/cannot rely on sb/sth, sb/sth can/cannot be relied [*or* depended] [up]on; ■**es ist ~ darauf, dass jd etw tut/etw geschieht** you can depend on sb [*or form* sb's] doing sth/on sth happening, you can bet your shirt [*or* bottom dollar] [*or* BRIT boots] [that] ... *fam*

ver·las·sen*[1] *irreg* I. *vt* ❶ *(im Stich lassen)* ■**jdn** ~ to abandon [*or* leave] [*or* desert] sb
❷ *(aus etw hinausgehen, fortgehen)* ■**etw** ~ to leave sth
❸ *(euph: sterben)* ■**jdn** ~ to pass away [*or* on]
❹ *(verloren gehen)* ■**jdn** ~ to desert sb; ***der Mut verließ ihn*** he lost courage, his courage left him
►WENDUNGEN: [**und**] **da**[**nn**] **verließen sie ihn/sie** *(fam)* after that he/she was at a loss [for words]
II. *vr* ■**sich** *akk* **auf jdn/etw** ~ to rely [*or* depend] [up]on sb/sth; ***man kann sich auf ihn*** ~ he's reliable, you can rely on him; ■**sich** *akk* [**darauf**] **~, dass jd etw tut/etw geschieht** to rely [*or* depend] [up]on sb [*or form* sb's] doing sth/sth happening; ***darauf können Sie sich*** ~ you can rely [*or* depend] [up]on it, you can be sure of it; ***worauf du dich ~ kannst!*** *(fam)* you bet! *fam,* you can bet your shirt [*or* bottom dollar] [*or* BRIT boots] on it! *fam*

ver·las·sen[2] *adj* deserted; *(verwahrlost)* desolate; **ein ~es Haus/eine ~e Straße** a deserted [*or* an empty] house/street

Ver·las·sen·heit <-> *f kein pl* desertedness

ver·läss·lich^RR, **ver·läß·lich**^ALT [fɛɐ̯ˈlɛslɪç] *adj* reliable; **ein ~er Mensch** a reliable [*or* dependable] person

Ver·läss·lich·keit^RR, **Ver·läß·lich·keit**^ALT <-> *f kein pl* reliability *no art, no pl,* dependability *no art, no pl*

Ver·laub [fɛɐ̯ˈlaup] *m* ■**mit ~** *(geh)* forgive [*or form* pardon] me for saying so, with respect

Ver·lauf [fɛɐ̯ˈlauf] *m* ❶ *(Ablauf)* course; **im ~ einer S.** *gen* during [*or* in the course of] sth; **im ~ der Zeit** *(in der Zukunft)* in time; *(in der Vergangenheit)* over the years; **im ~ der nächsten Monate** in the course of the next few months; **einen bestimmten ~ nehmen** to take a particular course; ***der Prozess nahm einen unerwartet guten*** ~ the case went unexpectedly well
❷ *(sich erstreckende Linie)* route; *Fluss* course
❸ TYPO gradation, tone shading, vignetted background

ver·lau·fen* *irreg* I. *vi sein* ❶ *(ablaufen)* ***die Diskussion verlief stürmisch*** the discussion was stormy [*or* went off stormily]; ***das Gehaltsgespräch verlief nicht ganz so wie erhofft/erwartet*** the discussion about salaries didn't go [off] [*or* were not] as hoped/expected
❷ *(sich erstrecken)* ■**irgendwo/irgendwie** ~ to run somewhere/somehow; ***der Fluss verläuft ruhig*** the river flows gently; *s. a.* **Sand**
II. *vr* ❶ *(sich verirren)* ■**sich** *akk* [**in etw** *dat*] ~ to get lost [*or* lose one's way] [in sth]
❷ *(auseinandergehen)* ■**sich** *akk* ~ to disperse; *(panisch)* to scatter
❸ *(abfließen)* to subside

Ver·laufs·form *f* LING continuous form **Ver·laufs·ras·ter** *m* TYPO gradation screen [*or* tint]

ver·laust *adj* louse-ridden; ■**~ sein** to have [*or fam* be crawling with] lice

ver·laut·ba·ren* [fɛɐ̯ˈlautbaːrən] *(geh)* I. *vt* ■**etw** ~ to announce sth; **eine Ankündigung** ~ to make an announcement; ■**etw ~ lassen** to let sth be announced [*or* make known]
II. *vi sein* ■**es verlautbarte, dass ...** rumour [*or* AM -or] had it that ...; ■**etw verlautbart über jdn/etw** sth is said about sb/sth

Ver·laut·ba·rung <-, -en> *f (geh)* ❶ *kein pl (Bekanntgabe)* announcement, statement
❷ *(bekannt gegebene Mitteilung)* statement; *(amtlich a.)* bulletin

ver·lau·ten* I. *vt sein* ■**etw** ~ to announce sth; ■**etw** [**über etw** *akk*] **~ lassen** to say sth [about sth]; **kein Wort über etw** *akk* ~ to hush up sth *sep pej,* to not say a word about sth; **wie** [**aus etw** *dat*] **verlautet, ...** as announced [*or* stated] [by sth], ..., according to reports [from sth], ...
II. *vi impers sein o haben* ■**es verlautet, dass ...** there are reports that ...

ver·lea·sen* [fɛɐ̯ˈliːzn̩] *vt* ■**etw** ~ *Auto* to lease sth

ver·le·ben* *vt* ■**etw** ~ ❶ *(verbringen)* to spend sth; **eine schöne Zeit** ~ to have a nice time; **seine Kindheit in der Großstadt** ~ to spend one's childhood [*or* to grow up] in the city
❷ *(zum Lebensunterhalt verbrauchen)* to spend sth; **etw schnell** ~ to fritter [away *sep*] sth

ver·lebt *adj* ruined, raddled; **ein ~es Aussehen** a disreputable appearance

ver·le·gen*[1] [fɛɐ̯ˈleːgn̩] I. *vt* ❶ *(verbummeln)* ■**etw** ~ to mislay [*or* lose] sth
❷ *(verschieben)* ■**etw** [**auf etw** *akk*] ~ to postpone [*or* defer] sth [until sth]; **etw auf einen anderen Zeitpunkt** ~ to postpone [*or* defer] sth [until another time]
❸ *(auslegen)* **Gleise/einen Teppich** ~ to lay rails/a carpet; ■[**irgendwo**] **etw ~ lassen** to have sth laid [somewhere]
❹ *(ziehen)* **Fenster/Türen** ~ to put in *sep* windows/doors; **Kabel** ~ to lay cables
❺ *(publizieren)* ■**etw** ~ to publish sth
❻ *(woandershin bringen)* ■**jdn/etw** [**irgendwohin**] ~ to move [*or* transfer] sb/sth [somewhere]
II. *vr* ■**sich** *akk* [**auf etw** *akk*] ~ to take up sth *sep;* **sich** *akk* **aufs Bitten/Betteln/Leugnen** ~ to resort to pleas/begging/lies

ver·le·gen[2] [fɛɐ̯ˈleːgn̩] I. *adj* embarrassed; [**nicht/nie**] **um etw** *akk* **~ sein** to be [never] lost [*or* at a loss] for sth; ***egal, wie oft er zu spät kommt, er ist nie um eine Entschuldigung*** ~ it doesn't matter how often he arrives late, he's always got an excuse ready [*or* at the ready] [*or* he's never lost [*or* at a loss] for an excuse]
II. *adv* in embarrassment

Ver·le·gen·heit <-, -en> *f* ❶ *kein pl (peinliche Situation)* embarrassment *no pl;* **jdn in ~ bringen** to embarrass sb, to put sb in an embarrassing situation; **jdn in große ~ bringen** to put sb in a very embarrassing situation
❷ *(finanzielle Knappheit)* financial embarrassment *no art, no pl;* **in ~ sein** to be in financial difficulties

Ver·le·gen·heits·lö·sung *f* stopgap

Ver·le·ger(in) <-s, -> *m(f)* publisher, owner of a

publishing house *form*

ver·le·ge·risch VERLAG **I.** *adj* publishing **II.** *adv* from the publishing standpoint

Ver·le·gung <-, -en> *f* ① *(Verschiebung)* rescheduling *no art, no pl; (auf einen späteren Zeitpunkt)* postponement
② *(Auslegung)* laying *no art, no pl*
③ TECH installation, laying *no art, no pl*
④ *(das Publizieren)* publication
⑤ *(Ortswechsel)* transfer, moving *no art, no pl*

ver·lei·den* *vt* ① *(die Freude verderben)* ■ **jdm etw ~** to spoil [*or* ruin] sth for sb
② *sein* SÜDD *(zuwider werden)* ■ **etw verleidet jdm** sth has been ruined [*or* spoiled] for sb

Ver·leih <-[e]s, -e> [fɛɐ̯'lai] *m* ① *(Unternehmen)* rental company [*or* BRIT hire]; *(Autoverleih)* car rental [*or* hire] company
② *kein pl (das Verleihen)* renting [*or* BRIT hiring] out *no art, no pl*

ver·lei·hen* *vt irreg* ① *(verborgen)* ■ **etw [an jdn] ~** to lend sth [to sb] [*or* sb sth]; *(gegen Geld)* to rent [*or* BRIT hire] out sth *sep;* **Geld ~** to lend money
② *(jdm mit etw auszeichnen)* ■ **[jdm] etw ~** to award sth [to sb] [*or* sb sth], to confer [*or form* bestow] sth [on sb]
③ *(stiften)* ■ **jdm etw ~** to give sb sth, to fill sb with sth; ***die Wut verlieh ihm neue Kräfte*** anger gave him new strength
④ *(verschaffen)* **seinen Worten Nachdruck ~** to emphasize one's words; **etw** *dat* **Ausdruck ~** to lend [*or* give] expression to sth

Ver·lei·her <-s, -> *m* hire company

Ver·lei·hung <-, -en> *f* ① *(das Verleihen)* lending *no art, no pl; (für Geld)* renting [*or* BRIT hiring] out *no art, no pl;* **die ~ von Geld** lending money, moneylending *pej*
② *(Zuerkennung)* award, conferment *form,* bestowal *form*

ver·lei·ten* *vt* ① *(dazu bringen)* ■ **jdn [zu etw** *dat*] **~** to persuade [*or form* induce] sb [to do sth]; ■ **sich** *akk* **[von jdm] [zu etw** *dat*] **~ lassen** to let oneself be persuaded [to do sth] [by sb], to let oneself be induced [to do sth] [by sb] *form*
② *(verführen)* ■ **jdn [zu etw** *dat*] **~** to entice sb to do sth

Ver·lei·tung <-, -en> *f* JUR inducement, instigation; **~ zur Falschaussage** subornation; **~ zum Vertragsbruch** procuring breach of contract; **~ zu strafbaren Handlungen** incitement to commit crimes; ***die ~ zum Meineid ist strafbar*** encouraging someone to perjure themselves is punishable by law, subornation is a punishable act *spec*

ver·ler·nen* *vt* ■ **etw ~** to forget sth; **das Tanzen ~** to forget how to dance

ver·le·sen*[1] *irreg* **I.** *vt (vorlesen)* ■ **etw ~** to read [aloud *sep*] sth
II. *vr (falsch lesen)* ■ **sich** *akk* **~** to make a mistake, to read sth wrongly

ver·le·sen*[2] *vt irreg (aussortieren)* ■ **etw ~** to sort sth

Ver·le·sung <-, -en> *f* JUR reading [out]

ver·letz·bar *adj s.* **verletzlich**

ver·let·zen* [fɛɐ̯'lɛtsn̩] *vt* ① *(verwunden)* ■ **jdm/sich etw ~** to injure [*or* hurt] sb's/one's sth; ■ **jdn [an etw** *dat*] **~** to injure [*or* hurt] sb['s sth]; ■ **sich** *akk* **~** to injure [*or* hurt] oneself; **sich** *akk* **beim Schneiden ~** to cut oneself; ■ **sich** *akk* **etw** [*o* **an etw** *dat*] **~** to injure [*or* hurt] one's sth
② *(kränken)* ■ **jdn ~** to offend sb; **jdn in seinem Stolz ~** to hurt sb's pride
③ *(missachten)* ■ **etw ~** to wound [*or* injure] sth; **den Anstand ~** to overstep the mark; **jds Gefühle ~** to hurt sb['s feelings]
④ *(übertreten)* ■ **etw ~** to violate [*or form* infringe] sth; **die Grenze ~** to violate the frontier

ver·let·zend *adj* hurtful

ver·letz·lich *adj* vulnerable, sensitive, oversensitive *pej*

ver·letzt *adj* injured, wounded

Ver·letz·te(r) *f(m) dekl wie adj* injured person; *(Opfer)* casualty; ■ **die ~n** the injured + *pl vb*

Ver·let·zung <-, -en> *f* ① MED injury; **innere ~** internal injury
② JUR *(Verstoß)* violation, infringement *form;* **~ des Berufsgeheimnisses** breach of professional secrecy; **~ des Eigentums** trespass; **~ des Garantieversprechens** breach of warranty; **~ der Kartellgesetze** antitrust violation; **~ der Privatsphäre** violation of privacy; **~ des Urheberrechts** infringement of copyright; **~ von Warenzeichen** infringement of trademarks

Ver·let·zungs·de·likt *nt* JUR offence of causing an injury **Ver·let·zungs·ge·fahr** *f* risk of injury **Ver·let·zungs·hand·lung** *f* JUR infringing act **Ver·let·zungs·kla·ge** *f* JUR infringement action [*or* suit] **Ver·let·zungs·ri·si·ko** *nt* risk of injury **Ver·let·zungs·tat·be·stän·de** *pl* JUR definition of infringement

ver·leug·nen* *vt* ■ **jdn ~** to deny [*or* disown] sb; **sich** *akk* **[von jdm] ~ lassen** to pretend [*or* get sb to say] one is absent [*or* isn't there]; **ich kann nicht ~, dass ...** I cannot deny that ...

ver·leum·den* [fɛɐ̯'lɔymdn̩] *vt* ■ **jdn ~** to slander sb; *(schriftlich)* to libel sb, to commit libel against sb

Ver·leum·der(in) <-s, -> *m(f)* slanderer, libeller [*or* AM libeler]

ver·leum·de·risch [fɛɐ̯'lɔymdərɪʃ] *adj* slanderous, libellous [*or* AM libelous]

Ver·leum·dung <-, -en> *f* slander *no art, no pl,* libel *no art, no pl*

Ver·leum·dungs·kam·pa·gne *f* smear campaign **Ver·leum·dungs·kla·ge** *f* JUR libel suit **Ver·leum·dungs·pro·zess**[RR] *m* JUR libel action

ver·lie·ben* *vr* ■ **sich** *akk* **[in jdn] ~** to fall in love [with sb]; **sich** *akk* **hoffnungslos [in jdn] ~** to fall hopelessly [*or* be head over heels] in love [with sb]; *(für jdn schwärmen) Schulmädchen* to have a crush on sb *fam;* **zum V~ aussehen/sein** to look perfect/be adorable

ver·liebt *adj* ① *(durch Liebe bestimmt)* loving, amorous, affectionate; **~e Worte** words of love, loving [*or* amorous] [*or* affectionate] words
② *(von Liebe ergriffen)* enamoured [*or* AM -ored], charmed; *(stärker)* infatuated; ■ **[in jdn/etw] ~ sein** to be in love [with sb/sth]; **in eine Idee ~ sein** to be infatuated by an idea, to have an idée fixe *liter*

Ver·lieb·te(r) *f(m) dekl wie adj* lover; **die beiden ~** the two lovers

Ver·liebt·heit <-> *f kein pl* state *no pl* of being in love, infatuation *no art, no pl*

ver·lie·ren <verlor, verloren> [fɛɐ̯'li:rən] **I.** *vt* ① *(jdm abhandenkommen)* ■ **etw ~** to lose sth; **nichts mehr zu ~ haben** to have nothing [else] to lose
② *(abwerfen)* ■ **etw ~** to lose [*or* shed] sth
③ *(nicht halten können)* ■ **jdn/etw ~** to lose sb/sth
④ *(entweichen lassen)* ■ **etw ~** to lose sth; **Flüssigkeit/Gas ~** to leak
⑤ *(nicht gewinnen)* ■ **etw ~** to lose sth
⑥ *(einbüßen)* ■ **an etw** *dat* **~** to lose sth; **an Schönheit ~** to lose some of his/her/their etc. beauty
▶ WENDUNGEN: **irgendwo nichts verloren haben** *(fam)* to have no business [being] somewhere; **was haben Sie hier verloren?** *(fam)* what are you doing here?
II. *vr* ① *(verschwinden)* ■ **sich** *akk* **[in etw** *dat*] **~** to disappear [*or* to vanish] [in sth]
② *(sich verirren)* ■ **sich** *akk* **[in etw** *dat*] **~** to get lost [in sth]
③ *(ganz in etw aufgehen)* ■ **sich** *akk* **in etw** *dat* **verlieren** to get carried away with sth; **sich** *akk* **in Gedanken** *dat* **~** to be lost in thought
III. *vi* ■ **[an etw** *dat*] **~** to lose [sth]

Ver·lie·rer(in) <-s, -> *m(f)* loser

Ver·lie·rer·stra·ße *f* ▶ WENDUNGEN: **auf der ~ sein** to be playing a losing game; *(verkommen)* to be on the downward slope

Ver·lies <-es, -e> [fɛɐ̯'li:s, *pl* 'li:zə] *nt* dungeon

ver·lin·ken* [fɛɐ̯'lɪŋkən] *vt* INET ■ **etw mit etw** *dat* **~** to link sth to sth

ver·lo·ben* *vr* ■ **sich** *akk* **[mit jdm/miteinander] ~** to get engaged [to sb/[each other]]

ver·lobt *adj* engaged (**mit** + *dat* to), betrothed *old form* (**mit** + *dat* to); **so gut wie ~ sein** to be as good as engaged; ■ **sie sind miteinander ~** they are engaged [to each other]

Ver·lob·te(r) *f(m) dekl wie adj* fiancé *masc,* fiancée *fem;* ■ **jds ~/~r** sb's fiancée/fiancé [*or old* betrothed]; ■ **die ~n** the engaged couple; ***wir sind seit kurzem ~*** we got engaged recently

Ver·lo·bung <-, -en> *f* engagement, betrothal *form or old;* **eine ~ auflösen/bekannt geben** to break off/announce an engagement

Ver·lo·bungs·ring *m* engagement ring

ver·lo·chen [fɛɐ̯'lɔxn̩] *vt* SCHWEIZ *(fam: verschwenden)* **Geld ~** to throw money down the drain *fam*

ver·lo·cken* *vi (geh)* ■ **[zu etw** *dat*] **~** to make sth a tempting [*or* an attractive] prospect [for sb], to tempt [*or* entice] sb [to do sth], to make sb want to do sth; ■ **dazu ~, etw zu tun** to make sb want [*or* to tempt [*or* entice] sb] to do sth

ver·lo·ckend *adj* tempting

Ver·lo·ckung <-, -en> *f* temptation; **der ~ widerstehen** to resist [the] temptation

ver·lo·gen [fɛɐ̯'lo:gn̩] *adj* ① *(lügnerisch)* lying *attr,* untruthful, mendacious *form;* **durch und durch ~ sein** *Behauptung* to be a blatant lie; *Mensch* to be a rotten liar
② *(heuchlerisch)* insincere, phoney [*or* phony] *pej fam*

Ver·lo·gen·heit <-> *f kein pl* ① *(lügnerisches Wesen)* untruthfulness *no art, no pl,* mendacity *no art, no pl form; (mit falschem Spiel)* duplicity *no art, no pl form*
② *(Heuchelei)* insincerity *no art, no pl,* phoniness *no art, no pl pej fam*

ver·lor [fɛɐ̯'lo:ɐ̯] *imp von* **verlieren**

ver·lo·ren [fɛɐ̯'lo:rən] **I.** *pp von* **verlieren**
II. *adj* ■ **~ sein** to be finished [*or fam* done for]; **sich** *akk* **~ fühlen** to feel lost; **jdn/etw ~ geben** to give up sb/sth *sep* for lost; **einen Plan ~ geben** to write off *sep* a plan; **~ gehen** *(abhandenkommen)* to get lost; *(sich verirren a.)* to go astray; **etw geht jdm ~** sb loses sth
▶ WENDUNGEN: **an jdm ist eine Malerin/Musikerin etc. ~ gegangen** *(fam)* you would have made a good artist/musician etc.; *s. a.* **Posten**

Ver·lo·ren·heit <-> *f kein pl (geh)* loneliness *no art, no pl,* isolation *no art, no pl*

ver·lö·schen* <verlosch, verloschen> *vi sein (geh)* to go out

Ver·lö·schen *nt* ELEK quenching

ver·lo·sen* *vt* ■ **etw ~** to raffle sth

Ver·lo·sung *f* raffle, draw

ver·lö·ten* *vt* TECH ① *(durch Löten schließen)* ■ **etw ~** to solder [up *sep*] sth
② *(durch Löten verbinden)* ■ **etw [miteinander] ~** to solder [together *sep*] sth

ver·lot·tern* *vi sein* to fall into disrepair, to become run-down; *Mensch* to run to seed, to go to the dogs *fam;* ■ **etw ~ lassen** to let sth get run-down

ver·lot·tert *adj (pej)* run-down, scruffy; **ein verlottertes Gebäude** a dilapidated building; **ein verlotterter Mensch** someone who has gone to the dogs [*or* run to seed]

ver·lu·dern* *(fam)* **I.** *vt* ■ **etw ~** *Geld* to squander sth, to fritter away sth *sep*
II. *vi* to go to the bad *fam*

Ver·lust <-[e]s, -e> [fɛɐ̯'lʊst] *m* ① *(das Verlieren)* loss
② FIN *(finanzielle Einbuße)* loss; ■ **der ~ von etw** *dat* the loss of sth; **~ aufweisend** showing a loss *pred;* **etw als ~ abschreiben** to write off sth [as a loss]; **einen ~ decken** to cover [*or* make good] a loss; **~ bringend** loss-making, unprofitable; **große ~** huge losses; **~e aus unternehmerischen Tätigkeiten** losses incurred from business activities; **~e/einen ~ haben** [*o* **erleiden**] to make losses/a loss; **~e machen** to make losses; **mit ~** at a [financial] loss
③ *(Einbuße)* loss (+ *gen* of); **~ der deutschen Staatsangehörigkeit** loss of German nationality
④ *pl* MIL losses *pl;* **schwere ~e erleiden** [*o* **haben**]

to suffer heavy losses

Ver·lust·ab·de·ckung *f kein pl* FIN hedging, provision[s] for losses **Ver·lust·ab·schluss**RR *m* FIN annual accounts in the red **Ver·lust·ab·zug** *m*, **Ver·lust·an·rech·nung** *f* FIN loss relief **Ver·lust·angst** *f meist pl* PSYCH separation anxiety **Ver·lust·an·teil** *m* FIN loss, contribution **Ver·lust·an·zei·ge** *f* "lost" notice **Ver·lust·ar·ti·kel** *m* HANDEL loss leader **ver·lust·auf·wei·send** *adj* HANDEL *s.* **Verlust Ver·lust·aus·gleich** *m* FIN loss adjustment, compensation of a loss **Ver·lust·be·tei·li·gung** *f* FIN loss sharing, deficit-sharing payment; ~ **des Garantienehmers/Leasinggebers** insured's/lessor's intention **Ver·lust·be·trag** *m* FIN loss amount **Ver·lust·be·trieb** *m* loss-making business **ver·lust·brin·gend** *adj s.* **Verlust 2 Ver·lust·brin·ger** *m* ÖKON unprofitable product; *(Lockartikel)* loss leader; FIN loss-maker **Ver·lust·er·satz** *m* FIN replacement for losses **Ver·lust·fak·tor** *m* downside [*or* loss] factor **Ver·lust·ge·schäft** *nt* losing business *no pl; (einzelnes)* loss-making deal

ver·lus·tie·ren* [fɛɐ̯lʊsˈtiːrən] *vr (hum fam)* ■**sich** *akk* [**mit jdm**] ~ to have a good time [*or* to have fun] [*or* to enjoy oneself] [with sb]; *(sexueller Natur a.)* to have a bit of hanky-panky [with sb] *dated fam*

ver·lus·tig [fɛɐ̯ˈlʊstɪç] *adj* **einer S.** *gen* ~ **gehen** *(geh)* to forfeit [*or* lose] sth; **jdn seiner Rechte für ~ erklären** JUR to declare sb's rights forfeit

Ver·lust·mel·dung *f* ① *(Anzeige)* report of the loss ② MIL casualty report **Ver·lust·min·de·rung** *f* FIN mitigation of damage [*or* loss] **Ver·lust·rech·nung** *f* FIN loss account [*or* statement]

ver·lust·reich *adj* ① FIN loss-making ② MIL *Schlacht* involving heavy losses

Ver·lust·rück·trag *m* FIN *(bei Steuern)* loss carry-back **Ver·lust·sal·do** *m* FIN debit [*or* adverse] balance **Ver·lust·span·ne** *f* FIN deficit margin **Ver·lust·til·gung** *f* FIN write-off **Ver·lust·über·nah·me** *f* FIN assumption of losses, loss takeover **Ver·lust·um·lage** *f* FIN loss apportionment **Ver·lust·vor·trag** *m* FIN *(bei Steuern)* loss brought [*or* carried] forward **Ver·lust·zeit** *f* HANDEL down time **Ver·lust·zo·ne** *f* ÖKON loss [situation]; **in die ~ kommen** [*o* **geraten**] to start making a loss, to get into a loss situation [*or fam* the red] **Ver·lust·zu·wei·sung** *f* FIN allocation of losses; *(in der Buchführung)* proven loss

ver·ma·chen* *vt* ① *(vererben)* ■[**jdm**] **etw** ~ to leave [*or form* bequeath] sth [to sb] [*or* sb sth] ② *(fam: überlassen)* ■[**jdm**] **etw** ~ to give [sb] sth, to make [sb] a present of sth *a. iron;* ***kannst du mir nicht deine Lederjacke ~?*** can't you let me have your leather jacket?

Ver·mächt·nis <-ses, -se> [fɛɐ̯ˈmɛçtnɪs] *nt* JUR legacy, bequest; **gemeinschaftliches** ~ joint legacy

Ver·mächt·nis·an·spruch *m* JUR claim to a legacy **Ver·mächt·nis·emp·fän·ger(in)** *m(f)* legatee, devisee **Ver·mächt·nis·ge·ber(in)** *m(f)* legator, donor **Ver·mächt·nis·neh·mer(in)** *m(f)* JUR specific legatee **Ver·mächt·nis·steu·ern** *pl* FIN death duty, death [*or* inheritance] tax

ver·mäh·len* [fɛɐ̯ˈmɛːlən] *vr (geh)* ■**sich** *akk* [**mit jdm**] ~ to marry [*or old* wed] [sb]; ■**sich** *akk* [**miteinander**] ~ to marry; **frisch vermählt** newly married, newly wed *attr;* **die frisch Vermählten** the newly-weds

Ver·mähl·te(r) <-, -n> *f(m) dekl wie adj (veraltend)* wed *dated;* **die frisch ~n** the newly-weds

Ver·mäh·lung <-, -en> *f (geh)* marriage, wedding

ver·ma·le·deit [fɛɐ̯maleˈdait] *adj (emph veraltend fam)* damnable *dated,* blasted *dated fam*

ver·mark·ten* *vt* ■**etw** ~ ① ÖKON *(auf den Markt bringen)* to market sth; **sich** *akk* **leicht/schwer ~ lassen** to be easy/difficult to market ② *(verwerten)* to capitalize on sth

Ver·mark·tung <-, -en> *f* ■**die/eine** ~ [**einer S.** *gen* [*o* **von etw** *dat*]] ① HANDEL *(das Vermarkten)* marketing [sth]; ~ **von Energie** commercialization of power supplies ② *(das Veröffentlichen)* the publication/publication [of sth]

Ver·mark·tungs·be·reich *m* area [*or* field] of marketing, marketing sector **Ver·mark·tungs·ge·sell·schaft** *f* HANDEL marketing company **Ver·mark·tungs·sys·tem** *nt* marketing system

ver·mas·seln* [fɛɐ̯ˈmasl̩n] *vt (sl)* ■[**jdm**] **etw** ~ to spoil [*or* wreck] sth [for sb], to mess up [*or* muck up] sth *sep* [for sb] *fam*

Ver·mas·sung [fɛɐ̯ˈmasʊŋ] *f kein pl* loss of individuality

ver·mau·ern* *vt* ■**etw** ~ to wall up sth *sep,* to brick up sth *sep*

ver·meh·ren* **I.** *vr* ① *(sich fortpflanzen)* ■**sich** *akk* ~ to reproduce; *(stärker)* to multiply ② *(zunehmen)* ■**sich** *akk* [**auf etw** *akk*/**um etw** *akk*] ~ to increase [*or* grow] [to/by sth] **II.** *vt* ① HORT *(die Anzahl erhöhen)* ■**etw** ~ to propagate sth ② *(größer werden lassen)* ■**etw** [**um etw** *akk*] ~ to increase sth [by sth], to let sth grow [by sth]

Ver·meh·rung <-, -en> *f* ① *(Fortpflanzung)* reproduction *no art, no pl; (stärker)* multiplying *no art, no pl* ② HORT propagation ③ *(das Anwachsen)* increase, growth

ver·meh·rungs·hem·mend **I.** *adj* reproduction-inhibiting, that stops sth multiplying **II.** *adv* ~ **auf Bakterien wirken** to stop bacteria multiplying

ver·meid·bar *adj* avoidable

ver·mei·den* *vt irreg* ■**etw** ~ to avoid sth; **sich** *akk* **nicht/kaum ~ lassen** to be inevitable [*or* unavoidable]/almost inevitable [*or* unavoidable]; **es lässt sich nicht/kaum ~, dass ...** it is inevitable [*or* unavoidable]/almost inevitable [*or* unavoidable] that ...

Ver·mei·dung <-, -en> *f* avoidance *no art, no pl;* ■**zur ~ einer S.** *gen* [*o* **von etw** *dat*] [in order] to avoid sth; **zur ~ weiterer Verluste** for breaking even

ver·meint·lich [fɛɐ̯ˈmaintlɪç] **I.** *adj attr* supposed *attr;* **der ~e Täter** the suspect **II.** *adv* supposedly; ***das Angebot war nur ~ günstig*** the offer only appeared [*or* seemed] to be good

ver·mel·den* *vt* ■**etw** ~ to announce [*or* report] sth; **etw zu ~ haben** *(geh)* to have sth to announce [*or* report]

ver·men·gen* *vt* ① *(vermischen)* ■**etw** [**mit etw** *dat*] ~ to mix sth [with sth] ② *(durcheinanderbringen)* ■**etw** ~ to confuse [*or sep* mix up] sth

ver·mensch·li·chen* [fɛɐ̯ˈmɛnʃlɪçn̩] *vt* ■**etw/ein Tier** ~ to give sth/an animal human characteristics, to humanize sth/an animal *spec*

Ver·mensch·li·chung *f* humanization

Ver·merk <-[e]s, -e> [fɛɐ̯ˈmɛrk] *m* note

ver·mer·ken* *vt* ① *(eintragen)* ■[**sich** *dat*] **etw** [**auf etw** *dat*/**in etw** *dat*] ~ to note [down *sep*] [*or* make a note of] sth [on/in sth]; **etw im Kalender rot** ~ to make sth a red-letter day ② *(zur Kenntnis nehmen)* ■**etw** ~ to take note of sth; **etw negativ/übel** ~ to take sth amiss, to be annoyed by sth

ver·mes·sen*1 [fɛɐ̯ˈmɛsn̩] *irreg* **I.** *vt* ■**etw** ~ to measure sth; **ein Grundstück/ein Gebäude amtlich** ~ to survey a plot of land/a building **II.** *vr* ① *(falsch messen)* ■**sich** *akk* ~ to make a mistake in measuring [sth], to measure [sth] wrongly ② *(geh: sich anmaßen)* ■**sich** *akk* **~, etw zu tun** to presume to do sth

ver·mes·sen2 [fɛɐ̯ˈmɛsn̩] *adj (geh)* presumptuous, arrogant; ■**~ sein, etw zu tun** to be presumptuous [*or* arrogant] to do sth

Ver·mes·sen·heit <-, -en> *f (geh)* presumption *no art, no pl,* arrogance *no art, no pl*

Ver·mes·sung *f* measurement; *(bei einem Katasteramt)* survey, surveying *no art, no pl*

Ver·mes·sungs·amt *nt* [land] surveyor's office; *(zu Steuerzwecken)* cadastral office *spec* **Ver·mes·sungs·in·ge·ni·eur(in)** *m(f)* [land] surveyor

ver·mie·sen* [fɛɐ̯ˈmiːzn̩] *vt (fam)* ■[**jdm**] **etw** ~ to spoil sth [for sb]; ■[**sich** *dat*] **etw nicht** [**durch jdn/etw**] ~ **lassen** to not let sth be spoilt [by sb/sth]

ver·miet·bar *adj* to let *pred;* **ein ~es Zimmer** a room to let [*or* rent out]; **ein schwer ~es Haus** a house which is difficult to let [*or* rent out]; **eine kaum ~e Wohnung** a flat [*or* AM apartment] which is almost impossible to let [*or* rent out]

ver·mie·ten* **I.** *vt* ■[**jdm**] **etw** [**für etw** *akk*] ~ to lease out *sep* sth [to sb] [for sth]; *(für kurze Zeit a.)* to rent [*or* BRIT hire] out sth *sep* [to sb] [for sth]; **ein Haus** ~ to let [*or* rent out] a house; **„Autos zu ~"** "cars for hire"; **„Zimmer zu ~"** "rooms to let" **II.** *vi* ■[**an jdn**] ~ to let [*or* rent [out]] [to sb]

Ver·mie·ter(in) *m(f)* ① *(Hausbesitzer)* landlord *masc,* landlady *fem* ② *(Verleiher)* lessor *spec;* ***der ~ nimmt sechs Euro die Stunde für ein Ruderboot*** it costs six euros an hour to hire a rowing boat

Ver·mie·ter·pfand·recht *nt* JUR landlord's lien

Ver·mie·tung <-, -en> *f* letting *no art, no pl,* renting out *no art, no pl; Auto, Boot* renting [*or* BRIT hiring] [out] *no art, no pl*

Ver·mie·tungs·ge·sell·schaft *f* HANDEL rental company **Ver·mie·tungs·ob·jekt** *nt* rented property **Ver·mie·tungs·pro·vi·si·on** *f* FIN rental commission **Ver·mie·tungs·rech·te** *pl* JUR leasing powers

ver·min·dern* **I.** *vt* ① *(verringern)* ■**etw** ~ to reduce [*or* lessen] sth; **Anstrengungen** [*o* **Bemühungen**] **nicht** ~ to spare no effort ② FIN ■[**jdm**] **etw** ~ to reduce [*or* cut] [sb's] sth; **seine Ausgaben** ~ to reduce [*or form* retrench] one's costs **II.** *vr* ① *(geringer werden)* ■**sich** *akk* ~ to decrease, to diminish ② FIN ■**sich** *akk* [**auf etw** *akk*/**um etw** *akk*] ~ to go down [*or* decrease] [to/by sth]; *Preise, Kosten a.* to drop [to/by sth]

Ver·min·de·rung *f* reduction, decrease

ver·mi·nen* [fɛɐ̯ˈmiːnən] *vt* ■**etw** ~ to mine [*or* lay mines in] sth

Ver·mi·nung <-, -en> *f* ■**die/eine** ~ [**einer S.** *gen* [*o* **von etw** *dat*]] mining [sth]

ver·mi·schen* **I.** *vt* ■**etw** [**mit etw** *dat*] ~ to mix sth [with sth]; *(um eine bestimmte Qualität zu erreichen)* to blend sth [with sth]; **einen Kopfsalat mit Dressing** ~ to toss a salad **II.** *vr* ■**sich** *akk* [**miteinander**] ~ to mix

Ver·misch·tes *nt kein art* miscellaneous; **unter** [**der Rubrik**] ~ under the heading 'Miscellaneous,

Ver·mi·schung *f* mixing *no art, no pl*

ver·mis·sen* *vt* ① *(das Fehlen von etw bemerken)* ■**etw** ~ to have lost sth, to notice that sth is lost; ***ich vermisse meinen Pass*** I've lost my passport, my passport is missing ② *(jds Abwesenheit bedauern)* ■**jdn** ~ to miss sb ③ *(jds Abwesenheit feststellen)* ***wir ~ unsere Tochter*** our daughter is missing; ■**vermisst werden** to be missing ④ *(das Fehlen von etw bedauern)* ■**etw** ~ to be of the opinion [*or* think] that sth is lacking; ***was ich an den meisten jungen Menschen vermisse, ist Höflichkeit*** what I think most young people lack is politeness; ■**etw ~ lassen** to lack [*or* be lacking in] sth

ver·misstRR, **ver·mißt**ALT *adj* missing

Ver·miss·ten·an·zei·geRR *f* **eine ~ aufgeben** to report sb as missing

Ver·miss·te(r)RR, **Ver·miß·te(r)**ALT *f(m) dekl wie adj* missing person

ver·mit·tel·bar *adj* employable; ***ältere Arbeiter sind kaum mehr ~*** it is almost impossible to find jobs for older people

ver·mit·teln* **I.** *vt* ① *(durch Vermittlung beschaffen)* ■[**jdm** [*o* **an jdn**]] **etw** ~ to find sth [for sb] [*or* sb sth]; **jdm eine Stellung** ~ to find sb a job; ■[**jdm**] **jdn** ~ to find sb [for sb]; **jdn an eine Firma** ~ to place sb with a firm ② *(weitergeben)* ■[**jdm**] **etw** ~ to pass on *sep* [*or form liter* impart] sth [to sb]; **seine Gefühle** ~ to communicate [*or* convey] one's feelings ③ *(geh)* ■[**jdm**] **etw** ~ to give [sb] sth, to convey sth [to sb]; **jdm ein schönes Gefühl** ~ to give sb [*or* fill

sb with] a good feeling
④ *(arrangieren)* ■**etw** ~ to arrange sth; **einen Kontakt** ~ to arrange for a contact
II. *vi* ■[**in etw** *dat*] ~ to mediate [*or* act as [a/the] mediator] [in sth]

ver·mit·telnd I. *adj* conciliatory; ~**e Bemühungen** attempts [*or* efforts] to mediate, attempts at conciliation
II. *adv* ~ **eingreifen/sich** *akk* ~ **einschalten** to intervene as a mediator

ver·mit·tels(t) *präp +gen (form)* by means of

Ver·mitt·ler(in) <-s, -> *m(f)* ① *(Schlichter)* mediator, arbitrator
② ÖKON agent

Ver·mitt·lung <-, -en> *f* ① ÖKON *Geschäft* negotiating *no art, no pl; Stelle* finding *no art, no pl; Wohnung* finding *no art, no pl,* locating *no art, no pl*
② *(Schlichtung)* mediation
③ *(Telefonzentrale)* operator
④ *(das Weitergeben)* imparting *no art, no pl form,* conveying *no art, no pl form,* communicating *no art, no pl*

Ver·mitt·lungs·agent(in) *m(f)* HANDEL mediating [*or* application] agent **Ver·mitt·lungs·agen·tur** *f* HANDEL agency **Ver·mitt·lungs·aus·schuss**RR *m* JUR, POL mediation committee **Ver·mitt·lungs·dienste** *pl* POL good offices **ver·mitt·lungs·fä·hig** *adj* employable, placeable **Ver·mitt·lungs·ge·bühr** *f* HANDEL commission, service charge **Ver·mitt·lungs·ge·hil·fe, -ge·hil·fin** *m, f* HANDEL negotiator of deals **Ver·mitt·lungs·mis·si·on** *f* mission of mediation **Ver·mitt·lungs·pro·vi·si·on** *f* HANDEL finder's fee **Ver·mitt·lungs·ver·such** *m* mediation attempt

ver·mö·beln* [fɛɐ̯'mø:bl̩n] *vt (fam: verprügeln)* ■**jdn** ~ to beat up sb *sep*

ver·mo·dern* *vi sein* to rot, to decay, to moulder, to molder AM

ver·mö·ge [fɛɐ̯'mø:gə] *präp +gen (geh: mit Hilfe von)* ~ **seiner Beziehungen** by dint of his connections

ver·mö·gen* [fɛɐ̯'mø:gn̩] *vt irreg (geh)* ■**etw** ~ to be capable of [doing] [*or* be able to do] sth; ■~, **etw zu tun** to be capable of doing [*or* be able to do] sth

Ver·mö·gen <-s, -> [fɛɐ̯'mø:gn̩] *nt* ① FIN assets *pl; (Geld)* capital *no art, no pl; (Eigentum)* property *no art, no pl,* fortune; *(Reichtum)* wealth; **bewegliches** ~ chattels *pl,* movable property; **flüssiges** ~ liquid assets; **gemeinschaftliches/persönliches** ~ common/private property; **öffentliches** ~ property owned by public authorities; **unbewegliches** ~ immovable property, real estate
② *kein pl (geh)* ■**jds** ~ sb's ability [*or* capability]; **jds** ~ **übersteigen/über jds** ~ **gehen** to be/go beyond sb's abilities

ver·mö·gend [fɛɐ̯'mø:gn̩t] *adj (geh)* wealthy, well-off

Ver·mö·gens·ab·ga·be *f* ÖKON, ADMIN capital levy, wealth tax **Ver·mö·gens·an·la·ge** *f* FIN investments *pl* **Ver·mö·gens·an·spruch** *m* JUR possessory title **Ver·mö·gens·art** *f* asset category **Ver·mö·gens·auf·bau** *m* FIN appreciation of assets **Ver·mö·gens·auf·stel·lung** *f* FIN statement of financial affairs, financial statement, statement of net assets **Ver·mö·gens·aus·ein·an·der·set·zung** *f* JUR apportionment of assets and liabilities **Ver·mö·gens·aus·weis** *m* FIN statement of assets and liabilities **Ver·mö·gens·be·ra·ter(in)** *m(f)* FIN financial consultant **Ver·mö·gens·be·ra·tung** *f kein pl* financial consulting **Ver·mö·gens·be·schlag·nah·me** *f* JUR property confiscation **Ver·mö·gens·be·stand** *m* JUR available assets *pl* **Ver·mö·gens·bi·lanz** *f* financial statement **ver·mö·gens·bil·dend** *adj* wealth-creating

Ver·mö·gens·bil·dung *f* FIN ① *(Entstehung von Vermögen)* wealth creation *no art, no pl,* creation of wealth *no art, no pl*
② *(staatlich geförderte Sparmethode)* savings *scheme whereby employees' contributions are supplemented by the employer*

Ver·mö·gens·de·likt *nt* JUR offence involving property **Ver·mö·gens·ein·künf·te** *pl* investment [*or* unearned] income **Ver·mö·gens·ein·nah·men** *pl* FIN unearned income **Ver·mö·gens·er·trag** *m* FIN investment income **Ver·mö·gens·er·werb** *m* acquisition of property **Ver·mö·gens·ge·gen·stand** *m* JUR asset, property item **Ver·mö·gens·ge·gen·stän·de** *pl* FIN **immaterielle** ~ intangible assets **Ver·mö·gens·ge·richts·stand** *m* JUR venue established by asset location, forum rei sitae **Ver·mö·gens·haus·halt** *m* FIN capital budget **Ver·mö·gens·mas·se** *f* JUR total assets *pl* **Ver·mö·gens·nach·teil** *m* JUR pecuniary disadvantage **Ver·mö·gens·recht** *nt* JUR law of property **ver·mö·gens·recht·lich** *adj* JUR proprietary **Ver·mö·gens·scha·den** *m* FIN *(Versicherung)* property [*or* pecuniary] damage; **negativer/positiver** ~ adverse/favourable property damage **Ver·mö·gens·sor·ge** *f kein pl* JUR *statutory duty of care for a minor's property* **Ver·mö·gens·steu·er** *f s.* **Vermögensteuer** **Ver·mö·gens·stra·fe** *f* JUR fine levied on property **Ver·mö·gens·struk·tur** *f* FIN assets and liabilities structure **Ver·mö·gens·teil** *nt* FIN asset, property portion

Ver·mö·gen·steu·er *f* FIN net worth [*or* capital] tax **Ver·mö·gen·steu·er·er·klä·rung** *f* FIN net worth tax return

Ver·mö·gens·über·gang *m* FIN transfer of assets and liabilities **Ver·mö·gens·über·nah·me** *f* JUR take-over of the aggregate of property **Ver·mö·gens·über·tra·gung** *f* JUR asset [*or* capital] transfer, transfer of assets and liabilities **Ver·mö·gens·um·schich·tung** *f,* **Ver·mö·gens·um·ver·tei·lung** *f* FIN regrouping [*or* restructuring] of assets **Ver·mö·gens·ver·fü·gung** *f* JUR disposition of property **Ver·mö·gens·ver·gleich** *m* FIN net worth comparison **Ver·mö·gens·ver·hält·nis·se** *pl* FIN financial circumstances *pl* **Ver·mö·gens·ver·lust** *m* FIN loss of assets **Ver·mö·gens·ver·schie·bung** *f* FIN transfer of assets; **betrügerische** ~ fraudulent transfer of assets **Ver·mö·gens·ver·schlei·e·rung** *f* JUR concealment of assets **Ver·mö·gens·ver·wal·ter(in)** *m(f)* FIN investment [*or* portfolio] manager; *(Bank)* trustee **Ver·mö·gens·ver·wal·tung** *f kein pl* FIN asset [*or* investment] management, administration of assets; *(Bank)* trust business **Ver·mö·gens·ver·zeich·nis** *nt* JUR inventory of property **Ver·mö·gens·vor·teil** *m* FIN pecuniary advantage **Ver·mö·gens·wer·te** *pl* FIN assets, effects; **bare** ~ cash assets; **betrieblich nicht genutzte** ~ idle assets; **blockierte** ~ frozen assets; **immaterielle/materielle** ~ intangible/tangible assets; ~ **einer AG** corporate assets **ver·mö·gens·wirk·sam** *adj* FIN asset-creating *attr,* capital-forming *attr;* ~**e Leistungen** wealth [*or* asset] creation benefits, asset-forming contributions **Ver·mö·gens·zu·wachs** *m* FIN capital gain [*or* increment], property growth, capital appreciation

ver·mül·len* [fɛɐ̯'mʏlən] *vt* ■**etw** ~ to trash sth

Ver·mül·lung [fɛɐ̯'mʏlʊŋ] *f kein pl* trashing *fam*

ver·mum·men* [fɛɐ̯'mʊmən] I. *vt* ■**jdn/sich** [**dick**] ~ to wrap up sb/oneself *sep* [well]
II. *vr* ■**sich** *akk* ~ to wear a mask, to mask one's face; ■**vermummt** masked

ver·mummt *adj (warm eingepackt)* [warmly] wrapped up; *(verkleidet)* disguised, masked

Ver·mum·mung <-, -en> *f* disguise

Ver·mum·mungs·ver·bot *nt* JUR *law which forbids demonstrators to wear masks at a demonstration*

ver·murk·sen* *vt (fam)* ■**etw** ~ to mess up sth *sep*

ver·mu·ten* *vt* ① *(annehmen)* ■**etw** [**hinter etw** *dat*] ~ to suspect sth [[is] behind sth]; ■~, [**dass**] ... to suspect [that] ...; ■~ **lassen, dass ...** to give rise to the suspicion [*or* supposition] that ...
② *(als jds Aufenthalt annehmen)* ■**jdn irgendwo** ~ to think that sb is [*or* to suppose sb to be] somewhere

ver·mut·lich I. *adj attr* probable, likely; **der** ~**e Täter** the suspect
II. *adv* probably

Ver·mu·tung <-, -en> *f* assumption, presumption, supposition; **gesetzliche** ~ legal presumption, presumption of law; **unwiderlegbare/widerlegbare** ~ conclusive/rebuttable presumption; **eine** ~/~**en haben** to have an idea/suspicions; **auf** ~**en angewiesen sein** to have to rely on suppositions [*or* assumptions] [*or* guesswork]

Ver·mu·tungs·tat·be·stand *m (Kartellrecht)* presumption

ver·nach·läs·sig·bar *adj* negligible, insignificant; **Atommüll mit** ~**er Wärmeentwicklung** nuclear waste with insignificant heat generation

ver·nach·läs·si·gen* [fɛɐ̯'naxlɛsɪgn̩] *vt* ① *(nicht genügend nachkommen)* ■**etw** ~ to neglect sth; **seine Verpflichtungen** ~ to be neglectful of [*or* negligent about [*or* in]] one's duties
② *(sich nicht genügend kümmern)* ■**jdn** ~ to neglect sb; **sich** *akk* **vernachlässigt fühlen** to feel neglected; ■**sich** *akk* ~ to be neglectful of [*or* careless about] oneself
③ *(unberücksichtigt lassen)* ■**etw** ~ to ignore [*or* disregard] sth

Ver·nach·läs·si·gung <-, -en> *f* ① *kein pl (das Vernachlässigen)* neglect *no art, no pl*
② *(die Nichtberücksichtigung)* disregard *no pl*

ver·na·geln* *vt* ■**etw** ~ ① *(mit Nägeln verschließen)* to nail up sth *sep*
② *(durch Bretter und Nägel schließen)* to board up sth *sep*

ver·nagelt *adj (fam)* **wie** ~ **sein** to not get through to sb

ver·nä·hen* *vt* ■**etw** ~ to sew [*or* stitch] together [*or* up] sth *sep*

ver·nar·ben* *vi sein* to form a scar; *(heilen)* to heal; ■**vernarbt** scarred/healed

Ver·nar·bung <-, -en> *f einer Wunde* healing

ver·nar·ren* *vr (fam)* ■**sich** *akk* **in jdn/etw** ~ to be besotted by [*or* crazy about] sb/sth [*or fam* nuts about]

ver·narrt *adj* ■**in jdn/etw** ~ **sein** to be besotted by sb/sth, to be crazy about sb/sth

ver·na·schen* *vt* ① *(fam)* ■**etw** ~ to like to eat sth; **gern Süßigkeiten** ~ to have a sweet tooth
② *(sl: mit jdm Geschlechtsverkehr haben)* ■**jdn** ~ to lay sb *fam,* to have it off [*or* away] [with sb] BRIT *fam!*

ver·ne·beln* *vt* ■**etw** ~ ① *(versprühen)* to spray sth
② *(verschleiern)* to obscure sth

ver·ne·belt [fɛɐ̯'ne:bl̩t] *adj* mist-filled, shrouded in mist

ver·nehm·bar *adj* audible; **deutlich** [*o* **gut**]/**undeutlich** [*o* **kaum**] ~ **sein** to be clearly/scarcely audible

ver·neh·men* *vt irreg* ① JUR ■**jdn** [**zu etw** *dat*] ~ to question sb [about sth]
② *(geh: hören)* ■**etw** ~ to hear sth
③ *(geh: erfahren)* ■**etw** [**von jdm**] ~ to hear sth [from sb], to learn sth [from [*or old* of] sb]

Ver·neh·men *nt* **dem** ~ **nach** from what I hear/one hears; **nach sicherem** ~ according to reliable sources

Ver·nehm·las·sung <-, -en> *f* SCHWEIZ announcement

ver·nehm·lich [fɛɐ̯'ne:mlɪç] *(geh)* I. *adj* [clearly] audible; **laut und** ~ loud and clear; **mit** ~**er Stimme** in a loud [and clear] voice
II. *adv* audibly; **laut und** ~ loud and clear

Ver·neh·mung <-, -en> *f* JUR examination; *(Befragung)* questioning, interrogation; **richterliche** ~ judicial examination; **die/eine** ~ **durchführen** to question sb

ver·neh·mungs·fäh·ig *adj* in a fit state to be questioned [*or* examined] *pred;* ■[**nicht**] ~ **sein** to be [not] fit for questioning [*or* examination] **Ver·neh·mungs·pro·to·koll** *nt* JUR record of interrogation **ver·neh·mungs·un·fä·hig** *adj* JUR unable to be examined [*or* questioned]

ver·nei·gen* *vr (geh)* ■**sich** *akk* [**vor jdm/etw**] ~ to bow [to [*or form* before] sb/sth]

Ver·nei·gung *f (geh)* bow, obeisance *form;* **eine** ~ [**vor jdm/etw**] **machen** to bow [to [*or form* before] sb/sth]; **eine** ~ **vor dem König machen** to bow to

[*or form* before] the king; *wichtiger Besuch a.* to make one's obeisance to the king *form*
ver·nei·nen* [fɛɐ̯'nainən] *vt* ■**etw** ~ ① *(negieren)* to say no to sth; **eine Frage** ~ to answer a question in the negative
② *(leugnen)* to deny sth
ver·nei·nend I. *adj* negative
II. *adv* negatively; ~ **den Kopf schütteln** to shake one's head
Ver·nei·nung <-, -en> *f* ① *(das Verneinen)* **die ~ einer Frage** a negative answer to a question
② *(Leugnung)* denial
③ LING negative; **doppelte ~** double negative
ver·net·zen* *vt* ① INFORM ■**etw** ~ to network sth, to link up sth *sep*
② *(fig: verknüpfen)* ■**etw** ~ link [*or* associate] something; ■**[mit etw** *dat*] **vernetzt sein** to be linked [up] [to sth]; **eng vernetzt** closely connected [*or* linked]; **Kräfte ~** to combine forces
③ CHEM ■**etw** ~ to interlace [*or* cross-link] sth; ■**vernetzt** cross-linked, interlaced; **vernetztes Polyethylen** cross-linked polyethylene; **vernetztes Polymer** network polymer
ver·netzt *adj* networked
Ver·net·zung <-, -en> *f* ① INFORM networking *no art, no pl*
② *(Verflechtung)* network; **kabellose ~** cableless network
③ CHEM cross linkage [*or* linking]
Ver·net·zungs·ge·dan·ke *m kein pl* spirit of cooperation **Ver·net·zungs·sys·tem** *nt* networking system
ver·nich·ten* [fɛɐ̯'nɪçtn̩] *vt* ① *(zerstören)* ■**etw** ~ to destroy sth
② *(ausrotten)* ■**jdn/etw** ~ to exterminate sb/sth
ver·nich·tend I. *adj* devastating; **eine ~e Niederlage** a crushing [*or* resounding] [*or* total] defeat; **jdm einen ~en Blick zuwerfen** to look at sb with hatred [in one's eyes]
II. *adv* **jdn ~ schlagen** to inflict a crushing [*or* resounding] [*or* total] defeat on sb
Ver·nich·tung <-, -en> *f* ① *(Zerstörung)* destruction; *Gebäude* destruction, demolition
② *(Ausrottung)* extermination; *Bevölkerung a.* annihilation; **die ~ von Arbeitsplätzen** the [drastic] reduction in the number of jobs
Ver·nich·tungs·la·ger *nt* extermination [*or* death] camp **Ver·nich·tungs·waf·fe** *f* destructive weapon
ver·ni·ckeln* [fɛɐ̯'nɪkl̩n] *vt* ■**etw** ~ to nickel[-plate] sth, to cover sth with nickel
ver·nied·li·chen* [fɛɐ̯'ni:tlɪçn̩] *vt* ■**etw** ~ to trivialize sth, to play down sth *sep*
ver·nie·ten* *vt* TECH ■**etw** ~ to rivet sth
Ver·nis·sa·ge <-, -n> [vɛrnɪ'sa:ʒə] *f* opening day, vernissage *spec*
Ver·nunft <-> [fɛɐ̯'nʊnft] *f kein pl* reason *no art, no pl,* common sense *no art, no pl;* ~ **annehmen** to see sense; ***nimm doch ~ an!*** be reasonable!, use your common sense!; ~ **beweisen** to show sense; **jdn zur ~ bringen** to make sb see sense; **ohne ~ handeln** to behave rashly; **zur ~ kommen** to be reasonable, to see sense; **mit jds ~ rechnen** to think that sb will be reasonable [*or* show more common sense]
Ver·nunft·ehe *f* marriage of convenience
ver·nünf·tig [fɛɐ̯'nʏnftɪç] I. *adj* ① *(einsichtig)* reasonable, sensible
② *(einleuchtend)* reasonable, sensible
③ *(fam)* proper, decent; **~e Preise** decent [*or* reasonable] prices
II. *adv (fam)* properly, decently
ver·nünf·ti·ger·wei·se *adv* reasonably, sensibly; ~ ***sollten wir ...*** it would be sensible to ...
Ver·nunft·mensch *m* rational human being [*or* person] **ver·nunft·ori·en·tiert** *adj* rationally-orientated [*or esp* AM -oriented]
ver·öden* I. *vt haben* MED [**jdm**] **die Krampfadern** ~ to treat sb's varicose veins by injection; **sich** *dat* **die Krampfadern ~ lassen** to have one's varicose veins treated by injection
II. *vi sein* ① *(sich entvölkern)* to be deserted
② *(stumpfsinnig werden)* to become tedious [*or* banal]
Ver·ödung <-, -en> *f* ① MED treatment; *Krampfadern* treatment by injection
② *(Entvölkerung)* depopulation *no art, no pl*
ver·öf·fent·li·chen* [fɛɐ̯'ʔœfn̩tlɪçn̩] *vt* ■**etw** ~ to publish sth
Ver·öf·fent·li·chung <-, -en> *f* publication
Ver·öf·fent·li·chungs·recht *nt* JUR publishing rights *pl; (Urheberrecht)* right of dissemination
ver·ord·nen* *vt* ① *(verschreiben)* ■**jdm etw** ~ to prescribe sth [for sb] [*or* sb sth]; ■**sich** *dat* **etw [von jdm] ~ lassen** to get a prescription for sth [from sb]
② *(geh)* ■**etw** ~ to decree [*or* ordain] sth; ■**es wurde verordnet, dass ...** the authorities have decreed that ...
Ver·ord·nung <-, -en> *f* ① *(Verschreibung)* prescribing *no art, no pl*
② *(Rezept)* prescription
③ *(form)* order, enforcement; **städtische ~** JUR bylaw
ver·or·ten* *vt (geh)* ■**etw/jdn** ~ to place sth/sb somewhere
ver·pach·ten* *vt* JUR ■**[jdm] etw ~,** ■**etw [an jdn]** ~ to lease [*or* rent [out *sep*]] sth [to sb]
Ver·päch·ter(in) *m(f)* lessor
Ver·pach·tung <-, -en> *f* ① *kein pl (das Verpachten)* ■**die/eine ~ [einer S.** *gen* [*o* **von etw** *dat*]] leasing [sth]
② *(Verpachtetes)* lease
ver·pa·cken* *vt* ■**etw [in etw** *dat*] ~ to pack [up *sep*] sth [in sth]; **etw als Geschenk ~** to wrap [up *sep*] sth [as a present], to gift-wrap sth; **etw diplomatisch ~** to couch sth in diplomatic terms
Ver·pa·ckung <-, -en> *f* ① *kein pl (das Verpacken)* packing *no art, no pl*
② *(Hülle)* packaging *no art, no pl;* ~ **besonders berechnet** packaging extra; **einschließlich ~** packaging inclusive; **feste/handelsübliche ~** solid/customary packaging; ~ **zum Selbstkostenpreis** packaging at cost
ver·pa·ckungs·arm I. *adj* HANDEL *Produkt, Produktion* minimum-packaging *attr* II. *adv* HANDEL in/with minimum packaging; **Waren ~ ausstatten/in den Handel bringen** to produce/trade in goods with the minimum of packaging **Ver·pa·ckungs·fa·brik** *f* packaging factory **Ver·pa·ckungs·ge·wicht** *nt kein pl* HANDEL tare [weight] **Ver·pa·ckungs·in·dust·rie** *f* packaging industry **Ver·pa·ckungs·kos·ten** *pl* HANDEL packaging charges **Ver·pa·ckungs·ma·te·ri·al** *nt* packaging *no art, no pl* [material] **Ver·pa·ckungs·müll** *m* waste [*or* superfluous] packaging **Ver·pa·ckungs·scha·den** *m* HANDEL packaging damage **Ver·pa·ckungs·steu·er** *f* FIN tax on packaging, packaging tax
ver·part·nern* [fɛɐ̯'partnɐn] *vr* ■**sich** *akk* **mit jdm ~** to enter [into] a domestic partnership with sb
ver·pas·sen* *vt* ① *(versäumen)* ■**jdn/etw** ~ to miss sb/sth
② *(nicht erreichen)* ■**etw** ~ to miss sth
③ *(fam: aufzwingen)* ■**jdm etw** ~ to give sb sth, to make sb have sth
④ *(fam: zuteilen)* ■**jdm etw** ~ to give sb sth; **jdm eine Ohrfeige ~** to box sb's ears [*or* sb on the ear]; *s. a.* **Denkzettel**
ver·pat·zen* *vt (fam)* ■**etw** ~ to make a mess of sth, to mess [*or* muck] up *sep* sth *fam,* to botch [*or* BRIT *a.* bodge] sth
ver·peilt [fɛɐ̯'pailt] *adj (Jugendslang)* ■~ **sein** to be out of it *fam*
ver·pen·nen* *(fam)* I. *vt* ■**etw** ~ to miss [*or* forget] sth
II. *vi* ■**[sich** *akk*] ~ to oversleep
ver·pes·ten* [fɛɐ̯'pɛstn̩] *vt* ① *(fam)* ■**[jdm] etw** ~ to pollute [sb's] sth; **die Luft im Büro ~** to stink out *sep* the office *fam*
② *(mit giftigen Gasen verseuchen)* ■**etw** ~ to pollute sth
Ver·pes·tung <-> *f kein pl* pollution *no art, no pl*
ver·pet·zen* *vt (fam)* ■**jdn [bei jdm]** ~ to tell on sb, to split on sb [to sb] BRIT *fam*
ver·pfän·den* *vt* JUR ■**etw** ~ to pawn sth; **ein Grundstück/Haus ~** to mortgage a plot/house
Ver·pfän·dung *f* pawning *no art, no pl; Grundstück, Haus* mortgaging *no art, no pl*
Ver·pfän·dungs·klau·sel *f* JUR pledging clause **Ver·pfän·dungs·ver·trag** *m* JUR contract of pledge
ver·pfei·fen* *vt irreg (fam)* ■**jdn [bei jdm]** ~ to inform on sb, to split [*or* grass] on sb [to sb] BRIT *fam*
ver·pflan·zen* *vt* ① *(umpflanzen)* ■**etw [irgendwohin]** ~ to replant [*or* transplant] sth [somewhere]; *(umtopfen)* to repot sth, to pot on sth *sep* BRIT
② MED ■**jdm ein Organ ~** to give sb an organ transplant; **jdm ein Stück Haut ~** to give sb a skin graft
Ver·pflan·zung *f* ① *(das Umpflanzen)* replanting *no art, no pl,* transplantation; *(das Umtopfen)* repotting *no art, no pl*
② MED transplantation
ver·pfle·gen* *vt* ■**jdn** ~ to look after [*or* cater for] sb; ■**sich** *akk* **selbst ~** to cater for oneself
Ver·pfle·gung <-, -en> *f pl selten* ① *kein pl (das Verpflegen)* catering *no art, no pl;* **mit voller ~** with full board
② *(Nahrung)* food *no art, no pl*
Ver·pfle·gungs·kos·ten *pl* cost of food *no pl*
ver·pflich·ten* [fɛɐ̯'pflɪçtn̩] I. *vt* ① *(durch eine Pflicht binden)* ■**jdn [zu etw** *dat*] ~ to oblige sb [*or* make sb promise] to do sth; **jdn zum Stillschweigen/zu einer Zahlung ~** to oblige sb to keep quiet/to pay; **jdn durch einen Eid zum Stillschweigen ~** to swear sb to secrecy
② *(vertraglich binden)* ■**jdn [zu etw** *dat*] ~ to commit [*or* oblige] sb to do sth; ■**verpflichtet sein, etw zu tun** to be obliged to do sth; ■**zu etw** *dat* **verpflichtet sein** to be obliged to do sth
③ *(eine bestimmte Pflicht auferlegen)* ■**jdn zu etw** *dat* ~ to oblige sb to do sth; **jdn zu etw** *dat* **durch einen Eid ~** to swear sb to sth; ■**zu etw** *dat* **verpflichtet sein** to be sworn to sth
④ *(einstellen)* ■**jdn [für etw** *akk*] ~ to engage sb [for sth]; **einen Fußballspieler ~** to sign [up *sep*] a football player
II. *vi* ■**[zu etw** *dat*] ~ ① JUR *(vertraglich binden)* to bind sb by contract [to do sth], to oblige sb to do sth
② *(eine bestimmte Haltung erfordern)* to be an obligation [to do sth]; **jdm verpflichtet sein** to be obliged [*or* indebted] to sb; **jdm zu Dank verpflichtet sein** to be obliged [*or* indebted] to sb, to be in sb's debt *form*
III. *vr* ① *(sich vertraglich zu etw bereit erklären)* ■**sich** *akk* **zu etw** *dat* ~ to sign a contract saying that one will do sth, to commit oneself by contract to doing sth; ***ich habe mich zu strengstem Stillschweigen verpflichtet*** I am committed to absolute confidentiality; ■**sich** *akk* **~, etw zu tun** to commit oneself to doing sth
② MIL ■**sich** *akk* **für etw** *akk* ~ to sign up for sth
ver·pflich·tend *adj* binding, mandatory
ver·pflich·tet *adj* obliged, committed; ■**jdm ~ sein** to be indebted to sb, to owe sb a favour [*or* AM -or]; **sich** *akk* **jdm ~ fühlen** to feel obliged to sb, to owe sb a favour; **sich** *akk* **~ fühlen, etw zu tun** to feel obliged to do sth; **vertraglich zu etw** *dat* **~ sein** JUR to be indentured to sth
Ver·pflich·te·te(r) *f(m) dekl wie adj* JUR liable party; *(Schuldner)* debtor
Ver·pflich·tung <-, -en> *f* ① *meist pl (Pflichten)* duty *usu pl;* **die ~ haben, etw zu tun** to have a duty to do sth; **seinen ~en nachkommen** to do [*or form* discharge] one's duties
② *kein pl (das Engagieren)* engagement *no pl; Fußballspieler* signing [up *sep*]
③ FIN, JUR obligation; **bindende ~** binding commitment; **~en eingehen** to make commitments; **seine ~en einhalten** to fulfil [*or* AM -fill]/meet/satisfy one's obligations; **finanzielle ~en** financial commitments [*or* obligations]; **gesetzliche ~** statutory duty; **seinen ~en nachkommen** to fulfil [*or* AM -fill]/meet one's obligations; **rechtlich bindende ~** legally binding undertaking; **vertragliche ~en** contrac-

tual obligations
Ver·pflich·tungs·er·klä·rung *f* JUR commitment **Ver·pflich·tungs·ge·schäft** *nt* JUR executory agreement **Ver·pflich·tungs·kla·ge** *f* JUR action for the issue of an administrative act **Ver·pflich·tungs·schein** *m* FIN bond, certificate of obligation; **kaufmännischer ~** promissory note
ver·pfu·schen* *vt (fam)* ▪[**jdm/sich**] **etw ~** to make a mess of [*or sep fam* mess [*or* muck] up] [sb's/one's] sth
ver·pis·sen* *vr (vulg)* ▪**sich** *akk* ~ to piss off *fam!*
ver·pla·nen* *vt* ① *(falsch planen)* ▪**etw ~** to plan sth badly [*or* wrongly]; *(falsch berechnen)* to miscalculate sth
② *(für etw vorsehen)* ▪**etw** [**für etw** *akk*] ~ to mark off *sep* sth [for sth]; **einen Etat ~** to plan a budget; **einen bestimmten Tag für eine Konferenz/eine Veranstaltung ~** to plan [to have] a conference/an event on a particular day
③ *(fam)* ▪[**für etw** *akk*] **verplant sein** to be booked up [*or* have no time] [for sth]
ver·plan·ken* *vt* BAU ▪**etw ~** to board sth
ver·plap·pern* *vr (fam)* ▪**sich** *akk* ~ to blab *fam*
ver·plau·dern* **I.** *vt* **ein Stündchen ~** to talk away for an hour
II. *vr (fam)* ▪**sich** *akk* ~ ① *(lange plaudern)* to chat away
② *(verplappern)* to open one's mouth too wide
ver·plem·pern* *vt (fam)* ① *(verschwenden)* ▪**etw** [**für etw** *akk*] ~ to waste [*or* to throw [*or pej* fritter] away *sep* sth [on sth]] sth [on sth]
② DIAL *(verschütten)* ▪**etw ~** to spill sth
ver·plom·ben* [fɛɐ̯ˈplɔmbn̩] *vt* ▪**etw ~** to seal [up *sep*] sth; ▪**verplombt** sealed
ver·pönt [fɛɐ̯ˈpøːnt] *adj (geh)* deprecated *form;* ***so ein Benehmen ist verpönt*** such behaviour is frowned upon; ▪[**bei jdm**] **~ sein** to be deprecated [by sb] *form*
ver·pras·sen* *vt* ▪**etw** [**für etw** *akk*] ~ to squander [*or sep pej* fritter away] sth [on sth]; **sein Vermögen ~** to dissipate one's fortune *form*
ver·prel·len* *vt* ① *(verärgern)* ▪**jdn ~** to annoy [*or fam* aggravate] sb
② *(verscheuchen)* **Wild ~** to scatter game
ver·pres·sen* *vt* BAU ▪**etw ~** *Risse* to grout sth
ver·prollt [fɛɐ̯ˈprɔlt] *adj (sl o pej)* chavvy *pej sl,* redneck AM *attr pej fam*
ver·prü·geln* *vt* ▪**jdn ~** to beat up sb *sep; (als Strafe)* to thrash sb, to give sb a thrashing [*or hum* hiding]; *(früher in der Schule a.)* to cane/birch sb; ▪**jdn** [**von jdm**] **~ lassen** to have sb beaten up [by sb]
ver·puf·fen* *vi sein* ① *(plötzlich abbrennen)* to go phut [*or* pop] *fam*
② *(fam: ohne Wirkung bleiben)* to fizzle out
Ver·puf·fung <-, -en> *f (Explosion)* explosion
ver·pul·vern* *vt (fam)* ▪**etw** [**für etw** *akk*] ~ to throw [*or pej* fritter] away sth *sep* [on sth], to blow sth [on sth] *fam*
ver·pum·pen* *vt (fam)* ▪**etw ~** to lend [out *sep*] sth
ver·pup·pen* *vr* BIOL ▪**sich** *akk* ~ to develop into a pupa, to pupate *spec*
Ver·putz *m* ① *(das Verputzen)* ▪**der ~** [**einer S.** *gen*] plastering [sth]
② *(Putz)* plaster *no pl; (Rauputz)* roughcast *no pl; (mit kleinen Steinen)* pebble-dash *no pl* BRIT
ver·put·zen* *vt* ▪**etw ~** ① *(mit Rauputz versehen)* to plaster sth; *(mit der ersten Außenschicht)* to render sth *spec;* ▪**etw ~ lassen** to have sth plastered/rendered
② *(fam)* to polish off sth *sep fam,* to wolf [down *sep*] sth *fam*
ver·qual·men* *vt* ▪**jdm die Bude ~** to make sb's place [*or* apartment] smok[e]y, to fill [up *sep*] sb's place with smoke; ▪**verqualmt** smoke-filled *attr,* full of [*or* filled with] smoke *pred*
ver·quas·seln* [fɛɐ̯ˈkvasl̩n] *(fam)* **I.** *vt* ▪**den Nachmittag ~** to while away the afternoon chatting; ***wir verquasselten so manchen Abend am brennenden Kamin*** we spent many an evening nattering away in front of the fire
II. *vr* ▪**sich** *akk* ~ to let the cat out of the bag
ver·quast *adj* confused, incoherent
ver·quat·schen* *vr (fam)* ▪**sich** *akk* ~ ① *(lange plaudern)* to chat away
② *(Geheimnis verraten)* to open one's mouth too wide
ver·quer [fɛɐ̯ˈkveːɐ̯] *adv* muddled, weird
ver·quer|ge·hen^RR^ *vi irreg sein (fam)* ▪**jdm ~** to go wrong for sb
ver·qui·cken* [fɛɐ̯ˈkvɪkn̩] *vt* ▪**etw mit etw** *dat* ~ to combine sth with sth; ▪**zwei Sachen** [**miteinander**] **~** to combine two things [together]
ver·quir·len* *vt* KOCHK ▪**etw** [**mit etw** *dat*] ~ to whisk sth [with sth], to mix sth [[together] with sth] with a whisk
ver·quol·len *adj* swollen
ver·ram·meln* *vt (fam)* ▪**etw ~** to barricade [up *sep*] sth
ver·ram·schen* *vt (fam)* ▪**etw ~** to sell sth dirt cheap *fam,* to flog [off *sep*] sth [cheaply] BRIT *fam*
Ver·ram·schung <-, -en> *f* the sell-off
Ver·rat <-[e]s> [fɛɐ̯ˈraːt] *m kein pl* ① *(das Verraten)* betrayal *no art, no pl;* ~ **an jdm begehen** [*o* **üben**] to betray sb
② JUR treason *no art, no pl*
ver·ra·ten <verriet, verraten> **I.** *vt* ① *(ausplaudern)* ▪**etw** [**an jdn**] ~ to betray [*or sep* give away] sth [to sb]; **nichts ~!** keep it to yourself!, don't give anything away!
② *(verräterisch an jdm handeln)* ▪**jdn ~** to betray sb
③ *(preisgeben)* ▪**etw ~** to betray sth; **seine Meinung nicht ~ wollen** to be reluctant to express one's opinion [*or* view]
④ *(als jdn erweisen)* ▪**jdn ~** to betray [*or sep* give away] sb
⑤ *(deutlich erkennen lassen)* ▪**etw ~** to show sth, to make sth clear [*or* obvious]
▶WENDUNGEN: **~ und verkauft sein** *(fam)* to be sunk
II. *vr* ① *(sich preisgeben)* ▪**sich** *akk* [**durch etw** *akk*] ~ to give oneself away [with sth]
② *(sich zeigen)* ▪**sich** *akk* ~ to reveal oneself
Ver·rä·ter(in) <-s, -> [fɛɐ̯ˈrɛːtɐ] *m(f)* ① *(verräterischer Mensch)* traitor *pej*
② *(etw ausplaudernder Mensch)* traitor *pej,* snake [in the grass]; *(aus Versehen a.)* big mouth *fam*
ver·rä·te·risch **I.** *adj* ① *(auf Verrat zielend)* treacherous
② *(etw andeutend)* revealing, meaningful, give-away *attr,* tell-tale *attr*
II. *adv* meaningfully, in a tell-tale [*or* meaningful] fashion
ver·rau·chen* **I.** *vi sein* to disappear; *Zorn, Ärger* to blow over
II. *vt* ▪**etw ~** to smoke sth
ver·räu·chern* *vt s.* **verqualmen**
ver·raucht *adj (pej) Zimmer* smoky, filled with smoke *pred*
ver·rech·nen* **I.** *vr* ① *(falsch rechnen)* ▪**sich** *akk* [**um etw** *akk*] ~ to miscalculate [by sth], to make a mistake
② *(sich irren)* ▪**sich** *akk* ~ to be mistaken, to miscalculate
③ *(sich in jdm täuschen)* ▪**sich** *akk* **in jdm ~** to make a mistake [*or* to be mistaken] about sb
II. *vt* ① *(rechnerisch gegenüberstellen)* ▪**etw mit etw** *dat* ~ to set off sth *sep* against sth
② FIN ▪**etw ~** to credit sth, to pass sth to account
Ver·rech·nung *f* ① *(rechnerische Gegenüberstellung)* settlement; **bargeldlose ~** payment by money transfer; **gegenseitige ~** offset
② *(Gutschrift)* credit *(on an account);* **„nur zur ~"** "A/C payee only" BRIT
Ver·rech·nungs·kon·to *nt* FIN clearing [*or* offset] account **Ver·rech·nungs·ra·te** *f* FIN specified rate of exchange **Ver·rech·nungs·scheck** *m* FIN crossed cheque BRIT *spec,* voucher [*or* non-negotiable] check *spec* **Ver·rech·nungs·steu·er** *f* FIN withholding tax **Ver·rech·nungs·tag** *m* FIN clearing day **Ver·rech·nungs·ver·fah·ren** *nt* FIN clearing system **Ver·rech·nungs·ver·trag** *m* FIN clearing arrangement **Ver·rech·nungs·wäh·rung** *f* FIN clearing currency **Ver·rech·nungs·zeit·raum** *m* FIN clearing period
ver·recht·li·chen* [fɛɐ̯ˈrɛçtliçən] *vt* POL, JUR ▪**etw ~** to statutorily regulate sth
ver·re·cken* *vi sein (sl)* ① *(krepieren)* to come to a miserable end, to die a miserable [*or* wretched] death; ▪[**jdm**] ~ to die [off] [on sb *fam*]
② *(kaputtgehen)* ▪[**jdm**] ~ to break down [on sb *fam*]
▶WENDUNGEN: **nicht ums V~!** not on your life! *fam*
ver·reg·nen* *vi sein* to be spoiled by rain; ▪**verregnet** spoiled [*or* spoilt] by rain, rainy
ver·reg·net <-er, -este> *adj* spoiled [*or* spoilt] by rain; **ein ~er Tag** a rainy day
ver·rei·ben* *vt irreg* ▪**etw** [**in etw** *dat*/**auf etw** *dat*] ~ to rub in sth *sep,* to rub sth into/on[to] sth *sep*
ver·rei·sen* *vi sein* ▪[**irgendwohin**] ~ to go away [somewhere]; **ins Ausland ~** to go abroad; **in die Berge/an die See ~** to go to the mountains/the seaside; **dienstlich/geschäftlich verreist sein** to be away on business [*or* a business trip]
ver·rei·ßen* *vt irreg* ▪**jdn/etw ~** to tear sb/sth apart [*or* into pieces]
ver·ren·ken* *vt* ▪**jdm etw ~** to twist sb's sth; **sich** *dat* **ein Gelenk ~** to dislocate a joint; ▪**sich** *akk* [**nach jdm/etw**] ~ to twist one's neck [looking round at sb/sth]
Ver·ren·kung <-, -en> *f* distortion; *Gelenk* dislocation; **~en machen müssen** to have to perform contortions
ver·ren·nen* *vr irreg* ① *(sich irren)* ▪**sich** *akk* ~ to get on the wrong track
② *(hartnäckig an etw festhalten)* ▪**sich** *akk* **in etw** *akk* ~ to be obsessed with sth
ver·rich·ten* *vt* ▪**etw ~** to perform [*or sep* carry out] sth; **ein Gebet ~** to say a prayer; **seine Notdurft ~** *(veraltend)* to relieve oneself *dated*
Ver·rich·tung *f* ① *kein pl (Ausführung)* performance *no art, no pl,* execution *no art, no pl*
② *(Erledigung)* duty
Ver·rich·tungs·ge·hil·fe, -ge·hil·fin *m, f* JUR vicarious agent
ver·rie·geln* *vt* ▪**etw ~** to bolt sth
ver·riet *imp von* **verraten**
ver·rin·gern* [fɛɐ̯ˈrɪŋɐn] **I.** *vt* ① *(verkleinern)* ▪**etw ~** to reduce sth
② *(geringer werden lassen)* ▪**etw** [**um etw** *akk*] ~ to reduce sth [by sth]; **die Geschwindigkeit ~** to slow down, to slacken off
II. *vr* ▪**sich** *akk* ~ ① *(kleiner werden)* to decrease
② *(abnehmen)* to decrease, to diminish
Ver·rin·ge·rung <-> *f kein pl* ① *(Verkleinerung)* reduction
② *(Herabsetzung)* reduction (+*gen*/**von** +*dat* in/of), decrease (+*gen*/**von** +*dat* in)
ver·rin·nen* *vi irreg sein* ① *(geh: vergehen)* to pass *form liter*
② *(versickern)* ▪**in etw** *dat* ~ to seep into sth
Ver·riss^RR^, **Ver·riß^ALT^** *m* damning criticism *no art, no pl*
ver·ro·hen* [fɛɐ̯ˈroːən] **I.** *vi sein* to become brutal[ized]
II. *vt* ▪**jdn ~** to brutalize sb, to make sb brutal
Ver·ro·hung <-, -en> *f* brutalization
ver·ros·ten* *vi sein* to go rusty, to rust; ▪**verrostet** rusted, rusty
ver·ros·tet <-er, -este> *adj* rusty
ver·rot·ten* [fɛɐ̯ˈrɔtn̩] *vi sein* ① *(faulen)* to rot
② *(verwahrlosen)* to decay
ver·rot·tet <-er, -este> *adj* ① *(faul)* rotted
② *(verwahrlost)* decayed
ver·rucht [fɛɐ̯ˈruːxt] *adj* ① *(anstößig)* despicable, wicked
② *(lasterhaft)* depraved; **ein ~es Lokal/Viertel** a disreputable pub [*or* bar]/area
ver·rü·cken* *vt* ▪**etw** [**irgendwohin**] ~ to move [*or* push] sth [somewhere]
ver·rückt [fɛɐ̯ˈrʏkt] *adj* ① *(geisteskrank)* mentally ill,

nuts *fam,* insane *fam or dated,* mad *fam or dated;* ■ **~ sein/werden** to be/become mentally ill, to be/go nuts [*or dated* insane] [*or* mad] *fam;* ***du bist wohl/bist du ~!*** you must be/are you out of your mind [*or* off your head] [*or hum* out to lunch]! *fam;* **jdn ~ machen** to drive sb crazy [*or fam* nuts] [*or* up the wall] [*or* BRIT round the bend]
② *(in starkem Maße)* **wie ~** like crazy [*or fam* mad]; *(wie übergeschnappt a.)* like a madman; **wie ~ regnen** to rain cats and dogs, to pour with rain; **wie ~ stürmen** to blow a gale; **wie ~ wehtun** to hurt like hell *fam*
③ *(fam: ausgefallen)* crazy, wild *fam*
④ *(fam: versessen)* ■ **~ auf etw** *akk*/**nach etw** *dat* **sein** to be crazy [*or fam* mad] about sth; ■ **~ nach jdm sein** to be crazy [*or fam* mad] [*or fam* wild] about sb
▸WENDUNGEN: **ich werd ~!** *(fam)* well, I'll be damned [*or dated* blowed] *fam,* well I never [did]!

Ver·rück·te(r) *f(m) dekl wie adj (fam)* lunatic, madman *masc pej,* madwoman *fem pej*

Ver·rückt·heit <-, -en> *f* ① *(fam: etwas Verrücktes)* craziness *no art, no pl,* madness *no art, no pl,* folly *no art, no pl*
② *kein pl* MED insanity *no art, no pl,* madness *no art, no pl*

Ver·rückt·wer·den *nt* **es ist zum ~** *(fam)* it's enough to drive you mad [*or* up the wall] [*or* BRIT round the bend]

Ver·ruf *m kein pl* **jdn in ~ bringen** to give sb a bad name; **etw in ~ bringen** to bring sth into disrepute; **in ~ kommen** [*o* **geraten**] to fall into disrepute, to get a bad name *fam*

ver·ru·fen *adj* disreputable, doubtful

ver·rüh·ren* *vt* ■**etw** [**mit etw** *dat*] **~** to stir [*or* mix] sth [[together] with sth]

ver·ru·ßen* *vi sein* to get [*or* become] sooty

ver·rußt *adj* sooted, sooty

ver·rut·schen* *vi sein* to slip

Vers <-es, -e> [fɛrs, *pl* 'fɛrzə] *m* ① *(Gedichtzeilen)* verse, lines *pl*
② *meist pl (Gereimtes)* verse, poetry; **~e deklamieren** [*o* **vortragen**] to recite verse [*or* poetry]; **etw in ~en schreiben** [*o* **~e setzen**] to put sth into verse
▸WENDUNGEN: **ich kann mir keinen ~ darauf machen** there's no rhyme or reason to it; **kannst du dir einen ~ darauf machen?** can you get any sense out of it?

ver·sach·li·chen* [fɛɐ̯'zaxlɪçn̩] *vt* ■**etw ~** to make sth more objective, to objectify sth *spec;* ■**versachlicht** objective

ver·sa·cken* *vi sein* ① *(einsinken)* ■[**in etw** *dat*] **~** to sink in[[to] sth], to get bogged down [in sth]
② *(fam: versumpfen)* to stay out late drinking
③ *(fam: verwahrlosen)* to go to the dogs [*or* rack [*or esp* AM wrack] and ruin] *fam*

ver·sa·gen* **I.** *vi* ① *(scheitern)* ■[**in etw** *dat*] **~** to fail [*or* to be a failure] [in sth]; **in der Schule ~** to be a failure [*or* to fail] at school
② *(erfolglos bleiben)* to fail, to be unsuccessful; **eindeutig ~** to fail miserably
③ *(nicht mehr funktionieren)* to fail [to function], to not work
II. *vt (geh)* ■**jdm etw ~** to refuse sb sth; **jdm seine Hilfe ~** to refuse sb aid [*or* to come to sb's aid]
III. *vr (geh)* ① *(nicht gönnen)* ■**sich** *dat* **etw ~** to deny oneself sth
② *(vorenthalten)* ■**sich** *akk* **jdm ~** to refuse to give oneself to sb

Ver·sa·gen <-s> *nt kein pl* ① *(Scheitern)* failure *no art, no pl; (Erfolglosigkeit)* lack of success *no art, no pl;* **menschliches ~** human error
② *(Fehlfunktion)* failure; **ein ~ des Herzens/der Nieren** a heart/kidney failure

Ver·sa·gens·angst *f* fear of failure

Ver·sa·ger(in) <-s, -> *m(f)* failure

Ver·sa·ger <-s, -> *m* failure, flop *fam*

Ver·sa·gung <-, -en> *f* refusal

Ver·sal <-s, -lien> [vɛr'za:l, *pl* -li̯ən] *m meist pl* TYPO capital [*or* uppercase] letters, caps

ver·sal·zen* *vt irreg* ① *(zu viel salzen)* ■**etw ~** to put too much salt in/on sth, to oversalt sth
② *(fam)* ■**jdm etw ~** to spoil [*or* ruin] sth for sb, to muck up sth *sep* for sb *fam*

Ver·sal·zung <-, -en> *f* GEOL salin[iz]ation

ver·sam·meln* **I.** *vr* ■**sich** *akk* **~** to gather [*or* come] [together], to assemble
II. *vt* ① *(zusammenkommen lassen)* ■**jdn** [**irgendwo**] **~** to call [*or* gather] together *sep* sb [somewhere]; **Truppen ~** to rally [*or* muster] troops
② *(zu gespannter Aufmerksamkeit zwingen)* **das Pferd ~** to collect one's horse *spec*

Ver·samm·lung *f* ① *(Zusammenkunft)* meeting, gathering; **eine ~ abhalten** to convene an assembly; **beratende/gesetzgebende ~** deliberative/legislative assembly; ■**auf einer ~** at a meeting
② *(versammelte Menschen)* assembly

Ver·samm·lungs·frei·heit *f kein pl* JUR freedom of assembly **Ver·samm·lungs·ge·setz** *nt* JUR law regulating public meetings **Ver·samm·lungs·lei·ter(in)** *m(f)* JUR organizer of a public meeting **Ver·samm·lungs·lo·kal** *f* meeting place **Ver·samm·lungs·recht** *nt* JUR right of assembly **Ver·samm·lungs·ver·bot** *nt* prohibition of assembly, ban on public meetings

Ver·sand <-[e]s> [fɛɐ̯'zant] *m kein pl* ① *(das Versenden)* despatch, dispatch; **im ~** by post [*or* AM mail]; **im ~ beschädigt werden** to be damaged in the post; **etw zum ~ bringen** to dispatch [*or* consign] sth
② *(Versandabteilung)* despatch, dispatch, distribution
③ *(Versandfirma)* mail-order company

Ver·sand·ab·tei·lung *f* despatch [*or* dispatch] [*or* distribution] department, shipping department **Ver·sand·an·schrift** *f* dispatch address **Ver·sand·an·wei·sung** *f* HANDEL forwarding [*or* shipping] instruction **Ver·sand·an·zei·ge** *f* HANDEL advice note **Ver·sand·auf·trag** *m* HANDEL shipping [*or* dispatch] order **Ver·sand·be·din·gun·gen** *pl* HANDEL shipping terms **ver·sand·be·reit** *adj* HANDEL ready for shipment **Ver·sand·be·stel·lung** *f* HANDEL mail order buying, postal shopping **Ver·sand·buch·shop** *m* mail-order bookshop **Ver·sand·do·ku·ment** *nt* HANDEL transport [*or* shipping] document

ver·san·den* *vi sein* ① *(sich mit Sand füllen)* to silt up
② *(schwächer werden)* to peter [*or* fizzle] out

ver·sand·fä·hig *adj* HANDEL fit for transport [*or* shipment] *pred* **ver·sand·fer·tig** *adj* HANDEL ready for dispatch [*or* shipment] **Ver·sand·ge·schäft** *nt* HANDEL *(Verkaufsfirma)* mail-order company; *(Transportfirma)* forwarding agency **Ver·sand·ge·wicht** *nt* HANDEL shipment weight **Ver·sand·ha·fen** *m* HANDEL port of loading **Ver·sand·han·del** *m* mail-order selling *no art* [*or* trade] *no indef art, no pl*

Ver·sand·haus *nt* mail-order company [*or* business] **Ver·sand·haus·ka·ta·log** *m* mail-order catalogue [*or* AM *also* catalog]

Ver·sand·kos·ten *pl* shipping charges *pl* **Ver·sand·la·ger** *nt* HANDEL distribution depot **Ver·sand·mar·kie·rung** *f* HANDEL shipping marks *pl* **Ver·sand·pa·pie·re** *pl* HANDEL transport [*or* shipping] documents **Ver·sand·rol·le** *f* mailing tube **Ver·sand·schein** *m* HANDEL dispatch note **Ver·sand·spe·di·teur** *m* HANDEL destination carrier **Ver·sand·ta·sche** *f* large envelope; **eine wattierte ~** a padded envelope, a Jiffy® bag BRIT **Ver·sand·ver·kauf** *m* JUR mail-order sale **Ver·sand·vor·schrift** *f meist pl* forwarding [*or* shipping] instructions *pl* **Ver·sand·wech·sel** *m* FIN out-of-town bill **Ver·sand·weg** *m* HANDEL shipping route

Ver·sa·ti·li·tät <-> [vɛrzatili'tɛ:t] *f kein pl (geh)* versatility

Ver·satz·stück *nt* ① *(Abklatsch)* hackneyed phrase *pej,* stale [*or* AM *pej* warmed-over] idea
② *(Teil der Bühne)* movable piece of scenery

ver·sau·beu·teln* [fɛɐ̯'zaubɔytl̩n] *vt (pej fam)* ■**etw ~** to muck [*or* mess] sth up *fam*

ver·sau·en* *vt (sl)* ① *(völlig verdrecken)* ■[**jdm**] **etw ~** to make [sb's] sth dirty [*or* filthy] [*or fam* mucky]
② *(verderben)* ■**jdm etw ~** to ruin [*or* spoil] [*or* wreck] sb's sth, to mess *fam* [*or* BRIT *fam!* bugger] up *sep* sb's sth

ver·sau·ern* [fɛɐ̯'zauɐn] **I.** *vi sein* ① *(sauer werden) Wein* to become sour [*or* acidic]
② ÖKOL, AGR *Böden* to acidify
③ *(fig fam: vereinsamen)* to stagnate
II. *vt (fam: verderben)* ■**jdm etw ~** to foul up *sep* sth for sb [*or* completely mess]

Ver·sau·e·rung, Ver·säu·e·rung <-, -en> *f* ÖKOL *von Gewässern, Boden* acidification

ver·sau·fen* *vt irreg (sl)* ■**etw ~** to drink away sth *sep,* to drink one's way through sth

ver·säu·men* *vt* ① *(nicht erreichen)* ■**etw ~** to miss sth
② *(sich entgehen lassen)* ■**etw ~** to miss sth; **eine Gelegenheit ~** to let an opportunity slip by, to miss an opportunity
③ *(nicht wahrnehmen)* ■**etw ~** to miss sth; **den richtigen Zeitpunkt ~** to let the right moment slip by
④ *(geh: unterlassen)* ■[**es**] **~, etw zu tun** to not [*or* neglect to] do sth; ■[**es**] **nicht ~, etw zu tun** to not forget to do sth

Ver·säum·nis <-ses, -se> [fɛɐ̯'zɔymnɪs] *nt (geh)* ① *(unterlassene Teilnahme)* absence *no art, no pl*
② *(Unterlassung)* omission, oversight

Ver·säum·nis·ge·bühr *f* JUR default fine **Ver·säum·nis·ur·teil** *nt* JUR judgement by [*or* in] default **Ver·säum·nis·ver·fah·ren** *nt* JUR default proceedings *pl* **Ver·säum·nis·zwi·schen·ur·teil** *nt* JUR interlocutory judgement by default

ver·scha·chern* *vt (fam) s.* **verscheuern**

ver·schach·telt [fɛɐ̯'ʃaxtl̩t] *adj* INFORM nested

ver·schaf·fen* *vt* ① *(beschaffen)* ■**jdm/sich etw ~** to get [hold of] [*or* obtain] sth for sb/oneself, to procure sth for sb/myself [*or* sb/myself sth] *form*
② *(vermitteln)* to earn sth; ***was verschafft mir die Ehre?*** to what do I owe the honour? *iron;* **jdm eine Möglichkeit ~** to give sb an opportunity; **jdm Respekt ~** to gain [*or* earn] sb respect; **jdm eine Stellung ~** to get sb a job; **jdm einen Vorteil** [*o* **Vorsprung**] **~** to give sb an advantage; **sich** *dat* **eine gute Ausgangsposition ~** to give oneself a good starting position; **sich** *dat* **Gewissheit ~** to make certain

ver·scha·len* TECH **I.** *vi* ■[**für etw** *akk*] **~** to line sth [for sth]
II. *vt* ■**etw ~** to line sth; **eine Tür/ein Fenster ~** to board [up *sep*] a door/window

Ver·scha·lung <-, -en> *f* TECH planking *no art, no pl*

ver·schämt [fɛɐ̯'ʃɛ:mt] *adj* shy, bashful

ver·schan·deln* [fɛɐ̯'ʃandl̩n] *vt* ■**etw ~** ① *(ruinieren)* to ruin [*or* spoil] sth; **die Landschaft ~** to ruin [*or* spoil] the landscape; *Gebäude, Grube* to be a blot on the landscape
② *(verunstalten)* to disfigure [*or* mutilate] sth

Ver·schan·de·lung, Ver·schand·lung <-, -en> *f* disfigurement *no art, no pl,* mutilation *no art, no pl; Landschaft* ruination *no art, no pl*

ver·schan·zen* **I.** *vt* MIL to fortify
II. *vr* ① MIL ■**sich** *akk* **~** to take up a fortified position; **sich** *akk* **in einem Graben ~** to dig [oneself] in; ■**sich** *akk* **hinter etw** *dat* **~** to barricade oneself in
② *(hinter etw verstecken)* ■**sich** *akk* **hinter etw** *dat* **~** to take refuge [*or* to hide] behind sth

ver·schär·fen* **I.** *vr* ■**sich** *akk* **~** to get bad/worse; *Krise* to intensify, to become acute
II. *vt* ■**etw ~** ① *(rigoroser machen)* to make sth more rigorous, to tighten [up *sep*] sth; **eine Strafe ~** to make a punishment more severe
② *(zuspitzen)* to aggravate sth, to make sth worse

Ver·schär·fung <-, -en> *f* ① *(Zuspitzung)* intensification, worsening *no art, no pl*
② *(das Verschärfen)* tightening up *no art, no pl;* **die ~ einer Strafe** increasing the severity of a punishment

ver·schar·ren* *vt* ■**etw** ~ to bury sth [just below the surface]; **jdn** ~ to bury sb in a shallow grave

ver·schät·zen* *vr* ❶ *(sich vertun)* ■**sich** *akk* [**um etw** *akk*] ~ to misjudge sth [by sth]
❷ *(sich täuschen)* ■**sich** *akk* ~ to be mistaken [*or* make a [big] mistake]; ■**sich in jdm** ~ to be [very much] mistaken about sb

ver·schau·keln* *vt (fam)* ■**jdn** ~ to fool sb, to take sb for a ride *fam;* ■**sich** *akk* [**von jdm**] ~ **lassen** to let sb take one for a ride *fam,* to let oneself be fooled

ver·schei·den* *vi irreg sein (geh)* to die, to pass away [*or* on] *euph*

ver·schei·ßern* [fɛɐ̯'ʃaisɐn] *vt (derb: zum Narren halten)* ■**jdn** ~ to take the piss out of [*or* poke fun at] sb

ver·schen·ken* *vt* ❶ *(schenken)* ■**etw** [**an jdn**] ~ to give sth *sep* [to sb]
❷ *(ungenutzt lassen)* ■**etw** ~ to waste [*or sep* throw away] sth

ver·scher·beln* *vt (fam)* ■**etw** ~ to sell [*or* BRIT flog] [off *sep*] sth *fam; Hausierer a.* to peddle sth *pej*

ver·scher·zen* *vr* ❶ *(sich um etw bringen)* ■**sich** *dat* **etw** ~ to lose [*or* forfeit] sth
❷ *(sich mit jdm überwerfen)* ■**es sich** *dat* **mit jdm** ~ to fall out with sb

ver·scheu·chen* *vt* ■**jdn/Tiere** ~ to chase away [*or* off] *sep* sb/animals; *(durch Angst a.)* to frighten [*or* scare] away [*or* off] *sep* sb/animals; **jdm seine Sorgen** ~ to drive away *sep* sb's cares

ver·scheu·ern* *vt (sl)* ■[**jdm**] **etw** [*o* **etw an jdn**] ~ to sell [off *sep*] sth [to sb], to flog [off *sep*] sth [to sb] BRIT *fam*

ver·schi·cken* *vt* ❶ *(schicken)* ■**etw** [**an jdn**] ~ to send [sb] sth, to send [out *sep*] sth [to sb]
❷ *(zur Erholung reisen lassen)* ■**jdn irgendwohin** ~ to send away sb *sep* somewhere; **jdn zur Kur** ~ to send away sb *sep* to a health resort [*or dated* to take a cure]

ver·schieb·bar *adj* ❶ *(räumlich)* movable
❷ *(zeitlich) Termin* postponable; ***ist unser Termin ~?*** can we postpone our appointment?

Ver·schie·be·bahn·hof *m* railway [*or* AM railroad] yard, shunting yard

ver·schie·ben* *irreg* **I.** *vt* ❶ *(verrücken)* ■**etw** [**um etw** *akk*] ~ to move [*or* shift] [*or* relocate] sth [by sth]
❷ *(verlegen)* ■**etw** [**auf etw** *akk*/**um etw** *akk*] ~ to postpone [*or sep* put off] sth [until/for sth]
❸ *(illegal exportieren)* ■**etw** [**irgendwohin**] ~ to smuggle sth [somewhere]
II. *vr* ❶ *(später stattfinden)* ■**sich** *akk* [**auf etw** *akk*/**um etw** *akk*] ~ to be postponed [until sth/for sth]
❷ *(verrutschen)* ■**sich** *akk* ~ to slip

Ver·schie·bung *f* postponement

ver·schie·den [fɛɐ̯'ʃi:dn̩] **I.** *adj* ❶ *(unterschiedlich, abweichend)* different; *(mehrere)* various
❷ *(vielgestaltig)* various
❸ *attr (einige)* several *attr,* a few *attr*
❹ *substantivisch (einiges)* ■**V~es** various things *pl; (auf einer Tagesordnung)* AOB
▶WENDUNGEN: **das ist** ~ *(das kommt darauf an)* it depends
II. *adv* differently; ~ **breit/lang/stark** of different widths/lengths/thicknesses

ver·schie·den·ar·tig *adj* different kinds [*or* sorts] of *attr,* diverse

Ver·schie·den·ar·tig·keit <-> *f kein pl* ❶ *(Unterschiedlichkeit)* different nature
❷ *(Vielfalt)* variety

ver·schie·de·ner·lei *adj* ❶ *attr (verschiedenartig)* different kinds [*or* sorts] of *attr,* diverse
❷ *attr (alle möglichen)* all sorts [*or* kinds] of *attr,* various different *attr*
❸ *substantivisch (alles Mögliche)* various things *pl*

Ver·schie·den·heit <-, -en> *f* ❶ *(Unterschiedlichkeit)* difference (+*gen*/**von** +*dat* between/in); *(Unähnlichkeit)* dissimilarity (+*gen*/**von** +*dat* in)
❷ *(charakterliche Andersartigkeit)* difference, dissimilarity

ver·schie·dent·lich [fɛɐ̯'ʃi:dn̩tlɪç] *adv* ❶ *(mehrmals)* several times, on several [*or* various] occasions
❷ *(vereinzelt)* occasionally

ver·schie·ßen* *irreg* **I.** *vt* ❶ *(durch Abfeuern verbrauchen)* ■**etw** ~ to use up *sep* all of sth
❷ *(abschießen)* ■**etw** ~ to fire sth; **einen Pfeil** ~ to shoot [*or liter* loose] [off *sep*] an arrow
❸ *(fam)* **einen Film** ~ to use up *sep* a film
❹ FBALL **einen Elfmeter** ~ to shoot wide
II. *vi sein* to fade
III. *vr* ❶ *(fam)* ■**sich** *akk* **in jdn** ~ to fall head over heels in love with sb; ■**in jdn verschossen sein** to be crazy [*or fam* mad] about sb
❷ *(nicht treffen)* ■**sich** *akk* ~ to shoot wide

ver·schif·fen* *vt* ■**etw** [**irgendwohin**] ~ to ship sth somewhere, to transport sth by ship [somewhere]

Ver·schif·fung <-, -en> *f* ■**die** ~ [**einer S.** *gen* [*o* **von etw** *dat*]] shipping [sth], the transportation [of sth] [by ship]

Ver·schif·fungs·ha·fen *m* HANDEL port of dispatch [*or* shipment] **Ver·schif·fungs·kon·nos·se·ment** *nt* HANDEL ocean [*or* shipped] bill of lading **Ver·schif·fungs·kos·ten** *pl* HANDEL shipping [charges] **Ver·schif·fungs·kre·dit** *m* FIN respondentia **Ver·schif·fungs·pa·pie·re** *pl* HANDEL shipping documents

ver·schim·meln* *vi sein* to go mouldy [*or* AM moldy]; ■**etw** ~ **lassen** to let sth go mouldy; ■**verschimmelt** mouldy

ver·schis·sen *adj (sl)* ■**bei jdm** ~ **haben** to be finished with sb; ***du hast bei mir ~!*** I'm finished with you, we're finished

ver·schla·fen*[1] *irreg* **I.** *vi, vr* ■[**sich** *akk*] ~ to oversleep
II. *vt* ■**etw** ~ ❶ *(fam)* to miss sth
❷ *(schlafend verbringen)* to sleep through sth; **sein Leben** ~ to sleep away *sep* one's life

ver·schla·fen[2] *adj* ❶ *(müde)* sleepy, half-asleep
❷ *(wenig Leben zeigend)* sleepy

Ver·schlag <-[e]s, -schläge> *m* shed

ver·schla·gen*[1] *vt irreg* ❶ *(nehmen)* ■**jdm etw** ~ to rob sb of sth; **jdm den Atem** [*o* **die Sprache**] ~ to leave sb speechless
❷ *(geraten)* ■**jdn irgendwohin** ~ to lead sb to finish up somewhere; ■**irgendwohin** ~ **werden** to end up somewhere
❸ *(verblättern)* [**jdm/sich**] **die Seite** ~ to lose sb's/one's place; *Wind* to turn [*or* blow] over the page[s *pl*]
❹ *(nicht treffen)* ■**etw** ~ to mishit sth

ver·schla·gen[2] **I.** *adj* devious, sly *pej;* **ein ~er Blick** a furtive look; **ein ~es Grinsen** a sly grin *pej*
II. *adv* slyly *pej; (verdächtig)* shiftily; ~ **grinsen** to have a sly grin

Ver·schla·gen·heit <-> *f kein pl* deviousness *no art, no pl,* slyness *no art, no pl pej*

ver·schlam·men* *vi sein* to silt up, to fill up with mud

ver·schlam·pen*, **ver·schlam·pern*** *vt* SÜDD, ÖSTERR *(fam)* ■**etw** ~ ❶ *(verlieren)* to manage to lose sth, to go and lose sth
❷ *(vergessen)* to go and forget sth

ver·schlan·ken* [fɛɐ̯'ʃlaŋkn̩] *vt* ■**etw** ~ to downsize [*or sep* trim down] sth

ver·schlech·tern* [fɛɐ̯'ʃlɛçtɐn] **I.** *vt* ■**etw** ~ to make sth worse; **den Zustand eines Patienten** ~ to weaken a patient's condition
II. *vr* ■**sich** *akk* ~ ❶ *(schlechter werden)* to get worse, to worsen, to deteriorate
❷ *(beruflich schlechter dastehen)* to be worse off

Ver·schlech·te·rung <-, -en> *f* deterioration *no art* (+*gen*/**von** +*dat* in), worsening *no art, no pl* (+*gen*/**von** +*dat* of)

Ver·schlech·te·rungs·ver·bot *nt* JUR prohibition to worsen appellant's position

ver·schlei·ern* [fɛɐ̯'ʃlaiɐn] *vt* ❶ *(mit einem Schleier bedecken)* ■**jdn/etw** ~ to cover sb/sth with a veil; **sich** *dat* **das Gesicht** ~ to wear a veil, to veil one's face, to cover one's face with a veil
❷ *(verdecken)* ■**etw** ~ to cover up sth *sep; Himmel* to become hazy
❸ *(vertuschen)* ■**etw** ~ to cover [*or pej* hush] up sth *sep;* **die Tatsachen** ~ to disguise the facts

ver·schlei·ert *adj Blick* blurred; *Stimme* husky; *Himmel* misty; *Gesicht* veiled

Ver·schlei·e·rung <-, -en> *f* JUR cover-up, concealment; ~ **von Vermögenswerten** concealment of assets

Ver·schlei·e·rungs·tak·tik *f* cover-up tactic

ver·schlei·men* *vi sein* to become [*or* get] congested; *Nase* to be blocked [up]

Ver·schleiß <-es, -e> [fɛɐ̯'ʃlais] *m* wear [and tear] *no art, no pl;* **einem erhöhten/geringen ~ unterliegen** to be likely/unlikely to wear out quickly

ver·schlei·ßen <verschliss, verschlissen> **I.** *vi sein* to wear out
II. *vt* ❶ *(abnutzen)* ■**etw** ~ to wear out sth *sep*
❷ *(jds Kräfte verzehren)* ■**sich** *akk* ~ to wear oneself out, to get worn out; ■**jdn** ~ to wear out sb *sep,* to go through sb

Ver·schleiß·er·schei·nung *f meist pl* TECH sign of wear [and tear] **ver·schleiß·fest** *adj* hard-wearing, immune to wear and tear *pred* **Ver·schleiß·fes·tig·keit** *f kein pl* wear and tear durability **Ver·schleiß·grad** *m* TECH extent of wearing **Ver·schleiß·teil** *nt* TECH working [*or* wearing] part

ver·schlep·pen* *vt* ❶ *(deportieren)* ■**jdn** [**irgendwohin**] ~ to take away sb *sep* [somewhere]; *(amtlich)* to transport sb somewhere
❷ *(hinauszögern)* ■**etw** ~ to prolong [*or sep* drag out] sth
❸ MED ■**etw** ~ to delay treatment [of sth]; **eine verschleppte Krankheit** an illness made worse [*or* aggravated] by neglect
❹ *(weiterverbreiten)* ■**etw** ~ to spread sth

Ver·schlep·pung <-, -en> *f* ❶ *(Deportation)* ■**die** ~ **von jdm** taking away sb *sep, no art, no pl; (amtlich)* the transportation of sb
❷ *(Hinauszögerung)* prolonging *mo art, no pl*
❸ MED **die ~ einer Krankheit** neglecting *no art, no pl* an illness

Ver·schlep·pungs·ab·sicht *f* JUR intention to delay the proceedings **Ver·schlep·pungs·tak·tik** *f* delaying tactics *pl*

ver·schleu·dern* *vt* ■**etw** ~ to sell [off *sep*] sth cheaply, to flog [off *sep*] sth BRIT *fam; (mit Verlust)* to sell [off *sep*] sth at a loss

ver·schließ·bar *adj* lockable

ver·schlie·ßen* *irreg* **I.** *vt* ❶ *(abschließen)* ■**etw** ~ to close sth; *(mit einem Schlüssel)* to lock [up *sep*] sth
❷ *(zumachen)* ■**etw** [**mit etw** *dat*] ~ to close sth [with sth]; **eine Flasche** [**wieder**] ~ to put the top [back] on a bottle; **eine Flasche mit einem Korken** ~ to cork a bottle, to put a/the cork in a bottle
❸ *(wegschließen)* ■**etw** [**vor jdm**] ~ to lock [*or* hide] away sth *sep* [from sb]; **die Gedanken/Gefühle in sich** *dat*/**in seinem Herzen** ~ to keep one's thoughts/feelings to oneself
❹ *(versagt bleiben)* ■**jdm verschlossen bleiben** to be closed off to sb
II. *vr* ❶ *(sich entziehen)* ■**sich** *akk* **etw** *dat* ~ to ignore sth
❷ *(sich jdm versagen)* ■**sich** *akk* **jdm** ~ to shut oneself off from sb

ver·schlimm·bes·sern* [fɛɐ̯'ʃlɪmbɛsɐn] *vt (hum fam)* ■**etw** ~ to make sth worse *(by trying to improve it)*

Ver·schlimm·bes·se·rung <-, -en> *f (hum fam)* improvement for the worse *hum*

ver·schlim·mern* **I.** *vt* ■**etw** ~ to make sth worse
II. *vr* ■**sich** *akk* ~ to get worse, to worsen; *Zustand, Lage a.* to deteriorate

Ver·schlim·me·rung <-, -en> *f* worsening *no art, no pl* (+*gen*/**von** +*dat* of); *Zustand, Lage a.* deterioration *no pl* (+*gen*/**von** +*dat* in)

ver·schlin·gen*[1] *vt irreg* ❶ *(hastig essen)* ■**etw** ~ to devour sth, to gobble [down [*or* up] *sep*] sth *fam,* to bolt [*or* choke] [down *sep*] sth
❷ *(verbrauchen)* ■**etw** ~ to consume [*or sep* use up] sth
❸ *(voll Begierde anstarren)* **jdn mit Blicken** [*o* **den Augen**] ~ to devour sb with one's eyes
❹ *(in einem Zug lesen)* ■**etw** ~ to devour sth

⑤ *(aufnehmen)* **jds Worte ~** to hang on to every one of sb's words

ver·schlin·gen*² *vt irreg* ■ **sich** *akk* [**ineinander**] ~ to intertwine, to get intertwined; *(zu einem Knoten)* to become entangled; *s. a.* **Arm**

ver·schliss^RR, **ver·schliß**^ALT *imp von* **verschleißen**

ver·schlis·sen I. *pp von* **verschleißen**
II. *adj* worn-out

ver·schlos·sen [fɛɐ̯ˈʃlɔsn̩] *adj* ① *(abgeschlossen)* closed; *(mit einem Schlüssel)* locked
② *(zugemacht)* closed; ~ **bleiben** to be [kept] closed
③ *(sehr zurückhaltend)* reserved; *(schweigsam)* taciturn
▶WENDUNGEN: **jdm ~ bleiben** to be a mystery to sb; *Fachwissen a.* to be a closed book to sb

Ver·schlos·sen·heit <-> *f kein pl (verschlossenes Wesen)* reservedness *no art, no pl; (Schweigsamkeit)* taciturnity *no art, no pl*

ver·schlu·cken* I. *vt* ■ **etw** ~ ① *(hinunterschlucken)* to swallow sth
② *(unhörbar machen)* to absorb [*or* deaden] sth
③ *(undeutlich aussprechen)* to slur sth; *(nicht aussprechen)* to bite back on sth
④ *(verbrauchen)* to consume [*or sep* swallow up] sth
II. *vr* ■ **sich** *akk* [**an etw** *dat*] ~ to choke [on sth]

ver·schlu·dern* *vt (pej fam)* ■ **etw** ~ ① *(verlieren)* to go and lose sth
② *(verkommen lassen)* to let sth go to pieces
③ *(vergessen)* to go and forget sth

ver·schlun·gen I. *pp von* **verschlingen**
II. *adj* entwined; **auf ~en Wegen** *(fig)* via obscure channels

Ver·schluss^RR, **Ver·schluß**^ALT *m* ① *(Schließvorrichtung)* clasp; *Deckel* fastening; *Gürtel* buckle; *Klappe, Tür* catch; *Benzintank* cap; **etw unter ~ halten/nehmen** to keep/put sth under lock and key
② *(Deckel)* lid; *Flasche* top

Ver·schluss·de·ckel^RR *m* sealable lid

ver·schlüs·seln* [fɛɐ̯ˈʃlʏsl̩n] *vt* ■ **etw** ~ to [en]code [*or* encipher] [*or* encrypt] sth

ver·schlüs·selt I. *adj* coded, in code *pred*
II. *adv* in code

Ver·schlüs·se·lung <-, -en> *f* ① *(Verschlüsseln)* [en]coding *no art, no pl*
② *(Kode)* cipher, encryption

Ver·schlüs·se·lungs·al·go·rith·mus *m* encryption algorithm **Ver·schlüs·se·lungs·pro·gramm** *nt* INFORM [data] encryption program **Ver·schlüs·se·lungs·tech·nik** *f* INFORM encryption technology

Ver·schluss·kap·pe^RR *f* sealable cap **Ver·schluss·laut**^RR *m* LING plosive

Ver·schlüss·lung^RR, **Ver·schlüß·lung**^ALT <-, -en> *f s.* **Verschlüsselung**

Ver·schluss·sa·che^RR *f* JUR confidential [*or* classified] information *no art, no pl,* confidential [*or* restricted] matter

ver·schmach·ten* *vi sein (geh)* ■ [**vor etw** *dat*] ~ to die of sth; **vor Durst/Hunger ~** to die of thirst/hunger [*or* to starve to death]; **vor Sehnsucht ~** to pine away

ver·schmä·hen* *vt (geh)* ■ **etw** ~ to reject [*or form a.* spurn] sth; *(stärker)* to scorn sth; **das Essen ~** to turn up one's nose at the food; **verschmähte Liebe** unrequited love

ver·schmel·zen* *irreg* I. *vi sein* ■ **mit etw** *dat/* **miteinander** ~ to melt together [with sth]
II. *vt* ■ **etw** [**miteinander**] ~ *(löten)* to solder/braze sth [together]; *(verschweißen)* to weld sth [together]

Ver·schmel·zung <-, -en> *f* ■ **die/eine ~** [**von etw** *dat* **mit etw** *dat*] ① *(das Verschmelzen)* fusing *no art, no pl* [sth to sth]; *(das Löten)* soldering *no art, no pl* [sth to sth]; *(das Verschweißen)* welding *no art, no pl* [sth to sth]
② ÖKON *(Unternehmenszusammenschluss)* amalgamation; **~ durch Aufnahme** merger; **~ durch Neubildung** consolidation

Ver·schmel·zungs·prü·fer(in) *m(f)* HANDEL merger auditor **Ver·schmel·zungs·ver·trag** *m* HANDEL merger agreement

ver·schmer·zen* *vt* ■ **etw** ~ to get over sth

ver·schmie·ren* I. *vt* ① *(verstreichen)* ■ **etw** [**auf etw** *dat*] ~ to apply sth [to sth]; **etw auf der Haut ~** to apply sth to the skin, to rub sth in[to the skin]; **etw auf einer Scheibe Brot ~** to spread sth on[to] a piece of bread
② *(verwischen)* ■ **etw** ~ to smear sth
③ *(zuschmieren)* ■ **etw** ~ to fill [in *sep*] sth
④ *(beschmieren)* ■ **etw** ~ to make sth dirty [*or fam* grubby]
II. *vi* to smear, to get smeared

Ver·schmie·ren <-s> *nt kein pl* TYPO *(Druck)* smearing, smudging

ver·schmitzt [fɛɐ̯ˈʃmɪtst] I. *adj* mischievous, roguish; *(listig)* sly *pej*
II. *adv* mischievously, roguishly; *(listig)* slyly *pej;* ~ **lächeln** to smile mischievously/slyly, to give a mischievous/sly smile

Ver·schmitzt·heit <-, -en> *f* mischievousness, cheekiness

ver·schmo·ren* *vi sein (fam)* to burn

ver·schmort *adj* smudged; *Kabel* smouldered

ver·schmut·zen* I. *vt* ■ **etw** ~ ① *(schmutzig werden lassen)* to make sth dirty [*or fam* grubby]
② ÖKOL to pollute sth
II. *vi sein* ① *(schmutzig werden)* to get dirty [*or fam* grubby]
② ÖKOL to get polluted

ver·schmutzt *adj* dirty, soiled; **stark ~** heavily soiled; **~e Fahrbahn!** mud on road

Ver·schmut·zung <-, -en> *f* ① *kein pl* soiling *no art, no pl form;* **starke ~** heavy soiling *form*
② ÖKOL pollution *no art, no pl*
③ *meist pl (anhaftender Dreck)* dirt *no art, no pl*

ver·schnarcht [fɛɐ̯ˈʃnarçt] *adj (pej sl)* stuffy, uptight

ver·schnau·fen* *vi, vr (fam)* ■ [**sich** *akk*] ~ to have [*or* take] a breather

Ver·schnauf·pau·se *f* breather, respite *form;* **eine ~ einlegen** to have [*or* take] a breather

ver·schnei·den* *vt irreg* ■ **etw** [**mit etw** *dat*] ~ to blend sth [with sth]

ver·schneit *adj* snow-covered *attr;* ■ ~ **sein** to be covered in [*or* with] snow

Ver·schnitt *m* ① *(Mischung)* blend
② *(Rest)* cutting loss, waste

ver·schnör·kelt *adj* adorned with flourishes; *Schrift* ornate

ver·schnupft [fɛɐ̯ˈʃnʊpft] *adj (fam)* ① *(erkältet)* with [*or* suffering from] a cold *pred;* ■ ~ **sein** to have a cold
② *(indigniert)* ■ ~ **sein** to be in a huff, to be het up [*or* AM sore] *fam*

ver·schnü·ren* *vt* ■ **etw** ~ to tie up sth *sep* [with a string]; **die Schuhe ~** to lace [*or* tie] up one's/sb's shoes

Ver·schnü·rung <-, -en> *f* lacing

ver·schol·len [fɛɐ̯ˈʃɔlən] *adj* missing; **eine ~e Handschrift** a lost manuscript; *(in Vergessenheit geraten a.)* a forgotten manuscript; ■ [**irgendwo**] ~ **sein** to have gone missing [*or* have disappeared] [somewhere]

Ver·schol·le·ne(r) *f(m) dekl wie adj* missing person

ver·scho·nen* *vt* ■ **jdn/etw** ~ to spare sb/sth; ■ **jdn mit etw** *dat* ~ *(fam)* to spare sb sth; ***verschone mich bitte mit den Einzelheiten!*** please spare me the details!; **von etw** *dat* **verschont bleiben** to escape sth

ver·schö·nern* [fɛɐ̯ˈʃøːnɐn] *vt* ■ **etw** ~ to brighten up sth *sep*

Ver·schö·ne·rung <-, -en> *f* ① *kein pl (das Verschönern)* ■ **die ~** [**einer S.** *gen* [*o* **von etw** *dat*]] brightening up [sth *sep*]
② *(verschönernder Faktor)* improvement [in appearance]

Ver·scho·nung *f* sparing sb/sth

ver·schor·fen* [fɛɐ̯ˈʃɔrfn̩] *vi Wunde, Gesicht, Hand* to scab

ver·schos·sen *adj Kleid, Wäsche* bleached
▶WENDUNGEN: **in jdn ~ sein** *(fam)* to be crazy about sb

ver·schram·men* I. *vt* ■ **etw** ~ to scratch sth
II. *vi sein* to get [*or* become] scratched

ver·schrän·ken* *vt* **die Arme/Beine/Hände ~** to fold one's arms/cross one's legs/clasp one's hands; **mit verschränkten Armen/Beinen/Händen** with one's arms folded/legs crossed/hands clasped

ver·schrau·ben* *vt* ■ **etw** ~ to screw [*or* bolt] on sth *sep;* ■ **etw mit etw** *dat* ~ to screw [*or* bolt] sth on[to] sth; **etw** [**miteinander**] ~ to screw [*or* bolt] sth together

ver·schre·cken* *vt* ■ **jdn/etw** ~ to scare off sb/sth *sep*

ver·schreckt *adj* frightened, scared

ver·schrei·ben* *irreg* I. *vt* ① *(verordnen)* ■ **jdm etw** [**gegen etw** *akk*] ~ to prescribe sb sth [for sth], to prescribe sth for sb; ■ **sich** *dat* **etw** [**gegen etw** *akk*] ~ **lassen** to get sth prescribed [*or* get a prescription] [for sth]
② *(durch Schreiben verbrauchen)* ■ **etw** ~ to use up sth *sep*
③ *(Besitz übertragen)* ■ **jdm etw** ~ to make sth over to sb
II. *vr* ① *(falsch schreiben)* ■ **sich** *akk* ~ to make a mistake [*or* slip of the pen]
② *(sich ganz widmen)* ■ **sich** *akk* **einer S.** *dat* ~ to devote oneself to sth

Ver·schrei·bung *f* prescription

ver·schrei·bungs·pflich·tig *adj* available only on [*or* by] prescription *pred*

ver·schrien [fɛɐ̯ˈʃriː(ə)n] *adj* notorious; ■ [**als .../ wegen einer S.** *gen*] ~ **sein** to be notorious [for being .../for sth]; **als Chauvi/Geizhals ~ sein** to be notorious for one's chauvinism/stinginess

ver·schro·ben [fɛɐ̯ˈʃroːbn̩] *adj* eccentric, cranky *fam*

ver·schrot·ten* *vt* ■ **etw** ~ to scrap sth, to turn sth into scrap; ■ **etw ~ lassen** to scrap sth

Ver·schrot·tung <-, -en> *f* ■ **die/eine ~** [**einer S.** *gen* [*o* **von etw** *dat*]] turning [sth] into scrap, scrapping [sth]; **etw zur ~ geben** to send sth to be scrapped [*or* to the scrap yard]

ver·schrum·peln* *vi sein (fam)* to shrivel [up]

ver·schrum·pelt <-er, -este> *adj* shrivelled BRIT, shriveled AM

ver·schüch·tern* [fɛɐ̯ˈʃʏçtɐn] *vt* ■ **jdn** ~ to intimidate sb

ver·schüch·tert *adj* intimidated

ver·schul·den* I. *vt* ■ **etw** ~ to be to blame for sth
II. *vi sein* to get [*or* go] into debt; **immer mehr ~** to get [*or* go] deeper and deeper into debt; ■ **verschuldet sein** to be in debt
III. *vr* ■ **sich** *akk* [**bei jdm**] ~ to get into debt [to sb]

Ver·schul·den <-s> *nt kein pl* JUR fault *no indef art, no pl,* blame; **fahrlässiges ~** negligence; **fremdes ~** fault of another party; **konkurrierendes ~** concurrent negligence; **das ~** [**an etw** *dat*] **tragen** to be to blame [for sth]; **ohne jds ~** through no fault of sb's [own]; **ohne mein ~** through no fault of my own [*or* mine]; **~ bei Vertragsabschluss** negligence in contracting, culpa in contrahendo; **durch eigenes ~** through his/her fault; **ohne eigenes ~** through no fault on one's own

Ver·schul·dens·haf·tung *f* JUR liability for fault

ver·schul·det *adj* indebted; **hoch ~ sein** to be deep in debt

Ver·schul·dung <-, -en> *f* ① *(verschuldet sein)* indebtedness *no art, no pl*
② *(Schulden)* debts *pl*

Ver·schul·dungs·grad *m* ÖKON [equity] gearing **Ver·schul·dungs·gren·ze** *f* FIN debt limit, debt limitations *pl*

ver·schult [fɛɐ̯ˈʃuːlt] *adj (pej)* organized along school lines; *Studienfach* taught as if [still] at school

ver·schus·seln [fɛɐ̯ˈʃʊsl̩n] *vt (fam)* ■ **etw** ~ ① *(vermasseln)* to mess [*or* muck up *sep*] sth
② *(vergessen) Termin* to forget sth
③ *(verlegen) Schlüssel* to mislay sth

ver·schüt·ten* [fɛɐ̯ˈʃʏtən] *vt* ① *(danebenschütten)* ■ **etw** ~ to spill sth
② *(unter etw begraben)* ■ **jdn** ~ to bury sb [alive];

V

■**verschüttet [sein]** *(begraben)* [to be] buried [alive *pred*]; *(eingeschlossen)* [to be] trapped

ver·schwä·gert [fɛɐ̯ˈʃvɛːgɐt] *adj* related by marriage *pred;* ■**mit jdm ~ sein** to be related [by marriage] to sb; ■**sie sind [miteinander] ~** they are related [to each other] [by marriage]

ver·schwei·gen* *vt irreg* ■**jdn/etw ~** to hide [*or* conceal] sb/sth (**vor** *+dat* from); **Informationen ~** to withhold information; **eine Vorstrafe ~** to keep quiet about [*or* not reveal] a previous conviction; ■**jdm ~, dass ...** to keep from sb the fact that ...

Ver·schwei·gen *nt kein pl* concealing, withholding, non-disclosure; **arglistiges ~ von Tatsachen** JUR fraudulent concealment of facts

ver·schwei·ßen* *vt* ■**etw ~** to weld sth together

ver·schwen·den* *vt* ■**etw ~** to waste sth; **keinen Blick an jdn ~** to not spare sb a glance; **Geld/Ressourcen ~** to squander money/resources; **seine Worte ~** to waste one's breath; ■**etw an etw** *akk*/ **für etw** *akk* **~** to waste sth on sth

Ver·schwen·der(in) <-s, -> *m(f)* waster, wasteful [*or form* prodigal] person; *Geld a.* spendthrift *pej fam;* ***du bist wirklich ein ~!*** you are [being] really wasteful!; *Geld* you're a real spendthrift! *pej fam*

ver·schwen·de·risch I. *adj* ❶ *(sinnlos ausgebend)* wasteful; **ein ~er Mensch** a wasteful [*or form* prodigal] person

❷ *(sehr üppig)* extravagant, sumptuous; **~e Pracht** lavish splendour [*or* AM -or]; **in ~er Fülle** in prodigal abundance *form;* **in ~em Luxus leben** to live in the lap of luxury

II. *adv* wastefully; **~ leben** to live extravagantly [*or form* prodigally]

Ver·schwen·dung <-, -en> *f* wasting *no art, no pl,* wastefulness *no art, no pl;* ***so eine ~!*** what a waste!

Ver·schwen·dungs·sucht *f kein pl* prodigality *no art, no pl form* **ver·schwen·dungs·süch·tig** *adj* prodigal *form*

ver·schwie·gen [fɛɐ̯ˈʃviːgn̩] *adj* ❶ *(diskret)* discreet; **~ wie ein Grab [sein]** [to be] [as] silent as the grave

❷ *(geh: abgelegen)* secluded

Ver·schwie·gen·heit <-> *f kein pl* ❶ *(Diskretion)* discretion *no art, no pl,* secrecy; **berufliche ~** professional discretion; **zur ~ verpflichtet sein** to be bound [*or* sworn] to secrecy; **jdn zur ~ verpflichten** to enjoin sb to secrecy

❷ *(Verborgenheit)* seclusion *no art, no pl*

Ver·schwie·gen·heits·pflicht *f* JUR duty of secrecy, obligation to maintain secrecy

ver·schwie·melt *adj (fam: erschöpft)* knocked-out *pred; (verkatert)* hung-over *pred*

ver·schwim·men* *vi irreg sein* to become blurred

ver·schwin·den* *vi irreg sein* ❶ *(nicht mehr da sein)* ■**[irgendwo] ~** to disappear [*or* vanish] [somewhere]; **am Horizont/im Wald/in der Ferne ~** to disappear [*or* vanish] over the horizon/into the forest/into the distance; ■**verschwunden [sein]** [to be] missing; **etw in etw** *dat* **~ lassen** to slip sth into sth

❷ *(sich auflösen)* to vanish; ■**etw ~ lassen** to make sth disappear [*or* vanish]

❸ *(fam: sich davonmachen)* ■**[irgendwohin] ~** to disappear [somewhere]; **nach draußen/in den Keller ~** to pop outside/down to the [wine] cellar *fam;* **verschwinde!** clear off!, get lost!, beat it! *fam,* hop it! BRIT *fam*

▶WENDUNGEN: **mal ~ müssen** *(euph fam)* to have to pay a visit [*or* AM go to the bathroom], to have to spend a penny BRIT *dated fam*

Ver·schwin·den <-s> *nt kein pl* disappearance (*+gen*/**von** *+dat* of)

ver·schwin·dend I. *adj* ❶ *(winzig)* tiny

❷ *(unbedeutend)* insignificant

II. *adv* extremely; **~ gering** extremely remote [*or* slight]; **~ klein** tiny, minute; **~ wenig** a tiny amount; **~ wenige** very, very few

ver·schwis·tert [fɛɐ̯ˈʃvɪstɐt] *adj* ■**sie sind [miteinander] ~** they are brother/brothers and sister/sisters, they are brothers/sisters

ver·schwit·zen* *vt* ❶ *(mit Schweiß durchtränken)* ■**etw ~** to make sth sweaty; ■**verschwitzt** sweaty; ■**ganz verschwitzt sein** to be all sweaty [*or* soaked [*or* bathed] in sweat]

❷ *(fam: durch Unachtsamkeit vergessen)* ■**etw ~** to forget sth; **etw völlig ~** to forget all about sth

ver·schwitzt <-er, -este> *adj* ❶ *(mit Schweiß durchsetzt)* sweaty

❷ *(fam: vergessen)* forgotten

ver·schwol·len *adj* swollen

ver·schwom·men *adj* ❶ *(undeutlich)* blurred, fuzzy; **~e Umrisse** vague outlines

❷ *(unklar)* hazy, vague

ver·schwo·ren *adj attr* sworn *attr; (verschwörerisch)* conspiratorial; *(heimlichtuend)* secretive

ver·schwö·ren* *vr irreg* ❶ *(konspirieren)* ■**sich** *akk* **[mit jdm] gegen jdn ~** to conspire [*or* plot] [with sb] against sb; ■**sich** *akk* **zu etw** *dat* **~** to plot sth, to conspire to do sth; ■**etw hat sich gegen jdn verschworen** sth conspired against sb

❷ *(geh: sich ganz verschreiben)* ■**sich** *akk* **etw** *dat* **~** to dedicate [*or* devote] oneself to sth

Ver·schwo·re·ne(r) *f(m) dekl wie adj* conspirator

Ver·schwö·rer(in) <-s, -> *m(f)* conspirator

ver·schwö·re·risch <-er, -este> *adj* conspiratorial, clandestine

Ver·schwö·rung <-, -en> *f* conspiracy, plot; **eine ~ gegen jdn/etw organisieren** to conspire against sb/sth

Ver·schwö·rungs·the·o·re·ti·ker, -the·o·re·ti·ke·rin <-s, -> *m, f* conspiracy theorist **Ver·schwö·rungs·the·o·rie** *f* conspiracy theory

ver·schwur·belt [fɛɐ̯ˈʃvʊrbəlt] *adj (pej sl) Argument, Rede, Text* muddled, discombobulated *fam*

ver·sechs·fa·chen* [-ˈzɛks-] I. *vt* ■**etw ~** to increase sth sixfold, to multiply sth by six

II. *vr* ■**sich** *akk* **~** to increase sixfold

ver·se·hen* [fɛɐ̯ˈzeːən] *irreg* I. *vt* ❶ *(ausüben)* ■**etw ~** to perform sth; **seinen Dienst ~** to perform [*or form* discharge] one's duties

❷ *(ausstatten)* ■**jdn mit etw** *dat* **~** to provide [*or* supply] sb with sth; ■**mit etw** *dat* **~ sein** to be provided [*or* supplied] with sth

❸ *(geh: geben)* ■**etw mit etw** *dat* **~** to provide sth with sth; **etw mit seiner Unterschrift ~** to append one's signature to sth *form;* **etw mit einem Vermerk ~** to add a note to sth

II. *vr* ■**sich** *akk* **~** to make a mistake; ■**sich** *akk* **in etw** *dat* **~** to get sth wrong

▶WENDUNGEN: **ehe man sich's versieht** *(fam)* before you know where you are, before you could [*or* can] say Jack Robinson *dated*

Ver·se·hen <-s, -> [fɛɐ̯ˈzeːən] *nt (Irrtum)* mistake; *(Unachtsamkeit)* oversight; **aus [o durch ein] ~** inadvertently; *(aufgrund einer Verwechslung a.)* by mistake [*or* accident]

ver·se·hent·lich [fɛɐ̯ˈzeːəntlɪç] I. *adj attr* inadvertent; **ein ~er Anruf** a wrong number

II. *adv* inadvertently; *(aufgrund einer Verwechslung a.)* by mistake [*or* accident]

ver·seh·ren* [fɛɐ̯ˈzeːrən] *vt (geh)* ■**jdn ~** to injure [*or* hurt] sb; ■**etw ~** to damage sth; ■**versehrt sein/werden** to be/get [*or* become] injured [*or* hurt] [*or* damaged]

Ver·sehr·te(r) *f(m) dekl wie adj* disabled person

Ver·sehr·ten·ren·te *f* disability pension

ver·selb·stän·di·gen*, **ver·selbst·stän·di·gen**RR* [fɛɐ̯ˈzɛlp(st)ʃtɛndɪgn̩] *vr* ■**sich** *akk* **~** ❶ *(sich selbständig machen)* to become self-employed [*or* independent]

❷ *(hum fam: verschwinden)* to disappear, to go AWOL *fam*

ver·sem·meln* [fɛɐ̯ˈzɛml̩n] *vt (sl: vermasseln)* ■**etw ~** to screw up *sep* sth *fam*

ver·sen·den* *vt irreg o reg* ■**etw [an jdn] ~** to send sth [to sb]; **bestellte Waren ~** to dispatch [*or sep* send out] [*or form* consign] ordered goods; *(verschiffen a.)* to ship ordered goods

Ver·sen·der(in) <-s, -> *m(f)* HANDEL sender, consignor

Ver·sen·dung *f* sending *no art, no pl,* sending out *sep, no art, no pl,* dispatch *no art, no pl,* consignment *no art, no pl; (per Schiff a.)* shipment *no art, no pl;* **während der ~** in transit

Ver·sen·dungs·kauf *m* HANDEL sales shipment

Ver·sen·dungs·ort *m* HANDEL place of consignment

ver·sen·gen* *vt* ■**etw ~** to singe sth; **etw mit einem Bügeleisen ~** to scorch sth with an iron; ■**sich** *dat* **etw [an etw** *dat***] ~** to singe one's sth [on sth]; ***sie hatte sich die Haare an der Kerze versengt*** the candle had singed [*or* caught] her hair

ver·senk·bar *adj* lowerable; **eine ~e Brotschneidemaschine/Nähmaschine** a foldaway bread slicer/sewing machine; **~e Scheinwerfer** retractable headlights; **ein ~es Verdeck** a folding top

ver·sen·ken* I. *vt* ❶ *(sinken lassen)* ■**etw ~** to sink sth; **das eigene Schiff ~** to scuttle one's own ship

❷ SPORT *(sl)* ■**etw ~** *Ball, Kugel* to sink sth *fam;* **den Ball ins Netz [o Tor] ~** FBALL to send the ball into the back of the net

❸ *(einklappen)* ■**etw ~** to lower sth; **die Scheinwerfer ~** to retract the headlights

❹ *(hinunterlassen)* ■**etw in etw** *akk* **~** to lower sth into sth

❺ TECH *(ausfräsen)* **eine Bohrung ~** to countersink a bore

II. *vr (geh)* ■**sich** *akk* **in etw** *akk* **~** to immerse oneself [*or* become engrossed] in sth; **sich** *akk* **ganz in sich** *akk* **selbst ~** to become totally absorbed in oneself

Ver·sen·kung *f* ❶ *(das Versenken)* ■**die ~ [einer S.** *gen* **[o von etw** *dat*]] sinking/lowering/retracting etc. [sth]

❷ *(das Sichversenken)* contemplation *no art, no pl* (**in** *+akk* of)

❸ THEAT trap[door]

▶WENDUNGEN: **aus der ~ auftauchen** *(fam)* to re[-]emerge on the scene; **in der ~ verschwinden** to vanish [*or* disappear] from the scene

ver·ses·sen [fɛɐ̯ˈzɛsn̩] *adj* ■**auf jdn/etw ~ sein** to be crazy [*or* mad] about [*or esp* BRIT keen on] sb/sth *fam;* **auf[s] Geld ~ sein** to be obsessed with money; ■**~ darauf sein, etw zu tun** to be dying to do sth

Ver·ses·sen·heit <-> *f kein pl* keenness *no art, no pl* (**auf** *+akk* on); **seine ~ aufs Geld** one's obsession with [*or* avidity for] money

ver·set·zen* I. *vt* ❶ *(woandershin beordern)* ■**jdn [irgendwohin] ~** to move [*or* transfer] [*or* post] sb [somewhere]

❷ SCH **einen Schüler [in die nächste Klasse] ~** to move up *sep* a pupil [to the next class], to promote a student to the next class [*or* grade] AM

❸ *(bringen)* **jdn in Angst ~** to frighten sb, to make sb afraid; **jdn in Begeisterung ~** to fill sb with enthusiasm; **eine Maschine in Bewegung ~** to set a machine in motion; **jdn in Panik/Wut ~** to send sb into a panic/a rage; **jdn in Sorge ~** to worry sb, to make sb worried, to set sb worrying; **jdn in Unruhe ~** to make sb uneasy; **jdn in die Lage ~, etw zu tun** to make it possible for sb to do sth

❹ *(verrücken)* ■**etw ~** to move sth; **um 30° versetzt** at an angle of 30°

❺ *(verpfänden)* ■**etw ~** *Uhr, Schmuck, Silber* to pawn sth

❻ *(fam: verkaufen)* ■**etw ~** to sell sth, to flog sth BRIT *fam*

❼ *(fam: warten lassen)* ■**jdn ~** to stand up sb *sep fam*

❽ *(geben)* **jdm einen Hieb/Schlag/Stich/Tritt ~** to punch/hit/stab/kick sb

❾ *(mischen)* ■**etw mit etw** *dat* **~** to mix sth with sth; **etw mit Wasser ~** to dilute sth [with water]

❿ *(energisch antworten)* ■**~, dass ...** to retort that ...

II. *vr (sich hineindenken)* ■**sich** *akk* **in jdn/etw ~** to put oneself in sb's shoes [*or* place] [*or* position]/sth; ***versetz dich doch mal in meine Lage*** just put yourself in my place [*or* shoes] for once

Ver·set·zung <-, -en> *f* ❶ ADMIN transfer; **~ in den Ruhestand** retirement

❷ SCH moving up *no art, no pl,* promotion *no art, no pl;* **jds ~ ist gefährdet** sb's moving up [a class] [*or* promotion] is at risk

Ver·sẹt·zungs·zeug·nis *nt* SCH end-of-year report, report card AM

ver·seu·chen* [fɛɐ̯ˈzɔyçn̩] *vt* ■**etw** ~ ① *(vergiften)* to contaminate sth; **die Umwelt** ~ to pollute the environment
② INFORM to infect sth

ver·seucht *adj Gebiet* contaminated

Ver·seu·chung <-, -en> *f* contamination/pollution/infection *no art, no pl*

Vẹrs·fuß *m* LIT [metrical] foot *spec*

ver·si̱·cher·bar *adj* FIN insurable

Ver·si̱·che·rer <-s, -> *m* insurer, underwriter; *(Lebensversicherung a.)* assurer BRIT

ver·si̱·chern*[1] *vt* ■**jdn/etw [gegen etw** *akk*] ~ to insure sb/sth [against sth]; ■**[gegen etw** *akk*] **versichert sein** to be insured [against sth]

ver·si̱·chern*[2] **I.** *vt* ① *(beteuern)* ■**jdm ~, [dass]** ... to assure sb [that] ...
② *(geh: zusichern)* ■**jdn einer S.** *gen* ~ to assure sb of sth; **jdn seiner Freundschaft** ~ to pledge sb one's friendship
II. *vr (geh)* ■**sich** *akk* **einer S.** *gen* ~ to make sure [*or* certain] of sth; **sich jds Unterstützung/Zustimmung** ~ to secure sb's support/agreement

ver·si̱·chert *adj* FIN insured

Ver·si̱·cher·te(r) *f(m) dekl wie adj* insured; *(Lebensversicherung a.)* assured BRIT, insured/assured person [*or* party]

Ver·si̱·cher·ten·kar·te *f* medical [*or* health] insurance card

Ver·si̱·che·rung[1] *f* ① *(Versicherungsvertrag)* insurance *no pl*, insurance policy; *Lebens~ a.* assurance *no pl* BRIT
② *(Versicherungsgesellschaft)* insurance company
③ *kein pl (das Versichern)* insurance *no art, no pl*, insuring *no art, no pl*
④ *(Versicherungsgebühr)* premium

Ver·si̱·che·rung[2] *f* ① *(Beteuerung)* assurance; **jdm die ~ geben, [dass]** ... to assure sb [that] ...
② JUR *(Erklärung)* affirmation, assurance; **~ auf den Erlebensfall/Todesfall** [ordinary] endowment insurance/straight life insurance; **~ auf Gegenseitigkeit** mutual insurance; **~ für fremde Rechnung** insurance for another person's account; **eidesstattliche ~, ~ an Eides Statt** affirmation in lieu of an oath, statutory declaration BRIT; **eidliche ~** affidavit

Ver·si̱·che·rungs·a·gent(in) *m(f)* insurance agent **Ver·si̱·che·rungs·ak·tie** *f* BÖRSE insurance stock **Ver·si̱·che·rungs·an·spruch** *m* insurance claim **Ver·si̱·che·rungs·auf·sicht** *f* FIN insurance control **Ver·si̱·che·rungs·be·din·gun·gen** *pl* JUR terms of a/the policy, insurance conditions; **allgemeine ~** standard provisions, general insurance conditions; **besondere ~** special insurance conditions **Ver·si̱·che·rungs·be·ginn** *m kein pl* JUR commencement of an/the insurance **Ver·si̱·che·rungs·bei·trag** *m* insurance premium [*or* contribution] **Ver·si̱·che·rungs·be·schei·ni·gung** *f* evidence of insurance **Ver·si̱·che·rungs·be·stand** *m* JUR insurance portfolio **Ver·si̱·che·rungs·be·trug** *m* insurance fraud; *(Anspruch)* fraudulent claim **Ver·si̱·che·rungs·bran·che** *f kein pl* HANDEL *(Geschäft)* insurance business **Ver·si̱·che·rungs·dau·er** *f* term of an insurance policy **Ver·si̱·che·rungs·de·ckung** *f* JUR cover **ver·si̱·che·rungs·fä·hig** *adj* FIN insurable; **nicht ~** non-insurable, uninsurable **Ver·si̱·che·rungs·fall** *m* event covered by insurance, insurance job **Ver·si̱·che·rungs·ge·gen·stand** *m* JUR subject matter of the insurance **Ver·si̱·che·rungs·ge·sell·schaft** *f* insurance company; *(Lebensversicherung a.)* assurance company BRIT **Ver·si̱·che·rungs·ge·wer·be** *nt* insurance [business] **Ver·si̱·che·rungs·ka·pi·tal** *nt* FIN insurance stock **Ver·si̱·che·rungs·kar·te** *f* insurance card **Ver·si̱·che·rungs·kauf·frau** *f fem form von* **Versicherungskaufmann** **Ver·si̱·che·rungs·kauf·mann, -kauf·frau** *m, f* insurance broker [*or masc* salesman] [*or fem* saleswoman] **Ver·si̱·che·rungs·lauf·zeit** *f* term of an insurance [policy] **Ver·si̱·che·rungs·leis·tung** *f* FIN insurance benefit **Ver·si̱·che·rungs·mak·ler(in)** *m(f)* insurance broker **Ver·si̱·che·rungs·nach·weis** *m* insurance certificate **Ver·si̱·che·rungs·neh·mer(in)** *m(f)* policy holder, insurant *spec* **Ver·si̱·che·rungs·pe·ri·o·de** *f* JUR period of insurance **Ver·si̱·che·rungs·pflicht** *f* compulsory [*or* statutory] insurance *no art, no pl;* **der ~ unterliegen** to be liable to [take out] compulsory insurance, to be subject to compulsory insurance **ver·si̱·che·rungs·pflich·tig** *adj* **eine ~e Person** a person liable to pay compulsory insurance; **eine ~e Tätigkeit** an activity subject to compulsory insurance **Ver·si̱·che·rungs·po·li·ce** *f* insurance policy; *(Lebensversicherung a.)* assurance policy BRIT **Ver·si̱·che·rungs·prä·mie** *f* insurance premium **Ver·si̱·che·rungs·recht** *nt* JUR insurance law **Ver·si̱·che·rungs·sa·che** *f* FIN insurance case **Ver·si̱·che·rungs·schein** *m* JUR insurance policy **Ver·si̱·che·rungs·schutz** *m kein pl* insurance cover [*or* coverage]; **vollen ~ haben** to be fully covered **Ver·si̱·che·rungs·steu·er** *f* FIN insurance tax **Ver·si̱·che·rungs·sum·me** *f* sum insured; *(Lebensversicherung a.)* sum assured BRIT **Ver·si̱·che·rungs·trä·ger(in)** *m(f)* JUR insurer; *(Lebensversicherung)* assurer **Ver·si̱·che·rungs·un·ter·la·gen** *pl* JUR insurance papers [*or* records] **Ver·si̱·che·rungs·un·ter·neh·men** *nt* insurance company **Ver·si̱·che·rungs·ver·ein** *m* FIN insurance company **Ver·si̱·che·rungs·ver·hält·nis** *nt* JUR insurance relationship **Ver·si̱·che·rungs·ver·lust** *m* FIN underwriting loss **Ver·si̱·che·rungs·ver·trag** *m* FIN insurance contract [*or* policy]; **einen ~ abschließen** to take out a policy, to effect an insurance; **einen ~ kündigen** to cancel a policy **Ver·si̱·che·rungs·ver·trags·ge·setz** *nt* JUR Insurance Act **Ver·si̱·che·rungs·ver·tre·ter(in)** *m(f)* insurance agent, insurance company representative **Ver·si̱·che·rungs·wert** *m* FIN insured value, face value of a policy

Ver·si·che·rungs·we·sen *nt* insurance [business] *no art, no pl* **Ver·si̱·che·rungs·zeit·raum** *m* FIN period of coverage **Ver·si̱·che·rungs·zu·las·sung** *f* FIN insurance licence [*or* AM -se] **Ver·si̱·che·rungs·zwang** *m* JUR compulsory insurance

ver·si̱·ckern* *vi sein* ■**[irgendwo]** ~ to seep away [somewhere]

ver·sie̱·ben·fa·chen* **I.** *vt* ■**etw** ~ to increase sth sevenfold, to multiply sth by seven
II. *vr* ■**sich** *akk* ~ to increase sevenfold [*or* by a factor of seven]

ver·sie̱·geln* *vt* ■**etw** ~ ① *(verschließen)* to seal [up *sep*] sth; **versiegelte Gegenstände** JUR objects under seal
② *(widerstandsfähiger machen)* to seal sth

ver·sie̱·gen* *vi sein* ① *(zu fließen aufhören)* to dry up; *Fluss a.* to run dry
② *(nicht mehr zur Verfügung stehen)* to dry up
③ *(allmählich verstummen)* to peter out [*or* BRIT *a.* away]

ver·siert [vɛrˈziːɐ̯t] *adj* experienced; ■**[auf etw** *akk/* **in etw** *dat*] ~ **sein** to be experienced [in sth], to be well-versed in sth, to be an expert [on/in sth]

Ver·siert·heit <-> [vɛrˈziːɐ̯thait] *f kein pl* prowess *no art, no pl a. form* (**in** +*dat* in), knowledge and experience + *sing vb, no art, no pl*

ver·sifft [fɛɐ̯ˈzɪft] *adj (pej sl)* grotty *sl*, skanky *sl*

ver·sil·bern* [fɛɐ̯ˈzɪlbɐn] *vt* ■**etw** ~ ① *(mit Silber überziehen)* to silver-plate sth; **Glas** ~ to silver glass
② *(fam: verkaufen)* to sell sth, to flog sth BRIT *fam*

Ver·sil·be·rung <-, -en> *f* ① *kein pl (das Versilbern)* silvering
② *(Silberschicht)* silver-plate

ver·sin·ken* *vi irreg sein* ① *(untergehen)* ■**[in etw** *dat*] ~ to sink [in sth]; ■**versunken** sunken *attr*
② *(einsinken)* ■**in etw** *akk* ~ to sink into sth

ver·sinn·bild·li·chen* [fɛɐ̯ˈzɪnbɪltlɪçn̩] *vt* ■**etw** ~ to symbolize [*or* represent] sth

Ver·si·on <-, -en> [vɛrˈzi̯oːn] *f* version, release

ver·sippt [fɛɐ̯ˈzɪpt] *adj* related by marriage *pred;* ■**mit jdm ~ sein** to be related to sb by marriage

ver·skla·ven* [fɛɐ̯ˈsklaːvn̩] *vt* ■**jdn** ~ to enslave sb

Ver·skla̱·vung <-, -en> [-vʊŋ] *f* enslavement *no art, no pl*

Vẹrs·leh·re *f* study of verse

ver·slu·men* [fɛɐ̯ˈslamən] *vi sein* to become a slum; **ein verslumtes Viertel** a slum quarter

Vẹrs·maß *nt* LIT metre [*or* AM -er] *spec*

ver·snobt [fɛɐ̯ˈsnɔpt] *adj* snobbish, snobby *fam*

ver·sof·fen [fɛɐ̯ˈzɔfn̩] *adj (sl)* boozy *fam;* **ein ~er Kerl** a boozer *fam*, a lush *sl*, a soak *dated fam*

ver·so̱h·len* *vt (fam)* ■**jdn** ~ to whack sb *fam;* ■**jdm etw** ~ to whack sb's sth

ver·söh·nen* [fɛɐ̯ˈzøːnən] **I.** *vr* ■**sich** *akk* **mit jdm** ~ to make it up with sb, to be reconciled with sb; ■**sich** *akk* **[miteinander]** ~ to become reconciled, to make [it] up
II. *vt* ① *(aussöhnen)* ■**jdn mit jdm** ~ to reconcile sb with sb
② *(besänftigen)* ■**jdn [mit etw** *dat*] ~ to mollify [*or* placate] [*or pej* appease] sb [with sth] *form*

ver·söhn·lich [fɛɐ̯ˈzøːnlɪç] *adj* ① *(zur Versöhnung bereit)* conciliatory; **jdn ~ stimmen** to appease sb *pej form*
② *(erfreulich)* upbeat

Ver·sö̱h·nung <-, -en> *f* reconciliation *no art, no pl;* **zur** ~ in reconciliation

Ver·sö̱h·nungs·ges·te *f* gesture of reconciliation **Ver·sö̱h·nungs·klau·sel** *f* JUR conciliation clause

ver·son·nen [fɛɐ̯ˈzɔnən] **I.** *adj* dreamy; ■~ **sein** to be lost in thought
II. *adv* dreamily, lost in thought

ver·sọr·gen* *vt* ① *(betreuen)* ■**jdn** ~ to take care of [*or* look after] sb; **die Schweine/meine Blumen** ~ to take care of the pigs/my flowers; ■**etw** ~ to look after sth; **die Heizung** ~ to look after [*or* see to] the heating
② *(versehen)* ■**jdn mit etw** *dat* ~ to supply sb with sth; ■**sich** *akk* **mit etw** *dat* ~ to provide oneself with sth; **jdn mit Bargeld** ~ to provide sb with cash; **sich** *akk* **selbst** ~ to look after [*or* take care of] oneself; ■**[mit etw** *dat*] **versorgt sein** to be supplied [with sth]
③ *(medizinisch behandeln)* ■**jdn/etw** ~ to treat sb/sth
④ *(zukommen lassen)* ■**etw mit etw** *dat* ~ to supply sth with sth

Ver·sọr·ger(in) <-s, -> *m(f)* ① *(Ernährer)* provider
② *(Belieferer)* supplier

ver·sọrgt *adj* looked after, taken care of

Ver·sọr·gung <-> *f kein pl* ① *(das Versorgen)* care *no art, no pl;* **die ~ des Haushalts** the housekeeping; **alltägliche ~** JUR physical custody
② *(das Ausstatten)* supply *no pl*, supplying *no art, no pl;* **die ~ der Stadt mit Strom** the supply of electricity [*or* electricity supply] to the town; **medizinische ~** provision of medical care

Ver·sọr·gungs·ab·schlag *m* JUR reduction in benefit **Ver·sọr·gungs·ak·tie** *f* BÖRSE utility **Ver·sọr·gungs·an·spruch** *m* JUR entitlement to a pension **Ver·sọr·gungs·an·wart·schaft** *f* JUR pension expectancy, future pension rights *pl* **Ver·sọr·gungs·aus·fall** *m* JUR loss of pension **Ver·sọr·gungs·aus·gleich** *m* JUR statutory equalization of pensions **ver·sọr·gungs·be·rech·tigt** *adj* entitled to benefit **Ver·sọr·gungs·be·rech·tig·te(r)** *f(m)* JUR person entitled to public support **Ver·sọr·gungs·be·trieb** *m* ÖKON public utility; **öffentlicher ~** public utility **Ver·sọr·gungs·be·zü·ge** *pl* FIN superannuation benefits **Ver·sọr·gungs·emp·fän·ger(in)** *m(f)* JUR recipient of benefit **Ver·sor·gungs·ẹng·pass**RR *m* ÖKON supply bottleneck **Ver·sọr·gungs·flug** *m* relief flight **Ver·sor·gungs·frei·be·trag** *m* FIN age relief **Ver·sọr·gungs·gü·ter** *pl* ÖKON supplies **Ver·sọr·gungs·ket·te** *f* supply chain **Ver·sọr·gungs·kon·voi** *m* supply [*or* relief] [*or* aid] convoy **Ver·sọr·gungs·la·ge** *f* HANDEL supply situation; **angespannte ~** tight supply situation **Ver·sọr·gungs·leis·tung** *f* benefit **Ver·sọr·gungs·lei·tung** *f* supply line **Ver·sọr·gungs·lü·cke** *f* gap in supplies **Ver·sọr·gungs·men·ta·li·tät** *f kein pl* SOZIOL *(pej)* dependency mentality **Ver·sọr·gungs·netz** *nt* ① ÖKON *von Waren* supply

V

network
2 *(mit Wasser)* supply grid

Ver·sor·gungs·pflicht *f* FIN pension obligation **Ver·sor·gungs·prin·zip** *nt* ÖKON welfare principle **Ver·sor·gungs·recht** *nt kein pl* JUR *der Beamten* benefit laws *pl* **Ver·sor·gungs·schwie·rig·kei·ten** *pl* supply problems *pl* **Ver·sor·gungs·ver·trag** *m* JUR supply agreement, contract of supply **Ver·sor·gungs·wirt·schaft** *f kein pl* ÖKON public utilities *pl* **Ver·sor·gungs·zu·sa·ge** *f* ÖKON pension commitment, promise of a pension

ver·spach·teln* *vt* ■**etw** ~ 1 BAU *(ausfüllen)* to fill in sth *sep*
2 *(fam: aufessen)* to put away sth *sep*

ver·span·nen* I. *vr* ■**sich** *akk* ~ to tense up; ■**verspannt** tense[d up]
II. *vt* ■**etw** ~ to brace [*or spec* stay] [*or spec* guy] sth

Ver·span·nung *f* tenseness *no art, no pl;* **eine ~ der Schultern** shoulder tension

ver·span·nungs·frei *adj* BAU torsion-free

ver·spä·ten* [fɛɐ̯ˈʃpɛːtn̩] *vr* ■**sich** *akk* ~ to be late

ver·spä·tet I. *adj* 1 *(zu spät eintreffend)* delayed
2 *(zu spät erfolgend)* late
II. *adv* late; *(nachträglich)* belatedly

Ver·spä·tung <-, -en> *f* delay; *Flugzeug* late arrival; ***entschuldigen Sie bitte meine*** ~ I'm sorry I'm late; ~ **haben** to be late; **mit** ~ late; **mit [zwanzigminütiger/einer Stunde]** ~ **abfahren/ankommen** to leave/arrive [twenty minutes/an hour] late

Ver·spä·tungs·zu·schlag *m* JUR default fine, delay penalty

ver·spei·sen* *vt (geh)* ■**etw** ~ to consume sth

ver·spe·ku·lie·ren* I. *vr* ■**sich** *akk* ~ 1 *(fam: sich verrechnen)* to miscalculate
2 FIN to speculate very badly; *(sich ruinieren)* to ruin oneself by speculation
II. *vt* ■**etw** ~ to lose sth through speculation

ver·sper·ren* *vt* 1 *(blockieren)* ■**[jdm] etw** ~ to block [sb's] sth; **jdm den Weg** ~ to bar sb's way
2 DIAL *(abschließen)* ■**etw** ~ to lock sth
3 *(nehmen)* **jdm die Sicht** ~ to block [*or* obstruct] sb's view

ver·spie·gelt [fɛɐ̯ˈʃpiːɡl̩t] *adj inv Fassade* mirrored; *Brille* mirrored

ver·spie·len* I. *vt* ■**etw** ~ 1 *(beim Glücksspiel verlieren)* to gamble away sth *sep,* to lose sth [by gambling]
2 *(sich leichtfertig um etw bringen)* to squander [*or sep* throw away] sth
II. *vi* ▶WENDUNGEN: **verspielt haben** to have had it; **bei jdm verspielt haben** to burn one's bridges [*or* BRIT *a.* boats] with sb
III. *vr* ■**sich** *akk* ~ to play a bum note *fam*

ver·spielt *adj* 1 *(gerne spielend)* playful
2 MODE fanciful, fussy *pej*

ver·spon·nen [fɛɐ̯ˈʃpɔnən] *adj* foolish, airy-fairy BRIT *fam;* ~**e Ideen** [*o* **Vorstellungen**] odd [*or* eccentric] [*or* wild] ideas

ver·spot·ten* *vt* ■**jdn/etw** ~ to mock [*or* ridicule] sb/sth

Ver·spot·tung <-, -en> *f* mocking *no art, no pl,* ridiculing *no art, no pl*

ver·spre·chen*[1] *irreg* I. *vt* 1 *(zusichern)* ■**[jdm] etw** ~ to promise [sb] sth [*or* sth to sb]; ■**[jdm]** ~, **etw zu tun** to promise to do sth, to promise sb [that] one will do sth; ■**[jdm]** ~, **dass etw geschieht** to promise [sb] [that] sth will happen; ***ich kann nicht*** ~, ***dass es klappt*** I can't promise it will work
2 *(erwarten lassen)* ■**etw** ~ to promise sth; ■~, **etw zu werden** to promise to be sth; ***das Wetter verspricht schön zu werden*** the weather looks promising; *s. a.* **Gute(s)** 1
II. *vr* ■**sich** *dat* **etw von jdm/etw** ~ to hope for sth from sb/sth

ver·spre·chen*[2] *irreg vr* ■**sich** *akk* ~ *(falsch sprechen)* to slip up, to make a mistake; *(etw ungewollt preisgeben)* to make a slip of the tongue; **sich** *akk* **ständig** ~ to keep getting the words mixed up

Ver·spre·chen <-s, -> *nt* promise; **jdm das** ~ **geben, etw zu tun** to promise to do sth, to promise sb [that] one will do sth; **jdm das** ~ **abnehmen, etw zu tun** to make sb promise to do sth; **ein** ~ **brechen** to go back on [*or* break] a promise

Ver·spre·chens·emp·fän·ger(in) *m(f)* JUR promisee

Ver·spre·cher <-s, -> *m (fam)* slip of the tongue; **ein freudscher** ~ a Freudian slip

Ver·spre·chung <-, -en> *f meist pl* promise; **leere** ~**en** empty promises

ver·spren·gen* *vt* 1 *(auseinandertreiben)* ■**jdn/etw** ~ to scatter sb/sth; **versprengte Soldaten** soldiers who have been separated from their units
2 *(verspritzen)* ■**etw** ~ to sprinkle sth; **Weihwasser** ~ to sprinkle holy water

ver|sprengt *adj* isolated

ver·sprit·zen* *vt* 1 *(verteilen)* ■**etw** ~ to spray sth; **Weihwasser** ~ to sprinkle holy water
2 *(versprühen)* ■**etw** ~ to spray sth; **Tinte** ~ to squirt [*or* spray] ink
3 *(ausspritzen)* ■**etw** ~ to spray sth
4 *(verkleckern)* ■**[jdm] etw** ~ to sp[l]atter [sb's] sth

ver·sprü·hen* *vt* ■**etw [auf etw** *akk o dat*] ~ to spray sth [on[to] sth]; **Funken** ~ to cut [*or sep* send up] sparks; **Gülle auf den Feldern** ~ to spray [*or* spread] slurry on the fields; **Optimismus** ~ to dispense optimism

ver·spü·ren* *vt (geh)* ■**etw** ~ to feel sth; **keinerlei Reue** ~ to feel no remorse at all; **er verspürte plötzlich eine panische Angst, dass...** he was suddenly terrified that ...

ver·staat·li·chen* [fɛɐ̯ˈʃtaːtlɪçn̩] *vt* ■**etw** ~ to nationalize sth; ■**verstaatlicht** nationalized

Ver·staat·li·chung <-, -en> *f* nationalization *no art, no pl*

Ver·städ·te·rung <-> [fɛɐ̯ˈʃtɛtərʊŋ] *f kein pl* urbanization

ver·stand [fɛɐ̯ˈʃtant] *imp von* **verstehen**

Ver·stand <-[e]s> [fɛɐ̯ˈʃtant] *m kein pl* reason *no art, no pl;* **jdm** ~ **zutrauen** to think sb has [common] sense; **bei klarem** ~ **sein** to be in full possession of one's faculties [*or* in one's right mind]; **bist du noch bei** ~**?** *(fam)* are you quite right in the head? *fam;* **seinen** ~ **anstrengen** *(fam)* to think hard; **jdn um den** ~ **bringen** to drive sb out of his/her mind; **über jds** ~ **gehen** to be beyond sb; **nicht bei** ~ **sein** to not be in one's right mind; **da bleibt einem der** ~ **stehen** the mind boggles; **den** ~ **verlieren** to lose [*or* go out of] one's mind; **etw mit** ~ **essen/genießen/trinken** to savour [*or* AM -or] sth; **etw ohne** ~ **essen/rauchen/trinken** to eat/smoke/drink sth without savouring [*or* AM -oring] it

ver·stan·den *pp von* **verstehen**

Ver·stan·des·kraft *f kein pl* mental powers *pl,* intellectual faculties *pl*

ver·stan·des·mä·ßig *adj* rational

Ver·stan·des·mensch *m s.* **Vernunftmensch**

ver·stän·dig [fɛɐ̯ˈʃtɛndɪç] *adj (vernünftig)* sensible; *(einsichtig)* cooperative; *(sachverständig)* informed; *(klug)* intelligent; **sich** *akk* ~ **zeigen** to show cooperation, to be cooperative

ver·stän·di·gen* [fɛɐ̯ˈʃtɛndɪɡn̩] I. *vt* ■**jdn [von etw** *dat*] ~ to notify [*or* inform] sb [of sth]
II. *vr* 1 *(sich verständlich machen)* ■**sich** *akk* **[durch etw** *akk*] ~ to communicate [*or* make oneself understood] [by sth]
2 *(sich einigen)* ■**sich** *akk* **mit jdm [über etw** *akk*] ~ to come to an understanding with sb [about sth]; ■**sich** *akk* **[miteinander] [über etw** *akk*] ~ to reach an agreement [with each other] [about sth]

Ver·stän·dig·keit <-> *f kein pl* common sense *no art, no pl*

Ver·stän·di·gung <-, -en> *f pl selten* 1 *(Benachrichtigung)* notification *no art, no pl*
2 *(Kommunikation)* communication *no art, no pl;* ***die ~ am Telefon war schlecht*** the telephone line was bad
3 *(Einigung)* agreement *no pl,* understanding *no pl;* **mit jdm zu einer** ~ **kommen** [*o* **eine** ~ **erzielen**] *(geh)* to reach an agreement with sb

ver·stän·di·gungs·be·reit <-er, -este> *adj* willing to negotiate **Ver·stän·di·gungs·be·reit·schaft** *f kein pl* readiness [*or* willingness] *no pl* to reach an agreement; ~ **zeigen** to be willing [*or* prepared] to reach an agreement **Ver·stän·di·gungs·schwie·rig·kei·ten** *pl* communication difficulties *pl,* difficulties *pl* in communicating **Ver·stän·di·gungs·ver·ein·ba·rung** *f* JUR agreement **Ver·stän·di·gungs·ver·fah·ren** *nt* JUR mutual agreement procedure

ver·ständ·lich [fɛɐ̯ˈʃtɛntlɪç] I. *adj* 1 *(begreiflich)* understandable; ■**etw ist jdm** ~ sb understands sth; **jdm etw** ~ **machen** to make sb understand sth [*or* sth clear to sb]; **sich** *akk* ~ **machen** to make oneself understood [*or* clear]
2 *(gut zu hören)* clear, intelligible; **sich** *akk* ~ **machen** to make oneself understood [*or* heard]
3 *(leicht zu verstehen)* clear, comprehensible
II. *adv* 1 *(vernehmbar)* clearly
2 *(verstehbar)* in a comprehensible way, comprehensibly

ver·ständ·li·cher·wei·se *adv* understandably

Ver·ständ·lich·keit <-> *f kein pl* 1 *(Begreiflichkeit)* comprehensibility *no art, no pl*
2 *(Hörbarkeit)* audibility *no art, no pl*
3 *(Klarheit)* clarity *no art, no pl,* comprehensibility *no art, no pl,* intelligibility *no art, no pl*

Ver·ständ·nis <-ses, -se> [fɛɐ̯ˈʃtɛntnɪs] *nt pl selten* 1 *(Einfühlungsvermögen)* understanding *no art, no pl;* **für etw** *akk* ~ **haben** [*o* **aufbringen**] to have sympathy for sth, to sympathize with sth; **für etw** *akk* **kein** ~ **haben** [*o* **aufbringen**] to have no sympathy for sth; ***dafür habe ich absolut kein*** ~ that is completely beyond my comprehension
2 *(das Verstehen)* comprehension *no art, no pl,* understanding *no art, no pl*

ver·ständ·nis·los I. *adj* uncomprehending; **ein** ~**er Blick** a blank look
II. *adv* uncomprehendingly, blankly

Ver·ständ·nis·lo·sig·keit *f* lack of understanding

ver·ständ·nis·voll *adj* understanding; *(voller Einfühlungsvermögen)* sympathetic

ver·stär·ken* I. *vt* 1 *(stärker machen)* ■**etw** ~ to strengthen sth; *(durch stärkeres Material a.)* to reinforce sth
2 *(vergrößern)* ■**etw [auf etw** *akk*/**um etw** *akk*] ~ to increase sth [to/by sth]; **Truppen** ~ to reinforce troops
3 *(intensivieren)* ■**etw** ~ to intensify [*or* increase] sth
4 *(erhöhen)* ■**etw** ~ to increase sth
5 *(Lautstärke erhöhen)* ■**etw** ~ to amplify [*or* boost] sth
II. *vr* ■**sich** *akk* ~ to increase; ***der anfängliche Eindruck verstärkte sich*** the initial impression was reinforced

Ver·stär·ker <-s, -> *m* 1 TECH amplifier, amp *fam;* **rauscharmer** ~ low noise amplifier
2 BIOL, PSYCH reinforcer

Ver·stär·kung *f* 1 *(das Verstärken)* strengthening *no art, no pl; Signale* amplification
2 *(Vergrößerung)* reinforcement *no art, no pl*
3 *(Intensivierung)* intensification *no art, no pl,* increase
4 *(Erhöhung)* increase
5 BIOL, PSYCH reinforcement

ver·stau·ben* *vi sein (staubig werden)* to get dusty [*or* covered in dust]; *(unberührt liegen)* to gather dust; ■**verstaubt** dusty, covered in dust *pred*

ver·staubt *adj (altmodisch)* outmoded *pej,* old-fashioned *a. pej*

ver·stau·chen* *vt* ■**sich** *dat* **etw** ~ to sprain one's sth

Ver·stau·chung <-, -en> *f* sprain

ver·stau·en* *vt* ■**etw [auf etw** *dat*/**in etw** *dat*] ~ to pack [away *sep*] sth [on/in sth]; ***das Fass können wir doch im Keller*** ~ we can stow [*or* put] that barrel in the cellar; **etw in der Spülmaschine** ~ to load sth into the dishwasher

Ver·steck <-[e]s, -e> [fɛɐ̯ˈʃtɛk] *nt* hiding place; *Verbrecher* hideout

ver·ste·cken* *vt* ■**etw [vor jdm]** ~ to hide sth [from sb]; ■**sich** *akk* **[hinter etw** *dat*/**in etw** *dat*/

unter etw *dat*] ~ to hide [behind/in/under sth]; ■**sich** *akk* **vor jdm** ~ to hide from sb; **sich** *akk* **vor** [*o* **neben**] **jdm/etw nicht zu** ~ **brauchen** to not need to fear comparison with sb/sth

Ver·ste·cken *nt* ~ **spielen** to play hide-and-seek; [**vor** [*o* **mit**] **jdm**] ~ **spielen** to hide [*or* conceal] sth [from sb]

Ver·steck·spiel *nt* (1) *(Kinderspiel)* [game of] hide-and-seek
(2) *(Versuch, etw zu verbergen)* pretence at concealment

ver·steckt I. *adj* (1) *(verborgen)* hidden; *(vorsätzlich a.)* concealed
(2) *(abgelegen)* secluded
(3) *(unausgesprochen)* veiled
II. *adv* ~ **liegen** to be secluded

ver·ste·hen <verstand verstanden> I. *vt* (1) *(akustisch unterscheiden)* ■**jdn/etw** ~ to hear [*or* understand] sb/sth; ***ich verstehe nicht, was da gesagt wird*** I can't make out what's being said; ~ ***Sie mich*** [*o* ***können Sie mich*** ~*?*]*?* can you hear me?; *(Funk)* can you read me?; ***ich kann Sie nicht*** [***gut***] ~ I don't understand [very well] what you're saying
(2) *(begreifen)* ■**etw** ~ to understand sth; [***ist das***] ***verstanden?*** [is that] understood?, [do you] understand?; ***haben Sie das jetzt endlich verstanden?*** have you finally got it now?; ■~, **dass/warum/was/wie ...** to understand [that]/why/what/how ...; **jdm etw zu** ~ **geben** to give sb to [*or* to make sb] understand sth; ***sie gab ihm ihren Unmut deutlich zu*** ~ she clearly showed him her displeasure; ***willst du mir damit zu*** ~ ***geben, dass ...?*** am I to understand from this that ...?
(3) *(sich einfühlen können)* ■**jdn** ~ to understand sb; ***versteh mich recht*** don't misunderstand me, don't get me wrong; **jdn falsch** ~ to misunderstand sb; **sich** *akk* **nicht verstanden fühlen** to feel misunderstood
(4) *(mitempfinden können)* ■**etw** ~ to understand sth; ■~, **dass ...** to understand [*or* see] [that] ...
(5) *(können, beherrschen)* ■**etw** ~ to understand sth; ***ich verstehe genügend Französisch, um mich in Paris zu verständigen*** I know enough French to make myself understood in Paris; ***er macht die Arbeit, so gut er es eben versteht*** he does the job as well as he can; ■**es** ~, **etw zu tun** to know how to do sth; ***du verstehst es wirklich meisterhaft, im unpassendsten Moment zu kommen*** you're an absolute genius at [*or* you have an amazing knack of] turning up at the most inconvenient moment; ■**etwas/nichts/viel von etw** *dat* ~ to know something/nothing/a lot about sth; **es mit Kindern/Tieren** ~ to have a way with children/animals
(6) *(auslegen)* ■**etw irgendwie** ~ to take sth somehow; ***dieser Satz ist wörtlich zu*** ~ this sentence is to be taken literally; ***meiner Meinung nach ist diese Textstelle anders zu*** ~ I believe this passage has a different meaning [*or* interpretation]; ***wie darf*** [*o* ***soll***] ***ich das*** ~*?* how am I to interpret that?, what am I supposed to make of that?; ***darf ich unter dieser Bemerkung*** ~***, dass ...?*** am I to understand by this remark that ...?; ■**etw als etw** *akk* ~ to take [*or* see] sth as sth; ■**etw unter etw** *dat* ~ to understand sth by [*or* as] sth; ***unter diesem schwammigen Begriff kann man vieles*** ~ this woolly concept can be interpreted in a number of ways
II. *vr* (1) *(akzeptieren)* ~ ***wir uns?*** do we understand each other?
(2) *(auskommen)* ■**sich** *akk* [**gut**] **mit jdm** ~ to get on [*or* along] [well] with sb; ***sie*** ~ ***sich prächtig*** they get along with each other like a house on fire
(3) *(beherrschen)* ■**sich** *akk* **auf etw** *akk* ~ to be very good [*or* [an] expert] at sth
(4) *(sich einschätzen)* ■**sich** *akk* **als etw** ~ to see oneself as [*or* consider oneself to be] sth
(5) *(zu verstehen sein)* ***alle Preise*** ~ ***sich inklusive Mehrwertsteuer*** all prices are inclusive of VAT; ***versteht sich!*** *(fam)* of course!; ***das versteht sich von selbst*** that goes without saying
(6) *(form: einverstanden sein)* ■**sich** *akk* **zu etw** *dat* ~ to agree to sth
III. *vi* (1) *(hören)* to understand
(2) *(begreifen)* to understand, to see; ***sie warf ihm einen*** ~ ***den Blick zu*** she gave him a knowing look; ***wenn ich recht verstehe ...*** if I understand correctly ...; ***ich verstehe*** I see; ***verstehst du?*** you know [*or* see]?; ***verstanden?*** [do you] understand?, understood?, you got it? *fam*

ver·stei·fen* I. *vr* (1) *(sich verhärten)* ■**sich** *akk* ~ to harden
(2) *(auf etw beharren)* ■**sich** *akk* **auf etw** *akk* ~ to insist on sth
(3) MED ■**sich** *akk* ~ to stiffen [up], to become stiff
II. *vt* ■**etw** ~ to strengthen [*or* reinforce] sth
III. *vi* BAU to shore

Ver·stei·fung <-, -en> *f* (1) *(Verhärtung)* hardening *no art, no pl*
(2) *(das Beharren)* insisting, entrenchment
(3) MED stiffening *no art, no pl*
(4) FIN tightening; ~ **des Geldmarktes** tightening of the money market
(5) BAU strutting

ver·stei·gen* *vr irreg (geh)* ■**sich** *akk* **zu etw** *dat* ~ to have the presumption to do sth; ***sie verstieg sich zu den abstrusesten Anschuldigungen*** she was propounding the most abstruse accusations

Ver·stei·ge·rer(in) <-s, -> *m(f)* auctioneer

ver·stei·gern* *vt* ■**etw** ~ to auction [off *sep*] sth; **etw meistbietend** ~ to sell [*or* auction [off *sep*]] sth to the highest bidder; ■**etw** ~ **lassen** to put up *sep* sth for auction

Ver·stei·ge·rung *f* (1) *(das Versteigern)* auctioning *no art, no pl*; **zur** ~ **kommen** *(geh)* to be auctioned, to be put up for auction
(2) *(Auktion)* auction, public sale; **öffentliche** ~ public auction [*or* sale]

Ver·stei·ge·rungs·er·lös *m* FIN auction proceeds *pl* **Ver·stei·ge·rungs·fir·ma** *f* [firm of] auctioneers **Ver·stei·ge·rungs·kauf** *m* auction sale **Ver·stei·ge·rungs·ver·fah·ren** *nt* JUR auctioneering procedure **Ver·stei·ge·rungs·ver·merk** *m* JUR entry of public auction

ver·stei·nern [fɛɐ̯ˈʃtainɐn] I. *vi sein* to fossilize, to become fossilized; *Holz* to petrify, to become petrified
II. *vt* ■**etw** ~ to harden sth
III. *vr* ■**sich** *akk* ~ to harden; *Lächeln* to become fixed

ver·stei·nert *adj* (1) *(zu Stein geworden)* fossilized; ~**es Holz** petrified wood
(2) *(geh: starr)* stony

Ver·stei·ne·rung <-, -en> *f* fossil

ver·stell·bar *adj* adjustable; ■[**in etw** *dat*] ~ **sein** to be adjustable [for sth]; **in der Höhe** ~ **sein** to be adjustable for height [*or* height-adjustable]

ver·stel·len* I. *vt* ■**etw** ~ (1) *(anders einstellen)* to adjust sth; **etw in der Höhe** ~ to adjust sth for height
(2) *(anders regulieren)* to adjust [*or* alter the setting of] sth
(3) *(woandershin stellen)* to move sth
(4) *(unzugänglich machen)* to block sth; **jdm den Weg** ~ to block sb's path, to stand in sb's way
(5) *(verändern)* to disguise sth
II. *vr* ■**sich** *akk* ~ to put on an act, to dissemble *form*

Ver·stell·schrau·be *f* adjustable screw

Ver·stel·lung *f* (1) *(das Verstellen)* ■**die** ~ [**einer S.** *gen* [*o* **von etw** *dat*]] an adjustment [to sth], adjusting [sth]
(2) *kein pl (Heuchelei)* pretence *no pl*, sham *no pl*

ver·step·pen* [fɛɐ̯ˈʃtɛpn̩] *vi sein* to turn into desert

Ver·step·pung <-, -en> *f* desertification

ver·ster·ben* *vi irreg sein (geh)* ■[**an etw** *dat*] ~ to die [from [*or* of] sth], to pass away [*or* on]

ver·steu·ern* *vt* ■**etw** ~ to pay tax on sth; ■**zu** ~**d** taxable

Ver·steu·e·rung *f* payment of tax

ver·stim·men* *vt* (1) MUS ■**etw** ~ to put sth out of tune
(2) *(verärgern)* ■**jdn** ~ to put sb out [*or* in a bad mood], to annoy sb

ver·stimmt I. *adj* (1) MUS out of tune
(2) *(verärgert)* ■[**über etw** *akk*] ~ **sein** to be put out [*or* disgruntled] [about sth]; *s. a.* **Magen**
II. *adv* ill-temperedly, *esp* BRIT tetchily

Ver·stim·mung *f* disgruntled [*or* bad] mood, *esp* BRIT tetchiness *no art, no pl*

ver·stockt *adj* obstinate, stubborn, obdurate *pej form*

Ver·stockt·heit <-> *f kein pl* stubbornness *no art, no pl*, obstinacy *no art, no pl*, obduracy *no art, no pl pej form*

ver·stoh·len [fɛɐ̯ˈʃtoːlən] I. *adj* furtive, surreptitious
II. *adv* furtively, surreptitiously; **jdn** ~ **ansehen** to give sb a furtive [*or* surreptitious] look

ver·stop·fen* I. *vt* (1) *(zustopfen)* ■**etw** [**mit etw** *dat*] ~ to block up *sep* sth [with sth]; **sich** *dat* **die Ohren** ~ to stop up *sep* one's ears
(2) *(blockieren)* ■**etw** ~ to block up sth; **Poren** ~ to clog pores
II. *vi sein* to get [*or* become] blocked [up]

ver·stopft *adj* (1) *(überfüllt)* blocked, congested; **eine** ~**e Innenstadt** a gridlock
(2) *(verschnupft)* blocked, congested, stuffed [*or* BRIT bunged] up
(3) MED constipated

Ver·stop·fung <-, -en> *f* (1) MED constipation *no art, no pl*; ~ **haben** to be constipated
(2) *(Blockierung)* blockage

ver·stor·ben [fɛɐ̯ˈʃtɔrbn̩] *adj (geh)* deceased *form*, late *attr*

Ver·stor·be·ne(r) *f(m) dekl wie adj* deceased *form*

ver·stö·ren* *vt* ■**jdn** ~ to distress sb

ver·stört [fɛɐ̯ˈʃtøːɐ̯t] I. *adj* distraught; **einen** ~**en Eindruck machen** to appear distraught [*or* distressed]
II. *adv* in distress [*or* agitation]

Ver·stoß [fɛɐ̯ˈʃtoːs] *m* violation; JUR breach, infringement, offence; ■**Verstöße gegen etw** *akk* violations [*or* infringements] [*or form* contraventions] of sth; ~ **gegen das Gesetz** breach of the law; ~ **gegen die guten Sitten** unethical behaviour, infringement of bonos mores; **Verstöße gegen die Zollvorschriften** customs offences; **einen** ~ **gegen etw** *akk* **begehen** to commit a violation of sth

ver·sto·ßen* *irreg* I. *vi* ■**gegen etw** *akk* ~ to violate [*or* infringe] [*or form* contravene] [*or* be in breach of] sth; **gegen das Gesetz** ~ to contravene [*or* be in contravention of] the law *form*; **gegen die Disziplin** ~ to violate [*or* commit a breach of] discipline
II. *vt* ■**jdn** [**aus etw** *dat*/**wegen einer S.** *gen*] ~ to expel sb [out of/on the grounds of sth]; **jdn aus dem Elterhaus** ~ to throw [*or* cast] sb out of the parental home

ver·strah·len* *vt* ■**jdn/etw** ~ to contaminate sb/sth with radiation; ■**verstrahlt** contaminated by radiation *pred*

ver·strahlt <-er, -este> *adj* ÖKOL, PHYS contaminated [by radiation]

Ver·stre·bung <-, -en> *f* (1) *kein pl* BAU *(das Verstreben)* supporting, bracing
(2) *(Strebebalken)* support[ing] beam

ver·strei·chen* *irreg* I. *vt* (1) *(streichend auftragen)* ■**etw** ~ to apply [*or sep* put on] sth; **Farbe** ~ to apply a coat of paint; ■**etw auf etw** *dat* ~ to apply sth to [*or* put sth on[to]] sth
(2) *(streichend verbrauchen)* ■**etw** ~ to use up sth *sep*
(3) KOCHK ■**etw** [**auf etw** *dat*] ~ to spread sth [on sth]; ■**Butter auf etw** *dat* ~ to spread butter on [*or* to butter] sth
II. *vi sein* to pass [by]; *Zeitspanne a.* to elapse; ■**eine Frist/einen Termin** ~ **lassen** to let a deadline pass, to miss a deadline

ver·streu·en* *vt* (1) *(ausstreuen)* ■**etw** [**auf etw** *dat*] ~ to scatter [about *sep*] sth [on sth]; **Salz/Vogelfutter** ~ to put down *sep* salt/bird feed
(2) *(versehentlich verschütten)* ■**etw** ~ to spill sth
(3) *(achtlos hinwerfen)* ■**etw irgendwo** ~ to scatter sth somewhere; **Spielsachen im ganzen Haus** ~ to scatter toys all round the house

ver·streut *adj (einzeln liegend)* isolated; *(verteilt)* scattered

ver·stri·cken* I. *vt* ① *(beim Stricken verbrauchen)* ■**etw** ~ to use [up *sep*] sth
② *(geh: verwickeln)* ■**jdn in etw** *akk* ~ to involve sb in sth, to draw sb into sth
II. *vr* ■**sich** *akk* **in etw** *akk* ~ to become [*or* get] entangled [*or* caught up] in sth

Ver·stri·ckung <-, -en> *f* involvement *no pl;* **trotz der ~ in Widersprüche** despite getting entangled [*or* caught up] in contradictions

Ver·stri·ckungs·bruch *m* JUR interference with attachment

ver·stro·men* [fɛɐ̯'ʃtro:mən] *vt* ELEK ■**etw** ~ to convert sth into electricity

ver·strö·men* *vt (geh)* ■**etw** ~ to exude sth

ver·stüm·meln* [fɛɐ̯'ʃtʏmln̩] *vt* ① *(entstellen)* ■**jdn** ~ to mutilate sb; *(verkrüppeln)* to maim sb; ■**sich** *akk* ~ to mutilate [*or* maim] oneself
② *(durch Lücken entstellen)* ■**etw** ~ to disfigure sth
③ *(unverständlich machen)* ■**etw** ~ to garble sth; **einen Text** ~ *(schriftlich)* to mutilate a text; *(mündlich)* to mangle a text

Ver·stüm·me·lung <-, -en> *f* ① *kein pl (das Verstümmeln)* mutilation *no art, no pl,* maiming *no art, no pl*
② *(verstümmelter Körperteil)* mutilation

ver·stum·men* [fɛɐ̯'ʃtʊmən] *vi sein (geh)* ① *(in Schweigen verfallen)* to fall silent; ■**jdn/etw ~ lassen** to silence sb/sth; **vor Entsetzen** ~ to be struck dumb [*or* be speechless] with terror
② *(sich legen)* to die away, to subside

Ver·such <-[e]s, -e> [fɛɐ̯'zu:x] *m* ① *(Bemühen)* attempt; **ein vergeblicher** ~ a vain [*or* futile] attempt; **der ~, etw zu tun** the attempt to do/at doing sth; **einen ~ machen** to make an attempt, to give it a try; **einen ~ starten** to have a go; **es auf einen ~ ankommen lassen** to give it a try [*or* go]; **mit jdm einen ~ machen** to give sb a try
② *(Experiment)* experiment; **einen ~/~e [an jdm/einem Tier] machen** to carry out an experiment/experiments [on sb/an animal]
③ SPORT attempt
④ JUR *(Ansatz)* attempt; **Rücktritt vom** ~ abandonment of an attempt; **untauglicher** ~ attempt impossible of fulfilment

ver·su·chen* I. *vt* ① *(probieren)* ■**etw** ~ to try [*or* attempt] sth; ■**es mit jdm/etw** ~ to give sb/sth a try, to try sb/sth
② *(kosten)* ■**etw** ~ to try [*or* taste] sth
③ *(in Versuchung führen)* ■**jdn** ~ to tempt sb; ■**versucht sein, etw zu tun** to be tempted to do sth
II. *vi* ■**~, etw zu tun** to try doing/to do sth; ■**~, ob ...** to [try and] see whether [*or* if] ...
III. *vr* ■**sich** *akk* **an etw** *dat/***in etw** *dat* ~ to try one's hand at sth

Ver·su·cher(in) <-s, -> *m(f)* ① *(geh: Verführer)* tempter *masc, fem* temptress
② REL *(Teufel)* **der** ~ the Tempter

Ver·suchs·ab·tei·lung *f* ÖKON test [*or* research] department **Ver·suchs·af·fe** *m* experimental [*or* laboratory] monkey

Ver·suchs·an·la·ge *f* ① *(Prüffeld)* testing plant
② *(Erprobungsanlage)* experimental [*or* pilot] plant

Ver·suchs·an·ord·nung *f* set-up of an experiment **Ver·suchs·an·stalt** *f* research institute

Ver·suchs·bal·lon *m* METEO sounding balloon
▸WENDUNGEN: **einen ~ loslassen** to fly a kite

Ver·suchs·be·trieb *m* HANDEL pilot plant **Ver·suchs·boh·rung** *f* experimental drilling **Ver·suchs·er·geb·nis** *nt* test result **Ver·suchs·feld** *nt* AGR, SCI research [*or* test] field **Ver·suchs·ge·län·de** *nt* testing [*or* proving] ground **Ver·suchs·grup·pe** *f* test group **Ver·suchs·ka·nin·chen** *nt (fam)* guinea pig **Ver·suchs·lauf** *m* test run **Ver·suchs·per·son** *f* test subject **Ver·suchs·prä·pa·rat** *nt* experimental preparation **Ver·suchs·pro·jekt** *nt* pilot project **Ver·suchs·rei·he** *f* series of experiments **Ver·suchs·sta·di·um** *nt* experimental stage **Ver·suchs·stre·cke** *f* test route; *(auf Firmengelände)* test track **Ver·suchs·tier** *nt* laboratory animal

ver·suchs·wei·se *adv* on a trial basis

Ver·suchs·zweck *m* experimental [*or* testing] purpose; **zu ~en** for experimental purposes

Ver·su·chung <-, -en> *f* temptation *no art, no pl;* **der ~ erliegen** to succumb to temptation; **jdn in ~ führen** to lead sb into temptation; **in ~ geraten** [*o* **kommen**][, **etw zu tun**] to be tempted [to do sth]

ver·sump·fen* *vi sein* ① *(sumpfig werden)* to become marshy [*or* boggy]
② *(sl: die Nacht durchzechen)* to booze it up *fam,* to have a real booze-up *esp* BRIT *fam*

ver·sün·di·gen* *vr (geh)* ① REL ■**sich** *akk* [**an jdm/etw**] ~ to sin [against sb/sth]
② *(etw misshandeln)* ■**sich** *akk* **an etw** *dat* ~ to abuse sth

ver·sun·ken [fɛɐ̯'zʊŋkn̩] *adj* ① *(untergegangen)* sunken *attr;* **eine ~e Kultur** a submerged [*or* long-vanished] culture; **eine ~e Zivilisation** a lost [*or* long-vanished] civilization
② *(vertieft)* ■**in etw** *akk* ~ **sein** to be absorbed [*or* immersed] in sth; **in ihren Anblick ~ sein** to be absorbed in looking at her; **in Gedanken ~ sein** to be lost [*or* immersed] in thought

ver·sü·ßen* *vt* ■**jdm etw [mit etw** *dat*] ~ to sweeten sb's sth [with sth], to make sth more pleasant for sb; ■**sich** *dat* **etw [mit etw** *dat*] ~ to sweeten one's sth [with sth]

Ver·tä·fe·lung <-, -en> *f* panelling BRIT, paneling AM

ver·ta·gen* I. *vt* ■**etw [auf etw** *akk*] ~ to adjourn sth [until sth]; **eine Entscheidung [auf etw** *akk*] ~ to postpone [*or sep* hold over] [*or fam* shelve] a decision [until sth]; **das Parlament** ~ to prorogue parliament *spec*
II. *vr* ■**sich** *akk* [**auf etw** *akk*] ~ to be adjourned [until sth]; **das Parlament wird** ~ parliament is prorogued *spec*

Ver·ta·gung *f* adjournment; *Parlament* prorogation *spec; (Verschiebung)* postponement; ~ **der Verhandlung** JUR adjournment of trial

Ver·ta·gungs·an·trag *m* JUR motion for adjournment

ver·täu·en* [fɛɐ̯'tɔyən] *vt* NAUT ■**etw** ~ to moor sth

Ver·tausch·bar·keit *f* MATH commutability, commutativity

ver·tau·schen* *vt (austauschen)* ■**etw/sie** ~ to switch sth/them, to mix up sth/them *sep;* ■**etw mit etw** *dat* ~ to exchange sth for sth

ver·tei·di·gen* [fɛɐ̯'taidɪɡn̩] I. *vt* ① MIL ■**etw [gegen jdn/etw]** ~ to defend sth [against sb/sth]
② JUR ■**jdn** ~ to defend sb
③ *(rechtfertigen)* ■**jdn/etw** ~ to defend sb/sth; ■**sich** *akk* **[gegen jdn/etw]** ~ to defend oneself [against sb/sth]
④ SPORT ■**etw** ~ to defend sth; **das Tor** ~ to play in goal
II. *vi* SPORT to defend, to be [*or* play] in defence [*or* AM -se]

Ver·tei·di·ger(in) <-s, -> *m(f)* ① JUR defence [*or* AM -se] counsel [*or* lawyer]; **bestellter** ~ retained defence counsel
② SPORT defender

Ver·tei·di·gung <-, -en> *f* ① MIL defence [*or* AM -se] *no art, no pl;* ■**die ~ gegen jdn/etw** the defence against sb/sth; **sich** *akk* **auf die ~ gegen den Angriff vorbereiten** to prepare to defend against the attack
② JUR *(Verteidiger)* defence [*or* AM -se] [in court] *no pl;* **notwendige** ~ compulsory representation by defence counsel
③ SPORT *(Schutz)* defence [*or* AM -se] *no pl; (Gesamtheit der Verteidiger)* defence [*or* AM -se] *no indef art, no pl;* **in der ~ spielen** to play in defence, to guard the goal
④ *(Rechtfertigung)* defence [*or* AM -se] *no art, no pl*

Ver·tei·di·gungs·al·li·anz *f* defence [*or* AM -se] [*or* defensive] alliance **Ver·tei·di·gungs·be·reit·schaft** *f* defensive readiness, readiness to defend **Ver·tei·di·gungs·bonds** *pl* FIN defence bonds **Ver·tei·di·gungs·bünd·nis** *nt s.* **Verteidigungsallianz** **Ver·tei·di·gungs·etat** *m* defence [*or* AM -se] budget **ver·tei·di·gungs·fä·hig** *adj* able to defend itself [*or* oneself] **Ver·tei·di·gungs·fä·hig·keit** *f kein pl* defensive capability **Ver·tei·di·gungs·fall** *m* ■**ein/der** ~ [the event of a] defensive war; **im** ~ in the event of having to defend oneself [from invasion/attack] **Ver·tei·di·gungs·krieg** *m* defensive war **Ver·tei·di·gungs·mi·nis·ter(in)** *m(f)* minister of defence BRIT, defence minister BRIT, secretary of defense AM **Ver·tei·di·gungs·mi·nis·te·ri·um** *nt* Ministry of Defence BRIT, Defence Ministry BRIT, Department of Defense AM **Ver·tei·di·gungs·not·stand** *m* JUR national emergency for the defence of the country **Ver·tei·di·gungs·re·de** *f* speech for the defence [*or* AM -se] **Ver·tei·di·gungs·waf·fe** *f* defensive weapon **Ver·tei·di·gungs·zweck** *m* **für ~e, zu ~en** for purposes of defence [*or* AM -se]

ver·tei·len* I. *vt* ① *(austeilen)* ■**etw [an jdn]** ~ to distribute sth [to sb]; **Geschenke/Flugblätter** ~ to distribute [*or sep* hand out] presents/leaflets; **Auszeichnungen/Orden** ~ to give [*or* hand] [*or fam* dish] out decorations/medals *sep;* **etw neu** ~ ÖKON to redistribute sth
② *(platzieren)* ■**etw irgendwo** ~ to place [*or* arrange] sth somewhere
③ *(ausstreuen)* ■**etw auf etw** *dat* ~ to spread [out *sep*] sth on sth
④ *(verstreichen)* ■**etw [auf etw** *dat*] ~ to spread sth [on sth]
II. *vr* ① *(sich verbreiten)* ■**sich** *akk* **[auf etw** *dat*] ~ to spread out [round [*or* over] sth]; ■**sich** *akk* **irgendwo** ~ to spread out somewhere; **sich** *akk* **unter den Gästen** ~ to mingle with the guests
② *(umgelegt werden)* ■**sich** *akk* **auf jdn** ~ to be distributed to sb

Ver·tei·ler *m* ① AUTO [ignition *form*] distributor
② *(Empfänger)* ■**„~:“** “copies to:”, “cc:”
③ ADMIN *(Vermerk über die Empfänger)* distribution list

Ver·tei·ler·ge·trie·be *nt* AUTO transfer case **Ver·tei·ler·kap·pe** *f* AUTO distributor cap **Ver·tei·ler·kas·ten** *m* ELEK distribution box [*or* cabinet] **Ver·tei·ler·lis·te** *f* distribution [*or* mailing] list

Ver·tei·ler·netz *nt* ① ELEK distribution system
② ÖKON distribution network, network of distributors

Ver·tei·ler·schlüs·sel *m* distribution [*or* cc] list **Ver·tei·ler·steck·do·se** *f* distribution wall-socket

Ver·tei·lung *f* ■**die ~ [einer S.** *gen* [*o* **von etw** *dat*]] distribution *no pl,* the distribution of sth; **~ von Flugblättern** handing out leaflets *sep*

Ver·tei·lungs·chro·ma·to·gra·fie [-kromatografi:] *f kein pl* CHEM partition chromatography **Ver·tei·lungs·kampf** *m* ■**~ um etw** *akk* battle for a share of sth; **einen ~ um etw** *akk* **führen** to battle for a share of sth; **~ auf dem Arbeitsmarkt** battle for jobs on the labour [*or* AM -or] market **Ver·tei·lungs·ko·ef·fi·zi·ent** [-koɛfitsi̯ɛnt] *m* CHEM distribution coefficient **Ver·tei·lungs·po·li·tik** *f* POL wealth distribution policy **Ver·tei·lungs·ver·fah·ren** *nt* JUR proceedings *pl* for partition and distribution

ver·te·le·fo·nie·ren* *vt (fam)* ■**etw** ~ *Geld, Zeit* to spend sth on the phone

ver·teu·ern* [fɛɐ̯'tɔyɐn] I. *vt* ■**etw [auf etw** *akk/* **um etw** *akk*] ~ to make sth more expensive, to increase [*or* raise] the price of sth [to/by sth]
II. *vr* ■**sich** *akk* **[auf etw** *akk/***um etw** *akk*] ~ to become more expensive, to increase [*or* go up] in price [to/by sth]

ver·teu·ert *adj* ÖKON more expensive; **~e Produktionskosten** increase in production costs

Ver·teu·e·rung *f* increase [*or* rise] in price; **die ~ von Energie** the increase in the price of energy; **~ der Refinanzierung** higher cost of funding

ver·teu·feln* [fɛɐ̯'tɔyfl̩n] *vt* ■**jdn** ~ to demonize [*or* condemn] sb

ver·teu·felt *(fam)* I. *adj* devilish[ly tricky]

II. *adv* damned *fam,* devilishly

Ver·teu·fe·lung <-, -en> *f* demonization *no art, no pl,* condemnation *no art, no pl*

ver·tie·fen* [fɛɐ̯ˈtiːfn̩] I. *vt* ❶ *(tiefer machen)* ■**etw** [**auf etw** *akk*/**um etw** *akk*] ~ to make sth deeper, to deepen sth [to/by sth]
❷ *(verschlimmern)* ■**etw** ~ to deepen sth
❸ *(festigen)* ■**etw** ~ to reinforce [*or* consolidate] sth
II. *vr* ■**sich** *akk* **in etw** *akk* ~ to become absorbed [*or* engrossed] [*or* immersed] in sth; **sich** *akk* **in die Zeitung/ein Buch** ~ to bury oneself in the paper/a book; ■**in etw** *akk* **vertieft sein** to be engrossed [*or* absorbed] in sth; **in Gedanken vertieft sein** to be deep [*or* sunk] [*or* lost] in thought

Ver·tie·fung <-, -en> *f* ❶ *(vertiefte Stelle)* depression; *(Boden a.)* hollow
❷ *kein pl (das Vertiefen)* ■**die/eine** ~ [**einer S.** *gen* [*o* **von etw** *dat*]] deepening [sth]
❸ *(Festigung)* consolidation *no art, no pl,* reinforcement *no art, no pl*

ver·ti·kal [vɛrtiˈkaːl] I. *adj* vertical
II. *adv* vertically

Ver·ti·kal·ab·spra·che *f* HANDEL vertical concerted action

Ver·ti·ka·le <-, -n> [vɛrti-] *f* vertical [line]; ■**in der** ~**n** vertically

Ver·ti·kal·kon·zern *m* HANDEL vertical group **Ver·ti·kal·ver·trag** *m* HANDEL vertical group contract **Ver·ti·kal·wett·be·werb** *m* HANDEL vertical competition

ver·til·gen* *vt* ■**etw** ~ ❶ *(fam: ganz aufessen)* to demolish sth, to polish off sth *sep fam*
❷ *(ausrotten)* to eradicate sth, to kill off sth *sep;* **Ungeziefer** ~ to exterminate [*or* eradicate] [*or sep* kill off] vermin

Ver·til·gung *f* eradication *no art, no pl; Ungeziefer a.* extermination *no art, no pl*

Ver·til·gungs·mit·tel *nt gegen Unkraut* weed-killer; *gegen Ungeziefer* pesticide

ver·tip·pen* *vr (fam)* ■**sich** *akk* ~ to make a typing error [*or fam* typo] [*or* typing mistake]

ver·to·nen* *vt* ■**etw** ~ to set sth to music

Ver·to·nung <-, -en> *f* ❶ *kein pl (das Vertonen)* ■**die** ~ [**einer S.** *gen* [*o* **von etw** *dat*]] setting sth to music
❷ *(vertonte Fassung)* musical setting

ver·trackt [fɛɐ̯ˈtrakt] *adj (fam)* tricky, complicated

Ver·trag <-[e]s, Verträge> [fɛɐ̯ˈtraːk, *pl* -ˈtrɛːgə] *m* contract, agreement; *(international)* treaty; **der Berliner/Moskauer/Versailler** ~ the Treaty of Berlin/Moscow/Versailles; ~ **zu Lasten Dritter** contract imposing a burden on a third party; ~ **zugunsten Dritter** agreement in favour of a third party; **anfechtbarer** ~ voidable contract; **atypischer/typischer** ~ innominate/nominate [*or* untypical/typical] contract; **bedingter** ~ conditional contract; **befristeter** ~ fixed-term contract, contract of limited duration; **dinglicher** ~ real contract, agreement in rem; **einseitig verpflichtender** ~ unilateral contract; **faktischer** ~ de facto contract; **gegenseitiger** ~ reciprocal agreement; **gemischter** ~ mixed contract; **mehrseitiger** ~ multilateral agreement; **notarieller** ~ notarial deed; **öffentlich-rechtlicher** ~ contract governed by public law; **rechtsverbindlicher [und endgültiger] Vertrag** binding contract; **synallagmatischer** ~ synallagmatic contract; **völkerrechtlicher** ~ treaty; **zweiseitiger** ~ bilateral contract; **einen** ~ **aufkündigen** to terminate an agreement; **einen schriftlichen** ~ **abschließen** to enter into a written agreement, to conclude a contract; **einen** ~ **annullieren** to annul a contract; **einen** ~ **aufsetzen/brechen** to draw up [*or* draft]/break an agreement; **jdn unter** ~ **haben** to have sb under contract; **jdn unter** ~ **nehmen** to contract sb, to put [*or* place] sb under contract; **einen** ~ **rückgängig machen** to rescind [*or* revoke] a contract; **gegen einen** ~ **verstoßen** to act in violation of a treaty; **durch** ~ **gebunden sein** to be under contract

ver·tra·gen* *irreg* I. *vt* ❶ *(aushalten)* ■**etw** [**irgendwie**] ~ to bear [*or* stand] sth [somehow]; ***dieses Klima vertrage ich nicht/schlecht*** this climate doesn't/doesn't really agree with me
❷ *(gegen etw widerstandsfähig sein)* ■**etw** [**irgendwie**] ~ to tolerate sth [somehow]; ***diese Pflanze verträgt kein direktes Sonnenlicht*** this plant does not tolerate [*or* like] direct sunlight
❸ *(verarbeiten können)* ■**etw** [**irgendwie**] ~ to take [*or* tolerate] sth [somehow]; ***diese ständige Aufregung verträgt mein Herz nicht*** my heart can't stand this constant excitement
❹ *(fam: zu sich nehmen können)* ***nervöse Menschen*** ~ ***starken Kaffee nicht gut*** nervous people cannot cope with [*or* handle] strong coffee
❺ *(fam: benötigen)* ***das Haus könnte mal einen neuen Anstrich*** ~ the house could do with [*or* could use] a new coat of paint
❻ SCHWEIZ *(austragen)* ■**etw** ~ to deliver sth
II. *vr* ❶ *(auskommen)* ■**sich** *akk* **mit jdm** ~ to get on [*or* along] with sb, to get on [with each other]
❷ *(zusammenpassen)* ■**sich** *akk* **mit etw** *dat* ~ to go with sth; ■**sich** *akk* **mit etw** *dat* **nicht** ~ to not go [*or* to clash] with sth

ver·trag·lich [fɛɐ̯ˈtraːklɪç] I. *adj* contractual
II. *adv* contractually, by contract; ~ **festgelegt werden** to be laid down in a/the contract; ~ **festgesetzt sein** to be stipulated in the contract; **sich** *akk* ~ **binden** to enter into a contract; **etw** ~ **vereinbaren** to covenant sth

ver·träg·lich [fɛɐ̯ˈtrɛːklɪç] *adj* ❶ *(umgänglich)* good-natured; ■~ **sein** to be easy to get on with
❷ *(bekömmlich)* digestible; **gut/schwer** ~ easily digestible/indigestible; **für die Umwelt** ~ **sein** to be not harmful to the environment

Ver·träg·lich·keit <-> *f kein pl* ❶ *(Umgänglichkeit)* good nature *no art, no pl*
❷ *(Bekömmlichkeit)* digestibility *no art, no pl;* **Speisen von besonderer** ~ food that is especially easy to digest
❸ TECH *(Kompatibilität)* compatibility

Ver·trags·ab·lauf *f kein pl* JUR expiration of a/the contract **Ver·trags·ab·schluss**RR *m* completion [*or* conclusion] of [a/the] contract **ver·trags·ähn·lich** *adj* JUR quasi-contractual **Ver·trags·än·de·rung** *f* modification of a contract **Ver·trags·an·ge·bot** *f* HANDEL contractual offer **Ver·trags·an·nah·me** *f* JUR acceptance of a/the contract **Ver·trags·an·nul·lie·rung** *f* JUR rescission [*or* cancellation] of contract **Ver·trags·an·pas·sung** *f* adoption of a contract **Ver·trags·an·spruch** *m* JUR contractual claim **Ver·trags·ar·ti·kel** *m* JUR contract item

Ver·trags·auf·he·bung *f* JUR rescission [*or* cancellation] of contract; **auf** ~ **klagen** to bring an action for rescission **Ver·trags·auf·he·bungs·kla·ge** *f* JUR revocatory action **Ver·trags·auf·he·bungs·recht** *nt* JUR right to cancel [*or* rescind] a contract

Ver·trags·aus·le·gung *f* construction of contract **Ver·trags·be·din·gun·gen** *pl* JUR terms [*or* conditions] of contract; **unzulässige** ~ unfair contract terms; **vereinbarte** ~ agreed terms; **nicht mit den** ~ **übereinstimmen** to not comply with the terms of the contract **Ver·trags·be·en·di·gung** *f* JUR termination of [a/the] contract; **einverständliche** ~ discharge by agreement; ~ **durch Vereitelung** discharge by frustration **Ver·trags·be·fug·nis** *f* power to contract **Ver·trags·be·ginn** *m kein pl* JUR commencement of a/the contract **Ver·trags·bei·tritt** *m* JUR accession to a treaty **Ver·trags·be·stand·teil** *m* JUR component [*or* element] of a/the contract **Ver·trags·be·stim·mung** *f* JUR contractual provision [*or* stipulation]; **nach den** ~**en** in accordance with the articles **Ver·trags·be·tei·lig·te(r)** *f(m) dekl wie adj* party to the contract **Ver·trags·bruch** *m* JUR breach of contract **ver·trags·brü·chig** *adj* in breach of contract *pred;* ■~ **sein/werden** to be in breach of contract **ver·trag·schlie·ßend** *adj attr* contracting; **die** ~**en Parteien** the contracted parties **Ver·trag·schlie·ßen·de(r)** *f(m) dekl wie adj* JUR contractor, party to a/the contract **Ver·trags·da·tum** *nt* JUR contract date **Ver·trags·dau·er** *f* ÖKON term [*or* life] of a contract **Ver·trags·durch·füh·rungs·ga·ran·tie** *f* contract implementation guarantee **Ver·trags·ele·ment** *nt* part [*or* element] of a contract **Ver·trags·en·de** *nt* termination of a contract **Ver·trags·ent·wurf** *m* draft [of a] contract/treaty **Ver·trags·er·be, -er·bin** *m, f* JUR heir conventional **Ver·trags·er·for·der·nis** *nt* JUR essentials *pl* of a contract **Ver·trags·er·fül·lung** *f* performance [*or* fulfilment] of a contract **Ver·trags·er·gän·zung** *f* rider, transaction endorsement **Ver·trags·frei·heit** *f kein pl* freedom of contract **Ver·trags·ga·ran·tie** *f* contractual guarantee **Ver·trags·ge·biet** *nt* contract area, contractual territory **Ver·trags·ge·gen·stand** *m* JUR subject matter of a/the contract

ver·trags·ge·mäß I. *adj* as per [*or* as stipulated in the] contract
II. *adv* as per [*or* as stipulated in the] contract

Ver·trags·ge·mein·schaft *f* contract association **Ver·trags·ge·richt** *nt* JUR contractual venue **Ver·trags·ge·sprä·che** *f pl* contract talks *pl* **Ver·trags·ge·stal·tung** *f* preparation of a contract, contractual arrangements *pl* **Ver·trags·gren·ze** *f* contract border **Ver·trags·grund·la·ge** *f* basis of agreement, contract basis **Ver·trags·haf·tung** *f* JUR contractual liability **Ver·trags·händ·ler(in)** *m(f)* authorized [*or* appointed] dealer **Ver·trags·händ·ler·netz** *nt* authorized dealer[ship] network, network of authorized dealers **Ver·trags·in·halt** *m* subject matter [*or* provisions] of a contract **Ver·trags·in·te·res·se** *nt* JUR interest in the performance of a contract; **negatives** ~ *the position as if the contract had not been entered into* **Ver·trags·kar·tell** *nt* ÖKON contractual cartel **Ver·trags·klau·sel** *f* JUR contract[ual] clause [*or* stipulation] **Ver·trags·kos·ten** *pl* contract costs **Ver·trags·lauf·zeit** *f* term [*or* life] of a contract, contract period **Ver·trags·lü·cke** *f* loophole in a contract **Ver·trags·mitt·ler(in)** *m(f)* contract mediator **Ver·trags·mus·ter** *nt* specimen contract **Ver·trags·num·mer** *f* JUR contract number **Ver·trags·par·tei** *f,* **Ver·trags·part·ner(in)** *m(f)* party to a/the contract, contracting party *spec* **Ver·trags·part·ner·wech·sel** *m* change of contracting party **Ver·trags·pflicht** *f* contractual obligation [*or* duty] **Ver·trags·recht** *nt* JUR law of contract, contract law **Ver·trags·re·vi·si·on** *f* revision of contract **Ver·trags·schlie·ßungs·kom·pe·tenz** *f* power to contract **Ver·trags·schlie·ßungs·ver·fah·ren** *nt* contracting procedure **Ver·trags·schluss**RR *m* JUR conclusion [*or* making] of a/the contract; **bei** ~ at the time of reaching agreement **Ver·trags·schuld·recht** *nt* JUR law of contract **Ver·trags·spe·di·teur** *m* HANDEL contract carrier **Ver·trags·spra·che** *f* language of contract **Ver·trags·staat** *m* contracting state

Ver·trags·stra·fe *f* penalty for breach of contract, contractual penalty *spec*

Ver·trags·stra·fen·klau·sel *f* JUR penalty clause **Ver·trags·stra·fen·ver·ein·ba·rung** *f* penalty agreement **Ver·trags·stra·fen·vor·be·halt** *m* penalty reservation

Ver·trags·sum·me *f* JUR contract amount **Ver·trags·sys·tem** *nt* contract system **Ver·trags·text** *m* wording *no indef art, no pl* of a contract [*or* an agreement], law of contracts **Ver·trags·treu·hän·der(in)** *m(f)* contract trustee **Ver·trags·typ** *m* JUR type of contract **Ver·trags·über·nah·me** *f* taking-over a contract **Ver·trags·über·tra·gung** *f* transfer of contract **Ver·trags·um·stän·de** *pl* circumstances governing the contract **ver·trags·un·fä·hig** *adj* contractually incapable **Ver·trags·un·ter·neh·men** *nt* JUR contractor, contracted company **Ver·trags·un·ter·zeich·nung** *f* signing of the contract **Ver·trags·ur·kun·de** *f* indent deed, deed of covenant **Ver·trags·ver·ein·ba·rung** *f meist pl* JUR contractual term [*or* stipulation]; **ausdrückliche** ~ express term **Ver·trags·ver·hält·nis** *nt* JUR contractual relationship **Ver·trags·ver·hand·lung** *f* contract negotiations [*or* talks] *pl* **Ver·trags·ver·let·zung** *f* breach of contract **Ver·trags·vor·be·halt** *m* JUR proviso, reservation **Ver·**

V

trags·werk *nt* comprehensive contract/treaty **Ver·trags·werk·statt** *f* authorized garage **Ver·trags·wert** *m* JUR contract value **ver·trags·we·sent·lich** *adj* material, substantial

ver·trags·wid·rig I. *adj* contrary to [the terms of] the contract/treaty *pred*
II. *adv* in breach of contract

Ver·trags·wid·rig·keit *f* infringement of contract, lack of conformity with the contract

Ver·trags·zeit *f* contractual period **Ver·trags·ziel** *nt* contract objective

ver·tratscht [fɛɐ̯ˈtraːtʃt] *adj (pej fam)* gossipy *fam*

ver·trau·en* *vi* 1 *(vertrauensvoll glauben)* ■**jdm ~** to trust sb; ■**auf jdn ~** to trust in sb
2 *(sich fest verlassen)* ■**auf etw** *akk* **~** to trust in sth; **auf sein Glück ~** to trust to luck; **auf Gott ~** to put one's trust in God; **auf jds Können ~** to have confidence in sb's ability; ■**darauf ~, dass ...** to put one's trust in the fact [*or* be confident] that ...

Ver·trau·en <-s> *nt kein pl* trust *no art, no pl,* confidence *no art, no pl;* **~ in die Geschäftswelt** ÖKON business confidence; **~ erweckend** that inspires trust [*or* confidence]; **einen ~ erweckenden Eindruck auf jdn machen** to make a trustworthy impression on sb; **~ erweckend sein** to inspire confidence; **jdm das ~ aussprechen/entziehen** POL to pass a vote of confidence/no confidence in sb; **~ zu jdm fassen** to come to trust [*or* have confidence in] sb; **~ [zu jdm] haben** to have confidence [in sb], to trust sb; **jds ~ haben** [*o geh* **genießen**] to have [*or* enjoy] sb's trust, confidence; **jdm ~ schenken** *(geh)* to put one's trust in sb; **jdn ins ~ ziehen** to take sb into one's confidence; **im~ [gesagt]** [strictly] in confidence; **im ~ auf etw** *akk* trusting to [*or* in] sth; **im ~ darauf, dass ...** trusting that ...; **voller ~** full of trust, trustingly

ver·trau·en·er·we·ckend *adj s.* **Vertrauen**

Ver·trau·ens·an·trag *m* JUR motion for a vote of confidence **Ver·trau·ens·arzt, -ärz·tin** *m, f* independent examining doctor **Ver·trau·ens·ba·sis** *f kein pl* basis of trust; **eine ~ schaffen** to establish a basis for trust; **die ~ ist gestört** the basis of trust is broken **ver·trau·ens·bil·dend** *adj Maßnahmen* confidence-building **Ver·trau·ens·bruch** *m* breach of confidence [*or* trust] **Ver·trau·ens·fra·ge** *f* JUR question of confidence; **es ist eine ~, ob ...** it is a question [*or* matter] of trust [*or* confidence] whether ...; **die ~ stellen** POL to ask for a vote of confidence **Ver·trau·ens·frau** *f fem form von* **Vertrauensmann** **Ver·trau·ens·gleit·zeit** *f* ÖKON unsupervised flexitime **Ver·trau·ens·grund·satz** *m (Handelsregister)* principle of trust **Ver·trau·ens·in·te·res·se** *nt* JUR interest due to reliance on trustworthiness **Ver·trau·ens·kri·se** *f* lack of [mutual] trust **Ver·trau·ens·leh·rer(in)** <-s, -> *m(f)* liaison teacher

Ver·trau·ens·mann <-leute> *m* 1 *(Versichertenvertreter)* representative, intermediary agent; *(gewerkschaftlich)* union representative; *(Fabrik)* shop steward
2 *(vertrauenswürdiger Mann)* representative, proxy

Ver·trau·ens·per·son *f (vertrauenswürdige Person)* someone *no art* you can trust; *(Busenfreund)* a close [*or* intimate] confidant *masc* [*or fem* confidante] **Ver·trau·ens·prä·mie** *f* JUR stipulated premium, loyalty bonus **Ver·trau·ens·sa·che** *f* 1 *(vertrauliche Angelegenheit)* confidential matter 2 *s.* **Vertrauensfrage** **Ver·trau·ens·scha·den** *m* JUR negative interest, damage caused by breach of contract **Ver·trau·ens·schutz** *m* JUR, FIN fidelity clause, legal action of bona fide **Ver·trau·ens·schwund** *m kein pl* loss of confidence

ver·trau·ens·se·lig *adj* [too] trusting; *(leichtgläubig)* credulous

Ver·trau·ens·stel·lung *f* position of trust; **[bei jdm] eine ~ haben** to be in [*or* have] a position of trust [with sb] **Ver·trau·ens·ver·hält·nis** *nt* trusting relationship, relationship based on trust, mutual trust *no art, no pl* **Ver·trau·ens·ver·lust** *m* SOZIOL loss of trust [*or* faith] **ver·trau·ens·voll** I. *adj* trusting, trustful, based on trust *pred* II. *adv* trustingly; **sich** *akk* **~ an jdn wenden** to turn to sb with complete confidence **Ver·trau·ens·vo·tum** *nt* POL vote of confidence **ver·trau·ens·wür·dig** *adj* trustworthy **Ver·trau·ens·wür·dig·keit** <-> *f* trustworthiness

ver·trau·lich I. *adj* 1 *(mit Diskretion zu behandeln)* confidential; **streng ~** strictly confidential
2 *(freundschaftlich)* familiar, chummy *fam,* pally *fam*
II. *adv* confidentially, with confidentiality

Ver·trau·lich·keit <-, -en> *f* 1 *kein pl (das Vertraulichsein)* confidentiality *no art, no pl*
2 *pl (Zudringlichkeit)* familiarity *no art, no pl*

ver·träu·men* *vt* ■**etw ~** to dream away sth

ver·träumt *adj* 1 *(idyllisch)* sleepy
2 *(realitätsfern)* dreamy

ver·traut *adj* 1 *(wohlbekannt)* familiar; **sich** *akk* **mit etw** *dat* **~ machen** to familiarize [*or* acquaint] oneself with sth; **sich** *akk* **mit dem Gedanken/der Vorstellung ~ machen, dass ...** to get used to the idea that ...
2 *(eng verbunden)* close, intimate
3 *(kennt etw gut)* ■**mit etw** *dat* **~ sein** to be familiar [*or* acquainted] with sth

Ver·trau·te(r) *f(m) dekl wie adj* close [*or* intimate] friend, confidant *masc,* confidante *fem*

Ver·traut·heit <-, -en> *f* 1 *kein pl (gute Kenntnis)* ■**jds ~ mit etw** *dat* sb's familiarity with sth
2 *(Verbundenheit)* closeness *no art, no pl,* intimacy *no art, no pl*

ver·trei·ben*[1] *vt irreg* 1 *(gewaltsam verjagen)* ■**jdn [aus etw** *dat*] **~** to drive out sb *sep,* to drive sb out of sth
2 *(verscheuchen)* ■**ein Tier [aus etw** *dat*/**von etw** *dat*] **~** to drive away *sep* an animal, to drive an animal away out of/from sth
3 *(beseitigen)* ■**etw ~** to drive away sth *sep,* to banish sth; **seine Müdigkeit ~** to fight [*or* stave] off *sep* tiredness; *s. a.* **Zeit**

ver·trei·ben*[2] *vt irreg (verkaufen)* ■**etw ~** to sell [*or* market] sth

Ver·trei·bung <-, -en> *f* driving out [*or* away] *no art, no pl;* **die ~ aus dem Paradies** the expulsion from Paradise

ver·tret·bar *adj* 1 *(zu vertreten)* tenable, defensible; ■**nicht ~** untenable, indefensible
2 *(akzeptabel)* justifiable; ■**nicht ~** unjustifiable

ver·tre·ten*[1] *vt irreg* 1 *(jdn vorübergehend ersetzen)* ■**jdn ~** to stand in [*or* deputize] for sb, to cover for sb; **durch jdn ~ werden** to be replaced by sb; ■**sich** *akk* **[durch jdn] ~ lassen** to be represented [by sb]
2 JUR ■**jdn ~** to represent sb, to act [*or* appear] for sb
3 *(repräsentieren)* ■**jdn/etw ~** to represent sb/sth
4 *(verfechten)* ■**etw ~** to support sth; **eine Ansicht/Meinung/Theorie ~** to take a view/hold an opinion/advocate a theory
5 *(repräsentiert sein)* ■**irgendwo ~ sein** to be represented somewhere; ***Picassos Werke sind hier zahlreich*** **~** there is a large number of works by Picasso here
6 *(verantwortlich sein)* ■**etw zu ~ haben** to be responsible for sth

ver·tre·ten*[2] *vr irreg (verstauchen)* **sich** *dat* **den Fuß** [*o* **das Fußgelenk**] **~** to twist one's ankle
▸WENDUNGEN: **sich** *dat* **die Füße** [*o* **Beine**] **~** to stretch one's legs

Ver·tre·te·ne(r) *f(m) dekl wie adj (Auftraggeber)* principal

Ver·tre·ter(in) <-s, -> *m(f)* 1 *(Stellvertreter)* agent, deputy, stand-in, [temporary] replacement; *Arzt, Geistlicher* locum BRIT; **~ der Anklage** counsel for the prosecution; **~ auf Provisionsbasis** commission agent; **~ für ein Rechtsgeschäft** special agent; **~ des Staatsanwaltes** deputy prosecutor, representative; **~ ohne Vertretungsmacht** agent without authority; **gesetzlicher ~** statutory agent, legal representative; **rechtmäßiger ~** lawful representative; **einen ~ bestimmen** [*o* **stellen**] to appoint a deputy
2 *(Handelsvertreter)* sales representative
3 *(Repräsentant)* representative; *(Abgeordneter)* member of parliament

Ver·tre·ter·be·such *m* HANDEL sales call **Ver·tre·ter·haf·tung** *f* JUR agent's liability **Ver·tre·ter·pro·vi·si·on** *f* ÖKON agent's commission **Ver·tre·ter·tä·tig·keit** *f* agency work

Ver·tre·tung <-, -en> *f* 1 *(das Vertreten)* deputizing *no art, no pl;* **zur ~ von Kollegen verpflichtet sein** to be officially obliged to deputize for colleagues; **die ~ für jdn haben** to stand in [*or* deputize] for sb; **die ~ von jdm übernehmen** to stand in [*or* deputize] for sb; **in [jds] ~** in sb's place, on behalf of sb; **einen Brief in ~ unterschreiben** to sign a letter as a proxy [*or spec* per pro], to pp a letter
2 *(Stellvertreter)* deputizing, agency, [temporary] replacement; *Arzt, Geistlicher* locum BRIT; **eine diplomatische ~** a diplomatic mission; **mit einer ~ beauftragt sein** to hold a brief; **die ~ für etw** *akk* **haben** to have the agency [*or* be the agent] for sth
3 JUR representation, agency; **~ vor Gericht** legal representation; **~ kraft Rechtsschein** agency by estoppel; **anwaltliche ~** legal representation
4 *(Handelsvertretung)* agency, branch

Ver·tre·tungs·be·fug·nis *f,* **Ver·tre·tungs·be·rech·ti·gung** *f* power of attorney [*or* representation]; **eingeschränkte ~** restricted power of representation; **außerhalb seiner ~ handeln** to act ultra vires **ver·tre·tungs·be·rech·tigt** *adj* authorized [to represent] **Ver·tre·tungs·be·zirk** *m eines Vertreters* territory, district **Ver·tre·tungs·macht** *f* representative authority; **~ kraft Rechtsscheins** authority by estoppel; **~ haben** to be empowered to act as a representative; **seine ~ überschreiten** to act in excess of one's authority **Ver·tre·tungs·mo·no·pol** *nt* HANDEL exclusive agency **Ver·tre·tungs·voll·macht** *f* power of attorney

ver·tre·tungs·wei·se *adv* as a stand-in [*or* [temporary] replacement]

Ver·tre·tungs·zwang *m* JUR compulsory representation

Ver·trieb <-[e]s, -e> *m* 1 *kein pl (das Vertreiben)* sale[s *pl*]; **den ~ [für etw** *akk*] **haben** to be in charge of sales [for sth]
2 *(Vertriebsabteilung)* sales *pl* [department]

Ver·trie·be·ne(r) *f(m) dekl wie adj* displaced person, deportee, expellee *spec (from his/her homeland)*

Ver·triebs·ab·spra·che *f* HANDEL distribution agreement **Ver·triebs·ab·tei·lung** *f* sales department **Ver·triebs·ak·ti·vi·tä·ten** *pl* ÖKON distribution activities **Ver·triebs·an·stren·gun·gen** *pl* HANDEL sales drive, marketing efforts **Ver·triebs·ap·pa·rat** *m* HANDEL marketing organization, sales administration **Ver·triebs·auf·wand** *m kein pl* HANDEL marketing [*or* distribution] costs **Ver·triebs·be·din·gun·gen** *pl* HANDEL marketing conditions **Ver·triebs·be·schrän·kung** *f* HANDEL sales restriction

Ver·triebs·bin·dung *f* JUR resale restriction, tying arrangement **Ver·triebs·bin·dungs·ver·trag** *m* JUR tying contract

Ver·triebs·er·lös *m* sales revenue **Ver·triebs·ge·biet** *nt* HANDEL sales territory, marketing area **Ver·triebs·ge·mein·kos·ten** *pl* HANDEL marketing [*or* distribution] costs **Ver·triebs·ge·mein·schaft** *f* HANDEL sales combine, marketing syndicate **Ver·triebs·ge·sell·schaft** *f* sales [*or* marketing] company **Ver·triebs·händ·ler(in)** *m(f)* HANDEL distributor, selling agent **Ver·triebs·ka·nal** *m* HANDEL trade channel **Ver·triebs·kar·tell** *nt* ÖKON marketing [*or* sales] cartel **Ver·triebs·kon·zept** *nt* ÖKON marketing concept **Ver·triebs·ko·ope·ra·ti·on** *f* HANDEL joint distribution arrangement

Ver·triebs·kos·ten *pl* marketing [*or* distribution] costs **Ver·triebs·kos·ten·ana·ly·se** *f* HANDEL distribution cost analysis

Ver·triebs·lei·ter(in) *m(f)* HANDEL sales [*or* marketing] manager **Ver·triebs·lei·tung** *f* HANDEL sales [*or* marketing] management **Ver·triebs·li·zenz** *f* HANDEL distribution licence [*or* AM -se] **Ver·triebs·netz** *nt* ÖKON network of distributors, distribution [*or* marketing] network **Ver·triebs·po·li·tik** *f* sales politics + *sing/pl vb* **Ver·triebs·pro·zess**[RR] *m* distribution [*or* marketing] process **Ver·trie̲bs·recht** *nt* HANDEL right of sale; **alleiniges** ~ exclusive right of distribution **Ver·trie̲bs·schie·ne** *f* ÖKON distribution channel **Ver·trie̲bs·stand·ort** *m* HANDEL place of distribution **Ver·trie̲bs·stra·te·gie** *f* ÖKON marketing [*or* sales] strategy **Ver·trie̲bs·un·ter·neh·men** *nt* HANDEL marketing [*or* distributing] agency **Ver·trie̲bs·ver·bot** *nt* HANDEL distribution ban **Ver·trie̲bs·ver·ein·ba·rung** *f* JUR marketing agreement **Ver·trie̲bs·ver·trag** *m* JUR marketing contract **Ver·trie̲bs·weg** *m* ÖKON channel of distribution, distribution channel **Ver·trie̲bs·we·ge** *pl* TRANSP transport route **Ver·trie̲bs·zah·len** *pl* HANDEL sales figures **Ver·trie̲bs·zweig** *m* ÖKON distribution channel

ver·tri̲m·men* *vt (fam)* ■**jdn** ~ to beat up sb *sep,* to give sb a going-over, to give sb the one-two

ver·tri̲n·ken* *vt irreg* ■**etw** ~ to drink away sth; ***er vertrinkt sein ganzes Geld*** he drinks away all his money

ver·tro̲ck·nen* *vi sein Vegetation* to dry out, to wither; *Lebensmittel* to dry up, to go dry

ver·tro̲ck·net *adj* dried; *Mensch* scrawny; **vertrocknete Blätter** dried leaves

ver·trö̲·deln* *vt (fam)* ■**etw** ~ to idle [*or* dawdle] away sth *sep*

ver·trö̲s·ten* *vt* ■**jdn** [**auf etw** *akk*] ~ to put off *sep* sb [until sth]

ver·tro̲t·teln* *vi sein (fam)* to vegetate

ver·tro̲t·telt *adj (fam)* senile

ver·tu̲n* *irreg* **I.** *vr (fam)* ① *(sich irren)* ■**sich** *akk* ~ to make a mistake, to be mistaken; **vertu dich nur nicht, ...** make no mistake, ...; **da gibt es kein V~!** there are no two ways about it!
② *(sich verrechnen)* ■**sich** *akk* [**um etw** *akk*] ~ to make a mistake, to be out by sth
II. *vt* ■**etw** ~ to waste [*or* squander] sth

ver·tu̲·schen* *vt* ■**etw** ~ to hush up sth *sep;* ■~, **dass ...** to hush up the fact that ...

Ver·tu̲·schung <-, -en> *f* cover-up

ver·übeln* [fɛɐ̯ˈʔyːbl̩n] *vt* ■**jdm etw** ~ to hold sth against sb; ■[**es**] **jdm** ~, **dass ...** to take it amiss [*or* hold it against sb] that ...; **das kann man ihm kaum** ~ one can hardly blame him for that

ver·ü̲ben* *vt* ■**etw** ~ to commit sth; **einen Anschlag** ~ to carry out *sep* an attack; **einen Anschlag auf jdn** ~ to make an attempt on sb's life; **ein Attentat** [**auf jdn**] ~ to assassinate sb; *(fehlgeschlagen)* to make an assassination attempt on sb; **Gräueltaten/ein Verbrechen** ~ to commit [*or form* perpetrate] atrocities/a crime; **ein Massaker** ~ to carry out *sep* [*or form* perpetrate] a massacre; **Selbstmord** ~ to commit suicide

ver·u̲l·ken* *vt* ■**jdn** ~ to make fun of sb

ver·un·fal·len* [fɛɐ̯ˈʊnfalən] *vi sein* SCHWEIZ to have an accident; **der verunfallte Skifahrer** the skier involved in the accident

ver·un·glimp·fen* [fɛɐ̯ˈʔʊnglɪmpfn̩] *vt (geh)* ■**jdn** ~ to denigrate [*or* disparage] [*or form* vilify] sb, to cast a slur on sb; ■**etw** ~ to denigrate [*or* cast a slur on] [*or form* decry] sth

Ver·u̲n·glimp·fung <-, -en> *f* JUR denigration *no art, no pl,* disparagement *no art, no pl,* vilification *no art, no pl;* ~ **des Andenkens Verstorbener** reviling the memory of the dead

ver·un·glü·cken* [fɛɐ̯ˈʔʊnglʏkn̩] *vi sein* ① *(einen Unfall haben)* to have [*or* be involved in] an accident; **mit dem Auto** ~ to have [*or* be in] a car accident [*or* crash]; **mit dem Flugzeug** ~ to be in a plane crash; **tödlich** ~ to be killed in an accident; **der verunglückte Bergsteiger** the climber involved in the accident
② *(fam: misslingen)* to go wrong; ■**etw verunglückt jdm** sb's sth goes wrong; ***leider ist mir der Kuchen verunglückt*** I'm afraid my cake is a disaster

ver·u̲n·glückt *adj (misslungen)* unsuccessful

Ver·u̲n·glück·te(r) *f(m) dekl wie adj* accident victim

ver·un·mög·li·chen* [fɛɐ̯ˈʔʊnmøːklɪçn̩] *vt* SCHWEIZ ■[**jdm**] **etw** ~ to make sth impossible [for sb]

ver·u̲n·rei·ni·gen* *vt* ■**etw** ~ ① *(geh: beschmutzen)* to dirty [*or form* soil] sth; *(Hund)* to foul sth BRIT, to mess up sth *sep*
② ÖKOL to pollute [*or* contaminate] sth

Ver·u̲n·rei·ni·gung *f* ① *(geh: das Beschmutzen)* dirtying *no art, no pl,* soiling *no art, no pl form; Gehwege* fouling *no art, no pl* BRIT, messing up *no art, no pl*
② ÖKOL pollution *no art, no pl,* contamination *no art, no pl*
③ *(Schmutz)* impurity

ver·un·si·chern* [fɛɐ̯ˈʔʊnzɪçɐn] *vt* ■**jdn** ~ to make sb [feel] unsure [*or* uncertain] [*or* insecure]; *(verstören)* to unsettle sb; ■**jdn in etw** *dat* ~ to make sb unsure of sth

ver·u̲n·si·chert *adj* insecure, uncertain

Ver·u̲n·si·che·rung <-, -en> *f* ① *(das Verunsichern)* unsettling *no art, no pl*
② *(verunsicherte Stimmung)* [feeling of] uncertainty

ver·un·stal·ten* [fɛɐ̯ˈʔʊnʃtaltn̩] *vt* ■**jdn/etw** ~ to disfigure sb/sth; ***wie konnte der Friseur dich nur so ~?*** how could the hairdresser spoil your looks like that?

Ver·u̲n·stal·tung <-, -en> *f* disfigurement

ver·un·treu·en* [fɛɐ̯ˈʔʊntrɔyən] *vt* JUR ■**etw** ~ to embezzle [*or* misappropriate] sth [*or spec* defalcate]

Ver·u̲n·treu·ung <-, -en> *f* JUR embezzlement *no art, no pl,* misappropriation *no art, no pl,* defalcation *no art, no pl spec;* ~ **von Geldern** embezzlement [*or* misappropriation] of funds

ver·u̲r·kun·den* *vt* SCHWEIZ ■**etw** ~ to notarize [*or* legally certify] sth

ver·ur·sa·chen* [fɛɐ̯ˈʔuːɐ̯zaxn̩] *vt* ■**etw** ~ to cause sth; [**jdm**] **Schwierigkeiten** ~ to create [*or* give rise to] difficulties [for sb]; **jdm Umstände** ~ to put sb to [*or* cause sb] trouble

Ver·u̲r·sa·cher(in) <-s, -> *m(f)* cause, person/thing responsible

Ver·u̲r·sa·cher·prin·zip *nt kein pl* ÖKOL polluter pays principle

Ver·u̲r·sa·chungs·ver·mu·tung *f* JUR assumption of causes

ver·u̲r·tei·len* *vt* ① *(für schuldig befinden)* ■**jdn** ~ to convict sb
② *(durch Urteil mit etw bestrafen)* ■**jdn zu etw** *dat* ~ to sentence sb to sth; **jdn zu 7.500 Euro Geldstrafe** ~ to fine sb 7,500 euros, to impose a fine of 7,500 euros on sb; **jdn zu lebenslänglicher Haft** ~ to sentence sb to life imprisonment; **jdn zum Tode** ~ to sentence [*or* condemn] sb to death
③ *(verdammen)* ■**jdn** ~ to condemn [*or form* censure] sb; ■**etw** ~ to condemn sth

ver·u̲r·teilt *adj* condemned, sentenced; ■**zu etw** *dat* **verurteilt sein** *(zwangsläufig bestimmt sein)* to be condemned to sth; **zum Scheitern verurteilt sein** to be bound to fail [*or* doomed to failure]

Ver·u̲r·teil·te(r) *f(m) dekl wie adj* convicted man *masc* [*or fem* woman]; *(zum Tode)* condemned man *masc* [*or fem* woman]

Ver·u̲r·tei·lung <-, -en> *f* ① *(das Verurteilen)* condemnation
② JUR conviction *no art, no pl,* sentencing *no art, no pl;* ■**eine/jds** ~ **zu etw** *dat* a/sb's sentence of sth; ~ **zu Schadenersatz** judgment for damages; ~ **im Schnellverfahren** summary conviction; ~ **wegen einer Straftat** criminal conviction; **die** ~ **zum Tode** the death sentence; **kostenpflichtige** ~ judgment with costs

Ver·ve <-> [ˈvɛrvə] *f kein pl* verve; **mit** ~ with enthusiasm

ver·viel·fa·chen* [fɛɐ̯ˈfiːlfaxn̩] **I.** *vt* ■**etw** ~ to increase sth greatly; **die Inflation** ~ to cause a sharp rise in inflation; ■**etw mit etw** *dat* ~ MATH to multiply sth with sth
II. *vr* ■**sich** *akk* ~ to increase greatly, to multiply [several times]

Ver·vi̲el·fa·chung <-, -en> *f* ① *(starke Erhöhung)* steep increase; ~ **der Inflation** a steep rise in inflation
② MATH multiplication

ver·viel·fäl·ti·gen* [fɛɐ̯ˈfiːlfɛltɪgn̩] *vt* ■**etw** ~ to duplicate [*or* make copies of] sth; *(fotokopieren)* to photocopy sth

Ver·vi̲el·fäl·ti·gung <-, -en> *f* ① *kein pl (das Vervielfältigen)* duplication, duplicating *no art, no pl,* copying *no art, no pl*
② *(geh: Kopie)* copy

Ver·vi̲el·fäl·ti·gungs·recht *nt* JUR copyright, right of reproduction

ver·vier·fa·chen* [fɛɐ̯ˈfiːɐ̯faxn̩] **I.** *vt* ■**etw** ~ to quadruple sth
II. *vr* ■**sich** *akk* ~ to quadruple

ver·voll·komm·nen* [fɛɐ̯ˈfɔlkɔmnən] **I.** *vt* ■**etw** ~ to perfect sth, to make sth [more] perfect
II. *vr* ■**sich** *akk* [**auf etw** *dat*/**in etw** *dat*] ~ to become [more] perfect [in sth]

Ver·vo̲ll·komm·nung <-, -en> *f* perfection *no art, no pl*

ver·voll·stän·di·gen* [fɛɐ̯ˈfɔlʃtɛndɪgn̩] *vt* ■**etw** ~ to complete sth, to make sth [more] complete

Ver·vo̲ll·stän·di·gung <-, -en> *f* completion *no art, no pl*

verw. *Abk von* **verwitwet** widowed

ver·wach·sen* [-ˈvaksn̩] *irreg* **I.** *vi sein* ① *(zusammenwachsen)* ■[**mit etw** *dat*] ~ to grow together [with sth]
② *(zuwuchern)* to become overgrown; **ein ~er Garten** an overgrown garden
II. *vr* MED ■**sich** *akk* ~ to right [*or* correct] itself

ver·wa̲·ckeln* *vt* FOTO *(fam)* ■**etw** ~ to make sth blurred

ver·wä̲h·len* *vr* TELEK ■**sich** *akk* ~ to dial [*or* get] the wrong number

ver·wah·ren* [fɛɐ̯ˈvaːrən] **I.** *vt* ■**etw** [**für jdn**] ~ to keep sth safe [for sb]; ■**etw in etw** *dat* ~ to keep sth in sth; **jdm etw zu** ~ **geben** to give sth to sb for safekeeping
II. *vr (geh)* ■**sich** *akk* **gegen etw** *akk* ~ to protest against sth

Ver·wa̲h·rer(in) <-s, -> *m(f) von Wertpapieren* depositary, bailee

ver·wahr·lo·sen* [fɛɐ̯ˈvaːɐ̯loːzn̩] *vi sein* to get into a bad state; *Grundstück, Gebäude* to fall into disrepair, to become dilapidated; *Mensch* to let oneself go, to go to pot, to run to seed *fam;* **völlig** ~ to go to rack [*or esp* AM wrack] and ruin; ■**etw** ~ **lassen** to let sth fall into disrepair [*or* become dilapidated], to neglect sth; ■**verwahrlost** dilapidated; **ein verwahrloster Garten** a neglected [*or* an overgrown] garden; **verwahrloste Kleidung** ragged [*or* BRIT tatty] [*or* tattered] clothes; **ein verwahrloster Mensch** an unkempt person, a scruff BRIT *fam*

ver·wa̲hr·lost <-er, -este> *adj* neglected

Ver·wa̲hr·lo·sung <-> *f kein pl Grundstück, Gebäude* dilapidation *no art, no pl; Mensch* neglect *no art, no pl;* **bis zur völligen** ~ **herunterkommen** to sink into a state of total neglect; **jdn vor der** ~ **bewahren** to save sb from degradation

Ver·wa̲h·rung <-> *f kein pl* ① *(das Verwahren)* [safe]keeping *no art, no pl,* bailment *no art, no pl,* [safe] custody *no art, no pl;* **vorübergehende** ~ **von Ware** temporary storage of goods; ~ **von Wertpapieren** ÖKON safe custody of securities; **amtliche** ~ JUR official custody; **gerichtliche/sichere** ~ JUR impounding/safekeeping; **unregelmäßige** ~ JUR irregular deposit; **jdm etw** [*o* **etw bei jdm**] **in** ~ *akk* **geben** to give sth to sb for safekeeping [*or* custody]; **etw in** ~ **nehmen** to take sth into safekeeping [*or* custody]; **etw in gerichtliche** ~ **nehmen** to impound sth
② *(zwangsweise Unterbringung)* detention *no art, no pl;* **jdn in** ~ **nehmen** to take sb into custody
③ *(geh: Einspruch)* protest; ~ **gegen etw** *akk* **einlegen** to lodge [*or* enter] a protest against sth
④ BAU flashing

Ver·wa̲h·rungs·buch *nt* ① FIN custody ledger ② JUR breach of official custody **Ver·wa̲h·rungs·ge·schäft** *nt* FIN custody transaction [*or* business] **Ver·wa̲h·rungs·ort** *m* depository **Ver·wa̲h·rungs·recht** *nt* JUR right of custody **Ver·wa̲h·rungs·stel·le** *f* depository **Ver·wa̲h·rungs·ver·trag** *m* JUR custody agreement, bailment contract

ver·wai·sen* [fɛɐ̯ˈvaizn̩] *vi sein* ① *(zur Waise wer-*

den) to be orphaned, to become an orphan; ■**verwaist** orphaned
❷ *(verlassen werden)* to become deserted; ■**verwaist** deserted

ver·waist [fɛɐ̯ˈvaist] *adj* orphaned; *(fig: verlassen)* deserted, abandoned

ver·wal·ten* [fɛɐ̯ˈvaltn̩] *vt* ■**etw** ~ ❶ FIN to administer sth; **jds Besitz** ~ to manage sb's property
❷ ADMIN to administer sth; **eine Kolonie/Provinz** ~ to govern a colony/province
❸ INFORM to manage sth

Ver·wal·ter(in) <-s, -> [fɛɐ̯ˈvaltɐ] *m(f)* administrator; *Gut* manager; *Nachlass* trustee

Ver·wal·tung <-, -en> [fɛɐ̯ˈvaltʊŋ] *f* ❶ *kein pl (das Verwalten)* administration *no art, no pl,* management *no art, no pl*
❷ *(Verwaltungsabteilung)* administration *no pl,* admin *no pl fam;* **öffentliche/örtliche** ~ public administration, civil service/local [*or* municipal] government; **städtische** ~ municipal authority [*or* administration]
❸ INFORM management *no art, no pl*

Ver·wạl·tungs·ab·kom·men *nt* administrative agreement **Ver·wạl·tungs·akt** *m* JUR administrative act; **Aufhebung eines ~s** annulment of an administrative act; **einen ~ anfechten** to contest an administrative act **Ver·wạl·tungs·an·ge·stell·te(r)** *f(m)* admin[istration] employee **Ver·wạl·tungs·ap·pa·rat** *m* administrative machine[ry] *no pl* **Ver·wạl·tungs·ar·beit** *f* administration, admin BRIT *fam* **Ver·wạl·tungs·auf·sicht** *f* administrative supervision **Ver·wạl·tungs·auf·wand** *m* ADMIN administrative [*or* operating] expense **Ver·wạl·tungs·aus·schuss**RR *m* administration body; *(EU)* Management Committee **Ver·wạl·tungs·be·am·te(r)** *f(m)* admin[istration] official, government [administrative] official **Ver·wạl·tungs·be·hör·de** *f* administration [authority], administrative body **Ver·wạl·tungs·be·schwer·de** *f* complaint about an administrative decision **Ver·wạl·tungs·be·zirk** *m* administrative district, precinct AM **Ver·wạl·tungs·chef(in)** *m(f)* head of administration **Ver·wạl·tungs·dienst** *m* administration, admin BRIT *fam* **Ver·wạl·tungs·ent·schei·dung** *f* JUR administrative decision **Ver·wạl·tungs·er·mes·sen** *nt kein pl* JUR administrative discretion **Ver·wạl·tungs·ge·bäu·de** *nt* admin[istration] building **Ver·wạl·tungs·ge·bühr** *f* ADMIN administration charge

Ver·wạl·tungs·ge·richt *nt* administrative court [*or* tribunal] **Ver·wạl·tungs·ge·richts·bar·keit** *f* JUR jurisdiction of an administrative court **Ver·wạl·tungs·ge·richts·hof** *m* JUR Higher Administrative Court *(in Baden-Württemberg, Bavaria and Hesse)* **Ver·wạl·tungs·ge·richts·ord·nung** *f* JUR *regulations governing administrative courts* **Ver·wạl·tungs·ge·richts·ver·fah·ren** *nt* JUR administrative court procedure

Ver·wạl·tungs·kla·ge *f* JUR administrative [court] action **Ver·wạl·tungs·kom·pe·tenz** *f* JUR jurisdiction for administration **Ver·wạl·tungs·kos·ten** *pl* admin[istrative] costs [*or* expenses] *pl* **Ver·wạl·tungs·neu·bau·ten** *pl* new administrative buildings *pl* **Ver·wạl·tungs·per·so·nal** *nt* managerial [*or* administrative] staff **Ver·wạl·tungs·pra·xis** *f* JUR administrative practice **Ver·wạl·tungs·pri·vat·recht** *nt* JUR *rules for private-law transactions of public bodies*

Ver·wạl·tungs·rat *m* administrative [*or* management] board, board of directors *(of a public sector institution)* **Ver·wạl·tungs·rats·mit·glied** *nt* board member, director **Ver·wạl·tungs·rats·vor·sit·zen·de(r)** *f(m) dekl wie adj* chairman of the board [of directors]

Ver·wạl·tungs·recht *nt* JUR administrative law **Ver·wạl·tungs·rechts·rat, -rä·tin** *m, f* JUR administrative law counsellor **Ver·wạl·tungs·rechts·weg** *m* JUR recourse to administrative tribunals

Ver·wạl·tungs·re·form *f* administrative reform **Ver·wạl·tungs·rich·ter(in)** *m(f)* JUR adjudicator, judge at an administrative tribunal **Ver·wạl·tungs·stel·le** *f* administration office; *einer Stadt* civic centre [*or* AM -er] **Ver·wạl·tungs·strei·tig·keit** *f* JUR civil administrative litigation **ver·wạl·tungs·tech·nisch** *adj* administrative **Ver·wạl·tungs·treu·hand** *f* JUR administrative trust **Ver·wạl·tungs·übung** *f* JUR administrative custom **Ver·wạl·tungs·ver·fah·ren** *nt* JUR administrative proceedings *pl* **Ver·wạl·tungs·ver·fü·gung** *f* JUR administrative ruling [*or* decree] **Ver·wạl·tungs·ver·ord·nung** *f* JUR administrative regulation **Ver·wạl·tungs·ver·trag** *m* JUR contract for management services **Ver·wal·tungs·voll·strẹ·ckungs·ge·setz** *nt* JUR Administration Enforcement Act **Ver·wạl·tungs·vor·schrift** *f* JUR regulatory provision, administrative rule **Ver·wạl·tungs·weg** *m* administrative channel; **auf dem ~** through administrative channels **Ver·wal·tungs·zwạngs·ver·fah·ren** *nt* JUR *regulations concerning the application of administrative compulsion*

ver·wạn·del·bar *adj* convertible

ver·wạn·deln* **I.** *vt* ❶ *(umwandeln)* ■**jdn in etw** *akk*/**ein Tier** ~ to turn [*or* transform] sb into sth/an animal; ■**jd ist wie verwandelt** sb is a changed [*or* different] person [*or* is transformed]
❷ TECH ■**etw in etw** *akk* ~ to convert [*or* turn] sth into sth
❸ *(anders erscheinen lassen)* ■**etw** ~ to transform sth
❹ FBALL ■**etw** [**zu etw** *dat*] ~ to convert sth [into sth]; **einen Strafstoß/Eckball** ~ to convert a penalty/score from a corner
II. *vr* ■**sich** *akk* **in etw** *akk* ~ to turn [*or* change] into sth; **sich** *akk* **in ein Tier** ~ to turn [*or* transform] oneself into an animal

Ver·wạnd·lung *f* ❶ *(Umformung)* ■**jds** ~ [**in etw** *akk*/**ein Tier**] sb's transformation [into sth/an animal]
❷ TECH conversion

Ver·wạnd·lungs·künst·ler(in) *m(f)* quick-change artist **Ver·wạnd·lungs·sze·ne** *f* THEAT transformation scene

Ver·wạnd·schafts·ver·hält·nis·se *pl* family relationships *pl*

ver·wandt[1] [fɛɐ̯ˈvant] *adj* ❶ *(gleicher Herkunft)* related (**mit** +*dat* to); ■**sie sind** [**miteinander**] ~ they are related [to each other]; **~e Anschauungen/Methoden** similar views/methods; **~e Sprachen/Wörter** cognate languages/words *spec*
❷ CHEM allied

ver·wandt[2] [fɛɐ̯ˈvant] *pp von* **verwenden**

ver·wạnd·te *imp von* **verwenden**

Ver·wạnd·te(r) *f(m) dekl wie adj* relation, relative; **~ in aufsteigender Linie** JUR lineal ascendants *pl;* **ein entfernter ~r von mir** a distant relation of mine

Ver·wạndt·schaft <-, -en> *f* ❶ *(die Verwandten)* relations *pl,* relatives *pl,* kinship; ■**jds** ~ sb's relations [*or* relatives]; **~ in gerader Linie** JUR relations *pl* by lineal descent; **~ in Seitenlinie** JUR collateral relatives [*or* relations] *pl;* **die nähere ~** close relatives *pl;* **zu jds ~ gehören** to be a relative of sb's
❷ *(gemeinsamer Ursprung)* affinity; *Sprachen* cognation *no pl spec* (**mit** +*dat* with)

ver·wạndt·schaft·lich **I.** *adj* family *attr*
II. *adv* ■**~** [**miteinander**] **verbunden sein** to be related [to each other]

Ver·wạndt·schafts·ban·de *pl* kinship ties [*or* links] *pl* **Ver·wạndt·schafts·grad** *m* degree of relationship

ver·wan·zen* [fɛɐ̯ˈvantsn̩] *vt* ■**etw** ~ to bug sth

ver·wạnzt **I.** *pp von* **verwanzen**
II. *adj* ❶ *(mit Wanzen) Betten, Kleider* bug-ridden [*or* -infested]
❷ *(mit Abhörgeräten) Wohnung, Zimmer* bugged; ■**verwanzt sein** to be bugged

ver·war·nen* *vt* ■**jdn** ~ ❶ *(streng tadeln)* to warn [*or form* caution] sb
❷ *(gebührenpflichtig verwarnen)* to fine sb

Ver·wạr·nung *f* warning, caution; *(Verweis)* reprimand; **gebührenpflichtige ~** fine; **gerichtliche ~** injunction; **mündliche ~** verbal caution; **eine ~ aussprechen** to issue a warning; **jdm eine gebührenpflichtige ~ erteilen** [*o* **aussprechen**] to fine sb

Ver·wạr·nungs·geld *nt* JUR exemplary fine, warning charge

ver·wa·schen *adj* faded

ver·wäs·sern* *vt* ■**etw** ~ ❶ *(mit Wasser mischen)* to water down sth *sep;* **Saft** ~ to dilute juice
❷ *(abschwächen)* to water down sth *sep*

Ver·wäs·se·rungs·ef·fekt *m* diluting [*or* dilution] effect

ver·we·ben* *vt irreg* ■**etw** ~ ❶ *(ineinanderweben)* to interweave sth
❷ *(beim Weben verbrauchen)* to use [up *sep*] sth *(for weaving)*

ver·wech·seln* [-ˈvɛksln] *vt* ❶ *(irrtümlich vertauschen)* ■**etw** ~ to mix up sth *sep,* to get sth mixed up
❷ *(irrtümlich für jdn halten)* ■**jdn** [**mit jdm**] ~ to mix up *sep* sb [with sb], to confuse sb with sb, to mistake sb for sb; ■**etw mit etw** *dat* ~ to confuse sth with sth, to mistake sth for sth; **sich** *akk* **zum V~ gleichen** to be alike as two peas [in a pod]; **jdm zum V~ ähnlich sehen** to be the spitting image of sb

Ver·wechs·lung <-, -en> [-ˈvɛkslʊŋ] *f* ❶ *(das Verwechseln)* mixing up *no art, no pl,* confusing *no art, no pl*
❷ *(irrtümliche Vertauschung)* mistake, confusion *no art, no pl,* mix-up *fam;* **das muss eine ~ sein** there must be some mistake

Ver·wẹchs·lungs·ko·mö·die *f* comedy of mistaken identity

ver·we·gen [fɛɐ̯ˈveːgn̩] *adj* daring, bold; *(Kleidung)* rakish; *(frech a.)* audacious, cheeky, mouthy

Ver·we·gen·heit <-> *f kein pl* boldness *no art, no pl; (Frechheit a.)* audacity *no art, no pl,* cheekiness *no art, no pl*

ver·we·hen* **I.** *vt* ■**etw** ~ ❶ *(auseinandertreiben)* to scatter [*or sep* blow away] sth
❷ *(verwischen)* to cover [over [*or* up] *sep*] sth
II. *vi* to die down

ver·weh·ren* *vt (geh)* ❶ *(verweigern)* ■**jdm etw** ~ to refuse [*or* deny] sb sth; ■**jdm ~, etw zu tun** to stop [*or* bar] sb from doing sth
❷ *(versperren)* ■**jdm etw** ~ to block sb's sth; **Unbefugten den Zutritt** ~ to deny access to unauthorized persons

Ver·we·hung <-, -en> *f* ❶ *kein pl (das Verwehen)* covering over [*or* up] *no art, no pl*
❷ *(Schneeverwehung)* [snow]drift; *(Sandverwehung)* [sand]drift

ver·weich·li·chen* [fɛɐ̯ˈvaiçlɪçn̩] **I.** *vi sein* to grow soft; ■**verweichlicht sein** to have grown soft; **ein verweichlichter Junge** a mollycoddled boy; **ein verweichlichter Mensch** a weakling *pej*
II. *vt* ■**jdn** ~ to make sb soft *pej*

Ver·weich·li·chung <-> *f kein pl* softening *no art, no pl*

Ver·wei·ge·rer, Ver·wei·ge·rin <-s, -> *m, f* ❶ *(allgemein)* objector
❷ *(Kriegsdienstverweigerer)* conscientious objector

ver·wei·gern* **I.** *vt* ■[**jdm**] **etw** ~ to refuse [sb] sth; **jede Auskunft/die Kooperation** ~ to refuse to give any information/to cooperate; **die Herausgabe von Akten** ~ to refuse to hand over files; **jdm eine Hilfeleistung** ~ to refuse sb assistance [*or* to assist sb] [*or* to render assistance to sb]; **seine Zustimmung zu etw** *dat* ~ to refuse to agree [*or* to give one's agreement] to sth, to refuse one's consent to sth; **jdm die Ausreise** ~ to prohibit sb from leaving [the/a country], to refuse sb permission to leave [the/a country]; **jdm die Einreise/die Erlaubnis/den Zutritt** ~ to refuse sb entry/permission/admission [*or* access]; **einen Befehl** ~ to refuse to obey an order; **jdm den Gehorsam** ~ to refuse to obey sb; **den Kriegsdienst** ~ to refuse to do military service, to be a conscientious objector; *s. a.* **Annahme**
II. *vi* to refuse
III. *vr* ■**sich** *akk* **jdm** ~ to refuse [to have] intimacy

with sb

Ver·wei·ge·rung *f* refusal, denial; ~ **der Annahme** non-acceptance, refusal of acceptance; ~ **eines Befehls** refusal to obey an order; ~ **eines Kredits** turning down sb for a loan; ~ **des Rechtsschutzes** non-enforceability; ~ **des Wehrdienstes** refusal to obey to do military service; ~ **der Zeugenaussage** refusal to testify [*or* give evidence]

ver·wei·len* *vi (geh)* ① *(sich aufhalten)* ■**irgendwo** ~ to stay [*or old poet* tarry] somewhere; **kurz** ~ to stay for a short time; **vor einem Gemälde** ~ to linger in front of a painting
② *(sich mit etw beschäftigen)* ■**bei etw** *dat* ~ to dwell on sth

ver·weint *adj* ~**e Augen** eyes red from crying; **ein** ~**es Gesicht** a tear-stained face

Ver·weis <-es, -e> [fɛɐ̯ˈvais] *m* ① *(Tadel)* reprimand, rebuke *form;* **einen** ~ **bekommen** to be reprimanded [*or form* rebuked]; **jdm einen** ~ **erteilen** *(geh)* to reprimand [*or form* rebuke] sb
② *(Hinweis)* reference (**auf** +*akk* to); *(Querverweis)* cross-reference (**auf** +*akk* to)

Ver·weis(·da·tei) *m* reference [file]

ver·wei·sen* *irreg* **I.** *vt* ① *(weiterleiten)* ■**jdn an jdn/etw** ~ to refer sb to sb/sth
② *(hinweisen)* ■**jdn auf etw** *akk* ~ to refer sb to sth
③ *(hinausweisen)* ■**jdn von etw** *dat* ~ to banish sb from sth; **jdn des Landes** [*o* **aus dem Lande**] ~ to expel sb [from a country]; **jdn von der Schule** ~ to expel sb from school; **jdn vom Spielfeld** ~ to send off *sep* [*or* eject] sb
④ *(an einen bestimmten Ort schicken)* **einen Schüler in die Ecke** ~ to make a pupil stand in the corner
⑤ SPORT **jdn auf den zweiten/dritten Platz** ~ to relegate sb to second/third place
⑥ JUR ■**etw an etw** *akk* ~ to refer sth to sth
II. *vi* ■**auf etw** *akk* ~ to refer [*or form* advert] to sth

Ver·wei·sung *f* referral, remittal (**an** +*akk* to); ~ **an ein höheres Gericht** referral to a higher court; ~ **eines Rechtsstreits/eines Verfahrens** transfer of a case/of proceedings; ~ **an ein Schiedsgericht** referral to arbitration

Ver·wei·sungs·an·trag *m* JUR motion to remit a case to another court **Ver·wei·sungs·be·schluss**[RR] *m* JUR order to transfer an action **Ver·wei·sungs·ge·gen·stand** *m* JUR item to be remitted **Ver·wei·sungs·ver·fah·ren** *nt* JUR committal proceedings *pl* **Ver·wei·sungs·zei·chen** *nt* reference sign

ver·wel·ken* *vi sein* to wilt

ver·welt·licht [fɛɐ̯ˈvɛltlɪçt] *adj inv* REL, SOZIOL secularized

Ver·welt·li·chung <-> *f kein pl* REL, SOZIOL secularization

ver·wend·bar *adj* usable; **erneut** ~ **sein** to be reusable

ver·wen·den <verwendete *o* verwandte, verwendet *o* verwandt> **I.** *vt* ① *(gebrauchen)* ■**etw** [**für etw** *akk*] ~ to use sth [for sth]; ■**etw ist noch zu** ~ sth can still be used [*or* is still usable]; ■**verwendet** applied; **verwendet oder verbraucht** applied or used; **nicht mehr verwendet** disused
② *(für etw einsetzen)* ■**etw für etw** *akk*/**irgendwie** ~ to use [*or* employ] sth for sth/somehow
③ *(benutzen)* ■**etw** ~ to make use of sth; **etw vor Gericht** ~ to use sth in court
II. *vr* ■**sich** *akk* [**bei jdm**] **für jdn** ~ to intercede [with sb] on sb's behalf

Ver·wen·dung <-, -en> *f* ① *(Gebrauch)* use, utilization *no pl form;* ~ **des Bruttosozialprodukts** expenditure of the gross national product; ~ **von Haushaltsmitteln** budget appropriation; ~ **aus einer Rückstellung** draw on [*or* use of] reserves; **missbräuchliche** [*o* **unsachgemäße**] ~ improper use; **notwendige** ~ necessary outlay; [**für etw** *akk*] ~ **finden** to be used [for sth]; **für jdn/etw** ~ **finden** to find a use for sb/sth; ~/**keine** ~ **für jdn/etw haben** to have a/no use for sb/sth
② *(veraltend: Fürsprache)* intercession; ■**auf jds** ~ **hin** at sb's intercession

Ver·wen·dungs·be·reich *m* TECH field of application **ver·wen·dungs·fä·hig** *adj s.* **verwendbar** **ver·wen·dungs·ge·bun·den** *adj (form)* tied, linked to a specific use **Ver·wen·dungs·mög·lich·keit** *f* [possible] use [*or* employment] **Ver·wen·dungs·zeit·raum** *m* period of use **Ver·wen·dungs·zweck** *m* purpose; *(Feld auf Überweisungsformularen)* reference

ver·wer·fen* *irreg* **I.** *vt* ① *(als unbrauchbar ablehnen)* ■**etw** [**als etw**] ~ to reject sth [as sth]; **den Gedanken** ~ to dismiss the thought; **einen Plan** ~ to reject [*or* discard] [*or sep* throw out] a plan; **einen Vorschlag** ~ to reject [*or sep* turn down] a suggestion
② JUR ■**etw** ~ to reject [*or* dismiss] sth
II. *vr* ■**sich** *akk* ~ ① *(sich stark verziehen)* to warp
② GEOL to fault *spec*
③ KARTEN to deal the wrong number of cards

ver·wer·flich *adj (geh)* reprehensible *form*

Ver·werf·lich·keit <-> *f kein pl (geh)* reprehensibility *no art, no pl form*

Ver·wer·fung <-, -en> *f* ① *kein pl (Ablehnung)* rejection, dismissal
② GEOL fault
③ BAU warp[ing]
④ SOZIOL **gesellschaftliche/ökonomische Verwerfungen** social/economic upheaval

Ver·wer·fungs·kom·pe·tenz *f* JUR power to reject a remedy

ver·wert·bar *adj* ① *(brauchbar)* usable; **erneut** ~ **sein** to be reusable
② *(auszuwerten)* utilizable; [**nicht**] ~ **vor Gericht sein** to be [in]admissible in court

Ver·wert·bar·keit <-> *f kein pl* usability *no pl*

ver·wer·ten* *vt* ■**etw** ~ ① *(ausnutzen, heranziehen)* to use [*or* utilize] [*or* make use of] sth; **etw erneut** ~ to reuse sth
② *(nutzbringend anwenden)* to exploit [*or* make use of] sth

Ver·wer·tung <-, -en> *f* ① *(Ausnutzung)* utilization *no art, no pl*
② *(Heranziehung)* use
③ *(nutzbringende Anwendung)* exploitation *no art, no pl*

Ver·wer·tungs·ge·sell·schaft *f* exploitation company **Ver·wer·tungs·nach·weis** *m* proof of use; *z. B. bei Altautos* proof of recycling **Ver·wer·tungs·rech·te** *pl* JUR utilization rights **Ver·wer·tungs·sper·re** *f* ban on sale **Ver·wer·tungs·ver·bot** *nt* ban on utilization

ver·we·sen* [fɛɐ̯ˈveːzn̩] *vi sein* to rot, to decompose; ■**verwest** decomposed

Ver·we·ser(in) <-s, -> [fɛɐ̯ˈveːzɐ] *m(f)* SCHWEIZ ① *(Aushilfslehrer)* supply teacher
② *(Aushilfspfarrer)* locum [tenens]

ver·west·licht [fɛɐ̯ˈvɛstlɪçt] *adj inv* westernized

Ver·west·li·chung <-> [fɛɐ̯ˈvɛstlɪçʊŋ] *f* Westernization

Ver·we·sung <-> *f kein pl* decomposition *no art, no pl,* decay *no art, no pl;* **in** ~ **übergehen** to start to rot [*or* decompose]

ver·wet·ten* *vt* ■**etw** ~ to gamble away sth *sep*

ver·wi·ckeln* **I.** *vt* ■**jdn in etw** *akk* ~ to involve sb in sth; **jdn in ein Gespräch** ~ to engage sb in conversation; **jdn in einen Skandal** ~ to get sb mixed up [*or* embroiled] in a scandal; ■**in etw** *akk* **verwickelt sein/werden** to be/become [*or* get] involved [*or* mixed up] in sth; **in eine Affäre verwickelt sein** to be entangled [*or* tangled up] in an affair; **in einen Skandal verwickelt sein** to be embroiled in [a] scandal
II. *vr* ① *(sich verheddern)* ■**sich** *akk* ~ to get tangled up
② *(sich verstricken lassen)* ■**sich** *akk* **in etw** *akk o dat* ~ to get tangled [*or* caught up] [*or* become entangled] in sth; **sich** *akk* **in eine Auseinandersetzung** ~ to get involved [*or* caught up] in an argument

ver·wi·ckelt *adj* complicated, intricate, involved; **eine** ~**e Angelegenheit** a tangled affair

Ver·wi·cke·lung, Ver·wick·lung <-, -en> *f* ① *(Verstrickung)* entanglement; ■**jds** ~ **in etw** *akk* sb's involvement in sth
② *pl (Komplikationen)* complications *pl*

ver·wil·dern* *vi sein* ① *(zur Wildnis werden)* to become overgrown
② *(wieder zum Wildtier werden)* to go wild, to return to the wild
③ *(undiszipliniert werden)* to become wild [and unruly], to run wild

ver·wil·dert *adj* ① *(überwachsen)* *Garten* overgrown
② *Tier* feral; *Haustier* neglected
③ *(fig: ungepflegt) Aussehen* unkempt

Ver·wil·de·rung <-> *f kein pl* ① *(das Verwildern) Garten, Park* growing wild *no art, no pl; Tier* becoming wild *no art, no pl,* returning to the wild *no art, no pl*
② *(Disziplinlosigkeit)* becoming wild [and unruly] *no art, no pl,* running wild *no art, no pl*

ver·win·den* *vt irreg (geh)* ■**etw** ~ to get over sth; ■**es** ~, **dass ...** to get over the fact that ...

ver·win·kelt [fɛɐ̯ˈvɪŋklt] *adj* twisting, twisty *fam,* winding, windy *fam;* **ein** ~**es Gebäude** a building full of nooks and crannies

ver·wir·ken* *vt (geh)* ■**etw** ~ to forfeit sth

ver·wirk·li·chen* [fɛɐ̯ˈvɪrklɪçn̩] **I.** *vt* ■**etw** ~ to realize sth; **eine Idee/einen Plan** ~ to put an idea/a plan into practice [*or* effect], to translate an idea/a plan into action; **ein Projekt/Vorhaben** ~ to carry out *sep* a project
II. *vr* ■**sich** *akk* ~ to fulfil [*or* AM -ll] oneself, to be fulfilled; **sich** *akk* **voll und ganz** ~ to realize one's full potential; ■**sich** *akk* **in etw** *dat* ~ to find fulfilment [*or* AM -llment] in sth

Ver·wirk·li·chung <-, -en> *f* realization

Ver·wir·kung <-> *f kein pl* JUR forfeiture; ~ **von Ansprüchen/Rechten** forfeiture of claims/rights; ~ **des Rücktrittsrechts** [**vom Vertrag**] forfeiture of the right of rescission

Ver·wir·kungs·klau·sel *f* JUR estoppel [*or* forfeiture] clause

ver·wir·ren* *vt* ■**jdn** [**mit etw** *dat*] ~ to confuse sb [with sth], to bewilder sb

ver·wir·rend <-er, -este> *adj* confusing

ver·wirr·lich *adj* SCHWEIZ *(verwirrend)* confusing

Ver·wirr·spiel *nt* confusion; **ein** ~ **mit jdm treiben** to try to confuse sb

ver·wirrt *adj* ① *(fig: durcheinander)* confused, bewildered; *Sinne* [be]fuddled
② *Haar* tousled, ruffled; *Faden* tangled

Ver·wirr·te(r) *f(m)* mentally unstable person

Ver·wir·rung <-, -en> *f* ① *(Verstörtheit)* confusion *no art, no pl,* bewilderment *no art, no pl;* **jdn in** ~ **bringen** to confuse [*or* bewilder] sb, to make sb confused [*or* bewildered]
② *(Chaos)* chaos *no art, no pl*

ver·wi·schen* **I.** *vt* ■**etw** ~ ① *(verschmieren)* to smudge sth; **Farbe** ~ to smear paint
② *(unkenntlich machen)* to cover [up *sep*] sth; **seine Spur** ~ to cover one's tracks
II. *vr* ■**sich** *akk* ~ to become blurred; *(Erinnerung)* to fade

ver·wit·tern* *vi sein* to weather

ver·wit·tert **I.** *pp von* **verwittern**
II. *adj* weathered; **ein verwittertes Gesicht** a weather-beaten face

Ver·wit·te·rung *f* weathering *no art, no pl*

ver·wit·wet [fɛɐ̯ˈvɪtvət] *adj* widowed; **Frau Huber,** ~**e Schiller** Mrs Huber, [the] widow of Mr Schiller

ver·wöh·nen* [fɛɐ̯ˈvøːnən] *vt* ■**jdn** ~ to spoil sb; ■**sich** *akk* ~ to spoil [*or* treat] oneself; **jdn zu sehr** ~ to pamper sb, to mollycoddle sb BRIT *pej fam;* ■**sich** *akk* [**von jdm**] ~ **lassen** to be pampered [by sb]

ver·wohnt *adj* the worse for wear *pred;* **eine** ~**e Wohnung** a run-down flat; **ein** ~**es Gebäude** a ramshackle building; ~**e Möbel** worn-out [*or* battered] furniture

ver·wöhnt *adj* ① *(Exquisites gewöhnt)* gourmet *attr*
② *(anspruchsvoll)* discriminating *form*

Ver·wöh·nung <-> *f kein pl* spoiling *no art, no pl*

ver·wor·fen **I.** *adj (geh)* degenerate; *(stärker)* de-

praved
II. *adv* degenerately; ~ **handeln** to act like a degenerate *form*

Ver·wor·fen·heit *f (geh)* depravity

ver·wor·ren [fɛɐ̯ˈvɔrən] *adj* confused, muddled; **eine ~e Angelegenheit** a complicated affair

ver·wund·bar *adj* vulnerable

ver·wun·den* [fɛɐ̯ˈvʊndn̩] *vt* ■**jdn** ~ to wound sb; **schwer verwundet** seriously wounded

ver·wun·der·lich *adj* odd, strange, surprising; **was ist daran ~?** what is strange [*or* odd] about that?; ■**es ist kaum ~, dass/wenn ...** it is hardly surprising that/when ..; ■**nicht ~ sein** to be not surprising; ■**es ist nicht ~, dass ...** it is not surprising [*or* no wonder] that ...

ver·wun·dern* I. *vt* ■**jdn** ~ to surprise [*or* astonish] sb; ***es verwundert mich gar nicht*** I'm not all surprised
II. *vr* ■**sich** *akk* **über etw** *akk* ~ to be surprised [*or* astonished] at sth; **sich** *akk* **sehr** ~ to be amazed [*or* very surprised]

ver·wun·dert I. *adj* astonished, surprised; **über etw** *akk* **verwundert sein** to be amazed [*or* astonished] [*or* very surprised] at sth
II. *adv* in amazement

Ver·wun·de·rung <-> *f kein pl* amazement *no art, no pl;* **voller** ~ full of amazement; **zu jds** ~ to sb's amazement [*or* astonishment] [*or* great surprise]

ver·wun·det *adj* injured; *(fig)* wounded *a. fig,* hurt *a. fig*

Ver·wun·de·te(r) *f(m) dekl wie adj* casualty, wounded person; ■**die ~n** the wounded + *pl vb*

Ver·wun·de·ten·ab·zei·chen *nt* MIL decoration for a soldier wounded in action

Ver·wun·dung <-, -en> *f* wound

ver·wun·schen [fɛɐ̯ˈvʊnʃn̩] *adj* enchanted

ver·wün·schen* *vt* ❶ *(verfluchen)* ■**jdn/etw** ~ to curse sb/sth; ■**verwünscht, dass ...** cursed be the day ...
❷ LIT *(verzaubern)* ■**jdn/etw** ~ to cast a spell on [*or* to bewitch] sb/sth

ver·wünscht *adj* cursed, confounded *dated fam*

Ver·wün·schung <-, -en> *f* curse, oath *dated;* **~en ausstoßen** to utter curses [*or dated* oaths]

ver·wursch·teln* [fɛɐ̯ˈvʊrʃtl̩n], **ver·wurs·teln*** [fɛɐ̯ˈvʊrstl̩n] *vt (fam)* ■**etw** ~ ❶ *(in Unordnung bringen)* to get sth in a muddle [*or* tangle]
❷ *(weiter verwenden)* to reuse sth

ver·wur·zeln* *vi sein* to be rooted; **fest mit etw** *dat* **verwurzelt sein** to be deeply rooted in sth

ver·wur·zelt *adj* ❶ *(mit Wurzeln befestigt)* ■**irgendwie** ~ somehow rooted; **gut/fest** ~ well-/firmly rooted
❷ *(fest eingebunden)* ■**in etw** *dat* ~ **sein** to be [deeply] rooted [*or a. pej* entrenched] in sth

ver·wüs·ten* *vt* ■**etw** ~ to devastate sth; **die Wohnung** ~ to wreck the flat [*or* AM apartment]; **das Land** ~ to ravage [*or* lay waste to] the land

Ver·wüs·tung <-, -en> *f meist pl* devastation *no art, no pl;* **die ~en des Krieges** the ravages of war; **~en anrichten** to cause devastation

ver·za·gen* *vi sein o selten haben (geh)* to give up, to lose heart

ver·zagt I. *adj* despondent, disheartened
II. *adv* despondently

ver·zäh·len* *vr* ■**sich** *akk* ~ to miscount

ver·zah·nen* *vt* ❶ TECH ■**Teile** [**miteinander**] ~ to dovetail pieces [together]; **Maschinenteile** ~ to gear machinery
❷ BAU ■**etw** [**mit etw** *dat*] ~ to joggle sth [with sth]
❸ *(fig: eng verbinden)* ■**etw mit etw** *dat* ~ to link sth to sth; ***diese Probleme sind miteinander verzahnt*** these problems are all linked [together]

Ver·zah·nen <-s> *nt kein pl* BAU toothing, indenting

ver·zahnt *adj* **ineinander ~ sein** to mesh

Ver·zah·nung <-, -en> *f* ❶ BAU *von Balken* dovetailing
❷ TECH *von Rädern* gearing
❸ TECH *(das Verzahntsein)* dovetail

ver·zan·ken* *vr (fam)* ■**sich** *akk* [**wegen einer S.** *gen*] ~ to fall out [*or* quarrel] [over sth]

ver·zap·fen* *vt* ❶ *(fam o pej: schreiben)* ■**etw** ~ to concoct sth; **ein kitschiges Gedicht** ~ to concoct a kitschy poem; *(erzählen)* to come out with sth; ***du verzapfst wieder mal nur Blödsinn!*** you're talking a load of rubbish again!
❷ *(verbinden)* **Bretter** ~ to mortise planks of wood
❸ *(ausschenken)* **Bier** ~ to sell beer on draught [*or* AM *usu* draft]

ver·zär·teln* *vt (pej)* ■**jdn** ~ to pamper, to mollycoddle sb BRIT

ver·zau·bern* *vt* ❶ *(verhexen)* ■**jdn** ~ to put [*or* cast] a spell on sb; ■**jdn in jdn/etw** ~ to turn sb into sb/sth
❷ *(betören)* ■**jdn** ~ to enchant sb

Ver·zau·be·rung <-, -en> *f* ❶ *(das Verhexen)* bewitchment
❷ *(fig)* enchantment

ver·zehn·fa·chen* [fɛɐ̯ˈtseːnfaxn̩] I. *vt (auf das Zehnfache erhöhen)* ■**etw** ~ to increase sth tenfold
II. *vr (sich auf das Zehnfache erhöhen)* ■**sich** *akk* ~ to increase tenfold

Ver·zehr <-[e]s> [fɛɐ̯ˈtseːɐ̯] *m kein pl (geh)* consumption *form;* **nicht zum ~ geeignet** unfit for consumption

Ver·zehr·bon *m* food coupon, meal voucher

ver·zeh·ren* I. *vt* ❶ *(essen)* ■**etw** ~ *(geh)* to consume sth *form*
❷ *(verbrauchen)* to use up sth
II. *vr (geh)* ❶ *(intensiv verlangen)* ■**sich** *akk* **nach jdm** ~ to pine for sb
❷ *(sich zermürben)* ■**sich** *akk* **vor etw** *dat* ~ to be consumed by [*or* with] sth *form*

ver·zeich·nen* *vt* ❶ *(aufführen)* ■**etw** ~ to list sth; **etw ~ können** *(fig)* to be able to record sth; **einen Erfolg** ~ to score a success
❷ *(falsch zeichnen)* ■**etw** ~ to draw sth wrongly

Ver·zeich·nis <-ses, -se> *nt* ❶ *(Liste)* list; *(Tabelle)* table
❷ INFORM directory; **hierarchisches/temporäres ~** hierarchical/temporary directory; **ein ~ anlegen** to make a directory

ver·zei·gen* *vt* SCHWEIZ *(anzeigen)* to report sb [to the police]

Ver·zei·gung <-, -en> *f* SCHWEIZ *(Anzeige)* reporting

ver·zei·hen <verzieh, verziehen> I. *vt (vergeben)* ■**etw** ~ to excuse sth; **ein Unrecht/eine Sünde ~** to forgive an injustice/a sin; ■**jdm etw** ~ to forgive sb sth, to excuse [*or* pardon] sb for sth
II. *vi (vergeben)* to forgive sb; ***kannst du mir noch einmal ~?*** can you forgive me just this once?; ***~ Sie!*** I beg your pardon!, excuse me!; ***~ Sie, dass ich störe*** excuse me for interrupting; ***~ Sie, wie komme ich am schnellsten zum Rathaus?*** excuse me, which is the quickest way to the town hall?

ver·zeih·lich *adj* excusable, forgivable; ■**etw ist nicht** ~ sth is inexcusable [*or* unforgivable]

Ver·zei·hung <-> *f kein pl (geh: Vergebung)* forgiveness; [**jdn**] **um ~** [**für etw** *akk*] **bitten** to apologize [to sb] [for sth]; ***ich bitte vielmals um ~!*** I'm terribly sorry; **~!** sorry!; ***~, darf ich mal hier vorbei?*** excuse me, may I get past?

ver·zer·ren* I. *vt* ❶ *(verziehen)* ■**etw** [**vor etw** *dat*] ~ to distort sth; **das Gesicht** [**vor Schmerzen**] ~ to contort one's face [with pain]; ***Hass verzerrte seine Züge*** hatred distorted his features
❷ *(fig: etw entstellen)* ■**etw** ~ to distort sth; ***dieser Artikel verzerrt die wahren Ereignisse*** this article distorts the true events
❸ *(überdehnen)* ■[**sich** *dat*] **etw** ~ to pull [*or* strain] sth; **sich** *dat* **eine Sehne/einen Muskel** ~ to strain a tendon/to pull a muscle
❹ PHYS *(entstellt wiedergeben)* ■**etw** ~ to distort sth; ***dieser Spiegel verzerrt die Gesichtszüge*** this mirror distorts features; ***der Anrufer hat seine Stimme technisch verzerrt*** the caller used a technology to distort his voice
II. *vr (sich verziehen)* ■**sich** *akk* [**zu etw** *dat*] ~ to become contorted [in sth]; ***die Züge ihrer Schwester verzerrten sich zu einer grässlichen Fratze*** her sister's features became contorted in a hideous grin

ver·zerrt <-er, -este> *adj* ❶ *(verzogen, verändert)* distorted; **ein ~es Gesicht** a contorted face; *(fig)* a distorted face
❷ MED *(durch zu starke Dehnung verletzt)* strained, pulled

Ver·zer·rung <-, -en> *f* distortion; **lineare** ~ geometric distortion

ver·zet·teln* I. *vt* ■**etw** ~ to waste sth; **Energie** ~ to dissipate energy; **Geld** ~ to fritter away money; **Zeit** ~ to waste time
II. *vr* ■**sich** *akk* [**bei etw** *dat*/**in etw** *dat*/**mit etw** *dat*] ~ to take on too much at once [when doing sth]; ***wenn du keinen Plan machst, verzettelst du dich in deiner Aufgabe*** if you don't make a plan you'll get bogged down in your task *fam*

Ver·zicht <-[e]s, -e> [fɛɐ̯ˈtsɪçt] *m* renunciation; JUR waiver (**auf** + *akk* of); *eines Amtes, auf Eigentum* relinquishment; ***man muss im Leben auch mal ~ üben*** there are times when you have to forego things in life; ***der ~ auf Alkohol fällt mir schwer*** I am finding it hard to give up alcohol; ***sie versuchten, ihn zum ~ auf sein Recht zu bewegen*** they tried to persuade him to renounce his rights; **~ auf Einrede der Vorausklage** JUR waiver of the benefit of discussion

ver·zich·ten* [fɛɐ̯ˈtsɪçtn̩] *vi* to go without, to relinquish; **zu jds Gunsten** ~ to do without in favour [*or* AM -or] of sb; ***ich werde auf meinen Nachtisch ~*** I will go without dessert; ■**auf etw** *akk* ~ to do without sth; **auf Alkohol/Zigaretten** ~ to abstain from drinking/smoking; **auf sein Recht** ~ to renounce one's right; **auf die Anwendung von Gewalt** ~ to renounce the use of violence; ***ich verzichte auf meinen Anteil*** I'll do without my share; ***ich möchte im Urlaub auf nichts ~*** on holiday I don't want to miss out on anything; **ich verzichte dankend** *(iron)* I'd rather not; **auf jdn/etw** [**nicht**] **~ können** to [not] be able to do without sb/sth; ***wir können nicht auf diese Mitarbeiter verzichten*** we can't do without these employees; ***auf dein Mitgefühl kann ich ~*** I can do without your sympathy

Ver·zicht·klau·sel *f* JUR waiver [*or* disclaimer] clause **Ver·zicht(s)·er·klä·rung** *f* JUR waiver, disclaimer; ■**eine ~ auf etw** *akk* a renunciation of sth **Ver·zicht·ur·kun·de** *f* JUR deed of renunciation

Ver·zicht·ur·teil *nt* JUR waiver judgment

ver·zieh *imp von* **verzeihen**

ver·zie·hen*[1] *irreg* I. *vi sein (umziehen)* to move [somewhere]; ***sie ist schon lange verzogen*** she moved a long time ago; ***er ist ins Ausland verzogen*** he moved abroad; **unbekannt verzogen** *(geh)* moved — address unknown
II. *vr haben (fam: verschwinden)* ■**sich** *akk* ~ to disappear; *Nebel, Wolken* to disperse; ***verzieh dich!*** clear off!; ***sie verzogen sich in eine stille Ecke*** they went off to a quiet corner; ***das Gewitter verzieht sich*** the storm is passing

ver·zie·hen*[2] *irreg* I. *vt* ❶ *(verzerren)* ■**etw** ~ to twist sth, to screw up sth *sep;* ***sie verzog ihren Mund zu einem gezwungenen Lächeln*** she twisted her mouth into a contrived smile; **das Gesicht** [**vor Schmerz**] ~ to pull a face [*or* to grimace] [with pain]
❷ *(schlecht erziehen)* to bring up badly; **ein Kind ~** to bring up a child badly; **ein verzogener Bengel** a spoilt [*or* spoiled] brat; *s. a.* **Miene**
II. *vr* ■**sich** *akk* ~ ❶ *(verzerren)* to contort, to twist; ***sein Gesicht verzog sich zu einer Grimasse*** he grimaced
❷ *(verformen)* to go out of shape; ***die Schublade hat sich verzogen*** the drawer has warped; ***der Pullover hat sich beim Waschen verzogen*** the pullover has lost its shape in the wash

ver·zie·hen[3] *pp von* **verzeihen**

ver·zie·ren* *vt* ■**etw** [**mit etw** *dat*] ~ to decorate sth [with sth]

Ver·zie·rung <-, -en> *f* decoration; *(an Gebäuden)* ornamentation; ***die Salatblätter sind nur als ~ gedacht*** the lettuce leaves are only intended to be a garnish; **zur ~** [**einer S.** *gen*] **dienen** to serve as a decoration [*or* ornamentation] [of a thing]

▶WENDUNGEN: **brich dir [nur/bloß] keine ~en ab!** *(fam)* stop making such a fuss [*or* song and dance]! *fam*

ver·zin·ken* *vt* ■**etw ~** to galvanize sth

ver·zinnt *adj* TECH tinned; **~es Blech** tinplate

ver·zin·sen* I. *vt (für etw Zinsen zahlen)* ■**[jdm] etw ~** to pay [sb] interest on sth; ***Sparbücher werden niedrig verzinst*** savings books yield a low rate of interest; ***die Bank verzinst dein Erspartes mit 3 Prozent*** the bank pays three percent on your savings
II. *vr (Zinsen erwirtschaften)* ■**sich** *akk* **mit etw** *dat* **~** to bear [*or* yield] a certain rate of interest; ***ihre längerfristigen Einlagen ~ sich mit 7 %*** her longer-term investments bear a 7% rate of interest

ver·zins·lich I. *adj* interest-bearing; **~es Darlehen** interest-bearing loan, a loan bearing interest; ■**[mit etw** *dat*] **~ sein** bearing interest [at a rate of sth]; ***das Sparbuch war mit 3,25 % ~*** the savings book yielded an interest rate of 3.25%
II. *adv* at interest; ***die monatlich ersparten Beträge legen wir ~ an*** we invest the monthly amounts saved at interest

Ver·zin·sung <-, -en> *f* FIN interest payment; **durchschnittliche/effektive ~** average/effective yield; ***5,85 % sind für deine Anlage keine gute ~*** 5.85% is not a good return on your investment

Ver·zin·sungs·an·teil *m* FIN interest-earning share **Ver·zin·sungs·pflicht** *f* duty to invest sth at interest

ver·zo·cken* *vt (sl)* ■**etw ~** to gamble away sth *sep*

ver·zo·gen [fɛɐ̯ˈtso:gn̩] *adj* badly brought up; ***die Kinder unserer Nachbarn sind völlig ~*** our neighbour's children are completely spoilt

Ver·zö·ge·rer *m* CHEM, PHYS restrainer

ver·zö·gern* I. *vt* ❶ *(später erfolgen lassen)* ■**etw [um etw** *akk*] **~** to delay sth [by sth]; ***ich habe sie gebeten, ihre Ankunft um ein paar Stunden zu ~*** I have asked them to delay their arrival by a few hours; ***das schlechte Wetter verzögerte den Abflug um eine Stunde*** bad weather delayed the flight by an hour
❷ *(verlangsamen)* to slow down; **das Spiel ~** to slow down the game
II. *vr (später erfolgen)* ■**sich** *akk* **[um etw** *akk*] **~** to be delayed [by sth]; ***die Abfahrt des Zuges verzögerte sich um circa fünf Minuten*** the departure of the train was delayed by about five minutes

Ver·zö·ge·rung <-, -en> *f* delay, hold-up *fam; (Verlangsamung)* slowing down; **zeitliche ~** delay, holdup; ***die ~ eines Angriffs wäre fatal*** delaying an attack would be fatal

Ver·zö·ge·rungs·ab·sicht *f* intention to delay proceedings **Ver·zö·ge·rungs·mit·tel** *nt* CHEM retarding agent, retarder **Ver·zö·ge·rungs·scha·den** *m* damage caused by delay **Ver·zö·ge·rungs·tak·tik** *f* delaying tactics *pl*

ver·zol·len* *vt* ■**etw ~** to pay duty on sth; ***haben Sie etwas zu ~?*** have you anything to declare?

ver·zopft [fɛɐ̯ˈtsɔpft] *adj (pej)* outdated, outmoded

ver·zu·ckern *vt* CHEM ■**etw ~** to saccharify sth; **Holz ~** to hydrolyse wood

Ver·zu·cke·rung *f kein pl* CHEM saccharification

ver·zückt I. *adj (geh)* ecstatic, enraptured
II. *adv (geh)* ecstatically

Ver·zü·ckung <-, -en> *f (geh)* ecstasy; **[über etw** *akk*] **in ~ geraten** to go into raptures [*or* ecstasies] *pl* [about/over sth]

Ver·zug <-[e]s> *m kein pl* ❶ *(Rückstand)* delay; *Zahlung a.* default, arrears *npl;* **sich** *akk* **[mit etw** *dat*] **in ~ befinden** [*o* **sein**] to be behind [with sth]; **[mit etw** *dat*] **in ~ geraten** [*o* **kommen**] to fall/be behind [with sth]; **mit einer Zahlung in ~ sein** to be behind [*or* in arrears] with a payment; **jdn in ~ setzen** to put sb in default
❷ *kein pl (Aufschub)* delay; ***die Sache duldet keinen ~*** this is an urgent matter; **etw ohne ~ ausführen** to do [*or* carry out *sep*] sth immediately; **ohne ~** without delay
❸ BERGB bratticing, covering, lagging, lining
❹ DIAL *(veraltend: Lieblingskind)* darling
▶WENDUNGEN: **Gefahr im ~e** danger ahead

Ver·zugs·ein·tritt *m* occurrence of default **Ver·zugs·fol·ge** *f* penalty for default **Ver·zugs·ge·bühr** *f* FIN late fee [*or* charge] **Ver·zugs·scha·den** *m* JUR damage caused by default **Ver·zugs·scha·den·er·satz** *m* JUR damages for delay **Ver·zugs·stra·fe** *f* JUR penalty for delay **Ver·zugs·zin·sen** *pl* FIN interest on arrears [*or* for default], penal interest AM

ver·zwackt [fɛɐ̯ˈtsvakt] *adj (fam)* tricky

ver·zwei·feln* *vi sein (völlig verzagen)* to despair; **[nur] nicht ~!** don't despair!; ■**an jdm ~** to despair of sb; ***an den Politikern bin ich schon lange verzweifelt*** I have despaired of politicians for a long time; ***es ist zum V~ mit dir!*** you drive me to despair; ***es ist zum V~ mit diesem Projekt!*** this project is driving me crazy!

ver·zwei·felt I. *adj* ❶ *(völlig verzagt)* despairing; **ein ~es Gesicht machen** to look despairingly; **ein ~er Zustand** a desperate state; ■**~ sein** to be in despair; ***ich bin völlig ~*** I'm at my wits' end
❷ *(hoffnungslos)* desperate; **eine ~e Lage** [*o* **Situation**] a desperate situation
❸ *(mit aller Kraft)* desperate; **ein ~er Kampf ums Überleben** a desperate struggle for survival
II. *adv (völlig verzagt)* despairingly; ***sie rief ~ nach ihrer Mutter*** she called out desperately for her mother

Ver·zweif·lung <-> *f kein pl (Gemütszustand)* despair; *(Ratlosigkeit)* desperation; **in ~ geraten** to despair; **jdn zur ~ bringen** [*o* **treiben**] to drive sb to despair; **etw aus/vor/in ~ tun** to do sth out of desperation

Ver·zweif·lungs·tat *f* act of desperation

ver·zwei·gen* [fɛɐ̯ˈtsvaign̩] *vr* ■**sich** *akk* **~** to branch out; *Straße* to branch off

ver·zweigt [fɛɐ̯ˈtsvaikt] *adj* branched, having many branches; ***wir sind eine weit verzweigte Familie*** we belong to a large, extended family; ***ihr Vertriebsnetz besteht aus einem international ~en System*** their sales network comprises a system that has many international branches

Ver·zwei·gung <-, -en> *f* ❶ *(verzweigtes Astwerk)* branches *pl; (verzweigter Teil)* fork; ***durch die vielen ~en wird der Plan sehr unübersichtlich*** the plan is becoming very confused thanks to all the ramifications
❷ *(weite Ausbreitung)* intricate network
❸ SCHWEIZ *(Kreuzung)* crossroads *sing o pl,* intersection

ver·zwickt [fɛɐ̯ˈtsvɪkt] *adj (fam)* complicated, tricky *fam*

VESA <-> [ˈve:za] *f kein pl* INFORM *Akr von* **video electronics standard association** VESA

VESA-Bus *m* INFORM VESA bus **VESA-Lo·cal-Bus** *m* INFORM VESA local bus

Ves·per[1] <-, -n> [ˈfɛspɐ] *f* REL vespers *npl;* **~ halten** to celebrate vespers; **zur ~ gehen** to go to vespers

Ves·per[2] <-s, -> [ˈfɛspɐ] *f o nt* DIAL snack; **~ machen** to have a snack; **etw zur ~ essen** to have a snack

Ves·per·brot *nt* SÜDD ❶ *(Vesper)* break
❷ *(Pausenbrot)* sandwich

ves·pern [ˈfɛspɐn] *vi* DIAL to have a snack

Ves·ton <-s, -s> [vɛsˈtõ:] *m* SCHWEIZ *(Jackett)* jacket

Ve·suv <-[s]> [veˈzu:f] *m* Vesuvius

Ve·te·ran <-en, -en> [veteˈra:n] *m* ❶ *(altgedienter Soldat)* veteran
❷ AUTO *s.* **Oldtimer**

Ve·te·ri·när(in) <-s, -e> [veteriˈnɛ:ɐ̯] *m(f) (fachspr)* vet *fam,* veterinary surgeon BRIT, veterinarian AM

Ve·te·ri·när·me·di·zin [ve-] *f* veterinary medicine **Ve·te·ri·när·me·di·zi·ner(in)** *m(f)* veterinary practitioner, vet **ve·te·ri·när·me·di·zi·nisch** *adj attr* veterinary-medical

Ve·to <-s, -s> [ˈve:to] *nt (Einspruch)* veto; **[gegen etw** *akk*] **sein ~ einlegen** to exercise [*or* use] one's veto [against sth]; *(Vetorecht)* veto; **von seinem ~ Gebrauch machen** to exercise one's right to veto

Ve·to·recht *nt* right of veto

Vet·ter <-s, -n> [ˈfɛtɐ] *m* cousin

Vet·tern·wirt·schaft *f kein pl (fam)* nepotism *no pl*

V-Form [ˈfau̯-] *f* V-shape; ■**in ~** in a V-shape

v-för·mig, V-för·mig *adj* V-shaped

V-Frau [ˈfau̯-] *f fem form von* **Verbindungsmann**

vgl. *Abk von* **vergleiche** cf.

v.H. *Abk von* **vom Hundert** per cent

VHS <-, -> [fau̯ha:ˈʔɛs] *f Abk von* **Volkshochschule** adult education centre [*or* AM -er]

via [ˈvi:a] *präp +akk (geh)* ❶ *(über)* via; ***wir fahren ~ Köln*** we're travelling via Cologne
❷ *(durch)* by; ***das muss ~ Anordnung geregelt werden*** that must be settled by an order

Via·dukt <-[e]s, -e> [viaˈdʊkt] *m o nt* viaduct

Vi·a·gra® <-> [ˈvi̯agra] *nt o f kein pl* PHARM Viagra®

Vibes [vaɪbz] *pl (sl)* vibes *pl*

Vi·bra·ti·on <-, -en> [vibraˈtsi̯o:n] *f* vibration

Vi·bra·ti·ons·alarm *m* vibrating alert, vibration alarm **vi·bra·ti·ons·frei** *adj* vibration-free

Vi·bra·tor <-s, -en> [viˈbra:to:ɐ̯, *pl* -ˈto:rən] *m* vibrator

vi·brie·ren* [viˈbri:rən] *vi* to vibrate; *Stimme* to quiver, to tremble

vi·ci·nal [vitsiˈna:l] *adj* CHEM vicinal; **~e Substituenten** vicinal substituents

Vi·deo <-s, -s> [ˈvi:deo] *nt* ❶ *(Videoclip, Videofilm)* video
❷ *kein pl (Medium)* video *no pl;* **etw auf ~ aufnehmen** to video sth, to record sth on video; ***~ kann das Kinoerlebnis nicht ersetzen*** video cannot replace going to the cinema

Vi·deo·an·schluss[RR] *m* INFORM video port **Vi·deo·an·wen·dung** *f* INFORM video application **Vi·deo·auf·nah·me** [ˈvi:-] *f* video recording [*or* taping] **Vi·deo·auf·zeich·nung** *f* video recording **Vi·deo·aus·gang** *m* INFORM video output **Vi·deo·band** *nt* videotape **Vi·deo·bea·mer** <-s, -> [ˈvi:deobi:mɐ] *m* data projector **Vi·deo·be·ar·bei·tung** *f* INFORM video processing **Vi·deo·bild** *nt* INFORM video image; **invertiertes ~** inverse video image **Vi·deo·brow·ser** <-s, -> [-ˈbrau̯zɐ] *m* video browser **Vi·deo-CD** *f* INFORM video CD **Vi·deo·chip** *m* INFORM video chip **Vi·deo·clip** <-s, -s> *m* video clip **Vi·deo·con·fe·ren·cing** <-[s]> [-kɔnfərɛntsɪŋ] *nt kein pl* video conferencing *no pl, no indef art* **Vi·deo·da·tei** *f* INFORM video file **Vi·deo·disc** <-, -s> [-dɪsk] *f* INFORM video disc; **digitale ~** digital video disc **Vi·deo·film** *m* video film **Vi·deo·fil·mer(in)** *m(f)* video film maker **Vi·deo·ge·rät** *nt s.* **Videorecorder** **Vi·deo·in·stal·la·ti·on** *f* KUNST video installation **Vi·deo·ka·bel** *nt* video cable **Vi·deo·ka·me·ra** *f* video camera **Vi·deo·kar·te** *f* INFORM video card

Vi·deo·kas·set·te *f* video cassette; **etw auf ~ haben** to have sth on video **Vi·deo·kas·set·ten·re·cor·der** [-rekɔrdɐ] *m* video recorder **Vi·deo·kas·set·ten·re·kor·der** *m* video cassette recorder [*or* player]

vi·deo·kom·pa·ti·bel *adj* TECH video compatible

Vi·deo·kon·fe·renz *f* video conference **Vi·deo·kon·fe·renz·sig·nal** *nt* video conferencing signal **Vi·deo·kon·fe·renz·sys·tem** *nt* video conferencing

Vi·deo·kon·trol·ler *m* INFORM video controller [card] **Vi·deo·künst·ler(in)** *m(f)* video artist **Vi·deo·mo·ni·tor** *m* INFORM video monitor **Vi·deo-on-dem·and** <-, Videos-on-demand> [vi:deoɔndɪˈma:nd, *pl* vi:deosɔn-] *nt* TV video-on-demand **Vi·deo·print** <-s, -s> *m* video print **Vi·deo·prin·ter** <-s, -> *m* video printer **Vi·deo-RAM** *nt* INFORM video RAM **Vi·deo·re·kor·der, Vi·deo·re·cor·der** <-s, -> *m* video [recorder], VCR **Vi·deo·schal·tung** [ˈvi:deo-] *f* video link **Vi·deo·schnitt** *m* video cut; **linearer ~** linear video cut **Vi·deo·sperr·frist** *f* delay before a cinema film can be shown on video **Vi·deo·spiel** *nt* video game **Vi·deo·taug·lich·keit** *f* suitability for video **Vi·deo·te·le·fon** *nt* videophone **Vi·deo·text** *m kein pl* teletext *no pl*

Vi·deo·thek <-, -en> [videoˈte:k] *f* video shop [*or* AM *usu* store]; *(Sammlung)* video library

Vi·deo·the·kar(in) <-s, -e> [videoteˈka:ɐ̯] *m(f) (sel-*

V

ten) video shop [*or* AM *usu* store] owner
vi·deo·über·wacht *adj inv* monitored by closed-circuit TV **Vi·deo·über·wa·chung** *f* monitoring by closed circuit TV **Vi·deo·über·wa·chungs·sys·tem** *nt* closed-circuit surveillance system **Vi·deo·ver·leih** *m* video rental **Vi·deo·ver·miet·markt** *m* video rental market **Vi·deo·wand** *f* video wall **Vi·deo·welt** *f* video world; **multimediale ~** multimedia video world **Vi·deo·wirt·schaft** *f* video industry
Viech <-[e]s, -er> [fiːç] *nt (pej fam)* creature
Vieh <-[e]s> [fiː] *nt kein pl* ❶ AGR livestock; *(Rinder)* cattle; **20 Stück ~** twenty head of cattle; **das ~ füttern** to feed the livestock; **jdn wie ein Stück ~ behandeln** *(fam)* to treat sb like dirt *fam*
❷ *(fam: Tier)* animal, beast
❸ *(pej fam: bestialischer Mensch)* swine *pej fam*
Vieh·be·stand *m* livestock **Vieh·fut·ter** *nt* cattle feed [*or* fodder] **Vieh·hal·ter(in)** <-s, -> *m(f)* livestock [*or* cattle] owner **Vieh·hal·tung** <-> *f kein pl* cattle owning, animal husbandry **Vieh·han·del** <-s> *m kein pl* livestock [*or* cattle] trade **Vieh·händ·ler(in)** *m(f)* livestock [*or* cattle] dealer **Vieh·her·de** *f* livestock herd
vie·hisch ['fiːɪʃ] **I.** *adj* ❶ *(pej: menschenunwürdig)* terrible; ***hier herrschen ~e Zustände*** the conditions here are terrible
❷ *(pej: grob bäurisch)* coarse; ***er hat wirklich ~e Manieren*** he has really coarse manners
II. *adv* ❶ *(höllisch)* terribly; ***so eine Brandwunde kann ~ wehtun*** a burn like that can hurt terribly
❷ *(pej: bestialisch)* coarsely; **jdn ~ quälen** to torture sb brutally [*or* cruelly]
Vieh·kauf *m* JUR sale of livestock **Vieh·markt** *m* cattle market **Vieh·salz** *nt kein pl* AGR, CHEM cattle lick **Vieh·seu·che** *f* livestock [*or* cattle] disease **Vieh·stall** *m* cowshed, [cow] barn **Vieh·trän·ke** *f* cattle drinking trough **Vieh·wag·gon** *m* cattle truck **Vieh·zeug** *nt (fam)* ❶ *(Kleinvieh)* animals *pl*, stock ❷ *(pej: lästige Tiere)* creatures *pl; (lästiges Insekten)* creepy-crawlies *pl* BRIT, bugs *pl* AM **Vieh·zucht** *f* cattle [*or* livestock] breeding **Vieh·züch·ter(in)** *m(f)* cattle [*or* livestock] breeder
viel [fiːl] **I.** *pron indef sing* ■ **~es** a lot, a great deal, much/many; ***sie weiß ~es*** she knows a lot [*or* a great deal]; ***ich habe meiner Frau ~es zu verdanken*** I have to thank my wife for a lot; ***~es, was du da sagst, trifft zu*** a lot [*or* much] of what you say is correct; ***in ~em hast du Recht*** in many respects you're right; ***in ~em gebe ich Ihnen Recht*** I agree with you in much of what you say; ***mit ~em, was er vorschlägt, bin ich einverstanden*** I agree with many of the things he suggests; ***mein Mann ist um ~es jünger als ich*** my husband is much younger than me; ***es ist ~es neu an diesem Modell*** this model has many [*or* a lot of] new features; ***schöner ist dieser Lederkoffer natürlich, aber auch um ~es teurer*** this leather suitcase is nicer, of course, but a lot more expensive
II. *art indef sing* ***sie kam mit ~em alten Zeug*** she came with a lot of old stuff; **in ~er Beziehung** in many respects; **~es Ermutigende/Faszinierende/Schreckliche** much encouragement/fascination/horror; ***~es Interessante gab es zu sehen*** there was much of interest [*or* were many interesting things] to see
III. *adj* <mehr, meiste> ❶ *sing, attr, inv* **~ Arbeit/Geduld/Geld** a lot [*or* great deal] of work/patience/money; **~ Erfolg!** good luck!, I wish you every success!; **~ Glück!** all the best!, I wish you luck!; **~ Spaß!** enjoy yourself/yourselves!, have fun!; **~ Vergnügen!** enjoy yourself/yourselves!
❷ *sing, attr* ■ **~e/~er/~es ...** many/much ..., a lot of ...; ***ihre Augen waren rot von ~em Weinen*** her eyes were red from much crying; **~en Dank!** thank you very much!
❸ *sing, attr* ■ **der/die/das ~e ...** all this/that; ***das ~e Essen über die Weihnachtstage ist mir nicht bekommen*** all that food over Christmas hasn't done me any good; ***der ~e Ärger lässt mich nicht mehr schlafen*** I can't get to sleep with all this trouble; ■ **sein ~er/sein ~es/seine ~e ...** all one's ...
❹ *sing, allein stehend, inv* a lot, a great deal, much/many; ***ich habe zu ~ zu tun*** I have too much to do; ***sechs Kinder sind heute ~*** six children today are many [*or* a lot]; ***das ist sehr/unendlich ~*** that's a huge/an endless amount/number; ***viel wurde getan*** a lot [*or* a great deal] [*or* much] was done; ***ihr Blick sagte ~*** her look spoke volumes; ***sie hat ~ von ihrem Mutter*** she has a lot of her mother; **das ist ein bisschen ~ [auf einmal]!** that's a little too much [all at once]!; **nicht/recht ~** not much [*or* a lot]/quite a lot; ***von dem Plan halte ich nicht ~*** I don't think much of the plan; ***das hat nicht ~ zu bedeuten*** that doesn't mean much; ***er kann nicht ~ vertragen*** he can't hold his drink; ***sie ist nicht ~ über dreißig*** she's not much over thirty; **was kann dabei schon ~ passieren?** *(fam)* nothing's going to happen!; **~ verheißend/versprechend** highly promising; **was zu ~ ist, ist zu ~** enough is enough
❺ *pl, attr* ■ **~e ...** a lot of ..., a great number of ..., many ...; ***unglaublich ~e Heuschrecken*** an unbelievable number of grasshoppers; ***ein Geschenk von ~en hundert Blumen*** a present of many hundreds of flowers; **und ~e andere** and many others; ■ **die ~en ...** the great many [*or* number of] ...
❻ *pl, allein stehend* ■ **~e** many; *von Dingen a.* a lot; ***diese Ansicht wird immer noch von ~en vertreten*** this view is still held by many [people]; ***es sind noch einige Fehler, aber ~e haben wir verbessert*** there are still some errors, but we've corrected many [*or* a lot] [of them]; ***~e deiner Bücher kenne ich schon*** I know many [*or* a lot] of your books already; ***es waren ~e von ihnen*** [*o* ***geh ihrer ~e***] ***da*** there were many of them there; **einer unter ~en** one among many
❼ *mit vorangestelltem Vergleichsadverb* ***so ~ ist gewiss*** one thing is for certain; **ebenso ~** equally many/as much; **genauso ~** exactly as many/much; **gleich ~** just as much/many, the same; ***gleich ~ Sand/Wasser*** the same amount of sand/water; ***wir haben gleich ~e Dienstjahre*** we've been working here for the same number of years; **nicht ~ nützen** *(fam)* to be not much use; **wie ~/~e?** how much/many?
❽ *sing, allein stehend, inv* DIAL *(fam: nichts)* ***ich weiß ~, was du willst*** I haven't a clue what you want *fam*
IV. *adv* <mehr, am meisten> ❶ *(häufig)* ***im Sommer halten wir uns ~ im Garten auf*** we spend a lot of time in the garden in summer; ***früher hat sie ihre Mutter immer ~ besucht*** she always used to visit her mother a lot; ***man redet ~ von Frieden*** there's much [*or* a lot of] talk about peace; **eine ~ befahrene Straße** a [very] busy street; **ein ~ beschäftigter Mann** a very busy man; **~ diskutiert** much discussed; **einmal zu ~** once too often; **ein ~ erfahrener Pilot** a pilot with a lot of experience; **ein ~ gefragtes Model** a model that is in great demand; **~ gekauft** popular; **~ gelesen** widely read; **~ geliebt** much loved; **~ gepriesen** highly acclaimed; **ein ~ gereister Mann** a man who has travelled a great deal; **~ geschmäht** much maligned [*or* abused]; **eine ~ gestellte Frage** a question that comes up frequently; **~ ins Kino/Theater gehen** to go to the cinema/theatre frequently [*or* a lot], to be a regular cinema-goer/theatre-goer; **~ umstritten** highly controversial
❷ *(wesentlich)* ***woanders ist es nicht ~ anders als bei uns*** there's not much [*or* a lot of] difference between where we live and somewhere else; ***ich weiß ~ mehr, als du denkst*** I know far [*or* much] [*or* a lot] more than you think; **~ kürzer/schwerer/weiter** far [*or* much] [*or* a lot] shorter/heavier/more distant; **~ zu groß/lang/teuer** far [*or* much] too big/long/expensive; **~ zu viel** far [*or* much] too much
viel·deu·tig *adj* ambiguous
Viel·deu·tig·keit <-> *f kein pl* ambiguity
viel·dis·ku·tiert <-, meistdiskutiert> *adj attr s.* **viel IV 1**
Viel·eck ['fiːlʔɛk] *nt* polygon **viel·eckig** *adj* polygonal
Viel·ehe ['fiːlʔeːə] *f* polygamy
vie·ler·lei *adj* ❶ *(viele verschiedene)* all kinds [*or* sorts] of, many different; ***wir führen ~ Sorten Käse*** we stock all kinds of cheese
❷ *substantivisch (eine Menge von Dingen)* all kinds [*or* sorts] of things; ***sie hatte ~ zu erzählen, als sie zurückkam*** she had all sorts of things to tell us when she returned
vie·ler·orts ['fiːlɐʔɔrts] *adv* in many places
viel·fach ['fiːlfax] **I.** *adj* ❶ *(mehrere Male so groß)* many times; **die ~e Menge [von etw** *dat*] many times that amount [of sth]; ***der Jupiter hat einen ~en Erdumfang*** the circumference of Jupiter is many times that of the Earth
❷ *(mehrfach)* multiple; **ein ~er Millionär** a multimillionaire; ***die Regierung ist in ~er Hinsicht schuld*** in many respects the government is at fault; *s. a.* **Wunsch**
II. *adv (häufig)* frequently, in many cases; ***seine Voraussagen treffen ~ ein*** his predictions frequently come true; *(mehrfach)* many times; ***er zog einen ~ gefalteten Brief hervor*** he pulled out a letter that had been folded many times
Viel·fa·che(s) *nt dekl wie adj* ■ **das ~/ein ~s [von etw** *dat*] many times sth; *Mathematik* multiple; ***für eine echte Antiquität müssten Sie das ~ von dem Preis bezahlen*** you would have to pay many times that price for a genuine antique; **gemeinsames ~** MATH common multiple; **um ein ~s** many times over; ***nach der Renovierung war das Wohnhaus um ein ~s schöner*** after the house had been renovated it looked a lot better
Viel·fah·rer(in) *m(f) person who travels a lot by car/train;* ***~ achten besonders auf den Komfort ihres Wagens*** people who use their cars a lot pay particular attention to comfort; ***für ~ rentiert sich der Kauf einer Bahncard*** for people who travel a lot by train it's worthwhile buying a rail card
Viel·falt <-> ['fiːlfalt] *f* diversity, [great] variety; ■ **eine ~ an** [*o* **von**] **etw** *dat* a variety of sth
viel·fäl·tig ['fiːlfɛltɪç] *adj* diverse, varied
Viel·fäl·tig·keit <-> *f kein pl s.* **Vielfalt**
viel·far·big *adj* multicoloured [*or* AM -ored] **Viel·flie·ger(in)** *m(f)* frequent flier [*or* flyer]
Viel·fraß <-es, -e> ['fiːlfraːs] *m* ❶ *(fam: verfressener Mensch)* glutton; ***du ~!*** you greedy guts!
❷ *(Raubtierart)* wolverine
viel·ge·kauft <-, meistgekauft> *adj attr s.* **viel IV 1**
viel·ge·liebt *adj attr s.* **viel IV 1** **viel·köp·fig** *adj (fam)* large; **eine ~e Familie** a large family
viel·leicht [fi'laiçt] **I.** *adv* ❶ *(eventuell)* perhaps, maybe; ■ **~, dass ...** it could be that ...; ***~, dass ich mich geirrt habe*** perhaps I'm mistaken
❷ *(ungefähr)* about; ***der Täter war ~ 30 Jahre alt*** the perpetrator was about 30 years old
II. *part* ❶ *(fam: bitte)* please; ***würdest du mich ~ einmal ausreden lassen?*** would you please let me finish [what I was saying] for once?
❷ *(fam: etwa)* by any chance; ***erwarten Sie ~, dass ausgerechnet ich Ihnen das Geld gebe?*** you don't, by any chance, expect me of all people to give you the money?; ***bin ich ~ Jesus?*** who do you suppose I am, the Almighty?; ***wollen Sie mich ~ provozieren?*** surely you're not trying to provoke me, are you?
❸ *(fam: wirklich)* really; ***du bist mir ~ ein Blödmann!*** you really are a stupid idiot!; ***du erzählst ~ einen Quatsch*** you're talking rubbish
viel·mals ['fiːlmaːls] *adv* ❶ *(sehr)* ***danke ~!*** thank you very much; ***entschuldigen Sie ~ die Störung*** I do apologize for disturbing you; *s. a.* **Entschuldigung**
❷ *(selten: oft)* many times
viel·mehr ['fiːlmeːɐ̯] *adv (im Gegenteil)* rather; ***ich bin ~ der Meinung, dass du richtig gehandelt hast*** I rather think that you did the right thing; *(genauer gesagt)* just; ***es war schlimm, ~ grauenhaft*** it was bad, even terrible
viel·po·lig *adj* multipointed
viel·schich·tig *adj* ❶ *(aus vielen Schichten beste-*

hend) multilayered
② *(fig: komplex)* complex
Viel·schrei·ber(in) *m(f) (pej)* prolific writer
viel·sei·tig ['fi:lzaitɪç] I. *adj* ① *(in vielerlei Hinsicht tätig)* versatile; ***er hat ein ~es Talent*** he has various talents *pl; (viele Gebiete umfassend)* varied; **ein ~es Freizeitangebot** a varied range of leisure activities; *(viele Verwendungsmöglichkeiten bietend)* versatile; ***eine moderne Küchenmaschine ist ein sehr ~es Gerät*** a modern food processor is a very versatile appliance
② *(vielfach)* many; **auf ~en Wunsch** by popular request
II. *adv* ① *(in vieler Hinsicht)* widely; ***er war ~ gebildet*** he had a very broad education; ***Journalisten müssen ~ interessiert sein*** journalists must be interested in a variety of things
② *(in verschiedener Weise)* having a variety of...; ***eine Küchenmaschine ist ~ anwendbar*** a food processor has a variety of applications
viel·spra·chig *adj* multilingual **viel·stim·mig** *adj attr* of many voices; **ein ~er Chor** a choir of many voices; **ein ~er Gesang** a song for many voices **Viel·te·le·fo·nie·rer(in)** *m(f)* frequent caller **Viel·völ·ker·staat** *m* multiracial state **Viel·wei·be·rei** <-> [fi:lvaibə'rai] *f kein pl* polygamy *no pl* **Viel·zahl** *f kein pl* ■ **eine ~ von etw** *dat* a multitude [*or* large number] of sth; ***in den Bergen gibt es eine ~ verschiedener Kräuter*** in the mountains there is a large number of different herbs **viel·zel·lig** *adj* BIOL multicellular **Viel·zweck·rei·ni·ger** *m* multi-purpose cleaner
vier [fi:ɐ̯] *adj* four; *s. a.* **acht[1]**
▶WENDUNGEN: **sich** *akk* **auf seine ~ Buchstaben setzen** to sit oneself down, to plant oneself *fam;* **in den eigenen ~ Wänden wohnen** to live within one's own four walls; **ein Gespräch unter ~ Augen führen** to have a private conversation [*or* tête-à-tête]; *s. a.* **Auge, Wand**
Vier <-, -en> [fi:ɐ̯] *f* ① *(Zahl)* four
② KARTEN four; *s. a.* **Acht[1] 4**
③ *(auf Würfel)* **eine ~ würfeln** to roll a four
④ *(Zeugnisnote)* ***er hat in Deutsch eine ~*** he got a D in German
⑤ *(Verkehrslinie)* ■ **die ~** the [number] four
▶WENDUNGEN: **alle ~e von sich** *dat* **strecken** *(fam)* to stretch out; *Tier* to give up the ghost; **auf allen ~en** *(fam)* on all fours
vier·ar·mig *adj* with four arms **Vier·au·gen·ge·spräch** [fi:ɐ̯'?augn̩gəʃprɛç] *nt (fam)* private discussion **vier·bän·dig** *adj* four-volume *attr* **Vier·bei·ner** <-s, -> *m* four-legged friend *hum* **vier·bei·nig** ['fi:ɐ̯bainɪç] *adj* four-legged **vier·blät·te·rig, vier·blätt·rig** *adj* four-leaf *attr,* four-leaved; **~es Kleeblatt** a four-leaved clover **vier·di·men·si·o·nal** ['fi:ɐ̯dimɛnzi̯ona:l] *adj* four-dimensional *attr,* four dimensional *pred* **Vier·eck** ['fi:ɐ̯?ɛk] *nt* four-sided figure; MATH quadrilateral **vier·eckig** ['fi:ɐ̯?ɛkɪç] *adj* rectangular
vier·ein·halb ['fi:ɐ̯?ain'halp] *adj* four and a half; *s. a.* **anderthalb**
Vie·rer <-s, -> ['fi:rɐ] *m* ① *(Ruderboot mit 4 Ruderern)* four
② *(fam: vier richtige Gewinnzahlen)* four winning numbers
③ SCH *(fam: Zeugnisnote)* D
④ SPORT foursome
Vie·rer·bob *m* four-man bob **Vie·rer·grup·pe** *f* group of four
vie·rer·lei ['fi:rɐ'lai] *adj attr* four [different]; *s. a.* **achterlei**
Vie·rer·rei·he *f* row of four
vier·fach, 4-fach I. *adj* fourfold; **in ~er Ausführung** four copies of; **die ~e Menge** four times the amount
II. *adv* fourfold, four times over
Vier·fa·che, 4-fa·che *nt dekl wie adj* four times the amount; *s. a.* **Achtfache**
Vier·far·ben·druck <-drucke> [fi:ɐ̯'farbn̩drʊk] *m* ① *kein pl (Verfahren)* four-colour [*or* AM -or] printing *no pl* ② *(gedruckte Darstellung)* four-colour [*or* AM -or] print **Vier·far·ben·pro·blem** *nt* MATH four colour problem **Vier·farb·satz** *m* TYPO four-colour set **Vier·fü·ßer** <-s, -> ['fi:ɐ̯fy:sɐ] *m* quadruped
vier·fü·ßig ['fi:ɐ̯fy:sɪç] *adj* ① *(vier Füße habend)* four-legged; ■ **etw ist ~** sth has four legs
② LIT *(vier Hebungen aufweisend)* tetrameter
Vier·füß·ler <-s, -> ['fi:ɐ̯fy:slɐ] *m* ZOOL quadruped, tetrapod **Vier·gang·ge·trie·be** *nt* four-speed transmission [*or* BRIT gearbox]
vier·ge·schos·sig I. *adj* four-storey [*or* AM *also* -story] *attr,* four-storeyed [*or* AM *also* -storied]
II. *adv* with four storeys [*or* AM *also* stories]
vier·hän·dig ['fi:ɐ̯hɛndɪç] I. *adj* MUS four-handed
II. *adv* MUS as a duet
vier·hun·dert ['fi:ɐ̯'hʊndɐt] *adj* four hundred; *s. a.* **hundert**
Vier·hun·dert·jahr·fei·er *f* quatercentenary, AM *a.* quadricentennial
vier·hun·dert·jäh·rig *adj* four hundred-year-old *attr;* **~es Bestehen** four hundred years of existence
Vier·jah·res·plan *m* ÖKON four-year plan
vier·jäh·rig, 4-jäh·rig[RR] *adj* ① *(Alter)* four-year-old *attr,* four years old *pred; s. a.* **achtjährig 1**
② *(Zeitspanne)* four-year *attr; s. a.* **achtjährig 2**
Vier·jäh·ri·ge(r), 4-Jäh·ri·ge(r)[RR] *f(m) dekl wie adj* four-year-old
Vier·kampf *m* four-part competition
Vier·kant <-[e]s, -e> ['fi:ɐ̯kant] *m o nt* ① *(Vierkanteisen)* square steel bar
② *(Vierkantschlüssel)* square box spanner [*or* wrench]
Vier·kant·ei·sen *nt* square steel bar **Vier·kant·holz** *nt* BAU square timber **vier·kan·tig** *adj* square **Vier·kant·schlüs·sel** *m* square spanner **vier·köp·fig** *adj* four-person *attr; s. a.* **achtköpfig**
Vier·ling <-s, -e> ['fi:ɐ̯lɪŋ] *m* quadruplet, quad *fam*
Vier·mäch·te·ab·kom·men *nt* HIST four-power agreement
vier·mal, 4-mal[RR] ['fi:ɐ̯ma:l] *adv* four times; *s. a.* **achtmal**
vier·ma·lig ['fi:ɐ̯ma:lɪç] *adj* four times over; *s. a.* **achtmalig**
Vier·mas·ter <-s, -> *m* NAUT four-master **vier·mo·na·tig** *adj* four-monthly **vier·mo·to·rig** *adj* four-engined **Vier·pfün·der** *m* four-pounder **vier·pha·sig** *adj Strom* four-phase **Vier·rad·an·trieb** *m* four-wheel drive **vier·räd(e)·rig** *adj* four-wheel *attr,* four-wheeled **vier·schrö·tig** ['fi:ɐ̯ʃrø:tɪç] *adj* burly, stocky
vier·sei·tig *adj* ① *(vier Seiten umfassend)* four-page *attr,* four pages *pred*
② MATH four-sided
Vier·silb·ler <-s, -> *m* LIT, LING tetrasyllable **Vier·sit·zer** <-s, -> ['fi:ɐ̯zɪtsɐ] *m* four-seater **vier·sit·zig** ['fi:ɐ̯zɪtsɪç] *adj* four-seater *attr,* with four seats **vier·spal·tig** *adj* four-column *attr;* ■ **~ sein** to have four columns **Vier·spän·ner** <-s, -> ['fi:ɐ̯'tau̯zn̩t] *m* four-in-hand **vier·spän·nig** *adj* **~er Wagen** four-horse cart **vier·spra·chig** *adj* in four languages; *Person, Wörterbuch* quadrilingual
vier·spu·rig I. *adj* four-lane *attr;* ■ **~ sein** to have four lanes
II. *adv* to four lanes; ***die Umgehungsstraße wird in Kürze ~ ausgebaut*** the by-pass will shortly be widened to four lanes
vier·stel·lig *adj* four-figure *attr;* **eine ~e Zahl** a four-figure number; ■ **~ sein** to be four figures; ***sicher ist ihr Honorar ~*** her fee is certainly four figures **Vier·ster·ne·ho·tel** *nt* 4-star hotel **vier·stim·mig** *adj* MUS four-part *attr;* **ein ~es Lied** a song for four voices **vier·stö·ckig** *adj* four-storey [*or* AM *also* -story] *attr,* with four storeys **vier·strah·lig** *adj* four-engined **vier·stro·phig** *adj* four-verse *attr;* ■ **~ sein** to have four verses **Vier·stu·fen·ra·ke·te** *f* four-stage rocket **vier·stu·fig** *adj* four-stage **vier·stün·dig, 4-stün·dig[RR]** *adj* four-hour *attr; s. a.* **achtstündig**
vier·stünd·lich I. *adj attr* four-hourly; **eine ~e Kontrolle** a four-hourly inspection
II. *adv* every four hours
viert ['fi:ɐ̯t] *adv* **zu ~ sein** to be a party of four; ***wir waren zu ~*** there were four of us
Vier·ta·ge·wo·che *f* four-day week **vier·tä·gig, 4-tä·gig[RR]** *adj* four-day *attr* **Vier·takt·mo·tor** *m* four-stroke engine
vier·tau·send ['fi:ɐ̯'tau̯zn̩t] *adj* ① *(Zahl)* four thousand; *s. a.* **tausend 1**
② *(fam: Geld)* four grand *no pl,* four thou *no pl sl,* four G's [*or* K's] *no pl* AM *sl*
Vier·tau·sen·der <-s, -> *m* mountain over 4,000 metres [*or* AM meters]
vier·te(r, s) ['fi:ɐ̯tə, -tɐ, -təs] *adj* ① *(nach dem dritten kommend)* fourth; **die ~ Klasse** the fourth class [*or* AM grade] *(class for 9-10 year olds); s. a.* **achte(r, s) 1**
② *(Datum)* 4th; *s. a.* **achte(r, s) 2**
Vier·te(r) ['fi:ɐ̯tɐ] *f(m) dekl wie adj* ① *(Person)* fourth; *s. a.* **Achte(r) 1**
② *(bei Datumsangabe)* ■ **der ~** [*o geschrieben* **der 4.**] the fourth *spoken,* the 4th *written; s. a.* **Achte(r) 2**
③ *(Namenszusatz)* **Karl der ~** [*o geschrieben* **Karl IV.**] Charles the Fourth *spoken,* Charles IV *written*
vier·tei·len *vt* ■ **jdn ~** HIST to quarter sb
Vier·tei·ler *m* four-part film
vier·tei·lig, 4-tei·lig[RR] *adj Film* four-part; *Besteck* four-piece
vier·tel ['fɪrtl̩] *adj* quarter; **drei ~** three-quarters; **drei ~ ...** SÜDD, ÖSTERR *(Uhrzeit)* quarter to ..., quarter before [*or* of] ... AM; ***es ist drei ~ drei*** it's quarter to three BRIT, it's a quarter before [*or* of] three AM, it's 2:45
Vier·tel[1] <-s, -> ['fɪrtl̩] *nt* district, quarter
Vier·tel[2] <-s, -> ['fɪrtl̩] *nt o* SCHWEIZ *m* ① *(der vierte Teil)* quarter; **im ersten ~ des 20. Jahrhunderts** in the first quarter of the twentieth century; **ein ~ der Bevölkerung** a quarter of the population
② MATH quarter
③ *(fam: Viertelpfund)* quarter; ***ich nehme von den Krabben auch noch ein ~*** I'll have a quarter of shrimps as well, please
④ *(0,25 Liter)* a quarter of a litre [*or* AM liter] [of wine]; *s. a.* **Achtel**
⑤ *(15 Minuten)* ■ **~ vor/nach [etw** *dat*] [a] quarter to/past [*or* AM *a.* after] [sth]; **akademisches ~** *lecture/lesson begins a quarter of an hour later than the time stated*
⑥ KOCHK lamb quarter
Vier·tel·dre·hung *f* quarter-turn **Vier·tel·fi·na·le** *nt* quarter-final **Vier·tel·jahr** [fɪrtl̩'ja:ɐ̯] *nt* quarter of the year; ***die Krise dauerte ein ~*** the crisis lasted three months **Vier·tel·jah·res·schrift** *f* quarterly **Vier·tel·jahr·hun·dert** [fɪrtl̩ja:ɐ̯'hʊndɐt] *nt* quarter of a century **vier·tel·jäh·rig** [fɪrtl̩jɛ:rɪç] *adj attr* three-month; **ein ~er Aufenthalt** a three-month stay
vier·tel·jähr·lich [fɪrtl̩jɛ:ɐ̯lɪç] I. *adj* quarterly
II. *adv* quarterly, every quarter; ***die Abrechnung der Provisionen erfolgt einmal ~*** calculation of commission takes place once every three months; ***die Inspektion wird regelmäßig ~ durchgeführt*** the inspection is conducted regularly on a quarterly basis
Vier·tel·li·ter *m o nt* quarter of a litre [*or* AM liter]
vier·teln ['fɪrtl̩n] *vt* ■ **etw ~** to divide sth into quarters; **Tomaten ~** to cut tomatoes into quarters
Vier·tel·no·te *f* MUS crotchet **Vier·tel·pau·se** *f* crotchet rest **Vier·tel·pfund** [fɪrtl̩pfʊnt] *nt* quarter of a pound; ***geben Sie mir bitte ein ~ Salami*** please give me a quarter of [a pound of] Salami **Vier·tel·stun·de** [fɪrtl̩'ʃtʊndə] *f* quarter of an hour; **vor einer ~** a quarter of an hour ago **vier·tel·stün·dig** ['fɪrtl̩ʃtʏndɪç] *adj attr* lasting [*or* of] a quarter of an hour; ***eine ~e Verspätung ist nichts Außergewöhnliches*** a delay of a quarter of an hour is nothing unusual
vier·tel·stünd·lich ['fɪrtl̩ʃtʏntlɪç] I. *adj attr* quarter-hour, of a quarter of an hour; ***die Wehen kamen jetzt in ~en Abständen*** the contractions were now coming at 15-minute intervals
II. *adv* every quarter of an hour, quarter-hourly; ***die Linie 16 fährt ~ vom Bahnhof ab*** the number 16

leaves quarter-hourly from the station; ***ab 17 Uhr verkehrt diese S-Bahn nur noch*** ~ this train only runs every quarter of an hour after 5 p.m.
Vier·tel·ton *m* quarter tone
vier·tens ['fi:ɐ̯tn̩s] *adv* fourth[ly], in the fourth place
Vier·ton·ner <-s, -> *m* four-tonner, four-ton truck **Vier·tü·rer** <-s, -> *m* four-door model; ***das Modell kann als Zweitürer oder als ~ geliefert werden*** the car can be supplied as a two or four-door model **vier·tü·rig** *adj* four-door *attr;* ■ ~ **sein** to have four doors **Vier·uhr·zug** *m* four o'clock train **Vier·ven·til·mo·tor** *m* AUTO four-valve [engine]
Vier·vier·tel·takt [-'fɪrtl-] *m* four-four [*or* common] time
Vier·wald·stät·ter See [fi:ɐ̯'valtʃtɛtɐ'ze:] *m kein pl* ■ **der** ~ Lake Lucerne
vier·wer·tig *adj* CHEM quadrivalent, tetravalent **vier·wö·chent·lich** *adj* every four weeks; **im ~en Wechsel arbeiten** to work four-week shifts **vier·wö·chig** *adj* four-week *attr;* ***die Reparaturarbeiten werden von ~er Dauer sein*** *(geh)* the repair work will last four weeks
vier·zehn ['fɪrtse:n] *adj* fourteen; ~ **Tage** a fortnight *esp* BRIT; *s. a.* **acht**[1]
vier·zehn·tä·gig *adj* two-week *attr;* **eine ~e Reise** a two-week journey
vier·zehn·täg·lich I. *adj* every two weeks, *esp* BRIT every fortnight; ***diese Probleme besprechen wir auf unserer ~en Konferenz*** we discuss these problems during our fortnightly conference
II. *adv* every two weeks, *esp* BRIT fortnightly
vier·zehn·te(r, s) *adj* fourteenth; *s. a.* **achte(r, s)**
Vier·zei·ler <-s, -> ['fi:ɐ̯tsailɐ] *m* four-line stanza; *(Gedicht)* quatrain; ***bei jeder Gelegenheit trug er seine ~ vor*** he recited his four-line poems whenever he had the opportunity
vier·zei·lig *adj* four-line *attr;* **ein ~es Gedicht** a four-line poem; ■ ~ **sein** to be four lines long; ***die Mitteilung war nur*** ~ the message was only four lines
vier·zig ['fɪrtsɪç] *adj* ❶ *(Zahl)* forty; *s. a.* **achtzig 1**
❷ *(fam: Stundenkilometer)* forty [kilometres [*or* AM -meters] an hour]; *s. a.* **achtzig 2**
Vier·zig ['fɪrtsɪç] *f* forty
vier·zi·ger, 40er ['fɪrtsɪgɐ] *adj attr, inv* ❶ *(1940-1949)* **die ~ Jahre** the forties, the 40s
❷ *(aus dem Jahr 1940 stammend)* [from] 1940
Vier·zi·ger[1] <-s, -> ['fɪrtsɪgɐ] *m (Wein von 1940)* a 1940 vintage
Vier·zi·ger[2] ['fɪrtsɪgɐ] *pl* **in den ~n sein** to be in one's forties
Vier·zi·ger(in) <-s, -> ['fɪrtsɪgɐ] *m(f) a person in his/her forties*
Vier·zi·ger·jah·re *pl* ■ **die** ~ the forties
vier·zig·jäh·rig, 40-jährig[RR] *adj attr* ❶ *(Alter)* forty-year-old *attr,* forty years old *pred*
❷ *(Zeitspanne)* forty-year *attr*
Vier·zig·jäh·ri·ge(r), 40-Jährige(r)[RR] *f(m) dekl wie adj* forty-year-old
vier·zig·ste(r, s) *adj* fortieth; *s. a.* **achte(r, s)**
Vier·zig·stun·den·wo·che *f* forty-hour week
Vier·zim·mer·woh·nung *f* four-room flat [*or* AM apartment] **Vier·zy·lin·der·mo·tor** *m* four-cylinder engine **vier·zy·lin·drig** *adj* four-cylinder *attr*
Viet·cong <-s, -[s]> [viɛt'kɔŋ] *m* HIST ❶ *kein pl (Guerillabewegung)* ■ **der** ~ the Vietcong *no pl*
❷ *(Mitglied)* Vietcong
Viet·nam <-s> [viɛt'na(:)m] *nt* Vietnam
Viet·na·me·se, Viet·na·me·sin <-n, -n> [viɛtna'me:zə, viɛtna'me:zɪn] *m, f* Vietnamese
viet·na·me·sisch [viɛtna'me:zɪʃ] *adj* Vietnamese
Viet·na·me·sisch [viɛtna'me:zɪʃ] *nt dekl wie adj* Vietnamese
Viet·na·me·si·sche <-n> [viɛtna'me:zɪʃə] *nt* ■ **das** ~ Vietnamese, the Vietnamese language
Viet·na·mi·sie·rung <-> [viɛtnami'zi:rʊŋ] *f kein pl* POL creation of Vietnamese conditions
Vie·wer <-s, -> ['vju:ɐ] *m* INFORM viewer
Vi·gi·lan·ten·tum <-s> [vigi'lantəntu:m] *nt kein pl (selten)* vigilance

Vi·gnet·te <-, -n> [vɪn'jɛtə] *f* ❶ KUNST *(Titelblattornament)* vignette
❷ TRANSP *(Gebührenmarke) sticker showing fees paid*
Vi·kar(in) <-s, -e> [vi'ka:ɐ̯] *m(f)* curate
Vik·to·ria·see [vɪk'to:ri̯aze:] *m* Lake Victoria
Vil·la <-, Villen> ['vɪla, *pl* 'vɪlən] *f* villa
Vil·len·vier·tel ['vɪlənfɪrtl] *nt exclusive residential area with many mansions*
Vin·cen·ter(in) <-s, -> [-'sɛn-] *m(f)* [St] Vincentian
vin·cen·tisch *adj* [St] Vincentian
Vin·di·ka·ti·on <-, -en> [vɪndika'tsi̯o:n] *f* JUR *(Eigentumsherausgabeanspruch)* vindication, return of property
Vin·di·ka·ti·ons·kla·ge *f* JUR action to recover property **Vin·di·ka·ti·ons·le·gat** *nt* JUR vindication legacy **Vin·di·ka·ti·ons·zes·si·on** *f* JUR assignment of the right to claim the surrender of sth
Vi·nyl·grup·pe *f* CHEM vinyl group
vi·o·lett [vi̯o'lɛt] *adj* violet, purple
Vi·o·lett <-s, -> [vi̯o'lɛt] *nt* violet, purple
Vi·o·li·ne <-, -n> [vi̯o'li:nə] *f* violin
Vi·o·li·nist(in) <-en, -en> [vi̯oli'nɪst] *m(f)* violinist
Vi·o·lin·kon·zert *nt* violin concerto **Vi·o·lin·quar·tett** *nt* violin quartet **Vi·o·lin·quin·tett** *nt* violin quintet **Vi·o·lin·schlüs·sel** *m* treble clef **Vi·o·lin·so·na·te** *f* violin sonata **Vi·o·lin·trio** *nt* trio of violinists
Vi·o·lon·cel·lo <-s, -celli> *nt* violoncello
VIP <-, -s> [vɪp] *m Abk von* **very important person** VIP
Vi·per <-, -n> ['vi:pɐ] *f* viper, adder
Vi·pern·nat·ter *f* viper, adder
Vi·ren ['vi:rən] *pl von* **Virus**
Vi·ren·ent·fer·nung *f* INFORM virus elimination **Vi·ren·prüf·pro·gramm** ['vi:rən-] *nt* INFORM virus check [program] **Vi·ren·scan·ner** *m* INFORM virus scanner **Vi·ren·such·pro·gramm** *nt* INFORM antivirus software **vi·ren·ver·seucht** *adj* contaminated [*or* infected] with a virus **Vi·ren·war·nung** *f* INET virus warning
Vi·ro·lo·ge, -lo·gin <-n, -n> [viro'lo:gə, -'lo:gɪn] *m, f* virologist
Vi·ro·lo·gie <-> [virolo'gi:] *f kein pl* virology
Vi·ro·lo·gin <-, -nen> *f fem form von* **Virologe**
vi·ro·lo·gisch [viro'lo:gɪʃ] *adj* virological
Vir·tual Re·a·li·ty <-, -ties> ['vɪrtʃuɛl ri'ɛliti] *m* virtual reality
vir·tu·ell [vɪr'tuɛl] *adj* virtual; **~e Realität** virtual reality
vir·tu·os [vɪr'tu̯o:s] **I.** *adj (geh)* virtuoso; **ein ~er Musiker** a virtuoso musician
II. *adv (geh)* in a virtuoso manner; **ein Instrument ~ beherrschen** to be a virtuoso on an instrument
Vir·tu·o·se, Vir·tu·o·sin <-n, -n> [vɪrtu'o:zə, vɪrtu'o:zɪn] *m, f* virtuoso
vi·ru·lent [viru'lɛnt] *adj* ❶ MED *(ansteckend)* virulent
❷ *(geh: gefährlich)* dangerous; ***das Problem ist*** ~ the problem is fraught with risks
Vi·rus <-, Viren> ['vi:rʊs, *pl* 'vi:rən] *nt o m* virus; INFORM computer virus; **auf Viren überprüfen** to scan for viruses
Vi·rus·ab·wand·lung *f* BIOL viral variation [*or* adaptation], variation of a/the virus **Vi·rus-B-He·pa·ti·tis** *f* hepatitis B, serum hepatitis **vi·rus·ei·gen** *adj* BIOL belonging to [*or* inherent in] [*or* intrinsic to] a/the virus **Vi·rus·er·kran·kung** ['vi:rʊs-] *f* viral illness **Vi·rus·grip·pe** *f* [viral] influenza, virus of influenza **Vi·rus·in·fek·ti·on** *f* viral [*or* virus] infection **Vi·rus·krank·heit** *f* viral disease
Vi·sa ['vi:za] *pl von* **Visum**
Vi·sa·ge <-, -n> [vi'za:ʒə] *f (pej sl)* mug; **jdm in die ~ schlagen** to smash sb in the face *fam*
Vi·sa·gist(in) <-en, -en> [viza'ʒɪst] *m(f)* make-up artist
vis-à-vis, vis-a-vis [viza'vi:] **I.** *adv* opposite; ***kennst du den Mann ~?*** do you know the man opposite?; ***sie saß mir im Restaurant genau ~*** she sat exactly opposite me in the restaurant; ***Sie sind doch die neue Nachbarin von ~*** you're the new neighbour from across the road

II. *präp +dat* ■ ~ **etw** *dat* opposite a thing; ~ ***dem Park befindet sich ein See*** there's a lake opposite the park
Vi·sa·vis <-, -> [viza'vi:] *nt (geh)* ■ **jds** ~ the person opposite sb; ***mein ~ im Restaurant war eine nette junge Dame*** the person opposite me in the restaurant was a nice young lady
Vi·sen ['vi:zen] *pl von* **Visum**
Vish·nu-Re·li·gi·on ['vɪʃnu-] *f* REL Vishnu Religion
Vi·sier <-s, -e> [vi'zi:ɐ̯] *nt* ❶ *(Zielvorrichtung)* sight; ***der Jäger bekam einen Hirsch ins*** ~ the hunter got a stag in his sights
❷ *(Klappe am Helm)* visor
▸WENDUNGEN: **etw ins ~ fassen** [*o* **nehmen**] to train one's sights on sth; **ins ~/in jds ~ geraten** to attract [the] attention [of sb]; ***er war ins ~ der Polizei geraten*** he had attracted the attention of the police; **jdn/etw im ~ haben** to keep tabs on sb/sth; ***die Polizei hat mich bereits seit Jahren im*** ~ the police have been keeping tabs on me for years; **das ~ herunterlassen** to put up one's guard, to become evasive; **jdn ins ~ nehmen** *(jdn beobachten)* to target sb, to keep an eye on sb; *(jdn kritisieren)* to pick on sb; **mit offenem ~ kämpfen** to be open and above board [in one's dealings]
Vi·si·on <-, -en> [vi'zi̯o:n] *f* ❶ *(übernatürliche Erscheinung)* apparition; *(Halluzination)* vision; **~en haben** to see things
❷ *(Zukunftsvorstellungen)* vision; **die ~ eines geeinten Europas** [the] vision of a united Europe; ***ein guter Manager muss ~en haben*** a good manager must be far-sighted
vi·si·o·när [vizi̯o'nɛːɐ̯] *adj (geh)* visionary
Vi·si·o·när(in) <-s, -e> [vizi̯o'nɛːɐ̯] *m(f) (geh)* visionary
Vi·sit <-s, -s> ['vɪzɪt] *m* INFORM visit
Vi·si·ta·ti·on <-, -en> [vizita'tsi̯o:n] *f (form)* ❶ *(Durchsuchung) Gepäck* search
❷ *(Kontrollbesuch eines Geistlichen)* visitation
Vi·si·te <-, -n> [vi'zi:tə] *f* ❶ *(Arztbesuch)* round; ~ **machen** to do one's round; ***der Arzt ist noch nicht von der ~ zurück*** the doctor is not back from his rounds *pl* yet; ***die ~ auf der Station dauert immer etwa eine Stunde*** the visit to the ward always lasts about an hour
❷ *(geh: Besuch)* visit; [**bei jdm**] ~ **machen** to pay [sb] a visit
Vi·si·ten·kar·te *f* business card
vi·si·tie·ren* [vizi'ti:rən] *vt (form)* ❶ *(durchsuchen)* ■ **etw** ~ to search sth
❷ *(einen offiziellen Besuch abstatten)* ■ **jdn/etw** ~ to pay a visit to sb/sth
vis·ko·elas·tisch *adj* PHYS elasticoviscous
Vis·ko·elas·ti·zi·tät *f kein pl* PHYS viscoelasticity
vis·kos [vɪs'ko:s] *adj* CHEM, PHYS viscous
Vis·ko·se <-> [vɪs'ko:zə] *f kein pl* viscose *no pl*
Vis·ko·se·fa·ser *f* viscose fibre [*or* AM -er]
Vis·ko·si·tät <-> [vɪskozi'tɛt] *f* CHEM, TECH *(Zähflüssigkeit)* viscosity
vi·su·a·li·sie·ren* [vizu̯ali'zi:rən] *vt* ■ **etw** ~ to visualize sth, to display sth
vi·su·ell [vi'zu̯ɛl] *adj (geh)* visual
Vi·sum <-s, Visa *o* Visen> ['vi:zʊm, *pl* 'vi:za, 'vi:zən] *nt* visa
Vi·sum·zwang ['vi:zʊm-] *m* compulsory visa requirement
Vi·ta <-, Viten *o* Vitae> ['vi:ta, *pl* -tən, -tɛ] *f (geh)* life
vi·tal [vi'ta:l] *adj (geh)* ❶ *(Lebenskraft besitzend)* lively, vigorous
❷ *(lebenswichtig)* vital
vi·ta·li·sie·ren* [vitali'zi:rən] *vt (geh)* ■ **etw/jdn** ~ to vitalize sth/sb
Vi·ta·li·tät <-> [vitali'tɛt] *f kein pl* vitality, vigour [*or* AM -or]
Vi·tal·tee *m* NATURMED *energy[-giving] tea*
Vi·ta·min <-s, -e> [vita'mi:n] *nt* vitamin
▸WENDUNGEN: ~ **B** *(hum fam)* good contacts [*or* connections] *pl*
vi·ta·min·arm *adj* low [*or* deficient] in vitamins **Vi·ta·min·be·darf** *m* vitamin requirement **Vi·ta·min·ge·halt** *m* vitamin content

Vi·ta·min·man·gel *m* vitamin deficiency **Vi·ta·min·man·gel·krank·heit** *f* illness due to a vitamin deficiency

Vi·ta·min·prä·pa·rat *nt* vitamin supplement **vi·ta·min·reich** *adj* rich in vitamins **Vi·ta·min·ta·blet·te** *f* vitamin tablet [*or* pill]

Vi·ta-Par·cours <-, -> *m* SCHWEIZ *(Trimm-dich-Pfad)* keep-fit trail

Vi·tri·ne <-, -n> [vi'tri:nə] *f (Schaukasten)* display [*or* show] case; *(Glasvitrine)* glass cabinet

Vi·vi·sek·ti·on <-, -en> [vivizɛk'tsi̯o:n] *f (fachspr)* vivisection

Vi·ze <-s, -s> ['fi:tsə] *m (fam)* second-in-command, number two *fam*

Vi·ze·ad·mi·ral *m* vice admiral

Vi·ze·di·re·k·tor, -direktorin *m, f* vice director **Vi·ze·kanz·ler(in)** *m(f)* vice-chancellor **Vi·ze·kö·nig** *m* HIST viceroy **Vi·ze·prä·si·dent(in)** *m(f)* vice president

VL-Bus ['vau̯'ɛl-] *m* INFORM VL bus

Vlies <-es, -e> [fli:s, *pl* 'fli:zə] *nt* fleece; **das Goldene ~** the Golden Fleece

V-Mann <-leute> ['fau̯-] *m s.* **Verbindungsmann**

V-Mo·tor *m* AUTO V-engine

Vo·gel <-s, Vögel> ['fo:gl̩, *pl* 'fø:gl̩] *m* ❶ ORN bird; ***der ~ ist schon im Ofen*** *(fam)* the bird is already in the oven
❷ *(fam: auffallender Mensch)* bloke *fam;* **ein lustiger ~** a bit of a joker; **ein seltsamer ~** a queer [*or* strange] bird [*or* customer]
❸ *(fam: Flugzeug)* kite *fam;* ***ich werde den ~ sicher zur Erde bringen*** I'll bring this kite down to earth safely
▸WENDUNGEN: **[mit etw** *dat*] **den ~ abschießen** *(fam)* to surpass everyone [with sth]; **der ~ ist ausgeflogen** *(fam)* the bird has flown [the coup] *fam;* **~ friss oder stirb!** *(prov)* sink or swim!, do or die!; **einen ~ haben** *(sl)* to have a screw loose *fam,* to be round the bend BRIT *fam;* **jdm den** [*o* **einen**] **~ zeigen** *(fam) to indicate to sb that they're crazy by tapping one's forehead*

Vo·gel·art *f* bird species, type of bird **Vo·gel·bau·er** *nt o m* birdcage **Vo·gel·beer·baum** *m* rowan [tree] **Vo·gel·bee·re** *f* rowan berry

Vö·gel·chen <-s, -> ['fø:glçən] *nt dim von* **Vogel** little bird

Vo·gel·dreck *m (fam)* bird droppings *npl* **Vo·gel·ei** *nt* bird's egg **Vo·gel·fän·ger(in)** *m(f)* bird-catcher **vo·gel·frei** *adj* HIST outlawed; **jdn für ~ erklären** to outlaw sb **Vo·gel·fut·ter** *nt* bird food **Vo·gel·ge·sang** *m* birdsong **Vo·gel·grip·pe** *f* bird flu, avian flu *spec* **Vo·gel·haus** *nt* bird house **Vo·gel·kä·fig** *m* birdcage **Vo·gel·kir·sche** *f* BOT gean, bird cherry **Vo·gel·kun·de** *f* ornithology **Vo·gel·kund·ler(in)** <-s, -> *m(f)* ornithologist **Vo·gel·männ·chen** *nt* cock [bird], male bird **Vo·gel·mie·re** <-, -n> *f* BOT chickweed **Vo·gel·mil·be** *f* bird-mite

vö·geln ['fø:gl̩n] *vi (derb)* to screw *sl;* ■[**mit jdm**]/[**jdn**] ~ to screw [sb]

Vo·gel·nest *nt* bird's nest **Vo·gel·per·spek·ti·ve** *f* bird's eye view; ***das Bild stellt Danzig aus der ~ dar*** the picture depicts a bird's eye view of Gdansk

Vo·gel·schau *f* ❶ *(Vogelperspektive)* bird's-eye view; **etw aus der ~ betrachten** to see sth from a bird's-eye view
❷ REL *(Auspizium)* auspicium

Vo·gel·schei·ße *f (derb) s.* **Vogeldreck**

Vo·gel·scheu·che <-, -n> *f* ❶ AGR, HORT *(a. fig)* scarecrow
❷ *(fig fam: dürre, hässliche Frau)* ugly old bat *fam or pej*

Vo·gel·schutz *m* protection of birds **Vo·gel·schutz·ge·biet** *nt* bird reservoir [*or* reserve] **Vo·gel·schwarm** *m* swarm of birds **Vo·gel·spin·ne** *f* bird spider **Vo·gel-Strauß-Po·li·tik** [fo:gl̩'ʃtrau̯s-politi:k] *f kein pl (fam)* head-in-the-sand policy **Vo·gel·war·te** *f* ornithological station **Vo·gel·weib·chen** *nt* hen [bird], female bird **Vo·gel·zug** *m* ORN bird migration

Vo·gerl·sa·lat *m* ÖSTERR *(Feldsalat)* lamb's lettuce *no pl*

Vo·ge·sen <-> [vo'ge:zn̩] *pl* ■**die ~** the Vosges *pl*

Vög·lein <-s, -> ['fø:glai̯n] *nt s.* **Vögelchen**

Voicemail <-, -s> ['vɔysme:l] *f* INFORM voice mail

Voicere·cor·der <-s, -> ['vɔysrekɔrdɐ] *m* LUFT voice recorder

Vo·ka·bel <-, -n> [vo'ka:bl̩] *f* ❶ *(zu lernendes Wort)* vocabulary; **~n lernen** to learn vocabulary *sing;* **jdn die ~n abfragen** to test sb's vocabulary *sing*
❷ *(geh: großartiger Begriff)* word, buzzword *fam;* **die großen ~n der Politik** the great catchwords of politics

Vo·ka·bu·lar <-s, -e> [vokabu'la:ɐ̯] *nt* ❶ *(Wörterverzeichnis)* glossary
❷ *(geh: Wortschatz)* vocabulary

Vo·kal <-s, -e> [vo'ka:l] *m* vowel

Vo·kal·har·mo·nie *f* LING vowel harmony

vo·ka·lisch [vo'ka:lɪʃ] *adj* vocalic; **~e Anlaute/Auslaute** initial/final vowels

Vo·kal·mu·sik *f kein pl* vocal music

Vo·ka·tiv <-[e]s, -e> ['vo:kati:f, *pl* -və] *m* LING vocative

Vokuhila <-s, -s> [fɔkʊ'hi:la] *m Akr von* **vorne kurz, hinten lang** mullet **Vo·ku·hi·la·fri·sur** [voku'hi:la-] *f (hum fam) kurz für* **vorne kurz, hinten lang** mullet [cut] *fam*

Vo·lant <-s, -s> [vo'lã:] *m o nt* valance

Vo·la·ti·li·tät <-, -en> [volatili'tɛ:t] *f* BÖRSE *(Wertschwankungsneigung)* volatility

Vo·lie·re <-, -n> [vo'li̯ɛ:rə] *f* aviary

Volk <-[e]s, Völker> [fɔlk, *pl* 'fœlkɐ] *nt* ❶ *(Nation)* nation, people; **ein ~ unbekannter Herkunft** a people of unknown origin; ***der Präsident wandte sich in einer Fernsehansprache direkt ans ~*** the president made a direct appeal to the nation in a television address; *(Angehörige einer Gesellschaft)* people *npl;* **das ~ aufwiegeln** to incite the masses; **gewählte Vertreter des ~es** chosen [*or* elected] representatives of the people
❷ *kein pl (fam: die Masse Mensch)* masses *pl;* ***mit Fernsehen und Fußball wird das ~ ruhig gehalten*** the masses are kept quiet with television and football; **etw unters ~ bringen** to make sth public; **sich** *akk* **unters ~ mischen** to mingle with the people; ***viel ~ sammelte sich auf den Marktplatz*** many people gathered at the market square
❸ *kein pl (untere Bevölkerungsschicht)* people *npl;* **ein Mann aus dem ~** a man of the people; **fahrendes ~** *(veraltend)* itinerants *pl*
❹ *kein pl (fig: Sorte von Menschen)* bunch, rabble *pej;* ***in diesem Lokal verkehrt ein übles ~*** a rough bunch come regularly to this pub; **ein merkwürdiges ~** a strange bunch
❺ *(Insektengemeinschaft)* colony; *(Bienenvolk, Ameisenvolk)* a bee/an ant colony
▸WENDUNGEN: **jedes ~ hat die Regierung, die es verdient** *(prov)* every nation has the government it deserves

Völk·chen <-s, -> ['fœlkçən] *nt dim von* **Volk** people *npl,* lot *fam;* ***die Slowenen sind ein liebenswertes ~*** the Slovenians are a nice lot; **ein ~ für sich** *akk* **sein** *(fam)* to be a race [*or* people] apart

Völ·ker·ball *m kein pl* SPORT *game played by two teams who try to eliminate the members of the opposing team by hitting them with a ball* **Völ·ker·bund** *m kein pl* HIST League of Nations **Völ·ker·ge·mein·schaft** *f* community of nations, international community **Völ·ker·ge·richt** *nt* **das Ständige ~** the Permanent Peoples' Tribunal [PPT] **Völ·ker·ge·wohn·heits·recht** *nt* JUR customary international law

Völ·ker·kun·de <-> *f kein pl* ethnology **Völ·ker·kun·de·mu·se·um** *nt* museum of ethnology **Völ·ker·kund·ler(in)** <-s, -> *m(f)* ethnologist

Völ·ker·mord *m* genocide

Völ·ker·recht *nt kein pl* international law

völ·ker·recht·lich **I.** *adj* of international law, pertaining to international law *pred,* under international law *pred;* **die ~e Anerkennung eines Staates** the recognition of a state under international law; **~er Vertrag** treaty
II. *adv* under international law; ***die Genfer Konvention ist ~ bindend*** the Geneva Convention is binding under international law

Völ·ker·rechts·er·klä·rung *f* POL declaration of international law **Völ·ker·rechts·pra·xis** *f* JUR practice of international law **Völ·ker·rechts·sub·jekt** *nt* JUR international person, subject of international law **völ·ker·rechts·wid·rig** *adj inv* JUR contrary to [*or* violating] international law

Völ·ker·straf·recht *nt* JUR international criminal law **Völ·ker·ver·stän·di·gung** *f kein pl* international understanding

Völ·ker·wan·de·rung *f* ❶ HIST ■**die ~** the migration of peoples
❷ *(fam: Bewegung einer Menschenmasse)* mass exodus [*or* migration]; ***diese Massen von Menschen, das ist ja die reinste ~!*** all these hordes of people, it's like a mass invasion!

völ·kisch *adj* HIST national

Volks·ab·stim·mung *f* referendum, plebiscite **Volks·ar·mee** *f* people's army **Volks·bank** *f* ÖKON people's bank **Volks·be·fra·gung** *f* JUR referendum, poll **Volks·be·geh·ren** *nt* JUR petition for a referendum **Volks·be·lus·ti·gung** <-, -en> *f* public entertainment **Volks·cha·rak·ter** *m* national character **Volks·de·mo·kra·tie** *f* people's democracy

volks·ei·gen *adj* ❶ *(in Namen)* People's Own
❷ HIST *(in der ehemaligen DDR) Betrieb* nationally-owned

Volks·ein·kom·men *nt* national income **Volks·emp·fän·ger®** *m* HIST Volksempfänger® *spec (tabletop radio during the Third Reich)* **Volks·emp·fin·den** *nt kein pl* public feeling; **das gesunde ~** popular opinion **Volks·ent·scheid** *m* JUR plebiscite, referendum **Volks·ety·mo·lo·gie** *f* folk etymology **Volks·fest** *nt* fair **Volks·front** *f* POL popular front **Volks·ge·richts·hof** *m kein pl* HIST ■**der ~** the People's Court **Volks·ge·sund·heit** *f (veraltend)* ■**die ~** public health **Volks·glau·be(n)** *m* popular belief **Volks·grup·pe** *f* ethnic group; *(Minderheit)* ethnic minority **Volks·held(in)** *m(f)* national hero **Volks·hoch·schu·le** *f* adult education centre [*or* AM -er] **Volks·in·it·ia·ti·ve** *f* SCHWEIZ *(Volksbegehren)* petition for a referendum **Volks·kam·mer** *f* HIST East German Parliament **Volks·kir·che** *f* REL People's Church, popular [*or* State] church **Volks·krank·heit** *f* common illness; **die ~ Nummer eins** the most common illness **Volks·kun·de** *f* folklore

Volks·kund·ler(in) <-s, -> ['fɔlkskʊntlɐ] *m(f)* folklorist **volks·kund·lich** ['fɔlkskʊntlɪç] *adj* folkloric

Volks·kunst *f kein pl* popular art **Volks·lauf** *m* open cross-country race **Volks·lied** *nt* folk song **Volks·mär·chen** *nt* folktale **Volks·mehr** <-s> *nt kein pl* SCHWEIZ *(Mehrheit des Volkes)* national majority **Volks·men·ge** *f* crowd **Volks·mund** *m kein pl* vernacular; **im ~** in the vernacular **Volks·mu·sik** *f* folk music **Volks·nähe** *f* approachability **Volks·par·tei** *f* people's party **Volks·po·li·zei** *f* HIST *(in der ehemaligen DDR)* People's Police **Volks·recht** <-[e]s> *nt kein pl* POL SCHWEIZ the right to political self-determination **Volks·re·de** *f (veraltend)* public speech [*or* address]; **~n** [**über etw** *akk*] **halten** *(a. pej fam)* to make a public speech [about sth]; ***halte keine ~n!*** *(fam)* spare us/me the lecture! *fam* **Volks·re·pu·blik** *f* People's Republic; **~ China** People's Republic of China **Volks·schau·spie·ler(in)** *m(f) a popular actor/actress playing mainly in folk plays in roles representing ordinary people* **Volks·schicht** *f meist pl* social stratum [*or* class] *usu pl;* **die unteren ~en** the lower classes

Volks·schu·le *f* SCH ❶ *(hist: allgemein bildende öffentliche Pflichtschule) basic primary and secondary school*
❷ ÖSTERR *(Grundschule)* primary school

Volks·see·le *f meist kein pl* national psyche **Volks·sport** *m* national sport **Volks·stamm** *m* tribe **Volks·stück** *nt* folk play **Volks·sturm** *m kein pl* HIST ■**der ~** *the German territorial army created to defend the home front in World War II* **Volks·tanz**

m folk dance **Volks·tracht** *f* traditional costume
Volks·tum <-s> ['fɔlkstu:m] *nt kein pl* folklore
volks·tü·meln ['fɔlksty:mln] *vi* to keep it real *fam*
volks·tüm·lich ['fɔlksty:mlɪç] *adj* ① *(traditionell)* traditional; **ein ~er Brauch** a traditional custom ② *(veraltend: populär)* popular; **ein ~er Schauspieler** a popular actor
volks·ver·bun·den *adj* close to the people; *(volkstümlich)* folk **Volks·ver·dum·mung** <-> *f kein pl (fam o pej)* stupefaction of the people **Volks·ver·het·zer(in)** *m(f)* agitator **Volks·ver·het·zung** *f* incitement of the people **Volks·ver·mö·gen** *nt* national wealth **Volks·ver·samm·lung** *f* people's assembly **Volks·ver·tre·ter(in)** *m(f)* representative [*or* delegate] of the people **Volks·ver·tre·tung** *f* representative body of the people **Volks·wahl** <-, -en> *f* POL SCHWEIZ *(Direktwahl)* direct election
Volks·wirt(in) *m(f)* economist **Volks·wirt·schaft** *f* ① *(Nationalökonomie)* national economy ② *s.* **Volkswirtschaftslehre** **Volks·wirt·schaft·ler(in)** <-s, -> *m(f)* economist
volks·wirt·schaft·lich I. *adj* economic; **ein ~es Studium** [an] economics *nsing* [course]; **~e Gesamtgrößen** gross national product; **~e Gesamtrechnung** national income accounts
II. *adv* economically, from an economic point of view; **~ betrachtet** looked at from an economic point of view
Volks·wirt·schafts·leh·re *f* economics *nsing*
Volks·zäh·lung *f* [national] census **Volks·zorn** *m kein pl* public anger [*or* rage]
voll [fɔl] I. *adj* ① *(gefüllt, bedeckt)* full; ***mit ~em Munde spricht man nicht!*** don't speak with your mouth full!; ***achte darauf, dass die Gläser nicht zu ~ werden*** mind that the glasses don't get too full; **ein ~es Arschloch** *(derb)* a fat arsehole [*or* AM asshole]; **~ [mit etw** *dat*] **sein** to be full [of sth]; ***das Glas ist ~ Wasser*** the glass is full of water; ***das Haus ist ~ von [o mit] unnützen Dingen*** the house is full of useless things; ***die Regale sind ganz ~ Staub*** the shelves are covered in [*or* full of] dust; **eine Kiste ~ Bücher** a boxful of books; **eine Hand ~ Reis** a handful of rice; **beide Hände ~ haben** to have both hands full; **~ sein** *(fam: satt)* to be full up *fam; s. a.* **gerammelt, gerüttelt**
② *(ganz, vollständig)* full, whole; ***ich musste ein ~es Jahr warten*** I had to wait a whole year; ***es ist ja kein ~er Monat mehr bis Weihnachten*** there is less than a month till Christmas; ***nun warte ich schon ~e 20 Minuten*** I've been waiting a full twenty minutes; ***der Intercity nach München fährt jede ~e Stunde*** the intercity to Munich runs every hour on the hour; ***den Verteidigern lagen drei Divisionen in ~er Ausrüstung gegenüber*** the defenders faced three fully equipped divisions; **das ~e Ausmaß der Katastrophe** the full extent of the disaster; **bei ~er Besinnung sein** to be fully conscious; **~er Börsenschluss** BÖRSE full [*or* even] lot; **aus ~er Brust singen** to sing at the top of one's voice; **ein ~er Erfolg** a total success; **in ~er Gala** in full evening dress; **in ~em Galopp/Lauf** at full gallop/speed; **in ~er Größe** full-size; **mit ~em Namen unterschreiben** to sign one's full name [*or* name in full]; **den ~en Preis bezahlen** to pay the full price; **etw mit ~em Recht tun** to be perfectly right to do sth; **~er Satz** HANDEL full set; **~e Summe** whole sum; **die ~e Wahrheit** the absolute truth; **etw in ~en Zügen genießen** to enjoy sth to the full
③ *(prall, rundlich)* ***du hast zugenommen, du bist deutlich ~er geworden*** you've put on weight, you've distinctly filled out; **ein ~es Gesicht** a full face; **ein ~er Busen** an ample bosom; **ein ~er Hintern/~e Hüften** a well-rounded bottom/well-rounded hips; **~e Wangen** chubby cheeks
④ *(kräftig) Geschmack, Klang* full; *Stimme, Farbton* rich; **der ~e Geschmack** the real flavour
⑤ *(dicht)* thick; **~es Haar** thick hair; **ein ~er Bart** a thick beard
⑥ *(sl: betrunken)* ■ **~ sein** to be plastered *fam*, to be well tanked up *sl*; ***du warst ja gestern Abend ganz schön ~!*** you were pretty drunk yesterday evening!
▸WENDUNGEN: **in die V~en gehen** to go to any lengths; **aus dem V~en leben [*o* wirtschaften]** to live in the lap of luxury; **jdn nicht für ~ nehmen** not to take sb seriously; **aus dem V~en schöpfen** to draw on plentiful resources; *s. a.* **Lob**
II. *adv* ① *(vollkommen)* completely; ***durch die Operation wurde ihr Sehvermögen wieder ~ hergestellt*** as a result of the operation her sight was completely restored; **~ bezahlen müssen** to have to pay in full; **~ in der Arbeit stecken** *(fam)* to be in the middle of a job; **~ in Problemen stecken** *(fam)* to be right in it *fam*
② *(uneingeschränkt)* fully; ***die Mehrheit der Delegierten stand ~ hinter dieser Entscheidung*** the majority of the delegates were fully behind this decision; ***ich kann den Antrag nicht ~ unterstützen*** I cannot fully support the application; **etw ~ ausnutzen** to take full advantage of sth; **~ und ganz** totally; **nicht ~ da sein** *(fam)* to not be quite with it *sl*
③ *(sl: total)* really; ***die Band finde ich ~ gut*** I think the band is brilliant; ***die haben wir ~ angelabert*** we really chatted her up *fam*
④ *(fam: mit aller Wucht)* right, smack *fam*; ***der Wagen war ~ gegen den Pfeiler geprallt*** the car ran smack into the pillar; ***er ist ~ mit dem Hinterkopf auf der Bordsteinkante aufgeschlagen*** the back of his head slammed onto the edge of the curb; ***seine Faust traf ~ das Kinn seines Gegners*** he hit his opponent full on the chin with his fist
volla·bern[ALT] *vt s.* **volllabern**
Voll·amor·ti·sa·ti·ons·ver·trag *m* JUR, FIN full amortization contract **Voll·amt** <-[e]s, -ämter> *nt* SCHWEIZ *(Vollzeitamt)* full-time post **Vollast**[ALT] <-> *f kein pl s.* **Volllast**
voll·auf ['fɔlʔauf] *adv* fully, completely; **~ zufrieden sein** to be absolutely satisfied; ***ein Teller Suppe ist mir ~ genug*** one plate of soup is quite enough for me; ***mit den fünf Kindern habe ich ~ zu tun*** with the five children I have quite enough to do
voll·au·to·ma·tisch I. *adj* fully automatic II. *adv* fully automatically **voll·au·to·ma·ti·siert** *adj* fully automated **Voll·bad** *nt* bath; **ein ~ nehmen** to have [*or* take] a bath **Voll·bank·li·zenz** *f* FIN full banking licence [*or* AM -se] **Voll·bart** *m* full beard; **sich** *dat* **einen ~ wachsen lassen** to grow a full beard **voll·be·rech·tigt** *adj attr (bevollmächtigt)* fully entitled **voll·be·schäf·tigt** *adj* full-time **Voll·be·schäf·ti·gung** *f kein pl* full [*or* full-time] employment **Voll·be·sitz** *m* in full possession of; **im ~ seiner Kräfte/Sinne sein** to be in full possession of one's strength *sing*/faculties **Voll·be·steu·e·rung** *f* FIN full taxation
Voll·bild *nt* MED full-blown state; **das ~ Aids** full-blown aids **Voll·bild·an·zei·ge** *f* INFORM full-screen
Voll·blut *nt* ① *(reinrassiges Pferd)* thoroughbred ② *kein pl* MED whole blood
Voll·blü·ter <-s, -> *m* thoroughbred
Voll·blut·hengst *m* thoroughbred stallion
voll·blü·tig *adj* ① *(reinrassig)* thoroughbred ② *(vital)* full-blooded
Voll·blut·jour·na·list(in) *m(f)* full-blooded journalist **Voll·blut·pferd** *nt* thoroughbred horse **Voll·blut·po·li·ti·ker(in)** *m(f)* thoroughbred politician
Voll·brem·sung *f* emergency stop; **eine ~ machen** to slam on the brakes *pl*, to make an emergency stop
voll·brin·gen* *vt irreg* ■ **etw ~** to accomplish [*or* achieve] sth; **ein Wunder ~** to perform a miracle; ***ich kann nichts Unmögliches ~*** I cannot achieve the impossible
voll·bu·sig *adj* buxom, busty *fam*; **~e Frauen** women with large breasts; ■ **~ sein** to have large breasts
Voll·dampf *m* ▸WENDUNGEN: **~ [hinter etw** *akk*] **machen** *(fam)* to work flat out [on sth]; ***wir müssen ~ hinter unsere Bemühungen machen, wenn wir erfolgreich sein wollen*** we must redouble our efforts, if we want to be successful; **mit ~** *(fam)* flat out; **mit ~ fahren** to drive at full speed; **~ voraus** *(fam)* full steam ahead
Völ·le·ge·fühl <-[e]s> *nt kein pl* unpleasant feeling of fullness
Voll·ei·gen·tum *nt* JUR absolute ownership **voll·elek·tro·nisch** *adj* fully electronic
voll·en·den* [fɔl'ʔɛndn̩] *vt* ■ **etw ~** to complete sth; **vollendete Gegenwart/Vergangenheit** the present perfect/past perfect; **sein Leben ~** *(euph geh)* to bring one's life to an end; ***er hat sein zwanzigstes Lebensjahr vollendet*** *(geh)* he has completed his twentieth year; **jdn vor vollendete Tatsachen stellen** to present sb with a fait accompli
voll·en·det *adj* perfect, accomplished; **ein ~er Redner** an accomplished speaker; **~e Schönheit** perfect beauty; **ein Konzert ~ spielen** to play a concert in an accomplished way
voll·ends ['fɔlɛnts] *adv (völlig)* completely, totally; ***jetzt bin ich ~ durcheinander!*** I'm completely confused now!; ***durch das Nachbeben wurde die Stadt ~ zerstört*** the town was totally destroyed by aftershocks
Voll·en·dung <-, -en> [fɔl'ʔɛndʊŋ] *f* ① *(das Vollenden)* completion; **mit ~ des 50. Lebensjahres** *(fig)* on completion [*or* at the end] of his/her fiftieth year; ***nach ~ dieser Aufgabe kann ich mich zur Ruhe setzen*** after I have completed this task I can retire
② *kein pl (Perfektion)* perfection; ***dieses Gebäude gilt als klassische Architektur in höchster ~*** this building is regarded as a classical piece of architecture in its most perfect form; **der [*o* seiner] ~ entgegengehen** *(geh)* to be nearing completion
vol·ler *adj* full of ① *(voll bedeckt)* **ein Gesicht ~ Falten** a very wrinkled face; **ein Hemd ~ Flecken** a shirt covered in stains
② *(erfüllt, durchdrungen)* full; **ein Leben ~ Schmerzen** a life full of pain; ***~ Wut schlug er mit der Faust auf den Tisch*** full of anger he thumped the table with his fist; ***er steckt ~ Widersprüche*** you never know where you are with him *fam*
Völ·le·rei <-, -en> [fœlə'rai] *f (pej)* gluttony; **zur ~ neigen** to have a tendency for gluttony
Vol·ley <-s, -s> ['vɔli] *m* volley
Vol·ley·ball ['vɔli-] *m* volleyball
voll·fett *adj* full fat **Voll·flä·che** *f* TYPO solid
voll·füh·ren* [fɔl'fy:rən] *vt (liter)* ■ **etw ~** to perform sth
voll|fül·len *vt* ■ **etw ~** to fill sth up *sep*; ■ **vollgefüllt** full up
Voll·gas *nt kein pl* full speed; **~ geben** to put one's foot down; **mit ~** at full throttle; *(fam: mit größter Intensität)* flat out *fam*; ***um die Termine einhalten zu können, müssen die Arbeiten mit ~ vorangetrieben werden*** we will have to work flat out to meet the deadlines **voll·ge·fres·sen** *adj* ■ **~ sein** *(esp pej fam)* to be stuffed *fam* **Voll·ge·fühl** *nt kein pl (geh)* **im ~ einer S.** *gen* fully aware of a thing; ***die Sprinterin winkte den Zuschauern im ~ ihres Triumphes*** fully aware of her triumph the sprinter waved to the spectators **voll·ge·pfropft** *adj* crammed full **voll·ge·stopft** *adj Koffer* stuffed full
voll|gie·ßen *vt irreg* **ein Glas [nicht] ~** to [not] fill [-up *sep*] a glass; **ein Glas halb ~** to fill [up *sep*] a glass halfway [*or* to the halfway mark] **Voll·gi·ro** *nt* FIN full endorsement **Voll·haf·ter(in)** *m(f)* JUR full partner; HANDEL general [*or* associate] partner **Voll·haf·tung** *f* JUR unlimited liability **Voll·idi·ot(in)** *m(f) (pej fam)* complete idiot, prat *pej fam*
völ·lig ['fœlɪç] I. *adj* complete
II. *adv* completely; ***sie ist ~ betrunken*** she is completely drunk; ***Sie haben ~ recht*** you're absolutely right
Voll·in·dos·sa·ment *nt* FIN full endorsement **Voll·in·va·li·di·tät** *f kein pl* JUR permanent and total disability
voll·jäh·rig ['fɔljɛ:rɪç] *adj* of age; ■ **~ sein [*o* werden]** to be [*or* come] of age; ***Jugendliche werden in Deutschland mit dem 18. Lebensjahr ~*** ado-

lescents come of age in Germany at eighteen
Vọll·jäh·rig·keit <-> *f kein pl* majority
vọll|jam·mern *vt (fam)* ■**jdn** ~ to moan away to sb; **jdm die Ohren** ~ to bend someone's ear with complaints
Vọll·ju·rist(in) *m(f)* fully qualified lawyer **vọll·kas·ko·ver·si·chert** *adj* comprehensively insured; ■~ **sein** to have fully comprehensive insurance; ***ist Ihr Auto ~?*** is your car fully comp? *fam* **Vọll·kas·ko·ver·si·che·rung** *f* fully comprehensive insurance **Vọll·kauf·mann, -kauf·frau** *m, f* HANDEL general merchant, registered trader **vọll·kli·ma·ti·siert** *adj* fully air-conditioned
voll·kom·men [fɔl'kɔmən] I. *adj* ① *(perfekt)* perfect; ~**e Kunstwerke** perfect works of art; ***niemand ist*** ~ nobody's perfect; ***jetzt ist mein Leben*** ~ now my life is complete
② *(völlig)* complete; ~**e Übereinstimmungen erzielen** to reach total agreement; ***sie hat die Aufgaben zu unserer ~en Zufriedenheit erledigt*** she has completed the tasks to our complete satisfaction; ***das ist ja der ~e Wahnsinn!*** why, that's complete madness!
II. *adv* completely; ~ **unmöglich sein** to be absolutely impossible; ~ **verzweifelt sein** to be absolutely desperate; ***er blieb ~ ruhig*** he remained completely calm; ***ich bin ~ einverstanden mit Ihrem Vorschlag*** I'm in complete agreement with your proposal
Voll·kom·men·heit <-> *f kein pl* perfection
Vọll·korn *nt kein pl* wholegrain **Vọll·korn·brot** *nt* wholemeal [*or* AM whole-grain] bread
vọll|la·bern[RR] *vt* ■**jdn** ~ *(sl)* to go on and on at sb
Vọll·last[RR] <-> *f kein pl* TECH full weight
vọll|ma·chen *vt* ■**etw** ~ to fill sth
Voll·macht <-, -en> ['fɔlmaxt] *f* ① *(Ermächtigung)* power, authority; **in** ~ *(geh)* in authority; ~ **zur Kreditaufnahme** borrowing powers; **unumschränkte** ~ plenary authority, full powers; **mit allen** ~**en ausgestattet sein** to be fully authorized; **jdm [die]** ~ **für etw** *akk* **geben** [*o* **erteilen**] to authorize [*or* empower] sb to do sth; **eine** ~ **widerrufen** to revoke [*or* cancel] a proxy; **außerhalb der** ~ ultra vires ② *(bevollmächtigendes Schriftstück)* power of attorney; **eine** ~ **haben** to have power of attorney; **eine** ~ **ausstellen** to grant a power of attorney **Vọll·macht·ge·ber(in)** *m(f)* principal, mandator
Vọll·machts·be·schrän·kung *f* limitation of authority **Vọll·machts·er·tei·lung** *f* delegation of authority; *(Schriftstück)* granting of power of attorney **Vọll·machts·in·dos·sa·ment** *nt* JUR procuration endorsement **Vọll·machts·stimm·recht** *nt* proxy [voting right] **Vọll·machts·über·tra·gung** *f* JUR delegation of authority **Vọll·machts·um·fang** *m* scope of authority **Vọll·machts·ur·kun·de** *f* JUR power of attorney, written authority **Vọll·machts·wi·der·ruf** *m* revocation [*or* withdrawal] of a power of attorney
Vọll·ma·tro·se *m* able-bodied seaman
Vọll·milch *f* full-cream milk BRIT, whole milk AM **Vọll·milch·jo·ghurt** *m* whole-milk yoghurt **Vọll·milch·scho·ko·la·de** *f* full-cream [*or* AM whole] milk chocolate
Vọll·mit·glied *nt* full member **Vọll·mit·glied·schaft** *f* full membership
Vọll·mond *m kein pl* full moon; **es ist ~, wir haben** ~ there's a full moon; **bei** ~ when the moon is full
vọll·mun·dig I. *adj* ① *(voll im Geschmack)* full-bodied
② *(pej: übertrieben formuliert)* overblown *pej;* ***vor den Wahlen machen Politiker immer diese ~en Versprechungen*** before the election politicians always make these overblown promises
II. *adv* ① *(abgerundet)* full-bodied; ***süddeutsche Biere schmecken besonders ~*** southern German beer has a particularly full-bodied taste
② *(pej: großspurig)* grandiosely *pej;* ***was gestern noch ~ versprochen wurde, ist heute vergessen*** all the grandiose promises made yesterday are forgotten today
Vọll·nar·ko·se *f* general anaesthetic; **in** ~ under a general anaesthetic **Vọll·pen·si·on** *f kein pl* full board; **mit** ~ for full board; ***mit ~ kostet das Zimmer 45 Euro pro Tag mehr*** the room costs an additional 45 euros per day for full board
vọll|pin·keln *vr* ■**sich** *akk* ~ *(vulg)* to piss [all] over oneself *vulg*
Voll·play·back <-s, -s> [-'ple:bɛk] *nt* full playback
Vọll·pro·gramm *nt* ① TV complete programme [*or* AM -am]
② *(bei einer Waschmaschine o.Ä.)* complete programme [*or* AM -am]
vọll|pum·pen *vt* ■**jdn** [**mit etw** *dat*] ~ to fill sb up *sep* [with sth]; **vollgepumpt sein mit Drogen** to be pumped up with drugs
Vọll·rahm <-[e]s> *m kein pl* SCHWEIZ, SÜDD *Sahne* full-fat cream **Vọll·rausch** *m* drunken stupor; **einen ~ haben** to be in a drunken stupor **Vọll·recht** *nt* JUR full legal rights *pl* **vọll·reif** *adj* fully ripe **Vọll·rohr·zu·cker** *m* unrefined cane sugar, raw cane sugar **vọll·schlank** *adj (euph)* plump
vọll|schmie·ren *vt* ■**etw** ~ to mess up sth *sep*
Vọll·sit·zung *f* JUR plenary session; **der Gerichtshof entscheidet in** ~ the court decides in plenary session
voll·stän·dig ['fɔlʃtɛndɪç] I. *adj (komplett)* complete, entire; **nicht** ~ incomplete; **etw ~ haben** to have sth complete; **etw ~ machen** to complete sth; ***ich kaufte die Briefmarken, um die Sammlung ~ zu machen*** I bought the stamps to complete the collection
II. *adv (in der Gesamtheit, total)* completely; **etw ~ zerstören** to totally destroy sth; ***die Altstadt ist noch ~ erhalten*** the old town is still preserved in its entirety
Vọll·stän·dig·keit <-> *f kein pl* completeness *no pl;* **der ~ halber** for the sake of completeness, to get a complete picture; ***achten Sie bei der Angabe Ihrer Adresse bitte auf deren ~*** please ensure when submitting your address that it is complete
Vọll·stän·dig·keits·er·klä·rung *f* JUR declaration of completeness **Vọll·stän·dig·keits·klau·sel** *f* JUR perfect attestation clause
vọll|stel·len *vt* ■**etw** [**mit etw** *dat*] ~ *Zimmer* to cram sth full [with sth]
voll·streck·bar *adj* JUR enforceable; ***der Beschluss ist sofort ~*** the order shall have immediate effect; **für ~ erklären** to grant a writ of execution; **nicht** ~ unenforceable
Voll·streck·bar·keit <-> *f kein pl* JUR enforceability [by execution] *no pl;* **vorläufige** ~ provisional enforceability
Voll·streck·bar·keits·er·klä·rung *f* JUR writ of execution
voll·stre·cken* [fɔl'ʃtrɛkn̩] *vt* ■**etw** ~ ① *(geh: ausführen)* to carry out [*or* execute] sth; **ein Testament** ~ to execute a will; **ein Urteil** ~ to carry out a sentence; ■**etw ~ lassen** to have sth enforced; **ein Urteil ~ lassen** to have a ruling enforced
② SPORT **einen Strafstoß** ~ to score from a penalty
Voll·stre·cker(in) <-s, -> *m(f)* ① *(fam: Gerichtsvollzieher)* bailiff
② *(geh: vollstreckende Person)* executor *masc,* executrix *fem*
Voll·stre·ckung <-, -en> *f* ① *(geh: das Vollstrecken)* execution, carrying out; ~ **in ein Vermögen** execution against sb's property; ~ **einer Verfügung** enforcement of an order; **sofortige** ~ direct enforcement; **die ~ des Urteils behindern** to bar execution of judgment; **die ~ eines Willens** the execution of a will
② *(fam: Zwangsvollstreckung)* enforcement
Voll·stre·ckungs·ab·kom·men *nt* JUR enforcement agreement
Voll·stre·ckungs·ab·wehr *f* JUR action against enforcement **Voll·stre·ckungs·ab·wehr·kla·ge** *f* JUR foreclosure suit
Voll·stre·ckungs·an·ord·nung *f,* **Voll·stre·ckungs·an·wei·sung** *f* JUR writ of execution **Voll·stre·ckungs·an·spruch** *m* JUR right to obtain execution **Voll·stre·ckungs·auf·schub** *m* JUR stay of execution, respite **Voll·stre·ckungs·auf·trag** *m* JUR writ of execution **Voll·stre·ckungs·be·am·ter, -be·am·tin** *m, f* JUR bailiff **Voll·stre·ckungs·be·fehl** *m* JUR enforcement order, writ of execution **Voll·stre·ckungs·be·hör·de** *f* JUR enforcement agency **Voll·stre·ckungs·be·scheid** *m* JUR enforceable default summons **Voll·stre·ckungs·be·schluss** *m* JUR writ of execution **Voll·stre·ckungs·er·in·ne·rung** *f* JUR complaint against a measure of execution **Voll·stre·ckungs·er·su·chen** *nt* JUR application for enforcement **Voll·stre·ckungs·ge·gen·kla·ge** *f* JUR action to oppose execution **Voll·stre·ckungs·ge·gen·stand** *m* JUR item subject to execution **Voll·stre·ckungs·ge·richt** *nt* JUR *court competent for execution of civil judgements* **Voll·stre·ckungs·gläu·bi·ger(in)** *m(f)* JUR judgment [*or* enforcement] creditor **Voll·stre·ckungs·hin·der·nis** *nt* JUR bar of execution **Voll·stre·ckungs·kla·ge** *f* JUR enforcement [*or* execution] suit **Voll·stre·ckungs·klau·sel** *f* JUR court certificate of enforceability **Voll·stre·ckungs·kos·ten** *pl* JUR enforcement [*or* execution] costs **Voll·stre·ckungs·lei·ter(in)** *m(f)* JUR official in charge of enforcement **Voll·stre·ckungs·macht** *f* JUR enforcement power **Voll·stre·ckungs·or·gan** *nt* JUR enforcement agency **Voll·stre·ckungs·recht** *nt* JUR law of enforcement **Voll·stre·ckungs·schuld·ner(in)** *m(f)* JUR enforcement debtor **Voll·stre·ckungs·schutz** *m* JUR *debtor's relief from judicial execution* **Voll·stre·ckungs·ti·tel** *m* JUR writ of execution [*or* enforcement] **Voll·stre·ckungs·über·ein·kom·men** *nt* JUR enforcement agreement **Voll·stre·ckungs·un·ter·wer·fung** *f* JUR submission to execution **Voll·stre·ckungs·ver·ei·te·lung** *f* JUR obstructing execution **Voll·stre·ckungs·ver·fah·ren** *nt* JUR execution [*or* enforcement] proceedings *pl* **Voll·stre·ckungs·ver·jäh·rung** *f* JUR statute-barring of execution
Vọll·streik *m* total strike **vọll·syn·chro·ni·siert** *adj* fully synchronized
vọll|tan·ken *vi* to fill up the fuel tank
vọll|tex·ten *vt (sl)* ■**jdn** ~ to go on and on at sb
Vọll·text·su·che *f* INFORM whole text search
vọll·tö·nend *adj* resonant, sonorous; **eine ~e Stimme** a sonorous voice
Vọll·tref·fer *m* ① *(direkter Treffer)* direct hit, bull's eye *fig fam;* **einen ~ erhalten** to receive a direct hit; **einen ~ landen** to land a good punch; *(fig, iron)* to land a whammy
② *(fam: voller Erfolg)* complete success
vọll·trun·ken *adj* completely [*or* totally] drunk; **etw im ~en Zustand tun** to do sth while plastered [*or* smashed] [*or* BRIT paralytic] **vọll·um·fäng·lich** *adj attr* SCHWEIZ *(in vollem Umfang)* fully extensive
Vọll·verb *nt* complete verb **Vọll·ver·lust** *m* JUR complete write-off **Vọll·ver·samm·lung** *f* general meeting; *der UNO* General Assembly **Vọll·wai·se** *f* orphan; ~ **sein** to be an orphan **Vọll·wasch·mit·tel** *nt laundry detergent that can be used for all programmes and all temperatures* **Vọll·wert·er·näh·rung** <-> *f kein pl* wholefood diet
vọll·wer·tig *adj* ① *(alle Wirkstoffe enthaltend)* nutritious; ~**es Lebensmittel** nutritious food; ■~ **sein** to be fully nutritious
② *(gleichwertig)* fully adequate; **ein ~er Ersatz** a fully adequate replacement; **jdn als ~ behandeln** to treat sb as an equal
Vọll·wert·kost *f kein pl* wholefoods *pl* **Vọll·wert·zu·cker** *m* unrefined sugar
voll·zäh·lig ['fɔltsɛːlɪç] I. *adj (komplett, in voller Anzahl)* complete, whole; **ein ~er Satz Briefmarken** a complete set of stamps; ***die ~e Klasse nahm an der Wanderung teil*** the whole class took part in the hike; ■~ **sein** to be all present; ***ausnahmsweise war die Mannschaft ~*** for once the team was complete [*or* they fielded a full team]
II. *adv (in gesamter Anzahl)* at full strength; ***nun, da wir ~ versammelt sind, können wir ja anfangen*** well, now everyone's here, we can begin

Voll·zeit·ar·beits·kraft *f* full-time employee **Voll·zeit·be·schäf·tig·te(r)** *f(m) dekl wie adj* full-time employee **Voll·zeit·be·schäf·ti·gung** *f* full-time employment **Voll·zeit·kraft** *f* full-time employee [*or* worker] **Voll·zeit·stel·le** <-, -n> *f* full-time employment

Voll·zie·gel *m* BAU solid brick

Voll·zieh·bar·keit *f* JUR enforceability

voll·zie·hen* [fɔl'tsiːən] *irreg* **I.** *vt (geh: ausführen)* ■**etw** ~ to carry out *sep* sth; **eine Trennung** ~ to separate; **die Ehe** ~ to consummate marriage; **die Unterschrift** ~ to put one's signature to sth; **ein Urteil** ~ *(geh)* to execute [*or* enforce] a judgement [*or* sentence]; **die vollziehende Gewalt** *(geh)* the executive
II. *vr (geh: stattfinden, ablaufen)* ■**sich** *akk* ~ to take place; ***seit einiger Zeit vollzieht sich in ihr ein Wandel*** a change has been taking place in her for quite a while

voll·zie·hend *adj* JUR executive; ~**e Gewalt** executive power

Voll·zie·hung <-, -en> *f* JUR execution, enforcement; **sofortige** ~ immediate enforcement

Voll·zug <-s> [fɔl'tsuːk] *m kein pl* ① *(das Vollziehen)* carrying out, execution, enforcement; **nationaler** ~ **von Europarecht** JUR national enforcement of European law; **etw außer** ~ **setzen** to suspend the execution of sth; ***die Haftstrafe gegen ihn wurde vom Berufungsgericht außer ~ gesetzt*** his custodial sentence was suspended by the court of appeal
② JUR *(geh: Strafvollzug)* imprisonment; **geschlossener** ~ *(geh) penal system in which prisoners remain in their cells when not working;* **offener** ~ imprisonment in an open prison
③ *(fam: Vollzugsanstalt)* penal institution; **im** ~ **leben** to be in a penal institution

Voll·zugs·ab·tei·lung *f* JUR enforcement division **Voll·zugs·an·stalt** *f* penal institution **Voll·zugs·be·am·te(r)** *f(m) dekl wie adj* [prison] warden

Vo·lon·tär(in) <-s, -e> [volɔn'tɛːɐ̯] *m(f)* trainee, internship AM

Vo·lon·ta·ri·at <-[e]s, -e> [volɔnta'ri̯aːt] *nt* ① *(Ausbildungszeit)* period of training, internship AM
② *(Stelle)* trainee position, internship AM

vo·lon·tie·ren* [volɔn'tiːrən] *vi* ■[**bei jdm/in etw** *dat*] ~ to work as a trainee [*or* AM intern] [with sb/in sth]

Volt <-[e]s, -> [vɔlt] *nt* volt

Vol·ta·me·ter [vɔlta'meːtɐ] *nt* voltameter

Volt·am·pere [vɔlt?am'peːɐ̯] *nt* voltampere

Vol·ti·gie·ren <-s> [vɔlti'ʒiːrən] *nt kein pl* SPORT horseback acrobatics + *sing vb*

Vo·lu·men <-s, - *o* Volumina> [vo'luːmən, *pl* -mina] *nt* ① *(Rauminhalt)* volume; **das** ~ **einer Kugel berechnen** to calculate the volume of a sphere; ***eine Magnumflasche Champagner hat das doppelte ~ einer Normalflasche*** a magnum of Champagne has twice the capacity of a normal bottle; ***er hat eine Stimme von großem ~*** *(fig)* he has a sonorous voice
② *(Gesamtumfang) von Auftrag* total amount; *von Export* volume; ***es handelt sich um einen Großauftrag, mit einem ~ von 35 Millionen Euro*** it's a major contract worth 35 million euros in total
③ *(Haarvolumen)* texture

Vo·lu·men·pro·zent *nt* volume percentage **Vo·lu·men·zu·wachs** *m* FIN volume growth

vo·lu·mi·nös [volumi'nøːs] *adj (geh)* voluminous

vom [fɔm] = **von dem** *s.* **von**

von [fɔn] *präp* +*dat* ① *räumlich (ab, herkommend)* from; *(aus ... herab/heraus)* off, out of; ***ich fliege morgen ~ München nach Hamburg*** tomorrow I'm flying from Munich to Hamburg; ***der Zug ~ Wien nach Stuttgart fährt Bahnsteig an 2 ein*** the train from Vienna to Stuttgart arrives on platform 2; ***wie komme ich vom Bahnhof am besten zum Rathaus?*** how can I best get from the station to the town hall?; ~ ***hier bis zur Wand müssten es etwa fünf Meter sein*** it must be about five metres from here to the wall; ~ ***diesem Fenster kann man alles gut beobachten*** you can see everything very well from this window; ***diese Eier sind ~ unserem Hof*** these eggs are from our farm; ***er fiel ~ der Leiter*** he fell off the ladder; ***sie fiel vom Baum*** she fell out of the tree; ~ **hinten/vorne** from behind/the front; ~ **links/rechts** from left/right; ~ **Norden/Westen, etc.** from the North/West, etc.; ***der Wind kommt ~ Süden*** the wind comes from the South; ~ **weit her kommen** to come from far away; ~ **woher...?** where ...from?, from where...?
② *räumlich (etw entfernend)* from, off; ***er nahm die Whiskyflasche ~ der Anrichte*** he took the bottle of whisky from the sideboard; ***sie sprang vom Tisch*** she jumped off the table; **allen Ballast ~ sich** *dat* **werfen** to get rid of all burden; **sich** *dat* **den Schweiß ~ der Stirn wischen** to wipe sweat from one's brow; **die Wäsche ~ der Leine nehmen** to take the washing in off the line; ~ **zu Hause weggehen** to go away from home
③ *zeitlich (stammend)* from; ***ich kenne sie ~ früher*** I knew her a long time ago; ***ich will nichts mehr ~ damals wissen!*** I don't want to know any more about that time!; ~ ***wann ist der Brief?*** when is the letter from?; ***für Jugendliche ~ 12 bis 16 gilt ein gesonderter Tarif*** there is a special price for adolescents from twelve to sixteen; ~ **... bis** from ... to; ***ich bin ~ morgen bis zum 23. verreist*** I'm away from tomorrow until 23rd; **von 9 bis 5 Uhr arbeiten** to work from 9 to 5; ~ **Montag bis Freitag** from Monday to Friday; **Ihr Brief vom ...** your letter from [*or* dated] ...; **die Zeitung ~ gestern** yesterday's paper; ~ **jetzt/morgen an** from now/tomorrow on [*or* onwards]; ***die neue Regelung gilt ~ März an*** the new regulation is valid as of March; ~ **klein an** from her/his earliest days; ~ **Tag zu Tag** day after day
④ *(Urheber, Ursache)* from; ~ ***wem ist dieses schöne Geschenk?*** who is this lovely present from?; ~ ***wem hast du das Buch bekommen?*** who gave you the book?; ~ ***wem weißt du das?*** who told you that?; ~ ***wem ist dieser Roman?*** who is this novel by?; ***das Bild ist ~ einem unbekannten Maler*** the picture is by an unknown painter; ~ ***solchen Tricks bin ich nicht sehr beeindruckt*** I'm not very impressed by tricks like that; ***das war nicht nett ~ dir!*** that was not nice of you!; ~ ***was ist hier eigentlich die Rede?*** *(fam)* what are we talking about here?; ~ ***was sollen wir eigentlich leben?*** *(fam)* what are we supposed to live on?; ***er wurde ~ einem Auto angefahren*** he was hit by a car; ~ **der Sonne gebräunt werden** [*o* **sein**] to be browned by the sun; ~ **jdm gelobt werden** to be praised by sb; ~ **Hand gefertigt** *(fig)* handmade; **müde ~ der Arbeit** tired of work; **die Musik ~ Beethoven** Beethoven's music; ~ **Rechts wegen** by operation of law, ipso jure
⑤ *statt Genitiv (Zugehörigkeit)* of; ***das Auto ~ meinem Vater ist blau*** *(fam)* my father's car is blue; ***er wohnt in der Nähe ~ Köln*** he lives near Cologne; ***ich möchte die Interessen ~ meinen Geschwistern vertreten*** I should like to represent the interests of my brothers and sisters; **ein Freund/eine Freundin ~ mir** a friend of mine; **die Königin ~ England** the Queen of England; **Mutter/Vater ~ vier Kindern sein** to have four children; **der Vertrag ~ Maastricht** the Treaty of Maastricht
⑥ *(Menge, Gruppenangabe)* of; ***keiner ~ uns wusste Bescheid*** none of us knew about it; ***keiner ~ diesen Vorwürfen ist wahr*** none of these accusations are true; **einer ~ uns** one of us; **einer ~ vielen/hundert** one of many/one in a hundred
⑦ *(bei Zahlenangaben)* of; ***5 km ~ Innsbruck entfernt*** 5 km away from Innsbruck; **einen Abstand ~ zwei Metern** a distance of two metres; **ein Aufenthalt ~ vier Wochen** a four-week stay; **eine Fahrt/Pause ~ zehn Minuten** a ten minute drive/break; **ein Kind ~ sieben Jahren** a seven year old child; **Städte ~ über 100.000 Einwohnern** cities with over 100,000 inhabitants
⑧ *(geh: Eigenschaft)* of; **ein Mann ~ Charakter** a real character; **eine Frau ~ Schönheit** a beautiful woman; **eine Angelegenheit ~ größter Wichtigkeit** an extremely important matter
⑨ *(veraltend: Zusammensetzung)* of; **ein Strauß ~ Rosen** a bunch of roses; **ein Ring ~ purem Gold** a ring made of pure gold
⑩ *(bei Adelstitel)* of; *(bei deutschem Adelstitel)* von; **die Herzogin von York** the Duchess of York
▸WENDUNGEN: ~ **wegen!** *(fam)* not a chance!, no way! *fam;* ~ ***wegen verschwiegen, das ist die größte Klatschbase, die ich kenne*** no way will she keep that quiet, she's the biggest gossip I know!

Von-bis-Preis *m,* **Von-bis-Span·ne** *f* HANDEL price range

von·ein·an·der [fɔn?ai̯'nandɐ] *adv* ① *(einer vom anderen)* from each other, from one another; ***wir könnten viel ~ lernen*** we could learn a lot from each other; ***wir haben lange nichts ~ gehört*** we haven't been in touch with each other for a long time
② *(Distanz betreffend)* from each other, from one another; ***die beiden Ortschaften sind 20 Kilometer ~ entfernt*** the two towns are twenty kilometres apart; ***wir wohnen gar nicht so weit ~ weg*** we don't live very far away from each other

von·nö·ten [fɔn'nøːtn̩] *adj (geh)* ■~ **sein** to be necessary

von·sei·ten[RR], **von Sei·ten**[RR] *präp* +*gen* on the part of

von·stat·ten|ge·hen[RR] *vi irreg sein* ■[**irgendwie**] ~ to take place [in a certain manner]; ***die Vorführung ging mit ein paar kleineren Pannen vonstatten*** the demonstration went off with a few minor hiccups

Vo·po <-s, -s> ['foːpo] *m* HIST *(fam) kurz für* **Volkspolizist** member of the People's Police *(in the former GDR)*

vor [foːɐ̯] **I.** *präp* ① +*dat (davor befindlich)* ■~ **jdm/etw** in front of sb/sth; ***ich sitze zwölf Stunden am Tag ~ dem Bildschirm!*** I spend twelve hours a day sitting in front of a screen!; ***sie ließ ihn ~ sich hergehen*** she let him go in front of her; ~ ***der Tür steht ein Vertreter*** there's a salesman at the door; ***das Subjekt steht ~ dem Objekt*** the subject precedes [*or* comes before] the object; **eine Binde ~ den Augen tragen** to have a bandage over one's eyes; ~ **der Stadt** outside the town
② +*dat (fig: für)* for; ~ ***Gott sind alle Menschen gleich*** in the eyes of God everyone is equal
③ +*dat (fig: in Gegenwart von)* in the presence of; **sich** *akk* ~ **jdm schämen** to feel ashamed in front of sb; ~ **Zeugen** in the presence [*or* in front] of witnesses; ~ **Zuschauern** [*o* **Publikum**] in front of spectators
④ +*dat (fig: konfrontiert mit)* ~ **Gericht/dem Richter stehen** to stand before the court/judge
⑤ +*dat (fig: bezüglich)* ~ **etw davonlaufen** to run away from sth; **sich** *akk* ~ **jdm/etw schützen** to protect oneself from sb/sth; **jdn ~ jdm warnen** to warn sb about sb
⑥ +*akk (auf die Vorderseite)* in front of; ***setz dich bitte nicht direkt ~ mich*** please don't sit directly in front of me; ***der Sessel kommt ~ den Fernseher*** the armchair goes in front of the television
⑦ +*akk (frontal gegen)* **ein Schlag ~ die Brust** a blow on the chest
⑧ +*akk (fig: konfrontieren)* **jdn ~ ein Ultimatum stellen** to give sb an ultimatum
⑨ +*akk (fig: schützend)* **sich** *akk* ~ **jdn stellen** to put oneself in front of sb
⑩ +*akk (bei sich)* ~ **sich** *akk* **hin summen** to hum to oneself
⑪ +*dat (früher)* before; ***wenn du dich beeilst, kannst du noch ~ Dienstag in Berlin sein*** if you hurry, you can be in Berlin before Tuesday; ***es ist zehn ~ zwölf*** it is ten to twelve; **vor kurzem/wenigen Augenblicken/hundert Jahren** a short time/a few moments/hundred years ago
⑫ +*dat (Reihen-, Rangfolge)* before; ***ich war ~ dir dran*** I was before you; ~ **allem** above all; ~ **jdm am Ziel sein** to get somewhere before sb [arrives]
⑬ +*dat (bevorstehend)* ■**etw ~ sich** *dat* **haben** to

have sth ahead; **eine Aufgabe/ein Problem ~ sich** *dat* **haben** to be faced with a task/a problem ⓮ + *dat (bedingt durch)* with; **~ Furcht/Kälte zittern** to shake with fear/cold; **~ Hunger sterben** to die of hunger; **~ Schmerz schreien** to cry out in pain; ***ich konnte ~ Schmerzen die ganze Nacht nicht schlafen*** I couldn't sleep all night because of the pain; **starr ~ Schreck** rigid with horror; **~ Wut rot anlaufen** to turn red with rage; *s. a.* **Christus, Ding**

II. *adv* ❶ *(nach vorne)* forward; ***Freiwillige ~!*** volunteers one step forward!; **~ und zurück** backwards and forwards

❷ *(fam: davor)* ***da habe ich Angst ~*** I'm afraid of that; ***da hat er sich ~ gedrückt*** he got out of that nicely *fam*

vor·ab [fo:ɐ̯ˈʔap] *adv* first, to begin with; **~ *einige Informationen*** let me first give you some information; ***über Änderungen des Plans möchte ich bitte ~ informiert werden*** I would like to be told first about any changes to the plan

Vor·ab·druck *m* advance publication

vor|ab|dru·cken *vt* ■**etw ~** *Roman* to publish sth in serial form [prior to publication]

Vor·abend <-s,-e> [ˈfo:ɐ̯ʔa:bn̩t] *m* **am ~ [einer S.** *gen*] on the evening before [sth], on the eve [of sth]

Vor·ab·ent·scheid *m,* **Vor·ab·ent·schei·dung** *f* JUR preliminary ruling [*or* decision] **Vor·ab·ent·schei·dungs·ver·fah·ren** *nt* JUR preliminary decision proceedings *pl* **Vor·ab·klä·rung** <-, -en> *f* SCHWEIZ *(Voruntersuchung)* preliminary investigation

Vor·ah·nung *f* presentiment, premonition; **~en haben** to have a premonition

vo·ran [foˈran] *adv* ❶ *(vorn befindlich)* first; ***~ geht die Entenmutter, und dann kommen die Küken*** the mother duck goes first followed by the ducklings; ***da kommen die Schüler von der Wanderung, mit den Lehrern ~*** the pupils are returning from the hike, led by their teachers

❷ *(vorwärts)* forwards; ***immer langsam ~!*** gently does it!; ***~, wir müssen weiter!*** let's get moving, we must continue!; ***~, nicht aufgeben, bald sind wir daheim*** come on, don't give up, we'll soon be home

vo·ran|brin·gen [foˈranbrɪŋən] *vt irreg (fördern, weiterbringen)* ■**etw ~** to advance sth; ***die Entschlüsselung der DNS-Moleküle hat die Genforschung weit vorangebracht*** the decoding of the DNA molecule advanced genetic research enormously; ■**jdn ~** to allow sb to advance; ***diese Erfindung brachte die Raumfahrtexperten um Jahrzehnte voran*** this invention allowed space experts to advance decades **vo·ran|ge·hen** *vi irreg sein* ❶ *(an der Spitze gehen)* ■**[jdm] ~** to go ahead [*or* in front] [of sb]; ***geht ihr mal voran, ihr kennt den Weg*** you go ahead, you know the way; ■**jdn ~ lassen** to let sb go ahead [*or* lead the way] ❷ *a. impers (Fortschritte machen)* to make progress; ***die Arbeiten gehen zügig voran*** rapid progress is being made with the work; ***die Vorbereitungen gehen gut voran*** preparations are progressing [*or* coming along] nicely; ■**[mit etw** *dat*] **geht es voran** to make progress [with sth]; ***mit den Vorbereitungen für die Veranstaltung ist es bisher zügig vorangegangen*** rapid progress has been made so far with the preparations for the event ❸ *(einer Sache vorausgehen)* to precede sth; **in den vorangegangenen Wochen** in the previous weeks; ***dem Projekt gingen lange Planungsphasen voran*** the project was preceded by long phases of planning **vo·ran·ge·hend** *adj* JUR precedent, antecedent

vo·ran|kom·men *vi irreg sein* ❶ *(vorwärtskommen)* to make headway

❷ *(Fortschritte machen)* ■**[mit etw** *dat*] **~** to make progress [with sth]; ***ich komme jetzt besser voran*** I'm making better progress now; ***wie kommt ihr voran mit der Arbeit?*** how are you getting along with the work?

Vor·an·kün·di·gung *f* advance notice **Vor·an·mel·der(in)** *m(f) (von Patent)* prior [*or* previous] applicant **Vor·an·mel·de·zeit·raum** *m* FIN *(Steuer)* VAT accounting period **Vor·an·mel·dung** [ˈfo:ɐ̯ʔanmɛldʊŋ] *f* appointment, booking

vo·ran|pu·schen *vt (fam)* ■**jdn/etw ~** *(vorantreiben)* to push [*or* drive] sb/sth on [*or* forward]

Vor·an·schlag <-[e]s, Voranschläge> *m* HANDEL [cost] estimate; **einen ~ aufstellen/einreichen** to make/to submit an estimate

vo·ran|trei·ben *vt irreg* ■**jdn/etw ~** to push on [*or* ahead] with sb/sth, to hurry along sb/sth *sep,* to drive sb/sth forward; *(Projekt)* to make progress with sth

Vor·an·zei·ge *f* advance notice **Vor·ar·beit** *f* groundwork, preliminary [*or* preparatory] work; **[gute] ~ leisten** to prepare the ground [well] *a. fig;* ***es ist noch einige ~ zu leisten*** there's still some preparatory work to do **Vor·ar·bei·ten** *pl* preparation work *no pl*

vor|ar·bei·ten **I.** *vt (durch vorherige Mehrarbeit erarbeiten)* ■**etw ~** to work sth in advance; ***ich habe länger Urlaub, weil ich ein paar Tage vorgearbeitet habe*** I have got a longer holiday because I have worked a few days ahead

II. *vi (fam)* ❶ *(im Voraus arbeiten)* to do some work in advance

❷ *(Vorarbeit leisten)* ■**[jdm/für jdn] ~** to do some work in advance [for sb]; ***Sie haben wirklich ganz ausgezeichnet vorgearbeitet*** you've really done some excellent work in advance

III. *vr (vorankommen)* ■**sich** *akk* **[durch etw** *akk*] **~** to work one's way forward [through sth]; ***sie mussten sich durch dichten Dschungel ~*** they had to work their way forward through thick jungle; ***seine Frau hat sich bis in die höchste Position vorgearbeitet*** his wife has worked her way up to the highest position; ■**sich** *akk* **[zu jdm/etw] ~** to work one's way through [to sb/sth]; ***sie arbeiteten sich zu den eingeschlossenen Bergleuten vor*** they worked their way through to the miners who had been cut off

Vor·ar·bei·ter(in) *m(f)* foreman *masc,* forewoman *fem*

Vor·arl·berg [ˈfo:ɐ̯ʔarlbɛrk] *nt* Vorarlberg

vo·raus [foˈraus] *adv* in front, ahead; ***Achtung, ~ sehen wir jetzt die Ruine der Burg*** your attention please, we can now see in front of us the castle ruins; ***die nächste Autobahntankstelle liegt etwa 30 Kilometer ~*** the next motorway petrol station is about thirty kilometres further on; **jdm [in etw** *dat*/**auf etw** *dat*] **~ sein** to be ahead of sb [in sth]; **seiner Zeit [weit] ~ sein** to be [far] ahead of one's time; ***die Konkurrenz ist uns etwas ~*** the competition has a bit of a lead over us; **im V~** in advance; **zum V~** SCHWEIZ *(vorher)* beforehand

Vo·raus·ab·tre·tung *f* JUR anticipatory assignment **vo·raus|ah·nen** *vt* ■**etw ~** to anticipate sth **vo·raus|be·din·gen*** *vt* JUR ■**etw ~** to stipulate sth beforehand **vo·raus|be·rech·nen*** *vt* ■**etw ~** to calculate sth in advance; ***die Projektkosten lassen sich ziemlich exakt ~*** the costs involved in the project can be calculated fairly accurately in advance **Vo·raus·be·stel·lung** *f* HANDEL advance order **vo·raus|be·stim·men*** *vt* ■**etw ~** to determine sth in advance; ***der Verlauf einer Erkrankung kann nicht immer genau vorausbestimmt werden*** the exact course of an illness cannot always be determined in advance; ***manche glauben, das Schicksal sei dem Menschen bereits vorausbestimmt*** some believe that a person's fate is predetermined **vo·raus·be·zahlt** *adj* HANDEL prepaid; **~e Aufwendungen** sums paid in advance **vo·raus·bli·ckend** *adj (geh) s.* **vorausschauend** **vo·raus|da·tie·ren*** *vt* HANDEL ■**etw ~** to predate sth *form,* to date sth forward

vo·raus|ei·len *vi sein* ■**[jdm/etw] ~** ❶ *(vorauslaufen)* to hurry on ahead [of sb/sth]

❷ *(fig)* to rush on ahead [of sb/sth]

Vo·raus·ex·em·plar *nt* TYPO advance copy **vo·raus|fah·ren** *vi irreg sein* to drive [*or* go] on ahead; ***dem Umzug fährt immer ein Polizeiwagen ~*** a police car always drives ahead of the procession; ***fahr du voraus, ich folge dir*** go on ahead, I'll follow you **vo·raus|ge·hen** [foˈrausge:ən] *vi irreg sein* to go on ahead; ***die anderen wollten nicht warten und sind schon vorausgegangen*** the others didn't want to wait and have already gone on ahead; ***dem Unwetter geht meistens ein Sturm voraus*** bad weather is usually preceded by a storm

vo·raus·ge·setzt *adj* ■**~, [dass] ...** provided [that]

vo·raus|ha·ben *vt irreg* ■**[jdm] etw/viel/nichts ~** to have the/a great/no advantage of sth [over sb]; ■**[jdm] etw/nichts an etw** *dat* **~** to have an/no advantage [over sb] with regard to sth; ***was er an Spezialkenntnissen mehr hat, das hat sie ihm an Lebenserfahrung voraus*** she has the advantage of experience of life over his greater degree of specialist knowledge **Vo·raus·kla·ge** *f* JUR preliminary injunction **Vo·raus·kom·man·do** *nt* MIL advance guard

Vo·raus·leis·tung *f* advance performance **Vo·raus·leis·tungs·pflicht** *f* advance performance obligation

Vo·raus·sa·ge <-, -en> *f* prediction **vo·raus|sa·gen** *vt* ■**[jdm] etw ~** to predict sth [to sb]; ***der exakte Verlauf der Klimaveränderungen ist schwer vorauszusagen*** the exact course of the climatic changes is difficult to predict

Vo·raus·schau *f* foresight; *(finanziell)* projection; **in kluger/weiser ~** with sensible/wise foresight

vo·raus·schau·en *vi* to look ahead

vo·raus·schau·end **I.** *adj* foresighted; **ein ~er Mensch** a person with foresight [*or* vision]

II. *adv* foresightedly; **~ fahren** to be alert to potential dangers while driving; ***bei langfristigen Projekten muss ~ geplant werden*** with long-term projects planning must be conducted with an eye to the future

vo·raus|schi·cken *vt* ❶ *(vor jdm losschicken)* ■**jdn/etw ~** to send sb/sth on ahead; ***wir schicken immer das schwere Gepäck ~*** we always send heavy luggage on ahead

❷ *(geh: vorher sagen)* ■**etw ~** to say sth in advance; ***ich möchte erst eine Vorbemerkung ~*** I would like to make a statement in advance; ■**~, dass** to say in advance that

vo·raus·seh·bar *adj* foreseeable, predictable

Vo·raus·seh·bar·keit *f* JUR foreseeability

vo·raus|se·hen *vt irreg* ■**etw ~** to foresee sth; ■**~, dass** to foresee that; **das war vorauszusehen!** that was to be expected!

vo·raus|set·zen *vt* ❶ *(als selbstverständlich erachten)* ■**etw ~** to assume sth; ***deine Zustimmung ~d habe ich den Auftrag angenommen*** assuming you would agree, I have accepted the order; ***gewisse Fakten muss ich als bekannt ~*** I have to assume that certain facts are known; ***ein Kind sollte die Liebe seiner Eltern ~ dürfen*** a child should be able to take his parents' love for granted; **wenn man voraussetzt, dass** assuming that

❷ *(erfordern)* ■**etw ~** to require [*or* demand] sth; ***diese Position setzt besondere Kenntnisse voraus*** this position requires special knowledge

Vo·raus·set·zung <-, -en> *f (Vorbedingung)* prerequisite, precondition; **unter der ~, dass** on condition that; **unter bestimmten ~en** under certain conditions; ***er hat für diesen Job nicht die richtigen ~en*** he hasn't got the right qualifications for this job; *(Prämisse, Annahme)* assumption, premise; **von falschen ~en ausgehen** to begin with a false assumption; ***der Schluss beruht auf der irrigen ~, dass noch genügend Rohstoffe vorhanden sind*** this conclusion is based on the false assumption that there are enough available raw materials

Vo·raus·sicht *f kein pl* foresight; **in weiser ~** *(hum)* with great foresight; **aller ~ nach** in all probability

vo·raus·sicht·lich [foˈrauszɪçtlɪç] **I.** *adj (erwartet, vermutet)* expected; **~e Ankunft** expected arrival; ***wir bedauern die ~e Verspätung des Zuges*** we apologize for the expected delay to the train

II. *adv (wahrscheinlich)* probably

Vo·raus·ver·mächt·nis *nt* JUR preferential legacy **Vo·raus·wech·sel** *m* FIN advance bill **vo·**

raus|zah·len *vt* ■**jdn/etw** ~ to pay sb/sth in advance

Vo·raus·zah·lung *f* advance payment, payment in advance; **eine** ~ **leisten** to make [*or* put down] an advance payment **Vor·aus·zah·lungs·zins** *m* FIN interest on advance

Vor·bau <-[e]s, -bauten> ['fo:ɐ̯bau̯, *pl* -bau̯tən] *m* ❶ *(vorspringender Gebäudeteil)* porch; **ein überdachter** ~ a porch with a roof ❷ *(hum fam: Busen)* ***die Kellnerin hat einen ziemlichen*** ~ the waitress is fairly well-endowed [*or* well-stacked]

vor|bau·en I. *vt (als Vorbau anfügen)* ■[**etw** *dat*] [**etw**] ~ to build sth onto the front [of a thing]; ***wir wollen dem Haus eine Veranda*** ~ we want to build a veranda onto the house
II. *vi* to take precautions; ***wir haben vorgebaut und Geld für den Notfall gespart*** we've taken precautions and have put away some money for emergencies *pl;* ***er hat mit einer Lebensversicherung fürs Alter vorgebaut*** he has made provision for his old age with a life assurance policy; ■[**etw** *dat*] ~ to prevent [a thing]; ***ich will einem möglichen Missverständnis*** ~ I want to prevent a possible misunderstanding
▸WENDUNGEN: **der klugeMann baut vor** *(prov)* a wise man makes provisions *pl* for the future

Vor·be·dacht ['fo:ɐ̯bədaxt] *m* **aus/mit/voll** ~ deliberately, intentionally; **ohne** ~ unintentionally **Vor·be·deu·tung** *f* portent **Vor·be·din·gung** *f* precondition **Vor·be·halt** <-[e]s, -e> ['foɐ̯bəhalt] *m* reservation, proviso; ~ **der Rechte** reservation of one's rights; **geheimer** ~ mental reservation; ~**e gegen etw** *akk* **haben** to have reservations about sth; **ohne** ~ without reservation, unreservedly; **unter** ~ with reservations *pl;* **unter dem** ~**, dass** with the reservation that, under the proviso that

vor|be·hal·ten* *vt irreg* ■**sich** *dat* [**etw**] ~ to reserve [sth] for oneself; **Änderungen** ~ *(geh)* subject to alterations; **alle Rechte** ~ *(geh)* all rights reserved; ***ich behalte mir das Recht vor, meine Meinung zu ändern*** I reserve the right to change my opinion; [**jdm**] ~ **bleiben** to leave sth [to sb]; ***das sind unsere Vorstellungen, die Entscheidung bleibt natürlich Ihnen*** ~ those are our ideas, the decision will be left to you of course

vor·be·halt·lich I. *präp +gen (geh: unter dem Vorbehalt)* ■~ **einer S.** *gen* subject to sth; ~ **behördlicher Genehmigung** subject to permission from the relevant government department
II. *adj (geh: unter Vorbehalt erfolgend)* **eine** ~**e Genehmigung** conditional approval

vor·be·halt·los I. *adj* unconditional, unreserved; ***die Maßnahmen der Regierung genießen unsere ~e Zustimmung*** we unreservedly approve of the measures taken by the government
II. *adv* unreservedly, without reservation

Vor·be·halts·er·klä·rung *f* JUR reservation, proviso **Vor·be·halts·gut** *nt* HANDEL rescue property **Vor·be·halts·kauf** *m* HANDEL conditional sale **Vor·be·halts·käu·fer(in)** *m(f)* HANDEL conditional purchaser [*or* buyer] **Vor·be·halts·klau·sel** *f* JUR proviso, reservation clause **Vor·be·halts·ur·teil** *nt* JUR provisional judgement **Vor·be·halts·ver·kauf** *m* HANDEL conditional sale **Vor·be·halts·ver·käu·fer(in)** *m(f)* HANDEL conditional vendor **Vor·be·halts·zah·lung** *f* FIN conditional payment

Vor·be·hand·lung *f* pre-treatment

vor·bei [fo:ɐ̯'bai̯] *adv* ❶ *(vorüber)* ■~ **an etw** *dat* past sth; ***es war eine schöne Wanderung ~ an Wiesen und Wäldern*** it was a lovely walk past meadows and forests; ***wir sind schon an München*** ~ we have already passed [*or* gone past] Munich; ~**!** missed!; ***schon wieder ~, ich treffe nie*** missed again, I never score/hit the mark
❷ *(vergangen)* ■~ **sein** to be over; ***zum Glück ist die Prüfung jetzt endlich*** ~ fortunately the exam is now finally over; ***die Zeit der fetten Jahre ist*** ~ gone are the years of plenty!; ***es ist drei Uhr*** ~ it's gone three o'clock; [**mit etw/jdm**] ~ **sein** to be the end [of sth/sb]; ***mit meiner Geduld ist es*** ~ I've lost patience; ***mit der schönen Zeit war es*** ~ the good times were over; ***bald wird es mit ihm ~ sein*** *(fig)* he will soon be dead; ***mit uns ist es*** ~ *(fam)* it's over between us; **aus und** ~ over and finished; ~ **ist** ~ what's past is past

vor·bei|brin·gen *vt irreg (fam)* ■[**jdm**] **etw** ~ to drop sth off [*or* BRIT round] [for sb] *fam;* ***wir bringen Ihnen Ihre Pizza zu Hause vorbei*** we'll deliver your pizza to your doorstep; ***ich möchte Ihnen Ihr Geburtstagsgeschenk*** ~ I would like to drop off your birthday present **vor·bei|dür·fen** *vi irreg (fam)* ■[**irgendwo**] ~ to be allowed past [somewhere]; ***entschuldigen Sie, darf ich gerade mal hier vorbei?*** excuse me, can I just get through here?

vor·bei|fah·ren *irreg* I. *vt haben (fam: hinbringen)* ■**jdn** [**bei jdm**] ~ to drop sb off [at sb's]; ***kannst du mich bei Wilfried ~?*** could you drop me off at Wilfried's?
II. *vi sein* ❶ *(vorüberfahren)* ■[**an jdm/etw**] ~ to drive past [sb/sth]; ***der Wagen ist eben hier vorbeigefahren*** the car drove past here a few moments ago; ***ich habe im V~ nicht genau sehen können, was auf dem Schild stand*** I couldn't exactly see in passing what was on the sign
❷ *(fam: kurz aufsuchen)* ■[**bei jdm/etw**] ~ to call [*or* drop] in [at sb's/sth]; ***ich möchte auf dem Rückweg noch bei meiner Tante*** ~ I would like to call in at my aunt's on the way home; ***ich fahre erst noch beim Supermarkt vorbei*** I'm just going to call in at the supermarket first

vor·bei|füh·ren *vi* ■**an etw** *dat* ~ to lead past sth; ***der Weg führt am Bauernhof vorbei*** the path runs past the farm
▸WENDUNGEN: **daran führt kein Weg vorbei** *(prov)* you can't go past it

vor·bei|ge·hen [fo:ɐ̯'bai̯ge:ən] *vi irreg sein* ❶ *(vorübergehen)* to go past [*or* by]; ■[**an jdm/etw**] ~ to go past [sb/sth]; ***sie ging dicht an uns vorbei, erkannte uns aber nicht*** she walked right past us, but didn't recognize us; ***er ging an den Schönheiten der Natur vorbei*** he walked past the things of natural beauty; *(überholen)* to overtake; ***der Russe geht an dem Briten vorbei*** the Russian is overtaking the Briton; *(danebengehen)* to miss [sb/sth]; ***du musst genau zielen, sonst geht der Schuss am Ziel vorbei*** you must aim accurately, otherwise your shot will miss the target; ■**im V~** in passing; ***im V~ konnte ich nichts Ungewöhnliches feststellen*** I didn't notice anything unusual in passing
❷ *(fam: aufsuchen)* ■[**bei jdm/etw**] ~ to call [*or* drop] in [at sb's/sth]; ***gehe doch bitte auf dem Rückweg bei der Apotheke vorbei*** please could you drop in at the chemist's on the way back
❸ *(vergehen)* ■**etw geht vorbei** sth passes; ***irgendwann geht die Enttäuschung vorbei*** the disappointment will pass sometime or other; **keine Gelegenheit ungenutzt ~ lassen** *(fig)* to not let an opportunity slip [*or* pass]

vor·bei|kom·men *vi irreg sein* ❶ *(passieren)* to pass; ***wir sind an vielen schönen Häusern vorbeigekommen*** we passed many beautiful houses; ***sag Bescheid, wenn wir an einer Telefonzelle*** ~ let me know when we pass a telephone box
❷ *(fam: besuchen)* ■[**bei jdm**] ~ to call [*or* drop] in [at sb's]; ***komm doch mal bei mir vorbei, wenn du in der Gegend bist*** drop in at my place when you're in the area
❸ *(vorübergelangen können)* ■[**irgendwo** [*o* **an etw/jdm**]] [**nicht**] ~ to [not] get past [*or* by] [somewhere [*or* sth/sb]]; **an einen Hindernis** ~ to get past an obstacle; **an einer Wache** ~ to get past a guard; **an dieser Tatsache kommen wir nicht vorbei** *(fig)* we can't escape this fact; **nicht daran ~, dass** *(fig)* not to be able to get around [*or* BRIT round] the fact that; ***wir kommen nicht daran vorbei, dass wir verantwortlich sind*** we can't get round the fact that we're responsible

vor·bei|kön·nen *vi irreg* ■[**irgendwo/an jdm**] ~ to be able to get past [*or* by] [somewhere/sb]; ***entschuldigen Sie, kann ich mal vorbei?*** excuse me, may I get past?; ***es kann keiner an mir vorbei, ohne bemerkt zu werden*** nobody can get past me without being noticed

vor·bei|las·sen *vt irreg* ❶ *(vorbeigehen lassen)* ■**jdn/etw** [**an jdm**] ~ to let sb/sth past [sb]; ***lassen Sie uns bitte vorbei, wir müssen zu den Verletzten!*** let us through please, we must get to the injured!; ***er ließ mich nicht an sich vorbei*** he wouldn't let me [get] past him; ***Linksabbieger müssen erst den geradeaus fahrenden Verkehr*** ~ vehicles turning left must give way to oncoming traffic
❷ *(verstreichen lassen)* to let sth go by; **eine Gelegenheit ungenutzt** ~ to let an opportunity slip

vor·bei|lau·fen *vi* ■[**an etw/jdm**] ~ to walk past [*or* by] [sb/sth]

vor·bei|le·ben *vi* ■**aneinander** ~ *Ehepartner* to lead [*or* live] separate lives; ***wach endlich auf! du lebst ja völlig an der Realität vorbei!*** stop dreaming, will you, and wake up to real life! **Vor·bei·marsch** *m* march-past **vor·bei|mar·schie·ren*** *vi sein* ■[**an etw/jdm**] ~ to march past [*or* by] [sth/sb] **vor·bei|mo·geln** *vr* ■**sich** *akk* **an etw/jdm** ~ to finagle a [*or* one's] way [a]round sth/sb *fam* **vor·bei|rau·schen** *vi* ❶ *(fam: schnell vorbeigehen)* ■**an jdm/etw** ~ to zoom past sb/sth ❷ *(fam: nicht mitkriegen)* ■**an jdm** ~ *Worte* to go right past sb *fam* **vor·bei|re·den** *vi* to skirt around [*or* BRIT round] sth; **am Thema** ~ to miss the point; **aneinander** ~ to be talking at cross purposes *pl* **vor·bei|schau·en** *vi (fam: besuchen)* ■[**bei jdm/etw**] ~ to look in [on sb/sth]; ***hast du auf dem Nachhauseweg noch mal bei Mutter vorbeigeschaut?*** did you look in on mother on the way home?

vor·bei|schie·ßen *vi irreg* ❶ *haben (danebenschießen)* ■[**an jdm/etw**] ~ to miss [sb/sth]
❷ *sein (eilig vorbeilaufen)* ■[**an jdm/etw**] ~ to shoot past [sb/sth]

vor·bei|schleu·sen *vt (fam)* **Gelder am Finanzamt** ~ to run secret accounts; **Gelder an offiziellen Konten** ~ to channel funds into secret accounts

vor·bei|schlit·tern *vi* ■**an etw** *dat* ~ *(fam)* to come close to being sth

vor·bei|schram·men *vi sein (fam)* ■[**an etw** *dat*] ~ ❶ *(berühren)* to [just] scrape past sth
❷ *(entkommen)* to escape [sth] by the skin of one's teeth

vor·bei|zie·hen *vi irreg sein* ❶ *(vorüberziehen)* ■[**an jdm/etw**] ~ to pass by [sb/sth]; *Wolken, Rauch* to drift past; **die Ereignisse in der Erinnerung ~ lassen** *(fig fam)* to let events go through one's mind
❷ *(überholen)* ■[**an jdm**] ~ to pull past [sb]

vor·bei|zwän·gen *vr* ■**sich** *akk* **an etw/jdm** ~ to squeeze past sth/sb

vor·be·las·tet *adj* at a disadvantage; **erblich ~ sein** to have an inherited defect

Vor·be·las·tung *f* FIN *eines Grundstücks* prior encumbrance

Vor·be·las·tungs·ver·bot *nt* JUR prohibition of prior encumbrance

Vor·be·mer·kung *f* preface, foreword

Vor·be·nut·zung *f* JUR *eines Patents* prior use **Vor·be·nut·zungs·hand·lun·gen** *pl* JUR acts of prior use **Vor·be·nut·zungs·recht** *nt* JUR right of prior use

vor|be·rei·ten* I. *vt* ❶ *(im Voraus bereiten)* ■**etw** [**für etw** *akk*] ~ to prepare sth [for sth]
❷ *(einstimmen, einstellen)* ■**jdn** [**auf etw** *akk*] ~ to prepare sb [for sth]
II. *vr* ■**sich** *akk* [**auf etw** *akk*] ~ to prepare oneself [for sth]; ***ich möchte dich auf eine unangenehme Nachricht ~!*** I would like you to prepare yourself for some bad news!; ***wir bereiten uns auf ihre Ankunft vor*** we're preparing for her arrival; ■**sich** *akk* **für etw** *akk* ~ to prepare oneself for sth; **sich** *akk* **für eine Prüfung** ~ to prepare for an exam

vor·be·rei·tend *adj attr* preparatory

vor·be·rei·tet *adj* ❶ *(vorher erledigt, hergestellt)* prepared

② *(eingestellt)* ■ **[auf etw/jdn] ~ sein** to be prepared [for sth/sb]

Vor·be·rei·tung <-, -en> *f* preparation; **~en [für etw** *akk*] **treffen** to make preparations [for sth]

Vor·be·rei·tungs·dienst *m (Referendariat)* teacher training **Vor·be·rei·tungs·haft** *f* JUR preparatory custody *(prior to repatriation)* **Vor·be·rei·tungs·pha·se** *f* preparation stage

Vor·be·richt *m* preliminary report **Vor·be·scheid** *m* JUR preliminary ruling **Vor·be·sit·zer(in)** <-s, -> *m(f)* previous owner **Vor·be·spre·chung** *f* preliminary discussion [*or* meeting] **vor|be·stel·len*** *vt* ■ **etw ~** to order sth in advance, to reserve; ***ich möchte bitte zwei Karten ~*** I'd like to book two tickets please **Vor·be·stel·lung** *f* advance booking [*or* order] **Vor·be·stim·mung** <-, -en> *f* fate; ■ **es war ~, dass** it was fate, that; **an ~ glauben** to believe in fate **vor·be·straft** *adj (fam)* previously convicted; **mehrfach ~ sein** to have several previous convictions; **nicht ~ sein** to not have a criminal record [*or* a previous conviction]; ■ **[wegen einer S.** *gen*] **~ sein** to have a previous conviction [for sth] **Vor·be·straf·te(r)** *f(m) dekl wie adj* person with a previous conviction

vor|be·ten I. *vt (fam: hersagen)* ■ **[jdm] etw ~** to hold forth on/about sth [to sb]; ***er hat uns die ganzen Gesetze vorgebetet*** he held forth to us about all the laws

II. *vi (als Vorbeter tätig sein)* to lead the prayer[s]

Vor·be·ter(in) *m(f)* prayer leader

Vor·beu·ge·haft *f kein pl* preventive custody **Vor·beu·ge·maß·nah·me** *f* preventive measure

vor|beu·gen I. *vt (nach vorne beugen)* ■ **etw ~** to bend sth forward; **den Kopf ~** to bend [one's head] forward; ***beuge den Oberkörper nicht zu weit vor, sonst verlierst du das Gleichgewicht!*** don't lean too far forward, or you'll lose your balance

II. *vi (Prophylaxe betreiben)* ■ **[etw** *dat*] **~** to prevent sth; **einer Krankheit/Gefahr ~** to prevent an illness/danger; ***in Zeiten erhöhter Erkältungsgefahr beuge ich vor*** in times of increased risk of colds I take preventive measures

▸ WENDUNGEN: **~ ist besser als heilen** *(prov)* prevention is better than cure *prov*

III. *vr* ■ **sich** *akk* **~** to lean forward

vor·beu·gend I. *adj* preventive, preventative; **eine ~e Maßnahme** a preventive measure

II. *adv* as a precautionary measure; **sich** *akk* **~ impfen lassen** to be vaccinated as a precaution

Vor·beu·gung <-, -en> *f* prevention; ***regelmäßiges Zähneputzen dient der ~ gegen Karies*** regular brushing of one's teeth helps prevent tooth decay; **zur ~ [gegen etw** *akk*] as a prevention [*or esp* BRIT prophylactic] [against sth]

Vor·beu·gungs·maß·nah·me *f* preventative measure

Vor·bi·lanz *f* FIN preliminary balance sheet, trial balance

Vor·bild <-[e]s, -er> ['fo:ɐ̯bɪlt] *nt* example; **nach dem ~ von ...** following the example set by ...; ***ihr Vater war ihr großes ~*** her father was a great example for her; **ein leuchtendes/schlechtes ~** a shining/poor example; **[jdm] als ~ dienen** to serve as an example [for sb]; **[sich** *dat*] **jdn zum ~ nehmen** to model oneself on sb; **das ist ohne ~** *(fig)* that has no equal

Vor·bild·funk·ti·on *f* exemplary function

vor·bild·lich I. *adj* exemplary

II. *adv* in an exemplary manner; ***sie haben sich ~ benommen*** they behaved in an exemplary manner

Vor·bil·dung *f kein pl* educational background; *(allgemeiner)* previous experience

vor|bin·den *vt irreg* ① *(davorbinden)* ■ **[jdm/sich] etw ~** to tie sth [on sb/one]

② *(veraltend: vorknöpfen)* ■ **sich** *dat* **jdn ~** to take sb to task

Vor·bör·se *f* BÖRSE before-hour trading [*or* dealings *pl*]

vor·börs·lich *adj attr* BÖRSE *Kurse, Umsätze, Erwartungen* pre-market

Vor·bo·te *m* harbinger, herald **Vor·bräu·ner** <-s, -> *m* pre-tan agent

Vor·brin·gen <-s> *nt kein pl* contention, assertion; *(vor Gericht)* plea, submission; **~ neuer Beweise** production of fresh evidence; **~ von Beweismaterial** submission of evidence; **~ der Parteien** submission of the parties; **nachträgliches ~** subsequent pleadings; **rechtlich unzulässiges ~** legal defence; **verspätetes ~** late submissions *pl*

vor|brin·gen *vt irreg* ■ **etw [gegen etw** *akk* [*o* **zu etw** *dat*]] **~** to have sth to say [about sth]; **ein Argument ~** to put forward [*or* present] [*or* offer] an argument; **eine Meinung ~** to voice [*or* express] [*or* offer] one's opinion; **Bedenken ~** to express one's misgivings; **einen Einwand ~** to raise [*or* make] [*or* lodge] an objection; **Fakten ~** to cite facts; ***bitte beschränken Sie sich lediglich auf die Fakten*** please stick to the facts; ***darf ich eine Frage ~*** may I raise a question

vor·christ·lich *adj attr* pre-Christian; **in ~er Zeit** in pre-Christian times

Vor·dach *nt* ARCHIT canopy

vor|da·tie·ren* [fo:ɐ̯dati:rən] *vt* ■ **etw ~** to postdate sth **vor·de·fi·niert** *adj* predefined

Vor·den·ker(in) *m(f)* progressive thinker

Vor·der·ach·se *f* AUTO front axle **Vor·der·an·sicht** *f* front view **Vor·der·asi·en** <-s> *nt* Near East **Vor·der·aus·gang** *m* front exit **Vor·der·bein** *nt* ZOOL foreleg **Vor·der·deck** *nt* NAUT foredeck

vor·de·re(r, s) ['fɔrdərə, -rɐ, -rəs] *adj* front; ***die Explosion zerstörte den ~n Bereich des Domes*** the explosion destroyed the front [section [*or* part]] of the cathedral

Vor·der·ein·gang *m* front entrance **Vor·der·front** *f* frontage

Vor·der·grund *m a.* KUNST, FOTO foreground; **sich** *akk* **in den ~ drängen** [*o* **schieben**] to push oneself to the fore; **etw in den ~ rücken** [*o* **stellen**] to give priority to sth; **sich** *akk* **in den ~ spielen** *(fig)* to push oneself forward; **im ~ stehen** to be the centre [*or* AM -er] of attention; **in den ~ treten** to come to the fore; **im ~** foreground

vor·der·grün·dig I. *adj* superficial

II. *adv* at first glance

Vor·der·grund·ver·ar·bei·tung *f* INFORM foreground processing

vor·der·hand *adv bes* SCHWEIZ *(o veraltend: einstweilen)* for the time being

Vor·der·haus *nt* front part of a house, part of a house which faces the street **Vor·der·la·der** <-s, -> *m (Waffenart)* muzzle-loader **vor·der·las·tig** *adj Schiff, Flugzeug* front-heavy **Vor·der·lauf** *m* JAGD foreleg

Vor·der·mann *m* ■ **jds ~** person in front of sb

▸ WENDUNGEN: **etw/jdn auf ~ bringen** *(fam)* to lick sth/sb into shape

Vor·der·pfo·te *f* ZOOL front paw, fore-paw

Vor·der·rad *nt* front wheel **Vor·der·rad·an·trieb** *m* AUTO front-wheel drive; **mit ~** [with] front-wheel drive; **ein Wagen mit ~** a car with front-wheel drive [*or* front-wheel drive car]

Vor·der·rei·fen *m* front tyre [*or* AM tire] **Vor·der·rei·he** *f* front row **Vor·der·schin·ken** *m* KOCHK shoulder ham *no indef art, no pl,* shoulder of ham **Vor·der·sei·te** *f* front [side], front page; **auf der ~** on the front of the page **Vor·der·sitz** *m* front seat

vor·der·ste(r, s) ['fɔrdɐstə, -stɐ, -stəs] *adj superl von* **vordere(r, s)** foremost; **die ~n Plätze/Reihen** the seats/rows at the very front

Vor·ders·te(r) ['fɔrdɐstə, -stɐ] *f(m) dekl wie adj* person at the front; ***wir waren die ~n in der Schlange*** we were at the head of the queue

Vor·der·teil ['fɔrdɐtail] *m o nt* front [part]

Vor·di·plom *nt* SCH intermediate diploma *(first part of the final exams towards a diploma)*

vor|drän·geln, vor|drän·gen *vr* ■ **sich** *akk* **~** to push to the front

vor|drin·gen *vi irreg sein* ① *(vorstoßen)* ■ **[bis] irgendwohin ~** to reach [*or* get as far as] somewhere; ***wir müssen bis zum Fluss ~, dann sind wir gerettet*** we must get as far as the river, then we'll be saved

② *(gelangen)* ■ **[bis] zu jdm ~** to reach [*or* get as far as] sb; ***ist die Nachricht seines Rücktritts bis zu dir vorgedrungen?*** have you heard that he's resigned?

③ *(beim Lesen angelangen)* ■ **[bis] irgendwohin ~** to read [*or* get] as far as somewhere; ***ich bin erst bis Seite 35 vorgedrungen*** I've only reached page 35 [so far]

vor·dring·lich ['fo:ɐ̯drɪŋlɪç] I. *adj* ADMIN *(form)* urgent, pressing, most important; **~e Aufgaben** priority tasks

II. *adv* as a matter of urgency; ***hier ist eine Liste der ~ zu besprechenden Punkte*** here is a list of the points which urgently need discussing [*or* are in most urgent need of discussion]

Vor·druck <-drucke> *m* form **vor·ehe·lich** *adj attr* pre-marital

vor·ei·lig ['fo:ɐ̯ʔailɪç] I. *adj* rash, over-hasty

II. *adv* rashly, hastily; **sich** *akk* **~ entschließen** to make a rash [*or* an over-hasty] decision; **~ schließen, dass ...** to jump to the conclusion that ...; ***diese Entscheidung ist zu ~ erfolgt*** this decision was taken too hastily; ***man sollte sich hüten, ~ über andere Menschen zu urteilen*** one should be careful not to be too quick to judge others

vor·ein·an·der [fo:ɐ̯ʔai̯'nandɐ] *adv* in front of one another [*or* each other]; **Angst ~ haben** to be afraid of each other [*or* one another]; **Geheimnisse ~ haben** to have secrets from each other [*or* one another]; **Respekt ~ haben** to have respect for each other [*or* one another]; **sich** *akk* **~ schämen/genieren** to be ashamed/embarrassed to look each other in the face [*or* in the eye]

vor·ein·ge·nom·men ['fo:ɐ̯ʔaingənɔmən] *adj* prejudiced; ■ **~ sein [gegenüber jdm]** to be prejudiced [against sb]; ***die Prüfer waren mir gegenüber ~*** the examiners were biased against me

Vor·ein·ge·nom·men·heit <-> *f kein pl* prejudice

vor·ein·stel·len *vt* ■ **etw ~** to preset sth **Vor·ein·stel·lung** *f* presetting; INFORM previously installed setting **Vor·ein·tra·gung** *f* JUR preceding entry; **~ im Grundbuch** preceding entry in the Land Register

Vor·el·tern *pl* JUR ancestors *pl*

vor|ent·hal·ten* ['fo:ɐ̯ʔɛnthaltn̩] *vt irreg* ■ **[jdm] etw ~** to withhold [*or* keep] sth [from sb]

vor|ent·schei·den* *vt irreg* ■ **etw ~** to prejudge sth

Vor·ent·schei·dung *f* ① *(Entscheidung vorwegnehmender Beschluss)* preliminary decision

② SPORT *(entscheidendes Zwischenergebnis)* preliminary round; ***das 2:0 war so etwas wie eine ~ im heutigen Spiel*** today's game was [as good as] decided when the 2-0 was scored [*or* lead was extended to 2-0]

Vor·ent·schei·dungs·kampf *m* preliminary heat **Vor·ent·schei·dungs·run·de** *f* preliminary round

Vor·ent·wurf *m* preliminary draft **Vor·erb·schaft** *f* JUR estate in tail, provisional succession; **befreite ~** exempt provisional succession

vor·erst ['fo:ɐ̯ʔe:ɐ̯st] *adv* for the time being, for the present [*or* moment]; ***ich habe ~ noch nichts erfahren können*** I haven't been able to find out anything as yet

Vor·es·sen <-s, -> *nt* KOCHK SCHWEIZ *(Ragout)* ragout

Vor·fahr(in) <-en, -en> ['fo:ɐ̯fa:ɐ̯] *m(f)* forefather, ancestor

vor|fah·ren *irreg* I. *vi sein* ① *(vor ein Gebäude fahren)* ■ **[in etw** *dat*/**mit etw** *dat*] **~** to drive up [in sth]

② *(ein Stück weiterfahren)* to move up [*or* forward]; ***fahren Sie bitte vor, hier dürfen Sie nicht halten!*** can you move on please, you're not allowed to stop here!

③ *(früher fahren)* to go [*or* drive] on ahead

④ SCHWEIZ *(überholen)* ■ **jdm ~** to pass [*or* BRIT *a.* overtake] sb

II. *vt haben* ① *(weiter nach vorn fahren)* ■ **etw ~** to move sth up [*or* forward]

② *(vor ein Gebäude fahren)* ■ **etw ~** to bring sth

around [*or* BRIT *a.* round]; ■ **etw ~ lassen** to have sth brought around [*or* BRIT *a.* round], to send for sth

Vor·fahrt ['fo:ɐ̯fa:ɐ̯t] *f kein pl* TRANSP right of way; **~ haben** to have [the] right of way; **jdm die ~ nehmen** to fail to give way to sb

vor·fahrts·be·rech·tigt *adj* having the right of way **Vor·fahrts·re·gel** *f rule pertaining to having the right of way* **Vor·fahrts·schild** *nt* right of way sign **Vor·fahrts·stra·ße** *f* main [*or* major] road **Vor·fahrts·zei·chen** *nt s.* **Vorfahrtsschild**

Vor·fall *m* ① *(Geschehnis)* incident, occurrence; ***dieser ~ darf nicht an die Öffentlichkeit dringen*** this incident must not become public [knowledge]

② MED *(Prolaps)* prolapse

vor|fal·len *vi irreg sein* to happen, to occur *form;* ***ist irgendwas vorgefallen, du bist so nervös?*** has anything happened, you seem so nervous?

Vor·feld *nt* ① MIL *(Gelände vor Stellung)* approaches *pl;* ***das ~ der Stellungen war vermint und mit Stacheldrahtverhauen versehen worden*** the approaches to the placements were mined and covered with barbed wire

② LUFT apron

▶WENDUNGEN: **im ~ von etw** *dat* in the run-up to sth

vor|fer·ti·gen *vt* ■ **etw ~** to prefabricate sth

Vor·film *m* FILM supporting film

vor|fi·nan·zie·ren* *f* FIN ■ **[jdm] etw ~** to pre-finance sth [for sb], to provide advance financing [to sb] for sth

Vor·fi·nan·zie·rung *f* FIN prefinancing, preliminary financing

Vor·fi·nan·zie·rungs·kre·dit *m* FIN advance financing

vor|fin·den *vt irreg* ■ **jdn/etw ~** to find sb/sth; **jdn krank/wohlauf ~** to find sb unwell/in good health; ***Sie werden eine nervöse Gereiztheit ~, wenn Sie dort sind*** you'll notice a nervous irritability while you're there

Vor·form *f* pre-form **Vor·freu·de** *f* [excited] anticipation; ■ **die** [*o* **jds**] **~** [**auf etw** *akk*] the/sb's [excited] anticipation [of sth]

vor·fris·tig I. *adj* *(form)* completed before the agreed date *pred*

II. *adv* *(form)* before the agreed date; **ein Darlehen/einen Kredit ~ zurückzahlen** to return a loan ahead of schedule

Vor·früh·ling *m* early [taste of] spring **vor|füh·len** *vi* to put [*or* send] out a few feelers; ■ **bei jdm ~** to sound sb out *sep*

vor|füh·ren *vt* ① MODE *(präsentieren)* ■ **[jdm] etw ~** to model sth [for sb]; ***darf ich Ihnen wohl unser neuestes Modell ~?*** please allow me to show you our new model

② *(darbieten)* ■ **[jdm] etw ~** to perform sth [for sb]

③ JUR *(in den Gerichtssaal bringen)* ■ **jdn ~** to bring in sb *sep;* **jdn dem Richter ~** to bring sb before the judge

④ *(fam: bloßstellen)* ■ **jdn ~** to show sb up

Vor·führ·ge·rät *nt* TECH demonstration model **Vor·führ·raum** *m* FILM projection room

Vor·füh·rung *f* ① *(Demonstration)* demonstration

② FILM *(Filmvorführung)* showing

③ MODE *(Präsentation)* modelling

Vor·füh·rungs·dis·ket·te *f* INFORM demonstration diskette

Vor·führ·wa·gen *m* AUTO demonstration model [*or* car]

Vor·ga·be *f* ① *meist pl (Richtwert)* guideline

② SPORT *(zur Verfügung gestellter Vorsprung)* [head] start

③ INFORM *(Voreinstellung)* default

Vor·ga·be·zeit *f* JUR allowed time

Vor·gang <-gänge> *m* ① *(Geschehnis)* event; ***ich beobachte seit einiger Zeit merkwürdige Vorgänge um mich herum*** I've been noticing for some time strange occurrences happening around me

② *(Prozess)* process; **arbeitsintensiver ~** ÖKON labour-intensive process; **unkalkulierbarer ~** random process; **im ~** in process

③ *(geh: angelegte Akte)* file

Vor·gän·ger(in) <-s, -> *m(f)* ■ **jds ~** sb's predecessor

Vor·gän·ger·mo·dell *nt* predecessor model

vor·gän·gig I. *adj* SCHWEIZ *(vorausgehend)* previous, prior

II. *adv (vorher)* beforehand

Vor·gar·ten *m* HORT front garden

vor|gau·keln *vt (geh)* ■ **jdm etw ~** to lead sb to believe in sth; ■ **jdm ~, dass ...** to lead sb to believe that ...

vor·ge·ba·cken ['fo:ɐ̯gəbakn̩] *adj inv* KOCHK *Brötchen* partially baked

vor|ge·ben *irreg* I. *vt* ① *(vorschützen)* ■ **etw ~** to use sth as an excuse [*or* a pretext]

② *(fam: nach vorn geben)* ■ **etw [zu jdm] ~** to pass sth forward [to sb]

③ *(festlegen)* ■ **[jdm] etw ~** to set sth in advance [for sb]

II. *vi* ■ **~ [, dass ...]** to pretend [that ...]

Vor·ge·bir·ge *nt* foothills *pl*

vor·geb·lich ['fo:ɐ̯ge:plɪç] *adj (geh) s.* **angeblich**

vor·ge·burt·lich *adj* prenatal

vor·ge·fasst[RR], **vor·ge·faßt**[ALT] *adj* preconceived

vor·ge·fer·tigt I. *pp von* **vorfertigen**

II. *adj* prefabricated

Vor·ge·fühl *nt s.* **Vorahnung**

vor·ge·ge·ben *adj* predetermined, preset

vor·ge·heizt I. *pp von* **vorheizen**

II. *adj* **im ~en Backofen** in the preheated oven

vor|ge·hen *vi irreg sein* ① *(vorausgehen)* to go on ahead

② *(zu schnell gehen)* to be fast; ***meine Uhr geht fünf Minuten vor*** my watch is five minutes fast

③ *(Priorität haben)* to have [*or* take] priority, to come first

④ MIL *(vorrücken)* ■ **[gegen jdn/etw] ~** to advance [on [*or* towards] sb/sth]

⑤ *(Schritte ergreifen)* ■ **[gegen jdn/etw] ~** to take action [against sb/sth]; **gerichtlich gegen jdn ~** to take legal action [*or* proceedings] against sb

⑥ *(sich abspielen)* ■ **[irgendwo] ~** to go on [*or* happen] [somewhere]; ■ **[in jdm] ~** to go on [inside sb]; ■ **[mit jdm] ~** to happen [to sb]

⑦ *(verfahren)* ■ **[bei etw** *dat*] **irgendwie ~** to proceed somehow [in sth]

Vor·ge·hen <-s> *nt kein pl* ① *(Einschreiten)* action; ***es wird Zeit für ein energisches ~ gegen das organisierte Verbrechen*** its time for concerted action to be taken against organized crime

② *(Verfahrensweise)* course of action

Vor·ge·hens·wei·se *f* procedure, way of proceeding

vor·ge·la·gert *adj* GEOG offshore; ■ **[etw** *dat*] **~ sein** to be [situated] [*or* lie] off sth

Vor·ge·plän·kel *nt* preliminary skirmish

Vor·ge·schich·te *f* ① *(vorausgegangener Verlauf)* [past] history

② *kein pl (Prähistorie)* prehistory *no indef art, no pl,* prehistoric times *pl*

vor·ge·schicht·lich *adj* prehistoric

vor·ge·schla·gen *adj* proposed, suggested

Vor·ge·schmack *m kein pl* foretaste; **jdm einen ~ [von etw** *dat*] **geben** to give sb a foretaste [of sth]

vor·ge·schrie·ben *adj* mandatory, required

vor·ge·se·hen I. *pp von* **vorsehen**

II. *adj* envisaged, planned, scheduled

Vor·ge·setz·te(r) *f(m) dekl wie adj* superior; ■ **jds ~(r)** sb's superior

Vor·ge·spräch *nt* first interview

vor·ge·stanzt ['fo:ɐ̯gəʃtantst] *adj (pej fam) Meinung, Vorstellung* ready-made, pre-prepared *fam*

vor·ges·tern ['fo:ɐ̯gɛstɐn] *adv* ① *(Tag vor gestern)* the day before yesterday; **~ Abend/Früh/Mittag** the evening before last/early on the morning of the day before yesterday/ the day before yesterday at midday; **~ Morgen/Nacht** the morning/night before last; **von ~** *(vorgestrig)* from the day before yesterday; ***haben wir noch die Zeitung von ~?*** have we still got the paper from the day before yesterday?

② *(antiquiert)* old-fashioned, outdated, outmoded

vor·gest·rig *adj* ① *(vorgestern liegend)* of [*or* from] the day before yesterday *pred;* **~er Abend/Morgen/Nacht** the evening/morning/night before last; **~er Mittag** the day before yesterday at midday

② *(antiquiert)* old-fashioned, outdated, outmoded

vor·ge·zo·gen *adj* brought forward; **~e Wahlen** early elections

vor|grei·fen *vi irreg* ① *(jds Handeln vorwegnehmen)* ■ **jdm ~** to anticipate what sb is planning to do; ***aber fahren Sie doch fort, ich will Ihnen nicht ~*** do continue, I didn't mean to jump in ahead of you

② *(etw vorwegnehmen)* ■ **etw** *dat* **~** to anticipate sth

Vor·greif·lich·keit *f* JUR prejudicial effect

Vor·griff *m* **im** [*o* **in**] [*o* **unter**] **~ [auf etw** *akk*] in anticipation [of sth]

Vor·grup·pe *f (bei Konzert)* support [band]

vor|gu·cken *vi (fam)* ■ **hinter etw** *dat*/**unter etw** *dat* **~** to peep out from behind/under sth; ***das Kleid guckt unter dem Mantel vor*** the dress is showing under the coat

vor|ha·ben ['fo:ɐ̯ha:bn̩] *vt irreg* ■ **etw ~** to plan sth [*or* have sth planned]; ■ **etw [mit jdm] ~** to have sth planned [for sb]; ***wir haben große Dinge mit Ihnen vor*** we've got great plans for you; ***was die Terroristen wohl mit ihren Geiseln ~?*** I wonder what the terrorists intend to do with their hostages?; ■ **etw [mit etw** *dat*] **~** to plan [*or* intend] to do sth [with sth]; ■ **~, etw zu tun** to plan to do sth; ***hast du etwa vor, nach dem Abendessen noch weiterzuarbeiten?*** do you intend to carry on working after dinner?

Vor·ha·ben <-s, -> ['fo:ɐ̯ha:bn̩] *nt* plan; ***das ist wirklich ein anspruchsvolles ~*** this really is an ambitious project

Vor·hal·le *f* ARCHIT entrance hall; *(eines Hotels/Theaters)* foyer

Vor·hal·te·kos·ten *pl* JUR precautionary costs *pl*

vor|hal·ten *irreg* I. *vt* ① *(vorwerfen)* ■ **jdm etw ~** to reproach sb for [*or* with] sth

② *(davorhalten)* ■ **[jdm] etw ~** to hold sth [in front of sb]; ***halt dir gefälligst die Hand vor, wenn du hustest!*** kindly put your hand over your mouth when you cough!

II. *vi* to last; ***ich habe fünf Teller Eintopf gegessen, das hält erst mal eine Weile vor*** I've eaten five bowlfuls of stew, that should keep me going for a while

Vor·hal·tung <-, -en> *f meist pl* reproach; **jdm [wegen einer S.** *gen*] **~en machen** to reproach sb [for [*or* with] sth]

Vor·hand <-> ['fo:ɐ̯hant] *f kein pl* ① SPORT *(Schlag)* forehand

② ZOOL *(Vorderbeine von Pferd)* forehand

vor·han·den ['fo:ɐ̯'handn̩] *adj* ① *(verfügbar)* available *inv;* ***aus noch ~en Reststücken nähte sie eine neue Tagesdecke*** she used the pieces [of material] which were left to make a new bedspread; ■ **~ sein** to be left

② *(existierend)* which [still] exist *pred,* existing; ***es waren noch einige Fehler ~*** there were still some mistakes [[left] in it]

Vor·han·den·sein <-s> *nt kein pl* availability

Vor·hang <-s, Vorhänge> ['fo:ɐ̯haŋ, *pl* 'fo:ɐ̯hɛŋə] *m* curtain; **der Eiserne ~** HIST the Iron Curtain

Vor·hän·ge·schloss[RR] *nt* padlock

Vor·hang·schie·ne *f* BAU curtain rail

Vor·haus *nt* ÖSTERR *(Hausflur)* [entrance] hall

Vor·haut *f* ANAT foreskin, prepuce *spec*

vor·hei·zen *vt* **den Backofen ~** tp preheat the oven; ***kannst du schon mal das Badezimmer ~?*** could you put the heating on in the bathroom already?

vor·her [fo:ɐ̯'he:ɐ̯] *adv* beforehand; ***das hätte ich doch ~ wissen müssen*** I could have done with knowing that before[hand]; ***wir fahren bald los, ~ sollten wir aber noch etwas essen*** we're leaving soon, but we should have something to eat before we go; ***die Besprechung dauert bis 15 Uhr, ~ darf ich nicht gestört werden*** the meeting is due to last until 3 o'clock, I mustn't be disturbed until then

vor·her|be·stim·men* *vt* ■**etw** ~ to predetermine [*or* foreordain] sth **vor·her·be·stimmt** *adj* ■~ **sein** to be predestined [*or* preordained]; ■**etw ist jdm** ~ sb is predestined for sth **Vor·her·be·stim·mung** *f* predestination **vor·her|ge·hen** [fo:ɐ̯'he:ɐ̯ge:ən] *vi sein irreg* ■**etw** *dat* ~ to precede sth **vor·her·ge·hend** *adj* previous *attr,* preceding; **am ~en Tag** on the previous [*or* preceding] day, the day before; **im ~en Satz** in the preceding sentence

vor·he·rig [fo:ɐ̯'he:rɪç] *adj attr* ① *(zuvor erfolgend)* prior; *(Abmachung, Vereinbarung)* previous, prior; ***wenn Sie mich sprechen wollen, dann bitte ich um einen ~en Anruf*** if you would like to speak to me, then I would ask you to call [me] beforehand; ***die Verhandlung ist am 17. März, ein ~es Treffen ist dringend nötig*** the case will be heard on the 17th March, a meeting prior to that date is vital; ***ich unternehme nichts ohne ~e Genehmigung durch die Geschäftsleitung*** I won't undertake anything without having first obtained the management's approval
② *s.* **vorhergehend**

Vor·herr·schaft *f* POL hegemony, [pre]dominance, supremacy

vor|herr·schen *vi* ① *(überwiegen)* to predominate [*or* be predominant], to prevail
② GEOG *(überwiegend vorhanden sein)* to predominate [*or* be predominant]

vor·herr·schend *adj* predominant, prevailing; *(weitverbreitet)* prevalent; **~e Marktlage** prevailing market conditions; **nach ~er Meinung** according to the prevailing opinion

Vor·her·sa·ge [fo:ɐ̯'he:ɐ̯za:gə] *f* ① METEO *(Wettervorhersage)* forecast ② *(Voraussage)* prediction **vor·her|sa·gen** *vt s.* **voraussagen** **vor·her·seh·bar** *adj* foreseeable **vor·her|se·hen** *vt irreg* ■**etw** ~ to foresee sth

vor|heu·cheln *vt* ■**[jdm] etw** ~ to feign sth [to sb]

vor·hin [fo:ɐ̯'hɪn] *adv* a moment ago, just [now]; ***das habe ich ~ gehört*** I've just heard about that

vor·hi·nein ['fo:ɐ̯hɪnain] *adv* **im V~** in advance; **[etw] im V~ sagen/wissen** to say/know [sth] in advance [*or* beforehand]

Vor·hof *m* ① ANAT *(Vorkammer)* atrium, auricle
② ARCHIT *(Burghof)* forecourt **Vor·höl·le** *f* REL limbo

Vor·hut <-, -en> *f* MIL vanguard, advance-guard

vo·rig ['fo:rɪç] *adj* ① *(vorausgegangen) Besitzer* previous; *Woche, Monat* last; ***diese Konferenz war genauso langweilig wie die ~e*** this conference was just as boring as the previous one; **wie im Vorigen bereits gesagt** *(veraltend)* as [was] stated earlier
② *pred* SCHWEIZ *(übrig)* ■**jdm etw ~ lassen** to leave sth for sb

Vor·in·stal·la·tion *f* TECH preinstallation

vor·in·stal·liert *adj inv* INFORM *Programm* preinstalled

Vor·jahr *nt* last year; **im Vergleich zum ~** compared to last year; **im ~** last year

Vor·jah·res·bi·lanz *f* FIN previous year's balance **Vor·jah·res·er·geb·nis** *nt* ÖKON prior year result **Vor·jah·res·hö·he** *f* FIN *eines Bilanzposten* level of the previous year **Vor·jah·res·ni·veau** *nt* ÖKON previous year level; **hohes ~** last year's high level **Vor·jah·res·ra·te** *f* ÖKON previous year's rate **Vor·jah·res·ver·gleich** *m* HANDEL year-on-year; ***mit einem Wachstum von 7 % im ~*** with a year-on-year growth of 7% **Vor·jah·res·wert** *m* FIN pre-year figure **Vor·jah·res·zeit·raum** *m* ÖKON last year's period

vor·jäh·rig *adj* last year's *attr;* ***dieser Beschluss wurde auf unserer ~en Konferenz gefasst*** this decision was made at our conference last year

vor|jam·mern *vt (fam)* ■**jdm etw [von etw** *dat***]** ~ to moan [*or sl* gripe] to sb [about sth]

Vor·kam·mer *f* ANAT *(Vorhof)* atrium

Vor·kämp·fer(in) *m(f)* pioneer, champion, advocate

Vor·kas·se *f* ÖKON advance payment; ***wir liefern Ihnen die Waren nur gegen ~*** we'll only supply the goods to you on advance payment

vor|kau·en *vt (fam: in allen Details darlegen)* ■**[jdm] etw** ~ to spell out sth [to sb] *sep*

Vor·kauf *m* FIN pre-emption, forward purchase; **zum ~ berechtigend** pre-emptive

Vor·kaufs·be·rech·tig·te(r) *f(m) dekl wie adj* FIN pre-emptor **Vor·kaufs·be·rech··ti·gung** *nt* JUR pre-emptive right, right of pre-emption **Vor·kaufs·preis** *m* HANDEL pre-emption price **Vor·kaufs·recht** *nt* JUR right of first refusal, [right of] pre-emption

Vor·kehr <-, -en> *f* SCHWEIZ *(Vorkehrung)* precaution, precautionary measure

Vor·keh·rung <-, -en> *f* precaution, precautionary measure; **~en treffen** to take precautions [*or* precautionary measures]

Vor·kennt·nis *f meist pl* previous experience *no pl, no indef art*

vor|knöp·fen *vt (fam)* ■**sich** *dat* **jdn** ~ to give sb a good talking-to *fam,* to take sb to task; ***sie erzählt wieder Lügen über mich? na, die werde ich mir mal ~!*** she's telling lies about me again? well, I'll give her a [good] piece of my mind!

vor|ko·chen *vt* KOCHK ■**etw** ~ to partially cook [*or* pre-prepare] sth

vor|kom·men *vi irreg sein* ① *(passieren)* to happen; ■**es kommt vor, dass ...** it can happen that ...; ***es kommt selten vor, dass ich mal etwas vergesse*** I rarely forget anything; **das kann [schon mal] ~** it happens, these things [can] happen; **das soll [***o* **wird] nicht wieder ~** it won't happen again; **so was soll ~!, das kommt vor** these things [can] happen; ***so etwas ist mir noch nie vorgekommen*** I've never known anything like it before
② *(vorhanden sein)* ■**[irgendwo]** ~ to be found [somewhere], to occur [somewhere]; ***in seinen Artikeln kommt auffällig oft das Wort „insbesondere" vor*** its noticeable how often the words "in particular" are used in his articles; ***das ist ein Fehler, der in vielen Wörterbüchern vorkommt*** this is a mistake which occurs in many dictionaries
③ *(erscheinen)* to seem; ■**sich** *dat* **[irgendwie]** ~ to feel [somehow]; ***du kommst dir wohl sehr schlau vor?*** you think you're very clever, don't [*or* a bit clever, do] you?; ***das Lied kommt mir bekannt vor*** this song sounds familiar to me; ***Sie können mich gar nicht kennen, das kommt Ihnen allenfalls so vor*** you can't [possibly] know me, it only seems like you do
④ *(nach vorn kommen)* to come to the front [*or* forward]
⑤ *(zum Vorschein kommen)* to come out; **hinter etw** *dat* ~ to come out from behind sth
▸ WENDUNGEN: **wie kommst du mir eigentlich [***o* **denn] vor?, wie kommen Sie mir eigentlich [***o* **denn] vor?** *(fam)* who on earth do you think you are? *fam*

Vorkommen <-s, -> *nt* ① *kein pl* MED *(das Auftreten)* incidence
② *meist pl* BERGB *(Lagerstätte)* deposit

Vor·komm·nis <-ses, -se> ['fo:ɐ̯kɔmnɪs] *nt* incident, occurrence; **besondere/keine besonderen ~se** particular incidents [*or* occurrences]/nothing out of the ordinary; ***es wird über Sichtungen von Ufos und über andere unerklärliche ~se berichtet*** there are reports of Ufo sightings and other unexplained incidents; ***irgendwelche besonderen ~se? — keine besonderen ~se, Herr Oberleutnant!*** anything to report? — nothing to report, sir!

Vor·kos·ter(in) ['fo:ɐ̯kɔstɐ] *m(f)* food taster

Vor·kriegs·au·to *nt* pre-war car **Vor·kriegs·zeit** *f* pre-war period; ***dieses Medikament war in der ~ noch unbekannt*** this medicine was still unknown before the war; ***er hat einen Teil der ~ in Brasilien verbracht*** he spent some time in Brazil before the war

vor|la·den *vt irreg* JUR ■**jdn** ~ to summon [*or* cite] sb, issue [*or* serve] a summons on sb; *(unter Strafandrohung)* to subpoena sb

Vor·la·dung *f* JUR ① *(das Vorladen)* summoning, citation
② JUR summons + *sing vb,* citation; *(unter Strafandrohung)* subpoena; **~ vor Gericht** subpoena

Vor·la·ge *f* ① *kein pl (das Vorlegen)* presentation; *(von Dokumenten, Unterlagen)* presentation, production; **eine ~ einbringen** POL to bring in a bill; ***ohne ~ von Beweisen können wir der Sache nicht nachgehen*** if you can't produce [*or* provide [*or* furnish] us with] any evidence we can't look into the matter; ***wann dürfen wir mit der ~ der fehlenden Unterlagen rechnen?*** when can we expect you to produce the missing documents?; **gegen [***o* **bei] ~ einer S.** *gen* on presentation [*or* production] of sth; **[mit etw** *dat***] in ~ treten** ÖKON, FIN to make an advance payment [of sth]; ***meine Bank tritt mit Euro 450.000 in ~*** my bank made an advance payment of 450,000 euros
② KUNST *(Zeichenvorlage)* pattern
③ POL *(Gesetzesvorlage)* bill
④ SCHWEIZ *(Vorleger)* mat

Vor·la·ge·be·schluss *m* JUR order to refer the matter to another authority/court **Vor·la·ge·ent·schei·dung** *f* JUR decision on submitted evidence **Vor·la·ge·frist** *f* HANDEL time limit for submission **Vor·la·ge·pflicht** *f* JUR liability to make discovery [*or* to discover]

Vor·land ['fo:ɐ̯lant] *nt kein pl* GEOG ① *(Ausläufer)* foothills *pl*
② *(Deichvorland)* foreshore

vor|las·sen *vt irreg* ① *(fam: den Vortritt lassen)* ■**jdn** ~ to let sb go first [*or* in front]
② *(nach vorn durchlassen)* ■**jdn** ~ to let sb past [*or* through]
③ *(Zutritt gewähren)* ■**jdn [zu jdm]** ~ to let [*or* allow] sb in [to see sb], to admit sb [to sb] *form*

Vor·lauf *m* ① SPORT *(Qualifikationslauf)* qualifying [*or* preliminary] [*or* trial] heat, qualifying [*or* preliminary] round
② TECH *(schnelles Vorspulen)* fast-forward[ing]; *(Heizungsvorlauf)* flow [pipe]
③ TRANSP, ÖKON forward planning

vor|lau·fen *vi irreg sein (fam)* ■**[irgendwohin]** ~ to run on ahead [*or* in front] [somewhere]

Vor·läu·fer(in) *m(f)* precursor, forerunner

vor·läu·fig ['fo:ɐ̯lɔyfɪç] **I.** *adj* temporary; **~e Angaben** TECH preliminary specification; **~e Bilanz** tentative balance sheet; *(Ergebnis, Konto)* provisional; *(Regelung)* interim, provisional, temporary
II. *adv* for the time being [*or* present]; **jdn ~ festnehmen** to take sb into temporary custody

Vor·lauf·in·ves·ti·ti·on *f* FIN initial investment **Vor·lauf·zeit** *f* ÖKON lead time; **~ der Fertigung** lead time

vor·laut ['fo:ɐ̯laut] *adj* cheeky, impertinent

vor|le·ben *vt* ■**jdm etw** ~ to set an example of sth to sb [in the way one lives]

Vor·le·ben *nt kein pl* ■**jds ~** sb's past [life]; **ein ~ haben** to have a past

Vor·le·ge·be·steck *nt* serving cutlery **Vor·le·ge·ga·bel** *f* serving fork

vor|le·gen *vt* ① *(einreichen)* ■**[jdm] etw** ~ to present sth [to sb] [*or* [sb with] sth]; **[jdm] Beweise ~** to produce [*or* provide] evidence [for sb], to furnish [*or* provide] [sb with] evidence; **[jdm] Dokumente [***o* **Unterlagen] ~** to present documents [to sb] [*or* [sb with] documents], to produce documents [for sb]; **[jdm] Zeugnisse ~** to produce one's certificates [for sb], to show [sb] one's certificates [*or* one's certificates [to sb]]
② *(vor etw schieben)* ■**etw** ~ to put on sth *sep;* **einen Riegel ~** to put [*or* slide] a bolt across

Vor·le·ger <-s, -> *m* ① *(Fußabtreter)* [door]mat
② *(Bettvorleger)* [bedside] rug; *(Toilettenvorleger)* mat

Vor·le·gung <-> *f kein pl* presentation *no pl,* production *no pl;* **~ der Handelsbücher** presentation of books of account; **~ zur Zahlung** presentation for payment

Vor·le·gungs·be·schei·ni·gung *f* certificate of presentation **Vor·le·gungs·frist** *f (von Wechsel)* presentation period, period for presentation **Vor·le·**

V

gungs·pflicht *f* JUR obligation to present
vor|leh·nen *vr* ■ **sich** *akk* ~ to lean forward
Vor·leis·tung *f* POL advance [*or* prior] concession **Vor·leis·tungs·pflicht** *f* ÖKON advance performance obligation
vor|le·sen *irreg* **I.** *vt* ■ **[jdm] etw ~** to read out *sep* sth [to sb]; ***soll ich dir den Artikel aus der Zeitung ~?*** shall I read you the article from the newspaper?; ***vor dem Zubettgehen liest sie den Kindern immer eine Gutenachtgeschichte vor*** she always reads the children a bedtime story before they go to bed; ■ **[jdm] ~, was ...** to read out [to sb] what ...
II. *vi* ■ **[jdm] ~** to read aloud [*or* out [loud]] [to sb] (**aus** +*akk* from); ***liest du den Kindern bitte vor?*** will you read to the children, please?
Vor·le·ser(in) *m(f)* reader
Vor·le·sung *f* SCH lecture; **eine ~/~en [über etw** *akk*] **halten** to give [*or* deliver] a lecture/course [*or* series] of lectures [on sth]
vor·le·sungs·frei *adj* SCH **in der ~en Zeit** during the semester break, outside of term-time BRIT, when there are no lectures [*or* AM classes] **Vor·le·sungs·ver·zeich·nis** *nt* SCH lecture timetable, timetable of lectures
vor·letz·te(r, s) ['foːɐ̯lɛtstə, -stɐ, -stəs] *adj* ① *(vor dem Letzten liegend)* before last *pred;* **das ~ Treffen** the meeting before last, penultimate [*or* second last] [*or* next to last] meeting
② *(in einer Aufstellung)* penultimate, last but one BRIT, next to last; ***sie ging als ~ Läuferin durchs Ziel*** she was the second last runner to finish; ***bisher liegt dieser Wagen in der Wertung an ~r Stelle*** up to now, this car is last but one in the ranking; ***Sie kommen leider erst als V~r dran*** I'm afraid you'll be the last but one [person] to be seen; ***Sie springen als V~*** you'll be [the] second last to jump
Vor·lie·be [foːɐ̯'liːbə] *f* preference, particular liking [of], predilection *form;* ■ **jds/eine ~ für jdn/etw** sb's/a preference for sb/sth; **~n** [*o* **eine ~**] **[für jdn/etw] haben** to have a particular liking [of sb/sth]; **etw mit ~ essen/trinken** to particularly like eating/drinking [*or* be very partial to] sth; ***sie beschäftigt sich mit ~ damit, anderen Leuten Fehler nachzuweisen*** she takes great delight in pointing out other people's mistakes [to them]
vor·lieb|neh·men *vi irreg* ■ **mit jdm/etw ~** to make do with sb/sth
vor|lie·gen *vi irreg* ① *(eingereicht sein)* ■ **[jdm] ~** to have come in [to sb], to have been received [by sb]; ***mein Antrag liegt Ihnen jetzt seit vier Monaten vor!*** my application's been with you for four months now!; ***zurzeit liegen uns noch keine Beweise vor*** as yet we still have no proof; ***der Polizei liegen belastende Fotos vor*** the police are in possession of incriminating photo[graph]s
② MEDIA *(erschienen sein)* to be out [*or* available] [*or* published]; ***das Buch liegt nunmehr in einer neu bearbeiteten Fassung vor*** a revised edition of the book has now been published
③ *(bestehen)* to be; ***hier muss ein Irrtum ~*** there must be some mistake here
④ JUR *(erstattet sein)* ■ **[gegen jdn] ~** to be charged with sth, sb is charged with sth; ***ich habe ein Recht zu erfahren, was gegen mich vorliegt*** I have a right to know what I've been charged with; ***uns liegt hier eine Beschwerde gegen Sie vor*** we have received a complaint about you
vor·lie·gend *adj attr* available *inv;* **die ~en Tatsachen/Unterlagen** the available facts/documents [*or* facts/documents available to sb]; *s. a.* **Fall**
vor|lü·gen *vt irreg* ■ **[jdm] etwas ~** to lie to sb; ■ **sich** *dat* **etwas/nichts [von jdm] ~ lassen** to be taken in/not be taken in [by sb]; ***lass dir nichts von ihm ~*** don't believe [a word of] what he says; ■ **jdm ~, dass ...** to trick sb into believing that ...
vorm.[1] *Abk von* **vormals** formerly
vorm.[2] *Abk von* **vormittags** in the morning
vor|ma·chen *vt* ① *(täuschen)* ■ **jdm etwas ~** to fool [*or sl* kid] sb, to pull the wool over sb's eyes; ■ **sich** *dat* **etw ~** to fool [*or sl* kid] oneself; ***machen wir uns doch nichts vor*** let's not kid ourselves *sl;* ■ **sich** *dat* **nichts ~ lassen** to not be fooled; ***von dir lasse ich mir nichts ~!*** you can't fool me!; ***sie ist eine Frau, die sich nichts ~ lässt*** she's nobody's fool
② *(demonstrieren)* ■ **jdm etw ~** to show sb [how to do] sth; ■ **jdm ~, wie ...** to show sb how ...; **jdm [noch] etwas ~ können** to be able to show sb a thing or two; **jdm macht [auf etw** *dat*/**in etw** *dat*] **keiner etwas vor** no one is better than sb [at sth] [*or* can teach sb anything [about sth]]
Vor·macht *f kein pl* supremacy
Vor·macht·stel·lung *f kein pl* POL hegemony, supremacy, [pre]dominance; **eine ~ [gegenüber jdm] [inne]haben** to have supremacy [*or* be [pre]dominant] [over sb]
vor·ma·lig ['foːɐ̯maːlɪç] *adj attr* former; ***der ~e Parkplatz wurde in eine grüne Oase verwandelt*** what was once a car park had been transformed into a [little] green oasis
vor·mals ['foːɐ̯maːls] *adv (geh)* in former times *form,* formerly; ***das sind antiquierte Vorstellungen, die man vielleicht ~ mal hatte*** those are [rather] antiquated notions which one might have had in times gone by
Vor·mann <-[e]s, -männer> *m* ① *(Vorarbeiter)* foreman
② *(Vorgänger)* previous incumbent
③ JUR *von Wechsel* previous holder, prior endorser
Vor·marsch *m a.* MIL advance; **auf dem ~ sein** to be advancing [*or* on the advance]; *(fig)* to be gaining ground
Vor·mau·e·rung <-, -en> *f* BAU brick lining
Vor·mensch *m* ARCHÄOL pre-hominid, proto-hominid
Vor·merk·da·tei *f* waiting list; **in der ~ sein** to be on the waiting list
vor|mer·ken *vt* ① *(im Voraus eintragen)* ■ **jdn/sich [für etw** *akk*] **~** to put sb's/one's name down [for sth]; ■ **jdn/sich [für etw** *akk*] **~ lassen** to put sb's/one's name down [for sth]; ***lassen Sie bitte zwei Doppelzimmer ~*** please book two double rooms for me; ■ **[sich** *dat*] **etw ~** to make a note of sth; ***ich habe mir den Termin vorgemerkt*** I've made a note of the appointment
② MEDIA *(reservieren)* ■ **etw [für jdn] ~** to reserve sth [*or* put sth by] [for sb]; ■ **vorgemerkt** reserved
Vor·mer·kung <-, -en> *f* registration; JUR priority notice; **eine ~ in das Grundbuch eintragen** to enter a priority notice in the Land Register
Vor·mie·ter(in) *m(f)* previous tenant
Vor·mit·tag ['foːɐ̯mɪtaːk] *m* morning; **die letzten ~e** the last few mornings; **am [frühen/späten] ~** [early/late] in the morning; ***wir könnten die Konferenz am ~ stattfinden lassen*** we could schedule the conference for the morning
vor·mit·tags ['foːɐ̯mɪtaːks] *adv* in the morning
vor·mo·dern *adj inv* premodern
Vor·mo·der·ne <-> *f kein pl* premodern age
Vor·mo·nat *m* previous [*or* preceding] month
Vor·mund <-[e]s, -e *o* Vormünder> ['foːɐ̯mʊnt, *pl* -myndɐ] *m a.* JUR guardian; **keinen ~ brauchen** *(fam)* to not need anyone to tell one what to do; ***ich brauche keinen ~!*** I don't need anyone giving me orders!
Vor·mund·schaft <-, -en> ['foːɐ̯mʊntʃaft] *f* JUR guardianship, tutelage; **befreite ~** exempted guardianship; **gerichtlich bestellte ~** legal custody; **unter ~ stehen** to be under the care of a guardian
Vor·mund·schafts·ge·richt *nt* JUR guardianship court *(court dealing with guardianship matters)* **Vor·mund·schafts·rich·ter(in)** *m(f)* JUR judge of a court of guardianship **Vor·mund·schafts·sa·chen** *pl* JUR wardship cases *pl*
vorn [fɔrn], **vorne** *adv inv* at the front; *(hin)* to the front; *(fig)* SPORT upfield; ***die Bluse wird ~ zugeknöpft*** the blouse buttons up in [*or* at the] front; **[gleich] da ~** [just] over there; **ganz ~** right at the front; *(hin)* right to the front; **die Herren ~** *(fig)* the men at the top; **~ liegen** *(fig) Mitstreiter* to be in the lead; **nach ~** at the front; *(hin)* to the front; *lehnen, fallen* forward[s]; *(fig)* SPORT upfield; **nach ~ kommen** *(fig) Mitstreiter* to take the lead; **nach ~ sehen** to look in [*or* to the] front, to look ahead; **nach ~ träumen** *(fig)* to dream of the future; **ein Zimmer nach ~ raus** *(fam)* a room facing the front; ***das Zimmer liegt nach ~ raus*** *(fam)* the room faces the front; **von ~** from the front; ***der Wind kommt von ~*** the wind's coming from the front, it's a headwind; **von ~ angreifen** to attack from the front, to launch a frontal attack; **weit ~** up at the front; *(hin)* up to the front; ***ziemlich weit ~*** close to the front; **weiter ~** further on; *(geradeaus a.)* up ahead; ■ **~ an/in etw** *dat* at the front of sth; *(hin)* to the front of sth; **~ *im Bild*** in the foreground [of the picture]
▶ WENDUNGEN: **von ~** from the beginning, afresh; *(bei null a.)* from scratch; ***es geht wieder von ~ los!*** it's starting all over again!; **von ~ bis hinten** *(fam)* from beginning to end, from start to finish
Vor·nah·me·kla·ge *f* JUR action for specific performance
Vorname *m* first [*or* Christian] name
vorne *adv s.* **vorn**
vor·nehm ['foːɐ̯neːm] *adj* ① *(adelig)* aristocratic, noble
② *(elegant)* elegant, distinguished, refined; *(Aufzug, Kleidung)* elegant, stylish
③ *(luxuriös)* fashionable, exclusive, posh *fam;* *(Limousine)* expensive; *(Villa)* elegant, exclusive
▶ WENDUNGEN: **~ tun** *(pej fam)* to put on airs [and graces], to act [all] posh *fam;* **sich** *dat* **zu ~ [für etw** *akk*] **sein** [sth is] beneath sb *iron*
vor|neh·men *vt irreg* ① *(einplanen)* ■ **sich** *dat* **etw** *akk* **~** to plan sth; ***für morgen haben wir uns viel vorgenommen*** we've got a lot planned for tomorrow; ■ **sich** *dat* **~, etw zu tun** to plan [*or* intend] to do sth; ***für das Wochenende habe ich mir vorgenommen, meine Akten zu ordnen*** I plan to tidy up my files at the weekend
② *(sich eingehend beschäftigen)* ■ **sich** *dat* **etw ~** to get to work on sth, to have a stab at sth *fam;* ***am besten, Sie nehmen sich das Manuskript noch mal gründlich vor*** it would be best if you had another good look at the manuscript
③ *(fam: sich vorknöpfen)* ■ **sich** *dat* **jdn ~** to give sb a good talking-to *fam,* to take sb to task; ***nimm ihn dir mal in einer stillen Stunde vor*** can't you [try and] have a quiet word with him?
④ *(durchführen)* ■ **etw ~** to carry out sth *sep;* **Änderungen ~** to make changes; **Messungen ~** to take measurements; **eine Überprüfung ~** to carry out a test *sep;* **eine Untersuchung ~** to do [*or* make] an examination
Vor·nehm·heit <-> *f kein pl* elegance, stylishness
vor·nehm·lich *adv (geh)* primarily, principally, above all
vor|nei·gen I. *vt* ■ **etw ~** *Kopf* to bend sth forward
II. *vr* ■ **sich** *akk* **~** to lean forward
vor·ne·weg ['fɔrnəvɛk] *adv* ① *(als Erstes)* first, to begin with; ***trinken wir ~ einen Aperitif?*** shall we have an aperitif first? [*or* to begin with?]
② *(voraus)* ahead; **ein paar Schritte ~ sein** to be a couple of steps ahead [*or* in front]
③ *(fam: von vornherein)* [right] from the beginning [*or* the start]; **von ~ nichts taugen** to be unsuitable from the start
④ *(fam: vorlaut)* **mit dem Mund ~ sein** to have a big mouth
vorn·he·rein ['fɔrnhɛrain] *adv* ■ **von ~** from the start [*or* beginning] [*or* outset]
vorn·über [fɔrn'ʔyːbɐ] *adv* forwards
Vor·ort ['foːɐ̯ʔɔrt] *m* suburb
Vor-Ort-Auf·nah·me *f* on-location shooting
Vor·ort·bahn *f* suburban railway [*or* AM railroad] [*or* train], commuter train
Vor-Ort-Re·por·ter(in) *m(f)* on-the-scene reporter
Vor·orts·ver·kehr *m* suburban traffic **Vor·orts·zug** *m* suburban [*or* commuter] [*or* local] train
Vor·pfän·dung *f* JUR provisional garnishment, prior attachment
Vor·platz *m* forecourt **Vor·pos·ten** *m* MIL outpost;

auf ~ **stehen** to be on outpost duty

vor|prel·len *vi sein* SCHWEIZ *(vorpreschen)* to press ahead

vor|pre·schen *vi sein* ■**[mit etw** *dat***]** ~ to press ahead [with sth]

Vor·pro·dukt *nt* ÖKON primary product

vor|pro·gram·mie·ren* *vt* ① *(unausweichlich machen)* ■**etw** ~ to make sth inevitable [*or* unavoidable], to determine sth
② *(im Voraus einprogrammieren)* ■**etw** ~ to pre-program sth; **einen Zeitschalter** ~ to set a timer

vor·pro·gram·miert *adj* pre-programmed; *Antwort* automatic; *Weg* predetermined; ■**[durch etw** *akk***] vorprogrammiert sein** *(unausweichlich)* to be inevitable [as a result of sth]

Vor·prü·fung *f* preliminary examination, prelim *fam*

Vor·rang *m kein pl* ① *(Priorität)* priority, precedence; **etw** *dat* **den** ~ **[vor etw** *dat***] geben** [*o geh* **einräumen**] to give sth priority [over sth]; ~ **[vor etw** *dat***] haben** [*o geh* **genießen**] to have [*or* take] priority [*or* take precedence] [over sth]; **mit** ~ as a matter of priority; *s. a.* **streitig**
② TRANSP ÖSTERR *(Vorfahrt)* right of way

vor·ran·gig I. *adj* priority *attr,* of prime importance *pred;* **von** ~**er Bedeutung** of prime [*or* the utmost] importance; ■~ **sein** to have priority
II. *adv* as a matter of priority

Vor·rang·stel·lung *f* pre-eminence *no pl, no indef art* **Vor·rang·steu·e·rung** *f* INFORM priority command

Vor·rat <-[e]s, Vorräte> ['fo:ɐ̯ra:t, *pl* 'fo:ɐ̯rɛtə] *m* stocks *pl,* supplies *pl; (Lebensmittel)* stocks *pl,* supplies *npl,* provisions *pl;* ■**ein** ~ **an etw** *dat* a stock [*or* supply] of sth; ***unser* ~ *an Heizöl ist erschöpft*** our stock[s] of heating oil has[/have] run out; **etw auf** ~ **haben** ÖKON to have sth in stock; **etw auf** ~ **kaufen** to stock up on [*or* with] sth, to buy sth in bulk; **Vorräte anlegen** to lay in stock[s *pl*]; **so lange der** ~ **reicht** while stocks last

Vor·rä·te·meh·rung *f* HANDEL stock provisions *pl* [*or* replenishment]

vor·rä·tig ['fo:ɐ̯rɛtɪç] *adj* ÖKON in stock *pred;* ■~ **sein** to be in stock; ***bedauere, aber dieser Titel ist derzeit nicht*** ~ I'm sorry, but that title isn't in stock [*or* available] at the moment; **etw** ~ **haben** to have sth in stock

Vor·rats·be·häl·ter *m* supply container **Vor·rats·hal·tung** *f* stock-keeping **Vor·rats·kam·mer** *f* store-cupboard; *(Vorratsraum)* storage [*or* store] room; *(kleiner)* larder, pantry **Vor·rats·käu·fe** *pl* HANDEL stockpiling purchases **Vor·rats·kre·dit** *m* FIN inventory financing loan **Vor·rats·la·ger** *nt* supply depot **Vor·rats·pa·ckung** *f* bulk pack[age], multipack **Vor·rats·pa·tent** *nt* reserve patent **Vor·rats·pfän·dung** *f* JUR collective garnishment of future claims **Vor·rats·raum** *m* storeroom **Vor·rats·ver·mö·gen** *nt* FIN inventories *pl,* stock-in-trade

Vor·raum *m* anteroom

vor|rech·nen *vt* ① *(durch Rechnen erläutern)* ■**[jdm] etw** ~ to calculate [*or* work out *sep*] sth [for sb]; ■**jdm** ~**, dass/was/wie viel/wie ...** to calculate [*or* work out] for sb that/what/how much/how ...
② MATH ■**[jdm] etw** ~ to [show sb how to] calculate [*or* work out *sep*] sth

Vor·recht <-[e]s, -e> *nt* privilege, prerogative; **jdm ein** ~ **einräumen** to grant sb a privilege; **[bestimmte]** ~**e genießen** to enjoy [certain] privileges; **auf ein** ~ **verzichten** to waive a privilege **Vor·rechts·ak·tie** *f* FIN preference share [*or* AM stock]

Vor·re·de *f* preface, foreword **Vor·red·ner(in)** *m(f)* ■**jds** ~ the previous speaker

Vor·rei·ter(in) *m(f)* *(fam)* pioneer, trailblazer; **[für jdn] den** ~ **machen** to lead the way [for sb] **Vor·rei·ter·rol·le** *f* vanguard role

Vor·rich·tung <-, -en> *f* device, gadget

vor|rü·cken I. *vi sein* ① MIL *(vormarschieren)* to advance; **gegen jdn/etw** ~ to advance on [*or* against] sb/sth
② *(nach vorn rücken)* to move forward; ***könnten Sie wohl mit Ihrem Stuhl ein Stück*** ~ could you move your chair forward a bit, please?; *s. a.* **Alter, Stunde**
③ SPORT *(aufsteigen)* ■**[auf etw** *akk***]** ~ to move up [to sth]
④ SCHACH *(auf anderes Spielfeld rücken)* ■**[mit etw** *dat***]** ~ to move [sth] [forward]
II. *vt haben* ■**etw** ~ to move sth forward

Vor·ru·he·stand *m* early retirement; **in den** ~ **gehen** to retire early, to take early retirement; ***er ist mit 55 in den* ~ *gegangen*** he took early retirement at 55 **Vor·ru·he·stands·geld** *nt* FIN, ÖKON early retirement pension **Vor·ru·he·stands·re·ge·lung** *f* early retirement scheme [*or* plan]

Vor·run·de *f* SPORT preliminary [*or* qualifying] round

vor|sa·gen I. *vt* SCH ■**[jdm] etw** ~ to whisper sth [to sb]
II. *vi* SCH ■**[jdm]** ~ to whisper the answer [to sb]

Vor·sai·son *f* TOURIST low season, start of the [*or* early [part of the]] season

Vor·sän·ger(in) *m(f)* ① REL precentor, cantor
② MUS leading voice

Vor·satz <-[e]s, Vorsätze> ['fo:ɐ̯zats, *pl* fo:ɐ̯zɛtsə] *m* ① *(Entschluss)* resolution; **den** ~ **fassen, etw zu tun** to resolve to do sth; ***diese Drohung konnte mich in meinem* ~ *nicht erschüttern*** this threat wasn't enough to shake my resolve; ***ist es wirklich dein unabänderlicher* ~*, diese Frau zu heiraten?*** is it really your firm intention to marry this woman?; *s. a.* **treu**
② JUR *(Absicht)* intent, intention; **bedingter** ~ contingent intent; **vermuteter** ~ constructive malice; **mit verbrecherischem** ~ with malice aforethought

Vor·satz <-[e]s, Vorsätze> ['fo:ɐ̯zats, *pl* fo:ɐ̯zɛtsə] *m,* **Vor·satz·blatt** *nt* MEDIA, TYPO end-paper

vor·sätz·lich ['fo:ɐ̯zɛtslɪç] **I.** *adj* deliberate, intentional, wil[l]ful
II. *adv* deliberately, intentionally, wil[l]fully

Vor·sätz·lich·keit <-> *f kein pl* JUR wil[l]fulness

Vor·satz·lin·se *f* ancillary lens

Vor·schau <-, -en> *f* FILM, TV trailer; ■**die** ~ **[auf etw** *akk***]** the trailer [for sth]

Vor·schein *m* **etw zum** ~ **bringen** *(finden)* to find sth; *(zeigen)* to produce sth; **zum** ~ **kommen** *(sich bei Suche zeigen)* to turn up; *(offenbar werden)* to come to light, to be revealed; ***immer wieder kommt ihre Eifersucht zum*** ~ her jealousy keeps on coming out

vor|schi·cken *vt* ■**jdn** ~ to send sb [on] ahead

vor|schie·ben *vt irreg* ① *(vorschützen)* ■**etw** ~ to use sth as an excuse [*or* a pretext]; ***das ist doch nur eine Ausrede, die er vorschiebt, um nicht kommen zu müssen*** that's just an excuse [that] he's using not to come; ■**vorgeschoben** used as an excuse [*or* a pretext]; ***ich kann diese vorgeschobenen Gründe leider nicht akzeptieren*** I'm afraid I can't accept these reasons which are just a pretext
② *(für sich agieren lassen)* ■**jdn** ~ to use sb as a front man/woman
③ *(nach vorn schieben)* ■**etw** ~ to push sth forward
④ *(vor etw schieben)* ■**etw** ~ to push [*or* slide] sth across

vor|schie·ßen *vt irreg* ■**[jdm] etw** ~ to advance [sb] sth

Vor·schiff *nt* NAUT forecastle, fo'c'sle

Vor·schlag *m* proposal, suggestion; **ein** ~ **zur Güte** *(fam)* a [helpful] suggestion; **[jdm] einen** ~ **machen** to make a suggestion [to sb] [*or* [sb] a suggestion]; **auf jds** ~ **[hin]** on sb's recommendation; **auf** ~ **von jdm** on the recommendation of sb

vor|schla·gen *vt irreg* ① *(als Vorschlag unterbreiten)* ■**[jdm] etw** ~ to propose [*or* suggest] sth [to sb]; ■**jdm** ~**, etw zu tun** to suggest to sb that he/she do sth, to suggest that sb do sth
② *(empfehlen)* ■**jdn [als jdn/für etw** *akk***]** ~ to recommend sb [as sb/for sth]

Vor·schlag·ham·mer *m* sledgehammer

Vor·schlags·recht *nt* right of nomination **Vor·schlags·we·sen** <-s> *nt kein pl* **das betriebliche** ~ *the collecting of labour-saving proposals in a firm*

vor·schnell *adj s.* **voreilig**

vor|schrei·ben *vt irreg* ① *(befehlen)* ■**jdm etw** ~ to stipulate sth to sb; **jdm eine Verhaltensweise** [*o* **Vorgehensweise**] ~ to tell sb how to behave/proceed; ***einigen Leuten muss man jeden Handgriff buchstäblich*** ~ you have to spell every little thing out to some people; ■**jdm** ~**, wann/was/wie ...** to tell sb when/what/how ...
② ADMIN *(zwingend fordern)* ■**[jdm] etw** ~ to stipulate sth/[that sb should do sth]; ■~**, etw zu tun** to stipulate that sth should be done

Vor·schrift *f* ADMIN regulation, rule; *(Anweisung)* instructions *pl; (polizeilich)* orders *pl;* ***für jeden möglichen Ausnahmefall existieren genaue*** ~***en*** there are very precise instructions on how to act in any possible emergency; ~ **sein** to be the regulation[s]; **jdm** ~**en machen** to tell sb what to do [*or* give sb orders]; ***machen Sie mir bitte keine* ~*, was ich zu tun und zu lassen habe!*** don't try and tell me what I can and can't do!; **sich** *dat* **von jdm** ~**en/keine** ~**en machen lassen** to be/not be told what to do by sb [*or* let/not let sb order one about]; **nach** ~ to rule

vor·schrifts·mä·ßig, vor·schrifts·ge·mäß I. *adj* according to the regulations; ***bei* ~*er Einnahme des Medikaments sind keine Nebenwirkungen zu befürchten*** if you only take the prescribed amount of the medicine, you needn't fear any side-effects; ***in zweiter Reihe zu parken ist nicht*** ~ it's against [*or* contrary to] the regulations to park in the second row
II. *adv* according to the regulations; ***von dem Hustensaft dürfen* ~ *nur drei Teelöffel pro Tag eingenommen werden*** [the prescription [*or* label] says that] only three teaspoons a day of the cough mixture should be taken; ***Sie parken hier leider nicht*** ~ I'm afraid it's against [*or* contrary to] the regulations to park here

vor·schrifts·wid·rig I. *adj* against [*or* contrary to] the regulations *pred*
II. *adv* against [*or* contrary to] the regulations

Vor·schub *m* **etw** *dat* ~ **leisten** to encourage [*or* foster] sth

Vor·schul·al·ter *nt kein pl* ■**das** ~ the pre-school age; **im** ~ **sein** to be of pre-school age

Vor·schu·le *f* SCH ① *(für Kinder im Vorschulalter)* preschool
② *(Vorbereitung für höhere Schule)* preparatory school

Vor·schul·er·zie·hung *f kein pl* pre-school education **Vor·schul·kind** *nt* pre-school child

Vor·schuss[RR] <-es, Vorschüsse>, **Vor·schuß**[ALT] <-sses, Vorschüsse> ['fo:ɐ̯ʃʊs] *m* FIN advance; ■**ein** ~ **auf etw** *akk* an advance on sth; **einen** ~ **[auf etw** *akk***] leisten** to give sb an advance [on sth]

Vor·schuss·an·spruch[RR] *m* FIN claim to an advance **Vor·schuss·lor·bee·ren**[RR] *pl* premature praise; *(im Voraus gespendetes Lob)* early praise; **[für etw** *akk***]** ~ **ernten** to receive premature praise [for sth]; *(im Voraus gelobt werden)* to receive early praise [for sth] **Vor·schuss·zin·sen**[RR] *pl* FIN interest *sing* on outpayment of unmatured savings

vor|schüt·zen *vt* ■**etw** ~ to use sth as an excuse; **Nichtwissen** ~ to plead ignorance; ■~**, [dass ...]** to pretend [that ...]; *s. a.* **Müdigkeit**

vor|schwär·men *vi* ■**jdm [von jdm/etw]** ~ to rave [on] to sb [about sb/sth] *fam;* ■**jdm** ~**, wie ...** to rave [on] to sb about how ... *fam*

vor|schwe·ben *vi* to have in mind; ***was schwebt dir da genau vor?*** what exactly is it that you have in mind?; ***mir schwebt da so eine Idee vor*** I have this idea in my head

vor|schwin·deln *vt* *(fam) s.* **vorlügen**

vor|se·hen[1] *irreg* **I.** *vr* ① *(sich in Acht nehmen)* ■**sich** *akk* **[vor jdm]** ~ to watch out [for sb] [*or* be wary [of sb]]
② *(aufpassen)* ■**sich** *akk* ~**, dass/was ...** to take care [*or* be careful] that/what ...; ***sieh dich bloß vor, dass du nichts ausplauderst!*** mind you don't

let anything slip out!; ***sehen Sie sich bloß vor, was Sie sagen!*** [just [you]] be careful what you say!; **sieh dich vor!** *(fam)* watch it! *fam* [*or fam* your step]
II. *vt* ① *(eingeplant haben)* ■ **etw** [**für etw** *akk*] ~ to intend to use [*or* earmark] sth for sth; ■ **jdn** [**für etw** *akk*] ~ to designate sb [for sth]; ***Sie hatte ich eigentlich für eine andere Aufgabe*** ~ I had you in mind for a different task
② *(bestimmen)* ■ **etw** ~ to call for sth; *(in Gesetz, Vertrag)* to provide for sth; ■ **etw** [**für etw** *akk*] ~ to mean sth [for sth]; ***für Landesverrat ist die Todesstrafe vorgesehen*** the death sentence is intended as the penalty for treason
III. *vi (bestimmen)* ■ ~**, dass/wie ...** to provide for the fact that/for how ...; ***der Erlass sieht ausdrücklich vor, dass auch ausnahmsweise nicht von dieser Regelung abgewichen werden darf*** under no circumstances does the decree provide for any exceptions to this ruling; **es ist vorgesehen,** [**dass ...**] it is planned [that ...]
vor|se·hen² *vi irreg (sichtbar sein)* ■ [**hinter etw** *dat*] ~ to peep out [from behind sth]
Vor·se·hung <-> ['fo:ɐ̯ze:ʊŋ] *f kein pl* providence, Providence
Vor·se·ri·en·fer·ti·gung *f* ÖKON pilot mass production
vor|set·zen I. *vt* ① *(auftischen)* ■ [**jdm**] **etw** ~ to serve up *sep* [*or sep* dish] sth [to sb]; ***immer setzt du mir nur Fertiggerichte vor*** all you ever serve me up are oven-ready meals
② *(fam: offerieren)* ■ [**jdm**] **etw** ~ to serve up sth [to sb] *sep fig*
II. *vr* ■ **sich** *akk* ~ to move forward; ***auf Anordnung der Lehrerin musste sich der Schüler*** ~ the teacher told the child to move to the front [of the class]
Vor·sicht <-> ['fo:ɐ̯zɪçt] *f kein pl (vorsichtiges Verhalten)* care; ***ich kann dir nur zu ~ raten*** I must urge you to exercise caution; **etw ist mit ~ zu genießen** *(fam)* sth should be taken with a pinch [*or* grain] of salt; **mit ~** carefully; **etw mit äußerster ~ behandeln** to handle sth very carefully [*or* with great care] [*or* with kid gloves]; **zur ~** as a precaution, to be on the safe side; **~!** watch [*or* look] out!; ***~, der Hund beißt!*** be careful, the dog bites!; ***„~ bei Abfahrt des Zuges!"*** "please stand clear as the train leaves the station!"; ***„~, Glas!"*** "glass — handle with care!"
▸ WENDUNGEN: **~ ist besser als Nachsicht** *(prov)* better [to be] safe than sorry; **~ ist die Mutter der Porzellankiste** *(sl)* caution is the mother of wisdom
vor·sich·tig I. *adj* ① *(umsichtig)* careful; ***in diesem Fall ist ~es Vorgehen angeraten*** we ought to tread carefully in this case
② *(zurückhaltend)* cautious, guarded; **eine ~e Schätzung** a conservative estimate
II. *adv* ① *(umsichtig)* carefully; ***bei der Untersuchung ist sehr ~ vorzugehen*** we must proceed with great care in this investigation
② *(zurückhaltend)* cautiously, guardedly
vor·sichts·hal·ber *adv* as a precaution, just to be on the safe side **Vor·sichts·maß·nah·me** *f* precaution, precautionary measure; **~n treffen** to take precautions [*or* precautionary measures] **Vor·sichts·maß·re·gel** *f (geh) s.* **Vorsichtsmaßnahme**
Vor·sil·be *f* LING prefix
vor|sin·gen *irreg* **I.** *vt* ■ [**jdm**] **etw** ~ ① *(singend vortragen)* to sing sth [to sb]; ***sing uns doch bitte was vor!*** sing us something[, please]!
② *(durch Singen demonstrieren)* to sing sth [for [*or* to] sb] first
II. *vi* ■ [**jdm**] ~ to [have a singing] audition [in front of sb]
vor·sint·flut·lich ['fo:ɐ̯zɪntflu:tlɪç] *adj (fam)* antiquated, ancient *fam,* prehistoric *fam*
Vor·sitz ['fo:ɐ̯zɪts] *m* chairmanship; **den ~ haben** to be chairman/-woman/-person; **den ~ bei etw** *dat* **haben** [*o* **führen**] to chair [*or* preside over] sth; **unter dem ~ von jdm** under the chairmanship of sb
vor|sit·zen *vi irreg (geh)* ■ **etw** *dat* ~ to chair [*or* preside over] sth
vor·sit·zend *adj attr, inv* JUR presiding; **~er Richter am Landgericht/Bundesgerichtshof** presiding judge at a district court/the Federal Supreme Court of Justice
Vor·sit·zen·de(r) *f(m) dekl wie adj* ① *(vorsitzende Person)* chairman/-woman/-person; ***wer wird die Kommission als ~r leiten?*** who will chair the commission?
② JUR *(vorsitzender Richter)* presiding judge
Vor·sor·ge *f* provisions *pl;* **~ für etw** *akk* **treffen** *(geh)* to make provisions for sth; ***ich habe für das Alter eine zusätzliche ~ getroffen*** I've made extra provisions for my old age
Vor·sor·ge·maß·nah·me *f* provision
vor|sor·gen *vi* ■ [**für etw** *akk*] ~ to make provisions [for sth], to provide for sth; ■ [**dafür**] **~, dass etw nicht geschieht** to take precautions to ensure that sth doesn't happen
Vor·sor·ge·pausch·be·trag *m* FIN blanket allowance, contingency sum **Vor·sor·ge·un·ter·su·chung** *f* MED medical check-up
vor·sorg·lich I. *adj* precautionary
II. *adv* as a precaution, to be on the safe side
Vor·spann <-[e]s, -e> ['fo:ɐ̯ʃpan] *m* FILM, TV opening credits *npl*
vor|span·nen *vt* ① *(anspannen)* ■ [**etw** *dat*] **etw** ~ to harness sth [to sth]
② ELEK ■ **etw** ~ to bias sth
③ TECH ■ **etw** ~ to pretension [*or* preload] sth
Vor·spei·se *f* KOCHK starter, hors d'oeuvre
vor|spie·geln *vt* ■ [**jdm**] **etw** ~ to feign sth [to sb]; ■ **jdm ~, dass ...** to pretend to sb that ...
Vor·spie·ge·lung *f* feigning; *Notlage* pretence; [**eine**] **~ falscher Tatsachen** [all [*or* a total]] sham; **unter ~ von etw** *dat* under the pretence of sth
Vor·spiel *nt* ① MUS *(das Vorspielen)* audition
② *(Zärtlichkeiten vor dem Liebesakt)* foreplay *no pl, no indef art*
vor|spie·len I. *vt* ① MUS *(auf einem Instrument vortragen)* ■ [**jdm**] **etw** ~ to play sth [for sb] [*or* [sb] sth]
② MUS *(durch Spielen demonstrieren)* ■ **jdm etw** ~ to play sth for [*or* to] sb first
③ *(vorheucheln)* ■ **jdm etw** ~ to put on sth for sb
II. *vi* MUS ■ [**jdm**] ~ to play [for [*or* to] sb]
Vor·spra·che *f (geh)* visit
vor|spre·chen *irreg* **I.** *vt* ■ **jdm etw** ~ to say sth for sb first
II. *vi* ① *(geh: offiziell aufsuchen)* ■ **bei jdm/etw** ~ to call on sb/at sth
② THEAT, TV *(einen Text vortragen)* ■ [**jdm**] ~ to recite [sth to sb]; ***dann sprechen Sie mal vor!*** let's hear your recital!; ***ich lasse mir morgen von 20 Bewerbern*** ~ I'm going to be auditioning 20 applicants tomorrow
vor|sprin·gen *vi irreg sein Fels* to project [*or* jut out]; *Nase* to be prominent
vor·sprin·gend *adj* prominent, protruding; *(Backenknochen)* prominent, high
Vor·sprung *m* ① *(Distanz)* lead; ***er konnte seinen ~ zum Feld der Verfolger noch ausbauen*** he was able to increase his lead over the chasing pack even further; ***die entflohenen Häftlinge haben mittlerweile einen beträchtlichen*** ~ the escaped convicts will have got a considerable start by now
② ARCHIT *(vorspringendes Gesims)* projection
Vor·sta·di·um *nt* early stage
Vor·stadt *f* suburb; **in der ~ wohnen** to live in the suburbs
Vor·städ·ter(in) <-s, -> *m(f)* suburbanite
vor·städ·tisch *adj* suburban
Vor·stadt·ki·no *nt* suburban cinema **Vor·stadt·the·a·ter** *nt* suburban theatre
Vor·stand *m* ① *(geschäftsführendes Gremium)* board [of management] [*or* [executive] directors]; *(einer Kirche)* [church] council; *(einer Partei)* executive; *(eines Vereins)* [executive] committee
② *(Vorstandsmitglied)* director, board member, member of the board [of [executive] directors]; *(einer Kirche)* [church] warden; *(einer Partei)* executive; *(eines Vereins)* [member of the] executive [committee]
Vor·ständ·ler(in) <-s, -> *m(f)* SOZIOL board member
Vor·stands·ak·tie *f* FIN management share **Vor·stands·as·sis·tent(in)** *m(f)* assistant to senior management **Vor·stands·aus·schuss**^RR *m* executive committee **Vor·stands·be·richt** *m* management report **Vor·stands·be·schluss**^RR *m* JUR resolution of the managing board **Vor·stands·chef(in)** *m(f)* chief executive **Vor·stands·di·rek·tor(in)** *m(f)* executive director **Vor·stands·eta·ge** *f* boardroom **Vor·stands·mit·glied** *m* director, board member, member of the board [of [executive] directors]; *(einer Kirche)* [church] warden; *(einer Partei)* executive; *(eines Vereins)* [member of the] executive [committee] **Vor·stands·sit·zung** *f* board meeting, meeting of the board [of [executive] directors]; *(einer Kirche)* church council meeting; *(einer Partei)* meeting of the [party] executive; *(eines Vereins)* meeting of the [executive] committee **Vor·stands·spre·cher(in)** *m(f)* company spokesperson [*or masc* spokesman] [*or fem* spokeswoman] **Vor·stands·vor·sit·zen·de(r)** *f(m) dekl wie adj* chief executive, chairman [*or* chairwoman] of the board of [executive] directors [*or* management board]
vor|ste·hen¹ *vi irreg haben o sein (hervorragen)* to be prominent [*or* protrude]; *Backenknochen* to be prominent [*or* high]; *Zähne* to stick out, to protrude; *Augen* to bulge
vor|ste·hen² *vi irreg haben o sein (veraltend geh: Vorsteher sein)* ■ **etw** *dat* ~ to be the head of sth; **einer Schule ~** to be [the] principal [*or* BRIT head[master]/head[mistress]] of a school
vor·ste·hend *adj attr* ① *(hervorstehend) Zähne* protruding; *Kinn, Backenknochen* prominent
② *(vorausgehend) Bemerkung* stated before, aforementioned; **wie im V~en bereits gesagt** as already mentioned before
Vor·ste·her(in) <-s, -> ['fo:ɐ̯ʃte:ɐ] *m(f)* head; *(einer Schule)* principal, headteacher BRIT, head[master] BRIT *masc,* head[mistress] BRIT *fem*
Vor·ste·her·drü·se *f* ANAT prostate [gland]
Vor·ste·he·rin <-, -nen> *f fem form von* **Vorsteher** headmistress
vor·stell·bar *adj* conceivable, imaginable; **kaum** [*o* **schwer**] ~ almost inconceivable [*or* unimaginable], scarcely conceivable [*or* imaginable]; **leicht ~** easy to imagine, quite conceivable; **nicht ~** inconceivable, unimaginable
vor|stel·len I. *vt* ① *(gedanklich sehen)* ■ **sich** *dat* **etw ~** to imagine sth; ***das muss man sich mal ~!*** just imagine [it]!; ■ **sich** *dat* **~, dass/wie ...** to think [*or* imagine] that/how ...
② *(als angemessen betrachten)* ■ **sich** *dat* **etw ~** to have sth in mind
③ *(mit etw verbinden)* ■ **sich** *dat* **etw ~** to mean sth to sb; ■ **sich** *dat* **nichts unter etw** *dat* **~** to mean nothing to sb; ***was stellst du dir unter diesem Wort vor?*** what does this word mean to you?; ***unter dem Namen Schlüter kann ich mir nichts*** ~ the name Schlüter doesn't mean anything [*or* means nothing] to me
④ *(bekannt machen)* ■ **jdm jdn ~** to introduce sb to sb
⑤ ÖKON *(präsentieren)* ■ **jdm etw ~** to present sth to sb
⑥ *(darstellen)* ■ **etw ~** to represent sth
⑦ *(vorrücken)* ■ **etw ~** to move sth forward; **den Uhrzeiger ~** to move [*or* put] the [watch [*or* clock]] hand forward
II. *vr* ① *(bekannt machen)* ■ **sich** *akk* [**jdm**] ~ to introduce oneself [to sb]; ■ **sich** *akk* **jdm als jd ~** to introduce oneself to sb as sb
② *(vorstellig werden)* ■ **sich** *akk* [**irgendwo/bei jdm**] ~ to go for an interview [somewhere/with sb]; ***stellen Sie sich doch bei uns vor, wenn Sie mal in der Gegend sind*** do drop in and see us if you're in the area
vor·stel·lig ['fo:ɐ̯ʃtɛlɪç] *adj* **bei jdm ~ werden** *(geh)* to go to see sb [about sth]

Vor·stel·lung *f* ❶ *(gedankliches Bild)* idea; ***bestimmte Gerüche können beim Menschen immer die gleichen ~en auslösen*** certain smells [can] always trigger the same thoughts in people; **in jds ~** in sb's mind; ***gewiss ist sie jetzt älter, aber in meiner ~ bewahre ich ihr Bild als junge, hübsche Frau*** she may be older now, but in my mind's eye I still see her as a pretty young woman; **jds ~en entsprechen** to meet sb's requirements; ***dieser Pullover entspricht genau meinen ~en*** this jumper is just what I'm looking for; ***das Gehalt entspricht nicht ganz meinen ~en*** the salary doesn't quite match [up to] my expectations; ***das Produkt wurde genau nach unseren ~en entwickelt*** the product was designed to match our requirements [*or* specifications] exactly; **bestimmte ~en haben** [*o* **sich** *dat* **bestimmte ~en machen**] to have certain ideas; **falsche ~en haben** to have false hopes; **unrealistische ~en haben** to have unrealistic expectations; **sich** *dat* **keine ~ machen, was/wie ...** to have no idea what/how ...; **alle ~en übertreffen** to be almost inconceivable [to the human mind] [*or* beyond the [powers of] imagination of the human mind]; ***Traumstrände hatten wir erwartet, aber die Realität übertraf alle ~en*** we expected [to find] beautiful beaches, but the reality exceeded all our expectations [*or* was beyond [all] our wildest dreams]
❷ THEAT *(Aufführung)* performance; FILM showing
❸ ÖKON *(Präsentation)* presentation
❹ *(Vorstellungsgespräch)* interview

Vor·stel·lungs·ge·spräch *nt* interview

Vor·stel·lungs·kraft *f kein pl,* **Vor·stel·lungs·ver·mö·gen** *nt kein pl* [powers *npl* of] imagination
▶ WENDUNGEN: **jds ~ sprengen** to be beyond sb's imagination

Vor·steu·er *f* FIN prior [turnover] tax, input tax BRIT

Vor·steu·er·ab·zug *m* FIN, JUR deduction of input tax **Vor·steu·er·be·trag** *m* FIN amount before taxes, pre-tax amount **Vor·steu·er·er·geb·nis** *nt* FIN pre-tax profit **Vor·steu·er·ge·winn** *m* FIN pre-tax profit

Vor·stop·per(in) <-s, -> *m(f)* FBALL centre-half BRIT, center-half AM

Vor·stoß *m* ❶ MIL *(plötzlicher Vormarsch)* advance, push, thrust
❷ *(Versuch zu erreichen)* ■ **ein/jds ~ bei jdm** an/sb's attempt to put in a good word with sb
▶ WENDUNGEN: **einen ~** [**bei jdm**] **machen** [*o* **unternehmen**] to attempt to put in a good word [with sb]; ***wir haben bei der Firmenleitung einen ~ in dieser Frage unternommen*** we tried to put over our case to the [company['s]] management in this matter

vor|sto·ßen *irreg* **I.** *vi sein* ■ [**irgendwohin**] **~** to venture [somewhere]; *Truppen, Panzer* to advance [*or* push forward] [somewhere]
II. *vt haben* ■ **jdn ~** to push sb forward

Vor·stra·fe *f* JUR previous conviction **Vor·stra·fen·re·gis·ter** *nt* JUR criminal [*or* police] record

vor|stre·cken *vt* ❶ *(vorübergehend leihen)* ■ **jdm etw ~** to advance sb sth
❷ *(nach vorn strecken)* ■ **etw ~** to stretch sth forward; **den Arm/die Hand ~** to stretch out one's arm/hand

Vor·stu·fe *f* preliminary stage **Vor·tag** *m* **am ~** the day before; **am ~ einer S.** *gen* [on] the day before sth; **vom ~** from yesterday; ***diese Nachricht stand in der Zeitung vom ~*** this news was in yesterday's newspaper; ***ich habe nur noch Brot vom ~*** I've only got bread left from yesterday [*or* yesterday's bread left] **Vor·tat** *f* JUR prior offence

Vor·täu·schen *nt kein pl* JUR feigning, pretence; **~ einer Straftat** feigning commission of a crime

vor|täu·schen *vt* ■ [**jdm**] **etw ~** to feign sth [for sb]; **Hilfsbedürftigkeit/einen Unfall ~** to fake neediness/an accident; **Interesse ~** to feign interest; ***er hatte seine Heiratsabsichten nur vorgetäuscht*** he had only been faking his intentions to marry [her]

Vor·täu·schung <-, -en> *f* JUR pretence, faking; **~ von Tatsachen** misrepresentation of facts; **unter ~ falscher Tatsachen** under false pretences

Vor·teil <-s, -e> ['fo:ɐ̯tail] *m (vorteilhafter Umstand)* advantage; **materielle ~e** material benefits; **steuerliche ~e** tax advantage [*or* benefits]; ***er sucht nur seinen eigenen ~*** he only [ever] looks out for himself; ***er ist nur auf seinen ~ bedacht*** he only ever thinks of [*or* has an eye to] his own interests; **den ~ haben, dass ...** to have the advantage that ...; [**jdm gegenüber**] **im ~ sein** to have an advantage [over sb]; [**für jdn**] **von ~ sein** to be advantageous [to sb]; **sich** *akk* **zu seinem ~ verändern** to change for the better; **zu jds ~** to sb's advantage; ***ich hoffe, dass der Schiedsrichter auch einmal zu unserem ~ entscheidet*** I hope the ref[eree] decides in our favour [just] for once

vor·teil·haft **I.** *adj* ❶ FIN *(günstig)* favourable [*or* AM -or-]; *(Geschäft, Geschäftsabschluss)* lucrative, profitable; **ein ~er Kauf** a good buy, a bargain; ■ [**für jdn**] **~ sein** to be favourable [for sb]; ***ich würde von dem Geschäft abraten, es ist für Sie wenig ~*** I would advise [you] against entering into this deal, it won't be very profitable [for you]; ***der Kauf eines Gebrauchtwagens kann durchaus ~ sein*** a used car can often prove to be a really good buy
❷ MODE *(ansprechend)* flattering
II. *adv* ❶ FIN *(günstig)* **etw ~ erwerben** [*o* **kaufen**] to buy sth at an attractive [*or* a bargain] [*or* a reasonable] price
❷ MODE *(ansprechend)* ***in dem schlabberigen Pullover siehst du nicht sehr ~ aus*** that baggy [old] sweater doesn't do you any favours; ***du solltest dich etwas ~er kleiden*** you should wear clothes which are a bit more flattering

Vor·teils·an·nah·me *f* JUR *acceptance of benefit by a public official* **Vor·teils·aus·glei·chung** *f* JUR adjustment of damages **Vor·teils·ge·wäh·rung** *f* JUR granting of an undue advantage **Vor·teils·kri·te·ri·um** *nt* FIN yardstick of profitability **Vor·teils·nah·me** ['fɔrtailsna:mə] *f* JUR [illegally] accepting benefits **Vor·teils·ver·gleich** *m* FIN comparison of profitability

Vor·ti·tel *m (Buch)* half-title

Vor·trag <-[e]s, Vorträge> ['fo:ɐ̯tra:k, *pl* 'fo:ɐ̯trɛ:gə] *m (längeres Referat)* lecture; *(Beschreibung)* talk; **einen ~** [**über etw** *akk*/**zu etw** *dat*] **halten** to give [*or* deliver] a lecture [*or* talk] [on [*or* about] sth]
▶ WENDUNGEN: **halt keine** [**langen**] **Vorträge!** *(fam)* don't beat about the bush!, get to the point!

vor|tra·gen *vt irreg* ❶ *(berichten)* ■ [**jdm**] **etw ~** to present sth [to sb]; [**jdm**] **einen Beschluss** [*o* **eine Entscheidung**] **~** to convey a decision [to sb]; [**jdm**] **einen Wunsch ~** to express a desire [*or* wish] [to sb]
❷ *(rezitieren)* ■ **etw ~** to recite sth; **ein Lied ~** to sing a song; **ein Musikstück ~** to play [*or* perform] a piece of music

Vor·tra·gen·de(r) *f(m) dekl wie adj* lecturer

Vor·trags·abend *m* lecture evening **Vor·trags·rei·he** *f* course [*or* series] of lectures *npl*

vor·treff·lich [fo:ɐ̯trɛflɪç] **I.** *adj (geh)* excellent; *(Gedanke, Idee a.)* splendid; *(Gericht, Wein a.)* superb; **~ munden** [*o* **schmecken**] to taste excellent [*or* superb]
II. *adv (geh)* excellently; ***alle Speisen waren ~ zubereitet worden*** all the dishes had been exquisitely prepared

Vor·treff·lich·keit <-> *f kein pl* excellence

vor|trei·ben *vt irreg* BERGB ■ **etw ~** *Stollen* to dig sth

vor|tre·ten *vi irreg sein* ❶ *(nach vorn treten)* to step [*or* come] forward
❷ *(vorstehen)* *Fels* to jut out; *Backenknochen* to protrude; *Augen* to bulge

Vor·tritt[1] *m* precedence, priority; ■ **jdm den ~ lassen** *(jdn zuerst gehen lassen)* to let sb go first [*or* in front [of one]]; *(jdn zuerst agieren lassen)* to let sb go first [*or* ahead]

Vor·tritt[2] *m kein pl* SCHWEIZ *(Vorfahrt)* right of way

vor|trock·nen *vt* ■ **etw ~** to pre-dry sth

Vor·trock·nung <-> *f kein pl* pre-drying *no pl*

vo·rü·ber [fo'ry:bɐ] *adv* ■ **~ sein** ❶ *räumlich (vorbei)* to have gone past; ***er ist auf seinem Fahrrad schon ~*** he's already gone past on his bike; ***wir sind an dem Geschäft sicher schon ~, da vorne ist schon die Post*** we must have already passed the shop, there's the post office coming up [already]
❷ *zeitlich (vorbei)* to be over; *(Schmerz)* to be [*or* have] gone

vo·rü·ber|ge·hen [fo'ry:bɐge:ən] *vi irreg sein* ❶ *(entlanggehen)* ■ **an jdm/etw ~** to go [*or* walk] past sb/sth, to pass sb/sth by *sep;* **im V~** in passing, en passant; **etw im V~ erledigen** to do sth just like that
❷ *(vorbeigehen)* to pass; *Schmerz* to go

vo·rü·ber·ge·hend **I.** *adj* temporary; **~e Beschäftigung** ÖKON temporary employment [*or* occupation]; **~e Steuerbefreiung** FIN tax holiday
II. *adv* for a short time; ***das Geschäft bleibt wegen Renovierungsarbeiten ~ geschlossen*** the business will be temporarily closed [*or* closed for a short time] due to [*or* for] renovation work; ***die Wetterbesserung wird nur ~ anhalten*** the improvement in the weather will only be [a] temporary [one]

Vo·rü·ber·ge·hen·de(r) *f(m) dekl wie adj* passer-by

Vor·übung *f* preliminary exercise

Vor- und Zu·na·me *m* Christian [*or* first] name and surname

Vor·un·ter·su·chung *f* JUR preliminary investigation; **gerichtliche ~** committal proceedings

Vor·ur·teil ['fo:ɐ̯ʔʊrtail] *nt* prejudice; **~e** [**gegenüber jdm**] **haben** [*o geh* **hegen**] to be prejudiced [against sb]; **das ist ein ~** that's prejudiced

vor·ur·teils·frei *adj* unbiased; *(Gutachter)* unprejudiced

vor·ur·teils·los **I.** *adj* unprejudiced, unbiased
II. *adv* without prejudice [*or* bias]; ***unser Chef verhält sich Ausländern und Frauen gegenüber nicht ganz ~*** our boss is not always without prejudice in his dealings with foreigners and women

Vor·vä·ter *pl (geh)* forefathers *npl,* ancestors *npl,* for[e]bears *npl form*

Vor·ver·fah·ren *nt* JUR interlocutory [*or* preliminary] proceedings *pl*

vor·ver·gan·gen *adj (vorletzt)* last but one; ***in der ~en Woche*** [in] the week before last

Vor·ver·gan·gen·heit *f* LING pluperfect

Vor·ver·hand·lung *f* ❶ HANDEL preliminary negotiations [*or* talks] *pl*
❷ JUR pleadings *pl*

Vor·ver·kauf *m* THEAT, SPORT advance sale *no pl* [of tickets], advance ticket sales *pl* **vor·ver·kau·fen*** *vt* ■ **etw ~** to sell sth in advance

Vor·ver·kaufs·ge·bühr *f* FIN booking fee **Vor·ver·kaufs·stel·le** *f* THEAT, SPORT advance ticket office

vor|ver·le·gen* *vt* ❶ *(auf früheren Zeitpunkt verlegen)* ■ **etw** [**auf etw** *akk*] **~** to bring sth forward [to sth]
❷ BAU *(weiter nach vorn verlegen)* ■ **etw ~** to move sth forward

Vor·ver·öf·fent·li·chung *f* prior publication **Vor·ver·stär·ker** *f* TECH pre-amplifier **Vor·ver·trag** *m* JUR preliminary [*or* provisional] agreement **Vor·ver·ur·tei·lung** *f* rush to judgement; **~ *durch die Medien*** trial by media

vor·vor·ges·tern ['fo:ɐ̯fo:ɐ̯gɛstɐn] *adv (fam)* three days ago **vor·vo·rig** ['fo:ɐ̯fo:rɪç] *adj (fam)* before last *pred;* **~es Jahr/~er Monat/~e Woche** the year/month/week before last **vor·vor·letz·te(r, s)** *adj* third last, third to last; ***in der Wertung liegt sie an ~r Stelle*** she's third last [*or* BRIT *a.* last but two] in the rankings; ***im Marathonlauf war er V~r*** he was third last in the marathon

vor|wa·gen *vr* ❶ *(hervorzukommen wagen)* ■ **sich** *akk* [**aus etw** *dat*] **~** to venture out [of sth]
❷ *(sich zu exponieren wagen)* ■ **sich** *akk* [**mit etw** *dat*] [**zu weit**] **~** to stick one's neck out [too far] [with sth]; ***jetzt haben sie sich wieder aus ihren Rattenlöchern vorgewagt*** they've begun crawling out of the woodwork again now

Vor·wahl *f* ❶ *(vorherige Auswahl)* pre-selection [process] ❷ POL preliminary election, primary AM ❸ TELEK *s.* **Vorwahlnummer** **vor|wäh·len** *vt* TELEK ■ **etw ~** to dial sth first

Vor·wahl·num·mer *f* TELEK area [*or* BRIT dialling]

code

Vor·wand <-[e]s, Vorwände> ['fo:ɐ̯vant, *pl* -vɛndə] *m (vorgeschobener Einwand)* pretext, excuse; ***er nahm es als ~, um nicht dahin zu gehen*** he used it as a pretext [*or* an excuse] not to go; **unter einem ~** on [*or* under] a pretext; **unter dem ~, etw tun zu müssen** under the pretext of having to do sth

vor|wär·men *vt* KOCHK ■**etw ~** to preheat sth; **einen Teller ~** to warm a plate; ■**vorgewärmt** preheated

vor|war·nen *vt* ■**jdn ~** to warn sb [in advance [*or* beforehand]]

Vor·war·nung *f* [advance [*or* prior]] warning; **ohne ~** without warning

vor·wärts ['fo:ɐ̯vɛrts] *adv* forward; **~!** onwards! [*or esp* AM onward!], move!; *s. a.* **Schritt**

vor·wärts|brin·gen *vt irreg* ■**jdn ~** to help sb to make progress; ***der berufliche Erfolg hatte sie auch gesellschaftlich vorwärtsgebracht*** success at work also helped her get on in her social life **Vor·wärts·gang** <-gänge> *m* AUTO forward gear [*or* speed]; **im ~** in forward gear **vor·wärts|ge·hen** *vi irreg sein* to make progress [with sth]; ***wie geht's mit deiner Doktorarbeit vorwärts?*** how's your thesis coming along?; ***jetzt geht es hoffentlich wirtschaftlich wieder vorwärts*** hopefully things will start getting better on the business side **vor·wärts|kom·men** *vi irreg sein* ■**[in etw** *dat*] **~** to get on [in sth]

Vor·wä·sche <-, -n> *f* pre-wash **vor|wa·schen** *vt irreg* ■**etw ~** to pre-wash sth **Vor·wasch·gang** *m kein pl* TECH pre-wash

vor·weg [fo:ɐ̯'vɛk] *adv* ① *(zuvor)* beforehand

② *(an der Spitze)* in front; ***geh du ~, du kennst dich hier aus*** you lead the way, you know this area

Vor·weg·nah·me <-, -n> [fo:ɐ̯'vɛkna:mə] *f (geh)* indication **vor·weg|neh·men** [fo:ɐ̯'vɛkne:mən] *vt irreg* ■**etw ~** to anticipate sth; ***lies das Buch selbst, ich will den Ausgang jetzt nicht ~*** you'll have to read the book yourself, I don't want to give away what happens; ■**vorweggenommen** anticipated; **vorweggenommene Abschreibung** anticipated deprecation **Vor·weg·pfän·dung** *f* JUR anticipated levy of execution

Vor·weg·wei·ser <-s, -> *m* ADMIN, TRANSP SCHWEIZ *(Vorfahrtsschild)* right of way sign

vor·weih·nacht·lich *adj inv Zeit, Stimmung* pre-Christmas; ***die ~e Zeit*** the holiday [*or* festive] season

Vor·weis <-es, -e> ['fo:ɐ̯vais] *m pl selten bes* SCHWEIZ production [of documentation]; ■**gegen ~** upon producing

vor|wei·sen *vt irreg* ① *(nachweisen)* ■**etw ~ können** to have [*or* possess] sth; ***dieser Bewerber kann einen mehrjährigen Auslandsaufenthalt ~*** this candidate has [the experience of having] spent a number of years [working] abroad

② *(geh: vorzeigen)* ■**etw ~** to show [*or* produce] sth

vor|wer·fen *vt irreg* ① *(als Vorwurf vorhalten)* ■**jdm etw ~** to reproach sb for sth; ■**jdm ~, etw zu tun** [*o* **getan zu haben**] to reproach sb for doing [*or* having done] sth; ■**jdm ~, dass ...** to reproach/blame sb for ...; ***mir wird vorgeworfen, im Überholverbot überholt zu haben*** I've been charged with overtaking in a "no overtaking" zone; **sich** *dat* **[in etw** *dat*] **nichts vorzuwerfen haben** to have a clear conscience [in sth]

② *(als Futter hinwerfen)* ■**einem Tier etw ~** to throw sth to an animal; ***er warf dem Hund einen dicken Knochen vor*** he threw the dog a big bone

③ HIST *(zum Fraß lassen)* ■**jdn den Tieren ~** to throw sb to the animals

vor·wie·gend *adv* ① *(hauptsächlich)* predominantly, mainly; ***am Wochenende halten wir uns ~ in unserem Wohnwagen auf*** we mostly spend our weekends [staying] in our caravan

② METEO *(überwiegend)* predominantly, mainly

Vor·wis·sen *nt kein pl* previous knowledge; *(Hintergrund)* background knowledge

Vor·witz <-es> ['fo:ɐ̯vɪts] *m kein pl (veraltend)* ① *(Neugier)* curiosity

② *(Keckheit)* cheeky behaviour [*or* AM -or]

vor·wit·zig *adj* cheeky

Vor·wort <-worte> *nt* MEDIA foreword, preface

Vor·wurf <-[e]s, Vorwürfe> *m (anklagende Vorhaltung)* reproach; **jdm [wegen einer S.** *gen*] **Vorwürfe** [*o* **einen ~**] **machen** to reproach sb [for sth]; **jdm zum ~ machen, etw getan zu haben** to reproach [*or* blame] sb for having done sth, to hold it against sb that he/she did sth

vor·wurfs·voll I. *adj* reproachful

II. *adv* reproachfully

vor|zäh·len *vt* ■**jdm etw ~** to count out sth *sep* to sb; ■**sich** *dat* **etw [von jdm] ~ lassen** to have sth counted out [by sb]

Vor·zei·chen *nt* ① *(Omen)* omen, sign; ***die Zukunft steht unter positiven ~*** the future looks rosy

② *(Anzeichen)* sign; MED early symptom

③ *(Umstand)* **etw geschieht unter ganz anderen ~** sth happens in completely different circumstances

④ MUS *(Versetzungszeichen)* accidental

⑤ MATH sign; **positives/negatives ~** plus/minus sign

vor|zeich·nen *vt* ① *(durch Zeichnen demonstrieren)* ■**jdm etw ~** to show sb how to draw sth

② *(vorherbestimmen)* ■**[jdm] etw ~** to predetermine [*or* preordain] sth [for sb]; ■**[durch etw** *akk*] **vorgezeichnet sein** to be predestined [by sth]

vor·zeig·bar *adj* presentable

Vor·zei·ge·fir·ma *f* model company **Vor·zei·ge·frau** *f* token woman, shining example of a woman **Vor·zei·ge·Ju·gend·li·che(r)** ['fo:ɐ̯tsaigəju:gn̩tlɪçə, (-çɐ)] *f(m)* model youth **Vor·zei·ge·mo·dell, Vor·zei·ge·pro·dukt** *nt* HANDEL showpiece

vor|zei·gen *vt* ■**[jdm] etw ~** to show [sb] sth [*or* sth [to sb]] [*or* produce sth [for sb]]

Vor·zei·ge·ob·jekt *nt* showpiece

Vor·zeit ['fo:ɐ̯tsait] *f (prähistorische Zeit)* prehistoric times ▸WENDUNGEN: **in grauer ~** in the dim and distant past **vor·zei·tig** ['fo:ɐ̯tsaitɪç] *adj* early; *(Geburt)* premature; *(Tod)* untimely; ***wir alle haben den ~en Weggang dieser geschätzten Mitarbeiter bedauert*** we were all sorry to see these well-respected colleagues retire early **vor·zeit·lich** ['fo:ɐ̯tsaitlɪç] *adj* prehistoric

Vor·zelt *nt* awning

Vor·zen·sur *f kein pl* JUR pre-censorship

vor|zie·hen *vt irreg* ① *(bevorzugen)* ■**jdn ~** to prefer sb; ■**jdn jdm ~** to prefer sb to sb; ***Eltern sollten kein Kind dem anderen ~*** parents shouldn't favour one child in preference to another; ■**etw [etw** *dat*] **~** to prefer sth [to sth]

② *(den Vorrang geben)* ■**es ~, etw zu tun** to prefer to do sth; ***ich ziehe es vor, spazieren zu gehen*** I'd rather go for a walk

③ *(zuerst erfolgen lassen)* ■**etw ~** to bring sth forward

④ *(nach vorn ziehen)* ■**etw ~** to move [*or* pull] sth forward; ***ich habe den Sessel zum Kamin vorgezogen, da ist es wärmer*** I've pulled the armchair [up] closer to the fire, where it's warmer

Vor·zim·mer *nt* ① *(Sekretariat)* secretariat, secretary's office ② ÖSTERR *(Diele)* hall **Vor·zim·mer·da·me** *f (fam)* secretary

Vor·zug[1] <-[e]s, Vorzüge> ['fo:ɐ̯tsu:k, *pl* 'fo:ɐ̯tsy:gə] *m* ① *(gute Eigenschaft)* asset, merit; **seine Vorzüge haben** to have one's assets [*or* merits] [*or* good qualities]

② *(Vorteil)* advantage; **den ~ haben[, dass ...]** to have the advantage [that ...]

③ *(Bevorzugung)* **jdm/etw den ~ [vor jdm/etw] geben** *(geh)* to prefer sb/sth [to sb/sth]

Vor·zug[2] ['fo:ɐ̯tsu:k] *m* BAHN *(Entlastungszug)* relief train

vor·züg·lich [fo:ɐ̯'tsy:glɪç] **I.** *adj* excellent, first-rate; *(Gericht)* sumptuous, superb, excellent; *(Hotel)* first-class [*or* -rate], excellent; *(Wein)* excellent, exquisite, superb

II. *adv* ① *(hervorragend)* excellently; **~ speisen** to have a sumptuous [*or* superb] [*or* an excellent] meal; **~ übernachten** to find a first-class [*or* an excellent] place to stay for the night

② *(hauptsächlich)* especially, particularly; ***diesen Punkt sollte man ~ beachten*** particular emphasis should be placed on this point

Vor·zugs·ak·tie *f* FIN preference share [*or* AM stock]; **~ mit zusätzlicher/ohne zusätzliche Gewinnbeteiligung** participating/non-participating preference share; **wandelbare ~, ~ mit Umtauschrecht** convertible preferred share; **kündbare ~** redeemable preferred share **Vor·zugs·ak·ti·o·när(in)** *m(f)* FIN preference [*or* preferred] shareholder [*or* AM stockholder] **Vor·zugs·be·din·gun·gen** *pl* preferential terms *pl* **Vor·zugs·be·hand·lung** *f* preferential treatment *no pl, no indef art* **Vor·zugs·di·vi·den·de** *f* FIN preferred dividend, dividend on preferred stock **Vor·zugs·for·de·rung** *m* FIN preferential claim **Vor·zugs·gläu·bi·ger(in)** *m(f)* FIN preferred [*or* secured] creditor **Vor·zugs·kla·ge** *f* JUR action for preferential satisfaction **Vor·zugs·kon·di·ti·o·nen** *pl* JUR preferential terms **Vor·zugs·milch** *f* KOCHK [full cream] whole milk, *milk with a high fat content* **Vor·zugs·preis** *m* concessionary [*or* discount] fare **Vor·zugs·ra·batt** *m* HANDEL preferential discount **Vor·zugs·recht** *nt* JUR preferential right **Vor·zugs·rich·tung** *f* PHYS *von Kristallen* privileged direction **Vor·zugs·stimm·recht** *nt* JUR preferential voting right

vor·zugs·wei·se *adv* primarily, chiefly, mainly; ***wenn ich auf Geschäftsreise bin, übernachte ich ~ im Hotel*** when I'm on a business trip, I mostly stay in hotels

vor·zwän·geln ['fo:ɐ̯tsvɛŋl̩n] *vr* SCHWEIZ *(vordrängeln)* ■**sich** *akk* **~** to push to the front

Vo·ta ['vo:ta], **Vo·ten** ['vo:tən] *pl von* **Votum**

vo·tie·ren* [vo:'ti:rən] *vi (geh)* ■**für/gegen jdn/etw ~** to vote for/against sb/sth

Vo·tie·rung <-, -en> *f (geh)* preparation for a decision

Vo·tiv·bild [vo'ti:f-] *nt* REL votive picture **Vo·tiv·ga·be** *f* REL votive gift [*or* offering] **Vo·tiv·ta·fel** *f* REL votive tablet

Vo·tum <-s, Voten *o* Vota> ['vo:tʊm, *pl* 'vo:tən, 'vo:ta] *nt (geh)* ① *(Entscheidung)* decision; **das ~ der Geschworenen** the jury's verdict

② POL *(Wahlentscheidung)* vote; **einstimmiges ~** solid [*or* block] vote

Vou·cher <-s, -[s]> ['vautʃɐ] *nt o m* voucher

Vo·yeur <-s, -e> [voa'jø:ɐ̯] *m* voyeur

Vo·yeu·ris·mus <-> [voajø:'rɪsmʊs] *m kein pl* voyeurism

vo·yeu·ris·tisch *adj* voyeuristic

v.T. *Abk von* **vom Tausend** of a thousand

vul·gär [vʊl'gɛ:ɐ̯] **I.** *adj (pej geh)* vulgar

II. *adv* **~ aussehen** to look vulgar [*or* common]; **sich** *akk* **~ ausdrücken** to use vulgar [*or* coarse] language; **sich** *akk* **~ benehmen** to behave in a vulgar [*or* rude] manner; ***sie beschimpfte ihn ~*** she swore at him

Vul·ga·ri·tät <-, -en> [vʊlgari'tɛ:t] *f (pej geh)* ① *kein pl (vulgäre Art)* vulgarity

② *meist pl (vulgäre Bemerkung)* vulgar expression, vulgarity

Vul·kan <-[e]s, -e> [vʊl'ka:n] *m* volcano; **erloschener/tätiger ~** extinct/active volcano

▸WENDUNGEN: **wie auf einem ~ leben** *(geh)* to be like living on the edge of a volcano, to be [like] sitting on a powder-keg [*or* time-bomb]

Vul·kan·asche *f* GEOL volcanic ash **Vul·kan·aus·bruch** [vʊ-] *m* volcanic eruption **Vul·kan·fi·ber** <-> *f kein pl* vulcanized fibre [*or* AM -er] **Vul·kan·in·sel** *f* GEOL volcanic island, island of volcanic origin

Vul·ka·ni·sa·ti·on <-, -en> [vʊlkaniza'tsio:n] *f* TECH vulcanization

vul·ka·nisch [vʊl'ka:nɪʃ] *adj* volcanic

vul·ka·ni·sie·ren* [vʊlkani'zi:rən] *vt* TECH ■**etw ~** to vulcanize sth

Vul·ka·nis·mus <-> [vʊlka'nɪsmʊ] *m kein pl* volcanism, vulcanism

Vul·ka·no·lo·gie <-> [vʊlkanolo'gi:] *f kein pl* volcanology

Vul·va <-, Vulven> ['vʊlva, *pl* 'vʊlvən] *f* ANAT vulva

v.u.Z. *Abk von* **vor unserer Zeitrechnung** BC

W

W, w <-, - *o fam* -s, -s> [ve:] *nt* W, w; ~ **wie Wilhelm** W for [*or* as in] William; *s. a.* **A 1**

W *Abk von* **Westen** W, W.

WAA <-, -s> [ve:ʔa:'ʔa:] *f Abk von* **Wiederaufarbeitungsanlage** recycling plant; *von Atommüll* reprocessing plant

Waadt <-s> [va:t] *nt* Vaud

Waadt·län·der Al·pen ['va:tlɛndɐ] *pl* Vaud Alps *pl*

Waa·ge <-, -n> ['va:gə] *f* ❶ TECH *(Gerät zum Wiegen)* scales *npl;* **eine ~** a pair *n sing* of scales; **90 Kilo auf die ~ bringen** *(fam)* to tip the scales at 90 kilos *fam*

❷ *kein pl* ASTROL *(Tierkreiszeichen)* Libra; [**eine**] **~ sein** to be a Libra[n]

▸WENDUNGEN: **sich** *dat* **die ~ halten** to balance out one another [*or* each other] *sep;* ***Vor- und Nachteile halten sich die ~*** the advantages and disadvantages are roughly equal

Waa·ge·bal·ken *m* balance [*or* scale] beam

waa·ge·recht ['va:gərɛçt], **waag·recht** ['va:krɛçt] **I.** *adj* level, horizontal; **eine ~e Linie** a horizontal line

II. *adv* horizontally

Waage·rech·te, Waag·rech·te <-n, -n> *f (Horizontale)* horizontal [line]; **in der ~n, in die ~** level; **in die ~ bringen** to make sth level

Waag·scha·le *f* TECH *(Schale einer Waage)* [scale-]pan

▸WENDUNGEN: **etw auf die ~ legen** *(geh)* to take sth literally; **etw** [**für jdn/etw**] **in die ~ werfen** *(geh)* to bring one's influence to bear [on sb's behalf/in support of sth]

wab·be·lig, wabb·lig ['vab(ə)lɪç] *adj (fam)* wobbly; **ein ~er Fettbauch** a flabby paunch

wab·beln ['vabl̩n] *vi (fam)* to wobble

wabb·lig ['vablɪç] *adj (fam) s.* **wabbelig**

Wa·be <-, -n> ['va:bə] *f* honeycomb

wa·ben·för·mig *adj* honeycombed

Wa·ben·ho·nig *m* KOCHK comb honey

wa·bern ['va:bɐn] *vi Nebel* to swirl, to waft; *Flamme* to flicker

wach [vax] *adj* ❶ *(nicht schlafend)* awake; ■ **~ sein** to be awake; ■ **~ werden** to wake up; **~ bleiben** to stay awake; **jdn ~ halten** to keep sb awake; **~ liegen** to lie awake

❷ *(aufgeweckt)* alert, keen, sharp

Wach·ab·lö·sung *f* ❶ *(Ablösung der Wache)* changing of the guard *no pl*

❷ *(Führungswechsel)* change of leadership

Wa·che <-, -n> ['vaxə] *f* ❶ *kein pl a.* MIL *(Wachdienst)* guard duty; **~ haben** to be on guard duty; **auf ~ sein** to be on guard duty; **~ stehen** [*o fam* **schieben**] to be on guard duty; **auf ~** on [guard] duty

❷ MIL *(Wachposten)* guard, sentry

❸ *(Polizeiwache)* police station; ***kommen Sie mal mit auf die ~!*** you'll have to accompany me to the [police] station, please!

❹ *(behüten)* [**bei jdm**] **~ halten** to keep watch [over sb]

wa·chen ['vaxn̩] *vi* ❶ *(Wache halten)* ■ [**irgendwo/bei jdm**] ~ to keep watch [somewhere/over sb]

❷ *(geh: wach sein)* to be awake

❸ *(auf etw genau achten)* ■ **über etw** *akk* ~ to ensure [*or* see to it] that sth is done; ■ **darüber ~, dass ...** to ensure [*or* see to it] that ...

wach·ha·bend *adj attr* ADMIN, MIL duty

Wach·ha·ben·de(r) *f(m) dekl wie adj* ADMIN, MIL duty officer

wach|hal·ten *vt irreg* ■ **etw ~** to keep sth alive; **das/jds Interesse ~** to hold sb's interest [*or* keep sb interested]

Wach·hund *m* watchdog, guard dog

wach|küs·sen *vt* ■ **jdn ~** to wake up sb *sep* with a kiss, to give sb a wake-up kiss; *(fig hum)* ■ **jdn/etw ~** to breathe new life into sb/sth

Wach·lo·kal *nt* guardhouse, guardroom

Wach·ma·cher *m (fam)* stimulant

Wach·mann <-leute *o* -männer> *m* ❶ *(Wächter)* [night-]watchman ❷ ÖSTERR *(Polizist)* policeman

Wach·mann·schaft *f* men on guard, guard

Wa·chol·der <-s, -> [va'xɔldɐ] *m* ❶ *(Busch)* juniper [tree]; *(Beeren)* juniper berry

❷ *(fam) s.* **Wacholderschnaps**

Wa·chol·der·bee·re *f* juniper berry **Wa·chol·der·dros·sel** *f* ORN fieldfare **Wa·chol·der·schnaps** *m* ≈ gin *(schnapps made from juniper berries)* **Wa·chol·der·zweig** *m* branch from a juniper [tree], juniper branch

Wach·pos·ten *m s.* **Wachtposten**

wach|ru·fen *vt irreg* ■ **etw** [**in jdm**] ~ to awaken [*or* evoke] [*or* stir up *sep*] sth [in sb] **wach·rüt·teln** *vt* ■ **jdn ~** to wake up sb *sep* by shaking them, to give sb a shake to wake them up

Wachs <-es, -e> [vaks] *nt* ❶ *(Bienenwachs)* [bees]wax

❷ *(Bohnerwachs)* [floor] polish [*or* wax]

❸ *(Antikwachs)* [French] polish

▸WENDUNGEN: ~ **in jds Händen sein** *(geh)* to be [like] putty in sb's hands

Wachs·ab·druck *m* wax impression

wach·sam ['vaxza:m] **I.** *adj* vigilant, watchful; ***seid ~!*** be on your guard!

II. *adv* vigilantly, watchfully

Wach·sam·keit <-> *f kein pl* vigilance *no indef art, no pl*

wachs·ar·tig *adj* ORN cereous

wachs·bleich ['vaks'blaiç] *adj* waxen

Wachs·boh·ne *f* wax [*or* butter] bean

wach|schüt·teln *vt* ■ **jdn ~** to wake up sb *sep* by shaking them, to give sb a shake to wake them up

wach·sen¹ <wuchs, gewachsen> ['vaksn̩] *vi sein* ❶ *(größer werden)* to grow; **in die Breite/Höhe ~** to grow broader [*or* to broaden [out]]/taller; **~des Defizit** growing deficit

❷ MED *(sich vergrößern)* to grow

❸ *(sich ausbreiten)* to grow; *Wurzeln* to spread

❹ *(länger werden)* ■ [**jdm**] **wächst etw** [sb's] sth is growing; ***dir ~ die Haare ja schon bis auf die Schultern!*** your hair [is so long it] has almost reached your shoulders!; ■ **sich** *dat* **etw ~ lassen** to grow sth; **sich** *dat* **die Haare ~ lassen** to grow one's hair [long] [*or* let one's hair grow]

❺ *(intensiver werden) Spannung, Unruhe* to mount

❻ *(sich vermehren)* ■ [**auf etw** *akk*/**um etw** *akk*] ~ to grow [*or* increase] [to/by sth]; ***in den letzten Jahren ist die Stadt um rund 1500 Einwohner gewachsen*** the population of the town has grown by about 1,500 [people] over the last few years

▸WENDUNGEN: **gut gewachsen** evenly-shaped

wach·sen² ['vaksn̩] *vt (mit Wachs einreiben)* ■ **etw ~** to wax sth

wäch·sern ['vɛksɐn] *adj* waxen

Wachs·fi·gur *f* waxwork, wax figure **Wachs·fi·gu·ren·ka·bi·nett** *nt* waxworks *npl* [museum]

Wachs·haar·ent·fer·nungs·strei·fen *m* wax removal strip **Wachs·ker·ze** *f* wax candle **Wachs·mal·krei·de** *f*, **Wachs·mal·stift** *m* wax crayon

Wachs·mas·ke *f* wax mask **Wachs·mo·dell** *nt* wax mould **Wachs·pa·pier** *nt* wax-paper

Wachs·ta·fel *f* HIST wax tablet

Wach·stu·be *f s.* **Wachlokal**

Wachs·tuch *nt* oilcloth

Wachs·tum <-[e]s> ['vakstu:m] *nt kein pl* ❶ *(das Wachsen)* growth

❷ ÖKON *(Wirtschaftswachstum)* growth; ***das ~ liegt hinter den Erwartungen zurück*** growth is behind expectations; **gebremstes ~** stunted growth; **hohes ~** mushroom growth

❸ *(das Anwachsen)* growth, increase; *(einer Ortschaft)* growth, expansion

Wachs·tums·ak·tie *f* growth share [*or* stock]

Wachs·tums·ak·tien *pl* BÖRSE growth shares [*or* stocks] *pl* **Wachs·tums·bran·che** *f* growth sector **Wachs·tums·dy·na·mik** *f* ÖKON dynamics + *sing vb* of growth **Wachs·tums·fonds** [-fõ:] *m* BÖRSE, FIN cumulative [*or* enrichment] [*or* growth] fund

wachs·tums·för·dernd *adj* ❶ BIOL *(dem Wachstum förderlich)* growth-promoting

❷ ÖKON *(wirtschaftliches Wachstum fördernd)* boosting economic growth

Wachs·tums·för·de·rung *f* ❶ BIOL *(Förderung des Wachstums)* growth promotion

❷ ÖKON *(Förderung des wirtschaftlichen Wachstums)* boost of economic growth

Wachs·tums·ge·fäl·le *nt* ÖKON growth curve

Wachs·tums·gen *nt* growth gene **Wachs·tums·gren·ze** *f* ÖKON expansion limit **wachs·tums·hem·mend** *adj* growth-inhibiting; ÖKON impeding growth *pred* **Wachs·tums·hor·mon** *nt* growth hormone **Wachs·tums·im·puls** *m* ÖKON impetus towards expansion **Wachs·tums·in·dust·rie** *f* ÖKON growth industry **Wachs·tums·in·for·ma·ti·o·nen** *pl* MED growth information *no pl, no indef art* **Wachs·tums·kern** *m* ÖKON core economic growth area **Wachs·tums·markt** *m* growth market **Wachs·tums·mo·tor** *m* ÖKON drive behind expansion **wachs·tums·ori·en·tiert** *adj* growth-orientated **Wachs·tums·per·spek·ti·ve** *f* ÖKON prospect of growth **Wachs·tums·po·ten·zi·al**[RR] *nt* ÖKON growth potential **Wachs·tums·pro·gno·se** *f* ÖKON growth forecast **Wachs·tums·ra·te** *f* ÖKON growth rate **Wachs·tums·re·ak·ti·on** *f* CHEM growth [*or* propagation] reaction **Wachs·tums·schran·ken** *pl* ÖKON expansion limits **Wachs·tums·schub** *m* growth spurt **wachs·tums·schwach** *adj* ÖKON slow-growing; **~er Wirtschaftszweig** slow-growing industry **Wachs·tums·schwä·che** *f kein pl* ÖKON slow growth **Wachs·tums·spiel·raum** *m* ÖKON leeway for growth **wachs·tums·stark** *adj* ÖKON fast-growing **Wachs·tums·stö·rung** *f* MED disturbance of growth **Wachs·tums·tem·po** *nt* growth rate

wachs·weich ['vaks'vaiç] *adj* ❶ *(nicht fest)* **ein ~ gekochtes Ei** a soft-boiled [*or* runny] egg

❷ *(fig) Erklärung* weak, lame, insipid, nebulous; **~ werden** to become [weak and] submissive, to become like putty, to turn to jelly

Wach·tel <-, -n> ['vaxtl̩] *f* ORN quail

Wach·tel·boh·ne *f* pinto bean **Wach·tel·ei** *nt* quail's egg

Wäch·ter(in) <-s, -> ['vɛçtɐ] *m(f)* ❶ *(veraltend: Hüter in einer Anstalt)* guard; *(Wachmann)* [night-]watchman

❷ *(Hüter)* guardian

Wäch·ter·rat *m kein pl* POL Council of Guardians

Wacht·meis·ter(in) *m(f)* [police] constable BRIT, police officer **Wacht·pos·ten** *m* guard **Wach·traum** *m* PSYCH daydream, waking dream

Wach(t)·turm *m* watchtower **Wach- und Schließ·ge·sell·schaft** *f kein pl* ÖKON ■ **die ~** the security corps BRIT **Wach·wech·sel** *m* changing of the guard

Wach·zu·stand *m* **im ~** [**sein**] [to be] awake [*or* in a waking state]

wa·cke·lig, wack·lig ['vak(ə)lɪç] *adj* ❶ *(nicht fest stehend)* rickety; *(Konstruktion)* rickety, unsound; *(Säule)* shaky; *(Steckdose)* loose; *(Stuhl, Tisch)* unsteady

❷ *(nicht solide)* shaky; *(Firma)* unsound, shaky

Wa·ckel·kan·di·dat, -kan·di·da·tin *m, f sb whose position is insecure; **er ist einer unserer ~en*** there's still a question mark next to his name

Wa·ckel·kon·takt *m* ELEK loose connection

wa·ckeln ['vakl̩n] *vi* ❶ *haben (wackelig sein)* to wobble; *Konstruktion, Säule* to shake

❷ *haben (hin und her bewegen)* ■ **mit etw** *dat* ~ to

rock on [one's] sth; **mit dem Kopf** ~ to shake one's head; **mit den Hüften** ~ to wiggle one's hips; **mit den Ohren** ~ to wiggle [*or* waggle] one's ears
❸ *sein (sich unsicher fortbewegen)* ■**irgendwohin** ~ to totter somewhere; *Kleinkind* to toddle somewhere

Wa·ckel·pe·ter *m (fam)* jelly BRIT, jello AM **Wa·ckel·pud·ding** *m (fam)* jelly BRIT, jello AM

wa·cker ['vakɐ] *adj (veraltend: redlich) Bürger* upright, decent; *(tapfer) Soldat* brave, valiant; **sich** *akk* ~ **halten/schlagen** *(fam)* to put up a good show

wack·lig ['vaklɪç] *adj s.* **wackelig**

Wa·de <-, -n> ['va:də] *f* ANAT calf

Wa·den·bein *nt* ANAT fibula **Wa·den·krampf** *m* cramp in the [*or* one's] calf **wa·den·lang** *adj* calf-length **Wa·den·wi·ckel** *m* MED leg compress

Wäd·li <-s, -> ['vɛ:tli] *nt* KOCHK SCHWEIZ *(Eisbein)* cured knuckle of pork

Wa·fer <-s, -[s]> ['ve:fɐ] *m (Siliziumscheibe)* wafer

Waf·fe <-, -n> ['vafə] *f* ❶ *a.* MIL *(Angriffswaffe)* weapon, arm; **zu den** ~**n greifen** to take up arms; **die** ~**n strecken** to lay down one's arms [*or* surrender]
❷ *(Schusswaffe)* gun, firearm; **eine** ~ **tragen** to carry a gun
▸WENDUNGEN: **jdn mit seinen eigenen** ~**n schlagen** to beat sb at his own game

Waf·fel <-, -n> ['vafl] *f* KOCHK waffle

Waf·fel·ei·sen *nt* waffle iron

Waf·fen·ar·se·nal *nt* MIL arsenal, stockpile [of weapons] **Waf·fen·be·sitz** *m* possession of firearms [*or* a firearm] **Waf·fen·brü·der·schaft** *f* MIL band of brothers **Waf·fen·em·bar·go** *nt* MIL arms embargo; **ein** ~ **verhängen** to impose an arms embargo **Waf·fen·gang** *m* MIL military action, engagement **Waf·fen·gat·tung** *f* MIL arm of the services **Waf·fen·ge·setz** *nt* Weapons Act, gun laws *pl* **Waf·fen·ge·walt** *f kein pl* armed force; **mit** ~ by force of arms **Waf·fen·han·del** *m kein pl* arms trade *no pl* [*or* trading] *no pl* **Waf·fen·händ·ler** *m* MIL arms dealer **Waf·fen·hil·fe** *f* MIL, POL arms shipments **Waf·fen·in·dus·trie** *f* arms industry **Waf·fen·in·spek·teur(in)** *m(f)* MIL weapons inspector **Waf·fen·kam·mer** *f* armoury, AM armory **Waf·fen·la·ger** *nt* MIL arsenal, ordnance depot **Waf·fen·lie·fe·rung** *f* arms supply **Waf·fen·narr** *m (pej fam)* gun freak [*or fam* nut] **Waf·fen·ru·he** *f* MIL ceasefire **Waf·fen·schein** *m* ADMIN firearms [*or* gun] licence [*or* certificate] **Waf·fen·schie·be·rei** <-, -en> *f* arms running **Waf·fen·schmied** *m* HIST armourer BRIT, armorer AM **Waf·fen·schmie·de** *f* arms plant **Waf·fen·schmug·gel** *m* MIL gunrunning, arms smuggling **Waf·fen·schmugg·ler(in)** *m(f)* MIL gun-runner **Waf·fen-SS** [-ɛsʔɛs] *f* HIST ■**die** ~ the Waffen SS *(combat units of the SS in Nazi Germany during the Second World War)* **waf·fen·star·rend** ['vafənʃtarənd] *adj inv (geh)* heavily armed

Waf·fen·still·stand *m* MIL armistice **Waf·fen·still·stands·ver·hand·lun·gen** *pl* armistice negotiations *pl*

Waf·fen·sys·tem *nt* MIL weapon system

Wäg·bar·keit *f* CHEM ponderability

Wä·ge·feh·ler *m* CHEM weighing error **Wä·ge·glas** *nt* CHEM weighing bottle

wa·ge·hal·sig, wag·hal·sig ['va:g(ə)halzɪç] *adj* daring, daredevil *attr*

Wä·gel·chen <-s, -> ['vɛ:glçən] *nt dim von* **Wagen** *(kleiner Karren)* [little] cart; *(Auto)* car, motor BRIT *fam*

Wa·ge·mut *m (geh)* daring *no indef art, no pl,* boldness *no indef art, no pl*

wa·ge·mu·tig *adj* daring, bold

wa·gen ['va:gn̩] **I.** *vt* ❶ *(riskieren)* ■**etw** ~ to risk sth
❷ *(sich getrauen)* ■**es** ~, **etw zu tun** to dare [to] do sth
▸WENDUNGEN: **wer nicht wagt, der nicht gewinnt** *(prov)* nothing ventured, nothing gained *prov; s. a.* **frisch**
II. *vr* ❶ *(sich zutrauen)* ■**sich** *akk* **an etw** *akk* ~ to venture to tackle sth
❷ *(sich trauen)* ■**sich** *akk* **irgendwohin/irgendwoher** ~ to venture [out] to/from somewhere

Wa·gen <-, Wagen *o* SÜDD, ÖSTERR Wägen> ['va:gn̩, *pl* 'vɛ:gn̩] *m* ❶ *(Pkw)* car; ***ich nehme den*** ~ I'll take [*or* go in] [*or* drive] the car; *(Lkw)* truck, BRIT *a.* lorry; *(Wagenladung)* truckload, BRIT *a.* lorryload
❷ BAHN *(Waggon)* carriage, car, coach
❸ *(Fahrzeug mit Deichsel)* cart
❹ *(Kinderwagen)* pram BRIT, baby carriage AM
❺ *(Teil einer Schreibmaschine)* carriage
❻ ASTRON **der Große/Kleine** ~ the Great Bear [*or* Plough] [*or* Big Dipper]/Little Bear [*or* Little Dipper]
▸WENDUNGEN: **sich** *akk* **nicht vor jds** ~ **spannen lassen** *(fam)* to not let oneself be roped into sb's sth

wä·gen <wog *o* wägte, gewogen *o* gewägt> ['vɛ:gn̩] *vt (geh)* ■**etw** ~ to weigh sth

Wa·gen·burg *f* HIST corral, defensive ring of wagons **Wa·gen·dach** *nt* car roof, body ceiling *spec* **Wa·gen·fens·ter** *nt* car window **Wa·gen·füh·rer(in)** *m(f)* [tram] driver **Wa·gen·he·ber** <-s, -> *m (Werkzeug)* jack **Wa·gen·ko·lon·ne** *f* vehicular convoy, stream of cars

Wa·gen·la·dung *f* truckload, BRIT *a.* lorryload **Wa·gen·la·dungs·ta·rif** *m* wagon [*or* BRIT *a.* waggon] tariff

Wa·gen·len·ker *m* HIST charioteer **Wa·gen·park** *m s.* **Fuhrpark** **Wa·gen·pfle·ge** *f* AUTO car care **Wa·gen·rad** *nt* cartwheel **Wa·gen·ren·nen** *nt* HIST chariot race

Wa·gen·rück·lauf *m* INFORM carriage return; **automatischer** ~ automatic carriage return **Wa·gen·rück·lauf·tas·te** *f* INFORM carriage return key

Wa·gen·schlag *m (veraltend) Kutsche* carriage door; *Auto* car door **Wa·gen·schmie·re** *f* cart grease **Wa·gen·stands·geld** *nt* HANDEL demurrage **Wa·gen·tür** *f* car [*or* carriage] door **Wa·gen·wä·sche** *f* AUTO car wash

Wag·gon <-s, -s> [va'gõ, va'gɔŋ] *m* BAHN [goods] wag[g]on

Wag·gon·la·dung *f* wagonload, carload

wag·gon·wei·se *adv* by the wagonload

wag·hal·sig ['va:khalzɪç] *adj* fearless, daring, bold

Wag·ner <-s, -> ['va:gnɐ] *m* SÜDD, ÖSTERR, SCHWEIZ *(Wagenbauer)* cartwright

Wag·nis <-ses, -se> ['va:knɪs] *nt* ❶ *(riskantes Vorhaben)* risky venture
❷ *(Risiko)* risk; **kalkulatorisches** ~ ÖKON calculable risk

Wag·nis·ka·pi·tal *nt* ÖKON venture capital **Wag·nis·ka·pi·tal·ge·sell·schaft** *f* ÖKON venture capital firm

Wa·gonRR <-s, -s> [va'gõ, va'gɔŋ] *m s.* **Waggon**

Wä·he <-, -n> ['vɛ:ə] *f* DIAL, SCHWEIZ, SÜDD KOCHK *thin flan with a sweet or savoury topping*

Wah·ha·bit <-en, -en> [vaha'bi:t] *m (Angehöriger einer konservativen islamischen Sekte)* Wah[h]abi

wah·ha·bi·tisch *adj inv* REL Wahabi

Wahl <-, -en> [va:l] *f* ❶ POL *(Abstimmung)* election, vote; ■**[die]** ~**en [zu etw** *dat***]** [the] elections [to sth]; **die** ~ **annehmen** to accept one's election; **freie** ~ free elections *pl;* **geheime** ~ secret ballot; **zur** ~ **gehen** to [go to] vote, to go to the polls; **die** ~ **gewinnen** to win the election; ~ **durch Handaufheben** vote by [a] show of hands; **zur** ~ **schreiten** *(geh)* to [take a] vote; **jdn zur** ~ **stellen** to put sb up as a candidate [for election]; **sich** *akk* **zur** ~ **stellen** to stand [*or* run] as a candidate
❷ *kein pl (Ernennung)* election; **jds** ~ **zum Vorsitzenden/in den Vorstand** sb's election as chairman/to the board
❸ *kein pl (das Auswählen)* choice; ***er ist der Mann meiner*** ~ he is the man of my choice; **jds** ~ **fällt auf jdn/etw** sb chooses sb/sth; ***meine*** ~ ***fiel auf den roten Sportwagen*** the red sports car was my choice; **aus freier** ~ of one's own free choice; **freie** ~ **des Arbeitsplatzes** free choice of employment; **die** ~ **haben** to have a choice; **das Recht der ersten** ~ the right of first choice; **eine/seine** ~ **treffen** to make a/one's choice
❹ *(Alternative)* alternative, choice; **die** ~ **haben** to have the choice, to be able to choose; ***du hast die*** ~ take your choice; ***er hat die*** ~ the choice is his; **jd hat** [*o* **jdm bleibt**] **keine andere** ~, **als ...** sb has no alternative [*or* choice] but ...; **die** ~ **haben, etw zu tun** to be able to choose to do sth; **jdm die** ~ **lassen** to let sb choose [*or* leave it up to sb [to choose]]; **jdm keine** ~ **lassen** to leave sb [with] no alternative [*or* other choice]; **vor der** ~ **stehen** to be faced with the choice; **etw steht zur** ~ there is a choice of sth; **jdm etw zur** ~ **stellen** to give sb the choice of sth
❺ ÖKON *(Klasse)* **erste/zweite** ~ top[-grade] [*or* first[-class]]/second-class quality; **... erster/zweiter** ~ top[-grade] [*or* first[-class]]/second-class quality ...; **Eier erster/zweiter** ~ grade one/two eggs; **Waren erster/zweiter** ~ firsts/seconds, top[-grade]/second-class quality goods
❻ ÖKON *(Auswahl)* choice, selection
▸WENDUNGEN: **wer die** ~ **hat, hat die Qual** *(prov)* sb is spoilt for choice

Wahl·al·ter *nt* voting age **Wahl·amt** *nt* ADMIN *authority responsible for organising elections in constituencies* **Wahl·auf·ruf** *m* election announcement **Wahl·aus·gang** *m* POL election results *pl,* election outcome, outcome of an/the election **Wahl·aus·schuss**RR *m* election [*or* electoral] committee

Wähl·au·to·ma·tik *f* TELEK automatic dialling [*or* AM dialing]

wähl·bar *adj* POL eligible; ■**zu jdm/in etw** *akk* ~ **sein** to be eligible for election as sb/to sth

Wähl·bar·keit <-> *f kein pl* eligibility, electability

Wahl·be·am·ter, -be·am·tin *m, f* JUR elected public officer **Wahl·be·nach·rich·ti·gung** *f* POL polling card **Wahl·be·ob·ach·tung** *f* election monitoring **wahl·be·rech·tigt** *adj* POL eligible [*or* entitled] to vote *pred* **Wahl·be·rech·tig·te(r)** <-n, -n> *f(m) dekl wie adj* person entitled to vote **Wahl·be·rech·ti·gung** *f* right to vote **Wahl·be·richt·er·stat·tung** *f* election reporting **Wahl·be·tei·li·gung** *f* POL turnout, poll; **eine hohe** ~ a high turnout [at the election], BRIT *a.* a heavy poll **Wahl·be·trug** *m* ballot [*or* vote] rigging **Wahl·be·zirk** *m* POL ward **Wahl·boy·kott** *m* POL election boycott **Wahl·bünd·nis** *nt* electoral pact

wäh·len ['vɛ:lən] **I.** *vt* ❶ *a.* POL ■**jdn/etw** ~ to vote for sb/sth
❷ *(durch Abstimmung berufen)* ■**jdn in etw** *akk/* **zu etw** *dat* ~ to elect sb to sth/as sth
❸ TELEK ■**etw** ~ to dial sth; ***ich glaube, Sie haben die falsche Nummer gewählt*** I think you've dialled the wrong number [*or* misdialled]
II. *vi* ❶ POL to vote; ~ **gehen** to vote
❷ *(auswählen)* ■**[unter etw** *dat***]** ~ to choose [from sth]
❸ TELEK to dial

Wahl·ent·schei·dung *f* decision on who [*or* what] to vote for

Wäh·ler(in) <-s, -> *m(f)* POL voter; *(Gesamtheit der Wähler)* electorate *sing*

Wäh·ler·auf·trag *m* mandate **Wäh·ler·be·ste·chung** *f* JUR bribing voters

Wahl·er·folg *m* success at an/the election, electoral success **Wahl·er·geb·nis** *nt* POL election result

Wäh·ler·gunst *f kein pl* POL popularity with the voters; **wieder in der** ~ **steigen** to be back in [*or* regain] favour [*or* AM -or] with the voters

Wäh·le·rin <-, -nen> *f fem form von* **Wähler**

wäh·le·risch ['vɛ:lərɪʃ] *adj* particular, selective, choos[e]y *fam or a. pej; (Kunde)* discerning; *(Weinkenner)* discriminating

Wäh·ler·lis·te *f* register of electors, electoral list **Wäh·ler·nö·ti·gung** *f* JUR undue pressure on electors **Wäh·ler·po·ten·zi·al**RR *nt* potential voters *pl*

Wäh·ler·schaft <-, -en> *f* POL *(geh)* electorate *no indef art, no pl,* constituents *pl*

Wäh·ler·schicht *f* section of the electorate **Wäh·ler·stim·me** *f* POL vote **Wäh·ler·täu·schung** *f* JUR deception of voters **Wäh·ler·ver·zeich·nis** *nt* JUR electoral roll **Wäh·ler·wil·le** *m* will of the electorate

Wahl·fach *nt* SCH option[al subject] **Wahl·fäl·schung** *f* JUR election fraud **Wahl·frau** *f fem form*

von Wahlmann **Wahl·frei** *adj kein pl* SCH optional **Wahl·frei·heit** *f* JUR electoral freedom **Wahl·gang** *m a.* POL ballot **Wahl·ge·heim·nis** *nt kein pl* secrecy of the ballot **Wahl·ge·richts·stand** *m* JUR elective venue **Wahl·ge·schenk** *nt* POL *(fam)* pre-election promise, *concession designed to win votes* **Wahl·ge·setz** *nt* JUR electoral law

Wähl·he·bel *m* AUTO selector lever

Wahl·hei·mat *f* ■**jds** ~ sb's adopted place of residence [*or* country]

Wahl·hel·fer(in) *m(f)* POL ① *(Helfer eines Kandidaten)* election assistant
② *(amtlich bestellte Aufsicht)* polling officer

Wahl·jahr *nt* POL election year **Wahl·ka·bi·ne** *f* POL polling booth

Wahl·kampf *m* POL election campaign **Wahl·kampf·fi·nan·zie·rung** *f* campaign financing **Wahl·kampf·kos·ten** *pl* JUR expenses of an election campaign **Wahl·kampf·kos·ten·er·stat·tung** *f* reimbursement of election costs **Wahl·kampf·ma·na·ger(in)** ['va:lkampfmɛnɪdʒe] *m(f)* [election] campaign manager **Wahl·kampf·the·ma** *nt* election campaign theme, theme of a/the election campaign, platform

Wahl·kom·mis·si·on *f* electoral commission **Wahl·kreis** *m* POL constituency

Wahl·leis·tung *f* MED elective treatment [*or* procedure]

Wahl·lei·ter(in) *m(f)* POL returning officer BRIT, election official **Wahl·lis·te** *f* POL list of candidates [for an election] **Wahl·lo·kal** *nt* POL polling station [*or* place] **Wahl·lo·ko·mo·ti·ve** *f* POL *(sl)* campaign activist

wahl·los ['va:llo:s] **I.** *adj* indiscriminate
II. *adv* indiscriminately

Wahl·mann <-[e]s, -männer> *m* delegate; POL *(für am. Präsidentwahl)* Elector AM, member of the Electoral College AM

Wähl·mo·dus *m* TELEK dialling mode

Wahl·mög·lich·keit *f* choice, option, possibility **Wahl·nie·der·la·ge** *f* POL electoral defeat, defeat in [*or* at] the election[s] **Wahl·ord·nung** *f* JUR election regulations *pl* **Wahl·pa·ro·le** *f* election slogan **Wahl·par·ty** ['va:lpa:ti] *f* election-day party [*or* celebration] **Wahl·pe·ri·o·de** *f* term of office **Wahl·pflicht** *f* POL electoral duty, compulsory voting **Wahl·pflicht·fach** *nt* SCH compulsory subject choice **Wahl·pla·kat** *nt* POL election poster **Wahl·pro·gramm** *nt* election manifesto, BRIT *a.* platform, AM *a.* ticket **Wahl·pro·pa·gan·da** *f* election propaganda **Wahl·prü·fungs·be·schwer·de** *f* POL complaint about electoral irregularities **Wahl·prü·fungs·ge·setz** *nt* JUR Review of Elections Act

Wahl·recht *nt kein pl* ① POL *(das Recht zu wählen)* [right to] vote, suffrage; **das aktive** ~ the right to vote; **das allgemeine** ~ universal suffrage; **das passive** ~ eligibility [to stand for election] ② JUR *(Wahlen regelnde Gesetze)* electoral law *no indef art* **Wahl·rechts·grund·satz** *m* JUR *principle governing the law of elections*

Wahl·re·de *f* election address [*or* speech] **Wahl·red·ner(in)** *m(f)* speaker on the stump

Wähl·schei·be *f* TELEK dial

Wahl·schein *m* POL postal vote form BRIT, absentee ballot AM **Wahl·schlap·pe** *f* POL *(fam)* electoral defeat, defeat in [*or* at] the election[s] **Wahl·schuld** *f* FIN alternative obligation **Wahl·sieg** *m a.* POL election [*or* electoral] victory **Wahl·sie·ger(in)** *m(f)* winner of an/the election **Wahl·spot** *m* election broadcast **Wahl·spruch** *m* motto, slogan **Wahl·sys·tem** *nt* POL electoral [*or* voting] system **Wahl·tag** *m* POL election [*or* BRIT polling] day **Wahl·ter·min** *m* date of an/the election

Wähl·ton *m* TELEK dialling [*or* AM dial] tone

Wahl·ur·ne *f* POL ballot box; **zu den ~n schreiten** *(geh)* to go to the polls **Wahl·ver·fah·ren** *nt* JUR electoral procedure **Wahl·ver·lie·rer(in)** *m(f)* ***die Konservativen sind der große*** ~ the Conservatives are the party with the greatest losses **Wahl·ver·samm·lung** *f* election meeting **Wahl·ver·spre·chen** *nt* POL election promise **Wahl·volk** *nt* voting masses

wahl·wei·se *adv* as desired; ***Sie dürfen sich entscheiden, es gibt ~ Wein oder Champagner*** you can choose between wine or champagne

Wahl·wie·der·ho·lung *f* TELEK [automatic] redial

Wahl·zet·tel *m* ballot paper, voting slip

Wahn <-[e]s> [va:n] *m kein pl* ① *(geh: irrige Vorstellung)* delusion; **in einem ~ leben** to labour [*or* AM -or] under a delusion
② MED *(Manie)* mania

Wahn·de·likt *nt* JUR *act committed under the erroneous assumption that it is a punishable offence*

wäh·nen ['vɛ:nən] **I.** *vt (geh: irrigerweise annehmen)* to believe [wrongly], to labour [*or* AM -or] under the delusion that *form;* ■**jdn irgendwo** ~ to think sb is somewhere else; ***ich wähnte dich auf hoher See*** I imagined you to be on the high seas; ■**jdn etw** ~ to imagine sb to be sth; ***er wähnte sie längst tot*** he [wrongly] believed her to be long since dead
II. *vr (geh)* ■**sich** *akk* **etw** ~ to consider oneself to be sth; **sich** *akk* **verloren** ~ to believe oneself to be lost

Wahn·sinn *m kein pl* ① *(fam: Unsinn)* madness, lunacy
② MED *(Verrücktheit)* insanity, lunacy, madness; *(fig fam: Grenzenlosigkeit)* craziness; **heller ~ sein** *(fam)* to be sheer [*or* utter] madness; **jdn zum ~ treiben** *(fam)* to drive sb mad; **so ein ~** *(fam)* what madness!; **~!** *(sl)* amazing!, wild! *sl,* cool! *fam*

wahn·sin·nig **I.** *adj* ① MED *(geisteskrank)* insane, mad; ■**~ sein/werden** to be/become insane [*or* mad]
② *attr (fig fam: gewaltig)* terrible *fam,* dreadful; **eine ~e Arbeit/Aufgabe** a massive amount of work/task; *(Hitze)* sweltering, blistering; *(Kälte)* biting, bitter; *(Sturm)* heavy, severe, violent
③ *(pej fam: wahnwitzig)* crazy; **wie ~** *(fam)* like mad [*or* crazy], mad
④ *(sl: herrlich)* incredible *fam*
⑤ *(kirre)* **jdn** [**noch**] **~ machen** *(fam)* to drive sb mad [*or* crazy], to drive sb around [*or* BRIT *a.* round] the bend *fam;* **ich werde** [**noch**] **~!** *(fam)* it's enough to drive me mad!
II. *adv (fam)* terribly *fam,* dreadfully; **~ viel** a heck [*or* hell] of a lot *fam;* **~ heiß** swelteringly [*or* blisteringly] hot; **~ kalt** bitingly [*or* bitterly] cold

Wahn·sin·ni·ge(r) *f(m) dekl wie adj* madman *masc,* madwoman *fem*

Wahn·sin·nig·wer·den *nt* **es ist zum ~** *(fam)* it's enough to drive you mad [*or* crazy], it's enough to drive you around [*or* BRIT *a.* round] the bend *fam*

Wahn·sinns·ar·beit <-> *f kein pl (fam)* a crazy [*or* hellish] amount of work *fam* **Wahn·sinns·tem·po** *nt kein pl (fam)* **im ~** at a crazy speed [*or* frantic rate]

Wahn·vor·stel·lung *f* MED delusion **Wahn·witz** *m kein pl* [sheer [*or* utter]] madness **wahn·wit·zig** *adj* crazy, mad; **mit einer ~en Geschwindigkeit fahren** to drive at a lunatic [*or* an insane] speed

wahr [va:ɐ̯] *adj* ① *(zutreffend)* true; **eine ~e Geschichte** a true story; **~ werden** to become a reality; **wie ~!** *(fam)* very true! *fam*
② *attr (wirklich)* real; **der ~e Täter** the real culprit
③ *(aufrichtig)* real, true; **ein ~er Freund** a real [*or* true] friend; **das ~e Glück** real [*or* true] happiness; **die ~e Liebe** true love
▸WENDUNGEN: **das darf** [*o* **kann**] **doch nicht ~ sein!** *(fam: verärgert)* I don't believe this [*or* it]!; *(entsetzt)* it can't be true!; **das einzig W~e** *(fam)* the thing needed, just the thing *fam;* ***vier Wochen Urlaub, das wäre jetzt das einzig W~e*** to have four weeks holiday would be just what the doctor ordered; **da ist etwas W~es dran** *(fam)* there's some truth in it; *(als Antwort)* you're not wrong there *fam;* **das ist schon gar nicht mehr ~** *(fam)* that was ages ago *fam;* **etw ist** [**auch**] **nicht das W~e** *(fam)* sth is not quite the thing [*or* the real McCoy]; **etw ~ machen** to carry out sth; **so ~ ich hier stehe** *(fam)* as sure as I'm standing here

wah·ren ['va:rən] *vt* ① *(schützen)* ■**etw ~** to protect [*or* safeguard] sth; **jds Interessen ~** to look after sb's interests; **jds Rechte ~** to protect sb's rights
② *(erhalten)* ■**etw ~** to maintain [*or* preserve] sth; ***es fiel mir nicht leicht, meine Fassung zu ~*** it wasn't easy for me to keep my composure

wäh·ren ['vɛ:rən] *vi (geh)* **über einen gewissen Zeitraum ~** to last a certain period of time

wäh·rend ['vɛ:rənt] **I.** *präp +gen* during
II. *konj* ① *(zur selben Zeit)* while
② *(wohingegen)* whereas; ***er trainiert gerne im Fitnessstudio, ~ ich lieber laufen gehe*** he likes to work out in the gym, whereas I prefer to go for a run

wäh·rend·dem *adv* SCHWEIZ *(o veraltend fam: währenddessen)* meanwhile, in the meantime **wäh·rend·des·sen** ['vɛ:rənt'dɛsn̩] *adv* meanwhile, in the meantime

wahr·ha·ben *vt irreg* ■**etw nicht ~ wollen** not to want to admit sth; [**es**] **nicht ~ wollen, dass** not to want to admit that

wahr·haft ['va:ɐ̯haft] *adj attr (geh) s.* **wahr 3**

wahr·haf·tig ['va:ɐ̯'haftɪç] **I.** *adj (veraltend geh)* real, true
II. *adv (geh)* really

Wahr·heit <-, -en> ['va:ɐ̯hait] *f* ① *(tatsächlicher Sachverhalt)* truth *no pl;* **die ganze** [*o* **volle**]**/halbe ~** the whole truth/half the truth; **es mit der ~ nicht so genau nehmen** *(fam)* to stretch the truth; **um die ~ zu sagen** to tell the truth; **die ~ sagen** to tell the truth; **jdm die ~ sagen** to tell sb the truth; **in ~** in truth, actually
② *kein pl (Richtigkeit)* accuracy *no pl*
▸WENDUNGEN: **wer einmal lügt, dem glaubt man nicht, und wenn er auch die ~ spricht** *(prov)* a liar is never believed even when he's telling the truth

Wahr·heits·be·weis *m* JUR evidence of the truth **Wahr·heits·fin·dung** *f kein pl* establishment of the truth **Wahr·heits·ge·halt** *m* truth; *einer Behauptung* validity **wahr·heits·ge·mäß** *adj* truthful

wahr·heits·ge·treu **I.** *adj* truthful; **eine ~e Darstellung** an accurate depiction
II. *adv* **etw ~ berichten** to report sth truthfully; **etw ~ darstellen** to depict sth accurately

Wahr·heits·kom·mis·si·on *f* POL, JUR truth and reconciliation commission **Wahr·heits·lie·be** *f* love of truth **wahr·heits·lie·bend** *adj* truthful **Wahr·heits·pflicht** *f* JUR obligation to be truthful

wahr·lich ['va:ɐ̯lɪç] *adv (geh)* really

wahr·nehm·bar *adj* audible; **ein ~er Geruch** a perceptible smell

wahr|neh·men ['va:ɐ̯ne:mən] *vt irreg* ① *(merken)* ■**etw ~** to perceive [*or* detect] sth; **einen Geruch ~** to perceive a smell; **ein Geräusch/Summen/Vibrieren ~** to detect a sound/humming/vibration
② *(teilnehmen)* ■**etw** [**für jdn**] **~** to attend sth [for sb]; **einen Termin ~** to keep an appointment
③ *(ausnutzen)* ■**etw ~** to take advantage of sth; **eine günstige Gelegenheit ~** to take advantage of a favourable [*or* AM -orable] opportunity
④ *(vertreten)* ■**etw** [**für jdn**] **~** to look after sth [for sb]; **jds Interessen ~** to look after sb's interests
⑤ *(ausüben)* **seine Rechte ~** to exercise one's rights; **seine Pflichten ~** to attend to one's duties, to fulfil [*or* AM fulfill] one's obligations

Wahr·neh·mung <-, -en> *f* ① *(das Merken) Geräusch* detection *no pl; Geruch* perception *no pl*
② *(Erfüllung)* attending
③ JUR *(Vertretung)* looking after *no pl, no art;* **~ von jds Interessen** looking after [*or* safeguarding] [*or* protecting] sb's interests; **~ berechtigter Interessen** exercising legitimate interests
④ *(Ausübung)* making use of; *Rechte* exercising; *Pflichten* attending, fulfilling

wahr|sa·gen ['va:ɐ̯za:gn̩] **I.** *vi (Zukunft vorhersagen)* to tell fortunes, to predict the future; ■**aus etw** *dat* **~** to predict the future from sth; **aus** [**den**] **Teeblättern ~** to read [the] tea leaves; **sich** *dat* [**von jdm**] **~ lassen** to have one's fortune told [by sb]
II. *vt (voraussagen)* ■**jdm etw ~** to tell sb's fortune, to predict the future for sb

Wahr·sa·ger(in) <-s, -> ['va:ɐ̯za:gɐ] *m(f)* fortune teller

Wahr·sa·ge·rei <-, -en> ['va:ɐ̯za:gəraɪ̯] *f (pej)* fortune-telling; **an die ~ glauben** to believe in fortune-telling

Wa̲hr·sa·gung <-, -en> *f* ① *kein pl (das Wahrsagen)* predicting
② *(Prophezeiung)* prediction

währ·schaft ['vɛ:ɐ̯ʃaft] *adj* SCHWEIZ ① *(solide)* well-made; **eine ~e Arbeit** a sound piece of work
② *(tüchtig)* competent
③ *(deftig)* **~es Essen** good food

wahr·schein·lich [va:ɐ̯'ʃaɪ̯nlɪç] **I.** *adj* probable, likely; ■ **es ist ~, dass** it is probable [*or* likely] that; ■ **es ist nicht ~, dass** it is improbable [*or* unlikely] that
II. *adv* probably

Wahr·schein·lich·keit <-, -en> *f* probability, likelihood *no pl*; **in aller ~, aller ~ nach** in all probability [*or* likelihood]

Wahr·schein·lich·keits·dich·te *f* MATH probability density **Wahr·schein·lich·keits·grad** *m* degree of probability **Wahr·schein·lich·keits·rech·nung** *f kein pl* MATH probability calculus, theory of probability

Wah·rung <-> ['va:rʊŋ] *f kein pl* protection *no pl,* safeguarding *no pl;* **unter ~ des beiderseitigen Nutzens** without prejudice to mutual benefit

Wäh·rung <-, -en> ['vɛ:rʊŋ] *f* currency; **beschränkt/frei konvertierbare ~** partly convertible/convertible [*or* free] currency; **gemeinsame ~** common currency; **gesetzliche/harte/weiche ~** legal/hard/soft currency

Wäh·rungs·ab·kom·men *nt* JUR monetary agreement **Wäh·rungs·ab·wer·tung** *f* ÖKON currency devaluation **Wäh·rungs·an·glei·chung** *f* ÖKON currency adjustment **Wäh·rungs·an·lei·he** *f* FIN foreign currency [*or* external] loan **Wäh·rungs·auf·wer·tung** *f* ÖKON currency appreciation **Wäh·rungs·aus·gleich** *m kein pl* currency conversion compensation **Wäh·rungs·aus·gleichs·fonds** *m* FIN Exchange Equalization Account BRIT, Exchange Stabilization Fund AM **Wäh·rungs·be·hör·de** *f* JUR monetary authority **Wäh·rungs·be·stän·de** *pl* FIN holdings *pl* of currencies **Wäh·rungs·bin·dung** *f* FIN currency peg **Wäh·rungs·buch·hal·tung** *f* currency accounting **Wäh·rungs·de·likt** *nt* JUR currency offence [*or* AM -se] **Wäh·rungs·ein·heit** *f* currency unit **Wäh·rungs·fonds** *m* monetary fund; **Internationaler ~** International Monetary Fund **Wäh·rungs·ge·biet** *nt* monetary [*or* currency] area **Wäh·rungs·ge·setz** *nt* JUR currency law **Wäh·rungs·ho·heit** *f kein pl* ÖKON monetary sovereignty **Wäh·rungs·hü·ter** *m* JUR *(fam)* monetary official; *(Zentralbank)* guardian of the currency *fam* **Wäh·rungs·kon·fe·renz** *f* monetary conference **Wäh·rungs·kon·to** *nt* FIN foreign currency account **Wäh·rungs·korb** *m* ÖKON basket of currencies **Wäh·rungs·kri·se** *f* monetary [*or* currency] crisis **Wäh·rungs·kurs** *m* exchange rate, rate of exchange **Wäh·rungs·markt** *m* currency market **Wäh·rungs·pa·ri·tät** *f* ÖKON exchange rate [*or* monetary] parity **Wäh·rungs·po·li·tik** *f* monetary policy **wäh·rungs·po·li·tisch** **I.** *adj* monetary **II.** *adv* in terms of monetary policy **Wäh·rungs·recht** *nt* JUR currency law **Wäh·rungs·re·form** *f* currency [*or* monetary] reform **Wäh·rungs·rem·bours** *m* FIN foreign currency acceptance credit **Wäh·rungs·re·ser·ven** *pl* FIN foreign exchange reserves *pl,* currency [*or* monetary] reserves *pl* **Wäh·rungs·ri·si·ko** *nt* FIN foreign exchange [*or* currency] risk **Wäh·rungs·schlan·ge** *f* ÖKON currency snake; **Europäische ~** European Snake **Wäh·rungs·schwan·kung** *f* FIN fluctuation in foreign currency **Wäh·rungs·schwan·kun·gen** *pl* ÖKON currency fluctuations *pl* **Wäh·rungs·spe·ku·la·ti·on** *f* currency speculation **Wäh·rungs·sta·bi·li·tät** *f* currency stability **Wäh·rungs·sys·tem** *nt* monetary system **Wäh·rungs·tur·bu·len·zen** *pl* ÖKON currency fluctuations **Wäh·rungs·um·stel·lung** *f* ÖKON currency conversion **Wäh·rungs·uni·on** *f* monetary union **Wäh·rungs·ver·bund** *m* JUR monetary union **Wäh·rungs·ver·fall** *m kein pl* ÖKON currency erosion **Wäh·rungs·zu·sam·men·bruch** *m* FIN collapse of a currency

Wahr·zei·chen ['va:ɐ̯tsaɪ̯çn̩] *nt* landmark

Waid·mann ['vaɪ̯tman] *m* JAGD *s.* **Weidmann**

Wai·se <-, -n> ['vaɪ̯zə] *f* orphan

Wai·sen·geld *nt* JUR orphans' pension **Wai·sen·haus** *nt* orphanage **Wai·sen·kind** *nt* orphan **Wai·sen·kna·be** *m (veraltet)* orphan [boy] ▸WENDUNGEN: **jd ist gegen jdn ein ~** [*o* **Waisenkind**] *(fam)* sb is no match for sb **Wai·sen·ren·te** *f* orphan's allowance

Wake·boar·ding <-s> ['we:kbɔ:ɐ̯dɪŋ] *nt kein pl* SPORT wakeboarding *(riding on a short, wide board and performing acrobatic manoeuvres while being towed by a motor boat)*

Wal <-[e]s, -e> [va:l] *m* whale

Wald <-[e]s, Wälder> [valt, *pl* 'vɛldɐ] *m (mit Bäumen bestandenes Land)* wood, forest; **Bayrischer ~** the Bavarian Forest; **Thüringer ~** the Thuringian Forest
▸WENDUNGEN: **wie man in den ~ hineinruft, so schallt es wieder heraus** *(prov)* you are treated as you treat others; **den ~ vor lauter Bäumen nicht sehen** *(fam)* to not be able to see the wood [*or* forest] for the trees

Wald·amei·se *f* red ant **Wald·ar·bei·ter(in)** *m(f)* forestry worker **Wald·baum·läu·fer** *m* ORN common tree creeper **Wald·be·stand** *m* forest land **Wald·bo·den** *m* forest soil **Wald·brand** *m* forest fire

Wäl·dchen <-s, -> ['vɛltçən] *nt dim von* **Wald** small wood

Wald·erd·bee·re *f* wild strawberry **Wald·geiß·blatt** *nt* BOT common honeysuckle, woodbine **Wald·ho·nig** *m* honeydew honey **Wald·horn** *nt* MUS French horn **Wald·hü·ter** <-s, -> *m (veraltend)* forest ranger **Wald·hüt·te** <-, -n> *f* forest hut

wal·dig ['valdɪç] *adj* wooded; **eine ~e Gegend** a wooded region

Wald·kauz *m* ORN tawny owl **Wald·land** *nt* woodland **Wald·lauf** *m* cross-country run; **einen ~ machen** to go on a cross-country run **Wald·lehr·pfad** *m* woodland nature trail **Wald·maus** *f* ZOOL wood mouse, long-tailed field mouse **Wald·meis·ter** *m* BOT woodruff **Wald·ohr·eu·le** *f* ORN long-eared owl

Wal·dorf·schu·le ['valdɔrf-] *f* Rudolf Steiner School

Wald·pilz *m* woodland mushroom **Wald·rand** *m* edge of the woods [*or* forest] **Wald·re·be** *f* BOT clematis **wald·reich** *adj* densely wooded **Wald·scha·den** *m* damage to woods [*or* forests] **Wald·scha·dens·for·schung** *f* research into forest damage **Wald·schnep·fe** *f* ORN woodcock **Wald·schrat** <-s, -e> *m* hobgoblin **Wald·ster·ben** *nt* death of the forest[s] as a result of pollution

Wal·dung <-, -en> ['valdʊŋ] *f (geh)* forest

Wald·weg *m* forest path, path through the woods **Wald·wie·se** *f* glade **Wald·wirt·schaft** *f kein pl* forestry

Wales <-> [weɪlz] *nt* Wales *no pl*

Wal·fang ['va:lfaŋ] *m kein pl* whaling **Wal·fän·ger(in)** <-s, -> *m(f)* whaler **Wal·fisch** ['valfɪʃ] *m (fam) s.* **Wal** **Wal·ge·sang** *m* whale song

Wal·hal·la <-s> [val'hala] *f,* **Wal·hall** <-s> ['valhal] *f kein pl* Valhalla *no pl*

Wa·li·ser(in) <-s, -> [va'li:zɐ] *m(f)* Welshman *masc,* Welsh woman *fem*

Wa·li·ser Berg·land <- -[e]s> *nt* Cambrian Mountains *pl,* Welsh Mountains *pl*

Wa·li·sisch [va'li:zɪʃ] *nt dekl wie adj* Welsh

wa·li·sisch [va'li:zɪʃ] *adj* ① GEOG Welsh; **die ~e Küste** the Welsh coast
② LING Welsh; **der ~e Dialekt** the Welsh dialect

Wa·li·si·sche <-n> [va'li:zɪʃə] *nt* ■ **das ~** Welsh, the Welsh language

wal·ken ['valkn̩] *vt* ① *(durchwalken)* ■ **etw ~** to tumble sth
② *(durchkneten)* ■ **etw ~** to knead sth

Wal·kie-Tal·kie^RR^ ['vɔ:ki'tɔ:ki], **Wal·kie-tal·kie**^ALT^ <-[s], -s> *nt* walkie-talkie

Wal·king <-s> ['vɔ:kɪŋ] *nt kein pl* walking

Walk·man <-s, -men> ['vɔ:kmɛn] *m* walkman®

Wal·kü·re <-, -n> [val'ky:rə] *f* Valkyrie

Wall <-[e]s, Wälle> [val, *pl* 'vɛlə] *m* embankment; *Burg* rampart

Wal·lach <-[e]s, -e> ['valax] *m* gelding

wal·len ['valən] *vi Wasser* to bubble; *Suppe* to simmer

wal·lend *adj (geh)* flowing; **ein ~er Bart** a flowing beard

Wal·ler <-s, -> ['valɐ] *m* ZOOL, KOCHK European catfish

Wall·fah·rer(in) *m(f)* pilgrim

Wall·fahrt ['valfa:ɐ̯t] *f* pilgrimage; **eine ~ [irgendwohin] machen** to go on a pilgrimage [somewhere]

Wall·fahrts·kir·che *f* pilgrimage church **Wall·fahrts·ort** *m* place of pilgrimage

Wall·holz <-es, -hölzer> *nt* SCHWEIZ *(Nudelholz)* rolling pin

Wal·lis <-> ['valɪs] *nt* ■ **das ~** Valais

Wal·li·ser(in) <-s, -> ['valizɐ] *m(f)* inhabitant of Valais

Wal·lo·ne, Wal·lo·nin <-n, -n> [va'lo:nə, va'lo:nɪn] *m, f* Walloon

Wall Street, Wall·street <-> ['vɔ:l'stri:t] *f* Wall Street

Wal·lung <-, -en> *f* MED *(Hitzewallung)* [hot] flush *usu pl*
▸WENDUNGEN: **jdn in ~ bringen** to make sb's blood surge/sb seethe; **in ~ geraten** to fly into a rage

Wal·lungs·wert *m (fam)* emotional punch

Walm·dach [valm-] *nt* ARCHIT hipped roof

Wal·nuss^RR^ ['valnʊs] *f* ① *(Frucht des Walnussbaums)* walnut
② *s.* **Walnussbaum**

Wal·nuss·baum^RR^ *m* walnut [tree] **Wal·nuss·holz**^RR^ *nt* walnut **Wal·nuss·öl**^RR^ *nt* walnut oil

Wal·pur·gis·nacht [val'pʊrgɪs-] *f* ■ **die ~** Walpurgis night

Wal·ross^RR^ ['valrɔs] *nt* walrus
▸WENDUNGEN: **wie ein ~ schnaufen** *(fam)* to puff like a grampus BRIT *fam,* to huff and puff

wal·ten ['valtn̩] *vi (geh)* ① *(herrschen)* to reign
② *(üben)* ■ **etw ~ lassen** to show sth; **Nachsicht ~ lassen** to show leniency

Walz·blech *nt* sheet metal

Wal·ze <-, -n> ['valtsə] *f* ① *(zylindrischer Gegenstand)* roller
② TECH *(rotierender Zylinder)* roller
③ *(Straßenwalze)* steamroller
④ *(Schreibwalze)* platen

wal·zen ['valtsn̩] *vt* ■ **etw ~** ① *(mit einer Walze ausrollen)* to roll sth
② *(zu Blech ausrollen)* to roll sth

wäl·zen ['vɛltsn̩] **I.** *vt* ① *(fam: durchblättern)* ■ **etw ~** to pore over sth; **Unterlagen wälzen** to pore over documents
② *(hin und her bedenken)* ■ **etw ~** to turn over sth in one's mind
③ *(rollen)* ■ **etw irgendwohin ~** to roll sth somewhere
④ KOCHK *(hin und her wenden)* ■ **etw in etw** *dat* **~** to roll sth in sth, to coat sth with [*or* in] sth
II. *vr (sich hin und her rollen)* ■ **sich** *akk* **irgendwo ~** to roll somewhere; ***sie wälzte sich im Bett hin und her*** she tossed and turned in bed; ■ **sich** *akk* **in etw** *dat* **~** to roll in sth; **sich** *akk* **im Schlamm ~** to roll in the mud

wal·zen·för·mig *adj* cylindrical

Wal·zen·nu·del·ma·schi·ne *f* pasta machine

Wal·zer <-s, -> ['valtsɐ] *m* waltz; **Wiener ~** Viennese waltz

Wäl·zer <-s, -> ['vɛltsɐ] *m (fam)* heavy tome *form*

Wal·zer·mu·sik *f* waltz music

Walz·stra·ße *f* TECH roll[ing] train **Walz·werk** *nt* rolling mill

Wam·me <-, -n> ['vamə] *f* KOCHK prime streaky bacon

Wam·pe <-, -n> ['vampə] *f* DIAL *(fam)* paunch

Wams <-es, Wämser> [vams, *pl* 'vɛmzɐ] *nt* DIAL *(veraltet)* doublet *old*

wand *imp von* **winden**[1]

Wand <-, Wände> [vant, *pl* 'vɛndə] *f* ❶ *(Mauer)* wall
❷ *(Wandung)* side
❸ *(Felswand)* [rock] face
▸WENDUNGEN: ~ **an** ~ right next door to each other; **jdn an die ~ drücken** to drive sb to the wall; **die ~** [*o* **Wände**] **hochgehen können** *(fam)* to drive sb up the wall *fam;* **die Wände haben Ohren** *(fam)* walls have ears *fam;* [**bei jdm**] **gegen eine ~ reden** to be like talking to a brick wall [with sb]; **spanische ~** folding screen; **jdn an die ~ spielen** SPORT to thrash sb; MUS, THEAT to outshine sb; **jdn an die ~ stellen** MIL to put sb up against the wall; **in jds vier Wänden** within sb's own four walls; **dass die Wände wackeln** *(fam)* to raise the roof; **weiß wie die ~ werden** to turn as white as a sheet; *s. a.* **Kopf**

Wan·da·le, Wan·da·lin <-n, -n> [van'da:lə, van'da:lɪn] *m, f* ❶ HIST *(germanischer Volksstamm)* Vandal
❷ *(zerstörungswütiger Mensch)* vandal
▸WENDUNGEN: **wie die ~n** like madmen

Wan·da·lis·mus [vanda'lɪsmʊs] *m s.* **Vandalismus**

Wand·be·hang *m s.* **Wandteppich** **Wand·bord** *nt* [wall] shelf

Wan·del <-s> ['vandl̩] *m kein pl (geh)* change; **einem ~ unterliegen** to be subject to change; **im ~ einer S.** *gen* over [*or* through] sth; **im ~ der Jahrhunderte** over the centuries; **im ~ der Zeiten** through the ages

Wan·del·an·lei·he *f* convertible loan

wan·del·bar *adj* ❶ *(geh)* changeable
❷ FIN convertible

Wan·del·bar·keit <-> *f kein pl* JUR convertibility; **~ des Vertragsstatuts** convertibility of the contractual status

Wan·del·gang <-gänge> *m* covered walkway

Wan·del·ge·schäft *nt* BÖRSE callable time bargain [*or* forward transaction]

Wan·del·hal·le *f* foyer

wan·deln[1] ['vandl̩n] **I.** *vt (geh)* ❶ *(ändern)* ■**etw ~** to change sth
❷ FIN *(umtauschen)* ■**etw ~** to convert sth
II. *vr (geh)* ■**sich** *akk* **~** ❶ *(sich verändern)* to change
❷ *(sich ändern)* to change

wan·deln[2] ['vandl̩n] *vi sein (geh)* to stroll

Wan·del·ob·li·ga·ti·on *f,* **Wan·del·schuld·ver·schrei·bung** *f* FIN convertible bond [*or* loan]

Wan·de·lung <-, -en> *f* JUR *(Rückgängigmachung)* rescission, cancellation

Wan·de·lungs·kla·ge *f* JUR action to dissolve a contract

Wan·der·ar·beit·neh·mer(in) *m(f)* migrant worker **Wan·der·aus·stel·lung** *f* travelling [*or* AM traveling] exhibition **Wan·der·be·we·gung** *f* migration **Wan·der·büh·ne** *f* THEAT touring company **Wan·der·dü·ne** *f* shifting dune

Wan·de·rer, Wan·de·rin <-s, -> ['vandərɐ, 'vandərɪn] *m, f* hiker, rambler

Wan·der·fal·ke *m* ORN peregrine falcon **Wan·der·feld·bau** *f* shifting cultivation **Wan·der·heu·schre·cke** *f* migratory locust

Wan·de·rin <-, -nen> *f fem form von* **Wanderer**

Wan·der·kar·te *f* map of walks

wan·dern ['vandən] *vi sein* ❶ *(eine Wanderung machen)* to hike, to go rambling, to go on a hike; ■**irgendwoher/irgendwohin ~** to hike from somewhere/to somewhere; ***am Wochenende ~ wir gerne um den See*** at the weekend we like to go on a ramble around the lake
❷ GEOG *(sich weiterbewegen)* ■[**irgendwoher/irgendwohin**] **~** to shift [*or* move] [from somewhere/to somewhere]
❸ *(geh: streifen)* to move
❹ *(fam: geworfen werden)* to go; ■**irgendwohin ~** to go somewhere; ***„wohin mit den Küchenabfällen?" — „die ~ auf den Kompost"*** "where does the kitchen waste go?" — "it goes on the compost heap"
❺ ZOOL *(den Aufenthaltsort wechseln)* to migrate
❻ MED *(sich weiterbewegen)* ■[**irgendwohin**] **~** to migrate [to somewhere]

Wan·der·nie·re *f* MED floating kidney **Wan·der·po·kal** *m* challenge cup **Wan·der·pre·di·ger(in)** *m(f)* itinerant preacher **Wan·der·rat·te** *f* brown rat

Wan·der·schaft <-> *f kein pl (Zeit als fahrender Geselle)* travels *npl;* **auf ~ sein** *(fam)* to be on one's travels
▸WENDUNGEN: **auf ~ gehen** *(fam)* to go off on one's travels

Wan·der·schu·he *pl* hiking boots *pl*

Wan·ders·mann <-[e]s, -leute> *m (veraltet)* wayfarer

Wan·der·tag *m day on which a German school class goes on an excursion*

Wan·de·rung <-, -en> ['vandərʊŋ] *f* ❶ *(Fußmarsch)* hike, ramble; **eine ~ machen** [*o* **unternehmen**] to go on a hike [*or* ramble]
❷ CHEM, PHYS migration

Wan·de·rungs·be·we·gung *f* migration **Wan·de·rungs·ge·schwin·dig·keit** *f* CHEM, PHYS velocity of migration

Wan·der·ver·ein *m* hiking club, ramblers' association **Wan·der·vo·gel** *m* ❶ *(veraltet: Zugvogel)* migratory bird, bird of passage *euph,* rolling stone *euph* ❷ *kein pl* HIST *(Jugendbewegung) ramblers' association, founded 1895, forerunner of the German youth movement; (Mitglied der Bewegung)* member of the Wandervogel ❸ *(hum: begeisterter Wanderer)* keen hiker [*or* rambler] **Wan·der·weg** *m* walk, trail **Wan·der·zir·kus** *m* travelling [*or* AM *usu* traveling] circus

Wand·ge·mäl·de *nt* mural, wall painting **Wand·ka·len·der** *m* wall calendar **Wand·kar·te** *f* wall map **Wand·lam·pe** *f* wall lamp [*or* light]

Wand·ler <-s, -> ['vandlɐ] *m* INFORM converter

Wand·lung <-, -en> ['vandlʊŋ] *f* ❶ *(geh: Veränderung)* change
❷ REL transubstantiation *no pl*
❸ JUR conversion; **auf ~ klagen** to sue for conversion

Wand·lungs·be·din·gun·gen *pl* JUR conversion terms **wand·lungs·fä·hig** *adj* adaptable; **ein ~er Schauspieler** a versatile actor **Wand·lungs·kla·ge** *f,* **Wand·lungs·ver·fah·ren** *nt* JUR redhibitory action **Wand·lungs·recht** *nt* FIN conversion privilege, right of conversion

Wand·pfei·ler *m* BAU pilaster

Wand·rer(in) <-s, -> *m(f) s.* **Wanderer**

Wand·schei·be *f* BAU wall section **Wand·schrank** *m* built-in cupboard **Wand·spie·gel** *m* wall mirror **Wand·ta·fel** *f* blackboard

wand·te ['vantə] *imp von* **wenden**

Wand·tel·ler *m* [decorative] wall plate **Wand·tep·pich** *m* tapestry **Wand·uhr** *f* wall clock **Wand·ver·klei·dung** *f* ❶ *(Paneel)* panelling [*or* AM panelling] *no pl* ❷ *(Plattierung)* facing, wall covering **Wand·ver·tä·fe·lung** *f* [wood] panelling [*or* AM paneling] **Wand·zei·tung** *f* wall news-sheet

Wan·ge <-, -n> ['vaŋə] *f* ❶ *(geh: Backe)* cheek; **~ an ~** cheek to cheek
❷ BAU stringer

Wan·gen·kno·chen <-s, -> *m* ANAT cheekbone

Wan·kel·mo·tor *m* rotary piston engine

Wan·kel·mut ['vaŋkl̩mu:t] *m (geh)* fickleness *no pl,* inconsistency *no pl*

wan·kel·mü·tig ['vaŋkl̩my:tɪç] *adj (geh)* inconsistent

Wan·kel·mü·tig·keit *f s.* **Wankelmut**

wan·ken ['vaŋkn̩] *vi* ❶ *haben (hin und her schwanken)* to sway
❷ *sein (sich wankend bewegen)* ■**irgendwohin ~** to stagger somewhere
▸WENDUNGEN: **etw ins W~ bringen** to shake sth; **ins W~ geraten** to begin to sway [*or* waver]; ***sein Entschluss geriet ins W~*** he began to waver in his decision

wann [van] *adv interrog* ❶ *(zu welchem Zeitpunkt)* when; **~ *kommst du wieder?*** when will you be back?; **bis ~** until when; ***bis ~ ist der Pass gültig?*** when is the passport valid until?; **seit ~** since when; **von ~ an** from when; **~ etwa** [*o* **ungefähr**] when approximately [*or* roughly]; **~** [**auch**] **immer** whenever
❷ *(in welchen Fällen)* when

Wan·ne <-, -n> ['vanə] *f* ❶ *(Badewanne)* [bath]tub
❷ *(längliches Gefäß)* tub
❸ *(Ölwanne)* oilpan

Wan·nen·bad *nt* bath; **ein ~ nehmen** to have [*or* take] a bath **Wan·nen·form** *f kein pl* CHEM *von Zuckermolekülen* boat form

Wanst <-[e]s, Wänste> [vanst, *pl* 'vɛnstə] *m (Fettwanst)* paunch
▸WENDUNGEN: **sich** *dat* **den ~ vollschlagen** *(sl)* to stuff oneself *sl*

Want <-, -en> [vant] *f meist pl* NAUT shroud

Wan·ze <-, -n> ['vantsə] *f* ❶ *(Blut saugender Parasit)* bug
❷ *(fam: Miniabhörgerät)* bug *fam*

WAP <-[s]> [vap] *nt kein pl* INFORM *Abk von* **Wireless Application Protocol** WAP

WAP-Han·dy *nt* WAP phone

Wap·pen <-s, -> ['vapn̩] *nt* coat of arms
▸WENDUNGEN: **ein ~ führen** to have a coat of arms; **etw im ~ führen** to bear sth on one's coat of arms

Wap·pen·kun·de *f kein pl* heraldry *no pl* **Wap·pen·schild** *m o nt* shield **Wap·pen·tier** *nt* heraldic animal

wapp·nen ['vapnən] *vr (geh)* ■**sich** *akk* [**gegen etw** *akk*] **~** to prepare oneself [for sth]; ■**gewappnet sein** to be prepared

war [va:ɐ̯] *imp von* **sein**[1]

Wa·ran <-s, -e> [va'ra:n] *m* ZOOL dragon

warb [varp] *imp von* **werben**

ward [vart] *(liter) imp von* **werden I, II, III, IV, VI**

Wa·re <-, -n> ['va:rə] *f* HANDEL article, merchandise *no pl* form, product, commodity; ***Lebensmittel sind leicht verderbliche ~n*** food is a commodity that can easily go off; ***die ~ bleibt bis zur vollständigen Bezahlung Eigentum des Verkäufers*** the goods shall remain property of the seller until full payment; **~n des Grundbedarfs** staples; **abgepackte/gebrauchsfertige ~** packaged/ready-made goods; **börsengängige ~** BÖRSE marketable paper; **marktgängige ~** marketed products; **eine ~ auf den Markt bringen** to launch a product; **eine ~ in den Markt der Gemeinschaft einführen** EU to introduce a product into Community commerce
▸WENDUNGEN: **heiße ~** *(sl)* hot goods *sl*

Wa·re-Geld-Aus·tausch *m kein pl* BÖRSE exchange of asked and bid

Wa·ren·ab·satz *m* HANDEL sale of goods, commodity marketing **Wa·ren·ab·sen·der(in)** *m(f)* HANDEL consignor, shipper **Wa·ren·ak·kre·di·tiv** *nt* HANDEL commercial letter of credit **Wa·ren·ak·zept** *nt* HANDEL trade acceptance **Wa·ren·an·ge·bot** *nt* range of goods on offer

Wa·ren·an·nah·me *f* ❶ *kein pl (das Annehmen)* acceptance of goods
❷ *(Abteilung)* receiving department [*or* office]

Wa·ren·auf·zug *m* goods lift BRIT, freight elevator AM **Wa·ren·aus·fuhr** *f* export of goods

Wa·ren·aus·ga·be *f* ❶ *kein pl (das Ausgeben)* issue of goods
❷ *(Abteilung)* goods collection point

Wa·ren·aus·gang *m* HANDEL ❶ *kein pl (Abteilung)* sales department ❷ *meist pl (zum Abschicken vorbereitete Waren)* outgoing goods *pl,* sale of goods **Wa·ren·aus·gangs·buch** *nt* sales ledger [*or* sales [day] book] **Wa·ren·aus·la·ge** *f* HANDEL goods display; *(im Schaufenster)* window display

Wa·ren·aus·tausch *m* exchange of goods, barter trade **Wa·ren·aus·tausch·ge·schäft** *nt* ÖKON barter trade

Wa·ren·au·to·mat *m* vending machine **Wa·ren·be·för·de·rung** *f* carriage of goods; **~ im Luftverkehr** carriage of goods by air; **~ unter Zollverschluss** carriage [of goods] under customs seal **Wa·ren·be·gleit·schein** *m* HANDEL docket, consignment note, waybill **Wa·ren·be·schaf·fung** *f* ÖKON purchasing **Wa·ren·be·schrei·bungs·ge·setz** *nt* JUR Trade Description Act **Wa·ren·be·stand** *m* HANDEL stock, AM inventory **Wa·ren·be·stel·lung** *f* HANDEL order for goods; *(aus dem Ausland)* indent; **eine ~ aufgeben** to put goods on order **Wa·ren·be·zeich·nung** *f* HANDEL trade description

wa·ren·be·zo·gen *adj* goods-related

Wa·ren·bör·se *f* ÖKON commodity exchange **Wa·ren·code, Wa·ren·kode** *m* stock code **Wa·ren·dis·kont** *m* HANDEL trade discount **Wa·ren·ein·fuhr** *f* import of goods

Wa·ren·ein·gang *m* ÖKON 1 *kein pl (Abteilung)* incoming goods department

2 *meist pl (eingehende, gelieferte Waren)* goods received

Wa·ren·ein·gangs·buch *nt* purchase book **Wa·ren·ein·kaufs·buch** *nt* FIN purchase book **Wa·ren·ein·satz** *m* HANDEL sales input **Wa·ren·ein·stands·preis** *m* HANDEL cost price **Wa·ren·emp·fän·ger(in)** *m(f)* HANDEL consignee, recipient of the goods **Wa·ren·emp·fangs·be·stä·ti·gung** *f* HANDEL receipt for goods **Wa·ren·er·halt** *m* HANDEL receipt of goods **Wa·ren·ge·schäft** *nt* ÖKON commercial business **Wa·ren·han·del** *m* HANDEL trade in goods

Wa·ren·haus *nt (veraltend) s.* **Kaufhaus Wa·ren·haus·ket·te** *f* department store chain

Wa·ren·in·ha·ber(in) *m(f)* HANDEL holder of the goods **Wa·ren·kal·ku·la·ti·on** *f* HANDEL costing of merchandise sold **Wa·ren·kon·to** *nt* FIN merchandise account **Wa·ren·korb** *m* basket of goods

Wa·ren·kre·dit *m* FIN commodity credit, lending on goods **Wa·ren·kre·dit·bürg·schaft** *f* JUR credit security for merchandise

Wa·ren·la·ger *nt* goods depot

Wa·ren·lie·fe·rung *f* ÖKON 1 *kein pl (das Liefern von Waren)* delivery of goods

2 *(gelieferte Waren)* goods delivered

Wa·ren·lom·bard *m* FIN advance on goods **Wa·ren·mus·ter** *nt,* **Wa·ren·pro·be** *f* HANDEL commercial sample, sample of goods; **~ ohne Handelswert** samples **Wa·ren·nach·fra·ge** *f* ÖKON demand for goods **Wa·ren·no·men·kla·tur** *f* JUR nomenclature of goods **Wa·ren·no·tie·rung** *f* BÖRSE seller quotation **Wa·ren·pa·pier** *nt* JUR shipping document, document of title **Wa·ren·preis** *m* HANDEL commodity price **Wa·ren·prü·fer(in)** *m(f)* HANDEL quality inspector **Wa·ren·prü·fung** *f* HANDEL quality control **Wa·ren·re·gal** *nt* shelf for goods **Wa·ren·re·ser·ve** *f* HANDEL stockpile **Wa·ren·sal·do** *m* HANDEL unsold goods *pl*

Wa·ren·sen·dung *f* 1 *kein pl* ÖKON *(das Senden von Waren)* shipment

2 ÖKON *(die gesandten Waren)* shipment, consignment of goods

3 ADMIN, TRANSP *(Postsendung)* shipment

Wa·ren·sor·ti·ment *nt* assortment [*or* range] of goods **wa·ren·spe·zi·fisch** *adj* HANDEL product-specific **Wa·ren·ter·min·bör·se** *f* BÖRSE commodity futures exchange **Wa·ren·ter·min·ge·schäft** *nt* commodity futures trading *no pl* **Wa·ren·test** *m* goods quality test **Wa·ren·über·fluss**[RR] *m* ÖKON surplus of goods **Wa·ren·über·ga·be** *f* HANDEL delivery of goods **Wa·ren·um·satz·steu·er** *f* SCHWEIZ *(Mehrwertsteuer)* value added tax

Wa·ren·um·schlag *m* ÖKON goods turnover **Wa·ren·um·schlags·kre·dit** *m* FIN goods turnover financing credit

Wa·ren·ver·kaufs·buch *nt* FIN sales book

Wa·ren·ver·kehr *m kein pl* ÖKON movement of goods, goods trade, flow of commodities; **grenzüberschreitender ~** cross-border trade [*or* movement of goods]; **Waren- und Dienstleistungsverkehr** movement of goods and services, trade and services transactions; **den freien ~ gewährleisten** to safeguard the free trade [*or* movement of goods] **Wa·ren·ver·kehrs·be·schei·ni·gung** *f (Zoll)* movement certificate **Wa·ren·ver·kehrs·frei·heit** *f kein pl* HANDEL free trade [*or* movement of goods] **Wa·ren·ver·kehrs·wert** *m* value [*or* amount] of goods traffic

Wa·ren·ver·knap·pung *f* ÖKON shortage of goods **Wa·ren·ver·triebs·kos·ten** *pl* HANDEL distribution [*or* marketing] costs **Wa·ren·ver·zeich·nis** *nt* HANDEL product classification **Wa·ren·vor·rat** *m* HANDEL inventory, stock-in-trade **Wa·ren·wech·sel** *m* FIN trade [*or* commercial] bill **Wa·ren·wert** *m* HANDEL invoiced value of goods **Wa·ren·wirt·schaft** *f kein pl* merchandise management, enterprise resource planning **Wa·ren·wirt·schafts·sys·tem** *nt* merchandise management system, enterprise resource planning system

Wa·ren·zei·chen *nt* trademark; **ein ~ eintragen/löschen/nachahmen** to register/cancel/pirate a trademark; **ein ~ verletzen** to infringe a trademark; **eingetragenes ~** registered trademark **Wa·ren·zei·chen·blatt** *nt* trademark journal **Wa·ren·zei·chen·fäl·schung** *f* trademark counterfeiting **Wa·ren·zei·chen·ge·büh·ren** *pl* trademark registration fee **Wa·ren·zei·chen·li·zenz** *f* trademark licence [*or* AM -se] **Wa·ren·zei·chen·lö·schung** *f* cancellation of a trademark **Wa·ren·zei·chen·recht** *nt* JUR trademark law **Wa·ren·zei·chen·re·gis·ter** *nt* trademark register **Wa·ren·zei·chen·schutz** *m kein pl* trademark protection *no pl* **Wa·ren·zei·chen·ver·let·zung** *f* JUR trademark infringement

Wa·ren·zu·stel·lung *f* HANDEL delivery of goods

warf [varf] *imp von* **werfen**

War·lord <-s, -s> ['wɔ:lɔ:d] *m* MIL *(sl)* warlord *pej*

warm <wärmer, wärmste> [varm] **I.** *adj* 1 *(nicht kalt)* warm; **ein Glas ~e Milch** a glass of hot milk; **etw ~ halten** to keep sth warm; **[jdm] etw ~ machen** to heat sth up [for sb]; *(Wärme aufweisend)* warm; **ein ~es Bett** a warm bed; **es [irgendwo] ~ haben** to be warm [somewhere]; ***mir ist zu ~*** I'm too hot; *(eine angenehme Wärme spüren)* [to feel] pleasantly warm

2 *(aufwärmend)* warm; **etw macht jdn ~** *heißes Getränk, Suppe etc.* sth warms sb up

3 SPORT **sich** *akk* **~ laufen, sich** *akk* **~ machen** to warm up; **sich** *akk* **~ spielen: *ich würde mich gerne 5 Minuten ~ spielen*** I would like a five minute warm-up

4 *(geh: aufrichtig)* warm; **ein ~es Interesse** a keen interest; **~e Zustimmung** enthusiastic agreement

▸WENDUNGEN: **mit jdm ~ werden** *(fam)* to warm to sb; *s. a.* **Bruder**

II. *adv (im Warmen)* warmly; *(gewärmt)* warm; **den Motor ~ laufen lassen** to let the engine warm up

▸WENDUNGEN: **jdn/etw [jdm] wärmstens empfehlen** to recommend sb/sth most warmly [to sb]

Warm·blut *nt* cross-bred horse **Warm·blü·ter** <-s, -> *m* warm-blooded animal **warm·blü·tig** *adj* warm-blooded **Warm·du·scher** <s, -> *m (pej sl)* prude *pej*

Wär·me <-> ['vɛrmə] *f kein pl* 1 *(warme Temperatur)* warmth *no pl;* **~ suchend** heat-seeking

2 *(Warmherzigkeit)* warmth *no pl*

Wär·me·ab·ga·be *f* PHYS heat loss **Wär·me·ab·lei·tung** *f kein pl* thermal water discharge **Wär·me·ano·ma·lie** *f* GEOL heat anomaly **Wär·me·auf·nah·me** *f* heat absorption **Wär·me·aus·tausch** *m kein pl* heat exchange **Wär·me·aus·tau·scher** <-s, -> *m* heat exchanger

Wär·me·be·hand·lung *f* 1 TECH *(Erwärmung von Metall)* heat treatment

2 MED *(therapeutische Anwendung von Wärme)* heat treatment

Wär·me·be·las·tung *f kein pl* 1 ÖKOL thermal pollution 2 TECH thermal stress **wär·me·be·stän·dig** *adj* heat-resistant **Wär·me·bild** *nt* thermal image **Wär·me·dämm·bahn** *f* BAU heat insulation sheet **Wär·me·dämm·stoff** *m* BAU thermal insulation **Wär·me·däm·mung** *f* heat insulation **wär·me·emp·find·lich** *adj* heat-sensitive **Wär·me·ener·gie** *f* thermal energy **Wär·me·grad** *m* degrees above zero; *(Temperatur)* degree of heat, temperature **Wär·me·haus·halt** *m* heat regulation **Wär·me·in·halt** *m* PHYS caloric content **Wär·me·iso·lie·rung** *f* thermal insulation **Wär·me·kraft·werk** *nt* thermal power station, CHP plant **Wär·me·leh·re** *f kein pl* theory of heat **Wär·me·lei·ter** *m* heat conductor **Wär·me·lei·tung** *f kein pl* heat conduction **Wär·me·mo·tor** *m* TECH heat engine

wär·men ['vɛrmən] **I.** *vt* 1 *(warm machen)* ■**jdn ~** to warm sb up; ■**sich** *akk* **[gegenseitig] ~** to keep each other warm

2 *(aufwärmen)* ■**jdn/etw ~** to warm sb/sth up; ■**sich** *akk* **~** to warm oneself up

II. *vi* to be warm; ***wollene Unterwäsche wärmt*** woollen underclothes are warm

Wär·me·pfan·ne *f* chafing pan **Wär·me·pum·pe** *f* heat pump **Wär·me·quel·le** *f* source of heat **Wär·me·reg·ler** *m* thermostat **Wär·me·rück·ge·win·nung** *f kein pl* heat recovery **Wär·me·sen·sor** *m* heat sensor **Wär·me·spei·cher** *m* thermal store **Wär·me·strah·lung** *f* thermal radiation *no pl* **wär·me·su·chend** *adj s.* **Wärme 1 Wär·me·tau·scher** *m* heat exchanger **Wär·me·tech·nik** *f kein pl* heat technology **Wär·me·über·tra·gung** *f* PHYS heat transfer **Wär·me·zu·fuhr** *f kein pl* heat supply

Wärm·fla·sche *f* hot-water bottle

Warm·front *f* METEO warm front

Warm·hal·te·kan·ne *f* thermos

warm|hal·ten *vr irreg* ■**sich** *dat* **jdn ~** to keep sb warm [*or* BRIT in with sb]

Warm·hal·te·plat·te *f* hotplate

warm·her·zig *adj* warm-hearted

Warm·luft *f* warm air *no pl* **Warm·luft·zu·fuhr** *f kein pl* warm air supply

Warm·mie·te *f (fam)* rent including heating [*or* AM heat] **Warm·start** *m* INFORM soft reset [*or* boot]; **automatischer ~** warm start

Warm-up <-s, -s> [vɔ:ɐm'ʔap] *nt* SPORT warm-up

Warm·wachs·be·hand·lung *f* warm wax treatment **Warm·was·ser·be·rei·ter** <-s, -> [varm'vasəbəraitɐ] *m* water heater **Warm·was·ser·hei·zung** *f* hot-water central heating **Warm·was·ser·spei·cher** *m* hot-water tank **Warm·was·ser·ver·sor·gung** *f* hot-water supply

warm|wer·den *vi s.* **warm I 5**

Warn·an·la·ge *f* warning system **Warn·blink·an·la·ge** *f* hazard warning lights *pl* **Warn·blink·leuch·te** *f* hazard warning light **Warn·drei·eck** *nt* hazard warning triangle

war·nen ['varnən] **I.** *vt* ■**jdn ~** to warn sb; ■**jdn vor jdm/etw ~** to warn sb about sb/sth; ***ich muss dich vor ihm ~*** I must warn you about him; ■**jdn [davor] ~, etw zu tun** to warn sb about doing sth; **ich warne dich/Sie!** I'm warning you!

II. *vi (Warnungen herausgeben)* ■**[vor jdm/etw] ~** to issue a warning [about sb/sth]

war·nend I. *adj* warning; **ein ~es Signal** a warning signal

II. *adv* as a warning; ***sie hob ~ den Zeigefinger*** she held up her index finger as a warning

Warn·hin·weis *m* warning label **Warn·kreuz** *nt* BAHN warning cross **Warn·leuch·te** *f* warning light **Warn·licht** *nt* AUTO hazard warning light **Warn·licht·schal·ter** *m* hazard warning switch [*or* hazard flasher] **Warn·mel·dung** *f* INFORM warning message, alert **Warn·ruf** *m* warning cry

Warn·schild *nt* 1 *(warnendes Verkehrsschild)* warning sign

2 *(Schild mit einer Warnung)* warning sign [*or* notice]

Warn·schuss[RR] *m* warning shot **Warn·sig·nal** *nt (warnendes Lichtzeichen)* warning signal; *(warnender Ton)* warning signal **Warn·streik** *m* token strike **Warn·ton** *m* warning signal **Warn·tracht** *f* ZOOL warning colouration BRIT [*or* AM -oration]

War·nung <-, -en> *f* warning; ■**~ vor etw** *dat* warning about sth; **lass dir das eine ~ sein!** let that be a warning to you!; **als ~** as a warning

Warn·zei·chen *nt* 1 *(Warnsignal)* warning signal

2 *(warnendes Anzeichen)* warning sign

War·rant <-[s], -s> [va'rant] *m* BÖRSE *(Optionsschein)* warrant

War·schau <-s> ['varʃau̯] *nt* Warsaw

War·schau·er Pakt *m* HIST Warsaw Pact

War·te <-, -n> ['vartə] *f* observation point; **von der hohen ~ einer S.** *gen* from the vantage-point of a thing; **von jds ~ [aus]** from sb's point of view [*or* standpoint]

War·te·frist *f s.* Wartezeit **War·te·hal·le** *f* BAHN waiting room **War·te·lis·te** *f* waiting list

war·ten¹ ['vartn̩] *vi* 1 *(harren)* to wait; ■**auf jdn/etw ~** to wait for sb/sth; ■**mit etw** *dat* **[auf jdn] ~** to wait [for sb] before doing sth; **jdn/etw kann ~** sb/sth can [*or* has to] wait; **auf sich** *akk* **~ lassen** to be a long time [in] coming; **nicht [lange] auf sich** *akk* **~ lassen** to not be long in coming; **warte mal!** wait!, hold on!; **na warte!** *(fam)* just you wait! *fam;* **worauf wartest du noch?** *(fam)* what are you waiting for? *fam*

2 *(erwarten)* ■**auf jdn ~** to await sb; *s. a.* **schwarz**

war·ten² ['vartn̩] *vt* ■**[jdm] etw ~** to service [*or* maintain] sth [for sb]; **eine Datei ~** to maintain a file; **Hardware/Software ~** to maintain hardware/software

Wär·ter(in) <-s, -> ['vɛrtɐ] *m(f) (veraltend)* 1 *(Gefängniswärter)* prison officer [*or* AM guard], warder BRIT

2 *(Tierpfleger)* keeper

War·te·raum *m* waiting room

Wär·te·rin <-, -nen> *f fem form von* **Wärter**

War·te·saal *m* waiting room

War·te·schlan·ge *f* 1 *(Menschen)* queue, line AM

2 INFORM device queue

War·te·schlei·fe *f* 1 LUFT holding pattern, stack; ■**in der ~ sein** to be stacked, to be stacking

2 INFORM wait [*or* holding] loop

War·te·stand *m* temporary retirement

War·te·zeit *f* 1 *(Zeit des Wartens)* wait *no pl*

2 *(Karenzzeit)* waiting period

3 TECH waiting time

War·te·zim·mer *nt* waiting room **War·te·zu·stand** *m* TECH wait state [*or* condition]

War·tung <-, -en> *f* service, maintenance *no pl;* **~ der Hardware/Software** INFORM hardware/software maintenance; **laufende ~** routine maintenance

war·tungs·arm *adj* low-maintenance; **~e Batterie** AUTO low-maintenance battery **War·tungs·auf·wand** *m* TECH, ÖKON costs of maintenance, service costs *pl* **War·tungs·dienst** *m* maintenance service **war·tungs·frei** *adj* maintenance-free **War·tungs·hand·buch** *nt* service manual **War·tungs·kos·ten** *pl* maintenance cost *usu pl* **War·tungs·un·ter·neh·men** *nt* HANDEL service contractor **War·tungs·ver·ein·ba·rung** *f,* **War·tungs·ver·trag** *m* maintenance [*or* service] agreement [*or* contract]

wa·rum [va'rʊm] *adv interrog* why; **~ nicht?** why not?; **~ nicht gleich so!** *(fam)* why couldn't you do that before!

War·ze <-, -n> ['vartsə] *f* 1 MED *(Fibrom)* wart

2 ANAT *(Brustwarze)* nipple

War·zen·hof *m* ANAT areola **War·zen·me·lo·ne** *f* KOCHK cantaloupe melon **War·zen·pflas·ter** *nt* wart plaster **War·zen·schwein** *nt* ZOOL wart hog

was [vas] **I.** *pron interrog* 1 *(welches Ding)* what; ***~ macht er beruflich?*** what's his job?; ***~ kann ich dir anbieten?*** what can I offer you?; ***für ~ brauchst du es?*** what do you need it for?; ***mit ~ beschäftigt Max sich?*** how does Max occupy his time?; ***was ~ alles weiß!*** what a lot Peter knows!

2 *(fam: welch)* **~ für ein(e)** ... what sort [*or* kind] of; ***~ für ein Auto hat sie?, ~ hat sie für ein Auto?*** what kind of car has she got?; ***~ war das für eine Anstrengung!*** that really was an effort!, what an effort that was!; ***~ für ein Glück!*** what a stroke of luck!; ***~ für ein Wahnsinn!*** what madness!; ***~ für ein schöner Garten!*** what a lovely garden!; ***und ~ für ein Garten!*** and what a garden!; ***~ für eine sie ist, das weiß ich auch nicht*** I don't know either what sort of a person she is

3 *(welcher Grund)* what; ***~ ist [o gibt's]?*** what's up?; ***was ~, kommst du mit?*** well, are you coming?; ***~ hast du denn?, ~ ist denn [los]?*** what's the matter?, what's wrong?; ***~ denn, du bist schon fertig?*** what, are you finished already?; ***~ denn, du willst doch nicht schon gehen?*** you're not going already, are you?; ***ach ~!*** oh, come on!, of course not!; ***~ lachst du denn so?*** what are you laughing for?, why are you laughing?

4 *(wie viel)* what, how much; ***~ kostet das?*** what [*or* how much] does that cost?

5 *(wie sehr)* how; ***~ habe ich gelacht!*** how I laughed!; ***~ ist das doch kompliziert!*** it's really complicated!

6 *(fam: nicht wahr)* isn't it/doesn't it/aren't you; ***das ist gut, ~?*** that's good, isn't it?, not bad, eh? *fam*

II. *pron rel* 1 *(welches)* what; ***ich weiß, ~ ich tun muss*** I know what I have to do; ***~ mich betrifft, [so]*** ... as far as I'm concerned ...; ■**das, ~** that which *form,* what; ***das ist etwas, ~ ich nicht tun werde*** that is something [which] I won't do; ***das ist das Beste, ~ du tun kannst*** that's the best thing you can do; ***das Einzige, ~ ich Ihnen sagen kann, ist, dass er morgen kommt*** the only thing I can tell you is that he's coming tomorrow; ***das Wenige, ~ ich besitze, will ich gerne mit dir teilen*** the little that I possess I will gladly share with you

2 *(in erläuterndem Nebensatz)* which; ***sie hat zugestimmt, ~ mich gefreut hat*** he agreed, which pleased me; ***es hat auf der Fahrt geregnet, ~ mich aber nicht gestört hat*** it rained during the journey, but that didn't bother me

3 *(fam: wer)* ***~ ein ganzer Kerl ist, der stellt sich einem Kampf*** anyone worth his salt will put up a fight

4 DIAL *(derjenige, diejenige)* ***~ unsere Mutter ist, die sagt immer ...*** our mother always says ...

5 DIAL *(der, die, das)* ***der Peter, ~ unser Jüngster ist ...*** Peter, who is our youngest ...

III. *pron indef (fam)* 1 *(etwas)* something; *(in Fragen, Verneinungen)* anything; ***sie hat kaum ~ gesagt*** she hardly said anything [*or* a thing]; ***kann ich dir ~ zu trinken anbieten?*** can I offer you a drink?; ***kann ich ~ helfen?*** can I give you a hand?; ***das will ~ heißen*** that really means something; ***iss nur, es ist ~ ganz Leckeres!*** just eat it, it's something really tasty!; **so ~** something like that, such a thing; ***so ~ könnte dir nicht passieren*** nothing like that could happen to you; ***so ~ Ärgerliches/Dummes!*** how annoying/stupid!; ***so ~ von Dummheit*** such stupidity; ***[na,] so ~!*** really?; ***nein, so ~!*** you don't say!; ***sie ist so ~ wie ne Architektin*** she's an architect or something of the sort

2 *(irgendetwas)* anything; ***ist ~?*** is anything wrong?, is something the matter?; ***ob er ~ gemerkt hat?*** I wonder if he noticed anything?; ***fällt Ihnen an dem Bild ~ auf?*** does anything strike you about the picture?; ***gibt's ~ Neues?*** is there any news?; ***haben die ~ miteinander?*** is there something between them?; ***aus ihr wird mal ~ werden*** she'll make something of herself; ***aus ihm wird nie ~ werden*** he'll never come to anything; ***gib Bescheid, wenn ich ~ für dich tun kann!*** let me know when I can do something for you

3 *(fam: Teil einer Menge)* some; ***ich will auch ~*** I want some too

4 DIAL *(ein wenig)* a little, a bit; ***möchtest du noch ~ Kaffee?*** would you like some more coffee?; ***sprich bitte ~ lauter!*** could you speak a little louder, please?

Wasch·an·la·ge *f* 1 *(Autowaschanlage)* car wash

2 *(fig: Schwarzgeld)* laundering facility; *(für Spenden)* front **Wasch·an·lei·tung** *f* washing instructions *pl* **Wasch·au·to·mat** *m* washing machine

wasch·bar *adj* washable

Wasch·bär *m* racoon **Wasch·be·cken** *nt* washbasin

Wasch·be·ton *m* exposed aggregate concrete **Wasch·be·ton·plat·te** *f* exposed aggregate panel **Wasch·brett** *nt* washboard **Wasch·brett·bauch** *m (hum fam)* washboard stomach

Wä·sche <-, -en> *f* 1 *kein pl (Schmutzwäsche)* washing *no pl;* **in der ~ sein** to be in the wash; **etw in die ~ tun** to put sth in the wash; *(das Waschen)* washing *no pl*

2 *kein pl (Unterwäsche)* underwear *no pl*

3 *kein pl (Haushaltswäsche)* linen *no pl*

4 *(Wagenwäsche)* car wash

5 *(Legalisierung)* **die ~ illegaler Gelder** the laundering of stolen money

▶WENDUNGEN: **dumm aus der ~ gucken** *(fam)* to look dumbfounded; **[seine] schmutzige ~ waschen** to wash one's dirty linen in public

Wä·sche·beu·tel *m* laundry bag **Wä·sche·box** *f* dirty clothes box

wasch·echt *adj* 1 *(fam: typisch)* genuine, real

2 *(beim Waschen nicht verbleichend)* colourfast, colorfast AM

Wä·sche·ge·schäft *nt* draper's [shop] BRIT **Wä·sche·klam·mer** *f* [clothes]peg **Wä·sche·korb** *m* laundry basket **Wä·sche·lei·ne** *f* [clothes]line **Wä·sche·man·gel** *f* mangle

wa·schen <wusch, gewaschen> ['vaʃn̩] *vt* 1 *(durch Abwaschen säubern)* ■**jdn/etw ~** to wash sb/sth; ■**sich** *akk* **~** to wash [oneself]; **sich** *akk* **kalt/warm ~** to wash [oneself] in cold/hot water; ■**[sich** *dat*] **etw ~** to wash [one's] sth

2 *(mit Waschmittel reinigen)* ■**etw ~** to wash sth

3 *(sl: legalisieren)* ■**etw ~** to launder sth; **Drogengeld ~** to launder drugs/money

▶WENDUNGEN: **..., der/die/das sich gewaschen hat** *(fam)* real good ...; **eine Ohrfeige, die sich gewaschen hat** a real good box on the ears; **eine Prüfung, die sich gewaschen hat** a swine of an exam

Wä·sche·puff *m* dirty linen box

Wä·scher(in) <-s, -> ['vɛʃɐ] *m(f)* launderer

Wä·sche·rei <-, -en> [vɛʃə'rai̯] *f* laundry

Wä·sche·rin <-, -nen> *f fem form von* **Wäscher**

Wä·sche·schleu·der *f* spin dryer **Wä·sche·schrank** *m* linen cupboard **Wä·sche·spin·ne** *f* revolving [*or* rotary] clothes dryer **Wä·sche·stän·der** *m* clothes horse **Wä·sche·stär·ke** *f* starch *no pl* **Wä·sche·trock·ner** <-s, -> *m* drier **Wä·sche·tru·he** *f* linen chest, BRIT *a.* blanket box **Wä·sche·zei·chen** *nt* name tape, linen mark

Wasch·gang <-gänge> *m* wash *(stage of a washing programme)* **Wasch·ge·le·gen·heit** *f* washing facilities *pl* **Wasch·hand·schuh** *m* flannel [*or* shower] [*or* bath] mitt **Wasch·kes·sel** *m* washboiler

Wasch·kü·che *f* 1 *(Raum zum Wäschewaschen)* wash house

2 *(fam: dichter Nebel)* pea-souper BRIT, fog as thick as pea soup

Wasch·lap·pen *m* 1 *(Lappen zur Körperwäsche)* flannel

2 *(fam: Feigling)* sissy, wet rag BRIT

Wasch·lau·ge *f* suds *pl* **Wasch·le·der** *nt* chamois leather **Wasch·ma·schi·ne** *f* washing machine **wasch·ma·schi·nen·fest** *adj* machine-washable **Wasch·mit·tel** *nt* detergent **Wasch·pul·ver** *nt* washing powder **Wasch·raum** *m* washroom **Wasch·sa·lon** *m* launderette BRIT, laundromat AM **Wasch·schüs·sel** *f* washtub **Wasch·stra·ße** *f* car wash **Wasch·tag** *m* washday; **~ haben** to be one's washing-day **Wasch·tisch** *m* washstand

Wa·schung <-, -en> *f* 1 MED washing *no pl*

2 REL ablution *no pl*

Wasch·wan·ne *f* washtub **Wasch·was·ser** *nt* *kein pl* washing water *no pl* **Wasch·weib** *nt (fam)* gossip **Wasch·zet·tel** *m* blurb **Wasch·zeug** *nt* washing things *pl*

Wa·shing·ton <-s> ['vɔʃɪŋtn̩] *nt* Washington

Was·ser <-s, - *o* Wässer> ['vasɐ, *pl* 'vɛsɐ] *nt* 1 *kein pl (H_2O)* water *no pl;* **~ abweisend** [*o* **abstoßend**] water-repellent; **fließendes warmes ~** hot running water; **schweres ~** heavy water; **etw unter ~ setzen** to flood sth; **unter ~ stehen** to be flooded [*or* under water]; **~ treten** MED to paddle

2 *(Gewässer)* water *no pl;* ***Wasserflugzeuge können auf dem ~ landen*** amphibious aircraft can land on water; **fließendes/stehendes ~** running/stagnant water; **~ gefährdende Stoffe** water-polluting substances; **zu ~** by sea [*or* water]; **etw zu ~ lassen** NAUT to launch sth

3 *pl (geh: Fluten)* waters *pl;* **die ~ des Rheins** the waters of the Rhine

4 *(Getränk)* mineral water; *(euph: Schnaps)* schnapps

5 *(Parfum)* cologne; **duftende Wässer** *pl* toilet water BRIT, cologne

6 *(euph: Urin)* **sein ~ abschlagen** to relieve oneself; **das ~ nicht halten können** to be incontinent; **~ lassen** to pass water

7 MED *(in Beinen/Organen)* fluid

►WENDUNGEN: **jdm das ~ abgraben** to take away sb's livelihood; **mit allen ~n gewaschen sein** *(fam)* to know every trick in the book *fam;* **bei ~ und Brot** behind bars; **ins ~ fallen** *(fam)* to fall through *fam;* **bis dahin fließt noch viel ~ den Bach [*o* Rhein] hinunter** *(fam)* a lot of water will have flowed under the bridge by then; **ins ~ gehen** *(euph)* to drown oneself; **sich *akk* über ~ halten** to keep oneself above water; *(sich vorm Untergehen bewahren)* to keep afloat; **das ~ bis zum Hals stehen haben** *(fam)* to be up to one's ears in debt; **auch nur mit ~ kochen** *(fam)* to be no different from anybody else; **~ auf jds Mühle sein** to be grist to sb's mill; **jdm läuft das~ im Mund[e] zusammen** sb's mouth is watering; **nah am ~ gebaut haben** to be prone to tears; **jdm das ~ reichen können** to be a match for sb; **... reinsten ~s** *(fam)* pure ...; **stilles ~** [a bit of]a dark horse; **stille ~ sind tief** still waters run deep *prov*

Was·ser·ab·spal·tung *f* CHEM dehydration **was·ser·ab·wei·send** *adj s.* **Wasser 1** **Was·ser·ader** *f* subterranean [*or* underground] watercourse **Was·ser-A·loe** <-, -en> [-'a:loe] *f* BOT water soldier **Was·ser·am·sel** *f* ORN dipper, water ouzel

Was·ser·an·schlussRR *m* 1 *(Anschließen an Wasserversorgung)* connection to the mains water supply [*or* water main]

2 *(Anschlussvorrichtung an Wasserversorgung)* mains hose BRIT, water main connection

was·ser·arm *adj* arid

Was·ser·auf·be·rei·tung *f* water treatment **Was·ser·auf·be·rei·tungs·an·la·ge** *f* water treatment plant

Was·ser·bad *nt* 1 KOCHK *(Topf mit kochendem Wasser)* bain-marie, doubleboiler

2 FOTO *(zum Wässern von Abzügen)* water bath

3 *(veraltet: Bad mit Wasser)* bath

Was·ser·ball *m* 1 *kein pl (Wasserhandball)* water polo *no pl*

2 *(Ball)* water polo ball

3 *(aufblasbarer Spielball)* beach ball

Was·ser·bau *m kein pl* canal, harbour [*or* AM -or] and river engineering **Was·ser·be·cken** *nt* pool, pond **Was·ser·be·häl·ter** *m* water container **Was·ser·bett** *nt* waterbed **Was·ser·bin·de·ver·mö·gen** *nt* turgor **Was·ser·bom·be** *f* MIL depth charge **Was·ser·buch** *nt* JUR water-rights register **Was·ser·büf·fel** *m* water buffalo **Was·ser·burg** ['vasɐbʊrk] *f* castle surrounded by moats

Wäs·ser·chen <-s, -> ['vɛsɐçən] *nt (Duftwasser)* scent

►WENDUNGEN: **jd sieht aus, als ob er kein ~ trüben könnte** *(fam)* sb appears innocent while being guilty, sb looks as if butter wouldn't melt in his/her mouth BRIT

Was·ser·dampf *m* steam *no pl* **Was·ser·dampf·de·stil·la·ti·on** [-dɛstɪlatsi̯o:n] *f* CHEM steam distillation **was·ser·dampf·flüch·tig** *adj* CHEM volatile in steam; **~e Komponenten eines Gemisches** volatile in steam components of a mixture

was·ser·dicht *adj* 1 *(kein Wasser eindringen lassend)* watertight; **eine ~e Uhr** a water-resistant watch

2 *(sl: nicht zu erschüttern)* watertight; **ein ~es Alibi** a watertight alibi

►WENDUNGEN: **etw ~ machen** *(sl)* to make sth watertight

Was·ser·druck *m* water pressure **was·ser·durch·läs·sig** *adj* permeable **Was·ser·ei·mer** *m* bucket, pail **Was·ser·ein·la·ge·rung** *f* MED buildup of fluid **Was·ser·ent·här·ter** <-s, -> *m* water softener **Was·ser·er·hit·zer** <-s, -> *m* water heater **Was·ser·ero·si·on** *f* erosion by water **Was·ser·fahr·zeug** *nt* watercraft

Was·ser·fall *m* waterfall

►WENDUNGEN: **wie ein ~ reden** *(fam)* to talk nonstop, to talk nineteen to the dozen BRIT *fam*

Was·ser·far·be *f* watercolour [*or* AM -or] **Was·ser·fass**RR *nt* water barrel

was·ser·fest *adj* 1 *(für Wasser undurchlässig)* waterproof, water-resistant

2 *s.* **wasserdicht**

Was·ser·fla·sche *f* water bottle **Was·ser·fleck** *m* water stain [*or* spot] **Was·ser·floh** *m* ZOOL water flea **Was·ser·flug·zeug** *nt* seaplane **Was·ser·fracht** *f* carriage by water **was·ser·frei** *adj* CHEM anhydrous, anhydric; **~er Alkohol** pure alcohol; **~es Ammoniak** anhydrous ammonia **Was·ser·frosch** *m* water [*or* edible] frog **Was·ser·füh·rung** *f* TYPO *(Druck)* damping, water distribution [*or* supply] **was·ser·ge·kühlt** *adj* water-cooled **Was·ser·glas** *nt* glass, tumbler **Was·ser·glät·te** *f* surface water *no pl*

Was·ser·gra·ben *m* 1 *(Graben)* ditch

2 SPORT *(Hindernis beim Reitsport)* water jump; *(Hindernis beim Hürdenlauf)* water jump

3 *(Burggraben)* moat

Was·ser·gym·nas·tik *f kein pl* aquarobics + *sing vb* **Was·ser·hahn** *m* [water] tap [*or* AM faucet] **was·ser·hal·tig** *adj* CHEM hydrous; **~er Gips** hydrated sulphate of lime **Was·ser·här·te** *f* hardness of the water **Was·ser·häus·chen** *nt* SÜDD *(hum: Trinkhalls)* watering hole *hum*

Was·ser·haus·halt <-[e]s> *m kein pl* 1 MED, BIOL water balance 2 ÖKOL hydrologic balance **Was·ser·haus·halts·ge·setz** *nt* JUR Water Resources Act **Was·ser·ho·se** *f* METEO waterspout **Was·ser·huhn** *nt* coot

wäs·se·rig ['vɛsərɪç] *adj s.* **wässrig**

Was·ser-in-Öl-E·mul·si·on *f* water-in-oil emulsion **Was·ser·in·sekt** *nt* aquatic insect **Was·ser·ka·nis·ter** *m* water can [*or* container] **Was·ser·kas·ta·nie** *f* water chestnut **Was·ser·kas·ten·lack** *m* TYPO dispersion [*or* water-pan] varnish **Was·ser·kes·sel** *m* 1 *(zum Wasserkochen)* kettle 2 TECH boiler **Was·ser·ko·cher** *m* kettle **Was·ser·kopf** *m* 1 MED hydrocephalus 2 *(überproportionales Gebilde)* sth that has been blown out of proportion; ***die Stadtverwaltung hatte einen enormen Wasserkopf entwickelt*** the municipal authorities had developed a tremendously bloated bureaucracy **Was·ser·kraft** *f kein pl* water power *no pl* **Was·ser·kraft·werk** *nt* hydroelectric power station **Was·ser·kreis·lauf** *m* hydrological cycle **Was·ser·küh·lung** *f* water cooling *no pl;* **... mit ~** water-cooled **Was·ser-Land-Flug·zeug** *nt* amphibian plane **Was·ser·lan·dung** *f* 1 LUFT *von Flugzeug* alighting on water 2 RAUM *von Raumkapsel* splashdown **Was·ser·las·sen** <-s> *nt kein pl* MED passing [of] water *no pl* **Was·ser·lauf** *m* watercourse **Was·ser·läu·fer** *m* ZOOL pond skater **Was·ser·le·be·we·sen** *nt* ZOOL aquatic creature **Was·ser·lei·che** *f* corpse found in water **Was·ser·lei·tung** *f* water pipe **Was·ser·li·lie** *f* water lily **Was·ser·li·nie** *f* NAUT waterline **Was·ser·lin·se** *f* BOT duckweed **Was·ser·loch** *nt* waterhole **was·ser·lös·lich** *adj* soluble in water **Was·ser·man·gel** *m* water shortage

Was·ser·mann ['vasɐman] *m* 1 ASTROL Aquarius *no pl, no def art;* [**ein**] **~ sein** to be an Aquarian

2 *(Nöck)* water sprite

Was·ser·me·lo·ne *f* watermelon **Was·ser·müh·le** *f* watermill

was·sern ['vasɐn] *vi Wasserflugzeug* to land on water; *Raumkapsel* to splash down

wäs·sern ['vɛsɐn] *vt* 1 *(bewässern)* ■**etw ~** to water sth

2 KOCHK ■**etw ~** to soak sth

Was·ser·ni·xe *f s.* **Nixe** **Was·ser·nut·zungs·recht** *nt* water rights *pl* **Was·ser·ober·flä·che** *f* surface of the water **Was·ser·pfei·fe** *f* hookah **Was·ser·pflan·ze** *f* aquatic plant **Was·ser·pis·to·le** *f* water pistol **Was·ser·po·cken** *pl* MED chickenpox *no pl*

Was·ser·pum·pe *f* water pump **Was·ser·pum·pen·zan·ge** *f* locking pliers *npl*

Was·ser·qua·li·tät *f* water quality **Was·ser·rad** *nt* water wheel **Was·ser·ral·le** <-, -n> *f* ORN water rail

Was·ser·rat·te *f* 1 *(Schermaus)* water rat

2 *(fam: gerne badender Mensch)* keen swimmer

Was·ser·recht *nt* JUR law relating to water **was·ser·reich** *adj* abundant in water **Was·ser·re·ser·voir** *nt* 1 *(Reservoir für Wasser)* reservoir 2 *s.* **Wasservorrat** **Was·ser·rohr** *nt* water pipe **Was·ser·rutsch·bahn** *f* waterslide **Was·ser·säu·le** *f* head of water **Was·ser·scha·den** *m* water damage *no pl* **Was·ser·schei·de** *f* watershed **was·ser·scheu** *adj* scared of water **Was·ser·schild·krö·te** *f* turtle **Was·ser·schlan·ge** *f* water snake **Was·ser·schlauch** *m* hose **Was·ser·schloss**RR *nt* castle surrounded by moats

Was·ser·schutz·ge·biet *nt* water protection area **Was·ser·schutz·po·li·zei** *f* river police

Was·ser·schwein *nt* ZOOL capybara

Was·ser·ski *m* 1 *kein pl (Sportart)* waterskiing *no pl*

2 *(Sportgerät)* waterski

Was·ser·spei·cher *m* reservoir **Was·ser·spei·er** *m* gargoyle **Was·ser·spie·gel** *m* 1 *(Wasseroberfläche)* surface of the water 2 *(Wasserstand)* water level **Was·ser·spie·le** *pl* waterworks *npl* **Was·ser·spin·ne** *f* ZOOL water spider

Was·ser·sport *m* water sports *pl* **Was·ser·sport·ler, -sport·le·rin** *m, f* water sports enthusiast **Was·ser·spritz·pis·to·le** *f* water pistol BRIT, squirt gun AM **Was·ser·spü·lung** *f* flush; **die ~ betätigen** to flush the toilet

Was·ser·stand *m* water level; **niedriger/hoher ~** low/high water **Was·ser·stands·an·zei·ger** *m* water level indicator **Was·ser·stands·mel·dung** *f meist pl* NAUT water level report

Was·ser·stoff *m kein pl* hydrogen *no pl* **Was·ser·stoff·an·trieb** *m* **Fahrzeug mit ~** hydrogen-powered car **Was·ser·stoff·blon·di·ne** *f (hum fam)* peroxide blonde **Was·ser·stoff·bom·be** *f* hydrogen bomb **Was·ser·stoff·brü·cke** *f* CHEM hydrogen bridge **Was·ser·stoff·brü·cken·bin·dung** *f* CHEM hydrogen bond[ing] **Was·ser·stoff·kern** *m* PHYS hydrogen core **Was·ser·stoff·per·oxid, Was·ser·stoff·per·oxyd** *nt* hydrogen peroxide **Was·ser·stoff·spei·cher** *m einer Brennstoffzelle* store of hydrogen **Was·ser·stoff·su·per·oxid, Was·ser·stoff·su·per·oxyd** *nt* hydrogen peroxide **Was·ser·stoff·ver·bren·nungs·mo·tor** *m* AUTO hydrogen engine, hydrogen[-fueled] internal combustion engine

Was·ser·strahl *m* jet of water **Was·ser·strahl·an·trieb** *m* NAUT hydrojet propulsion

Was·ser·stra·ße *f* waterway **Was·ser·stra·ßen·netz** *nt* [inland] waterways system

Was·ser·sucht *f kein pl* MED dropsy **Was·ser·tank** *m* water tank **Was·ser·ta·xi** *nt* water taxi **Was·ser·tem·pe·ra·tur** *f* water temperature **Was·ser·trä·ger, -trä·ge·rin** *m, f* 1 HIST water-carrier 2 *(fig pej)* dogsbody, factotum **Was·ser·tre·ten** <-s> *nt kein pl* MED paddling *no pl* **Was·ser·tre·ter** *m* ORN phalarope **Was·ser·trop·fen** *m* water drop **Was·ser·turm** *m* water tower **Was·ser·uhr** *f* water meter

Was·se·rung <-, -en> *f* 1 *(auf Wasser niedergehen)* landing on water

2 CHEM, TECH soaking, wetting

Wäs·se·rung <-, -en> *f* watering *no pl*

was·ser·un·lös·lich *adj* CHEM water-insoluble

Was·ser·ver·brauch *m* water consumption **Was·ser·ver·drän·gung** *f* PHYS displacement [of water]

Wạs·ser·ver·geu·dung *f kein pl* wasting of water **Wạs·ser·ver·schmut·zung** *f* water pollution **Wạs·ser·ver·sor·ger** *m* ÖKON water company **Wạs·ser·ver·sor·gung** *f* water supply **Wạs·ser·ver·un·rei·ni·gung** *m* water pollution **Wạs·ser·vo·gel** *m* aquatic bird, waterfowl **Wạs·ser·vor·rat** *m* supplies *pl* of water **Wạs·ser·waa·ge** *f* spirit level **Wạs·ser·weg** *m* waterway; **auf dem ~** by water **Wạs·ser·wel·le** *f* MODE shampoo and set **Wạs·ser·wer·fer** *m* water cannon **Wạs·ser·werk** *nt* waterworks + *sing/pl vb* **Wạs·ser·wi·der·stand** *m selten pl* resistance of the water **Wạs·ser·wirt·schaft** *f kein pl* water management [*or* supply industry] **Wạs·ser·zäh·ler** *m* water meter

Wạs·ser·zei·chen *nt* watermark **Wạs·ser·zei·chen·pa·pier** *m* watermark[ed] paper

wäss·rig[RR], **wäß·rig**[ALT] ['vɛsrɪç] *adj* ① *(zu viel Wasser enthaltend)* watery; **~e Suppe** watery soup ② CHEM, MED *(mit Wasser hergestellt)* aqueous; **eine ~e Lösung** an aqueous solution; *s. a.* **Mund**

wa·ten ['va:tn̩] *vi sein* to wade; ■ **durch etw** *akk* **~** to wade through sth

Wa·ter·kant <-> ['va:tɐkant] *f kein pl* GEOG NORDD ■ **die ~** the North German coast

Wat·sche <-, -> ['va:tʃə] *f* ÖSTERR, SÜDD *(fam)*, **Wat·schen** <-, -> ['va:tʃn̩] *f* ÖSTERR, SÜDD *(fam: Ohrfeige)* clip round the ear, thick ear BRIT

wat·scheln ['va:tʃl̩n] *vi sein* to waddle

Wat·schen <-, -> ['va:tʃn̩] *f* SÜDD, ÖSTERR *(fam) s.* **Watsche**

Watt[1] <-s, -> [vat] *nt* PHYS watt

Watt[2] <-[e]s, -en> [vat] *nt* mudflats *pl*

Wat·te <-, -n> ['vatə] *f* cotton wool *no pl*
▶WENDUNGEN: **jdn in ~ packen** *(fam)* to wrap sb in cotton wool

Wạt·te·bausch *m* wad of cotton wool

Wạt·ten·meer *nt kein pl* GEOG ■ **das ~** mud-flats *pl*

Wạt·te·stäb·chen *nt* cotton bud

wat·tie·ren* [va'ti:rən] *vt* ■ **etw ~** to pad [*or* quilt] sth; **wattierte Schultern** padded shoulders

Wat·tie·rung <-, -en> *f* MODE ① *kein pl (das Wattieren)* padding *no pl*, quilting *no pl* ② *(Polsterung)* padding

Watt·stun·de *f* watt-hour

Watt·wurm *m* ZOOL lugworm

wau wau ['vau̯ 'vau̯] *interj (kindersprache)* woof-woof; **~ machen** to go bow-wow [*or* woof-woof]

Wave-Da·tei [weɪv-] *f* INFORM wavetable

WBS <-, -> *m Abk von* **Wetterbeobachtungssatellit** weather [observation] satellite

WC <-[s], -s> [ve:'tse:] *nt* WC BRIT, bathroom AM

WC-Bụ̈rs·te *f* toilet brush **WC-Sịtz** *m* toilet seat; *(für Kleinkinder)* toddler trainer seat

WDR <-[s]> [ve:de:'ʔɛr] *m kein pl Abk von* **Westdeutscher Rundfunk** West German Radio

Web <-[s]> [wɛb] *nt kein pl* INET *kurz für* **World Wide Web** web, Web

Web·brow·ser *m* INFORM web browser **Web·cam** <-, -s> ['wɛbkɛm] *f* webcam **Web-De·si·gner, Web·de·si·gner(in)** ['wɛbdizai̯nɐ] *m(f)* INET web designer

we·ben <webte *o geh* wob, gewebt *o geh* gewoben> ['ve:bn̩] **I.** *vt* ① *(auf Webstühlen herstellen)* ■ **etw ~** to weave sth ② *(hineinweben)* ■ **etw in etw** *akk* **~** to weave sth into sth
II. *vi* ① *(als Handweber tätig sein)* to weave; **von Hand ~** to weave by hand; ■ **an etw** *dat* **~** to weave sth ② *(geh: geheimnisumwittert sein)* **von etw** *dat* **umwoben sein** to be woven around sb/sth
III. *vr (geh: in geheimnisvoller Weise entstehen)* ■ **sich** *akk* **um jdn/etw ~** to be woven around sb/sth

We·ber(in) <-s, -> ['ve:bɐ] *m(f)* weaver

We·be·rei <-, -en> [ve:bə'rai̯] *f* weaving mill

We̱·be·rin <-, -nen> *f fem form von* **Weber**

We̱·ber·knecht *m* ZOOL daddy-long-legs **We̱·ber·vo·gel** *m* ORN weaver

We̱b·feh·ler *m* flaw in the weave

Web·log <-s, -s> ['wɛblɔg] *nt* blog *fam*, weblog **Web·mas·ter** *m* INFORM web master **Web·phone** <-s, -s> ['wɛbfo:n] *nt* web phone **Web·sei·te** *f* INFORM web page **Web·ser·ver** *m* INFORM web server; **vom ~ herunterladen** to download from the web server **Web·site** <-, -s> ['wɛb,saɪt] *f* INET web site; **eine ~ einrichten** to create a web site **Web-Soap** <-, -s> [wɛb'soʊp] *f* INET websoap

We̱b·stuhl *m* loom

Web·sur·fer(in) ['wɛbzø:ɐ̯fɐ] *m(f)* INFORM web surfer **Web·surf·pro·gramm** *nt* web browser **Web·tech·no·lo·gie** *f* web technology **We̱b-TV** *nt* INET *(Internet-Surfen am TV-Schirm)* web-TV

We̱b·wa·ren *pl* woven goods *npl*

Wech·sel[1] <-s, -> ['vɛksl̩] *m* ① *kein pl (das Wechseln)* change; **ein häufiger ~ der Arbeitgeber** a frequent change of employer; **in bestimmtem ~** in a certain rotation; **in stündlichem ~** in hourly rotation
② SPORT *(Übergabe)* changeover
③ BAU *(Wechselbalken)* framing; *(Schloss)* catch lever
▶WENDUNGEN: **in buntem ~** in colourful [*or* AM -orful] succession

Wech·sel[2] <-s, -> ['vɛksl̩] *m* FIN ① *(Schuldurkunde)* bill [of exchange], promissory note; **befristeter/eigener ~** sight draft/promissory note; **fälliger/verfallener ~** bill due/expired bill; **gezogener ~** bill of exchange, draft; **trassiert eigener ~** self-accepted bill of exchange; **einen ~ diskontieren** to discount a bill; **einen ~ einlösen** [*o* **honorieren**] to honour a bill of exchange; **~ auf lange Sicht** long-dated bill; **einen ~ zu Protest gehen lassen** to note a bill for protest; **einen ~ zur Einlösung vorlegen** to present a bill for payment; **auf ~** against a bill of exchange
② *(fam: Monatswechsel)* allowance

Wẹch·sel·an·nah·me *f* FIN acceptance of a/the bill **Wẹch·sel·aus·stel·ler(in)** *m(f)* FIN drawer of a bill **Wẹch·sel·aus·stel·lung** *f* FIN issue of a/the bill

Wẹch·sel·au·to·mat *m* change machine

Wẹch·sel·bad *nt* alternating hot and cold water baths *pl*; **jdn einem ~ aussetzen** *(fig)* to blow hot and cold with sb; **das ~ der Gefühle** emotional roller coaster

wẹch·sel·bar *adj* TECH changeable

Wẹch·sel·be·häl·ter *m* interchangeable container **Wẹch·sel·be·zie·hung** *f* correlation, interrelation; **in ~ [miteinander/zueinander] stehen** to be correlated [*or* interrelated]

Wẹch·sel·be·zo·ge·ne(r) *f(m) dekl wie adj* FIN drawee

Wẹch·sel·buch *nt* FIN bills receivable ledger; *(verfallen)* bills payable ledger **Wẹch·sel·bürg·schaft** *f* FIN bill guarantee, guarantee on a bill; **eine ~ leisten** to guarantee a bill of exchange **Wẹch·sel·dis·kon·tie·rung** *f* FIN bill discounting **Wẹch·sel·dis·kont·kre·dit** *m* FIN discount credit **Wẹch·sel·dup·li·kat** *nt* JUR duplicate of a bill **Wẹch·sel·du·sche** *f* NATURMED alternating hot and cold showers **Wẹch·sel·ein·rei·cher(in)** *m(f)* FIN presenter of a/the bill **Wẹch·sel·fä·hig·keit** *f kein pl* FIN capacity to draw a bill

Wẹch·sel·fäl·le *pl* vicissitudes *pl*, ups and downs *fam* **Wẹch·sel·fie·ber** *nt kein pl (veraltend)* malaria

Wẹch·sel·for·de·rung *f* FIN claim under a bill, bill receivable **Wẹch·sel·frist** *f* FIN usance

Wẹch·sel·gar·ni·tur *f* BAU latch lever escutcheon set

Wẹch·sel·geld *nt* change *no pl, no indef art* **Wẹch·sel·ge·schäft** *nt* FIN, ÖKON bill business **Wẹch·sel·ge·setz** *nt* JUR Bills of Exchange Act BRIT, Negotiable Instruments Act AM **Wẹch·sel·gi·ro** *nt* FIN endorsement **Wẹch·sel·gläu·bi·ger(in)** *m(f)* FIN bill creditor

wech·sel·haft ['vɛksl̩-] **I.** *adj* changeable
II. *adv (mit häufigen Veränderungen)* in a changeable way

Wẹch·sel·in·dos·sa·ment *nt* JUR endorsement of a bill **Wẹch·sel·in·ha·ber(in)** *m(f)* FIN bill holder [*or* bearer] **Wẹch·sel·in·kas·so** *nt* FIN bill collection

Wẹch·sel·jah·re *pl* menopause *no pl*; **in den ~n sein** to be going through the menopause; **in die ~ kommen** to reach the menopause

Wẹch·sel·kla·ge *f* JUR action on a bill of exchange; **eine ~ erheben** to sue on a bill

Wẹch·sel·kurs *m* exchange rate, rate of exchange **Wẹch·sel·kurs·ab·wei·chung** *f* FIN exchange rate deviation **Wẹch·sel·kurs·än·de·rung** *f* FIN exchange rate fluctuation **wẹch·sel·kurs·be·dingt** *adj* FIN caused by a different exchange rate **Wẹch·sel·kurs·bin·dung** *f* FIN exchange rate fixing, fixing of the exchange rate **Wẹch·sel·kurs·frei·ga·be** *f* FIN floating **Wẹch·sel·kurs·me·cha·nis·mus** *m* exchange rate mechanism, ERM **Wẹch·sel·kurs·no·tie·rung** *f* BÖRSE quotation of exchange rates **Wẹch·sel·kurs·pa·ri·tät** *f* BÖRSE par value of exchange rates **Wẹch·sel·kurs·ri·si·ko** *nt* FIN exchange risk **Wẹch·sel·kurs·schwan·kung** *f* BÖRSE fluctuation in the exchange rate, exchange rate fluctuation **Wẹch·sel·kurs·span·ne** *f* BÖRSE range of exchange rates **Wẹch·sel·kurs·sta·bi·li·tät** *f* FIN exchange stability **Wẹch·sel·kurs·sys·tem** *nt* exchange rate system

Wẹch·sel·lauf·zeit *f* FIN currency of a/the bill, tenor [*or* usance] of a bill **Wẹch·sel·lom·bard** *m o nt* FIN lending on bills **Wẹch·sel·mahn·an·trag** *m* FIN application for default summons based on a bill of exchange **Wẹch·sel·mahn·be·scheid** *m* JUR *default summons based on a bill of exchange* **Wẹch·sel·mak·ler(in)** *m(f)* FIN bill discounter [*or* BRIT broker]

Wẹch·sel·me·di·en *pl* INFORM exchangeable media *pl*; MEDIA interactive media *pl*

wech·seln ['vɛksl̩n] **I.** *vt* ① *(austauschen)* ■ **etw ~** to change sth
② *(umtauschen)* ■ **[jdm] etw ~** to change sth [for sb]
③ *(etw anderes nehmen)* ■ **etw ~** to change sth; ***macht es Ihnen was aus, mit mir den Platz zu ~?*** would you mind if we changed [*or* traded] places?
II. *vi* ① FIN *(Geld umtauschen)* to change sth; ***können Sie mir ~?*** can you change that for me?
② *(den Arbeitgeber wechseln)* to go to a different job
③ METEO *(sich ändern)* to change

wẹch·selnd *adj* ① *(immer andere)* **ständig ~e Lehrer** constantly changing teachers
② *(veränderlich) Stimmung, Laune* changeable
③ *(unterschiedlich)* **mit ~em Erfolg** with varying [degrees of] success

Wẹch·sel·neh·mer(in) *m(f)* FIN payee, acceptor **Wẹch·sel·ob·li·ga·ti·o·nen** *pl* FIN convertible bonds **Wẹch·sel·ob·li·go** *nt* FIN liability on bills **Wẹch·sel·plat·te** *f* INFORM removable disk **Wẹch·sel·plat·ten·sys·tem** *nt* INFORM removable disk system

Wẹch·sel·pro·test *m* FIN bill protest, protest of a bill of exchange; **~ einlegen** to enter protest of a bill, to protest a bill **Wẹch·sel·pro·zess**[RR] *m* JUR summary bill enforcement proceedings *pl* **Wẹch·sel·rah·men** *m* clip-on picture frame

Wẹch·sel·recht *nt* JUR law on bills of exchange; **Wechsel- und Scheckrecht** law on cheques and bills of exchange **Wẹch·sel·re·gress** *m* JUR recourse [against a prior endorser of a bill] **Wẹch·sel·rei·te·rei** *f* FIN *(pej)* drawing and redrawing, bill-jobbing **Wẹch·sel·schuld** *f* FIN paper debts *pl*, bill debt **Wẹch·sel·schuld·ner(in)** *m(f)* FIN bill debtor

wech·sel·sei·tig *adj* mutual

Wẹch·sel·spei·cher *m* INFORM exchangeable storage medium **Wẹch·sel·spiel** *nt* interplay; **das ~ der Farben** the interplay of colours [*or* AM -ors] **Wẹch·sel·steu·er** *f* FIN bill tax [*or* stamp], stamp duty

Wẹch·sel·strom *m* alternating current

Wẹch·sel·stu·be *f* exchange booth, bureau de change BRIT

Wẹch·sel·ver·mu·tung *f* JUR *presumption in favour of a bona fide holder of a bill of exchange*

wẹch·sel·voll *adj* varied, diverse

Wẹch·sel·wäh·ler(in) *m(f)* floating [*or* undecided] voter **wẹch·sel·warm** *adj* cold-blooded, poikilotherm

wẹch·sel·wei·se *adv* alternately

wẹch·sel·wir·ken *vt* ■**mit etw** *dat* ~ to interact with sth

Wẹch·sel·wir·kung *f* interaction; **in ~ [miteinander/zueinander] stehen** to interact [with each other]

Wẹch·sel·zah·lungs·be·fehl *m* JUR order to pay bill

Weck <-s, -e> [vɛk] *m* ÖSTERR, SÜDD *s.* **Wecken**

We·cke <-, -n> ['vɛkə] *f* ÖSTERR, SÜDD *s.* **Wecken**

we·cken ['vɛkn̩] *vt* ❶ *(aufwecken)* ■**jdn ~** to wake sb [up]; **von Lärm geweckt werden** to be woken by noise; ■**sich** *akk* **[von jdm/etw] ~ lassen** to have sb/sth wake one up; ■**das W~** MIL reveille *no pl;* **eine Stunde nach dem W~** an hour after reveille; *s. a.* **Ausgang**

❷ *(hervorrufen)* ■**etw ~** to bring back sth *sep;* **Assoziationen ~** to create associations; **jds Interesse/Neugier/Verdacht ~** to arouse sb's interest/curiosity/suspicion

We·cken <-s, -> ['vɛkn̩] *m* ÖSTERR, SÜDD *(Brötchen)* long roll

We·cker <-s, -> ['vɛkɐ] *m* alarm clock

▸WENDUNGEN: **jdm auf den ~ gehen** [*o* **fallen**] *(sl)* to drive sb up the wall *fam*

Wẹck·glas® *nt s.* **Einmachglas**

Wẹck·mit·tel *nt* stimulant

Wẹck·ring® *m s.* **Einmachring**

We·del <-s, -> ['ve:dl̩] *m* ❶ *(gefiedertes Blatt) Farn* frond; *(Palmwedel)* palm leaf

❷ *(Staubwedel)* feather duster

we·deln ['ve:dl̩n] **I.** *vi* ❶ *(fuchteln)* ■**mit etw** *dat* ~ to wave sth; *s. a.* **Schwanz**

❷ SKI *(hin und her schwingen)* to wedel

II. *vt (wischen)* ■**etw von etw** *dat* ~ to waft sth off sth; **die Krümel vom Tisch ~** to waft the crumbs off the table

we·der ['ve:dɐ] *konj* **~ ... noch ...** neither ... nor; **~ du noch er** neither you nor him; ***es klappt ~ heute noch morgen*** it won't work either today or tomorrow; **~ noch** neither

weg [vɛk] *adv* ❶ *(fort)* ■**~ sein** to have gone; ***ich finde meinen Schlüssel nicht wieder, er ist ~*** I can't find my key, it's vanished!; **~ mit dir/euch** *(fam)* away with you!; **von etw** *dat* ~ from sth; ***sie wurde vom Arbeitsplatz ~ verhaftet*** she was arrested at her place of work; **bloß** [*o* **nichts wie**] **~ hier!** let's get out of here!; **~ da!** *(fam)* [get] out of the way!

❷ *(fam: hinweggekommen)* ■**über etw** *akk* **~ sein** to have got over sth

❸ *(sl: begeistert)* ■**von jdm/etw ~ sein** to be gone on sb/sth; *s. a.* **Fenster**

Weg <-[e]s, -e> [ve:k, *pl* 've:gə] *m* ❶ *(Pfad)* path; *(Straße)* road; *(unbefestigte Straße)* track; ***sie stand am ~*** she stood by the wayside

❷ *(Route)* way; ***das ist der kürzeste ~ nach Berlin*** this is the shortest route to Berlin; ■**auf dem ~ [zu jdm/irgendwohin] sein** to be on one's way [to sb/somewhere]; **auf dem richtigen ~ sein** to be on the right track; **vom ~ abkommen** to lose one's way; **jdn nach dem ~ fragen** to ask sb the way; **auf jds ~ liegen** to be on sb's way; **sich** *akk* **auf den ~ [irgendwohin] machen** to set off [for somewhere]; ***es wird schon spät, ich muss mich auf den ~ machen*** it's getting late, I must be on my way!; **jdm den ~ versperren** to block [*or* bar] sb's way

❸ *(Strecke)* way; ***bis zu euch muss ich einen ~ von über drei Stunden zurücklegen*** I've got a journey of more than three hours to get to your place

❹ *(Gang, Besorgung)* errand; **~e zu erledigen haben** to have some shopping to do

❺ *(Methode)* way; ***es gibt keinen anderen ~*** there is no choice; **auf friedlichem ~e** *(geh)* by peaceful means; **auf illegalem ~e** by illegal means, illegally; **auf schriftlichem ~e** *(geh)* in writing; **neue ~e gehen** to follow new avenues

❻ *(Lebensweg)* way

▸WENDUNGEN: **aus dem ~!** stand aside!, make way!; ***geh mir aus dem ~!*** get out of my way!; **etw** *dat* **den ~ bereiten** to pave the way [*or* prepare the ground] for sth; **auf dem ~e der Besserung sein** *(geh)* to be on the road to recovery; **auf dem besten ~e sein, etw zu tun** to be well on the way to doing sth; **etw auf den ~ bringen** to introduce sth; **sich** *dat* **den ~ frei schießen** to shoot one's way out; **jdm etw mit auf den ~ geben** to give sb sth to take with him/her; ***du brauchst mir nichts mit auf den ~ zu geben, ich weiß das schon*** I don't need you to tell me anything, I already know; **jdm eine Ermahnung/einen Ratschlag mit auf den ~ geben** to give sb a warning/piece of advice for the future; **seinen ~ gehen** to go one's own way; **seiner ~e gehen** *(geh)* to continue [*or* carry on] regardless; **jdm/etw aus dem ~ gehen** to avoid sb/sth; **den ~ des geringsten Widerstandes gehen** to take the line of least resistance; **jdm auf halbem ~e entgegenkommen** to meet sb halfway; **des ~es kommen** *(geh)* to approach; **jdm über den ~ laufen** to run into sb; ***lauf mir nicht noch mal über den ~!*** don't come near me again!; **etw in die ~e leiten** to arrange sth; **jdn auf seinem letzten ~ begleiten** *(euph)* to pay one's last respects to sb; **jdn aus dem ~ räumen** to get rid of sb; **etw aus dem ~ räumen** to remove sth; **vom rechten ~ abkommen** to wander from the straight and narrow *fam;* **jdm/etw im ~e stehen** to stand in the way of sb/sth; ***nur die Kostenfrage steht der Verwirklichung des Projekts im ~e*** only the issue of cost is an obstacle to this project being implemented; **sich** *dat* **selbst im ~ stehen** to be one's own worst enemy; **jdm nicht über den ~ trauen** *(fam)* not to trust sb an inch; **hier trennen sich unsere ~e** this is where we part company; **sich** *dat* **einen ~ verbauen** to ruin one's chances; **viele ~e führen nach Rom** *(prov)* all roads lead to Rome *prov;* **woher des ~[e]s?** *(veraltet)* where do you come from?; **wohin des ~[e]s?** *(veraltet)* where are you going to?; *s. a.* **Hindernis, Stein**

wẹg|an·geln *vt (fam)* ■**jdm jdn/etw ~** to snatch sb/sth away from sb

wẹg|be·kom·men* *vt irreg (fam)* ❶ *(entfernen können)* ■**etw [mit etw** *dat***] ~** to remove sth [with sth]; ***den Dreck bekommst du nur mit heißem Wasser weg*** you'll only get the dirt off with hot water

❷ *(fortbewegen können)* ■**etw [irgendwo/von etw** *dat***] ~** to move sth away [from somewhere/from sth]; ***ich bekomme den schweren Schrank nicht von der Wand weg*** I can't get this heavy cupboard away from the wall

❸ *(sich anstecken)* ■**etw ~** to catch sth

wẹg|be·lich·ten* *vt* TYPO ■**etw ~** to burn out *sep* [*or* eliminate] sth

Wẹg·be·rei·ter(in) <-s, -> *m(f)* forerunner, precursor; **ein ~ einer S.** *gen* **sein** to pave the way for sth **Wẹg·be·schrei·bung** *f* directions [*or* instructions] how to get somewhere **Wẹg·bie·gung** *f* bend [in the road]

wẹg|bla·sen *vt irreg* ■**etw ~** to blow away sth *sep*

▸WENDUNGEN: **von etw** *dat* **völlig weggeblasen sein** *(fam)* to be completely blown away by sth; **wie weggeblasen sein** to have completely disappeared

wẹg|blei·ben *vi irreg sein* to stay away; **stundenlang ~** to stop [*or* stay] out for hours; ***bleib nicht so lange weg!*** don't stay out too long

wẹg|bre·chen *vi irreg* ❶ *(abbrechen)* to break off

❷ *(fig: verlieren)* ■**jdm bricht etw ab** *Kunden, Anhänger, Lobby* sb loses sth **wẹg|brin·gen** *vt irreg* ❶ *(irgendwohin bringen)* ■**jdn ~** to take sb away ❷ *(zur Reparatur bringen)* ■**etw ~** to take in sth *sep* **wẹg|den·ken** *vt irreg* ■**sich** *dat* **etw ~** to imagine [*or* picture] sth without sth; **[aus etw** *dat***] nicht mehr wegzudenken sein** not to be able to imagine sth without sth **wẹg|dis·ku·tie·ren*** *vt* ■**etw ~** to argue away sth *sep;* **sich** *akk* **nicht ~ lassen** not to be able to be argued away; **sich** *akk* **nicht ~ lassen, dass** not to be able to argue the fact away that **wẹg|dre·hen** *vt* ■**etw [von etw** *dat***] ~** to turn one's sth away [from sth]; ■**sich** *akk* **[von etw** *dat***] ~** to turn away [from sth] **wẹg|drü·cken** *vt* ❶ *(remove)* ■**etw/jdn ~** to push sth/sb away [*or* aside] [*or* out of the way] ❷ PSYCH ■**etw ~** *Angst, Gefühl, Erinnerung* to repress sth **wẹg|du·cken** *vr* ■**sich** *akk* **~** to blend into [*or* stay in] the background

wẹg|dür·fen *vi irreg (fam)* to be allowed to go out

We̱·ge·bau *m* construction of unclassified roads

We̱·ge·be·schaf·fen·heit *f* state of the roads

We̱·ge·geld *nt* JUR travelling expenses *pl* **We̱·ge·la·ge·rer(in)** <-s, -> [ve:gəla:gərɐ] *m(f)* highwayman **We̱·ge·leit·sys·tem** *nt* TRANSP road [*or* traffic] guidance system, Trafficmaster®

we·gen ['ve:gn̩] *präp +gen* ❶ *(aus Gründen)* ■**~ einer S.** *gen* because of, on account of, due to

❷ *(bedingt durch)* ■**~ jdm** on account of sb

❸ *(bezüglich)* ■**~ einer S.** *gen* regarding a thing; *s. a.* **Recht, von**

We̱·ge·netz *nt* network of roads **We̱·ge·recht** *nt* JUR right of way

We̱·ge·rich <-s, -e> ['ve:gərɪç] *m* BOT plantain

wẹg|es·sen *vt irreg* ❶ *(essen, ohne zu teilen)* ■**jdm etw ~** to eat sb's sth

❷ *(fam: aufessen)* ■**etw ~** to eat up sth *sep*

We̱·ge·un·fäl·le *pl* work-related road accident

wẹg|fah·ren *irreg* **I.** *vi sein* ❶ *(verreisen)* to leave

❷ *(abfahren)* to leave

II. *vt haben* ❶ *(mit einem Fahrzeug wegbringen)* ■**jdn ~** to take sb away

❷ *(etw woandershin fahren)* ■**etw ~** to move sth

Wẹg·fahr·sper·re *f* AUTO **elektronische ~** immobilizer

Wẹg·fall <-s> *m kein pl (Aufhören)* cessation; *(Auslassen)* omission; *(Ablauf)* lapse; **~ der Geschäftsgrundlage** frustration of contract; **~ der Gegenleistung** failure of consideration

wẹg|fal·len *vi irreg sein* to cease to apply; ***in unserem Vertrag können wir den Absatz wohl ~ lassen*** we can probably omit the clause from our contract

wẹg|fe·gen **I.** *vt* ❶ *(kehren)* ■**etw ~** *Schnee, Dreck* to sweep away sth *sep* ❷ *(absetzen)* ■**jdn ~** *Regime, Diktator* to sweep away sb *sep* **II.** *vi sein (fam: hinwegfegen)* ■**über etw ~** *Sturm* to sweep over sth *sep* **wẹg|flie·gen** *vi irreg sein* ❶ LUFT *(abfliegen)* to leave, to take off ❷ *(fortfliegen)* to fly away ❸ *(vom Wind weggeblasen werden)* to blow away **wẹg|füh·ren** **I.** *vt (fortbringen)* ■**jdn ~** to lead sb away **II.** *vt, vi (sich zu weit entfernen)* ■**[jdn] [von etw** *dat***] ~** to lead sb too far away [from sth]

Wẹg·ga·be·lung *f* fork [in the road]

Wẹg·gang *m kein pl (geh)* departure

wẹg|ge·ben *vt irreg* ❶ *(verschenken)* ■**etw/ein Tier ~** to give away sth/an animal *sep*

❷ *(adoptieren lassen)* ■**jdn ~** to give away sb *sep*

Wẹg·ge·fähr·te, -ge·fähr·tin *m, f* ❶ *(Begleiter auf einer Wanderung)* fellow traveller [*or* AM traveler]

❷ POL *(Gesinnungsgenosse)* like-minded political companion

wẹg|ge·hen *vi irreg sein* ❶ *(fortgehen)* to go away; ***geh weg, lass mich in Ruhe!*** go away, leave me alone!

❷ *(fam: sich entfernen lassen)* to remove; ***der Fleck geht einfach nicht weg*** the stain simply won't come out

❸ ÖKON *(fam)* to sell; **reißend ~** to sell like mad

❹ *(fam: hinweggehen)* ■**über etw** *akk* **~** to ignore [*or* pass over] sth

▸WENDUNGEN: **geh mir weg damit!** *(fam)* don't come to me with that! *fam*

wẹg|gie·ßen *vt irreg* ■**etw ~** to pour away sth *sep*

Wẹgg·li <-s, -> ['vɛkli] *nt* SCHWEIZ *(Brötchen)* [bread] roll

wẹg|gu·cken *vi (fam) s.* **wegsehen** **Wẹg·guck·men·ta·li·tät** *f kein pl* look-away mentality

wẹg|ha·ben *vt irreg (fam)* ❶ *(entfernt haben)* ■**etw ~** to have got rid of sth

❷ *(entfernt wissen wollen)* ■**jdn [aus etw** *dat***] ~**

wollen to want to get rid [*or* BRIT *sl* shot] of sb [from sth]
3 *(beschlagen sein)* ■ **[auf etw** *dat*/**in etw** *dat*] **was** ~ to be good [at sth]
4 *(fam: verpasst bekommen haben)* ■ **etw** ~ to have had sth; ***er hat seine Strafe weg*** he has had his punishment
5 *(aufweisen)* ■ **etw** ~ to show sth
▸WENDUNGEN: **einen** ~ *(sl)* to have had one too many *fam*
weg|hän·gen *vt irreg* ■ **etw** ~ to hang up [and put away] sth **weg|hin·ken** *vi sein* to limp off **weg|ho·len I.** *vt* ■ **jdn/etw** ~ to take away *sep* [*or* fetch] sb/sth **II.** *vr (fam)* **sich** *dat* **was** ~ *Krankheit* to catch a disease; **sich** *dat* **eine Grippe** ~ to catch flu **weg|hop·peln** *vi sein* to lollop off **weg|hö·ren** *vi* to stop listening, to not listen **weg|ja·gen** *vt* 1 *(verscheuchen)* ■ **ein Tier** ~ to drive away an animal *sep* 2 *(fortjagen)* ■ **jdn** ~ to drive away sb *sep,* to send sb packing
weg|kom·men *vi irreg sein (fam)* 1 *(weggehen können)* to get away; **mach, dass du wegkommst!** clear off!
2 *(abhandenkommen)* to disappear
3 *(abschneiden)* to fare somehow; **in einer Prüfung gut/schlecht** ~ to do well/badly in an exam
weg|krat·zen *vt a.* TYPO ■ **etw** ~ to scratch off sth *sep*
Weg·kreuz *nt* wayside cross **Weg·kreu·zung** *f* crossroads
weg|krie·chen *vi irreg sein* to creep away [*or* off] **weg|krie·gen** *vt s.* **wegbekommen 1**
weg·kun·dig *adj* familiar with the paths
weg|las·sen *vt irreg* 1 *(auslassen)* ■ **etw** ~ to leave out sth *sep*
2 *(weggehen lassen)* ■ **jdn** ~ to let sb go
3 *(darauf verzichten)* ■ **etw** ~ not to have sth, to give sth a miss BRIT *fam;* ***der Arzt riet ihr, das Salz im Essen wegzulassen*** the doctor advised her not to have any salt with her meals
weg|lau·fen *vi irreg sein* 1 *(fortlaufen)* to run away; ■ **vor jdm/einem Tier** ~ to run away from sb/an animal
2 *(jdn verlassen)* ■ **jdm** ~ to run off [and leave sb]
▸WENDUNGEN: **etw läuft jdm nicht weg** *(fam)* sth will keep
weg|le·gen *vt* 1 *(beiseitelegen)* ■ **etw** ~ to put down sth *sep*
2 *(aufbewahren)* ■ **etw für jdn** ~ to put sth aside for sb
Weg·lei·tung <-, -en> *f* SCHWEIZ *(Unterweisung)* instruction
weg|leug·nen *vt s.* **wegdiskutieren weg|lo·ben** *vt* ■ **jdn** ~ to give sb a sideways promotion **weg|lü·gen** *vt (fam)* ■ **etw** ~ to cloud [*or* blur] sth **weg|ma·chen** *vt (fam)* ■ **[jdm] etw** ~ to get rid of sth [for sb]
weg|müs·sen *vi irreg (fam)* 1 *(weggehen müssen)* to have to go [*or* leave]
2 *(weggebracht werden müssen)* to have to go; ***das Paket muss vor Ende der Woche weg*** the parcel must go before the end of the week
3 *(weggeschmissen werden müssen)* to have to be thrown away
Weg·nah·me <-, -n> *f* JUR *(form: Beschlagnahme)* seizure **Weg·nah·me·recht** *nt* JUR right of seizure
weg|neh·men *vt irreg* 1 *(von etw entfernen)* ■ **etw [von etw** *dat*] ~ to take away sth *sep*/take sth [from/off sth] 2 *(fortnehmen)* ■ **jdm etw** ~ to take away sth *sep* from sb **weg|pa·cken** *vt (fam)* ■ **etw** ~ to pack [*or* put] away sth *sep*
Weg·pend·ler(in) <-s, -> *m(f)* SCHWEIZ *(Pendler)* commuter
weg|pus·ten *vt* ■ **etw** ~ to blow away sth *sep;* ■ **etw von etw** *dat* ~ to blow sth off sth **weg|put·zen** *vt* ■ **etw** ~ to wipe away [*or* off] sth *sep*
Weg·rand *m* side of the road [*or* path]
weg|ra·sie·ren* *vt* ■ **[sich** *dat*] **etw** ~ to shave off [one's] sth *sep* **weg|ra·ti·o·na·li·sie·ren*** *vt (fam)* ■ **jdn/etw** ~ to get rid of sb/sth as part of a rationalization programme [*or* AM -am] **weg|rat·zen** *vi (sl: einschlafen)* to drop off *fam* **weg|räu·men** *vt* ■ **etw** ~ to clear away sth *sep* **weg|re·den** *vt* ■ **etw** ~ to explain away *sep* sth **weg|rei·ßen** *vt irreg* 1 *(aus der Hand reißen)* ■ **jdm etw** ~ to snatch away sth *sep* from sb 2 *(abreißen)* ■ **[jdm] etw** ~ to tear off [sb's...] sth *sep* **weg|ren·nen** *vi irreg sein (fam) s.* **weglaufen weg|re·tu·schie·ren*** *vt* FOTO ■ **etw** ~ to remove sth by retouching a photograph **weg|rü·cken I.** *vi sein (sich durch Rücken entfernen)* ■ **[von jdm/etw]** ~ to move away [from sb/sth] **II.** *vt haben (durch Rücken entfernen)* ■ **etw [von etw** *dat*] ~ to move sth away [from sth] **weg|rut·schen** *vi sein* ■ **[von jdm]** ~ to slip away [from sb] **weg|schaf·fen** *vt* ■ **etw** ~ to remove sth; ■ **jdn/etw** ~ to get rid of sb/sth **weg|schau·en** *vi (geh) s.* **wegsehen**
weg|schen·ken *vt (fam)* ■ **etw** ~ to give away sth *sep* **weg|sche·ren** *vr (fam)* ■ **sich** *akk* ~ to clear off *fam* **weg|schi·cken** *vt* 1 *(abschicken)* ■ **etw** ~ to send off sth *sep* 2 *(fortgehen heißen)* ■ **jdn** ~ to send sb away; **jdn ~, um etw abzuholen** to send sb off to collect sth **weg|schie·ben** *vt irreg* ■ **jdn/etw** ~ to push [*or* shove] away sb/sth *sep* **weg|schlei·chen** *vi* to creep away **weg|schlep·pen I.** *vt (fortschleppen)* ■ **jdn/etw** ~ to drag away sb/sth *sep* **II.** *vr (sich fortschleppen)* ■ **sich** *akk* ~ to drag oneself away **weg|schlie·ßen** *vt irreg* ■ **etw [vor jdm]** ~ to lock away sth *sep* [from sb] **weg|schmei·ßen** *vt irreg (fam) s.* **wegwerfen weg|schnap·pen** *vt (fam)* ■ **jdm etw** ~ to take sth from sb; *s. a.* **Nase weg|schüt·ten** *vt s.* **weggießen weg|schwem·men** *vt* ■ **etw** ~ to wash away sth *sep*
weg|se·hen *vi irreg* 1 *(nicht hinsehen)* to look away
2 *(fam: hinwegsehen)* ■ **über etw** *akk* ~ to overlook sth
weg|set·zen I. *vt (woandershin setzen)* ■ **jdn/etw** ~ to move [away *sep*] sb/sth
II. *vr (sich woandershin setzen)* ■ **sich** *akk* ~ to move away
weg|sol·len *vi irreg (fam)* **jdn/etw soll weg** sb/sth ought to go; ***die alten Möbel sollen weg*** the old furniture should [*or* is to] go **weg|sprin·gen** *vi* to jump aside **weg|spü·len** *vt* ■ **etw** ~ to wash away sth *sep* **weg|ste·cken** *vt* ■ **etw** ~ 1 *(einstecken)* to put away sth *sep* 2 *(sl: verkraften)* to get over sth **weg|steh·len** *vr irreg (verschwinden)* ■ **sich** *akk* ~ to steal away **weg|stel·len** *vt* ■ **etw** ~ to move sth out of the way **weg|ster·ben** *vi irreg* to die off; ■ **jdm** ~ to die on sb **weg|sto·ßen** *vt irreg* ■ **jdn/etw** ~ to push [*or* shove] away sb/sth *sep; (mit Fuß)* to kick away sb/sth *sep*
Weg·stre·cke *f* stretch of road **Weg·stun·de** *f* hour; **eine ~ entfernt** an [*or* one] hour away
weg|tau·chen *vi sein (sl)* to disappear **weg|tor·keln** *vi* to stagger off **weg|tra·gen** *vt irreg* to carry away [*or* off]; ■ **jdn/etw** ~ to carry away [*or* off] sb/sth *sep* **weg|trei·ben** *irreg* **I.** *vt haben* 1 *(woandershin treiben)* ■ **etw** ~ to carry away [*or* off] sth 2 *(vertreiben)* ■ **Tiere** ~ to drive away animals *sep* **II.** *vi sein (woandershin getrieben werden)* to drift away
weg|tre·ten *vi irreg sein* MIL to fall out; ■ **jdn ~ lassen** to have sb fall out, to dismiss sb
▸WENDUNGEN: **weggetreten sein** *(fam)* to be miles away *fam*
weg|trot·ten *vi sein* to trot off
weg|tun *vt irreg* 1 *(wegwerfen)* ■ **etw** ~ to throw away sth *sep*
2 *(weglegen)* ■ **etw** ~ to put down sth *sep*
weg·wei·send *adj* pioneering *attr,* revolutionary; **~e Taten** pioneering deeds; **eine ~e Erfindung** a revolutionary invention **Weg·wei·ser** <-s, -> *m* signpost
Weg·werf·ar·ti·kel *m* disposable item
weg|wer·fen *vt irreg* ■ **etw** ~ to throw away sth *sep*
weg·wer·fend *adj* dismissive
Weg·werf·fla·sche *f* disposable [*or* non-returnable] bottle **Weg·werf·ge·sell·schaft** *f* throwaway society **Weg·werf·pa·ckung** *f* disposable packaging
Weg·werf·ver·pa·ckung *f* disposable packaging *no pl* **Weg·werf·win·del** *f* disposable nappy [*or* AM diaper]
weg|wi·schen *vt* ■ **etw** ~ to wipe away [*or* off] sth *sep* **weg|wol·len** *vi irreg* 1 *(weggehen wollen)* ■ **[von irgendwo]** ~ to want to leave [somewhere] 2 *(verreisen wollen)* to want to go away **weg|zau·bern** *vt (fam)* ■ **etw** ~ to magic sth away *sep;* **etw nicht [einfach] so ~ können** to be unable to [simply] magic sth away
Weg·zeh·rung <-, -en> *f* 1 *kein pl (geh)* provisions *pl* for a/the journey 2 REL viaticum **Weg·zei·ger** *m* signpost
weg|zie·hen *vi irreg sein* 1 *(woandershin ziehen)* ■ **[von irgendwo]** ~ to move away [from somewhere]
2 ORN *(woandershin fliegen)* to migrate
Weg·zoll *m* [highway [*or* BRIT *a.* road]] toll
weg|züch·ten *vt* ■ **[einem Tier/einer Pflanze] etw** ~ to eliminate sth [from an animal/a plant] through selective breeding
Weh <-[e]s, -e> [veː] *nt pl selten* 1 *(geh: seelischer Schmerz)* sorrow, grief, woe *old liter;* ***ein tiefes ~ erfüllte ihr Herz*** her heart ached; **mit Ach und ~** *(fam)* with a lot of weeping and wailing [*or* kicking and screaming]
2 *(liter o veraltet: körperlicher Schmerz)* ache
weh [veː] *adj* sore
we·he [ˈveːə] *interj* [don't] you dare!; **~ dem, der ...!** woe betide anyone who...!; **~ [dir], wenn ...!** woe betide you if...!
We·he[1] <-, -n> [ˈveːə] *f* drift
We·he[2] <-, -n> [ˈveːə] *f meist pl* labour [*or* AM -or] pains *pl,* contractions *pl;* **in den ~n liegen** to be in labour; **die ~n setzen ein** she's going into labour, her contractions have started
we·hen [ˈveːən] **I.** *vi* 1 *haben (blasen)* to blow; ■ **es weht etw** sth is blowing
2 *haben (flattern) Haare* to blow about; *Fahne* to flutter
3 *sein (irgendwohin getragen werden)* ■ **irgendwohin** ~ *Duft* to waft somewhere; *Klang* to drift somewhere; **etw weht auf die Erde** sth is blown onto the floor
II. *vt haben (blasen)* ■ **etw von etw** *dat* ~ to blow sth off sth
we·hen·aus·lö·send *adj* MED ecbolic **We·hen·mit·tel** *nt* MED ecbolic
Weh·ge·schrei *nt kein pl (meist pej)* wailing, whingeing *pej* **Weh·kla·ge** *f (geh)* lament[ation] **weh·kla·gen** [ˈveːklaːgn̩] *vi (geh)* to lament *form*
weh·lei·dig *adj* oversensitive
Weh·lei·dig·keit <-> *f kein pl* oversensitiveness *no pl*
Weh·mut <-> [ˈveːmuːt] *f kein pl (geh)* wistfulness *no pl;* **mit ~ an etw** *akk* **zurückdenken** to think back to sth nostalgically; **voller ~** melancholy
weh·mü·tig [ˈveːmyːtɪç] *adj (geh)* melancholy; **~e Erinnerungen** nostalgic memories
Wehr[1] <-, -en> [veːɐ̯] *f (fam)* fire brigade
Wehr[2] [veːɐ̯] *f* defence [*or* AM -se] *no pl;* **sich** *akk* **[gegen jdn/etw] zur ~ setzen** to defend oneself [against sb/sth]
Wehr[3] <-[e]s, -e> [veːɐ̯] *nt* BAU weir
Wehr·be·auf·trag·te(r) *f(m) dekl wie adj* parliamentary commissioner for the armed forces **Wehr·be·reich** *m* military district **Wehr·be·schwer·de·ord·nung** *f* JUR Military Grievance Code
Wehr·dienst *m kein pl* military service *no pl;* **den/seinen ~ [ab]leisten** to do one's military service; **den ~ verweigern** to refuse to do military service **Wehr·dienst·ge·richt** *nt* JUR court martial **Wehr·dienst·leis·ten·de(r)** [ˈveːɐ̯diːnstlaistn̩də, -dɐ] *f(m) dekl wie adj* MIL *person doing his mandatory military service* **wehr·dienst·taug·lich** *adj* fit for military service **Wehr·dienst·ver·hält·nis** *nt* JUR service status **Wehr·dienst·ver·wei·ge·rer** *m* conscientious objector; **~ sein** to be a conscientious objector **Wehr·dienst·ver·wei·ge·rung** *f* refusal to do military service
weh·ren [ˈveːrən] **I.** *vr* 1 *(Widerstand leisten)* ■ **sich**

W

akk [**gegen jdn/etw**] ~ to defend oneself [against sb/sth]
② *(sich widersetzen)* ■**sich** *akk* **gegen etw** *akk* ~ to fight against sth
③ *(sich sträuben)* ■**sich** *akk* **dagegen ~, etw zu tun** to resist doing sth
II. *vi (geh: Einhalt gebieten)* ■**etw** *dat* ~ to prevent a thing spreading; ***dieser Entwicklung muss schon in den Anfängen gewehrt werden*** this development must be nipped in the bud

Wehr·er·satz·be·hör·de *f* military service board [*or* agency] **Wehr·er·satz·dienst** *m* alternative to national service

Wehr·ex·per·te, -ex·per·tin *m, f* defence [*or* AM -se] expert **wehr·fä·hig** *adj* fit for military service

wehr·haft *adj (geh)* ① *(kampfesbereit)* able to defend oneself [*or* put up a fight]
② *(befestigt)* fortified

Wehr·kraft·zer·set·zung *f kein pl* MIL undermining of military strength

wehr·los I. *adj* defenceless [*or* AM -seless]; ■[**gegen jdn/etw**] ~ **sein** to be defenceless [against sb/sth]
II. *adv* in a defenceless state; **etw ~ gegenüberstehen** to be defenceless against sth

Wehr·lo·sig·keit <-> *f kein pl* defencelessness [*or* AM -selessness] *no pl*

Wehr·macht *f* armed forces; HIST ■**die** ~ the Wehrmacht **Wehr·machts·de·ser·teur** *m* HIST deserter from the Wehrmacht *(Nazi armed forces)* **Wehr·machts·jus·tiz** *f* HIST Wehrmacht [military] courts *pl*

Wehr·mann *m* SCHWEIZ *(Soldat)* soldier **Wehr·pass**[RR] *m* service record [book]

Wehr·pflicht *f kein pl* compulsory military service *no pl;* **allgemeine** ~ universal compulsory military service **Wehr·pflicht·ent·zie·hung** *f* JUR evading military service, draft dodging AM **wehr·pflich·tig** *adj* liable for military service **Wehr·pflich·ti·ge(r)** *f(m) dekl wie adj* person liable for military service

Wehr·recht *nt* JUR military law **Wehr·sold** *m* military pay *no pl* **Wehr·sport·grup·pe** *f* paramilitary group **Wehr·sport·übung** *f* militia training **Wehr·straf·ge·richt** *nt* JUR court martial **wehr·taug·lich** *adj* fit for military service **Wehr·taug·lich·keit** *f* fitness for military service **Wehr·tech·nik** *f* defence [*or* AM -se] engineering *no pl* **Wehr·übung** *f* reserve duty training *no pl* **Wehr- und Wehr·er·satz·dienst·ver·wei·ge·rer** *m* conscientious objector

weh|tun[RR] I. *vt irreg* ■**sich** *dat* ~ to hurt oneself; ■**jdm/einem Tier** ~ to hurt sb/an animal
II. *vi* to hurt

Weh·weh <-s, -s> ['ve:ve:] *nt (kindersprache)* hurt[y place]; **sich** *dat* ~ **machen** to hurt oneself

Weh·weh·chen <-s, -> [ve:'ve:çən] *nt (fam)* slight pain; **ein ~ haben** to suffer from a little complaint

Weib <-[e]s, -er> [vaip, *pl* 'vaibɐ] *nt (sl)* woman; *(pej)* woman; **ein furchtbares** ~ a terrible woman
▸WENDUNGEN: ~ **und Kind haben** *(hum)* to have a wife and family

Weib·chen <-s, -> ['vaipçən] *nt* ORN, ZOOL female

Wei·bel <-s, -> ['vaibl] *m* SCHWEIZ ① *(Amtsdiener)* clerk
② *(Amtsbote)* official messenger

Wei·ber·fast·nacht *f* DIAL *day during the carnival period when women are in control* **Wei·ber·feind** *m* woman-hater, misogynist **Wei·ber·held** *m (pej)* ladykiller *pej* **Wei·ber·volk** *nt kein pl (pej veraltend)* womenfolk *npl dated,* females *pl pej*

wei·bisch ['vaibɪʃ] *adj* effeminate

Weib·lein <-s, -> *nt* little old woman

weib·lich ['vaiplɪç] *adj* ① *(fraulich)* feminine; **~e Rundungen** feminine curves
② ANAT female; **die ~en Geschlechtsorgane** the female sex organs
③ *(eine Frau bezeichnend)* feminine; **ein ~es Kleidungsstück** an item of women's clothing; **eine ~e Stimme** a woman's voice
④ BOT *(die Frucht erzeugend)* female
⑤ LING *(das feminine Genus haben)* feminine; **eine ~e Endung** a feminine ending

Weib·lich·keit <-> *f kein pl* femininity *no pl*
▸WENDUNGEN: **die holde** ~ *(hum)* the fair sex *hum*

Weibs·bild *nt* SÜDD, ÖSTERR *(pej fam: Frau)* woman **Weibs·stück** *nt (pej sl)* bitch *sl or pej,* cow *sl or pej*

weich [vaiç] I. *adj* ① *(nachgiebig)* soft; **ein ~er Teppich** a soft carpet
② KOCHK *(nicht hart)* soft; **ein ~es Ei** a soft-boiled egg; **~es Fleisch** tender meat
③ *(ohne Erschütterung)* soft; **eine ~e Bremsung** gentle breaking
④ *(voll)* full; **~e Gesichtszüge** full features
⑤ FIN soft
⑥ *(sanft)* soft; **~er Boykott** passive resistance; **~e Drogen** soft drugs; **~er Tourismus** unobtrusive tourism
▸WENDUNGEN: ~ **werden** to weaken; *s. a.* **Wasser, Konsonant**
II. *adv* softly; ~ **abbremsen** to brake gently; **etw ~ garen** to cook sth until soft; ~ **gerinnen** to cure mildly; ~ **gerinnende Milch** mild cured milk; **etw ~ kochen** to do sth; ~ **gekocht** *(zu weicher Konsistenz gekocht)* boiled until soft; **ein ~ gekochtes Ei** a soft-boiled egg; *(nur halb gar gekocht)* soft-boiled; ~ **gekochtes Fleisch** meat cooked until tender; ~ **gekochtes Gemüse** overcooked vegetables; ~ **gespült** washed with a fabric softener

Weich·bild ['vaiçbɪlt] *nt (geh)* outskirts *npl* of a/the town

Wei·che <-, -n> ['vaiçə] *f* BAHN points *pl*
▸WENDUNGEN: **die ~n** [**für etw** *akk*] **stellen** to determine the course [for sth]

Weich·ei <-s, -er> *nt (fam)* wet blanket

Weich·ei·sen *nt kein pl* CHEM, TECH soft iron

wei·chen <wich, gewichen> ['vaiçn̩] *vi sein*
① *(nachgeben)* ■**etw** *dat* ~ to give way to sth
② *(schwinden)* to subside
③ *(verschwinden)* to go; ***er wich nicht von der Stelle*** he didn't budge from the spot

Wei·chen·he·bel *m* switch lever

Wei·chen·stel·ler(in) <-s, -> *m(f)* ① BAHN pointsman BRIT, switchman AM
② *(fig)* guiding spirit, moving force

Wei·chen·stel·lung *f (fig)* setting *no pl* the course; ***die ~en von 2000*** the courses set in 2000 **Wei·chen·wär·ter(in)** *m(f)* pointsman BRIT, switchman AM

Weich·fa·ser·plat·te *f* BAU soft-fiber board **weich·ge·spült** *adj* ① *Wäsche s.* **weich II** ② *(fig, iron sl)* weary, tired

Weich·heit <-, -en> *f pl selten* ① *(Nachgiebigkeit)* softness *no pl*
② *(geh: Fülle)* fullness *no pl*

weich·her·zig *adj* soft-hearted **Weich·her·zig·keit** <-, -en> *f pl selten* soft-heartedness *no pl* **Weich·holz** *nt* softwood **Weich·kä·se** *m* soft cheese **weich|klop·fen** *vt* ■**jdn** ~ to soften sb up; **sich** *akk* **von jdm ~ lassen** to be softened up by sb **weich|krie·gen** *vt s.* **weichklopfen**

weich·lich *adj* weak; **ein ~er Charakter** a weak character

Weich·lich·keit <-> *f kein pl* weakness, softness

Weich·ling <-s, -e> ['vaiçlɪŋ] *m (pej)* weakling *pej*

Weich·ma·cher *m* ① *(in Waschmittel)* softener
② *(für Plastik)* softening agent

Weich·sel <-> ['vaiksl] *f* GEOG ■**die** ~ the Vistula

Weich·sel·kir·sche *f* morello cherry

Weich·spü·ler <-s, -> *m* fabric softener

Weich·tei·le *pl* ① ANAT *(Eingeweide)* soft parts *pl*
② *(sl: Geschlechtsteile)* private parts *pl*

Weich·tier *nt* mollusc **Weich·wäh·rungs·län·der** *pl* countries *pl* with soft currencies **Weich·zeich·ner** *m* FOTO soft-focus lens

Wei·de[1] <-, -n> ['vaidə] *f* BOT willow

Wei·de[2] <-, -n> ['vaidə] *f* AGR meadow

Wei·de·land *nt* pastureland *no pl*

wei·den ['vaidn̩] I. *vi (grasen)* to graze
II. *vt (grasen lassen)* to put out to graze [*or* pasture]; ■**Tiere** ~ to put animals out to graze [*or* pasture]
III. *vr* ① *(sich ergötzen)* ■**sich** *akk* **an etw** *dat* ~ to feast one's eyes on sth
② *(genießen)* ■**sich** *akk* **an etw** *dat* ~ to revel in sth

Wei·den·ast *m* willow branch **Wei·den·ge·büsch** *nt* willow bush **Wei·den·ge·flecht** *nt* wickerwork *no pl* **Wei·den·holz** *m* willow [wood] *no pl* **Wei·den·kätz·chen** *nt* willow catkin **Wei·den·korb** *m* wicker[work] basket **Wei·den·mei·se** *f* ORN willow tit **Wei·den·rös·chen** *nt* BOT rosebay willowherb, fireweed **Wei·den·ru·te** *f* willow rod

Wei·de·platz *m* pasture

weid·ge·recht I. *adj* in accordance with hunting protocol
II. *adv* in accordance with hunting protocol

weid·lich ['vaitlɪç] *adv (geh)* pretty; ***ich habe mich ~ bemüht, dir zu helfen*** I've gone to great lengths to help you

Weid·mann <-[e]s, -männer> ['vaitman] *m (veraltend)* huntsman, hunter

weid·män·nisch *adj* hunting, huntsman's; **ein ~er Gruß** a huntsman's greeting; **~e Gepflogenheiten und Bräuche** hunting practices and customs

Weid·manns·dank [vaitmans'daŋk] *interj an acknowledgement to the expression "good hunting";* ***„Weidmannsheil!" — „~!"*** "good hunting!" — "thank you!" **Weid·manns·heil** [vaitmans'hail] *interj* good hunting!

weid·wund *adj* JAGD [fatally] wounded in the belly

wei·gern ['vaigɐn] *vr* ■**sich** *akk* ~ to refuse; ■**sich** *akk* **~, etw zu tun** to refuse to do sth

Wei·ge·rung <-, -en> *f* refusal

Wei·ge·rungs·recht *nt* JUR right of refusal

Weih·bi·schof [vai-] *m* suffragan bishop

Wei·he[1] <-, -n> ['vaiə] *f* REL consecration *no pl;* **die niederen/höheren ~n** the minor/major orders; **die** [**geistlichen**] **~n empfangen** to take [holy] orders
▸WENDUNGEN: **die höheren ~n** the top

Weihe[2] <-, -n> ['vaiə] *f* ORN harrier

wei·hen ['vaiən] *vt* ① REL *(konsekrieren)* ■**etw** ~ to consecrate sth; **jdn zum Diakon/Priester** ~ to ordain sb deacon/priest; **jdn zum Bischof** ~ to consecrate sb bishop
② *(widmen)* ■**jdm geweiht sein** to be dedicated to sb

Wei·her <-s, -> ['vaiɐ] *m* pond

wei·he·voll *adj (geh)* solemn

Weih·nacht <-> ['vainaxt] *f kein pl s.* **Weihnachten**

Weih·nach·ten <-, -> ['vainaxtn̩] *nt* Christmas, Xmas *fam;* **fröhliche** [*o geh* **gesegnete**] **~!** merry Christmas!; **zu** [*o* **an**] ~ at [*or* for] Christmas
▸WENDUNGEN: **grüne** ~ a Christmas without snow; **weiße** ~ a white Christmas; *s. a.* **Gefühl**

weih·nacht·lich I. *adj* ① *(an Weihnachten üblich)* Christmassy, festive; **~e Lieder** festive songs
② *(an Weihnachten denken lassend)* Christmassy, festive
II. *adv* festively

Weih·nachts·abend *m* Christmas Eve **Weih·nachts·baum** *m* Christmas tree **Weih·nachts·bot·schaft** *f* ■**die/eine** ~ one's Christmas speech **Weih·nachts·bra·ten** *m* Christmas roast **Weih·nachts·de·ko·ra·ti·on** *f* Christmas decoration **Weih·nachts·ein·kauf** *m meist pl* Christmas shopping **Weih·nachts·fei·er** *f* Christmas celebrations *pl* **Weih·nachts·fei·er·tag** *m* ■**der erste** ~ Christmas Day; ■**der zweite** ~ Boxing Day **Weih·nachts·fest** *nt kein pl* Christmas; ■**das** ~ Christmas

Weih·nachts·gans *f* KOCHK Christmas goose
▸WENDUNGEN: **jdn ausnehmen wie eine** ~ *(sl)* to take sb to the cleaners *sl*

Weih·nachts·ge·bäck *nt* Christmas biscuits [*or* AM cookies] *pl* **Weih·nachts·geld** *nt* Christmas bonus **Weih·nachts·ge·schenk** *nt* Christmas present **Weih·nachts·ge·schich·te** *f* Christmas story **Weih·nachts·gra·ti·fi·ka·ti·on** *f* Christmas bonus **Weih·nachts·in·seln** *pl* ■**die** ~ the Christmas Islands *pl* **Weih·nachts·karp·fen** *m* carp eaten at Christmas **Weih·nachts·kar·te** *f* Christmas card **Weih·nachts·kirch·gang** *m* attendance at the Christmas [church] service **Weih·**

nachts·lied *nt* [Christmas] carol **Weih·nachts·mann** *m* Father Christmas, Santa Claus **Weih·nachts·markt** *m* Christmas fair **Weih·nachts·mo·tiv** *nt* Christmas theme **Weih·nachts·plätz·chen** *pl s.* Weihnachtsgebäck **Weih·nachts·pu·ter** *m* Christmas turkey **Weih·nachts·tag** *m meist pl* Christmas; **erster/zweiter ~** Christmas Day/Boxing Day **Weih·nachts·tel·ler** *m* plate of Christmas goodies **Weih·nachts·zeit** *f kein pl* ■**die ~** Christmas time, Yuletide *no pl*

Weih·rauch ['vairaux] *m* incense **Weih·rauch·fass**RR *nt* censer **Weih·rauch·kes·sel** *m* censer

Weih·was·ser *nt* holy water **Weih·was·ser·be·cken** *nt* holy-water font, stoup

weil [vail] *konj* because, as, cos *sl*

wei·land ['vailant] *adv (veraltet: einst, früher)* once [upon a time], formerly

Weil·chen <-s> *nt kein pl* ■**ein ~** a little while, a bit

Wei·le <-> ['vailə] *f kein pl* while *no pl;* ■**eine ~** a while; **eine ganze ~** quite a while; **nach/vor einer [ganzen] ~** after [quite] a while/[quite] a while ago

wei·len ['vailən] *vi (geh)* ■**irgendwo ~** to stay somewhere

▶WENDUNGEN: **nicht mehr unter uns ~** *(euph)* to be no longer with us *euph*

Wei·ler <-s, -> ['vailɐ] *m (geh)* hamlet *form*

Wei·ma·rer Re·pu·blik ['vaimarɐ -] *f kein pl* HIST ■**die ~ ~** the Weimar Republic

Wein <-[e]s, -e> [vain] *m* ① *(alkoholisches Getränk)* wine; **neuer ~** new wine; **offener ~** open wine *(wine sold by the glass);* **bei einem Glas ~** over a glass of wine

② *kein pl* AGR *(Weinrebe)* vines *pl;* **wilder ~** Virginia creeper

▶WENDUNGEN: **neuen** [*o* **jungen**] **~ in alte Schläuche füllen** to put new wine in old bottles; **jdm reinen** [*o* **klaren**] **~ einschenken** to tell sb the truth, to be completely open with sb; **im ~ ist** [*o* **liegt die**] **Wahrheit** *(prov)* in vino veritas *prov;* **~, Weib und Gesang** wine, women and song

Wein·an·bau <-[e]s> *m kein pl* wine-growing *no art, no pl,* viticulture *no indef art, no pl,* viniculture *no indef art, no pl*

Wein·an·bau·ge·biet *nt* wine-growing area

Wein·bau *m kein pl* wine-growing *no pl,* viniculture *no pl form* **Wein·bau·er(in)** *m(f) s.* Winzer **Wein·bau·ge·biet** *nt* wine-growing area

Wein·bee·re *f* ① *(Traube)* grape

② SÜDD, ÖSTERR, SCHWEIZ *(Rosine)* raisin

Wein·berg *m* vineyard **Wein·berg·schne·cke** *f* edible snail

Wein·brand *m* brandy **Wein·brand·boh·nen** *pl bean-shaped chocolates containing brandy*

Wein·de·gus·ta·ti·on <-, -en> *f bes* SCHWEIZ *(Weinprobe)* wine-tasting

wei·nen ['vainən] **I.** *vi (Tränen vergießen)* to cry; **vor Freude ~** to cry with joy; ■**um jdn/etw ~** to cry for sb/sth

▶WENDUNGEN: **es ist zum W~!** it's enough to make you weep; *s. a.* Schlaf

II. *vt* ■**etw ~** to cry sth; ***sie weinte Tränen der Freude*** she cried tears of joy

wei·ner·lich I. *adj* tearful; **eine ~e Stimme** a tearful voice

II. *adv* tearfully

Wei·ner·lich·keit ['vainɐlɪçkait] *f kein pl* weepiness

Wein·ern·te *f* grape harvest **Wein·es·sig** *m* wine vinegar **Wein·fass**RR *nt* wine cask **Wein·fil·ter** *m* lees filter

Wein·fla·sche *f* wine bottle **Wein·fla·schen·re·gal** *nt* wine rack **Wein·gar·ten** ['vaingartn̩] *m* AGR SÜDD vineyard **Wein·gärt·ner(in)** *m(f)* wine-grower, viticulturist, viniculturist **Wein·ge·gend** *f* wine-growing area **Wein·geist** *m kein pl* ethyl alcohol *no pl* **Wein·glas** *nt* wine glass **Wein·gum·mi** *nt o m* wine gum **Wein·gut** *nt* wine-growing estate **Wein·händ·ler(in)** *m(f)* wine merchant [*or* dealer] **Wein·hand·lung** *f* wine merchant's **Wein·jahr** *nt* vintage **Wein·kar·te** *f* wine list **Wein·kel·ler** *m* ① *(Keller)* wine cellar ② *(Lokal)* wine bar **Wein·kel·le·rei** *f* wine cellar **Wein·ken·ner(in)** *m(f)* wine connoisseur **Wein·kö·ni·gin** *f* wine queen *(who represents a wine region for a year)*

Wein·krampf *m* crying fit

Wein·küh·ler *m* wine cooler **Wein·kun·de** *f* study of wine, enology **wein·kund·lich** *adj* enological **Wein·la·den** *m* wine shop **Wein·la·ge** *f* location of a vineyard **Wein·lau·ne** *f kein pl* wine-induced mood of elation **Wein·le·se** *f* grape harvest **Wein·lieb·ha·ber(in)** *m(f)* wine connoisseur **Wein·lis·te** *f* wine list **Wein·lo·kal** *nt* wine bar **Wein·öl** *nt* green cognac oil, wine yeast oil **Wein·pal·me** *f* raffia [*or* raphia] palm **Wein·pro·be** *f* wine-tasting; **eine ~/~n machen** to have a wine-tasting session **Wein·ran·ke** *f* vine branch, grapevine shoot **Wein·re·be** *f* grape[vine] **wein·rot** *adj* claret, wine-coloured [*or* AM -ored] **Wein·säu·re** *f* tartaric acid

Wein·schaum *m* zabaglione **Wein·schaum·cre·me** *f* KOCHK zabaglione **Wein·schor·le** *f* wine spritzer

wein·se·lig *adj* merry with wine **Wein·sor·te** *f* type of wine **Wein·stein** *m* tartar *no pl* **Wein·stock** *m s.* Weinrebe **Wein·stu·be** *f* wine bar **Wein·ther·mo·me·ter** *nt* wine thermometer **Wein·trau·be** *f* grape

wei·se ['vaizə] **I.** *adj (geh)* ① *(kluge Einsicht besitzend)* wise; **ein ~r alter Mann** a wise old man

② *(von kluger Einsicht zeugend)* wise; **eine ~ Entscheidung** a wise decision

II. *adv* wisely

Wei·se <-, -n> ['vaizə] *f* ① *(Methode)* way; **auf andere ~** in another way; **auf bestimmte ~** in a certain way; **auf geheimnisvolle ~** in a mysterious way; **in der ~, dass** in such a way that; **auf diese ~** in this way; **in gewisser ~** in certain respects; **auf jds ~** in sb's own way; **auf jede [erdenkliche] ~** in every [conceivable] way; **in keinster ~** *(fam)* in no way

② *(geh: Melodie)* tune, melody

Wei·se(r) ['vaizə, -zɐ] *f(m) dekl wie adj* wise man

▶WENDUNGEN: **die fünf ~n** FIN *panel of five economic experts advising the government;* **die [drei] ~n aus dem Morgenland** the three Wise Men from the East

wei·sen <wies, gewiesen> ['vaizn̩] **I.** *vt (geh) (gehen heißen)* ■**jdn aus etw** *dat*/**von etw** *dat* **~** to expel sb from sth

▶WENDUNGEN: **etw [weit] von sich** *dat* **~** to reject sth [emphatically]

II. *vi (geh)* ■**irgendwohin ~** to point somewhere

Weis·heit <-, -en> ['vaishait] *f* ① *kein pl (kluge Einsicht)* wisdom; **eine alte ~ sein** to be a wise old saying

② *meist pl (weiser Rat)* word *usu pl* of wisdom

▶WENDUNGEN: **mit seiner ~ am Ende sein** to be at one's wits' end; **die ~ gepachtet haben** *(fam)* to act as if one were the only clever person around; **der ~ letzter Schluss sein** to be the ideal solution; **die ~ [wohl] mit Löffeln gegessen** [*o* **gefressen**] **haben** *(fam)* to think one knows it all *fam*

Weis·heits·bud·dhis·mus *m* REL Buddhism of Wisdom and Faith **Weis·heits·zahn** *m* wisdom tooth

weis|ma·chen *vt* ■**jdm etw ~** to have sb believe sth; ■**jdm ~, dass** to lead sb to believe, that; **sich** *dat* **von jdm etw/nichts ~ lassen** to believe sth that sb tells one/not to believe a word sb tells one

weiß [vais] **I.** *adj* ① *(nicht farbig)* white

② *(blass)* pale; **~ werden** to go [*or* turn] white; *s. a.* **Fleck, Gesicht, Haus, Meer, Nil, Rasse, Sonntag, Sport, Tod, Wand, Wut**

③ SCI **~es Rauschen** white noise; **~e Strahlung** white radiation, radiation of unvarying amplitude; **~er Zwerg** white dwarf

II. *adv* white; **~ gekleidet** dressed in white

Weiß <-[es]> [vais] *nt* white; **[ganz] in ~** dressed [all] in white

weis·sa·gen I. *vi* ■**jdm ~** to tell sb's fortune; ■**sich** *dat* **[von jdm] ~ lassen** to have one's fortune told [by sb]

II. *vt* ■**[jdm] etw ~** to prophesy sth [to sb]

Weis·sa·gung <-, -en> *f* prophecy

Weiß·bier *nt* Weissbier *(light, top-fermented beer)*

Weiß·bin·der(in) *m(f)* SÜDD *(Anstreicher)* [house] painter **weiß·blau** *adj (fam)* Bavarian **Weiß·blech** *nt* tin plate **weiß·blond** *adj* platinum blond; ■**~ sein** to have platinum-blond hair **Weiß·brot** *nt* white bread **Weiß·buch** *nt* POL White Paper **Weiß·dorn** *m* hawthorn

Wei·ße <-> ['vaisə] *f kein pl (geh)* whiteness; **Berliner ~** *light, fizzy beer*

Wei·ße(r) *f(m) dekl wie adj* white, white man/woman; ■**die ~n** white people, the whites

wei·ßen ['vaisn̩], **wei·ßeln** ['vaisl̩n] *vt* SÜDD, SCHWEIZ ■**etw ~** to whitewash sth

Wei·ßes Meer *nt* White Sea

Weiß·fel·chen *nt* ZOOL, KOCHK whitefish **Weiß·fisch** *m* whitefish **Weiß·fisch·chen** *pl* whitebaits *pl* **weiß·ge·klei·det** *adj attr s.* weiß II **weiß·glü·hend** *adj* white-hot

Weiß·glut *f kein pl (Weißglühen)* white heat

▶WENDUNGEN: **jdn zur ~ bringen** [*o* **treiben**] to make sb livid with rage [*or* see red]

Weiß·gold *nt* white gold **weiß·haa·rig** *adj* white-haired **Weiß·herbst** *m* rosé **Weiß·kä·se** *m* DIAL *s.* Quark **Weiß·kohl** *m,* **Weiß·kraut** *nt* SÜDD, ÖSTERR white cabbage **Weiß·kopf·see·ad·ler** *m* ORN white-headed bald eagle

weiß·lich *adj* whitish

Weiß·ma·cher *m* whitener **Weiß·reis** *m* white rice

Weiß·rus·se, -rus·sin <-n, -n> ['vaisrʊsə, -rʊsɪn] *m, f* Belarusian

weiß·rus·sisch *adj* BRD Belarusian

Weiß·rus·sisch *nt dekl wie adj* Belarusian

Weiß·rus·si·sche <-n> *nt* ■**das ~** Belarusian

Weiß·russ·landRR *nt* Belarus

Weiß·storch *m* ORN white stork **Weiß·tan·ne** *f* silver fir **Weiß·wand·rei·fen** *m* whitewall tyre [*or* AM tire] **Weiß·wein** *m* white wine

Weiß·wurst *f* Bavarian veal sausage *(cooked in hot water and served mid-morning with sweet mustard)* **Weiß·wurst·äqua·tor** *m (hum fam) literally veal sausage equator: nickname for the river Main which forms the natural boundary between Bavaria (where veal sausage is a speciality) and the rest of Germany*

Weiß·zu·cker *m* refined [*or* white] sugar

Wei·sung <-, -en> *f* instruction, direction; **~ haben, etw zu tun** to have instructions to do sth; ■**auf ~ [von jdm]** on [sb's] instructions

Wei·sungs·ab·hän·gig·keit *f* dependency on instructions **Wei·sungs·be·fug·nis** *f* authority to issue instructions [*or* directives] **wei·sungs·be·rech·tigt** *adj* JUR authorized to give instructions **wei·sungs·frei** *adj inv (form)* unsupervised **wei·sungs·ge·bun·den** *adj* bound by directives, subject to instructions **wei·sungs·ge·mäß I.** *adj* according to [*or* as per] instructions, as directed [*or* instructed] **II.** *adv* according to [*or* as per] instructions, as instructed [*or* directed] **Wei·sungs·recht** *nt* JUR right to issue instructions **Wei·sungs·un·ab·hän·gig·keit** *f* independency on instructions

weit [vait] **I.** *adj* ① MODE *(locker sitzend)* loose, baggy; **etw ~er machen** to let sth out

② *(räumlich)* wide, vast; *Pupillen* dilated; *Meer* open; ***man hat hier einen ~en Blick*** [*o* ***eine ~e Sicht***] you can see a long way from here; ***das Herz wurde mir ~*** *(geh)* my heart swelled [with emotion]; **in ~er Ferne** far in the distance, in the far distance; ***Paris liegt noch in ~er Ferne*** Paris is still a long way away; **das ~e suchen** to take to one's heels; **ein ~er Weg** a long way; **in die ~e Welt ziehen** to go out into the big wide world; **ein ~er Wurf** a long throw; *s. a.* **Abstand**

③ *(zeitlich)* long; ***bis dahin ist es noch ~*** it will be a long time yet before we get there; ***das liegt [noch] in ~er Ferne*** it's still in the distant future; **in ~en Abständen** at long intervals; **eine ~e Reise** a long journey

④ *(fig: groß) Begriff* broad; ***das ist ein ~es Feld*** that is a big subject; **~e Kreise** [*o* **Teile**] **der Bevöl-**

W

kerung large sections [*or* parts] of the population; **im ~eren Sinn** in the broader sense; *s. a.* **Feld**

II. *adv* ① *(eine lange Strecke)* far, a long way; ■ **~er** further, farther; ■ **am ~esten** [the] furthest, farthest; ***hast du es noch ~ [nach Hause]?*** have you got a long way to go [to get home]?; ***ja, es ist noch ~*** yes, it's still a long way; ***wie ~ bist du gesprungen?*** how far did you jump?; ***ich bin 4 Meter ~ gesprungen*** I jumped [a distance of] 4 metres; ***wie ~ ist Paris?*** how far is Paris?; ***es ist noch ~ bis Paris*** it's still a long way to Paris; ***Paris ist 500 km weit*** Paris is 500 km away [*or* off]; ***er ist ~ herumgekommen*** he has got around a good deal; **~ am Anfang/Ende/Rand** right at the beginning/end/edge; **ziemlich ~ am Ende** fairly near the end; **~ entfernt [*o* weg] sein [von etw]** to be far away [from sth]; **~ entfernt [*o* weg] wohnen** to live far away; **[sehr] ~ fahren/gehen** to drive/go a [very] long way; **~ gereist** well [*or* widely] travelled [*or* AM *usu* traveled]; **es noch ~ haben** to have a long way to go; **~ hergeholt sein** to be far-fetched; **... Meter ~ springen** to jump ... meters; **von ~em** from far away [*or geh* afar]; **von ~ her** from far [*or* a long way] away

② *(räumlich ausgedehnt)* wide; ***5 cm ~*** 5 cm wide; **~ geöffnet** wide open; **~ verzweigt** TRANSP widely spread *pred; Unternehmen* with many branches *pred;* **etw ~ öffnen** to open sth wide

③ *(fig: in der Entwicklung, im Handeln)* far; ***wie ~ bist du?*** how far have you got?; ***wie ~ bist du mit dem Essen?*** how far have you got with the food?; ***sie wird es [im Leben] einmal ~ bringen*** she will go far one [in life] of these days; ***sie hat es ~ gebracht*** she has come a long way [*or* got on in the world]; ***so ~ ist es schon mit dir gekommen?*** have things come to that with you?; ***so ~ wollen wir es gar nicht kommen lassen*** we do not want to let it come to that; ***der Frühling ist schon ziemlich ~*** spring is already quite [far] advanced; ***sein Einfluss reicht sehr ~*** his influence is far-reaching; **jdn so ~ bringen, dass er/sie etw tut** to bring sb to the point where he/she does sth; **es [noch] so ~ bringen, dass etw passiert/dass jd etw tut** to bring it about that sth happens/sb does sth; ***er hat es so ~ gebracht, dass man ihm gekündigt hat*** he drove them to the point of dismissing him; **~ fortgeschritten [*o* gediehen] sein** to be far [*or* well] advanced; **es gedeiht noch so ~, dass ...** it will come to [*or* reach] the point [*or* stage] where ...; **mit jdm/etw ist es ~ gediehen** sb has gone far/sth has progressed a great deal; **so ~ gehen, etw zu tun** to go so far as to do sth; **mit etw [nicht] ~ kommen** to [not] get far with sth; **jdn ~ hinter sich** *akk* **lassen** to leave sb far behind

④ *(fig: über das Angemessene hinaus)* far; ***das würde zu ~ führen*** that would be getting too far away from the issue; ***es würde zu ~ führen, das jetzt alles zu analysieren*** it would be too much to analyse it all now; **zu ~ gehen** to go too far; ***das geht [entschieden] zu ~!*** that's [definitely] going [*or* taking it] too far!; **etw [*o* es mit etw] zu ~ treiben** to overdo sth, to carry sth too far; ***jetzt hast du es zu ~ getrieben!*** now you've taken it too far!

⑤ *(erheblich)* far; **~ *über 80*** well over 80; ***das hat unsere Erwartungen ~ übertroffen*** that far exceeded our expectations; **~ bekannt** widely known; **~ blickend sein** to have vision, to be far-sighted [*or* visionary]; **~ gehend** extensive, far-reaching; **~ gehende Übereinstimmung/Unterstützung** extensive agreement/support; ***ich habe das Problem ~ gehend alleine gelöst*** to a large extent I managed to solve the problem myself; **~ greifend [*o* tragend] [*o* reichend]** far-reaching; **~ verbreitet** widespread, common; ***eine ~ verbreitete Meinung*** a widely-held [*or* common] view; **bei ~em/bei ~em nicht** by far/not nearly [*or* not by a long shot]; ***bei ~em besser/schöner als ...*** far better/more beautifulthan ..., better/more beautiful than ... by far; ***das ist bei ~em nicht alles*** that's not nearly all [*or* not all by a long way]; ***das ist bei ~em nicht so gut wie ...*** that's nowhere near as good as ...

⑥ *(zeitlich lang)* ***es ist noch ~ bis Weihnachten*** there's still a long way to go till Christmas; **~ zurückliegen** to be a long way back [*or* far back in the past]; **~ nach Mitternacht** well after midnight; **[bis] ~ in die Nacht** [till] late into the night

▶WENDUNGEN: **~ und breit** for miles around; ***~ und breit war niemand zu sehen*** there was no one to be seen anywhere; **~ gefehlt!** *(geh)* quite the opposite!, you're way out! BRIT *fam* [*or fam* way off!]; **so ~, so gut** *(prov)* so far so good *prov;* **mit etw** *dat* **ist es nicht ~ her** *(fam)* sth is nothing much to write home about *fam;* ***damit/mit ihm ist es nicht ~ her*** this/he isn't up to much; **so ~ kommt es [noch]** *(fam)* you'd like that, wouldn't you! *fam*

weit·ab ['vait'ʔap] *adv* far [*or* a long way] away; ■ **~ von etw** *dat* far [*or* a long way [away]] from sth

weit·aus ['vait'ʔaus] *adv* ① *vor comp (in hohem Maße)* far, much; **~ besser/schlechter sein als etw** to be far [*or* much] better/worse than sth

② *vor superl (bei weitem)* [by] far

Weit·blick *m kein pl* ① *(Fähigkeit, vorauszuschauen)* far-sightedness, vision ② *s.* **Fernblick**

weit·bli·ckend *adj s.* **weit II 5**

Wei·te[1] <-, -n> ['vaitə] *f* ① *(weite Ausdehnung)* expanse, vastness

② SPORT *(Länge)* length

③ BAU *(Durchmesser)* width

④ MODE *(Breite)* width; **in der ~** as far as the width goes

Wei·te[2] <-n> ['vaitə] *nt (Entfernung)* distance

▶WENDUNGEN: **das ~ suchen** *(geh)* to take to one's heels

wei·ten ['vaitn̩] I. *vt* MODE ■ **[jdm] etw ~** to widen sth [for sb]; *(Schuh, Stiefel)* to stretch [sb's] sth

II. *vr* ■ **sich** *akk* **~** to widen; *(Pupille)* to dilate

wei·ter ['vaitɐ] *adv (sonst)* further; **~ keiner [*o* niemand]** no one else; **wenn es ~ nichts ist, ...** well, if that's all ...; **~ bestehen** to continue to exist, to survive; **[für jdn] ~ bestehen** to remain in force [for sb], to hold good [for sb]; **nicht ~ wissen** not to know what [else] to do; **~ nichts?** is that it?; **~ nichts als etw** nothing more than sth; **und ~?** and apart from that?; **und so ~ [und so fort]** et cetera[, et cetera], and so on [and so forth]; **~!** keep going!; *s. a.* **immer, nichts**

wei·ter|ar·bei·ten ['vaitɐʔarbaitn̩] *vi* ■ **[an etw** *dat*] **~** to carry on [*or* continue] working [on sth] **wei·ter|be·för·dern*** *vt* ■ **jdn ~** to take [*or* drive] sb further **wei·ter|be·han·deln*** *vt* MED ■ **jdn ~** to carry on treating [*or* give further treatment to] sb; *mit Arznei* to carry on medication for sb **Wei·ter·be·hand·lung** *f* further treatment **Wei·ter·be·schäf·ti·gung** *f* continued employment **Wei·ter·be·ste·hen** *nt* continued existence, continuation **wei·ter|bil·den** I. *vt* ■ **jdn/sich ~** to continue [*or* further] one's education

II. *vr* ■ **sich** *akk* **in etw** *dat* **~** to develop one's knowledge of sth

Wei·ter·bil·dung *f* further education; *(Fortbildung)* further training **Wei·ter·bil·dungs·kurs** <-es, -e> *m* [further] training course **Wei·ter·bil·dungs·maß·nah·me** *f* further [vocational] training measure

wei·ter|brin·gen *vt irreg* ■ **jdn ~** to help sb along **wei·ter|den·ken** *vi irreg* to think ahead

wei·te·re(r, s) *adj* further, additional; ***im ~n Verlauf zeigte sich jedoch, dass ...*** however, it later transpired that ...; ***ich habe nichts W~s zu sagen*** I have nothing further to say; **alles W~** everything else, all the rest; ***alles W~ sage ich dir noch am Telefon*** I'll tell you [*or* let you know] the rest of the details on the phone; **bis auf ~s** until further notice, for the time being; **im W~n, des W~n** furthermore, in addition; ***im W~n erklärte sie, dass ...*** she added that ...

▶WENDUNGEN: **ohne ~s** easily, just like that

wei·ter|emp·feh·len* *vt irreg* ■ **jdn [jdm] ~** to recommend sb [to sb]; ■ **[jdm] etw ~** to recommend sth [to sb]

wei·ter|ent·wi·ckeln* I. *vt* ■ **etw ~** to develop sth further; ■ **weiterentwickelt** further developed

II. *vr* ■ **sich** *akk* **~** to develop [further] [*or* progress]

Wei·ter·ent·wick·lung *f* TECH [further] development **wei·ter|er|zäh·len*** *vt* ■ **[jdm] etw ~** to pass on sth *sep* [to sb], to repeat sth [to sb]

wei·ter|fah·ren *irreg* I. *vi sein* to continue driving; ■ **[irgendwohin] ~** to drive on [to somewhere]

II. *vt haben* ■ **etw ~** to move sth forward

Wei·ter·fahrt *f kein pl* continuation of the/one's journey **wei·ter|flie·gen** *vi irreg sein* ■ **[irgendwohin] ~** to fly on [to somewhere], to continue one's flight [to somewhere] **Wei·ter·flug** *m kein pl* continuation of the/one's flight **wei·ter|füh·ren** *vt* ① *(fortsetzen)* ■ **etw ~** to continue sth ② *(weiterbringen)* **jdn [ziemlich] ~** to be a [real] help to sb; **jdn schwerlich ~** not to be a great help to sb, not to help sb very much **wei·ter·füh·rend** *adj* SCH secondary **Wei·ter·ga·be** *f* transmission, passing on **wei·ter|ge·ben** *vt irreg* ■ **etw [an jdn] ~** to pass on sth *sep* [to sb]

wei·ter|ge·hen *vi irreg sein* ① *(seinen Weg fortsetzen)* to walk on

② *(seinen Fortgang nehmen)* to go on; ***so kann es nicht ~*** things can't go on like this

wei·ter·ge·hend *adj comp von* **weitgehend** more far-reaching, more extensive **wei·ter|hel·fen** *vi irreg* ■ **jdm [in etw** *dat*] **~** to help sb further [with sth], to provide sb with further assistance [in sth]; ■ **jdm ~** *(auf die Sprünge helfen)* to help sb along

wei·ter·hin [vaitɐ'hɪn] *adv* ① *(fortgesetzt)* still

② *(außerdem)* furthermore, in addition

wei·ter|hüp·fen *vi* to continue hopping **wei·ter|kämp·fen** *vi* to fight on

wei·ter|kom·men *vi irreg sein* ① *(vorankommen)* to get further

② *(Fortschritte machen)* ■ **[mit etw** *dat*] **~** to get further [with sth], to make progress [*or* headway] [with sth]; **mit etw** *dat* **nicht ~** not to get very far with sth, not to make much progress [*or* headway] with sth

Wei·ter·kom·men <-s> *nt kein pl* ① *(Durchkommen)* progression

② *(beruflich vorankommen)* advancement

wei·ter|kön·nen *vi irreg* to be able to continue [*or* carry on] **wei·ter|lau·fen** *vi irreg sein* ① *(den Lauf fortsetzen)* to continue running [*or* walk on], to continue ② TECH to continue [*or* keep] running ③ *(nicht unterbrochen werden) Produktion* to continue, to go on; *Gehalt* to continue to be [*or* get] paid

wei·ter|le·ben *vi* ① *(am Leben bleiben)* to continue to live, to live on

② *(fig)* ■ **[in jdm/etw] ~** to live on [in sb/sth]

wei·ter|lei·ten *vt* ■ **etw [an jdn/etw] ~** to pass on sth *sep* [to sb/sth]

Wei·ter·lei·tung <-> *f kein pl* TELEK [call] forwarding

wei·ter|ma·chen *vi* to carry on, to continue **wei·ter|rei·chen** *vt (geh)* ■ **etw [an jdn] ~** to pass on sth *sep* [to sb]

Wei·ter·rei·se *f kein pl* continuation of the/one's journey, onward journey; ***gute ~!*** have a pleasant [onward] journey

wei·ters ['vaitɐs] *adv* ÖSTERR *(ferner)* further

wei·ter|sa·gen *vt* ■ **[jdm] etw ~** to repeat sth [to sb], to pass on sth *sep* [to sb]; ***nicht ~!*** don't tell anyone! **wei·ter|schlei·chen** *vi* to creep on **wei·ter|sprin·gen** *vi* to continue jumping **wei·ter|trei·ben** *vt irreg* ■ **etw ~** *Entwicklung, Projekt* to drive sth [forwards]

Wei·te·run·gen *pl (geh)* repercussions, unpleasant consequences

wei·ter|ver·ar·bei·ten* *vt* ■ **etw [zu etw** *dat*] **~** to process sth [into sth]

Wei·ter·ver·ar·bei·tung *f* [re]processing

Wei·ter·ver·ar·bei·tungs·be·fug·nis *f* processing permit **Wei·ter·ver·ar·bei·tungs·be·trieb** *m* HANDEL processing plant

Wei·ter·ver·äu·ße·rung *f* resale **wei·ter|ver·fol·gen*** *vt* ■ **etw ~** to follow up sth *sep,* to pursue sth further **Wei·ter·ver·ga·be** *f* FIN *(von Finanzmitteln)* relending **Wei·ter·ver·kauf** *f* resale; **nicht zum ~ bestimmt** not for resale **wei·ter|ver·kau·**

fen* I. *vt* ■**etw** ~ to resell sth II. *vi* to resell **Wei·ter·ver·kaufs·recht** *nt* JUR right to resell, resale right **wei·ter|ver·mie·ten*** *vt* ■**etw** [**an jdn**] ~ to sublet sth [to sb] **wei·ter|ver·mit·teln*** *vt* ■**jdn/etw** ~ to transfer **wei·ter·ver·wei·sen*** *vt irreg* ■**jdn an jdn/etw** ~ *Facharzt/Amt* to refer sb to sb else **Wei·ter·ver·wei·sung** *f* JUR renvoi, referring the case to another court **wei·ter|ver·wen·den*** *vt* ■**etw** ~ to reuse sth **wei·ter|ver·wer·ten*** *vt* ■**etw** ~ to recycle sth **wei·ter|wis·sen** *vi irreg* *(wissen, wie weiter vorzugehen ist)* to know how to proceed; **nicht** [**mehr**] ~ to be at one's wits' end **wei·ter|wol·len** *vi irreg* to want to go on **wei·ter|zie·hen** *vi sein irreg* to move on

wei·test·ge·hend I. *adj superl von* **weit gehend** most far-reaching, most extensive
II. *adv* to the greatest possible extent

weit·ge·hend *adj, adv s.* **weit II 5**

weit·grei·fend *adj s.* **weit II 5**

weit·her ['vaitˈheːɐ̯] *adv (geh)* from far away, from afar *form*

weit·her·zig ['vaithɛrtsɪç] *adj (selten)* generous, liberal

weit·hin ['vaitˈhɪn] *adv* ① *(weitgehend)* to a large [*or* great] extent; ~ **bekannt/beliebt/unbekannt** widely known/popular/largely unknown
② *(geh: rings umher)* all around

weit·läu·fig ['vaitlɔyfɪç] I. *adj* ① *(ausgedehnt)* extensive
② *(entfernt)* distant
II. *adv* extensively, distantly

Weit·läu·fig·keit <-> *f kein pl* spaciousness, ampleness

weit·ma·schig ['vaitmaʃɪç] *adj Netz* wide-[*or* broad-] meshed; *Pullover* loose-knit, loosely knit

weit·räu·mig I. *adj* spacious; **eine ~e Absperrung/Umleitung** a cordon/diversion covering a wide area
II. *adv* spaciously; **den Verkehr ~ umleiten** to divert the traffic around a wide area

weit·rei·chend *adj s.* **weit II 5**

weit·schwei·fig ['vaitʃvaifɪç] I. *adj* long-winded, protracted *form;* ■[**jdm**] **zu ~ sein** to be too long-winded [for sb]
II. *adv* long-windedly, at great length

Weit·schwei·fig·keit <-> *f kein pl* verbosity *no pl,* long-windedness, prolixity

Weit·sicht ['vaitzɪçt] *f s.* **Weitblick**

weit·sich·tig ['vaitzɪçtɪç] *adj* ① MED long-sighted BRIT, far-sighted AM
② *s.* **weitblickend**

Weit·sich·tig·keit <-> *f kein pl* MED long-sightedness BRIT, farsighted AM

Weit·sprin·ger(in) *m(f)* long-jumper **Weit·sprung** *m* SPORT ① *kein pl (Disziplin)* long-jump ② *(einzelner Sprung)* long-jump **Weit·win·kel·ob·jek·tiv** *nt* wide-angle lens

Wei·zen[1] <-s, -> ['vaitsn̩] *m* wheat; *s. a.* **Spreu**

Wei·zen[2] <-s, -> ['vaitsn̩] *nt s.* **Weizenbier**

Wei·zen·bier *nt* Weissbier *(light, top fermented beer)* **Wei·zen·brot** *nt* wheat bread **Wei·zen·grieß** *m* semolina **Wei·zen·kei·me** *pl* wheatgerm *sing* **Wei·zen·keim·öl** *nt* wheatgerm oil **Wei·zen·kleie** *f* wheat bran [*or* germ] **Wei·zen·mehl** *nt* wheat flour

Wei·zen·voll·korn *m kein pl* wholewheat, wholemeal wheat BRIT **Wei·zen·voll·korn·mehl** *nt* wholewheat [*or* BRIT wholemeal] [wheat] flour

welch [vɛlç] *pron* ■~ [**ein**] what [a]

wel·che(r, s) I. *pron interrog* ① *(was für eine)* which
② *in Ausrufen (was für ein)* what; ~ ***Schande!*** what a disgrace!
II. *pron rel (der, die, das: Mensch)* who; *(Sache)* which
III. *pron indef* ① *(etwas)* some; ***wenn du Geld brauchst, kann ich dir gerne ~s leihen*** if you need money, I can lend you some
② *pl (einige)* some; ■~, **die ...** some [people], who

wel·cher·lei *adj interrog inv (geh)* whatever

welk [vɛlk] *adj* ① *(verwelkt)* wilted; ■~ **sein/werden** to be wilted/to wilt
② *(schlaff)* worn-out

wel·ken ['vɛlkn̩] *vi sein (geh)* to wilt

Well·blech *nt* corrugated iron **Well·blech·hüt·te** *f* corrugated-iron hut [*or* shelter]

Wel·le <-, -n> ['vɛlə] *f* ① *(Woge)* wave
② *(massenhaftes Auftreten)* wave; **grüne** ~ TRANSP synchronized traffic lights; MODE **die neue** ~ the latest craze; **die weiche** ~ *(fam)* the soft line *fam*
③ PHYS wave
④ RADIO wavelength
⑤ *(wellenförmige Erhebung)* wave
⑥ TECH *(Drehbewegungen übertragender Schaft)* shaft
▸WENDUNGEN: [**hohe**] **~n schlagen** to create a [big] stir

wel·len ['vɛlən] *vr* ■**sich** *akk* ~ to be/become wavy; *(Papier)* to crinkle; *s. a.* **Haar**

Wel·len·bad *nt* wave pool **Wel·len·be·reich** *m* waveband **Wel·len·berg** *m* crest of a/the wave, wavecrest **Wel·len·be·we·gung** *f* wave motion, undulation **Wel·len·bre·cher** <-s, -> *m* breakwater, groyne BRIT, groin AM **wel·len·för·mig** I. *adj* wavy II. *adv* **sich** *akk* ~ **verziehen** to crinkle **Wel·len·gang** <-[e]s> *m kein pl* waves *pl,* swell; **starker** ~ heavy seas *pl* [*or* swell] **Wel·len·glei·chung** *f* PHYS wave equation **Wel·len·kamm** *m* crest **Wel·len·kraft·werk** *nt* hydroelectric power station *(using wave power as a source of energy)*

Wel·len·län·ge *f* PHYS wavelength
▸WENDUNGEN: **die gleiche ~ haben** [*o* **auf der gleichen ~ liegen**] *(fam)* to be on the same wavelength

Wel·len·li·nie *f* wavy line **Wel·len·rei·ten** *nt* surfing **Wel·len·rei·ter, -rei·te·rin** *m, f* surfer, waverider **Wel·len·schlag** *m* breaking of the waves, surge **Wel·len·schliff** *m* serrated edge **Wel·len·sit·tich** *m* budgerigar, budgie *fam* **Wel·len·tal** *nt* wave trough

wel·lig ['vɛlɪç] *adj* ① *(gewellt)* wavy
② *(wellenförmig)* uneven; ■~ **sein/werden** to be/become uneven [*or* crinkly]

Wel·lig·wer·den <-s> *nt kein pl* TYPO *(von Papier)* buckling, cockling, warping

Wel·ling·ton <-s> ['vɛlɪŋtɔn] *nt* Wellington

Well·ness <-> ['vɛlnɛs] *f kein pl* wellness

Well·ness·be·ra·ter(in) *m(f)* wellness advisor **Well·ness·boom** *m* boom on wellness programmes **Well·ness·cen·ter** *nt* wellness centre [*or* AM center] **Well·ness·drink** *m* wellness drink **Well·ness·pro·dukt** *nt* wellness product **Well·ness·rei·se** *f* wellness holiday **Well·ness·ur·laub** *m* wellness holiday **Well·ness·wo·chen·en·de** *nt* wellness weekend, spa weekend [break]

Well·pap·pe *f* corrugated cardboard **Well·plat·te** *f* BAU corrugated sheet

Wel·pe <-n, -n> ['vɛlpə] *m Hund* pup, whelp; *Wolf, Fuchs* cub, whelp

Wels <-es, -e> [vɛls] *m* catfish

welsch [vɛlʃ] *adj* SCHWEIZ Romance-speaking

Welsch·kohl *m* savoy cabbage

Welsch·schweiz *f* SCHWEIZ ■**die** ~ French Switzerland

Welsch·schwei·zer(in) *m(f)* French Swiss

welsch·schwei·ze·risch *adj* French Swiss

Welt <-, -en> [vɛlt] *f* ① *kein pl (unsere Erde)* ■**die/unsere** ~ the/our world; ***eine Reise um die*** ~ a round-the-world tour; ***der höchste Berg der*** ~ the highest mountain in the world, the world's highest mountain; ***Touristen aus aller*** ~ tourists from all over the world [*or* from every corner of the globe]; ***so geht es nun mal in der*** ~ that's the way of the world, that's the way things go; ***die ~ ist klein*** *(hum)* it's a small world; ***so was hat die ~ noch nicht gesehen!*** it is/was fantastic [*or* incredible]!; **auf der** ~ in the world; ***das ist auf der ganzen ~ bekannt*** that's known all over the world; **in alle ~ zerstreut** scattered all over the world [*or* globe]; **die ganze** ~ the whole world
② ASTRON *(erdähnlicher Planet)* world
③ *(Bereich)* world; **die ~ des Films/Theaters** the world of film/theatre, the film/theatre world; **die gelehrte** ~ the world of scholars; **die ~ von heute/morgen** the world of today/tomorrow, today's/tomorrow's world; **die ~ des Kindes** the child's world; **die ~ der Mode** the world of fashion; **die ~ des Sports** the sporting world; **die vornehme** ~ high society
④ *kein pl* ASTRON *(das Weltall)* ■**die** ~ the world [*or* cosmos] [*or* universe]; ***Theorien über die Entstehung der*** ~ theories of how the universe began; **die ~ im Großen/Kleinen** the microcosm/macrocosm
▸WENDUNGEN: **alle ~, Gott und die Welt** the whole world, everybody, the world and his wife *hum;* **um alles in der** ~ for heaven's sake; **vor aller** ~ in front of everybody, publicly; **was/warum/wer/wo in aller ~ ...?** what/why/where/who on earth ...?; **die Alte/Neue** ~ the Old/New World; **in einer anderen ~ leben** to live on another planet, in a different world; **nicht aus der ~ sein** to not be on the other side of the world; **eine ~ bricht für jdn zusammen** sb's whole world collapses about sb; ***eine ~ brach für ihn zusammen*** his whole world collapsed about him, the bottom fell out of his world; **etw mit auf die ~ bringen** to be born with sth; **jdn zur ~ bringen** to bring sb into the world, to give birth to sb; **er/sie ist nicht von dieser** ~ he/she is not of this world; **die Dritte/Vierte** ~ the Third/Fourth World; **in seiner eigenen ~ leben** to live in a world of one's own; **die ~ erblicken** *(geh)* to come into the world *liter;* **davon** [*o* **deswegen**] **geht die ~ nicht unter** it's not the end of the world; **eine heile** ~ an ideal [*or* a perfect] world; **auf die** [*o* **zur**] **~ kommen** to be born; **das kostet nicht die ~** it won't cost the earth; **das ist doch nicht die ~!** it isn't as important as all that!; **um nichts in der ~, nicht um alles in der ~** not [*or* never] for the world, not for all the tea in china; **nobel geht die ~ zugrunde** *(prov)* there's nothing like going out with a bang *fam;* **da prallen ~en aufeinander** this is where worlds collide; **etw aus der ~ schaffen** to eliminate sth; **etw in die ~ setzen** to spread sth; **ein Gerücht in die ~ setzen** to spread a rumour; **Kinder in die ~ setzen** to have children; **sie/uns trennen ~en** they/we are worlds apart; **eine Dame/ein Mann von** ~ a woman/man in the world; **eine verkehrte** ~ a topsy-turvy world; **die** [**große**] **weite** ~ the big wide world; **mit sich** *dat* **und der ~ zufrieden sein** to be happy all around [*or* BRIT *a.* round]; *s. a.* **Brett, Ende, Kind**

welt·ab·ge·wandt *adj* insular, inward-looking

Welt·all *nt kein pl* universe **welt·an·schau·lich** *adj* ideological

Welt·an·schau·ung *f* philosophy of life; *(philosophisch und politisch)* ideology **Welt·an·schau·ungs·frei·heit** *f* JUR freedom to adhere to philosophical beliefs

Welt·at·las *m* atlas of the world **Welt·auf·la·ge** *f einer Zeitung* circulation worldwide; *eines Buchs* number of copies sold worldwide **Welt·aus·stel·lung** *f* world exhibition **Welt·bank** *f kein pl* ■**die** ~ the World Bank **welt·be·kannt** *adj* world-famous, world-renowned **welt·be·rühmt** *adj* world-famous

welt·bes·te(r, s) ['vɛltbɛstə, -tɐ, -təs] *adj attr* world's best **Welt·bes·te(r)** *f(m)* world's best **Welt·best·leis·tung** *f* world's best performance **Welt·best·zeit** *f* world record time

Welt·be·völ·ke·rung *f kein pl* world population **welt·be·we·gend** *adj* earth-shaking [*or* -shattering] **Welt·bild** *nt* world view **Welt·bör·se** *f* global stock market **Welt·bür·ger(in)** *m(f)* citizen of the world, cosmopolitan **Welt·cup** <-s, -s> [-kap] *m* World Cup **Welt·emp·fän·ger** <-s, -> *m* world receiver [*or* receiving set]

Wel·ten·bumm·ler(in) *m(f) (fam)* globetrotter *fam*

Welt·ent·sa·gung <-> *f kein pl (geh)* renunciation of material possessions **Welt·er·folg** *m* world[-wide] success

Wel·ter·ge·wicht ['vɛltɐ-] *nt* SPORT ① *kein pl (Gewichtsklasse)* welterweight
② *s.* **Weltergewichtler**

W

Wel·ter·ge·wicht·ler(in) <-s, -> *m(f)* welterweight [boxer]

welt·er·schüt·ternd *adj* earth-shattering, world-shaking **Welt·flucht** *f kein pl* escape from reality **Welt·for·mel** *f* PHYS grand unified theory **welt·fremd** *adj* unworldly **Welt·fremd·heit** *f kein pl* unworldliness **Welt·frie·de(n)** *m* world peace **Welt·geist·li·che(r)** *f(m) dekl wie adj* secular priest **Welt·gel·tung** *f* world-wide recognition, international standing; ■**... von ~** internationally renowned **Welt·ge·richts·hof** *m* JUR, POL International Court of Justice **Welt·ge·sche·hen** *nt selten pl* world events *pl* **Welt·ge·schich·te** *f kein pl* world history; *(Abriss der Weltgeschichte)* world history ▶WENDUNGEN: **in der ~** *(fam)* all over the place *fam*

welt·ge·schicht·lich *adj* **von ~er Bedeutung sein** to be of great significance in world history; **ein ~es Ereignis** an important event in world history **Welt·ge·sund·heits·or·ga·ni·sa·ti·on** *f* World Health Organization, W.H.O. **welt·ge·wandt** *adj* sophisticated, urbane **welt·größ·te(r, s)** *adj* world's greatest

Welt·han·del *m* world trade **Welt·han·dels·kon·fe·renz** *f der UN* United Nations Conference on Trade and Development, UNCTAD **Welt·han·dels·kon·junk·tur** *f* ÖKON global market conditions *pl* **Welt·han·dels·or·ga·ni·sa·ti·on** *f kein pl* ■**die ~** the World Trade Organization, the WTO **Welt·han·dels·wäh·rung** *f* ÖKON world trading currency

Welt·herr·schaft *f kein pl* world domination **Welt·hilfs·spra·che** *f* international auxiliary language **Welt·hit** ['vɛlthɪt] *m* international hit **Welt·hun·ger·tag** *m* International Day of Hunger **Welt·kar·te** *f* world map **Welt·kar·tell·recht** *nt* JUR world cartel law **Welt·kin·der·hilfs·werk** *nt* United Nations Children's Fund, UNICEF; *(früher)* United Nations International Children's Emergency Fund **Welt·kin·der·tag** *m kein pl* World Children's Day **Welt·klas·se** *f kein pl* world class; ■**~ sein** *(fam)* to be world-class **Welt·kli·ma** *nt kein pl* global climate **Welt·kon·junk·tur** *f* ÖKON global market conditions *pl* **Welt·krieg** *m* world war; **der Erste/Zweite ~** World War One/Two, the First/Second World War **Welt·ku·gel** *f* globe **Welt·kul·tur·er·be** *nt kein pl* world cultural heritage **Welt·la·ge** *f kein pl* world situation

welt·läu·fig *adj (geh)* cosmopolitan

Welt·läu·fig·keit ['vɛltlɔyfɪgkait] *f kein pl* global adaptability

welt·lich ['vɛltlɪç] *adj (geh)* ① *(irdisch)* worldly ② *(profan)* mundane

Welt·li·te·ra·tur *f kein pl* world literature **Welt·macht** *f* world power **Welt·mann** <-[e]s, -männer> *m* man of the world **welt·män·nisch** *adj* sophisticated, worldly-wise

Welt·markt *m* world [*or* international] market **welt·markt·fä·hig** *adj* HANDEL internationally [*or* globally] marketable **Welt·markt·füh·rer** *m* international market leader **Welt·markt·kon·di·ti·o·nen** *pl* ÖKON global market conditions *pl* **Welt·markt·no·tie·rung** *f* BÖRSE international quotation **Welt·markt·preis** *m* ÖKON world market price; *für Rohöl* posted price

Welt·meer *nt* ocean **Welt·meis·ter(in)** *m(f)* world champion; ■**~ in etw** *dat* world champion in [*or* at] sth **Welt·meis·ter·schaft** *f* world championship; ■**die ~ in etw** *dat* the world championship in sth **Welt·mo·no·pol** *nt* ÖKON global monopoly **Welt·mu·sik** *f* world music *no indef art, no pl* **Welt·na·tur·er·be** *nt kein pl* world natural heritage **Welt·ni·veau** [-nivo:] *nt* world level **welt·of·fen** *adj* liberal[-minded], cosmopolitan **Welt·of·fen·heit** *f kein pl* cultural openness **Welt·öf·fent·lich·keit** *f kein pl* ■**die ~** the whole world; *(öffentliche Meinung)* the world opinion [*or* at large] **Welt·ord·nung** *f* world order **Welt·or·ga·ni·sa·ti·on** *f* **~ für geistiges Eigentum** World Intellectual Property Organization, WIPO **Welt·pa·tent** *nt* world patent **Welt·po·li·tik** *f* world politics + *sing/pl vb* **welt·po·li·tisch** I. *adj* concerning world politics II. *adv* in terms of world politics **Welt·pre·mi·ere** *f* world premiere **Welt·pres·se** *f* world's press **Welt·rang** *m* world status; ■**von ~** world-famous **Welt·rang·lis·te** *f* world rankings *pl*

Welt·raum *m kein pl* [outer] space

Welt·raum·bahn·hof *m* space centre [*or* AM -er], launch base **Welt·raum·be·hör·de** *f* space agency **Welt·raum·fäh·re** *f* space shuttle **Welt·raum·fah·rer(in)** *m(f)* space traveller [*or* AM traveler], astronaut **Welt·raum·fahrt** *f kein pl* space journey, journey into space **Welt·raum·flug** *m* space flight **Welt·raum·for·schung** *f kein pl* space research **Welt·raum·kap·sel** *f* space capsule **Welt·raum·la·bor** *nt* space laboratory, spacelab **Welt·raum·müll** *m* space junk, cosmic waste [*or* debris] **Welt·raum·ra·ke·te** *f* space rocket **Welt·raum·recht** *nt* JUR space law **Welt·raum·rüs·tung** *f kein pl* space armament [*or pl* weapons] **Welt·raum·schiff** *nt* spaceship **Welt·raum·spa·zier·gang** *m* space walk **Welt·raum·sta·ti·on** *f* space station **Welt·raum·te·le·skop** *nt* space telescope **Welt·raum·waf·fe** *f* space weapon

Welt·rechts·grund·satz *m* JUR principle of worldwide application of law **Welt·rechts·pfle·ge·prin·zip** *nt* JUR principle of international prosecution **Welt·reich** *nt* empire **Welt·rei·se** *f* world trip; **eine ~ machen** to go on a journey around the world **Welt·rei·sen·de(r)** *f(m) dekl wie adj* globetrotter

Welt·re·kord *m* world record; ■**der/ein ~ in etw** *dat* the/a world record in sth **Welt·re·kord·in·ha·ber(in)** *m(f)* world record holder **Welt·re·kord·ler(in)** *m(f)* world record holder

Welt·re·li·gi·on *f* world religion **Welt·ruf** *m kein pl* international [*or* world-wide] reputation; **... von ~** internationally renowned **Welt·ruhm** *m* world[wide] fame **Welt·schmerz** *m kein pl (geh)* Weltschmerz *liter,* world-weariness **Welt·si·cher·heits·rat** *m* [United Nations] Security Council **Welt·sicht** *f* worldview **Welt·spra·che** *f* world language **Welt·stadt** *f* international [*or* cosmopolitan] city **welt·städ·tisch** *adj* cosmopolitan **Welt·star** *m* international star **Welt·straf·recht** *f kein pl* JUR universal criminal law **Welt·tour·nee** *f* world tour **Welt·um·satz** *m* worldwide sales *pl* **Welt·um·se·ge·lung** *f* circumnavigation of the globe [*or* earth] [*or* world] **welt·um·span·nend** *adj* global; **~es Computernetz** global [*or* worldwide] computer network

Welt·un·ter·gang *m* end of the world, apocalypse **Welt·un·ter·gangs·pro·phet(in)** *m(f) (pej od iron)* doomsayer **Welt·un·ter·gangs·stim·mung** *f* apocalyptic mood

Welt·ur·auf·füh·rung *f* world premiere **Welt·ur·he·ber·rechts·ab·kom·men** *nt* Universal Copyright Convention **Welt·ver·band** *m* world association **Welt·ver·bes·se·rer, -bes·se·rin** *m, f (pej)* sb who thinks they can cure the world's ills **Welt·wäh·rungs·fonds** *m kein pl* JUR International Monetary Fund, IMF **Welt·wäh·rungs·sys·tem** *nt* ÖKON International Monetary System

welt·weit I. *adj* global, world-wide; **~e Rezession** worldwide [*or* global] recession
II. *adv* globally

Welt·wirt·schaft *f* world [*or* global] economy

welt·wirt·schaft·lich *adj* ÖKON global [*or* world] economic *attr;* **~e Lage** state of the world economy

Welt·wirt·schafts·fo·rum *nt* world economic forum **Welt·wirt·schafts·gip·fel** *m* World Economic Summit **Welt·wirt·schafts·kri·se** *f* world economic crisis **Welt·wirt·schafts·ord·nung** *f* ÖKON world economic system **Welt·wirt·schafts·sys·tem** *nt* ÖKON world economic system

Welt·wun·der *nt* **die sieben ~** the Seven Wonders of the World; **wie ein ~** *(fam)* as if from another planet **Welt·zeit** *f kein pl* world time, universal time **Welt·zeit·uhr** *f* world clock *(clock showing times around the world)*

wem [ve:m] I. *pron interrog dat von* **wer** *(welcher Person?)* who ... to, to whom *form;* **~ *gehört dieser Schlüsselbund?*** who does this bunch of keys belong to?; **mit/von ~** with/from whom
II. *pron rel dat von* **wer** *(derjenige, dem)* ■**~ ..., [der]** ... the person to whom ..., the person who ... to
III. *pron indef dat von* **wer** *(fam)* to/for somebody

Wem·fall *m* dative [case]

wen [ve:n] I. *pron interrog akk von* **wer** *(welche Person?)* who, whom; **an ~** to whom *form,* who ... to; **für ~** for whom *form,* who ... for
II. *pron rel akk von* **wer** *(derjenige, den)* ■**~ ..., [der]** ... the person who [*or* whom] ...; **an ~** to whom *form,* who ... to; **für ~** for whom *form,* who ... for
III. *pron indef akk von* **wer** *(fam)* somebody

Wen·de <-, -n> ['vɛndə] *f* ① POL *(sl: politische Kehrtwendung)* [political] change [*or* U-turn]
② BRD *(Zusammenbruch der DDR)* Wende, collapse of the GDR *(and the subsequent reunification of Germany)*
③ *(einschneidende Veränderung)* change, turn; **die/eine ~ zum Besseren/Schlechteren** the/a turn [*or* change] for the better/worse; **eine ~ zum Positiven** a positive change
④ SPORT face [*or* front] vault
⑤ *(Übergangszeit)* ■**an der ~ [von] ... zu etw** *dat* at the transition from ... to sth

Wen·de·flä·che *f* turning area **Wen·de·hals** *m* ① ORN wryneck ② *(pej fam)* opportunist [who changes his/her opinion to suit the prevailing mood], weathercock, AM flip-flopper *fam* **Wen·de·ja·cke** *f* reversible jacket

Wen·de·kreis *m* ① AUTO turning circle
② GEOG, ASTRON tropic; **der nördliche ~, der ~ des Krebses** the Tropic of Cancer; **der ~ des Steinbocks** the Tropic of Capricorn

Wen·del <-, -n> ['vɛndl̩] *f* ① ELEK *(Glühfaden)* coil
② *(Gewinde)* spiral

Wen·del·rüh·rer *m* spiral mixer **Wen·del·trep·pe** *f* spiral staircase

Wen·de·man·tel *m* reversible coat

wen·den ['vɛndn̩] I. *vr* <wendete *o geh* wandte, gewendet *o geh* gewandt> ① *(sich drehen)* ■**sich** *akk* **irgendwohin ~** to turn to somewhere
② *(kontaktieren)* ■**sich** *akk* **[in etw** *dat*] **an jdn ~** to turn to sb [regarding sth]
③ *(zielen)* ■**sich** *akk* **an jdn ~** to be directed at sb
④ *(entgegentreten)* ■**sich** *akk* **gegen jdn ~** to turn against sb; ■**sich** *akk* **gegen etw** *akk* **~** to oppose sth
⑤ *(sich verkehren)* **sich** *akk* **zum Besseren [o Guten]/Schlechteren ~** to take a turn for the better/worse
▶WENDUNGEN: **sich** *akk* **zum Gehen ~** to be about to go
II. *vt* <wendete, gewendet> *(umdrehen)* ■**etw ~** to turn over sth *sep;* ***bitte ~!*** please turn over
▶WENDUNGEN: **wie man es auch wendet ..., man kann es ~, wie man will** whichever way one looks/you look *fam* at it
III. *vi* <wendete, gewendet> AUTO to turn

Wen·de·platz *m* turning area **Wen·de·punkt** *m* turning point

wen·dig ['vɛndɪç] *adj* ① TECH manoeuvrable BRIT, maneuverable AM
② *(geistig beweglich)* agile

Wen·dig·keit <-> *f kein pl* ① *(gute Manövrierfähigkeit)* manoeuvrability, maneuverability AM
② *(geistige Beweglichkeit)* agility

Wen·dung <-, -en> *f* ① *(tief greifende Veränderung)* turn; **eine bestimmte ~ nehmen** to take a certain turn; **eine ~ zu etw** *dat* **nehmen** to take a turn for sth
② LING *(Redewendung)* expression

Wen·fall *m* accusative [case]

we·nig ['ve:nɪç] I. *pron indef sing* ① *(geringe Zahl)* ■**~es:** ***er beantwortete ~es falsch*** few of his answers were wrong; ***sie versteht nur ~es davon*** she understands only parts of it, she doesn't understand many parts of it; ***nur ~es würde mich wirklich beeindrucken*** only very few things would really impress me; **um ~es besser/größer/kleiner als jd/etw** a little [*or* not much] better/larger/smal-

ler than sb/sth
❷ *(geringe Menge)* ■~ little; ***dazu kann ich ~ sagen*** there's little [*or* not much] I can say [on the matter]; **aus ~em mehr machen** to make more of the little one has; **so/zu ~** so/too little
II. *pron indef pl* ■**~e** few; ***die Arbeit ~er*** [*o* ***von ~en***] the work of few persons; **einige ~e** a few; **eine/einer von** [*o* **unter**] [**den**] **~en** one of the few; **so/zu ~e** so/too few; ***es sind ihrer so ~e*** there are so few of them
III. *art indef sing* ❶ *(geringe Zahl)* ■**~e/~er/~es**: ***ich habe ~ en Schmuck/~ es Werkzeug*** I have little jewellery/few tools, I don't have much jewellery/many tools; ***es war ~ es Gute in seiner Rede*** his speech had few good points; **so ~e(r, s)** so little/few; **zu ~e(r, s)** too little/few
❷ *oft unreflektiert (geringe Menge)* ■~ little; ***~ Gutes wird daraus*** little good will come of it; ***nach ~em kurzen Strecken*** after a little brief stretching; ***wir haben gleich ~ Zeit*** we are both rushed for time; **~ Glück haben** to be not very lucky; **nicht ~**: ***ich habe nicht ~ Arbeit/Mühe/Spaß damit*** it's giving me quite a lot of work/it's causing me quite a lot of effort/it's quite a lot of fun; **so/zu ~** so/too little; **zu ~ Geld/Zeit haben** to not have enough money/time
IV. *art indef pl* ■**~[e]** few, not many; ***sie hat ~[e] Freunde*** she has few [*or* does not have many] friends; ***es gibt ~[e] solcher Exemplare*** there are few [*or* not many] such specimens; ***die Arbeit ~er Beamter*** [*o selten* ***Beamten***] the work of few officials; ***ich habe so/zu ~[e] Chancen*** I have so/too few chances; **nach ~en Augenblicken** moments later; **einige ~e** a few; ***einige ~e Leute warteten noch*** there were still a few people waiting; **so/zu ~** so/too few; **mit ~[en] Worten** in a few words, in a nutshell
V. *adj* little; ***das ~e Geld reicht nicht*** this small amount of money is not enough; ■**das/der/die ~e** the little; ***das ~e, was sie hat*** the little she has; ■**~ sein** to be little [*or* not much]; ***das ist erschreckend ~*** that's appallingly little; **so ~ sein** to be so little, to be not so much; ***das ist nicht so ~*** that's quite a lot; **zu ~ sein** to be too little
VI. *adv* ❶ + *Verb (kaum)* **~ essen/trinken** to eat/drink little, to not eat/drink much; **~ helfen** to not help much, to be not much [*or* of little] help; **zu ~** too little, not enough; **zu ~ helfen** to not help enough, to be of too little help; **zu ~ schlafen** to not get enough sleep, to sleep too little
❷ + *adj, adv (gering)* not very [*or* particularly]; + *Verb* not much, little; **das ist ~ interessant** that's not very [*or* particularly] interesting [*or* of little interest]; **~ besser/größer/kleiner** a little [*or* not much] better/larger/smaller; **nicht ~**: ***sie amüsierte sich nicht ~*** she was enjoying herself very much; ***ich war nicht ~ erfreut/überrascht*** I was more than a little pleased/surprised
▸WENDUNGEN: **ein ~** a little

we·ni·ger ['veːnɪɡɐ] I. *pron indef comp von* **wenig** *(nicht so viel)* less; ***du solltest ~ essen/rauchen/trinken*** you should eat/smoke/drink less
II. *adj comp von* **wenig** less, fewer; **~ werden** to be dwindling away
▸WENDUNGEN: **~ ist mehr** it's quality not quantity that counts
III. *adv comp von* **wenig** *(nicht so sehr)* ■**~ ... als ...** less ... than
▸WENDUNGEN: **je mehr ... desto ~ ...** the more ... the less ...
IV. *konj* MATH minus, less

We·nig·keit <-> *f kein pl (geh: Kleinigkeit)* ■**eine ~** a little, a small amount
▸WENDUNGEN: **meine ~** *(hum fam)* little old me *hum fam*

we·nig·ste(r, s) I. *pron (fast niemand)* ■**die ~n** very few; ■**das ~, was** the least that; ***das ist noch das ~!*** *(fam)* that's the least of it!
II. *adv* **am ~n** least of all

we·nigs·tens ['veːnɪçstn̩s] *adv* at least

wenn [vɛn] *konj* ❶ *konditional (falls)* if; ***~ das so ist*** if that's the way it is; ■**~ ... doch** [*o* **bloß**] **...!** if only ...!
❷ *temporal (sobald)* as soon as

wenn·gleich [vɛn'ɡlaiç] *konj (geh) s.* **obgleich**

wenn·schon [vɛn'ʃoːn] *adv* ▸WENDUNGEN: **~, dennschon!** *(fam)* I/you etc. may as well go the whole hog [*or* AM the whole nine yards] *fam*, there's no point in doing things by halves *fam* [*or* AM *fam* a half-assed job]; [**na,**] **~!** so what?, what of it?

wer [veːɐ̯] I. *pron interrog (welcher)* who; ■**~ von ...** which of ...; **~ *da?*** who's there?
II. *pron rel (derjenige, der)* ■**~ ...,** [**der**] ... the person who ..., whoever ...
III. *pron indef (fam) (jemand)* somebody; ■**~ von ...** which of ...
▸WENDUNGEN: **~ sein** to be somebody *fam*

Wer·be·ab·tei·lung *f* advertising [*or* publicity] [*or* marketing] department **Wer·be·agen·tur** *f* advertising agency **Wer·be·ak·ti·on** *f* advertising promotion **Wer·be·an·zei·ge** *f* advertisement **Wer·be·auf·druck** *m* advertising print **Wer·be·auf·wand** *m* ÖKON advertising expenditure **Wer·be·auf·wen·dun·gen** *pl* advertising expenditure *no pl* **Wer·be·ban·ner** *nt* INFORM banner ad *fam* **Wer·be·bei·la·ge** *f* advertising supplement, magazine insert **Wer·be·be·schrän·kung** *f* advertising restrictions *pl* **Wer·be·be·stim·mun·gen** *pl* advertising regulations **Wer·be·block** *nt* advertising block **Wer·be·bran·che** *f* advertising **Wer·be·brief** *m* HANDEL junk mail **Wer·be·bro·schü·re** *f* brochure, pamphlet **Wer·be·ein·blen·dung** *f* TV screening [*or* insertion] of adverts **Wer·be·ein·nah·men** *pl* advertising revenue *sing* **Wer·be·etat** *m* HANDEL advertising budget **Wer·be·fach·leu·te** *pl* advertising people [*or* experts], admen *sl* **Wer·be·fach·mann, -fach·frau** *m, f* publicity expert, adman *fam* **Wer·be·feld·zug** *m* HANDEL advertising campaign **Wer·be·fens·ter** *nt* INET advertising window **Wer·be·fern·se·hen** *nt* commercials *pl*, advertisements *pl*, adverts *pl fam* **Wer·be·film** *m* advertising [*or* promotional] [*or* publicity] film **wer·be·fi·nan·ziert** *adj* financed by advertising *pred* **Wer·be·flä·che** *f* advertising space **Wer·be·fo·to** *nt* advertising [*or* publicity] photo **Wer·be·frit·ze** <-en, -en> ['vɛrbəfrɪtsə] *m (pej sl: in der Werbung Tätiger)* adman *fam*, ad industry type *fam* **Wer·be·funk** *m* radio advertisements *pl* [*or* commercials] *pl* **Wer·be·ge·schenk** *nt* promotional gift **Wer·be·kam·pa·gne** *f* advertising [*or* publicity] campaign **Wer·be·kon·zept** *nt* ÖKON advertising concept **Wer·be·kos·ten** *pl* advertising costs *pl*, publicity expenditure *no pl* **Wer·be·lei·ter, -lei·te·rin** *m, f* advertising manager, head of publicity [*or* promotions] **Wer·be·maß·nah·me** *f* HANDEL promotional measure **Wer·be·ma·te·ri·al** *nt* advertising [*or* publicity] material, sales literature **Wer·be·me·di·um** *nt* advertising medium **Wer·be·mit·tel** *nt* advertising medium, means of advertising **Wer·be·mög·lich·keit** *f* advertising possibility

wer·ben <wirbt, warb, geworben> ['vɛrbn̩] I. *vt* ■**jdn** [**für etw** *akk*] **~** to recruit sb [for sth]
II. *vi* ❶ *(Reklame machen)* ■**für etw** *akk* **~** to advertise [*or* promote] sth; **für eine Partei ~** to try to win support for a party
❷ *(zu erhalten suchen)* **um eine Frau/einen Mann ~** to woo a woman/pursue a man; **um Unterstützung ~** to try to enlist support; **um neue Wähler ~** to try to attract new voters; **um Vertrauen ~** to try to gain trust

Wer·be·pros·pekt *m* promotional brochure [*or* leaflet], advertising leaflet

Wer·ber(in) <-s, -> *m(f)* ❶ *(Akquisiteur)* canvasser, advance man *esp* AM
❷ HIST *von Soldaten* recruiter
❸ *(veraltet: Verehrer)* suitor

Wer·be·recht *nt* JUR advertising law **Wer·be·rum·mel** *m (oft pej fam)* advertising [*or* marketing] blitz *fam* **Wer·be·schild** *nt* show card **Wer·be·schrift** *f* advertising [*or* publicity] leaflet, prospectus, flyer **Wer·be·sei·te** *f* full-page ad[vertisement] **Wer·be·sen·dung** *f* TV *(Werbespot)* commercial break **Wer·be·slo·gan** *m* advertising [*or* publicity] slogan **Wer·be·spot** *m* commercial, advertisement, advert *fam* **Wer·be·spruch** *m* advertising [*or* publicity] slogan **Wer·be·steu·er** *f* FIN advertising tax **Wer·be·stra·te·gie** *f* ÖKON advertising strategy **Wer·be·text** *m* advertising [*or* publicity] copy *no pl, no indef art* **Wer·be·tex·ter(in)** *m(f)* advertising copywriter **Wer·be·trä·ger** *m* advertising medium

wer·be·trei·bend *adj inv* advertising

Wer·be·trei·ben·de(r) <-n, -n> *f(m) (Firma)* advertising agency, advertiser; *(Person)* advertising agent, adman **Wer·be·trom·mel** *f* ▸WENDUNGEN: **die ~ für jdn/etw rühren** *(fam)* to beat the drum for sb/sth *fam* **Wer·be·un·ter·bre·chung** *f* TV *(für Werbespots)* commercial break **Wer·be·ver·bot** *nt* JUR advertising ban **wer·be·wirk·sam** *adj* promotionally effective **Wer·be·wir·kung** *f* advertising effect **Wer·be·zeit** *f* TV, RADIO advertising time **Wer·be·zweck** *m meist pl* advertising purpose; **für ~e** [*o* **zu ~en**] for advertising purposes

Wer·bung <-> *f kein pl* ❶ *(Reklame)* advertisement; **direkte/indirekte ~** direct/indirect advertising; **irreführende ~** misleading advertising; **vergleichende ~** comparative [*or* discriminatory] advertising; **~ für etw** *akk* **machen** to advertise sth
❷ *(Werbespot)* commercial, TV advert *fam*; *(Werbeprospekt)* advertising brochure
❸ *(Branche)* advertising
❹ *(das Werben)* recruitment; *von Kunden* attracting, winning

Wer·bungs·kos·ten *pl* professional expenses *pl*; *von Firma* business expenses *pl* **Wer·bungs·kos·ten·pau·scha·le** *f*, **Wer·bungs·kos·ten·pausch·be·trag** *m* FIN blanket deduction for income-related expenses

We·de·gang <-s, -gänge> *m pl selten* career

wer·den ['veːɐ̯dn̩]

I. INTRANSITIVES VERB
II. UNPERSÖNLICHES INTRANSITIVES VERB
III. TRANSITIVES VERB
IV. UNPERSÖNLICHES TRANSITIVES VERB
V. AUXILIARVERB
VI. AUXILIARVERB FÜR PASSIV

I. INTRANSITIVES VERB

❶ <wurde *o poet o veraltet* ward, geworden> *sein (Eigenschaft bekommen)* ***er ist [gerade] 30 geworden*** he's [just] turned thirty [*or* had his 30th birthday]; ***sie wird morgen 80*** she'll be 80 tomorrow; **alt/älter ~** to get [*or* grow] [*or* become] old[er]/older, to be getting on *fam*; **anders ~** to change; **arm ~** to grow [*or* become] poor; **besser ~** to get [*or* become] better, to improve; **blass ~** to turn [*or* grow] [*or* go] [*or* become] pale, to pale; **blind ~** to go [*or* become] blind; **böse ~** to get [*or* grow] [*or* become] angry; **frech ~** to get [*or* become] impertinent; **glücklich ~** to grow [*or* become] happy; **gut ~** to turn out well; **kalt ~** to go [*or* get] [*or* grow] [*or* turn] cold; **krank ~** to get [*or* grow] [*or* become] ill, to sicken, to take ill [*or* sick] *fam*; **müde ~** to grow [*or* get] [*or* become] tired, to tire; **reich ~** to get [*or* grow] [*or* become] rich; **rot ~** to turn [*or* grow] [*or* go] red, to redden; *(aus Scham a.)* to blush; *(stärker)* to flush; **schlank ~** to grow [*or* get] slim, to slim [down]; **schlecht ~** to turn [*or* go] bad; **schlechter ~** to grow [*or* get] [*or* become] worse, to worsen; **verrückt ~** to go mad; **wach ~** to awake, to wake up
❷ <wurde *o poet o veraltet* ward, geworden> *sein (empfinden)* **jdm wird besser/heiß/kalt/übel** sb feels [*or* is getting] better/hot/cold/sick; ■**jdm wird, als** [**ob**] ... sb feels as if [*or* though] ...
❸ <wurde *o poet o veraltet* ward, geworden> *sein (entwickeln)* ■**aus jdm wird etw** sb will turn out to be sth; ***was soll aus dir bloß ~?*** what's to become of you?; **aus jdm wird etwas/nichts** sb will get somewhere/won't get anywhere in life; ■**aus etw** *dat* **wird etw**: ***aus Liebe wurde Hass*** love turned into hate; **aus etw** *dat* **wird etwas/nichts** sth will turn into something/nothing will come of

W

sth; ***daraus wird nichts!*** that won't come to anything!, nothing's going to come of that!; *(mitnichten)* no chance [*or* way]! *fam;* ■**zu etw** *dat* ~ to become sth; *(verwandeln)* to turn into sth; **zur Gewissheit/zum Albtraum** ~ to become a certainty/nightmare; **jdm zum Verhängnis** ~ to be sb's undoing; ■**etw** ~ **lassen**: ***jeder Tag, den Gott werden lässt*** every day that God gives [*or* grants] us; ■**etw zu etw** *dat* ~ **lassen** to turn sth into sth

④ <wurde *o poet o veraltet* wạrd, geworden> *sein* *(fam: sich ergeben)* to turn out all right [*or fam* OK]; ***es wird langsam*** it's slowly getting somewhere; ***das Projekt wird allmählich*** the project is coming on nicely; ***wirds bald?*** get a move on! *fam;* ***was soll bloß ~, wenn ...?*** what on earth is going to happen [*or* are we going to do] when ...?; **es wird schon** [**wieder**] ~ it'll turn out OK in the end *fam;* **nicht wieder** ~ to peg out Brit *fam*

⑤ <wurde *o poet o veraltet* wạrd, geworden> *sein* *(geh: gehören)* ■**jdm wird etw** sth is granted [*or* accorded] to sb, sb is granted [*or* accorded] sth; ***Gerechtigkeit soll Ihnen*** ~ you shall have justice

▸Wendungen: [**ich dachte,**] **ich werd nicht mehr!** *(sl)* well I never [did]! *fam,* I don't believe it!

II. unpersönliches intransitives Verb

① <wurde *o poet o veraltet* wạrd, geworden> *sein* *(Eigenschaft bekommen)* ***es wird anders*** ~ things are going to change; ***es wird besser*** ~ it is going to get [*or* become] better; ***es wird dunkel/kalt/spät*** it is getting dark/cold/late; ***heute soll es kalt*** ~ we can expect cold weather today; ***seit Jahren ist es still geworden um sie*** she hasn't been heard of for many years

② <wurde *o poet o veraltet* wạrd, geworden> *sein* *(empfinden)* **jdm wird es besser/heiß/kalt/übel** sb feels [*or* is getting] better/hot/cold/sick

III. transitives Verb

① <wurde *o poet o veraltet* wạrd, geworden> *sein* *(entwickeln)* ■**etw** ~ to become sth; ***ich wollte kein Held*** ~ I didn't want to be [*or* become] a hero; ***wenn das kein Erfolg wird!*** if that won't be [*or* become] a hit!; **Mode/Tatsache/Wirklichkeit** ~ to become fashionable/a fact/reality; **Vater** ~ to become a father

② <wurde *o poet o veraltet* wạrd, geworden> *sein* *(qualifizieren)* ***was willst du ~?*** what do you want to be [when you grow up]?; **Arzt/Astronaut/Lehrerin** ~ to become a doctor/an astronaut/a teacher; **Erster/Zweiter/Letzter** ~ to be [*or* come] first/second/last; *(im Rennen a.)* to come in first/second/last

③ <wurde *o poet o veraltet* wạrd, geworden> *sein* *(fam: ergeben)* ***was soll das ~?*** what's that going to be?; **etwas/nichts** ~ to turn out well [*or fam* OK]/badly; ***das wird [et]was ~!*** it'll be a riot! *fam;* ***mit den beiden wird es etwas*** ~ the two will be going out with each other

IV. unpersönliches transitives Verb

① <wurde *o poet o veraltet* wạrd, geworden> *sein* *(herannähern)* ***es wird Abend/Tag*** it is getting dark/light; ***es wird Nacht*** night is falling; ***es wird Sommer*** summer is coming; ***es wird 15 Uhr*** it's coming up to [*or* it's nearly] 3 o'clock; ***es wird [höchste] Zeit*** it is [high] time; ***10 Jahre wird es, seit ...*** it will be ten years since ...; ***es wird bald ...*** it will soon be ...

② <wurde *o poet o veraltet* wạrd, geworden> *sein* *(entstehen)* ***es werde Licht! und es wurde [o poet o veraltet ward] Licht*** let there be light: and there was light

V. Auxiliarverb

① *zur Bildung des Futurs* ■**jd/etw wird etw tun** sb/sth will/shall do sth; *(fest vorhaben, sich fest ergeben)* sb/sth is going to do sth; ■**jd/etw wird etw nicht tun** sb/sth will/shall not [*or* won't/shan't] do sth; *(fest vorhaben, sich fest ergeben)* sb/sth is not going to do sth; ■**jd/etw wird etw getan haben** sb/sth will have done sth; ■**es wird etw geschehen** sth is going to happen

② *(mutmaßend)* ■**jd/etw wird etw tun/getan haben** sb/sth will probably be doing/have done sth; ***es wird gegen 20 Uhr sein*** it's probably getting on for 8 o'clock; ***du wirst schon wissen, was du tust*** you must know what you're doing

③ *zur Bildung des Konjunktivs* ■**jd/etw würde etw tun/getan haben** sb/sth would do/have done sth; ***ich würde sagen, dass ...*** I should think that ...; ■**wenn jd/etw etw tun/getan haben würde, ...** if sb/sth did/had done sth[,] ...

④ *in Bitten* ■**würde jd etw tun?** would [*or* could] sb please do sth?

⑤ *zur Kennzeichnung des Futurischen* ***wenn ich morgen einkaufen würde, haben wir noch Zeit fürs Kochen*** we'll still have time to cook when I do the shopping tomorrow

⑥ *in indirekter Rede* ***sie sagte, dass sie in Stuttgart wohnen würde*** she said she is [*or* was] living in Stuttgart; ***er sagt, dass er morgen kommen würde*** he says he'll be coming tomorrow; ***sie behaupten, sie würden uns in Schach schlagen*** they claim they can beat us at chess

▸Wendungen: **wer wird denn gleich ... !** *(fam)* you're not going to ... [now], are you?

VI. Auxiliarverb für Passiv

<wurde *o poet o veraltet* ward, worden> *zur Bildung des Passivs* ■**getan** ~ to be done; ***du wirst gerufen*** somebody's calling you; ***Ihnen wurde mitgeteilt, dass ...*** you have been informed that ...; ■**es wird etw getan** sth will be done; ***jetzt wird gearbeitet/geschlafen!*** let's get some work done!/go to sleep now!; ***es wurde getanzt und gesungen*** there was singing and dancing; ***es wurde gemunkelt, dass...*** rumour had it that...

Wer·den <-s> ['ve:ɐ̯dn̩] *nt kein pl (geh)* development; **im ~ sein** to be in the making

wẹr·dend *adj* developing, emergent; **~e Mutter/~er Vater** expectant mother/father, mother-to-be/father-to-be

Wer·fall *m* Ling nominative [case]

wer·fen <wirft, warf, geworfen> ['vɛrfn̩] **I.** *vt* ① *(schmeißen)* ■**etw irgendwohin** ~ to throw sth somewhere; ■**etw auf jdn/etw** ~ to throw sth at sb/sth; ***hör auf, Steine ans Fenster zu ~!*** stop throwing stones at the window!; ***das Boot wurde gegen die Felsen geworfen*** the boat was thrown onto the rocks; **etw auf den Boden** ~ to throw sth to the ground; **etw in den Briefkasten** ~ to put sth in the letter box; **Bomben** ~ to drop bombs; **jdm etw ins Gesicht/an den Kopf** ~ to throw sth in sb's face/at sb's head; **eine Münze** ~ to toss a coin; **die Tür ins Schloss** ~ to slam the door shut

② *(fig: befördern, tun)* **einen kurzen Blick in den Spiegel/in die Zeitung** ~ to cast a glance in the mirror/at the paper; **jdn aus der Firma/dem Haus** ~ to throw [*or fam* kick] sb out [of the firm/the house]; **eine Frage in die Diskussion** ~ to throw a question into the discussion; **jdn ins Gefängnis** ~ to throw sb into prison; **neue Produkte auf den Markt** ~ to bring new products on the market; **alle Sorgen hinter** [*o* **von**] **sich** *dat* ~ to cast aside all one's worries; *s. a.* **Blick, Licht**

③ *(ruckartig bewegen)* ■**etw irgendwohin** ~ to throw [*or fam* fling] sth somewhere; **die Arme in die Höhe** ~ to throw one's arms up; **den Kopf in den Nacken** ~ to toss one's head back; **die Kleider von sich** *dat* ~ to throw [*or* cast] off one's clothes

④ *(projizieren) etw* ~ to throw [*or* make] sth; ***der Mond warf ein silbernes Licht auf den See*** the moon threw a silver light onto the lake; **Bilder an die Wand** ~ to project pictures on[to] the wall; **einen Schatten** ~ to cast a shadow

⑤ *(bilden)* **Blasen** ~ to bubble; **Falten** ~ to wrinkle, to crease

⑥ Zool *(Junge gebären)* **Junge** ~ to have [*or spec* throw] young

⑦ *(erzielen)* **eine 6** ~ to throw a six; **ein Tor** ~ Sport to score a goal

⑧ Sport *(zu Boden bringen)* **den Gegner** ~ to floor the opponent

II. *vi* ① *(Werfer sein)* to throw

② *(Wurfgeschosse verwenden)* ■**mit etw** *dat* [**nach jdm/etw**] ~ to throw sth [at sb/sth]

③ *(verschwenderisch sein)* **mit Geld um sich** *akk* ~ *(fig)* to throw one's money about [*or* around] *fam;* **mit Komplimenten um sich** *akk* ~ *(fig)* to be lavish [*or* free and easy] with one's compliments; **mit Fremdwörtern/Schimpfwörtern um sich** *akk* ~ *(fig)* to bandy foreign words/curses about

④ Zool *(Junge gebären)* to give birth, to throw *spec*

III. *vr* ① *(sich verziehen)* ■**sich** *akk* ~ *Holz* to warp; *Metall* to buckle

② *(sich stürzen)* ■**sich** *akk* **irgendwohin** ~ to throw oneself somewhere; ■**sich** *akk* **auf jdn/etw** ~ to throw oneself at sb/sth; **sich** *akk* **auf eine neue Aufgabe** ~ *(fig)* to throw oneself into a new task; **sich** *akk* **jdm zu Füßen** ~ to throw oneself at sb's feet; **sich** [*o* **seine**] **in die** *akk* **Kleider** ~ to throw on one's clothes; **sich** *akk* **vor einen Zug** ~ to throw oneself under a train; *s. a.* **Brust, Hals**

Wẹr·fer(in) <-s, -> *m(f)* thrower

Werft <-, -en> [vɛrft] *f* shipyard

Wẹrft·ar·bei·ter(in) *m(f)* shipyard worker **Wẹrft·ge·län·de** *nt* dockland[s *pl*]; **im ~** on [the] dockland[s] **Wẹrft·kran** *m* dockyard [*or* shipyard] [*or* quayside] crane

Werg <-[e]s> [vɛrk] *nt kein pl* tow

Werk <-[e]s, -e> [vɛrk] *nt* ① *(gesamtes Schaffen)* works *pl*

② Kunst, Lit work

③ *kein pl (geh: Arbeit)* work; **ans ~ gehen** [*o* **sich** *akk* **ans ~ machen**] *(geh)* to go [*or* set] to work; **am ~ sein** *(pej)* to be at work

④ *(Fabrik)* factory, works + *sing/pl verb;* **ab ~** ex works

▸Wendungen: **irgendwie zu ~e gehen** *(geh)* to proceed [*or* go to it] in a certain way; **ein gutes ~ tun** to do a good deed; **das ist jds ~** *(pej)* that's his/her etc. doing *fam*

Wẹrk·bank <-bänke> *f* workbench

wer·keln ['vɛrkl̩] *vi (fam)* ■~ to potter [*or* Am putter] about

wer·ken ['vɛrkn̩] *vi (geh)* ■[**irgendwo**] ~ to work [somewhere]

Wer·ken <-s> ['vɛrkn̩] *nt kein pl s.* **Werkunterricht**

wẹrk·ge·treu *adj* **eine ~e Wiedergabe** a faithful reproduction

Wẹrk·hal·le *f* factory building **Wẹrk·leh·rer(in)** *m(f)* woodwork/metalwork teacher

Wẹrk·lie·fe·rung *f* Handel sale under contract for goods and services **Wẹrk·lie·fe·rungs·ver·trag** *m* Handel contract of works, labour and material

Wẹrk·meis·ter(in) *m(f)* foreman

Wẹrk(s)·an·ge·hö·ri·ge(r) *f(m) dekl wie adj* factory [*or* works] employee **Wẹrks·arzt, -ärz·tin** *m, f* company doctor **Wẹrks·bahn** *f* industrial railway, plant-owned railroad

Wẹrk·schutz *m* ① *(Schutzmaßnahmen)* factory [*or* works] security

② *(Personal)* factory [*or* works] security service

wẹrks·ei·gen *adj* company[-owned] **Wẹrks·ge·län·de** *nt* works [*or* factory] premises *npl* **Wẹrk(s)·hal·le** *f* workshop, factory building **Wẹrks·in·spek·ti·on** *f* Handel factory [*or* works] inspection **Wẹrk(s)·kan·ti·ne** *f* factory [*or* works] canteen **Wẹrk(s)·leis·tung** *f* Ökon plant output **Wẹrk(s)·lei·ter(in)** *m(f)* factory [*or* works] manager **Wẹrk(s)·lei·tung** *f* Handel plant [*or* factory] management **Wẹrk(s)·spi·o·na·ge** *f* industrial espionage

Wẹrk·statt *f* ① *(Arbeitsraum eines Handwerkers)* workshop

② Auto *(Autoreparaturwerkstatt)* garage

Wẹrk·stät·te *f (geh) s.* **Werkstatt**

Wẹrk·statt·pro·duk·ti·on *f* workshop production **Wẹrk·statt·wa·gen** *m* breakdown [*or* Am tow] truck

Wẹrk·stoff *m* material **Wẹrk·stoff·prü·fung** *f*

TECH material testing
Werk(s)·tor *nt* factory gate **Werk·stück** *nt* workpiece **Werk·stu·dent(in)** *m(f)* working student
Werk(s)·woh·nung *f* company flat [*or* AM apartment]
Werk·tag *m* workday, working day *esp* BRIT
werk·täg·lich ['vɛrktɛ:klɪç] *adj attr* working day; **~e Pflichten** duties during a working day
werk·tags *adv* on workdays [*or esp* BRIT working days]
werk·tä·tig ['vɛrktɛ:tɪç] *adj* working *attr,* in work *pred;* **die ~e Bevölkerung** the working population
Werk·tä·ti·ge(r) *f(m) dekl wie adj* working person, worker
Werk·treue *f kein pl* FILM, THEAT, MUS faithfulness to the original [version] **Werk·un·ter·neh·mer** *m* HANDEL contractor **Werk·un·ter·neh·mer·pfand·recht** *nt* JUR contractor's lien
Werk·un·ter·richt *m* woodwork/metalwork class
Werk·ver·trag *m* JUR contract for work and services **Werk·ver·trags·recht** *nt* JUR law on contracts for work and services
Werk·zeug <-[e]s, -e> *nt* 1 TECH tool *usu pl* 2 INFORM *(Tool)* tool 3 *(geh: gefügiger Helfer)* instrument **Werk·zeug·kas·ten** *m* toolbox **Werk·zeug·kof·fer** *m* toolbox **Werk·zeug·ma·cher(in)** *m(f)* toolmaker **Werk·zeug·ma·schi·ne** *f* machine tool **Werk·zeug·pa·let·te** *f* tool palette **Werk·zeug·schrank** *m* tool cabinet **Werk·zeug·ta·sche** *f* tool bag
Wer·mut <-[e]s> ['ve:ɐ̯mu:t] *m kein pl* 1 BOT wormwood
2 *(aromatisierter Wein)* vermouth
Wer·mut·be·cher *m* vermouth tumbler
Wer·muts·trop·fen *m (geh)* a bitter pill, drop of bitterness
Wer·ner·syn·dromRR, **Wer·ner-Syn·drom** ['vɛrnɐ-] *nt kein pl* MED progeria
wert [ve:ɐ̯t] *adj* 1 *(einen bestimmten Wert besitzen)* ■ **[jdm] etw ~ sein** to be worth sth [to sb]
2 *(verdienen)* ■ **einer S.** *gen* **~ sein** *(geh)* to deserve a thing, to be worthy of a thing
3 *(veraltend geh: geschätzt)* valued
Wert <-[e]s, -e> [ve:ɐ̯t] *m* 1 *(zu erlösender Preis)* value; ***die ~e fielen um 3 Punkte zurück*** prices dropped by 3 points; **Handel in unnotierten ~en** off-board [*or* off-floor] trading; **gemeiner ~** ordinary value; **innerer ~ des Unternehmens** the company's net worth; **kapitalisierter ~** capitalized value; **sächlicher ~** commodity value; **einen bestimmten ~/einen ~ von ... haben** to have a certain value/a value of ..., to be worth [*or* valued at] sth; **im ~ steigen, an ~ zunehmen** to increase in value; **an ~ verlieren, im ~ sinken** to decrease in value; **im ~e von etw** *dat* worth [*or* to the value of] sth; **über/unter ~** above/below its value
2 *pl (Daten)* results *pl*
3 *(wertvolle Eigenschaft)* worth
4 *(Wichtigkeit)* value; **[bestimmten] ~ auf etw** *akk* **legen** to attach [a certain] value [*or* importance] to sth; **[besonderen/gesteigerten] ~ darauf legen, etw zu tun** to find it [especially/increasingly] important to do sth; **etw** *dat* **einen bestimmten ~ beilegen** [*o* **beimessen**] *(geh)* to attach a certain significance to sth
5 *(Wertvorstellung)* value
6 MATH, INFORM *(Zahlenwert)* value; **binärer ~** binary variable
▸WENDUNGEN: **das hat keinen ~** *(fam)* it's useless *fam,* that won't help us
Wert·än·de·rung *f* FIN value change **Wert·an·ga·be** *f* declaration of value **Wert·an·la·ge** *f* investment **Wert·ar·beit** *f* first-class workmanship; **~ sein** to be a product of craftsmanship [*or* workmanship] **Wert·be·ein·träch·ti·gung** *f* impairment of value **Wert·be·rech·nung** *f* valuation, assessment of value **Wert·be·rich·ti·gung** *f* FIN valuation adjustment; **~ zu dubiosen Forderungen** provision for doubtful debts; **~ zum Devisenbestand** foreign-exchange adjustments **wert·be·stän·dig** *adj* stable in value *pred;* ■ **~ sein** to have a stable value **Wert·be·stän·dig·keit** *f kein pl* stability of value **Wert·be·stim·mung** *f* FIN valuation **Wert·be·weis** *m* proof of value **Wert·brief** *m* registered letter *(with valuable content)* **Wert·dif·fe·renz** *f* difference in value
Wer·te·ge·mein·schaft *f* POL community of [shared] values; ***die europäische ~*** core values of European society
Wert·ein·bu·ße *f* loss [*or* decrease] in value
Wer·te·ka·non ['ve:ɐ̯təka:nɔn] *m* SOZIOL *(geh)* core values
wer·ten *vt* 1 SPORT *(anrechnen)* ■ **etw ~** to rate sth
2 SCH *(benoten)* ■ **etw ~** to grade sth
3 *(bewerten)* ■ **etw [irgendwie] ~** to rate sth [somehow]
Wert·ent·wick·lung *f* ÖKON performance **Wert·er·hal·tungs·ga·ran·tie** *f* FIN maintenance-of-value guarantee **Wert·er·hal·tungs·pflicht** *f* FIN maintenance-of-value obligation
Wer·te·sys·tem *nt* system of values **Wer·te·ver·mitt·lung** *f* imparting of values **Wer·te·ver·nich·tung** *f* destruction of values **Wer·te·wan·del** *m* change in values
Wert·fest·set·zung *f* valuation **wert·frei** *adj* nonjudgemental, impartial, unbiased **Wert·ge·gen·stand** *m* valuable object; ■ **Wertgegenstände** valuables **Wert·gren·ze** *f* **oberste/unterste ~** maximum/minimum value
Wer·tig·keit <-, -en> [ve:ɐ̯tɪç-] *f* CHEM, LING valency
Wert·kar·ten·han·dy [-hɛndi] *nt* TELEK *mobile phone using a payment card*
wert·kon·ser·va·tiv *adj* conservative
wert·los *adj* worthless; ■ **für jdn ~ sein** to be worthless to sb; **~e Wertpapiere** FIN dead securities
Wert·maß·stab *m* standard; **nach jds Wertmaßstäben** to sb's standards; **einen bestimmten ~/bestimmte Wertmaßstäbe anlegen** to apply a certain standard/certain standards **Wert·mes·ser** *m* standard, yardstick **Wert·min·de·rung** *f* depreciation, loss of value, decrease in value; **~ durch Überalterung** depreciation for age; **eine ~ erfahren** to fall in value **Wert·ob·jekt** *nt* FIN valuable **Wert·pa·ket** *nt* registered parcel
Wert·pa·pier *nt* bond, security; **~e des Anlagevermögens** long-term investments; **~e mit festem Ertrag** fixed-yield securities; **~e zur Börse zulassen** to admit securities for quotation on the stock market; **begebbares ~** marketable [*or* negotiable] security **Wert·pa·pier·an·lei·he** *f* FIN securities borrowing **Wert·pa·pier·be·stand** *m* FIN security holdings *pl* [*or* portfolio] **Wert·pa·pier·be·treu·er(in)** *m(f)* account executive **Wert·pa·pier·bör·se** *f* BÖRSE stock exchange **Wert·pa·pier·dar·le·hen** *nt* JUR loan on collateral securities **Wert·pa·pier·de·pot** [-depo:] *nt* FIN securities portfolio **Wert·pa·pier·emis·si·on** *f* BÖRSE security issue **Wert·pa·pier·fonds** *m* FIN security-based investment fund **Wert·pa·pier·ge·schäft** *nt* FIN security transaction **Wert·pa·pier·han·del** *m kein pl* BÖRSE stockbroking *no pl* **Wert·pa·pier·händ·ler(in)** *m(f)* BÖRSE dealer on the stock exchange, securities dealer, stockbroker; **~ im Freiverkehr** securities dealer **Wert·pa·pier·kauf** *m* FIN purchase of securities **Wert·pa·pier·käu·fer(in)** *m(f)* FIN buyer of securities **Wert·pa·pier·kurs** *m* FIN security price **Wert·pa·pier·leih·ge·schäft** *nt* security borrowing **Wert·pa·pier·markt** *m* stock [*or* securities] market **Wert·pa·pier·recht** *nt* JUR negotiable instruments law **Wert·pa·pier·um·satz** *m* BÖRSE volume of trading **Wert·pa·pier·ver·kauf** *m* FIN sale of securities **Wert·pa·pier·ver·käu·fer(in)** *m(f)* FIN seller of securities **Wert·pa·pier·ver·mö·gen** *nt* FIN portfolio assets *pl*
Wert·recht *nt* JUR loan stock right **Wert·sa·che** *f meist pl* valuable object; ■ **~n** valuables
wert|schät·zen *vt (veraltend)* ■ **jdn/etw ~** to hold sb/sth in high regard [*or* esteem] **Wert·schät·zung** *f (geh)* esteem
Wert·schöp·fung *f* ÖKON increase in value, added value; **volkswirtschaftliche ~** net domestic product **Wert·schöp·fungs·ket·te** *f* ÖKON value creation chain **Wert·schöp·fungs·steu·er** *f* FIN value added tax
Wert·schrift *f meist pl* SCHWEIZ *(Wertpapier)* bond, security **Wert·schwund** *m* dwindling value **Wert·sen·dung** *f* FIN remittance
Wert·si·che·rung *f* JUR value guarantee **Wert·si·che·rungs·klau·sel** *f* JUR stable value clause
Wert·stei·ge·rung *f* increase in value **Wert·stel·lung** *f* value
Wert·stoff *m* recyclable material **Wert·stoff·con·tai·ner** *m* recycling container **Wert·stoff·hof** *m* collection station, recycling centre [*or* AM center]
Wer·tung <-, -en> *f* 1 SPORT *(Bewertung)* rating, score
2 *(das Werten)* grading
3 *(Bewertung)* evaluation, assessment
Wert·ur·teil *nt* value judgement; **ein ~ [über etw** *akk***] abgeben** to make a value judgement [on sth] **Wert·ver·än·de·rung** *f* FIN change in value **Wert·ver·lust** *m* ÖKON depreciation, decline in value **Wert·ver·schleiß** *m* FIN depreciation **wert·voll** *adj* valuable **Wert·vor·stel·lung** *f meist pl* moral concept *usu pl* **Wert·zei·chen** *nt (form)* stamp **Wert·zoll** *m* FIN ad valorem duty **Wert·zoll·recht** *nt* JUR valuation legislation
Wert·zu·wachs *m* ÖKON appreciation in value, capital appreciation **Wert·zu·wachs·steu·er** *f* FIN capital gains tax
wer·wei·ßen [vɛɐ̯'vaisn̩] *vi* SCHWEIZ *(rätseln)* to rack one's brains
Wer·wolf ['ve:ɐ̯vɔlf] *m* werewolf
We·sen <-s, -> ['ve:zn̩] *nt* 1 *(Geschöpf)* being; *(tierisch)* creature; **das höchste ~** the Supreme Being; **kleines ~** little thing; **menschliches ~** human being
2 *kein pl (kennzeichnende Grundzüge)* nature
we·sen·haft *adj (veraltet geh)* 1 *(im Wesen begründet)* intrinsic
2 *(real)* real
we·sen·los *adj (geh)* 1 *(unwirklich)* *Träume* insubstantial, unreal
2 *(bedeutungslos)* insignificant
We·sens·art *f* nature, character **we·sens·fremd** *adj* different in nature *inv, pred* **we·sens·gleich** *adj* very similar [*or* alike], identical in character [*or* nature] **We·sens·kern** *m kein pl* core of sb's being **We·sens·zug** *m* characteristic, [character] trait
we·sent·lich ['ve:zn̩tlɪç] **I.** *adj* 1 *(erheblich)* considerable
2 *(gewichtig)* substantial, essential; *(wichtig)* important; ■ **das W~e** the essentials; **im W~en** essentially; ***das war's im W~en*** that was the gist of it; ***und das war alles, was er gesagt hat? – im W~ en, ja*** and that was all he said? — basically [*or* essentially], yes
3 JUR material, substantial, fundamental; **~er Bestandteil einer Sache** integral part of an item; **~e Beteiligung** controlling interest
II. *adv (erheblich)* considerably; ***es ist mir ~ lieber, wenn ...*** I would much rather we ..., I would prefer if we ...; ***er hat sich nicht ~ verändert*** he hasn't changed much
We·ser <-> ['ve:zɐ] *f* Weser
Wes·fall *m* genitive [case]
wes·halb [vɛs'halp] **I.** *adv interrog* why
II. *adv rel* why
We·sir <-s, -e> [ve'zi:ɐ̯] *m* vizier
Wes·pe <-, -n> ['vɛspə] *f* wasp
Wes·pen·nest *nt* ZOOL wasp's nest ▸WENDUNGEN: **in ein ~ stechen** *(fam)* to stir up a hornets' nest **Wes·pen·stich** *m* wasp sting **Wes·pen·tail·le** *f* wasp waist; **eine ~ haben** to have a wasp waist
wes·sen ['vɛsn̩] **I.** *pron gen von* **wer** 1 *interrog* whose
2 *rel, indef* whose; ■ **~ ... auch [immer]** ... no matter whose ...
II. *pron interrog (geh) gen von* **was** of what, what ... of; ***~ man dich auch immer angeklagt hat, ...*** whatever it is you've been accused of ...
wes·sent·wil·len ['vɛsn̩t'vɪlən] *adv interrog* **um ~** *(geh)* for whose sake

Wes·si[1] <-s, -s> ['vɛsi] *m (fam)* male West German

Wes·si[2] <-, -s> ['vɛsi] *f (fam)* female West German

West <-[e]s, -e> [vɛst] *m* ❶ *kein art, kein pl bes* NAUT west; **der Konflikt zwischen Ost und ~** POL the conflict between East and West; *s. a.* **Nord 1**
❷ *pl selten* NAUT *(Westwind)* west wind

West·af·ri·ka *nt* West Africa **west·af·ri·ka·nisch** *adj* West African **West·ber·lin** <-s> ['vɛstbɛrli:n] *nt* West Berlin **West·ber·li·ner(in)** ['vɛstbɛrli:nɐ] *m(f)* West Berliner **West·bür·ger(in)** *m(f)* West German **west·deutsch** ['vɛstdɔytʃ] *adj* West German, in West Germany **West·deutsch·land** ['vɛstdɔytʃlant] *nt* West Germany

Wes·te <-, -n> ['vɛstə] *f* ❶ *(ärmellose Jacke)* waistcoat
❷ *(Strickjacke)* cardigan
▸WENDUNGEN: **eine** __**reine**__ [*o* __**saubere**__] [*o* __**weiße**__] **~ haben** *(fam)* to have a clean slate *fam*

Wes·ten <-s> ['vɛstn̩] *m kein indef art, kein pl* ❶ *(Himmelsrichtung)* west; *s. a.* **Norden 1**
❷ *(westliche Gegend)* west; **der Wilde ~** the Wild West; *s. a.* **Norden 2**
❸ POL *(die Länder der westlichen Welt)* ■**der ~** the West

Wes·ten·ta·sche *f* MODE *(Tasche einer Weste)* waistcoat pocket
▸WENDUNGEN: **etw wie seine ~** __**kennen**__ *(fam)* to know sth like the back of one's hand *fam*

Wes·tern <-[s], -> ['vɛstɐn] *m* western

Wes·tern·gi·tar·re *f* western guitar

Wes·ter·wald <-[e]s> ['vɛstɐvalt] *m* Westerwald

West·eu·ro·pa ['vɛst?ɔy'ro:pa] *nt* Western Europe **west·eu·ro·pä·isch** ['vɛst?ɔyro'pɛ:ɪʃ] *adj* West European

West·fa·le, West·fä·lin <-n, -n> [vɛst'fa:lə, vɛst'fɛ:lɪn] *m, f* Westphalian

West·fa·len <-s> [vɛst'fa:lən] *nt* Westphalia

West·fä·lin <-, -nen> [vɛst'fɛ:lɪn] *f fem form von* **Westfale**

west·fä·lisch [vɛst'fɛ:lɪʃ] *adj* ❶ GEOG *(Westfalen betreffend)* Westphalian, in Westphalia
❷ *(in Westfalen anzutreffend)* Westphalian; *s. a.* **Friede**
❸ KOCHK **~es Töttchen** *ragout of calf's heart, lung and brain*

West·frie·si·sche In·seln [vɛst'fri:zɪʃə-] *pl* West Frisian Islands *pl*

West·geld <-[e]s> *nt* West German money **West·ger·ma·ne, -ger·ma·nin** *m, f* West Germanic **west·ger·ma·nisch** ['vɛstgɛrma:nɪʃ] *adj* West Germanic **West·go·te, -go·tin** ['vɛstgo:tə, -go:tɪn] *m, f* Visigoth **West·gren·ze** *f* western border **West·hang** *m* west-facing slope **west·in·disch** ['vɛst'?ɪndɪʃ] *adj* West Indian; **~e Kirsche** acerola cherry; **~e Languste** Caribbean spiny lobster; **~er Nierenbaum** cashew nut; **~es Sandelholzöl** amyris oil

West·jor·dan·land *nt kein pl* West Bank

West·küs·te *f* west coast

West·ler(in) <-s, -> ['vɛstlɐ] *m(f) (pej fam)* ❶ *(Westdeutscher)* West German, *person from the former Federal Republic*
❷ *(Angehöriger der westlichen Zivilisation)* westerner

west·lich ['vɛstlɪç] **I.** *adj* ❶ *(in westlicher Himmelsrichtung befindlich)* western; *s. a.* **nördlich I 1**
❷ *(im Westen liegend)* western; *s. a.* **nördlich I 2**
❸ *(von/nach Westen)* westwards, westerly; *s. a.* **nördlich I 3**
II. *adv* GEOG ■**~ von etw** *dat* to the west of sth
III. *präp +gen* GEOG ■**~ einer S.** *gen* [to the] west of sth; *s. a.* **nördlich III**

West·mäch·te *pl* ■**die ~** the western powers

West·mark <-> *f* HIST *(fam)* West German mark **West·ni·veau** *nt* POL western standards *pl* **West·preu·ßen** *nt* West Prussia **West·rom** ['vɛstro:m] *nt* Western Roman Empire **west·rö·misch** ['vɛstrø:mɪʃ] *adj* Western Roman; **das W~e Reich** the Western Roman Empire **West·sei·te** *f* west side **West·ta·rif** *m selten pl a pay scale applicable in the Länder which formerly belonged to the German Federal Republic* **West·teil** *m* western part **West·thra·ki·en** <-s> [-'tra:ki̯ən] *nt* Western Thrace **West·wall** *m* ■**der ~** the Siegfried Line

west·wärts ['vɛstvɛrts] *adv* westwards, to the west

West·wind *m* west wind

wes·we·gen [vɛs've:gn̩] *adv s.* **weshalb**

wett [vɛt] *adj pred* quits; ■**[mit jdm] ~ sein** to be quits [with sb]

Wett·an·nah·me *f* betting office, bookmaker's

Wett·be·werb <-[e]s, -e> ['vɛtbəvɛrp] *m* ❶ *(Veranstaltung zur Ermittlung des Besten)* competition; **sportlicher ~** sports competition; **sich** *akk* **im ~ gegen jdn durchsetzen** to compete against sb successfully; **miteinander im ~ stehen** to be competing [*or* in competition] with each other; **mit jdm in ~ treten** to compete with sb
❷ *kein pl* ÖKON *(Konkurrenzkampf)* competition; **unlauterer ~** unfair competition; **Gesetz gegen unlauteren ~** unfair competition act; **den ~ ausschalten/verschärfen** to eliminate/intensify competition; **den ~ erhalten** to be faced with competition; **den freien ~ unterbinden** to curb free competition; **den ~ verzerren** to distort competition

Wett·be·wer·ber(in) *m(f)* competitor

wett·be·werb·lich *adj* ÖKON competitive; **~e Anreize** incentives to compete

Wett·be·werbs·ab·re·de *f* HANDEL competition-regulating agreement, agreement on a restraint of trade **Wett·be·werbs·auf·sicht** *f* HANDEL trade watchdog **Wett·be·werbs·auf·sichts·be·hör·de** *f* HANDEL Director of Fair Trading BRIT **wett·be·werbs·be·dingt** *adj* competitive, resulting from competition **Wett·be·werbs·be·din·gun·gen** *pl* HANDEL terms of competition, competitive conditions; **extreme ~** highly competitive conditions; **~ beeinträchtigen** to adversely affect the conditions of competition; **~ verfälschen** to distort [the conditions of] competition **Wett·be·werbs·be·hör·den** *pl* JUR competition authorities **wett·be·werbs·be·schrän·kend** *adj* HANDEL anti-competitive, restrictive; **~e Maßnahmen** restraint of trade; **~es Verhalten** restrictive trade practices **Wett·be·werbs·be·schrän·kung** *f* JUR restraint of trade [*or* competition] **Wett·be·werbs·be·stim·mun·gen** *pl* HANDEL competition rules **Wett·be·werbs·druck** *m kein pl* ÖKON competitive pressure; **Wettbewerbs- und Kostendruck** competitive and cost pressure **wett·be·werbs·fä·hig** *adj* HANDEL competitive **Wett·be·werbs·fä·hig·keit** *f kein pl* ÖKON competitiveness *no pl;* **internationale ~** international competitive ability; **die ~ stärken** to whet one's competitive edge **wett·be·werbs·feind·lich** *adj* ÖKON anticompetitive **wett·be·werbs·för·dernd** *adj* ÖKON promoting competition *pred* **Wett·be·werbs·frei·heit** *f kein pl* ÖKON freedom of competition, free competition **Wett·be·werbs·hand·lung** *f* HANDEL act of competition; **unlautere ~en** fraudulent trading **Wett·be·werbs·hemm·nis** *nt* ÖKON competitive restraint **Wett·be·werbs·hü·ter(in)** *m(f)* ÖKON competition [enforcement] official **Wett·be·werbs·kar·tell** *nt* ÖKON combination in restraint of competition **Wett·be·werbs·kon·trol·le** *f* competition control *(anti-cartel measure)* **Wett·be·werbs·nach·teil** *m* ÖKON competitive disadvantage **Wett·be·werbs·neu·tra·li·tät** *f* neutrality with regard to competition; **die ~ wiederherstellen** to eliminate competitive distortion **Wett·be·werbs·ord·nung** *f* rules of competition **Wett·be·werbs·po·li·tik** *f* competition policy **Wett·be·werbs·recht** *nt* JUR competition [*or* fair trade] law **Wett·be·werbs·re·gel** *f* ÖKON competition rule **Wett·be·werbs·re·geln** *pl* trade practices rules, code of fair competition **Wett·be·werbs·schwä·che** *f* ÖKON competitive weakness **Wett·be·werbs·spiel·raum** *m* ÖKON competitive range **Wett·be·werbs·stel·lung** *f* ÖKON competitive position **Wett·be·werbs·stra·te·gie** *f* ÖKON competitive strategy **Wett·be·werbs·ver·bot** *nt* ÖKON restraint of trade, prohibition of [*or* ban on] competition **Wett·be·werbs·ver·fäl·schung** *f* distortion of competition **Wett·be·werbs·ver·gleich** *m* ÖKON comparison with competitors **Wett·be·werbs·ver·hal·ten** *nt* competitive behaviour [*or* AM -or] **Wett·be·werbs·ver·stoß** *m* infringement of fair competition **Wett·be·werbs·ver·zer·rung** *f* ÖKON competitive distortion **Wett·be·werbs·vor·teil** *m* competitive advantage [*or* edge] **wett·be·werbs·wid·rig** *adj* anti-competitive, detrimental to competition

Wett·bü·ro *nt* betting office, bookmaker's

Wet·te <-, -n> ['vɛtə] *f* bet; **jede ~ auf etw** *akk* **eingehen** *(fam)* to bet sb anything *fam;* ■**jede ~ eingehen, dass** to bet anything that; ***die ~ gilt!*** *(fam)* you're on! *fam;* **um die ~ essen/trinken** to race each other eating/drinking; **um die ~ laufen** to race each other, to run a race; **eine ~ machen** to make a bet

Wett·ei·fer <-s> ['vɛt?aifɐ] *m kein pl* competitiveness, competitive zeal

wett·ei·fern *vi (geh)* ❶ *(sich gegenseitig zu übertreffen bemühen)* ■**miteinander ~** to contend [*or* compete] with each other
❷ *(ringen)* ■**[mit jdm] um etw** *akk* **~** to compete [*or* contend] [with sb] for sth

wet·ten ['vɛtn̩] **I.** *vi (als Wette einsetzen)* to bet; ■**[mit jdm] um etw** *akk* **~** to bet [sb] sth; ***um was wollen wir ~?*** what shall we bet?; ■**auf ein Tier ~** to bet on an animal; ■**[mit jdm] darauf wetten, dass** to bet [sb] that; [***wollen wir***] ***~?*** *(fam)* [do you] want to bet?
▸WENDUNGEN: __**so**__ **haben wir nicht gewettet!** *(fam)* that's not on! BRIT *fam,* that wasn't the deal!
II. *vt* ■**etw ~** to bet sth

Wet·ter <-s, -> ['vɛtɐ] *nt* ❶ *kein pl* METEO *(klimatische Verhältnisse)* weather; **bei jedem ~** in all kinds of weather, in all weathers
❷ METEO *(fam: Unwetter)* storm
▸WENDUNGEN: **bei jdm** __**gut**__ **~ machen** *(fam)* to make it up to sb *fam;* __**schlagende**__ **~** firedamp *sing*

Wet·ter·amt *nt* met[eorological] office **Wet·ter·aus·sich·ten** *pl* weather outlook [*or* prospects *pl*] **Wet·ter·be·richt** *m* weather report **Wet·ter·bes·se·rung** *f* improvement in the weather **wet·ter·be·stän·dig** *adj s.* **wetterfest**

Wet·ter·chen <-s> *nt kein pl (fam)* lovely [*or* fine] weather

Wet·ter·dienst *m* weather [*or* meteorological] service

wet·ter·emp·find·lich *adj (wetterfühlig)* weather-sensitive **Wet·ter·fah·ne** *f* weather vane **wet·ter·fest** *adj* weatherproof

Wet·ter·frosch *m* ❶ *(Frosch)* tree frog *(kept as a means of predicting the weather)*
❷ *(hum fam: Meteorologe)* weatherman

wet·ter·füh·lig *adj* sensitive to weather changes *pred*

Wet·ter·füh·lig·keit <-> *f kein pl* sensitivity to changes in the weather

wet·ter·ge·gerbt *adj inv Gesicht, Haut* weather-beaten

Wet·ter·hahn *m* weathercock **Wet·ter·kar·te** *f* weather chart **Wet·ter·kun·de** *f kein pl* meteorology **Wet·ter·la·ge** *f* weather situation **wet·ter·leuch·ten** ['vɛtɐlɔyçtn̩] *vi impers* **es wetterleuchtet** there's sheet lightning **Wet·ter·leuch·ten** ['vɛtɐlɔyçtn̩] *nt kein pl* sheet lightning

wet·tern ['vɛtɐn] *vi (geh)* ■**[gegen jdn/etw] ~** to curse [sb/sth], to lash out [at sb/against sth]

Wet·ter·pro·gno·se *f* weather forecast **Wet·ter·sa·tel·lit** *m* weather satellite **Wet·ter·schei·de** *f* weather [*or* meteorological] divide **Wet·ter·sei·te** *f* windward side, side exposed to the weather **Wet·ter·sta·ti·on** *f* weather [*or* meteorological] station **Wet·ter·sturz** *m* sudden temperature drop **Wet·ter·um·schlag** *m* sudden change in the weather *(usually for the worse)* **Wet·ter·um·schwung** *m* sudden change in the weather **Wet·ter·ver·än·de·rung** *f* change in the weather **Wet·ter·ver·schlech·te·rung** *f* deterioration in the weather **Wet·ter·vor·aus·sa·ge** *f,* **Wet·ter·vor·her·sa·ge** *f* weather forecast **Wet·ter·war·te** *f* weather station

wet·ter·wen·disch *adj (pej)* moody, capricious

Wet·ter·wol·ke *f* storm cloud

Wett·fahrt *f* race **Wett·kampf** *m* competition **Wett·kämp·fer(in)** *m(f)* competitor, contestant

Wett·lauf *m (Lauf um die Wette)* race; **einen ~ machen** to run a race

▸WENDUNGEN: **ein ~ mit der** [*o* **gegen die**] **Zeit** a race against time

wett·lau·fen *vi nur infin* to run a race [*or* races] **Wett·läu·fer(in)** *m(f)* runner [in a/the] race

wett|ma·chen ['vɛtmaxn̩] *vt* ❶ *(aufholen)* ■**etw ~** to make up sth

❷ *(gutmachen)* ■**etw ~** to make up for sth

Wett·quo·te *f* odds *pl*

Wett·ren·nen *nt s.* **Wettlauf Wett·rüs·ten** <-s> *nt kein pl* MIL, POL arms race; **das atomare ~** the nuclear arms race **Wett·schwim·men** *nt* swimming competition; **ein ~ machen** to swim a race **Wett·streit** ['vɛtʃtrait] *m* competition, contest

Wet·ware <-, -s> ['wetweə] *f* wetware

wet·zen ['vɛtsn̩] **I.** *vt haben* ❶ *(schleifen)* ■**etw ~** to whet sth

❷ *(reiben)* ■**etw** [**an etw** *dat*] **~** to rub sth [on sth]

II. *vi sein (fam)* ■[**irgendwohin**] **~** to scoot [off] [somewhere] *fam*

Wetz·stahl *f* whetting [*or* sharpening] iron **Wetz·stein** ['vɛtsʃtain] *m* whetstone

WEU <-> [ve:ʔe:ʔu:] *f kein pl Abk von* **Westeuropäische Union** WEU

WEZ <-> [ve:ʔe:'tsɛt] *f kein pl Abk von* **Westeuropäische Zeit** GMT

WG <-, -s> [ve:'ge:] *f Abk von* **Wohngemeinschaft**

WHG, Whg. *Abk von* **Wohnung** flat BRIT, apt. AM

Whirl·pool <-s, -s> ['vø:ɐ̯lpu:l] *m* whirlpool **Whirl·wan·ne** *f* whirlpool

Whis·ky <-s, -s> ['vɪski] *m* whisky; **~ mit Eis/**[**mit**] **Soda** whisky on the rocks [*or* and ice]/and soda; **irischer Whiskey** [Irish] whiskey; **schottischer ~** Scotch

Whistle·blo·wer <-s, -> ['wɪsəlbləʊəʳ] *m* whistleblower

wich [vɪç] *imp von* **weichen**

Wich·se <-, -n> ['vɪksə] *f (veraltend)* ❶ *(Schuhcreme)* shoe polish

❷ *kein pl (fam: Prügel)* hiding *fam;* **~ beziehen** to get a good hiding

▸WENDUNGEN: [**alles**] **eine ~!** *(fam)* [all] one and the same!

wich·sen ['viksn̩] **I.** *vi (vulg)* to jack [*or esp* AM jerk] off *vulg sl,* to wank BRIT *vulg sl*

II. *vt* DIAL ■**etw ~** to polish sth

Wich·ser <-s, -> *m (vulg)* ❶ *(Onanist)* wanker BRIT *vulg sl,* jack-off *vulg sl*

❷ *(Mistkerl)* wanker BRIT *vulg sl,* asshole AM *vulg*

Wichs·vor·la·ge *f (vulg)* wank-rag [*or* -mag] BRIT *vulg,* jizz mag AM *vulg*

Wicht <-[e]s, -e> [vɪçt] *m* ❶ *(schmächtiger Kerl)* wimp *pej fam;* **armer ~** poor wretch

❷ *(Kobold)* goblin; *(Zwerg)* dwarf; **kleiner ~** little one

Wich·te ['vɪçtə] *f* PHYS specific gravity

Wich·tel <-s, -> ['vɪçtl] *m* ❶ *(Kobold)* goblin

❷ *(kleine Pfadfinderin)* Brownie

Wich·tel·männ·chen <-s, -> ['vɪçtlmɛnçən] *nt (Zwerg)* gnome; *(Kobold)* goblin; *(Heinzelmännchen)* elf, brownie

wich·tig ['vɪçtɪç] *adj* ❶ *(bedeutsam)* important; **W~eres zu tun haben** to have more important things to do; **nichts W~eres zu tun haben, als ...** to have nothing better to do than ...; ■**das W~ste** the most important thing[s]

❷ *(iron: bedeutungsvoll)* serious; **eine ~e Miene aufsetzen** to put on an air of importance; **sich** *dat* **~ vorkommen** *(fam)* to be full of oneself *fam;* **sich** *akk* **~ nehmen** to take oneself [too] seriously; **~ tun** *(fam)* to act important *fam*

Wich·tig·keit <-> *f kein pl* importance, significance; **von bestimmter ~ sein** to be of a certain importance [*or* significance]; **etw** *dat* **besondere/große ~ beilegen** [*o* **beimessen**] to consider a thing especially/very important, to attach particular/great importance to a thing

wich·tig|ma·chenRR *vr* ■**sich** *akk* **~** to be full of one's own importance

Wich·tig·ma·cher(in) <-s, -> [-tu:ɐ] *m(f) (pej),* **Wich·tig·tu·er(in)** *m(f)* ÖSTERR *(pej)* stuffed shirt *fam,* pompous git [*or* AM ass] *sl*

Wich·tig·tu·e·rei <-> [vɪçtɪçtu:ə'rai] *f kein pl (pej)* pompousness

wich·tig·tu·e·risch ['vɪçtɪçtu:ərɪʃ] *adj (pej)* pompous *pej;* ■**~ sein** to be pompous, to be full of oneself

Wich·tung *f* SCI weighting

Wi·cke <-, -n> ['vɪkə] *f* vetch

Wi·ckel <-s, -> ['vɪkl] *m* MED *(Umschlag)* compress; **jdm einen bestimmten ~ machen** MED to make sb a certain compress

▸WENDUNGEN: **jdn am** [*o* **beim**] **~ packen** [*o* **kriegen**] *(fam)* to grab sb by the scruff of the neck *fam*

Wi·ckel·blu·se *f* wrapover top **Wi·ckel·falz** *m* TYPO letterfold, parallel fold **Wi·ckel·ge·stell** *nt* changing stand **Wi·ckel·hemd·chen** <-s, -> *nt* wrap-over vest **Wi·ckel·kind** *nt* baby, young infant **Wi·ckel·kleid** *nt* wrapover dress **Wi·ckel·kom·mo·de** *f* [baby] changing table **Wi·ckel·mul·de** *f* changing mat

wi·ckeln ['vɪkl̩n] **I.** *vt* ❶ *(fest herumbinden)* ■[**jdm/sich**] **etw um etw** *akk* **~** to wrap sth round [sb's/one's] sth

❷ *(einwickeln)* ■**jdn/etw in etw** *akk* **~** to wrap sb/sth in sth

❸ *(aufwickeln)* ■**etw auf etw** *akk* **~** to wrap sth round sth; **etw auf eine Spule ~** to coil sth on a spool

❹ *(abwickeln)* ■**etw von etw** *dat* **~** to unwrap sth from sth

❺ *(windeln)* ■**ein Kind ~** to change a baby's nappy [*or* AM diaper], to change a baby

II. *vr (sich herumwickeln)* ■**sich** *akk* **um etw** *akk* **~** to wrap itself around sth

Wi·ckel·raum *m* babies' changing room, mothers' and babies' room **Wi·ckel·rock** *m* wrapover skirt **Wi·ckel·tisch** *m* [baby] changing table; *(im Restaurant etc.)* [baby] changing unit [*or* station]

WID <-, -s> *nt* INFORM *Akr von* **wireless information device** WID

Wid·der <-s, -> ['vɪdɐ] *m* ❶ ZOOL *(Schafbock)* ram

❷ *kein pl* ASTROL Aries; [**ein**] **~ sein** to be [an] Aries

❸ ASTROL *(im Widder Geborener)* Aries

wi·der ['vi:dɐ] *präp +akk (geh)* against; *s. a.* **erwarten I 4**

wi·der·bors·tig ['vi:dɐbɔrstɪç] *adj* contrary; *(Haare, Fragen)* unruly

Wi·der·bors·tig·keit <-, -en> *f* contrariness, rebelliousness, unruliness

Wi·der·druck·sei·te ['vi:dɐdrʊk-] *f* TYPO back [*or* perfecting] [*or* verso] side

wi·der·fa·hren* [vi:dɐ'fa:rən] *vi irreg sein (geh)* to happen, to befall

Wi·der·ha·ken *m* barb

Wi·der·hall <-s, -e> ['vi:dɐhal] *m (geh) (Echo)* echo

▸WENDUNGEN: [**bei jdm**] **keinen ~ finden** to meet with no response [from sb]

wi·der|hal·len ['vi:dɐhalən] *vi* ■**von etw** *dat* **~** to reverberate [*or* echo] with sth

Wi·der·hand·lung *f* SCHWEIZ *(Zuwiderhandlung)* violation, contravention

Wi·der·kla·ge ['vi:dɐkla:gə] *f* JUR cross action; **~ gegen jdn erheben** to cross-sue sb

wi·der·leg·bar *adj* ■**~/nicht ~ sein** to be refutable/irrefutable

wi·der·le·gen* [vi:dɐ'le:gn̩] *vt* ■**etw ~** to refute [*or* disprove] sth; **sich** *akk* **ohne weiteres** [*o* **leicht**] **~ lassen** to be easily refuted [*or* disproved]

Wi·der·le·gung <-, -en> [vi:dɐ'le:gʊŋ] *f* ❶ *kein pl (das Widerlegen)* disproving, refutation

❷ MEDIA *(widerlegender Text)* refutation

wi·der·lich ['vi:dɐlɪç] *adj* ❶ *(ekelhaft)* disgusting, revolting; ■**etw ist jdm ~** sb finds sth disgusting [*or* revolting], sb thinks sth is disgusting [*or* revolting]

❷ *(äußerst unsympathisch)* repulsive

❸ *(äußerst unangenehm)* nasty, horrible

Wi·der·ling <-[e]s, -e> *m (pej)* creep *fam or pej*

wi·der·na·tür·lich ['vi:dɐnaty:ɐ̯lɪç] *adj* perverted, unnatural

Wi·der·part <-[e]s, -e> *m (geh)* opponent, foe *liter*

wi·der·recht·lich I. *adj* unlawful

II. *adv* unlawfully

Wi·der·re·de ['vi:dɐre:də] *f* **ohne ~** without protest; ***keine ~!*** don't argue!

Wi·der·ruf ['vi:dɐru:f] *m* revocation, retraction; *(Angebot, Einladung)* cancellation, withdrawal; **bis auf ~** until revoked

wi·der·ru·fen* [vi:dɐ'ru:fn̩] *irreg* **I.** *vt* ■**etw ~** ❶ ADMIN *(für ungültig erklären)* to revoke [*or* cancel] sth

❷ *(zurücknehmen)* to retract [*or* withdraw] sth

II. *vi* to recant

wi·der·ruf·lich ['vi:dɐru:flɪç] **I.** *adj* JUR revocable; **~es Akkreditiv** revocable letter of credit

II. *adv* until revoked

Wi·der·rufs·klau·sel *f* JUR disclaimer, revocation clause **Wi·der·rufs·recht** *nt* JUR power[s] of revocation **Wi·der·rufs·vor·be·halt** *m* HANDEL *(bei Auftrag)* proviso of cancellation

Wi·der·sa·cher(in) <-s, -> ['vi:dɐzaxɐ] *m(f)* adversary, antagonist

Wi·der·schein <-[e], -e> ['vi:dɐʃain] *m* reflection; **im ~ von etw** *dat* in the reflection of sth

wi·der·set·zen* [vi:dɐ'zɛtsn̩] *vr* ❶ *(Widerstand leisten)* ■**sich** *akk* **jdm ~** to resist sb

❷ *(sich gegen etw sträuben)* ■**sich** *akk* **etw** *dat* **~** to refuse to comply with a thing

wi·der·setz·lich [vi:dɐ'zɛtslɪç] *adj* obstreperous *form,* uncooperative, contrary

Wi·der·sinn <-[e]s> ['vi:dɐzɪn] *m kein pl* absurdity

wi·der·sin·nig *adj* absurd

wi·der·spens·tig ['vi:dɐʃpɛnstɪç] *adj* ❶ *(störrisch)* stubborn

❷ *(schwer zu handhaben)* unmanageable

Wi·der·spens·tig·keit <-> *f kein pl* stubbornness, unmanageableness

wi·der|spie·geln ['vi:dɐʃpi:gl̩n] **I.** *vt (geh)* ■**etw ~** to mirror [*or* reflect] sth

II. *vr (geh)* **sich** *akk* **in etw** *dat/* **auf etw** *dat* **~** to be reflected [*or* mirrored] in/on sth

Wi·der·spie·ge·lung <-, -en> *f* reflection

wi·der·spre·chen* [vi:dɐ'ʃprɛçn̩] *irreg* **I.** *vi* ❶ *(sich gegen etw äußern)* ■[**jdm/etw/einander**] **~** to contradict [sb/sth/each other]

❷ *(nicht übereinstimmen)* **etw** *dat* **~** to contradict sth, to be inconsistent with sth

II. *vr* ■**sich** *dat* **~** to be contradictory; ■**sich** *dat* [**selbst**] **~** to contradict oneself

wi·der·spre·chend *adj* ■**sich/einander ~** contradictory

Wi·der·spruch ['vi:dɐʃprʊx] *m* ❶ *kein pl (das Widersprechen)* contradiction, dissent; **in** [*o* **im**] **~ zu etw** *dat* contrary to

❷ *(Unvereinbarkeit)* inconsistency; **in** [*o* **im**] **~ zu** [*o* **mit**] **etw stehen** to conflict with sth, to be inconsistent with sth

❸ JUR *(Einspruch)* protest (**gegen** *+akk* against), objection (**gegen** *+akk* to); **~** [**gegen etw** *akk*] **einlegen** to file [*or* make] an objection [against sth], to make a protest [against sth]; **~ erheben** to raise objections, to lodge an objection [*or* opposition]

wi·der·sprüch·lich ['vi:dɐʃprʏçlɪç] **I.** *adj* ❶ *(Unvereinbarkeiten aufweisend)* inconsistent

❷ *(sich widersprechend)* ■**~ sein** to be contradictory

II. *adv* contradictory; **sich** *akk* **~ äußern** to contradict oneself

Wi·der·spruchs·be·scheid *m* JUR notice of opposition **Wi·der·spruchs·frist** *f* JUR opposition period, time limit for filing an objection; **die ~ verstreichen lassen** to allow the opposition period to lapse

Wi·der·spruchs·geist <-[e]s, -geister> *m* ❶ *kein pl (Neigung, zu widersprechen)* spirit of opposition [*or* contradiction]

❷ *(fam: widersprechende Person)* contradictor, oppositionist

Wi·der·spruchs·kar·tell *nt* ÖKON opposition cartel **Wi·der·spruchs·kla·ge** *f* JUR third-party action against execution

wi·der·spruchs·los I. *adj* unopposed, without contradiction
II. *adv* without protest [*or* opposition], without contradiction

Wi·der·spruchs·recht *nt* JUR right of opposition **Wi·der·spruchs·ver·fah·ren** *nt* JUR administrative proceedings reviewing an objection to an administrative act **Wi·der·spruchs·ver·pflich·tung** *f* JUR obligation to file an opposition

Wi·der·stand[1] <-[e]s, -stände> ['vi:dɐʃtant, *pl* -ʃtɛndə] *m* ❶ *kein pl* PHYS *(Hemmung des Stromflusses)* resistance
❷ ELEK *(Schaltelement)* resistor; **spezifischer [elektrischer]** ~ resistivity, specific resistance

Wi·der·stand[2] <-[e]s, -stände> ['vi:dɐʃtant, *pl* -ʃtɛndə] *m* ❶ *kein pl (Gegenwehr)* opposition, resistance; ~ **gegen die Staatsgewalt** resistance to state authority; ~ **gegen Vollstreckungsbeamte** resisting bailiffs; ~ **gegen die Staatsgewalt leisten** to obstruct an officer in the performance of his duty; **hinhaltender** ~ delaying action; **passiver** ~ passive resistance; [**gegen etw** *akk*] ~ **leisten** to put up resistance [against sth]
❷ POL *(Widerstandsbewegung)* resistance
❸ *meist pl (hindernder Umstand)* resistance; *s. a.* **Weg**

wi·der·stän·dig *adj* SOZIOL, POL opposing, oppositional, resistant

Wi·der·ständ·ler(in) ['vi:dɐʃtɛndlɐ] *m(f)* SOZIOL, POL resistor, opposer

Wi·der·stands·be·we·gung *f* POL resistance movement; **bewaffnete** ~ partisan movement

wi·der·stands·fä·hig *adj* ❶ BAU *(Belastungen standhaltend)* resistant, robust
❷ MED resistant; ■ ~ [**gegen etw** *akk*] resistant [to sth]

Wi·der·stands·fä·hig·keit *f kein pl* robustness, resistance; ■**jds** ~ **gegen etw** *akk* sb's resistance to sth **Wi·der·stands·kämp·fer(in)** *m(f)* partisan, resistance fighter **Wi·der·stands·ka·pa·zi·tät** *f kein pl* CHEM, PHYS resistance capacity **Wi·der·stands·kraft** *f s.* **Widerstandsfähigkeit**

wi·der·stands·los I. *adj* without resistance
II. *adv* without resistance

Wi·der·stands·nest *nt (fam)* pocket of resistance

Wi·der·stands·recht *nt* JUR right to resist

wi·der·ste·hen* [vi:dɐ'ʃte:ən] *vi irreg* ❶ *(standhalten)* ■[**jdm/etw**] ~ to withstand [sb/a thing]
❷ *(nicht nachgeben)* ■[**etw** *dat*] ~ to resist [a thing]
❸ *(aushalten können)* ■**etw** *dat* ~ to withstand a thing

wi·der·stre·ben* [vi:dɐʃtre:bn̩] *vi (geh)* ■**jdm widerstrebt es, etw zu tun** sb is reluctant to do sth

Wi·der·stre·ben <-s> [vi:dɐʃtre:bn̩] *nt kein pl (geh)* reluctance; **etw mit** ~ **tun** to do sth reluctantly

wi·der·stre·bend *adv (geh) s.* **widerwillig**

Wi·der·streit <-[e]s> ['vi:dɐʃtrait] *m* conflict; **im** ~ **der Gefühle** in emotional conflict

wi·der·strei·tend ['vi:dɐʃtraitn̩t] *adj* conflicting

wi·der·wär·tig ['vi:devɛrtɪç] I. *adj* disgusting, revolting; *(Bursche, Kerl, Typ)* nasty, repulsive
II. *adv* disgustingly, revoltingly

Wi·der·wär·tig·keit <-, -en> *f* offensiveness, repulsiveness, disgusting [*or* objectionable] nature

Wi·der·wil·le ['vi:dɐvɪlə] *m* distaste, aversion, disgust; [**gegen etw** *akk*] **einen** ~**n haben** to have a distaste [for sth], to have an aversion [to sth], to find [sth] disgusting; **etw mit** ~**n tun** to do sth reluctantly [*or* with reluctance]

wi·der·wil·lig I. *adj* reluctant
II. *adv* reluctantly, unwillingly

Wi·der·wor·te *pl* answering back, argument, protest; *keine* ~*!* no arguments!; [**jdm**] ~ **geben** to answer [sb] back BRIT, to talk back at [*or* to] sb; **ohne** ~ without protest

wid·men ['vɪtmən] I. *vt* ❶ *(dedizieren)* ■**jdm etw** ~ to dedicate sth to sb
❷ *(für etw verwenden)* ■**etw etw** *dat* ~ to dedicate [*or* devote] sth to a thing
❸ ADMIN *(offiziell übergeben)* ■**etw etw** *dat* ~ to open sth officially to a thing
II. *vr* ❶ *(sich um jdn kümmern)* ■**sich** *akk* **jdm** ~ to attend to sb
❷ *(sich intensiv beschäftigen)* ■**sich** *akk* **etw** *dat* ~ to devote oneself [*or* attend] to sth

Wid·mung <-, -en> ['vɪtmʊŋ] *f* ❶ *(schriftliche Dedikation)* dedication
❷ ADMIN *(offizielle Übergabe)* official opening

wid·rig ['vi:drɪç] *adj* ❶ *(geh: behindernd)* adverse; *(Umstände, Verhältnisse)* unfavourable; *s. a.* **Wind**
❷ SCHWEIZ *(o veraltet: abstoßend)* disgusting, repulsive

Wi·drig·keit <-, -en> *f* adversity

wie [vi:] I. *adv interrog* ❶ *(welche Art)* how; ***wie heißt er?*** what is he called?, what's his name?; ***können Sie mir sagen,*** ~ ***ich nach Köln komme?*** can you tell me how to get to Cologne?; ***ich wusste nicht*** ~ I didn't know how [to]; ~ ***kommst du dazu?*** what makes you say/think that?; ~ ***käme ich dazu?*** why should I?; ~ ***sagt man dafür in Belgien?*** what do they say in Belgium?; ~ **konntest du** [**nur**]! how could you!; ***warum hast du nicht eingekauft? —*** ~ ***sollte ich?*** why haven't you done the shopping? – how could I [have done]?; ~**?** what?, [I beg your] pardon?, excuse me?; ~ **... auch** [**immer**] whatever/how ever [*or* however]; ~ ***auch immer er heißen mag*** whatever he may be called [*or* his name may be]; ~ **man es auch macht, ...** how ever [*or* however] [*or* no matter how] you do it, ...; ~ **bitte?** pardon?, sorry?; ~ **das?** *(fam)* how come? *fam;* ~ [**konnte ich**] **denn?** I couldn't have!; ~ **kommt es, dass ...?** why [*or* how is it that] ...?; ~ **soll man da ...?**: ~ ***soll man da ja/nein sagen?*** you just can't say yes/no; ~ ***soll man da nicht lachen!*** you just have to laugh!; ~ **war das?** *(fam)* come again? *fam*
❷ *(welche Merkmale)* how, what ... like; ~ ***ist das Wetter?*** how's the weather?, what's the weather like?; ~ ***war es?*** what was it like?; ~ ***war es in Paris?*** what was Paris like?, what was it like in Paris?; ~ ***findest du es/ihn?*** what do you think of it/him?; ~ ***gefällt es dir?*** how do you like it?; ~ ***geht es ihr/Ihrer Frau?*** how is she?/how's your wife?; ~ ***geht es Ihnen?*** how do you do? *form,* how are you?, how are things?, how's it going? *fam,* how's life? *fam;* ~ ***du aussiehst!*** just look at you [*or* yourself]!; ~ ***sie wieder daherredet!*** just look at her chattering!; ~ ***er es wieder angestellt hat!*** just look at what he's been up to!; [**na, und**] ~**?** DIAL how are you?, BRIT *hum fam also* wotcha; ~ **das?** what do you mean?; ~ **ist es, wenn ...?** what happens if ...?; ~ **ist's?** *(fam)* how [*or* what] about it?; ~ **wärs mit ...?** how [*or* what] about ...?; ~ ***wärs jetzt mit einem Spaziergang?*** how about [going for] a walk now?; ~ **wärs, wenn ...?**: ~ ***wärs, wenn du dein Zimmer aufräumst?*** how about [you] tidying your room?
❸ *(welcher Grad)* how; ~ ***alt/groß bist du?*** how old/tall are you?; ~ ***teuer ist es?*** how much does it cost?; ~ ***spät ist es?*** what's the time?; ~ ***sie laufen!*** how they can run!; ~ ***klein die Welt doch ist!*** it's a small world!; ***du hast*** ~ ***lange auf uns gewartet?*** how long did you say you've been waiting for us?; ***ich war damals*** ~ ***alt?*** how old was I at the time?; **aber** ~**!** *(fam)* and how! *fam;* ~ **oft ...!** how often [*or* many times] ...!; ~ **sehr ...?** how much ...?; ~ **sehr ...!** how ...!; ~ ***sehr hat sie es gewünscht!*** how badly she wanted it!; **und** ~**!** *(fam)* and how! *fam;* ~ **viel/viele** how much/many; ~ ***viel wiegst du?*** what [*or* how much] do you weigh?; ~ ***viel ist 16 durch 4?*** what's 16 divided by 4?; ~ ***viel Uhr ist es?*** what's the time?; ~ ***viel haben Sie schon getrunken?*** how much have you had to drink?; ~ ***viel bin ich Ihnen schuldig?*** what do I owe you?; ~ ***viel älter ist sie*** [***als er***]? how much older is she [than him [*or form* he]]?; ***Version*** ~ ***viel ist die aktuellste?*** *(fam)* what's the latest version?; ***Marktstraße*** ~ ***viel wohnt sie?*** *(fam)* where does she live on Marktstraße?
❹ *(fam: stimmts?)* right? *fam*
II. *adv relativisch* ❶ *(welche Art)* ***die Art,*** ~ ***sie sich bewegt*** the way she moves; ***der Stil,*** ~ ***er heute gebraucht wird*** the style as it is used today; ***mich stört,*** ~ ***er es tut*** it's how he does it that bothers me
❷ *(welcher Grad)* **in dem Maße/Umfang,** ~ **...** to the same degree [*or* extent] as ...; ***in dem Maße,*** ~ ***der Markt sich entwickelt, kann der Vertrieb angepasst werden*** sales can be geared to market development
III. *konj nebenordnend* ❶ *(vergleichend)* like; ***ein Mann*** ~ ***er*** a man like him [*or form* he]; ***er ist genau*** ~ ***du*** he's just like you [are]; ***er kann singen*** ~ ***keiner*** he can sing like no other; ***eine Pizza*** ~ ***ein Wagenrad*** a pizza as big as a cartwheel; ***sie gestikulierte*** ~ ***beim Schwimmen*** she made swimming movements; ***er hielt die Hände*** ~ ***eine Tasse*** he cupped his hands, he formed his hands into a cup; ***nach der Flut war alles*** ~ ***weggewischt*** it looked as if everything had been wiped away after the flood; ***„K"*** ~ ***„Konrad"*** "K" for "kilo"; [**so**] ... ~ **...** as ... as ...; ***er ist so reich*** ~ ***großzügig*** he is as rich as he is generous; ***sie ist doppelt/halb so alt*** ~ ***du*** she's twice/half your age; ~ **du mir, so ich dir** tit for tat; **da geht es dir** [**so**] ~ **mir** you're just like me; ~ **immer** as always; ~ **etw riechen/schmecken** to smell/taste like sth; ~ **durch ein Wunder** as if by a miracle; **etw** ~ **zufällig tun** to do sth as if by accident
❷ *(veranschaulichend)* like; ***Nutztiere wie Pferd***[***e***] useful animals like horses [*or* the horse]
❸ *(als ob)* ~ **wenn** as if
❹ *(fam: als)* **anders** ~ **jd/etw** different from [*or* to] [*or* than] sb/sth; **größer/mehr/weniger** ~ **jd/etw** bigger/more/less than sb/sth
❺ *(fam: außer)* **nichts** ~ **...** nothing but ...; ***nichts*** ~ ***hin!*** let's get going!; ***nichts*** ~ ***weg!*** let's get out of here!
❻ *(und)* ■**jd/etw** ~ **jd/etw** sb/sth and sb/sth [alike], sb/sth as well as sb/sth, both sb/sth and sb/sth
IV. *konj unterordnend* ❶ *(berichtend)* as; ~ ***ich höre, fahren Sie in Urlaub?*** I hear you're going on holiday?; ~ ***man sagt, war der Film langweilig*** apparently it was a boring film
❷ *(vergleichend)* as; **klug,** ~ ***er ist*** as clever as he is; ***alle,*** ~ ***sie hier sitzen, müssen ihren Beitrag leisten*** everybody sitting here has to contribute; [**so**] ..., ~ **...** as ... as ...; ***er ist jetzt so alt,*** ~ ***ich damals war*** he is now as old as I was then
❸ *(wahrnehmen)* **hören/sehen/spüren,** ~ **jd etw tut** to hear/see/feel sb/sth do/doing sth
❹ *(gleichzeitig)* when; ~ ***sie nach Hause kommen*** [*o fam o* DIAL ***kamen***], ***ist*** [*o fam o* DIAL ***war***] ***das Essen fertig*** when they came home their meal was ready

Wie <-s> [vi:] *nt kein pl* ***der Plan ist grundsätzlich klar, nur das*** ~ ***muss noch festgelegt werden*** the plan is basically clear, we just have to establish how to implement it

Wie·de·hopf <-[e]s, -e> ['vi:dəhɔpf] *m* ORN hoopoe
▶WENDUNGEN: **stinken wie ein** ~ *(fam)* to smell like a bad egg

wie·der ['vi:dɐ] *adv* ❶ *(erneut)* again, once more [*or* again]; ~ **anlaufen** to restart; **etw** ~ **anschließen** to reconnect sth; **etw** ~ **aufbauen** to reconstruct [*or* rebuild] sth; **etw** ~ **auffinden** to retrieve sth; **etw** ~ **aufladen** to recharge sth; **Gespräche/Verhandlungen** ~ **aufnehmen** to resume talks/negotiations; **Beziehungen/Kontakte** ~ **aufnehmen** to re-establish relations/contacts; **etw** ~ **beleben** to revive sth; ~ **einblenden** to redisplay sth; **etw** ~ **einführen** to reintroduce sth; ÖKON to reimport sth; **jdn/etw** [**in etw** *akk*] ~ **eingliedern** to reintegrate sb/sth [into sth]; **jdn/etw** ~ **einsetzen** to reinstate sb/sth; **jdn** ~ **einstellen** to reappoint [*or* re-employ] [*or* re-engage] sb; *(nach ungerechtfertigter Entlassung)* to reinstate sb; **etw** ~ **eröffnen** ÖKON to re-open sth; **etw** ~ **tun** to do sth again; ***tu das nie*** ~***!*** don't ever do it [*or* you ever do that] again; ~ **mal** again; ~ **und** ~ time and again
❷ *(wie zuvor)* [once] again

❸ *(nochmal)* yet
Wie·der·an·la·ge *f* FIN reinvestment
Wie·der·an·lauf *m* restart; **automatischer ~** auto restart
wie·der|an|lau·fen *vi irreg sein s.* **wieder 1**
wie·der|an|schlie·ßen *vt irreg s.* **wieder 1**
Wie·der·auf·ar·bei·tung <-, -en> *f s.* **Wiederaufbereitung**
Wie·der·auf·ar·bei·tungs·an·la·ge *f s.* **Wiederaufbereitungsanlage**
Wie·der·auf·bau <-bauten> [viːdɐˈʔaufbau] *m* reconstruction, rebuilding
wie·der|auf|bau·en *vt s.* **wieder 1**
Wie·der·auf·bau·kre·dit *m* FIN reconstruction loan
wie·der|auf|be·rei·ten* *vt* ■**etw ~** to reprocess sth
Wie·der·auf·be·rei·tung <-, -en> *f* recycling; *von Atommüll* reprocessing
Wie·der·auf·be·rei·tungs·an·la·ge *f* recycling plant; *von Atommüll* reprocessing plant
wie·der|auf|fin·den *vt irreg s.* **wieder 1**
Wie·der·auf·fin·den *nt* retrieval; **~ eines Textes** text retrieval
wie·der|auf|fors·ten *vt* ■**etw ~** to reafforest sth
wie·der·auf·lad·bar *adj* rechargeable
wie·der|auf|la·den *vt irreg s.* **wieder 1**
Wie·der·auf·la·dung *f* replenishment
Wie·der·auf·nah·me [viːdɐˈʔaufnaːmə] *f* *von Gesprächen, Verhandlungen* resumption; *von Beziehungen, Kontakten* re-establishment; **~ der Geschäftstätigkeit** resumption of business; **~ des Verfahrens** reopening of the case; **~ nach Abbruch** failure recovery
Wie·der·auf·nah·me·ver·fah·ren *nt* JUR retrial, new trial; **ein ~ beantragen** to file a motion for a new trial
wie·der|auf|neh·men *vt irreg s.* **wieder 1**
wie·der|auf|rüs·ten **I.** *vi* MIL to rearm
II. *vt* MIL ■**etw ~** to rearm sth
Wie·der·auf·rüs·tung *f* MIL rearmament
Wie·der·auf·schwung *m* ÖKON recovery
wie·der|be·kom·men* *vt irreg* ■**etw [von jdm] ~** to get sth back [from sb]
wie·der|be·le·ben* *vt* MED ■**jdn ~** to revive [*or* resuscitate] sb; *Scheintote* to bring sb back from the dead
Wie·der·be·le·bung *f* ❶ MED resuscitation
❷ ÖKON recovery; **~ der Produktion** stimulation of production; **konjunkturelle ~** trade revival
Wie·der·be·le·bungs·ver·such *m meist pl* MED attempt at resuscitation; **~e [bei jdm] anstellen** to attempt [*or* try] to resuscitate sb
wie·der|be·schaf·fen* *vt* ■**[jdm/sich] etw ~** *gestohlener Gegenstand, persönliches Eigentum* to recover [sb's/one's] sth; *verbrannte Wohnungseinrichtung* to replace [sb's/one's] sth
Wie·der·be·schaf·fung *f* *(Wiederauffindung)* recovery; *(Ersetzung)* replacement
Wie·der·be·schaf·fungs·kos·ten *pl* ÖKON replacement costs **Wie·der·be·schaf·fungs·rück·la·ge** *f* FIN replacement reserve **Wie·der·be·schaf·fungs·wert** *m* ÖKON replacement value [*or* costs]
wie·der·be·schreib·bar *adj CD* rewritable
wie·der|brin·gen [ˈviːdɐbrɪŋən] *vt irreg* ■**jdm etw ~** to bring back sth to sb *sep*
wie·der|ein|blen·den *vt s.* **wieder 1**
Wie·der·ein·fuhr *f* reimport, reimportation
wie·der|ein|füh·ren *vt s.* **wieder 1**
Wie·der·ein·füh·rung *f* reintroduction
wie·der|ein|glie·dern *vt s.* **wieder 1**
Wie·der·ein·glie·de·rung *f* reintegration; **berufliche ~** vocational rehabilitation
Wie·der·ein·lei·tung *f* reintroduction
wie·der|ein|set·zen *vt s.* **wieder 1**
Wie·der·ein·set·zung [viːdɐˈʔainzɛtsʊŋ] *f* reinstatement; **~ in den vorherigen Stand** restitution to the previous condition; **~ in seine Rechte** restoration of one's rights
wie·der|ein|stel·len *vt s.* **wieder 1**
Wie·der·ein·stel·lung *f* reappointment, re-employment; *(nach ungerechtfertigter Entlassung)* reinstatement
Wie·der·ein·tritt [ˈviːdɐʔaintrɪt] *m* ❶ RAUM *(Eintritt in die Erdatmosphäre)* re-entry
❷ *(erneuter Eintritt)* re-entry, readmittance
wie·der|ent·de·cken* *vt* ■**etw ~** to rediscover sth
Wie·der·ent·de·ckung *f* rediscovery
wie·der|er·hal·ten* [ˈviːdɐʔɛɐ̯haltn̩] *vt irreg (geh) s.* **wiederbekommen**
wie·der|er·ken·nen* *vt irreg* ■**jdn/etw ~** to recognize sb/sth; **nicht wiederzuerkennen sein** to be unrecognizable [*or* BRIT *a.* -isable]
Wie·der·er·ken·nungs·wert *m kein pl* ÖKON Q rating, recognition factor
wie·der·er·lang·bar *adj* recoverable
wie·der|er·lan·gen* [ˈviːdɐʔɛɐ̯laŋən] *vt (geh)* ■**etw ~** to regain sth; **seine Freiheit ~** to regain one's freedom, to be set free again
Wie·der·er·lan·gung <-> *f* retrieval, recovery
wie·der|er·nen·nen* *vt irreg* ■**jdn zu jdm/etw ~** to reappoint sb [as] sb/sth
Wie·der·er·nen·nung *f* reappointment
wie·der|er·öff·nen* *vt s.* **wieder 1**
Wie·der·er·öff·nung *f* reopening; **~ des mündlichen Verfahrens** JUR reopening of the oral procedure
Wie·der·er·star·ken <-s> *nt kein pl* regaining strength
wie·der|er·stat·ten* [ˈviːdɐʔɛɐ̯ʃtatn̩] *vt* ■**etw ~** to refund [*or* reimburse] sth; ■**jdm etw ~** to reimburse sb for sth
wie·der|er·wa·chen* *vi sein* to reawake[n]
wie·der|er·zäh·len* *vt* ■**[jdm] etw ~** to retell sth [to sb]
wie·der|fin·den *irreg* **I.** *vt* ❶ *(auffinden)* ■**jdn/etw ~** to find sb/sth again
❷ *(erneut erlangen)* ■**etw ~** to regain sth; **seine Fassung ~** to regain one's composure
II. *vr* ■**sich** *akk* **~** to turn up again; ***der Schlüssel findet sich bestimmt wieder*** the key is sure to turn up again
Wie·der·ga·be [ˈviːdɐgaːbə] *f* ❶ *(Schilderung)* account, report; **um schriftliche/ausführliche ~ bitten** to request a written/detailed report
❷ FOTO, TYPO *(Reproduktion)* reproduction
❸ *(Wiederholung)* replay; **sofortige ~** instant replay
Wie·der·ga·be·qua·li·tät *f* TECH reproduction quality, quality of reproduction
Wie·der·gän·ger(in) [ˈviːdɐgɛŋɐ] *m(f)* ❶ MYTH *(ruheloser Geist eines Verstorbenen)* revenant
❷ *(fig geh)* heir to the [company] throne, mini-me *hum fam*
wie·der|ge·ben [ˈviːdɐgeːbn̩] *vt irreg* ❶ *(zurückgeben)* ■**jdm etw ~** to give sth back to sb; **jdm die Freiheit ~** to give sb back his freedom, to restore sb's freedom
❷ *(schildern)* ■**etw ~** to give an account of [*or* describe] sth; *(ausdrücken)* to express sth; *(vermitteln)* to convey sth; ***das lässt sich mit Worten einfach nicht ~*** I just can't put it into [*or* express it in] [*or* convey it in] words
❸ *(zitieren)* ■**etw ~** to quote sth; *Gedicht* to recite sth; **etw wortwörtlich ~** to report sth literally; **etw in gekürzter Form ~** to summarize sth
❹ *(darstellen)* ■**etw ~** to portray [*or* represent] sth
❺ *(reproduzieren)* ■**etw ~** to reproduce sth; ***dieses Foto kann gar nicht ~, wie beeindruckend es dort ist*** this picture just doesn't reproduce how imposing the scenery is there [*or* do the imposing scenery there justice]
wie·der·ge·bo·ren *adj inv* REL reborn; **~er Christ** born-again Christian
Wie·der·ge·burt [ˈviːdɐgəbuːɐ̯t] *f* rebirth, reincarnation
wie·der|ge·win·nen* [ˈviːdɐgəvɪnən] *vt irreg* ■**etw ~** ❶ ÖKOL *(zurückgewinnen)* to reclaim sth
❷ *s.* **wiedererlangen**
Wie·der·ge·win·nung *f* recovery, retrieval; *Land* reclamation
wie·der|gut|ma·chen *vt* ■**etw ~** to make good [*or* compensate [*or* make up] for] sth; **irgendwie wiedergutzumachen sein** to somehow make up for sth
Wie·der·gut·ma·chung <-, -en> *f* ❶ *selten pl (das Wiedergutmachen)* compensation
❷ *(finanzieller Ausgleich)* [financial] compensation
wie·der|ha·ben [ˈviːdɐhaːbn̩] *vt irreg (fam)* ■**jdn/etw ~** to have sb/sth back
wie·der|her|stel·len [viːdɐˈheːɐ̯ʃtɛlən] *vt* ❶ *(restaurieren)* ■**etw ~** to restore sth
❷ *(erneut eintreten lassen)* ■**etw ~** to re-establish sth; ***der Polizei gelang es, die öffentliche Ordnung wiederherzustellen*** the police succeeded in re-establishing public order
❸ MED *(wieder gesund machen)* ■**jdn ~** to restore sb to health; ***ich fühle mich noch etwas schlapp, sonst bin ich einigermaßen wiederhergestellt*** I still feel a little run-down, but other than that I feel much better
Wie·der·her·stel·lung *f* ❶ *(Restaurierung)* restoration
❷ *(das Wiederherstellen)* re-establishment
Wie·der·her·stel·lungs·an·spruch *m* JUR right/claim of restitution **Wie·der·her·stel·lungs·kla·ge** *f* JUR restitution suit [*or* proceedings] *pl* **Wie·der·her·stel·lungs·kos·ten** *pl* improvement costs *pl* **Wie·der·her·stel·lungs·pflicht** *f* JUR restitution duty **Wie·der·her·stel·lungs·recht** *f* JUR right to restitution
wie·der·hol·bar *adj* ■**~ sein** to be repeatable
wie·der·ho·len*[1] [viːdɐˈhoːlən] **I.** *vt* ■**etw ~**
❶ *(abermals durchführen)* to repeat sth
❷ TV *(erneut zeigen)* to repeat sth
❸ *(repetieren)* to revise sth
❹ SCH *(erneut absolvieren)* to retake, BRIT *a.* to resit; **Klassenarbeiten ~** to resit written tests; **das Staatsexamen ~** to retake the state examination
❺ *(nachsprechen)* to repeat sth
❻ *(erneut vorbringen)* to repeat sth; **eine Frage [noch einmal] ~** to repeat a question [once again]
II. *vr* ■**sich** *akk* **~** ❶ *(sich wiederum ereignen)* to recur
❷ *(noch einmal sagen)* to repeat oneself
wie·der|ho·len² [ˈviːdɐhoːlən] *vt* ■**jdn ~** to get [*or* fetch] sb back; ■**[jdm] etw ~** to bring sth back for sb
wie·der·holt **I.** *adj* repeated
II. *adv* repeatedly; *s. a.* **Mal²**
Wie·der·ho·lung <-, -en> [viːdɐˈhoːlʊŋ] *f* ❶ *(erneute Durchführung)* repetition
❷ *(erneutes Zeigen)* repeat
❸ *(Repetition)* revision
❹ SCH *(erneutes Absolvieren)* retake, BRIT *a.* resit
❺ *(erneutes Vorbringen)* repetition
Wie·der·ho·lungs·fall *m* **im ~** *(geh)* if it should happen again; ***im ~ ist aber mit einem Bußgeld zu rechnen*** if you do it again you can expect a fine **Wie·der·ho·lungs·ge·fahr** *f* JUR danger of recurrence [*or* recidivism] **Wie·der·ho·lungs·jahr** *nt* SCH repeated year **Wie·der·ho·lungs·kurs** *m* refresher course **Wie·der·ho·lungs·prü·fung** *f* SCH retake, BRIT *a.* resit **Wie·der·ho·lungs·spiel** *nt* replay **Wie·der·ho·lungs·tä·ter(in)** *m(f)* JUR repeat offender; *(mehr als zweimalig)* persistent offender
Wie·der·ho·lungs·zwang *m* PSYCH ❶ *(in unangenehmen Situationen)* compulsive repetition of unpleasant situations
❷ *(bei Straftaten)* recidivism
Wie·der·hö·ren [ˈviːdɐhøːrən] *nt* **[auf] ~!** TELEK goodbye!
Wie·der·in·kraft·set·zung *f* reinstatement
Wie·der·in·stand·set·zung [viːdɐʔɪnʃtantzɛtsʊŋ] *f* repair, repairs *pl,* restoration
wie·der|käu·en [ˈviːdɐkɔyən] **I.** *vt* ■**etw ~** ❶ ZOOL *(erneut kauen)* to ruminate
❷ *(fam: ständig wiederholen)* to go over sth again and again *fam,* to harp on about sth *fam*
II. *vi* ZOOL to ruminate
Wie·der·käu·er <-s, -> *m* ZOOL ruminant
Wie·der·kauf *m* JUR repurchase
Wie·der·kaufs·recht *nt* JUR redemption right, right of repurchase

W

Wie·der·kehr <-> ['vi:dɐke:ɐ̯] *f kein pl (geh)* return
wie·der|keh·ren ['vi:dɐke:rən] *vi sein (geh)* ① *(zurückkehren) Mensch* to return
② *(sich noch einmal bieten) Problem* to reoccur, to recur
wie·der·keh·rend *adj* recurring
Wie·der·kehr·schuld·ver·hält·nis *nt* FIN regularly renewed obligation
wie·der|ken·nen *vt irreg (fam)* ■**jdn** ~ to recognize sb
wie·der|kom·men ['vi:dɐkɔmən] *vi irreg sein* ① *(zurückkommen)* to come back; **nie** ~ never to come back
② *(erneut kommen)* to come again; ***kommen Sie bitte noch mal/morgen wieder*** please come again/again tomorrow
③ *(sich noch einmal bieten)* to reoccur, to recur
Wie·der·nutz·bar·ma·chung *f* reutilization
Wie·der·schau·en *nt* [**auf**] ~**!** goodbye!
wie·der|se·hen ['vi:dɐze:ən] *vt irreg* ■**jdn** ~ to see sb again; ■**sich** *akk* ~ to meet again
Wie·der·se·hen <-s, -> ['vi:dɐze:ən] *nt* [another] meeting; *(nach längerer Zeit)* reunion; ***ich freue mich jetzt schon auf unser*** ~ I am already looking forward to our meeting; [**auf**] ~ **sagen** to say goodbye; [**auf**] ~ goodbye
Wie·der·se·hens·freu·de *f kein pl* pleasure of seeing sb again
Wie·der·täu·fer <-s, -> ['vi:dɐtɔyfɐ] *m* HIST Anabaptist
wie·de·rum ['vi:dərʊm] *adv* ① *(abermals)* again
② *(andererseits)* on the other hand, though
③ *(für jds Teil)* in turn
Wie·der·ver·äu·ße·rung *f*, **Wie·der·ver·kauf** *m* resale
wie·der|ver·ei·ni·gen* **I.** *vt* POL ■**etw** ~ to reunify sth
II. *vr* POL ■**sich** *akk* ~ to be reunited
Wie·der·ver·ei·ni·gung ['vi:dɐfɛɐ̯ʔaɪnɪgʊŋ] *f* POL reunification
wie·der|ver·hei·ra·ten* *vr* ■**sich** *akk* ~ to remarry
Wie·der·ver·hei·ra·tung ['vi:dɐfɛɐ̯haɪra:tʊŋ] *f* remarriage
Wie·der·ver·kauf *m* HANDEL resale
Wie·der·ver·käu·fer(in) *m(f)* reseller; *(Einzelhändler)* retailer
Wie·der·ver·kaufs·preis *m* HANDEL resale price **Wie·der·ver·kaufs·wert** *m* retail value
wie·der·ver·wend·bar *adj* ÖKOL reusable
wie·der|ver·wen·den* *vt* ÖKOL ■**etw** ~ to reuse sth
Wie·der·ver·wen·dung *f* ÖKOL reuse
Wie·der·ver·wen·dungs·ver·pa·ckung *f* HANDEL reusable packaging
wie·der·ver·wert·bar *adj inv* recyclable
wie·der|ver·wer·ten* *vt* ■**etw** ~ to recycle sth
Wie·der·ver·wer·tung *f* recycling
Wie·der·vor·la·ge ['vi:dɐfo:ɐ̯la:gə] *f* resubmission
Wie·der·wahl ['vi:dɐva:l] *f* re-election; **für die** ~ **kandidieren** to stand for re-election
wie·der|wäh·len *vt* ■**jdn** ~ to re-elect sb
Wie·der·zu·las·sung *f* readmission; AUTO relicensing
wie·der·zünd·bar *adj* reignitable
Wie·ge <-, -n> ['vi:gə] *f* cradle
▸WENDUNGEN: **jdm ist etw in die** ~ **gelegt worden** sb inherits sth; **jds** ~ **stand irgendwo** *(geh)* sb was born somewhere
Wie·ge·mes·ser *nt* KOCHK chopping knife
wie·gen[1] <wog, gewogen> ['vi:gn̩] **I.** *vt* ■**jdn/etw** ~ to weigh sb/sth; ■**sich** *akk* ~ to weigh oneself
II. *vi* to weigh; **viel/wenig/eine bestimmte Anzahl von Kilo** ~ to weigh a lot/not to weigh much/to weigh a certain number of kilos
wie·gen[2] **I.** *vt* ① *(hin und her bewegen)* ■**jdn/etw** ~ to rock sb/sth; **den Kopf** ~ to shake one's head [slowly]; **die Hüften/den Oberkörper** ~ to sway one's hips/one's torso
② KOCHK *(fein hacken)* ■**etw** ~ to chop sth [finely]
II. *vr* ① *(sich hin und her bewegen)* ■**sich** *akk* [**zu etw** *dat*] ~ to sway [to sth]
② *(fälschlich glauben)* ■**sich** *akk* **in etw** *dat* ~ to gain [*or* get] a false impression of sth; **sich** *akk* [**nicht zu früh**] **in Sicherheit** ~ [not] to lull oneself [too early on] into a false sense of security
Wie·gen·lied *nt* lullaby, cradlesong
wie·hern [vi:ɐn] *vi* ① ZOOL *Pferd* to neigh, to whinny
② *(fam: meckernd lachen)* to bray [with laughter]
Wien <-s> [vi:n] *nt* Vienna
Wie·ner ['vi:nɐ] *adj attr* ① *(Wien betreffend)* Viennese
② KOCHK *(aus Wien stammend)* Viennese; *s. a.* **Schnitzel, Würstchen**
Wie·ner(in) <-s, -> ['vi:nɐ] *m(f)* Viennese
wie·nern ['vi:nɐn] *vt (fam)* ■**etw** ~ to polish sth
wies [vi:s] *imp von* **weisen**
Wies·ba·den <-s> ['vi:sba:dn̩] *nt* Wiesbaden
Wie·se <-, -n> [vi:zə] *f (mit Gras bewachsene Fläche)* meadow
▸WENDUNGEN: **auf der grünen** ~ in the open countryside
wie·sehr *konj* ÖSTERR how much
Wie·sel <-s, -> ['vi:zl̩] *nt* weasel
▸WENDUNGEN: **flink wie ein** ~ **sein** *(fam)* to be as quick as a flash
Wie·sen·ker·bel *m* BOT cow parsley **Wie·sen·ris·pen·gras** *nt* BOT bluegrass **Wie·sen·schaum·kraut** *nt* BOT lady's smock, cuckooflower **Wie·sen·wei·he** *f* ORN Montagu's harrier
wie·so [vi'zo:] *adv* ① *interrog (warum)* why, how come
② *rel (weshalb)* why
wie·viel·mal [vi'fi:lma:l] *adv interrog* how many times [*or* often]
wie·viel·te(r, s) ['vi:fi:ltə -tɐ, -təs] *adj interrog (an welcher Stelle kommend)* ■**der/die/das** ~ **...?** how many ...?; ***der W~ ist heute?, den W~n haben wir heute?*** what's the date today?
wie·weit [vi'vaɪt] *konj s.* **inwieweit**
Wi·kin·ger(in) <-s, -> ['vi:kɪŋɐ] *m(f)* HIST Viking
wild [vɪlt] **I.** *adj* ① BOT, ZOOL *(in freier Natur)* wild
② GEOG *(ursprünglich und natürlich)* wild, rugged
③ *(rau)* wild, unruly; **ein** ~**er Geselle** an unruly fellow
④ *(illegal)* illegal; *Müllkippe* unofficial; *Streik* wildcat
⑤ *(maßlos)* wild; ~**e Fantasie/Spekulationen** a wild imagination/wild speculation
⑥ *(hemmungslos)* wild; *Fahrt, Leidenschaft* reckless; *Kampf* frenzied
⑦ *(fam: versessen)* ■~ **auf jdn sein** to be crazy [*or* mad] about sb; ■~ **auf etw** *akk* **sein** to be crazy about [*or* addicted to] sth; ***er ist ganz ~ auf Himbeereis*** he is absolutely mad about raspberry ice cream
⑧ *(zum Äußersten gereizt)* furious; ~ **werden können** to feel like screaming; ***ich könnte ~ werden*** *(fam)* I could scream *fam;* **jdn** ~ **machen** *(fam)* to drive sb wild [*or* crazy] [*or* mad] *fam;* ~ **werden** to go wild; *Bulle, Rhinozeros* to become enraged; **wie** ~ wildly
▸WENDUNGEN: **halb** [*o* **nicht**] **so** ~ **sein** *(fam)* to not be important, to be nothing
II. *adv* ① *(ungeordnet)* strewn around
② *(hemmungslos)* wildly, furiously
③ *(in freier Natur)* ORN, ZOOL ~ **lebend** wild, living in the wild *pred;* ~ **leben** to live in the wild; BOT ~ **wachsend** wild; ~ **wachsen** to grow wild
Wild <-[e]s> [vɪlt] *nt kein pl* ① KOCHK *(Fleisch wilder Tiere)* game; *von Rotwild* venison
② ZOOL *(wild lebende Tiere)* wild animals
Wild·bach *m* torrent **Wild·bahn** *f* **in freier** ~ **leben** to live in the wild **Wild·bei·ze** *f* KOCHK game marinade *(of red wine, spices and onions)*
Wild·bir·ne *f* BOT ① *(Frucht)* wild pear
② *kein pl (Baum)* wild pear tree
Wild·bra·ten *m* roast game **Wild·bret** <-s> ['vɪltbrɛt] *nt kein pl* JAGD game *kein pl,* venison
Wild·card <-, -s> ['vaɪltka:ɐ̯t] *f* INFORM *(Platzhalterzeichen bei einer elektronischen Suchabfrage)* wild card character
Wild·dieb(in) *m(f) s.* **Wilderer Wild·dieb·stahl** *m s.* **Wilderei**
Wil·de(r) ['vɪldə -dɐ] *f(m) dekl wie adj (wilder Eingeborener)* savage
② *(fig: übergeschnappte Person)* madman, maniac; **wie ein** ~**r/eine** ~ like a madman [*or* maniac]
wil·deln ['vɪldl̩n] *vi* ÖSTERR ① *(sich wild benehmen)* to go wild
② *(nach Wild schmecken)* to have a taste typical of game
Wild·en·te *f* ORN, KOCHK wild duck
Wil·de·rei <-, -en> [vɪldə'raɪ] *f* poaching
Wil·de·rer(in) <-s, -> [vɪldə'raɪ] *m(f)* poacher
wil·dern ['vɪldɐn] *vi* ① *(Wilderer sein)* to poach
② *(Wild schlagen)* to kill game
Wild·es·senz *f*, **Wild·fond** *m* KOCHK game consommé
Wild·fang ['vɪltfaŋ] *m* ① JAGD animal captured in the wild, captured wild animal ② *(lebhaftes Kind)* little live wire [*or* whirlwind] **wild·fremd** ['vɪlt'frɛmt] *adj (fam)* completely strange **Wild·frem·de(r)** *f(m) dekl wie adj* complete stranger **Wild·gans** ['vɪltgans] *f* ① ORN wild goose ② *kein pl* KOCHK goose **Wild·ge·flü·gel** *nt kein pl* feathered game **Wild·ha·se** *m* wild hare
Wild·heit <-, -en> *f* ① *kein pl (gewalttätiges Wesen)* savagery
② *(Hemmungslosigkeit)* lack of restraint; *(Leidenschaft)* wild passion
Wild·hü·ter(in) <-s, -> *m(f)* gamekeeper **Wild·ka·nin·chen** *nt* wild rabbit **Wild·kat·ze** *f* wildcat **Wild·kraft·brü·he** *f* game consommé **Wild·kraut** *nt* wild herb **Wild·le·der** *nt* suede **wild·le·dern** *adj* MODE suede
Wild·nis <-, -se> ['vɪltnɪs] *f* wilderness
Wild·park *m* game park; *(für Rotwild)* deer park **Wild·pas·te·te** *f* game pâté, game pie
wild·reich *adj* abundant with [*or* in] game
Wild·reis *m* wild rice
Wild·re·ser·vat *nt* game reserve
wild·ro·man·tisch ['vɪltro'mantɪʃ] *adj* wild and romantic
Wild·sau *f* wild sow **Wild·scha·den** *m* damage caused by game
Wild·schaf *nt* mouflon
Wild·schwein *nt* ① *(wild lebendes Schwein)* wild boar [*or* pig]
② *kein pl* KOCHK boar
Wild·sei·de *f* raw silk **Wild·tau·be** *f* wild pigeon **Wild·trut·hahn** *m* wild turkey
Wild·was·ser·bahn *f* white-water ride **Wild·was·ser·boot** *nt* white-water boat **Wild·was·ser·fahrt** *f* white-water ride **Wild·was·ser·raf·ting** [-'ra:ftɪŋ] *nt* white-water rafting **Wild·was·ser·ren·nen** *nt* SPORT white-water racing
Wild·wech·sel *m* JAGD ① *kein pl (Straßenüberquerung durch Wild)* [wild] animals' crossing
② *(vom Wild benutzter Pfad)* path used by game
Wild·west·film [vɪlt'vɛst-] *m s.* **Western**
Wild·wuchs *m* rank growth
Wil·helm <-s> ['vɪlhɛlm] *m* William
will [vɪl] *1. u. 3. pers. sing* **wollen**[2]
Wil·le <-ns> ['vɪlə] *m kein pl* will *kein pl; (Wunsch)* wish; *(Absicht)* intention; ***er sollte aufhören zu rauchen, aber dazu fehlt ihm der [nötige] ~*** he should stop smoking but he has not got the [necessary] willpower; ***er hat den festen ~n, mit dem Rauchen aufzuhören*** he firmly intends to stop smoking; **auf seinem** ~**n bestehen** to insist on having one's way; **beim besten** ~**n nicht** not even with the best will in the world; ***ich kann mir beim besten ~n nicht vorstellen, warum sie das tun will*** I cannot for the life of me imagine why she wants to do that; **das war kein böser** ~ there was no ill will intended; **seinen** ~**n durchsetzen** to get one's own way; **seinen eigenen** ~**n haben** to have a mind of one's own; **etw aus freiem** ~**n tun** to dosth of one's own free will [*or* voluntarily]; **gegen** [*o* **wider**] **jds** ~**n** against sb's will; ***das geschah gegen meinen ~n*** *(ohne meine Zustimmung)* that was done against my will; *(unabsichtlich)* I didn't in-

tend that to happen; **der gute ~** goodwill; **guten ~ns sein** to be full of good intention; ***er ist voll guten ~ns*** he is very well intentioned; **keinen ~n haben** to have no will of one's own; **jdm seinen ~ lassen** to let sb have his own way; **jds letzter ~** *(geh)* sb's last will and testament *form;* **nach jds ~n** as sb wanted/wants; ***wenn es nach meinem ~n ginge ...*** if I had my way ...; **wider ~n** unintentionally; ***ich musste wider ~n lachen*** I couldn't help laughing; **sich** *dat* **jdn zu ~n machen** to bend sb to one's will, to force sb to do one's will; *Mädchen, Frau* to have one's way with sb; **jdm zu ~ sein** to comply with sb's wishes; *(sich jdm hingeben)* to yield to sb, to let sb have his way with one; ***sie war ihm zu ~ n*** *(veraltet)* she let him have her way with her

▸WENDUNGEN: **wo ein ~ ist, ist auch ein Weg** *(prov)* where there's a will there's a way *prov*

wil·len ['vɪlən] *präp* **um jds/einer S.** *gen* **~** for the sake of sb/a thing

wil·len·los *adj* weak-willed, spineless

wil·lens ['vɪləns] *adj (geh)* ■**~ sein, etw zu tun** to be willing [*or* prepared] to do sth

Wil·lens·akt *m* act of will **Wil·lens·bil·dung** *f kein pl* establishment of one's objectives; POL formation of political objectives **Wil·lens·bil·dungs·pro·zess** *m* decision-making [process] **Wil·lens·er·klä·rung** *f* JUR declaration of intention, manifestation of intent; **[amts]empfangsbedürftige ~** act requiring communication [to an authority]; **rechtsgeschäftliche ~** legal act of the party; **zweiseitige ~** bilateral act of the parties **Wil·lens·frei·heit** *f kein pl* freedom of will **Wil·lens·kraft** *f kein pl* willpower, strength of mind; **~ erfordern** to require willpower **Wil·lens·man·gel** *m* JUR failure [*or* deficiency] of intention; **Anfechtung wegen ~** challenging the court on the grounds of failure of intent **wil·lens·schwach** *adj* weak-willed **Wil·lens·schwä·che** *f kein pl* weakness of will **wil·lens·stark** *adj* strong-willed, determined **Wil·lens·stär·ke** *f kein pl* willpower

wil·lent·lich ['vɪləntlɪç] *adj (geh) s.* **absichtlich**

will·fah·ren* <willfahrte, willfahrt> [vɪl'fa:rən] *vi (veraltet geh)* ■**jdm ~** to satisfy sb; **jds Bitte ~** to comply with sb's request

will·fäh·rig <-er, -ste> ['vɪlfɛ:rɪç] *adj (geh)* compliant, submissive; ■**jdm ~ sein** to submit to sb['s will]

wil·lig ['vɪlɪç] *adj* willing; **ein ~er Schüler** a willing pupil; *Kind* obedient

will·kom·men [vɪl'kɔmən] *adj* ① *(gerne empfangen)* welcome; ■**[jdm] ~ sein** to be welcome [to sb]; **jdn ~ heißen** *(geh)* to welcome [*or* greet] sb, to bid sb welcome *form;* ***seid/ seien Sie [herzlich] ~!*** welcome!

② *(durchaus erwünscht)* welcome

Will·kom·men <-s, -> [vɪl'kɔmən] *nt* welcome; **jdm ein bestimmtes ~ bereiten** *(geh)* to welcome sb in a certain way; **ein herzliches ~** a warm welcome

Will·kom·mens·trunk *m (geh)* welcoming drink, cup of welcome *dated*

Will·kür <-> ['vɪlky:ɐ̯] *f kein pl* capriciousness, arbitrariness; *(politisch)* despotism

Will·kür·herr·schaft *f* tyranny, despotic rule **Will·kür·jus·tiz** *f* JUR arbitrary justice

will·kür·lich ['vɪlky:ɐ̯lɪç] **I.** *adj* arbitrary

II. *adv* arbitrarily

Will·kür·ver·bot *nt* JUR prohibition of arbitrary decision-making

Wil·na <-s> ['vɪlna] *nt* Vilnius

wim·meln ['vɪml̩n] *vi* ① *haben impers (in Mengen vorhanden sein)* ■**es wimmelt von etw** *dat* it is teeming with sth; ***in diesem Gewässer wimmelte es von Forellen und Karpfen*** this stretch of water was teeming with trout and carp; *Menschen* to swarm [*or* be overrun] with

② *sein (sich bewegen)* ■**auf etw** *dat*/**in etw** *dat*/**unter etw** *dat* **~** *Tiere* sth is teeming with sth/it's teeming with sth under sth; *Insekten, Menschen* sth is swarming with sth/it's swarming with sth under sth

③ *(fam: voll sein)* ■**von etw** *dat* **~** to be full of sth

Wim·merl <-s, -n> ['vɪmɐl] *nt* ① ÖSTERR *(Pickel)* spot, pimple

② ÖSTERR *(am Gurt befestigtes Täschchen)* pouch

③ ÖSTERR *(hum: Bauch)* belly

wim·mern ['vɪmɐn] *vi* to whimper

Wim·mern <-s> ['vɪmɐn] *nt kein pl* whimpering

Wim·met <-s> ['vɪmət] *m kein pl* SCHWEIZ *(Weinlese)* grape harvest

Wim·pel <-s, -> ['vɪmpl̩] *m* pennant

Wim·per <-, -n> ['vɪmpɐ] *f (Härchen des Augenlids)* [eye]lash

▸WENDUNGEN: **nicht mit der ~ zucken** to not bat an eyelid; **ohne mit der ~ zu zucken** without batting an eyelid

Wim·pern·kämm·chen *nt* lash comb **Wim·pern·schlag** *m* beat of an eyelash; **schnell wie ein ~** quick as a flash, in the blink of an eye **Wim·pern·tu·sche** *f* mascara **wim·pern·ver·län·gernd** *adj Maskara* lash-lengthening **Wim·pern·zan·ge** *f* eyelash curler

Wim·per·tier·chen *nt* ZOOL ciliate

Wind <-[e]s, -e> [vɪnt, *pl* 'vɪndə] *m* ① METEO wind; *(fig: Geschwätz)* empty talk, BRIT *also* wind; ***der ~ schlägt um*** the wind is changing; *(fig)* it's turning for the worse; ***ein glücklicher ~ hat sie hierher getrieben*** *(fig)* a lucky chance brought her here; **dem ~ abgekehrt** NAUT downwind, leeward; **[hart] am ~** NAUT close to the wind; **günstiger/widriger ~** NAUT fair/foul [*or* adverse] wind; **~ von hinten/vorn** tailwind/headwind; **lauer [*o* sanfter] ~** gentle wind [*or* breeze]; **mit dem ~** with the wind in one's back; NAUT before the wind; **den ~ im Rücken haben** to have the wind in one's back; **vor dem ~** NAUT downwind; *segeln* before the wind; **bei [*o* in] ~ und Wetter** in all weathers

② MUS *einer Orgel* wind *no indef art, no pl*

③ TECH *eines Hochofens* [air] blast

④ *(Darmgas)* flatulence *no art, no pl,* flatus *no art, no pl form,* BRIT *also* wind *no art, no pl,* AM *also* gas *no art, no pl;* **einen ~ entweichen [*o fam* fahren] lassen** to break wind

▸WENDUNGEN: **in alle [vier] ~e** in all directions; **in alle [vier] ~e zerstreut** scattered to the four winds [*or* corners of the earth]; **~ von etw** *dat* **bekommen [*o* kriegen]/haben** *(fam)* to get/have [got] wind of sth; **~ machen** *(fam: übertreiben)* to exaggerate; *(prahlen)* to brag; **viel ~ um etw** *akk* **machen** *(fam)* to make a great fuss [*or fam* to-do] about sth; **sich** *dat* **den ~ um die Nase wehen [*o* um die Ohren wehen [*o* pfeifen]] lassen** *(fam)* to see a bit of life [*or* the world]; **der ~ pfeift [jetzt] aus einem anderen Loch** *(fam)* the wind is [now] blowing from another quarter; **in den ~ reden [*o* sprechen]** to waste one's breath; ***alles war in den ~ gesprochen*** it was all in vain; **etw in den ~ schlagen** *(nicht hören)* to turn a deaf ear to sth; *(nicht achten)* to throw [*or* cast] sth to the wind; **etw in den ~ schreiben** *(fam)* to kiss sth goodbye, to kiss goodbye to sth *fam,* to write sth off; **gegen den/mit dem ~ segeln** to swim against/with the tide; **jdm den ~ aus den Segeln nehmen** *(fam)* to take the wind out of sb's sails; **wer ~ sät, wird Sturm ernten** *(prov)* sow the wind and reap the whirlwind *prov;* **irgendwo weht jetzt ein anderer [*o* neuer]/frischer/schärferer ~** *(fam)* ***in der Firma weht jetzt ein anderer/frischer/ schärferer ~*** things have now changed/changed for the better/tightened up in the company; **merken/spüren/wissen, woher der ~ weht** *(fam)* to notice/feel/know which way the wind is blowing; **daher weht [also] der ~!** so that's the way the wind is blowing!; **[schnell] wie der ~** [as] fast as the wind; *Gerücht* like wildfire

Wind·bä·cke·rei *f* ÖSTERR meringue **Wind·be·stäu·bung** *f* BOT anemophily

Wind·beu·tel *m* ① KOCHK cream puff

② *(pej: Schürzenjäger)* rake *pej*

Wind·böe *f* gust of wind **Wind·bruch** *m kein pl* tree damage caused by the wind **wind·dicht** *adj* wind-proof

Win·de[1] <-, -n> ['vɪndə] *f* TECH winch, windlass

Win·de[2] <-, -n> ['vɪndə] *f* BOT bindweed

Wind·ei ['vɪntʔai] *nt* ① ZOOL wind egg

② BIOL unfertilized egg

③ MED *(Mole)* mole

④ *(fig: Flop)* non-starter, flop *fam*

Win·del <-, -n> ['vɪndl̩] *f* napkin BRIT, nappy BRIT *fam,* diaper AM

Win·del·ein·la·ge *f* nappy [*or* AM diaper] liner **Win·del·hös·chen** *nt* nappy [*or* AM diaper] pants, waterproof pull-ups **Win·del·ho·se** *f* nappy pants *npl* **Win·del·kind** *nt* child that still wears nappies [*or* AM diapers]

win·del·weich **I.** *adj* feeble, lame; ■**~ sein** to be a wimp

II. *adv* **jdn ~ schlagen [*o* prügeln]** *(fam)* to beat sb black and blue [*or* the living daylights out of sb]

win·den[1] <wand, gewunden> ['vɪndn̩] **I.** *vr* ① *(nach Ausflüchten suchen)* ■**sich** *akk* **~** to attempt to wriggle out of sth

② *(sich krümmen)* ■**sich** *akk* **[in etw** *dat*/**vor etw** *dat*] **~** to writhe [in sth]; **sich** *akk* **vor [*o* in] Schmerzen ~** to writhe with [*or* in] pain; **sich** *akk* **vor Scham ~** to squirm with [*or* in] shame

③ *(sich in Schlangenlinien verlaufen)* ■**sich** *akk* **irgendwohin ~** to wind its way somewhere; *Bach* to meander; ***die Straße windet sich in Serpentinen den Pass hinauf*** the road snakes its way up the pass

④ ZOOL *(sich schlängeln)* ■**sich** *akk* **irgendwohin ~** to wind itself somewhere

⑤ BOT *(sich herumschlingen)* ■**sich** *akk* **um etw** *akk* **~** to wind [itself] around sth

II. *vt* ① *(entwinden)* ■**jdm etw aus etw** *dat* **~** to wrest sth from sb's sth

② *(herumschlingen)* ■**etw um etw** *akk* **~** to wind [*or* bind] sth around sth

③ *(binden)* ■**jdm/sich etw irgendwohin ~** to bind sb's/one's sth with sth; ***sie wand sich ein Seidentuch ins Haar*** she bound [*or* tied] her hair with a silk scarf

win·den[2] ['vɪndn̩] *vi impers* to blow

Wind·ener·gie *f* wind energy **Wind·ener·gie·an·la·ge** *f* TECH wind energy plant

Wind·ero·si·on *f* erosion by wind, wind erosion

Win·des·ei·le *f* **in [*o* mit] ~** in no time at all [*or* two minutes flat]; **sich** *akk* **in [*o* mit] ~ verbreiten** to spread like wildfire

Wind·fang <-s, -fänge> *m* ARCHIT porch **wind·ge·schützt** **I.** *adj* sheltered [from the wind] **II.** *adv* in a sheltered place **Wind·ge·schwin·dig·keit** *f* wind speed **Wind·hauch** *m* breath of wind **Wind·ho·se** *f* METEO vortex

Wind·huk <-s> ['vɪnthʊk] *nt* Windhoek

Wind·hund *m* ① ZOOL greyhound

② *(pej: Schürzenjäger)* rake *pej,* reprobate

win·dig ['vɪndɪç] *adj* ① *(viel Wind)* windy

② *(fam)* dubious, BRIT *a.* dodgy; **ein ~es Geschäft** a shady business

Wind·ja·cke *f* MODE windcheater BRIT, windbreaker AM **Wind·jam·mer** <-s, -> *m* NAUT windjammer **Wind·ka·nal** *m* wind tunnel

Wind·kraft *f kein pl* wind power **Wind·kraft·an·la·ge** *f,* **Wind·kraft·werk** *nt* TECH wind[-driven] power station

Wind·licht *nt* table lantern **Wind·ma·schi·ne** *f* ① THEAT wind machine ② MEDIA *(fam)* sb full of hot air; ***der Erfolg spricht für ihn — er ist keine ~*** his success speaks for itself — he's not full of hot air **Wind·mes·ser** *m* wind gauge, anemometer

Wind·müh·le *f (windbetriebene Mühle)* windmill

▸WENDUNGEN: **gegen ~n [an]kämpfen** to tilt at windmills *fig* **Wind·müh·len·flü·gel** *m* windmill sail [*or* vane]

Wind·park *m* wind park [*or* farm] **Wind·park·an·la·ge** *f* wind power station

Wind·po·cken *pl* MED chickenpox *sing*

Wind·rad *nt* wind turbine **Wind·rich·tung** *f* wind direction **Wind·ro·se** *f* wind rose

Wind·schat·ten *m* ① *(keinen Fahrtwind aufweisender Bereich)* slipstream; **in jds ~ fahren** to drive

W

in sb's slipstream ② *(windgeschützter Bereich)* lee; ■**im** ~ [**von etw** *dat*] under the lee [of sth] **Wịnd·schat·ten·fah·ren** *nt kein pl* SPORT *beim Radsport* slipstreaming **Wịnd·schat·ten·fah·rer(in)** *m(f)* tailgater

wịnd·schief *adj* crooked **wịnd·schnit·tig** *adj* streamlined

Wịnd·schutz *m* windbreak **Wịnd·schutz·schei·be** *f* AUTO windscreen BRIT, windshield AM **Wịnd·schutz·strei·fen** *m* AGR shelter belt

Wịnd·sei·te *f* METEO windward side **Wịnd·stär·ke** *f* METEO wind force, strength of the wind **wịnd·still** *adj* METEO still, windless; ■ ~ **sein** to be calm **Wịnd·stil·le** *f* calm **Wịnd·stoß** *m* gust of wind; **ein plötzlicher** ~ a sudden gust of wind **Wịnd·surf·brett** *nt* SPORT sailboard, windsurfer **wịnd·sur·fen** ['vɪntzøːɐ̯fn̩] *vi nur infin* to windsurf **Wịnd·sur·fer(in)** *m(f)* SPORT sailboarder, windsurfer **Wịnd·sur·fing** ['vɪntzøːɐ̯fɪŋ] *nt* SPORT windsurfing

Wịn·dung <-, -en> *f* GEOG ① *(Mäander)* meander ② *(Serpentine)* bend, curve

Wink <-[e]s, -e> [vɪŋk] *m* ① *(Hinweis)* hint; **einen** ~ [**von jdm**] **bekommen** to receive a tip-off [from sb] ② *(Handbewegung)* signal

▸WENDUNGEN: **jdm einen** ~ **geben** to drop [*or* give] sb a hint; **ein** ~ **mit dem Kopf** a nod of the head; **ein** ~ **mit dem Zaunpfahl** *(fam)* a broad hint

Wịn·kel <-s, -> ['vɪŋkl̩] *m* ① MATH angle; **rechter/spitzer/stumpfer** ~ a right/an acute/obtuse angle; **im richtigen** ~ at the right angle ② *(Ecke)* corner ③ *(Bereich)* place, spot; **toter** ~ a blind spot ④ MIL *(Rangabzeichen)* stripe ⑤ *s.* **Winkelmaß**

Wịn·kel·ad·vo·kat(in) *m(f) (pej)* incompetent lawyer **Wịn·kel·ei·sen** *nt* angle iron **Wịn·kel·funk·ti·on** *f* trigonometrical function **Wịn·kel·hal·bie·ren·de** *f* bisector of an/the angle

wịn·ke·lig, wịnk·lig ['vɪŋk(ə)lɪç] *adj* full of nooks and crannies; *Gasse* twisty

Wịn·kel·li·ne·al *nt* triangle **Wịn·kel·maß** *nt Werkzeug* square **Wịn·kel·mes·ser** *m* MATH protractor **Wịn·kel·schnitt** *m* TYPO square trim, true rectangular cut **Wịn·kel·zug** *m meist pl (pej)* dodge, trick

wịn·ken <gewinkt *o* DIAL gewunken> ['vɪŋkn̩] **I.** *vi* ① *(mit der Hand wedeln)* to wave ② *(wedeln)* ■**mit etw** *dat* ~ to wave sth; ***er winkte mit der Zeitung, um ein Taxi auf sich aufmerksam zu machen*** he waved a newspaper to hail a taxi ③ *(Handzeichen zum Näherkommen geben)* ■**jdm** ~ to beckon sb; **dem Kellner/Ober** ~ to beckon [*or* signal] the waiter to come over; **einem Taxi** ~ to hail a taxi ④ *(fam: in Aussicht stehen)* ■**mit etw** *dat* ~ *Prämie, Belohnug* to promise sth; ***dem Gewinner winken 50.000 Euro*** the winner will receive 50,000 euros

II. *vt* ■**jdn zu sich** *dat* ~ to beckon sb over to one

wịnk·lig ['vɪŋklɪç] *adj s.* **winkelig**

wịn·seln ['vɪnzl̩n] *vi* ① *(jaulen)* to whimper ② *(pej: erbärmlich flehen)* ■**um etw** *akk* ~ to plead for sth

Wịn·ter <-s, -> ['vɪntɐ] *m* winter; **ein harter** ~ a hard [*or* severe] winter; **im** ~ in the winter; **nuklearer** ~ nuclear winter

Wịn·ter·abend *m* winter evening; ■**an einem** ~ on a winter['s] evening **Wịn·ter·an·fang** *m* beginning of winter; **am** ~ at the beginning of winter **Wịn·ter·de·pres·si·on** *f* PSYCH winter depression **Wịn·ter·dienst** *m* winter road clearance **Wịn·ter·ein·bruch** *m* onset of winter **Wịn·ter·fahr·plan** *m* winter timetable **Wịn·ter·fell** *nt* winter coat **Wịn·ter·fe·ri·en** *pl* winter holidays *pl* **wịn·ter·fest** *adj* ■ ~ **sein** to be suitable for winter; **ein Auto** ~ **machen** to get a car ready for winter, AM *a.* to winterize a car **Wịn·ter·gar·ten** *m* winter garden **Wịn·ter·ge·trei·de** *nt* winter crop [*or* grain] **Wịn·ter·halb·jahr** *nt* winter [period] **wịn·ter·hart** *adj* HORT hardy **Wịn·ter·käl·te** *f* cold winter weather **Wịn·ter·klei·dung** *f* MODE winter clothing [*or* clothes *pl*] **Wịn·ter·kohl** *m* kale **Wịn·ter·kres·se** *f* winter cress **Wịn·ter·kur·ort** *m* winter health resort **Wịn·ter·land·schaft** *f* winter landscape

wịn·ter·lich ['vɪntɐlɪç] **I.** *adj* wintry, winter; ~**e Temperaturen** winter temperatures

II. *adv* ~ **gekleidet/vermummt** dressed/wrapped up for winter

Wịn·ter·man·tel *m* winter coat **Wịn·ter·mo·nat** *m* winter month **Wịn·ter·mor·gen** *m* winter['s] morning; **an dunklen** ~ on dark winter mornings **Wịn·ter·nach·mit·tag** *m* winter['s] afternoon **Wịn·ter·nacht** *f* winter['s] night **Wịn·ter·olym·pi·a·de** *f* SPORT Winter Olympics *pl* **Wịn·ter·pull·o·ver** *m* winter pullover [*or* BRIT *a.* jumper] [*or* sweater] **Wịn·ter·rei·fen** *m* AUTO winter tyre [*or* AM tire] **Wịn·ter·ru·he** *f* winter dormancy

wịn·ters ['vɪntɐs] *adv* in winter; *s. a.* **sommers**

Wịn·ter·saat *f* AGR *seeds of winter[-sown] grains* **Wịn·ter·sai·son** *f* winter season **Wịn·ter·schlaf** *m* ZOOL hibernation; ~ **halten** to hibernate **Wịn·ter·schluss·ver·kauf**[RR] *m* winter sale; **etw im** ~ **kaufen** to buy sth in the winter sale **Wịn·ter·schu·he** *pl* winter shoes **Wịn·ter·se·mes·ter** *nt* SCH winter semester **Wịn·ter-Smog** *m* winter smog **Wịn·ter·son·nen·wen·de** *f* winter solstice **Wịn·ter·speck** *m kein pl (hum geh)* winter fat **Wịn·ter·spie·le** *pl* [**Olympische**] ~ SPORT Winter Olympics **Wịn·ter·sport** *m* winter sport **Wịn·ter(s)·zeit** *f kein pl* wintertime *no pl, no indef art* **Wịn·ter·tag** *m* winter['s] day **Wịn·ter·ur·laub** *m* winter holiday **Wịn·ter·zeit** *f* wintertime **Wịn·ter·zi·cho·rie** *m* winter chicory **Wịn·ter·zwie·bel** *f* Welsh onion

wịn-wịn-Lö·sung [vɪnvɪn-] *f* win-win solution **Wịn-Wịn-Stra·te·gie** ['wɪnwɪn-] *f* win-win strategy

Wịn·zer(in) <-s, -> ['vɪntsɐ] *m(f)* AGR wine-grower

wịn·zig ['vɪntsɪç] *adj* tiny; ~ **klein** minute

Wịn·zig·keit <-, -en> *f* ① *kein pl (geringe Größe)* tininess ② *(winzige Menge)* tiny amount

Winz·ling <-s, -e> ['vɪntslɪŋ] *m (fam: Person)* tiny person [*or* thing]; *(Gegenstand)* tiny thing

Wịp·fel <-s, -> ['vɪpfl̩] *m* treetop

Wịp·pe <-, -n> ['vɪpə] *f* ① *(Spielgerät für Kinder)* seesaw ② *(für Babys)* baby rocker, cozy AM

wịp·pen ['vɪpn̩] *vi* ■[**auf etw** *dat*] ~ to bob up and down on sth; *(auf einer Wippe)* to seesaw

wir <*gen* unser, *dat* uns, *akk* uns> [viːɐ̯] *pron pers* we; ~ **nicht** we are not, not us; ***kommt ihr auch mit? — nein,*** ~ ***nicht*** are you coming too? — no, we are not

Wịr·bel[1] <-s, -> ['vɪrbl̩] *m* ANAT vertebra

Wịr·bel[2] <-s, -> ['vɪrbl̩] *m* ① *(fam: Trubel)* turmoil; **einen** [**großen**] ~ [**um etw** *akk*] **machen** to make a [big [*or* great]] commotion [*or* fuss] [about sth] ② *(kleiner Strudel)* whirlpool, eddy

Wịr·bel·bett *nt* TECH fluid[ized] bed **Wịr·bel·bruch** *m* fractured vertebra **Wịr·bel·kör·per** *m* ANAT vertebra

wịr·bel·los *adj* BIOL invertebrate

wịr·beln ['vɪrbl̩n] **I.** *vi* ① *sein (sich drehend wehen)* to swirl ② *sein (sich drehend bewegen)* to whirl ③ *haben (fam: sehr geschäftig sein)* to rush around getting things done

II. *vt haben (herumwirbeln und wehen)* ■**etw irgendwohin** ~ to whirl sth somewhere

Wịr·bel·säu·le *f* spinal column **Wịr·bel·säu·len·gym·nas·tik** *f kein pl* spinal exercises *pl* **Wịr·bel·schicht** *f* TECH fluid[ized] bed **Wịr·bel·schicht·trock·ner** *m* TECH fluidized bed drier **Wịr·bel·sturm** *m* whirlwind **Wịr·bel·tier** *nt* vertebrate **Wịr·bel·wind** *m* whirlwind; **wie ein** ~ like a whirlwind

Wịr·ge·fühl *nt kein pl* collective spirit

wịr·ken ['vɪrkn̩] **I.** *vi* ① *(Wirkung haben)* to have an effect; *(beabsichtigten Effekt haben)* to work; ***dieses Medikament wirkt sofort*** this medicine takes effect immediately; **etw auf sich** *akk* ~ **lassen** to take sth in; ***ich lasse die Musik auf mich*** ~ I let the music flow over me ② *(etwas ausrichten)* to be effective ③ *(einen bestimmten Eindruck machen)* to seem, to appear; **ängstlich** ~ to appear to be frightened; **gelassen** ~ to give the impression of being calm; **natürlich/unnatürlich** ~ to seem [*or* appear] natural/unnatural; **unecht** ~ to not appear to be genuine ④ *(tätig sein)* ■**irgendwo** ~ to work somewhere

II. *vt (veraltend geh: tun)* ■**etw** ~ to do sth; ***Schwester Agatha hat viel Gutes gewirkt*** Sister Agatha did a great deal of good

Wịr·ken <-s> ['vɪrkn̩] *nt kein pl (geh)* work *no pl;* **das** ~ **des Teufels sein** to be the work of the devil

wịrk·lich ['vɪrklɪç] **I.** *adj* ① *(tatsächlich)* real ② *(echt) Freund* real, true

II. *adv* really; ~ **und wahrhaftig** really and truly; **nicht** ~ not really; ~ **nicht?** really not?; ***ich kann leider nicht kommen —*** ~ ***nicht?*** I am sorry I cannot come — are you sure?

Wịrk·lich·keit <-, -en> *f* reality; **den Bezug zur** ~ **verlieren** to lose one's grip on reality; ~ **werden** to come true; **in** ~ in reality

wịrk·lich·keits·fremd *adj* unrealistic **wịrk·lich·keits·ge·treu I.** *adj* realistic **II.** *adv* realistically, in a realistic way; **etw** ~ **abbilden** to paint a realistic picture of sth **wịrk·lich·keits·nah** *adj Darstellung* realistic **Wịrk·lich·keits·sinn** *m kein pl* sense of reality, realism *no pl*

wịrk·sam ['vɪrkzaːm] **I.** *adj* ① PHARM, MED *(effektiv)* effective ② *(den Zweck erfüllend)* effective ③ ADMIN ~ **werden** to take effect ④ INFORM *(aktiv)* active ⑤ JUR effective, operative, valid

II. *adv* effectively

Wịrk·sam·keit <-> *f kein pl* ① PHARM, MED *(Effektivität)* effectiveness ② *(Erfolg)* effectiveness ③ JUR effectiveness, operative effect; ~ **eines Vertrags** contractual force

Wịrk·sam·wer·den *nt kein pl* coming into force

Wịrk·stoff *m* PHARM active substance [*or* agent]

Wịrk·stoff·kom·plex *m* PHARM complex of active agents

Wịr·kung <-, -en> ['vɪrkʊŋ] *f* effect; **aufschiebende** ~ suspensory effect; **befreiende/bindende** ~ discharging/binding effect; **heilende** ~ curative effect; **unmittelbare** ~ direct effect; **mit** ~ **vom ...** JUR with effect from ...; **ohne** ~ **bleiben** [*o* **seine** ~ **verfehlen**] to have no effect, to not have any effect; **eine bestimmte** ~ **haben** [*o geh* **entfalten**] PHARM, MED to have a certain effect; ***Kaffee hat eine anregende*** ~ coffee has a stimulating effect [*or* is a stimulant]; **eine schnelle** ~ **haben** [*o geh* **entfalten**] PHARM, MED to take effect quickly; **mit sofortiger** ~ effective immediately

Wịr·kungs·be·reich *m* area of activity, domain **Wịr·kungs·dau·er** *f* period of effectiveness **Wịr·kungs·er·stre·ckung** *f* ambit of effect **Wịr·kungs·grad** *m* [degree of] effectiveness **Wịr·kungs·kreis** *m* purview, sphere of activity

wịr·kungs·los *adj* ineffective

Wịr·kungs·lo·sig·keit <-> *f kein pl* ineffectiveness *no pl*

wịr·kungs·voll *adj (geh) s.* **wirksam** **Wịr·kungs·wei·se** *f* [mode of] action, way sth works

wirr [vɪr] *adj* ① *(unordentlich)* tangled ② *(verworren)* weird ③ *(durcheinander)* confused, muddled; **jdn** [**ganz**] ~ **machen** to make sb [very] confused

Wịr·ren ['vɪrən] *pl* confusion *sing,* turmoil *sing*

Wịrr·kopf *m (pej)* scatterbrain *pej,* muddle-headed person *pej*

Wirr·warr <-s> ['vɪrvar] *m kein pl* ① *(Durcheinander)* confusion, chaos ② *(Unordnung)* tangle

Wịr·sing <-s> *m kein pl,* **Wịr·sing·kohl** ['vɪrzɪŋ-] *m* KOCHK, HORT savoy cabbage

Wirt(in) <-[e]s, -e> [vɪrt] *m(f)* 1 *(Gastwirt)* landlord *masc*, landlady *fem*, publican
2 BIOL *(Wirtsorganismus)* host

Wirt·schaft <-, -en> ['vɪrtʃaft] *f* 1 ÖKON *(Volkswirtschaft)* economy; *(Industrie und Handel)* industry [and commerce]; ***er ist in der ~ tätig*** he works in industry; **freie ~** free market economy; **staatlich gelenkte ~** controlled economy
2 *(Gastwirtschaft)* public house BRIT *form*, pub BRIT *fam*, bar, saloon AM; **in eine ~ einkehren** to stop off at a pub
3 *(fam: Zustände)* state of affairs *iron;* **reine ~ machen** DIAL to put the house in order

wirt·schaf·ten ['vɪrtʃaftn̩] *vi* 1 *(den Haushalt führen)* to keep house
2 *(rationell sein)* to manage; **sparsam ~** to economize, to budget carefully; **gut/schlecht ~** to be a good manager/to mismanage
3 *(sich betätigen)* to busy oneself; ***mein Mann wirtschaftet gerade im Keller*** my husband is pottering around in the cellar

Wirt·schaf·ter(in) <-s, -> *m(f)* 1 *(Haushälter)* housekeeper
2 *(sl: Aufsichtsperson im Bordell)* madam

Wirt·schaf·te·rin <-, -nen> *f fem form von* **Wirtschafter** housekeeper

Wirt·schaft·ler(in) <-s, -> *m(f)* 1 *(Wirtschaftswissenschaftler)* economist
2 *(Wirtschafter)* businessman *masc*, businesswoman *fem*, entrepreneur

wirt·schaft·lich ['vɪrtʃaftlɪç] I. *adj* 1 ÖKON *(volkswirtschaftlich)* economic; **~er Aufschwung** economic upturn; **~e Daten** market data; **~e Erholung/Stabilität** economic recovery/stability; **~e Nutzungsdauer** TECH useful life; **~ Unselbständige** salary/wage earners; **~ schwach entwickelt** poor
2 *(finanziell)* economic; **sich** *akk* **in einer ~en Notlage befinden** to have [*or* be in] financial difficulties
3 *(sparsam)* economical; *Hausfrau* careful
II. *adv* 1 *(finanziell)* economically; ***es geht mir ~ besser/gut/schlechter*** I am in a better/good/worse financial position
2 *(ökonomisch)* economically, carefully

Wirt·schaft·lich·keit <-> *f kein pl* profitability, economic efficiency, cost effectiveness

Wirt·schaft·lich·keits·ana·ly·se *f* ÖKON economic feasibility study

Wirt·schafts·ab·kom·men *nt* JUR trade convention, economic agreement **Wirt·schafts·ar·ti·kel** *m (Zeitungsartikel)* city article **Wirt·schafts·auf·schwung** *m* ÖKON economic upturn [*or* upswing], upturn in business **Wirt·schafts·auf·sicht** *f* regulatory body [*or* authority] **Wirt·schafts·ba·ro·me·ter** *nt* ÖKON economic indicator **Wirt·schafts·be·le·bung** *f* ÖKON economic revival **Wirt·schafts·be·ra·ter(in)** *m(f)* ÖKON economic advisor **Wirt·schafts·be·reich** *m* economic sector **Wirt·schafts·be·zie·hun·gen** *pl* ÖKON economic [*or* trade] relations *pl;* **internationale ~** international economic relations; **~ fortsetzen** to continue trade relations **wirt·schafts·be·zo·gen** *adj* economic **Wirt·schafts·block** *m* economic bloc **Wirt·schafts·blo·cka·de** *f* economic embargo **Wirt·schafts·boom** <-s, -[e]> [-bu:m] *m selten pl* economic boom **Wirt·schafts·de·likt** *nt* JUR, ÖKON economic [*or* commercial] crime **Wirt·schafts·ein·heit** *f* economic unit **Wirt·schafts·em·bar·go** *nt* economic embargo **Wirt·schafts·eng·lisch** *nt* business [*or* commercial] English **Wirt·schafts·ent·wick·lung** *f* ÖKON economic development, business trend; **rückläufige ~** economic downturn; **ungünstige ~** sluggish economy **Wirt·schafts·ethik** *f kein pl* POL business ethics + *sing vb* **Wirt·schafts·ex·per·te, -ex·per·tin** *m, f* ÖKON economic expert **Wirt·schafts·fak·tor** *m* economic factor **wirt·schafts·feind·lich** *adj* anti-commercial, anti-business **Wirt·schafts·feld** *nt* industrial [*or* economic] sector, industry **Wirt·schafts·fern·se·hen** *nt* TV business television **Wirt·schafts·flücht·ling** *m* economic refugee **Wirt·schafts·för·de·rung** *f* ÖKON economic development, stimulation of the economy **Wirt·schafts·för·de·rungs·maß·nah·me** *f* ÖKON business promotion activity

Wirt·schafts·form *f* economic system **Wirt·schafts·for·scher(in)** *m(f)* ÖKON economic researcher

Wirt·schafts·for·schung *f* economic research **Wirt·schafts·for·schungs·in·sti·tut** *nt* ÖKON economic research institute

Wirt·schafts·ge·bäu·de *nt meist pl* AGR working quarters *pl* **Wirt·schafts·ge·fü·ge** *nt* economic structure **Wirt·schafts·geld** *nt* housekeeping money *no pl, no indef art* **Wirt·schafts·ge·mein·schaft** *f* economic community **Wirt·schafts·gut** *nt* HANDEL commodity; ■**Wirtschaftsgüter** merchandise *no pl*, assets *pl;* **kurzlebige/langlebige Wirtschaftsgüter** [consumer] perishables/durables **Wirt·schafts·gym·na·si·um** *nt* SCH *grammar school where the emphasis is on business studies, economics and law* **Wirt·schafts·hil·fe** *f* economic aid *no pl, no indef art* **Wirt·schafts·his·to·ri·ker(in)** *m(f)* economic historian **Wirt·schafts·in·di·ka·tor** *m* ÖKON economic indicator **Wirt·schafts·in·for·ma·tik** *f* business information technology **Wirt·schafts·jahr** *nt* FIN financial year **Wirt·schafts·ju·rist(in)** *m(f)* commercial [*or* industrial] lawyer **Wirt·schafts·ka·nal** *m* TV business channel **Wirt·schafts·ka·pi·tän, -ka·pi·tä·nin** *m, f (fam)* captain of industry **Wirt·schafts·kli·ma** *nt* economic climate **Wirt·schafts·kol·li·si·ons·recht** *nt* JUR law of the conflict in economic matters **Wirt·schafts·kom·mis·si·on** *f* ÖKON economic council; **~ für Europa** Economic Council for Europe, ECE **Wirt·schafts·kon·tak·te** *pl* ÖKON business contacts **Wirt·schafts·kraft** *f* economic power **Wirt·schafts·kreis·lauf** *m* economic cycle **Wirt·schafts·krieg** *m* economic war [*or* warfare] **Wirt·schafts·kri·mi·na·li·tät** *f kein pl* JUR white-collar crime, commercial offences [*or* AM -ses] *pl* **wirt·schafts·kri·mi·nell** *adj* economic criminal *attr* **Wirt·schafts·kri·mi·nel·le(r)** *m* ÖKON, JUR economic criminal **Wirt·schafts·kri·se** *f* economic crisis **Wirt·schafts·la·ge** *f* economic situation **Wirt·schafts·le·ben** *nt kein pl* business life **Wirt·schafts·macht** *f* economic power **Wirt·schafts·ma·ga·zin** *nt (Zeitschrift)* business magazine; *(TV-Sendung)* business programme [*or* AM -gram] **Wirt·schafts·mi·nis·ter(in)** *m(f)* economics minister BRIT, Minister for Economic Affairs [*or* of Trade and Commerce] BRIT, Secretary of Commerce [*or* Commerce Secretary] AM **Wirt·schafts·mi·nis·te·ri·um** *nt* Ministry of Economic Affairs [*or* of Trade and Commerce] BRIT, Department of Trade and Industry [*or* AM of Commerce] **Wirt·schafts·ord·nung** *f* economic order [*or* system] **Wirt·schafts·plan** *m* economic plan **Wirt·schafts·pla·ner** *m* ÖKON economic planner **Wirt·schafts·pla·nung** *f* economic planning *no pl, no indef art* **Wirt·schafts·po·li·tik** *f* economic policy

wirt·schafts·po·li·tisch I. *adj* economic [policy] *attr;* **~e Maßnahmen** economic measures
II. *adv* in terms of economic policy

Wirt·schafts·pro·gno·se *f* ÖKON economic forecast **Wirt·schafts·prü·fer(in)** *m(f)* accountant

Wirt·schafts·prü·fung *f* FIN auditing **Wirt·schafts·prü·fungs·ge·sell·schaft** *f* auditing company [*or* firm]

Wirt·schafts·rat *m* JUR economic council

Wirt·schafts·recht *nt* JUR economic [*or* commercial] law; **gemeinschaftliches ~** Community commercial law **Wirt·schafts·rechts·ver·gleich** *m* JUR comparison of commercial laws

Wirt·schafts·re·form *f* ÖKON economic reform **wirt·schafts·re·le·vant** *adj* ÖKON economically relevant; **~e Entscheidungsträger** decision makers on economic policy **Wirt·schafts·sa·bo·ta·ge** *f* JUR economic [*or* industrial] sabotage **Wirt·schafts·sank·ti·o·nen** *pl* economic sanctions *pl* **Wirt·schafts·sek·tor** *m* economic sector **Wirt·schafts·se·na·tor(in)** *m(f)* minister for economic affairs [*or* of trade and commerce] *(in Berlin, Bremen, Hamburg)* **Wirt·schafts·spi·o·na·ge** *f kein pl* JUR industrial espionage **Wirt·schafts·stand·ort** *m* location of industry and commerce **Wirt·schafts·straf·ge·setz** *nt* JUR economic offences act, BRIT Statute of Fraud **Wirt·schafts·straf·kam·mer** *f* JUR court division for business offences **Wirt·schafts·straf·recht** *nt* JUR criminal business law **Wirt·schafts·struk·tur** *f* structure of the company **Wirt·schafts·sub·jekt** *nt* ÖKON economic subject **Wirt·schafts·teil** *m* MEDIA business [*or* financial] section **Wirt·schafts·the·o·rie** *f* ÖKON economic theory **Wirt·schafts·trend** *m* ÖKON economic trend **Wirt·schafts·treu·hän·der(in)** *m(f)* ÖKON business [*or* conventional] trustee **Wirt·schafts- und Wäh·rungs·uni·on** *f* economic and monetary union **Wirt·schafts·uni·on** *f* economic union **Wirt·schafts·un·ter·neh·men** *nt* ÖKON business undertaking; **kommunales ~** municipal undertaking **Wirt·schafts·ver·band** *m*, **Wirt·schafts·ver·ei·ni·gung** *f* trading [*or* trade] association, industrial federation **Wirt·schafts·ver·bre·chen** *nt* JUR white collar crime **Wirt·schafts·ver·fas·sung** *f* JUR economic [*or* business] constitution **Wirt·schafts·ver·fas·sungs·recht** *nt* JUR law of economic constitution **Wirt·schafts·ver·kehr** *m kein pl* ÖKON trade, commerce **Wirt·schafts·ver·wal·tungs·recht** *nt* JUR commercial administration law **Wirt·schafts·wachs·tum** *nt kein pl* ÖKON economic growth; **beschleunigtes ~** exploding economic growth, growth rate of the economy; **das ~ ankurbeln** to boost economic growth **Wirt·schafts·wei·se(r)** *f(m) dekl wie adj* ÖKON economic expert **Wirt·schafts·wis·sen·schaft** *f meist pl* economics *sing* **Wirt·schafts·wis·sen·schaft·ler(in)** *m(f)* economist **Wirt·schafts·wun·der** *nt* economic miracle **Wirt·schafts·wun·der·land** *nt* economic miracle land **Wirt·schafts·zei·tung** *f* financial [*or* business] [news]paper **Wirt·schafts·zen·trum** *nt* centre of trade and commerce **Wirt·schafts·zo·ne** *f* economic zone [*or* area] **Wirt·schafts·zu·sam·men·schlüs·se** *pl* JUR economic unions **Wirt·schafts·zweig** *m* branch of industry

Wirts·haus *nt* pub BRIT, bar, saloon AM, inn *dated*

Wirts·leu·te *pl* landlord and landlady

Wirts·or·ga·nis·mus *m* BIOL host [organism]

Wirz <-es, -e> [vɪrts] *m* HORT, KOCHK SCHWEIZ *(Wirsingkohl)* savoy cabbage

Wisch <-[e]s, -e> [vɪʃ] *m (pej fam)* piece of bumph *pej* [*or* paper]

wi·schen ['vɪʃn̩] I. *vt* 1 *(feucht abwischen)* ■**etw ~** to wipe sth
2 *(abwischen)* ■**jdm/sich etw aus etw** *dat*/**von etw** *dat* **~** to wipe sth from sth/sb's sth; **sich** *dat* **den Schweiß von der Stirn ~** to wipe the sweat from one's brow
3 SCHWEIZ *(fegen)* ■**etw ~** to sweep sth
▸WENDUNGEN: **einen gewischt bekommen** [*o* **kriegen**] *(sl)* to get an electric shock; [**von jdm**] **eine gewischt bekommen** [*o* **kriegen**] *(sl)* to get a clout [from sb]
II. *vi* 1 *(putzen)* ■[**in etw** *dat*] **~** to clean sth; ***haben Sie im Bad schon gewischt?*** have you already done [*or* cleaned] the bathroom?
2 SCHWEIZ *(fegen)* to sweep

Wi·scher <-s, -> *m* AUTO wiper, windscreen [*or* AM windshield] wiper

Wi·scher·blatt *nt* AUTO wiper blade

wisch·fest *adj* **~er Druck** TYPO rub-[*or* smudge-]proof print; **~er Lippenstift** MODE wipe-proof lipstick

Wi·schi·wa·schi <-s> [vɪʃi'vaʃi] *nt kein pl (pej fam)* drivel

Wisch·lap·pen *m* cloth, floorcloth **Wisch·tuch** *nt* cloth

WISE <-> *nt kein pl Akr von* **World Institute of Scientology Enterprises** WISE

Wi·sent <-s, -e> ['vi:zɛnt] *nt* ZOOL bison

Wis·mut <-[e]s> ['vɪsmu:t] *nt o* ÖSTERR *m kein pl* CHEM bismuth *no pl*

Wis·mut·glanz <-es> *m kein pl* bismuth glance, bismuthinite

wis·pern ['vɪspɐn] **I.** *vt* ■**etw** ~ to whisper sth
II. *vi* to whisper; **miteinander** ~ to whisper to each other

Wis·pern <-s> ['vɪspɐn] *nt kein pl* whisper

Wiss·be·gier^RR, **Wiß·be·gier**^ALT <-> ['vɪsbəgiːɐ̯] *f kein pl*, **Wiss·be·gier·de**^RR, **Wiß·be·gier·de**^ALT ['vɪsbəgiːɐ̯də] *f kein pl* thirst for knowledge; **jds ~ befriedigen** to satisfy sb's thirst for knowledge

wiss·be·gie·rig^RR, **wiß·be·gie·rig**^ALT *adj* eager to learn

wis·sen <wusste, gewusst> ['vɪsn̩] **I.** *vt* ① *(Kenntnis haben)* ■**etw [über jdn/etw]** ~ to know sth [about sb/sth]; ***wenn ich das gewusst hätte!*** if only I had known [that]!; ***dass du es [nur] [gleich] weißt*** just so you know; ***er weiß immer alles besser*** he always knows better; ***woher soll ich das ~?*** how should I know that?; ~ ***Sie schon das Neueste?*** have you heard the latest?; **jdn etw ~ lassen** to let sb know [*or* tell sb] sth; ***wir lassen Sie dann unsere Entscheidung*** ~ we will let you know [*or* inform you of] our decision
② *(kennen)* ■**etw** ~ to know sth; ***weißt du ein gutes Restaurant?*** do you know [of] a good restaurant?
③ *(sich erinnern)* **etw noch wissen** to remember sth; ***ich weiß seinen Namen nicht mehr*** I can't remember his name
④ *(können)* ■**etw** ~ to know sth; **es nicht anders/besser** ~ to not know any different/better; ■**etw zu tun** ~ to know how to do sth; **jdn/etw zu nehmen** ~ to know how to deal with sb/sth; **jdn/etw zu schätzen** ~ to appreciate sb/sth; **sich** *dat* **zu helfen** ~ to be resourceful; **sich** *dat* **nicht anders zu helfen** ~ to not know what else to do; **sich** *dat* **nicht mehr zu helfen** ~ to be at one's wits' end
⑤ *(Kenntnis vom Zustand/Ort einer Person/Sache haben)* ■**jdn/sich ...** ~ to know that sb/one is ...; ***wir ~ unsere Tochter in guten Händen*** we know our daughter is in good hands; ***er wollte sich von ihnen nicht falsch verstanden*** ~ he didn't want them to get him wrong
▶WENDUNGEN: **es ~ wollen** to want to know one's limits; **sich** *akk* **vor etw** *dat* **nicht zu lassen** ~ to be delirious with emotion; ***als sie die Stelle bekommen hat, wusste sie sich vor Freude kaum zu lassen*** when she got the job she was over the moon *fam;* **was weiß ich** *(fam)* or something *fam;* ***vielleicht lebt er jetzt in Hamburg, was weiß ich*** perhaps he lives in Hamburg now, how should I know; **weißt du was?** *(fam)* [do] you know what?; **was weiß ich** *(fam)* goodness knows; ***was weiß ich, was er gesagt hat*** how am I supposed to know what he said; **wenn ich das wüsste** goodness knows; **von jdm/etw nichts [mehr] ~ wollen** *(fam)* to not want to have anything [more] to do with sb/sth; ***von einer Belohnung wollte er nichts*** ~ he refused to accept any reward
II. *vi* ① *(Kenntnis haben)* to know; ***ich weiß, ich weiß*** I know, I know; **[ach,] weißt du/wissen Sie, ...** [oh] ... you know; **genau [*o* mit Sicherheit] ~, dass ...** to know for a fact that ...; **du musst ~, dass ...** you must realize that ...; **man weiß nie, wann/was/wie/wozu** you never know when/what/how/what ... for; **soviel [*o* soweit] jd weiß** as far as sb knows; ■**von etw** *dat* [*o geh* **um etw** *akk*] ~ to know about sth; ***davon weiß ich nichts*** [*o fam* ***da weiß ich nichts von***] I don't know anything about it; **~, wovon man redet** to know what one is talking about; **[nicht] ~, was man will** to [not] know what one wants; **wer weiß was/wie/wo ...** *(fam)* goodness [*or fam* God] knows what/how/where ...; ***er spricht, als ob er wer weiß was dafür bezahlt hätte*** he talks as if he had paid goodness knows how much for it; ***er hält sich für wer weiß wie klug*** he doesn't half think he's clever; **ich wüsste nicht, dass/was ...** I would not know that/what ...; **wenn ich nur wüsste, ob, wann/was...** if only I knew whether/when/what ...
② *(sich erinnern)* to remember; **weißt du noch/~ Sie noch?** do you remember?
▶WENDUNGEN: **nicht mehr aus noch ein** ~ to be at one's wits' end; **nicht, dass ich wüsste** not that I know of [*or* to my knowledge]; **man kann [bei jdm/etw] nie wissen!** *(fam)* you never know [with sb/sth]!; **gewusst wie/wo!** *(fam)* sheer brilliance!; *s. a.* **Henker**

Wis·sen <-s> ['vɪsn̩] *nt kein pl* knowledge *no pl;* **nach bestem ~ und Gewissen** *(geh)* to the best of one's knowledge; ~ ***ist Macht*** knowledge is power; **wider/gegen besseres** ~ against one's better judgement; **ohne jds ~ und Willen** without sb's knowledge and consent

wis·send I. *adj (geh)* knowing; **~e Blicke [aus]tauschen** to exchange knowing looks
II. *adv (geh)* knowingly

Wis·sen·de(r) *f(m) dekl wie adj (geh)* initiate

Wis·sens·ar·bei·ter, -arbeiterin *m, f* knowledge worker

Wis·sen·schaft <-, -en> ['vɪsn̩ʃaft] *f* ① *(wissenschaftliches Fachgebiet)* science; **eine ~ für sich** *akk* **sein** to be a science in itself
② *kein pl (fam: die Wissenschaftler)* ■**die** ~ science

Wis·sen·schaft·ler(in) <-s, -> *m(f)* scientist

wis·sen·schaft·lich ['vɪsn̩ʃaftlɪç] **I.** *adj (der Wissenschaft zugehörig)* scientific; *(akademisch)* academic
II. *adv (wissenschaftlich)* scientifically; *(akademisch)* academically

Wis·sen·schaft·lich·keit <-> *f kein pl* scientific nature [*or* character]

Wis·sen·schafts·mi·nis·ter(in) *m(f)* POL Minister [*or* AM Secretary] of Science **Wis·sen·schafts·rat** *m* advisory council on scientific matters *(for the German federal government or the government of a Land)* **Wis·sen·schafts·se·na·tor(in)** *m(f)* science minister, minister of science *(in Berlin, Bremen, Hamburg)* **Wis·sen·schafts·the·o·rie** *f* philosophy of science

Wis·sens·drang *m*, **Wis·sens·durst** *m (geh)* thirst for knowledge **Wis·sens·ge·biet** *nt* field [*or* area] of knowledge **Wis·sens·lü·cke** *f* gap in sb's knowledge

wis·sens·ori·en·tiert *adj inv* INFORM knowledge-orient[at]ed

Wis·sens·stoff *m kein pl* SCH material **wis·sens·wert** *adj* worth knowing; *Information* valuable **Wis·sens·wer·te** *nt dekl wie adj, kein pl* need-to-know **Wis·sens·zeit·al·ter** *nt kein pl* Knowledge [*or* Information] Age

wis·sent·lich ['vɪsn̩tlɪç] **I.** *adj* deliberate, intentional
II. *adv* intentionally, deliberately, knowingly

Wit·frau ['vɪtfrau̯] *f* SCHWEIZ *(veraltet: Witwe)* widow

wit·tern ['vɪtɐn] **I.** *vt* ① *(ahnen)* ■**etw** ~ to suspect [*or* sense] sth
② JAGD *(durch Geruch erkennen)* ■**jdn/ein Tier** ~ to smell [*or* get wind of] sb/an animal
II. *vi* JAGD *(Witterung aufnehmen)* to sniff the air

Wit·te·rung <-, -en> *f* ① METEO weather; **bei günstiger/guter/schlechter** ~ if the weather is favourable/good/bad; **schwüle** ~ humid weather
② JAGD *(Geruchssinn)* sense of smell; **~ aufnehmen** to find the scent
③ *kein pl (Ahnungsvermögen)* hunch; **~ von etw** *dat* **bekommen** to get wind of sth

wit·te·rungs·ab·hän·gig *adj* dependent on the weather *pred* **wit·te·rungs·be·dingt** *adj* weather-related **wit·te·rungs·be·stän·dig** *adj* BAU weatherproof **Wit·te·rungs·um·schlag** *m* change in the weather **Wit·te·rungs·ver·hält·nis·se** *pl* weather conditions *pl*

Witt·ling <-s, -e> ['vɪtlɪŋ] *m* ZOOL, KOCHK whiting

Wit·we <-, -n> ['vɪtvə] *f fem form von* **Witwer** widow *fem;* **~ werden** to be widowed; **grüne ~** *(hum)* lonely suburban housewife; **Schwarze ~** black widow

Wit·wen·geld *nt* JUR widow's pension [*or* benefit] **Wit·wen·ren·te** *f* widow's pension **Wit·wen·schlei·er** *m* widow's veil **Wit·wen·ver·bren·nung** *f* HIST suttee

Wit·wer <-s, -> ['vɪtvɐ] *m* widower *masc;* **~ werden** to be widowed

Witz <-es, -e> [vɪts] *m* ① *(Scherz)* joke; ***lass die ~e!*** cut the jokes!; **einen ~ machen [*o fam* reißen]** to make [*or* crack] a joke; ***mach keine ~e!*** *(fam)* don't be funny!; ***das ist doch wohl ein*** ~ you must be joking [*or* kidding]
② *kein pl (geh: Esprit)* wit
③ *(Clou)* **der ~ daran [*o* an der Sache] ist, dass ...** the great thing about it is ...; ***was soll nun der ~ daran sein?*** what is so special about it?

Witz·blatt *nt* humorous magazine

Witz·bold <-[e]s, -e> *m* joker; **du ~!** *(iron fam)* you're a good one! BRIT *iron fam,* you're [very] funny! *iron fam*

Wit·ze·lei <-, -en> [vɪtsə'lai̯] *f* ① *kein pl (das Witzeln)* teasing *no pl, no indef art*
② *(Äußerung)* joke

wit·zeln ['vɪts|n] *vi* ■**[über jdn/etw]** ~ to joke [about sb/sth]

Witz·fi·gur *f (fam)* figure of fun

wit·zig ['vɪtsɪç] *adj* funny; ***das ist ja ~!*** *(fam)* that's strange [*or* weird]; **alles andere als ~ sein** to be anything but funny; **sehr ~!** *(iron fam)* very funny! *iron fam*

witz·los *adj (fam)* ■**~ sein** to be pointless [*or* futile]

WM <-, -s> *f Abk von* **Weltmeisterschaft** world championship; *(im Fußball)* World Cup

wo [voː] **I.** *adv* ① *interrog (an welcher Stelle)* where
② *rel (an welcher Stelle)* where; ***pass auf, ~ du hintrittst!*** look where you are going!
③ *rel, zeitlich* when; **zu dem Zeitpunkt, wo ...** when ...
④ *rel* DIAL *(fam: welche)* ■**der/die/das, ~** who, which
▶WENDUNGEN: **ach [*o* i] ~!** *(fam)* nonsense!
II. *konj (zumal)* when, as; ~ ***er doch wusste, dass ich keine Zeit hatte*** when he knew that I had no time; *s. a.* **möglich**

wo·an·ders [vo'ʔandɐs] *adv* somewhere else, elsewhere

wo·anders·her *adv* ① *(von anderem Ort)* from elsewhere ② *(von jemand anderem)* from someone else **wo·an·ders·hin** [vo'ʔandɐs'hɪn] *adv* somewhere else

wo·bei [vo'bai̯] *adv* ① *interrog (bei was)* how; ~ ***ist denn das passiert?*** how did that happen?
② *rel (im Verlauf von)* in which; ~ ***mir gerade einfällt ...*** which reminds me ...

Wo·che <-, -n> ['vɔxə] *f* week; **sich** *dat* **eine ~/mehrere ~n Urlaub nehmen** to take a week/several weeks off; **etw auf nächste ~ verschieben** to postpone sth until next week; **diese/nächste ~ [*o* in dieser/in der nächsten ~]** this/next week; **jede ~** every week; **pro [*o* in der] ~** a week; **während [*o* unter] der ~** during the week

Wo·chen·ab·rech·nung *f* end of week accounts **Wo·chen·ar·beits·zeit** *f* working week **Wo·chen·auf·ent·hal·ter(in)** <-s, -> *m(f)* SCHWEIZ weekend commuter **Wo·chen·be·richt** *m* weekly report **Wo·chen·bett** *nt (veraltet)* ■**im ~ liegen** to be lying in **Wo·chen·bett·fie·ber** *nt* neonatal sepsis **Wo·chen·blatt** *nt* weekly **Wo·chen·ein·nah·men** *pl* weekly earnings *pl*

Wo·chen·end·aus·flug *m* weekend trip **Wo·chen·end·aus·flüg·ler(in)** <-s, -> *m(f)* weekender **Wo·chen·end·aus·ga·be** *f* MEDIA weekend edition **Wo·chen·end·bei·la·ge** *f* MEDIA weekend supplement **Wo·chen·end·be·zie·hung** *f* SOZIOL weekend relationship

Wo·chen·en·de ['vɔxn̩ʔɛndə] *nt* weekend; **langes [*o* verlängertes] ~** long weekend; ***schönes ~!*** have a nice weekend!; **am ~** at the weekend

Wo·chen·end·ehe *f marriage in which partners only see each other at the weekend* **Woch·en·end·fahrt** *f* weekend trip **Wo·chen·end·flug** *m* weekend flight **Wo·chen·end·haus** ['vɔxn̩ʔɛnthau̯s] *nt* weekend home [*or* house] **Wo·chen·end·heim·fah·rer(in)** <-s, -> *m(f)* weekend commuter

Wo·chen·end·pau·scha·le *f* weekend rate **Wo·chen·end·se·mi·nar** *nt* SCH weekend seminar **Wo·chen·end·ta·rif** *m* weekend tariff **Wo·chen·end·ti·cket** [-tɪkət] *nt* TRANSP *discount train ticket for travel at weekends for groups of up to five people*

Wo·chen·ge·winn *m* HANDEL weekly profit; ~**e erzielen** to secure weekly profits **Wo·chen·kar·te** *f* TRANSP weekly season ticket **wo·chen·lang** [ˈvɔxn̩laŋ] **I.** *adj* for weeks, week after week **II.** *adv* for weeks **Wo·chen·lohn** *m* weekly wage **Wo·chen·markt** *m* weekly market **Wo·chen·pau·scha·le** *f* weekly rate **Wo·chen·rück·blick** *m* weekly review **Wo·chen·schau** *f* weekly newsreel **Wo·chen·tag** *m* weekday; **an** ~**en** on weekdays; ***was ist heute für ein ~?*** what day of the week is it today? **wo·chen·tags** [ˈvɔxn̩taːks] *adv* on weekdays

wö·chent·lich [ˈvœçn̩tlɪç] **I.** *adj* weekly **II.** *adv* weekly, once a week

Wo·chen·zeit·schrift *f* MEDIA weekly [magazine] [*or* [periodical]] **Wo·chen·zei·tung** *f* weekly [newspaper]

Wöch·ne·rin <-, -nen> [ˈvœçnərɪn] *f* MED *(veraltet) woman who has recently given birth*

Wo·dan <-s> [ˈvoːdan] *m* Odin, Wotan

Wod·ka <-s, -s> [ˈvɔtka] *m* vodka

wo·durch [voˈdʊrç] *adv* ❶ *interrog (durch was)* how?

❷ *rel (durch welchen Vorgang)* which

wo·für [voˈfyːɐ̯] *adv* ❶ *interrog (für was)* for what, what ... for; ~ ***hast du denn so viel Geld bezahlt?*** what did you pay so much money for?

❷ *interrog (fam: gegen was)* what ... for?; ~ ***sollen die Pillen gut sein?*** what are these pills supposed to be good for?

❸ *rel (für welche Tat)* for which

wog [voːk] *imp von* **wägen, wiegen**[1]

Wo·ge <-, -n> [ˈvoːgə] *f* ❶ *(große Welle)* wave

❷ *(fig: Welle)* surge; ***eine ~ des Protests*** a surge of protest; **wenn sich die ~n geglättet haben** when things have calmed down

wo·ge·gen [voˈgeːgn̩] *adv* ❶ *interrog (gegen was)* against what; ~ ***hilft dieses Mittel?*** what is this medicine for?

❷ *rel (gegen das)* against what/which

wo·gen [ˈvoːgn̩] *vi* ❶ *(auf und nieder bewegen)* to surge; ***die See beginnt zu ~*** the sea is getting rough

❷ *(geh: unentschieden toben)* to rage

wo·gend *adj (geh) Fluten, Meer, See* rough, choppy; *Busen* heaving

wo·her [voˈheːɐ̯] *adv* ❶ *interrog (von wo)* where ... from?; ~ ***sie diese Informationen wohl hat?*** I wonder where she got this information [from]?

❷ *rel (aus welcher)* from ... which, where ... from; ***wir müssen dahin zurück, ~ wir gekommen sind*** we must go back the way we came

▶WENDUNGEN: **ach ~!** DIAL *(fam)* nonsense!

wo·hin [voˈhɪn] *adv* ❶ *interrog (an welche Stelle)* where [to]?; ~ ***damit?*** where shall I put it?

❷ *rel (an welchen Ort)* where

▶WENDUNGEN: **[mal] ~ müssen** *(euph fam)* to have to go somewhere *euph fam;* ***ich komme gleich wieder, ich muss mal ~*** I'll be back in a moment, I've got to go somewhere

wo·hin·ge·gen [vohɪnˈgeːgn̩] *konj (geh)* while, whereas

wohl [voːl] *adv* ❶ *(usu geh: gesund)* well; **sich** *akk* **~/nicht ~ fühlen** to feel/not feel well; ▪**jdm ist ~/nicht ~** sb is [*or* feels] well/sb is not [*or* does not feel] well; ***ihr ist am ~sten*** she couldn't feel better

❷ *(usu geh: behaglich)* **~ bekomm's!** your good health!; **es sich** *dat* **~ ergehen lassen** to enjoy oneself; **sich** *akk* **irgendwo ~ fühlen** to feel at home somewhere; **sich** *akk* **in jds Gegenwart ~ fühlen** to feel at ease when sb is there; **es sich** *dat* **~ sein lassen** to spoil oneself; **leb/lebt/leben Sie ~!** farewell!; **schlaf ~!** sleep well [*or* tight]!; **[ich] wünsche, ~ geruht/geschlafen/gespeist zu haben** *(hum veraltend)* I would like a good rest/sleep/meal; ▪**jdm ist ~ bei etw** *dat* sb is contented [*or* comfortable] with sth; ▪**jdm ist nicht ~ bei etw** *dat* sb is unhappy [*or* uneasy] about sth, sth makes sb uneasy; ▪**jdm wäre ~er, wenn ...** sb would be happier when ...

❸ <besser, am besten> *(geh: genügend)* well; ***Sie sind ~ beraten, wenn Sie umkehren*** you are well advised to turn back; **jdn/etw ~ aufnehmen** to give sb/sth a warm welcome; **~ ausgewogen/bedacht/begründet/bekannt** well-balanced/-considered/-founded/-known *attr,* well balanced/considered/founded/known *pred;* **jdm ~ bekannt sein** to be well known to sb; **~ dosiert** carefully measured; **~ duftend** pleasantly odorous, fragrant; **~ durchdacht** well [*or* carefully] thought out [*or* through]; **~ erwogen** well-considered *attr,* well considered *pred;* **jdm ~ gefallen** to please sb greatly; **~ geformt** well-formed *attr,* well formed *pred; Körperteil a.* shapely; **~ gelaunt** in a good mood; **~ gemeint** well-meant [*or* -intentioned] *attr,* well meant [*or* intentioned] *pred;* **~ genährt/geordnet** well-fed/-ordered *attr,* well fed/ordered *pred;* **jdn ~ leiden mögen** to like sb; **~ schmeckend** tasty; **~ vertraut** very familiar; **~ wissend, dass ...** knowing full well that ..., although one/sb knows/knew full well that ...; **jdm ~ zustattenkommen** to be very useful to sb

❹ *(durchaus)* ***das ist ~ wahr*** that is perfectly true; ***das weiß ich [sehr] ~*** I'm not stupid; **ich bin mir dessen ~ bewusst** I'm well [*or* perfectly] [*or* quite] aware of that; ***man hat dich sehr ~ gesehen!*** you *were* seen!

❺ *(vermutlich)* probably; ***das mag ~ sein*** that may well be; ***das wird ~ das Beste/so/wahr sein*** that's probably the best/the case/true; ***sie wird ~ kommen*** I imagine she'll come; ***ich habe ~ nicht richtig gehört*** I don't think I heard right; ***was wiegt der Karpfen ~?*** how much do you think the carp weighs?; ***das ist ~ deine CD?*** is that your CD?; ***dir geht es ~ schlecht?*** aren't you feeling well?; **~ kaum** hardly, scarcely; ***kommst du? — ~ kaum!*** are you coming? – not at all!; **ob ... ~ ...?**: ***ob ich ~ noch ein Stück Torte haben darf?*** could I perhaps have another piece of cake?; **warum/was/wie ~?** but why/what/how?; *(fam: Gegenfrage)* need you ask [why/what/how]?

❻ *(jedoch)* **..., ~ aber ... ...,** but ...; ***sie mag nicht, ~ aber ich*** she doesn't like to, but I do; ***mir musst du nichts beweisen, ~ aber den anderen*** you don't have to prove anything to me, but to the others; ***mir musst du nichts sagen, ~ aber den anderen*** you don't have to tell me anything, but the others must know

❼ *(etwa)* about

❽ *(veraltend geh: glücklich)* **~ dem Haus, das ...** blessed be the house that ...; **~ dem, der ...** happy [be] the man who [*or* that] ...

❾ *(zwar)* **~ ..., aber** [*o* **allein**] **...**: ***der alte Motor wird ~ eingebaut, allein die Zylinder werden ausgebohrt*** although the old engine will be fitted, the cylinders will be rebored; ***es regnet ~, aber das macht mir nichts aus*** it may be raining, but that does not bother me

❿ *(bekräftigend)* ***man wird ~ fragen dürfen*** there's nothing wrong in asking; ***man wird doch ~ helfen dürfen*** I only wanted to help; **das mag ~ sein** I don't doubt it; **das kann man ~ sagen** you can say that again; **siehst du ~!** I told you [so]!; **~ wahr** how [*or* too] true; **willst du ~ hören!** [will you] listen to me!; ***willst du ~ tun, was ich sage!*** you're to do what I say!

⓫ *(veraltend: ja)* ***sehr ~, mein Herr*** certainly [*or* very good], sir

▶WENDUNGEN: **gehab dich ~!** *(hum veraltet)* take care!; **~ oder übel** whether I/we/you like/he/she likes it or not; *s. a.* **möglich, sehr, wahr**

Wohl <-[e]s> [voːl] *nt kein pl* welfare, well-being; **jds ~ und Wehe** *(geh)* the weal and woe; **jds leibliches ~** *(geh)* sb's well-being; **auf jds ~ trinken** to drink to sb's health; **auf dein/Ihr ~!** cheers!; **zu jds ~** for sb's [own] good; **zum ~!** cheers!

wohl·an [voːlˈʔan] *interj (geh)* come now

wohl·auf [voːlˈʔaʊ̯f] *adj pred* ▪**~ sein** to be well [*or* in good health]

wohl·aus·ge·wo·gen *adj s.* **wohl 3 wohl·be·dacht** *adj s.* **wohl 3**

Wohl·be·fin·den <-s> *nt kein pl (geh)* well-being

wohl·be·grün·det *adj s.* **wohl 3**

Wohl·be·ha·gen <-s> *nt kein pl (geh)* feeling of well-being **wohl·be·hal·ten** *adv* safe and sound; **irgendwo ~ eintreffen** to arrive safe and sound somewhere; ***die Ware ist ~ bei uns eingetroffen*** the product has arrived intact **Wohl·er·ge·hen** <-s> *nt kein pl* welfare *no pl*

wohl·er·wo·gen *adj s.* **wohl 3 wohl·er·zo·gen** <besser erzogen, besterzogen> *adj (geh)* well-bred *form* [*or* -mannered]

Wohl·fahrt [ˈvoːlfaːɐ̯t] *f kein pl (veraltend)* welfare; **von der ~ leben** to be on welfare

Wohl·fahrts·ein·rich·tung *f* social service **Wohl·fahrts·mar·ke** *f* charity stamp **Wohl·fahrts·par·tei** *f im Islam* Welfare Party **Wohl·fahrts·staat** *m* POL *(pej)* welfare state **Wohl·fahrts·ver·band** *m* charity, charitable institution

Wohl·ge·fal·len [voːlgəfalən] *nt (geh: großes Gefallen)* pleasure, satisfaction; **sein ~ an jdm/etw haben** *(geh)* to take pleasure in sb/sth; **mit** [*o* **vol·ler**] **~** with pleasure; **zu jds ~** to sb's pleasure

▶WENDUNGEN: **sich** *akk* **in ~ auflösen** *(hum) Ärger, Freundschaft* to peter out; *Probleme* to vanish into thin air; ***meine Zweifel haben sich in ~ aufgelöst*** my doubts have disappeared

wohl·ge·fäl·lig *adj* ❶ *(mit Wohlgefallen) Blick* of pleasure; **etw ~ betrachten** to look at sth with pleasure

❷ *(veraltet geh: angenehm)* pleasing, agreeable

wohl·ge·lit·ten <wohlgelittener, wohlgelittenste> *adj (geh)* well-liked; ▪**[irgendwo] ~ sein** to be well-liked [somewhere]

wohl·ge·merkt [ˈvoːlgəmɛrkt] *adv* mind [*or* BRIT *a.* mark] you; ***~, das ist unser einziges Angebot*** mind you, that is our only offer **wohl·ge·ord·net** *adj s.* **wohl 3**

wohl·ge·ra·ten *adj* ❶ *(gut gelungen, geraten)* successful

❷ *(gut entwickelt und erzogen)* well turned-out *pred,* well-adjusted

Wohl·ge·ruch *m (geh)* pleasant smell [*or* fragrance] **Wohl·ge·schmack** *m (geh)* pleasant taste

wohl·ge·sinnt <wohlgesinnter, wohlgesinnteste> *adj (geh)* well-meaning; ▪**jdm ~ sein** to be well-disposed towards sb

wohl·ha·bend <wohlhabender, wohlhabendste> *adj* well-to-do, prosperous

woh·lig [ˈvoːlɪç] **I.** *adj (behaglich)* pleasant **II.** *adv (genießerisch)* luxuriously

Wohl·klang *m (geh)* melodious sound **wohl·klin·gend** <wohlklingender, wohlklingendste> *adj (geh)* melodious **Wohl·le·ben** <-s> *nt kein pl (geh)* good living

wohl·mei·nend <wohlmeinender, wohlmeinendste> *adj (geh)* ❶ *(freundlich gesinnt)* well-meaning ❷ *(wohlgemeint)* well-meant [*or* -intentioned] **wohl·rie·chend** <wohlriechender, wohlriechendste> *adj (geh)* fragrant **wohl·schme·ckend** <wohlschmeckender, wohlschmeckendste> *adj (geh)* palatable *form,* tasty

Wohl·sein *nt* ▪**[auf Ihr/dein** [*o* **zum**]] **~!** DIAL cheers!

Wohl·stand *m kein pl* affluence, prosperity

Wohl·stands·bauch *m* spare tyre [*or* AM tire] [caused by good living] *hum fam* **Wohl·stands·de·likt** *nt* offence [*or* AM -se] [*or* crime] typical of the affluent society **Wohl·stands·ge·sell·schaft** *f* affluent society **Wohl·stands·müll** *m kein pl (pej)* refuse of the affluent society, welfare society flotsam **Wohl·stands·ni·veau** *nt* ÖKON level of prosperity **Wohl·stands·sche·re** *f* ÖKON divide between rich and poor, rich-poor divide

Wohl·tat *f* ❶ *kein pl (Erleichterung)* relief; **eine ~ sein** to be a relief

❷ *(wohltätige Unterstützung)* good deed; **jdm eine**

~/~**en erweisen** to do sb a favour [*or* AM -or]/a few favours [*or* AM -ors] [*or* a good turn/a few good turns]

Wohl·tä·ter(in) *m(f)* benefactor *masc,* benefactress *fem;* **ein ~ der Menschheit** a champion of mankind

wohl·tä·tig *adj* ❶ *(karitativ)* charitable ❷ *(geh: wohltuend)* beneficial

Wohl·tä·tig·keit *f kein pl (veraltend)* charity; **auf die ~ anderer angewiesen sein** to have to rely on the charity of others

Wohl·tä·tig·keits·kon·zert *nt* charity concert **Wohl·tä·tig·keits·ver·an·stal·tung** *f* charity event **Wohl·tä·tig·keits·ver·ein** *m* charity, charitable [*or* voluntary] organization

wohl·tu·end <wohltuender, wohltuendste> *adj (geh)* agreeable

wohl|tun *vi irreg* ■**jdm ~** to do sb good; *Person* to show sb kindness; ■**es tut wohl, etw zu tun** it is [*or* feels] good to do sth

wohl·ver·dient *adj (geh)* well-earned; **seine ~e Strafe erhalten** to get one's just deserts [*or* what one deserves]

Wohl·ver·hal·ten *nt (iron)* good conduct [*or* behaviour] [*or* AM -or] **Wohl·ver·hal·tens·frist** *f* JUR period of good behaviour

wohl·ver·stan·den *adv (geh)* please note, mark you, mind [you]

wohl·weis·lich ['vo:lvaisliç] *adv* very wisely; ~ ***schwieg er*** he very wisely kept quiet

wohl|wol·len ['vo:lvɔlən] *vi irreg* ■**jdm ~** to wish sb well

Wohl·wol·len <-s> ['vo:lvɔlən] *nt kein pl* goodwill; **auf jds ~ angewiesen sein** to rely on sb's goodwill; **bei allem ~** with the best will in the world

wohl·wol·lend <wohlwollender, wohlwollendste>
I. *adj* benevolent; ■**jdm gegenüber ~ sein** to be kindly disposed towards sb *form*
II. *adv* benevolently

Wohn·an·hän·ger *m* caravan BRIT, trailer AM **Wohn·an·la·ge** *f* housing development [*or* estate] **Wohn·auf·schlag** *m* housing surcharge *(rent rise)*

Wohn·bau <-bauten> *m* residential building **Wohn·bau·för·de·rung** *f* residential housing development promotion **Wohn·bau·kre·dit** *m* residential mortgage loan

Wohn·be·rech·ti·gungs·schein *m certificate of eligibility for a council flat* **Wohn·be·völ·ke·rung** *f* residential population **Wohn·be·zirk** *m* residential district **Wohn·block** *m* block of flats BRIT, apartment building [*or* house] AM **Wohn·con·tai·ner** *m* Portakabin® **Wohn·dich·te** *f* housing density **Wohn·ein·heit** *f (geh)* unit, accommodation [*or* AM accommodations] unit, unit of accommodation [*or* AM accommodations]

woh·nen ['vo:nən] *vi* ■**irgendwo ~** to live somewhere; ***ich wohne im Hotel*** I am staying at the hotel; ■**irgendwie ~** to live somehow; ***in diesem Viertel wohnt man sehr schön*** this area is a nice place to live

Wohn·flä·che *f* ARCHIT living space **Wohn·ge·bäu·de** *nt* residential building **Wohn·ge·biet** *nt* residential area; **allgemeines ~** general residential area; **reines ~** area for purely residential purposes **Wohn·ge·gend** *f* residential area; **eine/keine gute ~ sein** to be/not to be a nice area to live in

Wohn·geld *nt* housing benefit **Wohn·geld·be·rech·tig·te(r)** *f(m) dekl wie adj* JUR person entitled to housing benefit **Wohn·geld·emp·fän·ger(in)** *m(f)* JUR receiver of housing benefit

Wohn·ge·mein·schaft *f* communal residence, commune, house- [*or* flat-] [*or* AM apartment-] share; **in einer ~ leben** to share a house/flat with sb **Wohn·gift** *nt poisonous substance found in the home*

wohn·haft ['vo:nhaft] *adj (geh)* ■**der/die in ... ~e** the person resident [*or* residing] in ...; ■**irgendwo ~ sein** to live somewhere

Wohn·haus *nt* residential building **Wohn·heim** *nt (Studentenwohnheim)* hall of residence BRIT, residence hall, dormitory AM; *(Arbeiterwohnheim)* hostel; *(Altersheim)* old people's home **Wohn·im·mo·bi·li·en·markt** *m* accommodation market **Wohn·kom·fort** *m* comfort of one's home **Wohn·kos·ten** *pl* JUR housing costs **Wohn·kü·che** *f* kitchen-cum-living room **Wohn·kul·tur** *f kein pl* style of home furnishing **Wohn·la·ge** *f* residential area

wohn·lich ['vo:nliç] *adj* cosy BRIT, cozy AM; **es sich** *dat* **irgendwo ~ machen** to make oneself cosy [*or* comfortable] somewhere

Wohn·mo·bil <-s, -e> *nt* AUTO camper, BRIT *a.* Dormobile® **Wohn·ne·ben·kos·ten** *pl* heating, lighting and services *(additional costs after rent)*

Wohn·ort *m* place of residence **Wohn·or·te·zu·wei·sungs·ge·setz** *nt für Aussiedler* law regarding one's allocated place of residence *(welfare benefits only granted to those immigrants who remain in the areas to which they were assigned)*

Wohn·qua·li·tät *f* housing quality

Wohn·raum *m* ❶ *(Zimmer)* living room ❷ *kein pl (Fläche)* living space **Wohn·raum·be·schaf·fung** *f kein pl* new accommodation **Wohn·raum·miet·recht** *nt* JUR landlord and tenant law **Wohn·raum·ver·sor·gung** *f* supply of residential housing

Wohn·recht *nt* JUR right of abode [*or* residence] **Wohn·schlaf·zim·mer** *nt combined living room and bedroom* **Wohn·sied·lung** *f* housing estate [*or* development] **Wohn·si·lo** *m o nt (pej)* concrete monolith *pej*

Wohn·sitz *m* ADMIN *(geh)* domicile, permanent abode; **erster ~** main place of residence; **gesetzlicher ~** domicile by operation of law; **gewillkürter ~** elected domicile; **ohne festen ~** of no fixed abode **Wohn·sitz·prin·zip** *nt* FIN *(bei Besteuerung)* principle of income source neutrality **Wohn·sitz·ver·le·gung** *f* change of domicile

Wohn·stock *m* SCHWEIZ *s.* **Stockwerk** floor, storey, AM *also* story **Wohn·stu·be** *f (veraltend)* living room **Wohn·über·bau·ung** <-, -en> *f* SCHWEIZ *(Wohnsiedlung)* housing development [*or* BRIT estate]

Woh·nung <-, -en> *f* flat, apartment; **freie ~ haben** to have free lodging

Woh·nungs·amt *nt* housing department **Woh·nungs·an·ge·bot** *nt* housing market

Woh·nungs·bau *m kein pl* house building; **sozialer ~** council houses **Woh·nungs·bau·dar·le·hen** *nt* FIN home loan **Woh·nungs·bau·för·de·rung** *f* subsidized housing *(government aid for a residential building)* **Woh·nungs·bau·ge·sell·schaft** *f* property company, house builder **Woh·nungs·bau·ge·setz** *nt* JUR housing law **Woh·nungs·bau·prä·mie** *f* premium for financing the construction of residential properties **Woh·nungs·bau·pro·gramm** *nt* housing programme [*or* AM -am], residential building programme

Woh·nungs·be·darf *m kein pl* housing requirements *pl* **Woh·nungs·be·set·zer(in)** <-s, -> *m(f)* squatter **Woh·nungs·bin·dungs·ge·setz** *nt* JUR Controlled Tenancies Act

Woh·nungs·ei·gen·tum *nt* home ownership **Woh·nungs·ei·gen·tü·mer(in)** *m(f)* flat [*or* AM apartment] owner **Woh·nungs·ei·gen·tü·mer·ge·mein·schaft** *f* JUR condominium association **Woh·nungs·ei·gen·tü·mer·ver·samm·lung** *f* JUR statutory meeting of condominium owners

Woh·nungs·ein·rich·tung *f* furnishings *pl* **Woh·nungs·geld** *nt* rent allowance **Woh·nungs·grund·buch** *nt* JUR condominium register **Woh·nungs·hal·den** *pl* housing mountain *no pl* **Woh·nungs·in·ha·ber(in)** *m(f) (geh)* householder, occupant

woh·nungs·los *adj* homeless

Woh·nungs·man·gel *m kein pl* housing shortage

Woh·nungs·markt *m* housing market **Woh·nungs·markt·an·zei·ge** *f* residential property advertisement

Woh·nungs·mie·te *f (geh)* rent **Woh·nungs·nach·fra·ge** *f* housing demand **Woh·nungs·not** *f kein pl* serious housing shortage **Woh·nungs·not·stand** *m* serious housing shortage [*or* lack of housing] **Woh·nungs·po·li·tik** *f kein pl* POL housing policy **Woh·nungs·recht** *nt* JUR landlord and tenant law **Woh·nungs·schlüs·sel** *m* key to the flat [*or* AM apartment] **Woh·nungs·su·che** *f* flat- [*or* apartment-] hunting; **auf ~ sein, sich** *akk* **auf ~ befinden** *(geh)* to be flat-hunting [*or* looking for a flat] **Woh·nungs·su·chen·de(r)** *f(m) dekl wie adj* homeseeker, person looking for a flat [*or* AM apartment] **Woh·nungs·tausch** *m* exchange [of flats [*or* apartments]/houses] **Woh·nungs·tür** *f* front door **Woh·nungs·wech·sel** *m* change of address **Woh·nungs·we·sen** *nt kein pl* housing industry *no pl* **Woh·nungs·wirt·schaft** *f kein pl* housing industry

Wohn·ver·hält·nis·se *pl* ÖKON housing conditions; **Wohn- und Lebensverhältnisse** housing and living conditions **Wohn·vier·tel** *nt* residential area [*or* district]

Wohn·wa·gen *m* AUTO ❶ *(Campinganhänger)* caravan BRIT, trailer AM ❷ *(mobile Wohnung)* mobile home; *(Zigeunerwohnwagen)* gypsy caravan

Wohn·wert *m kein pl* residential amenity; **einen hohen ~ haben** to be an attractive place to live in

Wohn·zim·mer *nt* living room, lounge **Wohn·zim·mer·fens·ter** *nt* living room window; ***die Vorhänge am ~*** the living room curtains

Wok <-, -s> [vɔk] *m* KOCHK wok

wöl·ben ['vœlbn̩] *vr* ❶ *(sich biegen)* ■**sich** *akk* **~** to bend [*or* bulge] ❷ *(in einem Bogen überspannen)* ■**sich** *akk* **über etw** *akk* **~** to arch over sth; ***das Zeltdach wölbte sich über die Tribüne*** the roof of the tent formed an arch over the rostrum

Wöl·bung <-, -en> *f* ❶ BAU *(gewölbte Konstruktion)* dome; *(Bogen)* arch ❷ *(Rundung)* bulge ❸ ANAT *(gewölbte Beschaffenheit)* curvature

Wolf <-[e]s, Wölfe> [vɔlf, *pl* 'vœlfə] *m* ❶ ZOOL wolf ❷ TECH shredder; **etw durch den ~ drehen** to shred sth; *(Fleischwolf)* mincer BRIT, grinder ❸ MED *(Intertrigo)* intertrigo
▶WENDUNGEN: **jdn durch den ~ drehen** *(sl)* to put sb through his paces; **mit den Wölfen heulen** to run with the pack; **ein ~ im Schafspelz sein** to be a wolf in sheep's clothing

Wölf·chen <-s, -> ['vœlfçən] *nt dim von* **Wolf** wolf cub

Wöl·fin <-, -nen> ['vœlfɪn] *f* she-wolf

Wölf·ling <-s, -e> ['vœlflɪŋ] *m* cub [scout]

Wolf·ram <-s> ['vɔlfram] *nt kein pl* CHEM tungsten *no pl,* wolfram *no pl*

Wolfs·barsch *m* KOCHK, ZOOL sea bass **Wolfs·hund, -hün·din** *m, f* Alsatian, German shepherd **Wolfs·hun·ger** ['vɔlfs'hʊŋɐ] *m kein pl (fam)* ravenous hunger; **einen ~ haben** to be ravenous

Wol·ga <-> ['vɔlga] *f* Volga

Wol·go·grad <-s> ['vɔlgogra:t] *nt* Volgograd

Wölk·chen <-s, -> ['vœlkçən] *nt dim von* **Wolke** small cloud

Wol·ke <-, -n> ['vɔlkə] *f* cloud
▶WENDUNGEN: **aus allen ~n fallen** to be flabbergasted *fam;* **über den ~n schweben** *(geh)* to have one's head in the clouds

Wol·ken·bank <-bänke> *f* cloudbank **Wol·ken·bruch** *m* cloudburst **wol·ken·bruch·ar·tig** *adj* torrential **Wol·ken·de·cke** *f* cloud cover **Wol·ken·krat·zer** *m (fam)* skyscraper **Wol·ken·ku·ckucks·heim** *nt (iron)* cloud-cuckoo-land BRIT, fantasyland

wol·ken·los *adj* cloudless

Wol·ken·schicht *f* layer of cloud, cloud layer **wol·ken·ver·han·gen** *adj* overcast

wol·kig ['vɔlkɪç] *adj* cloudy

Woll·de·cke *f* [woollen] blanket

Wol·le <-, -n> ['vɔlə] *f* MODE, ZOOL wool
▶WENDUNGEN: **sich** *akk* **mit jdm [wegen einer S.** *gen*] **in der ~ haben** *(fam)* to be at loggerheads with sb [about [*or* over] sth]; **sich** *akk* **mit jdm**

wollen

1. Starker Wunsch

Drückt *wollen* einen starken Wunsch, wird i. A. mit *want* übersetzt.

Jim *will* nach Italien fahren, aber Thomas *will nicht* so weit reisen. — Jim *wants to* go to Italy but Thomas *doesn't want to* travel so far.

Das habe ich schon immer machen *wollen*! — I've always *wanted to* do that.

Willst du mitkommen? — *Do* you *want to* come [along]?

Oder höflicher:

Would you *like to* come [along]?

Sie *will* es einfach *nicht* wahrhaben. — She just *doesn't want* to accept it.

Emphatisch:

Das *will* ich hoffen! — I *should hope* so!

Wenn man etwas *lieber will*, wird *had rather* benutzt.

Ich *will lieber* hier bleiben. — I'*d rather* stay here.

2. Bereitschaft/Versagen

Belebtes Subjekt:

Drückt *wollen* eher eine Bereitschaft als einen direkten Willen aus, wird *be willing to* verwendet:

Ich fahre nicht gerne selbst, aber ich *will gerne* die Karte lesen. — I'*m quite willing to* read the map.

Und keiner *will's* gewesen sein. — And nobody is *willing to* own up.

will als Übersetzung für *wollen* ist auf die 1. Person Singular/Plural beschränkt und folgt auf eine Aufforderung, Bitte o. Ä.

Du musst dich auf den Verkehr konzentrieren. – Ja, *will ich* tun. — You must concentrate on the traffic. – I *will*.

Unbelebtes Subjekt:

Wenn sich ein Gegenstand nicht auf eine gewünschte Art und Weise verhält, wird das emphatische *wollen* in der Regel mit *won't*, z. T. auch direkt mit *don't* und dem Vollverb, übersetzt:

Das Fenster *will nicht* aufgehen! — The window *won't* open!

Das Auto *will und will nicht* anspringen! — The car *just won't/doesn't want* to start!

Es *will* mir einfach *nicht* einleuchten, warum ... — I just *can't/don't see* why ...

Aber:

Das Warten *wollte* einfach *kein* Ende nehmen. — We waited forever.

3. (Höflicher) Vorschlag

Wollen wir uns *nicht* setzen? — *Why don't we* sit down? Oder: *Shall* we sit down?

Da das deutsche *wollen* in Kombination mit *nicht* in dieser Bedeutung einen höflichen Vorschlag oder ein Angebot umschreibt, kann für die Übersetzung auch direkt der eigentliche Vorschlag formuliert werden:

Wollen Sie sich *nicht* setzen? — *Please* take a seat./ *Why don't you* take a seat.

4. Bitte

In den unten stehenden Fällen wird eine Bitte ausgedrückt, bei der sich der Sprecher durch den Gebrauch von *wollte* eine gewisse höfliche Distanz schafft. Im Englischen wird dies durch entsprechende Höflichkeitsfloskeln wie *if you would be so kind* etc. ausgedrückt:

Ich *wollte* Sie bitten, in mein Büro zu kommen. — *If you would be so kind as to* come into my office.

Ich *wollte* Sie *fragen*, ob Sie mir vielleicht helfen könnten. — I *was wondering if* you could help me.

5. Aufforderung

Die Einzelheiten *wollen* Sie *bitte* dem Anhang entnehmen. — *Please find* the details in the appendix.

Wir *wollen doch mal nicht* vergessen, wie teuer ein Auto ist. — We *really shouldn't* forget how expensive a car is.

Höflichkeitsfloskeln mit *wenn* im Sinne von *würden* werden im Englischen häufig mit *would* dargestellt:

Wenn Sie mich jetzt bitte entschuldigen *wollen*... — *Would* you excuse me please?

6. Absicht

Wird *wollen* im Sinne eines Vorhabens verwendet, steht im Englischen häufig *intend to* oder die direkte Verlaufsform des Verbs:

Wir *wollen* im Winter nach Österreich fahren. — We'*re going to* Austria in winter.

Wie lange *wollt* ihr bleiben? — How long *are* you stay*ing*/*do* you *intend to* stay?

Ihr *wollt* schon gehen? — *Are* you leav*ing* already?

Eine unmittelbare Absicht kann durch *to be just about to* ausgedrückt werden:

Ich *wollte gerade* gehen. — I was *just about to* go.

7. Im Sinne von *müssen/brauchen*

Wird durch *wollen* ausgedrückt, dass es einer bestimmten Sache bedarf, steht im Englischen häufig *need* oder *it takes …*:

Das *will ge*konnt sein.	That *takes s*kill.
Das *will* gut überlegt sein.	That *needs to* be well thought through.

8. Zielsetzung

Wird *wollen* benutzt, um die Zielsetzung einer Sache auszudrücken, benutzt man im Englischen oft Formulierungen der Art *intended/meant to, the purpose of* etc., die ebenfalls diese Zielsetzung ausdrücken:

Diese Kampagne *will* aufklären.	*The purpose of* this campaign *is to* inform people.
Seine Bilder *wollen* provozieren.	His pictures *are meant to* be provocative.

9. Sprecherfremde (bezweifelte) Behauptung/Anzweiflung

Wenn ein Sprecher durch *wollen* eine Behauptung über Dritte oder sein Gegenüber ausdrücken will, die er aber anzweifelt, wird oft *claim to be, call oneself something* verwendet.

Er *will* das Geld gefunden haben.	He *claims to* have found the money.
Und so jemand *will* Arzt sein!	And he *calls himself* a doctor!
Du *willst* Herzchirurg sein?	You? A heart surgeon?

[**wegen einer S.** *gen*] **in die ~ kriegen** *(fam)* to start squabbling with sb [about [*or* over] sth]

wol·len[1] ['vɔlən] *adj attr* MODE woollen

wol·len[2] ['vɔlən]

I. MODALVERB II. TRANSITIVES VERB III. INTRANSITIVES VERB

I. MODALVERB

1 <will, wollte, wollen> *(vorhaben)* ■**etw tun ~** to want to do sth; *(fest)* to be going to do sth; ***ihr wollt schon gehen?*** are you leaving already?; ***es sieht aus, als wolle es gleich regnen*** it looks like rain, it looks as if it's about to rain; **etw gerade tun ~** to be [just] about to do sth; ***wir wollten gerade gehen*** we were just leaving [*or* about to go]; **etw schon immer tun ~** to have always wanted to do sth; **etw schon lange tun ~** to have been wanting to do sth for a long time [*or fam* for ages]; ***ich wollte dich den ganzen Tag anrufen, habe es aber einfach nicht geschafft*** I've been meaning to call you all day but I just didn't get round to it

2 <will, wollte, wollen> *(mögen)* ■**etw tun ~** to want to do sth; ***willst du mitkommen?*** do you want [*or* would you like] to come [along]?; ***ich will lieber hierbleiben*** I'd rather stay here; **~ *wir uns nicht setzen?*** why don't we sit down?, shall we sit down?; **seinen Kopf durchsetzen ~** to want one's own way; **etw haben ~** to want [to have] sth; **etw nicht haben ~** to not allow sth; ■**etw nicht tun ~** to not want [*or* to refuse] to do sth

3 <wollte> *(bitten)* ***ich wollte Sie bitten, in mein Büro zu kommen*** if you would be so kind as to come into my office; ***wir wollten Sie fragen, wann Sie Zeit haben*** if you could please tell us when you have time

4 <wolle> *(veraltend: belieben)* ■**jd wolle etw tun**: ***wenn Sie jetzt bitte still sein ~*** if you would please be quiet now; ***die Einzelheiten ~ Sie dem Anhang entnehmen*** please take the details from the annex; ***man wolle doch nicht vergessen, wie teuer ein Auto ist*** we should not forget how expensive a car is; ***es ~ sich nur diejenigen melden, die Englisch können*** only those who can speak English should apply; ***Sie ~ bitte unverzüglich kommen*** please come immediately

5 <will, wollte, wollen> *(behaupten)* ***und so jemand will Arzt sein!*** and he calls himself a doctor!; ***du willst Herzchirurg sein?*** you? a heart surgeon?; ■**etw getan haben ~** to claim to have done sth; ***keiner will etwas gesehen/gehört haben*** nobody will admit to having seen/heard anything

6 <will, wollte, wollen> *(zulassen)* ■**etw tun ~** to want to do sth; ***es will Nacht werden*** *(geh)* night is falling; ■**etw nicht tun ~** to not want [*or* to refuse] to do sth; ***das Programm will mir einfach nicht gelingen*** I simply can't get this program to work; ***das Warten wollte kein Ende nehmen*** we just had to wait forever; ***das Auto will und will nicht anspringen*** the car just [*or* simply] won't [*or* doesn't want to] [*or* refuses to] start; **nicht enden ~d** endless; **das will ich hoffen/meinen!** I should hope/think so!; **das will nichts/nicht viel sagen** that doesn't mean anything/much; *s. a.* **besser**

7 <will, wollte, wollen> *(müssen)* ■**etw will getan sein/werden** sth has to be done; ***das will gekonnt sein*** that takes skill; ***das will gut durchdacht werden*** that needs to be thoroughly considered, that needs some thorough consideration; ***das will gelernt sein*** that has to be learned, that takes learning

8 <will, wollte, wollen> *(dienen)* ■**etw tun ~** to be intended [*or* meant] to do sth

▸WENDUNGEN: **was will man da machen?** *(fam)* what can you do?

II. TRANSITIVES VERB

1 <will, wollte, gewollt> *(vorhaben)* **es/das ~**: ***das hab ich nicht gewollt*** I didn't want that to happen, I didn't intend that [to happen], that was not my intention; ***du musst es nur ~, dann klappt das auch*** if you want it to work, it will; ***wir müssen es nur ~, dann sind wir heute fertig*** if we want to, we can be finished today; **ohne es zu ~** without wanting [*or* intending] to, unintentionally, inadvertently

2 <will, wollte, gewollt> *(wünschen)* ■**etw ~** to want sth; ***willst du lieber Tee oder Kaffee?*** would you prefer tea or coffee?; **~ *Sie nicht noch ein Glas Wein?*** wouldn't you like another glass of wine?; ***ich will nur meine Ruhe*** I just want to be left in peace; ***ich weiß nicht, was du willst*** *(fam)* I don't know what's the matter with you; **jd will es [ja] nicht anders** there's no talking to sb; **jd hat es so gewollt** sb has only himself to blame; **was willst du [noch] mehr?** what more do you want?

3 <will, wollte, gewollt> *(verlangen)* ■**etw ~** *(fam)* to want sth; **Geld ~** *(fam)* to want money; ■**etw von jdm ~** to want sth from sb; ***ich mache alles, was du von mir willst*** I'll do everything you want me to; ***was ~ Sie von mir?*** what do you want?; ***was wollte er von mir?*** what did he want with me?; *(Anruf a.)* why did he want to talk to me?, did he say why he was calling?; **[et]was von jdm ~** *(fam)* to want sb *fam*

4 <will, wollte, gewollt> *(bezwecken)* ***was ~ Sie mit Ihren ständigen Beschwerden?*** what do you hope to achieve with your incessant complaints?; ***was willst du mit dem Messer?*** what are you doing with that knife?

5 <will, wollte, gewollt> *(darstellen)* **so will es jd/etw** according to sb/sth

6 <will, wollte, gewollt> *(fügen)* **etw will es, dass …**: ***der Zufall/das Schicksal wollte es, dass …*** it was coincidence/fate that …

7 <will, wollte, gewollt> *(fam: besitzen)* ■**jdn/etw ~** to want sb/sth

8 <will, wollte, gewollt> *(fam: engagieren)* ■**jdn [für etw** *akk*] **~** to want sb [for sth]; ***er wollte mich für seinen neuen Film*** he wanted me to appear/star in his new film

9 <will, wollte, gewollt> *(fam: brauchen)* ■**etw ~** to want [*or* need] sth; ***Tiere ~ ihre Pflege*** animals need to be cared for properly [*or* need proper care]

10 <will, wollte, gewollt> *(fam: schaden)* ■**jdm etw ~** to do sth to sb

▸WENDUNGEN: **nichts von jdm ~** *(fam: uninteressiert)* to be not interested in sb; *(nicht schaden)* to mean sb no harm; ***der Hund will nichts von dir*** the dog won't harm [*or* hurt] you; **nichts zu ~!** *(fam)* not interested!; **[gar] nichts zu ~ haben** *(fam)* to have no say [in the matter]; **da ist nichts zu ~** *(fam)* there is nothing we/you can do [about it]; ***mit Reden ist da nichts zu ~*** talking won't get us anywhere; **da ist nichts mehr zu ~** *(fam)* that's that, there is nothing else we/you can do; **was du nicht willst, dass man dir tu, das füg auch keinem andern zu** *(prov)* do unto others as you would others unto you *old or prov; s. a.* **wissen**

III. INTRANSITIVES VERB

1 <will, wollte, gewollt> *(wünschen)* to want; **ob du willst oder nicht** whether you like it [*or* want to] or not; **ob man will oder nicht** like it or not [*or* no]; **ohne zu ~** without wanting [*or* intending] to, unintentionally, inadvertently; **wenn du willst** if you like; ***gehen wir? — wenn du willst*** shall we go? — if you like [*or* want to]; **wie du willst** as you like; **ganz wie du willst** just as you like, please yourself; **~ wir?** shall we?; ■**~, dass jd etw tut** to want sb to do sth; ■**nicht ~, dass jd etw tut** to not want sb doing/to do sth; ***er will nicht, dass man ihm hilft*** he doesn't want anybody helping/to help him [*or* any help from anybody]

2 <will, wollte, gewollt> *(vorhaben)* ***du musst nur ~, dann klappt das auch*** if you want it to work, it will; ***wir müssen nur ~, dann sind wir heute fertig*** if we want to, we can be finished today; **[na] dann ~ wir mal!** *(fam)* [well,] let's get started [*or fam* going]; **willst du/wollt ihr wohl [***o* **gleich] [***o* **endlich]!** *(fam)* what are you waiting for?

3 <wollte> *(träumen)* ***ich wollte, es gäbe nie wieder Kriege*** I wish there would never be any more wars; ***ich wollte, es wäre schon Weihnach-***

ten I wish it were Christmas already
④ <will, wollte, gewollt> *(fam: gehen)* ■ **irgendwohin ~** to want to go somewhere; ***sie ~ über die Grenze*** they want to cross the border; ***er will unbedingt ins Kino*** he is set on going [*or* determined to go] to the cinema; ***ich will hier raus*** I want to get out of here; ■ **zu jdm ~** to want/wish to see sb
⑤ <will, wollte, gewollt> *(fam: eintreten)* ■ **zu etw** *dat* **~ zur Armee ~** to want to join the army; **zum Theater ~** to want to be an actor/actress
⑥ <will, wollte, gewollt> *(fam: dienen)* **etw will nicht mehr** sth refuses to go on; ***meine Beine ~ einfach nicht mehr*** my legs refuse to carry me any further; ***sein Herz will einfach nicht mehr*** he has a weak heart
▸WENDUNGEN: **wer nicht will, der hat schon** *(prov)* if he doesn't/you don't like it he/you can lump it! *fam;* **wenn man so will** as it were; **wenn Sie so wollen** you could say

Wol·len <-s> ['vɔlən] *nt kein pl* will, desire
Woll·fett *nt* wool fat **Woll·garn** *nt* woollen [*or* AM woolen] yarn
wol·lig ['vɔlɪç] *adj* woolly
Woll·ja·cke *f* woollen cardigan **Woll·kleid** *nt* woollen dress **Woll·knäu·el** *nt* ball of wool **Woll·müt·zchen** *nt (für Kleinkinder)* bonnet **Woll·sa·chen** *pl (fam)* woollies *pl fam,* woollens *npl* BRIT, woolens *npl* AM **Woll·sie·gel** *nt* Woolmark® **Woll·stoff** *m* woollen cloth [*or* material]
woll·te *1. u. 3. pers. sing imp von* **wollen[2]**
Wol·lust <-, lüste> ['vɔlʊst, *pl* 'vɔlʏstə] *f (geh)* lust; **voller ~** lustfully; **etw mit wahrer** [*o* **einer wahren**] **~ tun** *(fig)* to take great delight in doing sth, to delight in doing sth
wol·lüs·tig ['vɔlʏstɪç] *adj (geh)* lustful, lascivious *form or pej;* **ein ~er Blick** a lascivious look
Woll·wa·ren *pl* woollen goods *npl,* woollens *npl* **Woll·wä·sche** *f kein pl* [washing] woollens *npl* **woll·weiß** *adj* natural white
Wo·lof[1] <-, -> ['vo:lɔf] *m o f* Wolof
Wo·lof[2] <-> ['vo:lɔf] *nt* ■ **das ~** Wolof
Wo·ma·ni·zer <-s, -> ['wʊmənaɪzə] *m* womanizer
Wom·bat <-s, -s> ['vɔmbat] *m* ZOOL wombat
wo·mit [vo'mɪt] *adv* ① *interrog (mit was)* with what, what ... with; ***~ reinigt man diese Seidenhemden?*** what do you/does one use to clean these silk shirts with ?; ***~ habe ich das verdient?*** what did I do to deserve this?; ***~ kann ich dienen?*** what can I do you for?; ***~ ich es auch versuchte, der Fleck ging nicht raus*** whatever I tried it with, the stain wouldn't shift
② *rel (mit welcher Sache)* with which; ***das ist das Messer, ~ der Mord begangen wurde*** that's the knife with which the murder was committed; ***sie tat etwas, ~ ich nie gerechnet hatte*** she did something I would never have expected
wo·mög·lich [vo'mø:klɪç] *adv* possibly; ***~ schneit es in den nächsten Tagen*** it's likely to snow in the next few days; ***sind Sie ~ Peter Müller?*** could your name possibly be Peter Müller?
wo·nach [vo'na:x] *adv* ① *interrog (nach was)* what ... for, what ... of; ***~ suchst du?*** what are you looking for?; ***~ riecht das hier so komisch?*** what's that funny smell in here?; ***~ ich ihn auch fragte, er wusste eine Antwort*** whatever [it was] I asked him, he had an answer
② *rel (nach welcher Sache)* which [*or* what] ... for, of which; ***das ist der Schatz, ~ seit Jahrhunderten gesucht wird*** that is the treasure they've been hunting for for centuries; ***das, ~ es hier so stinkt, ist Sulfat*** the stuff that smells so bad here is sulphur; ***ich vermute, es ist Gold, ~ die hier schürfen*** I presume it is gold they are digging for here; *(demzufolge)* according to which; ***es gibt eine Zeugenaussage, ~ er unschuldig ist*** according to one witness's testimony he is innocent
Won·der·bra <-[s], -s> ['wʌndəbra:] *m* Wonderbra®
Won·ne <-, -n> ['vɔnə] *f (geh)* joy, delight; **die ~n der Liebe** the joys of love; **es ist** [**für jdn**] **eine** [**wahre**] **~, etw zu tun** *(fam)* it is a [real] joy [for sb] to do sth; ***die Kinder kreischten vor ~*** the children squealed with delight; **mit ~** *(veraltend geh)* with great delight; ***ich habe mit ~ vernommen, dass es dir besser geht*** *(hum)* I was delighted to hear that you are getting better
Won·ne·prop·pen <-s, -> *m (hum fam)* little dumpling *hum fam,* bundle of joy
won·nig ['vɔnɪç] *adj* ① *(fam: Wonne hervorrufend)* delightful; **ein ~es Baby** a delightful baby; ***ist sie nicht ~?*** isn't she gorgeous?
② *(geh: von Wonne erfüllt)* blissful; **einen ~en Moment genießen** to enjoy a moment of bliss
wo·ran [vo'ran] *adv* ① *interrog (an welchem/welchen Gegenstand)* what ... on, on what; ***~ soll ich das befestigen?*** what should I fasten this to?; *(an welchem/welchen Umstand)* what ... of, of what; ***~ haben Sie ihn wiedererkannt?*** how did you recognize him again?; ***~ können Sie sich noch erinnern?*** what can you still remember?; ***~ denkst du gerade?*** what are you thinking of just now?; ***~ ist sie gestorben?*** what did she die of?; ***ich weiß nie, ~ ich bei ihr bin*** I never know where I stand with her
② *rel (an welchem/welchen Gegenstand)* on which; ***es gab nichts, ~ sie sich festhalten konnte*** there was nothing for her to hold on to; ***das Seil, ~ der Kübel befestigt war, riss*** the rope on which the pail was fastened broke [*or* snapped]; *(an welchem/welchen Umstand)* by which; ***das ist das einzige, ~ ich mich noch erinnere*** that's the only thing I can remember; ***es gibt einige Punkte, ~ man echte Banknoten von Blüten unterscheiden kann*** there are a few points by which you can distinguish real bank notes from counterfeits; **~ ... auch** [**immer**] whatever ...; ***~ ich im Leben auch glaubte, immer wurde ich enttäuscht*** whatever I believed in in life, I was to be disappointed
wo·rauf [vo'raʊf] *adv* ① *interrog (auf welchen/welchem Umstand)* on what ..., what ... on; ***~ wartest du noch?*** what are you waiting for?; ***~ stützen sich deine Behauptungen?*** what are your claims based on?; *(auf welche/welcher Sache)* on what, what ... on; ***~ darf ich mich setzen?*** what can I sit on?; ***~ steht das Haus?*** what is the house built on?
② *rel (auf welcher/welche Sache)* on which; ***das Bett, ~ wir liegen, gehörte meinen Großeltern*** the bed we're lying on belonged to my grandparents; ***der Grund, ~ das Haus steht, ist sehr hart*** the ground on which the house is built is very hard; ***das Papier, ~ ich male, mache ich selbst*** I make the paper I'm painting on myself; **~ ... auch** [**immer**] whatever ... on; ***alle Gebäude stürzten ein, ~ sie auch gebaut waren*** all the buildings caved in, regardless of what they were built upon; *(woraufhin)* whereupon; ***er schoss, ~ man sich sofort auf ihn stürzte*** he fired a shot, whereupon they pounced on him; *s. a.* **verlassen**
wo·rauf·hin *adv* ① *interrog (auf welche Veranlassung hin)* for what reason; ***~ können wir ihn verhaften lassen?*** for what reason can we have him arrested?; ***~ hast du das getan?*** why did you do that?
② *rel (wonach)* whereupon, after which; ***sie beschimpfte ihn, ~ er wütend den Raum verließ*** she swore at him whereupon he stormed out of the room
wo·raus [vo'raʊs] *adv* ① *interrog (aus welcher Sache/welchem Material)* what ... out of, out of what; ***~ bestehen Rubine?*** what are rubies made out of?; ***und ~ schließen Sie das?*** and from what do you deduce that?; ***~ haben Sie das entnommen?*** where did you get that from?
② *rel (aus welcher Sache/welchem Material)* from which, what ... out of, out of which; ***das Material, ~ die Socken bestehen, kratzt*** the material the socks are made of is itchy; ***ich liebte das Buch, ~ sie mir immer vorlas*** I loved the book she always read out of; *(aus welchem Umstand)* from which; ***es gab gewisse Anzeichen, ~ das geschlossen werden konnte*** there were certain signs from which this could be deduced; ***~ auch immer dieses Gehäuse gefertigt ist, es ist sehr stabil*** whatever this shell is made of it's very robust; ***~ sie das auch abgeschrieben hat, es ist gut*** wherever she copied this from it's good
wor·den *pp von* **werden VI**
wo·rin [vo'rɪn] *adv* ① *interrog (in welcher Sache)* in what, what ... in; ***~ besteht der Unterschied?*** wherein *form* lies [*or* where is] the difference?
② *rel (in dem)* in which; ***es gibt etwas, ~ sich Original und Fälschung unterscheiden*** there is one point in which the original and the copy differ; ***das, ~ ihr euch gleicht, ist die Geldgier*** greed for money is one thing which you have in common; **~ ... auch** [**immer**] wherever; ***~ auch immer du Talent hast, nutze es!*** whatever you have talent in, use it!
Work·aho·lic <-s, -s> [vø:ɐkə'hɔɪk] *m (sl)* workaholic
Wor·ka·ho·lis·mus <-> [vø:ɐkəhɔ'lɪsmʊs] *m kein pl* workaholism
Work·out <-s, -s> ['vø:ɐkʔaʊt] *nt* workout
Work·shop <-s, -s> ['vø:ɐkʃɔp] *m* workshop
Work·sta·tion <-, -s> ['vø:ɐkste:ʃn] *f* INFORM workstation
World·cup ['vø:ɐltkap] *m* SPORT World Cup
World Wide Web <-[s]> ['vø:ɐlt'vaɪt'vɛp, 'vœrlt-] *nt kein pl* INFORM world wide web, WWW
WORM-CD <-, -s> *f Abk von* **Write Once Read Multiple** WORM-CD
Worst-Case-Si·mu·la·ti·on ['wɜ:st,keɪs-] *f* worst case simulation **Worst-Case-Sze·na·rio** ['wɜ:st,keɪs-] *nt* worst case scenario
Wort <-[e]s, Wörter *o* -e> [vɔrt, *pl* 'vœrtɐ, 'vɔrtə] *nt*
① <*pl* Wörter> LING word; **ein anderes ~ für ...** another word [*or* a synonym] for ...; **ein ~ buchstabieren/übersetzen** to spell/translate a word; **ein kurzes/langes ~** a short/long word; **im wahrsten Sinne des ~es** in the true sense of the word; **Wörter verschlucken** *(fig)* to swallow [*or* slur] one's words; **~ für ~** word for word
② <*pl* Worte> *meist pl (Äußerung)* word *usu pl;* ***ich habe nie ein böses ~ von ihr gehört*** I've never heard a bad word from her; ***er bat uns ohne ein ~ des Grußes herein*** he motioned us to enter without a word of greeting; ***hat man denn da noch ~e?*** what can you say?, words fail me; ***für so ein Verhalten finde ich keine ~e mehr*** such behaviour leaves me speechless; ***denk an meine ~e!*** remember what I said!; ***auf ein ~!*** *(geh)* a word!; ***ein ~ gab das andere*** one thing led to another; ***darüber ist kein ~ gefallen*** not a word was said about that; ***hättest du doch ein ~ gesagt*** if only you had said something; ***davon hat man mir kein ~ gesagt*** no one has said a word to me about it; ***meine Erleichterung lässt sich in ~en kaum schildern*** I can't possibly describe in words how relieved I am; ***das letzte ~ ist noch nicht gesprochen*** that's not the end of it, the final decision hasn't been made yet; ***kein ~ mehr!*** *(fam)* not another word!; ***das ist ein ~!*** that's it!, that's the very thing!; ***spar' dir deine ~e!*** save your breath!; ***das sind nichts als ~e*** they're only [*or* nothing but] words; ***1.000 Euro, in ~en: eintausend*** 1,000 euros, in words: one thousand; **mit anderen ~en** in other words; **anerkennende ~e** words of appreciation; **in ~ und Bild** in words and pictures; **~e des Dankes** words of thanks; **man kann sein eigenes ~ nicht** [**mehr**] **verstehen** one can't hear oneself speak; **mit einem ~** in a word; **ein ~ einwerfen** to mention sth; **ein ernstes ~ mit jdm reden** to have a serious talk with sb; **etw mit keinem ~ erwähnen** to not say a [single] word about sth; **etw in ~e fassen** to put sth into words; **jdm fehlen die ~e** sb is speechless; **jd findet keine ~e für etw** *akk* sb can't find the right words to express sth; **freundliche/harte ~e** friendly/harsh words; **genug der ~e!** *(geh)* that's enough talk!; **jdm kein ~ glauben** to not believe a word sb says; **das sind große ~e** *(fig)* sb talks big *fam;* [**bei jdm**] **ein gutes ~ für jdn einlegen** to put in a good word for sb [with sb]; **kein ~ herausbringen** [*o* **hervorbrin-**

W

gen] to not get a word out, to be tongue-tied; **auf jds ~e hören** to listen to sb's advice; **etw mit knappen/umständlichen ~en ausdrücken** to express sth briefly/in a roundabout way; ***erzählen Sie mit möglichst knappen ~en, was vorgefallen ist*** tell me as briefly as you can what happened; **jdn mit leeren/schönen ~en abspeisen** to fob sb off with empty words/nicely; **immer das letzte ~ haben wollen** to always want to have the last word; **aufs ~ parieren** to jump to it; **kein ~ miteinander reden** to not say a word to each other; **jdm/etw das ~ reden** to put the case for sb/sth; **das ~ an jdn richten** to address sb; **nach ~en ringen** [*o* **suchen**] to struggle for words; **ohne ein ~ zu sagen** without saying a word; **in ~ und Schrift** *(geh)* spoken and written; ***sie beherrscht Französisch in ~ und Schrift*** she has command of both written and spoken French; **in~ und Tat** in word and deed; **seinen ~en Taten folgen lassen** actions speak louder than words, to follow one's words with action; **verletzende ~e** offending words; **kein ~ über jdn/etw verlieren** to not say a word about sb/sth, to not mention sb/sth; ***darüber brauchen wir kein ~ zu verlieren*** we don't need to waste any words on it; **kein ~ verstehen** to not understand a word; *(hören)* to be unable to hear a word [that's being said]; **nicht viele ~e machen** *(fig)* to be a man of action [rather than words]; **seine ~e sorgsam wählen** to choose one's words carefully; **das ist ein wahres ~** *(geh)* you can say that again; ***du sprichst ein wahres ~ gelassen aus*** how right you are; **daran ist kein wahres ~, davon ist kein ~ wahr** not a word of it is true, don't believe a word of it; **mit jdm ein paar ~e wechseln** to speak a few words with sb; **kein ~ von etw** *dat* **wissen** to not know anything about sth

❸ *kein pl (Ehrenwort)* word; ***auf mein ~!*** I give you my word!; **sein ~ brechen/halten** to break/keep one's word; **jdm sein ~ [auf etw** *akk*] **geben** to give sb one's word [on sth]; **jdm [etw] aufs ~ glauben** to believe every word sb says [about sth]; ***das glaube ich dir aufs ~*** I can well believe it; **jdn beim ~ nehmen** to take sb at his word, to take sb's word for it; **bei jdm im ~ stehen** [*o* **sein**] *(geh)* to have given one's word [to sb]; ***ich bin bei ihm im ~*** I gave him my word

❹ *kein pl (Rede[erlaubnis])* word; ***gestatten Sie mir ein ~*** allow me to say a few words; **jdm das ~ abschneiden/entziehen** to cut sb short; **mit den ~en ... anfangen/schließen** to start/close with the remark [*or* by saying] ...; **ums ~ bitten** to ask to speak; **ein ~ einwerfen** *(fig)* to throw in a word; **das ~ ergreifen** to begin to speak; *Diskussionsteilnehmer* to take the floor; **jdm das ~ erteilen** [*o* **geben**] to allow sb to speak; *Diskussionsleiter etc.* to pass the floor to sb; **jdm ins ~ fallen** to interrupt sb; **das ~ führen** to be the spokesperson; **das ~ haben** to have one's turn to speak; ***als Nächstes haben Sie das ~*** it's your turn to speak next; [**nicht**] **zu ~ kommen** to [not] get a chance to speak; **sich** *akk* **zu ~ melden** to ask to speak; **ein ~ mitzureden haben** to have sth to say about sth; **das ~ an jdn richten** *(geh)* to address sb; **jdm das ~ verbieten** to forbid sb to speak

❺ <*pl* Worte> *(Befehl, Entschluss)* word; ***das ~ des Vaters ist ausschlaggebend*** the father's word is law; **jds ~ ist Gesetz** sb's word is law, what sb says goes; **jdm aufs ~ gehorchen** to obey sb's every word; **das ~ des Königs** the king's command

❻ <*pl* Worte> *(Ausspruch)* word; **ein ~ Goethes** a quotation from Goethe; **ein viel zitiertes ~ ist ...** it is frequently said that ..

❼ *kein pl* REL word; **am Anfang war das ~** in the beginning was the word; **nach dem ~ des Evangeliums** according to the Gospel; **das ~ Gottes** the Word of God; **das ~ zum Sonntag** *short religious broadcast on Saturday evening*

►WENDUNGEN: **geflügeltes ~** quotation; **dein/sein/ihr ~ in Gottes Ohr!** *(fam)* let's hope so! *fam;* **jdm das ~ aus dem Mund nehmen** to take the very words out of sb's mouth, that's just what sb was going to say; **jdm das ~** [*o* **die ~e**] **im Munde umdrehen** to twist sb's words

Wort·ab·stand *m* spacing **Wort·art** *f* LING part of speech **Wort·bil·dung** *f* LING ❶ *(das Bilden)* word formation ❷ *(gebildetes Wort)* word form **Wort·bruch** *m (geh)* breaking of a promise **wort·brü·chig** *adj (geh)* treacherous, false; **gegen jdn ~ sein, ~ werden** to break one's word [to sb]

Wört·chen <-s, -> ['vœrtçən] *nt dim von* **Wort** *(fam)* word; ***zu keinem ein ~ darüber!*** not a word of it to anyone!; **mit jdm noch ein ~ zu reden haben** *(fig fam)* to have a bone to pick with sb *fig fam;* ***da habe ich*** [***noch/ wohl***] ***ein ~ mitzureden*** *(fig fam)* I think I have something to say about [*or* some say in] that *fam*

Wör·ter·buch *nt* dictionary **Wör·ter·buch·com·pu·ter** *m* dictionary computer

Wort·er·ken·nung *f* INFORM word recognition

Wör·ter·ver·zeich·nis *nt* LING, VERLAG, SCH ❶ *(Vokabular)* glossary

❷ *(Wortverzeichnis, -index)* index

Wort·fa·mi·lie *f* word family **Wort·fet·zen** *pl* scraps of conversation *pl* **Wort·füh·rer(in)** *m(f)* spokesperson, spokesman *masc*, spokeswoman *fem;* **sich** *akk* **zum ~ von jdm/etw machen** to designate oneself as the spokesman/spokeswoman for sth/sb **Wort·ge·fecht** *nt* battle [*or* war] of words **Wort·ge·klin·gel** <-s> *nt kein pl (pej fam)* empty rhetoric **wort·ge·treu** I. *adj* verbatim *inv form;* **eine ~e Übersetzung** a faithful translation II. *adv* verbatim *inv form,* word for word; **etw ~ wiedergeben** to repeat sth word for word **wort·ge·wal·tig** *adj* [powerfully] eloquent **wort·ge·wandt** *adj* eloquent **Wort·gut** *nt kein pl (geh) s.* **Wortschatz** **Wort·hül·se** *f meist pl (pej)* empty word, non-word **wort·karg** *adj* taciturn; **eine ~e Antwort** a taciturn reply; **ein ~er Mensch** a taciturn person; ***warum bist du heute so ~?*** why are you so quiet today? **Wort·klau·ber** <-s, -> *m (pej)* quibbler, caviller **Wort·klau·be·rei** <-, -en> [vɔrtklaubə'rai] *f (pej)* hair-splitting *no pl,* nit-picking *no pl;* ***das ist doch reine ~*** you're just splitting hairs **Wort·laut** *m kein pl* wording; **einen anderen/diesen/folgenden ~ haben** to read differently/like this/as follows; **im vollen/originalen ~** word for word/in its original wording

Wört·lein <-s, -> *nt dim von* **Wort** *s.* **Wörtchen**

wört·lich ['vœrtlɪç] I. *adj* ❶ *(originalgetreu)* word-for-word, verbatim; **die ~e Wiedergabe eines Textes** a word-for-word account of a text

❷ *(in der Originalbedeutung)* **eine ~e Übersetzung** a literal [*or* word-for-word] translation

II. *adv* ❶ *(genauso)* word for word; ***hat er das wirklich ~ so gesagt?*** did he actually say that?

❷ *(dem originalen Wortlaut gemäß)* literally; **etw ~ übersetzen** to translate sth literally; **etw ~ nehmen** to take sth literally

wort·los I. *adj* silent

II. *adv* silently, without saying a word

Wort·mel·dung *f* request to speak; **um ~ bitten** to ask for permission to speak

wort·reich I. *adj* ❶ *(mit vielen Worten)* long-winded *pej,* wordy *pej;* **eine ~e Entschuldigung** a profuse apology

❷ *(mit großem Wortschatz)* rich in vocabulary; **eine ~e Sprache** a language that is rich in vocabulary

II. *adv* profusely, in a long-winded manner

Wort·schatz *m* vocabulary **Wort·schöp·fung** *f* neologism **Wort·schwall** <-[e]s> *m kein pl* torrent of words **Wort·spiel** *nt* pun, play on words **Wort·stamm** *m* LING stem [of a/the word] **Wort·stel·lung** *f* word order **Wort·tren·nung** *f* hyphenation, word break **Wort·wahl** *f kein pl* choice of words **Wort·wech·sel** *m (geh)* verbal exchange **Wort·witz** *m* pun, wordplay

wort·wört·lich ['vɔrt'vœrtlɪç] I. *adj* word-for-word; **eine ~e Übersetzung** a literal translation

II. *adv* word for word; **jdn ~ zitieren** to quote sb word for word; ***hier heißt es doch ~, dass ich den Preis gewonnen habe*** it says here quite literally that I've won the prize

wo·rü·ber [vo'ry:bɐ] *adv* ❶ *interrog (über welches Thema)* what ... about, about what; ***~ habt ihr euch so lange unterhalten?*** what was it you talked about for so long?; ***~ hast du so lange gebrütet?*** what have you been pondering about for so long?

❷ *interrog (über welchem/welchen Gegenstand)* above which; ***~ soll ich das Handtuch breiten?*** what should I spread the towel out over?

❸ *rel (über welche Sache)* about which, what ... about, for which; ***es geht Sie gar nichts an, ~ wir uns unterhalten haben!*** it's none of your business what we were talking about!; ***das Problem, ~ ich schon so lange gebrütet habe, ist gelöst*** the problem I was brooding about for so long has been solved; ***das ist die bestellte Ware, ~ Ihnen die Rechnung dann später zugeht*** here is the ordered merchandise, for which you will receive the bill later

❹ *rel (über welchen/welchem Gegenstand)* over which; ***der Koffer, ~ du gestolpert bist, gehört mir*** the suitcase you stumbled over is mine

wo·rum [vo'rʊm] *adv* ❶ *interrog (um welche Sache/Angelegenheit)* what ... about; ***~ ging es eigentlich bei eurem Streit?*** what was your fight all about?; ***~ handelt es sich?*** what is this about?

❷ *interrog (um welchen Gegenstand)* what ... around; ***~ hatte sich der Schal gewickelt?*** what had the scarf wrapped itself around?

❸ *rel (um welche Sache/Angelegenheit)* what ... about; ***alles, ~ du mich bittest, sei dir gewährt*** *(geh)* all that you ask of me will be granted

❹ *rel (um welchen Gegenstand)* around; ***das Bein, ~ der Verband gewickelt ist, ist viel dünner*** the leg the bandage is around is much thinner

wo·run·ter [vo'rʊntɐ] *adv* ❶ *interrog (unter welcher Sache/Angelegenheit)* what ... from; ***~ leidet Ihre Frau?*** what is your wife suffering from?; ***~ darf ich Sie eintragen, unter „Besucher" oder „Mitglieder"?*** where should I put your name down, "visitors" or "members"?

❷ *interrog (unter welchem/welchen Gegenstand)* under what, what ... under; ***~ hattest du dich versteckt?*** what did you hide under?

❸ *rel (unter welcher Sache)* under which, which ... under; ***Freiheit ist ein Begriff, ~ vieles verstanden werden kann*** freedom is a term that can mean many different things

❹ *rel (unter welchem/welchen Gegenstand)* under which; ***das ist der Baum, ~ wir uns zum ersten Mal küssten*** that's the tree under which we kissed for the first time

❺ *rel (inmitten deren: örtlich)* amongst which; ***Tierschützer, ~ ich mich selber zähle, verdienen Respekt*** animal conservationists, of which I am one, deserve to be respected

Wo·tan <-s> ['vo:tan] *m* Wotan

wo·von [vo'fɔn] *adv* ❶ *interrog (von welcher Sache/Angelegenheit)* what ... about; ***~ war auf der Versammlung die Rede?*** what was the subject of discussion at the meeting?; ***~ bist du denn so müde?*** what has made you so tired?

❷ *interrog (von welchem Gegenstand)* from what, what ... from; ***~ mag dieser Knopf wohl stammen?*** where could this button be from?

❸ *rel (von welchem Gegenstand)* from which; ***der Baum, ~ das Holz stammt, ist sehr selten*** the tree from which the wood originates is very rare

❹ *rel (von welcher Sache/Angelegenheit)* about which, which ... about; ***das ist eine Sache, ~ du nun mal nichts verstehst*** it's something you just don't know anything about

❺ *rel (durch welchen Umstand)* as a result of which; ***er hatte einen Unfall, ~ er sich nur langsam erholte*** he had an accident from which he only recovered slowly

wo·vor [vo'fo:ɐ̯] *adv interrog* ❶ *interrog (vor welcher Sache)* what ... of; ***~ fürchtest du dich denn so?*** what are you so afraid of?

❷ *interrog (vor welchem/welchen Gegenstand)* in

front of what, what ... in front of; ~ ***sollen wir den Schrank stellen*** what should we put the cupboard in front of?
③ *rel (vor welcher Sache)* what ... of, of which; ***ich habe keine Ahnung, ~ er solche Angst hat*** I have no idea what he's so frightened of
④ *rel (vor welchem/welchen Gegenstand)* in front of which; ***die Wand, ~ der Schrank stand, ist feucht*** the wall behind where the cupboard stood is damp

wow <-> ['waʊ] *interj (Ausruf der Bewunderung, des Erstaunens)* wow

wo·zu [vo'tsu:] *adv* ① *interrog (zu welchem Zweck)* why, how come, what ... for; ~ ***musste dieses Unglück geschehen?*** why did this tragedy have to happen?; ~ ***soll das gut sein?*** what's the purpose [*or* good] of that?; ~ ***hast du das gemacht?*** what did you do that for?
② *interrog (zu welcher Sache)* for what, what ... for; ~ ***haben Sie sich entschlossen?*** what have you decided on?; ~ ***bist du so lange interviewt worden?*** what were you interviewed so long for?
③ *rel (zu welchem Zweck)* for which reason; ***er hat eine Reise geplant, ~ er noch Geld braucht*** he has planned a journey for which he still needs money
④ *rel (zu welcher Sache/Angelegenheit)* what; ***ich ahne schon, ~ du mich wieder überreden willst!*** I know what you want to talk me into!; ***das war ein Schritt, ~ ich mich schon längst bereitgefunden hatte*** that was a step which I had long been prepared for
⑤ *rel (zusätzlich zu dem)* to which; ***das Buch umfasst 128 Seiten Text, ~ noch ein Schlusswort kommt*** the book has 128 pages of text and a summary in addition to that

Wrack <-[e]s, -s> [vrak] *nt* ① *(Schiffswrack)* wreck; *(Flugzeugwrack)* wreckage; *(Autowrack)* wreckage
② *(fig fam: völlig verbrauchter Mensch)* wreck; **ein körperliches/seelisches ~ sein** to be a physical/emotional wreck; **ein menschliches ~ sein** to be a human wreck

Wrack·barsch *m* KOCHK, ZOOL stonebass

wrang [vraŋ] *1. u. 3. pers. sing imp von* **wringen**

wrin·gen <wrang, gewrungen> ['vrɪŋən] *vt* ① *(auswringen)* ■**etw** ~ to wring sth
② *(durch Wringen herauspressen)* ■**etw aus etw** *dat* ~ to wring sth out of sth; **Wasser aus einem Lappen** ~ to wring water out of a cloth

WS *Abk von* **Wintersemester** winter semester [*or* BRIT *a.* term]

WTO <-> [ve:te:ʔo:] *f kein pl Abk von* **World Trade Organization** WTO

Wu·cher <-s> ['vu:xɐ] *m kein pl (pej)* extortion *no pl,* profiteering *no pl; (Zinsen)* usury; **das ist [doch/ja] ~!** that's daylight [*or* AM highway] robbery!, that's extortionate!; ~ **treiben** to profiteer, to extort

Wu·che·rer, Wu·che·rin <-s, -> ['vu:xərɐ, 'vu:xərɪn] *m, f (pej)* usurer, profiteer, money-sponger *fam*

Wu·cher·ge·schäft *nt* usurious transaction **Wu·cher·ge·setz** *nt* JUR usury act **Wu·cher·ge·setz·ge·bung** *f* JUR legislation on usury

wu·che·risch ['vu:xərɪʃ] *adj (pej)* extortionate, exorbitant; ~**e Zinsen verlangen** to lend money at usurious rates

Wu·cher·mie·te *f (pej)* extortionate rent

wu·chern ['vu:xɐn] *vi* ① *sein o haben* HORT to grow rampant
② *sein* MED to proliferate, to spread rampantly
③ *haben (Wucher treiben)* ■**[mit etw** *dat*] ~ to practise usury [with sth]

wu·chernd *adj Pflanzen* rampant, proliferous; *Bart* luxurious, untamed; **eine ~e Geschwulst** MED a fast-growing tumour

Wu·cher·preis *m (pej)* extortionate [*or* exorbitant] price

Wu·che·rung <-, -en> *f* ① *(krankhafte Gewebevermehrung)* proliferation
② *(Geschwulst)* growth

Wu·cher·zins *m meist pl (pej)* usurious [*or* exorbitant] interest

wuchs [vu:ks] *imp von* **wachsen**[1]

Wuchs <-es> [vu:ks] *m kein pl* ① HORT *(Wachstum)* growth
② *(Form, Gestalt)* stature, build
③ *(Pflanzenbestand)* cluster; **ein ~ junger Bäume** a clump of saplings

Wucht <-> [vʊxt] *f kein pl* force; *(Schläge, Hiebe)* brunt; **mit aller ~** with all one's might; **mit voller ~** with full force; ***der Stein traf ihn mit voller ~ an der Schläfe*** the stone hit him full force on the temple; ***hinter seinen Schlägen steckt eine ungeheure ~*** there is enormous force behind his punches, he packs a very powerful punch; **eine ~ sein** *(fam)* to be smashing [*or* great]; ***deine Mutter ist eine ~*** your mum is a star

wuch·ten ['vʊxtn̩] *vt (fam)* ■**etw irgendwohin/aus etw** *dat* ~ to heave sth somewhere/out of sth; ***wir mussten die ganzen Steine vom Auto ~*** we had to heave all of the stones out of the car; ***wir ~ gerade die Statue von ihrem Sockel*** we're just about to heave the statue off its plinth

wuch·tig ['vʊxtɪç] *adj* ① *(mit großer Wucht)* forceful, mighty, heavy; **ein ~er Schlag** a powerful punch
② *(massig)* massive; ***dieser Schrank wirkt viel zu ~ für das kleine Zimmer*** this cupboard is far too overpowering for this little room

Wühl·ar·beit *f* ① *(von Maulwurf)* burrowing[s]
② *kein pl (pej: subversive Tätigkeiten)* subversive activities *pl*

wüh·len ['vy:lən] I. *vi* ① *(kramen)* ■**in etw** *dat* **[nach etw** *dat*] ~ to rummage [*or* root] through sth [for sth]; ***wonach wühlst du denn in der alten Truhe?*** what are you rummaging for in that old chest?; **einen Schlüssel aus der Tasche ~** to root [*or* dig] a key out of a bag
② *(graben, aufwühlen)* ■**in etw** *dat* **[nach etw** *dat*] ~ to root through sth [for sth]; ***bei uns im Garten ~ wieder Maulwürfe*** we've got moles in our garden again; **in jds Haaren ~** to tousle sb's hair; **in den Kissen ~** *(fig)* to bury oneself in the cushions [*or* pillows]
③ *(pej fam: intrigieren)* to stir things up; **gegen die Regierung ~** to stir things up against the government
II. *vr* ① *(sich vorwärtsarbeiten)* ■**sich** *akk* **durch etw** *akk* ~ to burrow one's way through; ***der Wurm wühlt sich durch das Erdreich*** the worm burrows its way through the soil
② *(fam: sich durcharbeiten)* ■**sich** *akk* **durch etw** *akk* ~ to slog *fam* through sth; ***ich muss mich durch einen Stapel Akten ~*** I have to wade through a pile of files; **sich** *akk* **durch eine Menschenmenge ~** to burrow one's way through a crowd

Wühl·korb *m* ÖKON *(fam)* bargain bin **Wühl·maus** *f* vole **Wühl·tisch** *m (fam)* bargain counter

Wulst <-[e]s, Wülste> [vʊlst, *pl* 'vʏlstə] *m o f* bulge; *Flasche, Glas* lip

wuls·tig ['vʊlstɪç] *adj* bulging; *(Lippen)* thick

Wulst·lip·pen *pl (fam)* thick lips *pl*

Wumm ['vʊm] *m kein pl (Schwung)* oomph

Wum·me <-, -n> ['vʊmə] *f (sl: Pistole)* rod

wum·mern ['vʊmɐn] *vi* to boom

wund [vʊnt] I. *adj* sore; ***ich bin an den Hacken ganz ~*** my heels are all sore
II. *adv* ~ **gelegen** having [*or* suffering from] bedsores *pl;* **eine ~ gelegene Stelle** a bedsore; **sich** *akk* **~ liegen** to get bedsores *pl;* **sich** *dat* **etw ~ liegen** to get bedsores *pl* on sth; ***sie hat sich den Rücken ganz ~ gelegen*** she had bedsores *pl* all over her back; **sich** *akk* **~ reiten** to become saddle-sore; **sich** *dat* **die Finger ~ schreiben** *(fig fam)* to wear one's fingers to the bone writing; **etw ~ kratzen/reiben/scheuern** to make sth sore by scratching/rubbing/chafing it; **sich** *akk* **~ kratzen** to scratch oneself to soreness; ***ich habe mir die Fersen ~ gelaufen*** I got sore heels from walking; *s. a.* **Punkt**

Wund·brand *m kein pl* MED gangrene *no pl* **Wund·cre·me** *f* rash cream **Wund·des·in·fek·ti·ons·mit·tel** *nt* wound disinfectant

Wun·de <-, -n> ['vʊndə] *f* wound; **tödliche ~** deadly wound
▶WENDUNGEN: **[bei jdm] alte ~n wieder aufreißen** *(geh)* to open up an old wound [for sb]; **an einer alten ~ rühren** to touch on a sore point; **seine ~ lecken** to lick one's wounds; **Salz in jds ~ streuen** *(fig)* to turn the knife in a wound *fig,* to rub salt into sb's wounds *fig*

Wun·der <-s, -> ['vʊndɐ] *nt (übernatürliches Ereignis)* miracle; ~ **was/wer/wie** *(fam)* who knows what/who/how; ***er möchte ~ was erreichen*** goodness knows what he wants to achieve; ***das hat er sich ~ wie einfach vorgestellt*** he imagined it would be ever so easy; ~ **tun** [*o* **wirken**] to work [*or* perform] a miracle *sing;* **an ein ~ grenzen** to be almost a miracle; **ein/kein ~ sein, dass ...** *(fam)* to be a/no wonder, that ...; ***ist es ein ~, dass ich mich so aufrege?*** *(fig fam)* is it any wonder that I'm so upset?; **es ist kein ~, dass ...** *(fam)* it's no [*or* little] [*or* small] wonder that ...; **wie durch ein ~** miraculously; ~ **über ~** *(fam)* wonders will never cease; ***er kann nur durch ein ~ gerettet werden*** only a miracle can save him; **was ~[, dass]** no wonder; **was ~, dass sie jetzt eingeschnappt ist** no wonder she's in a huff; *(Phänomen)* wonder; **das ~ des Lebens** the miracle of life; **die ~ der Natur** the wonders of nature; ■**ein ~ an etw** *dat* **sein** to be a miracle of sth; ***diese Uhr ist ein ~ an Präzision*** this watch is a miracle of precision
▶WENDUNGEN: **sein blaues ~ erleben** *(fam)* to be in for a nasty surprise

wun·der·bar ['vʊndɐba:ɐ̯] I. *adj* ① *(herrlich)* wonderful, marvellous; **[das ist ja] ~!** [that's] wonderful [*or* marvellous]!; ***sie ist eine ~e Frau*** she's a wonderful woman
② *(wie ein Wunder)* miraculous; **eine ~e Fügung** a wonderful stroke of luck; ***die Geschichte ihrer Rettung ist ~*** the story of how she was rescued is miraculous
II. *adv (fam)* wonderfully; ***dieses Kissen ist ~ weich*** this cushion is wonderfully soft

wun·der·ba·rer·wei·se *adv* miraculously

Wun·der·dro·ge *f (meist iron fam)* miracle drug **Wun·der·glau·be** *m* belief in miracles **Wun·der·hei·ler(in)** <-s, -> *m(f)* miracle healer

wun·der·hübsch *adj (liter)* wonderfully pretty

Wun·der·ker·ze *f* sparkler **Wun·der·kind** *nt* child prodigy **Wun·der·land** *nt* wonderland

wun·der·lich ['vʊndɐlɪç] *adj* odd, strange; **ein ~er Mensch** an oddball; ***manchmal passieren die ~sten Dinge*** sometimes the strangest things happen

Wun·der·mit·tel *nt* miracle cure; *(Zaubertrank)* magic potion

wun·dern [vʊndɐn] I. *vt* ■**jdn ~** to surprise sb; ***das wundert mich [nicht]*** I'm [not] surprised at that; ***das hätte uns eigentlich nicht ~ dürfen*** that shouldn't have come as a surprise to us; **es wundert mich, dass ...** I am surprised that ..., it surprises me that ...; **es würde mich nicht ~, wenn ...** I wouldn't be [at all] surprised if ...; **wundert dich das [etwa]?** does that surprise you [at all]?, are you [in the least bit] surprised?; **es sollte mich ~, wenn ...** it would surprise me if ..., are you [in the least bit] surprised?
II. *vr* ■**sich** *akk* ~ to be surprised; **du wirst dich ~!** you'll be amazed, you're in for a surprise; ■**sich** *akk* **über jdn/etw ~** to be surprised at sb/sth; ***ich wundere mich über gar nichts mehr*** nothing surprises me any more; ***dann darfst du dich nicht ~, wenn sie sauer auf dich ist*** then don't be surprised if she's cross with you; **ich muss mich doch sehr/wirklich ~!** well, I am very/really surprised [at you/him etc.]

wun·der|neh·men ['vʊndɐne:mən] *irreg, impers* *(geh)* I. *vt* ① *(erstaunen)* ■**es nimmt jdn wunder, dass ...** it surprises sb that ...; ***es würde mich ~, wenn sie käme*** I'd be surprised if she came
② SCHWEIZ *(interessieren)* ■**es nimmt jdn wunder, ob/wie/dass ...** sb is interested [to know] wheth-

er/how/that ...; ***es nimmt mich wunder, wie sie von der Sache erfahren hat*** I'd like to know how she found out [about it]

II. *vi* ■ **es nimmt wunder, dass/wie/warum** it is surprising that/how/why; ***es nimmt wunder, dass sie so lange überlebt hat*** it's amazing that she has survived so long

wun·der·sam ['vʊndɐza:m] *adj (geh)* wondrous *liter;* **ein ~er Traum** a wondrous dream

wun·der·schön ['vʊndɐ'ʃø:n] *adj (emph)* wonderful, lovely **wun·der·voll** *adj s.* **wunderbar Wun·der·waf·fe** *f (fam)* wonder weapon

Wund·fie·ber *nt* traumatic fever **Wund·in·fek·ti·on** *f* wound infection, infected wound **Wund·sal·be** *f* ointment **Wund·starr·krampf** *m kein pl* MED tetanus *no pl*

Wunsch <-[e]s, Wünsche> [vʊnʃ, *pl* 'vʏnʃə] *m* ❶ *(Verlangen)* wish; *(stärker)* desire; *(Bitte)* request; **jdm/sich einen ~ erfüllen** to fulfil [*or* AM -ll] a wish for sb/oneself; **jdm jeden ~ erfüllen** to grant sb's every wish; **jdm jeden ~ von den Augen ablesen** to anticipate sb's every wish; **einen bestimmten ~ haben/äußern** to have/make a certain request; ***ihr sehnlichster ~ ging in Erfüllung*** her most ardent desire was fulfilled; **nur ein frommer ~ sein** to be just a pipe dream; ***haben Sie sonst noch einen ~?*** would you like anything else?; **einen ~ frei haben** to have one wish; ***danke, das war alles, ich habe keinen ~ mehr*** thank you, that will be all, I don't need anything else; ***Ihr ~ ist mir Befehl*** *(hum)* your wish is my command; *(geh)* on request; **keinen ~ offenlassen** to leave nothing to be desired; **auf jds [ausdrücklichen/besonderen] ~ [hin]** *(geh)* at/on sb's [express/special] request; **nach ~** just as I/he etc. wanted; *(wie geplant)* according to plan, as planned; ***das Auto entsprach nicht seinen Wünschen*** the car didn't come up to his expectations
❷ *meist pl (Glückwunsch)* wish; **alle guten Wünsche zum Geburtstag** Happy Birthday; **mit besten Wünschen** *(geh)* best wishes
▸WENDUNGEN: **hier ist der ~ der Vater des Gedankens** *(prov)* the wish is father to the thought *prov*

wünsch·bar *adj* SCHWEIZ *s.* **wünschenswert**

Wunsch·bild *nt* ideal **Wunsch·den·ken** *nt kein pl* wishful thinking *no pl*

Wün·schel·ru·te ['vʏnʃlru:tə] *f* divining [*or* dowsing] rod

Wün·schel·ru·ten·gän·ger(in) <-s, -> *m(f)* diviner, dowser

wün·schen ['vʏnʃn̩] **I.** *vt* ❶ *(als Glückwunsch sagen)* ■ **jdm etw ~** to wish sb sth; ***ich wünsche dir gute Besserung*** get well soon!; ***ich wünsche dir alles Glück dieser Welt!*** I wish you all the luck in the world!, I hope you get everything you could possibly wish for!; ***ich wünsche dir gutes Gelingen*** I wish you every success; **jdm zum Geburtstag alles Gute ~** to wish sb a happy birthday; **jdm eine gute Nacht ~** to wish [*or form* bid] sb good night
❷ *(als Geschenk erbitten)* ■ **sich** *dat* **etw [von jdm] ~** to ask for sth [from sb]; ***ich habe mir zu Weihnachten eine elektrische Eisenbahn gewünscht*** I've asked for an electric railway for Christmas; ***was wünschst du dir?*** what would you like?; ***nun darfst du dir etwas ~*** now you can say what you'd like for a present; *(im Märchen)* now you may make a wish
❸ *(erhoffen)* ***ich wünsche nichts sehnlicher, als dass du glücklich wirst*** my greatest wish is for you to be happy; ***ich wünschte, der Regen würde aufhören*** I wish the rain would stop; ***~ wir nur, dass diese Katastrophe niemals eintreten möge!*** let's just hope that this catastrophe never happens; ■ **jdm etw ~** to wish sb sth; ***ich will dir ja nichts Böses ~*** I don't mean to wish you any harm; ***das würde ich meinem schlimmsten Feind nicht ~*** I wouldn't wish that on my worst enemy; ***er wünschte ihr den Tod*** he wished she would drop dead; ■ **~, dass** to hope that; ***ich wünsche, dass alles gut geht*** I hope everything goes well; ***ich wünsche, dass du wieder gesund nach Hause kommst*** I hope that you'll come home safe and sound; **das ist [*o* wäre] zu ~** that would be desirable
❹ *(haben wollen, erhoffen)* ■ **sich** *dat* **etw ~** to want [*or* hope for] sth; ***sie ~ sich schon lange ein Kind*** they've been wanting [*or* hoping for] a child for a long time; ***wir haben uns immer gewünscht, einmal ganz reich zu sein!*** we've always dreamed of becoming really wealthy; ***man hätte sich kein besseres Wetter ~ können*** one couldn't have wished for better weather; ***dich wünsche ich mir als Lehrerin*** I would love [for] you to be my teacher; **alles, was man/jd sich** *dat* **nur ~ kann** everything one/sb could wish for; **sich** *dat* **eine bessere Zukunft ~** to wish [*or* hope] for a better future; ■ **sich** *dat* **[von jdm] ~, [dass ...]** to wish [sb would ...]; ***ich wünsche mir von dir, dass du in Zukunft pünktlicher bist*** I wish you'd be more punctual in future
❺ *(verlangen)* ■ **etw ~** to want sth; ***ich wünsche sofort eine Erklärung [von Ihnen]!*** I demand an explanation [from you] immediately!; ***ich wünsche, dass ihr mir gehorcht*** I want you to do as I say; ***wenn Sie noch etwas ~, dann klingeln Sie einfach*** if you require anything else, please just ring; ***ich wünsche ein Zimmer mit Bad*** I would like a room with bathroom; ***jemand wünscht Sie zu sprechen*** somebody would like to speak with you; ***was ~ Sie?*** how may I help you?; ***die Wiederholung wurde von der ganzen Klasse gewünscht*** the whole class requested that it be repeated; **wie gewünscht** just as I/we etc. wanted [*or* wished for]
❻ *(woandershin haben wollen)* ■ **jdn irgendwohin ~** to wish sb would go somewhere; ***ich wünsche dich in die Hölle!*** [I wish you would] go to hell!; ■ **sich** *akk* **irgendwohin ~** to wish oneself somewhere; ***sie wünschte sich auf eine einsame Insel*** she wished she were on a desert island
II. *vi (geh: wollen)* to want; ***Sie können so lange bleiben, wie Sie ~*** you can stay as long as you want; ***wenn Sie ~, kann ich ein Treffen arrangieren*** if you want I can arrange a meeting; ***ich wünsche, dass der Fernseher heute Abend ausbleibt*** I would like the television to stay off tonight; ***~ Sie, dass ich ein Taxi für Sie bestelle?*** would you like me to order a taxi for you?; ***meine Vorschläge waren dort nicht gewünscht*** my suggestions were not wanted there; ***sollten Sie mich zu sehen ~, klingeln Sie bitte nach mir*** if you should wish to see me, please ring for me; ***Sie ~?*** may I help you?; *(Bestellung)* what would you like?; ***[ganz] wie Sie ~*** just as you wish [*or* please]; **nichts/viel zu ~ übrig lassen** to leave nothing/much to be desired

wün·schens·wert *adj* desirable; **etw [nicht] für ~ halten** to consider sth [un]desirable

Wunsch·form *f* LING optative [mood] **Wunsch·geg·ner(in)** *m(f)* ideal opponent

wunsch·ge·mäß **I.** *adj* requested, desired; ***wir können nur auf einen ~en Verlauf hoffen*** we can only hope that things go as planned
II. *adv* as requested; ***das Projekt ist ~ verlaufen*** the project went as planned

Wunsch·kenn·zei·chen *nt* personalized registration plate **Wunsch·kind** *nt* planned child **Wunsch·kon·zert** *nt* RADIO musical request programme [*or* AM -am] **Wunsch·lis·te** *f* wish list

wunsch·los *adj* **~ glücklich sein** *(hum)* to be perfectly happy, to not want for anything *hum*

Wunsch·nach·fol·ger(in) *m(f)* desired [*or* ideal] successor **Wunsch·part·ner(in)** *m(f)* ideal partner **Wunsch·satz** *m* optative clause **Wunsch·traum** *m* dream **Wunsch·vor·stel·lung** *f* illusion, pipe-dream; **sich** *akk* **[keinen] ~en hingeben** to [not] harbour [*or* AM -or] illusions **Wunsch·zet·tel** *m* wish list; **auf jds ~ stehen** to be sth sb wants; ***eine neue Stereoanlage steht schon lange auf unserem ~*** we've wanted a new stereo for a long time

wupp ['vʊp] *interj (fam)* whoosh

wup·pen ['vʊpn̩] *vt (sl)* ■ **etw ~** to get sth done, to crack sth *fam*

Wup·per <-> ['vʊpɐ] *f (Fluss)* Wupper [River]
▸WENDUNGEN: **über die ~ gehen** *(sl)* to kick the bucket *fam or hum*

wur·de ['vʊrdə] *imp von* **werden**

Wür·de <-, -n> ['vʏrdə] *f* ❶ *kein pl (innerer Wert)* dignity; **die menschliche ~** human dignity; **~ ausstrahlen** to appear dignified; **etw mit ~ tragen** to bear sth with dignity; **jds ~ verletzen** to affront sb's dignity; ***scheinbar ist es für unseren Chef unter seiner ~, das zu tun*** our boss seemingly finds it beneath him to do that; **unter aller ~ sein** to be beneath contempt; **unter jds ~ sein** to be beneath sb['s dignity]; *(Erhabenheit)* venerability; **die ~ des Gerichts** the integrity of the court; **die ~ des Alters** venerability of old age
❷ *(Rang)* rank; *(Titel)* title; **akademische ~n** academic honours [*or* AM -ors]; **zu hohen ~n gelangen** to attain a high rank *sing*

wür·de·los **I.** *adj* undignified
II. *adv* without dignity

Wür·den·trä·ger(in) *m(f) (geh)* dignitary

wür·de·voll *adj (geh)* **ein ~er Abgang** a dignified exit; **mit ~er Miene** with a dignified expression

wür·dig ['vʏrdɪç] **I.** *adj* ❶ *(ehrbar)* dignified; **ein ~er Herr** a dignified gentleman; **ein ~es Aussehen haben** to have a dignified appearance
❷ *(wert, angemessen)* worthy; **einen ~en Vertreter finden** to find a worthy replacement; **jds/einer S.** *gen* **[nicht] ~ sein** to be [not] worthy of sb/sth; ***sie ist deiner nicht ~*** she doesn't deserve you; ***ich bezweifle, dass sie deines Vertrauens ~ ist*** I doubt that she's worthy of your trust; **sich** *akk* **einer S.** *gen* **~ erweisen** to prove oneself to be worthy of sth; ***es ist seiner nicht ~, das zu tun*** it is not worthy of him to do that
II. *adv (mit Würde)* with dignity; **jdn ~ empfangen** to receive sb with dignity; *(gebührend)* worthy; **jdn ~ vertreten** to be a worthy replacement for sb

wür·di·gen ['vʏrdɪgn̩] *vt* ❶ *(anerkennend erwähnen)* ■ **etw/jdn ~** to acknowledge sth/sb; ***ihre Leistung wurde in vielen Artikeln gewürdigt*** her performance was acknowledged in many articles
❷ *(schätzen)* ■ **etw ~** to appreciate sth; **etw zu ~ wissen** to appreciate sth
❸ *(geh)* ■ **jdn einer S.** *gen* **~** to deem sb worthy of sth; ***sie würdigte ihn keines Blickes*** she didn't deign to look at him

Wür·di·gung <-, -en> *f* ❶ *(das Würdigen)* appreciation, acknowledgement; ***in ~ seiner Leistung bekam er eine Auszeichnung*** he received recognition in appreciation of his achievement
❷ *(schriftliche Anerkennung)* acknowledgement

Wurf <-[e]s, Würfe> [vʊrf, *pl* 'vʏrfə] *m* ❶ *(das Werfen)* throw; *(gezielter Wurf)* shot; *(Baseball)* pitch; *(Kegeln)* bowl; *(Würfel)* throw; **zum ~ ausholen** to get ready to throw; **alles auf einen ~ setzen** *(fig)* to go for it *fam*
❷ ZOOL *(Tierjunge einer Geburt)* litter
❸ *(gelungenes Werk)* **jdm gelingt ein großer ~ [mit etw** *dat***]** sth is a great success [*or* big hit] for sb, sb has a great success [*or* big hit] with sth

Wurf·bahn *f* trajectory

Wür·fel <-s, -> ['vʏrfl̩] *m* ❶ *(Spielwürfel)* dice, die; **~ spielen** to play dice
❷ MATH *(Kubus)* cube
❸ *(kubisches Stück)* cube; **etw in ~ schneiden** to cut sth into cubes, to dice [*or* cube] sth
▸WENDUNGEN: **die ~ sind gefallen** the dice is cast

Wür·fel·be·cher *m* shaker **wür·fel·för·mig** *adj* cube-shaped, cubic, cuboid

würfe·lig, würf·lig ['vʏrf(ə)lɪç] **I.** *adj* cubed
II. *adv* in small cubes

wür·feln ['vʏrfl̩n] **I.** *vi* ■ **[mit jdm] ~** to play dice [with sb]; ■ **um etw** *akk* **~** to throw dice for sth; ***wir haben darum gewürfelt, wer anfangen darf*** we threw dice to decide who should go first
II. *vt* ❶ *(Würfel werfen)* ■ **etw ~** to throw sth; **eine sechs ~** to throw a six; ***hast du schon gewürfelt?*** have you had your go [*or* throw] ?
❷ KOCHK *(in Würfel schneiden)* ■ **etw ~** to cut sth

into cubes, to dice sth

Wür·fel·spiel *nt* game of dice **Wür·fel·spie·ler(in)** *m(f)* dice player **Wür·fel·zu·cker** *m kein pl* sugar cube[s]

Wurf·ge·schoss[RR] *nt* missile, projectile **Wurf·ham·mer** *m* SPORT hammer

würf·lig ['vʏrflɪç] *adj s.* **würfelig**

Wurf·mes·ser *nt* knife for throwing **Wurf·pfeil** *m* dart **Wurf·sen·dung** *f* direct mail item, junk mail *fam* **Wurf·spiel** *nt* throwing game **Wurf·spieß** *m* spear, javelin **Wurf·stern** *m metal star used as a weapon when thrown*

Wür·ge·griff *m* stranglehold; **im ~ des Todes** *(fig)* in the throes *npl* of death

wür·gen ['vʏrgn̩] **I.** *vt* ① *(die Kehle zudrücken)* ■**jdn ~** to throttle [*or* strangle] sb
② *(hindurchzwängen)* ■**etw durch etw** *akk* **~** to force sth through sth
▸WENDUNGEN: **mit Hängen und W~** *(fam)* by the skin of one's teeth
II. *vi* ① *(kaum schlucken können)* ■**an etw** *dat* **~** to choke on sth
② *(hochwürgen)* to retch; ***mir war so schlecht, dass ich ständig ~ musste*** I felt so bad that I had to retch constantly

Wür·ger(in) <-s, -> ['vʏrgɐ] *m(f)* ① *(fig veraltet)* strangler
② ORN shrike

Wür·ge·schlan·ge *f* ZOOL constrictor snake

Wurm[1] <-[e]s, Würmer> [vʊrm, *pl* 'vʏrmɐ] *m* ZOOL *(Regenwurm)* worm; *meist pl (Fadenwurm)* worm *usu pl; (fam: Made)* maggot; **Würmer haben** to have worms; ***der Hund leidet an Würmern*** the dog has got worms; ***in dem Holz ist der ~*** the wood has got woodworm
▸WENDUNGEN: **da ist** [*o* **sitzt**] **der ~ drin** *(fam)* there's something fishy *fam* [*or* not quite right] about it; **jdm die Würmer** [**einzeln**] **aus der Nase ziehen** *(fam)* to drag it all out of sb

Wurm[2] <-[e]s, Würmer> [vʊrm, *pl* 'vʏrmɐ] *nt (kleines Wesen)* little mite

Würm·chen <-s, -> ['vʏrmçən] *nt dim von* **Wurm** little worm; *(Kind)* [poor] little mite

wur·men ['vʊrmən] *vt (fam)* ■**jdn ~** to bug [*or* nag] sb *fam;* ***was wurmt dich denn so?*** what's bugging [*or* nagging] you?; ***es wurmt mich sehr, dass ich verloren habe*** it really bugs me that I lost

Wurm·farn *m* BOT male fern

wurm·för·mig *adj* vermiform, worm-shaped **Wurm·fort·satz** *m* appendix

wur·mig ['vʊrmɪç] *adj* worm-eaten; *(madig)* maggoty

wurm·sti·chig ['vʊrmʃtɪçɪç] *adj* ① HORT maggoty; **ein ~er Apfel** a maggoty apple
② *(von Holzwürmern befallen)* full of woodworm

Wurst <-, Würste> [vʊrst, *pl* 'vʏrstə] *f* ① KOCHK sausage; *(Brotauflage)* sliced, cold sausage BRIT, cold cuts *pl* AM; **rote ~** smoked Polish sausage
② *(Wurstähnliches)* sausage; **eine ~ machen** *(fam)* to do a turd, to make a biggie
▸WENDUNGEN: **jetzt geht es um die ~** *(fam)* the moment of truth has come; **jdm ~** [*o* **Wurscht**] **sein** *(fam)* to be all the same to sb, to not matter to sb; ***das ist mir alles ~!*** I don't care about any of that!

Wurst·brot *nt open sandwich with slices of sausage*

Würst·chen[1] <-s, -> ['vʏrstçən] *nt dim von* **Wurst** little sausage; **Frankfurter/Wiener ~** frankfurter/wiener sausages BRIT, hot dog; **heiße ~** hot boiled [Frankfurter] sausages; *(im Brötchen)* hot dogs

Würst·chen[2] <-s, -> ['vʏrstçən] *nt (pej fam: unbedeutender Mensch)* squirt *fam;* **armes ~** *(fam)* poor soul [*or* BRIT *vulg sl* sod]

Würst·chen·bu·de *f,* **Würst·chen·stand** *m* sausage stand, hot dog stand

wurs·teln ['vʊrstl̩n] *vi (fam)* ■[**vor sich** *akk* **hin**] **~** to muddle [along [*or* on]], to potter [about]; **sich** *akk* **durchs Leben/die Schule ~** to muddle [along] through life/school

Wurst·fa·brik *f* sausage factory **Wurst·fin·ger** *pl (pej fam)* podgy [*or* chubby] fingers *pl fam* **Wurst·haut** *f* sausage skin

wurs·tig <-er, -ste> ['vʊrstɪç] *adj (fam)* couldn't-care-less *attr*

Wurs·tig·keit <-> *f kein pl (fam)* couldn't-care-less attitude

Wurst·kon·ser·ve *f* tinned sausages **Wurst·mes·ser** *nt* serrated knife *(for slicing cold sausage)* **Wurst·sa·lat** *m* sausage salad **Wurst·ver·gif·tung** *f* sausage poisoning **Wurst·wa·ren** *pl* sausages and cold meats *pl,* cold cuts AM *pl* **Wurst·zip·fel** *m* end of a/the sausage

Würt·tem·berg <-s> ['vʏrtəmbɛrgə] *nt* Württemberg

Würz·burg <-s> ['vʏrtsbʊrk] *nt* Würzburg

Wür·ze <-, -n> ['vʏrtsə] *f* ① *(Gewürzmischung)* seasoning
② *(Aroma)* aroma; ***an der Geschichte fehlt die ~*** *(fig)* there's no spice to the story

Wur·zel <-, -n> ['vʊrtsl̩] *f* ① *(Pflanzenwurzel)* root; **~n schlagen** *(a. fig)* to put down roots; *(Zahnwurzel)* root; *(Haarwurzel)* root
② MATH root; ■**die** [**zweite/dritte**] **~ aus etw** *dat* the [square/cube] root of sth; **die ~ aus etw** *dat* **ziehen** to find the root of sth
③ *(geh: Ursprung)* root; **die ~ allen Übels** the root of all evil; **etw mit der ~ ausrotten** to eradicate sth
④ LING *(gemeinsamer Wortstamm)* root
⑤ *meist pl* NORDD *(Karotte)* carrot

Wur·zel·bal·len *m* root bale **Wur·zel·be·hand·lung** *f* root treatment **Wur·zel·ge·mü·se** *nt* root vegetables *npl*

wur·zel·los *adj* without roots *fig a.*

wur·zeln ['vʊrtsl̩n] *vi (geh)* ■**in etw** *dat* **~** to be rooted in sth, to have its roots in sth

Wur·zel·stock *m* BOT rhizome **Wur·zel·ver·zeich·nis** *nt* INFORM root directory **Wur·zel·zei·chen** *nt* MATH radical sign **Wur·zel·zie·hen** <-s> *nt kein pl* MATH root extraction

wür·zen ['vʏrtsn̩] *vt* ■**etw** [**mit etw** *dat*] **~** to season sth [with sth]; **eine Rede mit Anekdoten ~** *(fig)* to spice up a speech with anecdotes

wür·zig ['vʏrtsɪç] **I.** *adj* tasty; **eine ~e Suppe** a tasty soup
II. *adv* tastily; **~ duften/schmecken** to smell/taste good

Würz·mi·schung *f* spice mixture **Würz·mit·tel** *nt* condiment, seasoning **Würz·stoff** *m* flavouring BRIT, flavoring AM **Würz·tun·ke** *f* marinade

wusch [vu:ʃ] *imp von* **waschen**

Wu·schel <-s, -> ['vʊʃl̩] *m (fam: bewusst unordentliche Frisur)* mop *fam*

Wu·schel·haar *nt (fam)* frizzy [*or* fuzzy] hair

wu·sche·lig, wusch·lig ['vʊʃ(ə)lɪç] *adj (fam)* woolly, fuzzy *fam;* **~es Tier** shaggy animal

Wu·schel·kopf *m (fam)* ① *(wuschelige Haare)* mop of curls, fuzz *fam*
② *(Mensch mit wuscheligen Haaren)* woolly-haired person

wu·se·lig ['vu:zəlɪç] *adj (fam)* bustling

wu·seln ['vu:zl̩n] *vi* to bustle about

wuss·te[RR], **wuß·te**[ALT] *imp von* **wissen**

Wust[1] <-[e]s> [vʊst] *m kein pl (fam)* pile; **ein ~ von Papieren** a pile of papers; **ein ~ von Problemen** *(fig)* a load of problems

Wust[2] <-> [vʊst] *f kein pl* SCHWEIZ *Akr von* **Warenumsatzsteuer** *s.* **Umsatzsteuer**

wüst [vy:st] **I.** *adj* ① *(öde)* waste, desolate; **~e Einöde** desolate [*or* desert] wasteland; **eine ~e Gegend** a wasteland
② *(fig: wild, derb)* vile, rude; **ein ~er Kerl** a rude bloke; **~es Treiben** chaos; **~e Lieder singen** to sing rude songs
③ *(fam: unordentlich)* hopeless, terrible; **ein ~es Durcheinander** a hopeless [*or* terrible] mess; **~ aussehen** to look a real mess; **eine ~e Frisur** wild hair
II. *adv* vilely, terribly; **jdn ~ beschimpfen** to use vile language to sb

Wüs·te <-, -n> ['vy:stə] *f* desert, wasteland *fig;* **die ~ Gobi** the Gobi Desert; **in eine ~ verwandeln** *(fig)* to turn into a wilderness
▸WENDUNGEN: **jdn in die ~ schicken** *(fam)* to send sb packing *fam*

Wüs·ten·bil·dung *f* desertification **Wüs·ten·kli·ma** *nt kein pl* desert climate **Wüs·ten·kon·ven·ti·on** *f* convention on desertification **Wüs·ten·sand** *m* desert sand

Wüst·ling <-s, -e> ['vy:stlɪŋ] *m (pej)* lecher, debauchee

Wut <-> [vu:t] *f kein pl* fury, rage; **voller ~** furiously; **seine ~ an jdm/etw auslassen** to take one's anger out on sb/sth; **eine ~ bekommen** to get into [such] a rage, to become furious; **jdn in ~ bringen** to make sb furious, to infuriate sb; **in ~ geraten** to get [*or* fly] into a rage; **eine ~** [**auf jdn**] **haben** *(fam)* to be furious [with sb]; ***ich habe vielleicht eine ~!*** I am so furious!; **vor ~ kochen** to seethe with rage [*or* anger]; **eine ~ im Bauch haben** *(fam)* to seethe with anger, to be hopping mad *fam*

Wut·an·fall *m* fit of rage; *(Kind)* tantrum; **einen ~ bekommen** [*o fam* **kriegen**] to throw a tantrum **Wut·aus·bruch** *m* outburst of rage [*or* fury], tantrum

wü·ten ['vy:tn̩] *vi* to rage; *Sturm* to cause havoc; ***der Sturm hat hier ganz schön gewütet*** the storm has caused havoc here; **gegen die Obrigkeit ~** to riot against authority

wü·tend I. *adj (äußerst zornig)* furious, enraged; **ein ~es Raubtier** an enraged predator; **mit ~em Geheul/Geschrei** crying/screaming furiously; **in ~er Raserei** in a wild frenzy; **jdn ~ machen** to make sb mad; **~ auf/über jdn ~ sein** to be furious with sb; **~ über etw** *akk* **sein** to be furious about sth; ***meine Frau ist ~, weil ich sie versetzt habe*** my wife is furious because I stood her up; *(erbittert, sehr heftig)* fierce; **ein ~er Kampf** a fierce battle
II. *adv* furiously, in a rage

wut·ent·brannt *adv* in a fury

Wü·te·rich <-s, -e> ['vy:tərɪç] *m (pej veraltend)* brute

Wut·ge·heul *nt* roar of fury **Wut·ge·schrei** *nt* cries *pl* of rage **wut·schäu·mend** *adj* foaming at the mouth *pred* **wut·schnau·bend I.** *adj* snorting with rage **II.** *adv* in a mad fury **Wut·schrei** *m* yell of rage **wut·ver·zerrt** *adj* distorted with rage; **mit ~em Gesicht** with a face distorted with rage

Wwe. *Abk von* **Witwe** widow

WWF <-> [ve:ve:'ɛf] *m Abk von* **World Wide Fund for Nature** WWF

Wwr. *Abk von* **Witwer** widower

WWU <-> [ve:ve:ʔu:] *f kein pl Abk von* **Wirtschafts- und Währungsunion** EMU

WWW <-[s]> [ve:ve:'ve:] *nt* INFORM *Abk von* **World Wide Web** WWW

WWW-Cli·ent <-, -s> [ve:ve:'ve:klaɪənt] *m* INFORM WWW client **WWW-Ser·ver** <-s, -> [ve:ve:'ve:sə:və] *m* INFORM WWW server

Wz *Abk von* **Warenzeichen** TM

X, x <-, -> [ɪks] *nt* ① *(Buchstabe)* X, x; **~ wie Xanthippe** X for [*or* as in] X-ray; *s. a.* **A 1**
② *(unbekannter Namen)* x; **Herr/Frau ~** Mr/Mrs X; **der Tag X** the day X
③ *mit Kleinschreibung (fam: eine unbestimmte Zahl)* x amount of; **~ Bücher** x number of books; ***ich habe sie schon ~-mal gefragt, aber sie antwortet nie*** I have already asked her umpteen times, but she never answers; MATH *(unbekannter Wert)* x; **eine Gleichung nach ~ auflösen** to solve an equation for x
▸WENDUNGEN: **jdm ein ~ für ein U vormachen wollen** *(fam)* to pull one over on sb *fam;* **sich** *dat* **kein ~ für ein U vormachen lassen** *(fam)* to not be easily fooled

x-Ach·se ['ɪks-] *f* x-axis

Xan·thip·pe <-, -n> [ksan'tɪpə] *f (pej fam)* shrew

dated

X-Bei·ne ['ɪksbainə] *pl* knock-knees *pl;* ~ **haben** to be knock-kneed, to toe in

x-bei·nig *adj* knock-kneed

x-be·lie·big [ɪksbə'li:bɪç] **I.** *adj (fam)* any old *fam;* **jeder X~e** anyone, any old person *fam;* ***es kann nicht jeder X~e hier Mitglied werden*** we/they don't let just anybody become a member here

II. *adv (fam)* as often as one likes; **etw ~ verwenden** to use sth as many times as one likes

X-Chro·mo·som ['ɪkskromozo:m] *nt* X-chromosome

Xe·mac® <-[s]> ['kse:mak] *kein pl* BÖRSE *Akr von* **Exchange Electronic Management of Collateral** *(System zur Verwaltung von Sicherheiten)* Xemac®

Xe·non <-s> ['kse:nɔn] *nt kein pl* xenon *no pl*

xe·no·phob [kseno'fo:p] *adj (geh)* xenophobic

Xe·no·pho·bie [ksenofo'bi:] *f kein pl (geh)* xenophobia

Xe·ro·gra·fie^RR <-, -ien> [kserogra'fi:] *f* TECH, TYPO xerography

xe·ro·gra·fie·ren*^RR *vt* TYPO ■**etw ~** to xerox sth

Xe·ro·gra·phie <-, -ien> [kserogra'fi:] *f s.* **Xerografie**

xe·ro·gra·phie·ren* *vt s.* **xerografieren**

Xe·ro·ko·pie <-, -ien> [kseroko'pi:] *f* TYPO xerox

Xet·ra® <-[s]> ['kse:tra:] *nt kein pl* BÖRSE *Akr von* **exchange electronic trading** *(elektronisches Börsenhandelssystem)* Xetra®

x-fach ['ɪksfax] **I.** *adj (fam)* umpteen *fam;* **zum ~en Mal** for the umpteenth time; **die ~e Menge** MATH n times the amount

II. *adv (fam)* umpteen times

x-fa·che(s) *nt kein pl, dekl wie adj (fam)* n times more; ***in einer anderen Firma könnte ich das ~ verdienen*** I could earn n times as much in another company; **um das ~** [*o* **ein ~s**] **größer/schneller/weiter sein** to be n times as big/fast/far away

x-för·mig^RR *adj* X-shaped, shaped like an X *pred*

X-Gol·fen <-s> ['ɪksgɔlfn̩] *nt kein pl* SPORT Xtreme golf

Xho·sa¹, Xo·sa <-, -> ['ko:za] *m o f (Person)* Xhosa

Xho·sa², Xo·sa <-> ['ko:za] *nt (Sprache)* ■**das ~** Xhosa

x-mal ['ɪksma:l] *adv (fam)* umpteen times *fam*

XML <-> *nt kein pl* INFORM, INET *Abk von* **Extensible Markup Language** XML

XONTRO® <-[s]> *kein pl* BÖRSE *(elektronisches Börsenhandelssystem)* XONTRO®

x-te(r, s) ['ɪkstə, 'ɪkste, 'ɪkstəs] *adj (fam)* ■**der/die/das ~** the umpteenth; **beim ~n Mal** after the umpteenth time; **zum ~n Mal** for the umpteenth time

x-ten·mal^ALT *adv s.* **x-te(r, s)**

Xy·lo·fon^RR, Xy·lo·phon <-s, -e> [ksylo'fo:n] *nt* xylophone

Xy·lol <-s> [ksy'lo:l] *nt kein pl* xylene, xylol

Y

Y, y <-, - *o fam* -s, -s> ['ʏpsilɔn] *nt* Y, y; ~ **wie Ypsilon** Y for [*or* as in] Yellow; *s. a.* **A 1**

y-Ach·se ['ʏpsilɔnʔaksə] *f* y-axis

Yacht <-, -en> [jaxt] *f s.* **Jacht**

Yach·ting <-s> ['jaxtɪŋ] *nt kein pl* SPORT yachting

Yak <-s, -s> [jak] *nt* ZOOL yak

Yams·boh·ne ['jams-] *f* yam bean, potato bean

Yang <-s> [jaŋ] *nt kein pl* Yang

Yan·kee <-s, -s> ['jɛŋki] *m* Yankee

Yard <-s, -s> [ja:ɐ̯t] *nt* yard; **4 ~** 4 yards

Y-Chro·mo·som <-[e]s, -e> ['ʏpsilɔnkromozo:m] *nt* Y-chromosome

Yen <-[s], -[s]> [jɛn] *m* yen

Ye·ti <-s, -s> ['je:ti] *m* yeti, the Abominable Snowman

Ye·zi·di <-> [je'zi:di] *pl* REL Yazidi, Yezidi

ye·zi·disch [je'zi:dɪʃ] *adj* REL Yazidi, Yezidi

Yin <-s> [jɪn] *nt kein pl* Yin

Yo·ga <-[s]> ['jo:ga] *m o nt* yoga

Yo·ga·sitz *m* lotus position

Yo·ghurt <-s, -s> ['jo:gʊrt] *m o nt s.* **Joghurt**

Yo·gi <-s, -s> ['jo:gi] *m s.* **Jogi**

York·shire·ter·ri·er <-s, -> ['jɔ:kʃə-] *m* Yorkshire terrier

Yo·se·mi·te Fäl·le [joʊ'sɛmɪtɪ] *pl* Yosemite Falls *npl*

Yo-Yo <-s, -s> [jo'jo:] *nt* yo-yo

Yp·si·lon <-[s], -s> ['ʏpsilɔn] *nt* ❶ *(Buchstabe)* upsilon

❷ *s.* **Y**

Ytong® <-s, -s> ['y:tɔŋ] *m* BAU breezeblock

Yt·ter·bi·um <-s> [ʏ'tɛrbi̯ʊm] *nt kein pl* CHEM ytterbium *no pl*

Yt·tri·um <-s> ['ʏtriʊm] *nt kein pl* yttrium *no pl*

Yuc·ca <-, -s> ['jʊka] *f* yucca

Yup·pie <-s, -s> ['jʊpi] *m* yuppie

Z

Z, z <-, -> [tsɛt] *nt* Z, z; ~ **wie Zacharias** Z for [*or* as in] Zebra; *s. a.* **A 1**

Zab·ber <-s, -n> ['tsabɐ] *m* KOCHK neck of beef

zack [tsak] *interj (fam)* zap *fam;* ***bei ihr muss alles ~, ~ gehen*** for her everything has to be done chop-chop; **~, ~!** chop-chop! *fam*

Zack <-s> [tsak] *m kein pl* **jdn auf ~ bringen** *(fam)* to make sb get a move on, to get sb to get their skates on BRIT *fam;* **etw auf ~ bringen** *(fam)* to knock sth into shape *fam;* **auf ~ sein** *(fam: gewitzt sein)* to be on the ball *fam; (bestens funktionieren)* to be in good shape

Za·cke <-, -n> ['tsakə] *f* point; *(vom Kamm, Sägeblatt)* tooth; *Berg*peak; *Gabel*prong

Za·cken <-s, -> ['tsakn̩] *m* DIAL *s.* **Zacke**

▸WENDUNGEN: **jdm bricht** [*o* **fällt**] **kein ~ aus der Krone** *(fam)* sb won't lose face, it won't tarnish sb's glory; **einen** [**ganz schönen**] **~ draufhaben** *(fam)* to go like crazy [*or* BRIT the clappers] *fam;* **sich** *dat* **keinen ~ aus der Krone brechen** *(fam)* to not lose face by doing sth

Za·cken·barsch *m* ZOOL, KOCHK grouper **Za·cken·kor·ken·zie·her** *m* pronged cork remover **Za·cken·scha·ber** *m* jagged-edged scraper

za·ckig ['tsakɪç] *adj* ❶ *(gezackt)* jagged; **ein ~er Stern** a pointed star; **ein ~er Rand** a jagged edge

❷ *(fam: schmissig)* upbeat *fam;* **~e Bewegungen** brisk movements; **~e Musik** upbeat music

❸ *(veraltend fam: schneidig)* smart; **ein ~er junger Mann** a smart young man

za·gen ['tsa:gn̩] *vi (geh)* to hesitate

zag·haft ['tsa:khaft] *adj* timid; **~e Bewegungen machen** to make timid movements

Zag·haf·tig·keit *f* timidity

zäh [tsɛ:] **I.** *adj* ❶ *(eine feste Konsistenz aufweisend)* tough; **ein ~es Stück Fleisch** a tough piece of meat; **~ wie Leder** *(fam)* tough as old boots

❷ *(zähflüssig)* glutinous; **ein ~er Saft** a glutinous [*or* thick] juice

❸ *(hartnäckig, schleppend)* tenacious; **ein ~es Gespräch** a dragging conversation; **~e Verhandlungen** tough negotiations

II. *adv* tenaciously

Zä·heit^ALT <-> ['tsɛ:hait] *f kein pl s.* **Zähheit**

zäh·elas·tisch *adj* PHYS, TECH viscoplastic

zäh·flüs·sig *adj* glutinous, thick; **~er Verkehr** *(fig)* slow-moving traffic

Zäh·flüs·sig·keit *f kein pl* thickness, viscosity *spec form; Verkehr* slow-moving

Zäh·heit^RR <-> ['tsɛ:hait] *f kein pl* toughness, tenacity

Zä·hig·keit <-> ['tsɛ:ɪçkait] *f kein pl* tenacity *no pl,* toughness *no pl;* ***die Verhandlungen wurden mit Ausdauer und großer ~ geführt*** the negotiations were tough and long-drawn out

Zahl <-, -en> [tsa:l] *f* ❶ MATH number, figure; **ganze ~** whole number, integer; **gerade/ungerade ~** even/uneven number; **eine vierstellige ~** a four figure number; **Kopf oder ~** heads or tails; **~en addieren/subtrahieren** to add/subtract numbers; **~en** [**miteinander**] **multiplizieren/** [**durcheinander**] **dividieren** to multiply numbers [by numbers]/divide numbers [by numbers]

❷ *pl (Zahlenangaben)* numbers; *(Verkaufszahlen)* figures; **arabische/römische ~en** Arabic/Roman numerals; **in die roten/schwarzen ~en geraten** [*o* **kommen**] to get into the red/black

❸ *kein pl (Anzahl)* number; **~ der Arbeitslosen** level of unemployment, number of unemployed; **die ~ der Besucher** the number of visitors; **~ der Mitarbeiter** staff levels *pl,* number of staff; **in großer/größerer ~** in great/greater numbers; **in voller ~** with a full turn-out

❹ LING *(Numerus)* number

zahl·bar *adj (geh)* payable; **~ bei Erhalt/innerhalb von 14 Tagen/nach Lieferung** payable upon receipt/within 14 days/upon delivery; **~ bei Sicht** payable at sight; **in Raten** [*o* **Teilbeträgen**] **~ sein** to be payable in installments; **etw ~ stellen** HANDEL to domiciliate sth

zähl·bar *adj* countable

zäh·le·big *adj* hardy, tough

zah·len ['tsa:lən] **I.** *vt* ❶ *(bezahlen)* ■[**jdm**] **etw** [**für etw** *akk*] **~** to pay [sb] sth [for sth]; **seine Miete/Schulden ~** to pay one's rent/debts; **das Hotelzimmer/Taxi ~** *(fam)* to pay for a hotel room/taxi

❷ *(Gehalt auszahlen)* ■[**jdm**] **etw ~** to pay [sb] sth

II. *vi* ❶ *(Gehalt auszahlen)* [**gut/besser/schlecht**] **~** to pay [well/more/badly]

❷ *(bezahlen)* ■**für etw** *akk* **~** to pay for sth; ***bitte ~ Sie an der Kasse*** please pay at the till [*or* register]; [**bitte**] **~!** [can I/we have] the bill please!

❸ *(Unterhalt entrichten)* ■**für jdn ~** to pay for sb

zäh·len ['tsɛ:lən] **I.** *vt* ❶ *(addieren)* ■**etw ~** to count sth; **das Geld auf den Tisch ~** to count the money on the table

❷ *(geh: Anzahl aufweisen)* ■**etw ~** to number sth *form,* to have sth; ***der Verein zählt 59 Mitglieder*** the club has [*or* numbers] 59 members

❸ *(geh: dazurechnen)* ■**jdn/sich zu etw** *dat* **~** to regard sb/oneself as belonging to sth

II. *vi* ❶ *(Zahlen aufsagen)* **bis zehn ~** to count to ten

❷ *(addieren)* [**richtig/langsam**] **~** to count [correctly/slowly]; **falsch ~** to miscount

❸ *(gehören)* ■**zu jdm/etw ~** to belong to sb/sth; ***er zählt zu den zehn reichsten Männern der Welt*** he is one of the ten richest men in the world

❹ *(sich verlassen)* ■**auf jdn/etw ~** to count [*or* rely] on sb/sth; ***auf mich können Sie ~!*** you can count on me!

❺ *(wert sein)* to count; ***der Sprung zählte nicht*** that jump didn't count; *(Bedeutung haben)* to count

Zah·len·an·ga·be *f* figure; **genaue ~n machen** to give [*or* quote] exact figures **zah·len·blind** *adj* number-blind **Zah·len·dre·her** *m* reversal of two neighbouring digits when writing down a number **Zah·len·fol·ge** *f* numerical sequence **Zah·len·ge·dächt·nis** *nt* memory for numbers **Zah·len·kom·bi·na·ti·on** *f* combination of numbers

zah·len·mä·ßig **I.** *adj* numerical; **~e Unterlegenheit** numerical disadvantage

II. *adv (an Anzahl)* in number; ***Frauen waren auf der Versammlung ~ sehr schwach vertreten*** at the meeting women were few in number; *(in Zahlen)* in numbers [*or* figures]; **etw ~ ausdrücken** to express sth in numbers; **~ überlegen sein** to have a numerical advantage

Zah·len·ma·te·ri·al *nt kein pl* figures *pl;* **das ~ analysieren** to analyse [*or* AM -ze] the figures **Zah·len·mys·tik** *f* number mysticism **Zah·len·rei·he** *f s.* **Zahlenfolge** **Zah·len·schloss^RR** *nt* combination [*or* cipher] lock **Zah·len·spiel** *nt* numbers game **Zah·len·the·o·rie** *f* MATH number theory **Zah·**

len·ver·hält·nis *nt* [numerical] ratio **Zah·len·werk** *nt* FIN set of figures

Zah·ler(in) <-s, -> *m(f)* payer; **ein pünktlicher/säumiger ~** a prompt/defaulting payer

Zäh·ler <-s, -> *m* ① MATH numerator ② TECH meter, counter

Zäh·ler(in) *m(f) (Teilnehmer einer Zählung) official conducting traffic census*

Zäh·ler·ab·le·sung *f* meter reading **Zäh·ler·stand** *m* meter reading

Zahl·gast *m* fare-paying passenger **Zahl·gren·ze** *f* fare stage BRIT, bus fare zone limit AM **Zahl·kar·te** *f* giro transfer form

zahl·los *adj (euph)* countless

Zahl·meis·ter(in) *m(f)* purser; *(MIL)* paymaster

zahl·reich I. *adj* ① *(sehr viele)* numerous ② *(eine große Anzahl)* large; ***ein ~es Publikum war erschienen*** a large audience had come
II. *adv (in großer Anzahl)* **~ erscheinen/kommen** to appear/come in large numbers

Zähl·rohr *nt* PHYS Geiger counter

Zahl·schein *m* FIN payment slip

Zahl·stel·le *f* cashier **Zahl·tag** *m* payday

Zah·lung <-, -en> *f* ① *(gezahlter Betrag)* payment ② *(das Bezahlen)* payment; **~ *erfolgte in bar*** *(geh)* payment was made in cash; **anteilige/avisierte/geleistete ~** pro rata payment/amount advised/payment made; **~ bei Eingang der Waren** HANDEL payment on receipt of goods; **jdn zur ~ auffordern** to call on sb to pay, to demand payment of sb; **die ~en einstellen** *(euph)* to go bankrupt; **[jdm] etw [für etw** *akk*] **in ~ geben** to give [sb] sth in part-exchange [for sth]; **eine ~/~en [an jdn] leisten** *(geh)* to make a payment [to sb]; **etw [von jdm] [für etw** *akk*] **in ~ nehmen** to take sth [from sb] in part-exchange [for sth]; *(als Zahlungsmittel akzeptieren)* to accept sth [from sb] as payment [for sth]; **die ~ stunden** FIN to grant a respite for the payment of a/the debt

Zäh·lung <-, -en> *f* count; **eine ~ durchführen** to carry out a census; *(Verkehrszählung)* traffic census; *(Volkszählung)* census

Zah·lungs·ab·kom·men *nt* payment agreement **Zah·lungs·ab·wick·lung** *f* FIN settlement **Zah·lungs·an·kün·di·gung** *f* JUR payment notice **Zah·lungs·an·spruch** *m* FIN claim [*or* demand] for payment, pecuniary claim; **Zahlungsansprüche befriedigen** to meet demands for payment **Zah·lungs·an·wei·sung** *f* HANDEL order [*or* instruction] to pay, payment instruction **Zah·lungs·an·zei·ge** *f* HANDEL advice of payment **Zah·lungs·art** *f* HANDEL mode of payment **Zah·lungs·auf·for·de·rung** *f* request for payment **Zah·lungs·auf·schub** *m* FIN respite, extension of time for payment **Zah·lungs·auf·trag** *m* payment order **Zah·lungs·aus·gän·ge** *pl* FIN cash disbursements *pl* **Zah·lungs·aus·gleich** *m* FIN clearance, clearing; **unbarer ~** cashless clearance **Zah·lungs·be·din·gun·gen** *pl* terms *pl* [of payment] **Zah·lungs·be·fehl** *m* JUR *(veraltet)* order to pay **Zah·lungs·be·leg** *m* HANDEL receipt for payment **Zah·lungs·be·reit·schaft** *f* JUR ability to pay **Zah·lungs·be·trag** *m* FIN payment amount

Zah·lungs·bi·lanz *f* ÖKON balance of payments **Zah·lungs·bi·lanz·aus·gleich** *m* FIN balance of payments adjustment **Zah·lungs·bi·lanz·de·fi·zit** *nt* HANDEL balance of payments deficit **Zah·lungs·bi·lanz·me·cha·nis·mus** *m* HANDEL mechanism of payment policy **Zah·lungs·bi·lanz·mul·ti·pli·ka·tor** *m* FIN balance of payments multiplier **Zah·lungs·bi·lanz·sal·do** *m* FIN balance of payments current account **Zah·lungs·bi·lanz·si·tu·a·ti·on** *f* FIN balance of payments situation **Zah·lungs·bi·lanz·über·schuss**[RR] *m* FIN balance of payments surplus

Zah·lungs·bürg·schaft *f* JUR payment bond **Zah·lungs·da·tum** *nt* FIN payment date **Zah·lungs·ein·gang** *m kein pl* FIN money receivable **Zah·lungs·ein·stel·lung** *f* stoppage [*or* suspension] of payments **Zah·lungs·emp·fän·ger(in)** *m(f)* HANDEL payee **Zah·lungs·emp·fangs·be·stä·ti·gung** *f* HANDEL confirmation of payment received **Zah·lungs·er·in·ne·rung** *f* JUR reminder **Zah·lungs·er·leich·te·run·gen** *pl* HANDEL easy terms [of payment] **Zah·lungs·er·mäch·ti·gung** *f* JUR, FIN payment appropriation [*or* authorization] **zah·lungs·fä·hig** *adj* FIN solvent, sound **Zah·lungs·fä·hig·keit** *f kein pl* FIN solvency; **über die ~ kaufen** to overbuy **Zah·lungs·frist** *f* deadline *(period allowed for payment)* **Zah·lungs·ga·ran·tie** *f* FIN payment guarantee **Zah·lungs·kla·ge** *f* JUR action for the recovery of money **Zah·lungs·kon·di·ti·on** *f meist pl* FIN payment condition **Zah·lungs·kraft** *f* FIN payment power

zah·lungs·kräf·tig *adj* ① *(fam)* wealthy; **ein ~er Kunde** a wealthy client ② FIN solvent, sound

Zah·lungs·mit·tei·lung *f* FIN advice for payment, remittance advice

Zah·lungs·mit·tel *nt* means of payment + *sing vb;* **gesetzliches ~** legal tender **Zah·lungs·mit·tel·um·lauf** *m* ÖKON currency, total money in circulation **Zah·lungs·mit·tel·vo·lu·men** *nt* ÖKON volume of currency

Zah·lungs·mög·lich·keit *f* FIN payment possibility **Zah·lungs·mo·ral** *f kein pl* ÖKON paying habits *pl* **Zah·lungs·nach·weis** *m* FIN record [*or* evidence] of payment **Zah·lungs·ort** *m* place of payment **Zah·lungs·pflicht** *f* JUR duty [*or* obligation] to pay **zah·lungs·pflich·tig** *adj* JUR obliged [*or* liable] to pay *pred*

Zah·lungs·pflich·ti·ge(r) *f(m) dekl wie adj* FIN party liable to pay

Zah·lungs·rück·stand *m* FIN arrears *pl,* overdue [*or* outstanding] payment; **im ~ sein** to be in arrears with payment [*or* one's payments] **Zah·lungs·schwie·rig·kei·ten** *pl* financial difficulties *pl* [*or* trouble[s *pl*]]; **in ~ geraten** to get into financial difficulties **Zah·lungs·sper·re** *f* JUR payment stop **Zah·lungs·sum·me** *f* FIN payment total **Zah·lungs·ter·min** *m* HANDEL payment date, date for payment; **letzter ~** final date of payment **zah·lungs·un·fä·hig** *adj* FIN insolvent, bankrupt; **~ werden** to become insolvent, to default; **jdn für ~ erklären** to declare sb insolvent **Zah·lungs·un·fä·hi·ge(r)** *f(m) dekl wie adj* FIN bankrupt, insolvent **Zah·lungs·un·fä·hig·keit** *f* insolvency, inability to pay **zah·lungs·un·wil·lig** *adj* unwilling to pay *pred* **Zah·lungs·un·wil·lig·keit** *f,* **Zah·lungs·ver·wei·ge·rung** *f* JUR refusal to pay, non-payment **Zah·lungs·ver·bot** *nt* JUR garnishee [*or* garnishment] order; **vorläufiges/endgültiges ~** garnishee order nisi/absolute; **jdm ~ erteilen** to garnish sb **Zah·lungs·ver·hal·ten** *nt* FIN payment behaviour [*or* AM -or] **Zah·lungs·ver·jäh·rung** *f* FIN prescription of tax payments **Zah·lungs·ver·kehr** *m* payment transactions *pl;* **im bargeldlosen ~** payment by money transfer; **belegloser ~** electronic funds transfer, EFT **Zah·lungs·ver·pflich·tung** *f meist pl* FIN financial commitment[s *pl*], obligation to pay; **seinen ~en [nicht] nachkommen** to [not] honour [*or* AM -or] one's financial commitments **Zah·lungs·ver·zug** *m,* **Zah·lungs·ver·zö·ge·rung** *f* FIN delay of payment, arrears *npl;* **in ~ geraten** to default **Zah·lungs·vor·gang** *m* FIN payment [transaction] **Zah·lungs·weg** *m* FIN method [*or* mode] of payment **Zah·lungs·wei·se** *f* HANDEL mode [*or* method] of payment **Zah·lungs·wil·lig·keit** *f kein pl* willingness to pay **Zah·lungs·zeit·punkt** *m* FIN date of payment **Zah·lungs·ziel** *nt* FIN credit [*or* payment] period; **offenes ~** open account terms, time allowed for payment; **ein ~ einräumen** to grant a credit, to allow time for payment

Zähl·werk *nt* counter

Zahl·wort <-wörter> *nt* numeral **Zahl·zei·chen** *nt* numeral

zahm [tsa:m] *adj* ① *(zutraulich)* tame ② *(fam: gefügig)* tame; **eine ~e Schulklasse** an obedient class; *(gemäßigt)* moderate; **~e Kritik üben** to offer mild criticism; **~en Widerstand leisten** to put up slight opposition

zähm·bar *adj* tam[e]able

zäh·men ['tsɛ:mən] *vt* ① *(zahm machen)* ■**ein Tier ~** to tame an animal; ■**gezähmt** tamed ② *(geh: zügeln)* ■**etw/sich** *akk* **~** to control sth/oneself

Zahm·heit <-> *f kein pl* tameness

Zäh·mung <-, -en> *f* taming

Zahn <-[e]s, Zähne> [tsa:n, *pl* tsɛ:nə] *m* ① *(Teil des Gebisses)* tooth; **die dritten Zähne** *(hum)* false teeth; **die ersten Zähne** milk [*or* baby] teeth; **falsche [*o* künstliche] Zähne** false teeth *fam,* artificial dentures; **fauler ~** rotten tooth; **vorstehende Zähne** protruding [*or* goofy] teeth *fam,* overbite; **die zweiten Zähne** one's second set of teeth, adult teeth; **einen Zahn/Zähne bekommen [*o fam* kriegen]** to cut a tooth/be teething; **jdm die Zähne einschlagen** *(fam)* to smash sb's face in *fam;* **jd klappert mit den Zähnen** sb's teeth chatter; **mit den Zähnen knirschen** to grind one's teeth; **jdm/sich die Zähne putzen** to brush sb's/one's teeth; **die Zähne zeigen** to show [*or* bare] one's teeth; **sich** *dat* **[von jdm] einen ~ ziehen lassen** to have a tooth pulled [*or* extracted] [by sb]; **jdm einen/einen ~ ziehen** to pull sb's/a tooth ② *(Zacke)* tooth; *Blatt* point; *Zahnrad* cog ③ *(fam: hohe Geschwindigkeit)* **einen ~ drauf haben** *(fam)* to drive at a breakneck speed; **einen ~ zulegen** *(fam)* to step on it ④ *(sl: Mädchen, Frau)* **ein steiler ~** *(veraltend fam)* a knockout *fam,* looker *dated*
▸WENDUNGEN: **sich** *dat* **an jdm/etw die Zähne ausbeißen** to have a tough time of it with sb/sth; **bis an die Zähne bewaffnet sein** *(fam)* to be armed to the teeth *fam;* **jdm auf den ~ fühlen** *(fam)* to grill sb *fam sl;* **etw/jdn mit Zähnen und Klauen verteidigen** *(fam)* to protect [*or* defend] sth/sb tooth and nail; **lange Zähne machen** *(fam)* to pick at one's food; **das reicht gerade für den hohlen ~** that wouldn't keep a sparrow alive, that's just a snack; **[jdm] die Zähne zeigen** *(fam)* to show one's teeth [to sb], to pick at one's food; **der ~ der Zeit** *(fam)* the ravages *pl* of time; **jdm den ~ ziehen lassen** *(fam)* to put an idea right out of sb's head

Zahn·arzt, -ärz·tin *m, f* dentist

Zahn·arzt·be·such *m* dentist appointment, visit to the dentist **Zahn·arzt·hel·fer(in)** *m(f)* dental nurse [*or* assistant]

Zahn·ärz·tin *fem von* Zahnarzt

zahn·ärzt·lich I. *adj* dental *attr*
II. *adv* **~ behandelt werden/sich** *akk* **~ behandeln lassen** to have [*or* undergo] dental treatment

Zahn·aus·fall *m kein pl* tooth loss **Zahn·be·hand·lung** *f* dental treatment **Zahn·bein** *nt kein pl* ANAT dentine **Zahn·be·lag** *m kein pl* plaque *no pl* **Zahn·bras·se** *f* ZOOL, KOCHK dentex **Zahn·brü·cke** *f* bridge **Zahn·bürs·te** *f* toothbrush **Zahn·creme** *f* toothpaste

Zäh·ne·flet·schen <-s> *nt kein pl* **unter ~** while snarling **zäh·ne·flet·schend I.** *adj attr* snarling **II.** *adv* snarling **Zäh·ne·klap·pern** *nt kein pl* chattering of teeth **zäh·ne·klap·pernd I.** *adj attr* teeth-chattering *attr* **II.** *adv* with one's teeth chattering **Zäh·ne·knir·schen** *nt kein pl* grinding of one's teeth; **unter ~** while gnashing one's teeth **zäh·ne·knir·schend** *adv* gnashing one's teeth

zah·nen ['tsa:nən] *vi* to teethe

Zah·nen <-s> ['tsa:nən] *nt kein pl* teething *no pl, no art*

Zahn·er·satz *m* dentures *pl* **Zahn·fäu·le** *f kein pl* tooth decay *no pl,* dental caries **Zahn·fehl·stel·lung** *f* tooth [*or* dental] malposition

Zahn·fleisch *nt* gum[s *pl*] ▸WENDUNGEN: **auf dem ~ gehen [*o* kriechen]** *(fam)* to be on one's last legs *fam* **Zahn·fleisch·blu·ten** *nt kein pl* bleeding of the gums **Zahn·fleisch·ent·zün·dung** *f* MED inflammation of the gums, gingivitis *spec,* ulitis *spec*

Zahn·fül·lung *f* filling **Zahn·gold** *nt* dental gold [*or* alloy] **Zahn·hals** *m* neck of the tooth **Zahn·heil·kun·de** *f (geh)* s. Zahnmedizin **Zahn·im·plan·tat** *nt* dental implant **Zahn·klam·mer** *f* s. Zahnspange **Zahn·kli·nik** *f* dental clinic [*or* hospital] **Zahn·kranz** *m* gear rim; *Fahrrad* sprocket

Y Z

Zahn·kro·ne *f* crown **Zahn·laut** *m* LING dental [consonant]

zahn·los *adj* toothless

Zahn·lü·cke *f* gap between the teeth **Zahn·me·di·zin** *f kein pl* dentistry *no pl* **Zahn·nerv** *m* dental nerve **Zahn·pas·ta** *f s.* Zahncreme **Zahn·pfle·ge** *f kein pl* dental hygiene **Zahn·pro·the·se** *f* dentures *pl* **Zahn·putz·glas** *nt* toothbrush glass

Zahn·rad *nt* AUTO gearwheel; TECH cogwheel **Zahn·rad·bahn** *f* rack railway, cog railway

Zahn·rie·men *m* TECH toothed belt **Zahn·schei·be** *f* external tooth lock washer **Zahn·schein** *m (fam) dental voucher for free treatment* **Zahn·schmelz** *m* [tooth] enamel **Zahn·schmer·zen** *pl* toothache *no pl* **Zahn·schmerz·mit·tel** *nt* dental analgesic **Zahn·sei·de** *f* dental floss **Zahn·span·ge** *f* braces *pl* **Zahn·spü·lung** *f* ① MED *(Spülung der Zähne bzw. des Munds)* rinse ② MED, PHARM *(Mundwasser)* mouthwash, mouth rinse **Zahn·stan·ge** *f* TECH gear rack **Zahn·stein** *m kein pl* tartar *no pl* **Zahn·sto·cher** <-s, -> *m* toothpick **Zahn·stum·mel** *m* stump **Zahn·tech·ni·ker(in)** *m(f)* dental technician **Zahn·ver·fär·bung** *f* MED tooth discoloration **Zahn·ver·sie·ge·lung** *f* protective coating [for a tooth] **Zahn·wal** *m* toothed whale **Zahn·weh** *nt (fam) s.* **Zahnschmerzen** **Zahn·wur·zel** *f* root [of a tooth]

Zai·dit <-en, -en> [zaiˈdiːt] *m* REL Zaidi[te]

Za·i·re <-s> [zaˈiːɐ] *nt* Zaire

Zam·pa·no <-s, -s> [ˈtsampano] *m* big cheese [*or* wheel] *fam*

Zan·der <-s, -> [ˈtsandɐ] *m* pikeperch

Zan·ge <-, -n> [ˈtsaŋə] *f* pliers *npl,* a pair of pliers; *Hummer, Krebs* pincer; MED forceps *npl; (für Zucker)* tongs *npl*

▶WENDUNGEN: **jdn/etw nicht mit der ~ anfassen** to not touch sb/sth with a bargepole [*or* 10-foot pole] *fam;* **jdn in der ~ haben** *(fam)* to have sb right where one wants him/her *fam;* **jdn in die ~ nehmen** to give sb the third degree *fam;* SPORT to sandwich sb

zan·gen·för·mig *adj* pincer-shaped **Zan·gen·ge·burt** *f* MED forceps [*or spec* instrumental] delivery

Zank <-[e]s> [tsaŋk] *m kein pl* row, squabble, quarrel; **~ und Streit** trouble and strife

Zank·ap·fel *m* bone of contention *fig*

zan·ken [ˈtsaŋkn̩] **I.** *vi* ① *(streiten)* to quarrel, to row, to squabble; ■**mit jdm ~** to quarrel [*or* squabble] with sb

② DIAL *(schimpfen)* to scold; ■**mit jdm ~** to tell sb off

II. *vr (sich streiten)* ■**sich** *akk* [**um etw** *akk*] **~** to quarrel [*or* row] [*or* squabble] [over/about sth]

Zän·ke·rei <-, -en> [tsɛŋkəˈrai] *f* squabbling *no pl, no indef art*

zän·kisch [ˈtsɛŋkɪʃ] *adj* quarrelsome; **ein ~es altes Weib** an argumentative [*or* nagging] old woman

Zank·sucht *f kein pl* quarrelsomeness

zank·süch·tig *adj* quarrelsome

Za·pa·tist(in) <-en, -en> [tsapaˈtɪst] *m(f)* Zapatista

za·pa·tis·tisch *adj* Zapatista

Zäpf·chen[1] <-s, -> [ˈtsɛpfçən] *nt dim von* **Zapfen 1, 2, 3**

Zäpf·chen[2] <-s, -> [ˈtsɛpfçən] *nt* ① MED suppository ② ANAT *(Gaumenzäpfchen)* uvula; *(im Auge)* retinal cone

zap·fen [ˈtsapfn̩] *vt* to draw sth, to tap sth; ■**etw ~:** ***hier wird Bier noch vom Fass gezapft*** they have draught beer [*or* beer on tap] here

Zap·fen <-s, -> [ˈtsapfn̩] *m* ① BOT *(Fruchtstand)* cone

② *(Eiszapfen)* icicle

③ *(länglicher Holzstöpsel)* spigot, bung

④ ANAT *(bei Auge)* cone

Zap·fen·streich *m* ① *(Ende der Ausgehzeit)* ***um 22 Uhr ist ~!*** lights out at 10!

② *(Signal)* last post BRIT, taps AM; **den ~ blasen** to sound the last post; **der Große ~** the Ceremonial Tattoo

Zap·fen·zie·her <-s, -> *m* SCHWEIZ *s.* **Korkenzieher**

Zapf·ge·schwin·dig·keit *f* delivery rate **Zapf·hahn** *m* tap **Zapf·pis·to·le** *f* petrol [*or* AM gas] nozzle **Zapf·säu·le** *f* petrol [*or* AM gas] pump **Zapf·ven·til** *nt* delivery nozzle

Za·po·te·ke, Za·po·te·kin <-n, -n> [tsapoˈteːkə, tsapoˈteːkɪn] *m, f* Zapotec, Zapotecan

za·po·te·kisch *adj* Zapotecan

Za·po·te·kisch *nt dekl wie adj* Zapotecan

zap·pe·lig, zapp·lig [ˈtsap(ə)lɪç] *adj (fam)* ① *(sich unruhig bewegend)* fidgety; **ein ~es Kind** a fidgety [*or* restless] child

② *(voller Unruhe)* ■[**ganz**] **~** [**vor etw** *dat*] **sein** to be [all] restless [*or* fidgety] [with sth]

zap·peln [ˈtsapl̩n] *vi* to wriggle; ■[**mit etw** *dat*] **~** to fidget [with sth]; **an der Angel/im Netz ~** to wriggle on the fishing rod/in the net

▶WENDUNGEN: **jdn ~ lassen** *(fam)* to keep sb in suspense

Zap·pel·phi·lipp <-s, -e *o* -s> [ˈtsapl̩fɪlɪp] *m (fig fam)* fidget *fam*

zap·pen [ˈtsapn̩] *vi* TV *(sl)* to channel-hop *fam,* to zap *fam*

zap·pen·dus·ter [ˈtsapn̩ˈduːstɐ] *adj (fam: völlig dunkel)* pitch-black [*or* dark]; **eine ~e Nacht** a pitch-black night; **mit etw** *dat* **sieht es ~ aus** *(fig)* things are looking grim for sth *fam,* it's not looking too good for sth *fam*

Zap·per(in) <-s,-> [ˈzæpɐ] *m(f)* zapper

Zap·ping <-s> [ˈtsapɪŋ, ˈzɛpɪŋ] *nt kein pl* TV *(sl)* channel-hopping *no pl fam,* zapping *no pl fam*

zapp·lig [ˈtsaplɪç] *adj s.* **zappelig**

Zar(in) <-en, -en> [tsaːɐ] *m(f)* tsar, czar

Zar·ge <-, -n> [ˈtsargə] *f (fachspr)* ① *(Türzarge)* frame

② *(Gehäuseteil)* case, casing; *Plattenspieler* plinth

Za·rin <-, -nen> [ˈtsaːrɪn] *f fem form von* **Zar**

za·ris·tisch [tsaˈrɪstɪʃ] *adj inv* HIST tsarist

zart [tsaːɐt] *adj* ① *(mürbe)* tender; **~es Fleisch/Gemüse** tender meat/vegetable; **~es Gebäck** delicate biscuits/cakes

② *(weich und empfindlich)* soft, delicate; **im ~en Alter von zehn Jahren** at the tender age of ten; **ein ~es Geschöpf** a delicate creature; **~e Haut** soft skin; **eine ~e Pflanze** a delicate plant; **~ besaitet sein** to be highly strung; **~ fühlend** *(taktvoll)* tactful; *(empfindlich)* sensitive; **~ fühlende Gemüter** sensitive souls

③ *(mild, dezent)* mild; **eine ~e Berührung** a gentle touch; **ein ~es Blau** a delicate [*or* soft] blue; **ein ~er Duft** a delicate perfume; **eine ~e Andeutung** a gentle hint

zart·be·sai·tet [ˈtsaːɐtbəzaitət] *adj (oft hum) s.* **zart 2**

zart·bit·ter *adj* plain, dark **Zart·bit·ter·scho·ko·la·de** *f* dark chocolate; *(zum Kochen)* plain chocolate **zart·blau** *adj* pastel blue

zart·füh·lend *adj* ① *(taktvoll)* tactful

② *(empfindlich)* sensitive; **~e Gemüter** sensitive souls

Zart·ge·fühl <-[e]> *nt kein pl (geh)* ① *(ausgeprägtes Einfühlungsvermögen, Taktgefühl)* delicacy ② *(selten: Empfindlichkeit)* sensitivity **zart·gelb** *adj* pastel yellow **zart·glie·de·rig, zart·glied·rig** [ˈtsaːɐtgliːdrɪç] *adj (fein)* dainty; *(zerbrechlich)* delicate **zart·glied·rig** *adj* delicate, gracile **zart·grün** *adj* pastel [*or* pale] green

Zart·heit <-> *f kein pl* tenderness *no pl; Gebäck* delicateness *no pl,* softness *no pl*

zärt·lich [ˈtsɛːɐtlɪç] **I.** *adj* ① *(liebevoll)* tender, affectionate; **~e Küsse** tender kisses; **~ werden** *(euph)* to come on strong [to sb] *fam,* to start to caress sb

② *(geh: fürsorglich)* solicitous; **ein ~er Ehemann** an affectionate husband

II. *adv* tenderly, affectionately

Zärt·lich·keit <-, -en> *f* ① *kein pl (zärtliches Wesen)* tenderness *no pl,* affection; **voller ~** tenderly

② *pl (Liebkosung)* caresses *pl; (zärtliche Worte)* tender words *pl;* **jdm ~en ins Ohr flüstern** to whisper sweet nothings in sb's ear

③ *kein pl (geh: Fürsorglichkeit)* solicitousness; **jdn mit der größten ~ behandeln** to treat sb solicitously

ZASt *f* FIN *Abk von* **Zinsabschlagsteuer** withholding tax, interest discount tax

Zas·ter <-s> [ˈtsastɐ] *m kein pl (sl)* dough *sl,* loot *sl,* dosh BRIT *sl,* lolly BRIT *fam*

Zä·sur <-, -en> [tsɛˈzuːɐ] *f (geh: Einschnitt)* break [with tradition]; LIT, MUS caesura

Zau·ber <-s, -> [ˈtsaubɐ] *m* ① *(magische Handlung)* magic; *(Zaubertrick)* magic trick; **fauler ~** *(fam)* humbug *fam;* **einen ~ anwenden** to cast a spell; **einen ~ aufheben** [*o* **lösen**] to break a spell; *(magische Wirkung)* spell

② *kein pl (Faszination, Reiz)* magic, charm; **der ~ der Liebe** the magic of love; **etw übt einen ~ auf jdn aus** sth holds a great fascination for sb; **der ~ des Verbotenen** the fascination of what is forbidden

③ *kein pl (fam: Aufhebens)* palaver; **einen großen ~ veranstalten** to make a great fuss; *(Kram)* stuff; **der ganze ~** *(fam)* the whole lot *fam*

Zau·be·rei <-, -en> [tsaubəˈrai] *f* ① *kein pl (Magie)* magic

② *s.* **Zauberkunststück**

Zau·be·rer, Zau·be·rin <-s, -> [ˈtsaubərɐ, ˈtsaubərɪn] *m, f* ① *(Magier)* wizard, sorcerer *masc,* sorceress *fem*

② *(Zauberkünstler)* magician, conjuror

Zau·ber·flö·te *f* magic flute **Zau·ber·for·mel** *f* ① *(magische Formel)* magic formula ② *(Patentmittel)* magic formula

zau·ber·haft *adj* charming, enchanting; **ein ~es Kleid** a gorgeous dress; **ein ~ Abend/Urlaub** a splendid [*or* magnificent] evening/holiday

Zau·ber·hand *f* **wie von** [*o* **durch**] **~** as if by magic

Zau·be·rin <-, -nen> *f fem form von* **Zauberer**

zau·ber·kun·dig *adj* well-versed in magic

Zau·ber·kunst <-, -künste> *f* ① *kein pl (Kunst des Zauberns)* magic *no pl, no art;* **ein Meister der ~** a master of magic, a magician ② *meist pl (magische Fähigkeit)* magic *no pl, no art* **Zau·ber·künst·ler(in)** *m(f)* magician, conjurer **Zau·ber·kunst·stück** *nt* magic trick **Zau·ber·land·schaft** *f* fairytale scene **Zau·ber·leh·rer(in)** *m(f) sb who teaches conjuring tricks* **Zau·ber·lehr·gang** *m* conjuring course **Zau·ber·lehr·ling** *m* magician's pupil

zau·bern [ˈtsaubɐn] **I.** *vt* ① *(erscheinen lassen)* ■**etw aus etw** *dat* **~** to conjure sth from sth; **einen Hasen aus einem Hut ~** to pull a rabbit out of a hat

② *(a. fam: schaffen)* ■**etw ~** to conjure up sth

II. *vi (Magie anwenden)* to perform [*or* do] magic; *(Zauberkunststücke vorführen)* to do magic tricks

Zau·ber·schu·le *f* conjuring school **Zau·ber·spruch** *m* magic spell **Zau·ber·stab** *m* magic wand **Zau·ber·trank** *m* magic potion **Zau·ber·trick** *m s.* **Zauberkunststück**

Zau·ber·wort *nt* ① *(magisches Wort)* magic word; ***wie heißt das ~?*** *(fig)* what's the magic word? *fig*

② *(Patentmittel)* magic formula

Zau·de·rer, Zau·de·rin <-s, -> [ˈtsaudərɐ, ˈtsaudərɪn] *m, f* irresolute person, ditherer, waverer, vacillator

zau·dern [ˈtsaudɐn] *vi* to hesitate, to be irresolute; ■**mit etw** *dat* **~** to hesitate with sth; ■**~, etw zu tun** to hesitate to do sth; **ohne zu ~** without hesitation [*or* vacillation]

Zau·dern <-s> [ˈtsaudɐn] *nt kein pl* hesitation *no pl*

Zaum <-[e]s, Zäume> [tsaum, *pl* ˈtsɔymə] *m* bridle; **einem Pferd den ~ anlegen** to bridle a horse, to put a bridle on a horse; **etw/jdn/sich in** [*o* **im**] **~ halten** *(fig)* to keep sth/sb/oneself in check, to keep a tight rein on sth/sb/oneself

zäu·men [ˈtsɔymən] *vt* ■**ein Tier ~** to bridle an animal

Zaum·zeug <-[e]s, -e> *nt* bridle

Zaun <-[e]s, Zäune> [tsaun, *pl* ˈtsɔynə] *m* fence

▶WENDUNGEN: **etw vom ~ brechen** to provoke sth; **einen Streit/eine Auseinandersetzung vom ~ brechen** to pick a fight/start an argument

Zaun·gast <-gäste> *m uninvited spectator* **Zaun·**

kö·nig *m* wren **Zaun·lat·te** *f* pale, stake **Zaun·pfahl** *m* [fence] post

Zau·sel <-s, -> ['tsauzl] *m (hum fam: ungepflegter Mann)* scruff

zau·se·lig ['tsauzəlɪç] *adj (fam)* tousled

zau·sen ['tsauzn] I. *vt* ■**etw** ~ to tousle [*or* ruffle] sth; **jdm das Haar** ~ to tousle sb's hair
II. *vi* ■**in etw** *dat*/**an etw** *dat* ~ to play with sth; **an jds Ohren** ~ to play with sb's ears

z. B. *Abk von* **zum Beispiel** e.g.

ZDF <-s> [tsɛtde:'ʔɛf] *nt kein pl Abk von* **Zweites Deutsches Fernsehen** *second public service television station in Germany*

Ze·bra <-s, -s> ['tse:bra] *nt* zebra

Ze·bra·strei·fen *m* zebra [*or* pedestrian] crossing

Ze·bu <-s, -s> ['tse:bu] *nt* zebu

Ze·che[1] <-, -n> ['tsɛçə] *f* BERGB coal mine, *esp* BRIT colliery

Ze·che[2] <-, -n> ['tsɛçə] *f (Rechnung für Verzehr)* bill; **eine hohe ~ machen** to run up a large bill; **die ~ prellen** *(fam)* to leave without paying; **die ~ bezahlen müssen** to have to foot the bill

ze·chen ['tsɛçn] *vi (hum)* to booze *fam,* to booze it up *fam,* to have a booze-up BRIT *fam,* to go on the piss BRIT *sl*

Ze·chen·fu·si·on *f* pit merger **Ze·chen·schlie·ßun·gen** *pl* pit closures *pl* **Ze·chen·still·le·gung** *f* pit closure

Ze·cher(in) <-s, -> ['tsɛçɐ] *m(f)* boozer *fam*

Zech·ge·la·ge *nt* binge, booze-up BRIT *fam* **Zech·kum·pan(in)** *m(f) (fam)* drinking-mate BRIT *fam,* drinking-buddy AM *fam* **Zech·prel·ler(in)** <-s, -> *m(f)* walk-out *(person who leaves without paying the bill)* **Zech·prel·le·rei** <-, -en> [tsɛçprɛlə'rai] *f* walking out *(leaving without paying the bill)*

Zech·stein *m kein pl* GEOL Zechstein

Zech·tour [-tu:ɐ] *f* pub crawl BRIT *fam,* bar hop AM

Ze·cke <-, -n> ['tsɛkə] *f* BRD, **Zeck** <-[e]s, -en> [tsɛk] *m* ÖSTERR, SÜDD *(fam)* ① *(Tier)* tick
② *(vulg)* cunt *esp* BRIT *vulg,* [mother]fucker *vulg*

Ze·cken·bissRR *m* tick bite **Ze·cken·imp·fung** *f* vaccination for tick bites

Ze·dent <-en, -en> [tse'dɛnt] *m* JUR *(Abtretender)* assignor

Ze·der <-, -n> ['tse:dɐ] *f* ① BOT cedar
② *kein pl (Zedernholz)* cedar[wood]

Ze·dern·holz *nt* cedar wood

ze·die·ren* [tse'di:rən] *vt* JUR *(abtreten)* ■**etw** ~ *Forderung* to assign [*or* transfer] sth

Zeh <-s, -en> [tse:] *m,* **Ze·he** <-, -n> ['tse:ə] *f* ① ANAT toe; **großer/kleiner** ~ big/little toe; **sich** *akk* **auf die ~en stellen** to stand on tiptoes; **jdm auf die ~n treten** *(fig fam)* to tread on sb's toes *fig fam*
② KOCHK *(Knoblauchzehe)* clove

Ze·hen·na·gel *m* toenail **Ze·hen·spit·ze** *f* tip of the toe; **auf** [**den**] **~n** on tiptoe; **auf** [**den**] **~n gehen** to tiptoe, to walk on tiptoe; **auf die ~n stellen** to stand on tiptoe

zehn [tse:n] *adj* ten; *s. a.* **acht**[1]

Zehn <-, -en> [tse:n] *f* ① *(Zahl)* ten
② KARTEN ten; *s. a.* **Acht**[1] **4**
③ *(Verkehrslinie)* ■**die** ~ the [number] ten

zehn·bän·dig *adj* in ten volumes

Zehn·cent·stück, 10-Cent-Stück *nt* ten-cent piece [*or* coin]

Zeh·ner <-s, -> ['tse:nɐ] *m* ① *(fam: Geldstück)* tenpence piece; *(Geldschein)* ten-euro note
② MATH *(Zahl zwischen 10 und 90)* ten; **die Einer und die ~ addieren** to add the ones and the tens

Zeh·ner·block *m* INFORM numeric keypad **Zeh·ner·kar·te** *f* TRANSP ten-journey ticket; TOURIST ten-visit ticket

zeh·ner·lei ['tse:nɐ'lai] *adj attr* ten [different]; *s. a.* **achterlei**

Zeh·ner·pa·ckung *f* packet of ten **Zeh·ner·stel·le** *f* MATH tens [place]

Zehn·eu·ro·schein, 10-Eu·ro-Schein *m* ten-euro note [*or* AM *usu* bill]

zehn·fach, 10·fach ['tse:nfax] I. *adj* tenfold
II. *adv* tenfold, ten times over

Zehn·fa·che, 10·fa·che *nt dekl wie adj* ten times as much/many; *s. a.* **Achtfache**

Zehn·fin·ger·sys·tem <-s> [tse:n'fɪŋɐzyste:m] *nt kein pl* TYPO touch-typing method

zehn·jäh·rig, 10-jäh·rigRR *adj* ① *(Alter)* ten-year-old *attr,* ten years old *pred; s. a.* **achtjährig 1**
② *(Zeitspanne)* ten-year *attr; s. a.* **achtjährig 2**

Zehn·jäh·ri·ge(r), 10-Jäh·ri·ge(r)RR *f(m) dekl wie adj* ten-year-old

Zehn·kampf ['tse:nkampf] *m* decathlon **Zehn·kämp·fer(in)** *m(f)* decathlete

zehn·mal, 10-malRR ['tse:nma:l] *adv* ten times; *s. a.* **achtmal** **Zehn·me·ter·brett** *nt* ten-metre [*or* AM -er] board **Zehn·pence·stück** [tse:n'pɛns-] *nt* ten-pence piece

zehn·stö·ckig *adj* ten-storey [*or* AM *also* -story] *attr,* with ten storeys

zehn·stün·dig, 10-stün·digRR *adj* ten-hour *attr; s. a.* **achtstündig**

zehnt [tse:nt] *adv* ■**zu ~ sein** to be a party of ten

zehn·tä·gig, 10-tä·gigRR *adj* ten-day *attr*

zehn·tau·send ['tse:n'tauznt] *adj* ① *(Zahl)* ten thousand; *s. a.* **tausend 1**
② *(sehr viele)* ■**~e von ...** tens of thousands of ...; **die oberen Z~** *(fam o fig)* the top ten thousand
③ *(fam: Geld)* ten grand, ten thou *sl,* ten G's [*or* K's] AM *sl*

zehn·te(r, s) ['tse:ntə, 'tse:ntɐ, 'tse:ntəs] *adj* ① *(nach dem neunten kommend)* tenth; **die ~ Klasse** [*o fam* **die Z~**] fourth year [*or* form] BRIT, eighth grade AM; *s. a.* **achte(r, s) 1**
② *(Datum)* tenth, 10th; *s. a.* **achte(r, s) 2**

Zehn·te(r) *f(m) dekl wie adj* ① *(Person)* tenth; *s. a.* **Achte(r) 1**
② *(bei Datumsangaben)* ■**der** ~ [*o geschrieben* **der 10.**] the tenth *spoken,* the 10th *written; s. a.* **Achte(r) 2**
③ HIST ■**der** ~ tithe

zehn·tel ['tse:ntl̩] *adj* tenth

Zehn·tel <-s, -> ['tse:ntl̩] *nt o* SCHWEIZ *m* ■**ein** ~ a tenth; *s. a.* **Achtel**

zehn·tens ['tse:ntn̩s] *adv* tenth[ly], in [the] tenth place

zeh·ren ['tse:rən] *vi* ① *(erschöpfen, schwächen)* ■**an jdm/etw** ~ to wear sb/sth out; **an jds Nerven/Gesundheit** ~ to ruin sb's nerves/health
② *(sich ernähren)* ■**von etw** *dat* ~ to live on [*or* off] sth; **von seinen Erinnerungen** ~ *(fig)* to live in the past

Zei·chen <-s, -> ['tsaiçn] *nt* ① *(Symbol)* symbol; **chemische** ~ chemical symbols; *(Notationszeichen)* symbol; *(Schriftzeichen)* character; *(Satzzeichen)* punctuation mark; **fettes/kursives** ~ bold/italic character
② *(Markierung)* sign; **ein ~ auf** [*o* **in**] **etw** *akk* **machen** to make a mark on sth; **sein ~ unter ein Schriftstück setzen** to put one's [identification] mark at the end of a text; **die Forscher fanden viele seltsame** ~ the researchers found many strange marks; **seines/ihres ~s** *(hum veraltend)* by trade
③ *(Hinweis)* sign; *(Symptom)* symptom; **ein untrügliches/sicheres/schlechtes** ~ a[n] unmistakable/sure/bad sign; **wenn nicht alle ~ trügen** if I'm/we're not completely mistaken; **die ~ der Zeit erkennen** [*o* **richtig zu deuten wissen**] to recognise the mood of the times; ***es geschehen noch ~ und Wunder*** *(hum, fig)* wonders will never cease *hum*
④ *(Signal)* signal; **jdm ein ~ geben** [*o* **machen**] to give sb a signal; **sich** *akk* **durch ~ verständigen** to communicate using signs; **das ~ zu etw** *dat* **geben** to give the signal to do sth; **ein ~ setzen** to set an example; **die ~ stehen auf Sturm** *(fig)* there's trouble ahead; *(Ausdruck)* expression; **als/zum ~ einer S.** *gen* as an expression [*or* indication] of sth; **zum ~, dass** to show that
⑤ ASTROL *(Sternzeichen)* sign; **im ~ einer S.** *gen* **geboren sein** to be born under the sign of sth
⑥ JUR trade mark; **eingetragenes** ~ registered trade mark

Zei·chen·block <-blöcke *o* -blocks> *m* ① *(Papier)* sketch pad ② INFORM character block **Zei·chen·brett** *nt* drawing board **Zei·chen·dar·stel·lung** *f* INFORM character representation **Zei·chen·drei·eck** *nt* setsquare BRIT, triangle AM

Zei·chen·er·ken·nung *f* INFORM, TYPO character recognition **Zei·chen·er·klä·rung** *f* key; *(Landkarte)* legend

Zei·chen·fe·der *f* pen for drawing

Zei·chen·fol·ge *m* INFORM character string; **Typ der** ~ string type **Zei·chen·for·ma·tie·rung** *f* INFORM character formatting **Zei·chen·ge·ne·ra·tor** *m* INFORM character generator **Zei·chen·ket·te** *f* INFORM character string; **alphanumerische** ~ alphanumeric string **zei·chen·kom·pa·ti·bel** *adj* INFORM character compatible

Zei·chen·kunst *f* [art of] drawing **Zei·chen·leh·rer(in)** *m(f)* art teacher

Zei·chen·mo·dus *m* INFORM character mode **zei·chen·ori·en·tiert** *adj* INFORM character oriented

Zei·chen·pa·pier *nt* drawing paper **Zei·chen·pro·gramm** *nt* INFORM drafting package **Zei·chen·saal** *m* art room

Zei·chen·satz *m* INFORM character set, font [*or* fount] **Zei·chen·set·zung** <-> *f kein pl* punctuation **Zei·chen·spra·che** *f* sign language

Zei·chen·stift *m* drawing pencil **Zei·chen·stun·de** *f* art [*or* drawing] lesson

Zei·chen·ta·bel·le *f* INFORM character table **Zei·chen·tas·te** *f* INFORM character key

Zei·chen·tisch *m* drawing table **Zei·chen·trick·film** *m* cartoon, animated film *form* **Zei·chen·un·ter·richt** *m* art [lesson]

Zei·chen·vor·rat *m* INFORM character set [*or* repertoire]

zeich·nen ['tsaiçnən] I. *vt* ① KUNST, ARCHIT ■**jdn/etw** ~ to draw sb/sth; **eine Landschaft** ~ to draw a landscape; **einen Akt** ~ to draw a nude; **einen Grundriss** ~ to draw an outline
② *(schriftlich anerkennen)* ■**etw** ~ to subscribe for sth; **Aktien** ~ to subscribe for shares; **einen Scheck** ~ to validate a cheque
③ *(mit Zeichen versehen)* to mark; **Wäsche** ~ to mark the laundry; **von einer Krankheit gezeichnet sein** *(fig)* to be scarred by an illness *fig*
II. *vi* ① KUNST ■[**mit etw** *dat*] ~ to draw [with sth]; ■**an etw** *dat* ~ to draw sth
② *(geh: verantwortlich sein)* **für etw** *akk* [**verantwortlich**] ~ to be responsible for sth

Zeich·nen <-s> ['tsaiçnən] *nt kein pl* ① *(Anfertigung einer Zeichnung)* drawing; **rechnerunterstützes** ~ INFORM computer-aided drafting, CAD
② *(Zeichenunterricht)* art lesson
③ *(schriftliches Anerkennen)* validation

Zeich·ner(in) <-s, -> *m(f)* ① KUNST draughtsman *masc,* AM *a.* draftsman *masc,* draughtswoman *fem,* AM *a.* draftswoman *fem;* **technischer ~/technische Zeichnerin** engineering draughtsman/draughtswoman
② FIN subscriber

zeich·ne·risch I. *adj* graphic; **~e Begabung/~es Können** talent/ability for drawing
II. *adv* graphically; **etw ~ erklären** to explain sth with a drawing

Zeich·nung <-, -en> *f* ① KUNST drawing; *(Entwurf)* draft, drawing; **eine ~** [**von jdm/etw**] **anfertigen** to make a drawing [of sb/sth]
② BOT, ZOOL *(farbige Musterung)* markings *pl*
③ FIN subscription, signing; **öffentliche** ~ public issue

Zeich·nungs·an·ge·bot *nt* HANDEL tender; ~ **für eine Aktie** subscription offer **Zeich·nungs·an·trag** *m* FIN subscription application **Zeich·nungs·be·fug·nis** *f* authority to sign **zeich·nungs·be·rech·tigt** *adj* authorized to sign **Zeich·nungs·be·rech·tig·te(r)** *f(m) dekl wie adj* JUR authorized signatory, officer responsible **Zeich·nungs·frist** *f* FIN subscription period **Zeich·nungs·pflicht** *f* FIN obligation to subscribe **Zeich·nungs·recht** *nt* FIN subscription right **Zeich·nungs·schein** *m* FIN subscription slip **Zeich·nungs·voll·macht** *f* authority [*or* power] to sign, signing power

Zei·ge·fin·ger *m* index finger, forefinger

zei·gen ['tsaign] **I.** *vt* ❶ *(deutlich machen)* ■**jdm etw ~** to show sb sth; **jdm die Richtung/den Weg ~** to show sb the way
❷ *(vorführen)* ■**[jdm] jdn/etw ~** to show [sb] sb/sth; **sich** *dat* **von jdm ~ lassen, wie etw gemacht wird** to get sb to show one how to do sth; **sich** *dat* **sein Zimmer ~ lassen** to be shown one's room; **zeig mal, was du kannst!** *(fam)* let's see what you can do! *fam;* **es jdm zeigen** *(fam)* to show sb
❸ *(geh: erkennen lassen)* to show; **Wirkung ~** to have an effect; **Interesse/Reue ~** to show interest/regret; **seine Gefühle [nicht] ~** to [not] show one's feelings; **guten Willen ~** to show good will; **Mut ~** to show courage
II. *vi* ❶ *(deuten/hinweisen)* to point; **nach rechts/oben/hinten ~** to point right [*or* to the right]/upwards/to the back; **nach Norden ~** to point north [*or* to the north]; ■**auf etw** *akk* **~** to point at sth; ***der Zeiger der Benzinuhr zeigt auf „leer"*** the needle on the fuel gauge reads "empty"; ■**[mit etw** *dat***] auf jdn/etw ~** to point [with sth] at sb/sth
❷ *(erkennen lassen)* ■**~, dass** to show that, to be a sign that
III. *vr* ❶ *(sich sehen lassen)* ■**sich** *akk* **[jdm] ~** show oneself [to sb]; **sich** *akk* **mit jdm ~** to let oneself be seen with sb; ***komm, zeig dich mal!*** let me see what you look like
❷ *(erkennbar werden)* ■**sich** *akk* **~** to appear; ***am Himmel zeigten sich die ersten Wolken*** the first clouds appeared in the sky
❸ *(sich erweisen)* ■**sich** *akk* **[als jd/irgendwie] ~** to prove oneself [to be sb/somehow]; **sich** *akk* **befriedigt/erfreut/erstaunt ~** to be satisfied/happy/amazed; **sich** *akk* **von seiner besten Seite ~** to show oneself at one's best

Zei·ger <-s, -> ['tsaige] *m* ❶ *(Uhrzeiger)* hand; **der große/kleine ~** the big/small [*or* little] hand; *(Messnadel)* needle, indicator
▸WENDUNGEN: **jdm auf den ~ gehen** *(sl)* to get on sb's nerves [*or* BRIT *a.* wick]

Zei·ge·stab *m* pointer **Zei·ge·stock** *m* pointer

zei·hen ['tsaiən] *vt (veraltet)* ■**jdn einer S.** *gen* **~** to accuse sb of sth

Zei·le <-, -n> ['tsailə] *f* ❶ *(geschriebene Reihe)* line; **~ für ~** line for line; **jdm ein paar ~n schrieben** *(fam)* to drop sb a line; **bis zur letzten ~** to the last line; **zwischen den ~n lesen** to read between the lines
❷ *(Reihe)* row; **eine ~ von Bäumen/Häusern** a row of trees/houses
❸ INFORM line; **oberste ~** head of form; **~n pro Zoll/Minute** lines per inch/minute

Zei·len·ab·stand *m* INFORM, TYPO line height [*or* spacing] **Zei·len·brei·te** *f* TYPO line measure, width of lines **Zei·len·dru·cker** *m* line-at-a-time printer **Zei·len·durch·schuss**RR *m* TYPO line [*or* vertical] spacing **Zei·len·edi·tor** *m* INFORM line editor **Zei·len·ein·zug** *m* indent **Zei·len·fre·quenz** *f* INFORM line frequency **Zei·len·ho·no·rar** *nt* payment per line **Zei·len·län·ge** *f* TYPO line length, length of a line **Zei·len·num·mer** *f* INFORM line number **Zei·len·num·me·rie·rung** *f* INFORM line numbering **Zei·len·schal·tung** *f* TELEK line switching **Zei·len·setz·ma·schi·ne** *f* line casting machine [*or* caster], Linotype® [machine]

Zei·len·sprung *m* INFORM interlace **Zei·len·sprung·ver·fah·ren** *nt* INFORM interlace mode

Zei·len·um·bruch *m* INFORM, TYPO line folding [*or* break]; **automatischer ~** word wrap, wraparound **Zei·len·vor·schub** *m* INFORM line feed; **automatischer ~** auto advance **Zei·len·wech·sel** *m* INFORM new line

zei·len·wei·se *adv* INFORM line-serially

Zei·len·zahl *f* line count

Zei·sig <-s, -e> ['tsaizɪç] *m* ORN siskin

zeit [tsait] *präp +gen* time; **~ meines Lebens** all my life, as long as I live

Zeit <-, -en> [tsait] *f* ❶ *(Ablauf)* time; ***wie doch die ~ vergeht!*** how time flies!; ***die ~ stand still*** time stood still; **im Lauf der** [*o* **mit der**] **~** in time, gradually; ***mit der ~ erholte er sich von seiner Krankheit*** as time passed, he recovered from his illness; ***mit der ~ wird sie darüber hinwegkommen*** she'll get over it in time
❷ *(Zeitraum)* [period of] time; ■**eine ~ lang** for a while [*or* a time]; ***die ~ ist knapp*** time is short; ***es ist erst kurze ~ her, dass ...*** it's only a short time ago since ...; **Beamter auf ~** *non-permanent civil servant;* **Vertrag auf ~** fixed-term contract; **jdn auf ~ beschäftigen** [*o* **einstellen**] to employ sb on a temporary basis; **auf ~ kaufen** BÖRSE to buy forward; **etw auf ~ mieten** to rent sth temporarily; **auf bestimmte ~** for a certain length of time; **auf unabsehbare ~** for an unforeseeable period, unforeseeably; **auf unbestimmte ~** for an indefinite period, indefinitely; **eine ganze/einige/längere ~ dauern** to take quite some/some/a long time; **die ganze ~ [über]** the whole time; **~ gewinnen** to gain time; **[keine] ~ haben** to [not] have time; **~ haben, etw zu tun** to have the time to do sth; **zehn Minuten/zwei Tage ~ haben[, etw zu tun]** to have ten minutes/two days [to do sth]; ***haben Sie einen Augenblick ~?*** have you got a moment to spare?; **das hat** [*o* **damit hat es**] **noch ~** that can wait, there's no rush [*or* hurry]; **mit etw** *dat* **hat es noch ~** sth can wait; **in kurzer ~** very quickly; **in kürzester ~** in no time; **eine** [*o* **einige**] **~ lang** for a time; **jdm wird die ~ lang** sb is bored; **jdm ~ lassen** to give sb time; **sich** *dat* **[mit etw** *dat***] ~ lassen** to take one's time [with sth]; **in letzter ~** lately; **in nächster ~** in the near future; **in der ~ vom ... bis ...** in the time between ... and ...; **nach ~ bezahlt werden** to be paid by the hour; **sich** *dat* **[mehr] ~ [für jdn/etw] nehmen** to devote [more] time [to sb/sth]; **~ raubend** time-consuming; **durch die ~ reisen** to travel through time; **~ sparend** time-saving; **jdm die ~ stehlen** *(fam)* to waste sb's time; **keine ~ verlieren** to not lose any more time; **jdm/sich die ~ mit etw** *dat* **vertreiben** to help sb/one pass the time with sth; **vor langer ~** long [*or* a long time] ago; **die ~ vor Weihnachten** the period before Christmas
❸ *(Zeitpunkt)* time; **es ist** [*o* **wird**] **[höchste] ~** [*o* **es ist an der ~**], **etw zu tun** it's [high] time to do sth; ***es ist höchste ~, dass wir die Tickets kaufen*** it's high time we bought the tickets; ***es ist jetzt nicht die ~, Entscheidungen zu treffen*** it's not the right time to make decisions; **es wird [für jdn] ~, dass ...** it's about time that [sb] ...; **wenn es an der ~ ist** when the time is right; **feste ~en haben** to have set times; **zu gegebener ~** in due course; **jds ~ ist gekommen** *(euph geh)* sb's time has come *euph;* **zur gleichen ~** at the same time; **nächste Woche um diese ~** this time next week; **zu nachtschlafender ~** in the middle of the night; **seit dieser** [*o* **der**] **~** since then; **von ~ zu ~** from time to time; **vor der ~** prematurely; **vor seiner ~ alt werden/sterben** to get old/die before one's time; **zu jeder ~** at any time; **zur rechten ~** at the right time
❹ *(Uhrzeit)* time; **jdn nach der ~ fragen** to ask sb for the time; **die genaue ~** the exact time; **mitteleuropäische/westeuropäische ~** Central European/Greenwich Mean Time
❺ *(Epoche)* age; *(Lebensabschnitt)* time; ***das waren noch ~en*** those were the days; ***die ~en ändern sich*** times are changing; ***das war die schönste ~ meines Lebens*** those were the best years of my life; **... aller ~en** ... of all times; **die ~ der Aufklärung** the age of enlightenment; **in jds bester ~** at sb's peak; **für alle ~en** for ever, for all time *liter;* ***ich wollte das für alle ~en klarstellen*** I wanted to make that clear once and for all; **mit der ~ gehen** to move with the times; **die gute alte ~** the good old days; **in guten/schlechten ~en** in good/bad times; **für kommende ~en** for times to come; **für schlechte ~en sparen** to save money for a rainy day; **seit uralten** [*o* **ewigen**] **~en** since/from time immemorial; **vor ~en** *(liter)* a long time ago; **etw war vor jds ~** sth was before sb's time; **jd ist seiner ~ voraus** sb is ahead of his time; **zu jener ~** at that time; **zur ~** [*o* **zu ~en**] **Goethes** in Goethe's day [*or* times]
❻ LING *(Tempus)* tense
❼ SPORT time; **eine gute ~ laufen** to run a good time; **auf ~ spielen** to play for time
▸WENDUNGEN: **alle ~ der Welt haben** to have all the time in the world; **alles zu seiner ~** all in good time; **die ~ arbeitet für jdn** *(fig)* time is on sb's side; **die ~ drängt** time presses; **~ ist Geld** time is money; **die ~ heilt alle Wunden** *(prov)* time heals all wounds *prov;* **kommt ~, kommt Rat** *(prov)* things have a way of sorting themselves out; **wer nicht kommt zur rechten ~, der muss nehmen, was übrig bleibt** *(prov)* the early bird catches the worm *prov;* **ach du liebe ~!** *(fam)* goodness me! *fam;* **~ schinden** *(fam)* to play for time; **spare in der ~, dann hast du in der Not** *(prov)* waste not, want not; **die ~ totschlagen** *(fam)* to kill time *fam*

Zeit·ab·schnitt *m* period [of time] **Zeit·ab·stand** *m* time interval **Zeit·al·ter** *nt* age; **das viktorianische ~** the Victorian age; **in unserem ~** nowadays, in our day and age; **das goldene ~** the golden age **Zeit·an·ga·be** *f* ❶ *(Angabe der Uhrzeit)* time; *(Angabe des Zeitpunktes)* date ❷ LING temporal adverb **Zeit·an·sa·ge** *f* TELEK speaking clock; RADIO time check

Zeit·ar·beit *f kein pl* temporary work *no pl* **Zeit·ar·beit·neh·mer(in)** *m(f)* temporary worker, temp *fam* **Zeit·ar·beits·fir·ma** *f* temporary employment agency, temping agency *fam* **Zeit·ar·beits·kraft** *f* temporary staff

Zeit·auf·nah·me *f* ❶ FOTO time exposure ❷ *(in der REFA-Lehre)* time-taking **Zeit·auf·wand** *m* expenditure of time; **nach ~ bezahlen** to pay by the hour; **mit großem ~ verbunden sein** to be extremely time-consuming **zeit·auf·wän·dig**RR *adj* time-consuming **zeit·be·zo·gen** *adj* time-related; **~e Autobahngebühr** time-related motorway toll **Zeit·bom·be** *f* time bomb **Zeit·char·ter** *m* HANDEL period time charter **Zeit·dau·er** *f* duration **Zeit·do·ku·ment** *nt* contemporary document **Zeit·druck** *m kein pl* time pressure; **sich** *akk* **[von jdm] unter ~ setzen lassen** to let oneself be rushed [by sb]; **jdn unter ~ setzen** to put sb under time pressure; **unter ~ stehen/arbeiten** to be/work under time pressure **Zeit·ein·heit** *f* time unit **Zeit·ein·tei·lung** *f* time planning, time management

Zei·ten·fol·ge *f* LING sequence of tenses **Zei·ten·wen·de** *f (geh)* turning point [in history]

Zeit·er·fas·sungs·uhr *f* time clock **Zeit·er·spar·nis** *f* saving of time

Zeit·fah·ren *nt kein pl* SPORT time trial **Zeit·fen·ster** *nt* time window, window of time **Zeit·fra·ge** *f* ❶ *kein pl (Frage der Zeit)* question of time ❷ *(Problem der Zeit)* contemporary concern **Zeit·ge·ber** *m* TECH clock **zeit·ge·bun·den** *adj* dependent on [*or* characteristic of] a particular time **Zeit·ge·fühl** *nt kein pl* sense of time; **das ~ verlieren** to lose all sense of time **Zeit·geist** *m kein pl* Zeitgeist, spirit of the times

zeit·ge·mäß **I.** *adj* modern, up-to-date; **ein ~es Design** a modern design
II. *adv* up-to-date, modern

Zeit·ge·nos·se, -ge·nos·sin ['tsaitgənɔsə, -gənɔsɪn] *m, f* ❶ *(zur gleichen Zeit lebender Mensch)* **jds ~, ein ~ von jdm** sb's contemporary, a contemporary of sb
❷ *(fam: Mensch)* **ein verschrobener ~** an odd bod BRIT *fam,* an oddball *fam;* **ein übler ~** a bad guy *fam*

zeit·ge·nös·sisch ['tsaitgənœsɪʃ] *adj* contemporary; **~e Kunst/Musik** contemporary art/music

Zeit·ge·schäft *nt* BÖRSE dealing in futures **Zeit·ge·sche·hen** *nt kein pl* events of the day **Zeit·ge·schich·te** *f kein pl* contemporary history *no pl* **zeit·ge·schicht·lich** *adj* contemporary-history *pred,* from the point of view of contemporary history **Zeit·ge·schmack** *m kein pl* prevailing taste **Zeit·ge·winn** *m* gain in time, time-saving

zeit·gleich **I.** *adj* contemporaneous
II. *adv* at the same time; **~ ins Ziel kommen** to finish [the race] at the same time [as sb else]

Zeit·gut·ha·ben *nt* ÖKON [time] credit **Zeit·his·to·ri·ker(in)** *m(f)* contemporary historian **Zeit·ho·ri·zont** *m* time horizon

zei·tig ['tsaitɪç] I. *adj* early
II. *adv* early, in good time

zei·ti·gen ['tsaitɪgn̩] *vt (geh)* ■**etw ~** to bring sth about; **Früchte ~** to bear fruit

Zeit·kar·te *f* TRANSP monthly/weekly/weekend etc. ticket [*or* pass]

Zeit·kauf *m* ❶ HANDEL sale on credit terms
❷ BÖRSE future purchase

Zeit·kon·trol·le *f* ÖKON *bei Gleitzeit* time control **Zeit·kor·ri·dor** *m* ÖKON time corridor *(weekly factory working hours within an upper and lower limit, dependent on amount of work available)*

zeit·kri·tisch I. *adj commenting on contemporary issues;* **ein ~er Film** a film on contemporary issues
II. *adv* **etw ~ analysieren** *to analyse sth by looking at the contemporary issues;* **etw ~ beleuchten** *to shed light on the contemporary issues affecting sth*

Zeit·lang *f s.* **Zeit 2 zeit·le·bens** [tsait'le:bn̩s] *adv* one's whole life, all one's life

zeit·lich I. *adj* ❶ *(chronologisch)* chronological; **der ~e Ablauf** the chronological sequence of events; *(terminlich)* temporal; **die ~e Planung** time planning
❷ REL *(irdisch, vergänglich)* transitory; **das Z~e segnen** *(euph veraltet: sterben)* to depart from this life; *(fam: kaputtgehen)* to pack in *fam*
II. *adv* ❶ *(terminlich)* timewise *fam,* from a temporal point of view; **~ zusammenfallen** to coincide; **etw ~ abstimmen** to synchronize sth
❷ *(vom Zeitraum her)* **~ begrenzt** for a limited time; **etw ~ hinausschieben** to postpone sth; **eine ~e Zahlung** a payment received on time

Zeit·li·mit *nt* time limit

zeit·los *adj* timeless; **~e Kleidung** classic clothes *pl;* **~er Stil** style that doesn't date [*or* go out of date]

Zeit·lu·pe *f kein pl* slow motion *no art;* **etw in [der] ~ zeigen** to show sth in slow motion **Zeit·lu·pen·auf·nah·me** *f* slow-motion shot **Zeit·lu·pen·tem·po** *nt* **im ~** in slow motion; **sich** *akk* **im ~ bewegen** *(hum)* to move at a snail's pace *hum* **Zeit·lu·pen·wie·der·ho·lung** *f* slow-motion replay

Zeit·ma·nage·ment ['tsaitmænɪdʒmənt] *nt kein pl* time management

Zeit·man·gel *m kein pl* lack of time; **aus ~/wegen ~s** due to lack of time **Zeit·ma·schi·ne** *f* time machine **Zeit·mes·sung** *f* timekeeping **Zeit·mul·ti·plex·ver·fah·ren** *nt* INFORM time division multiplexing **zeit·nah** I. *adj* contemporary II. *adv* ❶ *(bald)* soon ❷ *(gegenwartsnah)* in a contemporary way **Zeit·neh·mer(in)** <-s, -> *m(f)* SPORT timekeeper **Zeit·not** *f kein pl* shortage of time; **in ~ geraten** to run out of time; **in ~ sein** to be short of time [*or* pressed for time] **Zeit·plan** *m* schedule, timetable; **den ~ einhalten** to stick to the timetable, to be [*or* stay] on schedule **Zeit·pro·blem** *nt* time problem **Zeit·punkt** *m* time; **zu diesem ~** at that point in time; **zu dem ~** at that time; **zu einem bestimmten ~** at a certain time; **zum jetzigen ~** at this moment in time; **den richtigen ~ abwarten** to find the right time

Zeit·raf·fer <-s> *m kein pl* time-lapse photography; **etw im ~ filmen** to film sth using time-lapse photography **Zeit·raf·fer·auf·nah·me** *f* time-lapse shot

Zeit·rah·men *m* time span **zeit·rau·bend** *adj* time-consuming **Zeit·raum** *m* period of time; **in einem ~ von [drei Wochen]** over a period of [three weeks]; **über einen längeren Zeitraum** over a longer period of time

Zeit·rech·nung *f* ❶ *(Kalendersystem)* calendar; **nach moslemischer ~** according to the Muslim calendar; **vor/nach unserer ~** before Christ/anno Domini
❷ *(Berechnung der Zeit)* calculation of time

Zeit·rei·se *f* travel through time **Zeit·rei·sen·de(r)** *f(m) dekl wie adj* time-traveller **Zeit·ren·te** *f* FIN temporary annuity **Zeit·schalt·uhr** *f* time switch

Zeit·schei·be *f* INFORM time slice **Zeit·schei·ben·ver·fah·ren** *nt* INFORM time slicing

Zeit·schrift ['tsaitʃrɪft] *f* magazine; *(wissenschaftlich)* periodical, journal; **elektronisch vertriebene ~** electronic magazine

Zeit·schrif·ten·abon·ne·ment *nt* magazine subscription **Zeit·schrif·ten·bei·la·ge** *f* pull-out section **Zeit·schrif·ten·stän·der** *m* magazine rack **Zeit·schrif·ten·zu·stel·lung** *f* mailing of magazines

Zeit·schul·den *pl* ÖKON [time] deficit **Zeit·sicht·wech·sel** *m* FIN sight bill **Zeit·sol·dat** *m* regular soldier *(serving for a fixed term)* **Zeit·span·ne** *f* period of time **zeit·spa·rend** *adj* time-saving **Zeit·strö·mung** *f* contemporary trend **Zeit·ta·fel** *f* chronological table **Zeit·takt** *m* unit length; **in einem ~ von drei Minuten** every three minutes **zeit·ty·pisch** *adj* contemporary **Zeit·um·stel·lung** *f* changing the clocks

Zei·tung <-, -en> ['tsaitʊŋ] *f* newspaper, paper; **etw in die ~ bringen** to put sth in the paper; **bei einer ~ sein** *fam* [*o* **arbeiten**] to work for a newspaper

Zei·tungs·abon·ne·ment *nt* newspaper subscription **Zei·tungs·an·non·ce** *f* newspaper advertisement, ad *fam; (Geburt, Tod, Ehe)* announcement **Zei·tungs·an·zei·ge** *f* newspaper advertisement [*or fam* ad] **Zei·tungs·ar·ti·kel** *m* newspaper article **Zei·tungs·aus·schnitt** *m* newspaper cutting **Zei·tungs·aus·trä·ger(in)** *m(f)* paper boy/girl **Zei·tungs·bei·la·ge** *f* newspaper supplement **Zei·tungs·be·richt** *m* newspaper article [*or* report] **Zei·tungs·en·te** *f (fam)* canard, false newspaper report **Zei·tungs·in·ter·view** *nt* newspaper interview **Zei·tungs·jar·gon** [-ʒar'gõ:] *m* journalese **Zei·tungs·ki·osk** *m* newspaper kiosk [*or* stand] **Zei·tungs·le·ser(in)** *m(f)* newspaper reader; **~ sein** to like to read newspapers **Zei·tungs·mel·dung** *f* newspaper report **Zei·tungs·no·tiz** *f* newspaper item, brief report **Zei·tungs·pa·pier** *nt* newsprint, newspaper **Zei·tungs·re·dak·ti·on** *f editorial office of a newspaper* **Zei·tungs·re·kla·me** *f* newspaper advertising *no pl, no indef art* **Zei·tungs·stand** *m* news stand **Zei·tungs·stän·der** *m* [news]paper stand [*or* rack] **Zei·tungs·ver·käu·fer(in)** *m(f)* person selling newspapers **Zei·tungs·ver·lag** *m* newspaper publisher **Zei·tungs·ver·le·ger(in)** *m(f)* newspaper publisher **Zei·tungs·ver·trä·ger(in)** *m(f)* SCHWEIZ *s.* **Zeitungsausträger** **Zei·tungs·ver·triebs·ge·sell·schaft** *f* newspaper marketing company **Zei·tungs·we·sen** <-s> *nt kein pl* newspaper world [*or* trade] [*or* business], press **Zei·tungs·zar** *m (fam)* press baron **Zei·tungs·zu·stel·ler(in)** *m(f)* newspaper deliverer, paper boy [*or fem* girl]

Zeit·un·ter·schied *m* time difference **Zeit·ver·geu·dung** *f kein pl s.* **Zeitverschwendung** **Zeit·ver·lust** *m* loss of time; **ohne ~** without losing any time; **einen ~ aufholen** to make up time **Zeit·ver·schie·bung** *f* time difference **Zeit·ver·schwen·dung** *f kein pl* waste of time; **[reine] ~ sein, etw zu tun** to be a [total] waste of time to do sth **zeit·ver·setzt** *adj* staggered **Zeit·ver·trag** *m* temporary contract **Zeit·ver·treib** <-[e]s, -e> *m* pastime; **zum ~** to pass the time, as a way of passing the time; *(als Hobby)* as a pastime **Zeit·ver·zö·ge·rung** *f* time delay; **mit erheblicher ~** with considerable delay **Zeit·vor·ga·be** *f* ÖKON time standard, time-setting

zeit·wei·lig ['tsaitvailɪç] I. *adj* ❶ *(gelegentlich)* occasional
❷ *(vorübergehend)* temporary; **~ niedriger Stand** ÖKON intermittently low level
II. *adv s.* **zeitweise**

zeit·wei·se *adv* ❶ *(gelegentlich)* occasionally, at times
❷ *(vorübergehend)* temporarily

Zeit·wert *m* current value

Zeit·wert·pa·pier *nt* ❶ FIN term security
❷ *(fig)* working-time share *(overtime payments paid into a fund whose shares a worker can use to finance gradual early retirement or sell on to a colleague); s. a.* **Arbeitszeitkonto**

Zeit·wort *nt* LING verb **Zeit·zei·chen** *nt* time signal **Zeit·zeu·ge, -zeu·gin** *m, f (geh)* contemporary witness **Zeit·zo·ne** *f* time zone **Zeit·zün·der** *m* time fuse **Zeit·zün·dung** *f* time fuse

ze·le·brie·ren* [tsele'bri:rən] *vt* ❶ REL *(Messe lesen)* ■**etw ~** to celebrate sth
❷ *(hum geh: betont feierlich gestalten)* ■**etw ~** to celebrate sth; **ein Essen ~** to have a sumptuous [*or* BRIT slap-up] meal *fam*
❸ *(selten geh: feiern)* to celebrate; **jds Geburtstag ~** to celebrate sb's birthday

Zell·at·mung *f kein pl* BIOL cellular respiration **zell·bil·dend** *adj* BIOL cytogenous; **~e Eigenschaften** cytogenous properties **Zell·bil·dung** *f* BIOL cytogenesis **Zell·bio·lo·gie** *f* cell biology

Zel·le <-, -n> ['tsɛlə] *f* cell; *(Telefonzelle)* [phone] booth [*or* BRIT box]
▶WENDUNGEN: **die [kleinen] grauen ~n** *(hum fam)* one's grey matter

Zel·len·bil·dung *f* BIOL cell formation

Zell·er·neu·e·rung *f* BIOL cell renewal **Zell·fu·si·on** *f* BIOL, MED cell fusion **Zell·ge·we·be** *nt* BIOL cell tissue **Zell·hau·fen** *m* BIOL cell cluster, cluster of cells **Zelli·nie**[ALT] *f* BIOL *s.* **Zelllinie** **Zell·kern** *m* BIOL nucleus [of a/the cell] **Zell·kör·per** *m* BIOL cell body **Zell·kul·tur** *f* BIOL cell culture **Zell·li·nie**[RR] *f* BIOL cell line **Zell·mem·bran** *f* BIOL cell membrane

Zel·lo·phan <-s> [tsɛlo'fa:n] *nt kein pl s.* **Cellophan**

Zell·plas·ma *nt* BIOL cell plasma, cytoplasm *spec*

Zell·stoff ['tsɛlʃtɔf] *m* chemical pulp **Zell·stoff·che·mie** *f* cellulose chemistry **Zell·stoff·fa·ser** *f* CHEM, TECH pulp fibre [*or* AM fiber] **Zell·stoff·tuch** *nt* cellulose cloth [*or* fabric]

Zell·tei·lung *f* BIOL cell division

Zel·lu·li·tis <-, Zellulitiden> [tsɛlu'li:tɪs, *pl* -li'ti:dn̩] *f meist sing* MED cellulitis

Zel·lu·li·tis·creme *f* cellulitis cream

Zel·lu·loid <-[e]s> [tsɛlu'lɔyt] *nt kein pl* celluloid *no pl*

Zel·lu·lo·se <-, -n> [tsɛlu'lo:zə] *f* cellulose

Zell·wand *f* BIOL cell wall **Zell·wol·le** *f kein pl* rayon **Zell·wu·che·rung** *f* MED rampant cell growth

Zelt <-[e]s, -e> [tsɛlt] *nt* tent; *(Festzelt)* marquee; *(Zirkuszelt)* big top; **ein ~ aufschlagen** to pitch a tent; **das himmlische ~** *(liter)* the canopy *liter*
▶WENDUNGEN: **seine ~e abbrechen** *(hum fam)* to up sticks BRIT, to pack one's bags; **seine ~e irgendwo aufschlagen** *(hum fam)* to settle down somewhere

Zelt·bahn *f* strip of canvas **Zelt·bla·che** <-, -n> [-blaxə] *f* SCHWEIZ *(Zeltplane)* tarpaulin

Zelt·dach *nt* ARCHIT ❶ *(pyramidenförmiges Hausdach)* pyramid roof
❷ *(als Dach gespannte Zeltplane)* tent-roof

zel·ten ['tsɛltn̩] *vi* to camp [somewhere]; **~ gehen** to go camping

Zel·ten[1] <-s> ['tsɛltn̩] *nt* camping; **~ *verboten!*** no camping!

Zel·ten[2] <-s, -> ['tsɛltn̩] *m* SÜDD, ÖSTERR *(veraltend)*
❶ *(kleiner Lebkuchen) small flat gingerbread*
❷ *(Früchtebrot)* fruit bread

Zel·ter(in) <-s, -> ['tsɛltɐ] *m(f)* camper

Zel·ter <-s, -> ['tsɛltɐ] *m* palfrey

Zelt·la·ger *nt* camp **Zelt·lei·ne** *f* guy rope **Zelt·lein·wand** *f kein pl* canvas **Zelt·mast** *m* tent pole **Zelt·pflock** *m* tent peg **Zelt·pla·ne** *f* tarpaulin **Zelt·platz** *m* campsite **Zelt·stan·ge** *f* tent pole

Ze·ment <-[e]s, -e> [tse'mɛnt] *m* ❶ BAU cement; *(Zementfußboden)* cement floor
❷ MED *(Zahnzement)* [dental] cement

Ze·ment·fuß·bo·den *m* cement floor

ze·men·tie·ren* [tsemɛn'ti:rən] *vt* ❶ BAU ■**etw ~** to cement sth
❷ *(geh: festigen)* ■**etw ~** to cement sth; **ein politisches System ~** to reinforce a political system

Ze·ment·leim *m* BAU cement slurry **Ze·ment·mör·tel** *m* BAU cement mortar **Ze·ment·schläm·me** *f* BAU cement grout

Zen-Bud·dhis·mus <-> ['zɛn-, 'tsɛn-] *m kein pl* REL

Zen Buddhism

Ze·nit <-[e]s> [tse'ni:t] *m kein pl* ❶ ASTRON *(Scheitelpunkt)* zenith
❷ *(geh: Höhepunkt)* zenith; **im ~ einer S.** *gen* **stehen** to be at the peak of sth; ***er stand im ~ seiner Karriere*** he was at the peak of his career

zen·sie·ren* [tsɛn'zi:rən] *vt* ❶ *(der Zensur unterwerfen)* ■**etw** ~ to censor sth
❷ SCH ■**etw** ~ to mark [*or* grade] sth, to give sth a mark [*or* grade]; **etw schlechter** ~ to mark down sth *sep,* to give sth a lower grade

Zen·sor, Zen·so·rin <-s, -en> ['tsɛnzo:ɐ̯, tsɛn'zo:rɪn, *pl* -'zo:rən] *m, f* censor

Zen·sur <-, -en> [tsɛn'zu:ɐ̯] *f* ❶ SCH mark; **jdm eine bestimmte ~ geben** to give sb a certain mark; **schlechte/gute ~en bekommen** to get [*or* obtain] good/poor marks; **schlechte/gute ~en geben** to give low/high marks
❷ *kein pl (prüfende Kontrolle)* censorship, the censors *pl; Filme* board of censors; **einer ~ unterliegen** to be subject to censorship

zen·su·rie·ren* [tsɛnzu'ri:rən] *vt* ÖSTERR, SCHWEIZ *s.* **zensieren**

Zen·sur·ver·bot *nt* JUR prohibition of censorship

Zen·sus <-, -> ['tsɛnzʊs] *m* census

Zen·ti·gramm [tsɛnti'gram] *nt* centigram[me] **Zen·ti·li·ter** [tsɛnti'li:tɐ] *m o nt* centilitre [*or* AM -er] **Zen·ti·me·ter** [tsɛnti'me:tɐ] *m o nt* centimetre [*or* AM -er] **Zen·ti·me·ter·maß** *nt* [metric] tape measure

Zent·ner <-s, -> ['tsɛntnɐ] *m* [metric] hundredweight; ÖSTERR, SCHWEIZ 100kg

Zent·ner·last *f (geh)* heavy burden; ***mir fiel eine ~ vom Herzen*** it was a great load [*or* weight] off my mind

zent·ner·schwer **I.** *adj* ❶ *(zig Kilo schwer)* [heavy] weight
❷ *(fig)* heavy *fig;* **~ auf jdm/jds Seele lasten** to weigh sb down/weigh heavy on sb's mind
II. *adv* heavily

zent·ner·wei·se *adv* by the hundredweight

zen·tral [tsɛn'tra:l] **I.** *adj* central; **von ~er Bedeutung sein** to be central to sth
II. *adv* centrally

Zen·tral·abi·tur *nt national A-level examination board*

Zen·tral·af·ri·ka *nt* central Africa

Zen·tral·af·ri·ka·ner(in) <-s, -> *m(f)* Central African

zen·tral·af·ri·ka·nisch *adj* Central African

Zen·tral·af·ri·ka·ni·sche Re·pub·lik *f s.* **Zentralafrika**

Zen·tral·ame·ri·ka <-s> *nt* Central America

Zen·tral·bank *f* FIN central bank

Zen·tral·ban·ken·sys·tem *nt* central banking system

zen·tral·bank·fä·hig *adj* FIN eligible

Zen·tral·bank·geld *nt* central bank [*or* AM Federal Reserve Bank] money **Zen·tral·bank·rat** *m* board [*or* council] of a/the central bank BRIT, Federal Reserve Board [*or* AM *fam* [the] Fed] **Zen·tral·bank·sta·tut** *nt* central bank statute

Zen·tral·bib·lio·thek *f* central library

Zen·tra·le <-, -n> [tsɛn'tra:lə] *f* ❶ *(Hauptgeschäftsstelle: Bank, Firma)* head office; *(Militär, Polizei, Taxiunternehmen)* headquarters + *sing/pl vb; (Busse)* depot; *(Schaltzentrale)* central control [office]
❷ TELEK exchange; *Firma* switchboard

Zen·tral·ein·heit *f* INFORM CPU, central processing unit **Zen·tral·ein·kauf** *m* ÖKON central purchasing **Zen·tral·ge·walt** *f* POL centralized power **Zen·tral·hei·zung** *f* central heating **Zen·tral·in·sti·tut** *nt* central institute

Zen·tra·li·sa·ti·on <-, -en> [tsɛntraliza'tsi̯o:n] *f s.* **Zentralisierung**

zen·tra·li·sie·ren* [tsɛntrali'zi:rən] *vt* ■**etw** ~ to centralize sth

Zen·tra·li·sie·rung <-, -en> *f* centralization

Zen·tra·lis·mus <-> [tsɛntra'lɪsmʊs] *m kein pl* centralism

zen·tra·lis·tisch [tsɛntra'lɪstɪʃ] **I.** *adj* centralist
II. *adv* centralist

Zen·tral·kas·se *f* FIN *der Volksbanken* clearing-house for credit cooperatives **Zen·tral·ko·mi·tee** *nt* central committee **Zen·tral·mas·siv** *nt kein pl* GEOG central massif **Zen·tral·ner·ven·sys·tem** *nt* central nervous system **Zen·tral·no·ten·bank** *f* FIN central bank, BRIT Bank of England, AM Federal Reserve Bank **Zen·tral·or·gan** *nt* ❶ POL *(Parteizeitung)* central [*or* official] organ, mouthpiece ❷ BIOL *(Organ)* central organ **Zen·tral·rat** *m* central committee **Zen·tral·rech·ner** *m* INFORM mainframe **Zen·tral·re·gie·rung** *f* central government **Zen·tral·schweiz, In·ner·schweiz** *f central Switzerland, namely the Cantons of Uri, Schwyz, Unterwalden, Lucerne and Zug* **Zen·tral·stel·le** *f* central point, control centre [*or* AM -er]; **~ für die Vergabe von Studienplätzen** ≈ University Central Admissions Service BRIT **Zen·tral·ver·band** *m* umbrella organization **Zen·tral·ver·rie·ge·lung** <-, -en> *f* AUTO central [door] locking **Zen·tral·ver·schluss**[RR] *m* leaf shutter **Zen·tral·ver·wal·tung** *f* centralized administration, central government **Zen·tral·zi·vil·ge·richt** *nt* JUR High Court of Justice BRIT

Zen·tren *pl von* **Zentrum**

zen·trie·ren* [tsɛn'tri:rən] *vt* ■**etw** ~ to centre [*or* AM -er] sth

Zen·trie·rung <-, -en> *f* centring BRIT, centering AM

zen·tri·fu·gal [tsɛntrifu'ga:l] *adj* centrifugal

Zen·tri·fu·gal·kraft *f* centrifugal force

Zen·tri·fu·ge <-, -n> [tsɛntri'fu:gə] *f* centrifuge

zen·tri·pe·tal [tsɛntripe'ta:l] *adj* centripetal

Zen·tri·pe·tal·kraft *f kein pl* centripetal force

zen·trisch ['tsɛntrɪʃ] *adj (fachspr)* ❶ *(einen Mittelpunkt besitzend) Kreis* centric
❷ *(im/durch den Mittelpunkt)* central, through the centre [*or* AM -er]

Zen·trum <-s, Zentren> ['tsɛntrʊm, *pl* 'tsɛntrən] *nt* ❶ *(Mittelpunkt)* centre [*or* AM -er]; **im ~ des Interesses [stehen]** [to be] the centre of attention; ***es ist nicht weit ins ~*** it is not far to the [town] centre
❷ *(zentrale Stelle)* centre [*or* AM -er]

Zep·pe·lin <-s, -e> ['tsɛpəli:n] *m* zeppelin

Zep·ter <-s, -> ['tsɛptɐ] *nt* sceptre [*or* AM -er]; **das ~ führen** [*o fam* **schwingen**] to wield the sceptre

Zer <-s> [tse:ɐ̯] *nt kein pl* CHEM cerium *no pl*

zer·bei·ßen* [tsɛɐ̯'baisn̩] *vt irreg* ❶ *(kaputtbeißen)* ■**etw** ~ to chew sth; **ein Bonbon/ein Keks** ~ to crunch a sweet [*or* AM [piece of] candy]/biscuit [*or* AM *a.* cookie]; **die Hundeleine/-kette** ~ to chew through the dog lead/chain
❷ *(überall stechen)* ■**jdn** ~ *Stechmücke* to bite sb

Zer·beiß·kap·sel *f* chewable tablet

zer·bers·ten* *vi irreg sein* to burst; *Glas, Vase* to shatter

Zer·be·rus <-> ['tsɛrberʊs] *m kein pl* MYTH ■**der** ~ Cerberus
►WENDUNGEN: **wie ein** ~ like a watchdog

zer·beu·len* *vt* ■**etw** ~ to dent sth

zer·beult *adj* battered

zer·bis·sen *pp von* **zerbeißen**

zer·bom·ben* *vt* ■**etw** ~ to flatten sth with bombs, to bomb sth to smithereens

zer·bre·chen* *irreg* **I.** *vt haben* ❶ *(in Stücke zerbrechen)* ■**etw** ~ to break sth into pieces; **ein Glas/einen Teller** ~ to smash [*or* shatter] a glass/plate; **eine Kette** ~ to break [*or* sever] a chain
❷ *(zunichtemachen)* to break down; **jds Lebenswille** ~ to destroy sb's will to live; **eine Freundschaft** ~ to destroy [*or* break up] a friendship; *s. a.* **Kopf**
II. *vi sein* ❶ *(entzweibrechen)* to break into pieces
❷ *(in die Brüche gehen)* to destroy; *Partnerschaft* to break up
❸ *(seelisch zugrunde gehen)* ■**an etw** *dat* ~ to be destroyed by sth

zer·brech·lich *adj* ❶ *(leicht zerbrechend)* fragile; ***Vorsicht,*** ~ fragile, handle with care
❷ *(geh: zart)* frail

zer·bro·chen *pp von* **zerbrechen**

zer·brö·ckeln* **I.** *vt haben* ■**etw** ~ to crumble sth
II. *vi sein* to crumble

zer·brö·selt *adj* crumbly

zer·dep·pern* [tsɛɐ̯'dɛpɐn] *vt (fam)* ■**etw** ~ to smash sth

zer·detscht [tsɛɐ̯'dɛtʃt] *adj (fam)* crumpled, squashed

zer·drü·cken* *vt* ❶ ■**etw** ~ *(zu einer Masse pressen)* to crush [*or* squash] sth; **eine Knoblauchzehe** ~ to crush a clove of garlic; **Kartoffeln** ~ to mash potatoes
❷ *(durch Druck zerstören)* **eine Zigarette** ~ to stub out a cigarette
❸ *(zerknittern)* **Stoff** ~ to crush [*or* crease] [*or* crumple] fabric
❹ *(fam)* **ein paar Tränen** ~ to squeeze out tears

Ze·re·a·lie [tsere'a:li̯ə] *f meist pl* ■**~n** *pl* cereals *pl,* grain *no pl*

ze·re·bral [tsere'bra:l] *adj* ❶ MED cerebral
❷ LING cacuminal, cerebral
❸ *(selten geh: intellektuell)* cerebral

Ze·re·mo·nie <-, -n> [tseremo'ni:, -'mo:ni̯ə, *pl* -mo'ni:ən, -'mo:ni̯ən] *f* ceremony

ze·re·mo·ni·ell [tseremo'ni̯ɛl] **I.** *adj (geh)* ceremonial, formal
II. *adv (geh)* ceremonially

Ze·re·mo·ni·ell <-s, -e> [tseremo'ni̯ɛl] *nt (geh)* ceremonial

Ze·re·mo·ni·en·meis·ter [tsere'mo:ni̯ənmaistɐ] *m* master of ceremonies

zer·fah·ren *adj* scatty, distracted

Zer·fah·ren·heit <-> *f kein pl (Unkonzentriertheit)* distraction; *(Schusseligkeit)* scattiness

Zer·fall *m* ❶ *kein pl (das Auflösen)* disintegration *no pl; Fassade, Gebäude* decay; *Leiche, Holz* decomposition
❷ NUKL decay
❸ *(das Auseinanderbrechen)* decline; *Land, Kultur* decline, decay, fall

zer·fal·len* *vi irreg sein* ❶ *(sich zersetzen)* to disintegrate; *Fassade, Gebäude* to disintegrate, to decay, to fall into ruin; *Körper, Materie* to decompose; *Atom* to decay; *Gesundheit* to decline
❷ *(auseinanderbrechen) Reich, Sitte* to decline, to fall
❸ NUKL to decay; CHEM to decompose; **in Ionen** ~ to dissociate to ions
❹ *(sich gliedern)* ■**in etw** *akk* ~ to fall into sth
❺ *(sich verfeinden)* ■**mit jdm** ~ to fall out with sb

Zer·falls·er·schei·nung *f* sign of decay **Zer·falls·ge·schwin·dig·keit** *f* rate of decay **Zer·falls·kon·stan·te** *f* NUKL decay constant **Zer·falls·pro·dukt** *nt* NUKL daughter product **Zer·falls·pro·zess**[RR] *m kein pl* decomposition **Zer·falls·ra·te** *f* NUKL decay rate **Zer·falls·rei·he** *f* NUKL decay chain

zer·fet·zen* *vt* ❶ *(klein reißen)* ■**etw** ~ to tear [*or* rip] sth up [into tiny pieces]; **einen Körper** ~ to mangle a body, to tear a body to pieces
❷ *(zerreißen)* ■**jdn/etw** ~ to tear [*or* rip] sb/sth to pieces [*or* shreds]

zer·fetzt *adj* ragged, torn [apart]

zer·fled·dern* [tsɛɐ̯'flɛdɐn], **zer·fle·dern*** [tsɛɐ̯'fle:dɐn] *vt (fam)* ■**etw** ~ to get sth tatty [*or* dog-eared]

zer·flei·schen* [tsɛɐ̯'flaiʃn̩] **I.** *vt* ■**jdn/ein Tier** ~ to tear sb/an animal limb from limb [*or* to pieces]
II. *vr* ❶ *(sich quälen)* ■**sich** *akk* ~ to torture oneself
❷ *(sich streiten)* ■**sich** *akk* ~ to tear each other apart *fig*

zer·flie·ßen* *vi irreg sein* ❶ *(sich verflüssigen) Butter, Make-up, Salbe* to run; *Eis* to melt
❷ *(etw übertrieben zur Schau stellen)* ■**vor etw** *dat* ~ to be overcome with sth; **vor Mitleid** ~ to be overcome with compassion; **in Tränen** ~ to dissolve in[to] tears
❸ CHEM *Kristalle* to deliquescent

zer·flos·sen *pp von* **zerfließen**

zer·franst *adj* frayed

zer·fres·sen* *vt irreg* ■**etw** ~ to eat sth away
❶ *(korrodieren)* to corrode sth
❷ *(durch Fraß zerstören)* to eat sth, to gnaw on/at

sth; ***von Motten/Würmern*** to be moth-/worm-eaten

❸ MED *(durch Wuchern zerstören)* to eat sth

zer·fur·chen* *vt* ■**etw** ~ to furrow sth; ***Wind und Wetter hatten das Gesicht des alten Matrosen zerfurcht*** the elements had lined the old seaman's face

zer·furcht I. *pp von* **zerfurchen**

II. *adj Gesicht* furrowed

zer·gan·gen *pp von* **zergehen**

zer·ge·hen* *vi irreg sein (schmelzen)* ■**auf etw** *dat*/**in etw** *dat* ~ to melt in/on sth; ***dieses Filetsteak ist so zart, dass es auf der Zunge zergeht*** this steak is so tender that it simply dissolves in your mouth; **vor Mitleid** ~ to be overcome with pity

zer·glie·dern* *vt* ❶ *(physisch auseinandernehmen)* ■**etw** ~ to dismember sth; BIOL to dissect sth

❷ *(logisch auseinandernehmen)* **einen Satz** ~ to parse [*or fig* analyze [*or* BRIT *a.* -se]] a sentence

zer·ha·cken* *vt* ■**etw** [**in etw** *akk*] ~ to chop sth up [into sth]

zer·hau·en *vt* ■**etw** ~ to chop up sth *sep; (in zwei Teile)* to chop sth in two

zer·kau·en* *vt* ■**etw** ~ ❶ *(durch Kauen zerkleinern)* to chew sth

❷ *(durch Kauen beschädigen)* to chew sth up; **die Fingernägel** ~ to chew on [*or* bite] one's fingernails

zer·klei·nern* [tsɛɐ̯ˈklainɐn] *vt* ■**etw** ~ to cut up sth; **Holz** ~ to chop wood; **eine Zwiebel** ~ to finely chop an onion; **Pfefferkörner** ~ to crush peppercorns

zer·klüf·tet [tsɛɐ̯ˈklʏftət] *adj* rugged; **tief ~es Gestein** rock with deep fissures, deeply fissured rock

zer·knaut·schen* *vt (fam)* ■**etw** ~ to crease [*or* crumple] sth; ***er kam völlig zerknautscht an*** he arrived looking somewhat the worse for wear

zer·knirscht [tsɛɐ̯ˈknɪrʃt] *adj* remorseful, overcome with remorse

Zer·knirscht·heit <-> *f kein pl* remorse *no pl*

Zer·knir·schung <-> *f kein pl* remorse *no pl*

zer·knit·tern* *vt* ■**etw** ~ to crease [*or* crumple] sth; **ein zerknittertes Gesicht** a wrinkled face

zer·knül·len* *vt* ■**etw** ~ to crumple [*or fam* scrunch] up sth [into a ball] *sep*

zer·ko·chen* *vi sein* to cook to a pulp; ■**zerkocht** overcooked

zer·krat·zen* *vt* ■**jdn/etw** ~ to scratch sb/sth

zer·krie·gen *vt* ÖSTERR to quarrel

zer·krü·meln* *vt* to crumble; *Erde* to loosen

zer·las·sen* *vt irreg* KOCHK ■**etw** ~ to melt [*or* dissolve] sth

zer·lau·fen* *vi irreg sein s.* **zerfließen 1**

zer·leg·bar *adj* able to be dismantled [*or* taken apart]; **~es Element** PHYS fissile element

zer·le·gen* *vt* ❶ KOCHK ■**etw** ~ to cut [up] sth *sep;* **den Braten** ~ to carve the roast; BIOL to dissect sth

❷ *(auseinandernehmen)* ■**etw** ~ to take sth apart [*or* to pieces]; **eine Maschine** ~ to dismantle a machine; **ein Getriebe/einen Motor** ~ to strip down a transmission/motor

❸ *(analysieren)* **eine Theorie** ~ to break down a theory; **einen Satz** ~ to analyze [*or* BRIT *a.* -se] a sentence; MATH to reduce [to]

❹ CHEM **eine Verbindung in ihre Bestandteile** ~ to decompose a compound in its components

Zer·le·gung <-, -en> *f* ❶ KOCHK carving

❷ *(das Zerlegen)* dismantling, taking apart [*or* to pieces]

Zer·le·gungs·be·scheid *m* FIN notice of apportionment **Zer·le·gungs·stich·tag** *m* FIN dismantlement [*or* break-up] date **Zer·le·gungs·ver·fah·ren** *nt* dismantlement procedure

zer·le·sen *adj* well-thumbed

zer·lumpt *adj* ragged, tattered

zer·mah·len* *vt* ■**etw** ~ to crush sth

zer·mal·men* *vt* ■**jdn/etw** ~ to crush sb/sth; **zu Brei** ~ to crush to a pulp, to pulverize

zer·man·schen* *vt (fam)* ■**jdn/etw** ~ to squash sb/sth to a pulp, to mash sb/sth

zer·mar·tern* *vt* to torment

▶WENDUNGEN: **sich** *dat* **den Kopf** [*o* **das Hirn**] ~ to rack [*or* BRIT cudgel] one's brain

zer·mat·schen* [tsɛɐ̯ˈmatʃn] *vt* ■**etw** ~ to squash sth

zer·mür·ben* [tsɛɐ̯ˈmʏrbn̩] *vt* ■**jdn** ~ to wear sb down

zer·na·gen* *vt* ■**etw** ~ to chew sth to pieces; *Nagetier* to gnaw sth to pieces

zer·nepft [tsɛɐ̯ˈnɛpft] *adj* ÖSTERR dishevelled

Ze·ro·bond <-[s], -s> [ˈzeːrobɔnt] *m* BÖRSE *(Null-Kupon-Anleihe)* zero bond

zer·pflü·cken* *vt* ■**etw** ~ to pluck sth; *(fig)* to pick sth to pieces

zer·plat·zen* *vi sein* to burst; *Glas* to shatter

zer·quet·schen* *vt* ❶ *(zermalmen)* ■**jdn/etw** ~ to squash [*or* crush] sb/sth

❷ *(zerdrücken)* ■**etw** ~ to mash sth

▶WENDUNGEN: **eine Träne** ~ *(fam)* to squeeze out a tear

Zer·quetsch·te *pl* ▶WENDUNGEN: **... und ein paar** ~ *(fam)* ***20 Euro und ein paar*** ~ 20 euros sth [or other], 20 euros odd

zer·rau·fen* *vr* **sich** *dat* **die Haare** ~ to ruffle one's hair

Zerr·bild *nt* distorted picture, caricature *fig,* travesty

zer·re·den* *vt* ■**etw** ~ to flog sth to death *fig fam*

zer·rei·ben* *vt irreg* ■**etw** ~ to crush [*or* crumble] sth

zer·rei·ßen* *irreg* **I.** *vt haben* ❶ *(in Stücke reißen)* ■**etw** ~ to tear sth to pieces [*or* shreds]

❷ *(durchreißen)* ■**etw** ~ to tear sth; **einen Brief/Scheck** ~ to tear up a letter/cheque [*or* AM check]

❸ *(mit den Zähnen in Stücke reißen)* ■**jdn/ein Tier/etw** ~ to tear sb/an animal/sth apart

❹ *(zerfetzen)* ■**jdn** ~ to rip sb to shreds

▶WENDUNGEN: **jdn** ~ **können** *(fam)* to tear a strip off sb

II. *vi sein* to tear; *Seil, Faden* to break

III. *vr haben (fam: sich überschlagen)* ■**sich** *akk* **vor etw** *dat* ~ to go to no end of trouble to do sth

▶WENDUNGEN: **ich kann mich doch nicht ~!** *(fam)* I can't be in two places at once; **ich könnte mich vor Wut ~!** *(fam)* I'm hopping mad! *fam*

Zer·reiß·pro·be *f* real test

zer·ren [ˈtsɛrən] **I.** *vt* ■**jdn/etw irgendwohin** ~ to drag sb/sth somewhere; **etw an die Öffentlichkeit** ~ to drag sth into the public eye

II. *vi* ❶ *(ruckartig ziehen)* ■**an etw** *dat* ~ to tug [*or* pull] at sth; ***an den Nerven*** ~ to be nerve-racking

❷ *(abzureißen versuchen)* ■**an etw** *dat* ~ to tug at sth

III. *vr* MED ■**sich** *dat* **etw** ~ to pull [*or* strain] sth; ***ich habe mir beim Sport einen Muskel gezerrt*** I pulled a muscle doing sports

zer·rin·nen* *vi irreg sein (geh)* ❶ *(zunichtewerden)* to melt [*or* fade] away

❷ *(ausgegeben werden)* to disappear; **das Geld zerrinnt mir unter den Händen/zwischen den Fingern** money runs through my hands/slips through my fingers like water; **die Zeit zerrinnt mir unter den Händen** I keep losing track of time

zer·ris·sen *adj Mensch* [inwardly] torn; *Partei, Volk* disunited

Zer·ris·sen·heit <-> *f kein pl Mensch* [inner] conflict; *Partei, Volk* disunity

Zerr·spie·gel *m* distorting mirror

Zer·rung <-, -en> *f* MED pulled muscle

zer·rüt·ten* [tsɛɐ̯ˈrʏtn̩] *vt* ■**etw** ~ to destroy [*or* ruin] [*or* wreck] sth; **eine Ehe** ~ to ruin [*or* destroy] a marriage; **eine zerrüttete Ehe/Familie** a broken marriage/home; **jds Geist** ~ to break sb's spirit; **jds Nerven** ~ to shatter sb's nerves; **sich** *akk* **in einem zerrütteten Zustand befinden** to be in a bad way

Zer·rüt·tungs·prin·zip *nt kein pl* JUR principle of irretrievable breakdown *(of a marriage)*

zer·sä·gen* *vt* ■**etw** ~ to saw sth up

zer·schel·len* *vi sein Flugzeug, Schiff* to be dashed [*or* smashed] to pieces; *Krug, Vase* to be smashed to pieces [*or* smithereens]

zer·schie·ßen* *vt irreg* ■**etw** ~ to shoot sth to pieces

zer·schla·gen*¹ *irreg* **I.** *vt* ❶ *(durch Schläge zerbrechen)* ■**etw** ~ to smash sth to pieces [*or* smithereens], to shatter [*or* destroy] sth

❷ *(zerstören)* ■**etw** ~ to break up [*or* destroy] sth; **ein Drogenkartell** ~ to break up [*or* smash] a drug ring; **einen Angriff/die Opposition** ~ to crush an attack/the opposition; **einen Plan** ~ to shatter a plan

II. *vr (nicht zustande kommen)* ■**sich** *akk* ~ to fall through; **meine Hoffnungen haben sich** ~ my hopes have been shattered

zer·schla·gen² *adj pred* shattered, worn-out

Zer·schla·gen·heit *f* exhaustion

Zer·schla·gung <-, -en> *f pl selten* suppression; *Hoffnungen, Pläne* shattering

Zer·schla·gungs·ver·mö·gen *nt* FIN break-up assets *pl* **Zer·schla·gungs·wert** *nt* FIN break-up value

zer·schlis·sen *adj s.* **verschlissen**

zer·schmei·ßen* *vt irreg (fam)* ■**etw** ~ to shatter sth, to smash sth to pieces

zer·schmet·tern* *vt* ■**etw** ~ to shatter [*or* smash] sth

zer·schnei·den* *vt irreg* ❶ *(in Stücke schneiden)* ■**etw** ~ to cut up sth *sep*

❷ *(durchschneiden)* ■**etw** ~ to cut sth in two; **die Stille** ~ to pierce the silence *fig;* **jdm das Herz** ~ to break sb's heart *fig*

zer·schos·sen *pp von* **zerschießen**

zer·schram·men* *vt* ■**etw** ~ to scratch sth badly; ■**sich** *dat* **etw** ~ to scratch oneself [badly]

zer·set·zen* **I.** *vt* ❶ *(auflösen)* ■**etw** ~ *Säure* to corrode sth; CHEM to decompose sth; **eine Leiche** ~ to decompose a body; **etw durch Säure** ~ to decompose sth by acid

❷ *(untergraben)* ■**etw** ~ to undermine [*or* subvert] sth

II. *vr (sich auflösen)* ■**sich** *akk* ~ to decompose; **der Kadaver/die Leiche zersetzt sich** the cadaver/dead body is decomposing

zer·set·zend *adj (pej)* subversive

Zer·set·zung <-> *f kein pl* ❶ *(Auflösung)* decomposition; *(durch Säure)* corrosion

❷ *(Untergrabung)* undermining, subversion; *Gesellschaft* decline, decay

Zer·set·zungs·pro·duk·te *pl* MED products of decomposition **Zer·set·zungs·pro·zess^RR** *m* decomposition; *(fig)* decline, decay

zer·sie·deln* *vt* ÖKOL ■**etw** ~ to spoil sth [by development]

Zer·sie·de·lung, Zer·sied·lung <-, -en> *f* ÖKOL urban sprawl, overdevelopment

zer·spal·ten* *vt* ■**etw** ~ to split sth

zer·split·tern* **I.** *vt haben* ■**etw** ~ to shatter sth; **seine Kräfte/Zeit** ~ to dissipate [*or* squander] one's energies/time; **eine Gruppe/Partei** ~ to fragment a group/party

II. *vi sein* to shatter; *Holz, Knochen* to splinter

Zer·split·te·rung *f* splintering, shattering; POL fragmentation

zer·spren·gen* *vt* **die Menge** ~ to disperse [*or* scatter] the crowd

zer·sprin·gen* *vi irreg sein* ❶ *(zerbrechen)* to shatter

❷ *(einen Sprung bekommen)* to crack; ■**zersprungen** cracked

❸ *(zerspringen) Saite* to break

zer·stamp·fen* *vt* ❶ *(zerkleinern)* ■**etw** ~ to crush sth; **Kartoffeln** ~ to mash potatoes

❷ *(völlig zertreten)* ■**jdn/etw** ~ to stamp [*or* trample] on sb/sth

zer·stäu·ben* *vt* ■**etw** ~ to spray sth

Zer·stäu·ber <-s, -> *m* spray; *(Parfüm)* atomizer

zer·ste·chen* *vt irreg* ❶ *(durch Stiche beschädigen)* ■**etw** ~ to stab sth [repeatedly], to lay into sth with a knife; **sich** *akk* **den Finger** ~ to prick one's finger [several times]

❷ *(durch Bisse verletzen)* ■**jdn/etw** ~ *Mücken, Moskitos* to bite sb/sth [all over]; *Bienen, Wespen* to sting sb/sth [all over]

zer·stie·ben* *vi irreg sein (geh)* to scatter; *Wasser* to spray

zer·sto·chen I. *pp von* **zerstechen**
II. *adj von Stechmücken* covered in bites, bitten all over

zer·stör·bar *adj* destructible; **nicht ~** indestructible

zer·stö·ren* *vt* ■**etw ~** ① *(kaputtmachen)* to destroy sth
② *(zugrunde richten)* to ruin sth; **eine Ehe/die Gesundheit ~** to ruin [*or* wreck] a marriage/one's health

Zer·stö·rer <-s, -> *m* NAUT destroyer

Zer·stö·rer(in) <-s, -> *m(f)* destroyer

zer·stö·re·risch I. *adj* destructive; ***die ~e Wirkung des Wirbelsturmes war verheerend*** the destructive effect of the tornado was devastating
II. *adv* destructively

zer·stört *adj* destroyed; *Häuser, Stadt* ruined; **~e Hoffnungen/Illusionen** dashed hopes/shattered illusions
▸WENDUNGEN: **am Boden zerstört sein** to be shattered [*or* devastated]

Zer·stö·rung <-, -en> *f* ① *kein pl (das Zerstören)* destruction *no pl*
② *(Verwüstung)* wrecking, ruining; *Katastrophe, Krieg* destruction *no pl,* devastation *no pl*

Zer·stö·rungs·trieb *m kein pl* PSYCH destructive urge [*or* impulse] **Zer·stö·rungs·wahn** *m kein pl* MED detrimental delusion **Zer·stö·rungs·wut** *f kein pl* destructive frenzy [*or* fury]; **in blinder ~** in a wild frenzy of destruction

zer·sto·ßen* *vt irreg* ■**etw ~** to crush [*or* grind] sth; CHEM *Kristalle* to triturate sth; **Gewürze im Mörser ~** to grind spices using a pestle and mortar

zer·strei·ten* *vr irreg* ■**sich** *akk* **[über etw** *akk*/**wegen einer S.** *gen*] **~** to quarrel [about sth], to fall out [over sth]; ■**sich** *akk* **mit jdm [über etw** *akk*] **~** to quarrel with sb [over sth]; ■**zerstritten** estranged, to not be on speaking terms [with each other]; ■**mit jdm [über etw** *akk*] **zerstritten sein** to be on bad terms with sb

zer·streu·en* I. *vt* ① *(auseinandertreiben)* ■**etw ~** to disperse sth; ***berittene Polizisten zerstreuten die Menge*** mounted police dispersed the crowd
② *(unterhalten)* ■**jdn ~** to take sb's mind off sth, to divert sb; ■**sich** *akk* **~** to amuse oneself
③ *(durch Zureden beseitigen)* **Ängste/Sorgen ~** to dispel [*or form* allay] fears/worries
④ *(verteilen)* to scatter; **Licht ~** to diffuse light
II. *vr* ■**sich** *akk* **~** ① *(auseinandergehen)* to scatter; *Menge* to disperse
② *(auseinandertreiben)* to disperse
③ *(sich auflösen)* to be dispelled [*or form* allayed]

zer·streut *adj* ① *(gedankenlos)* absent-minded
② *(weit verteilt)* scattered; ***meine Verwandten sind über ganz Europa ~*** my relatives are scattered all over Europe

Zer·streut·heit <-> *f kein pl* absent-mindedness *no pl*

Zer·streu·ung <-, -en> *f* ① *(unterhaltender Zeitvertreib)* diversion; **zur ~** as a diversion
② *(Verteilung)* scattering, dispersal
③ *s.* **Zerstreutheit**

zer·strit·ten *adj* estranged

zer·stü·ckeln* *vt* ① *(zerschneiden)* ■**etw ~** to cut up sth *sep;* **eine Leiche ~** to dismember a body
② *(aufteilen)* **eine Parzelle Land ~** to carve [*or* divide] up a piece of land *fig;* **den Tag ~** to break up the day

Zer·stü·cke·lung <-, -en> *f* dismemberment, division

zer·tei·len* I. *vt (geh)* ■**etw [in etw** *akk*] **~** to cut up sth *sep* [into sth]; **etw in zwei Teile ~** to divide sth into two pieces/parts
▸WENDUNGEN: **ich kann mich nicht ~** I can't be in two places at once
II. *vr (geh)* ■**sich** *akk* **~** *Wolken, Wolkendecke* to part

Zer·ti·fi·kat <-[e]s, -e> [tsɛrtifiˈkaːt] *nt* certificate; FIN *(Investmentzertifikat)* investment trust certificate [*or* unit certificate]; **~ für Namensaktien** certificate for registered stock

zer·ti·fi·zie·ren* [tsɛrtifiˈtsiːrən] *vt (geh o fachspr)* ■**etw ~** to certify sth

Zer·ti·fi·zie·rung <-, -en> *f* certification

Zer·ti·fi·zie·rungs·in·sti·tut *nt bei E-Cash* certifying institute **Zer·ti·fi·zie·rungs·stel·le** *f* certification centre [*or* AM -er]

zer·tram·peln* *vt* ■**etw ~** to trample on sth

zer·tren·nen* *vt* to sever, to cut through; **die Nähte ~** to undo the seams

zer·tre·ten* *vt irreg* ■**etw ~** to crush sth [underfoot]; **den Rasen ~** to ruin the lawn
▸WENDUNGEN: **jdn wie einen Wurm ~** to grind sb into the ground

zer·trüm·mern* [tsɛɐ̯ˈtrʏmɐn] *vt* to smash; **ein Gebäude/die Ordnung ~** to wreck [*or* destroy] a building/the order; ***während der Sturmflut wurden viele Boote am Strand zertrümmert*** at the height of the storm many boats were dashed against the shore

Zer·ve·lat·wurst [tsɛrvəˈlaːt-, zɛ-] *f* cervelat

zer·wüh·len* *vt* ■**etw ~** to ruffle sth up *sep,* to tousle; **das Bett/die Kopfkissen ~** to rumple [up] the bed/pillows; **den Acker/die Erde ~** to churn up the field/earth

Zer·würf·nis <-ses, -se> [tsɛɐ̯ˈvʏrfnɪs] *nt (geh)* row, disagreement; **ein ernstes ~** a serious disagreement

zer·zau·sen* *vt* to ruffle; ***der Wind zerzauste ihr das Haar*** the wind tousled her hair; ■**zerzaust** windswept, dishevelled, tousled

zer·zaust *adj* dishevelled, tousled

Zes·si·on <-, -en> [tsɛˈsi̯oːn] *f* JUR cession, assignment

Zes·si·o·nar <-s, -e> *m* JUR assignee, cessionary

Zes·si·ons·kre·dit *m* FIN advance on receivables **Zes·si·ons·ver·trag** *m* JUR deed of assignment

Ze·ter [ˈtseːtɐ] *m* ▸WENDUNGEN: **~ und Mordio schreien** *(fam)* to scream blue [*or* AM bloody] murder *fam,* to raise a hue and cry *fig*

ze·tern [ˈtseːtɐn] *vi (pej)* to nag, to scold

Zett [tsɛt] *nt kein pl (sl)* jail, the slammer *sl,* BRIT *a.* gaol *dated*

Zet·tel <-s, -> [ˈtsɛtl̩] *m* piece of paper; *(Bekanntmachung)* notice; *(Beleg)* receipt; **einen ~ schreiben** to make a note of sth; ***bitte beachten Sie auch den beiliegenden ~*** please read the enclosed leaflet; **~ *ankleben verboten*** stick no bills

Zet·tel·kar·tei *f* card index **Zet·tel·kas·ten** *m (Kasten für Zettel)* file-card box [*or* holder]; *(Zettelkartei)* card [index [*or* slip]] box **Zet·tel·wirt·schaft** *f (pej)* **eine ~ haben** to have bits of paper everywhere

zet·ten [tsɛtn̩] *vt* SCHWEIZ to scatter

Zeug <-[e]s> [tsɔyk] *nt kein pl* ① *(fam: Krempel)* stuff *no pl, no indef art fam,* things *pl;* **altes ~** junk, trash; **... und solches ~** ... and such things
② *(fam: Quatsch)* nonsense, rubbish, crap *fam!;* **dummes ~ reden** to talk a lot [*or* load] of nonsense [*or fam* drivel] [*or fam* twaddle]; **dummes ~ treiben** [*o* **machen**] to mess [*or* fool] about [*or* around]
③ *(fam: persönliche Sachen)* stuff; *(Ausrüstung)* gear *fam; (Kleider)* clothes, things
④ *(fam: undefinierbare Masse)* stuff; ***was trinkst du denn da für ein ~?*** what's that stuff you're drinking? *fam*
▸WENDUNGEN: **jdm [was] am ~[e] flicken wollen** to find fault with sb; **das ~ zu etw** *dat* **haben** to have [got] what it takes [to be/do sth] *fam;* **was das ~ hält** for all one is worth; ***lügen, was das ~ hält*** to lie one's head off *fam;* **sich** *akk* **ins ~ legen** to put one's shoulder to the wheel, to work flat out; **sich** *akk* **für jdn ins ~ legen** to stand up for sb

Zeu·ge, Zeu·gin <-n, -n> [ˈtsɔygə, ˈtsɔygɪn] *m, f* JUR witness; **~ der Anklage** witness for the prosecution; **die ~n Jehovas** Jehovah's Witnesses; **~ der Verteidigung/zur Gegenseite** defence/hostile witness; **ausbleibender ~** defaulting witness; **einen ~ aufrufen** to call a witness; **als ~ vor Gericht geladen werden** to be called as witness before the court; **~ einer S.** *gen* **sein** to be a witness to sth; **unter** [*o* **vor**] **~n** in front of witnesses

zeu·gen[1] [ˈtsɔygn̩] *vt (geh)* ■**jdn ~** to father [*or old* beget] sb

zeu·gen[2] [ˈtsɔygn̩] *vi* ① *(auf etw schließen lassen)* ■**von etw** *dat* **~** to show sth
② JUR *(geh)* ■**für/gegen jdn ~** to testify [*or* give evidence] for/against sb

Zeu·gen·ab·leh·nung *f* JUR objection to a witness **Zeu·gen·aus·sa·ge** *f* JUR testimony; ***den ~n zufolge ...*** according to witnesses ...; **eine ~ machen** to give a statement **Zeu·gen·bank** *f* JUR witness box [*or* AM stand] **Zeu·gen·be·weis** *m* JUR testimonial evidence **Zeu·gen·ein·ver·nah·me** *f* ÖSTERR examination of witnesses **Zeu·gen·ent·schä·di·gung** *f* JUR compensation to witnesses **Zeu·gen·la·dung** *f* JUR [witness] summons; **~ unter Strafandrohung** subpoena **Zeu·gen·schutz** *m* witness protection **Zeu·gen·stand** *m* witness box [*or* AM stand]; **jdn in den ~ rufen** to call a witness [to the stand]; **in den ~ treten** to go into the witness box, to take the stand **Zeu·gen·ver·ei·di·gung** *f* swearing in of witnesses **Zeu·gen·ver·hör** *nt* questioning of the witness[es] **Zeu·gen·ver·neh·mung** *f* JUR examination of the witness[es], hearing of evidence

Zeug·haus *nt* MIL, HIST armoury, AM *a.* armory

Zeug·herr *m* SCHWEIZ *member of Canton parliament responsible for military affairs*

Zeu·gin <-, -nen> *f fem form von* **Zeuge**

Zeug·nis <-ses, -se> [ˈtsɔyknɪs] *nt* ① SCH report
② *(Empfehlung)* certificate; *(Arbeitszeugnis)* reference, testimonial; ***gute ~se haben*** to have good references; ■**jdm ein ~ ausstellen** to give sb a reference [*or* testimonial]
③ JUR *(Zeugenaussage)* evidence; **für/gegen jdn ~ ablegen** to give evidence [*or* testify] for/against sb; **falsches ~ ablegen** to bear false witness

Zeug·nis·fä·hig·keit *f* JUR competency of a witness **Zeug·nis·pflicht** *f* JUR duty to testify **Zeug·nis·ver·wei·ge·rung** *f* JUR refusal to give evidence **Zeug·nis·ver·wei·ge·rungs·recht** *nt* JUR right to refuse to testify [*or* give evidence] **Zeug·nis·zwang** *m* JUR enforcement of duty to testify

Zeugs <-> [tsɔyks] *nt kein pl (pej fam) s.* **Zeug**

Zeu·gung <-, -en> *f (geh)* fathering, begetting *old*

Zeu·gungs·akt *m* act of procreation **zeu·gungs·fä·hig** *adj (geh)* fertile **Zeu·gungs·fä·hig·keit** *f kein pl (geh)* fertility **zeu·gungs·un·fä·hig** *adj (geh)* sterile; *Pflanze* barren **Zeu·gungs·un·fä·hig·keit** *f kein pl (geh)* sterility

zeu·seln [ˈtsɔyzl̩n] *vi* SCHWEIZ *s.* **zündeln**

z.H(d). *Abk von* **zu Händen** attn.

Zi·be·be [tsiˈbeːbə] *f* ÖSTERR, SÜDD large raisin

Zi·cho·rie <-, -n> [tsɪˈçoːri̯ə] *f* chicory

Zi·cke <-, -n> [ˈtsɪkə] *f* ① *(weibliche Ziege)* nanny goat
② *(pej fam: launische Frau)* bitch *fam!,* BRIT *a.* cow *fam!*

zi·cken [ˈtsɪkən] *vi (sl)* to kick up a fuss *fam,* to be [*or* get] out of line *fam*

Zi·cken [ˈtsɪkn̩] *pl (fam)* nonsense *no pl;* ***ich bin deine ~ langsam leid*** [I have had] enough of your nonsense!; **~ machen** to make trouble

zi·ckig [ˈtsɪkɪç] *adj (pej fam)* uptight, bad-tempered; *Frau a.* bitchy

Zick·lein <-s, -> *nt (junge Ziege)* kid

zick·zack [ˈtsɪktsak] *adv* zigzag; **~ den Berg hinunterlaufen** to zigzag down the mountain

Zick·zack [ˈtsɪktsak] *m* zigzag; **im ~ gehen/fahren** to zigzag

Zick·zack·fal·zung *f* TYPO concertina folding, fan-folding, z-folding **zick·zack·för·mig I.** *adj* zigzag **II.** *adv* zigzag

Zick·zack·kurs *m* ① *(zickzackförmiger Kurs)* zigzag course; **im ~ fahren** to zigzag
② *(widersprüchliches Vorgehen)* dithering, humming [*or* AM hemming] and hawing

Zie·che [ˈtsiːçə] *f* ÖSTERR, SÜDD *(fam)* cover

Zie·ge <-, -n> [ˈtsiːgə] *f* ① *(Tier)* goat
② *(pej fam: blöde Frau)* bitch *fam!,* BRIT *a.* cow *fam!*

Zie·gel <-s, -> [ˈtsiːgl̩] *m* ① *(Ziegelstein)* brick
② *(Dachziegel)* tile

Zie·gel·bau <-bauten> *m* brick building **Zie·gel·bren·ner(in)** <-s, -> *m(f)* brickmaker **Zie·gel·dach** *nt* tiled roof
Zie·ge·lei <-, -en> [tsi:gəˈlai] *f* brickworks + *sing/pl vb; Dachziegel* tile-making works + *sing/pl vb*
Zie·gel·mau·er·werk *nt* BAU brick work **zie·gel·rot** [ˈtsi:glro:t] *adj* brick-red **Zie·gel·stein** *m* brick
Zie·gen·bart *m* ① *(vom Tier)* goatbeard ② *(hum fam: Spitzbart)* goatee *fam; Tirolerhut* brush ③ BOT *(Pilz)* goat's beard mushroom **Zie·gen·bock** *m* billy goat **Zie·gen·fell** *nt* goatskin **Zie·gen·hirt, Zie·gen·hir·te, -hir·tin** *m, f* goatherd **Zie·gen·kä·se** *m* goat's cheese **Zie·gen·le·der** *nt* kid [leather], kidskin **Zie·gen·mel·ker** *m* ORN European nightjar **Zie·gen·milch** *f* goat's milk **Zie·gen·pe·ter** <-s, -> [ˈtsi:gn̩pe:tɐ] *m (fam: Mumps)* mumps + *sing/pl vb*
Zie·ger [ˈtsi:gɐ] *m* ① ÖSTERR, SÜDD *(veraltet) s.* **Quark** ② ÖSTERR, SCHWEIZ herb cheese
Zieh·brun·nen *m* well

zie·hen [ˈtsi:ən]

I. TRANSITIVES VERB | II. INTRANSITIVES VERB | III. UNPERSÖNLICHES INTRANSITIVES VERB | IV. UNPERSÖNLICHES TRANSITIVES VERB | V. REFLEXIVES VERB

I. TRANSITIVES VERB

① <zog, gezogen> *haben (hinter sich her schleppen)* ▪ **etw ~** to pull sth; ***die Kutsche wurde von vier Pferden gezogen*** the coach was drawn by four horses
② <zog, gezogen> *haben (betätigen)* ▪ **etw ~** to pull sth; ***kannst du nicht die Wasserspülung ~?*** can't you flush the toilet?; **den Choke/Starter ~** to pull out the choke/starter; **die Handbremse ~** to put on the handbrake
③ <zog, gezogen> *haben (in eine bestimmte Richtung bewegen)* **den Hut ~** to raise [*or* to take off] one's hat; ▪ **jdn/etw irgendwohin ~** to pull sb/sth somewhere; ***er zog das Auto in letzter Minute nach rechts*** at the last moment he pulled the car to the right; ***der Pilot zog das Flugzeug nach oben/unten*** the pilot put the plane into a climb/descent; ***sie zog das Kind an sich*** she pulled the child to[wards] her; ***er hatte den Hut tief ins Gesicht gezogen*** he had pulled his hat down over his eyes; ***sie zog den Mantel fest um sich*** she pulled her coat tight around her; ***zieh bitte die Vorhänge vor die Fenster*** please draw the curtains; *(fig)* ***musst du immer alles ins Ironische ~?*** must you always be so ironically?; **~ und ablegen** INFORM to drag and drop; **die Augenbrauen nach oben ~** to raise one's eyebrows; **jdn ins Gespräch ~** *(fig)* to draw sb into the conversation; **etw ins Komische ~** *(fig)* to ridicule sth; **die Mundwinkel nach unten ~** to pull down the corners of one's mouth; **die Rollläden noch oben ~** to pull up the blinds; **jdn nach unten ~** to pull sb down *sep; (fig)* to drag sb down *sep;* **die Schultern in die Höhe ~** to raise one's shoulders
④ <zog, gezogen> *haben (zerren)* ▪ **jdn an etw** *dat* **~** to drag sb to sth; ***das Kind zog mich an der Hand zum Karussell*** the child dragged me by the hand to the carousel; ***warum ziehst du mich denn am Ärmel?*** why are you tugging at my sleeve?; ***der Felix hat mich an den Haaren gezogen*** Felix pulled my hair
⑤ <zog, gezogen> *haben (abziehen)* ▪ **etw von etw** *dat* **~** to pull sth [off sth]; ***das Kind zog die Tischdecke vom Tisch*** the child pulled the cloth off the table; **den Ring vom Finger ~** to pull one's ring off [one's finger]
⑥ <zog, gezogen> *haben (hervorholen)* ▪ **etw [aus etw** *dat*] **~** to pull sth [out of sth]; ***sie zog ein Feuerzeug aus der Tasche*** she took a lighter out of her pocket/bag
⑦ <zog, gezogen> *haben (herausziehen)* ▪ **jdn/etw ~ [aus]** to pull sb/sth [out]; ***wer hat den Ertrinkenden aus dem Wasser gezogen?*** who pulled [*or* dragged] the drowning man out of the water?; ***muss ich dich aus dem Bett ~?*** do I have to drag you out of bed?; ***hast du eine Straßenbahnkarte gezogen?*** have you bought a tram ticket?; ***die Wahrsagerin forderte mich auf, irgendeine Karte zu ~*** the fortune teller told me to pick a card; **die Fäden ~** to take out [*or* remove] the stitches; **den Revolver/das Schwert ~** to draw the revolver/sword; **einen Zahn ~** to take out [*or* extract] a tooth; **ein Los/eine Spielkarte ~** to draw a lottery ticket/a card; **eine Wasserprobe ~** to take a sample of water; **Zigaretten aus dem Automaten ~** to get [*or* buy] cigarettesfrom the [slot] machine
⑧ <zog, gezogen> *haben (in sich aufnehmen)* ▪ **etw aus etw** *dat* **~**: ***die Pflanze zieht ihre Nahrung aus dem Boden*** the plant gets [*or* draws] its nourishment from the soil
⑨ <zog, gezogen> *haben (Kleidungsstücke)* ▪ **etw über/unter etw** *akk* **~** to put sth on over/underneath sth; ***zieh doch eine Bluse unter den Pulli!*** put on a blouse underneath the jumper!; ***im Winter zieht er meistens einen Pullover über das Hemd*** he usually puts on a pullover over his shirt in winter
⑩ <zog, gezogen> *haben (durchziehen)* ▪ **etw durch etw** *akk* **~** to pull sth through sth; ***sie zog die Bluse kurz durchs Wasser*** she gave the blouse a quick rinse; **einen Faden durchs Öhr ~** to thread a needle
⑪ <zog, gezogen> *haben (anbringen, aufziehen)* ▪ **etw auf etw** *akk* **~** to pull sth onto sth; **neue Saiten auf die Gitarre ~** to restring a guitar; **Glasperlen auf eine Schnur ~** to thread glass beads; **ein Bild auf Karton ~** to mount a picture onto cardboard; **Wein auf Flaschen ~** to bottle wine
⑫ <zog, gezogen> *haben (verlegen, anlegen)* **einen Bewässerungskanal/einen Graben ~** to dig an irrigation canal/a ditch; **eine Grenze ~** to draw a frontier; **ein Kabel/eine Leitung ~** to lay a cable/wire; **eine Mauer ~** to build a wall; **eine Wäscheleine ~** to put up a washing line; **einen Zaun ~** to erect a fence
⑬ <zog, gezogen> *haben (gewinnen)* **Nutzen/Profit aus etw ~** to derive benefit/profit from sth; **einen Vorteil aus etw ~** to gain an advantage from sth
⑭ <zog, gezogen> *haben (züchten)* **Blumen/Früchte/Pflanzen ~** to grow flowers/fruit/plants; **Tiere ~** to breed animals
⑮ <zog, gezogen> *haben (selten: erziehen)* ▪ **jdn irgendwie ~**: ***sie haben die Kinder gut gezogen*** they have brought the children up well
⑯ <zog, gezogen> *haben (zeichnen)* **einen Kreis/eine Linie ~** to draw a circle/line
⑰ <zog, gezogen> *haben (herstellen)* **einen Draht ~** to draw a wire; **eine Kerze/eine Kopie ~** to make a candle/copy; ***Computerprogramme schwarz ~*** to pirate computer programs
⑱ <zog, gezogen> *haben (dehnen)* **einen Laut/eine Silbe/ein Wort ~** to draw out a sound/syllable/word; ***zieh doch die Worte nicht so*** stop drawling; *s. a.* **Länge**
⑲ <zog, gezogen> *haben (anziehen)* ▪ **etw auf sich** *akk* **~** to attract sth; ***sie zog die Aufmerksamkeit auf sich*** she attracted attention; **alle Blicke auf sich** *akk* **~** to attract [*or* capture] all the attention; **jds Hass auf sich** *akk* **~** to incur sb's hatred
⑳ <zog, gezogen> *haben (zur Folge haben)* ▪ **etw nach sich** *dat* **~** to result in sth; **unangenehme Folgen nach sich** *akk* **ziehen** to have unpleasant consequences
㉑ <zog, gezogen> *haben* MATH **die Quadratwurzel ~** to extract the square root
㉒ <zog, gezogen> *haben* FIN **einen Wechsel auf jdn ~** to draw a bill on sb
㉓ <zog, gezogen> *haben (schlagen)* **jdm etw über den Kopf ~** to hit sb over the head with sth
㉔ <zog, gezogen> *haben (in der Waffentechnik)* **gezogener Lauf** rifled barrel
㉕ <zog, gezogen> *haben (mit bestimmten Substantiven)* **eine Lehre aus etw ~** to learn a lesson from sth; **jdn/etw zu Rate ~** to consult sb/sth; **einen Vergleich ~** to draw [*or* make] a comparison; **etw in Zweifel ~** to doubt [*or* question] sth; *s. a.* **Betracht, Bilanz, Erwägung, Fazit, Folgerung, Konsequenz, Mitleidenschaft, Schluss, Verantwortung, Vertrauen**
▸WENDUNGEN: **einen ~** [*o* **fahren**] **lassen** *(sl)* to let off *fam,* to fart *fam*

II. INTRANSITIVES VERB

① <zog, gezogen> *haben (zerren)* to pull; ▪ **an etw** *dat* **~** to pull [*or* tug] on/at sth; ***ich kann es nicht leiden, wenn der Hund so zieht*** I hate it when the dog pulls [on the lead] like that; **ein ~der Schmerz** an aching pain; ***ich habe so einen ~den Schmerz im ganzen Körper*** I ache [*or* my body aches] all over; **an einem** [*o* **am gleichen**] **Strang** [*o* **Strick**] **~** *(fig)* to be pulling in the same direction
② <zog, gezogen> *haben (saugen)* ▪ **an etw** *dat* **~ an einer Pfeife/Zigarette/Zigarre ~** to pull on a pipe/cigarette/cigar; ***lass mich mal an deiner Zigarette ~*** let me have a puff on your cigarette *fam;* **an einem Strohhalm ~** to suck at a straw
③ <zog, gezogen> *sein (umziehen)* ▪ **irgendwohin/zu jdm ~** to move somewhere/in with sb; ***nach Hamburg ~*** to move to Hamburg; ***sie ist zu ihrem Freund gezogen*** she's moved in with her boyfriend; **aufs Land ~** to move [out] into the country
④ <zog, gezogen> *sein (einen bestimmten Weg einschlagen)* ▪ **irgendwohin ~** to move [*or* go] somewhere; *Armee, Truppen, Volksmasse* to march; *Rauch, Wolke* to drift; *Gewitter* to move; *Vogel* to fly; ***Zigeuner ~ kreuz und quer durch Europa*** gypsies wander [*or* roam] all over Europe; ***die Schwalben zogen nach Süden*** the swallows migrated south [*or* flew south for the winter]; ***Tausende von Schafen zogen über die Straße*** thousands of sheep roamed onto the road; ***Aale und Lachse ~ zum Laichen flussaufwärts*** eels and salmon swim upstream to breed; ***lass mich ~*** *(veraltet o hum)* let me go; ***die Jahre zogen ins Land*** the years passed; **an die Front ~** to move up to the front; **in den Krieg/die Schlacht ~** to go off to war/to go into battle; **durch die Stadt ~** to wander through the town; **jdn ungern ~ lassen** to be sorry to see sb go
⑤ <zog, gezogen> *sein (eindringen)* to penetrate; ***mach die Tür zu, sonst zieht der Fischgeruch durchs ganze Haus!*** close the door, otherwise we will be able to smell the fish throughout the house; ***Giftgas kann durch die kleinste Ritze ~*** poisonous gas can penetrate [*or fam* get through] the smallest crack; ***die Imprägnierung muss richtig ins Holz ~*** this waterproofing solution has to really sink into the wood
⑥ <zog, gezogen> *(mit einem Spielstein)* to move; ***wer zieht?*** whose move is it?; **mit dem Bauer ~** to move the pawn
⑦ <zog, gezogen> *haben* KOCHK *(in Marinade)* to marinade; *(in Kochwasser)* to simmer; *Tee* to brew, to steep; ***den Tee 5 Minuten ~ lassen*** let the tea brew [*or* steep] for 5 minutes
⑧ <zog, gezogen> *haben (angezündet bleiben)* *Kamin, Ofen, Pfeife* to draw; ***das Feuer zieht gut/schlecht*** the fire is drawing well/poorly
⑨ <zog, gezogen> *haben (fam: beschleunigen)* **gut/nicht richtig ziehen** *Auto, Motor* to pull well/not pull properly
⑩ <zog, gezogen> *haben (fam: Eindruck machen)* ▪ **[bei jdm] ~** to go down well [with sb]; ***hör auf, das zieht bei mir nicht!*** stop it, I don't like that sort of thing!; **diese Masche zieht immer** this one always works [*or fam* does the trick]; ***die Ausrede zieht bei mir nicht*** that excuse won't work with me

III. UNPERSÖNLICHES INTRANSITIVES VERB

① <zog, gezogen> *haben (es gibt einen Luftzug)* ▪ **es zieht** there is a draught [*or* AM draft]; ***wenn es dir zieht, kannst du ja das Fenster schließen*** if

Z

you are in a draught [*or* if you find it draughty], go ahead and close the window; ***mir zieht's im Nacken*** there's [*or* I can feel] a draught round my neck; ***in diesem Haus zieht es aus allen Ritzen*** there are draughts everywhere in this house; ***es zieht von der Tür her*** there's a draught from the door

② <zog, gezogen> *haben (es schmerzt)* ■ **es zieht jdm irgendwo:** ***mir zieht es manchmal so im Knie*** sometimes my knee really hurts [*or* is really painful]; ***es zieht mir im Rücken*** I've got backache

IV. UNPERSÖNLICHES TRANSITIVES VERB

<zog, gezogen> *haben (es drängt jdn)* ■ **jdn zieht es irgendwohin** sb feels drawn somewhere; ***es zog ihn nach Hause*** he felt drawn home; ***was zieht dich hierhin?*** what brings you here?; ***es zog ihn in die weite Welt*** he felt a strong urge to see the world; ***mich zieht es stark zu ihm*** I feel very attracted to him; ***am Sonntag zog es mich ins Grüne*** on Sunday I couldn't resist going to the country; ***keine zehn Pferde könnten mich heute nach draußen ~*** wild horses wouldn't get me [*or* couldn't drag me] outside today *fam*

V. REFLEXIVES VERB

① <zog, gezogen> *haben (sich hinziehen)* ■ **sich** *akk* ~ *Gespräch, Verhandlungen* to drag on; ***dieses Thema zieht sich durch das ganze Buch*** this theme runs through the entire book; ***die Strecke zieht sich*** the journey goes on and on

② <zog, gezogen> *haben (sich erstrecken)* ■ **sich** *akk* **an etw** *dat* **entlang ~** to stretch along sth; ***beiderseits der Autobahn zieht sich eine Standspur entlang*** there is a hard shoulder along both sides of the motorway; ***der Sandstrand zog sich kilometerweit am Meer entlang*** the sandy beach stretched for miles along the shore; ***der Weg zog sich in Serpentinen den Berg hinauf*** the path wound [*or* twisted] its way up the mountain; ***eine Narbe zog sich über ihr ganzes Gesicht*** there was a scar right across her face

③ <zog, gezogen> *haben (sich hochziehen)* ■ **sich** *akk* [**an etw** *dat*] **irgendwohin ~** to pull oneself up [onto sth]; **sich** *akk* **an etw** *dat* **aus dem Schlamm/in die Höhe ziehen** to pull oneself out of the mud/up on sth; *s. a.* **Affäre, Patsche**

④ <zog, gezogen> *haben (sich dehnen)* ■ **sich** *akk* ~ *Holz, Rahmen* to warp; *Klebstoff* to be tacky; *Käse* to form strings; *Metall* to bend

Zie·hen <-s> ['tsi:ən] *nt kein pl* ache

Zieh·har·mo·ni·ka *f* MUS concertina

Zieh·sohn *m* ① *(Adoptivsohn)* foster son ② *(Günstling)* favourite, favorite AM

Zie·hung <-, -en> *f* draw

Zie·hungs·tag *m* FIN drawing day

Ziel <-[e]s, -e> [tsi:l] *nt* ① *(angestrebtes Ergebnis)* goal, aim, objective; *Hoffnung, Spott* object; **ein hoch gestecktes ~** a lofty goal [*or* objective]; **mit dem ~** with the aim [*or* intention]; **etw zum ~ haben** to have as one's goal [*or* aim]; **am ~ sein** to be at one's destination, to have achieved one's goal *fig;* [**bei jdm**] **zum ~ kommen** [*o* **gelangen**] to reach one's goal; **sich** *dat* **etw zum ~ setzen** to set sth as one's goal; **sich** *dat* **ein ~ setzen** to set oneself a goal; **etw** *dat* **ein ~ setzen** to put a limit on sth; **jdm/sich ein ~ setzen/stecken** to set sb/oneself a goal

② SPORT, MIL target; **ins ~ treffen** to hit the target

③ SPORT *(Rennen)* finish, finishing [*or* AM *also* finish] line; **durchs ~ gehen** to cross the finishing line; *(beim Pferderennen)* to cross the winning [*or* finishing] [*or* AM finish] post

④ TOURIST *(Reiseziel)* destination; *Expedition* goal

⑤ ÖKON *(Zahlungsziel)* credit period, period [*or* time] allowed for payment; **etw auf ~ kaufen** to buy sth on credit

⑥ *(Produktionsziel)* production [*or* output] target

▸ WENDUNGEN: **über das ~ hinausschießen** to overshoot the mark

Ziel·ad·res·se *f* destination address **Ziel·bahn·hof** *m* destination **Ziel·band** <-[e]s, -bänder> *nt* SPORT finishing tape **ziel·be·wusst**^RR **I.** *adj* purposeful, decisive **II.** *adv* purposefully; **~ auf etw** *akk* **zusteuern** to aim purposefully for sth **Ziel·be·wusst·sein**^RR *nt* purposefulness, decisiveness **Ziel·do·ku·ment** *nt* target document

zie·len ['tsi:lən] *vi* ① *(anvisieren)* ■ [**auf jdn/etw**] ~ to aim [at sb/sth]

② *(gerichtet sein)* ■ **auf jdn/etw ~** to be aimed at sb/sth

③ *(sich beziehen)* ■ **auf jdn/etw ~** to be aimed [*or* directed] at sb/sth; ***diese Werbung zielt auf den jungen Käufer*** this advertisement is directed at young consumers

Ziel·fern·rohr *nt* telescopic sight, scope **Ziel·flug** *m* homing **Ziel·fonds** [-fõ:] *m* FIN target fund **Ziel·fo·to** *nt* SPORT photograph of the finish **Ziel·ge·ra·de** *f* SPORT finishing [*or* AM *also* finish] straight, home stretch **Ziel·ge·rät** *nt* sight **ziel·ge·rich·tet** *adj* well mapped-out, purposeful **Ziel·ge·schäft** *nt* HANDEL credit deal

Ziel·grup·pe *f* target group **ziel·grup·pen·be·zo·gen** *adj* target group-related; **~es Marketing** targeted marketing **Ziel·grup·pen·for·schung** *f kein pl* market research

Ziel·ha·fen *m* port of destination **Ziel·ka·me·ra** *f* SPORT photo-finish camera **Ziel·kauf** *m* HANDEL credit purchase **Ziel·li·nie** *f* finishing [*or* AM *also* finish] line

ziel·los I. *adj* aimless

II. *adv* aimlessly

Ziel·markt *m* HANDEL target market **ziel·ori·en·tiert** *adj* goal-oriented **Ziel·ort** *m* destination **Ziel·per·son** *f* target **Ziel·pu·bli·kum** <-s> *nt kein pl* SCHWEIZ *(Zielgruppe)* target group **Ziel·punkt** *m* target **Ziel·rich·tung** *f* aim

Ziel·schei·be *f* ① *(runde Scheibe)* target ② *(Opfer)* object, butt

Ziel·set·zung *f* ÖKON target, objective; **kurzfristige/langfristige ~** short-term/long-term objective **ziel·si·cher** *adj* unerring, purposeful **Ziel·spra·che** *f* LING target language **ziel·stre·big** ['tsi:lʃtre:bɪç] **I.** *adj* determined, single-minded **II.** *adv* with determination, single-mindedly **Ziel·stre·big·keit** <-> *f kein pl* determination, single-mindedness **Ziel·ver·ein·ba·rung** *f* agreement on objectives, target agreement **Ziel·vor·ga·be** *f* target[-setting] **Ziel·vor·rich·tung** *f* aiming device **Ziel·vor·stel·lung** *f* objective

zie·men ['tsi:mən] *vr (veraltend geh)* ***es ziemt sich nicht, Gerüchte zu verbreiten*** it is not proper [*or* seemly] [*or* appropriate] to spread rumours

ziem·lich ['tsi:mlɪç] **I.** *adj* ① *attr (beträchtlich)* considerable, fair; **ein ~es Vermögen** a siz[e]able fortune; **eine ~e Genugtuung** reasonable satisfaction ② *(einigermaßen zutreffend)* reasonable; ***das stimmt mit ~er Sicherheit*** it is fairly certain to be true

II. *adv* ① *(weitgehend)* quite, reasonably ② *(beträchtlich)* quite, pretty *fam*, fairly; ***ich habe ~ lange warten müssen*** I had to wait quite a long time; ***ich habe mich ~ darüber geärgert*** I was pretty *fam* annoyed about it

③ *(beinahe)* almost, nearly; **so ~** more or less; **so ~ alles** just about everything; **so ~ dasselbe** pretty well [*or* much] the same

Zie·rat^ALT <-[e]s, -e> ['tsi:ra:t] *m s.* **Zierrat**

Zier·de <-, -n> ['tsi:ɐ̯də] *f (schmückender Gegenstand)* ornament, decoration; ***zur* ~** for decoration ▸ WENDUNGEN: **eine ~ des männlichen/weiblichen Geschlechts** a fine specimen of the male/female sex

zie·ren ['tsi:rən] **I.** *vr* ■ **sich** *akk* ~ to make a fuss; *Mädchen* to act coyly; ***du brauchst dich nicht zu ~*** there is no need to be polite; **ohne sich** *akk* **zu ~** without having to be pressed

II. *vt (schmücken)* ■ **etw ~** to adorn [*or fig* grace] sth; **eine Speise/ein Gericht mit Petersilie ~** to garnish a meal/dish with parsley; **einen Kuchen ~** to decorate a cake

Zier·farn *m* decorative fern **Zier·fisch** *m* ornamental fish **Zier·gar·ten** *m* ornamental garden **Zier·gras** *nt* ornamental grass **Zier·kür·bis** *m* ornamental gourd **Zier·leis·te** *f* border; AUTO trim; *Möbel* edging; *Wand* moulding

zier·lich ['tsi:ɐ̯lɪç] *adj* dainty; **eine ~e Frau** a petite woman; **~es Porzellan** delicate porcelain

Zier·lich·keit <-> *f kein pl* daintiness, delicateness, petiteness

Zier·naht *f* decorative stitching *no pl, no indef art* **Zier·pflan·ze** *f* ornamental plant **Zier·rat**^RR <-[e]s, -e> ['tsi:ra:t, 'tsi:ɐ̯ra:t] *m* decoration, ornamentation **Zier·schrift** *f* ornamental lettering *no pl, no indef art*, ornamented typeface **Zier·strauch** *m* ornamental shrub **Zier·vo·gel** *m* caged bird

Zie·sel <-s, -> ['tsi:zl̩] *nt* ZOOL gopher

Zif·fer <-, -n> ['tsɪfɐ] *f* ① *(Zahlzeichen)* digit; *(Zahl)* figure, numeral, number; **römische/arabische ~n** roman/arabic numerals

② *(nummerierter Abschnitt)* clause

Zif·fer·blatt *nt* [clock]/[watch] face; *Sonnenuhr* dial

Zif·fern·tas·ta·tur *f* INFORM numeric keypad **Zif·fern·tas·te** *f* INFORM digit key

zig [tsɪç] *adj (fam)* umpteen; **~mal** umpteen [*or* a thousand] times

Zi·ga·ret·te <-, -n> [tsiga'rɛtə] *f* cigarette

Zi·ga·ret·ten·an·zün·der *m* cigarette lighter **Zi·ga·ret·ten·au·to·mat** *m* cigarette machine **Zi·ga·ret·ten·etui** *nt* cigarette case **Zi·ga·ret·ten·fil·ter** *m* cigarette filter **Zi·ga·ret·ten·län·ge** *f* ▸ WENDUNGEN: **auf eine ~** for a cigarette [*or* smoke] **Zi·ga·ret·ten·pa·ckung** *f* cigarette packet [*or* pack] **Zi·ga·ret·ten·pa·pier** *nt* cigarette paper **Zi·ga·ret·ten·pau·se** *f (fam)* cigarette [*or fam!* fag] break **Zi·ga·ret·ten·rau·cher(in)** *m(f)* cigarette smoker **Zi·ga·ret·ten·schach·tel** *f* cigarette packet [*or* pack] **Zi·ga·ret·ten·spit·ze** *f* cigarette holder **Zi·ga·ret·ten·stum·mel** *m* cigarette end [*or* butt]

Zi·ga·ril·lo <-s, -s> [tsiga'rɪlo] *m o nt* small cigar, cigarillo

Zi·gar·re <-, -n> [tsi'garə] *f* cigar

Zi·gar·ren·ab·schnei·der *m* cigar cutter **Zi·gar·ren·kis·te** *f* cigar-box **Zi·gar·ren·rau·cher(in)** *m(f)* cigar smoker **Zi·gar·ren·spit·ze** *f* cigar holder **Zi·gar·ren·stum·mel** *m* cigar stub [*or* butt]

Zi·ger <-s, -> ['tsi:gɐ] *m* KOCHK SCHWEIZ ① *(veraltet) s.* **Quark**

② *(Kräuterkäse)* herb cheese

Zi·ger·krap·fen *m* SCHWEIZ *sweet pastry filled with curd cheese*

Zi·geu·ner(in) <-s, -> [tsi'gɔ͜ynɐ] *m(f)* Gypsy, Gipsy, Romany

Zi·geu·ner·la·ger *nt* gypsy encampment **Zi·geu·ner·le·ben** *nt kein pl* gypsy life **Zi·geu·ner·mu·sik** *f kein pl* gypsy music **Zi·geu·ner·schnit·zel** *nt pork escalope served in spicy sauce with red and green peppers* **Zi·geu·ner·spra·che** *f kein pl* Romany [*or* Gypsy] [*or* Gipsy] language **Zi·geu·ner·wa·gen** *m* gypsy caravan

zig·fach ['tsɪçfax] *adj (fam)* many [*or fam* umpteen] times **zig·hun·dert** *adj (fam)* umpteen hundred **zig·mal** ['tsɪçma:l] *adv (fam)* umpteen [*or* a thousand] times *fam* **zig·mil·li·o·nen** *adj (fam)* umpteen million *fam*

zig·ste(r, s) ['tsɪçstə] *adj (fam)* umpteenth *fam;* **zum ~n Mal!** for the umpteenth time!

zig·tau·send *adj (fam)* umpteen thousand

Zi·ka·de <-, -n> [tsi'ka:də] *f* cicada

Zil·le ['tsɪlə] *f* barge

Zil·ler·ta·ler Al·pen ['tsɪlɐta:lɐ] *pl* Zillertal Alps *pl*

Zil·li·on [tsɪ'li̯o:n] *f meist pl (fam)* zillion

Zilp·zalp <-s, -e> ['tsɪlptsalp] *m* ORN chiffchaff

Zim·bab·we <-s> [tsɪm'bapvə] *nt* SCHWEIZ *s.* **Simbabwe**

zim·bab·wisch *adj* SCHWEIZ *s.* **simbabwisch**

Zim·bal <-s, -e *o* -s> ['tsɪmbal] *nt* cymbalon

Zim·bel <-, -n> ['tsɪmbl̩] *f* cymbal

Zim·mer <-s, -> ['tsɪmɐ] *nt* room; **~ frei haben** to have vacancies

Zim·mer·an·ten·ne *f* indoor aerial [*or* AM antenna]

Zim·mer·de·cke *f* ceiling

Zim·me·rei <-, -en> [tsɪməˈra̯i] *f (Handwerk)* carpentry; *(Zimmerwerkstatt)* carpenter's shop
Zim·mer·ein·rich·tung *f* furniture, furnishings *pl*
Zim·me·rer <-s, -> *m s.* Zimmermann
Zim·mer·flucht *f* suite [of rooms] **Zim·mer·frau** *f* ÖSTERR landlady **Zim·mer·hand·werk** *nt kein pl* carpentry *no pl, no indef art* **Zim·mer·kell·ner(in)** *m(f)* TOURIST room service waiter **Zim·mer·laut·stär·ke** *f* low volume; **etw auf ~ stellen** to turn sth down **Zim·mer·lin·de** *f* HORT African hemp **Zim·mer·mäd·chen** *nt* chambermaid
Zim·mer·mann <-leute> *m* carpenter **Zim·mer·manns·ham·mer** *m* claw hammer
zim·mern [ˈtsɪmɐn] **I.** *vt* ① *(aus Holz herstellen)* ■**etw ~** to make [*or* build] [*or* construct] sth from wood
② *(konstruieren)* **ein Alibi ~** to construct an alibi; **eine Ausrede ~** to make up an excuse
II. *vi (an einer Holzkonstruktion tätig sein)* to do woodwork [*or* carpentry]; ■**an etw** *dat* **~** to make sth from wood, to work on sth *fig*
Zim·mer·nach·weis *m* accommodation [*or* AM accommodations] service **Zim·mer·pflan·ze** *f* house plant **Zim·mer·ser·vice** *m* room service **Zim·mer·su·che** *f* room hunting, hunting for a room/rooms; **auf ~ sein** to be looking for rooms/a room **Zim·mer·tem·pe·ra·tur** *f* room temperature **Zim·mer·the·a·ter** *nt* small [*or* studio] theatre **Zim·mer·ver·le·sen** *nt* MIL SCHWEIZ barrack room inspection **Zim·mer·ver·mitt·lung** *f* accommodation [*or* AM accommodations] service **Zim·mer·werk·statt** *f* one-room carpenter's shop
zim·per·lich [ˈtsɪmpɐlɪç] *adj* prim; *(Ekel)* squeamish; *(empfindlich)* [hyper]sensitive; ***sei nicht so ~*** don't be such a sissy
Zim·per·lich·keit <-> *f kein pl* squeamishness
Zim·per·lie·se <-, -n> [ˈtsɪmpɐliːzə] *f (pej)* sissy
Zimt <-[e]s, -e> [tsɪmt] *m* ① KOCHK cinnamon; **weißer ~** canelle
② *(fam: Quatsch)* rubbish, garbage, nonsense
Zimt·ap·fel *m* custard apple, sweetsop **Zimt·kas·sia·blät·ter** *pl* Chinese cinnamon leaves **Zimt·kas·sie** *f* Saigon cinnamon **Zimt·rin·de** *f* cinnamon bark **Zimt·stan·ge** *f* stick of cinnamon **Zimt·zi·cke** <-, -n> *f (pej)* stupid cow [*or* AM chick]
Zink <-[e]s> [tsɪŋk] *nt kein pl* ① CHEM zinc *no pl*
② MUS cornet
Zink·blech *nt* sheet zinc
Zin·ke <-, -n> [ˈtsɪŋkə] *f* ① *(spitz hervorstehendes Teil) Kamm, Rechen* tooth; *Gabel* prong
② *(Holzzapfen)* tenon
zin·ken [ˈtsɪŋkn̩] *vt* KARTEN ■**etw ~** to mark sth; ***Falschspieler verwenden gezinkte Karten*** card sharps use marked cards
Zin·ken <-s, -> [ˈtsɪŋkn̩] *m* ① *(Gaunersprache: geheimes Schriftzeichen)* secret mark [*or* sign]
② *(fam: große Nase)* conk *sl*
zink·hal·tig *adj* containing zinc
Zink·sal·be *f* MED zinc ointment **Zink·weiß** *nt* KUNST Chinese white
Zinn <-[e]s> [tsɪn] *nt kein pl* ① CHEM tin *no pl*
② *(Gegenstände aus Zinn)* pewter *no pl,* pewterware
Zinn·be·cher *m* pewter tankard
Zin·ne <-, -n> [ˈtsɪnə] *f* ① ARCHIT merlon *hist; (Burg)* battlement; *(Stadt)* tower
② *(Gebirge)* peak, pinnacle
③ SCHWEIZ *(Dachterrasse) flat area on the roof of an old house used for hanging out washing*
zin·nern [ˈtsɪnɐn] *adj attr* pewter
Zinn·erz *nt* tin ore **Zinn·fi·gur** *f* pewter [*or* tin] figure **Zinn·ge·schirr** *nt* pewter ware **Zinn·gie·ße·rei** <-, -en> *f* tin foundry
zinn·hal·tig *adj* containing tin
Zin·nie <-, -n> [ˈtsɪni̯ə] *f* BOT zinnia
Zinn·krug *m* pewter jug
Zin·no·ber[1] <-s> [tsɪˈnoːbɐ] *nt* ÖSTERR *kein pl (gelbrote Farbe)* vermilion *no pl,* cinnabar *no pl*
Zin·no·ber[2] <-s> [tsɪˈnoːbɐ] *m* ÖSTERR *kein pl* mineral
zin·no·ber·rot *adj (gelblichrot)* vermilion
Zinn·sol·dat *m* tin soldier **Zinn·stein** *m* tinstone, cassiterite **Zinn·tel·ler** *m* pewter plate
Zins[1] <-es, -en> [tsɪns] *m* FIN interest *no pl,* rate; **gesetzliche ~en** JUR legal rate of [*or* statutory] interest; **zu hohen/niedrigen ~en** at a high/low rate of interest; **~en bringen** [*o* **tragen**] to earn interest; **Kapital auf ~en legen** *(geh)* to invest capital at interest; **die ~en senken** to ease back interest rates; [**jdm**] **etw mit ~ und ~eszins zurückzahlen** to pay sb back for sth with interest *fig*
Zins[2] <-es, -e> [tsɪns] *m* ① *(hist)* tax
② SÜDD, ÖSTERR, SCHWEIZ *(Miete)* rent
zins·ab·hän·gig *adj* FIN interest-based
Zins·ab·schlag *f* FIN interest payment **Zins·ab·schlag·ge·setz** *nt* JUR interest discount law **Zins·ab·schlag·steu·er** *f* FIN withholding tax, interest discount tax
Zins·ab·zug *m* FIN discount; ***es erfolgt ein ~ bei Zahlung vor Fälligkeit*** a discount is granted for payment before the due date
Zins·än·de·rung *f* FIN interest rate change **Zins·an·he·bung** *f* FIN hike in interest rates **Zins·an·pas·sung** *f* FIN interest rate adjustment **Zins·an·spruch** *m* FIN interest due **Zins·an·stieg** *m* FIN interest rate hike, rise in interest rates **Zins·auf·wen·dun·gen** *pl* FIN interest paid, interest expenditure *no pl* **Zins·aus·zah·lung** *f* FIN annual payment of interest **Zins·be·las·tung** *f* FIN interest charge **Zins·be·steu·e·rung** *f* taxation of interest **Zins·del·le** *f* FIN dip in interest rates **Zins·druck** *m* FIN interest rate pressure **Zins·ein·kunft** *f* FIN *meist pl* interest income **Zins·ent·wick·lung** *f* FIN interest rate development **Zins·er·hö·hung** *f* rise [*or* increase] in interest rates **Zins·er·trag** *m* interest yield **Zins·er·war·tung** *f* FIN interest rate expectation **Zin·ses·zins** *m* compound interest **Zins·fest·schrei·bung** *f* FIN interest fixing **Zins·fluss**RR *m kein pl* interest rate **Zins·fuß** *m* JUR rate of interest **Zins·ge·fäl·le** *nt* FIN interest rate differential [*or* spread] **Zins·ge·winn** *m* FIN interest profit **Zins·gip·fel** *m* FIN interest peak **zins·güns·tig** *adj* at a favourable [*or* AM -or-] rate of interest *pred; Kredit* low-interest, soft *fam; Spareinlagen* high-interest, high-yield; **~e Kredithilfe** soft loan **Zins·gut·schrift** *f* FIN credit for accrued interest **Zins·haus** *nt* ÖSTERR rented house **Zins·hy·po·thek** *f* JUR interest-bearing mortgage **Zins·last** *f* FIN interest burden [*or* load]
zins·los *adj* interest free, free of interest
Zins·ni·veau *nt* interest rate level
zins·pflich·tig *adj* interest-bearing, obliged to pay tax
Zins·po·li·tik *f kein pl* interest rate policy **Zins·rech·nung** *f* calculation of interest **Zins·rück·stand** *m* FIN back interest **Zins·satz** *m* interest rate, rate of interest; *(Darlehen)* lending rate; ***die Zinssätze geben nach*** interest rates are moving down; **gesetzlicher ~** statutory rate of interest; **realer ~** real rate of interest **Zins·schein** *m* FIN interest coupon **Zins·schwan·kung** *f* FIN interest rate fluctuation **Zins·sen·kung** *f* reduction [*or* decrease] in the interest rate **Zins·si·che·rung** *f* FIN interest rate hedging **Zins·span·ne** *f* FIN interest margin **Zins·stei·ge·rung** *f* FIN interest rate increase **Zins·ta·bel·le** *f* table of interest rates **Zins·tief** *nt* FIN low in interest rates **zins·tra·gend** *adj attr* FIN interest-bearing *attr* **zins·ver·bil·ligt** *adj* interest-subsidized **Zins·ver·bind·lich·kei·ten** *pl* FIN interest payable **Zins·ver·lust** *m* loss of interest **Zins·vor·teil** *m* FIN interest rate advantage **Zins·woh·nung** *f* ÖSTERR rented flat [*or* AM *a.* apartment] **Zins·wu·cher** *m* charging very high interest, usury **Zins·zahl** *f* FIN interest rate figure **Zins·zah·lung** *f* interest payment **Zins·ziel** *nt* FIN interest rate target **Zins·zu·wachs** *m* FIN interest rate growth
Zi·o·nis·mus <-> [tsi̯oˈnɪsmʊs] *m kein pl* POL Zionism *no pl*
Zi·o·nist(in) <-en, -en> [tsi̯oˈnɪst] *m(f)* POL Zionist
zi·o·nis·tisch *adj* POL Zionist
Zip·fel <-s, -> [ˈtsɪpfl̩] *m* corner; *Hemd, Jacke* tail; *Saum* dip; *Wurst* end
Zip·fel·müt·ze *f* pointed cap
Zip·per·lein <-s> [ˈtsɪpɐla̯in] *nt (veraltet fam: Gicht)* gout; **jdn plagt das ~** *(hum)* sb is indisposed
Zipp·ver·schlussRR [ˈtsɪp-] *m* ÖSTERR *s.* **Reißverschluss**
Zir·bel·drü·se [ˈtsɪrbl̩-] *f* ANAT pineal gland **Zir·bel·kie·fer** *f* BOT Swiss stone pine **Zir·bel·nuss**RR *f* pistachio nut
zir·ka [ˈtsɪrka] *adv* about, approximately; ***ich hole dich in ~ 10 Minuten ab*** I'll pick you up in approximately 10 minutes
Zir·ka·preis *nt* BÖRSE approximate price
Zir·kel <-s, -> [ˈtsɪrkl̩] *m* ① *(Gerät)* pair of compasses
② *(Gruppe)* group; ***nur der engste ~ seiner Freunde wurde eingeladen*** he only invited his closest [circle of] friends
Zir·kel·kas·ten *m* compasses case **Zir·kel·schluss**RR *m* circular argument
Zir·ko·ni·um <-s> [tsɪrˈkoːni̯ʊm] *nt* CHEM Zirconium
Zir·ku·lar [tsɪrkuˈlaːɐ̯] *nt* SCHWEIZ circular
Zir·ku·la·ti·on <-, -en> [tsɪrkulaˈtsi̯oːn] *f* ① *(das Zirkulieren)* circulation
② TECH *(Umlaufleitung)* circulation, circulatory flow
Zir·ku·la·ti·ons·ka·pi·tal *nt* FIN circulating capital
zir·ku·lie·ren* [tsɪrkuˈliːrən] *vi* ① *(kreisen)* to circulate
② *(kursieren)* to circulate; ***über diese Frau ~ einige Gerüchte*** there are some rumours going around about this woman
Zir·kum·flex <-es, -e> [ˈtsɪrkʊmflɛks] *m* LING circumflex
Zir·kum·po·lar·stern [tsɪrkʊmpoˈlaːɐ̯ʃtɛrn] *m* ASTRON circumpolar star
Zir·kus <-, -se> [ˈtsɪrkʊs] *m* ① *(Unterhaltung)* circus; **zum ~ gehen** to join the circus
② *(fam: großes Aufheben)* fuss, to-do *fam;* ***einen ~ machen*** to make a fuss
Zir·kus·ar·tist(in) *m(f)* circus performer, artiste **Zir·kus·clown** *m* circus clown **Zir·kus·zelt** *nt* big top
zir·pen [ˈtsɪrpn̩] *vi* ZOOL *(vibrierende Töne erzeugen)* to chirp, to cheep
Zir·rho·se <-, -n> [tsɪˈroːzə] *f* MED cirrhosis
Zir·rus·wol·ke [ˈtsɪrʊs-] *f* METEO cirrus [cloud]
zisch [tsɪʃ] *interj* hiss
zi·scheln [ˈtsɪʃl̩n] *vi (pej)* ■[**über jdn**] **~** to whisper [about sb]
zi·schen [ˈtsɪʃn̩] **I.** *vi* ① *haben (ein Zischen verursachen)* to hiss; ***das Steak zischte in der Pfanne*** the steak sizzled in the pan
② *haben (ein Zischen von sich geben)* to hiss
③ *sein (sich mit einem Zischen bewegen)* to swoosh; ***nach dem Anstich des Fasses zischte das Bier heraus*** after broaching the barrel the beer streamed out
II. *vt (mit einem Zischen sagen)* ■**etw ~** to hiss sth at sb
▶WENDUNGEN: **einen ~** *(sl)* to have a quick one *fam;* **jdm eine ~** to belt [*or* clout] sb *fam;* **eine gezischt bekommen** to get belted [*or* clouted] *fam*
Zi·schen <-s> [ˈtsɪʃn̩] *nt kein pl* hiss
Zisch·laut *m* LING sibilant
zi·se·lie·ren* [tsizəˈliːrən] *vt* KUNST ■**etw ~** to engrave sth
Zi·se·lie·rung <-, -en> *f* chasing
Zis·ter·ne <-, -n> [tsɪsˈtɛrnə] *f* cistern, tank
Zi·ta·del·le <-, -n> [tsitaˈdɛlə] *f* citadel
Zi·tat <-[e]s, -e> [tsiˈtaːt] *nt* quotation
Zi·ta·ten·le·xi·kon *nt* LING dictionary of quotations
Zi·ther <-, -n> [ˈtsɪtɐ] *f* MUS zither
Zi·ther·spie·ler(in) *m(f)* MUS zither player
zi·tie·ren* [tsiˈtiːrən] *vt* ① *(wörtlich anführen)* ■**jdn/etw ~** to quote sb/sth; **ein Beispiel ~** to quote [*or* cite] an example
② *(vorladen)* ■**jdn irgendwohin ~** to summon sb somewhere; ***sie wurde zum Chef zitiert*** she was summoned to her boss
Zi·tier·frei·heit *f kein pl* freedom to quote
Zi·tro·nat <-[e]s, -e> [tsitroˈnaːt] *nt* KOCHK candied lemon peel

Zi·tro·nat·zi·tro·ne *f* citron, cedrate
Zi·tro·ne <-, -n> [tsiˈtroːnə] *f* lemon
▸WENDUNGEN: **jdn ausquetschen** [*o* **auspressen**] **wie eine ~** *(fam)* to squeeze sb dry
Zi·tro·nen·baum *m* lemon tree **Zi·tro·nen·eis** *nt* lemon flavoured [*or* AM flavored] ice cream, lemon sorbet **Zi·tro·nen·fal·ter** *m* ZOOL brimstone butterfly **zi·tro·nen·gelb** *adj* lemon yellow **Zi·tro·nen·ku·chen** *m* lemon cake [*or* bread] **Zi·tro·nen·li·mo·na·de** *f* lemonade **Zi·tro·nen·me·lis·se** *f* lemon balm **Zi·tro·nen·pres·se** *f* lemon squeezer **Zi·tro·nen·rei·be** *f* lemon rind grater **Zi·tro·nen·saft** *m* citrus fruit
Zi·tro·nen·säu·re *f kein pl* citric acid **Zi·tro·nen·säu·re·zy·klus** *m* CHEM citric acid [*or* Krebs] cycle
Zi·tro·nen·scha·le *f* lemon peel **Zi·tro·nen·thy·mi·an** *m* lemon thyme
Zi·trus·frucht [ˈtsiːtrʊs-] *f* citrus fruit **Zi·trus·pres·se** *f* citrus squeezer
Zit·ter·aal [ˈtsɪtɐ-] *m* ZOOL electric eel
Zi·te·rer *m* ÖSTERR shaking, weakness
zit·te·rig, zitt·rig [ˈtsɪt(ə)rɪç] *adj* shaky
zit·tern [ˈtsɪtɐn] *vi* ❶ *(vibrieren)* to shake
❷ *(beben)* ■[**vor etw** *dat*] ~ to shake [*or* tremble] [with sth]; **vor Kälte** ~ to shiver with cold; **vor Angst** ~ to quake with fear; *Stimme* to quaver; *Blätter, Gräser, Lippen* to tremble, to quiver; *Pfeil* to quiver
❸ *(fam)* ■[**vor jdm/etw**] ~ to be terrified [of sb/sth]
Zit·tern <-s> [ˈtsɪtɐn] *nt kein pl* ❶ *(Vibrieren)* shaking, trembling; ***ein ~ ging durch seinen Körper*** a shiver ran through his body
❷ *(bebende Bewegung)* trembling; *Erdbeben* tremor; *Stimme a.* quaver
▸WENDUNGEN: **da hilft kein ~ und Zagen** there is no use being afraid
Zit·ter·pap·pel *f* BOT aspen **Zit·ter·par·tie** *f* nail-biter *fam* **Zit·ter·ro·chen** *m* ZOOL electric ray
zitt·rig [ˈtsɪtrɪç] *adj s.* **zitterig**
Zit·ze <-, -n> [ˈtsɪtsə] *f* ZOOL teat, dug
Zi·vi <-s, -s> [ˈtsiːvi] *m (fam) kurz für* **Zivildienstleistender** *young man doing community service as an alternative to military service*
zi·vil [tsiˈviːl] *adj* ❶ *(nicht militärisch)* civilian; **~er Bevölkerungsschutz** civil defence [*or* AM -se]
❷ *(fam: akzeptabel)* **~e Bedingungen/Forderungen/Preise** reasonable conditions/demands/prices
❸ *(höflich)* polite
Zi·vil <-s> [tsiˈviːl] *nt kein pl* civilian clothes *npl,* civvies *fam npl;* **in ~** in civilian clothes [*or fam* civvies], in mufti *dated*
Zi·vil·an·ge·stell·te(r) *f(m) dekl wie adj* civil servant **Zi·vil·be·hör·de** *f* civil authority **Zi·vil·be·ruf** *m* civilian profession [*or* trade] **Zi·vil·be·völ·ke·rung** *f* civilian population **Zi·vil·cou·ra·ge** *f* courage [of one's convictions] **Zi·vil·die·ner** *m* ÖSTERR *young man doing community service as alternative to military service*
Zi·vil·dienst *m kein pl* ADMIN *community service as alternative to military service* **Zi·vil·dienst·leis·ten·der** *m dekl wie adj young man doing community service as alternative to military service*
Zi·vil·ehe *f* JUR civil marriage **zi·vi·le Hilfs·she·riffs** *pl* civilian security officers *pl* **Zi·vil·fahn·der(in)** *m(f)* plain-clothes policeman **Zi·vil·ge·richt** *nt* JUR civil court **Zi·vil·ge·sell·schaft** *f* ❶ SOZIOL, POL civil society ❷ ÖKON civilian company **Zi·vil·ge·setz·buch** *nt* JUR SCHWEIZ *(Bürgerliches Gesetzbuch)* code of civil law **Zi·vil·ge·setz·ge·bung** *f* civil legislation
Zi·vi·li·sa·ti·on <-, -en> [tsiviliza'tsi̯oːn] *f* civilization
Zi·vi·li·sa·ti·ons·er·schei·nung *f* MED *symptoms caused by a civilized society* **Zi·vi·li·sa·ti·ons·krank·heit** *f* MED *illness caused by civilization* **zi·vi·li·sa·ti·ons·mü·de** *adj* SOZIOL tired of modern-day society
zi·vi·li·sa·to·risch [tsiviliza'toːrɪʃ] **I.** *adj* of civilization, with regard to civilization
II. *adv* in terms of [*or* with regard to] civilization
zi·vi·li·sie·ren* [tsiviliˈziːrən] *vt* ■**jdn** ~ to civilize sb
zi·vi·li·siert I. *adj* civilized
II. *adv* civilly; ***könnt ihr euch nicht ~ benehmen?*** can't you behave like civilized human beings?
Zi·vi·list(in) <-en, -en> [tsiviˈlɪst] *m(f)* civilian
Zi·vil·kam·mer *f* JUR civil division [*or* chamber] **Zi·vil·kla·ge** *f* JUR civil suit [*or* action] **Zi·vil·klei·dung** *f s.* Zivil **Zi·vil·le·ben** *nt* civilian life, BRIT *a.* Civvy Street *dated fam* **Zi·vil·per·son** *f (geh) s.* **Zivilist**
Zi·vil·pro·zessRR *m* JUR civil action **Zi·vil·pro·zess·ord·nung**RR *f* JUR Code of Civil Procedure, Civil Procedure Rules BRIT, Civil Practice Act AM **Zi·vil·pro·zess·recht**RR *nt* JUR law [*or* rules] of civil procedure *pl*
Zi·vil·recht *nt* JUR civil law
zi·vil·recht·lich I. *adj* JUR of civil law
II. *adv* JUR of civil law; ***jdn ~ verfolgen/belangen*** to bring a civil action against sb
Zi·vil·rechts·fall *m* JUR civil case **Zi·vil·rechts·streit** *m* JUR civil action **Zi·vil·re·li·gi·on** *f* civil religion
Zi·vil·rich·ter(in) *m(f)* JUR civil court judge **Zi·vil·sa·che** *f* JUR matter for a civil court
Zi·vil·schutz *m* ADMIN ❶ *(Schutz der Zivilbevölkerung)* civil defence [*or* AM -se]
❷ *(Truppe für den Zivilschutz)* civil defence [*or* AM -se]; **Bundesamt für ~** Federal Civil Defence Office
Zi·vil·se·nat *m* JUR civil division of a superior court
Zi·vil·stand *m* ADMIN SCHWEIZ marital status **Zi·vil·stands·amt** *nt* ADMIN SCHWEIZ registry office **Zi·vil·stands·re·gis·ter** *nt* ADMIN SCHWEIZ register of births, marriages and deaths
Zi·vil·ver·fah·rens·recht *nt* JUR law of civil procedure
zi·zerl·weis [ˈtsiːtsɐlvai̯s] *adv* ÖSTERR, SÜDD *(fam)* bit by bit
Zlo·ty <-s, -> [ˈzlɔti, ˈ(t)slɔti] *m* zloty
Zmit·tag <-s> [ˈtsmɪtaːk] *m o nt kein pl* SCHWEIZ *(Mittagessen)* lunch
Zmor·gen <-, -> [ˈtsmɔrgn̩] *m o nt* SCHWEIZ *(Frühstück)* breakfast
Znacht <-s> [tsnaxt] *m o nt kein pl* SCHWEIZ *(Abendessen)* supper
ZNS <-, -> [tsɛtʔɛnˈʔɛs] *nt Abk von* **Zentralnervensystem** CNS
Znü·ni <-, -> [ˈtsnyːni] *m* KOCHK SCHWEIZ *(zweites Frühstück)* elevenses *pl* BRIT *fam*
Zo·bel <-s, -> [ˈtsoːbl̩] *m* ❶ ZOOL sable
❷ *(Pelz aus Zobelfellen)* sable [fur]
Zoc·co·li [ˈtsɔkoli] *pl* SCHWEIZ *wooden sandals*
zo·ckeln [ˈtsɔkl̩n] *vi sein (fam) s.* **zuckeln**
zo·cken [ˈtsɔkn̩] *vi* KARTEN *(sl)* ■~ to gamble
Zo·cker(in) <-s, -> [ˈtsɔkɐ] *m(f)* KARTEN *(sl)* gambler
Zo·fe <-, -n> [ˈtsoːfə] *f* lady-in-waiting
Zoff <-s> [tsɔf] *m kein pl (sl)* trouble; **es gibt/dann gibt's ~** then there'll be trouble; **mit jdm ~ haben** to have trouble with sb; **~ machen** to cause trouble
zof·fen [ˈtsɔfn̩] *vr (sl)* ■**sich** *akk* **mit jdm** ~ to quarrel with sb
zog [tsoːk] *imp von* **ziehen**
Zö·ger [ˈtsøːgɐ] *m* ÖSTERR *(fam)* net shopping bag
zö·ger·lich [ˈtsøːgɐlɪç] **I.** *adj (zaudernd)* hesitant
II. *adv* hesitantly
Zö·ger·lich·keit <-> *f kein pl* hesitancy
zö·gern [ˈtsøːgɐn] *vi* to hesitate; ■**mit etw** *dat* ~ to wait [too long] [*or* hesitate] with sth; ■**~, etw zu tun** to hesitate before doing sth; **ohne zu ~** without [a moment's] hesitation, unhesitatingly; ***sie unterschrieb, ohne zu ~*** she signed without hesitation
Zö·gern <-s> [ˈtsøːgɐn] *nt kein pl* hesitation *no pl;* **ohne langes ~** without hesitating for a long time [*or* [a moment's] hesitation]
zö·gernd I. *adj* hesitant, hesitating; ***dieser Frage hat sich die Regierung nur sehr ~ angenommen*** the government accepted this question but only with [strong] reservations
II. *adv* hesitantly
Zög·ling <-s, -e> [ˈtsøːklɪŋ] *m (veraltend)* pupil
Zö·li·bat <-[e]s, -e> [tsøliˈbaːt] *nt o m* REL celibacy *no pl*
Zoll¹ <-[e]s, -> [tsɔl] *m* TECH inch; *(zollbreit)* one inch wide
▸WENDUNGEN: **jeder ~ ...** every inch; ***er ist jeder ~ ein Ehrenmann/Gentleman*** he is every inch a gentleman; **keinen ~[breit] [zurück]weichen** to not yield [*or* give] an inch; *s. a.* **Zentimeter**
Zoll² <-[e]s, Zölle> [tsɔl, *pl* ˈtsœlə] *m* ❶ ÖKON customs duty; **gemischter ~** compound [*or* mixed] duty; **für etw** *akk* **~ bezahlen** to pay [customs] duty on sth; **Zölle erheben** to introduce customs duties; **etw aus dem ~ freigeben** to remove the seals from sth; **durch den ~ kommen** to come through customs; **durch den ~ müssen** *(fam)* to have to go through customs; **einem ~ unterliegen** to carry duty
❷ *kein pl* ÖKON *(fam: Zollverwaltung)* customs *npl*
Zoll·ab·fer·ti·gung *f* ÖKON ❶ *(Gebäude)* customs post, checkpoint ❷ *(Vorgang)* customs clearance
Zoll·ab·fer·ti·gungs·ge·bühr *f* FIN customs clearance charge **Zoll·ab·fer·ti·gungs·schein** *m* HANDEL customs declaration **Zoll·ab·ga·be** *f* customs duty **Zoll·ab·ga·ben** *pl* ÖKON customs, customs duty **Zoll·ab·kom·men** *nt* ÖKON tariff agreement, customs convention **Zoll·amt** *nt* ÖKON customs office [*or* house] **zoll·amt·lich** *adj* ÖKON customs *attr;* **jdn/etw ~ abfertigen** to clear sb/sth through customs **Zoll·an·mel·dung** *f* HANDEL customs declaration **Zoll·auf·schlag** *m* HANDEL customs surcharge **Zoll·auf·sicht** *f* JUR customs supervision **Zoll·aus·fuhr·er·klä·rung** *f* ÖKON declaration outwards **Zoll·au·to·no·mie** *f* ÖKON autonomous system **Zoll·be·am·te(r), -be·am·tin** *m, f* ÖKON customs officer [*or* official] **Zoll·be·diens·te·te(r)** *f(m)* customs official **Zoll·be·frei·ung** *f* HANDEL customs duty-free admission **Zoll·be·gleit·pa·pie·re** *pl* customs documents *pl* **Zoll·be·gleit·schein** *m* ÖKON bond note **Zoll·be·hör·de** *f* customs [authority] **Zoll·be·schrän·kung** *f* HANDEL customs restriction **Zoll·be·stim·mung** *f meist pl* ÖKON customs regulation[s *pl*] **Zoll·be·zirk** *m* HANDEL customs district **Zoll·de·kla·ra·ti·on** *f* customs declaration **Zoll·ein·fuhr·schein** *f* ÖKON inward manifest **Zoll·ein·he·bung** *f* ÖSTERR collection of customs duty **Zoll·ein·la·ge·rung** *f* ÖKON bonding
zol·len [ˈtsɔlən] *vt (geh)* ■**jdm/etw etw** ~ to give sb/sth sth; **jdm Achtung/Anerkennung/Bewunderung ~** to respect/appreciate/admire sb; **jdm Beifall ~** to applaud sb, to give sb applause; **jdm Dank ~** to extend [*or* offer] one's thanks [*or* express one's gratitude] to sb; **jdm seinen Tribut ~** to pay tribute to sb
Zoll·er·he·bung *f* HANDEL collection of customs duties **Zoll·er·klä·rung** *f* ÖKON customs declaration; **Zoll- und Devisenerklärung** currency and customs declaration **Zoll·er·lass** *m* HANDEL remission of duty **Zoll·fahn·der(in)** <-s, -> *m(f)* customs investigator **Zoll·fahn·dung** *f* ÖKON customs investigation **Zoll·fest·set·zung** *f* ÖKON assessment of duties **Zoll·flug·ha·fen** *m* airport of entry **Zoll·for·ma·li·tä·ten** *pl* JUR customs formalities; **~ erledigen** to clear through customs
zoll·frei I. *adj* ÖKON duty-free; **~e Waren** duty-free products
II. *adv* ÖKON duty-free
Zoll·frei·heit *f kein pl* JUR exemption from customs duty **Zoll·frei·la·ger** *nt* bonded warehouse [*or* store] **Zoll·frei·zo·ne** *f* JUR [duty-]free zone, bonded area **Zoll·ge·biet** *nt* customs area **Zoll·ge·bühr** *f* HANDEL clearance charge **Zoll·ge·büh·ren** *pl* customs duty **Zoll·ge·setz** *nt* JUR customs law **Zoll·grenz·be·zirk** *m* border area under customs surveillance **Zoll·gren·ze** *f* customs [area] border **Zoll·ha·fen** *m* port of entry **Zoll·haus** *nt* customs house **Zoll·ho·heit** *f* right to impose customs duty **Zoll·in·halts·er·klä·rung** *f* customs declaration **Zoll·ko·dex** *m* customs code **Zoll·kon·tin·gent** *nt* ÖKON tariff-rate quota **Zoll·kon·trol·le** *f* ÖKON customs check **zoll·mel·de·pflich·tig** *adj* ÖKON declarable
Zöll·ner <-s, -> [ˈtsœlnɐ] *m* ❶ *(veraltend fam: Zollbeamter)* customs officer

② REL *(in der Bibel)* tax collector

zoll·pflich·tig *adj* ÖKON dutiable; ~ **sein** to be dutiable; ~**e Waren** dutiable products, bonded goods **Zoll·recht** *nt* JUR customs law [*or* customs rules] *pl*; **gemeinschaftliches** ~ EU Community customs provisions **Zoll·rück·ver·gü·tung** *f* FIN customs drawback **Zoll·schiff** *nt* customs cutter **Zoll·schran·ke** *f* HANDEL customs barrier **Zoll·schran·ken** *pl* ÖKON tariff [*or* customs] barriers *pl* **Zoll·schuld** *f* FIN customs debt **Zoll·schuld·ner(in)** *m(f)* JUR customs debtor, party owing customs duty **Zoll·sen·kung** *f* lowering of duty **Zoll·sta·ti·on** *f* customs post **Zoll·stel·le** *f* HANDEL customs authority

Zoll·stock *m* ruler, inch rule

Zoll·straf·tat *f* JUR customs offence [*or* AM -se], infringement of customs regulations **Zoll·ta·rif** *m* ÖKON customs tariff; **Gemeinsamer** ~ Common Customs Tariff; ~**e angleichen** to harmonize tariffs **Zoll·ta·rif·recht** *nt* JUR tariff law **Zoll- und Han·dels·ab·kom·men** *nt* **Allgemeines** ~ ÖKON General Agreement on Tariffs and Trade **Zoll·uni·on** *f* ÖKON customs union **Zoll·ver·fah·ren** *nt* ÖKON customs procedure **Zoll·ver·fah·rens·recht** *nt* JUR customs procedure law **Zoll·ver·ge·hen** *nt* JUR customs violation [*or* offence] [*or* AM -se] **Zoll·ver·schluss**^RR *m* JUR customs seal; **unter** ~ bonded **Zoll·ver·wal·tung** *f* customs administration [*or pl* authorities] **Zoll·wa·che** *f* ÖSTERR customs office [*or* house]

Zoll·wert *m* HANDEL customs [*or* dutiable] value; **erklärter** ~ declared value; ~ **eingeführter Waren** customs value of imported goods **Zoll·wert·aus·schuss**^RR *m* ÖKON *(EU)* Valuation Committee

Zom·bie <-[s], -s> ['tsɔmbi] *m* zombie

Zo·ne <-, -n> ['tsoːnə] *f* ① *(Bereich)* zone; **entmilitarisierte** ~ demilitarized zone

② HIST *(fam: ehemalige DDR)* **die** [**Ost**]~ the Eastern Zone *fam or dated*, East Germany

③ TRANSP fare stage, zone

④ GEOG **heiße** ~ torrid zone; **gemäßigte** ~ temperate zone

Zo·nen·gren·ze *f* zonal boundary; **die** ~ the East German border **Zo·nen·ord·nung** *f* SCHWEIZ *regulations governing usage of areas of land*

Zo·ni <-s, -s> ['tsoːni] *m o f (pej fam) resident of former East Germany*

Zoo <-s, -s> [tsoː] *m* zoo

Zoo·lo·ge, Zoo·lo·gin <-n, -n> [tsoo'loːgə, tsoo'loːgɪn] *m, f* zoologist

Zoo·lo·gie <-> [tsoolo'giː] *f kein pl* zoology

Zoo·lo·gin <-, -nen> *f fem form von* **Zoologe**

zoo·lo·gisch [tsoo'loːgɪʃ] **I.** *adj* zoological

II. *adv* zoologically

Zoom <-s, -s> [zuːm, tsoːm] *nt* FOTO *s.* **Zoomobjektiv**

zoo·men ['zuːmən, 'tsoːmən] *vt* FOTO, INFORM ■**jdn/etw** ~ to zoom in on sb/sth

Zoom·ob·jek·tiv *nt* FOTO zoom lens

Zoo·tier *nt* animal in a zoo **Zoo·wär·ter(in)** <-s, -> *m(f)* zookeeper

Zopf <-[e]s, Zöpfe> [tsɔpf, *pl* tsœpfə] *m* ① *(geflochtene Haarsträhnen)* plait, AM *usu* braid, pigtail

② KOCHK plait, plaited loaf

③ FORST top of tree trunk

▶WENDUNGEN: **ein alter** ~ an antiquated custom

zop·fig ['tsɔpfɪç] *adj (pej)* antiquated

Zopf·mus·ter *nt* MODE cable stitch **Zopf·span·ge** *f* hair clip

Zor·bing <-s> [ˌzɔrbɪŋ] *nt kein pl* SPORT zorbing *(rolling downhill while strapped inside an enormous air-cushioned bouncing ball)*

Zorn <-[e]s> [tsɔrn] *m kein pl* anger, rage, wrath *liter*; **der** ~ **Gottes** the wrath of God; **in** ~ **geraten/ausbrechen** to lose one's temper, to fly into a rage; **einen** ~ **auf jdn haben** to be furious with sb; **jds** ~ **heraufbeschwören** to incur sb's wrath; **im** ~ in anger [*or* a rage]; ***im*** ~ ***sagt man manches, was man später bereut*** when you are angry you say things you later regret

Zorn·bin·kel, Zorn·binkl [-bɪŋkl] *m* ÖSTERR person with a violent temper, irascible person

zorn·ent·brannt *adj inv (geh)* enraged, in a fury [*or* rage] *pred*

Zor·nes·aus·bruch *m* fit of anger [*or* rage] **Zor·nes·rö·te** *f (zornige Röte)* flush of anger

zor·nig ['tsɔrnɪç] *adj* angry, furious; ■~ **auf jdn sein** to be angry [*or* furious] with sb; **leicht** ~ **werden** to lose one's temper easily; **ein** ~**er junger Mann** *(fig)* an angry young man

Zo·ro·as·tri·er(in) <-s, -> [tsoro'astriɐ] *m(f)* REL Zoroastrian

zo·ro·as·trisch [tsoro'astrɪʃ] *adj* REL Zoroastrian

Zo·ro·as·tris·mus <-> [tsoroas'trɪsmʊs] *m kein pl* REL Zoroastri[ani]sm

Zo·te <-, -n> ['tsoːtə] *f* dirty [*or* obscene] joke

zo·tig ['tsoːtɪç] *adj* dirty, filthy, smutty

Zot·tel <-, -n> ['tsɔtl̩] *f* ① *meist pl (langes Tierhaar)* shaggy clump of hair

② *(pej fam: unordentliche Haare)* ■~**n** rat's tail, shaggy locks *pl*

③ DIAL *(Schlampe)* slut

④ *(an der Mütze)* pompom

Zot·tel·haar *nt (fam)* shaggy hair

zot·te·lig ['tsɔt(ə)lɪç], **zott·ig** ['tsɔtɪç] *adj (fam)* shaggy

zot·teln ['tsɔtl̩n] *vi sein (fam)* to amble

zot·tig ['tsɔtɪç] *adj s.* **zottelig**

ZPO <-> *f kein pl Abk von* **Zivilprozessordnung** Code of Civil Procedure, Civil Procedure Rules BRIT, Civil Practice Act AM

z.T. *Abk von* **zum Teil** partly

Ztr. *Abk von* **Zentner** hundredweight

zu [tsuː]

I. PRÄPOSITION MIT DATIV	II. ADVERB
III. ADJEKTIV	IV. KONJUNKTION

I. PRÄPOSITION MIT DATIV

① *(wohin: Ziel)* to; ~**m** ***Schwimmbad geht es da lang!*** the swimming pool is that way!; ***fahr mich bitte*** ~ ***r Arbeit/Kirche/Schule*** please drive me to work/church/school; ***wie weit ist es von hier*** ~ ***m Bahnhof?*** how far is it from here to the train station?; ***wie komme ich*** [***von hier***] ~ ***r Post?*** how do I get [from here] to the post office?; ***ich muss gleich*** ~ ***m Arzt/*** ~ ***m Bäcker/*** ~ ***m Supermarkt*** I must go to the doctor's/baker's/supermarket; ***morgen gehe ich*** ~ ***Rainer*** I'm going to see Rainer tomorrow; ~ **Bett gehen** *(geh)* to go to bed; ~**m Militär gehen** to join the army; ~**m Theater gehen** to go on the stage [*or* into the theatre]; **sich** *akk* ~ **Tisch setzen** *(geh)* to sit down to dinner

② *(wohin: Richtung)* ***das Zimmer liegt*** ~ ***r Straße hin*** the room looks out onto the street; ***der Kerl vom Nachbartisch sieht dauernd*** ~ ***uns rüber*** the bloke at the next table keeps looking across at us; ~**r Decke sehen** to look [up] at the ceiling; ~**m Fenster hinaus/herein** out of/in through the window; ~**r Tür hinaus/herein** out of/in through the door; ~**m Himmel weisen** to point heavenwards [*or* up at the heavens]; ~ **jdm/etw hinaufsehen** to look up at sb/sth; ~**m Meer/zur Stadtmitte hin** towards the sea/town centre

③ *(wohin: neben)* ■~ **jdm/etw** next to sb/sth; ***darf ich mich*** ~ ***Ihnen setzen?*** may I sit next to [*or* beside] you?; ***setz dich*** ~ ***uns*** [come and] sit with us; ***legen Sie*** ~ ***den Tellern bitte jeweils eine Serviette*** put one serviette next to each plate

④ *(wo: Lage)* at; *(geh)* ***sie ist schon*** ~ ***Bett*** she's already gone to bed; ~ **Hause** at home; ~ **jds Rechten/Linken** on sb's right/left [hand side]; **jdm** ~**r Seite sitzen** *(geh)* to sit at sb's side

⑤ *(wo: vor Eigennamen, Ortnamen)* ***der Dom*** ~ ***Köln*** the cathedral in Cologne, Cologne cathedral; ***der Graf*** ~ ***Blaubeuren*** the Count of Blaubeuren; ***der Gasthof*** ~ ***m blauen Engel*** the Blue Angel Inn; ***der Reichstag*** ~ ***Worms*** *(hist)* the Diet of Worms

⑥ *(wann: Zeitpunkt)* at; ~**m** ***1. Januar fällig*** due on January 1st; ***es muss*** [***bis***] ***zum Abend/ 14. März fertig sein*** it must be finished by this evening/March 14th; ~**m** ***Wochenende fahren wir weg*** we are going away at [*or* AM on] the weekend; ~ **früher/später Stunde** at an early/late hour; ~ **Mittag** at [*or* by] midday/noon; ~**m Monatsende kündigen** to give in one's notice for [*or* to take effect from] the end of the month; ~ **Ostern/Pfingsten/Weihnachten** at Easter/Whitsun/Christmas; ***letztes Jahr*** ~ ***Weihnachten*** last Christmas; *s. a.* **Anfang, bis, Schluss, Zeit**

⑦ *(wann, wozu: Anlass)* ***eine Feier*** ~ ***m Jahrestag der Revolution*** a celebration to mark the anniversary of the revolution; ~**m** ***Frühstück trinkt sie immer Tee*** she always has tea at breakfast; **etw** ~**m Geburtstag/**~ **Weihnachten bekommen** to get sth for one's birthday/for Christmas; **jdm** ~ **etw gratulieren** to congratulate sb on sth; ~ ***Ihrem 80. Geburtstag möchte ich Ihnen herzlichst gratulieren*** I'd like to congratulate you on the occasion of your 80th birthday

⑧ *(worüber: Thema)* ~ ***dieser Frage möchte ich Folgendes sagen*** to this question I should like to say the following; ***was sagst du*** ~ ***diesen Preisen?*** what do you say to these prices?; ***eine Rede*** ~ ***m Thema Umwelt*** a speech on the subject of the environment; **jdn** ~ **etw vernehmen** to question sb about sth

⑨ *(wozu: Zweck, Ziel)* ***der Knopf*** ~ ***m Abstellen*** the off-button; ***Papier*** ~ ***m Schreiben*** paper to write on, writing paper; ***Wasser*** ~ ***m Trinken*** drinking water; ***wir haben nichts*** ~ ***m Essen*** we have nothing to eat; ***gib dem Kind doch etwas*** ~ ***m Spielen*** give the child something to play with; ***auf die Reise habe ich mir etwas*** ~ ***m Lesen mitgenommen*** I've brought something to read on the trip; ***bei dem Regenwetter habe ich keine Lust*** ~ ***m Wandern*** I don't fancy walking if it is raining; ***das Zeichen*** ~ ***m Aufbruch*** the signal to leave; ~ ***m Arzt geboren sein*** to be born to be a doctor; ***sie sagte das nur*** ~ ***seiner Beruhigung*** she said that just to set his mind at rest; ~**r Ansicht** on approval; ~**r Einsicht** for inspection; ~**r Einführung ...** by way of an introduction ...; ~ **seiner Entschuldigung/**~**r Erklärung** in apology/explanation, by way of an apology/explanation; **jdn** ~**m Essen einladen** to invite sb for a meal; ~**m Gedächtnis von jdm** in memory of sb, in sb's memory; ~ **Hilfe!** help!; **jdm** ~ **Hilfe kommen** to come to sb's aid; ~**m Lobe von jdm/etw** in praise of sb/sth; ~ **nichts taugen** [*o* **zu gebrauchen sein**] to be no use at all; ~**r Probe** as a trial [*or* test]; ~**r Unterschrift** for signature [*or* signing]; ~ **was** *(fam)* for what, why; ~ ***was soll das gut sein?*** what do you need that for?, what is that for?

⑩ *(als was)* ***er nahm sie*** ~ ***r Frau*** he took her as his wife; **etw** ~**r Antwort geben** to say sth in reply; ~**m Beispiel** for example; ~**r Belohnung** as a reward; ~**r Strafe** as a punishment; ■**jdn/etw** ~**m Vorbild nehmen** to take sb/sth as one's example, to model oneself on sb/sth; ~**r Warnung** as a warning

⑪ *(womit zusammen: Begleitung)* ***mögen Sie Milch/Zucker*** ~ ***m Kaffee?*** do you take your coffee white [*or* with milk]/with sugar?; ~ ***Lachs passt kein Rotwein*** red wine does not go with salmon; **etw** ~ **etw tragen** to wear sth with sth

⑫ *(zu was: Zugehörigkeit)* ~ ***den Lehrbüchern gehören auch Kassetten*** there are cassettes to go with the text books; ***wo ist der Korken*** ~ ***der Flasche?*** where is the cork for this bottle?; ***mir fehlt nur der Schlüssel*** ~ ***dieser Tür*** I've only got to find the key to this door

⑬ *(wie: Umstand, Art und Weise)* ***sie erledigt alles*** ~ ***meiner Zufriedenheit*** she does everything to my complete satisfaction; ***die Firma verkauft alles*** ~ ***niedrigsten Preisen*** the company sells everything at rock-bottom prices; ***du hast dich*** ~ ***deinem Vorteil verändert*** you've changed for the better; ***das ist ja*** ~***m Lachen*** that's ridiculous [*or* really funny]; ***das ist*** ~***m Weinen*** it's enough to make you want to cry [*or* weep]; ~ **jds Bestem/**

Vorteil sein to be for one's own good/to one's advantage; ~ **Deutsch** *(veraltend)* in German; ~**m Glück** luckily
⑭ *(wie: Fortbewegungsart)* ~ **Fuß/Pferd** on foot/ horseback; ~ ***Fuß gehen Sie etwa 20 Minuten*** it will take you about 20 minutes on foot; ~ **Schiff** *(veraltet)* by ship [*or* sea]
⑮ *(zu was: Ergebnis eines Vorgangs)* ~ ***Asche verbrennen*** to burn to ashes; ***Eiweiß ~ Schnee schlagen*** to beat the egg white until stiff; ***Kartoffeln ~ einem Brei zerstampfen*** to mash potatoes; ~**m Erliegen/Stehen kommen** to come to rest/a halt; **etw ~ Pulver zermahlen** to grind sth [in]to powder; ~ **etw werden** to turn into [*or* become] sth; ***manch einer wird aus Armut ~ m Dieb*** often it is poverty that turns sb into a thief; **wieder ~ Staub werden** to [re]turn to dust
⑯ *(in welche Position)* ***er ist ~ m Kapitän befördert worden*** he was promoted to captain; ***sie wurde ~ r Vorsitzenden gewählt*** she was elected chairman; **jdn ~ etw ernennen** to nominate sb for sth; **jdn/etw ~ etw machen** to make sb/sth into sth; ***er machte sie ~ seiner Frau*** he made her his wife
⑰ *(zu wem: Beziehung)* ***meine Beziehung ~ ihr*** my relationship with her; **Liebe ~ jdm** love for sb; **aus Freundschaft ~ jdm** because of one's friendship with sb; **Vertrauen ~ jdm/etw** trust in sb/sth
⑱ *(wie: im Verhältnis zu)* in relation [*or* proportion] to; ***im Verhältnis 1 ~ 4*** MATH in the ratio of one to four; ***unsere Chancen stehen 50 ~ 50*** our chances are fifty-fifty; **im Vergleich ~ ...** in comparison with ..., compared to ...
⑲ SPORT ***Bayern München gewann mit 5 ~ 1*** Bayern Munich won five-one; ***das Fußballspiel ging unentschieden 0 ~ 0 aus*** the football match ended in a nil-nil draw
⑳ *bei Mengenangaben* ~ ***drei Prozent*** at three percent; ***diese Äpfel habe ich ~ ein Euro das Stück gekauft*** I bought these apples for [*or* at] one euro each; ***sechs [Stück] ~ fünfzig Cent*** six for fifty cents; ~ ***m halben Preis*** at half price; ***wir sind ~ fünft in den Urlaub gefahren*** five of us went on holiday together; ***sie kommen immer ~ zweit*** those two always come as a pair; ***der Pulli ist nur ~ r Hälfte fertig*** the jumper is only half finished; ***hast du das Buch nur ~ einem Viertel gelesen?*** have you only read a quarter of the book?; ~**m ersten Mal** for the first time; ~**m Ersten ...,** ~**m Zweiten** firstly ..., secondly; ~**m Ersten,** ~**m Zweiten,** ~**m Dritten** *(bei Auktionen)* going once, going twice, sold
㉑ SCHWEIZ *(in Wendungen)* ~**r Hauptsache** mainly; ~**m Rechten schauen** to look to the right; ~**m Voraus** in front of; ~**m Vorn[e]herein** from in front

II. ADVERB

① *(allzu)* too; ***ich wäre ~ gern mitgefahren*** I would have loved to have gone along; ~ **sehr** too much; ***er hat sich nicht ~ sehr bemüht*** he didn't try too [*or* very] hard
② *(emph: zur Steigerung)* ***das ist ja ~ schön!*** that's marvellous!; *(iron)* that's just great! *iron;* ***das ist einfach ~ dumm!*** that's really too stupid!
③ *nachgestellt (örtlich)* towards; ***dem Ausgang ~*** towards the exit; **nach hinten/vorne ~** towards the back/front
④ *(fam: weiter, los)* ***dann mal ~ !*** go ahead!, off we go; ***immer** [o **nur**] **~ !*** go ahead!; ***schimpf nur ~ , es hilft doch nichts*** go on, scream, it won't do any good; ***mach ~ !*** hurry up!, get a move on!; ***lauf schon ~ , ich komme nach*** you go on [*or* go on ahead], I'll catch up

III. ADJEKTIV

① *meist präd (geschlossen)* shut, closed; ***Tür ~ , es zieht!*** shut the door, there's a draught!; ***dreh den Wasserhahn ~ !*** turn the tap off!; ***[mach die] Augen ~ , ich hab da was für dich*** close your eyes, I've got sth for you; ~ **haben** [*o* **sein**] to be shut [*or* closed]; ***die Geschäfte haben** [o **sind**] **sonntags*** ~ stores are closed on Sundays; **vor der ~nen Tür stehen** *(sl)* to stand in front of the closed door
② *präd (fam: betrunken)* ▪ ~ **sein** to be pissed *fam!,* to have had a skinful *fam*
③ *präd (fam: emotional unzugänglich)* ▪ ~ **sein:** ***sie ist total ~*** you can't get through to her

IV. KONJUNKTION

① *mit Infinitiv* to; ***was gibt es heute Mittag ~ essen?*** what are we having for lunch today?; ***ohne es ~ wissen*** without knowing it; ▪**jd hat etw ~ tun:** ***ich habe ~ arbeiten*** I have some work to do; ***sie hat ~ gehorchen*** she has to obey [*or* do as she is told]; ***ich habe heute einiges ~ erledigen*** I have got a few things to do today; ▪**etw ist ~ tun:** ***die Rechnung ist bis Freitag ~ bezahlen*** the bill has to be paid by Friday; ***dieser Auftrag ist unverzüglich ~ erledigen*** this task must be completed straight away; ▪**um etw ~ tun:** ***ich komme, um mich ~ verabschieden*** I have come to say goodbye
② *mit Partizip* ***da sind noch einige ~ bezahlende Rechnungen*** there are some outstanding bills; ***es gibt verschiedene noch ~ kaufende Gegenstände*** some things still have to be bought; ***der ~ Prüfende*** the candidate to be examined; ***nicht ~ unterschätzende Probleme*** problems [that are] not to be underestimated

zu·al·ler·erst [tsuˈʔalɐʔeːɐ̯st] *adv* first of all **zu·al·ler·letzt** [tsuˈʔalɐlɛtst] *adv* last of all
zu|ar·bei·ten *vi* ▪**jdm ~** to do preparatory work [*or* the groundwork] for sb
zu|bal·lern *vt (sl)* ▪**jdn** [**mit etw** *dat*] ~ to overwhelm sb [with sth]
Zu·bau *m* ÖSTERR extension
zu|bau·en *vt* ▪**etw ~** to fill sth in
Zu·be·hör <-[e]s, -e> [ˈtsuːbəhøːɐ̯] *nt o m pl selten* ① *(Teil der Ausstattung)* equipment *no pl,* removable fixture
② *(zusätzliche Accessoires)* accessories *pl*
③ *(Ausstattung)* attachments *pl;* ***diese Küchenmaschine wird mit speziellem ~ geliefert*** this food processor comes with special attachments
Zu·be·hör·teil *nt* accessory, attachment
zu|bei·ßen *vi irreg* to bite
zu|be·kom·men* *vt irreg (fam)* ▪**etw ~** to get sth shut [*or* closed]; **eine Hose/einen Reißverschluss ~** to do [*or* zip] up trousers/a zipper
Zu·ber <-s, -> [ˈtsuːbɐ] *m* DIAL, SCHWEIZ washtub
zu|be·rei·ten* *vt* ▪[**jdm**] **etw ~** to prepare sth [for sb]; **einen Cocktail ~** to mix a cocktail
Zu·be·rei·tung <-, -en> *f* ① *(das Zubereiten)* preparation
② *(von Arzneimitteln)* making up
③ PHARM *(zubereitetes Präparat)* preparation
zu|be·to·nie·ren* *vt* ▪**etw ~** *Landschaft* to concrete over sth, to cover sth in [*or* with] concrete
Zu·bett·ge·hen <-s> [tsuˈbɛtgeːən] *nt kein pl* ***vor dem/ beim/ nach dem ~*** before [going to] bed/ on going to bed/ after going to bed
zu|bil·li·gen *vt* ▪**jdm etw ~** ① *(zugestehen)* to grant [*or* allow] sb sth
② *(für jdn gelten lassen)* to grant sb sth; ***ich will ihm gerne ~ , dass er sich bemüht hat*** he made an effort, I'll grant/allow him that
zu|bin·den *vt irreg* ▪**etw ~** to tie [*or* do up] sth; **sich** *dat* **die Schuhe ~** to lace [*or* do] up [*or* tie] shoes
zu|blei·ben *vi irreg sein (fam)* ***kann die Tür nicht ~ ?*** can't we keep the door shut?; ***wegen Inventur wird unser Geschäft am 3. Januar ~*** our shop will be closed for stocktaking on January 3rd
zu|blin·zeln *vi* ▪**jdm ~** to wink at sb; ▪**sich** *dat* ~ to wink at each other
zu|brin·gen *vt irreg* ① *(verbringen)* to spend
② *(herbeibringen)* to bring/take to; ***jdm ~ , dass ...*** to inform sb that ... *fig;* ***es ist mir zugebracht worden*** *(geh)* it has been brought to my attention [*or* notice]
③ DIAL *s.* **zukriegen**
Zu·brin·ger <-s, -> *m* TRANSP ① *(Zubringerstraße)* feeder road
② *(Flughafenbus)* shuttle [bus], airport bus
Zu·brin·ger·dienst *m* shuttle service **Zu·brin·ger·flug** *m* feeder plane **Zu·brin·ger·in·dus·trie** *f* ÖKON ancillary industry **Zu·brin·ger·stra·ße** *f (geh)* feeder road
Zu·brot *nt kein pl* extra income; [**sich** *dat*] **ein ~ verdienen** to earn [*or* make] a bit on the side
zu|but·tern *vt (fam)* ▪**etw ~** to contribute sth; ***wegen eines Fehlers musste der Konzern Millionen ~*** due to a mistake the corporation had to pay out millions [on top]
Zuc·chet·to <-s, Zucchetti> [tsuˈkɛto, *pl* tsuˈkɛti] *m meist pl* SCHWEIZ *(Zucchini)* courgette BRIT, zucchini AM
Zuc·chi·no <-s, Zucchini> [tsʊˈkiːno, *pl* tsʊˈkiːniː] *m meist pl* courgette BRIT, zucchini AM
Zucht <-, -en> [tsʊxt] *f* ① *kein pl* HORT cultivation *no art, no pl,* growing *no art, no pl*
② *kein pl* ZOOL breeding *no art, no pl*
③ *(gezüchtete Pflanze)* stock, variety; *(gezüchtetes Tier)* breed; *von Bakterien* culture *spec*
④ *kein pl (Disziplin)* discipline *no art, no pl;* ~ **und Ordnung** discipline; **jdn in ~ halten** to keep a tight rein on sb
Zucht·bul·le *m* breeding bull **Zucht·cham·pig·non** *m* cultivated [*or* button] mushroom
züch·ten [ˈtsʏçtn̩] *vt* ① HORT ▪**etw ~** to grow [*or* cultivate] sth
② ZOOL ▪**Tiere ~** to breed animals; **Bienen ~** to keep bees
Züch·ter(in) <-s, -> *m(f) von Rassetieren* breeder; *von Blumen* grower, cultivator; *von Bienen* keeper; *von Bakterien* culturist *spec*
Zucht·farm [ˈtsʊxtfarm] *f* breeding farm; *(für Pferde)* stud farm **Zucht·fo·rel·le** *f* farmed trout
Zucht·haus *nt (hist)* ① *(Strafe)* prison sentence; ~ **bekommen** to be given a prison sentence
② *(Strafanstalt)* prison, jail, BRIT *dated a.* gaol
Zucht·häus·ler(in) *m(f) (pej veraltend)* convict
Zucht·haus·stra·fe *f* HIST [hard] prison sentence
Zucht·hengst *m* stud horse, breeding stallion
züch·tig [ˈtsʏçtɪç] **I.** *adj (veraltet)* chaste *form liter*
II. *adv (veraltet)* chastely *form liter,* in a chaste manner *form liter*
züch·ti·gen [ˈtsʏçtɪgn̩] *vt (geh)* ▪**jdn ~** to beat sb
Züch·ti·gung <-, -en> *f* beating, thrashing, flogging
Züch·ti·gungs·ver·bot *nt* corporal punishment ban
zucht·los *adj (veraltend)* undisciplined, licentious; **ein ~es Leben führen** to lead an undisciplined [*or* licentious] life
Zucht·lo·sig·keit <-> *f kein pl (veraltend)* lack of discipline, licentiousness
Zucht·mu·schel *f* farmed mussel **Zucht·per·le** *f* cultured pearl **Zucht·stu·te** *f* breeding [*or* brood] mare **Zucht·tier** *nt* breeding animal
Züch·tung <-, -en> *f* ① *kein pl* HORT cultivation *no art, no pl,* growing *no art, no pl*
② *kein pl* ZOOL breeding *no art, no pl*
③ *(gezüchtete Pflanze)* variety; *(gezüchtetes Tier)* breed; **eine neue ~ Schweine** a new breed of pig
Zucht·vieh *nt* breeding cattle **Zucht·wahl** *f* BIOL natural selection
zu·ckeln [ˈtsʊkl̩n] *vi sein (fam)* ▪**irgendwohin ~** to trundle off somewhere; **über die Landstraßen ~** to trundle along country roads
zu·cken [ˈtsʊkn̩] *vi* ① *haben Augenlid* to flutter; *Mundwinkel* to twitch
② *haben* **mit den Achseln** [*o* **Schultern**] ~ to shrug one's shoulders; **ohne mit der Wimper zu ~** without batting an eyelid
③ *haben (aufleuchten) Blitz* to flash; *Flamme* to flare up
④ *sein (sich zuckend bewegen) Blitz* to flash; ***hast du diesen Blitz über den Himmel ~ sehen?*** did you see that bolt of lightning flash across the sky?
⑤ *haben (fam: wehtun)* ▪**es zuckt jdm irgendwo** sb has/gets a twinge somewhere
zü·cken [ˈtsʏkn̩] *vt* ▪**etw ~** ① *(blankziehen)* to draw sth; **mit gezückten Schwertern** with swords

drawn
❷ *(fam: rasch hervorziehen)* to pull [*or* whip] out sth *sep*
zu̱·ckend *adj Bewegungen* twitching; *Lider* fluttering
Zu̱·cker¹ <-s, -> ['tsʊkɐ] *m* sugar *no art, no pl;* **brauner ~** brown sugar; **bunter ~** rainbow sugar crystals *pl*
▸WENDUNGEN: **~ sein** *(sl)* to be terrific [*or* BRIT *fam!* shit hot] [*or fam!* hot shit]
Zu̱·cker² <-s> ['tsʊkɐ] *m kein pl* MED diabetes *no art, no pl;* **~ haben** *(fam)* to have diabetes
Zu̱·cker·aus·tausch·stoff *m* artificial sweetener **Zu̱·cker·bä·cker(in)** *m(f)* confectioner **Zu̱·cker·ba·na·ne** *f* lady finger banana
Zu̱·cker·brot *nt (veraltet: Süßigkeit)* sweetmeat *dated*
▸WENDUNGEN: **mit ~ und Peitsche** *(prov)* with the carrot and the stick
Zu̱·cker·do·se *f* sugar bowl **Zu̱·cker·erb·se** *f* sugar snap [*or* AM *a.* snow] pea, mangetout **Zu̱·cker·fa·brik** *f* sugar factory **Zu̱·cker·guss**[RR] *m* icing *no art, no pl,* AM *esp* frosting *no art, no pl*
zu̱·cker·hal·tig <-er, -[e]ste> *adj* containing sugar
Zu̱·cker·hut ['tsʊkɐhu:t] *m* ❶ GEOL sugarloaf
❷ KOCHK winter chicory
zu̱·cke·rig, zuck·rig ['tsʊk(ə)rɪç] *adj* ❶ *(viel Zucker enthaltend)* sugary
❷ *(mit Zucker bestreut)* sugary
zu̱·cker·krank *adj* diabetic **Zu̱·cker·kran·ke(r)** *f(m) dekl wie adj* diabetic **Zu̱·cker·krank·heit** *f* diabetes *no art, no pl*
Zu̱·ckerl <-s, -[n]> ['tsʊkɐl] *nt* SÜDD, ÖSTERR *(Bonbon)* sweet BRIT, candy AM
Zu̱·cker·le·cken *nt* ▸WENDUNGEN: **kein ~ sein** *(fam)* to be no picnic **Zu̱·cker·me·lo·ne** *f* musk melon
zu̱·ckern ['tsʊkɐn] *vt* ■**etw ~** to sugar sth; **seinen Tee ~** to put [*or* take] sugar in one's tea
Zu̱·cker·raf·fi·ne·rie *f* sugar refinery **Zu̱·cker·rohr** *nt* sugar cane *no art, no pl* **Zu̱·cker·rü·be** *f* sugar beet *no art, no pl* **Zu̱·cker·schle·cken** *nt s.* Zuckerlecken **Zu̱·cker·schock** *m* MED diabetic coma, ketoacidosis **Zu̱·cker·scho·te** *f* mangetout **Zu̱·cker·si·rup** *m* sugar syrup **Zu̱·cker·stan·ge** *f* stick of rock, rock candy AM **Zu̱·cker·streu·er** *m* sugar caster [*or* sprinkler] **zu̱·cker·süß** ['tsʊkɐ'zy:s] *adj* ❶ *(sehr süß)* as sweet as sugar *pred* ❷ *(übertrieben freundlich)* sugar-sweet *a. pej;* ■**~ [zu jdm] sein** to be as sweet as pie [to sb] **Zu̱·cker·waa·ge** *f* saccharometer **Zu̱·cker·wat·te** *f* candyfloss BRIT, cotton candy AM **Zu̱·cker·zan·ge** *f* sugar tongs *npl*
zuck·rig ['tsʊkrɪç] *adj s.* zuckerig
Zu̱·ckung <-, -en> *f meist pl von Augenlid, Lippe, Mundwinkel* twitch; **nervöse ~en** a nervous twitch; *eines Epileptikers* convulsion; **die letzten ~en** the death throes
Zu̱·de·cke *f* DIAL cover
zu̱|de·cken *vt* ■**jdn/etw [mit etw** *dat*] **~** to cover [up *sep*] sb/sth [with sth]; ■**sich** *akk* **[mit etw** *dat*] **~** to cover oneself up *sep* [with sth]
zu·dem [tsu'de:m] *adv (geh)* moreover *form,* furthermore *form,* in addition
zu̱|den·ken *vt irreg (geh)* ■**jdm etw ~** ❶ *(zu schenken beabsichtigen)* to intend sth for sb
❷ *(zuzuweisen beabsichtigen)* to intend [*or* earmark] sth for sb; ■**zugedacht** intended; ■**jdm zugedacht sein** to be intended for sb; *Posten* to be earmarked for sb
zu̱|dre·hen I. *vt* ❶ *(verschließen)* ■**etw ~** to screw on sth *sep*
❷ *(abstellen)* ■**etw ~** to turn off sth *sep*
❸ *(festdrehen)* ■**etw ~** to tighten sth
❹ *(zuwenden)* **jdm den Kopf ~** to turn [one's face] towards sb; **jdm den Rücken ~** to turn one's back on sb; **jdm die Schulter ~** to turn away from sb
II. *vr* ■**sich** *akk* **jdm/etw ~** to turn to[wards] sb/sth
zu·dring·lich ['tsu:drɪŋlɪç] *adj* pushy *pej;* **~ [zu jdm] werden** to get pushy *pej; (sexuell belästigen)* to make advances [to sb], to act improperly [towards sb]
Zu̱·dring·lich·keit <-, -en> *f* ❶ *kein pl (zudringliche Art)* pushiness *no art, no pl pej*
❷ *meist pl (zudringliche Handlung)* advances *pl*
zu̱|dröh·nen *vr (sl)* ■**sich** *akk* **[mit etw** *dat*] **~** to be/become intoxicated [with sth]; **sich** *akk* **mit Rauschgift ~** to get high [on drugs]; ■**zugedröhnt sein** to be intoxicated/high
zu̱|drü·cken *vt* ❶ *(durch Drücken schließen)* ■**etw ~** to press sth shut; **ein Fenster/eine Tür ~** to push a window/door shut; *s. a.* **Auge**
❷ *(fest drücken)* **jdm/einem Tier den Hals/die Kehle ~** to throttle sb/an animal
zu̱|eig·nen I. *vt* ■**jdm etw ~** ❶ *(geh: widmen)* to dedicate sth to sb; **jdm ein Buch ~** to dedicate a book to sb
❷ *(veraltet: schenken)* to give sth as a present to sb
II. *vr* JUR ■**sich** *dat* **etw ~** to appropriate sth
Zu̱eig·nung <-, -en> *f* ❶ *kein pl* JUR *(das Zueignen)* appropriation
❷ *(Widmung)* dedication
Zu̱·eig·nungs·ab·sicht *f* JUR intention of appropriating sth
zu̱|ei·len *vi sein* ■**auf jdn/etw ~** to hurry [*or* rush] towards sb/sth
zu·ein·an·der [tsuʔai'nandɐ] *adv* to each other [*or form* one another]; **~ passen** *Menschen* to suit each other [*or form* one another], to be suited; *Farben, Kleidungsstücke, Muster* to go well together [*or* together well]
zu̱|er·ken·nen* *vt irreg (geh)* ■**jdm etw ~** to award sth to sb; **jdm eine Auszeichnung/einen Orden ~** to confer [*or form* bestow] an award/a medal on sb; ***das Kind wurde dem Vater zuerkannt*** the father was given custody of the child; **jdm eine Strafe ~** to impose [*or* inflict] a penalty [up]on sb
zu·erst [tsu'ʔe:ɐ̯st] *adv* ❶ *(als Erster)* the first; *(als Erstes)* first; ***was sollen wir ~ kaufen?*** what should we buy first?
❷ *(anfangs)* at first, initially
❸ *(zum ersten Mal)* first, for the first time
▸WENDUNGEN: **wer ~ kommt, mahlt ~** *(prov)* first come, first served *prov*
zu̱·er·tei·len* *vt (selten)* ■**jdm etw ~** to allot [*or* assign] sth to sb
zu̱|fä·cheln *vt (geh)* ■**jdm/sich [mit etw** *dat*] **Luft** [*o* **Kühlung**] **~** to fan sb/oneself [with sth]
zu̱|fah·ren *vi irreg sein* ❶ *(in eine bestimmte Richtung fahren)* ■**auf jdn/etw ~** to drive towards sb/sth; *(direkt)* to head towards sb/sth
❷ *(fam: schneller fahren)* to drive faster; ***fahren Sie doch zu!*** [drive] faster!
Zu̱·fahrt ['tsu:fa:ɐ̯t] *f* ❶ *(Einfahrt)* entrance
❷ *kein pl (das Zufahren)* access *no art, no pl* (**auf** +*akk* to); **jdm die ~ versperren** to block sb's access
Zu̱·fahrts·stra·ße *f* access road; *(zur Autobahn)* approach road
Zu̱·fall *m* coincidence; *(Schicksal)* chance; **das ist ~** that's a coincidence; **es ist [ein bestimmter] ~/kein ~, dass ..** it is [a certain] coincidence/no coincidence [*or* accident] that ...; ***es ist reiner ~, dass ...*** it's pure coincidence that ...; **etw dem ~ überlassen** to leave sth to chance; **es dem ~ überlassen, ob/wann/wie/wo ...** to leave it to chance whether/when/how/where ...; **etw dem ~ verdanken** to owe sth to chance; **es dem ~ verdanken, dass ...** to owe it to chance that ...; **der ~ wollte es, dass ...** chance would have it that ...; **etw durch** [*o fam* **per**] **~ erfahren** to happen to learn of sth; **welch ein ~!** what a coincidence!
zu̱|fal·len *vi irreg sein* ❶ *(sich schließen)* to close, to shut
❷ *(zuteilwerden)* ■**jdm ~** to go to sb
❸ *(zugewiesen werden)* ■**jdm ~** to fall to sb; *Rolle* to be assigned to sb
❹ *(zukommen)* ***diesem Treffen fällt große Bedeutung zu*** great importance is attached to this meeting
❺ *(leicht erwerben)* ■**jdm ~** to come naturally to sb
zu̱·fäl·lig I. *adj* chance *attr*
II. *adv* ❶ *(durch einen Zufall)* by chance; **rein ~** by pure chance; **jdn ~ treffen** to happen to meet sb
❷ *(vielleicht)* ***wissen Sie ~, ob/wie/wann/wo ...?*** do you happen to know whether/how/when/where ...?
zu̱·fäl·li·ger·wei·se *adv* ***wissen Sie ~, ob/wie/wann/wo ...?*** do you happen to know whether/how/when/where ...?; ***– ~, ja!*** as it happens, yes!
Zu̱·fäl·lig·keit <-, -en> *f* coincidence
Zu̱·falls·be·kannt·schaft *f* chance acquaintance; **eine ~ machen** to make a chance acquaintance
Zu̱·falls·feh·ler *m* random error **Zu̱·falls·fund** *m* chance find **Zu̱·falls·haf·tung** *f* JUR liability for accidental event **Zu̱·falls·kri·te·ri·um** <-s, -kriterien> *nt* random criterion **Zu̱·falls·tor** *nt* lucky [*or fam* fluke] goal **Zu̱·falls·tref·fer** *m* fluke *fam* **Zu̱·falls·zu·griff** *m* INFORM random access
zu̱|fas·sen *vi* ❶ *(zugreifen)* to make a grab, to grab [at] sth
❷ *(die Gelegenheit ergreifen)* to seize the opportunity
zu̱|flie·gen *vi irreg sein* ❶ *(in eine bestimmte Richtung fliegen)* ■**auf etw** *akk* **~** to fly towards sth
❷ *(zu jdm hinfliegen und bleiben)* ■**jdm ~** to fly to sb; ***der Wellensittich ist uns zugeflogen*** the budgie flew into our house
❸ *(fam: zufallen)* ■**[jdm] ~** to slam shut [on sb *fam*]
❹ *(leicht erwerben)* ■**jdm ~** to come naturally to sb
zu̱|flie·ßen *vi irreg sein* ❶ *(in etw münden)* ■**etw** *dat* **~** to flow into sth
❷ *(dazufließen)* ■**etw** *dat* **~** to flow into sth
❸ *(zuteilwerden)* ■**jdm/etw ~** to go to sb/sth; ***die Spenden flossen einem Hilfsfonds zu*** the donations went to a relief fund
Zu̱·flucht <-, -en> ['tsu:flʊxt] *f* refuge; **irgendwo [vor jdm/etw] ~ finden/suchen** to take [*or* find]/seek refuge somewhere [from sb/sth]
▸WENDUNGEN: **in etw** *dat* **~ finden** to find refuge in sth; **jds letzte ~ sein** to be sb's last resort [*or* hope]; **zu etw** *dat* **~ nehmen** to resort to sth; **zu Lügen ~ nehmen** to resort to lying
Zu̱·fluchts·ort *m* place of refuge
Zu̱·fluss[RR], **Zu̱·fluß**[ALT] *m* ❶ *kein pl (das Zufließen)* inflow
❷ *(Nebenfluss)* tributary
zu̱|flüs·tern *vt* ■**jdm etw ~** to whisper sth to sb
zu·fol·ge [tsu'fɔlgə] *präp (geh)* ■**etw** *dat* **~** according to sth
zu·frie·den [tsu'fri:dn̩] **I.** *adj (befriedigt)* satisfied (**mit** +*dat* with); ***danke, ich bin sehr ~*** thanks, everything's fine; *(glücklich)* contented (**mit** +*dat* with), content *pred;* **ein ~er Kunde** a satisfied customer; **ein ~es Lächeln** a satisfied smile, a smile of satisfaction
II. *adv* with satisfaction; *(glücklich)* contentedly; **~ lächeln** to smile with satisfaction, to give a satisfied smile; **jdn/etw ~ stellen** to satisfy sb/sth; **jds Wissensdurst ~ stellen** to satisfy sb's thirst for knowledge; **~ stellend** satisfactory
zu·frie·den|ge·ben *vr irreg* ■**sich** *akk* **[mit etw** *dat*] **~** to be satisfied/content[ed] [with sth]
Zu·frie·den·heit <-> *f kein pl* satisfaction *no art, no pl; (Glücklichsein)* contentedness *no art, no pl;* **zu jds ~** to sb's satisfaction; **zu allgemeiner ~** to everyone's satisfaction
zu·frie·den|las·sen *vt irreg* ■**jdn/ein Tier ~** to leave sb/an animal alone [*or* in peace]; ■**jdn mit etw** *dat* **~** to stop bothering sb with sth
zu̱|frie·ren *vi irreg sein* to freeze [over]; ■**zugefroren** frozen [over *pred*]
zu̱|fü·gen *vt* ❶ *(erleiden lassen)* **jdm Kummer/Leid ~** to cause sb sorrow/pain; **jdm Schaden/eine Verletzung ~** to harm/injure sb; **jdm Unrecht ~** to do sb an injustice, to wrong sb *form*
❷ *(geh: hinzufügen)* ■**etw** *dat* **etw ~** to add sth [to sth]
Zu̱·fuhr <-, -en> ['tsu:fu:ɐ̯] *f* ❶ *(Versorgung)* supply
❷ *(das Zuströmen)* supply; *von Kalt-, Warmluft* stream
zu̱|füh·ren I. *vt* ❶ *(verschaffen)* ■**jdm/etw jdn ~** to supply sb/sth with sb; **einer Firma Mitarbeiter ~** to supply a company with employees

Z

2 *(zufließen lassen)* ■**jdm/etw etw** ~ to supply sth to sb/sth
3 *(fam: werden lassen)* ■**etw etw** *dat* ~ to devote sth to sth; ***dieses Gebäude kann nun wieder seiner Bestimmung zugeführt werden*** this building can be devoted again to its intended use
II. *vi* ■**auf etw** *akk* ~ to lead to sth; **direkt auf etw** *akk* ~ to lead direct to sth

Zu·füh·rung *f* ELEK feed line

Zug[1] <-[e]s, Züge> [tsu:k, *pl* 'tsy:gə] *m* 1 *(Bahn)* train
2 AUTO *(Lastzug)* truck [*or* BRIT *a.* lorry] and [*or* with] trailer + *sing vb*
▶WENDUNGEN: **der ~ ist abgefahren** *(fam)* you've missed the boat; **auf den fahrenden ~ [auf]springen** to jump [*or* climb] [*or* get] on the bandwagon

Zug[2] <-[e]s, Züge> [tsu:k, *pl* 'tsy:gə] *m* 1 *(inhalierte Menge)* puff (**an** +*dat* on/at), drag *fam* (**an** +*dat* of/on); **einen ~ machen** to have a puff, to take a drag *fam*
2 *(Schluck)* gulp, swig *fam;* **in** [*o* **mit**] **einem** [*o* **auf einen**] ~ in one gulp; **sein Bier/seinen Schnaps in einem ~ austrinken** to down one's beer/schnapps in one [go], to knock back *sep* one's beer/schnapps *fam*
3 *kein pl (Luftzug)* draught BRIT, draft AM; **einem ~ ausgesetzt sein** to be sitting in a draught
4 *kein pl* PHYS *(Zugkraft)* tension *no art, no pl*
5 *(Spielzug)* move; **am ~ sein** to be sb's move; **einen ~ machen** to make a move
6 MIL *(Kompanieabteilung)* section
7 *(Streifzug)* tour; **einen ~ durch etw** *akk* **machen** to go on a tour of sth
8 *(lange Kolonne)* procession
9 *(Gesichtszug)* feature; ***sie hat einen bitteren ~ um den Mund*** she has a bitter expression about her mouth
10 *(Charakterzug)* characteristic, trait; **ein bestimmter Zug von** [*o* **an**] **jdm sein** to be a certain characteristic of sb
11 *pl (spiralförmige Vertiefungen)* grooves *pl*
12 *(ohne Verzug)* ■**~ um ~** systematically; *(schrittweise)* step by step, stage by stage
13 *(Linienführung)* ■**in einem ~** in one stroke
14 *(Umriss)* **in großen** [*o* **groben**] **Zügen** in broad [*or* general] terms; **etw in großen Zügen darstellen/umreißen** to outline sth, to describe/outline sth in broad [*or* general] terms
15 *(Verlauf)* ■**im ~e einer S.** *gen* in the course of sth
16 *kein pl (Kamin)* flue
▶WENDUNGEN: **im falschen ~ sitzen** to be on the wrong track [*or fam* barking up the wrong tree]; [**mit etw** *dat*] [**bei jdm**] **zum ~e/nicht zum ~e kommen** *(fam)* to get somewhere/to not get anywhere [with sb] [with sth]; **in den letzten Zügen liegen** *(fam)* to be on one's last legs *fam;* **etw in vollen Zügen genießen** to enjoy sth to the full

Zug[3] <-s> [tsu:k] *nt* Zug

Zu·ga·be ['tsu:ga:bə] *f* 1 *(Werbegeschenk)* free gift
2 MUS *(zusätzliche Darbietung)* encore; **~, ~!** encore! encore!, more! more!
3 *kein pl (das Hinzugeben)* addition; TYPO *(Papier)* allowance

Zu·ga·be·ver·ord·nung *f* JUR regulation governing free gifts

Zug·ab·fer·ti·gung *f* train dispatch **Zug·ab·teil** *nt* train [*or* railway] compartment

Zu·gang <-[e]s, -gänge> ['tsu:gaŋ, *pl* 'tsu:gɛŋə] *m* 1 *(Eingang)* entrance
2 *kein pl (Zutritt)* access *no art, no pl* (**zu** +*akk* to)
3 *kein pl (Zugriff)* access *no art, no pl* (**zu** +*akk* to); **~ zu etw** *dat* **haben** to have access to sth
4 *meist pl (geh: Aufnahme)* intake; *von Büchern, Waren* receipt; *von Patienten* admission

zu·gan·ge [tsu'gaŋə] *adj* NORDD ■**irgendwo** [**mit jdm/etw**] **~ sein** to be busy [with sb/sth] somewhere

zu·gäng·lich ['tsu:gɛŋlɪç] *adj* 1 *(erreichbar)* accessible; ■**nicht ~** inaccessible; **jdm etw ~ machen** to allow sb access to sth
2 *(verfügbar)* available (+*dat* to); ■[**jdm**] **~ sein** to be available [to sb]
3 *(aufgeschlossen)* approachable; ■**für etw** *akk* [*o* **etw** *dat* **gegenüber**] [**nicht**] **~ sein** to be [not] receptive to sth

Zu·gäng·lich·keit <-> *f kein pl* 1 *(Erreichbarkeit)* accessibility *no art, no pl*
2 *(Verfügbarkeit)* availability *no art, no pl*
3 *(Aufgeschlossenheit)* receptiveness *no art, no pl* (**für** +*akk* to); *(Umgänglichkeit)* approachability *no art, no pl*

Zu·gangs·be·rech·ti·gung *f* access authorization **Zu·gangs·da·ten** *pl* INFORM access data + *sing vb* **Zu·gangs·kon·trol·le** *f* INFORM, FIN access control **Zu·gangs·kon·troll·sys·tem** *nt* INFORM, FIN access control system **Zu·gangs·recht** *nt* JUR right of access

Zug·be·an·spru·chung *f (Papier)* pulling strain **Zug·be·glei·ter(in)** *m(f)* 1 *(Schaffner)* guard BRIT, conductor AM 2 *(Informationsheft)* train timetable [*or* schedule] **Zug·be·gleit·per·so·nal** *nt* train staff [*or* crew]

Zug·brü·cke *f* drawbridge

Zug·dich·te *f* interval between trains

zu|ge·ben *vt irreg* 1 *(eingestehen)* ■**etw ~** to admit sth; ■**~, dass ...** to admit [that] ...
2 *(zugestehen)* ■**jdm ~, dass ...** to grant sb that ...
3 *(erlauben)* ■**etw ~** to allow sth; ■**es nicht ~, dass jd etw tut** to not allow sb to do sth

zu·ge·ge·be·ner·ma·ßen *adv* admittedly

zu·ge·gen [tsu'ge:gn̩] *adj (geh)* ■**bei etw** *dat* **~ sein** to be present at sth

zu|ge·hen *irreg* **I.** *vi sein* 1 *(sich schließen lassen)* to shut, to close
2 *(in eine bestimmte Richtung gehen)* ■**auf jdn/etw ~** to approach sb/sth
3 *(sich versöhnen)* ■**aufeinander ~** to become reconciled
4 *(übermittelt werden)* ■**jdm ~** to reach sb; ■**jdm etw ~ lassen** to send sb sth
5 *(fam: sich beeilen)* **geh zu!** get a move on! *fam; s. a.* **Ende**
II. *vi impers sein* ***auf ihren Partys geht es immer sehr lustig zu*** her parties are always great fun; ***musste es bei deinem Geburtstag so laut ~?*** did you have to make such a noise on your birthday?; *s. a.* **Teufel**

Zu·geh·frau *f* SÜDD, ÖSTERR *(Putzfrau)* charwoman, BRIT *a.* charlady

zu|ge·hö·ren* *vi (geh)* ■**jdm/etw ~** to belong to sb/sth

zu·ge·hö·rig ['tsu:gəhø:rɪç] *adj attr (geh)* accompanying *attr*

Zu·ge·hö·rig·keit <-> *f kein pl (Verbundenheit)* affiliation *no art, no pl* (**zu** +*akk* to); **ein Gefühl der ~** a sense of belonging; ■**jds ~ zu etw** *dat* sb's affiliation to sth; **ohne ~ zu einer Familie** without belonging to a family; *(Mitgliedschaft)* membership (**zu** +*akk* of)

Zu·ge·hö·rig·keits·ge·fühl *nt kein pl* feeling of belonging

zu·ge·kifft ['tsu:gəkɪft] *adj (sl)* high [on hash or marijuana] *sl*

zu·ge·knöpft *adj (fam)* 1 *(mit Knöpfen geschlossen)* buttoned-up
2 *(verschlossen)* reserved, close *pred,* tight-lipped

Zü·gel <-s, -> ['tsy:gl̩] *m* reins *npl;* **die ~ anziehen** to draw in the reins, to rein back [*or* in]
▶WENDUNGEN: **jdm/etw ~ anlegen** to take sb in hand/to contain [*or* control] sth; **die ~** [**straffer**] **anziehen** to keep a tighter rein on things; **seinen Gefühlen die ~ schießen lassen** to give full vent [*or* free rein] to one's feelings; **die ~** [**fest**] **in der Hand** [**be**]**halten** to keep a firm grip [*or* hold] on things; **die ~ aus der Hand geben** [*o* **legen**] to relinquish hold over sth *form;* **jdn am langen ~ führen** to keep sb on a long lead *pej;* **bei etw** *dat* **die ~ lockern** [*o* **schleifen lassen**] to give free rein to sth

zu·ge·las·sen I. *pp von* **zulassen**
II. *adj* authorized; *Kfz* licensed; *Arzt* licensed, registered

zü·gel·los *adj* unrestrained, unbridled *form liter*

Zü·gel·lo·sig·keit *f* lack of restraint; POL anarchy

Zü·gel·mann <-männer *o* -leute> *m* SCHWEIZ *(Umzugsspediteur)* removal man BRIT, mover AM

zü·geln ['tsy:gl̩n] **I.** *vt* 1 *(im Zaum halten)* ■**etw ~** to rein in [*or* back] sth *sep*
2 *(beherrschen)* ■**etw ~** to curb sth
3 *(zurückhalten)* ■**jdn/sich ~** to restrain sb/oneself
II. *vi sein* SCHWEIZ *(umziehen)* ■[**irgendwohin**] **~** to move [somewhere]

Zu·ge·reis·te(r) *f(m) dekl wie adj* SÜDD, ÖSTERR *(Zugezogener)* newcomer; *(Austauschstudent)* foreigner

zu|ge·sel·len* *vr (geh)* ■**sich** *akk* **jdm ~** to join sb

zu·ge·spitzt *adj* sharpened, pointed; *Situation* intensified

zu·ge·stan·de·ner·ma·ßen ['tsu:gəʃtandn̩ɐ-] *adv* admittedly, granted

Zu·ge·ständ·nis ['tsu:gəʃtɛntnɪs] *nt* concession; **preisliche ~se machen** HANDEL to make price concessions

zu|ge·ste·hen* *vt irreg* ■**jdm etw ~** to grant sb sth; ■**jdm ~,** [**dass**] ... to grant sb [that] ...

zu·ge·tan ['tsu:gəta:n] *adj (geh)* ■**jdm/etw ~ sein** to be taken with sb/sth

Zu·ge·winn *m* gain

Zu·ge·winn·aus·gleich *m* FIN equalization of accrued gains **Zu·ge·winn·ge·mein·schaft** *f* JUR community of goods *(acquired during marriage) spec*

Zu·ge·zo·ge·ne(r) *f(m) dekl wie adj* newcomer

Zug·fahr·kar·te *f* train ticket **Zug·fahrt** *f* train journey

Zug·fe·der *f* TECH coil spring, [ex]tension spring

zug·fest *adj* high-tensile *spec* **Zug·fes·tig·keit** *f* tensile strength

Zug·füh·rer(in) *m(f)* 1 BAHN guard BRIT, conductor AM 2 MIL platoon leader **Zug·funk** *m* train radio **Zug·ge·schwin·dig·keit** *f* train speed

zu|gie·ßen *vt irreg* 1 *(hinzugießen)* ■[**jdm**] **etw ~** to add sth [for sb]
2 *(verschließen)* ■**etw** [**mit etw** *dat*] **~** to fill [in *sep*] sth [with sth]

zu·gig ['tsu:gɪç] *adj* draughty BRIT, drafty AM; ■**irgendwo ist es ~** there's a draught somewhere

zü·gig ['tsy:gɪç] **I.** *adj* 1 *(rasch erfolgend)* rapid, speedy
2 SCHWEIZ *(eingängig)* catchy
II. *adv* rapidly, speedily

zu|gip·sen *vt* ■**etw ~** to fill in sth *sep* with plaster, to plaster up sth *sep*

Zug·kraft *f* 1 PHYS tensile force *spec* 2 *kein pl (Anziehungskraft)* attraction *no pl,* appeal *no art, no pl* **zug·kräf·tig** *adj* attractive, appealing; *(eingängig a.)* catchy

zu·gleich [tsu'glaiç] *adv* 1 *(ebenso)* both
2 *(gleichzeitig)* at the same time

Züg·le·te <-, -n> ['tsy:glətə] *f* SCHWEIZ *(Umzug)* move

Zug·luft *f kein pl* draught BRIT, draft AM

Zug·ma·schi·ne *f* AUTO traction engine, tractor

Zug·num·mer *f* 1 BAHN train number 2 *(besondere Attraktion)* crowd-puller **Zug·per·so·nal** *nt* train-men, train staff [*or* crew]

Zug·pferd *nt* 1 *(Tier)* draught [*or* AM draft] horse
2 *(besondere Attraktion)* crowd-puller
3 *(Mitreißender)* actuator

Zug·pflas·ter *nt* MED poultice, cataplasm, cantharidal plaster

zu|grei·fen *vi irreg* 1 *(sich bedienen)* to help oneself
2 INFORM ■**auf etw** *akk* **~** to access sth; **auf Daten ~** to access data

Zug·res·tau·rant *nt* dining [*or* BRIT *a.* restaurant] car

Zu·griff *m* 1 *(das Zugreifen)* grab
2 INFORM access *no art, no pl* (**auf** +*akk* to); **direkter/sequentieller ~** direct/sequential access; **unberechtigter ~** unauthorized access; **~ ermöglichen** to provide access to sth

❸ *(Einschreiten)* ■**sich** *akk* **jds ~/dem ~ einer S.** *gen* **entziehen** to escape sb's clutches/the clutches of sth; **sich** *akk* **dem ~ der Justiz entziehen** to evade justice

Zu·griffs·be·rech·ti·gung *f* INFORM access authorization **Zu·griffs·ge·schwin·dig·keit** *f,* **Zu·griffs·zeit** *f* INFORM access speed **Zu·griffs·pfad** *m* INFORM access path **Zu·griffs·recht** *nt* INFORM access rights *pl* **Zu·griffs·zeit** *f* INFORM access time; **durchschnittliche ~** mean access time

zu·grun·de, zu Grun·de[RR] [tsu'grʊndə] *adv* [**an etw** *dat*] **~ gehen** to be destroyed [*or* ruined] [by sth]; **an inneren Zwistigkeiten ~ gehen** to be destroyed by internal wrangling; **etw etw** *dat* **~ legen** to base sth on sth; ***der Autor legte seinem Bericht aktuelle Erkenntnisse ~*** the author based his report on current findings; **etw** *dat* **~ liegen** to form the basis of sth; **~ liegend** underlying *attr;* **jdn/etw ~ richten** *(ausbeuten)* to exploit sb/sth; *(zerstören)* to destroy [*or* ruin] sb/sth

Zu·grun·de·le·gung *f* ■**unter ~ einer S.** *gen* taking sth as a basis

zu·grun·de·lie·gend *adj s.* **zugrunde**

Zug·schaff·ner(in) *m(f)* train conductor [*or* inspector], AM *a.* carman

Zug·schnur *f* pulling string

Zug·si·che·rung *f* track control

Zug·spit·ze[1] <-> ['tsu:kʃpɪtsə] *f* GEOG Zugspitze

Zug·spit·ze[2] ['tsu:kʃpɪtsə] *f (Spitze eines Zuges)* head of a/the procession

Zug·stan·ge *f* BAU draw rod

Zug·te·le·fon *nt* telephone on a train

Zug·tier *nt* draught [*or* AM draft] animal

zu|gu·cken *vi (fam) s.* **zusehen**

Zug um Zug *adv (form)* step by step

Zug-um-Zug-Er·fül·lung *f* JUR contemporaneous performance **Zug-um-Zug-Ge·schäft** *nt* JUR transaction with simultaneous performance **Zug-um-Zug-Leis·tung** *f* JUR contemporaneous performance

Zug·un·glück *nt* railway [*or* train] accident; *(Zusammenstoß a.)* train crash

zu·guns·ten, zu Guns·ten[RR] [tsu'gʊnstn̩] *präp* +*gen* for the benefit of; *(zum Vorteil von)* in favour [*or* AM -or] of

zu·gu·te|hal·ten[RR] *vt irreg* ■**jdm etw ~** to make allowances for sb's sth; ■**sich** *dat* **etw auf etw** *akk* **~** to pride oneself on sth

zu·gu·te|kom·men[RR] *vi irreg sein* ■**jdm ~** to come in useful to sb; *Erfahrung a.* to stand sb in good stead; ■**jdm/etw ~** to be for the benefit of [*or* of benefit to] sb/sth

Zug·ver·bin·dung *f* train connection **Zug·ver·kehr** *m* train [*or* rail] services *pl*

Zug·vo·gel *m* migratory bird **Zug·zwang** *m* pressure to act; **unter** [*o* **in**] **~ geraten** to come under pressure to act; **jdn unter** [*o* **in**] **~ setzen** [*o* **in ~ bringen**] to put pressure on sb to act; **unter ~ stehen** to be under pressure to act

zu|ha·ben *irreg (fam)* **I.** *vi* to be closed [*or* shut]
II. *vt* ■**etw ~** to have got sth shut; **die Hose/Schuhe ~** to have one's trousers/shoes done up

zu|hal·ten *irreg* **I.** *vt* ❶ *(geschlossen halten)* ■**etw ~** to hold sth closed [*or* shut]
❷ *(mit der Hand bedecken)* ■**jdm/sich etw ~** to hold one's hand over sb's/one's sth; *(in Berührung kommen)* to put one's hand over sb's/one's sth; **sich** *dat* **die Nase ~** to hold one's nose
II. *vi* ■**auf jdn/etw ~** to head for sb/sth

Zu·häl·ter(in) <-s, -> ['tsu:hɛltɐ] *m(f)* pimp *masc,* procurer *form*

Zu·häl·te·rei <-> [tsu:hɛltə'raj] *f kein pl* pimping *no art, no pl,* procuring *no art, no pl form*

Zu·häl·te·rin <-, -nen> *f fem form von* **Zuhälter**

zu·han·den [tsu'handn̩] *adv* SCHWEIZ ❶ *(zu Händen von)* for the attention of
❷ *(zur Hand)* to hand; ■[**jdm**] **~ kommen/sein** to come/have come to hand [*or* into sb's hands]

zu|hau·en *irreg* **I.** *vt* ■**etw ~** ❶ *(behauen)* to hew sth into shape
❷ *(fam: zuschlagen)* to slam [*or* bang] sth shut
II. *vi s.* **zuschlagen**

zu·hauf [tsu'hauf] *adv (geh)* in droves [*or* great numbers] *fam*

Zu·hau·se <-s> [tsu'hauzə] *nt kein pl* home *no art, no pl*

zu|hei·len *vi sein* to heal up [*or* over]

Zu·hil·fe·nah·me <-> [tsu'hɪlfəna:mə] *f* ■**unter ~ einer S.** *gen (geh)* with the aid [*or* help] of sth

zu·hin·terst *adv* right at the back, at the very back

zu|hö·ren *vi* to listen; ■**jdm/etw ~** to listen to sb/sth; ***nun hör mir doch mal richtig zu!*** now listen carefully to me!

Zu·hö·rer(in) *m(f)* listener; ■**die ~** *(Publikum)* the audience + *sing/pl vb; (Radiozuhörer a.)* the listeners

Zu·hö·rer·schaft *f kein pl* audience

zu|ju·beln *vi* ■**jdm ~** to cheer sb

zu|kau·fen *vt* ■**etw ~** to buy more of sth

zu|keh·ren I. *vt* ■**jdm/etw etw ~** to turn sth to sb/sth; **jdm den Rücken ~** to turn one's back on sb
II. *vi sein* ❶ *(selten geh: besuchen)* ■**bei jdm ~** to call [*or* drop] in on sb
❷ ÖSTERR *(einkehren) Gasthaus* to stop [off] at

zu|klap·pen I. *vt* ■**etw ~** to snap sth shut; **ein Buch ~** to clap a book shut
II. *vi sein* to snap shut; *Fenster* to click shut; *(lauter)* to slam shut

zu|kle·ben *vt* ■**etw ~** to stick down sth *sep*

zu|knal·len *(fam)* **I.** *vt* ■**etw ~** to slam [*or* bang] sth shut
II. *vi sein* to slam [*or* bang] shut

zu|knei·fen *vt irreg* ■**etw ~** to shut sth tight[ly]; **die Augen ~** to screw up one's eyes *sep*

zu|knöp·fen *vt* ■[**jdm**] **etw ~** to button up sth *sep* [for sb]; ■[**sich** *dat*] **etw ~** to button up one's sth *sep*

zu|kno·ten *vt* ■**etw ~** to tie up sth *sep,* to fasten sth with a knot

zu|kom·men *vi irreg sein* ❶ *(sich nähern)* ■**auf jdn/etw ~** to come towards [*or* up to] sb/sth
❷ *(bevorstehen)* ■**auf jdn ~** to be in store for sb; **alles auf sich** *akk* **~ lassen** to take things as they come
❸ *(gebühren)* ■**jdm ~** to befit sb *form;* ***mir kommt heute die Ehre zu, Ihnen zu gratulieren*** I have the honour today of congratulating you; ■**es kommt jdm** [**nicht**] **zu, etw zu tun** it is [not] up to sb to do sth; **jdm etw ~ lassen** *(geh)* to send sb sth; *(jdm etw gewähren)* to give sb sth; *(jdm etw übermitteln)* to give sb sth
❹ *(angemessen sein)* ***dieser Entdeckung kommt große Bedeutung zu*** great significance must be attached to this discovery

zu|kor·ken *vt* ■**etw ~** to cork sth

zu|krie·gen *vt (fam) s.* **zubekommen**

Zu·kunft <-> ['tsu:kʊnft] *f kein pl* ❶ *(das Bevorstehende)* future *no pl;* ■**die/jds ~** the/sb's future; **in ferner/naher ~** in the distant/near future; **~ haben** to have a future; **in die ~ schauen** to look into the future; **in ~** in future; **mit/ohne ~** with/without a future
❷ LING *(Futur)* future [tense]

zu·künf·tig ['tsu:kʏnftɪç] **I.** *adj* ❶ *(in der Zukunft bevorstehend)* future *attr;* **die ~e Generation** the future generation
❷ *(designiert)* prospective; **sein ~er Nachfolger** his prospective successor
II. *adv* in future

Zu·kunfts·angst *f (Angst vor der Zukunft)* fear of the future; *(Angst um die Zukunft)* fear for the future **Zu·kunfts·aus·sich·ten** *pl* prospects for the future, future prospects *pl;* **jdm ~ eröffnen** to open new doors for sb **Zu·kunfts·be·ruf** *m* job for the future **Zu·kunfts·bran·che** *f* new [*or* sunrise] industry **Zu·kunfts·chan·ce** *f* chance for the future **zu·kunfts·fä·hig** *adj* future-compliant **Zu·kunfts·fä·hig·keit** *f* forward compatibility **Zu·kunfts·for·scher(in)** *m(f)* futurologist **Zu·kunfts·for·schung** *f kein pl* futurology *no art, no pl* **zu·kunfts·ge·rich·tet** *adj* future-oriented **Zu·kunfts·ge·stal·tung** *f* planning [for] the future **zu·kunfts·gläu·big** *adj* uncritically optimistic **Zu·kunfts·in·dus·trie** *f* industry of the future **Zu·kunfts·markt** *m* market of the future **Zu·kunfts·mo·dell** *nt* model for the future **Zu·kunfts·mu·sik** *f* ▶WENDUNGEN: [**noch**] **~ sein** *(fam)* to be [still] a long way off **Zu·kunfts·op·ti·mis·mus** *m* optimism for the future **zu·kunfts·ori·en·tiert** *adj* future-oriented, looking to the future *pred;* **~es Denken/Handeln** thinking ahead/acting for the future **Zu·kunfts·per·spek·ti·ve** *f meist pl* future prospects *pl* **Zu·kunfts·plä·ne** *pl* plans for the future, future plans *pl;* **~ haben** to have plans for the future **Zu·kunfts·po·li·tik** *f* politics + *sing/pl vb* for the future **Zu·kunfts·ro·man** *m* LIT *(veraltend)* science-fiction [*or* SF] [*or fam* sci-fi] novel **zu·kunfts·si·cher** *adj* with a guaranteed future *pred* **Zu·kunfts·si·che·rung** *f* safeguarding [*or* securing] of the future **Zu·kunfts·sze·na·rio** *nt* future scenario **Zu·kunfts·tech·no·lo·gie** *f* new [*or* future] technology **zu·kunfts·träch·tig** *adj* with a promising future *pred;* ■**~ sein** to have a promising future **Zu·kunfts·vi·si·on** *f* vision of the future **zu·kunft(s)·wei·send** *adj* forward-looking

Zu·kurz·ge·kom·me·ne(r) *f(m) dekl wie adj* loser, sb who missed out

zu|lä·cheln *vi* ■**jdm ~** to smile at sb

zu|la·chen *vi* ■**jdm ~** to give sb a friendly laugh

Zu·la·ge <-, -n> ['tsu:la:gə] *f* bonus [payment]; *(Geldzulage)* additional allowance

Zu·la·gen·we·sen *nt kein pl beim Versorgungsrecht* system of increments [*or* allowances]

zu|lan·gen *vi (fam)* ❶ *(zugreifen)* to help oneself
❷ *(zuschlagen)* to land a punch
❸ *(hohe Preise fordern)* to ask a fortune

zu|las·sen *vt irreg* ❶ *(dulden)* ■**etw ~** to allow [*or* permit] sth; ■**~, dass jd etw tut** to allow [*or* permit] sb to do sth
❷ *(fam: geschlossen lassen)* ■**etw ~** to keep [*or* leave] sth shut [*or* closed]; **sein Hemd/seinen Mantel ~** to keep one's shirt/coat done [*or* buttoned] up
❸ *(die Genehmigung erteilen)* ■**jdn** [**zu etw** *dat*] **~** to admit sb [to sth]; **jdn zu einer Prüfung ~** to admit sb to an exam; ■**jdn als etw ~** to register sb as sth; ■**zugelassen** registered; **ein zugelassener Anwalt** a legally qualified lawyer; ■**bei etw** *dat* **zugelassen sein** to be licensed to practise [*or* AM -ce] [in] sth
❹ *(anmelden)* ■**etw** [**auf jdn**] **~** to register sth [in sb's name]
❺ *(erlauben)* ■**etw ~** to allow [*or* permit] sth
❻ *(plausibel sein lassen)* ■**etw ~** to allow [*or* permit] sth; ***diese Umstände lassen nur einen Schluss zu*** these facts leave [*or form* permit of] only one conclusion

zu·läs·sig ['tsu:lɛsɪç] *adj* permissible *form;* JUR admissible *form;* ■**nicht ~** JUR inadmissible *form;* **die ~e Höchstgeschwindigkeit** the maximum permitted speed; ■**~ sein, etw zu tun** to be permissible to do sth *form*

Zu·läs·sig·keit <-> *f kein pl* JUR admissibility, lawfulness; **~ eines Beweises** admissibility of evidence; **~ des Vorbringens** [**einer Klage**] admissibility of pleading; **die ~ der Klage feststellen** to declare an action admissible

Zu·las·sung <-, -en> *f* ❶ *kein pl (Genehmigung)* authorization *no pl; (Lizenz)* licence [*or* AM -se]; **die ~ entziehen** to revoke sb's licence; **die ~ zu einem Auswahlverfahren** the admission to a selection process; **die/jds ~ als Anwalt/Arzt** the/sb's call to the bar/registration as a doctor
❷ *(Anmeldung)* registration
❸ *(Fahrzeugschein)* vehicle registration document
❹ FIN **~ zur Börse** listing on the Stock Exchange

Zu·las·sungs·an·trag *m* JUR application for admission **Zu·las·sungs·be·din·gun·gen** *pl* conditions of admission **Zu·las·sungs·be·hör·de** *f* ADMIN licensing authority **Zu·las·sungs·be·schrän·kung** *f* restriction on admission[s] **Zu·las·sungs·er·for·der·nis·se** *pl* JUR licensing requirements **zu·las·sungs·frei** *adj* not requiring a licence [*or* AM -se] **Zu·las·sungs·kri·te·ri·um** <-s,

-kriterien> *nt* criterion for admission **Zu·las·sungs·land** *nt* country of admission **Zu·las·sungs·num·mer** *f* registration number **Zu·las·sungs·pa·pier** *nt meist pl* TRANSP, ADMIN vehicle registration document **zu·las·sungs·pflich·tig** *adj* ADMIN *(geh)* requiring licensing [*or* registration] **Zu·las·sungs·prü·fung** *f* entrance exam **Zu·las·sungs·schein** *m* registration document **Zu·las·sungs·sper·re** *f* ban on admissions **Zu·las·sungs·stel·le** *f* registration office **Zu·las·sungs·un·ter·la·gen** *pl* admission documents *pl* **Zu·las·sungs·ver·fah·ren** *nt* qualification procedure; *bes* SCH admissions procedure; ÖKON listing procedure, approval procedure **Zu·las·sungs·vor·aus·set·zun·gen** *pl* eligibility [*or* admission] requirements

Zu·lauf ['tsu:lauf] *m (Zufluss)* inlet
▶WENDUNGEN: ~ **haben** to be popular

zu|lau·fen *vi irreg sein* ① *(Bewegung zu jdn/etw)* ■**auf jdn/etw** ~ to run [*or* come running] towards sb/sth; *(direkt)* to run [*or* come running] up to sb/sth
② *(hinführen)* to lead to
③ *(schnell weiterlaufen)* to hurry [up]; **lauf zu!** get a move on!
④ *(zusätzlich hinzufließen)* to run in; ■**etw** ~ **lassen** to add sth
⑤ *(spitz auslaufen)* to taper [to a point]; ***manche Hosen laufen an den Knöcheln eng zu*** some trousers taper at the ankles
⑥ *(zu jdm laufen und bleiben)* ■**jdm** ~ to stray into sb's home; **ein zugelaufener Hund/eine zugelaufene Katze** a stray [dog/cat]

zu|le·gen I. *vt* ■**etw** ~ ① *(fam: zunehmen)* to put on sth *sep*
② *(dazutun)* to add sth
▶WENDUNGEN: **einen Zahn zulegen** to step on it
II. *vi* ① *(fam: zunehmen)* to put on weight
② BÖRSE *(sich steigern)* to improve its position
③ *(fam: das Tempo steigern)* to get a move on *fam; Läufer* to increase the pace
III. *vr (fam)* ■**sich** *dat* **jdn/etw** ~ to get oneself sb/sth

zu·lei·de, zu Lei·deRR [tsu'laidə] *adv* **jdm etwas/nichts** ~ **tun** *(veraltend)* to harm/to not harm sb

zu|lei·ten *vt* ① *(geh: übermitteln)* ■**jdm etw** ~ to forward sth to sb
② *(zufließen lassen)* ■[**etw** *dat*] **etw** ~ to supply sth [to sth]; ***durch diese Röhre wird das Regenwasser dem Teich zugeleitet*** rain water is fed into the pond through this pipe

Zu·lei·tung *f* ① *kein pl (geh: das Übermitteln)* forwarding *no art, no pl*
② *(zuleitendes Rohr)* supply pipe

Zu·lei·tungs·rohr *nt* feed pipe

zu·letzt [tsu'lɛtst] *adv* ① *(als Letzter)* ~ **eingetroffen** to be the last to arrive; ~ **durchs Ziel gehen** to finish last
② *(endlich)* finally, in the end
③ *(zum letzten Mal)* last
④ *(zum Schluss)* **bis** ~ until the end; **ganz** ~ right at the [*or* at the very] end
⑤ *([besonders] auch)* **nicht** ~ not least [of all]

zu·lie·be [tsu'li:bə] *adv* ■**jdm/etw** ~ for sb['s sake]/for the sake of sth

Zu·lie·fer·be·trieb *m,* **Zu·lie·fe·rer(in)** <-s, -> *m(f)* supplier

Zu·lie·fe·rer·ver·trag *m* HANDEL supply contract

Zu·lie·fer·ga·ran·tie *f* JUR guaranteed supply **Zu·lie·fer·ge·schäft** *nt* HANDEL component supply business **Zu·lie·fer·in·dus·trie** *f* HANDEL component supplying industry

zu|lie·fern *vi* to supply

Zu·lie·fer·pro·dukt *nt* supply product, component

Zu·lie·fe·rung <-, -en> *f* HANDEL supply

Zu·lu <-[s], -[s]> ['tsu:lu] *m* Zulu

zum [tsʊm] = **zu dem** *s.* **zu**

zu|ma·chen I. *vt* ① *(zuklappen)* ■**etw** ~ to close [*or* shut] sth
② *(verschließen)* ■**etw** ~ to close sth; **eine Flasche/ein Glas** ~ to put the top on a bottle/jar
③ *(zukleben)* **einen Brief** ~ to seal a letter
④ *(schließen)* **die Augen** ~ to close one's eyes; ***letzte Nacht habe ich kein Auge ~ können*** I didn't get a wink of sleep last night
⑤ *(zuknöpfen)* ■[**jdm/sich**] **etw** ~ to button [up] [*or sep* do up] sb's/one's sth
⑥ *(den Betrieb einstellen)* ■**etw** ~ to close [down *sep*] sth; **den Laden** ~ to shut up shop
II. *vi* ① *(den Laden schließen)* to close, to shut
② *(fam: sich beeilen)* to get a move on *fam,* to step on it

zu·mal [tsu'ma:l] I. *konj* particularly [*or* especially] as
II. *adv* particularly, especially

zu|mau·ern *vt* ■**etw** ~ to brick [*or* wall] up sth *sep*

zu·meist [tsu'maist] *adv (geh)* mostly, for the most part

zu|mes·sen *vt irreg (geh)* ① *(zuteilen)* ■**jdm etw** ~ to issue sb sth; **jdm eine Essensration** ~ to issue sb a food ration
② *(anlasten)* **jdm die Schuld an etw** *dat* ~ to attribute the blame to sb for sth
③ *(beimessen)* **einer Sache große Bedeutung** ~ to attach great importance to sth

zu·min·dest [tsu'mɪndəst] *adv* ① *(wenigstens)* at least
② *(jedenfalls)* at least

zu|mül·len *vt (pej fam)* ■**etw** ~ to fill/cover sth with rubbish; **eine zugemüllte Straße** a rubbish-strewn street; *(fig)* ■**jdn** ~ to go on and on on sb

zu·mut·bar *adj* reasonable; ■**für jdn** ~ **sein** to be reasonable for sb; ■**es ist** ~**, dass jd etw tut/etw zu tun** sb can be reasonably expected to do sth

Zu·mut·bar·keit <-, -en> *f* reasonableness *no art, no pl*

Zu·mut·bar·keits·kri·te·ri·um *nt* JUR criterion of acceptance

zu·mu·te, zu Mu·teRR [tsu'mu:tə] *adv* ***mir ist so merkwürdig*** ~ I feel so strange; ***mir ist nicht zum Scherzen*** ~ I'm not in a joking mood

zu|mu·ten ['tsu:mu:tn̩] *vt* ■**jdm/etw etw** ~ to expect [*or* ask] sth of sb/sth; **jdm zu viel** ~ to expect [*or* ask] too much of sb; ■**sich** *dat* **etw** ~ to undertake sth; **sich** *dat* **zu viel** ~ to overtax oneself

Zu·mu·tung *f* unreasonable demand; ■**eine** ~ **sein** to be unreasonable; ***das ist eine ~!*** it's just too much!

zu·nächst [tsu'nɛçst] *adv* ① *(anfangs)* at first, initially
② *(vorerst)* for the moment [*or* time being]

zu|na·geln *vt* ■**etw** ~ to nail up sth *sep;* **einen Sarg** ~ to nail down a coffin *sep;* ■**zugenagelt** nailed

zu|nä·hen *vt* ■[**jdm**] **etw** ~ to sew up sth *sep* [for sb]; **eine Wunde** ~ to stitch [*or spec* suture] a wound

Zu·nah·me <-, -n> ['tsu:na:mə] *f* increase

Zu·na·me ['tsu:na:mə] *m (geh)* surname, family [*or* BRIT *a.* second] [*or* last] name

Zünd·an·la·ge [tsʏnt-] *f* AUTO ignition [system]

Zünd·aus·set·zer *m* AUTO misfiring **Zünd·ein·stel·lung** *f* ignition adjustment [*or* timing]

zün·deln ['tsʏndl̩n] *vi* to play [about [*or* around]] with fire; **mit Streichhölzern** ~ to mess around [*or* play [about [*or* around]]] with matches

zün·den ['tsʏndn̩] I. *vi* ① TECH to fire *spec*
② *(zu brennen anfangen)* to catch fire; *Streichholz* to light; *Pulver* to ignite *form*
II. *vt* ① TECH ■**etw** ~ to fire sth *spec*
② *(wirken)* to kindle enthusiasm
▶WENDUNGEN: **hat es bei dir endlich gezündet?** have you cottoned on? *fam,* BRIT *a.* has the penny dropped? *fam*

zün·dend *adj* stirring, rousing; **eine** ~**e Idee** a great idea

Zun·der ['tsʊndɐ] *m* tinder *no art, no pl;* **wie** ~ **brennen** to burn like tinder

Zün·der <-s, -> ['tsʏndɐ] *m* detonator; *Airbag* igniter *spec*

Zun·der·pilz *m* BOT amadou, touchwood **Zun·der·schwamm** *m* BOT amadou, touchwood

Zünd·flam·me *f* pilot light [*or* flame] **Zünd·fun·ke** *m* ignition spark **Zünd·holz** <-es, -hölzer> *nt bes* SÜDD, ÖSTERR match **Zünd·hölz·chen** *nt dim von* Zündholz **Zünd·holz·schach·tel** *f* matchbox **Zünd·hüt·chen** *nt* ① *(Sprengkapsel)* percussion cap ② *(hum fam: Kopfbedeckung)* tiny cap [*or* hat] **Zünd·ka·bel** *nt* AUTO [spark] plug lead **Zünd·ker·ze** *f* AUTO spark [*or* BRIT *a.* sparking] plug **Zünd·plätt·chen** <-s, -> *nt* cap **Zünd·punkt** *m kein pl* CHEM, TECH ignition point **Zünd·schloss**RR *nt* AUTO ignition [and steering *form*] lock **Zünd·schlüs·sel** *m* AUTO ignition key **Zünd·schnur** *f* fuse **Zünd·spu·le** *f* AUTO [ignition *form*] coil **Zünd·steu·er·ge·rät** *nt* AUTO ignition control unit **Zünd·stoff** *m kein pl* inflammatory [*or* explosive] stuff *no art, no pl;* ~ **bieten** to be dynamite *fam*

Zün·dung <-, -en> *f* ① AUTO ignition *no pl*
② TECH firing *no art, no pl*

Zün·dungs·schlüs·sel *m* SCHWEIZ *(Zündschlüssel)* ignition key

Zünd·ver·tei·ler *m* AUTO [ignition *form*] distributor **Zünd·vor·rich·tung** *f* detonator **Zünd·zeit·punkt** *m* AUTO ignition point [*or* timing] *no pl*

zu|neh·men *irreg vi* ① *(schwerer werden)* to gain [*or* put on] weight; **an Gewicht** ~ to gain [*or* put on] weight
② *(anwachsen)* ■[**an etw** *dat*] ~ to increase [in sth]
③ *(sich verstärken)* to increase; *Schmerzen* to intensify
④ *(sich vergrößern)* to increase

zu·neh·mend I. *adj* increasing *attr,* growing *attr;* **eine** ~**e Verbesserung** a growing improvement
II. *adv* increasingly

zu|nei·gen I. *vi* ■**etw** *dat* ~ to be inclined towards sth; **der Ansicht** ~**, dass ...** to be inclined to think that ...
II. *vr* ① *(begünstigen)* ■**sich** *akk* **jdm/etw** ~ to favour [*or* AM -or] sb/sth
② *(sich nähern)* **sich** *akk* **dem Ende** ~ to draw to a close

Zu·nei·gung *f* affection *no pl,* liking *no pl*

Zunft <-, Zünfte> [tsʊnft, *pl* 'tsʏnftə] *f* HIST guild

zünf·tig ['tsʏnftɪç] *adj (veraltend fam)* proper

Zun·ge <-, -n> ['tsʊŋə] *f* ① ANAT tongue; **auf der** ~ **brennen** to burn one's tongue; **die** ~ **herausstrecken** to stick out one's tongue; **auf der** ~ **zergehen** to melt in one's mouth
② *kein pl* KOCHK *(Rinderzunge)* tongue *no art, no pl*
③ *(geh: Sprache)* tongue *form liter;* **in fremden** ~**n sprechen** to speak in foreign tongues *form liter;* **die Menschen arabischer** ~ Arabic-speaking people
▶WENDUNGEN: **sich** *dat* **fast die** ~ **abbeißen** to have trouble keeping quiet; **sich** *dat* **eher** [*o* **lieber**] **die** ~ **abbeißen**[**, als etw zu sagen**] to do anything rather than say sth; **sich** *dat* **die** ~ **an etw** *dat* **abbrechen** to tie one's tongue in knots [trying to say sth]; **böse** ~**n** malicious gossip; **eine böse/lose** ~ **haben** to have a malicious/loose tongue; **eine feine** ~ **haben** to be a gourmet; **mit gespaltener** ~ **sprechen** to be two-faced, to speak with a forked tongue; **jdm hängt die** ~ **zum Hals heraus** *(fam)* sb's tongue is hanging out; **seine** ~ **hüten** [*o* **zügeln**] to mind one's tongue, to watch one's language; **es lag mir auf der** ~ **zu sagen, dass ...** I was on the point of saying that ...; **etw liegt jdm auf der** ~ sth is on the tip of sb's tongue; **die** ~**n lösen sich** people begin to relax and talk; [**jdm**] **die** ~ **lösen** to loosen sb's tongue; **eine schwere** ~ slurred speech; ***meine ~ wurde schwer*** my speech became slurred; **seine** ~ **im Zaum halten** *(geh)* to mind one's tongue, to watch one's language

zün·geln ['tsʏŋl̩n] *vi* ① *(die Zunge bewegen) Schlange* to dart its tongue in and out
② *(hin und her bewegen)* to flicker, to dart; ■**aus etw** *dat* ~ to dart out of sth

Zun·gen·be·lag *m* coating of the tongue **Zun·gen·bre·cher** <-s, -> *m (fam)* tongue twister, jawbreaker *fam* **zun·gen·fer·tig** *adj* eloquent **Zun·gen·fer·tig·keit** *f kein pl* eloquence *no pl* **Zun·gen·kuss**RR *m* French kiss **Zun·gen·spit·ze** *f* tip of the tongue **Zun·gen·wurst** *f* tongue sausage

Züng·lein ['tsʏŋlain] *nt* pointer
►WENDUNGEN: **das ~ an der Waage sein** to tip the scales; POL to hold the balance of power
zu·nich·te|ma·chen[RR] *vt (geh)* ■**etw ~** to wreck [*or* ruin] sth; **jds Hoffnungen ~** to dash [*or* shatter] sb's hopes
zu|ni·cken *vi* ■**jdm ~** to nod to [*or* at] sb
zu·nut·ze, zu Nut·ze[RR] [tsu'nʊtsə] *adv* **sich** *dat* **etw ~ machen** to make use [*or* take advantage] of sth
zu·oberst [tsu'ʔo:bɐst] *adv* [right] at [*or* on] [the] top, on the very top
zu|ord·nen ['tsu:ʔɔrdnən] *vt* ■**etw etw** *dat* **~** to assign sth to sth; ■**jdn etw** *dat* **~** to classify sb as belonging to sth
Zu·ord·nung *f* assignment; ■**die ~ [einer S.** *gen***]** assigning sth [to sth]
zu|pa·cken *vi (fam)* ① *(zufassen)* to grip sth; *(schneller)* to make a grab
② *(kräftig mithelfen)* ■**[mit] ~** to lend a [helping] hand
③ *(mit Gegenständen füllen)* ■**etw ~** to fill sth; **einen Fußboden ~** to cover a floor
zu|par·ken *vt* ■**etw ~** to obstruct sth; **eine Ausfahrt ~** to park across a driveway
zu·paß[ALT] [tsu'pas] *adv s.* **zupasskommen**
zu·pass|kom·men[RR] *vi irreg sein* ■**jdm ~** to have come at the right time
zup·fen ['tsʊpfn̩] *vt* ① *(ziehen)* ■**jdn an etw** *dat* **~** to pluck at sb's sth; *(stärker)* to tug at sb's sth
② *(herausziehen)* ■**etw aus etw** *dat*/**von etw** *dat* **~** to pull sth out of/off sth; **jdm/sich die Augenbrauen ~** to pluck sb's/one's eyebrows
Zupf·in·stru·ment *nt* plucked string instrument
zu|pros·ten *vi* ■**jdm ~** to drink [to] sb's health, to raise one's glass to sb
zur [tsu:ɐ̯, tsʊr] = **zu der** *s.* **zu**
zu|ra·sen *vi* ■**auf jdn/etw ~** to come/go hurtling towards sb/sth
zu|ra·sen *vi* ■**auf jdn/etw ~** to come/go hurtling towards sb/sth
zu|ra·ten ['tsu:ra:tn̩] *vi irreg* ■**jdm zu etw** *dat* **~** to advise sb to do sth; ■**jdm ~, etw zu tun** to advise sb to do sth; **auf jds Z~ [hin]** on sb's advice
zu|rau·nen *vt (geh)* ■**jdm etw ~** to whisper sth to sb
Zür·cher ['tsʏrçɐ] *adj* Zurich *attr*
Zür·cher(in) <-s, -> ['tsʏrçɐ] *m(f)* native of Zurich
zu|rech·nen *vt* ① *(zur Last legen)* ■**etw jdm ~** to attribute [*or* ascribe] sth to sb
② *s.* **zuordnen**
③ *(dazurechnen)* ■**etw etw** *dat* **~** to add sth [to sth]
Zu·rech·nung <-, -en> ['tsu:rɛçnʊŋ] *f* ① FIN allocation, apportionment
② JUR accountability
zu·rech·nungs·fä·hig *adj* JUR responsible for one's actions *pred,* compos mentis *pred spec;* **eingeschränkt ~ sein** to be responsible for one's actions to a limited extent ►WENDUNGEN: **bist du noch ~?** *(fam)* are you all there? *pej fam* **Zu·rech·nungs·fä·hig·keit** *f kein pl* soundness of mind *no art, no pl,* responsibility for one's actions *no art, no pl;* JUR criminal incapacity; **verminderte ~** diminished responsibility [*or* capacity] *spec*
zu·recht|bie·gen *vt irreg* ① *(formen)* ■**etw ~** to bend sth into shape ② *(fam: erziehen)* ■**jdn ~** to lick sb into shape ③ *(fam: in Ordnung bringen)* **etw wieder ~** to get sth straightened [*or* sorted] out again **zu·recht|fin·den** [tsu'rɛçtfɪndn̩] *vr irreg* ■**sich** *akk* **irgendwo ~** to get used to somewhere; **sich** *akk* **in einer Großstadt ~** to find one's way around a city **zu·recht|kom·men** *vi irreg sein* ① *(auskommen)* ■**[mit jdm]** ~ to get on [*or* along] [with sb] ② *(klarkommen)* ■**[mit etw** *dat***] ~** to cope [*or* manage] [with sth] ③ *(rechtzeitig kommen)* to come in time; **gerade noch ~** to come just in time
zu·recht|le·gen I. *vt* ■**jdm etw ~** to lay out sth *sep* [for sb]
II. *vr* ■**sich** *dat* **etw ~** ① *(sich etw griffbereit hinlegen)* to get sth ready, to get out sth *sep*
② *(sich im Voraus überlegen)* to work out sth *sep*
zu·recht|ma·chen *vt (fam)* ① *(vorbereiten)* ■**[jdm] etw ~** to get sth ready [for sb]
② *(zubereiten)* ■**[jdm] etw ~** to prepare sth [for sb]
③ *(schminken)* ■**jdn ~** to make up sb *sep;* ■**sich** *akk* **~** to put on one's make-up *sep*
④ *(schick machen)* ■**sich** *akk* **~** to get ready; ■**jdn ~** to dress up sb *sep*
zu·recht|rü·cken *vt* ■**[jdm/sich] etw ~** to adjust sb's/one's sth **zu·recht·stut·zen** *vt* ■**etw ~** *Hecke* to trim sth; *(fig)* ■**jdn ~** to sort sb out BRIT *hum,* to bring [*or* yank] sb back into line *fam,* to put sb on a short chain *fam* **zu·recht|wei·sen** *vt irreg (geh)* ■**jdn [wegen einer S.** *gen***] ~** to reprimand [*or form* rebuke] sb [for sth] **Zu·recht·wei·sung** *f* reprimand, rebuke *form*
zu|re·den ['tsu:re:dn̩] *vi* ■**jdm [gut] ~** to encourage sb; **auf jds Z~ [hin]** with sb's encouragement
zu|rei·ten *irreg* **I.** *vt* ■**ein Tier ~** to break in an animal *sep*
II. *vi sein* ■**auf jdn/etw ~** to ride towards sb/sth; *(direkt)* to ride up to sb/sth
Zü·rich <-s> ['tsy:rɪç] *nt* Zurich *no art, no pl*
Zü·ri·cher(in) <-s, -> ['tsy:rɪçɐ] *m(f) s.* **Zürcher**
Zü·rich·see *m kein pl* ■**der ~** Lake Zurich
zu|rich·ten ['tsu:rɪçtn̩] *vt* ① *(verletzen)* ■**jdn irgendwie ~** to injure sb somehow; **jdn übel ~** to beat up sb *sep* badly
② *(beschädigen)* **etw übel/ziemlich ~** to make a terrible mess/quite a mess of sth
③ *(vorbereiten)* ■**etw ~** to finish [*or* dress] sth; **Holz/Stein ~** to square wood/stone
zu|rie·geln *vt (verschließen)* ■**etw ~** *Tür, Fenster* to bolt sth
zür·nen ['tsʏrnən] *vi (geh)* to be angry; ■**jdm ~** to be angry [with sb]
Zur·schau·stel·lung *f (meist pej)* flaunting, display, exhibition
zu·rück [tsu'rʏk] *adv* ① *(wieder da)* back; ■**[von etw** *dat***] ~ sein** to be back [from sth]
② *(mit Rückfahrt, Rückflug)* return; ***hin und ~ oder einfach?*** single or return?
③ *(einen Rückstand haben)* behind; ■**~ sein** [*o* **liegen**] to be behind
④ *(verzögert)* late; ■**~ sein** to be late
►WENDUNGEN: **~!** go back!
Zu·rück <-s> [tsu'rʏk] *nt kein pl* **es gibt [für jdn] ein/kein ~** there is a way out/no going back [for sb]
zu·rück|be·hal·ten* *vt irreg* ① *(behalten)* ■**etw [von etw** *dat***] ~** to be left with sth [from sth]
② *(vorläufig einbehalten)* ■**etw ~** to retain [*or* withhold] sth
Zu·rück·be·hal·tungs·recht *nt* JUR right of retention [*or* to withhold]
zu·rück|be·kom·men* *vt irreg* ■**etw ~** to get back sth *sep* **zu·rück|be·las·ten*** *vt* FIN ■**etw ~** to charge sth back **zu·rück|be·or·dern*** *vt* ■**etw ~** *Waren* to order sth back; ■**jdn/etw ~** *Truppen* to order sb/sth back; *(zurück zum Heimatland)* to order sb/sth home **zu·rück|be·ru·fen*** *vt irreg* ■**jdn ~** to recall sb **zu·rück|beu·gen I.** *vt* ■**etw ~** to lean back sth *sep* **II.** *vr* ■**sich** *akk* **~** to lean back **zu·rück|be·zah·len*** *vt* ■**[jdm] etw ~** to pay back sth [to sb] *sep,* to repay [sb] sth [*or* sth [to sb]] **zu·rück|bil·den** *vr* MED ■**sich** *akk* **~** to recede **zu·rück|blei·ben** *vi irreg sein* ① *(nicht mitkommen)* ■**irgendwo ~** to stay [*or* remain] behind somewhere ② *(zurückgelassen werden)* ■**irgendwo ~** to be left [behind] somewhere ③ *(nicht mithalten können)* to fall behind ④ *(als Folge bleiben)* ■**[von etw** *dat***] ~** to remain [from sth] ⑤ *(geringer ausfallen)* ■**hinter etw** *dat* **~** to fall short of sth **zu·rück|blen·den** *vi* FILM ■**auf etw** *akk* **~** to flash back to sth **zu·rück|bli·cken** [tsu'rʏkblɪkn̩] *vi s.* **zurückschauen** **zu·rück|brin·gen** *vt irreg* ① *(wieder herbringen)* ■**jdn/etw ~** to bring/take back sb/sth *sep* ② *(wieder hinschaffen)* ■**jdn [irgendwohin] ~** to bring back sb *sep* [somewhere] **zu·rück|da·tie·ren*** *vt* ■**etw ~** to backdate sth **zu·rück|den·ken** *vi irreg* ■**[an etw** *akk***] ~** to think back [to sth] **zu·rück|drän·gen** *vt* ■**jdn ~** to force [*or* push] back sb *sep* **zu·rück|dre·hen** *vt* ■**etw [auf etw** *akk***] ~** to turn back sth *sep* [to sth] **zu·rück|dür·fen** *vi irreg (fam)* ■**[irgendwohin/zu jdm] ~** to be allowed [to go] back [somewhere/to sb] **zu·rück|er·hal·ten*** *vt irreg (geh) s.* **zurückbekommen** **zu·rück|er·in·nern*** *vr* ■**sich** *akk* **[an jdn/etw] ~** to remember [*or* recall] [sb/sth]
zu·rück|er·obern* *vt* ■**etw ~** ① MIL to recapture [*or* retake] sth; **ein Land ~** to reconquer a country
② POL *(erneut gewinnen)* to win back sth *sep*
zu·rück|er·stat·ten* *vt s.* **rückerstatten** **zu·rück|er·war·ten*** *vt* ■**jdn ~** to expect sb back
zu·rück|fah·ren *irreg* **I.** *vi sein* ① *(zum Ausgangspunkt fahren)* to go/come [*or* travel] back
② *(geh: zurückweichen)* ■**[vor jdm/etw] ~** to recoil [from sb/sth]
II. *vt* ① *(etw rückwärtsfahren)* ■**etw ~** to reverse sth
② *(mit dem Auto zurückbringen)* ■**jdn ~** to drive [*or* bring] [*or* take] back sb *sep*
③ *(reduzieren)* ■**etw ~** to cut back sth *sep*
zu·rück|fal·len *vi irreg sein* ① SPORT *(zurückbleiben)* to fall behind; **weiter ~** to fall further behind
② SPORT *(absteigen)* ■**[auf etw** *akk***] ~** to go down [to sth]
③ *(in früheren Zustand verfallen)* ■**in etw** *akk* **~** to lapse [*or* fall] back into sth
④ *(darunterbleiben)* ■**hinter etw** *akk* **~** to fall short of sth
⑤ *(jds Eigentum werden)* ■**an jdn ~** to revert to sb *spec*
⑥ *(angelastet werden)* ■**auf jdn ~** to reflect on sb
⑦ *(sinken)* ■**sich** *akk* **[in etw** *akk*/**auf etw** *akk***] ~ lassen** to fall back [*or* flop] into/on[to] sth
zu·rück|fin·den *vi irreg* ① *(Weg zum Ausgangspunkt finden)* ■**[irgendwohin] ~** to find one's way back [somewhere]
② *(zurückkehren)* ■**zu jdm ~** to go/come back to sb
③ *(seelisch)* ■**zu sich** *dat* **selbst ~** to find oneself again
zu·rück|flie·gen *irreg* **I.** *vi sein* to fly back
II. *vt* ■**jdn/etw ~** to fly back sb/sth *sep;* ***als sie erkrankte, flog man sie zurück nach Europa*** when she got ill, she was flown back to Europe
zu·rück|flie·ßen *vi irreg sein* ① *(wieder zum Ausgangspunkt fließen)* to flow back ② FIN to flow back **zu·rück|for·dern** *vt* ■**etw [von jdm] ~** to demand sth back [from sb] **zu·rück|fra·gen** *vi* to ask a question in return
zu·rück|füh·ren I. *vt* ① *(Ursache bestimmen)* ■**etw auf etw** *akk* **~** to attribute sth to sth; *(etw aus etw ableiten)* to put sth down to sth; **etw auf seinen Ursprung ~** to put sth down to its cause; ■**das ist darauf zurückzuführen, dass ...** that is attributable/can be put down to the fact that ...
② *(zum Ausgangsort zurückbringen)* ■**jdn irgendwohin ~** to lead sb back somewhere
II. *vi* ■**irgendwohin ~** to lead back somewhere
zu·rück|ge·ben *vt irreg* ① *(wiedergeben)* ■**[jdm] etw ~** to return [*or sep* give back] sth [to sb]
② ÖKON *(retournieren)* ■**etw ~** to return sth
③ *(erwidern)* ■**[jdm] etw ~** to return sth [to sb]; **ein Kompliment ~** to return a compliment; ***„das ist nicht wahr!", gab er zurück*** "that isn't true!" he retorted *form* [*or form liter* rejoined]
④ *(erneut verleihen)* ■**jdm etw ~** to give sb back sth, to restore sb's sth
zu·rück·ge·blie·ben *adj* slow, retarded *dated*
zu·rück|ge·hen *vi irreg sein* ① *(wieder zum Ausgangsort gehen)* to return, to go back
② *(zum Aufenthaltsort zurückkehren)* **ins Ausland ~** to return [*or* go back] abroad
③ *(abnehmen)* to go down
④ MED *(sich zurückbilden)* to go down; *Bluterguss* to disappear; *Geschwulst* to be in recession
⑤ *(stammen)* ***die Sache geht auf seine Initiative zurück*** the matter was born of his initiative
⑥ *(verfolgen)* **weit in die Geschichte ~** to go [*or* reach] back far in history
zu·rück·ge·legt *adj* **~e Flugstrecke** distance flown [*or* covered]

zu·rück|ge·win·nen* *vt irreg* ■**jdn/etw** ~ to win back [*or* regain] [*or* retrieve] sb/sth; *Rohstoffe* to recover sth

zu·rück·ge·zo·gen I. *adj* secluded; **ein ~es Leben** a secluded life
II. *adv* secluded; ~ **leben** to lead a secluded life

Zu·rück·ge·zo·gen·heit <-> *f kein pl* seclusion; **in [völliger] ~ leben** to live in [complete] seclusion

zu·rück|grei·fen *vi irreg* ■**auf etw** *akk* ~ to fall back [up]on sth **zu·rück|gu·cken** *vi* ■**[auf jdn/etw]** ~ to look back [on/to sb/sth] **zu·rück|ha·ben** *vt irreg (fam)* ■**etw** ~ to have [got] sth back; ***ich will mein Geld ~!*** I want my money back!

zu·rück|hal·ten *irreg* I. *vr* ■**sich** *akk* ~ ❶ *(sich beherrschen)* to restrain [*or* control] oneself; ***Sie müssen sich beim Essen sehr ~*** you must cut down a lot on what you eat; ■**sich** *akk* **[mit etw** *dat***]** ~ to be restrained [in sth]; **sich** *akk* **mit seiner Meinung** ~ to be careful about voicing one's opinion
❷ *(reserviert sein)* to be reserved, to keep to oneself
II. *vt* ❶ *(aufhalten)* ■**jdn** ~ to detain *form* [*or sep* hold up] sb
❷ *(nicht herausgeben)* ■**etw** ~ to withhold sth
❸ *(abhalten)* ■**jdn [von etw** *dat***]** ~ to keep sb from doing sth; ***er hielt mich von einer unüberlegten Handlung zurück*** he stopped me before I could do anything rash
III. *vi* ■**mit etw** *dat* ~ to hold sth back

zu·rück·hal·tend I. *adj* ❶ *(reserviert)* reserved
❷ *(vorsichtig)* cautious, guarded
II. *adv* cautiously, guardedly; **sich** *akk* **~ über etw** *akk* **äußern** to be cautious [*or* guarded] in one's comments about sth

Zu·rück·hal·tung *f kein pl* reserve *no art, no pl;* **mit [bestimmter] ~** with [a certain] reserve; ***die Presse beurteilte das neue Wörterbuch mit ~*** the press were reserved in their judgement of the new dictionary; ***er reagierte mit ziemlicher ~*** he reacted with a fair amount of reserve

Zu·rück·hal·tungs·recht *nt* JUR right of retention, retaining lien

zu·rück|ho·len *vt* ❶ *(wieder zum Ausgangspunkt holen)* ■**jdn** ~ to fetch back sb *sep* ❷ *(in seinen Besitz zurückbringen)* ■**[sich** *dat***] etw [von jdm]** ~ to get back sth *sep* [from sb]; ***ich komme, um die Videokassette zurückzuholen*** I've come for my video cassette **zu·rück|käm·men** *vt* ■**[jdm/sich] etw** ~ to comb back sb's/one's sth *sep* **zu·rück|kau·fen** *vt* HANDEL ■**etw [von jdm]** ~ to buy back *sep* [*or form* repurchase] sth [from sb]; *(bei Auktion)* to buy in sth *sep*

zu·rück|keh·ren *vi sein* ❶ *(zurückkommen)* ■**[irgendwohin/von irgendwoher]** ~ to return [*or* come back] [somewhere/from somewhere]; **nach Hause** ~ to return [*or* come back] home
❷ *(wieder zuwenden)* ■**zu jdm/etw** ~ to return [*or* go/come back] to sb/sth

zu·rück|kom·men *vi irreg sein* ❶ *(erneut zum Ausgangsort kommen)* ■**[irgendwohin/von irgendwoher]** ~ to return [*or* come/go back] [somewhere/from somewhere]; **aus dem Ausland** ~ to return [*or* come/go back] from abroad; **nach Hause** ~ to return [*or* come/go back] home
❷ *(erneut aufgreifen)* ■**auf etw** *akk* ~ to come back to sth; ■**auf jdn** ~ to get back to sb

zu·rück|kön·nen *vi irreg* ❶ *(fam: zurückkehren können)* ***ich kann nicht mehr dahin zurück*** I can't return [*or* go back] there any more; ***du kannst jederzeit wieder zu uns zurück*** you can come back to us any time ❷ *(sich anders entscheiden können)* ***noch habe ich den Vertrag nicht unterschrieben, noch kann ich zurück*** I haven't signed the contract yet, I can still change my mind **zu·rück|kon·ver·tie·ren** *vt* INFORM ■**etw** ~ to convert back *sep* sth **zu·rück|kreb·sen** *vi* SCHWEIZ *(einen Rückzieher machen)* to back out **zu·rück|krie·gen** *vt (fam) s.* **zurückbekommen**

zu·rück|las·sen *vt irreg* ❶ *(nicht mitnehmen)* ■**jdn/ein Tier/etw** ~ to leave behind sb/an animal/sth *sep;* ***als sie in Urlaub fuhren, ließen sie ihren Hund bei Freunden zurück*** they left their dog with friends during their holiday; ■**jdm etw** ~ to leave sth for sb [*or* sb sth]
❷ *(fam: zurückkehren lassen)* ■**jdn** ~ to allow sb to return [*or* go back]; **jdn nach Hause** ~ to allow sb to return home

zu·rück|le·gen *vt* ❶ *(wieder hinlegen)* ■**etw** ~ to put back sth *sep;* ***leg das Buch bitte zurück auf den Tisch*** please put the book back on the table
❷ *(reservieren)* ■**jdm etw** ~ to put sth aside [*or* by] for sb; **das zurückgelegte Kleid** the dress that has been put aside
❸ *(hinter sich bringen)* ■**etw** ~ to cover [*or* do] sth; ***35 Kilometer kann man pro Tag leicht zu Fuß*** ~ you can easily do 35 kilometres a day on foot
❹ *(sparen)* ■**[jdm/sich] etw** ~ to put away sth [for sb] *sep*

zu·rück|leh·nen *vr* ■**sich** *akk* ~ to lean back **zu·rück|lie·gen** *vi irreg* ***sein Examen liegt vier Jahre zurück*** it's four years since his exam; ***wie lange mag die Operation ~?*** how long ago was the operation?; ***wie lange mag es jetzt ~, dass Großmutter gestorben ist?*** how long is it now since grandma died?

zu·rück|mel·den *vr* ❶ MIL *(seine Rückkehr melden)* ■**sich** *akk* **[bei jdm/irgendwo]** ~ to report back [to sb/somewhere]; **sich** *akk* **in der Kaserne** ~ to report back to barracks
❷ *(wieder dabei sein)* ■**sich** *akk* ~ to be back

zu·rück|müs·sen *vi irreg (fam)* ■**[irgendwohin]** ~ to have to return [*or* go back] [somewhere]

Zu·rück·nah·me <-, -n> [tsu'rʏkna:mə] *f* withdrawal; ~ **eines Angebots** revocation of an offer; ~ **einer Beschuldigung** retraction of an insult; ~ **eines Einspruchs** withdrawal of an objection; ~ **einer Klage/der Kündigung** withdrawal of an action/of one's notice

zu·rück|neh·men *vt irreg* ❶ *(als Retour annehmen)* ■**etw** ~ to take back sth *sep*
❷ *(widerrufen)* ■**etw** ~ to take back sth *sep*
❸ *(rückgängig machen)* ■**etw** ~ to withdraw sth; ***ich nehme alles zurück*** I take it all back; **seine Entscheidung** ~ JUR to reverse judgement; **sein Versprechen** ~ to break [*or* go back on] one's promise
❹ *(verringern)* **die Lautstärke** ~ to turn down the volume *sep*
❺ MIL *(nach hinten verlegen)* ■**etw** ~ to withdraw sth

zu·rück|pfei·fen *vt irreg* ❶ *(fam: eine Aktion abbrechen)* ■**jdn** ~ to bring back sb *sep* into line
❷ *(durch einen Pfiff)* **einen Hund** ~ to whistle back a dog *sep*

zu·rück|pral·len *vi sein* ❶ *(zurückspringen)* ■**von etw** *dat* ~ to bounce off sth; *Geschoss* to ricochet off sth
❷ *(zurückschrecken)* ■**[vor etw** *dat***]** ~ to recoil [from sth]

zu·rück|rei·chen I. *vi* ■**irgendwohin** ~ to go back to sth; ***ins 16. Jahrhundert*** ~ to go back to the 16th century
II. *vt (geh)* ■**jdm etw** ~ to hand [*or* pass] back sth *sep* to sb

zu·rück|rei·sen *vi sein* ■**[irgendwohin]** ~ to travel back [*or* return] [somewhere]; **ins Ausland/nach Hause** ~ to return abroad/home **zu·rück|rei·ßen** *vt irreg* ■**jdn** ~ to pull back sb *sep*

zu·rück|rol·len I. *vi sein* to roll back
II. *vt* ■**etw** ~ to roll back sth *sep*

zu·rück|ru·fen *irreg* I. *vt* ❶ *(durch Rückruf anrufen)* ■**jdn** ~ to call back sb *sep*
❷ *(zurückbeordern)* ■**jdn/etw** ~ to recall sb
❸ *(fig)* **jdm etw in die Erinnerung [*o* ins Gedächtnis]** ~ to conjure up sth *sep* for sb; **sich** *dat* **etw in Erinnerung [*o* ins Gedächtnis]** ~ to recall sth, to call sth to mind
II. *vi* to call back

zu·rück|schal·ten *vi* AUTO **in den 1./2. Gang/einen niedrigeren Gang** ~ to change down into 1st/2nd gear/a lower gear **zu·rück|schau·dern** *vi sein* ■**vor etw** *dat* ~ to shrink back [*or* recoil] from sth

zu·rück|schau·en *vi* ❶ *(sich umsehen)* to look back
❷ *(rückblickend betrachten)* ■**auf etw** *akk* ~ to look back on sth

zu·rück|scheu·en *vi sein* to start back

zu·rück|schi·cken *vt* ❶ *(wieder hinschicken)* ■**[jdm] etw** ~ to send back sth *sep* [to sb], to send sb back sth *sep*
❷ *(abweisen)* ■**jdn** ~ to send back sb *sep*

zu·rück|schie·ben *vt irreg* ■**etw** ~ to push back sth *sep*

Zu·rück·schie·bung *f* JUR return-removal of illegal entrant

zu·rück|schla·gen *irreg* I. *vt* ❶ MIL *(abwehren)* ■**jdn/etw** ~ to repulse *form* [*or sep* beat back] sb/sth
❷ SPORT ■**etw** ~ to return [*or sep* hit back] sth
❸ *(umschlagen)* ■**etw** ~ to turn back sth *sep;* **ein Verdeck** ~ to fold back a top
II. *vi* ❶ *(einen Schlag erwidern)* to return
❷ *(sich auswirken)* ■**auf jdn/etw** ~ to have an effect on sb/sth

zu·rück|schnei·den *vt irreg* BOT ■**etw** ~ to cut back sth *sep,* to prune sth

zu·rück|schnel·len I. *vt* *(zurückschleudern)* ■**etw** ~ to hurl [*or* whip] back sth *sep,* to return sth
II. *vi sein (sich zurückbewegen)* to jump [*or* shoot] back

zu·rück|schrau·ben *vt (fam)* ■**etw [auf etw** *akk***]** ~ to lower [*or* reduce] sth [to sth]; **seine Ansprüche** ~ to lower one's sights

zu·rück|schre·cken *vi irreg sein* ❶ *(Bedenken vor etw haben)* ■**vor etw** *dat* ~ to shrink [*or* recoil] from sth; **vor nichts** ~ *(völlig skrupellos sein)* to stop at nothing; *(keine Angst haben)* to not flinch from anything
❷ *(erschreckt zurückweichen)* to start back

zu·rück|schrei·ben *vt* INFORM ■**etw** ~ to write back *sep* sth **zu·rück|se·hen** *vi irreg s.* **zurückschauen** **zu·rück|seh·nen** *vr* ■**sich** *akk* **irgendwohin** ~ to long to return somewhere; **sich** *akk* **nach Hause/auf die Insel** ~ to long to return home/to the island **zu·rück|sen·den** *vt irreg (geh) s.* **zurückschicken**

zu·rück|set·zen I. *vt* ❶ *(zurückstellen)* ■**etw [wieder]** ~ to put back sth *sep* [on sth]; ***einen Zähler auf null*** ~ to put a counter back to zero, to reset a counter
❷ AUTO *(weiter nach hinten fahren)* ■**etw** ~ to reverse [*or sep* back up] [sth]
❸ *(herabsetzen)* ■**etw** ~ to reduce [*or sep* mark down] sth
❹ *(benachteiligen)* ■**jdn** ~ to neglect sb; **sich** *akk* **[gegenüber jdm] zurückgesetzt fühlen** to feel neglected [next to sb]
❺ INFORM *(wiederherstellen)* ■**etw** ~ to backout sth
II. *vr* ■**sich** *akk* ~ ❶ *(sich zurücklehnen)* to sit back
❷ *(den Platz wechseln)* ***setzen wir uns einige Reihen zurück*** let's sit a few rows back
III. *vi* ■**[mit etw** *dat***]** ~ to reverse [*or sep* back up] [sth]

Zu·rück·set·zung *f* INFORM reset

zu·rück|sprin·gen *vi irreg sein* ❶ *(nach hinten springen)* to leap [*or* jump] back; *Zeiger* to spring back; *Ball* to bounce back; *Bauteil* to be set back
❷ INFORM to jump [*or* leap] back

zu·rück|spu·len *vt* TECH ■**etw** ~ to rewind sth

zu·rück|ste·cken I. *vt* ■**etw [irgendwohin]** ~ to put back sth *sep* [somewhere]
II. *vi* to back down; ~ **müssen** to have to back down

zu·rück|ste·hen *vi irreg* ❶ *(weiter entfernt stehen)* to stand back
❷ *(hintangesetzt werden)* ■**[hinter jdm/etw]** ~ to take second place [to sb/sth]; *(an Leistung)* to be behind [sb/sth]
❸ *(sich weniger einsetzen)* ■**[hinter jdm]** ~ to show less commitment [than sb [does]]

zu·rück|stel·len *vt* ❶ *(wieder hinstellen)* ■**etw [wieder]** ~ to put back sth *sep*

2 *(nach hinten stellen)* ■**etw** ~ to move back sth *sep*
3 *(kleiner stellen)* ■**etw** ~ *Heizung, Ofen* to turn sth lower, to turn down sth *sep*
4 *(aufschieben)* ■**etw** ~ to put back sth *sep; (hintanstellen)* to shelve [*or* defer] sth; *(verschieben)* to postpone sth; ***man stellte die Arbeiten um einige Wochen zurück*** work was put back [by] a few weeks; **eine Rechtssache zu späterer Entscheidung** ~ to defer a case to be dealt with at a later date; **die Uhr** ~ to turn [*or* set] back *sep* the clock
5 *(vorläufig befreien)* ■**jdn** ~ to keep sb back; ***wird er eingeschult oder noch ein Jahr zurückgestellt?*** is he going to start school or he is being kept down a year?
6 *(vorerst nicht geltend machen)* **seine Bedenken/Wünsche** ~ to put aside one's doubts/wishes
7 ÖSTERR *(zurückgeben)* ■**etw** ~ to return [*or sep* give/send back] sth

Zu·rück·stel·lung <-, -en> *f* deferment; *einer Entscheidung* postponement; **unter** ~ **aller anderen Rechtssachen** other cases being referred

zu·rück|sto·ßen *vt irreg* ■**jdn/etw** ~ to push away sb/sth *sep*

zu·rück|strö·men *vi sein* 1 *(fließen) Fluss* to flow back
2 *(laufen) Menschen* to stream back

zu·rück|stu·fen *vt* ■**jdn/etw** ~ to downgrade sb/sth **zu·rück|tra·gen** *vt irreg* ■**jdn/etw** ~ to carry back sb/sth *sep,* to take back sth *sep* **zu·rück|trei·ben** *vt irreg* ■**jdn/etw** ~ *Vieh* to drive back sb/sth *sep*

zu·rück|tre·ten *vi irreg sein* 1 *(nach hinten treten)* ■[**von etw** *dat*] ~ to step back [from sth]
2 *(seinen Rücktritt erklären)* to resign
3 JUR *(rückgängig machen)* ■**von etw** *dat* ~ to withdraw from [*or* back out of] sth; **von einem Anspruch/einem Recht** ~ to renounce a claim/right *form*

zu·rück|ü·ber·tra·gen *vt* INFORM ■**etw** ~ to transmit back *sep* sth

zu·rück|ver·fol·gen* *vt* ■**etw** ~ to trace back sth *sep; **diese Tradition lässt sich bis ins 17. Jahrhundert** ~* this tradition can be traced back to the 17th century

zu·rück|ver·lan·gen* **I.** *vt (zurückfordern)* ■**etw** ~ to demand sth back
II. *vi (wiederhaben wollen)* ■[**nach jdm/etw**] ~ to long [to have] [sth/sb] back, to yearn for the return [of sth/sb]

zu·rück|ver·set·zen* **I.** *vt* ■**jdn** ~ to transfer sb back; ***in zwei Jahren werde ich nach Frankfurt zurückversetzt*** I'll be transferred back to Frankfurt in two years; **in die Jugendzeit zurückversetzt werden** to be transported back to one's youth
II. *vr* ■**sich** *akk* ~ to be transported back

zu·rück|ver·wan·deln* *vt* ■**jdn/etw in etw** ~ to turn [*or* change] sb/sth back into sth

zu·rück|ver·wei·sen* *vt irreg* JUR ■**etw** ~ to remand sth; **etw zur weiteren Entscheidung** ~ to remand sth for pending further decision

Zu·rück·ver·wei·sung *f* JUR remission

zu·rück|wei·chen *vi irreg sein* ■[**vor etw** *dat*] ~ to fall back [before sth *form*]; **vor einem Anblick** ~ to shrink back from a sight

zu·rück|wei·sen *vt irreg* 1 *(abweisen)* ■**jdn** ~ to turn away sb *sep;* ■**etw** ~ to reject sth
2 *(sich gegen etw verwahren)* ■**etw** ~ to repudiate sth *form*

Zu·rück·wei·sung <-, -en> *f* 1 *(das Abweisen)* rejection *no art, no pl*
2 *(das Zurückweisen)* repudiation *no art, no pl*

Zu·rück·wei·sungs·recht *nt* JUR right of rejection

zu·rück|wer·fen *vt irreg* 1 *(jdm etw wieder zuwerfen)* ■[**jdm**] **etw** ~ to throw back sth *sep* [to sb], to throw sb back sth *sep* 2 *(Position verschlechtern)* ■**jdn/etw** [**um etw** *akk*] ~ to set back sb/sth *sep* [by sth]; ***das wirft uns um Jahre zurück*** that will/has set us back years **zu·rück|wir·ken** *vi* ■**auf jdn/etw** ~ to react [up]on sb/sth **zu·rück|wol·len** *vi (fam)* ■[**irgendwohin/zu jdm**] ~ to want to return [*or* go back] [somewhere/to sb]; **nach Hause** ~ to want to return [*or* go back] home **zu·rück|zah·len** *vt* ■[**jdm**] **etw** ~ to repay [sb] [*or sep* pay [sb] back] sth

zu·rück|zie·hen *irreg* **I.** *vt* 1 *(nach hinten ziehen)* ■**jdn/etw** ~ to pull back sb/sth *sep;* **den Vorhang** ~ to draw back the curtain *sep*
2 *(widerrufen)* ■**etw** ~ to withdraw sth
II. *vr* 1 *(sich hinbegeben)* ■**sich** *akk* [**irgendwohin**] ~ to withdraw [*or form* retire] [somewhere]
2 MIL *(abziehen)* ■**sich** *akk* [**aus etw** *dat*] ~ to withdraw [from sth]
III. *vi sein* ■[**irgendwohin**] ~ to move back [somewhere]; **nach Hause** ~ to move back home

zu·rück|zu·cken *vi sein* ■[**vor etw** *dat*] ~ to recoil [*or* start back] [from sth]

Zu·ruf ['tsu:ru:f] *m* call; *(nach Hilfe)* cry; **auf ~ gehorchen** to obey a call; ***bei Auktionen erfolgen die Gebote auf*** ~ at auctions bids are made by calling

zu|ru·fen **I.** *vt irreg* ■**jdm etw** ~ to shout [*or sep* call out] sth to sb
II. *vi* ■**jdm ~, dass er/sie etw tun soll** to call out to sb to do sth

zur·zeit [tsʊr'tsait] *adv (derzeit)* at present [*or* the moment]

Zu·sa·ge ['tsu:za:gə] *f* assurance, promise; [**jdm**] **eine ~ geben** to give [sb] an assurance, to make [sb] a promise

zu|sa·gen **I.** *vt* ■[**jdm**] **etw** ~ to promise sth [to sb], to promise sb sth; **jdm sein Kommen** ~ to promise sb that one will come
II. *vi* 1 *(die Teilnahme versichern)* ■[**jdm**] ~ to accept, to give sb an acceptance
2 *(gefallen)* ■**jdm** ~ to appeal to sb

zu·sam·men [tsu'zamən] *adv* 1 *(gemeinsam)* together (**mit** +*dat* with); ■~ **sein** *(beieinander sein)* to be together; ■**mit jdm ~ sein** to be with sb
2 *(ein Paar sein)* ■~ **sein** to be going out [with each other]; ***Werner und Ulrike sind seit 12 Jahren*** ~ Werner and Ulrike have been together for 12 years
3 *(insgesamt)* altogether
4 *(euph: mit jdm schlafen)* ■**mit jdm ~ sein** to go with sb

Zu·sam·men·ar·beit *f kein pl* cooperation *no art, no pl;* **in ~ mit jdm** in cooperation with sb **zu·sam·men|ar·bei·ten** *vi* ■**mit jdm** ~ to work [together] with sb; *(kooperieren)* to cooperate with sb **zu·sam·men|ba·cken** *vt* ■**etw** ~ KOCHK to agglomerate [*or* cake] sth

zu·sam·men|bal·len **I.** *vt* ■**etw** ~ *Schnee* to make sth into a ball; *Papier* to screw [up *sep*] sth into a ball; *die Fäuste* to clench sth
II. *vr* ■**sich** *akk* ~ 1 *Wolken* to accumulate, to mass [together]
2 *(geh: aufkommen)* ***ein Unheil ballte sich über seinem Haupt zusammen*** disaster loomed [over him]

zu·sam·men|bau·en *vt* ■**etw** ~ to assemble [*or sep* put together] sth

zu·sam·men|bei·ßen **I.** *vt* **die Zähne** ~ to clench [*or* grit] one's teeth **II.** *vr (fam)* ■**sich** *akk* ~ to get one's act *fam* [*or sl* it] together **zu·sam·men|be·kom·men** *vt (fam)* **viel Geld** ~ to get a lot of money together

zu·sam·men|bin·den *vt irreg* ■**etw** ~ to tie [*or* bind] together sth *sep* **zu·sam·men|blei·ben** *vi irreg sein* to stay together; ■**mit jdm** ~ to stay with sb

zu·sam·men|brau·en **I.** *vt (fam)* ■**etw** ~ KOCHK to concoct sth
II. *vr* ■**sich** *akk* ~ to be brewing; ***da braut sich ein Gewitter/Ungutes zusammen*** there's a storm/sth nasty brewing

zu·sam·men|bre·chen *vi irreg sein* 1 *(kollabieren)* to collapse
2 *(in sich zusammenfallen)* to collapse, to give way
3 *(zum Erliegen kommen)* to collapse; *Verkehr* to come to a standstill; *Versorgung* to be paralyzed; *Kommunikation* to break down; *Markt* to collapse; *Computer* to crash

zu·sam·men|brin·gen *vt irreg* 1 *(beschaffen)* ■**etw** ~ to raise sth; **das Geld für etw** *akk* ~ to raise the [necessary] money for sth
2 *(in Kontakt bringen)* ■**jdn** [**mit jdm**] ~ to introduce sb [to sb]; ***ihr Beruf bringt sie mit vielen Menschen zusammen*** in her job she gets to know a lot of people; **Menschen** ~ to bring people together; ***der Pfarrer ist bestrebt, seine Gemeinde wieder zusammenzubringen*** the vicar endeavours to promote reconciliation among his parishioners
3 *(fam: aus dem Gedächtnis abrufen)* ■**etw** ~ to remember [*or* recall] sth; ***mal sehen, ob ich das Gedicht noch zusammenbringe*** let's see if I can still recall the poem
4 *(in Beziehung setzen)* ■**etw** [**mit etw** *dat*] ~ to reconcile sth with sth, to make sense of sth
5 *(anhäufen)* ■**etw** ~ to amass; ***er hat ein Vermögen zusammengebracht*** he amassed a fortune

Zu·sam·men·bruch *m* 1 *(das Zusammenbrechen)* collapse; *Land* [down]fall; *Firma* ruin, downfall; **der ~ der Wirtschaft** economic collapse
2 MED *(Kollaps)* collapse; *(Nervenzusammenbruch)* [nervous] breakdown

zu·sam·men|drän·gen **I.** *vr* ■**sich** *akk* ~ to crowd [together]; *(vor Kälte a.)* to huddle together [on sth]; **sich** *akk* **auf engstem Raum** ~ to crowd together in a very confined space
II. *vt* ■**etw** ~ to concentrate, to condense; ***die Menschenmenge wurde von den Polizeikräften zusammengedrängt*** the crowd was herded together by the police

zu·sam·men|drü·cken *vt* 1 *(zerdrücken)* ■**jdn/etw** ~ to crush sb/sth
2 *(aneinanderdrücken)* ■**etw** ~ to press sth together

zu·sam·men|fah·ren *vi irreg sein* to start; *(vor Schmerzen)* to flinch; *(vor Ekel a.)* to recoil

zu·sam·men|fal·len *vi irreg sein* 1 *(einstürzen)* to collapse; *Gebäude a.* to cave in; *Hoffnungen, Pläne* to be shattered; *Lügen* to fall apart; ■**in sich** *akk* ~ to collapse
2 *(sich gleichzeitig ereignen)* ■[**zeitlich**] ~ to coincide
3 *(körperlich schwächer werden)* to wither away, to weaken

zu·sam·men|fal·ten *vt* ■**etw** ~ to fold [up *sep*] sth

zu·sam·men|fas·sen **I.** *vt* 1 *(als Resümee formulieren)* ■**etw** ~ to summarize sth; **etw in wenigen Worten** ~ to put sth in a nutshell
2 *(zu etw vereinigen)* ■**jdn** ~ to divide sb up; **die Bewerber in Gruppen** ~ to divide the applicants into groups; **Truppen** ~ to concentrate troops; ■**jdn/etw in etw** *dat* ~ to unite [*or* combine] sb/sth into sth; ■**etw unter etw** *dat* ~ to class[ify] sth under sth; **etw unter einem Oberbegriff** ~ to subsume sth under a generic term
II. *vi* to summarize, to sum up; ***..., wenn ich kurz ~ darf*** just to sum up, ...

zu·sam·men·fas·send **I.** *adj* **eine ~e Darstellung** a summary; **ein ~er Bericht** a summary [account], a résumé
II. *adv* **etw ~ darstellen** to summarize sth; ***der Vorgang kann leider nicht ~ in 2 Sätzen dargestellt werden*** I'm afraid the process can't be summarized in a couple of sentences

Zu·sam·men·fas·sung *f* 1 *(Resümee)* summary, résumé; **eine knappe ~ eines Vortrags/einer Rede geben** to give a précis [*or* summary] of a lecture/speech
2 *(resümierende Darstellung)* abstract; *Buch a.* synopsis

zu·sam·men|fe·gen *vt* ■**etw** ~ to sweep together sth *sep; (ordentlich a.)* to sweep sth into a pile

zu·sam·men|fin·den *irreg* **I.** *vr (geh)* ■**sich** ~ to meet, to come together; *(sich versammeln)* to congregate, to gather
II. *vi* to be reconciled; ***die beiden haben wieder zusammengefunden*** there has been a reconciliation between the two of them

zu·sam·men|fli·cken *vt (fam)* 1 *(reparieren)*

■etw ~ to patch sth up, to cobble sth together; **eine zerrissene Hose notdürftig** ~ to patch up torn trousers as well as one can
❷ *(fam: operieren)* ■**jdn** ~ to patch up sb *sep fam*
❸ *(fam: zusammenschustern)* **einen Artikel/Aufsatz** ~ to knock together an article/essay

zu·sam·men|flie·ßen *vi irreg sein* to flow together, to meet, to join **Zu·sam·men·fluss**RR *m* confluence *spec;* **am** ~ **der beiden Flüsse** where the two rivers meet

zu·sam·men|fü·gen I. *vt (geh)* ■**etw** ~ to assemble sth, to join together sth *sep;* **die Teile eines Puzzles** ~ to piece together a jigsaw puzzle *sep;* **Bauteile** ~ to assemble parts
▸WENDUNGEN: **was Gott zusammengefügt hat, soll der Mensch nicht trennen** [Matth. 19,6] *(prov)* what God has brought together, let no man put asunder
II. *vr* ■**sich** *akk* ~ to fit together; ***die Teile fügen sich nahtlos zusammen*** the parts fit together seamlessly [*or* perfectly]

Zu·sam·men·fü·gung *f* joining together, assembly

zu·sam·men|füh·ren *vt* ■**jdn/etw** ~ to bring together sb/sth *sep;* **eine Familie** ~ to reunite a family

Zu·sam·men·füh·rung *f* bringing together, reuniting

zu·sam·men|ge·hen *vi irreg sein* ❶ *(sich vereinen)* to unite; *Linien* to meet
❷ *(koalieren)* to make common cause
❸ *(schrumpfen)* to shrink; *(schwinden)* to dwindle
❹ *(zueinander passen)* to go together

zu·sam·men|ge·hö·ren* *vi* ❶ *(zueinandergehören)* to belong together
❷ *(ein Ganzes bilden)* to go together, to match; *Karten* to form a deck [*or* pack]; *Socken* to form a pair, to match

zu·sam·men·ge·hö·rig *adj pred* ❶ *(eng verbunden)* close; ***wir fühlen uns*** ~ we feel close
❷ *(zusammengehörend)* matching; **die** ~**en Karten** the cards of a deck [*or* pack]

Zu·sam·men·ge·hö·rig·keit <-> *f kein pl* unity

Zu·sam·men·ge·hö·rig·keits·ge·fühl *nt kein pl* sense of togetherness

zu·sam·men·ge·setzt *adj* compound *attr spec;* **ein** ~**es Wort** a compound [word]; **aus etw** *dat* ~ **sein** to be composed of sth

zu·sam·men·ge·stöp·selt [tsu'zamǝngǝʃtœps|t] *adj (pej fam)* [hastily] thrown together

zu·sam·men·ge·wür·felt *adj* oddly assorted, ill-assorted, mismatched; **eine** ~**e Wohnungseinrichtung** ill-assorted furnishings *pl;* **ein** [**bunt**] ~**er Haufen** a motley crowd; ***eine wild*** ~***e Schar von Flüchtlingen*** a horde of refugees, thrown together by chance

zu·sam·men|ha·ben *vt irreg (fam)* ■**etw** ~ ❶ *(zusammengestellt haben)* **Informationen/Unterlagen** ~ to have got information/documents together
❷ *(aufgebracht haben)* to have raised [*or sep* got together] sth; ***wir haben ein Jahr gespart, bis wir das Geld für das neue Auto zusammenhatten*** we saved [up] for a year, until we had enough money for the new car

Zu·sam·men·halt *m kein pl* ❶ *(Solidarität)* solidarity; *Mannschaft* team spirit (+*gen* [with]in); **revolutionärer** ~ revolutionary solidarity
❷ TECH cohesion

zu·sam·men|hal·ten *irreg* I. *vi* to stick [*or* keep] together
▸WENDUNGEN: **wie Pech und Schwefel** ~ to be inseparable [*or fam* as thick as thieves]
II. *vt* ■**etw** ~ ❶ *(beisammenhalten)* to hold on to [*or* be careful with] [*or* take care of] sth; **seine Gedanken** ~ to keep one's thoughts together; **sein Geld** ~ **müssen** to have to be careful with one's money
❷ *(verbinden)* ■**etw/jdn** ~ to keep sth/sb together; ***die Schnur hält das Paket zusammen*** the packet is held together by a string
❸ *(zum Vergleich nebeneinanderhalten)* **zwei Sachen** ~ to hold up two things side by side

Zu·sam·men·hang <-[e]s, -hänge> *m* connection; *(Verbindung)* link (**zwischen** +*dat* between); ***gibt es zwischen den Wohnungseinbrüchen irgendeinen*** ~**?** are the burglaries in any way connected?; ***sein Name wurde im*** ~ ***mit der Verschwörung genannt*** his name was mentioned in connection with the conspiracy [*or* linked]; **ein ursächlicher** ~ a causal relationship *form;* **keinen** ~ **sehen** to see no [*or* not see any] connection; **jdn/etw mit etw** *dat* **in** ~ **bringen** to connect sb/sth with sth, to establish a connection between sth and sth *form;* **etw aus dem** ~ **reißen** to take sth out of [its] [*or form* divorce sth from its] context; **im** [*o* **in**] ~ **mit etw** *dat* in connection with sth; **im** [*o* **in**] ~ **mit etw** *dat* **stehen** to be connected with sth; **in ursächlichem** ~ [**mit etw** *dat*] **stehen** to be causally related [to sth] *form;* **nicht im** ~ **mit etw** *dat* **stehen** to have no connection with sth

zu·sam·men|hän·gen I. *vt irreg* **Kleider/Bilder** ~ to hang [up] clothes/pictures together
II. *vi irreg* ❶ *(in Zusammenhang stehen)* ■**mit etw** *dat* ~ to be connected [*or* have to do] with sth; ***es wird wohl damit*** ~**, *dass ...*** it must have sth to do with the fact that ...
❷ *(lose verbunden sein)* to be joined [together]

zu·sam·men·hän·gend I. *adj* ❶ *(kohärent)* coherent
❷ *(betreffend)* ■**mit etw** *dat* ~ connected [*or* to do] with sth *pred*
II. *adv* coherently; **etw** ~ **berichten/darstellen** to give a coherent account of sth

zu·sam·men·hang(s)·los I. *adj* incoherent, disjointed; *(weitschweifig a.)* rambling; **wirres,** ~**es Geschwätz** incoherent, rambling talk *fam*
II. *adv* incoherently; **etw** ~ **darstellen** to give an incoherent [*or* a disjointed] account of sth

Zu·sam·men·hang(s)·lo·sig·keit <-, -en> *f pl selten* incoherence, disjointedness

zu·sam·men|hau·en *vt irreg (fam)* ❶ *(zusammenschlagen)* ■**jdn** ~ to beat sb up *sep;* ■**etw** ~ to smash [up *sep*] sth, to smash sth to pieces
❷ *(schnell machen)* ■**etw** ~ to knock together sth *sep;* **einen Aufsatz eilig** ~ to scribble [down *sep*] [*or sep* knock together] an essay hastily

zu·sam·men|hef·ten *vt* ■**etw** ~ to clip together sth *sep; (mit einem Hefter)* to staple together sth *sep;* **Stoffteile** ~ to tack [*or* baste] cloth together *sep*

zu·sam·men|keh·ren *vt s.* **zusammenfegen**

Zu·sam·men·klang *m kein pl* harmony, accord

zu·sam·men·klapp·bar *adj* folding *attr;* **ein** ~**er Stuhl/Tisch** a collapsible [*or* folding] chair/table; ■~ **sein** to fold

zu·sam·men|klap·pen I. *vt haben* ■**etw** ~ to fold up sth *sep*
▸WENDUNGEN: **die Hacken** ~ to click one's heels
II. *vi sein* ❶ *(sich klappend zusammenlegen)* to collapse
❷ *(fam: kollabieren)* to collapse; *(durch Ermüdung)* to flake [*or* BRIT *a.* fag] out *fam*

zu·sam·men|kle·ben I. *vt haben* ■**etw** ~ to stick [*or* glue] together sth *sep*
II. *vi haben o sein* to stick together

zu·sam·men|knei·fen *vt irreg* ■**etw** ~ to press together sth *sep;* **die Augen** ~ to screw up one's eyes *sep; (geblendet a.)* to squint; **die Lippen** ~ to press together one's lips; *(missbilligend)* to pinch one's lips **zu·sam·men|kno·ten** *vt* ■**etw** ~ to knot [*or* tie] together sth *sep* **zu·sam·men|knül·len** *vt* ■**etw** ~ to crumple [*or* screw] up sth *sep*

zu·sam·men|kom·men *vi irreg sein* ❶ *(sich treffen)* to meet, to come together; ■**mit jdm** ~ to meet sb; **zu einer Besprechung** ~ to get together for a discussion
❷ *(sich akkumulieren)* to combine; ***heute kommt wieder alles zusammen!*** it's another of those days!; ***wenn Arbeitslosigkeit, familiäre Probleme, allgemeine Labilität*** ~**, *gerät jemand leicht auf die schiefe Bahn*** a combination of unemployment, family troubles and general instability can easily bring sb off the straight and narrow
❸ *(sich summieren) Schulden* to mount up, to accumulate; *Spenden* to be collected

zu·sam·men|kra·chen *vi sein (fam)* ❶ *(einstürzen) Brücke* to crash down; *Brett* to give way [*or* break] [with a loud crack]; *Bett, Stuhl* to collapse with a crash; *Börse, Wirtschaft* to crash
❷ *(zusammenstoßen)* to smash together, to collide; *Auto a.* to crash [into each other]

zu·sam·men|krat·zen *vt (fam)* ■**etw** ~ to scrape together sth *sep* **zu·sam·men|krie·gen** *vt (fam)* **viel Geld** ~ to get a lot of money together; ***ich krieg's nicht mehr zusammen*** ah, I just can't remember

Zu·sam·men·kunft <-, -künfte> [tsu'zamǝnkʊnft, *pl* -kʏnftǝ] *f* meeting; **eine** ~ **der Mitarbeiter** a staff meeting; **eine gesellige** ~ a social gathering; **eine** ~ **vereinbaren** to arrange a meeting

zu·sam·men|läp·pern *vr (fam)* ■**sich** *akk* ~ to add [*or* mount] up

zu·sam·men|lau·fen *vi irreg sein* ❶ *(aufeinandertreffen)* to meet (**in** +*dat* at), to converge (**in** +*dat* at); *Flüsse* to flow together; *Straßen* to converge
❷ *(zusammenströmen)* to gather, to congregate
❸ *(einlaufen) Stoff* to shrink

zu·sam·men|le·ben I. *vi* ■[**mit jdm**] ~ to live [together] [with sb]
II. *vr* ■**sich** *akk* ~ to get used to one another

Zu·sam·men·le·ben *nt kein pl* living together *no art;* ■**das** ~ **mit jdm** living [together] with sb; *(in Memoiren)* one's life with sb; **eheliches** ~ *(geh)* marital togetherness; **außereheliches** ~ *(geh)* cohabitation; **das menschliche** ~ social existence; **das** ~ **verschiedener Rassen** multiracial society

zu·sam·men·leg·bar *adj* collapsible, foldable

zu·sam·men|le·gen I. *vt* ❶ *(zusammenfalten)* ■**etw** ~ to fold [up *sep*] sth; **sauber zusammengelegte Wäsche** neatly folded washing
❷ *(vereinigen)* ■**etw** [**mit etw** *dat*] ~ to combine sth (**mit** +*dat* into); *(zentralisieren)* to centralize sth; **Abteilungen** ~ to merge [*or* combine] departments into sth; **Klassen** ~ to join [*or sep* put together] classes; **Grundstücke** ~ to join plots of land; **Termine** ~ to combine appointments
❸ *(in einen Raum legen)* ■**jdn** [**mit jdm**] ~ to put sb [together] with sb
II. *vi* ■[**für etw** *akk*] ~ to club together [*or* pool one's money] [for sth]

Zu·sam·men·le·gung <-, -en> *f* amalgamation; *Firmen, Organisationen* merging; *Grundstücke* joining; *Termine* combining; *Patienten, Häftlinge* putting together; ***die Häftlinge forderten ihre*** ~ the prisoners demanded to be put together

zu·sam·men|lü·gen *vt irreg (fam)* ■**etw** ~ to make sth up *sep*

zu·sam·men|nä·hen *vt* ■**etw** ~ to sew [*or* stitch] together sth *sep*

zu·sam·men|neh·men *irreg* I. *vt* ■**etw** ~ to summon [*or* muster] [up *sep*] sth; **seinen ganzen Mut** ~ to summon up all one's courage; **den Verstand** ~ to get one's thoughts together [*or* in order]; *(schimpfend)* to get one's head screwed on [properly] *fam;* ***nimm doch mal deinen Verstand zusammen!*** get your thinking cap on! *fig;* **alles zusammengenommen** all in all, all things considered
II. *vr* ■**sich** *akk* ~ to control oneself, to get [*or* keep] a grip on oneself

zu·sam·men|pa·cken *vt* ■**etw** ~ ❶ *(packen)* to pack sth; *(abräumen)* to pack away sth *sep;* ***pack deine Sachen zusammen!*** get packed!
❷ *(zusammen in etwas packen)* to pack sth up together; ***packen Sie mir die einzelnen Käsesorten ruhig zusammen!*** just pack the different cheeses together, that'll be fine!

zu·sam·men|pas·sen *vi* ❶ *(zueinander passen) Menschen* to suit [*or* be suited to] each other; ■**nicht** ~ to be ill-suited to each other; **gut/schlecht** ~ to be well-suited/ill-suited; **überhaupt nicht** ~ *Menschen* to not suit each other at all
❷ *(miteinander harmonieren)* to go together, to match, to harmonize; *Farben* to go together; *Kleidungsstücke* to match

zu·sam·men|pfer·chen *vt* ■**Menschen/Tiere** ~

to herd together people/animals *sep* **Zu·sạm·men·prall** *m* collision (+*gen* between) **zu·sạm·men|pral·len** *vi sein* ■[**mit etw** *dat*] ~ to collide [with sth] **zu·sạm·men|pres·sen** *vt* ■**etw** ~ to press [*or* squeeze] together sth *sep;* **die Faust** ~ to clench one's fist; **zusammengepresste Fäuste/Lippen** clenched fists/pinched lips **zu·sạm·men|puz·zeln** [tsu'zamənpʊzl̩n, -pazl̩n] *vt (fam)* ■**etw** ~ to put [the pieces of a puzzle] together

zu·sạm·men|raf·fen *vt* ■**etw** ~ ① *(eilig einsammeln)* to snatch up sth *sep*
② *(pej: anhäufen)* to amass [*or sep* pile up] sth
③ *(raffen)* ■**etw** ~ to gather up sth *sep*

zu·sạm·men|rau·fen *vr (fam)* ■**sich** *akk* ~ to get it together *fam* **zu·sạm·men|rech·nen** *vt* ■**etw** ~ to add [*or* total] [*or fam* tot] up sth *sep;* **alles zusammengerechnet** all in all

zu·sạm·men|rei·men *vr* ■**sich** *dat* **etw** ~ to put two and two together from [*or* make sense of] sth; ***ich kann es mir einfach nicht*** ~ I can't make head or tail of it; ***das reimt man sich leicht zusammen, wenn ...*** it's easy to see when ...; ***was sie sich da alles zusammengereimt hat, und all das nur, weil ...*** you wouldn't believe the things she was thinking, and all because ...

zu·sạm·men|rei·ßen *irreg* **I.** *vr (fam)* ■**sich** *akk* ~ to pull oneself together
II. *vt (sl)* **die Hacken** ~ to click one's heels

zu·sạm·men|rol·len I. *vt* ■**etw** ~ to roll up sth *sep*
II. *vr* ■**sich** *akk* ~ to curl up; **ein Igel rollt sich zusammen** a hedgehog rolls [*or* curls] [itself] up [into a ball]; *Schlange* to coil up

zu·sạm·men|rot·ten *vr (pej)* ■**sich** *akk* ~ to gather into [*or* form] a mob; ■**sich** *akk* **gegen jdn** ~ to gang up on [*or* band together against] sb

zu·sạm·men|rü·cken I. *vi sein (enger aneinanderrücken)* to move up closer, to move closer together; *(auf einer Bank a.)* to budge up Brit *fam,* to scoot over Am *fam; (enger zusammenhalten)* to join in common cause
II. *vt haben* ■**etw** ~ to move sth closer together

zu·sạm·men|ru·fen *vt irreg* ■**Menschen** ~ to call together people *sep;* **die Mitglieder** ~ to convene [a meeting of] the members *form*

zu·sạm·men|sa·cken *vi sein* ① *(zusammensinken)* ■[**in sich** *akk*] ~ *Mensch* to collapse, to slump
② *(einsacken) Brücke, Gerüst* to collapse

Zu·sạm·men·schal·tung *f* elek switching circuit, interconnection

zu·sạm·men|scha·ren *vr* ■**sich** *akk* ~ to gather, to congregate; ***die Demonstranten begannen, sich auf dem Platz vor dem Rathaus zusammenzuscharen*** the demonstrators began to gather in the square in front of the town hall

Zu·sạm·men·schau *f* survey, synopsis

zu·sạm·men|schei·ßen *vt irreg (derb)* ■**jdn** ~ to read sb the Riot Act *fig,* Brit *a. fam!* to give sb a bollocking

zu·sạm·men|schie·ßen *vt irreg* ■**jdn/etw** ~ to shoot up sb/sth; *(zerstören)* ■**etw** ~ *Dörfer* to batter down sth *sep,* to pound sth to pieces; *(niederschießen)* ■**jdn** ~ to shoot down sb *sep,* to shoot sb to pieces

zu·sạm·men|schla·gen *irreg* **I.** *vt irreg haben*
① *(verprügeln)* ■**jdn** ~ to beat up sb *sep*
② *(zertrümmern)* ■**etw** ~ to smash [up *sep*] [*or* wreck] sth
II. *vi sein* ■**über jdm/etw** ~ to close over sb/sth; *(heftiger)* to engulf sb/sth

zu·sạm·men|schlie·ßen *irreg* **I.** *vt* **2 Fahrräder** ~ to lock 2 bicycles together
II. *vr* ① *(sich vereinigen)* ■**sich** *akk* [**zu etw** *dat*] ~ to join together [*or* combine] [to form sth]; **Firmen schließen sich zusammen** companies amalgamate [*or* merge]
② *(sich verbinden)* ■**sich** *akk* ~ to band together, to join forces

Zu·sạm·men·schlussRR *m* union; *Firmen* amalgamation, merger

Zu·sạm·men·schluss·kon·trol·leRR *f* ökon merger control

Zu·sạm·men·schnitt *m* film collection of clips

zu·sạm·men|schnü·ren *vt* ① *(zusammenbinden)* ■**etw** ~ to tie up sth *sep* ② *(fig: beängstigen)* **jdm die Kehle** ~ to be choked with fear; ***die Angst schnürte ihm die Kehle zusammen*** he was choked with fear **zu·sạm·men|schnur·ren** *vi (fam)* to quickly diminish [*or* shrivel up] **zu·sạm·men|schrau·ben** *vt* ■**etw** ~ to screw [*or* bolt] sth together

zu·sạm·men|schre·cken *vi irreg sein* to start

zu·sạm·men|schrei·ben *vt irreg* ① *(als ein Wort schreiben)* ■**etw** ~ to write sth as one word
② *(pej fam: gedankenlos hinschreiben)* ■**etw** ~ to dash off sth; ***was für einen Unsinn er zusammenschreibt!*** what rubbish he writes!
③ *(fam)* ■**sich** *dat* **etw** ~ *(erwerben)* to earn by writing; ***sie hat sich mit ihren Romanen ein Vermögen zusammengeschrieben*** she has earned a fortune with her novels

zu·sạm·men|schrump·fen *vi sein* ① *(ganz einschrumpfen) Äpfel* to shrivel [up]
② *(sich stark vermindern)* ■[**auf etw** *akk*] ~ to dwindle [to sth]

zu·sạm·men|schus·tern *vt (pej fam)* ■**etw** ~ to cobble together sth *sep*

zu·sạm·men|schwei·ßen *vt* ① *(schweißen)* ■**etw** ~ to weld sth together
② *(fig: aneinander binden)* ■**jdn** ~ to forge a bond between sb

Zu·sạm·men·sein <-s> *nt kein pl* meeting; *(zwanglos)* get-together; *Verliebte* rendezvous; **ein geselliges** ~ a social [gathering]

zu·sạm·men|set·zen I. *vt* ① *(aus Teilen herstellen)* ■**etw** [**zu etw** *dat*] ~ to assemble [*or sep* put together] sth [to make sth]; ***die Archäologen setzten die einzelnen Stücke der Vasen wieder zusammen*** the archaeologists pieced together the vases
② *(nebeneinandersetzen)* **Schüler/Tischgäste** ~ to put pupils/guests beside each other
II. *vr* ① *(bestehen)* ■**sich** *akk* **aus etw** *dat* ~ to be composed [*or* made up] [*or* to consist] of sth, to comprise sth; ***die Regierung setzt sich aus Roten und Grünen zusammen*** the government is composed of socialists and environmentalists
② *(sich zueinandersetzen)* ■**sich** *akk* ~ to sit together; ■**sich** *akk* **mit jdm** [**am Tisch**] ~ to join sb [at his/her table]; *(um etw zu besprechen)* to get together

Zu·sạm·men·set·zung <-, -en> *f* ① *(Struktur)* composition, make-up; *Ausschuss a.* constitution *form; Mannschaft* line-up; *Wählerschaft* profile *spec*
② *(Kombination der Bestandteile)* ingredients *pl; Rezeptur, Präparat* composition; *Teile* assembly
③ ling *(Kompositum)* compound

zu·sạm·men|sin·ken *irreg sein* **I.** *vi* to collapse; **ohnmächtig** ~ to collapse unconscious; **tot** ~ to fall dead to the earth
II. *vt* ■**in sich** *akk* ~ ① *(alle Kraft verlieren)* to slump; *(letzte Hoffnung verlieren)* to seem to crumble; ■**zusammengesunken** limp
② *(zusammenfallen)* to collapse; **ein Gebäude sinkt zusammen** a building caves in; **ein Dach sinkt zusammen** a roof falls in; **Feuer/Glut fällt zusammen** fire/embers go out

zu·sạm·men|sit·zen *vi irreg* to sit together

zu·sạm·men|spa·ren *vt* ■[**sich** *dat*] **etw** ~ to save up for sth

Zu·sạm·men·spiel *nt kein pl* ① sport teamwork
② mus ensemble playing
③ theat ensemble acting
④ *(fig: Wechselwirkung)* interplay, interaction

zu·sạm·men|stau·chen *vt (fam)* ① *(maßregeln)* ■**jdn** ~ to give sb a dressing-down *fam*
② *(zusammendrücken)* ■**etw ist zusammengestaucht** sth is crushed

zu·sạm·men|ste·cken I. *vt* ■**etw** ~ to pin together sth *sep*
II. *vi (fam)* to be together; ***die beiden stecken aber auch immer zusammen!*** the two of them are quite inseparable!
▸Wendungen: **die Köpfe** ~ to put one's heads together

zu·sạm·men|ste·hen *vi irreg* ① *(nebeneinanderstehen)* to be together [*or* side by side]; *Menschen a.* to stand together [*or* side by side]
② *(einander unterstützen)* to stand by each other [*or* form one another]

zu·sạm·men|stel·len *vt* ① *(auf einen Fleck stellen)* ■**etw** ~ to put [*or* place] sth together *sep;* ***die Betten*** ~ to place the beds side by side
② *(aufstellen)* ■**etw** ~ to compile sth; **eine Delegation** ~ to assemble a delegation; **eine Liste** ~ to compile [*or sep* draw up] a list; **etw in einer Liste** ~ to list sth, to compile [*or sep* draw up] a list of sth; **ein Menü** ~ to draw up a menu; **ein Programm** ~ to arrange [*or* compile] a programme [*or* Am -am]

Zu·sạm·men·stel·lung *f* ① *(Aufstellung)* compilation; *(Liste)* list; *Programm* arrangement
② *kein pl (Herausgabe)* compilation

Zu·sạm·men·stoß *m* collision (+*gen* between), crash (+*gen* between); *(Auseinandersetzung)* clash

zu·sạm·men|sto·ßen *vi irreg sein* ① *(kollidieren)* to collide, to crash; ■**mit etw** *dat* ~ to collide with [*or* crash into] sth; ***die beiden Autos sind frontal zusammengestoßen*** the two cars collided head-on; *Personen* to bump into each other; ■**mit jdm** ~ to bump into sb
② *(aneinandergrenzen)* to adjoin
③ *(selten: eine Auseinandersetzung haben)* ■**mit jdm** ~ to clash with sb

zu·sạm·men|strei·chen *vt irreg* ■**etw** [**auf etw** *akk*] ~ to cut [down *sep*] sth [to sth]

zu·sạm·men|strö·men *vi sein* to flock [*or* swarm] together; ■**zu etw** *dat* ~ to flock to sth

zu·sạm·men|stür·zen *vi sein* to collapse; ***nach der Scheidung ist für ihn die Welt zusammengestürzt*** his world fell to pieces after the divorce

zu·sạm·men|su·chen *vt* ■[**sich** *dat*] **etw** ~ to find [*or sep* get together] sth; ***ich muss die Unterlagen erst noch*** ~ first of all I have to gather the papers together; ■**zusammengesucht** *(unharmonisch)* oddly assorted, ill-assorted

zu·sạm·men|tra·gen *vt irreg* ■**etw** ~ ① *(auf einen Haufen tragen)* to collect [*or sep* gather together] sth; **Holz und Reisig** ~ to gather wood and twigs
② *(sammeln)* to collect [*or* gather [together *sep*]] sth; **Informationen mühselig** ~ to glean information

zu·sạm·men|tref·fen *vi irreg sein* ① *(sich treffen)* to meet; ■**mit jdm** ~ to meet sb; *(unverhofft)* to encounter
② *(gleichzeitig auftreten) Faktoren, Umstände* to coincide

Zu·sạm·men·tref·fen *nt* ① *(Treffen)* meeting
② *(gleichzeitiges Auftreten)* coincidence

zu·sạm·men|trei·ben *vt* **Menschen/Tiere** ~ to drive people/animals together

zu·sạm·men|tre·ten I. *vi irreg sein* to meet, to convene *form; Gericht* to sit; *Parlament a.* to assemble; **wieder** ~ to meet again, to reassemble, to reconvene *form*
II. *vt (fam)* ■**jdn** ~ to give sb a severe [*or fam* one hell of a] kicking

zu·sạm·men|trom·meln *vt (fam)* ■**jdn** ~ to rally [*or sep* round up] sb; **Anhänger/Mitglieder** ~ to rally supporters/members

zu·sạm·men|tun *irreg* **I.** *vt (fam)* ■**etw** ~ to put sth together; **Tomaten und Kartoffeln darf man nicht in einem Behälter zusammentun** you can't keep tomatoes and potatoes together in one container
II. *vr (fam)* ■**sich** *akk* [**zu etw** *dat*] ~ to get together [*or* join forces] [in sth]; ■**sich** *akk* **mit jdm** ~ to get together with sb; ***die Betroffenen haben sich zu einer Bürgerinitiative zusammengetan*** those concerned have formed a citizens' action group

Zu·sạm·men·ver·an·la·gung *f* fin joint assessment; *(Steuererklärung)* joint return; ~ **bei der Vermögensteuer** joint return for property tax

zu·sạm·men|wach·sen *vi irreg sein* ① *(zusammenheilen)* to knit [together]; *Knochen* to knit [together]; *Wunde* to heal [up]; ***sie hat zusammenge-***

wachsene Augenbrauen her eyebrows meet in the middle
② *(sich verbinden)* to grow together; ■ **mit etw** *dat*/**zu etw** *dat* ~ to grow into sth; ***die früher eigenständigen Gemeinden sind inzwischen zu einer großen Stadt zusammengewachsen*** the previously autonomous communities have meanwhile grown together into a big city
zu·sa̲m·men|wer·fen *vt irreg* ■ **etw** ~ ① *(auf einen Haufen werfen)* to throw together sth *sep*
② *(wahllos vermengen)* to lump together
③ *(fam: zusammenlegen)* **seine Ersparnisse** ~ to pool one's savings
Zu·sa̲m·men·wir·ken *nt kein pl* combination, interaction
zu·sa̲m·men|wir·ken *vi (geh)* ① *(gemeinsam tätig sein)* to work together
② *(vereint wirken)* to combine, to act in combination; ***mehrere Faktoren haben hier glücklich zusammengewirkt*** there has been a happy coincidence of several factors here
zu·sa̲m·men|wür·feln *vt (fam)* ■ **etw** ~ to throw up sth *fam*
zu·sa̲m·men|zäh·len *vt* ■ **etw** ~ to count [up *sep*] sth; ***ich habe gerade alle Anmeldungen zusammengezählt, es kommen 121 Teilnehmer*** I've just added up all the enrolments, there will be 121 participants; **die Kosten** ~ to add [*or fam* tot] up *sep* the costs; **alles zusammengezählt** all in all
zu·sa̲m·men|zie·hen *irreg* I. *vi sein* to move in together; ■ **mit jdm** ~ to move in [together] with sb
II. *vr* ■ **sich** *akk* ~ ① *(sich verengen)* to contract; *Schlinge* to tighten; *Pupillen, Haut* to contract; *Wunde* to close [up]
② *(sich ballen)* to be brewing; *Gewitter a.* to be gathering; ***es zieht sich ein Gewitter zusammen*** there's a storm brewing [*or* gathering]; *Wolken* to gather; *Unheil* to be brewing
III. *vt* ■ **etw** ~ ① *(sammeln)* **Truppen/Polizei** ~ to assemble [*or* concentrate] [*or* mass] troops/police forces
② *(addieren)* **Zahlen** ~ to add together
③ *(schließen)* **ein Loch in einem Strumpf** ~ to mend a hole in a stocking; **die Augenbrauen** ~ to knit one's brows
zu·sa̲m·men|zu·cken *vi sein* to start; *(vor Schmerz/Unangenehmem)* to flinch, to wince; ***als das Telefon läutete, zuckte er unwillkürlich zusammen*** the phone's ring made him start
Zu·satz ['tsu:zats] *m* ① *(zugefügter Teil)* appendix, annex; *(Verbzusatz)* separable element; *(Abänderung)* amendment; *(Gesetzentwurf)* rider *spec; (Testament)* codicil; *(Vertragsklausel)* clause; *(Vorbehaltsklausel)* reservation *spec*
② *(Nahrungszusatz)* additive; *(Beimischung a.)* admixture *form;* **ohne** ~ **von Farbstoffen** without the addition of artificial colouring [*or* AM coloring]
Zu̲·satz·ab·kom·men *nt* supplementary [*or* additional] agreement **Zu̲·satz·ab·re·de** *f* ancillary [*or* subsidiary] agreement **Zu̲·satz·ak·tie** *f* BÖRSE bonus share, stock dividend **Zu̲·satz·an·ga·be** *f* additional information *no indef art, no pl* **Zu̲·satz·an·trag** *m* amendment to an amendment *form;* **einen** ~ **stellen** to move [*or* table] an amendment **Zu̲·satz·aus·bil·dung** *f* extra training **Zu̲·satz·aus·rüs·tung** *f* optional [*or* extra] equipment **Zu̲·satz·bau·teil** *m* INFORM add-on **Zu̲·satz·be·din·gung** *f* JUR additional clause **Zu̲·satz·be·mer·kung** *f* additional remark **Zu̲·satz·be·schei·ni·gung** *f* supplementary certificate **Zu̲·satz·be·steu·e·rung** *f* FIN supplementary taxation **Zu̲·satz·be·stim·mung** *f* supplementary [*or* additional] provision **Zu̲·satz·be·trag** *m* FIN extended amount **Zu̲·satz·ein·kunft** *f meist pl* additional income **Zu̲·satz·font** *m* INFORM supplementary font **Zu̲·satz·ge·bühr** *f* add-on charge, supplementary fee **Zu̲·satz·ge·rät** *nt* attachment; INFORM add-on, peripheral [device]; ***ein ~ zum Empfang von Pay-TV*** an [additional] attachment for reception of pay TV **Zu̲·satz·ge·schäft** *nt* ÖKON additional [*or* subsidiary] business [activity] **Zu̲·satz·ge·winn** *m* FIN extra profit **Zu̲·satz·in·for·ma·ti·on** *f* ancillary information *no indef art, no pl* **Zu̲·satz·kar·te** *f* INFORM add-on [*or* expansion] board [*or* card] **Zu̲·satz·klau·sel** *f* additional clause, rider BRIT **Zu̲·satz·kos·ten** *pl* additional costs *pl* **Zu̲·satz·leis·tung** *f* ÖKON additional service, fringe benefit **Zu̲·satz·leis·tun·gen** *pl* FIN fringe benefits
zu·sätz·lich ['tsu:zɛtslɪç] I. *adj* ① *(weitere)* further *attr;* ~**e Kosten** supplementary [*or* additional] costs
② *(darüber hinaus möglich)* additional, extra; *(als Option a.)* optional; **eine** ~**e Versicherung** a collateral insurance *spec*
II. *adv* in addition; ***das kostet 100 Euro ~*** that costs an extra 100 euros; ***ich will sie nicht noch ~ belasten*** I don't want to put any extra pressure on her
Zu̲·satz·lohn *m* ÖKON bonus **Zu̲·satz·mo·dul** *nt* INFORM add-on module **Zu̲·satz·mo·tor** *m* AUTO additional [*or* supplementary] engine **Zu̲·satz·pa·tent** *nt* additional patent, patent of addition **Zu̲·satz·pen·si·on** *f* ÖKON supplementary pension **Zu̲·satz·ren·te** *f* supplementary pension **Zu̲·satz·spei·cher** *m* INFORM backing store [*or* storage] **Zu̲·satz·stoff** *m* additive **Zu̲·satz·ta·rif** *m* additional [*or* extra] rate [*or* charge]; *(Straftarif)* penalty rate [*or* tariff] **Zu̲·satz·ur·laub** *m* JUR extra holiday **Zu̲·satz·ver·pflich·tung** *f* JUR accessory [*or* additional] obligation **Zu̲·satz·ver·si·che·rung** *f* additional [*or* supplementary] insurance; *(für Krankenhaus a.)* hospitalization insurance AM **Zu̲·satz·ver·sor·gung** *f* FIN supplementary benefits *pl* **Zu̲·satz·zahl** *f* bonus number *(drawn in the national lottery)*
zu·schan·den, zu Schan·den [tsu'ʃandn̩] *adv (geh)* **ein Auto** ~ **fahren** to wreck [*or* BRIT *a.* write off *sep*] a car; **jds Hoffnungen** ~ **machen** to wreck [*or* ruin] sb's hopes; **ein Pferd** ~ **reiten** to ruin a horse; ***alle seine Hoffnungen gingen*** ~ all his plans came to nought
zu̲|schan·zen *vt (fam)* ■ **jdm etw** ~ to see to it that [*or* to make sure [that]] sb gets sth; **jdm einen guten Posten** ~ to manoeuvre [*or* AM maneuver] sb into a good post
zu̲|schau·en *vi s.* **zusehen**
Zu̲·schau·er(in) <-s, -> *m(f)* ① SPORT spectator; ■ **die** ~ the spectators; FBALL *a.* the crowd + *sing/pl vb*
② FILM, THEAT member of the audience; TV viewer; ■ **die** ~ FILM, THEAT the audience + *sing/pl vb;* TV the viewers, the [television] audience + *sing/pl vb*
③ *(Augenzeuge)* witness
Zu̲·schau·er·an·teil *m* TV share of the viewing audience, ratings *pl* **Zu̲·schau·er·be·fra·gung** *f* audience survey **Zu̲·schau·er·gunst** *f* TV viewers' goodwill; **sich** *akk* **in der** ~ **behaupten können** to be able to retain viewers' goodwill **Zu̲·schau·er·raum** *m* auditorium **Zu̲·schau·er·tri·bü·ne** *f* stands *pl,* BRIT *a.* stand; *(billig)* bleachers *pl* AM; *(teuer)* grandstand **Zu̲·schau·er·zahl** *f* THEAT, SPORT attendance figures *pl;* TV viewing figures *pl;* SPORT gate
zu̲|schi·cken *vt* ■ **jdm etw** ~ to send sb sth [*or* sth to sb]; *(mit der Post a.)* to mail [*or* BRIT *a.* post] [off *sep*] sth to sb; ■ **sich** *dat* **etw** ~ **lassen** to send for sth; [**von jdm**] **etw zugeschickt bekommen** to receive sth [from sb], to have sth sent to one
zu̲|schie·ben *vt irreg* ① *(hinschieben)* ■ **jdm etw** ~ to push sth over to sb
② *(durch Schieben schließen)* **eine Tür/Schublade** ~ to shut [*or* close] a door/drawer, to push sth closed [*or* shut]
③ *(jdm zur Last legen)* **jdm die Schuld** ~ to lay the blame at sb's door, to put the blame on sb, to blame sb; **jdm die Verantwortung** ~ to saddle sb with the responsibility
zu̲|schie·ßen *irreg* I. *vt haben* ① FBALL **jdm den Ball** ~ to pass sb the ball [*or* the ball to sb]; **jdm einen wütenden Blick** ~ to dart a furious glance at sb
② *(zusätzlich zur Verfügung stellen)* ■ [**jdm**] **etw** ~ to contribute sth [towards [*or* toward] sb's costs]; **jdm Geld** ~ to give sb money
II. *vi sein (fam)* ■ **auf jdn/etw** ~ to shoot [*or* rush] [*or* dash] up to sb/sth; **auf jdn zugeschossen kommen** to come rushing up to sb
Zu̲·schlag <-[e]s, Zuschläge> *m* ① *(Preisaufschlag)* supplementary charge, surcharge; **einen** ~ **zahlen** to pay a surcharge
② *(zusätzliche Fahrkarte)* supplement[ary ticket *form*]; *(zusätzlicher Fahrpreis)* extra fare, supplementary charge *form*
③ *(zusätzliches Entgelt)* bonus, extra pay *no indef art, kein pl*
④ *(auf Briefmarke)* supplement
⑤ *(bei Versteigerung)* acceptance of a bid
⑥ *(Auftragserteilung)* acceptance of a tender; **jdm den** ~ **erteilen** *(geh)* to award sb the contract, to accept sb's tender; ~ **bei Auftragserteilung** conferring the contract, award of the order; ***die Firma hat den ~ zum Bau des neuen Rathauses erhalten*** the company has won the contract to build the new town hall
zu̲|schla·gen *irreg* I. *vt haben* ① *(schließen)* ■ **etw** ~ to bang sth shut, to slam sth [shut]; **ein Buch** ~ to close [*or* shut] a book [with a bang]; **eine Kiste** ~ to slam a box shut; **die Tür hinter sich** *dat* ~ to slam the door behind one
② *(offiziell zusprechen)* ■ **jdm etw** ~ *(bei Versteigerung)* to knock sth down to sb; ***der Auftrag wurde der Firma zugeschlagen*** the company was awarded the contract; **ein Gebiet einem Staat** ~ to annex a territory to a state
③ *(zuspielen)* **jdm den Ball** ~ to kick the ball to sb; ***lass uns ein paar Bälle ~*** let's have a kickabout *fam*
④ *(aufschlagen)* ■ **etw** ~ to add sth; ***auf den Preis werden ab Juli 20 Euro zugeschlagen*** the price will be raised by 20 euros from July
II. *vi* ① *haben (einen Hieb versetzen)* to strike; **mit der Faust** ~ to strike with one's fist; **mit erhöhten Steuern** ~ to hit with increased taxes; ***das Schicksal hat erbarmungslos zugeschlagen*** fate has dealt a terrible blow
② *sein (krachend zufallen) Tür* to slam [*or* bang] shut
③ *haben (fam: zugreifen)* to act [*or fam* get in] fast [*or* quickly]; *(viel essen)* to pig out *fam;* ***schlag zu!*** get stuck in! *fam,* dig in! *fam;* ■ [**bei etw** *dat*] ~ *(schnell annehmen)* to grab sth with both hands
④ *(fam: aktiv werden)* to strike; ***die Armee schlug zu*** the army struck
zu̲·schlag·frei *adj Zug* on which no supplement is payable **zu̲·schlag·pflich·tig** *adj Zug* on which a supplement is payable
zu̲|schlie·ßen *irreg vt* ■ **etw** ~ to lock sth; **den Laden** ~ to lock up the shop *sep*
Zu̲·schmie·ren <-s> *nt kein pl* TYPO fill[ing]-in, filling-up
zu̲|schnal·len *vt* ■ **etw** ~ to fasten [*or* buckle] sth; **einen Koffer** ~ to strap up a case *sep*
zu̲|schnap·pen *vi* ① *haben* to snap
② *sein* to snap [*or* click] shut; *s. a.* **Falle**
zu̲|schnei·den *vt irreg* ① MODE ■ [**jdm/sich**] **etw** ~ to cut sth to size [for sb]; **Stoff** ~ to cut out material *sep;* **ein Kleid nach einem Muster** ~ to cut out a dress from a pattern
② *(fig)* ■ **auf jdn** [**genau**] **zugeschnitten sein** *(jds Fähigkeiten entsprechen)* to be cut out for sb; ■ **auf etw/jdn zugeschnitten sein** *(genau zutreffen)* to be geared to sth/the needs of sb; ***das Produkt ist auf den Geschmack der Massen zugeschnitten*** the product is designed to suit the taste of the masses; ***der Lehrplan war auf das Examen zugeschnitten*** the syllabus was geared to the exam
zu̲|schnei·en *vi sein* ■ **zugeschneit sein** to be snowed in [*or* up]; *Wagen* to be buried in snow
Zu̲·schnitt *m* ① *(Form eines Kleidungsstücks)* cut
② *kein pl (das Zuschneiden)* cutting; *Stoff a.* cutting out
③ *(fig: Format)* calibre [*or* AM -er]
zu̲|schnü·ren *vt* ① *(durch Schnüren verschließen)* ■ **etw** ~ to lace up sth *sep*

② *(abschnüren)* ***die Angst/Sorge schnürte ihr den Hals/die Kehle zu*** she was choked with fear/worry

zu|schrau·ben *vt* ■**etw** ~ to screw on sth *sep*

zu|schrei·ben *vt irreg* ① *(beimessen)* ■**jdm etw** ~ to ascribe [*or* attribute] sth to sb; *(ungerecht)* to impute sth to sb *form;* **jdm übernatürliche Kräfte** ~ to attribute supernatural powers to sb

② *(zur Last legen)* ■**jdm/etw etw** ~ to blame sb/sth for sth; **jdm/etw die Schuld an etw** *dat* ~ to blame sb/sth [*or* give sb/sth the blame] for sth; ■**jdm ist etw zuzuschreiben** sb is to blame for sth; ***das/deine Entlassung hast du dir selbst zuzuschreiben*** you've only got yourself to blame [for it]/for your dismissal

Zu·schrei·bung <-, -en> *f (Wertaufholung)* appreciation in value; *(Wertberichtigung)* value adjustment

Zu·schrift *f (geh)* reply

zu·schul·den, zu Schul·denRR [tsuˈʃʊldn̩] *adv* **sich** *dat* **etwas/nichts** ~ **kommen lassen** to do sth/nothing [*or* to not do anything] wrong

Zu·schussRR <-es, -schüsse>, **Zu·schuß**ALT <-sses, -schüsse> [ˈtsuːʃʊs, *pl* ˈtsuːʃʏsə] *m* ① *(Geld)* grant, subsidy; *(regelmäßig von den Eltern)* allowance; **verlorener** ~ non-repayable grant

② TYPO *Papier* allowance overs *pl*, oversheets *pl*, plus sheets *pl*

Zu·schuss·be·darfRR *m* subsidy requirement **zu·schuss·be·rech·tigt**RR *adj* eligible for a grant **Zu·schuss·be·trieb**RR *m* subsidized [*or* loss-making] business **Zu·schuss·för·de·rung**RR *f* grant support **Zu·schuss·ge·schäft**RR *nt* loss-making deal **Zu·schuss·pro·jekt**RR *nt* loss-making project **Zu·schuss·un·ter·neh·men**RR *nt* subsidized company

zu|schus·tern *vt* ① *(fam) s.* **zuschanzen**

② *s.* **zuschießen I 2**

zu|schüt·ten I. *vt* ■**etw** ~ ① *(durch Hineinschütten füllen)* to fill in [*or* up] sth *sep*

② *(fam: hinzufügen)* to add sth

II. *vr (sl)* ■**sich** *akk* ~ to get pissed BRIT *fam!* [*or* drunk]

zu|se·hen *vi irreg* ① *(mit Blicken verfolgen)* to watch; *unbeteiligter Zuschauer a.* to look on; ■~, **wie jd etw tut/wie etw getan wird** to watch sb doing sth/sth being done; *unbeteiligter Zuschauer a.* to look on as sb does sth/as sth is being done; ■**jdm [bei etw** *dat*] ~ to watch sb [doing sth]; **jdm bei der Arbeit** ~ to watch sb work[ing] [*or* at work]; **bei näherem Z~** [up]on closer inspection

② *(etw geschehen lassen)* ■**etw** *dat* ~ to sit back [*or* stand [idly] by] and watch sth; ***tatenlos musste er ~, wie ...*** he could only stand and watch, while ...; ***da sehe ich nicht mehr lange zu!*** I'm not going to put up with this spectacle for much longer!

③ *(dafür sorgen)* ■~, **dass ...** to see [to it] [*or* make sure] that ...; ***wir müssen ~, dass wir rechtzeitig losfahren*** we must take care to [watch out that we] get away in good time; ***sieh mal zu!*** *(fam)* see what you can do!; ***sieh mal zu, was du machen kannst!*** *(fam)* see what you can do!; ***sieh zu, wo du bleibst!*** *(fam)* that's your look-out! *fam,* sort out your own shit! *fam!*

zu·se·hends [ˈtsuːzeːənts] *adv* noticeably

Zu·sen·den <-> *nt kein pl,* **Zu·sen·dung** <-, -en> *f (Lieferung)* delivery; ~ **unbestellter Ware** unsolicited goods; **unbestelltes** ~ unsolicited mailing

zu|sen·den *vt irreg s.* **zuschicken**

Zu·sen·dung <-, -en> *f* ① *kein pl (das Zusenden)* sending

② *(Zugesandtes) Brief* letter; *Paket* parcel; *Waren* consignment; *Geld* remittance

zu|set·zen I. *vt* ① *(zufügen)* ■[**etw** *dat*] **etw** ~ to add sth [to sth]

② *(verlieren)* **Geld** ~ to make a loss

▶WENDUNGEN: **jd hat nichts zuzusetzen** sb has nothing in reserve

II. *vi* ■**jdm** ~ ① *(bedrängen)* to badger [*or* pester] sb; *(unter Druck setzen)* to lean on sb *fam;* **dem Feind** ~ to harass [*or sep* press hard] the enemy; *(verletzen)* to lay into *fam*

② *(überbelasten)* to take a lot out of sb; *jds Tod* to hit sb hard, to affect sb badly

zu|si·chern *vt* ■**jdm etw** ~ to assure sb of [*or* promise sb] sth; **jdm seine Hilfe** ~ to promise sb one's help; **jdm freies Geleit** ~ to guarantee sb safe conduct; ***er hat mir zugesichert, dass der Betrag heute noch überwiesen wird*** he assured me the sum would be transferred today

Zu·si·che·rung *f* promise, assurance

Zu·spät·kom·men·de(r) [tsuˈʃpɛːtkɔmənda, -kɔmənde] *f(m) dekl wie adj (geh)* latecomer

zu|sper·ren *vt* ■**etw** ~ to lock sth; **das Haus/den Laden** ~ to lock up the house/shop *sep*

Zu·spiel *nt kein pl* SPORT passing

zu|spie·len *vt* ① FBALL ■**jdm den Ball** ~ to pass the ball to sb

② *(heimlich zukommen lassen)* ■**jdm etw** ~ to pass on sth *sep* to sb, to slip sth to sb; **etw der Presse** ~ to leak sth [to the press]

zu|spit·zen I. *vr* ■**sich** *akk* ~ to come to a head; **sich weiter** ~ to escalate; **sich** *akk* **immer mehr** ~ to get worse and worse, to become increasingly critical; **sich** *akk* **bedrohlich** ~ to take on threatening dimensions

II. *vt* ■**etw** ~ to sharpen sth; **einen Pfahl** ~ to sharpen a post; ***das Attentat hat die Lage bedrohlich zugespitzt*** the assassination attempt has brought the situation to boiling point

Zu·spit·zung <-, -en> *f* worsening, increasing gravity; **eine weitere** ~ **einer S.** *gen* an escalation of sth

zu|spre·chen *irreg* I. *vt* ① *(offiziell zugestehen)* ■**jdm etw** ~ to award sth to sb; **jdm ein Kind** ~ to award [*or* grant] sb custody [of a child]

② *(geh: zuteilwerden lassen)* **jdm Mut/Trost** ~ to encourage/comfort [*or* console] sb

③ *(zuerkennen)* ■**jdm/etw etw** ~ to attribute sth to sb/sth; ***dem Baldrian wird eine beruhigende Wirkung zugesprochen*** valerian is said to have a soothing effect

II. *vi (geh)* ① *(zu sich nehmen)* ■**etw** *dat* ~ to do justice to sth; **dem Essen/Cognac kräftig** ~ to eat the food/to drink the cognac heartily, to tuck into the food/to guzzle the cognac BRIT *fam*

② *(zureden)* **jdm beruhigend** ~ to calm sb; **jdm ermutigend** ~ to encourage sb

Zu·spruch *m kein pl (geh)* ① *(Popularität, Anklang)* **sich** *akk* **großen** [*o* **regen**] ~**s erfreuen** to be very popular, to enjoy great popularity; [**bei jdm**] ~ **finden** to go down well [with sb], to be greatly appreciated [by sb]; ***wir rechnen mit starkem ~*** *(viele Besucher)* we're expecting a lot of visitors; *(starkem Anklang)* we're expecting this to be very popular

② *(Worte)* words *pl;* **ermutigender/tröstender** ~ words of encouragement/comfort; **geistlichen** ~ **suchen** to seek spiritual comfort [*or* support]

Zu·stand <-[e]s, -stände> [ˈtsuːʃtant, *pl* ˈtsuːʃtɛndə] *m* ① *(Verfassung)* state, condition; **baulicher** ~ state of repair; **geistiger** ~ mental state; **seelischer** ~ [emotional] state; **jdn in Besorgnis erregendem** ~ **antreffen** to find sb in an alarming state; *(Gesundheitszustand)* [state of] health; ***wie ist sein ~ nach der Operation?*** how's he faring after the operation?; ***sein ~ ist kritisch*** his condition is critical; **in einem beklagenswerten/traurigen** ~ in a miserable/sad state [*or* condition]; *Mensch a.* in miserable/sad shape; **in deinem/meinem** ~ in your/my condition; *(Aggregatzustand)* state; **in flüssigem/gasförmigem** ~ in a fluid/gaseous state; **in ordnungsgemäßem** ~ JUR in good order and condition; **in unbeschädigtem** ~ in sound condition; **im wachen** ~ while awake

② *pl (Verhältnisse)* conditions; *(skandalöse Zustände)* disgraceful [*or* appalling] conditions; ***in den besetzten Gebieten herrschen katastrophale Zustände*** conditions are catastrophic in the occupied zones; ***das ist doch kein ~!*** it's a disgrace!; ***bei euch herrschen ja Zustände!*** your house is a disgrace!, you're living in a pigsty *pej*

▶WENDUNGEN: **Zustände** <u>**bekommen**</u> [*o* <u>**kriegen**</u>] *(fam)* to have a fit *fam,* to hit the roof *fam,* BRIT *a.* to throw a wobbly *sl*

zu·stan·de, zu Stan·deRR [tsuˈʃtandə] *adv* **etw** ~ **bringen** to manage sth; **die Arbeit** ~ **bringen** to get the work done; **eine Einigung** ~ **bringen** to reach an agreement; **es** ~ **bringen, dass jd etw tut** to [manage to] get sb to do sth; ~ **kommen** to materialize; *(stattfinden)* to take place; *(besonders Schwieriges)* to come off [*or* about]; **nicht** ~ **kommen** to fail

Zu·stan·de·kom·men <-s> *nt kein pl* materialization, realization; ***das ~ des Treffens ist noch fraglich*** the planned meeting is not yet sure to take place

zu·stän·dig [ˈtsuːʃtɛndɪç] *adj* ① *(verantwortlich)* responsible; **der** ~**e Beamte** the official in charge; **der dafür** ~**e Beamte** the official responsible for [*or* in charge of] such matters; ***dafür ist er ~*** that's his responsibility; ***dafür will keiner ~ gewesen sein*** nobody wants to own up responsibility for it

② *(Kompetenz besitzend)* competent *form;* **die** ~**e Behörde** the proper [*or form* competent] authority; ■[**für etw** *akk*] ~ **sein** to be the competent office [for sth] *form;* JUR to have jurisdiction [in [*or* over] sth]

Zu·stän·dig·keit <-, -en> *f* ① *(betriebliche Kompetenz)* competence; **in jds** *akk* ~ **fallen** to fall within sb's competence [*or* the competence of sb] *form*

② JUR *(Jurisdiktion)* jurisdiction *no indef art,* cognizance *no indef art form,* administrative responsibility; ~ **in Kartellsachen** jurisdiction for cartel cases; **ausschließliche** ~ exclusive jurisdiction; **funktionelle** ~ limited jurisdiction over the type of case; **konkurrierende** ~ concurrent jurisdiction; **örtliche** ~ local jurisdiction; **sachliche** ~ jurisdiction over the subject[-matter]; **die** ~ **bestreiten** to plead incompetence; **der** ~ **eines Gerichts unterliegen** to come within the jurisdiction of a court

Zu·stän·dig·keits·be·reich *m* JUR jurisdiction, competence, area of responsibility; *eines Gerichts* area of jurisdiction; *eines Gesetzes* purview; **in jds** ~ **fallen** to fall into sb's area of responsibility **Zu·stän·dig·keits·er·schlei·chung** *f* subreption of authority **Zu·stän·dig·keits·fort·dau·er** *f* continuation of authority **Zu·stän·dig·keits·ge·richt** *nt* JUR court in charge **Zu·stän·dig·keits·streit** *m* JUR *zwischen Gerichten* conflict of jurisdiction **Zu·stän·dig·keits·ver·ein·ba·rung** *f* JUR agreement as to jurisdiction **Zu·stän·dig·keits·ver·wei·sung** *f* JUR referral of jurisdiction **Zu·stän·dig·keits·wech·sel** *m* JUR change of jurisdiction

zu·stat·ten|kom·menRR [tsuˈʃtatn̩-] *vi irreg sein (geh)* ■**jdm** ~ to come in useful [*or* handy] for sb, to avail sb *liter*

zu|ste·chen *vi irreg* ■[**mit etw** *dat*] ~ to stab sb [with sth]

zu|ste·cken *vt* ① *(schenken)* ■**jdm etw** ~ to slip sb sth

② *(heften)* ■**etw** ~ to pin up sth *sep;* **eine Naht** ~ to pin up a seam *sep*

zu|ste·hen *vi irreg* ① *(von Rechts wegen gehören)* ■**etw steht jdm zu** sb is entitled to sth; **etw steht jdm von Rechts wegen zu** sb is lawfully entitled to sth, sth is sb's lawful right; **ein Anspruch auf etw** *akk* **steht jdm zu** sb has a right to sth

② *(zukommen)* ■**etw steht jdm zu/nicht zu** sb has the/no right to do/say sth; ***es steht dir nicht zu, so über ihn zu reden*** it's not for you to speak of him like that

zu|stei·gen *vi irreg sein* to get on, to board; ***noch jemand zugestiegen?*** *(im Bus)* any more fares, please?; *(im Zug)* tickets please!; ***zugestiegene Fahrgäste müssen einen Fahrschein lösen*** passengers must buy a ticket as soon as they board

Zu·stell·be·zirk *m* postal district **Zu·stell·dienst** *m* ÖKON delivery service

zu|stel·len *vt* ① *(geh: überbringen)* ■[**jdm**] **etw** ~ to deliver sth [to sb]

② JUR *(offiziell aushändigen)* ■[**jdm**] **etw** ~ to serve [sb with] sth

③ *(fam: durch Gegenstände verstellen)* ■[**jdm**] **etw** ~ to block sth

Z

Zu·stel·ler(in) <-s, -> *m(f)* postman *masc,* postwoman *fem,* AM *usu* mailman [*or fem usu* -woman]

Zu·stell·ge·bühr *f* delivery charge, portage *spec*

Zu·stel·lung <-, -en> *f* ① *(das Überbringen)* delivery
② JUR *(offizielle Aushändigung)* serving, service *form,* delivery; **öffentliche ~** service by publication, public notification; **~ von Amts wegen** official service

Zu·stel·lungs·ad·res·se *f,* **Zu·stel·lungs·an·schrift** *f* JUR address for service **Zu·stel·lungs·be·stä·ti·gung** *f* return of service **Zu·stel·lungs·be·voll·mäch·tig·te(r)** *f(m) dekl wie adj* domestic representative, person authorized to accept service **Zu·stel·lungs·emp·fän·ger(·in)** *m* JUR recipient **Zu·stel·lungs·man·gel** *m* JUR irregularity in service, defective service **Zu·stel·lungs·ort** *m* JUR place of service **Zu·stel·lungs·ur·kun·de** *f* JUR writ of summons *spec,* notice of delivery **Zu·stel·lungs·ver·merk** *m* JUR endorsement

zu|steu·ern I. *vt* ■**etw auf jdn/etw ~** to steer sth towards sth/sb; ***er steuerte den Wagen direkt auf uns zu*** he drove directly at us
II. *vi sein* ① *(fam: darauf zugehen)* ■**auf jdn/etw ~** to head for sb/sth; *(schnurstracks a.)* to make a beeline for sb/sth
② *(darauf zutreiben)* ■**auf etw** *akk* **~** to be heading for sth; ***das Land steuert auf eine Katastrophe zu*** the country is heading for disaster

zu|stim·men *vi* ■**jdm ~** to agree [with sb]; ■**[etw** *dat***] ~** *(mit etw einverstanden sein)* to agree [to sth]; ***dem kann ich ~!*** I'll go along with that!; *(billigen)* to approve [[of] sth]; *(einwilligen)* to consent [to sth]

zu·stim·mend I. *adj* affirmative; **eine ~e Antwort** an affirmative answer, an answer in the affirmative; **ein ~es Nicken** a nod of assent
II. *adv* in agreement

Zu·stim·mung *f* agreement, assent; *(Einwilligung)* consent; *(Billigung)* approval; ***sein Vorschlag fand allgemeine ~*** his suggestion met with general approval; **etw** *dat* **seine ~ geben/verweigern** *(geh)* to give/refuse to give one's consent [*or* assent] to sth; **schriftliche ~** written consent; **einem Gesetzentwurf seine ~ verweigern** to veto a bill; **mit/ohne jds ~** with/without sb's consent [*or* the consent of sb]

Zu·stim·mungs·ge·setz *nt* JUR act of assent **zu·stim·mungs·pflich·tig** *adj* POL *(geh) Gesetzesantrag, Reform* requiring approval; JUR subject to approval **Zu·stim·mungs·vor·be·halt** *m* JUR right of veto, reservation of assent

zu|sto·ßen *irreg* I. *vi* ① *haben (in eine Richtung stoßen)* ■**[mit etw** *dat***] ~** to stab sb [with sth]; *Schlange* to strike; *Nashorn, Stier a.* to gore sb; **[mit seinem Schwert/Speer] ~** to run sb through [with one's sword/spear]
② *sein (passieren)* ■**jdm ~** to happen to sb; ***hoffentlich ist ihr kein Unglück zugestoßen!*** I hope she hasn't had an accident!
II. *vt* ■**etw ~** to push sth shut; **die Tür mit dem Fuß ~** to push the door shut with one's foot

zu|stre·ben *vi sein* ■**auf etw** *akk* **~** to head [*or* make] for sth

Zu·strom *m kein pl* ① METEO inflow
② *(massenweise Zuwanderung)* influx
③ *(Andrang)* ***auf der Messe herrschte reger ~ von Besuchern*** crowds of visitors thronged to the fair

Zu·stupf <-[e]s, Zustüpfe> ['tsu:ʃtʊpf] *m* SCHWEIZ *(Zuschuss)* grant, subsidy

zu|stür·zen *vi sein* ■**auf jdn/etw ~** to rush [*or* come rushing] towards sb/sth

zu·ta·ge, zu Ta·ge^RR [tsu'ta:gə] *adj* **offen ~ liegen** to be evident [*or* clear]; **etw ~ bringen** [*o* **fördern**] to bring sth to light, to reveal sth; **~ treten** to be revealed [*or* exposed], to come to light *fig;* **ein Fels liegt ~** a rock outcrops *spec*

Zu·tat <-, -en> ['tsu:ta:t] *f meist pl* ① *(Bestandteil)* ingredients *pl*
② *(benötigte Dinge)* necessaries *pl*
③ *(Hinzufügung)* addition; **ohne schmückende ~en** without any decorative trimmings

zu|tei·len *vt* ■**jdm etw ~** ① *(austeilen)* to apportion *form* [*or sep* portion out] sth among/between; ***im Krieg wurden die Lebensmittel zugeteilt*** food was rationed during the war
② *(zuweisen)* to allocate sb sth [*or* sth to sb]; **jdm eine Aufgabe/Rolle ~** to assign [*or* allot] a task/role to sb; **jdm Mitarbeiter ~** to assign staff to sb's department

Zu·tei·lung *f* ① *(das Zuteilen)* ■**die ~ einer S.** *gen/* **von etw** *dat* portioning out sth *sep* [*or* apportioning]; **auf ~** *(rationiert)* on rations
② *(Zuweisung)* allocation; *einer Aufgabe, Rolle a.* allotment; *von Mitarbeitern* assignment

zu·tei·lungs·reif *adj* FIN *Bausparvertrag* mature

zu·teil|wer·den^RR [tsu'tail-] *vi irreg sein (geh)* ■**jdm etw ~ lassen** to grant [*or* allow] sb sth; ***ich hoffe, Sie lassen uns die Ehre Ihres Besuches ~*** I hope you will honour us with a visit; ■**jdm wird etw zuteil** *(geh)* sb is given sth, sth is given to [*or form* bestowed [up]on] sb; *(durch Zustimmung)* sb is granted sth; **jdm wird die Ehre zuteil, etw zu tun** sb has [*or* is given] the honour [*or* AM -or] of doing sth; ***ihm wurde ein schweres Schicksal zuteil*** he has had a hard fate

zu·tiefst [tsu'ti:fst] *adv* deeply; **etw ~ bedauern** to regret sth deeply; **~ betroffen** deeply shaken; **~ betrübt** greatly [*or* extremely] saddened; **~ verärgert** furious

zu|tra·gen *irreg* I. *vt (geh)* ■**jdm etw ~** ① *(übermitteln)* to report sth to sb; ***es ist mir erst gerade eben zugetragen worden*** I've just this moment been informed of it
② *(hintragen)* to carry sth to sb
II. *vr (geh)* ■**sich** *akk* **~** to happen, to take place, to transpire *a. hum;* ***weißt du, wie es sich zugetragen hat?*** do you know how it happened?

Zu·trä·ger(in) *m(f) (pej)* informer; *(Pressequelle)* informant

zu·träg·lich ['tsu:trɛ:klɪç] *adj (geh)* good (+*dat* for), beneficial (+*dat* to); ■**jdm/etw ~ sein** to be beneficial to sb/sth; **ein der Gesundheit ~es Klima** a pleasant [*or* agreeable] climate; *(gesundheitsfördernd)* healthy, wholesome, salubrious *form,* conducive to good health *pred form;* ■**etw ist jdm nicht ~** sth doesn't agree with sb; ***das Klima in der Wüste ist Europäern nicht ~*** the climate in the desert affects Europeans badly

zu|trau·en *vt* ■**jdm/sich etw ~** to believe [*or* think] sb/one [is] capable of [doing] sth; **jdm viel Mut ~** to believe [*or* think] sb has great courage; **sich** *dat* **nichts ~** to have no confidence in oneself [*or* no self-confidence]; **sich** *dat* **zu viel ~** to take on too much, to bite off more than one can chew *fig;* ***das ist ihm zuzutrauen!*** *(iron fam)* I wouldn't put it past him! *fam,* I can well believe it [of him]!; ***das hätte ich dir nie zugetraut!*** I would never have expected that from you!; *(bewundernd)* I never thought you had it in you!; ***dem traue ich alles zu!*** I wouldn't put anything past him!

Zu·trau·en <-s> *nt kein pl* confidence, trust; ■**jds ~ zu jdm** sb's confidence in sb; **[vollstes] ~ zu jdm haben** to have [complete [*or* every]] confidence in sb; **jds ~ gewinnen** to win sb's trust, to gain sb's confidence

zu·trau·lich ['tsu:traulɪç] *adj* trusting; **ein ~er Hund** a friendly dog

zu|tref·fen *vi irreg* ① *(richtig sein)* to be correct; ***das dürfte wohl nicht ganz ~!*** I don't believe that's quite correct; *(sich bewahrheiten)* to prove right; *(gelten)* to apply; *(wahr sein)* to be [*or* hold] true, to be the case; ■**es trifft zu, dass ...** it is true that ...
② *(anwendbar sein)* ■**auf jdn [nicht] ~** to [not] apply to sb; **genau auf jdn ~** *Beschreibung* to fit [*or* match] sb['s description] perfectly; ■**auf etw** *akk* **[nicht] ~** to [not] apply [*or* to be [in]applicable] to sth; **auf einen Fall ~** to be applicable to a case

zu·tref·fend I. *adj* ① *(richtig)* correct; **eine ~e Diagnose** a correct diagnosis; **Z~es bitte ankreuzen** tick [*or* mark] [*or* AM check off] where applicable
② *(anwendbar)* ■**auf jdn ~** applying to sb *pred;* **eine auf jdn ~e Beschreibung** a description fitting [*or* matching] that of sb
II. *adv* correctly; ***wie meine Vorrednerin schon ganz ~ sagte, ...*** as the previous speaker quite rightly said ...

zu|tre·ten *irreg* I. *vt* ■**etw ~** to kick sth shut
II. *vi* ■**auf jdn/etw ~** to step towards sb/sth

zu|trin·ken *vi irreg* ■**jdm ~** to drink [*or* raise one's glass] to sb; *(mit Trinkspruch)* to toast sb

Zu·tritt *m kein pl* ① *(Einlass)* admission, admittance, entry; *(Zugang)* access; ■**~ zu etw** *dat* admission [*or* admittance] [*or* entry] [*or* access] to sth; **jdm den ~ verwehren/verweigern** to deny/refuse sb admission [*or* admittance]; **[keinen] ~ zu etw** *dat* **haben** to [not] be admitted to sth; **freien ~ zu etw** *dat* **haben** to have free admission/access to sth; **jederzeit freien ~ haben** to have the run of the place; **~ verboten!** [*o* **kein ~!**] no admittance [*or* entry]; *(als Schild a.)* private; **sich** *dat* **[mit Gewalt] ~ [zu etw** *dat***] verschaffen** to gain admission [*or* access] [to sth] [by force]
② CHEM contact

Zu·tritts·recht *nt* JUR right of access

zu|tun *irreg* I. *vt* ① *(schließen)* ■**etw ~** to close sth; ***ich habe die ganze Nacht kein Auge zugetan*** I didn't sleep a wink all night
② *(fam: hinzufügen)* ■**etw [zu etw** *dat***] ~** to add sth [to sth]
II. *vr* ① *(zugehen)* ■**sich** *akk* **~** to close; ***die Tür tat sich hinter ihm zu*** the door closed behind him
② DIAL *(anschaffen)* ■**sich** *dat* **etw ~** to get oneself sth

Zu·tun *nt* **ohne jds ~** *(ohne jds Hilfe)* without sb's help; *(ohne jds Schuld)* through no fault of sb's own; ***es geschah ohne mein ~*** I did not have a hand in the matter

zu·un·guns·ten [tsu'ʔʊngʊnstn̩] I. *präp* +*gen* to the disadvantage of
II. *adv* ■**~ einer S.** *gen/***von jdm** to the disadvantage of sth/sb

zu·un·terst [tsu'ʔʊntɐst] *adv* right at the bottom; *(im Stapel a.)* at the very bottom; **ganz ~** at the very bottom

zu·ver·läs·sig ['tsu:fɛɐ̯lɛsɪç] *adj* ① *(verlässlich)* reliable, dependable; **absolut ~ sein** to be 100% reliable [*or* as good as one's word]
② *(glaubwürdig)* reliable; **ein ~er Zeuge** a reliable [*or* credible] witness; *(durch Charakter a.)* an unimpeachable witness *form*

Zu·ver·läs·sig·keit <-> *f kein pl* ① *(Verlässlichkeit)* reliability, dependability
② *(Glaubwürdigkeit)* reliability; *(Vertrauenswürdigkeit)* trustworthiness; *eines Zeugen a.* credibility; *(durch Charakter a.)* unimpeachability *form*

Zu·ver·sicht <-> ['tsu:fɛɐ̯zɪçt] *f kein pl* confidence; **voller ~** full of confidence; **~ ausstrahlen** to radiate confidence

zu·ver·sicht·lich *adj* confident; ■**~ sein, dass ...** to be confident that ...; ***was den Umzug angeht, da bin ich ganz ~*** as for the move, I'm very optimistic

zu·vor [tsu'fo:ɐ̯] *adv* before; *(zunächst)* beforehand; ***nach der Behandlung ging es ihm schlechter als ~*** after the treatment he felt worse than before; **im Monat/Jahr ~** the month/year before, in the previous month/year; **am Tag ~** the day before, on the previous day; **in der Woche ~** the week before, the previous week; **noch nie ~** never before

zu·vor|kom·men *vi irreg sein* ① *(schneller handeln)* ■**jdm ~** to beat sb to it *fam;* ■**jdm [mit etw** *dat***] ~** to get in ahead of sb [with sth], to steal a march on sb [by doing sth]
② *(verhindern)* ■**etw** *dat* **~** *Vorwürfen, Unheil* to forestall sth

zu·vor·kom·mend I. *adj (gefällig)* obliging, accommodating; *(höflich)* courteous, civil
II. *adv (gefällig)* obligingly; *(höflich)* courteously, civilly

Zu·vor·kom·men·heit <-> *f kein pl (gefällige Art)* obligingness, helpfulness; *(höfliche Art)* courtesy, civility; **einen Kunden mit großer ~ behandeln** to be exceedingly helpful towards a customer

Zu·wachs <-es, Zuwächse> ['tsu:vaks, *pl* 'tsu:vɛksə] *m* increase, growth *kein pl*; ***die Familie hat ~ bekommen*** *(hum fam)* they have had a [small] addition to the family; **auf ~:** ***Philipp wächst so schnell, da kaufen wir den Pulli besser auf ~*** since Philipp is growing so quickly we'd better buy him a jumper big enough to last

zu|wach·sen *vi irreg sein* ❶ *(überwuchert werden)* to become overgrown, to grow over
❷ *(sich schließen) Wunde* to heal [over [*or* up]]; *Fontanelle* to close up
❸ *(geh: zuteilwerden)* ■**jdm wächst etw zu** sb gains in sth; **jdm wachsen immer mehr Aufgaben zu** sb is faced with ever more responsibilities, sb is given more and more jobs; ***der Krebsforschung sind bedeutende neue Erkenntnisse zugewachsen*** cancer research has made important advances in knowledge

Zu·wachs·plan *m* FIN accrual schedule **Zu·wachs·ra·te** *f* rate of growth, growth rate **Zu·wachs·spar·ver·trag** *m* FIN accrual savings agreement

Zu·wan·de·rer, Zu·wan·de·rin *m, f* immigrant

zu|wan·dern *vi sein* to immigrate

Zu·wan·de·rung *f* immigration

zu·we·ge, zu We·ge [tsu've:gə] *adv* **gut/schlecht ~ sein** to be in good/poor health; **etw ~ bringen** to achieve [*or* accomplish] sth; **es ~ bringen, dass jd etw tut** to [manage to] get sb to do sth

zu·wei·len [tsu'vailən] *adv (geh)* occasionally, [every] now and then [*or* again], every once in a while, from time to time; *(öfter)* sometimes, at times

zu|wei·sen *vt irreg* ■**jdm/einer S. etw ~** to allocate sth to sb/sth; **jdm Aufgaben ~** to assign [*or* allot] duties to sb; **die mir zugewiesenen Aufgaben** my allotted tasks; **eine Rechtssache einer Kammer ~** to assign a case to one of the Chambers

Zu·wei·sung <-, -en> *f* allocation, assignment

Zu·wei·sungs·recht *nt* JUR right of referral [*or* assignment]

zu|wen·den *irreg* **I.** *vt* ❶ *(hinwenden)* **jdm das Gesicht/den Kopf ~** to turn one's face towards [*or* toward] sb, to [turn to] face sb; **jdm den Rücken ~** to turn one's back on sb; **etw** *dat* **seine Aufmerksamkeit ~** to turn one's attention to sth; ***die dem Garten zugewandten Fenster des Hauses*** those of the houses' windows which face the garden
❷ *(zukommen lassen)* ■**jdm etw ~** to give sb sth; *(im Testament, als Gunst)* to bestow sth [up]on sb
II. *vr* ■**sich** *akk* **jdm/etw ~** to devote oneself to sb/sth; ***wollen wir uns dem nächsten Thema ~?*** shall we go on to the next topic?; ***das Glück hatte sich ihm wieder zugewandt*** fortune had once again smiled on him

Zu·wen·dung *f* ❶ *kein pl (intensive Hinwendung)* love and care
❷ *(zugewendeter Betrag)* sum [of money]; *(Beitrag)* [financial] contribution; *(regelmäßig)* allowance; **staatliche ~en** government grants; **testamentarische ~en** JUR legacies, bequests
❸ JUR *(Schenkung)* bestowal, gift, grant; **letztwillige ~** testamentary gift; **unentgeltliche ~** gift, gratuitous grant

zu|wer·fen *vt irreg* ❶ *(hinwerfen)* ■**jdm/einem Tier etw ~** to throw sth to sb/an animal; **jdm einen Blick ~** to cast a glance at sb
❷ *(zuschlagen)* ■**etw ~** to slam [*or* bang] sth [shut]; **eine Tür ~** to slam [*or* bang] a door [shut]
❸ *(geh: zuschütten)* ■**etw ~** to fill up [*or* in] sth *sep*

zu·wi·der[1] [tsu'vi:dɐ] *adv* ■**jdm ist jd/etw ~** sb finds sb/sth unpleasant; *(stärker)* sb loathes [*or* detests] sb/sth; *(widerlich)* sb finds sb/sth revolting [*or* disgusting], sb/sth disgusts sb

zu·wi·der[2] [tsu'vi:dɐ] *präp* ■**etw** *dat* **~** contrary to sth; **dem Gesetz ~ sein** to be against the law; **allen Verboten ~** in defiance of all bans

zu·wi·der|han·deln [tsu'vi:dɐhandl̩n] *vi (geh)* ■**etw** *dat* **~** to act against [*or* contrary to] sth; **den Anordnungen ~** to act against [*or* contrary to] [*or form* to contravene] the rules; **der Ausgangssperre ~** to defy [*or* disregard] [*or* violate] the curfew; **einem Befehl ~** to act against [*or* defy] [*or* disregard] an order

Zu·wi·der·han·deln·de(r) *f(m) dekl wie adj (geh)* offender, transgressor *form; (Unbefugte(r))* trespasser

Zu·wi·der·hand·lung *f (geh)* contravention, violation; *von Regeln a.* infringement

zu·wi·der|lau·fen *vi irreg sein* ■**jdm/einer S. ~** to go against [*or* run counter to] sb/sth

zu|win·ken *vi* ■**jdm ~** to wave to sb

zu|zah·len I. *vt* ■**etw ~** *(extra zahlen)* to pay an extra sth; *(beitragen)* to contribute sth; **100 Euro ~** to pay an extra [*or* another] 100 euros
II. *vi* to pay extra

Zu·zah·lung *f* extra payment

Zu·zah·lungs·re·ge·lung *f im Gesundheitswesen* additional payment ruling

zu·zei·ten [tsu'tsaitn̩] *adv* at times

zu|zie·hen *irreg* **I.** *vt haben* ❶ *(fest zusammenziehen)* ■**etw ~** to tighten [*or sep* pull tight] sth; **einen Gürtel ~** to tighten [*or* AM *a.* cinch] a belt
❷ *(schließen)* ■**etw ~** to draw sth; **die Gardinen ~** to draw the curtains; **die Tür ~** to pull the door shut
❸ *(hinzuziehen)* ■**jdn ~** to consult [*or sep* call in] sb; **einen Gutachter ~** to consult an expert
II. *vr haben* ❶ *(erleiden)* **sich** *dat* **eine Krankheit ~** to catch [*or form a.* contract] an illness; **sich** *dat* **eine Verletzung ~** to sustain an injury *form*
❷ *(auf sich ziehen)* ■**sich** *dat* **jds etw ~** to incur sb's sth [*or* sth of sb]; **sich** *dat* **jds Zorn ~** to incur sb's wrath *form*
❸ *(sich eng zusammenziehen)* ■**sich** *akk* **~** to tighten, to pull tight
III. *vi sein* to move into the area

Zu·zug *m* ❶ *(Zustrom)* influx
❷ *(einer Familie)* move, arrival
❸ *(Verstärkung)* reinforcement; ***die Armee hat starken ~ bekommen*** the army has been strongly reinforced

Zu·züg·ler(in) <-s, -> ['tsu:tsy:klɐ] *m(f)* incomer

zu·züg·lich ['tsu:tsy:glɪç] *präp* ■**~ einer S.** *gen* plus sth; *(geschrieben a.)* excl[.] sth

Zu·zugs·ge·neh·mi·gung *f* settlement permit

zu|zwin·kern *vi* ■**jdm ~** to wink at sb; *(als Zeichen a.)* to give sb a wink; **mit einem aufmunternden Z~** with a wink of encouragement

Zvie·ri <-s, -> ['tsfi:ri] *m o nt* SCHWEIZ afternoon snack

ZVS <-> [tsɛtfau'ɛs] *f kein pl Abk von* **Zentralstelle für die Vergabe von Studienplätzen** ≈ UCAS BRIT

zwa·cken ['tsvakn̩] *vt (fam)* ■**jdn [irgendwohin] ~** to pinch sb['s something]

zwang [tsvaŋ] *imp von* **zwingen**

Zwang <-[e]s, Zwänge> [tsvaŋ, *pl* tsvɛŋə] *m* ❶ *(Gewalt)* force; *(Druck)* pressure; **gesellschaftliche Zwänge** social constraints; **seinen Gefühlen ~ antun** to suppress one's feelings; **~ ausüben** to put on pressure; **~ auf jdn ausüben** to exert pressure on sb; **~ auf jdn ausüben, damit er/sie etw tut** to pressurize [*or* pressure] sb into doing sth; **etw ohne ~ tun** to do sth voluntarily [*or* without being forced [to]]; **unter ~** under duress [*or* pressure]; **ein Geständnis unter ~ machen** to make a confession under duress
❷ *(Notwendigkeit)* compulsion, necessity; **aus ~** under compulsion, out of necessity; ■**der ~ einer S.** *gen* the pressure of sth; ***es besteht kein ~, etw zu kaufen*** there is no obligation to buy sth
❸ *(Einfluss)* influence
▶WENDUNGEN: **tu dir keinen ~ an** feel free [to do sth]; ***darf man hier rauchen? — klar, tu dir keinen Zwang an!*** is it OK to smoke here? — of course, feel free!

zwän·gen ['tsvɛŋən] *vt* ■**etw in/zwischen etw** *akk* **~** to force sth into/between sth; **Sachen in einen Koffer ~** to cram things into a case; ■**sich** *akk* **durch etw** *akk*/**in etw** *akk* **~** to squeeze through/into sth; **sich** *akk* **in die überfüllte U-Bahn ~** to squeeze [one's way] into the overcrowded tube; **sich** *akk* **durch die Menge ~** to force one's way through the crowd

zwang·haft *adj* compulsive; *(besessen)* obsessive

zwang·los I. *adj* ❶ *(ungezwungen)* casual, free and easy; *(ohne Förmlichkeit)* informal; **ein ~es Beisammensein** a relaxed get-together
❷ *(unregelmäßig)* irregular; ***die Zeitschrift erscheint in ~er Folge*** the journal appears at irregular intervals
II. *adv (ungezwungen)* casually; *(ohne Förmlichkeit)* informally; **sich** *akk* **~ über etw** *akk* **unterhalten** to have an informal talk [*or* a chat] about sth

Zwang·lo·sig·keit <-, -en> *f* informality

Zwangs·ab·ga·be *f* compulsory contribution **Zwangs·ab·schie·bung** *f* deportation **Zwangs·an·lei·he** *f* forced [*or* compulsory] loan **Zwangs·ar·beit** *f kein pl* JUR hard labour [*or* AM -or] **Zwangs·ar·bei·ter(in)** *m(f)* sb sentenced to hard labour [*or* AM -or] **Zwangs·aus·gleich** *m* compulsory settlement **Zwangs·bei·trei·bung, Zwangs·ein·trei·bung** *f* FIN forcible collection **Zwangs·ehe** *f* forced marriage **zwangs·ein·wei·sen** *vt irreg* ■**jdn [in etw** *akk* **] ~** to commit sb [to sth] **Zwangs·ein·wei·sung** *f* compulsory hospitalization **Zwangs·ein·zie·hung** *f* FIN *von Aktien* compulsory redemption **Zwangs·ent·eig·nung** *f* compulsory expropriation *form* **Zwangs·er·kran·kung** *f* PSYCH obsessive[-compulsive] disorder **zwangs·er·näh·ren*** *vt* ■**jdn ~** to force-feed sb **Zwangs·er·näh·rung** *f* force-feeding *no indef art* **Zwangs·ge·dan·ke** *m* PSYCH obsessive thought **Zwangs·geld** *nt* JUR penalty payment, administrative fine **Zwangs·ge·mein·schaft** *f* forced coexistence **Zwangs·haft** *f kein pl* JUR coercive detention **Zwangs·hand·lung** *f* compulsive act **Zwangs·hei·rat** *f* forced marriage **Zwangs·herr·schaft** *f kein pl* tyranny **Zwangs·hy·po·thek** *f* compulsory mortgage, forced registration of mortgage **Zwangs·ja·cke** *f* strai[gh]tjacket; **jdn in eine ~ stecken** to put sb in a strai[gh]tjacket, to strai[gh]tjacket sb **Zwangs·kar·tell** *nt* ÖKON compulsory cartel **Zwangs·kar·tell·ge·setz** *nt* JUR compulsory cartel act **Zwangs·kran·ke(r)** *f(m)* PSYCH person with an obsessive[-compulsive] disorder

Zwangs·la·ge *f* predicament, dilemma; **in eine ~ geraten** to get into a predicament [*or fam* [real] fix]; **in einer ~ sein** [*o* **stecken**] to be in a predicament [*or fam* fix]; *(zwischen zwei Wahlen a.)* to be between the devil and the deep blue sea

zwangs·läu·fig I. *adj* inevitable
II. *adv* inevitably; ***dazu musste es ja ~ kommen*** it had [*or* was bound] to happen, it was inevitable that would happen

Zwangs·läu·fig·keit <-, -en> *meist sing f* inevitability

Zwangs·li·qui·da·ti·on *f* JUR compulsory liquidation [*or* winding-up] **Zwangs·li·zenz** *f (Patentrecht)* compulsory licence [*or* AM -se]; **~ von Amts wegen** licence by right **Zwangs·maß·nah·me** *f* compulsory [*or form* coercive] measure **Zwangs·mit·glied·schaft** *f* compulsory membership **Zwangs·mit·tel** *pl* FIN enforcement measures, means of coercion **Zwangs·pa·ti·ent(in)** *m(f)* PSYCH patient with an obsessive[-compulsive] disorder **Zwangs·pen·si·o·nie·rung** *f* compulsory retirement **Zwangs·räu·mung** *f* eviction **Zwangs·re·gu·lie·rung** *f* FIN compulsory [*or* forced] settlement **zwangs·re·kru·tie·ren*** *vt* MIL ■**jdn ~** to force sb to join up, to press-gang sb **Zwangs·ste·ri·li·sa·ti·on** *f* compulsory sterilization **Zwangs·stö·rung** *f* PSYCH obsessive[-compulsive] disorder **Zwangs·stra·fe** *f* JUR coercive contract **zwangs·um·sie·deln** *vt* ■**jdn ~** to displace [*or* resettle] sb by force **Zwangs·um·sied·lung** *f* forced resettlement **Zwangs·um·tausch** *m* compulsory currency exchange *(imposed on West Germans entering the former GDR)* **Zwangs·ver·ei·ni·gung** *f* forced union **Zwangs·ver·fah·ren** *nt* JUR compulsory proceedings *pl* **Zwangs·ver·gleich** *m* JUR court [*or* compulsory] composition **zwangs|ver·hei·ra·ten*** *vt* ■**jdn ~** to force sb to marry sb **Zwangs·ver·kauf** *m* JUR forced [*or* compulsory] sale **zwangs·ver·kau·fen*** *vt* JUR to sell up sth *sep* **zwangs·ver·ord·net** [tsvaŋsfɛɐ̯ɔrdnət] *adj inv* decreed by law **zwangs·ver·set·zen*** *vt* ■ **jdn ~** to transfer sb compulsorily **Zwangs·ver·set·zung** *f* compulsory transfer [*or* posting] **zwangs·ver·stei·gern*** *vt* ■ **etw ~** to put up sth *sep* for compulsory auction

Zwangs·ver·stei·ge·rung *f* compulsory sale [*or* auction]; *von Beschlagnahmtem* distress sale *spec* **Zwangs·ver·stei·ge·rungs·ge·setz** *nt* JUR Compulsory Auction of Immovable Property Act

Zwangs·ver·trag *m* JUR tying contract **zwangs·ver·wal·tet** *adj* JUR under receivership **Zwangs·ver·wal·tung** *f* JUR receivership, judicial sequestration; **unter ~ gestellt werden** to be put under receivership **Zwangs·ver·wal·tungs·ver·fü·gung** *nt* JUR receiving order **zwangs·voll·stre·cken*** *vt* JUR ■ **etw ~** to foreclose sth

Zwangs·voll·stre·ckung *f* execution [*or form* enforcement] [of a writ], distraint *spec* **Zwangs·voll·stre·ckungs·ver·fah·ren** *nt* JUR *(bei Hypothek)* foreclosure [*or* execution] proceedings *pl*

Zwangs·vor·füh·rung *f* JUR compulsory attendance before a judge **Zwangs·vor·stel·lung** *f* PSYCH obsession, ideé fixe

zwangs·wei·se I. *adj* compulsory; **eine ~ Räumung** an eviction
II. *adv* compulsorily; **ein Haus ~ räumen** to force the tenants to evacuate a house

Zwangs·wirt·schaft *f kein pl* ÖKON [state-]controlled economy

zwan·zig ['tsvantsɪç] *adj* ❶ *(Zahl)* twenty; *s. a.* **achtzig 1**
❷ *(fam: Stundenkilometer)* twenty [kilometres [*or* AM -meters] an hour]; *s. a.* **achtzig 2**

Zwan·zig ['tsvantsɪç] *f* twenty

Zwan·zig·cent·stück, 20-Cent-Stück *nt* twenty-cent piece [*or* coin]

zwan·zi·ger, 20er ['tsvantsɪgɐ] *adj attr, inv* ■ **die ~ Jahre** the twenties; *(geschrieben a.)* the 20['s

Zwan·zi·ger[1] <-s, -> ['tsvantsɪgɐ] *m* ❶ *(fam)* twenty-euro/dollar etc. note
❷ SCHWEIZ twenty-rappen coin
❸ *(Wein aus dem Jahrgang 1920)* a 1920 vintage

Zwan·zi·ger[2] ['tsvantsɪgɐ] *pl* ■ **die ~** the twenties; *(geschrieben a.)* the 20['s; **in den ~n sein** to be in one's twenties; *s. a.* **Achtziger**[3]

Zwan·zi·ger(in) ['tsvantsɪgɐ] *m(f)* person in her/his twenties; **ein ~/eine ~ in sein** to be in one's twenties

Zwan·zi·ger·jah·re *pl* ■ **die ~** the twenties; *(geschrieben a.)* the 20['s **Zwan·zi·ger·pa·ckung** *f* packet [*or* pack] of twenty

Zwan·zig·eu·ro·schein, 20-Eu·ro-Schein *m* twenty-euro note [*or* AM *usu* bill]

zwan·zig·fach *adj* twentyfold, twenty times; *s. a.* **achtfach**

zwan·zig·jäh·rig, 20-jäh·rig[RR] *adj attr* ❶ *(Alter)* twenty-year-old *attr*, twenty years old *pred*, of twenty years *pred form*
❷ *(Zeitspanne)* twenty-year *attr*

Zwan·zig·jäh·ri·ge(r), 20-Jäh·ri·ge(r)[RR] *f(m) dekl wie adj* twenty-year-old

zwan·zig·ste(r, s) ['tsvantsɪçstə, -stɐ, -stəs] *adj attr* ❶ *(nach dem 19. kommend)* twentieth; *s. a.* **achte(r, s) 1**
❷ *(Datum)* twentieth; *s. a.* **achte(r, s) 2**

Zwan·zig·ste(r) ['tsvantsɪçstə, -stɐ] *f(m) dekl wie adj* ❶ *(Person)* twentieth; *s. a.* **Achte(r) 1**
❷ *(bei Datumsangabe)* **der ~/am ~n** [*o geschrieben* **der 20./am 20.**] the twentieth/on the twentieth *spoken*, the 20th/on the 20th *written*

Zwan·zig·uhr·nach·rich·ten *pl* eight o'clock news + *sing vb (in the evening)*

zwar [tsva:ɐ̯] *adv (einschränkend)* ***sie ist ~ 47, sieht aber wie 30 aus*** although she's 47 she looks like 30, it's true she's [*or* she may be] 47, but she looks like 30; ***das mag ~ stimmen, aber ...*** that may be true, but ...; ***es steht mir ~ zu, aber ...*** although it's my right, ..., it is in fact my right, but ...; ■ **und ~** *(erklärend)* namely, to wit *form;* ***Sie haben ein dringendes Anliegen? und ~?*** you have an urgent matter? so what is it?

Zweck <-[e]s, -e> [tsvɛk] *m* ❶ *(Verwendungszweck)* purpose; **einem bestimmten ~ dienen** to serve a particular purpose; ***welchem ~ dient dieses Werkzeug?*** what's this tool [used] for?, what's the purpose of this tool?; **etw seinem ~ entsprechend verwenden** to use sth for the purpose it was intended for; **ein guter ~** a good cause; **einem guten ~ dienen** to be for [*or* in] a good cause; **ein wohltätiger ~/wohltätige ~e** charity; **seinen ~ erfüllen** to serve its/one's purpose, to do the trick *fam*
❷ *(Absicht)* aim, object *kein pl;* **einen ~ verfolgen** to have a specific aim [*or* object]; **üble ~e verfolgen** to be planning evil, to be pursuing evil designs [*or* intentions]; **seinen ~ verfehlen** to fail to achieve its/one's purpose; **einem bestimmten ~ dienen** to serve a particular aim [*or* object]; **zu diesem ~** for this purpose; **zu welchem ~?** for what purpose?, to what end?
❸ *(Sinn)* point; ***der ~ soll sein, dass ...*** the point of it/this [*or* the idea] is that ...; ***das hat doch alles keinen ~!*** there's no point in any of that, it's pointless; *(a. ineffektiv)* it's/that's no use; ■ **es hat keinen ~, etw zu tun** there's no point [in] [*or* it's pointless] doing sth; ***was soll das für einen ~ haben?*** what's the point of that?; ***was ist der ~ der Übung?*** *(iron)* what's the object of the exercise? *iron*
▸ WENDUNGEN: **der ~ heiligt die Mittel** *(prov)* the end justifies the means *prov*

Zweck·bau <-bauten> *m* functional building

zweck·be·dingt *adj* determined by its function **Zweck·bünd·nis** *nt* convenient [*or* expedient] alliance; *(zwischen politischen Parteien a.)* marriage of convenience **zweck·dien·lich** *adj (nützlich)* useful; *(angebracht)* appropriate; ***~e Hinweise nimmt jede Polizeidienststelle entgegen*** *(geh)* contact any police station with relevant information

Zwe·cke <-, -n> ['tsvɛkə] *f* DIAL *(Nagel)* tack, nail; *(Reißzwecke)* drawing pin BRIT, thumbtack AM

zweck·ent·frem·den* *vt* ■ **etw [als etw] ~** to use sth as sth **zweck·ent·frem·det** *adj* misappropriated, misused **Zweck·ent·frem·dung** *f* misuse **zweck·ent·spre·chend** *adj* appropriate **Zweck·er·rei·chung** *f* JUR accomplishment of purpose **zweck·ge·bun·den** *adj* appropriated, for a specific purpose **Zweck·ge·mein·schaft** *f* partnership of convenience

zweck·los *adj* futile, useless, of no use *pred; (sinnlos a.)* pointless; ■ **es ist ~, etw zu tun** it's futile [*or* useless] [*or* no use]/pointless [*or* there's no point in] doing sth

Zweck·lo·sig·keit <-> *f kein pl* futility, uselessness; *(Sinnlosigkeit a.)* pointlessness

zweck·mä·ßig *adj* ❶ *(für den Zweck geeignet)* practical, suitable
❷ *(sinnvoll)* appropriate; *(ratsam)* advisable, expedient; ■ **~ sein, etw zu tun** to be advisable to do sth

Zweck·mä·ßig·keit <-, -en> *f* usefulness, suitability

Zweck·mä·ßig·keits·prü·fung *f* JUR evaluation of expediency

Zweck·op·ti·mis·mus *m* calculated optimism; ***mit dem ihr üblichen ~ behauptet sie immer noch, dass der Termin gehalten werden kann*** with her usual calculated optimism she still maintains that the deadline can be met **Zweck·pes·si·mis·mus** *m* [calculated] pessimism

zwecks [tsvɛks] *präp (geh)* ■ **~ einer S.** *gen* for [the purpose of *form*] sth

Zweck·spa·ren <-s> *nt kein pl* target saving *no pl, no art* **Zweck·ver·band** *m* ADMIN, POL special purpose association, ad hoc group, joint body *(of local authorities for joint mastering of certain tasks)* **Zweck·ver·mö·gen** *nt* JUR special-purpose fund **zweck·wid·rig** *adj* inappropriate

Zweck·zu·wen·dung *f* FIN specific-purpose transfer

zwei [tsvai̯] *adj* two; **für ~ arbeiten/essen** to work/eat for two; *s. a.* **acht**[1]
▸ WENDUNGEN: **~ Gesichter haben** to be two-faced; **~ Seelen, ein Gedanke** *(prov)* great minds think alike

Zwei <-, -en> [tsvai̯] *f* ❶ *(Zahl)* two
❷ *(Verkehrslinie)* ■ **die ~** the [number] two
❸ KARTEN ■ **die ~** the two; *s. a.* **Acht**[1] **4**
❹ *(Schulnote)* ≈ B, good

zwei·ar·mig *adj* ❶ ANAT two-armed, with two arms
❷ TECH with two branches

zwei·bän·dig *adj* two-volume *attr*, in two volumes *pred*

Zwei·bei·ner <-s, -> *m (hum fam)* human being

Zwei·bett·ka·bi·ne *f* NAUT double berth **Zwei·bett·zim·mer** *nt* twin [*or* double] room

Zwei·bruch-Fens·ter·falz *m* TYPO two-directional gatefold

Zwei·cent·stück, 2-Cent-Stück *nt* two-cent piece [*or* coin]

zwei·deu·tig ['tsvai̯dɔytɪç] I. *adj* ambiguous; *(anrüchig)* suggestive
II. *adv* ambiguously; *(anrüchig)* suggestively; **sich** *akk* **~ ausdrücken** to use ambiguous expressions; *(anrüchig)* to use double entendres

Zwei·deu·tig·keit <-, -en> *f* ❶ *(Ambiguität)* ambiguity, equivocalness
❷ *(zweideutige Äußerung)* ambiguity

zwei·di·men·si·o·nal I. *adj* two-dimensional, 2D
II. *adv* in two dimensions [*or* 2D]

Zwei·drit·tel·mehr·heit *f* two-thirds majority; **mit ~** with a two-thirds majority

zwei·ei·ig ['tsvai̯ʔai̯ɪç] *adj Zwillinge* fraternal, non-identical

zwei·ein·halb ['tsvai̯ʔai̯n'halp] *adj* ❶ *(Bruchzahl)* two-and-a-half; **~ Meter** two-and-a-half metres [*or* AM -ers]
❷ *(fam: Geld)* two-and-a-half thou [*or* grand] [*or* AM *a.* G['s] *fam; s. a.* **anderthalb**

Zwei·er <-s, -> ['tsvai̯ɐ] *m (fam)* ❶ *(Zweicentstück)* two-cent coin
❷ SCH *(Note gut)* ≈ B

Zwei·er·be·zie·hung *f* relationship **Zwei·er·bob** *m* two-man bob **Zwei·er·ka·jak** *m* ❶ *(Kanu)* double kayak ❷ *(Disziplin)* kayak pairs *pl* **Zwei·er·ka·nu** *nt* two-man canoe **Zwei·er·kis·te** *f (sl)* relationship

zwei·er·lei ['tsvai̯ɐ'lai̯] *adj attr* two [different]; ***etwas versprechen und das dann halten ist ~*** to make a promise is one thing, to keep it quite another; **mit ~ Maß messen** to apply double standards; *s. a.* **achterlei**

Zwei·er·rei·he *f* row of two abreast, double row; **in ~n antreten** to line up in twos; **in ~n marschieren** to march two abreast

Zwei·eu·ro·stück, 2-Eu·ro-Stück *nt* two-euro piece [*or* coin]

zwei·fach, 2·fach ['tsvai̯fax] I. *adj* ❶ *(doppelt)* **die ~e Dicke** twice [*or* double] the thickness; **die ~e Menge** twice as much, twice [*or* double] the amount
❷ *(zweimal erstellt)* **eine ~e Kopie** a duplicate; **in ~er Ausfertigung** in duplicate
II. *adv* **etw ~ ausfertigen** to issue sth in duplicate; *s. a.* **achtfach**

Zwei·fa·che, 2·fa·che *nt dekl wie adj* ■ **das ~** twice as much; *s. a.* **Achtfache**

Zwei·fa·mi·li·en·haus [tsvai̯fa'mi:li̯ənhau̯s] *nt* two-family house

zwei·far·big ['tsvai̯farbɪç] I. *adj* two-colour [*or* AM -or]; **eine ~e Lackierung** two-tone paint
II. *adv* **etw ~ drucken** to print sth in two colours [*or* AM -ors]; **etw ~ lackieren** to give sth a coat of two-tone paint

Zwei·fel <-s, -> ['tsvai̯fl̩] *m* doubt; *(Bedenken a.)* reservation; ***leiser/banger Zweifel stieg in ihm auf*** he began to have slight/severe misgivings; **jds ~ ausräumen** to dispel sb's doubts; **jds ~ beheben** [*o* **beseitigen**] to dispel sb's doubts; **es bestehen ~ an etw** *dat* there are doubts about sth; ***darüber besteht kein ~*** there can be no doubt about that; ***es besteht kein ~*** [***mehr***] [***daran***], ***dass ...*** there is no [longer any] doubt that ...; **seine ~ haben, ob ...** to have one's doubts [about [*or* as to]] [*or* to be doubtful] whether ...; ***da habe ich meine ~!*** I'm not sure about that!; ~ **hegen** to entertain doubts; **bei jdm regt sich der** ~ sb begins to doubt; **sich** *dat* **[noch] im** ~ **sein** to be [still] in two minds; ***ich bin mir im ~, ob der Mann auf dem Foto der ist, den ich bei dem Überfall gesehen habe*** I'm not quite sure whether the man in the photo is really the one I saw at the hold-up; **jdm kommen** ~ sb begins to doubt [*or* to have his/her doubts]; **jdn im** ~ **lassen** to leave sb in doubt; ***ich habe ihn über meine Absichten nicht im ~ gelassen*** I left him in no doubt as to my intentions; **außer** ~ **stehen** to be beyond [all] doubt; *(stärker)* to be beyond the shadow of a doubt; **außer** ~ **stehen, dass ...** to be beyond [all] doubt that ...; ***für mich steht es außer ~, dass ...*** I have absolutely no doubt that ...; **etw in** ~ **ziehen** to doubt [*or* question] sth; **eine Aussage in** ~ **ziehen** to call a testimony in[to] question, to challenge a testimony; **kein** [*o* **ohne**] ~ without [a] doubt, no doubt about it *fam;* ***es ist ohne ~ dasselbe*** it's undoubtedly [*or* unquestionably] the same, it's the same, and no mistake

zwei·fel·haft *adj* ① *(anzuzweifelnd)* doubtful; **von ~em Wert** of doubtful [*or* questionable] merit; ■ **es ist ~, ob ...** it is doubtful [*or* debatable] whether [*or fam* if] ...
② *(pej: dubios)* dubious, shady *fam*

zwei·fel·los ['tsvaiflo:s] *adv* without [a] doubt, undoubtedly, unquestionably; ***Sie haben ~ recht*** you are undoubtedly [*or* unquestionably] right

zwei·feln ['tsvaifln] *vi* ■ **an jdm/etw** ~ to doubt [*or* have one's doubts about] sb/sth; *(skeptisch sein a.)* to be sceptical [*or* AM skeptical] about sb/sth; ■ **[daran]** ~**, ob ...** to doubt [*or* have doubts [about [*or* as to]]] whether ...; ■ **nicht [daran]** ~**, dass ...** to not [*or* have no] doubt that ...; ***ich habe keine Minute gezweifelt, dass ...*** I did not doubt for a minute that ...

Zwei·fels·fall *m* ■ **im** ~ in case of [*or* when [*or* if] in] doubt **zwei·fels·frei** *adj* without doubt *pred,* unambiguous, unequivocal **zwei·fels·oh·ne** [tsvaifls'ʔo:nə] *adv (geh) s.* **zweifellos**

Zweif·ler(in) <-s, -> *m(f)* sceptic BRIT, skeptic AM, doubter

Zwei·fron·ten·krieg *m* warfare *no indef art* [*or* war] on two fronts; **einen** ~ **führen** to wage war on two fronts

Zweig <-[e]s, -e> [tsvaik] *m* ① *(Ast)* branch; *(dünner, kleiner)* twig; *(mit Blättern/Blüten a.)* sprig
② *(Sparte)* branch
③ *(Fachrichtung)* branch; **der naturwissenschaftliche** ~ the branch of natural sciences
▶ WENDUNGEN: **auf keinen grünen** ~ **kommen** *(fam)* to get nowhere; ***du wirst nie auf einen grünen ~ kommen*** you'll never get anywhere [*or* ahead in life]

Zwei·gang·ge·trie·be *nt* TECH two-speed gearbox *spec*

Zweig·be·trieb *m* branch

Zwei·ge·spann *nt (fam)* duo, twosome

zwei·ge·teilt *adj* divided [in two *pred*]

Zweig·ge·schäft *nt* branch **Zweig·ge·sell·schaft** *f* subsidiary [company]

zwei·glei·sig ['tsvaiglaizɪç] **I.** *adj* ① *(liter)* double tracked, double-track *attr*
② *(fig)* **~e Verhandlungen führen** to transact negotiations along two [different] lines
II. *adv etw ~ verhandeln* to negotiate sth along two [different] lines; ~ **fahren** *(fig fam)* to have two strings to one's bow

Zweig·nie·der·las·sung *f* HANDEL branch [establishment], subsidiary **Zweig·stel·le** *f* branch office **Zweig·werk** *nt* HANDEL branch

zwei·hän·dig ['tsvaihɛndɪç] *adj* two-handed, with two [*or* both] hands

zwei·hun·dert ['tsvai'hʊndɐt] *adj* two hundred; *s. a.* **hundert**

Zwei·hun·dert·eu·ro·schein, 200-Eu·ro-Schein *m* two-hundred-euro note [*or* AM *usu* bill]

zwei·hun·dert·jäh·rig *adj* ① *(Alter)* two-hundred-year-old *attr,* two hundred years old *pred*
② *(Zeitspanne)* two-hundred-year *attr;* **nach ~er Unabhängigkeit** after two hundred years of [*or* years'] independence; **das ~e Bestehen der Universität** the university's two hundred years of existence

zwei·jäh·rig, 2-jäh·rig^RR *adj* ① *(Alter)* two-year-old *attr,* two years old *pred; s. a.* **achtjährig 1**
② *(Zeitspanne)* two-year *attr,* two years *pred; s. a.* **achtjährig 2**
③ BOT biennial

Zwei·jäh·ri·ge(r), 2-Jäh·ri·ge(r)^RR *f(m) dekl wie adj* two-year-old

Zwei·kam·mer·sys·tem [tsvai'kamɐzʏste:m] *nt* JUR bicameralism, bicameral [*or* two-chamber] system **Zwei·kampf** *m* duel; **jdn zum** ~ **herausfordern** to challenge sb to a duel **Zwei·klas·sen·ge·sell·schaft** *f* divided society **zwei·köp·fig** *adj* two- [*or* double-]headed; *s. a.* **achtköpfig**

zwei·mal, 2-mal^RR ['tsvaima:l] *adv* twice, two times; **sich** *dat* **etw nicht** ~ **sagen lassen** to not need telling twice, to jump at sth; **sich** *dat* **etw** ~ **überlegen** to think over sth *sep* carefully; *(zweifelnd)* to think twice about sth; *s. a.* **achtmal**

zwei·ma·lig ['tsvaima:lɪç] *adj* two times over; **nach ~er Aufforderung/Bitte** after being told/asked twice; *s. a.* **achtmalig** **Zwei·mas·ter** <-s, -> ['tsvaimastɐ] *m* NAUT two-master; *(Rahsegler a.)* brig

zwei·mo·na·tig *adj attr, inv* ① *(zwei Monate dauernd)* two-month; **von ~er Dauer sein** to last/take two months; **nach ~em Warten** after two months of [*or* months'] waiting
② *(zwei Monate alt)* two-month-old

zwei·mo·nat·lich *adj attr, inv* bimonthly, every two months *pred* **zwei·mo·to·rig** *adj* twin-engined; ~ **sein** to have [*or* be fitted with] twin engines, to be a twin-engine model **Zwei·par·tei·en·sys·tem** *nt* two-party system **Zwei·pha·sen·pla·nung** *f* ÖKON dual-phase planning **Zwei·plät·zer** <-s, -> *m* SCHWEIZ *(Zweisitzer)* two-seater **zwei·po·lig** *adj* bipolar; *Schalter* double-pole; *Stecker* two-pin **Zwei·rad** *nt (allgemein)* two-wheeled vehicle *form; (Motorfahrrad)* motorcycle, [motor]bike *fam; (Fahrrad)* [bi]cycle, bike *fam; (für Kinder a.)* two-wheeler

Zwei·rei·her <-s, -> *m* double-breasted suit/coat

zwei·rei·hig ['tsvairaiɪç] **I.** *adj* double-row *attr,* in two rows *pred;* **ein ~er Anzug** a double-breasted suit
II. *adv* in two rows

Zwei·sam·keit <-, -en> ['tsvaiza:m-] *f (geh)* togetherness

zwei·schnei·dig ['tsvaiʃnaidɪç] *adj* two- [*or* double-]edged
▶ WENDUNGEN: **ein ~es Schwert** a double-edged sword

zwei·sei·tig *adj* ① *(zwei Seiten umfassend)* two-page *attr,* of two pages *pred;* ~ **bedruckt** printed on both sides; ~ **sein** to be [*or* cover] two pages
② *(von zwei Parteien unterzeichnet)* bilateral, bipartite *spec;* **~e Verrechnungen** FIN reciprocal offsets; **~es Handelsabkommen** HANDEL bilateral trade agreement

zwei·sil·big *adj* of two syllables *pred,* disyllabic *spec;* **ein ~es Wort** a disyllable [word] *spec*

Zwei·sit·zer ['tsvaizɪtsɐ] *m* two-seater; **ein offener** ~ a roadster

zwei·sit·zig *adj* two-seated *attr;* ■ ~ **sein** to have two seats

zwei·spal·tig *adj* double-column[ed] *attr,* in two columns *pred*

Zwei·spän·ner <-s, -> ['tsvaiʃpɛnɐ] *m* carriage and pair

zwei·spra·chig ['tsvaiʃpra:xɪç] **I.** *adj* ① *(in zwei Sprachen gedruckt)* in two languages *pred;* **ein ~es Wörterbuch** a bilingual dictionary
② *(zwei Sprachen anwendend)* bilingual
II. *adv* ~ **erzogen sein** to be brought up speaking two languages [*or form* in a bilingual environment]

Zwei·spra·chig·keit <-> *f kein pl* bilingualism *form*

zwei·spu·rig *adj* two-lane *attr;* ■ ~ **sein** to have two lanes

Zwei·staat·lich·keit *f* dual nationality

zwei·stel·lig *adj* two-digit *attr,* with two digits *pred*

zwei·stim·mig **I.** *adj* two-part *attr,* for two voices *pred*
II. *adv* **etw** ~ **singen** to sing sth in two parts

zwei·stö·ckig **I.** *adj* two-storey [*or* AM *also* -story] *attr*
II. *adv* **etw** ~ **bauen** to build sth with two storeys [*or* AM *also* stories]

zwei·strah·lig *adj* twin-jet *attr,* with twin jets *pred;* ■ ~ **sein** to be a twin-jet model

Zwei·strom·land *nt kein pl* ■ **das** ~ Mesopotamia

zwei·stu·fig *adj* two-stage; *Scheibenwischer* two-speed

zwei·stün·dig, 2-stün·dig^RR ['tsvaiʃtʏndɪç] *adj* two-hour *attr; s. a.* **achtstündig** **zwei·stünd·lich** ['tsvaiʃtʏntlɪç] **I.** *adj* two-hourly *attr,* every two hours *pred* **II.** *adv* every two hours, at two-hour intervals

zweit [tsvait] *adv* **zu** ~ **sein**: ***wir waren nur zu ~*** there were only two of us

zwei·tä·gig, 2-tä·gig^RR *adj* two-day *attr*

Zwei·tak·ter <-s, -> *m* two-stroke engine, two-stroke[r] *fam*

Zwei·takt·mo·tor *m* two-stroke engine

zweit·äl·tes·te(r, s) *adj attr, inv* second oldest [*or* eldest]; ■ **jds Z~[r]** sb's second [child]

zwei·tau·send ['tsvai'tauznt] *adj* ① *(Zahl)* two thousand; *s. a.* **tausend 1**
② *(fam: Geld)* two grand *no pl,* two thou *no pl sl,* two grand [*or* AM *a.* G['[s] *sl*

Zwei·tau·sen·der *m* mountain over 2,000 metres [*or* AM meters]

Zweit·aus·fer·ti·gung <-, -en> *f* ① *kein pl (das Ausfertigen)* duplication
② *(Ausgefertigtes)* duplicate

zweit·bes·te(r, s) ['tsvait'bɛstə, -'bɛstɐ, -'bɛstəs] *adj* second best, second-best *attr;* ■ **Z~[r] sein/werden** to be/come [in] second best

zwei·te(r, s) ['tsvaitə, 'tsvaitɐ, 'tsvaitəs] *adj* ① *(nach dem ersten kommend)* second; **die** ~ **Klasse** [*o fam* **die** ~] ≈ primary two BRIT, second form BRIT, second grade AM; *s. a.* **achte(r, s) 1**
② *(Datum)* second [*or* 2nd]; *s. a.* **achte(r, s) 2**
▶ WENDUNGEN: **der** ~ **Bildungsweg** night school; **die** ~ **Geige spielen** to play second fiddle; **das** ~ **Gesicht haben** to have second sight; **etw aus ~r Hand kaufen** to buy sth second-hand; **etw nur aus ~r Hand wissen** to know sth only by hearsay

Zwei·te(r) ['tsvaitə, 'tsvaitɐ] *f(m) dekl wie adj* ① *(Person)* second; *s. a.* **Achte(r) 1**
② *(bei Datumsangaben)* ■ **der** ~**/am** ~**n** [*o geschrieben* **der 2./am 2.**] the second/on the second *spoken,* the 2nd/on the 2nd *written; s. a.* **Achte(r) 2**
③ *(bei Namen)* **Ludwig der** ~ Ludwig II; *geschrieben* Louis the Second *spoken,* Louis II *written*
▶ WENDUNGEN: **wie kein ~r** as no one else can

Zwei·tei·ler <-s, -> *m* ① MODE two-piece; *(Badeanzug a.)* bikini
② TV, RADIO two-parter

zwei·tei·lig ['tsvaitailɪç] *adj* in two parts [*or* sections]; MODE two-piece; LIT, THEAT two-part *attr,* in two parts

Zwei·tei·lung *f* division; MATH bisection

zwei·tens ['tsvaitṇs] *adv* secondly; *(bei Aufzählung a.)* second

Zweit·fahr·zeug *nt* alternative [*or* second] vehicle; *(Zweitauto)* second car **Zweit·fri·sur** *f (euph)* wig **Zweit·ge·rät** *nt* second radio/television [set]/set

zweit·größ·te(r, s) *adj attr* second-biggest; *Mensch a.* second-tallest; **die** ~ **Stadt** the second-biggest [*or* -largest] town/city; *(einer Nation a.)* the second city **zweit·höchs·te(r, s)** *adj attr* second-highest; *Gebäude a.* second-tallest; *Beamter* second most senior **Zweit·hy·po·thek** *f* second mortgage **zweit·jüngs·te(r, s)** *adj* second youngest **zweit·klas·sig** *adj (pej)* inferior, second-rate *pej;* **ein ~es Restaurant** a second-rate restaurant *pej,* a greasy spoon *pej sl*

zweit·letz·te(r, s) ['tsvaitlɛtstə] *adj* last but one, penultimate **Zweit·li·gist** <-en, -en> ['tsvaitligɪst] *m* SPORT, FBALL *team in the second division of the Bun-*

desliga **zweit·ran·gig** *adj* ❶ *(weniger wichtig)* less important, of less consequence; ***das ist gerade ~*** that's irrelevant right now ❷ *(pej: zweitklassig)* inferior, second-rate *pej* **Zweit·schlüs·sel** *m* duplicate [*or* spare] key **Zweit·schrift** *f (geh)* copy, duplicate copy *form* **Zweit·stim·me** *f* second vote *(for the party and its "Landesliste", the first being for the local candidate)*

Zwei·tü·rer *m* two-door car [*or* model]

zwei·tü·rig *adj* two-door *attr;* ■~ **sein** to have two doors, to be a two-door car [*or* model]

Zweit·ver·trag *m* JUR secondary contract **Zweit·ver·wer·tung** *f kein pl* secondary use **Zweit·wa·gen** *m* second car **Zweit·wim·pern** *pl* false eyelashes *pl*

Zweit·woh·nung *f* second home; **eine ~ auf dem Land** a country retreat **Zweit·woh·nungs·steu·er** *f* FIN tax on holiday homes

Zwei·we·ge·box *f* plastic container box

zwei·wer·tig *adj* divalent *spec,* bivalent *spec;* MATH binary **zwei·wö·chent·lich** I. *adj* biweekly, fortnightly II. *adv* every two weeks, biweekly, fortnightly **zwei·wö·chig** *adj* two-week *attr,* of two weeks *pred;* **von ~er Dauer sein** to last/take two weeks

Zwei·zei·ler *m* ❶ *(Gedicht)* couplet, distich *spec* ❷ *(Text aus zwei Zeilen)* two-line text, two-liner *fam*

zwei·zei·lig *adj* ❶ *(aus zwei Zeilen bestehend)* two-line *attr,* of two lines *pred;* ■~ **sein** to have two lines ❷ TYPO **mit ~em Abstand** double-spaced; **etw mit ~em Abstand setzen** to double-space sth *spec*

Zwei·zim·mer·woh·nung *f apartment with two rooms excluding kitchen and bathroom*

Zwei·zy·lin·der *m* two-cylinder model [*or* motorcycle] [*or fam* [motor]bike] **Zwei·zy·lin·der·mo·tor** *m* two-cylinder engine, twin[-cylinder] engine **zwei·zy·lind·rig** *adj* two-cylinder *attr;* **ein ~er Motor** a two-cylinder [*or* twin[-cylinder]] engine; ■~ **sein** to be powered by [*or* fitted with] a two-cylinder engine; *Motor* to have two cylinders

Zwerch·fell ['tsvɛrçfɛl] *nt* MED diaphragm

zwerch·fell·er·schüt·ternd *adj* side-splitting; *Komik a.* achingly funny

Zwerg(in) <-[e]s, -e> [tsvɛrk, *pl* 'tsvɛrgə] *m(f)* ❶ *(im Märchen)* dwarf; **Schneewittchen und die sieben ~e** Snow White and the Seven Dwarfs ❷ *(zwergwüchsiger Mensch)* dwarf, midget; **gegen jdn ein ~ sein** to be dwarfed by [*or* a dwarf compared to] sb ❸ *(Gartenzwerg)* [garden] gnome ❹ *(pej: minderwertiger Mensch)* [little] squirt ❺ ASTRON **weißer ~** white dwarf

Zwerg·be·trieb *m* dwarf enterprise, small-scale operation **Zwerg·da·ckel** *m* toy dachshund

zwer·gen·haft *adj* dwarfish; *(auffallend klein)* tiny

Zwerg·huhn *nt* bantam

Zwer·gin <-, -nen> ['tsvɛrgɪn] *f fem form von* Zwerg

Zwerg·kie·fer *f* dwarf pine **Zwerg·pu·del** *m* toy poodle **Zwerg·schu·le** *f* village school *(with combined classes)* **Zwerg·staat** *m* miniature state, ministate **Zwerg·volk** *nt* pygmy tribe **Zwerg·wels** <-s, -e> *m* ZOOL, KOCHK catfish, bullhead **Zwerg·wuchs** *m* dwarfism, stunted growth **zwerg·wüch·sig** *adj attr* dwarfish

Zwetsch·ge <-, -n> ['tsvɛtʃgə] *f* damson; *(Zwetschgenbaum)* damson tree ▸WENDUNGEN: **seine sieben ~n [ein]packen** *(fam)* to pack one's things

Zwetsch·gen·baum *m* plum [*or* damson] tree **Zwetsch·gen·ku·chen** *m* plum cake **Zwetsch·gen·mus** *nt* plum jam [*or* purée] **Zwetsch·gen·was·ser** *nt* plum brandy

Zwetsch·ke <-, -n> ['tsvɛtʃkə] *f* ÖSTERR *s.* Zwetschge

Zwi·ckel <-s, -> ['tsvɪkl̩] *m* ❶ MODE gusset; **einen ~ einsetzen** to insert a gusset ❷ ARCHIT spandrel

zwi·cken ['tsvɪkn̩] I. *vi Hosenbund, Kragen* to pinch II. *vt bes* ÖSTERR, SÜDD *(fam)* ■**jdn [in etw** *akk*] ~ to pinch sb['s sth]; **die Katze in den Schwanz ~** to pinch the cat's tail

Zwi·cker <-s, -> ['tsvɪkɐ] *m* ÖSTERR, SÜDD *(Kneifer)* pince-nez

Zwick·müh·le *f* ▸WENDUNGEN: **in der ~ sein** [*o* **sitzen**] *(fam)* to be in a dilemma [*or* a Catch-22 [situation]]

Zwie·back <-[e]s, -e *o* -bäcke> ['tsvi:bak, *pl* -bɛkə] *m* rusk, zwieback *spec*

Zwie·bel <-, -n> ['tsvi:bl̩] *f* ❶ KOCHK onion ❷ HORT *(Blumenzwiebel)* bulb

zwie·bel·för·mig *adj* onion-shaped

Zwie·bel·ge·wächs *nt* bulbiferous plant **Zwie·bel·ku·chen** *m* onion tart **Zwie·bel·kup·pel** *f* imperial roof

zwie·beln ['tsvi:bl̩n] *vt (fam)* ■**jdn ~** to harass sb

Zwie·bel·ring *m* onion ring **Zwie·bel·scha·le** *f* onion skin **Zwie·bel·sup·pe** *f* onion soup **Zwie·bel·turm** *m* onion dome, cupola

zwie·fach ['tsvi:fax] *adj (veraltend geh)* double, twice

Zwie·ge·spräch *nt (geh)* tête-à-tête *form;* **ein vertrauliches ~** a tête-à-tête [*or* private conversation]

Zwie·licht ['tsvi:lɪçt] *nt kein pl* twilight; *(morgens a.)* half-light; *(abends a.)* dusk ▸WENDUNGEN: **ins ~ geraten** to lay oneself open [*or* to expose oneself] to suspicion; ***wegen seiner dubiosen Kontakte ist er jetzt selbst ins ~ geraten*** on account of his dubious contacts he now himself appears in an unfavourable light

zwie·lich·tig *adj (pej)* dubious, shady *fam;* **ein ~er Geschäftemacher** a shady wheeler-dealer

Zwie·spalt ['tsvi:ʃpalt] *m kein pl (geh)* conflict; **ein innerer ~** an inner conflict; **im ~ sein** to be in conflict [*or* at odds] with oneself

zwie·späl·tig ['tsvi:ʃpɛltɪç] *adj (geh)* conflicting, mixed; **ein ~er Charakter** an ambivalent [*or* ambiguous] character; **~e Gefühle** mixed feelings

Zwie·tracht <-> ['tsvi:traxt] *f kein pl (geh)* discord *form;* **~ säen** [*o* **stiften**] to sow [the seeds of] discord

Zwil·le <-, -n> ['tsvɪlə] *f* catapult BRIT, slingshot AM

Zwil·lich <-s, -s> ['tsvɪlɪç] *m* ticking *no pl, no indef art*

Zwil·ling <-s, -e> ['tsvɪlɪŋ] *m* ❶ *(meist pl)* twin; **~e bekommen** to have [*or* give birth to] twins; **eineiige ~e** identical twins; **siamesische ~e** Siamese twins; **siamesische ~e trennen** to separate Siamese twins; **zweieiige ~e** fraternal twins ❷ *(zweiläufiges Gewehr)* double-barrelled [*or* AM *a.* barreled] gun/shotgun ❸ *pl* ASTROL ■**die ~e** Gemini; **im Zeichen der ~e geboren** born under the sign of Gemini; **[ein] ~ sein** to be [a] Gemini

Zwil·lings·be·rei·fung *f* AUTO dual fitment **Zwil·lings·bru·der** *m* twin brother **Zwil·lings·ge·burt** *f* twin birth **Zwil·lings·paar** *nt* twins *pl;* **drei ~e** three pairs [*or* sets] of twins **Zwil·lings·rei·fen** *pl* twin [*or* double] tyres [*or* AM tires], dual fitment [*or* assembly] *spec* **Zwil·lings·schwes·ter** *f* twin sister

Zwing·burg *f* HIST stronghold, fortress

Zwin·ge <-, -n> ['tsvɪŋə] *f* TECH [screw [*or spec* C]] clamp; *(kleiner)* thumbscrew *spec*

zwin·gen <zwang, gezwungen> ['tsvɪŋən] I. *vt* ❶ *(mit Druck veranlassen)* ■**jdn ~** to force [*or* compel] sb; ***du musst noch nicht gehen, es zwingt dich niemand!*** you don't have to go yet, nobody's forcing you!; ***ich lasse mich nicht ~*** I won't give in to force; ■**jdn ~, etw zu tun** to force sb into doing [*or* to do] sth, to make sb do sth, to compel sb to do sth ❷ *(geh: gewaltsam drängen)* ■**jdn irgendwohin ~** to force sb somewhere; ***zwei Wärter zwangen den tobenden Häftling in die Zelle*** two warders forced the raging prisoner into his cell; **jdn zu Boden ~** to wrestle sb to the ground; *s. a.* **Knie** ❸ *(notwendigerweise veranlassen)* ■**jdn ~** to force [*or* compel] sb; ***die Situation zwang uns zu raschem Handeln*** the situation compelled us to act quickly; ■**gezwungen sein, etw zu tun** to be forced into doing [*or* to do] sth, to be compelled [*or* made] to do sth; **sich** *akk* **gezwungen sehen, etw zu tun** to feel [*or* find] [oneself] compelled [*or form* obliged] to do sth II. *vr* ■**sich** *akk* **zu etw** *dat* ~ ■**sich** *akk* **~, etw zu tun** to force oneself to [*or* make oneself] do sth; ***ich war so müde, ich musste mich ~, die Augen aufzuhalten*** I was so tired it was a great effort to keep my eyes open; ***seit 3 Tagen rauche ich jetzt nicht mehr, aber ich muss mich ~*** I haven't smoked for 3 days, but it's an effort III. *vi* ■**zu etw** *dat* ~ to demand [*or form* necessitate] sth; ***die Situation zwingt zum Handeln*** the situation forces us to act

zwin·gend I. *adj* urgent; **~e Gründe** compelling [*or* urgent] reasons; **eine Aussage von ~er Logik** a statement of compelling [*or* inescapable] logic II. *adv* **sich** *akk* **~ ergeben** to follow conclusively; **~ vorgeschrieben** obligatory

Zwin·ger <-s, -> ['tsvɪŋɐ] *m* cage

zwingt *3. pers. sing von* **zwingen**

zwin·kern ['tsvɪŋkɐn] *vi* **[mit den Augen] ~** to blink [one's eyes]; **[mit einem Auge] ~** to wink; **mit dem rechten Auge ~** to wink one's right eye; **freundlich ~** to give [sb] a friendly wink

zwir·beln ['tsvɪrbl̩n] *vt* ■**etw ~** to twirl sth [between [one's] finger and thumb]

Zwirn <-s, -e> [tsvɪrn] *m* [strong] thread [*or* yarn]

Zwirns·fa·den *m* thread

zwi·schen ['tsvɪʃn̩] *präp* ❶ *+dat (in der Mitte: zwei Personen, Dinge)* between; *(mehrere Personen, Dinge)* between, among[st]; ***der Garten liegt ~ Haus und Straße*** the garden is between the house and the street; ***mein Kalender muss irgendwo ~ den Büchern liegen*** my diary must be somewhere between my books ❷ *+akk (in die Mitte: zwei Personen, Dinge)* between; *(mehrere Personen, Dinge)* between, among[st]; ***der Terrorist warf die Handgranate ~ die Bischöfe*** the terrorist threw the grenade among the bishops; ***die Reisetasche passt gerade noch ~ die Koffer*** the travelling bag just fits in between the suitcases ❸ *+dat (zeitlich dazwischenliegend)* between; **~ Weihnachten und Neujahr** between Christmas and New Year ❹ *+dat (wechselseitige Beziehung)* between, among; ***es kam zu einem Streit ~ den 10 Angestellten der Firma*** it came to a quarrel among the firm's 10 employees; **~ dir und mir** between you and me; **~ Wunsch und Wirklichkeit** between desire and reality ❺ *+dat (zahlenmäßig dazwischenliegend)* between; ***sein Gewicht schwankt ~ 70 und 80 kg*** his weight fluctuates between 70 and 80 kilos

Zwi·schen·ab·la·ge *f* INFORM clipboard **Zwi·schen·ab·rech·nung** *f* FIN intermediate account **Zwi·schen·ab·schluss**[RR] *m* FIN interim statement [*or* accounts] *pl* **Zwi·schen·akt** *m* interlude **Zwi·schen·an·trag** *m* interlocutory application **Zwi·schen·auf·ent·halt** *m* stopover; **einen ~ einlegen** to stop over **Zwi·schen·be·mer·kung** *f* interruption; ***wenn Sie mir eine ~ gestatten, ...*** *(geh)* if I may interrupt you there ...; ***machen Sie bitte keine ~en*** please don't interrupt me **Zwi·schen·be·nut·zungs·recht** *nt* JUR intervening rights *pl* **Zwi·schen·be·richt** *m* ÖKON interim report; **schlechte ~e** depressing interim reports **Zwi·schen·be·scheid** *m* provisional notification *no indef art* **zwi·schen·be·trieb·lich** *adj* intercompany *attr;* **~e Vereinbarungen** collaboration deal; ■~ **sein** to be on an intercompany level **Zwi·schen·bi·lanz** *f* FIN interim [*or* struck] balance **Zwi·schen·blu·tung** *f* MED breakthrough [*or spec* intermenstrual] bleeding *kein pl, no indef art* **Zwi·schen·deck** *nt* 'tween decks *pl* **Zwi·schen·de·cke** *f* false [*or spec* intermediate] ceiling **Zwi·schen·ding** *nt s.* **Mittelding**

zwi·schen·drin [tsvɪʃn̩'drɪn] *adv* ❶ *(räumlich)* in between, amongst ❷ *(fam: zeitlich)* in between [times]

zwi·schen·durch [tsvɪʃn̩'dʊrç] *adv* ❶ *zeitlich* in be-

tween times; *(inzwischen)* [in the] meantime; *(nebenbei)* on the side; ***du isst zu viel ~!*** you eat too much between meals!
② *örtlich* in between [them]; ***ein Tannenwald und ~ ein paar Buchen*** a pine forest with a few beech trees thrown in *fam*
Zwi·schen·er·geb·nis *nt* interim result; *Untersuchung a.* interim findings *pl* **Zwi·schen·exa·men** *nt* intermediate exam[ination *form*]
Zwi·schen·fall *m* ① *(unerwartetes Ereignis)* incident
② *(Störfall)* incident, accident; ***die Demonstration verlief ohne Zwischenfälle*** the demonstration went off without incident
③ *pl (Ausschreitungen)* serious incidents; *(schwerwiegend)* clashes
Zwi·schen·fest·stel·lungs·kla·ge *f* JUR petition for an interlocutory declaration **Zwi·schen·film** *m (Repro)* intermediate film **Zwi·schen·fi·nan·zie·rung** *f* FIN bridging finance **Zwi·schen·fi·nan·zie·rungs·ga·ran·tie** *f* FIN interim finance guarantee **Zwi·schen·fracht·füh·rer** *m* HANDEL intermediate carrier **Zwi·schen·fra·ge** *f* question [thrown in] **Zwi·schen·gas** *nt kein pl* AUTO ~ **geben** to double-declutch BRIT, to double-clutch AM
zwi·schen·ge·la·gert *adj* temporarily stored
Zwi·schen·ge·richt *nt* KOCHK entrée **zwi·schen·ge·schlecht·lich** *adj* between the sexes *pred,* intersexual *spec* **Zwi·schen·ge·schoss**RR *nt* mezzanine [floor]
Zwi·schen·git·ter·atom *nt* PHYS interstitial [atom] **Zwi·schen·glied** *nt* ① *(Bindeglied)* [connecting] link ② MATH intermediate term **Zwi·schen·grö·ße** *f* in-between size **Zwi·schen·halt** *m* SCHWEIZ *s.* Zwischenaufenthalt **Zwi·schen·han·del** *m* ÖKON intermediate trade **Zwi·schen·händ·ler(in)** *m(f)* middleman
zwi·schen·hin·ein *adv* SCHWEIZ *(veraltet) s.* zwischendurch
Zwi·schen·hirn *nt* ANAT interbrain, diencephalon *spec* **Zwi·schen·jahr** <-[e]s, -e> *nt* ÖKON SCHWEIZ *(Sabbatjahr)* sabbatical [year] **zwi·schen·kirch·lich** *adj* interconfessional; *(zwischen Freikirchen)* inter-denominational **Zwi·schen·kon·to** *nt* FIN interim account **Zwi·schen·kriegs·zeit** *f* ■**die ~** the interwar years *pl*
zwi·schen|kup·peln *vi* AUTO to double-declutch [*or* AM double-clutch]
Zwi·schen·la·ge *f* BAU intermediate layer **Zwi·schen·la·ger** *nt* temporary store; *(für Produkte)* intermediate store **zwi·schen|la·gern** *vt* ■**etw ~** to store sth [temporarily], to put [*or* place] sth in temporary storage **Zwi·schen·la·ge·rung** *f* temporary storage; TYPO buffer [*or* intermediate] storage
zwi·schen·lan·den *vi sein* LUFT to stop over (**in** +*dat* in), to make a stopover (**in** +*dat* in) **Zwi·schen·lan·dung** *f* LUFT stopover; **eine ~ machen** to make a stopover, to stop over **Zwi·schen·lö·sung** *f* temporary [*or* interim] [*or* provisional] solution **Zwi·schen·mahl·zeit** *f* snack [between meals] **zwi·schen·mensch·lich** *adj* interpersonal; **~e Beziehungen** interpersonal [*or* human] relations; **~e Wärme** [personal] warmth **Zwi·schen·pau·se** *f* [short] break **Zwi·schen·prü·fung** *f* intermediate exam[ination *form*] *(on completion of an obligatory set of studies)* **Zwi·schen·raum** *m* ① *(Lücke)* ■**der/ein ~ zwischen etw** *dat* the/a gap between sth; **einen ~ von anderthalb Zeilen lassen** TYPO to leave a space of one-and-a-half lines
② *(zeitlicher Intervall)* interval; **ein ~ von 3 Jahren** an interval of 3 years, a 3-year interval **Zwi·schen·ring** *m* BAU spacer **Zwi·schen·ruf** *m* interruption; ■**~e** heckling; ***der Redner wurde durch ~e immer wieder unterbrochen*** the speaker was repeatedly interrupted by hecklers **Zwi·schen·ru·fer(in)** <-s, -> *m(f)* heckler **Zwi·schen·run·de** *f* SPORT intermediate round **Zwi·schen·sai·son** *f* low season **zwi·schen|schal·ten** *vt* ■**etw/jdn ~** to interpose sth/sb **Zwi·schen·schein** *m* BÖRSE interim certificate, scrip **Zwi·schen·spei·cher** *m* INFORM intermediate [*or* buffer] storage, clipboard **zwi·schen·spei·chern** *vt* INFORM ■**etw ~** to buffer [*or* plant] sth **Zwi·schen·spiel** *nt* ① MUS *(Interludium)* interlude ② MUS *(instrumentale Überleitung zwischen Strophen)* intermezzo ③ MUS, THEAT *(Entreakt)* interlude ④ LIT *(Episode)* interlude **Zwi·schen·spurt** *m* short spurt; **einen ~ einlegen** to put in spurt **zwi·schen·staat·lich** *adj attr* international; *(bundesstaatlich)* interstate **Zwi·schen·sta·di·um** *nt* intermediate stage; *(bei einer Planung a.)* intermediate phase **Zwi·schen·sta·ti·on** *f* [intermediate] stop; **in einer Stadt ~ machen** to stop off in a town **Zwi·schen·ste·cker** *m* ELEK adapter [plug] **Zwi·schen·stel·lung** *f* intermediate position **Zwi·schen·stopp** *m (auf einer Reise)* stop [along the way]; *(auf einem Flug)* stopover **Zwi·schen·streit** *m* JUR preliminary plea **Zwi·schen·stück** *nt* TECH connection, connecting piece **Zwi·schen·stu·fe** *f* intermediate stage **Zwi·schen·sum·me** *f* subtotal; **eine ~ machen** to give a subtotal
Zwi·schen·ti·tel *m* ① FILM, TV title link
② TYPO chapter heading, sub-title
Zwi·schen·ton *m Farbe* shade; *(fig)* nuance **Zwi·schen·ur·teil** *nt* JUR interlocutory decree [*or* judgment] **Zwi·schen·ver·ein·ba·rung** *f* interim accord **Zwi·schen·ver·fah·ren** *nt* JUR interlocutory proceedings *pl* **Zwi·schen·ver·fü·gung** *f* JUR interim order **Zwi·schen·ver·pfle·gung** <-, -en> *f* SCHWEIZ *(Vesper)* snack **Zwi·schen·ver·trag** *m* JUR provisional agreement **Zwi·schen·wand** *f* dividing wall; *(Stellwand)* partition **Zwi·schen·wirt** *m* BIOL, MED intermediate host **Zwi·schen·zah·lung** *f* FIN interlocutory payment **Zwi·schen·zeit** *f* ■**in der ~** [in the] meantime, meanwhile, in the interim **zwi·schen·zeit·lich** *adv* [in the] meantime, meanwhile **Zwi·schen·zeug·nis** *nt* ① *(vorläufiges Arbeitszeugnis)* interim reference ② *(vorläufiges Schulzeugnis)* end of term report **Zwi·schen·zins** *m* JUR interim interest
Zwist <-es, -e> [tsvɪst] *m (geh)* discord *form; (stärker)* strife *no indef art; (Streit)* dispute
Zwis·tig·keit <-, -en> ['tsvɪstɪç-] *f meist pl (geh)* dispute
zwit·schern ['tsvɪtʃɐn] **I.** *vi* to twitter, to chir[ru]p; **das Z~ der Vögel** the twittering [*or* chir[ru]ping] of birds
II. *vt* ▶WENDUNGEN: **einen ~** *(fam)* to have a drink, to crack a bottle *fam*
Zwit·ter <-s, -> ['tsvɪtɐ] *m* hermaphrodite
zwit·ter·haft *adj* hermaphroditic
zwo [tsvo:] *adj (fam)* two
zwölf [tsvœlf] *adj* twelve; *s. a.* **acht**[1]
▶WENDUNGEN: **es ist schon fünf vor ~!** it's almost too late!; **die Z~ Nächte** the Twelve Days of Christmas
Zwölf·en·der <-s, -> *m* JAGD royal [stag] *spec*
Zwöl·fer·schi·it(in) <-en, -en> *m(f)* REL *(Schiit, der 12 Imame anerkennt)* Twelver Shiite
Zwölf·fin·ger·darm [tsvœlfˈfɪŋɐdarm] *m* duodenum **Zwölf·fin·ger·darm·ge·schwür** *nt* MED duodenal ulcer
zwölf·jäh·rig *adj* ① *(12 Jahre alt)* twelve-year-old *attr*
② *(12 Jahre dauernd)* twelve-year *attr; s. a.* **achtjährig**
Zwölf·kampf *m* SPORT twelve-exercise event
zwölf·ma·lig ['tsvœlfma:lɪç] *adj* twelve times *pred; s. a.* **achtmalig**
Zwölf·mei·len·zo·ne *f* twelve-mile zone
Zwölf·mo·nats·ra·te *f* FIN annual growth rate
Zwölf·silb·ler <-s, -> *m* LIT dodecasyllabic verse [*or* line]
zwölf·tä·gig *adj* ① *(12 Tage alt)* twelve-day-old *attr*
② *(12 Tage dauernd)* twelve-day *attr; s. a.* **achttägig**
zwölf·tau·send *adj* twelve thousand; *s. a.* **achttausend**
zwölf·te(r, s) ['tsvœlftə, 'tsvœlftɐ, 'tsvœlftəs] *adj attr*
① *(nach dem elften kommend)* twelfth; **die ~ Klasse** [*o fam* **die ~**] sixth year [*or* form] BRIT, Upper Sixth BRIT, twelfth grade AM; *s. a.* **achte(r, s) 1**
② *(Datum)* twelfth, 12th; *s. a.* **achte(r, s) 2**
Zwölf·te(r) ['tsvœlftə, 'tsvœlftɐ] *f(m) dekl wie adj*
① *(Person)* twelfth; *s. a.* **Achte(r) 1**
② *(bei Datumsangaben)* **der ~/am ~n** [*o* **der 12./am 12.**] *geschrieben* the twelfth/on the twelfth *spoken,* the 12th/on the 12th *written; s. a.* **Achte(r) 2**
③ *(als Namenszusatz)* **Ludwig der ~** Ludwig XII; *geschrieben* Louis the Twelfth *spoken,* Louis XII *written*
zwölf·tel ['tsvœlftl] *adj* twelfth; *s. a.* **achtel**
Zwölf·tel <-s, -> ['tsvœlftl] *nt* twelfth; *s. a.* **Achtel**
Zwölf·ton·leh·re ['tsvœlfto:n-] *f* MUS twelve-tone system, dodecaphony *spec* **Zwölf·ton·mu·sik** ['tsvœlfto:nmuzi:k] *f* twelve-tone [*or spec* dodecaphonic] music
zwo·te(r, s) ['tsvo:tə, 'tsvo:tɐ, 'tsvo:təs] *adj attr (fam) s.* **zweite(r, s)**
Zy·a·nid <-s, -e> [tsy̆a'ni:t] *nt* CHEM cyanide
Zy·an·ka·li <-s> [tsy̆a:nka:li] *nt kein pl* CHEM potassium cyanide
Zy·kla·mat <-s, -e> ['tsyklama:t] *nt* CHEM *(Süßstoff)* cyclamate
Zy·kla·men <-s, -> [tsy'kla:mən] *nt* BOT, HORT cyclamen
Zy·klen ['tsy:klən] *pl von* **Zyklus**
zy·klisch ['tsy:klɪʃ] *adj* ÖKON cyclic, cyclical; **~e Verlaufsstruktur** cyclic progression
Zy·klon <-s, -e> [tsy'klo:n] *m* cyclone
Zy·klop <-en, -en> [tsy'klo:p] *m* MYTH Cyclops
Zy·klo·tron <-s, -s *o* -trone> ['tsy:klotro:n] *nt* PHYS, NUKL cyclotron
Zy·klus <-, Zyklen> ['tsy:klʊs, *pl* 'tsy:klən] *m*
① *(geh: Kreislauf)* cycle; **der ~ der Jahreszeiten** the cycle of the seasons
② *(Folge)* cycle, series; **ein ~ von Vorträgen** a series of lectures
Zy·klus·zeit *f* INFORM cycling time
Zy·lin·der <-s, -> [tsi'lɪndɐ] *m* ① MATH cylinder
② TECH cylinder, roller
③ AUTO cylinder, pot *spec fam*
④ *(Hut)* top hat, topper *fam*
⑤ INFORM *(Spuren eines Plattenspeichers)* cylinder
Zy·lin·der·block <-blöcke> *m* AUTO engine [*or* cylinder] block, block *fam* **zy·lin·der·för·mig** *adj s.* **zylindrisch**
Zy·lin·der·kopf *m* AUTO cylinder head **Zy·lin·der·kopf·dich·tung** *f* AUTO [cylinder] head gasket **Zy·lin·der·kopf·hau·be** *f* AUTO cylinder valve cover
Zy·lin·der·schlossRR *nt* cylinder lock
zy·lind·risch [tsi'lɪndrɪʃ] *adj* cylindrical
Zy·ni·ker(in) <-s, -> ['tsy:nikɐ] *m(f)* cynic *a. pej*
zy·nisch ['tsy:nɪʃ] **I.** *adj* cynical *a. pej*
II. *adv* cynically *a. pej;* **~ grinsen** to give a cynical grin *a. pej*
Zy·nis·mus <-, -ismen> [tsy'nɪsmʊs, *pl* -'nɪsmən] *m*
① *kein pl (zynische Art)* cynicism *a. pej*
② *(zynische Bemerkung)* cynical remark *a. pej;* ■**Zynismen** cynical remarks *a. pej,* cynicism *a. pej*
Zy·pern ['tsy:pɐn] *nt* Cyprus
Zy·prer(in) <-s, -> ['tsy:prɐ] *m(f)* Cypriot
Zy·pres·se <-, -n> [tsy'prɛsə] *f* cypress
Zy·pri·er(in) <-s, -> ['tsy:priɐ] *m(f) s.* **Zyprer**
Zy·pri·ot(in) <-en, -en> [tsypri'o:t] *m(f)* Cyprian
zy·prisch ['tsy:prɪʃ] *adj* Cypriot
Zys·te <-, -n> ['tsʏstə] *f* cyst
Zy·to·lo·gie <-> [tsytolo'gi:] *f kein pl* BIOL cytology *no pl, no indef art*
Zy·to·plas·ma [tsyto'plasma] *nt* BIOL cytoplasm *spec*
Zy·to·sta·ti·kum <-s, -ka> [tsyto'sta:tikʊm, *pl* -'sta:tika] *nt* MED cytostatic [drug [*or* agent]] *spec*
zy·to·sta·tisch [tsyto'sta:tɪʃ] *adj* MED, BIOL cytostatic
zz(t). = **zurzeit** at the moment
z. Z(t). = **zur Zeit** + *gen* at the time of, in the days of

Übersicht über die wichtigsten unregelmäßigen englischen Verben
List of the most important irregular English verbs

Infinitiv Infinitive	Präteritum Imperfect	Partizip Perfekt Past participle
abide	abode, abided	abode, abided
arise	arose	arisen
awake	awoke	awaked, awoken
be	was *sing*, were *pl*	been
bear	bore	borne
beat	beat	beaten
become	became	become
beget	begot, *obs* begat	begotten
begin	began	begun
behold	beheld	beheld
bend	bent	bent
beseech	besought	besought
beset	beset	beset
bet	bet, betted	bet, betted
bid	bade, bid	bid, bidden
bind	bound	bound
bite	bit	bitten
bleed	bled	bled
blow	blew	blown
break	broke	broken
breed	bred	bred
bring	brought	brought
build	built	built
burn	burned, burnt	burned, burnt
burst	burst	burst
buy	bought	bought
can	could	–
cast	cast	cast
catch	caught	caught
chide	chided, chid	chided, chidden, chid
choose	chose	chosen
cleave[1] ***(cut)***	clove, cleaved	cloven, cleaved, cleft
cleave[2] ***(adhere)***	cleaved, clave	cleaved
cling	clung	clung
come	came	come
cost	cost, costed	cost, costed
creep	crept	crept
cut	cut	cut
deal	dealt	dealt
dig	dug	dug
do	did	done
draw	drew	drawn
dream	dreamed, dreamt	dreamed, dreamt
drink	drank	drunk
drive	drove	driven
dwell	dwelt	dwelt
eat	ate	eaten
fall	fell	fallen
feed	fed	fed
feel	felt	felt
fight	fought	fought
find	found	found
flee	fled	fled
fling	flung	flung
fly	flew	flown
forbid	forbad(e)	forbidden

Infinitiv Infinitive	Präteritum Imperfect	Partizip Perfekt Past participle
forget	forgot	forgotten
forsake	forsook	forsaken
freeze	froze	frozen
get	got	got, *Am* gotten
gild	gilded, gilt	gilded, gilt
gird	girded, girt	girded, girt
give	gave	given
go	went	gone
grind	ground	ground
grow	grew	grown
hang	hung, LAW hanged	hung, LAW hanged
have	had	had
hear	heard	heard
heave	heaved, hove	heaved, hove
hew	hewed	hewed, hewn
hide	hid	hidden
hit	hit	hit
hold	held	held
hurt	hurt	hurt
keep	kept	kept
kneel	knelt	knelt
know	knew	known
lade	laded	laden, laded
lay	laid	laid
lead	led	led
lean	leaned, leant	leaned, leant
leap	leaped, leapt	leaped, leapt
learn	learned, learnt	learned, learnt
leave	left	left
lend	lent	lent
let	let	let
lie	lay	lain
light	lit, lighted	lit, lighted
lose	lost	lost
make	made	made
may	might	-
mean	meant	meant
meet	met	met
mistake	mistook	mistaken
mow	mowed	mown, mowed
pay	paid	paid
put	put	put
quit	quit, quitted	quit, quitted
read	read	read
rend	rent	rent
rid	rid	rid
ride	rode	ridden
ring	rang	rung
rise	rose	risen
run	ran	run
saw	sawed	sawed, sawn
say	said	said
see	saw	seen
seek	sought	sought
sell	sold	sold
send	sent	sent
set	set	set

Infinitiv Infinitive	Präteritum Imperfect	Partizip Perfekt Past participle
sew	sewed	sewed, sewn
shake	shook	shaken
shave	shaved	shaved, shaven
shear	sheared	sheared, shorn
shed	shed	shed
shine	shone	shone
shit	shit, *hum* shat	shit, *hum* shat
shoe	shod	shod
shoot	shot	shot
show	showed	shown, showed
shrink	shrank	shrunk
shut	shut	shut
sing	sang	sung
sink	sank	sunk
sit	sat	sat
slay	slew	slain
sleep	slept	slept
slide	slid	slid
sling	slung	slung
slink	slunk	slunk
slit	slit	slit
smell	smelled, smelt	smelled, smelt
smite	smote	smitten
sow	sowed	sowed, sown
speak	spoke	spoken
speed	speeded, sped	speeded, sped
spell	spelled, spelt	spelled, spelt
spend	spent	spent
spill	spilled, spilt	spilled, spilt
spin	spun, *old* span	spun
spit	spat	spat
split	split	split
spoil	spoiled, spoilt	spoiled, spoilt
spread	spread	spread

Infinitiv Infinitive	Präteritum Imperfect	Partizip Perfekt Past participle
spring	sprang	sprung
stand	stood	stood
stave	stove, staved	stove, staved
steal	stole	stolen
stick	stuck	stuck
sting	stung	stung
stink	stank	stunk
strew	strewed	strewed, strewn
stride	strode	stridden
strike	struck	struck
string	strung	strung
strive	strove	striven
swear	swore	sworn
sweep	swept	swept
swell	swelled	swollen
swim	swam	swum
swing	swung	swung
take	took	taken
teach	taught	taught
tear	tore	torn
tell	told	told
think	thought	thought
thrive	throve, thrived	thriven, thrived
throw	threw	thrown
thrust	thrust	thrust
tread	trod	trodden
wake	woke, waked	woken, waked
wear	wore	worn
weave	wove	woven
weep	wept	wept
win	won	won
wind	wound	wound
wring	wrung	wrung
write	wrote	written

Die unregelmäßigen Verben
List of the irregular German verbs

Die einfachen Zeiten unregelmäßiger Verben sind in den Spitzklammern (< >) nach dem Stichwort angegeben. Zusammengesetzte oder präfigierte Verben, deren Formen denen des Grundverbs entsprechen, sind auf der Deutsch-Englischen Seite mit *irreg* markiert. Außerdem gibt das Wörterbuch die unregelmäßigen Formen zusammengesetzter Verben an, die sich anders verhalten als ihre Grundverben. Die Verben, die mit *sein* oder alternativ mit *sein* oder *haben* konjugiert werden, sind entsprechend im Wörterbucheintrag gekennzeichnet. Wenn das Hilfsverb nicht eigens angegeben ist, wird die Perfektform mit *haben* gebildet.

The simple tenses of irregular verbs are given in angle brackets (< >) after the headword in the main part of the dictionary. Compound or prefixed verbs, whose conjugated forms correspond to those of the base verb are marked *irreg* on the German-English side – conjugated forms are provided, however, where these differ from the base verb. Verbs that take *sein* or alternatively *sein* or *haben* in the past tenses are marked accordingly in the dictionary entry. If the auxiliary verb is not specifically given then it may be assumed that the past tenses are formed with *haben*.

Infinitiv **Infinitive**	**2./3. Pers. Sing. Präsens** **2nd/3rd pers. sing. present**	**3. Pers. Sing. Präteritum** **3rd pers. sing. simple past**	**Konjunktiv II** **Conjunctive II**	**Imperativ Sing./Pl.** **Imperative sing./pl.**	**Partizip Perfekt** **Past participle**
backen	backst *o* bäckst/ backt *o* bäckt	backte *o veraltet* buk	backte *o veraltet* büke	back[e]/backt	gebacken
bedürfen	*1. Pers.* bedarf bedarfst/bedarf	bedurfte	bedürfte	bedarf/bedürft	bedurft
befehlen	befiehlst/befiehlt	befahl	beföhle *o* befähle	befiehl/befehlt	befohlen
beginnen	beginnst/beginnt	begann	begänne *o selten* begönne	beginn[e]/beginnt	begonnen
beißen	beißt/beißt	biss	bisse	beiß[e]/beißt	gebissen
bergen	birgst/birgt	barg	bärge	birgt/bergt	geborgen
bersten	birst/birst	barst	bärste	birst/berstet	geborsten
bewegen *=veranlassen*	bewegst/bewegt	bewog	bewöge	beweg[e]/bewegt	bewogen
biegen	biegst/biegt	bog	böge	bieg[e]/biegt	gebogen
bieten	bietest/bietet	bot	böte	biet[e]/bietet	geboten
binden	bindest/bindet	band	bände	bind[e]/bindet	gebunden
bitten	bittest/bittet	bat	bäte	bitt[e]/bittet	gebeten
blasen	bläst/bläst	blies	bliese	blas[e]/blast	geblasen
bleiben	bleibst/bleibt	blieb	bliebe	bleib[e]/bleibt	geblieben
bleichen	bleichst/bleicht	bleichte *o veraltet* blich	bliche	bleich[e]/bleicht	gebleicht *o veraltet* geblichen
braten	brätst/brät	briet	briete	brat[e]/bratet	gebraten
brechen	brichst/bricht	brach	bräche	brich/brecht	gebrochen
brennen	brennst/brennt	brannte	brennte	brenn[e]/brennt	gebrannt
bringen	bringst/bringt	brachte	brächte	bring[e]/bringt	gebracht
denken	denkst/denkt	dachte	dächte	denk[e]/denkt	gedacht
dingen	dingst/dingt	dang *o* dingte	dingte	ding[e]/dingt	gedungen
dreschen	drischst/drischt	drosch	drösche	drisch/drescht	gedroschen
dringen	dringst/dringt	drang	dränge	dring[e]/dringt	gedrungen
dünken	dünkst/dünkt	dünkte *o veraltet* deuchte	dünkte *o veraltet* deuchte		gedünkt *o veraltet* gedeucht
empfangen	empfängst/empfängt	empfing	empfinge	empfang[e]/empfangt	empfangen
empfehlen	empfiehlst/empfiehlt	empfahl	empföhle	empfiehl/empfehlt	empfohlen
empfinden	empfindest/empfindet	empfand	empfände	empfind[e]/empfindet	empfunden
erküren	erkürst/erkürt	erkor	erköre	erküre/erkürt	erkoren
erlöschen	erlischst/erlischt	erlosch	erlösche	erlisch/erlöscht	erloschen
erschallen	erschallst/erschallt	erscholl *o* erschallte	erschölle *o* erschallte	erschalle/erschallt	erschollen
erschrecken *vi*	erschrickst/erschrickt	erschreckte *o* erschrak	erschreckte *o* erschräke	erschrickt/erschreckt	erschreckt *o* erschrocken
vr	erschrickst/erschrickt	erschreckte	erschreckte	erschreckt	erschreckt *o* erschrocken
essen	isst/isst	aß	äße	iss/esst	gegessen
fahren	fährst/fährt	fuhr	führe	fahr[e]/fahrt	gefahren
fallen	fällst/fällt	fiel	fiele	fall[e]/fallt	gefallen
fangen	fängst/fängt	fing	finge	fang[e]/fangt	gefangen
fechten	fichst/ficht	focht	föchte	ficht/fechtet	gefochten
finden	findest/findet	fand	fände	find[e]/findet	gefunden
flechten	flichst/flicht	flocht	flöchte	flicht/flechtet	geflochten
fliegen	fliegst/fliegt	flog	flöge	flieg[e]/fliegt	geflogen
fliehe	fliehst/flieht	floh	flöhe	flieh[e]/flieht	geflohen
fließen	fließt/fließt	floss	flösse	fließ[e]/fließt	geflossen
fressen	frisst/frisst	fraß	fräße	friss/fresst	gefressen
frieren	frierst/friert	fror	fröre	frie[e]/friert	gefroren
gären	gärst/gärt	gärte *o* gor	gärte *o* gor	gär[e]/gärt	gegärt *o* gegoren

Infinitiv **Infinitive**	2./3. Pers. Sing. Präsens **2nd/3rd pers. sing. present**	3. Pers. Sing. Präteritum **3rd pers. sing. simple past**	Konjunktiv II **Conjunctive II**	Imperativ Sing./Pl. **Imperative sing./pl.**	Partizip Perfekt **Past participle**
gebären	gebärst/gebärt	gebar	gebäre	gebier/gebärt	geboren
geben	gibst/gibt	gab	gäbe	gib/gebt	gegeben
gedeihen	gedeihst/gedeiht	gedieh	gediehe	gedeih[e]/gedeiht	gediehen
gefallen	gefällst/gefällt	gefiel	gefiele	gefall[e]/gefallen	gefallen
gehen	gehst/geht	ging	ginge	geh[e]/geht	gegangen
gelingen	gelingst/gelingt	gelang	gelänge	geling[e]/gelingt	gelungen
gelten	giltst/gilt	galt	gälte *o* gölte	gilt/geltet	gegolten
genesen	genest/genest	genas	genäse	genese/genest	genesen
genießen	genießt/genießt	genoss	genösse	genieß[e]/genießt	genossen
geraten	gerätst/gerät	geriet	geriete	gerat[e]/geratet	geraten
gerinnen	gerinnst/gerinnt	gerann	geränne	gerinn[e]/gerinnt	geronnen
geschehen	geschiehst/geschieht	geschah	geschähe	geschieh/gescheht	geschehen
gestehen	gestehst/gesteht	gestand	gestände *o* gestünde	gesteh[e]/gesteht	gestanden
gewinnen	gewinnst/gewinnt	gewann	gewönne *o* gewänne	gewinn[e]/gewinnt	gewonnen
gießen	gießt/gießt	goss	gösse	gieß[e]/gießt	gegossen
gleichen	gleichst/gleicht	glich	gliche	gleich[e]/gleicht	geglichen
gleiten	gleitest/gleitet	glitt	glitte	gleit[e]/gleitet	geglitten
glimmen	glimmst/glimmt	glimmte *o selten* glomm	glimmte *o selten* glomm	glimm[e]/glimmt	geglimmt *o selten* geglommen
graben	gräbst/gräbt	grub	grübe	grab[e]/grabt	gegraben
greifen	greifst/greift	griff	griffe	greif[e]/greift	gegriffen
halten	hältst/hält	hielt	hielte	halt[e]/haltet	gehalten
hängen *vi*	hängst/hängt	hing	hinge	häng[e]/hängt	gehangen
vt	hängst/hängt	hängte *o dial* hing	hängte	häng[e]/hängt	gehängt *o dial* gehangen
vr	hängst/hängt	hängte *o dial* hing	hängte	häng[e]/hängt	gehängt *o dial* gehangen
hauen	haust/haut	haute *o* hieb	haute *o* hieb	hau[e]/haut	gehauen *o dial* gehaut
heben	hebst/hebt	hob	höbe	heb[e]/hebt	gehoben
heißen	heißt/heißt	hieß	hieße	heiß[e]/heißt	geheißen
helfen	hilfst/hilft	half	hülfe	hilf/helft	geholfen
kennen	kennst/kennt	kannte	kennte	kenn[e]/kennt	gekannt
klimmen	klimmst/klimmt	klimmte *o* klomm	klimmte *o* klomm	klimm[e]/klimmt	geklommen *o* geklimmt
klingen	klingst/klingt	klang	klänge	kling[e]/klingt	geklungen
kneifen	kneifst/kneift	kniff	kniffe	kneif[e]/kneift	gekniffen
kommen	kommst/kommt	kam	käme	komm[e]/kommt	gekommen
kriechen	kriechst/kriecht	kroch	kröche	kriech[e]/kriecht	gekrochen
küren	kürst/kürt	kürte *o selten* kor	kürte *o selten* köre	kür[e]/kürt	gekürt
laden	lädst/lädt	lud	lüde	lad[e]/ladet	geladen
lassen	lässt/lässt	ließ	ließe	lass/lasst	gelassen *nach Infinitiv* lassen
laufen	läufst/läuft	lief	lief	lauf[e]/lauft	gelaufen
leiden	leidest/leidet	litt	litte	leid[e]/leidet	gelitten
leihen	leihst/leiht	lieh	liehe	leih[e]/leiht	geliehen
lesen	liest/liest	las	läse	lies/lest	gelesen
liegen	liegst/liegt	lag	läge	lieg[e]/liegt	gelegen
lügen	lügst/lügt	log	löge	lüg[e]/lügt	gelogen
meiden	meidest/meidet	mied	miede	meid[e]/meidet	gemieden
melken	melkst/melkt	melkte *o veraltend* molk	melkte *o* mölke	melk[e]/melkt	gemolken
messen	misst/misst	maß	mäße	miss/messt	gemessen
misslingen	misslingst/misslingt	misslang	misslänge	missling[e]/misslingt	misslungen
nehmen	nimmst/nimmt	nahm	nähme	nimm/nehmt	genommen
nennen	nennst/nennt	nannte	nennte	nenn[e]/nennt	genannt
pfeifen	pfeifst/pfeift	pfiff	pfiffe	pfeif[e]/pfeift	gepfiffen
preisen	preist/preist	pries	priese	preis[e]/preist	gepriesen
quellen	quillst/quillt	quoll	quölle	quill/quillt	gequollen
raten	rätst/rät	riet	riete	rat[e]/ratet	geraten
reiben	reibst/reibt	rieb	riebe	reib[e]/reibt	gerieben
reißen	reißt/reißt	riss	risse	reiß[e]/reißt	gerissen
reiten	reitest/reitet	ritt	ritte	reit[e]/reitet	geritten
rennen	rennst/rennt	rannte	rennte	renn[e]/rennt	gerannt
riechen	riechst/riecht	roch	röche	riech[e]/riecht	gerochen
ringen	ringst/ringt	rang	ränge	ring[e]/ringt	gerungen

Infinitiv Infinitive		2./3. Pers. Sing. Präsens 2nd/3rd pers. sing. present	3. Pers. Sing. Präteritum 3rd pers. sing. simple past	Konjunktiv II Conjunctive II	Imperativ Sing./Pl. Imperative sing./pl.	Partizip Perfekt Past participle
rinnen		rinnst/rinnt	rann	ränne	rinn[e]/rinnt	geronnen
rufen		rufst/ruft	rief	riefe	ruf[e]/ruft	gerufen
salzen		salzst/salzt	salzte	salzte	salz[e]/salze	gesalzen *o selten* gesalzt
saufen		säufst/säuft	soff	söffe	sauf[e]/sauft	gesoffen
saugen		saugst/saugt	sog *o* saugte	söge *o* saugte	saug[e]/saugt	gesogen *o* gesaugt
schaffen *= erschaffen*		schaffst/schafft	schuf	schüfe	schaff[e]/schafft	geschaffen
schallen		schallst/schallt	schallte *o* scholl	schallte *o* schölle	schall[e]/schallt	geschallt
scheiden		scheidest/scheidet	schied	schiede	scheide/scheidet	geschieden
scheinen		scheinst/scheint	schien	schiene	schein[e]/scheint	geschienen
scheißen		scheißt/scheißt	schiss	schisse	scheiß[e]/scheißt	geschissen
schelten		schiltst/schilt	schalt	schölte	schilt/scheltet	gescholten
scheren *=stutzen*		scherst/schert	schor	schöre	scher[e]/schert	geschoren
schieben		schiebst/schiebt	schob	schöbe	schieb[e]/schiebt	geschoben
schießen		schießt/schießt	schoss	schösse	schieß[e]/schießt	geschossen
schinden		schindest/schindet	schindete	schünde	schind[e]/schindet	geschunden
schlafen		schläfst/schläft	schlief	schliefe	schlaf[e]/schlaft	geschlafen
schlagen		schlägst/schlägt	schlug	schlüge	schlag[e]/schlagt	geschlagen
schleichen		schleichst/schleicht	schlich	schliche	schleich[e]/schleicht	geschlichen
schleifen *= schärfen*		schleifst/schleift	schliff	schliffe	schleif[e]/schleift	geschliffen
schließen		schließt/schließt	schloss	schlösse	schließ[e]/schließt	geschlossen
schlingen		schlingst/schlingt	schlang	schlänge	schling[e]/schlingt	geschlungen
schmeißen		schmeißt/schmeißt	schmiss	schmisse	schmeiß[e]/schmeißt	geschmissen
schmelzen		schmilzt/schmilzt	schmolz	schmölze	schmilz/schmelzt	geschmolzen
schnauben		schnaubst/schnaubt	schnaubte *o veraltet* schnob	schnöbe	schnaub[e]/schnaubt	geschnaubt *o veraltet* geschnoben
schneiden		schneidest/schneidet	schnitt	schnitte	schneid[e]/schneidet	geschnitten
schrecken	*vt* *vi*	schreckst/schreckt schreckst/schreckt	schreckte schrak	schreckte schräke	schreck[e]/schreckt schrick/schreckt	geschreckt geschroken
schreiben		schreibst/schreibt	schrieb	schriebe	schreib[e]/schreibt	geschrieben
schreien		schreist/schreit	schrie	schriee	schrei[e]/schreit	geschrie[e]n
schreiten		schreitest/schreitet	schritt	schritte	schreit[e]/schreitet	geschritten
schweigen		schweigst/schweigt	schwieg	schwiege	schweig[e]/schweigt	geschwiegen
schwellen		schwillst/schwillt	schwoll	schwölle	schwill/schwellt	geschwollen
schwimmen		schwimmst/schwimmt	schwamm	schwämme	schwimm[e]/schwimmt	geschwommen
schwinden		schwindest/schwindet	schwand	schwände	schwind[e]/schwindet	geschwunden
schwingen		schwingst/schwingt	schwang	schwänge	schwing[e]/schwingt	geschwungen
schwören		schwörst/schwört	schwor	schwöre	schwör[e]/schwört	geschworen
sehen		siehst/sieht	sah	sähe	sieh[e]/seht	gesehen
senden *=schicken*		sendest/sendet	sandte *o* sendete	sendete	sende/sendet	gesandt *o* gesendet
sieden		siedest/siedet	siedete *o* sott	siedete *o* sötte	sied[e]/siedet	gesiedet *o* gesotten
singen		singst/singt	sang	sänge	sing[e]/singt	gesungen
sinken		sinkst/sinkt	sank	sänke	sink[e]/sinkt	gesunken
sinnen		sinnst/sinnt	sann	sänne	sinn[e]/sinnt	gesonnen
sitzen		sitzt/sitzt	saß	säße	sitz[e]/sitzt	gesessen
spalten		spaltest/spaltet	spaltete	spaltete	spalt[e]/spaltet	gespalten *o* gespaltet
speien		speist/speit	spie	spiee	spei[e]/speit	gespie[e]n
spinnen		spinnst/spinnt	spann	spönne *o* spänne	spinn[e]/spinnt	gesponnen
sprechen		sprichst/spricht	sprach	spräche	sprich/sprecht	gesprochen
sprießen		sprießt/sprießt	spross *o* sprießte	sprösse	sprieß[e]/sprießt	gesprossen
springen		springst/springt	sprang	spränge	spring[e]/springt	gesprungen
stechen		stichst/sticht	stach	stäche	stich/stecht	gestochen
stecken	*vi*	steckst/steckt	steckte *o geh* stak	steckte	steck[e]/steckt	gesteckt
stehen		stehst/steht	stand	stünde *o* stände	steh/steht	gestanden
stehlen		stiehlst/stiehlt	stahl	stähle	stiehl/stehlt	gestohlen
steigen		steigst/steigt	stieg	stiege	steig[e]/steigt	gestiegen
sterben		stirbst/stirbt	starb	stürbe	stirb/sterbt	gestorben
stieben		stiebst/stiebt	stob *o* stiebte	stöbe *o* stiebte	stieb[e]/stiebt	gestoben *o* gestiebt
stinken		stinkst/stinkt	stank	stänke	stink[e]/stinkt	gestunken

Infinitiv Infinitive	2./3. Pers. Sing. Präsens $2^{nd}/3^{rd}$ pers. sing. present	3. Pers. Sing. Präteritum 3rd pers. sing. simple past	Konjunktiv II Conjunctive II	Imperativ Sing./Pl. Imperative sing./pl.	Partizip Perfekt Past participle
stoßen	stößt/stößt	stieß	stieße	stoß[e]/stoßt	gestoßen
streichen	streichst/streicht	strich	striche	streich[e]/streicht	gestrichen
streiten	streitest/streitet	stritt	stritte	streit[e]/streitet	gestritten
tragen	trägst/trägt	trug	trüge	trag[e]/tragt	getragen
treffen	triffst/trifft	traf	träfe	triff/trefft	getroffen
treiben	treibst/treibt	trieb	triebe	treib[e]/treibt	getrieben
treten	trittst/tritt	trat	träte	tritt/tretet	getreten
triefen	triefst/trieft	triefte *o geh* troff	tröffe	trief[e]/trieft	getrieft *o geh* getroffen
trinken	trinkst/trinkt	trank	tränke	trink/trinkt	getrunken
trügen	trügst/trügt	trog	tröge	trüg[e]/trügt	getrogen
tun	*1. Pers.* tu[e] tust/tut	tat	täte	tu[e]/tut	getan
überessen	überisst/überisst	überaß	überäße	überiss/überesst	übergessen
verbieten	verbietest/verbietet	verbot	verböte	verbiet[e]/verbietet	verboten
verbrechen	verbrichst/verbricht	verbrach	verbräche	verbrich/verbrecht	verbrochen
verderben	verdirbst/verdirbt	verdarb	verdürbe	verdirb/verderbt	verdorben
verdingen	verdingst/verdingt	verdingte	verdingte	verding[e]/verdingt	verdungen *o* verdingt
verdrießen	verdrießt/verdrießt	verdross	verdrösse	verdrieß[e]/verdrießt	verdrossen
vergessen	vergisst/vergisst	vergaß	vergäße	vergiss/vergesst	vergessen
verhauen	verhaust/verhaut	verhaute	verhaute	verhau[e]/verhaut	verhauen
verlieren	verlierst/verliert	verlor	verlöre	verlier[e]/verliert	verloren
verlöschen	verlischst/verlischt	verlosch	verlösche	verlisch/verlöscht	verloschen
verraten	verrätst/verrät	verriet	verriete	verrat[e]/verratet	verraten
verschleißen	verschleißt/verschleißt	verschliss	verschlisse	verschleiß[e]/ verschleißt	verschlissen
verstehen	verstehst/versteht	verstand	verstünde *o* verstände	versteh[e]/versteht	verstanden
verwenden	verwendest/ verwendet	verwendete *o* verwandte	verwendete	verwend[e]/ verwendet	verwendet *o* verwandt
verzeihen	verzeihst/verzeiht	verzieh	verziehe	verzeih[e]/verzeiht	verziehen
wachsen	wächst/wächst	wuchs	wüchse	wachs[e]/wachst	gewachsen
wägen	wägst/wägt	wog *o* wägte	wögte *o* wägte	wäg[e]/wägt	gewogen
waschen	wäschst/wäscht	wusch	wüsche	wasch[e]/wascht	gewaschen
weben	webst/webt	webte *o geh* wob	webte *o geh* wöbe	web[e]/webt	gewebt *o geh* gewoben
weichen	weichst/weicht	wich	wiche	weich[e]/weicht	gewichen
weisen	weist/weist	wies	wiese	weis[e]/weist	gewiesen
wenden	wendest/wendet	wendete *o geh* gewandt	wendete	wend[e]/wendet	gewendet *o geh* gewandt
werben	wirbst/wirbt	warb	würbe	wirb/werbt	geworben
werfen	wirfst/wirft	warf	würfe	wirf/werft	geworfen
wiegen *= auf Waage*	wiegst/wiegt	wog	wöge	wieg[e]/wiegt	gewogen
winden *= schlingen*	windest/windet	wand	wände	wind[e]/windet	gewunden
winken	winkst/winkt	winkte	winkte	wink[e]/winkt	gewinkt *o dial* gewunken
wissen	*1. Pers.* weiß weißt/weiß	wusste	wüsste	wisse *liter*/wisset *liter*	gewusst
wringen	wringst/wringt	wrang	wränge	wring[e]/wringt	gewrungen
ziehen	ziehst/zieht	zog	zöge	zieh[e]/zieht	gezogen
zwingen	zwingst/zwingt	zwang	zwänge	zwing[e]/zwingt	gezwungen

Die Hilfsverben *sein, haben* und *werden*
The auxiliary verbs *sein, haben* and *werden*

sein

Präsens **Present**	**Präteritum** **Simple past**	**Perfekt** **Perfect**	**Plusquamperfekt** **Pluperfect**
bin	war	bin gewesen	war gewesen
bist	warst	bist gewesen	warst gewesen
ist	war	ist gewesen	war gewesen
sind	waren	sind gewesen	waren gewesen
seid	wart	seid gewesen	wart gewesen
sind	waren	sind gewesen	waren gewesen

Futur **Future**	**Konjunktiv I** **Conjunctive I**	**Konjunktiv II** **Conjunctive II**	**Imperativ** **Imperative**
werde sein	sei	wäre	
wirst sein	seist	wär[e]st	sei
wird sein	sei	wäre	seien wir
werden sein	seien	wären	seid
werdet sein	seiet	wär[e]t	seien Sie
werden sein	seien	wären	

haben

Präsens **Present**	**Präteritum** **Simple past**	**Perfekt** **Perfect**	**Plusquamperfekt** **Pluperfect**
habe	hatte	habe gehabt	hatte gehabt
hast	hattest	hast gehabt	hattest gehabt
hat	hatte	hat gehabt	hatte gehabt
haben	hatten	haben gehabt	hatten gehabt
habt	hattet	habt gehabt	hattet gehabt
haben	hatten	haben gehabt	hatten gehabt

Futur **Future**	**Konjunktiv I** **Conjunctive I**	**Konjunktiv II** **Conjunctive II**	**Imperativ** **Imperative**
werde haben	habe	hätte	
wirst haben	habest	hättest	hab[e]
wird haben	habe	hätte	haben wir
werden haben	haben	hätten	habt
werdet haben	habet	hättet	haben Sie
werden haben	haben	hätten	

werden

Präsens **Present**	**Präteritum** **Simple past**	**Perfekt** **Perfect**	**Plusquamperfekt** **Pluperfect**
werde	wurde	bin geworden	war geworden
wirst	wurdest	bist geworden	warst geworden
wird	wurde	ist geworden	war geworden
werden	wurden	sind geworden	waren geworden
werdet	wurdet	seid geworden	wart geworden
werden	wurden	sind geworden	waren geworden

Futur **Future**	**Konjunktiv I** **Conjunctive I**	**Konjunktiv II** **Conjunctive II**	**Imperativ** **Imperative**
werde werden	werde	würde	
wirst werden	werdest	würdest	werd[e]
wird werden	werde	würde	werden wir
werden werden	werden	würden	werdet
werdet werden	werdet	würdet	werden Sie
werden werden	werden	würden	

Die Modalverben
The modal verbs

können

Präsens Present	Präteritum Simple past	Perfekt Perfect	Plusquamperfekt Pluperfect
kann	konnte	habe gekonnt	hatte gekonnt
kannst	konntest	hast gekonnt	hattest gekonnt
kann	konnte	hat gekonnt	hatte gekonnt
können	konnten	haben gekonnt	hatten gekonnt
könnt	konntet	habt gekonnt	hattet gekonnt
können	konnten	haben gekonnt	hatten gekonnt

Futur Future	Konjunktiv I Conjunctive I	Konjunktiv II Conjunctive II
werde können	könne	könnte
wirst können	könntest	könntest
wird können	könne	könnte
werden können	können	könnten
werdet können	könn[e]t	könntet
werden können	können	könnten

dürfen

Präsens Present	Präteritum Simple past	Perfekt Perfect	Plusquamperfekt Pluperfect
darf	durfte	habe gedurft	hatte gedurft
darfst	durftest	hast gedurft	hattest gedurft
darf	durfte	hat gedurft	hatte gedurft
dürfen	durften	haben gedurft	hatten gedurft
dürft	durftet	habt gedurft	hattet gedurft
dürfen	durften	haben gedurft	hatten gedurft

Futur Future	Konjunktiv I Conjunctive I	Konjunktiv II Conjunctive II
werde dürfen	dürfe	dürfte
wirst dürfen	dürftest	dürftest
wird dürfen	dürfe	dürfte
werden dürfen	dürfen	dürften
werdet dürfen	dürf[e]t	dürftet
werden dürfen	dürfen	dürften

mögen

Präsens Present	Präteritum Simple past	Perfekt Perfect	Plusquamperfekt Pluperfect
mag	mochte	habe gemocht	hatte gemocht
magst	mochtest	hast gemocht	hattest gemocht
mag	mochte	hat gemocht	hatte gemocht
mögen	mochten	haben gemocht	hatten gemocht
mögt	mochtet	habt gemocht	hattet gemocht
mögen	mochten	haben gemocht	hatten gemocht

Futur Future	Konjunktiv I Conjunctive I	Konjunktiv II Conjunctive II
werde mögen	möge	möchte
wirst mögen	mögest	möchtest
wird mögen	möge	möchte
werden mögen	mögen	möchten
werdet mögen	mög[e]t	möchtet
werden mögen	mögen	möchten

müssen

Präsens Present	Präteritum Simple past	Perfekt Perfect	Plusquamperfekt Pluperfect
muss	musste	habe gemusst	hatte gemusst
musst	musstest	hast gemusst	hattest gemusst
muss	musste	hat gemusst	hatte gemusst
müssen	mussten	haben gemusst	hatten gemusst
müsst	musstet	habt gemusst	hattet gemusst
müssen	mussten	haben gemusst	hatten gemusst

Futur Future	Konjunktiv I Conjunctive I	Konjunktiv II Conjunctive II
werde müssen	müsse	müsste
wirst müssen	müssest	müsstest
wird müssen	müsse	müsste
werden müssen	müssen	müssten
werdet müssen	müss[e]t	müsstest
werden müssen	müssen	müssten

sollen

Präsens Present	Präteritum Simple past	Perfekt Perfect	Plusquamperfekt Pluperfect
soll	sollte	habe gesollt	hatte gesollt
sollst	solltest	hast gesollt	hattest gesollt
soll	sollte	hat gesollt	hattet gesollt
sollen	sollten	haben gesollt	hatten gesollt
sollt	solltet	habt gesollt	hattet gesollt
sollen	sollten	haben gesollt	hatten gesollt

Futur Future	Konjunktiv I Conjunctive I	Konjunktiv II Conjunctive II
werde sollen	solle	sollte
wirst sollen	solltest	solltest
wird sollen	solle	sollte
werden sollen	sollen	sollten
werdet sollen	soll[e]t	solltet
werden sollen	sollen	sollten

wollen

Präsens Present	Präteritum Simple past	Perfekt Perfect	Plusquamperfekt Pluperfect
will	wollte	habe gewollt	hatten gewollt
willst	wolltest	hast gewollt	hattest gewollt
will	wollte	hat gewollt	hatte gewollt
wollen	wollten	haben gewollt	hatten gewollt
wollt	wolltet	habt gewollt	hattet gewollt
wollen	wollten	haben gewollt	hatten gewollt

Futur Future	Konjunktiv I Conjunctive I	Konjunktiv II Conjunctive II
werde wollen	wolle	wollte
wirst wollen	wollest	wolltest
wird wollen	wolle	wollte
werden wollen	wollen	wollten
werdet wollen	woll[e]t	wolltet
werden wollen	wollen	wollten

Die englische Zeichensetzung
English punctuation

Das folgende Kapitel gibt einen Überblick über die wichtigsten englischen Satzzeichen und deren Funktion im Satzgefüge. Dabei werden die wichtigsten Satzzeichen kurz erklärt und jeweils mit Anwendungsbeispielen versehen.

. Der Punkt – Full stop or period

- Trennt zwei Sätze voneinander und wird von einem Leerzeichen gefolgt. Der erste Buchstabe nach dem Leerzeichen wird großgeschrieben.

  He walked to the train station to buy some tickets. When he got there, the vending machines were broken.

- Zeigt eine Abkürzung an, z. B. bei Namen.

  Jonathan F. Giles wrote a letter to the editor.

- Der Punkt trennt den Bruchteil von einer Dezimalzahl ab.

  The average CD is 55.3 minutes long.

- Der Punkt steht nach indirekten Fragesätzen.

  She asked him what time it was.

? Das Fragezeichen – Question mark

- Das Fragezeichen beendet einen Satz, der die grammatische Funktion der Frage übernimmt. Nach dem Fragezeichen wird der nächste Buchstabe großgeschrieben.

  Would you like to come to my garden party on Saturday? The Johnsons will be there.

! Das Ausrufezeichen – Exclamation mark

- Dient der Emphase bei Sätzen, welche einen starken emotionalen Inhalt haben und wird eher in weniger formalen Texten benutzt.

  Oh, he's so cute!

- Auch Imperative werden mit Ausrufezeichen beendet.

  Watch out!

, Das Komma – Comma

- Das Komma trennt Teile in einer Auflistung. Wenn der letzte Teil in der Liste von einem ***and*** oder einem ***or*** gefolgt wird, ist das Komma im britischen Englisch optional, wird jedoch im amerikanischen Englisch grundsätzlich gebraucht.

  He brought coffee, sandwiches, cheese(,) and soda.
  He is a tall, handsome(,) and witty man.
  apples, peaches(,) or pears

- Das Komma trennt zwei beigeordnete Sätze, wenn diese nicht zu kurz sind. Englische Koordinatoren sind: ***and, but, or, nor, so.***

  She invited him to her party and he accepted. [*kein Komma notwendig*]
  He had always wanted to become a professional racing driver, but he never actually put all his energy into it.
  Mr Jones wanted to be a writer, so he wrote to writers, but not a single one of them wrote back.

- Das Komma leitet eine direkte Rede ein.

  He said, 'You are just in time.'

- Falls der ankündigende Satz der direkten Rede folgt, dann steht ein Komma statt einem Punkt vor dem schließenden Anführungszeichen.

  'I have a better idea,' he replied.
  'She won't be much trouble,' Clara protested, 'and we have plenty of room.'

- Adverbiale in der Anfangs- oder Mittenposition eines Satzes werden von einem Komma getrennt.

  Suddenly, she bent forward and kissed him.
  Jennifer Tannen is, in my opinion, the most talented actress of all times.

- Falls ein Adverbial zu Ambiguitäten führen kann, sollte ein Komma gesetzt werden.

  He tried in vain to find him, in his underclothes.

- Satzmodifikatoren werden durch ein Komma abgetrennt.

My friends, however, are extremely interested in classical music.

- Nicht einschränkende Relativsätze werden durch Kommata abgetrennt.
  Die englischen Relativpronomen sind: ***that, which, who, whom*** und ***whose***.
  Man beachte, dass einschränkende Relativsätze nicht durch ein Komma markiert werden.

George Madison, who was a manager, had been ill for some time. (*nicht einschränkender Relativsatz*)
People who live in glass houses shouldn't throw stones. (*einschränkender Relativsatz*)

- Kommata setzen Einschübe voneinander ab, die eine gegenteilige Meinung ausdrücken.

We went to New Hampshire, not New Jersey, for our vacation.
On the contrary, all our hopes were crushed.

- Bei der Aufführung von Beispielen (durch ***namely, for example***) wird ein Komma gesetzt.

There were occasions, for example, when he just burst out into laughter.

- Direkte Anreden werden durch ein Komma vom restlichen Satz abgetrennt.

Hey, Debby, what's going on?

- "Tag questions" werden durch ein Komma vom restlichen Satz abgetrennt.

You baked a cake, didn't you?

- Appositionen werden üblicherweise durch Kommata getrennt, diese können aber auch entfallen oder durch Gedankenstriche ersetzt werden.

My brother, the research associate, works at a large internet company.
My brother(–) the research associate(–) works at a large internet company.

- Bei informellen Briefen steht im amerikanischen Englisch das Komma nach der Anrede.

Dear John,

- Bei Zahlen wird an jeder dritten Stelle ein Komma gesetzt. Bei Dezimalzahlen wird der Bruchteil durch einen Punkt abgesetzt.

Germany has an area of 349,223 square kilometres.
Germany has an area of 349,223.72 square kilometres.

- **Kommata werden in den folgenden Fällen nicht gesetzt:**
- bei ***that***-Sätzen:

I know that you are tired.

- bei indirekten Fragesätzen:

He asked if he could leave early.

- in notwendigen Relativsätzen. Bei diesen kann oftmals das Relativpronomen wegfallen:

The man whose glasses I broke was quite angry.
The hotel (that) we stayed in wasn't bad.

- bei Adverbialen in der Endposition:

He wanted to go home quite badly.

; Das Semikolon – Semicolon

- Das Semikolon verbindet unabhängige Satzteile im zusammengesetzten Satz. Es ist insbesondere in der formalen Schriftsprache zu finden. Das Semikolon entspricht am ehesten der Konjunktion ***and***.

Opinions are divided on the matter; more discussion is still needed.

' Der Apostroph – Apostrophe

- Bei Kontraktionen werden die ausgefallenen Buchstaben durch den Apostroph ersetzt.

can't (cannot) it's (it is/has) I'd (I would/had) who's (who is/has)

- Bei Substantiven wird im Singular vor dem Genitiv-*s*, im Plural nach dem Plural-*s* ein Apostroph gesetzt.

the boy's mother Charles's wife three hours' walk

- Bei Wörtern, die normalerweise keinen Plural bilden (z. B. auch Buchstaben, Zahlen und Abkürzungen), wird der Plural durch einen Apostroph angedeutet.

She writes t's instead of d's.
He was born in the early 1960's.
Meetings with local MP's

: Der Doppelpunkt – Colon

- Der Doppelpunkt trennt zwei Sätze oder Satzteile, bei denen der zweite eine nähere Bestimmung des ersten darstellt.

  Every society needs its great thinkers: those who are not afraid to hold a mirror to its shortcomings.

- Er führt eine oder mehrere eng miteinander verbundene Ideen ein.

  Pam shocked the entire group yesterday: she announced she was pregnant.

- Der Doppelpunkt kann auch kleinere Satzeinheiten, wie z. B. Phrasen, trennen.

  But in managing a large company, the workers need a role model: a partner and an idol.

- In technischer oder spezialisierter Literatur geht der Doppelpunkt einer formalen Liste voraus.

  In order to liquefy metal, you need to control a number of variables: (i) temperature; (ii) pressure; and (iii) time.

- Der Doppelpunkt kann auch am Anfang einer direkten Rede stehen, hier findet sich jedoch häufiger das Komma.

  Mr Lawson said: 'This is the price of Mr Smith's mismanagement and complacency.'

  Jill said, 'Why can't you ever be on time?'

- Im britischen Englisch wird nach dem Doppelpunkt das erste Wort üblicherweise kleingeschrieben, außer es folgt ein Zitat. Folgen vollständige Sätze, so schreibt man mit großem Anfangsbuchstaben weiter. Im amerikanischen Englisch wird das erste Wort nach dem Doppelpunkt häufiger großgeschrieben.

  I have one good piece of advice to give you: Avoid wasting your time and energy thinking about things you can't change.

- Im amerikanischen Englisch steht in formalen Briefen nach der Anrede ein Doppelpunkt. Im britischen Englisch wird in solchen Fällen kein Satzzeichen verwendet.

  Dear Sir:
  I am writing to…

Die Klammer – Brackets or Parentheses

- Runde Klammern zeigen zusätzliches, nicht zwingend benötigtes Satzmaterial an.

  Foreign Music Distribution Group (Chester, New York) will distribute it for us in the Middle East.

- Eckige Klammern werden benutzt, um bibliographische Informationen oder Kommentare des Autors anzuzeigen.

  Frank Holmes [page 97] describes the world as mysterious and dangerous.

- In Aufzählungen stehen die Aufzählungszeichen in runden Klammern.

  In order to liquefy metal, you need to control a number of variables: (i) temperature; (ii) pressure; and (iii) time.

— Der Gedankenstrich – Dash

- Der Gedankenstrich wird häufig in informellen Schreiben für einen dramatischen Effekt benutzt, indem Nebenbemerkungen eingefügt werden. Es wird aber vor allem als Ersatz für Komma, Semikolon und Klammern benutzt.

  To some of them, my proposals seemed radical – even revolutionary.
  The girls – Anne, Virginia and Susan – left the party early.

' ' / " " Anführungszeichen – Quotation marks or quotes or inverted commas

- Im britischen Englisch werden einfache Anführungszeichen ('…') benutzt. Im amerikanischen Englisch herrschen doppelte Anführungszeichen ("…") vor. Zwischen zwei Anführungszeichen steht entweder der Inhalt einer direkten Rede oder der Titel eines Buches oder Artikels.

  'You are just in time,' he said. (*BrE*)
  "You are just in time," he said (*AmE*)
  She enjoyed the article "Romantic Hotels." (*im amerikanischen Englisch schließen die Anführungszeichen nach dem Punkt*)
  She enjoyed the article 'Romantic Hotels'. (*im britischen Englisch markieren die Anführungszeichen nur den Titel und schließen vor dem Punkt*)

- Anführungszeichen werden auch benutzt, um die Bedeutung eines Ausdrucks zu verdeutlichen oder um metalinguistische Information zu übertragen.

  The word angst, which means 'anxiety', is quite fashionable in English.
  He doesn't know how to spell 'antidisestablishmentarianism'.

- Des Weiteren wird die Benutzung des Anführungszeichens immer populärer bei der Auszeichnung von Ironie.

  Their 'yacht' was in fact a very ordinary little boat.

/ Der Schrägstrich – Slash

- Der Schrägstrich wird benutzt, um Alternativen anzuzeigen.

  Please hit the Refresh/Reload button.

- Er wird außerdem benutzt, um bei Jahreszahlen Abkürzungen anzuzeigen.

  The academic year 2005/6 will be extremely taxing.

••• Die Ellipse – Ellipsis

- Bei Zitaten werden Auslassungen durch drei Punkte (...) gekennzeichnet.

  The ceremony honoured twelve athletes ... visiting Russia.

- In wissenschaftlicher Literatur wird die Ellipse durch eckige Klammern eingerahmt.

  The regulation states, 'All agencies must document overtime [...]'.

- Wenn die Auslassung am Ende eines Satzes erfolgt, so kann auf einen zusätzlichen Punkt als Satzabschluss verzichtet werden.

  The regulation states, 'All agencies must document overtime ...' (.)

- Auch unbeendete Sätze oder solche, bei denen sie als Mittel der Emphase dient, schließen mit einer Ellipse.

  I had hoped that you would have helped me ...

– Der Bindestrich – Hyphen

- Der Bindestrich dient der Silbentrennung. Falls ein Wort über die Zeilengrenze hinaus geschrieben wird, kann es getrennt werden, auch wenn in der Praxis dieses Mittel eher vermieden wird. Die Trennung erfolgt in aller Regel nach phonologischem, morphologischem oder etymologischem Gesichtspunkt.

structure:	struc- ture
basement:	base- ment

- Sollten diese phonologischen oder morphologischen Grenzen sehr kleine Resultate, z. B. nur einen Buchstaben hervorbringen, so wird auf eine Trennung verzichtet:

about:	*a-bout

- In seltenen Fällen stehen zwei Kriterien, z. B. das phonologische und das etymologische miteinander im Konflikt. Auch in diesen Fällen sollte man auf die Trennung verzichten oder die phonologische Trennung bevorzugen.

helicopter:	heli- copter (*phonologisch*)
	?helico- pter (*etymologisch*)

- Der Bindestrich dient auch dazu, zusammengesetzte Nomen oder einen Präfix von seiner Basis zu trennen. Nominalkomposita, bei denen der zweite Teil ein Adverb ist, werden häufig durch einen Bindestrich getrennt.

  runner-up, break-in

- Adjektivkomposita mit –**ed**, aus Nominalphrasen oder solche, die mit Partizipien geformt werden, werden auch durch einen Bindestrich getrennt.

  cold-blooded, brown-eyed
  far-fetched, habit-forming

- Modifizierende Phrasen oder Satzteile können durch einen Bindestrich abgetrennt werden.

  Your take-it-or-leave-it attitude helps no one.
  That's a do-it-yourself job.

- Koordinierte Komposita werden durch einen Bindestrich verbunden.

  He bought a Russian-English dictionary.

- Komposita, die Zahlen oder Brüche ausdrücken, werden durch einen Bindestrich verbunden.

  He bought twenty-five apples.
  Three-fifths of the population like apples.

- Komposita, bei denen der erste Teil ein einzelner Buchstabe ist, enthalten einen Bindestrich.

  He made a U-turn.
  The H-bomb is a powerful weapon.

- Verwandtschaftsbezeichnungen enthalten einen Bindestrich.

  great-uncle, mother-in-law

German Punctuation
Die deutsche Zeichensetzung

The aim of this chapter is to give an overview over the most important aspects of German punctuation. It is written in accordance with the Neue deutsche Rechtschreibung of 1998. In addition to the discussion of punctuation, you will find a chapter on hyphenation at the end. In this section, the main punctuation marks are given with a German translation of their names, and every explanation of their use is followed by one or more examples.

• Full stop or period – Der Punkt

- Separates two sentences and is followed by *a space*. In this case, the first following letter is capitalized.

Thomas biss in den Apfel. Der Apfel war grün.

- A full stop is used after abbreviations of words. It is also used to mark numbers as ordinals.

Tel. (Telefon), Rechnungs-Nr. (Rechnungsnummer), z. B. (zum Beispiel), Dr. med. (Doktor der Medizin), 14. September (Vierzehnter September)

- Some abbreviations are **not** followed by a full stop. These include certain official national and international abbreviations.

m (Meter), g (Gramm), N (Norden), BGB (Bürgerliches Gesetzbuch)

, Comma – Das Komma

- A comma separates two equal clauses.

Die Sonne war warm, ich war fast eingeschlafen.
Dass sie ihn nicht nur belog, sondern auch noch betrog, verletzte ihn zutiefst.

- It also separates words or groups of words in lists.

Er wollte einkaufen gehen, mit seiner Mutter telefonieren, zur Post gehen und dann fernsehen.
Er fuhr ein blaues, schnelles Auto.

- If two adjectives form a group, they are not separated by a comma.

Die letzten großen Fernsehshows liefen in den 1990ern.

- If two equal clauses, groups of words or words are coordinated by a conjunction such as ***und, oder, bzw., sowie, wie, entweder ... oder, sowohl ... als (auch), weder ... noch***, then no comma is used.

Er fuhr weder mit der Bahn noch mit dem Fahrrad.

- A comma is used before restrictive conjunctions such as ***aber, doch, jedoch, sondern.***

Er mag nicht nur die bürgerliche Küche, sondern auch die exotische.

- Subordinate clauses are separated by a comma.

Als wir nach England kamen, war die Bergarbeiterkrise auf ihrem Höhepunkt.
Der Kuchen, den ich gebacken habe, ist noch im Ofen.
Ich weiß nicht, wie ich enden soll.

- Parenthetical expressions and appositions are set off with commas.

Eines Tages, es war im Sommer, wollte er plötzlich in den Urlaub fahren.
Herr Meyer, ein Hautarzt, freute sich über die Blumen.

- Exclamations and interjections are set off with commas.

Oh, wie kalt das ist.
Du hast abgenommen, oder?

- An opening line of a letter can end with a comma.

Sehr geehrter Herr Schröder,

; Semicolon – Das Semikolon

- The semicolon is related to the comma, but shows a higher degree of separation. It is mainly used to separate coordinate clauses.

Martin wünschte sich schon lange einen Hund; aber seine Eltern waren allergisch.

: Colon – Der Doppelpunkt

- A colon signals that a continuative clause follows.
- Especially if that message is direct speech:

Er sagte: „Ich liebe dich."

- But also in lists or specifications:

Er hatte schon viele Länder gesehen: Spanien, Portugal, Frankreich und die Schweiz.
Nationalität: deutsch
Familienstand: ledig.

- That message can also be a summary or conclusion of the first part.

Hab und Gut, Frau und Kinder: alles war verloren.

( ) [ ] Brackets or Parentheses – Die Klammer

- Brackets mark extra, nonessential or explanatory material included in a sentence. These can also include parenthetical expressions and appositions, but in these cases the comma is more common.

Eines Tages (es war im Sommer) wollte er plötzlich in den Urlaub fahren.
Merzig (Saarland)
Herr Meyer (ein alter Schwerenöter) hatte seine Rechnung nicht bezahlt. (Apposition)

- Brackets can also be used to include whole sentences or even longer stretches of text in order to mark them as extra, independent material. In this case the full stop, question or exclamation mark appears inside the brackets.

Er war viele Jahre lang nach Österreich in den Urlaub gefahren. (Obwohl ihm klar war, dass es auch viele andere attraktive Orte gibt.) Dort besuchte er immer dasselbe Hotel.

– Dash – Der Gedankenstrich

- A dash is often used for including impromptu asides and conveying a dramatic effect. Sometimes a comma is also possible.

Herr Meyer – der alte Schwerenöter – trat ins Gasthaus ein.
Herr Meyer, der alte Schwerenöter, trat ins Gasthaus ein.
Er öffnete die Tür zum dunklen Keller und sah – ein Gespenst.

- A dash can also be used in order to mark a speaker's turn in a conversation. In that case it follows the full stop, question or exclamation mark.

Willst du mich heiraten? – Ja.

‚ ' / „ " Quotation marks or inverted commas – Die Anführungsstriche

- Quotation marks surround quotations and direct speech.
- Those punctuation marks which belong to the quotation are put before the closing quotation mark.
- The accompanying sentence will start with a comma if it follows the direct quotation. If a direct quotation finishes a sentence, then the full stop, question or quotation mark will appear inside the quotation marks. If a direct quotation is followed by an accompanying sentence, then the full stop is left out. A question or exclamation mark is always inserted inside the quotation marks if it belongs to the quotation.

Er sagte: „Ich komme morgen."
„Ich komme morgen", sagte er.
Er sagte: „Ich komme morgen", und verschwand durch die Tür.
„Kommst du morgen?", fragte er.

- Quotation marks are also used in order to mark a group of words you are commenting on or to give the meaning of an expression.

Er las „Warten auf Godot“ von Samuel Beckett.
Das Sprichwort „Eile mit Weile“ ist heutzutage nicht mehr sehr gebräuchlich.
Das Wort „Berg“ in „Bergisches Land“ bezieht sich auf Herrn Berg, nicht auf Berge.

- Another, increasingly more popular, function of inverted commas is to show irony.

„Vielen Dank!“ für deine große Hilfe!

? Question mark – Das Fragezeichen

- A question mark terminates a sentence and marks it as a question. The next word begins with a capital letter.

Willst du mich heiraten? – Ja.

! Exclamation mark – Das Ausrufezeichen

- Puts special emphasis on the emotive content of a sentence and is thus found mainly outside academic or formal writing.

Das war aber eine schöne Überraschung!

- Another function is to emphasize a command.

Geh da weg!

- An exclamation mark can also be used at the end of the opening line of a letter.

Sehr geehrte Damen und Herren!

- This function can also be fulfilled by a comma.

Sehr geehrte Damen und Herren,

... Ellipsis – Die Auslassungspunkte

- An ellipsis is used to convey that original material, e.g. in a quote, has been left out. If the ellipsis occurs at the end of a sentence, then the full stop (but not a question or exclamation mark) is left out.

Man sagte, dass viele … Menschen … in der Dritten Welt … hungern müssten. (Original: Man sagte, dass viele arme Menschen, deren Schicksal unerbittlich ist, in der Dritten Welt ohne Grund hungern müssten.)
Scher dich zum …
Willst du mich …?

- In addition, the ellipsis is used to convey that parts of a word or sentence have been omitted.

Du be… Idiot!

’ The Apostrophe – Der Apostroph

- An apostrophe is used to show that one or more letters have been left out of a word.

Das war’n noch Zeiten.

- Proper names which end in an s-sound are marked with an apostrophe at the end if they are in the genitive case and are not accompanied by an article or a possessive pronoun.

Carlos’ neues Auto war in der Werkstatt.
(But:) Das Auto des Carlos war in der Werkstatt.
Heinz’ Wohnung wurde von einem Innenarchitekten eingerichtet.
(But:) Die Wohnung des Heinz wurde von einem Innenarchitekten eingerichtet.

- If a writer wants to represent that a sound is silent in the spoken version of a word, then an apostrophe is used.

Das war’n noch Zeiten, als man in wen’gen Worten über Liebe sprechen konnte.

- Some geographical names are often abbreviated with an omission in the middle of the word. This is also represented with an apostrophe.

D’dorf (= Düsseldorf)

/ Dash –Der Schrägstrich

- A dash is used in order to show that two words or groups of words belong together or are alternative versions of one another. It is also possible to mark an abbreviation with the dash, especially for seasons, months or years.

Die CDU/CSU hat beschlossen, dass sie einen neuen Kanzlerkandidat stellen wollen.
Im akademischen Jahr 2005/6 werden neue Bücher angeschafft.
Im Februar/März werde ich auf Mallorca sein.

- Ratios and percentages are also indicated with a dash.

¾ aller Menschen mögen Äpfel.
Er fuhr mit 80 km/h.

– Hyphenation – Silbentrennung

- Words are divided between syllables. If two syllables are joined by a number of consonants, then only the last consonant will appear at the beginning of the new line; the others remain in the old one. Certain combinations of letters are never hyphenated (***ch***, ***sch***. If ***ph***, ***rh***, ***sh*** or ***ck*** stand for a single consonant sound, then they are not separated either.)

lang-sam, wei-ter, drei-hun-dert, au-to-bahn
Ach-tel, Bus-bahn-hof, Rech-ner

- Single vowels are not split off from the rest of the word if they occur at the end of a line.

*Brau-e, *Klau-e, *Klei-e

- Compound nouns or words containing prefixes are separated so that either the first part of the compound or the prefix remains at the end of the line.

Ver-bindung, Pro-gramm, Dys-lexie

- Words with opaque etymological sources can be split either phonologically or at the point where the etymological criterion would dictate a separation.

He-li-kop-ter (phonological separation)
He-li-ko-pter (etymological separation)

Britische und amerikanische Maße und Gewichte
British and American measures and weights

Längenmaße
Linear measures

1 inch (in) (Zoll) 1″	= 2,54 cm	
1 foot (ft) (Fuß) 1′	= 12 inches	= 30,48 cm
1 yard (yd) (Yard)	= 3 feet	= 91,44 cm
1 furlong (fur) (Achtelmeile)	= 220 yards	= 201,17 m
1 mile (m) (Meile)	= 1760 yards	= 1,609 km
1 league (*old* Meile)	= 3 miles	= 4,828 km

Nautische Maße
Nautical measures

1 fathom	= 6 feet	= 1,829 m
1 cable	= 608 feet	= 185,31 m
1 nautical, sea mile	= 10 cables	= 1,852 km
1 sea league	= 3 nautical miles	= 5,550 km

Feldmaße
Surveyors' measures

1 link	= 7,92 inches	= 20,12 cm
1 rod, perch, pole	= 25 links	= 5,029 m
1 chain	= 4 rods	= 20,12 m

Flächenmaße
Square measures

1 square inch (Quadratzoll)	= 6,452 cm²	
1 square foot (Quadratfuß)	= 144 sq inches	= 929,029 cm²
1 square yard (Quadratyard)	= 9 sq feet	= 0,836 m²
1 square rod	= 30,25 sq yards	= 25,29 m²
1 acre	= 4840 sq yards	= 40,47 Ar
1 square mile (Quadratmeile)	= 640 acres	= 2,59 km²

Raummaße
Cubic measures

1 cubic inch (Kubikzoll)	= 16,387 cm³	
1 cubic foot (Kubikfuß)	= 1728 cu inches	= 0,028 m³
1 cubic yard (Kubikyard)	= 27 cu feet	= 0,765 m³
1 register ton (Registertonne)	= 100 cu feet	= 2,832 m³

Britische Hohlmaße
British measures of capacity

Flüssigkeitsmaße
Liquid measures of capacity

1 gill	= 0,142 l	
1 pint (pt) (Pint)	= 4 gills	= 0,568 l
1 quart (qt)	= 2 pints	= 1,136 l
1 gallon (gal) (Gallone)	= 4 quarts	= 4,546 l
1 barrel (Barrel)	= *(für Öl)* 35 gallons	= 159,106 l
	(Bierbrauerei) 36 gallons	= 163,656 l

Trockenmaße
Dry measures of capacity

1 peck	= 2 gallons	= 9,092 l
1 bushel	= 4 pecks	= 36,368 l
1 quarter	= 8 bushels	= 290,935 l

Amerikanische Hohlmaße
American measures of capacity

Flüssigkeitsmaße
Liquid measures of capacity

1 gill	= 0,118 l	
1 pint	= 4 gills	= 0,473 l
1 quart	= 2 pints	= 0,946 l
1 gallon	= 4 quarts	= 3,785 l
1 barrel	= *(für Öl)* 42 gallons	= 159,106 l

Handelsgewichte
Avoirdupois weights

1 grain (gr)	= 0,0648 g	
1 dram (dr)	= 27,3438 grains	= 1,772 g
1 ounce (oz)	= 16 drams	= 28,35 g
1 pound (lb)	= 16 ounces	= 453,59 g
1 stone	= 14 pounds	= 6,348 kg
1 quarter	= 28 pounds	= 12,701 kg
1 hundredweight (cwt)	= (Brit *long cwt*) 112 pounds	= 50,8 kg
	(Am *short cwt*) 100 pounds	= 45,36 kg
1 ton	= (Brit *long ton*) 20 cwt	= 1016 kg
	(Am *short ton*) 2000 pounds	= 907,185 kg

Temperaturumrechnung
Temperature conversion

Fahrenheit – Celsius

°F	°C
0	–17,8
32	0
50	10
70	21,1
90	32,2
98,4	37
212	100

zur Umrechnung 32 abziehen und mit $^5/_9$ multiplizieren

To convert subtract 32 and multiply by $^5/_9$

Celsius – Fahrenheit

°C	°F
–10	14
0	32
10	50
20	68
30	86
37	98,4
100	212

zur Umrechnung mit $^9/_5$ multiplizieren und 32 addieren

To convert multiply by $^9/_5$ and add 32

Amtliche deutsche Maße und Gewichte
Official German measures and weights

Längenmaße
Linear measures

		Zeichen Symbol	
Seemeile	nautical mile	sm	1852 m
Kilometer	kilometre	km	1000 m
Meter	metre	m	Grundeinheit – basic unit of measure
Dezimeter	decimetre	dm	0,1 m
Zentimeter	centimetre	cm	0,01 m
Millimeter	millimetre	mm	0,001 m

Flächenmaße
Square measures

Quadratkilometer	square kilometre	km^2	1 000 000 m^2
Hektar	hectare	ha	10 000 m^2
Ar	are	a	100 m^2
Quadratmeter	square metre	m^2	1 m^2
Quadratdezimeter	square decimetre	dm^2	0,01 m^2
Quadratzentimeter	square centimetre	cm^2	0,0001 m^2
Quadratmillimeter	square millimetre	mm^2	0,000 001 m^2

Kubik- und Hohlmaße
Cubic measures and measures of capacity

Kubikmeter	cubic metre	m^3	1,0 m^3
Hektoliter	hectolitre	hl	0,1 m^3
Kubikdezimeter	cubic decimetre	dm^3	0,001 m^3
Liter	litre	l	
Kubikzentimeter	cubic centimetre	cm^3	0,000 001 m^3

Gewichte
Weights

Tonne	ton	t	1000 kg
Doppelzentner	–	dz	100 kg
Kilogramm	kilogram(me)	kg	1000 g
Gramm	gram(me)	g	1 g
Milligramm	milligram(me)	mg	0,001 g

Zahlwörter
Numerals

1. Cardinal numbers – Grundzahlen

0 nought, cipher, zero *null*
1 one *eins*
2 two *zwei*
3 three *drei*
4 four *vier*
5 five *fünf*
6 six *sechs*
7 seven *sieben*
8 eight *acht*
9 nine *neun*
10 ten *zehn*
11 eleven *elf*
12 twelve *zwölf*
13 thirteen *dreizehn*
14 fourteen *vierzehn*
15 fifteen *fünfzehn*
16 sixteen *sechzehn*
17 seventeen *siebzehn*
18 eighteen *achtzehn*
19 nineteen *neunzehn*
20 twenty *zwanzig*
21 twenty-one *einundzwanzig*
22 twenty-two *zweiundzwanzig*
23 twenty-three *dreiundzwanzig*
30 thirty *dreißig*
31 thirty-one *einunddreißig*
32 thirty-two *zweiunddreißig*
33 thirty-three *dreiunddreißig*
40 forty *vierzig*
41 forty-one *einundvierzig*
50 fifty *fünfzig*
51 fifty-one *einundfünfzig*
60 sixty *sechzig*
61 sixty-one *einundsechzig*
70 seventy *siebzig*
71 seventy-one *einundsiebzig*
80 eighty *achtzig*
81 eighty-one *einundachtzig*
90 ninety *neunzig*
91 ninety-one *einundneunzig*
100 (a *or* one) hundred *hundert*
101 (a *or* one) hundred and one *hundert(und)eins*
102 (a *or* one) hundred and two *hundert(und)zwei*
110 (a *or* one) hundred and ten *hundert(und)zehn*
200 two hundred *zweihundert*
300 three hundred *dreihundert*
451 four hundred and fifty-one *vierhundert(und)einundfünfzig*
1000 (a *or* one) thousand *tausend*
2000 two thousand *zweitausend*
10 000 ten thousand *zehntausend*
1 000 000 (a *or* one) million *eine Million*
2 000 000 two million *zwei Millionen*
1 000 000 000 billion *eine Milliarde*
1 000 000 000 000 trillion *eine Billion*

2. Ordinal numbers – Ordnungszahlen

1. first *erste*
2. second *zweite*
3. third *dritte*
4. fourth *vierte*
5. fifth *fünfte*
6. sixth *sechste*
7. seventh *sieb(en)te*
8. eighth *achte*
9. ninth *neunte*
10. tenth *zehnte*
11. eleventh *elfte*
12. twelfth *zwölfte*
13. thirteenth *dreizehnte*
14. fourteenth *vierzehnte*
15. fifteenth *fünfzehnte*
16. sixteenth *sechzehnte*
17. seventeenth *siebzehnte*
18. eighteenth *achtzehnte*
19. nineteenth *neunzehnte*
20. twentieth *zwanzigste*
21. twenty-first *einundzwanzigste*
22. twenty-second *zweiundzwanzigste*
23. twenty-third *dreiundzwanzigste*
30. thirtieth *dreißigste*
31. thirty-first *einunddreißigste*
40. fortieth *vierzigste*
41. forty-first *einundvierzigste*
50. fiftieth *fünfzigste*
51. fifty-first *einundfünfzigste*
60. sixtieth *sechzigste*
61. sixty-first *einundsechzigste*
70. seventieth *siebzigste*
71. seventy-first *einundsiebzigste*
80. eightieth *achtzigste*
81. eighty-first *einundachtzigste*
90. ninetieth *neunzigste*
100. (one) hundredth *hundertste*
101. hundred and first *hundertunderste*
200. two hundredth *zweihundertste*
300. three hundredth *dreihundertste*
451. four hundred and fifty-first *vierhundert(und)einundfünfzigste*
1000. thousandth *tausendste*
1100. thousand and (one) hundredth *tausend(und)-einhundertste*
2000. two thousandth *zweitausendste*
100 000. hundred thousandth *einhunderttausendste*
1 000 000. millionth *millionste*
10 000 000. ten millionth *zehnmillionste*

3. Fractional numbers – Bruchzahlen

$^1/_2$ one (*or* a) half *ein halb*	$^2/_3$ two thirds *zwei Drittel*
$^1/_3$ one (*or* a) third *ein Drittel*	$^3/_4$ three fourths, three quarters *drei Viertel*
$^1/_4$ one (*or* a) fourth (*or* a quarter) *ein Viertel*	$^2/_5$ two fifths *zwei Fünftel*
$^1/_5$ one (*or* a) fifth *ein Fünftel*	$^3/_{10}$ three tenths *drei Zehntel*
$^1/_{10}$ one (*or* a) tenth *ein Zehntel*	$1^1/_2$ one and a half *anderthalb*
$^1/_{100}$ one hundredth *ein Hundertstel*	$2^1/_2$ two and a half *zwei(und)einhalb*
$^1/_{1000}$ one thousandth *ein Tausendstel*	$5^3/_8$ five and three eighths *fünf drei achtel*
$^1/_{1000000}$ one millionth *ein Millionstel*	1,1 one point one *eins Komma eins* (1,1)

4. Multiples – Vervielfältigungszahlen

single *einfach*	fourfold, quadruple *vierfach*
double *zweifach*	fivefold *fünffach*
threefold, treble, triple *dreifach*	(one) hundredfold *hundertfach*

Gesetzliche Feiertage in der englischsprachigen Welt
Public Holidays in the English-speaking world

January	1st: New Year's Day (Aus, Can, NZ, Sing, UK, USA) 2nd: Day After New Year's Day (Aus, NZ, Scot) 15th: Martin Luther King's Birthday (USA) 26th: Australia Day (Aus)
February	Chinese New Year (Sing) 6th: Waitangi Day (NZ) President's Day (USA – 3rd Monday in February)
March	17th: St Patrick's Day (Ireland)
April	Good Friday (Aus, Can, NZ, Sing, UK) Easter Saturday (Aus) Easter Monday (Aus, NZ, UK) 25th: Anzac Day (Aus, NZ)
May	1st: May Day/Labour Day (UK) 24th: Victoria Day (Can – Monday the 24th or Monday *before* the 24th) Memorial Day (USA – last Monday in May) Spring Bank Holiday (UK – last Monday in May)
June	Queen's Birthday (Aus – 2nd Monday in all states except Western Australia)
July	1st: Canada Day (Can) 4th: Independence Day (USA)
August	Summer Bank Holiday (UK – last Monday, in Scotland – 1st Monday)
September	Labor Day (Can, USA, NZ – first Monday in September) Queen's Birthday (Aus – last Monday, WA only)
October	12th: Columbus Day (USA – 2nd Monday in October) Thanksgiving (Day) (Can – 2nd Monday in October)
November	Thanksgiving (Day) (USA – 4th Thursday in November) 11th: Veterans' Day (USA)
December	25th: Christmas Day (Aus, Can, NZ, Sing, UK, USA) 26th: Boxing Day (Aus, NZ, UK – if on a Saturday/Sunday then the Monday/Tuesday will be a Bank Holiday)

Andere, nicht gesetzliche Feiertage
Popular or Religious Holidays (not Public Holidays)

February	2nd: Groundhog Day (Can, USA) 14th: Valentine's Day Shrove Tuesday, Pancake Day (= *Faschingsdienstag*) (UK) Ash Wednesday (= *Aschermittwoch*)
March	1st: St. David's Day (Wales) Commonwealth Day (2nd Monday in March) (not USA) 17th: St Patrick's Day (for Irish ex-pats worldwide)
March/April	Mother's Day, Mothering Sunday (UK – 4th Sunday of Lent)
April	Maundy Thursday (= *Gründonnerstag*) 23rd: St George's Day (England)
May	Mother's Day (USA, Aus, NZ, Can, SA, Sing – 2nd Sunday)
June	Father's Day (UK, USA, Can, SA – 3rd Sunday)
September	Father's Day (Aus, NZ – 1st Sunday)
September/October	Jewish New Year/Rosh Hashana(h) Yom Kippur/Day of Atonement (10 days after Rosh Hashanah)
October	31st: Halloween
November	1st: All Saints' Day 5th: Guy Fawkes Day (Brit) Remembrance Day/Poppy Day (Can, UK – Sunday nearest 11th) 30th: St Andrew's Day (Scotland)
December	Hanuk(k)ah/Jewish Feast of Lights (USA) 31st: New Year's Eve/Hogmanay in Scotland

Gesetzliche Feiertage in den deutschsprachigen Ländern
Public holidays in German-speaking countries

Januar	1: Neujahrstag 2: Berchtoldstag (SCHWEIZ) 6: Heilige Drei Könige (ÖSTERR, SCHWEIZ, BRD: *nur Baden-Württemberg, Bayern, Sachsen-Anhalt*)
März/April	Karfreitag (BRD, SCHWEIZ, ÖSTERR*) Ostermontag
Mai	1: Tag der Arbeit Christi Himmelfahrt
Mai/Juni	Pfingstmontag Fronleichnam (ÖSTERR, BRD: *nur Baden-Württemberg, Bayern, Hessen, Nordrhein-Westfalen, Rheinland-Pfalz, Saarland und in Gemeinden mit überw. katholischer Bevölkerung in Sachsen, Thüringen*; SCHWEIZ: *katholische Gebiete*)
August	1: Bundesfeier (SCHWEIZ) 15: Mariä Himmelfahrt (ÖSTERR, BRD: *nur Saarland, und in Gemeinden mit überw. katholischer Bevölkerung in Bayern*; SCHWEIZ: *katholische Gebiete*)
September	Dank-, Buss- und Bettag (SCHWEIZ – *3. Sonntag*)
Oktober	3: Tag der deutschen Einheit (BRD) 26: Nationalfeiertag (ÖSTERR) 31: Reformationstag (BRD: *nur Brandenburg, Mecklenburg-Vorpommern, Sachsen, Sachsen-Anhalt, Thüringen*)
November	1: Allerheiligen (ÖSTERR, BRD: *nur Baden-Württemberg, Bayern, Nordrhein-Westfalen, Rheinland-Pfalz, Saarland;* SCHWEIZ: katholische Gebiete) Buß- und Bettag (BRD: *nur Sachsen – Mittwoch vor Totensonntag*)
Dezember	8: Mariä Empfängnis (ÖSTERR, SCHWEIZ) 25: 1. Weihnachtstag 26: 2. Weihnachtstag

Andere, nicht generell arbeitsfreie Fest- oder Feiertage
Popular or religious holidays (not public holidays)

Februar/März	Schmutziger Donnerstag (*6 Tage vor Aschermittwoch*) Rosenmontag/Fasnachtsmontag (*Montag vor Aschermittwoch*) Fasnachtsdienstag (*Dienstag vor Aschermittwoch*) Aschermittwoch
März	19: Josefstag* (ÖSTERR, SCHWEIZ)
März/April	Gründonnerstag (*Donnerstag vor Karfreitag*)
Mai	Muttertag (*2. Sonntag*) Vatertag (*fällt zusammen mit Christi Himmelfahrt*)
September	24: Rupertstag* (ÖSTERR)
November	2: Allerseelen (ÖSTERR) 11: Martinstag (BRD, ÖSTERR*) 15: Leopoldstag* (ÖSTERR)
Dezember	6: Nikolaus 24: Heiligabend 31: Silvester

* Feiertage, die nicht generell arbeitsfrei sind, sondern an denen z. B. nur Schulen, Behörden oder Ämter in bestimmten Ländern bzw. Kantonen geschlossen haben

Länder der Welt
Countries of the world

Die Länder sind alphabetisch angeordnet und sowohl unter der deutschen als auch unter der englischen Schreibweise zu finden. In Fällen, wo beide Formen nebeneinander stehen, werden sie in einem Eintrag abgehandelt.

The countries are listed alphabetically and are listed both under the German and the English spelling. Where the two forms stand next to each other they are treated in one single entry.

Land (Country)	**Hauptstadt** (Capital)	**MEZ*** (CET*)	**Währung**[1] (Currency[1])	**internationale Vorwahl** (international dialling code)
Afghanistan	Kabul	+3 h	Afghani	0093
Ägypten *Egypt*	Kairo *Cairo*	+1 h	Ägyptisches Pfund *Egyptian pound*	0020
Albanien *Albania*	Tirana	MEZ	Lek	00355
Algerien *Algeria*	Algier *Algiers*	MEZ	Algerischer Dinar	00213
Andorra	Andorra la Vella	MEZ	Euro (früher franz. Franc und Peseta)	00376
Angola	Luanda	MEZ	Neuer Kwanza	00244
Antigua und Barbuda *Antigua and Barbuda*	St. John's	–5 h	Ostkaribischer Dollar *East Caribbean Dollar*	001268
Äquatorialguinea *Equatorial Guinea*	Malab *Malabo*	MEZ	CFA-Franc	00240
Argentinien *Argentina*	Buenos Aires	–4 h	Peso	0054
Armenien *Armenia*	Yerevan *Eriwan*	+3 h	Dram	00374
Aserbaidschan *Azerbaijan*	Baku	+3 h	Manat	00994
Äthiopien *Ethiopia*	Addis Abeba *Addis Ababa*	+2 h	Birr	00251
Australien *Australia*	Canberra (+9 h)	+7/+9 h	Australischer Dollar	0061
Austria *Österreich*	Vienna *Wien*	MEZ	euro (formerly schilling*)*	0043
Azerbaijan *Aserbaidschan*	Baku	+3 h	manat	00994
Bahamas	Nassau	–6 h	Bahama-Dollar	001242
Bahrain	Al Manama *Manama*	+3 h	Bahrain-Dinar	00973
Bangladesch *Bangladesh*	Dhaka	+5 h	Taka	00880
Barbados	Bridgetown	–5 h	Barbados-Dollar	001246
Belarus/Weißrussland *Belarus*	Minsk	+1 h	Weißruss. Rubel	00375
Belgien *Belgium*	Brüssel *Brussels*	MEZ	Euro (früher belg. Franc)	0032
Belize	Belmopan	–7 h	Belize-Dollar	00501
Benin	Porto Novo	–1 h	CFA-Franc	00229
Bhutan	Thimphu	+7 h	Ngultrum	00975
Birma/Myanmar	Naypyidaw	+5 h	Kyat	0095
Bolivien *Bolivia*	Sucre	–5 h	Peso Boliviano	00591
Bosnien-Herzegowina *Bosnia-Herzegovina*	Sarajevo	MEZ	B.-H.-Dinar	00387
Botswana	Gaborone	+1 h	Pula	00267
Brasilien *Brazil*	Brasília (–4 h)	–3/–6 h	Real	0055
Brunei	Bandar Seri Begawan	+7 h	Brunei-Dollar	00673
Bulgarien *Bulgaria*	Sofia	+1 h	Lew	00359
Burkina Faso	Ouagadougou	–1 h	CFA-Franc	00226
Burundi	Bujumbara	+1 h	Burundi-Franc	00257
Cambodia *Kambodscha*	Phnom Penh	+6 h	riel	00855
Cameroon *Kamerun*	Yaoundé	MEZ	CFA franc	00237

Land (Country)	Hauptstadt (Capital)	MEZ* (CET*)	Währung[1] (Currency[1])	internationale Vorwahl (international dialling code)
Canada *Kanada*	Ottawa (–6h)	–6/–9 h	Canadian dollar	001
Cape Verde *Kap Verde*	Praia	–2 h	Cape Verde escudo	00238
Central African Republic *Zentralafrikanische Republik*	Bangui	MEZ	CFA franc	00236
Chad *Tschad*	N'Djaména	MEZ	CFA franc	00235
Chile	Santiago de Chile	–5 h	Chilenischer Peso	0056
China	Beijing/Peking	+7/+8 h	Yuan	0086
Comoros *Komoren*	Moroni	+4 h	Comoros franc	00269
Congo (Republic of the Congo) *Kongo*	Brazzaville	MEZ	CFA franc	00242
Congo (Democratic Republic of the Congo) *Demokratische Republik Kongo*	Kinshasa	MEZ	Congo franc	00243
Cookinseln *Cook Islands*	Avarua	–11 h	Neuseeland-Dollar *New Zealand dollar*	00682
Costa Rica	San José	–7 h	Costa-Rica-Colón	00506
Côte d'Ivoire/Elfenbeinküste *Ivory Coast*	Yamoussoukro	–1 h	CFA-Franc	00225
Croatia *Kroatien*	Zagreb	MEZ	kuna	00385
Cuba *Kuba*	Havana *Havanna*	–6 h	peso	0053
Cyprus *Zypern*	Nicosia *Nikosia*	+1 h	Cypriot pound	00357
Czech Republic *Tschechische Republik*	Prague *Prag*	MEZ	koruna *Tschechische Krone*	00420
Dänemark *Denmark*	Kopenhagen *Copenhagen*	MEZ	Dänische Krone	0045
Deutschland *Germany*	Berlin	MEZ	Euro (früher Deutsche Mark)	0049
Djibouti/Dschibuti	Djibouti	+2 h	Djibouti-Franc	00253
Dominica	Roseau	–5 h	Ostkaribischer Dollar *East Caribbean Dollar*	001767
Dominikan. Republik *Dominican Republic*	Santo Domingo	-5h	Dominikan. Peso	001809
Ecuador	Quito	–6 h	US-Dollar	00593
Egypt *Ägypten*	Cairo *Kairo*	+1 h	Egyptian pound *Ägyptisches Pfund*	0020
Elfenbeinküste *Ivory Coast*	Yamoussoukro	–1 h	CFA-Franc	00225
El Salvador	San Salvador	–7 h	El-Salvador-Colón	00503
England (GB)	London	–1 h	Pfund Sterling	0044
Equatorial Guinea *Äquatorialguinea*	Malabo *Malab*	MEZ	CFA franc	00240
Eritrea	Asmara	+2 h	Nafka	00291
Estland *Estonia*	Tallinn	+1 h	Estnische Krone	00372
Ethiopia *Äthiopien*	Addis Ababa *Addis Abeba*	+2 h	birr	00251
Fidschi *Fiji*	Suva	+11 h	Fidschi-Dollar	00679
Finnland *Finland*	Helsinki	+1 h	Euro (früher Finnmark)	00358
Frankreich *France*	Paris	MEZ	Euro (früher franz. Franc)	0033
Gabun *Gabon*	Libreville	MEZ	CFA-Franc	00241
Gambia	Banjul	–1 h	Dalasi	00220
Georgien *Georgia*	Tbilissi/Tiflis *Tbilisi*	+3 h	Lari	00995
Germany *Bundesrepublik Deutschland*	Berlin	MEZ	euro (formerly deutschmark)	0049
Ghana	Accra	-1 h	Cedi	00233
Great Britain *Großbritannien*	London	–1 h	pound sterling	0044

Land (Country)	Hauptstadt (Capital)	MEZ* (CET*)	Währung[1] (Currency[1])	internationale Vorwahl (international dialling code)
Grenada	St. George's	–5 h	Ostkaribischer Dollar *East Caribbean dollar*	001473
Griechenland *Greece*	Athen *Athens*	+1 h	Euro (früher Drachme)	0030
Großbritannien *Great Britain*	London	–1 h	Pfund Sterling	0044
Guatemala	Guatemala	–7 h	Quetzal	00502
Guinea	Conakry	–1 h	Guinea-Franc	00224
Guinea-Bissau	Bissau	–1 h	CFA-Franc	00245
Guyana	Georgetown	–5 h	Guyana-Dollar	00592
Haiti	Port-au-Prince	–6 h	Gourde	00509
Honduras	Tegucigalpa	–7 h	Lempira	00504
Hungary *Ungarn*	Budapest	MEZ	forint	0036
Iceland *Island*	Reykjavik	–1 h	króna	00354
Indien *India*	Neu Dehli *New Delhi*	+4 h	Indische Rupie	0091
Indonesien *Indonesia*	Jakarta	+6/+7 h	Rupiah	0062
Irak *Iraq*	Bagdad *Baghdad*	+2 h	Irak-Dinar	00964
Iran	Teheran	+2 h	Rial	0098
Iraq *Irak*	Baghdad *Bagdad*	+2 h	dinar	00964
Irland *Ireland*	Dublin	–1 h	Euro (früher irisches Pfund)	00353
Island *Iceland*	Reykjavik	–1 h	Isländische Krone	00354
Israel	Jerusalem	+1 h	Neuer Schekel	00972
Italien *Italy*	Rom *Rome*	MEZ	Euro (früher Lire)	0039
Ivory Coast *Elfenbeinküste*	Yamoussoukro	–1 h	CFA franc	00225
Jamaika *Jamaica*	Kingston	–6 h	Jamaika-Dollar	001876
Japan	Tokyo	+8 h	Yen	0081
Jemen	Sanaa	+2 h	Jemen-Rial	00967
Jordanien *Jordan*	Amman	+1 h	Jordan-Dinar	00962
Jugoslawien (Serbien und Montenegro) *Yugoslavia (Serbia and Montenegro)*	Belgrad *Belgrade*	MEZ	Jugoslawischer Dinar	00381
Kambodscha *Cambodia*	Phnom Penh	+6 h	Riel	00855
Kamerun *Cameroon*	Yaoundé	MEZ	CFA-Franc	00237
Kanada *Canada*	Ottawa (–6 h)	–6/–9 h	Kanadischer Dollar	001
Kap Verde *Cape Verde*	Praia	–2 h	Kap Verde Escudo	00238
Kasachstan *Kazakhstan*	Astana	+3 h	Tenge	007
Katar *Qatar*	Doha	+2 h	Katar-Riyal	00974
Kenia *Kenya*	Nairobi	+2 h	Kenya-Shilling	00254
Kirgistan/Kyrgyzstan *Kyrgystan*	Bishkek	+4 h	Kirgistan-Som	00996
Kiribati	Bairiki	+11 h	Australischer Dollar	00686
Kolumbien *Columbia*	Bogotá	–6 h	Kolumbian. Peso	0057
Komoren *Comoros*	Moroni	+4 h	Komoren-Franc	00269
Kongo *Congo*	Kinshasa	MEZ	Kongo-Franc	00243
Kongo (Demokratische Republik Kongo) *Congo*	Brazzaville	MEZ	CFA-Franc	00242

Land (Country)	Hauptstadt (Capital)	MEZ* (CET*)	Währung[1] (Currency[1])	internationale Vorwahl (international dialling code)
Korea-Nord *North Korea*	Pjöngjang *Pyongyang*	+8 h	Won	00850
Korea-Süd *South Korea*	Seoul	+8 h	Won	0082
Kroatien *Croatia*	Zagreb	MEZ	Kuna	00385
Kuba *Cuba*	Havanna *Havana*	−6 h	Kubanischer Peso	0053
Kuwait	Kuwait	+2 h	Kuwait-Dinar	00965
Laos	Vientiane	+6 h	Kip	00856
Latvia *Lettland*	Riga	+1 h	lat *Lats*	00371
Lebanon *Libanon*	Beirut	+1 h	Lebanese pound	00961
Lesotho	Maseru	+1 h	Loti	00266
Lettland *Latvia*	Riga	+1 h	Lats	00371
Libanon *Lebanon*	Beirut	+1 h	Libanes. Pfund	00961
Liberia	Monrovia	−1 h	Liberian. Dollar	00231
Libyen *Libya*	Tripolis *Tripoli*	MEZ	Lybischer Dinar	00218
Liechtenstein *Lichtenstein*	Vaduz	MEZ	Schweizer Franken	004175
Litauen *Lithuania*	Vilnius/Wilna *Vilnius*	+1 h	Litas	00370
Luxemburg *Luxembourg*	Luxemburg *Luxembourg*	MEZ	Euro (früher Luxembourg Franc)	00352
Macedonia *Mazedonien*	Skopje	MEZ	denar	00389
Madagaskar *Madagascar*	Antananarivo	+2 h	Madagaskar-Franc	00261
Malawi	Lilongwe	+1 h	Malawi-Kwacha	00265
Malaysia	Kuala Lumpur	+6/+7 h	Malays. Ringgit	0060
Malediven *Maldives*	Malé *Male*	+4 h	Rufiyaa	00960
Mali	Bamako	−1 h	CFA-Franc	00223
Malta	Valletta	MEZ	Maltesische Lira	00356
Marokko *Morocco*	Rabat	−1 h	Dirham	00212
Marshallinseln *Marshall Islands*	Majuro	+11 h	US-Dollar	00692
Mauretanien *Mauritania*	Nouakchott	−1 h	Ouguiya	00222
Mauritius	Port Louis	+3 h	Mauritius-Rupie	00230
Mazedonien/Makedonien *Macedonia*	Skopje	MEZ	Mazedonischer Denar	00389
Mexiko *Mexico*	Mexico City (−7 h)	−7/−9 h	Mexikanischer Peso	0052
Mikronesien *Micronesia*	Palikir	+10h	US-Dollar	00691
Moldawien *Moldova*	Chişinău	+1 h	Moldau-Leu	00373
Monaco	Monaco-Ville	MEZ	Euro (früher franz. Franc)	00377
Mongolei *Mongolia*	Ulan-Bator *Ulan Bator*	+6 h	Tugrik	00976
Morocco *Marokko*	Rabat	−1 h	dirham	00212
Mosambik *Mozambique*	Maputo	+1 h	Metical	00258
Myanmar/Birma *Myanmar/Burma*	Naypyidaw	+5 h	Kyat	0095
Namibia	Windhuk *Windhoek*	+1 h	Namibia-Dollar	00264
Nauru	Yaren	+11 h	Australischer Dollar	00674
Nepal	Kathmandu	+4 h	Nepales. Rupie	00977

Land (Country)	Hauptstadt (Capital)	MEZ* (CET*)	Währung[1] (Currency[1])	internationale Vorwahl (international dialling code)
Netherlands *Niederlande*	Amsterdam	MEZ	euro (formerly guilder)	0031
Neuseeland *New Zealand*	Wellington	+11 h	Neuseeland-Dollar	0064
Nicaragua	Managua	−7 h	Córdoba	00505
Niederlande *the Netherlands*	Amsterdam	MEZ	Euro (früher holl. Gulden)	0031
Niger	Niamey	MEZ	CFA-Franc	00227
Nigeria	Abuja	MEZ	Naira	00234
Niue	Alofi	−12 h	Neuseeland-Dollar *New Zealand dollar*	00683
Nordirland (UK) *Northern Ireland*	Belfast	−1 h	Pfund Sterling	0044
North Korea *Nordkorea*	Pyongyang *Pjöngjang*	+8 h	won	00850
Norwegen *Norway*	Oslo	MEZ	Norwegische Krone	0047
Oman	Maskat *Muscat*	+3 h	Rial Omani	00968
Österreich *Austria*	Wien *Vienna*	MEZ	Euro (früher Schilling)	0043
Pakistan	Islamabad	+4 h	Pakistanische Rupie	0092
Palau	Koror	+8 h	US-Dollar	00680
Panama	Panama	−6 h	Balboa	00507
Papua-Neuguinea *Papua New Guinea*	Port Moresby	+9 h	Kina	00675
Paraguay	Asunción	−5 h	Guaraní	00595
Peru	Lima	−6 h	Nuevo Sol	0051
Philippinen *Philippines*	Manila	+7 h	Philippinischer Peso	0063
Polen *Poland*	Warschau *Warsaw*	MEZ	Zloty	0048
Portugal	Lissabon *Lisbon*	−1 h	Euro (früher Escudo)	00351
Puerto Rico (USA)	San Juan	−6 h	US-Dollar	001787
Qatar *Katar*	Doha	+2 h	riyal	00974
Romania *Rumänien*	Bucharest *Bukarest*	+1 h	leu	0040
Ruanda *Rwanda*	Kigali	+1 h	Ruanda-Franc	00250
Rumänien *Romania*	Bukarest *Bucharest*	+1 h	Leu (*pl* Lei)	0040
Russland (Russische Föderation) *Russia*	Moskau (+2 h) *Moscow*	+1/+7 h	Rubel	007
Rwanda *Ruanda*	Kigali	+1 h	Rwanda franc	00250
St. Kitts und Nevis *St Kitts and Nevis*	Basseterre	−5 h	Ostkaribischer Dollar *East Caribbean dollar*	001869
St. Lucia *St Lucia*	Castries	−5 h	Ostkaribischer Dollar *East Caribbean dollar*	001758
St. Vincent und die Grenadinen *St Vincent and the Grenadines*	Kingstown	−5 h	Ostkaribischer Dollar *East Caribbean dollar*	001784
Salomoninseln *Solomon Islands*	Honiara	+10 h	Salomonen-Dollar *Solomon Island dollar*	00677
Sambia *Zambia*	Lusaka	+1 h	Kwacha	00260
Samoa	Apia	−12 h	Tala	00685
San Marino	San Marino	MEZ	Euro (früher Lire)	00378
Sao Tomé und Príncipe *São Tomé and Príncipe*	São Tomé	−1 h	Dobra	00239
Saudi-Arabien *Saudi Arabia*	Riyadh	+2 h	Saudi Riyal	00966
Schottland (GB) *Scotland*	Edinburgh	−1 h	Pfund Sterling	0044
Schweden *Sweden*	Stockholm	MEZ	Schwedische Krone	0046

Land (Country)	Hauptstadt (Capital)	MEZ* (CET*)	Währung[1] (Currency[1])	internationale Vorwahl (international dialling code)
Schweiz *Switzerland*	Bern *Bern(e)*	MEZ	Schweizer Franken	0041
Scotland *Schottland*	Edinburgh	−1 h	pound sterling	0044
Senegal	Dakar	−1 h	CFA-Franc	00221
Seychellen *Seychelles*	Victoria	+3 h	Seychellen-Rupie	00248
Sierra Leone	Freetown	−1 h	Leone	00232
Simbabwe *Zimbabwe*	Harare	+1 h	Simbabwe-Dollar	00263
Singapur *Singapore*	Singapur *Singapore*	+7 h	Singapur-Dollar	0065
Slovakia *Slowakei*	Bratislava	MEZ	koruna *Slowakische Krone*	00421
Slovenia *Slowenien*	Ljubljana	MEZ	tolar	00386
Slowakische Republik/Slowakei *Slovakia*	Bratislava/Preßburg *Bratislava*	MEZ	Slowakische Krone	00421
Slowenien *Slovenia*	Ljubljana	MEZ	Tolar	00386
Solomon Islands *Salomoninseln*	Honiara	+10 h	Solomon Island dollar *Salomonen-Dollar*	00677
Somalia	Mogadischu *Mogadishu*	+2 h	Somalia-Shilling	00252
South Africa *Südafrika*	Pretoria	+1 h	rand	0027
South Korea *Südkorea*	Seoul	+8 h	won	0082
Spanien *Spain*	Madrid	MEZ	Euro (früher Peseta)	0034
Sri Lanka	Colombo	+4 h	Sri-Lanka-Rupie	0094
Südafrika *South Africa*	Pretoria	+1 h	Rand	0027
Sudan	Khartoum	+1 h	Sudanes. Pfund	00249
Suriname	Paramaribo	−4 h	Suriname-Gulden	00597
Swasiland *Swaziland*	Mbabane	+1 h	Lilangeni	00268
Sweden *Schweden*	Stockholm	MEZ	krona	0046
Switzerland *Schweiz*	Bern(e) *Bern*	MEZ	Swiss franc	0041
Syrien *Syria*	Damaskus *Damascus*	+1 h	Syrisches Pfund	00963
Tadschikistan *Tajikistan*	Duschanbe *Dushanbe*	+4 h	Rubel	00992
Taiwan	Taipeh *Taipei*	+7 h	Taiwan-Dollar	00886
Tajikistan *Tadschikistan*	Dushanbe *Duschanbe*	+4 h	ruble	00992
Tansania *Tanzania*	Dodoma	+2 h	Tansania-Shilling	00255
Thailand	Bangkok	+6 h	Baht	0066
Togo	Lomé	−1 h	CFA-Franc	00228
Tonga	Nuku'alofa	+12 h	Pa'anga	00676
Trinidad und Tobago *Trinidad and Tobago*	Port of Spain	−5 h	T.u.T.-Dollar	001868
Tschad *Chad*	N'Djaména	MEZ	CFA-Franc	00235
Tschechien/Tschech. Republik *Czech Republic*	Prag *Prague*	MEZ	Tschechische Krone	00420
Tunesien *Tunesia*	Tunis	MEZ	Tunesischer Dinar	00216
Türkei *Turkey*	Ankara	+1 h	Türkische Lira	0090
Turkmenistan	Aschchabat *Ashgabat*	+4 h	Manat	00993
Tuvalu	Funafuti	+11 h	Australischer Dollar	00688
Uganda	Kampala	+2 h	Uganda-Shilling	00256

Land **(Country)**	**Hauptstadt** **(Capital)**	**MEZ*** **(CET*)**	**Währung**[1] **(Currency**[1]**)**	**internationale Vorwahl** **(international dialling code)**
Ukraine	Kiew *Kiev*	+1 h	Hrywnja/Griwna	00380
Ungarn *Hungary*	Budapest	MEZ	Forint	0036
United Arab Emirates *Vereinigte Arabische Emirate*	Abu Dhabi	+3 h	dirham	00971
United Kingdom *Vereinigtes Königreich*	London	-1 h	pound sterling	0044
United States of America *Vereinigte Staaten von Amerika*	Washington D. C. (–6 h)	-6/-11 h	US dollar	001
Uruguay	Montevideo	-4 h	Uruguayischer Peso	00598
USA	Washington D. C. (–6 h)	-6/-11 h	US-Dollar	001
Usbekistan	Taschkent *Tashkent*	+4 h	Usbekistan-Sum	00998
Vanuatu	Port Vila	+10 h	Vatu	00678
Vatikanstadt *Vatican City*		MEZ	Euro (früher Lire)	0039
Venezuela	Caracas	-5 h	Bolivar	0058
Vereinigte Arabische Emirate *United Arab Emirates/UAE*	Abu Dhabi	+3 h	Dirham	00971
Vereinigte Staaten von Amerika/USA *United States of America/USA*	Washington D. C. (–6 h)	-6/-11 h	US-Dollar	001
Vereinigtes Königreich *United Kingdom/UK*	London	-1 h	Pfund Sterling	0044
Vietnam	Hanoi	+6 h	Dong	0084
Wales (GB)	Cardiff	-1 h	Pfund Sterling	0044
Weißrussland/Belarus *Belarus*	Minsk	+1 h	Weißruss. Rubel	00375
Zambia *Sambia*	Lusaka	+1 h	kwacha	00260
Zentralafrik. Republik *Central African Republic*	Bangui	MEZ	CFA-Franc	00236
Zimbabwe *Simbabwe*	Harare	+1 h	Zimbabwe dollar	00263
Zypern *Cyprus*	Nikosia *Nicosia*	+1 h	Zypern-Pfund	00357
Zypern, türkischer Teil *Turkish Republic of Northern Cyprus*	Nikosia *Nicosia*	+1 h	Türkische Lira	0090

* Beachten Sie bitte auch die **Sommerzeit**.
Please also take **summertime** into consideration.

CFA-Franc = Franc **C**ommunauté **F**inancière **A**fricaine

[1] In der Regel werden die Währungseinheiten auf Deutsch großgeschrieben, auf Englisch dagegen kleingeschrieben. In diesen Fällen wird in der Liste nur die deutsche Schreibweise angegeben. Bei signifikant unterschiedlichen Schreibweisen wird sowohl die deutsche als auch die englische Form aufgeführt.

Currencies are generally only capitalized in German and not in English. In these cases only the German spelling is given in the list. In cases where the spelling differs significantly between the two languages both forms are provided.

Verwaltungsbezirke
Administrative districts

Vereinigtes Königreich/United Kingdom

Hauptstadt (Capital): London

England/England

Grafschaft (County)	Abkürzung (Abbreviation)	Hauptstadt (Administrative centre)
Bedfordshire	Beds	Bedford
Berkshire	Berks	Reading
Buckinghamshire	Bucks	Aylesbury
Cambridgeshire	Cambs	Cambridge
Cheshire	Ches	Chester
Cornwall	Corn	Truro
Cumbria		Carlisle
Derbyshire	Derbs	Matlock
Devon		Exeter
Dorset		Dorchester
Durham	Dur	Durham
East Sussex	E. Sussex	Lewes
Essex		Chelmsford
Gloucestershire	Glos	Gloucester
Greater London		**London**
Greater Manchester		Manchester
Hampshire	Hants	Winchester
Hertfordshire	Herts	Hertford
Kent		Maidstone
Lancashire	Lancs	Preston
Leicestershire	Leics	Leicester

Grafschaft (County)	Abkürzung (Abbreviation)	Hauptstadt (Administrative centre)
Lincolnshire	Lincs	Lincoln
Merseyside		Liverpool
Norfolk		Norwich
Northamptonshire	Northants	Northampton
Northumberland	Northd	Morpeth
North Yorkshire	N. Yorks	Northallerton
Nottinghamshire	Notts	Nottingham
Oxfordshire	Oxon	Oxford
Shropshire	Salop	Shrewsbury
Somerset	Som	Taunton
South Yorkshire	S. Yorks	Barnsley
Staffordshire	Staffs	Stafford
Suffolk	Suff	Ipswich
Surrey		Kingston upon Thames
Tyne and Wear		Newcastle upon Tyne
Warwickshire	Warks	Warwick
West Midlands	W. Midlands	Birmingham
West Sussex	W. Sussex	Chichester
West Yorkshire	W. Yorks	Wakefield
Wiltshire	Wilts	Trowbridge
Worcestershire	Worcs	Worcester

Wales/Wales, *Walisisch:* Cymru

Unitary authority (≈ Verwaltungseinheit)	Hauptstadt (Administrative headquarters)
Anglesey	Llangefni
Blaenau Gwent	Ebbw Vale
Bridgend	Bridgend
Caerphilly	Hengoed
Cardiff	**Cardiff**
Carmarthenshire	Carmarthen
Ceredigion	Aberaeron
Conwy	Conwy
Denbighshire	Ruthin
Flintshire	Mold
Gwynedd	Caernarfon

Unitary authority (≈ Verwaltungseinheit)	Hauptstadt (Administrative headquarters)
Merthyr Tydfil	Merthyr Tydfil
Monmouthshire	Cwmbran
Neath Port Talbot	Port Talbot
Newport	Newport
Pembrokeshire	Haverfordwest
Powys	Llandrindod Wells
Rhondda Cynon Taff	Clydach Vale
Swansea	Swansea
Torfaen	Pontypool
Vale of Glamorgan	Barry
Wrexham	Wrexham

Schottland/Scotland

Unitary authority (≈ Verwaltungseinheit)	Hauptstadt (Administrative headquarters)
Aberdeen City	
Aberdeenshire	Aberdeen
Angus	Forfar
Argyll and Bute	Lochgilphead
Clackmannanshire	Alloa
Dumfries and Galloway	Dumfries
Dundee City	
East Ayrshire	Kilmarnock
East Dunbartonshire	Kirkintilloch
East Lothian	Haddington
East Renfrewshire	Giffnock
Edinburgh City	
Falkirk	Falkirk
Fife	Glenrothes
Glasgow City	
Highland	Inverness

Unitary authority (≈ Verwaltungseinheit)	Hauptstadt (Administrative headquarters)
Inverclyde	Greenock
Midlothian	Dalkeith
Moray	Elgin
North Ayrshire	Irvine
North Lanarkshire	Motherwell
Orkney Islands	Kirkwall
Perth and Kinross	Perth
Renfrewshire	Paisley
Scottish Borders	Melrose
Shetland Islands	Lerwick
South Ayrshire	Ayr
South Lanarkshire	Hamilton
Stirling	Stirling
West Dunbartonshire	Dunbarton
Western Isles	Stornoway
West Lothian	Livingston

Nordirland/Northern Ireland

Grafschaft (County)	Hauptstadt (Principal town)
Antrim	**Belfast**
Armagh	Armagh
Down	Downpatrick

Grafschaft (County)	Hauptstadt (Principal town)
Fermanagh	Enniskillen
Londonderry	Londonderry
Tyrone	Omagh

Republik Irland/Republic of Ireland *or* Irish Republic, *Gälisch:* Èire

Hauptstadt (Capital): Dublin

Provinzen (Provinces) Grafschaften (Counties)	Hauptstadt (Principal town)
Connacht, *früher:* **Connaught**	
Galway, *Gälisch:* Gaillimh	Galway
Leitrim, *Gälisch:* Liathdroma	Carrick-on-Shannon
Mayo, *Gälisch:* Mhuigheo	Castlebar
Roscommon, *Gälisch:* Ros Comáin	Roscommon
Sligo, *Gälisch:* Sligeach	Sligo
Leinster	
Carlow, *Gälisch:* Cheatharlach	Carlow
Dublin, *Gälisch:* Baile Átha Cliath	**Dublin**
Kildare, *Gälisch:* Chill Dara	Naas
Kilkenny, *Gälisch:* Chill Choinnigh	Kilkenny
Laois/Laoighis/Leix	Portlaoise
Longford, *Gälisch:* Longphuirt	Longford
Louth, *Gälisch:* Lughbhaidh	Dundalk
Meath, *Gälisch:* na Midhe	Navan
Offaly, *Gälisch:* Ua bhFailghe	Tullamore
Westmeath, *Gälisch:* na h-Iarmhidhe	Mullingar
Wexford, *Gälisch:* Loch Garman	Wexford
Wicklow, *Gälisch:* Cill Mhantáin	Wicklow

Provinzen (Provinces) Grafschaften (Counties)	Hauptstadt (Principal town)
Munster	
Clare, *Gälisch:* An Cláir	Ennis
Cork, *Gälisch:* Chorcaigh	Cork
Kerry, *Gälisch:* Chiarraighe	Tralee
Limerick, *Gälisch:* Luimneach	Limerick
Tipperary, *Gälisch:* Thiobrad Árann	Clonmel
Waterford, *Gälisch:* Phort Láirge	Waterford
Ulster	
Cavan, *Gälisch:* Cabháin	Cavan
Donegal, *Gälisch:* Dún na nGall	Lifford
Monaghan, *Gälisch:* Mhuineachain	Monaghan

Vereinigte Staaten von Amerika/United States of America

Hauptstadt (Capital): Washington, D.C.

Bundesstaat (State)	**Abkürzung** (die jeweils 2. Abkürzung wird in Postanschriften verwendet) **Abbreviation** (the 2nd abbreviation is used in zip codes)	**Spitzname (Nickname)**	**Einwohnername (Inhabitant)**	**Hauptstadt (Capital)**
Alabama	Ala., AL	Yellow Hammer State Heart of Dixie	Alabamian	Montgomery
Alaska	Alas., AK	The Last Frontier	Alaskan	Juneau
Arizona	Ariz., AZ	Grand Canyon State	Arizonan	Phoenix
Arkansas	Ark., AR	Land of Opportunity	Arkansan	Little Rock
California	Calif., CA	Golden State	Californian	Sacramento
Colorado	Colo., CO	Centennial State	Coloradoan Coloradan	Denver
Connecticut	Conn., CT	Constitution State Nutmeg State	Nutmegger (Connecticut) Yankee	Hartford
Delaware	Del., DE	First State Diamond State	Delawarean	Dover
Florida	Fla., FL	Sunshine State	Floridian	Tallahassee
Georgia	Ga., GA	Empire State of the South Peach State	Georgian	Atlanta
Hawaii	HI	Aloha State Paradise of the Pacific	Hawaiian	Honolulu
Idaho	Id., ID	Gem State	Idahoan	Boise
Illinois	Ill., IL	Prairie State	Illinoisan	Springfield
Indiana	Ind., IN	Hoosier State	Indianan Hoosier	Indianapolis
Iowa	Ia., IA	Hawkeye State	Iowan	Des Moines
Kansas	Kans., KS	Sunflower State	Kansan	Topeka
Kentucky	Ky., KY	Bluegrass State	Kentuckian	Frankfort
Louisiana	La., LA	Pelican State	Louisianan	Baton Rouge
Maine	Me., ME	Pine Tree State	Mainer	Augusta
Maryland	Md., MD	Old Line State	Marylander	Annapolis
Massachusetts	Mass., MA	Bay State	New Englander Bay Stater	Boston
Michigan	Mich., MI	Wolverine State Lake State	Michiganian Michigander	Lansing
Minnesota	Minn., MN	Gopher State North Star State	Minnesotan	Staint Paul
Mississippi	Miss., MS	Magnolia State	Mississippian	Jackson
Missouri	Mo., MO	Show Me State	Missourian	Jefferson City
Montana	Mont., MT	Treasure State Big Sky Country	Montanan	Helena
Nebraska	Nebr., NE	Corn Husker State	Nebraskan	Lincoln
Nevada	Nev., NV	Sagebrush State Silver State	Nevadan	Carson City
New Hampshire	N.H., NH	Granite State	New Hampshirite	Concord
New Jersey	N.J., NJ	Garden State	New Jerseyite New Jersian	Trenton
New Mexico	N.M., NM	Land of Enchantment	New Mexican	Santa Fe
New York	N.Y., NY	Empire State	New Yorker	Albany
North Carolina	N.C., NC	Tarheel State Old North State	North Carolinian	Raleigh
North Dakota	N.D., ND	Sioux State Peace Garden State Flickertail State	North Dakotan	Bismarck
Ohio	O., OH	Buckeye State	Ohioan	Columbus
Oklahoma	Okla., OK	Sooner State	Oklahoman	Oklahoma City
Oregon	Ore., OR	Beaver State	Oregonian	Salem
Pennsylvania	Pa., PA	Keystone State	Pennsylvanian	Harrisburg
Rhode Island	R.I., RI	Ocean State Little Rhody	Rhode Islanders	Providence

Bundesstaat (State)	Abkürzung (die jeweils 2. Abkürzung wird in Postanschriften verwendet) **Abbreviation** (the 2nd abbreviation is used in zip codes)	Spitzname (Nickname)	Einwohnername (Inhabitant)	Hauptstadt (Capital)
South Carolina	S.C., SC	Palmetto State	South Carolinian	Columbia
South Dakota	S.D., SD	Coyote State Sunshine State	South Dakotan	Pierre
Tennessee	Tenn., TN	Volunteer State	Tennesseean	Nashville
Texas	Tex., TX	Lone Star State	Texan	Austin
Utah	Ut., UT	Beehive State Mormon State	Utahan	Salt Lake City
Vermont	Vt., VT	Green Mountain State	Vermonter	Montpelier
Virginia	Va., VA	Old Dominion Mother of Presidents Mother of States	Virginian	Richmond
Washington	Wash., WA	Evergreen State	Washingtonian	Olympia
West Virginia	W.V., WV	Mountain State	West Virginian	Charleston
Wisconsin	Wis., WI	Badger State	Wisconsinite	Madison
Wyoming	Wyo., WY	Equality State	Wyomingite	Cheyenne

Spitznamen einiger amerikanischer Städte
Nicknames of some of the cities in the US

Stadt (City)	Spitzname (Nickname)
Chicago, Ill	The Windy City
Denver, Colo.	The Mile-High City
Detroit, Mich.	Motor City
New York	The Big Apple, Gotham
Los Angeles, Calif.	The City of the Angels, The Big Orange
Minneapolis and St. Paul, Minn.	Twin Cities
New Orleans, La.	The Big Easy
Philadelphia, Pa.	The City of Brotherly Love

Kanada/Canada

Hauptstadt (Capital): Ottawa

Provinz (Province)	Abkürzung (die jeweils 2. Abkürzung wird in Postanschriften verwendet) **Abbreviation** (the 2nd abbreviation is used in zip codes)	Hauptstadt (Capital)
Alberta	Alta., AB	Edmonton
British Columbia	B.C., BC	Victoria
Manitoba	Man., MB	Winnipeg
New Brunswick	N.B., NB	Fredericton
Newfoundland and Labrador	Nfld., NF	Saint John's
Novia Scotia	N.S:, NS	Halifax
Ontario	Ont., ON	Toronto
Prince Edward Island	P.E.I., PE	Charlottetown
Québec	Que. or PQ, QC	Québec
Saskatchewan	Sask, SK	Regina

Territorium (Territory)		Hauptstadt (Capital)
Northwest Territories	N.W.T., NT	Yellowknife
Nunavut Territory	NU	Iqaluit
Yukon Territory	Y.T., YT	Whitehorse

Australien/Australia

Hauptstadt (Capital): Canberra

Bundesstaat (State)	Abkürzung (Abbreviation)	Hauptstadt (Capital)
New South Wales	NSW	Sydney
Queensland	Qld., QLD	Brisbane
South Australia	SA	Adelaide
Tasmania	Tas., *fam* Tassie,	Hobart
Victoria	Vic.	Melbourne
Western Australia	WA	Perth

Territorium (Territory)		Hauptstadt (Capital)
Australian Capital Territory	ACT	Canberra
Northern Territory	NT	Darwin

Neuseeland/New Zealand

Hauptstadt (Capital): Wellington

Regionale Körperschaft (Region)	Sitz des *Regional Councils* (Seat of the Regional Council)
Auckland	Auckland
Bay of Plenty	Whakatane
Canterbury	Christchurch
Chatham Islands	Waitangi
Gisborne	Gisborne
Hawke's Bay	Napier
Manawatu-Wanganui	Palmerston-North
Marlborough	Blenheim
Nelson	Nelson

Regionale Körperschaft (Region)	Sitz des *Regional Councils* (Seat of the Regional Council)
Northland	Whangarai
Otago	Dunedin
Southland	Invercargill
Taranaki	Stratford
Tasman	Richmond
Waikato	Ngaruawahia
Wellington	Wellington
West Coast	Greymouth

Südafrika/South Africa

Hauptstadt (Capital): Pretoria

Provinz (Province)	Abkürzung (Abbreviation)	Hauptstadt (Capital)
Eastern Cape *Ostkap*	EC	Bisho
Freestate *Freistaat*	FS	Bloemfontein
Gauteng	GT	Johannesburg
KwaZulu-Natal	KZN	Pietermaritzburg
Limpopo	LP	Polokwane

Provinz (Province)	Abkürzung (Abbreviation)	Hauptstadt (Capital)
Mpumalanga	MP	Nelspruit
Northern Cape *Nordkap*	NC	Kimberley
Northwest	NW	Mafikeng
Western Cape *Westkap*	WC	Cape Town *Kapstadt*

Bundesrepublik Deutschland/Federal Republic of Germany

Hauptstadt (Capital): Berlin

Bundesland (Federal State)	Hauptstadt (Capital)
Baden-Württemberg	Stuttgart
Bayern *Bavaria*	München *Munich*
Berlin	Berlin
Brandenburg	Potsdam
Bremen	Bremen
Hamburg	Hamburg
Hessen *Hesse*	Wiesbaden
Mecklenburg-Vorpommern *Mecklenburg-West Pomerania*	Schwerin
Niedersachsen *Lower Saxony*	Hannover *Hanover*
Nordrhein-Westfalen *North Rhine-Westphalia*	Düsseldorf
Rheinland-Pfalz *Rhineland-Palatinate*	Mainz
Saarland	Saarbrücken
Sachsen *Saxony*	Dresden
Sachsen-Anhalt *Saxony-Anhalt*	Magdeburg
Schleswig-Holstein	Kiel
Thüringen *Thuringia*	Erfurt

Österreich/Austria

Hauptstadt (Capital): Wien/Vienna

Bundesland (Federal province)	Hauptstadt (Capital)
Burgenland	Eisenstadt
Kärnten *Carinthia*	Klagenfurt
Niederösterreich *Lower Austria*	St. Pölten
Oberösterreich *Upper Austria*	Linz
Salzburg	Salzburg
Steiermark *Styria*	Graz
Tirol *Tyrol*	Innsbruck
Vorarlberg	Bregenz
Wien *Vienna*	Wien *Vienna*

Die Schweiz/Switzerland

Hauptstadt (Capital): Bern

Kanton (Canton)	Hauptstadt (Capital)
Aargau	Aarau
Appenzell-Ausserrhoden *Appenzell Outer Rhodes*	Herisau
Appenzell-Innerrhoden *Appenzell Inner Rhodes*	Appenzell
Basel-Land(schaft) *Basel District*	Liestal
Basel-Stadt *Basel City*	Basel
Bern	Bern
Freiburg *Fribourg*	Freiburg *Fribourg*
Genf *Geneva*	Genf *Geneva*
Glarus	Glarus
Graubünden *Grisons*	Chur
Jura	Delémont
Luzern *Lucerne*	Luzern *Lucerne*
Neuenburg *Neuchâtel*	Neuenburg *Neuchâtel*
Nidwalden	Stans
Obwalden	Sarnen
St. Gallen *St Gall*	St. Gallen *St Gall*
Schaffhausen	Schaffhausen
Schwyz	Schwyz
Solothurn	Solothurn
Thurgau	Frauenfeld
Tessin *Ticino*	Bellinzona
Uri	Altdorf
Waadt *Vaud*	Lausanne
Wallis *Valais*	Sitten *Sion*
Zug	Zug
Zürich *Zurich*	Zürich *Zurich*

	Zeichen und Abkürzungen	Symbols and Abbreviations
▶	phraseologischer Block	phrase block
|	trennbares Verb	separable verb
=	Kontraktion	contraction
*	Partizip ohne *ge-*	German past participle formed without *ge-*
≈	entspricht etwa	comparable to
–	Sprecherwechsel in einem Dialog, Deutsch	change of speaker in a dialogue, German
—	Sprecherwechsel in einem Dialog, Englisch	change of speaker in a dialogue, English
®	Warenzeichen	trade mark
RR	reformierte Schreibung	reformed German spelling
ALT	alte Schreibung	unreformed German spelling
■	zeigt eine grammatische Konstruktion auf	grammatical construction
⊂⊃	zeigt variable Stellung des Objektes und der Ergänzung bei Phrasal Verbs auf	indicates the variable position of the object in phrasal verb sentences
◆	*phrasal verb*	phrasal verb
a.	auch	also
abbrev, Abk	Abkürzung	abbreviation
acr	Akronym	acronym
adj	Adjektiv	adjective
ADMIN	Verwaltung	administration
adv	Adverb	adverb
AEROSP	Raumfahrt	aerospace
AGR	Landwirtschaft	agriculture
akk	Akkusativ	accusative
Akr	Akronym	acronym
AM	amerikanisches Englisch	American English
ANAT	Anatomie	anatomy
approv	aufwertend	approving
ARCHÄOL, ARCHEOL	Archäologie	archeology
ARCHIT	Architektur	architecture
ART	Kunst	art
art	Artikel	article
ASTROL	Astrologie	astrology
ASTRON	Astronomie	astronomy
attr	attributiv	attributive
AUS	australisches Englisch	Australian English
AUTO	Auto	automobile
aux vb	Hilfsverb	auxiliary verb
AVIAT	Luftfahrt	aviation
BAHN	Eisenbahnwesen	railway
BAU	Bauwesen	construction
BERGB	Bergbau	mining
bes	besonders	especially
BIBL	biblisch	biblical
BIOL	Biologie	biology
BÖRSE	Börse	stock exchange
BOT	Botanik	botany
BOXEN, BOXING	Boxen	boxing
BRD	Binnendeutsch	German of Germany
BRIT	britisches Englisch	British English
CAN	kanadisches Englisch	Canadian English
CARDS	Karten	cards
CHEM	Chemie	chemistry
CHESS	Schach	chess
childspeak	Kindersprache	children's language

	Zeichen und Abkürzungen	Symbols and Abbreviations
COMM	Handel	business
comp	Komparativ	comparative
COMPUT	Informatik	computing
conj	Konjunktion	conjunction
dat	Dativ	dative
dated	veraltend	dated
def	bestimmt	definite
dekl	dekliniert	declined
dem	demonstrativ	demonstrative
derb		coarse language
det	Bestimmungswort	determiner
DIAL	Dialekt	dialect
dim	Diminutiv	diminutive
ECOL	Ökologie	ecology
ECON	Wirtschaft	economics
ELEC, ELEK	Elektrizität	electricity
emph	emphatisch	emphatic
esp	besonders	especially
etw	etwas	something
EU	Europäische Union	European Union
euph	euphemistisch	euphemistic
f	Feminin	feminine
fachspr	Fachsprache	specialist term
fam	umgangssprachlich	informal
fam!	stark umgangssprachlich	very informal
FASHION	Mode	
FBALL	Fußball	football
fig	bildlich	figurative
FILM	Film, Kino	film, cinema
FIN	Finanzen	finance
FOOD	Kochkunst	food and cooking
form	förmlicher Sprachgebrauch	formal language
FORST	Forstwirtschaft	forestry
FOTO	Fotografie	photography
geh	gehobener Sprachgebrauch	formal language
gen	Genitiv	genitive
GEN	Genetik	genetics
GEOG	Geographie	geography
GEOL	Geologie	geology
HANDEL	Handel	business
HIST	Geschichte	history
hist	historisch	historical
HORT	Gartenbau	gardening, horticulture
hum	scherzhaft	humorous
HUNT	Jagd	hunting
imp	Imperfekt	imperfect tense
imper	Imperativ	imperative
impers	unpersönliches Verb	impersonal use
IND	indisches Englisch	Indian English
indef	unbestimmt	indefinite
INET	Internet	internet
infin	Infinitiv	infinitive
INFORM	Informatik	computing
interj	Interjektion	interjection
interrog	fragend	interrogative
inv	unveränderlich	invariable
iron	ironisch	ironic
irreg	unregelmäßig	irregular